LANGENSCHEIDTS
GROSSWÖRTERBÜCHER

GRAND DICTIONNAIRE LANGENSCHEIDT

FRANÇAIS-ALLEMAND · ALLEMAND-FRANÇAIS

PREMIÈRE PARTIE

FRANÇAIS-ALLEMAND

NOUVELLE ÉDITION 1979 ENTIÈREMENT REMANIÉE ET AUGMENTÉE

DE L'ÉDITION ORIGINALE DE KARL SACHS ET CÉSAIRE VILLATTE

SOUS LA DIRECTION DE

ERICH WEIS

Docteur ès lettres
Professeur à la Wirtschaftsuniversität Wien à Vienne

LANGENSCHEIDT
BERLIN · MUNICH · VIENNE · ZURICH

LANGENSCHEIDTS
GROSSWÖRTERBUCH FRANZÖSISCH

TEIL I
FRANZÖSISCH-DEUTSCH

BEGRÜNDET VON

PROF. DR. KARL SACHS UND PROF. DR. CÉSAIRE VILLATTE

VÖLLIGE NEUBEARBEITUNG 1979

HERAUSGEGEBEN VON

DR. ERICH WEIS
Ordentlicher Professor für romanische Sprachen
an der Wirtschaftsuniversität Wien

LANGENSCHEIDT
BERLIN · MÜNCHEN · WIEN · ZÜRICH

2. Auflage 1980

© 1979 by Langenscheidt KG, Berlin und München

Druck: Druckhaus Langenscheidt, Berlin-Schöneberg

Printed in Germany — L,w. VII. Zn.

ISBN 3-468-02151-3

VORWORT

In der „Langenscheidtschen Verlagsbuchhandlung" erschienen im letzten Jahrhundert zwei Werke, die neue Maßstäbe für die zweisprachige Lexikographie setzten: Der Sachs-Villatte für die französische Sprache und der Muret-Sanders für die englische Sprache. Beide Wörterbücher waren in jahrzehntelanger Arbeit entstanden und übertrafen an Umfang und Ausführlichkeit alles, was zuvor erschienen war.

Autor des französisch-deutschen Teiles war Prof. Dr. Karl Sachs, den Professor Gustav Langenscheidt im Jahre 1863 verpflichtet hatte. Für die Kompilierung des deutsch-französischen Teiles konnte wenig später Prof. Dr. Césaire Villatte hinzugewonnen werden. Im Jahre 1880, nach einer Bearbeitungszeit von 17 Jahren, konnten sie das Gesamtwerk mit einem Umfang von fast 4000 Seiten abschließen. Der Name beider Autoren sollte zum Synonym für das größte französisch-deutsche bzw. deutsch-französische Wörterbuch überhaupt werden.

Noch vor Abschluß dieser großen lexikographischen Arbeit war eine zweibändige „Hand- und Schulausgabe" mit einem Umfang von rund 2000 Seiten erschienen. Diese erste Ausgabe des Sachs-Villatte wurde in der Vergangenheit immer wieder bearbeitet und ergänzt. 1961 entschloß sich der Verlag, eine vollständige Neubearbeitung beider Teile in Angriff zu nehmen; bereits 1968 konnte er den deutsch-französischen Teil in einer vollständigen Neubearbeitung vorstellen. In demselben Jahr noch wurden die Arbeiten zum französisch-deutschen Teil aufgenommen, der nun nach einer mehr als zehn Jahre währenden Bearbeitungszeit abgeschlossen vorliegt.

Wie schon zuvor der deutsch-französische Teil wurde auch der „Sachs-Villatte Französisch-Deutsch" von Grund auf neu erarbeitet. Eine Equipe aus Philologen, Übersetzern und Lexikographen unter der Leitung des verantwortlichen Herausgebers Professor Dr. Erich Weis sichtete und registrierte den Wortschatz der französischen Gemeinsprache in ihrer ganzen Breite.

Das etablierte Wortgut einer Sprache ist ebenso wie die Fachsprachen dem Prozeß steter Veränderungen ausgesetzt: Wörter nehmen neue Bedeutungen und Nuancierungen an, scheinbar Altbekanntes erscheint in neuen phraseologischen oder kollokatorischen Fügungen, ehedem Vulgäres wird im Hinblick auf die Sprachgebrauchsebene neutralisiert und findet auch umgangssprachlich Verwendung. All diesen Veränderungen galt es Rechnung zu tragen. Große Mühe wurde daher darauf verwendet, jedes Stichwort auf übersichtliche Weise in seinem vollen semantischen Gehalt darzustellen. Zu diesem Bemühen zählt auch, jedes Stichwort in seinen kontextuellen Bezügen und nicht als isoliertes Element zu sehen. Nur so kann sich dem Benutzer der volle Bedeutungsumfang eines Wortes erschließen.

Neben dem Wortgut der französischen Gemeinsprache wurde der fachsprachliche Wortschatz aller Lebensbereiche gesichtet und ausgewertet. Die Entwicklungen im wirtschaftlichen und politischen Leben in den letzten Jahren haben dazu geführt, daß der Wortschatz der französischen Sprache in den Bereichen Wirtschaft und Recht, Verwaltung und Politik, in der Arbeitswelt und im Sozialwesen eine bedeutende Ausweitung erfuhr. Man denke nur an die Bedeutung, die der französischen Sprache im Rahmen der EG zufällt.

Entsprechendes gilt in gleichem Maße für den Fachwortschatz der naturwissenschaftlich-technischen und humanwissenschaftlichen Sachgebiete wie Medizin und Raumfahrt, Elektronik oder Umweltschutz. Die Weiterentwicklung traditioneller und das Entstehen neuer Wissensgebiete hatte zur Folge, daß der Wortschatz der französischen Sprache in diesen Bereichen überproportional angewachsen ist. Auch hier galt es, durch angemessene Handhabung der Auswahlprinzipien die verschiedenen Fachwissenschaften ausgewogen zu berücksichtigen.

Das vorliegende Wörterbuch umfaßt annähernd 120000 Stichwörter, von denen jedes einzelne eine Fülle zusätzlicher Informationen bietet. Allen ist die phonetische Umschrift nach den Regeln der Internationalen Lautschrift (A.P.I.) beigegeben worden. Ausführliche Angaben zur Grammatik innerhalb der Artikel geben zuverlässig Auskunft über die Konjugation oder die Verwendung der Präpositionen. Die verschiedenen Sprachgebrauchsebenen sind sorgfältig gekennzeichnet. Stets wird klar ersichtlich, ob ein Wort der gehobenen oder umgangssprachlichen Ebene angehört, ob es der Vulgärsprache, dem Argot oder der literarischen Sprachschicht zuzurechnen ist. Es versteht sich, daß auch für die Übersetzungen eine exakte Entsprechung auf der jeweiligen Sprachgebrauchsebene angestrebt wurde.

Weitere wertvolle Informationen findet der Benutzer in den nicht-alphabetischen Teilen dieses Wörterbuches. Ausführliche Hinweise über Bindung und Aussprache, Silbentrennung und Zeichensetzung gehen dem eigentlichen Wörterbuchteil voraus. Die Anhänge enthalten eine Liste gebräuchlicher französischer Abkürzungen sowie ein Verzeichnis geographischer Eigennamen und Personennamen. Eine ausführliche Darstellung der französischen Konjugation beschließt das Werk.

Es versteht sich, daß in formaler Hinsicht die Grundsätze Eingang in dieses Werk gefunden haben, die sich in den anderen Langenscheidt-Wörterbüchern schon immer bewährt haben. Neben der erwähnten genauen Kennzeichnung der Sprachgebrauchs- und Stilebene gehören hierzu ein exaktes Verweissystem und das Prinzip, durch deutlich differenzierende Schriftarten und durch häufigere Untergliederungen bei jedem Artikel und auf jeder Seite ein Höchstmaß an Übersichtlichkeit zu bieten.

Mit dem Erscheinen dieses größten französisch-deutschen Wörterbuches liegt somit, nach einer Bearbeitungszeit von insgesamt 18 Jahren, der neue „Sachs-Villatte" in einer vollständigen Neubearbeitung vor. Herausgeber und Verlag hoffen, daß das Gesamtwerk den Wünschen und Interessen möglichst vieler Benutzerkreise gerecht wird und eine ebenso gute Aufnahme findet wie schon der deutsch-französische Teil.

HERAUSGEBER UND VERLAG

PRÉFACE

Au siècle dernier parurent, aux Éditions «Langenscheidtsche Verlagsbuchhandlung», deux ouvrages tout à fait innovateurs dans le domaine de la lexicographie bilingue, le Sachs-Villatte pour le français et le Muret-Sanders pour l'anglais. Tous deux représentaient des dizaines d'années de travail et surpassaient, en ampleur et en précision, tous les ouvrages précédents.

Le professeur Gustav Langenscheidt confia en 1863 la rédaction du volume français-allemand au Professeur Karl Sachs, et un peu plus tard au Professeur Césaire Villatte celle de la partie allemand-français. En 1880, au bout de 17 ans de travail, l'œuvre complète, comprenant près de 4000 pages, était terminée. Le nom des deux auteurs devint alors synonyme du plus grand dictionnaire français-allemand et allemand-français.

Avant même que cet énorme travail lexicographique fût achevé, parut une édition abrégée en deux volumes, d'environ 2000 pages. Cette première édition fut ensuite sans cesse mise à jour et augmentée. En 1961 les Éditions Langenscheidt décidèrent une refonte des deux volumes, dont la partie allemand-français parut dès 1968. On commença la même année la refonte de la partie français-allemand, enfin publiée après plus de dix ans d'un travail inlassable.

Le «Sachs-Villatte français-allemand», comme auparavant la partie allemand-français, a été entièrement remanié. Une équipe formée de diplômés de lettres, de traducteurs et de lexicographes, sous la direction du Professeur Erich Weis, a dressé un inventaire systématique de la langue française contemporaine.

Le lexique de la langue usuelle est soumis, comme le vocabulaire spécialisé, à une évolution constante. Certains mots prennent un nouveau sens ou une nouvelle nuance, d'autres s'emploient dans un contexte phraséologique différent. Ce qui était vulgaire appartient maintenant à un niveau de langue plus neutre et passe dans le langage courant. Il fallait tenir compte de tous ces changements. On a ainsi apporté le plus grand soin à présenter chaque article d'une façon claire, avec tout son contenu sémantique. On s'est efforcé également de décrire chaque mot dans ses rapports contextuels et non comme un élément isolé. C'est ainsi seulement que le lecteur pourra en saisir tous les sens.

A côté des termes courants du français contemporain, on a également examiné la terminologie de tous les domaines spécialisés. L'évolution de la vie économique et politique au cours des dernières années a contribué à développer considérablement le vocabulaire de l'économie et du droit, de l'administration et de la politique, du travail et du secteur social. Il suffit de songer au rôle de la langue française dans la Communauté Européenne.

Il en est de même pour le vocabulaire des sciences fondamentales et appliquées, ainsi que des sciences humaines: la médecine, l'astronautique, l'électronique ou la protection de l'environnement par exemple. L'évolution des disciplines traditionnelles et la naissance de sciences nouvelles a eu pour conséquence l'apparition d'innombrables termes techniques dans la langue française. Ici aussi il fallait, dans le choix des faits de langue, veiller à un certain équilibre entre les diverses disciplines.

Le présent dictionnaire traite environ 120 000 entrées, dont chacune est riche en informations. On a transcrit phonétiquement toutes les entrées d'après les règles de l'Association phonétique internationale. Les remarques grammaticales, à l'intérieur des articles, renseignent sur la conjugaison ou sur l'emploi des prépositions. On a indiqué avec soin les niveaux de langue, ce qui permet de reconnaître sans aucun doute possible qu'un mot appartient à la langue soutenue ou littéraire, ou qu'il s'agit au contraire d'un mot familier, vulgaire ou argotique. On a tenté, bien sûr, de fournir une traduction du même niveau de langue.

Dans les parties non-alphabétiques de ce dictionnaire, le lecteur trouvera d'autres informations utiles. Des indications précises sur les liaisons et la prononciation, sur la division des mots et la ponctuation précèdent la partie lexicographique. Les appendices contiennent une liste d'abréviations françaises usuelles et une liste de noms propres géographiques et de personnes. Un tableau détaillé des conjugaisons françaises clôt cet ouvrage.

Pour ce qui est de la présentation matérielle, on a tout naturellement repris les principes adoptés avec succès pour les autres dictionnaires Langenscheidt. Outre l'indication des styles et des niveaux de langue, on a appliqué un système de renvois. On a également cherché à obtenir un maximum de clarté en recourant à l'emploi de caractères d'imprimerie très diversifiés et à de nombreuses divisions à l'intérireur des articles.

Voici donc, au bout de 18 années de labeur, l'édition complètement refondue du plus grand dictionnaire français-allemand, voici le nouveau «Sachs-Villatte». Les auteurs et l'éditeur souhaitent que cet ouvrage soit un instrument de travail utile à d'innombrables lecteurs et que le public lui réserve un accueil aussi favorable qu'en son temps au dictionnaire allemand-français.

LES AUTEURS ET L'ÉDITEUR

INHALTSVERZEICHNIS

TABLE DES MATIÈRES

X

HERAUSGEBER UND MITARBEITER
DIRECTEUR DE LA PUBLICATION ET COLLABORATEURS

Verantwortlicher Herausgeber / Directeur de la publication

DR. ERICH WEIS

Ordentlicher Professor für romanische Sprachen
an der Wirtschaftsuniversität Wien

Verlagslektorat Romanistik	*Sachs-Villatte Redaktion*
Service des langues romanes	*Rédaction du Sachs-Villatte*
des Éditions Langenscheidt	*des Éditions Langenscheidt*
Leiter: DR. HERMANN WILLERS (bis 1976)	Leiter: DR. MANFRED BLEHER
DR. WOLFGANG WIETER	

Lexikographische Mitarbeiter / Collaborateurs lexicographes

JUDITH BENTOT	CLAUDE SALABERT
DANIELLE BLEHER	BÉATRICE SCHOLZ-MENNESSON
HEIDE BÖTTGER	DANIÈLE THALWITZER
GEORGES CORNILLEAU	
MICHELINE FUNKE	*in Brüssel:*
DORA HELTMANN	DR. HARALD LIST
ERDA KELLER	
BRITA LINNEWEH	*in Wien:*
GENEVIÈVE LOHR	PROF. DR. EVA HABERFELLNER

QUELLENNACHWEIS

INDICATION DES SOURCES

Herausgeber und Bearbeiter haben bei der Ausarbeitung der Stichwörter eine Vielzahl Quellen benutzt. Bei dem umfassenden Charakter des Wörterbuches waren dies nicht nur nahezu alle in den letzten Jahren erschienenen einsprachig-französischen und einsprachig-deutschen sowie französisch-deutschen oder deutsch-französischen Wörterbücher, sondern auch eine umfangreiche Fachliteratur der verschiedenen Wissensgebiete. Alle während der Bearbeitungszeit benutzten Werke hier zu verzeichnen, würde weit über den Rahmen einer Bibliographie hinausgehen. An dieser Stelle sei jedoch allen Verfassern französischer und deutscher Wörterbücher, Nachschlagewerke und sonstiger Publikationen gedankt, die ,,Langenscheidts Großwörterbuch Französisch" Anregungen vermittelten.

Le directeur de la publication et les rédacteurs ont utilisé lors de l'élaboration des articles un grand nombre de sources. Vu le caractère étendu du dictionnaire, ce ne furent pas seulement presque tous les dictionnaires unilingues français et allemands ainsi que bilingues français/allemand ou allemand/français parus dans ces dernières années, mais aussi une vaste littérature spécialisée des différents domaines du savoir. Énumérer ici tous les ouvrages utilisés pendant la période de rédaction serait dépasser largement le cadre d'une bibliographie. Que soient remerciés ici tous les auteurs français et allemands de dictionnaires, d'ouvrages de référence et d'autres publications auxquels le «Grand dictionnaire Langenscheidt Français-Allemand» est redevable.

HINWEISE FÜR DIE BENUTZUNG DES WÖRTERBUCHES
INDICATIONS POUR L'EMPLOI DU DICTIONNAIRE

I. DARBIETUNG DES SPRACHMATERIALS

1. Schriftarten

Zur Unterscheidung des im Wörterbuch gebotenen Stoffes dienen vier Schriftarten:

halbfett   für die französischen Stichwörter,

Auszeichnungsschrift   für die mit dem Stichwort gebildeten Ausdrücke, Anwendungsbeispiele und Redewendungen, sowie für Verweise und für die in spitzen Klammern verzeichneten grammatischen Formen des Stichworts,

Grundschrift   für die deutschen Übersetzungen,

kursiv   für alle erklärenden Zusätze.

2. Lexikographische Zeichen

~ Die **halbfette Tilde** vertritt das am Anfang eines Artikels ausgerückte französische Stichwort in den folgenden aus Gründen der Raumersparnis angehängten halbfetten Stichwörtern:

> **fédéral ...; ~iser ...** (= **fédéraliser**)

| Der **senkrechte Strich** innerhalb des ausgerückten französischen Stichworts bedeutet, daß die halbfette Tilde nur den vor diesem Strich stehenden Teil dieses Stichworts vertritt:

> **dalton|ien ...; ~isme ...**
> (= **daltonisme**)

~ Die **einfache Tilde** vertritt das halbfette französische Stichwort in den ihm folgenden Ausdrücken, Wendungen und grammatischen Angaben in Auszeichnungsschrift:

> **marteau ...** *m* ⟨*pl* ~**x**⟩ ...; ~ piqueur ...;
> être entre le ~ et l'enclume ...

♀♀ Der **Kreis über der Tilde** besagt, daß das betreffende Wort im Gegensatz zum Bezugsstichwort der Tilde mit großem bzw. kleinem Anfangsbuchstaben geschrieben wird:

> **commune ...;** la ♀ de Paris ...
> (= **Commune**)
> **Talmud ...;** ♀**ique ...**
> (= **talmudique**)

I. PRÉSENTATION DE LA NOMENCLATURE

1° Caractères d'imprimerie

Quatre caractères différencient le matériel linguistique présenté dans ce dictionnaire:

le demi-gras   pour les entrées,

l'écriture en relief   pour les expressions, les exemples et les locutions dépendant de l'entrée, ainsi que pour les renvois et les formes grammaticales dans les parenthèses angulaires,

le caractère romain normal   pour les traductions allemandes,

l'italique   pour toutes les explications.

2° Signes lexicographiques

~ Le **tilde demi-gras** remplace l'entrée formant tête d'article dans les entrées suivantes rattachées à celle-ci par souci d'économiser de la place:

> **fédéral ...; ~iser ...** (= **fédéraliser**)

| Le **trait vertical**, à l'intérieur de l'entrée tête d'article, indique que le tilde demi-gras ne remplace, dans les entrées suivantes, que la partie précédant le trait vertical:

> **dalton|ien ...; ~isme ...**
> (= **daltonisme**)

~ Le **tilde simple** remplace l'entrée dans les expressions, les locutions et les remarques grammaticales écrites en relief:

> **marteau ...** *m* ⟨*pl* ~**x**⟩ ...; ~ piqueur ...;
> être entre le ~ et l'enclume ...

♀♀ Le **cercle sur le tilde** indique que ce mot, contrairement à l'entrée, prend soit une majuscule soit une minuscule:

> **commune ...;** la ♀ de Paris ...
> (= **Commune**)
> **Talmud ...;** ♀**ique ...**
> (= **talmudique**)

- Der **Ergänzungsbindestrich** steht für Teile französischer und deutscher Wörter. Er wird so verwendet, daß seine Bedeutung aus dem Zusammenhang leicht ersichtlich ist:

> **travail** ... *m* ⟨*pl* -aux⟩ ...
> **craintif** ... *adj* ⟨-ive⟩ ...
> **emprunter** [ãprɛ̃te, -prœ̃-] ...
> ... Tanzlokal *n*, -diele *f* ...;
> ... Ab-, Ausschalten *n*, -ung *f* ...

' z. B. 'huit: **Zeichen für h aspiré.** Vgl. II. Aussprachebezeichnung 3.

' z. B. A'tom: **Betonungsakzent.** Vgl. II. Aussprachebezeichnung 5.

[ ] Die **eckigen Klammern** enthalten die Aussprachebezeichnung. Vgl. II. Aussprachebezeichnung. Außerdem werden sie innerhalb der runden Klammern verwendet.

⟨ ⟩ Die **spitzen Klammern** enthalten grammatische Angaben zu den französischen Stichwörtern. Vgl. III. Grammatische Hinweise.

( ) Die **runden Klammern** enthalten

a) nach freiem Ermessen gebrauchte Bestandteile von Wörtern und Wendungen:

> **casse-noisette(s)** ...
> **franchement** ...; (à parler) ~ ...
> ... (ab)tippen ...

b) zusammengefaßte Wortformen und Übersetzungen sowie deren Genusbezeichnungen:

> **italien** ... ⚲(ne) *m(f)* Itali'ener(in)
> *m(f)* ...
> ... Angestellte(r) *f(m)* ...
> (= eine Angestellte, ein Angestellter)

c) unfeste Endungen deutscher substantivierter Adjektive, nur attributiv gebrauchter Adjektive und Ordnungszahlen:

> ... Reisende(r) *m* ...
> ... beste(r, -s) ...
> ... zehnte(r, -s) ...

d) bei Verweisen auf eine Wendung die zum Nachschlagen entbehrlichen Teile dieser Wendung:

> **noir** ...; avoir des idées ⌣es *cf* broyer
> (du noir) ...

e) erklärende Synonyme zu französischen Stichwörtern:

> **fric** ... *m* F (*argent*) ...

f) ergänzende Angaben zur Bedeutung und zur Rektion, Hinweise auf Abkürzungen usw.:

> **freiner** ... bremsen (*auch fig*); ein
> Hemmschuh sein (qc für etw) ...
> **travail** ...; travaux pratiques (F *abr*
> T.P.) ...

Außerdem werden runde Klammern innerhalb der eckigen oder spitzen Klammern verwendet.

- Le **tiret** remplace des parties de mots français ou allemands. Il est employé de façon à ce que sa signification soit claire d'après le contexte:

> **travail** ... *m* ⟨*pl* -aux⟩ ...
> **craintif** ... *adj* ⟨-ive⟩ ...
> **emprunter** [ãprɛ̃te, -prœ̃-] ...
> ... Tanzlokal *n*, -diele *f* ...;
> ... Ab-, Ausschalten *n*, -ung *f* ...

' comme dans 'huit par exemple: marque le **h aspiré.** Voir II. Transcription phonétique 3°

' comme dans A'tom par exemple: marque **l'accent tonique.** Voir II. Transcription phonétique 5°

[ ] Les **crochets** encadrent la transcription phonétique. Voir II. Transcription phonétique.
Ils s'emploient aussi à l'intérieur de parenthèses.

⟨ ⟩ Les **parenthèses angulaires** renferment des remarques grammaticales concernant les entrées. Voir III. Remarques grammaticales.

( ) Les **parenthèses** renferment

a) des lettres ou des mots facultatifs:

> **casse-noisette(s)** ...
> **franchement** ...; (à parler) ~ ...
> ... (ab)tĩppen ...

b) des formes dérivées et le genre correspondant:

> **italien** ... ⚲(ne) *m(f)* Itali'ener(in)
> *m(f)* ...
> ... Angestellte(r) *f(m)* ...
> (= eine Angestellte, ein Angestellter)

c) dans les traductions allemandes, des terminaisons d'adjectifs substantivés, d'adjectifs employés uniquement comme épithètes et de nombres ordinaux:

> ... Reisende(r) *m* ...
> ... beste(r, -s) ...
> ... zehnte(r, -s) ...

d) lors de renvois à une locution, la partie de cette locution qui n'est pas le mot de référence:

> **noir** ...; avoir des idées ⌣es *cf* broyer
> (du noir) ...

e) des synonymes explicatifs de l'entrée:

> **fric** ... *m* F (*argent*) ...

f) des remarques concernant le sens du mot et sa construction grammaticale, ainsi que des indications d'abréviations etc.:

> **freiner** ... bremsen (*auch fig*); ein
> Hemmschuh sein (qc für etw) ...
> **travail** ...; travaux pratiques (F *abr*
> T.P.) ...

On trouvera également des parenthèses à l'intérieur des parenthèses angulaires et des crochets.

; Der **Strichpunkt** kennzeichnet das Ende einer Übersetzung:

> **idée** ... I'dee *f*; Gedanke *m*; Vorstellung *f*; ...

, Das **Komma** bedeutet dagegen, daß die Übersetzung noch nicht abgeschlossen ist, sondern mit anderen Übersetzungen zusammengefaßt wird:

> **échauder** ... mit heißem Wasser über-ˈgießen, abspülen; ...
> **penchant** ... Hang *m*, Neigung *f* (à *od* pour qc zu etw); ...

: Der **Doppelpunkt** steht

a) zur Verdeutlichung der Beziehungen zwischen erklärenden Zusätzen:

> **rater** ... *Jäger*: *Wild* verfehlen; ...

b) als Hinweis darauf, daß eine kursive Erläuterung für mehrere folgende Wendungen gilt:

> **urgence** ...; *loc/adv*: d'~ ...; en cas d'~ ...

♦ Die **Raute** dient der Gliederung längerer Artikel. Vgl. auch 4.

3. Alphabetische Reihenfolge

Die halbfetten französischen **Stichwörter** sind streng alphabetisch geordnet (mit Ausnahme mancher Feminina, die mit der maskulinen Form zusammengefaßt werden, wenn dies die Übersetzung erlaubt). An alphabetischer Stelle stehen orthographische Varianten und unregelmäßige Formen mit Verweis auf das Grundwort, desgleichen Zusammensetzungen, die mit Bindestrich geschrieben werden, sowie heute lebendige Wortbildungselemente (anti..., super... usw.). Auch häufig vorkommende oder unregelmäßig gebildete Adverbien auf -ment sind an alphabetischer Stelle aufgenommen.

Die alphabetische Reihenfolge gilt auch für die französischen **Wendungen** innerhalb eines Artikels. Hier sind die Adjektive, Adverbien, Substantive, Präpositionen und Verben, die Gruppen von Wendungen gleicher Struktur bilden, alphabetisch angeordnet.

Geographische Namen, **Personennamen** und **Abkürzungen** sind in gesonderten Verzeichnissen im Anhang zusammengestellt. Dagegen sind die von den geographischen Namen abgeleiteten Bewohnerbezeichnungen wie auch die Namen von Sternen, Bauwerken usw. im Hauptteil zu finden.

4. Unterteilung der Stichwortartikel

Mit **Exponenten** sind Stichwörter gleicher Schreibung versehen, die heute als verschiedene Wörter empfunden werden (z. B. **tour**[1], **tour**[2], **tour**[3]).

Außerdem werden Exponenten verwendet, wenn ein und dasselbe Stichwort zur Vermeidung eines zu langen Artikels in zwei getrennte Artikel aufgeteilt wird (z. B. **avoir**[1] als Verbum, **avoir**[2] als Substantiv).

Die **römischen Ziffern** kennzeichnen die verschiedenen Wortarten, denen ein Stichwort angehört. Transitive,

; Le **point-virgule** marque la fin d'une traduction:

> **idée** ... I'dee *f*; Gedanke *m*; Vorstellung *f*; ...

, La **virgule**, par contre, sépare les traductions à compléter par un élément commun:

> **échauder** ... mit heißem Wasser über-ˈgießen, abspülen; ...
> **penchant** ... Hang *m*, Neigung *f* (à *od* pour qc zu etw); ...

: Les **deux points** servent à

a) préciser le rapport entre deux indications explicatives:

> **rater** ... *Jäger*: *Wild* verfehlen; ...

b) marquer qu'une indication en italique se rapporte à plusieurs locutions suivantes:

> **urgence** ...; *loc/adv*: d'~ ...; en cas d'~ ...

♦ Le **losange** divise les articles d'une certaine longueur. Voir aussi 4°

3° Ordre alphabétique

Les **entrées** en demi-gras suivent rigoureusement l'ordre alphabétique (à l'exception de certaines formes féminines rattachées au masculin lorsque la traduction le permet). On trouvera également dans l'ordre alphabétique: les variantes orthographiques et les formes irrégulières avec un renvoi au mot traité, les mots composés avec un trait d'union, les éléments de composition très usités dans le langage moderne (anti..., super... par exemple), les adverbes en -ment qu'ils soient irréguliers ou très courants.

A l'intérieur des articles, les **locutions** françaises sont également classées par ordre alphabétique, d'après les adjectifs, les adverbes, les substantifs, les prépositions et les verbes qui les composent.

Les **noms géographiques**, les **noms de personnes** et les **abréviations** sont répertoriés dans l'appendice sous forme de trois listes séparées. Par contre, les noms d'habitants dérivés de noms géographiques, ainsi que les noms d'étoiles, de monuments, etc. sont traités dans la partie principale.

4° Division des articles

Les **exposants** servent à distinguer les entrées homographes considérées par le sujet parlant comme mots différents, par exemple **tour**[1], **tour**[2], **tour**[3].

Ils signalent aussi les mots traités en deux entrées différentes, afin d'éviter un article trop long, par exemple **avoir**[1] (verbe) et **avoir**[2] (substantif).

Les **chiffres romains** servent au classement des différentes parties du discours auxquelles appartient l'entrée.

intransitive und reflexive Verben werden als verschiedene Wortarten behandelt.

Die **arabischen Ziffern** bezeichnen die verschiedenen Bedeutungen eines Stichworts. Sie stehen bei Verben fortlaufend und unabhängig von der römischen Ziffer.

Weiterhin dienen **halbfette Kleinbuchstaben** der Unterteilung der Stichwortartikel, besonders innerhalb arabischer Ziffern.

Kleinbuchstaben in Grundschrift werden zur Bedeutungsunterscheidung von Wendungen gebraucht.

Die **Raute ♦** wird verwendet, wenn die obenerwähnten Möglichkeiten zu stark trennen würden. Sie steht deshalb insbesondere in längeren Artikeln vor den einzelnen Gruppen gleichgebauter Wendungen.

5. Aufnahme und Gliederung der Wendungen

Mehrgliedrige Ausdrücke (marché noir, tour de contrôle), Zusammensetzungen ohne Bindestrich (chemin de fer), adverbiell oder adjektivisch gebrauchte Wendungen (tout à l'heure, hors de prix), Anwendungsbeispiele, idiomatische Redewendungen und Sprichwörter wurden aus Gründen der Raumersparnis grundsätzlich nur ein mal aufgenommen. Dabei gilt im allgemeinen: Wendungen, die Substantive enthalten, sind unter dem ersten Substantiv verzeichnet, also **carte de priorité** unter **carte, avoir voix au chapitre** unter **voix.** Die Verbindung Substantiv + Adjektiv wird nach Möglichkeit unter dem Adjektiv (meist kürzerer Artikel!) gebracht, also **fait accompli** unter **accompli.**

Die Wendungen stehen innerhalb des Stichwortartikels jeweils unter der betreffenden Bedeutung im Anschluß an die Grundübersetzungen.

Die Wendungen sind zu formal gleichgebauten Gruppen zusammengefaßt, die bei Substantiven in folgender Reihenfolge angeordnet sind:

Stichwort + Adjektiv	(cheval blanc)
Stichwort + Substantiv	(cheval de course)
Substantiv + Stichwort	(fièvre de cheval)
Präposition + Stichwort	(à cheval)
Stichwort + Verb	(monter un cheval)

Hinweise auf die über die obenerwähnten festen Wendungen hinausgehende Phraseologie eines Stichworts erhält der Benutzer durch die zahlreichen kursiven Zusätze in deutscher Sprache, die den Stichwörtern und ihren einzelnen Bedeutungen beigegeben sind. So wird etwa das sprachliche Umfeld transitiver Verben durch eine Auswahl charakteristischer Objekte abgesteckt. Bei intransitiven und reflexiven Verben sind mögliche Subjekte verzeichnet. Bei Adjektiven und Substantiven wird auf typische Wortverbindungen mit Substantiven hingewiesen:

> **ramasser ...** *v/t* **1.** *Heu, Laub* zu'sammenharken, -rechen; *Spielkarten* aufnehmen; *Hefte* einsammeln; *Müll* abholen; *Geld* anhäufen; ...
> **déloyal ...** *adj* ... *Gegner* unfair; *Freund* treulos; unzuverlässig; *Verhalten* unehrenhaft; unkorrekt; *Kaufmann* unredlich; unreell; ...

6. Deutsche Übersetzung

Die deutschen Übersetzungen der französischen Stichwörter und Wendungen sind in der Reihenfolge ihrer

---

Ils divisent aussi les verbes selon leur emploi transitif, intransitif ou pronominal.

Les **chiffres arabes** servent au classement des diverses acceptions des entrées. Pour les verbes, ils se succèdent indépendamment des chiffres romains.

Les **lettres minuscules en demi-gras** servent aussi à diviser un article, particulièrement à l'intérieur des parties numérotées en chiffres arabes.

Les **minuscules en caractères romains normaux** servent à classer les divers sens des locutions.

Le **losange ♦** remplace les signes précédents dans les cas où ceux-ci disloqueraient l'article. On le rencontre plus particulièrement devant les groupes de locutions de même construction.

5° Traitement des locutions

Les expressions à plusieurs éléments (marché noir, **tour de contrôle**), les composés sans trait d'union (**chemin de fer**), les locutions adverbiales, adjectives, etc. (**tout à l'heure, hors de prix**), les exemples, les tournures idiomatiques et les proverbes ne figurent, par souci d'économie, en principe qu'une seule fois dans le dictionnaire. En règle générale, les locutions renfermant plusieurs substantifs figurent à l'article du premier substantif: **carte de priorité** sous **carte, avoir voix au chapitre** sous **voix.** Dans la mesure du possible, les composés substantif + adjectif sont traités à l'adjectif (article en général moins long): **fait accompli** sous **accompli.**

Les locutions sont intégrées dans l'article même. Elles suivent les traductions principales de chaque acception.

S'il y a plusieurs locutions, elles sont réunies en groupes de même construction formelle. Voici la structure et l'ordre de ces groupes dans un article substantif:

entrée + adjectif	(cheval blanc)
entrée + substantif	(cheval de course)
substantif + entrée	(fièvre de cheval)
préposition + entrée	(à cheval)
entrée + verbe	(monter un cheval)

Sur le plan phraséologique, des indications allemandes en italique complètent et précisent, le cas échéant, les divers emplois des mots. Ainsi le domaine de l'emploi transitif des verbes est délimité par un choix de compléments d'objet caractéristiques. Pour leur emploi intransitif ou pronominal, on indique une série de sujets possibles. Quant aux adjectifs et aux substantifs, un éventail de noms donne des éclaircissements sur leurs emplois les plus usuels:

> **ramasser ...** *v/t* **1.** *Heu, Laub* zu'sammenharken, -rechen; *Spielkarten* aufnehmen; *Hefte* einsammeln; *Müll* abholen; *Geld* anhäufen; ...
> **déloyal ...** *adj* ... *Gegner* unfair; *Freund* treulos; unzuverlässig; *Verhalten* unehrenhaft; unkorrekt; *Kaufmann* unredlich; unreell; ...

6° Traduction allemande

Les traductions allemandes sont classées d'après leur fréquence. Lorsqu'il y a plusieurs traductions possibles,

Gebrauchshäufigkeit angeführt. Mehrere Übersetzungsmöglichkeiten werden gewöhnlich durch erklärende Zusätze und Anwendungsbeispiele differenziert. Besitzt das Deutsche keine Entsprechung für ein französisches Wort, so wird eine Erklärung gegeben, die so abgefaßt ist, daß sie nötigenfalls als Übersetzung in einen laufenden Text eingebaut werden kann. Ist die erklärende Übersetzung kursiv gedruckt, so sollte nach Möglichkeit der französische Ausdruck unübersetzt ins Deutsche übernommen werden. Entspricht die deutsche Übersetzung nur annähernd dem französischen Begriff, so wird sie durch *etwa* eingeleitet (z. B. bei der Gleichsetzung juristischer Institutionen).

on a ajouté, en règle générale, des explications et des exemples. Dans le cas où la langue allemande ne possède pas d'équivalent du mot français, on a essayé de donner une explication qui puisse s'intégrer comme traduction valable dans un contexte. Si la traduction explicative est imprimée en italique, il est préférable de garder, dans la mesure du possible, l'expression française dans le texte allemand. Une traduction allemande approximative est précédée de la remarque *etwa* (dans le cas des institutions juridiques, par exemple).

7. Genus- und Wortartbezeichnung

Nach jedem französischen Stichwort ist das Genus (*m, f*) bzw. die Wortart (*adj, v/t, prép* usw.) angegeben. Innerhalb eines Artikels erhalten französische Substantive in Ausdrücken des Typs **accès** *f* **libre** bzw. **photo** *f* **de groupe** eine Genusangabe, falls Substantiv und übergeordnetes Stichwort nicht identisch sind. Die Genusbezeichnung entfällt, wenn das Genus aus dem Kontext ersichtlich ist (z. B. **quelle chance!**, **heureux événement**).

In der deutschen Übersetzung folgt jedem einfachen und zusammengesetzten Substantiv eine Genusbezeichnung, falls das Genus nicht aus dem Kontext ersichtlich ist (z. B. **grüne Welle**). Nur in Redewendungen werden keine Genusangaben gemacht.

7° Genre et catégorie grammaticale

Chaque entrée est suivie de l'indication du genre (*m, f*) ou de la partie du discours (*adj, v/t, prép*, etc.). A l'intérieur d'un article, le genre des substantifs français est indiqué dans les expressions du type **accès** *m* **libre**, **photo** *f* **de groupe**. Exception a été faite lorsque le substantif est celui de l'entrée ou que le contexte indique le genre (par exemple **quelle chance!**, **heureux événement**).

Chaque substantif allemand, simple ou composé, est suivi de l'indication du genre, sauf lorsque le contexte l'indique (par exemple «grüne Welle»), et dans les tournures.

8. Bezeichnung der Sprachgebrauchsebene

Sowohl bei den französischen Stichwörtern und Wendungen als auch bei den deutschen Übersetzungen ist der von der Normalsprache abweichende Sprachgebrauch verzeichnet (F, P, *arg, st/s, litt, poét*, im weiteren Sinne auch *péj, fig, iron, enf* usw.). Wo immer möglich, wurde die deutsche Übersetzung auf die französische Sprachgebrauchsebene abgestimmt.

Die Bezeichnungen der Sprachgebrauchsebene sind, außer bei den französischen Stichwörtern, den betreffenden Wörtern und Wendungen vorangestellt. Den französischen Stichwörtern sind sie in einer Weise nachgestellt, die ihren Geltungsbereich für das ganze Wort oder nur für bestimmte Bedeutungen erkennen läßt. Gehören Stichwort und Wendung derselben Sprachgebrauchsebene an, so steht in eindeutigen Fällen die entsprechende Bezeichnung nur einmal vor der deutschen Übersetzung:

> **télé** ... *f* F **1.** Fernsehen *n*; **2.** Fernseher *m* (*Gerät*)
> **raser** ... **3.** F ~ **qn** j-n langweilen, F anöden; F j-m auf die Nerven gehen; ...
> **videur** ... *m* F Rausschmeißer *m*

8° Niveau de langue

Des marques d'usage signalent les mots et locutions français et leurs traductions allemandes n'appartenant pas au langage normal (F, P, *arg, st/s, litt, poét*, par extension *péj, fig, iron, enf*, etc.). La traduction allemande correspond, dans la mesure du possible, au niveau de langue français.

Ces marques d'usage précèdent les mots et locutions, sauf les entrées. De leur place après les entrées on déduira si elles s'appliquent à tout l'article, ou seulement à certaines de ses acceptions. Si l'entrée et la traduction allemande appartiennent au même niveau de langue, la marque d'usage n'est placée, dans des cas évidents, qu'une seule fois devant la traduction:

> **télé** ... *f* F **1.** Fernsehen *n*; **2.** Fernseher *m* (*Gerät*)
> **raser** ... **3.** F ~ **qn** j-n langweilen, F anöden; F j-m auf die Nerven gehen; ...
> **videur** ... *m* F Rausschmeißer *m*

9. Bezeichnung des Sachgebiets

Stichwörter und Wendungen, die einem bestimmten Sachgebiet angehören, sind entsprechend gekennzeichnet (*tech, écon, sports* usw.). Die Bezeichnung des Sachgebiets steht bei Stichwörtern unmittelbar vor der betreffenden Übersetzung bzw. nach der betreffenden

9° Domaines

Les mots et locutions spécialisés dans certains domaines sont signalés (*tech, écon, sports*, etc.). L'indication du domaine est placée, pour les entrées, soit immédiatement avant la traduction correspondante, soit après le chiffre arabe correspondant. Si elle s'applique à tout l'article,

arabischen Bedeutungsziffer. Gilt sie für den ganzen Artikel, so steht sie vor der ersten arabischen bzw. römischen Ziffer. Französischen Wendungen wird sie im allgemeinen vorangestellt:

> **satellite ...** *m* **1.** *astr* ... **2.** *Raumfahrt* ...
> **3.** *pol* ...
> **tabou ...** *rel u allg* **I** *adj* ta'bu; **II** *m*
> Ta'bu *n*

10. Hinweise zur Rektion

Abweichende Rektion von Verben im Französischen und Deutschen sowie präpositionale Ergänzungen zu Verben, Substantiven und Adjektiven werden in runden Klammern nach der betreffenden deutschen Übersetzung verzeichnet (, sofern sie nicht von vornherein in Form von Anwendungsbeispielen erfaßt sind):

> **secourir ...** *v/t* ... zu Hilfe kommen,
> helfen, Hilfe leisten (qn j-m)
> **désir ...** *m* **1.** Wunsch *m* (de qc nach
> etw *od* de + *inf* zu + *inf*); ...

Bei den deutschen Präpositionen, die sowohl den Dativ als auch den Akkusativ regieren können, wird zusätzlich der Kasus angegeben:

> **étonné ...** *adj* erstaunt (de über + *acc*)

11. Rechtschreibung

Die Rechtschreibung des französischen Sprachmaterials folgt den Wörterbüchern von Larousse (besonders im Hinblick auf Groß- und Kleinschreibung sowie Verwendung des Bindestrichs) und Robert. Die Rechtschreibung der deutschen Übersetzungen richtet sich nach dem „Duden“.

Muß ein mit Bindestrich geschriebenes Wort am Zeilenende so getrennt werden, daß Bindestrich und Trennungsstrich zusammenfallen, wird abweichend von den französischen und deutschen Rechtschreibregeln der Bindestrich zu Beginn der folgenden Zeile wiederholt:

> auto- schaurig-
> -école -schön

II. AUSSPRACHEBEZEICHNUNG

Die Aussprachebezeichnung erfolgt nach den Grundsätzen der „Association Phonétique Internationale“ (Vgl. die Erläuterung der Lautschriftzeichen S. XXIV). Die phonetische Umschrift steht in eckigen Klammern unmittelbar nach dem betreffenden Wort, also vor der Genus- oder Wortartbezeichnung.

1. Jedes zu Anfang eines Artikels ausgerückte französische Stichwort erhält eine vollständige phonetische Umschrift. Nicht umschrieben werden die mit Tilde angeschlossenen Stichwörter, deren Aussprache unter den einzelnen Wortbestandteilen nachgeschlagen werden kann. Die Aussprache häufiger Endungen ist der Übersicht S. XXVII zu entnehmen:

> **demi-final|e** [d(ə)mifinal] *f* ...; ~**iste**
> *m* ...
> **demi|-fond** [d(ə)mifõ] *m* ...; ~**-frère**
> *m* ...; ~**-gros** *m* ...; ~**-heure** *f* ...

on la trouve devant le premier chiffre arabe ou romain. Elle précède en général les locutions françaises:

> **satellite ...** *m* **1.** *astr* ... **2.** *Raumfahrt* ...
> **3.** *pol* ...
> **tabou ...** *rel u allg* **I** *adj* ta'bu; **II** *m*
> Ta'bu *n*

10° Construction grammaticale

Les compléments de verbes, de substantifs et d'adjectifs qui ne correspondent pas en français et en allemand sont indiqués entre parenthèses après la traduction allemande en question (à moins que des exemples ne les illustrent):

> **secourir ...** *v/t* ... zu Hilfe kommen,
> helfen, Hilfe leisten (qn j-m)
> **désir ...** *m* **1.** Wunsch *m* (de qc nach
> etw *od* de + *inf* zu + *inf*); ...

On a indiqué le cas lorsqu'il s'agit de prépositions allemandes qui régissent soit le datif soit l'accusatif:

> **étonné ...** *adj* erstaunt (de über + *acc*)

11° Orthographe

Pour les mots français, on a adopté l'orthographe des dictionnaires Larousse (tout particulièrement pour l'emploi des majuscules et des traits d'union) et Robert. Pour les mots allemands, on s'est aligné sur le «Duden».

Contrairement aux règles d'orthographe en vigueur dans les deux langues, on écrit deux fois le trait d'union des mots composés coupés en fin de ligne à l'endroit de leur trait d'union:

> auto- schaurig-
> -école -schön

II. TRANSCRIPTION PHONÉTIQUE

La transcription phonétique suit la notation de l'Association phonétique internationale (Voir Explication des symboles phonétiques page XXIV). Cette transcription, entre crochets, suit immédiatement le mot à transcrire, précédant donc le genre ou la partie du discours.

1° Chaque entrée tête d'article est transcrite en entier. Ne sont pas transcrites les entrées formées à l'aide du tilde, dont on peut retrouver la prononciation sous chacun de leurs constituants. Voir aussi à cet effet le tableau «Prononciation des terminaisons usuelles» page XXVII:

> **demi-final|e** [d(ə)mifinal] *f* ...; ~**iste**
> *m* ...
> **demi|-fond** [d(ə)mifõ] *m* ...; ~**-frère**
> *m* ...; ~**-gros** *m* ...; ~**-heure** *f* ...

2. Innerhalb eines Stichwortartikels werden französische Wendungen und grammatische Formen, die Aussprache-probleme bieten, phonetisch (teil)umschrieben:

> **divin** [divɛ̃] *adj* ...; le ~ enfant [lə-divinɑ̃fɑ̃] ...
> **grand** ... le ~ air [-t-] ...

3. Bei allen mit h beginnenden französischen Wörtern (auch in Wendungen) wird durch das Zeichen ' angegeben, ob es sich um ein „h aspiré" handelt, ob also Elision und Bindung unterbleiben müssen. Das Zeichen entfällt in Wendungen, wenn das „h aspiré" aus dem vorhergehenden Wort ersichtlich ist:

> **'haine** ...
> **talon** ... à ~s 'hauts ...
> **caque** ... ~ (de harengs) ...

4. Deutsche Übersetzungen (meist Fremdwörter) erhalten bei unregelmäßiger Aussprache eine phonetische (Teil)Umschrift. Aus dem Französischen stammende deutsche Wörter werden gewöhnlich nicht umschrieben, da ihre Aussprache als bekannt vorausgesetzt wird:

> **ordinateur** ... Computer [-'pjuː-] *m*

5. Der **Betonungsakzent** auf deutschen Wörtern ist in erster Linie für den französischen Benutzer gedacht. Er steht deshalb bei allen Übersetzungen, die mit den bald betonten, bald unbetonten Vorsilben „durch-, hinter-, miß-, über-, um-, unter-, voll-, wider-, wieder-" beginnen. Er steht außerdem bei allen Grundübersetzungen, die nicht auf der ersten Silbe betont werden (Ab'teilung, hin'auswerfen, Kri'stall). Er wird jedoch nicht gesetzt, wenn es sich um die stets unbetonten Vorsilben „be-, emp-, ent-, er-, ge-, ver-, zer-" handelt.

III. GRAMMATISCHE HINWEISE

Die grammatischen Hinweise stehen in spitzen Klammern nach der Genus- oder Wortartbezeichnung, bei Verben gegebenenfalls vor der ersten römischen Ziffer.

Im einzelnen werden verzeichnet:

1. Beim **Substantiv** die unregelmäßige (d. h. nicht durch einfache Anhängung von s gebildete) Pluralform:

> **journal** ... *m* ⟨*pl* -aux⟩ ...
> **manteau** ... *m* ⟨*pl* ~x⟩ ...

Einfache Substantive auf -s, -x, -z (**pas, croix, nez**), die im Plural unverändert bleiben, erhalten keine Angabe.

Zusammengesetzte Substantive erhalten immer eine Angabe zur Pluralbildung:

> **coffre-fort** ... *m* ⟨*pl* coffres-forts⟩ ...
> **garde-boue** ... *m* ⟨*inv*⟩ ...

2. Beim **Adjektiv**

a) die unregelmäßige (d. h. nicht durch einfache Anhängung von e gebildete) Form des Femininums:

> **cruel** ... *adj* ⟨~le⟩ ...
> **heureux** ... *adj* ⟨-euse⟩ ...

2*

2° A l'intérieur d'un article, les locutions françaises et les formes grammaticales dont la prononciation n'est pas évidente sont aussi transcrites, parfois en partie seulement:

> **divin** [divɛ̃] *adj* ...; le ~ enfant [lə-divinɑ̃fɑ̃] ...
> **grand** ... le ~ air [-t-] ...

3° Tous les mots français commençant par un h sont pourvu du signe ' lorsque le **h** est **aspiré** et qu'il ne se produit donc ni élision ni liaison. Ce signe n'est pas répété dans les locutions où le mot précédant le h aspiré le fait reconnaître:

> **'haine** ...
> **talon** ... à ~s 'hauts ...
> **caque** ... ~ (de harengs) ...

4° Les traductions allemandes dont la prononciation ne suit pas les règles (mots étrangers pour la plupart) sont transcrites, partiellement ou en entier. Les mots allemands d'origine française, dont la prononciation est supposée être connue, ne sont pas transcrits:

> **ordinateur** ... Computer [-'pjuː-] *m*

5° L'**accent tonique** des mots allemands est indiqué surtout pour les lecteurs français.
On le rencontre donc:
dans tous les mots commençant par les préfixes tantôt toniques tantôt atones (durch-, hinter-, miß-, über-, um-, unter-, voll-, wider-, wieder-),
dans les traductions principales qui ne sont pas accentuées sur la première syllabe (Ab'teilung, hin'auswerfen, Kri'stall), exception faite lorsque le préfixe est toujours atone (be-, emp-, ent-, er-, ge-, ver-, zer-).

III. REMARQUES GRAMMATICALES

Les remarques grammaticales sont placées, dans des parenthèses angulaires, après le genre et la partie du discours, ou pour les verbes, le cas échéant, avant le premier chiffre romain.

On a indiqué:

1° Les formes irrégulières du pluriel des **substantifs** (c'est-à-dire formées autrement que par la simple adjonction de «s»):

> **journal** ... *m* ⟨*pl* -aux⟩ ...
> **manteau** ... *m* ⟨*pl* ~x⟩ ...

Les substantifs simples terminés en -s, -x, -z (**pas, croix, nez**), invariables au pluriel, ne portent pas de mention spéciale.

Par contre, la forme du pluriel des substantifs composés est toujours mentionnée:

> **coffre-fort** ... *m* ⟨*pl* coffres-forts⟩ ...
> **garde-boue** ... *m* ⟨*inv*⟩ ...

2° Pour les **adjectifs**

a) les formes irrégulières du féminin (c'est-à-dire formées autrement que par la simple adjonction de «e»):

> **cruel** ... *adj* ⟨~le⟩ ...
> **heureux** ... *adj* ⟨-euse⟩ ...

b) die regelmäßige Femininform, wenn deren Aussprache nicht aus der Übersicht häufiger Endungen S. XXVII ersichtlich ist:

lourd ... *adj* ⟨lourde [lurd]⟩ ...

c) die maskuline Pluralform der Adjektive auf -al:

familial ... *adj* ⟨-aux⟩ ...
fatal ... *adj* ⟨-als⟩ ...

d) sonstige Unregelmäßigkeiten:

marron ... *adj* ⟨*inv*⟩ ...
snob ... *adj* ⟨*f inv*⟩ ...

3. Beim **Verb**

a) die orthographischen Besonderheiten der Verben auf -er:

lever ... ⟨-è-⟩ ...
poncer ... ⟨-ç-⟩ ... usw.

Die Formen der betreffenden Verben, auf die sich diese Angaben beziehen, sind aus den Konjugationstabellen im Anhang ersichtlich.

b) diejenigen Formen eines unregelmäßigen Verbs (wozu auch die Verben auf -re und -oir gerechnet werden), aus denen die restlichen Formen des betreffenden Verbs (anhand der Konjugationstabellen im Anhang) abgeleitet werden können, z. B.

craindre ... *v/t* ⟨je crains, il craint, nous craignons; je craignais; je craignis; je craindrai; que je craigne; craignant; craint⟩ ...

Da sich die unregelmäßigen Verben zu Gruppen mit analogen Formen zusammenfassen lassen, werden die Formen nur bei einem einzigen Verb der Gruppe verzeichnet. Bei den andern Verben der Gruppe wird auf dieses verwiesen:

plaindre ... *v/t* ⟨*cf* craindre⟩ ...

c) die Bildung der zusammengesetzten Zeiten intransitiver Verben mit „être":

arriver ... ⟨être⟩ ...

b) les formes régulières du féminin dont la prononciation ne figure pas dans le tableau «Prononciation des terminaisons usuelles» page XXVII:

lourd ... *adj* ⟨lourde [lurd]⟩ ...

c) les formes du masculin pluriel des adjectifs terminés en -al:

familial ... *adj* ⟨-aux⟩ ...
fatal ... *adj* ⟨-als⟩ ...

d) diverses irrégularités:

marron ... *adj* ⟨*inv*⟩ ...
snob ... *adj* ⟨*f inv*⟩ ...

3° Pour les **verbes**

a) les particularités orthographiques des verbes en -er:

lever ... ⟨-è-⟩ ...
poncer ... ⟨-ç-⟩ ... etc.

Toutes les formes concernées de ces verbes figurent dans les tableaux de conjugaison en appendice.

b) les formes principales des verbes irréguliers (c'est-à-dire aussi les verbes en -re et -oir) dont sont dérivées les autres formes de ces verbes (voir «La conjugaison des verbes français» en appendice), par exemple

craindre ... *v/t* ⟨je crains, il craint, nous craignons; je craignais; je craignis; je craindrai; que je craigne; craignant; craint⟩ ...

Les verbes irréguliers pouvant être classés par groupes de formation analogique, on renverra au verbe-modèle de chaque groupe:

plaindre ... *v/t* ⟨*cf* craindre⟩ ...

c) l'emploi du verbe «être» dans les temps composés des verbes intransitifs:

arriver ... ⟨être⟩ ...

VERZEICHNIS DER IM WÖRTERBUCH VERWENDETEN ABKÜRZUNGEN

LISTE DES ABRÉVIATIONS EMPLOYÉES DANS LE DICTIONNAIRE

abr	*abréviation* / Abkürzung
abs	*absolu, employé d'une façon absolue* / absolut (gebraucht), ohne Objekt
abus	*abusif, abusivement* / fälschlich
acc	*accusatif* / Akkusativ, Wenfall
adj	*adjectif (qualificatif)* / Adjektiv, Eigenschaftswort
adj/d	*adjectif démonstratif* / attributives Demonstrativpronomen
adj/i	*adjectif interrogatif* / attributives Interrogativpronomen
adj/ind	*adjectif indéfini* / attributives Indefinitpronomen
adj/num/c	*adjectif numéral cardinal* / Kardinal-, Grundzahl
adj/num/o	*adjectif numéral ordinal* / Ordinal-, Ordnungszahl
adj/poss	*adjectif possessif* / attributives Possessivpronomen
adj/rel	*adjectif relatif* / attributives Relativpronomen
adjt	*adjectivement* / adjektivisch gebraucht
adm	*administration, langage administratif* / Verwaltung(ssprache)
adv	adverbe / Adverb, Umstandswort
advt	*adverbialement* / adverbial gebraucht
AG	Aktiengesellschaft / *société par actions*
agr	agriculture / Landwirtschaft
allg	allgemein / *en général, généralement*
anat	anatomie / Anatomie
arch	architecture / Architektur, Baukunst
arg	argot / Argot, Gaunersprache
arp	arpentage / Vermessungswesen
art	article / Artikel, Geschlechtswort
astr	astronomie / Astronomie, Sternkunde
auto	automobile / Kraftfahrzeug(wesen)
aviat	aviation / Flugwesen
bât	*bâtiment* / Bauwesen, Hochbau
bes	besonders / *particulièrement*
bibl	*Bible, langage biblique* / Bibel(sprache)
biol	biologie / Biologie
bot	botanique / Botanik, Pflanzenkunde
BRD	Bundesrepublik Deutschland / *République fédérale d'Allemagne (R.F.A.)*
bzw	beziehungsweise / *ou selon le cas*

cath	*catholique* / katholisch
cf	*confer, voir* / siehe unter, vergleiche
ch	*chasse, terme de chasse* / Jagdwesen, Jägersprache
charp	*charpenterie* / Zimmermannsausdruck
ch de fer	*chemin de fer* / Eisenbahn
chim	*chimie* / Chemie
chir	*chirurgie* / Chirurgie
cin	*cinéma* / Film(wesen), Kino
coll	*terme collectif* / Kollektivum, Kollektiv-, Sammelbegriff
comm	*commerce* / Handel
comp	*comparatif* / Komparativ
cond	*conditionnel* / Konditional, Bedingungsform
conj	*conjonction* / Konjunktion, Bindewort
cout	*couture, modes* / Schneiderei, Mode
cuis	*cuisine* / Kochkunst, Küche
dat	*datif* / Dativ, Wemfall
DDR	Deutsche Demokratische Republik / *République démocratique allemande (R.D.A.)*
déf	*défectif* / defektiv, unvollständig
dim	*diminutif* / Diminutiv(um), Verkleinerungsform
dipl	*diplomatie* / Diplomatie
écon	*économie* / Wirtschaft
EDV	elektronische Datenverarbeitung / *traitement (électronique, automatique) de l'information*
e-e, *e-e*	eine / *un(e)*
EG	Europäische Gemeinschaft / *Communauté européenne*
égl	*église* / Kirche
élect	*électricité, électrotechnique* / Elektrizität, Elektrotechnik
ellip	*elliptique(ment)* / elliptisch, unvollständig
e-m, *e-m*	einem / *à un(e)*
e-n, *e-n*	einen / *un(e)*
enf	*langage des enfants* / Kindersprache
e-r, *e-r*	einer / *d'un(e), à un(e)*
e-s, *e-s*	eines / *d'un(e)*
esc	*escrime* / Fechtkunst
etc	*et cetera* / und so weiter
etw, *etw*	etwas / *quelque chose*

f	*féminin* / Femininum, weiblich	*métr*	*métrique, versification* / Metrik, Verslehre
F	*familier* / Umgangssprache, familiär	*mil*	*terme militaire, armée* / Militär(wesen)
fachspr	fachsprachlich / *terme technique*	*minér*	*minéralogie* / Mineralogie
féod	*féodalité* / Feudalismus, Lehnswesen	*mines*	*mines* / Bergbau
fig	*figuré* / figürlich, bildlich	*m/pl*	*masculin pluriel* / Maskulinum Plural
fin	*finances* / Geldwesen	*mus*	*musique* / Musik
fortif	*fortifications* / Befestigungswesen	*myth*	*mythologie* / Mythologie
f/pl	*féminin pluriel* / Femininum Plural		
frz	französisch / *français*	*n*	*neutre* / Neutrum, sächlich
fut	*futur* / Futur(um), Zukunft	*nom*	*nominatif* / Nominativ, Werfall
		nordd	norddeutsch / *allemand du Nord*
gén	*génitif* / Genitiv, Wesfall	*n/pl*	*neutre pluriel* / Neutrum Plural
géogr	*géographie* / Geographie, Erdkunde	*n/pr*	*nom propre* / Eigenname
géol	*géologie* / Geologie		
gr	*grammaire* / Grammatik, Sprachlehre	*obj/dir*	*complément d'objet direct* / direktes Objekt
gym	*gymnastique* / Turnen	*obj/indir*	*complément d'objet indirect* / präpositionales Objekt
hist	*histoire, historique* / Geschichte, historisch	*od*	oder / *ou*
		opt	*optique* / Optik
		österr	österreichisch / *autrichien*
imp	*impératif* / Imperativ, Befehlsform		
impf	*imparfait* / Imperfekt(um)	P	*populaire, grossier* / Volkssprache, derb
impr	*imprimerie, typographie* / Druckwesen	*par ext*	*par extension* / im weiteren Sinne
ind	*indicatif* / Indikativ, Wirklichkeitsform	*path*	*pathologie* / Pathologie
inf	*infinitif* / Infinitiv, Grundform des Verbums	*péd*	*pédagogie* / Pädagogik, Erziehungswissenschaft
int	*interjection* / Interjektion, Ausruf	*peint*	*peinture* / Malerei
inv	*invariable* / unveränderlich	*péj*	*péjoratif* / pejorativ, abschätzig
in Zssgn	in Zusammensetzungen / *dans des composés*	*pers*	*personne* / Person
		pétr	*pétrochimie* / Petrochemie
iron	*ironique* / ironisch, spöttisch	*p/fort*	*plus fort* / im verstärkten Sinne
		philos	*philosophie* / Philosophie
j, j	jemand / *quelqu'un*	*phm*	*pharmacie* / Pharmazie, Arzneimittelkunde
jard	*jardinage* / Gartenbau		
Jh	Jahrhundert / *siècle*	*phon*	*phonétique* / Phonetik, Lautlehre
j-m, j-m	jemandem / *à quelqu'un*	*phot*	*photographie* / Photographie
j-n, j-n	jemanden / *quelqu'un*	*phys*	*physique* / Physik
j-s, j-s	jemandes / *de quelqu'un*	*phys atom*	*physique atomique, nucléaire* / Atom-, Kernphysik
jur	*droit, langage juridique* / Rechtswesen, Rechtssprache	*physiol*	*physiologie* / Physiologie, Lehre von den Lebensvorgängen
ling	*linguistique, langue* / Linguistik, Sprachwissenschaft, Sprache	*pl*	*pluriel* / Plural, Mehrzahl
		plais	*plaisant* / scherzhaft
litt	*littéraire* / literarisch	*poét*	*poétique* / poetisch, dichterisch
loc	*locution* / Wendung	*pol*	*politique* / Politik
loc/adj	*locution adjective* / als Adjektiv	*p/p*	*participe passé* / Partizip Perfekt, Mittelwort der Vergangenheit
loc/adv	*locution adverbiale* / als Adverb		
loc/conj	*locution conjonctive* / als Konjunktion	*p/pr*	*participe présent* / Partizip Präsens, Mittelwort der Gegenwart
loc/prép	*locution prépositive* / als Präposition	*pr*	*pronom* / Pronomen, Fürwort
loc/prov	*locution proverbiale* / sprichwörtliche Redensart	*pr/d*	*pronom démonstratif* / (alleinstehendes) Demonstrativpronomen, hinweisendes Fürwort
m	*masculin* / Maskulinum, männlich	*prép*	*préposition* / Präposition, Verhältniswort
mar	*marine, navigation; langage des marins* / Marine, Schiffahrt; Seemannssprache	*prés*	*présent* / Präsens, Gegenwart
		pr/i	*pronom interrogatif* / (alleinstehendes) Interrogativpronomen, fragendes Fürwort
math	*mathématiques* / Mathematik		
méd	*médecine* / Medizin	*pr/ind*	*pronom indéfini* / (alleinstehendes) Indefinitpronomen, unbestimmtes Fürwort
métall	*métallurgie* / Metallurgie, Hüttenwesen	*prot*	*protestant* / protestantisch, evangelisch
météo	*météorologie* / Meteorologie, Wetterkunde	*prov*	*proverbe* / Sprichwort

pr/pers	*pronom personnel* / Personalpronomen, persönliches Fürwort
pr/poss	*pronom possessif* / (alleinstehendes) Possessivpronomen, besitzanzeigendes Fürwort
pr/rel	*pronom relatif* / (alleinstehendes) Relativpronomen, bezügliches Fürwort
p/s	*passé simple* / historisches Perfekt
psych	*psychologie* / Psychologie
qc, *qc*	*quelque chose* / etwas
qn, *qn*	*quelqu'un* / jemand
rad	*radio* / Radio, Rundfunk, Funkwesen
rel	*religion* / Religion
rhét	*rhétorique* / Rhetorik, Redekunst
sc	*scientifique* / wissenschaftlich
schweiz	schweizerisch / *suisse*
sculp	*sculpture* / Bildhauerkunst
s-e, *s-e*	seine / *sa, son, ses*
sg	*singulier* / Singular, Einzahl
s-m, *s-m*	seinem / *à son, à sa*
s-n, *s-n*	seinen / *son, sa, à ses*
sports	*sports* / Sport
s-r, *s-r*	seiner / *de sa, de son, de ses, à sa, à son*
s-s, *s-s*	seines / *de son, de sa*
st/s	*style soutenu* / gehobener Stil
subj	*subjonctif* / Konjunktiv, Möglichkeitsform
subst	*substantif, nom; substantivement* / Substantiv, Hauptwort; substantivisch gebraucht

südd	süddeutsch / *allemand du Sud*
sup	*superlatif* / Superlativ
tech	*technique* / (industrielle) Technik
tél	*téléphone* / Telefon
télécomm	*télécommunications* / Fernmeldewesen, Nachrichtentechnik
télév	*télévision* / Fernsehen
text	*textiles* / Textilien, Textilindustrie
thé	*théâtre* / Theater
u	und / *et*
v/aux	*verbe auxiliaire* / Hilfsverb(um), Hilfszeitwort
vét	*art vétérinaire* / Veterinärmedizin, Tierheilkunde
v/i	*verbe intransitif* / intransitives Verb(um)
v/imp	*verbe impersonnel* / unpersönliches Verb(um)
vit	*viticulture* / Weinbau
v/pr	*verbe pronominal* / reflexives Verb(um)
v/t	*verbe transitif* / transitives Verb(um)
v/t/indir	*verbe transitif indirect* / Verb(um) mit Präpositionalobjekt
Wz	Warenzeichen / *nom déposé*
z B	zum Beispiel / *par exemple*
zo	*zoologie* / Zoologie, Tierkunde
Zssgn	Zusammensetzungen / *composés*

ZUR AUSSPRACHE DES FRANZÖSISCHEN
REMARQUES SUR LA PRONONCIATION DU FRANÇAIS

I. ERLÄUTERUNG DER LAUTSCHRIFTZEICHEN
EXPLICATION DES SYMBOLES PHONÉTIQUES

In der ersten Spalte stehen die im Wörterbuch verwendeten Zeichen der „Association Phonétique Internationale", in der zweiten werden Beispielwörter gegeben, aus denen die üblichen Schreibweisen des betreffenden Lautes zu erkennen sind, die dritte enthält eine summarische Lautcharakteristik.

1. Vokale

[i]	ici [isi] île [il] style [stil]	geschlossenes i (mit ge- spreizten Lippen straff artikuliert)	[ə]	dis-le [dilə] que veux-tu [kəvøty] dehors [dəɔr] autrement [otrəmɑ̃] petit [p(ə)ti][4] chemin [ʃ(ə)mɛ̃][4] temple [tɑ̃pl(ə)][5] zèbre [zɛbr(ə)][5]	kurzes, dumpfes ö (französisch: e caduc, e instable, e muet)
[e][1]	léger [leʒe] les [le] nez [ne]	geschlossenes e			
[ɛ][2]	sec [sɛk] père [pɛr] tête [tɛt] lait [lɛ] neige [nɛʒ]	offenes e	[u]	souci [susi] goût [gu] où [u]	geschlossenes, straff ge- rundetes u
[a]	patte [pat] noix [nwa]	helles a (französisch: a antérieur)	[y]	usure [yzyr] sûr [syr] j'ai eu [ʒey]	ü-Laut
[ɑ][3]	phrase [frɑz] âme [ɑm]	dunkles a (französisch: a postérieur)	[ɛ̃]	vin [vɛ̃] impair [ɛ̃pɛr] plainte [plɛ̃t] faim [fɛ̃] rein [rɛ̃] bien [bjɛ̃]	nasales ɛ
[o]	pot [po] dôme [dom] taupe [top] beau [bo]	geschlossenes o			
[ɔ]	poche [pɔʃ] Laure [lɔr] album [albɔm]	offenes o	[ɑ̃]	dans [dɑ̃] lampe [lɑ̃p] entrer [ɑ̃tre] embêter [ɑ̃bete]	nasales a
[ø]	peu [pø] nœud [nø]	geschlossenes ö	[ɔ̃]	ton [tɔ̃] pompe [pɔ̃p]	nasales o
[œ]	seul [sœl] cœur [kœr] feuille [fœj]	offenes ö	[œ̃][6]	lundi [lœ̃di] parfum [parfœ̃]	nasales œ

2. Halbvokale (Halbkonsonanten)

[j]	bien [bjɛ̃] abeille [abɛj] crayon [krɛjɔ̃]	j-Laut, gleitendes i	[ɥ]	lui [lɥi] huer [ɥe] nuage [nɥaʒ]	konsonantisches, gleiten- des ü
[w]	Louis [lwi] trois [trwa] loin [lwɛ̃]	konsonantisches, gleiten- des u			

3. Konsonanten

[p]	**p**ont [põ] a**pp**orter [apɔrte]	stimmloser p-Laut, ohne Behauchung
[t]	**t**on [tõ] **th**é [te] pa**tt**e [pat]	stimmloser t-Laut, ohne Behauchung
[k]	**c**oʊ [ku] **qu**i [ki] **ch**aos [kao] **k**épi [kepi]	stimmloser k-Laut, ohne Behauchung
[b]	ro**b**e [rɔb] a**bb**é [abe]	(„weicher") b-Laut
[d]	**d**ans [dã] a**dd**ition [adisjõ]	(„weicher") d-Laut
[g]	**g**ant [gã] **gu**eule [gœl]	(„weicher") g-Laut
[f]	neu**f** [nœf] éto**ff**e [etɔf] **ph**oto [fɔto]	f-Laut
[s]	**s**on [sõ] ta**ss**e [tɑs] **c**es [se] **ç**a [sa] se**c**tion [sɛksjõ]	(stimmloser) s-Laut
[ʃ]	**ch**ou [ʃu] ta**ch**e [taʃ]	(stimmloser) sch-Laut

[v]	**v**ent [vã] ri**v**e [riv]	w-Laut
[z]	ro**s**e [roz] **z**éro [zero]	stimmhafter s-Laut („weich")
[ʒ][7]	**j**our [ʒur] ca**g**e [kaʒ] **g**ilet [ʒilɛ]	stimmhafter sch-Laut („weich")
[l]	**l**ong [lõ] a**ll**er [ale] i**ll**ettré [i(l)letre][8]	l-Laut
[r]	**r**ue [ry] ba**rr**e [bar]	gerolltes oder geriebenes Halszäpfchen-r
[m]	**m**es [me] fe**mm**e [fam] i**mm**erger [i(m)mɛrʒe][8]	m-Laut
[n]	**n**om [nõ] a**nn**ée [ane] i**nn**é [i(n)ne][8]	n-Laut
[ɲ]	ga**gn**er [gaɲe] vi**gn**e [viɲ]	nj-Laut, mouilliertes oder palatales n
[ŋ][9]	campi**ng** [kãpiŋ]	ng-Laut
[h][10]	**h**op [(h)ɔp]	h-Laut
[x][11]	**j**erez [xerɛz] **kh**amsin [xamsin]	Ach-Laut

4. Zusätzliche Zeichen

['][12]	Linotype ['lainotaip]	Betonungszeichen: Die folgende Silbe trägt den Starkton

[ː][13]	Computer [-'pjuː-]	Längezeichen: Der vorausgehende Vokal ist lang

Bemerkungen

[1] Wird in unbetonter Stellung häufig zu einem mittleren Laut zwischen geschlossenem und offenem e: maison [mezõ, mɛ-].

[2] Wird häufig in unbetonter Stellung vor betontem [e], [i], [y] zu geschlossenem e (Vokalharmonie): aider [ede], plaisir [plezir], vêtu [vety].

[3] Dieser Laut geht heute zugunsten des hellen a zurück. Die Opposition [ɑ] — [a] dient nur in einer relativ kleinen Zahl von Wortpaaren der Bedeutungsunterscheidung: pâte — patte, tâche — tache, mâle — malle, Bâle — balle usw. Auch in diesen Fällen kann [ɑ] durch ein langes [aː] ersetzt werden. Dieser Tendenz folgend wird gelegentlich neben [ɑ] die zweite Aussprachemöglichkeit [a] angegeben.

[4] Das „e caduc", das im Satzzusammenhang (groupe rythmique) in bestimmter phonetischer Umgebung wegfallen kann, ist in runde Klammern gesetzt. Man spricht z. B. un petit garçon [œ̃ptigarsõ], aber une petite fille [ynpətitfij] (Vermeidung von Konsonantenhäufung!).

[5] In diesen Fällen wird im Gegensatz zu der in französischen Wörterbüchern üblichen Umschreibung [tãpl], [zɛbr] ein (ə) dazugesetzt, um der falschen Aussprache [tãpəl], [zɛbər] durch Deutsche vorzubeugen.

[6] Dieser Laut ist heute im Rückgang begriffen und wird immer mehr durch [ɛ̃] ersetzt. Die Opposition [œ̃] — [ɛ̃] dient nur in wenigen Wortpaaren der Bedeutungsunterscheidung: brun — brin, alun — Alain usw. Und selbst in diesen Fällen erfolgt die Verständigung eher durch den Kontext. Bei allen betreffenden Wörtern wird deshalb in der Reihenfolge [ɛ̃], [œ̃] umschrieben: lundi [lœ̃di, lœ̃-], parfum [parfœ̃, -fœ̃].

[7] Die stimmhaften Konsonanten werden innerhalb des Einzelwortes bzw. der „groupe rythmique" im Kontakt mit einem folgenden stimmlosen Konsonanten ebenfalls stimmlos; dasselbe gilt umgekehrt für stimmlose Konsonanten (Assimilation). Diese Erscheinung ist besonders auffällig bei „je": je pars [ʃpar], je sais [ʃsɛ].

[8] Kann ein in der Schrift auftretender Doppelkonsonant auch als solcher gesprochen werden (Gemination), wird der erste Konsonant in Klammern gesetzt.

[9] In Fremdwörtern aus dem Englischen.

[10] Kann in einigen Interjektionen gesprochen werden.

[11] In Fremdwörtern aus dem Spanischen bzw. Arabischen.

[12] Das Betonungszeichen steht nur innerhalb der Umschrift deutscher (Fremd)Wörter. Bei französischen Wörtern wird k e i n Betonungsakzent gesetzt, da sich ein solcher im Gegensatz zum Deutschen nicht objektiv auf eine bestimmte Silbe festlegen läßt. Zwar liegt beim isoliert gesprochenen französischen Einzelwort ein etwas stärkerer Ton auf der letzten Silbe (accent d'intensité). Dieser schwindet jedoch im Satzzusammenhang und rückt auf die letzte Silbe des Sprechtaktes, der „groupe rythmique":

la maison [lame'zõ]   la maison neuve [lamezõ'nœv]

Andererseits wird in affektiven Zusammenhängen häufig die erste, bei mit Vokal beginnenden Wörtern die zweite Silbe eines Wortes stärker betont (accent d'insistance):

c'est formidable [sɛ'fɔrmidabl(ə)]   c'est épouvantable [sɛte'puvãtabl(ə)]

) Das Längezeichen wird nur innerhalb der Umschrift deutscher (Fremd)Wörter verwendet. Bei französischen Wörtern wird es nicht gesetzt, da Länge oder Kürze eines Vokals im Französischen von sekundärer Bedeutung sind. Sie dienen im Gegensatz zum Deutschen so gut wie gar nicht zur Bedeutungsunterscheidung. Nur wenige Franzosen unterscheiden noch zwischen kurzem und langem [ɛ] in Wortpaaren wie **mettre** [mɛtr(ə)] — **maître** [mɛːtr(ə)], **lettre** [lɛtr(ə)] — **l'être** [lɛːtr(ə)]. Vielmehr ist im Französischen die Längung der Vokale von der lautlichen Umgebung abhängig. In betonter Silbe, d. h. der letzten Silbe der „groupe rythmique", werden deutlich hörbar gelängt:

a) sämtliche Vokale vor [r], [z], [ʒ], [v]:

il arrive tard [ilarivtaːr]
sur la neige [syrlanɛːʒ]

quelle belle rose [kɛlbɛlroːz]
faire grève [fɛrgrɛːv]

b) die Vokale [o], [ø], [ɑ], [õ], [ã], [ɛ̃], [œ̃], wenn ein Konsonant folgt:

sur la rive gauche [syrlarivgoːʃ]
elle est heureuse [ɛlɛtørøːz]
c'est Jacques [sɛʒɑːk]

une chaise longue [ynʃɛzlõːg]
elle est contente [ɛlɛkõtãːt]
une tranche mince [yntrãʃmɛ̃ːs]

II. BINDUNG

LIAISON

Unter Bindung versteht man im Französischen die Aussprache eines gewöhnlich stummen Endkonsonanten eines Wortes, wenn das folgende Wort mit Vokal oder stummem h beginnt. Die gebundenen Wörter müssen dem Sinn nach zusammengehören und innerhalb einer „groupe rythmique" vorkommen.

Da die Bindung eine komplexe Erscheinung ist und deshalb an dieser Stelle nicht erschöpfend behandelt werden kann, beschränken wir uns im folgenden auf die Anführung der wichtigsten unerläßlichen oder aber unmöglichen Bindungen.

1. Unerläßliche Bindungen

a) Artikel (+ Adjektiv) + Substantiv:
   bzw. Demonstrativpronomen
   bzw. Possessivpronomen
   bzw. Zahlwort

les amis [lezami]
aux armes [ozarm]
ces arbres [sezarbr(ə)]
son habit [sõnabi]
deux élèves [døzelɛv]
un petit homme [œ̃ptitɔm]
trois petits enfants [trwaptizãfã]
au premier étage [oprəmjeretaʒ]

un grand homme [œ̃grãtɔm]
(d wird in der Bindung wie t gesprochen)
un certain âge [œ̃sɛrtɛnɑʒ]
(Die Endung [ɛ̃] der betreffenden Adjektive wird in der Bindung zu [ɛ] = Entnasalierung)
bon anniversaire [bɔnanivɛrsɛr]
([bõ] wird in der Bindung zu [bɔn] entnasaliert)

b) Personalpronomen   (+ en   + Verb:
   bzw. on bzw. tout   bzw. + y)

nous allons [nuzalõ]
ils écoutent [ilzekut]
j'en ai [ʒãne]
je vous en donne [ʒvuzãdən]
il les a vus [illezavy]
on y va [õniva]
tout est fini [tutɛfini]

In umgekehrter Reihenfolge:
que dit-il? [kəditil]
sont-ils arrivés? [sõtilarive]
entend-elle? [ãtãtɛl]
(d wird in der Bindung wie t gesprochen)
prends-en [prãzã]
allons-y [alõzi]

c) c'est + folgendes Wort:

c'est un imbécile [sɛtœ̃nɛ̃besil]

c'est incroyable [sɛtɛ̃krwajabl(ə)]

d) Einige (besonders einsilbige) Präpositionen + folgendes Wort:

chez eux [ʃezø]
dans une cave [dãzynkav]
en hiver [ãnivɛr]

sans amour [sãzamur]
sous une table [suzyntabl(ə)]

e) Einige Adverbien + folgendes Wort:

très utile [trezytil]
bien aimable [bjɛ̃nɛmabl(ə)]
tout autour [tutotur]

plus heureux [plyzørø]
moins habile [mwɛ̃zabil]

2. Unmögliche Bindungen

a) zwischen zwei „groupes rythmiques“:
 maintenant il part [mɛ̃tnɑ̃ ilpar]

b) nach „et“:
 et il dit [eildi]

c) vor h aspiré:
 les héros [leero]   **en haut** [ɑ̃o]

d) vor den Zahlen un und onze:
 sur les une heure [syrleynœr]   **ils sont onze** [ilsõõz]

e) vor „oui“:
 mais oui [mɛwi]

f) zwischen Substantiv im Singular + Adjektiv:
 cas intéressant [kɑɛ̃terɛsɑ̃]   **prix élevé** [prielve]

g) zwischen substantivischem Subjekt + Verb:
 les amis arrivent [lezamiariv]

h) im Plural zusammengesetzter Substantive:
 arcs-en-ciel [arkɑ̃sjɛl]   **salles à manger** [salamɑ̃ʒe]

III. AUSSPRACHE HÄUFIGER ENDUNGEN

PRONONCIATION DES TERMINAISONS USUELLES

⁓**able** [-abl(ə)]	⁓**eau** [-o]	⁓**ie** [-i]	⁓**logiste** [-lɔʒist]
⁓**age** [-aʒ]	⁓**ée** [-e]	⁓**ien** [-jɛ̃]	⁓**logue** [-lɔg]
⁓**ain** [-ɛ̃]	⁓**éen** [-eɛ̃]	⁓**ienne** [-jɛn]	⁓**ment** [-mɑ̃]
⁓**aine** [-ɛn]	⁓**éenne** [-eɛn]	⁓**ier** [-je]	⁓**mètre** [-mɛtr(ə)]
⁓**aire** [-ɛr]	⁓**el** [-ɛl]	⁓**ière** [-jɛr]	⁓**métrie** [-metri]
⁓**ais** [-ɛ]	⁓**elle** [-ɛl]	⁓**if** [-if]	⁓**métrique** [-metrik]
⁓**aise** [-ɛz]	⁓**ement** [-mɑ̃]	⁓**ifère** [-ifɛr]	⁓**oïde** [-ɔid]
⁓**aison** [-ɛzõ]	⁓**ence** [-ɑ̃s]	⁓**in** [-ɛ̃]	⁓**oir** [-war]
⁓**al** [-al]	⁓**ent** [-ɑ̃]	⁓**ine** [-in]	⁓**oire** [-war]
⁓**ale** [-al]	⁓**ente** [-ɑ̃t]	⁓**ion** [-jõ]	⁓**ois** [-wa]
⁓**ance** [-ɑ̃s]	⁓**er** [-e]	⁓**ique** [-ik]	⁓**oise** [-waz]
⁓**and** [-ɑ̃]	⁓**ère** [-ɛr]	⁓**ir** [-ir]	⁓**on** [-õ]
⁓**ande** [-ɑ̃d]	⁓**erie** [-ri]	⁓**isation** [-izasjõ]	⁓**onne** [-ɔn]
⁓**ane** [-an]	⁓**esque** [-ɛsk]	⁓**ise** [-iz]	⁓**ose** [-oz]
⁓**ant** [-ɑ̃]	⁓**esse** [-ɛs]	⁓**iser** [-ize]	⁓**ote** [-ɔt]
⁓**ante** [-ɑ̃t]	⁓**et** [-ɛ]	⁓**isme** [-ism(ə)]	⁓**otte** [-ɔt]
⁓**ard** [-ar]	⁓**ette** [-ɛt]	⁓**issage** [-isaʒ]	⁓**scope** [-skɔp]
⁓**arde** [-ard]	⁓**eur** [-œr]	⁓**issant** [-isɑ̃]	⁓**scopie** [-skɔpi]
⁓**ase** [-az]	⁓**euse** [-øz]	⁓**issement** [-ismɑ̃]	⁓**scopique** [-skɔpik]
⁓**at** [-a]	⁓**eux** [-ø]	⁓**isseur** [-isœr]	⁓**té** [-te]
⁓**ate** [-at]	⁓**fication** [-fikasjõ]	⁓**iste** [-ist]	⁓**teur** [-tœr]
⁓**ateur** [-atœr]	⁓**fier** [-fje]	⁓**ite** [-it]	⁓**tion** [-sjõ]
⁓**ation** [-asjõ]	⁓**graphe** [-graf]	⁓**ité** [-ite]	⁓**tique** [-tik]
⁓**aud** [-o]	⁓**graphie** [-grafi]	⁓**ition** [-isjõ]	⁓**toire** [-twar]
⁓**aude** [-od]	⁓**graphique** [-grafik]	⁓**ive** [-iv]	⁓**trice** [-tris]
⁓**aux** [-o]	⁓**ible** [-ibl(ə)]	⁓**logie** [-lɔʒi]	⁓**ule** [-yl]
⁓**é** [-e]	⁓**ide** [-id]	⁓**logique** [-lɔʒik]	⁓**ure** [-yr]

SILBENTRENNUNG IM FRANZÖSISCHEN
DIVISION DES MOTS EN FRANÇAIS

Die Trennung eines Wortes am Zeilenende erfolgt im Französischen nach Sprechsilben. Dabei gelten folgende Regeln:

1. Ein einzelner Konsonant zwischen zwei Vokalen tritt zur folgenden Silbe,

   z. B.   **di-ri-ger, pay-san, pro-me-na-de, thé-ra-peu-ti-que**

   Ausnahme: Bei x zwischen zwei Vokalen wird im allgemeinen nicht getrennt,

   z. B.   **Saxon, rixe**

2. Von zwei oder mehr Konsonanten zwischen zwei Vokalen tritt nur der letzte Konsonant zur folgenden Silbe,

   z. B.   **par-tir, ex-cur-sion, res-ter, doc-ker, chas-seur, nom-mer,**
   ail-leurs (mouilliertes l ist trennbar),

   comp-ter, isth-mi-que, cons-cien-ce, subs-tan-tif
   (auch etymologische Trennung **con-science, sub-stantif** ist möglich, aber nicht üblich)

   Dabei gelten folgende Ausnahmen:

   a) Konsonant + l oder + r werden nicht getrennt,

   z. B.   **ci-ble, es-clan-dre, an-glais, dé-sas-tre, af-freux, ins-truit**

   b) Die einen einzigen Laut darstellenden Konsonantenpaare ch, gn, ph, th werden nicht getrennt,

   z. B.   **ro-cher, ga-gner, or-tho-gra-phe**

3. Mehrere aufeinanderfolgende Vokale werden nicht getrennt,

   z. B.   **théâ-tre, poè-me, priè-re, sec-tion, voya-ge, muet, croyons, louaient**

   Ausnahme: Ein Präfix kann vom Stamm getrennt werden,

   z. B.   **pré-avis, an-ti-al-coo-li-que**

4. Ein einzelner Vokal am Anfang eines Wortes kann nicht abgetrennt werden,

   z. B.   **état, abré-ger, oser**

   Ausnahme: Nach Elision ist Trennung möglich,

   z. B.   **qu'a-vec**

5. Nach dem Apostroph darf nicht getrennt werden,

   z. B.   **au-jour-d'hui, puis-qu'il**

ZEICHENSETZUNG IM FRANZÖSISCHEN
PONCTUATION FRANÇAISE

1. Punkt, Strichpunkt, Doppelpunkt, Fragezeichen, Ausrufezeichen, Gedankenstrich, runde Klammern, eckige Klammern, Auslassungspunkte und Anführungszeichen (im Französischen « ») werden im wesentlichen wie im Deutschen gebraucht.

An geringen Abweichungen sind zu erwähnen:

Der Punkt wird im allgemeinen auch in Abkürzungen wie **H.L.M., S.N.C.F., U.S.A.** usw. gesetzt.

Kein Punkt steht nach Ordnungszahlen: **1er** bzw. **1re, 2^e, 3^e** usw.

Das Datum wird meist so geschrieben: **12-10-79** oder **12/10/79**

Das Ausrufezeichen steht nie nach der Anrede am Briefanfang:

Monsieur,

J'ai l'honneur de vous faire savoir ...

2. Einige bedeutende Abweichungen vom Deutschen sind dagegen beim Gebrauch des Kommas zu verzeichnen:

a) Längere adverbiale Bestimmungen zu Beginn eines Satzes werden durch Komma abgetrennt:

A trois heures, il n'était toujours pas arrivé. Avec lui, il faut se méfier.

b) Nicht durch Komma abgetrennt werden dagegen:

Objektsätze **(Je sais qu'il a tort.)**

indirekte Fragesätze **(Je me demande s'il n'est pas malade.)**

nachgestellte Adverbialsätze **(J'irai le voir avant qu'il parte.)**

zum Verständnis des Hauptsatzes notwendige Relativsätze **(Le livre que tu m'as prêté ne me plaît pas.)**

Infinitivgruppen **(Il m'a prié de l'aider.)**

c) Vor „etc." steht im Französischen ein Komma:

Paris, Londres, Berlin, etc.

FRANZÖSISCH-DEUTSCHES WÖRTERVERZEICHNIS

DICTIONNAIRE FRANÇAIS-ALLEMAND

A

A, a[1] [ɑ, a] *m* ⟨*inv*⟩ A, a *n*; **A majuscule** großes A; **a minuscule** kleines a; **la bombe A** die A-Bombe; **die A¹tom-bombe;** *fig:* **depuis A jusqu'à Z** *od* **de A à Z** von A bis Z; von Anfang bis Ende; vom Anfang bis zum Ende; **démon-trer, prouver qc par A + B**etw (F klipp und) klar beweisen; **ne savoir ni a ni b** (rein) gar nichts wissen; höchst unwissend sein

a[2] [a] *cf* **avoir**

à [a] *prép* ⟨,,à le" wird zu **au**, ,,à les" zu **aux** zusammengezogen⟩ **1.** *räumlich:* **a)** *Ort (auf die Frage wo?):* in, auf, an, zu (+*dat*); **être, rester, arriver ~ Paris, Berlin** (*bei Städten*) in Paris, Berlin; **au Havre, aux Eyzies** in Le Havre, in Les Eyzies; **au Canada, Portugal** (*bei männlichen Ländernamen, die mit Konsonant beginnen*) in Kanada, Portugal; **aux États-Unis** (*bei Ländernamen im Plural*) in den Vereinigten Staaten; **~ Chypre, Cuba, Madagascar** (*bei Inseln*) auf Zypern, Kuba, Madagaskar; ◆ **~ la campagne** auf dem Land; **~ l'étranger** im Ausland; **~ la fenêtre** am Fenster; **~ la frontière** an der Grenze; **la gare** am, auf dem Bahnhof; **~ l'hôtel** im Hotel; **tenir un journal ~ la main** e-e Zeitung in der Hand halten; **être blessé ~ la main** an der Hand verletzt sein *bzw* werden; **~ la maison** zu Hause; **~ la mer** am Meer; an der See; **être assis aux pieds de qn** zu j-s Füßen sitzen; **j'ai mal aux pieds** mir tun die Füße weh; **~ la porte** an, vor der Tür; **au premier (étage)** im ersten Stock; **boi-re ~ une source** aus e-r Quelle trinken; *fig* **être ~ la source** an der Quelle sitzen; *cf auch unter den betreffenden Substantiven;* **b)** *Richtung (auf die Frage wohin?):* nach (+ *dat*), in, an, auf (+*acc*) (+*dat*); **aller, envoyer, venir, etc ~ Paris, au Canada, ~ Chypre** nach Paris, nach Kanada, nach Zypern; **un voyage ~ Paris** e-e Reise nach Paris; **du nord au sud** von Nord(en) nach Süd(en); **aller ~ la campagne, ~ l'étranger** aufs Land, ins Ausland gehen, fahren; F **aller au coiffeur, au boulanger,** *etc* zum Friseur, zum Bäcker *etc* gehen; **courir ~ la gare** zum Bahnhof rennen; **écrire ~ la maison** nach Hause schreiben; **jeter ~ l'eau** ins Wasser werfen; **se rendre ~ la mer** sich ans Meer, an die See begeben; **2.** *zeitlich:* **~ vingt ans** mit zwanzig (Jahren); **~ l'apparition du président** beim Erscheinen des Präsidenten; **~ son arrivée** bei s-r Ankunft; **~ l'aube** im Morgengrauen; **au début** am Anfang; *cf auch* **début 1.; ~ l'époque de Louis XIV** zur Zeit Ludwigs XIV.; **~ six heures** um sechs (Uhr); **~ toute heure** zu jeder Tageszeit; *geöffnet* ganztägig; **au 14 Juillet** (*als Fest*) am 14. Juli;

midi um zwölf (Uhr) (mittags); **au mois de janvier** im (Monat) Januar; **~ sa mort** bei s-m Tode; **Noël, ~ Pâques, ~ la Pentecôte, ~ la Toussaint** (zu, an) Weihnachten, Ostern, Pfingsten, Allerheiligen; **~ cette occasion** bei dieser Gelegenheit; **au printemps** im Frühling; **au premier signe** beim ersten Wink; ◆ **~ bientôt!, ~ demain!, ~ lundi!,** *etc* bis, auf bald!, bis, auf morgen!, bis, auf Montag! *etc;* **~ ce jour** bis zum heutigen Tag; **3.** *Ziel:* **a)** *nach Substantiven zur Bezeichnung des Zwecks:* **machine** *f* **~ écrire** Schreibmaschine *f;* **marché** *m* **aux poissons** Fischmarkt *m;* **poudre** *f* **~ canon** Schießpulver *n;* **tasse** *f* **~ café** Kaffeetasse *f;* **b)** *nach Verben, Adjektiven und Substantiven zur Einführung des Objektes: oft mit dat zu übersetzen;* ◆ **arra-cher aux flammes** den Flammen entreißen; **consentir ~ ce que ...** (+*subj*) darin einwilligen, damit einverstanden sein, daß ...; **être destiné ~ qn** für j-n bestimmt sein; **donner qc ~ qn** j-m etw geben; **se heurter ~ des difficultés** auf Schwierigkeiten stoßen; **obéir ~ qn** j-m gehorchen; **penser ~ qn** an j-n denken; **tendre ~ la perfection** nach Vollkommenheit streben; ◆ **fidèle ~ qn, ~ qc** j-m, e-r Sache treu; **bon ~ rien** zu nichts nütze; **c'est très aimable ~ vous** das ist sehr nett von Ihnen; **conformément ~ qc** gemäß e-r Sache (*dat*); ◆ **attentat** *m* **~ la pudeur** unzüchtige Handlung; Unzucht *f;* **recours** *m* **~ la violence** Anwendung *f* von Gewalt; Gewaltanwendung *f;* ◆ *ellip:* **au feu!** Feuer!; es brennt!; **au secours!** Hilfe!; **~ votre santé!** auf Ihr Wohl!; prost!; **~ toi!** du bist an der Reihe!; du bist dran!; F **~ nous deux** *cf* **deux I; ~ vous Paris!** Paris bitte melden!; ich rufe *bzw* wir rufen Paris; **~ lui de se décider** es ist an ihm, sich zu entscheiden; er muß sich entscheiden; *Widmung* **~ ma femme bien aimée** meiner lieben Frau; **c)** *mit folgendem Infinitiv:* zu; **avoir beau-coup ~ faire** viel zu tun haben; **donner ~ manger, ~ boire** zu essen, zu trinken geben; **cette maison est ~ vendre** dieses Haus ist zu verkaufen; **c'est facile ~ traduire** das ist leicht zu über¹setzen; das läßt sich leicht übersetzen; **servir ~ écrire** zum Schreiben dienen; ◆ **film** *m* **~ voir** sehenswerter Film; **problème** *m* **~ résoudre** Problem, das zu lösen ist, das gelöst werden muß, das es zu lösen gilt; **ce n'est pas un livre ~ lire avant de s'endormir** dieses Buch sollte man nicht vor dem Einschlafen lesen; **le premier, le der-nier, le seul ~ faire qc** der erste, der letzte, der einzige, der etw tut; **4.** *Zuge-hörigkeit:* **ce livre est ~ moi** dieses Buch

gehört mir; c'est mon livre ~ moi das ist m e i n Buch; **il a un style ~ lui** er hat e-n eigenen Stil; **un ami ~ moi** ein Freund von mir; **fils** *m* **~ papa** verwöhnter Sohn e-s reichen Vaters; F **la fille ~ ma tante** die Tochter meiner Tante; F **le livre ~ Pierre** Peters Buch; F dem Peter sein Buch; **5.** *Art und Weise:* **a)** *zur Bezeichnung des Mittels:* **~ bicyclette** mit dem (Fahr)Rad; **~ cheval** zu Pferd; **~ crédit** auf Kredit; **~ mes frais** auf meine Kosten; **~ la nage** schwimmend; **~ pied** zu Fuß; ◆ **se chauffer au mazout** mit Öl heizen; **écrire ~ la main, ~ la machine, au crayon** mit der Hand, auf *od* mit der Maschine, mit Bleistift schreiben; **pêcher ~ la ligne** angeln; ◆ **avion** *m* **~ réaction** Düsenflugzeug *n;* **instrument** *m* **~ cordes** Saiteninstrument *n;* **moulin** *m* **~ vent** Windmühle *f;* **b)** *zur Charakterisierung:* **un enfant aux yeux bleus** ein Kind mit blauen Augen; ein blauäugiges Kind; **film** *m* **~ succès** Erfolgsfilm *m;* **l'homme aux lunettes noires** der Mann mit der dunklen Brille; **une maison ~ trois étages** ein dreistöckiges Haus; **tissu** *m* **~ rayures** gestreifter Stoff; ◆ **joli, mignon ~ croquer** zum Anbeißen (hübsch); **laid ~ faire peur** abstoßend häßlich; ◆ **~ la française, ~ l'italienne,** *etc* auf französische, italienische *etc* Art; F **~ la Picasso** nach Picassos Art; im Stile Picassos; F **à la Picasso;** *loc/adv u loc/prép:* **~ l'aveuglette, ~ merveille,** *etc,* **~ base de, ~ raison de,** *etc cf* unter den betreffenden Stichwörtern; **c)** *in einleitenden hypothetischen Wendungen:* **~ dire vrai, ~ vrai dire** offen gestanden; **~ ce qu'on m'a dit** so¹viel ich gehört habe; **~ l'entendre on dirait qu'il ...** wenn man ihn hört, könnte man meinen, er ...; **~ ce que je vois** so¹viel, so¹weit, wie ich sehe; **~ vouloir trop faire** wenn man zuviel tun will; **6.** *Maß- und Zahlenverhältnisse:* **~ la douzaine** dutzendweise; **au kilo** kiloweise; **au mètre** meterweise; **au poids** nach Gewicht; ◆ **~ 20 F (la) pièce** das Stück zu 20 Franc; **une place ~ 5 F** e-e (Eintritts)Karte zu 5 Franc; **~ ce prix** für diesen Preis; zu diesem Preis; ◆ **~ cinq** zu fünft; zu fünfen; **~ plusieurs** zu mehreren; ◆ **un ~ un** einer nach dem andern; einzeln; **deux ~ deux** je zwei und zwei; immer zwei; paarweise; **goutte ~ goutte** tropfenweise; **pas ~ pas** [pazapa] Schritt für Schritt; schrittweise; ◆ **~ 10 km de la ville** 10 km von der Stadt (entfernt); **~ 100 m d'ici** 100 m von hier; **on voit ~ 50 m** man sieht 50 m weit; ◆ **~ 100 degrés** bei 100 Grad; **la ville est aux trois quarts détruite** die Stadt ist zu drei Vierteln zerstört; **rouler ~ 100 ~**

l'heure mit 100 Stundenkilometern fahren; ♦ quarante ~ cinquante mille habitants vierzig- bis fünfzigtausend Einwohner; 4 ~ 5 heures 4 bis 5 Stunden; de 4 ~ 6 heures von 4 bis 6 Uhr; vents faibles ~ modérés schwache bis mäßige Winde; ♦ x est ~ a ce que b est ~ c x verhält sich zu a wie b zu c; gagner par trois ~ un (3-1) (mit) drei zu eins (3:1) gewinnen; ~ dix contre un zehn gegen einen

abaca [abaka] *m bot* **a)** Baum Aˈbaka *m od f (auch Produkt);* Faserbanane *f;* **b)** Produkt Maˈnilahanf *m*

abaiss|able [abɛsabl(ə)] *adj* herˈablaßbar; *Sitz* hochklappbar; **~ant** *adj* erniedrigend; demütigend; entwürdigend

abaisse [abɛs] *f cuis* (ausgerollter) Teig; (Kuchen)Boden *m;* **~-langue** *m ⟨inv⟩ méd* Zungenspatel *m od m*, -halter *m*

abaissement [abɛsmɑ̃] *m* **1.** *e-s Rolladens etc* Herˈablassen *n; e-r Mauer* Abtragen *n*, -ung *f; des Geländes* Abfallen *n;* **2.** *der Preise, des Niveaus etc* Senkung *f;* Herˈabsetzung *f; der Temperatur* (Ab-)Sinken *n bzw künstlich* Erniedrigung *f,* Senken *n (auch tech des Schmelzpunktes etc); der Stimme* Sinkenlassen *n; phys e-s Tones* Fallen *n; mus e-s Tones* Erniedrigung *f; math e-s Lotes* Fällen *n; e-r Gleichung* Redukti'on *f;* **3.** *fig, meist litt* Erniedrigung *f (auch Zustand u rel);* Demütigung *f;* Herˈabwürdigung *f*

abaisser [abɛse] **I** *v/t* **1.** *Hebel* herˈunterdrücken; nach unten stellen; *Mauer* niedriger machen; abtragen; *Teig* (dünner) ausrollen; **~ les paupières, les yeux** die Augen niederschlagen; *st/s* **~ sa tête, son front** das Haupt, die Stirn beugen, neigen; *cf auch* **baisser; 2.** *Preis, Niveau etc* senken; herˈabsetzen; *tech Schmelzpunkt etc, mus Ton* erniedrigen; *math Gleichung* redu'zieren; *Geometrie* **~ une perpendiculaire** ein Lot fällen; *beim Dividieren* **~ un chiffre** e-e Zahl herˈunterziehen, -holen; **3.** *fig* erniedrigen; demütigen; *j-s Verdienst* schmälern; **II** *v/pr* **s'~ 4.** *Augen, Stimme etc* sich senken; *Gelände auch* abfallen; **5.** *fig* sich erniedrigen; sich demütigen; sich herˈablassen (**à faire qc** etw zu tun); **s'~ (jusqu')à faire qc** sich zu e-r herˈabwürdigen; sich nicht schämen, etw zu tun; **ce serait m'~ que de** (+*inf*) ich halte es für unter meiner Würde zu (+*inf*)

abaisseur [abɛsœr] *adj u subst m anat* (muscle **~**) De'pressor *m*

abajoue [abaʒu] *f* **1.** *zo* Backentasche *f;* **2.** F *fig* Hängebacke *f*

abandon [abɑ̃dɔ̃] *m* **1.** Verlassen *n; jur:* **~ du domicile conjugal** böswilliges Verlassen; **~ d'enfant** Kindesaussetzung *f;* **~ de famille** Verletzung *f der* 'Unterhaltspflicht; *bes mil* **~ de poste** Verlassen des Postens; **2.** Aufgabe *f (auch im Sport);* Verzicht *m* (**de** auf + *acc*); Preisgabe *f;* Über'lassung *f; jur, mar* Aban'don *m;* **~ de biens** Vermögensaufgabe *f;* **politique** *f* **d'~** Verzichtpolitik *f; sports* **vainqueur** *m* **par ~** Sieger *m* durch Aufgabe; **3.** Verwahrlosung *f;* Verlassenheit *f;* **avoir un air d'~** verwahrlost aussehen; **laisser à l'~** verwahrlosen, *Garten etc auch* verwildern lassen; **laisser ses enfants à l'~** s-e Kinder verwahrlosen lassen; **laisser ses affaires à l'~** s-e Geschäfte vernachlässigen; **4.** Hingabe *f;* **~ à Dieu** Hingabe an Gott; **~ de soi-même** Selbstverleugnung *f;* **5.** Ungezwungenheit *f;* Gelöstheit *f;* lässige Anmut; *meist iron* **dans une pose pleine d'~** wie hingegossen; **parler avec ~** offen, ungezwungen, vertrauensvoll sprechen

abandonnataire [abɑ̃dɔnatɛr] *m jur* Per'son *f,* zu deren Gunsten ein Abanˈdon eintritt

abandonné [abɑ̃dɔne] **I** *adj* **1.** *Person, Haus etc* verlassen; verwahrlost; *Güter, Tier* herrenlos; *Ort, Gegend* verlassen; verödet; *Bergwerk* aufgelassen; verlassen; **terres ~es** Ödland *n;* **2.** *Haltung, Pose* gelöst; ungezwungen; *litt Sitten* zügellos; **II** *subst* **~(e)** *m(f)* Verlassene(r) *f(m)*

abandonner [abɑ̃dɔne] **I** *v/t* **1.** *Person* verlassen; im Stich lassen; *Neugeborenes, Tier* aussetzen; **ses forces l'abandonnèrent** s-e Kräfte verließen ihn; **2.** *Ort, Gegend etc* (für immer) verlassen; **3.** *Beruf, Studium, Plan, Kampf, im Sport, Schiff etc* aufgeben; *Güter* aufgeben; verzichten auf (+*acc*); *jur, mar* abanˈdon'nieren; *Material auf der Flucht etc* zu'rücklassen; *Hoffnung* aufgeben; fahrenlassen; *Anklage* fallenlassen; *Pflicht etc* vernachlässigen; *Garten etc* verwahrlosen lassen; *abs* j'abandonne! ich gebe auf!; **~ ses fonctions** sein Amt niederlegen; **~ la partie** den Kampf aufgeben; *st/s* **~ de ses prétentions** s-e Ansprüche mäßigen; **faire ~ un projet à qn** j-n von e-m Vorhaben abbringen; **4.** über'lassen; preisgeben; *Stadt etc* **~ au pillage** der Plünderung preisgeben; *Person* **~ à son sort** s-m Schicksal überlassen, preisgeben; **~ à qn le soin de faire qc** es j-m überlassen, etw zu tun; j-m die Sorge für etw überlassen; **être abandonné à soi-même** sich selbst überlassen sein. **5.** loslassen; **~ les rênes** die Zügel loslassen; **II** *v/pr* **s'~ 6.** sich hingeben, sich über'lassen (**à un sentiment** e-m Gefühl); **s'~ à une pensée** e-m Gedanken nachhängen; **s'~ à son sort** sich in sein Schicksal ergeben; resiˈgnieren; **s'~ à un vice** sich e-m Laster ergeben; **7.** ungezwungen, gelöst hinsinken; **s'~ dans un fauteuil** (mit lässiger Anmut) in e-n Sessel sinken; **8.** sich aussprechen; sein Herz ausschütten

abandonnique [abɑ̃dɔnik] *adj psych* **enfant** *m* **~** seelisch vernachlässigtes, verwahrlostes Kind

abaque [abak] *m* **1.** *arch* Abakus *m;* Deckplatte *f (des Kapitells);* **2.** *math* Rechenbrett *n; par ext* Nomoˈgramm *n;* **3.** *in der Antike* Abakus *m;* Spiel-, Rechenbrett *n*

abasourd|i [abazurdi] *adj* **1.** *durch Lärm* benommen; betäubt; verdutzt; **~ir** *v/t* **1.** *Lärm* **~ qn** j-n (ganz) benommen machen, betäuben; **2.** *fig* verblüffen; verdutzen; **~issant** *adj* verblüffend; verdutzend; **~issement** *m* **1.** Benommenheit *f;* **2.** *fig* Verblüffung *f*

abâtard|ir [abatardir] **I** *v/t meist fig* bastar'dieren; verderben; **II** *v/pr* **s'~** entarten; degeneˈrieren; *nur fig* verderben; **~issement** *m* Entartung *f;* Bastar'dierung *f*

abat-jour [abaʒur] *m ⟨inv⟩* **1.** Lampenschirm *m;* **2.** *arch* sich nach innen erweiterndes Fenster; Lichtöffnung *f*

abats [aba] *m/pl von Schlachttieren* Inneˈreien *f/pl*, Kopf *m* und Füße *m/pl; Schlachtabfälle m/pl; cf auch* **abattis 1.**

abat-son [abasɔ̃] *m ⟨inv⟩* an Glockentürmen Schallöcher *n/pl;* Schallfenster *n*

abattage [abataʒ] *m* **1.** *von Bäumen* Fällen *n, von Holzfällen n,* -hauen *n;* **2.** *mines* Abbau *m;* Hauen *n;* **3.** *von Schlachttieren* Schlachten *n;* **4.** *mar e-s Schiffes* **~ en carène** Kielholen *n;* **5.** *fig* **avoir de l'~** Schwung haben; alle mitreißen

abatt|ant [abatɑ̃] *m* (Klapp)Deckel *m; an Möbeln* herˈunterklappbare Schreib-

platte; **~ de W.-C.** Kloˈsettdeckel *m,* -brille *f;* **~ée** *f* **1.** *mar* Abfallen *n;* **2.** *aviat* 'Durchsacken *n*

abatt|ement [abatmɑ̃] *m* **1.** *fin* Abschlag *m;* Nachlaß *m;* Ermäßigung *f; bei der Einkommensteuer* **~ à la base** (Steuer)Freibetrag *m; in Frankreich* **~ de zone** Abschlag vom Pariser Tarif *je nach Zone (bei Löhnen, Kindergeld etc); in Deutschland etwa* Ortsklasse(n) *f(pl);* **2.** *von e-r Person* **a)** körperlich Mattigkeit *f;* Kraftlosigkeit *f;* Schwäche *f;* **b)** seelisch Niedergeschlagenheit *f;* **tirer qn de son ~** j-n aufrichten; **~eur** *m* c'est un grand ~ de besogne, de travail er ist ein flinker *od* tüchtiger Arbeiter

abatt|is [abati] **1.** *m/pl von Geflügel* (Hühner-, Gänse)Klein *n;* **~ de poulet** Hühnerklein *n;* **2.** *m/pl* F *fig* Gliedmaßen *f/pl;* Extremiˈtäten *f/pl;* F Knochen *m/pl; Drohung* **tu peux numéroter tes ~!** F laß deine Knochen numerieren!; *nach e-m Unfall etc* **numéroter ses ~** F s-e Knochen zu'sammensuchen; **3.** *m mil* (Baum)Verhau *m od n;* **faire des ~** Verhaue anlegen; **~oir** *m oft pl* **~s** Schlachthaus *n,* -hof *m; fig* **envoyer les soldats à l'~** die Soldaten in ein Blutbad schicken; F verheizen

abattre [abatr(ə)] *⟨cf* **battre⟩ I** *v/t* **1.** *Baum* fällen; *Mauer, Haus* niederreißen; *Kegel* 'umlegen, -werfen; *Flugzeug* abschießen; *Nüsse von e-m Baum* herˈunterschlagen; *Erz, Kohle* abbauen; hauen; *sports* **~ son adversaire** s-n Gegner zu Boden werfen; **~ les angles aigus d'une pierre** die scharfen Kanten e-s Steins abschlagen, abrunden; **2.** *Schlachtvieh* schlachten; *ch Wild* erlegen; schießen; zur Strecke bringen; *verletztes Rennpferd, tollwütiges Tier* töten; **3.** **~ qn (à coups de revolver, de mitraillette,** *etc)* j-n niederschießen, erschießen, *péj* abknallen; **~ qn à coups de matraque** j-n zu Tode knüppeln; **l'homme** *m* **à ~** der Mann, der erledigt, F abgeschossen werden muß; *par ext* **~ une puissance ennemie** e-e feindliche Macht niederwerfen; **4.** **~ de la besogne, du travail** flink, tüchtig arbeiten; F viel, e-e Menge wegarbeiten, (-)schaffen; F **~ la besogne de trois ouvriers** F für drei arbeiten; die Arbeit von drei Leuten leisten; **5.** **~ son jeu, ses cartes** s-e Karten aufdecken, (offen) auf den Tisch legen *(beide auch fig);* **6.** *mar Schiff* **~ en carène** kielholen; **7.** *fig* **~ qn** *Fieber, Krankheit* j-n schwächen, entkräften; *Unglück, Mißerfolg* j-n niedergeschlagen machen, niederdrükken; **le moindre effort l'abat** die kleinste Anstrengung nimmt ihm jegliche Kraft, verbraucht s-e Kräfte; **il ne faut pas se laisser ~** man darf sich nicht 'unterkriegen lassen; **II** *v/i* **8.** *mar* abfallen; **III** *v/pr* **9.** **s'~** *Baum, Mast* 'umstürzen; *Pferd* stürzen; *Person* **s'~** zuˈsammensacken; *Wind* sich legen; *Flugzeug* abstürzen; **s'~ en flammes** brennend abstürzen; **l'avion s'est abattu sur une maison** das Flugzeug ist auf ein Haus gestürzt; **10.** **s'~ sur** *Regen* niedergehen, -prasseln auf (+*acc*); *Gewitter* niedergehen auf (+*acc*); *Raubvogel* herˈabschießen auf (+*acc*); *Vogelschwarm* sich niederlassen auf (+*dat*); *Heuschrecken* herfallen über (+*acc*); *Unglück* kommen über (+*acc*); **les coups s'abattaient sur lui** die Schläge prasselten, hagelten auf ihn nieder; **une nuée de touristes s'abat sur la ville** ein Touristenschwarm ergießt sich über, F überˈfällt die Stadt

abattu [abaty] **I** *adj* **1.** *Kranker* ge-

schwächt; matt; kraftlos; **2.** *seelisch* niedergeschlagen, -gedrückt; **II** *m* Gewehrhahn au cran de l'~ entspannt

abat|-vent [abavã] *m* ⟨*inv*⟩ **1.** (kleines) Wetterdach; Windschutz *m*; **2.** Schornsteinaufsatz *m*, -kappe *f*; **~-voix** *m* ⟨*inv*⟩ e-r Kanzel Schalldeckel *m*

abbatial [abasjal] *adj* ⟨-aux⟩ Ab'tei...; Abts...; **église** ~e *od subst* ~e *f* Abteikirche *f*

abbaye [abei] *f* Ab'tei *f*; ~ bénédictine Benedik'tinerabtei *f*

abbé [abe] *m égl* **1.** *in Frankreich* Geistliche(r) *m*, Pfarrer *m* (*der nicht "curé" ist*); *oft, bes mit nachfolgendem Namen* Abbé *m*; *Anrede, Titel* **Monsieur** l'~ Herr Pfarrer; **2.** *e-s Klosters* Abt *m*; *hist* ~ **crossé et mitré** infu'lierter Abt; ~ **commendataire, laïque** Kommenda'tar-, Laienabt *m*

abbesse [abɛs] *f égl* Äb'tissin *f*

abc [abese] *m* **1.** Abc-Buch *n*; Fibel *f*; **2.** *fig* Abc *n*; Einmal'eins *n*; Anfangsgründe *m/pl*; Grundlage *f*; l'~ **du bricolage** das Bastel-Abc; **la politesse est** l'~ **de ce métier** Höflichkeit ist die Grundlage dieses Berufs; **n'en être qu'à** l'~ **de qc** erst die Anfangsgründe von etw kennen

abcéder [apsede] *v/i* ⟨-è-⟩ *path* (ver-) eitern; *sc* abs'zedieren

abcès [apsɛ] *m path* Ab'szeß *m*; ~ **chaud** akuter, heißer Abszeß; ~ **froid** chronischer, kalter Abszeß; *fig* **crever** l'~ ein Übel durch e-n brutalen Eingriff aus der Welt schaffen; das Übel mit der Wurzel ausreißen

abdication [abdikasjõ] *f* **1.** *e-s Herrschers* Abdankung *f*; **2.** *fig* Verzicht *m* (**de** auf + *acc*); Aufgabe *f*; Rückzug *m*; Abdankung *f*

abdiquer [abdike] **I** *v/t* **1.** *Herrscher* ~ **la couronne, le trône de** die Krone, dem Thron entsagen; **2.** *fig* verzichten auf (+*acc*); aufgeben; **II** *v/i* **3.** *Herrscher* abdanken; **4.** *fig* aufgeben; verzichten; abdanken; sich zu'rückziehen; **j'abdique** ich gebe auf; ~ **devant les difficultés** vor den Schwierigkeiten aufgeben, kapitu'lieren

abdomen [abdɔmɛn] *m* **1.** *anat* Bauch *m*; 'Unterleib *m* (*im weiteren Sinn*); *sc* Ab'domen *n*; **2.** *von Insekten* 'Hinterleib *m*

abdominal [abdɔminal] *adj* ⟨-aux⟩ *anat* Bauch...; 'Unterleibs...; *sc* abdomi'nal; **cavité** ~e Bauchhöhle *f*; **muscles abdominaux** *od subst* **abdominaux** *m/pl* Bauchmuskeln *m/pl*; *par ext gym* **faire des abdominaux** Übungen *f/pl* zur Kräftigung der Bauchmuskeln machen

abduc|teur [abdyktœr] *adj* ⟨*nur m*⟩ **1.** *anat* **muscle** ~ *od subst* ~ *m* Ab'duktor *m*; Abzieher *m*; Abzieh-, Streckmuskel *m*; **2.** *chim* **tube** ~ (Gas)Ableitungsrohr *n*; **~tion** *f physiol* Abdukti'on *f*; Wegbewegung *f* von der Körperachse; Abspreizen *n* (*der Finger und Zehen*)

abécédaire [abesedɛr] *m* Abc-Buch *n*; Fibel *f*

abée [abe] *f e-r Mühle* Zuströmöffnung *f*

abeille [abɛj] *f zo* Biene *f*; *poét* Imme *f*; *hist* **les** ~**s impériales** das Napoleonische, kaiserliche Bienenemblem; ~ **mellifère** Honigbiene *f*; ~ **ouvrière** Arbeiterin *f*; ~ **sociale** soziale, staatenbildende Biene; ~ **solitaire** solitäre Biene; **venin** *m* d'~ Bienengift *m*; **se faire piquer par une** ~ von e-r Biene gestochen werden

abeillerolle [abɛjrɔl] *m zo* Bienenfresser *m*

abélie [abeli] *f bot* A'belia *f*

abélien [abeljɛ̃] *adj* ⟨-**ne**⟩ *math* Abelsche(r, -s); **groupe** ~ Abelsche Gruppe;

---

intégrales ~**nes** Abelsche Integrale *n/pl*

aber [abɛr] *m in der Bretagne* (*Art*) kleiner Fjord

aberrant [abɛrã] *adj* **1.** *Idee, Verhalten etc* abwegig; irrig; *p/fort* irrsinnig; absurd; **2.** (*von der Norm*) abweichend; *sc* aber'rant; **phénomène** ~ abweichende Erscheinung

aberration [abɛrasjõ] *f* **1.** Verirrung *f*; Verblendung *f*; Geistesverwirrung *f*; *par ext* Absurdi'tät *f*; **quelle** ~! was für e-e Verirrung!; *path* ~ **mentale** Geistesverwirrung *f*, -störung *f*; **2.** *astr* Aberrati'on *f*, -störung *f*; **2.** *opt* ~ **chromatique** chromatische Aberration; Farbabweichung *f*; **3.** *opt* ~ **chromatique** chromatische Aberration; Farbabweichung *f*; Farbfehler *m*; ~ **sphérique** *od* **de sphéricité** sphärische Aberration; Öffnungsfehler *m*; **4.** *biol* ~ **chromosomique** Chromo'somenaberration *f*

aberrer [abɛre] *st/s v/i* abweichen; *fig* (sich) irren; sich täuschen

abêt|ir [abɛtir] **I** *v/t* verdummen; abstumpfen; **II** *v/pr* **s'~** verdummen; verblöden; **s'~ de jour en jour** von Tag zu Tag dümmer werden; **~issant** *adj* stumpfsinnig; geisttötend; **~issement** *m* Verdummung *f*; Verblödung *f* (*auch Zustand*); Zustand Stumpfsinn *m*

abhorrer [abɔre] *litt v/t* verabscheuen; *adit* **un tyran abhorré** ein verhaßter Tyrann; **abhorré de tous** bei allen verhaßt

abiét|acées [abjetase] *f/pl bot* Kieferngewächse *n/pl*; Pina'zeen *f/pl*; **~ique** *adj chim* **acide** *m* ~ Abie'tinsäure *f*

abime [abim] *m* **1.** Abgrund *m* (*grundlose*) Tiefe; *litt* Schlund *m*; *rel* **les** ~**s de** l'**enfer** der Höllenschlund; **2.** *fig* **a)** Abgrund *m*; Ru'in *m*; **être au bord de** l'~ am Rande des Abgrundes stehen; **être au fond de** l'~ auf dem Tiefpunkt angelangt sein; **b)** (*unüberbrückbare*) Kluft; **il y a un** ~ **entre nous** uns trennen Welten; **c)** Unermeßlichkeit *f*; *von e-r Person, oft iron* **un** ~ **de science** e-e Leuchte der Wissenschaft; F ein gelehrtes Haus

abîmer [abime] **I** *v/t* **1.** *Gegenstand* beschädigen; F rampo'nieren; ka'puttmachen; *Lebensmittel etc* verderben; *Aussehen* verunstalten; *Gesundheit* angreifen; *p/fort* ru'inieren; ~ **son pantalon neuf** s-e neue Hose beschmutzen *bzw* zerreißen; F s-e neue Hose rampo'nieren; **2.** F ~ **qn** j-n übel zurichten; **il a été drôlement abîmé** er ist übel zugerichtet worden; **II** *v/pr* **s'~ 3.** beschädigt, F rampo'niert werden; schadhaft werden; *Lebensmittel* verderben; schlecht werden; *allg* F ka'puttgehen; *Stoff* **s'~ facilement** *auch* sehr empfindlich sein; **s'~ les yeux, la vue** sich die Augen verderben; **4.** *st/s* versinken (**dans** in + *dat*); sich versenken, sich vertiefen (in + *acc*); **s'~ dans les flots** von den Fluten verschlungen werden; in den Fluten versinken; **s'~ dans la douleur** in s-m Schmerz versinken

ab intestat [abɛ̃tɛsta] *loc/adj u loc/adv jur* **héritier** *m* ~ gesetzlicher Erbe; Inte'staterbe *m*; **succession** *f* ~ gesetzliche Erbfolge; Inte'staterbfolge *f*; **hériter** ~ als gesetzlicher Erbe erben

abio|genèse [abjɔʒənɛz] *f biol* Abioge'nese *od* Abio'genesis *f*; Urzeugung *f*; **~tique** *adj* milieu *m* ~ Milieu *n*, in dem kein Leben möglich ist

abject [abʒɛkt] *adj* niederträchtig; gemein; *Handlungsweise auch* schändlich; *Essen etc* scheußlich; ek(e)lig; **un être** ~ ein widerliches Subjekt

abjection [abʒɛksjõ] *f* Verworfenheit *f*;

---

tiefste Erniedrigung; *st/s* **vivre dans** l'~ *st/s* in Schande leben; **c'était une** ~ ! es war einfach widerlich!

abjur|ation [abʒyrasjõ] *f* Abschwören *n*; ~ **d'une doctrine** 'Widerruf *m* e-r Lehre; *hist* l'~ **d'Henri IV** der 'Übertritt Heinrichs IV. zum Katholizismus; **faire** ~ **de qc-r Sache** (*dat*) abschwören; **~er** *v/t* abschwören (+*dat*); ~ **sa foi, ses opinions politiques** s-m Glauben, s-r politischen Über'zeugung abschwören

ablactation [ablaktasjõ] *f* Abstillen *n*; *sc* Ablaktati'on *f*

ablatif [ablatif] *m gr* Ablativ *m*; ~ **absolu** Ablativus abso'lutus *m*

ablation [ablasjõ] *f* **1.** *chir* Abtragung *f*; opera'tive Entfernung; *sc* Ablati'on *f*; **2.** *géol* **a)** Abtragung *f*; *sc* Ablati'on *f*; **b)** *e-s Gletschers* Abschmelzen *n*; *sc* Ablati'on *f*; **3.** Raumfahrt **a)** Ablati'on *f*; **b)** Ablati'onskühlung *f*

ablégat [ablega] *m égl cath* apo'stolischer Le'gat

ableret [ablərɛ] *m* Fischfang Senknetz *n*

ables [abl(ə)] *m/pl zo* Weißfische *m/pl* (*kleinere Karpfenartige*)

abl|ette [ablɛt] *f zo* Weißfisch *m*; ~ **commune** Ukelei *m*; Laube *m*; **~ier** *m cf* ableret

ablution [ablysjõ] *f* **1.** *rel* (ritu'elle) Waschung *f*; **2.** *égl cath bei der Messe* Abluti'on *f*; **3.** F *plais* **faire ses** ~**s** sich waschen

abnégation [abnegasjõ] *f* Selbstverleugnung *f*; Selbstlosigkeit *f*; Opferbereitschaft *f*, -geist *m*; **plein** d'~ opferbereit, -willig; **faire** ~ **de soi**(-**même**) sich aufopfern

aboi [abwa] *m* **1.** *litt cf* aboiement 1.; **2. a)** *ch* **un cerf aux** ~ s ein von der Meute der Hunde gestellter Hirsch; **b)** *fig* **être aux** ~ s in äußerster Bedrängnis sein; in e-r verzweifelten, ausweglosen Lage sein; **mettre qn aux** ~ s j-n in äußerste Bedrängnis bringen

aboiement [abwamã] *m* ⟨*oft pl* ~ s⟩ **1.** *vom Hund* Gebell *n*; Bellen *n*; **2.** *fig u péj* Belfern *n*; Gezeter *n*; Geschrei *n*; **les** ~ s **de la critique** das Gezeter der Kritik; **3.** *fig* **les** ~ s **des crieurs de journaux** die abgehackten Rufe der Zeitungsverkäufer

abolir [abɔlir] *v/t* **1.** *Brauch, Todesstrafe etc* abschaffen; aufheben; **2.** *fig* **l'avion a aboli les distances** das Flugzeug hat die Entfernungen schrumpfen lassen; *st/s:* ~ **qc de la mémoire** etw aus dem Gedächtnis streichen; *p/p* **aboli de la mémoire** in Vergessenheit geraten

abolition [abɔlisjõ] *f* Abschaffung *f*; Aufhebung *f*; Beseitigung *f*; ~ **de l'esclavage, de la peine de mort** Abschaffung der Sklaverei, der Todesstrafe; *hist* l'~ **des privilèges** die Abschaffung der Adelsprivilegien

abolitionn|isme [abɔlisjɔnism(ə)] *m hist in den USA* Abolitio'nismus *m*; Bewegung *f* gegen die Sklave'rei; **~iste I** *adj* abolitio'nistisch; **II** *m* Abolitio'nist *m*

abomasum [abɔmazɔm] *m zo* Labmagen *m*

abominable [abɔminabl(ə)] *adj* ab'scheulich; scheußlich; greulich; **action** *f* ~ Schandtat *f*; **crime** *m* ~ abscheuliches, scheußliches Verbrechen; **odeur** *f* ~ scheußlicher Geruch

abomin|ation [abɔminasjõ] *f* Ab'scheulichkeit *f*; Scheußlichkeit *f*; Schändlichkeit *f*; Greuel *m*; *bibl* l'~ **de la désolation** der Greuel der Verwüstung; **les** ~ s **de toute sa vie** die Schandtaten *f/pl* s-s ganzen Lebens; **avoir qc, qn en** ~ vor etw, j-m Abscheu empfinden; etw, j-n verabscheuen; auf etw, j-n sehr schlecht zu sprechen sein; **j'ai cet homme en** ~

---

dieser Mensch ist mir ein Greuel; **dire des ~s** abscheuliche Dinge sagen; **c'est une ~!** das ist ja abscheulich!; **~er** litt v/t verabscheuen; Abscheu empfinden (vor + dat)

abondamment [abõdamã] adv reichlich; ausgiebig; **un livre ~ illustré** ein reich illustriertes Buch; **boire et manger ~** reichlich, ausgiebig essen und trinken; **se servir ~** kräftig zulangen; **suer ~** stark schwitzen

abondance [abõdãs] f 1. Fülle f; 'Überfülle f; 'Überfluß m; **~ de blé** Überfluß an Weizen; **l'~ de la documentation** die Fülle der Dokumente; **~ de légumes** Gemüseschwemme f; **~ de provisions** Fülle von Nahrungsmitteln; **l'~ des récoltes** die reichen Ernteerträge m/pl; bibl **les sept années d'~ et les sept années de famine** die sieben fetten und die sieben mageren Jahre; myth **corne f d'~** Füllhorn n; loc/adv **en ~** reichlich; p/fort im Überfluß; in Hülle und Fülle; **il y a ~ de beurre** Butter ist im Überfluß vorhanden; **parler avec ~** ausführlich sprechen (de über + acc); abs wortreiche Reden führen; redselig sein; st/s **parler d'~** aus dem Stegreif reden; st/s **parler d'~ de cœur** sein Herz ausschütten; bibl **la bouche parle de l'~ du cœur** wes das Herz voll ist, des geht der Mund über; **vivre dans l'~** im Überfluß leben; prov **~ de biens ne nuit pas** besser zuviel als zuwenig; je mehr, desto besser; 2. phys atom Häufigkeit f; **~ cosmique** kosmische Häufigkeit; **~ isotopique** Iso'topenhäufigkeit f

abondant [abõdã] adj reichlich; ausgiebig; üppig; Ernte reich; Schriftsteller fruchtbar; peu **~** wenig ergiebig; spärlich; dürftig; **~e chevelure** Haarfülle f, -pracht f; st/s **gorge ~e** üppiger Busen; **nourriture ~e** reichliche, üppige Nahrung; **paroles ~es** Redestrom m; Wortschwall m; **pluies ~es** ausgiebige Regenfälle m/pl; **région ~e en vin** vin Weingegend f; **style ~** Reichtum m der Ausdrucksmittel; reiche, 'überströmende Sprache

abonder [abõde] I v/t/i indir **~ en qc** an etw (dat) 'Überfluß haben; etw im 'Überfluß besitzen; **cette région abonde en fruits** dies ist eine reiche Obstgegend; **il abonde en anecdotes** er weiß immer e-e Anekdote zu erzählen; er wirft nur so mit Anekdoten um sich; II v/i 1. reichlich, im 'Überfluß vorhanden sein; **le gibier abonde cet automne** diesen Herbst gibt es reichlich Wild; **les fautes abondent dans ce texte** dieser Text strotzt od wimmelt von Fehlern, ist voller Fehler; es wimmelt von Fehlern in diesem Text; 2. st/s **~ dans le sens de qn** j-m voll und ganz beipflichten

abonné(e) [abone] m(f) e-r Zeitung Bezieher m; Abon'nent m (auch thé.); von Gas, Wasser, Strom Abnehmer m; **abonné au chemin de fer** Zeitkarteninhaber m; **abonnés au od du gaz** Gasabnehmer m/pl; **abonnés du od au téléphone, du od au réseau télex** Fernsprech-, Fernschreibteilnehmer m/pl

abonnement [abonmã] m 1. e-r Zeitung, thé., Konzert Abonne'ment n; von Waren, auch e-r Zeitung (laufender, fester) Bezug; thé., Konzert auch Miete f; tél., Gas, Wasser, Strom etwa Vertragsverhältnis n; für ein öffentliches Verkehrsmittel Zeitkarte f; für das Freibad, für e-e Ausstellung etc Dauerkarte f; **~ annuel** Jahresabonnement n; **~ postal** Postbezug m; **~ à l'électricité, au gaz** Vertragsverhältnis über Strom-, Gasversorgung; **~ à un journal** Zeitungs-

abonnement n; **~ au téléphone** Fernsprech-, Tele'fonanschluß m; **~ de théâtre** The'aterabonnement n; **conditions f/pl d'~** Bezugs-, Abonnementsbedingungen f/pl; **période f d'~** Bezugszeit f; Abonnementsdauer f; **prendre, souscrire un ~ à un journal** e-e Zeitung abonnieren; **prendre un ~** ein (The'ater-, Kon'zert)Abonnement bzw e-e Dauerkarte nehmen; 2. adm Grundgebühr f (für Strom etc); Pau'schalgebühr f

abonner [abone] I v/t 1. **~ qn à un journal** für j-n e-e Zeitung abon'nieren; **être abonné à un hebdomadaire** auf e-e Wochenzeitschrift abonniert sein; e-e Wochenzeitschrift beziehen, halten; 2. fig **encore une guigne? tu y es abonné!** F schon wieder Pech gehabt? du bist wohl drauf abon'niert!; **être abonné à la table de qn** bei j-m Stammgast sein; II v/pr **s'~ à qc** etw abon'nieren; **s'~ à une revue** e-e Zeitschrift abonnieren; **s'~ à un théâtre** ein Abonnement für ein Theater nehmen; **s'~ au téléphone** e-n Telefonanschluß beantragen

abord [abor] m 1. **~s** pl (unmittelbare, nächste) Um'gebung; **aux ~s de Berlin** in der unmittelbaren Umgebung, am Stadtrand von Berlin; 2. Landung f; litt (arrivée) Kommen n; Ankunft f; par ext Ansturm m; Angriff m; **à notre ~ dans l'île** bei unserer Landung auf der Insel; 3. Zugang m; Küste **d'un ~ difficile** schwer zugänglich; **l'~ d'un cercle littéraire** der Zugang zu e-m literarischen Kreis; chir **voie f d'~** Zugang m; Person **être d'un ~ facile** 'umgänglich sein; **il est d'un ~ difficile** mit ihm ist schwer Kontakt zu bekommen; er ist **d'un ~ aimable** er hat ein freundliches Wesen; 4. loc/adv **d'~** a) zu'erst; zu'nächst; als erstes; b) litt (d'emblée) so'gleich; **le travail d'~** (zu)erst die Arbeit; die Arbeit geht vor; **tout d'~** zu'allererst; dès l'~ von Anfang an; gleich zu Anfang; **au premier ~, de prime ~** auf den ersten Blick; zu'nächst

abordable [abordabl(ə)] adj 1. Person, auch Küste zugänglich; **un homme peu ~** ein nicht sehr zugänglicher Mensch; il **n'est pas ~ aujourd'hui** er ist heute nicht ansprechbar; 2. Preis od im Preis erschwinglich

abordage [abordaʒ] m mar 1. e-s Schiffes Entern n, -ung f; sabre m d'~ Entermesser n; **à l'~!** etwa entert das Schiff!; fig **ran an den Feind!**; **monter à l'~** am Schiff hochklettern, um es zu entern; **prendre un navire à l'~** ein Schiff entern; 2. Kolli'sion f; (Schiffs)Zu'sammenstoß m; **~ avec e-m Schiff** Her'ankommen n, -fahren n, Anlegen n (de an + dat)

aborder [aborde] I v/t 1. mar feindliches Schiff entern; 2. mar kolli'dieren, zu'sammenstoßen mit; rammen; 3. **~ qn** j-n anreden, ansprechen; **être abordé par qn** von j-m angesprochen werden; 4. her'angehen, -kommen an (+acc); Fahrzeug her'anfahren an (+acc); Flugzeug: Piste anfliegen; Reiter: Hindernis angehen; ch de fer **~ une aiguille en pointe, en talon** e-e Weiche spitz, stumpf befahren; **~ un carrefour avec prudence** vorsichtig an e-e Kreuzung heranfahren; **après le théâtre, il a abordé le cinéma** nach dem Theater hat er sich dem Film zugewandt; mil **~ l'ennemi** an den Feind herangehen; chir **~ un organe** an ein Organ herangehen; mar **~ le rivage** an das Ufer heranfahren; **~ un virage à grande vitesse** mit hoher Geschwindigkeit in die Kurve fahren; 5. Thema, Punkt, Frage, Problem anschneiden; zur

Sprache bringen; aufgreifen; ansprechen; vornehmen; zu sprechen kommen auf (+acc); Problem auch angehen; F anpacken; II v/i mar anlegen; landen; (e-n Hafen) anlaufen; **~ à un bâtiment** an e-m Schiff festmachen; längsseits kommen (abs); **~ au quai** am Kai anlegen; **~ dans une île déserte** auf e-r einsamen Insel landen; **~ en Chine** e-n chinesischen Hafen anlaufen; III v/pr **s'~** sich ein'ander nähern; **s'~ amicalement** in freundschaftlichen Kon'takt mitein'ander treten

aborigène [aboriʒɛn] I adj Pflanze, Tier einheimisch; **population f ~** Urbevölkerung f; II m/pl **~s** Urbewohner m/pl; Ureinwohner m/pl; Eingeborene(n) pl

aborner [aborne] v/t vermarken; mit Grenz-, Marksteinen versehen

abortif [abortif] I adj <-ive> 1. méd, phm abtreibend; Abtreibungs...; méd **fœtus ~** nicht lebensfähige Frühgeburt; 2. path Krankheit abgekürzt verlaufend; sc abor'tiv; 3. bot Pflanze etc unfertig ausgebildet; sc abor'tiv; II m phm 1. Abtreibungsmittel n; 2. für e-e Krankheit sc Abor'tivum n

abot [abo] m für Pferde Fußfessel f

abouchement [abuʃmã] m 1. tech von zwei Röhren Verbindung f (auch anat u chir); 2. litt (entrevue) Zu'sammenkunft f; Unter'redung f

aboucher [abuʃe] I v/t 1. (an den Enden) verbinden; **~ deux tuyaux** zwei Rohre an den Enden verbinden, zu'sammenschweißen; 2. **~ qn avec qn** j-n mit j-m zu'sammenbringen; II v/pr **s'~ avec qn** sich mit j-m in Verbindung setzen; mit j-m Kon'takt aufnehmen

abouler [abule] I v/t arg (donner) F rausrücken (meist Geld); **aboule le fric!** F her mit dem Zaster!; abs **aboule!** her damit!; II v/i (u v/pr) (s')**~** arg (arriver) P anzittern

aboul|ie [abuli] f psych (krankhafte) Willenlosigkeit, Entschlußlosigkeit; sc Abu'lie f; **~ique** I adj (krankhaft) willenlos, entschlußlos; **névrose f ~** durch Abu'lie gekennzeichnete Neurose; II m,f willenlose Person; (krankhaft) Willenlose(r) f(m)

about [abu] m a) tech (zugerichtetes) Ende; Endstück n; par ext Stoß m; charp (für e-e Verbindung geschnittener) Balkenkopf; ch de fer Schienenende n; e-s Waggons Stirnwand f; b) méd Spritzenkonus m

about|ement [abutmã] m tech Anein'ander-, Zu'sammenfügung f; Verbindung f; **~er** v/t (mit den Enden) anein'ander-, zu'sammenfügen; verbinden

about|ir [abutir] I v/t arch mit Blei-, Me'tallfolie über'ziehen; II v/t/i indir **~ à** 1. Fluß, Straße münden in (+acc); Straße auch enden in (+dat); **le Rhin aboutit à la mer du Nord** der Rhein mündet in die Nordsee; **cette rue aboutit (à la)** Place Vendôme diese Straße mündet in die Place Vendôme, endet auf der Place Vendôme; 2. fig führen zu; **des mesures qui n'aboutissent à rien** Maßnahmen, die zu nichts führen; III v/i 3. Verhandlungen, Forschungen etc zu etwas führen; zu e-m Ergebnis führen; **ne pas ~** erfolglos bleiben, verlaufen; **faire ~ qc** etw zu e-m guten Ende führen; etw zum Abschluß bringen; 4. Person zu e-m Ergebnis gelangen, kommen; 5. Abszeß aufgehen; 6. jard Knospen treiben; **~issants** m/pl les tenants et les ~ cf tenant II 3.; **~issement** m Ergebnis n; Erfolg m; Endpunkt m

aboyer [abwaje] <-oi-> I v/t **~ des ordres** F Befehle schnauzen, belfern; II

v/i **1.** *Hund* bellen; *warnend* anschlagen; ~ **après les passants** die Passanten anbellen; ~ **à la lune** den Mond anbellen; *prov* **chien qui aboie ne mord pas** Hunde, die (viel) bellen, beißen nicht (*prov*); **2.** *fig u péj* belfern (*auch Kanone*); zetern; schreien; ~ **après qn** j-n anbrüllen, anschreien

aboyeur [abwajœr] **I** *adj* ⟨-euse⟩ **chien** ~ Hund, der viel bellt; **II** *m* **1.** *ch* Hetzhund *m*; **2.** *fig von e-r Person* Ausrufer *m*; *péj* Schreier *m*; **3.** *zo* Grünschenkel *m*

abracadabr|a [abrakadabra] *m Zauberformel* Abraka'dabra *n*; **~ant** *adj* wunderlich; unwahrscheinlich; **histoire** ~e unwahrscheinliche, F tolle Geschichte

abras [abra] *m* (Eisen)Beschlag *m* (*an e-m Werkzeugstiel*)

abras|er [abraze] *v/t* **1.** abschleifen; abreiben; abscheuern; **2.** *méd* ab-, ausschaben; **~if I** *adj* ⟨-ive⟩ abschleifend; abreibend; scheuernd; Schleif…; **disque** ~ Schleifscheibe *f*; **II** *m* Schleifmittel *n*

abrasion [abrazjõ] *f* **1.** *tech* Abschleifen *n*; Abnützung *f* durch Reibung; Abrieb *m*; **2.** *géol* ~ (**marine**) Abrasi'on *f*; **3.** *méd* **a)** Ab-, Ausschabung *f*; **b)** Zahnmedizin ~ **des dents** Abnützung *f* der Zähne

abraxas [abraksɑs] *m* **1.** *zo* Stachelbeerspanner *m*; Harlekin *m*; **2.** *Mysterienformel* A'braxas *m*; **3.** A'braxasstein *m*, -gemme *f*

abréaction [abreaksjõ] *f psych* Abreaktion *f*

abrégé [abreʒe] *m* **1.** *e-s Buches etc* Kurzfassung *f*; **2.** *e-r Wissenschaft* (kurzer) Abriß *m*; ~ **de géométrie** Abriß der Geometrie; **3.** *loc/adv* **en** ~ in Kurzfassung; (ab)gekürzt; kurz gesagt; **mot en** **en** ~ abgekürzt geschriebenes Wort; Kurzwort *n*; **récit m en** ~ Erzählung *f* in Kurzfassung; **version** *f* **en** ~ gekürzte Fassung; *p/fort* Kurzfassung *f*; **écrire en** ~ abgekürzt schreiben; **rendre un discours en** ~ e-e Rede gekürzt 'wiedergeben; **voilà, en** ~, **mon impression** das ist, kurz gesagt, mein Eindruck

abrègement *od* **abrégement** [abreʒmã] *m e-s Textes etc* Kürzung *f* (*auch e-s Wortes u phon e-s Vokals*); *der Zeit, des Lebens* Verkürzung *f*

abréger [abreʒe] *v/t* ⟨-è-; -geons⟩ *Buch, Text, Rede, Bericht* kürzen; *Wort, Wegstrecke* abkürzen; *Wegstrecke auch, Zeit, sein Leben* verkürzen; ~ **les souffrances d'un malade incurable** die Leiden e-s unheilbar Kranken abkürzen; *abs*: **pour** ~ um mich kurz zu fassen; **abrégeons!** machen wir's kurz!; F **abrège!** a) mach's kurz!; b) F hör bloß auf damit!; *adj* **sous une forme abrégée** in gekürzter Form

abreuvement [abrœvmã] *m von Tieren* Tränken *n*

abreuv|er [abrœve] **I** *v/t* **1.** *Tiere* tränken; **2.** *mit e-r Flüssigkeit* (durch')tränken (*auch tech*); *peint* grun'dieren; **sol abreuvé d'eau** völlig durch'näßter, durchtränkter Boden; *litt* **le visage abreuvé de larmes** mit tränenüberströmten, -benetztem Gesicht; **3.** *fig* über'schütten, -'häufen; ~ **qn de caresses, de compliments, d'injures** j-n mit Liebkosungen, Komplimenten, Beleidigungen überschütten, -häufen; **être abreuvé de propagande** mit Propaganda überschüttet werden; von Propaganda durch'drungen sein; **II** *v/pr* **s'~** *Tier* trinken; F *Mensch* ausgiebig trinken, s-n Durst löschen; **~oir** *m* Tränke *f*; ~ **automatique** automatische Tränke

abréviatif [abrevjatif] *adj* ⟨-ive⟩ Ab-

kürzungs…; **lettres abréviatives** Sigel *n*; Sigle *f*; Abbrevia'tur *f*; Abkürzung *f*; **signe** ~ Abkürzungszeichen *n*

abréviation [abrevjasjõ] *f* **1.** *e-s Wortes, Ausdrucks* Abkürzung *f* (*Vorgang u Ergebnis*); **liste** *f* **des** ~**s** Abkürzungsverzeichnis *n*; **2.** *mus* Abbrevia'tur *f*; Abkürzung *f*

abri [abri] *m* **1.** Schutzdach *n*, -hütte *f*; *an Haltestellen* Wartehalle *f*; *fig* Schutz *m*; *par ext* Obdach *n*; 'Unterkunft *f*; 'Unterschlupf *m*; ~ **contre la pluie, contre les regards indiscrets** Schutz gegen Regen, gegen indiskrete Blicke; *loc/prép* **à l'**~ **de** sicher vor (+*dat*); geschützt gegen; **à l'**~ **du vent** windgeschützt; im Windschatten; **être à l'**~ sicher sein (de vor + *dat*); geschützt, gefeit sein (gegen); *auch* außer Gefahr sein; **être à l'**~ **du besoin** keine Not leiden; **être à l'**~ **de pareilles erreurs** vor solchen Fehlern sicher, gegen solche Fehler gefeit sein; **mettre à l'**~ 'unterstellen; in Sicherheit bringen; **se mettre à l'**~ sich 'unterstellen; Schutz suchen; 'unterschlüpfen; *mil* **en** ~ in Deckung sein; **être sans** ~ obdachlos sein; **2.** *mil* 'Unterstand *m*; *für die Zivilbevölkerung* Schutzraum *m*; ~ **antiaérien** Luftschutzraum *m*, -keller *m*, -bunker *m*; **descendre à l'**~ den Schutzraum aufsuchen

abricot [abriko] *m* **1.** Apri'kose *f*; *österr* Ma'rille *f*; **2.** *adjt* ⟨*inv*⟩ apri'kosenfarbig; von e-m zarten O'range

abricotier [abrikotje] *m bot* Apri'kosenbaum *m*; Apri'kose *f*

abriter [abrite] **I** *v/t* **1.** schützen, Schutz bieten (de gegen; vor + *dat*); *adj* **abrité** (wind-, wetter)geschützt; **2.** *Haus: Personen etc* aufnehmen; *Museum: Kunstschätze etc* bergen; beherbergen; **cette maison abrite six familles** in diesem Haus wohnen sechs Familien; **II** *v/pr* **s'~** **3.** sich schützen (**du soleil** vor der Sonne, gegen die Sonne); Schutz suchen (**derrière un arbre** hinter e-m Baum); sich 'unterstellen; *mil* in Deckung gehen; **4.** *fig* **s'~** **derrière qn, derrière la loi** sich hinter j-m, hinter dem Gesetz verschanzen

abrivent [abrivã] *m agr, jard* Windschutz *m*

abrog|atif [abrogatif] *adj* ⟨-ive⟩ aufhebend; **~ation** *f e-r Bestimmung, e-s Gesetzes etc* Aufhebung *f*; Außer'kraftsetzung *f*

abroger [abroʒe] *v/t* ⟨-geons⟩ *Gesetz, Bestimmung etc* aufheben; außer Kraft setzen

abrupt [abrypt] *adj* **1.** *Abhang etc* steil; abschüssig; schroff; jäh abfallend; **2.** *Verhalten, Antwort etc* schroff; *Frage* unvermittelt; di'rekt; schonungslos

abruptement [abryptəmã] *adv* unvermittelt; plötzlich; ab'rupt

abruti [abryti] **I** *adj* **1.** stumpfsinnig (geworden), abgestumpft, verblödet, benommen (de, par durch); **2.** F blöd; doof; dämlich; **II** *subst* ~**(e)** *m(f)* *Schimpfwort* Idi'ot(in) *m(f)*; *blöder Kerl*; Depp *m*; Blödmann *m*; Blödian *m*; Dämlack *m*; Simpel *m*; Trottel *m*; *p/fort* blöder Hund; *von e-r Frau* blöde Ziege; **espèce d'**~! du Idiot *etc*!

abrut|ir [abrytir] **I** *v/t* stumpfsinnig, benommen machen; abstumpfen; verdummen; *p/fort* **s'**~ stumpfsinnig werden; abstumpfen; verblöden; verdummen; **s'**~ **de travail** F sich ka'puttarbeiten; **~issant** *adj Arbeit etc* stumpfsinnig; geisttötend; *Lärm, Krach* ohrenbetäubend; **~issement** *m* Verdummung *f* (**des masses** der Massen); Verblödung *f* (*auch Zustand*); Zustand Stumpfsinn *m*

abscisse [apsis] *f math* Ab'szisse *f*

abscons [apskõ] *adj* ⟨-onse [-õs]⟩ schwerverständlich; dunkel

absence [apsãs] *f* **1.** Abwesenheit *f*; Fehlen *n*; Ausbleiben *n*; *e-r Person auch* Nichterscheinen *n*; Fernbleiben *n*; *mil* ~ **illégale** unerlaubte Entfernung; ~ **de bruit** Geräuschlosigkeit *f*; **les** ~**s d'un élève** das wieder'holte Fehlen e-s Schülers; ~ **d'enfants** Kinderlosigkeit *f*; **l'**~ **de père** *est néfaste à un enfant* das Fehlen e-s Vaters …; ~ **de ressources** Mittellosigkeit *f*; ~ **de succès** Ausbleiben des Erfolgs; ~ **pour cause de maladie** Abwesenheit *etc* wegen Krankheit; *loc/prép* **en l'**~ **de qn** in j-s Abwesenheit (*dat*); **en l'**~ **de preuves** mangels Beweisen; *loc/adv* **pendant son** ~ während s-r Abwesenheit; **remarquer l'**~ **de qn** j-n vermissen; **2.** *jur* Verschollenheit *f*; **déclaration** *f* **d'**~ *etwa* Todeserklärung *f*; **3.** **avoir des** ~**s** (**de mémoire**) an Gedächtnisschwäche, -schwund, -ausfall leiden; Gedächtnislücken haben; **il a des** ~**s** (**de mémoire**) *auch* sein Gedächtnis setzt aus; **avoir des** ~**s** *auch* zeitweilig geistesabwesend sein, F abschalten, nicht da sein

absent [apsã] **I** *adj* **1.** abwesend; **être** ~ *Person* abwesend sein; nicht dasein; fehlen; *Eigenschaft etc* fehlen; **être** ~ **de son bureau, de Paris** nicht in s-m Büro, in Paris sein; **être porté** ~ als fehlend, abwesend geführt werden; **2.** *Person, Miene* geistesabwesend; zerstreut; unaufmerksam; **II** *subst* ~**(e)** *m(f)* Abwesende(r) *f(m)*; *prov* **les** ~**s ont toujours tort** die Abwesenden haben immer unrecht

absenté|isme [apsãteism(ə)] *m* Arbeitsversäumnis *n*; (häufiges) Fernbleiben von der Arbeit(sstätte); **~iste** *m* j. der (häufig) der Arbeit fernbleibt

absenter [apsãte] *v/pr* **s'**~ weggehen; sich (kurz) entfernen; *auch* verreisen; **s'**~ **de son poste** s-n Arbeitsplatz verlassen

abside [apsid] *f arch* Apsis *f*

absidiole [apsidjol] *f arch* Chorkapelle *f*

absinthe [apsɛ̃t] *f* **1.** *bot* Wermut *m*; **2.** *Branntwein* Ab'sinth *m*

absolu [apsɔly] *f adj* **1.** abso'lut; unbedingt; völlig; *pol auch* unumschränkt; **confiance** ~**e** unbedingtes, absolutes Vertrauen; **majorité** ~**e** absolute Mehrheit; **monarchie** ~**e** absolute Monarchie; **nécessité** ~**e** absolute, zwingende, unumgängliche Notwendigkeit; **ordre** ~ strenger Befehl; **pouvoir** ~ unumschränkte Gewalt; *phys* **température** ~**e** absolute Temperatur; *phys* **zéro** ~ absoluter Nullpunkt; **être trop** ~ **dans ses jugements** zu ausschließlich, dog'matisch, kate'gorisch, starr, kompro'mißlos urteilen; **2.** *gr* abso'lut; **construction** ~**e** absolute Konstruktion; **emploi** ~ absoluter Gebrauch; **superlatif** ~ absoluter Superlativ; Elativ *m*; **verbe transitif pris dans un sens** ~ absolut, ohne Objekt gebrauchtes transitives Verb; **alcool** ~ abso'luter, wasserfreier Alkohol; **II** *m* **1.** *philos* **l'**~ das Abso'lute, Unbedingte; **2.** *loc/adv* **dans l'**~ losgelöst von der Wirklichkeit; rein theo'retisch; **~ment** *adv* **1.** unbedingt; abso'lut; völlig; gänzlich; ganz und gar; durch'aus; schlechterdings; *als Antwort* ~! unbedingt!; durchaus!; aber sicher!; ~ **pas!** keinesfalls!; durchaus nicht!; F in keinster Weise!; ~ **nécessaire** unbedingt nötig; **je dois** ~ **le voir** ich muß ihn unbedingt besuchen; **c'est** ~ **défendu** das ist streng verboten; **c'est** ~ **faux** das ist völlig falsch; **2.** *gr* **employé** ~ abso'lut gebraucht

absolution [apsɔlysjõ] *f* **1.** *rel cath* Abso-

luti'on *f*; Lossprechung *f*; **donner l'~** à qn j-m die Absolution erteilen; **2.** *jur* Strafausschließung *f*

absolut|isme [apsɔlytism(ə)] *m pol* Absolu'tismus *m*; **~iste** *adj* absolu'tistisch; **~oire** *adj jur* **excuse** *f* **~** Strafausschließungsgrund *m*

absorbant [apsɔrbã] **I** *adj* **1.** absor'bierend; aufsaugend; *bot* **poils ~s** Wurzelhaare *n/pl*; *phys* **pouvoir ~** Absorpti'onsvermögen *n*; **2.** *fig* in Anspruch nehmend; **lecture ~e** Lektüre, die einen stark beschäftigt; **travail ~** Arbeit, die einen stark in Anspruch nimmt; **II** *m* Absorpti'onsmittel *n*, -stoff *m*; *sc* Ab'sorbens *n*

absorb|er [apsɔrbe] **I** *v/t* **1.** (in sich) aufnehmen; *Flüssigkeit auch* aufsaugen; *phys, chim, tech, physiol auch* absor'bieren; *par ext Markt: Erzeugnisse etc* aufnehmen; **2.** *Person: Nahrung* zu sich nehmen; *Schlafmittel etc* einnehmen; **3.** *fig Ersparnisse, Gelder* aufzehren; (ver)schlucken; verschlingen; *Unternehmen ein anderes* schlucken; **4.** *Arbeit etc* **~ qn** j-n (stark, ganz) in Anspruch nehmen; **~ l'attention de qn** j-s Aufmerksamkeit fesseln, gefangennehmen; *adjt* **absorbé (dans ses pensées)** in Gedanken versunken, vertieft; ganz in Gedanken; geistesabwesend; **être absorbé dans ses pensées** *auch* s-n Gedanken nachhängen; **avoir l'air absorbé** gedankenversunken, -verloren dreinschauen; **être absorbé dans son travail, dans sa lecture** in s-e Arbeit, Lektüre vertieft sein; **II** *v/pr* **s'~ dans qc** sich in etw (*acc*) vertiefen, versenken; in etw (*dat*) aufgehen; **~eur** *m* Kältetechnik Ab'sorber *m*

absorption [apsɔrpsjɔ̃] *f* **1.** Aufnahme *f*; *von Flüssigkeiten auch* Aufsaugen *n*, -ung *f*; *phys, chim, tech, physiol* Absorpti'on *f*; *physiol* **~ digestive** Aufnahme der Verdauungsprodukte; *Kältetechnik* **machine** *f* à ~ Absorptionsmaschine *f*; *phys* **spectre** *m* **d'~** Absorptionsspektrum *n*; **2.** *von Schlafmitteln etc* Einnahme *f*; **3.** *fig* Aufgehen *n*; ~ **de l'individu par, dans le groupe** Aufgehen des Individuums in der Gruppe

absorptivité [apsɔrptivite] *f phys, chim* Absorpti'onsvermögen *n*

absoudre [apsudr(ə)] *v/t* ⟨**j'absous, il absout, nous absolvons; j'absolvais; j'absoudrai; que j'absolve; absolvant; absous, absoute**⟩ **1.** *rel cath* lossprechen; absol'vieren; die Absoluti'on erteilen (**qn** j-m); **2.** *st/s* ~ **qn** j-m vergeben, verzeihen

absoute [apsut] *f rel cath* Tumbagebete *n/pl*

abstenir [apstənir] *v/pr* ⟨*cf* **venir**⟩ **1.** **s'~ de qc** sich e-r Sache (*gén*) enthalten; etw unter'lassen; auf etw (*acc*) verzichten; *abs auch* die Finger davon lassen; **s'~ d'alcool, de café** Alkohol, Kaffee meiden; keinen Alkohol, Kaffee trinken; **s'~ de tout commentaire** sich jeglichen Kommentars enthalten; jeden Kommentar unterlassen; auf jeden Kommentar verzichten; **s'~ de critiquer qn** es unterlassen, j-n zu kritisieren; j-n (absichtlich, bewußt) nicht kritisieren; **2.** *abs* **s'~** sich der Stimme enthalten (**aux élections** bei den Wahlen)

abstention [apstãsjɔ̃] *f* **1.** Enthaltung *f*; Unter'lassung *f*; *adm auch* Untätigkeit *f*; **2.** *bei e-r Wahl* Stimmenthaltung *f*; *la motion a été adoptée* **par vingt voix et deux ~s** ... mit zwanzig Stimmen bei zwei Enthaltungen

abstentionn|isme [apstãsjɔnism(ə)] *m* Stimmenthaltung *f*; Wahlmüdigkeit *f*; **~iste** *m* Nichtwähler *m*

abstin|ence [apstinãs] *f rel* Absti'nenz *f*; Enthaltsamkeit *f*; *égl cath* **jour** *m* **d'~** Abstinenztag *m*; **~ent** *adj rel u fig* absti'nent; enthaltsam

abstraction [apstraksjɔ̃] *f* **1.** Abstrakti'on *f* (*Vorgang u Ergebnis*); ab'strakter Begriff; *péj* leere Abstrakti'on; wirklichkeitsfremde Vorstellung, Theo'rie; **une pure ~** e-e reine Abstraktion; **être une ~ pour qn** für j-n Theorie sein; **2.** **faire ~ de** absehen von; unberücksichtigt lassen; bei'seite lassen; ~ **faite de** abgesehen von; wenn man von ... absieht

abstraire [apstrɛr] ⟨*cf* **traire**⟩ **I** *v/t* abstra'hieren; begrifflich erfassen; *st/s* abziehen; **II** *v/pr* **s'~ s-e** 'Umwelt vergessen; sich auf etwas anderes konzen'trieren; F abschalten; **s'~ de qc** sich (geistig, innerlich) von etw lösen, zu'rückziehen

abstrait [apstrɛ] **I** *adj* ⟨-**aite** [-ɛt]⟩ ab'strakt, unanschaulich (*beide auch péj*); rein begrifflich; **art ~** abstrakte Kunst; **un auteur trop ~** ein schwerverständlicher Autor; **idée ~e** abstrakter Begriff; *gr* **nom ~** Ab'straktum *n*; abstraktes Substantiv; *math* **nombre ~** abstrakte, unbenannte Zahl; **peintre ~** abstrakter Maler; **pensée ~e** abstraktes Denken; **II** *m* **1.** **l'~** das Ab'strakte; *loc/adv* **dans l'~** abstrakt; in abstracto; **2.** ab'strakter Maler; Ab'strakte(r) *m*

abstrus [apstry] *adj* ⟨-**use** [-yz]⟩ ab'strus; dunkel; verworren; schwerverständlich

absurde [apsyrd] **I** *adj* **a)** ab'surd; unsinnig, sinnwidrig, -los; 'widersinnig; ungereimt; **idée ~** absurde Idee; **propos** *m/pl* **~s** ungereimte Reden *f/pl*; **raisonnement** *m* ~ sinnlose, -widrige Argumentation; **il est ~ de** (+*inf*) es ist absurd *etc* zu (+*inf*); **b)** *zu e-r Person* **vous êtes ~ de** (+*inf*) es ist absurd, unsinnig von Ihnen zu (+*inf*); Sie sind unvernünftig, wenn Sie ...; **II** *m* **l'~** das Ab'surde; *Logik, math* **raisonnement** *m*, **démonstration** *f*, **preuve** *f* **par l'~** indirekter, apagogischer Beweis; Beweis *m* durch Aufzeigen der 'Widersinnigkeit des Gegenteils

absurdité [apsyrdite] *f* **1.** *e-r Sache* Unsinnigkeit *f*; Absurdi'tät *f*; Sinnwidrigkeit *f*, -losigkeit *f*; 'Widersinn (-igkeit) *m(f)*; Ungereimtheit *f*; *par ext* *e-r Person* Unvernunft *f*; **2.** *oft pl* **~s** Unsinn *m*; ungereimtes Zeug; Absurdi'täten *f/pl*; Ungereimtheiten *f/pl*; **dire des ~s** Unsinn reden; **c'est une ~ que de** (+*inf*) es ist (ein) Unsinn, es ist unsinnig, ab'surd zu (+*inf*)

abus [aby] *m* **1.** 'übermäßiger Gebrauch; *bes von Macht, Befugnissen* 'Mißbrauch *m*; Über'schreitung *f*; ~ **d'alcool** übermäßiger Alkoholgenuß; Alkoholmißbrauch *m*; *jur* ~ **d'autorité** Amtsmißbrauch *m*; *jur* ~ **de confiance** Untreue *f*; Veruntreuung *f*; F **il y a de l'~** das geht zu weit; das ist zu'viel, über'trieben; **faire ~ de qc** Mißbrauch mit etw treiben; **2.** 'Mißstand *m*; Übelstand *m*

abuser [abyze] **I** *v/t st/s* (*tromper*) täuschen; hinter'gehen; **II** *v/t/indir* **1. a)** ~ **de Macht, Kräfte etc** miß'brauchen; *Macht, Befugnisse auch* über'schreiten; *Situation, j-s Gefälligkeit etc* ausnützen; **b)** *abs* **on abuse** man geht zu weit; das geht über'trieben; **je crains d'~** ich möchte nicht unhöflich sein; **2.** ~ **d'une femme, d'un enfant** e-e Frau, ein Kind miß'brauchen; **III** *v/pr* **s'~** sich täuschen; (sich) irren; **si je ne m'abuse** wenn ich (mich) nicht irre

abusif [abyzif] *adj* ⟨-**ive**⟩ 'übermäßig; *Machtausübung etc* 'mißbräuchlich; **emploi** *m* **d'un mot** fälschliche Verwendung *e-s* Wortes; **interprétation abusive** Fehlinterpretation *f*; **privilège ~**

ungerechtfertigtes Privileg; **prix ~** Wucherpreis *m*; **usage ~ d'un médicament** übermäßiger Gebrauch e-s Medikamentes

abyssal [abisal] *adj* ⟨-**aux**⟩ *géogr* Tiefsee...; **faune ~e** Tiefseefauna *f*; **fosse ~e** Tiefseegraben *m*

abysse [abis] *m* **1.** *géogr* Tiefseegraben *m*; **~s** *pl auch* Tiefsee *f*; **poissons** *m/pl* **des~s** Tiefseefische *m/pl*; **2.** *fig* Abgrund *m*

abyssin [abisɛ̃] *adj cf* **abyssinien**

abyssinien [abisinjɛ̃] **I** *adj* ⟨-**ne**⟩ abes'sinisch; **II** *subst* ⟨2(**ne**) *m(f)*⟩ Abes'sinier (-in) *m(f)*

acabit [akabi] *m nur loc péj* **de cet ~** dieses Schlages; von der Art, Sorte; **du même ~** desselben Schlages; von derselben Art, Sorte

acacia [akasja] *m bot* A'kazie *f*; **faux ~** falsche Akazie; Scheinakazie *f*; Ro'binie *f*

académic|ien [akademisjɛ̃] *m*, **~ienne** *f* Mitglied *n* e-r Akade'mie; Akade'miemitglied *n*; *bes* Mitglied *n* der Académie française

académie [akademi] *f* **1.** Akade'mie *f*; gelehrte Gesellschaft; l'2 (**française**) die Académie française; 2 **des beaux-arts** Akademie der schönen Künste; 2 **des sciences** Akademie der Wissenschaften; **le dictionnaire de l'2** das von der Académie française herausgegebene Wörterbuch; **2.** Akade'mie *f*; (Hoch-) Schule *f*; ~ **d'équitation** Reitschule *f*; **3.** *in Frankreich* **a)** Schulaufsichts-, 'Unterrichtsbezirk *m*; **b)** Schulbehörde *f* e-r „Académie"; **4. a)** *peint* Aktskizze *f*, -studie *f*; **b)** F **elle a une belle ~** sie hat e-e gute Fi'gur, F ist gut gebaut

académ|ique [akademik] *adj* **1.** Akade'mie...; **fauteuil** *m* ~ Akademiesitz *m*; Sitz *m* in e-r Akademie; **2.** *fig Stil etc* aka'demisch: über'lieferungstreu; schulmäßig; erstarrt; unoriginell; **3.** *in Frankreich* e-s 'Unterrichtsbezirkes; **inspection** *f* ~ Schulaufsichtsbehörde *f*; *etwa* Ober'schulamt *n*; *par ext* **palmes** *f/pl* **~s** Auszeichnung für Verdienste um das Bildungswesen; **~isme** *m in der Kunst* Akade'mismus *m*; Erstarrung *f* in Regeln

acajou [akaʒu] *m* **1.** Maha'goni *n* (*Baum u Holz*); **fauteuil** *m* **en** *od* **d'~** Mahagonisessel *m*; **2.** *adjt* ⟨*inv*⟩ maha'gonifarbig; Maha'goni...; rotbraun

acalèphes [akalɛf] *m/pl zo* Scheiben-, Schirmquallen *f/pl*

acanthacées [akɑ̃tase] *f/pl bot* A'kanthusgewächse *n/pl*

acanthe [akɑ̃t] *f* **1.** *bot* A'kanthus *m*; Bärenklau *f*; **2.** *arch* (**feuille** *f* **d'~** A'kanthusblatt *n*

acantho|céphales [akɑ̃tɔsefal] *m/pl zo*, *vét* Kratzer *m/pl*; Hakenwürmer *m/pl*; **~ptérygiens** [-pteriʒjɛ̃] *m/pl zo* Stachelflosser *m/pl*

a cappella [akapɛ(l)la] *loc mus* a cap'pella; ohne Instrumen'talbegleitung; **chœur** *m* ~ A-cappella-Chor *m*

acariâtre [akarjɑtr(ə)] *adj* mürrisch; grämlich; griesgrämig; *auch* zänkisch

acariens [akarjɛ̃] *m/pl zo* Milben *f/pl*

acarus [akarys] *m zo* Milbe *f*; *bes* Krätzmilbe *f*

acaule [akol] *adj sc bot* ohne sichtbaren Stengel; **plante** *f* ~ Ro'settenpflanze *f*

accablant [akablɑ̃] *adj* erdrückend; ~ *Hitze* drückend; *Schmerz* quälend; **preuves ~es** erdrückende Beweise *m/pl*

accablement [akabləmɑ̃] *m* Bedrükkung *f*; Niedergeschlagenheit *f*

accabler [akable] *v/t* **1.** ~ **qn** *Hitze etc* j-m lästig, beschwerlich werden; *Müdigkeit* j-n über'wältigen, -'mannen; *Sorgen*

etc j-n (be)drücken, niederdrücken; ~ un **accusé** e-n Angeklagten schwer belasten; *adjt*: **accablé de fatigue** todmüde; **accablé de travail** (mit Arbeit) über'lastet; **2.** ~ **qn de qc** j-n mit etw über'häufen, -'schütten; *iron* ~ **qn de ses conseils** F j-n mit Ratschlägen eindecken; ~ **qn d'impôts** j-n mit vielen Steuern belasten; j-m viele Steuern aufbürden; ~ **qn de questions** j-n mit Fragen überschütten, bestürmen, bedrängen; *bes Kinder* F j-m ein Loch in den Bauch fragen

accalmie [akalmi] *f* **1.** *des Regens, Unwetters etc* vor'übergehendes Nachlassen; kurze Beruhigung; *bei e-m Sturm* Windstille *f*; **attendons l'~ (de la pluie)** warten wir, bis der Regen nachläßt; **2.** *fig bei e-m Kampf, e-r Krise etc* momen'tane Beruhigung; Pause *f*; *écon* Flaute *f*; **moment** *m* **d'~** Augenblick *m* der Ruhe

accaparement [akaparmɑ̃] *m* **1.** *écon* Aufkauf(en) *m(n)*; Hamstern *n*; **2.** *par ext* Mitbe'schlagbelegen *n* (*auch e-r Person*)

accapar|er [akapare] *v/t* **1.** *écon* aufkaufen; zu'rückhalten; hamstern; **2.** *par ext* **a)** *Sitzplatz, Bücher etc* in Beschlag nehmen; mit Beschlag belegen; beanspruchen; *Konversation* an sich ziehen; *Aufmerksamkeit* auf sich ziehen, lenken; *Macht* an sich reißen; **b)** ~ **qn** j-n mit Beschlag belegen; **c)** *Arbeit etc* ~ **qn** j-n (völlig) in Anspruch nehmen; j-n (stark) beanspruchen; **~eur** *m* F Hamsterer *m*

accéder [aksede] *v/t/indir* <-è-> **à 1.** *Weg, Straße etc* führen zu; den Zugang bilden zu; **cette allée accède au château** *auch* durch diese Allee gelangt man zum Schloß; **2.** *Person* gelangen zu; gelangen in (+*acc*); erreichen; **par ce chemin on accède à la ferme** auf diesem Weg gelangt man zu dem Hof; dieser Weg führt zu dem Hof; **3.** *fig* ~ **à qc** zu etw gelangen; etw erlangen; ~ **à de hautes fonctions** zu e-m hohen Amt gelangen; ~ **à l'indépendance** die Unabhängigkeit erlangen; ~ **à la propriété** *auch* Eigentum bilden; ~ **au trône** den Thron besteigen; **4.** ~ **à une demande** e-m Antrag stattgeben; e-n Antrag bewilligen; ~ **aux désirs de qn** j-s Wünschen nachkommen; ~ **à une prière** e-r Bitte (*dat*) stattgeben, will'fahren; e-e Bitte gewähren

accélérateur [akseleratœr] *m* **1.** *auto* Gashebel *m*, -pedal *n*; F Gas *n*; **appuyer sur l'~** aufs Gas(pedal) treten; Gas geben; **lâcher l'~** das Gas wegnehmen; vom Gas gehen; **pousser l'~ à fond** das Gaspedal ganz 'durchtreten; **2.** *phys atom* ~ **(de particules)** (Teilchen)Beschleuniger *m*

accélération [akselerasjɔ̃] *f* **1.** Beschleunigung *f* (*auch phys*); **l'~ de l'histoire** der immer schneller werdende Ablauf der geschichtlichen Ereignisse; *phys* ~ **de la pesanteur** Schwere-, Erdbeschleunigung *f*; **2.** *écon* **principe** *m* **d'~** Akzelerati'onsprinzip *m*

accéléré [akselere] *m cin* Zeitraffer *m*; **en** ~ im Zeitraffer

accélérer [akselere] <-è-> **I** *v/t Arbeiten, Tempo, s-n Schritt etc* beschleunigen; *adjt*: **formation accélérée** Kurzausbildung *f*; *phys* **mouvement uniformément accéléré** gleichförmig beschleunigte Bewegung; *ch de fer* **régime accéléré** (*abr R.A.*) Eilgut *n*; **II** *v/i* beim *Autofahren* Gas geben; **accélère!** gib Gas!; **III** *v/pr* **s'~** schneller werden; *Puls* schneller schlagen; *Geschwindigkeit* größer werden

accéléromètre [akselerɔmɛtr(ə)] *m* Be-

---

schleunigungsmesser *m*

accent [aksɑ̃] *m* **1. a)** *phon* Ton *m*; Betonung *f*; Ak'zent *m*; ~ **tonique, d'intensité** dynamischer Akzent; Stärkebetonung *f*; Intensi'tätsakzent *m*; Tonstärke *f*; ~ **de hauteur**, *musical* musikalischer Akzent; Tonhöhe *f*; ~ **de phrase** Satzakzent *m*; **l'~ porte, tombe sur la première syllabe** der Ton liegt auf der ersten Silbe; **b)** *als graphisches Zeichen* Ak'zent *m*; *für das Frz meist* Ac'cent *m*; ~ **aigu** [-tegy], **circonflexe, grave** Accent aigu, circonflexe, grave; *für andere Sprachen, ling* A'kut *m*, Zirkum-'flex *m*, Gravis; **2.** *e-r Sprache, e-r Gegend, e-s Milieus* Ak'zent *m*; Tonfall *m*; (*Art f der*) Aussprache; ~ **du Midi** südfranzösischer Akzent; südfranzösische Aussprache; **avoir un** ~ mit (e-m) Akzent sprechen; **avoir l'~ anglais** mit englischem Akzent sprechen; **avoir un bon** ~ **(en allemand)** e-e gute (deutsche) Aussprache haben; **parler sans** ~ akzentfrei sprechen; **3.** *fig in j-s Stimme, Worten etc* Beiklang *m*; 'Unterton *m*; *Melodie* **aux** ~**s tristes** in der die Traurigkeit 'durchklingt, mitschwingt; **4.** *fig* **mettre l'~, faire porter l'~ sur** den Nachdruck, Ton legen auf (+*qcc*); betonen; her'vorheben

accentu|ation [aksɑ̃tɥasjɔ̃] *f* **1. a)** Betonung *f*; Akzentu'ierung *f*; **b)** Setzen *n*, -ung *f* der Ak'zente; **2.** *fig* Verstärkung *f*; Verschärfung *f*; Schärfe *f*; ~**el** *adj* <~**le**> *ling* Ak'zent…

accentuer [aksɑ̃tɥe] **I** *v/t* **1. a)** betonen; akzentu'ieren; *auch* akzentu'iert, mit Nachdruck sprechen; **b)** e-n Ak'zent setzen (**une lettre auf** e-n Buchstaben); **2.** *fig* **a)** betonen; unter'streichen; her-'vorheben; **b)** *Anstrengungen etc* verstärken; *Vorsprung* vergrößern; **II** *v/pr* **s'~** *Eindruck, Tendenz etc* sich verstärken; *Frost* sich verschärfen

accept|able [aksɛptabl(ə)] *adj* annehmbar; akzep'tabel; ~**ation** *f* **1.** *von Vorschlägen etc* Annahme *f* (*auch jur e-r Erbschaft*); *e-s Risikos* Aufsichnehmen *n*; **2.** *comm e-s Wechsels* Ak'zept *n*

accep|ter [aksɛpte] *v/t* **1.** *Geschenk, Einladung, Erbschaft, Angebot etc* annehmen; *Vorschlag etc* auch akzep'tieren; *eingehen auf* (+*acc*); zustimmen (+*dat*); *These, Vorwürfe, Kritik* gelten lassen; anerkennen; akzep'tieren; *Risiko* auf sich nehmen; eingehen; *Mißerfolg* hinnehmen; akzep'tieren; *abs* **j'accepte** ich nehme an; ~ **qn** j-n akzep'tieren, anerkennen, aufnehmen; ~ **de** (+*inf*) zusagen, s-e Zusage geben zu (+*inf*); ~ **que** … (+*subj*) gelten lassen, anerkennen, daß …; ~ **le combat** sich zum Kampf stellen; **2.** *comm Wechsel* akzep'tieren; ~**teur** *m chim, phys atom* Ak-'zeptor *m*; ~**tion** *f* **1.** *e-s Wortes* Bedeutung *f*; Sinn *m*; **dans toute l'~ du mot, du terme** in des Wortes wahrsten Sinn(e); **in des Wortes wahrster Bedeutung; dans la plus large** ~ **du mot** im weitesten Sinn(e) des Wortes; **2.** *litt* lassen ~ **de personne** ohne Ansehen der Person

accès [aksɛ] *m* **1.** Zugang *m* (*auch fig*); *für Fahrzeuge* Zufahrt *f*; **avoir** ~ Zugang haben (**à des dossiers secrets** zu Geheimakten; **à des milieux d'artistes** zu Künstlerkreisen); **avoir** ~ **auprès de qn** bei j-m Zutritt haben; **donner** ~ **à** *Tür, Weg etc* führen zu; *Diplom, Prüfung* zu e-m Beruf den Zugang eröffnen zu; *Hafen etc, fig Autor, Text etc* **être d'~ od d'un** ~ **facile** leicht zugänglich sein; **2.** *bes path* Anfall *m*; *von Gefühlen auch* Anwandlung *f*; ~ **de colère** Wutanfall *m*; Zorn(es)-, Wutaus-

---

bruch *m*; ~ **de fièvre a)** *path* Fieberanfall *m*; **b)** *fig* Krise *f*; Unruhe *f*; ~ **de tristesse** Anwandlung von Traurigkeit; **par** ~ anfallweise; *par ext* zeitweise; von Zeit zu Zeit; **3.** *EDV* Zugriff *m*

access|ibilité [aksesibilite] *f* Zugänglichkeit *f*; ~**ible** *adj* **1.** Ort zugänglich (**à** für); erreichbar; **2.** *Kunstwerk, Buch etc* zugänglich; verständlich; **3.** *Person* ~ **à la flatterie**, **à la pitié** für Schmeicheleien, Mitleid empfänglich

accession [aksesjɔ̃] *f* **1.** Erlangen *n*, -ung *f* (**à von**); ~ **à l'indépendance** Erlangung der Unabhängigkeit; ~ **à la propriété** (Möglichkeit *f* der) Eigentumsbildung; ~ **au trône** Thronbesteigung *f*; **2.** Beitritt *m* (**à un traité** zu e-m Vertrag); **3.** *jur* Verbindung *f*; **acquisition** *f* **de la propriété par** ~ Eigentumserwerb *m* durch Verbindung

accessit [aksesit] *m in der Schule* ehrenvolle Erwähnung; Belobigung *f*

accessoire [akseswar] **I** *adj* **1.** nebensächlich; unwesentlich; 'untergeordnet; Neben…; zusätzlich; **avantage** *m* ~ zusätzlicher Vorteil; **frais** *m/pl* ~**s** Nebenkosten *pl*; **d'un intérêt** ~ von untergeordnetem Interesse; **c'est tout à fait** ~ das ist ganz unwesentlich; das ist völlig Nebensache; **II** *m* **1.** Nebensächliche(s) *n*; Unwesentliche(s) *n*; Nebensache *f*; **2.** *tech* Zubehörteil *m*, *n*; ~**s** d'automobile Kraftfahrzeug-, Autozubehör *n*; **3.** ~**s** *pl* (**de mode**) Acces'soires *pl*; modisches Beiwerk, Zubehör; **4.** *thé, cin, télév* Requi'sit *n*; ~**s de théâtre** The'aterrequisiten *n/pl*

accessoir|ement [akseswarmɑ̃] *adv* **1.** in zweiter Linie; zusätzlich; **2.** *par ext* eventu'ell; ~**iste** *m* **1.** *thé etc* Requisi'teur *m*; **2.** Autozubehörhändler *m*

accident [aksidɑ̃] *m* **1.** Unfall *m*; Unglück *n*; ~ **mortel** tödlicher Unfall; ~ **d'auto, de voiture** Autounfall *m*; ~ **d'avion, de chemin de fer, de train** Flugzeug-, Eisenbahn-, Zugunglück *n*; ~ **de (la) circulation, de la route** Verkehrsunfall *m*; ~ **du travail** Arbeitsunfall *m*; **dans un** ~ bei e-m Unfall; **avoir un** ~ e-n Unfall haben; verunglücken; **2.** Zufall *m*; *par* ~ zufällig; zufällig; **3.** ~ **du terrain** Unebenheit *f* (des Geländes); **4.** *mus* Versetzungszeichen *n*; **5.** *méd* etwa Komplikati'on *f*; (Krankheits-) Erscheinung *f*

accidenté [aksidɑ̃te] **I** *adj* **1.** *Gelände* hügelig; wellig; uneben; **2.** *Person, Fahrzeug* verunglückt; **voiture** ~**e** *auch* Unfallwagen *m*; **II** *subst* ~**(e)** *m(f)* Verunglückte(r) *f(m)*; Unfallverletzte(r) *f(m)*

accidentel [aksidɑ̃tɛl] *adj* <~**le**> **1.** zufällig; **rencontre** ~**e** zufällige Begegnung; **2. mort** ~**le** der Tod *m* in'folge e-s Unfalls; Unfalltod *m*

accidenter [aksidɑ̃te] F *v/t* bei e-m Unfall *Person* verletzen, *Sache* beschädigen

acclamation [aklamasjɔ̃] *f* **1.** *oft pl* ~**s** Zurufe *m/pl*; lebhafter, lauter Beifall, Ap'plaus; Jubel *m*; **2.** *loc/adv* **Abstimmung par** ~ durch Zuruf, Akklamati'on

acclamer [aklame] *v/t* ~ **qn** j-m zujubeln, lebhaft applau'dieren

acclimat|ation [aklimatasjɔ̃] *f* Akklimati'sierung *f*; Akklimatisati'on *f*; Eingewöhnung *f*; Heimischwerden *n*; *von Menschen auch* Einleben *n*; **Jardin** *m* **d'~** zoologischer Garten in Paris; ~**ement** *m biol* Akklimatisati'on *f*

acclimater [aklimate] **I** *v/t* **1.** *Tiere, Pflanzen* akklimati'sieren; heimisch machen; *Tiere auch* eingewöhnen; **2.** *fig Brauch etc* einbürgern, -führen; heimisch machen; **II** *v/pr* **s'~ 3.** sich akklimati'sieren; sich eingewöhnen; hei-

misch werden; *Mensch auch* sich einle-
ben; **4.** *fig Brauch etc* sich einbürgern;
heimisch werden

accoint|ance [akwɛ̃tãs] *f meist péj* **avoir
des ~s** (nützliche) Verbindungen, Bezie-
hungen haben (**avec qn zu** j-m); **~er**
v/pr F meist péj **s'~** mit j-m
Verbindung, Kon'takt aufnehmen; sich
mit j-m einlassen

accolade [akɔlad] *f* **1.** (zeremoni'elle)
Um'armung; *bes bei Ordensverleihung*
Akko'lade *f*; **2.** *hist* Ritterschlag *m*; **3.**
impr, mus (geschweifte) Klammer; **4.**
arch Kielbogen *m*; Eselsrücken *m*

accolage [akɔlaʒ] *m agr, vit* Anbinden *n*
(an Pfähle *etc*)

accoler [akɔle] *v/t* **1.** nebenein'ander-,
zu'sammenstellen, -setzen; **~ qc à qc** etw
neben, an etw (*acc*) setzen, stellen; etw
an etw (*acc*) anhängen, anfügen; etw mit
etw verbinden; **2.** *agr, vit* anbinden; **3.**
impr etc durch e-e (geschweifte) Klam-
mer verbinden; klammern

accommod|ant [akɔmɔdã] *adj* 'um-
gänglich; verträglich; entgegenkom-
mend; gefällig; **~ateur** *adj* ‹*nur m*› *anat*
muscle ~ Akkommodati'onsmuskel *m*

accommod|ation [akɔmɔdasjɔ̃] *f* **1.**
physiol des Auges Akkommodation *f*;
paralysie *f*, **spasme** *m* **de l'~** Akkom-
modationslähmung *f*, -krampf *m*; **2.**
biol, psych Anpassung *f*; **~ement** *m*
Ausgleich *m*; Arrange'ment *n*

accommoder [akɔmɔde] **I** *v/t* **1.** *cuis*
zubereiten; **~ les restes** die Reste (*zu
e-m neuen Gericht*) verwerten, verwen-
den; **2.** anpassen (**aux circonstances**
den 'Umständen); **3.** *abs Auge* akkom-
mo'dieren; **II** *v/pr* **4. s'~ à** sich an-
passen (+*dat*); sich richten nach; **5. s'~
de** sich abfinden mit; sich schicken in
(+*acc*); vor'liebnehmen mit; zufrieden
sein mit

accompagna|teur [akɔ̃paɲatœr] *m*,
~trice *f* **1.** *mus* Begleiter(in) *m(f)*; **2.** *e-r
Gruppe* Begleitperson *f*; Begleiter(in)
m(f)

accompagnement [akɔ̃paɲmã] *m* **1.**
mus Begleitung *f*; **2.** Begleitung *f* (*auch
Personen*); *mil tir* **m d'~** Begleitfeuer *n*

accompagner [akɔ̃paɲe] *v/t* **1.** beglei-
ten; mitgehen mit; *st/s* geleiten; **~ qn au
cinéma** j-n ins Kino begleiten; mit j-m
ins Kino gehen; *st/s* **~ qn à sa dernière
demeure** j-n zu s-r letzten Ruhestatt *od*
-stätte geleiten; *fig* **tous nos vœux
l'accompagnent** alle unsere guten
Wünsche begleiten ihn; **se faire ~ de qn**
j-n mitbringen, mitnehmen; *p/p* **accom-
pagné par** *od* **de sa femme** in Beglei-
tung s-r Frau; *adjt* **bagages non accompa-
gnés** Reisegepäck *n*; **2.** *mus* begleiten
(*auch abs*); **au piano** auf dem Klavier); **3.**
par etw folgen lassen; hin'zufügen; ver-
binden (mit); **il accompagna sa répon-
se d'un sourire** er ließ s-r Antwort ein
Lächeln folgen; **s-e** Antwort war von e-m
Lächeln begleitet; **II** *v/pr* **4.** *mus* **s'~ à la
guitare** sich (selbst) auf der Gitarre
begleiten; **5. Sache s'~ de qc** von etw
begleitet sein; etw im Gefolge haben;
etw mit sich bringen; mit etw verbunden
sein, Hand in Hand gehen

accompli [akɔ̃pli] *adj* **1.** voll'endet; **fait
~** vollendete Tatsache; **Fait accompli** *n*;
mettre qn devant le fait ~ j-n vor
vollendete Tatsachen stellen; **avoir
vingt ans ~s** das zwanzigste Lebensjahr
vollendet haben; **2.** *Diplomat, Hausfrau
etc* per'fekt; voll'kommen *od* 'vollkom-
men; voll'endet; **3.** *ling* perfektiv

accomplir [akɔ̃plir] **I** *v/t* **1.** *Pflicht,
Aufgabe, Wunsch* erfüllen; *Handlung,
Tat* ausführen; begehen; *Formalitäten*
erledigen; erfüllen; *Befehl* ausführen; **2.**

Dienstzeit ableisten; *Versicherungszeit
auch* zu'rücklegen; **II** *v/pr* **s'~ 3.** *Wunsch,
Traum etc* sich erfüllen; in Erfüllung
gehen; **4.** *Veränderung etc* eintreten

accomplissement [akɔ̃plismã] *m* **1.**
von Wünschen etc Erfüllung *f*; **2.** *e-r Tat
etc* Aus-, 'Durchführung *f*; Begehung *f*;
3. *der Dienstzeit* Ableistung *f*; *e-r Versi-
cherungszeit auch* Zu'rücklegung *f*

accon *cf* **acon**

accord [akɔr] *m* **1.** Über'einstimmung *f*
(*auch von Dingen*); Einvernehmen *n*;
Einigkeit *f*; Eintracht *f*; Einklang *m*;
d'un commun ~ in gegenseitigem *od* im
gegenseitigen Einvernehmen; einmütig;
einstimmig; *adm bes österr* einvernehm-
lich; **d'~!,** P **d'acc!** einverstanden!;
abgemacht!; (also) gut!; wird gemacht!;
ja!; zugegeben!; F **pas d'~!** nein!; gibt
nicht!; nichts zu machen!; **en ~ avec** in
Übereinstimmung, im Einverständnis
mit; **être d'~** (**à**) (damit) einverstanden
sein; b) (sich) einig sein, einer *od* gleicher
Meinung sein, (darin) über'einstimmen,
einiggehen (**avec qn** mit j-m); **mettre
d'~** *Gegner etc* einigen; **se mettre d'~,
tomber d'~** sich einig werden, sich
einigen, Übereinstimmung erzielen, sich
verständigen (**sur auf** + *acc*); **nous
sommes tombés d'~ pour** (+*inf*) wir
sind (miteinander) über'eingekommen
zu (+*inf*) *od* daß ...; wir haben uns
(dahingehend) geeinigt, daß ...; **vivre
en parfait ~** in völliger Eintracht leben;
einträchtig zusammenleben; **2.** Zustim-
mung *f*; Billigung *f*; Plazet *n*; **donner
son ~** s-e Zustimmung geben; zustim-
men; **3.** Vereinbarung *f*; Über'einkunft *f*;
Absprache *f*; Einigung *f*; Abkommen *n*;
Vertrag *m*; **~ commercial** Handels-
abkommen *n*, -vereinbarung *f*, -vertrag
m; **~ de paiement** Zahlungsabkommen
n; **~ sur les salaires** Lohnabkommen *n*,
-vereinbarung *f*; **arriver à un ~** zu e-r
Einigung, Vereinbarung kommen; zu
e-m Abkommen, zu e-r Übereinkunft
gelangen; **conclure, passer un ~** e-e
Vereinbarung treffen; ein Abkommen
schließen; **4.** *mus* Ak'kord *m*; Zu'sam-
menklang *m*; **~ de trois sons** Dreiklang
m; **frapper, plaquer un ~** e-n Akkord
anschlagen; *Instrument* **tenir l'~** die
Stimmung halten; **ne pas tenir l'~** leicht
verstimmen; **5.** *gr* Kongru'enz *f*; Über-
'einstimmung *f* (in Geschlecht und
Zahl); (**règle** *f* **de**) **l'~ du participe**
(Regel *f* über) die Veränderlichkeit des
Partizips; **6.** *rad* Abstimmung *f*

accordéon [akɔrdeɔ̃] *m* **1.** *mus* Ak'kor-
deon *n*; Ziehharmonika *f*; Schifferkla-
vier *n*; **2.** *fig* **en ~** mit zahlreichen Fal-
ten; zerknittert; **porte** *f* (**en**) **~**
(Zieh)Har'monika-, Falttür *f*

accordéoniste [akɔrdeɔnist] *m,f* Ak-
'kordeon-, Ziehharmonikaspieler(in)
m(f)

accorder [akɔrde] **I** *v/t* **1. a)** *Bitte,
Kredit, Frist, Sonderurlaub etc* gewäh-
ren; bewilligen; *Kredit, Frist auch* ein-
räumen; *Vertrauen* schenken; *Vorrang*
einräumen; zuerkennen; **une faveur à
qn** *cf* **faveur**; **~ la grâce à qn** j-n
begnadigen; **~ qn la main de sa fille**
j-m s-e Tochter zur Frau geben; **~ la
parole à qn** j-m das Wort erteilen; **b) ~
de l'importance, de la valeur à qc** e-r
Sache (*dat*) Bedeutung *od* Gewicht,
Wert beimessen, -legen; Gewicht auf etw
(*acc*) legen; **c) ~ à qn que** ... j-m
zugestehen, zugeben, einräumen, daß
...; **2. a)** in Über'einstimmung, in Ein-
klang bringen (**avec mit**); vereinigen
(mit); abstimmen (**auf** + *acc*); **b)** *Musik-
instrument* stimmen; *fig* **accordez vos
violons!** werdet euch (bitte) einig!; *adjt*

Instrument **mal accordé** schlecht ge-
stimmt; **c)** *gr* (for'mal) in Über'ein-
stimmung bringen (**avec mit**), beziehen (auf
+ *acc*); **d)** *rad* abstimmen (**sur auf** +
acc); **II** *v/pr* **s'~ 3. a)** *abs: Personen,
Charaktere* harmo'nieren, zu'sammen-
passen, sich vertragen (**bien, mal gut,
schlecht**); **b) s'~ à dire que** ... sich einig
sein, daß ...; **s'~ pour faire qc** über'ein-
kommen, sich (darauf) einigen, verein-
baren, etw zu tun; **4.** *gr* **s'~ avec** sich
richten nach; kongru'ieren mit;
l'adjectif s'accorde avec le nom das
Adjektiv richtet sich nach dem Substan-
tiv; **s'~ en genre et en nombre** in
Geschlecht und Zahl über'einstimmen;
5. s'~ qc sich etw gönnen; **ne pas s'~ de
répit** sich keine Ruhe gönnen

accord|eur [akɔrdœr] *m mus* Stimmer *m*;
~ de pianos Kla'vierstimmer *m*; **~oir** *m*
für Klavier Stimmschlüssel *m*, -hammer
m; *für Orgel* Stimmhorn *n*

accore [akɔr] *mar* **I** *adj Küste* steil; **côte** *f*
~ *auch* Steilküste *f*; **II** *f* Stütze *f*; Strebe *f*;
Schore *f*

accorte [akɔrt] *st/s adj* ‹*nur f*› liebens-
würdig; zu'vorkommend

accost|able [akɔstabl(ə)] *adj mar* zu-
gänglich; **~age** *m mar* Anlegen *n* (**du
quai** am Kai); Landen *n*

accoster [akɔste] *v/t* **1. ~ qn** j-n anspre-
chen, anreden, F anquatschen, anquas-
seln; *auch péj* sich an j-n her'anmachen;
j-n anhauen; **2.** *mar* anlegen (**le quai** am
Kai); landen; *an e-m andern Schiff auch*
längsseits kommen

accotement [akɔtmã] *m e-r Straße*
Ban'kett(e) *n(f)*; Rand-, Seitenstreifen
m; **~s non stabilisés** Randstreifen nicht
befestigt; **stationner sur l'~** auf dem
Randstreifen parken

accot|er [akɔte] *v/pr* **s'~** sich (auf)stüt-
zen (**à, sur auf** + *acc*); sich (an)lehnen
(**an** + *acc*); **~oir** *m* Arm-, Seitenlehne *f*

accouchée [akuʃe] *f* Wöchnerin *f*

accouchement [akuʃmã] *m* Entbin-
dung *f*; Geburt *f*; *st/s* Niederkunft *f*; **~
sans douleur** schmerzlose Geburt;
Arzt, Hebamme **faire un ~** e-e Entbin-
dung 'durchführen

accoucher [akuʃe] **I** *v/t* **~ une femme**
bei e-r Frau Geburtshilfe leisten; e-e
Frau entbinden; **la sage-femme qui l'a
accouchée** die Hebamme, die bei der
Entbindung anwesend war; **II** *v/t/indir*
1. ~ de entbunden werden von; *st/s*
niederkommen mit; **~ d'une fille** von
e-m Mädchen entbunden werden; **2.** *abs*
entbinden; **~ dans une clinique** in e-r
Klinik entbinden; **3.** *fig u plais* **~ d'un
roman,** *etc* e-n Roman *etc* her'vor-
bringen, zu'stande bringen, zu'wege
bringen; F **accouche!** F raus mit der
Sprache!; raus damit!; rück endlich mit
der Sprache raus!

accoucheur [akuʃœr] *m* **1.** Geburtshel-
fer *m*; *adjt* **médecin ~** Arzt und Ge-
burtshelfer *m*; **2.** *zo adjt* **crapaud ~** Ge-
burtshelferkröte *f*

accoud|er [akude] *v/pr* **s'~** sich mit dem
Ellbogen, mit den Ellbogen aufstützen
(**à, sur auf** + *acc*); *p/p* **accoudé à la
fenêtre** mit auf dem Fensterbrett aufge-
stützten Armen; **~oir** *m* Armlehne *f*,
-stütze *f*

accouplement [akupləmã] *m* **1.** *zo, Tier-
zucht* Paarung *f*; Begattung *f*; **2.** *tech*
Kupplung *f*; *rad* Kopplung *f*; *élect*
Schaltung *f*; *tech*: **~ articulé, élastique**
Gelenk-, Ausgleichskupplung *f*; **~ rigi-
de** starre Kupplung; **~ à disque** Schei-
benkupplung *f*; *élect*: **~ en parallèle**
Nebenein'ander-, Paral'lelschaltung *f*; **~
en série** Hinterein'ander-, Reihen-, Se-
rienschaltung *f*; *auto* **barre** *f* **d'~** Spur-

stange f; ch de fer **bielle** f d'~ Kuppelstange f; 3. fig Verbindung f
accoupler [akuple] **I** v/t **1.** Tierzucht paaren (et, à mit); **2.** tech kuppeln; Wagen zu'sammenkoppeln; rad koppeln; élect (zu'sammen)schalten; adjt arch colonnes accouplées gekuppelte Säulen f/pl; **3.** fig Worte, Ideen etc (mitein'ander) verbinden; zu'sammenbringen; **II** v/pr s'~ Tiere sich paaren; sich begatten
accourir [akurir] v/i ‹cf courir; aber meist être› her'beieilen; Menge auch zu'sammenströmen; ~ à l'aide (de qn) (j-m) zu Hilfe eilen; ~ pour faire qc herbeieilen, um etw zu tun; ~ vers qn auf j-n zueilen
accoutr|ement [akutrəmã] m péj Aufzug m; Aufmachung f; Ausstaffierung f; Aufputz m; **~er** v/t (u v/pr) (s')~ (sich) ausstaffieren, aufputzen; adjt être accoutré d'une drôle de façon komisch aufgemacht, ausstaffiert sein
accoutumance [akutymãs] f bes physiol, biol, Verhaltensforschung Gewöhnung f (à an + acc)
accoutumé [akutyme] adj **1. a)** gewohnt; à l'heure ~e zur gewohnten Stunde; faire sa promenade ~e s-n gewohnten Spaziergang machen; **b)** loc/adv comme à l'~e wie gewöhnlich; **2.** Person être ~ à qc an etw (acc) gewöhnt sein; etw gewohnt sein; être ~ à faire qc (daran) gewöhnt sein od (es) gewohnt sein, etw zu tun; etw zu tun pflegen
accoutumer [akutyme] **I** v/t ~ qn à qc j-n an etw (acc) gewöhnen; **II** v/pr s'~ à qc sich an etw (acc) gewöhnen; s'~ à faire qc sich daran gewöhnen, etw zu tun
accouvage [akuvaʒ] m Geflügelzucht künstliches Brüten
accrédit|er [akredite] v/t **1.** dipl akkredi'tieren; beglaubigen; p/p accrédité auprès de … akkreditiert bei …; **2.** Nachricht, Gerücht etc glaubwürdig erscheinen lassen; **~eur** m comm Bürge m; **~if** m comm Akkredi'tiv n; Kre'ditbrief m; par ext Kre'dit m
accroc [akro] m **1.** in Kleidern Riß m; Dreiangel m; faire un ~ à son pantalon sich die Hose zerreißen; sich e-n Dreiangel in die Hose reißen; **2.** fig ~ à la règle Verstoß m gegen die Regel; ~ à sa réputation Makel m, Fleck m, Schatten m auf s-m guten Ruf; **3.** fig Schwierigkeit f; Hindernis n; Zwischenfall m; le voyage s'est déroulé sans ~ die Fahrt ist reibungslos, glatt verlaufen
accrochage [akrɔʃaʒ] m **1.** zwischen zwei Autos etc (leichter) Zu'sammenstoß; **2.** mil Zu'sammenstoß m; Gefechtsberührung f; **3.** f (dispute) Zu'sammenstoß m; Ausein'andersetzung f; Wortwechsel m; ~s pl F Reibe'reien f/pl; **4.** fig **a)** e-r Person Zugfreude f; zupackendes Wesen; **b)** in der Werbung Einsatz m von zugkräftigen, werbewirksamen Mitteln; avoir de l'~ zugkräftig, werbewirksam sein; **5.** e-s Bildes etc Aufhängen n; von Wagen Anhängen n; Ankoppeln n; **6.** mines Füllort m
accroche|-cœur [akrɔʃkœr] m ‹pl accroche-cœurs› Schmachtlocke f; **~-plat** m ‹inv› Wandgestell n zum Aufhängen von Porzellan etc
accrocher [akrɔʃe] **I** v/t **1.** Bild, Mantel etc aufhängen; an e-n Haken hängen; Wagen, Anhänger etc anhängen; tech ankoppeln; allg auch befestigen, festmachen (à an + dat); auch einhängen; ~ ses vêtements au portemanteau s-e Kleider an die Garderobe hängen; **2. a)** Kleidungsstück zerreißen; hängenblei-

ben mit; ~ son bas mit dem Strumpf hängenbleiben; den Strumpf zerreißen; rester accroché à qc an etw (dat) hängenbleiben; **b)** ~ un vase an e-r Vase hängenbleiben; e-e Vase her'unterreißen; **3.** par ext Fußgänger, anderes Auto etc anfahren; streifen; (leicht) zu'sammenstoßen mit; ~ l'aile de sa voiture au od contre le mur du garage mit dem Kotflügel gegen die Garagenwand fahren bzw die Garagenwand streifen; **4. a)** F ~ qn j-n aufhalten; **b)** ~ qn j-s Aufmerksamkeit fesseln, auf sich ziehen; abs zugkräftig sein; ziehen; **5.** mil stoßen auf (+acc); zu'sammenstoßen mit; in Kämpfe verwickeln; abs Gefechtsberührung haben; **II** v/pr s'~ **6.** hängenbleiben (à an + dat); **7.** sich an-, festklammern, sich festhalten (à an + dat); **8.** fig s'~ à un espoir sich an e-e Hoffnung klammern; s'~ à qn sich an j-n hängen, klammern; F tu peux te l'~ F das kannst du in den Schornstein, Kamin schreiben; **9.** abs sich anstrengen, F sich ranhalten; **10.** F fig s'~ avec qn mit j-m zu'sammenstoßen, in Streit geraten; sich mit j-m anlegen
accrocheur [akrɔʃœr] adj ‹-euse› **a)** Sportler, Verkäufer etc zäh; ausdauernd; rührig; **b)** Werbung etc zugkräftig; péj aufdringlich
accroire [akrwar] v/t ‹nur inf› il veut m'en faire ~ er will mir etwas weismachen; faire ~ à qn que … j-m weismachen, daß …
accroissement [akrwasmã] m **1.** Zunahme f; Anwachsen n; Vermehrung f; Vergrößerung f; Steigen n; Anstieg m; Steigerung f; Erhöhung f; Zuwachs m; Wachstum n; ~ démographique, de la population Bevölkerungszunahme f; taux d'~ Zuwachs-, Wachstumsrate f, -ziffer f; **2.** Erbrecht droit d'~ Anwachsungsrecht n
accroître [akrwatr(ə)] ‹j'accrois, il accroît, nous accroissons; j'accroissais; j'accrus; j'accroîtrai; que j'accroisse; accroissant; Vorgang avoir, Zustand être accru› **I** v/t vermehren; vergrößern; steigern; erweitern; Besitz auch mehren; **II** v/pr s'~ Produktion, Popularität, Gefahr, Spannung etc zunehmen; wachsen; größer werden
accroup|i [akrupi] adj **1.** kauernd; hokkend; position ~e kauernde Stellung; gym Hocke f; être, se tenir ~ kauern; hocken; **2.** Heraldik Wappentier sitzend; **~ir** v/pr s'~ sich nieder-, zu'sammenkauern; sich niederhocken; gym in die Hocke gehen
accru [akry] **I** p/p von accroître u adj vermehrt; vergrößert; verstärkt; gesteigert; größer; **II** m agr Wurzelschößling m
accu [aky] F m **1.** meist pl ~s auto Batte'rie f; cf auch accumulateur; **2.** fig recharger les od ses ~s neue Kräfte sammeln
accueil [akœj] m **1.** Empfang m; Aufnahme f (auch von Flüchtlingen, e-s Films, e-r Idee etc); par ext Betreuung f; ~ chaleureux herzlicher, warmer Empfang; ~ réservé zurückhaltende Aufnahme; centre m d'~ cf centre 4.; comité m d'~ Empfangskomitee n; pays m d'~ Aufnahme-, Gast-, Einwanderungsland n; faire bon ~ à qn j-n gut aufnehmen; faire un ~ enthousiaste à un film e-n Film begeistert aufnehmen; réserver un ~ glacial à qn j-m e-n kühlen, frostigen Empfang bereiten; **2.** Offenheit f; Aufgeschlossenheit f
accueillant [akœjã] adj **a)** Gastgeber liebenswürdig; freundlich; **b)** Haus, Hotel etc gastlich; gemütlich

accueillir [akœjir] v/t ‹cf cueillir› Person, Film, Nachricht etc aufnehmen; Person, offizieller empfangen (auch iron); ~ un chef d'État ein Staatsoberhaupt empfangen; ~ une demande avec un sourire e-e Bitte mit e-m Lächeln aufnehmen; il nous a accueillis chez lui er hat uns bei sich zu Hause aufgenommen; ~ qn chaleureusement j-n herzlich empfangen; Plan, Vorschlag etc être bien accueilli Anklang finden
acculer [akyle] v/t **1.** in die Enge treiben; keinen Ausweg lassen (à dat); il se vit ~ contre la barrière die Schranke nahm ihm jede weitere Fluchtmöglichkeit; **2.** fig ~ qn à qc in etw (acc) treiben, zu etw drängen, zwingen; ~ qn à la faillite auch j-m keinen anderen Ausweg als den Bankrott lassen
acculturation [akyltyrasjõ] f Soziologie Akkulturati'on f; 'Übernahme f fremder Kul'turgüter
accumulateur [akymylatœr] m **1.** élect Akkumu'lator m; F Akku m; ~s pl oft (Auto)Batte'rie f; ~ alcalin Nickel-Eisen-Akkumulator m; ~ au plomb Bleiakkumulator m; batterie f d'~s Akkumula'torenbatterie f; **2.** tech ~ hydraulique hydraulischer Akkumulator; **3.** tech ~ thermique, de chaleur Wärmespeicher m
accumulation [akymylasjõ] f **1.** Anhäufen n, -ung f; Aufhäufen n, -ung f; Ansammeln n; Ansammlung f; **2.** tech von Energie Speichern n, -ung f; chauffe-eau m à ~ Warm-, Heißwasserspeicher m; poêle m, radiateur m à ~ (Nacht)Speicherofen m; chauffage m par ~ Speicherheizung f; **3.** géol Ablagerung f; Aufschüttung f; Akkumulati'on f; **4.** écon Akkumulati'on f
accumuler [akymyle] **I** v/t **1.** an-, aufhäufen; ansammeln; Dokumente etc zu'sammentragen; Betrag ansparen; **2.** tech Energie speichern; **II** v/pr s'~ Kapital, Bücher etc sich ansammeln; Beträge auch auflaufen; Anzeichen, Fehler etc sich häufen; Wolken sich türmen
accusa|teur [akyzatœr], **~trice I** m,f Ankläger(in) m(f); hist accusateur public öffentlicher Ankläger; **II** adj Blick etc anklagend
accusatif [akyzatif] m gr Akkusativ m; Wenfall m; vierter Fall
accusation [akyzasjõ] f **1.** jur Anklage f (auch Behörde); Anklageerhebung f; acte m d'~ Anklageschrift f; mise f en ~ Eröffnung f des Hauptverfahrens; **2.** Beschuldigung f; Bezichtigung f; Anschuldigung f; porter des ~s contre qn Beschuldigungen gegen j-n erheben, vorbringen
accusé [akyze] **I** subst **1.** jur ~(e) m(f) Angeklagte(r) f(m); banc m des ~s Anklagebank f; **2.** comm ~ m de réception Empfangsbestätigung f, -bescheinigung f; **II** adj ausgeprägt; stark her'vortretend; tendance nettement ~e à … deutlich ausgeprägte Tendenz zu …; traits ~s ausgeprägte, scharfe Gesichtszüge m/pl
accuser [akyze] **I** v/t **1.** anklagen; jur auch Anklage erheben (qn de qc gegen j-n wegen e-r Sache [gén]); ~ qn de qc j-n e-r Sache (gén) beschuldigen, bezichtigen, anschuldigen; st/s zeihen; jur ~ qn wegen e-r Sache (gén) anklagen; ~ qn du vol d'une voiture j-n des Autodiebstahls beschuldigen; ~ qn de négliger ses études j-n beschuldigen, sein Studium zu vernachlässigen; tout l'accuse alles spricht gegen ihn; être accusé d'avoir fait qc beschuldigt werden, jur angeklagt werden, unter der Anklage stehen, etw getan zu haben; je ne

voudrais ~ personne, mais ... ich möchte niemand verdächtigen, aber ...; **2.** *par ext das Schicksal, das schlechte Wetter etc* verantwortlich machen (**de** für); ~ **le sort** *auch* das Schicksal anklagen; **3.** *Umrisse, Unterschiede etc* her'vortreten lassen; her'vortreten lassen; betonen; unter'streichen; deutlich machen; *Steigerung etc* aufweisen; **4.** *comm* ~ **réception** den Empfang bestätigen (**de** von *od* + *gén*); **II** *v/pr* **s'~ 5. a)** *reflexiv* **s'~ de qc** sich e-r Sache (*gén*) bezichtigen; **s'~ de ses fautes** s-e Fehler zugeben, bekennen; **s'~ d'avoir fait qc** sich bezichtigen, etw getan zu haben; **b)** *reziprok* sich, ein'ander beschuldigen, bezichtigen, anschuldigen; **6.** *Charakter, Tendenz etc* her'vortreten; deutlich werden

acéphale [asefal] *adj biol, métr* aze'phal *od* ake'phal

acéracées [aserase] *f/pl bot* Ahorngewächse *n/pl*

acerbe [aserb] *adj Worte, Kritik etc* hart; scharf; verletzend

acéré [asere] *adj* **1.** *Klinge etc* scharf; **2.** *fig Spott, Kritik etc* schneidend; scharf; **écrire d'une plume ~e** e-e scharfe, spitze Feder führen

acescence [asesãs] *f von Wein etc* Essigstich *m*

acét|abule [asetabyl] *m anat* Gelenkpfanne *f des Hüftgelenks*; *sc* Ace'tabulum *n*; **~aldéhyde** *m chim* A'cetaldehyd *m*

acétate [asetat] *m chim* Aze'tat *n; fachspr* Ace'tat *n*; Salz *n der Essigsäure*; ~ **d'aluminium** Alu'miniumacetat *n*; essigsaure Tonerde; ~ **de cellulose** *cf* acétylcellulose; ~ **de plomb** Bleiacetat *n*; Bleizucker *m*

acéti|ficateur [asetifikatœr] *m* Essigbildner *m*; **~fication** *f chim* Essig(säure)bildung *f*; 'Umwandlung *f* in Essig(säure); **~fier** *v/t* in Essig(säure) 'umwandeln

acétique [asetik] *adj chim* Essig...; **acide m ~** Essigsäure *f*; ~ A'cetaldehyd *m*; Ätha'nal *n*; **bactéries** *f/pl* **~s** Essigsäurebakterien *f/pl*; **fermentation** *f* ~ Essig(säure)gärung *f*

acétocellulose [asetoselyloz] *f chim* cf acétylcellulose

acéton|e [aseton] *f chim* Aze'ton *n; fachspr* Ace'ton *n*; **~émie** [-emi] *f path* Acetonä'mie *f*; **~urie** [-yri] *f path* Acetonu'rie *f*

acétyl|cellulose [asetilselyloz] *f chim* Ace'tylcellulose *f*; Zellu'loseazetat *n*; **soie** *f* **d'~** Aze'tatseide *f*; **~choline** *f Biochemie* Ace'tylcholin *n*

acétyle [asetil] *m chim* Ace'tyl *n*

acétylène [asetilɛn] *m chim* Azety'len *n; fachspr* Acety'len *n*; **lampe** *f* **à** ~ Kar'bidlampe *f*

achaine [akɛn] *m cf* akène

achalandage [aʃalɑ̃daʒ] *m jur, comm* Kundenstamm *m*; fester Kundenkreis; feste Kundschaft

achalandé [aʃalɑ̃de] *adj Laden* **bien ~ a)** mit reicher, reichhaltiger, großer Auswahl; mit breitgefächertem, reichhaltigem Warenangebot; gut assor'tiert; **b)** mit großem Zuspruch; gutgehend; **être bien ~** e-e reiche Auswahl haben, bieten

acharné [aʃarne] *adj Gegner* erbittert; *Spieler* hartnäckig; *Kampf, Widerstand* erbittert; hartnäckig; *Wettkampf* mit Verbissenheit geführt; **par un travail ~** in zäher, verbissener Arbeit; **être un travailleur ~** ein Arbeitstier sein; ~ **à (faire) qc** auf etw (*acc*) versessen sein; darauf versessen sein, etw zu tun

acharnement [aʃarnəmɑ̃] *m* Verbissenheit *f*; Hartnäckigkeit *f*; Versessenheit *f*;

~ **au travail** Verbissenheit bei der Arbeit; **avec ~** verbissen; hartnäckig; mit verbissener Hartnäckigkeit; **combattre avec ~** erbittert, hartnäckig kämpfen; **travailler avec ~** verbissen arbeiten

acharner [aʃarne] *v/pr* **1. s'~ contre, sur** *Gegner, Opfer, Tier etc* nicht ablassen von; (weiterhin) verbissen, hartnäckig, bru'tal losgehen auf (+*acc*); erst recht herfallen über (+*acc*); (weiterhin) hart zusetzen (+*dat*); **2. s'~ à qc** sich in etw (*acc*) verbeißen; verbissen, hartnäckig an etw (*dat*) festhalten, hinter etw (*dat*) her sein; auf etw (*acc*) versessen sein; **s'~ à un jeu** verbissen, hartnäckig weiterspielen; **s'~ à un travail** sich in e-e Arbeit verbeißen; **s'~ à faire qc** verbissen, hartnäckig etw (weiter)tun; **s'~ à travailler** verbissen weiterarbeiten; *abs* **il s'acharne** er macht verbissen, hartnäckig weiter; er läßt nicht locker

achat [aʃa] *m* Kauf *m*, Einkauf *m* (*Vorgang u das Gekaufte*); Ankauf *m; von Waren auch* Abnahme *f*; Bezug *m*; ~ **(au) comptant** Barkauf *m*; ~ **à crédit, à tempérament** Kre'dit-, Ratenkauf *m*; ~ **d'actions** (An)Kauf *von Aktien*; l'~ **d'une voiture** der Kauf, die Anschaffung e-s Autos; ~ **en gros** Großeinkauf *m; écon* **pouvoir m d'~** Kaufkraft *f; comm* **faire l'~ de qc** etw kaufen, käuflich erwerben, anschaffen; **faire des ~s** Einkäufe machen, tätigen; einkaufen

ache [aʃ] *f bot* Sellerie *m od f* (*Wildform*); Eppich *m*

achéen [akeɛ̃] *hist Griechenland* **I** *adj* **⟨~ne⟩** a'chäisch; **la ligue ⟨2ne** *od* Achäische Bund; **II** *m/pl* 2 s A'chäer *m/pl*

acheminement [aʃminmɑ̃] *m von Post, Transportgütern etc* Beförderung *f*; Weiterleitung *f*

acheminer [aʃmine] **I** *v/t Post etc* befördern, weiterleiten (**vers** nach); *par ext Züge, Truppen etc* ~ **vers** leiten, dirigieren, bringen nach; **II** *v/pr* **s'~ vers a)** *Person* s-e Schritte lenken, sich begeben nach; **b)** *Verhandlungen etc* auf dem Wege zu ... befinden; auf dem Wege zu ... sein; **s'~ vers leur conclusion** ihrem Abschluß entgegengehen

acheter [aʃte] **⟨-è-⟩ I** *v/t* **1.** kaufen; käuflich erwerben; *bes für den täglichen Bedarf* einkaufen; *Möbel, Auto etc auch* (sich) anschaffen; *Grundstück, Aktien, Kunstwerk etc auch* ankaufen; *Waren auch* beziehen; *F* erstehen; ~ **qc à qn a)** j-m etw kaufen; etw für j-n kaufen; **b)** j-m etw abkaufen; etw von j-m kaufen; ~ **des jouets à** *od* **pour ses enfants** s-n Kindern *od* für s-e Kinder Spielzeug kaufen; **je lui ai acheté sa voiture** ich habe ihm s-n Wagen abgekauft; ~ **cher, bon marché** teuer, billig kaufen; ~ **à crédit** *od* **crédit** L.; ~ **qc (pour) dix francs** etw für zehn Franc kaufen; *abs* ~ **chez qn** bei j-m kaufen; **2.** *Beamte, Zeugen etc* bestechen; kaufen; **la complicité de qn** sich j-s Komplizenschaft erkaufen; ~ **des suffrages** Stimmen kaufen; **se laisser ~** sich bestechen, kaufen lassen; **3.** *fig Ruhe, Glück etc* ~ **cher** teuer erkaufen; **II** *v/pr* **a)** *reflexiv* **s'~ qc** sich etw kaufen, anschaffen; **b)** *passivisch* **s'~** gekauft werden (können); erhältlich, zu beziehen sein; für Geld zu haben sein; **l'amitié ne s'achète pas** Freundschaft kann man nicht kaufen

achet|eur [aʃtœr] *m*, **~euse** *f* **1.** Käufer (-in) *m(f); für Waren auch* Abnehmer *m*; Beziehen *m*; **je ne suis pas acheteur** nein danke, ich möchte nichts kaufen; *Artikel* **trouver acheteur** e-n Abnehmer, Käufer finden; *adit* **pays acheteur**

Käuferstaat *m*, -land *n*; **2. ~s** *Warenhauses etc* Einkäufer(in) *m(f)*

acheuléen [aʃøleɛ̃] *Vorgeschichte* **I** *adj* **⟨~ne⟩** des Acheuléen; **II** *m* Acheulé'en *n*

achevé [aʃve] *adj* voll'endet; **d'un ridicule ~** geradezu lächerlich

achèvement [aʃɛvmɑ̃] *m* **1.** *e-s Werkes* Voll'endung *f*; Fertigstellung *f; der Arbeiten* Abschluß *m*; Beendigung *f*; **2.** *fig* Voll'endung *f*; **atteindre son ~** s-e Vollendung erreichen

achever [aʃve] **⟨-è-⟩ I** *v/t* **1.** *Werk* voll'enden; fertigstellen; beenden; abschließen; *Buch* auslesen; **avoir achevé** *auch* F fertig haben; *Buch* F aus-, durchhaben; ~ **son discours** s-e Rede beenden, (be)schließen; ~ **ses jours à, dans ... s-e Tage,** sein Leben in (+*dat*) beschließen; ~ **son repas** zu Ende essen; **les travaux ne seront pas achevés avant mai** die Arbeiten sind nicht vor Mai beendet, abgeschlossen, fertig; **en achevant ces mots, il ...** er schloß mit diesen Worten und ...; ~ **de faire qc** vollends etw tun; **ma critique acheva de l'indisposer** meine Kritik machte ihn vollends ungehalten; **2. a)** den Gnadenstoß geben (**qn** j-m; *auch e-m Tier*); vollends töten; **b)** *fig* ~ **qn** j-m den Rest geben; j-n vollends zu'grunde richten; j-n erledigen; **II** *v/i* ausreden; zu Ende sprechen, reden; schließen; **à peine avait-il achevé que ...** kaum hatte er ausgeredet, zu Ende gesprochen, als ...; **III** *v/pr* **s'~** zu Ende gehen; schließen; enden; *Werk, Arbeiten* zum Abschluß kommen, gelangen; fertig werden; **ainsi s'achève notre émission** die Sendung ist beendet

achillée [akile] *f bot* Schafgarbe *f*

acholie [akɔli] *f path* Acho'lie *f*

achopp|ement [aʃɔpmɑ̃] *m* pierre *f* d'~ Stein *m des Anstoßes*; Hindernis *n*; Klippe *f*; **~er** *v/i* *st/s* ~ **sur qc** durch etw aufgehalten werden; über etw (*acc*) straucheln

achromat [akrɔma] *m opt* Achro'mat *m*

achromat|ique [akromatik] *adj opt, biol* achro'matisch; **~iser** *v/t opt* Farbfehler korri'gieren (**qc** *gén*); **~isme** *m opt* Achroma'sie *f*; **~opsie** [-ɔpsi] *f path* Farbenblindheit *f*; *sc* Achromatop'sie *f*

aciculaire [asikylɛr] *adj bot, minér* nadelförmig; **feuilles** *f/pl* **~s** Nadelblätter *n/pl*

acide [asid] **I** *adj* **1.** *Frucht etc* sauer; **2.** *fig Worte etc* scharf; bissig; *Anmut, Charme* herb; **3.** *chim* sauer (*auch Boden, Gesteine*); Säure...; **milieu m ~** saures Medium; **sel m ~** saures Salz; **II** *m* **1.** *chim* Säure *f*; ~ **azotique, nitrique** Sal'petersäure *f*; ~ **carbonique** Kohlensäure *f*; ~ **faible, fort** schwache, starke Säure; **~s gras** Fettsäuren *f/pl*; **résistant aux ~s** säurefest, -beständig; **2.** F *für* LSD *n*

acidi|fiant [asidifjɑ̃] *adj* säurebildend; **~fication** *f* Säurebildung *f*; **~fier** *v/t* sauer machen; säuern; in Säure 'umwandeln; **~mètre** *m* Säuremesser *m*, -prüfer *m*; **~métrie** *f* Acidime'trie *f*; Bestimmung *f* der Säuregrades

acidité [asidite] *f* **1.** *e-r Frucht etc* saurer Geschmack; Säure *f*; **2.** *fig* Schärfe *f*; Herbheit *f*; **3.** *chim* Säuregrad *m*, -gehalt *m, auch* -wirkung *f; sc* Acidi'tät *f; physiol* ~ **gastrique** Acidität des Magensaftes

acidose [asidoz] *f path* Azi'dose *od* Aci'dose *f*

acidul|é [asidyle] *adj* säuerlich; **bonbons ~s** saure (Frucht)Bonbons *m/pl od n/pl*, Drops *m/pl od n/pl*; **~er** *v/t* ansäuern

acier [asje] *m* **1.** Stahl *m*; ~ **allié** legierter Stahl; ~ **austénitique** austenitischer Stahl; ~ **calmé** beruhigter Stahl; ~

coulé Stahlguß m; ~ **doux, dur** Weich-, Hartstahl m; ~ **inoxydable** nichtrostender, rostfreier Stahl; ~ **laminé** Walzstahl m; ~ **Thomas** Thomas-Stahl m; ~ **au chrome** Chromstahl m; ~ (**au four**) **électrique** E¹lektrostahl m; ~ **à outils** Werkzeugstahl m; ~ **de cémentation** Einsatz-, Ze¹mentstahl m; ~ **de construction** Baustahl m; ~ **de décolletage** Auto¹matenstahl m; loc/adj: **en** d'~ aus Stahl; stählern; Stahl...; **fil** m, **tube** m d'~ Stahldraht m, -rohr n; **tout** ~ Ganzstahl...; **2.** adjt **bleu, gris** ~⟨inv⟩ stahlblau, -grau; **3.** loc/adj fig d'~ stählern; stahlhart; **muscles** m/pl d'~ stählerne Muskeln m/pl

aciér|age [asjeraʒ] m **a)** von Eisen Verstählen n, Anstählen n; **b)** von Druckplatten Verstählen n, -ung f; ~**er** v/t **a)** Eisen stählen, ver-, anstählen; **b)** Druckplatte verstählen; ~**eux** adj ⟨-euse⟩ stahlartig; ~**ie** f Stahlwerk n. -hütte f

acineux [asinø] adj ⟨-euse⟩ anat **glandes acineuses** azi¹nöse Drüsen f/pl

aclinique [aklinik] adj géogr ohne (ma¹gnetische) Inklinati¹on; **ligne** f ~ A¹kline f

acmé [akme] f méd Ak¹me f; Höhepunkt m (im Krankheitsverlauf)

acné [akne] f path Akne f; ~**ique** adj Akne...; Person **an** Akne leidend

acolyte [akɔlit] m **1.** Begleiter m; Gefolgsmann m; Tra¹bant m; péj Kom¹plize m; Helfershelfer m; **2.** égl cath Ako¹luth m

acompte [akɔ̃t] m **1.** Anzahlung f; Abschlags-, A¹kontozahlung f; **auf den Lohn** Vorschuß m; **verser un** ~ e-e Anzahlung leisten; **anzahlen** (**de qc** etw); **2.** fig Vorgeschmack m

acon [akɔ̃] m mar Schute f; Leichter m

aconit [akɔnit] m bot Eisenhut m; Sturmhut m; ~ **napel** Blauer Eisenhut; ~**ine** f phm Aconi¹tin n

acoquiner [akɔkine] v/pr **s'**~ **avec qn** sich mit j-m einlassen

acore [akɔr] m bot Kalmus m

à-côté [akote] m ⟨pl **à-côtés**⟩ **1.** nebensächlicher Punkt; nebensächliche Frage; **c'est un** ~ **de la question** das gehört nicht unmittelbar, nur am Rande zur Sache. **2.** ~**s** pl **a)** Nebeneinnahmen f/pl; **b)** zusätzliche Ausgaben f/pl

acotylédone [akɔtiledɔn] adj bot sc akotyle¹don

acoumétrie [akumetri] f cf audiométrie

à-coup [aku] m ⟨pl **à-coups**⟩ e-s Motors etc Ruck m; Stoß m; fig der Wirtschaft etc Erschütterung f; loc/adv: **par** ~**s** ruck-, stoßweise; ungleichmäßig; **travailler par** ~**s** ungleichmäßig arbeiten; **sans** ~**s** gleichmäßig; stetig; reibungslos; **Sitzung** etc **se dérouler sans** ~**s** reibungslos, glatt verlaufen; **Motor avoir des** ~**s** ruckweise, stoßweise, ungleichmäßig laufen

acousticien [akustisjɛ̃] m **1.** Hörgeräte-Akustiker m; **2.** Spezia¹list m für Raumakustik

acoustique [akustik] **I** adj **1.** (Ge-)Hör...; **cornet** m ~ Hörrohr n; anat **nerf** m ~ (Ge)Hörnerv m; **2.** a¹kustisch; Schall...; **phénomène** m ~ akustische Erscheinung; **pression** f ~ Schalldruck m; **II** f **1.** e-s Saales etc A¹kustik f; **bonne, mauvaise** ~ gute, schlechte Akustik. **2.** Wissenschaft A¹kustik f; Lehre f vom Schall; ~ **architecturale** Raum- und Bauakustik f

acquéreur [akerœr] m Erwerber m; Käufer m; **se porter** ~ als Käufer auftreten

acquérir [akerir] ⟨j'acquiers, il acquiert, nous acquérons, ils acquiè-

rent; j'acquérais; j'acquis; j'acquerrai; que j'acquière, que nous acquérions; acquérant; acquis⟩ **I** v/t **1.** Haus, Auto, Vermögen etc erwerben; Bücher, Möbel etc auch (sich) anschaffen; F auch sich zulegen; **2.** Kenntnisse, Fertigkeiten etc erwerben; sich aneignen; Ruhm, Gewißheit, Wert etc erlangen; ~ **la célébrité** Berühmtheit erlangen; ~ **la certitude de l'innocence de qn** Gewißheit darüber erlangen, daß j unschuldig ist; ~ **de l'expérience** Erfahrungen sammeln; **il acquiert l'habitude de faire qc** etw wird ihm zur Gewohnheit; Gemälde etc ~ **de la valeur** Wert erlangen; **an** Wert gewinnen; **II** v/pr **s'**~ **l'amitié, l'estime de qn** sich j-s Freundschaft, Wertschätzung erwerben

acquêt [akɛ] m jur Errungenschaft f; **communauté réduite aux** ~**s** Errungenschaftsgemeinschaft f; **communauté** f **avec participation aux** ~**s** Zugewinngemeinschaft f

acquiescement [akjɛsmã] m Zustimmung f (**à** zu); Einwilligung f (**in** + acc); Einverständnis n; Anerkennung f

acquiescer [akjese] v/t/indir zustimmen (**à** dat); einwilligen (**in** + acc); abs auch sein Einverständnis erklären

acquis [aki] **I** p/p von **acquérir** u adj **1.** erworben; biol **caractères** ~ erworbene Eigenschaften f/pl, Merkmale n/pl; **droits** ~ wohlerworbene Rechte n/pl; **les notions** ~**es** das Gelernte; **les résultats** ~ die erzielten Ergebnisse n/pl; **2.** gesichert; feststehend; unbestritten; Recht, j-s Wohlwollen etc **être** ~ **à qn** j-m sicher sein; **c'est un point** ~ das steht fest; **3.** Person **être** ~ **à qn, à une cause** j-m, e-r Sache ganz ergeben sein; ganz zu j-m, zu e-r Sache stehen; **il est maintenant** ~ **à notre projet** er ist jetzt ganz für unser Vorhaben gewonnen; er steht jetzt ganz zu unserem Vorhaben; st/s: **je vous suis tout** ~ ich bin ganz der Ihre; **II** m Errungenschaft f; **les** ~ **auch** das Erreichte; **avoir un** ~, **de l'**~ ein umfangreiches Wissen, e-n reichen Erfahrungsschatz haben

acquisitif [akizitif] adj ⟨-ive⟩ jur **prescription acquisitive** Ersitzung f

acquisition [akizisjɔ̃] f **1.** Vorgang Erwerb m; Erwerbung f; Anschaffung f; (An)Kauf m; **par ext** von Kenntnissen Erlangung f; Aneignung f; von Erfahrungen Sammeln n; e-r marktbeherrschenden Stellung Erlangung f; jur **modes** m/pl d'~ **de la propriété** Eigentumserwerbsarten f/pl; **faire l'**~ **de** Grundstück, Gemälde etc erwerben; Geräte, Möbel, Bücher etc (sich) anschaffen; **2.** erworbenes Gut Anschaffung f; Erwerbung f; Kauf m; F Errungenschaft f; **voici ma dernière** ~ hier ist meine neueste Anschaffung, Errungenschaft

acquit [aki] m **1.** comm **pour** ~ Betrag (dankend) erhalten; **2.** fig **par** ~ **de conscience** um sein Gewissen zu beruhigen; um sich nachher keine Vorwürfe machen zu müssen; um ganz sicher zu gehen

acquit-à-caution [akitakosjɔ̃] m ⟨pl **acquits-à-caution**⟩ comm Zollvormerkschein m

acquittement [akitmã] m **1.** jur Freispruch m; **2. a)** von Rechnungen, Schulden Begleichung f; von Gebühren Entrichtung f; e-r Schuld auch Abgeltung f; **b)** von Verpflichtungen Erfüllung f

acquitter [akite] **I** v/t **1.** jur freisprechen; **2. a)** Schuld, Rechnung begleichen; bezahlen; Gebühren, Steuern etc entrichten; bezahlen; Schuld auch abgelten; Wechsel einlösen; **b)** Rechnung quit¹tieren; **II** v/pr **s'**~ **d'une dette** sich e-r

Schuld (gén) entledigen; **s'**~ **de ses engagements** s-n Verpflichtungen nachkommen; s-e Verpflichtungen erfüllen; **s'**~ **de ses fonctions** sein Amt verwalten, ausüben; s-n Dienst versehen; **s'**~ **d'une mission** sich e-s Auftrages entledigen; e-n Auftrag ausführen; **s'**~ **de sa promesse** sein Versprechen einlösen, erfüllen

acre [akr(ə)] f altes Feldmaß Morgen m

âcre [ɑkr(ə)] adj **1.** Frucht, Geschmack herb; scharf; Rauch beißend; **2.** st/s u fig scharf; verletzend

âcreté [ɑkrəte] f Schärfe f; Herbheit f (beide auch fig)

acrimonie [akrimɔni] f Schärfe f; Bitterkeit f; **sans** ~ ohne Bitterkeit

acrimonieux [akrimɔnjø] adj ⟨-euse⟩ scharf; bitter

acrobate [akrɔbat] m.f Akro¹bat(in) m(f); Ar¹tist(in) m(f) (beide auch fig)

acroba|tie [akrɔbasi] f **a)** Akro¹batik f; aviat ~ **aérienne** Kunstflug m; **b)** ⟨tour m⟩ d'~ Akro¹batenstück n (auch fig); **c)** fig Ar¹tistik f; Virtu¹osentum n; ~**tique** adj akro¹batisch; ar¹tistisch (beide auch fig)

acro|céphalie [akrɔsefali] f path Akrozepha¹lie f; Spitzköpfigkeit f; ~**cyanose** f path Akrozya¹nose f

acroléine [akrɔlein] f chim Akrole¹in n

acromégalie [akrɔmegali] f path Akromega¹lie f

acromion [akrɔmjɔ̃] m anat Schulterhöhe f; sc A¹cromion n

acropole [akrɔpɔl] f im alten Griechenland A¹kropolis f; **in** Athen l'Ω̶ die Akropolis

acro|stiche [akrɔstiʃ] m métr A¹krostichon n; ~**tère** [-tɛr] m arch Akro¹terion n

acrylique [akrilik] adj **1.** chim **acide** m ~ A¹krylsäure f; fachspr A¹crylsäure f; **nitrile** m ~ A¹cryl(säure)nitril n; **2.** text **fibre** f ~ od subst ~ m A¹crylfaser f

acte [akt] m **1.** Handlung f; Akt m (auch philos, rel); Tat f; ~ **inimical** unfreundlicher Akt; ~ (**in**)**volontaire** (un)bewußte Handlung; psych ~ **manqué** Fehlleistung f; ~ **terroriste, de terrorisme** Terrorakt m; ~ **d'agression** Aggressi¹onshandlung f; aggressiver Akt; ~ **de bravoure, de courage** mutige Tat; ~ **de charité** Akt der Nächstenliebe; ~ **de foi** Glaubensakt m; ~ **de folie** Wahnsinnshandlung f, -tat f; ~ **de générosité** Akt der Großmut; ~ **d'hostilité** feindseliger Akt; ~ **de sabotage** Sabo¹tageakt m; ~ **de volonté** Willensakt m; ~ **de bonne volonté** Akt guten Willens; **faire** ~ **d'autorité** ein Machtwort sprechen; ¹durchgreifen; **faire** ~ **de candidature** kandi¹dieren; **faire** ~ **d'énergie** sich energisch zeigen; energisch auftreten; **faire** ~ **de présence** sich kurz sehen, blicken lassen; **faire** ~ **de volonté** Willen(skraft, -stärke) zeigen; **juger qn sur ses** ~**s** j-n nach s-n Taten beurteilen; **passer aux** ~**s** handeln; zur Tat schreiten; **traduire des promesses par des** ~**s** in die Tat umsetzen; **zur Tat werden lassen; 2.** jur ~ (**juridique**) Rechtsgeschäft n, -handlung f; ~ **administratif** Verwaltungsakt m; ~ **d'administration** Handlung e-s Verwalters, im Rahmen der Geschäftsführung; ~ **de commerce** Handelsgeschäft n; **3.** jur ~ (**instrumentaire**) (Beweis-)Urkunde f; ~ **authentique** öffentliche Urkunde; ~ **d'accusation** Anklageschrift f; ~ **de décès** Sterbeurkunde f; ~**s de l'état civil** standesamtliche Urkunden; Per¹sonenstandsurkunden f/pl; ~ **de mariage** Heiratsurkunde f; Trau-

schein m; ~ de naissance Geburtsur- kunde f; ~ de notoriété cf notoriété 1.; ~ sous seing privé Pri'vaturkunde f; dont ~ hierüber überzeugen; bestätigen (de qc etw); dresser, éta- blir un ~ e-e Urkunde ausstellen; fig prendre ~ de qc sich etw (für später) merken; etw zur Kenntnis nehmen; 4. ~s pl von gelehrten Gesellschaften, Kongres- sen etc Abhandlungen f/pl; Proto'kolle n/pl; bibl 2s des apôtres A'postelge- schichte f; 5. thé Akt m; Aufzug m; dernier ~ letzter Akt; Schlußakt m (beide auch fig); pièce f en trois ~s Stück n in drei Akten; Dreiakter m; pièce f en un ~ Einakter m; au troisiè- me ~ im dritten Akt

actée [akte] f bot Christophskraut n

ac|teur [aktœr] m, **~trice** f 1. Schauspieler(in) m(f); ~ de cinéma Filmschauspieler(in) m(f); 2. fig Ak'teur m; Beteiligte(r) f(m); le principal ac- teur der Hauptakteur

actif [aktif] **I** adj ‹-ive› 1. Person ak'tiv; betriebsam; rege; rührig; tatkräftig; tüchtig; **collaboration active** aktive, tatkräftige Mitarbeit; **mener une vie active** ein arbeitsames Leben führen; **prendre une part active à qc** an etw (dat) aktiv teilnehmen, tätigen Anteil haben; 2. mil, chim etc ak'tiv; gr 'aktiv; Person erwerbstätig; Medikament auch wirksam; mil **armée active** aktive Truppe; Ak'tivbestand m des Heeres; chim **charbon ~** Ak'tivkohle f; comm **dettes actives** Außenstände m/pl; péd **méthode active** Arbeitsunterricht m; écon **la population active** die erwerbs- tätige, berufstätige, arbeitende Bevölke- rung; die Erwerbs-, Berufstätigen pl; mil **service ~** aktiver (Wehr)Dienst; gr **ver- be ~** im Aktiv stehendes, gebrauchtes Verb; **vie active** a) écon Erwerbsleben n; b) rel tätiges Leben; gr **voix active** 'Aktiv(um) n; Tätigkeits-, Tatform f; Konferenz etc **entrer dans une phase active** zum eigentlichen Thema, zu den Kernfragen kommen; **II** subst 1. m comm Ak'tiva n/pl; Vermögenswerte m/pl; ~ **social** Gesellschaftsvermögen n; jur ~ **d'une succession** Nachlaßvermö- gen n; fig **avoir, compter à son ~** Erfolge etc für sich verbuchen können; Delikte etc auf dem Kerbholz haben; 2. m gr Aktiv n; Tätigkeits-, Tatform f; 3. mil **active** f ak'tive Truppe; **officier m d'active** ak'tiver Offizier

actinie [aktini] f zo Seeanemone f; Ak- 'tinie f

actinique [aktinik] adj Strahlung chemi- sche Wirkungen her'vorrufend

actinium [aktinjɔm] m chim Ak'tinium od Ac'tinium n

actino|mètre [aktinɔmɛtr(ə)] m phys Aktino'meter n; Strahlungsmesser m; **~métrie** f phys Aktinome'trie f; (des Sonnen)Strahlungsmessung f; **~myco- se** f path Strahlenpilzkrankheit f; zo Aktinomy'kose f; **~thérapie** f méd Behandlung f mit Höhensonne

action [aksjɔ] f 1. von Personen Hand- lung f; Tat f; Handeln n; Tun n; Vorge- hen n; Wirken n; Eingreifen n; bes e-r Gruppe u pol Akti'on f; Tätigwerden n; mil auch Gefecht n; Einsatz m; ♦ **bonne ~** (abr B.A.) gute Tat; égl cath 2 **catholi- que** Katholische Aktion; ~ **concertée** Zu'sammenwirken n; konzertierte Ak- tion; der Gewerkschaften etc ~ **directe** Kampfmaßnahmen f/pl; hist direkte Ak- tion; 2 **française** Action française f; **individuelle** individuelles Vorgehen; ♦ in Definitionen ~ **de (transporter,** etc) Vorgang m des (Transportierens etc); ~ **d'éclat** Glanzleistung f, -stück n;

~ **d'ensemble** gemeinsame Aktion; ge- meinsames Vorgehen; l'~ **du gouver- nement** das Vorgehen, die Maßnah- men, das Eingreifen der Regierung; rel **de grâce(s)** Danksagung f; e-r Gewerk- schaft etc **journée** f **d'~** Tag m der Kampfmaßnahmen; **ligne** f **d'~** Linie f (des Handelns, Vorgehens); **program- me** m **d'~** Aktionsprogramm n; gr **verbe** m **d'~** Vorgangsverb n; ♦ **Pferd avoir de l'~** feurig sein; **commettre une ~** e-e Tat begehen; mil **engager l'~** das Gefecht eröffnen; **entreprendre une ~** e-e Aktion 'durchführen, F star- ten; **entrer en ~** in Aktion, Tätigkeit treten; tätig werden; eingreifen; **être en ~** in Aktion, tätig, im Einsatz sein; **mettre en ~** in Gang setzen, bringen; zur Wirkung bringen; einsetzen; **passer à l'~** zur Tat schreiten; handeln; ak'tiv werden; etwas unter'nehmen; 2. von Medikamenten, Säure, des Windes etc, tech (Ein)Wirkung f; tech **turbine f à ~** Akti'onsturbine f; loc/prép **sous l'~ de** unter der Einwirkung von (od + gén); in'folge (+gén); durch (+acc); **exercer une ~ chimique** e-e chemische Wirkung ausüben (sur auf + acc); 3. e-s Theater- stücks, Films etc Handlung f; film m d'~ Akti'onsfilm m; thé **unité f d'~** Einheit f der Handlung; 4. comm Aktie f; Anteil- schein m; ~ **nominative** Namensaktie f; auf den Namen lautende Aktie; ~ **au porteur** Inhaberaktie f; auf den Inhaber lautende Aktie; ~ **d'apport,** de fonda- tion eingebrachte Aktie; Gründeraktie f; ~ **de capital** Stammaktie f; ~ **de jouissance** Genußschein m; ~ **de priorité** Vorzugsaktie f; **créer,** émet- tre des ~s Aktien ausgeben; fig **ses ~s montent, baissent** s-e Aktien steigen, fallen; sein Kre'dit steigt, nimmt ab; 5. jur ~ **(en justice)** Klage f; ~ **civile** Pri'vat-, Nebenklage f; ~ **(im-) mobilière** Klage aus dem Recht an e-r (un)beweglichen Sache; ~ **personnelle, réelle** persönliche, dingliche Klage; ~ **publique** öffentliche Klage; ~ **en diffa- mation** Beleidigungsklage f; Klage we- gen Beleidigung; ~ **en dommages- -intérêts** Schaden(s)ersatzklage f; Kla- ge auf Schaden(s)ersatz; ~ **en recher- che de paternité** Vaterschafts(fest- stellungs)klage f; **intenter, introduire une ~ (en justice)** e-e Klage einreichen, anhängig machen; Klage erheben; kla- gen; den Rechtsweg beschreiten

actionnaire [aksjɔnɛr] m Aktio'när m; Aktienbesitzer m

actionnariat [aksjɔnarja] m ~ **ouvrier** Arbeitermitbesitz m in Form von Beleg- schaftsaktien; Mitunternehmerschaft f der Arbeiter als Aktio'näre

actionnement [aksjɔnmã] m e-r tech Vorrichtung Betätigen n, -ung f; e-r Maschine In'gangsetzen n, -ung f; An- trieb m

actionner [aksjɔne] v/t 1. tech Vorrich- tung, Hebel etc betätigen; Maschine in Gang setzen; antreiben; **être actionné par un moteur électrique** von e-m Elektromotor angetrieben werden; 2. jur gerichtlich belangen; verklagen

activation [aktivasjɔ] f chim, phys Akti- 'vierung f

activement [aktivmã] adv ak'tiv; eifrig; tatkräftig; **collaborer ~ à qc** an etw (dat) aktiv etc mitarbeiten

activer [aktive] **I** v/t aktivieren (auch chim); Arbeiten vor'antreiben; beschleu- nigen; in Schwung bringen; Wind; Feuer anfachen; abs F **allons, activez un peu!** los, macht ein bißchen voran, schneller!; adjt: **Abwasserreinigung f boues activées** belebter Schlamm; Be-

lebtschlamm m; chim **charbon activé** Ak'tivkohle f; **II** v/pr **s'~** sich (eifrig) zu schaffen machen; sich eifrig betätigen

activ|isme [aktivism(ə)] m philos, pol Akti'vismus m; **~iste** m pol Akti'vist m; gewalttätiger (Rechts)Extre'mist

activité [aktivite] f 1. Tätigkeit f (auch e-s Organs, Vulkans, écon, dipl etc); Akti- vi'tät f; Leben n; Treiben n; Betrieb m; von Menschen auch Betätigung f; ~ **aérienne** Flugbetrieb m; ~ **boursière** Börsentätigkeit f; **intense ~** diplomati- que rege diplomatische Tätigkeit, Akti- vität; ~s **économiques** Wirtschaftsle- ben n; physiol ~ **nerveuse supérieure** höhere Nerventätigkeit; ~ **professio- nnelle** berufliche Tätigkeit; Berufs-, Er- werbstätigkeit f; bei Selbständigen auch Gewerbe n; ~ **théâtrale** The'aterleben n; ~s **de plein air** Betätigung im Freien; **sphère** f **d'~** Wirkungskreis m; Betäti- gungs-, Tätigkeitsfeld n; Vulkan **en ~** tätig; in Tätigkeit; Geschäft, Industrie **en pleine ~** auf vollen Touren laufend; **j'ignore tout de ses ~s** ich weiß über- haupt nicht, was er treibt; 2. e-r Person Aktivi'tät f; Betriebsamkeit f; Rührig- keit f; Geschäftigkeit f; Regsamkeit f; Tüchtigkeit f; **déployer une grande ~** e-e rege Tätigkeit, e-e große Aktivität, Betriebsamkeit entfalten; 3. von Beam- ten, Offizieren ak'tiver Dienst; **en ~** im aktiven Dienst; **officier m de réserve en situation d'~** (abr O.R.S.A.) freiwil- lig länger im aktiven Dienst bleibender Reserveoffizier

actuaire [aktɥɛr] m Versicherungs(- und Wirtschafts)mathematiker m; Aktu'ar m

actualis|ation [aktɥalizasjɔ] f Aktuali- 'sierung f; **~er** v/t aktuali'sieren

actualité [aktɥalite] f 1. e-r Frage, e-s Romans etc Aktu'alität f; Zeit-, Gegen- wartsnähe f; Zeitgemäßheit f; **sujet** m **d'~** aktu'elles Thema; **être d'~** aktuell sein; 2. Zeitgeschehen n; auch Zeitum- stände m/pl; l'~ **politique** das politische Zeit-, Tagesgeschehen; l'~ **quotidienne** das Tagesgeschehen; die Tagesereignisse n/pl; l'~ **sportive** die sportlichen Tages- ereignisse n/pl; 3. ~s pl télév (Fern- seh)Nachrichten f/pl; Tagesschau f; cin Wochenschau f

actuariel [aktɥarjɛl] adj ‹~le› versicherungs(- und wirtschafts)mathe- matisch

actuel [aktɥɛl] adj ‹~le› 1. gegenwärtig; derzeitig; augenblicklich; jetzig; heutig; Mode auch herrschend; à l'époque ~le, à l'heure ~le zur Zeit; gegenwärtig; im Moment; 2. Frage, Thema, Film etc aktu'ell; zeit-, gegenwartsnah; zeitge- mäß; **problème** ~ auch Gegenwartspro- blem n; 3. philos aktu'ell; aktu'al; wirk- lich; 4. rel **grâce** ~e wirkende Gnade

actuellement [aktɥɛlmã] adv gegen- wärtig; zur Zeit; im Mo'ment

acuité [akɥite] f 1. der Sinne Schärfe f; ~ **visuelle** Sehschärfe f; 2. von Schmerzen etc Heftigkeit f; e-r politischen Krise auch Zuspitzung f

aculéates [akyleat] m/pl zo Stechimmen f/pl; Akule'aten pl

acuminé [akymine] adj bot spitz zulau- fend

acuponcteur od **acupuncteur** [aky- pɔktœr] m Akupunk'teur m; Akupunk- tu'rist m

acuponcture od **acupuncture** [aky- pɔktyr] f méd Akupunk'tur f

acutangle [akytãgl(ə)] adj Dreieck mit drei spitzen Winkeln

acyclique [asiklik] adj azyklisch (auch chim)

adac [adak] m cf avion 1. (A.D.A.C.)

adage [adaʒ] m Sinnspruch m; Lebens-

weisheit f

adagio [adadʒiol] mus I adv adagio [a'da:dʒol; **II** m Adagio n

adamantin [adamɑ̃tɛ̃] adj **1.** litt dia-'manten; **2.** anat (Zahn)Schmelz…; cel-lule ~e Schmelz(bildungs)zelle f

Adamiens [adamjɛ̃] m/pl od **Adami-tes**[adamit] m/pl rel Adami'aner m/pl od Ada'miten m/pl

adapt|abilité [adaptabilite] f biol, fig Anpassungs-, Adap(ta)ti'onsfähigkeit f, -vermögen n; **~able** adj biol an-passungs-, adap(ta)ti'onsfähig

adapta|teur [adaptatœr] m, **~trice** f **1.** e-s Werks für die Bühne, das Fernsehen etc Bearbeiter(in) m(f); **2.** ⟨nur m⟩ élect, phot A'dapter m; élect auch Zusatz-, Netzgerät n

adaptation [adaptasjɔ̃] f **1.** biol, psych, Soziologie Anpassung f, biol, physiol auch Adap(ta)ti'on f (à an + acc); des Auges Adap(ta)ti'on f; difficultés f/pl d'~ Anpassungsschwierigkeiten f/pl; path syndrome m d'~ Adaptations-, Anpassungssyndrom n; **2.** der Produk-tion, e-s Plans etc Anpassung f (aux nécessités économiques an die wirt-schaftlichen Erfordernisse); Ausrich-tung f (nach); Ein- bzw 'Umstellung f (auf + acc); Zuschneiden n, Zuschnitt m (auf + acc); **3.** e-r Dichtung Nachdich-tung f; e-s literarischen Werkes Bearbei-tung f; für Bühne, Film, Funk, Fernsehen auch Adap(ta)ti'on f; **~ radiophonique** Funkbearbeitung f; **~ pour le cinéma,** cinématographique Filmbearbeitung f; auch Verfilmung f; **~ pour la scène** Bühnenbearbeitung f

adapter [adapte] **I** v/t **1.** tech anpassen (à an + acc); einpassen (in + acc); adap'tie-ren (an + acc); passend machen (für); par ext anbringen, anmachen (an + dat); anschließen (an + acc od dat); **2.** Plan, Produktion etc anpassen (à dat); (aus-, ein)richten (nach); angleichen (+dat); ein-, 'umstellen (auf + acc); in Einklang, Über'einstimmung bringen (mit); zu-schneiden (auf + acc); **3.** Dichtung nach-dichten; literarisches Werk bearbeiten; für Bühne, Film, Funk, Fernsehen auch adap'tieren (à od pour la scène, pour la radio für die Bühne, für den Funk); ~ au od pour le cinéma auch verfilmen; **4.** mil groupement adapté e-r Einheit zur Verstärkung zu-, angewiesene, zugeteilte (Artillerie-, Panzer-, Transport)Gruppe; **II** v/pr s'~ **5.** biol, psych, Soziologie sich anpassen (à dat); auch sich ein-, 'um-stellen (auf + acc); abs il faut savoir s'~ man muß anpassungsfähig, fle'xibel sein; man muß sich anpassen, umstellen kön-nen; **6.** tech passen (à zu); passend sein (für)

addenda [adɛ̃da] m ⟨inv⟩ am Ende e-s Buches Nachträge m/pl; Anmerkungen f/pl; Ergänzungen f/pl; Zusätze m/pl; Ad'denda n/pl

additif [aditif] **I** adj ⟨-ive⟩ durch Additi-ti'on hin'zukommend; auf Additi'on be-ruhend; addi'tiv; phot procédé ~, syn-thèse additive additive Dreifarbenme-thode; additives Verfahren; **II** m **1.** zum Staatshaushalt Nachtrag m; zu e-m Schriftstück Zusatz m; **2.** pétr Addi'tiv n; Zusatz(mittel) m(n); **3.** der Nahrungsmit-tel ~s pl Zusätze m/pl

addition [adisjɔ̃] f **1.** math Additi'on (-saufgabe) f; Ad'dieren n, -ung f; Zu-'sammenzählen n, -ung f; **faire une ~** f rechnen; additionner 1.; **2.** im Restaurant, Hotel Rechnung f; l'~, s'il vous plaît! zahlen, bitte!; ich möchte zahlen!; die Rechnung, bitte!; garçon, l'~! (Herr) Ober, (bitte) zahlen!; payer, régler l'~ die Rech-nung bezahlen, begleichen; (be)zahlen;

3. An-, Hin'zufügen n, -ung f; e-s Buch-stabens auch Anhängen n, -ung f; zu e-m Schriftstück Zusatz m, Ergänzung f (auch das Hinzugefügte); von Fehlern, Geräuschen etc Sum'mierung f; **4.** bes chim e-s Stoffs Zusetzen n; Zusatz m; Beimischen n, -ung f; e-s Moleküls Anla-gerung f; Additi'on f; **composé** m d'~ Additions-, Anlagerungsverbindung f; pétr produit m d'~ cf additif II 2.

additionn|el [adisjɔnɛl] adj ⟨~le⟩ zu-sätzlich; nachträglich; Zusatz…; Nach-trags…; additio'nal; hist acte ~ Addi-tio'nal-, Zusatzakte f; article ~ Zusatz-, Nachtragsartikel m; **~er I** v/t **1.** math ad'dieren; zu'sammenzählen; **2.** bes chim **~ qc de qc** e-r Sache (dat) etw zusetzen, bei-, hin'zufügen, beimengen; etw mit etw versetzen; **additionné de sucre** mit Zusatz von Zucker; mit Zuckerzu-satz; **II** v/pr Fehler, Komplikationen s'~ sich sum'mieren; (venir) s'~ à qc zu etw hin'zukommen; **~euse f** Ad'diermaschi-ne f

adduc|teur [adyktœr] adj ⟨nur m⟩ **1.** anat **muscle ~** od subst ~ m her'anfüh-render Muskel; Anzieher m; sc Ad-'duktor m; **2.** für Wasser **canal ~** Zuleitung(srohr) f(n); **~tion f 1.** physiol Addukti'on f; An'führen n, Ad-'duktor m; **2.** für Wasser **canal ~** Zuleitung(srohr) f(n); **~tion f 1.** physiol Addukti'on f; An'führen n, Ad-'zieren n e-s Gliedes zur Mittellinie des Körpers; **2.** von Wasser, Gas, Öl Zulei-tung f; Zuführung f; Zufuhr f; Versor-gung f (de mit); **~ d'eau** Wasserzulei-tung f, -versorgung f

adén|ite [adenit] f path Lymphknoten-, Drüsenentzündung f; sc (Lymph-) Ade'nitis f; **~oïde** adj path **végétations** f/pl ~s adeno'ide Vegetati'onen f/pl, Wucherungen f/pl; vergrößerte Rachen-mandeln f/pl

adénoïdectomie [adenɔidɛktɔmi] f chir opera'tive Entfernung der adeno'i-den Wucherungen; sc Adenoto'mie f

adénome [adenom] m path Drüsenge-schwulst f; sc Ade'nom n

adénopathie [adenɔpati] f path Drü-senerkrankung f; sc Adenopa'thie f

adent [adɑ̃] m Holzverbindung Ver-zapfung f; Verzinkung f; Verzahnung f

adenter [adɑ̃te] v/t charp verzapfen; verzinken; verzahnen

adepte [adɛpt] m,f e-r Sekte, Lehre A'dept m; Anhänger(in) m(f)

adéquat [adekwa(t)] adj adäqu'at; ange-messen; passend; (genau) entsprechend; Antwort treffend

adextré [adɛkstre] adj Heraldik von e-r od mehreren gemeinen Fi'guren auf der rechten Flanke flan'kiert

adhérence [aderɑ̃s] f **1.** phys Haften n, -ung f (à an od auf + dat); Haft-, Ruhereibung f; sc Adhäsi'on f; von klebrigen Stoffen auch Kleben n; der Reifen ~ au sol Bodenhaftung f; coeffi-cient m d'~ Reibungskoeffizient m; Reib(ungs)zahl f; Adhäsionswert m; **2.** path, bot Verwachsung f; sc Adhäsi'on f

adhérent [aderɑ̃] **I** adj **1.** phys haftend (à an od auf + dat); sc adhä'rent; Reifen **(très) ~ à la route, au sol** auch griffig; **2.** bot verwachsen (à mit); sc adhä'rent; **ovaire ~** verwachsener, syn'karper Fruchtknoten; **II** subst **~(e)** m(f) e-r Organisation Mitglied n; **carte f d'~** Mitgliedskarte f

adhérer [adere] v/t/indir ⟨-è-⟩ **1.** phys ~ à qc an od auf etw (dat) haften, kleben; klebriger Stoff auch kleben; sc adhä'rieren; Reifen **~ à la route, au sol** auch griffig sein; **2.** Person ~ à un parti, etc in e-e Partei etc eintreten; e-r Partei etc (dat) beitreten; Mitglied e-r Partei etc (gén) werden; sich e-r Partei etc (dat) anschließen; Staat ~ à un pacte, à une convention e-m Pakt,

Abkommen beitreten; **3.** st/s ~ à e-r Meinung, Äußerung beipflichten, zu-beistimmen (+dat); Meinung auch teilen (+acc); e-r Lehre, e-m Ideal anhängen (+dat)

adhésif [adezif] **I** adj ⟨-ive⟩ klebend; Kleb(e)…; **pansement ~** (Heft)Pflaster n; Hansaplast n (Wz); Wundschnellver-band m; phot **papier ~** Klebefolie f; **II** m Klebstoff m; Kleber m; Klebemittel n

adhésion [adezjɔ̃] f **1.** e-r Person zu e-r Organisation, Partei Beitritt(ser-klärung) m(f) (à zu) (auch e-s Landes zu e-m Abkommen); (Neu)Eintritt m (à in + acc); **2.** zu e-m Vorschlag, zu e-r Ansicht Zustimmung f (à zu); **donner son ~** s-e Zustimmung geben; **3.** phys Haftung f; sc Adhäsi'on f

adhésivité [adezivite] f phys Haft-, Ad-häsio'nsvermögen n

ad hoc [adɔk] loc/adj adm (eigens) zu diesem Zweck; hierfür; ad hoc; Argu-ment (dafür) passend; richtig; commis-sion f ~ Ad-'hoc-Ausschuß m; jur tuteur m ~ für e-e bestimmte Angelegenheit bestellter Vormund (zur Wahrung der Interessen des Mündels gegenüber dem Vormund)

adiabat|ique [adjabatik] adj phys, mé-téo adia'batisch; ohne Wärmeaustausch (vor sich gehend); **ligne f ~** od subst ~ f Adia'bate f; **transformation f ~** adiaba-tische Zustandsänderung; **~isme** m phys adia'batischer Zustand

adiante [adjɑ̃t] m od **adiantum** [adjɑ̃tɔm] m bot Frauenhaarfarn m; sc Adi'antum n

adieu [adjø] **I** int leb(e) wohl!; leben Sie wohl!; Gott befohlen!; meist in Volkslie-dern a'dé!; les vacances sont finies, ~ les longues promenades! … jetzt ist es aus, vor'bei mit den langen Spaziergän-gen!; dire ~ à qn j-m Lebe'wohl, ade sagen; si tu acceptes cet emploi, tu peux dire ~ à ta tranquillité … dann ist deine Ruhe dahin; … dann ist es aus, vorbei mit deiner Ruhe; **II** m meist pl ~x Abschied m; Lebe'wohl n; lettre f d'~x Abschiedsbrief m; repas m d'~x Ab-schiedsessen n, st/s -mahl n; vor der Abreise auch F Henkersmahlzeit f; c'est l'~ de l'hiver damit verabschiedet sich der Winter; faire ses ~x à qn von j-m Abschied nehmen; j-m Lebewohl sagen

à-Dieu-va(t) [adjøva(t)] int komme, was wolle; ganz gleich, was geschieht

adip|eux [adipø] adj ⟨-euse⟩ **1.** anat fettreich; verfettet; Fett…; sc adi'pös; **cellule adipeuse, tissu ~** Fettzelle f, -gewebe n; **2.** fig Gesicht feist; **~ique** adj chim **acide m ~** Adi'pinsäure f

adipocire [adipɔsir] f Leichenwachs n; Adipo'cire f

adipos|e [adipoz] f path Fettsucht f; Fettleibigkeit f; sc Adi'positas f; Lipo-ma'tose f; **~ité f** anat lo'kale Fettanhäu-fung

adjacent [adʒasɑ̃] adj Land, Grundstück, Haus angrenzend; Neben…; benach-bart; Nachbar…; pl auch neben-ein'anderliegend; anein'andergrenzend; -stoßend; math **angles ~s** Nebenwinkel m/pl

adjectif [adʒɛktif] gr **I** m ~ (qualificatif) Adjektiv n; Eigenschaftswort n; ~ dé-monstratif attributives Demonstra'tiv-pronomen; ~ numéral Zahlwort n; **II** adj ⟨-ive⟩ adjektivisch; locution adjec-tive als Adjektiv gebrauchte Wendung

adjectiv|al [adʒɛktival] adj ⟨-aux⟩ cf adjectif II. **~ement** gr employer ~ adjektivisch, als Adjektiv gebrauchen; **~er** v/t nur p/p gr (être) adjectivé adjektivisch, als Adjektiv gebraucht (werden)

adjoindre [adʒwɛ̃dr(ə)] ⟨cf joindre⟩ **I** v/t **1.** ~ qc à qc à qc e-r Sache (dat) etw beifügen; zu e-r Sache etw hin'zu- od da'zugeben, -fügen, -tun; auch etw an etw (dat) anbringen, in etw (acc) einbauen; ~ un garage à la maison an das od am Haus e-e Garage anbauen; **2.** ~ qn à qn j-m j-n (zur Hilfe) beigeben, zuordnen, zuweisen, zur Seite geben od stellen; **II** v/pr s'~ un collaborateur sich e-n Mitarbeiter (zur Hilfe) nehmen

adjoint [adʒwɛ̃] **I** m in e-m Amt Stellvertreter m; mil ~ administratif etwa Verwaltungsoffizier m; mil ~ technique technischer Offizier; ~ au maire od ellip ~ etwa stellvertretender, zweiter Bürgermeister; ~ de chancellerie etwa (Stabs)Offizier m im Führungsstab (-sdienst); an höheren Schulen ~(e) m(f) d'enseignement Lehrer(in), der (die) ein Aufsichts- und Lehramt hat; **II** adj ⟨adjointe [adʒwɛ̃t]⟩ **1.** stellvertretend; mil capitaine ~ etwa Adju'tant m im Hauptmannsrang; directeur ~ stellvertretender, zweiter Direktor; mil officier ~ etwa Adju'tant m; Begleitoffizier m; **2.** math déterminant ~ Ad'junkte f; adjun'gierte 'Unterdeterminante; alge'braisches Komple'ment

adjonction [adʒɔ̃ksjõ] f **1.** von Sachen Beifügen n, -ung f (à zu); Hin'zu- od Da'zufügen n, -ung f, -geben n (zu); e-r Vorrichtung Anbringen n (à in + dat); Einbau(en) m(n) (à in + acc); e-s Gebäudes Anbau(en) m(n) (à an + dat od acc); **2.** von Personen zur Hilfe Beigabe f; Zuordnung f; Zuweisung f; ~ de deux nouveaux membres au comité Erweiterung f des Komitees um zwei neue Mitglieder

adjudant [adʒydã] m **1.** mil Hauptbzw Stabsfeldwebel m; **2.** fig u péj F Feldwebel m; ~-chef m ⟨pl adjudants-chefs⟩ mil Ober- bzw Stabsfeldwebel m; ~-major m ⟨pl adjudants-majors⟩ mil etwa stellvertretender Batail'lonskommandeur (im Hauptmannsrang)

adjudica|taire [adʒydikatɛr] m,f bei e-r öffentlichen Ausschreibung Submit'tent, (An)Bieter, der den Zuschlag erhält; bei e-r Versteigerung Ersteigerer m; Erwerber(in) m(f); Ersteher(in) m(f); être déclaré ~ den Zuschlag, (Arbeits-, Lieferungs)Auftrag erhalten; **~teur** od **~trice** f bei e-r öffentlichen Ausschreibung Ausschreibende(r) f(m); Auftraggeber(in) m(f); bei e-r Versteigerung Versteigerer m

adjudicatif [adʒydikatif] adj ⟨-ive⟩ zuerkennend

adjudication [adʒydikasjõ] f **1. a)** Versteigerung f; ~ forcée, judiciaire Zwangsversteigerung f; **b)** ~ administrative öffentliche Ausschreibung, Vergabe; Verdingung f; Submissi'on f; ~ de fournitures, de travaux publics Vergabe von Lieferungs-, Arbeitsaufträgen; par ~ a) im Wege der Versteigerung; auf dem Versteigerungsweg; durch Versteigerung; b) auf dem Submissionsweg; durch öffentliche Ausschreibung; mettre en ~ öffentlich ausschreiben; verdingen; **2.** bei e-r Versteigerung, öffentlichen Ausschreibung Zuschlag(erteilung) m(f) (à an + acc)

adjuger [adʒyʒe] ⟨-geons⟩ **I** v/t **1.** bei e-r Versteigerung, öffentlichen Ausschreibung zuschlagen; den Zuschlag erteilen; bei e-r öffentlichen Ausschreibung auch den Auftrag erteilen (à qn j-m), vergeben (an j-n); bei e-r Versteigerung: une fois, deux fois, trois fois, adjugé! (vendu!) ... zugeschlagen! (verkauft!) (in Deutschland meist nur ein Hammer-

schlag üblich); **2.** Preis, Belohnung zuerkennen; geben (auch Note, Zensur); **3.** jur ~ au demandeur ses conclusions dem Antragsteller, Kläger s-e Anträge zusprechen; **II** v/pr fig s'~ qc sich etw nehmen, aneignen

adjur|ation [adʒyrasjõ] f **1.** flehentliche(s), inständige(s), dringende(s) Bitte(n); ~s pl auch Beschwörungen f/pl; **2.** rel Beschwörung f; **~er** v/t **1.** ~ qn de (ne pas) faire qc j-n flehentlich, inständig, dringend bitten, j-n beschwören, etw (nicht) zu tun; **2.** rel beschwören

adjuvant [adʒyvã] m **1.** méd Adjuvans n; unter'stützendes Mittel; auch unter'stützende Behandlung, Thera'pie; **2.** tech zu Beton Zuschlag(stoff) m; Kunststoffverarbeitung Zusatz m; pétr auch Addi'tiv n

adjuvat [adʒyva] m anat Universitätsinstituten Gehilfenstelle f

ad libitum [adlibitom] loc/adv ⟨abr ad lib.⟩ nach Belieben, Wahl; ad libitum (abr ad lib.) (auch mus)

ad litem [adlitem] loc/adj jur für diesen Rechtsstreit

admettre [admɛtr(ə)] v/t ⟨cf mettre⟩ **1.** in e-n Raum eintreten lassen, (hin')einlassen (à, dans in + acc); Zutritt gewähren (à qn); Dampf, Gas in e-n Zylinder etc einlassen; eintreten, einströmen lassen; ne pas être admis keinen Zutritt haben (à, dans zu); **2. a)** in e-e Organisation, in e-n Kreis aufnehmen (à, dans in + acc); zu e-r Veranstaltung, Wertpapier zur amtlichen Notierung zulassen (zu); ~ qn dans un parti j-n in e-e Partei aufnehmen; ~ qn parmi ses intimes j-n in s-n engsten Freundeskreis aufnehmen; **b)** in e-e Schule, Klasse auf Grund e-r Prüfung aufnehmen (à, dans in + acc); zulassen (zu); Prüfungskandidaten (durch die Prüfung) 'durchkommen lassen; être admis à l'école normale die Aufnahme-, Zulassungsprüfung für die Pädagogische Hochschule bestanden haben; zum Studium an der Pädagogischen Hochschule zugelassen sein; **3.** Entschuldigung, Gründe gelten lassen; anerkennen; ~ que ... (+subj od ind) auch zugeben, zugestehen, einräumen, daß ...; c'est une chose communément admise das ist e-e allgemein anerkannte Tatsache; il est admis que ... es ist bekannt, daß ...; j'admets avoir été trop sévère ich gebe zu, räume ein, daß ich zu streng gewesen bin; zugegeben, ich bin zu streng gewesen; **4.** als Hypothese annehmen; admettons que vous ayez raison nehmen wir einmal an, Sie hätten recht, daß Sie recht haben; angenommen, Sie hätten recht; **5.** meist verneint Person, Sache ne pas ~ qc etw nicht dulden, zulassen, gestatten; il n'admet pas la contradiction od qu'on le contredise er duldet keinen 'Widerspruch; n'~ aucune exception keine Ausnahme zulassen, gestatten; Text(stelle) ~ plusieurs interprétations mehrere Interpretationen zulassen; jur ~ le pourvoi en révision dem Antrag auf Wieder'aufnahme des Verfahrens stattgeben, entsprechen; n'~ aucun retard keinen Aufschub dulden

adminicule [adminikyl] m um die Figur e-r Münze Verzierung f

administrateur [administratœr] m Verwalter m; Admini'strator m; égl cath ~ apostolique Apostolischer Administrator; ~ civil etwa Ministeri'alrat m; der Comédie-Française ~ général Inten'dant m; ~ judiciaire gerichtlich bestellter Verwalter; ~ de biens Vermögensverwalter m; ~ (de société) e-r AG

frz Rechts Verwaltungsratsmitglied n; deutschen Rechts Aufsichtsratsmitglied n

administratif [administratif] adj ⟨-ive⟩ Verwaltungs...; administra'tiv; verwaltend; auch verwaltungsmäßig, -technisch; acte ~ Verwaltungsakt m; e-s Departements etc capitale administrative Sitz m der Behörden; e-r Stadt cité administrative Behördenviertel n; directeur ~ Verwaltungsdirektor m; e-s Landes division administrative verwaltungsmäßige Gliederung, Einteilung; droit ~ Verwaltungsrecht n; service ~ Verwaltungsdienst m, e-s Betriebes -abteilung f; Verwaltung f; style ~ Behörden-, Kanz'leistil m

administration [administrasjõ] f **1.** Verwaltung f; e-s Unternehmens Führung f; Leitung f; e-s Hotels, agr e-s Betriebs Bewirtschaftung f; e-r frz AG durch den Verwaltungsrat Geschäftsführung f; jur ~ légale gesetzliche Vermögenssorge, -verwaltung (bei Kindesvermögen); ~ de biens Vermögensverwaltung f; e-r AG conseil m d'~ cf conseil 3.; **2.** Verwaltung(sbehörde f, -apparat m, -wesen n) f; Administrati'on f; Behörde f; ♀ Verwaltung(sdienst) f(m); ~ communale Kommu'nal-, Gemeindeverwaltung f; ~ des Douanes Zollverwaltung f; ~ des Postes Postbehörde f, -verwaltung f; École nationale d'~ (abr E.N.A.) etwa Hochschule f für Verwaltungswissenschaften; entrer dans l'♀ in den Verwaltungsdienst gehen; **3.** e-s Medikaments Verabreichung f; Verabfolgung f; der Sakramente Spendung f; Austeilung f; mit den Sterbesakramenten auch Versehen n (de mit); **4.** jur ~ des preuves Beweisführung f, -erbringung f, im Prozeß -aufnahme f, -erhebung f

administra|tivement [administrativmã] adv verwaltungsmäßig, -technisch; von der Verwaltung her gesehen; **~trice** f Verwalterin f

administré(e) [administre] m(f) Bürger(in) m(f); in e-r Ansprache chers administrés! liebe Mitbürger!

administrer [administre] v/t **1.** Vermögen, Finanzen verwalten; Unternehmen leiten; führen; Hotel, agr Betrieb bewirtschaften; ~ la justice Recht sprechen; **2.** Medikament (ein)geben; verabreichen; verabfolgen; Sakramente spenden; austeilen; Schläge verabreichen; versetzen; ~ les derniers sacrements à qn j-n (mit den Sterbesakramenten) versehen; **3.** jur Beweise (er)bringen; liefern; Zeugen (bei)bringen; Urkunden vorlegen; ~ la preuve auch den Beweis antreten, führen

admirable [admirabl(ə)] adj bewunderungswürdig; bewundernswert, -würdig; wunderbar; sehr schön; auch iron herrlich; prächtig; vortrefflich

admirat|eur [admiratœr] **I** adj ⟨-trice⟩ Blick bewundernd; Ausruf der Bewunderung; **II** subst ~, admiratrice m,f Bewunderer m, Bewunderin f; Verehrer (-in) m(f); **~if** adj ⟨-ive⟩ bewundernd; Worte etc auch der Bewunderung; Person auch voll Bewunderung

admiration [admirasjõ] f Bewunderung f; avec ~ mit, voll Bewunderung; bewundernd; Pfiff, Ausruf d'~ der Bewunderung; être en ~ devant qn von Bewunderung für j-n erfüllt sein; j-m tiefe Bewunderung zollen; être en ~ devant qc etw andächtig bewundern; etw voll Bewunderung anstaunen; faire l'~ de tous Mut, Gelassenheit etc allgemein Bewunderung auslösen, erregen; allen Bewunderung abnötigen, einflößen; alle mit Bewunderung erfüllen;

Schmuck, elegante Kleidung für alle ein Gegenstand der Bewunderung sein

admirer [admire] v/t **1.** Person, Gegenstand, Verhalten bewundern; ~ qn pour son courage j-n wegen s-s Mutes bewundern; **2.** iron: j'admire votre confiance ich bewundere Ihre Vertrauensseligkeit; j'admire que ... (+subj) mich wundert, ich bin erstaunt, es verwundert mich, daß ...

admis [admi] p/p von **admettre**

admiss|ibilité [admisibilite] f **1. a)** Anspruch m auf Zulassung zur mündlichen Prüfung; liste f d'~ Liste f der Kandidaten, die (die schriftliche Prüfung bestanden haben u) zur mündlichen Prüfung zugelassen sind; **b)** ~ à une fonction publique Recht n, Möglichkeit f, ein öffentliches Amt zu bekleiden; **2.** jur e-s Beweismittels Zulässigkeit f; **~ible** adj **1. a)** candidat déclaré ~ od subst ~ m Kandidat, der (die schriftliche Prüfung bestanden hat u) zur mündlichen Prüfung zugelassen ist; être ~ à l'école normale zur mündlichen Aufnahmeprüfung für die Pädagogische Hochschule zugelassen sein; **b)** être ~ à une fonction publique das Recht haben, ein öffentliches Amt zu bekleiden; **2.** meist negativ Vorschlag ne pas être ~ inakzeptabel, unannehmbar sein; cf auch **inadmissible**; **3.** jur preuve f ~ zulässiges Beweismittel

admission [admisjɔ̃] f **1.** in e-e Organisation, Schule Aufnahme f (aux Nations Unies in die Vereinten Nationen); Zulassung f (à zu); Zoll ~ temporaire zeitlich begrenzte Zulassung (von Zollgut im aktiven Veredelungsverkehr); von Wertpapieren ~ à la cote Zulassung zur amtlichen Notierung; Zoll ~ en franchise zollfreie Zulassung (gewisser Zollgüter für Diplomaten u das Rote Kreuz); conditions f/pl d'~ Aufnahme-, Zulassungsbedingungen f/pl; demande f d'~ Aufnahme-, Zulassungsgesuch n; bei e-r Aufnahme-, Zulassungsprüfung liste f d'~ Liste der Kandidaten, die die Prüfung bestanden haben; **2.** tech **a)** von Dampf, Gas in e-n Zylinder etc Einlaß m; Eintritt m; Einströmen m; Zulaß m; **b)** **1.** Takt beim Viertaktmotor Ansaugen n; **c)** Einlaßöffnung f

admittance [admitɑ̃s] f élect Admittanz f; auch Scheinleitwert m

admixtion [admiksjɔ̃] f phm Beimischen n, -ung f

admonest|ation [admɔnɛstasjɔ̃] st/s f (scharfe) Zu'rechtweisung; Maßregelung f; (strenge) Vermahnung f; (strenger) Verweis; ~s pl auch (schwere) Vorhaltungen f/pl; **~er** st/s v/t (scharf) zu'rechtweisen; maßregeln; (streng) vermahnen; e-n (strengen) Verweis erteilen (qn j-m); (schwere) Vorhaltungen machen (j-m)

admonition [admɔnisjɔ̃] f st/s cf **admonestation**; égl cath Ermahnung f (durch den Bischof)

adné [adne] adj bot angewachsen; verwachsen

adolesc|ence [adɔlesɑ̃s] f Jugendalter n; sc Adoles'zenz f; für Jungen auch Jünglingsalter n; für Mädchen auch Jung'mädchenalter n; **~ent** m, **~ente** f Jugendliche(r) f(m); Halbwüchsige(r) f(m); Teenager ['tiːneːdʒər] m; Jüngling m; junges Mädchen

adonis¹ [adɔnis] m être un ~ ein A'donis sein;

adonis² [adɔnis] f bot A'donisröschen n

adonner [adɔne] v/pr s'~ à qc sich e-r Sache (dat) ganz hingeben, widmen; e-r Sache (dat) frönen; s'~ à la boisson sich

---

dem Trunk ergeben

adopt|ant [adɔptɑ̃] m, **~ante** f jur Adop'tierende(r) f(m); Annehmende(r) f(m); **~é(e)** m(f) jur Adop'tierte(r) f(m)

adopter [adɔpte] v/t **1.** jur adop'tieren; an Kindes Statt annehmen; **2.** abwartende, kritische etc Haltung einnehmen; Religion, Glauben annehmen; Methode, Standpunkt, Sitte, Ausdruck über'nehmen; sich zu eigen machen; Mode über'nehmen; mitmachen; neue Lehrpläne einführen; ~ une solution de rechange e-e Ersatzlösung wählen; sich für e-e Ersatzlösung entscheiden; ~ un ton sarcastique e-n sarkastischen Ton anschlagen; **3.** Gesetzesvorlage, Entschließung, Antrag, Tagesordnung annehmen; Gesetz auch verabschieden; faire ~ 'durchsetzen, -bringen

adoptif [adɔptif] adj <-ive> **1.** jur Adop'tiv...; enfant ~ Adoptivkind n; angenommenes Kind; père ~ Adoptivvater m; légitimation adoptive Adoption f e-s Kindes unter sieben Jahren; **2.** par ext: patrie adoptive Wahlheimat f; trouver une famille adoptive bei e-r Familie ein zweites Zu'hause finden

adoption [adɔpsjɔ̃] f **1. a)** jur Adopti'on f; Annahme f an Kindes Statt; ab 1977 Annahme f als Kind; **b)** par ext loc/adj d'~ Wahl...; Parisien m, patrie f d'~ Wahlpariser m, -heimat f; **2.** e-r abwartenden etc Haltung Einnehmen n; e-r Religion, e-s Glaubens Annahme f; e-r Methode, Sitte, e-s Standpunktes, Ausdrucks 'Übernahme f; e-r Mode auch Mitmachen n; neuer Lehrpläne Einführung f; **3.** e-r Gesetzesvorlage, Entschließung, Tagesordnung Annahme f; e-s Gesetzes auch Verabschiedung f

adorable [adɔrabl(ə)] adj **1.** rel anbetungswürdig; **2.** Person, Tier, Lächeln, Haus entzückend; reizend; Kind, kleines Tier auch goldig; süß

adora|teur [adɔratœr] m, **~trice** f **1.** rel Anbeter(in) m(f); adorateurs du Soleil Sonnenanbeter m/pl; Anhänger m/pl des Sonnenkults; **2.** st/s e-r Frau, e-s Künstlers Anbeter(in) m(f); glühender Verehrer, glühende Verehrerin

adoration [adɔrasjɔ̃] f **1.** rel Anbetung f; égl cath ~ perpétuelle Ewige Anbetung; **2.** e-r Person Vergötterung f; Anbetung f; abgöttische Liebe; glühende Verehrung; être en ~ devant qn cf adorer 2. a)

adoré(e) [adɔre] m(f) Angebetete(r) f(m)

adorer [adɔre] v/t **1.** rel anbeten; **2.** fig a) Person anbeten; vergöttern; abgöttisch lieben; glühend verehren; **b)** F Schokolade, Musik etc F furchtbar, schrecklich gern mögen; Eßware auch essen, Getränk auch trinken; schwärmen für; faire qc F furchtbar, schrecklich gern etw tun

ados [ado] m jard aufgeworfener kleiner Erdwall (als Windschutz)

adossé [adose] adj **1.** arch colonne ~e Wandsäule f; **2.** Heraldik Rücken an Rücken; **3.** cf **adosser**

adosser [adose] **I** v/t Schrank, Stuhl ~ à od contre qc (mit der Rückwand bzw Rückenlehne) an etw (acc) stellen; meist p/p: Person être adossé à od contre la porte mit dem Rücken an der Tür lehnen; fig Haus être adossé à la colline an den Hügel geschmiegt sein; Gebäude être adossé à angebaut sein an (+acc); **II** v/pr Person s'~ au od contre le mur sich mit dem Rücken an die od gegen die Wand lehnen, an die Wand anlehnen; fig Haus s'~ au flanc de la montagne sich an den Berghang anschmiegen, anlehnen

adoub|ement [adubmɑ̃] m féod **1.** Rit-

---

terschlag m; Schwertleite f, -nahme f; **2.** Kettenhemd n, -panzer m; Panzerhemd n; **~er** v/t féod zum Ritter schlagen; den Ritterschlag erteilen (qn j-m)

adoucir [adusir] **I** v/t **1.** Zorn, scharfe Kritik, Gerichtsurteil, Schmerz, Kummer, s-n Ton, die Stimme mildern; Zorn auch dämpfen; (etwas) besänftigen; Schmerz auch lindern; (grelle) Farben auch dämpfen; abschwächen; cuis ~ le goût de la sauce den scharfen Geschmack der Soße mildern; der Soße e-n milderen Geschmack geben, verleihen; der Soße etwas von ihrer Schärfe nehmen; ~ son regard milder, sanfter (drein)blicken; Frisur ~ les traits das Gesicht weicher machen; **2.** Seife, Creme ~ la peau die Haut weich, geschmeidig machen; **3.** Wasser enthärten; weich machen; **4.** métall Gußeisen tempern; glühfrischen; Stahl anlassen; Gold läutern; **5.** Metall, Marmor, Spiegel po'lieren; schleifen; **6.** pétr süßen; **7.** peint Farben leicht ineinander 'übergehen, verschmelzen lassen; **II** v/pr s'~ **8.** Wetter milder werden; sich erwärmen; **9.** Abhang flacher werden; sich abflachen; **10.** Person sich beruhigen; son caractère s'est adouci er ist 'umgänglicher, zugänglicher geworden

adouciss|age [adusisaʒ] m **1.** von Marmor, e-s Spiegels Po'lieren n; Schleifen n; **2.** text von kräftigen Farben Aufhellen n, -ung f; **~ant** adj phm huile ~e reizlinderndes Öl

adouciss|ement [adusismɑ̃] m **1.** des Zorns, Schmerzes, Kummers, e-r scharfen Kritik, e-s Urteils Milderung f; des Zorns auch Dämpfung f; Besänftigung f; des Schmerzes auch Linderung f; greller Farben auch Dämpfung f; Abschwächung f; des Strafvollzugs etc menschlichere Gestaltung; apporter quelques ~s à ses reproches sich in s-n Vorwürfen etwas mäßigen; **2.** ~ de la température Erwärmung f; Nachlassen n der Kälte; **3.** des Wassers Enthärtung f; Weichmachen n; **4.** pétr Süßen n; **~eur** m Wasserenthärter m, -enthärtungsanlage f

ad patres [adpatrɛs] loc/adv F envoyer qn ~ F j-n ins Jenseits befördern, um die Ecke bringen, kaltmachen

adragant [adragɑ̃] adj gomme ~e od gomme f d'~ Tra'gant(gummi) m(n)

adrénaline [adrenalin] f Biochemie Adrena'lin n

adrénergique [adrenɛrʒik] adj physiol Nerven(fasern) adren'ergisch

adressage [adresaʒ] m EDV Adres'sierung f

adresse¹ [adrɛs] f **1.** Anschrift f; A'dresse f; e-r Postsendung auch Aufschrift f; ~ télégraphique Tele'grammadresse f; Drahtanschrift f; il m'a donné une bonne ~ er hat mir die Adresse e-s guten Restaurants, Geschäfts etc, er hat mir e-e gute Adresse gegeben, genannt; mettre l'~ sur l'enveloppe od sur le Brief(umschlag) adres'sieren; die Adresse auf den (Brief)'Umschlag schreiben; partir sans laisser d'~ a) abreisen, ausziehen, ohne e-e Anschrift, Adresse zu hinter'lassen; b) spurlos verschwinden; auf Briefen parti sans laisser d'~ unbekannt verzogen; se tromper d'~ cf tromper II; **2.** loc/prép Mitteilung, Hinweis à l'~ de qn an j-n (bestimmt); **3.** pol e-r Volksvertretung, Versammlung A'dresse f; schriftliche Eingabe; **4.** EDV (Ma'schinen)A'dresse f; **5.** impr auf der Titelseite e-s Buches Angabe f des Verlages, Erscheinungsortes und -jahres

adresse² [adrɛs] f Geschick(lichkeit) n(f); Gewandtheit f; (Finger-, Kunst-)

Fertigkeit f; bei Verhandlungen, im Umgang mit Menschen Geschick n; loc/adv avec ~ geschickt; gewandt; avoir l'~ de ne froisser personne das Geschick besitzen, so geschickt sein, niemanden zu verletzen

adresser [adrese] **I** v/t Brief, Paket, Botschaft schicken, senden, richten (à an + acc); Brief, Paket auch adres'sieren (an + acc); Person schicken (à an); verweisen (an + acc); Patienten zu e-m Facharzt auch über'weisen (zu); Gesuch, Frage, Bitte richten (an + acc); Schlag etc être adressé à qn j-m gelten; für j-n bestimmt sein; ~ un compliment à qn j-m ein Kompliment machen; ~ une critique à qn Kritik an j-m üben; j-n kritisieren; ~ des injures à qn j-n beschimpfen, beleidigen; ~ la parole à qn das Wort an j-n richten; j-n ansprechen, anreden; ~ des questions à qn j-m Fragen stellen; j-n befragen; Fragen an j-n richten; ~ un regard à j-n anblicken; den Blick auf j-n richten; ~ ses remerciements à qn j-m s-n Dank aussprechen; ~ des reproches à qn j-m Vorwürfe machen; **II** v/pr s'~ Person sich wenden (à qn an j-n); Buch, Film etc sich wenden, richten (an + acc); pour plus amples renseignements s'~ à … nähere Auskünfte bei …; ces mots ne s'adressent pas à vous diese Worte gelten nicht Ihnen

adressier [adresje] m etwa (Inhaber m e-s) A'dressenbüro(s) n

adressographe [adresɔgraf] m Adres-'siermaschine f; Kurzwort A'drema f (Wz)

adret [adrɛ] m e-s Gebirges Süd-, Sonnenhang m, -seite f

adroit [adrwa] adj ⟨adroite [adrwat]⟩ Person geschickt, gewandt (à in + dat; bei); Politik, Verhandlungstaktik geschickt; List auch raffi'niert; un tireur ~ ein guter Schütze; être ~ de ses mains mit den Händen geschickt sein; fingerfertig sein

adsorb|ant [adsɔrbã] m phys Ad'sorbens n; Ad'sorber m; **~at** m phys Adsorp'tiv n; Adsor'bat n; **~er** v/t phys adsor'bieren

adsorption [adsɔrpsjõ] f phys Adsorpti'on f

adstrat [adstra] m ling Ad'strat n

adulaire [adylɛr] f minér Adu'lar m

adula|teur [adylatœr] m, **~trice** f st/s Liebediener m; Speichellecker(in) m(f); Kriecher(in) m(f); Lobhud(e)ler m; **~tion** st/s f Liebediene'rei f; Speichellecke'rei f; Kriechie'rei f; Lobhude-'lei f

aduler [adyle] v/t 1. meist p/p Künstler etc être adulé par le public vom Publikum vergöttert, glühend verehrt werden; **2.** st/s ~ qn vor od bei j-m liebedienern; j-m lobhudeln, unter'würfig schmeicheln

adulte [adylt] **I** adj 1. Mensch erwachsen; Pflanze, Tier ausgewachsen; âge m ~ Erwachsenenalter n; von e-m Mann auch Mannesalter n; être arrivé à l'âge ~ a) ins Erwachsenenalter gekommen sein; erwachsen geworden sein; b) fig Film, Technik etc nicht mehr in den Kinderschuhen stecken; den Kinderschuhen entwachsen sein; tu ne seras donc jamais ~! wirst du denn nie erwachsen werden!; 2. fig Liebe, Gefühl, Verhalten reif; **II** m,f Erwachsene(r) f(m); cours m pour od d'~s Erwachsenenlehrgang m; Lehrgang m für Erwachsene

adultère [adyltɛr] **I** adj ehebrecherisch; femme f ~ Ehebrecherin f; **II** m Ehebruch m

adultérin [adylterɛ̃] adj jur Kind außer-

ehelich

ad valorem [advalɔrɛm] loc/adj Zollwesen ad va'lorem; dem Wert nach; droit m ~ Wertzoll m

advenir [advənir] v/i ⟨cf venir; être; déf: nur in f u 3. pers sg⟩ geschehen; sich ereignen; quoi qu'il advienne was auch immer geschehen, kommen mag; advienne que pourra komme, was (da) mag kommen, was kommen mag od was will; prov fais ce que dois, advienne que pourra tue recht und scheue niemand (prov); on a vu ce qu'il est advenu de ses projets … was aus s-n Plänen geworden ist; adm le cas advenant que … (+subj) im Falle (+gén); falls …

adventice [advãtis] adj 1. bot plantes f/pl ~s Adven'tivpflanzen f/pl; 2. philos idées f/pl ~s durch sinnliche Wahrnehmung, durch die Sinne vermittelte Ideen f/pl; 3. fig (zufällig) hin'zutretend

adventif [advãtif] adj ⟨-ive⟩ bot an ungewöhnlicher Stelle auftretend; adven'tiv; Adven'tiv…; bourgeon ~ Adventivknospe f; racine adventive Adventivwurzel f

adventiste [advãtist] m,f rel Adven'tist (-in) m(f)

adverbe [advɛrb] m gr Ad'verb n; 'Umstandswort n; ~ d'affirmation, de doute, d'interrogation, de négation Adverb der Bejahung, des Zweifels, der Frage, der Verneinung; ~ de lieu, de temps Orts-, Zeitadverb n; ~ de manière Adverb der Art und Weise; mo'dales Adverb; ~ de quantité Adverb der Menge; Mengenadverb n

adverbial [advɛrbjal] adj ⟨-aux⟩ gr adverbi'al; locution ~e als Adverb gebrauchte Wendung; **~ement** adv gr employer ~ adverbi'al, als Ad'verb gebrauchen

adversaire [advɛrsɛr] m,f Gegner(in) m(f); im Streit auch Kontra'hent(in) m(f) (m auch im Zweikampf); 'Widersacher (-in) m(f); sports auch Konkur'rent(in) m(f); Ri'vale m, Ri'valin f; beim Spiel auch Gegenspieler(in) m(f) (auch fig); gegnerischer Spieler, gegnerische Spielerin; bei e-m Autounfall Unfallgegner m

adversatif [advɛrsatif] adj ⟨-ive⟩ ling adversa'tiv; conjonction adversative adversative Konjunktion

adverse [advɛrs] adj gegnerisch; feindlich; partie f ~ Gegenpartei f; jur auch Pro'zeßgegner m

adversité [advɛrsite] f Unglück n; widriges Geschick; (schweres) 'Mißgeschick

ad vitam aeternam [advitametɛrnam] loc/adv F on ne va pas rester ici ~! F wir werden nicht ewig, für die Ewigkeit, e-e Ewigkeit hier bleiben!

adynam|ie [adinami] f path hochgradige Muskelschwäche; sc Adyna'mie f; **~ique** adj path kraftlos; schwach; sc ady'namisch

ægopodium [egopodjɔm] m bot Geißfuß m

ægugre [egygr(ə)] f zo Bezo'arziege f

æpyornis [epjɔrnis] m Paläontologie Aepy'ornis m

aér|age [aeraʒ] m 1. mines Wetterführung f; (Gruben)Bewetterung f; 2. cf aération; **~ateur** m 1. (Be)Lüfter m; (Be)Lüftungsanlage f; Ventilati'on f; Venti'lator m; 2. Betonzusatzmittel Luftporenbildner m; **~ation** f (Be- und Ent)Lüften n, -ung f; 'Durchlüften od Durch'lüften n; Lufterneuerung f; Ventilati'on f

aéré [aere] adj 1. Raum luftig; centre ~ etwa Jugendheim n, -zentrum n, Ferienlager n im Grünen am Stadtrand; Stadtranderholungszentrum n; 2. Gewebe etc

locker; luftig

aérer [aere] ⟨-è-⟩ **I** v/t 1. Raum lüften; 'durchlüften (auch durch'lüften); tech belüften; be- und entlüften; Betten, Kleidung (aus)lüften; Getreide, Wasser durch'lüften; mines bewettern; 2. Boden, Bericht, Lehrbuch auflockern; **II** v/pr Person s'~ a) an die frische Luft gehen; F frische Luft schnappen, tanken; sich auslüften; b) F en Ta'petenwechsel vornehmen; wegfahren, um einmal etwas anderes zu sehen

aéricole [aerikɔl] adj bot plante f ~ cf aérophyte

aérien [aerjɛ̃] **I** adj ⟨~ne⟩ 1. Luft…; attaque ~ne Luft-, Fliegerangriff m; câble ~ Luftkabel n; Freileitung f; circuit ~ cf II 2.; mil défense ~ne du territoire (abr D.A.T.) Luftverteidigung f; droit, espace ~ Luftrecht n, -raum m; forces ~nes Luftstreitkräfte f/pl, -streitmacht f; Luftwaffe f; ligne ~ne a) aviat Luftverkehrs-, Fluglinie f, -strecke f; b) élect Freileitung f; oberirdische Leitung; métro ~ streckenweise oberirdisch fahrende U-Bahn; peint perspective ~ne Luftperspektive f; photographie ~ne Luftbildphotographie f; pont ~ Luftbrücke f; bot racine ~ne Luftwurzel f; mil région ~ne etwa Wehrbereich m der Luftwaffe; früher télégraphe ~ Flügeltelegraph m; tourisme ~ Lufttouristik f; trafic ~ Luft-, Flugverkehr m; anat voies ~nes, conduits ~s Luftwege m/pl; par voie ~ne auf dem Luftweg; 2. poét ä'therisch; **II** m 1. rad An'tenne f; 2. télécomm Freileitung f; oberirdische Leitung

aérifère [aerifɛr] adj anat conduits m/pl ~s Luftwege m/pl

aérium [aerjɔm] m Kindererholungsheim n, -sanatorium n

aérobie [aerɔbi] adj 1. biol ae'rob; microorganismes m/pl ~s Ae'robier m/pl; Aerobi'onten m/pl; 2. Triebwerk luftatmend; an die Lufthülle der Erde gebunden

aérobus [aerɔbys] m Airbus ['ɛːr-] m

aéro-club [aerɔklœb] m ⟨pl aéro-clubs⟩ A'eroklub m

aérocolie [aerɔkɔli] f path Gasansammlung f im Grimmdarm; sc Aeroko'lie f

aérodrome [aerɔdrom] m Flugplatz m

aérodynamique [aerɔdinamik] **I** adj phys aerody'namisch; frein m ~ cf aérofrein; laboratoire ~ aerodynamische Versuchsanstalt; bes auto ligne f, profil m ~ Stromlinienform f; phys, tech soufflerie f ~ Windkanal m; **II** f phys Aerody'namik f

aérodyne [aerɔdin] m aviat Luftfahrzeug n schwerer als Luft; strömungsgetragenes Luftfahrzeug

aérofrein [aerɔfrɛ̃] m aviat Luftbremse f; aerody'namische Bremse; Bremsklappen f/pl

aérogare [aerɔgar] f 1. e-s Flughafens Abfertigungsgebäude n(pl) (für Fluggäste); ~ de fret Abfertigungsgebäude n(pl) für Luftfracht; 2. in der Stadt Abfahrts- bzw Ankunftsstelle f der Zubringerbusse zum Flughafen

aéro|gastrie [aerɔgastri] f path Luftansammlung f im Magen; **~glisseur** m Luftkissenfahrzeug n; Bodeneffekt(flug)gerät n; Schwebegerät n; **~gramme** m Luftpostleichtbrief m; Aero'gramm n; **~graphe** m tech Aero'graph m; **~lit(h)e** [-lit] m Mete'orstein m; Meteo'rit m

aérolog|ie [aerɔlɔʒi] f Aerolo'gie f; **~ique** adj aero'logisch

aéro|modélisme [aerɔmodelism(ə)] m Flug(zeug)modellbau m; **~moteur** m Windmotor m, -rad n, -kraftmaschine f

aéronaut|e [aerɔnot] *m* Luftschiffer *m*; Bal'lonfahrer *m*; *früher* Aero'naut *m*; **~ique I** *adj* Luftfahrt...; **construction** *f* ~ Flugzeugbau *m*; **industrie** *f* ~ Luftfahrt-, Flugzeugindustrie *f*; **journée** *f* ~ Flugtag *m*; **II** *f* Luftfahrt *f*; **École nationale supérieure de l'** ~ *etwa* Technische Hochschule für Luftfahrtingenieure

aéronaval [aerɔnaval] *mar mil* **I** *adj* **forces** ~**es** See-, Ma'rineluftstreitkräfte *f/pl*; **II** *f* ~**e** Ma'rineflieger(truppe) *m/pl(f)*

aéronef [aerɔnɛf] *m aviat* Luftfahrzeug *n*

aérophagie [aerɔfaʒi] *f path* Luftschlucken *n*; *sc* Aeropha'gie *f*

aérophyte [aerɔfit] *adj bot* plante *f* ~ Aero'phyt *m*

aéroplane [aerɔplan] *m aviat* alte Bezeichnung Aero'plan *m*

aéroport [aerɔpɔr] *m* Flughafen *m*

aéro|porté [aerɔpɔrte] *adj mil* Luftlande...; **troupes** ~**es** Luftlandetruppen *f/pl*; **~portuaire** *adj* Flughafen...; **~postal** *adj* ‹-aux› Luftpost...; *früher* **Compagnie générale** ~**e** *od subst* ‹e *f* französische Luftpostgesellschaft; Aéropo'stale *f*

aérosol [aerɔsɔl] *m chim, méd* Aero'sol *n*; **bombe** *f* ~ Aerosolbombe *f*; **~thérapie** *f méd* Aero'soltherapie *f*

aérospatial [aerɔspasjal] *adj* ‹-aux› (Luft- und) Raumfahrt...; **industrie** *f* ~ Luft- und Raumfahrtindustrie *f*; **transporteur** ~ Raumtransporter *m*; **véhicule** ~ Raumfahrzeug *n*, -flugkörper *m*

aéro|stat [aerɔsta] *m aviat* Luftfahrzeug *n* leichter als Luft; gasgetragenes Luftfahrzeug; **~station** *f hist* Luftschiffahrt(technik) *f*; **~statique** *f phys* Aero'statik *f*

aérostier [aerɔstje] *m aviat* Luftschiffer *m*; Bal'lonführer *m*

aéro|technique [aerɔtɛknik] *f* Luftfahrttechnik *f*; **~train** *m* Schwebezug *m*; Hovertrain [-trɛn] *m*

æschne [ɛskn(ə)] *f zo* Teufelsnadel *f*

æthuse [etyz] *f bot* Hundspetersilie *f*

aétite [aetit] *f minér* Adler-, Krallen-, Klapperstein *m*

afat [afat] *f cf* A.F.A.T. (*Anhang III*)

affabilité [afabilite] *f* Freundlichkeit *f*; Liebenswürdigkeit *f*; Leutseligkeit *f*; **l'** ~ **de son accueil** sein freundlicher, liebenswürdiger Empfang; **avec** ~ freundlich; liebenswürdig; leutselig

affable [afabl(ə)] *adj* Person, Verhalten, Ton freundlich; liebenswürdig; leutselig

affabulation [afabylasjõ] *f* **1.** *e-s* Romans, Theaterstücks Fabel *f*; **2.** unwahre, erdichtete Geschichte; Fabel *f*

affad|ir [afadir] **I** *v/t* Erzählung, Bericht langweilig, fade machen; *meist adit* **affadi** Farbe fade; matt; fahl; Stil farblos; blaß; ohne Saft und Kraft; Erzählung fade; langweilig und schal; Thema durch Abschweifungen verwässert; **II** *v/pr* **s'** ~ Erzählung, Bericht fade, langweilig, schal werden; Farbe fade, matt, fahl werden; Stil farblos, kraftlos, matt werden; **~issement** *m* Fade-, Langweilig-, des Stils Farbloswerden *n*; *e-s* Themas Verwässerung *f*

affaiblir [afeblir] **I** *v/t* **1.** Krankheit ~ qn j-n schwächen, entkräften, kraftlos *od* hinfällig machen; **2.** *pol, mil* Gegner schwächen; Ansehen, Autorität schwächen; schmälern; mindern; Bedeutung *e-s* Wortes schwächen; Schärfe des Ausdrucks mildern; Farbe abschwächen; mildern; dämpfen; Energie, Willen, Mut lähmen; erlahmen, erschlaffen lassen; ♦ *adit* **affaibli** Ton, Farbe gedämpft; Bedeutung *e-s* Wortes verblaßt; **II** *v/pr* **s'** ~ Person schwächer werden; Sehkraft, Ge-

hör, Kräfte, Interesse nachlassen; abnehmen; Ton abklingen; Geräusch, Ton gedämpft, schwächer werden; Bedeutung *e-s* Wortes, Erinnerung verblassen; Erinnerung *auch* sich verwischen

affaibliss|ement [afeblismã] *m* **1.** *pol, mil des Gegners* Schwächung *f*; **2.** *der Kräfte, Gesundheit* Nachlassen *n*; Abnehmen *n*; Schwinden *n* (*auch des Ansehens*); *der Bedeutung e-s Wortes, der Erinnerung* Verblassen *n*; *des Tons* Abklingen *n*; ~ **de l'autorité** Autori'tätsschwund *m*; **3.** *phot* Abschwächung *f*; **~eur** *m phot* Abschwächer *m*

affaire [afɛr] *f* **1.** *j-n betreffende, zu erledigende* Angelegenheit *f*; Sache *f*; ♦ **les** ~ **courantes** die laufenden Geschäfte *n/pl*; *dipl* ~**s culturelles, étrangères** kulturelle, auswärtige Angelegenheiten; **les** ~**s étrangères** das Auswärtige Amt; das Außenministerium; das Ministerium des Auswärtigen, des Äußeren, für auswärtige Angelegenheiten; ~**s publiques**, ~**s de l'État** Staatsgeschäfte *n/pl*; ~ **d'État** a) wichtige Staatsangelegenheit; b) *fig* Staatsaffäre *f*, -aktion *f*; ♦ **c'est une** ~ **de ... ... sache** *f*; **c'est (une)** ~ **de confiance, de mode** das ist Vertrauens-, Modesache; **c'est (une)** ~ **de goût** das ist Geschmack(s)sache, e-e Frage des Geschmacks; **c'est une** ~ **de temps** das ist e-e Frage der Zeit; **c'est l'** ~ **de quelques heures** das ist e-e Sache, Angelegenheit von ein paar Stunden; **c'est l'** ~ **des hommes politiques** das ist Sache, Aufgabe der Politiker; **c'était l'** ~ **d'une seconde** das war Moment(s)sache, Sache e-s Augenblicks; das war im Nu getan; ♦ **j'ai là votre** ~ ich habe, was Sie suchen, brauchen; ich hätte da (et)was, etwas Passendes, das Richtige für Sie; **avoir** ~ **à qn** mit j-m zu tun haben; **je ne veux pas avoir** ~ **à elle** *auch* ich will mit ihr nichts zu schaffen haben; *drohend* **il aura** ~ **à moi!** er bekommt, F kriegt es mit mir zu tun!; **il connaît son** ~ er versteht s-e Sache; **c'est une autre** ~ das ist etwas ganz anderes; **c'est mon** ~, **ce sont mes** ~**s** das ist meine Sache, Angelegenheit; **das laß, lassen Sie meine Sorge sein; ce n'est pas une petite** ~ das ist keine Kleinigkeit, keine einfache Sache; **c'est toute une** ~ das ist so e-e Sache; das ist e-e schwierige, 'umständliche Sache, Angelegenheit; **quand il part en voyage, c'est toute une** ~ **...** ist das e-e Riesenaffäre; **être à son** ~ mit Feuereifer, gleich dabei sein; **in s-m Element sein; le morceau de ficelle fera l'** ~ das Stück Schnur tut es auch; mit diesem Stück Schnur ist mir auch schon gedient; **faire son** ~ **à qn** F mit j-m abrechnen; **j'en fais mon** ~ ich werde mich der Sache annehmen; ich werde die Sache in die Hand nehmen; das werde ich besorgen, erledigen; das über'nehme ich; **le temps ne fait rien à l'** ~ die Zeit tut nichts zur Sache, spielt keine Rolle; **mettre de l'ordre dans ses** ~**s** s-e Angelegenheiten ordnen; *Sterbender auch* sein Haus bestellen; **occupe-toi de tes** ~**s!** kümmere dich um deine eigenen Angelegenheiten!; **2.** Af'färe *f*; Angelegenheit *f*; Geschichte *f*; Sache *f*; **la belle** ~! was ist da schon dabei!; was hat das schon zu sagen, zu bedeuten!; ist das so wichtig!; *hist* 'Dreyfus die 'Dreyfus-Affäre; **quelle** ~! das ist vielleicht e-e schöne Geschichte!; F das sind Sachen!; ~ **d'Algérie** Al'gerienkonflikt *m*, -frage *f*, -problem *n*; **voici l'** ~ **...** die Sache, Geschichte war so: ...; **être 'hors d'** ~ außer Gefahr sein; **se tirer d'** ~ sich aus der Affäre ziehen; **3.** *für die Polizei, das*

Gericht Fall *m*; *jur* Sache *f*; ~ **civile, pénale** Zi'vil-, Strafsache *f*; ~ **criminelle** Krimi'nalfall *m*; Strafsache *f*; ~ **de vol** Fall von Diebstahl; **dans l'** ~ **X contre Y** in Sachen X gegen Y; **juger une** ~ in e-r Sache entscheiden; **4.** Geschäft *n*; F **une** ~ **(d'or od en or)** ein sehr günstiges, vorteilhaftes Geschäft; F **ein Bombengeschäft; faire** ~ **avec qn** mit j-m abschließen, handelseinig werden; **faire une bonne** ~ ein gutes Geschäft machen; **5.** Betrieb *m*; Unter-'nehmen *n*; Fa'brik *f*; Geschäft *n*; ~ **de textiles** Tex'tilbetrieb *m*, -fabrik *f*, -geschäft *n*; **6.** ~**s** *pl* Geschäft(e) *n(pl)*; *loc/adj* **... d'** ~**s** Geschäfts...; **homme(s)** *m(pl)* **d'** ~**s** Geschäftsmann *m* (-leute); **lettre** *f*, **quartier** *m*, **voyage** *m* **d'** ~**s** Geschäftsbrief *m*, -viertel *n*, -reise *f*; *loc/adv* **pour** ~**s** geschäftlich; **il est à Paris pour** ~**s** er ist geschäftlich in Paris; **comment vont les** ~**s?** wie geht das Geschäft?; wie gehen die Geschäfte?; **ses affaires vont mal** *auch* es steht schlecht mit ihm; **les** ~**s sont calmes** das Geschäft ist ruhig; **être dans les** ~**s** Geschäftsmann sein; im Geschäftsleben tätig sein; **être dur en** ~**s** ein kalter Geschäftsmann sein; *loc/prov* **les** ~**s sont les** ~**s** Geschäft ist Geschäft (*loc/prov*); **7.** *e-r Person* ~**s** *pl* persönliche Sachen *f/pl*; *auch* Garde'robe *f*; F Zeug *n*; **ranger ses** ~**s** s-e Sachen, sein Zeug auf-, wegräumen; **8.** ~**s** *pl* Herzensangelegenheiten *f/pl*; Liebschaft *f*; **9.** *früher* Gefecht *n*; Treffen *n*; Schlacht *f*

affairé [afere] *adj* viel-, starkbeschäftigt; emsig; geschäftig; **avoir l'air** ~ e-n vielbeschäftigten Eindruck machen; **être très** ~ *südd auch* ein Gschaftlhuber sein

affairement [afermã] *m* Geschäftigkeit *f*; Emsigkeit *f*

affairer [afere] *v/pr* **s'** ~ sich zu schaffen machen (**dans la cuisine** in der Küche); **s'** ~ **autour de qn** sich eifrig um j-n bemühen

affair|isme [aferism(ə)] *m* üble Geschäftemache'rei; **~iste** *m, f* übler Geschäftemacher, üble Geschäftemacherin

affaissement [afɛsmã] *m* **1.** *géol des Bodens* Senkung *f*; Ein-, Absinken *n*; Einwölbung *f*; *ch de fer des Bahnplanums* Senkung *f*; *der Kiefer-, Wangenpartie* Einfallen *n*; *der Muskeln, des Gesichts* Erschlaffung *f*; ~ **de terrain** Bodensenkung *f*; **2.** *st/s der geistigen, körperlichen Kräfte* Abnehmen *n*; Abnahme *f*; Verfall *m*; *der Willenskraft* Erschlaffen *n*; Erlahmen *n*

affaisser [afɛse] *v/pr* **s'** ~ **1.** Boden sich senken; ein-, absinken; Balken 'durchhängen; Boden être affaissé ein-, abgesunken sein; **2.** Person zu'sammenbrechen (*auch fig Reich*), -sacken, -sinken

affait|age [afɛtaʒ] *m*, **~ement** *m ch e-s* Falken Abrichten *n*, -ung *f*; **~er** *v/t ch* Falken abrichten

affaler [afale] **I** *v/t mar* **1.** Tau her'unter-, niederlassen; **2.** Schiff vom Wind être affalé à la côte der Küste (*dat*) *od* auf die Küste zutreiben; **II** *v/pr* **s'** ~ **3.** Person **s'** ~ **sur une chaise, dans un fauteuil** auf e-n Stuhl, in e-n Sessel (nieder)sinken; sich auf e-n Stuhl, in e-n Sessel fallen, sinken lassen; **être affalé dans un fauteuil** zu'sammengesunken in einem Sessel sitzen; *mar* **Matrose s'** ~ **le long d'un cordage** an e-m Tau her'unterrutschen

affam|é [afame] *adj* **1.** hungrig; ausgehungert; *auch* hungernd; *subst* **les** ~**s** *m/pl* die Hungrigen *m/pl*, Hungernden *m/pl*; **2.** *fig* ~ **de ...** ...hungrig; ...(be)gierig; ...süchtig; hungrig, hun-

gernd, begierig nach...; ~ de gloire ruhmsüchtig, -(be)gierig; **~er** *v/t mil* aushungern

affect [afɛkt] *m psych* Af'fekt *m*

affectation¹ [afɛktasjõ] *f* **1.** *e-r Summe, e-s Gebäudes etc* Verwendung *f*, (Zweck-)Bestimmung *f*, Zweck *m*, Zweckbindung *f*, *e-r Summe auch* Bereitstellung *f* (à für); **2. a)** *adm, mil e-r Person* dienstliche Verwendung; Versetzung *f*, *mil* Über-'stellung *f*, Komman'dierung *f*, Abkommandierung *f* (à un autre poste auf e-n anderen Posten; à Paris nach Paris; *e-s Lehrers* à une école an e-e Schule; *mil* dans les blindés zur Panzertruppe; *mil auch* Zuweisung *f*, Ein-, Zuteilung *f* (à une unité zu e-r Einheit; *mil e-s Reservisten im Krieg* ~ spéciale *etwa* Dienstverpflichtung *f*; *bei Verbleib am Arbeitsplatz* Unabkömmlichstellung *f*; **b)** (Dienst)Posten *m*; *mil auch* (mili'tärische) Einheit; **3.** *jur* ~ hypothécaire hypothekarische Belastung e-s Grundstücks; Bestellung *f* e-r Sicherheitshypothek

affectation² [afɛktasjõ] *f* **1.** *e-r Person im Benehmen,* Ausdruck Gerziertheit *f*; Affek'tiertheit *f*; Gesuchtheit *f*; Gespreiztheit *f*; Manie'riertheit *f*; Unnatürlichkeit *f*; *des Stils* Geschraubtheit *f*; il y a de l'~ dans ses paroles, il parle avec ~ er redet so geziert, affektiert, gesucht, geschraubt, gespreizt; se conduire avec qn sans ~ im 'Umgang mit j-m ganz natürlich sein; **2.** une ~ de modestie, de politesse (e-e) geheuchelte, vorgetäuschte Bescheidenheit, Höflichkeit

affecté [afɛkte] *adj Person, Benehmen* geziert; affek'tiert; gekünstelt; gesucht; gespreizt; gestelzt; manie'riert; unnatürlich; *Stil auch* geschraubt; *Gefühl* geheuchelt; vorgetäuscht; nicht echt, aufrichtig; gezwungen

affecter¹ [afɛkte] *v/t* **1.** *Summe, Kredit, Gebäude etc* verwenden, bestimmen, vorsehen, *Summe auch* bereitstellen (à für); **2.** *adm, mil Person* ~ à un poste auf e-n Posten setzen, schicken, beordern, versetzen; auf e-m Posten einsetzen; *mil* ~ dans l'aviation der Luftwaffe (*dat*) zuteilen, zuweisen; zur Luftwaffe über-'stellen, abkommandieren; il a été affecté dans l'aviation *auch* er ist zur Luftwaffe gekommen

affecter² [afɛkte] *v/t* **1.** *Gefühl, Haltung* vortäuschen; heucheln; mimen; il affecta d'être ému er tat gerührt; er gab sich den Anschein, er tat, als ob er gerührt wäre *od* als wäre er gerührt; **2.** *par ext Sache* ~ une forme e-e Form annehmen, haben, aufweisen

affecter³ [afɛkte] *v/t* **1.** *Nachricht, Ereignis* ~ qn j-n betrüben, bewegen, schmerzlich berühren, traurig machen *od* stimmen; j-m nahegehen, zu Herzen gehen; **2.** *Empfindungen, Gemüt* berühren; einwirken auf (+*acc*); *Medikament* ~ le cœur das Herz angreifen, in Mitleidenschaft ziehen; *Lähmung* avoir affecté le côté gauche die linke Seite befallen haben; *Person* être affecté d'une infirmité ein Gebrechen haben; an e-m Gebrechen leiden; **3.** *math Zahl* ~ du signe moins, *etc* mit e-m Minuszeichen *etc* versehen

affectif [afɛktif] *adj* ⟨-ive⟩ *psych* affek-'tiv; gefühlsbetont; vie affective Gefühls-, Gemütsleben *n*

affection¹ [afɛksjõ] *f* **1.** Zuneigung *f*; Liebe *f*; ~ filiale, maternelle Kindes-, Mutterliebe *f*; terme *m* d'~ Kosewort *n*; avoir·une ~ sincère pour qn j-m aufrichtig zugetan sein; j-n aufrichtig lieben; aufrichtige Zuneigung für j-n

hegen; prendre qn en ~ j-n liebgewinnen; Zuneigung zu j-m fassen; **2.** *psych* Gemüts-, Gefühlsregung *f*

affection² [afɛksjõ] *f path* Erkrankung *f*; Leiden *n*; Affekti'on *f*

affectionné [afɛksjone] *adj früher Briefschluß* votre ~ X Ihr ergebener X; votre neveu ~ Ihr Sie liebender Neffe; **~er** *v/t* ~ qc e-e Vorliebe für etw haben; etw bevorzugen

affectivité [afɛktivite] *f psych* Affektivi'tät *f*; Emotionali'tät *f*

affectueusement [afɛktɥøzmã] *adv* von affectueux; *Briefschluß:* je t'embrasse ~ herzliche Grüße und Küsse; (bien) ~ herzliche Grüße; herzlichst

affectueux [afɛktɥø] *adj* ⟨-euse⟩ *Person, Lächeln, Geste, Worte, Gedanken, Gefühle* liebevoll; zärtlich; *Haustier* anhänglich; *Briefschluß* je vous adresse mon souvenir ~ viele herzliche Grüße sendet Ihnen Ihr(e), sendet Euch Euer *bzw* Eure

afférent [aferã] *adj* **1.** *adm, jur Summe, Erbteil* ~ à qn j-m zukommend, zustehend; auf j-n entfallend; les devoirs ~s à sa charge die mit s-m Amt verbundenen, verknüpften Pflichten *f/pl*; **2.** *anat* affe'rent: vaisseaux ~s zuführende, zu e-m Or'gan hinführende Gefäße *n/pl*; *sc* Vasa affe'rentia *pl*

afferm|age [afɛrmaʒ] *m* **1.** *e-s Landguts, von Werbeflächen* (Ver)Pachten *n*; *une f*; **2.** Pachtvertrag *m*; **~er** *v/t Landgut, Plakatfläche, Anzeigenteil* (ver)pachten; in Pacht geben, nehmen

afferm|ir [afɛrmir] **I** *v/t* **1.** Ansehen, Stellung etc (be)festigen (*auch Freundschaft*); stärken; *Frieden auch* dauerhaft machen; *ces événements* ~ affermi sa résolution, l'ont affermi dans sa résolution... haben ihn in s-m Entschluß bestärkt; ~ sa voix s-r Stimme Festigkeit, e-n festen, energischen Klang geben; **2.** *Gewebe, Muskeln* festigen (*auch Fleisch*); kräftigen; stärken; **II** *v/pr* s'~ Ansehen, Stellung sich festigen; stärker werden; *Wille* erstarken; **~issement** *m des Ansehens, der Position, Macht etc* (Be)Festigung *f*; Stärkung *f*; *e-s Regimes, Staates* Erstarken *n*

afféterie [afetri] *f* Manie'riertheit *f*; Affek'tiertheit *f*; Künste'lei *f*; *cf auch* affectation² 1.

affichage [afiʃaʒ] *m* **1.** Bekanntgabe *f*, -machung *f* durch Pla'kat, Anschlag; Anschlagen *n*; Plaka'tierung *f*; *e-s Aufgebots* Aushängen *n*; **2.** *abs* Anschlagen *n* von Pla'katen; Ankleben *n*, Anbringen *n* von Pla'katen, Anschlägen; panneau d'~ (hölzerne) Pla'kat-, Re'klamefläche; tableau *m* d'~ Anschlagtafel *f*; Schwarzes Brett; *in e-m Stadion etc* Anzeigetafel *f*; **3.** *bei EDV-Geräten* Anzeige *f*

affiche [afiʃ] *f* **1.** Pla'kat *n*; Anschlag *m*; Aushang *m*; ~ électorale, publicitaire Wahl-, Werbeplakat *n*; ~s judiciaires amtliche Bekanntmachungen *f/pl* (durch öffentlichen Anschlag) der Gerichte und der Kriminalpolizei; ~s légales vom Gesetz vorgeschriebene Bekanntmachungen *f/pl* (durch Anschlag); ~ de théâtre The'aterplakat *m*, -anschlag *m*, -aushang *m*; art *m* de l'~ Plakatkunst *f*; **2.** *fig* tête d'~ *thé* Hauptdarsteller(in) *m(f)*; *Varieté, Zirkus* Hauptattraktion *f* (*Person*); mettre une pièce à l'~ die Aufführung e-s Stückes ankündigen; ein Stück auf den Spielplan setzen; *Stück:* quitter l'~ nicht mehr aufgeführt werden; (vom Spielplan) abgesetzt werden; rester à l'~, tenir l'~ sich lange halten; lange gespielt, aufgeführt werden; lange auf dem Spielplan bleiben

afficher [afiʃe] **I** *v/t* **1.** anschlagen; durch Pla'kat, Anschlag, Aushang bekanntmachen, -geben; plaka'tieren; *abs* Pla'kate, Anschläge ankleben, anbringen; ~ complet *cf* complet I 3.; défense d'~! Plakatankleben verboten!; **2.** *Kino:* Film zeigen; geben; spielen; *Theater: Stück* aufführen; geben; spielen; ce soir, l'Olympia affiche X au programme heute abend tritt im Olympia X auf; **3.** Verachtung, Wohlwollen zur Schau tragen; deutlich bekunden, zeigen; Ansichten ausposaunen; mit s-m Wissen prahlen, angeben (qc mit etw); Forderungen anmelden; **II** *v/pr* s'~ avec qn sich mit j-m zur Schau stellen; sich (ostenta'tiv) mit j-m öffentlich sehen lassen

affich|ette [afiʃɛt] *f* klein(formatig)es Pla'kat; ~ de vitrine kleines Schaufensterplakat; **~eur** *m* Pla'katkleber *m*; **~iste** *m,f* Werbe-, Gebrauchsgraphiker (-in) *m(f)*; Pla'katmaler(in) *m(f)*

affidavit [afidavit] *m* ⟨*pl* ~(s)⟩ *fin* Affi-'davit *n*

affilage [afilaʒ] *m e-s Messers, Werkzeugs* Schärfen *n*; Wetzen *n*; Schleifen *n*; Abziehen *n*

affilée [afile] *loc/adv* d'~ hintereinʹander; ununterbrochen; ohne Pause; pausenlos

affiler [afile] *v/t Messer, Werkzeug* schärfen; wetzen; schleifen; abziehen

affiliation [afiljasjõ] *f* **a)** zu e-m Verein, e-r Partei etc Beitritt *m* (à zu); Eintritt *m* (in + *acc*); **b)** in e-n Verein etc Aufnahme *f* (à in + *acc*); *in e-e Freimaurerloge auch* Affiliati'on *f*; **c)** zu e-m Verein etc Zugehörigkeit *f* (à zu); Mitgliedschaft *f* (bei *od* in + *acc*); ~ syndicale Gewerkschaftszugehörigkeit *f*; Mitgliedschaft in der Gewerkschaft; **d)** e-s Verbandes an e-n Dachverband Anschluß *m* (à an + *acc*); Angliederung *f* (an + *acc*); Affiliati'on *f*

affilié(e) [afilje] *m(f) e-s Vereins, e-r Partei etc* Mitglied *n*; *bei der Sozialversicherung auch* Versicherte(r) *f(m)*

affilier [afilje] **I** *v/t* **1.** meist adit être affilié à un parti, etc e-r Partei (*dat*) etc angehören; Mitglied e-r Partei (*gén*) etc sein; être affilié à la Sécurité sociale sozi'alversichert sein; ~ en Verband e-m Dachverband anschließen (à *dat*); angliedern (+*dat*); affili'ieren; **II** *v/pr Person* s'~ à une association, etc e-m Verein etc beitreten; sich e-m Verein etc anschließen; Mitglied e-s Vereins etc werden; die Mitgliedschaft bei e-m Verein etc erwerben

affiloir [afilwar] *m* Wetzstein *m*, -stahl *m*

affin [afɛ̃] *adj* math aff'in; géométrie ~e affine Geometrie; transformation ~e affine Transformation; **2.** *biol Formen sc* aff'finis (*abr alf.*); **3.** *ling* langues ~es sich ähnelnde Sprachen *f/pl*

affinage [afinaʒ] *m* **1.** *métall* Raffinati'on *f*; Reinigung *f*; Scheidung *f*; *Stahlerzeugung* Frischen *n*; ~ électrolytique elektrolytische Raffination; ~ thermique Feuerraffination *f*; ~ du grain Veredelung *f*; Vergütung *f*; ~ par zones (fondues) Zonenschmelzverfahren *n*; **2.** *des Rohzuckers* Affi'nieren *n*; Affinati'on *f*; **3.** *von Glas* Läuterung *f*; Blankschmelze *f*; **4.** *von Flachs, Hanf* Hecheln *n*; **5.** *text von Tuch* (letztes) Scheren *n*; **6.** *Buchbinderei* Aufkleben *n*, Hinter'kleben *n* e-r Hülse von Papier auf den Buchblockrücken; **7.** *Käsebereitung* Reifung(sprozeß) *f(m)*; **8.** *Nadelherstellung* (Weich)Spitzen *n*

affinement [afinmã] *m des Geschmacks* Verfeinerung *f*; Kulti'vierung *f*

affin|er [afine] **I** *v/t* **1.** *Rohmetalle von*

Beimengungen raffi'nieren; reinigen; scheiden; *Eisen* frischen; *zur Verbesserung der Werkstoffeigenschaften* veredeln; vergüten; **2.** *Rohzucker* affi'nieren; **3.** *Glas* läutern; **4.** *Flachs, Hanf* hecheln; **5.** *text Tuch* scheren; **6.** *Käse* reifen (lassen); **7.** *Nadeln* (weich)spitzen; **8.** *fig Geschmack* verfeinern; kulti'vieren; **II** *v/pr* **s'~** *Person* kulti'vierter werden; *Geschmack* auch sich verfeinern; *Gesichtszüge* edler, feiner werden; **~erie** *f métall* Raffi'nieranlage *f*; Raffi'ne'rie *f*.

affinité [afinite] *f* **1.** *zwischen Personen* (Wesens)Verwandtschaft *f*; *im Geschmack, von Tendenzen* Über'einstimmung *f*; Ähnlichkeit *f*; Verwandtschaft *f*; **~ intellectuelle** geistige Verwandtschaft; Geistesverwandtschaft *f*; **2.** *biol, chim, ling, math, jur* Affini'tät *f*; *jur auch* Schwägerschaft *f*; *biol auch* Verwandtschaft *f*; Ähnlichkeit *f*

affinoir [afinwar] *m text für Flachs, Hanf* Hechelmaschine *f*; *früher* (Hand-)Hechel *f*

affiquet [afikɛ] *m für Stricknadeln* Nadelschützer *m*

affirmatif [afirmatif] *adj* ⟨-ive⟩ **1.** *Ton(fall)* entschieden; bestimmt; fest; il **a été très ~, elle ne partira pas** er war s-r Sache ganz sicher, er versicherte, bekräftigte immer wieder, daß …; **2.** bejahend; *gr auch* positiv; affirma'tiv; *Geste auch* zustimmend; *Antwort* positiv; zustimmend

affirmation [afirmasjɔ̃] *f* **1.** Behauptung *f*; Versicherung *f*; Beteuerung *f*; *jur* **~ de créance** Bestätigung *f*, Versicherung *f*, daß e-e Schuldforderung besteht; **2.** Bekräftigung *f*; Bestätigung *f*; **3.** *des Talents etc* Sichtbarwerden *n*; **4.** *gr* **a)** Bejahung *f*; **b)** bejahender Satz

affirmative [afirmativ] *f loc/adv* **dans l'~** wenn ja; im Fall(e) e-r Zusage; in positiver Antwort; *adm* im bejahenden Fall; bejahendenfalls; zutreffendenfalls; **répondre par l'~** (die Frage) bejahen; **était-il responsable? je penche pour l'~** … ich möchte die Frage bejahen, mit Ja beantworten; ich neige zu der Ansicht, daß er es war; **~ment** *adv* **répondre ~** bejahen, mit Ja beantworten, positiv beantworten (**à une demande** e-e Frage); positiv antworten (auf e-e Anfrage)

affirmer [afirme] **I** *v/t* **1.** behaupten; versichern; beteuern; **il affirme qu'il n'a rien entendu** er behauptet nicht, nichts gehört zu haben; **je n'affirme rien, mais …** ich will ja nichts behaupten, aber …; *jur* **continuez-vous d'~ avoir tout ignoré de l'affaire?** bleiben Sie bei Ihrer Aussage, Behauptung, nichts von der Angelegenheit gewußt zu haben?; **2.** *s-e Entschlossenheit, s-n Willen* bekräftigen; beweisen; zeigen; *s-e Unabhängigkeit, Autorität, Freundschaft* beweisen; unter Beweis stellen; **II** *v/pr* **s'~ 3.** *Autorität, Charakter, Talent* sich (klar) zeigen; (deutlich) sichtbar, erkennbar werden; *Mehrheit im Parlament* sich klar abzeichnen; **4.** *Person* sich selbst bestätigen

affixe [afiks] *m ling* Af'fix *n*

affleurement [aflœrmɑ̃] *m* **1.** *von Dielenbrettern etc* Aus-, Abgleichen *n*; **2.** *géol* Ausstrich *m*; Ausstreichen *n*; Ausbiß *m*; Ausgehende(s) *n*

affleurer [aflœre] **I** *v/t Dielenbretter etc* aus-, abgleichen; auf (die) gleiche Höhe, in (die) gleiche Ebene bringen; egali'sieren; **II** *v/i* **1. ~ (à la surface du sol)** *Felsen* aus der Erde her'ausschauen; zu'tage liegen, treten; *géol auch* zu'tage, über Tage ausstreichen; **~ à la surface de l'eau** an der *od* dicht über der Wasseroberfläche auftauchen, erschei-

nen; **2.** *fig Gefühle, Instinkte* zu'tage treten; zum Vorschein, ans Licht kommen

afflictif [afliktif] *adj* ⟨-ive⟩ *jur* **peines afflictives et infamantes** Todesstrafe *f* und Freiheitsstrafen *f/pl*, die mit dem Verlust der bürgerlichen Ehrenrechte verbunden sind

affliction [afliksjɔ̃] *st/s f* Kummer *m*; (Herze)Leid *n*; Betrübnis *f*; Bekümmernis *f*; Trübsal *f*; Gram *m*

affligé [afliʒe] **I** *adj Person* betrübt; bekümmert; traurig; **II** *m/pl* **les ~s** die Betrübten *m/pl*, Bekümmerten *m/pl*; *bibl* die da Leid tragen

affligeant [afliʒɑ̃] *adj Gedanken, Lage* traurig; *Gedanken auch* betrüblich; schmerzlich; *Schauspiel, Dummheit, Banalität* bedauerlich; betrüblich; beklagenswert; *Schauspiel auch* kläglich; traurig

affliger [afliʒe] ⟨-geons⟩ **I** *v/t* **1.** *Unglück, Krankheit st/s* **~ qn** j-n heimsuchen; *meist p/p* **être affligé de qc** an etw (*dat*) leiden; mit etw behaftet sein; mit etw geschlagen sein; **2.** *Nachricht, Ereignis* **~ qn** j-n betrüben, bekümmern, traurig machen *od* stimmen; j-m das Herz schwermachen, Kummer bereiten; **II** *v/pr* **s'~** betrübt, bekümmert, traurig sein, sich grämen (**de** über + *acc*)

affluence [aflyɑ̃s] *f* Menschenandrang *m*, -auflauf *m*, -ansammlung *f*, -menge *f*; **~ des clients** Kundenandrang *m*, -ansturm *m*, -strom *m*; Andrang *m*, Ansturm *m* der Kunden; **heures** *f/pl* **d'~** Stoßzeit *f/pl*; *im Verkehr auch* Hauptverkehrszeit(en) *f(pl)*; Berufsverkehr *m*; *in den Geschäften auch* Hauptgeschäftsstunden *f/pl*; *Aus-stellung* **attirer une grande ~** e-e große Besuchermenge, -zahl, e-n großen Besucherstrom anziehen; großen Zulauf haben

affluent [aflyɑ̃] *m -s Flusses* Zu-, Nebenfluß *m*

affluer [aflye] *v/i* **1.** *Blut* **~ au visage** ins Gesicht steigen, schießen; **faire ~ le sang au visage** das Blut ins Gesicht treiben; **2.** *Personen* her'bei-, zu'sammenströmen; **~ dans le métro** zur *od* in die U-Bahn strömen; in die U-Bahn fluten; sich in die U-Bahn ergießen; *Kapital* **~ dans un pays** in ein Land (hin'ein)strömen; **les dons affluèrent de toutes parts** e-e Flut von Spenden ging von überallher ein

afflux [afly] *m* **1.** *des Blutes* (Ein-)Strömen *m*, *au sang au cerveau* (plötzlicher) Blutandrang im Gehirn; **2.** **~ de … von** *Personen* Zustrom *m*, Ansturm *m*, Andrang *m* von …; **~ de capitaux** Kapi'talzustrom *m*, -zufluß *m*; **~ de clients, de visiteurs** Kunden-, Besucherandrang *m*, -ansturm *m*

affolant [afɔlɑ̃] *adj* beunruhigend; beängstigend; erschreckend

affolé [afɔle] *adj* **1.** *Person* kopflos; aufgeregt; erregt; entsetzt; erschreckt; zu Tode erschrocken; **2.** *Kompaßnadel* wild hin und her schlagend

affolement [afɔlmɑ̃] *m* **1.** *e-r Person* Kopflosigkeit *f*; Aufregung *f*; Erregung *f*; panische Angst; **surtout, pas d'~!** vor allem keine Aufregung, ruhig Blut, e-n kühlen, klaren Kopf bewahren!; **2.** *der Kompaßnadel* wildes Hinund'herschlagen

affoler [afɔle] **I** *v/t* **1.** *Person* kopflos machen; in wahnsinnige Aufregung, Angst, in Schrecken versetzen; panische Angst einjagen (**qn** j-m); (furchtbar) aufregen; F wahnsinnig machen; **ils étaient tous affolés par l'incendie** durch den Brand hatten sie alle den

Kopf verloren, waren sie alle kopflos geworden; **2.** *Person* (geschlechtlich) erregen; F verrückt machen; hochbringen; **II** *v/pr* **s'~ 3.** *Person* kopflos werden; den Kopf verlieren; sich wahnsinnig aufregen; von panischer Angst erfaßt werden; **ne vous affolez pas!** regen Sie sich doch nicht so furchtbar auf!; **4.** *Kompaßnadel* wild hin und her schlagen

affouage [afwaʒ] *m der Gemeindebewohner* **a)** Holzungsrecht *n*; Holzgerechtigkeit *f*; **b)** Holzanteil *m*

affouill|ement [afujmɑ̃] *m géol* Auswaschung *f*; Auskolkung *f* (*beide auch Ergebnis*); Unter'spülung *f* (*Ergebnis auch* Kolk *m*; **~er** *v/t* auswaschen; auskolken; unter'spülen

affour(r)ag|ement [afuraʒmɑ̃] *m agr* Fütterung *f*; **~er** *v/t* ⟨-geons⟩ *agr* füttern

affourcher [afurʃe] *v/t* **1.** *mar* vermuren *od* -mooren; **2.** *Holzverbindung* federn

affranchi(e) [afrɑ̃ʃi] *m(f)* **1.** *hist* Freigelassene(r) *f(m)*; **2.** F Ga'nove *m*, Ga'novenbraut *f*; **être ~** der 'Unterwelt, den Ganovenkreisen angehören; **3.** F *in ein Geheimnis* Eingeweihte(r) *f(m)*; Aufgeklärte(r) *f(m)*; **4.** j, der sich von der herrschenden Mo'ral, von gesellschaftlichen Zwängen befreit hat

affranchir [afrɑ̃ʃir] **I** *v/t* **1.** *Postsendung* fran'kieren; freimachen; **2.** *Sklaven* freilassen; *Land von der Kolonial-, Fremdherrschaft* befreien; **3.** F *Person* einweihen; aufklären; in Kenntnis, ins Bild setzen; **4.** F *Person* in das Ga'novenhandwerk, in die Ga'novenwelt einführen; **II** *v/pr* **s'~ von** *Furcht, Traditionen, herrschender Moral, gesellschaftlichen Zwängen* sich frei machen (**de** von); sich befreien (von)

affranchissement [afrɑ̃ʃismɑ̃] *m* **1.** *e-r Postsendung* Fran'kieren *n*, -ung *f*; Freimachen *n*; **tarif** *m* **d'~** Postgebühr *f*; Porto *n*; **2.** *e-s Sklaven* Freilassung *f*; *e-s Landes von der Kolonial-, Fremdherrschaft* Befreiung *f*

affres [afr(ə)] *f/pl st/s* **les ~, de l'incertitude** die Qualen *f/pl* des Zweifels, der Ungewißheit; **les ~ de la mort** das Grauen, die Schrecken *m/pl* des Todes

affrètement [afrɛtmɑ̃] *m -s Schiffes, Flugzeugs* Chartern *n*, -ung *f* ['ʃ-]; Charter *m*; *e-s Busses* Mieten *n*; **~ partiel, total** Teil-, 'Vollcharter *m*; **~ à temps, au voyage** Zeit-, Reisecharter *m*; **contrat** *m* **d'~** Chartervertrag *m*

affrét|er [afrete] *v/t* ⟨-è-⟩ *Schiff, Flugzeug* chartern ['ʃ-]; *Bus* mieten; **~eur** *m e-s Schiffes, Flugzeugs* Charterer ['ʃ-] *m*; *e-s Schiffes auch* Befrachter *m*; *e-s Busses* Mieter *m*

affreusement [afrøzmɑ̃] *adv* F furchtbar; schrecklich; entsetzlich

affreux [afrø] **I** *adj* ⟨-euse⟩ ab'scheulich; grauenhaft, -voll; entsetzlich; furchtbar; schrecklich; scheußlich; **temps ~** scheußliches, abscheuliches, fürchterliches Wetter; **elle est affreuse avec ce chapeau** sie sieht mit diesem Hut abscheulich, scheußlich, furchtbar, F unmöglich aus; **II** *m* **1.** F unsympathischer, scheußlicher, schrecklicher Kerl; **2.** F **les ~** *pl* die weißen Söldner *m/pl* (*in Afrika*)

affriol|ant [afriɔlɑ̃] *adj Frau, Kleidungsstück* verführerisch; *Reise, Programm etc* **n'avoir rien d'~** nicht sehr verlockend sein; **cela n'a rien d'~** *auch* damit lockt man keinen Hund hinterm Ofen hervor; **~er** *v/t* anlocken; erregen; verführen

affriquée [afrike] *adj u subst f phon*

(consonne *f*) ~ Affri'kata *od* Affri-'kate *f*

affront [afrõ] *m* öffentliche Kränkung; Beleidigung *f*; Af'front *m*; Brüs'kierung *f*; faire un ~ à qn j-m e-e Beleidigung, Kränkung zufügen; j-m e-n Affront antun; j-n kränken, beleidigen, brüskieren; il a subi l'~ de se voir interdire l'entrée er erlebte die Schmach, daß man ihn nicht einließ

affrontement [afrõtmã] *m* 1. *von Thesen, Standpunkten* Sich-Gegen'überstehen *n*; (Miteinander-)Rivali'sieren *n*; *pol* Konfrontati'on *f*; 2. *chir der Wundränder* Anein'anderlegen *n*

affronter [afrõte] I *v/t* 1. *dem Tod, Sturm, Gegner, Gefahren* trotzen (+*dat*); Trotz bieten (+*dat*); *dem Gegner, Tod auch* die Stirn bieten (+*dat*); 2. *chir die Wundränder* anein'anderlegen; 3. *adjt Wappentiere* affronté ein'ander ansehend; II *v/pr* s'~ *Standpunkte, Theorien* sich gegen'überstehen; mitein'ander rivali'sieren; *pol Großmächte auch* mitein'ander konfron'tiert sein

affubler [afyble] *v/t* (*u v/pr* s'~) (sich) ausstaffieren, aufputzen (de mit)

affusion [afyzjõ] *f Wasserheilverfahren* (kalter *od* warmer) Guß

affût [afy] *m* 1. *ch* Anstand *m*, Ansitz *m* (*Warten u Ort*); *als Ort auch* Hochstand *m*, -sitz *m*; Kanzel *f*; à l'~ a) *Jäger* auf dem Anstand; b) *Tier, fig Person* auf der Lauer; lauernd; être à l'~ a) *Jäger* ansitzen; b) *Tier, fig Person* auf der Lauer liegen; *fig* être à l'~ de qc auf der Jagd nach etw sein; hinter etw (*dat*) her sein; nach etw Ausschau halten; auf etw (*acc*) aus sein; *fig* se mettre à l'~ sich auf die Lauer legen; 2. *mil* La'fette *f*; ~ à triflèche Dreifußlafette *f*; ~ à flèches ouvrantes Spreizlafette *f*; 3. *e-s optischen Geräts* Sta'tiv *n*

affût|age [afyta3] *m* 1. Schärfen *n*; Schleifen *n*; 2. Werkzeugsatz *m*; Werkzeuge *n/pl*; **~er** *v/t* 1. *Schneidwerkzeug* schärfen; schleifen; 2. *e-m Rennpferd für ein Rennen* den letzten Schliff geben (+*dat*); F fit machen; **~eur** *m* Schärfer *m*; Scharfschleifer *m*; **~euse** *f* Schleifmaschine *f*

afghan [afgã] I *adj* af'ghanisch; II *subst* 1. ♀(e) *m(f)* Af'ghane *m*, Af'ghanin *f*; 2. *ling* l'~ *m* das Af'ghanische; Af'ghanisch *n*

aficionado [afisjonado] *m* Fan [fɛn] *m*

afin [afɛ̃] a) *loc/prép* ~ de (+*inf*) um zu (+*inf*); b) *loc/conj* ~ que (+*subj*) da'mit

a fortiori [aforsjori] *loc/adv* um so mehr *od* eher; erst recht

africain [afrikɛ̃] I *adj* afri'kanisch; II *subst* ♀(e) *m(f)* Afri'kaner(in) *m(f)* (*im engeren Sinn Bewohner Schwarzafrikas*)

african|isation [afrikanizasjõ] *f in Schwarzafrika* Afrikani'sierung *f*; **~iser** *v/t Verwaltung etc* afrikani'sieren; **~isme** *m* Afrika'nistik *f*; **~iste** *m,f* Afrika'nist(in) *m(f)*

afrikaander [afrikãdɛr] *m cf* **afrikaner**

afrikaans [afrikãs] *m ling* l'~ das Afri-'kaans; Afri'kaans *n*

afrikaner [afrikanɛr] *m* Afri'k(a)ander *m*

afro [afro] *adj* ⟨*inv*⟩ coiffure *f* ~ Afro-Look [-luk] *m*

afro-asiatique [afroazjatik] *adj* afro--asiatisch

after-shave [aftœrʃɛv] *m* After-shave-Lotion [-ʃe:vlo:ʃən] *f*; Ra'sierwasser *n* (nach der Ra'sur)

agaçant [agasã] *adj Geräusch etc* ener-'vierend; F auf die Nerven gehend; den Nerv tötend; c'est ~ das macht einen, mich ner'vös, F verrückt, wahnsinnig; das geht einem, mir auf die Nerven; das

tötet einem, mir den Nerv; *auch* das ist ärgerlich; F das ist ja zum Verrücktwerden

agacement [agasmã] *m* Gereiztheit *f*; (*gereizte*) Nervosi'tät, Ungeduld; Ärger *m*; Verärgerung *f*

agac|er [agase] ⟨-ç-⟩ I *v/t* 1. ~ qn *Geräusch, dauerndes Gerede etc* j-n ner-'vös, F verrückt, wahnsinnig machen; j-m auf die Nerven gehen; j-m den Nerv töten; *Person durch Neckereien, Sticheleien* j-n reizen, ärgern; ça m'agace *auch* F das fuchst mich; ce bruit continuel m'agace, je suis agacé par ce bruit continuel dieser ständige Lärm macht mich nervös *etc*; agacé par le bruit ... gereizt durch den Lärm ...; 2. *Säure* ~ les dents ein unangenehmes Gefühl an den Zähnen her'vorrufen; unangenehm sein an den Zähnen; *auch* die Zähne stumpf machen; 3. *Person* ~ qn j-n necken, durch kleine Späße aufreizen; II *v/pr* s'~ gereizt, ner'vös, F verrückt, wahnsinnig werden; **~eries** *f/pl* Necke'rei *f*; neckische Späße *m/pl*; Schäke'rei *f*

agalactie [agalakti] *f path* Fehlen *n* der Milchsekretion bei Wöchnerinnen; *sc* Agalak'tie *f*

agami [agami] *m zo* Trom'petervogel *m*

agape [agap] *f* 1. *pl* ~s fraternelles Festmahl *n* für Freunde; 2. *rel der ersten Christen* Liebesmahl *n*; A'gape *f*

agar-agar [agaragar] *m* Agar-Agar *m od n*

agaric [agarik] *m bot* Blätter-, La'mellenpilz *m* (*Gattungsname*)

agaricacées [agarikase] *f/pl bot* Blätter-, La'mellenpilze *m/pl*

agate [agat] *f* 1. *minér* A'chat *m*; 2. ~ *od adjt* verre *m* ~ A'chat-, Onyxglas *n*; 3. *für Kinder* buntgestreifte Glaskugel, Murmel aus Glas

agave [agav] *m od* **agavé** [agave] *m bot* A'gave *f*

age [a3] *m am Pflug* Grendel *m*; Grindel *m*

âge [a3] *m* 1. *e-s Menschen, Tieres, Baumes, Weins* Alter *n*; *des Menschen auch* Lebensalter *n*; ♦ l'~ critique das kritische Alter; die kritischen Jahre *n/pl*; *der Frau auch* die Wechseljahre *n/pl*; le premier ~ das Säuglingsalter; nourriture *f* du premier ~ Säuglingsnahrung *f*; le quatrième ~ das hohe Alter; das Greisenalter; ~ tendre Kindheit *f* (*und frühe Jugend*); le troisième ~ das Alter (*auch coll*); der Lebensabend; der Ruhestand; *coll auch* die Seni'oren *m/pl*; ~ de raison *etwa* Alter, in dem das Kind schon vernünftig, verständig, einsichtig wird; avoir atteint l'~ de raison schon vernünftig, verständig, einsichtig geworden sein; groupe *m* d'~ Altersgruppe *f*; *physiol* retour *m* d'~ Wechseljahre *n/pl*; ♦ *loc/adj u loc/adv*: à l'~ de trente ans im Alter von dreißig Jahren; mit dreißig Jahren; mit Dreißig; à votre ~ in Ihrem Alter; altерssichtig, gealtert *etc* avant l'~ schon früh; vor-, frühzeitig; dans son jeune ~ in jungen Jahren; in s-r Jugend; d'un certain ~ *cf* certain II; de tout ~ jeden Alters; aller Altersstufen; en bas ~ in zartem Alter; enfant *m* en bas ~ Säugling *m*; Kleinkind *n*; kleines Kind; en raison son grand ~ auf Grund s-s hohen Alters; entre deux ~s mittleren Alters; sans ~ alterslos; ♦ quel ~ a-t-il, quel est son ~ ? wie alt ist er ?; c'est une femme qui n'a pas d'~ diese Frau wirkt alterslos; das Alter dieser Frau ist schwer zu bestimmen; on ne lui donne pas son ~, il ne paraît pas son ~ man sieht ihm sein Alter nicht an; quel ~ lui donnez-vous? für wie alt halten Sie Ihn?; il est de mon ~ er ist in

meinem Alter; wir sind gleichaltrig, gleich alt; être en ~ de, être d'~ à (+*inf*) alt genug sein, um zu (+*inf*); *Kind* être avancé, grand, *etc* pour son ~ weit, groß *etc* sein für sein Alter; c'est le bel ~! da sind Sie, bist du ja noch jung!; faire son ~ so alt aussehen, wie man ist; il ne fait pas son ~, il fait plus jeune que son ~ er sieht jünger aus *od* er wirkt jünger, als er ist; avoir passé l'~ de (+*inf*) zu alt sein, um zu (+*inf*); aus dem Alter heraus sein, wo man ...; *abs* j'ai passé l'~ ich bin zu alt dazu; aus d e m Alter bin ich heraus; il porte bien son ~ man sieht ihm sein Alter nicht an; er ist trotz s-s Alters noch frisch und rüstig; 2. *als letzter Lebensabschnitt* l'~ das Alter; courbé par l'~ altersgebeugt; vom Alter gebeugt; 3. Zeit(alter) *f(n)*; le Moyen ♀ das Mittelalter; les premiers ~s de l'humanité die Anfänge *m/pl* der Menschheit; *myth* l'~ d'airain, d'argent, de fer, d'or das Eherne, Silberne, Eiserne, Goldene Zeitalter; *fig* l'~ d'or de la peinture das goldene Zeitalter der Malerei; *vorgeschichtliche Epoche* ~ du bronze, du fer, de la pierre Bronze-, Eisen-, Steinzeit *f*; 4. *tech* Generati'on *f*

âgé [a3e] *adj* 1. *Person* alt; betagt; bejahrt; les personnes ~es die älteren, alten Menschen *m/pl*; die alten Leute *pl*; die Alten *m/pl*, Betagten *m/pl*; Bejahrten *m/pl*, *verhüllend* Seni'oren *m/pl*; il est très ~ er ist sehr alt, hochbetagt; 2. être ~ de trente ans dreißig (Jahre alt) sein; il est moins ~, plus ~ que moi er ist jünger, älter als ich; le moins ~, le plus ~ des enfants das jüngste, älteste der Kinder

agence [a3ãs] *f* 1. Agen'tur *f*; Bü'ro *n*; Geschäftsstelle *f* (*jeweils Unternehmen u Räume*); ♀ centrale de la Sécurité sociale *etwa* Zen'tralstelle *f*, zen'trale Fi'nanzverwaltung der Sozialversicherungsträger; l'♀ France-Presse (*abr* A.F.P. *od* afp) die (französische Nachrichtenagentur) Agence France-Presse; ~ immobilière Maklerbüro *n*; Immo'biliengeschäft *n*, -büro *n*; ~ maritime Schiffsagentur *f*; ~ matrimoniale Eheanbahnungsinstitut *n*; Heiratsbüro *n*, -institut *n*; Heiratsvermittlung(sbüro) *f(n)*; ♀ nationale pour l'emploi *etwa* Zen'tralstelle *f* für Arbeitsvermittlung; ~ publicitaire, de publicité Werbeagentur *f*; PR-Agentur *f*; ~ théâtrale The'ateragentur *f*; ~ d'information, de presse Nachrichten-, Presseagentur *f*; ~ de renseignements Auskunftsbüro *n*; Auskunf'tei *f*; ~ de voyages Reisebüro *n*; 2. *e-r Bank* Zweigstelle *f*, -niederlassung *f*; Fili'ale *f*

agencement [a3ãsmã] *m* 1. *der Wörter im Satz, der Gestalten auf e-m Gemälde etc* Anordnung *f*; Verteilung *f*; *auf e-m Gemälde* ~ des couleurs Farbenzusammenstellung *f*; Farbkomposition *f*, -gestaltung *f*; ~ des pièces d'un appartement Raumaufteilung *f*, -verteilung *f* in e-r Wohnung; räumliche Aufteilung e-r Wohnung; 2. *e-r Wohnung, e-s Geschäfts, Raumes* Einrichtung *f*; *e-s Raumes, Museums auch* Gestaltung *f*; *e-s literarischen Werkes, Gemäldes* Aufbau *m*; Gestaltung *f*; Kompositi'on *f*; *der Gedanken* Gliederung *f*; *e-s Satzes* (Auf)Bau *m*

agencer [a3ãse] *v/t* ⟨-ç-⟩ 1. *Wörter im Satz, Gestalten auf e-m Gemälde, Kulissen etc* anordnen; *adjt Wohnung* être bien agencé gut geschnitten sein; räumlich gut aufgeteilt, angelegt sein; 2. *Wohnung, Geschäft, Raum* einrichten; *Raum, Museum* gestalten; Gestalt geben

(+*dat*); *literarisches Werk, Gemälde gestalten; kompo*'*nieren; Gedanken gliedern; Satz* bauen

agenda [aʒɛ̃da] *m* No'tiz-, Merkbuch *n*; Taschenkalender *m*; ~ **de bureau** Ter'min-, Vormerkkalender *m*

agénésie [aʒenezi] *f path* angeborenes völliges Fehlen e-r Or'gananlage; *sc* Agene'sie *f*

agenouillement [aʒnujmɑ̃] *st/s m* Nieder-, Hinknien *n*

agenouiller [aʒnuje] *v/pr* s'~ **1.** *zum Gebet* niederknien; sich hinknien; *adit* **agenouillé** kniend; **être agenouillé** knien; auf den Knien liegen; **2.** *fig u st/s* sich beugen, in die Knie gehen, e-n Fußfall tun (**devant** vor + *dat*)

agent[1] [aʒɑ̃] *m* **1.** Agens *n*; (wirkende) Kraft; (Wirk)Stoff *m* Sub'stanz *f*; *in Zssgn* Mittel *n*; *auch* Faktor *m*; *méd* ~ **anesthésique** betäubender Stoff; betäubende Substanz; betäubendes Mittel; ~**s chimiques, mécaniques, physiques** *als Ursache für die Verwitterung* chemische, mechanische, physikalische Kräfte, *als Ursache für Krankheiten* Reize *m/pl; chim* ~ **s chimiques** chemische Stoffe, Substanzen; ~**s naturels** Na'turkräfte *f/pl; méd* ~ **pathogène** Krankheitserreger *m;* ~**s phytotoxiques** Phytogifte *n/pl; chim* ~ **réducteur** Redukti'onsmittel *n; méd* ~ **thérapeutique** Heilfaktor *m,* -kraft *f;* **2.** *écon* ~ **économique** Wirtschaftssubjekt *n;* **3.** *gr* **complément** *m* d'~ Agens *n;* Urheber *m*

agent[2] [aʒɑ̃] *m* **1.** Bedienstete(r) *f(m);* (mittlere[r]) Beamte(r), (mittlere) Beamtin; Angestellte(r) *f(m);* ~ **administratif, de l'Administration** Verwaltungsbedienstete(r) *f(m),* -beamter *m,* -beamtin *f;* Behördenangestellte(r) *f(m);* ~ **forestier** Forst(verwaltungs)beamter *m;* ~ **public** öffentliche(r) Bedienstete(r) *f(m); ch de fer* ~ **de conduite** Lokomo'tiv- und Triebfahrzeugführer *m/pl;* **2.** ~ **(de police)** Poli'zeibeamte(r) *m;* (Verkehrs)Poli'zist *m;* Schutzmann *m;* F Schupo *m; Anrede* **Monsieur l'~** Herr Wachtmeister; ~ **de la force publique** Beamter der öffentlichen Gewalt; ~ **de la police judiciaire** *etwa* zur Strafverfolgung befugter Beamter des mittleren Dienstes *(der nicht zu den „officiers" gehört);* **3.** A'gent *m;* Vertreter *m;* ~ **commercial** Handelsvertreter *m;* ~ **comptable** Buchhalter *m;* Rechnungsführer *m; dipl* ~ **consulaire** *a) allg* konsularischer Vertreter; *b) im engeren Sinn* Wahl-, Ehren-, Hono'rarkonsul *m;* ~ **diplomatique** diplomatischer Vertreter; ~ **général** Gene'ral-, All'leinvertreter *m;* ~ **immobilier** Immo'bilienhändler *m;* Häuser-, Grundstücks-, Wohnungsmakler *m;* ~ **d'affaires** (Haus-, Vermögens)Verwalter *m;* (Steuer-, Rechts-, Anlage-, Fi'nanz)Berater *m;* Makler *m;* Inhaber *m* e-s Reise-, Auskunftsbüros, e-r Werbeagentur; ~ **d'assurances** Versicherungsagent *m,* -vertreter *m;* ~ **de change** Börsenmakler *m; mil* ~ **de liaison** Verbindungsmann *m;* ~ **de maîtrise** Werk-, Indu'striemeister *m;* Vorarbeiter *m;* technische(r) Angestellte(r) *m;* ~ **de publicité** Werbeagent *m;* (Inhaber *m* e-r) Werbeagentur *f; mil* ~ **de transmission** Meldefahrer *m;* (Krad)Melder *m;* **adressez-vous à votre** ~ **de voyage** wenden Sie sich an Ihr Reisebüro; **4.** *pol* A'gent(in) *m(f);* ~ **double** Doppelagent(in) *m(f);* ~ **provocateur** A'gent provoca'teur *m;* Lockspitzel *m;* Provoka'teur *m;* ~ **secret** Geheimagent(in) *m(f)*

agérate [aʒerat] *od* **ageratum** [aʒe

ratɔm] *m bot* Leberbalsam *m*

agglomérat [aglɔmera] *m minér* Agglome'rat *n*

agglomération [aglɔmerasjɔ̃] *f* **1.** *a)* geschlossene Ortschaft; (An)Siedlung *f; b)* Ballungsraum *m,* -gebiet *n;* l'~ **parisienne** Paris und s-e Vororte; Groß-Paris *n;* **2.** *tech* Agglome'rieren *n;* Agglomerati'on *f;* Stückigmachen *n;* Zu'sammenfritten *n;* Verdichten *n; bes métall* Sintern *n,* -ung *f*

aggloméré [aglɔmere] *m* **1.** *tech* Agglome'rat *n;* Preßling *m; bes métall* Sintergut *n;* **2.** ~ **(de houille)** Preßkohle *f;* **3.** *bât* Mauerstein *m;* künstlicher Baustein; ~**r** <-è-> I *v/t* **1.** *tech* agglome'rieren; *bes métall* sintern; **2.** zu'sammenballen, -drängen; an-, aufhäufen; II *v/pr* s'~ sich (zu'sammen)ballen; sich zu'sammendrängen

agglutin|ant [aglytinã] I *adj* **1.** *biol* aggluti'nierend; verklebend; verklumpend; die Agglutinati'on bewirkend; **2.** *ling* **langues** ~**es** aggluti'nierende Sprachen *f/pl;* II *m tech bei der Brikettierung, métall* Bindemittel *n;* ~**ation** *f* **1.** *biol von Blutkörperchen, Erregern* Agglutinati'on *f;* Aggluti'nieren *n;* Verkleben *n;* Verklumpen *n;* **2.** *ling* Agglutinati'on *f*

agglutin|er [aglytine] I *v/t* **1.** *biol Blutkörperchen, Erreger* aggluti'nieren; verkleben; verklumpen; **2.** zu'sammenkleben; **la chaleur avait agglutiné les bonbons** durch die Hitze waren die Bonbons ganz zusammengeklebt, klebten, F backten die Bonbons zusammen; II *v/pr* s'~ *Personen* sich zu'sammendrängen, (-)ballen; **les guêpes viennent** s'~ **contre, sur le bocal de confiture** die Wespen hängen in dichten Trauben am Marmeladenglas; ~**ine** *f biol, méd* Aggluti'nin *n;* ~**ogène** [-ɔʒɛn] *m biol* Agglutino'gen *n;* Agglu'gen *n*

aggravant [agravã] *adj jur* **circonstances** ~**es** erschwerende 'Umstände *m/pl*

aggravation [agravasjɔ̃] *f* **1.** *e-r Krankheit* Verschlimmerung *f; des Zustands e-s Kranken, der Lage* Verschlechterung *f; der Lage auch, e-s Konflikts* Zuspitzung *f; der Arbeitslosigkeit, der Nachtfröste* Zunehmen *n;* Zunahme *f; der Nachtfröste auch* Strengerwerden *n;* **2.** *jur a)* ~ **de peine** Strafverschärfung *f; b)* Strafschärfungsgrund *m*

aggravée [agrave] *f vét bes beim Hund* Entzündung *f* der Pfote(n) *(durch zu langes Laufen auf steinigem Boden)*

aggraver [agrave] I *v/t Sache, Fall, Übel* verschlimmern; nur noch schlimmer machen; *j-s Geschick* erschweren; noch schwerer machen; *Schwierigkeiten, Unzufriedenheit etc* erhöhen; vergrößern; *Unzufriedenheit auch, Zorn, Verzweiflung* steigern; *jur Strafe* verschärfen; II *v/pr* s'~ *Zustand e-s Kranken etc* sich verschlechtern, verschlimmern; schlechter, ernster werden; *Lage auch* sich verschärfen, zuspitzen; *Unzufriedenheit etc* zunehmen; größer werden; sich steigern

agil|e [aʒil] *adj Person* flink; behend(e); gewandt; a'gil; *Finger, Gliedmaßen* gelenkig; geschmeidig; *fig* **un esprit** ~ ein wendiger, beweglicher, reger, regsamer, rühriger Geist; ~**ité** *f* Flinkheit *f;* Behendigkeit *f;* Gewandtheit *f; e-s Akrobaten* Gelenkigkeit *f;* Geschmeidigkeit *f; fig des Geistes* Wendigkeit *f;* Beweglichkeit *f;* Regsamkeit *f;* Rührigkeit *f*

agio [aʒjo] *m bei kurzfristigen Krediten,* Wechselkrediten (Kre'dit)Kosten *pl*

agiotage [aʒjotaʒ] *m* Börsen-, Kursspekulation *f* mit unlauteren Mitteln; Agio'tage *f*

agir [aʒir] I *v/i* **1.** handeln; **manière** *f* d'~ Handlungsweise *f;* Verhalten *n;* bien,

mal ~ **envers qn** anständig, schlecht *od* gemein an j-m handeln; sich j-m gegenüber anständig, gemein benehmen; ~ **en ami** als Freund handeln; **le moment est venu d'~** der Augenblick zu handeln, des Handelns ist gekommen; **faire** ~ **qn** j-n zum Handeln veranlassen, bewegen, bringen, treiben; **faites** ~ **vos amis!** lassen Sie Ihre Freunde in Akti'on treten!; **2.** ~ **auprès de qn** bei j-m interve'nieren; bei j-m vorstellig werden; **3.** *Person, Sache* einwirken, Einfluß haben *od* ausüben (**sur qn, qc** auf j-n, etw); beeinflussen (j-n, etw); *Medikament, Gift* wirken (**sur qn** bei j-m); II *v/pr u v/imp:* il **s'agit de qn, qc** es handelt sich, dreht sich um j-n, etw; es geht um j-n, etw; il **s'agit de** (+*inf*) es heißt, man muß (+*inf*); *iron* il **s'agit bien de cela!** darum geht es doch gar nicht!; il **ne s'agit pas de ça!** darum geht es (ja gar) nicht!; **de quoi s'agit-il?** worum handelt, dreht es sich?; worum geht es?; wovon ist die Rede?; il **s'agit dans ce livre de ...** *auch* das Buch handelt von ...; il **s'agit pour moi, lui,** *etc* **de** (+*inf*) mir, ihm *etc* ist es darum zu tun zu (+*inf*); **quand il s'agit de faire la vaisselle, de payer ...** wenn es ans Abwaschen, ans Zahlen geht ...; il **s'agit de savoir si ...** es ist die Frage, ob ...; il **ne s'agit plus de tergiverser!** jetzt gibt es kein Ausweichen, keine Ausflüchte mehr!; F il **s'agit que vous le retrouviez et rapidement!** Sie müssen es wiederfinden, und zwar schnell!

agissant [aʒisɑ̃] *adj Person* ak'tiv; rührig; betriebsam; *Glaube, Barmherzigkeit* tätig

agissements [aʒismɑ̃] *m/pl péj* Machenschaften *f/pl;* 'Umtriebe *m/pl; e-s Betrügers* Schliche *m/pl; e-r Bande* gefährliches Treiben

agita|teur [aʒitatœr] *m,* ~**trice** *f* **1.** *pol* Aufwiegler(in) *m(f);* Aufhetzer(in) *m(f);* Agi'tator *m,* Agita'torin *f;* Wühler(in) *m(f);* **2.** <*nur m*> *phin* (gläserner) Rührstab; *tech* Rührwerk *n;* Mischwerk *n;* Mischer *m*

agitation [aʒitasjɔ̃] *f* **1.** heftige Bewegung; *der Wellen, des Meeres auch* Wogen *n; der welken Blätter* Treiben *n;* Um'herwirbeln *n; von Menschen* geschäftiges, emsiges Treiben; Geschäftigkeit *f;* Unruhe *f;* Hin und Her *n;* Wirbel *m;* l'~ **de la foule** das Wogen, das bunte, turbu'lente Treiben der Menge; **2.** *e-r Person* Unruhe *f* (*auch e-s Kranken*); Erregung *f;* Aufregung *f; path* körperliche Unruhe; Erregtheit *f; sc* Agi'tatio *f;* **3.** *pol* Unruhe *f;* Gären *n,* -ung *f;* Aufruhrstimmung *f;* l'~ **ouvrière,** parmi **les ouvriers** die Unruhe unter den Arbeitern; l'~ **populaire** die Unruhe, das Gären im Volk

agité [aʒite] I *adj* **1.** *Meer* bewegt; unruhig; stürmisch; *Schlaf, Kranker, Kind, Leben* unruhig; *Leben auch* bewegt; **2.** *Person* erregt; aufgeregt; unruhig; II *subst* ~**(e)** *m(f) path* unruhige(r) Geisteskranke(r) *f(m)*

agiter [aʒite] I *v/t* **1.** *Taschentuch, Fähnchen, Arme* schwenken; *Aufschrift auf e-r Flasche* ~ **avant de s'en servir** vor Gebrauch schütteln; **pas un souffle de vent n'agitait les feuilles** kein Windhauch bewegte die Blätter; ~ **son mouchoir** *auch* mit dem Taschentuch winken; *Hund* ~ **la queue** mit dem Schwanz wedeln; **2.** *Frage, Problem* (gemeinsam) besprechen, erörtern, disku'tieren, behandeln; *Problem auch* wälzen, *Frage auch* erwägen; **3.** ~ **la menace de sa démission** (ständig) mit s-m Rücktritt

drohen; ⁓ le péril socialiste (ständig) mit der sozialistischen Gefahr drohen; **4.** ⁓ qn j-n unruhig machen, erregen, aufregen; j-n in Unruhe, Erregung, Aufregung versetzen; *auch* j-n in Wallung bringen; **être agité par une violente colère** außer sich sein vor Zorn; **il fut agité par une forte curiosité** e-e große Neugier trieb ihn um; **5.** *pol* aufhetzen; in Aufruhr versetzen; **II** *v/pr* **s'⁓ 6.** *Blätter, Zweige im Wind sich* bewegen; *Zweige, Bäume auch* schwanken; *Meer, Fluten* wogen; **7.** *Person* hin und her laufen, rennen; **zu e-m Kind cesse de t'⁓ sur ta chaise!** sitz ruhig auf deinem Stuhl!; hör auf, auf deinem Stuhl her'umzurutschen, hin und her zu rutschen!; **8.** *Person* unruhig sein *(auch pol, Kranker)*; erregt, aufgeregt sein; in Erregung, Aufregung sein

agn|at [agna] *m jur* A'gnat *m*; **⁓ation** *f jur* Agnati'on *f*

agneau [aɲo] *m ⟨pl ⁓x⟩* **1.** *zo* (männliches) Lamm, Lämmchen, Lämmlein; Schafböckchen *n*; *der Juden* ⁓ **pascal** Oster-, Passahlamm *n*; F *fig Anrede* mes ⁓**x** F ihr lieben Leute; *rel* l'⁓ (de Dieu) das Lamm (Gottes); das Gotteslamm; *Person* **c'est un** ⁓, **il est doux comme un** ⁓ er ist sanft wie ein Lamm; er ist 'lammfromm; **2.** *cuis* Lamm(fleisch) *n*; **côtelette f d'⁓** Lammkotelett *n*; **3.** Lammfell *n*; **manteau *m* d'⁓** Lammfellmantel *m*

agnel [aɲɛl] *m hist frz Goldmünze* A'gnel *m*; **Mouton d'or** *m*

agnel|age [aɲolaʒ] *m* **a)** Lammen n; **b)** Zeit *f* des Lammens; **⁓er** *v/i ⟨-è-⟩* lammen; **⁓et** *m cf* agneau **1.**; **⁓in** *m* gegerbtes, zugerichtetes Lammfell; **⁓ine** *adj u subst f* **(laine f)** ⁓ Lammwolle *f*

agnelle [aɲɛl] *f zo* (weibliches) Lamm, Lämmchen, Lämmlein

agnosie [aɡnozi] *f path* krankhafte Störung des Aufnahmevermögens von Sinneseindrücken; *sc* Agno'sie *f*; ⁓ **auditive, visuelle, visuelle** akustische, optische *od* visuelle Agnosie

agnostic|isme [aɡnɔstisism(ə)] *m philos* Agnosti'zismus *m*; **⁓iste** *philos* **I** *adj* agnosti'zistisch; **II** *m* A'gnostiker *m*

agnostique [aɡnɔstik] *adj u subst cf* agnosticiste

agnus-castus [aɡnyskastys, aɲys-] *m ⟨inv⟩ bot* Keuschlammstrauch *m*; Mönchspfeffer *m*

agnus-Dei [aɡnysdei, aɲys-] *m ⟨inv⟩* Agnus Dei *n (Gebet u Wachsmedaillon)*

agonie [aɡɔni] *f* Ago'nie *f (auch fig)*; Todeskampf *m*; **être à l'⁓** im Sterben, F in den letzten Zügen liegen; mit dem Tod ringen

agonir [aɡɔnir] *v/t ⟨meist nur inf u p/p⟩* ⁓ **qn d'injures, d'insultes, de sottises** j-n mit Beleidigungen, Beschimpfungen, Grobheiten über'schütten, -'häufen; *auf der Straße* j-n anpöbeln

agonis|ant [aɡɔnizɑ̃] **I** *adj* im Sterben liegend; **II** *subst* **⁓(e)** *m(f)* Sterbende(r) *f(m)*; **prières** *f/pl* **des** ⁓**s** Sterbegebete *n/pl*; **⁓er** *v/i Person cf* **(être à l')agonie**; *fig* in den letzten Zügen liegen

agora [aɡɔra] *f im alten Griechenland* Ago'ra *f*

agoraphobie [aɡɔrafɔbi] *f path* Platzangst *f*; *sc* Agorapho'bie *f*

agouti [aɡuti] *m zo* Goldhase *m*; A'guti *m*

agrafage [aɡrafaʒ] *m* **1.** *chir* Klammern *n*; **2.** *von Sektkorken,* -*flaschen* Verdrahten *n*, *-ung f*; **3.** *tech von Blechen* Falzen *n*

agrafe [aɡraf] *f* **1.** *cout* Haken *m*; **2.** *zum Verbinden von Papp-, Holzteilen etc* Drahtklammer *f*; ⁓ **(de bureau)** Heftklammer *f*; **3.** *chir* (Wund)Klammer *f*;

---

4. *bât* Klammer *f*; **5.** *arch* A'graffe *f*

agraf|er [aɡrafe] *v/t* **1.** *Kleidungsstück* zuhaken; **2.** *Papierbogen* (zu'sammen-) heften; *ein Blatt an das andere* anheften **(à** an + *acc)*; *Papp-, Holzteile* heften; **3.** *Sektkorken, -flaschen* verdrahten; **⁓euse** *f* **1.** Heftmaschine *f*, -apparat *m*; **2.** Maschine *f* zum Verdrahten der Sektkorken, -flaschen; **⁓ure** *f tech* Falz *m*

agraire [aɡrɛr] *adj* Acker…; *im alten Rom* **lois** *f/pl* **⁓s** Ackergesetze *n/pl*; **mesures** *f/pl* **⁓s** Feldmaße *n/pl*; **réforme f** ⁓ Bodenreform *f*

agrammatisme [aɡramatism(ə)] *m path* Agramma'tismus *m*

agrandir [aɡrɑ̃dir] **I** *v/t* **1.** *Loch, Öffnung* vergrößern; größer machen; *Besitz, Haus, Laden* vergrößern; *Verkehrsnetz, Geschäft, Unternehmen* (weiter) ausbauen; erweitern; *Aufgabenbereich* (weiter) ausdehnen; erweitern; *sein Wissen* erweitern; vergrößern; **des yeux agrandis par la terreur** vor Entsetzen geweitete Augen; **2.** *Raum etc* größer erscheinen lassen; größer machen; **3.** *phot* vergrößern; **II** *v/pr* **s'⁓** *Stadt etc* sich vergrößern; größer werden; wachsen; sich ausdehnen; *Bevölkerung* wachsen; zunehmen; *Geschäftsmann, Unternehmer* sein Geschäft *bzw* s-n Betrieb vergrößern; erweitern, weiter ausbauen; F sich vergrößern; *Haus-, Grundbesitzer* s-n Besitz vergrößern, erweitern; F *Wohnungs-, Geschäftsinhaber* F sich *(räumlich)* vergrößern

agrandiss|ement [aɡrɑ̃dismɑ̃] *m* **1.** *e-s Gebäudes, Betriebes* Vergrößerung *f*; Erweiterung *f*; **fermé pour cause d'⁓** wegen 'Umbau geschlossen; **2.** *e-r Stadt* (An)Wachsen *n*; Sich'ausdehnen *n*; *der Bevölkerung* Zuwachs *m*; Zunahme *f*; **3.** *phot* Vergrößern *n*; Vergrößerung *f* *(auch das Foto)*; **⁓eur** *m phot* Vergrößerungsapparat *m*

agraphie [aɡrafi] *f path* Unfähigkeit *f* zu schreiben; *sc* Agra'phie *f*

agrarien [aɡrarjɛ̃] **I** *adj* **(-ne)** a'grarisch; A'grarier…; **II** *m/pl* **⁓s** A'grarier *m/pl*

agréable [aɡreabl(ə)] **I** *adj* angenehm; *Haus, Gegend etc* nett; hübsch; *Kühle auch, Getränk* wohltuend; *Abwechslung, Besuch, Nachricht auch* will'kommen; *Gesicht, Äußeres, Erscheinung auch* ansprechend; einnehmend; gewinnend; gefällig; **il a une conversation très** ⁓ er plaudert sehr nett, anregend; **ce sont des gens** ⁓**s** das sind nette, angenehme Menschen; **mener une vie** ⁓ ein angenehmes Leben führen; ♦ **c'est** ⁓ **à entendre** das hört sich hübsch, nett, schön, gut an; **c'est** ⁓ **à regarder, à voir** das ist hübsch, nett anzusehen; das sieht hübsch, nett, ansprechend, gefällig aus; das ist ein hübscher Anblick; **c'est** ⁓ **à toucher** das fühlt sich schön an; ♦ **pour lui être** ⁓ um ihm e-n Gefallen zu tun; **si cela peut vous être** ⁓ wenn es Ihnen angenehm ist, recht ist, beliebt; **il me serait** ⁓ **de** (+*inf*) es wäre mir ein Vergnügen zu (+*inf*); **il m'est** ⁓ **de vous recevoir chez moi** ich freue mich, Sie bei mir begrüßen zu können; **II** *m* **joindre l'utile à l'⁓** das Angenehme mit dem Nützlichen verbinden

agréablement [aɡreabləmɑ̃] *adv* angenehm; **se passer** ⁓ angenehm verlaufen; ⁓ **surpris** angenehm über'rascht

agréé [aɡree] *m jur bis 1972 (bei e-r Kammer für Handelssachen)* zugelassener Par'teivertreter, Rechtsanwalt

agréer [aɡree] **I** *v/t* **1.** *e-m Gesuch, e-r Bitte* stattgeben, entsprechen (+*dat*); *Gabe, Entschuldigung, Dank* günstig auf-

---

nehmen; *Vorschläge* billigen; gutheißen; *Briefschluß* **veuillez** ⁓, **Monsieur** *etc*, **(l'assurance de) ma considération distinguée, l'expression de mes sentiments respectueux,** *etc* mit (dem Ausdruck) vorzüglicher Hochachtung; *dipl* **genehmigen Sie, Herr Minister** *etc*, **die Versicherung meiner ausgezeichneten Hochachtung; 2.** *Parteivertreter bei e-r Kammer für Handelssachen* zulassen; ♦ *p/p*: **fournisseur agréé de la marine marchande** Lieferant *m* der Handelsmarine; **fournisseur agréé de la reine d'Angleterre** Hoflieferant *m* der Königin von England; **agréé par la Sécurité sociale** *Klinik* von der Sozialversicherung zugelassen, *Prothese etc auch* genehmigt; ♦ *litt Person* **se faire** ⁓ **dans** *od* **par un milieu** Zugang bekommen, finden in *od* zu e-m Gesellschaftskreis; in e-n Gesellschaftskreis aufgenommen werden; **II** *v/t/indir litt* **si cela vous agrée** wenn es Ihnen angenehm ist, recht ist, gefällt, *st/s* beliebt

agrégat [aɡrega] *m* **1.** *minér* (Gestein-, Mine'ral)Aggre'gat *n*; **2.** *bât für Mörtel, Beton* Zuschlag(stoff) *m*; **3.** *écon* glo'bale Größe, Glo'balgröße *f*, Aggre'gat *n (der volkswirtschaftlichen Gesamtrechnung)*; **4.** *fig u st/s* Konglome'rat *n*

agrégat|if [aɡregatif] *m*, **⁓ive** *f* Stu'dent(in), der (die) sich auf die Agrégati'on vorbereitet

agrégation [aɡregasjɔ̃] *f* **1.** *Titel u Prüfung im Auswahlverfahren für das Lehramt an höheren Schulen u Universitäten* Agrégati'on *f*; ⁓ **d'histoire** Agrégation für (das Fach) Geschichte; **avoir réussi à l'**⁓ die Agrégation erlangt haben; **2.** *phys, minér* Aggregati'on *f*; *minér auch* Verwachsung *f* von Mine'ralindividuen

agrégé(e) [aɡreʒe] *m(f) od adit* professeur agrégé Agrégé *m*; Gymnasi'allehrer(in) *bzw* Do'zent(in), der (die) die Agrégati'on besitzt; **c'est un(e) agrégé(e) d'histoire** er (sie) hat die Agrégation für (das Fach) Geschichte

agréger [aɡreʒe] *v/t (u v/pr) ⟨-è-⟩* Kristalle etc **(s')⁓** fest verfestigen (en granit zu Granit); **(s')⁓ en une masse compacte** zu e-r kompakten Masse zu'sammenbacken

agrément[1] [aɡremɑ̃] *m* **1.** *meist pl* **les** ⁓**s** das Ansprechende, Anziehende, Gefällige, Gewinnende, Einnehmende; der Reiz; *e-r Person auch* der Liebreiz; die Anmut; **les** ⁓**s de la vie** die Annehmlichkeiten *f/pl* des Lebens; *früher* **arts** *m/pl* **d'**⁓ etwa Künste *f/pl* zum angenehmen Zeitvertreib *(Zeichnen, Malen, Musizieren etc)*; **jardin** *m* **d'**⁓ Lust-, Ziergarten *m*; **voyage** *m* **d'**⁓ Vergnügungsreise *f*; **trouver de l'**⁓ **dans un séjour à la mer** Vergnügen, Gefallen finden an e-m Aufenthalt an der See; **2.** *mus früher* ⁓ *pl* Verzierungen *f/pl*; Agréments *n/pl*

agrément[2] [aɡremɑ̃] *m bes e-s Vorgesetzten* Zustimmung *f*; Einwilligung *f*; Genehmigung *f*; Einverständnis *n*; Billigung *f*; *dipl* Agré'ment *n*; *jur e-s Parteivertreters bei e-r Kammer für Handelssachen* Zulassung *f*; *dipl* **demande** *f* **d'**⁓ Nachsuchen *n*, Bitte *f* um Erteilung des Agréments

agrémenter [aɡremɑ̃te] *v/t Kleidungsstück, Raum* verzieren (de mit); *Erzählung, Raum* ausschmücken (mit); *Bericht, Erzählung auch* würzen (mit)

agrès [aɡrɛ] *m/pl* **1.** *gym* Turngeräte *n/pl*; **exercices** *m/pl* **aux** ⁓ Geräteübungen *f/pl*, -turnen *n*; **2.** *e-s Segelschiffs* Takelung *f*; Take'lage *f*; Takelwerk *n*; *e-s Ballons* Leinen *f/pl* (samt Schlepptau und Ankerseil); *bei Hebezeugen, zum Befestigen der Ladung* Seile *n/pl*; Leinen

f/pl; Ketten *f/pl*

agressé [agrese] *m* **1.** *mil* Angegriffene(r) *m*; angegriffenes Land; **2.** *auf der Straße etc* Über'fallene(r) *m*; Angefallene(r) *m*; **3.** e-r körperlichen oder seelischen Belastung, dem Streß Ausgesetzte(r) *m*

agresser [agrese] *v/t* **1.** *Person auf der Straße etc* über'fallen; anfallen; **2.** *Lärm, Industrie etc: Person, Umgebung* belästigen; e-e Belästigung sein für; med belasten; e-e Belastung sein für; *Mensch* **être agressé** 'Umweltbelastungen, körperlichen und seelischen Belastungen, dem Streß ausgesetzt sein; *psych Person* **se sentir agressé** sich bedroht fühlen

agresseur [agresœr] *m* **1.** *mil* Angreifer *m*; Ag'gressor *m*; **2.** j, der j-n über'fällt, anfällt; Angreifer *m*; *auch* Täter *m*

agressif [agresif] *adj* ⟨-ive⟩ *Person, Haltung, Ton, Rede etc* aggres'siv (*auch psych, mil, Werbung*); angriffslustig (*auch mil*); *Koketterie, Benehmen* aufreizend; her'ausfordernd; *Person auch* streitsüchtig; *Verkäufer etc* dy'namisch

agression [agresjõ] *f* **1.** *mil* Angriff *m*; Aggressi'on *f*; 'Überfall *m*; **guerre** *f* d'~ Angriffskrieg *m*; **2.** *auf e-e Person* 'Überfall *m*; **3.** *durch Lärm, Industrie etc* Belästigung *f*; *med* (körperliche, seelische) Belastung *f*; **~ sonore** Lärmbelästigung *f*; **4.** *psych* Aggressi'on *f*; **instinct** *m* d'~ Aggressionstrieb *m*

agressivité [agresivite] *f* Aggressivi'tät *f* (*auch psych*); Angriffslust *f*; Streitbarkeit *f*; Streitlust *f*

agreste [agrest] *litt adj* ländlich

agricole [agrikɔl] *adj* landwirtschaftlich; Land(wirtschafts)...; A'grar...; **coopérative** *f* ~ landwirtschaftliche Genossenschaft; **enseignement** *m* ~ landwirtschaftliches 'Unterrichtswesen; **industries** *f/pl* ~**s et alimentaires** Nahrungs- und Genußmittelindustrie *f*; **lycée** *m* ~ Fachoberschule *f* für Landwirtschaft; **machine** *f* ~ Landmaschine *f*; landwirtschaftliche Maschine; **outillage** *m* ~ landwirtschaftliche Geräte *n/pl*; **ouvrier** *m* ~ Landarbeiter *m*; **pays** *m*, **population** *f* ~ Agrarland *n*, -bevölkerung *f*; *Land* **avoir des ressources** ~**s** ein landwirtschaftlich reiches Land sein; **syndicat** *m* ~ *etwa* Bauernverband *m*; **technicien** *m* ~ *etwa* staatlich geprüfter Fachtechniker für Landbau

agricult|eur [agrikyltœr] *m* Landwirt *m*; ~**ure** *f* Landwirtschaft *f*; Ackerbau *m*; Agrikul'tur *f*; ~ **à temps partiel** Nebenerwerbslandwirtschaft *f*; **ministère** *m* **de l'**② Landwirtschaftsministerium *n*

agrion [agrijõ] *m zo* Schlankjungfer *f*

agriote [agrijɔt] *m zo* Schnellkäfer *m* der Agri'otes-Art

agripaume [agripom] *m bot* Herzgespann *n*

agrippement [agripmã] *m Reflex des Neugeborenen* Greifen *n*

agripper [agripe] **I** *v/t* packen; ergreifen; **II** *v/pr* **s'**~ sich festhalten, sich (fest-, an)klammern (**à** an + *dat*)

agroalimentaire [agroalimãtɛr] *adj* **industries** *f/pl* ~**s** Futtermittelindustrie *f*

agrologie [agrolɔʒi] *f* angewandte Bodenkunde

agronom|e [agrɔnɔm] *m* Agro'nom *m*; A'grarwissenschaftler *m*; *adit* **ingénieur** *m* ~ Di'plomlandwirt *m*; gradu'ierter Ingenieur für Landbau; ~**ie** *f* Landwirtschaft(s)...; A'grar-, Landbauwissenschaften *f/pl*; Landwirtschafts-, Ackerbaukunde *f*; Agrono'mie *f*; ~**ique** *adj* agro'nomisch; landwirtschaftskundlich; a'grarwissenschaftlich

agrostide [agrɔstid] *f od* **agrostis**

[agrɔstis] *f bot* Straußgras *n*

agrumes [agrym] *m/pl* Zitrusfrüchte *f/pl*; A'grumen *pl*

aguerrir [agerir] **I** *v/t* abhärten; stählen; hart machen; unempfindlich werden lassen; *adit* **troupes aguerries** kampferprobte, -gestählte, -gewohnte Truppen *f/pl*; **II** *v/pr* **s'**~ sich abhärten

aguets [agɛ] *loc/adv* **être, rester aux** ~ auf der Lauer liegen

agui [agi] *m mar* (**nœud** *m* **d'**)~ Pa(h)lstek *m*

aguich|ant [agiʃã] *adj Kleid, Dekolleté, Lächeln etc* aufreizend; *Lächeln auch* ko'kett; F keß; ~**er** *v/t von e-r Frau* aufreizen; um'garnen; F bezirzen; ~**euse** *f* **une petite** ~ ein aufreizendes, ko'kettes, F kesses Ding, Mädchen

ah [a] *int staunend, bewundernd* ah!; oh!; *staunend, bedauernd* ach!; *erschrocken* oh weh!; ach je!; o'je(mine)!; ~! **quel plaisir de te rencontrer!** ach, wie nett, dich zu treffen!; ~! **comme je vous plains!** ach, wie sehr bedaure ich Sie!; *ungeduldig* ~! **que tu es lent!** mein Gott *od* Herrgott, wie lange brauchst du wieder!; *verstärkend* ~! **ne croyez pas cela!** oh, glauben Sie das ja nicht, bloß nicht!; *iron od erstaunt* ~ ~! 'a'ha!; *erleichtert, verstehend* ~ **bon!**, *erleichtert, enttäuscht* ~ **bien!** ach so!; ah so!; *iron* ~ **bien, oui!** falsch gedacht!; Irrtum!; F denkste!; *entrüstet* ~ **ça alors!** das ist doch die Höhe!; *seufzend* ~ **là là!** o'je *od* ach je!; *entrüstet* ~ **mais!** jetzt langt's mir aber!; *verstärkend* ~ **mais bien sûr!** aber gewiß doch!; F na klar!; ~ **oui!** *bestätigend* freilich!; natürlich!; *leicht ungläubig* ach ja?; ach was?

ahur|i [ayri] **I** *adj* verblüfft; verdutzt; baß erstaunt; per'plex; **être** ~ F *auch* baff, platt sein; **II** *m Schimpfwort* (**espèce d'**)~! du *od* Sie Rindvieh, Hornochse, Schafskopf!; ~**ir** *v/t* verblüffen; sehr in Erstaunen setzen; verdutzen; **une telle réponse a de quoi vous** ~! bei so e-r Antwort bleibt einem die Spucke weg!; ~**issant** *adj* verblüffend; *Frechheit, Nachricht* unglaublich; erstaunlich; ~**issement** *m* Verblüffung *f*; Verblüfftheit *f*; Verdutztheit *f*; Sprachlosigkeit *f*

ai [e] *cf* avoir

aï [ai] *m zo* Ai *n*; Drei'fingerfaultier *n*

aiche [ɛʃ] *f zum Angeln* Köder *m*

aide¹ [ɛd] *f* **1.** Hilfe *f*; Beistand *m*; Unter'stützung *f*; **à l'**~! (zu) Hilfe!; *loc/prép:* **à l'**~ **de** (*qc*) mit Hilfe (+*gén*); mittels (+*gén*); **avec l'**~ **de qn** mit j-s Hilfe, Unterstützung; **avec l'**~ **de mon frère** mit (der) Hilfe, Unterstützung meines Bruders; mit meines Bruders Hilfe; *loc/adv* **sans aucune** ~ ohne fremde Hilfe; **appeler à l'**~ um Hilfe rufen; **appeler à son** ~ j-n zu Hilfe rufen; **apporter son** ~ **à qn** j-m Hilfe bringen; j-m Hilfe, Beistand leisten; j-m behilflich sein; **demander de l'**~ um Hilfe bitten, ersuchen; **venir en** ~ **à qn** *od* **à l'**~ **de qn** a) j-m zu Hilfe kommen; b) j-m (finanziell) helfen; j-n (finanziell) unter'stützen; **il est venu à mon** ~ er ist mir zu Hilfe gekommen; **2.** *in festen Zssgn* (finanzi'elle, materi'elle) (Bei)Hilfe; *für ein Land* ~ **économique** Wirtschaftshilfe *f*; ~ **immédiate** So'forthilfe *f*; ~**s industrielles** Zuschüsse *m/pl*, Fi'nanzhilfe *f* für die Industrie(betriebe); *jur* ~ **judiciaire** Armenrecht *n*; *im Rahmen der Sozialhilfe* ~ **médicale** Krankenhilfe *f*; ~ **sociale** staatliche Sozialhilfe, *früher* (-)Fürsorge *f*; **bureau** *m* **d'**~ **sociale** Sozi'alamt *n*; ~ **sociale à l'enfance** a) Jugendfürsorge *f*; b) Jugendamt *n*; ~ **technique** technische

---

Hilfe; *mil* **service** *m* **de l'**~ **technique** *etwa* Entwicklungsdienst *m* in den 'überseeischen Departements (*anstelle des Wehrdienstes*); ~ **à l'étranger** Auslandshilfe *f*; ~ **aux pays en voie de développement** Entwicklungshilfe *f*; *im Rahmen der Sozialhilfe* ~ **aux personnes âgées** Altenhilfe *f*; **3.** *Reiten* ~**s** *pl* Hilfen *f/pl*; ~**s accessoires**, **supplémentaires** Gewichtshilfen *f/pl* und zusätzliche Hilfen durch die Peitsche, Stimme *etc*; ~**s inférieures, supérieures** Schenkel-, Zügelhilfen *f/pl*; **4.** *Schule etc* ~**s audio-visuelles** audiovisuelle Hilfsmittel *n/pl*, Hilfen *f/pl*

aide² [ɛd] *m,f* Hilfe *f*; Hilfskraft *f*; Gehilfe *m*, Gehilfin *f*; Helfer(in) *m(f)*; ~ **familiale** *von der Sozialhilfe zur Hauspflege gestellte* Fa'milienhelferin, -pflegerin; ~ **familiale, maternelle** Haushilfe, -gehilfin (*die für Kost u Logis arbeitet*); *im Krankenhaus* ~ **soignante** Stati'onshilfe *f*; Krankenpflegehelferin *f*; ~ **de bureau, de laboratoire** Bü'ro-, La'borgehilfe, -gehilfin *m,f*; **2.** ~ *mil* **de camp** Adju'tant *m*; ~**-anesthésiste** *f* ⟨*pl* **aides-anesthésistes**⟩ Nar'koseschwester *f*; ~**-comptable** *m,f* ⟨*pl* **aides-comptables**⟩ Buchhaltungsgehilfe, -gehilfin *m,f*; Hilfsbuchhalter(in) *m(f)*; ~**-conducteur** *m* ⟨*pl* **aides--conducteurs**⟩ e-s *Lastwagens* Beifahrer *m*; zweiter Fahrer; ~**-cuisinier** *m* ⟨*pl* **aides-cuisiniers**⟩ Beikoch *m*; ~**-électricien** *m* ⟨*pl* **aides-électriciens**⟩ E'lektrikergehilfe *m*; ~**-maçon** *m* ⟨*pl* **aides-maçons**⟩ Maurergehilfe *m*; Handlanger *m* e-s Maurers; ~**-mémoire** *m* ⟨*inv*⟩ *als Buch* kurzer Abriß; kurze Zu'sammenfassung (in Stichwörtern); *für Schüler* Repeti'torium *n*; *für bestimmte Berufe* kurzgefaßtes Handbuch; *dipl, adm* Aide--mémoire *n*

aider [ede] **I** *v/t* ~ **qn** j-m helfen, beistehen, behilflich sein, j-n unter'stützen (**à faire qc** etw zu tun *od* bei etw; **dans qc** bei *od* in etw [*dat*]); ~ **qn à obtenir qc** j-m zu etw verhelfen; ~ **qn à se relever** j-m beim Aufstehen helfen, behilflich sein; ~ **qn dans les travaux de jardinage** j-m bei der Gartenarbeit helfen, behilflich sein; ~ **qn de ses conseils** j-m mit s-m Rat beistehen, mit Rat zur Seite stehen; ♦ *p/pr u p/p:* **la fatigue aidant, je ne pus dormir** die Ermüdung trug dazu bei, tat ein übriges, daß ich nicht schlafen konnte; **aidé par ses collaborateurs ...** unterstützt von s-n Mitarbeitern ...; **II** *v/t/indir* ~ **à qc** zu etw beitragen; *Ernährungsweise, Mittel* ~ **à la digestion** die Verdauung fördern; *Maßnahmen, j-s Mitarbeit* ~ **à la réussite du projet** zum Gelingen des Vorhabens beitragen, helfen; das Gelingen ... fördern, dem Gelingen ... dienlich sein; **III** *v/pr* **a) s'**~ **de qc** sich e-r Sache (*gén*) bedienen; etw zu Hilfe nehmen; etw benützen; von etw Gebrauch machen; *loc/prov* **aide-toi, le Ciel t'aidera** hilf dir selbst, so hilft dir Gott (*prov*); **c)** *reziprok* **s'**~ ein'ander *od* sich gegenseitig helfen, beistehen, unter'stützen

aïe [aj] *int* **a)** *bei Schmerz* au!; aua!; autsch!; *fig* ~! ~! (~!) au'weh!; **b)** *ärgerlich* ach je!; o'je!

aïeul(e) [ajœl] *st/s m(f)* Großvater, -mutter *m,f*; *südd* Ahn *m*; Ahne *m,f*; **aïeuls** *m/pl* Großeltern *pl*

aïeux [ajø] *m/pl* Ahnen *m/pl*; Vorfahren *m/pl*, -eltern *pl*, (-)Väter *m/pl*; F *Ausruf* **mes** ~! mein Gott!; F Kinder, Kinder!

aigle [ɛgl(ə)] **1.** *m,f zo* Adler(weibchen) *m(n)*; *poét* Aar *m*; ~ **impérial** Kaiserad-

ler *m*; ~ jean-le-blanc *od* des serpents Schlangenadler *m*; ~ pêcheur Fischadler *m*; ~ royal, fauve Steinadler *m*; ~ de mer Seeadler *m*; *hist* in Preußen ordre *m* de l'~ noir, rouge Schwarzer, Roter Adlerorden; F *fig* regard *m* d'~ Adlerblick *m*; **2.** *m astr* l'~ der Adler; **3.** *m* Adlerpult *n*; **4.** *m impr* grand ~ (Pa'pier)For'mat *n* 74×105 cm; petit ~ (Pa'pier)For'mat *n* 60×94 cm; **5.** *f Heraldik* Adler *m*; ~ éployée Adler mit ausgebreiteten Flügeln; ~ essorée frei schwebender Adler; **6.** *f hist* Feldzeichen l'~ impériale, les ~s napoléoniennes der napoleonische Adler; les ~s romaines die römischen Adler

aiglefin [εglə fε̃] *m zo* Schellfisch *m*

aiglette [εglεt] *f Heraldik* kleiner Adler

aigl|on [εglõ] *m*, ~onne *f* **1.** *zo* junger Adler; **2.** l'Aiglon Name für Napoleon II.; *Drama Rostands* Der junge Aar

aigre [εgr(ə)] **I** *adj* **1.** *Frucht, Geschmack, Geruch (unangenehm)* sauer; *Wein auch* säuerlich; un peu ~ säuerlich; **2.** *fig Wind* scharf; *Ton, Stimme* grell; schrill; kreischend; *Kritik, Bemerkung* scharf; bissig; giftig; *Kritik auch* herb; *Vorwürfe* bitter; **II** *m* **1.** *Milch, Wein* sentir l'~ sauer riechen; **2.** *fig* la discussion tourna à l'~ der Ton der Unter'haltung wurde zunehmend gereizter, schärfer, bissiger, giftiger

aigre-doux [εgrədu] *adj* ⟨aigre--douce⟩ **1.** *Frucht* süßsauer; **2.** *fig Worte* herb; bittersüß

aigrefin [εgrəfε̃] *m* **1.** Hochstapler *m*; Schwindler *m*; **2.** *cf* aiglefin

aigrelet [εgrəlε] *adj* ⟨~te⟩ **1.** *Wein* leicht säuerlich; **2.** *fig Stimme* piepsig

aigremoine [εgrəmwan] *f bot* Odermennig *m*

aigrett|e [εgrεt] *f* **1.** *zo* ~ blanche *od* grande ~ Silberreiher *f*; ~ garzette *od* petite ~ Seidenreiher *m*; plume *f* d'~ Reiherfeder *f*; **2.** *loc fig* mancher Vögel Federbusch *m*; *der weißen Reiher auch* Ai'grette *f*; *als modischer Kopfputz* Federbusch *m*, -schmuck *m*; Ai'grette *f*; *auf e-m Helm* Helmbusch *m*; ~ de diamants, de perles Aigrette aus Diamanten, Perlen; *loc* ⟨*adj*⟩ à ~ mit e-m Federbusch geschmückt; casque *m* à ~ Helm *m* mit Helmbusch, Federstutzen; **3.** *bot Federkrone f;* **4.** *élect* **a)** Büschelentladung *f;* **b)** Büschel(licht) *n;* ~é *adj bot* mit Federkrone (versehen)

aigreur [εgrœr] *f* **1.** saurer Geschmack; Säure *f;* **2.** *fig e-r Antwort, Bemerkung* Schärfe *f;* Bissigkeit *f;* *e-r Person* Groll *m;* Bitterkeit *f;* l'~ de ses critiques s-e herbe, scharfe, bissige Kritik; *avec* ~ scharf; bissig; **3.** ~s (d'estomac) saures Aufstoßen; j'ai des ~s es stößt mir sauer auf; **4.** *Kupferstich* ~s *pl* zu tief, zu stark geätzte Stellen *f/pl*

aigri [εgri] **I** *adj Person* verbittert; **II** *subst* ~(e) *m(f)* verbitterter Mensch

aigrir [εgrir] **I** *v/t* **1.** sauer machen; sauer werden lassen; *meist p/p* être aigri sauer geworden sein; **2.** *fig Leben, Enttäuschungen* ~ qn, le caractère de qn j-n verbittern; **II** *v/i* (*u v/pr*) **3.** *Milch, Wein* (s')~ sauer werden; säuern; **4.** *fig* il, son caractère s'est aigri er ist verbittert, bitter geworden

aigu [εgy] **I** *adj* ⟨aiguë [εgy]⟩ **1.** *Gegenstand* spitz(ig); *Spitze* scharf; fein; *math* angle ~ spitzer Winkel; **2.** *Stimme, Ton, Schrei* schrill; grell; *Schrei auch* gellend; 'durchdringend; *Stimme, Ton auch* hoch; *mus* note ~ë hoher Ton; **3.** *gr*

---

accent ~ für das Frz Accent aigu *m*; für andere Sprachen, *ling* A'kut *m*; **4.** *Schmerz* heftig; stark; stechend; *Krankheit* a'kut; *pol Krise, Konflikt* zugespitzt; *Konflikt auch* heftig; *Spannung* stark; **5.** *Verstand* scharf; 'durchdringend; avoir un sens ~ des responsabilités ein starkes, ausgeprägtes Verantwortungsgefühl besitzen; **II** *m mus* hohe Töne *m/pl*; Höhe *f*

aiguage [εgaʒ] *m jur* Grunddienstbarkeit, die das Verlegen von Wasserleitungen zum Inhalt hat

aigue-marine [εgmarin] *f* ⟨*pl* aigues--marines⟩ *minér* Aquama'rin *m*

aiguière [εgjεr] *f als Tafelgerät (Wasser-)* Kanne *f;* Aigui'ère *f*

aiguillage [εgyijaʒ] *m ch de fer* **a)** Weiche *f;* **b)** Weichenstellung *f (auch fig);* cabine *f*, poste *m* d'~ Stellwerk *n;* erreur *f* d'~ falsche Weichenstellung; *fig auch* Fehlleitung *f*

aiguillat [εgyija] *m zo* Dornhai *m*

aiguille [εgyij] *f* **1.** *cout., méd* Nadel *f; hist des Zündnadelgewehrs* Zündnadel *f; méd* ~ creuse Hohlnadel *f;* Ka'nüle *f;* ~ à broder, à tapisserie Sticknadel *f;* ~ à coudre, à emballer *od* à emballage, à filet Näh-, Pack-, Fi'letnadel *f; méd* ~ à injection, à ponction Injekti'ons-, Punkti'onsnadel *f;* ~ à repriser, à sacs, à tricoter Stopf-, Sack-, Stricknadel *f;* ~s des cristaux, cristallines Kri'stallnadeln *f/pl;* ~ de machine à coudre Nähmaschinennadel *f; früher* ~ de phonographe Grammo'phonnadel *f;* autant chercher, c'est comme si on cherchait une ~ dans une botte de foin ebensogut könnte man, das ist, als wollte man e-e Stecknadel in e-m Heuhaufen suchen; *fig* on le ferait passer par le trou d'une ~ er ist ein Hasenfuß; **2.** *e-r Uhr, Waage, e-s Meßinstruments* Zeiger *m; des Tachometers auch* Nadel *f;* ~ aimantée Ma'gnet-, Kompaßnadel *f; e-r Uhr* grande ~ großer Zeiger; Mi'nutenzeiger *m;* petite ~ kleiner Zeiger; Stundenzeiger *m;* ~ de déclinaison, d'inclinaison Deklinati'ons-, Inklinati'onsnadel *f;* **3.** (Turm)Spitze *f;* **4.** *bot der Nadelhölzer* Nadel *f;* ~ de pin, de sapin Kiefern-, Tannennadel *f;* **5.** *ch de fer* Weiche *f;* **6.** *géol vor e-r Kliffküste stehengebliebener* Felsturm; **7.** *géogr in Eigennamen für nadelförmig zugespitzte Berggipfel* ~ Verte Aiguille Verte *f;* **8.** *ägyptische Kunst* les ~s de Cléopâtre die Nadeln *f/pl* der Kle'opatra; **9.** *adit* talons *m/pl* ~s Pfennigabsätze *m/pl*

aiguillée [εgyije] *f* Nähfaden *m;* F c'est une ~ de paresseuse *etwa* lange Fädchen, faule Mädchen

aiguiller [εgyije] *v/t* **1.** *ch de fer* ~ un train die Fahrstraße (für e-n Zug) einstellen, legen; den Zug 'umsetzen (sur une voie de garage auf ein Abstellgleis); **2.** *fig Forschung im Leben, bei e-r Nachforschung etc* lenken; führen; leiten; ~ sur une fausse piste auf e-e falsche Spur führen; *Unterhaltung* ~ sur un autre sujet auf ein anderes Thema lenken

aiguilleter [εgyijte] *v/t* ⟨-tt-⟩ **1.** *mar Tauenden* (zu'sammen)laschen; *Anker, Boot, Spiere* zurren; surren; **2.** *text bei der Herstellung von Nadelfilz: Vlies* einnadeln; im Grundgewebe verfilzen; feutre aiguilleté Nadelfilz *m*

aiguillette [εgyijεt] *f* **1.** *mil* Achselschnüre *f/pl;* Fangschnur *f;* **2.** *mar* Zurring *od* Surring *f;* **3.** *cuis* Entenfilet *n;* Enten-Aiguillette *f*

aiguilleur [εgyijœr] *m* **1.** *ch de fer* Weichensteller *m,* -wärter *m;* Stellwerkswärter *m;* **2.** *aviat* F ~ du ciel Fluglotse *m*

---

aiguillon [εgyijõ] *m* **1.** *zum Antreiben der Rinder* Stachel *m;* **2.** *zo der Bienen, Wespen* Stachel *m;* **3.** *bot* Stachel *m;* Dorn *m;* **4.** *fig* Antrieb *m;* (An)Sporn *m;* Stachel *m;* Anreiz *m*

aiguillonner [εgyijone] *v/t* **1.** *Rinder* mit dem Stachel antreiben; **2.** *fig Person* antreiben; anspornen; anstacheln

aiguillot [εgyijo] *m mar* Fingerling *m*

aiguis|age [εg(y)izaʒ] *m e-s Schneidwerkzeugs* Schärfen *n;* Wetzen *n;* Schleifen *n;* Abziehen *n;* ~er *v/t* **1.** *Schneidwerkzeug* schärfen; wetzen; schleifen; abziehen; *Vogel: Schnabel, Katze: Krallen* wetzen; **2.** *fig Urteil(svermögen)* schärfen; *Neugier, Unruhe, Sehnsucht* steigern; *Appetit* anregen; ~eur *m* Schleifer *m;* ~oir *m* Schleifwerkzeug *n*

ail [aj] *m* ⟨*pl* ~s, *selten* aulx [o]⟩ **a)** *bot, cuis* Knoblauch *m;* gousse *f,* tête *f* d'~ Knoblauchzehe *f,* -zwiebel *f;* **b)** *par ext bot* Lauch *m*

ailante [εlɑ̃t] *m bot* Götterbaum *m; sc* Ai'lanthus *m*

aile [εl] *f* **1.** *zo* Flügel *m (auch cuis bei Geflügel); der Vögel auch* Schwinge *f; fig u poét meist* d'~s Fittiche *m/pl;* Schwingen *f/pl;* Flügel *m/pl;* ~s de papillon Schmetterlingsflügel *m/pl;* coup *m* d'~ Flügelschlag *m;* battre de l'~ **a)** angeschossener Vogel flügellahm sein; **b)** *fig Unternehmen* sich in Schwierigkeiten befinden; wackelig stehen; *Organisation, Regierung, Partei* angeschlagen sein; *Ideal* kompromittiert sein; l'usine bat de l'~ *auch* mit der Fabrik geht es langsam, immer mehr berg'ab; *fig* donner des ~s à qn *Angst* j-s Schritte beflügeln; F j-m Beine machen; *Liebe, Freude* j-n beflügeln; j-m Flügel verleihen; *fig* prendre qn sous son ~ j-n unter s-e Fittiche nehmen; *fig Person* voler de ses propres ~s auf eigenen Füßen stehen; selbständig sein; **2.** *aviat* (Trag)Flügel *m;* ~ volante Nurflügelflugzeug *n;* ~ en delta, en flèche Delta-, Pfeilflügel *m;* **3.** *auto* Kotflügel *m;* **4.** *e-r Windmühle* Flügel *m;* **5.** *bot* Flügel *m;* **6.** *arch e-s Gebäudes* (Seiten)Flügel *m;* Seitentrakt *m;* **7.** *mil, Fuß-, Handball etc* Flügel *m; sports* changement de l'~ Flügelwechsel *m; Rugby adit* trois-quarts *m* ~ Eck-, Außendreiviertelspieler *m;* **8.** *anat* ~ du nez Nasenflügel *m;* **9.** *an Trägern, Bauteilen* Flansch *m;* **10.** Fortsatz der Widerlager e-r Brücke mur *m* en ~ Flügelmauer *f*

ailé [εle] *adj* **1.** *zo* geflügelt; *Vögel auch litt* beschwingt; *myth* le cheval ~ das geflügelte Roß; das Flügelroß; **2.** *bot Samen* geflügelt

aileron [εlrõ] *m* **1. a)** *e-s Vogelflügels* Flügelspitze *f;* **b)** *cuis* ~s *pl* Flügelstücke *n/pl;* Aile'rons *pl;* **2.** *mancher Fische* Flosse *f;* ~ de requin Haifischflosse *f;* **3.** *aviat* Querruder *n;* Verbindungsklappe *f;* **4.** *mar* Wellenhose *f*

ailette [εlεt] *f* **1.** *zur Stabilisierung von Geschossen* (Leit)Flügel *m;* Flosse *f;* Leitfläche *f;* Bombe, Wurfmine à ~s mit Stabili'sierungsflächen; **2.** *e-s Wärmeaustauschers* Rippe *f;* ~ de refroidissement Kühlrippe *f;* radiateur *m* à ~s Rippenheizkörper *m;* Radi'ator *m;* tube *m* à ~s Rippenrohr *n;* **3.** *vis f* à ~s Flügel(kopf)schraube *f;* **4.** *e-r Turbine* Schaufel *f*

ailier [εlje] *m Fuß-, Handball etc* Außen-, Flügelstürmer *m;* ~ droit, gauche Rechts-, Links'außen *m*

aille [aj] *cf* aller

ailler [aje] *v/t cuis* mit Knoblauch spikken, einreiben

ailleurs [ajœr] *adv* wo'anders; anderswo; anderwärts; sonstwo; anderweitig; mit

e-m Verbum der Bewegung wo'andershin; anderswohin; sonstwohin; **venir d'~** anderswoher, von wo'andersher kommen; *loc/adv:* **d'~** übrigens; im übrigen; **par ~** außerdem; über'dies; zu'dem; andererseits; im übrigen; sonst; **nulle part ~** nirgend(s)wo sonst; sonst nirgends; **partout ~** sonst über'all; *fig* il est ~ er ist mit s-n Gedanken (ganz) wo'anders; er ist geistesabwesend

ailloli [ajoli] *m cuis* kalte Knoblauchsoße; Knoblauchmayonnaise *f*

aimable [ɛmabl(ə)] *adj* **1.** *Person, Worte, Ton* liebenswürdig; freundlich; **être ~ avec qn** zu j-m freundlich, liebenswürdig sein; **c'est bien ~ à vous** das ist sehr freundlich, liebenswürdig von Ihnen; **c'est bien ~ à vous d'être venu** es ist sehr freundlich *etc* daß Sie gekommen sind; **serais-tu assez ~ pour me passer le sel!** bist du so nett, freundlich, gut und gibst mir mal das Salz!; **2.** *st/s Gegend, Ort* hübsch; freundlich; nett; reizend; **3.** *F verärgert* **c'est une ~ plaisanterie!** das finde ich gar nicht lustig!

aimablement [ɛmabləmɑ̃] *adv* j-n empfangen *etc* freundlich; liebenswürdig; j-n benachrichtigen *etc* freundlicher-, liebenswürdigerweise

aimant¹ [ɛmɑ̃] *m* **1.** Ma'gnet *m* (*auch fig*); **~ permanent** Dauer-, Perma'nentmagnet *m*; **~ en fer à cheval** Hufeisenmagnet *m*; *fig* **attiré comme par un ~** wie von e-m Magneten angezogen; **2.** *minér* **~ naturel** Magne'teisen(erz *n*, -stein *m*)*n*

aimant² [ɛmɑ̃] *adj* zärtlich; liebevoll; liebreich

aimant|ation [ɛmɑ̃tasjõ] *f phys* Magneti'sieren *n*, -ung *f*; **intensité f d'~** Magnetisierungsstärke *f*; **~er** *v/t phys* magnetisch machen; magneti'sieren; **aiguille aimantée** Ma'gnet-, Kompaßnadel *f*

aimer [ɛme] *m v/t Person, Tier* lieb haben; *auch Musik, Sport etc* mögen; gern haben; *Speise* gern essen; *Getränk* gern trinken; **~ bien qn, qc** j-n, etw ganz, recht gern haben, mögen; **~ la bière** gern Bier trinken; **~ passionnément la chasse** ein passionierter Jäger sein; **je n'aime pas les chiens** ich mag keine Hunde; *Pflanze* **~ l'ombre** den Schatten lieben; **faire ~ qc à qn** die Liebe zu etw, die Freude an etw (*dat*) in j-m wecken; **réussir à se faire ~ de qn** j-s Liebe, Zuneigung gewinnen; sich j-s Liebe, Zuneigung erwerben; *prov* **qui aime bien, châtie bien** wer sein Kind liebhat, züchtigt es (*prov*); *loc/prov* **qui m'aime, aime mon chien** wer mich liebt, liebt auch alles, was mein ist; ♦ **~ faire qc** *od* *st/s* **~ à faire qc** gern etw tun; **~ aller au cinéma** gern ins Kino gehen; **j'aimerais faire un voyage** ich möchte, würde gern verreisen; **j'aime à croire, à penser que** ... ich hoffe, will hoffen, möchte gern annehmen, daß ...; ♦ **~ que** ... (+*subj*) es gern sehen, haben, daß ...; ♦ **j'aime autant** ça das ist mir lieber; das höre ich lieber; **j'aime autant m'en aller** ich gehe lieber weg; **j'aime autant qu'il le fasse lui-même** mir ist es lieber, wenn er es selber macht; **mieux** qc etw lieber mögen, haben; etw vorziehen; **~ mieux faire qc** etw lieber tun, wollen; **j'aime mieux son premier roman** sein erster Roman gefällt mir besser, ist mir lieber; **j'aimerais mieux dormir** ich möchte, würde lieber schlafen; **j'aime mieux qu'il s'en aille** er soll lieber weggehen; **II** *v/pr* **s'~ a)** sich selbst lieben; **b)** ein'ander, sich lieben; **c)** *verhüllend* (*faire l'amour*) sich lieben

aine [ɛn] *f anat* Leiste *f*; **'hernie** *f*, **pli** *m*

---

région *f* de l'~ Leistenbruch *m*, -beuge *f*, -gegend *f*

aîné [ene] **I** *adj* älteste(r, -s); **branche ~e des Bourbons** ältere Linie der Bourbonen; **son fils ~** sein ältester Sohn; **II** *subst* **~(e)** *m(f)* Älteste(r) *f(m)*; ältester Sohn; älteste Tochter; *litt* **nos ~s** unsere Vorfahren *m/pl*, Ahnen *m/pl*, Voreltern *pl*; **écoutez vos ~s!** hört auf die Älteren!; **il est mon ~ (de deux ans)** er ist (zwei Jahre) älter als ich

aînesse [enɛs] *f hist* **droit** *m* **d'~** Erstgeburtsrecht *n*

ainsi [ɛ̃si] *adv* **1.** so; **~ et pas autrement** so und nicht anders; **et ~ de suite** und so weiter (*abr usw.*); **et ~ de suite** und so weiter (*abr usw.*); und so fort; und dergleichen mehr; *litt im Vergleich* **de même que, comme ... ~ ...** gleich wie ... so ...; **~ dit, ~ fait** (wie) gesagt, (so) getan; **c'est ~ que ... so ...; il est ~** nun einmal so; *Gebetsschluß* **~ soit-il!** amen!; **puisqu'il, s'il en est ~** da, wenn dem so ist; **~ finit cette histoire** so endet diese Geschichte; *Nietzsche* ♀ **parlait Zarathoustra** Also sprach Zarathustra; *st/s im e-m Wunschsatz* **~ puissent nos vœux se réaliser!** möchten doch unsere Wünsche in Erfüllung gehen!; *loc/adv* **~ pour ~ dire** sozusagen; gewissermaßen; ♦ *loc/conj* **~ que a)** *im Vergleich* (so) wie; gleichwie; **b)** *bei e-r Aufzählung* so'wie; wie auch; und auch; **2.** *e-e Schlußfolgerung einleitend* **~ (donc)** (so) also; folglich; daher; infolge'dessen; ♦ **donc vous ne pouvez pas venir?** so können Sie also nicht kommen?

air¹ [ɛr] *m* **1.** Luft *f*; *mines* Wetter *n*; **~ chaud, froid** Heiß- *od* Warm-, Kaltluft *f*; **le grand ~** [-t-] die frische Luft; **au grand ~** an *bzw* in der frischen Luft; im Freien; **~ des bureaux** Bü'roluft *f*; **~ de la campagne, de la mer** Land-, Meeres- *od* Seeluft *f*; *mil* **École** *f* **de l'~** ♀ Luftwaffenakademie *f*; **musée** *m* **de l'~** Luftfahrtmuseum *n*; ♦ *adjt mil:* **engin** *m* **~-~** Luft-Luft-Flugkörper *m*; **fusée** *f* **~-sol** Luft-Boden-Rakete *f*; ♦ *loc/adv:* **à l'~** an der (frischen) *bzw* an die (frische) Luft; **mettre à l'~** (aus)lüften; an die frische Luft stellen, legen, hängen; **dans l'~** in der *bzw* in die Luft; *fig* **il y a quelque chose dans l'~** es liegt etwas in der Luft; **s'enlever dans l'~** *od* **dans les ~s** *Vogel, Flugzeug* sich in die Luft, in die Lüfte erheben, *Vogel auch* schwingen; **être dans l'~** *Krankheit* 'umgehen; *gras'sieren*; *Entwicklung, neue Ideen* in der Luft liegen; **en l'~ a)** *loc/adj fig Drohungen, Versprechungen* leer; **b)** *loc/adv* in der *bzw* in die Luft; **paroles** *f/pl* **en l'~** leere Worte *n/pl*; leeres Gerede; **projets** *m/pl* **en l'~** unausführbare Pläne *m/pl*; **soupçons** *m/pl* **en l'~** reine Vermutungen *f/pl*; unbegründeter, haltloser Verdacht; (**être) tête** *f* **en l'~** gedankenlos, vergeßlich, zerstreut, leichtsinnig, F ein zerstreuter Professor (sein); *fig* **agir en l'~** unüberlegt, leichtfertig handeln; *fig Zimmer, Papiere* **être en l'~** in Unordnung sein; *F fig Gegenstand* **ficher, flanquer, foutre en l'~** weg- *od* fortwerfen, F -schmeißen; abstoßen; **il a envie de tout fiche(r) en l'~** am liebsten würde er alles, den ganzen Kram hinschmeißen; *Ereignis* **ça m'a flanqué tout en l'~** das hat alle meine Pläne zu'nichte gemacht; *fig* **mettre en l'~** in Unordnung bringen; durchein'anderbringen; *verhüllend*; *fig* **parler en l'~** ins Blaue hinein reden, schwatzen; **regarder en l'~** nach oben, in die Luft sehen, F gucken; in die Höhe blicken; zum Himmel aufblicken; **tirer en l'~** in die Luft schießen; *loc/adj u*

---

loc/adv **par ~** Luft...; auf dem Luftwege; *comm auch* per Luftfracht; **transport** *m* **par ~** Lufttransport *m*; Transport *m*. Beförderung *f* auf dem Luftwege; ♦ **donner de l'~ dans la pièce** frische Luft ins Zimmer hereinlassen; das Zimmer lüften; *fig bei zuviel Arbeit* **se donner de l'~** sich ein bißchen Luft schaffen; **on manque d'~ ici** hier kriegt man keine Luft; **prendre l'~ a)** *Person* (*auch aller prendre l'~*) (frische) Luft schöpfen, F schnappen (gehen); an die (frische) Luft gehen; *sei'zierengehen*; **b)** *Flugzeug* sich in die Luft erheben; aufsteigen; *fig* **prendre l'~ du bureau** mal kurz im Büro vor'beigehen, -schauen, nach dem Rechten sehen; *fig* **aller respirer l'~ du pays, de la province** heimatliche Luft *od* Heimat-, Provinzluft atmen (wollen); **on ne vit pas de l'~ du temps** von der Luft allein kann man nicht leben; **2.** (**le) plein ~** [plɛnɛr] **a)** das Freie; **b)** *Schule* Sport *m*, Leibesübungen *f/pl* auf dem Sportplatz; *loc/adj* **de** *od* **en plein ~** im Freien; Freiluft...; *agr, jard* Freiland...; **jeux** *m/pl* **de plein ~** Freiluftspiele *n/pl*; Spiele *n/pl* im Freien; **peinture** *f* **de plein ~** Freilicht-, Plein'airmalerei *f*; **théâtre** *m* **en plein ~** Freilichtbühne *f*, -theater *n*; *loc/adv* **en plein ~** im Freien; unter freiem Himmel; *agr, jard* im Freiland; **3.** leichter, leiser Wind; Lüftchen *n*; Luftzug *m*, -hauch *m*; **il y a, il fait un peu d'~** es geht ein leiser Wind, ein Lüftchen; **il n'y a pas d'~** es regt sich, weht, geht kein Lüftchen

air² [ɛr] *m* **1.** *e-r Person* Aussehen *n*; Wesen(sart) *n(f)*; Air *n*; *im engeren Sinn* Miene *f*; Gesicht *n*; *auch* Ausdruck *m*; **un petit ~ de mélancolie** ein leichter Zug, Ausdruck von Schwermut; **l'~ de sa physionomie** sein Gesichtsausdruck *m*; ♦ *loc/adv:* **à en juger par son ~** nach s-r Miene, s-m Gesichtsausdruck zu urteilen; **d'un ~ certain** mit Bestimmtheit; e'nergisch; **d'un ~ décidé** entschieden; mit Entschiedenheit; **d'un ~ embarrassé** verlegen; mit verlegener Miene; mit verlegenem Gesicht; **sous son ~ timide** hinter s-m schüchternen Wesen, Benehmen; ♦ **avoir grand ~** [-t-] sehr vornehm aussehen, wirken; F **il vous a un ~ od des ~s de deux ~s** bei ihm weiß man nie so recht, woran man ist; **avoir un ~ de distinction** e-e distinguierte, vornehme Art, ein distinguiertes, vornehmes Wesen haben; distinguiert, vornehm wirken; **avoir un ~ de propreté** sauber und ordentlich aussehen; ♦ **avoir l'~** (+ *adj od loc/adj*) aussehen; dreinblicken, -schauen; wirken; **les poires ont l'~ bonnes** die Birnen sehen gut aus; *Person* F **avoir l'~ comme il faut** anständig aussehen; **avoir l'~ fatigué, malade** müde, krank aussehen, wirken; **elle a l'~ intelligent(e)** sie sieht intelligent aus; **avoir l'~ mauvais** verärgert, böse aussehen; sauer dreinblicken; ♦ **avoir l'~ de** (+*inf*) scheinen zu (+*inf*); so aussehen, als ob ...; **il a l'~ de ne pas s'en apercevoir** *od* **il n'a pas l'~ de s'en apercevoir** er scheint es nicht zu bemerken; so aus, es scheint, als ob er es nicht bemerkt; **ça m'a tout l'~ d'(être)** un mensonge das scheint mir doch e-e Lüge, gelogen zu sein; **ça en a tout l'~** das sieht ganz danach aus; **sans en avoir l'~, il travaille beaucoup** ... obwohl es gar nicht so den Anschein hat; ♦ **avoir l'~ de** (+*subst*) aussehen wie; **avoir l'~ d'un château, d'un enfant** wie ein Schloß, Kind aussehen; **ça m'a tout l'~ d'une plaisanterie** das sieht

mir doch ganz nach e-m Scherz aus; F j'aurai l'~ de quoi! wie stehe ich dann da!; da stehe ich dumm da!; **n'avoir l'~ de rien** nach nichts aussehen; *Arbeit, Kunststück auch* so *od* ganz leicht aussehen; ♦ **se donner, prendre de grands ~s, se donner des ~s** vornehm tun; großtun; angeben; **prendre de grands ~s avec qn** j-n her'ablassend, von oben her'ab behandeln; **se donner un ~ important** sich aufspielen; sich wichtig machen, tun; **prendre un ~ triste** e-e traurige Miene aufsetzen, machen; ein trauriges Gesicht machen; **se donner, prendre des ~s de conspirateur** e-e Verschwörermiene aufsetzen, machen; **prendre un ~ de supériorité** über'legen tun; **2.** *von Personen* Ähnlichkeit *f*; **~ de famille** Fa'milienähnlichkeit *f*; **il a un faux ~ de quelqu'un que je connais** er hat (einige, e-e gewisse) Ähnlichkeit mit jemandem, den ich kenne

air³ [ɛr] *m* **1.** *e-s Liedes* Melo'die *f*; *fig* **il en a l'~** et la chanson er sieht nicht nur so aus, er ist wirklich einer (*z B Künstler*); **faire des paroles sur un ~** den Text zu e-r Melodie verfassen; *loc/prov* **c'est l'~** qui fait la chanson der Ton macht die Musik (*loc/prov*); **2.** Weise *f*; Lied *n*; *mus* Air *n*; **~ populaire** Volksweise *f*; **~ à la mode** beliebte Weise; *auch* Schlager *m*; **~s d'autrefois** alte Weisen; **~s de ballet** Bal'lettmusik *f*; **~ de danse** Tanzweise *f*, -lied *n*; **3.** *e-r Oper* Arie *f*; **~ d'opéra** Opernarie *f*; **le grand ~** [-t-] **de La Tosca** die große Arie aus Tosca; **4.** *Hohe Schule* **~s** *pl* Gangarten *f/pl*; **~s bas** höhere Gangarten; **~s relevés** Schulsprünge *m/pl*

airain [ɛrɛ̃] *m nur loc/adj* **d'~** ehern; *myth* **l'âge m d'~** das Eherne Zeitalter; *poét* **ciel m d'~** bleierner Himmel; *fig* **cœur m d'~** hartes Herz; Herz von Stein; **Lassalle la loi d'~** das Eherne Lohngesetz

air-air [ɛrɛr] *cf* **air¹** 1.

airbus [ɛrbys] *m aviat* Airbus *m*

aire [ɛr] *f* **1.** *agr* Tenne *f*; Dreschboden *m*; **2.** *der Raubvögel* Horst *m*; **~ d'un aigle** Adlerhorst *m*; **3.** (Boden)Fläche *f*; *aviat* **~ d'atterrissage** Start- und Landefläche *f*; *Raumfahrt* **~ de lancement** Startplattform *f*; *aviat:* **~ de manœuvre** Rollfeld *f*; **~ de stationnement** (Abfertigungs)Vorfeld *n*; **4.** *an der Autobahn* **~ de repos** Rastplatz *m*; **~ de service** Rastplatz *m* mit Tankstelle; **5.** *math* Flächeninhalt *m*; *astr* **loi f des ~s** Flächensatz *m*; **6.** *fig* Bereich *m*; Gebiet *n*; **~ culturelle** Kul'turbereich *m*, -raum *m*; **~ linguistique** Sprachbereich *m*; **~ d'action, d'influence** Arbeits-, Einflußbereich *m*, -gebiet *n*; *biol* **~ de répartition** Verbreitungsgebiet *n*; Are'al *n*; **7.** *bât* **a)** Estrich *m*; *e-s Bassins* Grundfläche *f*; *e-s Hauses* um'bauter Raum; **c)** *e-r Brücke* Fahrbahn *f*; **8.** *mar* **~ de vent** Strich *m* (der Windrose); **9.** *anat* (um'schriebener) Bezirk; *sc* Area *f*; **10.** *des Hammerkopfes* Bahn *f*

airelle [ɛrɛl] *f bot* Heidel-, Blaubeere *f*

airer [ɛre, e-] *v/i Raubvögel* horsten

air-sol [ɛrsɔl] *cf* **air¹** 1.

ais [ɛ] *m* Buchbinderei früher Holzbrettchen *n* (für Einbanddecken)

aisance [ɛzɑ̃s] *f* **1.** *im Benehmen* Gewandtheit *f*; Leichtigkeit *f*; Ungezwungenheit *f*; **avec ~** gewandt; ungezwungen; **2.** Wohlstand *m*; Wohlhabenheit *f*; **être, vivre dans l'~** wohlhabend, gutsituiert sein; im Wohlstand, in guten Verhältnissen leben; **3.** *jur* **~s de voirie** Rechte *n/pl* der Anlieger öffentlicher Straßen und Plätze; **4.** *früher* **cabinet(s)** *m(pl)*, **lieux** *m/pl* **d'~s** Ab'ort *m*; Abtritt *m*; **fosse f d'~s** Abortgrube *f*

aise¹ [ɛz] *f* **1.** *nur in loc/adv:* **à votre ~!** wie Sie wollen!; wie es (Ihnen) beliebt!; ganz nach (Ihrem) Belieben!; *verärgert* na, bitte schön!; *in e-m Kreis, Kleidungsstück* **être, se trouver à l'~**, ich wohl fühlen; *cf auch* 3.; **êtes-vous à l'~ dans ce fauteuil?** sitzen Sie bequem in dem Sessel?; **être, se trouver mal à l'~, à son ~** sich nicht wohl fühlen; sich unbehaglich, befangen, fehl am Platz fühlen; **je suis mal à l'~, à mon ~** avec lui s-e Gegenwart macht mich befangen; **se mettre à l'~, à son ~** es sich bequem machen (*bequeme Kleidung anziehen*); **mettez-vous à l'~** *auch* legen Sie doch ab!; wollen Sie nicht ablegen?; **mettre qn à l'~, à son ~** j-m die Befangenheit nehmen; j-m über s-e Befangenheit hin'weghelfen; **vous en parlez à votre ~** Sie haben gut reden!; **mit Vorschriften, Verpflichtungen en prendre à son ~ avec qc** es mit etw nicht so genau nehmen; es sich mit etw leicht machen; **2.** **~s** *pl* Bequemlichkeit *f*; **aimer ses ~s** s-e Bequemlichkeit lieben; **prendre ses ~s** es sich (ganz ungeniert) bequem machen; *auch* sich breitmachen; **3.** Wohlstand *m*; *loc/adj* **à l'~** wohlhabend; gutsituiert; **être à son ~** wohlhabend, gutsituiert sein; im Wohlstand, in guten Verhältnissen leben; **4.** *st/s* Freude *f*; **combler, remplir d'~** mit Freude erfüllen

aise² [ɛz] *adj st/s* **être bien ~ de** (+*inf*) *od* **que ...** (+*subj*) sich freuen, erfreut sein, zu (+*inf*) *od* daß ...

aisé [eze] *adj* **1.** *Ton* ungezwungen; unbefangen; leicht; *Stil* flüssig; **2.** wohlhabend; gutsituiert; vermögend; **3.** *st/s* (*facile*) einfach; leicht; **~ment** *adv* leicht; mühelos

aisseau [ɛso] *m* 〈*pl* **~x**〉 *cf* **bardeau** 1.

aisselle [ɛsɛl] *f* **1.** *anat* Achsel(höhle, -grube) *f*; **2.** *bot* Blattachsel *f*

ajiste [aʒist] *m,f* Mitglied *n* des Jugendherbergsverbandes

ajointer [aʒwɛ̃te] *v/t cf* **abouter**

ajonc [aʒɔ̃] *m bot* Stechginster *m*

ajour [aʒur] *m arch als Verzierung* (kleine) Öffnung

ajouré [aʒure] *adj* durch'brochen; *Textilien etc auch* mit 'Durchbrucharbeit, -muster verziert; **broderie ~e** A'jour-Stickerei *f*

ajournement [aʒurnəmɑ̃] *m* **1.** *e-s Vorhabens* Verschiebung *f*; Auf-, Hin'ausschieben *n*; *e-r Sitzung auch* Vertagung *f*; **2.** *vom Wehrdienst, von e-m Examen* Zu'rückstellung *f*; **3.** *jur* (**exploit m d'~**) (Vor)Ladung *f*

ajourner [aʒurne] *v/t* **1.** *Vorhaben* verschieben (**à** *auf* + *acc*; **d'une semaine** um e-e Woche); auf-, hin'ausschieben; *Sitzung, Prozeß auch* vertagen; **2.** *Rekruten, Examenskandidaten* zu'rückstellen (**à** *bis*); *jur* vor'laden (**à** *für*)

ajout [aʒu] *m* zu e-m Schriftstück Zusatz *m*

ajouter [aʒute] **I** *v/t* zu dem Gesagten hin'zu- *od* da'zufügen, -setzen (**à** *zu*); *zu e-m Schriftstück auch* hin'zu- *od* da'zuschreiben (*zu*); *am Ende* anhängen, anfügen (**an** + *acc*); *zu e-r Summe* hin'zu- *od* da'zuschlagen, -rechnen, -legen, *zu e-r Zahl* hin'zu- *od* da'zuzählen, -rechnen (*zu*); *cuis* (noch) hin'zu- *od* da'zufügen, -geben, -tun, da'ran-, F drangeben, -tun (*zu*); *an ein Gebäude* anbauen (**an** + *acc*); **ajoutons, ajoutez que ...** kommt noch, daß ...; **j'ajoute que ...** ich möchte noch erwähnen, hinzufügen, betonen, daß ...; **ajoutez à cela son âge avancé** Sie müssen auch sein vorgeschrittenes Alter berücksichtigen; hinzu kommt noch ...; **~ foi à qc** e-r Sache (*dat*) Glauben schenken; **permettez-moi d'~** un mot darf ich dazu (vielleicht) noch etwas sagen; erlauben Sie, daß ich dem noch etwas hinzufüge, daß ich dazu noch ein Wort sage; **~ la prétention à la bêtise** dumm und noch dazu eingebildet sein; *zu e-m Bericht, e-r Geschichte* **y ~ du sien** noch etwas, einiges hin'zudichten; ihn (*bzw* sie, es) von sich aus noch weiter ausschmücken, ausspinnen; **II** *v/t/indir Umstand* **~ à qc** etw noch vergrößern, vermehren, verschlimmern; **~ à la valeur de qc** den Wert e-r Sache noch erhöhen; etw noch wertvoller machen; **III** *v/pr Sache* **s'~ à** noch hin'zu-, da'zukommen zu

ajust [aʒy] *m mar* (**nœud m d'~**) falscher Reffknoten; Wieverknütt *m*; Weiberknoten *m*

ajustage [aʒystaʒ] *m* **1.** *tech* An-, Ein-, Aufpassen *n*, -ung *f*; **2.** *Münztechnik* (Ad)Ju'stieren *n*, -ung *f* (*der Dicke der ausgewalzten Zaine*)

ajustement [aʒystəmɑ̃] *m* **1.** *tech* **a)** *cf* **ajustage** 1.; **b)** Passung *f*; Sitz *m*; **~ libre, serré** Spiel-, Preßpassung *f*; **2.** *Statistik* Ausgleichsrechnung *f* (**par la méthode des moindres carrés** nach der Methode der kleinsten Quadrate); **3.** *fig* Anpassung *f* (**à** an + *acc*); Angleichung *f* (**an** + *acc*); Abstimmung *f* (mit); *par ext* kleine (Ab)Änderung, Re'touche

ajuster [aʒyste] **I** *v/t* **1.** passend machen (**à** für); *bes tech* anpassen (+*dat*); einpassen (in + *acc*); aufpassen (auf + *acc*); *Steigbügel, Zügel* (so weit wie nötig) verstellen; auf die richtige Länge einstellen; *adjt* **ajusté** *Kleidungsstück* enganliegend; auf Taille gearbeitet; tail'liert; **être mal ajusté** schlecht, nicht richtig passen, sitzen; **2.** *Frisur, Toilette* richten; in Ordnung bringen; ordnen; **3.** *fig* anpassen, angleichen (**à** *dat*); abstimmen (mit); *Vorschläge, Ideen* mitein'ander in Einklang bringen; auf den gleichen Nenner bringen; **4.** *Ziel mit e-r Schußwaffe* anvisieren; zielen auf (+*acc*); aufs Korn nehmen; **bei e-m Faustschlag il a bien ajusté son coup** er hat gut gezielt; **5.** *Münztechnik* (die Dicke der ausgewalzten Zaine) (ad-)ju'stieren; **6.** *Pferd* abrichten; dres'sieren; **II** *v/pr* **s'~** zuein'ander passen; aufein'ander-, inein'ander-, zu'sammenpassen

ajusteur [aʒystœr] *m* **1.** *tech* Schlosser *m*; **~ outilleur** Werkzeugschlosser *m*, -macher *m*; **2.** *Münztechnik* Ju'stierer *m*

ajut [aʒy] *cf* **ajust**

ajutage [aʒytaʒ] *m tech an Leitungen* Düse *f*; **~ de Borda** Borda-Mündung *f*

akène [akɛn] *m bot* A'chäne *f*; einsamige Schließfrucht

akinésie [akinezi] *f path* Bewegungsarmut *f*, -losigkeit *f*; *sc* Aki'nese *od* Akine'sie *f*

akkadien [akadjɛ̃] *hist* **I** *adj* 〈**~ne**〉 ak'kadisch; **II** *subst* **1.** **~s** *m/pl* Ak'kader *m/pl*; **2.** *m ling* **l'~** das Ak'kadische; Ak'kadisch *n*

alaband|ine [alabɑ̃din] *f od* **~ite** *f minér* Alaban'din *m*; Man'ganblende *f*

alabastrite [alabastrit] *f* Ala'baster (-gips) *m*

alaire [alɛr] *adj* **1.** *zo* Flügel...; **plume ~** Flügelfeder *f*; **2.** *aviat* Tragflügel...; **charge f ~** Flächenbelastung *f*; **surface f ~** Tragflügelfläche *f*

alaise [alɛz] *f für Kranke, Säuglinge* (Gummi)'Unterlage *f*

Alamans [alamɑ̃] *m/pl hist* Ale'mannen *m/pl*

alambic [alɑ̃bik] *m chim* Destillati'ons-

Destil'lierapparat *m*; Re'torte *f*; Destil-'lierkolben *m*, -blase *f*

alambiqué [alɑ̃bike] *adj Stil, Sätze* geschraubt; gewunden; ausgeklügelt; kompli'ziert; spitzfindig; sub'til *(auch Geist)*

alandier [alɑ̃dje] *m e-s keramischen Ofens* Feuerung *f*

alanguir [alɑ̃gir] **I** *v/t* schlapp, schlaff, träge, matt, lässig machen; *adj* **alangui** schlapp; müde; matt; träge; lässig; **II** *v/pr st/s* **s'** schlapp, schlaff, träge, matt, lässig werden; erschlaffen

alanine [alanin] *f chim* Ala'nin *n*

alarmant [alarmɑ̃] *adj Symptom, Zustand, Nachricht etc* alar'mierend; beunruhigend; besorgniserregend

alarme [alarm] *f* **1.** A'larm *m*; *fig* **fausse ~** blinder Alarm; **dispositif** *m*, **sonnette** *f*, **système** *m* **d'~** Alarmvorrichtung *f*, -glocke *f od* -klingel *f*, -anlage *f*; *ch de fer* **signal** *m* **d'~** Notbremse *f*; *cf auch* signal; **donner l'~** Alarm schlagen *(auch fig)*, geben; *fig auch* Lärm schlagen; *früher* **sonner l'~** Alarm blasen; **2.** *fig* Unruhe *f*; Aufregung *f*; Angst *f*; Schrecken *m*

alarm|er [alarme] **I** *v/t Person* beunruhigen; alar'mieren; erschrecken; ängstigen; in Unruhe, Angst versetzen; **II** *v/pr* **s'~** sich beunruhigen, ängstigen (*de* wegen); in Unruhe geraten (über + *acc*); in Angst geraten (wegen); **~iste I** *adj* Unruhe stiftend; Angst, Schrecken verbreitend; **II** *m,f* Unruhestifter(in) *m(f)*

alaterne [alatɛrn] *m bot* Wegdorn *m*

albanais [albanɛ] **I** *adj* al'banisch; **II** *subst* **1.** ♀(e) *m(f)* Al'baner(in) *m(f)*; **2.** *ling* l'~ *m* das Al'banische; al'banisch *n*

albâtre [albɑtr(ə)] *m minér* Ala'baster *m*; **~ calcaire** Kalkalabaster *m*; **orientalischer** Alabaster *m*; **~ gypseux** Alabaster (-gips) *m*; **d'~** Alabaster...; alabastern; aus Alabaster; *fig u poét* (weiß) wie Alabaster

albatros [albatros] *m zo* Albatros *m*

albédo [albedo] *m phys (atom), astr* Al'bedo *f*; Reflexi'onsgrad *m*, -vermögen *n*; Rückstrahlungsvermögen *n*

albigeois [albiʒwa] *m/pl hist rel* Albi-'genser *m/pl*

albinisme [albinism(ə)] *m biol, path* Albi'nismus *m*

albinos [albinos] *m,f biol* Al'bino *m*

albite [albit] *f minér* Al'bit *m*

albugin|é [albyʒine] *adj Histologie* weißlich; **~ée** *f anat* **~ (du testicule)** dichte, weißliche Haut, Hülle des Hodens; *sc* Albu'ginea *f*

albugo [albygo] *m path* **a)** weißer Fleck auf der Hornhaut; *sc* Al'bugo *f*; **b)** weißer Fleck auf den Nägeln

album [albɔm] *m* **1.** Album *n*; **~ de photos, de timbres** Foto-, Briefmarkenalbum *n*; **2.** reichbebildertes Buch; *für Kinder* Bilderbuch *n*; **~ à colorier** Malbuch *n*

albumen [albymɛn] *m* **1.** *biol* Eiweiß *n*; Al'bumen *n*; **2.** *bot* Nährgewebe *n*, *sc* Endo'sperm *n (der Bedecktsamigen)*

albumin|e [albymin] *f biol* Eiweißkörper *m*; Albu'min *n*; *F Person* **avoir, faire de l'~** Eiweiß im Harn haben, ausscheiden; **~é** *adj bot* Samen mit Nährgewebe (versehen); **~eux** *adj* ⟨-euse⟩ *biol* eiweißhaltig; *sc* albumi'nös; **~oïde** *adj biol* eiweißähnlich, -artig; *sc* albumino'id

albuminur|ie [albyminyri] *f path* Ausscheidung *f* von Eiweiß im Harn; *sc* Albuminu'rie *f*; **1. auf** e-r Albuminu'rie beruhend; mit e-r Albuminu'rie verbunden; **2.** *auch subst m,f* an Albuminu'rie erkrankt, *subst* Erkrankte(r) *f(m)*

albumose [albymoz] *f Biochemie* Albu-'mose *f*

alcade [alkad] *m in Spanien* Al'kalde *m*

alcaïque [alkaik] *adj métr Vers, Strophe* al'käisch

alcalesc|ence [alkalesɑ̃s] *f chim* al'kalische Beschaffenheit, Eigenschaft, Reakti'on; Alkalini'tät *f*; **~ent** *adj* al'kalisch wirkend, rea'gierend; alka'lin

alcali [alkali] *m* **1.** *chim* Al'kali *n*; **~ caustique** kaustisches Alkali; Ätzalkali *n*; **2.** *comm* Salmi'akgeist *m*

alcali|fiant [alkalifjɑ̃] *adj chim* alkali-'sierend; **~métrie** *f chim* Alkalime'trie *f*

alcalin [alkalɛ̃] *adj chim* al'kalisch; *médicament* **~ od subst ~ m** alkalisches Medikament; **métaux ~s** Al'kalimetalle *n/pl*; *biol* **réserve ~e** Alkalireserve *f*; **roches ~es** Alkaligesteine *n/pl*; **terres ~es** alkalische Erden *f/pl*; Erdalkalien *n/pl*

alcalin|isation [alkalinizasjɔ̃] *f chim* Alkali'sieren *n*, -ung *f*; **~iser** *v/t chim* alkali'sieren; al'kalisch machen; **~ité** *f chim* Alkali'tät *f*

alcalino-terreux [alkalinotɛrø] *adj* **métaux** *m/pl* **~** Erdalkalimetalle *n/pl*

alcal|oïde [alkalɔid] *m Biochemie* Alkalo'id *n*; **~ose** *f path* Verschiebung *f* des Säure-Basen-Gleichgewichts im Blut; *sc* Alka'lose *f*

alcarazas [alkarazas] *m* po'röser Tonkrug *(zum Kühlen des Trinkwassers)*

alchémille [alkemij] *od* **alchimilla** [alkimija] *f bot* Frauenmantel *m*; *sc* Alche'milla *f*

alchim|ie [alʃimi] *f* Alchi'mie *f*; *auch* Alche'mie *f*; **~ique** *adj* alchi'mistisch; **~iste** *m* Alchi'mist *m*

alcool [alkɔl] *m* **1.** *als Getränk, chim* Alkohol *m*; *für tech Zwecke* Spiritus *m*; **~ absolu** absoluter, wasserfreier Alkohol; **~ bon goût** Primasprit *m*; **~ industriel** aus Stärke, Melasse *etc* gewonnener Alkohol; **~ naturel** durch alkoholische Gärung gewonnener Alkohol; **~ primaire, secondaire, tertiaire** ein-, zwei-, dreiwertiger Alkohol; **à brûler** Brennspiritus *m*; **~ à 95°** (quatre-vingt--quinze degrés) 95prozentiger, *abus* reiner Alkohol; Sprit *m*; **sentir, empester, puer l'~** nach Alkohol riechen, stinken; *F* **e-e Fahne** haben; **2.** *par ext* Schnaps *m*; Li'kör *m*; **prendre un petit ~** ein Schnäpschen, Li'körchen trinken

alcool|at [alkɔla] *m phm* Destil'lat *n e-s* alko'holischen (Pflanzen)Auszugs; **~ate** *m chim* Alkoho'lat *n*

alcool|ature [alkɔlatyr] *f phm* alko'holischer (Pflanzen)Auszug; **~é** *m phm* alko'holischer Auszug

alcoolémie [alkɔlemi] *f* Blutalkohol (-gehalt, -spiegel) *m*; *F* Alkoholpegel *m*; **taux légal d'~** gesetzlich festgelegte Grenze für den Blutalkoholgehalt

alcoolification [alkɔlifikasjɔ̃] *f* alko-'holische Gärung

alcoolique [alkɔlik] **I** *adj* **1.** alko'holisch; **boissons** *f/pl* **~s** alkoholische Getränke *n/pl*; Alko'holika *pl*; **fermentation** *f* **~** alkoholische Gärung; **intoxication** *f* **~** Alkoholvergiftung *f*; **2.** *Person* trunksüchtig; alkoholkrank; **II** *m,f* Alko'holiker(in); Trinker(in) *m(f)*; Alkoholkranke(r) *f(m)*

alcoolisation [alkɔlizasjɔ̃] *f* **1.** Alkoholi'sieren *n*, -ung *f*; Zusetzen *n* von Alkohol; *von Wein auch* Vi'nieren *n*; Aufspriten *n*; **2.** *path des Organismus* Anreicherung *f* mit Alkohol; **3.** 'Umwandlung *f* in Alkohol

alcooliser [alkɔlize] **I** *v/t* **1.** alkoholi'sieren; mit Alkohol versetzen; Alkohol zusetzen (+*dat*); *Wein auch* vi'nieren; aufspriten; *adjt* **alcoolisé** mit Alkohol-

zusatz; alko'holisch; **fortement alcoolisé** alkoholreich; mit hohem Alkoholgehalt; **boisson alcoolisée, non alcoolisée** alkoholisches, alkoholfreies Getränk; **2.** in Alkohol 'umwandeln; **II** *v/pr F Person* **s'~** sich betrinken; *F* sich unter Alkohol setzen

alcoolisme [alkɔlism(ə)] *m* Alkoho'lismus *m*; Trunksucht *f*; *path:* **~ aigu** akute Alkoholvergiftung; Trunkenheit *f*; **~ chronique** chronische Alkoholvergiftung; Trunksucht *f*; Säuferkrankheit *f*

alcooltest [alkɔtɛst] *m cf* **alco(o)test**

alcoo|mètre [alkɔmɛtr(ə)] *m* Alkohol-'meter *n*; **~métrie** *f* Alkoholme'trie *f*

alco(o)test [alkɔtɛst] *m* Alkoholtest *m*; Alco'test(-Gerät) *m(n)*; Alkoholteströhrchen *n*

alcôve [alkov] *f* Al'koven *m*; Bettnische *f*; **secrets** *m/pl* **d'~** Bett-, Schlafzimmergeheimnisse *n/pl*

alcoylation [alkɔilasjɔ̃] *f chim* Alky'lierung *f*; Alkylati'on *f*

alcoyle [alkɔil] *m chim* Al'kyl(rest) *n(m)*

alcyon [alsjɔ̃] *m zo* (e-e) Lederkoralle

alcyonaires [alsjɔnɛr] *m/pl zo* Lederkorallen *f/pl*

aldéhyde [aldeid] *m chim* Alde'hyd *m*; **~ acétique** A'cetaldehyd *m*; Ätha'nal *n*; **~ benzoïque, formique** Benz-, Formalde'hyd *m*

aldin [aldɛ̃] *adj impr* **caractères ~s** Al'dine *f*; **édition ~e** Al'dine *f*

aldol [aldɔl] *m chim* Al'dol *n*; Alde'hydalkohol *m*; Hydroxyalde'hyd *m*

aléa [alea] *m meist pl* **~s** (unliebsame) Zufälligkeiten *f/pl*; (unangenehme) Über'raschungen *f/pl*; *des Berufs* Risiken *n/pl*

aléatoire [aleatwar] *adj* zufallsbedingt; vom Zufall abhängig; dem Zufall unter-'worfen; auf reinem Zufall beruhend; rein zufällig; Zufalls...; *alea'torisch*; *jur* **contrat** *m* **~** aleatorischer Vertrag; *math* **grandeur** *f* **~** Zufallsgröße *f*

alémanique [alemanik] **I** *adj* ale'mannisch; **II** *m ling* l'~ das Ale'mannische; Ale'mannisch *n*

alène [alɛn] *f* Ahle *f*; Pfriem *m*

alénois [alenwa] *adj* ⟨nur *m*⟩ *bot* **cresson ~** Gartenkresse *f*

alentour [alɑ̃tur] **I** *adv* **tout ~** rings'um; ringsum'her; **cent mètres ~** hundert Meter im 'Umkreis; **II** *m/pl* **~s** **1.** *e-s Ortes* Um'gebung *f*; 'Umgegend *f*; **2.** *loc/prép* **aux ~s de** örtlich in der Nähe, Gegend von; *zeitlich* (so) gegen; (so) um ... herum; *loc/adv* **aux ~s** in der Nähe, *F* Gegend

alépine [alepin] *f text* Ale'pine *m*

alérion [alerjɔ̃] *m Heraldik* kleiner Adler ohne Schnabel und Füße

alerte[1] [alɛrt] *adj Bewegung, Sprung* flink; rasch; schnell; behend(e); *Greis* munter; frisch; mo'bil; le'bendig; a'lert; *Geist* rege; aufgeweckt; lebendig; wach; *Stil* lebendig; flott

alerte[2] [alɛrt] *f* **1.** *bes mil* A'larm *m*; **~ aérienne** Flieger-, Luftalarm *m*; *fig* **fausse ~** falscher, blinder Alarm; **~ aux blindés** Panzeralarm *m*; **fin f d'~** Entwarnung *f*; **système** *m* **d'~** Alarmanlage *f*; Warnsystem *n*; **en état d'~** in Alarmbereitschaft; alarmbereit; **donner l'~** Alarm geben; alar'mieren (**à qn** j-n) *(auch fig)*; **2.** *fig* (drohende) Gefahr; A'larmsignal *n*; **~!** Achtung!; Vorsicht!; aufgepaßt!; ihr heißt es aufpassen!; **à la moindre ~** beim geringsten Anzeichen e-r Gefahr; **l'~ a été chaude, vive** das ist noch einmal gnädig abgegangen; **ce n'était qu'une ~** das war nur ein Schreckschuß

alertement [alɛrtəmɑ̃] *adv* flink; rasch; behend(e)

alerter [alɛrte] v/t **1.** alar'mieren (*auch fig*); **2.** *par ext* e-n Wink, ein Zeichen geben (qn j-m)

alésage [aleza3] m **1.** *tech* Auf-, Ausbohren n, -ung f; *mit der Reibahle* (Aus-) Reiben n; **2.** *auto* Zy'linderbohrung f, -durchmesser m

alèse [alɛz] f cf alaise

alésé [aleze] adj *Heraldik* die Schildränder nicht berührend

alés|er [aleze] v/t <-è-> *tech* auf-, ausbohren; *mit der Reibahle* (aus)reiben; **~eur** m Bohrwerkdreher m; **~euse** f *tech* Bohrmaschine f; **~euse-fraiseuse** f <*pl* aléseuses-fraiseuses> *tech* Bohr- und Fräsmaschine f; **~oir** m *tech* Reibahle f; Aufreiber m

aleurite [alørit] f *bot* Tungölbaum m

aleurode [alørɔd] m *zo* Mottenschildlaus f

aleurone [alørɔn] f *biol* Aleuron n

alevin [alvɛ̃] m *Fischzucht* Setzling m; Satzfisch m

alevin|age [alvina3] m *Fischzucht* Besatz m, Besetzen n mit Setzlingen; **~er** v/t *Gewässer mit Setzlingen besetzen*; **~ier** m *od* **~ière** f Teich m, in dem Setzlinge her'angezogen werden

alexandrin [alɛksɑ̃drɛ̃] **I** adj alexan'drinisch; **II** m *métr* Alexan'driner m; Zwölfsilber m

alexie [alɛksi] f *path* Leseunfähigkeit f; *sc* Ale'xie f

alexine [alɛksin] f *Biochemie* Ale'xin n; Komple'ment n

alezan [alzɑ̃] **I** adj *Pferd, Maultier* rotbraun; fuchsrot; **II** m *Pferd* Fuchs m; ~ brûlé, clair, doré Brand-, Hell-, Goldfuchs m

alfa [alfa] m **1.** *bot* Alfa(-) *od* Halfa(gras) f(n); Es'partogras n; **2.** (papier m d')~ Alfapapier n

alfatier [alfatje] adj <-ière> (H)Alfa-(gras)...; **industrie alfatière** Alfa *od* Halfa verarbeitende Industrie

alfénide [alfenid] m (*Art*) Neusilber n (*mit 20% Silber*)

algarade [algarad] f (kleine) Ausein'andersetzung, Meinungsverschiedenheit; Wortwechsel m; Dis'put m; **avoir une ~ avec qn** e-e (kleine) Auseinandersetzung *etc* mit j-m haben

algazelle [algazɛl] f *zo* Säbelantilope f

algèbre [al3ɛbr(ə)] f *math* Algebra f; ~ linéaire lineare Algebra; ~ de la logique Algebra der Logik; algebraische Logik; *fig* c'est de l'~ pour moi das sind böhmische Dörfer für mich; das ist ein Buch mit sieben Siegeln für mich

algébr|ique [al3ebrik] adj alge'braisch; lettres f/pl ~s in der Algebra verwendete Buchstaben m/pl; nombre m, quantité f ~ algebraische Zahl, Struktur; **~iste** m,f Algebra'iker(in) m(f)

algér|ien [al3erjɛ̃] **I** adj <~ne> al'gerisch; **II** subst **1.** ♀(ne) m(f) Al'gerier(in) m(f); **2.** *ling* l'~ m der in Al'gerien gesprochene a'rabische Dia'lekt; **~ois** adj (*u subst* ♀ Einwohner) von Algier

algésimètre [al3ezimɛtr(ə)] m Algesi'od Algo'meter n

algid|e [al3id] adj *path* mit Kältegefühl ein'hergehend; **~ité** f *path* Kältegefühl n

algie [al3i] f *méd* Schmerz m

alginate [al3inat] m *chim* Algi'nat n

algin|e [al3in] f *chim* Al'gin n; **~ique** adj *chim* **acide** m ~ Al'ginsäure f

algol [algɔl] m *Programmiersprache* AL-GOL n

algorithm|e [algɔritm(ə)] m *math* Algo'rithmus m; **~ique** adj algo'rithmisch

algue [alg] f *bot* Alge f; ~ **bleue, brune, rouge, verte** Blau-, Braun-, Rot-, Grünalge f

---

alias [aljɑs] adv alias; auch ... genannt

alibi [alibi] m *jur, fig* Alibi n; **avoir, fournir un ~** ein Alibi haben, erbringen *od* nachweisen

aliboufier [alibufje] m *bot* Storaxbaum m

alidade [alidad] f *arp* Alhi'dade f; ~ nivélatrice Di'opterlineal n; ~ à lunette Kippregel f

alién|abilité [aljenabilite] f *jur* Veräußerbarkeit f; Über'tragbarkeit f; **~able** adj *jur* veräußerlich; über'tragbar (*auch Recht*)

aliéna|taire [aljenatɛr] m,f *jur* Person, zu deren Gunsten etw veräußert, auf die etw über'tragen wird; *auch* Erwerber(in) m(f); **~teur** m, **~trice** f *jur* Veräußerer m

aliénation [aljenasjɔ̃] f **1.** *jur* (Eigentums)Über'tragung f (*auch e-s Rechts*); Veräußerung f; **2.** *path* ~ (mentale) Geistesgestörtheit f; geistige Um'nachtung; Geisteskrankheit f; **3.** (freiwillige) Aufgabe; (freiwilliger) Verzicht (de auf + acc); Entäußerung f; **4. a)** ~ des cœurs, des esprits gegenseitige Entfremdung, Abneigung; **b)** *philos* des Menschen (Selbst)Entfremdung f

aliéné(e) [aljene] m(f) *path* Geistesgestörte(r) f(m), -kranke(r) f(m)

aliéner [aljene] <-è-> **I** v/t **1.** *jur* über'tragen; veräußern; **2.** *Freiheit, Unabhängigkeit* aufgeben; verzichten auf (+acc); sich entäußern, begeben (+gén); **3.** entfremden (à dat); **la vie quotidienne les avait aliénés** der Alltag hatte sie einander entfremdet; **cela lui aliéna toutes les sympathies** das kostete ihn, das verscherzte ihm alle Sympathien; **II** v/pr **s'~ qn** sich j-m entfremden; **s'~ les cœurs, les esprits, les sympathies** sich die Zuneigung, Achtung, Sympathien verscherzen, verwirken; die Zuneigung, Achtung, Sympathien verspielen, verlieren; *auch* sich unbeliebt machen

aliéniste [aljenist] m,f *ältere Bezeichnung* Irrenarzt, -ärztin m,f

ali|fère [alifɛr] adj *Insekten* geflügelt; **~forme** adj flügelförmig

alignement [aliɲmɑ̃] m **1.** (schnurgerade) Ausrichtung, Reihe, Linie, *von Bäumen auch* Zeile; **se mettre à** *od* **dans l'~** mehrere Personen in Linie, in e-r Reihe antreten; *einzelne Person* in die Reihe treten; sich in e-r Reihe stellen; **sortir de l'~** aus der Reihe treten; **se tenir à l'~** in e-r Reihe stehen; **2.** *bât* (Bau)Flucht f; Straßenbegrenzungslinie f, -fluchtlinie f; (Bau-)Fluchtlinie f; Baugrenze f, -linie f; **plan** m d'~ Fluchtlinienplan m; **une rue frappée d'~** e-e Straße, deren Begrenzungs-, Fluchtlinien geändert, neu festgesetzt werden; *Häuser* **être à l'~** in e-r Flucht stehen; **3.** *fig* Ausrichtung (*sur* nach); Angleichung f, Anpassung f (an + acc); Abstimmung f (mit); ~ monétaire Währungsangleichung f; **4.** *Megalithkultur* ~s pl Aligne'ments pl; Anordnungen f/pl von paral'lelen Steinreihen

aligner [aliɲe] **I** v/t **1.** in e-e (gerade) Linie, Reihe bringen, stellen, legen; in gerader Linie aufstellen, *Pflanzen* setzen, pflanzen; in e-r Zeile pflanzen; *Wörter, Zahlen* in e-e *od* e-r Reihe schreiben; (in e-e *od* e-r Reihe) neben-ein'ander-, unterein'anderschreiben; *Gegenstände, angetretene Soldaten* ausrichten; *oft p/p* être aligné in e-r Reihe, Linie, Zeile stehen; **2.** *par ext Sätze, Zahlen* anein'anderreihen; *Argumente, Namen* (der Reihe nach) aufzählen, anführen; *Zahlen, Namen auch* der Reihe nach hinschreiben; F **les ~** e-e Menge Geld hinblättern, auf den Tisch blät-

---

tern; F tüchtig blechen; **3.** *fig* ~ qc sur qc etw nach etw ausrichten; etw e-r Sache (*dat*) angleichen, anpassen; *pol* **les pays non alignés** die blockfreien Länder n/pl; **II** v/pr **s'~ 4.** *Personen* **a)** in Linie antreten; sich in e-r Reihe aufstellen; **b)** sich ausrichten; **5.** *Gegenstände* in e-r Reihe stehen; aufgereiht sein, stehen; **6.** *fig* **s'~ sur qc** sich e-r Sache (*dat*) anpassen, anschließen; **s'~ sur la position officielle** *auch* auf die offizielle Linie einschwenken; **7.** F *fig* **il peut toujours s'~** (er braucht es erst gar nicht zu versuchen;) dem Gegner *od* d e m ist er ja doch nicht gewachsen, mit d e m kann er sich ja doch nicht messen, F d e r ist e-e Nummer zu groß für ihn

aliment [alimɑ̃] m **1.** Nahrungsmittel n; Nahrungs-, Nährstoff m; ~s pl auch Nahrung f; Lebensmittel n/pl; *für Tiere* Futter n; ~s liquides flüssige Nahrung; ~s minéraux, organiques mineralische, organische Nährstoffe; ~s du bétail Viehfutter n; Futtermittel n/pl; ~s d'origine animale, végétale tierische, pflanzliche Nahrungsmittel; **2.** *jur* ~s pl (Lebens)'Unterhalt m; *für ein uneheliches Kind auch* Ali'mente pl; **3.** *fig für das Feuer, den Geist* Nahrung f; fournir, donner un ~ à qc e-r Sache (*z B dem Argwohn, Klatsch*) neue Nahrung geben

alimentaire [alimɑ̃tɛr] adj **1.** Nahrungs...; Ernährungs...; **besoins** m/pl ~s Nahrungs-, *der Tiere* Futterbedarf m; **conserves** f/pl ~s Lebensmittelkonserven f/pl; **denrées** f/pl ~s Nahrungs-, Lebens-, *für Tiere* Futtermittel n/pl; **huile** f ~ Speiseöl n; **industries** f/pl ~s Nahrungs-, Lebensmittelindustrie f; **pâtes** f/pl ~ Teigwaren f/pl; **plante** f ~ der menschlichen Nahrung dienende Nutz-, Kulturpflanze; **produits** m/pl ~s Nahrungs-, Lebensmittel n/pl; Erzeugnisse n/pl der Nahrungsmittelindustrie; **substances** f/pl ~s Nährstoffe m/pl; **2.** *jur* ~s pl 'Unterhalts...; **obligation** f ~ Unterhaltspflicht f; **pension** f ~ 'Unterhaltsrente f; *für ein uneheliches Kind* Ali'mente pl; **3.** *tech* **pompe** f ~ Speisepumpe f; **4.** *péj Literatur etc* lediglich dem Broterwerb dienend

alimentateur [alimɑ̃tatœr] **I** adj <-trice> *tech* Speise...; Zuleitungs...; *mil* **mécanisme** ~ Lademechanismus m, -vorrichtung f; **II** m *élect* ~ d'antenne Speiseleitung f, Ener'giezuleitung f zur Antenne; Feeder ['fi:-] m

alimentation [alimɑ̃tasjɔ̃] f **1. a)** Ernährung f; Beköstigung f; *mil* Verpflegung f; *des Viehs* Fütterung f; **b)** Nahrung f; Kost f; Beköstigung f; **2.** Lebensmittelhandel m; **magasin** m, **rayon** m d'~ Lebensmittelgeschäft n, -abteilung f; **3.** *bes tech* Versorgung f (en mit); Zuführung f; Zufuhr f; Zuleitung f; Speisung f (mit); *e-r Feuerwaffe* Laden n; ~ **en carburant** Kraftstoffzufuhr f, -zuführung f, -zuleitung f; ~ **en charbon** *e-r Stadt* Kohlenversorgung f; *e-r Feuerungsanlage* Bekohlung f; ~ **en courant (électrique)** Stromversorgung f; ~ **en eau** *e-r Stadt* Wasserversorgung f; *e-s Dampfkessels* Speisung mit (Speise-)Wasser; *mil* ~ **en munitions** Muni'tionsversorgung f; Wasserversorgung; ~ **en retour** (Wasser)Versorgung f aus Hochbehältern; *élect* **boîte** f d'~ Netzanschlußgerät n; Stromversorgungsgerät n; Netzteil n; *mil* **mécanisme** m d'~ Lademechanismus m, -vorrichtung f; **4.** *Kunststoffverarbeitung* Ka'näle m/pl (*durch die die Kunststoffmasse gepreßt wird*)

alimenter [alimɑ̃te] **I** v/t **1.** *bes Kranken* ernähren; *Vieh* füttern; ~ **légèrement**

mit leichter Kost ernähren; leichte Kost verabreichen (qn j-m); **2.** *par ext* versorgen (**en** mit); *Markt auch* beschicken (mit); *tech, élect auch* speisen (mit); *Feuer* unter'halten; *bei e-m Brand* immer neue Nahrung geben (le feu dem Feuer); *Fonds, Kasse* speisen (**par des contributions** durch Beiträge); *Fonds auch, Haushalt* finan'zieren (**par** durch); **3.** *fig dem Argwohn, der Skepsis etc* neue Nahrung geben (+*dat*); *Ereignis, Vorfall* ~ **la conversation** der Unter'haltung Stoff liefern; **II** *v/pr* **s'**~ sich ernähren (**de fruits** von Obst); *Kranker* Nahrung zu sich nehmen

alinéa [alinea] *m in e-m Text* **a)** ('Unter)Absatz *m;* **b)** neue mit Einzug beginnende Zeile; Absatzbeginn *m;* A'linea *n*

alios [aljos] *m géol* Ortsteinboden *m*

aliphatique [alifatik] *adj chim* ali'phatisch

ali|quante [alikãt] *adj math* **partie** *f* ~ aliqu'anter Teil; **~quote** [-kɔt] *adj math* **partie** *f* ~ aliqu'oter Teil

alis|e [aliz] *f bot Frucht* Elsbeere *f;* **~ier** *m bot* ~ **blanc** Mehlbeere *f;* Mehlbeerbaum *m;* ~ **torminal** Elsbeere *f;* Elsbeerbaum *m*

alismacées [alismase] *f/pl bot* Frosch-löffelgewächse *n/pl*

alitement [alitmã] *m* Bettlägerigsein *n;* Bettlägerigkeit *f*

aliter [alite] **I** *v/t Krankheit* ~ qn j-n ans Bett fesseln; *meist adjt* **être, rester alité** bettlägerig sein, das Bett hüten müssen; **II** *v/pr* **s'**~ sich (ins Bett) legen

alizar|i [alizari] *m* Wurzel *f* der (Echten) Färberröte; **~ine** *f Farbstoff* Aliza'rin *n*

alize [aliz] *f cf* alise

alizé [alize] *adj u subst m* (**vent**) ~ Pas'sat(wind) *m;* ~ **austral, boréal** Süd'ost-, Nord'ostpassat *m*

alizier [alizje] *m cf* alisier

alkékenge [alkekãʒ] *f bot* Juden-, Blasenkirsche *f;* Lampi'onpflanze *f*

alkyd [alkid] *m chim* Al'kydharz *n*

alkylation [alkilasjõ] *f chim* Alky'lierung *f;* Akylati'on *f*

allaise [alɛz] *f in e-m Flußbett* Sandanschwemmung *f,* -ablagerung *f,* -bank *f*

allaitement [alɛtmã] *m des Säuglings* Stillen *n; zo* Säugen *n;* ~ **artificiel** artfremde Ernährung; *zo* mutterlose Aufzucht; Aufzucht *f* mit der Flasche; ~ **maternel, au sein** Stillen durch die Mutter; Ernährung *f* mit Muttermilch; ~ **mixte** gemischte Ernährung; Zwiemilchernährung *f;* **~au biberon** Ernährung *f* mit der Flasche

allaiter [alete] *v/t Säugling* ~ (**au sein**) stillen; *zo* säugen; ~ **au biberon** mit der Flasche ernähren; Flaschennahrung geben (qn j-m)

allant [alã] **I** *adj Person* tatkräftig; ak-'tiv; unter'nehmend; unter'nehmungslustig; **II** *m* Schwung *m;* Tatkraft *f;* Unter'nehmungsgeist *m,* -lust *f;* **avoir de l'**~ Schwung *etc* besitzen; F auf Draht sein

allantoïde [alãtɔid] *f biol* Harnsack *m,* -haut *f; sc* Al'lantois *f*

alléch|ant [aleʃã] *adj Duft, Angebot, Vorschlag* verlockend; **~er** *v/t* ⟨-è-⟩ (an)locken; *durch Aussicht auf Gewinn etc* ködern

allée [ale] *f* **1.** Al'lee *f;* ~ **cavalière** Reitweg *m;* ~ **couverte** a) Allee, deren Bäume ein Gewölbe bilden; b) Allée couverte *f* (*ein Megalithgrab*); ~ **de tilleuls** Lindenallee *f;* **2.** *zwischen Bank-, Sitzreihen* Gang *m;* ~ **centrale, latérale** Mittel-, Seitengang *m*

allées [ale] *f/pl* ~ **et venues** Hin- und Herlaufen *n; um etw zu besorgen*

Laufe'rei(en) *f(pl);* **j'ai dû faire de nombreuses** ~ **et venues** ich hatte viele Lauferien

allégation [alegasjõ] *f* Behauptung *f*

allège [alɛʒ] *f* **1.** *mar* Leichter *m;* **2.** *bât* Fensterbrüstung *f;* **3.** *ch de fer* ~ **postale** Postwagen *m* (*ohne Sortieranlage*)

allégeance [aleʒãs] *f hist* Treuepflicht *f,* Gehorsam *m* (*der Untertanen*)

allégement [aleʒmã] *m* **1.** *e-r Last* Gewichtsverringerung *f; mar* Leichtern *n;* **2.** *von finanziellen Lasten* Verminderung *f;* Verringerung *f; des Lehrplans* stoffliche Entlastung; *des Prüfungsstoffs, der Verantwortlichkeit* engere Begrenzung; Einschränkung *f;* ~ **fiscal, des impôts** Steuererleichterung *f,* -senkung *f*

alléger [aleʒe] *v/t* ⟨-è-⟩ **1.** *Last* leichter machen; gewichtsmäßig verringern; *Schiff* leichtern; **2.** *finanzielle Last* vermindern; verringern; *Steuern, Gebühren* senken; *Lehrplan* stofflich entlasten; *Prüfungsstoff, Verantwortlichkeit* enger begrenzen; einschränken; *Schmerz, Kummer* lindern; *Gewissen* entlasten

allégor|ie [alegɔri] *f Literatur, bildende Kunst* Allego'rie *f;* Sinnbild *n;* **~ique** *adj* alle'gorisch; sinnbildlich

allègre [alɛgr(ə)] *adj* **1.** *Person* fröhlich; vergnügt; munter; **2. marcher d'un pas** ~ munter, rüstig, kräftig, flott ausschreiten

allégrement [alegrəmã] *adv* **marcher** ~ munter drauf'losmarschieren; *cf auch* **allègre** 2.; *iron* **marcher** ~ **vers sa ruine** munter, frisch-fröhlich s-m 'Untergang entgegengehen

allégresse [alegrɛs] *f meist e-r Menge* laute, ausgelassene Freude; Jubel *m;* **cris** *m/pl* **d'**~ Freudengeschrei *n;* Jubelrufe *m/pl;* **pousser des cris d'**~ *auch* jauchzen; ein Freudengeheul anstimmen; **en signe d'**~ als Zeichen, Ausdruck der Freude

allegretto [alegrɛ(t)to] *adv mus* alle'gretto; mäßig schnell, lebhaft

allégretto [alegrɛ(t)to] *m mus* Alle'gretto *n*

allegro [alegro] *adv mus* al'legro; schnell; lebhaft

allégro [alegro] *m mus* Al'legro *n*

alléguer [alege] *v/t* ⟨-è-⟩ **1.** *Autorität* sich berufen auf (+*acc*); **2.** *Entschuldigung, Grund* angeben; anführen; vorbringen; *ins Feld führen; Vorwand* bringen

allèle [alɛl] *m biol* Al'lel *n*

allélomorphe [alelomɔrf] *adj biol* **gène** *m* ~ *cf* **allèle**

alléluia [aleluja] **I** *int rel* halle'luja *od* alle'luja; **II** *m* **1.** *rel* Halle'luja *od* Alle'luja *n;* **2.** *égl cath in der Messe* Alle'lujalied *n;* **3.** *poét* Lob-, Freudengesang *m;* **4.** *bot* Sauerklee *m*

allemand [almã] **I** *adj* deutsch; **II** *subst* **1.** ⚲(**e**) *m(f)* Deutsche(r) *f(m);* **2.** *ling* l'~ *m* das Deutsche; Deutsch *n;* **le haut** ~ *cf* haut 6.; **3.** ~**e** *f mus* Alle'mande *f*

allène [alɛn] *m chim* Al'len *n*

aller¹ [ale] ⟨**je vais, tu vas, il va, nous allons, ils vont; j'allais; j'allai; j'irai; que j'aille, que nous allions; va!, aber: vas-y!** [vazi] **va y travailler!,** F **vas-y voir!; allant; être allé**⟩
I *v/i* **1.** gehen; fahren; *mit Angabe des Ziels auch* reisen; *in Wendungen auch* ziehen; *Weg, Straße* führen; gehen; *Puls* gehen; schlagen;
Wendungen **a)** *alleinstehend: bibl* **va et ne pèche plus!** gehe hin und sündige hinfort nicht mehr!; **ainsi va le monde** *cf* monde 1.; *Glücksspiel* **rien ne va plus!** rien ne va plus!; ♦ *als int:* **crâneuse, va!** *od* **va donc, eh crâneuse!** F *so e-e Angeberin!;* gibt die aber an!; **va**

donc, eh feignant! F du Faulpelz, du!; **allons! du calme!** immer *od* nur ruhig Blut, Ruhe bewahren!; **allons** *od* **allez, tête de mule, je ne t'en veux pas** (es ist ja) schon gut *od* na, laß gut sein, du Dickschädel, …; **allons** *od* **allez! cesse de t'agiter!** jetzt sitz endlich mal still!; **allons** *od* **allez! dépêche-toi!** los *od* vorwärts, beeil dich!; **allons** *od* **allez, Micheline, dis-moi que …** ach bitte, Micheline, sag doch, daß …; **allons (donc)** *od* **allez (donc)! ce n'est pas vrai!** ach, geh(en Sie), aber geh(en Sie), unmöglich, nicht möglich, das ist doch nicht wahr!; das darf doch wohl nicht wahr sein!; **allons** *od* **allez!** *voilà que ça recommence!* F zum Kuckuck noch mal, …!; **allons (donc)** *od* **allez (donc)! vous vous rétablirez!** Kopf hoch, Sie werden schon wieder gesund werden!; **allez donc!** *faire du sport dans un accoutrement pareil!* wie kann man nur …!; **et allez donc!** a) *encore un accident* mein Gott!, das ist ja furchtbar, schrecklich! …; b) *vous gênez pas! iron* (machen Sie) nur weiter so!, das ist ja reizend! …; *j'avais mon couteau à la main, et allez donc!…* … und ehe ich mich's versah, F und zack, …; **allez, allez! au lit!** los, los *od* marsch ins Bett!; **nous ne serons pas les derniers, allez, …** wir sind bestimmt, sicher, garan'tiert nicht die letzten …; **nous nous retrouverons, allez!** na warte, wir sprechen uns noch!; **b)** *mit adv:* ~ **dehors** hin'ausgehen; nach draußen gehen; F rausgehen; ~ **devant** vor'aus-, vor'angehen, -laufen, -fahren; ~ (**trop**) **loin** *cf* loin 1.; **cela** *od* **ça va tout seul** das geht (ganz) von selbst, von allein(e); ~ **vite** schnell gehen, laufen, fahren; *Arbeit* schnell, rasch vor'angehen, -schreiten, fortschreiten; *Puls* schnell, rasch gehen, schlagen; **à cette heure-ci, on va plus vite en métro qu'en voiture** … kommt man mit der U-Bahn schneller vorwärts als mit dem Auto; **y** ~ da- *od* dorthin gehen, laufen, fahren, reisen; **vas-y!, allez-y!** nur zu!; los!; vorwärts!; tu das!; tue Sie das!; F schieß mal, schießen Sie mal los!; *bei e-r Prügelei* **vas-y!** gib's ihm!; *sports* **vas-y, Robert!** skandierend Robert! Robert! Robert!; **bravo! bravo! bravo!;** *bei e-m Fest* **ça y allait!** da ging es hoch her!; **on y va!** a) auf geht's!; auf!; vorwärts!; b) ich komme schon!; (ich komme) gleich, sofort!; **comme vous y allez!** F na, Sie sind (vielleicht) gut!; **avec lui allez-y doucement!** gehen Sie rücksichtsvoll, schonend mit ihm um!; **allez-y avec prudence!** aber seien Sie vorsichtig (dabei)!; **c)** *mit prép:* ~ **à la baignade** zum Baden gehen; ~ *od* **en bicyclette, vélo** mit dem (Fahr-) Rad fahren; **comment ira-t-il au bureau?** wie wird er ins Büro kommen?; **y** ~ **à cheval** dorthin reiten; F ~ **au coiffeur,** *etc* zum Friseur *etc* gehen; ~ **à l'école** in die *od* zur Schule gehen; ~ **à l'étranger, à Paris** ins Ausland, nach Paris gehen, fahren, reisen; *Glas, Geschirr* ~ **au feu** feuerfest sein; ~ **à la guerre** in den Krieg ziehen; *Farbe etc* ~ **à la lessive** waschecht sein; ~ **à la mer, à la** *od* **montagne** ans Meer, ins Gebirge *od* in die Berge fahren; ~ **à pied** zu Fuß gehen; laufen; ~ **aux provisions** Besorgungen, Einkäufe machen; einkaufen gehen; ~ **au texte** sich mit dem Text befassen; an den Text (her'an-) gehen; ~ **chez** qn zu j-m gehen; ~ **chez le coiffeur, le dentiste,** *etc* zum Friseur, Zahnarzt *etc* gehen; ~ **contre les idées reçues** gegen die althergebrachten Vorstellungen angehen, ankämpfen;

cela va contre ses opinions das geht gegen s-e Über'zeugung; il faut deux heures pour ~ de Paris à X von Paris bis X braucht man zwei Stunden; ça va de soi, sans dire das ist (doch) selbstverständlich; das versteht sich von selbst; ~ de ville en ville von Stadt zu Stadt ziehen; ~ **en** od **par avion** (mit dem Flugzeug) fliegen; ~ **en bas** hin'untergehen; nach unten gehen; F runtergehen; ~ **en France** nach Frankreich gehen, fahren, reisen; ~ **en justice** vor Gericht gehen, ziehen; *Gelände, Straße* ~ **en pente** abfallen; Gefälle haben; ~ **en train** od **par le train** mit dem Zug, mit der Bahn fahren; ~ **en voiture** mit dem Auto, Wagen fahren; il alla **jusqu'à** lui dire … er ging so weit, ihm zu sagen …; *Leidenschaft* ~ **jusqu'à la folie** sich bis zum Wahnsinn steigern; *fig* ~ **jusqu'au ministre** bis zum Minister gehen; *Garten* ~ **jusqu'à la rivière** bis zum Fluß gehen; *Straße* ~ **jusqu'à Tours** bis nach Tours führen, gehen; **va pour un enfant, mais toi! non!** (es mag noch angehen,) wenn es ein Kind tut, aber doch nicht du!; *cf auch* va; **ne pas** ~ **sans** qc nicht ohne etw (ab)gehen; stets mit etw verbunden sein; **la vie ne va pas sans sacrifices** es geht im Leben nicht ohne Opfer; ~ **sur ses quarante ans** auf die Vierzig zugehen; sich den Vierzigern nähern; **d)** *mit Verben:* (se) laisser ~ *cf* laisser II *u* III; ~ **et venir** hin- und hergehen *bzw* -laufen *bzw* -fahren; auf und ab kommen und gehen; F **je ne fais qu'~ et venir!** ich bin gleich *od* sofort wieder da, zurück; **2.** *Person gesundheitlich, Geschäfte etc* gehen; **comment vont les affaires?** was macht das Geschäft?; wie geht das Geschäft?; wie gehen die Geschäfte?; **comment vont vos maux de tête?** was machen Ihre Kopfschmerzen?; **comment allez-vous?** wie geht es Ihnen?; F **(comment) ça va?** wie geht's?; wie geht es denn?;-F wie steht's?; **ça va** es geht (mir, uns) ganz gut; *von Sachen* das geht; das ist nicht schlecht; das ist pas'sabel; *ärgerlich* F **ça va (comme ça), ça va bien comme ça!** jetzt langt's, reicht's mir aber!; jetzt ist's aber genug!; Schluß damit!; jetzt will ich nichts mehr davon hören!; jetzt hör endlich auf davon!; **je vais bien,** F **ça va bien** es geht mir gut; F **tu vas pas (bien), non!** *od* **ça va pas, la tête!** F du bist wohl nicht recht bei Trost!; bei dir ist wohl e-e Schraube locker!; du hast sie wohl nicht mehr alle beiein'ander!; **le commerce va bien** der Handel blüht; *et votre cœur?* – F **ça va pas fort** … das will nicht (mehr) so recht (mitmachen); ~ **mal** *cf* mal[1] I 1.; ~ **mieux** *cf* mieux I 1.; **ça n'a pas l'air d'~ aujourd'hui** du scheinst, er scheint *etc* heute irgend etwas zu haben; dir, ihm *etc* scheint es heute nicht gutzugehen; **on fait** ~! es muß gehen!; **3.** *Farbe, Frisur, Kleidungsstück* ~ **à** qn j-m stehen; j-n kleiden; ~ **bien à** qn j-m gut stehen; j-n (gut) kleiden; ~ **mal à** qn j-m schlecht, nicht gut stehen; j-n nicht kleiden; **4.** *Gegenstand, Farbe* ~ **od avec** qc zu etw passen; *Kleidung* ~ **à** qn j-m (in der Größe) passen; **ça va (comme ça)?** – **ça me va** od paßt Ihnen das (in der Größe)? – das paßt mir; b) paßt Ihnen das zeitlich so? – das paßt mir; c) ist es Ihnen recht so? – ja, ja, das ist gut so; ~ **ensemble** *cf* ensemble I 1.; **5.** *beim (Glücks)Spiel* **y** ~ **de cinq francs** fünf Franc setzen; F *fig:* chacun y est allé de sa chanson) jeder hat ein Lied

zum besten gegeben; **j'ai dû y** ~ **de toutes mes économies** ich mußte meine ganzen Ersparnisse hergeben, mit meinen ganzen Ersparnissen herhalten; *iron* chacun y est allé de sa larme alle waren zu Tränen gerührt; da blieb kein Auge trocken; **chacun y est allé de sa pièce d'un franc** jeder hat einen Franc gestiftet, spen'diert; **6.** *Haß st/s* ~ **à** qn sich gegen j-n richten; **sa sympathie va aux vaincus** s-e Sympathie gehört den Besiegten; **II** *v/aux* **7. a)** *mit inf:* ~ **se baigner** baden gehen; ~ **chercher** qn, qc *cf* chercher 2.; ~ **se coucher** ins *od* zu Bett gehen; schlafen gehen; ~ **déjeuner, dîner** essen gehen; ~ **habiter en province** in die Provinz ziehen; ~ **rejoindre** qn **à Paris** nach Paris fahren, um dort j-n zu treffen; ~ **trouver** qn j-n aufbesuchen; zu j-m gehen; ~ **voir** qn, qc *cf* voir 3.; **b)** *mit p/pr: st/s* ~ **croissant** *Lärm* anschwellen; zunehmen; stärker werden; *Müdigkeit* zunehmen; größer werden; *Spannung, Interesse, Zahl* ständig wachsen; **c)** *mit Gerundium:* Zustand, Leiden ~ **en s'améliorant, en empirant** sich allmählich *od* weiter *od* laufend bessern, verschlechtern; **d)** *bezeichnet die nahe Zukunft:* oft durch gleich, bald, sofort *übersetzt:* **il va arriver d'un moment à l'autre** er muß jeden Augenblick (an)kommen; **vous allez comprendre** Sie werden gleich verstehen; **j'eus l'impression que cette conversation allait durer longtemps** … daß sich diese Unter'haltung noch lange hinziehen würde; **vas-tu me fermer cette porte!** wirst du wohl gleich die Tür schließen!; **et maintenant nous allons lire le texte!** und jetzt wollen wir den Text lesen!; **je vais prendre le train** ce soir ich fahre heute abend mit dem Zug; **e)** *bezeichnet im impf das „Im-Begriff-Sein“:* meist durch wollte(n) *gerade übersetzt:* **nous allions commencer sans toi** wir wollten gerade ohne dich anfangen; **c'est ce que j'allais dire** das wollte ich gerade, eben sagen; **f)** *zur Verstärkung im verneinten Befehls-, Wunschsatz:* **n'allez pas croire cela!** glauben Sie das ja nicht!; Sie werden doch das nicht glauben!; **que n'ira-t-il pas supposer!** was wird (d)er nicht alles denken!; **III** *v/imp* **8.** il y a de … es geht um …; … steht auf dem Spiel; **il y va de votre honneur, de votre vie** es geht um Ihre Ehre, um Ihr Leben; Ihre Ehre, Ihr Leben steht auf dem Spiel; **9.** *bei e-m Vergleich:* **il en ira de cette affaire comme de l'autre** es wird mit dieser Sache (genauso, gerade) so sein, gehen wie mit der anderen; **il n'en va pas de même pour cette autre affaire** mit der anderen Sache sieht es ganz anders aus, steht es ganz anders; **IV** *v/pr* s'en ~ **10.** weg-, fortgehen *bzw* -fahren; **va-t'en!** F hau ab!; scher dich weg!; **le malade s'en va doucement** mit dem Kranken geht es langsam zu Ende; **il s'en alla furieux** *auch* er ging wütend da'von; **s'en** ~ **au marché** auf den Markt gehen; **s'en** ~ **à la pêche** angeln, fischen gehen; **à Pâques, il s'en va sur la Côte d'Azur** er fährt Ostern an die Côte d'Azur; **s'en** ~ **déjeuner, dîner** zum Essen weggehen; essen gehen; *litt Musik* **s'en** ~ **déclinant** immer leiser werden; allmählich verklingen; **11.** *als v/aux zur Bezeichnung der nahen Zukunft in der 1. pers sg:* **je m'en vais vous le démontrer** das werde, will ich Ihnen gleich beweisen; **12.** *Jahre etc* vergehen; da'hingehen; schwinden; verrinnen; **13.** F

Fleck weg-, her'ausgehen; F rausgehen; *Knopf* lose sein; bald abgehen; F **le fond de la valise s'en va** der Kofferboden hält nicht mehr lange, ist bald da'hin; **aller**[2] [ale] m **1.** Hinweg m, -fahrt f, -reise f, -flug m; **j'ai fait l'~ à pied** hin bin ich gelaufen; **je ne fais qu'un** ~ **et retour de la maison au boulanger** ich gehe nur mal schnell zum Bäcker; **2.** *ch de fer* (Fahrkarte f für die) Hinfahrt; einfache Fahrt; *aviat* (Flugschein m für den) Hinflug; ~ **et retour** Rückfahrkarte f; *aviat* Hin- und Rückflug m; *am Fahrkartenschalter:* **un** ~ **(simple) pour Dijon** einmal Dijon einfach; **deux** ~s **et retours pour Lyon** zweimal Lyon hin und zurück; **3.** F *fig* il lui a flanqué un *od* des ~s et retours F er hat ihm rechts und links eine runtergehauen, geklebt; **4.** *adt sports* match m ~ Hinspiel n; **5.** *loc/adv* **au pis** ~ *cf* pis[2] 2.
allergène [alɛrʒɛn] m *Biochemie* Aller'gen n
allerg|ie [alɛrʒi] f *path* Aller'gie f (*auch fig*); ~ **à certains médicaments** Arznei'überempfindlichkeit f; Allergie gegen gewisse Medikamente; ~ **aux pollens** Pollenallergie f; ~**ique I** *adj* all'ergisch; **être** ~ **à** qc gegen etw allergisch sein (*auch fig*); **II** *m, f* All'ergiker m
alleu [alø] m ⟨*pl* ~x⟩ *féod* Al'lod n; Freigut n, -hof m
alliacé [aljase] *adj* **odeur** ~e Knoblauchgeruch m
alliage [aljaʒ] m **1.** *métall* Le'gierung f; ~ **cuivreux, ferreux** Kupfer-, Eisen- *od* Ferrolegierung f; ~ **léger** Leichtmetallegierung f; ~ **de cuivre et d'étain** Kupfer-Zinn-Legierung f; *Gold, Silber* **sans** ~ **rein;** **2.** *fig* Mischung f, Amal'gam n (de aus)
alliaire [aljɛr] f *bot* Knoblauchrauke f
alliance [aljɑ̃s] f **1.** *bes pol* Bündnis n; Alli'anz f; ~ **de partis** Par'teibündnis n; **2.** l'ℓ **française** die Alliance Française (*dient der Verbreitung der frz Sprache u Kultur*); **3.** *fig* Verbindung f; Vereinigung f; *Stilistik* ~ **de mots** (gewagte) Wortverbindung f; **4. a)** Verschwägerung f; **b)** (F Schwipp)Schwägerschaft f; *Verwandter* **par** ~ angeheiratet; **être parents par** ~ verschwägert sein; **5.** Trau-, Ehering m; **6.** *bibl* **l'ancienne, la nouvelle** ~ der Alte, der Neue Bund
allié [alje] **I** *adj* **1.** *pol* verbündet, alli'iert (à mit); **puissances** ~es alliierte, verbündete Mächte f/pl; **2.** verschwägert (à mit); **II** m **1.** *pol* Verbündete(r) m; Alli'ierte(r) m; *im 1. u 2. Weltkrieg* **les** ~s die Alliierten; **2.** *fig* Verbündete(r) m; Bundesgenosse m; **se faire l'~ de** qn j-s Verbündeter, Bundesgenosse werden; sich mit j-m verbünden; **trouver en** qn **un** ~ in j-m e-n Bundesgenossen finden; **3.** les ~s *pl* die Verschwägerten m/pl; die angeheirateten Verwandten m/pl
allier [alje] **I** *v/t* **1.** *pol* in e-m Bündnis zu'sammenschließen; **2.** *fig* ~ qc **à** *od* **avec** qc etw mit etw verbinden, verein(ig)en; **3.** *métall* le'gieren (à *od* avec mit); **II** *v/pr* s'~ **4.** *pol* sich verbünden, sich alli'ieren (à mit); ein Bündnis, e-e Alli'anz schließen (mit); **5.** sich verschwägern, sich durch Heirat verbinden (à mit); s'~ **à une riche famille** in e-e reiche Familie einheiraten; **6.** *fig* Dinge sich verbinden, verknüpfen, mitein'ander verein(ig)en (sich)
alligator [aligator] m *zo* Alli'gator m
allitér|ation [aliterasjɔ̃] f Stabreim m; Alliterati'on f; ~**er** *v/i* ⟨-è-⟩ allite'rieren
allô [alo] *int* am Telefon hallo!; *der Angerufene auch* ja, bitte?; *in Deutschland Nennung des Namens üblich*
allocataire [alɔkatɛr] m, f Beihilfe-,

Unter'stützungsempfänger(in) *m(f)*, *auch* -berechtigte(r) *f(m)*

allocation [alɔkasjõ] *f* **1.** Beihilfe *f*; Unter'stützung *f*; Zuschuß *m*; Zulage *f*; ~s **familiales** Kindergeld *n*; ~ **aux vieux travailleurs salariés** Altersgeld *n*, -(bei)hilfe *f* für ehemalige Arbeitnehmer; ~ **(de) chômage** Arbeitslosengeld *n*, -unterstützung *f*; ~ **(de) logement** Wohngeld *n*; Wohn(ungs)-, Mietbeihilfe *f*; Mietzuschuß *m*; *bis 1975* ~ **(de) maternité** Entbindungskostenbeihilfe *f*; ~ **de la mère au foyer** Beihilfe für die nichtberufstätige Mutter und Ehefrau (*bei Nichtarbeitnehmern*)-. ~ **d'orphelin** Waisengeld *n*; ~ **de salaire unique** Beihilfe, Zulage für die nichtberufstätige Ehefrau. **2.** *écon* Zuweisung *f*; Zuteilung *f*; ~ **de devises** De'visenzuteilung *f*

allocution [alɔkysjõ] *f* (kurze) Ansprache; **faire, prononcer une** ~ e-e Ansprache halten

allodial [alɔdjal] *adj* ⟨-aux⟩ *féod* allodi'al; Allodi'al...

allogène [alɔʒɛn] *adj* Völkerschaften, *géol* allo'chthon; *géol auch* allo'gen; allothi'gen

allonge [alõʒ] *f* **1.** Fleischerhaken *m*; **2.** *e-s Boxers* Reichweite *f*; **avoir une bonne** ~, **de l'**~ e-e große Reichweite haben, besitzen; **3.** *e-s Wechsels* Al'longe *f*; **4.** *métall* Al'longe *f*; **5.** *mar* Auflanger *m*

allongé [alõʒe] *adj* (*Schädel*)Form, Gesicht länglich; *fig* **la mine** ~e mit langem Gesicht

allongement [alõʒmã] *m* **1.** *räumlich*, *e-s Kleidungsstücks* Verlängern *n*, -ung *f*; **2.** *zeitlich* Verlängerung *f*; **l'**~ **des jours est déjà très sensible** die Tage werden schon merklich länger; **3.** *phon* Dehnung *f*; **4.** *von Metallen* (Längs)Dehnung *f*; Längung *f*; **5.** *aviat des Tragflügels* Streckung *f*; **6.** *bot* Längenwachstum *n*; **7.** *von Vorräten* Strecken *n*, -ung *f*

allonger [alõʒe] **I** *v/t* **1.** länger machen; *Kleidungsstück auch* verlängern (**de 5 cm um 5 cm**); **ce détour allonge notre itinéraire** durch diesen 'Umweg wird unser(e) Weg(strecke) länger; *fig* ~ **la mine, le nez, le visage** ein langes Gesicht machen, ziehen; ~ **le pas** größere, längere Schritte machen; schneller gehen; *mil* ~ **le tir** das Feuer vorverlegen; *Frisur* ~ **le visage** das Gesicht länger machen, erscheinen lassen; *Gesicht durch die Frisur* **être allongé** länger wirken; **2.** *zeitlich* Unterhaltung, Zusammensein *etc* ausdehnen; in die Länge ziehen; *Langeweile etc:* **die Zeit** länger erscheinen lassen; **3.** *Vorräte* strecken; *cuis Soße* verlängern; strecken; verdünnen; **sauce allongée** *auch* lange Soße; **4.** *Arm, Bein* (aus)strecken; *Hals* recken; ~ **la main vers qc** die Hand nach etwas ausstrecken; nach etw langen; **5.** F *Schlag*, (*Fuß*)*Tritt* geben; versetzen; verpassen; F ~ **une gifle à qn** F j-m eine langen; **6.** F *Geldsumme* zahlen; F blechen; ausspucken; *Trinkgeld geben*; **II** *v/i* **7.** *Tage, Nächte* länger werden; **III** *v/pr* **s'**~. **8.** länger werden (*auch Schatten*); *Gesicht etc* länger wirken; *fig Gesicht, Miene* immer länger werden; *fig Gesicht, Straße* **s'**~ **devant qn** sich vor j-m ausdehnen, (weithin) erstrecken; **9.** *Tage, Nächte* länger werden; *Unterhaltung, Zusammensein* sich in die Länge ziehen; sich ausdehnen; sich (lange) hinziehen; **10.** *Person* sich (hin-, nieder-) legen (**sur le lit** auf das Bett); sich aus-, hinstrecken (auf dem Bett); **je vais m'**~ **un peu** ich lege mich ein bißchen hin, nieder, F lang; *p/p:* **allongé sur le lit** auf dem Bett liegend; **être allongé** liegen;

restez allongé! bleiben Sie liegen!

allopath|e [alɔpat] *méd* **I** *adj* allo'pathisch; **II** *m,f* Allo'path(in) *m(f)*; ~**ie** *f méd* Allopa'thie *f*; ~**ique** *adj méd* allo'pathisch

allotrop|ie [alɔtrɔpi] *f chim* Allotro'pie *f*; ~**ique** *adj chim* allo'trop

allouer [alwe] *v/t* **1.** *adm Geldsumme*, *Kredit* bewilligen; gewähren; bereitstellen; *Kredit auch* einräumen; *Entschädigung* gewähren; **2.** *beim Zeitakkord* **temps alloué** vorgegebene Zeit

alluchon [alyʃõ] *m tech* (*auf e-n Radkranz gesetzter*) Zahn, Kamm

allumage [alymaʒ] *m* **1.** *e-s Feuers, e-r Pfeife, Lampe* Anzünden *n*; *e-s Feuers auch* Entzünden *n*, -ung *f*; Entfachen *n*, -ung *f*; Entflammen *n*; *e-r Pfeife, Zigarette auch* Anstecken *n*; *e-r Lampe auch*, *des Radios, Fernsehers, Ofens* F Anmachen *n*; *der Scheinwerfer*, *des Radios, Fernsehers auch* Einschalten *n*; *e-r Sprengladung* Zünden *n*, -ung *f*; **2.** *auto* Zündung *f*; (**système m d'**)~ Zündanlage *f*; ~ **par batterie, par magnéto** Batte'rie-, Ma'gnetzündung *f*; **bougie** *f*, **contact** *m*, **ordre** *m*, **tension** *f* **d'**~ Zündkerze *f*, -schalter *m*, -folge *f*, -spannung *f*; **j'ai une panne d'**~ die Zündung funktioniert nicht

allumé [alyme] *adj Heraldik Wappentier* ~ **d'azur** mit blauen Augen

allume|-cigare [alymsigar] *m* ⟨inv⟩ *auto* Ziga'rettenanzünder *m*; ~**-feu** *m* ⟨inv⟩ Feuer-, Kohlenanzünder *m*; ~**-gaz** *m* ⟨inv⟩ Gasanzünder *m*

allumer [alyme] **I** *v/t* **1.** *Feuer, Holz, Kerze, Pfeife, Zigarette, Gas, Lampe* anzünden; *Feuer auch* entzünden; entfachen; entflammen; *Pfeife, Zigarette auch* anstecken; *Kerze, Zigarette, Lampe auch* anbrennen; *Feuer, Ofen auch* F anmachen; *Ofen auch* an-, einheizen; *Licht, Radio, Fernseher, Scheinwerfer* einschalten; F anmachen; *Licht auch* anschalten; F anknipsen (*auch Lampe*); ~ **une cigarette** sich e-e Zigarette anzünden, anstecken; ~ (**l'électricité, la lumière**) das Licht anzünden, F anmachen; **Licht machen**; ~ **un incendie** e-n Brand entfachen, verursachen; ♦ *p/p:* **bougie allumée** brennende Kerze; *Lampe* **être allumée** brennen; F an sein; **2.** *Raum* erleuchten; das Licht anzünden, F anmachen, anknipsen, *Licht machen* (**l'escalier** im Treppenhaus); **le bureau est allumé** das Büro ist erleuchtet; im Büro brennt, ist Licht; **3.** *fig Wunsch, Verlangen* (er)wecken; erregen; entzünden; F *Frau* ~ **les hommes** die Begehrlichkeit der Männer erregen; **II** *v/pr* **s'**~. **4.** *Holz, Papier* anbrennen; sich entzünden; *Lampe, Licht, Scheinwerfer* angehen; aufflammen; aufleuchten; **les fenêtres s'allumèrent** die Fenster wurden hell; hinter den Fenstern wurde es hell, flammte das Licht auf; **5.** *fig Liebe etc* aufflammen; auflodern; **son regard s'alluma (de convoitise)** s-e Augen leuchteten (begehrlich) auf; *st/s* Begierde loderte, flackerte in s-n Augen auf

allumette [alymɛt] *f* **1.** Zünd-, Streichholz *n*; ~**s de cuisine, de ménage** 'Überallzündhölzer *n/pl*; ~**s de sûreté**, *früher* **suédoises** Sicherheitszündhölzer *n/pl*; F **avoir des jambes comme des** ~**s** F Streichholz-, Storchbeine haben; **craquer, frotter une** ~ ein Streichholz an-, entzünden; **2.** *cuis* Blätterteigschnitte *f* (*mit Glasur*); ~ **au fromage** Käseblätterteigschnitte *f*

allum|eur [alymœr] *m* **1.** *auto* (Zünd-) Verteiler *m*; **2.** *für Explosivstoffe* Zünder *m*; *für Ölöfen etc* (An)Zünder *m*; Zündvorrichtung *f*; **3.** *früher* ~ **de réverbè-**

res La'ternenanzünder *m* (*Person*); ~**euse** *f* F Frau, die die Männer umgarnt, bezirzt, scharf, wild macht

allure [alyr] *f* **1.** *e-r Person* Gang *m*; *der Vierbeiner auch* Gangart *f*; *des Pferdes auch* Al'lüre *f*; **2.** *e-r Person, e-s Fahrzeugs, bei der Arbeit* Tempo *n*; Geschwindigkeit *f*; **à cette** ~**-là**, **vous n'aurez jamais fini** bei dem Tempo, wenn Sie in dem Tempo weitermachen, -arbeiten ...; **à toute** ~, **vive** ~ **fahren etc** mit vollem, hohem Tempo; mit voller, hoher, großer Geschwindigkeit; in voller Fahrt; *etw tun* (sehr) schnell, rasch; F im Eiltempo; **a tempo; rouler à trop grande** ~ zu schnell, mit über'höhter Geschwindigkeit fahren; F zu viel Tempo, Fahrt draufhaben; **3.** *e-r Person* **a)** Haltung *f*; *meist pl* ~**s** Benehmen *n*; Gebaren *n*; Al'lüren *f/pl*; **b)** F Aussehen *n*; **avoir une drôle d'**~ *Person* ein komisches, seltsames Benehmen, Gebaren, komische, seltsame Allüren haben; *auch Sache* komisch, seltsam aussehen, wirken; **avoir de l'**~ vornehm wirken, aussehen; ein vornehmes Benehmen, vornehme Allüren haben; *auch* Haltung beweisen; *Verhalten* Stil haben; **avoir de l'**~ **en uniforme** in Uniform gut aussehen; **avoir, prendre des** ~**s de play-boy, etc** die Allüren e-s ... haben, annehmen; sich benehmen, gebärden, geben wie ein ...; **4.** *mar* Segeln *n* (**vent arrière** vor dem Wind); **5.** *métall e-s Hochofens* Ofengang *m*; **6.** *mines e-s Gangs* Mächtigkeit *f*, streichende und fallende Länge

allusif [alyzif] *adj* ⟨-ive⟩ e-e Anspielung enthaltend; andeutungsweise; nur angedeutet

allusion [alyzjõ] *f* Anspielung *f* (**à** auf + *acc*); Andeutung *f*; **faire** ~ **à qn, qc** auf j-n, etw anspielen; e-e Anspielung auf j-n, etw machen

alluvial [alyvjal] *adj* ⟨-aux⟩ *géol* alluvi'al; Alluvi'al...; angeschwemmt; **plaine** ~**e** Aufschüttungsebene *f*; **terrains alluviaux** Alluvial-, Anschwemmungsboden *m*; Schwemmland *n*

alluvion [alyvjõ] *f* **1.** *géol* ~**s** *pl* **a)** Alluvi'onen *f/pl*; Anschwemmungen *f/pl*; angeschwemmtes Land; Anlandung *f*; **b)** Seifen *f/pl*; ~**s aurifères, diamantifères** Gold-, Dia'mantseifen *f/pl*; **2.** *jur* Anlandung *f*

alluvionn|aire [alyvjɔnɛr] *adj cf* alluvial; ~**ement** *m géol* Anschwemmen *n*, -ung *f*; Anlanden *n*, -ung *f*

allyl|e [alil] *m chim* A'tomgruppe *f* Al'lyl; ~**ique** *adj chim* Al'lyl...; **alcool** *m* ~ Allylalkohol *m*

almanach [almana] *m* Almanach *m*; l'~ **de Gotha** die Gothaischen Genealogischen Taschenbücher *n/pl*; Kurzwort der Gotha

almand|in [almãdɛ̃] *m od* ~**ine** *f minér* Alman'din *m*

almasilium [almasiljɔm] *m métall* Alu'minium - Ma'gnesium - Si'licium - Legierung *f*

aloès [alɔɛs] *m* **1.** *bot, phm* Aloe *f*; **2.** *text* Aloefaser *f*

alogique [alɔʒik] *adj philos* alogisch; vernunftwidrig

aloi [alwa] *m nur loc/adj:* **de bon** ~ Erfolg verdient; achtunggebietend; *Fröhlichkeit* echt; **de mauvais** ~ *Fröhlichkeit* falsch; unecht; geheuchelt; *Scherz* schlecht; geschmacklos

alopécie [alɔpesi] *f path* krankhafter Haarausfall, -schwund; *sc* Alo'pezie *f*

alors [alɔr] **I** *adv* **1.** *Zeitpunkt* **a)** *in der Vergangenheit* damals; *loc/adj* **d'**~ von damals; damalige(r, -s); **jusqu'**~ bis dahin; bis'her; bis'lang; bis jetzt; **il avait**

~ vingt ans er war damals zwanzig Jahre alt; **b)** *in der Zukunft* dann; ~ seulement dann erst; croyez-vous qu'~ vous aurez plus de temps? glauben Sie, daß Sie dann mehr Zeit haben werden?; **2.** *konsekutiv* da; dann; et ~ und dann; ou ~ es sei denn; *si l'on me dit cela,* ~ j'abandonne … dann gebe ich auf; *il restait indécis,* ~ j'avançai d'autres arguments … da führte ich andere Argumente an; oh! ~ je ne dis plus rien ja dann sage ich nichts mehr; **3.** F *in Wendungen:* ~? was nun?; ~, ça va? F na, wie geht's, wie steht's?; ~ ça vient, tu viens? na, wird's bald, kommst du nun bald?; ça ~, *il est encore absent!* na so was! …; ~, là! qu'est-ce que j'ai pris! na, da hab ich vielleicht was zu hören gekriegt!; non mais ~! *à qui croyez-vous parler?* na, hören Sie mal *od* ja, sagen Sie mal! …; oh, oui ~! c'est trop fort! das ist doch die Höhe!; das ist doch ein starkes Stück!; et (puis) ~? na und? (was will das schon heißen, was besagt das schon, was ist denn da dabei!); ~ quoi! cela ne vous intéresse pas? na *od* ja, interessiert Sie das denn gar nicht?; **II** *loc/conj* ~ que **a)** während (dagegen); **b)** *litt* als; wenn

alose [aloz] *f zo* Alse *f*; grande ~, ~ commune Maifisch *m*; petite ~ Alse *f*; Finte *f*

alouate [alwat] *m zo* Roter Brüllaffe

alouette [alwɛt] *f zo* Lerche *f*; ~ des champs Feldlerche *f*; *fig* il attend que les ~s lui tombent toutes rôties hier fliegen ihm die gebratenen Tauben nicht in den Mund (*loc/prov*)

alourdir [alurdir] **I** *v/t* **1.** schwer(er) machen; *fig* schwerfällig machen (*auch Stil*); *Früchte: Zweige* unter ihrer Last niederbiegen; *meist p/p:* pas alourdi schwerer, schwerfälliger Schritt; *Kleidungsstück* alourdi par la pluie schwer vom Regen; **2.** *Staatslast etc* vergrößern; erhöhen; noch drückender machen; **II** *v/pr* s'~ schwer(er), *fig* schwerfällig werden; ses paupières s'alourdissaient s-e Augenlider wurden immer schwerer; die Augen fielen ihm fast zu; sa taille s'est alourdie sie ist rundlicher, fülliger geworden

alourdissement [alurdismã] *m* Schwererwerden *n*; *des Gangs* Schwerfälligkeit *f*; sensation *f* d'~ Gefühl *n* der Schwere; Schweregefühl *n*

aloyau [alwajo] *m Fleischerei beim Rind* Lendengegend *f*; un morceau dans l'~ ein Stück *n* aus der Lendengegend

alpaga [alpaga] *m* **1.** *zo* Al'paka *n*; laine *f* d'~ Alpakawolle *f*; **2.** *text* Al'paka *n*

alpage [alpaʒ] *m* **1.** Alm *f*; **2.** Alm-(weide)zeit *f*

alpe [alp] *f* Alm *f*

alpestre [alpɛstr(ə)] *adj* Alpen…; *bot* plantes *f/pl* ~s Alpenpflanzen *f/pl*

alpha [alfa] *m* **1.** *griechischer Buchstabe* Alpha *n*; *fig* l'~ et l'oméga das Alpha und das Omega; das A und das O; *bibl* der Anfang und das Ende; *ling* ~ privatif Alpha priva'tivum *n*; **2.** *phys atom* parti-cule *f* ~ Alphateilchen *n*; rayons *m/pl* ~ Alphastrahlen *m/pl*

alphabet [alfabɛ] *m* **1.** Alpha'bet *n*; Abc *n*; épeler, réciter son ~ das Alphabet auf-, hersagen; **2.** *Schule* Abc-Buch *n*; Fibel *f*

alphabétique [alfabetik] *adj Verzeichnis etc* alpha'betisch; écriture *f* ~ Buchstabenschrift *f*; ordre *m* ~ alphabetische Reihenfolge, Ordnung

alphabét|isation [alfabetizasjõ] *f von Analphabeten* Alphabeti'sierung *f*; Unter'weisung *f* im Schreiben und Lesen; Beseitigung *f* des Analphabetentums;

~iser *v/t Analphabeten* alphabeti'sieren; (das) Schreiben und Lesen beibringen (qn j-m); das Analphabetentum (+*gén*) beseitigen; ~isme *m* Buchstabenschrift *f*

alphanumérique [alfanymerik] *adj EDV* alpha(nu)'merisch

alpin [alpɛ̃] *adj* **1.** Alpen…; al'pin; club ~ Alpenverein *m*; plantes ~es Alpenpflanzen *f/pl*; *Anthropologie* race ~e alpine Rasse; route ~e Alpenstraße *f*; sports ski ~ alpiner Skilauf; **2.** *mil* chasseurs ~s, troupes ~es Gebirgsjäger *m/pl*, -truppen *f/pl*

alpin|isme [alpinism(ə)] *m* Bergsteigen *n*; Bergsport *m*; Alpi'nistik *f*; Alpi'nismus *m*; ~iste *m,f* Bergsteiger(in) *m(f)*

alpiste [alpist] *m bot* Glanzgras *n*

alsac|e [alzas] *m* Elsässer Weißwein *m*; ~ien I *adj* ⟨~ne⟩ elsässisch; Elsässer; **II** *subst* **1.** ℒ(ne) *m(f)* Elsässer(in) *m(f)*; **2.** *ling* l'~ *m* das Elsässische; Elsässisch *n*

altaïque [altaik] *adj* al'taisch; langues *f/pl* ~s altaische Sprachen *f/pl*

altérant [alterã] *adj* durstig machend; Durst erregend

altération [alterasjõ] *f* **1.** *e-s Textes* Entstellung *f*; Verstümmelung *f*; *der Gesichtszüge, Stimme, von Farben* Veränderung *f*; *e-s Gemäldes auch* Verfärbung *f*; *der Gesundheit* Verschlechterung *f*; Unter'grabung *f*; *von Gefühlen, Beziehungen* Beeinträchtigung *f*; *von Beziehungen auch* Störung *f*; **2.** *bes jur von Wein etc* Verfälschung *f*; *der Wahrheit auch* Entstellung *f*; Verdrehung *f*; ~ des monnaies Münzverfälschung *f*; **3.** *mus* Versetzungs-, Alterati'onszeichen *n*; **4.** *géol* Verwitterung *f*

altercation [alterkasjõ] *f* (kurze, heftige) Ausein'andersetzung; Streit *m*; Zank *m*; avoir une ~ avec qn e-e Auseinandersetzung mit j-m haben

alter ego [alterego] *m* Alter ego *n*; zweites, anderes Ich

altérer [altere] ⟨-è-⟩ **I** *v/t* **1.** *Text* entstellen; verstümmeln; *Gesichtszüge, Stimme* verändern; *Haß etc: Gesicht auch* entstellen; *Licht, Sonne: Farben* verändern; *Gesundheit* verderben; verschlechtern; unter'graben; *Gefühle, Beziehungen* beeinträchtigen; *Abbruch tun* (+*dat*); *Beziehungen, Freundschaft auch* stören; *Hitze etc: Lebensmittel* verderben; *adjt: visage* altéré par l'angoisse *auch* angstverzerrtes Gesicht; d'une voix altérée mit veränderter Stimme; **2.** *bes jur Text, Lebensmittel, Wein etc* verfälschen; *Wahrheit auch* entstellen; verdrehen; **3.** *Hitze etc* ~ qn j-n durstig machen; j-m Durst machen; *adjt:* altéré durstig; *fig* altéré de sang blutrünstig, -dürstig; **4.** *mus* alte'rieren; **II** *v/pr* s'~ *Gesundheit, Stil* schlechter werden; sich verschlechtern; *Gesichtsausdruck, Farben* sich verändern; *Liebe* erkalten; *Gefühle, Beziehungen* leiden

altérité [alterite] *f philos* Andersheit *f*

alternance [alternãs] *f* (regelmäßiger) Wechsel; regelmäßige Aufein'anderfolge; *géol auch* Schichtenwechsel *m*, -folge *f*; *ling* ~ vocalique Ablaut *m*; Vo'kalwechsel *m*; *agr* ~ des cultures Fruchtfolge *f*, -wechsel *m*; *biol* ~ des générations Generati'onswechsel *m*; *métr* ~ des rimes Wechsel der Reime; Reimwechsel *m*; ~ des saisons Wechsel der Jahreszeiten; en ~ abwechselnd; wechselweise; im Wechsel (avec mit)

altern|ant [alternã] *adj* (ab)wechselnd; alter'nierend; *agr* cultures ~es in planmäßigem Wechsel angebaute Feldfrüchte *f/pl*; *méd* pouls ~ abwechselnd stärkerer oder schwächerer Puls; *sc* Pulsus

al'ternans *m*; ~at *m* **1.** Völkerrecht Alter'nat *n*; **2.** *agr* ~ des cultures Fruchtfolge *f*, -wechsel *m*; ~ateur *m* *élect* Wechselstromgenerator *m*, -maschine *f*

alternatif [alternatif] *adj* ⟨-ive⟩ **1.** regelmäßig wechselnd; alter'nierend; *élect* courant ~ Wechselstrom *m*; *agr* culture alternative Fruchtwechselwirtschaft *f*; *e-s Kolbens, Pendels* mouvement ~ hin- und hergehende Bewegung; Hin- und Hergehen *n*; présidence alternative (in) regelmäßig(em Turnus) wechselnder Vorsitz; **2.** alterna'tiv; *jur* obligation alternative Wahlschuld *f*; Alterna'tivobligation *f*

alternative [alternativ] *f* **1.** ~s *pl* regelmäßiger Wechsel; regelmäßige Aufein'anderfolge; passer par des ~s d'euphorie et d'abattement abwechselnd Zeiten der Euphorie und der Niedergeschlagenheit 'durchmachen; **2.** Alterna'tive *f* (à zu); il n'y a pas d'~ es gibt keine Alternative; être placé devant une ~ vor e-r Alternative stehen; ~ment *adv* abwechselnd; wechselweise; 'umschichtig

alterne [altern] *adj math* angles *m/pl* ~s Wechselwinkel *m/pl*; *bot* disposition *f* ~ wechselständige Blattstellung

alterné [alterne] *adj* abwechselnd; chants ~s Wechselgesänge *m/pl*; *math* série ~e alter'nierende Reihe

alterner [alterne] **I** *v/t* in regelmäßigem Wechsel aufein'anderfolgen lassen; *agr* abwechselnd anbauen; ~ le travail et le repos abwechselnd arbeiten und ausruhen; **II** *v/i* (ab)wechseln (avec mit); in stetem Wechsel aufein'anderfolgen; sich in stetem Wechsel ablösen; alter'nieren

altesse [altes] *f* Fürstentitel, Titelträger Hoheit *f*; Son ℒ impériale, royale (*abr* S.A.I., S.A.R.) S-e *bzw* Ihre Kaiserliche, Königliche Hoheit; *Anrede* Votre ℒ (Eure) Hoheit

althæa [altea] *f od* **althée** [alte] *f bot* **a)** Stockrose *f*, -malve *f*; **b)** Echter Eibisch; Samtpappel *f*

altier [altje] *st/s adj* ⟨-ière⟩ stolz; *péj* hochmütig

alti|mètre [altimetr(ə)] *m* Höhenmesser *m*; ~métrie *f* **1.** Höhenmessung *f*; **2.** *Kartographie* Zeichen *n/pl* zur Reli'efdarstellung; ~port *m aviat* im Hochgebirge gelegener Landeplatz

altise [altiz] *f zo* Erdfloh *m*; Flohkäfer *m*

altiste [altist] *m,f mus* Brat'schist(in) *m(f)*; Bratscher *m*

altitude [altityd] *f* Höhe *f* (*über dem Meeresspiegel*); ~ absolue, relative absolute, relative Höhe; mal *m* d'~ Höhen-, Berg-, Ball'onkrankheit *f*; mesure *f* des ~s Höhenmessung *f*; en ~ in großer Höhe; être à 300 m d'~ *Erhebung* 300 m hoch sein, *Ort* liegen, *Flugzeug* fliegen; sich in 300 m Höhe befinden; *Flugzeug* perdre, prendre de l'~ an Höhe verlieren, gewinnen

alto [alto] *m mus* **1.** Bratsche *f*; **2.** Alt(stimme) *m(f)*

alto|cumulus [altokymylys] *m météo* hohe Haufenwolke; Alto'kumulus *m*; ~stratus *m météo* hohe Schichtwolke; Alto'stratus *m*

altru|isme [altruism(ə)] *m* Altru'ismus *m*; Selbstlosigkeit *f*; Uneigennützigkeit *f*; ~iste I *adj* altru'istisch; selbstlos; uneigennützig; **II** *m,f* Altru'ist(in) *m(f)*; selbstloser, uneigennütziger Mensch

alucite [alysit] *f zo* (*ein*) Geistchen *n*; ~ des céréales Getreidemotte *f*

alumin|age [alyminaʒ] *m Färberei* Beizen *n* mit Alu'minium(hydro)oxid; ~ate *m chim* Alumi'nat *n*

alumin|e [alymin] *f chim* Tonerde *f*; ~

anhydre Alu'miniumoxid *n*; Tonerde *f*; ~ **cristallisée** Ko'rund *m*; kristallisierendes, natürliches Aluminiumoxid; ~ **hydratée** Aluminiumhydroxid *n*; Tonerdehydrat *n*; ~**erie** *f in Kanada* Alu'miniumfabrik *f*; ~**eux** *adj* <-**euse**> tonerde-, alu'miniumhaltig

aluminiage [alyminjaʒ] *m métall* Alumi'nieren *n*, -ung *f*

aluminium [alyminjɔm] *m chim, métall* Alu'minium *n*; *Kurzwort* Alu *n*; **chlorure** *m* **d'**~ **silicate** *m* **d'**~ Aluminiumchlorid *n*, -silikat *n*; **sulfate** *m* **d'**~ Aluminium-, Tonerdesulfat *n*; schwefelsaure Tonerde

aluminothermie [alyminɔtermi] *f métall* Aluminother'mie *f*; Ther'mitverfahren *n*

alun [alɛ̃, alœ̃] *m chim* A'laun *m*; Doppelsulfat *n*; *im engeren Sinn* Kalialaun *m*; Kaliumaluminiumsulfat *n*; ~ **de chrome** Chromalaun *m*

alun|age [alynaʒ] *m Färberei* Beizen *n* mit Kalialaun; ~**ation** *f chim* A'launbildung *f*; ~**er** *v/t Färberei* mit Kalialaun beizen; ~**erie** *f* A'launfabrik *f*

alun|ir [alynir] *v/i* auf dem Mond landen; ~**issage** *m* Mondlandung *f*

alunite [alynit] *f minér* A'launstein *m*; Alu'nit *m*

alvéolaire [alveɔlɛr] *adj* **1.** *anat* alveo-'lär; alveo'lar; Alveo'lar...; **arcade** *f* ~ Alveolarfortsatz *m*; *physiol* **air** *m* ~ Alveolarluft *f*; **2.** *phon* alveo'lar; **consonne** *f* ~ *od subst* ~ *f* Alveo'lar *m*

alvéole [alveɔl] *m od f* **1.** *e-r Bienenwabe* Zelle *f*; **2.** *anat* Alve'ole *f*; ~ **dentaire** Zahnfach *n*, -alveole *f*; ~ **pulmonaire** Lungenbläschen *n*, -alveole *f*; **3.** *géol durch Verwitterung entstandene* (kleine) Aushöhlung; Wabe *f*; **4.** *élect* (Steck-) Buchse *f*

alvéolé [alveɔle] *adj* zellen-, wabenartig

alvin [alvɛ̃] *adj méd* den 'Unterleib, *bes* den Darmtrakt betreffend

alyte [alit] *m zo* Geburtshelferkröte *f*

amabilité [amabilite] *f* Liebenswürdigkeit *f*; Freundlichkeit *f*; Zu'vorkommenheit *f*; **l'**~ **de son accueil** sein liebenswürdiger, freundlicher Empfang; **avec** ~ liebenswürdig; freundlich; zu'vorkommend; **veuillez avoir l'**~ **de le prévenir** seien Sie doch bitte so liebenswürdig, freundlich und benachrichtigen Sie ihn; **würden Sie wohl die Liebenswürdigkeit, Freundlichkeit besitzen, ihn zu benachrichtigen; **faire des** ~**s à qn** j-n mit (großer) Zuvorkommenheit, (sehr) zuvorkommend behandeln

amadou [amadu] *m* Zunder *m*

amadouer [amadwe] *v/t* ~ **qn** j-n für sich gewinnen, für sich einnehmen, sich geneigt machen

amadouvier [amaduvje] *m bot* Feuer-, Zunderschwamm *m*

amaigr|ir [amegrir] *v/t* **1.** *Entbehrungen etc* ~ **qn** an j-m zehren; *meist soll* **amaigri** abgemagert; abgezehrt; mager, dünn geworden; **2.** *tech Balken etc* dünner (und passend, paßfähig) machen; **3.** *Boden* auslaugen; ~**issant** *adj* **produit** ~ Schlankheitsmittel *n*; **régime** ~ Abmagerungs-, Entfettungsdiät *f*; Gewichtsreduktionskost *f*; **faire**, **suivre un**, **se mettre au régime** ~ e-e Abmagerungskur machen; ~**issement** *m* Abmagern *n*, -ung *f*; *zur Gewinnung* Gewichtsverlust *m*; **cure** *f* **d'**~ Abmagerungs-, Entfettungskur *f*

Amalécites [amalesit] *m/pl bibl* Amale-'kiter *m/pl*

amalgamation [amalgamasjɔ̃] *f métall* Amalga'mieren *n*, -ung *f*; *zur Gewinnung von Gold u Silber auch* Amalgamati'on *f*

amalgam|e [amalgam] *m* **1.** *métall* Amal'gam *n* (*auch minér*); ~ **(d'argent-** -**étain)** Zahnamalgam *n*; **2.** *fig* Amal-'gam *n* (*auch ling*); Verquickung *f*; Mischung *f*; Gemisch *n*; **3.** *von pol Parteien* Zu'sammenschluß *m*; ~**er** *v/t* **1.** *métall* amalga'mieren; **2.** *fig* amalga'mieren (*auch ling*); mitein'ander verquicken, verbinden

amandaie [amɑ̃dɛ] *f* Mandelbaumpflanzung *f*

amande [amɑ̃d] *f* **1.** *bot* **a)** Mandel *f*; ~ **amère**, **douce** bittere, süße Mandel; Bitter-, Süßmandel *f*; ~ **salée** Salzmandel *f*; **huile** *f* **d'**~**s** douces Mandelöl *n* (aus Süßmandeln); *cuis* **pâte** *f* **d'**~**s** Marzipan *n*; *fig* **yeux (fendus) en** ~ mandelförmige Augen *n/pl*; Mandelaugen *n/pl*; **b)** *der Steinfrüchte* Samen *m*; **c)** ~ **de terre** Erdmandel *f*; Tiger-, Zulunuß *f*; **2.** *adj* <*inv*> lind-, zartgrün; **3.** *arch, rel* ~ **(mystique)** Mandelglorie *f*; Mandorla *f*

amand|ier [amɑ̃dje] *m bot* Mandelbaum *m*; ~**ine** *f Gebäck* (*Art*) Mandelteilchen *n*, -schnitte *f*

amanite [amanit] *f bot* Knollenblätterpilz *m*; Wulstling *m*; ~ **panthère** Pantherpilz *m*; ~ **phalloïde** Grüner Knollenblätterpilz; ~ **printanière** Frühlingsknollenblätterpilz *m*; ~ **tue-mouches** Fliegenpilz *m*

amant [amɑ̃] *m* Geliebte(r) *m*; Liebhaber *m*; **les** ~**s** die Liebenden *m/pl*

amarantacées [amarɑ̃tase] *f/pl bot* Ama'rant-, Fuchsschwanzgewächse *n/pl*; *sc* Amaranta'zeen *f/pl*

amarante [amarɑ̃t] *f* **1.** *bot* Ama'rant *m*; Fuchsschwanz *m*; **2.** *litt adjt* <*inv*> ama'rant(rot, -farben); ama'ranten

amareyeur [amarɛjœr] *m* Arbeiter *m* in e-m Austern(mast)park

amaril [amaril] *adj méd* **virus** ~ Virus *m* des Gelbfiebers; Gelbfiebererreger *m*

amariner [amarine] *v/t mar* **1.** *Matrosen* an das Leben auf See, an Bord gewöhnen; **2.** *Prise* bemannen

amarrage [amaraʒ] *m* **1.** *e-s Schiffes* Festmachen *n*; Vertäuen *n*; *e-s Luftschiffs* Festmachen *n*; Verankern *n*, -ung *f*; **mât** *m* **d'**~ Ankermast *m*; *e-s Schiffs* **poste** *m* **d'**~ Liegeplatz *m*; **2.** *von Raumfahrzeugen* Andocken *n*; An-, Zu'sammen-, Anein'anderkoppeln *n*

amarre [amar] *f mar* (Festmach)Leine *f*; Haltetau *n*, -seil *n*; Festmacher *m*; ~ **de bout** *od* **de pointe** Vor- *bzw* Achterleine *f*

amarrer [amare] *mar* **I** *v/t* **1.** *Schiff* festmachen; vertäuen; **2.** *Tau* belegen; bekneifen; **II** *v/pr Schiff* **s'**~ festmachen

amaryllidacées [amarilidase] *f/pl bot* Nar'zissen-, Ama'ryllisgewächse *n/pl*; Amaryllida'zeen *f/pl*

amaryllis [amaril] *f bot* Ama'ryllis *f*

amas [ama] *m* **1.** Haufen *m*; Berg *m*; ~ **de décombres**, **de ruines** Trümmerhaufen *m*; *sa voiture n'était plus qu'un* ~ **de ferraille** ... ein Blechhaufen, ein Haufen Blech; **un** ~ **de lettres** ein Berg Briefe, von Briefen; ~ **de pierres** Steinhaufen *m*; **2.** *fig* Anhäufung *f*; Ansammlung *f*; *son livre n'est qu'un* ~ **de citations** ... e-e Anhäufung, Ansammlung von Zitaten; e-e Zi'tatensammlung; **3.** *astr* ~ **(stellaire)** Sternhaufen *m*; ~ **globulaire** Kugel(stern)haufen *m*; ~ **ouvert** offener Sternhaufen; **4.** *géol* Stock *m*

amasser [amase] **I** *v/t Gegenstände* an-, aufhäufen; ansammeln; zu'sammentragen, *Vermögen auch* -bringen, -sparen, -raffen; *Vorräte auch* (auf)speichern; horten; *Material*, *Beweise*, *Reichtümer* sammeln (*auch Kenntnisse*); zu-'sammentragen; **II** *v/pr Personen* **s'**~ zu'sammenlaufen, -strömen; sich an-

amassette [amasɛt] *f peint* Farbenmesser *n*, -spatel *m*, -spachtel *m*

amasseur [amasœr] *m* **1.** Liebhaber(in) *m(f)*; Freund(in) *m(f)*; ~ **d'art**, **de musique** Kunst-, Mu'sikliebhaber(in) *m(f)*; ~ **de cinéma** Kino-, Filmfreund(in) *m(f)*; *adjt* **elle n'est pas** ~ **de café** sie ist kein Freund des Kaffees, von Kaffee; **2.** Abnehmer(in) *m(f)*; Interes'sent(in) *m(f)*; *adj* **je ne suis pas** ~ ich bin kein(e) Abnehmer(in) dafür; ich bin nicht daran interessiert; **ne pas trouver d'**~ keinen Abnehmer, Interessenten finden; **3.** *sports*, *Kunst*, *Technik* Ama'teur(in) *m(f)*; *thé* Laienspieler(in) *m(f)*; **équipe** *f* **d'**~**s**, *adjt* ~ Amateurmannschaft *f*; **musiciens** *m/pl* ~**s**, **photographe** *m* ~ Amateurmusiker *m*, -photograph *m*; **talent** *m* **d'**~ Amateurtalent *n*; **la pièce a été jouée par une troupe d'**~**s** das Stück wurde von e-r Laienspielgruppe, von Laien aufgeführt; **4.** *péj* Dilet'tant(-in) *m(f)*; *loc/adv* **en** ~ dilettantenhaft; dilettantisch; **c'est du travail d'**~ das ist die Arbeit e-s Amateurs, Anfängers

amateurisme [amatœrism(ə)] *m* **1.** *sports* Ama'teureigenschaft *f*, -status *m*; *auch* Amateu'rismus *m*; **2.** *péj* Dilettan-'tismus *m*

amatir [amatir] *v/t* Edelmetalle mat'tieren

amaurose [amɔroz] *f path* völlige Erblindung; *sc* Amau'rose *f*

amazone [amazon] *f* **1.** Reiterin *f*; Ama'zone *f*; *früher* **jupe** *f*, **robe** *f*, **tenue** *f* **d'**~ Reitrock *m*, -kleid *n*, -kostüm *n od* -dreß *m*; *loc/adv* **en** ~ **reiten** im Damensitz, -sattel; *auf dem Soziussitz sitzen* seitlich; im Damensitz; **2.** *myth* ♀ Ama-'zone *f* (~ *auch fig*); **3.** *zo* **a)** Papagei Ama'zone *f*; **b)** Ama'zonenameise *f*; **4.** Prostitu'ierte, die ihr Gewerbe im Auto betreibt *od* mit dem Auto Kunden sucht

amazonien [amazɔnjɛ̃] *adj* <~**ne**> *géogr* des Ama'zonas; Ama'zonas...; **bassin** ~ Amazonasbecken *n*

ambages [ɑ̃baʒ] *f/pl nur loc/adv* **sans** ~ ohne 'Umschweife; frei-, geradeher'aus; frei von der Leber weg

ambassade [ɑ̃basad] *f* **1.** *dipl* Botschaft(sgebäude *n*, -spersonal *n*) *f*; **l'**~ **de France** die französische Botschaft; **quartier** *m* **des** ~ Botschaftsviertel *n*; **secrétaire** *m* **d'**~ *etwa* Legati'onsrat *m*; *par ext* **obtenir une** ~ **e-n** Botschafterposten erhalten; **2.** *fig* **en** ~ als Abgesandte(r); **venir en** ~ **chez qn** als Abgesandte(r) zu j-m kommen

ambassadeur [ɑ̃basadœr] *m* **1.** *dipl* **a)** Botschafter *m*; ~ **extraordinaire et plénipotentiaire** außerordentlicher und bevollmächtigter Botschafter; **l'**~ **de France** der französische Botschafter; der Botschafter Frankreichs; **échange** *m* **d'**~**s** Botschafteraustausch *m*; **b)** *früher in bestimmter Mission* Abgesandte(r) *m*; **2.** *fig* Repräsen'tant *m*; Botschafter *m*

ambassadrice [ɑ̃basadris] *f* **1.** *dipl* **a)** Botschafterin *f*; **b)** Frau *f* des Botschafters; **2.** *fig* Repräsen'tantin *f*; Botschafterin *f*

ambe [ɑ̃b] *m im Lotto* Ambe *f*

ambiance [ɑ̃bjɑ̃s] *f* **1.** *bei e-r Versammlung*, *in e-r Gruppe* Atmo'sphäre *f*; Klima *n*; Stimmung *f*; *in e-m Betrieb* Betriebsklima *n*; **éclairage** *m* **d'**~ stimmungsvolle Beleuchtung; **2.** *auf e-m Fest* (ausgelassene, fröhliche) Stimmung; **il y a de l'**~ **ici** hier herrscht Stimmung; **cette soirée manquait d'**~ bei dieser

Abendgesellschaft kam keine Stimmung auf; **mettre de l'~** für Stimmung sorgen; **3.** Mili'eu *n*; Um'gebung *f*; **4.** ~ **sonore** Geräuschkulisse *f*

ambiant [ãbjã] *adj phys* um'gebend; der Um'gebung; *fig der od* s-r Um'gebung, 'Umwelt; *fig* **influence** ~e Umwelteinfluß *m*; **température** ~e *auch* Raumtemperatur *f*

ambidextre [ãbidɛkstr(ə)] **I** *adj* beidhändig; mit beiden Händen gleich geschickt; *sc* ambi'dexter; **II** *m, f* Beidhänder *m*

ambigu [ãbigy] *adj* ‹**ambiguë** [ãbigy]› *Antwort, Ausdruck, Begriff* mehr-, viel-, zweideutig; doppeldeutig, -sinnig; *péj Haltung, Rolle* zweideutig; zwielichtig; zweifelhaft; undurchsichtig

ambiguïté [ãbiguite] *f* **1.** Mehr-, Viel-, Doppel-, Zweideutigkeit *f*; Doppelsinn (-igkeit) *m(f)*; Ambigui'tät *f*; **sans** ~ unzweideutig; unmißverständlich; **2.** mehr-, viel-, doppel-, zweideutiger Ausdruck

ambiophonie [ãbjɔfɔni] *f mus* Quadropho'nie *f*

ambitieux [ãbisjø] **I** *adj* ‹-euse› **1.** *Person, Plan* auch ehrgeizig; ambiti'ös; *Plan auch* hochfliegend; *Person auch* ambitio'niert; **2.** *Wort, Ausdruck* hochtrabend; zu großartig; anmaßend; **II** *subst* ~, **ambitieuse** *m, f* ehrgeiziger Mensch; *péj* Ehrgeizling *m*

ambition [ãbisjõ] *f* **1.** Ehrgeiz *m*; ~**s** *pl* Ambiti'onen *f/pl*; ~**s artistiques** künstlerische Ambitionen; **avoir des** ~**s élevées pour qn** ehrgeizige, hochfliegende Pläne für j-n haben, hegen; **avoir de l'**~ Ehrgeiz haben, besitzen; **je n'ai pas l'**~ **de résoudre cette énigme** ich habe nicht den Ehrgeiz, dieses Rätsel zu lösen; **2.** (Be)Streben *n*; **sa seule** ~ **est de** (+*inf*) es ist sein einziges Bestreben zu (+*inf*); **toute mon** ~ **est de** (+*inf*) mein ganzes Streben ist darauf gerichtet, mein ganzes Streben geht dahin zu (+*inf*); **mettre son** ~ **à** (+*inf*) bestrebt sein zu (+*inf*)

ambitionner [ãbisjɔne] *v/t* erstreben; (ehrgeizig) streben nach; begehren

ambival|ence [ãbivalãs] *f bes psych* Ambiva'lenz *f*; Doppelcharakter *m*, -wertigkeit *f*; ~**ent** *adj* ambiva'lent; doppelwertig

ambl|e [ãbl(ə)] *m Gangart gewisser Vierfüßer* Paß(gang) *m*; Schaukeltritt *m*; *e-s Zelters auch* Zelt(er)gang *m*; **aller l'**~ *cf* ambler; ~**er** *v/i* im Paßgang gehen; **cheval** ~ *im Mittelalter auch* Zelter *m*; ~**eur** *adj* ‹-euse› im Paßgang gehend

amblyopie [ãblijɔpi] *f path* Schwachsichtigkeit *f*; *sc* Amblyo'pie *f*

amblyopsis [ãblijɔpsis] *m zo* Höhlenblindfisch *m*; *sc* Ambly'opsis *m*

amblystome [ãblistom] *m zo* Nordamerikanischer Axo'lotl

ambon [ãbõ] *m arch* Ambo(n) *m*

ambr|e [ãbr(ə)] *m* **1. a)** ~ **(gris)** (graue) Ambra; (grauer) Amber; **b)** Ambraduft *m*; **2.** ~ **(jaune)** Bernstein *m*; **d'**~ *a.)* Bernstein...; aus Bernstein; **b)** bernsteinfarben; ~**é** *adj* **1.** nach Ambra duftend; **2.** *st/s* bernsteinfarben; ~**ette** *f bot* Am'brette(körner) *f(n/pl)*

ambroisie [ãbrwazi] *f myth* Am'brosia *f*; Götterspeise *f*

ambrosien [ãbrɔzjɛ̃] *adj* ‹~ne› Ambrosi'anisch; **chant** ~ Ambrosianischer Gesang; **rite** ~ Ambrosianische Liturgie

ambulacraire [ãbylakrɛr] *adj zo* Ambula'kral...; **aires** *f/pl*, **zones** *f/pl* ~**s** Ambu'lakren *n/pl*

ambulacre [ãbylakr(ə)] *m zo* der Stachelhäuter Ambula'kralfüßchen *n*

ambulanc|e [ãbylãs] *f* **1.** Kranken- *od*
Sani'tätswagen *m*, -auto *n*; Ambu'lanz (-wagen) *f(m)*; **2.** *mil früher* Ambu'lanz *f*; leicht bewegliche Feldsanitätsformation; ~**ier** *m*, ~**ière** *f* **1.** Fahrer(in) *m(f)* e-s Krankenwagens; **2.** ‹*nur m*› *mil früher* Sani'täter *m*

ambulant [ãbylã] *adj* um'herziehend; ambu'lant; **Wander**...; *Post* **bureau** ~ Bahnpost *f*; *fig* **un cadavre** ~ ein wandelnder, lebender Leichnam; **comédiens** ~**s** Wanderbühne *f*; *path* **érysipèle** ~ Wanderrose *f*; **marchand** ~ ambulanter, fliegender Händler; im ambulanten Gewerbe, Reise-, Wandergewerbe Tätige(r) *m*; **postier** ~ *od subst* ~ *m* Bahnpostbeamte(r) *m*; **professions** ~**es** ambulantes Gewerbe; Reise-, Wandergewerbe *n*; *ch de fer* **vente** ~**e** Verkauf *m* von Speisen und Getränken in Zügen

ambulatoire [ãbylatwar] *adj méd* **soins** *m/pl* ~**s**, **traitement** *m* ~ ambu'lante Behandlung

âme [am] *f* **1.** Seele *f* (*auch rel, fig*); *e-s Volkes auch* Psyche *f*; *in Wendungen auch* Leben *n*; Geist *m*; Gemüt *n*; Herz *n*; **une belle, grande** ~, **une** ~ **noble** e-e schöne, große *od* hochherzige, edle Seele; **une bonne** ~ e-e mitleidige, mitfühlende Seele; *iron* **les bonnes** ~**s** die guten, braven Leute, Leutchen; *poét Kosewort* **mon** ~, **ma chère** ~ (mein) Seelchen; **l'**~ **russe, slave** die russische, slawische Seele; **charge** *f* **d'**~**(s)** *cf* **charge 4.**; **état** *m* **d'**~ Gemütsverfassung *f*; seelische Verfassung; Stimmung *f*; Seelenzustand *m*; **paix** *f* **de l'**~ Seelenfrieden *m*; ♦ *loc/adj u loc/adv*: **à l'**~ **avec** ~ gefühl-, seelen-, ausdrucksvoll; mit Gefühl, Ausdruck; **être artiste**, **mathématicien**, *etc* **dans l'**~ mit Leib und Seele, durch und durch, ein leidenschaftlicher ...; **de toute son** ~ **lieben** von ganzer Seele; von ganzem Herzen; innig; **hassen aus tiefster Seele; **en mon, ton**, *etc* ~ **et conscience** nach bestem Wissen und Gewissen; *être ému* **jusqu'au fond de l'**~ zu'tiefst; **sans** ~, **dénué d'**~ seelenlos; **sur mon** ~ bei meiner Seele; **bei meinem Seelenheil**; ♦ *fig* **avoir l'**~ **chevillée au corps** ein zähes Leben haben; **avoir une** ~ **d'artiste** e-e Künstlerseele haben; **avoir une** ~ **de pionnier** Pio'niergeist besitzen; **Dieu ait son** ~! Gott hab' ihn *bzw* sie selig!; *Dorf* **compter trois cents** ~**s** dreihundert Seelen zählen; *Künstler* **donner une** ~ **au marbre, à une œuvre d'art** dem Marmor, e-m Kunstwerk Leben einhauchen; **errer comme une** ~ **en peine** ruhelos, ziellos um'herirren; **être comme une** ~ **en peine** todtraurig, tiefbetrübt sein; **prier pour l'**~ **de qn** für j-s Seelenheil beten; **ne pas rencontrer** ~ **qui vive** keiner Menschenseele, lebenden Seele begegnen; **rendre l'**~ die Seele aushauchen; s-n Geist aufgeben, aushauchen; *loc/prov* **une** ~ **saine dans un corps** sain mens sana in corpore sano; ein gesunder Geist in einem gesunden Körper (*beide loc/prov*); **2.** *bei Streichinstrumenten* Seele *f*; Stimmstock *m*; **3.** *e-s Geschützrohrs* Seele *f*; **à** ~ **lisse** glatt; nicht gezogen; **4.** *e-r Schiene, e-s Stahlträgers etc* Steg *m*; **5.** *élect e-s Kabels* (Kabel)Seele *f*; Ader *f*; *mar von (Draht-)Tauwerk* Seele *f*; **6.** *von Sperrholz* Mittellage *f*; Blindholz *n*; **7.** *beim Bronzeguß* Kern *m*

amélanchier [amelãʃje] *m bot* Felsenbirne *f*, -mispel *f*

améliorant [ameljɔrã] *adi agr Pflanzen* den Boden verbessernd; die Bodenfruchtbarkeit steigernd

amélioration [ameljɔrasjõ] *f* **1.** Verbes-
serung *f*; *des Gesundheitszustandes* Besserung *f*; *der Löhne, Gehälter* Aufbesserung *f*; *der (Arbeits)Leistung* Verbesserung *f*; Steigerung *f*; *des Lebensstandards* Verbesserung *f*; Hebung *f*; *agr* Bodenverbesserung *f*; Meliorati'on *f*; Ameliorati'on *f*; *von Haustieren, Kulturpflanzen* Veredelung *f*; *météo* ~ **(du temps)** Wetterbesserung *f*; *~ **des bois** Holzvergütung *f*; **2.** ~**s** *pl* Schönheitsreparaturen *f/pl*; Verbesserung(smaßnahm)en *f/pl*; ~**s nécessaires** (erforderliche) In'standsetzungs-, In'standhaltungsmaßnahmen *f/pl*

améliorer [ameljɔre] **I** *v/t* **1.** verbessern; *Löhne, Gehälter* aufbessern; *(Arbeits-)Leistung* verbessern; steigern; *Lebensstandard* verbessern; heben; *Übersetzung, Text* noch einmal über'arbeiten; (aus)feilen; *agr Boden* verbessern; (a)melio'rieren; *Haustiere, Kulturpflanzen* veredeln; *Holz* vergüten; **2.** Schönheitsreparaturen vornehmen, Verbesserungen anbringen (**une maison** in, an e-m Haus); **II** *v/pr* **s'**~ sich bessern; besser werden

amen [amɛn] *rel* **I** *adv* amen; *fig* **dire** ~ **à tout (ce que dit, fait, etc qn)** zu allem (, was j sagt, tut *etc*.) ja und amen sagen; **II** *m* ‹*inv*› Amen *n*

amenage [amnaʒ] *m tech des Werkstücks* Zuführen *n*, -ung *f*; Zubringen *n*, -ung *f*

aménagement [amenaʒmã] *m* **1.** *e-s Raumes, Gebäudes etc* Einrichten *n*, -ung *f*; Ausstattung *f*; *auch e-s Stadtviertels, des Arbeitsplatzes etc* Gestaltung *f*; *von Gärten, Parks* Anlage *f*; für e-n anderen Zweck 'Umgestaltung *f*; *auch* 'Umbau *m*, Ausbau *m* (**en bureau** als Büro); *e-s Zeitplans, der Produktion* 'Umstellung *f*; ~**s fiscaux** (*zweckmäßigere*) 'Umverteilung der Steuern; Steuererleichterungen *f/pl*; **les nouveaux** ~**s du musée** die Neu-, Umgestaltung des Museums; **travaux** *m/pl* **d'**~ 'Umbau(-), Ausbau (-arbeiten) *m(f/pl)*; *cf auch* **3.**; **2.** ~ **(du territoire)** Raumordnung *f*; *auch* Regio'nalplanung *f*; Struk'turverbesserung *f*; **plan** *m*, **politique** *f* **d'**~ **du territoire** Raumordnungsplan *m*, -politik *f*; **3.** *mines* Ausrichtung *f*; **travaux** *m/pl* **d'**~ Ausrichtungsarbeiten *f/pl*; **4.** *Forstwirtschaft* Betriebs- und Ertrags- *od* Nutzungsregelung *f*; Bewirtschaftung *f*; ~ **en futaie** Hochwald-, Samenholzbetrieb *m*; ~ **en taillis** Niederwald-, Ausschlagholzbetrieb *m*; ~ **en taillis sous futaie** Mittelwaldbetrieb *m*

aménager [amenaʒe] *v/t* ‹-geons› **1.** *Raum, Wohnung etc* einrichten; ausstatten; *auch Stadtviertel, Arbeitsplatz etc* gestalten; *Gebiet für den Fremdenverkehr etc* erschließen; *Garten, Park* anlegen; *Stufen, Podium* anbringen; *Verkaufsstand* aufstellen; errichten; herrichten; für e-n anderen Zweck 'umgestalten; *auch* 'um-, ausbauen; *Zeitplan* 'umstellen (*auch Produktion*); ('um)ändern; ~ **en bureau** als Büro einrichten, umgestalten, um-, ausbauen; **2.** *Wald* bewirtschaften

amende [amãd] *f* **1.** *jur* Geldstrafe *f*, -buße *f*; *für Ordnungswidrigkeiten auch* Ordnungsstrafe *f*; *im Arbeitsrecht* Betriebs-, Geldbuße *f*; *loc/adv* **sous peine d'**~ bei (Geld)Strafe; **condamner à cent francs d'**~ zu hundert Franc Geldstrafe, zu e-r Geldstrafe von hundert Franc verurteilen; *par ext* **être (mis) à l'**~ bestraft werden; **2. faire** ~ **honorable a)** *hist* öffentlich Abbitte leisten; ein öffentliches Schuldbekenntnis ablegen; **b)** *fig* um Verzeihung bitten; Abbitte leisten; F zu Kreuze kriechen

amendement [amɑ̃dmɑ̃] *m* **1.** *pol zu e-m Gesetzentwurf* Änderungsantrag *m*; Amende'ment *n*; *nach Bewilligung* (Ab-) Änderung *f*; **droit** *m* **d'~** Recht *n* zur Stellung e-s Änderungsantrags; Abänderungsrecht *n*; **2.** *agr* **a)** Verbesserung *f* (*der Bodenstruktur*); Meliorati'on *f*; Ameliorati'on *f*; **b)** Düngemittel, das die Bodenstruktur verbessert
amender [amɑ̃de] **I** *v/t* **1.** *pol Gesetzentwurf* (ab)ändern; **2.** *Person* bessern; besser machen; **3.** *agr* (*die Bodenstruktur*) verbessern; (a)melio'rieren; **II** *v/pr Person* **s'~** sich bessern; besser werden
amène [amɛn] *st/s adj* liebenswürdig; freundlich; *iron* échanger des propos **~s** einander Grobheiten, Beleidigungen an den Kopf werfen
amenée [amne] *f* **canal** *m* **d'~** Zuleitung(-), Zuführung(skanal) *f(m)*; **tuyau** *m* **d'~** Zuleitungs-, Zuflußrohr *n*; *agr bei der Dränung* Saugstrang *m*; Sauger *m*
amener [amne] <-è-> **I** *v/t* **1.** *Person, Tier, Sache* mit-, herbringen; mitnehmen (**chez ses amis** zu s-n Freunden; **au théâtre** ins Theater); her-, her'an-, her'bei-, vorführen; *jur* **mandat** *m* **d'~** Vorführungsbefehl *m*; **qu'est-ce qui vous amène?** was führt Sie her?; **on lui amena son cheval** man brachte ihm sein Pferd; **amène le journal** *que j'ai laissé dans ma voiture!* bring doch die Zeitung mit ...; **faire ~ qn** devant soi sich j-n bringen, vorführen lassen; **2.** *zu e-m bestimmten Punkt bringen*; *Flüssigkeit aus* leiten; *Taxi* **~ qn à la gare** j-n zum Bahnhof bringen, fahren; **3.** *fig* (mit sich) bringen; *Naur Folge* haben; nach sich ziehen; führen zu; *absichtlich* her'beiführen; *hohe Geschwindigkeit etc* **~ de nombreux accidents** zu zahlreichen Unfällen führen; zahlreiche Unfälle zur Folge haben, verursachen; *in e-m Drama* **~ un dénouement** zu e-r Lösung herbeiführen; *Medikament* **~ un soulagement rapide** schnelle(e) Linderung bringen; **4.** *fig* **~ qn, qc à qc** j-n, etw zu etw bringen; **de l'eau amenée à ébullition** zum Kochen gebrachtes Wasser; **j'ai été amené à cette opinion par** *divers témoignages* ich bin durch ... zu dieser Meinung gelangt; **~ qn à faire qc** j-n dazu bringen, führen, bewegen, j-n veranlassen, etw zu tun; j-n so weit, dahin bringen, daß ...; **être amené à faire qc** etw tun müssen; **~ la conversation sur un sujet** das Gespräch auf ein Thema lenken; **5.** *in e-r Rede, in e-m Text: Zitat, Bild, Vergleich* bringen; *Vergleich auch* ziehen; **cette comparaison a été bien amenée** dieser Vergleich war gut; **6.** *beim Kartenspiel: Karte* spielen; *beim Würfeln* **~ cinq points** *e-e* Fünf würfeln; **7.** *mar im Krieg* **~ les couleurs, son pavillon** die Flagge streichen; *Fischfang* **~ le filet** das Netz einholen; *Angeln* **~ le poisson** den Fisch zu sich her'anziehen; *mar* **~ les voiles** die Segel streichen, einholen; **II** *v/pr Person* **s'~** kommen; F Aufkreuzen; angetanzt kommen; **amène-toi ici!** komm (hier)her!
aménité [amenite] *st/s f* Liebenswürdigkeit *f*; Freundlichkeit *f*; *iron* **se dire des ~s** einander Grobheiten, Beleidigungen an den Kopf werfen; **traiter qn sans ~** j-n unfreundlich, grob behandeln
aménorrhée [amenore] *f path* Fehlen *n*, Ausbleiben *n* der Menstruati'on; *sc* Amenor'rhoe *f*
amentifère [amɑ̃tifɛr] *bot* **I** *adj* Pflanze kätzchentragend; **II** *m/pl od f/pl* **~s** Kätzchenblüter *m/pl*; Amenti'feren *pl*
amenuis|ement [amǝnɥizmɑ̃] *m* der

Kaufkraft etc Verminderung *f*; Verringerung *f*; Schwinden *n*; **~er I** *v/t* **1.** *Chancen, Kaufkraft etc* vermindern; verringern; **2.** *Brett* dünner machen; abhobeln; **II** *v/pr* **s'~** Wert, Einnahmen etc kleiner, geringer werden; sich verringern; sich vermindern; schwinden; schrumpfen; *Hoffnung* (da'hin)schwinden
amer[1] [amɛr] **I** *adj* <-ère> **1.** (*im*) Geschmack bitter; **avoir la bouche amère** e-n bitteren Geschmack im Mund haben; **2.** *Duft* herb; **3.** *fig* Enttäuschung, *Worte, Lächeln* bitter; herb; *Bedauern, Erinnerungen* schmerzlich; *Vorwürfe* bitter; *Ironie, Spott* bitter; ätzend; beißend; **il était très ~** er war sehr bitter; **s-e Worte klangen sehr bitter;** *j-s Leben* **rendre ~** verbittern; **II** *m* **1.** herber, bitterlich schmeckender Aperi'tif; **2.** *méd* **~s** *pl* Bitterstoffe *m/pl*
amer[2] [amɛr] *m mar* Landmarke *f*
amèrement [amɛrmɑ̃] *adv* weinen bitterlich; *bereuen, sich beklagen* bitter
américain [amerikɛ̃] **I** *adj* ameri'kanisch; *cigarette* **~e** ameri'kanische Zigarette *f*; F **Ami** *f*; *voiture* **~e** *od subst* **~e** *f* (großer) amerikanischer Wagen; ◆ *loc/adv* **à l'~e:** Bahnrennsport **course** *f* **à l'~e** *od subst* **~e** *f* Zweier- *bzw* Dreiermannschaftsfahren *n*; **enchères** *f/pl* **à l'~e** amerikanische Versteigerung; *cuis* 'homard *m* **à l'~e** in Weißwein mit Tomaten, Zwiebeln, Knoblauch, Petersilie *etc* zubereiteter Hummer; **vol** *m* **à l'~e** Betrug *m*, bei dem der Getäuschte e-n Gegenstand s-s Besitzes gegen e-n wertlosen eintauscht; *fig* **il a l'œil, le coup d'œil ~** ihm bleibt nichts verborgen; ihm entgeht nichts; er hat Augen wie ein Luchs; **II** *subst* **1.** ⚥(e) *m(f)* Ameri'kaner(in) *m(f)*; ⚥(e) *m(f)* **du Nord, du Sud** Nord-, Südamerikaner(in) *m(f)*; **2.** *ling* **l'~** *m* das Ameri'kanische; das ameri'kanische Englisch; Ameri'kanisch *n*; ameri'kanisches Englisch; **3.** **~e** *f cf* I
américan|isation [amerikanizasjɔ̃] *f* Amerikani'sierung *f*; **~iser I** *v/t* ameri'kani'sieren; **II** *v/pr* **s'~** ameri'kanisch werden; ameri'kanische Sitten, Formen annehmen; **~isme** *m* **1.** *ling* Ameri'ka'nismus *m*; **2.** Amerika'nistik *f*; **~iste** *m,f* Amerika'nist(in) *m(f)*
américium [amerisjɔm] *m chim* Ame'ricium *n*
amérindien [amerɛ̃djɛ̃] *sc adj* <~ne> der Indi'aner; **langues ~nes** Indi'anersprachen *f/pl*; amerikanische Sprachen *f/pl*
Amerlo(t) [amɛrlo] *m* F (*Américain*) F **Ami** *m*; Yankee ['jɛnki] *m*
amerr|ir [amerir] *v/i* Wasserflugzeug wassern; **~issage** *m* Wassern *n*, -ung *f*
amertume [amɛrtym] *f* **1.** bitterer Geschmack; Bitterkeit *f*; **2.** *fig* Bitterkeit *f*; *des Lebens, Daseins* Bitternis *f*; **3.** *vit* Bitterwerden *n* des Weins
améthyste [ametist] *f minér* Ame'thyst *m*
amétrop|e [ametrɔp] *adj path* fehlsichtig; **~ie** *f path* Fehlsichtigkeit *f* (*durch Brechungsanomalien*); *sc* Ametro'pie *f*
ameublement [amœblǝmɑ̃] *m* (Zimmer-, Woh'nungs)Einrichtung *f*; Mobili'ar *n*; **magasin** *m* **d'~** Möbelgeschäft *n*; Einrichtungshaus *n*; **tissus** *m/pl* **d'~** Deko- *od* Dekorati'ons- und Bezugsstoffe *m/pl*
ameubl|ir [amœblir] *v/t* **1.** *agr Boden* (auf)lockern; **2.** *jur Grundvermögen e-s Ehegatten* in das Gesamtgut einbringen; **~issement** *m* **1.** *agr des Bodens* (Auf-) Lockern *n*, -ung *f*; **2.** *jur des Grundvermögens e-s Ehegatten* Einbringung *f* in das Gesamtgut

ameuter [amøte] **I** *v/t* **1.** *Personen* zu'sammenlaufen lassen; *par ext* aufbringen (**contre** gegen); *Menge auch* aufwiegeln; aufhetzen; **les cris de la victime ameutèrent les passants** durch die Schreie des Opfers aufmerksam geworden, liefen die Passanten zusammen; *ne criez pas ainsi,* **vous allez ~ tout le quartier** ... das ganze Viertel wird gleich zusammenlaufen; **2.** *ch Hunde* sammeln; **II** *v/pr Menge* **s'~** sich zu'sammenrotten
amharique [amarik] *m ling* **l'~** das Am'harische; Am'harisch *n*
ami [ami] **I** *subst* **1.** **~(e)** *m(f)* Freund(in) *m(f)*; *auch* Kame'rad(in) *m(f)*; *früher* eh! l'.'heda! (guter) Freund!; *Anrede* mon **~** mein Lieber, Bester; *herablassend* guter Mann; mein *od* guter Freund; *Ausruf* **mes ~s!** Kinder, Kinder!; **un de mes (bons, vieux) ~s** ein (guter, alter) Freund von mir; *Anrede im Brief* (**mon**) **cher ~** lieber, bester Freund; **mon jeune ~!** junger Mann, Freund!; **mon meilleur ~** mein bester Freund; **~ de collège, de lycée** Schulfreund *m*, -kamerad *m*; **~ d'enfance** Jugendfreund *m*; **~ de la famille, de la maison** Hausfreund *m*; Freund des Hauses; *fig* **~ de la justice, de la vérité** Freund der Gerechtigkeit, der Wahrheit; **~s du livre, de la musique, de la nature** Bücher-, Mu'sik-, Na'turfreunde *m/pl*; **chambre** *f* **d'~(s)** Gast-, Gästezimmer *n*; *loc/adv* **en ~** als Freund; **je vous parle en ~** ich spreche als Freund zu Ihnen; **ce sont de grands ~s** sie sind eng miteinander befreundet, F dicke Freunde; **nous étions entre ~s** wir waren unter Freunden; **se faire des ~s** Freunde gewinnen; F *von Kindern* **faire ~~** <*inv*> a) sich wieder vertragen; F wieder gut sein; b) sich anfreunden; **2.** **~(e)** *m(f)*, *jüngere(r) meist* **petit(e) ~(e)**, *ältere(r) auch* **bon(ne) ~(e)** Freund(in) *m(f)*; Geliebte(r) *f(m)*; Liebhaber *m*; **il a une petite ~e** er hat e-e Freundin; **II** *adj* **1.** befreundet; **peuples ~s** befreundete Völker *n/pl*; **être (très) ~ avec qn** mit j-m (eng) befreundet sein; *fig* **être ~ de qc** etw lieben, schätzen; **il est ~ de la ponctualité** er liebt, schätzt die Pünktlichkeit; **2.** freundlich; **visages ~s** freundliche Gesichter *n/pl*; **il a été aidé par une main ~e** e-e freundliche Hand, ein freundlicher Mensch hat ihm geholfen
amiable [amjabl(ǝ)] *adj* **1.** gütlich; *pol* **médiateur** *m* **~** ehrlicher Makler; *jur* **partage** *m* **~** gütliche Teilung; **à l'~** gütlich; auf gütlichem Wege; **arrangement** *m* **~** gütliche Regelung; **s'arranger à l'~** sich gütlich, auf gütlichem Wege einigen; **2.** *math* **nombres** *m/pl* **~s** befreundete, verwandte Zahlen *f/pl*
amiante [amjɑ̃t] *m minér* (Hornblende-) As'best *m*; Ami'ant *m*; **plaque** *f* **d'~** Asbestplatte *f*; **~-ciment** *m* <*pl* **amiantes-ciments**> As'bestbeton *m*, -zement *m*
amibe [amib] *f zo* A'möbe *f*; Wechseltierchen *n*
amib|iase [amibjaz] *f path* A'möbenruhr *f*; *sc* Amö'biasis *f*; **~ien I** *adj* <~ne> *path* durch A'möben her'vorgerufen; A'möben...; **dysenterie ~ne** Amöbenruhr *f*; **II** *m/pl od zo* A'möben *n/pl*; Wechseltierchen *n/pl*; **~oïde** *adj* mou'vements *m/pl* **~s** amöbo'ide Bewegungen *f/pl*
amical [amikal] **I** *adj* <-aux> Ton, Beziehungen *etc* freundschaftlich; *Miene, Ton auch* freundlich; **reproches amicaux** gutgemeinte, freundschaftli-

che Vorwürfe *m/pl*; *Briefschluß* **je vous adresse mon ~ souvenir** mit herzlichem Gruß; **être ~ avec qn** (sehr) freundlich zu j-m sein; **II** *f* **~e** Verein (-igung) *m(f)*

amict [ami] *m égl cath* A¹mikt *m*; Hume¹rale *n*; Schultertuch *n*

amide [amid] *m chim* A¹mid *n*

amidol [amidɔl] *m phot Entwickler* Ami¹dol *n*

amidon [amidõ] *m chim* Stärke *f*; **~ de blé, de maïs** Weizen-, Maisstärke *f*; **grains** *m/pl* **d'~** Stärkekörner *n/pl*

amidonn|age [amidɔnaʒ] *m von Wäsche* Stärken *n*; **~er** *v/t Wäsche* stärken; **~erie** *f* Stärkefabrik *f*; **~ier** *m* **a)** Stärkehersteller *m*, -fabrikant *m*; **b)** Arbeiter *m* in e-r Stärkefabrik

amiénois [amjenwa] *adj* (*u subst* ♀ Einwohner) von Amiens

amination [aminasjõ] *f chim* Ami¹nierung *f*

aminc|ir [amɛ̃sir] **I** *v/t* **1.** *Brett etc* dünner machen; **2.** *Kleid* **~ qn** j-n schlank machen, schlanker erscheinen lassen; **pour ~ la taille** um e-e schlanke(re) Taille zu bekommen; *Gesicht* **aminci par la maladie** durch die Krankheit schmal geworden; **II** *v/pr* **s'~** *Stoff, Holz durch Abnützung* dünner werden; **~issement** *m* **1.** Dünnermachen *n*, -werden *n*, -sein *n*; **2.** *der Schenkel, Taille* Schlankerwerden *n*

amine [amin] *f chim* A¹min *n*; *méd* **~s de réveil** Weckamine *n/pl*; *adjt* **groupe** *m* **~** A¹minogruppe *f*

aminé [amine] *adj chim* **acide ~** A¹minosäure *f*

amino|acide [aminoasid] *m chim* A¹minosäure *f*; **~phénol** *m chim* Aminophe¹nol *n*; **~plaste** *m chim* Amino¹plast *n*

amiral [amiral] *m* ⟨*pl* -aux⟩ *mar* Admi¹ral *m*; *adjt* **vaisseau** *m* **~** Flaggschiff *n*

amirauté [amirote] *f mar* Admirali¹tät *f*

amiss|ible [amisibl(ə)] *adj jur* verlierbar; **~ion** *f jur* Verlust *m*

amitié [amitje] *f* **1.** Freundschaft *f*; Zuneigung *f*; **par ~** aus Freundschaft; **avoir de l'~ pour qn** freundschaftliche Gefühle, Zuneigung für j-n empfinden; j-m zugetan sein; **fais-nous l'~ de venir déjeuner** mach uns die Freude und komm zum Essen zu uns; **se lier d'~ avec qn** *cf* **lier 7.**: **prendre qn en ~** j-n liebgewinnen, ins Herz schließen; **2.** **~s** *pl* Grüße *m/pl*; *auf e-r Postkarte* **~!** freundliche, herzliche Grüße!; **faites-lui toutes mes ~s** richten Sie ihm meine herzlichsten Grüße aus; **présentez, transmettez mes ~s à madame** (votre **épouse**) empfehlen Sie mich Ihrer Gattin; grüßen Sie Ihre Gattin von mir; **3.** *unter Jugendlichen* **~ particulière** gleichgeschlechtliche Beziehung, Liebe

amitose [amitoz] *f biol* di¹rekte Kernteilung; Ami¹tose *f*

ammi [ami] *m bot* Ammi *n*; Zahnstocherkraut *n*

ammocète [amɔsɛt] *m zo* Larve *f* des Neunauges; Querder *m*

ammoniac [amɔnjak] *adj* ⟨-aque⟩ *chim* **gaz ~** *od subst* **~** *m* Ammoni¹ak *n*; **gomme ammoniaque** Ammoniakharz *n*, -gummi *n*; **sel ~** *cf* (**chlorure d'**)**ammonium**

ammoniac|al [amɔnjakal] *adj* ⟨-aux⟩ *chim* ammoni¹akartig, -haltig; ammonia¹kalisch; Ammoni¹ak...; **eau ~e** Ammoniak-, Gaswasser *n*; **odeur ~e** Ammoniakgeruch *m*; **sels ammoniacaux** Am¹moniumsalze *n/pl*; **solution ~e** wäßrige Ammoniaklösung; **~ate** *m chim* Ammonia¹kat *n*; Am¹minsalz *n*

ammoniaque [amɔnjak] *chim* **1.** *f*

Salmi¹akgeist *m*; **2.** *m* Ammoni¹ak *n*

ammonisation [amɔnizasjõ] *f* ¹Umwandlung *f* or¹ganischer Stickstoffverbindungen in Ammoni¹akverbindungen

ammonite [amɔnit] *f Paläontologie* Ammo¹nit *m*; Ammonshorn *n*

Ammonites [amɔnit] *m/pl bibl* Ammo¹niter *m/pl*

ammonium [amɔnjɔm] *m chim* Am¹monium *n*; **chlorure** *m* **d'~** Ammoniumchlorid *n*; Salmi¹ak *m*; **nitrate** *m* **d'~** Ammoniumnitrat *n*; Am¹mon-, Ammoni¹aksalpeter *m*; **sels** *m/pl* **d'~** Ammoniumsalze *n/pl*; **sulfate** *m* **d'~** Ammoniumsulfat *n*

ammophile [amɔfil] *f zo* Sandwespe *f*

amnés|ie [amnezi] *f path* Gedächtnisschwund *m*; *sc* Amne¹sie *f*; **~ique** *adj u subst m,f path* an Amne¹sie leidend, Leidende(r) *f(m)*

amnios [amnjos] *m Embryologie* Amnion *n*; Schafhaut *f*

amniotique [amnjɔtik] *adj Embryologie* **cavité** *f* **~** Amnionhöhle *f*; **liquide** *m* **~** Fruchtwasser *n*

amnistiant [amnistjã] *adj jur* **grâce ~e** etwa Begnadigung, die wie e-e Amne¹stie wirkt

amnistie [amnisti] *f* Amne¹stie *f*; **loi** *f* **d'~** Amnestiegesetz *n*

amnist|ié(e) [amnistje] *m(f)* Amne¹stierte(r) *f(m)*; **~ier** *v/t Person* amne¹stieren; **~ qc** Amnestie gewähren (**qc** für etw); **être amnistié** *auch* unter die Amnestie fallen

amocher [amɔʃe] *v/t* F *Gegenstand* beschädigen; demo¹lieren; übel, bös zurichten; F rampo¹nieren; ka¹puttmachen; *bei e-r Schlägerei* **se faire ~** übel, bös zugerichtet werden; *Gegenstand* **être amoché** *auch* mitgenommen sein, aussehen

amodia|taire [amɔdjatɛr] *m,f von Land, e-r Erzmine* Pächter(in) *m(f)*; **~teur** *m*, **~trice** *f* Verpächter(in) *m(f)*

amod|iation [amɔdjasjõ] *f* **a)** *von Land, e-r Jagd,* (*des Rechts zur Ausbeutung*) *e-r Erzmine* Verpachtung *f*; **b)** *bei e-r Erzmine* Pachtvertrag *m*; **~ier** *v/t Land, Jagd, Erzmine* verpachten

amoindrir [amwɛ̃drir] **I** *v/t Wert, Kapital* verringern; (ver)mindern; *Ansehen* schmälern; beeinträchtigen; (*Widerstands*)*Kraft* mindern; schwächen; **II** *v/pr* **s'~** *Wert, Kapital* schwinden; geringer werden; abnehmen; sich verringern; sich vermindern; *Kapital auch* schrumpfen; *Ansehen, Kräfte* abnehmen; schwinden

amoindrissement [amwɛ̃drismã] *m des Werts, Kapitals* Verringerung *f*; (Ver)Minderung *f*; *Abnehmen n,* Abnahme *f*, Schwinden *n* (*auch des Ansehens, der Kräfte*); *des Kapitals auch* Schrumpfen *n*

amok [amɔk] *m bei den Malaien* **a)** Amok(laufen) *m(n)*; **b)** Amokläufer *m*

amoll|ir [amɔlir] **I** *v/t* **1.** *Asphalt etc* aufweichen (*auch Wege*); weich machen; erweichen; **2.** *fig Energie, Willen* erweichen; erschlaffen lassen; schwächen; **II** *v/pr* **s'~ 3.** aufweichen; weich werden; erweichen; **4.** *Energie, Wille* erschlaffen; erlahmen; *Energie auch* nachlassen; *Mut* sinken; **~issant** *adj Klima etc* schlapp, träge machend; **~issement** *m der Energie, des Willens* Erschlaffen *n*, -ung *f*; Erlahmen *n*, -ung *f*; *der Energie auch* Nachlassen *n*; *des Mutes* Sinken *n*

amome [amɔm] *m bot* A¹mom(um) *n*

amonceler [amõsle] ⟨-ll-⟩ **I** *v/t* aufhäufen, -schichten, (-)stapeln, -türmen; *Beweise, Dokumente* anhäufen; zu¹sammentragen; ansammeln; **II** *v/pr* **s'~** sich aufhäufen; sich stapeln; sich (auf-)

türmen; *Beweise, Dokumente* sich häufen; sich ansammeln; *Wolken* **s'~ dans le ciel** sich am Himmel auftürmen, zu¹sammenballen, -ziehen

amoncellement [amõsɛlmã] *m* Haufen *m*, Stapel *m*, Berg *m* (**de lettres** von Briefen); **~ de livres** Bücherhaufen *m*, -stapel *m*, -berg *m*

amont [amõ] *m* **1.** *loc/adv* **en ~** strom-, fluß¹aufwärts; strom¹auf, -¹an; *bei Flußtälern* tal¹auf(wärts); **aller en ~** *od* **vers l'~** stromauf(wärts) *etc* fahren; *loc/prép* **en ~ de** oberhalb von (*od* + *gén*); **2.** *an der Küste* **vent** *m* **d'~** Landwind *m*; ablandiger Wind; **3.** *adjt Skisport* **ski** *m* **~** Bergski *m*; **skieur** *m* **~** von oben kommender, oberer Skifahrer; **4.** *ch* **Falke voler d'~** über dem Jäger kreisen, s-e Kreise ziehen; **5.** *écon* **en ~** erzeugernäher (**de** als)

amoral [amɔral] *adj* ⟨-aux⟩ amoralisch; **~isme** *m* Amora¹lismus *m*; **~iste I** *adj* amora¹listisch; **II** *m,f* Amora¹list *m*; amoralischer Mensch; **~ité** *f* Amorali¹tät *f*

amorçage [amɔrsaʒ] *m* **1.** *e-r Pumpe* Zum-¹Ansaugen-Bringen *n*; **2. a)** *von Munition* Scharfmachen *n*; **b)** *bei Patronen, Granaten* Zünder *m*; Zündung *f*; **3.** *élect* **a)** Einschwingen *n*; **b)** Erregung *f*

amorce [amɔrs] *f* **1.** *Angeln* Köder *m*; **2.** *fig* Auftakt *m* (**de zu**); Beginn *m* (**von**); Ausgangspunkt *m* (**von**); **3.** *e-r Patrone* Zündhütchen *n*; Sprengkapsel *f*; *e-r Mine* Zündpille *f*; *für Sprengungen* Sprengzünder *m*; *für Kinderpistolen* Zündblättchen *n*; **pistolet** *m* **à ~s** Knallpistole *f*; **4.** *e-r neuen Straße, Eisenbahnlinie* (voll¹endetes) Anfangsstück, erstes Teilstück; **5.** *e-s Tonbandes, Films* Vorlaufband *n*, -film *m*; Band-, Filmanfang *m*

amorcer [amɔrse] ⟨-ç-⟩ **I** *v/t* **1.** *beim Angeln* **a)** *Angelhaken* mit e-m Köder versehen; **b)** *Fische* ködern; an-, her¹beilocken; **2.** *fig Verhandlungen etc* in Gang, in Fluß bringen; in die Wege leiten; einleiten; anbahnen; *auch allg* beginnen; anfangen; eröffnen; *Geste andeuten; aviat* **~ un Kunstflugfigur** *etc* ansetzen; **~ le virage** zur Kurve ansetzen; in die Kurve gehen; **3.** *Öffnung* aus-, ¹durchzubrechen beginnen; *Loch* vorbohren; *mit dem Körner* ankörnen; *Straße, Bahnlinie* zu bauen beginnen; **das erste Teilstück bauen** (**une route** *od* **e-r Straße**); **4.** *tech Pumpe* zum Ansaugen bringen; ansaugen lassen; **5.** *Mine, Granate* scharf machen; mit Zündhütchen, Sprengkapsel versehen (*auch Sprengladung*); **amorcé** scharf; **II** *v/pr* **s'~** *Verhandlungen, Gespräch etc* in Gang, in Fluß kommen; sich anbahnen; *Gespräch auch* aufkommen; *Versöhnung auch* sich abzeichnen; sich andeuten; *allg auch* beginnen

amorphe [amɔrf] *adj* **1.** *minér, chim* a¹morph; **état** *m* **~** amorpher Zustand; Amor¹phie *f*; **2.** *fig Person* ener¹gie-, willenlos; willensschwach; schlaff; lahm; ohne Rückgrat

Amorrhéens [amɔreɛ̃] *m/pl od* **Amorrites** [amɔrit] *m/pl hist* Amo¹riter *m/pl*

amorti [amɔrti] *m* **1.** F **les ~s** *pl* die Alten *m/pl*, F Verkalkten *m/pl*; **2.** *Fußball* Stoppen *n* (*des Balls*); *Tennis* **a)** Kurzschlagen *n*; **b)** Stoppschlag *m*

amortir [amɔrtir] **I** *v/t* **1.** *Aufschlag, Stoß, Geräusch, Schall* dämpfen (*auch phys Schwingung*); abschwächen; *Schall auch* dämmen; *fig Schwankungen* dämpfen; auffangen; *rad ondes amorties* gedämpfte Wellen *f/pl*; **2.** (*Fuß*)*Ball* stoppen; *Tennisball* kurz schlagen; **3.** *mar* die Fahrt drosseln, verlangsamen (**un bâtiment e-s Schiffes**); *Schiff* **être**

amorti festliegen; **4.** *Schuld, Anleihe* tilgen; amorti'sieren; ab(be)zahlen; abtragen; *Stammaktie* amorti'sieren und durch e-n Genußschein ersetzen; **5.** *Maschinen, Anlagen* abschreiben; amorti-'sieren; **II** *v/pr Geräusch* s'~ gedämpft, schwächer werden

amortissable [amɔrtisabl(ə)] *adj Schuld, Darlehen* tilgbar; amorti'sierbar; amorti'sabel; *Anlagen* abschreibbar

amortissement [amɔrtismɑ̃] *m* **1.** *e-r Schuld, Anleihe* ~ **(financier)** Tilgung *f;* Amortisati'on *f;* Ab(be)zahlung *f;* Abtragung *f; von Stammaktien* Amortisati'on *f und Ersetzung f durch e-n Genußschein;* **fonds** *m* d'~ Tilgungs-, Amortisationsfonds *m;* **2.** *Betriebswirtschaft* ~ **(industriel)** Abschreibung *f;* Amortisati'on *f;* ~ **constant, décroissant** lineare, degressive Abschreibung; **3.** *e-s Aufschlags, Geräusches, des Schalls* Dämpfung *f (auch phys von Schwingungen);* Abschwächung *f; des Schalls auch* Dämmen *n,* -ung *f;* ~ **du bruit** Schalldämpfung *f,* -dämmung *f;* **4.** *arch* (Be-) Krönung *f;* **5.** *mar e-s Schiffes* Festliegen *n,* -sitzen *n*

amortisseur [amɔrtisœr] *m* **1.** *auto* Stoßdämpfer *m;* **2.** *aviat* Federbein *n,* -strebe *n*

amour [amur] *m, poét f* **1.** Liebe *f;* ~ **des bêtes** Tierliebe *f;* ~ **de Dieu** a) Liebe zu Gott; b) Liebe Gottes; göttliche Liebe; *loc/adv* **laisse-moi seul, pour l'~ de Dieu!** laß mich um (des) Himmels willen allein!; tu mir die Liebe und laß mich allein!; ~ **de la gloire** Ruhmsucht *f;* ~ **de la liberté** Freiheitsliebe *f;* ~ **de son métier** Liebe zu s-m Beruf, Handwerk; **avoir l'~ de son métier** s-n Beruf, sein Handwerk lieben; ~ **de la musique, de la nature, de la paix, de la patrie** Mu'sik-, Na'tur-, Friedens-, Vaterlandsliebe *f;* ~ **du prochain** Nächstenliebe *f;* ~ **de soi** Selbst-, Eigenliebe *f;* ~ **de la vérité** Wahrheitsliebe *f;* ◆ *loc/adv* **avec** ~ liebevoll; mit (viel) Liebe; ◆ **éprouver de l'**~ **pour qn** Liebe für j-n empfinden, fühlen; *iron* **c'est plus de l'**~, **c'est de la rage** das ist nicht mehr Liebe, das ist schon Raserei; *verhüllend* **faire l'**~ sich lieben; **filer le parfait** ~ **cf filer 4.** b); *fig* **vivre d'**~ **et d'eau fraîche** von Luft und Liebe leben; **2.** *geliebte Person* Liebe *f;* ~ **de jeunesse** Jugendliebe *f;* **c'est son grand** ~ sie ist s-e *bzw* er ist ihre große Liebe; ◆ *Kosewort* **mon** ~ (mein) Liebling, Schatz; mein Herz; (mein) Herzchen, Herzblatt; Herzallerliebster; (meine) Herzallerliebste; **peux-tu régler cela pour moi? tu seras un** ~ sei ein Schatz und erledige das bitte für mich!; **3.** ~**s** *pl* Liebschaften *f/pl;* A'mouren *pl; fig* **revenir à ses premières** ~**s** zu s-r ersten Liebe zurückkehren; s-r alten Leidenschaft *(dat)* wieder frönen; **4.** *fig* **un** ~ **de** ... ~ **de** (ein) reizende(r, -s), allerliebste(r, -s), wonnige(r, -s), herzige(r, -s), F goldige(r, -s), süße(r, -s)...; **un** ~ **de petit chapeau** ein reizendes *etc* Hütchen; **un** ~ **d'enfant** *auch* ein herzallerliebstes Kind; **5.** *bildende Kunst, myth* ⟨*nur m*⟩ l'Ω Amor *m;* **petit** Ω Amo'rette *f; auch* Putto *m od* Putte *f*

amouracher [amuraʃe] *v/pr* **s'**~ **(de qn)** sich (in j-n) verlieben, F verknallen, vergaffen

amourette [amurɛt] *f* **1.** Liebe'lei *f;* (kleine) Liebschaft; ~**s** *pl auch* A'mouren *pl;* **2.** *bot* **a)** Maiglöckchen *n;* **b)** Zittergras *n;* **c)** Lettern-, Schlangenholz *n;* **3.** *cuis als Beilage* ~**s** *pl* Markstückchen *n/pl;* Amou'rettes *f/pl*

amoureux [amurø] **I** *adj* ⟨*-euse*⟩ Per-

---

son verliebt; *Blick* verliebt; liebevoll; zärtlich; **vie amoureuse** Liebesleben *n;* ~ **de la gloire** ruhmsüchtig; ~ **de la nature** na'turliebend; **être** ~ **de qn** in j-n verliebt sein; **être** ~ **de qc** etw lieben; **tomber** ~ **de qn** sich in j-n verlieben; **II** ~ **1.** ~, **amoureuse** *m, f* Liebende(r) *f(m);* Verliebte(r) *f(m);* **e-s Mädchens** Verehrer *m;* Anbeter *m;* Liebhaber *m;* ~ *m/pl* Liebespaar *n,* -pärchen *n;* **2.** *m thé* Rollen*fach* jugendlicher Liebhaber

amour-propre [amurprɔpr(ə)] *m* ⟨*pl* **amours-propres**⟩ **1.** Selbstachtung *f,* -gefühl *n,* -bewußtsein *n;* **2.** Eigenliebe *f;* **blesser l'**~ **de qn** j-s Eigenliebe verletzen, kränken

amov|ibilité [amɔvibilite] *f adm e-s Beamten* Ab-, Versetzbarkeit *f;* ~**ible** *adj* **1.** *adm Beamter* absetzbar; versetzbar; kündbar *(auch Amt);* *Amt auch* widerruflich; **2.** *Mantelfutter* her'ausnehmbar; ausknöpfbar; *Felge, Schonbezug etc* abnehmbar

ampélidacées [ɑ̃pelidase] *f/pl bot* (Wein)Rebengewächse *n/pl*

ampélographie [ɑ̃pelɔgrafi] *f* Rebsortenkunde *f;* ~ Ampelogra'phie *f*

ampélopsis [ɑ̃pelɔpsis] *m bot* Schein-, Doldenrebe *f*

ampérage [ɑ̃peraʒ] *m élect* Stromstärke *f*

ampère [ɑ̃pɛr] *m (abr A) élect* Am'pere *n (abr A);* ~**-heure** *m* ⟨*pl* **ampères- -heures**⟩ *(abr Ah) élect* Ampere'stunde *f (abr Ah);* ~**mètre** *m élect* Ampere'meter *m;* Strommesser *m*

ampexer [ɑ̃pekse] *v/t télév* (im Ampexverfahren) auf Ma'gnetband aufzeichnen

amphétamine [ɑ̃fetamin] *f phm* Ampheta'min *n;* Weckamin *n;* Benze'drin *n (Wz)*

amphi [ɑ̃fi] *m* F *Kurzwort für* amphithéâtre 1.

amphiarthrose [ɑ̃fiartroz] *f anat* Amphiar'throse *f*

amphibie [ɑ̃fibi] *adj* **1.** *zo, bot* am'phibisch; **animal** *m od subst* ~ *m* Am'phibie *f;* **2.** *bes mil* Am'phibien...; *od subst* ~ *m* am'phibisch; **avion** *m* ~ Amphibienflugzeug *n;* Wasser-Land-Flugzeug *n;* **char** *m* ~ Amphibien-, Schwimmpanzer *m;* **opérations** *f/pl* ~**s** amphibische Operationen *f/pl;* **véhicule** *m,* **voiture** *f* ~ Amphibienfahrzeug *n*

amphibiens [ɑ̃fibjɛ̃] *m/pl zo* Am'phibien *f/pl;* Lurche *m/pl*

amphibole [ɑ̃fibɔl] *f minér* Amphi'bol *m*

amphibo|lie [ɑ̃fibɔli] *f philos,* ~**logie** *f gr, philos* Amphibo'lie *f;* Zwei-, Mehrdeutigkeit *f;* Doppelsinn *m;* ~**logique** *adj* amphi'bolisch; zwei-, mehrdeutig; doppelsinnig

amphigour|ie [ɑ̃figuri] *litt m* Kauderwelsch *m;* Unsinn *m;* verworrenes Geschwätz; ~**ique** *litt adj* unsinnig; verworren; unverständlich

amphimixie [ɑ̃fimiksi] *f biol* Amphi'mixis *f;* Vermischung *f* der väterlichen und mütterlichen Erbanlagen

amphineures [ɑ̃finœr] *m/pl zo* Amphi'neura *pl*

amphioxus [ɑ̃fjɔksys] *m zo* Lan'zettfischchen *n; sc* Amphi'oxus *m*

amphipodes [ɑ̃fipɔd] *m/pl zo* Flohkrebse *m/pl; sc* Amphi'poden *pl*

amphithéâtre [ɑ̃fiteɑtr(ə)] *m* **1.** Hörsaal *m;* Audi'torium *n;* **grand** ~ Auditorium maximum *n;* F Audi max *n;* ~ **d'anatomie** Anato'miesaal *m;* Hörsaal *m* der Anatomie; **2.** *der Römer* Am'phitheater *n;* **en** ~ amphithea'tralisch; wie ein Amphitheater; **3.** *thé* Gale'rie *f;* O'lymp *m;* **4.** *géol* ~ **morainique** bogen-

---

förmiger *(End)*Moränenkranz

amphore [ɑ̃fɔr] *f* Am'phore *f od* 'Amphora *f*

amphorique [ɑ̃fɔrik] *adj méd Klang, Atmen* am'phorisch

amphotère [ɑ̃fɔtɛr] *adj chim* ampho'ter

ample [ɑ̃pl(ə)] *adj* **1.** *Kleidungsstück, Ärmel* weit; *Schwingung* weit; *Bewegung* weit ausholend, ausgreifend; **2.** *Bericht, Abhandlung* ausführlich; um'fassend; weitläufig; *Thema, Stoff* 'umfangreich; *Dokumentation* reich(haltig); **jusqu'à plus** ~ **informé** *cf* informé II; **donner** ~ **matière à réflexion** reichlich, viel Stoff zum Nachdenken geben; **faire plus** ~ **connaissance avec qn** j-n näher, eingehender, gründlicher kennenlernen

amplectif [ɑ̃plɛktif] *adj* ⟨*-ive*⟩ *bot* um'fassend; um'hüllend

amplement [ɑ̃pləmɑ̃] *adv von* **ample;** **je vous écrirai plus** ~ **la semaine prochaine** ich schreibe Ihnen nächste Woche ausführlicher; **gagner** ~ **sa vie** sein reichliches Auskommen haben; **c'est** ~ **suffisant** das ist völlig ausreichend; das reicht vollauf

ampleur [ɑ̃plœr] *f* **1.** *e-s Kleidungsstücks, Ärmels* Weite *f;* **manquer d'**~ **aux épaules** in den Schultern nicht weit genug sein; **2.** *cout für Falten, Nähte* Stoffzugabe *f;* **réserver de l'**~ genügend Stoff zugeben; **3.** *e-s Schadens, e-r Krise, Streikbewegung etc* Ausmaß *n;* 'Umfang *m;* Größe *f; e-s Tons* Fülle *f; e-r Dokumentation* Reichhaltigkeit *f;* **4.** **l'**~ **des mouvements** die weit ausholenden, ausgreifenden Bewegungen

ampli [ɑ̃pli] *m* F *Kurzwort für* amplificateur

ampli|atif [ɑ̃plijatif] *adj* ⟨*-ive*⟩ *jur acte* ~ *cf* ampliation; **mémoire** ~ *etwa* ergänzende Revisi'onsschrift *(die die Begründung enthält);* ~**ation** *f (acte m* d'~ beglaubigte Abschrift, Zweitschrift, -ausfertigung; **pour** ~ für die Richtigkeit der Abschrift

amplificateur [ɑ̃plifikatœr] *Elektronik* **I** *adj* ⟨*-trice*⟩ Verstärker...; **tube** ~ Verstärkerröhre *f;* **II** *m* Verstärker *m;* ~ **magnétique** Ma'gnetverstärker *m;* magnetischer Verstärker *m;* ~ **à transistors** Tran'sistorverstärker *m;* ~ **de puissance** Leistungsverstärker *m;* ~ **de radiations** Bildverstärker *m,* -wandler *m*

amplification [ɑ̃plifikasjɔ̃] *f* **1.** *Elektronik* Verstärkung *f;* **étage** *m* d'~ Verstärkerstufe *f;* **2.** *der Handelsbeziehungen, e-r Krise etc* Ausweitung *f; der Handelsbeziehungen auch* Erweiterung *f; e-r Streikbewegung auch* Zunahme *f;* Ausbreitung *f;* Anschwellen *n; e-s Gerüchts* Ausbreitung *f*

amplifier [ɑ̃plifje] **I** *v/t* **1.** *élect* Spannung, Leistung etc* verstärken; **2.** *Handelsbeziehungen etc* ausweiten; erweitern; weiter ausbauen; verstärken; **II** *v/pr* **s'**~ *Schwingung* (immer) größer, weiter werden; *Krise, Streikbewegung, Skandal etc* sich ausweiten; *Krise, Streikbewegung auch* zunehmen; *Streikbewegung auch* sich ausbreiten; *Skandal auch* immer größere Kreise ziehen

amplitude [ɑ̃plityd] *f* **1.** *phys e-r Welle, Schwingung* Ampli'tude *f;* Schwingungsweite *f;* **2.** *météo der Temperatur etc* Ampli'tude *f;* ~ **diurne** Tagesamplitude *f;* **3.** *math* ~ **d'un arc** Bogenweite *f;* **4.** *mar* ~ **des marées** Tidenhub *m*

ampoule [ɑ̃pul] *f* **1.** *phm* Am'pulle *f (auch Inhalt);* **2.** *élect* Glühlampe *f,* (-)Birne *f;* **changer une** ~ e-e Birne auswechseln; **3.** *unter der Haut* Blase *f;* **se faire des** ~**s aux pieds** sich Blasen

laufen; **4.** *égl cath* Am'pulle *od* Am'pulla *f*; *Altertum* Phi'ole *f*; **5.** *anat* kolbenartig erweiterter Teil röhrenförmiger Or'gane; *sc* Am'pulle *f*

ampoulé [ɑ̃pule] *adj Stil, Rede* schwülstig; hochtrabend; bom'bastisch; geschwollen

amputation [ɑ̃pytasjɔ̃] *f* **1.** *chir* Amputati'on *f*; **subir l'~ d'un bras** e-n Arm abgenommen bekommen; **2.** *fig e-s Textes, der (Haushalts)Mittel* Kürzung *f*; *der Mittel auch* Beschneidung *f*; *e-s Landesteils* Abtrennung *f*

amputé(e) [ɑ̃pyte] *m(f)* Ampu'tierte(r) *f(m)*; **~ d'un bras** Armamputierte(r) *f(m)*; Einarmige(r) *f(m)*

amputer [ɑ̃pyte] *v/t* **1.** *chir Person, Gliedmaßen* ampu'tieren; *Gliedmaßen auch* abnehmen; **~ qn d'une jambe** j-m ein Bein amputieren; abnehmen; **il a dû être amputé d'une jambe** es mußte ihm ein Bein amputiert, abgenommen werden; **2.** *fig Text, (Haushalts)Mittel* kürzen (**de** um); zu'sammenstreichen; *Mittel auch* beschneiden

amu|ïr [amyir] *v/pr phon Laut* **s'~** verstummen; **~issement** *m phon e-s Lauts* Verstummen *n*

amulette [amylɛt] *f* Amu'lett *n*

amur|e [amyr] *f mar* Halse *f*; Halsentau *n*; **point** *m* **d'~** Hals *m*; Halse *f*; **avoir, prendre les ~s à bâbord, aller bâbord ~s** auf Backbordhalsen liegen; *mit od* auf Backbordhalsen segeln; **changer d'~s** halsen; **~er** *v/t* die Halse, das Halsentau anziehen (**une voile** e-s Segels)

amusant [amyzɑ̃] *adj* unter'haltend; unter'haltsam; kurzweilig; amü'sant; belustigend; vergnüglich; ergötzlich; **ce qu'il y a d'~ dans cette histoire,** *c'est que ...* das Amüsante, Ergötzliche, Erheiternde, Komische bei der Sache ist ...

amuse-gueule [amyzgœl] *m* ⟨*pl* **amuse-gueule(s)**⟩ Appe'tit(s)happen *m*, -häppchen *n*

amusement [amyzmɑ̃] *m* Vergnügen *n*; Belustigung *f*; Erheiterung *f*; Ergötzen *n*; Amüse'ment *n*; angenehme, ergötzliche Unter'haltung; angenehmer, unter'haltsamer, ergötzlicher Zeitvertreib; **avec ~** mit Vergnügen, Belustigung, Ergötzen; amü'siert

amuser [amyze] **I** *v/t* **1. ~ qn** j-n belustigen, erheitern, amü'sieren, ergötzen, erfreuen, unter'halten; j-m Vergnügen bereiten, Spaß machen; *abs* **il amuse par sa naïveté** er wirkt drollig, spaßig, komisch durch se *od* in s-r Naivität; **cette visite ne m'amuse pas** dieser Besuch macht mir keinen Spaß, ist nicht erfreulich für mich; **2.** *litt* **~ qn** j-n ablenken, hinhalten; **II** *v/pr* **s'~ 3.** sich vergnügen, sich belustigen, sich amü'sieren, sich ergötzen, sich unter'halten, sich die Zeit vertreiben, s-n Spaß haben, spielen (**avec** mit); **s'~ beaucoup à qc** sich köstlich bei et amüsieren; **s'~ à faire qc** sich damit vergnügen *etc*, etw zu tun; s-n Spaß daran haben, etw zu tun; **ne t'amuse pas à toucher à cela!** spiel nicht damit herum!; **s'~ de qn, qc** sich über j-n, etw lustig machen; **pour s'~** (einfach) zum Spaß; **4.** (her'um)trödeln; die Zeit vertun, vertrödeln

amus|ette [amyzɛt] *f* (kleiner, harmloser) Zeitvertreib; **~eur** *m* Spaßmacher *m*; Komiker *m*

amygdale [ami(g)dal] *f anat* Mandel *f*; *sc* Ton'sille *f*; **~s palatines, pharyngées** Gaumen-, Rachenmandeln *f/pl*; **se faire enlever les ~s** sich die Mandeln herausnehmen lassen; **être opéré des ~s** die Mandeln herausgenommen bekommen

amygdalectomie [ami(g)dalɛktɔmi] *f chir* opera'tive Entfernung, vollständige Ausschälung der Gaumenmandeln; *sc* Tonsillekto'mie *f*

amygdal|ées [ami(g)dale] *f/pl bot* Mandelgewächse *n/pl*; **~in** *adj* aus *od* mit Mandeln; Mandelöl hergestellt; **savon ~** Mandelseife *f*; **~ine** *f chim* Amygda'lin *n*; **~ite** *f path* Mandelentzündung *f*; *sc* Amygda'litis *f*; Tonsil'litis *f*; **~oïde** *m minér* Mandelstein *m*

amyl|acé [amilase] *adj* stärkeartig, -haltig; **~ase** *f Biochemie* Amy'lase *f*

amyle [amil] *m chim* A'myl *n*; Pen'tyl *n*; **acétate** *m* **d'~** Amylacetat *n*; Essigsäureamylester *m*; **nitrite** *m* **d'~** Amylnitrit *n*

amyl|ène [amilɛn] *m chim* Amy'len *n*; **~ique** *adj chim* **alcool** *m* **~** A'mylalkohol *m*; Penta'nol *n*

amylobacters [amilɔbaktɛr] *m/pl biol* Buttersäurebakterien *f/pl*

amyotrophie [amjɔtrɔfi] *f path* Amyotro'phie *f*; Muskelschwund *m*

an [ɑ̃] *m* **1.** Jahr *n*; *poét* **les ~s** *pl* die (Lebens)Jahre *n/pl*; **l'~ dernier, passé, prochain** *cf* dernier *etc*; **l'~ mille** das Jahr tausend; **nouvel ~, jour** *m* **de l'~, premier** *m* **de l'~** Neujahr(stag) *n(m)*; **au nouvel ~, le jour de l'~, le** *od* **au premier de l'~** zu, an Neujahr; am Neujahrstag; ♦ *loc/adj*: **un enfant de neuf ~** sein neunjähriges Kind; **ein Kind von neun Jahren**; *st/s* **Person chargé d'~s** hoch an Jahren; ♦ *loc/adv*: **bon ~, mal ~** im 'Durchschnitt; 'durchschnittlich; **deux ~s après** zwei Jahre später; danach; **il y a un ~** vor etwa e-m Jahr; etwa vor Jahresfrist; **dans un ~** *von jetzt ab* in e-m Jahr; **depuis trois ~s** seit drei Jahren; **en deux ~s** in zwei Jahren; **en l'~ deux cents avant Jésus-Christ** im Jahr zweihundert vor Christus, vor Christi Geburt; **par ~** jährlich; im, pro Jahr; **tous les ~s** alljährlich; jedes Jahr; **alle Jahre**; ♦ **aller sur ses cinquante ~s** auf die Fünfzig zugehen; sich den Fünfzigern nähern; **avoir vingt ~s, être âgé de vingt ~s** zwanzig (Jahre alt) sein; **avoir dix ~s de maison** seit zehn Jahren in der Firma (tätig) sein; e-e Betriebszugehörigkeit von zehn Jahren haben; **2.** Jubi'läum *n*; *Firma* **fêter ses dix ~s de fondation** das zehnjährige Jubiläum feiern; *Person* **fêter ses dix ~s de service** sein zehnjähriges Dienstjubiläum feiern

anabapt|isme [anabatism(ə)] *m rel* Anabap'tismus *m*; Lehre *f* der 'Wiedertäufer; **~istes** *m/pl rel* Anabap'tisten *m/pl*; 'Wiedertäufer *m/pl*

anabatique [anabatik] *adj météo* **vent** *m* **~** ana'batischer, aufsteigender Wind; Aufwind *m*

anabolique [anabɔlik] *adj physiol* ana'bol

anabol|isant [anabɔlizɑ̃] *m Wirkstoff* Ana'bolikum *n*; **~isme** *m physiol* Anabo'lismus *m*; Aufbaustoffwechsel *m*

anacardier [anakardje] *m bot* Kaschubaum *m*

anachorète [anakɔrɛt] *m rel* Anacho'ret *m*; Einsiedler *m*; Klausner *m*

anachorétique [anakɔretik] *adj rel* anacho'retisch; einsiedlerisch; **vie** *f* **~** Einsiedlerleben *n*

anachron|ique [anakrɔnik] *adj* anachro'nistisch; **~isme** *m* Anachro'nismus *m*

anacoluthe [anakɔlyt] *f Stilistik* Anako'luth *n*; Anakolu'thie *f*; Satzbruch *m*

anaconda [anakɔ̃da] *m zo* Ana'konda *f*

anacréont|ique [anakreɔ̃tik] *adj Literatur* anakre'ontisch; **~isme** *m* Literatur Anakre'ontik *f*

anacyclique [anasiklik] *adj u subst m métr* (**vers** *m*) **~** ana'zyklischer Vers; Krebsvers *m*

anaérobie [anaerɔbi] *adj* **1.** *biol* anae'rob; ohne Sauerstoff lebend; **micro-organismes** *m/pl* **~s** *od subst* **~s** *m/pl* Anae'robier *m/pl od* Anaerobi'onten *m/pl*; **2.** *aviat* Raketen-, Strahltriebwerk nicht an die Lufthülle gebunden; auto'gen

anaérobiose [anaerɔbjoz] *f biol* Anaerobi'ose *f*; Anoxybi'ose *f*; Leben *n* ohne Sauerstoff

anaglyphe [anaglif] *m Raumbildverfahren* Ana'glyphen(bilder) *pl(n/pl)*; Ana'glyphenverfahren *n*

anagogie [anagɔʒi] *f bibl* ana'gogische Auslegung; **~ique** *adj* ana'gogisch

anagramme [anagram] *f* Ana'gramm *n*

anal [anal] *adj* ⟨**-aux**⟩ **1.** *anat* a'nal; After...; *zo* **nageoire ~e** Afterflosse *f*; **sphincter ~** Afterschließmuskel *m*; **2.** *Psychoanalyse* a'nal; **érotisme ~** A'nalerotik *f*; **stade ~** anale Phase

analeptique [analɛptik] *phm* **I** *adj* belebend; stärkend; anregend; *sc* ana'leptisch; **II** *m* Anregungs-, Weckmittel *n*; *sc* Ana'leptikum *n*

analgés|ie [analʒezi] *f méd* Aufhebung *f* der Schmerzempfindung; Schmerzlosigkeit *f*, -unempfindlichkeit *f*; *sc* Analge'sie *f*; Anal'gie *f*; **~ique** *phm* **I** *adj* schmerzstillend, -betäubend; *sc* anal'getisch; **II** *m* schmerzstillendes Mittel; *sc* Anal'getikum *n*; Anal'gen *n*

analogie [analɔʒi] *f* Analo'gie *f* (*auch ling, math, Logik, biol*); Ähnlichkeit *f*; Über'einstimmung *f*; Entsprechung *f*; *ling auch* Analo'gie *f*; **~ de caractère** Cha'rakterähnlichkeit *f*; **par ~** sinngemäß; entsprechend; ana'log; **raisonnement** *m* **par ~** Analogieschluß *m*; Analo'gismus *m*; **en raisonnant par ~** durch Analogieschluß; **par ~ avec** in Analogie zu; **présenter une ~ de structure** e-e ähnliche, ana'loge Struktur aufweisen

analog|ique [analɔʒik] *adj* **1.** ana'log (*auch math*); Ana'log...; Analo'gie...; **calculateur** *m*, **calculatrice** *f* **~** Analogrechner *m*; **raisonnement** *m* **~** *cf* **analogisme** (2. *ling* **dictionnaire** *m* **~** Wörterbuch *n*, bei dem die Wörter in ihren sprachlichen und begrifflichen Beziehungen zu anderen Wörtern dargestellt werden; **~isme** *m* Analo'gismus *m*; Analo'gieschluß *m*

analogue [analɔg] **I** *adj* ana'log; ähnlich; entsprechend; *Wort* **de sens ~** sinnverwandt; **j'ai à son égard des sentiments ~s aux vôtres** ich hege ihm gegenüber ähnliche Gefühle wie Sie; **être ~ à qc** e-r Sache (*dat*) ähnlich sein, entsprechen, ähneln; **II** *m* Entsprechung *f*; Entsprechende(s) *n*; Ähnliche(s) *n*

analphabète [analfabɛt] **I** *adj* analpha'betisch; **être ~** Analphabet(in) sein; **II** *m,f* Analpha'bet(in) [*auch* 'an-] *m(f)*

analphabétisme [analfabetism(ə)] *m* Analpha'betentum *n*; Analphabe'tismus *m*

analyse [analiz] *f* **1.** *chim, math, philos, psych, gr, écon. von Ergebnissen etc* Ana'lyse *f*; *math auch* A'nalysis *f*; *psych auch* Psychoanalyse *f*; *gr auch* Zerlegung *f*; Zergliederung *f*; *e-s literarischen Werks auch* Werkanalyse *f*; **~ chimique** chemische Analyse; *math* **~ combinatoire** Kombina'torik *f*; *psych* **~ didactique, existentielle** Lehr-, Daseinsanalyse *f*; *math* **~ fonctionnelle** Funktio'nalanalysis *f*; **~ grammaticale** grammati(kali)sche Zergliederung; *math* **~ harmonique** harmonische Analyse; Fouri'eranalyse *f*; *gr* **~ logique**

Satzanalyse f; chim ~ minérale, organique Analyse anorganischer, organischer Stoffe; ~ d'un caractère Cha-'rakteranalyse f; chim ~ des gaz Gasanalyse f; écon ~ du marché Marktanalyse f; Betriebsorganisation ~ des tâches, du travail Aufgaben-, Arbeitsanalyse f; ~ d'un texte Textanalyse f; loc/adv en dernière ~ letztlich; letzten Endes; schließlich; psych Person être en cours d'~ in psychoanalytischer, -therapeutischer Behandlung sein; faire l'~ od une ~ de qc etw analy'sieren; 2. des Wassers, der Luft, méd Unter'suchung f; ~ du sang, des urines Blut-, U'rinuntersuchung f; faire une ~ du sang das Blut unter'suchen; 3. télév Bildzerlegung f, (-)Abtastung f

analyser [analize] I v/t 1. analy'sieren (auch psych); gr Satz auch zergliedern (auch Gefühle); zerlegen; psych se faire ~ sich psychoanalytisch, -therapeutisch behandeln lassen; 2. Wasser, Blut, Urin etc unter'suchen; 3. télév Bild zerlegen; abtasten; II v/pr s'~ sich (selbst) analy'sieren

analyseur [analizœr] m 1. opt, phys Analy'sator m; math ~ différentiel Differenti'alanalysator m; Inte'grieranlage f; ~ d'harmoniques harmonischer Analysator f; ~ du son Schallanalysator m; 2. psych von Organen Analy'sator m

analyste [analist] m,f Analy'tiker(in) m(f); psych (Psycho)Ana'lytiker(in) m(f); chim Spezia'list(in) m(f) der ana'lytischen Che'mie, der chemischen Ana-'lyse, math der A'nalysis, écon für Markt-, Sy'stemanalysen etc; ~ (programmeur) Sy'stemanalytiker m

analytique [analitik] I adj ana'lytisch; chimie f ~ analytische Chemie; esprit m ~ Ana'lytiker(in) m(f); fonction f, géométrie f ~ analytische Funktion, Geometrie; Logik jugement m ~ analytisches Urteil; Erläuterungsurteil n; ling ~ langues f/pl ~s analytische Sprachen f/pl; II f philos Ana'lytik f

anamnèse [anamnɛz] f 1. méd, Psychotherapie Ana'mnese f; Vorgeschichte f der Krankheit; 2. égl cath Ana'mnese f

anamorphose [anamorfoz] f opt anamor'photisches, verzerrtes Bild

ananas [anana(s)] m bot Ananas f (Pflanze u Frucht); jus m d'~ Ananassaft m

anapeste [anapɛst] m métr Ana'päst m

anaphase [anafaz] f biol Ana'phase f

anaphore [anafɔr] f rhét A'napher od A'naphora f

anaphrodis|iaque [anafrɔdizjak] adj substance f ~ od subst ~ m Anaphrodi'siakum n; ~ie f méd mangelnder Geschlechtstrieb; sc Anaphrodi'sie f

anaphylactique [anafilaktik] adj path anaphy'laktisch; choc m ~ anaphylaktischer Schock; état m ~ Zustand m der Anaphylaxie

anaphylaxie [anafilaksi] f path Anaphyla'xie f; 'Überempfindlichkeit f (gegen artfremdes Eiweiß)

anaplastie [anaplasti] f chir Ana'plastik f

anar [anar] m,f F Kurzwort für anarchiste II

anarch|ie [anarʃi] f pol Anar'chie f; fig auch an'archischer Zustand; Unordnung f; ~ique adj an'archisch; état m ~ anarchischer Zustand

anarch|isant [anarʃizã] adj pol zum Anar'chismus (hin)neigend, ten'dierend; tendance ~e anar'chistische Tendenz; ~isme m pol Anar'chismus m; ~iste pol I adj anar'chistisch; II m,f Anar'chist(in) m(f)

anarcho-syndicalisme [anarkosɛ̃di-

kalism(ə)] m pol Anarchosyndika-'lismus m

anasarque [anazark] f path ausgedehntes Ö'dem des 'Unterhautbindegewebes; sc Ana'sarka f

anastigmat [anastigma] adi ⟨nur m⟩ opt objectif ~ od subst ~ m Anastig'mat m

anastomose [anastɔmoz] f anat, chir Anasto'mose f

anastrophe [anastrɔf] f ling A'nastrophe f; 'Umkehrung f der gewöhnlichen Wortstellung

anathème [anatɛm] m égl cath (Kirchen)Bann m; Bannfluch m; Ana-'them od A'nathema n; frapper qn d'~ j-n mit dem (Kirchen)Bann belegen, in den (Kirchen)Bann tun; den Bannfluch gegen j-n schleudern; fig jeter, lancer l'~ sur qn, qc j-n, etw in Grund und Boden verdammen; j-n, etw scharf verurteilen

anatidés [anatide] m/pl zo Entenvögel m/pl

anatife [anatif] m zo Entenmuschel f

anatocisme [anatɔsism(ə)] m fin Zinsenverzinsung f; Nehmen n von Zinseszins; Anato'zismus m

anatom|ie [anatɔmi] f Anato'mie f; ~ animale Anatomie der Tiere; Zooto'mie f; ~ artistique Anatomie für bildende Künstler; plastische Anatomie; ~ comparée vergleichende Anatomie; ~ humaine Anatomie des Menschen; menschliche Anatomie; Anthropoto'mie f; ~ végétale Anatomie der Pflanzen; Phytoto'mie f; l'~ d'un oursin die Anatomie, der Bau e-s Seeigels; pièce f d'~ od ellip f ana'tomisches Präpa'rat; anatomische Nachbildung; par ext Person avoir une belle ~ e-n schönen Körperbau haben; gut gebaut sein; ~ique adj ana'tomisch; pièce f ~ anatomisches Präpa'rat; ~iste m,f Ana-'tom m

anatoxine [anatɔksin] f méd Anato'xin n; Toxo'id n; For'moltoxoid n; ~ diphtérique Diphthe'rieanatoxin n

ancestral [ãsɛstral] adj ⟨-aux⟩ Brauch etc alt(über'liefert); der Vorväter

ancêtre [ãsɛtə] m, selten f 1. Vorfahr(in) m(f); Ahn(in) m(f); Ahne m,f; Ahnherr, -frau m,f; nos ~s m/pl unsere Ahnen, Vorfahren, (Vor)Väter m/pl, Voreltern pl; galerie f des ~s Ahnengalerie f; 2. fig Person, Gegenstand Vorläufer m; 3. Greis(in) m(f)

anche [ãʃ] f mus Rohrblatt n; Zunge f; ~ battante aufschlagende Zunge; ~ double Gegenschlagzunge f; ~ libre 'durchschlagende, freischwebende Zunge; instrument m à ~ Rohrblattinstrument n

anchois [ãʃwa] m zo An'(s)chovis f; Sar'delle f; cuis beurre m d'~ Sardellenbutter f; filet m d'~ An(s)chovisfilet n

ancien [ãsjɛ̃] I adi ⟨~ne⟩ 1. Brauch, Bauwerk, Buch, Familie, Freundschaft etc alt; Möbel, Schmuck auch an'tik; librairie ~ne etwa biblio'philes Antiqua'riat n; Altbauwohnung f; l'Ͽ Monde die Alte Welt; l'Ͽ Testament das Alte Testament; loc/adv à l'~ne nach old in alter Art; wie in alter Zeit; cuis auch nach altem Rezept; ♦ l'officier le plus ~ der dienstälteste Offizier; il est plus ~ que vous dans ce métier er steht (schon) länger als Sie in diesem Beruf; er ist (schon) länger als Sie in diesem Beruf tätig; 2. ⟨vorangestellt⟩ ehemalig; frühere(r, -s); einstig; vormalig; gewesene(r, -s); un ~ ami ein ehemaliger, früherer, einstiger Freund; ~ élève du lycée Henri IV ehemaliger Schüler des Gymnasiums Henri IV; maison Durand, ~ne maison Dupont cf ancien-nement; l'~ propriétaire der frühere,

vormalige Besitzer; ses ~nes richesses sein einstiger Reichtum; 3. (Gegensatz: modern) alt; ling le grec ~ das Altgriechische; Altgriechisch n; l'~ne Grèce das alte Griechenland; histoire ~ne Alte Geschichte; Geschichte des Altertums; langues ~nes alte Sprachen f/pl; les peuples ~s die Völker n/pl der Antike; hist l'Ͽ Régime das Ancien Régime; die absolutistische Monarchie vor 1789; les temps ~s die alten Zeiten; die alte Zeit; dans l'~ temps in alter Zeit; II m 1. les ~s pl e-s Dorfes, Stammes die Ältesten m/pl; die Alten m/pl; hist le conseil des Ͽs der Rat der Alten; 2. les ~s pl e-r „grande école" die Ehemaligen m/pl; die ehemaligen Schüler m/pl; mil die ehemaligen Angehörigen m/pl (du 75e régiment d'infanterie des 75. Infanterieregiments); 3. les Ͽs pl a) die Völker n/pl der An'tike; b) die an'tiken Schriftsteller m/pl; Literaturgeschichte la querelle des Ͽs et des Modernes „Querelle des Anciens et des Modernes"; 4. Pline l'Ͽ Plinius der Ältere; 5. l'~ das An'tike, Alte; 6. bei den Kalvinisten Kirchenälteste(r) m

anciennement [ãsjɛnmã] adv früher; einst; ehemals; vormals; maison Durand, ~ (abr anciennem.) Dupont ... vormals (abr vorm.) Dupont

ancienneté [ãsjɛnte] f 1. e-s Bau-, Kunstwerks etc (hohes) Alter; 2. e-s Beamten, mil Dienstalter n; e-s Angestellten, Arbeiters Dauer f der Betriebszugehörigkeit; in e-m Beruf Anzahl f der Berufsjahre; Beförderung à l'~ nach dem Dienstalter, Ancienni'tätsprinzip; avoir vingt ans d'~ ein Dienstalter, e-e Betriebszugehörigkeit von zwanzig Jahren haben

ancillaire [ãsilɛr] st/s adj Dienstmädchen...; amours f/pl ~s Liebschaften f/pl mit Mägden, Dienerinnen

ancolie [ãkɔli] f bot Ake'lei f

ancrage [ãkraʒ] m 1. mar e-r Boje Ankereinrichtung f; 2. bât, e-s Mastes, Kabels, von Schienen Verankerung f; 3. mar Ankergebühr f; 4. fig Verankerung f

ancre [ãkrə] f 1. mar Anker m; ~ à jas Stock-, Admirali'tätsanker m; ~ à jet, de touée Warp-, Wurfanker m; ~ à pattes articulées Pa'tentanker m; ~ de réserve Notanker m; jeter, mouiller l'~ den Anker auswerfen; Anker werfen; vor Anker gehen; ankern; lever l'~ den Anker lichten; Schiff être à l'~ vor Anker liegen; ankern; 2. bât Anker m; 3. e-r Uhr Anker m

ancrer [ãkre] I v/t 1. Schiff être ancré vor Anker liegen; ankern; 2. Mast, Kabel etc verankern; bât auch mit Anker befestigen, zu'sammenhalten; 3. fig Zweifel, Vorstellung, Gedanke être ancré dans le cœur, dans l'esprit, dans la tête de qn tief in j-m verankert, verwurzelt, eingewurzelt sein; sich in j-m festgesetzt, eingenistet haben; II v/pr Idee etc s'~ sich festsetzen, einnisten

andain [ãdɛ̃] m agr Schwade(n) f(m)

andalou [ãdalu] I adj ⟨-ouse [-uz]⟩ anda'lusisch; II subst 1. Ͽ(se) m(f) Anda'lusier(in) m(f); 2. m ling anda'lusischer Dia'lekt

andante [ãdãt] mus I adv an'dante; II m An'dante n

andantino [ãdãtino] mus I adv andan-'tino; II m Andan'tino n

andésite [ãdezit] f minér Ande'sit m

andin [ãdɛ̃] adi an'din; der Anden; Anden...

andorran [ãdɔrã] I adj andor'ranisch; II subst Ͽ(e) m(f) Andor'raner(in) m(f)

andouille [ãduj] f 1. Wurst f aus Schweine- od Kalbskaldaunen; 2. F fig (espèce

d')~ Dummkopf m; F Blödhammel m, -mann m; Blödian m; Hornochse m; adjt être ~ dumm, F blöd(e), dämlich, ein Blödhammel etc sein

andouiller [ăduje] m am Hirschgeweih Ende n; Sprosse f

andrène [ădrɛn] m zo Erd-, Sandbiene f

andrinople [ădrinɔpl(ə)] m text billiger, meist rotgefärbter Möbelstoff aus Baumwolle

androcée [ădrɔse] m bot Andrö'zeum n; Gesamtheit f der Staubblätter (e-r Blüte)

androgène [ădrɔʒɛn] adj biol andro'gen; hormone f ~ od subst ~ m Andro'gen n

androgyn|e [ădrɔʒin] biol I adj doppel-, zweigeschlechtig; scheinzwittrig; sc andro'gyn; II m Zwitter m; ~ie f biol Doppelschlechtlichkeit f; Scheinzwittrigkeit f; sc Androgy'nie f

androstérone [ădrɔsterɔn] f biol Andro'steron n

âne [ɑn] m 1. zo Esel m; ~ sauvage Wildesel m; Verkehrsschild dos m d'~ Bodenwelle f; Querrinne f; transporter qc à dos d'~ auf Eseln ...; loc/adj en dos d'~ stark gewölbt; mit hoher Wölbung; pont ~ en dos d'~ stark gewölbte Bogenbrücke; Gewölbebrücke f; têtu comme un ~ störrisch wie ein Esel; F fig il y a plus d'un ~ qui à la foire qui s'appelle Martin es gibt viele Leute, die Meier bzw Schulze etc heißen; Person être comme l'~ de Buridan hin- und hergerissen werden; sich zu keinem Entschluß 'durchringen können; völlig entschlußlos, unentschlossen sein; fig on ne saurait faire boire un ~ qui n'a pas soif wer partout nicht will, den kann man nicht zwingen; 2. fig Esel m; Dummkopf m; F Rindvieh n; ~ bâté F Qua'dratesel m; Riesenrindvieh n, -kamel n; 'Vollidiot m; bonnet m d'~ Eselskappe f aus Papier (, die schlechte Schüler zur Strafe tragen mußten); fig u st/s c'est un pont aux ~s das ist kinderleicht; das kann jedes Kind; faire l'~ pour avoir du son sich dumm stellen, um etwas zu erfahren; 3. zo tête f d'~ cf chabot

anéantir [aneătir] I v/t 1. Ernte, Armee, Hoffnungen etc vernichten; Armee auch völlig aufreiben; Hoffnungen auch zerstören; zu'nichte, zu'schanden machen; vereiteln; 2. Nachricht, Katastrophe ~ qn j-n niederschmettern, tief bestürzen, erschüttern (auch große Anstrengung) F völlig am Boden zerstören; je suis anéanti auch ich bin wie vor den Kopf geschlagen; II v/pr s'~ 3. Hoffnungen zu'nichte, zu'schanden, vernichtet, zerstört, vereitelt werden; 4. rel u st/s sich (vor Gott) demütigen

anéantissement [aneătismã] m der Ernte, e-r Armee, von Hoffnungen etc Vernichtung f; von Hoffnungen auch Zerstörung f; Vereitelung f; Zu'nichte-, Zu'schandenwerden n

anecdot|e [anɛgdɔt] f 1. Anek'dote f; lustige kleine Geschichte; 2. coll Nebensächlichkeiten f/pl; unwichtige Einzelheiten f/pl; Unwesentliche(s) n; ~ique adj anek'dotisch; anek'dotenhaft; histoire f ~ Geschichte f, Geschichtsdarstellung f in Anekdoten; peinture f ~ (Art) Genremalerei, die das Anekdotische betont

anéchoïde [anekɔid] adj Raum schalltot

aném|ie [anemi] f path Blutarmut f; sc Anä'mie f; ~ier v/t Krankheit, Klima ~ qn bei j-m zu e-r Anä'mie, zu Blutarmut führen; j-n blutarm, an'ämisch werden lassen; ~ique adj 1. path blutarm; an'ämisch; 2. Pflanze kümmerlich; F mick(e)rig; Stil blaß; kraftlos; fade; farblos

anémo|graphe [anemɔgraf] m météo

Anemo'graph m; Windschreiber m; **~mètre** m météo, tech Anemo'meter n; Windmesser m; ~ à fil chaud Hitzdrahtanemometer n; ~ à moulinet, à rotation Flügelrad-, Rotati'onsanemometer n

anémone [anemɔn] f 1. bot Ane'mone f; ~ des bois Buschwindröschen n; ~ des fleuristes Garten-, Kronenanemone f; 2. zo ~ de mer Seeanemone f; sc Ak'tinie f

anémophil|e [anemɔfil] adj bot durch Wind bestäubt; sc anemo'gam. -'phil; plantes f/pl ~s Windblüter m/pl; Anemo'phile(n) pl; ~ie f bot Windbestäubung f; Windblütigkeit f; Anemoga'mie f

anencéphal|e [anăsefal] m méd Mißgeburt Anen'zephalus m; ~ie f méd Anenzepha'lie f; angeborenes Fehlen des Gehirns

anergie [anɛrʒi] f méd fehlende Reakti'on auf Anti'gene; sc Aner'gie f

ânerie [ɑnri] f Dummheit f; Torheit f; F Ese'lei f; dire des ~s dummes Zeug, F Quatsch reden; faire une ~ e-e Dummheit, Torheit, F Eselei begehen, machen

anéroïde [anerɔid] adj baromètre m ~ Anero'id(barometer) n

ânesse [ɑnɛs] f zo Eselin f; Eselstute f; lait m d'~ Eselsmilch f

anesthés|ie [anɛstezi] f 1. chir Anästhe'sie f; künstliche Schmerzausschaltung; ~ générale ('Voll)Nar'kose f; allgemeine Anästhesie; zentrale Schmerzausschaltung; ~ locale örtliche Betäubung; Lo'kalanästhesie f; sous ~ in Narkose; 2. path Unempfindlichkeit f; Anästhe'sie f; 3. fig der Wachsamkeit etc Einschläferung f; von Gefühlsregungen Betäubung f; Ausschaltung f; Narkoti'sierung f; ~ier v/t 1. chir betäuben, anästhe'sieren (à mit); 2. fig einschläfern; betäuben; ausschalten; narkoti'sieren

anesthésiolog|ie [anɛstezjɔlɔʒi] f Anästhesiolo'gie f; Lehre f von der Schmerzbetäubung; ~iste m,f Nar'kosefacharzt, -ärztin m,f; Anästhe'sist(in) m(f)

anesthés|ique [anɛstezik] adj schmerzausschaltend; anäs'thetisch; substance f ~ od subst ~ m Anäs'thetikum n; ~iste m,f chir Nar'kosearzt, -ärztin m,f; f auch Nar'koseschwester f

aneth [anɛt] m bot Dill m

anévr|ismal [anevrismal] adj (~-aux) path Aneu'rysma...; sac ~ Aneurysmasack m; ~isme m path örtlich begrenzte Erweiterung e-r Ar'terie; sc Aneu'rysma n

anfractuosité [ăfraktɥozite] f 1. im Gestein Spalte f; Riß m; Vertiefung f; Kluft f; 2. anat des Gehirns Furche f

angarie [ăgari] f Kriegsrecht Anga'rienrecht n

ange [ăʒ] m 1. Engel m (auch fig); bon, mauvais ~ guter, gefallener Engel; fig être le bon, mauvais ~ de qn j-s guter Engel, guter, böser Geist sein; ~ gardien Schutzengel m (auch fig); Kosewort mon ~ mein Engel(chen); von e-m Kind un petit ~ ein kleiner Engel; les ~s de lumière, des ténèbres die Engel des Lichts, der Finsternis; fig patience f d'~ Engelsgeduld f; himmlische Geduld f; Lammsgeduld f; Kind beau comme un ~ schön wie ein Engel; st/s engelschön; loc/adv comme un ~ wunderbar; herrlich; himmlisch; st/s engelgleich; fig vous seriez un ~ si vous me rendiez ce service es wäre reizend, sehr nett, lieb von Ihnen, wenn ...; fig c'est un ~ de bonté, de douceur, de patience er bzw sie besitzt e-e engelhafte Güte, Milde, e-e Engelsgeduld; fig être aux ~s

im siebenten Himmel sein; bei plötzlich eingetretener Stille un ~ passe ein Engel geht durch den Raum; es geht ein Engel durchs Zimmer; Säugling rire aux ~s vor sich hin lachen, strahlen; 2. zo (ein) Meerengel m

angélique [ăʒelik] I adj 1. rel der Engel; Engel...; chœurs m/pl ~s Engelchöre m/pl; la salutation ~ der Englische Gruß; 2. fig Milde, Güte etc engelhaft; Stimme engelgleich; Lächeln auch himmlisch; patience f ~ cf (patience d')ange 1.; voix f ~ auch Engel(s)-stimme f; II f 1. bot Engelwurz f; An'gelika f; 2. Konditorei kan'dierter Engelwurzstengel

angelot [ăʒlo] m 1. bildende Kunst Engelchen n; Engelein n; 2. alte Münze Ange-'lot m

angélus [ăʒelys] m égl cath a) Angelus m; b) Angelus(läuten) n(n)

angevin [ăʒvɛ̃] adj (u subst ♀ Bewohner) von Angers bzw von Anjou

angin|e [ăʒin] f path a) An'gina f; Hals-, Rachen-, Mandelentzündung f; b) ~ de poitrine An'gina pectoris f; Stenokar-'die f; ~eux, ~(-euse)) path angi'nös; auf An'gina beruhend; an'ginaartig

angio|cardiographie [ăʒjokardjɔgrafi] f méd Angiokardiogra'phie f; ~graphie f méd Angiogra'phie f; Röntgen-Kontrastdarstellung f von Blutgefäßen

angiome [ăʒjom] m path Gefäßgeschwulst f; Blutschwamm m; sc Angi-'om n

angio|pathie [ăʒjɔpati] f path Gefäßerkrankung f; sc Angiopa'thie f; ~spasme m path Gefäßkrampf m; sc Angio-'spasmus m

angiospermes [ăʒjɔsperm] f/pl bot Bedecktsamige(n) pl, -samer m/pl; sc Angio'spermen n/pl

anglais [ăglɛ] I adj 1. englisch; broderie ~e Loch-, Schnurloch-, Ma'deirastickerei f; Broderie anglaise f; pur-sang ~ englisches 'Vollblut; 2. cuis à l'~e (in [Salz]Wasser) gekocht; pommes f/pl de terre à l'~e Salzkartoffeln f/pl; 3. fig filer à l'~e F sich auf französisch empfehlen; sich verdrücken; II subst 1. ♀(e) m(f) Engländer(in) m(f); 2. ling l'~ m das Englische; Englisch n; 3. ~es f/pl F Korkenzieher-, Ringellocken f/pl; 4. ~e f impr kur'sive Schreibschrift; 5. ~e f Tanz An'glaise f; 6. ~e f starke Litze (für Möbelstoffe)

anglaiser [ăgleze] v/t Pferd engli'sieren od angli'sieren

angle [ăgl] m 1. e-s Möbelstücks, Hauses Ecke f; e-s Raumes auch Winkel m; ~ de la maison, de la rue Haus-, Straßenecke f; fig Person adoucir, arrondir les ~s die Gegensätze ausgleichen; ausgleichend wirken; Straße faire, former un ~ e-n rechten Winkel bilden; la maison qui fait l'~ das Eckhaus; Garten faire (l')~ avec la rue an der Straßenecke liegen; 2. bes Geometrie Winkel m; ~ aigu, droit spitzer, rechter Winkel; e-s Polygons ~ extérieur, intérieur Außen-, Innenwinkel m; ~ inscrit à un cercle 'Umfangs-, Periphe'riewinkel m; Ballistik ~ mort toter Winkel; ~ polyèdre, solide Raumwinkel m; ~ au centre Zentri-, Mittelpunktswinkel m; ~ d'incidence opt Einfalls-, Inzi'denz-, aviat Anstell-, Einstellwinkel m; opt ~ de réflexion, de réfraction Reflexi'ons-, Brechungswinkel m; aviat, mar ~ de route Kurswinkel m; Ballistik ~ de tir Schußwinkel m; loc/adv (vu) sous cet ~ unter diesem Gesichts- od Blickwinkel, -punkt, Aspekt (gesehen); so gesehen; vu sous un certain ~ aus e-m bestimmten Blick-

winkel betrachtet; in gewisser Hinsicht

angledozer [ãglədozɛr] *m Tiefbau* Angledozer ['ɛŋgldoːzəːr] *m*; Pla'nierraupe *f* mit schwenkbarem Schild

anglet [ãglɛ] *m arch* kleine rechtwinklige Vertiefung (*zwischen Bossen*)

anglican [ãglikã] *rel* **I** *adj* angli'kanisch; l'**Église** ~e die anglikanische Kirche; **II** *subst* ♀(e) *m(f)* Angli'kaner(in) *m(f)*

anglicanisme [ãglikanism(ə)] *m rel* Anglika'nismus *m*

Angliche [ãgliʃ] F *m,f* Engländer(in) *m(f)*

anglic|iser [ãglisize] *v/t Namen etc* angli'sieren; *s-r Garderobe, Lebensweise* e-n englischen Anstrich geben (**qc** *dat*); **~isme** *m ling* Angli'zismus *m*; englische Spracheigentümlichkeit; **~iste** *m,f* An'glist(in) *m(f)*

anglo-... [ãglo] *adj in Zssgn* englisch-...; anglo-...; *z B* anglo-russe englisch-russisch

anglo-arabe [ãgloarab] *adj u subst m* ⟨*pl* anglo-arabes⟩ (**cheval** *m*) ~ Anglo-Araber *m*

angloman|e [ãgləman] *m,f* Anglo'mane *m,f*; **~ie** *f* Anglomaʼnie *f*

anglo-normand [ãglonɔrmã] **I** *adj hist* anglonor'männisch; **cheval** ~ *od subst* ~ *m* ⟨*pl* anglo-normands⟩ Anglonor'manne *m*; *géogr* **îles Anglo-Normandes** Ka'nalinseln *f/pl*; Nor'mannische Inseln *f/pl*; **II** *m ling* l'~ das Anglonor'mannische, -fran'zösische; Anglonor'mannisch *n*, -fran'zösisch *n*

anglophil|e [ãgləfil] **I** *adj* englandfreundlich; anglo'phil; **II** *m,f* Freund *m* der Engländer, alles Englischen; **~ie** *f* Englandfreundlichkeit *f*; Anglophi'lie *f*

anglophob|e [ãgləfɔb] **I** *adj* allem Englischen abgeneigt; anglo'phob; **II** *m,f* Feind *m* der Engländer, alles Englischen; **~ie** *f* Abneigung *f* gegen die Engländer, gegen alles Englische; Anglopho'bie *f*

anglophone [ãgləfɔn] *adj* englischsprechend; anglo'phon

anglo-saxon [ãglosaksõ] **I** *adj* ⟨~**ne**⟩ *hist* angelsächsisch; **II** *subst* **1.** Anglo-Saxons *m/pl* Angelsachsen *m/pl*; **2.** *ling* l'~ *m* das Angelsächsische, Altenglische; Angelsächsisch *n*; Altenglisch *n*

angoissant [ãgwasã] *adj* beängstigend; äußerst beunruhigend; beklemmend; *Stunde* bang

angoisse [ãgwas] *f* Angst(gefühl *f*(*n*); Bangigkeit *f*; Beklemmung *f*; *philos* (Lebens-, Welt)Angst *f*; ~ **de la mort**, **devant la ~** Todesangst *f*; **une nuit d'~** e-e bange Nacht

angoissé [ãgwase] *adj Blick, Schrei* ängstlich; angstvoll; angsterfüllt; *Warten* bang(e); beklemmend; beklommen; **cri** ~ *auch* Angstschrei *m*; *Person* **être** ~ Angst haben; von Angst erfüllt sein; sich ängstigen; verängstigt sein

angoisser [ãgwase] *v/t* ~ **qn** j-n ängstigen; j-n in Angst versetzen; j-m Angst einjagen, einflößen; j-m angst (und bange) machen

angolais [ãgolɛ] **I** *adj* ango'lanisch; **II** *subst* ♀(e) *m(f)* Ango'laner(in) *m(f)*

angon [ãgõ] *m der Franken* (*Art*) Wurfspieß *m* (*mit zwei Widerhaken*)

angora [ãgora] *adj An'gora...*; **chat** *m*, **chèvre** *f*, **lapin** *m* ~ Angorakatze *f*, -ziege *f*, -kaninchen *n*; **laine** *f* ~ *od subst* ~ *m* Angorawolle *f*; **en** ~ aus Angorawolle

angoumois [ãgumwa] *od* **angoumoisin** [ãgumwazɛ̃] *adj* (*u subst* ♀ Einwohner) von Angoulême

angrois [ãgrwa] *m cf* engrois

angström [ãgstrøm] *m phys* Ångström(einheit) *n*(*f*)

---

anguiforme [ãgifɔrm] *adj* schlangenförmig

anguille [ãgij] *f* **1.** *zo* Aal *m*; ~ **électrique** Zitteraal *m*; *cuis* ~ **fumée** Räucher-, Spickaal *m*; ~ **de mer, de sable** Meer-, Sandaal *m*; **pêche** *f* **aux** ~**s** Aalfang *m*; *fig* **il y a** ~ **sous roche** da steckt (doch) etwas da'hinter; *Person* **glisser, échapper comme une** ~ entschlüpfen wie ein Aal; **2.** *mar* **nœud** *m* **d'**~ Zimmermannsstek *m*

anguilli|dés [ãgijide] *m/pl zo* Aalfische *m/pl*; Echte Aale *m/pl*; **~formes** *m/pl zo* Aalartige Fische *m/pl*

anguillule [ãgijyl] *f zo* Älchen *n*; Fadenwurm *m*; ~ **de la betterave, du vinaigre** Rüben-, Essigälchen *n*

angulaire [ãgylɛr] *adj* **1.** Eck-...; *anat* **artère** *f* ~ Endast *m* der Gesichtsschlagader (*im Augen-Nasen-Bereich*); **dent** *f* ~ Eckzahn *m*; *bât u fig* **pierre** *f* ~ Eckstein *m*; **2.** Winkel-...; **accélération** *f* ~ Winkel-, Drehbeschleunigung *f*; *opt* **objectif** *m* **grand** ~ Weitwinkelobjektiv *n*; **vitesse** *f* ~ Winkelgeschwindigkeit *f*

anguleux [ãgylø] *adj* ⟨-**euse**⟩ *Gesicht, Kinn* eckig (*auch Schrift*); kantig

angusture [ãgystyr] *f* Ango'sturarinde *f*

anharmonique [anarmɔnik] *adj projektive Geometrie* **rapport** *m* ~ Doppelverhältnis *n*

anhélation [anelasjõ] *f path* Atemnot *f*; Kurzatmigkeit *f*; erschwerte Atmung

anhydr|e [anidr(ə)] *adj chim* wasserfrei; **~ide** *m chim* Anhy'drid *n*; **d'un acide** Säureanhydrid *m*; **~ite** *f minér* Anhy'drit *m*

anicroche [anikrɔʃ] *f* (kleine) Schwierigkeit; (kleines) Hindernis; (kleine) Unannehmlichkeit; (kleiner) Zwischenfall; *se dérouler, etc* **sans** ~ ganz glatt, ohne Zwischenfälle...

ânier [ɑnje] *m* Eseltreiber *m*

anil|ine [anilin] *f chim* Ani'llin *n*; Aminoben'zol *n*; **bleu** *m*, **noir** *m* **d'**~ Anilinblau *n*, -schwarz *n*; *impr* **procédé** *m* **à l'**~ Flexodruck *m*; **~isme** *m path* Ani'linvergiftung *f*

animadversion [animadvɛrsjõ] *litt f* tiefe Abneigung; heftige Antipaʼthie

animal [animal] ⟨*m/pl* -**aux**⟩ **I** *m* **1.** Tier *n*; ~ **domestique** Haustier *n*; **animaux à sang chaud, à sang froid** Warmblüter *m/pl*, Kaltblüter *m/pl*; **animaux de boucherie** Schlachtvieh *n*; **animaux de laboratoire** Versuchstiere *n/pl*; **2.** *fig u péj* **cet** ~**-là** F dieser blöde Kerl; diese blöde Per'son; dieses blöde Biest; **II** *adj* **1.** tierisch; ani'mal(-isch) (*auch von menschlichen Regungen, Trieben, Instinkten*); Tier-...; **anatomie** ~**e** Anatomie *f* der Tiere; Zooto'mie *f*; **chaleur** ~**e** tierische, animalische Wärme; **charbon**, **noir** ~ Tier-, Knochenkohle *f*; Bein-, Knochenschwarz *n*; Spodium *n*; *biol* **fonctions** ~**es** animalische Funktionen *f/pl*; **matières** ~**es** tierische Stoffe *m/pl*; Ani'malien *pl*; **psychologie** ~**e** Tierpsychologie *f*; **règne** ~ Tierreich *n*; **2.** instink'tiv; **confiance** ~**e** instinktives Vertrauen

animal|cule [animalkyl] *m* winziges, mikro'skopisch kleines Tier; **~erie** *f* Versuchstierzüchterei *f*; **~ier** *m* **1.** ~ *od adjt* **peintre** *m* ~ *bzw* **sculpteur** *m* ~ Tiermaler *m bzw* -bildhauer *m*; **2.** Animalière *m,f* Tierpfleger(in) *m(f)* (*für Versuchstiere*); **~ité** *f* tierisches Wesen; Animali'tät *f*

animateur [animatœr] *m*, **~trice** *f* **1.** *in e-m geselligen Kreis etc* Stimmungsmacher(in) *m(f)*; F Betriebsnudel *f*; *e-s Unternehmens, von Bestrebungen* Trieb-

---

feder *f*, -kraft *f*; Motor *m*; *e-s Klubs, Vereins* Seele *f*; j, der die ganze Sache in Schwung hält; *bei e-r Veranstaltung, im Varieté* Conférenci'er *m*; *rad, télév* Quizmaster *m*; Spielleiter(in) *m(f)*; *e-r Diskussion* Diskussi'ons-, Gesprächsleiter(in) *m(f)*; *für Freizeit-, Jugend-, Kulturzentren etc* **animateur** ([socio-]culturel], **animatrice** ([socio-]culturelle) Organi'sator *m*, Organisa'torin *f* kultureller Veranstaltungen, für Freizeitgestaltung und Unter'haltung; Freizeitgestalter(in) *m(f)*; **animateur socio-éducatif, animatrice socio-éducative** etwa Freizeitpädagoge, -pädagogin *m,f*; **animateur de formation** *etwa* Organisator der betrieblichen Fortbildung; *comm* **animateur de produits** Pro'duktmanager [-mɛnidʒər] *m*; **animateur** *m* **des ventes** Absatzleiter *m*; **2.** *in cin* Filmtechniker, der Puppen-, Zeichentrickfilme, Animati'onsfilme reali'siert

animation [animasjõ] *f* **1.** *auf Straßen, in e-m Stadtviertel etc* reges Leben und Treiben; reger Betrieb; rege Betriebsamkeit; Belebtheit *f*; *der Unterhaltung, des Gesichts(ausdrucks)* Lebhaftigkeit *f*; Le-'bendigkeit *f*; *diskutieren* **avec** ~ lebhaft; **il y a beaucoup d'**~ **dans ce quartier** in diesem Viertel herrscht ein reges Leben und Treiben; *comm* **Markt manquer d'**~ lustlos sein; *Person* **mettre de l'**~ als belebendes Element wirken; **mettre de l'**~ **dans la réunion** Leben, Bewegung in die Versammlung bringen; **2.** ~ (**culturelle**) Organisati'on *f* kultu-'reller Veranstaltungen; Freizeitgestaltung *f*; *comm* ~ **commerciale** 'Umsatzsteigerung *f* durch Einsatz neuer Verkaufsstrategien; ~ **de sites et monuments historiques** *etwa* Belebung *f* historischer Stätten und Gebäude durch kulturelle Veranstaltungen; **3.** *cin* Puppen- und Zeichentrickfilmtechnik *f*; cinéma ~, film ~ *m* Puppen-, Zeichentrickfilm *m*; Animati'onsfilm *m*

animé [anime] *adj* **1.** *Straße, Stadt* (-*viertel*) belebt; betriebsam; rege; *Unterhaltung, Gesichtsausdruck* lebhaft; le'bendig; *Unterhaltung auch* rege; angeregt; *Kampf* heftig; **2.** **dessin(s)** ~**(s)** Zeichentrickfilm *m*; **3.** lebend; belebt (*auch semantische Kategorie*); **être** ~ Lebewesen *n*

animer [anime] **I** *v/t* **1.** *Straße, Stadt* (-*viertel*), *Unterhaltung, Gesicht(sausdruck), Blick, Bericht etc* beleben; *Unterhaltung, Text, Bericht auch* le'bendig gestalten; ~ **la conversation** *auch* Leben in die Unter'haltung bringen; ~ **la course,** l'**entreprise** Schwung in das Rennen, in das Unter'nehmen bringen; **2.** *Gefühle, Glauben, Hoffnung* ~ **qn** j-n beseelen, erfüllen; *meist p/p* **être animé de qc** von etw beseelt, erfüllt sein; **être animé du désir de** (+*inf*) von dem Wunsch beseelt, erfüllt sein zu (+*inf*); **être animé des meilleures intentions** von den besten Absichten beseelt, erfüllt sein; **3.** *Natur* beleben; beseelen; *Künstler: Kunstwerk* Leben einhauchen, verleihen (+*dat*); mit Leben erfüllen; zum Leben erwecken; beseelen; **4.** *rad, télév* Quiz, Diskussion leiten; *Conférencier:* ~ **le spectacle** als Conférenci'er durch die Veranstaltung führen; *bei der Vorstellung, Veranstaltung* die Confé-'rence machen; **5.** bewegen; in Bewegung setzen; **II** *v/pr* **s'**~ **6.** *Straße, Gesicht(sausdruck), Blick* sich beleben; *Unterhaltung* le'bendig, le'bhaft, rege, angeregt werden; **7.** sich beleben; le'bendig werden; Leben bekommen; **8.** *Wasserfläche* sich bewegen; bewegt werden

anim|isme [animism(ə)] *m philos, psych*

Ani'mismus m; **~iste I** adj ani'mistisch;
II m.f Ani'mist(in) m(f)
animosité [animozite] f ablehnende,
feindliche Einstellung, Erbitterung f,
Ablehnung f, Animosi'tät f; Feindselig-
keit f (**envers qn** gegenüber j-m); ant-
worten etc **avec ~** feindselig
anion [anjɔ̃] m phys Anion n
anis [ani(s)] m bot A'nis od 'Anis m; ~
étoilé Sternanis m; **faux ~, ~ âcre** cf
cumin; **bonbon** m **à l'~** Anisbonbon n
od m
anis|er [anize] v/t mit Anis würzen;
~ette f Likör Ani'sette m; **~ique** adj
chim Anis…; **acide** m, **alcool** m, **aldé-**
hyde m **~** Anissäure f, -alkohol m,
-aldehyd m
anisotrop|e [anizɔtrɔp] adj Körper, Kri-
stalle aniso'trop; **~ie** f Anisotro'pie f
ankylos|e [ɑ̃kiloz] f path Gelenkverstei-
fung f, sc Anky'lose f; **~er I** v/t Glied,
Gelenk steif machen (auch path); path zu
e-r Versteifung führen (+gén); adj an-
kylosé steif; path versteift; anky'lo-
tisch; j'étais mal assis et **ma jambe** est
maintenant toute **ankylosée** …
mein Bein ist jetzt ganz steif; **II** v/pr s'~
steif werden
ankylostom|e [ɑ̃kilɔstɔm] m zo Darm-
parasit Hakenwurm m; **~iase** f [-jaz] od
~ose f path Hakenwurm-, Gruben-,
Tunnelkrankheit f; sc Ankylostomi'ase f
od Ankylosto'miosis f
annal|es [anal] f/pl An'nalen pl (auch als
Zeitschriftentitel); par ext **dans les ~ du**
crime in den Annalen des Verbrechens;
~iste m An'nalenschreiber m, -verfasser
m; Anna'list m
annamite [anamit] **I** adj anna'mitisch;
II m/pl **~s** Anna'miten m/pl
anneau [ano] m ⟨pl **~x**⟩ **1.** Ring m; e-s
Schlüssels auch Schlüsselring m; e-r Ket-
te auch (Ketten)Glied n; Kettenring m;
e-r zusammengerollten Schlange auch
Windung f; arch e-r Ringsäule Schaft-
ring m; Bund m; Wirtel m; der Ringel-
würmer, Tausendfüßer etc ringförmiges
Seg'ment; Körperring m; (Körper)Glied
n; bot e-s Baumes Jahresring m; der
Hutpilze, Farne Ringkragen m; sc Anu-
lus m; anat Ring m; sc Anulus m; math
Ring m; Geometrie Kreisring m; e-r
Schere ~x pl Griffe m/pl; opt ~x colorés,
~x de Newton Newtonsche Ringe; In-
terfe'renzringe m/pl; opt ~ **oculaire** Austrittspupille f; ~
des nombres entiers Ring der ganzen
rationalen Zahlen; in Destillationsko-
lonnen **~x de Raschig** Raschig-Ringe
m/pl; ~ **de rideaux** Gar'dinenring m;
astr ~ **de Saturne** Sa'turnring m;
phys atom ~ **de stockage** Speicher-
ring m; sports ~ **de vitesse** Eisschnell-
laufbahn f; **2.** (Finger)Ring m; poét
Reif m; ~ **épiscopal, pastoral** Bischofs-
ring m; st/s ~ **nuptial** Ehe-, Trau-
ring m; ~ **sigillaire** Siegelring m; des
Papstes ~ **du pêcheur** Fischerring m;
3. gym ~x pl Ringe m/pl; **4.** (innerste)
Ringstraße
année [ane] f Jahr n; e-s Menschen auch
Lebensjahr n; des Weins Jahrgang m; ♦
~s actives, d'activité Berufs-, Dienst-,
Tätigkeitsjahre n/pl; ~ **astronomique**
mittleres tropisches Jahr; **bonne ~!** ein
gutes, glückliches neues Jahr!; viel
Glück zum neuen Jahr!; Prosit Neu-
jahr!; bis zum Jahresende auch F guten
Rutsch (ins neue Jahr)!; **cette ~** dieses
Jahr; in diesem Jahr; **chaque ~** jedes
Jahr; Jahr für Jahr; jahr'aus, jahr'ein; **l'~**
dernière, passée, précédente, pro-
chaine cf dernier etc; ~ **ecclésiasti-**
que Kirchenjahr n; égl cath ~ **sainte**
Heiliges Jahr; Jubel-, Jubi'läumsjahr n;

~ **scolaire** Schuljahr n; ~ **théâtrale**
Spielzeit f; The'atersaison f; ~ **universi-**
taire Studienjahr n; akademisches Jahr;
les ~s vingt, trente, etc die zwanziger,
dreißiger etc Jahre; **~s d'école** Schulzeit
f; astr ~ **de lumière** Lichtjahr n; **~s de**
service Dienstjahre n/pl; **~s de service**
militaire Wehrdienst-, Mili'tärzeit f; ~
loc/adj **étudiant** m **de première** ~
Student m im ersten und zweiten Seme-
ster; loc/adv **dans les ~s à venir** in den
kommenden Jahren; **d'~ en ~** von Jahr
zu Jahr; **d'une ~ à l'autre** von e-m Jahr
zum andern; **depuis des ~s** seit Jahren;
jahrelang; ♦ **il y a bien des ~s que** …
es ist schon viele, F x Jahre her, daß …;
l'~ débute bien das Jahr fängt gut an;
devoir deux ~s de loyer die Miete von
zwei Jahren schulden; mit s-r Mietzah-
lung zwei Jahre im Rückstand sein;
entrer dans sa soixantième ~ ins
sechzigste Lebensjahr kommen; in sein
sechzigstes Lebensjahr treten; **être**
dans sa vingtième ~ im zwanzigsten
Lebensjahr stehen; **c'était une bonne ~**
pour le bourgogne das war ein gutes
Jahr für die Burgunderweine; **cela fait**
des ~s que je ne l'ai pas vu ich habe
ihn seit Jahren nicht mehr gesehen; **~-**
-lumière f ⟨pl **années-lumière**⟩ astr
Lichtjahr n
annelé [anle] adj Ring…; arch **colonne**
~e Ring-, Bundsäule f; hist **cotte ~e**
Panzerhemd n; Ring-, Kettenpanzer m;
bot **vaisseaux ~s** Ringgefäße n/pl; zo
vers ~s od subst **~s** m/pl Ringelwürmer
m/pl
annélides [anelid] f/pl zo Ringelwürmer
m/pl; sc Anne'liden pl
annexe [anɛks] f **1.** ~ od adj **bâtiment** m
~ Nebengebäude n; e-s Hotels Depen-
'dance f od Depen'denz f; **2.** zu e-r Akte
etc ~s pl od adj **pièces** f/pl ~s Anlagen
f/pl; Beilagen f/pl, -blätter n/pl; zu e-r
Abhandlung Anhang m; Ex'kurs m; **3.**
anat ~s od adj **embryonnaires** Embryo'nal-
organe n/pl; **~s de l'utérus** Anhangsge-
bilde n/pl der Gebärmutter; sc Ad'nexe
m/pl; adj **école** f ~ e-r Päda'gogischen
Hochschule angeschlossene Volksschu-
le; **5.** rel Fili'alkirche f
annex|er [anɛkse] v/t **1.** pol Gebiet annek-
'tieren; sich einverleiben; **être annexé à**
un pays e-m Land einverleibt werden;
2. Urkunde, Beleg, Schriftstück bei-
anfügen, beilegen (**à** dat); **~ion** f pol e-s
Gebietes Annexi'on f; Annek'tierung f;
Einverleibung f; Angliederung f, An-
schluß m (**à la France** an Frankreich)
annexionn|isme [anɛksjɔnism(ə)] m
pol Annexio'nismus m; **~iste** pol **I** adj
annexio'nistisch; auf Annexi'onen aus-
gerichtet; **II** m Annexio'nist m
annihil|ation [aniilasjɔ̃] f **1.** Zu'nichte-
machen n, ~ od ~ Vernichtung f; **2.** phys
atom Paarvernichtung f, -zerstrahlung f;
Annihilati'on f; **~er** v/t Hoffnungen,
Erfolge, Anstrengungen zu'nichte ma-
chen; Hoffnungen auch vernichten; zer-
stören; Widerstand brechen
anniversaire [anivɛrsɛr] **I** adj Ge-
denk…; **cérémonie** f ~ Gedenkfeier f;
jour m ~ Jahres-, Gedenktag m; cf auch
II 2.; **II** m **1.** Geburtstag m; **bon ~!** ich
gratuliere dir bzw Ihnen herzlich zum
Geburtstag! herzlichen Glückwunsch,
alles Gute zum Geburtstag!; alles Gute
für das neue od zum neuen Lebensjahr!;
aujourd'hui, c'est son ~ er hat heute
Geburtstag; heute ist sein Geburtstag. **2.**
Jahres-, Gedenktag m; **~ de l'armistice**
Waffenstillstandstag m; **l'~ de leur**
mariage ihr Hochzeitstag m; **~ de la**
mort (de qn) Todestag m; **célébrer le**
vingtième ~ **de la mort de** … den

zwanzigsten Todestag, die zwanzigste
'Wiederkehr des Todestages von …
feierlich begehen; **messe** f **d'~** od ellip
Jahrtagsmesse f; Seelenamt n, -messe f
(am Todestag)
annonce [anɔ̃s] f **1.** Ankündigung f;
Mitteilung f; bes rad, télév, Presse Mel-
dung f; Bekanntgabe f, -machung f; rad
auch Ansage f; Claudel L'~ faite à Marie
Mariä Verkündigung; ch de fer ~ **de**
train Zugmeldung f; Vormeldung f der
Züge; thé **faire une** ~ (dem Publikum)
e-e Mitteilung machen, etwas bekannt-
geben; **2.** (Zeitungs)An'nonce f; Anzeige
f; Inse'rat n; ~ **judiciaire, légale** amtli-
che Anzeige; **petite** ~ Kleinanzeige f; e-r
Zeitung **petites ~s** Anzeigenteil m; ~
publicitaire Werbe-, Re'klame-, Ge-
schäftsanzeige f; Werbeannonce f; (fai-
re) **insérer, mettre, faire passer une**
~ **dans un journal** e-e Annonce, e-e
Anzeige, ein Inserat aufgeben, in die
Zeitung setzen; in e-r Zeitung inse'rie-
ren; annon'cieren; **3.** An-, Vorzeichen n
(**de qc** für etw od e-r Sache [gén]); **4.**
Bridge Bieten n; Reizen n; Lizitati'on f
annoncer [anɔ̃se] ⟨-ç-⟩ **I** v/t **1.** an-
künd(ig)en; mitteilen; bes rad, télév,
Presse melden; bekanntgeben, -machen;
rad auch ansagen; Nachricht verkünden;
von der Kanzel abkündigen; Prophet ~
qc etw verkündigen, vor'her-, vor'aussa-
gen; **~ l'arrivée du train** die Ankunft
des Zuges melden, bekanntgeben, an-
kündigen; ces nuages noirs **annoncent**
la pluie … deuten auf Regen hin; la
radio **a annoncé de la pluie pour**
demain … hat für morgen Regen ange-
sagt; cette fleur **annonce le printemps**
… ist ein Vorbote des Frühlings; ~ **sa**
visite pour vendredi s-n Besuch für
Freitag ankündigen; sich für Freitag
ansagen; **2.** e-n Besucher melden; **veuil-**
lez m'~ à Madame! wollen Sie mich
bitte der gnädigen Frau melden!; **se**
faire ~ sich melden lassen; **3.** Zittern der
Hände, Verlegenheit etc ~ qc ein (An-)
Zeichen für etw sein; auf etw (acc)
hindeuten, schließen lassen; etw anzei-
gen; **4.** beim Bridge bieten; **II** v/pr **5.**
Reise, Jahreszeit etc s'~ **bien, mal** gut,
schlecht anfangen, beginnen; sich gut,
schlecht anlassen; **ça s'annonce plutôt**
mal iron das fängt ja gut an; **6.** Krise etc
s'~ **de toutes parts** sich überall ab-
zeichnen, ankünd(ig)en
annonceur [anɔ̃sœr] m **a)** bei der Zei-
tung Inse'rent m; Anzeigenauftraggeber
m; **b)** rad Auftraggeber m e-r Werbesen-
dung
annonciateur [anɔ̃sjatœr] **I** adj ⟨-tri-
ce⟩ st/s ankündigend (**de** qc etw);
signes ~s de la tempête Vorzeichen
n/pl, Vorboten m/pl des Sturmes; **II** m **1.**
ch de fer **a)** ~ (**d'un signal**) Vorsignal n;
b) optische od a'kustische Meldeeinrich-
tung; **2.** tél ~ **à volet** Klappenschrank m
Annonciation [anɔ̃sjasjɔ̃] f **l'~** rel Ma-
'riä Verkündigung f (auch das Fest);
peint die Verkündigung Ma'riä
annoncier [anɔ̃sje] m **a)** bei e-r Zeitung
Anzeigenleiter m; **b)** impr Anzeigenset-
zer m
annot|ation [anɔtasjɔ̃] f zu e-m Text
(kritische) Anmerkung; (portée) **en**
marge Randbemerkung f; **~er** v/t Text
mit (kritischen) Anmerkungen versehen
annuaire [anɥɛr] m **1.** Jahrbuch n; **2.** ~
du téléphone Tele'fonbuch n; Fern-
sprechbuch n, -verzeichnis n; **3.** ~ **mili-**
taire Rangliste f der Ar'mee; **4.** ~ **des**
marées Tidenkalender m; Gezeitenta-
fel f
annualité [anɥalite] f Jährlichkeit f;
Geltungsdauer f für ein Jahr

annuel [anɥɛl] *adj* ⟨∼le⟩ **1.** (all)jährlich; jährlich 'wiederkehrend; Jahres...; *e-s Baumes* cercle ∼ Jahresring *m*; revenu ∼ jährliches Einkommen; Jahreseinkommen *n*; **2.** einjährig; plante ∼le einjährige, annu'elle Pflanze

annuellement [anɥɛlmã] *adv* (all-) jährlich

annuité [anɥite] *f* **1.** *bei der Amortisation e-r Schuld* Annui'tät *f*; jährliche Zahlung; Jahreszahlung *f*, -rate *f*; **2.** *zur Pensionsberechnung* ruhegehaltfähiges Dienstjahr

annulaire [anɥlɛr] **I** *adj* ringförmig; *aviat* aile *f* ∼ Ringflügel *m*; *anat*: cartilage *m* ∼ Ringknorpel *m* des Kehlkopfes; ligament *m* ∼ du radius Verstärkungsband *n* des Ellbogengelenks; protubérance *f* ∼ Brücke *f*; *sc* Pons *m*; **II** *m* Ring-, Goldfinger *m*

annulation [anɥlasjõ] *f jur* Annul'lierung *f*; Nichtigkeits-, Ungültigkeitserklärung *f*; *e-s Urteils, Verwaltungsaktes, der Ehe auch* Aufhebung *f*; *e-r Urkunde* Kraftloserklärung *f*; *e-s Befehls* Zu-'rücknahme *f*; 'Widerruf *m*; *e-r Bestellung, e-s Auftrags* Annul'lierung *f*; Stor'nierung *f*; Rückgängigmachung *f*; (Zu)Rücknahme *f*; Zu'rückziehung *f*; *e-r Buchung* Stor'nierung *f*; Storno *m od n*; Rückbuchung *f*; *e-r Verabredung, Verpflichtung* Absage *f*; ∼ d'une commande *auch* Abbestellung *f*; ∼ du mariage *auch* Eheaufhebung *f*

annuler [anɥle] **I** *v/t jur* annul'lieren; für nichtig, ungültig, *Urkunde* kraftlos erklären; *Urteil, Ehe, Verwaltungsakt auch* aufheben; *Befehl* zu'rücknehmen; wider'rufen; *Bestellung, Auftrag* annul-'lieren; stor'nieren; rückgängig machen; zu'rücknehmen, -ziehen; *Buchung* stor-'nieren; rückgängig machen; *Verabredung, Verpflichtung* absagen; *tél* hand-vermitteltes *(Fern)Gespräch* abmelden; **II** *v/pr Kräfte etc* s'∼ sich (gegenseitig) aufheben

anobie [anɔbi] *m od* **anobium** [anɔbjɔm] *m zo* Klopf-, Poch-, Bohrkäfer *m*

anobl|ir [anɔblir] *v/t* adeln; in den Adelsstand erheben; den Adel verleihen (**qn** j-m); **∼issement** *m* Adeln *n*, -ung *f*; Erhebung *f* in den Adelsstand; Verleihung *f* des Adels; *hist* lettres *f/pl* d'∼ Adelsbrief *m*, -diplom *n*

anode [anɔd] *f phys* An'ode *f*

anodin [anɔdɛ̃] *adj Mittel, Verletzung* harmlos; ungefährlich; *Mittel auch* unschädlich; *Kritik, Äußerung* harmlos; nichtssagend; *Person* nichtssagend; unbedeutend

anod|ique [anɔdik] *adj phys* an'odisch; An'oden...; courant *m* ∼ Anodenstrom *m*; **∼isation** *f tech* an'odische Oxydati'on; Anodi'sieren *n*; Elo'xieren *n*; **∼iser** *v/t tech* anodi'sieren; elo'xieren

anodonte [anɔdõt] *m zo* Teichmuschel *f*; *sc* Ano'donta *f*

anomal [anɔmal] *adj* ⟨-aux⟩ *ling* (Wort-) *Form, Konstruktion* anomal; regelwidrig; unregelmäßig; **∼ie** *f* **1.** Abnormi'tät *f*; Ungewöhnliche(s) *n*; Anormale(s) *n*; Unnormale(s) *n*; Seltsamkeit *f*; l'∼ de cette situation das Ungewöhnliche, Un-, Anormale der Situation; **2.** *bes astr, biol, ling, météo, Geophysik* Anoma'lie *f*; Abweichung *f* von der Norm, Regel; Regelwidrigkeit *f*

anomie [anɔmi] *f* Ano'mie *f*; Gesetzlosigkeit *f*; Zustand *m* mangelnder sozi'aler Ordnung

ânon [anõ] *m* kleiner, junger Esel; Eselsfüllen *n*

anone [anɔn] *f bot* **a)** An'none *f*; **b)** Frucht *f* der An'none

ânonn|ement [anɔnmã] *m* stockendes, stotterndes Her-, Aufsagen, Lesen; *péj* Gestotter *n*; Gestammel *n*; **∼er** *v/t u v/i* stockend, stotternd her-, aufsagen, lesen; stockend sprechen

anonymat [anɔnima] *m* Anonymi'tät *f*; conserver, garder l'∼ die Anonymität wahren; anonym, ungenannt bleiben

anonyme [anɔnim] *adj* **1.** *Brief, Spende, Autor* ano'nym; *Schöpfer e-s alten Kunstwerkes* unbekannt; *Opfer des Krieges etc* namenlos; ungenannt; auteur *m*, donateur *m*, *etc* ∼ *auch* A'nonymus *m*; la foule ∼ die anonyme, namenlose Menge; société *f* ∼ (*abr* S.A.) Aktiengesellschaft *f* (*abr* AG); **2.** *Möbel, Kleidung etc* unpersönlich; neu'tral; konventio'nell

anophèle [anɔfɛl] *m zo* Fieber-, Gabel-, Ma'lariamücke *f*; *sc* An'opheles *f*

anorak [anɔrak] *m* Anorak *m*

anordir [anɔrdir] *v/i mar Wind* nach Norden drehen, 'umschlagen

anorexie [anɔrɛksi] *f méd* Appe'titlosigkeit *f*; *sc* Anore'xie *f*; ∼ mentale Puber-'tätsmagersucht *f*

anorexigène [anɔrɛksiʒɛn] *m méd* anorexi'genes Mittel; Appe'titzügler *m*

anormal [anɔrmal] ⟨*m/pl* -aux⟩ **I** *adj* anormal; anomal; ab'norm; unnormal; nicht nor'mal; ungewöhnlich; unüblich; nicht üblich; il est ∼ que... (+*subj*) es ist doch unnormal, nicht normal, daß ...; cette température est ∼ pour la saison diese Temperatur ist ungewöhnlich, anormal für die Jahreszeit; **2.** (geistig) anomal; (geistes)gestört; **II** *subst* ∼(e) *m(f)* (geistig) anomaler Mensch; Geistesgestörte(r) *f(m)*; **∼ement** *adv Temperatur* ∼ bas anormal niedrig; ∼ constitué von ano(r)maler Konstitution; ∼ gai ungewöhnlich fröhlich

anosmie [anɔsmi] *f path* Verminderung *f* od Verlust *m* des Geruchssinnes; *sc* Anos'mie *f*

anoure [anur] *zo* **I** *adj* schwanzlos; **II** *m/pl* ∼s Froschlurche *m/pl*; *sc* An'uren *pl*

anovulatoire [anɔvylatwar] *adj path* cycle *m* ∼ anovula'torischer, ohne Fol-'likelsprung ablaufender Zyklus

anox|émie [anɔksemi] *f path* Verminderung *f* des Sauerstoffgehalts des Blutes; *sc* Anoxä'mie *f*; **∼ie** *f path* völliger Sauerstoffmangel; Erstickung *f*; *sc* Ano'xie *f*

anschluss [ãʃlus] *m hist* Anschluß *m* Österreichs an das Deutsche Reich (1938)

anse [ãs] *f* **1.** *e-r Tasse, e-s Korbes, Kruges* Henkel *m*; *fig* faire danser, sauter l'∼ du panier Hausangestellte beim Einkauf mauscheln (, um für sich ein paar Pfennige herauszuschlagen); *allg* zuviel ausgeben; **2.** *arch, math* ∼ de panier, *arch auch* arc *m* en ∼ de panier Korbbogen *m*; **3.** *kleine seichte Bucht*; **4.** *anat* Schlinge *f*; *sc* Ansa *f*; ∼ intestinale Darmschlinge *f*

ansé [ãse] *adj* croix ∼e Henkelkreuz *n*

ansér|iformes [ãseriform] *m/pl zo* Gänseartige(n) *pl*; **∼ine** *f bot* **a)** Gänsefuß *m*; **b)** Gänsefingerkraut *n*

anspect [ãspɛk(t)] *m* Hebebaum *m*; *mar* (barre *f* d')∼ Handspake *f*

antagonique [ãtagɔnik] *adj cf* antagoniste **I**

antagon|isme [ãtagɔnism(ə)] *m* Antago'nismus *m* (*auch physiol, bot*); Gegensatz *m*; Gegnerschaft *f*; 'Widerstreit *m*; *biol* ∼ microbien Bak'terienantagonismus *m*; ∼ de classe Klassenantagonismus *m*; **∼iste I** *adj* antago'nistisch; gegensätzlich; 'widerstreitend; *anat* muscles *m/pl* ∼s gegensätzlich wirkende Muskeln *m/pl*; Antago'nisten *m/pl*; **II** *subst* **1.** *m,f* Antago'nist(in) *m(f)*;

Gegner(in) *m(f)*; 'Widersacher(in) *m(f)*; **2.** *m Enzym, Hormon etc* Antago'nist *m*

antalgique [ãtalʒik] *adj phm* médicament *m* ∼ schmerzlinderndes, -stillendes Mittel; Ant'algikum *n*

antan [ãtã] *loc/adj litt* d'∼ frühere(r, -s); einstige(r, -s); aus früherer, vergangener Zeit

antarctique [ãtarktik] *adj* ant'arktisch; der Ant'arktis; des Südpolargebietes; cercle *m* polaire ∼ südlicher Polarkreis; continent *m* ∼ antarktischer Kontinent; océan ♀ Südpolarmeer *n*; Südliches Eismeer

ante [ãt] *f arch* **a)** *in der Antike* Ante *f*; Antenpfeiler *m*; temple *m* à ∼s Antentempel *m*; **b)** Eckpfeiler *m*, -pilaster *m*

antebois [ãt(ə)bwa] *cf* antibois

antécédence [ãtesedãs] *f géol* Anteze-'denz *f*

antécédent [ãtesedã] **I** *m* **1.** ∼s *pl e-r Person* Vorleben *n*; früherer Lebenswandel; Vergangenheit *f*; *e-s Ereignisses* Vorgeschichte *f*; **2.** *gr des Relativpronomens* Beziehungswort *n*; **3.** *math e-r Proportion* erstes *bzw* drittes Glied; erste *bzw* dritte Proportio'nale; **4.** *Logik* Anteze'denz *f od* Ante'zedens *n*; Prä'misse *f*; Vordersatz *m*; **5.** *méd* ∼s *pl* Vorgeschichte *f*; Ana'mnese *f*; **II** *adj géol* vallée ∼e anteze'dentes Tal

Antéchrist [ãtekrist] *m rel* Antichrist *m*; 'Widerchrist *m*

antédiluvien [ãtedilyvjɛ̃] *adj* ⟨∼ne⟩ F *fig* vorsintflutlich

antéfixe [ãtefiks] *f arch* Stirnziegel *m*; Ante'fixa *f*

antenais [ãt(ə)nɛ] *adj u subst m* (agneau) ∼ Jährling *m*; Zutreter *m*; Jungschaf *n* (zwischen 10 u 18 Monaten)

antennaires [ãtenɛr] *m/pl zo* An'tennen-, Fühler-, Krötenfische *m/pl*

antenne [ãten] *f* **1.** *rad, télécomm* An'tenne *f*; ∼ collective Gemeinschaftsantenne *f*; ∼ extérieure, intérieure Außen-, Hoch-, Innen- od Zimmerantenne *f*; ∼ à cadre Rahmenantenne *f*; ∼ à conducteur linéaire Line'arstrahler *m*, -antenne *f*; ∼ à dipôle Dipolantenne *f*; ∼ d'émission, de réception Sende-, Empfangsantenne *f*; ∼ de télévision Fernsehantenne *f*; ∼ (en) losange Rhombusantenne *f*; ∼ en nappe Flächenstrahler *m*, -antenne *f*; Aper'turstrahler *m*; *der Wahlkandidaten* droit *m* à l'∼ Recht *n*, Anspruch *m* auf (e-e bestimmte) Sendezeit; *rad, télév* je donne, passe l'∼ à notre reporter à X ich über'gebe an unseren Reporter in X; wir schalten um zu unserem Reporter in X; l'∼ est à vous wir haben zu Ihnen 'umgeschaltet; *rad Person* être à od sur l'∼, passer à l'∼, tenir l'∼ auf Sendung sein; rendre l'∼ à Paris, au studio nach Paris, zum Funkhaus zurückgeben; **2.** *zo* Fühler *m*; An'tenne *f*; *fig Person* avoir des ∼s den sechsten Sinn haben; e-e gute Spürnase haben; F e-e Antenne dafür haben; avoir des ∼s dans un ministère, *etc* über gute Nachrichtenquellen in e-m Ministerium *etc* verfügen; **3.** *e-r Autobahn* Abzweigung *f*; **4.** *e-r Institution* Außenstelle *f*; **5.** *mil* ∼ chirurgicale *etwa* vorgeschobene Sani'tätseinheit; Truppenverbandsplatz *m*; **6.** *mar des Lateinsegels* Rute *f*

antépénultième [ãtepenyltjem] *adj u subst f* (syllabe *f*) ∼ Antepän'ultima *f*; drittletzte Silbe

antépos|er [ãtepoze] *v/t gr* vor'anstellen; adjectif antéposé vorangestelltes, vor dem Substantiv stehendes Adjektiv; **∼ition** *f gr* Vor'anstellen *n*, -stehen *n*

antérieur [ãterjœr] *adj* **1.** vordere(r, -s);

Vorder...; **face** ~e Vorderseite *f*; *des Pferdes* **membres** ~s *od subst* ~s *m/pl* Vorderbeine *n/pl*; **pattes** ~es Vorderpfoten *f/pl*; **2.** frühere(r, -s); **vie** ~e frühere, voriges Leben; **être** ~ **à qc** *Ereignis* (zeitlich) vor etw (*dat*) liegen; sich vor e-r Sache ereignet haben; vor e-r Sache stattgefunden haben; vor e-r Sache (*dat*) vor'hergehen; *Gebäudeteil, Baustil* älter sein als etw; **3.** *gr* **futur** ~ zweites Fu'tur; Fu'turum ex'actum *n*; voll'endete Zukunft; **passé** ~ zweites Plusquamperfekt; **4.** *phon* pala'tal; **a** ~ helles, palatales a; **groupe** ~ palatale Gruppe; **voyelles** ~es Vorderzungen-, Palatalvokale *m/pl*; ~**ement** *adv* vorher; früher; ~ **à** früher als; vor (+*dat*)

antériorité [ãterjɔrite] *f* Frühersein *n*; zeitliches Vor'angehen; Ältersein *n*

antérograde [ãterɔgrad] *adj méd* amnésie *f* ~ antero'grade Amne'sie

antéversion [ãteversjɔ̃] *f path* Neigung *f* nach vorn; *der Zähne auch* Vorstehen *n*; ~ **de l'utérus** ~ Vorwärtsneigung *f* der Gebärmutter; *sc* Ante'versio uteri *f*

anthélie [ãteli] *f météo* Gegensonne *f*; Ant'helium *n*

anthelmintique [ãtɛlmɛ̃tik] *m phm* Wurmmittel *n*; *sc* Anthel'minthikum *n*

anthémis [ãtemis] *f bot* Hundskamille *f*; *sc* Anthemis *f*

anthère [ãter] *f bot* Staubbeutel *m*; An'there *f*

anthéridie [ãteridi] *f bot* Anthe'ridium *n*

anthérozoïdes [ãterɔzɔid] *m/pl bot* Anthero-, Spermatozo'iden *pl*

antho|logie [ãtɔlɔʒi] *f* Antholo'gie *f*; Blumen-, Blütenlese *f*; ~**nome** [-nɔm, -nɔm] *m zo* Blütenstecher *m*; *sc* Antho'nomus *m*; ~**zoaires** [-zɔɛr] *m/pl zo* Blumen-, Ko'rallentiere *n/pl*; *sc* Antho'zoen *n/pl*

anthrac|ène [ãtrasɛn] *m chim* Anthra'zen, *fachspr* -'cen *n*; ~**ite** *m* **1.** *minér* Anthra'zit *m*; **2.** *adj* (gris) ~ ⟨*inv*⟩ anthra'zit(farben, -farbig)

anthrac|nose [ãtraknoz] *f Pflanzenkrankheit* Brenner *m*; *sc* Anthrak'nose *f*; ~ **du trèfle** Stengelbrenner *m*; ~ **de la vigne** Schwarzer Brenner *m*; ~**ose** *f path* Kohlenstaublunge *f*; *sc* Anthra'kose *f*

anthraquinon|e [ãtrakinɔn] *m chim* Anthrachi'non *n*; ~**ique** *adj chim* colorants *m/pl* ~s Anthrachi'non-, Aliza'rin-, Anthra'cenfarbstoffe *m/pl*

anthrax [ãtraks] *m path* Milzbrand *m*; *sc* Anthrax *m*

anthrène [ãtrɛn] *m zo* Mu'seums-, Kabi'nettkäfer *m*

anthropocentr|ique [ãtrɔpɔsɑ̃trik] *adj philos* anthropo'zentrisch; ~**isme** *m philos* Betrachtungsweise, die den Menschen in den Mittelpunkt stellt; anthropo'zentrische Betrachtungsweise

anthropoïde [ãtrɔpɔid] *adj zo* menschenähnlich; *sc* anthropo'id; **singe** ~ *od subst* ~ *m* Menschenaffe *m*; *sc* Anthropo'id(e) *m*

anthropo|logie [ãtrɔpɔlɔʒi] *f* Anthropolo'gie *f*; ~**logique** *adj* anthropo'logisch; ~**logiste** *m,f od* ~**logue** *m,f* Anthropo'loge, -'login *m,f*; ~**métrie** *f* Anthropome'trie *f*; ~ **judiciaire** in der Kriminalistik angewandte Anthropometrie, angewandtes Körpermeßverfahren; ~**métrique** *adj* anthropo'metrisch; **signalement** *m* ~ anthropometrisches Signalement

anthropomorph|e [ãtrɔpɔmɔrf] *adj* menschlich gestaltet; anthropo'morph; *in alten Handschriften* **lettre** ~ Initiale, die sich aus der Gestalt e-s Menschen formt; ~**iser** *v/t* vermenschlichen; ~**isme** *m* Anthropomor'phismus *m*; Vermenschlichung *f*

anthroponymie [ãtrɔpɔnimi] *f ling* Per'sonennamenkunde *f*, -forschung *f*

anthropophag|e [ãtrɔpɔfaʒ] **I** *adj* menschenfressend; **II** *m* Menschenfresser *m*; Kanni'bale *m*; *sc* Anthropo'phag(e) *m*; ~**ie** *f* Menschenfresse'rei *f*; Kanniba'lismus *m*; *sc* Anthropopha'gie *f*

anthurium [ãtyrjɔm] *m bot* Fla'mingoblume *f*; An'thurium *n*

anthyllis [ãtilis] *f bot* Wundklee *m*

anti... [ãti] *in Zssgn* anti...; Anti...; gegen...; Gegen...; un...; ...gegner *m*; ...feindlich; ...widrig; *tech, méd* ...dämpfend; ...hemmend; ...schutz *m*

antiaérien [ãtiaerjɛ̃] *adj* ⟨~ne⟩ *mil* Flugabwehr...; *Kurzwort* Flak...; **abri** ~ Luftschutzraum *m*, -keller *m*, -bunker *m*; **artillerie** ~ne Flugabwehr-, Flakartillerie *f*; Flak *f*; **défense** ~ne Luft-, Flug-, Fliegerabwehr *f*; Flak *f*; **projectile**, **tir** ~ Flakgeschoß *n*, -feuer *n*

antialcool|ique [ãtialkɔlik] *adj* antialko'holisch; **être** ~ Antialko'holiker, Absti'nenzler, Alkoholgegner sein; **ligue** *f* ~ Liga *f* zur Bekämpfung des Alkoholismus; ~**isme** *m* Antialkoho'lismus *m*; Kampf *m* gegen den Alkoho'lismus

anti|américain [ãtiamerikɛ̃] *adj* antiameri'kanisch; a'merikafeindlich; ~**mique** *adj méd* facteur ~ antian'ämischer Faktor

antiatomique [ãtiatɔmik] *adj* Strahlenschutz...; gegen radioak'tive Strahlung; **abri** *m* ~ Schutzraum, der vor radioaktiver Strahlung schützt; **protection** *f* ~ Schutz *m* gegen radioaktive Strahlung; **vêtement** *m* **de protection** ~ Schutzkleidung *f*, -anzug *m* gegen radioaktive Strahlung

anti|balançant [ãtibalɑ̃sɑ̃] *m ch de fer* Fahrdrahtseitenhalter *m*; ~**bélier** *m tech* Windkessel *m*

antibio|gramme [ãtibjɔgram] *m méd, biol* Antibio'gramm *n*; ~**thérapie** *f méd* Behandlung *f* mit Antibi'otika; ~**tique** *méd* **I** *adj* antibi'otisch; **II** *m* Antibi'otikum *n*

anti|bois [ãtibwa] *m in einiger Entfernung von der Wand verlegte* Scheuer-, Fuß-, Schutzleiste; ~**brouillage** *m rad* Gegenmaßnahmen *f/pl* gegen syste'matisch betriebene Störung von Sendungen; ~**brouillard** *adj* ⟨*f inv*⟩ *auto* **phare** *m* ~ *od subst* ~ *m* Nebelscheinwerfer *m*; ~**bruit** *adj* ⟨*f inv*⟩ geräuschdämmend; schallschluckend; Lärmschutz...; ~**calaminant** *m* die Bildung von Ölkohle hemmender Kraftstoffzusatz; ~**calcaire** *adj* Entkalkungs...; zur Entkalkung; ~**cancéreux** *adj* ⟨-euse⟩ *méd* Krebsbekämpfungs...; zur Krebsbekämpfung; krebsbekämpfend; ~**capitaliste** *adj* antikapita'listisch; kapita'listenfeindlich; ~**casseurs(s)** *adj* **loi** *f* ~ Gesetz *n* gegen gewalttätige Demon'stranten; ~**cathode** *f phys* Antika'thode *f*

antichambre [ãtiʃãbr(ə)] *f* Vorzimmer *n*; **faire** ~ im Vorzimmer warten; anticham'brieren

anti|char [ãtiʃar] *adj* ⟨*f inv*⟩ *mil* Panzer-(abwehr)...; **armes** *f/pl* ~s Panzerabwehrwaffen *f/pl*; **barrage** *m*, **obstacle** *m* ~ Panzersperre *f*; **canon** *m* ~ Panzerabwehrkanone *f*, -geschütz *n*; *Kurzwort* Pak *f*; **grenade** *f*, **mine** *f* ~ Panzergranate *f*, -mine *f*; ~**choc** *adj* ⟨*f inv*⟩ stoßfest, -sicher; *aviat* **casque** *m* ~ Schutz-, Sturzhelm *m*

antichrèse [ãtikrɛz] *f jur* Nutzungspfand *n*; Anti'chrese *f*

antichrétien [ãtikretjɛ̃] **I** *adj* ⟨~ne⟩ anti'christlich; christenfeindlich; gegen das Christentum (eingestellt); **II** *subst*

~(ne) *m(f)* Gegner(in) *m(f)* des Christentums

anticipation [ãtisipasjɔ̃] *f* **1.** *gedankliche* Vor'wegnahme, Vor'ausnahme; Vorgriff *m* (**de auf** + *acc*); **2.** *comm, Steuerwesen, psych, mus, phon, rhét, philos* Antizipati'on *f*; *rhét auch* Pro'lepsis *f*; ~ **de paiement** antizi'pierte Zahlung; Leistung *f* e-r Zahlung vor Fälligkeit; Vor'auszahlung *f*; **par** ~ vorzeitig, -fristig; vorher; im voraus; **3.** *Literatur* Science-fiction ['saiənsfikʃən] *f*; **film** *m* **d'**~ Science-fiction-Film *m*; **littérature** *f* **d'**~ Science-fiction-Literatur *f*; **roman** *m* **d'**~ *auch* u'topischer Roman; Zukunftsroman *m*; **4.** *jur* ('widerrechtlicher) Eingriff (**sur** in + *acc*)

anticipé [ãtisipe] *adj* vorzeitig; vorfristig; vorgezogen; **joie** ~e Vorfreude *f*; **avec mes remerciements** ~s mit (bestem) Dank im voraus

anticiper [ãtisipe] **I** *v/t Zahlung* vorzeitig, vorfristig, vor Fälligkeit leisten; *Arbeit* vorzeitig, vor dem vorgesehenen (Fertigstellungs)Ter'min, Zeitpunkt erledigen, abschließen, fertigstellen; ~ **le paiement de huit jours** die Zahlung acht Tage eher leisten, um acht Tage vorziehen; **II** *v/t/indir* **1.** ~ **sur qc** etw vor'wegnehmen, vor'ausnehmen; e-r Sache (*dat*) vorgreifen; *abs:* **mais n'anticipons pas** aber wir wollen nicht vorgreifen; **les hommes politiques doivent savoir** ~ ... müssen vor'ausschauen, die Zukunft vor'aussehen können; **2.** *jur* ~ **sur les droits de qn** ('widerrechtlich) in j-s Rechte eingreifen

anticlérical [ãtiklerikal] ⟨*m/pl* -aux⟩ **I** *adj* antikleri'kal; kirchenfeindlich; **II** ~(e) *m,f* Antikleri'kale(r) *f(m)*; Kirchenfeind(in) *m(f)*, -gegner(in) *m(f)*; ~**isme** *m* Antiklerika'lismus *m*; kirchenfeindliche Einstellung

anti|clinal [ãtiklinal] ⟨*m/pl* -aux⟩ *géol* **I** *adj* antikli'nal; sattelförmig; **II** *m* Antikli'nale *f*; Anti'kline *f*; Sattel *m*; ~**coagulant** *méd* **I** *adj* blutgerinnungshemmend; **II** *m* Antiko'agulans *n*; blutgerinnungshemmendes Mittel; ~**colonialisme** *m* Antikolonia'lismus *m*

anticommun|isme [ãtikɔmynism(ə)] *m* Antikommu'nismus *m*; ~**iste I** *adj* antikommu'nistisch; kommu'nistenfeindlich; *advt* **voter** ~ gegen die Kommunisten stimmen; **II** *m,f* Antikommu'nist(in) *m(f)*

anticonceptionnel [ãtikɔ̃sɛpsjɔnɛl] *adj* ⟨~le⟩ empfängnisverhütend; antikonzeptio'nell; **pillule** ~le Antibabypille [-'be:bi-] *f*; **produits** ~s empfängnisverhütende, antikonzeptionelle Mittel *n/pl*

anticonform|isme [ãtikɔ̃fɔrmism(ə)] *m* Nonkonfor'mismus *m*; ~**iste I** *adj* nonkonfor'mistisch; **II** *m,f* Nonkonfor'mist(in) *m(f)*

anti|conjoncturel [ãtikɔ̃ʒɔ̃ktyrɛl] *adj* ⟨~le⟩ konjunk'turdämpfend; anti'zyklisch; ~**constitutionnel** *adj* ⟨~le⟩ verfassungswidrig; ~**convulsif** *adj* ⟨-ive⟩ *méd* krampflösend, -lindernd; ~**corps** *m biol* Anti-, Im'munkörper *m*; ~(in)**complet** (in)kompletter Antikörper; ~**corrosion** *adj* ⟨*inv*⟩ gegen Korrosi'on; **protection** *f* ~ Korrosionsschutz *m*; ~**couple** *adj* e-s Hubschraubers **hélice** *f* ~ *od subst* ~ *m* Steuerschraube *f*; ~**cryptogamique** *adj agr, jard* **substance** *f* ~ *od subst* ~ *m* Fungi'zid *n*; ~**cyclonal** *adj* ⟨-aux⟩ *météo* antizyklo'nal; Hochdruck...; **aire** ~e Hochdruckgebiet *n*; ~**cyclone** *m météo* Hoch(druckgebiet) *n*; Antizy'klone *f*; ~**date** *f adm* früheres, älteres Datum; ~**dater** *v/t* (zu')rückdatieren;

~déflagrant adj explosi'ons-, mines schlagwettergeschützt, -sicher; **~démocratique** adj un-, antidemo'kratisch
antidépress|eur [ātidepresœr] adj ⟨nur m⟩ méd gegen Depressi'onen; médicament ~ od subst ~ m Antidepres'sivum n; **~if** adj ⟨-ive⟩ cf antidépresseur
anti|dérapant [ātiderapā] I adj Reifen etc rutschfest; II m Gleitschutz m; **~détonant** I adj klopffest; pouvoir ~ Klopffestigkeit f; II m Antiklopfmittel n; **~diphtérique** adj méd gegen Diphthe'rie; sérum m ~ Diphtherieheilserum n; **~dopage** od **~doping** adj ⟨inv⟩ sports gegen das Doping; contrôle m ~ Dopingkontrolle f
antidot|e [ātidɔt] m 1. méd Gegenmittel n, -gift n; sc Anti'dot n; 2. fig (Gegen-)Mittel n (contre gegen); **~isme** m méd Vermögen n, die Wirkung e-r giftigen Sub'stanz aufzuheben oder zu mildern
anti|dreyfusard [ātidrɛfyzar] m hist Dreyfus-Gegner m; **~dumping** adj ⟨inv⟩ loi f, taxe f ~ Antidumpinggesetz n, -zoll m [-'dam-]; **~éblouissant** adj nicht blendend; blend(ungs)frei; Blendschutz...; **~émétique** méd I adj (gut) gegen Erbrechen; II m Antie'metikum n; Mittel n gegen Erbrechen; **~engin** adj ⟨f inv⟩ mil zur Flugkörperabwehr; engin m, fusée f ~ od subst ~ m Fla-Rakete f; Ra'ketenabwehrrakete f
antienne [ātjɛn] f 1. égl Anti'phon(e) f; 2. fig alte Leier; (ewige) Lita'nei; répéter la même ~ immer dieselbe Litanei herbeten, die alte Leier wieder'holen, das alte Lied anstimmen
anti|enzyme [ātiãzim] m Biochemie Antien'zym n; **~esclavagiste** I adj gegen die (Neger)Sklave'rei; II m,f Gegner(in) m(f) der (Neger)Sklave'rei;. **~fading** rad I adj ⟨inv⟩ schwundregelnd, -mindernd; II m Schwundregelung f, -ausgleich m; **~fascisme** m Antifa'schismus m; **~fasciste** I adj antifa'schistisch; II m,f Antifa'schist(in) m(f); **~ferment** m Biochemie Antifer'ment n; **~ferromagnétisme** m phys Antiferromagne'tismus m; **~friction** m tech Lagermetall n
anti-g [ātig] adj aviat combinaison f ~ Anti-g-Anzug m
anti|gang [ātigāg] adj ⟨f inv⟩ Polizei brigade f ~ Abteilung f zur Bekämpfung von Verbrecherbanden; **~gel** m Frostschutzmittel n; **~gène** m biol Anti'gen n; **~génique** adj biol Anti'gen...; **~giratoire** adj Kabel drallfrei
antigivr|age [ātiʒivraʒ] m aviat Enteisung f; Schutz m vor Vereisung; **~ant** od **~eur** I adj ⟨-euse⟩ eisbildungshemmend; Enteisungs...; Entfroster...; De'froster...; liquide ~ Enteisungsflüssigkeit f; Enteiser m; De'froster m; II m Enteisungsanlage f
anti|gouvernemental [ātiguvernəmātal] adj ⟨-aux⟩ re'gierungsfeindlich; **~grève** adj Anti'streik...; **~grippal** adj ⟨-aux⟩ od **~grippe** adj ⟨inv⟩ gegen Grippe; cachet m ~ Grippetablette f; **~grisouteux** adj ⟨-euse⟩ mines schlagwettergeschützt, -sicher; **~halo** phot I adj ⟨f inv⟩ lichthoffrei; Anti'halo...; II m Lichthofschutz(schicht) m(f); Anti'haloschicht f; **~héros** m Antiheld m; **~histaminique** adj méd médicament ~ od subst ~ m Antihista'minikum n; Antihista'minkörper m; **~hygiénique** adj unhygienisch
anti-induction od **antiinduction** [ātiɛ̃dyksjɔ̃] f élect Indukti'onsschutz m
anti-inflammatoire od **antiinflammatoire** [ātiɛ̃flamatwar] adj méd entzündungshemmend; zur Entzün-

dungsbekämpfung
anti-inflationniste [ātiɛ̃flasjɔnist] adj zur Inflati'onsbekämpfung; antiinflatio'nistisch
antillais [ātijɛ] adj (u subst ♀ Bewohner) der (Kleinen) An'tillen
antilope [ātilɔp] f zo Anti'lope f
anti|matière [ātimatjɛr] f phys atom Antimaterie f; **~métabolite** f biol Antimetabo'lit m; **~microbien** adj ⟨~ne⟩ antibakteri'ell; **~militarisme** m Antimilita'rismus m; **~militariste** I adj antimilita'ristisch; II m Antimilita'rist m; **~missile** adj cf antiengin; **~mite(s)** adj produit m ~ od subst ~ m antimite m Mottenschutzmittel n
antimoine [ātimwan] m chim Anti'mon n; chlorure m, sulfure m d'~ Antimonchlorid m, -sulfid m
antimonarch|ique [ātimɔnarʃik] adj antimo'narchisch; monar'chiefeindlich; **~iste** m,f Antimonar'chist(in) m(f); Gegner(in) m(f) der Monar'chie
antimoniate [ātimɔnjat] m chim Antimo'nat n
antimoni|é [ātimɔnje] adj chim anti'monhaltig; Anti'mon...; hydrogène ~ Antimonwasserstoff m; **~eux** adj ⟨nur m⟩ chim acide ~ anti'monige Säure
antimon|ique [ātimɔnik] adj chim acide m ~ Anti'monsäure f; anhydride m ~ Antimon'pentoxid n; Anti'mon(V)-oxid n; **~ite¹** m chim Antimo'nit m; **~ite²** f minér Antimo'nit m; Anti'monglanz m; Grauspießglanz m; Stib'nit m
antimoniure [ātimɔnjyr] m chim Anti'monverbindung f
anti|nataliste [ātinatalist] adj auf Geburtenbeschränkung abzielend; **~national** adj ⟨-aux⟩ antinatio'nal; **~nazi** I adj antina'zistisch; II m,f Nazigegner(in) m(f); **~neutron** m phys atom Anti'neutron n; **~névralgique** adj méd médicament m ~ od subst ~ m Antineur'algikum n; schmerzstillendes Mittel
antinom|ie [ātinɔmi] f jur, philos Antino'mie f; **~ique** adj anti'nomisch
anti|ovulatoire [ātiɔvylatwar] adj méd ovulati'onshemmend; médicament m ~ Ovulationshemmer m; **~oxydant** I adj oxydati'onshemmend; II m Anti'oxydans n; Antioxydati'onsmittel n; Oxydati'onsverhinderer m, -inhibitor m; **~pape** m hist Gegenpapst m
antiparasitage [ātiparazitaʒ] m élect (Funk)Entstörung f; Abschirmung f
antiparasit|e [ātiparazit] adj élect dispositif m ~ Entstörvorrichtung f; Störschutz m; Abschirmung f; Abschirmvorrichtung f; **~er** v/t élect entstören; abschirmen
anti|parlementarisme [ātiparləmātarism(ə)] m Antiparlamenta'rismus m; ablehnende, feindliche Einstellung gegen'über dem Parlamenta'rismus; **~particule** f phys atom Antiteilchen n
antipath|ie [ātipati] f Antipa'thie f, Abneigung f (à l'égard de, envers gegen); auch Feindschaft f; **~ique** adj unsympathisch; unangenehm; zu'wider; 'widerwärtig; anti'pathisch; être ~ à qn j-m unsympathisch etc sein
anti|patriotique [ātipatrijɔtik] adj unpatriotisch; **~patriotisme** m unpatriotische Haltung, Einstellung; **~péristaltique** adj méd contractions f/pl ~s Antiperi'staltik f; **~personnel** adj ⟨inv⟩ mil Waffen gegen lebende Ziele gerichtet; mine f ~ Tret-, Schützenmine f; **~phlogistique** adj méd entzündungshemmend; remède m ~ od subst ~ m Antiphlo'gistikum n
antiphonaire [ātifɔnɛr] m égl cath Antipho'nar(ium) n, -pho'nale n

antiphrase [ātifraz] f Stilistik Anti'phrase f
antipodal [ātipɔdal] adj ⟨-aux⟩ anti'podisch; points antipodaux diame'trale, entgegengesetzte Punkte m/pl
antipode [ātipɔd] m 1. géogr Ort, der sich an e-m entgegengesetzten Punkt der Erdkugel befindet; la Nouvelle-Zélande est l'~, aux ~s de la France Neuseeland liegt Frankreich auf der Erdkugel diametral gegenüber; par ext aux ~s weit weg; F am anderen bzw ans andere Ende der Welt; 2. fig Gegenteil n; être à l'~, aux ~s de qc genau das Gegenteil von etw sein; Anschauungen in diametralem Gegensatz zu etw stehen; Personen, Parteien être aux ~s l'un de l'autre gegensätzliche, konträre, diametral entgegengesetzte Auffassungen vertreten; Personen auch Anti'poden sein
anti|polio(myélitique) [ātipoljo, ātipɔljɔmjelitik] adj méd gegen Polio, spi'nale Kinderlähmung; **~protectionniste** adj écon antiprotektio'nistisch; **~proton** m phys atom Anti'proton n; **~publicitaire** adj werbungsfeindlich; **~putride** adj fäulnisverhütend
antipyr|étique [ātipiretik] adj méd fiebersenkend; médicament m ~ od subst ~ m fiebersenkendes Mittel; Fiebermittel n; Antipy'retikum n; **~ine** f phm Antipy'rin n
antiquaille [ātikaj] f péj meist pl ~s alter Kram; (alter) Plunder; altes Gerümpel
antiquaire [ātikɛr] m,f Antiqui'tätenhändler(in) m(f)
antique [ātik] I adj 1. Vase, Statue, Bauwerk etc an'tik; la Grèce ~ das antike, alte Griechenland; 2. Brauch (ur)alt; 3. iron antiqu'iert; altmodisch; altertümlich; loc/adj à l'~ wie in alter Zeit; altertümlich; altfränkisch; II m l'~ das An'tike; aimer l'~ das Antike lieben
antiquité [ātikite] f 1. l'♀ die An'tike; par ext das Altertum; l'♀ classique, gréco-romaine das klassische, griechisch-römische Altertum; dans l'♀ in der Antike; im Altertum; 2. sehr alte Zeit; la plus 'haute ~ uralte Zeit(en) f(pl); (die) graue Vorzeit; das graue Altertum; de toute ~ von alters her; seit alters; seit je(her); von jeher; 3. e-s Bauwerks etc hohes Alter; 4. pl ~s a) Antiqui'täten f/pl; magasin m, marchand m d'~s Antiquitätenladen m od -geschäft n, -händler m; b) An'tiken f/pl; Altertümer n/pl; collection f d'~s Antikensammlung f
anti|rabique [ātirabik] adj méd gegen Tollwut; **~rachitique** adj antira'chitisch; remède m ~ Antira'chitikum n; Mittel n gegen Rachitis; **~raciste** I adj gegen den Ras'sismus; II m,f Gegner(in) m(f) des Ras'sismus; **~radar** adj ⟨f inv⟩ mil Antira'dar...; zum Schutz gegen Ra'darerfassung; **~radiations** adj ⟨inv⟩ cf antiatomique; **~reflet** adj ⟨f inv⟩ opt couche f ~ Antire'flexbelag m; verre m ~ vergütetes, entspiegeltes Glas; Glas n mit Antireflexbelag; **~religieux** adj ⟨-euse⟩ antireligi'ös; religi'onsfeindlich; **~rides** adj ⟨inv⟩ Kosmetik gegen Falten(bildung); **~roman** m Literatur Antiroman m; **~rouille** adj ⟨inv⟩ Rostschutz...; peinture f ~ Rostschutzfarbe f; protection f ~ Rostschutz m; **~scientifique** adj wissenschaftsfeindlich; **~ségrégationniste** I adj gegen die Rassentrennung (gerichtet); II m,f Gegner(in) m(f) der Rassentrennung
antisémit|e [ātisemit] I adj antise'mitisch; judenfeindlich; II m,f Antise'mit(in) m(f); Judengegner(in) m(f), -feind(in) m(f); **~ique** adj cf antisémite

I; **⁓isme** m Antisemi'tismus m

antisep|sie [ãtisɛpsi] f méd Anti'sepsis f, -'septik f; **⁓tique** adj méd anti'septisch; keimtötend; **agent** m ⁓ od subst ⁓ m Anti'septikum n; keimtötendes Mittel

antision|isme [ãtisjɔnism(ə)] m Ablehnung f des Zio'nismus; **⁓iste I** adj zio'nistenfeindlich; gegen den Zio'nismus (gerichtet); **II** m,f Gegner(in) m(f) des Zio'nismus

anti|social [ãtisɔsjal] adj <-aux> Maßnahmen etc unsozial; **⁓solaire** adj crème f ⁓ Sonnenschutzcreme f

anti-sous-marin [ãtisumarɛ̃] adj mil zur U-Boot-Bekämpfung; U(-Boot)-Abwehr; U-Jagd...; **grenade** ⁓e Wasserbombe f; **lutte** ⁓e U-Abwehr f; U-Boot-Bekämpfung f

anti|spasmodique [ãtispasmɔdik] adj méd krampflösend, -linderd; anti'spastisch; **remède** m ⁓ od subst ⁓ m krampflösendes, -linderndes Mittel; Spasmo-'lytikum n; Anti'spastikum n; Antispas-'modikum n; **⁓sportif** adj <-ive> unsportlich; **⁓strophe** f métr Anti-, Gegenstrophe f; **⁓tétanique** adj méd gegen Wundstarrkrampf, Tetanus; **piqûre** f, **vaccination** f ⁓ Tetanusspritze f, -schutzimpfung f; **⁓thermique** adj cf antipyrétique

anti|thèse [ãtitɛz] f 1. philos, rhét Anti-'these f; 2. fig u st/s Gegenteil n; Gegensatz m; Person Anti'pode m; il est l'⁓ de son frère er ist das ganze Gegenteil von s-m Bruder; **⁓thétique** adj anti'thetisch; gegensätzlich; Gegensätze enthaltend; **⁓toxine** f méd Antito'xin n; Gegengift n; **⁓trust** adj <f inv> écon Anti'trust... [-a-]; loi f ⁓ Antitrustgesetz n; **⁓tuberculeux** adj <-euse> méd gegen Tuberku'lose; **timbre** ⁓ Briefaufkleber m zur Unter'stützung der Tuberkulosebekämpfung; **vaccination** antituberculeuse Tuberkuloseschutzimpfung f; **⁓typhoïdique** adj méd gegen Typhus; **vaccin** ⁓ Typhusimpfstoff m, -vakzine f; **vaccination** f ⁓ Typhusschutzimpfung f; **⁓variolique** adj méd zur Pockenbekämpfung; **vaccination** f ⁓ Pocken(schutz)impfung f; **⁓vénérien** adj <-ne> méd zur Bekämpfung von Geschlechtskrankheiten; gegen Geschlechtskrankheiten; **⁓viral** adj <-aux> méd gegen Viren, Viruserkrankungen; **⁓virus** m biol, méd Anti'virus n od m; **⁓vitamine** f biol Antivita'min n; **⁓vol** m auto Diebstahlsicherung f; auch (Zünd)Lenkschloß n; Lenkradschloß n; für das Fahrrad Fahrradschloß n; **⁓vrille** adj aviat parachute m ⁓ Trudelfallschirm m

antonomase [ãtɔnɔmaz] f Stilistik Antonoma'sie f

antonym|e [ãtɔnim] m ling Anto'nym n; **⁓ie** f Antony'mie f

antre [ãtr(ə)] m 1. st/s von Raubtieren, bes des Löwen Höhle f; fig e-r Person Re'fugium n; Zuflucht(s)ort m, -stätte f; Schlupfwinkel m; 2. anat (Körper-)Höhle f; ⁓ **mastoïdien** Höhle des Warzenfortsatzes vor der Paukenhöhle; ⁓ **pylorique** Vorraum m des Magenpförtners

anurie [anyri] f path Versagen n der Harnproduktion; sc Anu'rie f

anus [anys] m anat After m; sc Anus m; ⁓ **artificiel** künstlich angelegter Darmausgang; künstlicher After; sc Anus praeter(natu'ralis) m

anxiété [ãksjete] f Angst f; Bang'igkeit f; Beklommenheit f; Beklemmung f; innere Unruhe; Beunruhigung f; **avec** ⁓ angsterfüllt; angstvoll; ängstlich; bang(e); beklommen; beunruhigt

anxieux [ãksjø] **I** adj <-euse> angst-

voll; angsterfüllt; ängstlich; bang(e); beklommen; **attente anxieuse** banges Warten; **regard** ⁓ ängstlicher, angstvoller, angsterfüllter Blick; **2. être** ⁓ **de** (+inf) begierig sein, ungeduldig darauf warten, sich danach sehnen zu (+inf); **II** subst ⁓, **anxieuse** m,f ängstlicher Mensch

aoriste [aɔrist] m griechische Zeitform Ao'rist m

aort|e [aɔrt] f anat A'orta f; **⁓ abdominale, thoracique** Bauch-, Brustaorta f; **⁓ique** adj anat A'orten...; **⁓ite** f path Entzündung f der A'orta; sc Aor'titis f

août [u(t)] m Au'gust m; rel **le 15-⁓** Mariä Himmelfahrt

aoûtat [auta] m zo Larve f der Erntemilbe; **piqûres** f/pl d'⁓ Au'gustquaddeln f/pl

août|ement [autmã] m bot junger Zweige, Triebe Verholzen n, -ung f; Lignifi-'zierung f; **⁓er** v/i (u v/pr) (s')⁓ junge Zweige, Triebe verholzen

août|ien [ausjɛ̃] m, **⁓ienne** f Au'gusturlauber(in) m(f)

apache [apaʃ] m 1. (Großstadt)Ga'nove m; 2. ⁓(s) pl Indianerstamm A'pachen [-xən, -tʃən] m/pl

apagog|ie [apagɔʒi] f cf apagogique; **⁓ique** adj Logik raisonnement m ⁓ apa'gogischer Beweis

apaisant [apɛzã] adj bes Worte beruhigend; beschwichtigend; begütigend; besänftigend

apaisement [apɛzmã] m Beruhigung f; Beschwichtigung f; Besänftigung f; der Leiden Linderung f; Erleichterung f; des Windes Nachlassen n; Sich'legen n; **donner des ⁓s** beruhigende Zusicherungen geben

apaiser [apeze] **I** v/t Person beruhigen; besänftigen; beschwichtigen; begütigen; Groll, Zorn, schlechtes Gewissen, Streit beschwichtigen; Groll, Zorn auch besänftigen; mildern; Streit auch beilegen; schlichten; schlechtes Gewissen auch beruhigen; zum Schweigen bringen; Leiden lindern; erleichtern; Durst, Hunger, Verlangen, Schmerz stillen; Durst auch löschen; poét Meer, Sturm besänftigen; stillen; zur Ruhe bringen; **II** v/pr **s'⁓** Person sich beruhigen; zur Ruhe kommen; Zorn, Wind, Sturm nachlassen; sich legen; Rufe all'mählich verstummen

apanage [apanaʒ] m **1. être l'⁓ de** qn j-m vorbehalten sein; Eigenschaft j-m eigen sein; j-s Erbteil sein; **2.** hist Apa'nage f

aparté [aparte] m **1.** thé bei'seite Gesprochene(s) n; **2.** vertrauliches, abseits von den anderen geführtes Gespräch; auch Getuschel n; **en** ⁓ vertraulich; Bemerkung auch nicht für andere Ohren bestimmt

apartheid [apartɛd] m A'partheid f

apath|ie [apati] f Apa'thie f; Teilnahmslosigkeit f; Gleichgültigkeit f; **⁓ique I** adj a'pathisch; teilnahmslos; gleichgültig; **avoir un caractère** ⁓ gleichgültig, ener'gie-, willenlos sein; **II** m,f gleichgültiger, ener'gieloser Mensch

apatite [apatit] f minér Apa'tit m

apatrid|e [apatrid] **I** adj staatenlos; **II** m,f Staatenlose(r) f(m); **⁓ie** f Staatenlosigkeit f

apepsie [apɛpsi] f path Fehlen n, Ausfall m der Verdauungsfunktion des Magens; sc Apep'sie f

aperception [apɛrsɛpsjɔ̃] f philos Apperzepti'on f

apercevoir [apɛrsəvwar] <cf recevoir> **I** v/t erblicken; erkennen; gewahren; wahrnehmen; entdecken; sehen; ausmachen; sichten (bes mar); bemerken; innewerden (+gén); **laisser, faire** ⁓ qc (sich)

etw (an)merken lassen; etw zeigen; etw zu erkennen geben; **II** v/pr **s'⁓ de qc** etw (be)merken, sehen, wahrnehmen; etw od e-r Sache (gén) gewahr werden; e-r Sache (gén) innewerden

aperçu [apɛrsy] m **1.** kurzer 'Überblick, (kleine) 'Übersicht (de od sur über + acc); (kleiner) Einblick (in + acc); kurze Darstellung; ce résumé **vous donnera un ... du livre** ... gibt, vermittelt Ihnen e-e Vorstellung von dem Buch; **donner un ⁓ de la situation** auch e-n kurzen Lagebericht geben; **2.** über Ausgaben, Einnahmen etc 'Überschlag m (de über + acc); ⁓ **des frais** Kostenüberschlag m

apériodique [aperjɔdik] adj phys ape-ri'odisch

apériteur [aperitœr] m Seeversicherung Erstversicherer m

apéritif [aperitif] **I** m Aperi'tif m; **II** adj <-ive> appe'titanregend; **médicament** ⁓ Aperi'tivum n

apéro [apero] m F Kurzwort für apéritif

aperture [apɛrtyr] f phon Öffnung f; **degré** m d'⁓ Öffnungsgrad m (des Mundes)

apesanteur [apəzãtœr] f Schwerelosigkeit f; **à l'état d'⁓** im Zustand der Schwerelosigkeit

apétale [apetal] bot **I** adj ape'tal; blumenblattlos; ohne Blumenkrone; **II** f/pl ⁓**s** Ape'talen pl; Blütenpflanzen f/pl ohne Blumenkrone

à-peu-près [apøprɛ] m <inv> Halbheit f; Unvollkommene(s) n; Unzulängliche(s) n; Mangelhafte(s) n; **se contenter d'⁓** sich mit Halbheiten zufriedengeben; **répondre par des** ⁓ ungenau, vage, oberflächlich antworten

apeuré [apœre] adj verängstigt; geängstigt; eingeschüchtert; erschrocken

apex [apɛks] m **1.** astr Apex m (der Sonnenbewegung); **2.** e-s Organs Spitze f; Apex m; **3.** in lateinischen Inschriften Apex m; Längezeichen n über e-m Vo'kal

aphas|ie [afazi] f path Störungen f/pl des Sprachvermögens und des Sprachverständnisses; sc Apha'sie f; **⁓ique I** adj an Apha'sie leidend; **II** m,f an Apha'sie Leidende(r) f(m)

aphélie [afeli] m astr Aph'el(ium) n; Sonnenferne f

aphérèse [aferɛz] f ling Aphä'rese od Aph'äresis f; Abfall m e-s Anlauts oder e-r anlautenden Silbe

aphon|e [afɔn] adj ohne Stimme; mit tonloser Stimme; mit Flüsterstimme; **⁓ie** f path Fehlen n des Stimmklangs; Stimmlosigkeit f; Flüsterstimme f; sc Apho'nie f

aphoris|me [afɔrism(ə)] m Apho'rismus m; (Prosa)Sinnspruch m; **⁓tique** adj apho'ristisch

aphrodisiaque [afrodizjak] adj aphro-'disisch; den Geschlechtstrieb steigernd; **substance** f ⁓ od subst ⁓ m Aphrodi'siakum n

apht|e [aft] m path meist pl ⁓**s** Aphthen f/pl; **⁓eux** adj <-euse> path aph'thös; vét **fièvre aphteuse** Maul- und Klauenseuche f; Aphthenseuche f

aphylle [afil] adj bot blattlos; sc a'phyllisch

api [api] m **pomme** f d'⁓ kleiner rotbäckiger Apfel

à-pic [apik] m <inv> Steilabfall m, -wand f, -hang m

apical [apikal] adj <-aux> **1.** api'kal; Spitzen...; **2.** phon api'kal; Zungenspitzen...

apicole [apikɔl] adj Bienen(zucht)...; Imker...; der Bienenzucht, Imke'rei

apicult|eur [apikultœr] m Bienenzüchter m; Imker m; **⁓ure** f Bienenzucht f; Imke'rei f

apidés [apide] *m/pl zo* Bienen-, Blumen-wespen *f/pl*; Immen *f/pl*

apiéc|eur [apjesœr] *m*, **~euse** *f cout* Schneider, der *bzw* Näherin, die die einzelnen Teile zu'sammensetzt

apiol [apjɔl] *m phm* Peter'silienkampfer *m*; Api'ol *n*

apion [apjɔ̃] *m zo* Spitz(maus)rüßler *m*; Spitzmäuschen *n*

apiqu|age [apikaʒ] *m mar* Anpieken *n*; **~er** *v/t mar* anpieken

apitoiement [apitwamɑ̃] *m* Mitleid *n*; Mitgefühl *n*; Erbarmen *n*

apitoyer [apitwaje] ⟨-oi-⟩ **I** *v/t* ~ qn (sur qn, qc) j-s Mitleid (mit j-m, etw) erregen, erwecken; j-n mit Mitleid erfüllen; j-n erbarmen; *auch* j-n rühren; **sur un ton apitoyé** in mitleidigem Ton; **II** *v/pr* s'~ sur qn, qc Mitleid, Erbarmen mit j-m, etw fühlen, empfinden, haben; von Mitleid mit j-m, etw erfüllt, ergriffen, erfaßt werden; j-n, etw bemitleiden

aplanat [aplana] *m opt* Apla'nat *m od n*

aplanét|ique [aplanetik] *adj opt* apla-'natisch; **objectif** *m* ~ Apla'nat *m od n*; **~isme** *m opt* Apla'nat *m od n*; **~isme** *m opt* Apla'na'sie *f*

aplan|ir [aplanir] **I** *v/t* **1.** *Gelände* pla-'nieren; (ein)ebnen; nivel'lieren; abgleichen; **2.** *fig* Schwierigkeiten, Hindernisse aus dem Weg räumen; beseitigen; beheben; ausräumen; *Streit* beilegen; schlichten; **II** *v/pr* s'~ *Schwierigkeiten, Hindernisse* aus dem Weg geräumt, beseitigt, behoben, ausgeräumt werden; *Streit* beigelegt werden; **~issement** *m* **1.** *e-s Geländes* Pla'nieren *n*, -ung *f*; (Ein-)Ebnen *n*; Nivel'lieren *n*; Abgleichen *n*; **2.** *fig von Schwierigkeiten, Hindernissen* Beseitigung *f*; Behebung *f*

aplasie [aplazi] *f path* fehlende oder unvollkommene Entwicklung von Geweben auf Or'ganen; *sc* Apla'sie *f*

aplat [apla] *m* **1.** gleichmäßiger Farbton ohne Schat'tierung; **2.** *von Papier* makellose Glätte

à-plat [apla] *m* ⟨*pl* à-plats⟩ *cf* aplat 2.

aplati [aplati] *adj Nase etc* platt; platt-, breitgedrückt

aplatir [aplatir] **I** *v/t* **1.** abflachen; abplatten; platt drücken; *mit dem Hammer* flach, platt schlagen; *beim Schmieden auch* breiten; **2.** *cout Naht* ausstreichen; ~ **au fer** ausbügeln; **3.** *Haar* glattstreichen; andrücken; F anklatschen; **II** *v/pr* s'~ **4.** *Person* **a)** sich flach, platt auf den Boden, auf den Bauch legen; **b)** F der Länge nach hinfallen; **5.** *Gegenstand* venir s'~ contre un mur gegen e-e Mauer prallen, *Auto auch* fahren; **6.** *fig u péj* s'~ (devant qn) (vor j-m) kriechen, katzbuckeln

aplatiss|age [aplatisaʒ] *m* **1.** *von Metallfolie* Walzen *n*; **2.** *agr von Getreidekörnern* Quetschen *n*; **~ement** *m* **1.** Abflachen *n*; Abplatten *n*; Plattdrücken *n*; *mit dem Hammer* Flach-, Plattschlagen *n*; *beim Schmieden auch* Breiten *n*; **2.** *astr* Abplattung *f*; **~eur** *m agr* Futterquetsche *f*; **~oir** *m od* **~oire** *f* Schmiedehammer *m* zum Flachschlagen

aplomb [aplɔ̃] *m* **1.** Lot-, Senkrechte *f*; lot-, senkrechte Stellung *f*; Lot *n*; *e-r Person* Gleichgewicht *n*; perdre son ~ *Mauer* das Lot weichen; *Person* das Gleichgewicht verlieren; ♦ *loc/adv* d'~ lot-, senkrecht; *mines* seiger; *Mauer etc* ne pas être d'~ nicht lot-, senkrecht, nicht im Lot sein, stehen; *fig Person* ne pas être, ne pas se sentir d'~ **a)** nicht auf der Höhe sein; sich nicht wohl fühlen; **b)** das seelische Gleichgewicht verloren haben; in schlechter seelischer Verfassung sein; être bien d'~ sur ses jambes fest auf den Beinen stehen; *Erholung, Ruhe* remettre qn d'~ j-n

wieder auf die Beine bringen; j-m das seelische Gleichgewicht 'wiedergeben; *fig* remettre qc d'~ e-e Sache wieder ins Lot, in Ordnung bringen; **2.** *e-r Person* **a)** selbstsichere Haltung; selbstsicheres Auftreten; (Selbst)Sicherheit *f*; **b)** Kühnheit *f*; *péj* Dreistigkeit *f*; Unverschämtheit *f*; Frechheit *f*; avec ~ **a)** selbstsicher; **b)** dreist; unverschämt; frech; avoir l'~ de (+*inf*) die Kühnheit, Dreistigkeit *etc* besitzen zu (+*inf*); tu en as de l'~! du bist reichlich kühn, dreist, unverschämt!; **3.** *des Pferdes* ~s *pl* Beinstellung *f*

apnée [apne] *f path* Atemstillstand *m*; A'pnoe *f*

apocalyp|se [apɔkalips] *f* **1.** *rel* Apoka-'lypse *f*; *bibl* l'Ꝫ die Offenbarung des Johannes; die Apokalypse *f*; les Quatre cavaliers de l'~ die (vier) Apokalyptischen Reiter; **2.** *fig une nuit, etc* d'~ e-e Nacht *etc* des Grauens; e-e grauenvolle, entsetzliche Nacht *etc*; offrir une vision d'~ ein Bild des Grauens bieten; **~tique** *adj* **1.** *rel, bibl* apoka'lyptisch; genre *m*, littérature *f* ~ Apoka'lyptik *f*; **2.** *fig* grauenvoll; schrecklich; entsetzlich

apocope [apɔkɔp] *f ling* A'pokope *f*; Abfall *m* e-s Auslauts oder e-r auslautenden Silbe

apocryphe [apɔkrif] *adj* **1.** *bibl* apo-'kryph; écrits *m/pl* ~s *od subst* ~s *m/pl* Apo'kryphen *n/pl*; **2.** *Buch, Text* nicht au'thentisch; nicht echt

apocynacées [apɔsinase] *f/pl bot* Hundsgiftgewächse *n/pl*

apocynum [apɔsinɔm] *m bot* Hundstod *m*

apode [apɔd] *zo* **I** *adj* fußlos; **II** *m/pl* ~s fußlose Tiergruppen *f/pl*; *früher auch* A'poden *pl*

apodictique [apɔdiktik] *adj Logik* apo-'diktisch; unbestreitbar; unwiderleglich; jugement *m* ~ apodiktisches Urteil

apogamie [apɔgami] *f bot* Apoga'mie *f*; Bildung *f* e-s pflanzlichen Embryos ohne Befruchtung aus e-r meist diplo'iden Zelle

apogée [apɔʒe] *m* **1.** *astr* Apo'gäum *n*; Erdferne *f*; **2.** *fig* Höhepunkt *m*; Gipfel *m*; Ze'nit *m*; il est à l'~ de sa carrière er steht auf dem Gipfel s-r Karriere

apolit|ique [apɔlitik] *adj* apolitisch; unpolitisch; **~isme** *m* apolitische, unpolitische Haltung; po'litisches Desinteresse; po'litische Inter'esselosigkeit

apollinien [apɔlinjɛ̃] *adj* ⟨~ne⟩ apol'linisch

apollon [apɔlɔ̃] *m* **1.** *oft iron* A'poll(o) *m*; schöner Mann, Jüngling; **2.** *zo* A'pollo *m* (*ein Tagschmetterling*)

apo|logétique [apɔlɔʒetik] **I** *adj* apolo-'getisch (*bes rel*) rechtfertigend; verteidigend; **II** *f rel* Apolo'getik *f*; **~logie** *f* Apolo'gie *f*; Verteidigung(sschrift) *f*; Rechtfertigung(sschrift) *f*; *auch* Verherrlichung *f*; faire l'~ de qn, de qc j-n, etw verteidigen, rechtfertigen, *auch* verherrlichen; **~logiste** *st/s m,f* Apolo'get(in) *m(f)* (*bes rel*); Verteidiger(in) *m(f)*; Verfechter(in) *m(f)*; se faire l'~ de qc sich zum Verfechter, Verteidiger, *auch* Anwalt e-r Sache (*gén*) machen

apologue [apɔlɔg] *m* Apo'log *m*; Lehrfabel *f*

apomixie [apɔmiksi] *f bot* Apo'mixis *f*; Vermehrung *f* ohne Befruchtung

apomorphine [apɔmɔrfin] *f phm* Apomor'phin *n*

aponévro|se [apɔnevroz] *f anat* Aponeu'rose *f*; Sehnenhaut *f*, -blatt *n*; **~tique** *adj anat* aponeu'rotisch

apophonie [apɔfɔni] *f ling* Ablaut *m*; Vo'kalwechsel *m*

apophtegme [apɔftɛgm(ə)] *m* Apo-'phthegma *n*; prä'gnanter Sinn-, Ausspruch

apophysaire [apɔfizɛr] *adj anat* Apo-'physen...

apophyse [apɔfiz] *f anat* Apo'physe *f*; Knochenfortsatz *m*

apoplectique [apɔplɛktik] *path* **I** *adj* apo'plektisch; *Person auch* zu Schlaganfällen neigend; **II** *m,f* Apo'plektiker(in) *m(f)*

apoplexie [apɔplɛksi] *f path* Schlaganfall *m*; Gehirnschlag *m*; *sc* Apople'xie *f*; avoir une attaque d'~ e-n Schlaganfall bekommen, erleiden

aporie [apɔri] *f Logik* Apo'rie *f*; Unmöglichkeit *f*, e-e philo'sophische Frage zu lösen

aposiopèse [apɔzjɔpɛz] *f rhét* Aposio-'pese *f*; Abbruch der Rede, des Satzes

apostas|ie [apɔstazi] *f* **1.** *rel* Aposta'sie *f*; Abfall *m* vom (christlichen) Glauben; *Klosterrecht* Austritt *m* aus e-m Kloster unter Bruch der Gelübde; **2.** *fig u litt von e-r Partei, Doktrin* Sich'lossagen *n*; Lossagung *f*; Abtrünnigwerden *n*; Abtrünnigkeit *f*; **~ier** *v/i* **1.** *rel* vom (christlichen) Glauben abfallen; **2.** *fig u litt* abtrünnig werden

apostat [apɔsta] *m* **1.** *rel* Apo'stat *m*; Abtrünnige(r) *m*; *hist* Julien l'Ꝫ Juli'anus A'postata; *adit* moine *m* ~ abtrünniger Mönch; **2.** *fig u litt* Abtrünnige(r) *m*

a posteriori [aposterjɔri] **a)** *loc/adv* hinter'her; nachträglich; später; im nachhinein; *philos* a poste'riori; aus Erfahrung; **b)** *loc/adj* ⟨*inv*⟩ *philos* auf Erfahrung, Wahrnehmung beruhend; aposteri'orisch

apostill|e [apɔstij] *f adm* Randbemerkung *f*; Zusatz *m* (auf dem Rand); **~er** *v/t adm* mit e-r Randbemerkung, mit e-m Zusatz, mit Randbemerkungen, Zusätzen versehen

apostol|at [apɔstɔla] *m* **1.** *rel* A'postelamt *n*; Aposto'lat *n* (*auch der Bischöfe, Priester*); **2.** *fig* Sendung *f*; Berufung *f*; missio'narischer Auftrag; goût *m* de l'~ missionarischer Eifer; **~ique** *adj* **1.** apo'stolisch; der A'postel; e-s A'postels; l'Église catholique, ~ et romaine die römisch-katholische Kirche; siècle *m*, temps *m* ~ apostolisches Zeitalter; *fig* vertus *f/pl* ~s Eigenschaften *f/pl* e-s Apostels; **2.** *fig* a'postolisch; päpstlich; bénédiction *f* ~ apostolischer, päpstlicher Segen; siège *m* ~ Apostolischer, Päpstlicher Stuhl

apostroph|e [apɔstrɔf] *f* **1.** barsche Anrede; barscher Zuruf; F Anranzer *m*; Anschnauzer *m*; Anpfiff *m*; **2.** *rhét*, *gr* Anrede *f*; *rhét auch* A'postrophe *f*; *gr* mot mis en ~ als Anrede gebrauchtes Wort; **3.** Apo'stroph *m*; Auslassungszeichen *n*; Häkchen *n*; **~er** *v/t* ~ qn j-n anfahren, anherrschen, F anranzen, anschnauzen, anpfeifen

apothécie [apɔtesi] *f bot* Apo'thezium *n*; becherförmiger Fruchtbehälter der Schlauchpilze

apothème [apɔtɛm] *m math e-s* regelmäßigen Vielecks, e-r Pyramide Mittellot *n*, -senkrechte *f*

apothéose [apɔteoz] *f* **1.** große, außerordentliche Ehre, Ehrung, Auszeichnung, Ehrenerweisung, Huldigung; **2.** *e-r kulturellen, sportlichen Veranstaltung* Höhepunkt *m*; Krönung *f*; (Schluß)Apo-the'ose *f* (*auch thé.*); **3.** *in der Antike* Apothe'ose *f*; Vergottung *f*; Vergöttlichung *f*; Erhebung *f* zur Gottheit

apothicaire [apɔtikɛr] *m früher* Apo-'theker *m*; *fig* compte *m* d'~ komplizierte, sehr spezifizierte (und schwer nachprüfbare) Rechnung

apôtre [apotr(ə)] *m* **1.** *rel, bibl* A'postel *m; saint Boniface*, l'♀ de l'Allemagne… der Apostel der Deutschen; **2.** *fig e-r Lehre, Anschauung* Verfechter *m*; Anwalt *m*; Sachwalter *m*; se faire l'~ de la paix sich zum Verfechter *etc* des Friedens machen; **3.** *fig* faire le bon ~ den anständigen Kerl mimen, vortäuschen; scheinheilig tun; sich verstellen

apparaître [aparɛtr(ə)] *v/i* <*cf* connaître; être> **1.** erscheinen; auftauchen; zum Vorschein kommen; in Erscheinung treten; *bes mar* in Sicht kommen; *Schwierigkeiten, Folgen* auftreten; sich zeigen; zu'tage treten; sichtbar werden; *Brauch* aufkommen; *Wahrheit* zu'tage treten; ans Licht kommen; *Geist, Engel* ~ à qn j-m erscheinen; faire ~ ans Licht, zu'tage bringen; erkennen lassen; zeigen; *les conséquences de sa décision* lui apparurent brusquement… wurden ihm plötzlich bewußt; **2.** ~ à qn j-m vorkommen, erscheinen (comme wie); ce mot m'apparaît démodé dieses Wort kommt mir veraltet vor, erscheint mir veraltet, scheint mir veraltet zu sein; **3.** *unpersönlich* il apparaît que… es ist *od* wird offensichtlich, klar ersichtlich, es zeigt sich, daß …

apparat [apara] *m* **1.** Prunk *m*; Pracht *f*; Gepränge *n*; Pomp *m*; *loc/adj* d'~ Prunk…; Pracht…; Gala…; discours *m* d'~ feierliche Rede; Festrede *f*; festin *m* d'~ Galadiner *n*; *in alten Handschriften* lettres *f/pl* d'~ reichverzierte Initialen *f/pl*; tenue *f* d'~ Prunk-, Pracht-, Galagewand *n*; *loc/adv* avec ~, en grand ~ mit großem Gepränge, Pomp, Prunk, Aufwand; mit großer Pracht; **2.** *in e-r Textausgabe* ~ critique kritischer Appa'rat

apparaux [aparo] *m/pl mar* ~ de mouillage Ankergeschirr *n*; agrès et ~ Ausrüstung *f*

appareil [aparɛj] *m* **1.** Gerät *n*; Appa'rat *m*; *in Zssgn auch* Vorrichtung *f*; Ma'schine *f*; Anlage *f*; ~ électrique elektrisches Gerät; E'lektrogerät *n*; ~s ménagers Haus- und Küchengeräte *n/pl*; *mar* ~ moteur Antriebsanlage *f*; *méd* ~ pro'thétique Pro'these *f*; ~ à sous (Spiel-)Auto'mat *m*; *mar* ~ à gouverner Rudermaschine *f*, -apparat *m*; ~ de contrôle Prüf-, Kon'troll-, Über'wachungsgerät *n*; ~ d'éclairage Beleuchtungskörper *m*; ~ de levage Hebemaschine *f*, -vorrichtung *f*, -zeug *n*; ~ d'observation Beobachtungsinstrument *n*; **2.** *anat* Sy'stem *n*; Or'gane *n/pl*; Appa'rat *m*; ~ digestif Verdauungsapparat *m*; ~ respiratoire Atmungssystem *n*, -organe *n/pl*; **3.** ~ (téléphonique) (Tele'fon)Appa'rat *m*; qui est à l'~? wer ist am Apparat?; wer ist dort?; mit wem spreche ich?; **4.** *(avion)* Ma'schine *f*; ~ de transport Frachtmaschine *f*; l'~ a décollé die Maschine ist gestartet; **5.** ~ (photographique, [de] photo) (Foto)Appa'rat *m*; Kamera *f*; Foto *m*; ~ photo à développement instantané So'fortbildkamera *f*; **6.** *chir bei Knochenbrüchen* Verband *m*; ~ plâtré Gipsverband *m*; ~ d'extension Streck-, Zugverband *m*; **7.** *zur Korrektur der Zahnstellung* Klammer *f*; Spange *f*; **8.** *fig* Appa'rat *m*; ~ administratif, policier, syndical Verwaltungs- *od* Behörden-, Poli'zei-, Gewerkschaftsapparat *m*; *in e-r Textausgabe* ~ critique kritischer Apparat; ~ des lois gesetzliche Bestimmungen *f/pl*; ~ du parti Par'teiapparat *m*; **9.** *bât* (Mauer)Verband *m*; Mauerwerk *n*; ~ polygonal Polygo'nalmauerwerk *n*; ~ en bossage Bossen(mauer)werk *n*; **10.** *Person dans* le plus simple ~ nackt; hüllenlos

appareillade [apaʀɛjad] *f ch* Paaren *n*, -ung *f* von Rebhühnern

appareillage [apaʀɛjaʒ] *m* **1.** *mar* es Schiffs Auslaufen *n*; In-'See-Stechen *n*; (manœuvres *f/pl* d')~ Ablegemanöver *n/pl*; Ablegen *n*; **2.** *élect* Appa'ratur *f*; **3.** *chir* Pro'these *f*

appareillement [apaʀɛjmã] *m* **1.** *von Zugtieren* Zu'sammenspannen *n*; **2.** *Tierzucht* Paaren *n*, -ung *f*

appareiller¹ [apaʀɛje] **I** *v/t bât Natursteine* (maßgerecht) zurichten, zuhauen; **II** *v/i mar Schiff* ablegen; auslaufen (pour nach); in See stechen

appareiller² [apaʀɛje] **I** *v/t* **1.** *ähnliche Gegenstände* (nach Form, Stil, Farbe *etc*) passend zu'sammenstellen, -legen, kombi'nieren; **2.** *Zugtiere* zu'sammenspannen; **3.** *Zuchttiere* paaren; **II** *v/pr Tiere* s'~ sich paaren

appareilleur [apaʀɛjœr] *m bât* (Vor)Arbeiter, der das Zurichten der Bausteine leitet

apparemment [aparamã] *adv* **1.** anscheinend; allem Anschein nach; wie es scheint; offenbar; offensichtlich; **2.** scheinbar; nach außen hin

apparence [aparãs] *f* **1.** *e-r Person, e-s Gegenstandes* Aussehen *n*; avoir belle ~ hübsch, gut aussehen; **2.** *meist pl* ~s (An)Schein *m*; Äußere(s) *n*; äußerer Eindruck; äußere Erscheinung; äußere Anzeichen *n/pl*; une ~ de liberté e-e scheinbare Freiheit; e-e Scheinfreiheit; un projet d'~ banale ein scheinbar alltägliches Vorhaben; *loc/adv* en ~ scheinbar; malgré les ~s obwohl es nicht (so) den Anschein hat; selon toute ~, selon les ~s allem Anschein nach; anscheinend; sous une ~ de douceur unter scheinbarer, unter zur Schau getragener Milde; toutes les ~s sont contre lui alle äußeren Anzeichen sprechen gegen ihn; les ~s sont trompeuses, il ne faut pas se fier aux ~s der Schein trügt; juger sur les ~s nach dem Äußeren, Aussehen, äußeren Schein, Eindruck (be)urteilen; sauver les ~s den Schein wahren

apparent [aparã] *adj* **1.** sichtbar; *cout* piqûre ~e Ziernaht *f*; plafond ~ aux poutres ~es Balkendecke *f*; sans raison ~e ohne ersichtlichen Grund; porter ses décorations de manière ~e e-e Auszeichnungen allen sichtbar tragen; **2.** scheinbar; Schein…; contradictions ~es scheinbare 'Widersprüche *m/pl*; mort ~e Scheintod *m*; mouvement ~ du Soleil autour de la Terre scheinbare Bewegung der Sonne um die Erde

apparenté [aparãte] *adj* **1.** *Person* être ~ à qn mit j-m verwandt, verschwägert sein; ils sont ~s sie sind miteinander verwandt, verschwägert; **2.** *fig* être ~ à qc-r Sache (*dat*) verwandt sein, ähnlich sein, ähneln; **3.** *pol bei der Wahl* listes ~es verbundene Listen *f/pl*; par ext Kandidat ~ au parti communiste mit der Liste der kommunistischen Partei verbunden

apparentement [aparãtmã] *m pol bei der Wahl* Listenverbindung *f*

apparenter [aparãte] *v/pr* **1.** *Person* s'~ à une famille in e-e Familie einheiraten; sich mit e-r Familie verschwägern; **2.** *fig* s'~ à qc e-r Sache (*dat*) ähneln, ähnlich, verwandt sein; Ähnlichkeit, Verwandtschaft zeigen mit etw; **3.** *pol* s'~ e-e Listenverbindung eingehen (à mit)

appariement [aparimã] *m Tierzucht* Paaren *n*, -ung *f*

apparier [aparje] **I** *v/t* **1.** *bes Vögel* paaren; **2.** *Handschuhe, Strümpfe etc* paarweise zu'sammenstellen; **II** *v/pr bes Vögel* s'~ sich paaren

appariteur [aparitœr] *m e-r Universität* Pe'dell *m*; Hochschuldiener *m*; Hausmeister *m*

apparition [aparisjõ] *f* **1.** Erscheinen *n* *(auch e-s Engels, Geistes)*; Auftauchen *n*; *e-r Krankheit, von Schwierigkeiten* Auftreten *n*; *e-r Krankheit auch* Ausbruch *m*; *neuer Strömungen, Ideen* Aufkommen *n*; *Person* faire son ~ erscheinen; in Erscheinung treten; auftauchen; ne faire qu'une brève, courte ~ sich nur kurz sehen, blicken lassen; nur kurz erscheinen; F e-e Stippvisite machen; **2.** Erscheinung *f*; croire aux ~s an Erscheinungen glauben

apparoir [aparwar] *v/i* <*nur inf u* il appert [apɛr]> *jur* il appert de cet acte … aus dieser Urkunde geht (klar) her'vor, ist (klar) ersichtlich …; faire ~ de son bon droit sein Recht beweisen

appartement [apartəmã] *m* Wohnung *f*; *e-s Fürsten* ~s *pl* Gemächer *n/pl*; ~s privés Pri'vatgemächer *n/pl*; ~ de quatre pièces Vier'zimmerwohnung *f*; 4-Zimmer-Wohnung *f*; plante *f* d'~ Zimmerpflanze *f*

appartenance [apartənãs] *f* **1.** *zu e-r sozialen Gruppe* Zugehörigkeit *f* (à zu); *in e-r Organisation* Mitgliedschaft *f* (à in + *dat*); sans ~ politique par'teilos; **2.** *Mengenlehre* Enthaltensein *n*; relation *f* d'~ Enthaltensein-Relation *f*

appartenir [apartənir] <*cf* venir> **I** *v/i/indir* **1.** ~ à j-m gehören; j-s Eigentum sein; *verhüllend von e-r Frau* ~ à un homme e-m Mann gehören; **2.** *e-r sozialen Gruppe, Epoche etc* ~ à angehören (+*dat*); **3.** *Entscheidung, Recht etc* ~ à qn j-m vorbehalten sein; j-m zustehen; pour des raisons qui m'appartiennent aus persönlichen Gründen; aus Gründen, die allein mich betreffen; ♦ *unpersönlich*: il appartient à qn de (+*inf*) es steht, kommt j-m zu, es gebührt j-m zu (+*inf*); es ist j-s Sache, Aufgabe zu (+*inf*); il ne m'appartient pas d'en décider es steht, kommt mir nicht zu, darüber zu entscheiden; e-e Entscheidung darüber steht mir nicht zu; il n'appartient qu'à lui d'en décider *auch* allein er kann darüber entscheiden; ♦ *jur*: ainsi qu'il appartiendra wie sich's gehört, gebührt; ce qu'il appartiendra was rechtens ist; à tous ceux qu'il appartiendra allen Beteiligten; allen, die es angeht; **II** *v/pr* ne plus s'~ keine Zeit mehr für sich selbst haben; sich nicht mehr selbst gehören; nicht mehr sein eigener Herr sein

apparu [apary] *cf* apparaître

appas [apɑ] *litt m/pl* (weibliche) Reize *m/pl*

appât [apɑ] *m* **1.** Fischfang, *ch* Köder *m*; *ch auch* Lockspeise *f*; *für 'Raubwild auch* Luder *n*; mordre à l'~ *cf* mordre **3.**; **2.** *fig* Verlockung *f*; l'~ du gain die Verlockung des Geldes

appâter [apɑte] *v/t* **1.** *Fische, ch* ködern; anlocken; *Raubwild auch* ludern; **2.** *fig* ködern (avec de l'argent mit Geld; par de belles promesses durch schöne Versprechungen); (ver)locken

appauvr|ir [apovrir] **I** *v/t Land, Person* arm machen; *Land auch* aussaugen; *Boden* auslaugen; *schöpferische, geistige Fähigkeiten* verkümmern, *Phantasie* versiegen lassen; ~ le sang die Zahl der roten Blutkörperchen verringern; appauvri *Land* verarmt; **II** *v/pr* s'~ *Land, Sprache* verarmen; *schöpferische, geistige Fähigkeiten* verkümmern; *Phantasie* versiegen; *Boden* unfruchtbar wer-

den; **~issement** *m* Verarmung *f* (*auch e-r Sprache*); *e-s Landes auch* Aussaugung *f*; *des Bodens* Auslaugung *f*; *von geistigen, schöpferischen Fähigkeiten* Verkümmerung *f*; *der Phantasie* Versiegen *n*

appeau [apo] *m* ⟨*pl* ~**x**⟩ Vogeljagd Lockpfeife *f*

appel [apɛl] *m* **1.** Ruf(en) *m(n)*; Zuruf *m*; Anruf(en) *m(n)*; ~ **à l'aide, au secours** Hilferuf *m*; ~ **aux armes** Ruf zu den Waffen; l'~ **à une autorité internationale** das Anrufen e-r internationalen Behörde; **faire** ~ **à qn, qc** an j-n, etw appel'lieren; j-n anrufen; **faire** ~ **à l'aide de qn** j-n um Hilfe anrufen; **faire** ~ **à la générosité de qn** an j-s Großmut appellieren; **faire** ~ **à tous les moyens** alle Mittel einsetzen, in Anspruch nehmen; **faire** ~ **à ses souvenirs** sich besinnen; **2.** *mit Hilfe e-s Instruments* Zeichen *n*; Si'gnal *n*; ~ **de la cloche** Glockenzeichen *n*; *Reitsport* ~ **de langue** Schnalzen *n*; *auto* ~ **de phare** (Zeichen *n* mit der) Lichthupe *f*; (einmaliges) Blinken; **faire un** ~ **de phare** blinken; die Lichthupe betätigen; *fig* ~ **du pied** Wink *m* mit dem Zaunpfahl; *cf auch* 10.; ~ **de la sirène** Si'renensignal *n*; **3.** ~ **téléphonique** (Tele'fon)Anruf *m*; (**système** *m* **d'**)~ **radio** Funkruf (-dienst) *m*; **4.** (namentlicher) Aufruf; Aufruf *m*; Ap'pell *m* (*auch mil*); *auch* Namensverlesung *f*; *jur* ~ **des causes** Aufruf der Parteien; ~ **des témoins** Zeugenaufruf *m*; **faire l'**~ (**des prisonniers**, *etc*) die Namen (der Gefangenen *etc*) aufrufen, verlesen; die Gefangenen *etc* aufrufen; *mil* ~ **sonner l'**~ zum Appell blasen; **5.** *an die Öffentlichkeit* Aufruf *m*; Ap'pell *m*; Aufforderung *f*; ~ **au peuple. à la population** Aufruf an das Volk. an die Bevölkerung; **c'est un** ~ **au peuple** das ist ein Appell an unseren Geldbeutel; *des Muezzin* ~ **à la prière** Aufforderung zum Gebet; ~ **à la révolte** Aufruf. Aufforderung zur Revolte; *fin* ~ **de fonds** *an Aktionäre* Aufforderung zu weiteren Einzahlungen, zu Nachschüssen; *an Zeichner e-r Anleihe* erneute Zeichnungsaufforderung; *adm* ~ **d'offres** Ausschreibung *f*; **faire, publier un** ~ **d'offres pour qc** etw ausschreiben; **6.** *mil* Einberufung *f*; **ordre** *m* **d'**~ **sous les drapeaux** Gestellungsbefehl *m*; **7.** *jur* Berufung *f*; **acte** *m*. **cour** *f* **d'**~ Berufungsschrift *f*, -gericht *n*; **sans** ~ a) in letzter In'stanz; b) *fig* unwiderruflich; endgültig; **juger sans** ~ in letzter Instanz entscheiden; *fig* **condamner qc sans** ~ etw in Grund und Boden verdammen; **faire** ~ **d'un jugement** gegen ein Urteil Berufung einlegen; **interjeter** ~, **se pourvoir en** ~, **faire** ~ Berufung einlegen; **8.** *fig* (Ver)Lockung *f*; l'~ **du large** die (Ver)Lockung, der Ruf der See, des Meeres; **9.** *beim Hoch-, Weitsprung* Absprung *m*; **10.** *esc* ~ (**du pied**) Ap'pell *m*; **11.** *Kartenspiel* **faire un** ~ **à cœur** den Partner auffordern, Herz auszuspielen; **12.** *tech* ~ **d'air** Luftzufuhr *f*; **13.** *impr* ~ **de note** Zeichen, das auf e-e Fußnote verweist

appelant [aplã] **I** *adj jur* **partie** ~**e** Berufung einlegende Par'tei; **II** *subst* **1.** ~(**e**) *m(f) jur* Berufungskläger(in) *m(f)*; **2.** *m ch* Lockvogel *m*

appelé [aple] *m* **1.** Berufene(r) *m*; *bibl u fig* **il y a beaucoup d'**~**s et peu d'élus** viele sind berufen, aber wenige sind auserwählt; **2.** *mil* Einberufene *m*

appeler [aple] ⟨-ll-⟩ **I** *v/t* **1.** (her'bei)rufen; anrufen; *Tier:* s-e Jungen *auch* locken; ~ **qn** *auch* nach j-m rufen; **une**

affaire importante m'appelle en ville e-e wichtige Angelegenheit ruft mich in die Stadt; ich muß wegen e-r wichtigen Angelegenheit in die Stadt; **le devoir, la patrie nous appelle** die Pflicht, das Vaterland ruft; ~ **l'attention de qn sur qc** j-n auf etw (*acc*) aufmerksam machen; j-s Aufmerksamkeit auf etw (*acc*) lenken; ~ **le médecin, la police** den Arzt, die Polizei (herbei)rufen; **la violence appelle la violence** Gewalt führt wiederum zu Gewalt, zieht Gewalt nach sich, fordert Gewalt heraus; ~ **à l'aide** *cf* **aide**[1] **l.**; ~ **le peuple aux armes** das Volk zu den Waffen rufen; **2.** berufen; ~ **qn à une charge, à une fonction, à un poste** j-n in ein Amt. auf e-n Posten berufen; **ses qualités l'appellent à ce poste** s-e Fähigkeiten machen ihn für diesen Posten geeignet; **être appelé à** (+*inf*) (da'zu) berufen, bestimmt sein zu (+*inf*); **si nous étions appelés à partir d'ici** wenn wir einmal von hier wegmüßten; **cette coutume est appelée à disparaître** dieser Brauch ist zum 'Untergang bestimmt, wird 'untergehen; **3.** *Person, Gegenstand* nennen; *Person auch* rufen; **den Namen … geben** (**qn** j-m); ~ **qn par son prénom** j-n bei s-m Vornamen nennen; j-n beim *od* mit dem Vornamen anreden; **j'appelle cela une grosse bêtise** das nenne ich e-e große Dummheit; **ils appelleront leur fille Simone** sie wollen ihre Tochter Simone nennen; *il s'appelle Jean-Claude* **mais on l'appelle Jean …** aber er wird Jean gerufen, genannt; ~ **un médecin «docteur»** e-n Arzt „(Herr) Doktor" nennen; **4.** *Personen* (namentlich) rufen; *jur* **une cause, les témoins** e-e Partei, die Zeugen aufrufen; *il était absent quand on a appelé son nom …* als sein Name aufgerufen wurde; **5.** *mil* ~ (**sous les drapeaux**) einberufen; **6.** *tél* ~ **qn** j-n anrufen; **appelle-moi ce soir** ruf mich heute abend an; **7.** *jur* laden; ~ **qn en justice** j-n vor Gericht laden; **il est appelé à témoigner au procès** er ist zu dem Prozeß als Zeuge geladen; **8.** *Sache* ~ **qc** etw (er)fordern, erheischen; etw nötig, notwendig, erforderlich machen; *ce sujet* **appelle toute votre attention …** erfordert, erheischt Ihre ganze Aufmerksamkeit; *politische Lage etc* ~ **une solution urgente** e-e rasche Lösung erfordern *etc*; **9.** ~ **qc sur qn** etw auf j-n her'abrufen; ~ **sur qn les bénédictions du ciel** die Segnungen des Himmels auf j-n herabrufen; **II** *v/t/indir* **10. en** ~ **à qc** an etw (*acc*) appel'lieren; **j'en appelle à votre raison** ich appelliere an Ihre Vernunft; **11.** *jur* ~ **d'un jugement** gegen ein Urteil Berufung einlegen; *abs* **en** ~ Berufung einlegen; **III** *v/pr* **s'**~ heißen; *Person auch* sich nennen; **comment vous appelez-vous?** wie heißen Sie?; wie ist Ihr Name?; **comment s'appelle cette fleur?** wie heißt diese Blume?; **voilà qui s'appelle parler** das läßt sich hören

appellatif [apɛ(l)latif] *adj* ⟨-ive⟩ *gr* **nom** ~ *od subst* ~ *m* Gattungsname *m*, -bezeichnung *f*; Appella'tiv(um) *n*

appellation [apɛ(l)lasjõ] *f* Bezeichnung *f*; Benennung *f*; ~ **d'origine** Herkunfts-, Ursprungsbezeichnung *f*; *frz Wein* **à** ~ (**d'origine**) **contrôlée** *od* ~ ~ **contrôlée** mit geprüfter Herkunftsbezeichnung

appendice [apɛ̃dis] *m* **1.** *anat* **a**) *im engeren Sinn* ~ (**iléo-cæcal, vermiforme, vermiculaire**) Wurmfortsatz *m* (des Blinddarms); *sc* Ap'pendix *f* (vermi'formis); *laienhaft* Blinddarm *m*; **on lui a enlevé l'**~ man hat ihm den

Blinddarm rausgenommen; **b**) Anhangsgebilde *n*; Fortsatz *m*; *sc* Ap'pendix *f*; *zo* ~ **caudal** Schwanz *m*; **2.** *in e-m Buch* Anhang *m*; *sc* Ap'pendix *m*; **3.** *fig e-s Gegenstandes* Anhängsel *n*; Verlängerung(sstück) *f(n)*; Ansatz(stück) *m(n)*

appendic|ectomie [apɛ̃disɛktɔmi] *f chir* opera'tive Entfernung des Wurmfortsatzes; *sc* Appendekto'mie *f*; ~**ite** *f path* Blinddarmentzündung *f*; *sc* Appendi'zitis *f*; **crise f d'**~ akute Blinddarmentzündung; **être opéré de l'**~ am Blinddarm operiert werden

appendiculaire [apɛ̃dikylɛr] **I** *adj* **1.** *méd* Blinddarm…; **2.** *bot* **organes** *m/pl* ~**s** von der Sproßachse seitlich abzweigende Or'gane *n/pl*; **II** *m/pl* ~**s** *zo* Appendiku'larien *pl*

appentis [apãti] *m* **1.** kleiner Anbau; angebauter Schuppen; **2.** schräges Schutz-, Wetterdach; **comble m en** ~ Pultdach *n*

appert [apɛr] *cf* **apparoir**

appertisation [apɛrtizasjõ] *f von Nahrungsmitteln* Eindosung *f* und Sterili'sierung *f*

appesant|ir [ap(ə)zãtir] **I** *v/t* Person, Gang schwerfällig machen, werden lassen; **II** *v/pr* **s'**~ **1.** Person schwerfällig, geistig träge, unbeweglich werden; **2. s'**~ **sur un sujet** sich über ein Thema verbreiten, (lang und breit) auslassen; ein Thema breittreten, -walzen; ~**issement** *m e-r Person* Schwerfälligkeit *f*; *des Geistes auch* Trägheit *f*; Unbeweglichkeit *f*

appétence [apetãs] *litt f* Verlangen *n*, Begier(de) *f*, Bedürfnis *n* (**de qc** nach etw)

appétissant [apetisã] *adj* **1.** *Speise* appe'titlich; lecker; (ver)lockend; einladend; **2.** *Person, Ort etc* appe'titlich; proper; sauber; *Frau* appe'titlich; lecker; a'drett; F zum Anbeißen

appétit [apeti] *m* **1.** Appe'tit *m*; Eßlust *f*; **un bon, gros, solide** ~ ein gesunder, starker, kräftiger Appetit; **bon** ~ ! guten Appetit!; wünsche wohl zu speisen!; **manger de bon** ~ mit gutem Appetit essen; tüchtig zulangen; F e-n guten Appetit entwickeln; spachteln; **avoir de l'**~ Appetit haben; **avoir beaucoup d'**~ großen Appetit haben; **avoir un** ~ **de loup** e-n unbändigen, gewaltigen Appetit, F e-n Riesenappetit haben; **avoir un** ~ **d'oiseau** essen wie ein Spatz; **cela m'a coupé l'**~ das hat mir den Appetit verschlagen, verdorben; jetzt ist mir der Appetit vergangen; **donner de l'**~ **à qn, mettre qn en** ~ j-m Appetit machen, geben; *fig* **cela m'a mis en** ~ das hat mich auf den Geschmack gebracht; **manger avec, sans** ~ mit. ohne Appetit essen; *Kranker* **perdre l'**~ den Appetit verlieren; appetitlos werden; keinen Appetit mehr haben; *loc/prov* **l'**~ **vient en mangeant** der Appetit kommt beim Essen (*loc/prov*); **2.** *fig* (heftiges) Verlangen, Hunger *m*, *péj* Gier *f* (**de qc** nach etw); ~ **du pouvoir** Machtgier *f*; ~ **de tendresse** Verlangen, Hunger nach Zärtlichkeit; **3.** ~**s** (**sexuels**) Begehrlichkeit *f*; Sinnenlust *f*; fleischliche Begierde *f*

Appienne [apjɛn] *adj* ⟨*f*⟩ *in Rom* **la voie** ~ die Via Appia

applaudir [aplodir] **I** *v/t u v/i* ~ (**qn, qc**) (j-m, e-r Sache) Beifall klatschen, spenden; (j-m, e-r Sache) applau'dieren; j-n, etw beklatschen; klatschen; **II** *v/t/indir st/s* ~ **à qc** etw begrüßen, mit Beifall, beifällig aufnehmen; e-r Sache (*dat*) Beifall spenden, zollen

applaudissement [aplodismã] *m* **1.** Beifall(klatschen) *m(n)*; Ap'plaus *m*; Beifallsäußerung *f*; **soulever des** ~**s**

Beifall auslösen; **2.** *st/s* Beifall *m*; beifällige Zustimmung; Lob *n*

applic|abilité [aplikabilite] *f* Anwendbarkeit *f* (à auf + *acc*); Verwendbarkeit *f* (für); Brauchbarkeit *f*; **~able** *adj* **1.** *Gesetz, Regel, Verfahren* anwendbar (à auf + *acc*); *Entdeckung* verwendbar (für); *Ergebnis* brauchbar; **être** ~ *auch* gelten (à für); **2.** *Farbe, Schicht* auftragbar, appli'zierbar (**sur** auf + *acc*); **3.** *math surfaces* *f/pl* ~s abwickelbare Flächen *f/pl*

applicage [aplikaʒ] *m von Mustern aus Stoff, Filz, Leder* Appli'zieren *n*; Aufnähen *n*, -kleben *n*

applicateur [aplikatœr] **I** *adj* ⟨*nur m*⟩ zum Auftragen; Auftrag...; *pinceau, tampon* ~ Auftragpinsel *m*, -tupfer *m od* -kissen *n*; **II** *m* Auftrager *m*; *für Wimperntusche* Appli'cator *m*

application [aplikasjõ] *f* **1.** *e-s Produkts, e-r Farbe, Schicht etc* Auftragen *n*. -bringen *n*, -streichen *n*, -legen *n*, Appli'zieren *n*, *e-s Siegels* Aufdrücken *n*, *e-r Kompresse* Auflegen *n* (**sur** auf + *acc*); *e-s Verbandes* Anlegen *n*; *von Blutegeln* Ansetzen *n*; ~ à la brosse, au pinceau Streichen *n*; ~ au pistolet Spritzen *n*; Spritzverfahren *n*; ~ au rouleau Auftragen mit Farbroller; Rollen *n*; **2.** *cout* Applikati'on(sarbeit) *f*; Aufnäharbeit *f*; ~ de dentelles, de feutre, de velours Spitzen-, Filz-, Samtapplikation *f*; broderie *f*, dentelle *f* d'~ Applikationsstickerei *f*, -spitze *f*; **3.** *e-s Gesetzes, Verfahrens, e-r Strafe, Regel etc* Anwendung *f* (à auf + *acc*); *e-r Entdeckung auch* Verwendung *f* (für); *von Beschlüssen* 'Durchführung *f*; *von Heilmitteln, -verfahren* Anwendung *f*; Verabreichung *f*; Verabfolgung *f*; Applikati'on *f*; *jur* ~ de la peine Strafanwendung *f*; juge *m* de l'~ des peines Richter *m* für die Über-'wachung des Strafvollzugs; *im Jugendstrafrecht* Voll'zugsleiter *m*; *Idee, Theorie* mettre en ~ praktisch anwenden; in die Praxis 'umsetzen; **4.** *phys e-r Kraft* Angreifenlassen *n*; Anlegen *n*; point *m* d'~ Angriffspunkt *m*; **5.** *e-r Person* Fleiß *m*; Eifer *m*; ~ à l'étude, au travail Lern-, Arbeitseifer *m*; travailler avec ~ fleißig, eifrig, mit großem Fleiß, Eifer arbeiten

applique [aplik] *f* **1.** Wandleuchte *f*, *für Kerzen* -leuchter *m*; éclairage *m* par ~s Wandbeleuchtung *f*; **2.** Verzierung *f*; Zierstück *n*; *cout* Applikati'on *f*; ~ de velours Samtapplikation *f*; appli'ziertes Samtornament

appliqué [aplike] *adj* **1.** *cout Tasche etc* aufgesetzt; *Spitzen-, Samtmuster etc* appli'ziert; aufgenäht; **2.** *Wissenschaft* angewandt; **mathématiques** ~**es** angewandte Mathematik; **3.** *Person* fleißig; eifrig

appliquer [aplike] **I** *v/t* **1.** *Produkt, Farbe, Schicht etc* auftragen, -bringen, -streichen, -legen, appli'zieren, *Siegel* aufdrücken, *Kompresse, Pflaster* auflegen (**sur** auf + *acc*); *Verband* anlegen; *Blutegel* ansetzen; *fig* il lui appliqua un baiser sur la joue er gab, versetzte ihr e-n herzhaften Kuß auf die Wange; ~ plusieurs couches de peinture sur qc etw mehrmals streichen; mehrere Farbschichten auf etw (*acc*) auftragen; **2.** *cout Stoff-, Spitzenmuster* appli'zieren; aufnähen; *auch* aufkleben; **3.** *Gesetz, Strafe, Regel, Verfahren etc* anwenden (à auf + *acc*); *Entdeckung auch* verwenden (für); *Beschlüsse* 'durchführen; in die Praxis 'umsetzen; *Heilmittel, -verfahren* anwenden (à un malade, à une maladie bei e-m Kranken, bei e-r Krankheit); verabreichen, verabfolgen,

appli'zieren (e-m Kranken, bei e-r Krankheit); *Bezeichnung* ~ à qc auf etw (*acc*) anwenden; für etw verwenden; (*Spitz*)*Namen* ~ à qn j-m geben, beilegen; ~ **toute son intelligence, tous ses soins à** (+*inf*) s-e ganze Intelligenz, Sorgfalt aufbieten, aufwenden, darauf verwenden, da'ransetzen zu (+*inf*); *Gesetz* **être appliqué** *auch* Anwendung finden; **II** *v/pr* **4.** *Person* s'~ fleißig, eifrig, strebsam sein; s'~ à qc sich mit Fleiß, Eifer e-r Sache (*dat*) hingeben, widmen; sich fleißig, eifrig mit etw beschäftigen, befassen; s'~ à (+*inf*) sich (be)mühen, bestrebt sein, bemüht sein, sich Mühe geben, sich befleißigen, sich anstrengen, es sich angelegen sein lassen zu (+*inf*); **5.** s'~ *Gesetz* Anwendung finden; gelten (*auch Vorschrift*); s'~ à qn, qc *Bemerkung* für j-n, etw zutreffen; *Name, Titel, Motto* zu j-m, etw passen; für j-n, etw passend sein; e-r Sache (*dat*) angepaßt sein, entsprechen; *Medikament, Behandlung* bei j-m, etw anwendbar sein, zur Anwendung kommen, angewandt, verabreicht, verabfolgt werden; **6.** *Fläche* s'~ sur une autre auf e-e andere passen; **7.** *Farbe, Schicht etc* s'~ bien sur qc sich gut auf etw (*acc*) auftragen, -bringen, -streichen lassen

appoggiature [apɔ(d)ʒjatyr] *f mus* Vorschlag *m*; Appoggia'tur(a) [-dʒa-] *f*

appoint [apwɛ̃] *m* **1.** faire l'~ a) das Geld abgezählt bereithalten; mit abgezähltem Geld bezahlen; die Summe, den Betrag passend geben; b) den Rest (~ mit Scheinen bezahlten Summe) in Kleingeld, F klein geben; **2.** *loc/adj* d'~ zusätzlich; Zusatz...; Neben...; appareil *m* d'~ Zusatzgerät *n*; lit *m* d'~ Gästebett *n*; métier *m* d'~ Nebenberuf *m*, -beschäftigung *f*; mobilier *m* d'~ zusätzliches Mobiliar; salaire *m*, ressources *f/pl* d'~ Nebenverdienst *m*, -einnahmen *f/pl*; zusätzlicher Lohn, Verdienst; zusätzliche Einnahmen *f/pl*; **3.** *fig* Hilfe *f*; Unter'stützung *f*; **4.** *Lohnbuchhaltung* Aufrundung *f* (*e-r Summe*)

appointage [apwɛtaʒ] *m e-s Gegenstandes* An-, Zuspitzen *n*

appointements [apwɛtmã] *m/pl von Angestellten* Gehalt *n*; Vergütung *f*; *von Beamten* (Dienst)Bezüge *m/pl*; Besoldung *f*

appointer¹ [apwɛte] *v/t* Gehalt zahlen (qn j-m); entlohnen; *Beamte* besolden; être appointé au mois monatlich Gehalt bekommen; monatliche Bezüge erhalten, haben

appointer² [apwɛte] *v/t Gegenstand* an-, zuspitzen

appontage [apõtaʒ] *m aviat* Landen *n*, Aufsetzen *n* auf dem Flugdeck (*e-s Flugzeugträgers*); **manœuvre** *f* d'~ Landemanöver *n*

appontement [apõtmã] *m mar* Pier *m od f*; Landungs-, Anlegebrücke *f*

apponter [apõte] *v/i aviat* auf dem Flugdeck *e-s Flugzeugträgers* landen, aufsetzen

apport [apɔr] *m* **1.** Her'beibringen *n*; Her'anführen *n*; *tech* métal *m* d'~ beim Schmelzschweißverfahren Zusatzwerkstoff *m*, beim Löten -metall *m*; **2.** *fin. jur* a) *von Kapital, Vermögenswerten* Einbringung *f* (dans une entreprise in ein Unter'nehmen); b) Einlage *f*; Eingebrachte(s) *n*; *auch* Eigenmittel *pl*, -beitrag *m*; ~(s) en communauté in die Ehe eingebrachtes Gut; *in e-e Kapitalgesellschaft* ~ en nature Sacheinlage *f*; ~ en numéraire Geld-, Kapi'taleinlage *f*; ~ en société (Gesellschafts)Einlage *f*; bei e-r GmbH Stammeinlage *f*; **3.** *fig* (Bei-,

(Mit)Hilfe *f*; Unter'stützung *f*; Beitrag *m* (à zu); l'~ de la France à la civilisation Frankreichs Beitrag zur Zivilisation

apporter [apɔrte] *v/t Gegenstand* (her-, her'bei-, hin)bringen; *an e-n Ort* mitbringen; *Gegenstand, Nachricht* (über'-) bringen; *Kapital* einbringen (dans in + *acc*); *Beweis, Nachweis* (er)bringen; führen; liefern; *Schwierigkeiten* verursachen; *Erleichterungen, Veränderungen* mit sich bringen; *Änderungen, Berichtigungen* anbringen; vornehmen; *Erklärungen* abgeben (**sur** über + *acc*); ~ de l'attention à qc e-r Sache (*dat*) Aufmerksamkeit schenken; ~ son concours à qc s-n Beitrag zu etw leisten; sein(en) Teil zu etw beitragen; bei etw mitwirken; ~ un concours financier finanzielle Hilfe gewähren; *st/s* le vent m'apportait par lambeaux leur conversation der Wind trug mir Fetzen ihres Gesprächs zu; ~ de l'empressement à qc, à faire qc Eifer bei etw an den Tag legen; es sich angelegen sein lassen, etw zu tun; ~ beaucoup de satisfaction à qn j-m viel Befriedigung verschaffen, geben; *Behandlung, Tabletten* ~ un soulagement à qn j-m Erleichterung, Linderung bringen, verschaffen

apporteur [apɔrtœr] *m* ~ de capitaux Kapi'talgeber *m*

apposer [apoze] *v/t Tafel* anbringen (**sur** un mur an e-r Mauer); *Plakat* anschlagen; ankleben; *Siegel, Stempel* aufdrükken (**sur** auf + *acc*); *Klausel* anbringen (à un acte in e-r Urkunde); einfügen (in + *acc*); an-, hin'zufügen (+*dat*); ~ son paraphe à un écrit ein Schriftstück abzeichnen, mit s-m Namenszug versehen; *jur* ~ les scellés (sur la porte) (an der Tür) die Siegel anbringen; (die Tür) gerichtlich, amtlich versiegeln; ~ sa signature *cf* signature 1.

apposition [apozisjõ] *f* **1.** *gr* Appositi'on *f*; Beifügung *f* im gleichen Kasus; en ~ als Apposition verwendet; appositio-'nell; **2.** *e-s Siegels, Stempels* Aufdrükken *n*; *jur* ~ des scellés Anbringung *f* der Siegel; gerichtliche, amtliche Versiegelung; **3.** *biol* accroissement *m* par ~ Appositi'onswachstum *n*

appréciable [apresjabl(ə)] *adj* beträchtlich; erheblich; beachtlich; rele'vant; *Verlust auch* empfindlich; *Vorteile, Veränderungen auch* nennenswert; merklich; allerhand (*inv*); allerlei (*inv*)

appréciation [apresjasjõ] *f* **1.** *des Wertes, der Entfernung etc* (Ab)Schätzen *n*, -ung *f*; *e-s Gegenstandes auch* Bewertung *f*; **2.** *fig der Lage*, (*Leistungen*) *e-r Person etc* Einschätzung *f*; Beurteilung *f*; Urteil *n* (über + *acc*); *im positiven Sinn* Würdigung *f*; laisser qc à l'~ de qn etw j-s Ermessen (*dat*) über'lassen; soumettre qc à l'~ de qn j-m etw zur Beurteilung vorlegen; j-s Urteil über etw einholen

apprécier [apresje] *v/t* **1.** *Wert, Entfernung etc* (ab)schätzen; *Geschwindigkeit* schätzen; *Gegenstand* bewerten; **2.** (*Leistung e-r*) *Person etc* einschätzen; beurteilen; *Wichtigkeit, Wert auch* ermessen; **3.** *Person, guten Wein etc* schätzen (pour wegen); (zu) würdigen (wissen); ne pas ~ ce genre de plaisanterie solche Scherze nicht lieben, schätzen

appréhender [apreãde] *v/t* **1.** ~ qc etw fürchten; ~ de faire qc sich davor fürchten, etw zu tun; **2.** *jur* ~ j-n festnehmen, fassen, ergreifen, dingfest machen; **3.** *litt* er-, auffassen

appréhension [apreãsjõ] *f* Furcht *f* (de qc vor etw [*dat*]); *oft pl* ~s Befürchtungen *f/pl*; Sorge *f*; Besorgnis *f*; avec ~ mit Sorge, Besorgnis; l'~ d'échouer die

Furcht, Befürchtung zu scheitern; die Furcht vor dem Scheitern

apprendre [aprɑ̃dr(ə)] ⟨cf **prendre**⟩ **I** v/t **1.** lernen; *Handwerk, Sprache, Fertigkeit auch* erlernen; *abs* lernen; begreifen; **il apprend bien** er lernt leicht, begreift schnell; ~ **à lire** lesen lernen; ~ **par cœur** auswendig lernen; **2.** ~ **qc à qn** j-n etw lehren; j-m etw beibringen; **l'histoire nous apprend que ...** die Geschichte lehrt uns, daß ...; ~ **à lire à qn** j-n lesen lehren; j-m das Lesen beibringen; *fig Drohung*: **je lui apprendrai, je vais** ~ **à mentir!** den werd' ich lehren zu lügen!; dem werde ich die Lügen austreiben!; *ellip* **je lui apprendrai!** den werd' ich's lehren!; das werde ich ihm austreiben!; **cela lui apprendra (à vivre)!** das wird od soll ihm e-e Lehre sein!; **je lui apprendrai, je vais lui** ~ **à vivre!** dem werde ich Manieren, F die Flötentöne beibringen!; F den werd' ich Mores lehren!; **3.** *Neuigkeit* erfahren, hören (**par qn** durch j-n, von j-m); ~ **un événement par la radio** von e-m Ereignis durch das Radio erfahren, im Radio hören; **j'ai appris que ...** ich habe erfahren, gehört, daß ...; **on apprend de Paris ...** aus Paris wird gemeldet ...; **4.** ~ **qc à qn** j-m etw mitteilen, melden; j-m etw berichten; **II** v/pr *Fertigkeit etc* **s'**~ **facilement** leicht, mühelos zu (er-)lernen sein; sich leicht, mühelos (er)lernen lassen

apprenti(e) [aprɑ̃ti] m(f) **1.** Lehrling m (*auch Mädchen*); Lehrjunge m, -mädchen n; Auszubildende(r) f(m); Anlernling m; **apprenti boulanger** Bäckerlehrling m, -junge m; **apprentie couturière** Schneiderlehrling m, -lehrmädchen n; *fig* **apprenti sorcier** Zauberlehrling m; **apprenti tailleur** Schneiderlehrling m; **former un(e)** ~ e-n Lehrling ausbilden; **2.** *fig* Lehrling m; Anfänger(in) m(f); **apprenti gangster** Anfänger im Gangsterhandwerk; **c'est du travail d'apprenti** das ist Lehrlings-, Anfängerarbeit

apprentissage [aprɑ̃tisaʒ] m **1. a)** Lehre f; **centre** m **d'**~ Lehrlingsausbildungsstätte f; Lehrwerkstätte f; **contrat** m **d'**~ Lehrvertrag m; Berufsausbildungsvertrag m; **entrer en** ~ **chez qn** bei j-m in die Lehre eintreten; zu j-m in die Lehre gehen; **être en** ~ **chez qn** bei j-m in der Lehre sein, stehen; **faire son** ~ s-e Lehre ('durch)machen; **mettre en** ~ in die Lehre geben, schicken (**chez qn** zu j-m); **b)** Lehrzeit f; **2.** (Er)Lernen n; *bes psych* Lernprozeß m, -vorgang m; **faire l'**~ **de qc** etw (er)lernen; *fig auch* die ersten Erfahrungen mit etw machen; lernen, mit etw 'umzugehen, fertigzuwerden

apprêt [aprɛ] m **1. a)** *von Geweben* Appre'tur f; Ausrüstung f; Zurichtung f; Veredelung f; *von Leder* Appre'tur f; Zurichtung f; **b)** Appre'tur(mittel) f(n); **2.** *peint* **a)** Grun'dieren n, -ung f; Grundanstrich m; **b)** Grun'dierfarbe f, -mittel n; **3.** *fig* **sans** ~ ungekünstelt; nicht geziert, gespreizt, affek'tiert; na'türlich

apprêtage [aprɛtaʒ] m *von Geweben, Leder* Appre'tieren n; *cf auch* **apprêt** l. a)

apprêté [aprɛte] *adj Stil, Sprache* gekünstelt; geziert; gespreizt; affek'tiert; gesucht

apprêt|er [aprɛte] **I** v/t **1.** *Gewebe* appre'tieren; ausrüsten; zurichten; veredeln; *Leder* appre'tieren; zurichten (*auch Pelzfelle*); **2.** *Papier* glätten; **3.** *st/s Person* schönmachen; zu'rechtmachen; *Braut*

schmücken; **II** v/pr **4. s'**~ **à faire qc** sich anschicken, etw zu tun; sich etw fertigmachen, rüsten; für, zu etw Vorbereitungen, Anstalten treffen; **s'**~ **à partir** zum Aufbruch rüsten; sich zum Aufbruch fertigmachen; Vorbereitungen für den Aufbruch treffen; **je m'apprêtais à partir** ich wollte gerade aufbrechen; ich war gerade im Begriff wegzugehen; **s'**~ **à sauter** zum Sprung ansetzen; **5.** *st/s* **s'**~ **Toi'lette** machen, sich zu'recht-, fertigmachen, sich schönmachen, sich festlich kleiden (**pour qc** für etw); ~ **eur** m, ~ **euse** f **1.** *bes text* Appre'teur m; Ausrüster(in) m(f); Zurichter(in) m(f); **2.** ⟨*nur f*⟩ Putzmacherin f

appris [apri] *cf* **apprendre**

apprivois|able [aprivwazabl(ə)] *adj* zähmbar; ~ **ement** m -e-s *Tiers* Zähmen n, -ung f

apprivoiser [aprivwaze] **I** v/t **1.** *Tier* zähmen; **être apprivoisé** gezähmt, zahm sein; **2.** *fig Person* 'umgänglich(er), zugänglich(er), gesellig(er), ansprechbar(er), menschenfreundlich(er), *bes Kinder* zutraulich machen; **II** v/pr **s'**~ **3.** *Tier* zahm werden; **4.** *Person* 'umgänglich(er), zugänglich(er), gesellig(er), ansprechbar(er), menschenfreundlich(er), *bes Kinder* zutraulich werden; Zutrauen gewinnen

approbat|eur [aprɔbatœr] *adj* ⟨-**trice**⟩ *Blick, Nicken etc* beifällig; zu-, beistimmend; billigend; **silence** ~ Schweigen n des Einverständnisses; ~ **if** *adj* ⟨-**ive**⟩ *cf* **approbateur**; *adm, jur* **mention approbative** Genehmigungs-, Zustimmungsvermerk m

approbation [aprɔbasjɔ̃] f **1.** Billigung f; Zustimmung f; Einverständnis n; Einwilligung f; *adm* Genehmigung f; **avoir l'**~ **de qn** j-s Zustimmung, Einverständnis, Einwilligung haben; **donner son** ~ **à qc** e-r Sache (*dat*) s-e Zustimmung, Einwilligung geben; etw genehmigen, billigen; **2.** Beifall m; Anerkennung f; *Handlung(sweise)*; **Tat mériter l'**~ Beifall verdienen; **obtenir l'**~ **générale** allgemein Anerkennung finden; **3.** *égl cath* Approbati'on f

approchant [aprɔʃɑ̃] *adj* **1.** **qc d'**~ etwas Ähnliches; etwas, was dem ähnelt, nahekommt; etwas, was so ähnlich, ähnlich herum so ist; **rien d'**~ nichts Derartiges; nichts, was dem ähnelt *etc*; **2.** *Ergebnis, Wert* annähernd (genau)

approche [aprɔʃ] f **1.** *e-r Person, e-s Fahrzeugs, Zeitpunktes, Ereignisses* (Her'an)Nahen n; Her'ankommen n, -rücken n; Näherkommen n, -rücken n; *e-r Person, e-s Fahrzeugs auch, mil* Annäherung f; *mil auch* Anrücken n; Anmarsch m; *aviat* (Lande)Anflug m; **l'**~ **de l'hiver** das (Heran)Nahen des Winters; *fig* **les travaux** m/pl **d'**~ Annäherungsversuche m/pl; loc/prép **à l'**~ **de** beim (Heran)Nahen *etc* (+gén); **il ne fuit pas à mon** ~ ... als ich näher kam, als ich mich näherte; **à l'**~ **d'un danger** beim Herannahen der Gefahr; wenn Gefahr im Anzug od Verzug ist; **à l'**~ od **aux** ~ **s de la nuit** bei Einbruch der Nacht; **à l'**~ **de la trentaine** wenn man auf die Dreißig zugeht; wenn man sich den Dreißig(ern) nähert; **2.** *e-s Problems, Themas* Sehweise f; Betrachtung(sweise) f; *zu e-m Problem etc* Zugang m; **Approach** [ə'proutʃ] m; **une œuvre d'**~ **difficile** ein Werk, zu dem man schwer Zugang findet; **3.** *opt* **lunette** f **d'**~ Fernrohr n; Tele'skop n; **4.** *impr* **a)** Zwischenraum m; Abstand m; **b)** zu weiter bzw zu enger Zwischenraum; **c)** Zeichen n für das Wegfallen e-s Zwischenraums; **5.** *jard* **greffe** f **par** od **en** ~

Abäugeln n; Ablak'tieren n; Ablaktati'on f; **6.** ~ **s** pl **a)** Zugang(swege) m(m/pl) (**de qc** zu etw); **b)** Nähe f; **aux** ~ **s de la mer** in der Nähe des Meeres; **7.** *fortif* Annäherungswege m/pl

approché [aprɔʃe] *adj Resultat* annähernd genau; **valeur** ~ e Näherungswert m; **se faire une idée** ~ e **de qc** sich e-e ungefähre Vorstellung von etw machen

approcher [aprɔʃe] **I** v/t **1.** *Gegenstand* näher rücken, stellen, schieben, bringen; her'anrücken, -stellen, -schieben, -ziehen, -bringen (**de** an + *acc*); **approche ta chaise!** rück deinen Stuhl näher!; rück, rück, schieb deinen Stuhl (näher) heran!; rück mit deinem Stuhl (näher) heran!; **il m'approcha une chaise** er schob mir e-n Stuhl hin; er zog mir e-n Stuhl heran; ~ **la table de la fenêtre** den Tisch an das Fenster rücken; ~ **la tasse de ses lèvres** die Tasse zum Mund führen; **2.** *Person* ~ **qn** sich j-m nähern; an j-n her'ankommen; *in s-m Beruf, Leben* mit j-m in Berührung kommen; mit j-m Kon'takt haben; **il est contagieux, ne l'approche pas!** ... komm ihm nicht (zu) nahe, geh nicht in s-e Nähe!; **II** v/t/indir ~ **de qc 3.** sich e-r Sache (*dat*) (an)nähern; e-r Sache (*dat*) näher kommen; ~ **du but** sich dem Ziel nähern; **vous approchez de la perfection** nun sind Sie bald perfekt, beherrschen Sie die Sache bald perfekt; *égl cath* ~ **de la sainte table, des sacrements** zum Tisch des Herrn, zu den Sakramenten gehen; ~ **de la trentaine** auf die Dreißig zugehen; sich den Dreißig(ern) nähern; **4.** *fig* mit etw Ähnlichkeit haben, zeigen; e-r Sache (*dat*) ähneln, gleichen, nahe-, gleichkommen, vergleichbar sein; **III** v/i (*u v/pr*) **5.** (**s'**)~ nahen; *Person auch* näher kommen, treten; *Zeitpunkt, Ereignis auch* näher rücken, kommen; her'anrücken, -kommen; **approche(-toi)!** komm, tritt näher!; **l'hiver (s')approche** der Winter naht; es geht auf den Winter zu; **la nuit (s')approche** die Nacht bricht her'ein; **6. s'**~ **de qn, de qc** sich j-m, e-r Sache nähern; an j-n, an etw j-n nahen

approfondi [aprɔfɔ̃di] *adj Prüfung, Studium etc* gründlich; eingehend; **connaissances** ~ **es** pro'funde, fun'dierte Kenntnisse f/pl

approfondir [aprɔfɔ̃dir] **I** v/t **1.** *Loch, Brunnen etc* vertiefen; tiefer machen, graben, bohren; **2.** *fig Wissen, Problem, Gedanken* vertiefen; in ein Wissensgebiet, Geheimnis tiefer eindringen (**qc** in etw [*acc*]); *Geheimnis auch* ergründen; loc/adv **sans** ~ ohne genauer nachzuforschen, nachzufassen; ohne gründliche, genaue Prüfung; *verstehen, hinblicken* nur oberflächlich; **3.** *fig Meinungsverschiedenheiten etc* vergrößern; *Haß, Feindschaft auch* vertiefen; **II** v/pr *Graben etc* **s'**~ tiefer werden

approfondissement [aprɔfɔ̃dismɑ̃] m **1.** *e-s Loches, Brunnens* Vertiefen n; Tiefermachen n, -graben n, -bohren n; **2.** *fig des Wissens, e-s Problems, Gedankens* Vertiefung f; **3.** *fig von Meinungsverschiedenheiten etc* Vergrößerung f; *von Haß, Feindseligkeit auch* Verstärkung f; *der Freundschaft* Vertiefung f

appropriation [aprɔprijasjɔ̃] f *jur* Aneignung f; Besitzergreifung f

approprié [aprɔprije] *adj Mittel, Worte etc* angemessen; passend; geeignet; entsprechend; **être** ~ **aux circonstances** den 'Umständen angemessen sein, angepaßt sein, entsprechen

approprier [aprɔprije] **I** v/t ~ **qc à qc** etw e-r Sache (*dat*) anpassen; etw auf etw

(acc) zuschneiden; meist p/p cf **approprié**; **II** v/pr **s'~** qc sich auf etw (unrechtmäßig) aneignen; sich e-r Sache (gén) bemächtigen

approuvé [apruve] p/p adm, jur genehmigt; lu et ~ (vor)gelesen und genehmigt; **<inv>** la déclaration ci-dessus genehmigt

approuver [apruve] v/t **1.** Verhalten, Handlung(sweise) gutheißen; billigen; begrüßen; bejahen; für gut befinden; lobenswert, gut, richtig finden; loben (auch Person); einverstanden sein (qc mit etw); ~ qn j-s Verhalten gutheißen etc; ~ qn de faire qc es lobenswert, gut, richtig finden, daß j etw tut; il se sentait approuvé par tous ses amis er spürte, fühlte, daß alle s-e Freunde hinter ihm standen; **2.** ~ qn j-m beipflichten, bei-, zustimmen; **3.** adm, jur genehmigen; im Parlament zustimmen (+dat); billigen

approvisionnement [aprɔvizjɔnmɑ̃] m **1.** der Bevölkerung, e-r Stadt etc Versorgung f, Eindeckung f; e-s Marktes auch Beschickung f, Belieferung f (en mit); von Gütern auch Zufuhr f; ~ en eau, en énergie Wasser-, Energieversorgung f; ~ en matières premières Rohstoffversorgung f, -zufuhr f; mil ~ en munitions Munitionsnachschub m; mil officier m d'~ Verpflegungsoffizier m; problèmes m/pl d'~ Versorgungsprobleme n/pl; source f d'~ Bezugs-, Versorgungsquelle f; **2.** ~s pl Vorrat m; Vorräte m/pl; Bestand m; Bestände m/pl; **3.** in e-m Industrieunternehmen Beschaffung f; service m d'~ Beschaffungsabteilung f, -stelle f; **4.** e-r automatischen Handfeuerwaffe Laden n

approvisionner [aprɔvizjɔne] **I** v/t **1.** Bevölkerung, Stadt etc versorgen, eindecken, Markt auch beliefern, beschicken (en, de mit); ~ un pays en cuivre ein Land mit Kupfer beliefern; adjt Geschäft être bien approvisionné gut bevorratet sein; ein gutes Angebot haben; **2.** Bankkonto auffüllen; **3.** automatische Handfeuerwaffe laden; **II** v/pr **s'~** en qc sich mit etw versorgen, eindecken, versehen, mit Lebensmitteln auch verprovian'tieren; abs (venir) **s'~** au marché auf dem Markt einkaufen

approximatif [aprɔksimatif] adj **<-ive>** ungefähr; annähernd; approxima'tiv; Schätzung, Berechnung auch grob; calcul ~ 'Überschlagsberechnung f; faire un calcul ~ des dépenses die Ausgaben über'schlagen; devis ~ Kostenüberschlag m

approximation [aprɔksimasjɔ̃] f **1.** (ungefähre, grobe) Schätzung; par ~ schätzungsweise; ungefähr; etwa; **2.** math Annäherung f; Approximati'on f; successive sukzessive Approximation; schrittweise Annäherung

approximativement [aprɔksimativmɑ̃] adv schätzungsweise; ungefähr; etwa; annähernd; évaluer ~ grob schätzen

appui [apɥi] m **1.** Stütze f, Halt m (auch fig); e-s Bauteils Lagerung f; mus ~ (vocal) Atemstütze f; gym ~ tendu Handstand m; jur droit m d'~ Recht n, Baukonstrukti'onen des Nachbargrundstücks als Auflager zu benutzen; mur m d'~ Stützmauer f; cf auch **2.**; point m d'~ a) mil (abr P.A.) Stützpunkt m; b) phys für den Hebel Ansatz-, Auflage-, Stützpunkt m; c) bât Auflager n; point d'~ d'Archimède Archi'medischer Punkt; phon voyelle f d'~ Stützvokal m; fig Person être l'~ de qn j-s Stütze, Halt sein; j-m e-e Stütze sein; mettre un ~ à qc e-r Sache (dat) e-e

Stütze, e-n Halt geben; etw (ab)stützen; prendre ~ sur qc sich auf etw (acc) stützen; **2.** arch, bât Brüstung f; charp Riegel m; unter Fensteröffnungen Brustriegel m; ~ d'un balcon Bal'konbrüstung f; ~ d'une fenêtre Fensterbank f, -brüstung f; Sohlbank f; mur m d'~ Mauerbrüstung f; ~ massives Steingeländer; **3.** Unter'stützung f; mil ~ aérien Luft(waffen)unterstützung f; Unterstützung aus der Luft; loc/adv à l'~ zum Beweis; avec preuves à l'~ durch Beweise gestützt; loc/prép à l'~ de sa thèse, etc um s-e These etc zu stützen; zur Unterstützung s-r These etc; demander l'~ de qn j-n um s-e Unterstützung bitten; fournir des ~s solides à qn j-n tatkräftig, wirksam unter'stützen; **4.** ~ de la voix sur un mot, sur une syllabe Her'vorhebung f, starke Betonung, Akzentu'ierung f e-s Wortes, e-r Silbe; **5.** Pferd avoir l'~ léger, lourd leicht, schwer in der Hand liegen

appui-bras [apɥibra] m **<pl appuis--bras>** od **appuie-bras** m **<inv>** auto, ch de fer (hochklappbare) Armlehne, -stütze

appui-livre [apɥilivr(ə)] m **<pl appuis--livre>** od **appuie-livre** m **<inv>** Lesepult n

appui-main [apɥimɛ̃] m **<pl appuis--main>** od **appuie-main** m **<inv>** peint Malstock m

appui-nuque [apɥinyk] m **<pl appuis--nuque>** od **appuie-nuque** m **<inv>** Nackenstütze f, -polster n

appui-tête [apɥitɛt] m **<pl appuis-tête>** od **appuie-tête** m **<inv>** **1.** Kopfstütze f, -polster n; **2.** phot für anthropometrische Aufnahmen Kopfhalter m

appuyer [apɥije] **<-ui->** **I** v/t **1.** Mauer, Baum etc (ab)stützen; ◆ ~ qc contre qc etw gegen etw lehnen; etw an etw (acc) (an)lehnen; ~ l'échelle contre le mur die Leiter gegen, an die Wand lehnen; ◆ ~ qc sur qc etw auf etw (acc) (auf-) stützen, auf etw (acc) drücken, fig Aussage, Behauptung auf etw (acc) stützen; ~ les coudes sur la table die Ell(en)bogen aufstützen, aufstemmen, auf den Tisch stützen; il appuya ses lèvres sur les siennes er drückte s-e Lippen auf die ihren; fig ~ son regard sur qn, qc s-n Blick auf j-n, etw heften; auf j-n, etw starren; j-n, etw anstarren; ~ le revolver sur la poitrine de qn j-m den Revolver auf die Brust setzen; **2.** Person, j-s Kandidatur, Vorschlag, mil unter'stützen; Gesuch auch befür'worten; **3.** ch Hunde anfeuern; **II** v/i **4.** beim Schreiben aufdrücken; plais glissez, mortels, n'appuyez pas! etwa über heikle Dinge geht man besser schnell hinweg; ◆ ~ sur qc auf etw (acc) drücken; Taste, Hebel auch niederdrükken; auf Gewölbe, Balken auf etw (dat) ruhen, lagern; von etw getragen werden; auto ~ sur l'accélérateur aufs Gaspedal treten; Gas geben; ~ sur un bouton auf e-n Knopf drücken; Arzt bei der Untersuchung ~ sur l'estomac auf den Magen drücken; ~ sur le frein auf die Bremse treten; ~ sur la gâchette abdrükken; **5.** fig ~ sur a) Wort, Silbe her'vorheben; besonders stark betonen; mit besonderem Nachdruck sprechen; den Ton legen auf (+acc); b) Aspekt, Gedanken etc nachdrücklich betonen; besonders her'vorheben; besonderen Nachdruck, den Ak'zent legen auf (+acc); **6.** im Straßenverkehr ~ à droite, sur la droite sich (nach) rechts halten; **III** v/pr **7.** **s'~** contre qn, qc sich gegen j-n, etw lehnen; sich an j-n, etw anlehnen; **s'~** sur qn, qc a) sich auf j-n, etw stützen; b)

fig auf e-e Tatsache, auf Unterlagen etc sich auf etw (acc) stützen; **8.** fig **s'~** sur qn, sur l'amitié de qn sich auf j-n, auf j-s Freundschaft verlassen; auf j-n, auf j-s Freundschaft zählen; **9.** F **s'~** qc Getränk etw hin'unter-, F runterkippen, -gießen, -stürzen; Eßbares etw verschlingen, F verputzen, in sich reinstopfen; sich etw einverleiben; **10.** F **s'~** qc etw (undankbare Arbeit) auf sich nehmen, machen, erledigen müssen

apraxie [apraksi] f path Unfähigkeit f, sinnvolle und zweckentsprechende Bewegungen auszuführen; sc Apra'xie f

âpre [ɑpr(ə)] adj **1.** Geschmack, Frucht, Wein (unangenehm) herb; Geschmack auch streng; scharf; Ton, Stimme rauh; Kälte beißend; scharf; schneidend; **2.** Kampf, Diskussion heftig; erbittert; heiß; hitzig; Diskussion auch scharf; Vorwürfe heftig; bitter; **3.** Person ~ au gain gewinnsüchtig; geldgierig; F scharf aufs Geld

aprèm(e) [aprɛm] F f od m Nachmittag m; c't'~ heute nachmittag

âprement [aprəmɑ̃] adv diskutieren, sich verteidigen etc heftig; erbittert; verbissen; hartnäckig

après [aprɛ] **I** prép **1.** zeitlich, Reihen-, Rangfolge nach (+dat); ◆ ~ bien des difficultés nach vielen Schwierigkeiten; ~ deux heures nach zwei Stunden; ~ Jésus-Christ (abr apr. J.-C.) nach Christus (abr n. Chr.); nach Christi Geburt; nach der Zeitenwende; un an ~ sa mort ein Jahr nach s-m Tod; ~ le repas nach dem Essen; ~ vous, je vous prie! bitte, nach Ihnen!; il est arrivé ~ moi er ist nach mir, später als ich (an)gekommen; ~ ce que j'ai fait pour lui nach dem, was ich für ihn getan habe; le capitaine vient ~ le lieutenant der Hauptmann kommt nach dem Oberleutnant; ◆ mit inf: ~ avoir lu le journal, il ... nachdem er die Zeitung gelesen hatte, ...; ~ manger nach dem Essen; ◆ loc/adv: ~ cela, ~ quoi danach; dann; hinter'her; faites votre travail, ~ cela, ~ quoi vous pourrez jouer ... danach, dann, hinterher könnt ihr spielen; ... ~ quoi tout le monde partit ... worauf(hin) alle weggingen; ~ coup hinter'her; nachträglich; hinter'drein; im nachhinein; arriver ~ coup zu spät kommen; ~ tout alles in allem; im Grunde (genommen); übrigens; schließlich; **2.** räumlich a) nach (+dat); hinter (+dat bzw acc); ~ le pont, la route bifurque nach, hinter der Brücke ...; courir ~ qn, qc hinter j-m, etw herlaufen; j-m, etw nachlaufen; cf auch courir **6.**; traîner ~ soi qn, qc j-n, etw hinter sich herziehen, -schleppen; b) F an (+ dat bzw acc); grimper ~ un arbre an e-m Baum hin'auf...; accrocher qc ~ le porte--manteau ... an der Kleiderständer; s'essuyer ~ la serviette ... am Handtuch; la clé est ~ la porte der Schlüssel steckt (in der Tür); c) par ext od fig: Hund aboyer ~ qn j-n anbellen; ◆ attendre ~ qn, qc auf j-n, etw warten; j-n, etw erwarten; crier ~ qn mit j-m (her'um)schimpfen; j-n anschreien; F demander ~ qn nach j-m fragen; être ~ qn hinter j-m her sein; j-m (scharf) auf die Finger sehen; F être furieux ~ qn auf j-n wütend sein; **3.** loc/prép d'~ nach (+dat); gemäß (+dat); zu'folge, entsprechend (mit vorangestelltem dat); nach dem Vorbild (+gén); peindre d'~ une carte postale, d'~ nature nach e-r Postkarte, nach der Natur ...; d'~ ce que disent les journaux den Zeitungen zufolge; nach dem, was die Zeitungen berichten; handeln d'~ les ordres

reçus befehls-, weisungsgemäß; den Weisungen entsprechend, gemäß; d'~ **Platon** *les idées existent en soi* nach Plato ...; *un dessin* d'~ **Raphaël** ... nach dem Vorbild Raffaels; d'~ **vous, qui est le coupable?** wer ist Ihrer Meinung nach der Schuldige?; **II** *adv* **1.** *zeitlich*, *Reihenfolge* da'nach; dar'auf; später; hinterher; nachher; **vingt ans** ~ zwanzig Jahre danach, später; **aussitôt**, **immédiatement** ~ gleich, unmittelbar danach, darauf; **peu** ~ bald darauf; kurz danach; **et que ferez-vous** ~ **?** und was macht ihr danach, hinterher, nachher?; ♦ **(et)** ~ **?** *que vous a-t-il dit?* und (dann)? ...; *herausfordernd* **et (puis)** ~ **!** na und?; was ist da schon dabei?; ♦ *loc/adj* **d'**~: **le jour** d'~ a) der Tag danach, darauf; b) am Tag danach, darauf; tags darauf; ander(e)ntags; **2.** *räumlich* **a)** da'nach; da'hinter; hinter-'her, -'drein; *voici l'église*, **la poste est juste** ~ ... die Post kommt gleich danach, dahinter; **marcher** ~ hinterhergehen; **b)** F dar'an; dran; **il y a une tache** ~ es ist ein Fleck dran; **III** *loc/conj* ~ **que** (+*ind*, *abus* + *subj*) nach'dem

après-|demain [aprɛdmɛ̃] *adv* übermorgen; ~**-gaullisme** *m pol* l'~ die Zeit nach de Gaulle; die nachgaullistische Zeit; ~**guerre** *m od f* ⟨*pl* après-guerres⟩ *f; loc/adj f;* Nachkriegs...; ~**-midi** *f od m* ⟨*inv*⟩ Nachmittag *m;* **cet** ~ heute nachmittag; *loc/adv:* **l'**~ am Nachmittag; nachmittags; **dans l'**~ im Laufe des Nachmittags; **en fin d'**~ am Spätnachmittag; ~**-rasage** *m* ⟨*inv*⟩ ~ *od* **lotion** *f* ~ *cf* **rasage** 1.; ~**-ski** *m* ⟨*inv*⟩ Après-'Ski-Stiefel *m(pl);* ~**-vente** *adj* ⟨*inv*⟩ **service** ~ Kundendienst *m*

âpreté [ɑprəte] *f* **1.** *e-s Weins, e-r Frucht* (*unangenehme*) Herbheit, Herbe; *der Stimme* Rauheit *f; der Kälte, des Winters* Strenge *f; des Winters auch* Härte *f;* Rauheit *f;* l'~ **au goût** der herbe, scharfe, strenge Geschmack; **2.** *des Kampfes, e-r Diskussion* Heftigkeit *f;* Härte *f; Verbissenheit f; der Kritik* Schärfe *f; der Vorwürfe* Heftigkeit *f;* **3.** *e-r Person* ~ **(au gain)** Gewinnsucht *f;* Geldgier *f*

a priori [aprijɔri] **I** *loc/adv* von vornherein; auf den ersten Blick; grundsätzlich; *philos*, *Logik* a pri'ori; *adjt* **Urteil, Argument** apri'orisch; **II** *m* ⟨*inv*⟩ *philos* Apri'ori *n*

apriori|isme [aprijɔrism(ə)] *m philos* Aprio'rismus *m;* ~**iste** *adj philos* aprio'ristisch

à-propos [apropo] *m* **(esprit** *m* **d')**~ Schlagfertigkeit *f;* **avec** ~ schlagfertig; **faire preuve d'**~ sich als schlagfertig erweisen

apside [apsid] *f* **1.** *astr* Ap'side *f;* **ligne** *f* **des** ~**s** Apsidenlinie *f;* **2.** *arch cf* **abside**

apte [apt] *adj* **Person** ~ **à** geeignet für; fähig zu (*auch jur*); tauglich zu; **être** ~ **à qc, à faire qc** *auch* sich für etw eignen; für etw taugen; *jur* ~ **à hériter, à tester** erb-, testierfähig; ~ **au service militaire** wehrdiensttauglich

aptère [aptɛr] *adj* **1.** *Insekt* ungeflügelt; flügellos; *sc* aptery'got; **2.** *im alten Griechenland* **Victoire** ~ ungeflügelte Siegesgöttin; Nike Apteros *f;* **3.** *arch* **temple** *m* ~ Apte'raltempel *m;* Tempel *m* ohne Säulengang an den Längsseiten

aptérygotes [apterigot] *m/pl zo* ungeflügelte, flügellose In'sekten *n/pl; sc* Aptery'goten *pl*

aptitude [aptityd] *f e-r Person* Eignung *f* **(à** für); Fähigkeit *f* (zu) (*auch jur*); Tauglichkeit *f* (zu); ~**s** *pl* Begabung *f;* ~ **professionnelle** berufliche Eignung; **certificat** *m* **d'**~ Berufsbefähigung *f;* **certificat** *m* **d'**~

professionnelle *cf* **certificat**; ~ **à s'adapter** Anpassungsfähigkeit *f;* **son** ~ **au bonheur** s-e Gabe, glücklich zu sein; *jur* ~ **à hériter, à tester** Erb-, Te'stierfähigkeit *f;* ~ **à négocier** Verhandlungsgeschick *n;* ~ **au service militaire** Wehrdiensttauglichkeit *f;* **test** *m* **d'**~ Eignungstest *m;* **avoir des** ~**s pour la musique** (e-e) musikalische Begabung besitzen; musikalisch begabt sein

apulien [apyljɛ̃] **I** *adj* ⟨~**ne**⟩ a'pulisch; **II** *subst* ⚲**(ne)** *m(f)* A'pulier(in) *m(f)*

apur|ement [apyrmɑ̃] *m fin* Rechnungsprüfung *f*, -abschluß *m;* ~**er** *v/t* Rechnungsführung prüfen

apyre [apir] *adj* feuerbeständig; unschmelzbar

apyrène [apirɛn] *adj bot* kernlos

apyrexie [apirɛksi] *f méd* Fieberlosigkeit *f*, fieberlose, -freie Zeit (*zwischen zwei Anfällen*); *sc* Apyre'xie *f*

aquafortiste [akwafɔrtist] *m Kupferstechkunst* Ra'dierer *m*

aquanaute [akwanot] *m* Aqua'naut *m*

aqua|planage [akwaplana3] *m od* ~**planing** [-planiŋ] *m auto* Aqua'planing *n*

aquarell|e [akwarɛl] *f peint* **a)** Aqua'rell *n;* **b)** Aqua'rellmalerei *f;* **peindre à l'**~ aquarel'lieren; ~**é** *adj* **dessin** ~ aquarel-'lierte Zeichnung; ~**iste** *m,f* Aqua'rellmaler(in) *m(f)*

aquarium [akwarjɔm] *m* Aqu'arium *n;* ~ **d'eau de mer** Seewasser-, Meeresaquarium *n*

aquatint|e [akwatɛ̃t] *f Kupferstichverfahren* Aqua'tinta *f;* ~**iste** *m,f* Kupferstecher, der die Aqua'tinta pflegt

aquatique [akwatik] *adj* im Wasser lebend; Wasser...; aqu'atisch; **animaux** *m/pl*, **oiseaux** *m/pl*, **plantes** *f/pl* ~**s** Wassertiere *n/pl*, -vögel *m/pl*, -pflanzen *f/pl;* **en milieu** ~ im Wasser

aqueduc [akdyk] *m* **1.** Aquä'dukt *m;* **2.** *anat sc* Aquae'ductus *m*

aqueux [akø] *adj* ⟨**-euse**⟩ **1.** *anat* **humeur aqueuse** (Augen)Kammerwasser *n; sc* Humor aqu'osus *m;* **2.** *chim* **solution aqueuse** wässerige, wäßrige Lösung

aquiculture [akɥikyltyr] *f* **1.** *von Tieren* Aquakultur *f;* **2.** *von Pflanzen* Wasser-, Hydrokultur *f;* Hydro'ponik *f*

aquifère [akɥifɛr] *adj Schicht* wasserführend, -haltig; **nappe** *f* ~ Grundwasser *n; zo der Stachelhäuter* **système** *m* ~ Wassergefäßsystem *n*

aquifoliacées [akɥifɔljase] *f/pl bot* Stechpalmengewächse *n/pl; sc* Aquifolia'zeen *pl*

aquilin [akilɛ̃] *adj* ⟨*nur m*⟩ **nez** ~ leicht gebogene, schmale Adlernase

aquilon [akilɔ̃] *m poét* (kalter) Nord

aquitain [akitɛ̃] **I** *adj u* aqui'tanisch; **II** *subst* ⚲**(e)** *m(f)* Aqui'tanier(in) *m(f)*

aquitanien [akitanjɛ̃] *adj u subst m géol* **(étage** *m*) ~ Aqui'tan *n*

ara [ara] *m zo* Ara *m*

arabe [arab] **I** *adj* a'rabisch; **cheval** *m* ~ Araber *m;* **chiffre** *m* ~ arabische Ziffer, Zahl; **II** *subst* **1.** ⚲ *m,f* Araber(in) *m(f);* **2.** *ling* l'~ *m* das A'rabische; A'rabisch *n*

arabesque [arabɛsk] *f Ornament*, *fig* Ara'beske *f* (*auch Titel von Musikstücken*); Choreographie Ara'besque *f; e-r* (*Unter*)*Schrift* Schnörkel *m;* ~**s de style** stilistische Arabesken

arabinose [arabinoz] *m chim* Arabi'nose *f*

arabique [arabik] *adj* **gomme** *f* ~ Gummia'rabikum *n;* A'kaziengummi *n*

arabis|ant [arabizɑ̃] *m,* ~**ante** *f* Ara'bist(in) *m(f);* ~**ation** *f* Arabi'sierung *f;* ~**er** *v/t* arabi'sieren

arabisme [arabism(ə)] *m ling* a'rabische

Spracheigentümlichkeit; Ara'bismus *m*

arable [arabl(ə)] *adj* **terre(s)** *f(pl)* ~**(s)** Ackerboden *m,* -land *n*

arac *cf* **arak**

aracées [arase] *f/pl bot* Aronstabgewächse *n/pl*

arachide [araʃid] *f bot* Erdnuß *f* (*Pflanze u Frucht*); **huile** *f* **d'**~ Erdnußöl *n*

arachnéen [araknɛ̃] *adj* ⟨~**ne**⟩ *litt* **Gewebe** hauchzart

arachnides [araknid] *m/pl zo* Spinnentiere *n/pl; sc* Arachno'iden *od* Arach'niden *pl*

arachnoïd|e [araknɔid] *f anat* Spinnwebenhaut *f; sc* Arachno'idea *f;* ~**ien** *adj* ⟨~**ne**⟩ *anat* arachnoi'dal

arack *cf* **arak**

aragonite [aragɔnit] *f minér* Arago'nit *m*

araignée [arɛne] *f* **1.** *zo* Spinne *f;* **toile** *f* **d'**~ *cf* **toile** 5.; F *fig* **avoir une** ~ **dans le** *od* **au plafond** F im Oberstübchen nicht ganz richtig sein; *cf auch* **cinglé**; *loc/prov:* ~ **du matin, chagrin,** ~ **du soir, espoir** Spinne am Morgen bringt Kummer und Sorgen; Spinne am Abend, erquickend und labend (*prov*); **2.** *zo* ~ **de mer** Meeresspinne *f;* **3.** *Fischfang* rechteckiges Stellnetz mit viereckigen Maschen; **4.** *mar* Hahnepot *f*

araire [arɛr] *m agr* Schwingpflug *m*

arak [arak] *m* Arrak *m*

araméen [aramɛ̃] **I** *adj* ⟨~**ne**⟩ ara-'mäisch; **II** *subst* **1.** ~**s** *m/pl* Ara'mäer *m/pl;* **2.** *ling* l'~ *m* das Ara'mäische; Ara'mäisch *n*

aranéen [aranɛ̃] *adj* ⟨~**ne**⟩ *méd* **pouls** ~ kaum tastbarer Puls

aranéides [araneid] *m/pl zo* (Webe-) Spinnen *f/pl*

aras|e [arɑz] *f bât* Abgleichstein *m;* ~**ement** *m* **1.** *bât e-r Mauer* **a)** Abgleichen *n;* **b)** Mauergleiche *f;* Abgleichschicht *f;* **2.** *géol des Reliefs* Abschleifen *n;* ~**er** *v/t* **1.** *bât* abgleichen; **2.** *géol* abschleifen

aratoire [aratwar] *adj agr* **instrument** *m* ~ Acker-, Bodenbearbeitungsgerät *n*

araucaria [arokarja] *m bot* Arau'karie *f*

arbalète [arbalɛt] *f* Armbrust *f;* **tirer à l'**~ mit der Armbrust schießen

arbalétrier [arbaletrije] *m* **1.** *Dachkonstruktion* Bindersparren *m;* **2.** *hist* Armbrustschütze *m*

arbitrage [arbitra3] *m* **1. a)** *des Handels-, Völkerrecht* Schiedsgerichtsbarkeit *f;* schiedsgerichtliche Erledigung von Streitfällen; *Handelsrecht auch* Arbi'trage *f; Arbeitsrecht* Schlichtung *f;* **commission** *f* **d'**~ Schiedsausschuß *m, in der DDR* -kommission *f;* Schlichtungskommission *f;* **convention** *f* **d'**~ Schiedsvertrag *m;* **procédure** *f* **d'**~ schiedsrichterliches Verfahren; Schieds(gerichts)verfahren *n;* Schlichtungsverfahren *n; im Handels- u Völkerrecht auch* Arbitrati'on *f;* **b)** Schiedsspruch *m;* **2.** *sports* (Ausübung *f* des) Schiedsrichteramt(es) *n;* F Schiedsrichtern *n;* **erreur** *f* **d'**~ Irrtum *m,* Fehlentscheidung *f* des Schiedsrichters; **3.** *fin* Arbi'trage(geschäft) *f(n)*

arbitragiste [arbitra3ist] *m fin* Arbitra'geur *m*

arbitraire [arbitrɛr] **I** *adj* **Maßnahme, Entscheidung** *etc* willkürlich; arbi'trär (*auch ling* **sprachliches Zeichen**); *Interpretation auch* eigenwillig; *math* **Wert, Größe** beliebig (angenommen); **II** *m* **1.** Willkür *f;* **règne** *m* **de l'**~ Willkürherrschaft *f;* **2.** *jur* ~ **légal** freies richterliches Ermessen; ~**ment** *adv* willkürlich

arbitral [arbitral] *adj* ⟨**-aux**⟩ *jur* **Schieds...**; schiedsrichterlich; **jugement** ~, **sentence** ~**e** Schiedsspruch *m;* **juridiction** ~**e** Schiedsgerichtsbarkeit *f;*

Schiedswesen *n*; **tribunal** ~ Schiedsgericht *n*

arbitre[1] [arbitr(ə)] *m jur u par ext* Schiedsrichter *m*; *jur in der BRD auch* Schiedsmann *m*; *im Tarifstreit, bei privaten Streitfällen* Schlichter *m*; *sports* Schiedsrichter *m*; *Boxen* Ringrichter *m*; **prendre qn pour** ~ j-n als Schiedsrichter anrufen

arbitre[2] [arbitr(ə)] *m philos* **libre** ~ freier Wille; Willensfreiheit *f*

arbitrer [arbitre] *v/t* **1.** *jur Streit* als Schiedsrichter, schiedsgerichtlich, durch Schiedsspruch beilegen, entscheiden; (*Tarif*)*Streit* schlichten; als Schiedsrichter, Schlichter tätig werden (**un différend** bei e-m Streit); *abs* F schiedsrichtern; **2.** *sports* Schiedsrichter, beim Boxen Ringrichter sein (**un match** bei e-m Spiel, Boxkampf); *abs* F schiedsrichtern; **3.** *pol* den Ausschlag geben (**qc** bei etw); **4.** *fin* ein Arbi'tragegeschäft abwickeln (**des valeurs** in Effekten); arbi'trieren

arboré [arbɔre] *adj* von *od* mit einzelnen Bäumen oder Gehölzen bestanden

arborer [arbɔre] *v/t* **1.** *Fahne mit Schaft* aufpflanzen, -stellen; *aus e-m Gebäude* her'aushängen; *mar* ~ **les couleurs françaises** die französische Flagge hissen, setzen; **2.** *fig* Orden, Abzeichen zur Schau tragen; (stolz, allen sichtbar) tragen; *Miene, Lächeln* aufsetzen; ~ **une fleur à la boutonnière** e-e Blume im Knopfloch tragen; *Zeitung* ~ **un gros titre** e-e Schlagzeile tragen, bringen

arboresc|ence [arbɔresɑ̃s] *f bot* baumartiges Wachstum; baumartige Form; Baumartigkeit *f*; ~**ent** *adj bot* baumartig, -förmig; **fougère** ~**e** Baumfarn *m*

arboretum [arbɔretɔm] *m* Arbo'retum *n*; Versuchsbaumschule *f*

arboricole [arbɔrikɔl] *adj zo* auf Bäumen lebend

arboricult|eur [arbɔrikyltœr] *m* Baumzüchter *m*; *im engeren Sinn* Obstgärtner *m*; ~**ure** *f* Baumzucht *f*; ~ **fruitière** Obstbau *m*

arboris|ation [arbɔrizasjõ] *f* **1.** *bei Gesteinen* baumartige Zeichnung, Einschlüsse *m/pl*; **2.** ~**s** (**de glace**) Eisblumen *f/pl*; **3.** *biol* ~ **protoplasmique** feinverästelter Proto'plasmafortsatz (*e-r Nervenzelle*); *sc* Den'drit *m*; ~**é** *adj* **1.** *minér* **agate** ~**e** Baumachat *m*; **2.** *cf* arboré

arbous|e [arbuz] *f bot* Frucht *f* des Erdbeerbaums; **crème** *f* **d'**~ Erdbeerbaumwein *m*; ~**ier** *m bot* Erdbeerbaum *m*

arbre [arbr(ə)] *m* **1.** *bot* Baum *m*; ~ **forestier, fruitier** Wald-, Obstbaum *m*; *fig* ~ **généalogique** Stammbaum *m*; Ahnentafel *f*; ~ **vert, à feuillage persistant** immergrüner Baum; ~ **à feuilles caduques** sommergrüner Laubbaum; ~ **d'agrément, d'ornement** Zierbaum *m*; *rel* l'~ **de la Croix** das Kreuz Christi; der Kreuzesstamm; ~ **de haute futaie** Hochwaldbaum *m*; ~ **de Jessé** *bibl* Wurzel *f* Jesse; *bildende Kunst auch* Jessebaum *m*, -wurzel *f*; *bot* ~ **de Judée** Judasbaum *m*; *hist* ~ **de la liberté** Freiheitsbaum *m*; ~ **de Noël** Weihnachts-, Christbaum *m*; *bibl* l'~ **de la science du bien et du mal** der Baum der Erkenntnis; ~ **de vie** a) *bibl* Baum des Lebens; b) *anat* Arbor vitae *m*; *myth* **culte** *m* **des** ~**s** Baumkult *m*; *loc/prov:* **les** ~**s cachent la forêt, c'est l'**~ **qui cache la forêt** man *bzw* etc sieht den Wald vor lauter Bäumen nicht; **couper** l'~ **pour avoir le fruit** die Zukunft für die Gegenwart opfern; **entre l'**~ **et l'écorce il ne faut pas mettre le doigt**

man soll sich nicht in fremde Angelegenheiten mischen; **2.** *tech* Welle *f*; ~ **moteur, de couche** Antriebswelle *f*; ~ **à cames, à cardan** Nocken-, Kar'dan- *od* Gelenkwelle *f*; ~ **de transmission** Transmissi'onswelle *f*; **3.** *chim* ~ **de Diane** Arbor Di'anae *m*; zweigartig kristalli'siertes Silberamalgam; ~ **de Saturne** Arbor Sa'turni *m*; Bleibaum *m*; ~**-manivelle** *m* ⟨*pl* arbres-manivelles⟩ *auto* Kurbelwelle *f*

arbrisseau [arbriso] *m* ⟨*pl* ~**x**⟩ *bot* (Groß)Strauch *m*

arbust|e [arbyst] *m bot* (Klein)Strauch *m*; Busch *m*; ~**if** *adj* ⟨-**ive**⟩ *bot* Strauch…; **végétation arbustive** Strauchvegetation *f*

arc [ark] *m* **1.** *Waffe, sports* Bogen *m*; **tir** *m*, **tireur** *m* **à l'**~ Bogenschießen *n*, -schütze *m*; **tirer à l'**~ mit Pfeil und Bogen schießen; **2.** *arch* Bogen *m*; ~ **aigu, en ogive, gothique** Spitzbogen *m*; gotischer Bogen; ~ **outrepassé, en fer à cheval** Hufeisenbogen *m*; maurischer Bogen; ~ **surhaussé, exhaussé, surmonté** gestelzter Rundbogen; ~ **Tudor** Tudorbogen *m*; ~ **en accolade, en talon** Kielbogen *m*; Eselsrücken *m*; ~ **en plein cintre, roman** Rundbogen *m*; romanischer Bogen; ~ **de triomphe** Tri'umphbogen *m*; **3.** *math* Bogen *m*; ~ **de cercle** Kreisbogen *m*; (**disposé**) **en** ~ **de cercle** bogen-, halbkreisförmig (angeordnet); **4.** *élect* ~ **électrique, voltaïque** Lichtbogen *m*; **lampe** *f* **à** ~ Bogenlampe *f*; **5.** *anat* Bogen *m*; ~ **aortique** A'ortenbogen *m*; ~ **vertébral** Wirbelbogen *m*; ~ **des sourcils** Augenbrauenbogen *m*; **6.** *physiol* ~ **réflexe** Re'flexbogen *m*

arcade [arkad] *f* **1.** *arch* Ar'kade *f*; ~**s** *pl* Arkaden; Bogengang *m*; Lauben(gang) *f/pl(m)*; *fig* ~ **de feuillage, de verdure** grüner Laubengang; Blätterdom *m*, -dach *n*; **2.** *anat* Bogen *m*; ~ **dentaire** Zahnbogen *m*; ~ **sourcilière** Augenbrauenbogen *m*; *beim Boxen* **ouvrir l'**~ **sourcilière** die Augenbraue aufschlagen; **3.** *am Brillengestell* Steg *m*

arcadien [arkadjɛ̃] **I** *adj* ⟨~**ne**⟩ ar'kadisch; **II** *subst* 2(**ne**) *m(f)* Ar'kadier(in) *m(f)*

arcane [arkan] *m* **1.** *Alchimie* Geheimmittel *n*; ~ *m*; **2.** *litt e-r Wissenschaft etc* ~**s** *pl* Geheimnisse *n/pl*

arcanne [arkan] *f charp* Rötel *m*; rote Kreide

arcanson [arkɑ̃sõ] *m cf* colophane

arcature [arkatyr] *f arch* Arka'tur *f*; Bogenwerk *n*

arc-boutant [arkbutɑ̃] *m* ⟨*pl* arcs--boutants⟩ *arch* Strebebogen *m*

arc-bouter [arkbute] **I** *v/t* **1.** *arch* (durch e-n Strebebogen, durch Strebebögen) abstützen, absteifen; verstreben; **2.** *meist p/p Hände, Füße* **arc-bouté** contre un mur gegen e Mauer gestemmt; **II** *v/pr* **s'**~ die Beine fest gegen den Boden stemmen; **s'**~ **contre qc** sich gegen etw stemmen

arc-doubleau [arkdublo] *m* ⟨*pl* arcs--doubleaux⟩ *arch* Gurtbogen *m*

arceau [arso] *m* ⟨*pl* ~**x**⟩ **1.** *arch* kleiner Bogen; **2.** *sculp* Vierblattornament *n*; **3.** *Krocket* Tor *n*; **4.** *e-r Gartenlaube* Bogen *m*

arc-en-ciel [arkɑ̃sjɛl] *m* ⟨*pl* arcs-en--ciel⟩ Regenbogen *m*

archaïque [arkaik] *adj Wort, Kunst etc* ar'chaisch; *Wort, Wendung auch* altertümlich

archaïsant [arkaizɑ̃] *adj Stil, Dichtung* archai'sierend; archa'istisch; altertümelnd

archaïsme [arkaism(ə)] *m* **1.** *ling, bil-*

dende Kunst Archa'ismus *m*; **2.** *e-r Sache* ar'chaischer, altertümlicher Cha'rakter

archal [arʃal] *m* **fil** *m* **d'**~ Messingdraht *m*

archange [arkɑ̃ʒ] *m rel* Erzengel *m*

arche[1] [arʃ] *f arch* (Brücken)Bogen *m*

arche[2] [arʃ] *f* **1.** *bibl* l'~ **de Noé** die Arche Noah; **2.** *in der jüdischen Religion* l'~ **d'alliance,** l'~ **sainte** die Bundeslade; **3.** *Glasfabrikation* Ofen *m*

archéen [arkeɛ̃] *géol* **I** *adj* ⟨~**ne**⟩ ar'chäisch; **II** *m* Ar'chaikum *od* Ar'chäikum *n*; Ar'zoikum *n*

archégone [arkegɔn] *m bot* Arche'gonium *n*; Eizellenbehälter *m*

archéo|logie [arkeɔlɔʒi] *f* Archäolo'gie *f*; Altertumskunde *f*, -wissenschaft *f*; ~**logique** *adj* archäo'logisch; ~**logue** *m,f* Archäo'loge, -'login *m,f*; Altertumsforscher(in) *m(f)*

archéoptéryx [arkeɔpteriks] *m* Paläontologie Archä'opteryx *m*

archer [arʃe] *m hist, sports* Bogenschütze *m*

archet [arʃe] *m* **1.** *mus für Streichinstrumente* Bogen *m*; ~ **de contrebasse** Baßbogen *m*; **2.** *ch de fer* Bügel-, Scherenstromabnehmer *m*

archétype [arketip] *m philos, biol, Kunst etc* Arche'typ(us) *m*; Urform *f*; Urbild *n*

archevêché [arʃ(ə)veʃe] *m égl cath* **a)** Erzbistum *n*; **b)** Sitz *m* des Erzbischofs; **c)** erzbischöfliches Pa'lais

archevêque [arʃ(ə)vɛk] *m égl cath* Erzbischof *m*

archi… [arʃi] F *in Zssgn mit adj* ganz; völlig; to'tal

archi|comble [arʃikõbl(ə)] F *adj* brechend voll; F knackvoll; ~**connu** F *adj* sattsam bekannt

archi|diacre [arʃidjakr(ə)] *m égl cath* Archidia'kon *m*; ~**diocésain** *adj égl cath* der Erzdiözese; Erzdiözesan…; ~**diocèse** *m égl cath* Erzdiözese *f*; ~**duc** *m hist* Erzherzog *m*; ~**ducal** ⟨-**aux**⟩ erzherzoglich; ~**duchesse** *f hist* Erzherzogin *f*; ~**épiscopal** *adj* ⟨-**aux**⟩ *égl cath* erzbischöflich; des Erzbischofs; **dignité** ~**e** erzbischöfliche Würde; **siège** ~ erzbischöflicher Stuhl; ~**épiscopat** *m égl cath* erzbischöfliche Würde; Amt *n* des Erzbischofs

archi|faux [arʃifo] F *adj* ⟨-**fausse**⟩ ganz, völlig, to'tal falsch; ~**fou** F *adj* ⟨-**folle**⟩ to'tal verrückt; F völlig me-'schugge

archimandrite [arʃimɑ̃drit] *m orthodoxe Kirche* Archiman'drit *m*

archipel [arʃipɛl] *m* Archi'pel *m*; Inselgruppe *f*

archiprêtre [arʃiprɛtr(ə)] *m égl cath* Erzpriester *m*; Archi'presbyter *m*

architecte [arʃitɛkt] *m,f* Archi'tekt(in) *m(f)*; *früher auch* Baumeister *m*; ~ **paysagiste** Garten-, Landschaftsarchitekt *m*; Gartenbauingenieur *m*; ~ **d'intérieur** Innenarchitekt *m*

architectonique [arʃitɛktɔnik] **I** *adj* architek'tonisch; **II** *f* Architek'tonik *f*

architectural [arʃitɛktyral] *adj* ⟨-**aux**⟩ architek'tonisch; baulich; Architek'tur…; Bau…

architecture [arʃitɛktyr] *f* **1.** Architek-'tur *f*; Baukunst *f*; ~ **civile** Zweckarchitektur *f*, -bau *m*; profane Architektur; Pro'fanbau *m*; ~ **religieuse** Sa'kralarchitektur *f*, -bau *m*; Kultbau *m*; ~ **urbaine** Städtebau *m*; **style** *m* **d'**~ Baustil *m*; **2.** *e-s Bauwerks* Architek'tur *f*; Baustil *m*, -art *f*; **3.** *fig e-s Kunstwerkes, e-r Dichtung, des Gesichts etc* (Archi-)Tek'tonik *f*; Aufbau *m*

architecturer [arʃitɛktyre] *v/t meist p/p* **bien architecturé** *Kunstwerk, Dichtung* gut aufgebaut, gestaltet

architrave [arʃitrav] f arch Archi'trav m
archiver [arʃive] v/t Dokumente archi-
'vieren; in ein Ar'chiv aufnehmen
archives [arʃiv] f/pl **a)** Ar'chiv n;
in Paris ⚥ **nationales** Natio'nalarchiv
n; **∼ personnelles** a) Pri'vatarchiv
n; b) persönliche Akten f/pl; **b)** Ar-
'chiv(gebäude n, -saal m, -raum m) n;
e-s Betriebes, e-r Behörde (**service ∼**
des) ∼ Registra'tur f; **c)** Ar'chivver-
waltung f
archiviste [arʃivist] m,f Archi'var(in)
m(f); Ar'chivbeamter, -beamtin m,f; e-r
Registratur Regi'strator m, Registra-
'torin f; **∼-paléographe** m ⟨pl archi-
vistes-paléographes⟩ in Frankreich
an der Ecole des chartes in Paris ausge-
bildeter Archi'var
archivistique [arʃivistik] **I** adj maté-
riel m ∼ Ar'chivmaterial n, -gut n;
Archi'valien pl; **II** f Ar'chivkunde f
archivolte [arʃivɔlt] f arch Archi'volte f
arçon [arsõ] m **1.** Sattelbogen m; ∼s
Sattelbaum m; **pistolet** m **d'∼** Sattelpi-
stole f; **être, rester ferme dans** od **sur**
ses ∼s fest im Sattel sitzen; **perdre,**
vider les ∼s aus dem Sattel fallen,
gehoben werden; abgeworfen werden; **2.**
gym an Pferd Pausche f; **cheval m d'∼**
Pferd n; **3.** vit zur Erde zu'rückgebogene
Weinrebe
arçonner [arsone] v/t vit im Bogenreben-
schnitt erziehen
arctique [arktik] adj arktisch; der Ark-
tis; des Nordpolargebietes; Nordpo-
'lar...; auch nördlich; **cercle** m **po-**
laire ∼ nördlicher Polarkreis; **hémis-**
phère m ∼ nördliche Hemisphäre,
Halbkugel; Nordhalbkugel f; **masse** f
d'air ∼ arktische Kaltluftmasse; **océan**
m ⚥ Nordpolarmeer n; Nördliches Eis-
meer; sc **pôle** m ∼ Nordpol m; **régions**
f/pl ∼s Nordpolargebiet n
arcure [arkyr] f vit Erziehung f im
Bogenrebenschnitt
ardemment [ardamã] adv wünschen
sehnlichst; brennend; lieben heiß; glü-
hend
ardent [ardã] adj **1.** Feuer, Holzscheit
brennend; lodernd; hist **Chambre ∼e**
Sondergerichtshof, der Staatsverbre-
chen mit Verbrennung ahndete; **chapel-**
le ∼e Raum m, in dem ein Toter von
brennenden Kerzen um'geben aufge-
bahrt wird; **2.** fig Liebe glühend; heiß;
Patriotismus, Wunsch, Eifer glühend;
Wunsch auch sehnlich(st); brennend;
Durst, Neugier brennend; Sonne glü-
hend (heiß); Fieber hitzig; Kampf heiß;
Gebete, Frömmigkeit inbrünstig; Phan-
tasie lebhaft; F blühend; Temperament,
Hengst, Person feurig; Person auch heiß-
blütig; leidenschaftlich; Haare **d'un**
blond ∼ rotblond; **rouge, roux ∼**
flammendes, feuriges, brennendes Rot;
zèle ∼ auch Feuereifer m; ∼ **au combat**
kampfesfreudig, -lustig; **3.** opt miroir,
verre ∼ Brennspiegel m, -glas n
ardeur [ardœr] f **1.** Glut f; glühende
Hitze; **∼ du soleil** Sonnenglut f; e-r
Leidenschaft Glut f; des Kampfes Hitze f;
Heftigkeit f; der Gebete, Frömmigkeit
Inbrunst f; e-s Hengstes Feurigkeit f; e-r
Person Feuer n; (mitreißender)
Schwung; Begeisterung f; Ungestüm n;
bei der Arbeit Feuereifer m; **∼ juvénile**
jugendliches Feuer, Ungestüm; ∼ **au**
travail (großer) Arbeitseifer m; ∼ **des**
sens Sinnenlust f; **l'∼ de son zèle** sein
Feuereifer m
ardillon [ardijõ] m (Schnallen)Dorn m
ardoise [ardwaz] f **1.** minér (Ton)Schie-
fer m; **crayon d'∼** Griffel m; **(plaque f**
d')∼ Schieferplatte f; **toit** m **d'∼s, en ∼**
Schieferdach n; **2.** Schule Schiefertafel f;

comm schwarze (Preis)Tafel; fig **avoir**
une ∼ chez qn bei j-m in der Kreide
stehen, Schulden haben; **3.** adj ⟨inv⟩
schieferfarben; **bleu, gris ∼** ⟨inv⟩ schie-
ferblau, -grau
ardois|ier [ardwazje] **I** adj ⟨-ière⟩
schieferartig, -haltig; Schiefer...; **indus-**
trie ardoisière Schieferindustrie f; **sol,**
terrain ∼ Schieferboden m; **II** m **a)**
Schieferbruchbesitzer m; **b)** Arbeiter m
im Schieferbruch; **c)** Schieferdecker m;
∼ière f Schieferbruch m
ardu [ardy] adj **1.** Vorhaben, Aufgabe etc
schwierig; F kniff(e)lig; verzwickt; **2.**
Weg steil
are [ar] m ⟨abr **a**⟩ Flächenmaß Ar n, selten
m (abr **a**)
arec [arɛk] m bot Betelnuß-, Pinangpal-
me f; **noix f d'∼** Betelnuß f
arénacé [arenase] adj géol sandig; **sol ∼**
Sandboden m
arène [arɛn] f **1.** A'rena f; Kampfbahn f;
fig **l'∼ politique** die politische Arena; fig
descendre dans l'∼ den (politischen)
Kampf aufnehmen; die (politische) Her-
ausforderung annehmen; **2.** ∼s pl Stier-
kampfarena f; der Römer A'rena f; **3.**
géol **∼ granitique** Quarzsand m
arénicole [arenikɔl] zo **I** adj im Sand
lebend; **II** f ∼ (**des pêcheurs**) Köder-
wurm m; Sandpier m
aréolaire [areɔlɛr] adj **1.** anat areo'lar; **2.**
géol **érosion** f ∼ Seitenerosion f
aréole [areɔl] f **1.** anat Warzenhof m; **2.**
path um e-e Entzündung roter Hof, Kreis;
3. astr um den Mond Hof m; Aure'ole f
aréo|mètre [areɔmɛtr(ə)] m phys Aräo-
'meter n; Senkwaage f, -spindel f; **∼mé-**
trie f phys Aräome'trie f
Aréopage [areɔpaʒ] m **1.** in Athen Areo-
'pag m; **2.** fig u litt ⚥ ehrwürdige Ver-
sammlung; fachkundiges Gremium
aréquier [arekje] m cf arec
arête [arɛt] f **1.** der Knochenfische Gräte
f; **grande ∼** Mittelgräte f; **sans ∼s** ohne
Gräten; grätenlos; **2.** anat ∼ **du nez**
Nasenrücken m; **3.** e-s Steins, Balkens
etc Kante f (auch math); **loc/adj à vive**
∼, à ∼ vive scharfkantig; **4.** arch e-s
Dachs, Gewöl-
bes Grat m; **voûte** f **d'∼** Kreuz(grat)ge-
wölbe n; **5.** im Gebirge Grat m; Kamm m;
6. bot Granne f
arêt|ier [arɛtje] m charp Gratsparren m;
∼ière f bât Gratziegel m, -stein m
a-reu od **ar(r)eu** [arø] int erste Laute des
Wohlbehagens e-s Säuglings ∼, ∼! raah,
raah!
argas [argɑs] m zo Taubenzecke f
argémone [arʒemɔn] f bot Stachelmohn
m; Arge'mone f
argent [arʒã] m **1.** Silber n (auch Heral-
dik); ∼ **anglais, chinois** versilbertes
Neusilber, Al'paka; **vieil ∼** Altsilber n;
en barre, en lingot Barrensilber n;
loc/adj **d'∼, en ∼** silbern; Silber...; poét
nur **d'∼** silbern; silb(e)rig; Silber...; **al-**
liage m, **minerai m d'∼** Silberlegierung
f, -erz n; poét: im Haar **fil** m **d'∼**
Silberfaden m; **des**
Meeres reflets m/pl **d'∼** Silberglanz m;
silbriger, silberner Glanz; **2.** Geld n; ∼
comptant bares Geld; Bargeld n; **payer**
∼ **comptant** bar (be)zahlen; fig **pren-**
dre qc pour ∼ comptant etw für bare
Münze nehmen; **avoir de l'∼** (viel) Geld
haben; reich sein; **en avoir pour son ∼**
(wirklich) etwas für sein Geld haben;
courir après son ∼ cf courir 6.; **en**
être pour son ∼ sein Geld um'sonst
ausgegeben haben; sein Geld los sein;
être sans ∼ kein Geld haben; mittellos
sein; F **faire de l'∼** F Geld machen; **jeter**
l'∼ par les fenêtres das Geld zum
Fenster hinauswerfen, F -schmeißen; **en**

vouloir pour son ∼ für sein Geld etwas
haben wollen; loc/prov: **l'∼ n'a pas**
d'odeur Geld stinkt nicht (loc/prov); **l'∼**
est (le) maître du monde Geld regiert
die Welt (loc/prov); **l'∼ est le nerf de la**
guerre Geld ist der Krieg führen will, braucht
Geld; **l'∼ ne fait pas le bonheur** (plais
mais il y contribue) Geld macht nicht
glücklich (plais, aber es beruhigt)
(loc/prov)
argentage [arʒãtaʒ] m cf argenture a)
argentan [arʒãtã] m Neusilber n; Al'pa-
ka n; **en ∼** Alpaka...; aus Alpaka,
Neusilber
argenté [arʒãte] adj **1.** versilbert; **2.** fig
silberhell, -glänzend; Haar silberweiß;
silbern; **gris ∼** silbergrau; **papier ∼**
Silberpapier n; zo **renard ∼** Silberfuchs
m; **3.** F **n'être pas très ∼** nicht viel Geld
haben; nicht sehr reich, wohlhabend
sein; momentan F ziemlich abgebrannt
sein
argent|er [arʒãte] **I** v/t **1.** versilbern; e-e
Silber-, für e-n Spiegel auch Spiegel-
schicht aufbringen (qc auf etw [acc]); **2.**
fig u poét e-n Silberglanz, silbernen
Schimmer verleihen (+dat); versilbern;
II v/pr st/s Haar, Schläfen **s'∼** ergrauen;
silbergrau werden; **∼erie** f Silberzeug n,
-besteck n, -geschirr n; Tafelsilber n;
∼eur m Versilberer m; **∼ier** m plais
grand ∼ Fi'nanzminister m (auch hist);
∼ifère adj silberhaltig; **∼in¹** adj Stim-
me, Ton, Lachen silberhell
argentin² [arʒãtɛ̃] **I** adj argen'tinisch;
II subst ⚥(e) m(f) Argen'tinier(in) m(f)
argent|ine [arʒãtin] f **1.** bot Gänsefin-
gerkraut n; **2.** minér Schieferspat m; **∼ite**
f minér Argen'tit m; Silberglanz m; **∼on**
m cf argentan; **∼ure** f **a)** Versilbern n,
-ung f; Aufbringen n e-r Silber-, auf e-n
Spiegel auch Spiegelschicht; **b)** Silber-
schicht f, -auflage f
argil|e [arʒil] f minér (Ton) m; Letten m; ∼
grasse, maigre fetter od langer, mage-
rer od kurzer Ton; ∼ **réfractaire** feuerfe-
ster Ton; Scha'motte f; ∼ **rouge** roter
Tiefseeton; loc/adj **d'∼** tönern; Ton...;
vase m **d'∼** Tongefäß n; **∼eux** adj
⟨-euse⟩ tonig; tonhaltig; Ton...; leh-
mig; **minéraux** m/pl ∼ Tonminerale
n/pl; **sol, terre argileuse** Lehm-
boden m
arginine [arʒinin] f Biochemie Argi-
'nin n
argon [argõ] m chim Argon n
argonaute [argonot] m **1.** myth ⚥s pl
Argo'nauten m/pl; **2.** zo Pa'pierboot n,
-nautilus m
argot [argo] m **1.** Ar'got n od m; Gauner-
sprache f; Rotwelsch n; **2.** e-r sozialen
Gruppe (Sonder)Sprache f; Jar'gon m; ∼
militaire Sol'datensprache f, -jargon m;
∼ **parisien** Pariser Jargon; Jargon der
Pariser; ∼ **scolaire** Schüler-, Pen'näler-
sprache f, -jargon m
argot|ique [argotik] adj Ar'got...; **mot**
m, **terme** m ∼ Argotwort n, -ausdruck m;
∼isme m ling Argo'tismus m
argousier [arguzje] m bot Sand-, Strand-
dorn m
argousin [arguzɛ̃] m früher Stock-
meister m
argue [arg] f Drahtziehmaschine f für
Gold- und Silberdraht
arguer [arg(ɥ)e] ⟨j'arguë od j'argue,
etc⟩ **I** v/t jur ∼ **un acte de faux**
die Echtheit e-r Urkunde bestreiten;
e-e Urkunde als falsch anfechten; **II**
v/t/indir st/s ∼ **de qc** etw geltend ma-
chen, ins Feld führen, als Argu'ment
anführen; sich auf etw (acc) berufen; etw
als Vorwand benützen; etw vorschieben
argument [argymã] m **1.** Argu'ment n;
Beweisgrund m; Werbung ∼ **de vente**

Verkaufsargument *n*; **appuyer qc de** *od* **sur de bons** ⁓s etw durch gute Argumente, mit guten Argumenten stützen; *st/s* **tirer** ⁓ **de qc** etw als Argument, Vorwand benützen; sich auf etw (*acc*) berufen; **2.** *e-s Theaterstücks, Buches, Vortrags* kurze Inhaltsangabe, -übersicht; Resü'mee *n*; **3.** *math* Argu'ment *n*; *e-r Funktion auch* unabhängige Veränderliche, Vari'able

argumentaire [argymɑ̃tɛr] *m Werbung* Salesfolder ['se:lz-] *m*

argument|ation [argymɑ̃tasjɔ̃] *f* Argumentati'on *f*; Beweisführung *f*; Argumen'tieren *n*; ⁓**er** *v/i* **1.** argumen'tieren; Argu'mente, Beweise vorbringen; **2.** pa'lavern

argus [argys] *m* **1.** Informati'onsblatt *n*, -dienst *m*; ⁓ **de l'automobile** Gebrauchtwagenbörse *f*; Marktbericht *m*; Preisliste *f* für Gebrauchtwagen; ⁓ **de la presse** Ausschnittbüro *n*; **2.** *zo* ⁓ (**géant**) Argusfasan *m*; **3.** *litt* **yeux** *m/pl* **d'**⁓ Argusaugen *n/pl*

argutie [argysi] *f litt meist pl* ⁓**s** Spitzfindigkeiten *f/pl*

argyronète [arʒirɔnɛt] *f zo* Wasserspinne *f*

argyrose [arʒiroz] *f* **1.** *minér* Silberglanz *m*; Argen'tit *m*; **2.** *path* Ablagerung *f* von Silbersulfid in der Haut und in Or'ganen; *sc* Argy'rose *f*; Argy'rie *f*

aria [arja] *f mus* Arie *f*

arianisme [arjanism(ə)] *m rel* Aria'nismus *m*

arid|e [arid] *adj* **1.** *Boden* trocken; dürr; ausgedörrt; **climat** *m* ⁓ a'rides Klima; Trockenklima *n*; **2.** *fig Thema, Stoff, Sprache* trocken; nüchtern; ledern; ⁓**ité** *f* **1.** *des Bodens* Trockenheit *f*; Dürre *f*; Ausgedörrtheit *f*; *des Klimas* Aridi'tät *f*; Trockenheit *f*; **indice** *m* **d'**⁓ Ariditätsfaktor *m*, -index *m*; Trockenheitsindex *m*; **2.** *fig e-s Themas etc* Trockenheit *f*; Nüchternheit *f*

arien [arjɛ̃] *rel* **I** *adj* ⟨⁓**ne**⟩ ari'anisch; **II** *m/pl* ⁓**s** Ari'aner *m/pl*

ariette [arjɛt] *f mus* Ari'ette *f*

arille [arij] *m bot* A'rillus *m*; Samenmantel *m*

arioso [arjozo] *m mus* Ari'oso *n*

aristo [aristo] *m,f früher* F Kurzform für **aristocrate**

aristocrate [aristokrat] *m,f* Aristo-'krat(in) *m(f)* (*auch fig*); **tête** *f* **d'**⁓ Aristokratenkopf *m*

aristocra|tie [aristokrasi] *f* Aristokra'tie *f* (*Staatsform, herrschende Schicht, fig*); *fig* ⁓ **de l'argent** Geldaristokratie *f*; ⁓**tique** *adj* aristo'kratisch

aristoloche [aristolɔʃ] *f bot* Osterluzei *f*; *sc* Aristo'lochia *f*

aristotél|icien [aristotelisjɛ̃] *philos* **I** *adj* ⟨⁓**ne**⟩ aristo'telisch; **II** *m* Aristo'teliker *m*; ⁓**ique** *adj* aristo'telisch; ⁓**isme** *philos* Aristote'lismus *m*

arithmétique [aritmetik] **I** *adj* arith-'metisch; **nombres** *m/pl* ⁓**s** na'türliche Zahlen *f/pl*; positive ganze Zahlen *f/pl*; **moyenne** *f* ⁓ arithmetisches Mittel; **opération** *f* ⁓ Rechenoperation *f*; **rapport** *m* ⁓ Zahlenverhältnis *n*; **II** *f* Arith-'metik *f*; Zahlenrechnung *f*; Rechnen *n* mit Zahlen

arith(mo)mancie [arit(mɔ)mɑ̃si] *f* Zahlenwahrsagerei *f*; Arithmoman'tie *f*

arlequin [arləkɛ̃] *m* **1.** *thé* Harlekin *m*; Hanswurst *m*; Pickelhering *m*; **habit** *m* **d'**⁓ Harlekinsgewand *n*, -kleid *n*; *par ext* **manteau** *m* **d'**⁓ *etwa* Vorhangdraperie *f* um das Bühnenportal; **2.** *ch* breites, kastenförmiges Boot (*zur Jagd auf Wasserv'ögel*)

arlequinade [arləkinad] *f thé* Harleki-'nade *f*; Hanswursti'ade *f*

arlésien [arlezjɛ̃] *adj* ⟨⁓**ne**⟩ (*u subst* ♀ Einwohner) von Arles

armada [armada] *f* **1.** *hist* Ar'mada *f*; **2.** F *fig* Heer *n*; Pulk *m*

armadille [armadij] *f zo* Rollassel *f*

armagnac [armaɲak] *m frz* Weinbrand Arma'gnac *m*

armateur [armatœr] *m mar* Reeder *m*; *auch* Ausrüster *m*; *Binnenschiffahrt* Schiffseigner *m*

armature [armatyr] *f* **1.** Gestell *n* (*auch e-s Lampenschirms*); Gerüst *n*; Gerippe *n*; Ske'lett *n*; Stütz-, Tragwerk *n*; *e-r Plastik* Gerüst *n*; *e-s Kirchenfensters* Bleinetz *n*; *e-s Büstenhalters* Rundbügel *m*; ⁓ **de fils de fer** Drahtgestell *n*; **2.** *fig* Grundlage *f*; Stütze *f*; Gerüst *n*; Halt *m*; **3.** *des Betons* Ar'mierung *f*; Bewehrung *f*; Stahleinlage *f*; **4.** *e-s* (*Elektro*)*Magneten* Anker *m*; *e-s Kondensators* Belegung *f*; Belag *m*; **5.** *mus* Vorzeichnung *f*

arme [arm] *f* **1.** Waffe *f* (*auch fig*); *mil auch* Gewehr *n*; ♦ ⁓**s ABC** ABC-Waffen *f/pl*; ⁓**s atomiques, nucléaires** A'tom-, Kernwaffen *f/pl*; ⁓ **automatique** automatische Waffe; Ma'schinenwaffe *f*; ⁓**s bactériologiques, biologiques, chimiques** bakteriologische, biologische, chemische Waffen *f/pl*; ⁓**s collectives** Geschütze *n/pl*; ⁓ **individuelle** Einzel(feuer)waffe *f*; *des Menschen, der Tiere* ⁓**s naturelles** natürliche Waffen; ⁓ **portative** Hand-, Faustfeuerwaffe *f*; *auch* leichte Infante'riewaffe; ⁓ **psychologique** psychologische Waffe; ⁓ **tranchante** Hiebwaffe *f*; ♦ ⁓ **à feu** Feuer-, Schußwaffe *f*; ⁓ **à percussion** Perkussi'onsgewehr *n*; ⁓ **à répétition** Mehrlade-, Maga'zingewehr *n*; Mehrlader *m*; *fig* **l'**⁓ **de la calomnie** die Waffe, das Mittel der Verleumdung; ⁓ **de chasse, de coup, de guerre** Jagd-, Schlag-, Kriegswaffe *f*; ⁓**s d'estoc et de taille** Hieb- und Stoßwaffen *f/pl*; ⁓ **de jet, de trait** Wurfwaffe *f*; ⁓ **de main** Handwaffe *f*; **fait** *m* **d'**⁓**s** (kriegerische) Heldentat; *féod* **homme** *m* **d'**⁓**s** Reisige(r) *m*; **place** *f* **d'**⁓**s** Exer'zier-, Pa'radeplatz *m*; ♦ *loc/adv:* **aux** ⁓**s!** zu den Waffen!; ⁓ **au pied** Gewehr bei Fuß; **avec** ⁓**s et bagages** *of* bagage 1.; **par les** ⁓**s** durch od mit Waffengewalt; durch militärische Gewalt; **passer qn par les** ⁓**s** j-n erschießen; **régler un différend par les** ⁓**s** e-n Streit mit der Waffe, mit Waffen austragen; **sans** ⁓**s** waffenlos; unbewaffnet; ♦ **déposer, rendre les** ⁓**s** die Waffen strecken (*auch fig*), niederlegen; *fig* **donner, fournir à son adversaire des** ⁓**s contre soi** (-même) s-m Gegner selbst die Waffen in die Hand geben, liefern; *fig* **c'est une** ⁓ **à double tranchant** das ist ein zweischneidiges Schwert; **être en** ⁓**s** in Waffen stehen; *fig* **faire ses premières** ⁓**s** s-e ersten Sporen verdienen; F *fig* **passer l'**⁓ **à gauche** P ins Gras beißen; abkratzen; **porter les** ⁓**s contre son propre pays** gegen sein eigenes Land kämpfen; **portez** − ⁓(**s**)! das Gewehr − über!; **prendre les** ⁓**s** zu den Waffen greifen; **présentez** − ⁓(**s**)! präsentiert das − Gewehr!; **reposez** − ⁓(**s**)! Gewehr − ab!; **2.** *mil* Waffen-, Truppengattung *f*; Waffe *f*; Truppe *f*; ⁓ **blindée** Panzerwaffe *f*, -truppe *f*; *früher:* ⁓ **montée** berittene Truppe; Reite-'rei *f*; **à pied** Fußtruppe *f*, -volk *n*; **3.** ⁓**s** *pl* Wappen *n*; ⁓**s d'une famille, d'une ville** Fa'milien-, Stadtwappen *n*; **4.** *esc loc/adj* **d'**⁓**s** Fecht...; **maître** *m* **d'**⁓**s** Fechtmeister *m*, -lehrer *m*

armé [arme] **I** *adj* **1.** bewaffnet; **conflit** ⁓ bewaffneter Konflikt; **forces** ⁓**es**

Streitmacht *f*, -kräfte *f/pl*; **à main** ⁓**e** *of* main 1.; **paix** ⁓**e** bewaffneter Frieden; **2.** *fig Person* gewappnet (**contre gegen**); ⁓ **de Gegenstand, Person** versehen, ausgestattet, ausgerüstet, *nur Person* gewappnet, *meist iron* bewaffnet mit; *Stock* ⁓ **d'une pointe de fer** mit e-r Eisenspitze versehen; *Person* ⁓ **d'un parapluie** auch mit e-m Regenschirm bewaffnet; **j'étais** ⁓ **de ma seule bonne volonté** ich brachte nur meinen guten Willen mit; **3.** *bât* **béton** ⁓ Stahl-, Eisenbeton *m*; ar'miert, bewehrter Be-'ton; *élect* **câble** ⁓ bewehrtes Kabel; **4.** *Feuerwaffe* 'durchgeladen; gespannt (*auch Photoapparat*); **II** *m e-r Feuerwaffe* 'Durchgeladensein *n*; Gespanntsein *n* (*des Verschlusses, Schlosses, Hahns*); **cran** *m* **d'**⁓ Spannraste *f*

armée [arme] *f* **1.** *mil* Ar'mee *f*; Heer *n*; Truppe *f*; *auch* Mili'tär *n*; *in Zssgn auch* Streitkräfte *f/pl*; ⁓**s alliées** alliierte Truppen; *bibl* **les** ♀**s célestes** die himmlischen Heerscharen *f/pl*; *hist* **la Grande** ♀ **de Grande Armée**; die Große Armee (Napoleons I.); ⁓ **mercenaire, de mercenaires** Söldnerheer *n*, -armee *f*; ⁓ **régulière** reguläre Truppe(n); ⁓ **de l'air** Luftwaffe *f/pl*; Luftwaffe *f*; ⁓ **d'invasion, de libération, d'occupation** Invasi'ons-, Befreiungs-, Besatzungsarmee *f bzw* Heer *n*; ⁓ **de mer** Seestreitkräfte *f/pl*; (*Kriegs*) Ma'rine *f*; ⁓ **de métier, de milice** Berufs-, Mi'lizheer *n*; ⁓ **de réserve** Re'serve *f*; *rel* ♀ **du Salut** Heilsarmee *f*; ⁓ **de terre** Landstreitkräfte *f/pl*; Heer *n*; ⁓ **de volontaires** Freiwilligenheer *n*; *bibl* **le Dieu des** ⁓**s** der Herr der Heerscharen; *loc/adv:* **à** *od* **dans l'**⁓ bei *od* in der Armee; **beim Mili'tär**; **être dans l'**⁓ Berufssoldat sein; ⁓ **im Feld**; (**service** *m* **de la**) **poste aux** ⁓**s** Feldpost *f*; **être aux** ⁓**s** im Feld sein, stehen; **2.** *mil als Truppenverband* Ar'mee *f*; **la sixième** ⁓ die sechste Armee; **corps** *m* **d'**⁓ Armeekorps *n*; **3.** *fig* **une** ⁓ **de ...** (Heer)Scharen *f/pl*, e-e Ar'mee von ...

armement [arməmɑ̃] *m* **1.** ⁓**s** *pl* (Auf-) Rüsten *n*, -ung *f*; **course** *f* **aux** ⁓**s** Wettrüsten *n*; Rüstungswettlauf *m*; **limitation** *f*, **réduction** *f* **des** ⁓**s** Rüstungsbegrenzung *f*, -beschränkung *f*; **2.** *e-r Person, Truppe, e-s Flugzeugs etc* Bewaffnung *f*; Waffenausrüstung *f*; *e-s Kriegsschiffs, e-r Festung* Bestückung *f*; Ar'mierung *f*; **3.** *e-r Feuerwaffe* 'Durchladen *n*; Spannen *n* (*des Verschlusses, Schlosses, Hahns*); *e-s Photoapparats* Spannen *n*; **levier** *m* **d'**⁓ *am Gewehr* Ladehebel *m*; *am MG* Spanngriff *m*, -schieber *m*; **4.** Waffentechnik *f*; **5.** *mar e-s Schiffs* Ausrüsten *n*, -ung *f*; **6.** *mar* Reede'rei *f*; **7.** *bât* Schieferverkleidung *f*; **8.** *mines* Fördereinrichtung *f*; **9.** *früher e-s Geschützes* Ladezeug *n*

arménien [armenjɛ̃] *adj* ⟨⁓**ne**⟩ ar'menisch; **II** *subst* **1.** ♀(**ne**) *m(f)* Ar'menier(in) *m(f)*; **2.** *ling* **l'**⁓ *m* das Ar'menische; Ar'menisch *n*

armer [arme] **I** *v/t* **1.** *Person, Truppe, Flugzeug etc* bewaffnen; *Land* aufrüsten; *Kriegsschiff, Festung* bestücken; ar'mieren; *féod* ⁓ **qn chevalier** j-n zum Ritter schlagen; **2.** *Photoapparat* spannen; *Feuerwaffe* 'durchladen; (den Verschluß, Hahn, das Schloß [+gén]) spannen; **3.** *Schiff* ausrüsten; **4.** *Beton, Kabel* bewehren; *Beton auch* ar'mieren; *Balken* ⁓ **de bandes de fer** mit Eisenbändern beschlagen, verstärken; **5.** *mines Schacht* mit e-r Fördereinrichtung versehen; **II** *v/i* **6.** *Land* (auf)rüsten; zum Krieg rüsten; **III** *v/pr Person* **s'**⁓ **7.** sich bewaffnen (**de mit**); **8.** *fig* sich wappnen

(**contre** gegen; **de** mit); *oft iron* sich bewaffnen (**de** mit); **s'~ contre un danger** sich gegen e-e Gefahr absichern, schützen; **s'~ d'arguments** sich mit Argumenten wappnen (**contre** gegen); **s'~ de courage** s-n Mut zu'sammennehmen; **s'~ de patience** sich mit Geduld wappnen

armet [armɛ] *m hist* geschlossener (Vi'sier)Helm

armeuse [armøz] *f tech* Kabelbewehrungsmaschine *f*

armillaire [armilɛr] **I** *adj astr* früher **sphère ~** Armil'larsphäre *f*; Ar'milla *f*; Ringkugel *f*; **II** *m bot* **~ (de miel)** Hallimasch *m*; Honigpilz *m*

armistice [armistis] *m* Waffenstillstand *m*

armoire [armwar] *f* Schrank *m*; **~ frigorifique** (*großer*) Kühlschrank; **~ à chaussures, à linge, à outils** Schuh-, Wäsche-, Werkzeugschrank *m*; **~ à glace** Spiegelschrank *m*; *F fig* von e-m breitschultrigen Mann c'est une ~ (à glace) F er ist ein richtiger (Kleider-) Schrank; **~ à pharmacie** Ar'znei-(mittel)schrank *m*, -schränkchen *n*; **~ à vêtements** Kleiderschrank *m*; **~-penderie** *f* ⟨*pl* armoires-penderies⟩ kombi'nierter Kleider-Wäscheschrank

armoiries [armwari] *f/pl* Wappen *n*

armoise [armwaz] *f bot* Beifuß *m*; Edelraute *f*; **~ absinthe** Echter Wermut; **~ vulgaire** Gemeiner Beifuß; Wilder Wermut; **~ des glaciers** Glänzende Edelraute

armon [armõ] *m am Fuhrwerk* Deichselgabel *f*

armorial [armɔrjal] *adj* ⟨-aux⟩ Wappen...; **livre ~** *od subst* ~ *m* Wappenbuch *n*; Armori'al *n*

armoricain [armɔrikɛ̃] *adj géol* **Massif ~** Armori'kanische Alpen *pl*

armorier [armɔrje] *v/t* mit Wappen verzieren; Wappen malen (**qc** auf etw [*acc*])

armure [armyr] *f* **1.** *hist* Rüstung *f*; Harnisch *m*; Panzer *m*; **~ complète** ganzer Harnisch; 'Vollpanzer *m*; **~ de guerre, de parade** Feld-, Prunkharnisch *m*; **~ de joute** Tur'nierrüstung *f*; Stechzeug *n*; **2.** *text* Bindung *f*; **~ dérivée** abgeleitete Bindung; **~ fondamentale, de base** Grundbindung *f*; **~ toile** Leinen-, Leinwand-, Tuch-, Taftbindung *f*; **3.** *élect* e-s Kabels Bewehrung *f*; **4.** e-s Magneten Anker *m*; **5.** *fig* Schutz *m*; **6.** *ch* des Schwarzwilds Schild *m*; **7.** *jard* Baumschutz *m*; **8.** Eisen-, Me'tallbeschlag *m*; **9.** *mus* Vorzeichnung *f*

armur|erie [armyrri] *f* **1. a)** Waffenfabrikation *f*, -herstellung *f*; **b)** Waffenfabrik *f*; **c)** Waffenhandel *m*; **2.** *im Mittelalter* Waffenschmiedekunst *f*; Plattnerhandwerk *n*; **~ier** *m* **1.** Waffenfabrikant *m*, -hersteller *m bzw* -händler *m*; **2.** *mil* Waffenmeister *m*; **3.** *im Mittelalter* Plattner *m*; Harnischmacher *m*; Waffenschmied *m*; Schwertfeger *m*

arnaqu|e [arnak] *arg m* Hochstape'lei *f*; Betrug *m*; **faire de l'~** F die Leute übers Ohr hauen, über den Löffel bal'bieren, P bescheißen; **~er** *v/t arg cf* (faire de l')arnaque; **~eur** *arg m* Betrüger *m*; Gauner *m*; Hochstapler *m*

arnica [arnika] *f bot* Arnika *f*; Bergwohlverleih *m*; *phm* **teinture** *f* **d'~** Arnikatinktur *f*

aroïdacées [arɔidase] *f/pl cf* aracées

arol *od* **arol(l)e** [arɔl] *m bot* Zirbelkiefer *f*; Arve *f*

aromate [arɔmat] *m* Gewürz *n*; aro'matische pflanzliche Sub'stanz

aromat|ique [arɔmatik] *adj* aro'matisch; wohlriechend, -schmeckend; *Duft,*

Geschmack würzig; *chim* **composés** *m/pl* **~s** *od subst* **~s** *m/pl* aromatische Verbindungen *f/pl*; Aro'maten *m/pl*; **herbes** *f/pl* **~s** würzige, aromatische Kräuter; Gewürzkräuter *n/pl*; **plante** *f* **~** Gewürzpflanze *f*; **substance** *f* **~** aromatische Substanz; **~iser** *v/t* aromati'sieren; würzen; **aromatisé de chocolat** mit Schoko'ladengeschmack

arome *od* **arôme** [arom] *m* **1.** A'roma *n*; Duft *m*; Wohlgeruch *m*; **~ de café** Kaffeeduft *m*, -aroma *n*; **2.** *chim* A'roma *n*; (syn'thetischer) Geschmacksstoff

aronde [arõd] *f loc/adj* **à queue d'~** schwalbenschwanzförmig; *tech* **assemblage** *m* **à queue d'~** Schwalbenschwanzverbindung *f*

arpège [arpɛʒ] *m mus* Arpeggio [ar-'pedʒo] *n*

arpéger [arpeʒe] *v/t* ⟨-è-; -geons⟩ *mus* arpeggieren [-pɛ'dʒi-:]; ar'peggio spielen

arpent [arpɑ̃] *m altes Feldmaß* Morgen *m*; Joch *n*; Juchart *m od f*; Tag(e)werk *n*; *fig* **quelques ~s de terre** ein paar Morgen, ein Stück(chen) *n* Land

arpent|age [arpɑ̃taʒ] *m* **a)** Feldmessung *f*; (Land[es])Vermessung *f*; *mines* Markscheidung *f*; **b)** Feldmeßkunst *f*; Vermessungskunde *f*, -technik *f*; *mines* Markscheidekunde *f*; **~er** *v/t* **1.** *Gelände* vermessen; **2.** *fig* **~ une pièce** e-n Raum mit großen Schritten durch'messen; mit großen Schritten in e-m Raum auf und ab gehen; **~eur** *m* Vermessungsfachmann *m*; Geo'meter *m*; Feld-, Landmesser *m*; *mines* Markscheider *m*; **~euse** *f zo* Spannraupe *f*

arpion [arpjõ] *m* Fuß *m*; F Flosse *f*; **~s** *pl* F *auch* Quanten *pl*

arqué [arke] *adj* gebogen; bogenförmig; *Augenbrauen* geschwungen; *Rücken* krumm; gekrümmt; gewölbt; *Beine* krumm; **cheval ~** Pferd *n* mit Bockknien; **jambes ~es** O-Beine *n/pl*

arquebus|e [arkəbyz] *f hist* Arke'buse *f*; Hakenbüchse *f*; **~ier** *m hist* **a)** Arkebu'sier *m*; **b)** Büchsenmacher *m*

arquer [arke] **I** *v/t tech* biegen; krümmen; wölben; **II** *v/i* **1.** sich biegen, krümmen, wölben; *Balken* sich ('durch-) biegen; **2.** F *fig* **ne plus pouvoir ~** nicht mehr gehen, laufen, F kriechen können

arrachage [araʃaʒ] *m von Pflanzen* (Her')Aus-, F Rausreißen *n*; Herausnehmen *n*, -ziehen *n*; Ausraufen *n*, -rupfen *n*, -zupfen *n*; *von Kartoffeln, Rüben* Roden *n*; Ausmachen *n*; *von Radieschen* Ziehen *n*; Zupfen *n*; e-r Baumwurzel (Aus)Roden *n*; des Flachses Raufen *n*; e-s Nagels (Her')Aus-, F Rausziehen, -reißen *n*; *d'une dent* Zahnziehen *n*; **~ des mauvaises herbes** Unkrautjäten *n*, -zupfen *n*, -rupfen *n*

arraché [araʃe] *m* **1.** Gewichtheben Reißen *n*; **2.** *loc/adv* **à l'~** etw erreichen mit großer Anstrengung; unter Aufbietung aller Kräfte; nach Über'windung vieler Schwierigkeiten, Hindernisse; **remporter la victoire à l'~** den Sieg schwer erringen

arrache-clou [araʃklu] *m* ⟨*pl* arrache--clous⟩ Geißfuß *m*; Nagelheber *m*

arrachement [araʃmɑ̃] *m* **1.** Trennung *f*, Abschied *m*; *p/fort* Sich'losreißen *n* (**de** von); **2.** Trennungsschmerz *m*; **~ des adieux** Abschiedsschmerz *m*; **3.** *arch* **a)** Verzahnung *f am* Mauerende; **b)** **~ d'une voûte** Gewölbeanfänger *m/pl*

arrache-pied [araʃpje] *loc/adv* **d'~** unermüdlich; unablässig; unverdrossen; rastlos; **travailler d'~** unermüdlich, schwer, F wie verrückt arbeiten

arracher [araʃe] **I** *v/t* **1.** *Pflanze* (her')aus-, F rausreißen; her'aus-, F rausnehmen, -ziehen; ausraufen; *F* raus-

---

zupfen, -rupfen (*auch Feder*); *Unkraut auch* jäten; *Kartoffeln, Rüben* roden; aus-, F rausmachen; *Radieschen* ziehen; zupfen; *Baumwurzel* (aus)roden; *Flachs* raufen; *Nagel* her'aus-, F rausziehen, -reißen; *Zahn* ziehen; *Haar* ausreißen; *Buchseite* her'aus-, F rausreißen; losreißen; *Plakat* ab-, losreißen; *Gewichtheben* reißen; **~ qc à qn, ~ qc des mains à qn** e-r etw entreißen, weg-, fortreißen, aus den Händen reißen; **un obus lui a arraché le bras** e-e Granate hat ihm den Arm ab-, weggerissen; *fig* **~ les yeux à qn** j-m die Augen auskratzen; **2.** *fig* **~ qc à qn** Lächeln, Fluch, Schrei, Beifall, Geständnis, Geheimnis j-m entlocken, Lächeln, Beifall *auch* abnötigen, Versprechen, Sieg, Entscheidung abringen, abtrotzen, Versprechen *auch* abnehmen, Geständnis, Zusage *auch* von j-m erzwingen, erpressen; *ohne obj/indir Lohnerhöhung etc* erzwingen, ertrotzen; **~ des larmes à qn** j-n zu Tränen rühren; **3.** **~ qn à qc** j-n e-r Sache (*z B* dem Elend, e-r Gefahr, s-n Träumen) entreißen; j-n aus etw (*z B* aus dem Schlaf, aus s-n Träumen, aus s-r Gewohnheit) reißen; **~ qn à son travail** j-n aus s-r Arbeit (her'aus)reißen, von s-r Arbeit wegreißen, s-r Arbeit entführen; **~ qn de qc** j-n aus etw (*z B* aus s-r Familie, Umgebung) her'ausreißen; *la sonnerie du réveil* l'arracha du lit … riß ihn aus dem Bett; **II** *v/pr* **4.** **s'~ de qc** sich von etw losreißen; sich e-r Sache (*dat*) entziehen; **s'~ des bras de qn** sich j-s Armen entwinden, sich von j-m losreißen; **s'~ au charme de qc** sich dem Zauber, Reiz e-r Sache entziehen; **s'~ de son fauteuil, de son lit** sich mühsam, ungern vom Sessel, Bett erheben; **s'~ au sommeil** mühsam den Schlaf abschütteln; nur schwer wach werden; **s'~ de sa torpeur** sich aus s-r Betäubung befreien; **5.** F *fig* **s'~ les cheveux** sich die Haare raufen; **6.** **s'~ qn**, **qc** sich um j-n, etw reißen

arrache-racine(s) [araʃrasin] *m* ⟨*pl* arrache-racines⟩ *agr* (Kar'toffel-) Hacke *f*

arrach|eur [araʃœr] *m* **mentir comme un ~ de dents** lügen, daß sich die Balken biegen; das Blaue vom Himmel her'unterlügen; lügen wie gedruckt; **~euse** *f agr* Roder *m*; Rodemaschine *f*; *für Kartoffeln auch* Rodepflug *m*; *für Rüben auch* Rübenerntemaschine *f*

arrachis [araʃi] *m* **1.** *von Bäumen, Wurzelstöcken* (Aus)Roden *n*, -ung *f*; **2.** frisch ausgerissene Pflanze, gerodeter Baum

arrageois [araʒwa] *adj* (*u subst* ♀ Einwohner) von Arras

arraisonn|ement [arɛzɔnmɑ̃] *m* e-s Schiffs (Anhalten *n* zur) Durch'suchung *f*, Über'prüfung *f* der Schiffspapiere; e-s Flugzeugs (Zwingen *n* zur Landung und) Durch'suchung *f*, Über'prüfung *f*; **~er** *v/t Schiff* (anhalten und) durch'suchen und die Schiffspapiere über'prüfen, kontrol'lieren; *Flugzeug* zur Landung zwingen und durch'suchen, kontrol'lieren

arrangeant [arɑ̃ʒɑ̃] *adj Person* entgegenkommend; konzili'ant; gefällig

arrangement [arɑ̃ʒmɑ̃] *m* **1.** e-s Zimmers, Hauses Einrichtung *f*; Anordnung *f*, Arrange'ment *n* der Möbel; *der Wörter in e-m Satz* Anordnung *f*; *der Frisur, Kleidung* (Her)Richten *n*; Ordnen *n*; **2.** *mus* Arrange'ment *n*, Einrichtung *f*, Bearbeitung *f* (**pour orchestre** für Orchester); *Jazzmusik* Arrange'ment *n*; *für e-e Revue etc* **~ musical** musikali-

sches Arrangement; **3.** *zwischen Personen* Vereinbarung *f*; Abmachung *f*; Über'einkunft *f*; Über'einkommen *n*; Einigung *f*; Regelung *f*; Abkommen *n* (*auch zwischen Staaten*); Arrange'ment *n*; *mit Gläubigern auch* Ausein'andersetzung *f*; *jur bei Auseinandersetzung der Erben-, ehelichen Gütergemeinschaft* ~ *de famille* freie Vereinbarung der Familienmitglieder; faire un ~, prendre des ~s avec qn e-e Vereinbarung *etc*. Vereinbarungen *etc* mit j-m treffen; *mit s-n Gläubigern auch* s-n Ak'kord abschließen; terminer un différend par un ~ *auch* e-n Streit gütlich beilegen; *loc/prov* un mauvais ~ vaut mieux qu'un bon procès besser ein magerer Vergleich als ein fetter Prozeß (*loc/prov*)
arranger [arã3e] ⟨-geons⟩ **I** *v/t* **1.** *Blumen, Bücher etc* ordnen; *Möbel, Blumen etc* (hübsch, geschmackvoll) anordnen, arran'gieren, zu'sammenstellen; *Frisur, Kleidung* ordnen; in Ordnung bringen; richten; *Zimmer, Wohnung* einrichten (en als); *fig in e-m Bericht* ~ les choses à sa façon die Dinge auf s-e Weise darlegen, -stellen; sich die Dinge auf s-e Weise zu'rechtlegen; ♦ *adjt Frau* mal arrangée unvorteilhaft gekleidet, zu'rechtgemacht; **2.** *Zusammenkunft, Fest, Reise etc* arran'gieren; organi'sieren; *Zusammenkunft auch* her'beiführen; in die Wege leiten; **3.** *Streit* beilegen; *Angelegenheit* regeln; in Ordnung bringen; einrenken; **4.** *defekten Gegenstand* repa'rieren; wieder in Ordnung bringen; in'standsetzen; donner à ~ zur Reparatur geben; **5.** cela m'arrange bien das kommt mir sehr gelegen, gut zu'paß, gerade recht; das paßt mir gut (ins Kon'zept, in den Plan); il est difficile d'~ tout le monde es ist schwer, es allen recht zu machen; *Kaufmann* ~ ses clients s-n Kunden entgegenkommen; **6.** F ~ qn j-n übel, *iron* schön zurichten; te voilà bien arrangé! wie siehst du denn aus!; tu t'es fait drôlement arranger! dich haben sie ja schön zugerichtet!; **7.** *mus* arran'gieren, bearbeiten, einrichten (pour orchestre für Orchester) *Theaterstück, Text* über'arbeiten; bearbeiten; **II** *v/pr* s'~ **8.** *Person* sich herrichten, zu'rechtmachen; **9.** F *Person* sich her'aus-, F rausmachen; elle s'est bien arrangée sie hat sich gut herausgemacht; **10.** *Person(en)* s'~ (avec qn) sich (mit j-m) einigen, arran'gieren, verständigen; (mit j-m) einig werden, zu e-r Über'einkunft kommen, gelangen; *mit s-n Gläubigern* sich ausein'andersetzen, vergleichen; **11.** *Angelegenheit* sich regeln; wieder in Ordnung kommen; sich einrenken; *Lage, Wetter, Zustand, Gebrechen* sich bessern; (wieder) besser werden; cela s'arrangera! das wird schon wieder werden!; **12.** *Person* s'~ pour (+*inf*) es *od* sich so einrichten, daß ...; zusehen, daß ...; *abs* arrangez-vous! seht zu, wie ihr das macht, wie ihr zu'rechtkommt, wie ihr damit fertig werdet!; **13.** *Person* s'~ de qc sich mit etw abfinden; etw in Kauf nehmen; mit etw fertig werden
arrangeur [arã3œr] *m mus* Arran'geur *m*
arrérages [arera3] *m/pl* (fällige) Rente; (fälliger) Rentenbetrag
arrestation [arɛstasjõ] *f* Verhaftung *f*; Festnahme *f*; Inhaf'tierung *f*; mettre qn en état d'~ j-n verhaften, festnehmen, inhaf'tieren, in Haft nehmen
arrêt [arɛ] *m* **1.** *e-s Fahrzeugs* **a)** (An)Halten *n*; Stoppen *n*; Halt *m*; *ch de fer* signal *m* d'~ Haltesignal *n*; *loc/adv* à l'~ haltend; stehend; *ne pas ouvrir* avant l'~ du train ... bevor der Zug hält; faire un ~

halten; Halt machen; **b)** *ch de fer* Aufenthalt *m*; on a cinq minutes d'~ wir haben fünf Minuten Aufenthalt; *öffentliches Verkehrsmittels* Haltestelle *f*; ~ d'autobus (Auto)Bushaltestelle *f*; **2.** *e-r Maschine, des Motors* **a)** Stehenbleiben *n*; Aussetzen *n*; Stillstehen, -stand *m*; **b)** Abstellen *n*; Ab-, Ausschalten *n*; Anhalten *n*; Stoppen *n*; Außerbe'triebnahme *f*, -setzung *f*; *des Atems, Herzens* Aussetzen *n*; Stocken *n*; Stillstand *m*; *der Feindseligkeiten, Kämpfe* Einstellung *f*; Beendigung *f*; *e-r Sitzung, e-s Spiels, Wettkampfes, von Gesprächen* Abbruch *m*; Unter'brechung *f*; ~ des importations Einfuhrstopp *m*; ~ de travail Arbeitseinstellung *f*, -unterbrechung *f*, -aussetzung *f*. bei Streik -niederlegung *f*; *temps m d'~ bei der Arbeit, beim Gehen, Sprechen* (kurze) (Ruhe)Pause, Unter'brechung; *fig e-r Entwicklung, e-s Prozesses* Stocken *n*, -ung *f*; Stillstand *m*; marquer un temps d'~ e-e kurze Pause einlegen, machen; kurz innehalten, stehenbleiben; *fig connaître, subir un temps d'~ ins* Stokken geraten; (vorübergehend) zum Stillstand kommen; *loc/adv* sans ~ pausenlos; ununterbrochen; unaufhörlich; ständig; dauernd; immerzu; in einem fort; **4.** *jur* maison *f* d'~ *cf* maison 3.; mandat *m* d'~ Haftbefehl *m*; **5.** *tech* Arre'tierung *f*; Feststeller *m*; Sperre *f*; Hemmung *f*; *für Fenster(läden)* Feststeller *m*; Fensterhaken *m*; *an der Wohnungstür* ~ de sécurité Türsperre *f*; cran *m* d'~ *cf* cran 1.; **6.** *jur e-s Berufungs-, Kassationsgerichts etc* Urteil(sspruch) *n(m)*; Entscheidung *f*; *fig* ~ de mort Todesurteil *n*; **7.** *mil* ~s *pl* Ar'rest *m*; ~s simples leichter Arrest; ~s de forteresse Festungshaft *f*; ~s de rigueur verschärfter Arrest; mettre qn aux ~s j-m Arrest geben; être mis aux ~s Arrest bekommen; **8.** *cout* faire les points d'~ den Faden verstechen, vernähen; **9.** *ch des Vorstehhundes* Vorstehen *n*; chien *m* d'~ Vorsteh-, Hühnerhund *m*; être à l'~, tomber en ~ vorstehen; *fig* tomber, rester en ~ devant qc (staunend, bewundernd) vor etw (*dat*) stehenbleiben, innehalten, den Schritt verhalten; **10.** *mil* ligne *f* d'~ Auffanglinie *f*; tir *m* d'~ Sperrfeuer *n*; **11.** *Rugby* ~ de volée Freifang *m*; *esc* coup d'~ Aufhaltsstoß *m*; **12.** *am Rennrad* ~ du pied *cf* cale-pied; **13.** *am Harnisch* ~ de cuirasse, de lance Rüsthaken *m*
arrêté[1] [arete] *m* **1.** *adm* Erlaß *m*; Verfügung *f*; Anordnung *f*; Verordnung *f*; ~ ministériel Ministeri'alerlaß *m*; ~ municipal Verfügung, Anordnung der Gemeinde(-), Stadt(verwaltung); **2.** *fin* Abschluß *m*; ~ de compte Kontoabschluß *m*
arrêté[2] [arete] *adj* fest; avec l'idée bien ~e de (+*inf*) mit der festen Absicht zu (+*inf*); avoir des idées bien ~es sur qc e-e ganz feste Meinung über etw (*acc*) haben; c'est une chose ~e das ist beschlossene, abgemachte Sache; das steht fest
arrête-bœuf [arɛtbœf] *m* ⟨inv⟩ *bot* (Dornige) Hauhechel; Hechelkraut *n*
arrêter [arete] **I** *v/t* **1.** *Passanten* anhalten; *Fahrzeug* anhalten; stoppen; zum Stehen bringen; *Maschine, Motor auch* abstellen; ab-, ausschalten; zum Stillstand bringen; außer Betrieb setzen; *Uhr* anhalten; *Blutung* stillen; zum Stillstand bringen; *Produktion, Einfuhr, Wohnungsbau* stoppen; *Produktion auch* einstellen; stillegen; *Entwicklung, Prozeß, Fortschritt* aufhalten (*auch Altern, Verfall*); hemmen; *Zeit* anhalten; *Feindselig-

keiten* einstellen; beenden; *Verhandlungen, Sitzung, Spiel, Wettkampf* abbrechen; unter'brechen; *Redner* unter'brechen; arrêtez-le! haltet ihn!; ~ le feu dem Feuer Einhalt gebieten; ~ le travail die Arbeit unter'brechen, einstellen, niederlegen; mit der Arbeit aussetzen; die Arbeit ruhen lassen; ~ sa voiture dans la rue voisine mit (dem Wagen) in der Nebenstraße halten; ♦ être arrêté *Uhr, Maschine, Motor* stehen; *Produktion, Arbeit, Verkehr, Verhandlungen* ruhen; *Verkehr, Produktion auch* stillstehen, -liegen; **2.** *Umstand, Schwierigkeiten* ~ qn j-n auf-, ab-, zu'rückhalten; rien ne l'arrête nichts kann ihn auf-, ab-, zurückhalten; **3.** *Termin, Treffpunkt* festlegen, -setzen, -machen; vereinbaren; ausmachen; *Plan, Tagesordnung* festlegen; *Beschluß* fassen; *Bestimmungen* erlassen; *e-r Zeichnung etc* ~ les grandes lignes die großen Linien festlegen; ils arrêtèrent que ... *auch* sie beschlossen, daß ...; **4.** *fig Wendungen:* ~ l'attention de qn j-s Aufmerksamkeit fesseln; ~ l'attention de qn sur qc j-s Aufmerksamkeit auf etw (*acc*) lenken; ~ son choix sur qn, qc *cf* choix 1.; ~ son regard, ses yeux sur qn, qc s-n Blick, s-e Augen auf j-m, etw ruhen lassen; den Blick, die Augen auf j-n, etw heften; son regard fut arrêté par ... sein Blick wurde von ... gefesselt; sur qui arrêtez--vous vos soupçons? auf wen fällt Ihr Verdacht?; gegen wen richtet sich Ihr Verdacht?; **5.** *tech* arre'tieren; feststellen; hemmen; sperren; *cout* Maschen festhalten; befestigen (*auch Stich*); ~ une couture, les points e-e Naht, den Faden verstechen; den Faden vernähen; **6.** ~ qn j-n verhaften, festnehmen, inhaf'tieren, in Haft nehmen; **7.** *Konto, Rechnung, Bilanz* abschließen; **8.** *adm* ~ que ... verfügen, anordnen, daß ...; **II** *v/i* **9.** *Autofahrer* (an)halten; *Fußgänger* stehenbleiben; stillstehen; **10.** *mit e-r Tätigkeit* aufhören (de + *inf* zu + *inf*); innehalten; einhalten; **11.** *ch Vorstehhund* vorstehen; **III** *v/pr* s'~ **12.** *Fußgänger* stehenbleiben; stillstehen; *Auto(-fahrer)* (an)halten; stoppen; stehenbleiben; *Maschine, Motor* stehenbleiben; aussetzen; zum Stillstand kommen; *Motor auch* ausfallen; *Uhr* stehenbleiben; *Blutung* aufhören; zum Stillstand, Stehen kommen; *Lärm* aufhören; verstummen; *Zeit* stillstehen; *Arbeit, Fabrik* ruhen; stillstehen; *Fabrik auch* die Arbeit einstellen; *Herz, Atem* aussetzen; stocken; stillstehen; *Person bei e-r Tätigkeit* innehalten; le récit s'arrête ici hier bricht, reißt der Bericht ab; **13.** *j, der unterwegs ist* Halt, Rast, Stati'on machen; haltmachen; sich aufhalten; s'~ dans un restaurant pour déjeuner in ein Restaurant zum Mittagessen einkehren; *Blick, Augen* s'~ sur qn, qc sich auf j-n, etw heften; bei *od* an j-m, etw hängenbleiben; auf j-m, etw ruhen; **14.** *mit e-r Tätigkeit* aufhören (de + *inf* zu + *inf*); innehalten; einhalten; sans s'~ (sans) arrêt 3.; **15.** *Person* s'~ à qc sich mit *od* bei etw aufhalten; bei etw verweilen; sich mit etw abgeben, beschäftigen; sich um etw kümmern; ne pas s'~ à des détails sich nicht mit Einzelheiten aufhalten *etc*; sans s'y ... sich nicht weiter darum zu kümmern; **16.** *Teppich etc* s'~ au mur bis an die Wand reichen; an der Wand aufhören, enden
arrêtiste [aretist] *m jur* Kommen'tator *m* von Rechtssprüchen, -urteilen
arrêtoir [aretwar] *m tech* Arre'tierung *f*; Anschlag *m*; Sperre *f*; Hemmung *f*; Sperrklinke *f*

arrhes [ar] *f/pl comm* Anzahlung *f*; Angeld *n*; Aufgeld *n*; Draufgeld *n*, -gabe *f*; *auch* Reugeld *n*; donner, verser des ~ e-e Anzahlung machen, leisten; etwas anzahlen; ein Angeld *etc* zahlen

arriération [arjerasjõ] *f psych* ~ (mentale) (geistiges) Zu'rückgebliebensein

arrière [arjɛr] **I** *loc/adv* en ~ rückwärts; zu'rück; nach hinten; mouvement *m* en ~ Rückwärtsbewegung *f*; Bewegung *f* nach hinten; faire un pas en ~ e-n Schritt zurücktreten; pencher, renverser la tête en ~ den Kopf nach hinten beugen, legen, werfen; den Kopf zurückbeugen, -legen, -werfen; rester en ~ zurückbleiben; ♦ *ellip auto* marche ~ Rückwärtsgang *m*; faire marche ~ *cf* marche[2] 5.; ♦ *int litt* ~! zurück!; weg da!; **II** *loc/prép* en ~ de hinter (+ *dat bzw* + *acc*); rester en ~ des autres hinter den anderen bleiben; **III** *adj* ⟨*inv*⟩ 'Hinter...; *auto* banquette *f*, siège *m* ~ Rücksitz *m*; *an Fahrzeugen* feu(x) *m(pl)* ~ Rück-, Schlußlicht(er) *n(pl)*; cout point *m* ~ Hinterstich *m*; roue *f* ~ Hinterrad *n*; *mar* vent *m* ~ achterlicher Wind; avoir vent ~ vor dem Wind laufen; **IV** *m* 1. a) *e-s Autos, Schiffs, Flugzeugs* Heck *m*; b) *mar* Achterschiff *n*; c) *e-s Autos* Fond *m*; *loc/adv* à l'~ im Fond; hinten (*auch im Flugzeug*); *mar* achtern; à l'~ du car hinten im Bus; asseyez-vous à l'~ setzen Sie sich nach hinten, hinten hin; 2. *mil im Krieg* 'Hinterland *n*; ~s *pl* E'tappe(ngebiet) *f(n)*; Nachschubgebiet *n*; 3. *sports*: Fuß-, Handball, Hockey Verteidiger *m*; *Volleyball* Grundspieler *m*; *Korbball* 'Hinterspieler *m*; *Rugby* Schlußspieler *m*, -mann *m*

arriéré [arjere] **I** *adj* 1. *Gebiet, Person etc* rückständig; *Vorstellungen auch* über'holt; veraltet; altmodisch; 2. *bes Kind* geistig zu'rückgeblieben, behindert; 3. *Zahlung* rückständig; noch offenstehend, ausstehend; **II** *subst* 1. ~(e) *m(f)* geistig Behinderte(r) *f(m)*, Zu'rückgebliebene(r) *f(m)*; 2. ~ *m* rückständiger, ausstehender Betrag; rückständige, ausstehende Zahlung; Rückstand *m*; ~ de cotisation, de loyer Beitrags-, Mietrückstand *m*

arrière-... [arjer] *in Zssgn* ⟨*im pl inv*, *z B* arrière-bâtiments⟩ 'Hinter...; Nach...; *cf die nachfolgenden Stichwörter*

arrière-|ban [arjɛrbã] *m hist* Heerbann *m* der Aftervasallen; *cf auch* ban 2.; ~**-bâtiment** *m* 'Hinterhaus *n*; Rückgebäude *n*; ~**-bec** *m an e-r Brücke* strom-'abwärts gerichteter Vorkopf, Eisbrecher; ~**-bouche** *f anat* Schlund(kopf) *m*; (Mund)Rachen(raum) *m*; ~**-boutique** *f e-s Ladens* 'Hinter-, Nebenraum *m*; ~**-bras** *m am Harnisch* Oberarmröhre *f*; ~**-chœur** *m arch* Chorraum *m* hinter dem Hauptaltar; ~**-corps** *m bât* Rücklage *f*; zu'rückspringender Teil e-r Gebäudefront; ~**-cour** *f* 'Hinterhof *m*; ~**-cuisine** *f* (Abstell-, Wirtschafts)Raum *m* hinter, neben der Küche; ~**-faix** *m* Nachgeburt *f*; ~**-fief** *m féod* Afterlehen *n*; ~**-garde** *f mil* Nachhut *f*; combat *m* d'~ Nachhutgefecht *n*; *fig* mener un combat d'~ auf verlorenem Posten kämpfen; ~**-gorge** *f anat etwa* Rachen *m*; ~**-goût** *m* Nachgeschmack *m* (*auch fig*); *fig* laisser un ~ d'amertume e-n bitteren Nachgeschmack hinter'lassen

arrière-|grand-mère [arjɛrgrãmɛr] *f* ⟨*pl* arrière-grand-mères⟩ Urgroßmutter *f*; ~**-grand-père** *m* ⟨*pl* arriè-re-grands-pères⟩ Urgroßvater *m*; ~**-

-grands-parents** *m/pl* Urgroßeltern *pl*

arrière-|main [arjɛrmɛ̃] *f des Pferdes* 'Hinterhand *f*; ~**-neveu** *m* ⟨*pl* arriè-re-neveux⟩ Großneffe *m*; ~**-nièce** *f* Großnichte *f*; ~**-pays** *m* 'Hinterland *n*; ~**-pensée** *f* 'Hintergedanke *m*

arrière-|-petite-fille [arjɛrpətitfij] *f* ⟨*pl* arrière-petites-filles⟩ Urenkelin *f*; ~**-petite-nièce** *f* ⟨*pl* arrière-petites--nièces⟩ Urgroßnichte *f*; ~**-petit-fils** *m* ⟨*pl* arrière-petits-fils⟩ Urenkel *m*; ~**-petit-neveu** *m* ⟨*pl* arrière-petits--neveux⟩ Urgroßneffe *m*; ~**-petits--enfants** *m/pl* Urenkel *m/pl*

arrière-|plan [arjɛrplã] *m peint, fig* 'Hintergrund *m*; *fig* passer, reléguer à l'~ in den Hintergrund treten, drängen; ~**-port** *m* Innenhafen *m*, -becken *n*

arriérer [arjere] ⟨-è-⟩ **I** *v/t fällige Zahlung* hin'aus-, aufschieben; **II** *v/pr* s'~ mit der Zahlung im Rückstand bleiben, in Rückstand geraten

arrière-|saison [arjɛrsɛzõ] *f* 1. Spätherbst *m*; fruit *m* d'~ Spätling *m*, -frucht *f*; 2. *agr* l'~ die letzten Monate *m/pl* vor der neuen Ernte; ~**-salle** *f e-s Restaurants* Neben-, 'Hinterraum *m*; ~**-scène** *f thé* 'Hinterbühne *f*; ~**-taille** *f mines* Abbauraum *m*; *Alter* Mann; ~**-train** *m* 1. *vierbeiniger Tiere* 'Hinterteil *n*, -leib *m*; *größerer Tiere auch* 'Hinterhand *f*; F *e-r Person* F 'Hintergestell *n*; Hintern *m*; 2. *e-s Wagens* 'Hintergestell *n*; hinteres Fahrgestell; ~**-vassal** *m* ⟨*pl* arrière-vassaux⟩ *féod* Aftervasall *m*; ~**-voussure** *f arch* Laibungs- *od* Leibungsbogen *m*

arrimage [arimaʒ] *m* 1. *der Ladung* a) *mar* Stauen *n*; Trimmen *n*; *in e-m anderen Fahrzeug* sachgemäßes Verstauen; b) Festmachen *n*, -binden *n*, -schnüren *n*, -zurren *n*; 2. *e-s Raumschiffs* Ankopplung *f*; Andocken *n*; Koppelung *f* (avec mit)

arrim|er [arime] **I** *v/t* 1. *Ladung* a) *mar* stauen; trimmen; *in e-m anderen Fahrzeug* sachgemäß verstauen; b) *mit Ketten, Seilen* festmachen, -binden, -schnüren, -zurren; 2. *Raumschiff* koppeln (avec mit); **II** *v/pr Raumschiff* s'~ ankoppeln, andocken (à an + *acc*); ~**eur** *m mar* Stauer *m*; Schauermann *m* ⟨*pl* -leute⟩; Trimmer *m*

arrivage [arivaʒ] *m* 1. *von Waren* Anlieferung *f*; Eintreffen *n*; Eingang *m*; Zufuhr *f*; *von Fischen* Anlandung *f*; *auf den Viehmarkt* ~ de bestiaux Viehauftrieb *m*; 2. angelieferte, eingetroffene, eingegangene Ware; *pl* ~s *auch* Eingänge *m/pl*; Zugänge *m/pl*; 3. *plais von Personen* a) Ankunft *f*; Eintreffen *n*; b) un ~ de touristes e-e Ladung (von) Tou'risten

arriv|ant [arivã] *m*, ~**ante** *f* Ankommende(r) *f(m)*; Eintreffende(r) *f(m)*; Ankömmling *m*; les nouveaux arrivants die Neuankömmlinge *m/pl*

arrivé [arive] **I** *adj Person* arri'viert; (beruflich, gesellschaftlich) erfolgreich; un homme ~ *auch* ein gemachter Mann; il est ~ er ist arriviert; er hat es geschafft; **II** *subst* les premiers, derniers ~s die zu'erst, zu'letzt Gekommenen; die(jenigen), die zuerst, zuletzt gekommen sind

arrivée [arive] *f* 1. *e-r Person, e-s Zuges* Ankunft *f*; Eintreffen *n*; *e-r Person auch* Kommen *n*; *e-s Schiffes auch* Einlaufen *n* (au port in den Hafen); *der Post* Eingang *m*; Eintreffen *n*; *von Wagen vor e-m Gebäude* Auffahrt *f*; *des Frühlings* Ankunft *f*; Nahen *n*; Kommen *n*; *ch de fer*: im Fahrplan ~ an; *ausgehängte Übersicht* ~s Ankunft (der Züge); heure *f* d'~ Ankunftszeit *f*; à l'~ bei der Ankunft; lors de son ~ au pouvoir als er an die

Macht kam; *ch de fer* où est l'~? wo kommen die Züge an?; 2. *sports* Ziel *n*; juge *m* à l'~ Zielrichter *m*; ligne *f* d'~ Ziel(linie *f*, -band *n*) *n*; l'~ fut très disputée die letzten Meter vor dem Ziel waren heiß um'kämpft; 3. *tech* a) *von Luft, Gas, Treibstoff* Zufuhr *f*; Zufluß *m*; Zuführung *f*; Zuleitung *f*; Eintritt *m*; *e-r Flüssigkeit auch* Zulauf *m*; ~ d'air Luftzufuhr *f*, -zuführung *f*; b) Zuführung(-), Zuleitung(srohr *n*, -skanal *m*) *f*

arriver [arive] ⟨être⟩ *v/i* 1. *Person, Zug, Schiff* ankommen, eintreffen, *Person auch* anlangen, *österr* einlangen (à Paris in Paris; chez soi zu Hause; en France in Frankreich); *Person auch* kommen; *Schiff auch* einlaufen (au port in den Hafen); *Post auch* eingehen; *Nachrichten* einlaufen; *Schiff* ~ à quai am Kai anlegen; ~ de Londres aus London (an)kommen; ~ en voiture, par le train mit dem Auto, mit dem Zug (an)kommen; *Waren* ~ par mer auf dem Seeweg kommen; nous voilà enfin arrivés! jetzt sind wir endlich da, angelangt!; ♦ *unpersönlich*: il est arrivé une lettre pour vous es ist ein Brief für Sie angekommen, eingetroffen, eingegangen; il arrive un train toutes les heures es kommt stündlich ein Zug an; il est arrivé de nouveaux touristes es sind neue Touristen angekommen; 2. *Person* (da'her)kommen; *Frühling, Tag, Stunde* kommen; nahen; *Morgen, Nacht* anbrechen; *Nacht auch* her'einbrechen; j'arrive! ich komme schon!; le voici qui arrive! da kommt er ja!; la voiture arriva droit sur nous das Auto fuhr direkt auf uns zu; ~ en courant an-, her'beigelaufen kommen; ~ en masse her'beiströmen; il n'arrive pas vite! es dauert aber lange, bis er kommt!; wo bleibt er nur so lange!; un jour arrivera où ... der Tag wird kommen, an dem ...; es wird ein Tag kommen, wo ...; 3. ~ à (+ *subst*) a) *an e-n Ort, fig* gelangen; (hin)kommen; *Alter, Stadium, bestimmten Punkt, Ziel* erreichen; anlangen an (+ *dat*) *od* bei; *in ein Alter, Stadium* kommen in (+ *acc*); être arrivé au bout, au terme, à la fin de son existence am Ende s-s Lebens angelangt sein; arrivé à cinquante ans mit Erreichung der Fünfzig; mit fünfzig (Jahren); ~ à la conclusion de son exposé zum Schluß s-r Ausführungen kommen; *Preis e-r Ware* être arrivé à trente francs bei dreißig Franc angelangt sein; dreißig Franc erreicht haben; ~ au pouvoir an die Macht kommen; zur Herrschaft gelangen; *Person* n'~ à rien es zu nichts bringen; im Leben nichts erreichen, zu nichts kommen; on y arrive par une rue étroite man gelangt, kommt durch e-e enge Straße dahin; *Redner*: quant à cette question j'y arrive ... ich komme gleich darauf zu sprechen; ... darauf komme ich gleich noch; b) *Wasser(stand), Person in der Größe* reichen bis zu; kommen bis an (+ *acc*); ~ à la cheville *cf* cheville 1.; il m'arrive déjà à l'épaule er reicht mir schon bis zur Schulter; er geht mir schon bis an die Schulter; 4. ~ à (+ *inf*) es schaffen, fertigbekommen, -bringen, F -kriegen zu (+ *inf*); je suis arrivé à le convaincre es ist mir gelungen, ich habe es geschafft, ihn zu über'zeugen; ich konnte ihn überzeugen; ~ à ouvrir qc etw aufbekommen, -bringen, F -kriegen; j'y arrive jetzt gelingt es mir; F jetzt kriege ich es auf, zu, hin *etc*; jetzt geht es; ♦ F *fig* y ~ péniblement F mit dem Geld schlecht rumkommen; ♦ en ~ à faire qc so weit, dahin kommen, daß

man etw tut *od* etw zu tun; allmählich, schließlich etw tun; **j'en arrive à me demander s'il a vraiment raison** ich frage mich allmählich, ob er wirklich recht hat; **il faudra bien en ~ là!** so weit, dahin wird es noch kommen müssen!; **comment peut-on en ~ là!** wie kann man es so weit, dahin kommen lassen!; **5.** ~ **jusqu'à qn** *Person* bis zu j-m vordringen, gelangen, F vorstoßen; *Geräusch, Rufen, Lärm* bis zu j-m dringen; j-n erreichen; **6.** *abs Person* es (beruflich, gesellschaftlich) zu etwas bringen; sich hoch-, emporarbeiten; erfolgreich sein; arri'vieren; **7.** *unangenehme Sache, Unglück* geschehen; pas'sieren; vorfallen; sich ereignen; sich zutragen; sich begeben; ~ **à qn** j-m passieren, zustoßen, geschehen; **cela peut** ~ **à tout le monde** das kann jedem passieren; das kommt in den besten Familien vor; **cela ne m'arrivera plus!** das soll mir nicht wieder, nicht noch einmal passieren!; **que cela ne t'arrive plus!** mach das nicht noch einmal!; **daß mir das nicht wieder vorkommt!;** F **croire que c'est arrivé** (*fälschlich*) glauben, daß man es geschafft hat; ♦ *unpersönlich:* **il lui est arrivé un ennui** ihm ist e-e unangenehme Sache passiert; **comme il arrive souvent aux gens qui...** wie es eben häufig Leuten geht, passiert, die ...; **qu'est-il arrivé ici?** was ist hier passiert, vorgefallen?; **quoi qu'il arrive** was auch (immer) geschehen, kommen mag; **s'il n'arrive rien d'ici là** wenn nichts da'zwischenkommt; ♦ **il arrive que...** (+ *ind od subj*) es kommt vor, es passiert (schon einmal), daß ...; **il arrive à qn de** (+*inf*) es kommt vor, es passiert j-m schon einmal, daß ...; **il lui arrive de se tromper** es kommt vor, es passiert ihm schon einmal, daß er sich irrt; **s'il vous arrive de l'oublier** sollten Sie es vergessen; **8.** *tech Flüssigkeit* zulaufen; zufließen; *auch* Luft zu-, einströmen; eintreten; zugeleitet, zugeführt werden

arriv|isme [arivism(ə)] *m* Strebertum *n*; **~iste** *m, f* Streber(in) *m(f)*; Erfolgsritter *m*; Arri'vist *m*

arroche [arɔʃ] *f bot* Melde *f*; Melle *f*; ~ **des jardins** Gartenmelde *f*; Spanischer Sa'lat

arrog|ance [arɔgɑ̃s] *f* Arro'ganz *f*; Dünkel(haftigkeit) *m(f)*; Über'heblichkeit *f*; Anmaßung *f*; Hochnäsigkeit *f*; anmaßendes, hochfahrendes, hochnäsiges Wesen; **~ant** *adj* arro'gant; dünkelhaft; über'heblich; anmaßend; hochnäsig

arroger [arɔʒe] *v/pr* ⟨-geons⟩ **s'~** *Titel* sich 'widerrechtlich zulegen; sich anmaßen; *Recht* sich anmaßen; sich her'ausnehmen

arrondi [arɔ̃di] **I** *adj* **1.** *Form* rundlich (*auch Gesicht*); (ab)gerundet; *Schrift* rund; **sommet** ~ Kuppe *f*; **2.** *phon Vokal* gerundet; **II** *m* **1.** Rundung *f*; abgerundete, runde Form; **2.** *aviat* Abfangen *n* vor der Landung

arrondir [arɔ̃dir] **I** *v/t* **1.** (ab)runden; e-e runde Form geben (+*dat*); *Kanten* abrunden; arron'dieren; *peint* die Rundung her'ausarbeiten (+*gén*); *Lippen, phon Vokal* runden; *beim Tanzen* ~ **les bras** die Arme runden; ~ **ses gestes** runde, ausgewogene Bewegungen machen; *Frisur* ~ **le visage** das Gesicht runder, voller, rundlicher machen, erscheinen lassen; **2.** *Summe, Vermögen, Grundbesitz* abrunden; *Grundbesitz auch* arron'dieren; *Summe* ~ **au franc supérieur** (auf den vollen Franc) aufrunden, nach oben abrunden; **3.** *mar Insel, Kap*

um'fahren; um'segeln; her'umfahren um; **4.** *Reiten* ~ **un cheval** ein Pferd an das Gehen auf dem Kreisbogen e-s (Lon'gier)Zirkels gewöhnen; **II** *v/pr* **s'~** rund werden; sich runden; **sa taille s'est arrondie** sie, ihre Taille ist rundlicher geworden

arrondissage [arɔ̃disaʒ] *m* e-s Gegenstandes (Ab)Runden *n*; Arron'dieren *n*; Rundmachen *n*

arrondiss|ement [arɔ̃dismɑ̃] *m* **1.** *adm in Frankreich* **a)** Arrondisse'ment *n*; 'Unterbezirk *m* e-s Departe'ments; **b)** *e-r Großstadt* (Stadt)Bezirk *m*; **c)** *e-s Eisenbahnnetzes etc* (Verwaltungs)Bezirk *m*; **2.** *phon der Lippen* Rundung *f*; **~eur** *m cout* Rockabrunder *m*

arrosage [arozaʒ] *m* **1.** (Be)Sprengen *n*; Spritzen *n*; *agr, jard* Beregnen *n*, -ung *f*; *auch* Berieselung *f*; *mit der Gießkanne* (Be)Gießen *n*; **tuyau** *m* **d'~** Gartenschlauch *m*; **2.** *mil von Bomben* Massenabwurf *m*; Abwurf *m*, Legen *n* von Bombenteppichen

arroser [aroze] *v/t* **1.** *Straßen, Garten, Rasen* (be)sprengen; spritzen; *agr, jard* beregnen; *auch* berieseln; *mit der Gießkanne* (be)gießen; *Person* naßspritzen; bespritzen; *Braten* begießen; beschöpfen; ~ **d'essence** mit Benzin über'gießen, begießen; *litt:* ~ **de larmes** mit Tränen benetzen; *Erde* **arrosé de sang** mit Blut getränkt; F *fig bei Regen* **se faire** ~ F e-e tüchtige Dusche abkriegen; **2.** *mil mit Artilleriefeuer etc* belegen; F beharken; **3.** F *fig* **a)** *freudiges Ereignis, Beförderung* F begießen; **ça s'arrose!, il faut** ~ **cela, ça!** das muß begossen werden!; **b)** ~ **le repas d'un bon vin** zur Mahlzeit e-n guten Wein trinken; **c)** ~ **son café** Schnaps in s-n Kaffee gießen; **café arrosé** Kaffee mit Schnaps; **4.** *Fluß: Landschaft* bewässern; bespülen; durch'fließen; **5.** *fig Person* bestechen; Bestechungsgelder geben (**qn** an j-n), ausschütten (für j-n); **6.** *für Aktien* arro'sieren; e-e Zuzahlung leisten auf (+*acc*)

arros|eur [arozœr] *m* **1.** j, der sprengt, gießt; *bes städtischer* Sprengwagenfahrer; **2.** (Rasen)Sprenger *m*; Regner *m*; Spreng-, Beregnungs-, Berieselungsanlage *f*; **~euse** *f Straßenreinigung* Sprengwagen *m*; **~euse-balayeuse** *f* ⟨*pl* arroseuses-balayeuses⟩ Straßenreinigung Spreng- und Kehrmaschine *f*; **~oir** *m* Gießkanne *f*

arrow-root [aʀorut] *m* **1.** *bot* Pfeilwurz *f*; **2.** Pfeilwurzmehl *n*; Arrowroot ['ɛroru:t] *n*; ~ **des Antilles** westindisches Arrowroot; Ma'rantastärke *f*

ars [ar] *m des Pferdes* Schulterfalten *f/pl*

arsenal [arsənal] *m* ⟨*pl* -aux⟩ **1.** *für Kriegsschiffe* Werft *f*; ~ **de la marine** Ma'rinewerft *f*; **2.** Waffenarsenal *n*, -lager *n*; **3.** *fig* Arse'nal *n*; Fülle *f*; Menge *f*; **un** ~ **de ruses** ein Arsenal von-, e-e Menge Tricks; **4.** *früher mil* Arse'nal *n*; Zeughaus *n*

arséniate [arsenjat] *m chim* Arse'nat *n*

arsenic [arsənik] *m chim* Ar'sen *n*; ~ **(blanc)** Ar'senik *n*; F Ar'sen *n*; ~ **gris, métallique** graues, metallisches Arsen; ~ **jaune, noir** gelbes, schwarzes *od* braunes Arsen; **empoisonner qn à l'~** mit Arsen vergiften; **~al** ⟨*m*/*pl* -aux⟩ **I** *adj chim* ar'sen(ik)haltig; ar'senig; **II** *m phm* Ar'senpräparat *n*

arsenicophage [arsenikofaʒ] *m,f* Ar'senesser(in) *m(f)*

arséni|é [arsenje] *adj chim* **hydrogène** ~ Ar'senwasserstoff *m*; Ar'sin *n*; **~eux** *adj* ⟨*nur m*⟩ *chim* ar'senig; **acide** ~ arsenige Säure *f*; **anhydride** ~ Ar'senik *n*; Arsen'trioxid *n*

arsén|ique [arsenik] *adj chim* **acide** *m* ~

Ar'sensäure *f*; **anhydride** *m* ~ Arsen'pentoxid *n*; **~ite 1.** *m chim* Arse'nit *n*; ar'seniksaures Salz; **2.** *f cf* **arsénolite**

arséniure [arsenjyr] *m chim* Arse'nid *n*

arsénolite [arsenɔlit] *f minér* Arsenolith *m*; Ar'senblüte *f*; Arse'nit *m*

arsin [arsɛ̃] *adj* ⟨*nur m*⟩ *Baum, Holz* durch Brand beschädigt

arsine [arsin] *f chim* Ar'sin *n*

arsouille [arsuj] **I** *adj* Ga'noven...; Gauner...; **II** *m* Ga'nove *m*; Gauner *m*

art [ar] *m* **1.** (*die*) Kunst; **les ~s** die bildenden Künste (*im weiteren Sinn*); ~ **abstrait, égyptien** abstrakte, ägyptische Kunst (*im engeren Sinn*); ~**s plastiques** bildende Kunst (*im engeren Sinn*); ~ **populaire** Volkskunst *f*; *Literatur* **l'~ pour l'~** l'art pour l'art; die Kunst um der Kunst willen; **film** *m* **d'~** künstlerisch anspruchsvoller, wertvoller Film; **histoire** *f* **de l'~** Kunstgeschichte *f*; *in Paris* **musée national** *d'♀* **moderne** Nationalmuseum *n* für Moderne Kunst; **œuvre** *f* **d'~** Kunstwerk *n*; **ville** *f* **d'~** Kunststadt *f*; Stadt *f* der Künste; **2.** (*e-e*) Kunst; ~**s appliqués, décoratifs, industriels** Kunstgewerbe *n*; *auch* angewandte, dekorative Kunst; Kunsthandwerk *n*; ~ **culinaire** Kochkunst *f*; ~**s ménagers** *cf* **ménager** [2] 1.; ~ **militaire, oratoire** Kriegs-, Redekunst *f*; *Boileau* **L'♀ poétique** Die Dichtkunst; **le septième** ~ die Filmkunst; ~ **vétérinaire** Tierheilkunst *f*; ~**s d'agrément** *cf* **agrément** [1] 1.; **l'~ d'aimer, de se taire, de vivre,** *etc* die Kunst zu lieben *od* die Liebeskunst, die Kunst zu schweigen *od* des Schweigens, die Kunst zu leben *etc* (*auch als Buchtitel*); **l'~ d'écrire** die Schreibkunst; (**École** *f* **des**) **♀s et Métiers** *etwa* Technische Hochschule; **faire qc dans l'~** *od* **selon toutes les règles de l'~** etw kunstgerecht, nach allen Regeln der Kunst machen; **3.** *fig* **avoir l'~ de** (+*inf*) die Ta'lent, die Gabe haben, besitzen, es meisterlich verstehen zu (+*inf*); **il y a l'~ et la manière de faire des reproches,** *etc* man kann Vorwürfe *etc* auch in anderer Art und Weise vorbringen; **4.** *im Mittelalter:* **les (sept)** ~**s libéraux** die (Sieben) Freien Künste *f/pl*; die Artes libe'rales *pl*; ~**s mécaniques** handwerkliche (Erwerbs-)Künste *f/pl*; **faculté** *f* **des** ~**s** Ar'tistenfakultät *f*

artefact [artefakt] *m* Arte'fakt *n* (*auch Histologie*)

artère [artɛr] *f* **1.** *anat* Ar'terie *f*; Schlagader *f*; **on a l'âge de ses** ~**s** man kann sein Alter nicht verleugnen; **2.** *e-r Stadt, e-s Landes* Verkehrsader *f*; **Hauptverkehrsstraße** *f*, -weg *m*; **grande** ~ Hauptverkehrsader *f*; **3.** *e-s Kraft-, Gaswerks* Speiseleitung *f*

artériectomie [arterjɛktɔmi] *f chir* chir'urgische Entfernung, Ablati'on *f* e-s Ar'terienstücks

artériel [arterjɛl] *adj* ⟨~**le**⟩ *anat* arteri'ell; Ar'terien...; **sang** ~ arterielles Blut; **système** ~ Arteriensystem *n*; arterielles Gefäßsystem; **tension** ~**le** Blutdruck *m*

artériole [arterjɔl] *f anat* Arteri'ole *f*; kleinste Ar'terie

artériosclér|eux [arterjɔsklerø] *path* **I** *adj* ⟨-**euse**⟩ **a)** arterioskle'rotisch; **b)** an Arterioskle'rose leidend; **II** *subst* ~, artérioscléreuse *m,f* an Arterioskle'rose, Ar'terienverkalkung Leidende(r) *f(m)*; **~ose** *f path* Ar'terienverkalkung *f*; Arterioskle'rose *f*

artér|iotomie [arterjɔtɔmi] *f chir* Anschneiden *n* e-r freigelegten Ar'terie; ~**ite** *f path* Arterio'mie *f* Ar'terienentzündung *f*; *sc* Arteri'itis *f*

artésien [artezjɛ̃] *adj* ‹~ne› **1.** ar'tesisch; **puits** ~ artesischer Brunnen; **2.** (*u subst* ♀ Bewohner) des Ar'tois

arthralgie [artralʒi] *f path* Gelenkschmerz *m*; *sc* Arthral'gie *f*

arthrit|e [artrit] *f path* Gelenkentzündung *f*; *sc* Ar'thritis *f*; **~ique** *path* **I** *adj* **a)** ar'thritisch; **b)** an Ar'thritis leidend; **II** *m,f* an Ar'thritis Leidende(r) *f(m)*; Ar'thritiker(in) *m(f)*; **~isme** *m path* Neigung *f* zu Ar'thritis, Gicht *etc*; *sc* Arthri'tismus *m*

arthropodes [artrɔpɔd] *m/pl zo* Gliederfüßer *m/pl*; *sc* Arthro'poden *m/pl*

arthrose [artroz] *f path* degenera'tive, chronische Erkrankung e-s Gelenks; *sc* Ar'throse *f*

artichaut [artiʃo] *m* **1.** *bot* Arti'schocke *f* (*Pflanze u Gemüse*); **cœur** *m* **d'~** Artischockenherz *n*; F *fig* **avoir un cœur d'~** sein Herz leicht verschenken; ein Herz für viele, ein weites Herz haben; **fond** *m* **d'~** Artischockenboden *m*; **tête** *f* **d'~** Artischocke *f* (*als Gemüse*); **2.** *auf e-r Mauerkrone* Eisenspitzen *f/pl*

article [artikl(ə)] *m* **1.** *in e-r Zeitung* Ar'tikel *m*; Beitrag *m*; Aufsatz *m*; ~ **de fond** Leitartikel *m*; ~ **de journal, de presse** Zeitungs-, Presseartikel *m*; **série** *f* **d'~s** Artikelserie *f*; **2.** *in e-m Nachschlagewerk* Ar'tikel *m*; Stichwort *n*; **3.** *e-s Gesetzes* Para'graph *m*; *e-s Vertrages auch* Ar'tikel *m* (*auch e-r Verfassung*); Abschnitt *m*; Absatz *m*; Punkt *m*; *fig*: **sur cet** ~ in diesem Punkt; **sur l'~ de l'honnêteté** in puncto Redlichkeit; was die Redlichkeit anbelangt, betrifft; hinsichtlich der Redlichkeit; **4.** *comm* (Handels)Ar'tikel *m*; Ware *f*; *zur Errechnung des Preisindex* ~**s** *pl* Güter *n/pl* und Dienstleistungen *f/pl*; Warenkorb *m*; ~**s de bureau** Bü'robedarf(sartikel) *m(m/pl)*; ~ **de consommation courante** Artikel des täglichen Bedarfs; ~**s de** *od* **en coton** Baumwollartikel *m/pl*, -waren *f/pl*; ~ **d'exportation** Ex'port-, Ausfuhrartikel *m*; ~ **de luxe, de marque** Luxus-, Markenartikel *m*; ~**s de Paris** Galante'rieartikel *m/pl*, -waren *f/pl*; ~**s de sport, de voyage** Sport-, Reiseartikel *m/pl*; **faire l'~** s-e Ware anpreisen, Re'klame machen (*auch fig*); **nous ne faisons pas cet** ~ wir führen diesen Artikel nicht; **5.** *gr* Ar'tikel *m*; Geschlechtswort *n*; **6.** *rel* ~ **de foi** Glaubensartikel *m*; *fig* **être à l'~ de la mort** im Sterben liegen; **7.** *zo der Gliederfüßer* Glied *n*; ~**s** *pl auch* Gliedmaßen *f/pl*

articulaire [artikylɛr] *adj* **1.** *anat* Gelenk...; artiku'lar; **capsule** *f*, **douleur** *f*, **surface** *f* ~ Gelenkkapsel *f*, -schmerz *m*, -fläche *f*; **2.** *psych* **sens** *m* ~ Bewegungsempfindung *f*; kinäs'thetische Empfindung *f*

articulation [artikylasjɔ̃] *f* **1.** *anat* Gelenk *n* (*auch zo der Gliederfüßer*); ~ **immobile** Knochenfuge *f*; ~ **semi-mobile** bewegliches Gelenk; ~ bänderstarkes Gelenk mit geringer Beweglichkeit; ~ **du genou** Kniegelenk *n*; **2.** *phon* Artikulati'on *f*; Lautbildung *f*; (deutliche) Aussprache; **point** *m* **d'~** Artikulationsstelle *f*; **3.** *fig e-r Rede, Organisation etc* Gliederung *f*; *von Sätzen, Redeteilen* Verbindung *f*; Verknüpfung *f*; Zu'sammenhang *m*; **4.** *von Maschinenteilen* Gelenk(verbindung) *n(f)*; ~ **à la Cardan** Kar'dangelenk *n*; **5.** *jur zur Begründung e-r Klage* ~ **des faits** Vortrag *m* der Tatsachen; **6.** *mus* Artikulati'on *f*; **7.** *ling* **double** ~ zweifache Gliederung (*der Sprache*)

articulatoire [artikylatwar] *adj phon* Artikulati'ons...; Lautbildungs...

articulé [artikyle] **I** *adj* **1.** *Laut, Ton, Sprache* artiku'liert; **bien** ~ wohlartikuliert; **2.** *anat Glieder* durch Gelenke verbunden; gelenkig; beweglich; **poupée** ~**e** Gliederpuppe *f*; **3.** *tech* beweglich; **locomotive** ~**e** Gelenkklokomotive *f*; **être articulé sur** beweglich verbunden sein mit; **4.** *fig Rede, Abhandlung* gegliedert; *Gedanken* ~ **l'un sur l'autre** mitein'ander verbunden, verknüpft; **II** *m* **1.** *Zahnmedizin* Artikulati'on *f*; **2.** *zo* ~**s** *pl* Gliedertiere *n/pl*; *sc* Artiku'laten *pl*; *heute meist* Gliederfüßer *m/pl*

articuler [artikyle] **I** *v/t* **1.** *phon* artiku'lieren; (deutlich) aussprechen; *par ext Wort* her'vorbringen; **articulez!** sprechen Sie klar und deutlich!; **2.** *jur* ~ **les faits** die Tatsachen (Punkt für Punkt) vortragen; **3.** *tech* beweglich verbinden; **II** *v/pr* **s'~ 4.** *anat* gelenkig, beweglich, durch Gelenk verbunden sein (**avec, sur** mit); **5.** *tech* beweglich verbunden sein (**avec, sur** mit); **6.** *fig Gedanken, (Rede)Teile, Kapitel* mitein'ander verbunden, verknüpft sein; in-ein'andergefügt sein; **s'~ autour de qc** sich or'ganisch in etw (*acc*) einfügen, eingliedern (*auch Gebäude etc*)

artifice [artifis] *m* **1.** Kunstgriff *m*; Trick *m*; Kniff *m*; ~**s** *pl auch* Raffi'nessen *f/pl*; ~ **de calcul** Rechentrick *m*; ~ **de style** stilistischer Kunstgriff; **2.** (**pièce** *f* **d'~** Feuerwerkskörper *m*, -satz *m*; **Ra'kete** *f* (*zu Signalzwecken etc*); **feu** *m* **d'~** Feuerwerk *n* (*auch fig*)

artificiel [artifisjɛl] *adj* ‹~**le**› **1.** künstlich; Kunst...; **besoins** ~**s** künstlich erzeugte Bedürfnisse *n/pl*; *Alpinismus* **escalade** ~ **le** Klettern *n* mit künstlichen Hilfsmitteln; **jambe** ~**le** (Bein-) Pro'these *f*; **lumière** ~**le** künstliches Licht; Kunstlicht *n*; **respiration** ~**le** künstliche (Be)Atmung; **soie** ~**le** Kunst-, Che'mieseide *f*; **2.** *fig Begeisterung etc* ge-, erkünstelt; unnatürlich (*auch Reaktion*); künstlich; gewollt; gezwungen

artificier [artifisje] *m* Feuerwerker *m* (*auch mil*); Pyro'techniker *m*

artificieux [artifisjø] *litt adj* ‹-**euse**› *Person* gerissen; durch'trieben; verschlagen; arglistig; *auch Worte, Verhalten* 'hinterhältig, -listig

artill|erie [artijri] *f mil* Artille'rie *f*; ~ **antiaérienne, de l'air** Flak(artillerie) *f*; Flugabwehrartillerie *f*; ~ **guidée** Ra'ketenartillerie *f*; ~ **légère, lourde** leichte, schwere Artillerie; ~ **navale** Schiffsartillerie *f*; ~ **de campagne, de montagne**, *früher* **de place** *od* **de siège** Feld-, Gebirgs-, Festungsartillerie *f*; **bataillon** *m* **d'~** Artille'riebataillon *n*; **pièce** *f* **d'~** Geschütz *n*; ~**eur** *m mil* Artille'rist *m*

artimon [artimɔ̃] *m mar* (**mât** *m* **d'~** Be'sanmast *m*; **voile** *f* **d'~** Be'san(segel) *m(n)*

artiodactyles [artjodaktil] *m/pl zo* Paarhufer *m/pl*; *sc* Artio'dactyla *pl*

artisan [artizɑ̃] *m* **1.** Handwerker *m*; ~ **d'art** Kunsthandwerker(in) *m(f)*; **maître** *m* ~ Handwerksmeister *m*; **2.** *fig* Urheber(in) *m(f)*; **être l'~ de sa fortune** s-s Glückes Schmied sein

artisan|al [artizanal] *adj* ‹-**aux**› handwerklich; Handwerks...; **métier** ~ Handwerk *n*; ~**at** *m* **a)** Handwerk *n*; ~ **d'art** Kunsthandwerk *n*; **b)** Handwerksstand *m*

artiste [artist] **I** *m,f* **1.** Künstler(in) *m(f)*; *leicht iron* ~ **capillaire, culinaire** Haar-, Kochkünstler(in) *m(f)*; ~ **peintre** Kunstmaler(in) *m(f)*; **vie** *f* **d'~** a) Künstlerleben *n*, -dasein *n*; b) Bo'hemeleben *n*; **2.** **thé** ~ (**dramatique**) darstellender

Künstler, darstellende Künstlerin; Bühnenkünstler(in) *m(f)*; **entrée** *f* **des** ~**s** Bühneneingang *m*; **II** *adj* künstlerisch veranlagt; mit Kunstsinn, -verstand begabt; **être né** ~ e-e Künstlernatur, angeborenen Kunstsinn, -verstand haben

artistement [artistəmɑ̃] *adv* **1.** künstlerisch; **2.** kunstvoll

artistique [artistik] *adj* **1.** Kunst...; *e-r Stadt* **activité** *f* ~ Aktivität *f* auf dem Gebiet der Kunst; **enseignement** *m* ~ 'Unterricht(swesen) *m(n)* in freier und angewandter Kunst, Kunstgewerbe; **richesses** *f/pl* ~**s** Kunstschätze *m/pl*; **2.** künstlerisch; ~**ment** *adv cf* artistement

arum [arɔm] *m bot* Aronstab *m*

aruspice *cf* haruspice

aryen [arjɛ̃] **I** *adj* ‹~**ne**› arisch; **II** *m/pl* ♀**s** Arier *m/pl*

aryle [aril] *m chim* A'ryl *n*

aryténoïde [aritenɔid] *adj u subst m anat* (**cartilage** *m*) ~ Stellknorpel *m*; Gießbeckenknorpel *m*

arythm|ie [aritmi] *f path* ~ (**cardiaque**) unregelmäßige Herztätigkeit; *sc* Arrhyth'mie *f*; ~**ique** *adj* **1.** *méd* unregelmäßig; **2.** nicht rhythmisch; unrhythmisch

as [as, ɑs] *m* **1.** *beim Kartenspiel* As *n*; ~ **de pique** Pik-As *n*; F *fig* **être ficelé, fichu comme l'~ de pique** komisch, unmöglich angezogen sein, da'herkommen; F *fig* **être plein aux** ~ F stein-, stinkreich sein; nach Geld stinken; F *fig* **passer à l'~** *bei e-r Verteilung* leer ausgehen; F nichts abkriegen; *Vorhaben* ins Wasser fallen; **2.** *auf e-m Würfel, Dominostein* Eins *f*; **3.** F *fig Person auf e-m Gebiet* F As *n*; *bes sports* Ka'none *f*; ~ **de l'aviation** Fliegeras *n*; ~ **du volant** As am Steuer, im Autofahren

asaret [azarɛ] *m bot* Haselwurz *f*

asbeste [asbɛst] *m minér* As'best *m*

ascaride [askarid] *m zo* Spulwurm *m*; *sc* Askaris *f*; ~ **lombricoïde** Spulwurm des Menschen

ascaridiose [askaridjoz] *f path* durch Spulwürmer her'vorgerufene Wurmkrankheit; *sc* Aska'riasis *od* Askari'diasis *f*

ascaris [askaris] *m cf* ascaride

ascendance [asɑ̃dɑ̃s] *f* **1.** *Genealogie* a) aufsteigende Linie; Aszen'denz *f*; b) Vorfahren *m/pl*, -eltern *pl*; ~ **maternelle** mütterliche Linie; **par son** ~ **paternelle** *il est Breton* durch s-e Vorfahren väterlicherseits ...; **2.** *météo* Aufwind *m*; ~ **orographique** Hang-, Gelände-, Reibungsaufwind *m*; ~ **thermique** Wärmeaufwind *m*; *bes Segelflug* Thermik *f*; **3.** *astr e-s Gestirns* Aufgang *m*; *sc* Aszen'denz *f*

ascendant [asɑ̃dɑ̃] **I** *adj* aufsteigend (*auch anat*); *mus Intervall* steigend; *Tonleiter* aufwärtsgehend; *astr, Astrologie* **astre** ~ aufgehendes Gestirn; Aszen'dent *m*; *Genealogie* **ligne** ~ aufsteigende Linie; **mouvement** ~ *e-s Ballons* (Auf)Steigen *n*; *e-s Gestirns* Aufgehen *n*, -gang *m*; **II** *m* **1.** *e-r Person* (starker, mächtiger) Einfluß (**sur qn** auf j-n); *p/fort* Macht *f*; **prendre de l'~ sur qn** Einfluß auf j-n, Macht über j-n gewinnen; **2.** *astr* Aufgang *m*, -gehen *n*; *sc* Aszen'denz *f*; *Astrologie* Aszen'dent *m*; **3.** *meist pl* ~**s** (Bluts)Verwandte *m/pl* in aufsteigender Linie; Vorfahren *m/pl*; *sc* Aszen'denten *m/pl*

ascenseur [asɑ̃sœr] *m* Aufzug *m*; Fahrstuhl *m*; Lift *m*

ascension [asɑ̃sjɔ̃] *f* **1.** *e-s Berggipfels* Besteigung *f*; **première** ~ Erstbesteigung *f*; **faire l'~ du Cervin** das Matter-

horn besteigen; **2.** *e-s Ballons, e-r Rakete* (Auf)Steigen *n*; *von Gasen, Flüssigkeiten in Gefäßen* Steigen *n (auch des Pflanzensaftes)*; **3.** *astr* ~ **droite** gerade Aufsteigung; Rektaszensi'on *f*; **4.** *fig e-r Person, e-s Herrscherhauses* Aufstieg *m*; **5.** *rel* (**fête** *f* **de**) l'♀ Christi Himmelfahrt *f*; *loc/adv* **le jour de** l'♀ am Himmelfahrtstag; (an) Himmelfahrt

ascensionnel [asɑ̃sjɔnɛl] *adj* ‹~le› aufsteigend; Steig...; *der Warmluft etc* **mouvement** ~ Aufsteigen *n*; *e-s Ballons* **force** ~le Auftrieb *m*; *e-s Flugzeugs* **vitesse** ~le Steiggeschwindigkeit *f*

ascèse [asɛz] *f rel* As'kese *f*; *auch* As'zese *f*

ascète [asɛt] *m bes rel* As'ket *m*; *auch* As'zet *m*; **mener une vie d'**~ ein asketisches, enthaltsames Leben, das Leben e-s Asketen führen

ascét|ique [asetik] *adj* as'ketisch; *auch* as'zetisch; streng; enthaltsam; ~**isme** *bes rel* As'kese *f*; *auch* As'zese *f*; *par ext auch* as'ketische Lebensweise

ascidie [asidi] *f* **1.** *zo* Seescheide *f*; **2.** *bot Organ* Röhre *f*; Becher *m*; Kanne *f*

asclépiadacées [asklepjadase] *f/pl bot* Schwalbenwurz-, Seidenpflanzengewächse *n/pl*

asclépiade¹ [asklepjad] *adj u subst m métr* (**vers** *m*) ~ asklepia'deischer Vers; Asklepia'deus *m*

asclépiade² [asklepjad] *f od* **asclepias** [asklepjas] *f bot* Seidenpflanze *f*

ascomycètes [askɔmisɛt] *m/pl bot* Schlauchpilze *m/pl*; *sc* Askomy'zeten *pl*

ascorbique [askɔrbik] *adj chim* **acide** *m* ~ Askor'binsäure *f*

ascospore [askɔspɔr] *f bot* Asko- *od* Askusspore *f*

aselle [azɛl] *m zo* Wasserassel *f*

asepsie [asɛpsi] *f méd* A'sepsis *f*; A'septik *f*; Keimfreiheit *f*; keimfreie Wundbehandlung

asept|ique [asɛptik] *adj méd* a'septisch; keimfrei; ~**isation** *f méd* A'septisch-, Keimfreimachen *n*, -ung *f*; ~**iser** *v/t méd* a'septisch, keimfrei machen

asexué [asɛksɥe] *adj biol* geschlechtslos; *Fortpflanzung* ungeschlechtlich; *sc* asexual

asialie [asjali] *f path* fehlende Speichelsekretion; *sc* Asia'lie *f*

Asiate [azjat] *m,f* Asi'at(e) *m*, Asi'atin *f*

asiatique [azjatik] **I** *adj* (an)südl. *m* **grippe** *f* ~ asiatische Grippe; **II** ♀ *m,f cf* Asiate

asile [azil] *m* **1.** *pol, hist* A'syl *n*; *hist auch* A'syl-, Freistätte *f*; Freistatt *f*; *par ext* Zuflucht(sort *m*, -stätte *f*) *f*; ~ **diplomatique**, **politique** diplomatisches, politisches Asyl; **droit** *m* **d'**~ Asylrecht *n*; *par ext* **chercher, trouver** ~ **chez qn**, **auprès de qn** bei j-m Zuflucht suchen, finden; **demander** ~ um Asyl bitten, nachsuchen; **donner, offrir** ~ **à qn** j-m Asyl gewähren; *par ext* j-m Zuflucht bieten, gewähren; **2.** ~ **d'aliénés** *od ellip* ~ **Irrenanstalt** *f*; ~ **de nuit** Nachtasyl *n*; ~ **de vieillards** *od ellip* ~ (städtisches) Altersheim

asinien [azinjɛ̃] *adj* ‹~ne› *zo* des Esels

asocial [asɔsjal] ‹*m/pl* -aux› **I** *adj* asozial; **II** *m,f* Asoziale(r) *f(m)*

asparagine [asparaʒin] *f chim* Aspara-'gin *n*

asparagus [asparagys] *m bot* Zierpflanze As'paragus *od* Aspa'ragus *m*; *beim Blumenhändler auch* Schnittgrün *n*

aspartique [aspartik] *adj chim* **acide** *m* ~ Aspara'ginsäure *f*

aspe [asp] *m* Seidenhaspel *f*

aspect [aspɛ] *m* **1.** Aussehen *n*; Anblick *m*; **à l'**~ **de** a) beim Anblick von (*od* +

gén); b) angesichts (+gén); **à l'**~ **du sang** beim Anblick von Blut, des Blutes; wenn er, sie *etc* Blut sieht; **à l'**~ **d'un si grand danger** angesichts e-r so großen Gefahr; **d'**~ **imposant** von imposantem Aussehen; imposant aussehend, wirkend; **avoir, offrir, présenter un** ~ **pittoresque**, *etc* malerisch *etc* aussehen, wirken, sich ausnehmen; e-n malerischen *etc* Anblick bieten; **avoir, offrir, présenter l'**~ **de** (+*subst*) (so) aussehen, wirken wie (+*subst*); **donner un** ~ **triste**, *etc* **à qc** e-r Sache (*dat*) ein trauriges *etc* Aussehen verleihen; **2.** As'pekt *m*; Blick-, Gesichtspunkt *m*; **sous cet** ~ unter diesem Aspekt *etc*; **sous un** ~ **nouveau** unter e-m neuen Aspekt; **envisager qc sous tous ses** ~**s** etw unter allen Aspekten. Gesichtspunkten betrachten; *Lage* **se présenter sous un** ~ **plus favorable** sich in günstigerem Licht darstellen; **3.** *gr* As-'pekt *m*; Akti'onsart *f*; **4.** *Astrologie* As'pekt *m*; Konstellati'on *f*

asperge [aspɛrʒ] *f* **1.** *bot* Spargel *m* (*Pflanze u Gemüse*); **pointe** *f* **d'**~ Spargelkopf *m*; **potage** *m* **aux pointes d'**~ Spargelsuppe *f*; **2.** F *fig bes von e-r Frau* F Bohnen-, Hopfenstange *f*; lange Latte

asperger [aspɛrʒe] *v/t u v/pr* ‹-**geons**› (**s'**) (**d'eau**) (sich) (mit Wasser) besprengen, besprühen, bespritzen; *agr* beregnen; *vorbeifahrendes Auto* ~ **qn** j-n bespritzen; **s'**~ **de parfum** sich mit Parfüm besprühen

aspergès [aspɛrʒɛs] *m égl cath* **1.** Weih(wasser)wedel *m*; Asper'gill(um) *n*; **2.** Besprengung *f*; Aspersi'on *f*

aspergill|ose [aspɛrʒiloz] *f path* durch Kolbenschimmelpilze her'vorgerufene Erkrankung; *sc* Aspergil'lose *f*; ~**us** [-ys] *m bot* Kolbenschimmel(-), Gießkannenschimmel(pilz) *m*; *sc* Asper'gillus *m*

aspérité [asperite] *f des Bodens etc* Unebenheit *f*

asperme [aspɛrm] *adj bot* samenlos

aspers|ion [aspɛrsjɔ̃] *f* **1.** Besprengen *n*; Besprühen *n*; Bespritzen *n*; *agr* Beregnung *f*; **2.** *égl cath* Besprengung *f*; Aspersi'on *f*; ~**oir** *m* **1.** *égl cath* Weih(wasser)wedel *m*; Asper'sorium *n*; **2.** *jard* feinstrahlige Brause

aspérula [asperyla] *f bot* Waldmeister *m*; ~ **odorante** Wohlriechender Waldmeister

asphaltage [asfaltaʒ] *m* Asphal'tieren *n*, -ung *f*

asphalt|e [asfalt] *m* **1.** *minér* (Na'tur-) As'phalt *m*; Erdharz *n*; Erd-, Judenpech *n*; *künstliches Gemisch* As'phalt *m*; ~ **coulé** Gußasphalt *m*; ~ **de lac** See-Asphalt *m*; **2.** As'phaltstraße *f*, -pflaster *n*; ~**er** *v/t* asphal'tieren; **rue asphaltée** As'phaltstraße *f*; ~**eur** *m* Straßenbauarbeiter Asphal'tierer *m*; ~**ique** *adj* as-'phalthaltig; As'phalt...; **béton** *m* ~ Asphaltbeton *m*; **poudre** *f* ~ Asphaltrohmehl *n*

asphodèle [asfɔdɛl] *m bot* Aspho'delus *m*; Affo'dill *m*; ~ **jaune** Gelber Asphodelus; Junkerlilie *f*

asphyxiant [asfiksjɑ̃] *adj* erstickend; *fig* **atmosphère** ~ erstickende Atmosphäre; *mil* **gaz** ~**s** Giftgas(e) *n(pl)*; **obus** ~ Gasgranate *f*

asphyxie [asfiksi] *f* **1.** *path* Ersticken *n*, -ung *f*; *sc* Asphy'xie *f*; ~ **par noyade** äußere Erstickung durch Ertrinken; **mort** *f par* ~ Erstickungstod *m*; **mourir d'**~, **succomber à l'**~ ersticken; den Erstickungstod sterben; **2.** *fig e-s Industriezweigs, der Wirtschaft* Da'hinsiechen *n*, -sterben *n*; Absterben *n*; Zu-'grundegehen *n*

asphyxié [asfiksje] **I** *adj* **mourir** ~ erstik-

ken; den Erstickungstod sterben; *fig* **j'y mourrais** ~ ich würde dort ersticken, eingehen; **II** *subst* ~(**e**) *m(f)* Erstickende(r) *f(m)*; j, der dem Ersticken nahe ist

asphyx|ier [asfiksje] **I** *v/t* **1.** ersticken; *Giftgase* zum Erstickungstod führen; (**qn** bei j-m); **être asphyxié par le gaz carbonique** an Kohlendioxid erstickt sein; **2.** *fig* Industriezweig, Wirtschaft être asphyxié abgewürgt werden; **II** *v/pr* **3.** *Person* **s'**~ **avec le** *od* **au gaz** sich mit Gas 'umbringen, das Leben nehmen; **4.** *fig* Wirtschaft, Land **s'**~ lentement langsam da'hinsiechen, zu'grunde gehen; ~**ique** *adj path* as'phyktisch

aspic [aspik] *m* **1.** *zo* Aspisviper *f*; **2.** *cuis* As'pik *m, österr n*; Sülze *f*; ~ **de volaille** Geflügel *n* in Aspik, Ge'lee; Geflügelsülze *f*; **3.** *bot* Großer Speik

aspidistra [aspidistra] *m bot* Schildblume *f*; Schusterpalme *f*; *sc* Aspi'distra *f*

aspirant¹ [aspirɑ̃] *adj* (an)saugend; Saug...; **cireuse** ~ Saugbohner *m*; **pompe** ~**e** Saugpumpe *f*

aspirant² [aspirɑ̃] **1.** *m mil allg* Offi-'ziersanwärter *m*; *Heer, aviat* Fahnenjunker *m*; Fähnrich *m*; *mar* Seekadett *m*; Fähnrich *m zur See*; **2.** ~(**e**) *m(f) auf e-n Posten, Titel* Anwärter(in) *m(f)*; ~ **guide de haute montagne** angehender Bergführer; Bergführeranwärter *m*; ~ **ministre** Anwärter auf e-n Ministerposten

aspirateur [aspiratœr] *m* **1.** Staubsauger *m*; **passer l'**~ staubsaugen *od* Staub saugen (**dans une pièce** in e-m Raum); (ab)saugen (**sur qc** etw); **2.** *tech* Aspi'rator *m*; An-, Absaugvorrichtung *f*; *méd* Aspirati'onsapparat *m*; ~ **de buée** Saugüfter *m*; ~-**balai** *m* ‹*pl* **aspirateurs-balais**› Handstaubsauger *m*; ~-**batteur** *m* ‹*pl* **aspirateurs--batteurs**› Klopfsauger *m*; ~-**traî-neau** *m* ‹*pl* **aspirateurs-traî-neaux**› Bodenstaubsauger *m*

aspiration¹ [aspirasjɔ̃] *f* **1.** *physiol* Einatmen *n*, -ung *f*; Luft-, Atemholen *n*; **2.** *tech* An-, Ab-, Auf-, Einsaugen *n*; Aspirati'on *f*; *e-r Saugpumpe etc auch* Saugen *n*; *Arbeitstakt beim Viertaktmotor* Ansaugen *n*; *e-r Pumpe* 'hauteur *f* **d'**~ Saughöhe *f*; **soupape** *f* **d'**~ Saugventil *n*; **3.** *méd* Absaugen *n*, -ung *f*; Aspirati'on *f*; **4.** *phon* Behauchung *f*; *sc* Aspirati'on *f*

aspiration² [aspirasjɔ̃] *f* **1.** Streben *n*, Trachten *n*, Verlangen *n*, Drang *m*, Sehnen *n*, Sehnsucht *f* (**à** *od* **vers la liberté** nach Freiheit); Bestrebung *f*; **avoir de nobles** ~**s** nach edlen Zielen streben; **2.** *psych* Anspruch *m*; **niveau** *m* **d'**~ Anspruchsniveau *n*

aspiratoire [aspiratwar] *adj physiol* Einatmungs...; das Einatmen betreffend

aspiré [aspire] *phon* **I** *adj* behaucht; aspi'riert; **h** ~ aspiriertes H; **II** *f* ~**e** Hauchlaut *m*; Aspi'rata *f*

aspirer¹ [aspire] *v/t* **1.** Luft, Duft einatmen, -saugen, -ziehen; *abs* einatmen; Luft, Atem holen; **2.** *tech* Gas, Flüssigkeit, Staub an-, ab-, auf-, einsaugen; aspi'rieren; *abs* saugen; **3.** *phon* behauchen; aspi'rieren

aspirer² [aspire] *v/t/indir* ~ **à** streben, trachten, verlangen, sich sehnen nach; ~ **à la gloire** nach Ruhm streben, trachten; *st/s* **je n'aspire plus qu'au repos** ich wünsche nichts sehnlicher als Ruhe

aspirine [aspirin] *f (nom déposé) phm* Aspi'rin *n* (*Wz*); F **blanc comme un cachet d'**~ käseweiß; F **prendre deux** ~**s** zwei Aspirin (ein)nehmen

aspiro-batteur [aspirobatœr] *m* ‹*pl* **aspiro-batteurs**› Klopfsauger *m*

asple [aspl(ə)] *m cf* **aspe**

asque [ask] *m bot der* Schlauchpilze

Schlauch *m*; *sc* Askus *od* Ascus *m*

assag|ir [asaʒir] **I** *v/t* **1.** *Unglück, Erfahrung* ~ *qn* j-n klug, klüger, weise(r), *auch* abkühlen(er) machen, werden lassen; **2.** *Ereignis, Alter* ~ *qn* j-n ruhiger, gesetzter, ausgeglichener machen, werden lassen; *Zeit etc* ~ **les passions** die Leidenschaften abkühlen, dämpfen, mäßigen, besänftigen; **II** *v/pr* **s'**~ **3.** *Person* klüger, weiser, abgeklärter, *Kind* vernünftiger werden; **4.** *Person* ruhiger, gesetzter, ausgeglichener werden; *Stil e-s Künstlers* ausgeglichener werden; **~issement** *m* *e-r Person* **a)** Klüger-, Weiser-, Vernünftiger-, Abgeklärterwerden *n*; **b)** Ruhiger-, Gesetzter-, Ausgeglichenerwerden *n*; Ausgeglichenheit *f*, -sein *n*; *Gesetztheit f; der Leidenschaften* Abkühlung *f*; Dämpfung *f*; Mäßigung *f*; Besänftigung *f*

assaillant [asajã] **I** *adj bes mil* angreifend; (an)stürmend; **II** *subst* ~(e) *m(f)* Angreifer(in) *m(f)*; *bes mil coll* l'~ der *bzw pl* die Angreifer; die Stürmenden *m/pl*

assaillir [asajir] *v/t* ⟨j'assaille, nous assaillons; j'assaillais; j'assaillis; j'assaillirai; que j'assaille; assaillant; assailli⟩ **1.** *Person* angreifen; *bes auf der Straße* überfallen; anfallen; herfallen (*qn* über j-n); *mil* angreifen; *Stellung, Festung* stürmen; berennen; anrennen, anstürmen (*qc* gegen etw); *Wind, Meer* ~ *qc* gegen etw tosen; **2.** *fig* **a)** *Person* ~ *qn* j-n bestürmen, bedrängen; auf j-n einstürmen; ~ *qn* **de questions** j-n mit Fragen bestürmen, überfallen, bombardieren, überschütten; **b)** *Zweifel, Sorgen etc* ~ *qn* j-n heimsuchen, befallen, *Zweifel auch* überfallen, überkommen; *Sorgen auch, Schwierigkeiten* über j-n hereinbrechen

assain|ir [asenir] *v/t* **1.** *altes Stadtviertel etc* (as)sanieren; *Atmosphäre* reinigen; *agr nassen Boden* durch Entwässerung verbessern, meliorieren; **2.** *fig Währung, Wirtschaft, Unternehmen* sanieren; gesunden lassen; *soziales, politisches Klima* (Ver)Bessern; **~issement** *m* **1.** *e-s alten Stadtviertels etc* (As)Sanierung *f; der Atmosphäre* Reinigung *f; agr* (Melioration *f*, Verbesserung *f* durch) Entwässerung *f*; **2.** *fig der Währung, e-s Unternehmens etc* Sanierung *f; als Ergebnis* Gesundung *f*; Erholung *f; des sozialen, politischen Klimas* (Ver)Besserung *f;* **~isseur** *m* ~ (d'air) Produkt *n* zur Luftreinigung; Luftreiniger *m*

assaisonnement [asɛzɔnmã] *m cuis* **a)** *Würzen n; Abschmecken n* (mit *Gewürzen*); *von Salat* Anmachen *n*; **b)** *coll Gewürze n/pl;* Würze *f*

assaisonner [asɛzɔne] *v/t* **1.** *cuis* **a)** *Speise* würzen; (mit Gewürzen) abschmecken; *Salat* anmachen; ~ **au sel et au poivre** mit Salz und Pfeffer würzen, abschmecken; *adit* **trop assaisonné** zu stark gewürzt; **b)** *Gewürz: Speise* schmackhaft machen; **2.** *fig Unterhaltung, Rede* würzen (**d'allusions ironiques** mit ironischen Anspielungen); *die richtige Würze geben* (+*dat*); *adit* **une note assaisonnée** e-e gesalzene, gepfefferte Rechnung

assassin [asasɛ̃] **I** *m* (Meuchel)Mörder(in) *m(f)*; **à l'**~! Hilfe!; Mord *od* Mörder!; **II** *adj litt od plais* **œillade** ~**e** unwiderstehlicher Blick

assassin|at [asasina] *m* **1.** (Meuchel-)Mord *m, jur* Mord *m* (**de** *qn* an j-m); Ermordung *f*; Mordtat *f*, -anschlag *m*; **2.** *fig* Auslöschung *f*; Vernichtung *f*; Liquidierung *f*; **~er** *v/t* **1.** ermorden; umbringen; **il est mort assassiné** er wurde ermordet; **2.** *fig Land, Freiheit*

---

auslöschen; vernichten; liquidieren; *poét* morden

assaut [aso] *m* **1.** *mil* Sturm(angriff) *m*, Angriff *m*, Ansturm *m* (**de** auf + *acc*); Stürmen *n;* ~ **vertical** vertikaler Angriff (durch Luftlandetruppen); **aviation** *f* **d'**~ Schlachtflieger *m/pl;* **avion** *m* **d'**~ Schlacht-, Erdkampfflugzeug *n;* **char** *m* **d'**~ Sturmpanzer *m;* **troupes** *f/pl* **d'**~ Sturmtruppen *f/pl;* **vague** *f* **d'**~ Angriffswelle *f;* **céder sous les** ~**s de l'ennemi** vor dem anstürmenden Feind zurückweichen; **donner l'**~ **aux positions ennemies, monter à l'**~ **des positions ennemies** die feindlichen Stellungen stürmen; *gegen die feindlichen Stellungen anrennen;* **iron donner l'**~ **à la vertu d'une femme** die Tugendhaftigkeit e-r Frau zu Fall zu bringen suchen; **s'élancer, partir à l'**~ zum Sturm ansetzen (**de** auf + *acc*); **prendre d'**~ im Sturm nehmen; (er)stürmen; *fig* stürmen (**les guichets de la banque** die Bankschalter); **2.** *esc Gang m;* ~ **d'armes** As'saut *m;* sportlicher Fechtwettkampf; *fig* **faire** ~ **de** *qc* sich (gegenseitig) in etw (*dat*) zu überbieten suchen; in etw (*dat*) wetteifern; **3.** *fig des Windes, Meeres* Wüten *n;* Tosen *n*

asseau [aso] *m* ⟨*pl* ~**x**⟩ Schieferdeckerhammer *m*

assèchement [asɛʃmã] *m von Sümpfen* Trockenlegung *f;* Austrocknung *f; von feuchten Böden* Entwässerung *f*

assécher [aseʃe] ⟨-è-⟩ **I** *v/t Sumpf* trockenlegen; austrocknen; *feuchten Boden* entwässern; *Teich* ablassen; trockenlegen; *Reservoir* (ent)leeren; **II** *v/pr* **s'**~ austrocknen

assemblage [asɑ̃blaʒ] *m* **1.** *von einzelnen Elementen, bes tech* Verbinden *n*, -ung *f;* Zusammenfügen *n*, -ung *f;* Zusammensetzen *n*, -ung *f;* Zusammenbau *m;* Aneinanderfügen *n*, -ung *f;* Aneinandersetzen *n*, -ung *f;* Montage *f; von Material für ein Buch etc* Zusammentragen *n;* Zusammenstellen *n*, -ung *f; cout* Zusammenstecken *n*, -heften *n; Buchbinderei der Bogen* Zusammentragen *n;* ♦ *charp, tech:* ~ **angulaire** Winkelverbindung *f;* Abzweigung *f;* ~ **bout à bout** Verlängerung *f;* ~ **(non) démontable** (un)lösbare Verbindung; ~ **métallique** Verbindung von Metallteilen; ~ **à brides boulonnées** Flanschverbindung *f;* Anflanschung *f;* **à cornières** Verbindung durch Winkeleisen; ~ **à onglet** (Verbindung durch) Gehrung *f;* ~ **à rainure et languette** Verbindung durch Nut und Feder; ~ **à tenon et mortaise** Zapfenverbindung *f;* Verzapfung *f;* ~ **de charpente, de menuiserie** zimmermannsmäßige, tischlermäßige Holzverbindung; ~ **en bois** Holzverbindung *f;* ~ **par boulons** Bolzenverbindung *f;* ~ **par soudure** Schweißverbindung *f;* Verschweißung *f;* **2.** *EDV* langage *m* ~ maschinenorientierte (Program'mier)Sprache; **3.** *psych test* ~ **d'**~ **de Lienert** Formlege-Test *m* von Lienert; **4.** *fig* Amalgam *n;* Gemisch *n;* Konglomerat *n*

assemblée [asɑ̃ble] *f* **1.** Versammlung *f;* Gremium *n* (*nur coll*); Kon'vent *m;* ~ **annuelle** Jahresversammlung *f;* ~ **consultative** beratende Versammlung; ~ **générale** General-, *bes e-r AG* Haupt-, *der UNO* Vollversammlung *f; e-r AG* ~ **générale constitutive** Gründungsversammlung *f; e-r AG* ~ **générale (extra)ordinaire** (außer)ordentliche Hauptversammlung; ~ **internationale** internationales Gremium; *in Frankreich* l'ℛ **nationale** *od ellip* l'ℛ die Natio'nal-

---

versammlung (*F auch das Gebäude*); ~ **plénaire** 'Voll-, Ple'narversammlung *f;* **Plenum** *n;* ~ **des actionnaires** Aktio'närsversammlung *f; bei Konkursverfahren* ~ **des créanciers** Gläubigerversammlung *f; égl* ~ **des fidèles** Gemeinde *f,* Gemeinschaft *f* der Gläubigen; **convoquer, tenir une** ~ e-e Versammlung einberufen, abhalten; **2.** *coll* l'~ die Versammelten *m/pl; auch* die Gesellschaft; *das Publikum;* **une brillante** ~ e-e glänzende Gesellschaft; **parler en présence d'une nombreuse** ~ vor e-m großen Publikum sprechen

assembler [asɑ̃ble] **I** *v/t* **1.** *einzelne Elemente, bes tech* verbinden; zusammenfügen, -setzen, -bauen; aneinanderfügen, -setzen; montieren; *Stücke e-r Sammlung* zusammentragen; *Material für ein Buch* zusammentragen, -stellen; *cout Teile e-s Kleidungsstücks* zusammenstecken, -heften; *Buchbinderei Bogen* zusammentragen; *fig Ideen* verknüpfen; verbinden; verquicken; **je ne parviens plus à** ~ **les mots** ich kann nicht mehr zusammenhängend sprechen; **2.** *Reitkunst* ~ **son cheval** sein Pferd versammeln; **3.** *Garn* d(ou)blieren; fachen; filieren; **II** *v/pr* **s'**~ sich versammeln; zusammenkommen, *pol, adm* -treten; sich treffen

assembl|eur [asɑ̃blœr] *m EDV* As'sembler *m;* Übersetzungs-, 'Umwandlungsprogramm *n;* ♦ *adjt:* **langage** *m* ~ maschinenorientierte (Program'mier-)Sprache; **programmeur** *m* ~ As'sembler-Programmierer *m;* **~euse** *f* **1.** *Buchbinderei* Zusammentragmaschine *f;* **2.** *text* Du'bliermaschine *f*

assener *od* **asséner** [asene] *v/t* ⟨-è-⟩ **1.** ~ **un coup à** *qn* j-m e-n kräftigen Schlag versetzen; **2.** *fig* ~ **un argument massue à** *qn* j-n mit e-m schlagenden Argument mundtot machen

assentiment [asɑ̃timã] *m* Zustimmung *f;* Einwilligung *f;* Billigung *f;* Beifall *m;* **donner son** ~ **à** *qc* s-e Zustimmung, Einwilligung zu etw geben; e-r Sache (*dat*) zustimmen; in etw (*acc*) einwilligen; **incliner la tête en signe d'**~ beifällig, zustimmend (mit dem Kopf) nicken

asseoir [aswar] ⟨j'assieds *od* j'assois, *auch* j'asseois, il assied *od* assoit, *auch* asseoit, nous asseyons *od* assoyons, ils asseyent *od* assoient, *auch* asseoient; j'asseyais *od* j'assoyais; j'assis; j'assiérai *od* j'assoirai, *auch* j'asseoirai; que j'asseye *od* que j'assoie; asseyant *od* assoyant; assis⟩ **1.** *Kind, Kranken* setzen (**sur une chaise** auf e-n Stuhl; **dans un fauteuil** in e-n Sessel); *Statue auf e-n Sockel* stellen; setzen; **2.** *F fig* **ça m'assoit** *od* **j'en suis assis** *F* da bin ich platt!; **mich haut's vom Stuhl!** *od* die Luft, Spucke weg!; **3.** *fig Urteil, Theorie* ~ **sur** *qc* auf etw (*acc*) gründen, stützen; **4.** ~ **un impôt** die Steuerbemessungsgrundlage festsetzen; **5.** *peint, sculp* ~ **une figure** e-r Gestalt, Figur e-e richtige und natürliche Haltung, Stellung geben; **II** *v/pr* **s'**~ sich setzen (**sur une chaise** auf e-n Stuhl); sich niedersetzen, -lassen (**auf** e-n *od* auf e-m Stuhl); Platz nehmen (**auf** e-n Stuhl); sich hinsetzen; *südd* hin-, niedersitzen; **veuillez vous** ~! nehmen Sie bitte Platz!; **s'**~ **à** (**la**) **table** sich an den Tisch setzen; *ellip* **faire** ~ *qn* j-n Platz nehmen lassen, zum Sitzen nötigen; **on le fit** ~ *auch* man gab ihm e-n Stuhl; man hieß ihn sich setzen; *cf auch* **assis**

assermenté [asɛrmɑ̃te] *adj jur Zeuge, Gutachter* vereidigt; beeidigt; *Inhaber*

gewisser öffentlicher Ämter (durch Amtseid) vereidigt; *hist 1790* **prêtre** ~ (auf die Zivilkonstitution des Klerus) vereidigter Priester

assertion [asɛrsjõ] *f* Behauptung *f*

assertorique [asɛrtɔrik] *adj philos* Urteil asser'torisch

asservir [asɛrvir] **I** *v/t* **1.** *Volk, Land* unter'werfen, -'jochen; knechten; knebeln (*auch die Presse*); sich (*dat*) 'untertan machen; *p/fort* versklaven; *Naturkräfte* sich (*dat*) 'untertan, dienstbar machen; beherrschen; *st/s Leidenschaften* bezwingen; bezähmen; zügeln; Herr werden (+*gén*) **2.** *Kybernetik* steuern; **II** *v/pr st/s* **s'~** sich unter'werfen; sich in Abhängigkeit begeben, sich abhängig machen, abhängig werden (à von); sich 'untertan machen

asserviss|ement [asɛrvismã] *m* **1.** *e-s Volkes, Landes* Unter'werfung *f*, -'jochung *f*; Knechtung *f*; Knebelung *f* (*auch der Presse*); *p/fort* Versklavung *f*; Knechtschaft *f*; völlige, sklavische Abhängigkeit (à qc von etw); **2.** *Kybernetik* Steuerung *f*; **dispositif** *m* **d'~** Steuereinrichtung *f*; ~**eur** *Kybernetik* **I** *adj* <-**euse**> Steuer...; **II** *m* Steuereinrichtung *f*

assesseur [asɛsœr] *m* ~, *jur auch adjt* juge *m* ~ Beisitzer *m*

assette [asɛt] *f cf* asseau

assez [ase] *adv* **1.** genug; genügend; zur Genüge; hinlänglich; aus-, hinreichend; ♦ *mit adj od adv:* ~ **connu** bekannt genug; zur Genüge, hinlänglich, hin-, ausreichend bekannt; ~ **souvent** oft genug; *cf auch* **2.**; il est ~ **grand pour aller tout seul à l'école** er ist groß genug, um allein zur Schule zu gehen; ♦ *mit Verbum:* **manger** ~ genug, genügend, ausreichend essen; je l'ai ~ **vu** ich habe ihn zur Genüge, zu oft gesehen; ♦ ~ **de** (+*subst*) genug, genügend (+*subst*); ~ **d'argent** genug, genügend Geld; Geld genug, zur Genüge; ~ **de paroles!** genug der Worte!; **avoir** ~ **de place pour écrire** genug, genügend Platz zum Schreiben haben; ♦ **F en avoir** ~ **de qn**, **qc** j-n, etw satt haben; genug von j-m, etw haben; **j'en ai** ~! jetzt habe ich es satt!; jetzt langt's, reicht's mir aber!; jetzt habe ich aber genug davon!; ♦ **j'aurai** ~ **de deux couvertures** zwei Decken langen, reichen mir; mit zwei Decken habe ich genug, komme ich aus; **c'est** ~ **de deux jours pour faire ce travail** zwei Tage reichen, langen für diese Arbeit; **c'est** ~ **que lui soit averti** es genügt schon, daß er unter-'richtet ist; **c'est juste** ~ das ist gerade genug; das langt, reicht gerade; **c'est plus qu'** ~ das ist mehr als genug; **en voilà** ~!, **c'est** ~!, *st/s* **c'en est** ~!, *ellip* ~! jetzt ist es aber genug!; genug davon!; Schluß jetzt!; Schluß damit!; jetzt aber Schluß!; jetzt reicht, langt es aber!; **2.** *einschränkend* ziemlich; leidlich; recht; ganz; *verstärkend* sehr; **il est** ~ **avancé pour son âge** er ist ziemlich weit für sein Alter; **un** ~ **bon exemple** ein recht, ganz gutes Beispiel; ~ **joli** ziemlich, leidlich, recht, ganz hübsch; **est-il** ~ **naïf!** er ist doch sehr, ziemlich naiv!; ~ **souvent** ziemlich, recht oft

assibil|ation [asibilasjõ] *f phon* Assibilati'on *f*; Assibi'lierung *f*; Verwandlung *f* e-s Verschlußlautes in e-n Zischlaut; ~**er** *v/t phon* assibi'lieren

assidu [asidy] *adj* **1.** *Person* gewissenhaft, pünktlich, genau (à son travail in s-r Arbeit); fleißig; eifrig; emsig; **2.** *Arbeit, Pflege etc* ausdauernd; unablässig; regelmäßig; unermüdlich; beharrlich; ständig; stet(ig); **fournir un tra-**

vail ~ ausdauernd, beharrlich, unermüdlich, stetig in der Arbeit sein, arbeiten; *Arzt, Liebhaber* **être** ~ **auprès de qn** sich ständig, unablässig, unermüdlich um j-n bemühen, kümmern

assiduité [asidyite] *f* **1.** *e-r Person* Gewissenhaftigkeit *f*, Pünktlichkeit *f* (au travail in der Arbeit); beharrlicher Fleiß, Eifer; Emsigkeit *f*; Beharrlichkeit *f*; Stetigkeit *f*; Ausdauer *f*; **2.** regelmäßige, häufige Besuche *m/pl* (auprès de qn bei j-m); regelmäßige, ständige Anwesenheit (aux cours bei den Kursen); **3.** *pl* ~**s** *e-r Frau gegenüber* Zu-, Aufdringlichkeit *f*

assidûment [asidymã] *adv von* assidu

assiégé [asjeʒe] **I** *adj Stadt, Festung* belagert; **II** *m* Belagerte(r) *m*; les ~**s** die Belagerten

assiégeant [asjeʒã] **I** *adj* belagernd; **II** *m* Belagerer *m*; les ~**s** die Belagerer

assiéger [asjeʒe] *v/t* <-**è**-; **-geons**> **1.** *Stadt, Festung* belagern; **2.** *par ext Schalter etc* um'lagern; belagern; sich drängen um; um'drängen; um'ringen; **3.** *Flammen, Hochwasser* ~ **qn** j-n einschließen; **4.** *fig* ~ **qn** *Gläubiger, Bittsteller* j-n bedrängen, belästigen; j-m das Haus einlaufen; *trübe Gedanken* j-n bedrängen, heimsuchen, quälen

assiett|e [asjɛt] *f* **1.** Teller *m*; ~ **creuse** tiefer Teller; Suppenteller *m*; ~ **plate** flacher Teller; *fig* ~ **au beurre** Futterkrippe *f*; ~ **à dessert** Kuchen-, Frühstücks-, Des'sertteller *m*; ~ **à soupe** Suppenteller *m*; ~ **de porcelaine** Porzel'lanteller *m*; *bei Tisch* **changer d'~(s)** die Teller wechseln; **manger une** ~ **de potage** e-n Teller Suppe essen; **2.** *cuis* ~ **anglaise** Wurst-, Aufschnittplatte *f*; kalte (Fleisch)Platte; Platte *f* mit kaltem Braten; **3.** *Person* **ne pas être dans son** ~ sich nicht recht wohl fühlen; nicht recht auf der Höhe, auf dem Posten, F auf dem Damm, auf Deck sein; nicht in Form sein; **4.** *für Beiträge, Renten* Bemessungs-, Berechnungsgrundlage *f*; *e-r Hypothek* belastetes Grundstück; ~ **de l'impôt** a) Steuerbemessungsgrundlage *f*; b) Steuerveranlagung *f*; **5.** *e-s Reiters* Sitz *m*; **avoir une bonne** ~ gut im Sattel, *fig* sicher sitzen; **6.** *ch de fer* ~ **de la voie** 'Unterbau *m*; **7.** *Straßenbau* (Grund)Fläche *f* der Straßenanlage; **8.** *mar* Trimmlage *m*(*f*); **9.** *Uhrmacherei* Stütze *f*; 'Unterlage *f*; ~**ée** *f* Teller *m* voll; **une** ~ **de soupe** ein Teller Suppe

assignat [asiɲa] *m hist* Assi'gnate *f*

assignation [asiɲasjõ] *f* **1.** (Vor-)Ladung *f*; **2.** Zuweisung *f*; Zuteilung *f*; *der Erbteile durch den Testator auch* Bestimmung *f*; ~ **à résidence** Zuweisung des Aufenthaltsortes

assigné(e) [asiɲe] *m*(*f*) *jur* Vorgeladene(r) *f*(*m*)

assigner [asiɲe] *v/t* **1.** *Wohnung, Aufgabe, Arbeitsplatz etc* ~ **à qn** j-m zuweisen, zuteilen, *Arbeit auch* anweisen; *Erbteil auch* zusprechen; für j-n bestimmen; *Gericht* ~ **une résidence à qn** j-m e-n Aufenthaltsort zuweisen; **2.** ~ **qn à un emploi**, **un poste** j-n auf e-n Arbeitsplatz, auf e-n Posten setzen, schicken; **3.** *Ziel* setzen; festsetzen, -legen; stecken; ~ **des limites à qc** e-r Sache (*dat*) Grenzen setzen; **4.** *jur* ~ **qn (en justice)** j-n vor Gericht laden; j-n vorladen

assimilable [asimilabl(ə)] *adj* **1.** ~ **à qn**, **à qc** j-m, e-r Sache vergleichbar, gleichzustellen(d); **2.** *biol Nahrung* assimi'lierbar; *fig Wissensstoff* erfaßbar; *fig Person(engruppe)* anpassungsfähig; ~**ateur** *adj* <-**trice**> **1.** *biol* assimila'torisch; **2.** *fig Geist, Intelligenz* rasch erfassend, begreifend, aufneh-

mend, assimi'lierend

assimilation [asimilasjõ] *f* **1.** Vergleich(en) *m*(*n*), Gleichsetzung *f*, *adm, mil* Gleichstellung *f* (à mit); ~ **des ouvriers aux employés** Gleichstellung der Arbeiter mit den Angestellten; **2.** *e-r Person, Volksgruppe* Assimilati'on *f*; Assimi'lierung *f*; Angleichung *f*; Verschmelzung *f*; **politique** *f* **d'~** Integrati'onspolitik *f*; **pouvoir** *m* **d'~** Assimilati'ons-, Integrati'onsvermögen *n*; **3.** *biol* Assimilati'on *f*; Assimi'lierung *f*; **4.** *fig von Wissensstoff* Aufnahme *f*; geistige Erfassung, Verarbeitung; Assimilati'on *f*; **pouvoir** *m* **d'~** Aufnahmevermögen *n*; **5.** *ling* Assimilati'on *f*; Lautangleichung *f*

assimilé [asimile] **I** *adj* **1.** *Person(engruppe)* assimi'liert; angepaßt; angeglichen; **2.** *bes adm* gleichgestellt; **les farines et les produits** ~**s** ... und ihnen gleichgestellte Produkte *n/pl*; **II** *m adm, mil* Gleichgestellte(r) *m*; **militaires et** ~**s civils** Militärpersonen und gleichgestellte Zivilisten

assimiler [asimile] **I** *v/t* **1.** vergleichen (à mit); gleichsetzen, *adm, mil* gleichstellen (à *dat*); **2.** *Person(engruppe)* assimi'lieren; verschmelzen; **3.** *biol* assimi'lieren; **4.** *fig Wissensstoff* aufnehmen; geistig erfassen, verarbeiten; assimi'lieren; **II** *v/pr* **s'~ 5.** *Person(engruppe)* sich anpassen, sich angleichen (à an + *acc*); aufgehen (in + *dat*); sich assimi'lieren; **6.** *biol Nahrung* assimi'liert werden

assis [asi] **I** *p/p von* asseoir *u adj* **1.** sitzend; *jur* **magistrature** ~**e** Richter (-stand) *m/pl*(*m*); **place** ~**e** Sitzplatz *m*; **position** ~**e** sitzende Stellung; Sitzen *n*; **être** ~ sitzen; **rester** ~ sitzen bleiben; **travailler** ~ im Sitzen, sitzend arbeiten; **2.** *fig* **bien** ~ *Argumentation, Urteil* wohlbegründet; *Regierung* fest verankert; sta'bil; *Politik* so'lid(e); *Ruf als Wissenschaftler etc* fest begründet; **mal** ~ e-r soliden Grundlage entbehrend; **3.** F *fig* **j'en suis** ~ *cf* asseoir **2.**; **II** *m* **voter par** ~ **et levé** durch (Sitzenbleiben *bzw*) Aufstehen abstimmen

assise [asiz] *f* **1.** *bât e-s Mauerverbandes* (Stein)Schicht *f*; Schar *f*; **2.** *fig* Grundlage *f*; Funda'ment *n*; Basis *f*; **3.** *bot* Zellgewebeschicht *f*; ~ **génératrice** Bildungsgewebe *n*; Kambium *n*; ~ **nourricière** Aufnahmegewebe *n*; **4.** *géol* Stufe *f*; Schicht *f*

assises [asiz] *f/pl* **1.** *jur* (**cour** *f* **d'**)~ Schwurgericht *n*; **2.** *e-s Verbandes* Tagung *f*; Kon'greß *m*; *e-r Partei auch* Par'teitag *m*; ~ **annuelles** Jahrestagung *f*; **tenir ses** ~ tagen; s-e Tagung, s-n Kongreß, Parteitag abhalten

assistanat [asistana] *m* Amt *n* des Hochschulassistenten

assistance [asistãs] *f* **1.** *bei e-r Veranstaltung* **a)** Anwesende(n) *m/pl*; Publikum *n*; Zuhörer(schaft) *m/pl*(*f*); **b)** Anwesenheit *f* (à bei); Teilnahme *f* (an + *dat*); Zu'gegensein *n* (bei); **2.** Beistand *m*; Hilfe(leistung) *f*; Unter'stützung *f*; *durch den Staat* Fürsorge *f*; *jur* ~ **judiciaire** Armenrecht *n*; ~ **médicale** medizinische Versorgung, Fürsorge; ärztliche Betreuung; Krankenfürsorge *f*; *früher* ♀ **publique** *od ellip* ♀ (Sozi-'al)Fürsorge *f*; staatliche Fürsorge, Wohlfahrtspflege; Wohlfahrt *f*; *im engeren Sinn* Jugendfürsorge *f*; **enfant** *m* **de l'**♀ Fürsorgekind *n*; *der UNO etc* ~ **technique** technische Hilfe; **3.** *bei e-r Tätigkeit* Mithilfe *f*, -wirkung *f*; *bes chir* Assi'stenz *f*

assistant [asistã] **I** *adj* assi'stierend; *bei e-r Operation* **médecin** ~ assistierender Arzt; **II** *subst* ~**(e)** *m*(*f*) **1.** *an Hochschu-*

len, *Gymnasien, in der Wirtschaft, rad.* *télév* Assi'stent(in) *m(f)*; ~e dentaire Zahnarzthelferin *f*; Sprechstundenhilfe *f* des Zahnarztes; ~e sociale (Sozi'al-) Fürsorgerin *f*; Sozi'alarbeiterin *f*; ~(e) de laboratoire Labo'rant(in) *m(f)*; *rad, télév* ~(e) du metteur en scène, de production Re'gie-, Produkti'ons-assistent(in) *m(f)*; ~(e) de publicité Werbeassistent(in) *m(f)*; *cin* ~ de réali-sation Re'gieassistent *m*; ~(e) du son *rad, télév* Tontechniker(in) *m(f)*; *cin* Mikro'phonassistent(in) *m(f)*; **2.** *bei e-r Veranstaltung* les ~s *m/pl* die Anwesenden *m/pl*

assisté [asiste] *adj* **1.** enfant ~ Fürsorge-kind *n*; Kind *n* in Fürsorgeerziehung; personne ~e *od subst* ~(e) *m(f)* a) Sozi'alhilfeempfänger(in) *m(f)*; b) *jur* Person, die das Armenrecht genießt; **2.** *auto* direction ~e Servolenkung *f*

assister [asiste] **I** *v/t* ~ qn j-m beistehen, Beistand leisten, helfen, hilfreich zur Seite stehen, *bes e-m Arzt* assi'stieren; *jur* j-m Rechtsbeistand leisten; ~ qn dans son travail j-m bei s-r Arbeit helfen, behilflich, hilfreich sein; j-n in s-r Arbeit unter'stützen; ~ un mourant e-m Ster-benden beistehen; se faire ~ par sich von j-m helfen lassen; **II** *v/i* ~ à qc bei etw zu'gegen, anwesend, da'bei sein; e-r Sache (*dat*) beiwohnen; an etw (*dat*) teilnehmen; etw miterleben

associatif [asɔsjatif] *adj* <-ive> *psych, math* assozia'tiv; *math* loi associative Assoziativgesetz *n*

association [asɔsjasjõ] *f* **1.** Verein(ig-ung) *m(f)*; Verband *m*; Bund *m*; Assoziati'on *f*; *des bürgerlichen Rechts* Ge-sellschaft *f*; ~ agricole Bauernverband *m*; ~ commerciale, économique Han-dels-, Wirtschaftsverband *m*; wirtschaft-licher Verein; ~ déclarée eingetragener Verein (*abr* e. V.); ♀ européenne de libre-échange (*abr* A.E.L.E.) Euro-päische Freihandelsgemeinschaft, *abus* -zone (*abr* EFTA); ~ reconnue d'utilité publique gemeinnütziger Verein; ge-meinnützige Vereinigung; ~ sportive Sportverein *m*; ~ syndicale Grund-stückseigentümerverein *m* zur 'Durch-führung von Arbeiten gemeinschaftli-chen Interesses; ~ de bienfaisance Wohltätigkeitsverein *m*; ~ de consom-mateurs Verbraucherverband *m*, -ge-nossenschaft *f*; ~ d'anciens élèves du lycée X Verein ehemaliger Schüler ...; *jur* ~ de fait nicht rechtsfähiger Verein; ~ de journalistes Journa'listen-, Press-severband *m*; *jur* ~ de malfaiteurs kriminelle Vereinigung; *comm* ~ en participation stille Gesellschaft; **2.** *Vorgang* a) Zu'sammenschluß *m*, Vereini-gung *f*, Verbindung *f*, Assozi'ierung *f* (à mit); b) Einbeziehung *f*, (Mit)Hin'ein-nahme *f* (à in + *acc*); Beteiligung *f* (an + *dat*); Assozi'ierung *f*; **3.** *von Farben, Wörtern, Bildern etc* Verbindung *f*; Ver-knüpfung *f*; Assoziati'on *f*; ~ d'idées I'deenverbindung *f*, (-)Assoziation *f*; *psych* test *m* d'~ d'idées Assoziations-test *n*; **4.** *bot* ~ végétale Pflanzengesell-schaft *f*, (-)Assoziati'on *f*; **5.** *phm* Kom-binati'on *f*

associationnisme [asɔsjasjɔnism(ə)] *m* *philos, Soziologie* Assoziati'onstheorie *f*; *Soziologie auch* Theo'rie *f* der Bildung von Produk'tivassoziationen

associé [asɔsje] **I** *adj* Staat, Mitglieder einiger Akademien assozi'iert; **II** *subst* ~(e) *m(f)* e-r Firma (Geschäfts)Teil-haber(in) *m(f)*; Mitinhaber(in) *m(f)*; Geschäftspartner(in) *m(f)*; Kompagnon *m*; Sozius *m*; e-r Gesellschaft des bürger-lichen Rechts Gesellschafter(in) *m(f)*

---

associer [asɔsje] **I** *v/t* **1.** *comm* ~ qn à son affaire *od v/pr* s'~ qn j-n als Teilhaber, Mitinhaber, Partner, Kompagnon, So-zius in sein Geschäft aufnehmen; j-n an s-m Geschäft beteiligen; **2.** ~ qn am Gewinn j-n beteiligen, teilhaben lassen, an s-r Freude etc teilhaben, -nehmen lassen, an e-r Arbeit teilnehmen lassen, beteiligen (à an + *dat*), mitarbeiten lassen (bei); **3.** *Personen, Eigenschaften* verein(ig)en, verbinden, *Ideen, Wörter* verbinden, verknüpfen, assozi'ieren, in Verbindung bringen (à mit); ils ont associé leurs destinées sie haben den Bund fürs Leben geschlossen; **II** *v/pr* s'~ **4.** *Person(en)* sich zu'sammentun, -schließen, *comm* sich vergesellschaften, *Staat(en)* sich zu'sammenschließen, sich assozi'ieren (à *od* avec mit); **5.** *j-s Schmerz, Freude* teilen (*auch Stand-punkt*) (à *acc*); teilnehmen, Anteil neh-men (an + *dat*); *j-s Standpunkt, Glück-wünschen* sich anschließen (+*dat*); s'~ aux travaux sich an den Arbeiten betei-ligen; **6.** *Sache, Eigenschaft mit e-r anderen* s'~ à gepaart, vereint sein mit

assoiffé [aswafe] *adj* **1.** sehr durstig; halb verdurstet; **2.** *fig* être ~ de qc nach etw dürsten, lechzen, hungern; ~ de plaisirs vergnügungssüchtig; ~ de pouvoir machthungrig; ~ de sang blutdürstig, -rünstig; ~ de vengeance rachedurstig

assol|ement [asɔlmã] *m* *agr* Frucht-wechsel *m*, -folge *f*; Felderwirtschaft *f*; ~er *v/t* a) *Felder* in Schläge einteilen; b) *Frucht-wechselwirtschaft betreiben* (les terres labourables auf dem Ackerboden)

assombrir [asɔ̃brir] **I** *v/t* **1.** *Wolken:* *Himmel* verdunkeln; verfinstern; verdü-stern; *Tapete etc:* Raum dunkel, finster, düster machen; **2.** *fig Unglück, Sorgen* ~ qn j-n finster, düster machen; **II** *v/pr* s'~ **3.** *Himmel* sich verdunkeln, verfinstern, verdüstern, trüben; **4.** *fig Gesicht, Blick, politischer Horizont* sich verfinstern, verdüstern; *politischer Horizont auch* sich verdunkeln; *Stirn* sich um'wölken; *politische Lage* bedrohlich werden; *Per-son durch Unglück, Sorgen* finster, dü-ster werden

assombrissement [asɔ̃brismã] *m* **1.** *des Himmels* Verfinsterung *f*; **2.** *fig des Wesens, der Stimmung* Düsterkeit *f*; Finsterkeit *f*

assommant [asɔmã] *adj* (tödlich) lang-weilig; ermüdend; *Vortrag, Buch auch* langatmig; *Arbeit auch* geisttötend; il est ~ avec ses questions er ist ermü-dend, er geht einem auf die Nerven mit s-n Fragen

assomm|er [asɔme] *v/t* **1.** *Tier* erschla-gen; totschlagen; *Person* niederschla-gen, -strecken (und betäuben, benom-men machen); *fig* être assommé par la chaleur von der Hitze benommen, wie betäubt sein; **2.** *fig* zu Tode, tödlich langweilen; ermüden; il m'assomme avec ses questions *auch* er geht mir mit s-n Fragen auf die Nerven; ~oir *m* Zola L'♀ Der Totschläger

Assomption [asɔ̃psjõ] *f égl cath, peint* l'~ die Himmelfahrt Ma'riä; *Fest* Mariä Himmelfahrt

asson|ance [asɔnãs] *f métr* Asso'nanz *f*; unvollständiger Reim; Halbreim *m*; ~ant *adj métr* asso'nierend

assorti [asɔrti] *adj* **1.** passend (à zu); abgestimmt (auf); *Eheleute* bien ~s gut zueinander passend; un pull-over ~ à la jupe ein zum Rock passender Pull-over; être ~ à passen zu (*auch Person*); **2.** *cuis* ~s *pl* verschiedene; di'verse; *froma-ges* ~s verschiedene, diverse Käsesorten *f/pl*; **3.** *comm Geschäft* être bien ~ ein

---

breitgefächertes, reichhaltiges Waren-angebot, e-e reiche Auswahl, ein wohl assor'tiertes Lager haben; **4.** ~ de (ver-sehen) mit

assortiment [asɔrtimã] *m* **1.** ~ de couleurs Farbenzusammenstellung *f*, -kombination *f*; **2.** *an gleichartigen Gegenständen* reiche Auswahl, großer Bestand (de an + *dat*); Sammlung *f*; Kollekti'on *f*; Sorti'ment *n*; *comm* Sor-ti'ment *n* (de dentelles an Spitzen); ~ de marchandises Warensortiment *n*; librairie *f* d'~ Sortimentsbuchhand-lung *f*; j'ai tout un ~ de pinceaux ich habe ein ganzes Sortiment Pinsel, an Pinseln; **3.** *cuis* ~ de charcuterie, de fromages Wurst-, Käseplatte *f*

assortir [asɔrtir] **I** *v/t* **1.** *Gegenstand in Farbe, Form, Muster etc* abstimmen (à auf + *acc*); anpassen (an + *acc*); *mehrere Gegenstände, Farben* aufein'ander ab-stimmen; (passend) zu'sammenstellen; **2.** *comm Geschäft* mit Waren ausstatten, versehen, versorgen; **II** *v/pr* **3.** *Gegen-stand in Farbe, Form, Muster etc* s'~ à passen zu; *Gegenstände, Farben* s'~ bien gut zuein'ander passen; gut aufein'ander abgestimmt sein; **4.** *Gegenstand* s'~ de qc mit etw versehen sein; von etw begleitet sein; etw enthalten

assoup|ir [asupir] **I** *v/t* **1.** *große Hitze, monotones Geräusch etc* ~ qn j-n dösig machen, einschläfern; *meist adj* assou-pi eingedöst; eingenickt; eingeschlum-mert; eingeschlafen; **2.** *fig u st/s Kum-mer, Schmerz* lindern; mildern; *Leiden-schaften, Gefühle* dämpfen; *Haß* mil-dern; *Gewissensbisse* betäuben; einschlä-fern; **II** *v/pr* s'~ **3.** *Person* eindösen, -nicken, -schlummern, -schlafen; **4.** *fig u st/s Schmerz, Leidenschaften* sich legen; nachlassen; abklingen; ~issement *m* **1.** e-r Person a) Eindösen *n*, -nicken *n*, -schlummern *n*, -schlafen *n*; b) Dösen *n*; Nicken *n*; Schlummern *n*; Schläfrigkeit *f*; **2.** *fig u st/s des Schmerzes* Linderung *f*; Milderung *f*; *auch der Gefühle, Leiden-schaften* Nachlassen *n*; Abklingen *n*

assoupl|ir [asuplir] **I** *v/t* **1.** *Körper, Glieder* gelenkig, *auch Muskeln, Gelen-ke* geschmeidig machen; lockern; *Le-der, steifen Stoff* weich, geschmeidig machen; **2.** *fig starres Wesen* nachgie-big(er), gefügig(er) machen; **3.** *strenge Regelung* lockern; (ab)mildern; **II** *v/pr* s'~ **4.** *Körper, Glieder etc* gelenkig, geschmeidig werden; *Muskeln auch* sich lockern; *Leder, Stoff* weich, geschmei-dig werden; **5.** *fig Mensch, Wesen* nach-giebig(er), gefügig(er) werden; **6.** *strenge Regelung* gelockert, (ab)gemildert wer-den; ~issement *m* **1.** *des Körpers, der Glieder etc* Lockerung *f*; Geschmeidig-, Gelenkigmachen *n bzw* -werden *n*; *des Leders etc* Weich-, Geschmeidigmachen *n bzw* -werden *n*; **2.** *fig e-r Person* Nachgiebig(er)-, Gefügig(er)machen *n bzw* -werden *n*; **3.** e-r strengen Regelung Lockerung *f*; (Ab)Milderung *f*

assourd|ir [asurdir] **I** *v/t* **1.** *Lärm, ständi-ges Reden* ~ qn j-n ganz benommen, halb taub machen; j-n betäuben; **2.** *Geräusch, Schritt* dämpfen; **3.** *peint Farben, Lichter* dämpfen; **4.** *phon* stimmhaften Laut stimmlos machen; entsonori'sieren; **II** *v/pr* s'~ **5.** *Lärm, Geräusch* (immer) gedämpfter, schwächer werden; **6.** *phon* stimmhafter Laut stimmlos werden; ~issant *adj Lärm* (ohren)betäubend; ~issement *m* **1.** e-r Person Benom-mensein *n*; Betäubung *f*; **2.** *der Geräu-sche, Schritte* Dämpfung *f*; Gedämpft-heit *f*; **3.** *phon* Entsonori'sierung *f*; Stimmloswerden *n*

assouv|ir [asuvir] **I** *v/t* **1.** *Hunger, Durst,*

Appetit stillen; **2.** *fig Neugier, Verlangen, Ehrgeiz etc* stillen; befriedigen; sättigen; *Rache auch* kühlen; *s-n Zorn* austoben; **II** *v/pr* s'~. **3.** *Hunger, Durst, Appetit* gestillt werden; **4.** *fig Neugier, Verlangen etc* gestillt, befriedigt werden; **~isse-ment** *m* **1.** *des Hungers, Durstes* Stillen *n*, -ung *f*; **2.** *fig der Neugier, des Verlangens etc* Befriedigung *f* (*auch Ergebnis*); Stillen *n*; Gestilltsein *n*

assujetti [asyʒeti] **I** *adj* être ~ à qc e-r Sache (*dat*) unter'worfen sein, unter'liegen; …pflichtig sein; zu etw verpflichtet, an etw (*acc*) gebunden, von etw abhängig sein; *Ware* ~ aux droits de douane zollpflichtig; ~ à l'impôt (sur le revenu) (einkommen[s])steuerpflichtig; *les contribuables* ~s au paiement de l'impôt sur le revenu … die der Einkommen(s)steuer unterliegen; être ~ à certaines règles bestimmten Regeln unterliegen, unterworfen sein; ~ à la Sécurité sociale sozi'alversicherungspflichtig; **II** *subst* ~(e) *m(f)* **a)** Pflichtversicherte(r) *f(m)*, Pflichtmitglied *n* (à la Sécurité sociale der Sozialversicherung); *les* ~s volontaires die freiwillig Versicherten *m/pl*; **b)** Steuerpflichtige(r) *f(m)*; ~ à l'impôt sur le revenu Einkommen(s)steuerpflichtige(r) *m*

assujett|ir [asyʒetir] **I** *v/t* **1.** ~ qn, qc à qc j-n, etw e-r Sache (*dat*) unter'werfen; **2.** *litt Volk, Person* unter'werfen, -'jochen; sich 'untertan machen; unter s-e Botmäßigkeit bringen; **3.** *litt Person* ~ à qc zu etw zwingen, nötigen; **4.** *Gegenstand* festmachen; befestigen; **II** *v/pr Person* s'~ à qc sich e-r Sache (*dat*) unter'werfen, fügen, beugen, e-r *Aufgabe, Pflicht* unter'ziehen; **~issant** *adj Beruf, Arbeit, Aufgabe* der *bzw* die einen sehr bindet, einem wenig per'sönliche Freiheit läßt, völlige Hingabe erfordert

assujettissement [asyʒetismɑ̃] *m* **1. a)** *bes bei der Sozialversicherung* Versicherungspflicht *f*; ~ volontaire freiwillige Versicherung; ~ à l'assurance--maladie, à la Sécurité sociale Kranken-, Sozi'alversicherungspflicht *f*; **b)** (à l'impôt) Steuerpflicht *f*; ~ à l'impôt sur le revenu Einkommen(s)steuerpflicht *f*; **2.** *fig u st/s* Unter'werfung *f* (à unter + *acc*); Gebundensein *n*, Bindung *f* (à un horaire an e-n Zeitplan); Abhängigkeit *f* (von); **3.** *fig u st/s* (lästiger) Zwang

assumer [asyme] **I** *v/t* **1.** *Amt, Aufgabe, Verpflichtung etc* über'nehmen; *Verantwortung auch* auf sich nehmen; *Verbindlichkeit auch* eingehen; *Kosten auch* tragen; bestreiten; aufkommen für; *Vorsitz* führen; *Risiko* auf sich nehmen; eingehen; **2.** *s-e Vergangenheit, sein Schicksal* auf sich nehmen; (innerlich) annehmen, akzep'tieren; **II** *v/pr* s'~ sich (so wie man ist) akzep'tieren, annehmen (**comme** als)

assurable [asyrabl(ə)] *adj* versicherbar; versicherungsfähig

assurance [asyrɑ̃s] *f* **1.** *e-r Person* (Selbst)Sicherheit *f*; avoir, montrer de l'~ (selbst)sicher, selbstbewußt auftreten; ein sicheres Auftreten haben; parler avec ~ selbstsicher sprechen; perdre son ~ s-e Selbstsicherheit verlieren; unsicher werden; prendre de l'~ in s-m Auftreten sicherer werden, an Sicherheit gewinnen; **2.** Versicherung *f*; Zusicherung *f*; recevoir de qn la ferme ~ que … von j-m die feste Zusicherung erhalten, daß …; *Briefschluß* veuillez agréer l'~ de ma considération distinguée mit vorzüglicher Hochachtung; **3.** Gewißheit *f*; j'ai l'~ qu'il acceptera, j'ai l'~ de son acceptation

ich bin gewiß, sicher, fest über'zeugt, daß er annehmen wird; **4.** *st/s* Gewähr *f*, Garan'tie *f* (de für); **5.** Versicherung *f*; F ~s *pl* Versicherung(sgesellschaft) *f*; ♦ ~ **accidents, contre les accidents** Unfallversicherung *f*; ~ **auto(mobile)** Kraftfahrzeug-, Kraftverkehrsversicherung *f*; ~ **bagages** (Reise)Gepäckversicherung *f*; ~ **complémentaire** Zusatzversicherung *f*; ~ **crédit** Kre'ditversicherung *f*; ~ **dégâts des eaux** Leitungswasserschadenversicherung *f*; ~ **dotale** (*Art*) Aussteuer- *bzw* Studiengeldversicherung *f* mit festem Auszahlungstermin, à terme fixe; ~ **incendie, contre l'incendie** Brand-, Feuerversicherung *f*; ~ **individuelle** Individu'alversicherung *f*; ~ **invalidité** Inva'lidenversicherung *f*; ~ **maladie** Krankenversicherung *f*; ~ **maritime** Seeversicherung *f*, -assekuranz *f*; ~ **mixte** Lebensversicherung *f* auf den Todes- oder Erlebensfall; ~ **obligatoire** Pflichtversicherung *f*; *auto* ~ **personnes transportées** Insassen(unfall)versicherung *f*; ~ **pluie** Regenversicherung *f*; ~ **populaire** Kleinlebens-, Volksversicherung *f*; *auto* ~ **tous risques** 'Vollkaskoversicherung *f*; ~s **sociales** Sozi'alversicherung *f*; ~ **temporaire** Risiko(lebens)versicherung *f*; ~ **transports** Trans'portversicherung *f*; ~ **vie**, ~ **sur la vie** Lebensversicherung *f*; ~ **vieillesse** Altersversicherung *f*; (soziale, gesetzliche) Rentenversicherung; ~ **vol, contre le vol** Diebstahlversicherung *f*; ~ **voyage** Reiseversicherung *f*; ♦ *auto* ~ **au tiers** (Kraftfahrzeug-)Haftpflichtversicherung *f*; ~ **contre les bris de glaces** Glasversicherung *f*; ~ **contre la grêle** Hagelversicherung *f*; ~ **contre la mortalité du bétail** Tierversicherung *f*; ~ **de capital différé** Kapi'tal-, Summen(lebens)versicherung *f* (auf den Erlebensfall); ~ **de choses, de dommages, de personnes** Sach-, Schaden(s)-, Per'sonenversicherung *f*; ~ **de groupe** Gruppen-, Kollek'tivversicherung *f*; ~ **de rente différée** private Rentenversicherung, Lebensversicherung *f* auf Rentenbasis; ~ **de responsabilité** (civile) Haftpflichtversicherung *f*; ~ **(en cas de) décès, (en cas de) vie** Todesfall-, Erlebensfallversicherung *f*; ~ **sur corps** (Schiffs)Kaskoversicherung *f*; ~ **sur facultés** (Schiffs)Kargo-, (-)Ladungsversicherung *f*; ♦ **contracter, prendre une ~** e-e Versicherung abschließen; **6.** *Alpinismus* Sichern *n*, -ung *f*

assurance-accidents *f* ⟨*pl* assurances-accidents⟩, **~maladie** *f* ⟨*pl* assurances-maladie⟩, **~vie** *f* ⟨*pl* assurances-vie⟩ *cf* assurance 5.

assuré [asyre] **I** *adj* **1.** *Erfolg, Ort, Einnahme* sicher; *Erfolg auch* gewiß; feststehend; *Alter, Ruhestand* gesichert; *Stimme, Schritt, Gang* mal ~, peu sicher; avoir un air ~ ein sicheres Auftreten haben; selbstsicher wirken; **2.** *Person, Gegenstand* (être) ~ versichert (sein) (contre gegen); obligatoirement ~ pflichtversichert; *auto* ~ tous risques 'vollkaskoversichert; *capital* ~ Versicherungssumme *f*; **II** *subst* ~(e) *m(f)* Versicherte(r) *f(m)*; Versicherungsnehmer *m*; ~(e) social(e) Sozi'alversicherte(r) *f(m)*

assurément [asyremɑ̃] *adv* sicher(lich); gewiß; bestimmt

assurer [asyre] **I** *v/t* **1.** ~ (à qn od qn) que … (j-m) versichern, garan'tieren, beteuern, daß …; je lui *od* je l'assurai qu'il pouvait compter sur moi ich versicherte ihm, daß er auf mich zählen

könne; il a assuré qu'il n'en savait rien er versicherte, beteuerte, nichts davon zu wissen; je vous assure! das garantiere ich Ihnen!; F unter Garan-'tie!; **2.** ~ qn de qc a) *Person* st/s j-n e-r Sache (*gén*) versichern; je vous assure de mon amitié *auch* Sie können meiner Freundschaft gewiß, sicher sein; seien Sie meiner Freundschaft gewiß, versichert; j'en suis assuré dessen bin ich sicher, gewiß; on m'en a assuré das hat man mir versichert; **b)** *Verhalten, Eigenschaft* j-m die Gewißheit geben, daß …; j-n von etw über'zeugen; ce geste nous assure de sa bonne volonté diese Geste gibt uns die Gewißheit, daß er guten Willen hat; diese Geste überzeugt uns von s-m guten Willen; **3.** ~ qc etw sichern, garan'tieren, gewährleisten, *Versorgung auch* sicherstellen; Gewähr für etw bieten; für etw sorgen; *j-s Vertretung* sicherstellen; wahrnehmen; *mil* ~ ses arrières s-e Nachschubgeleise schützen, sichern; ~ l'avenir de ses enfants für die Zukunft s-r Kinder sorgen; *trotz Streik etc* ~ la distribution du courrier die Postverteilung gewährleisten, aufrechterhalten; ~ la garde d'un malade die Krankenwache halten, haben; son travail lui assure une certaine indépendance s-e Arbeit sichert, garantiert ihm e-e gewisse Unabhängigkeit; *Behörde* ~ une permanence e-n Bereitschaftsdienst haben, unter'halten; ~ son service s-n Dienst versehen; **4.** ~ qc à qn etw zusichern, zusagen; *in s-m Testament* ~ une rente à qn j-m e-e Rente aussetzen; **5.** *Person, Gegenstand* versichern (contre gegen); **6.** *Fensterladen etc* festmachen; sichern; befestigen; **7.** *Bergsteiger* (durch ein Seil) sichern; **II** *v/pr* s'~. **8.** sich vergewissern (de qc e-r Sache [*gén*]; que daß; si ob); sich Gewißheit verschaffen (daß, ob); über'zeugen (daß, ob); s'~ de l'exactitude d'une nouvelle sich vergewissern, sich Gewißheit verschaffen, ob e-e Nachricht stimmt; **9.** s'~ qc sich etw sichern; sich e-r Sache (*gén*) versichern; s'~ la collaboration de qn sich j-s Mitarbeit sichern; s'~ une place sich e-n Platz sichern; e-n Platz belegen; **10.** s'~ contre qc sich gegen etw versichern; s'~ sur la vie e-e Lebensversicherung abschließen; **11.** *Reiter* s'~ bien en selle sich fest in den Sattel setzen

assureur [asyrœr] *m* Versicherer *m*; Versicherungsträger *m*

assyrien [asiriɛ̃] **I** *adj* ⟨~ne⟩ as'syrisch; **II** *subst* **1.** *A* ⟨~⟩ *m* As'syrer *m/pl*; **2.** *ling* l'~ *m* das As'syrische; As'syrisch *n*

assyrio|logie [asirjɔlɔʒi] *f* Assyriolo'gie *f*; **~logue** *m,f* Assyrio'loge, -'login *m,f*

astasie [astazi] *f path* Unvermögen *n* zu stehen; *sc* Asta'sie *f*

astat|e [astat] *m od* **~ine** *m chim* A'stat *n*; Asta'tin *n*

astatique [astatik] *adj* **1.** *phys* a'statisch; aiguilles *f/pl* ~s astatisches Nadelpaar; **2.** *path* a'statisch

aster [astɛr] *m* **1.** *bot* Aster *f*; **2.** *biol* Aster *m*; radi'äre Plasmastrahlung

astéréognosie [astereɔgnozi] *f path* Tastblindheit *f*, -lähmung *f*; *sc* Astereogno'sie *f*

astérie [asteri] *sc f zo* Seestern *m*

astérisme [asterism(ə)] *m opt* Aste'rismus *m*

astérisque [asterisk] *m impr* Sternchen *n*; Aste'riskus *m*

astéroïde [asterɔid] *m astr* Astero'id *m*; Planeto'id *m*; kleiner Pla'net

asthén|ie [asteni] *f path* allgemeine Körperschwäche; Kraftlosigkeit *f*; *sc* Asthe-

'nie *f*; **~ique I** *adj* as'thenisch; **II** *m,f*
As'theniker(in) *m(f)*
asthénosphère [astenɔsfɛr] *f géol*
Astheno'sphäre *f*
asthmatique [asmatik] *path* **I** *adj*
asth'matisch; kurzatmig; **II** *m,f*
Asth'matiker(in) *m(f)*
asthme [asm(ə)] *m path* Asthma *n*;
accès *m*, crise *f* d'~ Asthmaanfall *m*
asticot [astiko] *m* 1. *zo* (Käse-, Fleisch-)
Made *f*; Made *f* der Fleischfliege; 2. F *f*
Kerl *m*; Typ *m*; quel drôle d'~ ! ist das
ein komischer Kauz!
asticoter [astikɔte] F *v/t* (*u v/pr* s')~ (sich
gegenseitig) ärgern, *p/fort* schika'nieren
astigmat|e [astigmat] *méd* **I** *adj* astig-
'matisch; **II** *m,f,* der e-n Astigma'tismus
hat; **~isme** *m* opt. des Auges Astigma-
'tismus *m*
astiquage [astika3] *m* Blankreiben *n*,
-putzen *n*; Po'lieren *n*; F Wienern *n*; des
Silbers auch Putzen *n*
astiquer [astike] *v/t Parkett, Metallge-
genstände*, blank reiben, putzen;
po'lieren; *Schuhe auch* blank bürsten;
(blank) wichsen; F wienern (*auch Par-
kett*); *Silber auch* putzen
astragale [astragal] *m* 1. *anat* Sprung-
bein *n*; *sc* Talus *m*; *früher* A'stragalus *m*;
2. *arch* Rundprofil *n*; Astra'gal *m*; 3. *bot*
Tra'gant *m*
astrakan [astrakɑ̃] *m* Persi'aner *m*;
manteau *m* d'~ Persianermantel *m*; F
Persi'aner *m*
astral [astral] *adj* <-aux> 1. *Astrologie*
a'stral; der Sterne; **influence ~e** Einfluß
m der Sterne; 2. *Okkultismus* **corps ~**
A'stralleib *m*
astre [astr(ə)] *m astr, Astrologie* Gestirn
n; *poét* l'~ du jour, de la nuit of des
nuits das Tages-, Nachtgestirn; *Kind,
Mann* beau comme un ~ schön wie ein
Gott, *Kind auch* wie ein Engel; être né
sous un ~ favorable unter e-m günsti-
gen Stern geboren sein
astreignant [astrɛɲɑ̃] *adj Beruf, Aufga-
be, Arbeit* der bzw die einen voll und
ganz in Anspruch nimmt
astreindre [astrɛ̃dr(ə)] <*cf* peindre> **I**
v/t Person zwingen, nötigen (à qc, à
faire qc zu etw, etw zu tun); *Arzt* ~ qn à
un régime sévère j-m strenge Diät
verordnen; *oft p/p* être astreint à faire
qc genötigt, gezwungen sein, etw zu tun;
II *v/pr* s'~ sich zwingen (à qc, à faire qc
zu etw, etw zu tun)
astreinte [astrɛ̃t] *f* 1. Zwang *m*; 2. *jur*
etwa Beuge-, Erzwingungsstrafe *f*, Ver-
urteilung *f* zu Zwangsgeld (*gegen e-n
zahlungsunwilligen Schuldner*)
astrild [astrild] *m zo* Weber-, Prachtfink
m; *sc* A'strild *m*
astring|ence [astrɛ̃ʒɑ̃s] *f e-s Stoffs, Mit-
tels* zu'sammenziehende Eigenschaft;
Adstrin'genz *f*; **~ent** *méd* **I** *adj* zu'sam-
menziehend; adstrin'gierend; **II** *m* ad-
strin'gierendes Mittel; Ad'stringens *n*
astro|biologie [astrɔbjɔlɔʒi] *f* Astrobio-
lo'gie *f*; **~graphie** *f* Astrogra'phie *f*;
Sternbeschreibung *f*
astro|labe [astrɔlab] *m astr hist* Astro'la-
bium *n*; *heute* ~ à prisme Prismen-
astrolab(ium) *n*; **~logie** *f* Astrolo'gie *f*;
Sterndeutung *f*; **~logique** *adj* astro'lo-
gisch; **~logue** *m,f* Astro'loge, -'login
m,f; Sterndeuter(in) *m(f)*; **~métrie** *f*
Astrome'trie *f*
astronaute [astronot] *m,f* Astro-
'naut(in) *m(f)*; (Welt)Raumfahrer(in)
m(f)
astronaut|icien [astronotisjɛ̃] *m* Raum-
fahrtwissenschaftler *m*, -spezialist *m*;
~ique *f* (Welt)Raumfahrt *f*; Astro'nau-
tik *f*; Raumfahrtwissenschaft *f*
astronef [astronɛf] *m* (Welt)Raumschiff *n*

astronom|e [astronɔm] *m,f* Astro-
'nom(in) *m(f)*; **~ie** *f* Astrono'mie *f*;
Stern-, Himmelskunde *f*; ~ de position
Astrome'trie *f*; **~ique** *adj* 1. *astr* astro-
'nomisch; sternkundlich; carte *f* ~ astro-
nomische Karte; Stern-, Himmels-, Ge-
stirnkarte *f*; horloge *f*, pendule *f* ~
astronomische Uhr; jour ~ astrono-
mischer Tag; navigation ~ astrono-
mische Navigation; Astronavigation *f*; uni-
té *f* ~ astronomische Einheit (*abr* AE); 2.
F *fig Preise, Zahlen* astro'nomisch
astro|photographie [astrɔfɔtɔgrafi] *f*
Astrophotogra'phie *f*; **~physicien** *m*
Astro'physiker *m*; **~physique** *f* Astro-
phy'sik *f*
astuce [astys] *f* 1. *e-r Person* Schlauheit *f*;
Raffi'niertheit *f*; Raffi'nesse *f*; Findig-
keit *f*; *e-s Berufs* Schlich *m*; Trick *m*;
Kniff *m*; Fi'nesse *f*; une question sans
~ e-e plumpe Frage; il y a beaucoup d'~
dans cette question diese Frage ist
sehr raffiniert, geschickt gestellt; être
plein d'~ schlau, raffiniert, findig, ein-
fallsreich sein; 2. Scherz *m*; Witz *m*;
lancer une ~ e-n Scherz, Witz machen
astucieux [astysjø] *adj* <-euse> raffi-
'niert; geschickt; *Person auch* findig,
schlau; einfallsreich
asturien [astyrjɛ̃] **I** *adj* <~ne> a'sturisch;
II *subst* ♀(ne) *m(f)* A'sturier(in) *m(f)*
asymbolie [asɛ̃bɔli] *f path* Verlust *m* des
Verständnisses für konventio'nelle Zei-
chen; *sc* Asymbo'lie *f*
asymétr|ie [asimetri] *f* Asymme'trie *f*;
Mangel *m* an Ebenmaß, Ebenmäßigkeit;
Unregelmäßigkeit *f*; **~ique** *adj* un-
asym'metrisch; *Gesicht auch* unregel-
mäßig
asymptot|e [asɛ̃ptɔt] *math* **I** *adj* asym-
'ptotisch; **II** *f* Asym'ptote *f*; **~ique** *adj*
math asym'ptotisch
asynchrone [asɛ̃kron] *adj* asynchron;
élect moteur *m* ~ Asynchronmotor *m*
asyndète [asɛ̃dɛt] *f Stilistik, rhét* A'syn-
deton *n*
asystolie [asistɔli] *f path* Sy'stolenausfall
m; *sc* Asysto'lie *f*
ataraxie [ataraksi] *f philos* Atara'xie *f*;
Unerschütterlichkeit *f*; Gleichmut *m*;
Seelenruhe *f*
atav|ique [atavik] *adj biol* ata'vistisch;
~isme *m biol* Ata'vismus *m* (*auch fig*);
fig Erbe *n*
atax|ie [ataksi] *f path* Störung *f* der
Bewegungskoordination; *sc* Ata'xie *f*;
~ique *path* **I** *adj* a'taktisch; **II** *m,f* an
Ata'xie Leidende(r) *f(m)*
atchoum [atʃum] *int* hatschi!; hatzi!
atèle [atɛl] *m zo* Spinnenaffe *m*
atelier [atəlje] *m* 1. *e-s Handwerkers, e-r
Fabrik* Werkstatt *f* (*coll auch die Arbei-
ter*), -stätte *f*; *par ext* ~s à l'air Fa'brik *f*;
Werk *n*; *hist* ~s nationaux Natio-
'nalwerkstätten *f/pl*; *impr* ~ de composi-
tion Setze'rei *f*; ~s de construction
mécanique X die Ma'schinenfabrik X;
~ de couture Schneiderwerkstatt *f*,
-atelier *n*; ~ de fabrication Produk-
ti'onsstätte *f*; ~ de lithographie litho-
graphische Anstalt; ~ d'un menuisier
Tischlerwerkstatt *f*; ~ de montage
Mon'tagewerkstatt *f*, -halle *f*; *agr* ~ de
porcs Schweinestall *m*; ~ de répara-
tions Repara'turwerkstatt *f*; ~ de tour-
nage Drehe'rei *f*; 2. *e-s bildenden Künst-
lers* Ateli'er *n* (*auch e-s Photographen*);
früher auch Werkstatt *f*; œuvre *f* d'~
Kunstwerk, das aus der Werkstatt e-s
großen Meisters hervorgegangen ist
atemporel [atɑ̃pɔrɛl] *adj* <~le> *ling* kein
Zeitverhältnis ausdrückend
atermoiement [atɛrmwamɑ̃] *m* 1. ~s *pl*
(*Hinausschieben e-r Entscheidung durch*)
Ausflüchte *f/pl*; Unentschlossenheit *f*;

2. *jur* Zahlungsaufschub *m*; Stundung *f*;
Mora'torium *n*
atermoyer [atɛrmwaje] *v/i* <-oi-> die
Dinge hin'auszuziehen, -zögern, aufschie-
ben
athé|e [ate] **I** *adj* athe'istisch; gottesleug-
nerisch; *Person auch* konfessi'onslos;
ohne (Religi'ons)Bekenntnis; **II** *m,f*
Athe'ist(in) *m(f)*; Gottlose(r) *f(m)*; Got-
tesleugner *m*; **~isme** *m* Athe'ismus *m*;
Gottlosigkeit *f*; Gottesleugnung *f*
athématique [atematik] *adj ling* athe-
'matisch
athénée [atene] *m in Belgien* Gym'na-
sium *n*
athénien [atenjɛ̃] **I** *adj* <~ne> a'thenisch;
II *subst* ♀(ne) *m(f)* A'thener(in) *m(f)*; F
fig c'est là que les ♀s s'atteignirent
jetzt wird es, die Sache schwierig, kom-
pliziert, F spannend
athérine [aterin] *f zo* Streifen-, Ähren-
fisch *m*
athermane [atɛrman] *adj phys* ather-
'man; adiather'man; für Wärmestrahlen
undurchlässig; wärmeundurchlässig
athermique [atɛrmik] *adj phys* adia'ba-
tisch
athérome [aterɔm] *m path* ~ artériel
degenera'tive Veränderung der Gefäß-
wand; *sc* Athe'rom *n*
athlète [atlɛt] *m* 1. *sports im Altertum*
Ath'let *m*; Wettkämpfer *m*; *heute* <*auch
f*> *meist* Leichtathlet(in) *m(f)*; Wett-
kämpfer(in) *m(f)*; ~ complet gut (durch-
trainierter, vielseitiger Sportler; 2. *fig*
Ath'let *m*; Kraftmensch *m*
athlét|ique [atletik] **I** *adj* ath'letisch; **II**
m Körperbautypus Ath'letiker *m*; **~is-
me** *m sports* Leichtathletik *f*
athrepsie [atrɛpsi] *f path* Pädatro'phie *f*
atlante [atlɑ̃t] *m arch* At'lant *m*; Gi'gant
m; Telamon *m od n*
atlant|ique [atlɑ̃tik] *adj géogr* at'lan-
tisch; At'lantik...; alliance *f* ~ Nordat-
lantisches Bündnis; Nordatlantische Al-
lianz; côte *f* ~ Atlantikküste *f*; l'océan
m ♀ *od subst* l'♀ *m* der Atlantische Ozean;
der At'lantik; *pol* Pacte *m* ♀ *od* Pacte *m*
de l'♀ Nord (Nord)Atlantikpakt *m*; *géol*
période *f* ~ At'lantikum *n*; atlantische
Klimaperiode; **~isme** *m pol* Poli'tik *f*
im Geiste des Nordatlantischen Bünd-
nisses; a'merikafreundliche Poli'tik; *péj*
A'merikahörigkeit *f*; **~iste** *m pol* Na-
toanhänger *m*
atlas [atlɑs] *m* 1. Atlas *m*; ~ céleste
Stern-, Himmelsatlas *m*; ~ économi-
que, historique, linguistique Wirt-
schafts-, Geschichts-, Sprachatlas *m*; 2.
zu e-m Werk Karten- und Tafelband *m*;
3. *anat* Atlas *m*
atmosphère [atmɔsfɛr] *f* 1. Atmo'sphä-
re *f*; Gas-, Lufthülle *f*; *im engeren Sinn* ~
(terrestre) Erdatmosphäre *f*; 2. Luft *f*;
3. *fig* a) Atmo'sphäre *f*; Klima *n*; ~
hostile, d'hostilité feindselige Atmo-
sphäre; ~ de travail Arbeitsatmosphäre
f, -klima *n*; ~ de vacances Ferienstim-
mung *f*; F changer d'~ e-n Orts-, F
Ta'petenwechsel vornehmen; b) *st/s*
Dunstkreis *m*; vivre dans l'~ de qn in
j-s Dunstkreis (*dat*) leben; 4. *Maßeinheit*
physi'kalische Atmo'sphäre (*abr* at[m])
atmosphérique [atmɔsferik] *adj* at-
mo'sphärisch; der Atmo'sphäre;
Luft...; *par ext* Wetter...; conditions
f/pl ~s Wetterlage *f*; Witterungsverhält-
nisse *n/pl*; couches *f/pl* ~s Atmosphä-
ren-, Luftschichten *f/pl*; électricité *f* ~
Luftelektrizität *f*; perturbations *f/pl* ~s
od subst ~s *m/pl* atmosphärische Störun-
gen *f/pl*; pression *f* ~ Luftdruck *m*
atoll [atɔl] *m géogr* A'toll *n*
atome [atom] *m* 1. *phys, chim, philos*
A'tom *n*; ~ d'hydrogène Wasserstoff-

atom n; 2. Kern-, A'tomenergie f bzw
-kraft f; 3. fig Funken m; Spur f;
Gran n; il n'a pas un ~ de bon sens er
hat nicht e-n Funken gesunden Men-
schenverstand; bei ihm fehlt jede Spur
von gesundem Menschenverstand; **~-
-gramme** m ⟨pl atomes-grammes⟩
chim Grammatom n; A'tomgramm n
atomicité [atɔmisite] f chim e-s Mole-
küls Anzahl f der A'tome
atomique [atɔmik] adj atoˈmar;
Aˈtom...; **armes** f/pl ~s Atomwaffen
f/pl; atomare Waffen f/pl; **bombe** f ~
Atombombe f; **énergie** f ~ Atom-,
Kernenergie f, -kraft f; **époque** f, **ère** f ~
Atomzeitalter n; **guerre** f ~ Atomkrieg
m; **nombre** m, **numéro** m ~ Atomnum-
mer f; Ordnungszahl f; **physique** f ~
Atomphysik f; **puissance** f ~ Atom-
macht f
atomis|ation [atɔmizasjõ] f 1. e-r Flüs-
sigkeit Zerstäubung f; Versprühung f; 2.
fig Auf-, Zersplitterung f; Atomiˈsierung
f; **~é(e)** m(f) durch e-n Aˈtombomben-
angriff Strahlengeschädigte(r) f(m); **~er**
v/t 1. Flüssigkeit zerstäuben; versprü-
hen; 2. fig auf-, zersplittern; atomiˈsie-
ren; 3. (durch Aˈtombomben, -waffen)
völlig vernichten, auslöschen, -radieren;
~eur m Zerstäuber m; ~ (à parfum)
Parˈfümzerstäuber m
atomisme [atɔmism(ə)] m philos Ato-
ˈmistik f; Atoˈmismus m; Aˈtomtheorie f
atomist|e [atɔmist] adj 1. philos atoˈmi-
stisch; 2. Aˈtom...; **physicien** m ~
Aˈtom-, Kernphysiker m; **II** subst 1. m
philos Atoˈmist m; 2. m,f Aˈtom-,
Kernphysiker(in) m(f); Aˈtomfor-
scher(in) m(f), -wissenschaftler(in) m(f);
~ique I adj philos atoˈmistisch; **II** f
Aˈtomwissenschaft f
atonal [atɔnal] adj ⟨-als⟩ mus atonal;
musique ~e atonale Musik; **~ité** f mus
Atonaliˈtät f
aton|e [atɔn, aton] adj 1. path Muskula-
tur schlaff; spannungslos; ohne Tonus;
aˈtonisch; 2. Augen, Blick, Stimme aus-
druckslos; 3. phon, gr unbetont; **~ie** f 1.
path der Muskulatur Schlaffheit f; Er-
schlaffung f; sc Atoˈnie f; 2. fig Gleich-
gültigkeit f; Lust-, Interˈesse-, Teil-
nahmslosigkeit f; **~ique** adj path aˈto-
nisch
atour [atur] m 1. pl ~s e-r Frau Putz m; F
Staat m; **se parer de ses plus beaux** ~s
F sich schön-, feinmachen; sich in Schale
werfen; in s-m besten Staat, in vollem
Staat erscheinen; 2. hist dame f, demoi-
selle f d'~ Hofdame, die die Toiˈlette der
Königin, Prinzessin beaufsichtigt
atout [atu] m 1. beim Kartenspiel
Trumpf(farbe f, -karte f) m; ~ cœur, l'~
est à cœur Herz ist Trumpf; as m d'~
Trumpf-As n; **jouer** ~ Trumpf (aus-)
spielen; 2. fig Trumpf m; **avoir tous les**
~s en main, dans son jeu alle Trümpfe
in der Hand haben
atoxique [atɔksik] adj ungiftig; atoxisch
âtre [atr(ə)] m e-s Kamins Feuerstelle f;
Herd m; par ext st/s Kaˈmin m
atrésie [atrezi] f path angeborenes Feh-
len e-r naˈtürlichen Körperöffnung; sc
Atreˈsie f
atrium [atrijɔm] m arch Atrium n
atroce [atrɔs] adj Verbrechen, Schmerzen
etc entsetzlich; furchtbar; fürchterlich;
schrecklich; abˈscheulich; grauenhaft,
-voll; scheußlich; gräßlich; F Wetter,
Kleid etc auch F schauderhaft; ~ **ment**
adv von atroce; F ~ ennuyeux F furcht-
bar, entsetzlich, schrecklich langweilig;
~ mutilé entsetzlich, furchtbar verstüm-
melt
atrocité [atrɔsite] f 1. Entsetzlichkeit f;
Furchtbarkeit f; Schrecklichkeit f; Ab-

ˈscheulichkeit f; Scheußlichkeit f; Gräß-
lichkeit f; 2. meist pl ~s Greuel(taten)
m/pl(f/pl); Schand-, Freveltaten f/pl; **les**
~s de la guerre die Greuel des Krieges;
3. immer pl ~s Greuelmärchen n/pl;
abˈscheuliche, furchtbare Dinge n/pl;
Abˈscheulichkeiten f/pl; **répandre des**
~s sur qn Greuelmärchen über j-n
verbreiten
atroph|ie [atrɔfi] f 1. path, physiol
Schwund m; Verkümmerung f; sc Atro-
ˈphie f; ~ **musculaire** Muskelschwund
m, -atrophie f; 2. fig e-s Gefühls, Wirt-
schaftszweiges f; e-r Fähigkeit etc Ver-
kümmerung f; **~ier I** v/t Organ, fig
Gefühl, Begabung etc verkümmern las-
sen; adjt atrophié verkümmert; **II** v/pr
s'~ Organ, Muskel, fig Gefühl, Begabung
etc verkümmern; path auch schrumpfen;
path sc atroˈphieren; **~ique** adj path
aˈtrophisch
atrop|ine [atrɔpin] f chim, méd Atroˈpin
n; **~isme** m path Atroˈpinvergiftung f
attabl|é [atable] adj être ~ am Tisch
sitzen; ils étaient ~s autour d'une
bouteille de vin sie saßen bei e-r
Flasche Wein zusammen; **~er** v/pr s'~
sich an den Tisch setzen
attachant [ataʃɑ̃] adj Person fesselnd;
anziehend; Roman, Film fesselnd; span-
nend
attache [ataʃ] f 1. **a)** Befestigung f;
Halter(ung) m(f); für elektrische Leitun-
gen Klemme f; an Handtüchern, Klei-
dungsstücken, für Bilderrahmen Aufhän-
ger m; für Briefbogen Briefklammer f; ch
de fer ~ de rail Schienenbefestigung f;
b) Verschluß an Kleidungs-, Wäschestü-
ken Band n; Bändchen n; für Mustertü-
ten etc Musterklammer f; **c)** chien m d'~
Kettenhund m; e-s Reisenden point m
d'~ Standort m, -quartier n; mar port m
d'~ Heimathafen m; Tier être à l'~
festgebunden sein; an der Kette liegen;
2. anat **a)** ~s pl Handgelenke n/pl;
Fußgelenke n/pl od Fesseln f/pl; **avoir**
des ~s fines zierliche Hand-, Fußgelen-
ke, schlanke Fesseln haben; **b)** e-s Mus-
kels, e-r Sehne Ansatz(punkt m, -stelle f)
m; sc Inserti'on f; ~ **du cou** Halsansatz
m; 3. fig ~s pl (innere) Bindung(en) f(pl);
Bande n/pl; Verbindungen f/pl; Bezie-
hungen f/pl
attaché[1] [ataʃe] adj 1. Gefangener gefes-
selt (à an + acc); 2. être ~ à Vorteil,
Name etc verbunden, verknüpft sein
mit; Glück auch abhängig sein von;
gebunden sein an (+acc); 3. Person être
~ à qn, qc an j-m, etw hängen; cf auch
attacher
attaché[2] [ataʃe] m 1. dipl Attaˈché m; ~
commercial, culturel, militaire Handels-,
Kulˈtur-, Miliˈtärattaché m; ~
d'ambassade (Botschafts-, Gesandt-
schafts)Attaché m; ~ **de presse a)**
Presseattaché m; b) e-r Pressestelle Pres-
sereferent m; 2. ~ **d'administration**
etwa (Ober)Reˈgierungsrat m; 3. ~ e f de
direction Chef-, Direktiˈonssekretärin
f; **~-case** [-kez] m ⟨pl attaché-cases⟩
Akten-, Diploˈmatenkoffer m
attachement [ataʃmɑ̃] m 1. e-r Person
Anhänglichkeit f (à qc, pour qn, qc an
j-n, etw); (Zu)Neigung f (zu j-m); an der
Tradition auch Festhalten n (an + dat);
montrer un profond ~ pour qn e-e
tiefe (Zu)Neigung zu j-m zeigen; 2. für
herausnehmbaren Zahnersatz Klammer
f; 3. bât (tägliche) Aufstellung der ausge-
führten Bauarbeiten und entstandenen
Kosten; 4. phys ~ d'électrons Elekˈtro-
nenanlagerung f
attache-nappe [ataʃnap] m ⟨pl atta-
che-nappes⟩ Tisch(tuch)klammer f
attacher [ataʃe] **I** v/t 1. **a)** fest- bzw

anbinden, -machen, befestigen (à an +
dat); binden (an + acc); Schnur anknüp-
fen (an + acc); ~ qn sur une chaise j-n
auf e-m Stuhl festbinden; fig ~ son
regard, ses yeux sur qn, qc s-n Blick,
die Augen auf j-n, etw heften; un chè-
que était attaché à la lettre an den
Brief war ein Scheck angeheftet; **b)**
mehrere Gegenstände zuˈsammen-
binden, -schnüren; aneinˈanderbinden;
Bänder, Schnüre miteinˈander verknüp-
fen; aneinˈanderknüpfen; ~ **les mains à**
qn j-m die Hände fesseln; **c)** Paket zu-,
verschnüren; Schürze zubinden; ~ **ses**
lacets de chaussures, F ~ **ses chaus-**
sures die Schnürsenkel zubinden, zu-
schnüren; s-e Schuhe, sich die Schuhe
zuschnüren; **d)** Kette: Boot etc festhal-
ten; Bindfaden: Paket zuhalten; 2. fig ~
qn à qn, qc j-n (innerlich) mit j-m, etw
verbinden; j-n an j-n, etw binden, fes-
seln; Minister ~ qn à son cabinet j-n in
s-n Stab aufnehmen; Dienstboten ~ à
son service in s-e Dienste nehmen; être
attaché au service de qn in j-s Dienst
(dat) stehen; elle a tout fait pour l'~ à
elle... um ihn an sich zu binden, fesseln;
de nombreux souvenirs m'attachent à
cette ville... verbinden mich mit dieser
Stadt; 3. ~ une idée à qc e-e Vorstel-
lung mit etw verbinden, verknüpfen; ~
de l'importance, du prix, de la va-
leur à qc e-r Sache (dat) Bedeutung,
Wert beimessen, beilegen; Gewicht,
Wert auf etw (acc) legen; ~ de l'intérêt à
qc e-r Sache (dat) Interesse entgegen-
bringen; Worten, e-r Geste ~ un sens,
une signification e-e Bedeutung bei-
messen, zuschreiben; **II** v/i 4. cuis Speise
anbacken, anhängen, festsitzen (à an +
dat); le gâteau a attaché (au moule)
der Kuchen ist (an der Form) angebak-
ken, angehangen; **III** v/pr 5. Person im
Auto, Flugzeug s'~ sich an-, festschnal-
len; Gegenstand s'~ à qc an etw (dat)
befestigt, fest- bzw angebunden, fest-
angemacht werden bzw sein; fig Blick,
Augen s'~ sur qn, qc sich auf j-n, etw
heften; 6. Person s'~ à qn, qc an j-m, etw
hängen, an alten Bräuchen auch festhal-
ten; j-n, etw liebgewinnen; Zuneigung zu
j-m fassen; je me suis beaucoup atta-
ché à ce pays ich hänge sehr an diesem
Land; ich habe dieses Land liebgewon-
nen; 7. s'~ qn j-s Zuneigung gewinnen;
j-n für sich einnehmen; 8. s'~ à qc mit
Vorteil, Erinnerungen etc s'~ à qc mit
etw verbunden, verknüpft sein; 9. Per-
son s'~ à qc sich mit etw befassen,
beschäftigen, abgeben; p/fort sich e-r
Sache (dat) ganz hingeben, widmen; s'~
à (+inf) es sich zur Aufgabe machen, es
sich angelegen sein lassen, sich bemü-
hen, bestrebt sein zu (+inf)
attache-torchon [ataʃtɔrʃõ] m ⟨pl atta-
che-torchons⟩ Geschirrtuch-, Wisch-
tuchhalter m
attagène [ataʒɛn] m zo Gemeiner Pelz-
käfer m
attaquable [atakabl(ə)] adj 1. angreif-
bar; 2. Vertrag, Testament anfechtbar
attaqu|ant [atakɑ̃] m 1. mil Angreifer
m; fig auch Angreiferin f; 2. sports
Angriffsspieler(in) m(f)
attaque [atak] f 1. mil, fig Angriff m; fig
auch Atˈtacke f; ~ **imprévue, par sur-**
prise Überˈraschungsangriff m; Über-
ˈrumpelung f; ~ ˈÜberfall m; ~
d'artillerie, d'infanterie Artilleˈrie-,
Infanteˈrieangriff m; ~ **de cavalerie**
Reiterangriff m; Atˈtacke f; ~ **de front,**
~ **de nuit** Fronˈtal-, Nachtangriff m; fig
les ~s de l'opposition contre le gou-
vernement die Angriffe der Oppositi-
on gegen od auf die Regierung; 2. auf

der Straße, auf e-e Bank etc ~ **à main armée** bewaffneter 'Überfall; **3.** *sports* **a)** *Fuß-, Handball etc* Angriff *m* (*auch esc*); *par ext* (*ligne f* d')~ Angriff(s-spieler) *m(m/pl)*; **b)** *beim Rennsport* Spurt *m*; **4.** *méd* Anfall *m*; At'tacke *f;* ~ (**d'apoplexie**) Schlaganfall *m;* ~ **d'épilepsie** epileptischer Anfall; **5.** F *fig* **être d'**~ fit, in Form sein; **6.** *mus* Einsetzen *n*; Einsatz *m*; **7.** *phon* Ansatz *m*; **8.** *des Balls bei Tennis, Golf* Abspielen *n*; Schlagen *n*; **9.** *aviat e-r Tragfläche* **angle** *m* **d'**~ Anstellwinkel *m*; **bord** *m* **d'**~ Vorderkante *f*; **10.** *Eisenguß* **a)** Einguß *m* (*als Vorrichtung*); **b)** ~ **de coulée** Eingießen *n*; Einguß *m*

attaquer [atake] **I** *v/t* **1.** *mil, fig, sports* angreifen; *fig auch* attac'kieren; *e-e* At-'tacke reiten gegen; *auf der Straße* über-'fallen; anfallen; *fig Person, Politik auch* anfeinden; *j-s guten Ruf* antasten; *jur Urteil, Testament* anfechten; *Schwierig-keiten* angehen; anpacken; ~ **qn en justice** j-n gerichtlich belangen; j-n ver-klagen; ~ **par surprise** über'raschend angreifen; über'rumpeln; über'fallen; *par ext* ~ **qn sur un sujet** von j-m Auskunft über ein Thema verlangen; j-n über ein Thema ausfragen; **2.** *Rost, Säure* ~ **qc** etw angreifen, anfressen, *Säure auch* ätzen; *Ungeziefer* ~ **qc** etw befallen, heimsuchen; *méd* **le poumon est attaqué** die Lunge ist angegriffen; **3.** *Arbeit* in Angriff nehmen; anpacken; beginnen; sich (F her'an)machen an (+*acc*); *Thema, Kapitel* anschneiden; *Rede* beginnen; *mus Ton etc* anstimmen; *Musikstück auch* zu spielen beginnen; F *über e-e Speise* herfallen; **II** *v/pr* **4.** *Person* **s'**~ **à qn** j-n, etw angreifen, bekämpfen; angehen, ankämpfen gegen etw; **5.** *Rost etc* **s'**~ **à** *cf* **2.**; **6.** *Person* **s'**~ **à** *Problem, Aufgabe* anpacken (+*acc*); sich (F her'an)machen an (+*acc*); F *über e-e Speise* herfallen, sich hermachen über (+*acc*)

attardé [atarde] *adj* **1.** *Person* verspätet; **2.** *fig Person* rückständig; altmodisch; *Auffassung, Ansicht auch* über'holt; ver-altet; vorgestrig; antiqu'iert; **3.** *Kind* zu'rückgeblieben; *subst* ~(**e**) *m(f)* zurückgebliebenes Kind

attarder [atarde] **I** *v/t* ~ **qn** j-n aufhal-ten; **II** *v/pr* **s'**~ **1.** sich verspäten; *an e-m Ort, bei j-m, unterwegs* sich zu lange aufhalten; zu lange verweilen; **s'attarder à faire qc** sich bei *od* mit etw zu lange aufhalten; **2.** *bei e-m Thema etc* **s'**~ **à** *od* **sur qc** bei etw verweilen; sich bei *od* mit etw aufhalten

atteindre [atɛ̃dr(ə)] <*cf* **peindre**> **I** *v/t* **1.** *Ort, Person, Gegenstand, Ziel, Niveau etc* erreichen; *Wert* erlangen; ~ **qn par téléphone** j-n telefonisch erreichen; ~ **soixante ans** sechzig Jahre alt werden; **die Sechzig erreichen;** *Baum* ~ **une 'hauteur de cinq mètres** *auch* fünf Meter hoch werden; *Versteigerungsob-jekt* ~ **un prix de** ... e-n Preis von ... erzielen; **2.** *mit e-m Geschoß* treffen; **la balle l'atteignit en plein cœur, à la tête** die Kugel traf ihn mitten ins Herz, am Kopf; **atteint mortellement** töd-lich getroffen; **3.** *fig Kritik, Bemerkung* ~ **qn** j-n treffen, verletzen; ~ **qn dans ses convictions** j-n in s-n 'Überzeugungen kränken, erschüttern; *Ansehen, Autori-tät* **être atteint** erschüttert, geschwächt sein; gelitten, Schaden genommen ha-ben; **4.** ~ **qn** *Krankheit* j-n befallen, heimsuchen; *Unglück, Leid* j-n treffen, heimsuchen; *adit:* **atteint de folie** dem Wahnsinn verfallen; **atteint d'un mal**

incurable unheilbar krank; **être at-teint de la typhoïde** an Typhus er-krankt sein; **II** *v/t/indir* **litt** ~ **à qc** etw erreichen, erlangen; *zu* etw gelangen

atteinte [atɛ̃t] *f* **1.** '**hors d'**~ außer Reichweite; unerreichbar; *guter Ruf* un-antastbar; **hors de l'**~ **des balles** außer Schußweite; **hors de l'**~ **des enfants** für Kinder unerreichbar; **2.** *fig der Autorität, des guten Rufs, der persönli-chen Freiheit etc* Beeinträchtigung *f*; Gefährdung *f*, Schädigung *f*, *der Men-schenwürde, Ehre* Verletzung *f* (à *gén*); *in das Privatleben, -eigentum* Eingriff *m* (à in + *acc*); *jur* **à la sûreté extérieure de l'État** Landesverrat *m*; **porter** ~ **à qc** *e-r Sache* (*dat*) schaden, Schaden zufü-gen, Abbruch tun, Eintrag tun, abträg-lich sein; etw beeinträchtigen, gefähr-den, schädigen, verletzen, antasten; **cet article ne portera pas** ~ **à** ... dieser Artikel läßt ... unberührt; *Pflanzen, Tiere* **résister aux** ~**s du froid, de la gelée** der Kälte, dem Frost standhalten; **3.** *e-r Krankheit* **premières** ~**s** erste Anzeichen *n/pl*

attelage [atlaʒ] *m* **1.** *von Zugtieren* **a)** An-, Einspannen *n*; Anschirren *n*; **b)** Gespann *n*; Bespannung *f*; ~ **à quatre, en file par deux** Vier(er)gespann *n*; ~ **de bœufs, de chevaux** Ochsen-, Pfer-degespann *n*; ~ **en paire** Zwei(er)ge-spann *n* (*nebeneinander*); **2.** *ch de fer* **a)** Anhängen *n*; Ankuppeln *n*; **b)** Kupp-lung *f*; ~ **automatique** automatische Kupplung

atteler [atle] <-**ll**-> **I** *v/t* **1.** *Zugtier* anspannen, anschirren (à an + *acc*); einspannen; *Wagen* an-, einspannen; ~ **en file, en paire** hintereinander, neben-einander anspannen; ~ **les bœufs à la charrue** die Ochsen vor den Pflug spannen; **faire** ~ anspannen lassen; **2.** *ch de fer, Anhänger* anhängen, ankuppeln (à an + *acc*); **3.** *fig* ~ **qn à un travail** j-n für e-e Arbeit einspannen; **II** *v/pr* **s'**~ **à un travail** sich gründlich mit e-r Arbeit befassen; sich in e-e Arbeit hin'einknien

attelle [atɛl] *f* **1.** Kum(me)tbügel *m*; **2.** *chir* Schiene *f*; **3.** *für bestimmte Werkzeu-ge* Holzgriff *m*; ~**oire** *f* (Deichsel-, Ortscheit)Pflock *m*

attenant [at(ə)nɑ̃] *adj Raum, Grundstück* angrenzend, anstoßend (à an + *acc*); **être** ~ **à** angrenzen, anstoßen an (+*acc*)

attendant [atɑ̃dɑ̃] *loc/adv* **en** ~ **a)** unter-'dessen; in'zwischen; einst'weilen; wäh-rend'dessen; in'dessen; **b)** wie dem auch sei; jedenfalls; auf jeden Fall; auf alle Fälle; ◆ *loc/conj* **en** ~ **de** (+*inf*), **en** ~ **que** ... (+*subj*) (so lange) bis; **en** ~ **de partir** bis zur Abfahrt; **j'ai lu en** ~ **qu'il arrive** ich habe (so lange), bis er kam, gelesen

attendre [atɑ̃dr(ə)] <*cf* **rendre**> **I** *v/t Person, Zeitpunkt, Ereignis* erwarten; warten auf (+*acc*); rechnen mit; *Ereig-nis, Gelegenheit, gutes Wetter* abwarten (**pour** + *inf* um zu + *inf*); *Taxi, Überra-schung, Essen etc* ~ **qn** j-n erwarten; auf j-n warten; ◆ *abs:* **attends!, attendez!** e-n Augenblick noch!; **attends, je vais t'expliquer!** Moment, warte mal, halt, das werde ich dir gleich erklären!; *dro-hend* **attendez un peu, que je vous y reprenne!** na, wartet, laßt euch nicht noch einmal dabei erwischen!; daß mir das nicht noch einmal vorkommt!; **per-dre son temps à** ~ s-e Zeit mit Warten verlieren; **je suis resté deux heures à** ~, **j'ai attendu (pendant) deux heu-res** ich habe zwei Stunden lang gewar-tet; **en attendant mieux** in Erwartung e-s Besser(e)n; bis sich etwas Besseres

findet; ◆ **on ne vous attendait plus** wir haben nicht mehr mit Ihnen gerech-net; **il n'attend que ça** darauf wartet er ja nur; *Frau* ~ **un enfant** ein Kind erwarten; *S. Beckett* **En attendant Go-dot** Warten auf Godot; ◆ ~ **qc de qn** etw von j-m erwarten; ~ **de la recon-naissance de qn** Dankbarkeit von j-m erwarten; ◆ ~ **de** (+*inf*) (ab)warten bis; **attends d'être informé** *avant de* ... warte (ab), bis du unter'richtet wirst ...; ◆ ~ **que** ... (+*subj*) warten, bis ...; **pour manger, j'attends qu'il arrive** ich warte mit dem Essen, bis er kommt; ◆ **faire** ~ **qn** j-n warten lassen; *Person, Belohnung* **se faire** ~ auf sich warten lassen; **le résultat ne se fit pas** ~ *auch* die Folgen blieben nicht aus; **II** *v/t/indir* **1.** ~ **après qn, qc** j-n, etw dringend brauchen; *meist negativ* **je n'attends pas après votre aide** ich brauche Ihre Hilfe nicht; **2.** F ~ **après qn, qc** j-n, etw erwarten; auf j-n, etw warten; **III** *v/i* **3.** (ab)warten; **cette réponse peut** ~ die Antwort kann (noch) warten; ~ **jusqu'à son arrivée** bis zu s-r Ankunft warten; ~ **jusqu'à ce qu'il revienne** warten, bis er zurückkommt; **4.** *Eßwaren* **ne pas** ~ sich nicht halten (**jusqu'à demain** bis morgen); *Soufflé* langes Stehen nicht vertragen; **IV** *v/pr* **s'**~ **à qc** etw erwarten; mit etw rechnen; auf etw (*acc*) gefaßt sein; **je ne m'y attendais pas** darauf war ich nicht gefaßt; damit hatte ich nicht gerechnet; **il fallait s'y** ~ damit mußte man rechnen; *au moment* **où il s'y attend le moins** *auch* ... wo er es am wenigsten vermutet; **on pouvait s'**~ **à pire** *auch* es hätte schlimmer kommen können; **avec lui, il faut s'**~ **à tout** bei ihm muß man auf alles gefaßt sein, muß man sich auf alles gefaßt machen; ◆ **s'**~ **à** (+*inf*) erwarten, damit rechnen, darauf gefaßt sein zu (+*inf*); ◆ **s'**~ **à ce que** ... (+*subj*) *litt* **s'**~ **que** ... (+*subj*) erwarten, damit rechnen, darauf gefaßt sein, daß ...

attendr|ir [atɑ̃drir] **I** *v/t* **1.** *Person* rüh-ren; weich stimmen; in Rührung verset-zen; Rührung, Mitleid erwecken, her-'vorrufen (**qn** bei j-m); **d'un air atten-dri** gerührt; **2.** *Fleisch* weich, mürbe klopfen, machen; **II** *v/pr* **s'**~ **3.** *Person* gerührt, weich, weich gestimmt werden; **s'**~ **sur qn, sur le sort de qn** von j-m, von j-s Geschick gerührt werden; mit j-m, mit j-s Geschick Mitleid haben, empfinden; **s'**~ **sur soi-même** sich selbst bemitleiden; **4.** *Fleisch* zart, weich, mürbe werden; ~**issant** *adj* rührend; ~**issement** *m* Rührung *f* (*devant* an-gesichts + *gén*); **larmes** *f/pl* **d'**~ Tränen *f/pl* der Rührung; ~**isseur** *m* Fleischerei Steaker ['steːkər] *m*

attendu [atɑ̃dy] **I** *adj* erwartet; **II** *prép adm* angesichts, in Anbetracht, in Anse-hung (+*gén*); mit Rücksicht auf (+*acc*); *loc/conj* ~ **que** in Anbetracht dessen, daß; in Erwägung der Tatsache, daß; **III** *subst jur* in e-r Urteilsschrift ~**s** *m/pl* Entscheidungsgründe *m/pl*

attentat [atɑ̃ta] *m* **1.** *pol* Atten'tat *n*, Anschlag *m* (**contre qn, qc** auf *od* gegen j-n, etw); ~ **au plastic** Sprengstoff-, Bombenattentat *n*, -anschlag *m* (mit e-r Plastikbombe); **2.** *jur* Angriff *m* (**à** auf + *acc*); Eingriff *m* (in + *acc*); ~ **à la liberté** Freiheitsberaubung *f*; ~ **aux mœurs** Sittlichkeitsvergehen *n*, -delikt *n*; ~ **à** *od* **contre la propriété** Eingriff in das Eigentum; ~ **à la pudeur** Unzucht *f*; ~ **à** *od* **contre la sûreté intérieure de l'État** Hochver-rat *m*

attentatoire [atɑ̃tatwar] *adj adm* Maß-

nahme, Handlung ⁓ à qc etw beeinträchtigend, verletzend, antastend; in etw (acc) eingreifend

attente [atãt] f **1.** Warten n (de qn, qc auf j-n, etw); Wartezeit f; cinq minutes d'⁓ fünf Minuten Wartezeit; salle f d'⁓ beim Arzt Wartezimmer n; ch de fer Wartesaal m; dans l'⁓ de qc in Erwartung e-r Sache (gén); comm dans l'⁓ de votre réponse auch Ihrer Antwort entgegensehend; passer de longues heures dans l'⁓ de qc viele Stunden mit Warten auf etw (acc) ver-, hinbringen; l'⁓ n'a pas été longue die Wartezeit war nicht lang; ich habe bzw wir haben etc nicht lange gewartet, warten müssen; **2.** Erwartung f; contre toute ⁓ wider alles Erwarten; entgegen allen Erwartungen; **3.** aviat (circuit m d')⁓ Warteraum m; **4.** chir ligature f d'⁓ provi'sorische, vorläufige Liga'tur; **5.** bât pierres f/pl d'⁓ Verzahnung f am Mauerende

attenter [atãte] v/t/indir ⁓ à qc etw zu beeinträchtigen, zu verletzen, anzutasten versuchen; (essayer d')⁓ à ses jours e-n Selbstmordversuch machen, unter'nehmen; ⁓ à la vie de qn j-m nach dem Leben trachten; pol auch e-n Anschlag auf od gegen j-n verüben

attentif [atãtif] adj ⟨-ive⟩ **1.** Person, Blick, Auge aufmerksam; st/s achtsam; ⁓ à ses devoirs pflichttreu, -eifrig; être ⁓ à qc (sorgfältig) auf etw (acc) achten; être ⁓ à (+inf) darauf achten, darauf bedacht sein zu (+inf); observer d'un œil ⁓ qc etw aufmerksam beobachten, verfolgen; prêter une oreille attentive à qc etw aufmerksam anhören; bei etw aufmerksam zuhören; in aufmerksames Ohr für etw haben; **2.** fig Pflege aufmerksam; sorgfältig; entourer qn d'une amitié attentive j-m ein sehr aufmerksamer Freund sein

attention [atãsjõ] f **1.** Aufmerksamkeit f; st/s Achtsamkeit f; in Wendungen auch Beachtung f; ⁓! Achtung!; Vorsicht!; aufgepaßt!; maintenant, ⁓! jetzt heißt es aufpassen!; ⁓ à la marche! Vorsicht, Stufe!; ⁓ à la voiture! Vorsicht od paß auf bzw passen Sie auf, (da ist, steht, kommt) ein Auto!; auf e-m Brief à l'⁓ de … zu Händen von … (abr z. H. [v.]); avec ⁓ aufmerksam; faire ⁓ à qc auf etw (acc) achten, achtgeben, aufpassen; etw beachten, auch bemerken; fais ⁓! paß auf!; sieh dich vor!; gib acht!; nimm dich in acht!; ungeduldig paß doch auf!; fais très ⁓ à ma question! achte genau auf meine Frage!; fais ⁓ aux verres! gib auf die Gläser acht!; paß auf die Gläser auf!; sieh dich mit den Gläsern vor!; faire ⁓ à qn j-n beachten; auf j-n aufpassen; auf j-n Obacht geben; meist verneint il n'a pas fait ⁓ à moi auch er hat keine No'tiz von mir genommen; faire ⁓ à od de (+inf), faire ⁓ à ce que … (+subj) aufpassen, achtgeben, darauf achten, zusehen, daß …; mériter l'⁓ de qn j-s Beachtung, Aufmerksamkeit verdienen; prêter ⁓ à qn, à qc j-m, e-r Sache Aufmerksamkeit, Beachtung schenken; j-n, etw beachten; **2.** fig oft pl ⁓s Aufmerksamkeiten f/pl; une ⁓ charmante e-e reizende Aufmerksamkeit; être plein d'⁓ pour qn rührend bemüht, besorgt um j-n sein

attentionné [atãsjone] adj Person (sehr) aufmerksam, zu'vorkommend (pour qn gegen j-n)

attent|isme [atãtism(ə)] m pol abwartende Haltung; Atten'tismus m; ⁓iste pol **I** adj sich abwartend verhaltend; e-e

abwartende Haltung einnehmend; sich e-e Stellungnahme noch vorbehaltend; **II** m,f j, der sich abwartend verhält

attentivement [atãtivmã] adv aufmerksam

atténu|ant [atenɥã] adj jur circonstances ⁓es mildernde 'Umstände m/pl; ⁓ateur m télécomm Dämpfungsglied n; ⁓ation f Milderung f; des Schmerzes auch Linderung f; Dämpfung f; der pathogenen Fähigkeit von Bakterien Abschwächung f; (Ver)Minderung f; jur ⁓ de peine Strafmilderung f

atténué [atenɥe] adj Licht gedämpft; mild; Symptome abgeschwächt; (ab)gemildert; ursprüngliche Wortbedeutung abgeschwächt; verblaßt

atténuer [atenɥe] **I** v/t Schmerzen lindern; mildern; dämpfen; Strafe mildern; grelles Licht dämpfen; Schärfe des Ausdrucks mildern; abschwächen; Gefühl, Eindruck mildern; **II** v/pr Schmerz, Sturm s'⁓ nachlassen; abnehmen

atterr|ant [aterã] adj niederschmetternd; bestürzend; ⁓er v/t betroffen machen; bestürzen; niederschmettern; ganz niedergeschlagen machen; meist adit être atterré ganz betroffen, aufs höchste bestürzt, niedergeschmettert, F am Boden zerstört sein

atterrir [aterir] v/t **1.** aviat landen; Rakete niedergehen; ⁓ sur une planète auf e-m Planeten landen; **2.** mar landen; anlegen; Passagier an Land gehen; **3.** fig Person, Brief etc F landen

atterriss|age [aterisaʒ] m **1.** aviat Landen n, -ung f; e-r Rakete Niedergehen n; ⁓ automatique automatische Landung; ⁓ guidé (Schlechtwetter)Landung f nach dem GCA-Verfahren oder mit Hilfe des Instrumentenlandesystems; ⁓ tous temps (abr A.T.T.) All'wetterlandung f; ⁓ sans visibilité (abr A.S.V.) Blindlandung f; système m d'⁓ aux instruments Instru'mentenlandesystem n (abr ILS); train m d'⁓ Fahrwerk n, -gestell n; **2.** mar Landen n; Anlegen n; manœuvres f/pl d'⁓ Anlegemanöver n/pl; ⁓ement m géol Ablagerung f; Anschwemmung f; Anlandung f; Alluvi'on f; ⁓eur m aviat Fahrwerk n, -gestell n

attest|ation [atestasjõ] f **1.** Bescheinigung f; auch Zeugnis n (für e-n ausscheidenden Arbeitnehmer); ⁓ médicale, du médecin ärztliches At'test; ⁓ de bonne conduite Bescheinigung über gute Führung; Zeugnis n; **2.** Bezeugung f; st/s (preuve) Beweis m (de für); ⁓é adj Tatsache bewiesen; bezeugt; ling Form, Wort belegt; ⁓er v/t **1.** mündlich bezeugen; bestätigen; schriftlich bescheinigen; **2.** beweisen; ein Beweis sein für; **3.** litt j'en atteste les dieux ich rufe die Götter als Zeugen dafür an

atticisme [atisism(ə)] m ling, Literatur Atti'zismus m

attiédir [atjedir] st/s **I** v/t **1.** Luft, Wasser lauwarm machen; abkühlen bzw erwärmen; **2.** fig Freundschaft, Gefühle abkühlen; erkalten lassen; **II** v/pr st's, **3.** lauwarm werden; sich abkühlen bzw sich erwärmen; **4.** fig Gefühle, Liebe erkalten; sich abkühlen; ⁓issement m st/s von Gefühlen **a)** Lauheit f; **b)** Erkalten n; Abkühlung f

attif|ement [atifmã] F m Aufzug m; Aufmachung f; Aufputz m; F Ausstaffierung f; ⁓er v/t (u v/pr s')⁓ (sich) auf-her'ausputzen, F (sich) ausstaffieren (de mit)

attiger [atiʒe] F v/i ⟨-geons⟩ über'treiben; F dick auftragen

attique [atik] **I** adj attisch; **II** m **1.** ling l'⁓ das Attische; Attisch n; **2.** arch Attika f

attirail [atiraj] m F Kram m; Plunder m; tout un ⁓ de cambrioleur ein ganzes Sortiment von Einbrecherwerkzeugen; ⁓ de campeur, de photographe F Camping-, Fotoausrüstung f mit allem Drum und Dran

attir|ance [atirãs] f Anziehungskraft f; Verlockung f; Reiz m; avoir, éprouver une certaine ⁓ envers, pour qc, qn sich zu etw, j-m hingezogen fühlen; sich von etw, j-m angezogen fühlen; ⁓ant adj Person, Wesen anziehend; Vorschlag verlockend

attirer [atire] **I** v/t **1.** phys anziehen; fig anziehen; an-, her'beilocken; ⁓ qn dans un coin j-n in e-e Ecke ziehen; ⁓ qn dans un piège j-n in e-e Falle locken; ⁓ qn par des promesses j-n mit Versprechungen ködern; une grande sympathie l'un vers l'autre e-e große Sympathie zieht sie zueinander hin; ce spectacle attire un grand public auch dieses Schauspiel ist sehr zugkräftig; **2.** ⁓ qc à od sur j-m etw verschaffen, (ein)bringen; sa réussite lui attira beaucoup d'amis … machte, gewann, verschaffte ihm viele Freunde; ⁓ sur soi la colère de qn sich j-s Zorn zuziehen; **3.** ⁓ l'attention, les regards de qn j-s Aufmerksamkeit, Blicke auf sich ziehen, lenken; ⁓ l'attention de qn sur qc j-s Aufmerksamkeit auf etw (acc) lenken; **II** v/pr s'⁓ sich etw zuziehen; etw gewinnen; Komplimente ernten; einstecken; s'⁓ des ennuis sich Unannehmlichkeiten bereiten, zuziehen, einhandeln; Ärger bekommen, F kriegen; s'⁓ l'estime de qn j-s Achtung gewinnen

attiser [atize] v/t Feuer, fig Leidenschaften, Haß, Streit schüren; anfachen

attitré [atitre] adj festangestellt; ständig; e-r Firma fournisseur ⁓ ständiger Lieferant; fournisseur ⁓ de la cour (d'Angleterre) Hoflieferant m (des englischen Hofes); marchand ⁓ Kaufmann, bei dem man ständig kauft; représentant ⁓ festangestellter, ständiger Vertreter

attitude [atityd] f **1.** (Körper)Haltung f; **2.** (innere) Haltung; Einstellung f; Verhalten n; péj Atti'tüde f; son insouciance? ce n'est qu'une ⁓ … das ist nur Pose, e-e Attitüde; quelle est son ⁓ à l'égard de ce problème? wie steht er zu diesem Problem?; adopter, prendre une ⁓ ferme dans une affaire in e-r Angelegenheit e-e feste Haltung einnehmen; garder une ⁓ réservée sich reserviert verhalten; sich zu'rückhalten; **3.** Ballett Atti'tüde f

attouchements [atuʃmã] m/pl Berührungen f/pl; Zärtlichkeiten f/pl; Streicheln n

attractif [atraktif] adj ⟨-ive⟩ **1.** phys Anziehungs…; force attractive Anziehungskraft f (auch fig); **2.** fig u st/s Preis, Laufbahn, Angebot attrak'tiv; verlockend

attraction [atraksjõ] f **1.** phys Anziehung(skraft) f; ⁓ électrique, magnétique elektrische, magnetische Anziehung; ⁓ moléculaire Moleku'laranziehung f; ⁓ terrestre Erdanziehung f; ⁓ universelle Massenanziehungskraft f; Gravitati'on f; loi f de l'⁓ universelle Newtonsches Gravitationsgesetz; **2.** fig Anziehungskraft f; Attrakti'on f; exercer une grande ⁓ sur qn e-e große Anziehungskraft auf j-n ausüben; **3.** in e-r Stadt Attrakti'on f; (centre m d'⁓) (Haupt)Anziehungspunkt m; Ma'gnet m; F Person être la grosse ⁓ die große Attraktion sein; **4.** im Zirkus, bei e-m Volksfest ⁓s pl Attrakti'onen f/pl; **5.**

innerhalb e-s Programms Einlage *f*; Varie¹tédarbietung *f*; **6.** *ling* Attrakti¹on *f*; ~ **temporelle, du genre** Tempus-, Genusattraktion *f*

attrait [atrɛ] *m* **1.** *e-r Sache* Reiz *m*; (Ver)Lockung *f*; Zauber *m*; Faszinati¹on *f*; **2. éprouver de l'~ pour qn, qc** sich von j-m, etw angezogen fühlen; sich zu j-m, etw hingezogen fühlen; **3.** *stls e-r Frau* ~**s** *pl* Reize *m/pl*

attrap|ade [atrapad] F *f od* ~**age** F *m* F Abreibung *f*; Anranzer *m*; Rüffel *m*; Standpauke *f*

attrape [atrap] *f* (farces *f/pl* et) ~**s** Scherzartikel *m/pl*

attrape|-mouches [atrapmuʃ] *m* ⟨inv⟩ **1.** Fliegenfänger *m*; **2.** *bot* in¹sekten-, fleischfressende Pflanze; ~**-nigaud** *m* ⟨*pl* **attrape-nigauds**⟩ Bauernfänge¹rei *f*; Gimpelfang *m*; plumper Trick

attraper [atrape] **I** *v/t* **1.** *Person, Tier, Ball* fangen; (er)haschen; F erwischen; *Ball auch* auffangen; *fig Worte e-r Unterhaltung* auffangen; erhaschen; F aufschnappen; *Hund* ~ **qc** etw schnappen; **attrape!** a) fang auf!; b) *hämisch nach e-r boshaften Bemerkung* da hast du's!; ~ **qn par le bras** j-n am Arm packen, erhaschen, F erwischen; **se faire** ~ **par la police** F sich von der Polizei erwischen, schnappen lassen; von der Polizei erwischt werden; **2.** *Zug, Bus* erreichen; F erwischen; kriegen; **3.** F *Krankheit, Sonnenstich* bekommen; sich holen, zuziehen; F kriegen; auflesen; *Strafzettel, Strafe* bekommen; F (verpaßt) kriegen; *fremden Akzent* annehmen; *j-s (Schreib-, Mal-, Gesangs)Stil* F raus-, hinkriegen; *Sinn e-s Textes* erfassen; begreifen; F ka¹pieren; ~ **froid** sich erkälten, F verkühlen; ~ **six mois de prison** F sechs Monate Gefängnis (verpaßt, aufgebrummt) kriegen; *peint* ~ **la ressemblance** F die Ähnlichkeit gut raus-, hinkriegen; **4.** ~ **qn** a) j-n anführen, (he)reinlegen, zum Narren halten; b) j-n enttäuschen; **il m'a bien attrapé** er hat mich ganz schön reingelegt; **me voilà bien attrapé** da bin ich ja schön reingefallen; **être (bien) attrapé** *auch* (sehr) enttäuscht sein; **5.** F ~ **qn** F j-n abkanzeln, anranzen; j-m e-e Abreibung geben, e-n Rüffel erteilen, den Kopf waschen; e-e Zi¹garre verpassen; **se faire** ~ abgekanzelt werden; e-e Abreibung bekommen; e-n Rüffel kriegen; den Kopf gewaschen bekommen; e-e Zigarre verpaßt kriegen; **II** *v/pr* **s'**~ **6.** F *Krankheit* ansteckend sein; sich über¹tragen; *avec ce temps-là* **un rhume s'attrape facilement** ... holt man sich leicht e-n Schnupfen; **7.** F *Personen* sich streiten; F anschnauzen; sich in den Haaren liegen

attrayant [atrɛjã] *adj Sache* (ver-)lockend; reizvoll; attrak¹tiv; *Person* anziehend; attrak¹tiv; *Wesen, Gesichtszüge* anziehend; gewinnend; ansprechend

attribuable [atribɥabl(ə)] *adj* **être** ~ **à qc** *e-r Sache* (*dat*) zuzuschreiben sein

attribuer [atribɥe] **I** *v/t* **1.** *bei e-r Verteilung* zuteilen; zuweisen; vergeben; *durch Testament auch* zusprechen; *Rolle auch* über¹tragen; **2.** *Kredit* gewähren; *Preis* zuerkennen; verleihen; *Vorteile, Privilegien* gewähren; verleihen; zugestehen; zubilligen; ~ **peu d'importance à qc** *e-r Sache* (*dat*) wenig Bedeutung beimessen, beilegen, zuschreiben; ~ **des privilèges à une fonction** *auch* ein Amt mit Privilegien ausstatten, versehen; **3.** *Charaktereigenschaften* ~ **à qn** j-m unter¹stellen (*auch Gedanken*), unter¹schieben; in j-n hin¹einlegen; j-m verleihen; auf j-n über¹tragen; *bes mit Vorzügen* j-n ausstatten (qc mit etw); **4.** ~ **qc à qn, à**

qc j-m, e-r Sache etw zuschreiben; etw auf etw (*acc*) zu¹rückführen; **à quoi attribuez-vous cet insuccès?** worauf führen Sie diesen ¹Mißerfolg zurück?; ~ **une invention, un tableau à qn** j-m e-e Erfindung, ein Gemälde zuschreiben; ~ **la responsabilité de qc à qn** j-n für etw verantwortlich machen; **II** *v/pr* **5. s'**~ **qc** *Verdienst, Erfolg etc* sich zuschreiben; für sich in Anspruch nehmen; *Titel auch* sich anmaßen; **6. s'**~ **tous les prix** sich alle Preise holen; F alle Preise einheimsen

attribut [atriby] *m* **1.** Attri¹but *n*; wesentliches, charakte¹ristisches Merkmal; **2.** *bildende Kunst* Attri¹but *n*; Sym¹bol *n*; Kennzeichen *n*; **3.** *gr* Prädika¹tiv(um) *n*; Prädi¹katsnomen *n*; prädika¹tive Ergänzung; ~ **de l'objet, du sujet** prädikative Ergänzung zum direkten Objekt, zum Subjekt; *adjt* **adjectif** *m* ~ prädikatives Adjektiv; **nom** *m* ~ als Prädikativ, Prädikatsnomen stehendes Substantiv; **4.** *Logik* Prädi¹kat *n*

attributaire [atribytɛr] *m,f jur bei e-r Erbschaft, Verteilung* Empfänger(in) *m(f)*; *Sozialversicherung* Leistungsempfänger(in) *m(f)*

attributif [atribytif] *adj* ⟨-ive⟩ **1.** *jur* (*ein Recht*) zuerkennend, über¹tragend; ~ **de propriété** das Eigentumsrecht verleihend, über¹tragend; **acte** ~ **de compétence** Rechtshandlung, die den Gerichtsstand festlegt; **2.** *gr* **proposition attributive** nichtrestriktiver Attri¹butsatz; nichtrestriktiver Rela¹tivsatz in der Rolle e-s Attri¹buts; **verbe** ~ Gleichsetzungsverb *n*; Verb, das ein Prädi¹katsnomen erfordert; **3.** *Logik* prädika¹tiv

attribution [atribysjõ] *f* **1.** *bei e-r Verteilung* Zuteilung *f*; Zuweisung *f*; Vergabe *f*; *durch Testament auch* Zusprechung *f*; *e-r Rolle auch* Über¹tragung *f*; **2.** *von Krediten* Gewährung *f*; *e-s Preises* Zuerkennung *f*; Verleihung *f*; *von Vorteilen, Privilegien* Gewährung *f*; Zubilligung *f*; **3.** ~**s** *pl* Aufgabenbereich *m*, -kreis *m*; Zuständigkeit(sbereich) *f(m)*; Kompe¹tenz-, Amts-, Dienst-, Geschäftsbereich *m*; Amtsbefugnisse *f/pl*; Kompe¹tenzen *f/pl*; **cela n'entre, ne rentre pas dans mes** ~**s** das fällt nicht in meine Zuständigkeit; dafür bin ich nicht zuständig; das gehört nicht zu meinem Aufgabenbereich *etc*, *auch* zu meinen Ob¹liegenheiten; **4.** *gr* **complément** *m* **d'**~ neben dem di¹rekten Ob¹jekt stehendes präpositio¹nales Objekt

attrist|ant [atristã] *adj* betrüblich; traurig; bedauerlich; beklagenswert; ~**er I** *v/t* traurig machen; stimmen; betrüben; bekümmern; **II** *v/pr* **s'**~ traurig, betrübt, bekümmert werden

attroup|ement [atrupmã] *m* **a)** *Vorgang* Zu¹sammenströmen *n*, -rottung *f*; **b)** Menschenauflauf *m*, -ansammlung *f*; ~**er** *v/pr* **s'**~ in Mengen her¹bei-, zu¹sammenströmen; sich an-, versammeln; Gruppen bilden; *in aufrührerischer Gesinnung* sich zu¹sammenrotten

atypique [atipik] *adj* atypisch

au [o] *cf* **à**

aub|ade [obad] *f* Morgenständchen *n*; **donner une** ~ **à qn** j-m ein (Morgen-)Ständchen bringen; ~**age** *m e-r Turbine* Beschaufelung *f*; Schaufeln *f/pl*; Schaufelkranz *m*

aubain [obɛ̃] *m im Mittelalter* Fremde(r) *m*

aubaine [obɛn] *f* **1.** (bonne) ~ (großer) Glücksfall; unverhofftes (großes) Glück; **2.** *hist* **droit** *m* **d'**~ Heimfallsrecht *n*

aube [ob] *f* **1.** *meist poét* Morgengrauen

n, -dämmerung *f*; Tagesanbruch *m*; **à l'**~ im Morgengrauen; in der Morgendämmerung; bei Tagesanbruch; **2.** *fig u stls* (An)Beginn *m*; Anfang *m*; **n'être qu'à l'**~ **de qc** erst am Beginn, Anfang von etw stehen; **3.** *égl cath* Albe *f*; *für Erstkommunikanten* langes weißes Gewand; **4.** *an Turbinen am* Wasserrad Schaufel *f*; **bateau** *m* **à** ~**s** Raddampfer *m*; **roue** *f* **à** ~**s** Schaufelrad *n*

aubépine [obepin] *f bot* Weiß-, Hagedorn *m*

aubère [obɛr] *adj* **cheval** *m* ~ Rotschimmel *m*

auberge [obɛrʒ] *f* **1.** (Land)Gasthof *m*; Landgasthaus *n*; *früher* Herberge *f*; F *fig* **on n'est pas sorti de l'**~ uns steht noch allerhand bevor; wir sind mit den Schwierigkeiten noch lange nicht über den Berg; **2.** *in Namen* ele¹gantes Re-stau¹rant im Rusti¹kalstil; **3.** ~ **de la jeunesse** (*abr* A.J.) Jugendherberge *f*

aubergine [obɛrʒin] *f* **1.** *bot* Aubergine [-¹ʒi:nə] *f*; Eierfrucht *f*; **2.** *adj* ⟨inv⟩ auber¹gine(farben); **3.** F *fig* Poli¹tesse *f*

aubergiste [obɛrʒist] *m,f* (Gast)Wirt(in) *m(f)*

aubette [obɛt] *f in Belgien* **1.** *an* Haltestellen Schutzdach *n*; ¹Unterstand *m*; **2.** Zeitungskiosk *m*

aubier [obje] *m* Splint(holz) *m(n)*

auburn [obœrn] *adj* ⟨inv⟩ Haar ka¹stanienbraun

aucuba [okyba] *m bot* Au¹kube *f*

aucun [okɛ̃, okœ̃] *m*, **aucune** [okyn] *f* **I** *adj/ind* **1.** ⟨mit ne beim Verbum, ohne ne F⟩ (gar, überhaupt) kein(e); alleinstehend keiner, keine, kein(e)s; kein einziger, -s, keine einzige; keinerlei (*inv*); *pl bei subst ohne sg:* **aucunes funérailles** keine (feierliche) Beisetzung; ♦ **aucun élève n'a réussi à cet examen** kein (einziger) Schüler ...; **aucun physicien n'ignore que** ... jeder Physiker weiß, daß ...; **il n'a fait aucun progrès** er hat keinerlei, gar keinen Fortschritt gemacht; **n'avoir aucun talent** gar kein, überhaupt kein Talent besitzen; *ellip:* **y avait-il des enfants avec eux?** – **aucun** ... keine *od* gar keins *od* kein einziges; ♦ **d'aucun côté** von keiner Seite; keinerseits; **en aucun cas** auf keinen Fall; keinesfalls; **en aucune façon, manière** keineswegs; mit¹nichten; durch¹aus nicht; in keiner Weise; ganz und gar nicht; **sans aucun effort** ohne jede, jegliche Anstrengung; *stls* **sans difficulté aucune** ohne jede Schwierigkeit; **2.** *litt* ⟨ohne ne beim Verbum⟩ irgendein(e); **II** *pr/ind* **1.** ⟨mit ne beim Verbum⟩ *m* keiner, *f* keine, *n* kein(e)s; je **ne connais aucun des deux** ich kenne keinen von beiden; *avez-vous terminé vos corrections?* – je **n'en ai aucune de terminée** ... auch ich habe nicht eine einzige davon fertig; *lequel préférez--vous?* – **aucun** ... keinen; **2.** *litt* ⟨ohne ne beim Verbum⟩ irgendeine(r, -s); **d'aucuns** einige; etliche

aucunement [okynmã] *adv* ⟨mit ne beim Verbum⟩ gar nicht; keineswegs; durch¹aus nicht; in keiner Weise; ganz und gar nicht; mit¹nichten

audace [odas] *f* **1.** Kühnheit *f*; Wagemut *m*; folle ~ Tollkühnheit *f*; Wag(e)halsigkeit *f*; Verwegenheit *f*; **avec** ~ kühn; wagemutig; **payer d'**~ *cf* payer 6.; **2.** ~**s** *pl eine der Mode etc* Gewagtheiten *f/pl*; *e-s Künstlers auch* Kühnheiten *f/pl*; **3.** Keckheit *f*; Kühnheit *f*; *péj* Dreistigkeit *f*; Unverschämtheit *f*; **avoir l'**~ **de** (+*inf*) die Dreistigkeit besitzen zu (+*inf*)

audacieux [odasjø] *adj* ⟨-euse⟩ **1.** *Person, Tat, Ideen etc* kühn; *Person auch* wagemutig; *Unternehmen auch* gewagt;

2. keck; kühn; *péj* dreist; unverschämt

au-dedans [od(ə)dã] *litt loc/adv* innen; drinnen; im Innern (*auch fig*); *loc/prép* ~ de innerhalb, im Innern (+*gén*)

au-dehors [odəor] *litt loc/adv* außen; draußen; *loc/prép* ~ de außerhalb (+*gén*)

au-delà [od(ə)la] **I** *loc/adv* räumlich dar'über hin'aus (*auch fig*); *fig* mehr (als das); *vous voyez la poste? la gare est un peu* ~ ... der Bahnhof ist noch etwas, noch ein Stück weiter; *je lui ai donné tout ce qu'il désirait et même* ~ ... und sogar noch mehr (als das); *sa compétence s'étend* ~ sein Fachwissen erstreckt sich darüber hinaus; **II** *loc/prép* ~ de räumlich jenseits (+*gén*); *fig* über (+*acc*) hin'aus; *c'est* ~ de ce que vous pouvez imaginer das über'steigt Ihr Vorstellungsvermögen; *tout ce qui est* ~ de cette somme alles, was diese Summe über'steigt, was über diese Summe hin'ausgeht; **III** *m rel* Jenseits *n*

au-dessous [od(ə)su] **I** *loc/adv* dar'unter (*auch in e-r Hierarchie*); 'unterhalb; *les enfants de dix ans et* ~ Kinder von zehn Jahren und darunter; *voici un arbre,* mettons-nous à l'abri ~! ... stellen wir uns (dar)unter!; **II** *loc/prép* ~ de 'unterhalb (+*gén*); unter (+*dat bzw acc*); *les enfants* ~ de dix ans Kinder unter zehn Jahren; *Valence est* ~ de Lyon Valence liegt unterhalb von Lyon; *c'est* ~ de moi das ist unter meiner Würde; *F fig être* ~ de tout gar nichts taugen; *Person auch* ein völliger Versager sein; *in s-m Verhalten* F ein ganz mieser Typ, der letzte Mensch sein; *Arbeit auch* unter aller Kri'tik, F Ka'none sein; *c'est* ~ de tout! *auch* F das ist ja das Letzte!; *verkaufen* ~ de sa valeur unter s-m Wert; *Temperatur* ~ de zéro unter Null

au-dessus [od(ə)sy] **I** *loc/adv* dar'über (*auch in e-r Hierarchie*); oberhalb; weiter oben; **II** *loc/prép* ~ de oberhalb (+*gén*); über (+*dat bzw acc*); *les enfants* ~ de dix ans Kinder über zehn Jahre; *fig il est* ~ de toute critique er ist über jede Kritik erhaben; *Temperatur* ~ de trente degrés über dreißig Grad; *le colonel est* ~ du capitaine der Oberst steht (rangmäßig) über dem Hauptmann

au-devant [od(ə)vã] *loc/prép* aller ~ de qn j-m entgegengehen; aller ~ des désirs, des objections de qn j-s Wünschen, Einwänden zu'vorkommen; aller ~ des difficultés, des obstacles keine Schwierigkeiten, Hindernisse scheuen

aud|ibilité [odibilite] *f* Hörbarkeit *f*; Vernehmbarkeit *f*; **~ible** *adj* hör-, vernehmbar

audienc|e [odjãs] *f* **1.** Audi'enz *f*; Unter'redung *f*; ~ particulière, privée Pri'vataudienz *f*; accorder une ~ à qn j-m e-e Audienz gewähren; donner ~ à qn j-m Audienz erteilen; in empfangen; recevoir qn en ~ j-n in Audienz empfangen; **2.** Anklang *m*; Aufmerksamkeit *f*; Beachtung *f*; trouver l'~ de qn Anklang bei j-m finden; bei j-m auf Inter'esse stoßen; **3.** *jur* (Gerichts)Verhandlung *f*, -sitzung *f*; Ter'min *m*; ~ civile Verhandlung in Zivilsachen; ~ publique öffentliche Verhandlung; *Gericht* tenir ~ tagen; **4.** *rad, télév* (Rundfunk)Hörer *m/pl*; (Fernseh)Zuschauer *m/pl*; Rundfunk-, Fernsehpublikum *n*; Hörerschaft *f*; *auch* Einschaltquote *f*; sondage d'~ Hörer-, Zuschauer-, Publikumsumfrage *f*; **~ier** *adj* ⟨*nur m*⟩ *jur* huissier ~ Gerichtsdiener *m*

audio|gramme [odjogram] *m* Audio'gramm *n*; **~mètre** *m* Audio'meter *n*;

~métrie *f* Audiome'trie *f*; Messen *n* des Hörvermögens

audiophone [odjɔfɔn] *m* Audi'phon *n*

audio-visuel *od* **audiovisuel** [odjovizɥɛl] **I** *adj* ⟨~le⟩ audiovisu'ell; **II** *m* **1.** Audio-Video-Technik *f*; **2.** audiovisu'elle Arbeitsmittel *n/pl*

audiphone [odifɔn] *m cf* audiophone

audit [odi] *m Kurzform für* auditeur 3.

auditeur [oditœr] *m* **1.** ~, auditrice *m,f* Zuhörer(in) *m(f)*; *rad, ling* Hörer(in) *m(f)*; *télév* Zuschauer(in) *m(f)*; *Universität* ~ libre Gasthörer *m*; **2.** *adm in Frankreich* Au'ditor *m* (*Eingangsamt im Staatsrat u beim Rechnungshof*); **3.** *écon* ~ (interne) (in'terner) Re'visor *m*

auditif [oditif] *adj* ⟨-ive⟩ Hör...; Gehör...; audi'tiv; acuité auditive Hörschärfe *f*; *anat* conduit ~ externe, interne äußerer, innerer Gehörgang; mémoire auditive Gedächtnis *n* für akustische Eindrücke; sensation auditive Gehörsempfindung *f*; appareil *m* de correction auditive Hörgerät *n*, -apparat *m*, -hilfe *f*; **II** *subst* ~, auditive *m,f* audi'tiver, a'kustischer Typ; A'kustiker *m*

audition [odisjɔ̃] *f* **1.** *physiol* Hören *n*; ~ colorée Farbenhören *n*; Mitempfindung *f* von Farbeindrücken bei bestimmten Hörwahrnehmungen; *sc* Au'ditio colo'rata *f*; organes *m/pl*, troubles *m/pl* de l'~ Hörorgane *n/pl*, -störungen *f/pl*; **2.** *jur* ~ des témoins Anhörung *f* der Zeugen; Zeugenvernehmung *f*; **3.** *von Tonbändern etc* Ab-, Anhören *n*; **4.** *thé* e-s Schauspielers Vorsprechen *n*; *e-s Sängers* Vorsingen *n*; *e-s Musikers* Vorspielen *n*; *von Schülern e-r Musikschule* Schülerkonzert *n*; passer une ~ *cf* auditionner II; **5.** *bei Schallplatten* ~ intégrale *cf* intégral II 2.

auditionner [odisjone] **I** *v/t* vortragenden Schauspieler, Sänger, Musiker, *par ext* Platte anhören; **II** *v/t* Schauspieler vorsprechen; *Sänger* vorsingen; *Musiker* vorspielen

auditoire [oditwar] *m coll* Zuhörer (-schaft) *m/pl(f)*; Audi'torium *n*; Publikum *n* (*auch bei e-r Gerichtsverhandlung*)

auditor(i)at [oditɔr(j)a] *m adm in Frankreich* Amt *n* e-s „auditeur"

auditorium [oditɔrjɔm] *m rad, télév* Sendesaal *m*; Tonaufnahmestudio *n*

audomarois [odomarwa] *adj* (*u subst* ♀ Einwohner) von Saint-Omer

auge [oʒ] *f* **1.** Trog *m*; Kübel *m*; Mulde *f*; *agr* Futter-, Schweinetrog *m*; **2.** *des Maurers* Speis-, Mörtelkasten *m*, -kübel *m*; **3. a)** *e-s Zellenrades cf* auget 2.; **b)** *e-s Wasserrades* Oberwasserrinne *f*; **4.** *géol* Trogtal *n*; **5.** *élect* e-r Voltaschen Säule Zelle *f*

auget [oʒɛ] *m* **1.** *für Käfigvögel* Futternäpfchen *n*; **2.** *e-s Zellenrades* kastenförmige Schaufel; Zelle *f*; *e-r Pelton-Turbine* becherartige Schaufel; roue *f* à ~s Zellenrad *n*

augment [ogmã] *m ling* Aug'ment *n*

augmentateur [ogmãtatœr] *m aviat* ~ de poussée Vorrichtung *f*, Maßnahme *f* zur Schuberhöhung

augmentatif [ogmãtatif] *adj* ⟨-ive⟩ *ling* affixe ~ *od subst* ~ *m* Augmenta'tiv-, Amplifika'tivaffix *n*

augmentation [ogmãtasjɔ̃] *f* **1.** *der Schulden, des Vermögens etc* Vermehrung *f*; Vergrößerung *f*; Zunahme *f*; Anwachsen *n*; *des Vermögens auch* Mehrung *f*; *der Preise* (An)Steigen *n*; Anziehen *n*; Anstieg *m*; *auch von Gebühren, Steuern* Erhöhung *f*; Her'aufsetzung *f*; *von Waren* Aufschlagen *n*; Teurerwerden *n*; Verteuerung *f*; *des Umsatzes*

Steigerung *f*; *der Geschwindigkeit* Erhöhung *f*; Steigerung *f*; *des Bruttosozialprodukts* Wachstum *n*; ~ de capital Kapi'talerhöhung *f*, -aufstockung *f*; ~ de la circulation, du trafic Verkehrszunahme *f*; ~ des impôts Steuererhöhung *f*; ~ du poids Gewichtszunahme *f*; ~ de la population Bevölkerungszunahme *f*, -zuwachs *m*; *aviat* ~ de poussée Schuberhöhung *f*, -steigerung *f*; ~ de la pression Druckanstieg *m*; ~ des prix Preiserhöhung *f*, -anstieg *m*, -auftrieb *m*, -steigerung *f*; ~ de la production Produkti'onssteigerung *f*, -anstieg *m*; *agr* Ertragssteigerung *f*, -anstieg *m*; ~ de salaire Lohn-, Gehaltserhöhung *f*, -aufbesserung *f*, -zulage *f*; ~ des salaires Lohnanstieg *m*; ~ du taux d'escompte Dis'kont(satz)erhöhung *f*; Heraufsetzung des Diskontsatzes; ~ de la température Anstieg *bzw künstlich* Erhöhung der Temperatur; ~ de valeur Wertsteigerung *f*, -zuwachs *m*; ~ des ventes Absatzsteigerung *f*; **2.** *abs* Lohn-, Gehaltserhöhung *f*, -aufbesserung *f*, -zulage *f*; **3.** *beim Stricken, Häkeln* Zunehmen *n*; **4.** *mus* Augmentati'on *f*

augmenter [ogmãte] **I** *v/t* Vermögen, Schulden etc vermehren; vergrößern; *Vermögen auch* mehren; *Preise, Steuern, Gebühren, Miete, Diskontsatz* erhöhen; her'aufsetzen; *Gesellschaftskapital* erhöhen; aufstocken; *Gehalt, Lohn* erhöhen; aufbessern; *Umsatz, Leistung, Produktion* steigern; *Wert, Geschwindigkeit* erhöhen; steigern; *fig Stille* vergrößern; erhöhen; *Unruhe, Angst* steigern; ~ le pain den Brotpreis erhöhen, heraufsetzen, das Brot teurer machen, verteuern (de um); ~ les prix *auch* mit den Preisen her'aufgehen; édition revue et augmentée 'durchgesehene und erweiterte, ergänzte Auflage; **2.** ~ qn j-n gehaltlich aufbessern; j-s Lohn, Gehalt erhöhen, aufbessern; il a été augmenté er hat e-e Lohn-, Gehaltserhöhung, -zulage bekommen; **II** *v/i* **3.** *Schulden, Vermögen, Bevölkerung etc* zunehmen; wachsen; größer werden; sich vergrößern; sich vermehren; *Vermögen auch* sich mehren; *Zahl der Kranken etc auch* steigen; sich erhöhen; *Preise* steigen, anziehen, her'aufgehen (de um); *Ware* (im Preis) steigen; aufschlagen; teurer werden; sich verteuern; *Tage* länger werden; zunehmen; *fig Angst, Unruhe* steigen; sich steigern; wachsen; *Kopfschmerzen, Übelkeit* zunehmen; ~ de valeur im Wert steigen; e-n Wertzuwachs erfahren; la vie augmente das Leben wird teurer; **4.** *beim Stricken, Häkeln* zunehmen; **5.** *adit mus* Oktave, Intervall etc augmenté 'übermäßig

augural [ogyral] *adj* ⟨-aux⟩ Au'guren...

augure [ogyr] *m* **1.** Vorzeichen *n*; Vorbedeutung *f*; Omen *n*; être de bon, de mauvais ~ ein gutes, böses Vorzeichen, Omen sein; Glück, Unglück bedeuten; ne pas être de bon ~ *auch* nichts Gutes verheißen; auf nichts Gutes hindeuten; *fig von e-r Person* oiseau de mauvais ~ Unglücksprophet *m*; **2.** *im alten Rom* (Vor)Zeichen *n*; Vorzeichendeutung *f*; prendre les ~s die Zeichen deuten; *fig u st/s* j'en accepte l'~ ich will hoffen, daß es so kommt, daß die Prophe'zeiung in Erfüllung geht, daß die Vor'hersage stimmt; **3. a)** *im alten Rom* Augur *m*; **b)** *fig u iron* sogenannter Pro'phet

augurer [ogyre] *v/t u v/i Person* ~ de qc que ... erw dahin deuten, auslegen, interpre'tieren, daß ...; *aus etw* schließen, daß ...; *Ereignis, Verhalten* ~ bien, mal de qc als gutes, schlimmes

(Vor)Zeichen für etw gelten; *litt* **laisser** ~ **le pire** das Schlimmste ahnen lassen

auguste [ogyst] **I** *st/s adj* erhaben; maje'stätisch; hehr; *Versammlung* erlaucht; **II** *m* im Zirkus dummer August

august|in [ogystɛ̃] *m,* ~**ine** *f égl cath* Augu'stiner(in) *m(f)*

augustinien [ogystinjɛ̃] *adj* ‹~ne› **1.** *rel* des Augu'stinus; Augu'stins; **2.** *égl cath* Augu'stiner…

aujourd'hui [oʒurdɥi] *adv* **1.** heute; am heutigen Tag; ~ **même** noch heute; heute schon; *loc/adj* **d'~** heutig; von heute; **le journal d'~** die heutige Zeitung; die Zeitung von heute; *cf auch* **2.**; **ce n'est pas d'~ que je le connais** ich kenne ihn nicht erst seit heute; *loc/adv* **(d')~ en 'huit** heute in acht Tagen; **jusqu'à** ~ bis heute; bis zum heutigen Tag; **c'est tout pour** ~ das ist alles für heute; *ungeduldig* **c'est pour** ~ **ou pour demain?** dauert das noch lange?; wird das heute noch fertig?; wirst du heute noch (ein)mal fertig?; bist du jetzt endlich fertig, so weit?; **2.** ~, F **au jour d'**~ heute; heutzutage; in unseren Tagen; *loc/adj* **d'**~ heutig; von heute; **la jeunesse d'**~ die heutige Jugend; die Jugend von heute

aulnaie [o(l)nɛ] *f* Erlenwäldchen *n,* -gehölz *n*

aulne [on] *m bot* Erle *f;* ~ **blanc** Weiß-, Grauerle *f;* ~ **glutineux** Schwarz-, Roterle *f;* ~ **vert** Berg-, Grünerle *f; Goethe* **Le roi des** ~**s** Der Erlkönig

aulx [o] *cf* **ail**

aumône [omon] *f* Almosen *n;* milde Gabe; *fig* **accorder l'**~ **d'un regard, d'un sourire à qn** j-m gütigst e-n Blick, ein Lächeln schenken; **demander l'**~ um (ein) Almosen, e-e milde Gabe bitten; **donner, faire l'**~ **à qn** j-m ein Almosen geben; **vivre d'**~ von Almosen leben

aumônerie [omonri] *f* **1.** Amt *n* des Religi'onslehrers, Mili'tär-, Anstalts-, Gefängnis-, Krankenhausgeistlichen; **2.** Mili'tär-, Anstalts-, Gefängnis-, Krankenseelsorge *f*

aumôn|ier [omonje] *m* **1.** Anstaltsgeistliche(r) *m;* ~ **militaire** Mili'tärgeistliche(r) *m,* -pfarrer *m; im Krieg* Feldgeistliche(r) *m;* ~ **d'un collège, d'un lycée** den Religionsunterricht erteilender Geistlicher; ~ **d'un hôpital** Krankenhausgeistliche(r) *m,* -pfarrer *m;* ~ **d'une prison** Gefängnis-, Strafanstaltsgeistliche(r) *m,* -pfarrer *m;* **2.** *hist* Almose'nier *m;* **grand** ~ **de France** Großalmosenier *m;* ~**ière** *f hist* Almosentasche *f; heute* Pompadour *m*

aunaie [onɛ] *f cf* **aulnaie**

aune¹ [on] *m cf* **aulne**

aune² [on] *f altes Längenmaß* Elle *f*

aunée [one] *f bot* Echter A'lant

auparavant [oparavɑ̃] *adv* vorher; zu'vor; **une semaine** ~ e-e Woche vorher, zuvor

auprès [oprɛ] **I** *loc/prép* ~ **de 1.** *räumlich* bei (+*dat*); neben (+*acc bzw dat*); **s'asseoir** ~ **de qn** sich neben j-n, sich zu j-m setzen; **vivre** ~ **de qn** bei j-m, in j-s Nähe, Um'gebung (*dat*) leben; **2.** *fig* neben (+*dat*); **faire des démarches** ~ **des autorités, du ministre** … bei den Behörden, beim Minister; **il passe pour un impoli** ~ **d'elle** in ihren Augen ist er, gilt er als unhöflich; ~ **de la République française** … bei der französischen Regierung; **3.** im Vergleich zu (+*dat*); ~ *poét selten od regional* in der Nähe; nahe'bei

auquel [okɛl] *cf* **lequel**

aura [ɔra] *f* **1.** *path* vor e-m epileptischen *Anfall* Aura *f;* **2.** *Okkultismus* Aura *f;* **3.**

fig u st/s Aura *f;* **être entouré d'une** ~ **de respect** mit e-r Aura von Ehrfurcht um'geben sein

aurai [ɔrɛ] *cf* **avoir¹**

aurantiacées [ɔrɑ̃tjase] *f/pl bot* Zi'tronenartige(n) *pl*

aurélie [ɔreli] *f zo* Ohrenqualle *f*

auréole [ɔreɔl] *f* **1.** Heiligenschein *m;* Nimbus *m (beide auch fig);* Glorie(nschein) *f(m);* Glori'ole *f; um die ganze Gestalt* Aure'ole *f; fig* ~ **du martyre** Märtyrerkrone *f; fig* **entourer, parer qn d'une** ~, **de l'**~ **de la victoire** j-n mit e-m Nimbus, mit dem Nimbus des Sieges *od* Siegers um'geben; **2.** *um e-n Fleck* Rand *m;* **3.** *um Sonne, Mond* Hof *m;* Aure'ole *f; fig* ~ **du martyre** *Grubenlampe* Aure'ole *f; poét* ~ **de lumière** Lichtkranz *m,* -saum *m;* Strahlenkranz *m*

auréoler [ɔreɔle] *v/t fig* mit e-m Heiligenschein, Nimbus um'geben; verherrlichen; *meist p/p* **être auréolé de gloire,** *etc* vom strahlenden Glanz des Ruhms *etc* umgeben sein

auréomycine [ɔreɔmisin] *f phm* Aureomy'cin *n*

auriculaire [ɔrikylɛr] **I** *adj* **1.** *anat* **a)** Ohr…; auriku'lar; **muscle** *m* ~ Ohrmuskel *m* **b)** zum Vorhof des Herzens, zum Herzohr gehörig; **2. confession** *f,* **témoin** *m* ~ Ohrenbeichte *f,* -zeuge *m;* **II** *m* kleiner Finger

auricule [ɔrikyl] *f* **1.** *anat* Herzohr *n; sc* Au'ricula cordis *f;* **2.** *bot* Au'rikel *f*

aurifère [ɔrifɛr] *adj* goldhaltig; Gold…; **sable** *m* ~ Goldflitter, -staub, -partikel enthaltender Sand

auri|fication [ɔrifikasjɔ̃] *f* Zahnmedizin Ausstopfen *n* mit reinem Gold; ~**fier** *v/t* *Zahnhöhle* mit reinem Gold (in lockerer Form) ausstopfen

aurige [ɔriʒ] *m im alten Rom* Wagenlenker *m;* Au'riga *m*

aurignacien [ɔriɲasjɛ̃] *Vorgeschichte* **I** *adj* ‹~ne› Auri'gnaci…; des Aurignaci'en; **II** *m* Aurignaci'en *n*

aurique [ɔrik] *adj mar* **voile** *f* ~ *od subst* ~ *f* Schratsegel *n*

aurochs [ɔrɔk] *m zo* Auerochse *m;* Ur *m*

auroral [ɔrɔral] *adj* ‹-aux› **1.** der Morgenröte; **2.** des Morgenrots

aurore [ɔrɔr] *f* **1.** Morgenröte *f;* Morgenrot *n; par ext* Tagesanbruch *m;* Sonnenaufgang *m; poét* ~ **aux doigts de rose** die rosenfingrige Eos, Morgenröte; **2.** *Geophysik* ~ **australe, boréale, polaire** Süd-, Nord-, Po'larlicht *n*

aurure [ɔryr] *m métall* Goldlegierung *f*

auscitain [ɔsitɛ̃] *adj (u subst* ♀ *Einwohner)* von Auch

auscult|ation [oskyltasjɔ̃, ɔs-] *f méd* Abhorchen *n;* Abhören *n; sc* Auskultati'on *f;* ~ **immédiate** Abhorchen durch Anlegen des Ohrs; ~ **médiate** Abhorchen mit Hilfe des Stethoskops; ~**er** *v/t méd* abhorchen; abhören; *sc* auskul'tieren

auspice [ɔspis] *m* **1.** ~**s** *pl* Au'spizien *n/pl;* **sous de favorables, de meilleurs** ~**s** unter günstigen, besseren Auspizien, 'Umständen; *st/s* **sous les** ~**s de** unter den Auspizien von (*od* + *gén*); **2.** *im alten Rom* Au'spizium *n*

aussi [osi] **I** *adv* **1.** *beim Vergleich* ~ (+*adj od adv*) **que** ebenso, genauso … wie; so … wie; ~ **beau que fier** ebenso schön wie stolz; ~ **grand que toi** ebenso, genauso groß wie du; **il n'était pas** ~ **heureux qu'on le croyait** er war nicht so glücklich, wie man glaubte; **il parle l'allemand** ~ **bien que le français** er spricht ebenso, genauso gut Deutsch wie Französisch; **il me salua d'**~ **loin qu'il me vit** … so'bald er mich in der Ferne

sah; ~ **vite que possible** so schnell wie *od* als möglich; ~ **vite que vous le pourrez** so schnell Sie irgend können; **ellip je n'ai jamais rien vu d'**~ **joli** ich habe niemals etwas so Hübsches gesehen; ◆ *einschränkend* ~ (+*adj*) **que** (+*subj*) so *od* wie … auch (immer); ~ **invraisemblable que cela paraisse** so unwahrscheinlich das auch erscheinen mag; ~ **riche soit-il** so reich er auch sein mag; ◆ *loc/adv:* **(tout)** ~ **bien** ebensogut; genausogut; **je pourrais (tout)** ~ **bien partir ce soir** ich könnte ebenso-, genausogut heute abend abreisen; **tout** ~ **souvent** ebensooft, -häufig; ◆ *loc/conj* ~ **bien que** wie auch; als auch; so'wie; und auch; ebenso wie; **lui** ~ **bien que sa femme** *aiment la mer* er wie auch, und auch s-e Frau …; **2.** auch; ebenfalls; **moi** ~ ich auch, ebenfalls; **moi** ~ **je m'en vais** ich gehe auch, ebenfalls weg; **dormez bien!** - **vous** ~ **!** … danke, gleichfalls *od* Sie auch!; **c'est** ~ **mon avis** das ist auch meine Meinung; F *in der Verneinung* **moi** ~, **je ne suis pas d'accord** ich bin auch nicht einverstanden; **3.** außerdem (noch); über'dies; oben'drein; **non seulement** … **mais** ~ nicht nur … sondern auch (noch); **il parle le français et l'allemand** er spricht Französisch und außerdem noch Deutsch; **mais** ~, **pourquoi a-t-il refusé?** warum hat er aber auch abgelehnt?; **4.** *loc/conj* ~ **st/s bien übrigens;** eigentlich; im Grunde genommen; schließlich; **je suis trompé de date,** ~ **c'est ma faute** … das ist übrigens meine Schuld; **II** *conj* daher, deswegen, deshalb, darum auch; aus diesem Grunde (auch); *certains poissons se font rares,* ~ **coûtent-ils cher** … darum sind sie auch teuer

aussière [osjɛr] *f mar* Trosse *f*

aussitôt [osito] **I** *adv* so'fort; (so')gleich; als'bald; **il arriva** ~ **er** kam sofort; ~ **après le départ du train** gleich nach der Abfahrt des Zuges; ~ **arrivé,** *il alla se coucher* gleich nach'dem er angekommen war, gleich nach s-r Ankunft …; *loc* ~ **dit,** ~ **fait** gesagt, getan; **II** *loc/conj* **que** so'wie; so'bald; ~ **qu'il apprit la nouvelle** sowie er die Neuigkeit erfuhr; **III** *prép* gleich, so'fort nach (+*dat*); ~ **mon arrivée** gleich nach meiner Ankunft

austénite [ostenit] *f métall* Auste'nit *m*

austère [ostɛr, ɔs-] *adj* **1.** *Person* (sitten-) streng; *Disziplin, Sitten etc* streng; *Leben* streng und einfach, karg; **2.** *(Bau-) Stil etc* nüchtern; schmucklos; streng; pro'saisch; *Schreibstil, Abhandlung auch* trocken

austérité [osterite, ɔs-] *f* **1.** *e-r Person* (Sitten)Strenge *f; der Disziplin, Moral* Strenge *f; des Lebens* strenge Einfachheit; ~ **des mœurs** Sittenstrenge *f; écon* **politique** *f* **d'**~ energische Sparpolitik; **2.** *des (Bau)Stils, Bauwerks etc* Nüchternheit *f;* Schmucklosigkeit *f;* Strenge *f; des Schreibstils auch* Trockenheit *f*

austral [ostral] *adj* ‹-als› *géogr, astr* südlich; Süd…; **les pays** *m/pl* **de l'Afrique** ~**e** die afrikanischen Länder *n/pl* der südlichen Hemi'sphäre *od* südlich des Äqu'ators; **faune, flore** ~ **e** Tier-, Pflanzenwelt *f* der südlichen Hemi'sphäre; **latitude** ~**e** südliche Breite; **pôle** ~ Südpol *m* des Himmels; **terres** ~**es** Südpolargebiet *n*

austral|ien [ostraljɛ̃] **I** *adj* ‹~ne› au'stralisch; *ling* **langues** ~**es** australische Sprachen *f/pl;* **II** *subst* ♀(ne) *m(f)* Au'stralier(in) *m(f);* ~**oïde** *adj* australo'id

australopithèque [ostralɔpitɛk] *m* Pa'läontologie Australo'pithekus *m*

austro|-hongrois [ostroõgrwa] *adj hist* österreichisch-ungarisch; **~-prussien** *adj* ⟨~ne⟩ *hist* la guerre Austro--prussienne der Deutsche Krieg von 1866

autant [otã] **I** *adv* **1.** *vergleichend* **a)** ~ de (+*subst*) que ebensoviel, genausoviel ... wie; ebenso, genauso viele ... wie; so viel(e) ... wie; il a ~ de fierté que toi er besitzt genausoviel Stolz wie du; ~ de fois qu'il sera nécessaire so'oft (, wie) es nötig ist; ~ de garçons que de filles ebenso, genauso viele Jungen wie Mädchen; ils sont ~ que nous sie sind ebenso viele wie wir; je ne pensais pas qu'il aurait ~ de patience ... daß er so viel Geduld aufbringen würde; *les livres de sa bibliothèque* sont ~ d'éditions originales ... sind ausnahmslos, alle, lauter Originalausgaben; ♦ *ohne Ergänzung:* trois fois ~ dreimal so'viel; **b)** *beim Verbum* ~ que ebensoviel, genausoviel, ebensosehr wie; il lit ~ que moi er liest genausoviel, ebensoviel wie ich; rien ne plaît ~ que la nouveauté nichts gefällt so sehr wie das Neue; il travaille ~ qu'il peut er arbeitet, so'viel er kann; ♦ *ohne Ergänzung:* il travaille toujours ~ er arbeitet immer noch so viel; ♦ *mit inf:* ~ dire qu'il est perdu er ist sozusagen, gewissermaßen verloren; das heißt, bedeutet also soviel wie: er ist verloren; ~ parler à un sourd ebensogut könnte man zu e-m Tauben sprechen; ♦ **en faire** ~ das'selbe tun; es ebenso, genauso machen; **faites-en** ~! *auch* machen Sie es mir *bzw* ihm *etc* nach!; tun Sie es mir *bzw* ihm *etc* gleich!; **en faire** ~ à qn j-n genauso behandeln; j-m mit gleicher Münze heimzahlen; je ne peux en dire ~ das(selbe) kann ich von mir nicht sagen; ♦ ~ **vaut** (+*inf*) es ist ebensogut zu (+*inf*); man könnte ebensogut (+*inf*); *auch* lieber (+*inf*); es ist besser zu (+*inf*); *ellip* ~ **partir tout de suite** lieber sofort abreisen; *litt abs* ~ **vaut** fast; nahezu; sozusagen; so gut wie; ♦ **c'est (toujours)** ~ **de** (+*p/p*) das ist immerhin, wenigstens (+*p/p*); **c'est (toujours)** ~ **de sauvé** de la destruction das ist wenigstens, immerhin vor der Zerstörung gerettet; **c)** *beim adj* intelligent, il l'est ~ que toi er ist ebenso, genauso intelligent wie du; **d)** ~ ... ~ *beim subst* so viele ... so viele; *beim adj* so ... so; *beim Verbum* so sehr ... so sehr; ~ de personnes, ~ d'avis différents so viele Personen, so viele verschiedene Meinungen; ~ il est aimable avec elle, ~ il est désagréable avec nous so freundlich er zu ihr ist, so unfreundlich ist er zu uns; ~ il l'adore, elle le déteste so sehr er sie anbetet, so sehr verabscheut sie ihn; **e)** *loc/adv* d'~ ebenso(sehr); in gleichem Maße; gleichermaßen; genauso; **2.** *kausal loc/adv* pour ~ deswegen; *il a fait un effort,* mais il n'en est pas moins paresseux pour ~ ... aber deswegen ist er nicht weniger faul; **II** *loc/conj* (pour) ~ que (+*subj*) so'weit; so'viel; (in)so'fern; vor'ausgesetzt, daß; insoweit, als; (pour) ~ que je sache soviel ich weiß; meines Wissens; (pour) ~ que je m'en souvienne soweit ich mich erinnere; ♦ d'~ que zu'mal; besonders weil; vor allem da, weil; um so mehr als; ♦ d'~ mieux (que) um so besser als; la chaleur se conserve d'~ mieux que vous fermez plus vite le couvercle je schneller Sie den Deckel schließen, desto besser hält sich die Wärme; d'~ moins (que) um so weniger (als); d'~ plus (que) um so mehr (als); um so (+*comp*) (als); je lui en suis d'~ plus reconnaissant ich bin ihm um so dankbarer dafür; il est d'~ plus responsable de ses actes qu'il ... er ist um so mehr für s-e Taten verantwortlich, als er ...

autarc|ie [otarsi] *f écon* Autar'kie *f*; politique *f* d'~ Autarkiepolitik *f*; vivre en ~ in wirtschaftlicher Autarkie leben; **~ique** *adj* au'tark(isch)

autel [otɛl] *m* **1.** *rel* Al'tar *m*; ~ latéral Neben-, Seitenaltar *m*; ~ portatif Tragaltar *m*; Porta'tile *n*; *auch* Feldaltar *m*; *fig* mourir sur l'~ de la patrie auf dem Altar des Vaterlandes geopfert werden; sich für das Vaterland opfern; **2.** e-s Feuerrostes Feuerbrücke *f*

auteur [otœr] *m* **1.** *bes* e-s schöpferischen Werkes Urheber(in) *m(f)*; Schöpfer(in) *m(f)*; Autor *m*; e-r Theorie Schöpfer(in) *m(f)*; Vater *m*; e-s Unfalls, Schadens Urheber(in) *m(f)*; Verursacher(in) *m(f)*; ~ d'un attentat Attentäter(in) *m(f)*; (du crime) Täter(in) *m(f)*; ~ d'une découverte Entdecker(in) *m(f)*; ~ du dommage *auch* Schadensstifter(in) *m(f)*; Schädiger *m*; ~ de l'enlèvement Entführer(in) *m(f)*; *poét* les ~s de mes jours meine Eltern *pl*; *iron* meine Erzeuger *m/pl*; droit *m* d'~ Urheber-, Au'torenrecht *n*; droits *m/pl* d'~ Vergütung *f* aus dem Urheberrecht; Tanti'emen *f/pl*; il est l'~ de la plaisanterie er hat den Scherz ausgeheckt; **2.** *abs* e-s Schriftwerkes ~, (femme *f*) ~ Autor *m*, Au'torin *f*; Verfasser(in) *m(f)*; Schriftsteller(in) *m(f)*; ~ classique Klassiker *m*; ~ de comédies Ko'mödien-, Lustspieldichter(in) *m(f)*, -schreiber(in) *m(f)*; Verfasser(in) von Komödien; ~ de théâtre The'aterdichter(in) *m(f)*; Bühnenschriftsteller(in) *m(f)*; Stückeschreiber(in) *m(f)*; **3.** *jur* Rechtsvorgänger(in) *m(f)*

authenticité [otãtisite] *f* **1.** e-r Urkunde *etc* Echtheit *f*; e-r Nachricht Verbürgtheit *f*; Zuverlässigkeit *f*; *allg auch* Au'thentizi'tät *f*; **2.** *fig* e-r Person, von Worten *etc* Aufrichtigkeit *f*; von Gefühlen *auch* Echtheit *f*

authenti|fication [otãtifikasjõ] *f jur* (öffentliche) Beglaubigung; (gerichtliche, notari'elle) Beurkundung; **~fier** *v/t jur* (öffentlich) beglaubigen; (gerichtlich, notari'ell) beurkunden

authentique [otãtik] *adj* **1.** *Urkunde, Unterschrift, Gemälde etc* echt; *Nachricht* zuverlässig; verbürgt (*auch Worte, Geschichte, Begebenheit*); *allg auch* au'thentisch; **2.** *par ext Gefühle etc* aufrichtig; echt; **3.** *jur* öffentlich; acte ~ öffentliche Urkunde; copie *f* ~ beglaubigte Abschrift; testament *m* ~ öffentliches Testament

autisme [otism(ə)] *m psych* (krankhaft gesteigerte) Selbst-, Ichbezogenheit; Kon'taktunfähigkeit *f*; *sc* Au'tismus *m*

autist|e [otist] *adj od* **~ique** *adj psych* au'tistisch

auto [oto] *f (Kurzwort für* automobile*)* Auto *n*; *auf Jahrmärkten* ~ tamponneuse Autoscooter [-sku:-] *m*

auto... [oto] *in Zssgn* **1.** auto...; Auto...; selbst...; Selbst...; eigen...; Eigen... ⟨*im pl inv, z B* auto-accusations⟩; **2.** Auto...; Wagen...; Kfz-...

auto|-accusation [otoakyzasjõ] *f* Selbstanklage *f*; **~-alarme** *m télécomm* Auto-Alarmgerät *n*; **~-allumage** *m auto* Selbstzündung *f*; **~-analyse** *f psych* Selbstanalyse *f*; **~-anticorps** *m méd* Autoantikörper *m*; **~-assurance** *f des Bergsteigers* Selbstsicherung *f*

autobiograph|ie [otobjografi] *f* Autobiogra'phie *f*; Selbstbiographie *f*; **~ique** *adj* autobio'graphisch

autobloquant [otoblokã] *adj auto* dif-férentiel ~ selbstsperrendes Differentiʼal

autobus [otobys] *m* Autobus *m*; Omnibus *m*; ~ à étage, à impériale Doppelstockomnibus *m*; F Doppeldecker *m*

autocar [otokar] *m* Reise-, Überland-(auto)bus *m*; ~ de grand confort Luxusreisebus *m*; ~ d'excursion Ausflugsbus *m*

auto|castration [otokastrasjõ] *f* Selbstkastrierung *f*, -kastration *f*; **~catalyse** *f chim* Autokata'lyse *f*; **~censure** *f* Presse, *cin* Selbstkontrolle *f*

autocéphal|e [otosefal] *adj* Ostkirche autoke'phal; **~ie** *f* in der Ostkirche Autokepha'lie *f*

auto|chenille [otoʃnij] *f* Gleisketten-, Raupenfahrzeug *n*; **~chrome** *adj phot* plaque *f* ~ Auto'chromplatte *f*

autochtone [otokton] **I** *adj* **1.** *Völker, Stämme* eingeboren; bodenständig; alteingesessen; einheimisch; auto'chthon; **2.** *géol* auto'chthon; *am Fundort* entstanden; **II** *m,f* Eingeborene(r) *f(m)*; Ureinwohner(in) *m(f)*; Alteingesessene(r) *f(m)*; Einheimische(r) *f(m)*; Auto'chthone(r) *f(m)*

auto|clave [otoklav] *adj u subst m* (appareil *m*) ~ Auto'klav *m*; **~collant I** *adj* selbstklebend; **II** *m* Aufkleber *m*; **~collimateur** *adj* ⟨-trice⟩ *opt* lunette autocollimatrice Autokolli-mati'onsfernrohr *n*; **~consommation** *f agr* Selbst-, Eigenverbrauch *m*; **~contrôle** *m* Selbstkontrolle *f*; *tech* auto'matische Kon'trolle

auto-couchette [otokuʃɛt] *adj* ⟨inv⟩ ch de fer train *m* ~ Autoreisezug *m*

autocra|te [otokrat] *m* Auto'krat *m*; **~tie** [-si] *f pol* Autokra'tie *f*; **~tique** *adj* auto'kratisch

autocritique [otokritik] *f bes pol* Selbstkritik *f*; faire son ~ Selbstkritik üben

autocuiseur [otokɥizœr] *m cuis* Schnellkochtopf *m*

autodafé [otodafe] *m hist* Autoda'fé *n*; *heute auch* öffentliche Verbrennung; faire un ~ de livres Bücher öffentlich verbrennen

auto|défense [otodefãs] *f* Selbstverteidigung *f*, -schutz *m*; **~destructeur** *adj* ⟨-trice⟩ selbstzerstörerisch; **~destruction** *f* Selbstzerstörung *f*; **~détermination** *f pol* Selbstbestimmung *f*; Autodetermi'ati'on *f*; droit *m* à l'~ Recht *n* auf Selbstbestimmung; Selbstbestimmungsrecht *n*

autodidacte [otodidakt] **I** *adj* autodi'daktisch; **II** *m,f* Autodi'dakt *m* (*für beide Geschlechter*)

auto|digestion [otodiʒɛstjõ] *f path* Selbstverdauung *f*, -auflösung *f*; *sc* Autodigesti'on *f*; **~discipline** *f* Selbstdisziplin *f*

autodrome [otodrom] *m* Auto-, Moto'drom *n*; Rennstrecke *f*; Rundkurs *m*; *in Deutschland auch* ~ de ... ...ring *m*

auto-école [otoekol] *f* Fahrschule *f*

auto|-épurateur [otoepyratœr] *adj* ⟨-trice⟩ selbstreinigend; **~-épuration** *f des Wassers* Selbstreinigung *f*; **~-érotique** *adj* autoe'rotisch; **~-érotisme** Autoe'rotik *f*, -ero'tismus *m*; **~-excitateur** *adj* ⟨-trice⟩ *élect* selbsterregend; **~-excitation** *f élect* Selbsterregung *f*

auto|fécondation [otofekõdasjõ] *f bot, zo* Selbstbefruchtung *f*; **~financement** *m von Unternehmen* Selbstfinanzierung *f*; **~frettage** *m tech* Autofret'tage *f*; Selbstschrumpfung *f*

autogam|e [otogam] *adj bot* sich selbst befruchtend; *sc* auto'gam; plante *f* ~ Selbstbefruchter *m*; **~ie** *f biol* Selbstbefruchtung *f*; *sc* Autoga'mie *f*

autogène [otɔʒɛn] *adj* **1.** *tech* **soudure** *f* ~ auto'genes Schweißen; Auto'gen-schweißung *f*; **2.** *méd* **training** *m* ~ auto'genes Training ['tre:-]

auto|gérer [otɔʒere] *v/t* ‹-è-› *Arbeiter ihren Betrieb selbst verwalten;* ~**gestion** *f in e-m Betrieb* Arbeiterselbstver-waltung *f*

autogire [otɔʒir] *m aviat* Auto'giro *n*; Tragschrauber *m*

autograisseur [otɔgrɛsœr] *adj* ‹-euse› *cf* **autolubrifiant**

autograph|e [otɔgraf] **I** *adj* eigenhändig geschrieben; handgeschrieben; hand-schriftlich; **lettre** *f* ~ *auch* Handschrei-ben *n*; **II** *m* **1.** Auto'gramm *n*; eigenhän-dige 'Unterschrift; **2.** Auto'graph *m*; **collection** *f* **d'**~**s** Autographensamm-lung *f*; ~**ie** *f impr* 'Umdruck(verfahren) *m(n)*; ~**ier** *v/t impr* im 'Umdruckverfah-ren herstellen; ~**ique** *adj impr* 'Um-druck...

autogreffe [otɔgrɛf] *f chir* Auto'plastik *f*, -transplantati'on *f*

autoguid|age [otɔgidaʒ] *m aviat, mil* Selbstlenkung *f*, -steuerung *f*; auto'no-me Lenkung; *für Raketen auch* Zielsuch-lenkung *f*; ~**é** *adj* **engin** *m* ~ selbstgelenk-ter, -gesteuerter Flugkörper

autohémothérapie [otoemɔterapi] *f méd* Eigenblutbehandlung *f*; *sc* Auto-hämothera'pie *f*

auto|-immunité [otoimynite] *f méd* na'türliche, angeborene, physio'logi-sche Immuni'tät; ~**-imposition** *f* Be-steuerung *f* der Anstalten des öffentli-chen Rechts; ~**-induction** *f élect* Selbst-, Eigeninduktion *f*; ~**-infection** *f méd* Selbstansteckung *f*; Autoinfek-ti'on *f*; ~**-intoxication** *f méd* Selbst-vergiftung *f*; Autointoxikati'on *f*

auto|justification [otɔʒystifikasjɔ̃] *f* Selbstrechtfertigung *f*; eigene Rechtfer-tigung; ~**lubrifiant** *adj tech* selbst-schmierend; ~**lyse** *f biol* Selbstauflö-sung *f*; Auto'lyse *f*; ~**marché** *m* Auto-, *bes* Gebrauchtwagenmarkt *m*; ~**mas-sage** *m* Selbstmassage *f*; ~**masseur** *m* Mas'sagegerät *n*

automate [otɔmat] *m* Auto'mat *m* (*auch hist, fig*); selbstbeweglicher, -tätiger Me-cha'nismus; me'chanisches Spielzeug; *fig* **avec des gestes d'**~ mit mechani-schen, automatischen Bewegungen; **comme un** ~ wie ein Automat

automa|ticité [otɔmatisite] *f tech* Au-to'matik *f* (*Vorgang*); auto'matischer Ablauf; auto'matisches, selbsttätiges Arbeiten, Funktio'nieren; ~**tion** *f tech* Automati'on *f*

automatique [otɔmatik] *adj* **1.** *tech* auto'matisch; selbsttätig; **entièrement** ~ 'vollautomatisch; **arme** *f* ~ automati-sche Waffe; Ma'schinenwaffe *f*; **canon** *m* ~ Ma'schinenkanone *f*, -geschütz *n*; **distributeur** *m* ~ (*Münz-, Waren-*) Auto'mat *m*; *ch de fer* **frein** *m* ~ selbsttätige Bremse; *aviat* **pilotage** *m* ~ automatische Flugsteuerung; Selbst-steuerung *f*, -lenkung *f*; **pilote** *m* ~ Flugregler *m*; Autopi'lot *m*; automati-scher Pilot; **pistolet** *m* ~ *od subst* ~ *m* Selbstladepistole *f*; **téléphone** *m* ~ *od subst* ~ *m* a) Selbstwählverkehr *m*; b) Telefon *n* mit Selbstanschluß; **tour** *m* ~ Drehautomat *m*; **traduction** *f* ~ ma-schi'nelle (Sprach)Über'setzung *f*; **2.** *fig* **Geste**, **Reaktion** *etc* auto'matisch; un-willkürlich; me'chanisch; instink'tiv; *Beförderung nach Dienstalter, Vertrags-verlängerung etc* auto'matisch; von selbst erfolgend; *der Surrealisten* **écri-ture** *f*, **poème** *m* ~ automatisches Schreiben, Gedicht; F *il va se ruiner*, **c'est** ~ ... das ist unausbleiblich, unaus-

weichlich; F ... **garan'tit**, **das ist ganz klar**; ~**ment** *adv* **1.** *tech* auto'matisch; selbsttätig; **2.** *fig* auto'matisch; unwei-gerlich; zwangsläufig

automatis|ation [otɔmatizasjɔ̃] *f tech* Automati'sierung *f*; Automatisati'on *f*; 'Umstellung *f* auf auto'matischen Be-trieb, *tél* auf Selbstwählverkehr; ~**er** *v/t tech* automati'sieren; auf auto'mati-schen Betrieb, *tél* auf Selbstwählver-kehr 'umstellen; *fig* **gestes automati-sés** automatisierte Bewegungen *f/pl*

automatisme [otɔmatism(ə)] *m* **1.** *phy-siol, psych* Automa'tismus *m*; Auto-ma'tie *f*; *fig* ~ **professionnel** beruflicher Automatismus; **2.** *tech* Auto'matik *f*; Automa'tismus *m*

automitrailleuse [otomitrajøz] *f mil* (Rad)Panzer(fahrzeug) *m(n)*; ~ **de dé-couverte** (*abr* **A.M.D.**) Panzerspähwa-gen *m*; Spähpanzer *m*; ~ **de reconnais-sance** (*abr* **A.M.R.**) Aufklärungs-(schützen)panzer *m*

autom|nal [otɔ(m)nal] *adj* ‹-aux› herbstlich; Herbst...; **fleurs** *f/pl* ~**es** Herbstblumen *f/pl*; *astr* **point** ~ Herbst-punkt *m*

automne [otɔn] *m*, *poét auch f* Herbst *m* (*auch fig*); *fig* **l'**~ **de la vie** der Herbst des Lebens; **brumes** *f/pl* **d'**~ Herbstnebel *m/pl*; **à l'**~, **en** ~ im Herbst

automobile [otɔmɔbil] **I** *adj* **1.** Auto-(mo'bil)...; Kraftfahrzeug...; **acces-soires** *m/pl* ~**s** Autozubehör *n*; **cons-truction** *f* ~ Kraftfahrzeugbau *m*; **in-dustrie** *f* ~ Auto(mobil)-, Kraftfahr-zeugindustrie *f*; **sport** *m* ~ Automobil-sport *m*; **2.** *hist* durch e-n Motor ange-trieben; mit Motorantrieb; **véhicule** *m*, **voiture** *f* ~ Motor-, Kraftwagen *m*; Kraftfahrzeug *n*; **II** *f* **1.** Automo'bil *n*; Kraftwagen *m*, -fahrzeug *n*; **2.** Auto-(mo'bil)industrie *f*, -branche *f*; **3.** Auto-mo'bilsport *m*; ⊙**-Club** *m* ~ **de France** (*abr* **A.C.F.**) Automo'bilclub *m* von Frankreich

automobil|isme [otɔmɔbilism(ə)] *m* **1.** Kraftfahr(zeug)wesen *n*; *schweiz* Auto-mobi'lismus *m*; **2.** Automo'bilsport *m*; ~**iste** *m,f* Autofahrer(in) *m(f)*; Kraft-fahrer *m*; *schweiz* Automobi'list *m*

automo|teur [otɔmɔtœr] *adj* ‹-trice› mit Eigen-, Motorantrieb; mit eigener Antriebsmaschine; motorgetrieben; Selbstfahr...; *mil* **affût** *m* ~ Selbstfahrla-fette *f*; **canon** *m* ~ Geschütz *n* auf Selbst-fahrlafette; *U-Bahn* **rame automotrice** Trieb(wagen)zug *m*; **II** *m* **1.** Binnenschiff-*fahrt* Motorkahn *m*; Selbstfahrer *m*; Motorgüterschiff *n*; **2.** *mil* (Geschütz *n* auf) Selbstfahrlafette *f*; ~**trice** *f ch de fer*, *U-Bahn*, Straßenbahn (e'lektrischer) Triebwagen

auto|mutilation [otɔmytilasjɔ̃] *f* Selbstverstümmelung *f*; ~**nettoyant** *adj cuis* **four** ~ Backofen *m* mit 'vollauto-matischer Selbstreinigung

autonome [otɔnɔm] *adj* **1.** auto'nom; unabhängig; selbständig; eigenständig; eigengesetzlich; sich selbst verwaltend; *in Frankreich des öffentlichen Betriebs* **budget** *m* ~ Sonderhaushalt *m*; **gestion** *f* ~ selbständige Betriebs-, Geschäftsfüh-rung; **port** *m* ~ Hafen *m* mit Selbstverwal-tung; **syndicat** *m* ~ autonome, keinem Zentralverband angehörende Gewerk-schaft; *pol* **territoire** *m* ~ autonomes Gebiet; **2.** *philos* **volonté** *f* ~ freier Wille

autonomie [otɔnɔmi] *f* **1.** Autono'mie *f*; Unabhängigkeit *f*; Selbständigkeit *f*; Eigenständigkeit *f*; Eigengesetzlichkeit *f*; ~ (**administrative**) Selbstverwaltung *f*; ~ **financière** Fi'nanzhoheit *f*; *e-s öffentlichen Betriebes* finanzielle Selb-ständigkeit *f*; **2.** *e-s Fahrzeugs* Fahrbe-

reich *m*; *aviat* Flugbereich *m*; *allg auch* Akti'onsradius *m*; **3.** *philos* ~ **de la volonté** Willensfreiheit *f* (*auch jur*); freier Wille; *Kant* Autono'mie *f* des Willens

autonom|isme [otɔnɔmism(ə)] *m pol* Autono'miebestrebungen *f/pl*; ~**iste** *m pol* Autono'mist *m*

auto|nyme [otɔnim] *adj math Logik* auto'nym; ~**palpation** *f méd* Selbstab-tastung *f*

auto|phagie [otɔfaʒi] *f physiol* Leben *n* auf Kosten der eigenen Sub'stanz; Selbstverzehrung *f*; ~**plastie** *f cf* **auto-greffe**; ~**pompe** *f* a) *der Feuerwehr* (selbstfahrende) Motorspritze; Lösch-fahrzeug *n*; ~ **portative** Tragkraftsprit-ze *f*; b) *der Polizei* Wasserwerfer *m*; ~**portant** *adj od* ~**porteur** *adj* ‹-euse› *arch, tech* selbsttragend; *auto* **carrosserie autoportante** selbsttra-gende Karosserie; ~**portrait** *m* Selbst-porträt *n*, -bildnis *n*

autopropuls|é [otɔprɔpylse] *adj* Rakete, Flugkörper mit eigenem Antrieb; mit Eigenantrieb; ~**eur** *m e-s* Flugkörpers eigene Antriebsanlage; eigenes An-triebssystem; Triebwerk *n*; ~**ion** *f e-s* Flugkörpers Eigenantrieb *m*

autops|ie [otɔpsi] *f méd* Leichenöffnung *f*; Autop'sie *f*; Sekti'on *f*; *jur* Obdukti'on *f*; **faire l'**~ **d'un cadavre** e-e Autopsie, Obduktion, Sektion vornehmen; *cf auch* **autopsier**; ~**ier** *v/t Leiche* se'zieren; öffnen; *jur* obdu'zie-ren

auto|punition [otɔpynisjɔ̃] *f psych* Selbstbestrafung *f*; ~**radio** *adj u subst m* (**poste** *m*) ~ Autoradio *n*; ~**radiogra-phie** *f phys atom*, *biol* Autoradio-gra'phie *f*; ~**rail** *m ch de fer* (Diesel-) Triebwagen *m*; Schienen(omni)bus *m*; ~**réglage** *m tech* Selbstkorrektur *f*, -re-gelung *f*; selbsttätige Regelung; ~**régu-lation** *f tech*, *physiol* Autoregu'lie-rung *f*, -regulati'on *f*; Selbstregelung *f*, -regulation *f*; selbsttätige, auto'matische Regelung

autorisation [otɔrizasjɔ̃] *f* **1.** Erlaubnis *f*; Genehmigung *f*; (vorherige) Zustim-mung; Befugnis *f*; *bes jur* Ermächtigung *f*; ~ **administrative** behördliche Geneh-migung; *jur für die Ehefrau* **maritale** Zustimmung, Genehmigung des Ehe-mannes; *durch das Parlament* ~ **du budget** Ausgabenbewilligung *f*; ~ **de justice** gerichtliche Genehmigung, Er-mächtigung; ~ **de sortie** Ausgangser-laubnis *f*; **avoir l'**~ **de** (+*inf*) die Erlaub-nis, Genehmigung haben zu (+*inf*); er-mächtigt sein zu (+*inf*); **donner à qn l'**~ **de** (+*inf*) j-m die Erlaubnis, Genehmi-gung erteilen zu (+*inf*); j-n ermächtigen zu (+*inf*); **2.** schriftliche Erlaubnis, Ge-nehmigung; Erlaubnisschein *m*

autorisé [otɔrize] *adj* **1.** *Person, Urteil etc* maßgebend; maßgeblich; **milieux** *m* ~**s** maßgebende Kreise *m/pl*; **de source** ~**e** aus maßgeblicher Quelle; **2.** erlaubt; genehmigt; zugelassen; *Person* befugt; berechtigt; ermächtigt; autori'siert; **éta-lon** ~ zur Zucht zugelassener Hengst; **tournure** ~**e par l'usage** Rede-wendung, die sich eingebürgert hat; **je me crois** ~ **à dire que** ... ich glaube sagen zu dürfen, daß ...

autoriser [otɔrize] **I** *v/t* a) *Person* ~ **qc** etw erlauben, gestatten, genehmigen, zulassen; ~ **qn à faire qc** j-m erlauben, gestatten, etw zu tun; j-n ermächtigen, autori'sieren, etw zu tun; **il n'est pas autorisé à** (+*inf*) es ist ihm nicht er-laubt, gestattet zu (+*inf*); er darf nicht (+*inf*); b) *Lage etc* ~ **qc** etw rechtferti-gen; zu etw berechtigen; berechtigten

Anlaß geben zu etw; **rien ne m'autorise à croire que** ... nichts berechtigt mich, gibt mir Anlaß zu der Annahme, daß ...; nichts erlaubt, gestattet mir die Annahme, daß ...; **II** v/pr **s'~ de qc** sich auf etw (acc) berufen (**pour** + inf um zu + inf)

autoritaire [otɔritɛr] adj Regime, Erziehung, Person autori'tär; Person auch herrisch; herrschsüchtig; dikta'torisch; Stimme, Ton herrisch; befehlshaberisch; gebieterisch; **ton** m ~ auch Befehlston m

autoritarisme [otɔritarism(ə)] m pol e-s Regimes abso'luter Autori'tätsanspruch; Autorita'rismus m; e-r Person autori'täres, herrisches, herrschsüchtiges Wesen

autorité [otɔrite] f **1.** (obrigkeitliche, Befehls-, Amts)Gewalt; Macht(befugnis) f; Weisungsbefugnis f; ~ **suprême** oberste Gewalt; loc/adv **par** ~ **de justice** gerichtlich verfügt, angeordnet; durch gerichtliche Verfügung, Anordnung; **(faire) acte** m **d'~** (ein) Machtwort n (sprechen); loc/adv: **d'~** a) ungefragt; einfach so von sich aus; b) einfach so; (einfach) so ohne weiteres; vorschnell, -eilig (und unüberlegt). **de sa propre** ~ eigenmächtig; aus eigener Machtvollkommenheit; **avoir de l'~ sur qn** über j-n Gewalt, Macht haben; **être, se trouver sous l'~ de qn** j-m unter'stehen; **placer sous l'~ de qn** j-m unter-'stellen; **2.** jur ~ **de la chose jugée** Rechtskraft f; **3. a)** e-r Person, Institution Autori'tät f; Ansehen n; ~ **parentale, paternelle** elterliche, väterliche Autorität; **faire** ~ Person maßgebend sein; als Autorität, Kapazi'tät gelten; Buch etc maßgebend sein; als Standardwerk gelten; **perdre de son** ~ an Ansehen, Autorität einbüßen; **b)** Person selber Autori'tät f; Kapazi'tät f; **c'est une** ~ **en la matière** er ist e-e Autorität, Kapazität auf dem Gebiet; **4. a)** Obrigkeit f; **les représentants de l'~** die Vertreter der Obrigkeit; **b)** Behörde f; auch Stelle f; coll ~s pl Behörden f/pl; ~ **administrative, judiciaire** Verwaltungs-, Ju'stizbehörde f; ~s **civiles, militaires, religieuses** Zi'vil-, Mili'tär-, Kirchenbehörden f/pl; kirchliche Behörden; ~ **de tutelle** Aufsichtsbehörde f

autoroute [otɔrut] f Autobahn f; ~ **urbaine** Stadtautobahn f; e-r Großstadt ~ **de dégagement** Entlastungsautobahn f; ~ **de liaison** Autobahn f als Städteverbindung; **~ier** adj <-ière> Autobahn...; **réseau, tunnel** ~ Autobahnnetz n, -tunnel m

autosatisfaction [otɔsatisfaksjɔ̃] f selbstgefällige Zu'friedenheit; Selbstzufriedenheit f

autos-couchettes [otokuʃɛt] adj <inv> cf auto-couchette

auto|stabilité [otɔstabilite] f aviat Eigenstabilität f; **~stable** adj eigenstabil

auto-stop [otɔstɔp] m Autostop(p) m; **faire de l'~** per Anhalter fahren, reisen

auto-stopp|eur [otɔstɔpœr] m, **~euse** f Anhalter(in) m(f)

auto|suggestion [otɔsygʒɛstjɔ̃] f Autosuggesti'on f; **~tomie** [-tɔmi] f zo Auto-to'mie f; **~transformateur** m élect Spartransformator m

autotroph|e [otɔtrɔf] adj bot auto'troph; **~ie** f bot Autotro'phie f

autour[1] [otur] **I** adv dar'um her'um; F drum her'um; **tout** ~ rings'um, -her'um, -um'her; rundher'um; **II** loc/prép ~ **de 1.** örtlich um ... (her'um); Umgebung von (od +gén) **tout** ~ in der Nähe, Um'gebung von ... her'um; **se disposer** ~ de rings um ... her'um; **se promener un peu** ~ **de la maison** ein wenig in

der Nähe, Umgebung des Hauses spazierengehen; **regarder** ~ **de soi** um sich blicken; **rester** ~ **de qn** ganz in j-s Nähe bleiben; **tourner** ~ **de qn, qc** cf tourner 8. u 9.; **vivre** ~ **de qn** in j-s unmittelbarer Umgebung leben; **2.** F zeitlich, quantitativ um ... her'um; ungefähr; etwa; ~ **des années trente** so um die dreißiger Jahre herum; ~ **de mille francs** um die tausend Franc (herum); etwa; ungefähr tausend Franc

autour[2] [otur] m zo ~ (**ordinaire, des palombes**) (Hühner)Habicht m

autourserie [otursəri] f ch Abrichtung f der Habichte

auto|vaccin [otɔvaksɛ̃] m méd Eigenimpfstoff m; Autovak'zin(e) n(f); **~vaccination** f méd (Schutz)Impfung f mit Autovak'zine

autre [otr(ə)] **I** adj/ind **1.** andere(r, -s); sonstige(r, -s); weitere(r, -s); **ses** ~s **capacités** s-e sonstigen Fähigkeiten; **ils ont encore deux** ~s **enfants** ... zwei and(e)re Kinder; **un** ~ **essai** ein neuer, erneuter, weiterer Versuch; **sans** ~s **explications** ohne weitere Erklärungen; **l'**~ **monde** das Jenseits; cf auch **monde** 1.; **tous les** ~s **passagers** alle and(e)ren, übrigen Passagiere; **donne-moi un** ~ **verre** !... ein and(e)res Glas!; **dans l'**~ **vie** im anderen Leben (nach dem Tod); ♦ **un État** ~ **que l'État d'origine** ein anderer als der Herkunftsstaat; **une** ~ **femme que celle qui** e-e andere als die Frau, die; e-e andere Frau als die(jenige), die; ♦ **l'un et l'**~ **projet** beide Pläne, l'une ou l'~ **hypothèse** e-e von beiden Hypothesen; ♦ unübersetzt: **nous, nous** ~s wir, ihr (im Gegensatz zu den anderen); **nous** ~s **Français** wir Franzosen; **venez donc avec moi, vous** ~s! kommt i h r doch mit mir mit!; ♦ prädikativ: **tout** ~ ganz anders (que als); **elle est tout** ~ sie ist ganz anders; **mon opinion est tout** ~ meine Meinung ist e-e ganz and(e)re; ♦ ~ **chose** etwas and(e)res; **c'est (tout)** ~ **chose** das ist etwas (ganz) and(e)res; **ce n'est pas** ~ **chose qu'une combine** das ist nichts weiter als ein Trick; st/s **chose est de faire des projets et** ~ **chose de les réaliser** Pläne machen ist e i n e Sache, sie ausführen e-e andere; ♦ loc/adv: **une** ~ **année** in e-m and(e)ren Jahr; **l'**~ **année** letztes, voriges Jahr; im letzten, vorigen Jahr; **d'une** ~ **façon** auf andere Weise; anders; **d'une façon ou d'une** ~ auf die e-e oder and(e)re Weise; **l'**~ **jour** neulich; kürzlich; vor kurzem; unlängst; letzthin; **un** ~ **jour, un jour ou l'**~ cf jour 1.; ~ **part** cf part[1] 4.; **2.** zweite(r, -s); **c'est un** ~ **Versailles** das ist ein zweites Versailles; **II** pr/ind **un** ~ ein and(e)rer, anderes, andres; **une** ~ e-e and(e)re; **d'**~s and(e)re; **il n'en fait jamais d'**~s so macht er es immer; F à **d'**~s! das kannst du, können Sie ander(e)n weismachen (, aber nicht mir)!; ♦ **l'**~ der, die, das and(e)re; Existentialismus **l'**~ der Andere; F **l'**~ der da bzw der da; **les** ~s die andern, and(e)ren; F **comme dit l'**~ wie man (so schön) sagt; wie es heißt; ♦ **l'un(e)** ... **l'**~ ... der (die) eine ... der (die) andere ...; **les un(e)s** ... **les** ~s die einen ... die anderen ...; reziprok **l'un(e) l'**~ bzw **les un(e)s les** ~s ein'ander; sich gegenseitig; cf auch un III; ♦ am Schluß e-r Aufzählung **et** ~s und andere (abr u. a.); **entre** ~s unter and(e)rem, anderm (abr u. a.); ♦ **aucun, nul, personne d'**~ ne ... kein and(e)rer ...; **aucun, nul** ~ personne d'~ **que lui** ne ... kein and(e)rer als er, keiner außer ihm, nur er ...; **bien d'**~s viele andere; **il en sait**

bien d'~s er weiß noch ganz andere Dinge (zu erzählen); F er hat noch ganz andere Sachen auf Lager; **j'en ai vu bien d'**~s cf voir 6.; **quelque chose d'**~ etwas and(e)res; **quelqu'un d'**~ jemand ander(e)s; südd auch jemand anderer; **qui d'**~ (que lui) wer sonst (als er) bzw wen sonst (als ihn); **rien d'**~ nichts and(e)res; **ce n'est rien d'**~ **qu'un escroc** er ist ein Betrüger und weiter nichts, und nichts anderes; **tout** ~ **que lui** jeder andere (als er); jeder außer ihm

autrefois [otrəfwa] adv früher; einst (-mals); ehemals; st/s ehedem; **d'**~ von früher, einst, ehedem

autrement [otrəmɑ̃] adv **1.** (tout) ~ (ganz) anders (que als); ~ **dit** anders ausgedrückt; mit anderen Worten; **2.** sonst; andernfalls; wenn nicht; obéis, ~ **tu seras puni** ... sonst wirst du bestraft; **3.** ~ (+ adj od p/p) viel (+comp); **bien, tout** ~ (+adj) sehr viel, weit (+comp); **pas** ~ nicht sonderlich, besonders, allzu (sehr); so sehr; ~ **dangereux** viel gefährlicher; **bien, tout** ~ **surpris que lui** weit mehr über'rascht als er; **sans paraître** ~ **surpris** ohne sonderlich über-'rascht zu scheinen

autrichien [otriʃjɛ̃] **I** adj <~ne> österreichisch; **II** subst 2(ne) m(f) Österreicher(in) m(f)

autruch|e [otryʃ] f zo Strauß m; fig **avoir un estomac d'**~ alles vertragen können; F en Pferde-; südd Saumagen haben; **pratiquer la politique de l'**~ Vogel-'Strauß-Politik betreiben; den Kopf in den Sand stecken; **~erie** f Straußenfarm f

autrui [otrɥi] pr/ind <meist als Ergänzung, selten als Subjekt> acc die anderen; gén **d'**~ der anderen; dat **à** ~ den anderen; **le bien d'**~ fremdes Gut; **la misère d'**~ fremdes Unglück; das Unglück der anderen; **l'opinion d'**~ die Meinung der anderen (Leute); comm **au nom d'**~ in fremdem Namen; **pour le compte d'**~ für fremde Rechnung; prov **ne fais pas à** ~ **ce que tu ne voudrais pas qu'on te fît** was du nicht willst, daß man dir tu', das füg auch keinem andern zu (prov)

autunite [otynit] f minér Autu'nit m

auvent [ovɑ̃] m Vordach n (auch e-s Zeltes); Schutz-, Wetterdach n

auvergnat [ovɛrɲa] **I** adj aus der Au'vergne; auver'gnatisch; **II** subst **1.** 2(e) m(f) Bewohner(in) m(f) der Au'vergne; **2.** ling **l'**~ m der Dia'lekt der Au'vergne

aux [o] cf à

auxiliaire [oksiljɛr] **I** adj Hilfs...; zusätzlich; mar mil **bâtiment** m, **croiseur** m ~ Hilfsfahrzeug n, -kreuzer m; égl cath **évêque** m ~ Weihbischof m; ch de fer **locomotive** f ~ zweite, zusätzliche Lokomotive; an Grundschulen **maître** m, **maîtresse** f ~ Hilfslehrer(in) m(f); e-s Segelschiffs **moteur** m ~ Hilfsmotor m; **personnel** m ~ Aushilfspersonal n, -kräfte f/pl; mil in Frankreich für Wehrdienstuntaugliche **service** m ~ (abr S.X.) od subst ~ m etwa Hilfs-, Ersatzdienst m; gr **verbe** m ~ od subst ~ m Hilfszeitwort n, -verb; **II** subst **1.** m,f Hilfskraft f, -person f; Hilfe f; Gehilfe m, Gehilfin f; adm, in e-m Betrieb etc (Aus)Hilfskraft f; an Grundschulen Hilfslehrer(in) m(f); mil im 2. Weltkrieg ~ **féminine de l'armée de terre** (abr A.F.A.T.) Wehrmachtshelferin f; ~s **médicaux** medizinisches Hilfspersonal; ~ **de la justice** Organ n der Rechtspflege; an der Rechtspflege beteiligte Person; **2.** m gr, mil cf auxiliaire I; **3.** ~s m/pl mar Hilfsmaschinen f/pl; **4.** ~s m/pl im römischen Heer fremde Hilfstruppen f/pl

auxine [oksin] *f Biochemie* Au'xin *n*

auxquel(le)s [okɛl] *cf* **lequel**

avachi [avaʃi] *adj* **1.** *Schuhe* ausgetreten; *Hut* verbeult; *Kleidungsstück* ausgebeult; formlos (geworden); **2.** *Person* ener'gie-, willenlos; schlapp; schlaff; träge; laß; lasch; lässig; F lahm; **être** ~ *auch* F ein Schlappschwanz sein

avach|ir [avaʃir] **I** *v/t Person* ener'gie-, willenlos *etc* (*cf* **avachi** 2.) machen; **II** *v/pr* **s'~ 1.** *Schuhe* weich und weit werden; *auch Kleidungsstück* die Form, Fas'son verlieren; **2.** F *Person* unförmig werden; F ausein'andergehen; in die Breite gehen; **3.** *Person* ener'gie-, willenlos *etc* (*cf* **avachi** 2.) werden; sich gehenlassen; **~issement** *m e-r Person* Ener'gie-, Willenlosigkeit *f*; Schlapp-, Schlaff-, Träg-, Lasch-, F Lahmheit *f*; Lässigkeit *f*

aval[1] [aval] *m* **1.** *loc/adv* **en** ~ strom-, fluß'abwärts; strom'ab; *bei Flußtälern* tal'ab(wärts); **aller** *in* ~ *od* **vers l'**~ strom(ab(wärts) *ein* ~ fahren; *loc/prép* **en** ~ **de** 'unterhalb von (*od* + *gén*) **2.** *an der Küste* **vent** *m* **d'**~ Seewind *m*; auflandiger Wind; **3.** *adit Skisport* **ski** *m* ~ Talski *m*; **skieur** *m* ~ unterer Skifahrer; **4.** *écon* **en** ~ verbrauchernäher (**de** als)

aval[2] [aval] *m fin* A'val *m od n*; Wechsel-, Scheckbürgschaft *f*; **bon pour** ~ per Aval; als Bürge; **donner son** ~ **à** *cf* **avaliser** 1., 2.

avalanche [avalãʃ] *f* **1.** La'wine *f*; ~ **poudreuse** Staublawine *f*; ~ **de fond** Grund-, Naßschneelawine *f*; **cône** *m* **d'**~ Lawinenkegel *m*; **être emporté dans, être pris par une** ~ von e-r Lawine mitgerissen, erfaßt werden; **2.** *fig* **une** ~ **de** a) *von Sand, Erde, Steinen, Gegenständen* e-e La'wine von; b) *von Worten, Flüchen etc* e-e Flut, ein Schwall *m*, ein Sturzbach *m* von; *von Briefen auch* e-e La'wine von; ~ **de mots, de paroles** *auch* Wortschwall *m*; **3.** *Elektronik* ~ **électronique, ionique** Elek'tronen-, Ionenlawine *f*

avalé [avale] *adj* **e-s Pferdes** **croupe** ~**e** sich nach hinten neigende Kruppe

avaler [avale] *v/t* **1.** (hin'unter-) schlucken; 'verschlucken; F *Essen* hin-'unterschlingen; verschlingen; ~ **d'un trait** *Glas* in e i n e m Zug leeren, austrinken; *Getränk* hin'untergießen, -stürzen; ~ **de travers** sich verschlucken; **j'ai avalé de travers** *auch* mir ist etwas in die falsche Kehle gekommen; F **il avalerait la mer et les poissons** er ist unersättlich; F in Nimmersatt (*auch fig*); **avoir du mal à** ~, ~ **avec peine** Schluck-, Schlingbeschwerden haben; ◆ *fig Wendungen:* ~ **qn, qc des yeux** *j-n, etw mit den Blicken* verschlingen; F **j'ai cru qu'il allait m'**~ (**tout cru**) F ich dachte, er würde mich fressen, verschlingen; P **son extrait, acte de naissance** P ins Gras beißen; abschrammen; *sports* ~ **l'obstacle** das Hindernis spielend nehmen; **il a l'air d'avoir avalé son parapluie, sa canne** F er geht, als wenn er e-n Stock verschluckt hätte; ~ **sa rage** s-e Wut verbeißen, F hinunterschlucken; F sich e-e Wut verkneifen; ~ **sa salive** *cf* **salive**; **2.** *fig Buch, Roman* verschlingen; *Wörter, Silben* verschlukken; **3.** *fig* **a)** hinnehmen; einstecken; F schlucken; ~ **des couleuvres,** ~ **la pilule** *cf* **couleuvre, pilule**; **b)** F (*croire*) F abnehmen; abkaufen; **difficile à** ~ kaum zu glauben; unglaubwürdig; **faire** ~ **qc à qn** j-m etw weismachen; j-m e-n Bären aufbinden

avaleur [avalœr] *m* ~ **de sabres** Schwertschlucker *m*

avalies [avali] *f/pl* text Hautwolle *f*

avaliser [avalize] *v/t* **1.** *fin Wechsel* ava'lieren; als Bürge unter'schreiben; **2.** *fig* gutheißen; billigen; zustimmen (**un projet** e-m Plan); unter'stützen

aval|iseur [avalizœr] *m od* ~**iste** *m fin* Wechselbürge *m*; Ava'list *m*

à-valoir [avalwar] *m* ⟨*inv*⟩ *comm* Abschlagszahlung *f*, Anzahlung *f* (**sur** auf + *acc*)

aval|oire [avalwar] *f des Pferdegeschirrs* 'Umgang *m*, -lauf *m*; ~**ure** *f beim Pferd* Nachwachsen *n*, Neubildung *f* des Hufhorns

avance [avãs] *f* **1.** *mil* Vormarsch *m*; Vorrücken *n*, -dringen *n*; **2.** Vorsprung *m* (**sur qn** vor j-m) (*auch fig*); ~ **technologique** technologischer Vorsprung; **avoir de l'**~ **dans son travail** in s-r Arbeit e-n Vorsprung haben; **prendre deux mètres d'**~ zwei Meter Vorsprung gewinnen; **3.** zeitlicher Vorsprung; **arriver avec une heure d'**~, **avoir une heure d'**~ eine Stunde früher, eher, zu früh ankommen, da sein; ◆ *loc/adv* **en** ~ zu früh (**d'une heure** um eine Stunde); **arriver, être en** ~ *auch* sich verfrühen; *Uhr* **être en** ~ vorgehen; *fig:* **être en** ~ **sur son temps** s-r Zeit vor'aus sein; **être très en** ~ **pour son âge** sehr weit für sein Alter sein; **4.** *loc/adv* **à l'**~, **d'**~, *st/s* **par** ~ vorher; im voraus; *österr* im vorhinein; **commander à l'**~, **d'**~ vorher'aus), vorher, im voraus bestellen; **payer à l'**~, **d'**~ im voraus (be)zahlen; vor'aus(be)zahlen; *comm* pränume'rando (be)zahlen; **5. a)** *Vorschuß m; Vor'auszahlung f;* **faire une** ~ **à qn** j-m e-n Vorschuß geben; **faire l'**~ **d'une somme** e-e Summe vorstrecken, vorschießen; **b)** *Bank* Kre'dit *m*; ~ **sur marchandises** Warenkredit *m*, -lombard *m*; ~ **sur titres** Effektenlombard *m*; **6.** *fig u iron* **la belle** ~**!** was hat das genützt!; das hat dich *bzw* Sie keinen Schritt weitergebracht!; **dadurch hast du** *bzw* **haben Sie nichts gewonnen!**; **7.** ~**s** *pl* A'vancen *f/pl*; Annäherungsversuche *m/pl*; **faire des** ~**s à qn** j-m Avancen machen; **8.** *tech* Vorschub *m*; *bei Dampfmaschinen* ~ **du tiroir** Voreilen *n* des Schiebers; **9.** *auto* ~ **à l'allumage** Vor-, *auch* Frühzündung *f*; **10.** *bei Uhrwerken* A'vance *f*; Beschleunigung *f*

avancé [avãse] **I** *adj* **1.** *Jahres-, Tageszeit* vorgeschritten; *Arbeit, Krankheit* fortgeschritten; *Kind* ~ **pour son âge** weit für sein Alter; *Vegetation, Blüte* **bien** ~ **pour la saison** (sehr) weit (fortgeschritten) für die Jahreszeit; **à une heure** ~**e (de la nuit)** zu vorgerückter, vorgeschrittener Stunde; **d'un âge** ~ in vorgerücktem, vor-, fortgeschrittenem Alter; *iron* **vous voilà bien** ~**!** jetzt sind Sie genausoweit wie vorher, keinen Schritt weitergekommen!; *cf auch* **avance** 6.; **2.** *Ideen* fortschrittlich; *Technik, Zivilisation* hochentwickelt; **3.** *mil* **poste** ~ vorgeschobener Posten; **4.** *Fleisch, Fisch* angegangen; leicht verdorben; *Gemüse auch* nicht mehr frisch; *Früchte* 'überreif; **II** *m cf* **avancée 4.**

avancée [avãse] *f* **1.** Vorsprung *m*; vorspringender Teil (**sur** über + *acc*); **2.** *fortif* Außen-, Vorwerk *n*; **3.** *der Angel* Vorfach *n*; **4.** *des Skiläufers* (**position** *f* **d'**)~ Vorlage *f*; **prendre de l'**~ sich vorlegen

avancement [avãsmã] *m* **1.** *in e-r Laufbahn* Aufstieg *m*, -steigen *n*, -rücken *n*; ~ **(de grade)** Beförderung *f*, Avance-'ment *m*; ~ **à l'ancienneté** Beförderung nach dem Dienstalter; ~ **d'échelon** Aufsteigen in den Dienstaltersstufen (*in Frankreich auf Grund von Dienstalter u*

Beurteilung); **chances** *f/pl* **d'**~ Aufstiegschancen *f/pl*, -möglichkeiten *f/pl*; **avoir, obtenir de l'**~ aufrücken, -steigen; avan'cieren; befördert werden; **2.** *von Arbeiten etc* Fortgang *m*, -schreiten *n*, -schritt *m*; Vor'angehen *n*, -kommen *n*; **3.** *e-s Steins, e-r Figur bei Brettspielen* Vorrücken *n*, -setzen *n*, -schieben *n*; **4.** *jur* ~ **d'hoirie** *cf* **hoirie**; **5.** *mines* (Strecken)Vortrieb *m*; *par ext* Abbaufront *f*

avancer [avãse] ⟨-ç-⟩ **I** *v/t* **1.** *Stuhl, Tisch etc* vorrücken, -schieben; näher rücken, schieben, hinrücken, -schieben (**à qn** j-m); *Stein, Figur im Brettspiel* vorrücken, -setzen, -schieben; *Hand* ausstrecken (**vers** nach); *Hals, Hand* vorstrecken; *Fuß* vorsetzen; *Auto* vorfahren; **2.** *Arbeit* vor'antreiben; *Person bei e-r Arbeit* vor'an-, weiter-, vorwärtsbringen; *iron* **vous êtes bien avancé!** *cf* **avancé** I 1.; **cela ne t'avance à rien!** das bringt dir nichts ein!; **faire** ~ **ses affaires** s-e Angelegenheiten vorantreiben; **faire** ~ **le travail** *auch* die Arbeit fördern; **3.** *Geld* vorstrecken, -schießen; auslegen; verauslagen; **cent francs à qn sur son salaire** j-m hundert Franc Vorschuß vom Lohn geben; **4.** *Uhr* vorstellen; *Termin, Abreise etc* vorverlegen; **5.** *Sachverhalt* behaupten; *Vorschlag, These* vorbringen; **II** *v/i* **6.** *Person, Fahrzeug* vor'ankommen; vorwärts kommen; von der Stelle, vom Fleck kommen; *mil* vorrücken (*auch Schatten*), -gehen, -dringen, -stoßen; *Person auch* vorwärts gehen, *Fahrzeug* fahren; **on n'avance plus** *auch* es geht nicht mehr voran, weiter; **avancez** (**vers moi**)! kommen Sie (näher zu mir heran)!; ~ **d'un pas** e-n Schritt vortreten; **7.** *Küste, Balkon, Dach etc* vorspringen (**dans la mer** ins Meer; **sur le mur** über die Mauer); *Dach auch* 'überragen, -stehen; *Zähne* vorstehen; **8.** *Person bei e-r Arbeit* vor'an-, vorwärts-, weiterkommen; *Arbeit, Untersuchung* vor'ankommen, -gehen; fortschreiten; Fortschritte machen; **9.** *Person* ~ **(en grade)** aufsteigen, -rücken; avan'cieren; **10.** *Nacht, Jahreszeit* vorrücken, -schreiten; **11.** *Uhr* vorgehen; **12.** *peint sich* (*vom* 'Hintergrund) abheben; **III** *v/pr* **s'~ 13.** *bes mil* vorrücken, -gehen; **s'~ vers qn, qc** auf j-n, etw zugehen, zuschreiten; **14.** *fig Person* **s'~ trop** sich zu weit vorwagen; zu weit vorpreschen; **15.** *Nacht, Jahreszeit cf* **10.**; **16.** *Dach, Balkon, Küste etc cf* **7.**

avanie [avani] *f* Schimpf *m*; Kränkung *f*; Beleidigung *f*; Af'front *m*

avant [avã] **I** *prép* **1.** *zeitlich, Reihen-, Rangfolge vor* (**+dat** *bzw acc*); ◆ ~ **la fin de l'année** vor Jahresende, -schluß; ~ **Jésus-Christ** (*abr* **av. J.-C.**) vor Christus (*abr* v. Chr.); vor Christi Geburt; vor der Zeitenwende; ~ **sa maladie** vor s-r Krankheit; **la dernière rencontre** ~ **plusieurs mois** … für mehrere Monate; **achever le travail** ~ **lundi** … bis Montag; **il est arrivé** ~ **moi** er ist vor mir, früher als ich (an)gekommen; **nous avons encore une minute** ~ **le départ du train** … bis zur Abfahrt des Zuges; *Kartenspiel* ~ **la dame, il y a le roi** vor der Dame kommt der König; **il fait passer la famille** ~ **le travail** ihm geht die Familie der Arbeit vor; er gibt der Familie den Vorrang vor der Arbeit; ◆ **mit inf:** ~ **déjeuner, manger** vor dem Mittagessen, Essen; ◆ *loc/adv:* ~ **cela** da'vor; vorher; ~ **demain** vor morgen; ~ **peu** in Kürze; Bälde; bald; binnen kurzem; ~ **tout,** ~ **toute chose** vor allem; vor allen Dingen; in erster Linie; pri'mär; ◆ *loc/conj* ~ **de,** *litt* ~ **que de**

(+*inf*) ehe; be'vor; *auch* bis; *consultez-moi* ~ **de vous décider** ... ehe, bevor Sie sich entscheiden; ~ **que** ... (ne) (+*subj*) ehe, bevor, *auch* bis...; **rentre** ~ **qu'il (ne) pleuve** komm nach Hause, bevor *od* ehe es regnet; *ne bougez pas* ~ **qu'il (n')ait fini** ... bis er fertig ist; **2.** *räumlich* vor (+*dat bzw acc*); *c'est bien juste* ~ **le bois** ... di'rekt vor dem Wald; **II** *adv* **1.** *zeitlich* vorher; zu'vor; da'vor; *Reihenfolge* da'vor; *auch Rangfolge* zu'erst; **quelques jours** ~ einige Tage vorher, zuvor, davor; *ne l'attendez pas,* **partez** ~! ... gehen Sie vorher (weg!); **réfléchis** ~, *tu parleras après* denke zuerst nach ...; ♦ *durch adv verstärkt, st/s:* **il est arrivé bien** ~ er ist viel früher, lange vorher angekommen; **bien, fort** ~ **dans la nuit** *ankommen* spät, tief in der Nacht; *sich hinziehen* bis spät, tief in die Nacht hinein; **juste** ~ gerade, di'rekt vorher; ♦ *loc/adj* **d'**~: **le jour d'**~ a) der Tag vorher, zuvor, davor; b) am Tag vorher, zuvor, davor; tags zuvor; am Vortag; **2.** *räumlich* da'vor; *vous voyez les arbres,* **ma maison est juste** ~ ... mein Haus steht genau davor; ♦ *par ext, st/s:* **creuser plus** ~ tiefer graben; **s'enfoncer trop** ~ **dans la forêt** zu weit, tief in den Wald ein-, vordringen; ♦ *loc/adv* **en** ~ *auf die Frage wo?* vorn; *auf die Frage wohin?* nach vorn; vorwärts; vor'an; **en** ~! vorwärts!; mil **en** ~, **marche** !im Gleichschritt – marsch!; *fig* **fuite** *f* **en** ~ Flucht *f* nach vorn; **faire un pas en** ~ e-n Schritt vortreten, -gehen; **marcher en** ~ vor(a)n, vornweg, an der Spitze marschieren; *fig:* **mettre qc en** ~ etw vorbringen, -schieben, anführen; **mettre qn en** ~ j-n vorschieben; **se mettre en** ~ sich in den Vordergrund drängen, schieben; sich her'ausstreichen, -stellen; **regarder en** ~ vorwärtsblicken; in die Zukunft blicken; ♦ *ellip auto* **marche** *f* ~ Vorwärtsgang *m*; ♦ *loc/prép* **en** ~ **de** vor (+*dat bzw acc*); **III** *adj* ⟨*inv*⟩ Vorder...; *auto:* **roue** *f*, **siège** *m* ~ Vorderrad *n*, -sitz *m*; **traction** *f* ~ Vorderrad-; *par ext* Wagen *m* mit Frontantrieb; **IV** *m* **1.** *e-s Schiffs* a) Bug *m*; b) Vorschiff *n*; *e-s Autos* Vorderteil *n od m*; F Kühler *m*; **à l'**~ *in e-m Auto, Flugzeug* vorn; *mar* (*auch* **sur l'**~) vorn; im, auf dem Vorschiff; **asseyez-vous à l'**~ ~ setzen Sie sich nach vorn, vorn hin; **aller de l'**~ a) (*mar auch* **marcher à l'**~) sich vorwärts, *mar auch* vor'aus bewegen; b) *fig* kühn, entschlossen handeln, drauf'losgehen; **se heurter par l'**~ fron'tal zusammenstoßen; **2.** *sports:* Fuß-, Handball, Hockey, Rugby Stürmer *m*; *Korbball* Vorderspieler *m*; *Volleyball* Netzspieler *m*

avantage [avɑ̃taʒ] *m* **1.** Vorteil *m*; Vorzug *m*; Nutzen *m*; Plus(punkt) *n(m)*; Vergünstigung *f*; ~**s fiscaux** Steuervorteile *m/pl*, -vergünstigungen *f/pl*; ~**s pécuniaires** finanzielle Vorteile, Vergünstigungen; *e-s Betriebes, Arbeitgebers* ~**s sociaux** Sozi'alleistungen *f/pl*; ~**s en nature** Sach-, Natu'ralbezüge *m/pl*, -leistungen *f/pl*; *Depu'tat n*; ♦ **à l'**~ **de qn** zu j-s Vorteil, Gunsten; vorteilhaft für j-n; **aujourd'hui, elle est à son** ~ heute sieht sie vorteilhaft aus; *ce qu'on raconte de lui* **n'est pas à son** ~ ... ist nicht gerade schmeichelhaft für ihn, gereicht ihm nicht zum Vorteil; **se montrer à son** ~ sich von s-r besten Seite zeigen; ♦ **j'ai** ~ **à** (+*inf*) es ist von Vorteil, es empfiehlt sich, es ist besser für mich zu (+*inf*); **vous auriez** ~ **à vous taire** es wäre besser für Sie zu schweigen; *Höflichkeitsfloskel* **je n'ai pas l'**~ **de le connaître** ich habe nicht

den Vorzug, das Vergnügen, ihn zu kennen; *in Briefen* **j'ai l'**~ **de vous faire savoir** ich darf Ihnen mitteilen; **offrir, présenter de grands** ~**s** große Vorteile, Vorzüge bieten; **tirer** ~ **de qc** Vorteil, Nutzen aus etw ziehen; **faire valoir ses** ~**s** s-e Vorzüge zur Geltung bringen; **2.** Über'legenheit *f* (*auch mil*); **vous avez sur lui cet** ~ das haben Sie ihm voraus; darin sind Sie ihm über'legen; **Sie sind ihm gegenüber im Vorteil; avoir pour soi l'**~ **de l'expérience** an Erfahrung über'legen sein; (j-m) die Erfahrung voraus haben; **avoir l'**~ **du nombre** zahlenmäßig im Vorteil, über'legen sein; **obtenir, prendre l'**~ **sur qn** die Oberhand über j-n gewinnen, erlangen; **perdre l'**~ den Vorsprung verlieren, einbüßen; **3.** *Mannschaftssport, Tennis* Vorteil *m*

avantager [avɑ̃taʒe] *v/t* ⟨-geons⟩ **1.** bevorzugen; begünstigen; **la nature l'a avantagée** die Natur hat sie reich bedacht; **2.** *Kleidung, Frisur* ~ **qn** vorteilhaft, günstig für j-n sein; j-n kleiden; j-m gut stehen

avantageusement [avɑ̃taʒøzmɑ̃] *adv* vorteilhaft; günstig

avantageux [avɑ̃taʒø] *adj* ⟨-euse⟩ **1.** *Kauf, Preis etc* günstig; vorteilhaft; *Unternehmen, Geschäft auch* lohnend; einbringlich; *Ware* preisgünstig; *loc/adv* **à un prix** ~ preisgünstig, -wert; **2.** *Porträt, Worte* schmeichelhaft; **3.** *Person, Miene etc* eitel; eingebildet; dünkelhaft; selbstgefällig

avant-... [avɑ̃] *in Zssgn* ⟨*im pl inv, z B* avant-bassins⟩ Vor...; vor...; *cf die nachfolgenden Stichwörter*

avant|-bassin [avɑ̃basɛ̃] *m mar e-s Hafens* Vorbecken *n*; ~-**bec** *m an e-r Brücke* Vorkopf *m*; Wellen-, Eisbrecher *m*; ~-**bras** *m anat* 'Unterarm *m*; ~-**cale** *f mar* 'Unterwasserende *n*, -teil *m der Helling*; ~-**centre** *m Fußball* Mittelstürmer *m*; ~-**chœur** *m arch* Chorraum *m zwischen Chorgitter und Hauptaltar*; ~-**clou** *m* Nagelbohrer *m*; ~-**contrat** *m jur* Vorvertrag *m*; ~-**corps** *m arch* Vorsprung *m*, -bau *m*; Risa'lit *m*; ~-**cour** *f* Vorhof *m*; ~-**coureur** *adj* ⟨*nur m*⟩ als Vorbote, Vorzeichen; **signe** ~ An-, Vorzeichen *n*; Vorbote *m*; ~-**dernier** *adj* ⟨-ière⟩ vorletzte(r, -s); *subst* **l'avant-dernier** *m*, **l'avant-dernière** der, die vorletzte sein

avant-gard|e [avɑ̃gard] *f* **1.** *mil* Vorhut *f*; **combat** *m* **d'**~ Vorhutgefecht *n*; **2.** *fig* Avant'garde *f*; Vorkämpfer *m/pl*; *loc/adj* **d'**~ avantgar'distisch; vorkämpferisch; **être à l'**~ **du mouvement de libération** an der Spitze der Befreiungsbewegung stehen; ~**isme** *m* Avantgar'dismus *m*; ~**iste I** *adj* avantgar'distisch; **II** *m,f* Avantgar'dist(in) *m(f)*

avant|-goût [avɑ̃gu] *m fig* Vorgeschmack *m* (**de** *gén od* auf + *acc*); ~-**guerre** *m od f* Vorkriegszeit *f*; *loc/adj* **d'**~ Vorkriegs...; **prix** *m* **d'**~ Vorkriegspreis *m*; ~-**hier** *adv* vorgestern; *loc/adj* **d'**~ vorgestrig(r, -s); ~-**main** *f des Pferdes* Vorhand *f*; ~-**métré** *m bât* Vor'ausermittlung *f der Bauleistungen nach Maß, Zahl, Gewicht und Kosten*; ~-**mont** *m* Vorberge *m/pl*, -gebirge *n*; ~-**mur** *m* **1.** *arch* Vormauerung *f*; *fortif* Vormauer *f*; **2.** *anat* Vormauer *f*; *sc* Claustrum *n*; ~-**pied** *m anat* Mittelfuß *m*; ~-**port** *m mar* Vor-, Außenhafen *m*; ~-**poste** *m mil* Vorposten *m*; ~-**pre-mière** *f* a) *thé, cin* Vorpremiere *f*, -aufführung *f*; *e-s Kunstwerkes* Vorführung *f* vor Ausstellungsbeginn (*für Presse, Leute vom Fach*); *par ext* neues Modell présenter en ~ in e-r Vorpre-

miere vorstellen; **b)** Zeitungsartikel *m*, (-)Bericht *m*, Interview *n* über die Vorpremiere, über das neue Stück, Kunstwerk, den neuen Film; ~-**projet** *m* Vorentwurf *m*; *in der bildenden Kunst auch* Grob-, Rohentwurf *m*; *für ein Bauprojekt auch* Vorprojekt *m*; ~-**propos** *m e-s Buches* Vorwort *n*; ~-**scène** *f* a) *thé* Pro'szenium *n*; **b)** (loge *f* **d'**)~ Pro'szeniumsloge *f*; ~-**solier** *m arch* Stockwerkgesims *m*; vorderes Fahrgestell; **2.** *mil früher* Protze *f*; **3.** *vierbeiniger Tiere* Vorderteil *n*; *größerer Tiere auch* Vorhand *f*; ~-**veille** *f* zweiter Tag zu'vor; **l'**~ zwei Tage zuvor; **l'**~ **de** zwei Tage vor (+*dat*)

avare [avar] **I** *adj* geizig; knaus(e)rig; *fig* **être** ~ **de qc** mit etw geizen; **être** ~ **de compliments** mit Komplimenten geizen; **II** *m,f* Geizkragen *m*, -hals *m*; Knauser *m*; *Molière* L'2 Der Geizige

avarice [avaris] *f* Geiz *m*; Knause'rei *f*; Knaus(e)rigkeit *f*

avarie [avari] *f* **1.** *mar, aviat* Hava'rie *od* Have'rei *f*; Schaden *m*; ~ **grosse**, **commune** große Havarie; ~ **simple**, **particulière** besondere Havarie; ~ **de machine** Ma'schinenschaden *m*; **subir une** ~ Havarie erleiden, haben; **2.** *beim Straßentransport* (Trans'port)Schaden *m*; Beschädigung *f* (*der Ladung*)

avari|é [avarje] *adj* **1.** *mar, aviat* hava'riert; beschädigt; **2.** *Nahrungsmittel* verdorben; *Ware* de'fekt; ~**ier** *v/t* **1.** *mar, aviat* hava'rieren; beschädigen; **2.** (*auch v/pr* **s'**~) *Lebensmittel* verderben

avaries-frais [avarifrɛ] *f/pl mar* kleine Hava'rie, Have'rei

avaro [avaro] *m arg cf* avatar

avatar [avatar] *m* **1.** Unglück *n*; 'Mißgeschick *n*; 'Widerwärtigkeit *f*; *auch* Enttäuschung *f*; Reinfall *m*; *poét* Ungemach *n*; **2.** Wandlung *f*; Veränderung *f*; **être passé par bien des** ~**s** viele Wandlungen 'durchgemacht haben; *Plan* oftmals geändert worden sein

Ave [ave] *m* ⟨*inv*⟩ *égl cath* ~ (Maria) Ave-(Ma'ria) *n*; **dire trois** ~ drei Ave-Maria beten

avec [avɛk] **I** *prép* **1.** *Begleitung, Gemeinsamkeit* mit (+*dat*); *Einbeziehung* (mit')samt, nebst (+*dat*); **l'appareil** ~ **ses accessoires** das Gerät samt, nebst Zubehör; **aller** ~ **qn** mit j-m mitgehen; **avoir qn** ~ **soi** j-n bei sich haben; **déjeuner** ~ **qn** mit j-m (zusammen) zu Mittag essen; **habiter, vivre** ~ **qn** mit j-m zusammen wohnen, leben; **rire, souffrir** ~ **qn** (mit j-m) mitlachen, -leiden; **vous venez** ~ **nous?** kommen Sie (mit uns) mit?; **2.** *allg Beziehung* mit, bei, zu (+*dat*); ~ **lui, on ne sait jamais où l'on en est** bei ihm weiß man nie, woran man ist; **sa politesse** ~ **tout le monde** s-e Höflichkeit gegen jedermann; ~ **son orgueil** bei s-m Stolz; ~ **le temps qu'il fait** bei d e m (*schlechten*) Wetter; **on apprend beaucoup** ~ **lui** man lernt viel bei ihm; **être gentil** ~ **qn** nett zu j-m sein; **manger des légumes** ~ **la viande** Gemüse zum Fleisch essen; **se marier** ~ **qn** j-n heiraten; **je pense** ~ **lui que** ... ich denke wie er, daß ...; **prendre des leçons** ~ **qn** bei j-m Stunden nehmen; **3.** *Ausstattung* mit (+*dat*); **une maison** ~ **(un) balcon** ein Haus mit (e-m) Balkon; **un enfant** ~ **des cheveux bruns** ... mit braunem Haar; **une robe** ~ **des dentelles** ein mit Spitzen verziertes Kleid; **4.** *modal* mit (+*dat*); ~ **un 'haussement d'épaules** mit e-m Achselzuk-

ken; ⁓ **joie**, **plaisir** mit Freuden, Vergnügen; ⁓ **prudence** mit Vorsicht; vorsichtig; **5.** *kausal* durch (+*acc*); in'folge (+*gén*); ⁓ **tous ces touristes**, *la ville est bien agitée* durch all die Touristen …; **6.** *instrumental* mit (+*dat*); mit Hilfe, mittels (+*gén*); durch (+*acc*); *Stoffangabe* aus (+*dat*); **marcher** ⁓ **des béquilles** an Krücken gehen; *bâtir un abri* ⁓ *du bois de sapin* … aus Tannenholz; ⁓ **un couteau** mit e-m Messer; mit Hilfe e-s Messers; **7.** *Gleichzeitigkeit* mit, bei (+*dat*); **se lever** ⁓ **le jour** mit Tagesanbruch aufstehen; *ces symptômes apparaissent* ⁓ *cette maladie* … treten bei dieser Krankheit auf; **8.** *Gegensatz* **a)** mit (+*dat*); gegen (+*acc*); **la guerre** ⁓ **la Turquie** der Krieg mit der, gegen die Türkei; **b)** trotz, ungeachtet (+*gén*); ⁓ **tant de qualités**, *il n'a pas réussi* trotz so vieler Fähigkeiten …; ⁓ **tout cela** trotz alledem; **9.** *loc/prép* **d'**⁓ von (+*dat*); **divorcer d'**⁓ **qn** sich von j-m scheiden lassen; **10.** *loc/adv* F **et** ⁓ **cela**, ça und noch da'zu; und außerdem, obendrein, über'dies noch; und zu alle'dem noch; *il est sorti sans manteau*, **et** ⁓ **ça il était enrhumé** … und war noch dazu *etc* erkältet; *im Geschäft* **et** ⁓ **cela**, ça? sonst noch etwas?; darf es außerdem, sonst noch etwas sein? was darf's sonst noch sein?; **bekommen Sie sonst noch etwas?**; ♦ *loc/conj* F ⁓ **cela, ça que** a) *in Ausrufen* als ob; b) *in Aufzählungen* um so mehr als; hin'zu kommt noch, daß; ⁓ **cela qu'il ne s'est jamais trompé!** als ob er sich noch nie getäuscht hätte!; **II** *adv* da'mit; da'zu; *il a pris sa serviette et il est parti* ⁓ … und ist damit weggegangen; *manger du pain*, **et du fromage** ⁓ … und Käse dazu; F **vous venez** ⁓? kommt ihr mit?

avelin|e [avlin] *f bot* Lambert(s)nuß *f*; **⁓ier** *m bot* Lambert(s)nuß(-), -haselstrauch) *m*

aven [avɛn] *m géol* Karsthöhle *f*

avenant [avnᾶ] **I** *adj Person, Wesen, Benehmen* liebenswürdig; freundlich; zu'vorkommend; *Gesicht, Wesen auch* ansprechend; einnehmend; **II** *loc/adv* **à l'**⁓ **a)** (dem)entsprechend; **b)** so wie es gerade kommt od war; entsprechend; **III** *m jur zu e-r Versicherungspolice* Zusatz *m*; Nachtrag *m*

avènement [avɛnmᾶ] *m* **1.** *e-s Monarchen, Herrschers* Thronbesteigung *f*; Re'gierungsantritt *m*; *e-s Regimes* Beginn *m*; **2.** *rel des Messias* Ankunft *f*; Kommen *n*; Nahen *n*; **3.** *fig des Fernsehens etc* Aufkommen *n*; Ausbreitung *f*

avenir [avnir] *m* **1.** Zukunft *f*; *loc/adj* **d'**⁓ Zukunfts…; *par ext Person* vielversprechend; *Laufbahn, Beruf* aussichtsreich; zukunftsreich, -voll; *loc/adv* **à l'**⁓ in Zukunft; künftig(hin); **dans un proche** ⁓, **dans un** ⁓ **prochain** in naher Zukunft; in absehbarer Zeit; *Projekt, Verfahren etc* **avoir de l'**⁓ Zukunft haben; **avoir l'**⁓ **devant soi** die Zukunft vor sich haben; **avoir devant soi un**, **être promis à un brillant** ⁓ e-e glänzende Zukunft vor sich haben; glänzende Zukunftsaussichten haben; **2.** *coll* Nachwelt *f*; kommende Generati'onen *f/pl*; **3.** (schriftliche) Aufforderung an Anwalt zu Anwalt, zur Verhandlung zu erscheinen

Avent [avᾶ] *m rel* Ad'vent(szeit) *m(f)*; **dimanche** *m* **de l'**⁓ Adventssonntag *m*

aventure [avᾶtyr] *f* **1.** Abenteuer *n*; (unerwartetes) Erlebnis; (unerwartete) Begebenheit; **film** *m*, **roman** *m* **d'**⁓**s** Abenteuerfilm *m*, -roman *m*; **chercher**, **courir l'**⁓ auf Abenteuer ausgehen, -ziehen; **se lancer dans une** ⁓ sich in

ein Abenteuer stürzen; **tenter l'**⁓ es wagen; sein Glück versuchen; **2.** ga'lantes Abenteuer; Liebesabenteuer *n*; **3.** *loc/adv*: **à l'**⁓ aufs Gerate'wohl; auf gut Glück; **partir à l'**⁓ *auch* ins Blaue (hinein) fahren; *st/s* **d'**⁓, **par** ⁓ zufällig; von ungefähr; **4.** **bonne** ⁓ Zukunft *f*; **diseuse** *f* **de bonne** ⁓ Wahrsagerin *f*; **dire la bonne** ⁓ **à qn** j-m wahrsagen, die Zukunft vor'aussagen

aventur|er [avᾶtyre] **I** *v/t Leben, Ruf etc* ris'kieren; aufs Spiel setzen; wagen; **II** *v/pr* **s'**⁓ sich wagen (**dans la forêt**, *etc* in den Wald *etc*); **s'**⁓ **trop loin** sich zu weit vorwagen; **s'**⁓ **dans une affaire dangereuse** sich auf *od* in e-e gefährliche Sache einlassen; *fig* **s'**⁓ **sur un chemin, terrain glissant** sich auf dünnes Eis, auf schwankenden Boden begeben; **s'**⁓ **à faire qc** sich wagen, etw zu tun; **⁓eux** *adj* **⁓euse⟩** **1.** *Person* abenteuerlustig, -durstig; **2.** *Leben* abenteuerlich; abenteuerreich; **3.** *Plan, Vorhaben* gewagt; ris'kant; abenteuerlich; **⁓ier** *m*, **⁓ière** *f* Abenteurer *m*, Abenteu(r)erin *f*; Glücksritter *m*; *adjt* **esprit aventurier** Abenteu(r)ergeist *m*

aventurine [avᾶtyrin] *f minér* Aventu'rin *od* Avantu'rin *m*

aventur|isme [avᾶtyrism(ə)] *m* po'litisches Abenteurertum; Abenteu(r)erpolitik *f*; **⁓iste** *adj pol* abenteuerlich

avenu [avny] *adj nur loc* **nul et non** ⁓ null und nichtig

avenue [avny] *f* Ave'nue *f*; Prachtstraße *f*; breite (Auffahrts-, Zufahrts)Al'lee

avéré [avere] *adj* erwiesen; **il est** ⁓ **que** … es ist erwiesen, daß …

avérer [avere] *v/pr* ⁓è-⟩ **s'**⁓ sich erweisen, bestätigen, bewahrheiten; **s'**⁓ (+*adj*) sich als (+*adj*) erweisen, her'ausstellen; **s'**⁓ **faux**, **juste** sich als falsch, richtig erweisen, herausstellen; *unpersönlich* **il s'est avéré que** … es hat sich erwiesen, herausgestellt, daß …

avers [avɛr] *m e-r Münze*, *Medaille* A'vers [-s] *m*; Vorderseite *f*

averse [avɛrs] *f* **1.** (Regen)Schauer *m*, (-)Guß *m*; Platzregen *m*; **recevoir une** ⁓ e-n (Regen)Guß abbekommen, F abkriegen; in e-n (Regen)Guß kommen; **2.** *fig* **une** ⁓ **de paroles** e-e Flut, ein Schwall *m* von Worten

aversion [avɛrsjõ] *f* Abneigung *f*; 'Widerwille *m*; Aversi'on *f*; **avoir de l'**⁓ **pour qn**, **qc** e-e Abneigung *etc* gegen j-n, etw haben; j-n, etw nicht leiden können; **prendre qn**, **qc en** ⁓ e-e Abneigung *etc* gegen j-n, etw fassen, bekommen

averti [averti] *adj* **1.** erfahren, bewandert, beschlagen, ver'siert (**de in** + *dat*); auf dem laufenden (mit); sachkundig, -verständig; **2.** gewarnt; **tenez-vous pour** ⁓! lassen Sie sich das gesagt sein!; seien Sie auf der Hut!; Sie sind gewarnt!; *loc/prov* **un homme** ⁓ **en vaut deux** etwa wer gewarnt ist, ist doppelt vorsichtig

avertir [avɛrtir] *v/t* **1.** ⁓ **qn de qc** j-n von etw verständigen, unter'richten, benachrichtigen, in Kenntnis setzen; j-m etw mitteilen, ankündigen, melden; ⁓ **qn que** … j-n davon verständigen *etc*, j-m mitteilen *etc*, daß …; **2.** warnen (**de vor** + *dat*); ⁓ **qn de** (+*inf*) j-m (an)raten, j-n mahnen zu (+*inf*); j-m sagen, e-n Wink, Hinweis geben, daß …; je **t'en avertis**! ich warne dich!; **laß dir das** *od* **laß es dir gesagt sein!**

avertiss|ement [avɛrtismᾶ] *m* **1.** Warnung *f*; Fingerzeig *m*; Wink *m*; Hinweis *m*; *auch* (A'larm)Si'gnal *n*; **grève** *f* **d'**⁓ Warnstreik *m*; **donner un** ⁓ **à qn** j-n warnen; **j-m e-n Fingerzeig** *etc* **geben**; *cf*

auch **2.**; **2.** *Dienststrafrecht* Verweis *m*; Warnung *f*; *Schule* Verweis *m*; Verwarnung *f*; **donner un** ⁓ **à qn** j-n verwarnen; j-m e-e Verwarnung, e-n Verweis erteilen; **3.** *in e-m Buch* (kurzes) Vorwort; (kurze) Vorrede; ⁓ **au lecteur** Hinweis *m* für den Leser; **4.** *ch de fer* Vorsignal *n*; **5.** *Steuerwesen* Zahlungsaufforderung *f*; **6.** *jur im Zivilprozeß* Aufforderung *f* (*durch den Kläger*), e-n Vergleich abzuschließen; **billet m d'**⁓ Ladung *f* zum Sühnetermin; **⁓eur m 1.** *auto* Hupe *f*; Horn *n*; ⁓ **lumineux** Lichthupe *f*; **2.** Warnanlage *f*; Meldeeinrichtung *f*, -vorrichtung *f*, -anlage *f*; ⁓ **d'incendie** Feuermelder *m*

avestique [avɛstik] *m ling* **l'**⁓ das A'westische; A'westisch *n*

aveu [avø] *m* ⟨*pl* ⁓x⟩ **1.** (Ein)Geständnis *n*; Schuldbekenntnis *n*; Geständnis *n*; *im Zivilprozeß auch* Anerkenntnis *n*; ⁓ **de son amour** Eingeständnis s-r Liebe; **faire des** ⁓**x complets** ein volles, um'fassendes Geständnis ablegen; **faire l'**⁓ **de qc** etw (ein)gestehen, zugeben, *Fehler, Schuld auch* bekennen; **il faut que je vous fasse un** ⁓ ich muß Ihnen etwas gestehen, bekennen; *Angeklagter* **passer aux** ⁓**x** ein Geständnis ablegen; geständig werden; gestehen; **2.** *loc/prép* **de l'**⁓ **de** nach dem Zeugnis, Urteil (+*gén*); nach Aussagen, Meinung (+*gén*); **3.** *st/s* Einverständnis *n*, Einwilligung *f*; Zustimmung *f*; **4.** *féod* Anerkennung *f* e-s Lehnsverhältnisses

aveuglant [avœglᾶ] *adj Licht, Sonne* blendend; grell; *fig Wahrheit* in die Augen springend

aveugle [avœgl(ə)] **I** *adj* **1.** blind; *anat im Auge* **point** *m* ⁓ blinder, Mari'ottescher Fleck; **devenir** ⁓ erblinden; blind werden; **2.** *fig Zorn, Haß, Gehorsam, Glaube* blind; **avoir une confiance** ⁓ **en qn** blindes Vertrauen zu j-m haben; j-m blind(lings) vertrauen; **être l'**⁓ **instrument du destin** das blinde Werkzeug des Schicksals sein; **être** ⁓ (**à l'égard de qn**) blind sein (j-m gegenüber); verblendet sein; **rendre qn** ⁓ j-n blind machen; **3.** *arch* blind; **arcade** *f* ⁓ Blendarkade *f*, -bogen *m*; **fenêtre** *f* ⁓ Blind-, Blendfenster *n*; **4.** *chir* **opération** *f* ⁓ Operati'on *f* ohne Sicht; **II** *m.f* Blinde(r) *f(m)*; **juger, parler de qc comme un** ⁓ **des couleurs** von etw reden wie bei der Blinde von der Farbe; ♦ *loc/adv fig* **en** ⁓ urteilen, **sprechen** unüberlegt; ohne Über'legung; **sich in etw stürzen** blindlings

aveuglement [avœglᾶmᾶ] *m fig* Verblendung *f*; Blindheit *f*; Wahn *m*; **dans l'**⁓ **de la colère** in blinder Wut

aveuglément [avœglemᾶ] *adv* blind (-lings); unüberlegt; **obéir** ⁓ blind(lings) gehorchen

aveugle-né [avœgləne] **I** *adj* blindgeboren; **II** *subst* ⁓(**e**) *m(f)* ⟨*pl* **aveugles--né(e)s**⟩ Blindgeborene(r) *f(m)*

aveugler [avœgle] **I** *v/t* **1.** *des Augenlichts berauben*; *früher als Strafe* blenden; **2.** *grelles Licht* ⁓ **qn** j-n blenden; **3.** *fig Haß, Zorn, Liebe* ⁓ **qn** j-n blind machen, mit Blindheit schlagen, verblenden; **4.** *mar Leck* (zu)stopfen; verstopfen; abdichten; **II** *v/pr* **s'**⁓ **sur qc** für etw blind sein; sich über etw (*acc*) (hin'weg)täuschen, Illusi'onen machen

aveuglette [avœglɛt] *loc/adv* **à l'**⁓ **a)** *im Dunkeln* (wie ein Blinder) tastend; **b)** *fig* blind(lings); aufs Gerate'wohl; planlos

aveul|ir [avølir] *st/s v/t* ⟨*u v/pr* **s'**⟩ ener'gie-, willenlos machen (werden); **⁓issement** *m st/s* **a)** Ener'gie-, Willenlosigkeit *f*; **b)** Ener'gie-, Willenloswerden *n*

aviaire [avjɛr] *adj Vogel*…; der Vögel

avia|teur [avjatœr] *m*, **⁓trice** *f* Flieger(in) *m(f)* (*m auch* mil); *path* mal *m* des aviateurs Fliegerkrankheit *f*, -neurose *f*

aviation [avjasjõ] *f* **1.** Luftfahrt *f*; Fliege'rei *f*; Flugwesen *n*; ⁓ civile Zi'villuftfahrt *f*; zivile Luftfahrt; ⁓ commerciale, marchande Verkehrsluftfahrt *f*, -flugwesen *n*; ⁓ (légère et) sportive Sportfliegerei *f*; ⁓ militaire Mili'tärluftfahrt *f*; ⁓ de tourisme privates Reiseflugwesen; salon *m* d'⁓ Luftfahrtausstellung *f*; terrain *m* d'⁓ Flugplatz *m*; **2.** *mil* Luftwaffe *f*; ⁓ légère de l'armée de terre (*abr* A.L.A.T.) Heeresfliegerei *f*, -flieger(truppe) *m/pl(f)*; ⁓ navale Ma'rinefliegerei *f*, -flieger *m/pl*, -luftstreitkräfte *f/pl*; ⁓ de bombardement Bomberflotte *f*, -waffe *f*; ⁓ de chasse Jagdfliegerei *f*, -waffe *f*; ⁓ de transport Lufttransporteinheiten *f/pl*; Trans'portflieger *m/pl*

avicole [avikɔl] *adj* Geflügelzucht...; Vogelzucht...; **ferme** *f* ⁓ Geflügelfarm *f*

avicul|teur [avikyltœr] *m*, **⁓trice** *f* Geflügel-, Vogelzüchter(in) *m(f)*

aviculture [avikyltyr] *f* Geflügel-, Vogelzucht *f*

avid|e [avid] *adj* **1.** *Blick*, *Augen* gierig; ⁓ de gierig nach (+*dat*), auf (+*acc*); begierig auf (+*acc*); ⁓ d'argent geldgierig; ⁓ d'honneurs ehrbegierig; être ⁓ de qc nach etw gieren; auf etw begierig, versessen, F erpicht sein; être ⁓ de (+*inf*) begierig sein zu (+*inf*); être ⁓ d'apprendre lernbegierig sein; **2.** gefräßig; **3.** hab-, geld-, raffgierig; **⁓ement** *adv* begierig; voll Begier; *essen* gierig; **⁓ité** *f* Gier *f*; Begierde *f*; avec ⁓ *cf* avidement

avifaune [avifon] *f* Vogelwelt *f*

avil|ir [avilir] **I** *v/t* **1.** erniedrigen; entwürdigen; degra'dieren; **2.** *Währung* entwerten; **II** *v/pr* s'⁓ **3.** sich erniedrigen, entwürdigen, degra'dieren, wegwerfen; **4.** im Wert sinken; entwertet werden; *Kaufkraft* sinken; **⁓issant** *adj* erniedrigend; entwürdigend; degra'dierend; **⁓issement** *m* **1.** Erniedrigung *f*; Entwürdigung *f*; Degra'dierung *f*; **2.** *des Geldes* Entwertung *f*; *der Kaufkraft* Sinken *n*

avin|é [avine] *adj Person* (*durch Wein*) betrunken; *Atem* nach Wein stinkend; **voix** ⁓ ⁓ Säuferstimme *f*; **⁓er** *v/t Faß* mit Wein anfeuchten, tränken

avion [avjõ] *m* **1.** Flugzeug *n*; *in Zssgn auch* Ma'schine *f*; ⁓ biplan, monoplan Doppel-, Eindecker *m*; ⁓ civil Zi'vilflugzeug *n*; ⁓ commercial Verkehrsflugzeug *n*, -maschine *f*; ⁓ militaire Mili'tärflugzeug *n*, -maschine *f*; Kriegsflugzeug *n*; ⁓ postal Postflugzeug *n*; ⁓ ravitailleur Versorgungsflugzeug *n*; ⁓ à décollage et atterrissage courts (*abr* A.D.A.C.) Kurzstartflugzeug *n*; STOL-Flugzeug *n*; ⁓ à décollage et atterrissage verticaux (*abr* A.D.A.V.) à évolution verticale Senkrechtstarter *m*; VTOL-Flugzeug *n*; ⁓ à flèche variable, à géométrie variable Schwenkflügelflugzeug *n*; ⁓ à hélice Pro'pellerflugzeug *n*, -maschine *f*; ⁓ à moteur (à pistons) (Kolben)Motorflugzeug *n*; ⁓ à réaction Düsenflugzeug *n*, -maschine *f*; Strahl(trieb)flugzeug *n*; ⁓ à turbopropulseur Turbo'propflugzeug *n*, -maschine *f*; ⁓ d'affaires Geschäfts-(reise)flugzeug *n*; *mil*: ⁓ de bombardement, de chasse, de combat Bomben-, Jagd-, Kampfflugzeug *n*; ⁓ d'entraînement Übungsflugzeug *n*, -maschine *f*; ⁓ d'interception Abfangjäger *m*; ⁓ de ligne Linienflugzeug *n*, -maschine *f*; *mil* ⁓ de reconnaissance

Aufklärungsflugzeug *n*; Aufklärer *m*; ⁓ de tourisme Pri'vatflugzeug *n*, -maschine *f*; ⁓ de transport Verkehrs-, Frachtflugzeug *n*, -maschine *f*; *auch mil* Trans'portflugzeug *n*, -maschine *f*; *nur mil* Trans'porter *m*; ⁓ sans queue schwanzloses Flugzeug; Nurflügelflugzeug *n*; en ⁓ im Flugzeug; beim Fliegen; il n'est jamais monté en ⁓ er ist nie geflogen; er hat nie ein Flugzeug bestiegen; par ⁓ a) mit dem, per Flugzeug; b) mit, per, durch Luftpost; *auf Postsendungen* mit Luftpost; lettre *f* par ⁓ Luftpostbrief *m*; aller en ⁓, par ⁓, prendre l'⁓ (mit dem Flugzeug) fliegen; **2.** Fliegen *n*; aimer l'⁓ gern fliegen; **⁓-canard** *m* ⟨*pl* avions-canards⟩ Entenflugzeug *n*; **⁓-cargo** *m* ⟨*pl* avions-cargos⟩ Frachtflugzeug *n*, -maschine *f*; **⁓-cible** *m* ⟨*pl* avions-cibles⟩ *mil* Zielflugzeug *n*; **⁓-citerne** *m* ⟨*pl* avions-citernes⟩ Tankerflugzeug *n*; **⁓-école** *m* ⟨*pl* avions-écoles⟩ Schulflugzeug *n*; **⁓-fusée** *m* ⟨*pl* avions-fusées⟩ Ra'ketenflugzeug *n*

avionique [avjonik] *f tech* Bordelektronik *f*; Avi'onik *f*

avion|-suicide [avjõsɥisid] *m* ⟨*pl* avions-suicides⟩ im 2. Weltkrieg Kami'kazeflugzeug *n*; **⁓-taxi** *m* ⟨*pl* avions-taxis⟩ Lufttaxi *n*

aviron [avirõ] *m* **1.** *mar*, *Rudersport* Riemen *m*; *laienhaft* Ruder *n*; **2.** *sports* Rudern *n*; Rudersport *m*; faire de l'⁓, pratiquer l'⁓ den Rudersport betreiben; rudern

avis [avi] *m* **1.** Ansicht *f*; Meinung *f*; Auffassung *f*; *e-s Sachverständigen*, *e-r beratenden Versammlung* Urteil *n*; Gutachten *n*; Stellungnahme *f*; ⁓ favorable, négatif positive, negative Stellungnahme; à mon ⁓ meiner Meinung, Ansicht nach; meines Erachtens (*abr* m. E.); nach meinem Da'fürhalten; de l'⁓ de nach Ansicht, Meinung, Auffassung, nach dem Urteil (+*gén*); sur l'⁓ de qn auf j-s Empfehlung (*acc*) hin; changer d'⁓ *cf* changer 6.; dire, donner, émettre, exprimer son ⁓ s-e Ansicht, Meinung äußern, s-e Meinung sagen, sein Urteil abgeben (sur über + *acc*); Stellung nehmen, e-e Stellungnahme abgeben (zu); quel est votre ⁓ sur ...? wie denken Sie über (+*acc*)?; je suis de votre ⁓ ich bin Ihrer Meinung, Ansicht, Auffassung; être du même ⁓ que qn gleicher Meinung, Ansicht, Auffassung sein wie j; mit j-m einer Meinung sein; être d'⁓ de (+*inf*) *od* que ... (+*subj*) der Meinung, der Ansicht, da'für sein, daß ...; plais m'est ⁓ que ... mir scheint, mich dünkt, ...; prendre l'⁓ de qn j-s Meinung, Rat, Urteil, Gutachten einholen; j-n nach s-r Meinung, Ansicht (be)fragen; j-n zu Rate ziehen; **2.** *adm* Mitteilung *f*; Benachrichtigung *f*; Anzeige *f*; Bescheid *m*; Bekanntmachung *f*; Hinweis *m*; *comm*, *fin* A'vis *m od n*; pour ⁓ zur Kenntnisnahme; sauf ⁓ contraire sofern keine gegenteilige Mitteilung, kein gegenteiliger Bescheid ergeht, vorliegt; bis auf 'Widerruf; ⁓ officiel amtliche Bekanntmachung; ⁓ au lecteur Hinweis für den Leser; (kurzes) Vorwort; (kurze) Vorrede; ⁓ au public öffentliche Bekanntmachung; ⁓ de décès Todesanzeige *f*; ⁓ d'ouverture de crédit Kre'diteröffnungsanzeige *f*; *für eingeschriebene Postsendungen* ⁓ de réception Empfangsbestätigung *f*, -bescheinigung *f*, -schein *m*; Rückschein *m*; ⁓ de recherche Suchanzeige *f*, *rad* -meldung *f*; *mar* ⁓ de tempête Sturmwarnung *f*, -signal *n*; *tél* communication *f* avec ⁓ d'appel XP-Gespräch *n*;

(Fern)Gespräch *n* mit amtlicher Her'anholung des Teilnehmers; *ch de fer über eingetroffenes Frachtgut* lettre *f* d'⁓ Benachrichtigungsschreiben *n*; schriftliche Benachrichtigung, Mitteilung

avisé [avize] *adj* klug; vorsichtig; besonnen; il était mal ⁓ de (+*inf*) er war schlecht beraten, es war unklug, unvorsichtig, unbesonnen von ihm zu (+*inf*)

aviser [avize] **I** *v/t* **1.** ⁓ qn de qc j-n von etw unter'richten, in Kenntnis setzen, benachrichtigen; j-m etw mitteilen, ankündigen, bekanntgeben; melden; *comm* avi'sieren; **2.** *litt cf* **4.**; **II** *v/t/indir* **3.** ⁓ à qc auf etw (*acc*) bedacht sein; an etw (*acc*) denken; e-r Sache (*dat*) abhelfen; *abs* Rat, Abhilfe schaffen; e-n Beschluß fassen; e-e Entscheidung treffen; sich etwas einfallen lassen; **III** *v/pr* **4.** s'⁓ entdecken, bemerken, feststellen (de qc etw; que daß); gewahr werden (+ *acc od gén*); **5.** s'⁓ de (+*inf*) sich einfallen lassen, auf den Gedanken kommen, dar'auf verfallen, sich unter'stehen zu (+*inf*)

aviso [avizo] *m mar mil* A'viso *m*; **⁓-escorteur** *m* ⟨*pl* avisos-escorteurs⟩ *mar mil* Geleitschiff *n*

avitaill|er [avitaje] *v/t mar Schiff* (mit Lebensmitteln, Wasser, Brennstoff, Materi'al) versorgen; **⁓eur** *m* Versorgungsschiff *n*

avitaminose [avitaminoz] *f path* Vita'minmangelkrankheit *f*; Avitami'nose *f*

aviv|age [avivaʒ] *m* **1.** *von Farben* Auffrischen *n*, -ung *f*; **2.** *text* Avi'vage *f*; **3.** *von Metall* Schwabbeln *n*; Po'lieren *n*; é *m* Schnittholz *n*; **⁓ement** *m chir von Wundrändern* Anfrischen *n*; **⁓er** *v/t* **1.** *chir Wundränder* anfrischen; **2.** *Farben* auffrischen; **3.** *fig cf* raviver **2.**; **4.** *Metall*, *Marmor* aufpolieren; schleifen; **5.** *Balken* kantig machen, behauen

avoc|at¹ [avɔka] *m*, **⁓ate** *f* **1.** *jur* (plädierender) (Rechts)Anwalt, (plädierende) (Rechts)Anwältin; *schweiz*, *österr* Advo'kat(in) *m(f)*; Verteidiger(in) *m(f)*; ⁓ général Vertreter *m* des Generalstaatsanwalts (*vor der Cour d'appel*, *de cassation*, *des comptes*); ⁓ d'office Strafrecht Offizi'al-, Pflichtverteidiger *m*; *Zivilrecht* Armenanwalt *m*; **2.** *fig* Anwalt *m*; Verfechter(in) *f(m)*; Sachwalter(in) *m(f)*; *e-r Person* Anwalt *m*; Fürsprecher(in) *m(f)*; se faire l'⁓ d'une bonne cause sich zum Anwalt e-r guten, gerechten Sache machen; se faire l'⁓ du diable sich zum Anwalt e-r schlechten Sache, des Teufels, zum Advo'catus Di'aboli machen

avocat² [avɔka] *m bot* Avo'cado(birne) *f*; Advo'katen-, Alli'gatorbirne *f*; huile *f* d'⁓ Avocadoöl *n*

avocatier [avɔkatje] *m bot* Avo'cadobaum *m*

avocette [avɔsɛt] *f zo* Säbelschnäbler *m*

avoine [avwan] *f bot* Hafer *m*; ⁓s *pl* Hafersorten *f/pl*; folle ⁓ Flug-, Windhafer *m*; ⁓ élevée *cf* fromental

avoir¹ [avwar] ⟨j'ai, tu as, il a, nous avons, vous avez, ils ont; j'avais; j'eus; j'aurai; que j'aie, qu'il ait, que nous ayons; aie!, ayons!, ayez!; ayant; avoir eu⟩ **I** *v/aux zur Bildung der zusammengesetzten Zeiten* **a)** *von allen v/t u v/t/indir* haben; j'ai acheté un disque ich habe e-e Schallplatte gekauft; il a toujours obéi à ses parents er hat s-n Eltern immer gehorcht; *bei den meisten v/i* haben; *bei Verben der Bewegung u der Veränderung* sein; j'ai dormi ich habe geschlafen; j'ai couru, fui, nagé, sauté ich bin gerannt, geflohen, geschwom-

men, gesprungen; **il a grandi, vieilli** er ist gewachsen, gealtert; er ist groß, alt geworden; **c)** *von allen v/imp* haben; **il a neigé, plu** es hat geschneit, geregnet; **d)** *von avoir u être:* **j'ai eu** ich habe gehabt *bzw* bekommen; **il a eu une main broyée par la machine** die Maschine hat ihm e-e Hand zerquetscht; **j'ai été** ich bin gewesen;

II *v/t* **1. a)** haben; besitzen; ~ **de la fortune** Vermögen haben, besitzen; vermögend sein; F ~ **de quoi** Geld, F es dicke haben; F (gut) betucht sein; **qu'est-ce que vous avez comme voiture?** auch was für e-n Wagen fahren Sie?; **b)** (da)haben; ~ **qn à déjeuner** j-n als Gast zum Mittagessen haben; **j'ai mon amie, ce soir** ich habe heute abend meine Freundin da, (bei mir) zu Gast; **auriez-vous une cigarette?** hätten Sie e-e Zigarette für mich?; **c)** (*zur Verfügung*) haben; **je n'ai plus de place dans cette armoire** ich habe keinen Platz mehr ...; **il a deux secrétaires** er hat zwei Sekretärinnen; **vous avez une semaine pour** (+*inf*) Sie haben e-e Woche Zeit (um) zu (+*inf*); **d)** *comm Artikel, Marke* haben; führen; **e)** *als Kopula: ellip* P **il n'en a pas** F er hat keine Schneid; **j'ai froid** mir ist kalt; ich friere; es friert mich; ~ **les cheveux blancs** weißes Haar haben; ~ **du courage** Mut haben, besitzen; mutig sein; ~ **des enfants, un métier** Kinder, e-n Beruf haben; ~ **faim** Hunger haben, verspüren; hungrig sein; *Pflanze* ~ **des fleurs** Blüten haben, tragen; blühen; ~ **un geste de dépit** e-e unwillige Gebärde machen; **nous aurons de l'orage** wir bekommen ein Gewitter; **il a encore son père** er hat noch s-n Vater; sein Vater lebt noch; *Wohnung* ~ **cinq pièces** fünf Zimmer haben; ~ **du beau temps** schönes Wetter haben; **je n'ai que toi** ich habe nur dich; **f)** *mit adv* **en ~ assez de qn, qc** *cf* assez 1.; **en ~ à, après, contre qn** etwas gegen j-n haben; **auf** j-n böse sein; **en ~ pour a)** *Summe* ausgeben; **b)** *Zeit* brauchen; **j'en ai eu pour cent francs** ich habe hundert Franc (dafür) bezahlt, ausgegeben; **nous en avons pour deux heures** wir brauchen zwei Stunden dafür; das wird zwei Stunden dauern; **g)** *mit prép:* ~ **en main** *cf* main 1.; ~ **pour ami, pour élève** zum Freund, als Schüler haben; ~ **qc sur soi** etw bei sich haben, tragen, führen; **2.** bekommen; F kriegen; erwischen; **ce soir, tu auras ton argent** heute abend bekommst, kriegst du dein Geld, sollst du dein Geld haben; **il a eu son bac** er hat das Abitur bestanden; **on n'a pas ce livre facilement** dieses Buch ist nicht leicht zu haben, zu bekommen, zu kriegen; **il est difficile d'~ un logement** es ist schwer, e-e Wohnung zu haben, zu kriegen; *tél* **vous avez Paris** Sie sind mit Paris verbunden; ~ **le premier prix** den ersten Preis bekommen, erhalten; **j'ai eu mon train de justesse** ich habe meinen Zug gerade noch bekommen, gekriegt, erwischt; **faire** ~ **qc à qn** j-m etw besorgen, verschaffen; j-m zu etw verhelfen; **3.** ~ **qn a)** F (*tromper qn*) F j-n reinlegen; **se faire, se laisser** ~ F reinfallen; j-m aufsitzen; sich reinlegen lassen; **b)** F **on les aura!** F die werden wir in die Tasche stecken!; denen werden wir's aber zeigen!; **c)** F ~ **qn** F **à la pitié** F j-n durch Mitleid rumkriegen; **d)** *mit e-m Geschoß* **je l'ai eu** ich habe ihn getroffen, F erwischt; **e)** *verhüllend* **il a eu beaucoup de femmes** er hat viele

Frauen gehabt; **4.** *Kleidungsstück* anhaben; *Kopfbedeckung* aufhaben; tragen; **5.** *bei Alters-, Maßangaben* sein; **quel âge avez-vous?** wie alt sind Sie?; ~ **vingt ans** zwanzig Jahre alt sein; ~ **cinq mètres de haut, de long** fünf Meter hoch, lang sein; **6.** *Person, schlecht funktionierendes Gerät etc* ~ **qc** etwas haben; **qu'est-ce qu'elle a?** was hat sie?; was ist mit ihr los?; **qu'est-ce qu'elle a à pleurer ainsi?** warum weint sie denn so?; **qu'est-ce qu'elle a, cette télé?** was ist denn mit dem Fernseher los?; **7.** *Person* ~ **de qn** j-m ähneln; **il avait à la fois du professeur et du curé** er hatte sowohl etwas von e-m Lehrer als auch von e-m Pfarrer an sich; **avoir tout d'un gangster** ganz wie ein Gangster wirken, aussehen; **8.** ~ **à faire qc** etw zu tun haben, müssen; *abs* **j'ai à faire** ich habe zu tun; **je n'ai rien à faire** ich habe nichts zu tun; **c'est tout ce que j'ai à vous dire** das ist alles, was ich Ihnen zu sagen habe; ~ **des lettres à écrire** Briefe schreiben müssen; **il n'a pas à se plaindre** er kann sich nicht beklagen; **tu n'auras pas à le regretter** du sollst es nicht bereuen; ◆ **n'~ qu'à faire qc** nur etw zu tun brauchen; **vous n'avez qu'à tourner le bouton** Sie brauchen nur den Knopf zu drehen; *ärgerlich* P **t'as qu'à t'en aller** *si ça te plaît* pa du kannst ja gehen ...; F **vous n'aviez qu'à faire attention!** Sie hätten eben aufpassen müssen!; Sie brauchten ja nur aufzupassen!;

III *v/imp* **il y a** [ilja, F ja] es gibt; (es) ist *bzw* sind; *südd auch* es hat; **il y a de l'argent dans mon sac** in meiner Handtasche ist, befindet sich Geld; **il y avait du brouillard** es war nebelig; es herrschte Nebel; *notre seul espoir,* **si espoir il y a** ... wenn von Hoffnung überhaupt die Rede sein kann; **il y a des gens, il y a qui** ... es gibt Leute, die ...; **qu'y a-t-il de nouveau?** was gibt es Neues?; **combien de personnes y aura-t-il?** wieviele Personen werden kommen, da sein?; **y a-t-il des pommes?** – **il y en a encore,** F **y en a encore** ... es gibt noch welche, es sind noch welche da; **il n'y en a plus** es gibt nichts, keine mehr; es ist nichts, es sind keine mehr da; F **quand il n'y en a plus, (il) y en a encore** *von Speisen, Vorräten* es ist immer noch etwas da; *von Schwierigkeiten, Fehlern* es tauchen immer wieder neue auf; *beim Essen* **quand il y en a pour trois, y en a pour quatre** es für drei reicht, reicht es auch für vier; ◆ *räumlich:* **combien y a-t-il d'ici à Paris?** wie weit ist es von hier nach Paris?; **il y a cent kilomètres d'ici à Paris** von hier bis nach Paris sind es hundert Kilometer; ◆ *zeitlich:* vor; *il est parti* **il y a deux ans** vor zwei Jahren ...; **il y a deux ans que** ... es ist zwei Jahre her, daß ...; **il y a quelques années encore** bis vor wenigen Jahren noch; **il y a aujourd'hui huit jours qu'il est mort** heute vor acht Tagen ist er gestorben; **il y aura deux mois demain** morgen werden es zwei Monate; **il y a combien de temps qu'il est à Paris?** wie lange ist er schon in Paris?; ◆ *Qualitätsunterschied* **il y a champagne et champagne** Champagner und Champagner ist zweierlei; ◆ **qu'est-ce qu'il y a?** was ist los?; was gibt es? (F gibt's); was geht hier vor?; was passiert hier?; **il y a que tout le monde proteste** hier protestieren alle; **il y a eu de graves accidents** es kam zu schweren Unfällen; es passierten, es ereigneten sich schwere Unfälle; ◆ *Antwort auf* e-n

Dank **il n'y a pas de quoi** nichts zu danken; (bitte,) gern geschehen; (bitte.) keine Ursache; ◆ **il n'y a pas de mais, de monsieur le directeur,** *etc!* das „aber", den „Herr Direktor" *etc* können Sie sich sparen, schenken!; ◆ **il n'y a que lui pour** (+*inf*) nur er kann (+*inf*); **il n'y a pas que lui** er ist nicht der einzige; er steht nicht allein da; ◆ **il n'y a qu'à** (+*inf*) man braucht nur zu (+*inf*); *si le meuble vous gêne,* **il n'y a qu'à le déplacer** ... brauchen Sie, wir es nur wegzuschieben; ◆ **il n'y en a que pour lui** nur er will im Mittelpunkt stehen, will beachtet, bewundert werden; er läßt niemand neben sich aufkommen; alles dreht sich um ihn; ◆ *plais Kauderwelsch nachahmend:* **y a bon!** das sein gut!; **moi y en a vouloir gagner des sous** ich wollen Geld verdienen

avoir[2] [avwar] *m* **1.** *comm, fin* **a)** Haben(-seite) *n(f);* Guthaben *n;* 'Kredit *n;* ~ **fiscal** Steuerguthaben *n;* ~ **à la caisse d'épargne** Sparguthaben *n;* **portez cette somme à mon** ~ schreiben Sie mir diese Summe gut; **b)** Gutschein *m,* -schrift *f;* **se faire faire un** ~ e-n Gutschein ausstellen, e-e Gutschrift geben lassen; **2.** *st/s* Hab und Gut *n;* Besitz *m;* Vermögen *n*

avoirdupois [avwardypwa] *m Gewichtssystem in angelsächsischen Ländern* Avoirdu'pois *n*

avoisin|ant [avwazinɑ̃] *adj* benachbart; angrenzend; **rue** ~**e** Nachbarstraße *f;* ~**er** *v/t* **1.** benachbart sein, ~ an, angrenzen, anstoßen an (+*acc*); **2.** *fig* grenzen an (+*acc*); nahekommen (+*dat*); sich nähern (+*dat*)

avortement [avɔrtəmɑ̃] *m* **1.** *der Leibesfrucht* ~ (**provoqué**) Abtreibung *f; méd* ~ **spontané** Fehlgeburt *f;* Ab'ort *m;* ~ **thérapeutique** Schwangerschaftsunterbrechung *f,* -abbruch *m;* therapeutischer Abort; **pratiquer un** ~ e-e Abtreibung vornehmen; abtreiben; *méd* e-e Schwangerschaftsunterbrechung vornehmen; **2.** *vét* Verwerfen *n;* Fehlgeburt *f;* Ab'ort *m;* **3.** *fig et s. Plans, Vorhabens* Scheitern *n;* Fehlschlagen *n;* Miß'lingen *n;* Miß'glücken *n;* **4.** *bot* (Ver)Kümmern *n*

avort|er [avɔrte] *v/i* **1.** (die Leibesfrucht) abtreiben; *méd* e-e Fehlgeburt haben, e-n Ab'ort haben; abor'tieren; **se faire** ~ (die Leibesfrucht) abtreiben (lassen); **2.** (die *vét* verwerfen; **3.** *fig Plan, Vorhaben* scheitern; fehlschlagen; miß'lingen; miß'glücken; in die Brüche gehen; **faire** ~ vereiteln; zum Scheitern bringen; scheitern *etc* lassen; **4.** *bot* (ver)kümmern; ~**eur** *m,* ~**euse** *f* Abtreibung vornehmende Per'son; Abtreiber(in) *m(f);* ~**on** *m* **1.** *Pflanze, Tier* Kümmerer *m;* Kümmerling *m;* **2.** *péi Kind, Mann* Kümmerling *m; Schimpfwort* espèce d'~! du Kümmerling, du!

avouable [avwabl(ə)] *adj* dessen man sich nicht zu schämen braucht; den, die, das man ruhig sagen, nennen, eingestehen kann

avoué [avwe] *m jur* (nicht plä'dierender) (Rechts)Anwalt

avouer [avwe] **I** *v/t* **1.** *jur Tat* gestehen; *abs Täter* gestehen; geständig sein; **2.** *Fehler, Versehen etc* (ein)gestehen; zugeben; bekennen; beichten; *Liebe* gestehen; **il faut** ~ **que** ... man muß zugeben, einräumen, anerkennen, daß ...; *adjt* **ennemi avoué** erklärter Feind; **II** *v/pr* **3.** **s'~ coupable** sich schuldig bekennen; **s'~ vaincu** sich geschlagen geben; **4.** **s'~ qc** sich etw eingestehen

avoyer [avwaje] *v/t* ⟨-oi-⟩ *Säge(zähne)* schränken

avril [avril] *m* A'pril *m*; *loc/prov* en ⹀, ne te découvre pas d'un fil; en mai, fais ce qu'il te plaît man ziehe sich noch nicht zu leicht an im April, im Mai kann man machen, was man will

avunculaire [avõkylɛr] *adj jur* des Onkels *bzw* der Tante

axe [aks] *m* **1.** *phys, Geometrie, bot, opt* Achse *f*; Mittellinie *f*; ⹀s cristallographiques kristallographische Achsen; Kri'stallachsen *f/pl*; kristallographisches Achsenkreuz; *mar* ⹀ longitudinal, de roulis Längsachse *f*; *opt* ⹀ optique optische Achse; *mar*: ⹀ transversal, de tangage Querachse *f*; ⹀ vertical Hochachse *f*; *anat* ⹀ visuel Sehachse *f*; Gesichtslinie *f*; ⹀s de coordonnées Achsenkreuz *n*; Koordi'natensystem *n*, -achsen *f/pl*; *aviat* ⹀ de lacets, de roulis, de tangage Hochachse *f bzw* z-Achse *f*, Querachse *f bzw* y-Achse *f*, Längsachse *f bzw* x-Achse *f*; ⹀ de rotation Dreh-, Rotati'onsachse *f*; ⹀ d'une rue, d'une voie Straßen-, Gleismitte *f*, -achse *f*; ⹀ de symétrie Symme-'trieachse *f*; ⹀ de la Terre Erdachse *f*; ⹀ des x x-Achse *f*, ⹀ des y y-Achse *f*; **2.** *tech* Achse *f*; Bolzen *m*; ⹀ de piston Kolbenbolzen *m*; ⹀ d'une roue Radachse *f*; **3.** *fig* Straße, Autobahn Achse *f*; ⹀ nord-sud Nord-Süd-Achse *f*; **4.** *hist* l'⹀ Rome-Berlin die Achse Ber'lin-Rom; puissances *f/pl* de l'⹀ Achsenmächte *f/pl*; **5.** *fig* e-r Politik *etc* Gene-'rallinie *f*; e-r Werbekampagne *auch* Zielrichtung *f*; être dans l'⹀ du parti auf der Par'teilinie liegen; **6.** *mil* ⹀ d'effort Angriffsachse *f*, -linie *f*; ⹀ de marche Marschrichtung *f*, -straße *f*; **7.** *anat* ⹀ cérébro-spinal Zen'tralnervensystem *n*

axer [akse] *v/t* Bauwerk, Programm *etc* ⹀ sur ausrichten auf (+*acc*)

axial [aksjal] *adj* <-aux> axi'al; Axi'al...; Achsen...; längsachsig; in der Achsenrichtung; achsrecht; e-r Straße éclairage ⹀ Mitteloberlicht *n*; *géol* e-r Faltung plan ⹀ Achsenebene *f*

axile [aksil] *adj sc cf* axial; *bot auch* a'xil; *bot* organes *m/pl* ⹀s Organe *n/pl* der Sproßachse; placentation *f* ⹀ axile, zen'tralwinkelständige Plazenta

axillaire [aksilɛr] *adj* **1.** *anat* Achsel...; in der Achselhöhle gelegen; *sc* axil'lar; **2.** *bot* Achsel...; achselständig; *sc* axil'lar; bourgeon *m* ⹀ Achselknospe *f*

axiolog|ie [aksjɔlɔʒi] *f philos* Axiolo'gie *f*; Wertlehre *f*; **⹀ique** *adj* axio'logisch

axiomat|ique [aksjɔmatik] **I** *adj* axio-'matisch; **II** *f* **a)** Axio'matik *f*; **b)** *e-r Wissenschaft* Axi'omensystem *n*; **⹀isation** *f* Axiomati'sierung *f*; **⹀iser** *v/t* axiomati'sieren

axiome [aksjom] *m* **1.** *sc* Axi'om *n*; **2.** *allg* Grundsatz *m*

axiomètre [aksjɔmɛtr(ə)] *m mar* Axio-'meter *m*

axis [aksis] *m* **1.** *anat* zweiter Halswirbel; *sc* Axis *m*; **2.** *zo* Axishirsch *m*

axolotl [aksɔlɔtl] *m zo* Axo'lotl *m od n*

axone [aksɔn] *m anat* Axon *n*; Neu'rit *m*

axonométr|ie [aksɔnɔmetri] *f math* Axonome'trie *f*; **⹀ique** *adj* axono'metrisch

ayant [ɛjɑ̃] **I** *p/pr von* avoir; **II** *m jur* ⹀ cause Rechtsnachfolger *m*; ⹀ droit a) Anspruchs-, Bezugs-, Empfangsberechtigte(r) *m*; b) *cf* ayant cause; ayants droit de l'assuré anspruchsberechtigte Angehörige *m/pl* des Versicherten

aye-aye [ajaj] *m zo* Aye-Aye *m od n*; Fingertier *n*

azalée [azale] *f bot* Aza'lee *f*; A'zalie *f*; Felsenstrauch *m*

azedarach [azedarak] *m bot* Zedrachbaum *m*; Chi'nesischer Ho'lunder; Persischer Flieder

azéotrop|e [azeɔtrɔp] *od* **⹀ique** *adj phys* mélange *m* ⹀ azeo'tropes Gemisch

azerol|e [azrɔl] *f bot* Frucht *f* der Aza'role; **⹀ier** *m bot* Aza'role *f*; Aza'rolmispel *f*, -dorn *m*; Welsche Mispel

azimut [azimyt] *m* **1.** *astr, Funkmeßtechnik* Azi'mut *n od m*; **2.** F *loc/adj* tous ⹀s nach allen Seiten; allseitig; *Unabhängigkeit* to'tal; völlig; *Ansehen* uneingeschränkt; weltweit; *Treue* bedingungslos; *Fortschritt* auf allen Gebieten; *mil Strategie* um'fassend; weltumspannend; glo'bal; défense *f* tous ⹀s Rund'umverteidigung *f*; **⹀al** *adj* <-aux> azimu'tal; compas ⹀ Peilkompaß *m*

azin|es [azin] *f/pl chim* A'zine *pl*; **⹀ique** *adj chim* colorants *m/pl* ⹀s A'zinfarbstoffe *m/pl*

azobenzène [azɔbɛ̃zɛn] *m chim* Azobenzol *n*

azoïque [azɔik] *adj* **1.** *chim* Azo...; colorants *m/pl* ⹀s Azofarbstoffe *m/pl*; composés *m/pl* ⹀s Azoverbindungen *f/pl*, -körper *m/pl*; **2.** *géol* a'zoisch

azoospermie [azɔɔspɛrmi] *f path* Fehlen *n* von Samenfäden in der Samenflüssigkeit; *sc* Azoosper'mie *f*; Asper'mie *f*

azotate [azɔtat] *m chim* sal'petersaures Salz; Ni'trat *n*

azote [azɔt] *m chim* Stickstoff *m*

azoté [azɔte] *adj chim* stickstoffhaltig; Stickstoff...; engrais ⹀s Stickstoffdünger *m/pl*, -düngemittel *n/pl*

azotémie [azɔtemi] *f path* Anreicherung *f* von Schlackenstoffen im Blut; *sc* Azotä'mie *f*

azot|er [azɔte] *v/t chim* azo'tieren; Stickstoff einführen in (+*acc*); **⹀eux** *adj* <*nur m*> *chim* acide ⹀ sal'petrige Säure; anhydride ⹀ Distickstofftrioxid *n*; Sal-'petrigsäureanhydrid *n*; oxyde ⹀ Distickstoffoxid *n*; Lachgas *n*; **⹀hydrique** *adj chim* acide ⹀ Stickstoffwasserstoffsäure *f*; **⹀ique** *adj chim* acide *m* ⹀ Sal'petersäure *f*; anhydride *m* ⹀ Distickstoffpentoxid *n*; Salpetersäureanhydrid *n*; oxyde *m* ⹀ Stickstoffmonoxid *n*; Stickoxid *n*; **⹀ite** *m chim* Ni'trit *n*; **⹀ure** *m chim* A'zid *n*

azoturie [azɔtyri] *f path* vermehrte Ausscheidung von Stickstoff im Harn; *sc* Azotu'rie *f*

aztèque [aztɛk] **I** *adj* az'tekisch; **II** *m/pl* ⹀s Az'teken *m/pl*

azur [azyr] *m* **1.** *st/s* **a)** Himmelsblau *n*; A'zur *m*; ciel m d'⹀ a'zurner, a'zurblauer, -farbener, tiefblauer Himmel; *géogr* Côte *f* d'⹀ Côte d'A'zur *f*; fran'zösische Rivi'era; Capri grotte *f* d'⹀ Blaue Grotte; **b)** tiefblauer Himmel; A'zur *m*; **2.** *peint* (bleu *m* d')⹀ A'zurblau *n*; **3.** *Wappenfarbe* Blau *n*; **⹀é** *adj st/s* a'zurn; a'zurblau, -farben; tiefblau; **⹀een** *adj* <⹀ne> der Côte d'A'zur; der Rivi'era; **⹀ite** *f minér* Azu'rit *m*; Kupferlasur *f*; A'zur *m*; Bergblau *m*; Chessy'lith *m*

azygos [azigos] *adj anat* veine *f* ⹀ *od subst* ⹀ *f sc* Vena a'zygos *f*

azyme [azim] **I** *adj* pain *m* ⹀ ungesäuertes Brot; *der Juden* Matze(n) *f(m)*; **II** *m der Juden* fête *f* des ⹀s Passah-, Mazzothfest *n*

B

B, b [be] *m* **1.** ⟨*inv*⟩ B, b *n*; **2.** F *fig* **b a ba** [beaba] Anfangsgründe *m/pl*; Abc *n*; **enseigner à qn le b a ba (de qc)** j-m die Anfangsgründe, das Abc (+*gén*) beibringen; **en être encore au b a ba** noch in den Anfangsgründen, im Abc stecken
baba[1] [baba] *adj* ⟨*inv*⟩ F **en être, en rester** ⌣ verblüfft, verdutzt, sprachlos, baß erstaunt; F baff, platt sein; **il en est resté** ⌣ F *auch* da blieb ihm die Spucke weg
baba[2] [baba] *m* **1.** *cuis* ⌣ **au rhum** (*Art*) Hefenapfkuchen mit Rosinen, der mit Sirup und Rum über'gossen wird; **2.** F **l'avoir dans le** ⌣ F reinfallen; j-m aufsitzen; sich reinlegen lassen
babeurre [babœr] *m* Buttermilch *f*
babil [babil] *m cf* **babillage** 1. *u* 3.
babill|age [babijaʒ] *m* **1.** *kleiner Kinder* Plappern *n*; Geplapper *n*; *psych* Lallen *n*, Lallstadium *n* (*des Kleinkindes vom 2. bis 10. Monat*); **2.** *junger Mädchen* (fröhliches) Geplauder, Plaudern, F Geplapper, Geschnatter, Plappern, Schnattern; **3.** *der Vögel* Zwitschern *n*; Gezwitscher *n*; ⌣**er** *v/i* **1.** *kleines Kind* plappern; **2.** *junge Mädchen* (fröhlich) plaudern, F plappern, schnattern; **3.** *Vögel* zwitschern
babine [babin] *f* **1.** *zo* Lefze *f*; **2.** *Person nach dem Essen, Trinken* F **s'essuyer, se lécher** ⌣**s** sich (genüßlich) die Lippen, den Mund abwischen, (ab-)lecken; F *fig* **s'en lécher les** ⌣**s** a) mit Genuß essen; b) *im Gedanken an e-n Genuß* sich die Lippen lecken; **il s'en lécha les** ⌣**s** *auch* das machte ihm den Mund wässerig; *nur kulinarisch* da lief ihm das Wasser im Munde zusammen
babiole [babjɔl] *f* F **1.** kleiner, netter Gegenstand; Kleinigkeit *f*; kleine Nettigkeit; **2.** Kleinigkeit *f*; Lap'palie *f*; Baga'telle *f*; Geringfügigkeit *f*; Belanglosigkeit *f*; Lächerlichkeit *f*; Unwichtigkeit *f*
babiroussa [babirusa] *m zo* Babi'russa *m*; Hirscheber *m*
bâbord [babɔr] *m mar* Backbord *n*; **à** ⌣ backbord(s)
bâbordais [babɔrdɛ] *m mar* Ma'trose *m* der Backbordwache
babouche [babuʃ] *f im Orient* Ba'busche *f*; *als Hausschuh* Pan'toffel *m*; F Schlappen *m*
babouin [babwɛ̃] *m zo* Pavian *m*
babouvisme [babuvism(ə)] *m* Babou'vismus *m* (*Lehre des frz Jakobiners und Sozialisten Babeuf*)
baby doll [babidɔl, be-] *m* ⟨*inv*⟩ Baby-doll ['be:-] *n*
baby-foot [babifut] *m* ⟨*inv*⟩ (Heim-, Tisch)Fußballspiel *n*; F Kicker *m*; **jouer au** ⌣, **faire une partie de** ⌣ Kicker spielen; kicken

babylonien [babilɔnjɛ̃] **I** *adj* ⟨⌣**ne**⟩ baby'lonisch; **II** *subst* **1.** ♀(**ne**) *m(f)* Baby'lonier(in) *m(f)*; **2.** *ling* **le** ⌣ das Baby'lonische; Baby'lonisch *n*
baby|-sitter [babisitœr, be-] *m,f* ⟨*pl* **baby-sitters**⟩ Babysitter ['be:-] *m*; ⌣**-sitting** [-sitiŋ] *m* Babysitten ['be:-] *n*, -sittern *n*
bac [bak] *m* **1.** (Fluß-, Strom)Fähre *f*; **2.** Schale *f*; Behälter *m*; Kasten *m*; Wanne *f*; Becken *n*; Bottich *m*; Kübel *m* (*auch für Pflanzen*); Trog *m*; *e-s Akkumulators* Gefäß *n*; *im Büro* Kar'teikasten *m*; *Stabhochsprung* Einstichkasten *m*; *im Kühlschrank* ⌣ **à glace, à glaçons** Eiswürfelbereiter *m*; *am Rasenmäher* ⌣ **à herbes** Grasfangkorb *m*; *e-r Duschkabine* ⌣ (**à laver**) Dusch- *bzw* Brausewanne *f*, -becken *n*; *im Kühlschrank* ⌣ **à légumes** Gemüseschale *f*, -korb *m*; ⌣ **à sable** Sandkasten *m*; ⌣ **de manutention** Lager-, Stapelbehälter *m*; Stapel-, Sichtlagerkasten *m*; **3.** (F *Kurzwort für* **baccalauréat**) F Abi *n*; **passer le** ⌣ das Abi machen
bacantes [bakɑ̃t] F *f/pl* Schnurrbart *m*
baccalauréat [bakalɔrea] *m* **1.** *an Gymnasien* Abi'tur *n*; Reifeprüfung *f*; **2.** *an der Universität* ⌣ **en droit** *etwa* zweite (Zwischen)Prüfung nach zweijährigem Jurastudium
baccara [bakara] *m* Kartenglücksspiel Bakka'rat *n*
baccarat [bakara] *m* Kri'stallglas *n* aus Bacca'rat
bacch|anales [bakanal] *f/pl im alten Rom* Baccha'nalien *n/pl* (*auch Darstellung der bildenden Kunst*); ⌣**ante** *f im alten Rom* Bac'chantin *f*
bacchantes [bakɑ̃t] F *f/pl cf* **bacantes**
bacci|fère [baksifɛr] *adj bot* beerentragend; ⌣**forme** *adj bot* beerenförmig, -ähnlich, -artig
bâchage [baʃaʒ] *m* Ab-, Be-, Ver-, Zudecken *n*, Über'decken *n* mit e-r Plane
bâche [baʃ] *f* **1.** (Wagen)Plane *f*; **2.** *jard* Mistbeet *n*; Frühbeet(kasten) *n(m)*; Glaskasten *m*; **3.** *e-s Dampfkessels* ⌣ **alimentaire, d'alimentation** Speisewasserbehälter *m*
bachel|ier [baʃəlje] *m*, ⌣**ière** *f* **1.** Abitu'ri'ent(in) *m(f)*; **2.** ⌣ **en droit** Jurastu-dent(in), der (die) die zweite (Zwischen-) Prüfung nach zweijährigem Studium bestanden hat
bâcher [baʃe] *v/t* mit e-r Plane ab-, be-, ver-, zudecken, über'decken
bachique [baʃik] *adj* des Bacchus; Bacchus...; bacchisch; bac'chantisch; **chanson** *f* ⌣ Trinklied *n*; *peint* **scène** *f* ⌣ Trinkszene *f*
bachot [baʃo] *m* **1.** F Abi *n*; *péj* boîte *f* à ⌣ F Presse *f*; **2.** kleine (Fluß)Fähre; Fährkahn *m*
bachot|age [baʃotaʒ] *m* F *für e-e Prüfung*

F (stures) Büffeln, Pauken, Ochsen; Büffe'lei *f*; Pauke'rei *f*; Ochse'rei *f*; ⌣**er** *v/i* F *für e-e Prüfung* F büffeln; pauken; ochsen; ⌣**eur** *m*, ⌣**euse** *f* F Schüler(in), Stu'dent(in), der (die) büffelt, paukt, ochst
bacillaire [basilɛr] *adj* bazil'lär; Ba'zillen...; *auch* bakteri'ell; Bak'terien...; **maladie** *f* ⌣ bakterielle Krankheit; Bazillen-, Bakterienkrankheit *f*
bacille [basil] *m* **1.** *biol, méd* Ba'zillus *m*; F Ba'zille *f*; *auch* Bak'terie *f*; ⌣ **du charbon** Milzbrandbazillus *m*; ⌣ **d'Eberth** Typhusbakterie *f*, -bazillus *m*; ⌣ **de Koch** Koch-Bazillus *m*; Tu'berkelbakterie *f*, -bazillus *m*; Tuberku'losebakterie *f*; **2.** *zo* Stabheuschrecke *f*
bacill|iforme [basiliform] *adj* ba'zillen-, stäbchenförmig; ⌣**ose** *f path* **a**) Ba'zillen-, Bak'terienkrankheit *f*; bakteri'elle Krankheit; **b**) (Lungen)Tuberku'lose *f*; ⌣**urie** [-yri] *f path* Ausscheidung *f* von Bak'terien mit dem U'rin; *sc* Bazillu'rie *f*; Bakteriu'rie *f*
bâclage [baklaʒ] *m* **a**) *e-r Arbeit* Hin-, Zu'sammenpfuschen *n*; Hinschludern *n*, F -schlampen *n*; *e-s Aufsatzes etc* F Zu'sammenhauen *n*, -schreiben *n*; *abs* Pfusche'rei *f*; Schlude'rei *f*
bâcler [bakle] *v/t* F *Arbeit, Aufgabe* schnell und schlampig machen; hin-, zu'sammenpfuschen; hinschludern, F -schlampen; *Artikel, Aufsatz* F zu'sammenhauen, -schreiben, -schustern; hinhauen; *abs* pfuschen; schludern; schlud(e)rig, F schlampig arbeiten; *Trauung, Messe, Eröffnungsfeier* lieblos abmachen; *travail* **bâclé** Flickwerk *n*; Pfusch-, Schluderarbeit *f* F schlampige Arbeit; Pfusche'rei *f*; Schlude'rei *f*; **c'est bâclé** das ist gepfuscht, geschludert; das ist schlud(e)rig, F schlampig gemacht
bacon [bekɔn, bakɔ̃] *m* magerer, leicht geräucherter Speck; Frühstücksspeck *m*; Bacon ['be:kɔn] *m*; **œufs** *m/pl* **au** ⌣ Spiegeleier *n/pl* mit Speck
bactéricide [bakterisid] *méd* **I** *adj* bak'terienvernichtend; keimtötend; bakteri'zid; **II** *m* bak'terienvernichtender Stoff; keimtötendes Mittel; Bakteri'zid *n*
bactér|ie [bakteri] *f biol, méd* Bak'terie *f od* Bak'terium *n*; *meist pl* ⌣**s** Bak'terien *pl*; ⌣**ien** *adj* ⟨⌣**ne**⟩ Bak'terien...
bactério|logie [bakteriɔlɔʒi] *f* Bakteriolo'gie *f*; ⌣**logique** *adj* bakterio-'logisch; **guerre** *f* ⌣ bakteriologischer Krieg; Bak'terienkrieg *m*; ⌣**logiste** *m,f* Bakterio'loge, -'login *m,f*; ⌣**lyse** *f méd* Bakterio'lyse *f*; ⌣**lysine** *f* Bakterioly'sin *n*; ⌣**phage** [-faʒ] *m biol* Bakterio'phage *m*; ⌣**statique** *adj méd* die Vermehrung von Bak'terien hemmend; bakterio-'statisch
badaboum [badabum] *int* F bums!

---

badamier [badamje] m bot Ka'tappen-baum m

badaud [bado] m Schaulustige(r) m; Gaffer m; adjt être ~ gern Maulaffen feilhalten, -bieten

badauderie [badodri] f Gaffe'rei f; Gegaffe n

baderne [badɛrn] f F meist vieille ~ verknöcherter Alter, Greis; F alter Knacker

badge [badʒ] m Pla'kette f; Abzeichen n

badiane [badjan] f bot Sternanis m

badigeon [badiʒõ] m 1. bât Tünche f; donner un coup de ~ sur qc etw über'tünchen; 2. phm Tink'tur f (zum Pinseln)

badigeonnage [badiʒɔnaʒ] m 1. bât (Über')Tünchen n; Weißeln n; südd Weißeln n; Anstreichen n; 2. méd (Be-)Pinseln n, (-)Pinselung f

badigeonn|er [badiʒɔne] v/t 1. bât (über')tünchen; weißen; südd weißeln; anstreichen; 2. méd (be)pinseln; 3. oft iron (auch v/pr se) ~ (sich) anmalen, beschmieren, 'vollschmieren (de mit); ~eur m Anstreicher m; Maler m

badin[1] [badɛ̃] adj scherzhaft; spaßhaft; hu'morvoll; launig; hu'morig; être d'humeur ~e zum Scherzen aufgelegt sein; F aufgekratzt sein

badin[2] [badɛ̃] m aviat Fahrtmesser m

badinage [badinaʒ] m a) Scherzen n; Spaßen n; b) Scherz m; Spaß m; launige Reden f/pl

badine [badin] f 1. Gerte f; (Spa'zier-) Stöckchen n; 2. ~s pl kleine (Schmiede-) Zange f

badin|er [badine] v/i scherzen; spaßen; Scherze, Späße machen; ne pas ~ avec, sur la discipline, etc in puncto Disziplin etc, hinsichtlich der Disziplin etc nicht mit sich spaßen lassen, keinen Spaß verstehen; Musset On ne badine pas avec l'amour Spiel nicht mit der Liebe; il ne faut pas ~ avec cela damit ist nicht zu spaßen; ~erie f st/s cf badinage

badminton [badmintɔn] m Federball (-spiel) m(n); als Wettkampfform Badminton ['bɛtmintən] n; jeu m de ~ Federballspiel n (die Geräte)

badois [badwa] I adj badisch; II subst ♀(e) m(f) Gepäck m; II subst ♀(e) m(f) Badenser(in) m(f)

baffe [baf] f F kräftige Backpfeife, Maulschelle; recevoir une ~ F eine geklebt, geknallt, verpaßt kriegen

baffle [bafl(ə)] m a) e-s Lautsprechers Schallwand f; b) Lautsprecherbox f

bafouer [bafwe] v/t verspotten; verhöhnen; lächerlich, zum Gespött machen; mari bafoué Hahnrei m

bafouillage [bafujaʒ] F m a) Stammeln n; Stottern n; b) Gestammel n; Gestotter n; F Gefasel n

bafouille [bafuj] f F Schrieb m; Wisch m

bafouill|er [bafuje] F v/t u v/i 1. stammeln; stottern; ~ quelques excuses ein paar Entschuldigungen stammeln; 2. ⟨nur v/i⟩ F faseln; ~eur m, ~euse f F Faselhans m, -liese f

bâfr|er [bafre] v/i F fressen; sich 'vollfressen, -stopfen; sich den Bauch 'vollschlagen; ~eur m F Freßsack m; Vielfraß m

bagag|e [bagaʒ] m 1. Gepäckstück n; meist pl ~s Gepäck n; ~s accompagnés Reisegepäck n; mettre ses ~s aux ~s accompagnés, faire enregistrer ses ~s sein Gepäck aufgeben; ~s à main Handgepäck n; loc/adv avec armes et ~s mit Sack und Pack; partir avec armes et ~s mit Sack und Pack abreisen, weggehen, -ziehen; mil se rendre avec armes et ~s sich mit allen Waffen und Ausrüstungsgegen-

ständen ergeben; elle avait pour tout ~ un sac sie hatte als einziges Gepäckstück e-e Tasche; ihr ganzes Gepäck bestand aus e-r Tasche; plier ~(s) s-e Sachen, s-e Koffer packen; zum Aufbruch rüsten; F sein Bündel schnüren; 2. fig Rüstzeug n; ~ intellectuel, scientifique geistiges, wissenschaftliches Rüstzeug; ~iste m Kofferträger m; im Hotel Ho'tel-, Hausdiener m

bagarre [bagar] f 1. Schläge'rei f; Prüge-'lei f; Raufe'rei f; F Keile'rei f; 2. F fig harter Kampf; hartes Ringen; F Gerangel n; il va y avoir de la ~ es wird e-n harten Kampf, ein hartes Ringen, ein ziemliches Gerangel geben; es wird heiß, hoch hergehen

bagarr|er [bagare] F I v/i 1. kämpfen; ringen; F rangeln; 2. fig streiten, sich heftig einsetzen (pour für); II v/pr se ~ miteinander raufen; sich raufen, F sich keilen (avec qn mit j-m); ~eur F m 1. Raufbold m; Kampfhahn m; 2. Kämpfer m; avoir un tempérament (de) ~ e-e Kämpfernatur sein; adjt être ~ kämpferisch, draufgängerisch sein

bagasse [bagas] f Preßrückstand bei der Zuckergewinnung aus Zuckerrohr Ba-'gasse f

bagatelle [bagatɛl] f 1. kleiner, netter Gegenstand; Kleinigkeit f; kleine Nettigkeit f; ~s pl auch F Krimskrams m; 2. iron la ~ de mille francs die Kleinigkeit von tausend Franc; 3. Lap'palie f; Baga'telle f; Kleinigkeit f; Geringfügigkeit f; Belanglosigkeit f; Lächerlichkeit f; Unwichtigkeit f; perdre son temps à des ~s e-e Zeit mit nebensächlichen, belanglosen, unwichtigen Dingen vertun; 4. F sein porté sur la ~ cf chose 5.

bagnard [baɲar] m (Bagno)Sträfling m

bagne [baɲ] m bis 1946 Bagno n; condamner à six ans de ~ zu sechs Jahren (Zwangsarbeit im) Bagno verurteilen; fig c'est un ~ das ist die Hölle; fig il mérite le ~ er verdient den Strick; den sollte man aufhängen

bagnole [baɲɔl] F f F Auto n; F Karre f; fahrbarer 'Untersatz; Ve'hikel n; Schlitten m; une belle ~ F ein toller Schlitten; une grosse ~ F ein Straßenkreuzer m

bagou(t) [bagu] m Zungenfertigkeit f; Redegewandtheit f; Redetalent n; Redefluß m; F Mundwerk n; avoir du ~ ein tüchtiges Mundwerk, e-n großen Redefluß haben; zungenfertig sein

baguage [bagaʒ] m 1. der Vögel Beringen n, -ung f; 2. Obstbau Ringeln n, -ung f

bague [bag] f 1. (Finger)Ring m; ~ de fiançailles Verlobungsring m; il lui a passé la ~ au doigt er hat sie geheiratet, zum Traualtar geführt; porter une ~ (au doigt) e-n Ring (am Finger) tragen; 2. allg, tech, zum Beringen der Vögel Ring m; tech auch Stellring m; élect ~ collectrice Schleifring m; ~ de calibre Lehr-, Ka'liberring m; Ringkaliber n; ~ de graissage Schmierring m; 3. e-r Zigarre Bauchbinde f; 4. arch e-r Ring-, Bundsäule Schaftring m; Bund m; Wirtel m

baguenaud|e [bagnod] f 1. bot Frucht f des Blasenstrauchs; 2. F Bummel m; être en ~ auf Bummel machen; ~er v/i um'herschlendern; F bummeln; e-n Bummel machen; aller ~ bummeln gehen; ~ier m bot Blasenstrauch m

baguer [bage] v/t 1. Vögel beringen; adjt doigts bagués beringte Finger m/pl; 2. Zigarre mit e-r Bauchbinde versehen; bagué d'or mit goldener Bauchbinde; 3. Obstbau ringeln; 4. cout (an-, zu-'sammen)heften

baguette [bagɛt] f 1. Stab m; Stock m; Stecken m; Gerte f; Rute f; Schule Zeigestock m; in Asien (EB)Stäbchen n; e-s Geigen-, Cellobogens Holzstab m; ~ divinatoire, de sourcier Wünschelrute f; ~ magique, de fée Zauberstab m; comme d'un coup de ~ (magique) wie mit e-m Zauberschlag; ~ (de chef d'orchestre) Taktstock m; früher ~ de fusil Ladestock m; ~s de tambour Schlegel m/pl; F cheveux m/pl (raides) comme des ~s de tambour ganz glattes (und schwer zu frisierendes) Haar; fig: tout marche à la ~ alle spuren; keiner tanzt aus der Reihe; mener qn à la ~ j-n her'umkommandieren, gängeln, an der Kandare, unter der Fuchtel haben, nach s-r Pfeife tanzen lassen; 2. frz Stangenweißbrot n; Ba'guette f; 3. (Pro'fil-, Zier-) Leiste f; arch Rundstab m; 4. an Strümpfen (seitliche) Ziernaht

baguier [bagje] m 1. Schmuckkästchen n; 2. des Juweliers Ringmaß n

baguouse od **baguouze** [baguz] f arg (Finger)Ring m

bah [ba] int bah!; ach was!; ~! ce n'est pas vrai! Unsinn! das ist nicht wahr!

bahut [bay] m 1. (rusti'kale) Anrichte; (rusti'kales) Bü'fett; 2. F (lycée) F Penne f; 3. F (gros camion) F schwerer, dicker Brummer; Gi'gant m der Landstraße; 4. arch e-r (Mauer)Brüstung Krone f; Bekrönung f; appui (taillé) en ~ Brüstung f mit gewölbter, gerundeter Krone, Bekrönung

bai [bɛ] I adj Pferd (rot)braun; II m Braune(r) m (Pferd)

baie [bɛ] f 1. (Meeres)Bucht f; Bai f; ~ d'Hudson Hudsonbai f; 2. bât a) (Mauer-, Wand)Öffnung f; ~ de fenêtre, de porte Fenster-, Türöffnung f; b) Fenster n; ~ vitrée großes (Glas-) Fenster; 3. für Autos (Park)Bucht f; 4. bot Beere f

baignade [bɛɲad] f 1. Baden n; ~ interdite Baden verboten; à l'heure de la ~ zur Badezeit; 2. am Fluß, See Badestelle f, -platz m

baigner [beɲe] I v/t 1. Kind, Kranken, krankes Glied, Hund baden; Pferd, Elefant in die Schwemme reiten; Pflanze in, unter Wasser setzen; 2. Fluß: Landschaft, Stadt fließen durch; durch-'fließen, -'strömen; Meer: Insel poét um-'spülen; Küste, Felsen poét bespülen; 3. poét Licht ~ qc etw über'strahlen, -'glänzen, -'fluten; sich über etw (acc) ergießen; baigné de soleil sonnen-überflutet, -durchflutet; in Sonne getaucht; 4. fig (be)netzen (de mit); meist p/p: baigné de larmes tränenüberströmt; in Tränen gebadet; baigné de sueur schweißtriefend, -gebadet; in Schweiß gebadet; II v/i 5. bes cuis ~ dans qc in etw (dat) schwimmen, liegen; Fleisch baignant dans son jus im eigenen Saft schwimmend; Verletzter ~ dans son sang in s-m Blut schwimmen; 6. fig Landschaft etc ~ dans la brume, dans les ténèbres in Nebel, in Dunkelheit gehüllt, getaucht sein; III v/pr se ~ (sich) baden; se ~ dans la mer im Meer baden

baign|eur [bɛɲœr] m 1. Badende(r) m; 2. (Zellu'loid)Babypuppe [-be:bi-] f; 3. Porzel'lanpüppchen n (in der „galette des Rois"); ~euse f 1. Badende f; 2. cout Stufe f; ~oire f 1. Badewanne f; ~ encastrée eingelassene Badewanne; 2. thé Par'terreloge f; 3. e-s U-Bootes Brücke f; 4. Alpinismus Stufe f (im Eis); 5. beim Skilaufen plais Badewanne f

bail [baj] m ⟨pl baux [bo]⟩ 1. jur Pacht(vertrag) f(m); Miete f; Mietver-

trag *m*; ~ **commercial** Mietvertrag über gewerbliche Räume; ~ **à cheptel** Viehpacht(vertrag) *f(m)*; ~ **à ferme** Pachtvertrag (über ein Landgut) *m*; ~ **à loyer** Mietvertrag *m*; ~ **d'un fonds de commerce** Geschäftspacht(vertrag) *f(m)*; **cession** *f* à ~ Verpachtung *f*; **preneur** *m* à ~ Pächter *m*; **céder, donner à** ~ verpachten; in Pacht geben; vermieten; **céder son** ~ **à qn** an j-n 'unterverpachten; **passer un** ~ e-n Pacht-, Mietvertrag abschließen; **prendre à** ~ pachten; in Pacht nehmen; mieten; **tenir à** ~ gepachtet, in Pacht haben; gemietet, zur Miete haben; **2.** F *fig* Ewigkeit *f*; **c'est un** ~! das ist ja e-e Ewigkeit!; **il y a un** ~ **que je ne l'ai plus vu** es ist e-e Ewigkeit her, daß ich ihn (nicht mehr) gesehen habe; ich habe ihn schon ewig lange nicht mehr gesehen

baille [baj] *f mar* Balge *f*; Balje *f*

bâillement [bajmɑ̃] *m* Gähnen *n*; ~ **d'ennui** Gähnen der Langeweile

bâiller [baje] *v/i* **1.** gähnen (d'ennui, de sommeil vor Langeweile, vor Müdigkeit); F ~ **à se décrocher la mâchoire** (so richtig) herzhaft gähnen; **2.** *Riß etc* klaffen; *Tür auch* nicht fest schließen, geschlossen sein; *zu weiter Kragen, zu weites Jackett* nicht richtig anliegen; nicht eng anschließen; abstehen

bailler [baje] *litt v/t* **nur la** ~ **belle, bonne à qn** j-m etwas weismachen, j-m e-n Bären aufbinden (wollen)

bailleur [bajœr] *m*, **bailleresse** [bajrɛs] *f* **1.** *jur* Verpächter(in) *m(f)*; Vermieter (-in) *m(f)*; **2.** *fin* **bailleur de fonds** Geld-, Kapi'tal-, Kre'ditgeber *m*; stiller Teilhaber

bailli [baji] *m hist in Frankreich* Bail'li *m* (auch beim Malteserorden); *etwa* Vogt *m*

bailliage [bajaʒ] *m hist* Amt(sbezirk) *n(m)* e-s Bailli

bâillon [bajɔ̃] *m* **1.** Knebel *m*; **mettre un** ~ **à qn** cf **bâillonner**; **2.** *vét* Maulkeil *m*

bâillonn|ement [bajɔnmɑ̃] *m* Knebeln *n*, -ung *f*; *fig auch* Mundtotmachen *n*; ~**er** *v/t* **1.** knebeln; *fig* knebeln; mundtot machen; zum Schweigen bringen; F das Maul stopfen (+*dat*)

bain [bɛ̃] *m* **1.** Bad *n* (*auch chim, tech*); Baden *n*; ~ **complet, entier** 'Vollbad *n*; ~ **hygiénique** Reinigungsbad *n*; ~**s médicaux, médicamenteux** medizinische Bäder; ~ **partiel** Teilbad *n*; ~ **de bouche** Mundspülung *f*; ~ **de boue(s)** Moor-, Schlammbad *n*; *phot* ~ **de développement**, **de fixage** Entwickler-, Fi'xierbad *n*; *chim* ~ **d'eau, d'huile** Wasser-, Ölbad *n*; ~ **de mer, de mousse, de pieds, de sable** Meer-, Schaum-, Fuß-, Sandbad *n*; *métall* ~ **de sels, de trempe** Salz-, Härte- *od* Tauchbad *n*; ~ **de siège, de soleil, de sudation, de vapeur** Sitz-, Sonnen-, Schwitz-, Dampfbad *n*; *früher* **maison** *f* **de** ~**s** Badehaus *n*, -stube *f*; **cabine** *f* **de** ~**s** Bad(ezimmer) *n*; ♦ **faire couler un** ~ ein Bad einlassen; F *fig* **envoyer qn au** ~ F j-n zum Henker, Teufel schicken; **le** ~ **est trop chaud** das (Bade)Wasser ist zu heiß; F *fig* **être dans le** ~ **a)** Bescheid wissen; im Bilde sein; eingeweiht, eingearbeitet sein; **b)** in die Sache verwickelt, mit hin'eingezogen sein; F in der Patsche, Tinte sitzen; F *fig* **mettre qn dans le** ~ **a)** j-n ins Bild setzen, einweihen, -arbeiten, -weisen; **b)** j-n in die Sache mit hin'einziehen, verwickeln; **préférer le** ~ **à la douche** lieber baden als duschen; **prendre un** ~ **(chaud)** ein (heißes) Bad nehmen; (heiß) baden; F *fig* **se remettre dans le** ~ sich wieder einarbeiten, aufs laufende bringen; sich wieder (in den Beruf) einleben; **sortir**

du ~ aus der Wanne, aus dem Bad steigen; **2.** ~**s** *pl* Bad(eanstalt) *n(f)*; ~**s municipaux, publics** städtisches, öffentliches Bad; **aller aux** ~**s de mer** in ein Seebad reisen; **3.** *im Schwimmbad* **grand** ~ Becken(teil) *n* für Schwimmer; **petit** ~ Becken(teil) *n* für Nichtschwimmer; **4.** *fig* (di'rekter, hautnaher) Kon'takt; (di'rekte, hautnahe) Berührung; ~ **culturel** Kontakt, Berührung mit der Kultur (e-s Landes, Volkes); *Staatsmann etc* **prendre un** ~ **de foule** den direkten Kontakt mit den Massen suchen; **5.** *text* **a)** ~ **(colorant)** Farb-, Färbeflotte *f*; **b)** Färbebottich *m*; Kufe *f*

bain-marie [bɛ̃mari] *m* ‹pl **bains-marie**› **a)** Wasserbad *n*; **b)** spezi'elles Gefäß zur Erhitzung im Wasserbad

baïonnette [bajɔnɛt] *f* **1.** *mil* Bajo'nett *n*; *heute* Seitengewehr *n*; **charge** *f* **à la** ~ Bajonettangriff *m*; *früher* **escrime** *f* **à la** ~ Bajonettfechten *n*; Bajonet'tieren *n*; *loc/adv* ~ **au canon, au fusil** mit aufgepflanztem Bajonett, Seitengewehr; **mettre** ~ **au canon** das Bajonett, Seitengewehr aufpflanzen; **2.** *adjt tech* Bajo'nett...; **douille** *f* **(à)** ~ Bajonettfassung *f*; **fixation** *f* ~ Bajonettverschluß *m*

baïram [bairam] *m* türkisches Fest Bai'ram *m*

baisemain [bɛzmɛ̃] *m* Handkuß *m*; **faire le** ~ e-n Handkuß geben; die Hand küssen

baisement [bɛzmɑ̃] *m rel* Küssen *n*; *égl cath* ~ **de la mule du Pape, des pieds** Fußkuß *m*

baiser[1] [beze] *v/t* **1.** küssen (au *od* sur le front, sur la joue auf die Stirn, auf die Wange); ~ **la main de qn** j-m die Hand küssen; **faire** ~ **le crucifix au mourant** den Sterbenden das Kruzifix küssen lassen; **2.** P **se faire** ~ F j-m auf den Leim gehen; sich reinlegen, P bescheißen lassen; P beschissen werden; **3.** P *(coucher avec)* P 'umlegen; bumsen; *obszön* fikken; vögeln

baiser[2] [beze] *m* Kuß *m* (sur le front auf die Stirn; Briefschluß **bons** ~**s** es grüßt und küßt Dich Dein(e); **bons** ~**s de Paris** liebe, herzliche Grüße aus Paris; **mille** ~**s** tausend Grüße, Küsse Dein(e); **petit** ~ Küßchen *n*; flüchtiger, rascher Kuß; **gros** ~ herzhafter, kräftiger, schallender Kuß; ~ **d'adieu, de Judas** Abschieds-, Judaskuß *m*; *égl cath* ~ **de paix** Friedenskuß *m*; **dévorer de** ~**s** wild, leidenschaftlich küssen; **donner, poser un** ~ **sur le front à qn** j-m e-n Kuß auf die Stirn geben, drücken; **envoyer de loin un** ~ **à qn** j-m e-e Kußhand zuwerfen

bais|eur [bɛzœr] *m*, ~**euse** *f* P Bumser(in) *m(f)*; *obszön* Ficker(in) *m(f)*; **être bon baiseur, bonne baiseuse** F gut im Bett sein

baisodrome [bɛzɔdrom] *m* P Bude *f*, Absteige *f* zum Bumsen

baisse [bɛs] *f* **1.** *des Wasserspiegels, der Temperatur* (Ab)Sinken *n* (*auch fig des Niveaus*); Fallen *n*; *des Wasserspiegels auch* Zu'rückgehen *n*; *der Temperatur auch* Rückgang *m*; *der Aktien, Kurse, Preise* Fallen *n*; Nachgeben *n*; *Börse* Baisse *f*; *von Waren* Preisrückgang *m* (**du blé** bei Getreide); *der Preise auch* Sinken *n*; Her'untergehen *n*; Senkung *f*; Her'absetzung *f*; *des Einflusses, der Autorität* Schwinden *n*; ~ **d'autorité** *auch* Autori'tätsschwund *m*, -verlust *m*; *de la marée* Fallen *n* der Flut, des Wassers; *tech* ~ **de pression**, *élect* **de tension** Druck-, Spannungsabfall *m*; ~ **des prix** *auch* Preisrückgang *m*, -abbau *m*, -senkung *f*; ~ **de la production** Pro-

duktionsrückgang *m*, -(ver)minderung *f*, -senkung *f*; ~ **de la qualité** Quali'tätsschwund *m*, -minderung *f*, -verschlechterung *f*; ~ **être en** ~ *Aktien, Kurse* fallen; *Waren* im Preis sinken, zu'rückgehen; billiger werden; F *fig* **ses actions sont en** ~ s-e Aktien fallen; **mes fonds sont en** ~ F ich bin knapp, nicht gut bei Kasse; *Börse* **jouer à la** ~ auf Baisse, auf das Fallen der Kurse spekulieren; **2.** *mar* Ebbe *f*

baisser [bese] **I** *v/t* **1.** *Wagen-, Abteilfenster* her'unter-, F runterlassen, -kurbeln; *Rollo* her'unter-, F runterlassen; *Vorhang im Theater auch* fallen lassen; *Lampe* her'unter-, F runterlassen; *Verdeck* auf-, her'unter-, zu'rückklappen; *Schleier* vor das Gesicht ziehen; *Augen* niederschlagen; senken; zu Boden schlagen; *Lider* senken; *Kopf, Stirn* senken; neigen; P *fig* ~ **la culotte, le pantalon** klein beigeben; F zu Boden gehen; den Schwanz einziehen; *Reiten* ~ **la main à un cheval** e-m Pferd die Zügel locker lassen; *mar, fig* ~ **(le) pavillon** cf **pavillon 3.**; *loc/adv* **tête baissée** cf **tête 1.**; **les yeux baissés** mit niedergeschlagenen, gesenkten Augen; **faire** ~ **les yeux à qn** j-n dazu bringen, die Augen niederzuschlagen; **2.** *fig Preis* senken; her'ab-, her'untersetzen; ~ **(le prix de) la viande** den Fleischpreis senken; **3.** *Stimme* senken; dämpfen; *Radio, Fernseher* leiser stellen; *Heizung* drosseln; niedriger stellen; *Gas(flamme)* drosseln; kleiner drehen; stellen; ~ **la lumière** e-e Birne, Lampe *bzw* ein paar Birnen, Lampen ausschalten, weniger einschalten; *früher* die (Petroleum-) Lampe her'unterschrauben; *thé, cin* das Licht zu'rücknehmen; *auto* ~ **les phares** abblenden; *fig* ~ **le ton** e-n weniger arroganten Ton anschlagen; **4.** *Mauer, Zaun* niedriger machen; ~ **s. mus** *Instrument* tiefer stimmen; **II** *v/i Wasserspiegel, Temperatur* (ab)sinken; fallen; zu'rückgehen; *Wasser, Flut* fallen; *Thermometer* fallen (*auch Barometer*); sinken; *Sonne* sinken; *Wind* abflauen; nachlassen; schwächer werden; *Tageslicht, Einfluß, Ansehen* schwinden; *tech Druck, élect Spannung* abfallen; *Kräfte, Sehkraft* nachlassen; abnehmen; *alter Mensch* abbauen; körperlich und geistig abnehmen; hinfällig werden; *Kranker* schwächer werden; *Künstler, Schriftsteller* in s-n Leistungen nachlassen; *Gesundheit* schlechter werden; *Aktien, Kurse* fallen; nachgeben; *Preise* sinken; fallen; her'untergehen; **il baisse** *alter Mensch auch* s-e Kräfte lassen nach; *Kranker auch* es geht mit ihm berg'ab; ~ **dans l'estime de qn** in j-s Achtung (*dat*) sinken; **le jour baisse** der Tag neigt sich, geht zu Ende; *im Winter* **les jours baissent** die Tage werden kürzer, nehmen ab; **(le prix de) la viande baisse** der Fleischpreis sinkt, fällt; **das Fleisch wird billiger, sinkt im Preis, geht im Preis herunter**; **faire** ~ **les prix** die Preise drücken; **le ton de la conversation baisse** die Unter'haltung wird leiser, gedämpfter; **sa vue baisse** s-e Augen werden schlechter; **III** *v/pr* **se** ~ sich bücken, niederbeugen; *fig* **il n'y a qu'à se** ~ **pour les** *od* **en ramasser** man braucht nur zuzugreifen; man findet sie *bzw* sie haufenweise, in rauhen Mengen

baissier [besje] *m Börse* Baissi'er *m*; Baissespekulant *m*; Fixer *m*; Kontermineur *m*

baissière [besjɛr] *f agr im Acker* mit Regenwasser gefüllte Senke, Mulde

bajoue [baʒu] *f* **1.** *e-r Person* ~**s** *pl*

Hängebacken *f/pl*; **2.** *zo bes vom Schwein, Rind* Backe *f*

bajoyer [baʒwaje] *m* e-r Schleuse Schleusen-, Kammermauer *f*, -wand *f*; e-r Brücke Flügelmauer *f*

bakchich [bakʃiʃ] *m im Orient* Bakschisch *n*

bakél|iser [bakelize] *v/t* bakeli'sieren; mit Bake'lit um'hüllen, tränken; **papier bakélisé** mit Bakelit getränktes Hartpapier; **~ite** *f* Bake'lit *n*

bal [bal] *m* Ball *m*; Tanzvergnügen *n*, -fest *n*, -abend *m*; **grand ~** großer Ball; Bal paré *m*; **~ populaire** billiges, öffentliches Tanzvergnügen; **~ public** öffentliche Tanzveranstaltung; **~ de bienfaisance** Wohltätigkeitsball *m*; *früher* **~ de l'Opéra** Opernball *m*; **salle** *f* **de ~** Ball-, Tanzsaal *m*; **aller au ~** tanzen gehen; auf den Ball, zum Tanzvergnügen, -abend gehen; **donner un ~** e-n Ball geben; **ouvrir le ~** den Ball eröffnen

balade [balad] *f* **1.** Spa'ziergang *m*; F Bummel *m*; *im Auto* Spa'zierfahrt *f*; *par ext* Ausflug *m*; **~ en vélo** (kleine) Radtour; **aller en ~, faire une ~** en Spaziergang, e-e Spazierfahrt, F e-n Bummel machen; *cf auch* **balader III**

balader [balade] F **I** *v/t* spa'zierenführen; **II** *v/i* **envoyer ~** *qn cf* (**envoyer**) **promener** 4.; **III** *v/pr* **se ~. 1. a)** spa'zierengehen; *in der Stadt auch* (her'um)bummeln; **b)** *im Auto* spa'zierenfahren; F ein bißchen rausfahren, in der Gegend rumfahren; **se ~ à bicyclette** e-e (kleine) Radtour machen; mit dem Rad spazierenfahren; ein bißchen radfahren; **2.** *Sachen* (verstreut) her'umliegen

balad|eur [baladœr] *m* **1.** *auto beim Wechselgetriebe* Schubzahn-, *früher* Schiebe-, Schaltrad *n; beim Schubklauengetriebe* Schubmuffe *f*; *adit* **train ~** Schubzahn-, Schiebe-, Schalträder(-gruppe) *n/pl(f)*; Schubmuffen *f/pl*; **2.** *adit* **micro ~** Mikro'phon *n* mit langem Kabel (*das e-n Ortswechsel gestattet*); **~euse** *f* **1.** *élect* Ableucht-, Handlampe *f*; **2.** *der Straßenbahn* Anhänger(wagen) *m*; **3.** *der fliegenden Händlin* Karren *m*; Wagen *m*

baladin [baladɛ̃] *m* Gaukler *m*; Jahrmarktskünstler *m*

balafon [balafɔ̃] *m mus* Ma'rimba *f*

balafr|e [balafr(ə)] *f* bes *im Gesicht* (tiefe, lange) Hiebwunde; Schmarre *f*, Schmiß *m* (*beide auch die Narbe*); **~er** *v/t* e-e Hiebwunde, Schmarre, F e-n Schmiß beibringen (**qn** j-m); *meist p/p* **au visage balafré** mit e-r Schmarre, mit e-m Schmiß, mit Schmarren, Schmissen im Gesicht

balai [balɛ] *m* **1.** (Kehr)Besen *m*; **~ mécanique** Teppichkehrmaschine *f*, -kehrer *m*; **~ O'Cédar** *m*, **~ à franges** Mop *m*; **~ de bouleau** Reis-, Reisig-, Reiser-, Rutenbesen *m*; **~ de crin, de soies** Roßhaar-, Borstenbesen *m*; **~ de paille de riz** Reisstrohbesen *m*; F *fig* **coup** *m* **de ~** F Rausschmiß *m*; **donner un coup de ~** a) flüchtig auskehren (à *od* dans une pièce e-n Raum); mal schnell (zu'sammen)kehren (in e-m Raum); b) F *fig* unliebsame Leute, Elemente rausschmeißen, raussetzen, feuern, schassen; mit eisernem Besen auskehren; **passer le ~ sous les meubles** mit dem Besen unter die Möbel gehen; **2.** *ch der Raubvögel* Schwanz *m*; **3.** *élect* Bürste *f*; **4.** F *fig* letzter Zug *bzw* Bus; F Lumpensammler *m*; **~-brosse** *m* ‹*pl* **balais-brosses**› Scheuerbürste *f*; Schrubber *m*

balais [balɛ] *adj* ‹*nur m*› **rubis ~** Ru'binbalais *m*; Balasrubin *m*

balaise [balɛz] *cf* **balèze**

balalaïka [balalaika] *f mus* Bala'laika *f*

balance [balɑ̃s] *f* **1.** Waage *f*; **~ automatique** Tafelneigungs-, Ladenschnellwaage *f*; **~ romaine** Schnellwaage *f* mit Laufgewicht; Laufgewichtsbalkenwaage *f*; römische Schnellwaage; **~ à bascule** (ungleicharmige) Brückenwaage *f*; **~ à fléau** gleicharmige Hebel-, Balkenwaage; *phys* **~ de Coulomb, de torsion** Cou'lombsche Drehwaage; **~ de précision** Präzisi'onswaage *f*; *Pferderennen* **salle** *f* **des ~** Wiegeplatz *m*; ♦ *fig Wendungen*: e-e Autorität etc **jeter, mettre dans la ~** in die Waagschale werfen; *Für u Wider, Vor- u Nachteile* **mettre en ~** vergleichen; **faire pencher la ~** den Ausschlag geben; das Zünglein an der Waage sein; **faire pencher la ~ en faveur de qn, qc** *auch* für j-n, etw entscheiden; *meist verneint* **ne pas peser lourd dans la ~** kaum ins Gewicht fallen; nicht schwer in die Waagschale fallen; **tenir, maintenir la ~ égale** e-e unparteiische, neutrale Haltung einnehmen, unparteiisch, neutral bleiben; (**entre** zwischen + *dat*) **2.** *fig meist pol* Gleichgewicht *n*; **la ~ des forces** das Gleichgewicht der Kräfte; **3.** *comm* a) Saldo(auszug) *m*; **b)** Bi'lanz *f*; Abschluß *m*; **~ commerciale, du commerce** Handelsbilanz *f*; **~ du commerce extérieur** Außenhandelsbilanz *f*; **~ des comptes** (Handels)Bilanz *f*; **~ des paiements** Zahlungsbilanz *f*; **4.** *astr* **la ♀ die Waage; 5.** e-s Verstärkers für stereophone Wiedergabe Ba'lanceregler *m*; **6.** *zum Krebsfang* (*Art*) Krebskorb *m*

balancé [balɑ̃se] **I** *adj* F *Person* **bien ~** gut gebaut, proportio'niert; **2.** *Stilistik*: *Periode* ausgewogen; **II** *m Ballett* Balan'cé *n*; Schwebeschritt *m*

balancelle [balɑ̃sɛl] *f* **1.** Hollywoodschaukel *f*; **2.** *im Mittelmeer* einmastiges (Fischer)Boot mit La'teinsegel

balancement [balɑ̃smɑ̃] *m* **1.** (Hin- und Her)Schwingen *n*; Schaukeln *n*; Pendeln *n*; Schwanken *n*; *der Hüften* Wiegen *n*; *der Arme* Schlenkern *n*; *gym* Schwingen *n*; **2.** *Stilistik* Ausgewogenheit *f*; Gleich-, Ebenmaß *n*; **3.** *arch der Stufen von Wendeltreppen* Verziehen *n*

balancer [balɑ̃se] ‹-ç-› **I** *v/t* **1.** *Gegenstand* (hin und her) schwingen; schaukeln; wiegen; **~ les bras** *beim Gehen* mit den Armen schlenkern, rudern; *gym* die Arme schwingen; **~ les 'hanches** sich in den Hüften wiegen; *im Sitzen* **~ ses jambes** mit den Beinen baumeln; **die Beine baumeln lassen; 2.** F **a)** *Gegenstand* werfen; schleudern; F schmeißen; feuern; *Fußtritt* versetzen; *Backpfeife* verabreichen; **~ par la fenêtre** zum Fenster hin'auswerfen, -schleudern, F rausschmeißen; **b)** (*unbrauchbaren*) *Gegenstand* fort-, wegwerfen, F -schmeißen; *altes Auto etc* abstoßen; F *Person* ~ rausschmeißen, -werfen; feuern; schassen; abservieren; -vor die Tür setzen; e-n Tritt, den Laufpaß geben (**qn** j-m); **il s'est fait ~ de l'école** F er ist von der Schule geflogen; **4.** *comm Konto* ausgleichen; sal'dieren; **5.** *Sätze, Komposition* har'monisch gestalten; Ausgewogenheit, Harmo'nie verleihen (+ *dat*); aufbauen; **6.** *arch Stufen e-r Wendeltreppe* verziehen; **II** *v/i* **7.** *litt Person* schwanken (**entre** zwischen + *dat*); unentschieden, unentschlossen sein; zögern, zaudern (**à** + *inf* zu + *inf*); **sans ~** ohne zu zögern, zaudern; F **entre les deux mon cœur balance** ich kann mich zwischen den beiden nicht entscheiden; **8.** *litt Gegenstand cf* 9.; **III** *v/pr* **se ~ 9.** *Gegenstand* (hin und her)

schwingen; pendeln; baumeln; *Zweige im Wind, Boot auf den Wellen* schwanken; schaukeln; sich wiegen; *Person auf e-r Schaukel, im Schaukelstuhl* (sich) schaukeln; *auf e-r Wippe* wippen; *in fröhlicher Runde* schunkeln; **se ~ sur sa chaise** kippeln; mit dem Stuhl schaukeln, wackeln; **se ~ sur ses jambes, sur ses pieds** mit wiegender Bewegung von e-m Bein auf das andere, von e-m Fuß auf den andern treten; **10.** *Kräfte, Gewinn u Verlust, Für u Wider* sich ausgleichen; sich gegenseitig aufheben; sich die Waage, das Gleichgewicht halten; **11.** F **je m'en balance** F das ist mir wurscht, schnuppe, piepe, schnurz, piep-, schnurz-, P scheißegal

balancier [balɑ̃sje] *m* **1.** e-r Uhr Schwinger *m*; Schwingsystem *n*; Pendel *n*; Perpen'dikel *n od m*; **~ compensateur** Kompensati'onspendel *n*; **~ à ressort** Unruh *f*; **2.** e-s Seiltänzers Balan'cierstange *f*; **3.** e-s Auslegerbootes Ausleger *m*; **4.** *zo der Zweiflügler* **~s** *pl* Schwingkölbchen *n/pl*; Hal'teren *pl*; **5.** *tech der Balancierdampfmaschinen* Balanci'er *m*; e-r Erdölpumpe Schwengel *m*; Wippe *f*; *im Laufwerk e-r Lokomotive* Ausgleichhebel *m*; **6.** *tech* Presse *f*; **~ à friction** Frikti'onsspindelpresse *f*; **~ à vis** Spindel-, Balanci'erpresse *f*

balancine [balɑ̃sin] *f* **1.** *mar* Dirk *f*; Kranleine *f*; Toppnant *f*; **2.** *aviat am Tragflügel* Stützrad *n*

balançoire [balɑ̃swar] *f* **1.** Schaukel *f*; **2.** Wippe *f*

balane [balan] *f zo* Meereichel *f*; Seepocke *f*

balanite [balanit] *f path* Eicheltzündung *f*; F Eicheltripper *m*; *sc* Bala'nitis *f*

balata [balata] *m* Milchsaft gewisser tropischer Pflanzen Balata *f*

balayage [balɛjaʒ] *m* **1.** (Aus-, Ab-) Kehren *n*, (-)Fegen *n*; **2.** *télév, Elektronik* Abtasten *n*, -ung *f*; **~ entrelacé** Zeilensprungverfahren *n*; **~ (de) ligne** Zeilenabtastung *f*; **générateur** *m* **de ~** Kippgerät *n*; **3.** *bei Verbrennungsmotoren* Spülung *f*; **~ inversé, à ~ renversement de courant** 'Umkehrspülung *f*; **~ à sens unique** Gleichstromspülung *f*

balayer [baleje] *v/t* ‹-ay-*od* -ai-› **1.** *abs, Straße, Hof* kehren; *Raum* auskehren, -fegen; *Wand, Decke, Tisch* abkehren; abfegen; *Schmutz, Laub etc* weg-, zu'sammenkehren, -fegen; **2.** *fig Wind*: *Blätter* vor sich hertreiben, -jagen; *Wind*: *Wolken auch* verjagen; vor sich hertreiben; wegfegen, -jagen, -treiben; *feindliche Armee, Regierung etc* hin'wegfegen; *Sorgen* vertreiben; verjagen; *Widerstand, Vorurteile, Hindernis* hin'wegfegen; *Einwand vom Tisch fegen*; *Plan* zu'nichte machen; vereiteln; *Wind* ~ **la plaine** über die Ebene fegen; **3.** *Scheinwerfer*: *Himmel* abtasten; absuchen; hingleiten; streichen über (+ *acc*); (*Artillerie*)*Feuer*: *Gelände* bestreichen; *Wellen*: *Deich, Brücke etc* über'fluten, -'spülen; *Kleidungsstück* ~ **le sol** auf dem, über den, am Boden schleifen; *télév, Elektronik* abtasten

balay|ette [balɛjɛt] *f* **1.** Handfeger *m*; la pelle et la ~ Schaufel *f* und Besen *m*; **2.** Tischbesen *m*; **3.** Klo'(sett)bürste *f*; **~eur** *m* Straßenkehrer *m*, -feger *m*; **~euse** *f* Straßenreinigung Kehrmaschine *f*; **~ures** *f/pl* **1.** Kehricht *m*; **2.** **~ de la mer** Meeresauswurf *m*

balbutiement [balbysimã] *m* **1.** Stammeln *n*; Stottern *n*; e-s Kleinkindes F Brabbeln *n*; **~s** *pl* Gestammel *n*; Gestotter *n*; F Gebrabbel *n*; **2.** *fig e-r Technik, Wissenschaft, e-s Künstlers pl* **~s** allererste, schüchterne Anfänge *m/pl*, Versu-

che m/pl; **en être à ses premiers** ~s noch in den Kinderschuhen stecken

balbutier [balbysje] v/i **1.** ⟨auch v/t⟩ stammeln; stottern; Kleinkind F brabbeln; ~ **des excuses** Entschuldigungen stammeln; Kind ~ **déjà quelques mots** schon ein paar Wörter sprechen, brabbeln; **2.** fig Wissenschaft, Technik noch in den allerersten Anfängen, in den Kinderschuhen stecken

balbuzard [balbyzar] m zo Fischadler m

balcon [balkõ] m **1.** bât **a)** Bal'kon m; F fig **il y a du monde au** ~ sie hat e-n üppigen Busen, F e-n tollen Balkon, Vorbau; sie hat Holz vor der Tür; **b)** Bal'konbrüstung f, -gitter n, -geländer n; **2.** thé Bal'kon m; Rang m

balconnet [balkɔnɛ] m Büstenhebe f

baldaquin [baldakɛ̃] m Baldachin m (auch arch); égl cath auch Traghimmel m; über e-m Bett auch (Bett)Himmel m; lit m à ~ Himmelbett n

baleine [balɛn] f **1.** zo Wal(fisch) m; **pêche** f **à la** ~ Walfang m; F **rire comme une** ~ cf rire[1] 1.; **2.** Fischbein (-stäbchen) n; für Korsetts auch Kor'settstange f; für Kragen auch Kragenstäbchen n; ~ **d'acier** Stahlstäbchen n, für Korsetts auch -feder f; ~ **de parapluie** Schirmstrebe f; **3.** astr la ♀ der Walfisch

balein|é [balene] adj Korsett mit Fischbein(stäbchen), Stahlfedern verstärkt; ~**eau** m ⟨pl ~x⟩ zo junger Wal(fisch); ~**ier I** adj ⟨-ière⟩ Walfang...; flotte baleinière Walfangflotte f; navire ~ Walfangschiff n; **II** m mar Walfänger m; ~**ière** f mar **1.** früher Walfangboot n; **2.** auf e-m Schiff Beiboot n; Spitzgattjolle f

baleinoptère od **balénoptère** [balɛnɔptɛr] m zo Finnwal m; Rorqual m

balès [balɛs] cf balèze

balèvre [balɛvr(ǝ)] f arch aus-, vorkragender Stein; Kragstein m

balèze [balɛz] **I** adj breitgebaut und kräftig; stämmig; vierschrötig; **II** m stämmiger Kerl; un gros ~ F ein Bär m, Bulle m (von e-m Kerl)

balisage [balizaʒ] m mar Be-, Austonnung f; Bebakung f; durch Lichtsignale, auch aviat Befeuerung f; Leuchtfeuer n/pl; der Wanderwege Mar'kierung f; e-r Straße (Abgrenzung f durch) Leitpfosten m/pl; Leiteinrichtung f; ~ **radio-électrique** (Befeuerung f durch) Funkfeuer n/pl

balise[1] [baliz] f **1.** allg mar See-, aviat Mar'kierungszeichen n; im engeren Sinn (See)Tonne f; Boje f; Bake f; aviat Leuchtfeuer n; Bake f; par ext Funkfeuer n, -bake f; mar, aviat ~ **répondeuse** Abfrage-, Antwortfunkfeuer n; Trans'ponder m; Res'ponder m; **2.** an Straßenrändern Leitpfosten m

balise[2] [baliz] f bot Samenkorn n des Blumenrohrs

balis|er [balize] v/t **1.** mar betonnen; austonnen, -bojen; bebaken; mit Lichtsignalen, auch aviat befeuern; **2.** Straße durch Leitpfosten abgrenzen; Wanderweg balisé mar'kiert; ~**eur** m mar ~ od adjt bateau m ~ Tonnenleger m

balisier [balizje] m bot Blumenrohr n; Canna f

baliste[1] [balist] m zo Drückerfisch m

baliste[2] [balist] f in der Antike Wurfmaschine f, -geschütz n; Bal'liste f

balistique [balistik] **I** adj bal'listisch; engin m ~ ballistischer Flugkörper; ballistische Rakete: galvanomètre m, pendule m ~ ballistisches Galvanometer, Pendel; **II** f Bal'listik f

baliv|age [balivaʒ] m Forstwirtschaft Mar'kierung f der Laß-, Hegereiser; ~**eau** m ⟨pl ~x⟩ **1.** Forstwirtschaft Laßreitel m, -reidel m, -reis n; Hegereis n; **2.** e-s Gerüsts Rüstbaum m, -balken m, -stange f

baliverne [balivɛrn] f meist pl ~s leeres Geschwätz; Albernheiten f/pl; **dire, raconter des** ~s ungereimtes Zeug von sich geben, erzählen; albern da'herreden

balkan|ique [balkanik] adj Balkan...; bal'kanisch; **péninsule** f ~ Balkanhalbinsel f; **pays** m/pl ~s Balkanländer n/pl; ~**isation** f pol Balkani'sierung f; ~**iser** v/t pol balkani'sieren

ballade [balad] f Literatur, mus Bal'lade f

ballant [balɑ̃] **I** adj Beine baumelnd; Arme schlenkernd; her'abhängend; **marcher les bras** ~s im Gehen mit den Armen schlenkern; **II** m **1.** e-s hochbeladenen Fahrzeugs etc Schwanken n; Schaukeln n; ~ schwanken; schaukeln; **2.** mar e-s Taus Lose f; lose hängender, schlaffer Teil; **donner du** ~ lose, locker hängen lassen (à qc etw)

ballast [balast] m **1.** ch de fer Bettung f; Schotter m; **2.** mar **a)** Wasserballast m; **b)** Bal'lasttank m, -zelle f; e-s U-Boots Tauchtank m; ~**age** m **1.** ch de fer Be-, Einschottern n, -ung f; **2.** mar Auffüllen n bzw Entleeren n der Bal'lasttanks, -zellen; ~**er** v/t **1.** ch de fer be-, einschottern; **2.** mar die Bal'lasttanks, -zellen auffüllen bzw entleeren; ~**ière** f Sandgrube f

balle [bal] f **1.** Ball m; Spiel ~ **au chasseur, au poing** Jäger-, Faustball m; ~ **de golf, de hockey, de tennis** Golf-, Hockey-, Tennisball m; ~ **de ping-pong** Tischtennis-, Pingpongball m; Tennis ~ **de set** Punkt, mit dem der Satz gewonnen wird; fig **enfant** m **de la** ~ Ar'tistenkind n; **jeu** m **de** ~ Ballspiel n; **à vous la** ~! Sie werfen, spielen als erste(r)!; **avoir la** ~ als erste(r) den Ball werfen; Tennis **faire des, quelques** ~s ein paar Bälle wechseln; allein zur Übung ein paar Bälle gegen die Ballback-Wand schlagen; **jouer à la** ~ Ball spielen; fig **renvoyer la** ~ **à qn** j-m die Antwort nicht schuldig bleiben; j-m schlagfertig antworten; fig **se renvoyer la** ~ **a)** sich keine Antwort schuldig bleiben; in e-r Diskussion sich die Bälle zuwerfen; **b)** sich gegenseitig die Verantwortung zuschieben; **saisir la** ~ **au bond a)** den Ball im Flug fassen; **b)** fig die Gelegenheit beim Schopf fassen, ergreifen; **2.** für Handfeuerwaffen Kugel f; Geschoß n; ~ **explosive, incendiaire** Spreng-, Brandgeschoß n; ~ **dans la nuque, dans la tête, dans le ventre** Genick-, Kopf-, Bauchschuß m; ~ **de fusil, de revolver** Gewehr-, Re'volverkugel f; F **recevoir douze** ~s **dans la peau** standrechtlich erschossen werden; **tirer à** ~ scharf schießen; **3.** comm Ballen m; ~ **de café, de coton, de marchandises** Kaffee-, Baumwoll-, Warenballen m; **4.** F fig Gesicht n; **avoir une bonne** ~ sympathisch, nett aussehen; **5.** F fig Franc m; **trois mille** ~s dreitausend Franc; **6.** e-s Getreidekorns Spelze f; coll Spreu f

baller [bale] v/i laisser ~ baumeln, hin und her pendeln, schlenkern, her'abhängen lassen; F fig **envoyer** ~ qn cf (envoyer) promener 4.

ballerine [balrin] f **1.** Bal'lettänzerin f; Ballet'teuse f; im engeren Sinn Balle'rina f; Solotänzerin f; **2.** Damenschuh Balle'rinenschuh m

ballet [balɛ] m **1.** Ensemble, Tanz, mus Bal'lett n; mus auch Ballettmusik f; ~ **aquatique** Wasserballett n; Reigenschwimmen n; ~ **pantomime** Ballettpantomime f; hist ♀s **russes** Ballets Russes pl; hist **de Cour** Hofballett n; **compagnie** f **de** ~ Balletttruppe f, -kompanie f, -gruppe f; **corps** m **de** ~ Ballettkorps n, -gruppe f; Corps m de ballet n; **2.** ~s **roses** bzw **bleus** etwa Schäferstündchen n älterer Herren mit blutjungen Mädchen bzw Knaben

balletomane [baletɔman] **I** adj für das Bal'lett begeistert; bal'lettbegeistert; **II** m,f Bal'lettfan [-fɛn] m

ballon [balõ] m **1.** (großer) Ball (auch bei Fuß-, Hand-, Korb-, Volleyball, Rugby); Fußball auch F Leder n; Spiel ~ **prisonnier** (Art) Völkerball m; ~ **de football** Fußball m; **2.** für Kinder Luftballon m; **3.** aviat Bal'lon m; ~ **captif, libre, stratosphérique** Fessel-, Frei-, Strato'sphärenballon m; mil ~ **de barrage, de protection** Sperrballon m; ~ **d'essai** Versuchsballon m (auch fig); fig **lancer un** ~ **d'essai** e-n Versuchsballon steigen lassen; mar ~ **de signaux** Si'gnalball(on) m; **monter en** ~ mit e-m Ballon aufsteigen; **4.** adjt: **cout manche** f ~ Puffärmel m; auto **pneu** ~ Bal'lonreifen m; **verre** ~ Kognakschwenker m; bauchiges Rotweinglas; **5.** P péj von e-r Frau **attraper le** ~ F péj e-n dicken Bauch kriegen (schwanger werden); **6.** chim Bal'lon m; Kolben m; **7.** méd ~ **d'oxygène** Atembeutel m; **8.** géogr Bergname in den Vogesen ♀ **Belchen** m; **9.** als Menge **un** ~ ein Glas n Wein (1/8 l)

ballonn|é [balɔne] adj Leib aufgebläht, -getrieben; **avoir le ventre** ~, **être** ~ auch Blähungen haben; ~**ement** m des Leibes Aufblähung f; Aufgetriebensein n; abs Blähung f; ~**er** v/t Nahrungs-, Futtermittel Blähungen her'vorrufen, zu Blähungen führen (qn bei j-m); abs blähen

ballonnet [balɔnɛ] m kleiner (Luft-) Ballon; im Innern von Pralluftschiffen Ballo'nett m

ballon|-pilote [balõpilɔt] m ⟨pl ballons-pilotes⟩ météo Pi'lotballon m; F Wetterballon m; ~**-sonde** m ⟨pl ballons-sondes⟩ météo Regi'strierballon m

ballot [balo] m **1.** Packen m; Bündel n; kleiner Ballen; **2.** F Dummkopf m; F Esel m; Trottel m; südd Depp m

ballotade [balɔtad] f Hohe Schule Ballo'tade f

ballote [balɔt] f bot Andorn m

ballottage [balɔtaʒ] m negativer Wahlausgang (, wo'bei kein Kandi'dat die nötige Mehrheit erhält) ⟨scrutin de⟩ ~ Stichwahl f; Kandidat **être, se trouver en** ~ nicht die Stimmenmehrheit erhalten haben

ballottement [balɔtmɑ̃] m **1.** e-s Fahrzeugs Rütteln n; Gerüttel n; Hin- und Herschütteln n; e-s Gegenstandes Hinund Herrutschen n, e-r Flasche etc -rollen n; **2.** Geburtshilfe Ballote'ment n

ballotter [balɔte] **I** v/t meist p/p **être ballotté 1.** in e-m Fahrzeug hin und her geworfen, 'durchgeschüttelt, -gerüttelt werden; **2.** fig hin und her gerissen werden (entre des sentiments contraires zwischen widerstreitenden Gefühlen); **II** v/i Gegenstand hin und her rutschen; Flasche hin und her rollen; Busen wackeln

ballottine [balɔtin] f cuis (Art) kleine Galan'tine

ball-trap [baltrap] m ⟨pl ball-traps⟩ Wurftaubenanlage f; Wurfmaschine f für Wurftauben

balluche [balyʃ] m F cf ballot 2.

balluchon [balyʃõ] F m (Kleider)Bündel n; fig **faire son** ~ sein Bündel schnüren; F s-e Siebensachen packen

ballute [balyt] *m Raumfahrt* bal'lon-
artiger Fallschirm
balnéaire [balneɛr] *adj* **station** *f* ~
Seebad *n*
balnéothérapie [balneɔterapi] *f méd*
Heilbehandlung *f* durch Bäder; *sc* Bal-
neothera'pie *f*
bâlois [balwa] **I** *adj* Bas(e)ler; **II** *subst*
♀(e) *m(f)* Bas(e)ler(in) *m(f)*
balourd [balur] **I** *adj im Benehmen*
plump; linkisch; unbeholfen; unge-
wandt; ungeschickt; tölpelhaft; **II** *m* **1.**
Tölpel *m*; plumper, linkischer, unbehol-
fener, ungeschickter Kerl; **2.** *tech* Un-
wucht *f*; **avoir du** ~ nicht (richtig)
ausgewuchtet sein
balourder [balurde] *v/t tech* **a)** die
Unwucht messen (+*gén*); **b)** auswuch-
ten; **machine** *f* à ~ Auswuchtmaschine *f*
balourdise [balurdiz] *f* Tölpelhaftigkeit
f; plumpes, linkisches, unbeholfenes,
ungeschicktes Benehmen; Unbeholfen-
heit *f*; Ungeschicklichkeit *f*
balsa [balza] *m* Balsa(holz) *n*
balsam|ier [balzamje] *m bot* Balsam-
baum *m*; ~**ine** *f bot* Springkraut *n*;
Balsa'mine *f*; ~**ique** *adj* bal'samisch;
phm e-n Balsam enthaltend
balt|e [balt] **I** *adj* baltisch; **États** *m/pl* ~**s**
Baltische Staaten *m/pl*; **pays** *m/pl* ~**s**
Baltikum *n*; **II** *m/pl* ♀**s** Balten *m/pl*;
~**ique I** *adj* baltisch; *géol* **bouclier** *m* ~
Baltischer Schild; Fenno'skandia *f*; **mer**
f ♀ Ostsee *f*; *hist* **provinces** *f/pl* ~**s**
baltische Provinzen *f/pl*; **II** *m ling* **le** ~
die baltischen Sprachen *f/pl*
baluchon *cf* balluchon
balustrade [balystrad] *f arch* Balu-
'strade *f*; Brüstung *f*; *aus Holz auch*
Dockengeländer *n*; *par ext* Geländer *n*;
d'un balcon Bal'konbrüstung *f*, -gelän-
der *n*
balustre [balystr(ə)] *m arch* Ba'luster *m*
(*auch bei Renaissancemöbeln*); *aus Holz*
auch Docke *f*; *par ext* Geländerpfosten
m; *e-s Möbelstücks adjt* **pied** *m* ~ Balu-
sterbein *n*
balzacien [balzasjɛ̃] *adj* ⟨~**ne**⟩ Bal'zac-
...; *in der Art* Bal'zacs; **études** *f* ~**nes**
Balzac-Studien *f/pl*
balz|an [balzɑ̃] *adj* ⟨*nur m*⟩ *von e-m*
schwarzen od rotbraunen Pferd mit weiß-
gefleckten Füßen; ~**ane** *f am Pferdefuß*
weißer Fleck; weißes Abzeichen
bambin [bɑ̃bɛ̃] *m* kleiner Junge; *südd*
Bübchen *n*; F Steppke *m*
bamboch|ade [bɑ̃bɔʃad] *f peint* genre-
hafte, derbkomische Darstellung *m* aus
dem Volksleben; Bambocciade [-'tʃa:də]
f; ~**ard** F *m cf* bambocheur
bamboche [bɑ̃bɔʃ] F *f cf* bamboula
bamboch|er [bɑ̃bɔʃe] F *v/i* ein flottes,
ausschweifendes Leben führen; in Saus
und Braus leben; prassen; ~**eur** F *m*
Lebemann *m*; Bonvi'vant *m*; Prasser *m*;
Nachtschwärmer *m*, -vogel *m*; **être** ~ *cf*
bambocher
bambou [bɑ̃bu] *m* **1.** *bot* Bambou *m*;
(**canne** *f* **de**) ~ Bambusstock *m*; *pol*
rideau *m* **de** ~ Bambusvorhang *m*; **2.** F
fig Person **avoir le coup de** ~ (*vorüber-*
gehend) nicht mehr ganz zurechnungsfä-
hig sein; F e-n Sonnenstich, leichten
Dachschaden haben; F *fig* **c'est le coup**
de ~ *cf* (c'est le coup de) barre 1.
bamboula [bɑ̃bula] F *f* **faire la** ~ e-n
Zechbummel machen; *zu Haus* tüchtig
feiern; F e-e tolle Fete veranstalten
ban [bɑ̃] *m* **1.** öffentliche Verkündigung;
amtliche Bekanntmachung; ~**s** *pl* (**de**
mariage) Aufgebot *n*; **afficher les** ~**s** (**de**
mariage) das Aufgebot aushän-
gen; **publier les** ~**s** (**de mariage**) das
Aufgebot erlassen; ein Brautpaar auf-
bieten; ~ **de moisson, de vendange**

amtliche Bekanntgabe des Ernte-, Wein-
lesebeginns; **2.** *féod* Heerbann *m* der
Va'sallen; **convoquer le** ~ **et**
l'arrière-ban den (gesamten) Heer-
bann aufbieten; *fig* **convoquer le** ~ **et**
l'arrière-ban de ses amis, de ses
parents alle verfügbaren Freunde, s-e
gesamte Sippschaft zusammentrom-
meln; **3.** *jur in Frankreich* **rupture** *f* **de** ~
Verstoß *m* gegen e-e Ausweisungsverfü-
gung, gegen ein Aufenthaltsverbot
(*durch unerlaubte Rückkehr*); *fig* **être en**
rupture de ~ mit allen Konventionen
gebrochen, sich von allen Bindungen
befreit haben; *fig* **être en rupture de** ~
avec sa famille, avec la société mit
s-r Familie, mit der Gesellschaft gebro-
chen haben; sich in Gegensatz zur Ge-
sellschaft gestellt haben; **4.** *hist* ~ **de**
l'Empire Reichsacht *f*; **mettre qn au** ~
de l'Empire j-n in die Reichsacht erklä-
ren, tun; die Reichsacht über j-n aus-
sprechen; *fig* **mettre qn au** ~ **de**
la société j-n aus der Gesellschaft
ausstoßen, gesellschaftlich unmöglich
machen; in Acht und Bann
tun; **5. a)** *mil bei feierlichen Anlässen*
Trommelwirbel *m*; Hornsignal *n*; **b)** *fig*
rhythmisches Klatschen; rhythmischer
Ap'plaus; Beifall; **un triple** ~ **pour**
l'orateur *etwa* ein dreifaches Hoch für
den Redner
banal [banal] *adj* **1.** ⟨-**als**⟩ ba'nal; all-
'täglich; gewöhnlich; *Gedanke auch* ab-
gedroschen; platt; trivi'al; *Unterhaltung,*
Vortrag, Rede auch geistlos; fad(e);
flach; seicht; *Schwierigkeit auch* üblich;
2. ⟨-**aux**⟩ *féod* Gewerbebann mit e-r
Zwangsgerechtigkeit verbunden; mou-
lin ~ Zwangmühle *f*; Mühle, zu deren
Benutzung die 'Umwohner gezwungen
sind
banalisation [banalizasjɔ̃] *f ch de fer*
d'une voie Gleiswechselbetrieb *m*; Aus-
nützung *f* e-s Gleises im Wechselbetrieb
banaliser [banalize] *v/t* **1.** banali'sieren;
ba'nal, all'täglich, gewöhnlich, *Ver-*
gleich, Bild zu e-m Gemeinplatz ma-
chen; ins Ba'nale, All'tägliche, Gewöhn-
liche her'abziehen; **2.** *ch de fer Gleis* in
Wechselbetrieb nehmen; *auf dem Pari-*
ser Großmarkt **quai banalisé** von Gü-
ter- und Lastwagen befahrbare Mehr-
zweckanlage; **3.** *adjt* **voiture banalisée**
als Mehrzweckwagen; *F fig* getarnte Poli'zeiauto
banalité [banalite] *f* **1. a)** Banali'tät *f*;
All'täglichkeit *f*; Gewöhnlichkeit *f*; *e-s*
Gedankens auch Abgedroschenheit *f*; *e-r*
Unterhaltung, Rede auch Seichtheit *f*;
Geistlosigkeit *f*; Fadheit *f*; **b)** Banali'tät
f; ba'nale Bemerkung; ba'naler Gedan-
ke; **débiter des** ~**s** *auch* abgedroschene
Phrasen, Gemeinplätze von sich geben;
2. *féod* Zwang *m* zur Benutzung e-r
bevorrechtigten Anlage; Zwangsgerech-
tigkeit *f*
banane [banan] *f* **1.** *bot Frucht* Ba'nane
f; **2.** *auto* Stoßstangenhorn *n*; **3.** *élect*
adjt **fiche** *f* ~ Ba'nanenstecker *m*; **4.** F *fig*
mil Auszeichnung *f*; Tresse *f*; **5.** F *fig*
Einschulfrisur *f*
banan|eraie [bananrɛ] *f* Ba'nanen-
plantage *f*, -pflanzung *f*; ~**ier** *m* **1.** *bot*
Ba'nane(nstaude) *f*; ~ **textile** Faserba-
nane *f*; **2.** *mar* Ba'nanenfrachter *m*,
-schiff *n*, -dampfer *m*
banc [bɑ̃] *m* **1.** (Sitz)Bank *f*; ~ **des**
accusés Anklagebank *f*; ~ **de bois**,
pierre Holz-, Steinbank *f*; ~ **d'école**,
d'église, de jardin Schul-, Kirchen-,
Gartenbank *f*; *in Parlament* ~ **des**
ministres Mi'nisterbank *f*; *in e-m Ru-*
derboot ~ **de nage** Ruderbank *f*; (Ru-
der)Ducht *f*; **2.** *géol, Geomorphologie*
Bank *f*; *géol auch* Schicht *f*; ~ **d'argile**,

de pierre Ton-, Steinbank *f*, -schicht *f*;
fig ~ **de brume** Nebelbank *f*; ~ **de**
sable, de vase Sand-, Schlickbank *f*; ~**s**
de Terre-Neuve Neufundlandbänke
f/pl; **3.** *Fischerei: von Fischen* Schwarm
m; *von festsitzenden Meerestieren* Bank
f; ~ **de harengs, de poissons** Herings-,
Fischschwarm *m*; ~ **d'éponges**,
d'huîtres, de moules Schwamm-,
Austern-, Muschelbank *f*; **4.** *tech oft*
Bank *f*; *e-r Werkzeugmaschine* Bett *n*;
text ~ **à broches** Flyer *od* Fleier *m*;
Vorspinnmaschine *f*; ~ **à tirer** Ziehbank
f; ~ **d'essai a)** Prüfstand *m*; **b)** *fig*
Prüfstein *m*; *text* ~ **d'étirage** Streck-
werk *n*, -maschine *f*; ~ **de menuisier**
Hobel-, Werkbank *f*; *opt* ~ **d'optique**
optische Bank; *Flachsbearbeitung* ~ **de**
peignage Handhechel *f*; ~ **de tour**
Drehbankbett *n*; ~ **de tréfilerie** Draht-
ziehmaschine *f*; Scheibenbank *f*
banc|able [bɑ̃kabl(ə)] *adj* Handelswech-
sel bank-, redis'kontfähig; ~**aire** *adj*
Bank...; **chèque** *m*, **opération** *f* ~
Bankscheck *m*, -geschäft *n*; **réseau** *m* ~
Bankennetz *n*
bancal [bɑ̃kal] **I** *adj* ⟨-**als**⟩ **1.** *Person*
humpelnd; hinkend; **2.** *Möbel* wack(e)-
lig; **3.** *fig* falsch; unlogisch; anfechtbar;
nicht folgerichtig; *Beweisführung* **être** ~
auch hinken; schief, unhaltbar sein; auf
wackeligen, unsicheren Fundamenten
ruhen; **II** *m hist mil* Krummsäbel *m*
banch|e [bɑ̃ʃ] *f bât* Schalbrett *n*, -wand *f*;
~**er** *v/t bât Beton* in die Schalung gießen,
schütten; *(mit) Pisee(bau)* zwischen
Schalen einstampfen
banco [bɑ̃ko] *m beim Bakkarat* **faire** ~
die Bank halten
bancoulier [bɑ̃kulje] *m bot* Mo'lukken-
Tungölbaum *m*
bandag|e [bɑ̃daʒ] *m* **1.** *chir, Orthopädie*
a) Verband *m*; **faire un** ~ e-n Verband
anlegen, machen; **défaire le** ~ den
Verband abnehmen, lösen; **b)** Ban'dage
f; ~ **herniaire** Bruchband *f*; **2.** *tech*
Ban'dage *f*; Radreifen *m*; *ch de fer*
Spurkranz *m*; **3.** *e-s Autoreifens* Decke *f*;
4. *selten* Verbinden *n*; ~ **des yeux** Zu-
Verbinden *n* der Augen; **5.** *selten e-r*
Feder, e-s Bogens Spannen *n*; ~**iste** *m*
Banda'gist *m*
bande [bɑ̃d] *f* **1.** *von Tieren* Schar *f*; *von*
Wölfen etc Rudel *n*; *von Vögeln*
Schwarm *m* (*auch von Fischen*); Flug *m*;
Zug *m*; *von Personen* Schar *f*; Trupp *m*;
Schwarm *m*; Gruppe *f*; *péj* Rotte *f*; *bes*
von Kindern Rudel *n*; Horde *f*; ~ **de**
organisierte, von Verbrechern Bande *f*; ~
rebelle Aufrührerbande *f*; ~ **de bri-**
gands, de voleurs Räuber-, Diebes-
bande *f*; ~ **de canards** Entenschar *f*;
Zug, Flug Enten; ~ **d'écoliers**,
d'enfants Schüler-, Kinderschar *f*;
Schar, Schwarm, Rudel Schüler, Kin-
der; ~ **d'idiots!** Idi'otenbande!; ~
d'imbéciles! Dummköpfe!; ~ **de lâ-**
ches! feige Bande!; ~ **de loups** Wolfs-
rudel *n*; Rudel Wölfe; *Wölfe* **aller en** ~**s**
in Rudeln leben; sich zu Rudeln zusam-
menschließen; *Personen* **aller en** ~ **au**
cinéma geschlossen ins Kino gehen;
faire ~ **à part** sich absondern; eigene
Wege gehen; **2.** Streifen *m* (*auch rad*):
~ (*auch Muster*); Band *n* (*auch rad*); *cin* Film-
streifen *m*; *Post* Streifband *n*; ~ **dessi-**
née Comic strips *pl*; Comics *pl*; ~
magnétique Ton-, Ma'gnetband *n*; ~
perforée Lochstreifen *m*; *cin* ~ **sonore**
Tonstreifen *m*; ~ **d'étoffe, de cuir, de**
métal, de papier, de papier collant
Stoff-, Leder-, Me'tall-, Pa'pier-, Klebe-
streifen *m*; *zur Verlängerung e-s Klei-*
dungsstücks ~ **de fourrure** Pelzstreifen
m; *rad* ~ (**de fréquences**) (Frequ'enz-)

Band *n*; *rad* la ~ de 41 mètres das 41-m-Band; ~ de terre Landstreifen *m*; Streifen Land; *loc/adj*: *Stoff* à ~ s bleues blaugestreift; *Post journal m sous* ~ Streifbandzeitung *f*; *adv* sur ~ (magnétique) auf (Ton)Band (gespeichert); enregistrer sur ~ (magnétique) auf (Ton)Band aufnehmen; **3.** *chir. méd* Binde *f*; ~ élastique, Velpeau elastische Binde; **4.** *mil für Maschinenwaffen* Ladestreifen *m*; Pa'tronengurt *m*; **5.** *Billard* Bande *f*; jouer par la ~ den Ball an die Bande spielen; **6.** *arch* Band *n*; Leiste *f*; **7.** *mar Schiff* donner de la ~ Schlagseite haben; krängen *od* krengen; 'überliegen; **8.** *opt* ~ d'absorption Absorpti'onsbande *f*; **9.** *Heraldik* Schräg-'rechtsbalken *m*; **10.** *hist mil* Fähnlein *n*

bandé [bãde] *adj* **1.** *Wunde, Glied, Augen* verbunden; *Augen auch* zugebunden; **2.** *Heraldik* mit Schräg'rechtsbalken (versehen)

bande-annonce [bãdanõs] *f* ⟨*pl* bandes-annonces⟩ *cin* Trailer ['tre:-] *m*; (Werbe)Vorspann *m*

bandeau [bãdo] *m* ⟨*pl* ~x⟩ **1.** Stirn-, Haarband *n*; *zum Zubinden der Augen* Augenbinde *f*; *fig u st/s* avoir un ~ sur les yeux mit Blindheit geschlagen sein; **2.** *Damenfrisur* glattes, gescheiteltes, eng am Kopf anliegendes Haar; **3.** *arch* Gurt-, Stockwerks-, Kor'dongesims *n*; **4.** *Werbung* Streifenanzeige *f*

bandelette [bãdlɛt] *f* **1.** kleiner, schmaler Streifen; **2.** *im Altertum* Binde *f*; *der Priester* Stirnbinde *f*; **3.** *arch* flacher Stab; Flachstab *m*

bander [bãde] **I** *v/t* **1.** *Wunde, Glied* verbinden; *Glied auch* banda'gieren; *Augen* zu-, verbinden; **2.** *Feder, Bogen (-sehne)* spannen; **II** *v/i* P *Mann* P e-n Steifen, Ständer haben, kriegen

banderille [bãdrij] *f Stierkampf* Banderilla [-'rilja] *f*

banderillero [bãderijero] *m Stierkampf* Banderillero [-ril'je:ro] *m*

banderole [bãdrɔl] *f* **1.** Spruchband *n*; Transpa'rent *n*; *auf mittelalterlichen Gemälden* Spruchband *n*; Bande'role *f*; Bandrolle *f*; **2.** Wimpel *m*; Fähnchen *n*

bandit [bãdi] *m* Gangster ['gɛŋ-] *m*; Räuber *m*; Ban'dit *m*; *fig* Halsabschneider *m*; Gauner *m*; *von e-m Kind* petit ~ F kleiner Racker, Schlingel; *früher* ~ de grand chemin Straßenräuber *m*; Wegelagerer *m*; Strauchdieb *m*

banditisme [bãditism(ə)] *m* Gangstertum ['gɛŋ-] *n*; Banditunwesen *n*

bandonéon [bãdoneõ] *m mus* Ban'donion *od* Ban'doneon *n*

bandoulière [bãduljɛr] *f* Schulter-, 'Umhängeriemen *m*; *hist* Bande'lier *od* Bando'lier *m*; sac *m* en ~ 'Umhängetasche *f*; le fusil en ~ mit 'umgehängtem Gewehr; porter qc en ~ *etw* 'umgehängt, über die Schulter gehängt tragen

bang [bãg] **I** *m aviat bei Durchbrechung der Schallmauer* Knall *m*; **II** *int bei e-m Schuß* päng!; peng!

banian [banjã] *m bot* arbre *m*, figuier *m* des ~ s Banyanbaum *m*

banjo [bãdʒo] *m mus* Banjo *n*

banjoïste [bãdʒɔist] *m,f mus* Banjospieler(in) *m(f)*

banlieue [bãljø] *f* **1.** *e-r Großstadt* Vororte *m/pl*; Vorortzone *f*, -gürtel *m*; Stadtrandgebiet *n*, -zone *f*; grande ~ Einzugsgebiet *n*; 'Hinterland *n*; proche ~ 'Umland *n*; Nahbereich *m*; train *m* de ~ Nahverkehrs-, Vorortzug *m*; ville *f* de ~ Stadt *f* im Nahbereich, Einzugsgebiet e-r Großstadt; **2.** *hist* Bannmeile *f*

banlieus|ard [bãljøzar] *m*, ~**arde** *f* Vorortbewohner(in) *m(f)*

banneret [banrɛ] *m féod* Bannerherr *m*

banneton [bantõ] *m regional* henkelloser Weidenkorb

banni [bani] **I** *adj* verbannt; des Landes verwiesen; **II** *subst* ~(e) *m(f)* Verbannte(r) *f(m)*; des Landes Verwiesene(r) *f(m)*

bannière [banjɛr] *f* **1.** Banner *n*; *égl* Kirchenfahne *f*; *féod* Banner *n*; Pa'nier *n*; *Heraldik* écu *m* en ~ viereckiges Wappenschild; *fig* se ranger sous la ~ de qn sich j-m, j-s Partei anschließen; es mit j-m halten; unter j-s Banner (*dat*) kämpfen; **2.** F *Mann* en ~ (*nur*) im Hemd

bann|ir [banir] *v/t* **1.** *jur Person* verbannen; des Landes verweisen; **2.** *Gedanken* verbannen (de son cœur aus s-m Herzen); *Wort* verbannen, streichen, tilgen (de son vocabulaire aus s-m Wortschatz); *Thema* ausschließen, -scheiden; ~**issement** *m jur* Verbannung *f*; Landesverweisung *f*

banquable *cf* bancable

banque [bãk] *f* **1.** *fin* Bank(haus) *f(n)*; Geld-, Kre'ditinstitut *n*; Kre'ditanstalt *f*; ~ s *pl* Banken *f/pl*; Bankwesen *n*; ~ s commerciales Kreditinstitute *n/pl*; ~ européenne d'investissement Europäische Investiti'onsbank; ~ hypothécaire Hypo'thekenbank *f*; Re'alkreditinstitut *n*; ~ ♀ internationale pour la reconstruction et le développement Internationale Bank für Wieder'aufbau und Entwicklung; Weltbank *f*; ~ populaire, privée Volks-, Pri'vatbank *f*; ~ d'affaires Ef'fekten-, Finan'zierungs-, Gründungsbank *f*; ~ de crédit à moyen et à long terme Kreditbank *f* (für mittel- und langfristige Kredite); Geschäftsbank *f*; ~ de dépôts Depo'sitenbank *f*; ~ d'émission Notenbank *f*; ~ d'État Staatsbank *f*; ♀ de France Bank von Frankreich; ♀ des règlements internationaux Bank für Internationalen Zahlungsausgleich (*abr* BIZ); **2.** *bei Glücks-, Kartenspielen* Bank *f*; tenir, faire sauter la ~ die Bank halten, sprengen; **3.** *par ext* Bank *f*; ~ de données Datenbank *f*; *méd* ~ d'os, de sang, d'yeux Knochen-, Blut-, Augenbank *f*

banquer [bãke] *v/i* F blechen; berappen

banquerout|e [bãkrut] *f* Bank'rott *m*; *jur* ~ frauduleuse, simple betrügerischer, einfacher Bankrott; ~ d'État, publique Staatsbankrott *m*; faire ~ Bankrott machen; ~**ier** *m* Bankrot'teur *m*

banquet [bãkɛ] *m offiziell* Ban'kett *n*; *im Familien-, Freundeskreis* Festessen *n*, -mahl *n*; donner un ~ en l'honneur de X zu Ehren von X ein Bankett, Essen geben

banqueter [bãkte] *v/i* ⟨-tt-⟩ tafeln; schlemmen; schmausen

banquette [bãkɛt] *f* **1.** (Sitz)Bank *f*; *arch* Fensterbank *f*; *ch de fer, auto* Bank *f*; ~ de piano Kla'vierbank *f*; ~ en bois Holzbank *f*; *thé* jouer devant les ~ s vor (fast) leerem Haus spielen; **2.** *mil* ~ de tir Schützenauftritt *m*; Ban'kett(e) *n(f)*; **3.** *e-r Böschung* Berme *f*; Absatz *m*; Ban'kett(e) *n(f)*; **4.** *neben e-m Kanal* schmaler Gehweg; ~ de halage Treidelweg *m*; *ch de fer* ~ (de la voie) Ban'kett(e) *n(f)*; *am Straßenrand* ~ de sûreté erhöhtes Bankett; erhöhte Bankette; **5.** *Hindernisrennen* ~ irlandaise Rasenböschung *f*

banquier [bãkje] *m* **1.** Banki'er *m*; *fig* être le ~ de qn j-s Bankier sein; **2.** *Glücks-, Kartenspiel* Bankhalter *m*

banquise [bãkiz] *f* Packeis *n*

bantou [bãtu] **I** *adj* Bantu...; der Bantu(s); langues ~ es Bantusprachen *f/pl*; **II** *m/pl* ♀s Bantu(s) *m/pl*; Bantune-

ger *m/pl*

baobab [baɔbab] *m bot* Affenbrotbaum *m*; *sc* Baobab *m*

baptême [batɛm] *m rel u fig* Taufe *f* (*auch das Fest*); ~ de l'air Lufttaufe *f*; erster Flug; ~ d'une cloche, d'un navire Glocken-, Schiffstaufe *f*; ~ du feu Feuertaufe *f*; ~ de la ligne Linien-, Äqu'atortaufe *f*; ~ du sang Bluttaufe *f* (*Martyrium*); ~ du tropique Taufe beim Über'schreiten des Wendekreises; nom *m* de ~ Tauf-, Vorname *m*; recevoir le ~ die Taufe empfangen

baptiser [batize] *v/t* **1.** *Kind, Glocke, Schiff* taufen; *fig Person, Gegenstand* taufen; den (Spitz-, Spott)Namen ... geben (qn, qc j-m, etw); nennen; *Straße, Platz* ~ du nom de X nach X benennen; *Kind* ~ Joseph (auf den Namen) Joseph taufen; *auch* ~ les passagers den Passagieren die Äqu'atortaufe geben; **2.** F *fig Wein* mit Wasser verdünnen; F taufen; **3.** F *fig* ~ le lit die Bettdecke nur schnell 'überschlagen; das Bett nur flüchtig machen

baptismal [batismal] *adj* ⟨-aux⟩ *égl* Tauf...; eau ~ e Taufwasser *n*; fonts baptismaux *cf* fonts

baptisme [batism(ə)] *m rel* Bap'tismus *m*

baptistaire [batistɛr] *adj égl* Tauf...; extrait *m* ~ Taufschein *m*; registre *m* ~ Taufregister *n*, -buch *n*

baptiste [batist] *rel* **I** *adj* bap'tistisch; **II** *m,f* Bap'tist(in) *m(f)*

baptistère [batistɛr] *m égl* Taufkapelle *f*; Bapti'sterium *n*; *alleinstehend auch* Taufhaus *n*, -kirche *f*

baquet [bakɛ] *m* (Holz)Kübel *m*, (-)Bottich *m*, (-)Zuber *m*

bar [bar] *m* **1. a)** Stehkneipe *f*; *in e-m Hotel, auf e-m Schiff etc* Bar *f*; **b)** Bar *f*; Theke *f*; Schanktisch *m*; au ~ an der Bar, Theke; **c)** *Möbel* Hausbar *f*; Bar-(Theke) *f*; **2.** *zo* See-, Wolfsbarsch *m*; **3.** *météo* Bar *n*

baragouin [baragwɛ̃] F *m* Kauderwelsch *n* (*auch péj von e-r Fremdsprache, die man nicht versteht*)

baragouin|age [baragwinaʒ] F *m* Kauderwelschen *n*; *e-r Sprache* Radebrechen *n*; ~**er** F *v/t Sprache* radebrechen; **II** *v/i* **1.** kauderwelschen; Kauderwelsch reden; radebrechen; **2.** *péj Ausländer* in e-r (*für einen selbst*) unverständlichen Sprache reden

baraka [baraka] *f* avoir la ~ Glück, F Schwein, Dusel haben; il a eu la ~ *auch* er kann, muß s-m Schöpfer danken (, daß alles so abgelaufen ist)

baraque [barak] *f* **1.** (Holz)Ba'racke *f*, (-)Bude *f*, (-)Hütte *f*; ~ foraine, de forains Jahrmarktsbude *f*, -stand *m*; Schaubude *f*; ~ en tôle ondulée Wellblechbaracke *f*; Nissenhütte *f*; **2.** F *péj von e-m alten, schlechtgebauten Haus* F (Bruch)Bude *f*; *von e-m Betrieb, in dem man sich nicht wohlfühlt* F (Saft)Laden *m*; **3.** F *fig* casser la ~ **a)** die bestehende Ordnung 'umstürzen (wollen); **b)** (e-n) 'durchschlagenden Erfolg haben

baraqué [barake] *adj F meist von e-m Mann* (bien) ~ groß und kräftig, stark; ath'letisch

baraquement [barakmã] *m* Ba'rackenlager *n*; Ba'racken *f/pl*

baraterie [baratri] *f mar* Baratte'rie *f*

baratin [baratɛ̃] F *m* schöne Worte *n/pl*; F Schmus *m*; c'est du ~ das ist doch alles Humbug, Schwindel, F schöner Schmus, fauler Zauber; *auch* das sind faule Ausreden; faire du ~ à qn j-n zu beschwatzen, einzuseifen, F einzuwickeln versuchen; F j-m Schmus vormachen

baratin|er [baratine] **I** *v/t* ~ qn *cf* (faire

du) baratin (à qn); **II** v/i schöne Worte, F viel Schmus machen; **⤳eur** F m, **⤳euse** F f Schwätzer(in) m(f); F Schmusmacher(in) m(f); adjt être ⤳ cf baratiner II

barattage [barataʒ] m Buttern n; Margarineherstellung Kirnen n

baratt|e [barat] f früher Butterfaß n, -maschine f, heute -fertiger m; Margarineherstellung Kirne f; **⤳er** v/t Sahne verbuttern; abs buttern

barbacane [barbakan] f **1.** fortif Barba'kane f; **2.** bât im Mauerwerk Wasserabflußloch n; Entwässerungs-, Sickerschlitz m

barbadien [barbadjɛ̃] **I** adj ⟨⤳ne⟩ bar'badisch; **II** subst ♀(ne) m(f) Bar'badier(in) m(f)

barbant [barbɑ̃] F adj geisttötend; F zum Sterben langweilig; mords-, kotz-, stinklangweilig; mopsig; ce qu'il est ⤳ avec ses histoires! F er geht einem auf die Nerven, er fällt einem auf den Wecker mit s-n Geschichten!

barbaque [barbak] F f Fleisch n

barbare [barbar] **I** adj **1.** Person, Verbrechen, Verhalten bar'barisch; grausam; roh; unmenschlich; **2.** Musik, Stil, Ausdruck, Manieren bar'barisch; unfein; F unmöglich; Person, Volk bar'barisch; ba'nausisch; gr forme f ⤳ cf barbarisme; **3.** in der Antike bar'barisch; der Bar'baren; **II** subst **1.** m,f Bar'bar(in) m(f); Rohling m; Unmensch m; **2.** m,f (Kul'tur)Bar'bar(in) m(f), (-)Ba'nause m; unkultivierter Mensch; **3.** in der Antike ⤳s m/pl Bar'baren m/pl

barbaresque [barbarɛsk] adj (u subst ♀ Bewohner) der Berbe'rei, des Maghreb; États m/pl ⤳s Barba'reskenstaaten m/pl

barbar|ie [barbari] f **1.** Barba'rei f; Grausamkeit f; Roheit f; Unmenschlichkeit f; acte m de ⤳ Akt m der Grausamkeit; barbarische, grausame, unmenschliche Tat; **2.** Barba'rei f; Kul'turlosigkeit f; Unzivilisiertheit f; Ba'nausentum n; **3.** in der Antike Bar'baren(völker) m/pl (n/pl); **⤳isme** m gr Barba'rismus m

barbe¹ [barb] f **1.** Bart m; Barthaar n, -tracht f; beim Friseur la ⤳, s'il vous plaît! Ra'sieren bitte!; fig une vieille ⤳ ein rückständiger, antiquierter alter Mann, F Knacker; ⤳ de cinq jours fünf Tage alter Bart; avoir une ⤳ de cinq jours sich fünf Tage nicht rasiert haben; ⤳ en pointe Spitzbart m; femme f à ⤳ Frau f mit Bart; bärtige Frau; savon m à ⤳ Ra'sierseife f; loc/prép à la ⤳ de qn a) vor j-s Augen, F Nase; b) j-m zum Trotz; avoir une ⤳ e-n Bart haben, tragen; les hommes ont de la ⤳ Männern wächst ein Bart; avoir la ⤳ dure hartes Barthaar haben; fig avoir de la ⤳ au menton ein (ausgewachsener) Mann sein; se faire faire la ⤳ sich ra'sieren, sich den Bart scheren lassen; se laisser pousser la ⤳ sich e-n Bart wachsen lassen; fig rire dans sa ⤳ heimlich, versteckt lachen; sich (eins) ins Fäustchen lachen; **2.** F la ⤳, quelle ⤳! F das ist schrecklich langweilig, mordslangweilig!; b) jetzt langt's, reicht's mir aber!; F das hängt mir zum Hals (he)raus!; P das kotzt mich an!; **3.** ⤳ à papa Zuckerwatte f; **4.** zo Bart m; ⤳ de chèvre Ziegenbart m; **5.** e-r Vogelfeder Ast m; ⤳s pl Fahne f; **6.** bot Granne f; **7.** am Riegel e-s Schlosses Angriff m; **8.** früher an Frauenhauben ⤳s pl breite (Spitzen)Rüsche f

barbe² [barb] m ⤳ od adjt cheval m ⤳ Berber m

barbeau [barbo] m ⟨pl ⤳x⟩ **1.** zo Barbe f; ⤳ commun Flußbarbe f; **2.** bot Korn-

blume f

Barbe-Bleue [barbəblø] m Märchenfigur Blaubart m

barbecue [barbəkju, -ky] m Holzkohlengrill m; Grillrost m

barbe|-de-bouc [barbdəbuk] f ⟨pl barbes-de-bouc⟩ bot Bocksbart m; ⤳-capucin f ⟨pl barbes-de-capucin⟩ bot **a)** Gemeine Wegwarte; **b)** Schlitz-, Krähenfußwegerich m; F Kapu'zinerbart m

barbelé [barbəle] adj **1.** fil m de fer ⤳ od subst ⤳ m Stacheldraht m; mil (réseau m de) ⤳s m/pl Stacheldrahtverhau m; derrière les ⤳s hinter Stacheldraht; **2.** Pfeil mit 'Widerhaken versehen

barber [barbe] **I** v/t ermüden; langweilen; F anöden; il me barbe avec ses questions auch F er geht mir auf die Nerven, er fällt mir auf den Wecker mit s-n Fragen; **II** v/pr se ⤳ sich (p/fort zu Tode) langweilen; F sich mopsen

barbet [barbɛ] m zo ⟨Art⟩ Grif'fon m ⟨ein Vorstehhund für die Entenjagd⟩; fig Person crotté comme un ⤳ von oben bis unten mit Dreck bespritzt; völlig verdreckt

barbette [barbɛt] f fortif Geschützbank f; Bar'bette f

barbich|e [barbiʃ] f kurzer, spitzer Kinnbart; ⤳ette F f spitzes Kinnbärtchen

barbier [barbje] m früher Bar'bier m; Bader m; Bartscherer m; Beaumarchais, Rossini Le ♀ de Séville Der Barbier von Sevilla

barbille [barbij] f am Rand e-r Münzplatte feiner Grat; Bart m

barbillon [barbijɔ̃] m **1.** bei gewissen Fischen Bartfaden m; ⤳s pl auch Barteln pl; **2.** der Hühner Kehllappen m; **3.** zo kleine Barbe; **4.** 'Widerhaken m

barbital [barbital] m phm Barbi'tal n (Wz)

barbiturique [barbityrik] chim **I** adj acide m ⤳ Barbi'tursäure f; Malo'nylharnstoff m; **II** m Barbitu'rat n

barbon [barbɔ̃] m péj un (vieux) ⤳ F ein alter Knabe, péj Knacker

barbotage [barbotaʒ] m **1.** im Wasser Planschen n; Plätschern n; **2.** chim Gasreinigung Hin'durchströmen n (dans un liquide laveur durch e-e Waschflüssigkeit); **3.** tech graissage m par ⤳ Tauchschmierung f; **4.** agr Kleietrank m

barbote cf barbotte

barbot|er [barbote] **I** F v/t F klauen; sti'bitzen; mausen; **II** v/i **1.** im Wasser planschen; plätschern; im Schlamm waten; **2.** chim Gas ⤳ dans le liquide laveur durch die Waschflüssigkeit hin-'durchströmen; **⤳eur** m chim zur Gasreinigung Wäscher m; im Labor auch Waschflasche f; für Stadtgas Turmwäscher m; **⤳euse** f Spielhöschen n, -anzug m

barbotin [barbotɛ̃] m **1.** e-s Gleiskettenfahrzeugs (Antriebs)Kettenrad n; **2.** mar Kettennuß f, -rad n

barbotine [barbotin] f Keramik Schlikker m

barbotte [barbot] f zo **a)** Schmerle f; Bartgrundel f; **b)** cf lotte

barbouillage [barbujaʒ] m (grobes) Anpinseln, Anmalen, Anstreichen; péj Klecks'erei f (auch Ergebnis)

barbouill|er [barbuje] **I** v/t **1.** beschmieren; 'vollschmieren (de mit); **2.** mit Farbe (grob) anpinseln, anmalen, anstreichen, Schrift, schlechte Stelle über-'pinseln, -'streichen, -'malen (de noir schwarz); péj Leinwand 'vollklecksen, -schmieren; **3.** Papier bekritzeln; 'vollkritzeln, -schmieren; ein paar Worte (hin)kritzeln; **4.** F fig Speise ⤳ l'estomac

Übelkeit (im Magen) her'vorrufen; avoir l'estomac barbouillé e-n verdorbenen Magen haben; **II** v/pr Wetter se ⤳ sich eintrüben; **⤳eur** m F Feld-Wald-und-Wiesenmaler m; péj Kleckser m

barbouze [barbuz] f **1.** F (barbe) Bart m; **2.** ⟨auch m⟩ Geheimpolizist m

barbu [barby] **I** adj **1.** Person, Wange bärtig; **2.** bot mit Grannen, zo mit Barteln, Bartfäden versehen; **II** m **1.** bärtiger Mann; Bartträger m; **2.** zo Bartvogel m

barbue [barby] f zo Glatt-, Tarbutt m; Kleiß m

barbule [barbyl] f e-r Vogelfeder Nebenast m; Strahl m

barcarolle [barkarɔl] f mus Barka'role f

barcasse [barkas] f mar Bar'kasse f

bard [bar] m Traggestell n; Trage f

barda [barda] m **1.** F e-r Person Sachen f/pl; F Kram m; Krempel m; **2.** arg mil e-s Soldaten (Marsch)Gepäck n

bardage [bardaʒ] m **1.** Versetzen n, Verschieben n und Trans'port m schwerer Lasten; **2.** Tiefbau (Bretter)Verschalung f, (-)Verkleidung f

bardane [bardan] f bot Klette f

barde¹ [bard] m keltischer Dichter, Sänger Barde m

barde² [bard] f **1.** cuis ⤳ (de lard) Speckscheibe f; **2.** früher Roßharnisch m

bardeau [bardo] m ⟨pl ⤳x⟩ **1.** bât (Dach-, Wand)Schindel f; **2.** bât Fugenboden m (als Unterlage für Fliesen); **3.** cf bardot 1.

barder [barde] **I** v/t **1.** früher Pferd panzern; e-n bzw den Harnisch anlegen (+dat); meist p/p bardé (de fer) (eisen-)gepanzert; geharnischt; im Harnisch, Panzerkleid; **2.** Tür, Truhe bardé de ferrures mit Eisenbändern beschlagen; fig bardé de décorations mit Orden behangen; **3.** cuis mit Speck(scheiben) um'wickeln; **II** v/imp F ça va ⤳ dann wird es was geben, absetzen; F dann kracht es, knallt es; auch es ist dicke Luft

bardot [bardo] m **1.** zo Maulesel m; **2.** impr Makula'tur f

barème [barɛm] m Ta'belle f; für Dienstleistungen Ta'riftabelle f, -sätze m/pl; Ta'rife m/pl; auch für Waren Preistafel f, -tabelle f; ⤳ des assurances (Tabelle mit den) Versicherungssätze(n) m/pl; Versicherungstabelle f; ⤳ des intérêts Zinstabelle f; ⤳ des prix de légumes Tafel f mit den Gemüsepreisen; ⤳ des salaires Lohntabelle f, -skala f, -staffel f, -sätze m/pl

barge [barʒ] f **1.** zo ⤳ rousse Pfuhlschnepfe f; ⤳ à queue noire Uferschnepfe f; sc Li'mosa f; **2.** mar Schute f; Prahm m; plattbodiges Flußboot; ⤳ de poussage Schubleichter m; **3.** agr rechteckiger Heuhaufen

barigoule [barigul] f cuis artichauts m/pl à la ⤳ mit Pilzen far'cierte und mit Speck um'wickelte, in Weißwein gedünstete Arti'schocken f/pl

baril [baril] m Faß n; ⤳ de goudron, de vin Teer-, Weinfaß n; ⤳ de poudre Pulverfaß n (auch fig)

barillet [barije, -rilɛ] m **1.** Fäßchen n; **2.** e-s Revolvers Trommel f; **3.** beim Zylinderschloß Zy'linder m; **4.** e-r Uhr Federhaus n

bariol|age [barjolaʒ] m buntes Farbengemisch; Buntheit f; bunte Farben f/pl; Buntscheckigkeit f; **⤳é** adj bunt (-scheckig); Menge auch farbenprächtig; Stoff bunt; **⤳er** v/t bunt bemalen; **⤳ure** f cf bariolage

barlong [barlɔ̃] adj ⟨-longue [-lɔ̃g]⟩ arch tra'pezförmig; mit ungleich langen Seiten; ein unregelmäßiges Viereck dar-

stellend
barlotière [barlɔtjɛr] *f e-s Kirchenfensters* eiserne Sprosse
barmaid [barmɛd] *f* Bardame *f*, F -frau *f*
barman [barman] *m ⟨pl ~s od -men* [-mɛn]⟩ Barmixer *m*, -keeper [-kiːpər] *m*
barn [barn] *m phys atom* Barn *n* (*Zeichen* barn *od* b.)
barnache [barnaʃ] *f cf* bernache
barographe [barɔgraf] *m météo* Baro-'graph *m*; Luftdruckschreiber *m*
baro|mètre [barɔmɛtr(ə)] *m météo* Baro-'meter *m* (*auch fig*); *früher* Wetterglas *n*; ~ anéroïde, métallique Anero'id-, Me'tall-, Dosenbarometer *n*; ~ à cuvette, à mercure, à siphon Gefäß-, Quecksilber-, Heberbarometer *n*; le ~ est au beau (fixe), à la pluie, au variable das Barometer steht auf Schön (*auch fig*), auf Regen, auf Veränderlich; *fig* la Bourse est le ~ de l'économie mondiale die Börse ist das Barometer für die Weltwirtschaft; **~métrique** *adj* Baro'meter...; Luftdruck...; baro-'metrisch; '**hauteur** *f* ~ Barometerstand *m*; **variations** *f/pl* ~**s** Luftdruckschwankungen *f/pl*
baron[1] [barɔ̃] *m* Ba'ron *m* (*auch fig*); *in Deutschland auch* Freiherr *m*; *pol des Gaullismus* Kronvasall *m*; *fig* ~ de la finance Fi'nanzbaron *m*
baron[2] [barɔ̃] *m cuis* ~ d'agneau Lammrücken *m* mit beiden Keulen als Ganzes zubereitet
baronet [barɔnɛ] *m in England* Baronet [ˈbɛrənət] *m*
baronnage [barɔnaʒ] *m* **a)** Baro'nat *n*; Baro'nie *f*; Freiherrenwürde *f*; **b)** *coll* Ba'rone *m/pl*; Freiherren *m/pl*
baronn|e [barɔn] *f* Bar'onin *f*; *in Deutschland auch* Freifrau *f*; Freiin *f*; **~et** *m cf* baronet; **~ie** *f hist* Baro'nat *n*; Baro'nie *f*; Besitz *m e-s* Ba'rons, Freiherren
baroqu|e [barɔk] **I** *adj* **1.** ba'rock; seltsam; eigenartig; wunderlich; verschroben; verstiegen; **2.** *arch*, (*bildende*) *Kunst* Ba'rock...; ba'rock; *art* ~, *église* ~, *littérature* ~, *style* ~ Barockkunst *f*, -kirche *f*, -literatur *f*, -stil *m*; **II** *m Kunst* Ba'rock *m od* Ba'rockstil *m*; **~isme** *m* Baroc'kale(s) *n*; *im überzeitlichen Sinn* Ba'rock *n od m*
baroscope [barɔskɔp] *m phys zur Darstellung des Archimedischen Prinzips für Gase* Waage *f* mit verschieden großen Kugeln
baroud [barud] *m arg mil* Kampf *m*; Gefecht *n*; *fig* ~ d'honneur Scheingefecht *n*; symbolischer Kampf; aussichtsloser Kampf zur Ehrenrettung; **~eur** *m* F un (vieux) ~ F ein (alter) Haudegen
barouf [baruf] F *m* Lärm *m*; F Krach *m*; Ra'dau *m*; Spek'takel *m*; Kra'wall *m*
barque [bark] *f mar* Boot *n*; Kahn *m*; Barke *f*; *poét* Nachen *m*; trois-mâts ~ Bark *f*; ~ de pêcheur Fischerboot *n*, -kahn *m*; *fig*: mener la ~ das Heft in der Hand haben; bien mener sa ~ s-e Sache mit Erfolg, gut führen, vertreten, betreiben
barquette [barkɛt] *f cuis* **1.** ~ aux cerises, fraises Kirsch-, Erdbeertörtchen *n* (*in Schiffchenform*); **2.** *für Tiefkühlgerichte* ~ d'aluminium Alu-('minium)behälter *m*
barracuda [barakyda] *m zo* Barra'kuda *m*; Pfeilhecht *m*
barrage [baraʒ] *m* **1.** *e-r Straße etc* **a)** (Ab)Sperren *n*, -ung *f*; *durch umgestürzten Baum etc* Versperren *n*, -ung *f*; **b)** Sperre *f*; *mil* ~ roulant Feuerwalze *f*; ~ de D.C.A. Flak(feuer)sperre *f*; ~ de filets, de mines Netz-, Minensperre *f*; ~ de police Poli'zeisperre *f*; *sports*

match *m* de ~ Ausscheidungsspiel *n*; *mil* tir *m* de ~ Sperrfeuer *n*; **établir un** ~ e-e Sperre errichten; **faire** ~ **à qc** e-r Sache (*dat*) e-n Riegel vorschieben; etw verhindern, unter'binden; **2.** Staudamm *m*, -mauer *f*; (**grand**) ~ Talsperre *f*; ~ à cylindres, à segments, à vannes levantes Walzen-, Seg'ment-, Schützenwehr *n*; ~ de retenue, de régulation (Stau)Wehr *n*; ~ en enrochements Stein(schütt-, -satz)damm *m*; ~ en terre (geschütteter) Erddamm; **3.** *Psychiatrie* Sperrung *f*; *Psychoanalyse* (*innerer*) 'Widerstand; **~-poids** *m ⟨pl barrages-poids⟩* (Schwer)Gewichtsstaumauer *f*; **~-réservoir** *m ⟨pl barrages-réservoirs⟩* Talsperre *f*; **~-voûte** *m ⟨pl barrages-voûtes⟩* Bogen-, Gewölbestaumauer *f*
barre [bar] *f* **1.** Stange *f*; Stab *m*; *tech auch* Spindel *f*; *am Barren* Holm *m*; *am Reck* Reckstange *f*; *im Ballettsaal* Stange *f*; *beim* (*Stab*)Hochsprung, Fußballtor Latte *f*; *am Faß* Bodenquerholz *n*; *gym*: ~ fixe Reck *n*; ~s parallèles Barren *m*; Gewichtheben ~ à disques Scheibenhantel *f*; *mines* ~ à mine (*Art*) (*Hand*)Bohrstange *f*; Stoßbohrer *m*; *fig* raide comme une ~ à mine steif wie ein Stock; *auto* ~ d'accouplement Spurstange *f*; *ch de fer* ~ d'accouplement, d'attelage Zugstange *f*; *tech* ~ d'alésage Bohrspindel *f*; ~ d'appui *vor e-m Fenster* Handlauf *m*; Geländerholm *m*; *mar* Reling *f*; ~ de bois, de fer Holz-, Eisenstange *f*, -stab *m*; ~ de chocolat Riegel *m* Schokolade; Schoko'ladenriegel *m*; *auto* ~ de commande (de direction) Lenkstange *f*; *phys atom* ~ de contrôle Regelstab *m*; *mus e-r Geige* ~ d'harmonie Baßbalken *m*; *auto* ~ de torsion Torsi'onsstab *m*; Drehstabfeder *f*; F *fig* c'est le coup de ~ F da wird man ganz schön ausgenommen, gerupft; **2.** *bei Edelmetallen* loc/adj en ~ Barren...; argent *m*, or *m* en ~ Barrensilber *n*, -gold *n*; *fig* c'est de l'or en ~ *cf* or[1]; **3.** (verti'kaler Schräg-, Quer)Strich *m* (*beim Addieren u Subtrahieren*); *mus* ~ de mesure Taktstrich *m*; **4.** *mar* (**du gouvernail**) Ruderpinne *f*, -joch *n*, -stange *f*; Helm *m*; ~ à roue Steuerrad *n*; *fig*, *bes pol* coup *m* de ~ Richtungsänderung *f*; *pol* coup de ~ à gauche Linksschwenkung *f*; *fig* donner un coup de ~ das Ruder her'umwerfen; homme *m* de ~ Rudergast *m*, -gänger *m*; Rudersmann *m*; *fig*: avoir ~ sur qn ein Druckmittel gegen j-n haben; j-n in der Hand haben; **être à la** ~, tenir la ~ am Ruder sein; das Ruder fest in der Hand haben; **prendre la** ~ *mar* das Ruder über'nehmen; *fig* ans Ruder kommen; **5.** *im Gerichtssaal* Zeugenschranke *f*; ~ des témoins Zeugenstand *m*; (**com**)**paraître à la** ~ vor Gericht erscheinen; **6.** *ch de fer*, *élect* Schiene *f*; *élect* ~ collectrice, omnibus Sammelschiene *f*; *ch de fer* ~ longue Langschiene *f*; **7.** *mar* *bei Flußmündungen* Barre *f*; *vor gewissen Küsten* Brandung(szone) *f*; **8.** *méd* avoir une ~ à l'estomac Magendrücken, e-n Druck auf dem Magen haben; **9.** *zo* *beim Pferd* Kinnlade *f*; **10.** *fig* *am Himmel* (farbiger) Streifen *m*; **11.** *Heraldik* Schräg'linksbalken *m*
barré [bare] *adj* **1.** *Straße* gesperrt; **2.** *fin* chèque ~ Verrechnungsscheck *m*; *im Auslandsverkehr* gekreuzter Scheck; **3.** *Zahnmedizin* dent ~e Zahn *m*, dessen Wurzeln gekrümmt sind
barreau [baro] *m ⟨pl ~x⟩* **1.** (Gitter-, Rost)Stab *m*; ~**x** de fenêtre Fenstergitter *n*; ~ de fer Eisenstab *m*; **2.** *e-r Leiter*, *e-s Stuhls* Sprosse *f*; **3.** *phys* ~ aimanté

Stabmagnet *m*; **4.** *jur* **a)** Anwaltsstand *m*, -beruf *m*; **b)** (Rechts)Anwälte *m/pl*; Anwaltschaft *f*; **c)** (Rechts)Anwaltskammer *f*; être inscrit au ~ in die Anwaltskammer aufgenommen werden bzw sein
barrement [barmɑ̃] *m e-s Schecks im Auslandsverkehr* Kreuzen *n*
barrer [bare] **I** *v/t* **1.** *Straße, Durchgang etc* (ab-, ver)sperren; ~ le passage, la route à qn j-m den Weg versperren, verstellen, verlegen, abschneiden; *fig* j-s Absichten, Pläne durch'kreuzen; j-m Steine in den Weg legen; **2.** *Wort, Satz* (aus)streichen; *fin* Scheck im Auslandsverkehr kreuzen; *fig* Ordensband ~ la poitrine de qn quer über j-s Brust (*acc*) laufen; **3.** *mar Schiff* steuern; **II** *v/pr* F *fig Person* se ~ F abhauen; verduften; sich verziehen, verdrücken, verdünni-'sieren
barrette[1] [barɛt] *f égl cath* **a)** Bi'rett *n*; Ba'rett *n*; **b)** Kardi'nalsbirett *n*
barette[2] [barɛt] *f* **1.** Haarspange *f*; **2.** Ansteckknadel *f*; ~ de diamants Dia'mantnadel *f*; **3.** Ordensspange *f*, -schnalle *f*; **4.** *text* Nadelstab *m*
barreur [barœr] *m e-s Bootes* Steuermann *m*; *Rudern* un quatre avec, sans ~ ein Vierer *m* mit, ohne Steuermann
barricade [barikad] *f* Barri'kade *f*; Straßensperre *f*; *hist journées f/pl des* 2s *etwa* Barrikadentage *m/pl* (*in Paris* 12.5.1588 *u* 26.8.1648); **dresser, élever des ~s** Barrikaden, Straßensperren errichten; *fig* être de l'autre côté de la ~ *cf* barrière
barricader [barikade] **I** *v/t Straße, Tür, Fenster* verbarrika'dieren; *Straße auch* (*durch* Barri'kaden) versperren; *Fenster, Tür auch* verrammeln; *Fenster* ~ avec des planches auch mit Brettern verschlagen, ver-, zunageln; *fig* ~ sa porte für niemanden zu sprechen sein; **II** *v/pr* se ~ sich verbarrika'dieren; *fig* sich einschließen (**dans sa chambre** in sein *od* in s-m Zimmer)
barrière [barjɛr] *f* Barri'ere *f* (*auch fig*); Absperrung *f*; Sperre *f*; Schlagbaum *m* (*auch hist*); Schranke *f* (*auch fig*); *ch de fer* (Bahn)Schranke *f*; *féod auf dem Turnierplatz* Planke *f*; *e-r Einzäunung* Gatter *n*; *mines am Füllort* Schachttor *n*, -sperre *f*; *tige zwischen Personen* Barri'ere *f*; Schranke *f*; *auch* Schutzwall *m*; *fig* ~s douanières Zollschranken *f/pl*; *von e-m Fluß, Gebirge* ~ naturelle natürliches Hindernis; natürlicher Schutzwall; *aviat* ~ d'arrêt Fang(netz)anlage *f*; ~ de dégel Straßensperrung *f* (*für schwere Fahrzeuge*) während der Auftauzeit; ~ de glace Eisbarriere *f*; *der Antarktis* Schelfeis(tafel) *n(f)*; *phys* ~ de potentiel Potenti'albarriere *f*, -wall *m*; *der Antarktis* ~ de Ross Ross-Schelfeis *n*; *fig* être de l'autre côté de la ~ auf der anderen Seite, im anderen, gegnerischen Lager stehen
barrique [barik] *f* Faß *n* (200–250 *l*); ~ de vin Faß Wein; Weinfaß *n*; F *fig* être rond comme une ~ F sternhagelbesoffen, -voll sein; voll wie e-e Strandhaubitze, blau wie ein Veilchen sein
barr|ir [barir] *v/i Elefant* trom'peten; **~issement** *m e-s Elefanten* Trom'peten *n*
barrot [baro] *m* **1.** *mar* (Decks)Balken *m*; **2.** Sar'dellenfaß *n*
bartavelle [bartavɛl] *f zo* Steinhuhn *n*
barycentre [barisɑ̃tr(ə)] *m math* Schwerpunkt *m*; *sc* Bary'zentrum *n*
barye [bari] *f Druckeinheit* Mikrobar *n*
bary|métrie [barimetri] *f agr* Errechnung *f* von Viehgewichten aus dem Vo'lumen des Rumpfes; *sc* Bary'metrik *f*

f: ~sphère f Erdkern m; Bary'sphäre f
baryt|e [barit] f chim ~ anhydre Bariumo'xid n; Ba'ryterde f; ~ hydratée Barium'hydroxid n; Ba'rythydrat n; Ätzbaryt m; ~ine f od ~ite f minér Ba'ryt m; Schwerspat m
baryton [baritɔ̃] m **1.** mus **a)** (voix f de) ~ Bariton(stimme) m(f); **b)** Sänger Bariton m; Barito'nist m; **c)** adjt Tonlage bei Instrumenten Bariton...; **saxophone** m ~ Baritonsaxophon n; **d)** Instrument des 18. Jhs Baryton n; **2.** ling Ba'rytonon n
baryum [barjom] m chim Barium n; **sulfate** m de ~ Bariumsulfat n; schwefelsaures Barium
barzoï [barzɔi] m zo Bar'soi m
bas¹ [bɑ] **I** adj ⟨basse [bɑs]⟩ **1.** räumlich niedrig; untere(r, -s) (nur attributiv); 'Unter...; Tief...; Küste flach; Zweige, Wolken tiefhängend; Sonne tiefstehend; Himmel verhangen; plus ~ niedriger; ♦ e-s Tisches le ~ bout das untere Ende; e-s Baumes les branches ~ses auch die unteren Zweige m/pl; arch chœur ~ Unterchor m; Boxen, fig coup ~ Tiefschlag m; fig auch Schlag m unter die Gürtellinie; ~ses eaux Niedrigwasser n; niedriger Wasserstand; front ~ niedrige, flache Stirn; loc/adv le front ~ mit gesenkter Stirn; ~ quartier a) Viertel n der Unterstadt; b) einfaches Viertel; anat ~ ventre Unterleib m; ~se ville Unterstadt f; ♦ loc/adj: Raum ~ de plafond niedrig; mit niedriger Decke; ~ sur pattes kurzbeinig; mit kurzen Beinen; loc/adv: la tête ~se mit gesenktem Kopf; F fig weggehen, heimkommen etc la tête, l'oreille, la queue ~se mit hängendem Kopf, mit hängenden Ohren, F mit hängendem, eingezogenem Schwanz; wie ein begossener Pudel; kleinlaut; betreten; ♦ avoir la vue ~se kurzsichtig sein; être ~ Sonne tief stehen; Wolken tief hängen; Fluß e-n niedrigen Wasserstand haben; wenig Wasser führen; **2.** rang-, wertmäßig niedrig; niedere(r, -s); Posten auch 'untergeordnet; fig Gefühle niedrig; gemein; niederträchtig; Rache gemein; Eifersucht erbärmlich; schnöde; in England Chambre ~se 'Unterhaus n; ~ clergé niederer Klerus; le ~ peuple das niedere, gemeine, einfache Volk; il faut avoir une âme bien ~se pour ... man muß sehr gemein, niederträchtig sein ...; se charger des ~ses besognes die niedrigen, unbeliebten Arbeiten, fig die schmutzigen Geschäfte über'nehmen; **3.** zahlenmäßig, Intensität, Temperatur, Spielkarte niedrig; bes tech Niedrig...; Tief...; élect ~se fréquence Niederfrequenz f; ~se pression tech Niederdruck m; météo Tiefdruck m; élect ~se tension Niederspannung f; à ~ prix f zu 'prix l.; en ~ âge zu 'âge l.; **4.** zeitlich späte(r, -s); Spät...; ~se époque Spätzeit f; ~ latin, ~se latinité Spät-, Mittellatein m; **5.** géogr Nieder...; 'Unter...; ~ses Alpes Voralpen pl; la ~se Bretagne, Normandie der westliche Teil der Bretagne, Normandie; la 2se-Égypte Unterägypten n; les Pays-2 die Niederlande; la ~se Seine die untere Seine; der 'Unterlauf der Seine; **6.** ling le ~ allemand das Nieder-, Plattdeutsche; Nieder-, Plattdeutsch n; **7.** akustisch leise; mus tief; égl cath messe ~se stille Messe; cf auch messe l.; mus note ~se tiefer Ton; loc/adv à voix ~se leise; mit leiser Stimme; **II** adv **1.** räumlich, fig tief; niedrig; plus ~ tiefer; niedriger; weiter unten (auch in e-m Text); chapeau ~! Hut ab!; alle Achtung!; ~ les mains, F les pattes! Finger, Hände weg!; mar couler ~ (ver)sinken; 'untergehen;

Kranker il est bien ~ es steht schlecht mit ihm; le moral est ~ cf moral II; s'incliner très ~ sich sehr tief verbeugen; Säugetier mettre ~ (Junge) werfen; mettre ~ les armes die Waffen strecken (auch fig); niederlegen; être tombé très ~ Thermometer, Börsenkurse stark gefallen sein; Kurse auch stark nachgegeben haben; fig il est tombé bien ~ es ist weit mit ihm gekommen; er ist sehr her'untergekommen, tief gesunken, F auf den Hund gekommen; voler ~ tief fliegen; **2.** akustisch leise; mus tief; Instrument accorder plus ~ tiefer stimmen; chanter trop ~ zu tief singen; se dire tout ~ que ... sich im stillen, im Innern sagen, daß ...; parler (tout) ~, plus ~ (ganz) leise, leiser sprechen; **3.** loc/adv: à ~ ...! nieder mit ...! st/s Gebäude jeter, mettre à ~ ab-, niederreißen; de ~ en 'haut von unten nach, bis oben; en ~ unten; bei Bewegung nach unten; abwärts; hin'unter; hin'ab; Weg mener en ~ nach unten führen; abwärts-, hin'ab-, hin'unterführen; regarder en ~ hin'ab-, hin'unterblicken, -sehen, -schauen; nach unten sehen, blicken, schauen; d'en ~, par en ~ von unten (her, her'auf); passer par en ~ unten entlang, her'um; F unten lang, rum; ♦ loc/prép en ~ de unten an (+dat bzw acc); am Fuß von (+gén); en ~ de la page 5 auf Seite 5 unten; il m'attendait en ~ de l'escalier er erwartete mich unten an der Treppe, am Fuß der Treppe; jeter qn en ~ de l'escalier j-n die Treppe hin'ab-, hin'unterwerfen; **III 1.** unterer Teil; ~ de page Druckseite, Treppe Fuß m; der Angelschnur Vorfach n; Aufschrift auf e-r Kiste ~ unten; impr ~ de casse f casse¹ 4.; le ~ du pantalon est déchiré die Hose ist unten zerrissen; le ~ du visage die untere Gesichtshälfte; le rayon, le tiroir du ~ das unterste Fach, die unterste Schublade; ♦ loc/prép au ~ de unten an (+dat bzw acc); e-r Treppe auch am Fuß von (od +gén); au ~ de la page 5 auf Seite 5 unten; mettre une note au ~ de la page ... unten auf die Seite; loc/adv par le ~ von unten (her, her'auf); **2.** fig les 'hauts et les ~ cf haut III 3.
bas² [bɑ] m (Damen)Strumpf m; ~ filet, fin Netz-, Feinstrumpf m; ~ de laine a) Wollstrumpf m; b) fig Sparstrumpf m; par ext Ersparnisse f/pl; ~ de soie Seidenstrumpf m; ~ sans couture nahtloser Strumpf; mettre des ~ Strümpfe anziehen
basal [bazal] adj ⟨-aux⟩ ba'sal; Ba'sal...; Grund...; anat membrane ~ Basalmembran f; physiol métabolisme ~ Grundumsatz m
basalt|e [bazalt] m minér Ba'salt m; ~ique adj minér Ba'salt...; ba'saltig; ba'saltisch; ba'salten; roches f/pl ~s Basaltgestein n
basane [bazan] f Ba'sane f; braunes Schafleder
basané [bazane] adj Gesicht, Teint, Haut sonn(en)verbrannt
bas-bleu [bablø] m ⟨pl bas-bleus⟩ péj von e-r Frau Blaustrumpf m
bas-côté [bakote] m ⟨pl bas-côtés⟩ **1.** e-r Straße Seiten-, Randstreifen m; (Straßen)Rand m; **2.** arch Seitenschiff n, Abseite f (neben e-m höheren Mittelschiff)
basculant [baskylã] adj kipp-, klappbar; Kipp...; Klapp...; benne ~e cf benne
bascule [baskyl] f **1.** (balance f à) ~ Brückenwaage f; **2.** Wippe f; **3.** loc/adj à ~ Schaukel...; Klapp...; Kipp...; cheval m ~, fauteuil m à ~ Schaukelpferd n,

-stuhl m; grille f à ~ Kipprost m; pont m à ~ Klappbrücke f; **4.** e-r Zugbrücke Ziehbaum m; e-s Ziehbrunnens Schwengel m; Schwingbaum m; **5.** ch e-r Falle Klappe f; **6.** e-s Baskületverschlusses Scheibe f mit Stiften; **7.** Informatik Kippschaltung f; ~ astable, bistable, monostable astabile, bistabile, monostabile Kippschaltung
basculement [baskylmã] m (Ab-, 'Um-, 'Über-, Aus)Kippen n; 'Umstürzen n, -legen
basculer [baskyle] **I** v/t **1.** (ab-, 'um-)kippen; 'umlegen, -stürzen; Lore auch auskippen; **2.** Telefongespräch 'umlegen (sur +acc); **II** v/i **3.** (ab-, 'um-, 'über)kippen; 'umstürzen; Person das 'Übergewicht bekommen und fallen; Klappbrücke auf- bzw zuklappen; faire ~ ('um)kippen; 'umlegen, 'umstürzen; **4.** fig **a)** Geschick, Leben etc e-e (völlig) andere Wendung nehmen; faire ~ e-e andere Wendung geben (+dat); **b)** 'umschwenken, 'übergehen (dans zu); einschwenken (auf +acc); abgleiten (in +acc); ~ du côté de sich auf die Seite (+gén) schlagen; faire ~ du côté de auf die Seite (+gén) bringen
basculeur [baskylœr] m **1.** Kipper m; Kippvorrichtung f; ~ latéral Seitenkipper m; ~ rotatif Kreis-, Rundkipper m; **2.** élect (bistabile) Kippschaltung; Flipflop(schaltung) m(f)
base [bɑz] f **1.** Basis f; e-r Säule, Statue auch Sockel m; e-s Gebäudes auch Funda'ment n; e-s Berges auch Fuß m; e-s geometrischen Körpers auch Grundfläche f; e-r geometrischen Figur auch Grundlinie f (auch Geodäsie), -seite f; math auch Grundzahl f; bot auch Grund m; e-s Transistors Basis f; par ext: e-r pol Partei, Gewerkschaft Basis f; dialektischer Materialismus Basis f; ling, gr Basis f; anat ~ du cœur Grundfläche f, Basis des Herzens; ~ du cou Halsansatz m; ~ du crâne, du poumon Schädel-, Lungenbasis f; pol militant m de ~ aktives einfaches Mitglied; loc/adv à la ~ an der Basis; e-s Berges am Fuß; **2.** mil (Mili'tär)Basis f; Stützpunkt m; ~ aérienne Fliegerhorst m; Luftwaffenbasis f; Flug(zeug)stützpunkt m; ~ navale Flottenbasis f; Flotten-, Ma'rinestützpunkt m; ~ de départ Ausgangsstellung f, -basis f; für Raketen ~ de lancement Abschußbasis f; ~ d'opérations, de ravitaillement Operati'ons-, Versorgungs- bzw Nachschubbasis f; se replier sur ses ~ sich auf s-e Ausgangsstellung zurückziehen; **3.** fig Basis f; Grundlage f; Funda'ment n; Ausgangsbasis f, -punkt m; ~ légale Rechtsgrundlage f; ~ d'action Akti'onsbasis f; ~ des calculs Berechnungsgrundlage f; Kalkulati'onsbasis f, -grundlage f; ~ de discussion Diskussi'ons-, Gesprächsbasis f, -grundlage f; ♦ loc/adj de ~ Grund...; grundlegend; Grundeinheit f; ♦ loc/prép: Medikament, Pflegemittel etc à ~ de ... auf ...basis; à ~ de lanoline auf Lano'linbasis; sur la ~ de auf der Basis, Grundlage von (od +gén); ♦ établir, poser, jeter les ~s de qc die Basis, die Grundlagen für etw schaffen; den Grund, das Fundament zu etw legen; être à la ~ de qc e-r Sache (dat) zu'grunde liegen; den Ausgangspunkt, die Ausgangsbasis für etw bilden; Person der Urheber e-r Sache (gén) sein; il est à la ~ de ce projet auch dieser Plan

industrie f de ~ Grund(stoff)industrie f; ouvrage m de ~ grundlegendes Werk; Standardwerk n; produit m de ~ Ausgangsprodukt n; salaire m de ~ Grundlohn m, -gehalt n; mil, Metrologie unité f de ~ Grundeinheit f;

geht von ihm aus; **être fondé sur des ~s solides** auf solider Grundlage ruhen; auf e-m soliden Fundament stehen; *Argumentation* **pécher par la ~** von e-m falschen Ansatzpunkt ausgehen; auf falschen Voraussetzungen beruhen; **prendre qc pour ~** etw zu'grunde legen, als Ausgangspunkt, -basis nehmen; **servir de ~ à qc** als Basis, Grundlage, Ausgangspunkt, -basis für etw dienen; **4.** *chim* Base *f*; Lauge *f*; **5.** *Baseball* Base [be:s] *f*; Mal *n*

base-ball [bezbol] *m sports* Baseball ['be:sbɔ:l] *m*

baselle [bazɛl] *f bot* **~ blanche** Indischer Spi'nat; Malabarspinat *m*

Bas-Empire [bazɑ̃pir] *m hist* **le ~** das spätrömische Reich; das Römische Reich der Spätantike

baser [baze] **I** *v/t* **1.** **~ sur** *Argumentation, Behauptung etc* gründen, stützen, *System auch* aufbauen auf (+*acc*); *meist p/p* **être basé sur** ba'sieren, fußen, (be)ruhen auf (+*dat*); *Behauptung* **être basé sur rien** jeder Grundlage entbehren; **2.** *mil Truppenteil* **être basé** statio-'niert sein (+*dat*); **II** *v/pr Person* **se ~ sur qc** sich auf etw (*acc*) stützen

bas-fond [bafɔ̃] *m ⟨pl* **bas-fonds⟩ 1.** *im Meer, Fluß* 'Untiefe *f*; seichte Stelle; **2.** *fig* **bas-fonds** *pl* **a)** *e-r Stadt* Elends-, Armen-, Verbrecherviertel *n/pl*; üble Viertel *n/pl*; **b)** *der Gesellschaft* Abschaum *m*; Hefe *f* des Volkes; **3.** *anat* **~ de la vessie** Blasengrund *m*

basicité [bazisite] *f chim* Basizi'tät *f*; Alkali'tät *f*; **degré** *m* **de ~** Basizitätsgrad *m*

baside [bazid] *f bot der Ständerpilze* Sporenträger *m*; *sc* Ba'sidie *f*

basidio|mycètes [bazidjɔmisɛt] *m/pl bot* Ständer-, Ba'sidienpilze *m/pl*; Basidiomy'zeten *pl*; **~spore** *f bot* Basidio-'spore *f*

basilaire [bazilɛr] *adj* **1.** *anat* ba'sal; basi'lar; *der Basis*; **2.** *bot* grundständig

basilic [bazilik] *m* **1.** *bot* Ba'silikum *n*; Ba'silienkraut *n*; **2.** *zo* Basi'lisk *m*; **3.** *myth* Basi'lisk *m*

basilical [bazilikal] *adj ⟨-aux⟩ arch* basili'kal; **plan ~** basilikaler Grundriß

basilique¹ [bazilik] *f arch, égl cath, Antike* Ba'silika *f*

basilique² [bazilik] *adj anat* **veine** *f* **~** Vena ba'silica *f*; Hautvene *f* an der ul'naren Seite des 'Unterarms

basique [bazik] *adj chim* basisch; al-'kalisch; *minér* **roche** *f* **~** basisches Gestein; **sel** *m* **~** basisches Salz

bas-jointé [baʒwɛte] *adj Pferd* mit kurzen Fesseln

basket [baskɛt] *m* **1.** *Kurzform für* **basket-ball**; **2.** **~s** *pl* Basketballschuhe *m/pl*, -stiefel *m/pl*

basket-ball [basketbɔl] *m sports* Basketball *m od* Korbball(spiel) *m(n)*

baskett|eur [basketœr] *m*, **~euse** *f sports* Basketball-, Korbballspieler(in) *m(f)*

bas-mât [bama] *m ⟨pl* **bas-mâts⟩** *mar* 'Untermast *m*

basoche [bazɔʃ] *F péj f* Ju'risten *m/pl* und Gerichtsbeamte(n) *m/pl*; F Para-'graphenreiter *m/pl*

basophile [bazɔfil] *adj Histologie* baso-'phil; **leucocyte** *m* **~** basophiler Leuko-zyt

Basquaise [baskɛz] *f* Baskin *f*

basque¹ [bask] **I** *adj* baskisch; Basken...; **béret** *m* **~** Baskenmütze *f*; **pelote** *f* **~** Pe'lota *f*; **II** *subst* **1.** ♀ *m,f* Baske *m*, Baskin *f*; **2.** *ling* **le ~** das Baskische; Baskisch *n*; **3.** *mus* **tambour** *m* **de ~** Tambu'rin *n*

basque² [bask] *f* (Rock)Schoß *m*; *an*

Damenjacken auch Schößchen *n*; F *fig* **être toujours pendu aux ~s de qn** F dauernd an j-s Rockschößen (*dat*) hängen; j-m nicht von der Pelle, von den Fersen gehen; wie e-e Klette an j-m hängen

bas-relief [barǝljɛf] *m ⟨pl* **bas-reliefs⟩** *sculp* Flach-, Basrelief *n*

basse [bas] *f* **1.** *mus* **a)** (**voix** *f* **de**) **~** Baß(stimme) *m(f)*; **~ bouffe** Buffobaß *m*; Baßbuffo *m*; **~ chantante** hoher Baß; **~ noble** seriöser Baß; **~ profonde** tiefer Baß; **b)** Bas'sist *m*; Baß *m*; **c)** *im mehrstimmigen Satz* Baß(stimme *f*, -partie *f*) *m*; Harmonielehre Baß *m*; Basso *m*; **~ contrainte, obstinée** Basso osti'nato *m*; **d)** *Instrument* **~ de viole** Baßgambe *f*; **e)** *adjt* Tonlage bei Instrumenten Baß...; **clarinette** *f*, **trompette** *f* **~** Baßklarinette *f*, -trompete *f*; **2.** *mar* 'Untiefe *f*; Riff *n*

basse-cour [baskur] *f ⟨pl* **basses--cours⟩** *agr* **a)** Hühner-, Geflügelhof *m*; **b)** Geflügel *n od* Federvieh *n* und Ka-'ninchen *n/pl*

basse-lissier [baslisje] *m ⟨pl* **basse--lissiers⟩** *text* Basselissewirker *m*, -weber *m*

bass|ement [basmɑ̃] *adv* gemein; niederträchtig; in gemeiner, niederträchtiger Weise; auf gemeine, niederträchtige Weise; **~esse** *f* niedrige Gesinnung; Niedertracht *f*; Niederträchtigkeit *f*, Gemeinheit *f* (*beide auch Handlung*); *der Gefühle, des Charakters* Niedrigkeit *f*; Erbärmlichkeit *f*; **commettre une ~** e-e Niederträchtigkeit, Gemeinheit begehen

basset¹ [basɛ] *m zo Jagdhund* Basset *m*; **~ allemand** Dachshund *m*; Dackel *m*; **~** Teckel *m*

basset² [basɛ] *m mus* **cor** *m* **de ~** Bas'setthorn *n*

basse-taille [bastaj] *f ⟨pl* **basses--tailles⟩** *mus* hoher Baß

bassin [basɛ̃] *m* **1.** Becken *n*; Schüssel *f*; *bes* Waschschüssel *f*; *früher* **~ à barbe** Ra'sierbecken *n*; **2.** *Krankenpflege* (**hygiénique**) Bettschüssel *f*; Stechbecken *n*; Schieber *m*; **3.** (Wasser)Becken *n*, (-)Bas'sin *n*; *e-s Brunnens* Brunnenbecken *n*, -bassin *n*; *im Schwimmbad* **grand, petit ~** Schwimmer-, Nichtschwimmerbecken *n*; *cf auch* **7.**; *im Garten* **~ d'arrosage** Wasserbecken *n*, -behälter *m* mit Gießwasser; *Abwasserreinigung* **~ de décantation** Absitz-, Absetz-, Klärbecken *n*; *Glasfabrikation* **four** *m* **à ~** Wannenofen *m*; **4.** *mar* Hafenbecken *n*; *in Zssgn auch* Dock *n*; **~ flottant** Schwimmdock *n*; **~ ouvert** offenes Hafenbecken (*cf Seehafens*); **à flot** Dock (-hafen) *n(m)*; **~ de construction** Baudock *n*; **~ de marée** Tiedenhafenbecken *n*; **~ de radoub** Trockendock *n*; **5.** *e-s Flusses* **~** (**versant**) Fluß-, Strom-, Einzugs-, Entwässerungsgebiet *n*; **6.** *géol* Becken *n*; *Ozeanographie* Tiefseebecken *n*; **~ houiller** Steinkohlenbecken *n*, -revier *n*; **~ méditerranéen** Mittelmeerbecken *n*, -raum *m*; **~ minier** Bergbaubecken *n*, -revier *n*; ♀ **parisien** Pariser Becken; **~ sédimentaire** Sedimenta-ti'onsbecken *n*; **~ de l'Amazone** Ama-'zonasbecken *n*; **~ d'effondrement** Einbruch-, Einsturzbecken *n*; **7.** *anat* (**grand, petit**) **~** (großes, kleines) Becken; **fracture** *f* **du ~** Beckenbruch *m*

bassinant [basinɑ̃] *adj F cf* **barbant**

bassine [basin] *f* Wanne *f*; große Schüssel; *tech auch* Pfanne *f*; Kessel *m*; *cuis* **~ à confiture** großer Henkeltopf zum Marmeladekochen; **~ à friture** Pommes-frites-Topf *m*; **~ à vaisselle** Abwasch-, Geschirrspülwanne *f*, -schüssel

f; **une ~ d'eau chaude** e-e Wanne (voll) heißes Wasser

bassiner [basine] *v/t* **1.** *Gesicht, Schläfen* benetzen; an-, befeuchten; be-, abtupfen (**avec de l'eau mit** Wasser); *jard* be-, absprühen; besprengen; **2.** F *Person* **~ qn** j-n langweilen; F j-m auf die Nerven gehen, auf den Wecker fallen; **3.** *Bett* (mit dem Bettwärmer) an-, vorwärmen

bassin|et [basinɛ] *m* **1.** *Mittelalter* Beckenhaube *f*; Hundsgugel *f*; **2.** *am Steinschloßgewehr* Zündpfanne *f*; **3.** *anat* Nierenbecken *n*; **~oire** *f* Bettwärmer *m*

bassiste [basist] *m mus cf* **contrebassiste**

basson [basɔ̃] *m mus* **a)** Fa'gott *n*; **b)** Fago'ttist *m*; Fa'gottbläser *m*

bassoniste [basɔnist] *m cf* **basson b)**

bastaing [bastɛ̃] *m cf* **basting**

baste [bast] *litt int* (**mais**) **~!** pah!; ach was!; was soll's!

bastide [bastid] *f in der Provence* Land-, Bauernhaus *n*

Bastille [bastij] *f hist in Paris* Ba'stille *f*

bastillé [bastije] *adj Heraldik* mit 'umgekehrtem Zinnenbalken

basting [bastɛ̃] *m comm* Tannenbohle *f*, -diele *f*

bastingage [bastɛ̃gaʒ] *m mar* Schanzkleid *n*; *auch* Reling *f*

bastion [bastjɔ̃] *m fortif, fig* Basti'on *f*; Bollwerk *n*; *fortif auch* Ba'stei *f*; *fig* **un ~ du catholicisme,** *etc* ein Bollwerk, e-e Bastion des Katholizismus *etc*

bastonnade [bastɔnad] *f* **1.** *hist Strafe* Basto'nade *f*; **2.** *st/s* Stockschläge *m/pl*

bastringue [bastrɛ̃g] *m* F **1.** *cf* **bataclan 1.**; **2.** Tanzdiele *f*; Tingeltangel *m od n*

bas-ventre [bavɑ̃tr(ǝ)] *m ⟨pl* **bas-ventres⟩** *anat* 'Unterleib *m*

bat [bat] *m sports cf* **batte 1.**

bât [ba] *m* Packsattel *m*; **cheval** *m* **de ~** Pack-, Lastpferd *n*; *fig* **c'est là que, voilà où le ~ (le) blesse** da drückt (ihn) der Schuh; da hapert es (bei ihm); das ist s-e schwache Seite; das ist ein wunder Punkt bei ihm

bataclan [bataklɑ̃] F *m* **1.** (Sieben-) Sachen *f/pl*; Zeug *n*; F Kram *m*; Krempel *m*; Trödel *m*; Plunder *m*; **tout le ~** *auch* F der ganze Schwindel; **2.** *in e-r Aufzählung* **et tout le ~** und was sonst noch so da'zugehört; und so weiter, und so fort

bataille [bataj] *f* **1.** *mil* Schlacht *f* (*auch fig*); Kampf *m* (*auch fig vom Leben*); Gefecht *n*; *fig* Wortgefecht *n*; **~ aérienne** Luftschlacht *f*, -kampf *m*; *fig* **~ électorale** Wahlschlacht *f*; **~ navale** **a)** Seeschlacht *f*, -gefecht *n*; **b)** *fig Spiel* Schiffchen versenken; **~ rangée** *mil* geordnete Feldschlacht; *fig* Handgemenge *n*; Prüge'lei *f*; Schläge'rei *f*; *zwischen Polizei u Demonstranten etc auch* regelrechte (Straßen)Schlacht; heftiger Zu'sammenstoß; **~ terrestre** Erdkampf *m*; *fig* **~ de boules de neige, de confetti s** Schneeball-, Kon'fettischlacht *f*; *mil* **~ d'encerclement** Einkreisungs-, Um'fassungs-, Kesselschlacht *f*; *in Nizza* **~ de fleurs** Blumenkorso *m*; *Literatur* **~ d'Hernani** Herna-ni-Schlacht *f*; *hist* **~ de la Marne** Marneschlacht *f*; **~ de Stalingrad** Schlacht um Stalingrad; **cheval** *m* **de ~** *cf* **cheval 1.**; *fig* **arriver après la ~** (an)kommen, wenn alles getan, fertig ist; zu spät kommen; **livrer ~** e-e Schlacht liefern (**à qn** j-m), schlagen; *fig* **ils se livrèrent une véritable ~** sie lieferten sich e-e regelrechte Schlacht; **2.** *peint* Schlachtengemälde *n*; **peintre** *m* **de ~** Schlachtenmaler *m*; **3.** *fig* **avoir la barbe, les cheveux en ~** e-n zerzausten Bart, zerzaustes Haar haben; **4.** *Kartenspiel*

für Kinder, bei dem die jeweils höhere Karte sticht u der siegt, der die meisten Karten an sich gebracht hat

bataill|er [bataje] v/i **1.** für s-e Ideen, um e-e Lohnerhöhung etc kämpfen; um e-e Gesprächsstelle (lange) streiten; **2.** F fig bei e-r schwierigen Arbeit sich lange (ab-)mühen; lange tüfteln, F fummeln; **~eur** **I** adj ⟨-euse⟩ **1.** streitbar, -lustig, -süchtig; **humeur batailleuse** Streitlust f, -sucht f; **être d'humeur batailleuse** streitbar, -lustig, -süchtig sein; **2.** **avoir un tempérament ~** kämpferisch veranlagt sein; e-e Kämpfernatur sein; **II** m Kämpfer(natur) m(f)

bataillon [batajõ] m **1.** mil Bataillon [batal'jo:n] n; **~ sanitaire, du génie, d'infanterie** Sani'täts-, Pio'nier-, Infante'riebataillon n; hist **~ d'Afrique** (arg bat' d'Af) frz Strafbataillon n; F fig Person inconnu au ~ völlig unbekannt; **2.** fig un ~, des ~s de (spectateurs, etc) ein Heer n, (Heer)Scharen f/pl von (Zuschauern etc)

bâtard [batar] **I** adj Misch...; **chien ~** od subst ~ m nicht reinrassiger Hund; F Prome'nadenmischung f; impr écriture ~e od subst ~e f Bastardschrift f; Literatur genre ~, zo race ~e, arch style ~ Mischgattung f, -rasse f, -stil m; **pain ~** od subst ~ m Stangenbrot n von einem Pfund; **porte ~e** schmaler Torweg (für Personen); fig **solution ~e** keine echte Lösung; Kompro'mißlösung f; **c'est une œuvre ~e qui tient du roman et de l'essai** dieses Werk ist ein Zwischen-, Mittel-, Zwitterding zwischen, e-e Mischung aus Roman und Essay; **II** subst **1.** m hist Bastard m; uneheliches Kind; **2.** m bzw f cf **I**

batardeau [batardo] m ⟨pl ~x⟩ Tiefbau Fangdamm m

bâtardise [batardiz] f hist uneheliche Herkunft, Geburt; Heraldik **barre f de ~ Bastardfaden** m

batave [batav] adj hist **République f ~** Ba'tavische Republik

batavia [batavja] f bot Eissalat m

batavique [batavik] adj **larme f ~** Glasträne f

batayole [batajol] f mar Reling f

bat' d'Af [batdaf] m cf **bataillon 1**.

bateau [bato] m ⟨pl ~x⟩ **1.** mar Schiff n; Boot n; mil auch Pon'ton m; **~ à moteur** Motorschiff n, -boot n; **~ à vapeur** Dampfschiff n, -boot n; Dampfer m; **~ à voiles** Segelschiff n, -boot n; Segler m; mil **~ d'assaut** Sturmboot n; **~ de course** Rennboot n; **~ de guerre** Kriegsschiff n; **~ de pêche** Fische'reifahrzeug n; Fischdampfer m; Fischerboot n; **~ de plaisance** (Segel-, Motor-)Jacht f; adm Wassersportfahrzeug n; **~ de rivière** Fluß-, Binnenschiff n; des Küstenrettungsdienstes **~ de sauvetage** Rettungsboot n; Seenotkreuzer m; F fig **monter un ~ à qn, mener qn en ~** j-m e-n Bären aufbinden; j-n auf den Arm nehmen; j-m blauen Dunst vormachen; **2.** F fig **~x** pl F Qua'dratlatschen m/pl; (Elb)Kähne m/pl; **3.** vor Grundstücken **~ (de porte)** Ausfahrt f; **4.** adit **~** encolure f ~ U-Boot-Ausschnitt m; lit m ~ Bett n mit ausgeschweiften Seiten (in der Art e-s Empirebetts); **b)** F fig Thema, Ideen abgedroschen, all'täglich; **~-canon** m ⟨pl **bateaux-canons**⟩ mil Ka'nonenboot n; **~-citerne** m ⟨pl **bateaux-citernes**⟩ Tanker m; Tankschiff n; **~-feu** m ⟨pl **bateaux-feux**⟩ Feuerschiff n; **~-mouche** m ⟨pl **bateaux-mouches**⟩ cf **mouche 5.**; **~-phare** m ⟨pl **bateaux-phares**⟩ Feuerschiff n; **~-pilote** m ⟨pl **bateaux-pilotes**⟩ Lotsenboot n; **~-pompe** m ⟨pl **bateaux-**

-pompes⟩ Feuerlöschboot n; **~-porte** m ⟨pl **bateaux-portes**⟩ Docktor n

batelage [batlaʒ] m mar **1.** Fährgeld n, -lohn m; **2.** Hafendienst m durch Hafenschiffe

bateleur [batlœr] m **1.** Gaukler m; Jahrmarktskünstler m; **2.** zo Gaukler m

batelier [batəlje] m mar **1.** (Binnen-, Fluß)Schiffer m; **2.** Fährmann m

batellerie [batelri] f mar Binnen-, Flußschiffart f

bâter [bate] v/t Lasttier mit e-m Packsattel satteln; e-n Packsattel auflegen (un cheval e-m Pferd); fig **âne bâté** cf **âne I.2**

bat-flanc [baflã] m ⟨inv⟩ **1.** im Pferdestall Lat'tierbaum m; **2.** in e-m Schlafsaal Trennwand f

bath [bat] F adj ⟨inv⟩ Person, Sache F dufte; fa'mos; (schwer) in Ordnung; (große) Klasse; toll; prima (inv); großartig

bathy|mètre [batimɛtr(ə)] m Tiefseelot n; sc Bathy- od Batho'meter m; **~métrie** f Tiefenmessung f; sc Bathyme'trie f

bathy|scaphe [batiskaf] m Tiefseetauchgerät Bathy'skaph m; Bathy'scaphe m od n; **~sphère** f Tauchkugel Bathy'sphäre f

bâti [bati] **I** adj **1.** Grundstück bebaut; **non ~** unbebaut; **2.** bien ~ Person, Satz gut gebaut; Person auch gut gewachsen; wohlgestaltet; **être ~ à chaux et à sable** e-e robuste Natur haben; **II** m **1.** (Holz)Gestell n; e-r Maschine Ma'schinenkörper m; Rahmen m; Gestell n; Ständer m; 'Untersatz m; e-r Drehbank auch Drehbankbett n; beim Pflug Rahmen m; Grindel m; **2.** cout Heftstiche m/pl, -fäden m/pl; **3.** e-r Tür, e-s Fensters Zarge f; Blendrahmen m

bâtière [batjɛr] f bât **comble** m, **toit ~** en ~ Satteldach n

batifol|age [batifɔlaʒ] m **1.** Her'umtollen n, -toben n; **2.** Kinde'rei f; Albernheit f; **~er** v/i **1.** her'umtollen, -toben; sich tummeln; **2.** mit e-r Frau schäkern; tändeln

batik [batik] m **a)** Batik m od f; **b)** Batik(stoff) m od f(m)

bâtiment [batimã] m **1.** Gebäude n; Bau(werk) m(n); **~ administratif** Verwaltungsgebäude n; **~s publics** öffentliche Gebäude, Bauten; **~s de l'école, de la ferme** Schul-, Gutsgebäude n/pl; **~ de l'O.N.U.** UNO-Gebäude n; **2.** Bau(fach n, -branche f, -wesen n) m; Hochbau m; **~ et travaux publics** Hoch- und Tiefbau m; (industrie f du) **~** Bauindustrie f, -wirtschaft f, -gewerbe n, -handwerk n; **entreprise f de ~** Bauunternehmen n, -firma f; **peintre m en ~** Anstreicher m; Maler m; loc/prov **quand le ~ va, tout va** wenn es der Bauwirtschaft gut geht, geht es allen gut; **3.** mar (großes) Schiff; mil **~ léger** Schnellboot n; **~ de charge** Frachter m; Frachtschiff n; **~ de commerce, de guerre** Handels-, Kriegsschiff n

bâtir [batir] **I** v/t **1.** Gebäude, Brücke etc bauen; erbauen; errichten; Gelände bebauen; Vogel, son nid sein Nest bauen; Fuchs, Kaninchen etc ~ son terrier s-n Bau anlegen; **faire ~** bauen (lassen); se **faire ~ une maison** sich ein Haus bauen (lassen); **2.** fig Satz bauen; konstru'ieren; Theorie aufstellen; Vermögen, Glück, Ruf etc (be)gründen (sur auf + acc); **3.** cout (zu'sammen)heften; **II** v/pr se ~ **4.** reflexiv sich ein Haus etc bauen; **5.** passivisch: Haus ge-, erbaut werden; entstehen; Gelände bebaut werden; **il s'est bâti beaucoup d'immeubles neufs** man hat viele neue Häuser gebaut; es sind viele neue Häuser

gebaut worden

bâtissable [batisabl(ə)] adj **terrain m ~** Bauland n, -grund m

bâtiss|e [batis] f **1.** meist péj Bau(werk) m(n); Gebäude n; **2.** bât Rohbau m; Mauerwerk n; **~eur** m **1.** Erbauer m; **2.** fig e-s Imperiums etc (Be)Gründer m

batiste [batist] f text Ba'tist m

bâton [batõ] m **1.** Stock m; Stab m; Stecken m; Knüppel m; Prügel m; des Verkehrspolizisten **~ blanc** weißer Stab; P fig **~ merdeux** cf **merdeux I**; arch **~ rompu** Zickzackstab m; gebrochener Stab; fig **conversation f à ~s rompus** ungezwungene Unter'haltung über dieses und jenes, wie die Laune des Augenblicks sie eingibt; **parler à ~s rompus** von diesem und jenem reden; vom Hundertsten ins Tausendste kommen; **~ de chaise** (Stuhl)Sprosse f; fig **mener une vie de ~ de chaise** ein ungeregeltes, ausschweifendes Leben führen; astr **~ de Jacob** Jakobstab m; **~ de maréchal** Marschallstab m; **recevoir le ~ de maréchal** Marschall werden; zum Marschall ernannt werden; Napoléon I. **tout soldat porte son ~ de maréchal dans sa giberne** jeder Soldat trägt den Marschallstab in s-m Tornister; **~ de pèlerin** Pilgerstab m; **~ (de ski)** Skistock m; fig **~ von e-r Person ~ de vieillesse** Stütze f des Alters; **mériter le ~ den** Stock, Prügel verdienen; fig **mettre à qn des ~s dans les roues** j-m Knüppel zwischen die Beine werfen; j-m Steine in den Weg legen; **2.** par ext: **~ de cire** à cacheter Siegellackstange f; **~ de craie** Stück n Kreide; **~ de réglisse** Süßholzwurzel f; **~ de rouge à lèvres** Lippenstift m; **3.** Schreibübung **~s** pl senkrechte Striche m/pl

bâtonnat [batɔna] m jur Präsi'dentenamt n, Präsi'dentschaft f (in der Anwaltskammer)

bâtonn|er [batɔne] v/t mit dem Stock (ver-, 'durch)prügeln, schlagen; **~et m** **1.** kleiner Stock, Stab, Stecken; Stöckchen n; Stäbchen n; **2.** Form von Bakterien etc Stäbchen n; anat **~ rétinien, de la rétine** (Seh)Stäbchen n; Stäbchenzelle f

bâtonnier [batɔnje] m jur Präsi'dent m (der Anwaltskammer)

batraciens [batrasjɛ̃] m/pl zo Am'phibien f/pl; Lurche m/pl

battage [bataʒ] m **1.** agr Dreschen n (auch des Tabaks); Drusch m; **~ à la batteuse, mécanique** Ma'schinendrusch m; **2.** e-s Teppichs Klopfen n; von Kleidungsstücken auch Ausklopfen n; der Porzellanmasse, der Seidenkokons Schlagen n; Buchbinderei: des Buchblocks Klopfen n; von Pfählen Einrammen n, -schlagen n, -treiben n; mines schlagendes Bohren; **~ de l'or** Goldschlagen n; Ausschlagen n des Goldes zu Blattgold; **3.** F fig marktschreierische Re'klame; F Re'klamerummel m; **faire du ~ autour de qn, qc** tüchtig die Reklametrommel für j-n, etw rühren; um j-n, etw viel Aufhebens, F Geschrei, Rummel machen

battant [batã] **I** adj schlagend; klopfend; **métier ~** klappernder, arbeitender Webstuhl; **pluie ~e** prasselnder, nordd pladdernder Regen; Pladderregen m; **porte ~e a)** schlagende Tür; **b)** Pendel-, Schwingflügel-, Windfangtür f; loc/adv **le cœur ~** mit klopfendem, pochendem Herzen; mit Herzklopfen; **II** m **1.** e-r Glocke (Glocken)Klöppel m, (-) Schwengel m; **2.** e-r Tür, e-s Fensters (Tür- bzw Fenster)Flügel m; e-r Tür auch Türblatt n; **3.** e-s Fensterflügels senkrechter Schenkel; **4.** e-s Webstuhls Lade

f; **5.** *am Gewehrkolben* Riemenöse *f*; **6.** *mar e-r Flagge* flatternder Teil; **7.** *sports* Kämpfer(natur) *m(f)*

batte [bat] *f* **1.** *Kricket* Schlagholz *n*; Keule *f*; *Baseball* Schlagkeule *f*; **2.** *zum Verdichten* Stampfe(r) *f(m)*; Handramme *f*; *zum Zerkleinern* Stößel *m*; *des Steinmetzen* Klöpfel *m*; Fäustel *n*; *des Korbmachers* Klopfeisen *n*; *zum Glätten* Schlegel *m*; Pritsche *f*; ~ (à beurre) (Butter)Stößer *m*; *ch de fer* ~ à bourrer Stopfhacke *f*; ~ d'Arlequin (Narren-) Pritsche *f*; **3.** *von Gold, Silber etc* Schlagen *n*; Ausschlagen *n zu* Folien

battée [bate] *f e-r Tür, e-s Fensters* Anschlag *m*

battellement [batɛlmã] *m e-s Daches* (doppelte) Traufziegelreihe

battement [batmã] *m* **1.** *Bewegung u Ton Schlag m*; *e-r Tür, e-s Fensters im Wind* Schlagen *n*; *des Regens gegen die Scheiben auch* Klatschen *n*; Prasseln *n*; Trommeln *n*; *nordd* Pladdern *n*; *des Herzens* Schlagen *n*; Klopfen *n*; Pochen *n*; *der Schlagadern* Pochen *n*; Pul'sieren *n*; *e-r Uhr, e-s Metronoms* Ticken *n*; ~ d'ailes Flügelschlag(en) *m(n)*; ~ des cils, des paupières Lidschlag *m*; (Augen)Zwinkern *n*; Blinzeln *n*; Blinken *n*, *F* Blinkern *n* mit den Augen; *F* Klimpern *n* mit den Wimpern; ~ du cœur Herzschlag *m*; avoir des ~s de cœur Herzklopfen haben; *beim Kraul* ~ de jambes Beinschlag *m*; ~ de mains (Hände)Klatschen *n*; ~ du pouls, des rames, du tambour Puls-, Ruder-, Trommelschlag *m*; **2.** *zwischen zwei Arbeiten, Zeitpunkten* (verfügbare Zwischen)Zeit; *zwischen Schulstunden, innerhalb der Arbeitszeit auch* Pause *f*; dix minutes de ~ pour changer de train zehn Minuten Zeit zum 'Umsteigen; **3.** *Ballett* Batte'ment *n*; **4.** *esc* Klingenschlag(stoß) *m*; Bat'tuta(stoß) *f(m)*; **5.** *rad, Akustik* Schwebung *f*; **6.** *e-s Tür-, Fensterflügels* Schlagleiste *f*; **7.** *e-s Fensterladens* Feststeller *m*

batterie [batri] *f* **1.** *élect, bes auto* ~ (électrique) (elektrische) Batte'rie; ~ nucléaire A'tom-, Kern-, Iso'topen-, Radionu'klidbatterie *f*; ~ d'accumulateurs Akkumula'torenbatterie *f*; ~ de piles Trockenbatterie *f*; **2.** *mil* Batte'rie *f*; ~ côtière, de côte Küstenbatterie *f*; *früher* ~ de campagne, de siège Feld-, Belagerungsbatterie *f*; ~ de D.C.A. Flakbatterie *f*; mettre en ~ *Geschütz in* Stellung bringen; *Feuerspritzen* auffahren; *fig* démasquer, dévoiler ses ~s *s-e* Absichten erkennen lassen, zu erkennen geben; **3.** *mus* Schlagzeug *n*; Batte'rie *f*; **4.** *Gruppe gleichartiger Dinge, auch tech* Batte'rie *f*; ~ de chaudières, de projecteurs Kessel-, Scheinwerferbatterie *f*; ~ de cuisine a) Batterie von Töpfen, Pfannen einschließlich Kelle und Schaumlöffel; b) *F fig* Klempner-, Blechladen *m*; *Hühnerhaltung* ~ d'élevage Legebatterie *f*; *fig* ~ de tests Testreihe *f*, -serie *f*

batt|eur [batœr] *m* **1.** *cuis* Handmixer *m*, -rührgerät *n*; **2.** *mus* Schlagzeuger *m*; **3.** ~ d'or Goldschläger *m* (*Person*); **4.** *Baseball, Kricket* Schläger *m* (*Person*); **5.** *e-r Dreschmaschine* Dreschtrommel *f*; **6.** *Baumwollspinnerei* Schlagmaschine *f*; Bat'teur *m*; **7.** *ch* Treiber *m*; ~euse *f* **1.** *agr* Dreschmaschine *f*; **2.** *zur Herstellung von Blattmetall* Hämmermaschine *f*

battitures [batityr] *f/pl beim Schmieden* Zunder *m*; Hammerschlag *m*

battoir [batwar] *m* **1.** *früher* (Wäsche-)Bleuel *m*; **2.** *F fig* (*main large*) *F* Pranke *f*; Tatze *f*; ~s *pl F auch* Hände *f/pl* wie e-e Kloschüssel, ein A'bortdeckel

battre [batr(ə)] ⟨je bats, il bat, nous battons; je battais; je battis; je battrai; que je batte; battant; battu⟩ **I** *v/t* **1.** *Person, Tier* schlagen; (ver)prügeln; ~ à coups de poing mit Fäusten schlagen, bearbeiten; **2.** *Gegner* schlagen; besiegen; *mil auch* e-e Niederlage beibringen (+*dat*); *Rekord* brechen; ~ qn avec ses propres armes j-n mit s-n eigenen Waffen schlagen; se faire ~ geschlagen, besiegt werden; *Teppich* klopfen; *Kleidungsstück auch* ausklopfen; *Trommel, Takt* schlagen; *Trommel auch* rühren; *cuis Eier, Mayonnaise, Teig* schlagen; *Eier zu Rührei auch* rühren; verquirlen; *Karten* mischen; *Metalle* schlagen; *zu Folien* ausschlagen; *Eisen* schmieden; *Buchblock* klopfen; *Korn, Tabak* dreschen; *Pfahl* einrammen, -schlagen; *hist Mauern mit dem Rammbär* (ein)rammen; *Erde, Boden* (fest)stampfen; *Eisen* ~ à froid kaltschmieden; *en brèche cf* brèche 1.; *bei e-m Sturz aus großer Höhe* ~ l'air de ses bras mit den Armen in der Luft um sich schlagen; ~ le beurre buttern; *bei der Treibjagd* ~ les buissons das Dickicht abklopfen, durch'stöbern; *Wellen* ~ la falaise gegen die Felsklippe schlagen, branden; *fig* ~ froid à qn *cf* froid II 1.; *langer Säbel, Mantel* ~ les jambes an *od* gegen die Beine schlagen; *auf der Trommel* ~ une marche e-n Marsch trommeln; ~ monnaie Münzen schlagen, prägen; *mar* ~ pavillon français die französische Flagge führen; unter französischer Flagge fahren; *fig* ~ son plein *cf* plein IV 4.; ~ le rappel *cf* rappel 1.; *Regen* ~ les vitres an *od* gegen die Scheiben schlagen, klatschen, prasseln, trommeln, *nordd* pladdern; **4.** *Gebiet* kreuz und quer durch'streifen; *F* abgrasen; *von der Polizei* 'durchkämmen *od* durch'kämmen; **5.** *Artillerie: feindliche Stellungen etc* beschießen; bestreichen; *unter Feuer,* Beschuß nehmen; mit Feuer belegen; *F* beharken; **II** *v/i* **6.** *Fenster, Tür, Segel im Wind, Herz, Puls, Trommel, Metronom* schlagen; *Herz auch* pochen; klopfen; *Arterie* pochen; pul'sieren; *Webstuhl* klappern; arbeiten; in Betrieb sein; *Baseball, Kricket* (den Ball) schlagen; *mil* ~ aux champs e-n Trommelwirbel erschallen lassen; *Regen* ~ contre les vitres *cf* 3.; ~ de l'aile *cf* aile 1.; ~ des cils, des paupières zwinkern; blinzeln; mit den Augen blinken, *F* blinkern; *F* mit den Wimpern klimpern; cheval qui bat des flancs Pferd, dessen Flanken zittern, fliegen; ~ des jambes *Kraul* mit den Beinen schlagen; *Ballett* die Beine in der Luft zusammenschlagen; ~ des mains (in die Hände) klatschen; *mar Wind* ~ en côte auf die Küste zu stehen; nach dem Land zu wehen; ~ en retraite *cf* retraite[1] 1.; le cœur lui bat ihm klopft das Herz; *fig* son cœur bat pour cette jeune fille sein Herz schlägt für dieses Mädchen; **III** *v/pr* se ~ **7.** *mil, fig* kämpfen (contre, pour qn, qc gegen, für j-n, etw); sich schlagen; se ~ au pistolet sich auf Pistolen duel'lieren; se ~ en duel sich duel'lieren; se ~ pour plus de justice sociale für mehr soziale Gerechtigkeit kämpfen; **8.** *reflexiv u reziprok* sich schlagen, balgen, prügeln, (F sich) raufen, *F auch* sich kloppen (avec qn mit j-m); *fig* se ~ avec qc sich mit etw her'umschlagen, -ärgern, abschinden, abmühen; **9.** schlagen; se ~ les flancs a) *Tier* unruhig mit dem Schwanz gegen die Flanken schlagen; b) *fig Person* sich vergeblich bemühen; *F* je m'en bats l'œil *cf* œil 1.; *als Zeichen der Reue* se ~

la poitrine sich an die Brust schlagen

battu [baty] *p/p von* **battre** *u adj* **1.** *Person, Tier* ge-, verprügelt; avoir l'air d'un chien ~ wie ein geprügelter Hund aussehen; **2.** *mil, Sport, Spiel* geschlagen; besiegt; ne pas se tenir pour ~ sich nicht geschlagen, s-e Sache nicht verloren geben; **3.** avoir les yeux ~s (dunkle) Ringe um die Augen, (tiefe) Schatten unter den Augen haben; **4.** *Metall* geschlagen; *Eisen* geschmiedet; œufs ~s en neige Eischnee *m*; Eierschaum *m*; or ~ Blattgold *n*; sol ~, terre ~e gestampfter (Lehm)Boden; *fig* suivre, ne pas sortir des sentiers, chemins ~s ausgetretene Wege gehen

battue [baty] *f* **1.** *ch* Treibjagd *f*; **2.** *e-s Pferdes* Hufschlag *m*

bau [bo] *m* ⟨*pl* ~x⟩ *mar* (Decks)Balken *m*

baud [bo] *m télécomm Maßeinheit* Baud [baut, bo:t] *n* (*abr* Bd)

baudelairien [bodlɛrjɛ̃] *adj* ⟨~ne⟩ von Baude'laire; (in der Art) Baudelaires

baudet [bodɛ] *m* **1.** (*âne*) Esel *m*; *im engeren Sinn* Zuchtesel *m*; *fig* être chargé comme un ~ wie ein Packesel beladen sein; **2.** Sägebock *m*

baudrier [bodrije] *m* (Wehr-, Degen-, Säbel)Gehänge *n*, (-)Gehenk *n*

baudroie [bodrwa] *f zo* Seeteufel *m*

baudruche [bodryʃ] *f* **1.** Dickdarmhaut *f* (*des Rindes, Schafs*); *zum Goldschlagen* Goldschlägerhaut *f*; baudru en ~ Luftballon *m* (*aus Dickdarmhaut*); **2.** *fig von e-r Person* Hohlkopf *m*; aufgeblasener Dummkopf

bauge [boʒ] *f* **1.** *der (Wild)Schweine* Suhle *f*; **2.** *fig von e-r schmutzigen Wohnung F* dreckiges Loch; **3.** *des Eichhörnchens* Nest *n* in e-r Baumhöhle; **4.** *bât* Strohlehm *m*

baume [bom] *m bot, phm* Balsam *m*; ~ de ~ du Canada, du Pérou Kanada-, Pe'rubalsam *m*; *fig* mettre, verser du ~ sur une plaie, blessure, dans le cœur de qn Balsam auf j-s Wunde (*acc*) träufeln

baumé [bome] *m chim* Bau'méspindel *f*

bauquière [bokjɛr] *f mar* Balkweger *m*

bauxite [boksit] *f minér* Bau'xit *m*

bavard [bavar] **I** *adj* **1.** redselig; schwatzhaft; geschwätzig; **2.** geschwätzig; nicht verschwiegen; être ~ *auch F* nicht dichthalten; **II** *subst* ~(e) *m(f)* **1.** Schwätzer(in) *m(f)*; *F* Schwatzliese *f*; Klatschbase *f*; Ratsche *f*; **2.** Schwätzer(in) *m(f)*; Plauderer *m*

bavardage [bavardaʒ] *m* **1.** Schwatzen *n*, *südd* Schwätzen *n* (*auch im Unterricht*); **2.** Geschwätz *n*; Schwätze'rei *f*; *F* Geschwatze *n*; *F péj* Gewäsch *n*; pas de ~, passons au fait! laß uns unnötigen, langen Reden ...; **3.** Klatsch *m*; Gerede *n*; **4.** il y a eu des ~s jemand hat geschwatzt, (aus der Schule) geplaudert, *F* nicht dichtgehalten

bavarder [bavarde] *v/i* **1.** schwatzen, *südd* schwätzen; plaudern; *F* plauschen; **2.** *péj* schwatzen, *südd* schwätzen (*auch im Unterricht*); *F* klatschen; *südd* ratschen; *anstatt zu handeln* viel reden; **3.** schwatzen, *südd* schwätzen; (aus der Schule) plaudern; *F* nicht dichthalten

bavarois [bavarwa] **I** bay(e)risch; *ling* bairisch; **II** *subst* **1.** ♀(e) *m(f)* Bayer *m*, Bay(e)rin *f*; **2.** *ling* le ~ das Bairische Bairisch *n*; **3.** *cuis* ~e *f od adit* crème ~e Cremespeise *f* (*aus Milch, Eigelb, Gelatine, Vanille u Schlagsahne*); Bava'rois *m*

bave [bav] *f* **1.** Speichel *m*; *F* Sabber *m*; *bei Tieren, Tobsüchtigen* Geifer *m*; Schaum *m*; **2.** *der Landschnecken* Schleim *m*; *der Seidenraupe* Seiden-, Spinnfaden *m*

baver [bave] *v/i* **1.** speicheln; Speichel

auslaufen lassen; *Säugling, Greis* F sabbern; sabbeln; *Tier, Tobsüchtiger* geifern; *Landschnecken* Schleim absondern; schleimen; **2.** *par ext* unsauber essen; F sabbern; sich bekleckern; **3.** *Tinte, Farbe* verlaufen; breitlaufen; **4.** F *fig* ~ d'admiration vor Bewunderung vergehen; ~ de colère geifern; vor Zorn sprühen; **5.** F *fig* en ~ a) (*p/fort* en ~ des ronds de chapeau es (*p/fort* sehr, furchtbar, schrecklich) schwer haben; sich (*p/fort* sehr *etc*) mühen, plagen, schinden, ins Geschirr legen müssen; (*p/fort* sehr *etc*) schuften müssen; b) *körperlich* viel aushalten müssen; en faire ~ à qn j-m das Leben schwer, sauer machen; F j-n zwiebeln; **6.** *fig* ~ sur qn j-n mit Schmutz bewerfen, in den Schmutz ziehen

bav|ette [bavɛt] *f* **1.** (Sabber)Lätzchen *n*; **2.** *e-r Schürze, Hose* (Brust)Latz *m*; **3.** F **tailler une ~** F ein Schwätzchen, e-n kleinen Schwatz, Plausch halten; **4.** *Fleischerei vom Rind etwa* Lappen *m*; Flanke *f*; **5.** *bât vor e-m Ofen* Ofenblech *n*; *auf dem Fenstersims* Fensterblech *n*; *der Dachrinne* Traufstreifen *m*; **~euse** *f zo* Schleimfisch *m*; **~eux** *adj* ‹-euse› **1.** F sabbernd; sabbelnd; *Tier(maul)* auch geifernd; **2.** *cuis* omelette baveuse leicht 'durchbackenes Ome'lett; **3.** *impr Buchstaben* unscharf; teigig; verlaufen

bavoch|er [bavɔʃe] *impr* **I** *v/t* unsauber, unscharf drucken, stechen; **II** *v/i Druckerschwärze* schmieren; klecksen; verlaufen; *Buchstaben, Fahne* verwischt, verkleckst; *Buchstaben auch* teigig sein; **~ure** *f cf* bavure 1.

bavoir [bavwar] *m* (Sabber)Lätzchen *n*

bavure [bavyr] *f* **1.** *impr* unsaubere, verwischte, verkleckste Stelle; (Schmutz)Fleck *m*; **2.** *tech* Gußnaht *f*; Grat *m* (*auch Kupferstich*); **3.** F *fig* Schönheitsfehler *m*; Makel *m*; **sans ~(s)** makellos; untadelig; tadellos; einwandfrei; *Glück* vollkommen; ungetrübt

bayadère [bajadɛr] *f* **1.** Baja'dere *f*; **2.** *adj tissu m* ~ buntgestreiftes Gewebe

bayart [bajar] *m cf* bard

bayer [baje] *v/i* ‹-ay- *od* -ai-› ~ aux corneilles F Maulaffen feilhalten

bazar [bazar] *m* **1.** Kramladen *m*; Gemischtwarenladen *m*; Ba'sar *m*; *Waren, Artikel* F de ~ billig; **2.** F *cf* bataclan 1.; **3.** *im Orient* Ba'sar *m*

bazard|age [bazardaʒ] F *m* Verramschen *n*; F Verscheuern *n*; Versilbern *n*; **~er** F *v/t* **1.** verramschen; F verscheuern; versilbern; **2.** fort-, wegwerfen, F -schmeißen

bazooka [bazuka] *m mil* Bazooka [-'zu:-] *f*; Panzerschreck *m*; F Ofenrohr *n*

bdellium [bdɛljɔm] *m* B'dellium *n*

bê [bɛ] *int* Schaf bê (äh!

beagle [bigl(ə)] *m zo* Beagle [bi:gl] *m*

béant [beɑ̃] *adj Wunde* klaffend; *Abgrund* gähnend; jäh; *Mund* weit aufgerissen, offenstehend

béarnais [bearnɛ] *adj* (*u subst* ♀ Bewohner) des Bé'arn; *cuis* **sauce ~e** Bé'arner Soße; Sauce Béar'naise *f*; Béar'naisesoße *f*

béat [bea] *adj péj u iron Lächeln, Gesichtsausdruck* einfältig, dümmlich *und* glücklich, beseligt, selig; *Bewunderung, Optimismus* einfältig; kindlich

béatif|ication [beatifikasjɔ̃] *f égl cath* Seligsprechung *f*; Beatifikati'on *f*; **~ier** *v/t égl cath* seligsprechen; beatifi'zieren; **~ique** *adj rel* seligmachend; **vision** *f* ~ Visio bea'tifica *f*; unmittelbare Anschauung Gottes der Seligen

béatitude [beatityd] *f* **1.** *rel* Seligkeit *f*; **2.** *fig* Glückseligkeit *f*; **3.** *bibl* Seligpreisung *f*

beatnik [bitnik] *m* Gammler *m*

beau[bo] **I** *adj* ‹*m vor Vokal u stummem h* **bel** [bɛl]; *f* **belle** [bɛl]; *m/pl* ~x›

1. *vom ästhetischen Standpunkt* schön; ~ **comme le jour** bildschön, -hübsch; *péj* **bel esprit** Schöngeist *m*; (mettre) ses **plus ~x habits** s-e schönsten, besten Kleider *n/pl* (anziehen); **le ~ sexe** das schöne Geschlecht; **2.** *Geste, Gefühle* schön; edel; **une belle action** e-e edle Tat; **une belle âme** e-e schöne Seele; **3.** *fein; vornehm;* **le ~ monde** die feine, vornehme Gesellschaft; **un ~ monsieur** ein feiner, vornehmer Herr; **un ~ quartier** ein feines, vornehmes Viertel; F **ce n'est pas ~ de** (+*inf*) es gehört, schickt sich nicht, es ist nicht fein zu (+*inf*); **se faire ~** sich herausputzen; F sich fein-, schönmachen; sich hübsch machen; **4.** *Erfolg, Reise, Abend, Leben, Traum* schön; *Ergebnis, Spiel, Posten* schön; gut; *Posten, Begabung* glänzend; *Gelegenheit* schön; gut; günstig; **belle humeur** gute Laune, Stimmung; ~ **joueur** guter Verlierer (*auch fig*); *loc/adv* **un ~ jour, matin** e-s schönen Tages, Morgens; **les ~x jours** *cf* jour 1.; **une belle mort** ein schöner, sanfter, leichter Tod; **mourir de sa belle ~** e-s natürlichen Todes sterben; **belle page** *cf* page[1]; **une belle plaie** e-e saubere Wunde; **de belles promesses** schöne, leere Versprechungen *f/pl*; **un ~ soleil** (e-e) strahlende Sonne; (avoir) ~ **temps** schönes, gutes Wetter (haben); **la mer est belle** das Meer, die See ist ruhig; *zu e-r Frau* **sois belle et tais-toi!** sei so gut, tu mir die Liebe und halte den Mund!; **c'est trop ~ pour être vrai** das ist zu schön, um wahr zu sein; **c'est très ~ sur le papier, mais...** das hört sich ganz schön an ...; **tout cela est bel et bon** schön, mais... das ist alles ganz schön und gut *od* gut und schön, aber...; *cf auch* II.; **5.** *iron* schön; heiter; reizend; nett; **la belle affaire!** *cf* affaire 2.; **être dans de ~x draps** *cf* drap 2.; **c'est un ~ gâchis** das ist ja ein schönes Durcheinander; ♦ *ellip:* **j'en apprends de belles sur vous** ich höre ja schöne, reizende Dinge, Geschichten über Sie; **en dire de belles** F dummes, unglaubliches Zeug, Blödsinn reden; **en dire, en raconter de belles sur qn** schöne, reizende, nette Dinge, Geschichten über j-n erzählen; **en faire de belles** schöne Geschichten, Dummheiten, F Blödsinn machen; **6.** (Geld-) Summe, Vermögen, Erbschaft beträchtlich; ziemlich groß; F schön; hübsch; *Stück Fleisch, Braten* groß; F ordentlich; *Ohrfeige, Schnupfen* tüchtig; F ordentlich; *Ohrfeige auch* kräftig; *Angst, Krach* mächtig; **un bel âge** ein schönes, hohes Alter; **c'est le bel âge!** da bist du, da sind Sie ja noch jung!; **un bel appétit** ein guter, gesunder, F tüchtiger Appetit; **une belle dinde** e-e große, fette Pute; **un bel égoïste** ein ganz schöner Egoist; **un ~ mariage** e-e gute Partie; **une belle peur** *auch* F eine Heiden-, Mordsangst; **une belle proie** e-e reiche Beute; P **un ~ salaud** P ein ganz großer Scheißkerl; **une belle salle** ein großer Saal; F **tapage** *auch* F ein Heiden-, Mordskrach *m*; *loc/adv:* **à belles dents** *cf* dent 1.; **au ~ milieu de** mitten in, auf (+*dat*); **il y a ~ temps que ...** es ist schon lange her, daß ...; *seit* **langem** ...; **7.** lieb; *zu e-m jungen Mädchen* **ma belle enfant** mein liebes Kind; **II** *adv* **avoir ~ ~ faire qc** etw noch so sehr tun können, mögen; **j'ai ~ crier, il ne m'entend pas** ich kann schreien, soviel ich will, ich kann noch so sehr schreien

...; **vous avez ~ dire**, *ce n'est pas si mal que cela* Sie können *od* mögen sagen, was Sie wollen ...; **il a ~ être tard** mag es noch so spät sein; **il a ~ faire**, *il ne réussira pas* er kann machen, was er will *od* er kann sich noch so sehr anstrengen ...; **il fait ~** es ist schön(es Wetter); das Wetter ist schön; wir haben schönes Wetter; *drohend* **il ferait ~ voir qu'ils n'obéissent pas à mes ordres** sie wären schlecht beraten, es würde ihnen schlecht bekommen, das wäre ja noch schöner, wenn sie meinen Befehlen nicht gehorchen würden; *st/s Person trotz ihres Alters* **porter ~** noch e-e gute Erscheinung sein; ♦ *im Leben* **l'avoir belle** es leicht, bequem, gut, einfach haben; **l'échapper belle** *cf* échapper I; ♦ *loc/adv:* **bel et bien** tatsächlich; wirklich; in der Tat; **de plus belle** noch mehr, heftiger, stärker, schlimmer, ärger; **crier de plus belle** noch mehr, heftiger schreien; **la pluie recommença de plus belle** es fing noch mehr, stärker, heftiger an zu regnen; **voilà que ça recommence de plus belle** jetzt fängt es erst richtig an; **III** *subst* **1.** *Ästhetik* **le ~** das Schöne; **le culte du ~** der Kult des Schönen; der Schönheitskult; **2.** **le ~** das Schöne; **Philippe le ♀** Philipp (I.) der Schöne (*von Kastilien*); **Philippe le Bel** Philipp (IV.) der Schöne (*von Frankreich*); **un vieux ~** ein alter Beau; *Hund* **faire le ~** Männchen *od* schön machen; **3.** *m* gute Quali'tät; **n'acheter que du ~** nur gute Qualität, Qualitätsware kaufen; **4.** *m* **ce qu'il y a de ~ dans** das Schöne an (+*dat*); *iron:* **le plus ~ de l'histoire, c'est que** ... das (Aller)Schönste, Beste bei *od* an der Geschichte ist, daß ...; **c'est du ~!** das ist ja heiter, reizend!; **le temps est, se met au ~** das Wetter *od* es ist, wird schön; **être au ~ fixe** *Barometer* auf Schön stehen; *Wetter* beständig sein; *Beziehungen* bestens, ungetrübt sein; **5.** **une belle** e-e Schöne; e-e schöne Frau; ein schönes Mädchen; *Cocteau* **La Belle et la Bête** Es war einmal; *Perrault* **La Belle au bois dormant** Dorn'röschen *n*; **6.** *plais* **sa belle** s-e Liebste; *ma* **belle** meine Liebe, Beste, Gute; F *galante Anrede e-s Mannes:* **où allez-vous, la** *od* **ma belle?** ..., schöne Frau?; **7.** **belle** *f Spiel* entscheidende Par'tie; *sports* Entscheidungsspiel *n*

beauceron [bosrɔ̃] *adj* ‹~ne› (*u subst* ♀ Bewohner) der Beauce

beaucoup [boku] *adv* viel; **a)** *beim Verbum:* mengenmäßig viel; **lire, manger, travailler** ~ viel lesen, essen, arbeiten; **b)** *Intensität* sehr; **il a ~ changé** er hat sich sehr verändert; **il m'a ~ déçu** er hat mich sehr enttäuscht; **estimer** ~ *auch* hochschätzen; **s'intéresser** ~ à qc *auch* sich lebhaft für etw interessieren; ♦ *Häufigkeit* sehr oft; **on l'a ~ vu sur la plage** er ist *auch* am Strand gesehen worden; ♦ *Übertreibung:* **c'est ~ dire** das ist, wäre zu viel gesagt, über'trieben; **ne pensez-vous pas que vous l'avez ~ puni?** ... daß Sie ihn zu hart bestraft haben; **b)** *beim adj* sehr; **aimable, il l'est** ~ liebenswürdig ist er sehr; ♦ *beim comp* viel; ~ **plus rapide** viel schneller; **c)** *beim adv* viel; weit; ~ **mieux** viel, weit besser; ~ **plus** viel, weit mehr; ~ **trop** viel zuviel; ~ **trop vite** viel zu schnell; **d)** *loc/adv* **de** ~ bei weitem; weit(aus); viel; mit Abstand; *ce vin est* **de** ~ **meilleur** ... viel, weit(aus), um vieles besser; ... **de** ~ **le meilleur** *od* **le meilleur de** ~ ... bei weitem, mit Abstand der Beste; **dépasser de** ~ bei weitem über'treffen; **il s'en faut de** ~ *cf* falloir 3.; **e)** ~ **de** (+*subst*

viel(e); ~ d'accidents viele Unfälle; ~ d'argent, de chance, de patience viel Geld, Glück, Geduld; ~ de gens, de monde viele Leute; avoir ~ de choses à dire, à faire viel zu sagen, zu tun haben; **f)** *alleinstehend* viel; avoir ~ à apprendre viel zu lernen haben; c'est déjà ~ das ist schon viel; c'est ~ pour son âge das ist viel für sein Alter; c'est ~ de (+*inf*) od que ... od si ... es ist schon viel, wenn ...; il y est pour ~ er hat daran maßgeblich mitgewirkt; er ist daran maßgeblich beteiligt; er ist weitgehend schuld daran; être ~ pour qn j-m viel bedeuten; j-s ein und alles sein; ♦ *bei Personen* viele; ~ sont de notre avis viele sind unserer Meinung; il y en a ~ qui ... es gibt viele, die ...; ils étaient ~ sie, es waren viele; *poét* es waren ihrer viele

beau|-fils [bofis] *m* ⟨*pl* beaux-fils⟩ **1.** Stiefsohn *m*; **2.** Schwiegersohn *m*; **~-frère** *m* ⟨*pl* beaux-frères⟩ Schwager *m*

beaujolais [boʒɔlɛ] *m* Wein Beaujo-ᶦlais *m*

beau|-papa [bopapa] *m* ⟨*pl* beaux-papas⟩ *Anrede* Schwiegerpapa *m*; **~-père** *m* ⟨*pl* beaux-pères⟩ **1.** Schwiegervater *m*; **2.** Stiefvater *m*

beaupré [bopre] *m mar* (mât *m* de) ~ Bugspriet *n*

beauté [bote] *f* **1.** Schönheit *f*; la ~ du diable die vergängliche Schönheit. Anmut, Frische der Jugend; produits *m/pl* de ~ Kosᶦmetika *n/pl*; Schönheitsmittel *n/pl*; soins *m/pl* de ~ Schönheitspflege *f*; Kosᶦmetik *f*; *loc/adj*: d'une grande ~ von großer Schönheit; de toute ~ ungewöhnlich, einmalig, einzig schön; bild-, wunderschön; *loc/adv* en ~ mit Glanz; glänzend; mourir en ~ würdig, e-s würdigen Todes sterben; *Person* être en ~ schöner, besser als sonst aussehen; besonders schön, gut aussehen; F se refaire une ~ das Make-up [meːkˈap] erneuern; sich noch ein bißchen herrichten, schön-, zuᶦrechtmachen; **2.** *von e-r Frau* une ~ e-e Schönheit; ce n'est pas une ~ sie ist keine Schönheit; **3.** *e-s Landes, Kunstwerks etc* les ~s *pl* die Schönheiten *f/pl*

beaux|-arts [bozar] *m/pl* les ~ die schönen Künste *f/pl*; *im engeren Sinn* die bildende Kunst; l'École *f* des ~ od *ellip* les Beaux-Arts die Hochschule für Bildende Kunst; die Kunsthochschule, -akademie; **~-parents** *m/pl* Schwiegereltern *pl*

bébé [bebe] *m* **1.** Baby [ˈbeːbi] *n*; Säugling *m*; attendre un ~ ein Baby erwarten; *von e-m älteren Kind* être un vrai ~ noch ein richtiges Baby sein; faire le ~ sich kindisch, wie ein Baby, Säugling benehmen; *adjt* être (resté) ~ ein Baby (geblieben) sein; ~ pleure Baby weint; **2.** Babypuppe *f*; **3.** *von Tieren* ~-chat, ~-tigre, *etc* ⟨*pl* bébés-chats, bébés-tigres, *etc*⟩ Katzen-, Tigerbaby *n etc*

bébête [bebɛt] F **I** *adj* naᶦiv; kindisch; dumm; einfältig; **II** *subst* **1.** *m* zärtliche Anrede gros ~ F Dummerchen *n*; **2.** *f enf* Tierchen *n*; Tierlein *n*

be-bop [bibɔp] *m Musik u Tanz* Bebop [ˈbiːbɔp] *m*

bec [bɛk] *m* **1.** *der Vögel* Schnabel *m*; coup *m* de ~ a) Schnabelhieb *m*; b) *fig* Seitenhieb *m*; donner un coup de ~ à qn j-m e-n Seitenhieb versetzen; nez *m* en ~ d'aigle Adlernase *f*; krumme, gebogene Nase; à ~ rouge rotgeschnäbelt, -schnäb(e)lig; *fig Person* avoir ~ et ongles Haare auf den Zähnen haben; rester le ~ dans l'eau im ungewissen schweben; gar nicht wissen,

woran man ist; **2.** F *fig (bouche)* F Schnabel *m*; un ~ fin ein Feinschmecker *m*; prise *f* de ~ (heftiger) Wortwechsel; (heftige) Ausein'andersetzung; avoir une prise de ~ avec qn *auch* mit j-m (heftig) anein'andergeraten; F sich mit j-m in die Haare kriegen, in der Wolle haben; claquer du ~ F Kohldampf schieben; clouer, clore le ~ à qn F j-m den Mund stopfen; ouvrir le ~ F den Schnabel auftun, -machen; **3.** *zo der Schildkröte, Kaulquappe* Maul *n*; *der Kopffüßer* Mund *m*; *der Schnabelkerfe* Schnabel *m*; *der Rüsselkäfer* Rüssel *m*; **4.** *mus der Blockflöte, Klarinette* Schnabel *m*; *der Oboe* Mundstück *n*; **5.** *e-r Kanne, Kasserolle etc* Schnabel *m*; Ausguß *m*; Schnauze *f*; *e-r Kanne auch* Tülle *f*; **6.** *e-r Schreibfeder* Spitze *f*; **7.** *e-s Brückenpfeilers* Vorkopf *m*; Eis-, Wellenbrecher *m*; **8.** *aviat* ~ de sécurité Vorflügel *m*; **9.** Brenner *m*; ~ Auer Auerlicht *n*; Gasglühlicht *n*; *chim* ~ Bunsen Bunsenbrenner *m*; *e-s Gasherdes* ~ à gaz Gasbrenner *m*; Brennerkopf *m*, -mundstück *n*; ~ de gaz Gaslaterne *f*; F *fig* tomber sur un ~ auf unerwartete Hindernisse, Schwierigkeiten stoßen; e-e harte Nuß zu knacken haben; auf j-n stoßen, der 'Widerstand leistet, der sich nicht alles gefallen läßt; **10.** *mar e-s Ankerarms* Flunke *f*; *früher e-s Schiffs* (Schiffs-) Schnabel *m*; **~-à-cuiller** *m* ⟨*pl* becs-à-cuiller⟩ *zo* Löffler *m*; Löffelreiher *m*

bécane [bekan] F *f* **1.** (Fahr)Rad *n*; F Stahlroß *n*; Drahtesel *m*; **2.** schweres Motorrad; schwere Maᶦschine

bécard [bekar] *m zo* **a)** Hakenlachs *m*; **b)** großer Hecht

bécarre [bekar] *m mus* Auflösungszeichen *n*; *adjt* un do ~ ein mit e-m Auflösungszeichen versehenes c

bécasse [bekas] *f* **1.** *zo* (Wald)Schnepfe *f*; **2.** F *fig von e-r Frau* F dumme Gans, Pute; **~eau** *m* ⟨*pl* ~x⟩ *zo* Strandläufer *m*; **~ine** *f* **1.** *zo* Sumpfschnepfe *f*; ~ des marais Bekas'sine *f*; **2.** F *fig von e-m jungen Mädchen* F Gänschen *n*; **~on** *m* *zo* Wasserläufer *m*

beccard [bekar] *m cf* bécard

bec|-croisé [bɛkkrwaze] *m* ⟨*pl* becs--croisés⟩ *zo* Kreuzschnabel *m*; **~-d'âne** *m* ⟨*pl* becs-d'âne⟩ *cf* bédane; **~-de--canard** *m* ⟨*pl* becs-de-canard⟩ *mines* Entsennajonahle; **~-de-cane** *m* ⟨*pl* becs-de-cane⟩ **a)** schlüsselloses Fallenschloß; **b)** Türklinke *f*, -griff *m*; Drehknauf *m*, -knopf *m*; **~-de-corbeau** *m* ⟨*pl* becs-de-corbeau⟩ Drahtzange *f*; **~-de-jar** *m* ⟨*pl* becs-de-jar⟩ *zo* Sandklaffmuschel *f*; **~-de-lièvre** *m* ⟨*pl* becs-de-lièvre⟩ *path* Hasenscharte *f*; **~-d'oie** *m* ⟨*pl* becs-d'oie⟩ *zo* Gemeiner Del'phin; **~-dur** *m* ⟨*pl* becs-durs⟩ *zo* Kernbeißer *m*; **~-en-croix** *m* ⟨*pl* becs-en-croix⟩ *zo* Kreuzschnabel *m*; **~-en-cuiller** *m* ⟨*pl* becs-en-cuiller⟩ *zo* Kahnschnabel *m*; **~-en-scie** *m* ⟨*pl* becs-en-scie⟩ *zo* Säger *m*; **~-fin** *m* ⟨*pl* becs-fins⟩ *zo* Sperlingsvögel mit geradem, spitz zulaufendem Schnabel wie Grasmücke, Schmätzer etc

béchage [beʃaʒ] *m jard* 'Umgraben *n*

béchamel [beʃamɛl] *f cuis* ~ od *adjt* sauce *f* ~ Bécha'melsoße *f*

bêche [bɛʃ] *f* **1.** *jard* Spaten *m*; Grabscheit *n*; **2.** *mil* ~ de crosse La'fettensporn *m*

bêche-de-mer [bɛʃdəmɛr] **1.** *f* ⟨*pl* bêches-de-mer⟩ *zo* Trepang *m* (*eßbare Seewalze*); **2.** *m* Tangenglisch *n*; Beach-la-Mar [ˈbiːtʃˈl-] *n*; Bêche-de-mer *n*

bêch|er [beʃe] **I** *v/t jard* 'umgraben; *abs auch* graben; **II** *v/i* F *Person* eingebildet, hochnäsig sein; **~eur** *m* F eingebildeter,

hochnäsiger Schnösel; **~euse** *f* F eingebildete, hochnäsige Pute

bec-jaune [bɛ(k)ʒon] *m* ⟨*pl* becs--jaunes⟩ *cf* béjaune

bécot [beko] *m* Küßchen *n*; gros ~ herzhafter, schmatzender Kuß; F Schmatz *m*

bécoter [bekɔte] F *v/t* (*u v/pr* se) ~ (sich) abküssen, F abknutschen

becquée [beke] *f* donner la ~ *Vogelbrut* füttern, atzen, *Kind* füttern (à qn j-n)

bec(que)tance [bɛktɑ̃s] F *f* Essen *n*; F Futter *n*; Fressen *n*

becqueter [bɛkte] *v/t* ⟨-tt-⟩ *od* **becter** [bɛkte] *v/t* **1.** *Vögel* (auf-, an)picken; **2.** F *fig Person* essen; F futtern; fressen

bécune [bekyn] *f zo* Barra'kuda *m*

bedaine [bədɛn] *f* F Schmerbauch *m*; (Fett)Wanst *m*; Wampe *f*; grosse ~ dicker Schmerbauch, Wanst; dicke Wampe

bédane [bedan] *f tech für Metall* Kreuzmeißel *m*; *für Holz* Lochbeitel *m*

bedeau [bədo] *m* ⟨*pl* ~x⟩ *égl cath* Küster *m*; Kirchendiener *m*

bédégar [bedegar] *m* Gallapfel auf (*Wild*)Rosen Schlafapfel *m*

bedon [bədɔ̃] *m* F *cf* bedaine

bedonn|ant [bədɔnɑ̃] F *adj* dick-, F schmerbäuchig; **~er** *v/i* F e-n Schmerbauch haben, kriegen; sich e-n Schmerbauch zulegen, anessen

Bédou|in [bedwɛ̃] *m*, **~ine** *f* Bedu'ine *m*, Bedu'inenfrau *f*; *loc/adj* de(s) Bédouins Beduinen...

bée [be] *adj* ⟨*nur f*⟩ *loc/adv* bouche ~ mit offenem Mund; demeurer, rester bouche ~ mit offenem Munde dastehen; F Mund und Nase *od* Augen aufreißen, -sperren; être bouche ~ devant qn j-n anstaunen

beefsteak [biftɛk] *m cf* bifteck

béer [bee] *v/i* ~ d'admiration, d'étonnement vor Bewunderung, Staunen den Mund weit aufsperren, -reißen, den Mund nicht mehr zukriegen

beffroi [befrwa] *m* **1.** Belfried *m*; Befᶦfroi *m*; *par ext* (Uhr-, Rathaus)Turm *m*; **2.** *mil hist* hölzerner Belagerungsturm

bégaiement [begɛmɑ̃] *m* Stottern *n*

bégayer [begeje] ⟨-ay- *od* -ai-⟩ **I** *v/t* Entschuldigung, ein paar Worte stammeln; stottern; **II** *v/i* stottern

bégonia [begɔnja] *m bot* Be'gonie *f*; Schiefblatt *n*; F *fig* faut pas charrier dans les ~s *cf* charrier **II**; **~cées** [-se] *f/pl bot* Begonia'zeen *f/pl*

bègue [beg] *adj* ⟨*a* 'béguë⟩ cheval ~ Pferd, das die Bohne, Kunde, Kennung über das gewöhnliche Alter hin'aus beibehält

bègue [beg] **I** *adj* stotternd; **II** *m,f* Stotterer *m*, Stotterin *f*

bégueul|e [begœl] **I** *f* (F schrecklich) prüde, zimperliche Frau; **II** *adj* (F schrecklich) prüde, zimperlich; **~erie** *f* (F schreckliche) Prüde'rie, Zimperlichkeit

béguin [begɛ̃] *m* **1.** F *fig* **a)** avoir le *od* un ~ pour qn für j-n schwärmen; in j-n vernarrt, F verknallt, verschossen sein; **b)** *iron* Angebetete(r) *f(m)*; F Schwarm *m*; nur von e-r Frau F Flamme *f*; **2.** *für Frauen* Haube *f*, *auch für Kleinkinder* Häubchen *n* (*unter dem Kinn gebunden*)

béguinage [beginaʒ] *m* Be'ginenhof *m*, -gemeinschaft *f*

béguine [begin] *f* Be'gine *f*

bégum [begɔm] *f* Titel indischer Fürstinnen Begum *f*

béhavio(u)r|isme [beavjɔrism(ə), -vju-] *m psych* Behavio'rismus [bihe:vjo-] *m*; **~iste** *psych* **I** *adj* behavio'ristisch; **II** *m,f* Behavio'rist(in) *m(f)*

beige [bɛʒ] **I** *adj* beige [be:ʒ]; sandfarben; *text* laine *f* ~ naturfarbene, ungefärbte Wolle; **II** *m* Beige *n*

beigne [bɛɲ] *m* F Backpfeife *f*; (Ohr-) Watsche *f*; Maulschelle *f*

beignet [bɛɲɛ] *m cuis* Bei'gnet *m*; *etwa* Krapfen *m*; Ber'liner (Pfannkuchen) *m*; ~s aux aubergines Auberginen *f/pl* in Bierteig; ~ aux pommes Apfel-Beignet *m*

beïram [beiram] *m cf* baïram

béjaune [beʒon] *m* **a)** gelber Schnabel e-s *jungen Vogels*; **b)** *par ext* junger Vogel

bel [bɛl] *cf* beau

bel² [bɛl] *m phys* Bel *n* (*abr* B)

bélandre [belãdr(ə)] *f mar* Last-, Frachtkahn *m*; Zille *f*

bêlant [bɛlã] *adj* **1.** *Schaf* blökend; *Ziege* meckernd; **2.** F *fig u péj Redner* F blökend; *Sänger* F jaulend; **chanteur** ~ *auch* F Heuler *m*

bel canto [bɛlkãto] *m mus* Bel'canto *od* ~'kanto *m*

bêlement [bɛlmã] *m der Schafe* Blöken *n*; Bähen *n*; F Mähen *n*; *der Ziege* Meckern *n*

bélemnite [belɛmnit] *f Paläontologie* Belem'nit *m*; *die Schale* Donnerkeil *m*; Teufelsfinger *m*

bêler [bɛle] *v/i* **1.** *Schaf* blöken; bähen; F mähen; *Ziege* meckern **2.** F *fig u péj Redner* F blöken; *Sänger* F jaulen; heulen

belette [bəlɛt] *f zo* Wiesel *n*; ~ **commune** kleines Wiesel; Mauswiesel *n*

belge [bɛlʒ] **I** *adj* belgisch; **II** *subst* ♂ *m,f* Belgier(in) *m(f)*

belgicisme [bɛlʒisism(ə)] *m ling* Eigentümlichkeit *f* des in Belgien gesprochenen Fran'zösisch

bélier [belje] *m* **1.** *zo* Widder *m*; Schafbock *m*; **2.** *astr* ♈ Widder *m*; **3.** *mil hist* Mauerbrecher *m*; Sturmbock *m*; **4.** *tech* ~ **hydraulique** hy'draulischer Widder; Stoßheber *m*; *in e-r Wasserleitung* **coup de** ~ Druckschwankung *f*, -stoß *m*

bélière [beljɛr] *f* **1.** *zur Befestigung e-s Säbels, Schmuckstücks, Glockenklöppels* Ring *m*; **2.** *am Wehrgehenk* Tragriemen *m* (*für den Säbel*)

bélino|gramme [belinogram] *m télécomm früher* Belino'gramm *n*; ~**graphe** *m* Bildtelegraf *m*

belladone [beladon] *f bot* Tollkirsche *f*; Bella'donna *f*

bellâtre [belatr(ə)] *m* Geck *m*; Stutzer *m*; Beau *m*; *iron* schöner Mann

belle [bɛl] *cf* beau

belle|-de-jour [bɛldəʒur] *f* ⟨*pl* belles-de-jour⟩ *bot* Winde *f*; ~**-de-nuit** *f* ⟨*pl* belles-de-nuit⟩ *bot* Wunderblume *f*

belle|-fille [bɛlfij] *f* ⟨*pl* belles-filles⟩ **1.** Schwiegertochter *f*; **2.** Stieftochter *f*; ~**-maman** *f* ⟨*pl* belles-mamans⟩ *Anrede* Schwiegermama *f*; ~**-mère** *f* ⟨*pl* belles-mères⟩ **1.** Schwiegermutter *f*; **2.** Stiefmutter *f*

belles-lettres [bɛlɛtr(ə)] *f/pl früher* schöne Litera'tur, Dichtung *f* und Rhe'torik *f*; Belles lettres *pl*

belle-sœur [bɛlsœr] *f* ⟨*pl* belles-sœurs⟩ Schwägerin *f*

bellic|isme [belisism(ə)] *m* kriegerische Gesinnung; Neigung *f*, internationale Kon'flikte durch Gewalt, Krieg zu lösen; Kriegstreibe'rei *f*, -hetze *f*; ~**iste I** *adj* die Anwendung von Gewalt, den Krieg befürwortend; zum Krieg treibend, hetzend; belli'zistisch; **II** *m,f* Anhänger(in) *m(f)* und Befürworter(in) *m(f)* des Krieges; Kriegstreiber(in) *m(f)*, -hetzer(in) *m(f)*; Belli'zist(in) *m(f)*

bellifontain [belifõtɛ̃] *adj* (*u subst* ♂ Einwohner) von Fontainebleau

belligér|ance [beliʒerãs] *f* Status *m* e-r kriegführenden Macht; ~**ant I** *adj* kriegführend; **puissances** ~**es** kriegführende Mächte *f/pl*; **II** *m/pl* ~**s a)** Kriegführende(n) *m/pl*; kriegführende Staaten *m/pl*, Mächte *f/pl*; **b)** Angehörige(n) *m/pl* von Streitkräften e-s kriegführenden Staates

belliqueux [belikø] *adj* ⟨-euse⟩ **1.** kriegerisch; kriegliebend; kriegslustig; **2.** streitbar; streit-, kampflustig; **être d'humeur belliqueuse** streitlustig, in streitbarer Stimmung sein

belon [bəlõ] *f zo* flache, runde Austernart

belote [bəlɔt] *f frz* Kartenspiel

bélouga [beluga] *od* **béluga** [belyga] *m zo* Weißwal *m*

belvédère [bɛlvedɛr] *m* Aussichtspunkt *m*, -terrasse *f*, -pavillon *m*; *arch auch* Belve'dere *n*

bémol [bemɔl] *m mus* B *n*; Erniedrigungszeichen *n*; *adjt* **do** ~ **ces**(-*Moll*) *bzw* Ces(-*Dur*); **ré** ~, *etc cf* **ré** *etc*; ~**iser** *v/t mus* Note ein B erniedrigen

ben [bɛ̃] *adv int* F (eh) ~ *cf* **bien¹** I **7.**

bénédicité [benedisite] *m* Tischgebet *n* (*vor dem Essen*); (Tisch)Segen *m*

bénédictin [benediktɛ̃] **I** *adj égl cath* Benedik'tiner...; **ordre** ~ Benediktinerorden *m*; **II** *subst* **1.** *égl cath* Benedik'tiner(in) *m(f)*; Benedik'tinermönch *m*, -nonne *f*; **2.** ♀ *f* Benedik'tiner *m* (*ein Kräuterlikör*)

bénédiction [benediksjõ] *f rel* Segen *m*; *als Handlung* Segnung *f*; Segensspendung *f*, -erteilung *f*; Benedikti'on *f*; *von Gegenständen* (Ein)Segnung *f*; Weihe *f*; ~**s** *pl* Segenswünsche *m/pl*; ~ **nuptiale** kirchliche Trauung (*ohne Brautmesse*); ~ **du ciel** Segen des Himmels; ~ **des cloches, des drapeaux** Glocken-, Fahnenweihe *f*; ~ **du saint sacrement** sakramentaler Segen; **donner la** ~ **à qn** j-m den Segen erteilen, geben, spenden; j-n segnen; **den Segen über j-n sprechen**; F *iron* **donner à qn sa** ~ F j-m s-n Segen (zu etw) geben; **je te donne ma** ~ *auch* F meinen Segen hast du; *fig* **c'est une** ~! das ist ein wahrer Segen, e-e wahre Lust, Freude, Wonne! (*auch iron*)

bénef [benɛf] *m* F (*Kurzform für* bénéfice) **c'est** ~ das ist gewinnbringend, einträglich, vorteilhaft, profi'tabel

bénéfice [benefis] *m* **1.** *comm* Gewinn *m*; Ertrag *m*; Pro'fit *m*; Plus *n*; ~**s commerciaux** Handelsgewinne *m/pl*; ~ **net** Netto-, Reingewinn *m*, -ertrag *m*; **marge** *f* **de** ~ Gewinn-, Verdienstspanne *f*; **c'est tout** ~ das ist ein reines Profitgeschäft; **faire, réaliser un** ~ e-n Gewinn, Profit erzielen; ein Plus machen; **mit Gewinn arbeiten**; **2.** Vorteil *m*; Nutzen *m*; ~ **de l'âge** Begünstigung *f* auf Grund des höheren Lebensalters (*bei Stimmengleichheit für zwei Kandidaten*); **thé représentation à** ~ Bene'fiz(vorstellung) *n(f)*; *loc/prép* **au** ~ **de** zu'gunsten (+*gén*); **quel** ~ **as-tu à mentir?** was brachte dir das davon, wenn du lügst?; was bringt dir das Lügen ein?; **laisser à qn le** ~ **du doute** im Zweifelsfall zu j-s Gunsten entscheiden; **tirer** ~ **de qc von** etw profi'tieren; Nutzen, Vorteil aus etw ziehen; **3.** *jur* Rechtswohltat *f*, -vorteil *m*; ~ **de cession d'actions** Rückgriffsrecht *n* des s-e Bürgschaftsschuld tilgenden Bürgen gegenüber dem Hauptschuldner; ~ **de discussion** (Recht *n* der) Einrede *f* der Vorausklage; ~ **de division** Rechtswohltat, Möglichkeit *f* der geteilten Inanspruchnahme, der anteilmäßigen Haftung der Bürgen; ~ **d'inventaire** Recht *n* des Erben, durch Aufstellung e-s Inventars s-e Haftung auf den Nachlaß zu beschränken; *sc* Bene'ficium inven'tarii *n*; **accepter une succession sous** ~ **d'inventaire** e-e Erbschaft unter Vorbehalt der Inventarerrichtung annehmen; **4.** *égl cath* ~ **ecclésiastique** kirchliches Bene'fizium; Pfründe *f*; ~ **à charge d'âme** mit der Seelsorge verbundenes Benefizium

bénéficiaire [benefisjɛr] **I** *adj* gewinnbringend; profi'tabel; einträglich; Gewinn...; **marge** *f* ~ Gewinn-, Verdienstspanne *f*; *Unternehmen* **être** ~ mit Gewinn arbeiten; Gewinne erwirtschaften; **II** *m,f* **1.** Begünstigte(r) *f(m)*; *e-r Leistung* Empfangs-, Bezugsberechtigte(r) *f(m)*; Empfänger(in) *m(f)*; Bezieher(in) *m(f)*; *e-r Benefizvorstellung* Benefizi'ant *m*; *e-s Schecks* Zahlungs'empfänger(in) *m(f)*; *e-s Wechsels* Wechselnehmer(in) *m(f)*; Remit'tent *m*; Begünstigte(r) *f(m)*; ~ **d'une pension** Rentenempfänger(in) *m(f)*, -bezieher(in) *m(f)*; ~ **d'une prestation** Leistungsempfänger(in) *m(f)*; **j'en suis le** ~ ich profitiere davon; ich bin der Nutznießer davon; das kommt mir zu'gute; **2.** *jur od adjt* **héritier** *m* ~ Erbe, der die Erbschaft unter Vorbehalt der Inven'tarerrichtung annimmt

bénéficier [benefisje] *v/t/indir* ~ **de qc** in den Genuß e-r Sache (*gén*) kommen; etw genießen; von etw profi'tieren; Vorteil, Nutzen aus etw ziehen; *Rente, Gehalt, Leistung* beziehen; ~ **de circonstances atténuantes** mildernde 'Umstände zugebilligt bekommen; ~ **d'une bonne éducation** e-e gute Erziehung genießen; **il en a bénéficié** es *od* das ist ihm zu'gute gekommen; **faire** ~ **qn de qc** j-m etw zu'gute kommen lassen

bénéfique [benefik] *adj* wohltuend; (*Aus*)*Wirkung* günstig; *Astrologie* pla'nète *f* ~ günstiger, glückbringender Planet; **ce séjour lui a été** ~ ... hat ihm gutgetan

benêt [bənɛ] *m von e-m jungen Mann* (**grand**) ~ Tölpel *m*; Dummkopf *m*; Dummerjan *m*; **son grand** ~ **de fils** sein Sohn, dieser Tölpel *etc*; **sein Tölpel** *etc* von Sohn; *adjt* **un peu** ~ dümmlich; ein bißchen dumm, tölpelhaft

bénévolat [benevola] *m* Freiwilligkeit *f*

bénévole [benevɔl] *adj Person, Tätigkeit* freiwillig; ehrenamtlich; unbezahlt; unbesoldet; *Tätigkeit auch* unentgeltlich; **aide** ~ **a)** *m,f* ehrenamtlicher, freiwilliger Helfer; ehrenamtliche, freiwillige Helferin; **b)** *f* freiwillige, unentgeltliche Hilfe

bengalais [bɛ̃galɛ] *adj u subst cf* bengali

bengali [bɛ̃gali] **I** *adj* (*f inv*) ben'galisch; **II** *subst* **1.** ♀ *s m/pl* Ben'galen *m/pl*; **2.** *ling* **le** ~ das Ben'gali; Ben'gali *n*

bénigne *cf* bénin

bénignité [beniɲite] *f e-r Krankheit* Gutartigkeit *f*; Harmlosigkeit *f*; *sc* Benigni'tät *f*

bénin [benɛ̃] *adj* ⟨**bénigne** [beniɲ]⟩ **1.** *Krankheit, Tumor* gutartig; *sc* be'nigne; *Unfall, Krankheit* harmlos; **2.** *Vergnügen etc* harmlos; *Strafe auch* mild

béninois [beninwa] *adj* (*u subst* ♀ Bewohner) von Be'nin

béni-oui-oui [beniwiwi] *m/pl* F Jasager *m/pl*

bénir [benir] *v/t* **1.** *rel* segnen; *poét* bene'deien; *Altar, Glocke, Fahne* weihen; (ein)segnen; ~ **un mariage** j-n, ein Brautpaar trauen (*ohne Brautmesse*); **Dieu vous bénisse!** Gott segne Sie!; **Gottes Segen** (sei) mit Ihnen!; **un peuple béni de Dieu** ein von Gott gesegnetes Volk; *im Ave-Maria* **vous êtes bénie entre toutes les femmes** du bist gebenedeit unter den Frauen; **2.** danken, dankbar sein (**qn** j-m); glücklich sein (**qc** über etw [*acc*]); **il bénit notre arrivée** er war glücklich, heilfroh

über unser Kommen; **béni soit le ciel, bénie soit la providence ciel** Himmel, der Vorsehung sei Dank; **je bénis le médecin qui m'a sauvé** ich bin dem Arzt, der mich gerettet hat, ewig dankbar

bénit [beni] *adj égl* geweiht; Weih...; **eau ~e** Weihwasser *n*; **pain ~** geweihtes Brot
bénitier [benitje] *m* **1.** *égl cath* Weihwasserbecken *n*, -kessel *m*; F *fig* **grenouille** *f* **de ~** F Betschwester *f*; Kanzelschwalbe *f*; F **se démener comme un diable dans un ~** ... wie ein Verrückter, Wilder, wie toll, wild; **2.** *zo* Riesenmuschel *f*; **grand ~** Mördermuschel *f*
benjam|in [bɛ̃ʒamɛ̃] *m*, **~ine** *f* e-r Familie, Gruppe Jüngste(r) *f(m)*; Benjamin *m*; e-r Familie *auch* Nesthäkchen *n*
benjoin [bɛ̃ʒwɛ̃] *m* Benzoeharz *n*
benne [bɛn] *f* zum Transport von Massengut Kübel *m*; Mulde *f*; Fördergefäß *n*; Wagenkasten *m*; **~ basculante** Kippkübel *m*, -mulde *f*; **camion** *m* **à ~ basculante** Kipper *m*; **wagonnet** *m* **à ~ basculante** Kipplore *f*; Muldenkipper *m*; e-s Krans, Baggers **~ preneuse** Greifer *m*; Greifkorb *m*; **~ roulante** *cf* **berline** f.
benoît [bənwa] *adj iron od péj* katzenfreundlich; scheinheilig; süßlich
benoîte [bənwat] *f bot* Echte Nelkenwurz; Bene'diktenkraut *n*
benthos [bɛ̃tɔs] *m biol* Ben'thos *n*
benzène [bɛ̃zɛn] *m chim* Ben'zol *n*
benzénique [bɛ̃zenik] *adj chim* Ben'zol...; **dérivés** *m/pl* **~s** Benzolderivate *n/pl*; **noyau** *m* ~ Benzolring *m*
benzine [bɛ̃zin] *f chim* (rektifi'ziertes) Ben'zol
benzite [bɛ̃zit] *f chim* Trinitroben'zol *n*
benzoate [bɛ̃zoat] *m chim* Benzo'at *n*
benzoïque [bɛ̃zɔik] *adj chim* **acide** *m* ~ Benzoesäure *f*; Ben'zolcarbonsäure *f*
benzol [bɛ̃zɔl] *m chim* Ben'zol *n*; **~isme** *m path* Ben'zolvergiftung *f*
benzophénone [bɛ̃zofenɔn] *f chim* Benzophe'non *n*; Diphenylke'ton *n*
benzopyrène [bɛ̃zopirɛn] *m chim* Benzpy'ren *n*
benzylique [bɛ̃zilik] *adj* **alcool** *m* ~ Ben'zylalkohol *m*
béotien [beɔsjɛ̃] *st/s* **I** *adj* <~ne> amusisch; unempfänglich für Kunst und Litera'tur; ohne Kunstverstand; ba'nausisch; **II** *subst*~(ne) *m(f)* (Kul'tur-) Ba'nause *m*; amusischer Mensch
béquill|e [bekij] *f* **1.** Krücke *f*; **marcher avec des ~s** an Krücken gehen; **2.** e-s Zweirades Ständer *m*; bei (aufgesattelten) Anhängern Stütze *f*; e-s Maschinengewehrs Gabelstütze *f*; e-s kleinen Flugzeugs Sporn *m*; **3.** (Tür)Klinke *f*; **4.** *mar* Holzstütze *f*, -keil *m*, -pflock *m*; **~er** *v/t mar* auf dem Trocknen liegendes Boot (mit e-m Keil *etc*) abstützen
ber [bɛr] *m mar* (Ablauf)Schlitten *m*
berbère [bɛrbɛr] **I** *adj* berberisch; Berber...; **femme** *f*, **tribu** *f* ~ Berberfrau *f*, -stamm *m*; **II** *subst* **1.** **2**s *m/pl* Berber *m/pl*; **2.** *ling* **le ~** die Berbersprache
berbéridacées [bɛrberidase] *f/pl bot* Sauerdorngewächse *n/pl*; *sc* Berberida'zeen *f/pl*
berbéris [bɛrberis] *m bot* Berbe'ritze *f*; **~ commun** Gemeine Berberitze; Sauerdorn *m*
bercail [bɛrkaj] *m* <ohne *pl*> Schoß *m* der Fa'milie, Kirche; **ramener au ~ une brebis égarée** ein verlorenes Schaf in den Schoß der Kirche zurückführen; **rentrer, revenir au ~** in den Schoß der Kirche, Familie, in das Vaterhaus, an den häuslichen Herd zurückkehren
berce [bɛrs] *f bot* Bärenklau *m*, -wurz *f*; Herkulesstaude *f*

berceau [bɛrso] *m* <pl **~x**> **1.** Wiege *f* (*auch fig*); Stubenwagen *m*; *fig* Geburtsstätte *f*; *loc/adv fig* **dès le ~** von der Wiege an; von klein auf; *fig*: *la Corse, le ~ de Bonaparte* ..., wo die Wiege Napoleons stand; *Lyon a été en France le ~ de l'imprimerie* ... die Wiege, Geburtsstätte der Buchdruckerkunst; *il aime les femmes très jeunes, il les prend au ~* ..., sie können ihm nicht jung genug sein; **2.** *arch* Tonne *f*; **en ~** Tonnengewölbe *n*; **3.** *jard* (grüner) Laubengang; **4.** *Artillerie* **~ de pointage** (Rohr)Wiege *f*; **5.** *mar cf* **ber**; **6.** *aviat* **~** (de) **moteur** Motoruntergestell *n*, -träger *m*; **7.** *Kupferstich* Gra'nierstahl *m*; Wiege *f*
bercelonnette [bɛrsəlɔnɛt] *f* (*Art*) Ständerwiege *f* (mit Himmel)
bercement [bɛrsəmɑ̃] *m* Wiegen *n*; Schaukeln *n*
bercer [bɛrse] <-ç-> **I** *v/t* **1.** *bes* Kind in der Wiege wiegen; schaukeln; **~ dans ses bras** in *od* auf den Armen wiegen; **~ un enfant pour l'endormir** ein Kind in den Schlaf wiegen, einwiegen; *Boot* **être bercé par les vagues** von den Wellen gewiegt, geschaukelt werden; **2.** *fig* **être bercé de** *od* **par qc** von etw begleitet werden, erfüllt sein; *son enfance a été bercée de od par ces contes* s-e Kindheit war erfüllt von diesen Märchen; **3.** *fig* einlullen; **être bercé par une musique douce** von leiser Musik eingelullt werden; **4.** *fig* **~ qn de qc** j-n mit etw hinhalten, verlocken; **~ qn de vaines promesses** j-n mit leeren Versprechungen hinhalten; **5.** *Kupfer(stich)platte* gleichmäßig aufrauhen; wiegen; **II** *v/pr fig* **se ~ de qc** sich in etw (*dat*) wiegen; sich e-r Sache (*dat*) hingeben; **se ~ de faux espoirs** sich in trügerischen Hoffnungen wiegen; trügerischen Hoffnungen hingeben; **se ~ d'illusions** *auch* sich etwas vorgaukeln
berc|eur [bɛrsœr] *m* <-euse> *Rhythmus* wiegend; *monotones Geräusch* einlullend; **~euse** *f* Wiegenlied *n*; *mus* Ber'ceuse *f*
béret [berɛ] *m* Tellermütze *f*; **~ basque** Baskenmütze *f*; **~ de marin** Ma'trosenmütze *f*
bergamasque [bɛrgamask] *f Tanz u Musik* Berga'masca *f*
bergamot|e [bɛrgamɔt] *f bot* **a)** *Pomeranzenart* Berga'motte *f*; *essence* *f* **de ~** Berga'mottöl *n*; **b)** *Birnensorte* Berga'motte *f*; **~ier** *m bot Baum* Berga'motte *f*
berge¹ [bɛrʒ] *f* **1.** (steiles) (*Fluß-, Kanal*)Ufer; (Ufer)Böschung *f*; **2.** Uferweg *m*; Weg *m* auf der Böschung
berge² [bɛrʒ] *arg f* (*Lebens*)Jahr *n*; *avoir trente ~s* dreißig Jahre alt sein
bergelade [bɛrʒəlad] *f agr* Gemenge *n* (aus Wicken und Hafer)
berg|er [bɛrʒe] *m* **1.** Schäfer *m*; (Schaf-) Hirt(e) *m*; *bibl* **le bon ~** der gute Hirte; **l'étoile** *f* **du 2 de Venus**; der Morgen- *bzw* Abendstern; **2.** *zo* (**chien** *m* **de**) ~ Schäferhund *m*; **~ allemand, écossais** Deutscher, Schottischer Schäferhund; **~ère** *f* **1.** Schäferin *f*; (Schaf)Hirtin *f*; *loc/adv* **au temps où les rois épousaient les ~s** in früherer Zeit; *plais* zu Olims Zeiten; **2.** (bequemer, gepolsterter) Lehnsessel; **3.** P **ma ~** meine Frau, P Alte
bergerette [bɛrʒərɛt] *f cf* **bergeronnette**
bergerie [bɛrʒəri] *f* **1.** Schafstall *m*; Schäf'rei *f*; **2.** *Literatur* Schäfergedicht *n*; Madri'gal *n*
bergeronnette [bɛrʒərɔnɛt] *f zo* Bachstelze *f*; **~ grise** Weiße Bachstelze;

printanière Schafstelze *f*; **~ des ruisseaux** Gebirgsstelze *f*
berginisation [bɛrʒinizasjɔ̃] *f* Kohlehydrierverfahren Ber'ginverfahren *n*
béribéri [beriberi] *m path* Beri'beri *n*
berkélium [bɛrkeljɔm] *m chim* Ber'kelium *n*
berle [bɛrl] *f bot* Merk *m*; Merrich *m*
berline [bɛrlin] *f* **1.** *auto* (viertürige) Limou'sine; **2.** *mines* Förder-, Gruben-, Kasten-, Muldenwagen *m*; Hund *m*; **3.** *früher* Ber'line *f*
berlingot [bɛrlɛ̃go] *m* **1.** *etwa* (tetra-'edrischer) Frucht-, Pfefferminzbonbon; **2.** *Verpackung für Milch, Fruchtsäfte etc* Tetrapack *m*, -tüte *f*
berlinois [bɛrlinwa] **I** *adj* Ber'liner; **II** *subst* **2**(e) *m(f)* Ber'liner(in) *m(f)*
berlue [bɛrly] F *f* **avoir la ~** *fig* nicht gut, nicht ganz richtig sehen; blind sein; sich täuschen, irren; **tu as la ~, ce n'est pas lui** du siehst wohl nicht gut ...; **si je n'ai pas la ~, c'est bien lui** wenn mich nicht alles täuscht ...
berme [bɛrm] *f fortif, e-r Böschung* Berme *f*; e-r Böschung *auch* Ban'kett *n*; Böschungsabsatz *m*
bermuda(s) [bɛrmyda] *m(pl)* Ber'mudashorts *pl*; Ber'mudas *pl*
bernache [bɛrnaʃ] *f zo* **1.** (Wild)Gans *f*; **~ cravant** Ringelgans *f*; **~ nonnette** Weißwangengans *f*; **2.** Entenmuschel *f*
bernacle [bɛrnakl(ə)] *f cf* **bernache**
bernard|in [bɛrnardɛ̃] *m* <-ine> *égl cath* Bernhar'dinermönch *m*, -nonne *f*
bernard-l'(h)ermite [bɛrnarlɛrmit] *m* <*inv*> *zo* Einsiedler-, Bernhardskrebs *m*; Ere'mit *m*
berne [bɛrn] *f Flagge, Fahne* **en ~** auf halbmast; **mettre en ~** auf halbmast setzen; *mar* halbmast, halbstocks setzen; **mettre les drapeaux en ~** *auch* halbmast flaggen
berner [bɛrne] *v/t* **~ qn** j-n zum Narren, zum besten haben, halten; j-n an der Nase her'umführen, auf den Arm nehmen; j-n foppen, reinlegen, narren
bernicle [bɛrnikl(ə)] *f zo* Napfschnecke *f*
bernique¹ [bɛrnik] *f cf* **bernicle**
bernique² [bɛrnik] F *int* nichts da!; weit gefehlt!; F ja Pustekuchen!; ja denkste!
béroé [berɔe] *m od f zo* Me'lonenqualle *f*
berrichon [beriʃɔ̃] *adj* <~ne> (*u subst* **2** Bewohner) der Provinz Berry
berruyer [beryje] *adj* <-ère> (*u subst* **2** Einwohner) von Bourges
bers [bɛr] *m cf* **ber**
berthon [bɛrtɔ̃] *m* **~** *od* **canot** *m* **2** Faltboot *n*
bertillonnage [bɛrtijɔnaʒ] *m Kriminalistik* Bertillo'nage *f*; Bertil'lonsches Sy'stem
béryl [beril] *m minér* Be'ryll *m*
béryllium [beriljɔm] *m chim* Be'ryllium *n*
berzingue [bɛrzɛ̃g] *loc/adv* **à tout ~** schleunigst; F wie ein geölter Blitz
besace [bəzas] *f* Quersack *m*
besant [bəzɑ̃] *m* **1.** *arch* **~s** *pl* Scheibenfries *m*; **2.** *byzantinische Münze* Besant *m*; Bisant *m*; Byzan'tiner *m*
bésef [bezɛf] *cf* **bézef**
besicles [bezikl(ə)] *plais f/pl* Brille *f*
bésigue [bezig] *m Kartenspiel* Be'sik *od* Bé'sigue *n*
besogne [bəzɔɲ] *f* Arbeit *f*; **abattre de la ~** *cf* **abattre 4.**; *fig* **aller vite en ~** nicht lange fackeln; gleich e-e Erklärung parat haben; sich rasch im Urteil, e-e Meinung bilden; **avoir fait de la belle, bonne ~** gute, saubere Arbeit geleistet haben; *iron* **vous avez fait de la belle ~!** da haben Sie was Schönes angerichtet!
besogn|er [b(ə)zɔɲe] *v/i* schwer, hart arbeiten; sich plagen; F schuften; **~eux**

adj ⟨-euse⟩ **1.** mittellos; arm; bedürftig;
2. *Person* schlechtbezahlt
besoin [b(ə)zwɛ̃] *m* **1.** Bedürfnis *n*, Verlangen *n*, Drang *m* (de nach); *auch* Mangel *m*; Erfordernis *n*; ~ d'activité *auch* Tätigkeitsdrang *m*; ~ d'argent *auch* Geldmangel *m*; ~ de bonheur Glücksverlangen *n*; Verlangen nach Glück; ~ de dormir, de repos Schlaf-, Ruhebedürfnis *n*; ♦ *loc/adv* au ~, si ~ est, s'il en est ~ notfalls; nötigenfalls; im Notfall; falls erforderlich; bei Bedarf; im Bedarfsfall; wenn (es) nötig (ist); wenn es not tut; pour le(s) ~(s) de la cause notgedrungen; *disposer les troupes en tirailleurs pour les ~s du combat* ... den Erfordernissen des Kampfes entsprechend; ♦ avoir (grand) ~ de qn, qc j-n, etw (dringend) brauchen, benötigen, nötig haben; j-s, e-r Sache (dringend) bedürfen; *st/s* e-r Sache bedürftig sein; *ce travail a* ~ de beaucoup d'attention ... erfordert, verlangt viel Aufmerksamkeit; *ce pantalon a* ~ d'un coup de fer ... muß ein bißchen (aus)gebügelt, über-'bügelt werden; j'ai *od* j'aurais bien ~ d'un manteau ich könnte e-n Mantel gebrauchen; avoir ~ de faire qc etw zu tun brauchen; etw tun müssen; je n'ai pas ~ d'ajouter que ... ich brauche nicht hinzuzufügen, daß ...; F *iron* vous aviez bien ~ de le lui dire das hätten Sie ihm nicht zu sagen brauchen; Sie brauchten ihm das wirklich nicht zu sagen; *Gegenstand* avoir ~ d'être réparé 'turbedürftig sein; il a ~ de se reposer er ist ruhebedürftig; er braucht Ruhe, muß Ruhe haben, muß sich ausruhen, bedarf der Ruhe; avoir ~ que ... (+*subj*) etw brauchen, benötigen; j'ai ~ que vous m'aidiez ich brauche, benötige Ihre Hilfe, bedarf Ihrer Hilfe; ♦ *unpersönlich:* il n'est pas ~ de dire, point n'est ~ de dire que ... es ist nicht nötig, es ist unnötig, es erübrigt sich, unnötig, 'überflüssig zu sagen, daß ...; *st/s* qu'est-il ~ de paroles? was bedarf es noch der *od* vieler Worte?; ♦ devenir un ~ pour qn j-m ein *od* zum Bedürfnis werden; éprouver, (res)sentir le ~ de (+*inf*) das Bedürfnis, Verlangen, den Drang verspüren, fühlen zu (+*inf*); subvenir aux ~s de ses parents für den 'Unterhalt s-r Eltern sorgen, aufkommen; **2.** *écon* ~ pl Bedarf *m* (en an +*dat*); ~s en capitaux, en matières premières Kapi'tal-, Rohstoffbedarf *m*; **3.** *F physiol* ~(s) naturel *od* 'Geschäft *n*; faire ses ~s s-e Notdurft, sein Bedürfnis, F sein 'Geschäft verrichten; austreten; faire ses petits ~s F ein kleines 'Geschäft machen, verrichten; satisfaire un ~ pressant F ein dringendes 'Geschäft erledigen, verrichten; **4.** Not *f*; Armut *f*; Bedürftigkeit *f*; être dans le ~ in Not sein; Not, Mangel leiden; in Armut leben; arm, notleidend, bedürftig sein; **5.** *auf e-m Wechsel* Notadresse *f*
bessemer [bɛsmɛr] *m métall* Bessemerbirne *f*, -konverter *m*; *adjt* acier *m* ~ Bessemerstahl *m*
bessemérisation [bɛsmerizasjɔ̃] *f métall* Bessemerverfahren *n*
bestiaire [bɛstjɛr] *m* **1.** *im Mittelalter* Tierbuch *n*; Besti'arium *n*; Besti'aire *n*; **2.** *im alten Rom* Tierkämpfer *m*
bestial [bɛstjal] *adj* ⟨-aux⟩ tierisch; viehisch; besti'alisch; roh; ~ité *f* tierisches Wesen; Bestiali'tät *f*; Roheit *f*
bestiaux [bɛstjo] *m/pl agr* Vieh *n*; être parqués comme des ~ wie Vieh zusammengepfercht sein
bestiole [bɛstjɔl] *f* Tierchen *n*; kleines

(harmloses) Tier
best-seller [bɛstsɛlœr, -lɛr] *m* ⟨*pl* best--sellers⟩ Bestseller *m*
bêta[1] [bɛta] *m* **1.** *griechischer Buchstabe* Beta *n*; **2.** *math* fonction *f* ~ Betafunktion *f*; *phys* rayons *m/pl* ~ Betastrahlen *m/pl*
bêta[2] [bɛta] F I *adj* ⟨bêtasse [bɛtas]⟩ *von Kindern u jungen Menschen* dumm; F doof; bescheuert; un peu ~ ein bißchen dumm; dümmlich; **II** *m liebevoll* gros ~ F Dummerchen *n*; Schäfchen *n*; *südd* Dummerle *n*
bétail [betaj] *m agr* Vieh *n*; gros, menu *od* petit ~ Groß-, Kleinvieh *n*; *fig* ~ humain wie Vieh behandelte Menschen *m/pl*; dix têtes de ~ zehn Stück Vieh
bétaillère [betajɛr] *f* Lastwagen *m*, Lkw *m* für Viehtransporte
bêtatron [betatrɔ̃] *m phys atom* Betatron *n*; Elek'tronenschleuder *f*; Rheotron *n*
bête[1] [bɛt] *f* **1.** Tier *n*; ~s *pl auch* a) *ch* Wild *n*; b) *agr* Vieh *n*; c) Ungeziefer *n*; *im alten Rom* wilde Tiere *n/pl*; ~s et gens Mensch und Tier; ~ fauves *cf* fauve I 2.; *ch* menues ~s Hasen *m/pl* und Füchse *m/pl*; *ch* ~s noires Schwarzwild *n*, -kittel *m/pl*; *cf auch* 2.; *ch* ~ rousse Frischling *m* (*vom 6.–12. Monat*); ~s à cornes Horntiere *n/pl*, -träger *m/pl*, *agr* -vieh *n*; ~ à bon Dieu Ma'rienkäfer *m*; *bibl* la ~ de l'Apocalypse das Tier aus dem Abgrund; *ch* ~ de compagnie 'Überläufer *m*; ~ de somme, de trait Last-, Zugtier *n*; peaux *f/pl* de ~s Tierfelle *n/pl*, -häute *f/pl*; *fig* chercher la petite ~ an allem, immer etwas auszusetzen haben; alles bekritteln; immer ein Haar in der Suppe finden; F an allem her'ummeckern; *im alten Rom* être livré aux ~s den wilden Tieren vorgeworfen werden; regarder qn comme une ~ curieuse j-n anstarren, anglotzen; *prov* morte la ~, mort le venin aus totem Hund beißt nicht mehr (*prov*); **2.** *fig von e-r Person:* F une bonne, brave ~ F ein gutes Tier; ein gutmütiger Dummkopf; *liebevoll* grosse, grande ~! F (du) Dummerchen *od südd* Dummerle, Schäfchen!; kleiner Dummerjan!; F *péj* sale ~ (!) gemeiner Kerl!; du bist gemein!; *auch von e-r Sache* être la ~ noire de qn j-m ein Greuel, in den Tod zu'wider sein; qn, qc est ma ~ noire *auch* j-n, etw auf den Tod nicht ausstehen, leiden; c'est sa ~ noire *auch* er *bzw* sie ist für ihn *bzw* sie der gehaßte Mensch; F c'est une ~ à concours *er bzw* sie ist so ein richtig sturer, engstirniger Examenstyp; faire la ~ sich dumm, unwissend stellen
bête[2] [bɛt] I *adj* dumm; einfältig; blöd(e); albern; F dämlich; *fig* un accident ~ ein ganz dummer, blöder Unfall; une chanson ~ ein albernes, dämliches Lied; une idée ~ ein blöder Einfall; pas si ~! ich laß mich doch nicht *bzw* er läßt sich nicht *etc* für dumm verkaufen!; ich bin doch nicht *bzw* er ist doch nicht *etc* so blöd!; F ~ à manger du foin, comme ses pieds F dumm wie Bohnenstroh; strohdumm; P saudumm, -blöd(e); F c'est ~ comme chou das ist kinderleicht, ein Kinderspiel; suis-je ~ de l'avoir oublié! wie konnte ich nur so blöd sein und das vergessen!; F wie konnte ich Esel, Rindvieh das nur vergessen!; c'est ~, je ne m'en souviens pas das ist aber dumm, ärgerlich ...; ♦ F un ~ de mariage, une ~ de réponse *etc* eine dumme Heirat, Antwort *etc*; **II** *m* Film, Vorschlag *etc* F c'était d'un ~ (à faire pleurer) der war so dumm, dümmer

geht's gar nicht mehr
bétel [betɛl] *m* **1.** *bot* a) Betelpfeffer *m*; essence *f* de ~ Betelöl *n*; b) noix *f* de ~ Betelnuß *f*; **2.** *Kaumittel in Südostasien* Betel *m*
bêtement [bɛtmɑ̃] *adv* **1.** dumm; blöd(e); il s'est tué ~ dans un accident er ist auf ganz dumme, blöde Weise bei e-m Unfall ums Leben gekommen; **2.** reden, etw sagen tout ~ ganz einfach, schlicht, klar, simpel
bêti|fiant [betifjɑ̃] *adj Film, Zeitung etc* a) zur Verdummung der Leute beitragend; b) dumm; albern; F dämlich; ~fier *v/i* dumm, einfältig da'herreden wie ein Kind; kindisch plappern
bêtis|e [betiz] *f* **1.** Dummheit *f*; Torheit *f*; ~s *pl* a) dummes, albernes Zeug; Unsinn *m*; F Quatsch *m*; b) Dummheiten *f/pl*; dumme Streiche *m/pl*; par ~ aus Dummheit; il a eu la ~ de le lui dire er war so dumm, er hat die Dummheit begangen, es ihm zu sagen; dire des ~s dummes Zeug, Unsinn, F Quatsch reden; faire des ~s Dummheiten machen; il a fait une grosse ~ er hat e-e große Dummheit gemacht; **2.** Kleinigkeit *f*; Lap'palie *f*; Baga'telle *f*; Belanglosigkeit *f*; Nichtigkeit *f*; Geringfügigkeit *f*; **3.** ~ de Cambrai *tetraedrischer* Pfefferminzbonbon (*aus Cambrai*); ~ier *m* Stilblütensammlung *f*
bétoine [betwan] *f bot* Heilziest *m*; Rote Be'tonie
bétoire [betwar] *f géol im Karst* Flußschwinde *f*; Schluck-, Saug-, Schlundloch *n*
béton [betɔ̃] *m* **1.** *bât* Be'ton *m*; ~ armé Stahl-, Eisenbeton *m*; bewehrter, armierter Beton *m*; ~ léger Leichtbeton *m*; ~ manufacturé Fertig-, Liefer-, Trans'portbeton *m*; ~ translucide Glasstahlbeton *m*; ~ d'écume Schaumbeton *m*; ~ sous vide Vakuum-, Saugbeton *m*; *loc/adj* de *od* en ~ Beton...; **2.** *Fußball* faire, jouer le ~ mauern; *loc/adj* ~ *od* en ~ Beton...; ~-gaz *m* Gasbeton *m*; ~-mousse *m* Schaumbeton *m*
bétonn|age [betɔnaʒ] *m bât* Beto'nieren *n*, *auch Ergebnis* -ung *f*; ~er I *v/t bât* beto'nieren; **II** *v/i Fußball* mauern; ~eu-se *f od* ~ière *f bât* Be'tonmischmaschine *f*, -mischer *m*
bette [bɛt] *f bot* Mangold *m*
betterav|e [betrav] *f bot* (*Beta-*)Rübe *f*; ~ fourragère Futter-, Runkelrübe *f*; ~ rouge Rote Rübe, Bete; ~ sucrière, à sucre Zuckerrübe *f*; ~ier I *adj* ⟨-ière⟩ (Zucker)Rüben...; **II** *m* (Zucker)Rüben(an)bauer *m*
beuglante [bøglɑ̃t] F *f* gegröltes Lied; pousser sa ~ F ein Lied grölen
beuglement [bøgləmɑ̃] *m* **1.** *der Rinder* Muhen *n*; Brüllen *n*; Gebrüll *n*; **2.** F *fig* Johlen *n od* F Gejohle *n*; Brüllen *n*; Gebrüll *n od* F auch ~s *eines Sängers* F Grölen *n*; Gegröle *n*; Plärren *n*; Geplärr *n*; e-r Blaskapelle Schmettern *n*; Geschmetter *n*
beugler [bøgle] I *v/t* Lied F grölen; **II** *v/i* **1.** *Rinder* muhen; brüllen; **2.** F *fig Person* johlen; brüllen; F grölen, plärren (*auch Sänger*); Radio, Lautsprecher brüllen, dröhnen
beuh [bø] *int* ach was!; F das ist doch kalter Kaffee!
beurre [bœr] *m* **1.** Butter *f*; ~ frais a) frische Butter; b) *loc/adj* ⟨inv⟩ hellgelb; *cuis* ~ maître d'hôtel Kräuterbutter *f*; ~ d'anchois, d'écrevisses, de homard Sar'dellen-, Krebs-, Hummerbutter *f*; *loc/adj* ~ cuis au ~ in stark gebräunter Butter; F *fig* œil *m* au ~ noir blaues Auge; *loc/adv* F *fig* au prix où est le ~ *od* au prix du ~ wo jetzt alles so teuer ist;

bei den heutigen Preisen; F *fig* **compter pour du** ~ überhaupt nicht zählen; **tu me comptes pour du** ~ ich zähle wohl überhaupt nicht; **ça entre comme dans du** ~ das ist butterweich; F **c'est du** ~ das ist ein Kinderspiel; das bereitet überhaupt keine Schwierigkeiten; das schaffe ich, schafft er *etc* spielend; nichts leichter als das; F *fig* **faire son** ~ sein Schäfchen ins trockene bringen; F sich gesundstoßen; F *fig* **mettre du** ~ **dans les épinards** etwas da'zuverdienen; s-e Finanzen aufbessern; s-e finanzielle Lage verbessern; **2. petit** ~ Butterkeks *m*; **3.** *par ext* ~ **de cacahouète** Erdnußbutter *f*; ~ **de cacao** Ka'kaobutter *f*, -öl *n*, -fett *n*; ~ **(de noix) de coco** Kokosfett *n*, -butter *f*; Nußbutter *f*

beurré [bœre] *m bot* Butterbirne *f*

beurr|er [bœre] *v/t Brot* mit Butter (be)streichen; *Backform* mit Butter einfetten, ausstreichen, -pinseln; *adj* **tartine beurrée** Butterbrot *n*, -schnitte *f*; **~ier** *m* Butterdose *f*

beuverie [bœvri] *f* Trink-, Zech-, F Saufgelage *n*; F Saufe'rei *f*

bévatron [bevatrõ] *m phys atom* Bevatron *n*

bévue [bevy] *f* (grober, dummer, peinlicher) Fehler, F Schnitzer; *aus Unachtsamkeit auch* Versehen *n*; *in e-m Text auch* Flüchtigkeitsfehler *m*; **commettre une** ~ e-n Fehler machen, begehen; F e-n Bock schießen

bey [bɛ] *m türkischer Titel* Bei *od* Bey *m*

bézef [bezef] *F adv* viel; **c'est pas** ~ das ist nicht gerade viel; das ist herzlich wenig

bézoard [bezɔar] *m* Bezo'ar(stein) *m*

bhoutanais [butanɛ] **I** *adj* bhu'tanisch; **II** *subst* ♀(e) *m(f)* Bhu'taner(in) *m(f)*

biacide [biasid] *m* zweibasige Säure *f*

biais [bjɛ] *m* **1.** *cout* **a)** *in Wendungen* schräg; **c'est du** ~ das ist schräg geschnitten, genommen; *Stoff* **tailler dans le** ~ schräg schneiden; **b)** Schrägstreifen *m*; **2.** *loc/adv* **de** *od* **en** ~ schräg; **regarder qn** *de od* **en** ~ j-n (schräg) von der Seite anblicken; **3.** *fig* 'Umweg *m*; (Aus)Weg *m*; Winkelzug *m*; *loc/adv* **de** ~ auf Umwegen; indirekt; *loc/prép* **par le** ~ **de** auf dem Umweg über (+*acc*); **augmentation de salaire par le** ~ **d'une prime** ... auf dem Umweg über e-e Prämie; **trouver un** ~ **pour refuser poliment une invitation** e-n (Aus)Weg, ein Mittel finden ...; **4.** *bât* schräge Linie, Richtung; Schrägheit *f*; Schräge *f*; Schrägung *f*; **5.** *Meinungsforschung* Bias ['baiəs] *n*; verzerrte Repräsenta'tiverhebung *f*

biaiser [bjeze] *v/i* ausweichen; sich winden; um die eigentliche Sache her'umreden; wie die Katze um den heißen Brei gehen; *aus* Winkelzüge machen

biarrot [bjaro] *adj* (*u subst* ♀ Einwohner) von Biarritz

bibelot [biblo] *m* Nippfigur *f*, -sache *f*; ~**s** *pl* Nippsachen *f/pl*; Nippes *pl*

biberon [bibrõ] *m* **1.** *für Säuglinge* (Saug)Flasche *f*, (-)Fläschchen *n*; **élever au** ~ mit der Flasche groß-, aufziehen (*auch junges Tier*); *fig* **être encore au** ~ noch ein richtiges Baby sein; **2.** *für Kranke* Schnabeltasse *f*

biberonner [bibrɔne] *v/i* F gern einen über den Durst trinken

bibi¹ [bibi] *m* (*Damen*)Hütchen *n*

bibi² [bibi] F *pr/pers der 1. pers sg* ich; meine Wenigkeit; *berlinerisch* icke; **c'est à** ~ das gehört mir

bibiche [bibiʃ] *f* F *liebevolle Anrede für e-e Frau* mein Herz; (mein) Herzchen, Schatz

bibine [bibin] *f* F Ge'söff *n*

---

bibion [bibjõ] *m zo* Haarmücke *f*

bible [bibl(ə)] *f* **1.** *als Buch, fig* Bibel *f*; *rel* **la ♀** die Bibel; ~ **illustrée** Bilderbibel *f*; **la Sainte ♀** die Heilige Schrift; **♀ des pauvres** Armenbibel *f*; **Biblia pauperum** *f*; **passage** *m* **de la ♀** Bibelstelle *f*; Stelle *f* aus der Bibel; *fig*: *Le Capital de Marx,* **c'est sa** ~ ... ist s-e Bibel, ist für ihn die Bibel *od* das Buch der Bücher; **2.** *adj* **papier** ~ Bibeldruck-, Dünndruckpapier *n*; **édition** *f* **sur papier** ~ Dünndruckausgabe *f*

bibliobus [biblijobys] *m* fahrbare (Leih-)Büche'rei; Fahrbücherei *f*

biblio|graphe [biblijɔgraf] *m,f* Biblio'graph(in) *m(f)*; ~**graphie** *f* Bibliogra'phie *f*; **a)** *zu e-m Thema, Fachgebiet auch* Litera'tur-, Bücherverzeichnis *n*; **b)** *auch* Verzeichnis *n* der Neuerscheinungen; ~ **générale nationale** allgemeine nationale Bibliographie; Natio'nalbibliographie *f*; ~ **générale universelle** *od* **internationale** allgemeine internationale Bibliographie; ~ **spécialisée** Fachbibliographie *f*; **c)** *auch* Bücherkunde *f*; ~**graphique** *adj* biblio'graphisch; **appendice** *m* ~ bibliographischer Anhang; ~**logie** *f* Buchwissenschaft *f*

bibliogman|e [biblijɔman] *m,f* Biblio'mane(r), -'manin *m,f*; Büchernarr, -närrin *m,f*; ~**ie** *f* Biblioma'nie *f*; krankhafte Bücherliebe

bibliophil|e [biblijɔfil] *m,f* Biblio'phile(r) *f(m)*; Bücherliebhaber(in) *m(f)*; ~**ie** *f* Bibliophi'lie *f*; Bücherliebha'berei *f*; ~**ique** *adj* biblio'phil

bibliothécaire [biblijɔtekɛr] *m,f* Bibliothe'kar(in) *m(f)*

bibliothéconomie [biblijɔtekɔnɔmi] *f* Biblio'thekswissenschaft *f*

bibliothèque [biblijɔtɛk] *f* **1.** *e-s einzelnen, öffentliche* Biblio'thek *f*; öffentliche *auch* Büche'rei *f*; *par ext* Biblio'thek(sgebäude *n* -ssaal *m*, -szimmer *n*) *f*; ~ **municipale** Stadtbücherei *f*, -bibliothek *f*; *in Paris* ♀ **nationale** Natio'nalbibliothek *f*; ~ **universitaire** (*abr* B.U.) Universi'tätsbibliothek *f* (*abr* UB); ~ **de prêt** Leihbücherei *f*, -bibliothek *f*; **une** ~ **de dix mille volumes** e-e zehntausend Bände umfassende Bibliothek; *fig* **rat** *m* **de** ~ Bücherwurm *m*; **2.** Bücherschrank *m*, -wand *f*, -regal *n*; ~ **vitrée** Bücherschrank mit Glastüren, -scheiben; **3.** *Titel von Buchreihen* ♀ **bleue** Sammlung mittelalterlicher Ritterromane; ♀ **rose** Sammlung von Jugendbüchern

biblique [biblik] *adj* Bibel...; *Gestalt, Einfachheit, Stil* biblisch; **études** *f/pl* ~**s** Bibelstudium *n*; **société** *f* ~ Bibelgesellschaft *f*

biblorhapte [biblɔrapt] *m für Akten* Klemmhefter *m*

bic [bik] *m* (*nom déposé*) Kugelschreiber *m*

bicamér(al)isme [bikamer(al)ism(ə)] *m pol* Zwei'kammersystem *n*

bicarbonat|e [bikarbɔnat] *m chim* Bikarbonat *od fachspr* -carbonat *n*; doppeltkohlensaures Salz; ~ **(de soude)** Natron *n*; Natriumbikarbonat *n*; doppeltkohlensaures Natrium; ~**é** *adj* bikarbonat-, natronhaltig

bicarré [bikare] *adj math* biquadratisch

bicause [bikoz] F *conj* weil

bicentenaire [bisãtnɛr] *m* zweihundertster Jahrestag; zweihundertjähriges Jubi'läum; Zweihundert'jahrfeier *f*; **fêter le** ~ **de la mort de qn** j-s zweihundertsten Todestag feierlich begehen

bicéphale [bisefal] *adj* zwei-, doppelköpfig; *Heraldik* **aigle** *f* ~ Doppeladler *m*

---

biceps [bisɛps] *m anat* **a)** ~ *od adj* **muscle** *m* ~ Bizeps *m*; ~ **brachial** zweiköpfiger Oberarmmuskel; ~ **crural** zweiköpfiger Schenkelmuskel; **b)** *im engeren Sinn* (*Oberarm*) Bizeps *m*; *par ext* F **avoir du** ~, **des** ~ musku'lös sein; starke Muskeln haben; Muskelkraft besitzen

biche [biʃ] *f* **1.** *zo* Hirschkuh *f*; *poét* Hindin *f*; *fig*: **regard** *m* ~ sanfter Blick; **yeux** *m/pl* **de** ~ Rehaugen *n/pl*; **2.** *zärtlich zu e-r Frau, e-m Kind* **ma** ~ mein Herzblatt, Herzchen, Liebling, Schätzchen, süßer Engel; ~**-de-mer** *f* ⟨*pl* **biches-de-mer**⟩ *cf* bêche-de-mer 1.

bicher [biʃe] *v/i* F **ça biche?** geht's gut?; alles in Ordnung?; F alles o. k. [ke:]?

bichette [biʃɛt] *f* F **ma** ~ *cf* biche 2.

bichlamar [biʃlamar] *m cf* bêche-de-mer 2.

bichlorure [biklɔryr] *m chim* Dichlorid *n*

bichon [biʃõ] *m* **1.** *zo* Mal'teser *m*; Bi'chon *m*; An'gorahund *m*; **2.** F *fig zu e-m Kind* **mon** ~ mein Liebling, F Herzblatt, Herzchen, Lämmchen, Mäuschen, Süßes

bichonner [biʃɔne] **I** *v/t* **1.** *Kind* her'ausputzen; fein-, schönmachen; hübsch machen; **2.** *Kind, Tier* (ver-, um')hätscheln; *Rad, Auto* hegen und pflegen; **II** *v/pr* **se** ~ sich her'ausputzen, hübsch machen; sich fein-, schönmachen; F sich in Schale werfen

bichromate [bikromat] *m chim* Bi-, Dichromat *n*

bicipital [bisipital] *adj* ⟨-aux⟩ *anat* Bizeps...; des Bizeps; *sc* bicipi'talis

bickford [bikfɔr] *m od* **cordeau** ♀ (Schwarz)Pulverzündschnur *f*

bi|colore [bikɔlɔr] *adj* zweifarbig; ~**concave** *adj opt* bikon'kav; ~**convexe** *adj opt* bikon'vex

bicoque [bikɔk] *f* F *von e-m Haus* F (Bruch)Bude *f*; Kasten *m*; **une vieille** ~ F ein alter Kasten

bicorne [bikɔrn] **I** *adj* mit zwei Spitzen, *anat* Höckern, Ausbuchtungen; **utérus** *m* ~ mit zwei hornartigen Ausbuchtungen; *sc* Uterus bi'cornus; **II** *m* Zweispitz *m*

bicot [biko] *m* F *péj* (*sale*) ~ (dreckiger) Araber, Nordafrikaner

biculturalisme [bikyltyralism(ə)] *m* Nebeneinander *n* zweier Kul'turen

bicycle [bisikl(ə)] *m früher* Hochrad *n*

bicyclette [bisiklɛt] *f* (Fahr)Rad *n*; ~ **de dame, d'homme** Damen-, Herren(fahr)rad *n*; **aller à** ~ mit dem Rad fahren; radfahren; F radeln

bidasse [bidas] *m* F (*soldat*) F Landser *m*

bide [bid] *m* F **1.** (dicker) Bauch; F Wampe *f*; Ranzen *m*; **gros** ~ F dicke Wampe; Wanst *m*; Wamme *f*; **avoir du** ~ e-n (dicken) Bauch haben; **2.** *thé etc* **faire un** ~ ein 'Mißerfolg, Fi'asko, F Reinfall sein; e-n 'Durchfall erleben; beim Publikum nicht ankommen; 'durchfallen; **3.** *cf* bidon 3.

bidet [bidɛ] *m* **1.** Bi'det *n*; **2.** kleines (Reit-, Zug)Pferd

bidoche [bidɔʃ] *f cuis* **a)** zähes, schlechtes Fleisch; F (die reinste) Schuhsohle; **b)** *par ext* Fleisch *n*

bidon [bidõ] *m* **1.** Ka'nister *m*; ~ **à lait** Milchkanne *f*; ~ **d'essence, d'huile** Ben'zin-, Ölkanister *m*; *als Menge* Kanister Benzin, Öl; **2.** F *fig cf* bide 1.; **3.** F *fig* Bluff [blœf, bluf] *m*; Schwindel *m*; Betrug *m*; F Beschiß *m*; **c'est pas du** ~ *auch* das ist nicht gelogen; das ist die reinste Wahrheit; ♦ *adj* ⟨*inv*⟩ vorgetäuscht; Schein...; *Scheck etc* gefälscht; **offre** *f* ~ Scheinangebot *n*

bidonn|ant [bidɔnã] F *adj* spaßig; drol-

lig; lustig; ulkig; **~er** *v/pr* F se ~ sich köstlich amü'sieren; sich tot-, F schieflachen

bidonville [bidõvil] *m* am Stadtrand Wellblechhütten(siedlung) *f/pl(f);* Elendsquartier *n,* -viertel *n;* Bidon'ville *n*

bidule [bidyl] *m* F Dings(da, -bums) *n*

bief [bjɛf] *m e-s Flusses zwischen zwei Stromschnellen, Fällen* Abschnitt *m;* Strecke *f; e-s Kanals zwischen zwei Schleusen* (Ka'nal)Haltung *f;* Staustrekke *f; zu e-r Wassermühle* Gerinne *n;* Zufluß-, Ableitungskanal *m;* Mühlbach *m;* ~ **d'amont, d'aval** obere, untere (Kanal)Haltung, Staustrecke

biell|e [bjɛl] *f tech* Pleuel(stange) *m(f);* Kurbel-, Schub-, Treibstange *f; auto* ~ **pendante** Lenkstockhebel *m; ch de fer* ~ **d'accouplement** Kuppelstange *f;* **système** *m* **~-manivelle** Schubkurbelgetriebe *n;* Kurbeltrieb *m; auto* **j'ai coulé une** ~ ein Pleuellager ist ausgelaufen; **~ette** *f tech* Nebenpleuel(stange) *m(f)*

biélorusse [bjelorys] **I** *adj* weißrussisch; **II** *m,f* ♀ Weißrusse, -russin *m,f*

bien[1] [bjɛ̃] **I** *adv* **1.** gut *(auch als Note* [abr B.]); *bes gesundheitlich* wohl; **assez** ~ a) ziemlich gut; b) *als Note* (abr A.B.) befriedigend; **très** ~ sehr gut *(auch als Note* [abr T.B.]); ~ **écrit** gut geschrieben; ~ **élevé** *auch* wohlerzogen; **être** ~ **portant** *cf* portant I 4.; *loc/adv* **ni** ~ **ni mal** weder gut noch schlecht; leidlich; mittelmäßig; **tant** ~ **que mal** *cf* tant I 1.; **aller** ~ *cf* aller[1] 2. *u* 3.; **danser, écouter** ~ gut tanzen, zuhören; **faire** ~ *cf* faire 1. c); **manger** ~ gut essen; **2.** gut; richtig; recht; ~ **conseiller qn** j-n gut, richtig beraten; **ai-je** ~ **entendu?** habe ich recht, richtig gehört, verstanden?; **faire** ~ *cf* faire 1. c); **tomber** ~ *cf* tomber 10.; **3.** sehr; viel; ganz; recht; reichlich; *vor comp* viel; weit; ♦ *mit adj u adv:* **il y en a** ~ **assez** es ist reichlich davon da; *Wäsche* ~ **blanc** sehr, ganz weiß; ~ **chaud** sehr, ganz heiß; **je suis** ~ **content** ich bin recht, *p/fort* sehr zufrieden; **il est** ~ **jeune** *pour cette mission* er ist reichlich, noch recht jung ...; ~ **meilleur, mieux** viel, weit besser; **c'est** ~ **simple** das ist ganz, sehr einfach; ~ **souvent** sehr oft; häufig; ~ **sûr** *cf* sûr I.; ♦ *mit subst* ~ **des** *bzw* **du** *bzw* **de la** (sehr) viele *bzw* viel; **depuis** ~ **des années** seit vielen, F x Jahren; ~ **des fois** (sehr) oft; viele Male; F x-mal; ~ **du monde** viele Leute; **avec** ~ **du mal** mit (sehr) viel, großer Mühe; **avoir** ~ **de la chance** sehr viel Glück haben; ♦ *mit Verben:* **aimer** ~ **qn, qc** *cf* aimer I; **ça m'a** ~ **plu** das hat mir sehr, gut gefallen; **il a** ~ **souffert** er hat sehr, viel gelitten; **4.** *mit e-r Zahl-, Zeit-, Mengenangabe* gut; reichlich; mindestens; **il y a** ~ **une heure que** ... es ist gut, reichlich, mindestens e-e Stunde her, daß ...; es ist e-e gute, reichliche Stunde her, daß ...; **j'ai** ~ **téléphoné vingt fois** ich habe mindestens zwanzigmal telefoniert; **5.** *nachdrücklich* wohl; doch; schon; wirklich; tatsächlich; allerdings; freilich; *einschränkend* zwar; *resignierend* halt; *oft unübersetzt; Briefschluß* ~ **à vous** mit herzlichen Grüßen Ihr(e) ...; *loc/adv* **mais** ~ sondern vielmehr *od* viel eher *od* im Gegenteil; *loc/conj* **ou** ~ *cf* ou I.; ♦ *mit adj, adv u pr:* **il part** ~ **demain?** er fährt doch morgen?; **c'est** ~ **français** das ist typisch französisch; *pas de doute,* **c'est** ~ **lui** ... das ist er wirklich, tatsächlich; **c'est** ~ **de lui** das ist typisch für ihn; das sieht ihm ähnlich; so ist er; *eingeschoben* ~ **plus** mehr noch; ja, noch mehr; **c'est** ~ **vrai, mais** ... das ist zwar *od* schon wahr, aber ...; ♦ *mit Verben:* **je crois, pense** ~ ich

glaube, denke schon, wohl; **dites-lui** ~ **que** ... sagen Sie ihm doch (bitte), daß ...; **il le fait** ~, **pourquoi pas moi?** er tut es doch auch, warum dann ich nicht?; *resignierend* **il faut** ~ **le supporter** man muß es *bzw* ihn halt ertragen; **cela finira** ~ **un jour** eines Tages wird es wohl, schon aufhören; **cette fois, c'est** ~ **fini** diesmal ist es wirklich aus; **je sais** ~ ich weiß schon; **je le sais** ~ das weiß ich (sehr) wohl; **il sait** ~ **que** ... er weiß genau, ganz gut, daß ...; **j'ai** ~ **téléphoné, mais vous n'étiez pas là** ich habe zwar, schon, wohl angerufen, aber ...; **je le vois** ~ das sehe ich (sehr) wohl, freilich, allerdings; **vouloir** ~ *cf* vouloir I. d) *u* e), 9.; **6.** gern(e); **j'irais** ~ **avec vous!** ich würde (ja) gern mit Ihnen gehen!; **j'écrirais** ~**, mais** *je n'ai pas son adresse* ich würde ja gern schreiben, aber ...; **je voudrais** ~ **savoir** ich möchte gern wissen; **7.** *int* **eh** ~, F **eh ben** nun!; **na!; eh** ~**! qui l'aurait dit!** *na od* ach, wer hätte das gedacht!; **eh** ~**! qu'en dites--vous?** na *od* nun, was sagen Sie dazu?; **na** *od* nun, was sagen Sie jetzt?; **na, wie finden Sie es?; eh** ~**! c'est d'accord** *od* **c'est entendu!** (na) gut, einverstanden!; **eh** ~**, s'il le faut** na gut, wenn es sein muß; **eh** ~**! soit!** na denn!; also gut!; *qu'est-ce que vous voulez?* – **(eh)ben, du papier!** ... na, Papier natürlich!; **eh** ~ **mon vieux!** a) *bewundernd* (das ist ja) toll!; alle Achtung!; F Klasse!; b) *mitleidig* o je!; au Backe!; au!; c) *erstaunt* **sieh mal (einer) an!; so was!** das ist ja (wirklich) allerhand, unverschämt!; *je vous dérange?* – **ben non!** ... aber nein!; nein, gar nicht!; **eh** ~**, oui, je t'avoue** **na** *od* na gut, ich geb's zu; F **p'têt'** **ben qu'oui, p'têt' ben que non** vielleicht ja, vielleicht nein; **eh** ~**, voilà comment c'était** also, das war so ...; *tu y es allé?* **eh** ~ **?** ... und?; und, wie war's?; **eh** ~ *od* **eh ben quoi?** also, was ist (jetzt los)?; **II** *adj* ⟨*inv*⟩ **1.** gut; *gesundheitlich, fig* wohl; ~**! gut!;** *iron* **nous voilà** ~**!** da sitzen wir schön in der Tinte, im Schlamassel!; **c'est** ~ **(très** *od* **fort)** ~ a) das ist (sehr) gut; b) *ungeduldig* schon gut; **être,** **se sentir, se trouver** ~ sich wohl fühlen; *cf* trouver 7.; **être** ~ **avec qn** (sich) gut mit j-m stehen; **vous êtes** ~ **dans ces chaussures?** gehen Sie gut in diesen Schuhen?; **vous êtes** ~ **dans ce fauteuil?** sitzen Sie gut, bequem in diesem Sessel?; *Schauspieler* **il est** ~ **dans ce rôle** er ist gut in dieser Rolle; *prov* **tout est** ~ **qui finit** ~ Ende gut, alles gut *(prov);* **2.** *Handlungsweise* richtig; recht; **c'est** ~ **à vous de** *l'aider* das od es ist schön, hübsch, nett von Ihnen, daß ...; **ce n'est pas** ~ **d'agir ainsi** es ist nicht nett, richtig ...; **je ne trouve pas ça** ~ das finde ich nicht recht, richtig ...; *Person* **être** ~ gut aussehen *(auch Gegenstand);* e-e gute Erscheinung sein; e-e gute Fi'gur haben; **l'hôtel a** ~ das Hotel sieht gut, vertrauenerweckend aus; **je la trouve encore** ~ ich finde, sie sieht noch gut aus; **4.** F *Person* a) fein; vornehm; bessere(r, -s); b) ordentlich; anständig; nett; fein; F prima; **des gens** ~ a) feine, bessere, b) ordentliche, achtbare, anständige Leute *pl;* **c'est un homme** ~**,** *à qui on peut confier ce travail* er ist ein tüchtiger, zuverlässiger, ordentlicher Mann ...; **un monsieur** ~ ein besserer, feiner Herr; **un type** ~ F ein feiner, prima Kerl; **il est** ~ F der ist prima, in Ordnung; **III** *loc/conj* ~ **que** (+*subj*) ob'wohl; ob'gleich; ob'schon; wie'wohl; **aussi** ~ **que** *cf* aussi I 1.; **si** ~ **que** so daß; **tant et si** ~ **que** *cf* tant II 2.

bien[2] [bjɛ̃] *m* **1.** Wohl *n;* Heil *n;* Beste(s) *n;* Vorteil *m;* Inter'esse *n; in Wendungen auch* Gute(s) *n;* ~ **public, général,** **commun** öffentliches, allgemeines Wohl; (All)Gemeinwohl *n;* **changer en** ~ **sich** zu s-m Vorteil verändern; **dire du** ~, **parler en** ~ **de qn, qc** Gutes über j-n, etw sagen; j-m, etw Gutes nachsagen; **être du dernier** ~ **avec qn** sich bestens mit j-m verstehen; **c'est pour son** ~ das geschieht zu s-m Besten, Wohl, in s-m Interesse; **ce n'était que pour son** ~ *auch* ich habe *bzw* wir haben *etc* es doch nur gut mit ihm gemeint; **il a changé d'attitude, c'est un** ~ ... das ist gut, ein Glück; **faire du** ~ **à qn** *Medikament,* *Ruhe etc* j-m gut-, wohltun; *Person* j-m Gutes tun, erweisen; *Maßnahme etc* **faire du** ~ **au commerce** den Handel fördern; *iron* **grand** ~ **vous,** etc **fasse!** na, dann viel Vergnügen!; **wohl bekomm's!; cela ne fait ni** ~ **ni mal** das schadet nichts, aber es nützt auch nichts; **cela lui fait plus de mal que de** ~ das schadet ihm mehr, als es ihm nützt; *Unternehmen, Verhandlung* **mener à** ~ erfolgreich, gut 'durchführen; zum Erfolg führen; **je ne veux que ton** ~ ich will nur dein Bestes; **vouloir du** ~ **à qn** j-m wohlgesinnt sein; j-m wohlwollen; *in e-m anonymen Brief* **un ami qui vous veut du** ~ ein wohlmeinender Freund; **2. le** ~ das Gute; **le** ~ **et le mal** das Gute und das Böse; Gut und Böse; **un homme de** ~ ein anständiger, edler, guter Mann, Mensch; *loc/adv* **en tout** ~**, (et) tout honneur** in allen Ehren; **faire le** ~ das Gute tun; *par ext* Gutes tun; **3.** Gut *n (auch écon, jur);* Hab *n* und Gut *n;* Habe *f;* Vermögen *n;* Besitz *m; jur auch* Eigentum *n; jur* ~**s** *pl* *auch* Vermögenswerte *m/pl;* Sachen *f/pl;* *jur* ~**s (im)meubles** *cf* (im)meuble I; ~**s de consommation** Kon'sum-, *im engeren Sinn* Verbrauchsgüter *n/pl;* ~**s de l'Église** Kirchengüter *n/pl; jur* ~ **de famille** *etwa* gebundener Fa'milienbesitz; **gebundenes Fa'miliengut;** ~**s d'investissement** Investiti'onsgüter *n/pl;* ~**s de production** Produkti'onsgüter *n/pl;* **avoir du** ~ vermögend sein; **avoir du** ~ **au soleil** Grundbesitz haben; **la santé est le plus précieux des** ~**s** die Gesundheit ist das kostbarste Gut; *prov* ~ **mal acquis ne profite jamais** unrecht Gut gedeiht nicht *(prov);* **als Note** **un** ~ ein Gut *n;* **un assez** ~ ein Befriedigend *n;* **un très** ~ ein Sehrgut *n*

bien|-aimé [bjɛ̃neme] **I** *adj* innniggeliebt; **II** *subst* ~(e) *m(f)* Geliebte(r) *f(m);* ~**-aller** *m* ⟨*inv*⟩ *ch* Hornsignal: die Hunde haben die Fährte; ~**-être** *m* **1.** Wohlbehagen *n,* -befinden *n;* wohliges Gefühl; Wohlgefühl *n;* **2.** *st/s* Wohlstand *m*

bienfais|ance [bjɛ̃fəzɑ̃s] *f* Wohltätigkeit *f;* ~ **œuvre**[1] *f* de ~ *cf* œuvre[1] 3. a); ~**ant** *adj* wohltuend; erquickend; **être** ~ *auch* guttun

bienfait [bjɛ̃fɛ] *m* **1.** Wohltat *f; fig der Zivilisation etc* ~**s** *pl* Segnungen *f/pl; prov* **un** ~ **n'est jamais perdu** Wohltun bringt Zinsen; **2.** *e-r Behandlung, e-s Medikaments* wohltuende Wirkung

bienfai|teur [bjɛ̃fɛtœr] *m,* ~**trice** *f* **1.** Wohltäter(in) *m(f) (auch fig der Menschheit etc);* **2.** Spender(in) *m(f);* Stifter(in) *m(f)*

bien|-fondé [bjɛ̃fõde] *m e-r Forderung* Rechtmäßigkeit *f;* Berechtigung *f;* Berechtigtsein *n;* Wohlbegründetheit *f; e-r Entscheidung, Meinung, Haltung* Richtigkeit *f; e-s Arguments* Stichhaltigkeit *f;* ~**-fonds** *m* ⟨*pl* biens-fonds⟩ *jur* Grundbesitz *m,* -eigentum *n;* unbewegliches Vermögen; *pl auch* Immo'bilien *pl;* Liegenschaften *f/pl*

bienheureux [bjɛ̃nørø] I *adj* ‹-euse› 1. *st/s* Zufall, Eingebung *etc* glücklich; ~ qui … glücklich, wer …; 2. *bibl, égl cath* selig; la bienheureuse Vierge Marie die allerseligste Jungfrau Maria; *bibl* ~ les pauvres en esprit selig sind, die da geistlich arm sind; II *subst* ~, bienheureuse *m,f* Selige(r) *f(m)*; F *fig* dormir comme un ~ den Schlaf des Gerechten schlafen

bien-jugé [bjɛ̃ʒyʒe] *m jur* e-s Urteils Gesetzmäßigkeit *f*

biennal [bjenal] I *adj* ‹-aux› **a)** zweijährig; von zweijähriger Dauer; **b)** zweijährlich; alle zwei Jahre stattfindend; II *f* ~e Bien'nale *f*

bien-pensant [bjɛ̃pɑ̃sɑ̃] *péj* I *adj* konfor'mistisch; der Konfor'misten; II *subst* ~, bien-pensante *m,f* Konfor'mist(in) *m(f)*

bien|séance [bjɛ̃seɑ̃s] *f* Anstand *m*; Schicklichkeit *f*; Wohlanständigkeit *f*; ~s *pl auch* gute Sitten *f/pl*; règles *f/pl* de la ~ Anstandsregeln *f/pl*; ~**séant** *adj* schicklich; wohlanständig; il n'est pas ~ de (+*inf*) es schickt, gehört sich nicht zu (+*inf*)

bientôt [bjɛ̃to] *adv* bald; dem'nächst; F très ~ sehr bald; in Kürze; à (F très) ~ auf baldiges Wiedersehen!; F auf, bis bald!; c'est pour ~? ist es bald so weit?

bienveill|ance [bjɛ̃vɛjɑ̃s] *f* Wohlwollen *n*; avec ~ mit Wohlwollen; wohlwollend; *Briefstil* je sollicite de votre 'haute ~ l'inscription de ma candidature à cette fonction *etwa* ich bitte Sie, meine Bewerbung um diesen Posten wohlwollend aufnehmen zu wollen; ~**ant** *adj* wohlwollend; se montrer ~ envers qn j-m wohlwollend begegnen; j-m wohlwollen

bienvenu [bjɛ̃vny] I *adj* will'kommen; II *subst* nur être le ~, la ~e will'kommen sein; soyez le ~! seien Sie (mir *bzw* uns herzlich) willkommen!; la neige était la ~e der Schnee war sehr willkommen, erwünscht, kam gerade recht; ton offre est la ~e dein Angebot ist mir (sehr) willkommen

bienvenue [bjɛ̃vny] *f* Will'kommen *n*; Will'komm *m*; ~ à nos hôtes! unseren Gästen ein herzliches Willkommen!; cadeau *m* de ~ Willkommens-, Begrüßungsgabe *f*, -geschenk *n*; comme cadeau de ~ *auch* als Willkommensgruß; discours *m* de ~ Begrüßungsansprache *f*; Grußwort *n*; Willkommensgruß *m*; pour (célébrer) sa ~ zu s-m Empfang; souhaiter la ~ à qn j-n willkommen heißen; *st/s* j-m ein Willkommen, e-n Willkomm bieten

bière[1] [bjɛr] *f* Bier *n*; ~ blonde helles Bier; ~ brune dunkles Bier; Braun-, Malzbier *n*; double ~, ~ forte Starkbier *n*; petite ~ Dünnbier *n*; F *fig* ce n'est pas de la petite ~ das ist keine Kleinigkeit, kein Kinderspiel, F kein Zuckerlecken; das ist nicht zum Lachen; ~ de mars Märzenbier *n*

bière[2] [bjɛr] *f* Sarg *m*; mettre en ~ einsargen; mise *f* en ~ Einsargen *n*, -ung *f*

biff|age [bifaʒ] *m von Geschriebenem* (Aus-, 'Durch)Streichen *n*, -ung *f*; ~**er** *v/t* Geschriebenes (aus-, 'durch)streichen

bi|fide [bifid] *adj bot, zo* zweispaltig; ~**filaire** *adj phys, élect* bifi'lar; zweifädig, -drähtig; suspension *f* ~ bifilare Aufhängung; ~**flore** *adj bot* zweiblumig, -blütig; ~**focal** *adj* ‹-aux› *opt* bifo'kal; mit zwei Brennpunkten; verre ~ Bifokal-, Zweistärkenglas *n*; ~**folié** *adj bot* zweiblättrig; ~**forme** *adj minér* doppelgestaltig; bi'form

bifteck [biftɛk] *m* 1. *cuis* (Beef)Steak [('bi:f)ste:k] *n*; ~ de cheval Pferdesteak *n*; 2. F *fig* défendre son ~ s-e (eigenen)

Inter'essen verteidigen; gagner son ~ F s-e Brötchen verdienen

bifurcation [bifyrkasjɔ̃] *f* 1. *e-r Straße, Bahnlinie* Gabelung *f*; Abzweigung *f*; Abzweigstelle *f*; 2. *anat* Gabelung *f*; *sc* Bifurkati'on *f*

bifurquer [bifyrke] *v/i* 1. *Straße, Bahnlinie* sich gabeln, teilen, verzweigen; 2. *Auto, Zug* abbiegen (**vers**, **sur** nach); *Zug auch* hin'überwechseln (**sur une autre voie** auf ein anderes Gleis); 3. *Person beruflich, im Studium etc* 'überwechseln (**vers** zu); F 'umsatteln, -steigen (**auf** +*acc*)

bigam|e [bigam] I *adj* bi'gamisch; biga'mistisch; in e-r Doppelehe, in Biga'mie lebend; II *m,f* Biga'mist(in) *m(f)*; ~**ie** *f* Biga'mie *f*; Doppelehe *f*

bigarad|e [bigarad] *f bot* Frucht Bitterorange *f*; Pome'ranze *f*; Biga'rade *f*; ~**ier** *m bot* Bitterorange(n-), Pome'ranze(n-baum) *f(m)*

bigar|ré [bigare] *adj* 1. bunt(gemustert); *géol* grès ~ Buntsandstein *m*; 2. *fig Menge* buntscheckig; *Gesellschaft auch* gemischt; *Stil* uneinheitlich; hetero'gen; style ~ *auch* Mischstil *m*; ~**eau** *m* ‹*pl* ~**x**› Kirschsorte Bigar'reau *f*; ~**ure** *f* 1. Buntheit *f*; 2. *fig e-r Gesellschaft* Buntscheckigkeit *f*; *des Stils* mangelnde Einheitlichkeit; Heterogeni'tät *f*; ~ du style *auch* Stilgemisch *n*

bigl|e [bigl] *v/i* F 1. schlecht sehen; 2. schielen; ~**eux** *adj* ‹-euse› F être ~ **a)** schlecht sehen; kurzsichtig sein; *fig* blind sein; **b)** schielen

bignonia [biɲɔnja] *m bot* Bi'gnonie *f*

bigophone [bigɔfɔn] F *m* Tele'fon *n*; F Quasselstrippe *f*; **donner un coup de ~** anrufen; F anklingeln; anläuten

bigorn|e [bigɔrn] *f zur Metallbearbeitung* Sperrhorn *n*; (zweihörniger) Spitzamboß; *des Schusters* Nagelständer *m*; ~**eau** *m* ‹*pl* ~**x**› *zo* Strandschnecke *f*

bigot [bigo] I *adj* bi'gott; frömmelnd; II *subst* ~(e) *m(f)* Frömmler(in) *m(f)*; bi'gotter Mensch; *von e-r Frau auch* F Betschwester *f*

bigoterie [bigɔtri] *f* Bigotte'rie *f*; Frömme'lei *f*

bigoudi [bigudi] *m* Lockenwickler *m*, -wickel *m*; ~**s chauffants** aufheizbare, elektrisch beheizbare Lockenwickler *m/pl*; en ~**s** mit Lockenwicklern (im Haar); (se) **mettre des ~s** (sich) das Haar einlegen, aufwickeln

bigre [bigr(ə)] *int erstaunt* F Donnerwetter!

bigrement [bigrəmɑ̃] *adv* F verdammt; verflixt; verteufelt

bigrille [bigrij] *f télécomm* ~ *od adjt* lampe *f* ~ Zweigitter-, Schirmgitter-, Vierpol(elektronen)röhre *f*; Te'trode *f*

bigue [big] *f mar* (Hebe)Bock *m*

bihebdomadaire [biɛbdɔmadɛr] *adj Zeitschrift* zweimal wöchentlich erscheinend

bihoreau [biɔro] *m* ‹*pl* ~**x**› *zo* Nachtreiher *m*

bijavellisant [biʒavelizɑ̃] *adj* Scheuermittel mit Doppelbleiche

bijec|tif [biʒɛktif] *adj* ‹-ive› *math* bijek'tiv; eineindeutig; ~**tion** *f math* Bijekti'on *f*

bijou [biʒu] *m* ‹*pl* ~**x**› 1. Schmuckstück *n*; Ju'wel *n*, Kleinod *n* (*beide auch fig*); *pl* ~**x** auch Schmuck(sachen) *m(f/pl)*; *fig* un ~ de l'architecture romane ein Juwel, Kleinod der romanischen Baukunst; ~**x** de famille, de fantaisie Fa'milien-, Modeschmuck *m*; ~**x** en argent, en or Silber-, Goldschmuck *m*; *péj* couvert de ~**x** mit Schmuck, Juwelen behängt; 2. F *fig* mon ~ mein Schatz, F Goldstück *n*

bijout|erie [biʒutri] *f* 1. **a)** Schmuck-

(waren)-, Juwe'liergeschäft *n*, -laden *m*; **b)** Schmuck(waren)industrie *f*, -handel *m*; 2. *comm coll* Schmuck(waren *f/pl*, -gegenstände *m/pl*) *m*; ~ **d'argent, d'or,** de fantaisie Silber-, Gold-, Modeschmuck *m*; ~ **en filigrane** Fili'granschmuck *m*; ~**ier** *m* **a)** Juwe'lier *m*; Schmuck(waren)händler *m*; **b)** Schmuck(waren)hersteller *m*

bikini [bikini] *m* Bi'kini *m*

bilabial [bilabjal] *adj phon* bilabi'al; consonne ~**e** *od subst* ~**e** *f* Bilabi'al *m*

bilabié [bilabje] *adj bot* zweilippig

bilame [bilam] *f phys* Bimetallstreifen *m*

bilan [bilɑ̃] *m* 1. *comm* Bi'lanz *f*; Abschluß *m*; Schlußabrechnung *f*; *fig* Bi'lanz *f*; (End)Ergebnis *n*; Fazit *n*; *e-r Bank* ~ **hebdomadaire** Bank-, Wochenausweis *m*; *physiol* ~ **nutritif** Ernährungsbilanz *f*; *fig* le triste ~ de deux guerres die traurige Bilanz zweier Kriege; établir un ~ e-e Bilanz aufstellen; *fig* faire le ~ de qc die Bilanz, das Fazit aus etw ziehen; faire le ~ de la situation e-e Zwischenbilanz ziehen; e-e Bestandsaufnahme machen; die Lage, den (gegenwärtigen) Stand der Dinge über'prüfen; 2. *jur* dépôt *m* de ~ Kon'kursanmeldung *f*, -antrag *m*; déposer son ~ Kon'kurs anmelden; beantragen

bilatéral [bilateral] *adj* ‹-aux› zweiseitig; bilateral; contrat ~ zweiseitiger, bilateraler Vertrag; *path* paralysie ~**e** doppelseitige Lähmung; *sc* Diple'gie *f*; stationnement ~ beidseitiges Parken; animaux *m/pl* à symétrie ~**e** bilateral-symmetrisch gebaute Tiere *n/pl*

bilboquet [bilbɔkɛ] *m* 1. *Geschicklichkeitsspiel, bei dem e-e durchbohrte Kugel mit e-m spitzen Stock aufgefangen werden muß*; 2. *impr* Akzi'denzdruck *m*

bile [bil] *f* 1. *physiol* Galle(nflüssigkeit) *f*; *sc* Bilis *f*; 2. *fig* schlechte Laune; Ärger *m*; Zorn *m*; échauffer la ~ de qn *cf* échauffer 3; F se faire de la ~ sich Sorgen machen; sich sorgen, beunruhigen, ängstigen, aufregen

bil|er [bile] *v/pr* F *meist verneint* ne pas se ~ unbesorgt, unbekümmert sein; sich keine Sorgen machen; sich nicht beunruhigen, aufregen; ~**eux** *adj* ‹-euse› F *meist verneint* ne pas être ~ *cf* (se) biler; mais lui, pas ~, ... auch ... seelenruhig, in aller Seelenruhe, gelassen ...

bilharz|ie [bilarzi] *f zo* Pärchenegel *m*; *sc* Bil'harzia *f*; Schisto'soma *n*; ~**iose** [-joz] *f path* Bilharzi'ose *f*; Schistosomi'asis *f*

bili|aire [biljɛr] *adj anat* Gallen...; *sc* bili'är; acides *m/pl*, calculs *m/pl*, voies *f/pl* ~**s** Gallensäuren *f/pl*, -steine *m/pl*, -wege *m/pl*; sécrétion *f*, vésicule *f* ~ Gallenflüssigkeit *f*, -blase *f*; ~**eux** *adj* ‹-euse› 1. *méd* gallig; gallehaltig; *sc* bili'ös; teint ~ gelbe, gelbliche Gesichtsfarbe; 2. *cf* bileux; 3. *fig Person, Temperament* gallig

bilingu|e [bilɛ̃g] *adj* zweisprachig; *sc* bi'linguisch; *par ext* secrétaire *f* ~ zwei Sprachen beherrschende Sekretärin; *Person* être ~ zweisprachig (aufgewachsen) sein; ~**isme** *m* Zweisprachigkeit *f*

bilirubine [bilirybin] *f Biochemie* Biliru'bin *n*

billard [bijar] *m* **a)** Billard(spiel) [-lj-] *n*; *im engeren Sinn* Karambo'lagebillard *n*; fran'zösisches Billard; ~ **américain** deutsches Billard; Loch-, Poolbillard ['pu:l-] *n*; ~ **électrique** Flipper *m*; boule *f* de ~ Billardkugel *f*; *fig cf* bille[1] 2. (de billard); F *fig* c'est du ~ das ist kinderleicht, ein Kinderspiel; das ist, geht ganz leicht; **b)** (table *f* de) Billard(tisch) *n(m)*; F cette route est un vrai ~ diese Straße ist wunderbar eben

und gerade; F *fig* **monter, passer sur le** ~ F unter das Messer kommen; **c)** (partie *f* de) ~ Par'tie *f* Billard; **faire un** (F petit) ~, **une partie de** ~ e-e Partie Billard spielen

bille[1] [bij] *f* **1.** *Billard* Ball *m*; *Roulett* Kugel *f*; *für Kinder* Murmel *f*; Marmel *f*; Klicker *m*; *tech* **roulement** *m* à ~s Kugellager *n*; **stylo** *m* (à) ~ Kugelschreiber *m*; **jouer aux** ~s mit Murmeln spielen; *fig* **reprendre ses** ~s nicht mehr mitmachen; sich zu'rückziehen; sich abkehren; abspringen; F aussteigen; **2.** F *fig* Gesicht *n*; Kopf *m*; **avoir une bonne** ~ sympathisch aussehen; ~ **de billard** Kahl-, Glatzkopf *m*; Glatze *f*; F Globus *m*; 'Vollmond *m*; **avoir une** ~ **de clown** drollig, lustig aussehen;

bille[2] [bij] *f* ~ (**de bois**) (Holz)Klotz *m*, (-)Block *m*; **d'acier** Stahlblock *m*; ~ **de chêne** Eichenklotz *m*, -block *m*

billet [bijɛ] *m* **1.** Eintrittskarte *f*; *für ein öffentliches Verkehrsmittel* Fahrkarte *f*; -schein *m*; ~ **aller-retour** Rückfahrkarte *f*; ~ **open** open Ticket *n*; offener Flugschein; *ch de fer* **d'aller** Fahrkarte für die einfache Fahrt, Hinfahrt; ~ **d'avion** Flugschein *m*, -karte *f*; ~ **de bateau** Schiffskarte *f*; ~ **de chemin de fer** Eisenbahnfahrkarte *f*; ~ **de cinéma**, **de concert** Kino-, Kon'zertkarte *f*; *ch de fer* ~ (**de**) **bon dimanche** (ermäßigte) Sonntagsrückfahrkarte *f*; **thé** ~ **de faveur** Freikarte *f*; *ch de fer* ~ **de groupe** Sammel-, Gruppenfahrschein *m*; ~ **de quai** Bahnsteigkarte *f*; ~ **de théâtre** The'aterkarte *f*, -billett [-lj-] *n*; F *fig* **prendre un** ~ **de parterre** hinfallen; **2.** ~ (**de banque**) (Bank)Note *f*; (Geld)Schein *m*; *pl* ~s *auch* Pa'piergeld *n*; **faux** ~ falsche Banknote; F Blüte *f*; ~ **de dix francs** Zehn-Franc-Schein *m*; **en** ~s in Papiergeld, Scheinen; F *fig* **je t'en donne, t'en fiche mon** ~ da gehe ich jede Wette ein, mache ich jede Wette; F das kann ich dir schriftlich geben; **3.** *comm* Schuldschein *m*, -verschreibung *f*; Wechsel *m*; ~ **à domicile** Domi'zilwechsel *m*; ~ **à ordre** eigener, trockener Wechsel; Solawechsel *m*; ~ **au porteur** an den Inhaber zahlbarer Wechsel; ~ **de fonds** Solawechsel zugunsten e-s Verkäufers e-s (Handels)Geschäfts; **4.** Briefchen *n*; kurze Mitteilung; ~ **doux** Liebesbriefchen *n*; Billet'doux *n*; **5.** Schein *m*; Zettel *m*; *Lotterie* Los *n*; ~ **gagnant** Gewinnlos *n*; Treffer *m*; *égl cath* ~ **de confession** Beichtzettel *m*; *mil* ~ **de logement** Quar'tierschein *m*, -zettel *m*; ~ **de loterie**, **de tombola** (Lotte'rie-, Tombola)Los *n*; **6.** F tausend (alte) Franc

billeté [bijte] *adj Heraldik* geschindelt

billette [bijɛt] *f* **1.** Holzscheit *n*; Stück *n* Brennholz; **fagot** *m* **de** ~s Bündel *n* Brennholz; **2.** *métall* Knüppel *m*; **3.** *mines* Kappe *f*; **4.** *arch* Rollenfries *m*; **5.** *Heraldik* Schindel *f*

billevesées [bilvəze] *litt f/pl* ungereimtes Zeug; dummes, leeres, hohles Geschwätz; Gerede

billion [biljɔ̃] *m* Billi'on *f*

billon [bijɔ̃] *m* **1.** *agr* Beet *n*; Bifang *m*; Beifang *m*; **culture** *f* **en** ~ Bifangkultur *f*; **labour** *f* **en** ~s Beetpflügen *n*; **2.** *vit* kurz abgeschnittener Rebschoß

billonn|age [bijɔnaʒ] *m agr* Beetpflügen *n*; ~**er** *v/t agr* in Beete pflügen

billot [bijo] *m* Hack-, Hauklotz *m*; *für Hinrichtungen* Richtblock *m*; *tech als Unterlage dienender* Holzklotz *m*, -block *m*; Me'tallblock *m*; *für e-n Amboß* Am'boßstock *m*; *fig* **j'en mettrais ma tête sur le** ~ ich wette zehn gegen eins, ich gehe jede Wette ein, daß es so ist

---

bilobé [bilɔbe] *adj bot* zweilappig

bimbeloterie [bɛ̃blɔtri] *f* Herstellung *f* von, Handel *m* mit Nippsachen

bimensuel [bimɑ̃sɥɛl] *adj* ⟨~le⟩ monatlich zweimal stattfindend, *Zeitschrift* erscheinend

bimestriel [bimɛstrijɛl] *adj* ⟨~le⟩ alle zwei Monate, zweimonatlich stattfindend, *Zeitschrift* erscheinend

Bimétal [bimetal] *m* (*nom déposé*) Bimetall *n*

bimétall|ique [bimetalik] *adj tech* bimetallisch; Bimetall...; ~**isme** *m fin* Doppelwährung *f*; Bimetal'lismus *m*; ~**iste** *fin* **I** *adj* des Bimetal'lismus; **II** *m* Anhänger *m* des Bimetal'lismus

bimillénaire [bimi(l)lenɛr] **I** *adj* zweitausendjährig; **II** *m* zweitausendster Jahrestag; zweitausendjähriges Jubi-'läum; Zweitausend'jahrfeier *f*; **fêter le** ~ **de Paris** das zweitausendjährige Bestehen von Paris feiern

bimoteur [bimɔtœr] *aviat* **I** *adj* zweimotorig; **II** *m* zweimotorige Ma'schine

binage [binaʒ] *m* **1.** *jard* Hacken *n*; **2.** *égl cath* Binati'on *f*

binaire [binɛr] *adj* bi'när; aus zwei Einheiten bestehend; *chim* **composé** *m* ~ binäre Verbindung; *mus* **mesure** *f* ~ gerader *od* zwei- *bzw* zweitaktiger Takt; *math* **nombre** *m* ~ Bi'närzahl *f*; binäre Zahl; **numération** *f*, **système** *m* ~ Bi'när-, Du'alsystem *n*; dy'adisches (Zahlen)System; Dy'adik *f*

binard *od* **binart** [binar] *m* zum Transport von Steinblöcken vierrädriger Karren, Rollwagen

biner [bine] *v/t agr, jard* hacken

binette [binɛt] *f* **1.** *jard* Hacke *f*; **2.** F (*visage*) Gesicht *n*; *péj* Vi'sage *f*; **tu en fais une (drôle de)** ~! was machst du für ein komisches Gesicht!

bineuse [binøz] *f agr* Hackmaschine *f*

bing [biŋ, bɛ̃ɡ] *int* peng!; päng!

biniou [binju] *m* (bre'tonischer) Dudelsack; (bre'tonische) Sackpfeife

binoclard [binɔklar] F **I** *adj* brilletragend; **II** *subst* ~(e) *m(f)* F Brillenschlange *f*

binocle [binɔkl(ə)] *m opt* **a)** Kneifer *m*; Zwicker *m*; **b)** Stiel-, Scherenbrille *f*; Lor'gnon *n*; Lor'gnette *f*; **c)** F ~s *pl* Brille *f*

binoculaire [binɔkylɛr] *adj opt* beidäugig; *Instrument* binoku'lar; **loupe** *f* ~ binokulare Lupe; Doppellupe *f*; Binoku'lar *n*; **microscope** *m* ~ Binoku'larmikroskop *n*; Bin'okel *n*; **télescope** *m* ~ Doppelfernrohr *n*; **vision** *f* ~ beidäugiges, binokulares Sehen

binôme [binom] *m math* Bi'nom *n*

biocénose [bjɔsenoz] *f biol* Biozö'nose *f*; Bio'zön *n*

biochim|ie [bjɔʃimi] *f* Bioche'mie *f*; ~**ique** *adj* bio'chemisch; ~**iste** *m, f* Bio'chemiker(in) *m(f)*

bio|dégradable [bjɔdegradabl(ə)] *adj Waschmittel, Plastiktüten etc* auf na-'türlichem, bio'logischem Wege abbaubar; *par ext* 'umweltfreundlich; ~**-électrique** *adj* bioe'lektrisch; *méd* **prothèse** *f* ~ bioelektrische Prothese; ~**géographie** *f* Biogeogra'phie *f*

biograph|e [bjɔɡraf] *m, f* Bio'graph(in) *m(f)*; ~**ie** *f* Biogra'phie *f*; Lebensbeschreibung *f*, -geschichte *f*; ~**ique** *adj* bio'graphisch

biolog|ie [bjɔlɔʒi] *f* Biolo'gie *f*; ~ **animale**, **végétale** Biologie der Tiere, der Pflanzen; ~ **moléculaire** Moleku'larbiologie *f*; ~**ique** *adj* bio'logisch; **géographie** *f* ~ Biogeogra'phie *f*; ~**isme** *m philos* Biolo'gismus *m*; ~**iste** *m, f* Bio'loge *m*, -'login *m, f*

---

bio|luminescence [bjɔlyminesɑ̃s] *f* Biolumines'zenz *f*

biome [bjom] *m* Bi'om *n*

bio|médical [bjɔmedikal] *adj* ⟨-aux⟩ biomedi'zinisch; ~**métrie** *f* Biome'trie *f*; Bio'metrik *f*; bio'logische Sta'tistik *f*

bionique [bjɔnik] **I** *adj* bi'onisch; **II** *f* Bi'onik *f*

biophysique [bjɔfizik] *f* Biophy'sik *f*

biopsie [bjɔpsi] *f méd* Biop'sie *f*

bio|rythme [bjɔritm(ə)] *m* Bio'rhythmus *m*; ~**sphère** *f* Bio'sphäre *f*; ~**synthèse** *f* Biosyn'these *f*

biot|ine [bjɔtin] *f Biochemie* Bio'tin *n*; ~**ique** *adj Ökologie* bi'otisch; **communauté** *f* ~ Lebensgemeinschaft *f*; ~**ite** *f miner* Bio'tit *m*

bio|tope [bjɔtɔp] *m* Bio'top *m od n*; ~**type** *m* Bio'typ(us) *m*

bioxyde [bjɔksid] *m chim* Dioxyd *od fachspr* -oxid *n*

bipale [bipal] *adj* **hélice** *f* ~ Zweiblattluftschraube *f*

bipart|i [biparti] *adj cf* **bipartite**; ~**isme** *m pol* **a)** Zweipar'teienregierung *f*; **b)** Zweipar'teiensystem *n*

bipart|ite [bipartit] *adj* **1.** *pol* Zweier...; Zwei'mächte...; Zweipar'teien...; **accord** *m*, **conférence** *f* ~ Zweier- *od* Zweimächteabkommen *n*, -konferenz *f*; **gouvernement** *m* ~ Zweiparteienregierung *f*; **2.** *bot* zweiteilig; ~**ition** *f biol* Zweiteilung *f*

bipède [bipɛd] **I** *adj Lebewesen* zweifüßig, -beinig; *sc* bi'pedisch; **II** *m* **1.** Zweifüßer *m*; *sc* Bi'pede *m*; **2.** *des Pferdes* zwei Füße *m/pl* (zu'sammen); ~ **antérieur**, **postérieur** beide Vorder-, 'Hinterfüße *m/pl*; **3.** *plais von e-m Menschen* Zweibeiner *m*

bipied [bipje] *m mil* Gabelstütze *f*

biplace [biplas] *adj* zweisitzig; **avion** *m* ~ *od subst* ~ *m* zweisitziges Flugzeug; Zweisitzer *m*; *sports* **kayak** *m* ~ Zweierkajak *m*; Kajakzweier *m*; **voiture** *f* ~ *od subst* ~ *f* zweisitziger Wagen; Zweisitzer *m*

biplan [biplɑ̃] *adj* **avion** *m* ~ *od subst* ~ *m* Doppeldecker *m*

bi|polaire [bipolɛr] *adj phys, math* zweipolig; *sc* bipolar; *math* **coordonnées** *f/pl* ~s bipolare Koordinaten *f/pl*; ~**polarité** *f phys* Zweipoligkeit *f*; *sc* Bipolari'tät *f*

bique [bik] F *f* **1.** *zo* Ziege *f*; Geiß *f*; **2.** *fig u péj* **grande** ~ F Hopfenstange *f*; **vieille** ~ alte Ziege, F Zicke, Schachtel, Scha-'tulle; ~**et** *m*, ~**ette** *f* **1.** *zo* Zicklein *n*; Zickel *n*; **2.** F *zu e-m Kind* **mon biquet, ma biquette** F mein Schäfchen, Häschen, Mäuschen

biquotidien [bikɔtidjɛ̃] *adj* ⟨~ne⟩ zweimal täglich stattfindend

birbe [birb] *m* F *péj* **un vieux** ~ F ein alter Knacker

biréacteur [bireaktœr] *aviat* **I** *adj* zweistrahlig; **II** *m* zweistrahlige Ma'schine

biréfring|ence [birefrɛ̃ʒɑ̃s] *f opt* Doppelbrechung *f*; ~**ent** *adj opt* doppelbrechend

birloir [birlwar] *m e-s Hebe-, Fall- od Schiebefensters* Fensterwirbel *m*

birman [birmɑ̃] **I** *adj* bir'manisch; **II** *subst* 2(e) *m(f)* Bir'mane, -'manin *m, f*; **2.** *ling* das Bir'manische; Bir-'manisch *n*

bis[1] [bi] *adj* ⟨**bise** [biz]⟩ graubraun; **pain** ~ Grau-, Mischbrot *n*

bis[2] [bis] **I** *adv* **1.** *bei Haus-, Absatz-, Artikelnummern* a. auch b; **2.** *mus* wieder'holen; noch einmal; bis *od nur Wiederholungszeichen*; *int* ~!da capo!; **II** *m bei großem Beifall* Wieder'holung *f*; Da'kapo *n*; **jouer un** ~ das Stück *bzw* e-n Satz *etc* noch einmal spielen

bisaïeul(e) [bizajœl] *m(f)* Urgroßvater *m*, -mutter *f*; **bisaïeuls** Urgroßeltern *pl*
bisannuel [bizanɥɛl] *adj* ‹~le› **1.** zweijährlich, alle zwei Jahre stattfindend; **2.** *bot* Pflanze zweijährig; bi'enn
bisbille [bisbij] F *f* kleiner Streit; kleine Ausein'andersetzung; Verstimmung *f*; *meist* **être en ~ avec qn** mit j-m schmollen, im Streit liegen
biscornu [biskɔrny] *adj Form* seltsam; bi'zarr; *Vorstellung auch* wunderlich; verschroben; *Person* **avoir l'esprit ~** wunderlich, verschroben sein
biscoteau [biskɔto] F *m* ‹*pl* ~x› *od* **biscoto** F *m* Bizeps *m*
biscotte [biskɔt] *f cuis* Zwieback *m*
biscuit [biskɥi] *m* **1.** *cuis* **a)** Keks *m od n*; **~ de chien** Hundekuchen *m*; **b)** **~ de Savoie** Bisku'it *n, auch m*; **~ à la cuiller** Löffelbiskuit *n*; **c)** **~ de marin** Schiffszwieback *m*; **2. a)** Bisku'it(porzellan) *n*; **b)** Fi'gur *f* aus Biskuit(porzellan)
biscuiter [biskɥite] *v/t* zu Bisku'itporzellan brennen
biscuiterie [biskɥitri] *f* Keksherstellung *f*, -fabrik *f*, -handel *m*
bise[1] [biz] *f* kalter Nord(ost)wind
bise[2] [biz] F *f* Kuß *m*; *südd auch* Busserl *n*; **grosse ~** herzhafter, kräftiger, schallender Kuß; F Schmatz *m*; *am Briefschluß* **grosses ~s** herzliche Küsse; **donner, faire une ~ à qn** j-m e-n Kuß *etc* geben
biseau [bizo] *m* ‹*pl* ~x› **1.** schräge, abgeschrägte Kante; Schrägkante *f*; Abschrägung *f*; Abfasung *f*; Fase *f*; **en ~** mit schräger, abgeschrägter Kante; **tailler en ~** schrägschleifen; facet'tieren; **2.** *tech* (*Art*) Drehmeißel *m* mit schräger Schnittfläche; **3.** *mus* Labium *n*; **4.** *beim Edelsteinschliff* Schrägfläche *f*; Fa'cette *f*
biseaut|age [bizota3] *m* Abschrägen *n*, -ung *f*; Abkanten *n*, -ung *f*; Abfasen *n*, -ung *f*; Schrägschliff *m*; Facet'tieren *n*, -ung *f*; **~er** *v/t* **1.** abschrägen; abkanten; abfasen; schrägschleifen; facet'tieren; **2.** Spielkarten zinken
biser [bize] **I** *v/t* **1.** F (*embrasser*) küssen; e-n Kuß, F Schmatz geben (+*dat*); **2.** *text* ein zweites Mal, noch einmal färben; **II** *v/i* *Getreidekörner* schwarz werden
biset [bize] *m zo* ~ *od adjt* pigeon *m* ~ Felsentaube *f*
bisexué *cf* **bissexué**
bismuth [bismyt] *m* **1.** *chim* Wismut *n*; **2.** *phm* Wismutsalz *n*, -präparat *n*; **~ine** *f* **a)** *minér* Wismutglanz *m*; Bismuthi'nit *m*; **b)** *chim* ~s *pl* Bismu'tine *n*/*pl*; **~isme** *m path* Wismutvergiftung *f*
bisness [bisnɛs, biz-] *m cf* **business**
bison [bizɔ̃] *m zo* ~ (**d'Amérique**) Bison *m*; **~ d'Europe** Wisent *m*
bisontin [bizɔ̃tɛ̃] *adj* (*u subst* ♀ Einwohner) von Besançon
bisou [bizu] *m* F *cf* (**grosse**) **bise**[2]
bisque [bisk] *f cuis* **~ d'écrevisses, de homard** Krebs-, Hummersuppe *f*
bisquer [biske] F *v/i* sich ärgern; F wild, fuchsig werden; hochgehen; *bes* **faire ~ qn** j-n ärgern, auf-, F hochbringen, auf die Palme bringen
bisse [bis] *f Heraldik* (sich hochringelnde) Schlange
bissec|teur [bisɛktœr] *adj* ‹-trice› *Geometrie* halb'bierend; *subst* **bissectrice** *f* Winkelhalbierende *f*; **~tion** *f Geometrie* Hal'bierung *f*
bisser [bise] *v/t* thé *etc* **a)** *Publikum*; *Künstler* (durch anhaltenden Beifall und Da'kaporufe) zu e-r Wieder'holung, e-m Da'kapo bewegen; **~ une chanson**, *etc* durch anhaltenden Beifall und Dakaporufe die Wiederholung e-s Liedes

etc erzwingen, verlangen; **b)** *Künstler*: *Arie etc* wieder'holen; noch einmal singen *etc*
bissextile [bisɛkstil] *adj* ‹*nur f*› **année ~** Schaltjahr *n*
bissexu|alité [bisɛksɥalite] *f bot, zo* Doppel-, Zweigeschlechtigkeit *f*; *auch psych* Bisexualität *f*; **~é** *adj od* **~el** *adj* ‹~le› *bot, zo* doppel-, zweigeschlechtig; *auch psych* bisexuell
bistorte [bistɔrt] *f bot* Wiesen-, Schlangenknöterich *m*
bistouri [bisturi] *m chir* Skal'pell *n*; **~ électrique** Operati'onselektrode *f*; aktive Elek'trode
bistourn|age [bisturna3] *m vét* Unfruchtbarmachung *f* (durch Abschnüren und Atro'phie des Hodens); **~er** *v/t vét* unfruchtbar machen (durch Abschnüren und Atro'phie des Hodens)
bistr|e [bistr(ǝ)] *m* **1.** Bister *m od n*; **2.** (Dunkel)Braun *n*; **3.** *adjt* ‹*inv*› *Gesicht*(*sfarbe*), Haut (dunkel)braun; **~é** *adj cf* **bistre 3.**
bistro(t) [bistro] *m* F Kneipe *f*
bisulce [bisyls] **I** *adj zo* zwei-, paarhufig; **II** *m*/*pl* ~s Paarhufer *m*/*pl*
bi|sulfate [bisylfat] *m chim* Hydro'gensulfat *n*; Bisulfat *n*; **~sulfite** *m chim* Hydro'gensulfit *n*; Bisulfit *n*; **~sulfure** *m chim* Disulfid *n*
bisulque [bisylk] *adj cf* **bisulce**
bit [bit] *m EDV* Bit *n*
biterrois [bitɛrwa] *adj* (*u subst* ♀ Einwohner) von Béziers
bitord [bitɔr] *m mar* zwei- *od* mehrkardeeliges Tau; Schiemannsgarn *n*
bitos [bitos] *arg m* Hut *m*; F Deckel *m*
bitte [bit] *f mar* Poller *m*; Beting *f*
bitter [bitɛr] *m* Likör Bittere(r) *m*
bitton [bitɔ̃] *m mar* kleiner Poller
bittur|e [bityr] F *f* **prendre une ~** *cf* **bitturer**; **~er**, **~ se** F sich besaufen; sich 'vollaufen lassen
bitum|acadam [bitymakadam] *m* As'phaltmakadam *m od n*; **~age** *m* Bitumi'nieren *n*, -ung *f*; *e-r Straße* As'phal'tieren *n*, -ung *f*
bitum|e [bitym] *m* **1.** *minér* Bi'tumen *n*; **~ émulsionné** *od* **émulsion** *f* **de ~** Bitumenemulsion *f*; Kaltasphalt *m*; **~ oxydé, soufflé** geblasenes Bitumen; Blasbitumen *n*; **~ de Judée** Na'turasphalt *m* (*vom Toten Meer*); Judenpech *n*; **2.** *als Straßendecke* As'phalt *m*; **3.** F (*trottoir*) Bürgersteig *m*; Gehsteig *m*, -weg *m*; **~er** *v/t* bitumi'nieren; *Straße* asphal'tieren; **~eux** *adj* ‹-euse› *cf* bitumineux; **~ier** *m mar* As'phalttanker *m*
bitumin|er [bitymine] *v/t cf* **bitumer**; **~eux** *adj* ‹-euse› bi'tumenhaltig; bitumi'nös; **schiste ~** bituminöser Schiefer; Ölschiefer *m*
biture [bityr] *f cf* **bitture**
biunivoque [biynivɔk] *adj math* **correspondance *f* ~** eineindeutige *od* 'umkehrbar eindeutige Abbildung
bival|ence [bivalɑ̃s] *f chim* Zweiwertigkeit *f*; **~ent** *adj chim* zweiwertig
bivalve [bivalv] *zo* **I** *adj* zweischalig; **II** *m*/*pl* ~s Muscheln *f*/*pl*; *sc* Bi'valven *od* Bi'valvia *pl*
biveau [bivo] *m* ‹*pl* ~x› *tech* Schräg-, Stellmaß *n bzw* -winkel *m*
bivitellin [bivitɛ(l)lɛ̃] *adj biol* Zwillinge zweieiig
bivoltage [bivɔlta3] *m élect* Gerät **en ~** von 220 auf 110 Volt 'umschaltbar
bivouac [bivwak] *m mil.* Bergsteigen Biwak *n*; établir, installer un ~ ein Biwak aufschlagen, errichten, beziehen
bivouaquer [bivwake] *v/i mil.* Bergsteigen biwa'kieren
bizarre [bizar] *adj* seltsam; sonderbar; merkwürdig; eigenartig; ab'sonderlich;

ungewöhnlich; wunderlich; F komisch; *Form, Einfall, Person auch* bi'zarr
bizarr|erie [bizarri] *f* Seltsamkeit *f*; Merkwürdigkeit *f*; Ab'sonderlichkeit *f*; Ungewöhnlichkeit *f*; Wunderlichkeit *f*; Bizarre'rie *f*; **~oïde** *adj* F *cf* **bizarre**
bizness [biznɛs] *m cf* **business**
bizut(h) [bizy] *m* F *e-r Grande Ecole* Stu'dent *m* im ersten Studienjahr; *par ext* Neuling *m*; Anfänger *m*
bizutage [bizyta3] *m* F Brauch an e-r Grande Ecole, die Neulinge lustigen, oft rüden Mutproben zu unterziehen
blabla(bla) [blabla(bla)] F *m* F Bla'bla *n*; dummes Gerede, Gequatsche, Zeug; **c'est du ~** *auch* F das ist doch alles Käse
blackboul|age [blakbula3] *m* F *bei e-r Wahl, bes pol* (Wahl)Niederlage *f*; 'Mißerfolg *m*; *bei e-r Prüfung* 'Durchfall *m*; **~er** *v/t* F **se faire ~**, être blackboulé *bei e-r Wahl, bes pol* e-e Niederlage erleiden; geschlagen werden; *bei e-r Prüfung* 'durchfallen, F -rasseln, -segeln
black-out [blakawt] *m* ‹*inv*› **1.** *im Krieg* Verdunk(e)lung *f*; **2.** *fig* **faire le ~ sur qc** etw totschweigen, verschweigen; über etw (*acc*) völliges (Still)Schweigen bewahren; sich über etw (*acc*) in Schweigen hüllen
black-rot [blakrɔt] *m* ‹*pl* black-rots› *vit* Schwarzfäule *f*; Schwarze Trockenfäule
blafard [blafar] *adj* Gesicht(*sfarbe*), (*Mond*)*Licht etc* fahl; bleich; bleifarben
blague[1] [blag] F *f* **1.** Scherz *m*; Spaß *m*; Ulk *m*; Witz *m*; **~ à part!** Scherz, Spaß beiseite!; *ungläubig* **sans ~!** im Ernst?; tatsächlich?; **dire, raconter des ~s** scherzen; spaßen; Scherze, Späße, Ulk machen; Witze erzählen; **ne raconte pas de ~s!** mach keine Witze!; **c'est de la ~** das ist wohl ein Witz, Scherz, Ulk; das ist doch nicht ernst zu nehmen; **prendre tout à la ~** nichts ernst nehmen; **2.** Streich *m*; Possen *m*; **sale ~** übler Streich, Scherz; **faire une ~ à qn** j-m e-n Streich, Possen spielen; **3.** Dummheit *f*; F Schnitzer *m*; **pas de ~s!** mach *bzw* machen Sie keine Dummheiten!; **faire des ~s** Dummheiten machen
blague[2] [blag] *f* ~ (**à tabac**) Tabaksbeutel *m*
blagu|er [blage] F **I** *v/t* **~ qn** s-n Scherz, Spaß mit j-m treiben; sich über j-n lustig machen; j-n verspotten; F j-n necken, hänseln, F aufziehen (**sur qc** mit etw); **II** *v/i* scherzen; spaßen; Scherz, Spaß, Ulk machen; **~eur** *f* *adj* ‹-euse› spöttisch; **II ~**, **blagueuse** *s-f* Spaßmacher(in) *m(f)*, -vogel *m*; Witzbold *m*
blair [blɛr] *m* F (*nez*) *f* Gesichtserker *m*; Riechkolben *m*; Gurke *f*; Zinken *m*
blaireau [blɛro] *m* ‹*pl* ~x› **1.** *zo* Dachs *m*; **2.** Ra'sierpinsel *m*; **3.** *peint, des Vergolders* (Dachshaar)Pinsel *m*; **4.** *als Hutschmuck* Gamsbart *m*
blairer [blɛre] *v/t nur* F **ne pas pouvoir ~ qn** F j-n nicht riechen können
blaisois [blɛzwa] *adj* (*u subst* ♀ Einwohner) von Blois
blâmable [blamabl(ǝ)] *adj* tadelnswert; zu tadeln(d)
blâme [blam] *m* **1.** Tadel *m*; Rüge *f*; 'Mißbilligung *f*; Verweis *m*; Zu'rechtweisung *f*; **s'attirer, encourir le ~ de qn** sich j-s Tadel, Mißbilligung zuziehen; **2.** *Dienststrafrecht* Verwarnung *f*; *Schule*: Verwarnung *f*; **infliger un ~ à qn** j-m e-n Verweis, e-e Verwarnung erteilen; j-n verwarnen
blâmer [blame] *v/t* **1.** tadeln; rügen; *Verhalten, Handlung*(*sweise*) miß'billigen; **~ qn de** *od* **pour qc** j-n wegen etw tadeln, rügen, zu'rechtweisen; **2.** *Beamten* verwarnen, e-n Verweis (*auch*

e-m Schüler), e-e Verwarnung erteilen (qn j-m)

blanc [blã] **I** *adj* ⟨blanche [blãʃ]⟩ **1.** weiß; *Haut auch* hell; *Trauben auch* hell; grün; *Zunge* belegt; **armes blanches** blanke Waffen *f/pl*; Blankwaffen *f/pl*; **bois** ~ weißes Holz (*von Tanne, Pappel etc*); **cheval** ~ Schimmel *m*; **cheveux** ~s weiße Haare *n/pl*; weißes Haar; **aux cheveux** ~s weißhaarig; mit weißem Haar; **sports cirque** ~ Skizirkus *m*; **drapeau** ~ weiße Fahne (*auch hist der frz Monarchie*); **fromage** ~ Quark *m*; Weißkäse *m; österr* Topfen *m*; **gelée blanche** Reif *m*; **linge** ~ Weißwäsche *f*; *pol* **Livre** ~ Weißbuch *n*; **la Maison Blanche** das Weiße Haus; **race blanche** weiße Rasse; **Russe** ~ Weißrusse *m; cuis* **sauce blanche** helle Soße; **sucre** ~ weißer Zucker; Weißzucker *m*; **verre** ~ weißes, ungefärbtes Glas; **viande blanche** weißes Fleisch (*vom Kalb, Geflügel, Kaninchen*); **vin** ~ Weißwein *m*; **être** ~ a) weiß(haarig) sein; b) weiß, blaß, käsig, käseweiß aussehen; **2.** *fig* **examen** ~ unter Ex'amensbedingungen zur Probe abgehaltene Prüfung; **mariage** ~ nicht voll'zogene Ehe; **nuit blanche** schlaflose Nacht; *métr* **vers** ~ reimloser Vers; **Vers blanc** *m*; **voix blanche** tonlose Stimme; **3.** *Blatt, Seite* unbeschrieben; unbedruckt; leer; *Stelle in e-m Formular* unausgefüllt; *bulletin* ~ leerer Stimmzettel; *bei e-r schriftlichen Prüfung* **remettre une copie blanche** ein leeres Blatt abgeben; **une feuille de papier** ~ ein leeres Blatt Papier; ein Blatt weißes Papier; **4.** sauber; rein; *fig auch* unbefleckt; unschuldig; **5.** *Kartenspiel* **carte blanche** Karte *f* ohne Bild; *fig cf* **carte 5.**; **jeu** ~ Spiel *n* ohne Bilder, Fi'gurenkarten; **II** *subst* **1.** *m* Weiß *n*; ~ **éclatant** blendendes, strahlendes Weiß; **d'un** ~ **éclatant** blendend-, strahlendweiß; *phm* ~ **de baleine** Walrat *m od n*; **le** ~ **de l'œil** das Weiße im Auge; **regarder qn dans le** ~ **des yeux** j-m gerade, fest, tief in die Augen blicken; j-n fest ansehen, anblicken; ♦ *loc/adj u loc/adv* **noir sur** ~ *cf* **noir II 1.**; **dire tantôt** ~, **tantôt noir** mal so, mal so sagen; **aujourd'hui il dit** ~, **demain il dira noir** heute sagt er so, morgen so; **à** ~: *mil* **cartouche** *f* **à** ~ Platzpatrone *f; Forstwirtschaft* **coupe** *f* **à** ~ Kahlschlag *m; cuis* **cuisson** *f* **à** ~ Abbrühen *n*; Blan'chieren *n*; *Metall* **chauffer à** ~ bis zur Weißglut erhitzen; **il a gelé (à)** ~ es hat gereift; es ist Reif gefallen; *fig* **saigner qn à** ~ *cf* **saigner 2.**; *mil* **tirer à** ~ mit Übungsmunition, Platzpatronen schießen; **être habillé de** ~ *od* **en** ~, **être vêtu de** ~ weiß gekleidet sein; **tacheté de** ~ weißgefleckt; **en** ~ in Weiß; weiß; *cf auch* **6.**; F *iron* **les hommes** *m/pl* **en** ~ F iron die Weißbekittelten *m/pl*; die Halbgötter *m/pl* in Weiß (*Ärzte*); **être en** ~ in Weiß sein, gehen; **se marier en** ~ in Weiß sein, in e-m weißen Brautkleid heiraten; **peindre en** ~ weiß (an)streichen; **porter du** ~ Weiß tragen; **2. a) Rasse** ♀, **Blanche** *m,f* Weiße(r) *f(m)*; **traite** *f* **des Blanches** Mädchenhandel *m*; **b)** *pol* **les** ~**s** *m/pl* die Weißen *m/pl* (*in Rußland 1918, in Frankreich 1793 die Gegner der Republik*); **3.** *m cuis* **a)** ~ **(d'œuf)** Eiweiß *n*; **battre des** ~**s en neige** Eiweiß zu Schnee, Schaum schlagen; **b)** *von Geflügel* Brust *f*; weißes Fleisch; ~ **de poulet** Hühnerbrust *f*; **c)** *zum Blanchieren* Blanc *m* (*Sud aus Wasser u Mehl*); **4.** *m comm* Weißwaren *f/pl*; Weißzeug *n; bei Waschmaschinen* Kochwäsche *f*; **magasin** *m* **de** ~ Weißwarengeschäft *n*; **la quinzaine de** ~ die Weiße Woche; **5.** *m*

Weißwein *m*; F *auch* Weiße(r) *m; par ext* **un petit** ~ ein Gläschen Weißwein; ~ **de** ~ Weiß-, Schaumwein *m* aus weißen Trauben; **6.** *m in e-m Text* unbeschriebene, unbedruckte, freie, leere, weiße Stelle; *impr* Steg *m*; ~**s** *pl* Blindmaterial *n*; Ausschluß *m* **en** ~ *loc/adj* Blanko...; *loc/adv* unbeschrieben; unbedruckt; frei; blanko; in e-m Formular unausgefüllt; **chèque** *m*, **procuration** *f* **en** ~ Blankoscheck *m*, -vollmacht *f*; **laisser le nom en** ~ den Namen frei, offen, unausgefüllt lassen; **laisser une page en** ~ e-e Seite frei, unbeschrieben lassen; **signer qc en** ~ etw blanko unter'zeichnen; *impr* **Bogen tirer en** ~ einseitig bedrukken; **laisser un** ~ (e-n) Platz, ein Stück frei lassen; **7.** *m* weiße Farbe; weißer Farbstoff; ~ **d'antimoine** Anti'monweiß *n*; ~ **de baryte, fixe** Ba'ryt-, Perma'nentweiß *n*; **Blanc fixe** *n*; ~ **de céruse, d'argent, de Gênes, de Hambourg, de Venise** Bleiweiß *n*; ~ **de chaux** Kalkwasser *n*; ~ **d'Espagne, de Meudon** Schlämm- *od* Schlemmkreide *f*; ~ **de titane, de zinc** *od* **de neige** Ti'tan-, Zinkweiß *n*; **8.** *mus* **blanche** *f* halbe Note; **9.** *Billard* **blanche** *f* weißer Ball; weiße Kugel; **10.** *m* **Domino** Null *f*; **11.** *m Pflanzenkrankheit* Echter Mehltau; **12.** *der Schießscheibe* **le** ~ das Weiße; **13.** *m* weiße Schminke; **14.** ~ **de Chine** Blanc de Chine *m* (*chinesisches Porzellan*); **15.** ~ **de champignon** Pilzmyzel *n*

blanc-bec [blãbɛk] *m* ⟨*pl* blancs--becs⟩ F Grün-, Gelbschnabel *m*; grüner Junge

blanc|-étoc [blãketɔk] *m* ⟨*pl* blancs--étocs⟩ *od* ~**-estoc** [-ɛstɔk] *m* ⟨*pl* blancs-estocs⟩ *Forstwirtschaft* Kahlschlag *m*

blanchaille [blãʃaj] *f Angeln* kleine Weißfische *m/pl*

blanchâtre [blãʃɑtr(ə)] *adj* weißlich

blanche [blãʃ] *adj u subst f cf* **blanc**

Blanche-Neige [blãʃnɛʒ] *f Märchen* ~ **et les sept nains** Schneewittchen *n* und die sieben Zwerge

blanchet [blãʃɛ] *m* **1.** *phm* Seih-, Filter-, Fil'triertuch *n*; **2.** *impr* Druck-, *Offsetdruck* Gummituch *n*; **3.** *Papierherstellung* Naß *bzw* Trockenfilz *m*

blancheur [blãʃœr] *f* Weiße *f*; Weiß *n*; *poét* weißes Licht; weißer Glanz, Schimmer

blanchi [blãʃi] *m cf* **blanchis**

blanchiment [blãʃimã] *m* **1.** *bât* Weißen *n od südd* Weißeln *n*; (*Weiß-*)Tünchen *n*; **2.** *Gemüsebau* Bleichen *n*; Weißen *n*; **3.** *cuis* Abbrühen *n*; Blan'chieren *n* (*auch beim Konservieren von Obst, Gemüse*); **4.** *text, Papierherstellung* Bleiche(n) *f(n)*; ~ **au chlore** Chlorbleiche *f*

blanchir [blãʃir] **I** *v/t* **1.** *bât* weißen *od südd* weißeln; weiß tünchen; ~ **à la chaux** kalken; **2.** *Gemüsebau* bleichen; weißen; **3.** *cuis* abbrühen; blan'chieren (*auch Obst, Gemüse vor der Konservierung*); **4.** *text, Papierstoff* bleichen; **5.** *fig* ein weißes Aussehen verleihen, geben (+*dat*); weiß machen; *poét* in ein weißes Gewand hüllen; in ein weißes Licht tauchen; **6.** *fig* von e-m Verdacht, von e-r Schuld reinigen, reinwaschen; **7.** *nur p/p* **être logé, nourri et blanchi** 'Unterkunft, Verpflegung und Wäsche frei haben; **8.** *impr* (durch Blindmaterial, Ausschluß) auflockern; **9.** *Leder* abblan'chieren; **10.** *Brett* glatthobeln; **11.** *adit* **riz blanchi** geschliffener Reis; **12.** *Baum* durch e-e Kerbe mar'kieren; **II** *v/i* **13.** *Person, Haar* weiß werden; **14.** *vor Wut, Angst* blaß, weiß werden; **15.** *poét*

in ein weißes Licht getaucht werden; licht, hell werden; sich erhellen; **III** *v/pr* **16. se** ~ **la manche** *en se frottant au mur* sich am Ärmel *od* sich den Ärmel weiß machen ...; **17.** *fig* **se** ~ sich von e-m Verdacht, von e-r Schuld reinigen, reinwaschen

blanchis [blãʃi] *m zur Markierung e-s Baumes* (flache) Kerbe

blanchiss|age [blãʃisaʒ] *m von Wäsche* Waschen *n* (in der Wäsche'rei); **note** *f* **de** ~ Wäscherechnung *f*; **envoyer du linge au** ~ Wäsche in die Wäscherei geben; ~**ant** *adj* **produit** ~ Bleichmittel *n*; ~**ement** *m* des Haars Weißwerden *n*; ~**erie** *f* Wäsche'rei *f*; Waschanstalt *f*; ~**eur** *m*, ~**euse** *f* Wäscher(in) *m(f)*; Wäsche'reibesitzer(in) *m(f)*

blanc-manger [blãmãʒe] *m* ⟨*pl* blancs-mangers⟩ *cuis* (*Art*) Mandelpudding *m* (aus Mandelmilch und Gela'tine)

blanc-seing [blãsɛ̃] *m* ⟨*pl* blancs--seings⟩ Blankounterschrift *f*; Blankopapier *n*, -vollmacht *f*; Blan'kett *n*

blanquette [blãkɛt] *f* **1.** *cuis* Blan'quette *f*; ~ **de veau** Kalbsblanquette *f*; Blanquette de veau *f*; **2.** ~ **de Limoux** *ein* Schaumwein aus dem Languedoc; **3.** *beim Destillieren* Nachlauf *m*

blaps [blaps] *m zo* Totenkäfer *m*

blase [blaz] *m* **1.** *arg* (Vor)Name *m*; **2.** F *cf* **blair**

blasé [blaze] **I** *adj* bla'siert; **II** *subst* ~(e) *m(f)* bla'sierter Mensch

blaser [blaze] *v/t* bla'siert werden lassen; gleichgültig, unempfänglich machen; abstumpfen; *meist p/p* **être blasé de** *od* **sur qc** für etw unempfänglich sein; gegen etw abgestumpft sein; gegenüber e-r Sache (*dat*) gleichgültig sein; e-r Sache (*gén*) 'überdrüssig sein

blason [blazõ] *m* **1.** Wappen(schild) *n*; ~ **de famille** Fa'milienwappen *n*; *fig* **redorer son** ~ e-e reiche Heirat machen; reich einheiraten; Geld heiraten; **2.** Wappenbeschreibung *f*, -kunde *f*, -kunst *f*; **3.** *Literatur* Bla'son *m*; *Buchtitel* **Les** ~**s du corps féminin** Die Blasons des weiblichen Körpers

blasonner [blazɔne] *v/t* blaso'nieren

blasphéma|teur [blasfematœr] *m*, ~**trice** *f* Gotteslästerer, -lästerin *m,f*; Blasphe'mist *m*; ~**toire** *adj* gotteslästerlich; blas'phemisch; gotteslästerliche **propos** *m/pl* ~**s** gotteslästerliche Reden *f/pl*

blasphème [blasfɛm] *m* Gotteslästerung *f*; Blasphe'mie *f*

blasphémer [blasfeme] *v/i* ⟨-è-⟩ Gott lästern, schmähen, verhöhnen; gotteslästerliche Reden führen; Gotteslästerungen ausstoßen; blasphe'mieren; ~ **contre le ciel** den Himmel verfluchen

blastoderme [blastɔdɛrm] *m biol* Keimhaut *f*; Blasto'derm *n*

blastogenèse [blastɔʒənɛz] *f biol* Blastoge'nese *f*

blastomères [blastɔmɛr] *m/pl biol* Furchungszellen *f/pl*; Blasto'meren *f/pl*

blasto|mycètes [blastɔmisɛt] *m/pl méd* Sproßpilze *m/pl; sc* Blastomy'zeten *m/pl*; ~**mycose** *f path* durch Sproßpilze her'vorgerufene Erkrankung; *sc* Blastomy'kose *f*

blastopore [blastɔpɔr] *m biol* Urmund *m* (*des Urdarms*); *sc* Blasto'porus *m*

blastula [blastyla] *f biol* Blastula *f*; Blasenkeim *m*

blatérer [blatere] *v/i* ⟨-è-⟩ *Widder* blöken; *Kamel* brüllen

blatte [blat] *f zo* Schabe *f*

blaze [blaz] *m cf* **blase**

blazer [blezœr, bla-] *m cout* Blazer ['ble:zər] *m*

blé [ble] *m* **1.** *agr* Weizen *m; par ext* Getreide *n;* Korn *n;* ~ **commun, tendre** Weich-, Landweizen *m;* ~ **dur** Hartweizen *m;* **grands** ~**s** Weizen *m* und Roggen *m;* ~ **méteil** *cf* méteil; **petits** ~**s** Hafer *m* und Gerste *f;* ~ **d'hiver, de printemps** Winter-, Sommerweizen *m;* ~ **de Pologne** Polnischer Weizen; ~ **de semence** Saatgetreide *n,* -korn *n;* ~ **en herbe,** vert junge, grüne Saat; *fig* **manger son** ~ **en herbe** sein Geld, s-e Einkünfte im voraus ausgeben; **2.** *Krankheit des Roggens* ~ **cornu** Mutter-, Hungerkorn *n;* **3.** *bot* ~ **noir** Buchweizen *m*

bled [blɛd] *m* **1.** F *péj* Kaff *n;* (Lause)Nest *n;* Kuhdorf *n;* **2.** *in Nordafrika* Landesinnere(s) *n;* (Hinter)Land *n*

blême [blɛm] *adj Person, Gesicht* sehr blaß, bleich; leichen-, totenblaß; käseweiß; fahl; *Himmel, Licht, Morgen* fahl

blêmir [blemir] *v/i* (leichen-, toten)blaß, bleich, (käse)weiß, fahl werden; erbleichen; erblassen; *poét* **le matin blêmit** der Morgen graut

blende [blɛd] *f minér* Zinkblende *f*

blennie [bleni] *f zo* Schleimfisch *m*

blennorragie [blenɔraʒi] *f path* Tripper *m;* Gonor'rhö(e) *f*

blépharite [blefarit] *f path* entzündliche Erkrankung des Lidrandes; *sc* Blepha-'ritis *f*

blèsement [blɛzmã] *m* fehlerhaftes Aussprechen bestimmter Konso'nanten (*cf* blésité)

blés|er [bleze] *v/i* <-è-> bestimmte Konso'nanten falsch aussprechen (*cf* blésité); ~ité *f* Aussprachefehler *m* (*bei dem ch durch s, g u j durch z, b durch p, v durch f etc ersetzt wird*)

blésois [blezwa] *cf* blaisois

blessant [blɛsã] *adj Worte* verletzend; kränkend; beleidigend; *Person* être ~ verletzend *etc* sein

blessé [blese] **I** *adj* **1.** verletzt; verwundet; ~ **au bras** am Arm verletzt, verwundet; **2.** *fig* verletzt, gekränkt, beleidigt; verwundet (**dans son orgueil** in s-m Stolz); **II** *subst* ~**(e)** *m(f)* Verletzte(r) *f(m);* Verwundete(r) *f(m);* **grand** ~, ~ **grave** Schwerverletzte(r) *m, im Krieg* -verwundete(r) *m;* ~ **léger** Leichtverletzte(r) *m,* -verwundete(r) *m;* ~**s** *m/pl* **de la face** Gesichtsverletzte(n) *m/pl* (*Kriegsbeschädigte(r) m,* -versehrte(r) *m*

blesser [blese] **I** *v/t* **1.** verletzen, verwunden (**d'un coup de couteau, de pistolet** durch e-n Messerstich, Pistolenschuß); **au genou** am Knie; **dans un accident d'automobile** bei e-m Autounfall); **2.** *zu enge Schuhe:* Füße, Riemen: *Schulter etc* (wund) reiben; (wund, auf)scheuern; **3.** *schriller Ton, grelle Farbe etc* ~ **l'oreille, les yeux** den Ohren, Augen weh tun; das Ohr, das Auge beleidigen; **4.** *Worte, Bemerkungen* ~ **qn** j-n verletzen, kränken, beleidigen; verwunden; j-m weh tun; j-n unangenehm berühren; **j'ai été blessé au vif par ses reproches** s-e Vorwürfe haben mich zutiefst verletzt *etc;* **litt** ~ **les convenances** den Anstand, die guten Sitten verletzen; **II** *v/pr* **se** ~ sich verletzen

blessure [blesyr] *f* **1.** Verletzung *f;* Verwundung *f;* Wunde *f;* ~ **de guerre** Kriegsverletzung *f; jur* **coups** *m/pl* **et** ~**s** Körperverletzung *f;* **recevoir une** ~ verletzt, verwundet werden; **e-e Verletzung da'vontragen; rouvrir une** ~ a) e-e Wunde wieder öffnen; *fig* **b)** *fig* e-e alte Wunde wieder aufreißen; **2.** *fig* Kränkung *f;* Beleidigung *f;* Wunde *f*

blet [blɛ] *adj* <blette [blɛt]> *bes Birne* teigig; 'überreif

---

blète *od* **blette** [blɛt] *f cf* bette

bleu [blø] **I** *adj* **1.** blau; ◆ ~ **acier, ardoise, canard, ciel** <*alle inv*> stahl-, schiefer-, grün-, himmelblau; ~ **clair, foncé** <*beide inv*> hell-, dunkel- *od* tiefblau; **gros** ~ <*inv*> enzianblau; ~ **pâle** <*inv*> blaß-, fahlblau; bleu; ~ **vert** <*inv*> blaugrün; ~ **et blanc** <*inv*> blauweiß; ◆ *Bank* **carte** ~**e** Scheck-, Kre'ditkarte *f;* **ciel** ~ blauer Himmel; **crayon** ~ Blaustift *m;* **encre** ~**e** blaue Tinte; *des Meeres, e-s Sees, Stromes* **flots** ~**s** blaue Fluten *f/pl;* **menton** ~ *infolge dunklen Barthaares* bläulich schimmerndes Kinn; *zo* **renard** ~ Blaufuchs *m; fig* **sang** ~ blaues Blut; **train** ~ *nur aus Schlafwagen bestehender, auf der Strecke Calais–Paris–Nizza verkehrender Zug;* **yeux** ~**s** blaue Augen *n/pl; loc/adj* **aux yeux** ~**s** blauäugig; *Straßenverkehr* **zone** ~**e** Kurzparkzone *f;* ◆ ~ **de colère** blaurot, dunkelrot vor Zorn; ~ **de froid** blau vor Kälte; **2.** *fig* **colère** ~**e** helle Wut; **peur** ~**e** schreckliche, F höllische Angst; F Heidenangst *f;* **en être, rester** ~ baß erstaunt, F baff sein; **3.** *cuis* Steak englisch; **II** *m* **1.** Blau *n;* ~ **acier, ciel, marine,** *etc* Stahl-, Himmel-, Ma'rineblau *n etc;* **être en** ~ in Blau sein, gehen; **peindre, teindre en** ~ blau (an)streichen, färben; **porter du** ~ Blau tragen; *fig* **n'y voir que du** ~ überhaupt *od* gar nichts (be)merken; **2.** ~ **de cobalt** Kobaltblau *n;* ~ **d'outremer** Ultrama'rin-, A'zur-, La'surblau *n;* ~ **de Prusse** Preußischblau *n;* Ber'liner Blau *n;* **3.** ~ (**de lessive**) Waschblau *n;* **passer le linge au** ~ die Wäsche bläuen; **4.** *auf der Haut* blauer Fleck; **5.** ~ (**de travail**) blauer Arbeitsanzug; Overall; blaue Trägerlatzhose, Kombinati'on; F blauer Anton; ~ **de chauffe** blauer Heizermonti'on; ~ **de mécanicien** blauer Mon'teuranzug; blaue Mon'teurkombination; **6.** *cuis* **carpe** *f,* **truite** *f* **au** ~ Karpfen *m,* Forelle *f* blau; F *fig* Neuling *m;* Anfänger *m; mil* Re'krut *m;* **8.** ♀ **d'Auvergne, de Bresse** *Blau*-schimmelkäse *m;* **7.** *tech* Blaupause *f;* **10.** **gros** ~ schlechter Rotwein; **11.** *hist* **les** ~**s** die Blauen *m/pl* (*1793, die Soldaten der frz Republik*)

bleuâtre [bløatr(ə)] *adj* bläulich

Bleue [blø] *f* **la Grande** ~ das Mittelmeer

bleuet [bløɛ] *m bot* Kornblume *f*

bleu|ir [bløir] **I** *v/t* **1.** *bes Gesicht* blau werden, anlaufen lassen; ein blaues Aussehen verleihen (+*dat*); *poét* in ein blaues Licht tauchen; **avoir les lèvres bleuies par le froid** von der Kälte blaue Lippen haben; **2.** *métall* blau anlassen; **II** *v/i bes Gesicht* blau werden, anlaufen; sich blau färben; *poét Berge, Landschaft* bläulich werden, erscheinen; ~**issage** *m métall* Blauanlassen *n;* ~**issement** *m* **1.** Blauwerden *n,* -färbung *f;* **2.** *von Holz* Blaufärbung *f;* Bläue *f*

bleut|é [bløte] *adj* bläulich; ~**er** *v/t Wäsche, text* bläuen

blin [blɛ̃] *m mar* Nockband *n*

blindage [blɛdaʒ] *m* **1.** *e-s Schiffs, Fahrzeugs* Panzerung *f;* **plaque** *f* **de** ~ Panzerplatte *f;* **2.** *élect, phys atom* Abschirmung *f;* Abschirmvorrichtung *f;* **3.** *e-s Tunnels, Schachtes etc* Verschalung *f;* Verkleidung *f;* Aussteifung *f*

blindé [blɛde] **I** *adj* **1.** gepanzert; Panzer...; *mil* **brigade** ~**e, corps** ~ Panzerbrigade *f,* -korps *n;* **engin, véhicule** ~ Panzerfahrzeug *n,* -wagen *m;* **porte** ~**e, train** ~ Panzertür *f,* -zug *m;* **2.** F *fig* **être** ~ **contre qc** gegen etw gefeit, im'mun sein; **3.** *élect* abgeschirmt; **4.**

Baugrube ausgesteift; **II** *m mil* Panzer (-fahrzeug *n,* -wagen *m*) *m*

blinder [blɛde] *v/t* **1.** panzern; **2.** F *fig* ~ **qn contre qc** j-n gegen etw im'mun machen; *meist p/p cf* blindé **2.**; **3.** *élect* abschirmen; **4.** *Tunnel, Schacht etc* verschalen; verkleiden; aussteifen

blizzard [blizar] *m* Blizzard *m*

bloc [blɔk] *m* **1.** *aus Stein, Holz etc* Block *m* (*auch géol*); ~ **erratique** erratischer Block; Findling *m;* ~ **de béton, de Be'ton-,** Holzblock *m,* -klotz *m;* ~ **de marbre, de pierre, de roche** Marmor-, Stein-, Felsblock *m; géol* **amas** *m,* **champ** *m,* **chaos** *m* **de** ~**s** Block-, Felsenmeer *n;* **taillé dans un seul** ~ aus einem Block gehauen; **2.** *von Papier* Block *m;* ~ **de bureau** No'tiz-, Schreibblock *m;* ~ **de papier à lettres** Briefblock *m;* **3.** F *fig* (*prison*) F Knast *m;* Kittchen *n;* Bau *m;* Bunker *m; mil* Ar'restlokal *n;* **fourrer au** ~ F einlochen; **4.** *pol* Block *m;* ~ **des gauches** Block der Linken; **faire** ~ e-n Block bilden, sich zu e-m Block zusammenschließen, e-e geschlossene Front bilden (**contre** gegen); **5.** *fin* ~ **monétaire** Währungsblock *m,* -gebiet *n,* -zone *f;* ~ **dollar** Dollarraum *m;* ~ **franc** Franczone *f;* ~ **rouble, sterling** Rubel-, Sterlingsblock *m;* **6.** *fig* (geschlossene[s]) Ganze(s); (feste) Einheit; Block *m* (*auch tech*); *anat* ~ **facial** Gesichts-, Eingeweideschädel *m; auto* ~ **moteur** Motorblock *m; e-s Krankenhauses* ~ **opératoire** Operati'onstrakt *m;* ~ **sanitaire** sani'tätstechnischer Block; ~ **de sûreté** Zy'linderschloß *n; loc/adj u loc/adv* **tout d'un** ~: *Person* **être tout d'un** ~ gerade, unbeugsam, *péj* eigensinnig sein; **se retourner tout d'un** ~ sich mit e-m Ruck 'umdrehen; **en** ~ **en bloc;** in Bausch und Bogen; im ganzen; als Ganzes; pau-'schal; **kaufen** im Block; **former un** ~ ein geschlossenes Ganzes, e-e feste Einheit, e-n Block bilden; **7.** *loc/adv* **fermer, serrer, visser à** ~ fest; ganz; **être gonflé à** ~ *cf* gonfler **1.**; *mar* 'hisser à ~ vorheißen; zu Blocks, bis vor den Block heißen; **8.** *ch de fer* Block(system) *m(n);* ~ **automatique (à signaux) lumineux** Selbstblock *m;* automatischer Streckenblock; ~ **manuel** Handblock *m;* **canton** *m* **de** ~ Blockabschnitt *m;* **9.** *géol* Scholle *f;* ~ **basculé, faillé** Kipp-, Bruchscholle *f;* **10.** *path* (Herz)Block *m;* ~ **sinusal** Sinusblock *m;* **11.** *fortif* Bunker *m;* Kampfstand *m;* ~ **d'artillerie** Geschützbunker *m,* -stand *m;* **12.** *statistice* Experimentplanung Block *m;* **13.** *impr* für ein Klischee Holzstock *m;* Me'tallunterlage *f;* **14.** *hist* für Gefangene Block *m*

blocage [blɔkaʒ] *m* **1.** *e-s Verkehrsweges, Mechanismus* Bloc'kieren *n* (*auch der Autoräder*), -ung *f* (*auch Ergebnis, Vorrichtung*); *e-s Verkehrsweges auch* Versperren *n,* -ung *f; tech* Sperren *n;* Sperre *f;* Feststellen *n;* Verriegeln *n; élect* Absperren *n;* Abblocken *n; ch de fer* Blocken *n;* Bloc'kieren *n; auto* ~ **différentiel** Differenti'alsperre *f; élect* **condensateur** *m* **de** ~ Block-, Sperrkondensator *m;* **vis** *f* **de** ~ Feststellschraube *f;* Feststeller *m;* **2.** *fig e-s Kontos, Kredits* Sperrung *f; e-s Vorhabens, von Verhandlungen* Bloc'kierung *f;* ~ **d'un compte, de crédits** Konto-, Kre'ditsperre *f;* ~ **des prix, des salaires** Preis-, Lohnstopp *m;* **3.** *des Fußballs* (Ab)Stoppen *n;* (Ab)Blocken *n;* **4.** -korps *m;* **impr a)** Bloc'kieren *n;* **b)** Bloc'kade *f;* Fliegenkopf *m;* **5.** *path* ~ (**du cœur**) (Herz)Block *m;* **6.** *psych* innerer 'Widerstand; Sperrung *f;* **7.** *bât* für e-e Füllmauer kleine Bruch-, Füll-

steine *m/pl*; Füllmaterial *n*; **8.** *météo*
Bloc'kierung *f*
bloc|aille [blɔkaj] *f cf* blocage 7.; **~aux**
m/pl géol argile *f* à ~ Geschiebe-,
Blocklehm *m*
bloc|-bain [blɔkbɛ̃] *m ⟨pl blocs-bains⟩*
Badblock *m* (*Badewanne, Waschbecken,
Bidet, Wasseranschluß u -abfluß in e-m
Block*); **~cuisine** *m ⟨pl blocs-cui-
sines⟩* Küchenblock *m*; **~cylindres**
m ⟨pl blocs-cylindres⟩ auto Zy'linder-
block *m*; **~diagramme** *m ⟨pl blocs-
-diagrammes⟩* Blockbild *n*, -diagramm
n; **~douche** *m ⟨pl blocs-douches⟩*
Duschblock *m*; **~eau** *m ⟨pl blocs-
-eaux⟩* Installati'onsblock *m*; **~film**
m ⟨pl blocs-films⟩ phot Packfilm *m*;
Filmpack *m*
blochet [blɔʃɛ] *m* **1.** *charp* **a)** kleiner
Klotz; **b)** Zange *f*; **2.** *mines* Treibschei-
benfutter *n*
block [blɔk] *m in e-m deutschen Gefange-
nenlager des 2. Weltkriegs* Block *m*
blockhaus [blɔkos] *m* **1.** *mil* Bunker *m*;
2. *mar mil* Kom'mandoturm *m*, -stand *m*
bloc|-moteur [blɔkmɔtœr] *m ⟨pl blocs-
-moteurs⟩ auto* Motorblock *m*; **~no-
tes** *m ⟨pl blocs-notes⟩* No'tiz-,
Schreibblock *m*; **~système** *m ⟨pl
blocs-systèmes⟩ ch de fer* Blocksy-
stem *n*
blocus [blɔkys] *m* Bloc'kade *f*; *hist* ~
continental Kontinen'talsperre *f*; ~
économique Wirtschafts-, Handels-
blockade *f*; ~ naval See-, Küstenblocka-
de *f*; forcer, lever le ~ die Blockade
brechen, aufheben
blond [blõ] **I** *adj ⟨blonde* [blõd]*⟩* **1.**
Haar, Person blond; ~ comme les blés
stroh-, weizenblond; ~ blanc (*inv*)
weiß-, flachs-, semmelblond; ~ cendré
⟨*inv*⟩ aschblond; ~ platiné *cf* platiné;
cheveux ~s blondes Haar; Blondhaar
n; aux cheveux ~s blondhaarig; **2.**
Bier, Tabak hell; *Sand* hellgelb; *Ähren*
goldgelb; ~ e Zigarette *f* aus
hellem Tabak; *cuis* roux ~ helle Mehl-
schwitze; **II** *subst* **1.** ~(e) *m(f)* Blonde(r)
f(m); Blondhaarige(r) *f(m)*; Blon'dine
f; une fausse ~e F e-e Wasserstoffblon-
dine; ein blondes Gift; **2.** *m Haarfarbe*
Blond *n*; ~ cendré Aschblond *n*; **3.** ~ *f*
helles Bier; Helle(s) *n*; **4.** ~ *e f* Zigarette *f*
aus hellem Tabak; **5.** ~ *e f* Blonde *f* (*e-e
Seidenspitze*)
blond|asse [blõdas] *adj péj* matt-, stroh-
blond; von stumpfem Blond; **~eur** *f e-r
Person* Blondheit *f*; *des Korns* Goldgelb
n; **~in**¹ *m* blonder junger Mann,
blondes junges Mädchen; *von e-m Kind*
Blondkopf *m*; Blondschopf *m*
blondin² [blõdɛ̃] *m tech* Kabelkran *m*
blondinet [blõdinɛ] **I** *adj ⟨~te⟩ Person*
blondhaarig; **II** *subst* ~(te) *m(f) von e-m
Kind* Blondkopf *m*; Blondschopf *m*
blondir [blõdir] **I** *v/t cuis* leicht bräunen;
anbräunen; **II** *v/i* **1.** *Haar* heller werden;
elle a blondi ihr Haar ist heller, blond
geworden; F *plais auch* sie ist erblondet;
2. *Korn* sich (gold)gelb färben; gelb
werden
bloom [blum] *m Walzwerk* vorgewalzter
Block
bloquer [blɔke] **I** *v/t* **1.** *Verkehrsweg,
Mechanismus* bloc'kieren; *Verkehrsweg
auch* versperren; *tech* sperren; feststel-
len; verriegeln; *ch de fer* blocken; blok-
'kieren; *élect* absperren; abblocken;
Bremse, Schraube fest anziehen; ~ les
freins scharf bremsen; *auto auch* die
Bremse 'durchtreten; être bloqué par
la glace *Hafen* durch das Eis blockiert
sein; *Schiff* durch das Eis festgehalten
werden, festliegen; **2.** *fig Vorhaben, Ver-
handlungen* bloc'kieren; *Konto, Kredit*

sperren; *Preise, Löhne* einfrieren;
compte bloqué Sperrkonto *n*; prix
bloqué *auch* Stopppreis *m*; **3.** *Fußball*
(ab)stoppen; (ab)blocken; **4.** *mehrere
Dinge* zu'sammenfassen; vereinigen; *Ur-
laubstage, Veranstaltungen* zu'sammen-
legen (sur + *acc*); *pol über e-n
Gesetzesentwurf* vote bloqué Abstim-
mung *f* ohne Aussprache; **5.** *impr* blok-
'kieren; **6.** *psych* il est bloqué bei ihm ist
ein innerer 'Widerstand, e-e Sperrung
da; **7.** *bât* mit Bruch-, Füllsteinen, Füll-
material ausfüllen; **II** *v/pr* se ~ **8.**
Mechanismus bloc'kieren, bloc'kiert
sein; sich verklemmen; klemmen; **9.** *ch
Raubvogel* blocken
bloquet [blɔkɛ] *m Klöppelarbeit* Klöp-
pel *m*
bloquette [blɔkɛt] *f* **a)** *zum Murmelspiel*
Loch *n* (*im Boden*); **b)** Murmelspiel *n*, bei
dem die Kugeln in ein Loch gerollt
werden
blottir [blɔtir] *v/pr* se ~ sich (zu-
'sammen)kauern; sich ducken; sich ku-
scheln; se ~ contre qn sich an j-n
kuscheln, schmiegen, drücken, pressen;
se ~ dans un coin sich in e-e Ecke
ducken, kauern; se ~ dans son lit, sous
la couverture sich in sein Bett, in die
Decke kuscheln; sich in s-m Bett, unter
der Decke zu'sammenkuscheln, -rollen;
Haus être blotti au creux d'un vallon
sich in e-e Talmulde schmiegen, ku-
scheln
blousant [bluzã] *adj cout* blusig
blouse [bluz] *f* **1.** (Arbeits)Kittel *m*;
Kittelschürze *f*; ~ blanche **a)** weißer
Kittel; **b)** *fig* Angestellte(r) *m* (*im Gegen-
satz zum Fabrikarbeiter*); ~ d'écolier
Schulkittel *m*; ~ d'infirmière, de mé-
decin, de paysan, de peintre Schwe-
stern-, Arzt-, Bauern-, Malerkittel *m*; **2.**
(*Damen*)Bluse *f*
blouser [bluze] **I** *v/t* F *fig* betrügen;
täuschen; hinters Licht führen; F reinle-
gen; **II** *v/i cout* blusig ~ sich, fallen; blusen
blouson [bluzõ] *m* **1.** *cout* Blou'son *n od
m*; **2.** *fig* ~ noir Halbstarke(r) *m* (*der
Mitglied e-r Bande ist*); *auch* Rocker *m*
blousse [blus] *f text* **a)** kurzhaarige
Wolle; **b)** Kämmlinge *m/pl*
blue-jean [bludʒin] *m ⟨pl blue-jeans⟩*
Blue jeans ['blu:'dʒi:ns] *pl*
blues [bluz] *m Jazz* Blues [blu:s] *m*
bluet [blyɛ] *m cf* bleuet
bluff [blœf] *m* Bluff [blœf, bluf] *m* (*auch
beim Pokerspiel*); Täuschung *f*; Irrefüh-
rung *f*; **~er** F *v/t u v/i* bluffen ['blœfən,
'blu-]; täuschen; *nur v/i* irreführen; **~eur**
m, **~euse** *f*, der blufft; *adit* être un peu
bluffeur, bluffeuse ein bißchen bluffen
blutage [blytaʒ] *m von Mahlgut* Sichten
n; Sieben *n*; *früher von Mehl* Beuteln *n*;
~er *v/t Mahlgut* sichten; sieben; *früher
Mehl* beuteln; **~erie** *f für Mahlgut*
Sichter *m*; Sichtmaschine *f*; *früher für
Mehl* Beutelzeug *n*; ~ centrifuge Zentri-
fu'galsichter *m*; **~oir** *m* Sieb *n*
boa [bɔa] *m* **1.** *zo* ~ (constricteur) Boa
(con'strictor) *f*; Abgott-, Königsschlan-
ge *f*; **2.** *cout* (Feder)Boa *f*
bob [bɔb] *m Kurzwort für* bobsleigh
bobard [bɔbar] F *m* (Lügen)Märchen *n*;
Falschmeldung *f*; ~ de la presse Zei-
tungsente *f*; raconter des ~s (Lügen-)
Märchen erzählen
bobèche [bɔbɛʃ] *f e-s Leuchters* Tropfen-
schale *f*
bobeur [bɔbœr] *m* Bobfahrer *m*
bobinage [bɔbinaʒ] *m* **1.** *text, von Garn,
Filmen etc* Auf-, *text auch* 'Umspulen *n*;
2. *élect* Wicklung *f*; ~ d'excitation,
d'inducteur, de champ Erreger-, Pol-
wicklung *f*; ~ d'induit, d'armature
Ankerwicklung *f*

bobinard [bɔbinar] *m* F Puff *m od n*
bobine [bɔbin] *f* **1.** *für Garn, Schnur,
Bänder* Rolle *f*; *text, e-s Films, Farbban-
des* Spule *f*; *für Kabel* Trommel *f*; *e-r
Fördermaschine* Bo'bine *f*; ~ de fil
Garnrolle *f*; *als Menge* Rolle Garn; ~ de
film Filmspule *f*; ~ de papier große
Pa'pierrolle *f*; *als Menge* große Rolle Pa-
pier; **2.** *élect* Spule *f*; rad ~ d'accord
Abstimmspule *f*; *auto* ~ d'allumage
Zündspule *f*; ~ de charge,
Pupin Pu'pinspule *f*; ~ d'induction
Indukti'onsspule *f*; **3.** F *fig* (mürrisches,
griesgrämiges) Gesicht; *péj* Vi'sage *f*; tu
en fais une ~ aujourd'hui! du machst
heute vielleicht ein Gesicht!
bobiner [bɔbine] *v/t* **1.** *Garn, Film* (auf-,
text auch 'um)spulen; **2.** *élect* bewickeln
bobinette [bɔbinɛt] *f als Türverschluß*
Holzpflock *m*
bobin|eur [bɔbinœr] *m text* Spuler *m*
(*Arbeiter*); **~euse** *f* **1.** *text* Spulerin *f*;
2. *élect* Ma'schine *f* zur Herstellung
von Wicklungen; **~oir** *m text* Spulma-
schine *f*
bobo [bɔbo] *m* **1.** *enf* Wehweh *n*; avoir ~
ein Wehweh haben; se faire ~ sich weh
tun; **2.** F *iron* Weh'wehchen *n*; F (il n'y a)
pas (eu) de ~! (es ist) nichts passiert!
bobonne [bɔbɔn] *f F als Anrede* meine
Gute, Liebe; avec sa ~ mit s-r Ehelieb-
sten; F mit s-m Ehegespons; mit s-r
Alten, Ollen
bobsleigh [bɔbslɛg] *m sports* **a)** Bob *m*;
Bobsleigh [-slɛ:] *m*; ~ à deux, à quatre
Zweier-, Viererbob *m*; **b)** Bobsport *m*,
-fahren *n*
bocage [bɔkaʒ] *m Landschaftstyp im
Nordwesten Frankreichs* Bo'cage *m*
bocal [bɔkal] *m ⟨pl -aux⟩* **1.** (Kon-
'serven)Glas *n*; *für Bonbons, phm* Glas-
behälter *m*; ~ à conserves Einmach-,
Weckglas *n*; ~ à poissons rouges
Goldfischglas *n*; ~ de grès kleiner
Steinguttopf *m*; ~ d'olives Glas Oliven
(*auch der Inhalt*); **2.** *mus am Fagott,
Englischhorn* Mundstück *n*; Anblas-
rohr *n*
bocard [bɔkar] *m métall* Pochwerk *n*
bocard|age [bɔkardaʒ] *m métall* Pochen
n; **~er** *v/t métall* pochen
boche [bɔʃ] F *péj* **I** ♀ *m f* Deutsche(r)
f(m); Boche *m*; **II** *adj* deutsch
bock [bɔk] *m* **1.** Glas *n* Bier (*1/8 l*); *als
Menge auch* un ~ ein kleines Bier; F ein
Kleines; **2.** *méd* Irri'gator *m*
boer [bur] *hist* **I** *adj* burisch; **II** *m/pl* ♀
Buren *m/pl*; guerre *f* des ♀s Buren-
krieg *m*
boëte *od* **boette** [bwɛt] *f* Seefischerei
Köder *m*
bœuf [bœf] *m ⟨pl ~s* [bø]*⟩* **1.** *zo, agr* Rind
n; *im engeren Sinn* Ochse *m*; *im alten
Ägypten* ♀ Apis Apis(stier) *m*; ~ de
boucherie Mast-, Schlachtochse *m*; ~
de labour Zugochse *m*; fort comme un
~ stark wie ein Bulle; bullen-, bären-
stark; saigner comme un ~ bluten wie
ein Schwein; souffler comme un ~
schnaufen wie ein Gaul, wie e-e Loko-
mo'tive; travailler comme un ~
arbeiten wie ein Pferd; une gifle à tuer
un ~ e-e gewaltige Ohrfeige; **2.** *cuis*
Rind-, Ochsenfleisch *n*; ~ bouilli, (à la)
ficelle, gros sel gekochtes Rind-
fleisch; ~ (à la) mode mit Karotten
geschmortes Rindfleisch; **3.** *von e-m
starken Mann* F Bulle *m*; **4.** F *adjt ⟨inv⟩* F
Bomben...; gewaltig; toll; effet *m* ~
Bombeneffekt *m*, -wirkung *f*; gewaltiger
Eindruck; succès *m* ~ Bombenerfolg *m*
bog(g)ie [bɔʒi] *f ch de fer* Drehgestell *n*; ~
moteur Triebdrehgestell *n*
boghead [bɔgɛd] *m minér* Bogheadkohle
['bɔghɛd-] *f*

bogue [bɔg] f bot der Kastanie (stachelige) Fruchtschale

bohème [bɔɛm] **1.** m,f Bohemi'en m (für beide Geschlechter); **vivre en** ~ ein Bo'hemeleben führen; als Bohemien leben; adit être ~ ein Bohemien sein; ein Bohemeleben führen; **2.** f Bo'heme f (Personen, Leben u Milieu)

bohém|ien [bɔmjɛ̃] **I** adj ⟨~ne⟩ hist böhmisch; **II** subst **1.** ~(ne) m(f) Zi'geuner(in) m(f); péj comme un ~ wie ein Zigeuner; **2.** hist ♀(ne) m(f) Böhme m, Böhmin f; **~iste** ling **I** adj bohe'mistisch; **II** m,f Bohe'mist(in) m(f)

boïar [bɔjar] m cf boyard

boire [bwar] ⟨je bois, il boit, nous buvons, ils boivent; je buvais; je bus; je boirai; que je boive, que nous buvions; buvant; bu⟩ **I** v/t u v/i **1.** Person, Tier trinken; großes Tier auch saufen; à ~! ich will (et)was zu trinken haben!; ~ de la bière, du café Bier, Kaffee trinken; F ~ un coup F einen trinken, heben; fig ~ les paroles de qn wie gebannt an j-s Mund, Lippen (dat) hängen; ~ à (même) la bouteille (direkt) aus der Flasche trinken; ~ à la santé, au succès de qn auf j-s Gesundheit od Wohl, auf j-s Erfolg (acc) trinken; ~ une tasse, dans un verre aus e-r Tasse, aus e-m Glas trinken; F fig il y a à ~ et à manger a) die Sache hat ihre zwei Seiten; b) hier sind Wahrheit und Lüge eng miteinander verquickt; donner à ~ zu trinken geben; Vieh tränken; faire ~ e-m Kind, Kranken zu trinken geben (qn j-m); Vieh tränken; salzige Speisen Durst machen; **2.** abs Person trinken; F saufen; F loc/prov qui a bu boira wer einmal stiehlt, betrügt, lügt etc, tut es immer wieder; auch die Katze läßt das Mausen nicht (prov); **3.** Erde, Löschpapier: Flüssigkeit einsaugen; **4.** Pferde(sport) ~ l'obstacle das Hindernis spielend nehmen; **II** v/pr se ~ passiv getrunken werden; ce vin se boit au dessert auch diesen Wein trinkt man zum Dessert; **III** m Trinken n; le ~ et le manger Essen und Trinken; en perdre le ~ et le manger darüber Essen und Trinken vergessen

bois [bwa] m **1.** Holz n; ♦ ~ dur, équarri, feuillu Hart-, Kant-, Laubholz n; ~ fin, précieux Edelholz n; ~ résineux, rond, tendre Nadel-, Rund-, Weichholz n; ~ tropicaux Tropenhölzer n/pl; ~ vert grünes Holz; fig volée f de ~ vert tüchtige, gehörige Tracht Prügel, F Tracht Prügel, die sich gewaschen hat; ♦ bot ~ d'automne, de printemps Spät-, Frühholz n; ~ de charpente, de chauffage od de feu, de construction Zimmer-, Brenn-, Bauholz n; fig u hist für die Negersklaven ~ d'ébène schwarzes Elfenbein; ~ d'ébénisterie (Edel)Holz für die Kunst-, Möbeltischlerei; ~ de fente Spaltholz n; ~ de menuiserie Tischler-, südd Schreinerholz n; ~ de marine, mine, d'œuvre Schiffbau-, Gruben-, Nutzholz n; ~ d'ouvrage Nutz-, des Drechslerholz n; ~ de papeterie, à pâte Holz für die Papierindustrie; Pa'pierholz n; ~ de résonance Klang-, Reso'nanz-, Tonholz n; ~ de sciage Schnittholz n; ♦ loc/adj de od en ~ hölzern; Holz...; aus Holz; croix f, feu m, jambe f de ~ Holzkreuz n, -feuer n, -bein n; pont m de od en ~ Holzbrücke f; fig visage m de ~ abweisendes, verschlossenes, feindseliges, steinernes Gesicht; abweisende etc Miene; ♦ Drohung on verra, va voir de quel ~ je me chauffe! F du sollst mich, der soll mich etc (noch) kennenlernen!; je vais lui montrer de quel ~ je me chauffe ich werde ihm zeigen, mit wem er es zu tun hat; je ne suis pas de ~ ich bin doch nicht aus Holz; F être du ~ dont on fait les flûtes a) zu weich, nachgiebig sein; b) sehr verträglich, 'umgänglich sein; Baum pousser trop de ~ ins Holz schießen; je touche, touchons du ~! (unberufen) toi, toi, toi!; **2.** Wald m; Gehölz n; Forstwirtschaft Baum m; Bäume m/pl; Wald m; Forst m; ~ domaniaux Staatsforst m; in Paris le ♀ (de Boulogne) der Bois de Boulogne; ~ de châtaigniers Ka'stanienwald m; fig homme m des ~ grober, ungehobelter, ungeschliffener Kerl, Klotz; à travers ~ quer durch den Wald; Jäger aller au ~ faire le ~ auf die Pirsch, zu Holz gehen; se promener dans les ~ im Wald spazierengehen; **3.** ~ -es Sessels (Holz-)Gestell n; ~ -es Tennisschlägers (Holz-)Rahmen m; ~ de lit hölzerne Bettstelle; Holzbett(stelle) f; Tennis faire un ~ den Ball mit dem Rahmen schlagen; **4.** der Hirsche etc ~ pl Geweih n; ~ pl de velours mit Bast bedecktes Geweih; **5.** mus ~ pl Holz(blasinstrumente) n(pl) (einschließlich Saxophon); **6.** ~ (gravé) Holzschnitt m

bois|age [bwazaʒ] m mines (Ver-)Zimmerung f, Holzausbau m (Handlung u Ergebnis); **~é** adj bewaldet; waldbedeckt; **région** ~e Waldgebiet n; **~ement** m Aufforsten n, -ung f; Bewalden n, -ung f; **~er** v/t **1.** aufforsten; bewalden; **2.** mines ausbauen; aus-, verzimmern; **~eries** f/pl (Holz)Täfelung n; Getäfel n; Holzverkleidung f; hölzerne Wand-, Deckenverkleidung; **~eur** m mines Zimmer-, Ausbauhauer m

boisseau [bwaso] m ⟨pl ~x⟩ **1.** altes Hohlmaß, Gefäß Scheffel m (etwa 13 l); un ~ de blé ein Scheffel Korn; fig von e-r Person c'est un ~ de puces F er bzw sie hat kein Sitzfleisch; mettre la lumière sous le ~ (der Erkenntnis der Menschen dienende) Wahrheit verbergen, geheimhalten; **2.** kurzes Abwasserrohr(stück); **3.** Ka'minformstein m, -stück n; **4.** e-s Wasserhahns konische Öffnung (im Gehäuse zur Aufnahme des Kükens)

boisselier [bwasəlje] m Böttcher m; südd Schäffler m

boissellerie [bwasɛlri] f **a)** Böttcher-, südd Schäfflerhandwerk n; **b)** Böttcherwaren f/pl

boisson [bwasɔ̃] f Getränk n; débit m de ~s (Getränke)Ausschank m; Schankwirtschaft f; s'adonner à la ~ sich dem Trunk ergeben

boîte [bwat] f **1.** Schachtel f; Kasten m; in Zssgn auch Fach n; ♦ ~ pliante Faltschachtel f, -karton m; ~ postale (abr B.P.) Post(schließ)fach n; ~ à compas Reißzeug n; ~ à fiches Kar'teikasten m; auto ~ à gants Handschuhfach n; in e-m Betrieb ~ à idées Kasten zum Einwerfen von Verbesserungsvorschlägen; aux od à lettres Briefkasten m; fig il me sert de ~ aux lettres à Paris ich lasse meine ganze Post zu ihm nach Paris gehen; e-s Zauberkünstlers ~ à malice Zauberkasten m; Tischlerei ~ à onglets Gehrlade f; ~ à outils, à ouvrage Werkzeug-, Nähkasten m; mil ~ à sable Sandkasten m; exercice m à la ~ à sable Sandkastenspiel n; ~ à savon Seifenbehälter m; ~ à sel Salzfaß n; d'allumettes Schachtel Zünd-, Streichhölzer bzw Streichholz-, Zündholzschachtel f; ~ de chocolats Schachtel Kon'fekt, Pra'linen bzw Kon'fekt-, Pra'linenschachtel f; ~ de cigares Kiste f Zigarren bzw Zi'garrenkiste f; ~ de couleurs Tusch-, Malkasten m; ~ de secours Verband(s)kasten m; ~ en carton Pappschachtel f, (-)Kar'ton m; ♦ F fig ferme ta ~! F halt die Klappe, den Rand!; F fig mettre qn en ~ sich über j-n lustig machen; F j-n aufziehen, auf den Arm, auf die Schippe nehmen; F fig c'était de la mise en ~ a) F wir, sie etc haben ihn, sie etc tüchtig aufgezogen, auf den Arm, auf die Schippe genommen; b) das war doch nur Scherz; F ich wollte bzw wir wollten etc dich, ihn etc doch nur ein bißchen aufziehen, auf den Arm, auf die Schippe nehmen; **2.** ~ à épices Gewürzdose f, -büchse f; ~ à lait Milchkanne f; ~ à musique Spieldose f, -uhr f; ~ à ordures Müll-, Abfalleimer m; ~ de conserve Kon'servenbüchse f, -dose f; myth la ~ de Pandore die Büchse der Pandora; ~ de sardines Büchse, Dose Sardinen bzw Sar'dinenbüchse f, -dose f; Fleisch, Gemüse etc en ~ in bzw aus der Büchse, Dose; Büchsen...; Dosen...; **3.** tech Gehäuse n; élect Dose f; Kasten m; aviat ~ noire Flugschreiber m; ~ -es Dampfkessels: ~ à feu Feuerbüchse f; ~ à fumée Rauchkammer f; élect ~ de dérivation Abzweigdose f, -kasten m; ch de fer ~ d'essieu, à graisse, à huile Achslager n; e-r Standuhr ~ d'horloge Uhrgehäuse n, -kasten m; élect ~ de jonction Anschlußdose f, -kasten m; auto ~ de vitesses (Wechsel)Getriebe n; ~ de vitesses à trois, quatre rapports Drei-, Vierganggetriebe n; **4.** ~ de nuit Nachtlokal n; **5.** anat ~ crânienne Gehirnschädel m; Hirnschale f; **6.** F péj von e-m Unternehmen F Laden m; quelle sale ~! F so ein Saftladen!; **7.** Pferderennen ~ de départ Startbox f

boitement [bwatmã] m Hinken n; Humpeln n

boiter [bwate] v/i **1.** hinken; humpeln; lahmen (auch Pferd); ~ du pied droit auf od mit dem rechten Fuß hinken, lahmen; den rechten Fuß nachziehen; **2.** fig Vergleich hinken; Vergleich auch, Argumentation schief, nicht ganz richtig sein; **3.** Möbelstück wackeln; qui boite wackelnd; wack(e)lig

boiteux [bwatø] **I** adj ⟨-euse⟩ **1.** hinkend; humpelnd; lahmend; lahm (-gehend) (auch Pferd); **2.** Möbelstück wack(e)lig; **3.** fig **a)** Vergleich hinkend; Satz, Vergleich, Argumentation schief; nicht ganz richtig; Satz, Vers holp(e)rig; **b)** Frieden, Kompromiß unsicher; F faul; Frieden auch F wack(e)lig; **II** subst ~, boiteuse m,f Hinkende(r) f(m); Lahme(r) f(m)

boitier [bwatje] m **1.** tech Gehäuse n; ~ de montre Uhrgehäuse n; **2.** pol Parlamen'tarier, der stellvertretend für Mitglieder s-r Frakti'on abstimmt; **3.** Postangestellter, der die Briefkästen leert

boitill|ant [bwatijã] adj leicht hinkend, humpelnd, lahmend; **~er** v/i leicht hinken, humpeln, lahmen

boitte [bwat] f cf boëte

bol [bɔl] m **1.** (Trink)Schale f; boire un ~ de lait e-e Schale Milch trinken; fig prendre un ~ d'air F frische Luft tanken; sich auslüften; **2.** F fig avoir du ~ Glück, F Schwein haben; ne te casse pas le ~! mach dir keine Sorgen!; reg dich nicht auf!; **3.** physiol ~ alimentaire zerkleinerter und eingespeicherter Bissen; Speisebrei m; phm große, weiche Pille; vét auch Bolus m; Bissen m; **5.** minér Bol(us) m

bolchev|ik [bɔlʃevik] m,f hist Bolsche'wik(in) m(f) (auch péj für Kommu'nist[in]); **~ique** adj bolsche'wikisch;

~isation f péj Bolschewi'sierung f;
~iser v/t péj bolschewi'sieren; **~isme** m
pol Bolsche'wismus m (auch péj für
Kommunismus); **~iste I** adj bolsche-
'wistisch; **II** m,f hist Bolschewist(in) m(f)
(auch péj)

bolée [bɔle] f une ~ de lait e-e Schale
(voll) Milch

boléro [bɔlero] m 1. Tanz u Musikstück
Bo'lero m; 2. cout Bo'lero(jäckchen)
m(n)

bolet [bɔlɛ] m bot Röhrenpilz m; (Dick-
fuß)Röhrling m; sc Bo'letus m; ~ amer
Gallenröhrling m; -pilz m; Bitter-
schwamm m; ~ Satan Satanspilz m

bolide [bɔlid] m auto Rennwagen m;
Bo'lid(e) m; loc/adv comme un ~, en ~
(schnell) wie der Blitz; **arriver comme
un**, en ~ F angesaust, angeflitzt kom-
men; **passer comme un ~**, en ~ F
vor'beisausen, -flitzen

bolier [bɔlje] m Küstenfischerei Grund-
schleppnetz n; Tuckzeese f

bolivar [bɔlivar] m Währungseinheit Ve-
nezuelas Bo'livar m

bolivien [bɔlivjɛ̃] **I** adj <~ne> bolivi-
'anisch; loc/adv ~livisch; **II** subst <~(ne) m(f)
Bolivi'aner(in) m(f); Bo'livier(in) m(f)

bollard [bɔlar] m mar Poller m (am Kai)
bolomètre [bɔlɔmɛtr(ə)] m phys Bolo-
'meter n

bombag|e [bɔ̃baʒ] m von Glasplatten
Bom'bage f; Bom'bieren n; **~iste** m
Arbeiter, der Glasplatten bom'biert

bombance [bɔ̃bɑ̃s] f nur loc **faire ~**
schlemmen; schwelgen

bombarde [bɔ̃bard] f 1. mus a) Holz-
blasinstrument Bomhart m; Pommer m;
Bom'barde f; b) Orgelstimme Bomhart
m; 2. hist mil Bom'barde f

bombardement [bɔ̃bardəmã] m 1. mil
Bombarde'ment n; Bombar'dierung f
(auch fig); aviat auch Bomben-, Luft-,
Fliegerangriff m; mit schwerer Artillerie
auch Beschuß m; Beschießung f; ~
d'artillerie Artille'riebombardement n,
-beschuß m; fig ~ de boulettes de
papier Bombardierung mit Papierkü-
gelchen; ~ de jour, de nuit Bomben-,
Luftangriff bei Tag, bei Nacht; Tag-,
Nachtangriff m; 2. phys atom Beschuß
m; Beschießung f; ~ Bombarde'ment
n; ~ atomique Beschuß des Atomkerns
mit Elemen'tarteilchen; beim radioakti-
ven Zerfall Teilchenemission f; Aus-
schleuderung f von Elemen'tarteilchen;
~ d'électrons Elek'tronenbeschuß m,
-bombardement n

bombarder [bɔ̃barde] v/t 1. mil
bombar'dieren; aviat auch mit Bomben
belegen; mit Artillerie auch beschießen;
ville bombardée auch (von Flugzeu-
gen) zerbombte Stadt; 2. mit Tomaten,
faulen Eiern, fig Briefen, Fragen bom-
bar'dieren, mit Blumen, Konfetti,
Tomaten bewerfen (de mit); 3. phys
atom beschießen; 4. F fig ~ qn ambas-
sadeur j-n unerwartet, plötzlich zum
Botschafter ernennen od befördern, als
Botschafter berufen; ~ qn à un poste,
dans une position j-n plötzlich auf e-n
Posten setzen, F in e-e Stellung katapul-
'tieren

bombardier [bɔ̃bardje] m 1. aviat a)
Bomber m; Bomben-, Kampfflugzeug n;
~ de jour, de nuit Tag-, Nachtbomber
m; b) Bombenschütze m; 2. zo Bombar-
'dierkäfer m

bombardon [bɔ̃bardɔ̃] m mus Bombar-
'don m

bombe [bɔ̃b] f 1. bes mil Bombe f; ~ A,
atomique A-Bombe f; A'tombombe f; ~
éclairante, explosive, incendiaire
Leucht-, Spreng-, Brandbombe f; ~ H,
hydrogène H-Bombe f; Wasserstoff-

bombe f; ~ au cobalt Kobaltbombe f
(auch méd); ~ au napalm Napalmbom-
be f; à neutrons Neu'tronenbombe f,
-waffe f; au plastic, au phosphore
Plastik-, Phosphorbombe f; ~ d'avion
Fliegerbombe f; attentat m à la ~
Bombenanschlag m, -attentat n; Nach-
richt éclater comme une ~, faire
l'effet d'une ~ wie e-e Bombe, wie ein od
der Blitz einschlagen; lancer une ~ a)
e-e Bombe werfen, Flugzeug abwerfen;
b) fig e-e Bombe zum Platzen bringen; 2.
cuis ~ glacée Eisbombe f; 3. Spray
(-dose) [ʃprɛ-, ʃprɛ:] m od n(f); ~ insecti-
cide In'sektenspray n od m; 4. F faire la
~ tüchtig, ordentlich, F feste feiern; 5.
Reitsport, ch Reit- bzw Jagdkappe f; 6.
phys ~ calorimétrique kalorimetri-
sche, Berthe'lotsche Bombe; Kalori-
'meterbombe f; Bombenkalorimeter n;
7. géol ~ volcanique vulkanische Bom-
be; 8. mar ~ à od de signaux Si'gnal-
ball(on) m; 9. cf bonbonne

bombé [bɔ̃be] adj Stirn, Brust, Straße etc
gewölbt; Glas bauchig

bombement [bɔ̃bmã] m bes e-r Straße
Wölbung f

bomb|er [bɔ̃be] **I** v/t 1. wölben; ~ la
poitrine, le torse (stolz) die Brust
wölben, her'ausstrecken; 2. Glasplatte,
Blech bom'bieren; biegen; **II** v/i 3. sich
wölben; 4. Holz sich werfen, verziehen;
5. F fig Fahrzeug F sausen; rasen; flitzen;
~eur m ~ de verre cf bombagiste

bombonne [bɔ̃bɔn] f cf bonbonne

bombyx [bɔ̃biks] m zo a) Seidenspinner
m; ~ du mûrier Echter Seidenspinner;
Maulbeerseidenspinner m; b) ~ du chê-
ne, du pin, de la ronce Eichen-,
Kiefern-, Brombeerspinner m

bon[1] [bɔ̃, vor Vokal u stummem h bɔn] **I**
adj <bonne [bɔn]> 1. qualitativ gut; ~
danseur, élève, Français guter Tän-
zer, Schüler, Franzose; ~ne leçon gute,
heilsame Lehre; loc/adj (à) ~ marché
billig; preiswert; wohlfeil; ~ mariage
gute, glückliche Ehe; ~ médecin guter,
tüchtiger Arzt; ~ sens gesunder Men-
schenverstand; ~ne terre guter Boden;
gute Erde; cf auch unter den betreffenden
subst; ♦ mit prép: ~ à gut, geeignet zu; il
n'est pas ~ à grand-chose mit ihm ist
nicht viel anzufangen; resignierend à
quoi ~? wozu?; was nützt das (schon)?;
à quoi ~ tous ces efforts? wozu die
ganze Anstrengung?; à quoi ~ conti-
nuer? wozu noch weitermachen?; il
n'est ~ à rien er taugt zu nichts, ist zu
nichts zu gebrauchen, ist zu nichts
nütze; du bois juste ~ à faire du feu
nur als Brennholz geeignetes, verwend-
bares Holz; ce pain est ~ à jeter das
Brot kann ich, kannst du etc wegwerfen;
Speise encore ~ à manger noch gut,
genießbar, eßbar; c'est tout juste ~ à
nous faire perdre notre temps damit
verlieren wir nur unsere Zeit; c'est ~ à
savoir das ist gut zu wissen; gut, daß ich
es weiß; das werde ich mir merken; impr
~ à tirer (abr B.A.T.) impri'matur (abr
impr. od imp.); Medikament ~ contre la
grippe, la toux, etc gut gegen Grippe,
Husten etc; Schüler ~ en mathémati-
ques gut in Mathematik; ~ pour gut
für; auf e-m Scheck ~ pour aval als
Bürge; per Aval; F si tu te gares ici, tu es
~ pour la contravention F ... dann
kriegst du garantiert e-n Strafzettel; abs:
si jamais il y a des représailles, on est ~
... dann sind wir dran, geht es uns
schlecht, an den Kragen; il a besoin d'un
coup de main, on est ~! F ... jetzt müssen
wir ran!; F je ne suis pas ~ pour cette
corvée! ich habe keine Lust, ich denke
ja gar nicht daran, diese Arbeit zu

machen!; F mich kriegen sie nicht zu
dieser Schufterei!; c'est une faute ~ne
pour un débutant bei e-m Anfänger
kann man diesen Fehler noch hinneh-
men; ein Anfänger kann sich diesen
Fehler noch leisten; ~ pour la ferraille
schrottreif; F c'est ~ pour lui de
rester toujours chez lui! F wenn er
immer zu Hause sitzen will, bitte! (ich
nicht!); jur ~ pour pouvoir bevollmäch-
tigt; mit Handlungsvollmacht ausge-
stattet; ~ pour le rhumatisme gut bei,
für Rheuma(tismus); (pas) ~ pour la
santé (un)gesund; (nicht) gut für die
Gesundheit; der Gesundheit (abträg-
lich, nicht) zuträglich; Wehrpflichtiger ~
pour le service wehrdiensttauglich; ♦
avoir de ~ yeux gute Augen haben;
von e-r Speise c'est ~ das ist, schmeckt
gut; il est ~ de (+inf) od que ... (+subj)
es ist gut, ratsam, empfehlenswert, zu
empfehlen zu (+inf); es ist gut, wenn od
daß ...; 2. a) sittlich gut; charakterlich,
im Wesen gut(mütig, -herzig); gütig;
lieb(evoll); ~ne action (abr B.A.) gute
Tat; ~ne conduite gute Führung; gutes
Betragen (auch in der Schule); Benah-
men, Verhalten; le ~ Dieu der liebe
Gott; loc/adj ~ enfant gutmütig; gutar-
tig; ein guter Kerl; ~ époux, fils guter,
liebevoller Ehemann, Sohn; ~ public
wohlmeinendes, dankbares, verständ-
nisvolles Publikum; liebevoll ma ~ne
vieille voiture mein gutes od liebes,
altes Auto; cf auch unter den betreffenden
subst; ♦ F avoir qn à la ~ne j-n gern
haben, mögen; j-n gut leiden können;
avoir ~ cœur ein gutes Herz haben;
gutherzig sein; avoir ~ne conscience
ein gutes, reines Gewissen haben; être ~
gut(herzig), ein guter Mensch sein; être
~ comme le pain od du pain herzens-,
seelen(s)gut, F ein guter Mensch sein;
être ~ pour qn gut zu j-m sein;
vous êtes bien, trop ~ Sie sind sehr,
zu gütig, freundlich, liebenswürdig; b) péj
od iron Person (zu) gut(mütig); na'iv; F
une ~ne femme e-e Frau; cf auch
femme 1.; tu es bien ~ de te laisser
faire du bist schön dumm ...; F iron vous
êtes ~, ce n'est pas si simple! Sie sind
(vielleicht) gut, naiv ...!; 3. quantitativ:
bei Zeit-, Entfernungs-, Gewichts-, Men-
genangaben gut; reichlich; une ~ne
cuillerée de sucre ein gehäufter
Löffel Zucker; à une ~ne distance de
in ziemlicher, beträchtlicher Entfernung
von; loc/adv une ~ne fois ein für
allemal; une ~ne heure e-e gute,
reichliche Stunde; gut, F gut und gern e-e
Stunde; loc/adv de ~ne heure früh (am
Tage); frühzeitig; trois ~s kilomètres
gute drei Kilometer, gut, F gut und gern
drei Kilometer; un ~ moment e-e ganze,
geraume Weile; cf auch 5. u 6.; (un) ~
nombre de ein großer Teil (+gén);
nicht wenige; viele; une ~ne partie ein
gut(er) Teil; un ~ verre e-in reichliches
Glas; F gut und gern ein Glas; sports
arriver ~ dernier weit hinter den
anderen, mit großem Abstand als letzter
durch das Ziel gehen; arriver ~ pre-
mier mit großem Vorsprung, weit vor
den anderen als erster durch das Ziel
gehen; faire ~ poids gut, reichlich
wiegen; 4. die Intensität betreffend kräf-
tig; F tüchtig; ordentlich; gehörig; an-
ständig; d'un ~ coup de marteau mit
e-m kräftigen Hammerschlag; une ~ne
gifle e-e kräftige, F anständige Ohrfei-
ge; F e-e Ohrfeige, die sich gewaschen
hat; un ~ rhume ein tüchtiger, anstän-
diger Schnupfen; 5. richtig; recht; gut;
~ne adresse, méthode richtige Adres-
se, Methode; la ~ne clé der richtige

Schlüssel; *bei Stoff* le ⌣ côté die rechte Seite; ⌣ **moment** guter, richtiger, passender, geeigneter, günstiger Moment, Zeitpunkt; **comme ⌣ vous semble** wie Sie es für gut, richtig halten, erachten; **nach Ihrem Gutdünken; tout lui est ⌣,** **tous les moyens lui sont ⌣s pour** (+*inf*) jedes Mittel ist ihm recht, um zu (+*inf*); **prendre le ⌣ parti** die richtige Entscheidung treffen; sich richtig entscheiden; **ranger qc à la ⌣ne place** etw an den richtigen Platz stellen; **6.** gut; angenehm; schön; *Gelegenheit, Wind, Zeichen, Geschäft* gut; günstig; **⌣ne chance!** viel Glück!; **⌣ne nuit!** gute Nacht!; **⌣ne odeur** guter, angenehmer, F *schöner Duft;* **⌣nes vacances!** schöne Ferien!; schönen Urlaub!; ⌣ **vivant** Genießer *m;* **c'est la ⌣ne vie!** das ist ein schönes, angenehmes Leben!; so läßt sich's leben!; **passer de ⌣s moments avec qn** schöne, nette Stunden, Zeiten mit j-m verbringen, verleben; **7. a) une ⌣ne histoire a)** e-e lustige, amüsante, drollige Geschichte; b) e-e seltsame, F komische Geschichte; F *ellip:* **en voilà une (bien) ⌣ne!** das ist ja e-e komische, drollige, tolle Geschichte!; **elle est bien ⌣ne!** das ist wirklich gut!; F das ist ja köstlich, gelungen!; **en raconter de (bien) ⌣nes** lustige, komische, drollige Geschichten erzählen; **b)** F *ellip* **renoncer à mon voyage?** tu en as de ⌣nes!... das ist doch wohl nicht dein Ernst!; F du bist vielleicht gut, drollig!; du hast Einfälle!; **8. int (c'est)** ⌣! a) *zustimmend* (es ist) gut!; b) *abschließend, folgernd* (na, also) gut!; na schön!; c) *abwinkend, ungeduldig,* **auch** ⌣,⌣! schon gut!; lassen wir's gut sein!; jetzt reicht's, langt's; *erleichtert, verstehend* **ah ⌣!** ach so!; ah so!; *überrascht* **ah ⌣?** ach was *od* ja *od* wirklich?; *ärgerlich, unangenehm überrascht* **(allons)** ⌣! F verflixt nochmal!; da haben wir ja den bißchen Augenschein; **II** *adv* **croire, juger ⌣ de** (+*inf*), *st/s* **trouver ⌣ que ...** (+*subj*) es für gut, richtig halten, erachten zu (+*inf*) *bzw* daß *od* wenn ...; **sentir ⌣** gut riechen, duften; **tenir ⌣** *cf* tenir **13.;** ♦ **il fait ⌣** es ist mildes, angenehmes Wetter; es ist mild; *avec cette chaleur* **il fait ⌣ à la forêt** ... ist es angenehm (kühl) im Wald; **il fait ⌣ se promener encore un peu** es ist angenehm, es tut gut, wohl, noch ein bißchen spazierenzugehen; **il fait ⌣ vivre ici** hier läßt sich's gut leben; ♦ *loc/adv* **pour de ⌣,** *litt* **tout de ⌣** ernstlich; **c'est pour de ⌣!** jetzt wird es ernst!; **III** *subst* **1. le ⌣** das Gute; **rien de ⌣** nichts Gutes; **avoir du ⌣** sein *bzw* ihr Gutes haben; **avoir cela de ⌣ que ...** die (eine) Gute haben, daß ...; *on aura une augmentation* – **il y a du ⌣,** F **y a (du) ⌣!** ... das ist ja herrlich, wunderbar, F prima, Klasse!; **il y a en lui du ⌣ et du mauvais** er hat gute und schlechte Seiten; **2. ⌣(ne)** *m(f)* Gute(r) *f(m); meist jul* **les ⌣s** die Guten; *veraltend* **mon ⌣, ma ⌣ne** mein Lieber, Guter; meine Liebe, Gute; **3. ⌣** *m* **à rien** Taugenichts *m;* Nichtsnutz *m;* **4.** *impr* ⌣ *m* **à tirer** Impri'matur *n;* Druckerlaubnis *f;* ⌣**s** *pl* **à tirer** druckreife Korrek-'turbogen *m/pl;* **donner le ⌣ à tirer** das Impri'matur geben

bon² [bõ] *m* (Gut)Schein *m;* **für Speisen, Getränke** Bon *m; ch de fer* ⌣ **dimanche** Sonntagsrückfahrkarte *f* ⌣ **d'achat a)** im 2. Weltkrieg Bezug(s)schein *m;* **b)** Gutschein *m; fin* ⌣ **de caisse** Kassenobligation *f,* -schein *m.* -anweisung *f;* Kassaschein *m; comm* ⌣ **de commande** Bestellschein *m;* ⌣ **d'essence** Ben'zingutschein *m; comm* ⌣ **de livraison** Lieferschein *m*

---

bonace [bɔnas] *f mar* vor *od* nach e-m Sturm Windstille *f;* Still(t)e *f;* Flaute *f*

bonapart|isme [bɔnapartism(ə)] *m* Bonapar'tismus *m;* ⌣**iste I** *adj* bonapar-'tistisch; der Bonapar'tisten; **II** *m,f* Bonapar'tist(in) *m(f)*

bonasse [bɔnas] *adj* (zu) gutmütig (, na'iv und nachgiebig); **il est ⌣** *auch* F er ist ein gutmütiges Schaf

bonbon [bõbõ] *m* Bon'bon *m od n;* ⌣ **au chocolat, au miel** Schoko'laden-, Honigbonbon *m od n*

bonbonne [bõbɔn] *f* Korbflasche *f;* Glasballon *m*

bonbonnière [bõbɔnjɛr] *f* **1.** Bon'bon-, Kon'fektdose *f;* Bonbonni'ere *f;* **2.** F *fig* von e-m Haus, e-r Wohnung F Schmuckkästchen *n*

bon-chrétien [bõkretjẽ] *m* ⟨*pl* bons-chrétiens⟩ *bot* ⌣ **Williams** [-wiljams] Williams Christbirne *f*

bond [bõ] *m* **1.** e-r Person, e-s Tieres Sprung *m* (*auch fig der Entwicklung, des Fortschritts etc*); Satz *m; philos* ⌣ **dialectique, qualitatif** dialektischer, qualitativer Sprung; *fig* ⌣ **en avant** Sprung nach vorn; *loc/adv* **d'un** ⌣ **a)** mit e-m Satz, Sprung; **b)** *fig* sofort; **franchir le fossé d'un** ⌣ mit e-m Satz über den Graben springen; mit e-m Sprung über den Graben setzen; **se lever d'un** ⌣ aufspringen; in die Höhe fahren; (von s-m Sitz) auffahren; **en trois** ⌣**s** *il ne rejoignit* mit drei Sprüngen, Sätzen ...; **par** ⌣**s** sprungweise; in Sprüngen; **faire un** ⌣ a) e-n Sprung, Satz machen; *tun;* b) *fig Produktion, Aktienkurse etc* sprunghaft ansteigen, in die Höhe gehen, schnellen; **ne faire qu'un** ⌣ her'bei-, her'zueilen; her'beistürzen; *fig* **faire faux** ⌣ **à qn** j-n versetzen, im Stich lassen; **2.** e-s Balls vom Boden Abprallen *n;* Hochspringen *n;* **faire plusieurs** ⌣**s** mehrmals hochspringen; **saisir la balle au** ⌣ *cf* balle **1.**

bonde [bõd] *f* **1.** e-r Badewanne *etc* Abfluß(loch *n,* -öffnung *f*) *m;* e-s Fasses Spundloch *n;* **2.** zum Verschließen e-r Abflußöffnung Stöpsel *m;* Zapfen *m;* des Spundlochs Spund *m*

bondé [bõde] *adj* Raum, Verkehrsmittel über'füllt; gepfropft, F gesteckt voll; F knack-, proppenvoll

bondéris|ation [bõderizasjõ] *f tech* Bondern *m;* ⌣**er** *v/t tech* bondern

bondieuserie [bõdjøzri] *f péj* **1.** ⌣**s** *pl* Devotio'nalien *pl;* **2.** *litt* Bigotte'rie *f;* Frömme'lei *f*

bond|ir [bõdir] *v/i* **1.** Person, Tier (hin-'auf-, hin'unter)springen (**sur** auf +*acc*); *fig u poét* hüpfen; Ball vom Boden abprallen; hochspringen; *fig* ⌣ **de colère** F in die Luft, an die Decke gehen; ⌣ **de joie** Freudensprünge machen; *fig* vor Freude bis an die Decke springen; **son cœur a bondi de joie** das Herz hüpfte ihm vor Freude; *Tier* ⌣ **sur sa proie** sich auf s-e Beute stürzen; *Nachricht, Ungerechtigkeit* **faire** ⌣ **qn** j-n empören; j-n wütend, rasend machen; **2.** *ch* aufgescheuchter Hirsch; anderes Wild aufscheuchen; ⌣**issant** *adj* springend; ⌣**issement** *m* Springen *n*

bondon [bõdõ] *m* **1.** kleiner, runder frz Weißschimmelkäse; **2.** Spund *m*

bondrée [bõdre] *f zo* ⌣ **apivore** Wespenbussard *m*

bon-henri [bɔnari] *m* ⟨*inv*⟩ *bot* Guter Heinrich

bonheur [bɔnœr] *m* Glück *n; rel* **le** ⌣ **éternel** die ewige Seligkeit; **quel** ⌣ *od* (+*inf*) welch ein Glück, welch e-e Freude, wie schön zu (+*inf*); **le** ⌣ **d'aimer** das Glück zu lieben; *loc/adv:* **au petit** ⌣ **(la chance)** auf gut Glück; aufs Gerate-

---

'wohl; **avec** ⌣ auf glückliche Weise; **par** ⌣ zum Glück; glücklicherweise; *höfliche Floskel* **depuis que j'ai eu le** ⌣ **de vous rencontrer** seit ich das Glück hatte, Ihnen zu begegnen; **il ne connaît pas son** ⌣ er weiß nicht, wie glücklich er sich schätzen kann, was für ein Glück er hat, wie gut er es hat; **faire le** ⌣ **de qn** j-n glücklich machen; j-s Glück darstellen, sein; F **si cela peut faire votre** ⌣ wenn Sie das gebrauchen können; **porter** ⌣ **(à qn)(j-m)** Glück bringen; ⌣**-du-jour** *m* ⟨*pl* bonheurs-du-jour⟩ zierlicher Damenschreibtisch *m* mit rückwärtigem Aufsatz

bonhomie [bɔnɔmi] *f* Gutmütigkeit *f;* Biederkeit *f;* schlichte Herzlichkeit

bonhomme [bɔnɔm] *m* ⟨*pl* bonshommes[bõzɔm], P *auch* bonhommes⟩ **1.** F **un** ⌣ ein Mann *m;* F *péj* les bonshommes die Männer *m/pl;* F Mannsbilder *n/pl;* F das Mannsvolk; F *péj* **ce (sale)** ⌣ F dieser (eklige) Kerl; F **mon** ⌣ F der gute Mann; *Anrede* guter Mann!; *früher* ⌣ **Noël** Weihnachtsmann *m; auch* Christkind *n;* F **le pauvre** ⌣ der arme Mann, F Kerl; F **un petit** ⌣ ein kleiner Junge, F Mann; F **ce petit** ⌣ **a cinq ans** F dieser kleine Mann ist fünf Jahre alt; F *Anrede für e-n kleinen Jungen* **mon petit** ⌣ F kleiner Mann; *Fluch* **nom d'un petit** ⌣! *cf* nom **3.;** *fig* **aller, poursuivre son petit** ⌣ **de chemin** ruhig, unbeirrt s-n Weg gehen, sein Ziel verfolgen; F **un vieux** ⌣ ein alter Mann; **2.** grob gezeichnete, modellierte Nachbildung des Menschen Männchen *n; in Zssgn* ...mann *m;* ⌣ **de neige** Schneemann *m;* ⌣ **de** *od* **en pain d'épice** Pfefferkuchen-, Honigkuchenmann *m; phys* **règle** *f* **du** ⌣ **d'Ampère** Ampèresche Schwimm-, Daumenregel; **dessiner des bonshommes** Männchen malen, zeichnen; **3.** *adjt* ⟨*pl* ⌣**s**⟩ Wesen, Miene gutmütig; bieder

boni [bɔni] *m* **1.** *comm* 'Überschuß *m;* Mehrbetrag *m, auch* -einnahme *f;* Plus *n;* **2.** bei Übererfüllung der Arbeitsnorm Zulage *f,* Zuschlag *m* (*zum Tariflohn*); Prämie *f*

boniche [bɔniʃ] *f cf* **bonniche**

bonichon [bɔniʃõ] F *m* Mützchen *n*

bonification [bɔnifikasjõ] *f* **1.** des Bodens, Weins *etc* Verbesserung *f;* des Bodens *auch* Ameliorati'on *f;* Meliorati'on *f;* **2. a)** *comm* Gewährung *f* e-s Preisnachlasses, Ra'batts; Bonifikati'on *f;* bei (Preis)Nachlaß Ra'batt *m;* bei der Kfz-Versicherung Schadensfreiheitsrabatt *m;* Bonus *m; für bestimmte Bewerber bei e-m Einstellungswettbewerb* Bonus *m;* Punktvorteil *m; Radsport* Zeitgutschrift *f;* Bonifikati'on *f; zur Investitionsförderung* ⌣ **d'intérêts** Zinsverbilligung *f,* -vergütung *f,* -vergünstigung *f*

bonifier [bɔnifje] **I** *v/t* **1.** Boden, Wein verbessern; Boden *auch* amelio'rieren; melio'rieren; Charakter bessern; **2.** *comm* bonifi'zieren; *zur Investitionsförderung* ⌣ **des intérêts** e-n Teil der Zinsen über'nehmen; *adjt* **prêt bonifié** zinsverbilligtes Darlehen; **II** *v/pr* **se** ⌣ Wein, Charakter besser werden; *Charakter auch* sich bessern

boniment [bɔnimã] F *m* **1.** F Märchen *n;* **pas de** ⌣**s!** erzähl (mir, uns doch) keine Märchen!; **c'est du** ⌣! das sind doch Märchen!; das kannst du, können Sie andern weismachen!; **raconter des** ⌣**s** Märchen erzählen, auftischen; **2.** *auf dem Jahrmarkt, von Straßenhändlern* Marktschreie'rei *f;* marktschreierische Re'klame; wortreiches Anpreisen der Ware; **faire le** ⌣ **s-e Ware** wortreich, F

mit viel Tamtam anpreisen

bonimenteur[bonimãtœr] *m* **1.** Markt-schreier *m*; j, der marktschreierische Re'klame macht; **2.** j, der Märchen auftischt

bonite [bonit] *f zo* Echter Bo'nito

bonjour [bõʒur] *m zur Begrüßung* ~! guten Tag! *(auch beim Abschied)*; F *auch* Tag!; *morgens auch* guten Morgen!; *südd* grüß Gott; *dire* ~ *à qn* j-m guten Tag sagen, (e-n) guten Tag wünschen; F **donner le** ~ *à qn (de la part de qn)* j-m e-n Gruß, Grüße (von j-m) ausrich-ten, bestellen, über'bringen, -'mitteln; j-n grüßen lassen; *ellip* **le** ~ *à votre* **femme (de ma part)**! e-n Gruß (von mir) an Ihre Frau!; grüßen Sie Ihre Frau (von mir)!; F *fig* **c'est facile, simple comme** ~ das ist ganz, höchst einfach; das ist kinderleicht; das ist die einfachste Sache der Welt

bonne [bon] *f* **1.** Hausgehilfin *f*, -an-gestellte *f*, -mädchen *n*; Dienstmädchen *n*; Mädchen *n*; ~ *à tout faire* Mädchen für alles; Al'leinmädchen *n*; ~ **d'enfant** Kindermädchen *n*; **2.** *cf* **bon III 2.**

bonne-maman [bonmamã] *f* ⟨*pl* bon-nes-mamans⟩ *enf* Oma *f*; Großma-ma *f*

bonnement[bonmã] *adv* (tout) ~ (ganz) einfach

bonnet [bonε] *m* **1.** Mütze *f*; Kappe *f*; *früher für Frauen* Haube *f*; F *fig* **gros** ~ F hohes Tier; Bonze *m*; *südd auch* Groß-kopfete(r) *m*; *mil* ~ **à poil** Bären(fell)-mütze *f*; ~ **d'âne** *cf* **âne 2.**; ~ **de bain** Badekappe *f*, -haube *f*, -mütze *f*; ~ **de** **baptême** Taufhäubchen *n*; ~ **de four-rure** Pelzmütze *f*, -kappe *f*; ~ **de laine** Wollmütze *f*; ~ **de marin, de matelot** Ma'trosenmütze *f*; ~ **de nuit** a) Nacht-mütze *f*, *für Frauen* -haube *f*; b) F *fig von* e-r *Person* mürrischer, griesgrämiger, sauertöpfischer Mensch; Griesgram *m*; F Sauertopf *m*; ~ **de pâtissier** Kon-'ditormütze *f*; *gefaltete Serviette* **en** ~ **d'évêque** in Form e-r Bischofsmütze; F **avoir la tête près du** ~ ein Hitzkopf, hitzköpfig sein; rasch aufbrausen; F **c'est** ~ **blanc et blanc** ~ das ist hin wie her, F Jacke wie Hose, gehupft wie gesprungen; **ce sont deux** **têtes sous un même** ~ sie sind ein Herz und eine Seele; *Frau, Mädchen* **jeter son** ~ **par-dessus les moulins** sich über die Moral, guten Sitten hinwegsetzen; **opi-ner du** ~ *cf* **opiner**; **prendre qc sous** **son** ~ etw auf s-e Kappe nehmen; **2.** *zo* *der Wiederkäuer* Netzmagen *m*; Haube *f*; **3.** *e-s Büstenhalters* Körbchen *n*; Schale *f*; Cup [kap] *m*; **4.** *mus* ~ **chinois** Schellenbaum *m*

bonneterie [bonetri] *f text* **a)** Wirk- und Strickwarenindustrie *f*, -handel *m*; **b)** (articles *m/pl* de) ~ Wirk- und Strick-waren *f/pl*; Triko'tagen *f/pl*; Maschen-ware *f*; Gewirke *n*

bonnet|ier [bontje] *m*, **~ière** *f* **a)** Wirk- und Strickwarenhersteller(in) *m(f)*, -fabrikant(in) *m(f)*, -händler(in) *m(f)*; **b)** Wirker(in) *m(f)*

bonnette [bonεt] *f* **1.** *phot* Vorsatzlinse *f*; ~ **d'approche** Pro'xarlinse *f*; **2.** *mar* (viereckiges) Bei-, Leesegel

bonniche [boniʃ] F *péj f* Dienstmädchen *n*; F Minna *f*; *péj* Dienstbolzen *m*

bon-papa [bõpapa] *m* ⟨*pl* bons-papas⟩ *enf* Opa *m*; Großpapa *m*

bonsoir [bõswar] *m zur Begrüßung, zum* *Abschied* ~! guten Abend!; *vor dem* *Schlafengehen* gute Nacht!; *dire* ~ *à qn* j-m guten Abend sagen, (e-n) guten Abend wünschen; ◆ F *fig* **qu'il accepte,** **ou alors,** ~! ... oder es ist aus!; *Fluch* ~ **de** ~! F verflixt (nochmal)!; verflixt und

zugenäht!

bonté [bõte] *f* **1.** *e-r Person* Güte *f*; ~ **de** **cœur** Herzensgüte *f*; *int* ~ **divine!** du liebe, du meine Güte!; mein Gott!; All'mächtiger!; *loc/adv* **avec** ~ gütig; mit Güte; *iron* **par pure** ~ **d'âme** aus purer, reiner Menschenfreundlichkeit; *höfliche Floskel* **avoir la** ~ (+*inf*) die Güte besitzen, so gütig sein zu (+*inf*); **être d'une grande** ~ sehr, ungemein gütig sein; **2.** *st/s* ~ *pl* a) erwiesene Freundlichkeit(en) *f(pl)*; b) *e-r Frau* Gunst *f*

bonz|e [bõz] *m* **1.** *rel* Bonze *m*; **2.** F *péj e-r* *Partei, Gewerkschaft etc* F Bonze *m*; ~ **d'un parti** Par'teibonze *m*; **~esse** *f rel* bud'dhistische Nonne

boogie-woogie [bugiwugi] *m Jazz,* *Tanz* Boogie-Woogie ['bugi'vugi] *m*

bookmaker [bukmεkœr] *m* Pferderen-nen Buchmacher *m*

boom [bum] *m* **1.** *Börse, écon* Boom [bu:m] *m*; ~ **touristique** Reiseboom *m*; Boom im Fremdenverkehr; ~ **du bâti-**ment, de la construction Bauboom *m*; ~ **des exportations** Ex'portboom *m*; **2.** F *Schülersprache* Party *f*

boomerang [bumrãg] *m* Bumerang *m* *(auch fig)*; *fig*: **faire** ~ sich als Bumerang erweisen; zum Bumerang werden; **reve-nir comme un** ~ wie ein Bumerang wirken, zurückschlagen; *adjt* **effet** *m* ~ Bumerangwirkung *f*

bora [bora] *f météo* Bora *f*

boracite [borasit] *f minér* Bora'zit *m*

borassus [borasys] *m bot* Bo'rassus-palme *f*

borate[borat] *m chim* Bo'rat *n*; borsaures Salz

borax [boraks] *m chim* Borax *m*

borborygme [borborigm(ə)] *m physiol* *im Unterleib meist pl* ~**s** Knurren *n*; Kullern *n*; kullerndes Geräusch; *sc* Bor-bo'rygmus *m*

bord[bor] *m* **1.** Rand *m*; *e-s Gegenstandes* *auch* Kante *f*; *e-s Hutes* Krempe *f*; *e-s* *Sees, Flusses* Ufer *n*; Ufersaum *m*; ~ **de** **l'assiette** Tellerrand *m*; *aviat e-s Trag-**flügels* ~ **d'attaque** de fuite Vorder-, 'Hinterkante *f*; ~ **du chemin** Wegrand *m*; ~**(s) de (la) mer** Meer(esstrand *m*, -ufer *n)m* *(im Gegensatz zum Inland)*; *passer ses vacances* **au** ~ **de la mer** ... am Meer, an der See; **rentrer par le** ~ **de** **mer** am Meer, an der Küste entlang nach Hause gehen, fahren; ~ **des pau-pières, de la plaie, du puits** Lid-, Wund-, Brunnenrand *m*; ~ **de la riviè-**re Flußufer *n*; ~ **de la route** Straßen-rand *m*; ~ **de la table** Tischkante *f*; ◆ *loc/adv:* **Hut** **à large** ~ breitkrempig; *Gefäß* **plein jusqu'au** ~ **à ras** ~ rand-voll; bis an den Rand gefüllt; ◆ *loc/adv u* *loc/prép:* ~ **à** ~ Rand an Rand; Kante an Kante; **manteau** *m* ~ **à** ~ Mantel *m* mit Bord-à-bord-Verschluß; **au** ~ **de** am Rand(e) (+*gén*) *(auch fig)*; **au** ~ **du précipice** am Rand des Ab-grunds; **être au** ~ **de l'aveu** nahe daran sein, ein Geständnis abzulegen; **être au** ~ **d'une catastrophe, de la** **ruine** sich am Rande e-r Katastrophe, des Ruins befinden; **être au** ~ **de la** **faillite** kurz vor dem Konkurs, am Rande des Bankrotts stehen; **être au** ~ **des larmes** den Tränen nahe sein; **sur** **les** ~**s de la Loire** an den Ufern der Loire; *fig* **être un peu** (+*adj*) **sur les** ~**s** so ein bißchen, leicht (+*adj*) sein; **être un peu communiste sur les** ~**s** F kommunistisch angehaucht sein; **être** **un peu filou sur les** ~**s** ein kleiner Gauner, Betrüger sein; **être un peu** **menteur sur les** ~**s** e-n leichten Hang zum Lügen haben; **2.** *mar* Bord *m* (*auch*

aviat); **hommes** *m/pl* **du** ~ Schiffsbesat-zung *f*; Mannschaft *f*; **journal** *m*, **livre** *m* **de** ~ Schiffstagebuch *n*; Logbuch *n*; Jour'nal *m*; *auto, aviat* **tableau** *m* **de** ~ Arma'turen-, Instru'mentenbrett *n*; ◆ *loc/adv u loc/prép:* **à** ~ (de) an Bord (+*gén*); *aviat* **à** ~ **d'un Boeing** an Bord e-r Boeing; *auto* **à** ~ **d'une Volkswagen** **verte** mit, in e-m grünen VW; **charger** **à** ~ verschiffen; verladen; **monter** **à** ~ **prendre** ~ an Bord gehen, nehmen; **descendre du** ~ von Bord gehen; *fig* *Personen* **être du même** ~ gleichge-sinnt sein; die gleichen Anschauungen haben, vertreten; Gesinnungsgenossen, -freunde sein; *pol auch* im gleichen Lager stehen; **virer de** ~ *mar* wenden; *fig u pol* 'umschwenken; **jeter par-dessus** ~ über Bord werfen

bordage [bordaʒ] *m* **1.** *mar* ~**s** *pl beim* *Holzschiffbau* Planken *f/pl*; Beplankung *f*; *beim Stahlschiffbau* Platten *f/pl*; Be-plattung *f*; ~**s de la coque, du pont** Außenhaut-, Decksplanken *f/pl*, -be-plankung *f*, -platten *f/pl*, -beplattung *f*; **2.** *cout* Einfassen *n*, -ung *f*; Besetzen *n* (am Rand); *bes mit Pelz* Verbrämen *n*, -ung *f*

bordé [borde] *m bei mar* Außenhaut *f*; Bordwand *f*; *bei Holzschiffen auch* Be-plankung *f*; *bei Stahlschiffen auch* Be-plattung *f*; ~ **à clins** Klinkerbeplankung *f*, -beplattung *f*; ~ **à franc-bord** Kra-'weel- *od* Kar'weelbeplankung *f*

bordeaux [bordo] *m* **1.** (vin *m* de) ~ Bor'deaux(wein) *m*; verre *m* **à** ~ Bor-deauxglas *n*; **2.** Bor'deaux-, Weinrot *n*; *adjt* ⟨*inv*⟩ bor'deaux-, weinrot

bordée [borde] *f* **1.** *mar mil* Breitseite *f* *(Geschütze u Salve)*; (Geschütz)Salve *f*; *fig* **une** ~ **d'injures** e-e Schimpfkanona-de; ein Hagel *m*, e-e Flut von Schimpf-wörtern; **envoyer, lâcher une** ~ e-e Breitseite (ab)geben; **2.** *mar* Wache *f*; ~ **de bâbord, de tribord** Backbord-, Steuerbordwache *f*; **de quart** dienst-habende Wache; **3.** *mar beim Kreuzen* Gang *m*; Schlag *m*; **courir, tirer des** ~**s** kreuzen; F *fig* **tirer une** ~ F e-e Sauftour machen

bordel [bordεl] *m* **1.** P *(maison de prosti-tution)* P Puff *m od n*; **2.** *fig* **a)** F *(désordre)* Durchein'ander *m*; Tohuwa-'bohu *n*; P Saustall *m*; **quel** ~ **ici**! ist das hier ein Durcheinander, Saustall!; **met-tre le** ~ **dans les projets de qn** j-s Pläne völlig durcheinanderbringen; **b)** P ~**!** P Scheiße!

bordel|ais [bordəlε] *adj (u subst* ♀ *Ein-wohner)* von Bordeaux; **~aise** *f comm* **a)** Bor'deauxweinfaß *n* (*etwa* 225 *l*); **b)** Bor'deauxflasche *f*

bordélique [bordelik] F *adj* unordent-lich; liederlich; F schlampig

border [borde] *v/t* **1.** *Bäume, Häuser* *Weg* (ein)säumen; *Weg, Beet* einfassen (de buis mit Buchsbaum); *cout Klei-dungsstück* einfassen, am Rand beset-zen, *bes mit Pelz auch* verbrämen (de mit); **un sentier borde la rivière** ein Pfad läuft, führt am Fluß entlang, läuft neben dem Fluß her, zieht sich am Fluß entlang; ◆ *oft p/p:* **bordé d'arbres** von *od* mit Bäumen gesäumt; **bordé de** **dentelles** mit Spitzen um'säumt, (ein-) gesäumt, eingefaßt; **2.** ~ **un lit** das 'Überschlaglaken und die Decke unter die Ma'tratze schlagen, rundherum fest einstopfen; ~ **qn (dans son lit)** j-n zudecken; **3.** *mar* **a)** ~ **la côte** an der Küste entlangfahren; **b)** *Segel* beiholen; **c)** *Schiff:* mit *Planken* auf-, beplanken; mit *Platten* beplatten; **d)** *Riemen* (in die Dolle) einlegen

bordereau [bordəro] *m* ⟨*pl* ~**x**⟩ *comm*

Aufstellung *f*; Verzeichnis *n*; Liste *f*; *Bank* Borde'reau *od* Borde'ro *m od n*; ~ d'achat Schlußnote *f*. -schein *m*; ~ **d'encaissement de chèques** Aufstellung, Verzeichnis, Bordereau der zur Gutschrift angenommenen Schecks; *bei Versand von Akten* ~ **d'envoi**, *im Frachtverkehr* ~ **d'expédition** Begleitschein *m*, -papier *n*; ~ **d'escompte** Aufstellung, Verzeichnis, Bordereau der zum Diskont eingereichten Wechsel; *jur* ~ **de pièces** Verzeichnis der Aktenstücke e-r Prozeßakte; *bât. öffentliches Auftragswesen* ~ **de prix** Preisaufstellung *f*; Leistungsverzeichnis *n*

bordier [bordje] *adj* ‹-ière› **1.** *géogr* Rand...; **mer bordière** Randmeer *n*; **2.** *mar* **bâtiment** ~ Schiff *n* mit Schlagseite (*infolge e-s Konstruktionsfehlers*)

bordure [bordyr] *f* **1.** *e-r Fläche* Einfassung *f*; Um'randung *f*; Rand *m*; Kante *f*; *jard e-s Rasens, Beetes aus Stein etc* Einfassung *f*; *mit Pflanzen auch* Ra'batte *f*; *Heraldik* Bord *m*; *cout* Einfassung *f*; *bes mit Pelz* Verbrämung *f*; ~ **de buis** Buchsbaumeinfassung *f*, -rabatte *f*; ~ **de fourrure** Pelzverbrämung *f*; *ch de fer* ~ **de quai** Bahnsteigkante *f*; ~ **(de trottoir)** Bordkante *f*, -stein *m*; ♦ *loc/adj* à ~ **bleue** mit blauem Rand; blaugerändert; *loc/prép* **en** ~ **de** am Rand (+*gén*); **en** ~ **de la route** am Straßenrand; die Straße entlang; entlang der Straße; **2.** *an Kleidungsstücken, Stoffen, Vorhängen* Bor'düre *f*; Borte *f*; Zierleiste *f*; **3.** *mar e-s Segels* 'Unterkante *f*

bore [bor] *m chim* Bor *n*

boréal [boreal] *adj* ‹-aux› *géogr* nördlich; Nord...; **bore'ale, aurore** ~**e** Nordlicht *n*; **latitude** ~**e** nördliche Breite; *géol* **période** ~**e** Bore'al *n*; **pôle** ~ Nordpol *m* des Himmels

borgne [born] *adj* **1.** einäugig; **2.** *fig* **hôtel** *m* ~ verrufenes, anrüchiges Hotel; **3.** *tech* **écrou** *m* ~ Hutmutter *f*; **II** *m,f* Einäugige(r) *f(m)*

borique [borik] *adj chim* Bor...; **acide** *m* ~ Borsäure *f*; **anhydride** *m* ~ **Bortrioxid** *n*; Borsäureanhydrid *n*; ~**é** *adj phm* **eau, vaseline** ~**e** Borwasser *n*, -salbe *f*

bornage [bornaʒ] *m* **1.** *jur* Abmarkung *f*; Grenzscheidung *f*; **action** *f* **en** ~ Grenzscheidungsklage *f*; **2.** *mar bis 1951* **navigation** *f* **au** ~ (kleine) Küstenfahrt (*100 Seemeilen im Umkreis des Heimathafens*)

borne [born] *f* **1.** Grenzstein *m*, -zeichen *n*; *par ext* Mar'kierungsstein *m*; *zur Umgrenzung, Absperrung* Steinpfosten *m*; *an e-r Straßenecke, Toreinfahrt* ~ **cornière** Prell-, Eckstein *m*; *an Landstraßen* ~ **kilométrique** Kilo'meterstein *m*; *Person* **rester planté comme une** ~ wie angewurzelt dastehen; **2.** ~ **d'incendie** Über'flurhydrant *m*; **3.** *fig* Grenze *f*; Schranke *f*; *Freude, Bewunderung* **sans** ~**s** grenzenlos; Geduld; Nachsicht **qui n'a pas de** ~**s** ungemein groß; **avoir** ~**s** Grenzen haben; **ne plus connaître de** ~**s** keine Grenzen, Schranken mehr kennen; grenzen-, maßlos sein; **son avarice ne connaît pas de** ~**s** *auch* er ist maßlos geizig; **dépasser les** ~**s** zu weit gehen; *son ignorance* **dépasse les** ~**s** ... über'steigt alle Grenzen, ist grenzenlos; **dépasser les** ~**s de la décence** die Grenzen des Schicklichen über'schreiten; **cela dépasse toutes les** ~**s** das geht zu weit; **F das geht mir** *bzw* **ihm** *etc* über die Hutschnur; **4.** F (*kilomètre*) Kilo'meter *m*; **5.** *élect* (Anschluß)Klemme *f*; **6.** *math* Schranke *f*; Grenze *f*; **7.** Rundsofa *n*

borné [borne] *adj* engstirnig; (geistig) beschränkt; bor'niert; F kleinkariert; **c'est un esprit** ~ er ist engstirnig *etc*, er ist

---

kleiner Geist; **er hat e-n begrenzten Horizont**

borne-fontaine [born(ə)fōtɛn] *f* ‹*pl* **bornes-fontaines**› Straßenbrunnen *m* (*in Form e-s Grenzsteins*)

borner [borne] **I** *v/t* **1.** *Besitz, Feld durch* Grenzsteine, -zeichen mar'kieren, abgrenzen; **2.** begrenzen; die Grenze bilden (*qc von od zu etw*); **3.** ~ **à qc** auf etw (*acc*) beschränken; **II** *v/pr* **se** ~ **à qc** sich auf etw (*acc*) beschränken; **se** ~ **à faire qc** sich darauf beschränken, etw zu tun

bornoyer [bornwaje] ‹-oi-› **I** *v/t* *mit* Fluchtstäben, Pfählen e-e gerade Linie abstecken (**les arbres d'une allée** für die Alleebäume); **II** *v/i um zu prüfen, ob e-e Linie, Fläche gerade ist* (ein Auge zukneifen und) vi'sieren

borosilicaté [borosilikate] *adj* **verres** ~**s** Borosili'katgläser *n/pl*

borraginacées [boraʒinase] *f/pl bot* Bor(r)etsch-, Rauhblattgewächse *n/pl*

bort [bor(t)] *m* Bort *m*; Indu'striediamant *m*

bortsch [bortʃ] *m cuis* Borschtsch *m*

bosco [bosko] *m mar* Bootsmann *m*

bosel [bozɛl] *m arch cf* **tore** 1.

bosn|iaque [bosnjak] **I** *adj* bosnisch; **II** *m/pl* ‹~s Bosni'aken *m/pl*; Bosnier *m(f)*; **~ien** *adj* ‹~ne› *u subst cf* **bosniaque**

bosquet [boskɛ] *m* Wäldchen *n*; Baum-, Gehölzgruppe *f* (*in Renaissance- u Barockgärten auch* Bos'kett *n*

boss [bos] F *m* Boß *m*

bossage [bosaʒ] *m arch* Bosse *f*; **mur** *m* à ~**s** Bossen(mauer)werk *n*; Rustika *f*; Bäuerisch Werk *n*; **mur** *m* à ~ **rustiques** Bossenwerk mit roh behauenen Steinen; **mur** *m* à ~ **en pointes-de--diamant** Bossenwerk mit Diamantsteinen; Dia'mantmauerwerk *n*

bossa nova [bosanova] *f südamerikanischer Tanz* Bossa Nova *m*

bosse [bos] *f* **1.** *e-r Person* Buckel *m*; F Ast *m*; F *fig* **rouler sa** ~ weit her'umkommen; viel (her'um)reisen; **2.** *bei Personen, Gegenständen* Beule *f*; **se faire une** ~ **au front** sich an der Stirn e-e Beule holen; **an der Stirn e-e Beule bekommen**; **3.** *zo des Kamels, Dromedars* Höcker *m*; **4.** *des Bodens, e-r Straße, Skipiste* Buckel *m*; ~ **du terrain** Geländebuckel *m*; **5.** *anat* Höcker *m*; ~ **frontale, occipitale** Stirn-, 'Hinterhauptshöcker *m*; F *fig* **avoir** ~ **la** ~ **de qc** (besonders, ausgesprochen) begabt für etw sein; **e-e (besondere, ausgesprochene) Begabung, Gabe für etw haben; avoir la** ~ **du dessin, des mathématiques** *auch* zeichnerisch, mathematisch begabt sein; **6.** *ch de fer* Ablaufberg *m*; **7.** *mar* Stopper *m*; ~ **d'embarcation** Fangleine *f*; Festmacher *m*; **nœud** *m* **de** ~ Stopperknoten *m*, -stek *m*; **8.** *bildende Kunst* **a)** Fi'gur *f* (*als Zeichenmodell*); **b)** **en** ~ erhaben; **9.** *ch des Geweihs* Rosenstock *m*; **10.** *méd* ~ **séro-sanguine** Geburtsgeschwulst *f*

bossel|age [boslaʒ] *m bei Gegenständen aus Edelmetall* getriebene Arbeit; Treibarbeit *f*; ~**er** *v/t* ‹-ll-› **1.** zer-, vereinbeulen; **2.** *Edelmetall* treiben

bosser [bose] **I** *v/t mar* Tau, Kette (ab)stoppen; **II** *v/i* F ~ F schuften; **b)** *par ext* arbeiten; *südd* schaffen

boss|ette [bosɛt] *f* **1.** *am Gebiß des Zaumzeugs, an den Scheuklappen* erhabene Verzierung; **2.** kleiner (Zier)Nagel (*mit rundem Kopf*); ~**eur** *m*, ~**euse** *f* F Arbeitstier *n*; ~**oir** *m mar* Davit ['de:vit] *m*; ~ **d'ancre**, ~ **d'embarcation** Anker-, Bootsdavit *m*

bossu [bosy] **I** *adj* **1.** buck(e)lig; verwachsen; **2.** krumm; **être** ~ krumm sitzen, dastehen; e-n krummen Rücken ma-

---

chen; **II** *subst* ~(e) *m(f)* Bucklige(r) *f(m)*; F **rire comme un** ~ F sich krumm und schief lachen; sich e-n Ast, Buckel lachen

boston [bostō] *m Tanz* Boston *m*

bot [bo] *adj* ‹ *bote* [bot]› **path main** ~**e, pied** ~ Klumphand *f*, -fuß *m*

botan|ique [botanik] **I** *adj* bo'tanisch; pflanzenkundlich; Pflanzen...; **géographie** *f* ~ Pflanzengeographie *f*; **jardin** *m* ~ botanischer Garten; **II** *f* Bo'tanik *f*; Pflanzenkunde *f*; ~**iste** *m,f* Bo'taniker(in) *f(m)*

bothriocéphale [botrijɔsefal] *m zo* Fischbandwurm *m*

botswanais [botswanɛ] **I** *adj* botsu'anisch; bo'tswanisch; **II** *subst* ‹(e) *m(f)* Botsu'aner(in) *m(f)*; Bo'tswaner(in) *f(m)*

botte [bot] *f* **1.** Bund *n*; Gebund *n*; ~ **d'asperges, de radis** Bund Spargel, Radieschen; ~ **de foin, de paille** Bund, Bündel, Gebund Heu, Stroh; **Heu-, Strohbund** *n*, -bündel *n*; ~ **d'œillets** großer Strauß Nelken; **lier, mettre en** ~**s** bündeln; **2.** (Schaft)Stiefel *m*; ~**s de cavalier, d'équitation** Reitstiefel *m/pl*; ~**s d'égoutier** feste, weite Gummistiefel *m/pl* (*mit Profilsohle*); *fig* **la** ~ **d'Italie** der italienische Stiefel; ~**s en caoutchouc** Gummistiefel *m/pl*; *fig* **sous la** ~ **de ...** unter der Gewaltherrschaft (+*gén*); F *fig* **en avoir plein les** ~**s** F gehmüde sein; F *fig* **lécher les** ~**s à qn** *cf* **lécher** 3.; **mettre des** ~**s** Stiefel anziehen; **3.** ~ **de drapeau** Fahnenschuh *m*; **4.** *esc* Stoß *m*; **parader, porter une** ~ **e-n Stoß parieren, (aus)führen**

bottel|age [botlaʒ] *m von Karotten, Stroh etc* Bündeln *n*; *von Blumen* Binden *n zu e-m Strauß*; ~**er** *v/t* ‹-ll-› *Karotten, Stroh etc* bündeln; *Blumen* zu e-m Strauß binden; ~**euse** *f agr* Bindemaschine *f*; Binder *m*

botter [bote] *v/t* **1.** *adit Perrault* **Le Chat botté** Der gestiefelte Kater; **2.** F *fig* ~ **le derrière, les fesses, P le cul à qn** F j-m e-n Tritt in den Hintern, P Arsch geben, versetzen; j-m in den Hintern, P Arsch treten; **3.** F **ça me botte a)** das paßt mir (gut); **b)** das sagt mir zu, gefällt mir; **4. a)** *Fußball* schießen; ~ **un but** ins Tor schießen; **b)** *Rugby:* Ball treten

bottier [botje] *m* **1.** Schuhmacher (*der Schuhe und Stiefel nach Maß und teilweise in Handarbeit anfertigt*); **2.** *adit* **talon** *m* ~ halbhoher Absatz

bottillon [botijō] *m* Halbstiefel *m*; Stiefe'lette *f*; Kurzschaftstiefel *m*

bottin [botɛ̄] *m* Tele'fonbuch *n*; Fernsprechverzeichnis *n*

bottine [botin] *f früher* Damenhalbstiefel *m*; Stiefe'lette *f*; Bot'tine *f*; ~**s à boutons** Knöpfstiefel *m/pl*

botulisme [botylism(ə)] *m path* Botu'lismus *m*

boubou [bubu] *m* (*Art*) Tunika *f* (*der Schwarzen Afrikas*)

bouc [buk] *m* **1.** *zo* Ziegenbock *m*; *rel u fig* ~ **émissaire** Sündenbock *m*; **2.** Spitzbart *m*

boucage [bukaʒ] *m bot* Pimper'nell *m*; Pimpi'nelle *f*; Biber'nelle *f*

boucan [bukā] F *m* Krach *m*; Lärm *m*; F Ra'dau *m*; Spek'takel *m*; ~ **de tous les diables** F Höllen-, Heidenlärm *m*, -spektakel *m*; Mordskrach *m*, -radau *m*, -spektakel *m*; **faire du** ~ **a)** Krach, Radau *etc* machen; **b)** *fig* F Krach schlagen

boucan|er [bukane] *v/t* **1.** *Fleisch, Fisch* buka'nieren; räuchern; **2.** *fig* **Gesicht(shaut)** **boucané** wettergebräunt; ~**ier** *m hist* Bu'kanier *m*

boucaut [buko] *m Tabakverarbeitung etc* Faß *n*

bouchage [buʃaʒ] *m* **1.** *-s Lochs* Zumachen *n*; Zu-, Verstopfen *n*; *im Erdboden* Zuschütten *n*; *e-r Fuge* Ver-, Zuschmieren *n*; Abdichten *n*, -ung *f*; *e-s Gefäßes* (Ver)Schließen *n*; *e-r Flasche mit e-m Korken* Zu-, Verkorken *n*; Zupfropfen *n*; *mit e-m Stöpsel* Zu-, Verstöpseln *n*; *e-s Fasses* Verspunden *od* -spünden *n*; **2.** Verschluß *m*

bouchard|e [buʃard] *f des Steinmetzen* Kröneleisen *n*, -hammer *m*; **~er** *v/t Stein* kröneln

bouche [buʃ] *f* **1.** Mund *m*; *fig* fine ~ Feinschmecker *m*; F Leckermaul *n*, *von Kindern auch* -mäulchen *n*; **faire la fine** ~ sehr wählerisch sein; *die* Nase (über *etw* [*acc*]) rümpfen; **elle fait la fine** ~ *auch* ihr ist er, es *etc* nicht gut genug; *fig* ~ **inutile** unnützer Esser; **dépenses** *f/pl* **de** ~ Verpflegungsausgaben *f/pl*; **provisions** *f/pl* **de** ~ Provi'ant *m*; Mundvorrat *m*; ♦ *loc/adv*: **la** ~ **en cœur** scheinheilig; unschuldsvoll; unschuldsvoller Miene; *meist von e-r Frau* F **la** ~ **en cul de poule** mit verächtlich verkniffenem, verzogenem Mund; mit e-m verächtlichen Zug um die Mundwinkel; *de tels jurons dans la* ~ *d'une jeune fille!* ... *im Munde e-s jungen Mädchens!*; **être dans toutes les** ~**s** in aller Munde sein; **de** ~ **à oreille** von Mund zu Mund; *Nachricht* **circuler de** ~ **à oreille** von Mund zu Mund gehen, laufen; **(parler) par la** ~ **de qn** durch j-n (sprechen); *les sentiments de l'assemblée s'expriment par sa* ~ er bringt die Gefühle der Versammelten zum Ausdruck; er verleiht den Gefühlen ... Ausdruck; *la* **vérité parle par sa** ~ aus ihm spricht die Wahrheit; ♦ **avoir cinq** ~**s à nourrir** fünf hungrige Mäuler zu stopfen haben; **avoir la** ~ **pleine** *fig* **en avoir plein la** ~ immer wieder darauf zu sprechen kommen, damit *od* davon anfangen; *quand il parle de ses succès*, **il en a plein la** ~ ... dann kann er sich gar nicht genugtun, hört er gar nicht mehr auf; **avoir la** ~ **sèche** e-n trockenen Mund haben; **avoir qc à la** ~ ständig von etw reden, sprechen; *etw* (*ein Wort*) ständig im Munde führen; *quand on lui parle de X, il a l'injure à la* ~ ... kommt ihm ein Schimpfwort über die Lippen, fängt er gleich zu schimpfen an; **s'embrasser à pleine** ~, **à** ~ **que veux-tu** sich abküssen, F abknutschen; **garder qc pour la bonne** ~ *etw* (*das Beste*) bis zuletzt, für den Schluß aufheben, -sparen; **ne pas ouvrir la** ~ den Mund nicht auftun, -machen; kein Wort reden; **ne parle pas la** ~ **pleine!** sprich nicht mit vollem Mund!; **2.** (Nach)Geschmack *m*; **avoir la** ~ **mauvaise** e-n schlechten Geschmack im Mund haben; *Speise* **laisser la** ~ **amère** e-n bitteren Geschmack hinter'lassen; **3.** *von Pferden, Fröschen, Fischen* Maul *n*; *Pferd* **ne pas avoir de** ~ hartmäulig sein; **4.** Öffnung *f*; *e-s (Geschütz)Rohres* Mündung *f*; *e-s Vulkans* Schlund *m*; *mil* ~ **à feu** Geschütz *n*; Ka'none *f*; *e-r Warmluftheizung* ~ **d'air, de chaleur** (Warm-)Luftschacht *m*; ~ **d'eau, d'incendie** (Unter'flur)Hy'drant *m*; ~ **d'égout** Gully *m od n*; ~ **du four** Ofenloch *n*; ~ **de métro** U-Bahn-Eingang *m bzw* -Ausgang *m*; **5.** *e-s Flusses* ~**s** *pl* (*aus mehreren Mündungsarmen bestehende*) Mündung; ~**s du Nil** Nilmündung *f*; **6.** *mus der Orgel* **tuyau** *m* **à** ~ Labi'al-, Lippenpfeife *f*; **jeux** *m/pl* **à** ~ Labi'alstimmen *f/pl*

bouché [buʃe] *adj* **1.** *Gefäß, Behälter* ver-, geschlossen; *Flasche mit e-m Korken* verkorkt; zugekorkt; *Faß* verspun-

det *od* -spündet; *Loch* zugestopft; verstopft; **cidre** ~ *cf* cidre; **vin** ~ Flaschenwein *m*; **2.** *Rohr, Abfluß, Nase, Straße* verstopft; **avoir le nez** ~ e-e verstopfte Nase haben; *fig* **être** ~ *Beruf* keine Aussicht auf e-e Anstellung bieten; *Laufbahn auch* keine Berufsmöglichkeiten eröffnen; **3.** *Wetter* trüb(e); *Himmel* grau; bedeckt; verhangen; **le temps est** ~ es ist bedeckt, trüb(e); **4.** F *fig Person* **être** ~ dumm, beschränkt, F behämmert, bekloppt sein; **5.** *mus der Orgel* **tuyau** ~ gedackte, gedeckte Pfeife

bouche-à-bouche [buʃabuʃ] *m méd* Mund-zu-Mund-Beatmung *f*; Atemspende *f*

bouche-bouteilles [buʃbutɛj] *m* ⟨*inv*⟩ Flaschenverkorkungsmaschine *f*

bouchée [buʃe] *f* **1.** Bissen *m*; **une** ~ **de pain** ein Bissen Brot; *fig* **pour une** ~ **de pain** F für ein Butterbrot; für e-n Apfel und ein Ei; *beim Essen* **ne faire qu'une** ~ **de qc** etw hastig, gierig, auf einmal hin'unterschlingen, -schlucken; **il ne fit qu'une** ~ **de son dessert** *auch* er war mit s-m Nachtisch im Nu, Handumdrehen fertig (geworden); *fig* **ne faire qu'une** ~ **de qn** leicht, schnell mit j-m fertig werden; mit j-m kurzen Prozeß machen; *fig bei der Arbeit* **mettre les** ~**s doubles** sich beeilen; doppelt so schnell arbeiten; **2.** *cuis* ~ **à la reine** Königinpastete *f*; **3.** Pra'line *f*

bouchement [buʃmã] *m bât* **a)** *e-r Öffnung* Zu-, Vermauern *n*; **b)** *des Putzes* Ausbessern *n*

boucher[1] [buʃe] **I** *v/t* **1.** *Loch* zumachen; zu-, verstopfen; *im Erdboden* zuschütten; zumachen; *Fuge, Ritze* ver-, zuschmieren; abdichten; *Gefäß* (ver-) schließen; *Flasche mit e-m Korken* zu-, verkorken; zupfropfen; *mit e-m Stöpsel* zu-, verstöpseln; *Faß* verspunden *od* -spünden; *fig* ~ **un trou** ein Loch stopfen; **2.** *Durchgang, Ausfahrt, Straße* versperren; **bloc'kieren**; *fig Zukunft* verbauen; ~ **la vue à qn** j-m die (Aus)Sicht, den Blick versperren, nehmen; **II** *v/pr* **3.** **se** ~ **le nez** sich die Nase zuhalten; **se** ~ **les oreilles** sich die Ohren zuhalten, zustopfen; *fig* nicht(s) hören wollen; *fig* **se** ~ **les yeux** nicht(s) sehen wollen; die Augen verschließen (**devant** vor + *dat*); **2.** *Rohr, Abfluß* **se** ~ sich verstopfen

bouch|er[2] [buʃe] *m* **1.** Fleischer *m*; *nordd* Schlachter *m*; *südd* Metzger *m*; **2.** *fig von e-r blutrünstigen Person* Bluthund *m*; *von e-m ungeschickten Chirurgen* Metzger *m*; *von e-m ungeschickten Zahnarzt* Klempner *m*; **~ère** *f* Fleischers-, *nordd* Schlachter-, *südd* Metzgersfrau *f*

boucherie [buʃri] *f* **1.** Fleische'rei *f*; *nordd* Schlachte'rei *f*; *südd* Metze'lei *f*; Fleischer-, Schlachter-, Metzgerladen *m*; **animaux** *m/pl*, **viande** *f* **de** ~ Schlachtvieh *n*, -fleisch *n*; **2.** Fleischer-, Schlachter-, Metzgerhandwerk *n*; **3.** *fig* Gemetzel *n*; Metze'lei *f*; Schlächte'rei *f*; Blutbad *n*; **~-charcuterie** *f* ⟨*pl* boucheries-charcuteries⟩ Fleisch- und Wurstwarengeschäft *n*; Fleische'rei *f*

bouche-trou [buʃtru] *m* ⟨*pl* bouche--trous⟩ *Person* Lückenbüßer *m*; *Zeitungsartikel* Füller *m*; **servir de** ~ als Lückenbüßer dienen

bouchon [buʃɔ̃] *m* **1.** Verschluß(kappe) *m*(*f*); *e-r Flasche etc* Kork(en) *m*; Pfropfen *m*; Stopfen *m*; Stöpsel *m*; *auto des Benzintanks* (Tank)Deckel *m*; *e-r Tube* Schraubkappe *f*; ~ **de caoutchouc** Gummistopfen *m*, -stöpsel *m*, -pfropfen *m*; ~ **de carafe a)** Ka'raffenstöpsel *m*; **b)** F *fig* großer, protziger Dia'mant; ~ **de champagne** Sektkorken *m*; ~ **de**

liège (*echter*) Korken *m*; Korkpfropfen *m*; *auto* ~ **de radiateur** Kühlerverschluß *m*; ~ **de verre** Glasstöpsel *m*; *Wein* **avoir un goût de** ~, **sentir le** ~ nach (dem) Korken schmecken; F *fig* **c'est plus fort que de jouer au** ~! das ist doch nicht zu fassen, glauben!; das ist doch unglaublich, unerhört, F ein starkes Stück!; **2.** *par ext* Pfropf *m*; ~ **de cérumen** Ohr(schmalz)-, *sc* Cerumi'nalpfropf *m*; *in e-m Abfluß etc* ~ **de cheveux** Haarpfropf *m*; **3.** *fig* ~ (**de circulation**) (Verkehrs)Stau *m*, (-)Stauung *f*, (-)Verstopfung *f*; **un** ~ **de trois kilomètres s'est formé** *sur la Nationale 10* ... hat sich ein Stau von drei Kilometern gebildet; **4.** *rad* Sperrkreis *m*; **5.** *e-r Handgranate* ~ **allumeur** Zünder *m*; **6.** *mines* Einbruch *m*; ~ **canadien** Brennereinbruch *m*; **7.** *an der Angel* Schwimmer *m*; Flöße *f*; **8.** (Heu-, Stroh)Wisch *m*; ~ **de paille** Strohwisch *m*

bouchonn|age [buʃɔnaʒ] *m od* **~ement** *m e-s Pferdes* Abreiben *n* (mit e-m Strohwisch); **~er** *v/t Pferd* (mit e-m Strohwisch) abreiben

bouchonnier [buʃɔnje] *m* Korkenmacher *m*, -händler *m*, -fabrikant *m*

bouchot [buʃo] *m Muschelzucht* Muschelzaun *m*

bouclage [buklaʒ] *m* **1.** *e-s Gebietes, Stadtviertels durch Militär, Polizei* Abriegelung *f*; Um'zingelung *f*; Um'stellung *f*; **2.** *ch de fer* **voie** *f* **de** ~ Wendegleis *n*; Gleisschleife *f*

boucle [bukl(ə)] *f* **1.** *an e-m Riemen* Schnalle *f*; *am Gürtel*, *Schuh auch* Schließe *f*; ~ **de ceinture** Gürtelschnalle *f*; **soulier** *m* **à** ~ Schnallenschuh *m*; **2.** ~ **d'oreille** Ohrring *m*; **3.** ~ (**de cheveux**) (Haar)Locke *f*; Ringellocke *f*; **4.** *mit Band, Schnur gebunden* **a)** Schleife *f*; **b)** Schlinge *f*; *in e-r Tau Auge n; text* **velours** *m* **à** ~**s** *cf* (**velours**) **épinglé**; **faire une** ~ e-e Schleife binden, machen; *e-e* Schlinge machen; **5.** *e-s Flusses* Windung *f*; Schleife *f* (*auch e-s Gleises*); **6.** *bei Buchstaben in der Schreibschrift* Schleife *f*; Schlinge *f*; **7.** *sports* **a)** *bei Auto-, Motorradrennen* Rundstrecke *f*, -kurs *m*; **b)** *Pflichtfigur beim Eiskunstlauf* Schlinge *f*; **c)** *Kunstflug* Looping [ˈlu:-] *m*; **d)** ~ **à** ~ *cf* boucler **5.**; **8.** *mar zum Festmachen*, -zurren (Eisen)Ring *m*; **9.** *Kybernetik* Schleife *f*; ~ **de programme** Pro'grammschleife *f*; ~ **de régulation**, **d'asservissement** Regelkreis *m*

bouclé [bukle] *adj* **1.** *Haar* lockig; gelockt; **cheveux** ~**s** *auch* Lockenhaar *n*; **enfant** ~, **tête** ~**e** Lockenkopf *m*; **être** ~ gelockte, lockiges Haar haben; ein Lockenkopf sein; **2.** *zo* **raie** ~**e** Nagel-, Dornrochen *m*

boucler [bukle] **I** *v/t* **1.** *Gürtel, Riemen* zuschnallen; ~ **sa** (**ses**) **valise(s)**, **sa** (**ses**) **malle(s)** s-e, die Koffer packen; sich reisefertig machen; **2.** F *Laden, Restaurant, Tür* schließen; zumachen; *fig* **boucle-la!** halt den Mund, F die Klappe!; ~ **sa porte** s-e Tür zumachen, verschlossen halten; niemanden sehen wollen, empfangen (wollen); **3.** F *Person* einsperren, F -lochen; *in ein Zimmer, e-e Zelle* einschließen; *ce soir, il nous a* **bouclés** er hat uns für heute abend Ausgehverbot erteilt; **4.** *Haar* locken; zu (Ringel)Locken drehen; **5.** *Rundstrecke, -kurs* (durch')laufen, (-)fahren; ~ **la boucle a)** *beim Wandern etc* in e-m Bogen zum Ausgangspunkt zu'rückkehren; **b)** *fig bei Nachforschungen etc* wieder da anlangen, stehen, wo man

angefangen hat; wieder am Ausgangspunkt anlangen, stehen; **6.** *fig* ~ **son budget, son mois** mit s-n verfügbaren Mitteln, mit s-m Monatsgehalt auskommen, F über die Runden kommen, her'umkommen; **7.** *mil, Polizei: Stadtviertel* abriegeln; um'zingeln; um'stellen; **II** *v/i Haar* sich locken, ringeln; **III** *v/pr Person* F **se ~ dans sa chambre** sich in sein *od* in s-m Zimmer einschließen

bouclette [buklɛt] *f* **1.** (Ringel)Löckchen *n*; **2.** kleine Schlinge; **3.** *text* Bou'clé *n*; *adjt* **laine** *f* ~ Boucléwolle *f*

bouclier [buklije] *m* **1.** *hist* Schild *m*; ~ **rond,** ~ **de bronze, de cuir** Rund-, Bronze-, Lederschild *m*; *fig* **levée** *f* **de** ~**s** *cf* **levée 13.**; **faire un** ~ **de son corps à qn** j-n mit s-m Körper decken, schützen; **2.** *fig u st/s* Schutz(wall *m*, -wehr *f*m; **3.** *tech* Schild *m* (*auch beim Tunnelbau*); *mil an der Lafette* Schutzschild *m*; *e-s Kernreaktors* ~ **biologique** biologischer Schild; ~ **thermique** *Raumfahrt* Hitzeschild *m*; *e-s Kernreaktors* thermischer Schild; **4.** *zo bei Krebsen, Insekten* Schild *m od n*; **5.** *géol* ~ **canadien** Ka'nadischer Schild

bouddh|ique [budik] *adj rel* bud'dhistisch; ~**isme** *m rel* Bud'dhismus *m*; ~**iste** *rel* **I** *adj* bud'dhistisch; **II** *m,f* Bud'dhist(in) *m(f)*

bouder [bude] **I** *v/t* ~ **qn** mit j-m schmollen; j-m die kalte Schulter zeigen; j-m aus dem Weg gehen; j-n ablehnen; ~ **qc** etw meiden (*auch Ort*), ablehnen; e-r Sache (*dat*) fernbleiben (*auch e-m Ort*), aus dem Weg gehen; **II** *v/i* schmollen

bouderie [budri] *f* Schmollen *n*

boudeur [budœr] **I** *adj* <-**euse**> *Person, Miene* schmollend; **II** *subst* ~, **boudeuse** *m,f* j, der (oft) schmollt; **oh, la boudeuse!** ach, sie schmollt mal wieder!; **2. boudeuse** *f Sofa n, auf dem man Rücken an Rücken sitzt

boudi [budi] *int in Südfrankreich cf* (**bon** *bzw* **mon**) **Dieu 1.**

boudin [budɛ̃] *m* **1.** Blutwurst *f*; ~ **blanc** Weißwurst *f* (*aus Milch u Geflügelbrust*); F *fig* **s'en aller, tourner en eau de** ~ kläglich scheitern; ausgehen wie das Hornberger Schießen; F in die Binsen gehen; **2.** *bes Kinder* F **faire du** ~ schmollen; F im Schmollwinkel, in der Schmollecke sitzen; e-n Schmollmund machen; F *fig* ~**s** *pl* F Wurstfinger *m/pl*; **4.** F *fig von e-m Mädchen* F Pummel *m*; **5.** *tech* ressort *m* à ~ Schraubenfeder *f*; **6.** *ch de fer am Rad* Spurkranz *m*; **7.** *arch* Wulst *m od f*; **8.** *mar* Scheuerleiste *f*; **9.** **perruque** *f* à ~**s** Perücke *f* mit Korkenzieherlocken, *am Hinterkopf* mit röhrenförmigen Locken

boudinage [budinaʒ] *m* **1.** *text* Vorspinnen *n*; **2.** *tech* Strangpressen *n* (*auch bei der Seifenherstellung*); Extru'dieren *n*

boudiné [budine] *adj* **1.** *Person* **être** ~ **dans un vêtement** in ein Kleidungsstück eingezwängt sein; **2. doigts** ~**s** F Wurstfinger *m/pl*

boudin|er [budine] *v/t* **1.** *text* vorspinnen; **2.** *tech* strangpressen; extru'dieren; **3.** *zu enges Kleidungsstück* **ça** (**me**) **boudine** das zwängt mich so ein, daß sich richtige Wülste bilden; F das sitzt so eng wie e-e Wurstpelle; ~**euse** *f od* ~**oir** *m tech* (Schnecken)Strangpresse *f*; Ex'truder *m*

boudiou [budju] *int in Südfrankreich cf* (**bon** *bzw* **mon**) **Dieu 1.**

boudoir [budwar] *m* Bou'doir *n*

boue [bu] *f* **1.** Schlamm *m*; Schmutz *m*; Mo'rast *m*; F Dreck *m*; **tache** *f* **de** ~ Schmutzfleck *m*; *fig:* **couvrir qn de** ~ j-n mit Dreck bewerfen; **traîner qn, qc dans la** ~ j-n, etw in den Schmutz

Dreck ziehen, zerren; **2.** *géol* (Fluß-, Meeres)Schlamm *m*; ~ **glaciaire** Geschiebemergel *m*; ~ **minérale** Mine'ralschlamm *m*; *bei der Herstellung von Aluminiumoxid* ~**s rouges** Rotschlamm *m*; ~**s à diatomées, à radiolaires** Diato'meen-, Radio'larienschlamm *m*; **bain** *m* **de** ~(**s**) Schlamm-, *auch* Moorbad *n*; **pluie** *f* **de** ~ Schlammregen *m*; **volcan** *m* **de** ~ Schlammvulkan *m*, -sprudel *m*; **Salse** *f*

bouée [bwe] *f mar* Boje *f*; Tonne *f*; ~ **lumineuse** Leuchtboje *f*, -tonne *f*; ~ **à cloche, à sonnerie** Glockenboje *f*, -tonne *f*; **à sifflet, à cornet** Heulboje *f*, -tonne *f*; ~ **d'ancre** Ankerboje *f*; ~ **de sauvetage** a) Rettungsboje *f*, -ring *m*; b) *fig* (letzte) Rettung

boueux [buø, bwø] **I** *adj* <-**euse**> **1.** schmutzig; schlammig; mo'rastig; F dreckig; **2.** *impr Druck* unscharf; leicht verschwommen; unsauber; **II** *m* Arbeiter *m bei der Müllabfuhr*; F Müllmann *m*

bouffant [bufɑ̃] **I** *adj* bauschig; *Frisur, Haar* füllig; aufgebauscht; **manche** ~**e** *auch* dreiviertellanger Puffärmel; **pantalon** ~ Pluderhose *f*; ~ *m cout* Bausch *m*

bouffarde [bufard] F *f* (*Tabaks*)Pfeife *f*

bouffe[1] [buf] F *f Essen n*; P Fressen *n*; **à la** ~! auf geht's zum Essen!

bouffe[2] [buf] *adj mus* **opéra** *m* ~ Opera buffa *f*; heitere, komische Oper

bouffée [bufe] *f* **1.** *beim Rauchen, Einatmen* Zug *m*; **avaler de grandes** ~**s d'air** die Luft in tiefen Zügen einatmen; **tirer une longue** ~ **de sa pipe** e-n langen Zug aus s-r Pfeife tun; **2.** *beim Ausatmen* Hauch *m*; *beim Rauchen* ~**s de fumée** Rauchwolken *f/pl*; Qualm *m*; **il lui parvenait des** ~**s d'ail, de vin** nach Knoblauch, Wein riechender Atem stieg ihm in die Nase; **3.** Lufthauch *m*, -strom *m*, -zug *m*; Schwall *m*; Dunstwolke *f*; Schwaden *m*; ~ **d'air frais** Schwall frischer Luft; frischer Lufthauch, -zug; ~ **de froid** Schwall Kälte; kalter Lufthauch, -zug; ~ **de parfum** Duftwolke *f*; ~ **de vent** Windstoß *m*; *loc/adv* **par** ~**s** stoßweise; **il lui arrivait par** ~**s des odeurs de cuisine** die Küchengerüche schlugen ihm in Schwaden, Wellen entgegen; **4.** *méd* ~ **de chaleur** Hitzewallung *f*; fliegende Hitze; **5.** *fig* **une** ~ **d'orgueil,** *etc* e-e Anwandlung von Stolz *etc*; ... **fit monter une** ~ **de rage à son visage** ... verlieh s-m Gesicht e-n wütenden Ausdruck

bouffer[1] [bufe] *v/i Stoff, Kleidungsstück* sich bauschen; *Haar* bauschig, füllig (ab)stehen; **faire** ~ **ses cheveux** s-m Haar Fülle geben; sein Haar aufbauschen

bouffer[2] [bufe] F **I** *v/t* **1.** essen; P fressen; ~ **à la cantine** in der Kantine essen; **n'avoir rien à** ~ nichts zu essen, beißen, P fressen haben; ♦ *fig:* **j'ai envie de le** ~, **je le boufferais** F ich könnte ihn erwürgen, 'umbringen; ~ **du curé** F die Pfaffen gefressen haben; **2.** *fig Auto* ~ **trop d'essence** F zu viel Benzin fressen; *Autofahrer* ~ **du (des) kilomètre(s)** F Kilometer (*pl*) fressen; **II** *v/pr* **se** ~ **le nez** sich streiten, zanken; F sich, ein'ander in die Haare, Wolle geraten; sich in den Haaren liegen; in der Wolle haben

bouffetance [buftɑ̃s] F *f cf* **bouffe[1]**

bouffi [bufi] *adj Gesicht* (auf)gedunsen; aufgeschwemmt; *Augen vom Weinen* ge-, verschwollen; verquollen; *Person* ~ **de graisse** *cf* **graisse 1.**; *fig Person* ~ **d'orgueil** aufgeblasen; hochmütig; hochnäsig; *Augen, Gesicht* ~ **de sommeil** vom Schlafen verquollen

bouffir [bufir] **I** *v/t Gesicht* aufgedunsen werden lassen, machen; aufschwemmen; **II** *v/i Gesicht* aufgedunsen, aufgeschwemmt werden

bouffissure [bufisyr] *f des Gesichts* Aufgedunsenheit *f*; Aufgeschwemmtheit *f*; *der Augen* Verschwollen-, Verquollensein *n*

bouffon [bufɔ̃] **I** *adj* <~**ne**> derb-komisch; drollig; spaßig; ulkig; possenhaft; **II** *m* Possenreißer *m*; Spaßmacher *m*; F Clown [klaun] *m*; *hist* ~ (**du roi**) Hofnarr *m*

bouffonnerie [bufɔnri] *f* **1.** *e-r Szene, Geschichte* derbe Komik; Drolligkeit *f*; Spaßigkeit *f*; Possenhaftigkeit *f*; **2.** *meist pl* ~**s** derbe Späße *m/pl*; Ulk *m*; (Narrens)Possen *m/pl*; Clowne'rie [klau-] *f*

bougainvillée [bugɛ̃vile] *f bot* Bougain-'villea *f*

bouge [buʒ] *m* **1.** *üble Kneipe* Spe'lunke *f*; *übles Hotel* Absteige *f*; **2.** *mar* Balken-, Decksbauch *f*; **3.** *e-s Fasses* Bauch *m*

bougeoir [buʒwar] *m* (Kerzen)Leuchter *m* mit Griff

bougeotte [buʒɔt] *f nur loc* F **avoir la** ~ a) F kein Sitzfleisch haben; *Kind auch* ein Zappelphilipp sein; b) sehr reiselustig sein; F ein Reiseonkel, e-e Reisetante sein

bouger [buʒe] <-**geons**> **I** *v/t Körperglied* bewegen; rühren; regen; *Möbel* (ver)rücken; 'umstellen; **II** *v/i* **1.** *Person, Blatt* sich bewegen, rühren, regen; *beim Fotografieren, Zahn* wackeln; **sans** ~ **de sa chaise** ohne sich vom Stuhl zu erheben; F **je ne bouge pas de chez moi aujourd'hui** ich rühre mich heute nicht von zu Hause fort, weg; *par ext* **avoir besoin de** ~ Bewegung und Abwechslung brauchen; **2.** F **ne pas** ~ *Person* nichts unter'nehmen; F sich nicht rühren, regen; *Preise* gleich, fest, sta'bil bleiben; *Stoff* **ne pas** ~ **au lavage** sich beim Waschen nicht verändern; **3.** *politische, soziale Gruppe* in Bewegung geraten; ak'tiv werden; **ça bouge** es gärt; **III** *v/pr Person* **se** ~ a) sich bewegen, rühren, regen; b) *fig* sich rühren, regen; etwas unter'nehmen, tun

bougie [buʒi] *f* **1.** *Kerze* F: Licht *n*; **à la lumière d'une** ~, **de** ~ bei Kerzenlicht, -schein; **2.** *auto* ~ (**d'allumage**) Zündkerze *f*; **3.** *chir* Bou'gie *f*

bougna(t) [buɲa] *m* **1.** *in Paris (aus der Auvergne stammender)* Kohlenhändler; **2.** *Spitzname* Auver'gnate *m*

bougnoul(e) [buɲul] *m* F *péj cf* **bicot**

bougon [bugɔ̃] **I** *adj* <~**ne**> *Person, Ton* mürrisch; brummig; bärbeißig; *nur Person* F miesepetrig; *Gesicht* F mürrisch; griesgrämig; sauertöpfisch; **II** *m* Griesgram *m*; F Brummbär *m*, -bart *m*; Miesepeter *m*; **un vieux** ~ *auch* F ein alter Knurrhahn

bougonner [bugɔne] *v/i* murren; brummen; brummeln; knurren

bougran [bugrɑ̃] *m text* Bou'gram *od* Bou'gran *m*

bougre [bugr(ə)] F *m* **1.** F Kerl *m*; **un bon** ~ ein netter, guter, anständiger Kerl; **il n'est pas mauvais** ~ ist kein schlechter Kerl; **un pauvre** ~ ein armer Kerl, Teufel; **2.** *péj* **d'idiot, d'imbécile,** *etc* du Idiot, Dummkopf *etc*; **3.** *int erstaunt, bewundernd* ~! Donnerwetter!

bougrement [bugrəmɑ̃] *adv* F verdammt; verflixt; verteufelt; **c'est** ~ **bon** das ist verdammt, verteufelt gut

boui-boui [bwibwi] *m* <*pl* **bouis--bouis**> F mieses Lo'kal; miese Kneipe

bouif [bwif] F *m* (Flick)Schuster *m*

bouillabaisse [bujabɛs] *f cuis provenzalisches Fischgericht* Bouilla'baisse *f*

bouillant [bujã] *adj* **1.** *Wasser, Öl etc* kochend; siedend; *fig Person* être ~ de colère vor Zorn kochen; **2.** *Getränk* kochend, siedend heiß; brühheiß; **3.** *fig u st/s Person* ungestüm (*auch Mut, Leidenschaft etc*); hitzig; heftig; feurig; heißblütig

bouillasse [bujas] *f* F Dreck *m*; Pampe *f*

bouille [buj] F *f* Gesicht *n*; avoir une bonne ~ sympathisch, nett aussehen

bouilleur [bujœr] *m* **1.** (Branntwein-) Brenner *m*; ~ professionnel gewerblicher Eigenbrenner; ~ de cru Stoffbesitzer *m*; privater Eigenbrenner, der aus selbstgewonnenen Stoffen brennt; **2.** *e-s* Dampfkessels Siederohr *n*

bouilli [buji] *cuis* **I** *adj* gekocht; *Wasser, Milch auch* abgekocht; **II** *m* gekochtes Fleisch, *im engeren Sinn* Rindfleisch

bouillie [buji] *f* **1.** *cuis* (Mehl)Brei *m* (*auch fig von Schlamm etc*); ~ d'avoine Haferbrei *m*; en ~ a) zu Brei, Mus zerkocht, geworden b) F *fig* zu Brei, F Mus zerquetscht; F *fig* mettre en ~ F zu Brei schlagen; **2.** *vit, Obstbau* Spritzbrühe *f*; ~ bordelaise Bor'deauxbrühe *f*; Kupferkalkbrühe *f*; Borde'laiser Brühe *f*; ~ bourguignonne Bur'gunderbrühe *f*; Kupfersodabrühe *f*

bouillir [bujir] ⟨je bous, il bout, nous bouillons; je bouillais; je bouillis; je bouillirai; que je bouille; bouillant; bouilli⟩ I *v/t* F *Milch, Gemüse, Wäsche etc* kochen; *Milch, Wasser auch* abkochen; **II** *v/i Flüssigkeit, Fleisch, Gemüse, Wäsche, Topf* kochen (*auch fig*); *Flüssigkeit auch* sieden; du linge qui bout kochfeste Wäsche; *fig:* mon sang bout quand ... F ich koche, in mir kocht es, wenn ...; ~ de colère vor Zorn kochen; ~ d'impatience vor Ungeduld vergehen, brennen; ♦ faire ~ kochen; *Flüssigkeit auch* abkochen; *Spritze, Schnuller etc* auskochen; *fig* faire ~ qn F j-n rasend, wahnsinnig machen; j-n auf die Palme bringen

bouilloire [bujwar] *f* Wasser-, Teekessel *m*

bouillon [bujõ] *m* **1.** *cuis* Brühe *f*; ~ gras Fleischbrühe *f*; Bouil'lon *f*; fette Brühe; ~ maigre, de légumes magere Brühe; Gemüsebrühe *f*; ~ de poulet Hühnerbrühe *f*; F *iron* ~ de *od* d'onze heures Gifttrank *m*; **2.** F *fig Wasser n:* boire un *od* le ~ a) *beim Schwimmen* Wasser schlucken; b) *bei e-r Fehlspekulation etc* viel Geld verlieren, einbüßen; jeter qn au ~ j-n ins Wasser werfen, F schmeißen; **3.** ~ de culture a) *Bakterienzucht* Nährbrühe *f*, -flüssigkeit *f*, -lösung *f*; (Nähr)Bouillon *f*; b) *fig* Nährboden *m*; **4.** *beim Kochen e-r Flüssigkeit aufsteigende* Luftblase; loc/adv à gros ~s sprudelnd; brodelnd; bouillir à gros ~s sprudeln; brodeln; (auf)wallen; *Blut* couler, sortir à gros ~s nur so strömen, sprudeln, her'ausquellen; *Wunde* saigner à gros ~s heftig bluten; **5.** *im Zeitungs-, Zeitschriftenhandel* ~s *pl* Remit'tenden *f/pl*; F Krebse *m/pl*; **6.** *cout* sich bauschende (Kräusel)Falte; **7.** *tech* in Glas Blase *f*; Bläschen *n*

bouillon-blanc [bujõblã] *m* ⟨*pl* bouillons-blancs⟩ *bot* Kleinblütige Königskerze

bouillonn|ant [bujonã] *adj Wasser* sprudelnd; brodelnd; ~é *m cout Verzierung* beidseitig gekräuseltes Band; ~ement *m* **1.** *von kochendem Wasser* Sprudeln *n*; Brodeln *n*; (Auf)Wallen *n*; *e-r Quelle* Sprudeln *n*; **2.** *fig neuer Ideen* ungestümes Aufbrechen *n*

bouillonner [bujone] **I** *v/t cout* beidseitig gekräuselte Falten einlegen (une robe in ein Kleid); **II** *v/i* **1.** *kochendes*

Wasser sprudeln; brodeln; (auf)wallen; *Quelle* sprudeln; **2.** *fig* gären; brodeln; mille pensées bouillonnaient dans son esprit ... brodelten in ihm; **3.** *Zeitung, Zeitschrift* nicht verkauft worden sein; remit'tiert werden, als Remit'tende zu-'rückgehen müssen; *Zeitungs-, Zeitschriftenverlag* ~ à plus de vingt pour cent de son tirage mehr als zwanzig Prozent der Auflage nicht verkaufen; auf mehr als zwanzig Prozent der Auflage sitzenbleiben

bouillotte [bujɔt] *f* Wärm-, Bettflasche *f*

boulange [bulãʒ] F *f* Bäckerhandwerk *n*; Backgewerbe *n*; bois *m* de ~ zum Brotbacken geeignetes Brennholz; ~able *adj* farine *f* ~ Brotmehl *n*; zum Brotbacken geeignetes Mehl

boulang|er¹ [bulãʒe] *m*, ~ère *f* Bäcker *m*; Bäckersfrau *f*

boulanger² [bulãʒe] *v/t* ⟨-geons⟩ ~ (le pain) Brot backen

boulangerie [bulãʒri] *f* **1.** Bäcke'rei *f*; Bäckerladen *m*; **2.** Bäckerhandwerk *n*; Backgewerbe *n*; ~-pâtisserie *f* ⟨*pl* boulangeries-pâtisseries⟩ Bäcke'rei *f* und Kondito'rei *f*; Brot- und Feinbäckerei *f*

boulangisme [bulãʒism(ə)] *m hist* Boulan'gismus *m*

boulant [bulã] *adj u subst m zo* (pigeon *m*) ~ Kropftaube *f*; Kröpfer *m*; Bläser *m*

boule [bul] *f* **1.** Kugel *f*; *in Zssgn auch* Ball *m*; ~ puante Stinkbombe *f*; ~s Quies [kɥies] (*nom déposé*) Ohropax *n* (*Wz*); cuis ~ à thé Tee-Ei *n*; *arch* ~ d'amortissement Kugel (*als Verzierung auf e-r Balustrade, auf Pfeilern etc*); ~ de bois, d'ivoire Holz-, Elfenbeinkugel *f*; ~ de gomme Fruchtgummi *m*; *phm* (*Art*) Hustenpastille *f*; ~ de loto Lottokugel *f*; F *fig* avoir les yeux en ~s de loto F Kulleraugen haben; ~ de neige Schneeball *m*; *comm* vente *f* à la ~ de neige Schneeballsystem *n*; *fig* faire ~ de neige *Schulden etc* lawinenartig anwachsen; *Nachricht* sich wie ein Lauffeuer aus-, verbreiten; *Idee* sich ausbreiten; um sich greifen; ~s de pain a) Brotkugel *f*; b) *mil*, für Gemeinschaftsverpflegung Laib *m* Brot; *mar* ~ de signaux Si'gnalball *m*; ♦ en ~ kugelförmig; wie e-e Kugel; *Baum* taillé en ~ kugelförmig geschnitten; kugelig zugestutzt; se mettre en ~ a) sich zu e-r Kugel zu'sammenrollen; b) F *fig* in Harnisch geraten; F in die Luft gehen; F *fig* mettre qn en ~ j-n in Harnisch, F auf die Palme bringen; ♦ *fig* avoir une ~ dans la gorge e-n Kloß im Hals haben; **2.** jeu *m* de ~s Boule(spiel) *n od* f(n); jouer aux ~s Boule, *auch* Boccia ['bɔtʃa] spielen; **3.** F *fig* (tête) Kopf *m*; perdre la ~ nicht mehr ganz richtig im Kopf sein; F 'durchdrehen; spinnen; tondre à ~ à zéro den Kopf kahlscheren

bouleau [bulo] *m* ⟨*pl* ~x⟩ *bot* Birke *f*; ~ nain Zwergbirke *f*; ~ verruqueux Weißbirke *f*

boule-de-neige [buldənɛʒ] *f* ⟨*pl* boules-de-neige⟩ *bot* Gemeiner Schneeball

bouledogue [buldɔg] *m zo* Bulldogge *f*; Bullenbeißer *m*; *iron* aimable comme un ~ alles andere als freundlich

bouler [bule] *v/i* F envoyer ~ qn *cf* (envoyer) promener 4.

boulet [bulɛ] *m* **1.** *hist* ~ (de canon) Ka'nonen-, Geschützkugel *f*; F *fig* pas pour un ~ de canon um keinen Preis; um nichts in der Welt; *geworfener Gegenstand* arriver comme un ~ de canon mit ungeheurer Kraft angesaust kommen; ~s chaînés, ramés Ketten-, Stangenkugeln *f/pl*; ~ rouge glühende

Kugel; *fig* tirer sur *od* contre qn à ~s rouges j-n heftig, schonungslos angreifen; heftige Angriffe gegen j-n richten; j-n heftig aufs Korn nehmen; ~ de pierre Steinkugel *f*; **2.** *hist am Fuß von* (*Galeeren*)*Sträflingen* Eisenkugel *f*; *fig:* quel ~! das ist ein ganz schöner Klotz am Bein!; traîner un ~ e-n Klotz am Bein haben; **3.** ~s *pl* Eierbriketts *n/pl*, -kohle(n) *f(pl)*; **4.** *zo beim Pferd* Köten-, Fesselgelenk *n*; Köte *f*

bouleté [bulte] *adj Pferd* Kötenschüssigkeit aufweisend; mit e-m Stelzfuß

boulette [bulɛt] *f* **1.** Kügelchen *n*; ~ de pain, de papier Brot-, Pa'pierkügelchen *n*; **2.** cuis ~ (de viande) Fleischklößchen *n*, -bällchen *n*; Frika'delle *f*; **3.** F *fig* faire une ~ e-n Fehler, e-e Dummheit, F e-n Schnitzer machen; e-n Bock schießen

boulevard [bulvar] *m* breite (Ring-) Straße; Boule'vard *m*; *in Paris* les Grands 2s die großen Boulevards (*zwischen Place de la Madeleine u Place de la République*); früher ~ du Crime Bezeichnung für den Boulevard du Temple in Paris auf Grund der von den dort ansässigen Theatern gespielten schaurigen Rührstücke; *fig* cette pièce est tout à fait ~ du Crime das ist ein Stück in der Art der früheren schaurigen Rührstücke; acteur *m*, pièce *f*, théâtre *m* de ~ Boulevardschauspieler *m*, -stück *n*, -theater *n*

boulevardier [bulvardje] *adj* ⟨-ière⟩ im Stil, in der Art des Boule'vardtheaters, der Boule'vardstücke

bouleversant [bulvɛrsã] *adj Nachricht, Szene etc* erschütternd

bouleversement [bulvɛrsəmã] *m* **1.** *pol, écon etc, im Privatleben* 'Umwälzung *f*; grundlegende, tiefgreifende (Ver)Änderung *f*; ~s sociaux *auch* soziale 'Umschichtungen *f/pl*; **2.** *e-s* (*Zeit*)*Plans* Durchein'anderbringen *n*; **3.** *e-r Person* Erschütterung *f*; *des Gesichts* Verstörtheit *f*

bouleverser [bulvɛrse] *v/t* **1.** in Unordnung bringen; völlig durchein'anderbringen, *Papiere etc auch* -werfen; ~ les habitudes de qn j-n völlig aus der gewohnten Ordnung bringen; **2.** *Ereignis: j-s Leben* grundlegend, tiefgreifend, völlig verändern; *Garten* völlig 'umgestalten, F 'umkrempeln; neue Erkenntnisse ~ le traitement du cancer zu e-r Revoluti'on in der Krebsbehandlung führen; **3.** *Nachricht, Ereignis* ~ qn j-n erschüttern, bis ins Innerste aufwühlen; *oft adj:* être bouleversé *Person* erschüttert sein (par über +acc); *Gesicht* Erschütterung ausdrücken; verstört sein; d'une voix bouleversée mit tiefbewegter Stimme

boulier [bulje] *m* **1.** Rechenbrett *n*; **2.** *cf* bolier

boulimie [bulimi] *f path* Heißhunger *m*; Gefräßigkeit *f* (*auch fig*); *sc* Buli'mie *f*

boulin [bulɛ̃] *m bât* a) Rüst(balken)loch *n*; b) Rüstbalken *m*, -stange *f*, -baum *m*; Gerüstträger *m*

boulin|e [bulin] *f mar* Buleine *od* Buline *f*; naviguer à la ~ am *od* beim Wind segeln; ~ier *m mar* bon, mauvais ~ Segelschiff, das gut, schlecht am *od* beim Wind segelt

boul|isme [bulism(ə)] *m* Boulespielen *n*, -sport *m*; ~iste *m* Boulespieler *m*; *adj* club *m* ~ Bouleclub *m*

boulle [bul] *m* Boullemöbel *n*; *adj* commode *f* ~ Boullekommode *f*

boulodrome [bulodrom] *m* Bouleplatz *m*

boulon [bulõ] *m tech* Schraube(nbolzen) *f(m)* (mit Mutter)

boulonnage [bulonaʒ] *m* **1.** *tech* Verbolzen *n*; Ver-, Zu'sammen-, Auf-, An-, Festschrauben *n*; Bolzen-, Schraubenver-

bindung f; **2.** *mines* ～ du toit (Gebirgs-) Ankerausbau m

boulonnais [bulɔnɛ] adj **1.** (*u subst* ♀ Einwohner) von Boulogne-sur-Mer; **2.** *zo* cheval ～ Boulon'nais(e) m

boulonn|er [bulɔne] **I** v/t *tech* verbolzen; ver-, zu'sammenschrauben; aufschrauben (à auf +*acc*); anschrauben (à an +*acc*); festschrauben (à an +*dat*); **II** v/i F (*travailler*) arbeiten; p/*fort* F schuften; *für e-e Prüfung* F büffeln; **～erie** f **a)** Bolzen-, Schraubenfabrik f, **b)** -herstellung f, -industrie f; **～ier** m Bolzenpresser m

boulot[1] [bulo] **I** adj ⟨～te⟩ *meist von e-r Frau* klein und rund, drall, F pummelig; **II** f une petite ～te e-e kleine, runde *etc* Frau; F ein Pummel m

boulot[2] [bulo] m F **1.** Arbeit f; au ～! an die Arbeit!; aller au ～ zur Arbeit gehen; avoir un bon ～ e-n guten Arbeitsplatz, Job haben; chercher du ～ Arbeit suchen; c'est du ～ das ist gute Arbeit; **2.** adjt ⟨*inv*⟩ Person être ～ ～ nichts als die Arbeit kennen; nur an die Arbeit denken

boulotter [bulɔte] F v/t essen; P fressen

boum [bum] **I** int *bei dumpfem Fall, Knall* bum!; *bei dumpfem Fall auch* bums!; plumps!; faire ～ **a)** F bumsen; **b)** *enf* bauz, plumps machen; ça a fait ～ F es hat gebumst; **II** m **1.** Bums m; Plumps m; **2.** F Person être en plein ～ alle Hände voll zu tun haben

boumer [bume] v/i F ça boume? läuft alles gut?; alles in Ordnung?; F alles o.k. [o'ke:]?

boumerang cf boomerang

bounioul F *péj* cf bicot

bouquet [bukɛ] m **1.** (Blumen)Strauß m; Bu'kett n; ～ de la mariée, de roses Braut-, Rosenstrauß m; faire un ～ Strauß binden, machen; **2.** *cuis* ～ garni Peter'silie, Thymian und Lorbeerblätter (*zusammengebunden als Beigabe zum Kochen*); de persil Strauß m, Sträußchen n, Bund n Petersilie; **3.** ～ d'arbres, de châtaigniers Baum-, Ka'staniengruppe f; **4.** *vom Wein*(*brand*) Bu'kett n; Blume f; **5.** *krönender Abschluß e-s Feuerwerks* Bu'kett n; F *fig u iron* c'est le ～! ist doch der Gipfel (der Frechheit, Unverschämtheit *etc*)!; das ist doch die Höhe!; **6.** *vét* Schafräude f; **7.** *zo* (*e-e*) rosa Gar'nele

bouquetière [buktjɛr] f Blumenmädchen n

bouquetin [buktɛ̃] m *zo* Steinbock m

bouquin [bukɛ̃] m **1.** F (*livre*) Buch n; F Schmöker m; gros ～ *auch* F Schinken m; *fig* il n'est jamais sorti de ses ～s er hat immer nur über den Büchern gehockt; **2.** *e-r Pfeife, e-s Ochsenhorns* Mundstück n; *gewisser Zigaretten* Pappmundstück n; **3.** *ch* Rammler m

bouquin|er [bukine] v/i **1.** F schmökern; **2.** *ch* rammeln; **～iste** m f *in Paris am Seineufer* Bouqui'nist(in) *od* Buki'nist(in) m(f)

bourb|e [burb] f Mo'rast m; Schlamm m; **～eux** adj ⟨-euse⟩ mo'rastig; schlammig

bourbier [burbje] m **1.** Mo'rast-, Schlammloch n; Mo'rast m; **2.** *fig* schwierige, unangenehme, üble Lage; F Klemme f; se tirer du ～ sich aus e-r schwierigen *etc* Lage befreien; F sich aus der Klemme ziehen

bourbillon [burbijɔ̃] m *méd e-s Furunkels* Eiterpfropf m

bourbon [burbɔ̃] m Bourbon(whisky) ['bœrbən] m

bourbonien [burbɔnjɛ̃] adj ⟨～ne⟩ **1.** bour'bonisch; **2.** nez ～ höckerige Nase; Nase f mit Höcker auf dem Nasenrücken

Bourbons [burbɔ̃] m/pl *hist* Bour'bonen m/pl

bourdaine [burdɛn] f *bot* Faulbaum m; tisane f de ～ Tee m aus Faulbaumrinde

bourde [burd] F f (grober) Fehler, F Schnitzer; (große) Dummheit; grosse ～ grober, dicker Fehler; F dicker Hund; commettre une ～ e-n Fehler, e-e Dummheit machen, begehen; F e-n Schnitzer machen; e-n Bock schießen; lâcher une ～ etwas Dummes, Unangebrachtes sagen, F von sich geben, loslassen

bourdon [burdɔ̃] m **1.** *zo* Hummel f; faux ～ Drohne f; **2.** F avoir le ～ trübselig, depri'miert, niedergeschlagen, F down [daun] sein; trüben Gedanken nachhängen; **3.** *Stickerei* point en de ～ Plattstich m; **4.** große Glocke; **5.** *mus* Bor'dun m; Bour'don m; **6.** *impr* Leiche f; **7.** *früher* Pilgerstab m

bourdonnant [burdɔnɑ̃] adj **1.** *Insekt* summend; *bes Libellen, Mücken auch* schwirrend; vol ～ Schwirrflug m; **2.** avoir les oreilles ～es cf bourdonner **3.**; avoir la tête ～e ein Brausen, Sausen, Rauschen im Kopf haben

bourdonnement [burdɔnmɑ̃] m **1.** *von Insekten* Summen n; Gesumm n; *bes von Libellen, Mücken auch* Schwirren n; ～ d'abeilles Bienengesumm n; **2.** *e-s Motors, Flugzeugs, e-r Maschine* Brummen n; Gebrumm n; *e-r Maschine, e-s Ventilators* Summen n; Gesumm n; Surren n; Gesurr n; *e-s Ventilators auch* Schwirren n; **3.** *von vielen (fernen) Stimmen* (dumpfes, gedämpftes) Stimmengewirr; Gemurmel n; **4.** ～ d'oreilles Ohrensausen n, -brausen n; Rauschen n in den Ohren

bourdonner [burdɔne] v/i **1.** Insekten summen; *bes Libellen, Mücken* schwirren (autour de um); **2.** Motor, Flugzeug, Maschine brummen; Maschine, Ventilator summen; surren; Ventilator auch schwirren; *ferne Musik* dumpf tönen, dröhnen; **3.** avoir les oreilles qui bourdonnent Ohrensausen, -brausen, ein Rauschen in den Ohren haben; j'ai les oreilles qui bourdonnent *auch* es saust, braust, rauscht mir in den Ohren

bourg [bur] m Marktflecken m

bourgade [burgad] f kleiner Marktflecken

bourgeois [burʒwa] **I** adj **1.** bürgerlich; classe ～e Bürgerstand m, -tum n, -schicht f; cuisine ～e gutbürgerliche Küche; thé drame ～ bürgerliches Drama, Trauerspiel; maison ～e **a)** *arch* Bürgerhaus n; **b)** Bürgerhaus n, -familie f; (gut)bürgerliches Haus; (gut)bürgerliche Familie; milieu m/pl ～ bürgerliche Kreise m/pl; quartier ～ gutbürgerliches (Stadt-) Viertel; **2.** *im marxistischen Sinne* bürgerlich; bour'geois; parti ～, presse ～ bürgerliche Partei, Presse; **3.** *péj* (spieß-, klein)bürgerlich; spießig; bour'geois; morale ～e (spieß-, klein)bürgerliche Moral; **II** subst **1.** ～(e) m(f) *hist*, dem Bürgertum angehörend Bürger(in) m(f); *früher auch* Bürgersmann m; Bürger(s)frau f; grands ～ Groß-, Besitzbürger m/pl; petits ～ Kleinbürger m/pl; Mittelständer m/pl; **2.** m *péj* Spieß-, Kleinbürger m; Spießer m; Bour'geois m; épater le ～ den Spießer verblüffen, vor den Kopf stoßen; **3.** F ～e f (Ehe)Frau f; F Ehegespons n

bourgeoisement [burʒwazmɑ̃] adv **1.** (gut)bürgerlich; **2.** *jur* habiter, occuper ～ un local e-n Raum, e-e Räumlichkeit nicht gewerblich nützen

bourgeoisie [burʒwazi] f Bürgertum n, -stand m (*auch hist*); *im marxistischen Sinne* Bourgeoi'sie f; grande, 'haute ～ Groß-, Besitzbürgertum n; Groß-, Indu'striebourgeoisie f; moyenne ～ etwa

gehobener Mittelstand; Intelli'genz f; Bildungsbürgertum n; petite ～ *etwa* Mittelstand m; Kleinbürgertum n

bourgeon [burʒɔ̃] m **1.** *bot* Knospe f; Auge n; ～ à bois, à feuilles Blattknospe f; ～ à fleurs, à fruits Blütenstands-, Tragknospe f; Fruchtauge n; **2.** *Histologie* ～ charnu, conjonctif Fleischwärzchen n; *sc* Granulati'on f; *pl auch* wildes Fleisch; *auf der Zunge* ～ gustatif Geschmacksknospe f; **3.** *zo bei der Knospung* Knospe f

bourgeonn|ement [burʒɔnmɑ̃] m **1.** *bot* Knospen n, -ung f; Knospentreiben n; Ausschlagen n; **2.** *zo* Sprossung f; Knospung f; **3.** *Histologie* Bildung f von Fleischwärzchen, Granulati'onen, wildem Fleisch; **～er** v/i **1.** Knospen treiben; knospen; ausschlagen; **2.** *Gesicht, Nase* Pickel bekommen; son visage bourgeonnait *auch* er bzw sie bekam im Gesicht lauter Pickel

bourgmestre [burgmɛstr(ə)] m *in Deutschland, Holland, Belgien, in der Schweiz* Bürgermeister m

bourgogne [burgɔɲ] m Bur'gunder (-wein) m

bourguign|on [burgiɲɔ̃] adj ⟨～ne⟩ bur'gundisch; *cuis*: bœuf ～ Rindsgulasch n mit Rotwein; Bur'gunderfleisch n; fondue ～ne Fleischfondue f *od* n; **II** subst ♀(ne) m(f) Bur'gunder(in) m(f); **～otte** f *hist* Sturmhaube f

bourlingu|er [burlɛ̃ge] v/i **1.** viel und auf abenteuerliche Weise (her'um-) reisen; ein unstetes, abenteuerliches Leben führen; **2.** *mar* Schiff gegen Wind und Wellen ankämpfen; **～eur** adj u subst m il avait été dans sa jeunesse grand ～ er hatte in s-r Jugend ein unstetes, abenteuerliches Leben geführt

bourrache [buraʃ] f *bot* ～ (officinale) Bor'(r)etsch m; Gurkenkraut n

bourrade [burad] f zur Begrüßung, Aufmunterung Klaps m (dans le dos auf den Rücken); mit der Faust, dem Ellenbogen (leichter) Puff m (in den Rücken); Rippenstoß m

bourrage [buraʒ] m **1.** *e-s Kissens, e-r Matratze* Füllen n; Füllung f (*auch das Material*); **2.** F *fig* ～ de crâne **a)** *pol* propagan'distische, ideo'logische Bearbeitung; üble po'litische Indoktri'nierung; *auch* bewußte Irreführung; **b)** *auf der Schule, Universität* 'Vollstopfen n, -pfropfen n, Über'fütterung f mit reinem Faktenwissen; **3.** *ch* de fer (Unter)Stopfen n; **4.** *mines* von Sprenglöchern Besatz m; Verdämmen n

bourrasque [burask] f jäher, heftiger Windstoß m; (Wind)Bö(e) f; ～ de neige, de pluie Schnee-, Regenbö(e) f

bourratif [buratif] adj ⟨-ive⟩ Speise sehr sättigend, mächtig; être ～ *auch* stopfen

bourre [bur] f **1.** *text* Spinne'reiabgänge m/pl, -abfälle m/pl; Faserabfälle m/pl; ～ de laine, lanice Wollabgänge m/pl; ～ de soie Flockseide f; **2.** *e-s Kissens, e-r Matratze* Füllung f; Füllstoff m; **3.** *Gerberei* (abgeschabtes) Tierhaar f; **4.** *bot auf Knospen, Blättern, Früchten* Flaum m; **5.** *in Jagdpatronen, zum Laden alter Vorderlader* Pfropfen m; *in Sprenglöchern* Besatzpfropfen m; **6.** Person F être à la ～ spät dran sein; sich verspäten

bourré [bure] adj **1.** Raum, Verkehrsmittel, Koffer gestopft voll; F stoppe-, proppen-, knack-, knallvoll; Raum, Verkehrsmittel auch gesteckt, F gerammelt voll; ～ de vollgestopft, -gepfropft, gespickt mit; Brieftasche ～ de billets mit Banknoten vollgestopft, gespickt; Text ～ de fautes mit Fehlern gespickt; Person F ～ de fric stein-, F stinkreich;

Person être ~ de complexes voller Komplexe sein, stecken; **2.** F *Person (ivre)* F voll; blau

bourreau [buro] *m* ⟨*pl* ~x⟩ **1.** Henker *m*; Scharfrichter *m*; **2.** *fig* Peiniger *m*; *plais* ~ des cœurs F Herzensbrecher *m*; ~ d'enfant j. der ein Kind miß'handelt, quält; *p/fort* Kindermörder(in) *m(f)*; *plais* ~ d'enfant! F Rabenmutter, -vater!; F ~ de travail Arbeitstier *n*

bourrée [bure] *f mus.* Tanz Bour'rée *f*

bourrelé [burle] *adj nur loc* ~ de remords von Gewissensbissen geplagt, gepeinigt

bourrelet [burlɛ] *m* **1.** Wulst *m od f (auch Heraldik)*; ~ de graisse Fettwulst *m*, -polster *n*; *auch* Speckfalte *f*; **2.** *zum Abdichten von Türen, Fenstern* Dichtungsband *n*, -streifen *m*; **3.** *mar* Fender *m*; **4.** *des Pferdehufs* oberer, wulstiger Rand

bourrelier [burəlje] *m* Sattler *m*; Geschirrmacher *m*

bourrellerie [burɛlri] *f* Sattlerhandwerk *n*; Sattle'rei *f*

bourrer [bure] **I** *v/t* **1.** *Tasche, Schrank etc* 'vollstopfen, -pfropfen; *fig* ~ qn de coups j-n tüchtig verprügeln, F verdreschen; ~ qn de gâteaux j-n mit Kuchen vollstopfen, über'füttern; *fig Schüler* ~ de mathématiques mit Mathematik vollstopfen, -pfropfen, über'füttern; ~ qn de nourriture j-n mit Essen vollstopfen; j-n über'füttern; **2.** *Pfeife* stopfen; *Kissen, Matratze* füllen; *ch de fer Bettung* stopfen; *Schwellen* unter'stopfen; ~ le crâne de qn *fig u pol* j-n propagandistisch, ideologisch bearbeiten; j-n indoktri'nieren; *auch* j-n bewußt irreführen; *auf der Schule, Universität* j-n mit reinem Faktenwissen 'vollstopfen, -pfropfen, über'füttern; *früher bei Vorderladern* ~ le fusil den Pfropfen in das Gewehr einstoßen; **II** *v/i* **3.** *Speise* sehr sättigend, mächtig sein, stopfen; **4.** *mines* das Sprengloch *bzw* die Sprenglöcher besetzen, verdämmen; **III** *v/pr se* ~ de qc sich mit etw 'vollstopfen; F sich den Bauch mit etw 'vollschlagen; se ~ de nourriture F sich 'vollessen, -fressen

bourrette [burɛt] *f text* **a)** Flockseide *f*; **b)** Bour'rette *f*; Seidenwerg *n*; Stumba *f*; fil *m* de ~ Bourrettegarn *n*; **c)** *Stoff* Bou'rette *f*

bourreuse [burøz] *f ch de fer* Gleisstopfmaschine *f*

bourriche [buriʃ] *f* **1.** (länglicher) Korb (ohne Henkel); une ~ d'huîtres ein Korb Austern; **2.** *Angeln* Setzkescher *m*

bourrichon [buriʃõ] *m* F monter le ~ à qn j-n aufhetzen; F se monter le ~ **a)** sich Illusi'onen machen; sich etwas einbilden, vormachen; **b)** sich in die Sache hin'einsteigern

bourricot [buriko] *m* (kleiner) Esel; Eselchen *n*; *fig* chargé comme un ~ beladen wie ein Packesel

bourrin [burɛ̃] *m* F Gaul *m*

bourrique [burik] *f* **1. a)** Esel *m*; **b)** Eselin *f*; Eselstute *f*; *Person:* têtu comme une ~ störrisch wie ein Esel; F rond, plein comme une ~ F sternhagel'voll, -blau, -besoffen; voll wie e-e Strandhaubitze; **2.** F *fig Person* Dummkopf *m*; F Esel *m*; faire tourner qn en ~ F j-n wahnsinnig, verrückt machen

bourriquet [burikɛ] *m tech* Winde *f*; *mines* Förderhaspel *f*

bourroir [burwar] *m Werkzeug* Stopfer *m*; *ch de fer* Stopfhacke *f*

bourru [bury] *adj* **1.** *Person* bärbeißig; barsch; schroff; unwirsch; F rauhbeinig; *Miene, Gesicht* grimmig; sous des dehors ~s ... unter e-r rauhen Schale ..; **2.** lait ~ frischgemolkene, kuhwarme

Milch; **3.** vin ~ Federweiße(r) *m*; **4.** *text Faden, Garn* ungleichmäßig

bourse [burs] *f* **1.** Geldbeutel *m*, (-)Börse *f*; F Säckel *m*; *in Wendungen auch* Kasse *f*; Geld *n*; la ~ ou la vie! Geld (her) oder (es kostet das) Leben!; *loc/adv* sans ~ délier ohne e-n Pfennig auszugeben; ohne etwas, e-n Pfennig zu bezahlen; il a la ~ *od* sa ~ est bien (peu) garnie er hat e-n vollen, dicken (schmalen) Geldbeutel; er ist gut (knapp, schlecht) bei Kasse; faire ~ commune à part gemeinsame, getrennte Kasse führen; F machen; ouvrir sa ~ à qn j-m mit Geld aushelfen; **2.** ~ (d'études) Sti'pendium *n*; *auch* Studien-, Ausbildungsbeihilfe *f*; ~ de recherches, de voyage Forschungs-, Reisestipendium *n*; **3.** *anat* **a)** ~ séreuse, synoviale Schleimbeutel *m*; **b)** ~s *pl* Hodensack *m*; **4.** *ch für die Kaninchenjagd mit Frettchen* Ka'ninchengarn *n*; **5.** *Fischfang* Netzsack *m*; **6.** *früher* Haarbeutel *m*

Bourse [burs] *f* **1.** Börse(ngebäude) *f(n)*; ~ immobilière Grundstücksbörse *f*; ~ aux timbres Briefmarkenbörse *f*; ~ de commerce, de marchandises Waren-, Pro'duktenbörse *f*; ~ d'échange de logement *etwa* Vermittlungsstelle *f* für Wohnungstausch; ~ de(s) valeurs Wertpapier-, Ef'fekten-, Fondsbörse *f*; cours *m* de ~ Börsenkurs *m*, -preis *m*; jouer à la ~ (an der Börse) spekulieren; **2.** *coll* (Börsen)Kurse *m/pl*; la ~ a baissé, monté die (Börsen)Kurse sind gefallen, gestiegen; **3.** ~ du travail Gewerkschaftshaus *n*

bourse-à-pasteur [bursapastœr] *f* ⟨*pl* bourses-à-pasteur⟩ *bot* Hirtentäschel (-kraut) *n*

boursicot|age [bursikɔtaʒ] *m* kleine Börsengeschäfte *n/pl*; ~er *v/i* kleine Börsengeschäfte machen; ein bißchen an der Börse speku'lieren; ~eur *m*, ~euse *f od* ~ier *m*, ~ière *f* kleiner Börsenspekulant; kleiner Börsenspekulantin; kleiner Jobber

boursier [bursje] **I** *adj* ⟨-ière⟩ **1.** Börsen...; *opération, transaction* boursière Börsengeschäft *n*; *place* boursière Börsenplatz *m*; **2.** *élève, étudiant* ~ *od* II 1.; **II** *subst* **1.** ~ boursière *m.f* Stipendi'at(in) *m(f)*; Empfänger(in) *m(f)* e-r Ausbildungs-, Studienbeihilfe; **2.** *m* Börsenmakler *m*; F Börsi'aner *m*

boursoufl|é [bursufle] *adj* **1.** *Gesicht* (an-, auf)geschwollen; **2.** *Anstrich* blasig; **3.** *fig Stil, Rede* schwülstig; bom'bastisch; geschwollen; hochtrabend; ~er *v/t* **1.** *Gesicht, Haut (stellenweise)* anschwellen lassen; **2.** *bot Krankheit* ~ les feuilles die Blätter blasig werden lassen; ~ure *f* **1.** *im Gesicht* Schwellung *f*; geschwollene Stelle; **2.** *in e-m Anstrich* Blase *f*; **3.** *fig des Stils, e-r Rede* Schwulst *m*; Schwülstigkeit *f*; Bom'bast *m*; Geschwollenheit *f*

bousculade [buskylad] *f* **1.** *in e-r Menschenmenge* Gedränge *n*; F Dränge'lei *f*; Gestoße *n*; Geschubse *n*; **2.** Durcheinander *n*; Eile *f*; Hast *f*; dans la ~ du départ im Durcheinander, in der Eile, Hast des Aufbruchs

bousculer [buskyle] **I** *v/t* **1.** *Person* (an)stoßen; F schubsen; *auch* 'um-, wegstoßen; bei'seite, zur Seite stoßen; *Gegenstand* anstoßen (qc an etw [*acc*]); 'umstoßen, -werfen; F ne bouscule pas le pot de fleurs! mäßige dich in deinen Worten!; sei nicht so dreist, frech!; nimm dir nicht zu viel heraus!; **2.** *Person* hetzen; drängen; antreiben; être très bousculé viel um die Ohren, viel zu tun haben; sehr beschäftigt sein; **3.** *Person* hart, streng anfassen; **4.** *fig*

überkommene Vorstellungen ins Wanken bringen; erschüttern; in Zweifel ziehen; in Frage stellen; *Grammatik. Regeln* sich hin'wegsetzen über (+*acc*); miß'achten; ~ les habitudes de qn j-n aus der gewohnten Ordnung bringen; **II** *v/pr se* ~ **5.** *Personen* sich drängen, stoßen, F schubsen, drängeln; **6.** *fig Gedanken* se ~ dans la tête de qn j-m im Kopf her'umschwirren

bous|e [buz] *f* ~ (de vache) Kuhfladen *m*; ~eux *m* F *péj* Kuh-, Mistbauer *m*; ~ier *m zo* Mistkäfer *m*

bousillage [buzijaʒ] F *m* **1.** *e-s Mechanismus* Ka'puttmachen F; **2.** stümperhafte, schludrige, F schlampige Arbeit; Stümpe'rei *f*; Schluder-, Pfuscharbeit *f*; Pfusch *m*; **3.** *e-r Person* Kaltmachen *m*; Abmurksen *n*; *e-r Truppe* Hinschlachten *n*

bousill|er [buzije] F *v/t* **1.** *Mechanismus, Motor, Auto etc* ka'puttmachen; **2.** *Arbeit* stümperhaft, schludrig, F schlampig machen; hinschludern, -pfuschen; (*hergestellten, reparierten) Gegenstand, fig Laufbahn* F verpfuschen, -sauen, -hunzen; *travail bousillé cf bousillage* 2.; **3.** *Person* F kaltmachen; abmurksen; *Truppe* hinschlachten; se faire ~ F draufgehen; verrecken; *Truppe* F verheizt werden; ~eur F *m*, ~euse F *f* Stümper(in) *m(f)*; Pfuscher(in) *m(f)*

bousin [buzɛ̃] *m* **1.** schlechter Torf; **2.** *auf Hausteinen* weiche, bröck(e)lige Kruste

boussole [busɔl] *f* (Ma'gnet)Kompaß *m*; ~ 'sèche *f* (*auch* elektromagnetisches Meßinstrument) ~ de déclinaison Deklina'torium *n*; Dekli'nator *m*; ~ d'inclinaison Inklina'torium *n*; ~ de poche Taschenkompaß *m*; ~ des tangentes Tan'gentenbussole *f*; F *fig* perdre la ~ den Kopf verlieren

boustifaille [bustifaj] F *f* Fressen *n*

bout [bu] *m* **1.** räumlich Ende *n*; Spitze *f*; *e-r Zigarre, Zigarette* Mundstück *n*, -ende *n*; ♦ le bon ~ das richtige Ende; *fig:* prendre une question par le bon ~ ein Problem richtig anpacken; tenir le bon ~ es bald, fast geschafft haben; ♦ ~ du doigt Fingerspitze *f*; du ~ des doigts mit den Fingerspitzen; prendre qc du ~ des doigts etw mit spitzen Fingern anfassen; *fig:* avoir de l'esprit jusqu'au ~ des doigts, des ongles höchst, äußerst geistreich, -voll sein; vor Geist sprühen; être qc jusqu'au ~ des doigts, des ongles durch und durch etw (*z B Soldat, Künstler*) sein; etw vom Scheitel bis zur Sohle sein; connaître qc sur le ~ des doigts F etw in- und auswendig kennen; savoir qc sur le ~ des doigts F etw im Schlaf, aus dem Eff'eff können, beherrschen; ~ de la langue Zungenspitze *f*; avoir un mot sur le ~ de la langue ein Wort auf der Zunge haben; j'ai le mot sur le ~ de la langue *auch* das Wort schwebt, liegt mir auf der Zunge; *fig:* le ~ du monde F das Ende der Welt; *si elle a vingt ans* c'est (tout) le ~ du monde ... so ist das schon hoch gerechnet, viel; ... das ist das allerhöchste; ce n'est pas le ~ du monde F das ist doch nicht die Welt; *beim Einkauf* F das kostet nicht die Welt; habiter au ~ du monde F am Ende der Welt wohnen; ~ du nez Nasenspitze *f*; se laver seulement le ~ du nez Katzenwäsche machen; *fig* mener qn par le ~ du nez j-n her'umkommandieren, gängeln, nach s-r Pfeife tanzen lassen; montrer le ~ du nez a) den Kopf zur Tür her'einstecken; b) *fig* die Katze aus dem Sack lassen; *fig:* ne pas voir plus loin que le ~ de son nez F

nicht weiter sehen als s-e Nase (reicht);
nicht über die eigene Nase hin'aussehen;
**il ne voit pas plus loin que le ~ de
son nez** *auch* F sein (geistiger) Horizont
geht nicht über die eigene Nase hin'aus;
~ de l'oreille Ohrläppchen *n*; *fig*
montrer le ~ de l'oreille die wahren
Absichten verraten; die Katze aus dem
Sack lassen; **~ du pied** Fußspitze *f*; **~ du
sein** Brustwarze *f*; **~ de la table**
Tischende *n*; ◆ *loc/adj* **Schere à ~s
ronds** vorn stumpf; mit abgerundeten
Spitzen; *loc/adv*: **~ à ~** [butabu] (*mit den
Enden*) anein'ander-, inein'ander-, zu'sammen-
fügen; **mettre ~ à ~** a) anein'anderlegen,
-fügen, -reihen; b) *fig* **Stunden, Kilometer**
zu'sammenrechnen, -zählen; *tirer* **à ~**
portant aus allernächster Nähe; *tenir,*
soulever **à ~ de bras** mit ausgestreckten
Armen; **à tout ~ de champ** alle Augen-
blicke, F nase(n)lang; *loc/prép* **au ~ de** am
Ende (+*gén*); *cf auch* **2.**; **au ~ de
son canon, de son fusil** in der Schuß-
linie; im Vi'sier; **au ~ du compte**
schließlich; letztlich; letzten Endes; alles
in allem; genaugenommen; **~ de sa vie**
am Ende s-s Lebens; **de ~ en ~, d'un ~ à
l'autre** von Anfang bis Ende; von A bis Z;
lire un livre d'un ~ à l'autre *auch* ein
Buch ganz 'durchlesen; **d'un ~ à l'autre
du voyage** während der ganzen Reise;
die ganze Reise über; **du ~ des lèvres**
gezwungen, wider'strebend; mit 'Wider-
willen; 'widerwillig; ◆ *fig* **aller jusqu'au
~** nicht aufgeben; nicht auf halbem Wege
stehenbleiben; **aller jusqu'au ~ de qc**
etw konsequent 'durchführen, -setzen;
commencer par un ~ erst einmal irgend-
wo anfangen; **être à ~** am Ende, zu Ende,
erschöpft sein; *Person* am Ende (s-r Kräf-
te), erschöpft, F vollkommen fertig, fix
und fertig sein; **être à ~** de qc mit etw am
Ende sein; **être à ~ d'arguments** keine
Argumente mehr, sein Pulver verschossen
haben; **je suis à ~ de patience** *cf*
patience 1.; **il est à ~ de ses ressources**
s-e finanziellen Mittel sind erschöpft,
aufgezehrt; **être à ~ de souffle** a) außer
Atem sein; b) *fig* nicht mehr können;
joindre les deux ~s mit s-m Geld gerade
so aus-, 'durch-, hinkommen, F über die
Runden kommen; **pousser qn à ~** a) j-n
auf-, hochbringen, F auf die Palme brin-
gen; b) j-n zum äußersten treiben; **ne
pas savoir par quel ~ prendre qn** nicht
(so recht) wissen, wie man j-n behandeln,
anfassen, wie man mit j-m 'umgehen soll;
ne pas savoir par quel ~ prendre qc
nicht wissen, wie man e-e Sache anpak-
ken, anfassen, angehen soll; **venir à ~ de
qn, qc** mit j-m, e-r Sache fertig werden;
etw fertigbringen, zu'wege, zu'stande bringen;
mit etw zu Rande kommen; etw schaffen;
bes Schwierigkeiten meistern; e-r Sache
(*gén*) Herr werden; *Plan* verwirklichen; in
die Tat 'umsetzen; *bei e-r Arbeit* **ne pas en
voir le ~** kein Ende (ab)sehen; nicht damit
zu Ende kommen, fertig werden; **voir les
choses par le petit ~ de la lorgnette** *cf*
lorgnette; **2.** *zeitlich* Ende *n*; *égl cath*
(**messe** *f*, **service** *m* **du**) ~ de l'an
Jahrtagsmesse *f*; *loc/prép* **au ~ de** nach
(+*dat*); nach Ablauf von (*od* +*gén*); **au ~
d'une année** nach e-m Jahr; nach
Jahresfrist; nach Ablauf e-s Jahres; **3.** *von*
e-m Ganzen Stück(chen) *n*; F Ende *n*; ◆ **un
~ de bois, de pain, de papier**, ~ **de bougie** Licht-,
Kerzenstumpf *m*; **un ~ de chemin** ein
Stück(chen) Weg; **il y a un bon ~ (de
chemin) d'ici là** es ist ein ganz schönes
Stück, F ein ganzes, gutes Ende bis
dorthin; **faire un ~ de chemin ensem-
ble** ein Stück(chen) (Weges) zusammen

gehen; F *fig* **un (petit) ~ de chou** ein
(kleines) Bübchen *bzw* Mädelchen; *kleiner
Junge auch* ein Drei'käsehoch *m*; *cin* ~
d'essai Probeaufnahme *f*; **un petit ~ de
femme** ein kleines Per'sönchen (*auch von
e-m kleinen Mädchen*); **un ~ de ficelle** ein
Stück, F Ende Schnur; **un petit ~
d'homme** ein (kleines) Männchen *bzw*
kleiner Mann (*auch* F *von e-m kleinen
Jungen*); *cin, thé* ~ **de rôle** kleine Rolle;
Nebenrolle *f*; ◆ **depuis un bon ~ de
temps** seit geraumer Zeit; seit e-r ganzen
Weile; ◆ F **en connaître un ~** etwas
davon verstehen; sich darin gut aus-
kennen; F **faire un ~ de conduite à qn**
j-n ein Stück(chen) (Weges) begleiten; F
faire un ~ de conversation F e-n kleinen
Schwatz halten; F **faire un ~ de prome-
nade** ein Stück(chen) spazierengehen; F
faire un ~ de toilette sich ein bißchen
herrichten, frisch machen, F restau'rieren;
F **manger un ~** e-e Kleinigkeit, F e-n
Happen essen, zu sich nehmen; F **mettre
les ~s** *cf* **mettre 1.** a); **4.** *mar* a) Ende *n*; b)
vent *m* **de ~** *cf* **debout 3.**; **5.** *bois* *m* **de ~**
cf **debout 3.**

boutade [butad] *f* (geistvoller) Scherz;
Scherzwort *n*; scherzhafte Bemerkung

bout-dehors [budəɔr] *m* ⟨*pl* **bouts-
-dehors**⟩ *mar* Baum *m*, Spiere *f* (*zum
Setzen zusätzlicher Segel*)

boute-en-train [butɑ̃trɛ̃] *m* ⟨*inv*⟩ F Stim-
mungsmacher *m*; Betriebsnudel *f*; Stim-
mungskanone *f*

boutefeu [butfø] *m* *mines* Sprengmei-
ster *m*

bouteill|e [butɛj] *f* Flasche *f*; F Buddel *f*;
von e-m Wein **une bonne ~** ein guter,
edler Tropfen; *isolante* Iso'lierflasche *f*;
~ **à la mer** Flaschenpost *f*; **~ d'air
comprimé, de gaz, d'oxygène** Druck-
luft-, Gas-, Sauerstoffflasche *f*; ~ **de
bière, de vin** Bier-, Weinflasche *f*; Fla-
sche Bier, Wein; *élect* ~ **de Leyde** Leide-
ner, Kleistsche Flasche *f*; ~ **de rouge**
Flasche Rotwein; **vin** *m* **en ~** Flaschen-
wein *m*; ◆ *adjt* **vert** ⟨*inv*⟩ flaschengrün;
◆ F **aimer la ~** F gern einen trinken,
heben; **avoir de la ~** a) *Wein* alt, gut
abgelagert sein; b) F *fig Person* alt *bzw*
erfahren, gereift sein; *Freundschaft* seit
vielen Jahren bestehen; **avoir dix ans de
~** a) *Wein* zehn Jahre alt sein; b) F *fig*
Freundschaft seit zehn Jahren bestehen;
fig **c'est la ~ à l'encre** das ist e-e
undurchsichtige, dunkle Geschichte; *von
der pol etc Lage* das ist alles sehr verwor-
ren, undurchsichtig; **mettre en ~s** in
Flaschen (ab)füllen; *auf Flaschen ziehen*;
F *fig Person* **prendre de la ~**
älter *bzw* erfahrener werden; altern;
~erie *f* Flaschenherstellung *f*; **~on** *m* *mil*
Feldkessel *m*

bouter [bute] *v/t* *Jeanne d'Arc* **ils** (*les*
Anglais) **seront boutés 'hors de France**
sie werden aus Frankreich vertrieben,
hin'ausgeworfen werden

bouterolle [butrɔl] *f* **1.** *tech* Döpper
m; Schellhammer *m*; Kopfstempel *m*,
-macher *m*; **2.** Einschnitt *m* im Schlüssel-
bart; **3.** Me'tallbeschlag *m* (*am Ende e-r
Degenscheide*)

bouteur [butœr] *m* *cf* **bulldozer**

boutiqu|e [butik] *f* **1.** *comm* **a)** (kleiner)
Laden; **fonds** *m* **de ~** Ladeneinrichtung *f*,
-ausstattung *f*; **elle aurait voulu empor-
ter toute la ~** sie hätte am liebsten den
ganzen Laden leergekauft; **ouvrir ~** e-n
Laden eröffnen; **tenir ~** e-n Laden haben,
besitzen, führen; **b)** *e-s berühmten Coutu-
riers* (ele'ganter) Laden; *Modebranche par ext* Bou'tique *f*;
Cardin Laden, Geschäft von Cardin;
acheter une robe **dans la ~ Cardin** ... bei
Cardin; *adjt* **corsage** *m* ~ **Bluse** *f* von

Cachard, Cardin etc; **2.** F *fig cf* **boîte 6.**; **3.**
Fischfang Fischkasten *m*, -behälter *m*;
~ier *péj m*, **~ière** *péj f* kleiner Ladenin-
haber, kleine Ladeninhaberin; *péj* Krä-
mer *m*; *adjt* **esprit** *m* **boutiquier** *péj*
Krämergeist *m*

boutis [buti] *m* *ch* Gebräch *n*; Sau-
bruch *m*

boutisse [butis] *f* *bât* ~ *od adjt* **pierre** *f* ~
Binder *m*

boutoir [butwar] *m* *des Wildschweins* Ge-
brech *n*; Rüssel *m*; Schnauze *f*; *fig* **coup** *m*
de ~ grober Ausfall; heftiger Angriff;
verletzende, beleidigende Äußerung

bouton [butɔ̃] *m* **1.** *bot* Knospe *f*; ~ **floral,
à fleurs** Blütenknospe *f*; ~ **de rose**
Rosenknospe *f*; **en ~** in der Knospe; **2.** *auf
der Haut* Pickel *m*; Bläschen *n*; ~ **d'acné**
Aknepickel *m*; *path* ~ **d'Alep, de Biskra,
d'Orient** A'leppo-, Biskra-, Orientbeule *f*;
~ **de fièvre** Fieberbläschen *n*; *path* ~
d'huile Ölkrätze *f*, -akne *f*; **avoir des ~s
(sur le visage)** Pickel (im Gesicht) ha-
ben; **3.** *cout* Knopf *m*; ~ **de bois, de
verre** Holz-, Glasknopf *m*; ~ **de chemi-
se, de culotte, de manchette** Hemden-,
Hosen-, Man'schettenknopf *m*; **an e-r
Schublade**, *am Florett* Knopf *m*; *an Appa-
raten, élect* (Bedienungs-, Einstell)Knopf
m; ~ **d'alarme, de sonnette** A'larm-,
Klingelknopf *m*; ~ **de porte** Türknauf *m*,
-knopf *m*; **~-d'or** *m* ⟨*pl* **boutons-d'or**⟩
bot Butterblume *f*; Scharfer Hahnenfuß

boutonnage [butɔnaʒ] *m* Knöpfen *n* (de
droite à gauche von rechts nach links);
e-s Kleidungsstücks Zuknöpfen *n*; **Kleid
sans ~ de devant** vorn ohne Knöpfe,
Knopfverschluß, -leiste

boutonn|é [butɔne] *adj* **1.** zugeknöpft; **2.**
Florett zum Schutz mit e-m Knopf verse-
hen; **~ement** *m* *bot* Knospen(treiben *n*,
-bildung *f*) *n*

boutonner [butɔne] **I** *v/t* **1.** *Kleidungs-
stück* zuknöpfen; ~ **qn dans le dos** j-m
auf dem Rücken, hinten die Knöpfe
zumachen; **2.** *Florettfechten* (mit dem
Flo'rettknopf) treffen; **II** *v/i* **3.** *bot*
Knospen treiben; knospen; **III** *v/pr se* ~ **4.**
Person s-e Jacke *bzw* s-n Mantel *etc*
zuknöpfen; **5.** *Kleidungsstück* (zu)ge-
knöpft werden, zu knöpfen sein (**dans le
dos** auf dem Rücken, hinten)

boutonn|eux [butɔnø] *adj* ⟨-euse⟩ *Haut,
Gesicht, Person* pickelig; **~ier** *m*, **~ière**[1] *f*
Knopfmacher(in) *m(f)*; **~ière**[2] *f* **1.** *cout*
Knopfloch *n*; ~ **de tailleur, de lingerie**
Schneider-, Wäscheknopfloch *n*; **avoir,
porter une fleur à la ~** e-e Blume im
Knopfloch tragen; ~ **de crayon** knopflochför-
miger Schnitt; *im engeren Sinn* äußerer
Harnröhrenschnitt; **Boutonni'ère** *f*

bouton-poussoir [butɔ̃puswar] *m* ⟨*pl*
boutons-poussoirs⟩ *élect* Druckknopf
m, -taste *f*; **~-pression** *m* ⟨*pl* **boutons-
-pression**⟩ *cout* Druckknopf *m*

bout-rimé [burime] *m* ⟨*pl* **bouts-
-rimés**⟩ **a)** Gedicht *n* aus vorgegebenen
Endreimen; **b)** *~s* **bouts-rimés** vorgege-
bene Endreime *m/pl*; **Bouts-rimés** *pl*

bouturage [butyraʒ] *m* *bot* Vermehrung *f*
durch Stecklinge, Steckreiser, -hölzer

boutur|e [butyr] *f* *bot* (Grün)Steckling *m*;
Steckreis *n*, -holz *n*; **faire une ~** e-n
Steckling, ein Steckreis, -holz abnehmen;
~er *bot v/t* **I** durch Steckling *etc* ver-
mehren; **II** *v/i* von e-r Pflanze Wurzel-
schößlinge treiben

bouverie [buvri] *f* *agr* Ochsenstall *m*

bouvet [buvɛ] *m* *Tischlerei* Nut- *bzw*
Federhobel *m*

bouveteuse [buvtøz] *f* Par'ketthobel-
maschine *f*

bouvier [buvje] *m* **1.** Ochsenhirt *m*,
-treiber *m*; Rinderhirt *m*; **2.** *zo* ~ **des
Flandres** Riesenschnauzer *m*; **3.** *astr* ♃

Bo'otes *m*; Arkto'phylax *m*
bouvière [buvjɛr] *f zo* Bitterling *m* (*ein Fisch*)
bouvillon [buvijõ] *m zo* junger Ochse
bouvreuil [buvrœj] *m zo* Gimpel *m*; Dompfaff *m*; Blutfink *m*
bouvril [buvril] *m im Schlachthof* Ochsen-, Rinderstall *m*
bovidés [bovide] *m/pl zo* Horntiere *n/pl*, -träger *m/pl*
bovin [bovɛ̃] **I** *adj* **1.** *zo* Rinder...; **races ~es** Rinderrassen *f/pl*; **2.** F *fig Blick* stumpf; ausdruckslos; **II** *m/pl* **~s** Rinder *n/pl*
bovinés [bovine] *m/pl zo* Rinder *n/pl*
bowling [boliŋ, bu-] *m* **a)** *Spiel* Bowling [ˈboː-] *n*; **b)** *Lokal* Bowling(bahn) *n(f)*
bow-window [bowindo] *m* ⟨*pl* bow-windows⟩ (Fenster)Erker *m*
box [boks] *m* ⟨*pl* ~es [boks]⟩ **1.** *im Pferdestall, in e-r Großgarage* (Pferde-bzw Auto)Box *f*; **2.** *in e-m Lokal, Büro, Schlaf-, Krankensaal* (durch [halbhohe] Trennwände) abgeteilter Raum; ~ **vitré** Glaskasten *m*; *durch Glaswände abgeteilter Raum*; **3.** *im Gerichtssaal* ~ **des accusés** Anklagebank *f*; **4.** Boxcalf *n*, -kalb *n*; **~calf** *m cf* box 4.
box|e [boks] *f sports* Boxsport *m*; Boxen *n*; ~ **française** Boxen, bei dem Fußtritte und Schläge 'unterhalb der Gürtellinie zulässig sind; **combat** *m*, **match** *m* **de ~** Boxkampf *m*; **faire de la ~** den Boxsport betreiben; boxen; **~er**[1] *I v/t* **1.** F ~ **qn** j-n boxen, mit Fäusten schlagen; **2.** *Boxsport* schlagen; boxen; **II** *v/i sports* boxen
boxer[2] [boksɛr] *m zo* Boxer *m*
boxeur [boksœr] *m sports* Boxer *m*; ~ **amateur**, **professionnel** Ama'teur-, Berufsboxer *m*
boxon [boksõ] *m* P Puff *m od n*
boy [boj] *m in Afrika, im Fernen Osten* (*farbiger*) Boy, Diener (*im Dienst e-s Weißen*)
boyard [bojar] *m hist in Rußland* Bo-'jar *m*
boyau [bwajo] *m* ⟨*pl* ~x⟩ **1.** *der Tiere* Darm *m*; F *e-s Menschen* ~**x** *pl* Gedärme *n/pl*; ~ **de veau** Kalbsdarm *m*; **2.** *e-s Saiteninstruments, Tennisschlägers* (**corde** *f* **à** *od* **de**) ~ Darmsaite *f*; **3.** *mil. fortif* schmaler (, im Zickzack verlaufender) Verbindungsgraben; *mines* schmaler Stollen; **4.** Schlauch *m*; *e-s Rennrades* (Schlauch)Reifen *m*
boyauderie [bwajodri] *f* (Fa'brik *f* für die) Verarbeitung *f* von (Tier)Därmen
boycott [bojkot] *m od* **~age** *m* Boy'kott *m*; Boykot'tierung *f*; **~er** *v/t* boykot-'tieren; **~eur** *m*, **~euse** *f* Boykot'teur *m*
boy-scout [bojskut] *m* ⟨*pl* boy-scouts⟩ *iron* na'iver Idea'list; F Seele *f* von Ka'mel
brabançon [brabãsõ] **I** *adj* ⟨**~ne**⟩ bra-'bantisch; Bra'banter; **II** *subst* **1.** ♀(**ne**) *m(f)* Bra'banter(in) *m(f)*; **2.** **la ♀ne** die Braban'conne (*belgische National-hymne*)
brabant [brabã] *m agr* Karrenpflug *m*
bracelet [braslɛ] *m* **1.** Schmuckstück Armband *n*, -reif(en) *m*, -spange *f*; ~ (**de montre**) Uhrarmband *n*; **2.** ~ (**de force**) Gelenkstütze *f*, -schutz *m*; ~**-montre** *m* ⟨*pl* bracelets-montres⟩ Armbanduhr *f*
brachial [brakjal] *adj* ⟨**-aux**⟩ *anat* (Ober)Arm...; *sc* brachi'al; **muscle** ~ Armbeuger *m*; **plexus** ~ Armgeflecht *n*
brachiopodes [brakjopod] *m/pl zo* Arm-füßer *m/pl*; Brachio'poden *m/pl*
brachy|céphale [brakisefal] *adj Anthropologie* kurzköpfig; rundschädelig; *sc* brachyze'phal, -ke'phal; **~logie** *f ling* knappe Ausdrucksweise; Ersparnis *f* in

der Ausdrucksweise; Brachylo'gie *f*
braconnage [brakonaʒ] *m* **a)** *ch* Wild-diebe'rei *f*; Wilde'rei *f*; Wildern *n*; Wilddiebstahl *m*; **b)** Fischwilde'rei *f*; Fischdiebstahl *m*
braconn|er [brakone] *v/i* **1. a)** wildern; Wilddiebstahl begehen; **b)** Fischwilde-'rei, Fischdiebstahl begehen; **2.** *fig* ~ **sur les terres d'autrui** a) sich an die Frau-e-s anderen her'anmachen; b) bei e-m anderen geistige Anleihen machen; **~ier** *m* **a)** *ch* Wilddieb *m*; Wilderer *m*; **b)** j. der Fischwilde'rei, -diebstahl begeht
bract|éal [brakteal] *adj* ⟨**-aux**⟩ *bot* deck-blättrig; **~ée** *f bot* Deck-, Hochblatt *n*; Brak'tee *f*
brader [brade] *v/t* **1.** *comm* zu Schleuder-preisen verkaufen; verschleudern; ver-ramschen; F *Privatperson* ~ **qc** F etw (billig) verscheuern; **2.** F *fig u pol ein Gebiet* (einfach so) herschenken, ver-schenken
braderie [bradri] *f aller Kaufleute e-s Ortes* Straßensonderverkauf *m* zu Schleuderpreisen
bradycardie [bradikardi] *f path* Verlangsamung *f* der Herzfrequenz; *sc* Bradykar'die *f*
bradype [bradip] *m zo cf* aï
braguette [bragɛt] *f* Hosenschlitz *m*
brahman|e [braman] *m rel* Brah'mane *m*; **~ique** *adj rel* brah'manisch; **~isme** *m rel* Brahma'nismus *m*
brai [brɛ] *m* Pech *n*; ~ **de goudron de houille** Steinkohlenteerpech *n*
braie [brɛ] *f mar* Mastkragen *m*
braies [brɛ] *f/pl der Gallier* Hose *f*
braillard [brajar] F **I** *adj Kind, Erwachsener* schreiend; brüllend; F plärrend; *Betrunkener, Menge etc* johlend; F grölend; **II** *subst* ~(**e**) *m(f)* Schreier(in) *m(f)* (*auch* F *fig*); Brüller *m*; F Schreihals *m* (*auch von e-m Kind*)
braille [braj] *m od adit* alphabet *m*, **écriture** *f* ~ Blinden-, Brailleschrift *f*
braillement [brajmã] F *m e-s Kindes, Erwachsenen* Schreien *n*; Geschrei *n*; Brüllen *n*; Gebrüll *n*; F Plärren *n*; Ge-plärr(e) *n*; *e-s Betrunkenen, e-r Menge etc* Johlen *n*; F Gejohl(e) *n*; Grölen *n*; Gröle'rei *f*; Gegröl(e) *n*; ~**s de joie** Freudengeschrei *n*, -gebrüll *n*
brailler [braje] F **I** *v/t Lied* F grölen; plärren; **II** *v/i* **1.** *Kind, Erwachsener* schreien; brüllen; F plärren; *Betrunkener, Menge etc* johlen; F grölen (*chanter*) F grölen
braiment [bremã] *m des Esels* I'ahen *n*; Schreien *n*
brainstorming [brɛnstɔrmiŋ] *m* Brain-storming [ˈbreːn-] *n*
brain-trust [brɛntrœst] *m* ⟨*pl* brain-trusts⟩ Brain-Trust [ˈbreːntrast] *m*
braire [brɛr] *v/i* ⟨il brait, ils braient; il brayait; il braira; brayant; brait⟩ **1.** *Esel* i'ahen; schreien; **2.** F *fig cf* brailler II
braisage [brezaʒ] *m cuis* Schmoren *n*
braise [brez] *f* **1.** (Holz-, Kohlen)Glut *f*; *fig* **yeux** *m/pl* **de** ~ glühender, feuriger Blick; glühende, feurige Augen *n/pl*; **2.** *arg cf* fric
braiser [breze] *v/t cuis* (langsam) schmoren; **bœuf braisé** Rinderschmor-braten *m*
brame[1] [bram] *f tech* Bramme *f*
bram|e[2] [bram] *m od* **~ement** *m des Hirsches* Röhren *n*
bramer [brame] *v/i* **1.** *Hirsch* röhren; **2.** F *fig* **a)** *Redner* schreien; brüllen; **b)** ~ **après qn, qc** sehnlichst nach j-m, etw verlangen
bran [brã] *m* ~ **de scie** Sägemehl *n*
brancard [brãkar] *m* **1.** (Kranken-)Trage *f*; Tragbahre *f*; **2.** *e-r Tragbahre*

Holm *m*; **3.** *e-r Gabeldeichsel* Deichsel-stange *f*, -baum *m*; **4.** *auto, ch de fer* Längsträger *m*
brancardier [brãkardje] *m* Kranken-träger *m*
branchage [brãʃaʒ] *m* **a)** *coll* Astwerk *n*; Äste *m/pl*; Geäst *n*; Zweige *m/pl*; **b)** *meist* ~**s** abgehauene Äste *m/pl*, Zweige *m/pl*
branche [brãʃ] *f* **1.** *e-s Baumes, Strauches* Ast *m*; Zweig *m*; *par ext e-r Wurzel* Seitenwurzel *f*; ~ **charpentières** kräftige Äste, die das Astgerüst bilden; ~ **fruitière, à fruits** Frucht-, Tragholz *n*; ~ **gourmande** *cf* gourmand II 2.; ~ **de fougère** Farnwedel *m*; ~ **de pommier en fleurs** blühender Apfelzweig; **sauter de** ~ **en** ~ von Ast zu Ast springen; **scier la** ~ **sur laquelle on est assis** den Ast absägen, auf dem man sitzt; **2.** ~ **céleri** *m* **en** ~ Sellerieblätter *n/pl*; *cuis* **épinards** *m/pl* **en** ~**s** Blattspinat *m*; itali'enischer Spi'nat; **3.** *anat des Blutgefäß-, Nervensystems* Ast *m*; ~ **collatérale, terminale** Neben-, Endast *m*; **4.** *der Wirtschaft, Wissenschaft, Kunst, im Unterrichtswesen* Zweig *m*; *der Wirtschaft, des Handels auch* Branche *f*; *der Wissenschaft, Kunst, des Handels auch* Sparte *f*; ~ **économique, de l'industrie** Wirtschafts-, Indu'striezweig *m*; **dans sa** ~ in s-r Branche; in s-m Fach; **auf s-m** Fachgebiet; **5.** *e-s Zirkels, e-r Pinzette* Schenkel *m*; *e-s Kreuzes* Arm *m*; Schenkel *m*; *e-r Brille* Bügel *m*; *e-r Schere* Schenkel *m*; Glied *n*; *e-s* (*Stroh-, Papier- etc*)*Sterns* Strahl *m*; *e-s* (*Kron-, Arm*)*Leuchters* Arm *m*; *e-s* (*Falt*)*Fächers* keilförmiger Teil; *des Hirschgeweihs, am Gebiß des Pferde-geschirrs* Stange *f*; *des* (*Regen*)*Schirms* Schiene *f*; *Leuchter* **à sept** ~**s** siebenarmig; **6.** *e-s Stammbaums* Ast *m*; Zweig *m*; *e-r Stammtafel* Linie *f*; *fig Person* **avoir de la** ~ e-e vornehme Erscheinung sein; vornehm aussehen, wirken; **7.** F *Anrede* (**ma**) **vieille** ~ a) F alter Freund, Junge; altes Haus; b) F altes Mädchen; **8.** *math e-r Parabel, Hyperbel* Ast *m*; **9.** *der Kanalisation* Strang *m*; *élect e-s Netzwerks* Zweig *m*; **10.** *e-s gotischen Gewölbes* Rippe *f*; **11.** *e-s altfrz Romans* Branche *f*; Über'lieferungszweig *m*
branchement [brãʃmã] *m* **1.** *tech an das Gas-, Wasser-, Stromnetz* **a)** Anschließen *n*; Anschluß *m* (**sur** an + *acc*); **b)** Anschlußleitung *f*; ~ **d'égout** Anschlußkanal *m*; **2.** *ch de fer* ~ **de voie** Weiche *f*
brancher [brãʃe] **I** *v/t* **1.** *tech, élect Rohr, Leitung, Gerät* anschließen (**sur** an + *acc*); *par ext elektrisches Gerät* anschalten; anstellen; *tél* ~ **un abonné sur un numéro** e-n Teilnehmer mit e-r Nummer verbinden; *élect* ~ **la prise** den Stecker hin'einstecken; **2.** F *fig:* ~ **qn sur qn** j-n mit j-m in Verbindung bringen, zu'sammenbringen, -führen; *Person, Unterhaltung* ~ **sur un sujet** auf ein Thema lenken; *Ereignis, Zeitungsartikel etc* **être branché sur** in Verbindung stehen, etwas zu tun haben mit; *abs Person* **être branché** F ka'piert haben; mitgekommen sein; **II** *v/i* (*u v/pr*) (**se**) ~ *Federwild* aufbaumen
branchial [brãʃjal] *adj* ⟨**-aux**⟩ *zo* Kiemen...; **arcs branchiaux** Kiemenbögen *m/pl*; **fentes, lamelles** ~**es** Kiemenspalten *f/pl*, -blättchen *n/pl*
branchie [brãʃi] *f zo meist pl* ~**s** Kiemen *f/pl*; *sc* Branchien *f/pl*; ~**s trachéennes** Tra'cheenkiemen *f/pl*
branchiopodes [brãʃjopod, -ʃjo-] *m/pl zo* Blatt-, Kiemenfüßer *m/pl*; Blattfuß-krebse *m/pl*
brandade [brãdad] *f cuis* ~ (**de morue**) Bran'dade *f* (*provenzalisches Gericht aus*

Stockfischmus, Knoblauch, Sahne u Öl)
brandebourg [brãdbur] *m am Dolman, an e-m (Uniform)Rock als Besatz* Schnur *f*
brandebourgeois [brãdburʒwa] **I** *adj* brandenburgisch; *Bach* Concertos *m/pl* ~ Brandenburgische Konzerte *n/pl*; **II** *subst* ♀(e) *m(f)* Brandenburger(in) *m(f)*
brandillon [brãdijõ] *m arg* Arm *m*
brandir [brãdir] *v/t* **1.** *drohend: Waffe, Axt* schwingen; *freudig, um auf sich aufmerksam zu machen: Gegenstand* schwenken; *Fahne* schwenken; schwingen; **2.** *fig* ~ qc mit etw drohen; etw androhen; ~ sa démission mit s-m Rücktritt drohen
brandon [brãdõ] *m* brennender Gegenstand; *bei e-r Feuersbrunst auch* ~s *pl* brennende Trümmer *pl*, Teile *n/pl*; *fig Person, Sache* être un ~ de discorde ein Anlaß zu Streit, Zwietracht, Auseinandersetzungen sein
brandy [brãdi] *m* Brandy ['brɛndi] *m*
branlant [brãlã] *adj* **1.** *Stuhl, Tisch, Zahn* wack(e)lig; wackelnd; *von e-m Kind, das laufen lernt* château ~! er *bzw* sie ist, steht noch ganz wacklig, unsicher auf den Beinen; **2.** *fig Regime, Regierung* wankend; être ~ F wack(e)lig stehen; wackeln
branle [brãl] *m* **1.** donner le ~ à qc den Anstoß zu etw geben; etw auslösen; *(Volks)Massen, Kräfte* (se) mettre en ~ (sich) in Bewegung setzen; **2.** *e-r Glocke* Schwingen *n*; mettre en ~ in Schwingung versetzen; **3.** *mus Satz e-r Suite, alter Rundtanz* Branle *m*
branle-bas [brãlbɑ] *m ⟨inv⟩* **1.** *mar mil* ~ de combat Klarmachen *n* zum Gefecht; **2.** *fig meist* dans le ~ de (+subst) in dem Durchein'ander, in der Aufregung, Unordnung (+gén); dans le ~ du départ in dem Durcheinander des Aufbruchs; dans le ~ des élections in der Aufregung, F in dem Rummel um die, vor den Wahlen
branlement [brãlmã] *m* ~ de tête Kopfwackeln *n*; Wackeln *n* mit dem Kopf
branler [brãle] **I** *v/t* ~ la tête mit dem Kopf wackeln; **II** *v/i* **1.** *Stuhl, Zahn* wackeln; ~ au manche, dans le manche a) *Werkzeug* lose, nicht fest im Griff, Stiel sitzen; b) *fig Regime, Regierung* auf schwachen, tönernen Füßen stehen; F wackeln; wack(e)lig stehen; *Geschäfte* unsicher sein; **2.** P *(auch v/pr se)* ~ *(se masturber)* P wichsen; sich einen abstrampeln, runterholen
branquignol [brãkiɲɔl] F *adj u subst cf* cinglé
braquage [brakaʒ] *m auto* Einschlagen *n*; angle *m* de ~ Einschlagwinkel *m*; rayon *m* de ~ Wendekreis *m*
braque[1] [brak] *m zo, ch* Bracke *m od f*
braque[2] [brak] *adj* F *Person* komisch; seltsam; sonderbar; verschroben; F spinnig; (ein bißchen) verdreht; être ~ *auch* F spinnen; 'übergeschnappt sein
braquer [brake] **I** *v/t* **1.** *Waffe, Fernglas* ~ sur qn, qc auf j-n, etw richten; ~ son regard, les yeux sur qn die Augen, den Blick auf j-n heften; s-n Blick auf j-n richten; **2.** *auto Lenkung* einschlagen; *abs* ~ à droite, vers la droite nach rechts einschlagen; **3.** F *fig* ~ qn (contre qn, qc) j-n (gegen j-n, etw) aufbringen; il est braqué contre toi er ist gegen dich aufgebracht, eingenommen, hat e-n kleinen, zu großen Wendekreis haben; **III** *v/pr* F se ~ contre qc sich e-r Sache *(dat)* wider'setzen; sich gegen etw sträuben, auflehnen
braquet [brakɛ] *m e-s Fahrrades* Über-

'setzung(sverhältnis) *f(n)*; Gang *m*; mettre un grand, petit ~ e-n großen, kleinen Gang einschalten; e-e große, kleine Übersetzung wählen
bras [bra, brɑ] *m* **1.** Arm *m (auch fig)*; *anat* Oberarm *m*; ~ droit rechter Arm; *fig* être le ~ droit de qn j-s rechte Hand sein; *fig u hist* le ~ séculier die weltliche Macht; *fig* le ~ de la justice der Arm des Gesetzes; ♦ *loc/adj* à ~ Hand...; charrette *f*, voiture *f* à ~ Handkarren *m*, -wagen *m*; presse *f* à ~ Handpresse *f*; ♦ *loc/adv*: les ~ croisés mit verschränkten, gekreuzten Armen; *fig* rester les ~ croisés die Hände in den Schoß legen; untätig sein, her'umsitzen, -stehen; ~ dessus, ~ dessous [bradsy, bradsu] Arm in Arm; ein-, 'untergehakt; 'untergefaßt; accueillir, recevoir qn à ~ ouverts mit offenen Armen ...; à ~ raccourcis mit voller Wucht; mit aller, voller Kraft, Gewalt; à ~ tendu mit ausgestrecktem Arm; au ~ de son mari am Arm ihres Mannes; à force de ~ durch Menschen-, Muskelkraft; à tour de ~ j-n verprügeln mit aller Kraft; tüchtig; arbeiten mit ganzer Kraft; tüchtig; *fig:* dépenser de l'argent à tour de ~ das Geld mit vollen Händen ausgeben; envoyer à la mairie des lettres de réclamation à tour de ~ das Bürgermeisteramt mit Beschwerdebriefen über'schütten; dans mes ~! komm in meine Arme!; en ~ de chemise in Hemdsärmeln; se mettre en ~ de chemise (sich) die Jacke ausziehen; *fig:* avoir le ~ long n langen Arm haben; avoir qn, qc sur les ~ F j-n, etw auf den Hals, etw am Hals haben; *sports* baisser les ~ sich (von vornherein) geschlagen geben; couper ~ et jambes à qn a) *körperliche Anstrengung* j-n völlig erschöpfen, F fertigmachen; b) *schlimme Nachricht* j-n völlig lähmen; ça m'a coupé ~ et jambes *auch* a) ich bin völlig erledigt, F vollkommen fertig (davon); b) ich bin wie gelähmt, versteinert; *plais* être dans les ~ de Morphée in Morpheus' Armen ruhen; se jeter dans les ~ de qn a) j-m in die Arme sinken, fallen, fliegen; sich in j-s Arme *(acc)* stürzen; sich in j-s Arme werfen; b) sich in j-s Arme *(acc)* flüchten; bei j-m Zuflucht, Hilfe suchen; *fig* se mettre qn, qc sur les ~ F sich j-n, etw auf den Hals laden; sich etw aufhalsen; prendre le ~ de qn j-s Arm nehmen; j-n 'unterhaken, -fassen; sich bei j-m einhaken, einhängen; prendre, serrer qn dans ses ~ j-n in die Arme nehmen, schließen; j-n 'umarmen; tendre, ouvrir les ~ die Arme ausbreiten (à qn um j-n zu um'armen, aufzufangen); *fig* tendre, ouvrir les ~ à qn a) j-m die Hand zur Versöhnung reichen; b) j-m helfen, unter die Arme greifen; tendre les ~ vers qn die Hände nach j-m ausstrecken; tomber dans les ~ de qn j-m in die Arme fallen, sinken; *fig* elle lui *(e-m Freier)* est tombée dans les ~ sie hat es ihm leicht gemacht; *fig* les ~ m'en tombent ich kann es kaum fassen; da bin ich sprachlos, per'plex, F baff, platt; ne vivre que de ses ~ von s-r Hände Arbeit leben; **2.** *fig* Arbeitskraft *f*; l'agriculture manque de ~ der Landwirtschaft fehlen an Arbeitskräften; **3.** *e-s Flusses* Arm *m*; ~ mort toter Arm; ~ de mer Meeresarm *m*; **4.** *e-s Sessels* Armlehne *f*; *e-r Pumpe* Schwengel *m*; *e-r Waage, e-s Ankers, Wasserhahns* Arm *m*; *ch de fer e-s Formsignals* Flügel *m*; *e-s Plattenspielers* ~ (de lecture) Tonarm *m*; ~ de levier Hebelarm *m*; **5.** *mar* Brasse *f*; **6.** *zo der*

Kopffüßer (Fang)Arm *m*; *beim Pferd* Par'tie *f* von der Schulter bis zum Vorderarm; **7.** *arch e-s Querhauses* Kreuzarm *m*, -flügel *m*; *e-s Kreuzes* Arm *m*; Schenkel *m*
bras|age [brazaʒ] *m tech* Hartlöten *n*; ~er *v/t tech* hartlöten
brasero [brazero] *m* Kohlenbecken *n*
brasier [brazje] *m* **1.** Feuersglut *f*; Feuer-, Flammenmeer *n*; *st/s* Lohe *f*; **2.** *fig bes im Krieg* Hölle *f*; blutige Kämpfe *m/pl*
bras-le-corps [bralkɔr] *loc/adv* prendre, saisir à ~ *Gegenstand* fest um-'schlingen; *Person* fest um den Leib fassen
brasqu|e [brask] *f métall* Gestübe *n*; ~er *v/t métall* Schmelztiegel mit Gestübe auskleiden
brassage [brasaʒ] *m* **1.** (Bier)Brauen *n*; *im engeren Sinn* Maischen *n*; **2.** ('Um-, 'Durch)Rühren *n*; *der Luft durch den Ventilator* 'Umwälzen *n*, -ung *f*; *in Verbrennungsmotoren* Bildung *f* des Kraftstoff-Luft-Gemisches; Gemischbildung *f*; **3.** *fig* (Ver)Mischung *f*; *enger* Verschmelzung *f*; ~ des races Rassenmischung *f*; **4.** *mar* Brassen *n*
brassard [brasar] *m* **1.** Armbinde *f*; ~ de deuil Trauerflor *m (um den Arm)*; ~ de premier communiant, de première communion weiße Armschleife *(für Jungen)*; **2.** *für bestimmte Berufe* Armschutz *m*; **3.** *e-s Harnischs* Armzeug *n*; Armschienen *f/pl*
brasse [bras] *f* **1.** *Schwimmsport* a) Brustschwimmen *n*; b) (Schwimm)Zug *m*, (-)Stoß *m*; **2.** *mar* Maß zur Angabe der Tiefe des Fahrwassers; Faden *m*
brassée [brase] *f* une ~ de fleurs, de bois, *etc* ein Armvoll *m* Blumen, Holz *etc*
brasser [brase] *v/t* **1.** *Bier* brauen; *im engeren Sinn* maischen; ~ la bière Bier brauen; **2.** ('um-, 'durch)rühren; *Luft* 'umwälzen; **3.** *fig* ~ des affaires viele Geschäfte gleichzeitig betreiben; *Bankier etc* ~ de l'argent mit riesigen Summen 'umgehen; **4.** *mar* brassen; ~ carré vierkant brassen, toppen
brass|erie [brasri] *f* **1.** (Bier)Braue'rei *f (auch das Unternehmen)*; Braugewerbe *n*; **2.** Bräu *n*; Bierhalle *f*; Großgaststätte *f*; ~eur[1] *m* **1.** (Bier)Braue'rei-besitzer *m*; **2.** *fig* ~ d'affaires cleverer Geschäftsmann, der viele Geschäfte gleichzeitig betreibt
brass|eur[2] [brasœr] *m*, ~euse *f Schwimmsport* Brustschwimmer(in) *m(f)*
brassière [brasjɛr] *f* **1.** *für Säuglinge* ~ de dessous Hemdchen *n*; ~ de dessus Jäckchen *n*; **2.** *cout* ensemble *m* à ~ langer, weiter Rock mit kurzem Leibchen; *adit* maillot *m* ~ zweiteiliger Badeanzug
brassin [brasɛ̃] *m* Bierbrauerei Braukessel *m*, -pfanne *f*
brasure [brazyr] *f tech* a) (Hart-)Lötung *f*; Lötstelle *f*, -fuge *f*; b) Hartlot *n*
bravache [bravaʃ] *m* Angeber *m*, Aufschneider *m*, Prahlhans *m* (*, der mit s-m angeblichen Mut prahlt*); faire le ~ mit s-m angeblichen Mut prahlen; sich als Held aufspielen; den Helden spielen; *adit* air *m* ~ angeberisches, prahlerisches Benehmen *(als angeblicher Held)*
bravade [bravad] *f* **1.** Ange'be'rei *f*; Prahle'rei *f*; F Angabe *f*; **2.** Her'ausforderung *f*; **3.** Trotz(handlung) *m(f)*; par ~ aus Trotz
brave [brav] **I** *adj* **1.** ⟨nachgestellt⟩ tapfer; mutig; beherzt; wacker; mann-

haft; **2.** ⟨vorangestellt⟩ Person brav; rechtschaffen; anständig; ordentlich; so'lid(e); ehrenwert; bieder; (einfach, aber) nett; ~ **fille braves**, nettes Mädchen; lieber Kerl; ~ **homme** braver Mann, F Kerl; Biedermann m; F ehrliche Haut; herablassende Anrede **mon** ~ **homme** od subst **mon** ~ guter, lieber Mann; spöttisch le ~ **mari** ne se doutait de rien der gute Ehemann ...; F **un** ~ **type** F ein netter Kerl; **notre** ~ **vieille voiture** unser gutes altes Auto; herablassend **il est bien** ~, **mais il ne faut pas lui en demander trop** F er ist ja ein ganz guter, netter Kerl ...; **II** subst **un** ~ ein tapferer, mutiger Mann, Sol'dat, Krieger; **faire le** ~ den mutigen, tapferen Mann, den Mutigen spielen, F markieren; ~**ment** adv tapfer; mutig; wacker

braver [brave] v/t ~ **qn**, **qc** j-m, e-r Sache trotzen, Trotz bieten; j-m die Stirn bieten; sich (frech) über etw (acc) hin-'wegsetzen; ~ **les convenances, l'opinion publique** sich über die Konventionen, die öffentliche Meinung hinwegsetzen; ~ **le danger, le froid, la mort** der Gefahr, der Kälte, dem Tod trotzen

bravissimo [bravisimo] int bra-'vissimo!

bravo [bravo] **I** int bravo!; **II** m Bravo (-ruf) n(m); Beifall(sruf) m

bravoure [bravur] f **1.** Mut m; Tapferkeit f; Kühnheit f; F Schneid m; **2.** mus **air** m **de** ~ Bra'vourarie f; **morceau** m **de** ~ Bra'vour-, fig Glanzstück n

brayer [breje] m **1.** Glockenstrang m, -seil n; **2.** bât (Art) Seilaufzug m; **3.** des Fahnenträgers Fahnengurt m

break [brek] m **1.** auto Kombi(wagen) m; **2.** Pferdewagen Break [bre:k] m od n; **3.** Jazz Break m od n; **4.** Boxen ~! break!

brebis [brəbi] f **1.** zo weibliches Schaf; (Mutter)Schaf n; **2.** fig, bibl Schaf n; fig ~ **galeuse** cf galeux 1.; prov **qui se fait** ~, **le loup le mange** wer sich zum Schaf macht, den fressen die Wölfe (prov)

brèche [brɛʃ] f **1.** mil Bresche f; Frontlücke f; **battre en** ~ e-e Bresche zu schießen, zu schlagen versuchen; fig **battre qn, qc en** ~ j-n, etw heftig angreifen, attac'kieren; j-s Argumente auch systematisch zu entkräften, zu wider'legen versuchen; **faire, ouvrir une** ~ e-e Bresche schlagen, schießen (**dans** in + acc); fig **être toujours sur la** ~ immer im Einsatz, eingespannt sein; **2.** in e-m Zaun, e-r Hecke, Mauer Loch n; Lücke f; Öffnung f; **3.** in e-r Klinge etc Scharte f; in e-m Glas-, Tellerrand auch Kerbe f; fig: **faire une** ~ **à** od **dans sa fortune** in sein Vermögen ein großes Loch reißen; **faire une** ~ **dans la réputation de qn** j-s guten Ruf beeinträchtigen, erschüttern, lä'dieren; **4.** géol Breccie ['brɛtʃə] f od Brekzie f; ~ **de faille, de friction** Reibungsbrekzie f

bréchet [breʃɛ] m anat der Vögel Brustbeinkamm m

brechtien [brɛʃtjɛ̃] adj ⟨~ne⟩ Literatur Brechtsche(r, -s); von Brecht

bredindin [brədɛ̃dɛ̃] m mar (Arbeits-) Talje f

bredouillant [brəduja̍] adj stammelnd; stotternd; F nuschelnd; brabbelnd

bredouille [brəduj] adj nur loc **rentrer, revenir** ~ a) Jäger ohne Jagdbeute zu'rückkehren; nichts geschossen haben; Angler nichts gefangen, keinen Fang gemacht haben; b) fig unverrichteterdinge, mit leeren Händen zu'rückkeh-

ren; nichts erreicht haben

bredouill|ement [brəduʲma̍] m hastiges, undeutliches Sprechen; Gestammel n; Gestotter n; F Genuschel n; Nusche'lei f; Gebrabbel n; ~**er** v/t u v/i hastig und undeutlich sprechen; F nuscheln; brabbeln; Entschuldigung, ein paar Worte stammeln; stottern

breeder [bridœr] m phys atom Brutreaktor m; Brüter m

bref [brɛf] **I** adj ⟨**brève** [brɛv]⟩ **1.** zeitlich, Begegnung, Aussprache, Brief, Silbe, Vokal kurz; ~ **commentaire** kurzer Kommentar; loc/adv **en** ~ a) st/s in od mit kurzen, knappen, wenig(en) Worten; b) cf **II**: **soyez** ~! fassen Sie sich kurz!; machen Sie es kurz!; **pour être** ~ um es kurz zu machen; um mich kurz zu fassen; **2.** **répondre d'un ton** ~ in e-m barschen, schroffen Ton, kurz angebunden antworten; **3.** hist **Pépin le** ♀ Pippin der Kleine; **II** adv (**enfin**,) ~ kurz (und gut); kurz'um; mit e-m Wort; **III** subst **1.** m des Papstes Breve n; **2.** Mensuralnotation **brève** f od adj **note brève** Brevis f; **Doppelganze** f; **3.** phon, métr **brève** f kurzer Vo'kal; kurze Silbe

bregma [brɛgma] m anat Bregma n

bréhaigne [breɛɲ] adj ⟨nur f⟩ zo weibliche Tiere unfruchtbar; ste'ril

breitschwanz [brɛtʃvɑts, -ʃvɑts] m ⟨inv⟩ Pelz Breitschwanz m

brelan [brəlɑ̍] m beim Poker Dreier (-pasch) m; Tri'plet n; ~ **de rois** Dreier (-pasch) mit Königen

brêler [brele] v/t Ladung festbinden, -zurren; verzurren

breloque [brələk] f **1.** Armbandanhänger m; **2.** fig Person **battre la** ~ F dummes Zeug reden, faseln; Blech, ka'riert reden

brème [brɛm] f **1.** zo ~ **bordelière** Güster m; Blicke f; ~ **commune** Brasse m; Blei m; Brachsen m; **2.** arg (Spiel-) Karte f

brémette [brɛmɛt] f zo Güster m; Blicke f

brésil [brezil] m **1.** Bra'sil-, Brasi'lettoholz n; Pernam'bukholz n; **2.** Bra'sil (-zigarre) f; Bra'sil(tabak) m

brésilien [breziljɛ̃] **I** adj ⟨~ne⟩ brasi-li'anisch; ~(**ne**) m(f) Brasi-li'aner(in) m(f); **2.** ling **le** ~ das brasi-li'anische Portu'giesisch; das Brasi-li'anische; Brasili'anisch n

brésiller [brezije] v/t zerkleinern, -bröckeln; feiner pulveri'sieren

bretèche [brətɛʃ] f fortif Bre'tesche f

bretelle [brətɛl] f **1.** an Damenwäsche Träger m; für Herrn ~**s** pl Hosenträger m(pl); **2.** zum Tragen e-r Last Trag- bzw Schultergurt m, -riemen m; des Gewehrs Gewehr-, Tragriemen m; **porter l'arme à la** ~ die Waffe 'umgehängt, über die Schulter gehängt haben, tragen; **3.** e-r Autobahn **a)** ~ (**de raccordement**) Zubringer m; Zufahrt(straße) f; Verbindungsstraße f, -ast m, -rampe f; zwischen zwei Autobahnen Spange f; ~ **d'accès** Zubringer(straße) m(f); Zufahrt (-straße) f; ~ **d'entrée, de sortie** (Autobahn)Zufahrt f, (-)Ausfahrt f; **b)** Anschlußstelle f; **c)** Fahrspur f; ~ **d'accélération, de décélération** Beschleunigungs-, Verzögerungsspur f; **4.** ch de fer bei parallel laufenden Gleisen Weichenverbindung f; bei sich kreuzenden Gleisen Weichenkreuz n; **5.** mil Riegel m

bretessé [brətese] adj Heraldik mit (Wechsel- bzw Gegen)Zinnenbalken

breton [brətɔ̍] **I** adj ⟨~ne⟩ bre'tonisch; **II** subst **1.** ♀(**ne**) m(f) Bre'tone m, Bre'tonin f; **2.** ling **le** ~ das Bre'tonische;

Bre'tonisch n; **3.** m od adjt **chapeau** ~ Bre'ton m (Hut mit rundum aufgeschlagener Krempe)

bretonnant [brətɔna̍] adj **les Bretons** ~**s** die Bretonen, die die bretonische Sprache und die alten Traditionen pflegen und bewahren

brette [brɛt] f der Maurer Kratzeisen n

bretteler [brɛtle] v/t ⟨-ll-⟩ od **bretter** [brɛte] v/t Stein, Mauer kröneln

bretzel [brɛdzɛl] m od f (Salz)Brezel f

breuvage [brœvaʒ] m Trank m; Getränk n; Gebräu n

brève [brɛv] f **1.** zo Prachtdrossel f; sc Pitta f; **2.** cf bref **III** 2. u 3.

brevet [brəvɛ] m **1.** im Unterrichtswesen Abschluß(zeugnis) m(n); Befähigungsnachweis m; früher ~ **élémentaire** (abr **B.E.**) Abschlußzeugnis der Volksschule; Volksschulabschluß m; ~ **sportif populaire** (abr **B.S.P.**) Sportabzeichen n; Leistungsabzeichen n; ~ **supérieur** (abr **B.S.**) früher Abschlußzeugnis der zehnten Volksschulklasse; heute Befähigungsnachweis für Volksschullehrer ohne Abitur (nach dreijähriger Lehrtätigkeit, die Inhaber des Diplôme d'études universitaires générales sind); ~ **d'enseignement militaire supérieur** (abr **B.E.M.S.**) etwa Abschlußzeugnis e-r Kriegs-, Führungsakademie; ~ **d'études professionnelles** (abr **B.E.P.**) Abschlußzeugnis e-r Berufsfachschule; Berufsfachschulabschluß m; im Handwerk auch Meisterprüfung f, -brief m; ~ **d'études du premier cycle** (abr **B.E.P.C.**) mittlere Reife; ~ **de parachutisme** Fallschirmspringerschein m; ~ **de pilote civil** Erlaubnisschein m zum Führen e-s Motorflugzeug(typ)s; Flug(zeugführer)schein m; ~ **de pilote militaire** Mili'tärflugzeugführerschein m; ~ **de technicien** (abr **B.T.**) etwa Technikerdiplom n (e-s Lycée technique); ~ **de technicien supérieur** (abr **B.T.S.**) etwa Techniker-, Ingeni'eurdiplom n (e-s Institut universitaire de technologie); ~ **de vol à voile** Segelflugerlaubnis(schein) f(m); ~ **(d'invention)** Pa'tent n; ~ **d'addition** Zusatzpatent, das e-e geringfügige Verbesserung bringt; ~ **de perfectionnement** Zusatzpatent, das e-e wesentliche Verbesserung bringt; **Office européen des** ~**s** (abr **O.E.B.**) Europäisches Patentamt; **déposer un** ~ ein Patent anmelden; **3.** fig Garan'tie f; untrüglicher Beweis; **un** ~ **de tranquillité** e-e Garantie für Ruhe; **délivrer à qn un** ~ **d'honnêteté, de droiture** j-m Anständigkeit, Aufrichtigkeit bescheinigen; **4.** jur **acte en** ~ im Origi'nal ausgehändigte, notari'ell beglaubigte Urkunde; **5.** hist des frz Königs Bre'vet n; Gnadenbrief m (mit Verleihung e-s Titels etc)

brevetable [brəvtabl(ə)] adj Erfindung, Verfahren pa'tentfähig; paten'tierbar

brevet|é [brəvte] adj **1.** Erfindung, Verfahren paten'tiert; **2.** instituteur ~ Volksschullehrer, der Inhaber des „brevet supérieur" ist; mar mil matelot ~ Matrose m mit Sonderausbildung (als Maschinist, Kanonier etc); officier ~ Offizier, der mit Erfolg e-e Kriegs-, Führungsakademie besucht hat; mar timonier ~ Steuermann m mit Steuermannspatent; ~**er** v/t ⟨-è-⟩ Erfindung, Verfahren paten'tieren (lassen)

bréviaire [brevjɛr] m **1.** égl cath Bre'vier n; **2.** fig **être le** ~ **de qn** Autor, Buch j-s tägliche Lek'türe sein; par ext Autor j-s Lehrmeister m, Leitstern m, Buch Leitfaden m, Lehrbuch n sein

brévi|caule [brevikol] adj bot kurzsteng(e)lig; ~**ligne** adj Körperbautyp

kurzgliedrig (und mit gedrungenem Körper); **~rostre** *adj zo* kurzschnäb(e)lig

brévité [brevite] *f phon e-r Silbe, e-s Vokals* Kürze *f*

briard [brijar] *adj* **1.** (*u subst ♀ Bewohner*) *der frz Landschaft* Brie; **2.** *zo* **chien ~** *od subst* ~ *m* Bri'ard *m* (*ein Hirtenhund*)

bribe [brib] *f meist pl* **~s** *e-s Gesprächs* Brocken *m/pl* (*auch e-r Sprache*); Bruchstücke *n/pl*; Fetzen *m/pl*; *e-s Vermögens*, *e-r Erbschaft* kümmerlicher Rest; **~s de conversation, de phrases** Gesprächs-, Satzbrocken *m/pl*, -fetzen *m/pl*; **quelques ~s de français** ein paar Brocken Französisch, französische Brocken

bric-à-brac [brikabrak] *m* ⟨*inv*⟩ Trödel(kram) *m*; alter Kram; F (*altes*) Gelumpe, Gerümpel

bric et de broc [brikedbrɔk] *loc/adv* **de ~** von überall'her, von da und dort (*zusammengetragen, -gekauft, erworben etc*); *Zimmer etc* **meublé de ~** mit von überallher zusammengetragenen Möbeln eingerichtet

bricheton [briʃtõ] *arg m* Brot *n*

brick [brik] *m mar* Brigg *f*; **~-goélette** *m* ⟨*pl* **bricks-goélettes**⟩ Schonerbrigg *f*; Briggschoner *m*; Brigan'tine *f*

bricolage [brikɔlaʒ] *m* **1.** Basteln *n*; Baste'lei *f*; Bastelarbeit *f*; **2.** Stümpe-'rei *f*; stümperhafte Arbeit; F Flick-, Pfuscharbeit *f*

bricole [brikɔl] *f* **1.** *als Geschenk etc* Kleinigkeit *f*; kleiner Gegenstand; **2.** Kleinigkeit *f*; Nichtigkeit *f*; Nebensächlichkeit *f*; *e-r Arbeit, Reparatur* **pour moi c'est une ~** das ist doch e-e Kleinigkeit für mich; **s'occuper de ~s** sich mit Kleinigkeiten, Nebensächlichkeiten abgeben; **3.** Tragriemen *m*, -gurt *m*; Zugriemen *m*; **4.** *am Pferdegeschirr* Brust-, Zugblatt *n*; Siele *f*; **5.** *e-s Geschosses* Rückprall *m*; Zu'rückprallen *n*; **6.** *ch* **~s** *pl* Hirschgarn *n*

bricol|er [brikɔle] **I** *v/t* **1.** *Gerät etc* zu'sammenbasteln; *kaputtes Gerät etc* so einigermaßen wieder zu'rechtbasteln, F -fummeln; *um etw zu ändern, reparieren* **~ qc** F an etw (*dat*) her'umbasteln, -fummeln; **2. ~ un cheval** e-m Pferd das Brust-, Zugblatt, die Siele anlegen; **II** *v/i* **3.** basteln; **4.** *mal dies, mal das machen*; kleine Arbeiten, Gelegenheitsarbeiten machen, verrichten; **~eur** *m*, **~euse** *f* **1.** Bastler(in) *m(f)*; Bastelfreund(in) *m(f)*; **être bricoleur, bricoleuse** *auch* gern basteln; **2.** *péj* Stümper(in) *m(f)*; Pfuscher(in) *m(f)*

bride [brid] *f* **1.** Zaum(zeug) *m(n)*; *in Wendungen* Zügel *m*; *Reiten* **main** *f* **de ~** linke Hand; **~ à abattue, à toute ~** mit verhängten Zügeln; *e-m Pferd, e-r Person* **lâcher la ~** die Zügel schießen lassen (*auch s-r Phantasie, s-n Leidenschaften*), lockern (*à dat*); *e-m Pferd, e-r Person* **laisser la ~ sur le cou** die Zügel locker, *fig* auch volle Freiheit lassen (*à dat*); **passer la ~ à un cheval** e-m Pferd den Zaum, das Zaumzeug anlegen; **tenir en ~** a) *Pferd* (fest) am Zügel halten, haben; b) *fig Leidenschaften, Zorn* in Zaum halten; zügeln; Zügel anlegen (+*dat*); *e-m Pferd* **~ courte, 'haute à un cheval** die Zügel anziehen; *fig* **tenir la ~ 'haute à qn** bei j-m die Zügel kurz halten; *e-r Haube* **tourner ~** 'umkehren; **2.** *e-r Haube* (Binde)Band *n*; **3.** *cout anstelle e-s Knopflochs* Schlinge *f*; *e-s Gürtels* Schlaufe *f*; **4.** *cout e-s Knopflochs* Querriegel *m*; **5.** *bei Spitzen* Bride *f*; Speiche *f*; Steg *m*; **6.** *tech für Rohre* Flansch *m*; **7.** *auto der Blattfeder* Bügel *m*; **8.** *e-r Glocke* Krone *f*; **9.**

---

path Bride *f*; Adhäsi'on *f*; Verwachsungsstrang *m*

bridé [bride] *adj* **yeux ~s** Schlitzaugen *n/pl*

brider [bride] *v/t* **1.** *Pferd* (auf)zäumen; **2.** *fig Phantasie, Begeisterung, Leidenschaften* zügeln; Zügel anlegen (+*dat*); im Zaum halten; *Person* **être bridé dans son enthousiasme** in s-r Begeisterung gebremst werden (**par qn** von j-m); **3.** *Kleidungsstück* ~ qn j-n einengen, -zwängen, -schnüren; **4.** *cuis Geflügel* mit e-m Faden um'wickeln; zunähen; bri'dieren; **5.** *tech Rohre* anflanschen; **6.** *cout Knopfloch* durch Querriegel festhalten; **7.** *zum Hochziehen* **~ une pierre** e-e Seilschlinge um e-n Stein legen

bridg|e [bridʒ] *m* **1.** *Kartenspiel* Bridge *n*; **~ contrat, plafond** Kon'trakt-, Aukti'ons-Bridge *n*; **jouer au ~** Bridge spielen; **2.** *Zahnmedizin* Brücke *f*; **~er** *v/i* ⟨**-geons**⟩ Bridge spielen; **~eur** *m*, **~euse** *f* Bridgespieler(in) *m(f)*

bridon [bridõ] *m Reiten* Trense *f*

brie [bri] *m* Brie(käse) *m*

briefing [brifiŋ] *m* **1.** *aviat mil* Einsatzbesprechung *f*; Briefing *n*; **2.** *allg* wichtige (Lage)Besprechung (*bei der Informationen, Instruktionen gegeben werden*)

briève|ment [brijɛvmã] *adv* kurz; in *od* mit kurzen, knappen, wenig(en) Worten; mit ein paar Worten; **~té** *f der Zeit, des Lebens, e-s Briefes* Kürze *f*; *des Lebens, e-r Begegnung auch* kurze Dauer

brigade [brigad] *f* **1.** *mil* Bri'gade *f*; *aviat* **~ aérienne** Geschwader *n*; *im Spanischen Bürgerkrieg* **~s internationales** Internationale Brigaden; **~ de chars** Panzerbrigade *f*; **2.** Ab'teilung *f*; **~ de gendarmerie** *etwa* Gendarme'riebrigade *f* (*kleinste Einheit, 4–10 Mann, der Gendarmerie départementale*); **~ des mœurs** Abteilung der Sittenpolizei; **3.** Gruppe *f*; *bes von Arbeitern* Trupp *m*; Ko'lonne *f*; Mannschaft *f*; *ch de fer auch* Rotte *f*; *in der DDR* Bri'gade *f*; **~ de balayeurs, de cantonniers** Kehr-, Straßenwärterkolonne *f*, -trupp *m*; **~ de sauvetage** Rettungstrupp *m*, -mannschaft *f*; *Steuerwesen* **~ de vérification** Gruppe von Betriebsprüfern; **4.** *bei gewissen Dienststellen, in Betrieben* (Arbeits)Schicht *f*; **5.** *e-m Straßenmeister unter'stehende* Straßen- und Wegeabschnitte *m/pl*

brigadier [brigadje] *m* **1.** *mil bei der Artillerie, Kavallerie u beim Troß* Obergefreite(r) *m*; F **~ général** Bri'gadegeneral *m*; **2.** *e-s gendarmerie etwa* Gendarme'riebrigadier *m*; Führer *m* e-r Gendarme'riebrigade; **3.** *e-s Arbeitstrupps* Trupp-, Ko'lonnen-, *ch de fer* Rottenführer *m*; *in der DDR* Briga'dier *m*; **~-chef** *m* ⟨*pl* **brigadiers-chefs**⟩ *mil bei der Artillerie, Kavallerie u beim Troß* Hauptgefreite(r) *m*

brigand [brigã] *m* **1.** *früher* (Straßen-)Räuber *m*; *fig* **histoire** *f* **de ~s** Räuberpistole *f*, -geschichte *f*; **2.** *fig* Halsabschneider *m*; Schurke *m*; Betrüger *m*; Spitzbube *m*; *plais* Schlingel *m*; **petit ~!** du kleiner Schlingel!; **mon ~ de fils ...** mein Sohn, dieser Schlingel ...

brigandage [brigãdaʒ] *m jur* Bandenraub *m*; schwerer Raub; **acte** *m* **de ~** Raubüberfall *m*

brigandine [brigãdin] *f früher* Brigan-'tine *f od* Brigan'dine *f* (*ein Panzerrock*)

brigant|in [brigãtɛ̃] *m mar etwa* kleine Brigan'tine; **~ine** *f mar* Be'san *m*; Be'sansegel *n*

brightisme [brajtism(ə)] *m path* Bright-sche ['brait-] Krankheit

brignolet [briɲɔlɛ] *arg m* Brot *n*

briguer [brige] *v/t* an-, erstreben; stre-

---

ben, trachten nach; **um e-n Posten sich bewerben, bemühen um**

brillamment [brijamã] *adv* **1.** *Raum ~* éclairé strahlend erleuchtet; **2.** *fig* glänzend; brillant [-l'j-]; glanzvoll; mit Glanz, Bril'lanz

brillance [brijãs] *f phys* Leuchtdichte *f*

brillant [brijã] **I** *adj* **1.** *Metall, Wasserfläche, Edelstein etc* glänzend; schimmernd; *st/s* gleißend; *Augen* glänzend; leuchtend; strahlend; **2.** *fig Karriere, Ergebnis etc* glänzend; *Stil, Vortrag, Redner, Schriftsteller auch* brillant [-l'j-]; *Zeremonie, Vorstellung auch* glanzvoll; *Erfolg auch* fulmi'nant; **~e performance** *auch* Glanzleistung *f*; **~e société** il'lustre Gesellschaft; **ne pas être ~** *Ergebnis* nicht (gerade) glänzend sein, *Geschäfte gehen; von der Gesundheit* **ça n'est pas ~** es geht nicht gerade glänzend; **ce n'est pas brillant**; **II** *m* **1.** *des Metalls, Haars, e-r Wasserfläche etc* Glanz *m*; Schimmer *m*; **2.** *fig des Stils* Brillanz [-l'j-]; **avoir du ~** glänzen, bril'lant sein; **3.** *geschliffener Diamant* Brillant [-l'j-] *m*; **tailler en ~** mit Brillantschliff versehen; *auch* Brillant schleifen

brillant|age [brijãtaʒ] *m* **1.** Versehen *n* mit Bril'lantschliff; **2.** *tech von Metallen* Glänzen *n*; **bain** *m* **de ~** Glanzbad *n*; **~er** *v/t* **1.** *Edelstein* auf Bril'lant schleifen; Bril'lantschliff geben (+*dat*); **2.** *tech Metalle* glänzen; **3.** *text Garn* glänzen

brillantin|e [brijãtin] *f* Brillan'tine [-l-j-] *f*; **~er** *v/t Haar* mit Brillan'tine ein-, bestreichen

briller [brije] *v/i* **1.** *Metall, Wasserfläche, Edelstein* glänzen; schimmern; *st/s* gleißen; *Sonne* scheinen; *Licht* leuchten; *Haar, Schuhe* glänzen; *Schuhe auch* blitzen; *Augen, Gesicht* glänzen, strahlen, leuchten (**de joie** vor Freude); **~ de tout son éclat** in s-m ganzen Glanz erstrahlen; **la joie brille dans ses yeux, sur son visage** Freude strahlt, leuchtet aus s-n Augen, auf s-n Gesicht; **faire ~** *Möbel, Parkett* (auf Hochglanz) po-'lieren; F wienern (*auch Schuhe*); *fig* **faire ~ qc à qn** j-m etw vorgaukeln, vorspiegeln; *prov* **tout ce qui brille n'est pas (d')or** es ist nicht alles Gold, was glänzt (*prov*); **2.** *fig Person* glänzen, brillieren [-l'j-] (**dans la conversation** in der Unter'haltung; **par qc** mit *od* durch etw); **~ à l'examen** im Examen glänzen; sich im Examen glänzend her-'vortun; *iron* **ne pas ~ par qc** sich nicht gerade durch etw auszeichnen, her'vortun; *iron* **~ par son absence** durch Abwesenheit glänzen; **faire ~ qn** j-n groß her'ausstellen

brimade [brimad] *f* Schi'kane *f*; **subir des ~s** Schikanen erdulden

brimbale [brɛ̃bal] *f* Pumpenschwengel *m*

brimbal|ement [brɛ̃balmã] *m* Gerüttel *n*; *auch* Scheppern *n*; Klappern *n*; **~er** *v/i cf* bringuebaler

brimborion [brɛ̃bɔrjõ] *m früher, meist pl* **~s** kleine Gegenstände *m/pl*; Kleinigkeiten *f/pl*

brimer [brime] *v/t* schika'nieren; drangsa'lieren; kujo'nieren; F striezen

brin [brɛ̃] *m* **1.** *e-r Pflanze* Stengel *m*; Halm *m*; *fig* **un beau ~ de fille** ein hochgewachsenes, hübsches junges Mädchen, F Ding; **~ d'herbe, de paille** Gras-, Strohhalm *m*; **~ de muguet** ein Maiglöckchen(stengel) *n(m)*; **quelques ~s de persil** ein paar Stengel Petersilie; **~ de fil** (Garn-)Fädchen *n*; **~ de laine** Wollfädchen *n*; **3.** *fig* **un ~ de** (+*subst*) ein bißchen, ein (klein) wenig (+*subst*); *loc/adv* **patienter, se réchauffer, etc.* **un ~** ein bißchen; ein

(klein) wenig; etwas; **faire un** ~ **de cour à une jeune fille** e-m jungen Mädchen ein bißchen den Hof machen; **il y a dans cette idée un** ~ **de folie** diese Idee ist ein bißchen verrückt; **faire un** ~ **de toilette** sich schnell (noch) ein bißchen frisch machen; **il n'y a pas un** ~ **de vent** es regt sich, es geht kein Lüftchen; **4.** *e-s Seils* (Litzen-)Faden *m*; Garn *n*; *mar* Kabelgarn *n*; *e-s Drahtseils* (Litzen-) Draht *m*; **5.** *e-r Antenne* Draht *m*; **6.** *text von Hanf, Flachs* Elemen'tarfaser *f*; fil *m* de ~ Langfasergarn *n*; **(toile** *f* **de)** ~ Leinen *n* aus Langfasergarn; **7.** *tech Stück e-s Treibriemens* Trum(m) *m od n*; **8.** *Forstwirtschaft* junger Baumsproß, -schoß, -schößling *(aus e-m Samen)*

brindezingue [brɛ̃dzɛ̃g] *adj* F *cf* zinzin

brindille [brɛ̃dij] *f* Zweiglein *n*; Reis *n*; *meist pl* ~s Reiser *n/pl*; *auch* Reisig *n*

bringue [brɛ̃g] *f* F **1.** *von e-r Frau* une **grande** ~ F e-e Hopfenstange, lange Latte; **2. faire la** ~ ein flottes, ausschweifendes Leben führen; in Saus und Braus, herrlich und in Freuden leben; **faire une** ~ **à tout casser** e-n Zechbummel, *auch zu Hause* F e-e Sause machen; feiern, daß die Wände wackeln

bringuebaler [brɛ̃gbale] *od* **brinquebaler** [brɛ̃kbale] *v/i* (hin und her) gerüttelt, geschüttelt werden; *auch* scheppern, klappern

brio [brijo] *m des musikalischen Vortrags, der Formulierung* Brillanz [-l'j-] *f*; **avec** ~ mit Brillanz; brillant; glänzend; mit Glanz

brioche [brijɔʃ] *f* **1.** *cuis* Bri'oche *f (Hefegebäck, das in e-r gerippten Form gebacken wird u oben e-e Kugel trägt)*; **2.** F *fig* **avoir, prendre de la** ~ ein Bäuchlein haben, ansetzen *od* F kriegen

brioché [brijɔʃe] *adj* **pain** ~ etwa leicht gesüßtes Hefebrot in Kastenform

briochin [brijɔʃɛ̃] *adj* (*u subst* ♀ Einwohner) von Saint-Brieuc

brion [brijõ] *m mar* Stevenknie *n*

brique [brik] *f* **1.** *bât* Ziegel(stein) *m*; Backstein *m*; ~ **creuse** Hohl(ziegel)stein *m*; Hohl-, Lochziegel *m*; ~ **pleine** 'Vollziegel *m*; ~ **réfractaire** Scha'motteziegel *m*; **maison** *f* **de** ~(s) Backstein-, Ziegelhaus *m*; ~ **couleur (de)** ~ *(inv) od ellip* ~ *(inv)* ziegelrot; F **bouffer des** ~s F Kohldampf schieben; **2.** ~ **de tourbe** Torfbrikett *n*; **3.** F *fig* e-e Milli'on alte Franc

briquer [brike] *v/t Parkett, Auto, Möbel* (auf Hochglanz) po'lieren; F wienern; *Parkett, Auto auch, Schuhe* blank reiben, putzen, *Schuhe auch* bürsten; *Schuhe, Parkett auch* wichsen; *Schiffsdeck* schrubben

briquet [brikɛ] *m* Feuerzeug *n*; ~ **à essence, à gaz** Ben'zin-, Gasfeuerzeug *n*; **pierre** *f* **à** ~ Feuerstein *m*; *früher* **battre le** ~ Feuer schlagen

briquet|age [briktaʒ] *m* **1.** *bât* **a)** Ziegel-, Backsteinmauerwerk *n*; **b)** echtes Backsteinmauerwerk vortäuschender Verputz; Backsteinimitation *f*; **2.** Briket'tieren *n*, -ung *f*; ~**er** *v/t* <-tt-> **1.** *bât* **a)** mit Ziegeln, Backsteinen pflastern, belegen; **b)** mit e-m Verputz versehen, der echtes Backsteinmauerwerk vortäuscht, imi'tiert; **2.** briket'tieren

briqueterie [brik(ə)tri] *f* Ziege'lei *f*; Ziegelbrennerei *f*

briquet|eur [brik(ə)tœr] *m bât auf* Backsteinbauten speziali'sierter Maurer; ~**ier** *m* **a)** Ziege'leiarbeiter *m*; **b)** Ziegelhersteller *m*, -händler *m*

briquette [brikɛt] *f* Brennstoff, métall Bri'kett *n*

bris [bri] *m* Bruch *m*; *jur* ~ **de clôture** bös-, mutwillige Beschädigung, Zer-

störung e-r Einfriedung, Um'zäunung; ~ **de glace** Glasbruch *m*, -schaden *m*; **assurance** *f* **(contre les)** ~ **de glace** Glasversicherung *f*; **entendre un** ~ **de glace** hören, wie Scheiben splittern, zerspringen; *jur* ~ **de scellés** Siegelbruch *m*

bris|ance [brizɑ̃s] *f von Sprengstoffen* Bri'sanz *f*; ~**ant¹** *adj Sprengstoff* bri'sant

brisant² [brizɑ̃] *m* Klippe *f*; (Felsen-) Riff *n*

brise [briz] *f* Brise *f (auch mar)*; leichter, sanfter Wind; *mar:* **bonne, jolie, légère, petite** ~ frische, mäßige, leichte, schwache Brise; ~ **du large, de mer** (leichter) Seewind; ~ **de terre** (leichter) Landwind; ablandiger Wind

brisé [brize] *adj* **1.** gebrochen; *arch* **arc** ~ Giebelbogen *m*; *fig* **cœur** ~ gebrochenes Herz; *arch* **comble** ~ Man'sard(en)dach *n*; *tech* **essieu** ~ Halbachsen *f/pl*; *Geometrie* **ligne** ~e gebrochene Linie; *mus* **octave** ~e gebrochene Oktave; *cuis* **pâte** ~e Knet-, Mürb(e)teig *m* ohne Eier; *riz* ~ Bruchreis *m*; *fig* **vie** ~e verdorbenes, rui'niertes, F verpfuschtes Leben; *d'une* **voix** ~e **par l'émotion** mit gebrochener, versagender Stimme; *e-r Tür* **vantail** ~ zweiteiliger Türflügel; **volet** ~ Faltladen *m*; **2.** *fig* **être** ~ **de fatigue** wie zerschlagen, wie gerädert, völlig erledigt sein; **3.** *Heraldik* mit Beizeichen, Bri'sure, Bruch versehen

brise-cœurs [brizkœr] *m (inv) plais* Herzensbrecher *m*

brisées [brize] *f/pl* **1.** *ch* geknickte Zweige *m/pl*, Bruch *m (zur Markierung der Fährte des Wildes)*; *Forstwirtschaft* abgehauene Zweige *m/pl (zur Markierung des Holzschlages)*; **2.** *fig u st/s*: **aller, marcher sur les** ~ **de qn** j-m ins Gehege kommen; **suivre les** ~ **de qn** in j-s Fußstapfen *(acc)* treten; j-m nacheifern

brise|-fer [brizfɛr] F *m (inv) cf* brise-tout; ~**-glace(s)** *m (inv)* **1.** *mar* Eisbrecher *m*; **2.** *an Brückenpfeilern* Eisbrecher *m*; ~**-jet** *m (inv)* Wasserstrahlregler *m*; ~**-lames** *m (inv)* Wellenbrecher *m*

brisement [brizmɑ̃] *m litt* ~ **de cœur** (großer) Herzenskummer

brise-mottes [brizmɔt] *m (inv) agr* ~ *od adit* **rouleau** *m* ~ Schollenbrecher *m*

briser [brize] **I** *v/t* **1.** *st/s bes Glas* zerbrechen, -schlagen, -schmettern, -trümmern; entzweibrechen; *Kette* zerreißen; *fig s-e Ketten, Fesseln* sprengen; *Siegel* erbrechen; *neue Schuhe* geschmeidig machen; einlaufen; *Eisbrecher: das Eis* aufbrechen; **2.** *fig Widerstand, Streik, j-s Willen* brechen; *Karriere, Zukunft* verderben, rui'nieren; F verpfuschen; *st/s Joch* abschütteln; abwerfen; *Person, Lebensumstände* ~ **qn** j-m das Rückgrat brechen; j-s Kraft brechen; *Streit* ~ **une amitié** e-e Freundschaft zerbrechen, F ka'puttmachen; ~ **son avenir** *auch* sich die Zukunft völlig verbauen; ~ **la carrière de qn** *auch* j-s Karriere *(dat)* ein Ende setzen; *j-s Tod, Undank etc* ~ **le cœur de qn** j-m das Herz brechen; ~ **le courage de qn** j-m allen Mut nehmen, rauben; ~ **l'énergie** die Tatkraft schwächen, *p/fort* rauben; **3.** *körperliche Anstrengung* ~ **qn** j-n erschöpfen, erledigen, F ka'puttmachen; **4.** *Heraldik* brechen; **5.** *Heraldik: Schild* durch ein Beizeichen, e-e Bri'sure, e-n Bruch kennzeichnen, abändern; **II** *v/i* **6.** *Person* ~ **avec qc** etw *(z B mit e-r Gewohnheit, mit der Vergangenheit)* brechen; **7.** *Meer* branden; *Wellen* sich brechen **(contre, sur** an + *dat)*; **8.** *ch um die Fährte des Wildes zu markieren* ~ **bas**

Zweige knicken; ~ '**haut** Zweige abbrechen und auf die Fährte legen; **III** *v/pr* **se** ~ **9.** *bes Glas* (zer)brechen, (-)platzen; zerspringen; in die Brüche gehen; bersten; *Kette* zerreißen; **10.** *Meer* branden; *Wellen* sich brechen **(contre, sur** an + *dat)*; **11.** *fig Angriff* zu'sammenbrechen **(sur les lignes ennemies** an den feindlichen Linien); *Hoffnungen* zu'schanden, zu'nichte, vernichtet werden; *Bemühungen* scheitern **(contre, sur** an + *dat)*

brise|-soleil [brizsɔlɛj] *m (inv) arch* Briseso'leil *m*; Sonnenschutz *m (an der Außenseite von Fenstern)*; ~**-tout** *m (inv)* F j, der alles ka'puttmacht, was er in die Hände bekommt; *auch* Tolpatsch *m*; *adit* **elle est** ~ sie macht, kriegt alles kaputt

bris|eur [brizœr] *m* ~ **de grève** Streikbrecher *m*; ~ **d'images** Bilderstürmer *m*; ~**euse** *f text* Vorreißer *m*

brise-vent [brizvɑ̃] *m (inv)* Windschutz *m*

brisis [brizi] *m arch e-s Mansarddaches* steil geneigte, untere Fläche

brisoir [brizwar] *m* Flachsbreche *f*

bristol [bristɔl] *m* **1.** Bristolpapier *n*, -karton *m*; **2.** *par ext* Vi'sitenkarte *f*

brisure [brizyr] *f* **1.** *Heraldik* Beizeichen *n*; Bri'sure *f*; Bruch *m*; **2.** Schar'niergelenk *n*; **3.** *pl* ~**s de riz** Bruchreis *m*

britannique [britanik] **I** *adj* britisch: **les îles** *f/pl* ~**s** die Britischen Inseln *f/pl*; **II** *subst* ♀ *m,f* Brite *m*, Britin *f*

brize [briz] *f bot* Zittergras *n*

broc [bro] *m* (Wasser)Kanne *f*, (-)Krug *m*; *Maß* **deux** ~**s d'eau** zwei Kannen, Krüge Wasser

brocant|e [brɔkɑ̃t] *f* (Handel *m* mit) Trödelwaren *f/pl*; ~**er** *v/i* mit Trödel(waren) handeln; ~**eur** *m* Trödler *m*

brocard¹ [brɔkar] *m litt meist pl* ~**s** beißender Spott; Stiche'lei(en) *f(pl)*

brocard² [brɔkar] *m ch* Rehbock *m; im engeren Sinn* Jährling *m*

brocart [brɔkar] *m text* Bro'kat *m*

brocatelle [brɔkatɛl] *f* **1.** *text* Broka'tell(e) *m(f)*; **2.** Bro'katmarmor *m*; Broka'tello *m*

brochage [brɔʃaʒ] *m* **1.** *Buchbinderei* Bro'schieren *n*; Bro'schur *f*; Heften *n*; **2.** *tech* Räumen *n*; ~ **extérieur, intérieur** Außen-, Innenräumen *n*; **3.** *text* Bro'schieren *n*; **4.** *chir* Drahtextension *f*

brochant [brɔʃɑ̃] *adj Heraldik:* Figur über (e-r) anderen sitzend und sie teilweise bedeckend; ~ **sur le tout** über den ganzen Schild gehend

broche [brɔʃ] *f* **1.** *Schmuckstück* Brosche *f*; Ansteck-, Vorstecknadel *f*; **2.** *cuis* Bratspieß *m*; **à la** ~ am Spieß (gebraten); **poulet** *m* **à la** ~ *auch* Hähnchen *n* vom Grill; **mettre à la** ~ auf den Spieß schieben; **3.** *Spinnerei* Spindel *f (zum Aufstecken der Spule)*; **banc à** ~ *cf* banc **4.**; **4.** *tech* Dorn *m*; Stift *m (auch am Fuß e-r Elektronenröhre)*; **5.** *tech zum Räumen* Räumwerkzeug *n*; *zum Innenräumen auch* Räumnadel *f*; *e-r Werkzeugmaschine* Arbeits-, Werkzeugspindel *f*; *e-r Bohrmaschine auch* Bohrspindel *f*; **6.** *chir zur Drahtextension* Draht *m*; **7.** *ch des Rehbocks* Erstlings-, Jährlingsgehörn *n; des Keilers* ~**s** *pl* Hauer *m/pl*; **8.** *des Schusters* Ahle *f*; Pfriem *m*; Ort *n*

broché [brɔʃe] *m* **a)** *text* Bro'schieren *n*; **b)** Bro'ché *m*; Broché-Gewebe *n*

brocher [brɔʃe] *v/t* **1.** *Buchbinderei* bro'schieren; heften; **livre broché** bro'schiertes Buch; Bro'schur *f*; **2.** *tech* räumen; **3.** *text* bro'schieren; **4.** *Hufschmied:* Hufnägel einschlagen

brochet [brɔʃɛ] *m zo* Hecht *m*

brochette [brɔʃɛt] *f* **1.** *cuis* kleiner Brat-spieß; *Gericht (Art)* Schaschlik *n od m*; ~ de rognons, de foie Nierchen *n/pl*, Leber *f* am Spieß; **2.** *fig* une ~ de jeunes filles, *de garçons, etc* (wie aufgereiht nebeneinandersitzende) Gruppe junger Mädchen *etc*; **3.** Ordensschnalle *f*, -spange *f*

broch|eur [brɔʃœr] *m*, **~euse** *f* **1.** *Buch-binderei* Buchbinder(in), der (die) Bro-'schuren herstellt; Hefter *m*; **2.** *text* Brochéweber(in) *m(f)*; **3.** *m text* Bro-'schierlade *f*; **4.** *f* Buchbinderei Heftma-schine *f*; **5.** *f tech* Räummaschine *f*

brochoir [brɔʃwar] *m* des Hufschmieds Beschlag-, Hufhammer *m*

brochure [brɔʃyr] *f* **1.** Bro'schüre *f*; ~ de propagande Propa'ganda-broschüre *f*, -schrift *f*, -heft(chen) *n*; **2.** *cf* brochage **1.**; **3.** *text* des Brochés einge-webtes Muster

brocoli [brɔkɔli] *m bot* Brokkoli *pl*; Bröckel-, Spargelkohl *m*

brodequin [brɔdkɛ̃] **1.** *für Männer* Schnürstiefel *m*; **2.** *früher Folterwerk-zeug* ~s *pl* Spanische Stiefel *m/pl*

broder [brɔde] **I** *v/t* (be)sticken; ~ ses initiales sur *qc* sein Monogramm in etw (*acc*) sticken; ~ un napperon ein Deckchen sticken; **brodé main** handge-stickt; **brodé d'or** goldgestickt, -bestickt; **II** *v/i* F *fig* einiges, etliches hin'zudichten

brod|erie [brɔdri] *f* Sticke'rei *f* (*auch der Gegenstand*); ~ blanche, mécanique, perlée Weiß-, Ma'schinen-, Perlenstick-erei *f*; ~ d'application, de couleur, d'or Applikati'ons-, Bunt-, Goldsticke-rei *f*; ~ d'art od sur métier kunstvol-le (Bunt)Stickerei mit Stickrahmen; **~eur** *m*, **~euse** *f* **1.** Sticker(in) *m(f)*; brodeuse à la main, à la mécanique Hand-, Ma'schinenstickerin *f*; **2.** *adj* ~ *(nur f)* Stickmaschine *f*; **3.** *adjt* fil brodeur Stickfaden *m (für Stickmaschinen)*

broie [brwa] *f* Flachs-, Hanfbreche *f*

broiement [brwamɑ̃] *m cf* broyage *f*

bromate [brɔmat] *m chim* Bro'mat *n*; bromsaures Salz

brome[1] [brom] *m chim* Brom *n*

brome[2] [brom] *m bot* Trespe *f*

bromélia [brɔmelja] *m bot* Bro'melie *f*; **~cées** [-se] *f/pl bot* Ananasgewächse *n/pl*; Bromelia'zeen *f/pl*

bromer [brɔme] *v/t chim* bro'mieren

brom|hydrique [brɔmidrik] *adj chim* acide *m* ~ Bromwasserstoff *m*; **~ique** *adj* acide *m* ~ Bromsäure *f*; **~isme** *m path* Bromvergiftung *f*; **~ure** *m chim* Bro'mid *n*; ~ d'argent Silberbromid *n*; Bromsilber *n*; ~ d'éthyle Ä'thylbromid *n*; ~ de potas-sium Kaliumbromid *n*; Bromkali(um) *n*

bronche [brɔ̃ʃ] *f anat* Bronchie *f*; Luft-röhrenast *m*; *sc* Bronchus *m*; *meist pl* ~s Bronchien *f/pl*

broncher [brɔ̃ʃe] *v/i meist verneint* sans ~ ohne zu murren; ohne 'Widerworte, -rede; ohne mit der Wimper zu zucken; **personne n'ose** ~ keiner wagt, e-n Laut von sich zu geben, sich zu rühren, F sich zu mucksen

bronchiole [brɔ̃ʃjɔl] *f anat* Bronchi'ole *f*

bronchique [brɔ̃ʃik] *adj anat, path* bronchi'al; Bronchi'al...; des Bronchien

bronchit|e [brɔ̃ʃit] *f path* Bronchi'al-katarrh *m*; Bron'chitis *f*; **~ique** *adj* der Bron'chitis; Bron'chitis...; an Bronchitis erkrankt, leidend

broncho|graphie [brɔ̃kɔgrafi] *f méd* Bronchogra'phie *f*; **~lithe** [-lit] *f path* Bronchi'al; Bronchi'al...; des Bronchien *path* Bronchopneumo'nie *f*; **~pneumonie** *f path* Bronchopneumo'nie *f*; **~scope** *m méd* Broncho'skop *n*; **~scopie** *f méd* Bronchosko'pie *f chir* **~tomie** [-tɔmi] *f chir*

Bronchoto|mie *f*

brontosaure [brɔtozɔr] *m Paläontolo-gie* Bronto'saurus *m*

bronzage [brɔ̃zaʒ] *m* **1.** *der Haut* **a)** Bräunen *n*; Braunwerden *n*; **b)** Bräune *f*; **2.** *tech* Bron'zieren *n*; **3.** *impr* Bronze-druck *m*

bronze [brɔ̃z] *m* **1.** Bronze *f*; ~ à canon Geschützbronze *f*; ~ d'aluminium Alu-'miniumbronze *f*; de *od* en ~ bronzen; Bronze...; *âge m*, art *m* du ~ Bronzezeit *f*, -kunst *f*; **2.** Bronze *f*; Kunstgegenstand *m* aus Bronze

bronzé [brɔ̃ze] *adj Person* braun; (sonnen)gebräunt

bronz|er [brɔ̃ze] **I** *v/t* **1.** *Haut* bräunen; **2.** *tech* bron'zieren; **II** *v/i* (*u v/pr* se) ~ braun werden; bräunen; **crème** *f* à ~ Sonnenschutzcreme *f*; **lampe** *f* à ~ Höhensonne *f*; **~eur** *m tech* Bronzierer *m*; **~ier** *m* Bronzegießer *m*, -plastiker *m*

brook [bruk] *m beim Jagd-, Hindernis-rennen* Wassergraben *m*

broquart [brɔkar] *m cf* brocard[2]

brossage [brɔsaʒ] *m* (Ab-, Aus)Bürsten *n*

brosse [brɔs] *f* **1.** Bürste *f*; e-s Staubsau-gers *auch* Bürstendüse *f*; ~ métallique Draht-, Stahlbürste *f*; ~ à chaussures, à cheveux, à dents, à habits, à ongles Schuh-, Haar-, Zahn-, Kleider-, Nagel-*od* Handbürste *f*; *für Schuhe* ~ à reliure Glanzbürste *f*; F *fig* **manier, passer la** ~ à reliure *auf* plumpe Weise schmei-cheln; ein Speichellecker sein; Speichel-lecke'rei betreiben; **donner un coup de** ~ à *qc* etw (ab-, aus)bürsten; **2.** *des Malers, Anstreichers* Pinsel *m*; *des An-streichers auch* Quast *m*; **3.** *für Männer* Bürsten(haar)schnitt *m*; **cheveux** *m/pl* **en** ~ Haar *n* im Bürstenschnitt; Bürsten-haar *n*, -frisur *f*; **4.** *zo an den Beinen der Bienen* Bürste *f*

brosser [brɔse] **I** *v/t* **1.** *Kleidungsstück, Schuhe* (ab)bürsten; *Kleidungsstück auch* ausbürsten; *Haar* bürsten; ~ *qn* j-n abbürsten; **2.** *peint* mit groben Pinsel-strichen malen, hinwerfen; *fig* ~ **un tableau de la situation** e-n knappen 'Überblick über die Lage geben; in großen Zügen die Lage schildern; **II** *v/pr* se ~ sich abbürsten; F *fig* **tu peux te** ~! da kannst du lange warten!; **se** ~ **les dents** sich die Zähne putzen; **se** ~ **les ongles** sich die Nägel bürsten

bross|erie [brɔsri] *f* **a)** Bürsten-, Besen-und Pinselherstellung *f*; ~ fine Feinbür-sten- und Pinselherstellung *f*; **grosse** ~ Herstellung *f* von Grobbürsten und Bürsten für technische Zwecke; **b)** Bür-sten-, Besen- und Pinselfabrik *f*, **c)** -handel *m*; **~ier** *m* Bürsten-, Besen- und Pinselmacher *m*; Bürsten- und Besenbin-der *m*

brou [bru] *m der Walnuß, Mandel* grüne Außenschale; ~ de noix **a)** grüne Wal-nußschale *f*; **b)** *für Holz* dunkelbraune Beize (aus grünen Walnußschalen)

brouet [bruɛ] *m péj* undefinierbare, un-appetitlich aussehende Suppe; F ab-scheuliche Brühe

brouette [bruɛt] *f* Schub-, Schieb-karre(n) *f(m)*

brouett|ée [bruete] *f* une ~ de sable e-e (Schub)Karre(voll) Sand; **~er** *v/t* kar-ren; ~ du sable Sand karren

brouhaha [bruaa] *m in e-r Menschen-menge* wirrer Lärm; Getöse *n*; ~ de voix, des conversations (lautes) Stimmen-gewirr

brouillage [brujaʒ] *m* **1.** *rad* Stören *n*, -ung *f*; **2.** *mines* e-s Vorkommens Stö-rung *f*

brouillamini [brujamini] *m* Durchein-'ander *n*; Wirrwarr *m*

brouillard [brujar] *m* **1.** *météo* Nebel *m*; épais ~ sur les routes dichter Nebel auf den Straßen; ~ de l'automne, d'évaporation, de glace, de mélan-ge, de rayonnement Herbst-, Verdun-stungs-, Eis-, Mischungs-, Strahlungsne-bel *m*; **par temps de** ~ bei Nebel (-wetter); **il y a, il fait du** ~ es ist neb(e)lig; es herrscht Nebel; wir haben Nebel; *fig*: **avoir un** ~ **devant les yeux** e-n Schleier vor den Augen haben; F **être dans le** ~ nicht klarsehen; **foncer dans le** ~ sich kopf'über in ein Unter-'nehmen stürzen; **2.** *comm* Kladde *f*

brouillasser [brujase] *v/imp* nieseln

brouille [bruj] *f* Streit *m*; Zwist *m*; Zerwürfnis *n*; F Krach *m*

brouillé [bruje] *adj* **1.** *cuis* œufs ~s Rührei(er) *n(pl)*; **2.** *Himmel* verhangen; bedeckt; grau; *Wetter* trüb(e); le temps est ~ es ist trüb(es Wetter); **3.** *Teint* **a)** fahl; bleich; blaß; **b)** unrein; avoir le teint ~ *auch* schlecht, müde aussehen; grau im Gesicht sein; **4.** *cf* brouiller **1., 2.**

brouiller [bruje] **I** *v/t* **1.** *Schriftstücke* durchein'anderbringen, -werfen; in Un-ordnung bringen; *Türschloß* verdrehen; ~ les idées de qn j-n verwirren, durch-ein'anderbringen, in Verwirrung brin-gen, kon'fus machen; **avoir les idées brouillées** krause, verworrene, kon-'fuse Gedanken haben; ~ les pistes die Spuren verwischen; *Blick, Augen* brouillé par les larmes tränenver-schleiert; **2.** *Personen* entzweien; ausein-'anderbringen; **être brouillé avec qn** mit j-m entzweit, zerstritten, böse, ver-feindet, F verkracht sein, Krach haben; F **être brouillé avec qc** F mit etw auf Kriegsfuß stehen; **3.** *Radiosendung* stören; *technischer Fehler* ~ l'image télévisée e-e Bildstörung verursachen; **4.** *falsche Ernährung etc* ~ le teint dem Teint schaden; e-n schlechten, unreinen Teint machen, verursachen; **II** *v/pr* se ~ **5.** *Brille, Glas* anlaufen; beschlagen; trüb werden; **ma vue se brouille** mir schwimmt es vor den Augen; ich sehe alles nur noch ganz verschwommen, wie durch e-n Schleier; **6.** *Wetter* sich ein-trüben; trüb(e) werden; *Himmel* sich beziehen; **le temps se brouille** *auch* es bezieht sich; **7.** *Gedanken, Erinnerungen* sich verwirren; durchein'andergeraten; **tout se brouille dans ma tête** mir ist ganz wirr im Kopf; mir schwirrt der Kopf; **8.** *Person(en)* sich entzweien, über'werfen, verfeinden, F verkrachen (**avec qn** mit j-m); F Krach bekommen, kriegen (mit j-m)

brouilleur [brujœr] *m rad* Störsender *m*; *adjt* Stör...

brouillon[1] [brujɔ̃] *adj* ~ne> *Person* être (de caractère, un esprit) ~ ein Wirrkopf sein; krause, wirre, verworre-ne, kon'fuse I'deen, Gedanken haben

brouillon[2] [brujɔ̃] *m* Kon'zept *n*; erste Niederschrift; (erster) Entwurf; Rohfas-sung *f*; **cahier** *m* **de** ~ Schmier-, Kon-zeptheft *n*; Kladde *f*; **papier** *m* (**de**) ~ Konzeptpapier *n*; **faire le** ~ **d'un dis-cours** das Konzept e-r Rede verfassen, aufsetzen, ausarbeiten; e-e Rede im Konzept aufsetzen

brouir [bruir] *v/t Sonne:* bereite Pflan-zen verbrennen, -sengen

broum [brum] *int Motorengeräusch nachahmend* brumm, brumm!

broussaill|e [brusaj] *f* **1.** *meist pl* ~s Gestrüpp *n*; Dickicht *n*; Gesträuch *n*; Buschwerk *n*; Gebüsch *n*; Gestrüpp *n*; **2.** *loc/adj* **big en** ~ *Haar, Bart* buschig; struppig; *Brauen* buschig; **~eux** *adj* <-euse> **1.** mit Gestrüpp, Gesträuch, Buschwerk bedeckt; voller Gestrüpp *etc*; **2.** *Haar, Bart, Brauen cf*

(en) broussaille 2.

brousse [brus] f 1. géogr in (sub-) tropischen Gebieten Busch m; 2. fig u péj en pleine ~ auf dem Land, weitab von jeglicher Zivilisati'on

broussin [brusɛ̃] m an Bäumen Knorren m; Auswuchs m

brout [bru] m junger Bäume im Frühling (junger, frischer) Trieb; vét mal m de ~ etwa Darmentzündung f (durch das Abfressen junger Triebe verursacht)

broutage [bruta3] m cf broutement 2.

broutard od **broutart** [brutar] m Fleischerei Kalb, das draußen geweidet hat; Fresser m

brout|ement [brutmɑ̃] m 1. des Viehs Weiden n; Grasen n; 2. tech Rattern n; unregelmäßiges Arbeiten; **~er** I v/t vom Vieh abweiden; abgrasen; (ab)fressen; abs weiden; grasen; II v/i tech rattern; unregelmäßig arbeiten

broutille [brutij] f meist pl ~s Belanglosigkeit f/pl; Nichtigkeiten f/pl; Nebensächlichkeiten f/pl; Lap'palien f/pl; Kleinigkeiten f/pl

brownien [brɔnjɛ̃] adj ⟨nur m⟩ phys mouvement ~ Brownsche Bewegung [ˈbraun-]

browning [brɔniŋ] m Browning [ˈbrauniŋ] m

broyage [brwaja3] m Zerkleinern n; im Mörser (Zer)Stoßen n; Zermahlen n; (Zer)Schroten n; Zermalmen n; von Steinen, Flachs, Hanf Brechen n; von Farben Anreiben n; von weichen Substanzen Zerdrücken n; Zerquetschen n

broyer [brwaje] v/t ⟨-oi-⟩ 1. zerkleinern; im Mörser (zer)stoßen; zermahlen; (zer)schroten; zermalmen; Steine, Flachs, Hanf brechen; Farben anreiben; weiche Substanz zerdrücken; zerquetschen; bei e-m (Arbeits)Unfall: Finger, Hand zerquetschen; plais bei e-m festen Händedruck vous me broyez la main! Sie zerquetschen mir ja die Hand!; 2. fig ~ du noir trüben, schwarzen Gedanken nachhängen; sich trüben, schwarzen Gedanken hingeben; F Trübsal blasen; litt Grillen fangen

broyeur [brwajœr] m 1. tech Brecher m; Mühle f; zum Zerkleinern von Altpapier für die Papierherstellung Kollergang m; ~ à boulets Trommel-, Kugelmühle f; ~ à cylindres, à marteaux Walzen-, Hammerbrecher m bzw -mühle f; ~ à mâchoires Backenbrecher m; ~ à ordures Zerkleinerer m, Zerhacker m von Küchenabfällen; 2. Arbeiter ~ de lin Flachsbrecher m

broyeuse-teilleuse [brwajøztɛjøz] f ⟨pl broyeuses-teilleuses⟩ für Flachs, Hanf Brech- und Schwingmaschine f

brr [brr] int 1. bei Kälte brr!; hu!; 2. Ausdruck des Schauderns, Schreckens hu(ch)!

bru [bry] f Schwiegertochter f

bruant [bryɑ̃] m zo Ammer f; ~ jaune, zizi Gold-, Zaunammer f

bruccio [bryksjo] m korsischer Schaf- bzw Ziegenkäse

brucelles [brysɛl] f/pl Pin'zette f; Federzange f; des Uhrmachers Kornzange f

brucellose [bryseloz] f path, vét Brucel-'lose f

bruche [bryʃ] m zo Samenkäfer m

brucine [brysin] f chim Bru'cin n

brugnon [brynɔ̃] m bot Brü'gnole f; abus Nekta'rine f

brugnonier [brynɔnje] m bot Nekta-'rine(nbaum) f(m)

bruin|e [bruin] f Niesel-, Sprühregen m; **~er** v/imp nieseln; **~eux** adj ⟨-euse⟩ temps ~ Nieselwetter n

bruir [bruir] v/t text dämpfen

bruire [bruir] v/i ⟨déf: il bruit, ils

bruissent; il bruissait, ils bruissaient; bruissant⟩ st/s Blätter, Bäume, Wind sanft, leise rauschen (auch Wasser); säuseln; Papier, Seide, Taft rascheln

bruissage [bruisa3] m text Dämpfen n

bruissement [bruismɑ̃] m st/s der Blätter, Bäume, des Windes sanftes, leises Rauschen (auch des Wassers); Säuseln n; von Papier, Seide, Taft Rascheln n

bruit [brui] m 1. Geräusch n; p/fort Lärm m (auch fig); ◆ physiol ~s cardiaques, du cœur Herztöne m/pl; ~ infernal, d'enfer ohrenbetäubender Lärm; ~ Höllen-, Heidenlärm m; rad ~s parasites Stör-, Nebengeräusch(e) n(pl); Störungen f/pl; physiol ~s respiratoires Atemgeräusche n/pl; e-r Pfeife etc ~ strident schriller Ton; Schrillen n; ~ du canon Geschützdonner m; Dröhnen n, Grollen n der Geschütze; ~ de chaînes Kettengeklirr n, -gerassel n; ~ de ferraille cf ferraille 1.; ~s de la rue Straßengeräusche n/pl, -lärm m; ~ du tonnerre Grollen n, Rollen n des Donners; ~ des vagues Rauschen n der Wellen; ~ des voitures Autolärm m; ~ de voix Stimmengeräusch n; lutte f contre le ~ Lärmbekämpfung f; loc/adv: à grand ~ geräuschvoll; lärmend; laut; sans ~ a) geräusch-, lautlos; leise; b) fig sang- und klanglos; still und leise; ohne viel Aufhebens zu machen; ohne großes Aufsehen zu erregen; ◆ faire du ~ ein Geräusch, Lärm, F Krach machen; fig: Affäre, Buch etc faire du ~, grand ~ (großes) Aufsehen erregen; (viel) Staub aufwirbeln; (viel) von sich reden machen; Person faire grand ~ de qc viel Aufhebens, F Wesens um etw etw machen; F viel Geschrei um etw machen; (faire) beaucoup de ~ pour rien viel Lärm um nichts (machen); 2. Gerücht n: faux ~ Falschmeldung f; ~s de couloir cf couloir 1.; ~s de guerre Kriegsgerüchte n/pl; faire circuler des ~s Gerüchte in 'Umlauf setzen, bringen; Gerüchte verbreiten; 3. télécomm. Informationstheorie Rauschen n; (informatio'nelle) Störung

bruit|age [bruita3] m thé, cin, rad Geräuschkulisse f; **~eur** m thé, cin, rad Geräuschemacher m; Geräuschtechniker m

brûlage [bryla3] m von Gestrüpp, Gras Ab-, Verbrennen n; von Wald zur Rodung Abschwenden n; von Haarspitzen Absengen n

brûlant [brylɑ̃] adj 1. glühend, siedend, kochend, brennend heiß; glühheiß; Asche, Eisen, Hände, Stirn glühend; heiß; Sonne auch sengend; 2. fig actualité, question ~e, sujet, terrain ~ heiß; Eisen; heikle Frage bzw heikles Thema, die bzw das die Gemüter erhitzt; s'engager sur un terrain ~ ein heißes Eisen anpacken; in ein Wespennest stechen; 3. st/s leidenschaftlich; Blick glühend; feurig; flammend; Liebe glühend; heiß; brennend

brûlé [bryle] I adj 1. verbrannt; Haus, Wald ab-, niedergebrannt; ~ par le soleil von der Sonne verbrannt, p/fort ausgeglüht, Pflanzen, Landstrich auch versengt, ausgebrannt, ausgedörrt; 2. cuis angebrannt; Bügelwäsche etc angesengt; versengt; complètement ~ verbrannt; fig tête ~e Hitz-, Feuerkopf m; 3. F fig être ~ Agent, Spion verdächtig, auch entlarvt sein; Spionagering etc aufgedeckt worden sein; Politiker etc diskredi'tiert, gebrandmarkt sein; kein Vertrauen mehr genießen; II m 1. Verletzte(r) m mit Verbrennungen; grand ~ Verbrennungskranke(r) m; Verletzte(r) mit schweren, lebensgefährlichen Ver-

brennungen; 2. le ~ das Verbrannte, Angebrannte; odeur f de ~ Brandgeruch m; brenzliger Geruch; Speise avoir un goût de ~ angebrannt schmecken; sentir le ~ a) brenzlig, F sengerig, Speise angebrannt riechen; b) F fig Angelegenheit F brenzlig, mulmig werden

brûle|-bout [brylbu] m ⟨inv⟩ Kerzenleuchter m mit Dorn; **~-gueule** m ⟨inv⟩ Stummelpfeife f; **~-parfum** m ⟨inv⟩ Räuchergefäß n, -faß n, -pfanne f; **~-pourpoint** loc/adv dire, demander à ~ gerade'zu; geradeher'aus; ins Gesicht hin'ein; ohne 'Umschweife; unumwunden

brûler [bryle] I v/t 1. Briefe, Unkraut, Weihrauch etc verbrennen; Gestrüpp, Wald ab-, niederbrennen; Wald auch abschwenden; fig ~ ses vaisseaux cf vaisseau 2.; 2. Kohle, Holz (ver)brennen; verheizen, -feuern; elektrischen Strom verbrauchen; ~ un cierge à un saint e-m Heiligen e-e Kerze stiften; 3. Speise anbrennen lassen; beim Bügeln, mit e-r Kerze, Zigarette an-, versengen; cuis ~ complètement verbrennen lassen; se repasser lui a brûlé les doigts sie hat sich am Bügeleisen die Finger verbrannt; 4. Sonne: Pflanzen verbrennen; versengen; Boden auch ausbrennen; ausdörren; Säure: Haut etc angreifen; ätzen; zerfressen; Frost: Knospen verbrennen; Schnee, Nässe ~ les souliers die Schuhe angreifen; 5. Wunde ~ qn j-n brennen; la fumée me brûle les yeux der Rauch brennt, beißt mir in den Augen, beißt mich in die Augen; 6. Fahrzeug, Fahrer nicht halten, 'durchfahren (l'arrêt an od bei der Haltestelle; le feu rouge bei Rot); fig ~ les étapes cf étape 3.; ~ un signal ein Signal über'fahren; II v/i 7. Holz, Kohle (ver)brennen; elektrisches Licht, Kerze, Haus, Wald etc brennen; Feuer auch lodern; Haus, Wald auch ab-, niederbrennen; laisser ~ la lumière das Licht brennen lassen, anlassen; 8. Speise anbrennen; ~ complètement verbrennen; laisser ~ anbrennen lassen; 9. Sonne brennen; wenn man etw zu Heißes ißt, trinkt ça brûle das brennt richtig; la gorge me brûle mir brennt die Kehle; Stirn, Person ~ de fièvre vor Fieber glühen; 10. fig Person: ~ d'amour vor Liebe glühen, brennen; ~ du désir, d'impatience vor Verlangen, Ungeduld brennen, vor Verlangen glühen (de faire qc etw zu tun); ~ d'enthousiasme vor Begeisterung glühen; ~ de faire qc darauf brennen, etw zu tun; litt ~ pour qn in Liebe zu j-m entbrannt sein; 11. beim Suchspiel tu brûles du verbrennst dich gleich; (ganz) heiß!; III v/pr se ~ sich verbrennen; se ~ la cervelle sich e-e Kugel durch den Kopf schießen, jagen; se ~ le doigt sich den Finger verbrennen

brûle-tout [bryltu] m ⟨inv⟩ cf brûle--bout

brûleur [brylœr] m tech Brenner m; ~ à gaz, à mazout Gas-, Ölbrenner m

brûlis [bryli] m agr abgeschwendetes, durch Brand gerodetes Waldstück; abgesengtes Feld; (culture f sur) ~ Brandkultur f; Waldbrandwirtschaft f

brûlot [brylo] m 1. etwa brennendes Wurfgeschoß (das e-n Brand entfachen soll); 2. früher mar Brander m

brûlure [brylyr] f 1. path Verbrennung f; Brandwunde f; 2. als Schmerzempfindung Brennen n; ~s d'estomac Sodbrennen n; 3. in Stoff, Holz etc Brandfleck m; versengte Stelle; auch hin'eingebranntes Loch; 4. bot der Pflanzen durch Frost od Hitze Verbrennung f

brumaire [brymɛr] m hist Bru'maire m

(*2. Monat des frz Revolutionskalenders*); **le 18 ♀** der 18. Brumaire (*Staatsstreich Napoleons vom 9. 11. 1799*)

brum|e [brym] *f météo* Dunst *m; bes über dem Meer* Nebel *m;* ~ **blanche, sèche** feuchter, trockener Dunst; *mar* **signaux** *m/pl* **de** ~ Nebelsignale *n/pl;* **~eux** *adj* ⟨**-euse**⟩ **1.** dunstig; diesig (*auch Himmel*); **le temps est** ~ es ist dunstig, diesig; **2.** *fig* Erinnerungen unklar; verschwommen; vage; **c'est un esprit** ~ s-e Gedanken(gänge) sind unklar, verworren, ab'strus, kon'fus, kraus

brumisateur [brymizatœr] *m* Zerstäuber *m;* Spray [ʃpre:, spre:] *m od n;* Spraydose *f*

brun [brɛ̃, brœ̃] **I** *adj* ⟨**brune** [bryn]⟩ (*Haar*)Farbe braun; *Person* braun-, dunkelhaarig; *Typ* brü'nett; *Tabak, Bier* dunkel; **bière** ~ *e auch* Braun-, Malzbier *n; agr* **race** ~ **e des Alpes** Braunvieh *n; géol* **sol** ~ Braunerde *f;* **avoir un teint** ~ e-e bräunliche Haut haben; brünett sein; **II** *subst* **1.** ~ (**e**) *m(f)* Dunkel-, Braunhaarige(r) *f(m);* Brü'nette(r) *f(m);* **2.** *m* Braun *n; peint* ~ **s** *od* Brauntöne *m/pl;* ~ **clair, foncé, roux** Hell-, Dunkel-, Rotbraun *n; peint* ~ **Van Dyck** Kasseler Braun; Van-Dyck-Braun [fan'daik-] *n;* **3.** ~ **e** *f* dunkles Bier; Dunkle(s) *n*

brunâtre [brynɑtr(ə)] *adj* bräunlich

brune [bryn] *f loc/adv poét* **à la** ~ in der Abenddämmerung; bei Einbruch der Nacht

brun|ella [bryne(l)la] *f od* ~ **elle** *f bot* Brau'nelle *f;* **brunette** [brynɛt] *f von e-r jungen Frau* Brü'nette *f*

bruni [bryni] **I** *adj* **1.** *Haut* (sonnen-) gebräunt, (-)braun; braungebrannt; **2.** *Metall* glänzend, po'liert; **II** *m e-s polierten Metalls* Glanz *m;* Poli'tur *f*

brunir [brynir] **I** *v/t* **1.** braun färben; *von der Sonne* bräunen; **2.** *Edelmetall* po'lieren; **3.** *ch Geweih* fegen; **II** *v/i* **1.** *Hellhaariger, helles Haar* nachdunkeln; dunkler werden; **5.** ⟨*auch v/pr* **se** ~⟩ braun werden; **bruniss|age** [brynisaʒ] *m* **1.** *e-s Edelmetalls* Po'lieren *n* (*mit dem Polierstahl*); **2.** *e-s Metalls* Brü'nieren *n;* **3.** *tech der Reibungsfläche e-s Werkstücks* Einschleifen *n;* Läppen *n;* **~ement** *m* Braunfärbung *f,* -tönung *f; der Haut* Bräunen *n; heller Haare* Nachdunkeln *n;* **~eur** *m* **1.** ~ **brunisseuse** *m,f von Edelmetall* Po'lierer(in) *m(f); von Metall* Brü'nierer(in) *m(f);* **2.** selbstbräunende Sonnencreme; **~oir** *m* **1.** *tech* Po'lierstahl *m, aus Achat* -stein *m;* **2.** *des Kupferstechers* Schaber *m;* **~ure** *f des Metalls* Glanz *m;* Poli'tur *f*

brushing [brœʃiŋ] *m* **a)** Fönwelle *f;* **b)** Fönfrisur *f*

brusque [brysk] *adj* **1.** *Person, Ton* barsch; schroff; unwirsch; grob; *Ton auch* rauh; brüsk; *Ablehnung* schroff; brüsk; *Manieren* ungehobelt; grob; *Bewegung* brüsk; heftig; **2.** *Aufbruch, Stehenbleiben, Bewegung* plötzlich; jäh; unvermittelt; ab'rupt

brusquement [bryskəmɑ̃] *adv von* **brusque 2.**

brusquer [bryske] *v/t* **1.** *Person* (barsch, heftig, grob) anfahren; anherrschen; **2.** *Angelegenheit, Abschied* beschleunigen; *Angelegenheit, Dinge* über'stürzen, -'eilen; übers Knie brechen; *Entscheidung* schneller, eher als vorgesehen treffen; über'stürzen; **ne rien** ~ nichts überstürzen, -eilen, übers Knie brechen; **3.** *adjt* **attaque brusquée** plötzlicher, über'raschender Angriff

brusquerie [bryskəri] *f e-r Person* Barschheit *f;* Schroffheit *f;* Grobheit *f;*

barsches, schroffes, unwirsches Wesen; **avec** ~ barsch; schroff; grob

brut [bryt] *adj* **1.** *Stein, Erz* roh; unbearbeitet; *Stein auch* unbehauen; **diamant** ~ Rohdiamant *m;* ungeschliffener Diamant; **huile, laine** ~ **e, marbre, métal** ~ Rohöl *n,* -wolle *f,* -marmor *m,* -metall *n;* **pétrole** ~ *od subst* ~ *m* Rohöl *n;* **sucre** ~ Rohzucker *m; Metall* ~ **de coulée, de laminage** roh gegossen, gewalzt; *fig: Gedanke, Plan* **à l'état** ~ in e-r ersten, groben Form; **c'est un fait** ~ das ist e-e reine, nackte Tatsache; **2.** **champagne** ~ *od subst* ~ *m* sehr trockener, herber Cham'pagner; **3.** *comm* Brutto...; Roh...; *advt* brutto; **bénéfice** ~ Brutto-, Rohgewinn *m,* -ertrag *m;* **poids** ~ Brutto-, Rohgewicht *n; advt* **peser** ~ **dix kilos** brutto zehn Kilo wiegen

brutal [brytal] *adj* ⟨**-aux**⟩ **1.** *Person* bru'tal; roh; grob; gemein; rücksichtslos; gewalttätig; *Offenheit, Realismus* bru'tal; schonungslos; *Gewalt* roh; bru-'tal; *Diskussion* hart; schonungslos geführt; *Enttäuschung* schwer; hart; herb; *Schicksalsschlag* hart; bru'tal; **être** ~ **avec qn** j-n grob, gemein, roh, brutal, rücksichtslos behandeln; **2.** plötzlich; unerwartet; **la mort** ~ **de son ami** der plötzliche Tod s-s Freundes; **~ement** *adv von* **brutal 1.** *u* **2.**

brutaliser [brytalize] *v/t* grob, gemein, roh, bru'tal behandeln; miß'handeln

brutalité [brytalite] *f* **1.** *e-r Person* Brutali'tät *f;* Roheit *f;* Grobheit *f;* Gemeinheit *f;* Rücksichtslosigkeit *f;* Gewalttätigkeit *f; e-s Schicksalsschlages* Härte *f* (*auch der Enttäuschung*); Brutali-'tät *f;* **2.** *meist pl* ~ **s** bru'tales, hartes, rücksichtsloses Vorgehen; Brutali'täten *f/pl;* Roheiten *f/pl;* Gewalttätigkeiten *f/pl; auch* Miß'handlungen *f/pl*

brute [bryt] *f* **1.** bru'taler, roher, gewalttätiger Mensch; Rohling *m;* Bestie *f;* **comme une** ~ wie e-e Bestie; **2.** **épaisse** ~ beschränkter, bor'nierter Geist; Hohl-, Dummkopf *m;* **3.** *litt* (*animal*) Tier *n*

bruxellois [bryselwa] **I** *adj* von, aus Brüssel; Brüsseler; **II** *subst* ♀(**e**) *m(f)* Brüsseler(in) *m(f)*

bruyamment [bryjamɑ̃] *adv* laut; geräuschvoll; lärmend

bruyant [bryjɑ̃] *adj* laut; geräuschvoll; *Kinder, Versammlung* lärmend; *Freude* laut; stürmisch; *Lachen* laut; schallend

bruyère [bryjɛr] *f bot* Heide(kraut) *f(n);* Erika *f;* Glocken-, Bruchheide *f;* ~ **cendrée** Graue Heide; **pipe** *f* (**en racine**) **de** ~ Bruy'èrepfeife *f;* (*Shag*)Pfeife *f aus* Bruyèreholz; *jard* **terre** *f* **de** ~ Heideerde *f*

bryologie [brijɔlɔʒi] *f* Bryolo'gie *f;* Wissenschaft *f* von den Moosen

bryone [brijɔn] *f bot* Zaunrübe *f*

bryophytes [brijɔfit] *f/pl bot* Moose *n/pl; sc* Bryo'phyten *m/pl*

bryozoaires [brijɔzɔer] *m/pl zo* Moostierchen *n/pl; sc* Bryo'zoen *n/pl*

bu [by] *p/p von* **boire**

buanderie [byɑ̃dri] *f* Waschküche *f,* -haus *f*

bubale [bybal] *m zo* (*e-e*) große afri-'kanische Anti'lope

bubon [bybɔ̃] *m path* Anschwellung *f der* Lymphknoten; *sc* Bubo *m*

bubonique [bybɔnik] *adj path* **peste** *f* ~ Beulen-, Bu'bonen-, Drüsenpest *f*

bucarde [bykard] *f zo* (*e-e*) Herzmuschel

buccal [bykal] *adj* ⟨**-aux**⟩ *anat* Mund...; **cavité** ~ **e** Mundhöhle *f; der Insekten* **pièces** ~ **es** Mundgliedmaßen *f/pl,* -werkzeuge *n/pl; méd* **par voie** ~ **e** o'ral

buccin [byksɛ̃] *m* **1.** *zo* Wellhornschnekke *f;* **2.** *altrömisches Blasinstrument* Buc(c)ina *f*

buccinateur [byksinatœr] *adj* ⟨*nur m*⟩ *anat* **muscle** ~ *od subst* ~ *m* Backen-, Trom'petenmuskel *m; sc* Bucci'nator *m*

bûchage [byʃaʒ] *m* F Pauken *n;* Büffeln *n;* **Ochsen** *n;* Pauke'rei *f;* Büffe'lei *f;* Ochse'rei *f*

bûche [byʃ] *f* **1.** (*Holz*)Scheit *n,* (-)Kloben *m; Person* **être, rester planté là comme une** ~ dastehen wie ein Klotz; **2.** F *fig* Sturz *m;* **prendre, ramasser une** ~ hinfallen, F -fliegen, -knallen; **2.** *cuis* ~ **de Noël** mit Creme gefüllte Bisku'itrolle (*der typische Weihnachtskuchen*); **4.** *im Tabak* Holzteilchen *n;* holziges Teilchen

bûcher¹ [byʃe] *m* **1.** Scheiterhaufen *m;* Holzstoß *m; hist* **condamner au** ~ **zum** Scheiterhaufen verurteilen; **2.** Holzschuppen *m,* -stall *m; südd* -stadel *m*

bûcher² [byʃe] *v/t* F pauken; büffeln; ochsen (*alle auch abs*)

bûcher|on [byʃrɔ̃] *m* Holzfäller *m;* ~ **onne** *f in Märchen* Frau *f* des Holzfällers; Holzfällersfrau *f*

bûchette [byʃet] *f zum Feueranmachen* kleines Holzscheit; ~ **s** *pl auch* Klein-, Anbrennholz *n*

bûch|eur [byʃœr] *m,* ~ **euse** *f* F Büffler *m,* Büfflerin *f*

bucolique [bykɔlik] **I** *adj* bu'kolisch; *métr* **coupe** *f* ~ bukolische Zäsur, Diärese; **poésie** *f* ~ bukolische Poesie; Bu'kolik *f;* **II** *f Literatur* Hirten-, Schäfergedicht *n,* -idylle *f; Vergil* ♀**s** Bu'colica *n/pl* (*Hirtengedichte*)

bucrane [bykran] *m arch* Ornament Bu'kranion *n*

budget [bydʒe] *m* **1.** *des Staates, e-s Ministeriums, e-r Gemeinde* Haushalt(s)plan *m;* Bud'get *n;* E'tat *m;* **annexe** *etwa* Sonder-, Nebenbudget *n;* ~ (**extra**)**ordinaire** (außer)ordentlicher Haushalt(splan); ~ **rectificatif** Berichtigungshaushaltsplan *m;* ~ **de la commune** Gemeindehaushalt *m;* ~ **de dépenses** Ausgabe(n)etat *m;* ~ **de l'État** Staatshaushalt *m,* (-)Budget *n;* **discussion** *f* **du** ~ Haushalt(s)debatte *f;* Etatberatung *f;* **2.** *e-s privaten Wirtschaftssubjekts* Bud'get *n;* Fi'nanzplan *m;* E'tat *m; e-r Privatperson* finanzi'elle Mittel *n/pl; plais* Bud'get *n,* F E'tat *m;* ~ **familial** Fa'milienbudget *n;* ~ **publicitaire** Werbeetat *m;* ~ **vacances** Urlaubsbudget *n,* F -etat *m;* **cela dépasse mon** ~ F das über'steigt meinen Etat; das geht über meinen Etat; **se fixer un** ~ **pour l'habillement** e-n (bestimmten) Etat für Kleidung festlegen

budgét|aire [bydʒeter] *adj* Haushalt(s)...; Bud'get...; E'tat...; **année** *f* ~ Haushalt(s)jahr *n;* **droit** *m,* **loi** *f* ~ Haushalt(s)-, Budget-, Etatrecht *n;* **politique** *f* ~ Haushalt(s)politik *f;* **~isation** *f fin* Aufnahme *f,* Einsetzung *f* in den Haushalt(s)plan; Veranschlagung *f* im E'tat; e'tatmäßige Verankerung; **~iser** *v/t fin* in den Haushalt(s)plan aufnehmen, einsetzen; im E'tat veranschlagen; e'tatmäßig verankern

buée [bye] *f an Fensterscheiben, Wänden etc* feuchter Beschlag, Niederschlag; Schwitzwasser *n;* **vitre couverte de** ~ angelaufenes, beschlagenes Fenster; **essuyer la** ~ **de ses lunettes** die angelaufene(n), beschlagene(n) Brille(ngläser) putzen

buffet [byfe] *m* **1.** Bü'fett *n;* Anrichte *f;* Geschirrschrank *m;* ~ **de cuisine** Küchenbüfett *n,* -anrichte *f; fig* **danser devant le** ~ nichts zu essen haben; F Kohldampf schieben; **2.** *bei Empfängen,*

Gesellschaften kaltes Bü'fett; **3.** *ch de fer* ~ (de la gare) Bahnhofsgaststätte *f*, -restaurant *n*, -wirtschaft *f*; **4.** *mus* ~ d'orgue Orgelgehäuse *n*; **5.** F *e-r Person* Bauch *m*

buffle [byfl(ə)] *m zo* Büffel *m*; en (peau de) ~ aus Büffelleder

buffleterie [byflɛtri] *f mil* Lederzeug *n*

buffl|on [byflɔ̃] *m zo* Büffelkalb *n*; junger Büffel; **~onne** *f zo* Büffelkuh *f*

bufonidés [byfɔnide] *m/pl zo* Kröten *f/pl*; *sc* Bu'fonidae *pl*

bufo|taline [byfɔtalin] *f Biochemie* Bufota'lin *n*; **~ténine** [-tenin] *f Biochemie* Bufote'nin *n*; **~thérapie** *f méd* thera'peutische Anwendung von Krötengiften, *sc* Bufoto'xinen

bugle[1] [bygl(ə)] *m mus* Bügel-, Buglehorn *n*

bugle[2] [bygl(ə)] *f bot* Kriechender Günsel

buglosse [byglɔs] *f bot* Ochsenzunge *f*

bugrane [bygran] *f bot* Dornige Hauhechel

building [bildiŋ, byl-] *m* Hochhaus *n*

buis [bɥi] *m* **1.** *bot* (Gemeiner) Buchsbaum; Buchs *m*; ~ **bénit** geweihter Buchsbaumzweig; **2.** Buchsbaumholz *n*

buisson [bɥisɔ̃] *m* **1.** Busch *m*; Busch-, Strauchwerk *n*; Gebüsch *n*; Dickicht *n*; *bibl* ~ **ardent** brennender Dornbusch; ~ de roses Rosenbusch *m*; *Obstbau* arbre *m en* ~ *od ellip* ~ Buschbaum *m*; **2.** *cuis* ~ d'écrevisses pyra'midenförmig aufgeschichtete Krebse *m/pl*; **~-ardent** *m* ⟨*pl* buissons-ardents⟩ *bot* Feuerdorn *m*, -busch *m*

buissonn|er [bɥisɔne] *v/i Pflanze* a) als Busch (her'an)wachsen; b) unten stark ausschlagen; **~eux** *adj* ⟨-euse⟩ **1.** mit Gebüsch, Busch-, Strauchwerk bewachsen; **2.** busch-, strauchartig; **~ière** *adj* ⟨*nur f*⟩ *fig* faire l'école ~ a) die Schule schwänzen; b) *Arbeitnehmer* F blaumachen

bulbaire [bylbɛr] *adj anat* bul'bär; des verlängerten (Rücken)Marks

bulbe [bylb] *m* **1.** *bot* (Blumen)Zwiebel *f*; *sc* Bulbus *m*; ~ **écailleux**, tuniqué Schuppen-, Schalenzwiebel *f*; ~ de la jacinthe, de la tulipe Hya'zinthen-, Tulpenzwiebel *f*; ~ de remplacement Brutzwiebel *f*; **2.** *anat* zwiebelförmiges Or'gan; zwiebelförmiger Teil e-s Or'gans; *sc* Bulbus *m*; ~ **duodénal** verdickter Anfangsteil des Zwölffingerdarms; ~ **olfactif** verdickter Teil des Riechhirns; ~ **pileux** Haarzwiebel *f*; ~ **rachidien** verlängertes (Rücken)Mark; **3.** *arch e-s Zwiebelturms* Zwiebel(dach) *f(n)*

bulbeux [bylbø] *adj* ⟨-euse⟩ **1.** *bot* Zwiebel...; plantes bulbeuses Zwiebelgewächse *n/pl*; **2.** *arch* Zwiebel...; mit Zwiebeldach; clocher ~ Zwiebelturm *m*

bulbille [bylbij] *f bot* Brutzwiebel *f*

bulgare [bylgar] **I** *adj* bul'garisch; **II** *subst* **1.** ♀ *m,f* Bul'gare *m*, Bul'garin *f*; **2.** *ling* le ~ das Bul'garische; Bulgarisch *n*

bullaire [bylɛr] *m égl cath* Bul'larium *n*

bulldozer [byldɔzɛr, -zœr] *m* Pla'nierraupe *f*; Bulldozer [-do:zœr] *m*

bulle[1] [byl] *f* **1.** Blase *f* (*auch in Glas etc*); *in Comics* Sprechblase *f*; ~ d'air, de gaz, de savon Luft-, Gas-, Seifenblase *f*; *fig* coincer la ~ a) F ein Nickerchen machen; b) F auf der faulen Haut liegen; **2.** *des Papstes, Metallsiegel* Bulle *f*; *Art Medaillon im alten Rom* Bulla *f*; ~ d'excommunication Bannbulle *f*; ~ d'or, de plomb Gold-, Bleibulle *f*; *hist* Kaiser Karls IV. la ♀ d'or die Goldene Bulle; **3.** *méd* (*Haut*)Blase *f*

bulle[2] [byl] *m od adjt* papier *m* ~ *etwa* Saugpost *f*

bulletin [byltɛ̃] *m* **1.** Bulle'tin *n*; (offizi-

'eller) Bericht; *adm* Amtsblatt *n*; Anzeiger *m*; ~ **météorologique** Wetterbericht *m*; ~ de la cote amtlicher Kurszettel, -bericht; amtliches Kursblatt; ~ d'enneigement Schneebericht *m*; ~ d'état civil a) nicht beweiskräftiger Auszug aus e-m Personenstandsbuch; b) *für die Statistik etwa* Zählkarte *f*, -blatt *n* auf Grund der Eintragungen in den Personenstandsbüchern; ~ de santé ärztliches Bulletin; ~ de statistique (periodisch erscheinender) statistischer Bericht, Anzeiger; **2.** *Schule* Zeugnis *n*; **3.** Schein *m*; Zettel *m*; ~ de bagages Gepäckschein *m*; ~ de consigne Gepäckaufbewahrungsschein *m*; *für Postpakete* ~ d'expédition Pa'ketkarte *f*; ~ de paie Lohnstreifen *m*, -zettel *m*; ~ de traitement Gehaltsabrechnung *f*; **4.** ~ (de vote) Stimmzettel *m*; *auch* Stimme *f*; ~ **nul** ungültiger Stimmzettel; ungültige Stimme; dépouiller les ~s die Stimmen auszählen; **5.** *in e-r Zeitung* Bericht *m*; ~ de l'étranger Auslandsbericht *m*; **~-réponse** *m* ⟨*pl* bulletins-réponses⟩ *in e-r Zeitung für e-n Prospekt, Artikel zur Ansicht etc* Cou'pon *m*, Ku'pon *m*, Gutschein *m* (zum Einsenden); *für ein Preisausschreiben auch* Teilnahmeabschnitt *m*

bulleux [bylø] *adj* ⟨-euse⟩ *méd* blasig; blasenförmig; *sc* bul'lös; *path* râles *m/pl* ~ feuchte, blasige Rasselgeräusche *n/pl*

bull-finch [bulfintʃ] *m Hindernis bei Pferderennen* Bullfinch [-tʃ] *m*

bull-terrier [bultɛrje, byl-] *m* ⟨*pl* bull-terriers⟩ *zo* Bullterrier *m*

buna [byna] *m* (*nom déposé*) Buna *m od n* (*Wz*)

bungalow [bɛ̃galo, bœ̃-] *m* Bungalow *m*

bupreste [byprɛst] *m zo* Prachtkäfer *m*

buraliste [byralist] *m,f* Inhaber(in) *m(f)* e-s Tabakwarengeschäfts, e-r ,,recette buraliste"; *österr* (Ta'bak)Trafi'kant(in) *m(f)*; *adjt* recette ~ *cf* recette 2.

burat [byra] *m text* Bu'rat *m*

bure[1] [byr] *f text* grober brauner Wollstoff (*für Mönchskutten*); prendre la ~ die Kutte anziehen; Mönch werden

bure[2] [byr] *m mines* Blindschacht *m*

bureau [byro] *m* ⟨*pl* ~x⟩ **1.** Schreibtisch *m*; ~ à cylindre Zy'linderbureau *n*; ~ d'acajou Maha'gonischreibtisch *m*; ~ **fauteuil** *m* de ~ Schreibtischsessel *m*; déposer un projet sur le ~ d'un ministre e-n Entwurf bei e-m Minister einreichen; **2.** Bü'ro(raum) *n(m)*; Amts-, Dienst-, Geschäftszimmer *n*; *auch* Arbeitszimmer *n*; ~ d'un avocat Anwaltsbüro *n*, -kanzlei *f*; employés *m/pl*, heures *f/pl* de ~ Büroangestellte *m/pl* *od* -kräfte *f/pl*, -stunden *f/pl* *od* -zeit *f*; aller au ~ ins Büro gehen; **3.** Amt *n*; Dienst-, Geschäftsstelle *f*; Bü'ro *n*; ~x *pl abs auch* Verwaltung *f*; *thé* ~ (de location, du théâtre) Bu'aterkasse *f*; ♀ Vorverkaufsstelle *f* des Theaters; ♀ international de l'éducation Internationales Erziehungsbüro; ♀ international du travail (*abr* B.I.T.) Internationales Arbeitsamt (*abr* IAA); ~ **Véritas** *frz Gesellschaft für Schiffsklassifikation*; ~ de change Wechselstube *f*; ~ du conservateur des hypothèques *etwa* Grundbuchamt *n*; ~ de douane (Grenz)Zollamt *n*; ~ de l'Enregistrement *cf* enregistrement 2.; *mil* ~ de la place Ortskommandantur *f*; ~ de placement *cf* placement 2.; ~ de tabac Tabakladen *m*, -warengeschäft *n*; *österr* (Ta'bak)Tra'fik *f*; ~ de vote Wahllokal *n*; *cf auch* **5.**; la lenteur des ~x die Schwerfälligkeit der

Verwaltung, Ämter, Dienststellen; *thé* représentation *f* à ~x fermés a) schon wochenlang vorher ausverkaufte Vorstellung; b) geschlossene Vorstellung; on joue la pièce à ~x fermés a) die Vorstellung ist seit Wochen ausverkauft; b) das ist e-e geschlossene Vorstellung; für diese Vorstellung besteht kein freier Kartenverkauf; **être convoqué au ~ de la Préfecture** auf die Präfektur bestellt werden; **4.** *e-r Verwaltung, e-s Betriebes* Ab'teilung *f*; Bü'ro *n*; *e-s Ministeriums* Refe'rat *n*; *mil* Deuxième ♀ militärischer Geheimdienst; ~ d'état-major Stabsabteilung *f*; Abteilung e-s Führungsstabes; ~ d'études Entwicklungsabteilung *f*, -büro *n*; *als selbständiges Unternehmen* Ingeni'eur-, Konstrukti'onsbüro *n*; ~ de vente Verkaufsabteilung *f*, -büro *n*; **5.** *e-r Partei, Gewerkschaft, e-s Verbandes* Vorstand *m*; *der frz Nationalversammlung etc* Prä'sidium *n*; ~ **électoral, de vote** Wahlausschuß *m*; ~ de l'étranger Auslandsbericht *m*, -vorstand *m*; réunion *f* du ~ Vorstandssitzung *f*; **faire partie du ~** zum Vorstand gehören; Vorstandsmitglied sein

bureaucrat|e [byrokrat] *m,f péj* Bü'ro'krat(in) *m(f)*; Federfuchser *m*; **~ie** [-si] *f péj* Bürokra'tie *f*; **~ique** *adj péj* bü'ro'kratisch; **~isation** *f péj* (Ver)Bürokrati'sierung *f*; **~iser** *v/t péj* (ver)bürokrati'sieren; **~isme** *m péj* Bürokra'tismus *m*; F Amtsschimmel *m*; *auch* heiliger Büro'kratius

burelé [byrle] *adj* **1.** *Heraldik* mit schmalen Balken (versehen); **2.** *Briefmarkengrund* gestreift

burèle [byrɛl] *f cf* burelle

burelingue [byrlɛ̃g] *m cf* burlingue

burelle [byrɛl] *f Heraldik* schmaler Balken

burette [byrɛt] *f* **1.** Kännchen *n*; *égl cath* Meßkännchen *n*; *zum Ölen e-r Maschine* Ölkanne *f*, -kännchen *n*; *e-r Menage* ~ à huile, à vinaigre Öl-, Essigkännchen *n*, -fläschchen *n*; **2.** *chim* Bü'rette *f*

burgau [byrgo] *m* ⟨*pl* ~x⟩ **a)** *Name für die Schalen der Kreisel-, Rundmuschelschnecken etc*; **b)** Perlmutt(er) *n(f)* aus diesen Schalen; **~dine** [-din] *f cf* burgau b)

burgrave [byrgrav] *m hist* Burggraf *m*

burin [byrɛ̃] *m* **1.** *zum Gravieren* (Grab)Stichel *m*; Gra'viernadel *f*; *Schallplattenherstellung* ~ de gravure Schneidstichel *m*; gravé au ~ gestochen; **2.** *tech* Meißel *m*; **3.** *mar* Knebel *m*

burin|age [byrinaʒ] *m tech* Meißeln *n*; **~é** *adj Gesicht* von tiefen Falten durch'zogen; zerfurcht; **~er** *v/t* **1.** mit dem (Grab)Stichel bearbeiten, ritzen, stechen; **2.** *tech* meißeln; **~eur** *m* Arbeiter, der mit Hammer und Meißel arbeitet

burlesque [byrlɛsk] **I** *adj* bur'lesk; *Einfall, Aufzug* gro'tesk; *genre* ~ *cf* II **2.**; **II** *m* **1.** le ~ das Bur'leske; **2.** *Literatur* bur'leske Dichtung

burlingue [byrlɛ̃g] *m* F **1.** Bü'ro *n*; **2.** *cf* buffet **5.**

burnous [byrnu(s)] *m* **1.** Burnus *m*; F *fig* faire suer le ~ *früher die Eingeborenen, heute die Gastarbeiter ausbeuten, -saugen*; **2.** *für ein Baby* 'Umhang *m*, Cape [kɛːp] *m* mit Ka'puze

buron [byrɔ̃] *m in der Auvergne* Sennhütte *f*

burundais [burundɛ] **I** *adj* bu'rundisch; **II** *subst* ♀(e) *m(f)* Bu'rundier(in) *m(f)*

bus [bys] *m in der Stadt* Bus *m*

busard [byzar] *m zo* Weihe *f*; ~ cendré, Saint-Martin, des roseaux Wiesen-, Korn-, Rohrweihe *f*

busc [bysk] *m* **1.** *e-s Schleusentors* Drempel *m*; **2.** *des Gewehrkolbens* Krümmung *f*; **3.** *früher im Frauenmieder* Blankscheit *n*

buse[1] [byz] *f* **1.** *zo* Bussard *m*; ~ **pattue, variable** Rauhfuß-, Mäusebussard *m*; **2.** *fig u péj von e-r Frau* F dumme Gans, Ziege

buse[2] [byz] *f* **1.** Düse *f*; *auto im Vergaser* Lufttrichter *m*; ~ **de haut fourneau** Düsenstock *m*; ~ **d'injection** Einspritzdüse *f*; **2.** *mines* ~ **d'aérage** (Wetter-) Lutte *f*

business [biznɛs] *m* **1.** Busineß ['biznis] *n*; Geschäft *n*; **parler** ~ **von Geschäften reden**; **2.** F *fig* kompli'zierte, verworrene Angelegenheit, Geschichte; ~**man** [-man] *m* ‹*pl* -men [-mɛn]› Businessman ['biznismɛn] *m*; Geschäftsmann *m*

busqué [byske] *adj* **nez** ~ Haken-, Habichtsnase *f*

busserole [bysrɔl] *f bot* Bärentraube *f*

bust|e [byst] *m* **1.** Oberkörper *m*; **redresser le** ~ den Oberkörper straffen; **2.** *der Frauen* Büste *f*; **3. a)** *sculp* Büste *f*; ~ **en hermès** Herme *f*; ~ **en piédouche** Büste auf e-m Rundsockel; ~ **en plâtre** Gipsbüste *f*; **b)** *peint* Brustbild(nis) *n*, -stück *n*; **se faire peindre en** ~ ein Brustbild von sich malen lassen; ~**ier** *m* trägerloser langer Büstenhalter

but [by(t)] *m* **1.** Ziel *n*; Zweck *m*; Absicht *f*; *e-r Reise* (Reise)Ziel *n*; *loc/adv:* **dans un** ~ **scientifique,** *etc* für e-n, zu e-m wissenschaftlichen *etc* Zweck; **dans le** ~ **de** (+*inf*) in der Absicht, mit dem Ziel zu (+*inf*); **sans** ~ *zie*llos; **aller au-delà du** ~, **(dé)passer le** ~ übers Ziel (hin'aus)schießen; *Sache* **avoir pour** ~ **de** (+*inf*) zum Ziel, Zweck haben zu (+*inf*); bezwecken; **se donner pour** ~ **de** (+*inf*) sich zum Ziel setzen zu (+*inf*); **son** ~ **était seulement ...** er bezweckte damit nur, s-e Absicht war nur ...; **poursuivre un** ~ ein Ziel, e-e Absicht verfolgen; **2.** *loc/adv* **demander,** *dire, etc* **de** ~ **en blanc** [d(ə)bytãblã] geradeheraus; gerade'zu; ins Gesicht hin'ein; ohne 'Umschweife; **ne rien nichts, dir nichts**; plötzlich; **il lui a demandé de** ~ **en blanc si ...** *auch* er über'fiel ihn mit der Frage, ob ...; **3.** *Fuß-, Hand-, Wasserball, (Eis)Hockey* Tor *n* (*auch als Treffer*); *Rugby* a) Mal *n*; b) Treffer *m*; *Boulespiel* Ziel(kugel) *n(f)*; ~**!** Tor!; **gagner par trois** ~ **s à deux** mit drei zu zwei (Toren) siegen, gewinnen; *Rugby* **transformer un essai en** ~ e-n Versuch in e-n Treffer verwandeln; **4.** *beim Schießen* Ziel (-punkt) *n(m)*; **5.** *gr* **de** ~ fi'nal; des Zwecks; **complément** *m* **de** ~ Ergänzung *f*, nähere Bestimmung, *auch* 'Umstandsbestimmung *f* des Zwecks; **conjonction** *f* **de** ~ finale Konjunktion

butadiène [bytadjɛn] *m chim* Butadi'en *n*

butan|e [bytan] *m chim* Bu'tan(gas) *n*; *adjt* **gaz** *m* ~ Butangas *n*; **réchaud** *m* **à (gaz)** ~ Butangaskocher *m*; **bouteille** *f* **de** ~ Butangasflasche *f*; ~**ier** *m mar* Gastanker *m* (*bes für Butan*)

butanol [bytanɔl] *m chim* Buta'nol *n*;

Bu'tylalkohol *m*

buté [byte] *adj Person* bockig; bockbeinig; dickköpfig; halsstarrig; eigensinnig; verstockt; *Gesicht(sausdruck)* bockig; verstockt

butée [byte] *f* **1.** *arch* 'Widerlager *n*; *e-r Bogenbrücke auch* Landfeste *f*; **2.** *tech* Anschlag *m*; **3.** *tech* Radi'al-, Längslager *n*; **4.** *auto* ~ **d'embrayage** Schaltmuffe *f*

butène [bytɛn] *m chim* Bu'ten *n*; Buty'len *n*

buter [byte] **I** *v/t* **1.** ~ **qn** j-n bockig, bockbeinig, halsstarrig machen; dazu führen, daß sich j in s-r Ablehnung, Weigerung *etc* noch versteift; **2.** *bât* (ab)stützen; **3.** *cf* **butter 2. II** *v/i* **4.** ~ **contre qc** an etw (*acc*) (an)stoßen; **gegen etw stoßen**, schlagen; **über etw (*acc*) stolpern**; *abs* stolpern; straucheln; **5.** *fig* ~ **contre** *od* **sur une difficulté, un problème** auf e-e Schwierigkeit, ein Problem stoßen; durch e-e Schwierigkeit, ein Problem aufgehalten werden; *beim Reden* ~ **sur un mot** über ein Wort stolpern; **6.** *Fußball* ein Tor, Tore schießen; **7.** *bât* sich gegen etw stützen; sich an etw (*acc*) anlehnen; **III** *v/pr* **se** ~ **8.** bockig, bockbeinig, dickköpfig, halsstarrig werden; **9.** *fig* **se** ~ **à qc** auf etw (*acc, z B Ablehnung, Vorurteile etc*) stoßen

buteur [bytœr] *m Fußball* Torjäger *m*

butin [bytɛ̃] *m* **1.** Beute *f*; *e-s Diebstahls* Dieb(e)sbeute *f*, -gut *n*; *ch* Jagdbeute *f*; *Angeln, Fischfang* Fang *m*; ~ **de guerre** Kriegsbeute *f*; **2.** *bei Ausgrabungen, bei der Mineraliensuche etc* Ausbeute *f*; Fund *m*; **3.** *der Bienen* Tracht *f*; *der Ameisen* Beute *f*

butin|er [bytine] *v/t* **1.** *Bienen abs* Honig sammeln, eintragen; ~ **les fleurs** *od v/i* **sur les fleurs** Nektar von den Blüten sammeln, eintragen; ~ **le pollen** Blütenstaub sammeln, eintragen; **2.** *fig Informationen* sammeln; ~**eur** *adj* ‹-euse› *Insekten* (Nahrung) sammelnd; **abeille butineuse** *od subst* **butineuse** *f* Flugbiene, die Nektar und Blütenstaub sammelt, einträgt

butoir [bytwar] *m* **1.** *e-r Tür* Türpuffer *m*; *e-s Tores* Prellstein *m*; *ch de fer* Prellbock *m*; **2.** *tech* Anschlag *m*; **3.** *Holzschnitzerei* Stichel *m*

butome [bytɔm] *m bot* Schwanenblume *f*

butor [bytɔr] *m* **1.** *zo* Rohrdommel *f*; **2.** *fig* Flegel *m*; Rüpel *m*; ungehobelter Kerl, Klotz

buttage [bytaʒ] *m jard, agr* (An)Häufeln *n*

butte [byt] *f* **1.** (Erd)Hügel *m*; (An)Höhe *f*; *in Paris* **la** ♀ *od* **la** ~ **Montmartre** der Montmartre; *géol* ~ **témoin** Zeugenberg *m*; Ausliegerberg *m*; *ch de fer* ~ **de gravité** Ablaufberg *m*; *e-s Schießstandes* ~ **de tir** (Sand)Hügel mit den Scheiben (, Kugelfang, Deckungsgräben *etc*);

fig **être en** ~ **à qc** e-r Sache (*dat*) ausgesetzt sein; die Zielscheibe (+*gén. z B des Spottes etc*) sein; **être en** ~ **à la calomnie** verleumdet werden; **2.** *géol der Buckelwiesen* Bodenbuckel *m*

butter [byte] *v/t* **1.** *agr, jard Pflanze* (an)häufeln; **2.** *arg* (*tuer*) F 'umlegen; kaltmachen

buttoir [bytwar] *m* **1.** *agr* Häufelpflug *m*; **2.** *ch de fer cf* **butoir 1.**

butylcaoutchouc [bytilkautʃu] *m* Bu'tylkautschuk *m*

butyle [bytil] *m chim* Bu'tyl *n*

butyl|ène [bytilɛn] *m cf* **butène**; ~**ique** *adj chim* **alcools** *m/pl* ~**s** Bu'tylalkohole *m/pl*; Buta'nole *n/pl*

butyr|ate [bytirat] *m chim* Buty'rat *n*; ~**eux** *adj* ‹-euse› *chim* butterartig, -ähnlich; *der Milch* **taux** ~ Fettgehalt *m* (*pro l*); ~**ine** *f chim* Glyce'rinester *m*; (Tri)Buty'rin *n*; ~**ique** *adj chim* **acide** *m* ~ Butter-, Bu'tansäure *f*; **fermentation** *f* ~ Buttersäuregärung *f*

butyromètre [bytirɔmɛtr(ə)] *m* Butyro'meter *n*

buvable [byvabl(ə)] *adj* **1.** trinkbar; *phm* **ampoule** *f* ~ Trinkampulle *f*; **2.** F *fig Buch, Film* **n'être pas** ~ F ungenießbar, unmöglich sein

buvard [byvar] *m* **a)** ~ *od adit* **papier** *m* ~ Lösch-, Fließpapier *n*; **b)** Löschblatt *n*

buvée [byve] *f für Vieh* Kleietrank *m*

buvette [byvɛt] *f* **1.** *im Theater etc* Erfrischungsraum *m*; Bü'fett *n*; Trinkstube *f*; **2.** Schankwirtschaft *f*; (Steh-) Ausschank *m*; kleine Schenke, Kneipe; **3.** *in Kurorten* Trinkhalle *f*

buv|eur [byvœr] *m*, ~**euse** *f* **1.** ~ **de bière, d'eau, de vin** Bier-, Wasser-, Weintrinker(in) *m(f)*; **2.** Trinker(in) *m(f)*

buxacées [byksase] *f/pl bot* Buchsbaumgewächse *n/pl*; *sc* Buxa'ceen *f/pl*

bye bye [bajbaj] *int* F bye-bye! [bai'bai]

by-pass [bajpas] *m* ‹*inv*› *tech* **a)** Bypass ['baipa:s] *m*; **b)** Bypassventil *n*

byronisme [bajrɔnism] *m* Byro'nismus [bai-] *m*

byssinose [bisinoz] *f path* Baumwoll-Lunge *f*; *sc* Byssi'nose *f*

byssus [bisys] *m* Haftfäden mehrerer Muschelarten Byssus *m*

byte [bajt] *m EDV* Byte [bait] *n*

byzantin [bizãtɛ̃] **I** *adj* **1.** byzan'tinisch; **Empire** ~ Byzantinisches, Oströmisches Reich; **études** ~**es** Byzanti'nistik *f*; Byzantinolo'gie *f*; **2.** *fig u st/s* **discussions, querelles** ~**es** ermüdende, haarspalterische Ausein'andersetzungen *f/pl*, Streitereien *f/pl* zum falschen Zeitpunkt; unangebrachte Haarspalte'reien *f/pl*; Streit *m* um des Kaisers Bart; **II** *m/pl* ♀**s** Byzan'tiner *m/pl*

byzantin|isme [bizãtinism(ə)] *m* **1.** *fig u st/s* Neigung *f* zu ermüdenden, nutzlosen Ausein'andersetzungen, zu Haarspalte'reien; **2.** byzan'tinischer Cha'rakter; ~**iste** *m, f* Byzanti'nist(in) *m(f)*

C

C, c [se] m ⟨inv⟩ C, c [tse:] n
ça [sa] F pr/d **1.** das (da); dies(es); ♦ mit
prép: à part ~ davon abgesehen; sonst;
après ~ zeitlich danach; nachher; fig
nach dem (, was geschehen ist); et avec ~
und oben'drein noch; im Geschäft et
avec ~? sonst noch etwas?; cf auch **avec**
10.; pour ~ deshalb; dafür; pour ~ il
faudrait … dafür müßte man … (ha-
ben); c'est pour ~ que … deshalb …; in
negativen Sätzen je ne suis pas plus
avancé pour ~ darum, deshalb bin ich
doch nicht klüger; trotzdem bin ich
nicht klüger; Verstärkung **ah, pour ~**
oui ja und noch mal ja; F **sans ~** sonst;
ander(e)nfalls; ♦ mit adv: alors (, par
exemple)! na so was!; na'nu!; com-
ment ~? wie denn?; ah, ~ non! ganz
bestimmt nicht!; où ~? wo denn?; (je ne
veux) pas de ~! ich will das nicht
(haben)!; ich will davon nichts wissen!;
pourquoi ~? weshalb, warum denn?;
quand ~? wann denn?; ♦ mit conj:
comme ~ a) so; von e-m Hotel, e-r
Person etc F toll; phan'tastisch; un film
comme ~! F ein toller, phantastischer
Film!; ne me regarde pas comme ~
sieh mich nicht so an!; ce n'est pas
comme ~ das macht man nicht so; auch
so ist das nicht; c'est comme ~ das ist
nun mal so od nicht anders; bei Befehl od
Verbot das ist so; es bleibt dabei; com-
me ci, comme ~ soso (lala); b) in
Fragesätzen denn; also; où allez-vous
comme ~? wohin gehen Sie denn?;
alors comme ~ vous partez? Sie reisen
also ab?; c) nur so (zum Spaß); ♦ mit pr:
meist iron rien que ~! und was sonst
noch alles!; iron weiter, sonst nichts!;
nicht mehr?; qui ~? wer denn?; ♦ mit
Verben: (comment) ~ va? wie geht's?;
cf auch **aller** 2.; ~ dépend das kommt
darauf an; je nach'dem; je ne vous dis
que ~ mehr sage ich nicht; mehr brauche
ich wohl nicht zu sagen; ~ y est! es ist
soweit!; jetzt haben wir's!; so, das wäre
geschafft!; ~ y est? bist du soweit?;
wird's bald?; ja!; das stimmt!; das ist so!;
auch iron so ist's richtig!; c'est bien ~ a)
ja, genauso ist's; b) da sieht man's mal
wieder; ce n'est pas ~! nein!; so ist's
nicht!; das ist falsch!; das geht nicht!; ce
n'est pas encore ~ das ist noch nicht
ganz das Richtige bzw das, was ich
haben wollte; ce n'était que ~? war das
alles?; c'est toujours ~ (de pris, ga-
gné) cf **toujours** 3.; il n'est pas si
grand que ~ so groß ist er (nun) doch
nicht; me faire ~ à moi! mir das
anzutun!; il ne manquait plus que ~!
das fehlte gerade noch!; auch das noch!;
2. péj für Personen der bzw die (f u pl); péi

so was; das, dieses Volk; ~ ne veut pas
travailler so was, dieses Volk will doch
nicht arbeiten
çà [sa] adv **1.** ~ et là hier und dort od da;
da und dort; bald hierhin, bald dorthin;
2. litt Entrüstung od Drohung ah ~! …
also! …
cabale [kabal] f **1. a)** In'trige f; Ränke
m/pl; (geheimer) Anschlag; Ka'bale f;
Machenschaften f/pl; monter une ~
contre qn, qc gegen j-n, etw e-e Intrige
anzetteln, spinnen; gegen j-n, etw intri-
'gieren; gegen j-n, etw ein Kom'plott
schmieden; **b)** an e-m Kom'plott, e-r
In'trige Beteiligte(n) m/pl; **2.** rel Kabba-
la f; **3.** Kabba'listik f; Geheimwissen-
schaft f (nach der e-e Verbindung zwi-
schen Menschen und übernatürlichen We-
sen zustande kommt)
cabaliste [kabalist] m rel Kabba'list m
cabalistique [kabalistik] adj **1.** unver-
ständlich; geheimnisvoll; signes m/pl
~s geheimnisvolle, unverständliche Zei-
chen n/pl; **2.** rel kabba'listisch; **3.** ma-
gisch; ok'kult
caban [kabã] m **1.** Cabanjacke f (zweirei-
hige lange Jacke aus dickem Wollstoff);
2. Regenmantel m mit Ka'puze
cabane [kaban] f **1.** Hütte f; Schuppen
m; ~ à outils Werkzeugschuppen m; ~
de berger Schäferhütte f; ~ en plan-
ches Bretterhütte f, -bude f; **2.** ~ à
lapins Ka'ninchenstall m; F fig ~ (à
lapins) primi'tives Haus; F Hütte f;
Schuppen m; **3.** F Kittchen n; Loch n;
Knast m; mettre qn en ~ F j-n einbuch-
ten, -lochen,
cabaner [kabane] v/t mar Boot kiel'oben
drehen
cabanon [kabanõ] m **1.** Gummizelle f; F
il est bon à mettre au ~ F der gehört in
die Klapsmühle; **2.** kleine Hütte; Hütt-
chen n; **3.** in der Provence kleines Land-
haus
cabaret [kabarɛ] m **1.** Kaba'rett n; **2.**
früher Kneipe f; Schenke f; Wirtshaus n;
3. bot Haselwurz f
cabaretier [kabartje] m früher Gast-,
Schankwirt m
cabas [kaba] m **1.** Strohtasche f; Ein-
kaufstasche f; **2.** Binsenkorb m für
Früchte
cabernet [kabɛrnɛ] m (Art) roter
Bor'deaux(wein)
cabestan [kabɛstã] m Winde f; mar auch
Spill n; ~ électrique elektrische Winde;
~ à bras Handwinde f; mar virer au ~
auf die Trommel aufwickeln
cabiai [kabjɛ] m zo Wasserschwein n
cabillaud [kabijo] m zo **a)** Schellfisch m;
b) Kabeljau m
cabillot [kabijo] m mar Koffei-, Coffey-,
Belegnagel m
cabine [kabin] f Ka'bine f; Raum m; mar
auch Ka'jüte f; e-s LKWs Führerhaus n;

e-s Krans Führerkabine f, -haus n; aviat:
~ pressurisée Druckkabine f; ~ spatia-
le Raumkabine f, -kapsel f; tél ~ télé-
phonique Tele'fon-, Fernsprechzelle f;
ch de fer ~ d'aiguillage Stellwerk n; ~
d'ascenseur Fahrstuhl m, -korb m;
Kabine f; ~ de bain Bade-, 'Umkleide-
kabine f; ~ d'essayage Anprobe-,
'Umkleidekabine f; ch de fer ~ du
mécanicien Lokführerstand m; aviat:
(des passagers) Fluggastraum m; ~ de
pilotage Besatzungsraum m; Cockpit n;
cin ~ de projection Vorführkabine f
cabinet [kabinɛ] m **1.** Kammer f; kleines
Nebenzimmer; Kabi'nett n; meist pl ~s
Toi'lette f; WC n; im Café, Restaurant ~
particulier kleines Nebenzimmer;
Chambre séparée n; ~ de débarras Ab-
stellkammer f, -raum m; Rumpelkam-
mer f; ~ de toilette (kleiner) Wasch-
raum; **2.** Zimmer n; ~ du directeur,
d'étude, de travail Direkti'ons-, Stu-
'dier-, Arbeitszimmer n; ~ de verdure
Gartenlaube f; **3.** in Museen (Kunst-)
Kabi'nett n; par ext Sammlung f; ~
d'anatomie anatomische Sammlung; ~
de cire, de médailles Wachsfiguren-,
Münzkabinett n; **4.** von Ärzten, Anwäl-
ten **a)** Sprechzimmer n (auch ~ de con-
sultation); **b)** par ext Praxis(räume)
f(m/pl); ~ dentaire Zahnarztpraxis f; **c)**
par ext Praxis f; e-s Arztes auch Pati'en-
ten m/pl; e-s Anwalts auch Klien'tel f; **5.**
d'affaires Büro n (e-s „agent d'af-
faires"); **6.** pol **a)** Kabi'nett n; con-
seil m de ~ Zu'sammentritt m aller
Minister und Staatssekretäre (zur Vor-
bereitung der Arbeiten des Ministerrats);
b) e-s Ministers, Präfekten Stab m; chef
m de ~ etwa per'sönlicher Refe'rent (e-s
Ministers, Präfekten); **7.** ~ d'orgue
Orgelgehäuse n
câblage [kablaʒ] m **1.** Verseilung f; Seil-,
Kabelherstellung f; **2.** élect Verkabelung
f; Verdrahtung f; Kabelverbindung f; **3.**
télécomm Kabeln n; Drahten n
câble [kabl(ə)] m **1.** Seil n; Kabel n; Tau
n; Trosse f; e-r Seilbahn ~ porteur,
tracteur Trag-, Zugseil n; ~ métalli-
que, d'acier Drahtseil n; mar ~
d'ancre Ankertrosse f, -tau n; ~ de
chanvre Hanfseil n; mines ~
d'extraction Förderseil n; auto ~ de
frein Bremsseil n; ~ de halage, de
remorque Schleppseil n, -tau n, -trosse
f; ~ de levage Aufzug-, Hebeseil n; **2.**
élect Kabel n; Leitung f; ~ aérien
Luftkabel n; Freileitung f; ~ électrique
elektrisches Kabel; ~ télégraphique,
téléphonique Tele'graphen-, Fern-
sprechkabel n; Fernsprechleitung f; ~ à
'haute tension Hochspannungskabel n;
~ d'allumage, d'alimentation,
d'amenée, de raccordement Zünd-,
Speise-, Zuleitungs-, Anschlußkabel n; ~

pour télécommunications Fernmeldekabel n; **3.** *télécomm* Kabel n; **envoyer un** ~ ein Kabel schicken; kabeln; drahten

câblé [kɑble] **I** *adj* Faden gezwirnt; **II** *m* **a)** (*Art*) Zwirn m; Garn n; **b)** Kordel f; Schnur f

câbleau [kɑblo] m <*pl* ~**x**> dünne Halteleine

câbler [kɑble] *v/t* **1.** verseilen; *élect* verkabeln; verdrahten; **2.** *Nachricht* kabeln; drahten

câblerie [kɑbləri] f **a)** Kabelherstellung f; **b)** Kabelwerk n

câblier [kɑblije] m **1.** Kabelfabrikant m; **2.** *adit* **navire** m ~ Kabelleger m, -schiff n

câblogramme [kɑblogram] m Kabeltelegramm n

câblot [kɑblo] m *cf* **câbleau**

cabochard [kɑbɔʃar] **I** *adj* halsstarrig; quer-, starr-, dickköpfig; F dickschädelig; **II** *subst* ~(**e**) m(f) Dick-, Querkopf m; F Dickschädel m

caboche [kɑbɔʃ] f **1.** F (*tête*) Kopf m; F Birne f; Schädel m; Dez m; *fig* **il a une sacrée** ~ F er ist ein verflixter, hat e-n verflixten Dickschädel; **2.** Nagel m (*für Nagelschuhe*)

cabochon [kɑbɔʃõ] m **1.** mugeliger (Halb)Edelstein; Cabo'chon m; **2.** Glasstöpsel m mit verziertem Oberteil; **3.** Zier-, Tape'ziernagel m

cabosse [kɑbɔs] f *bot* Ka'kaofrucht f

cabosser [kɑbɔse] *v/t* Auto, Koffer, Hut *etc* verbeulen; F rampo'nieren; *adit* **cabossé** verbeult; *Kotflügel auch* eingebeult

cabot [kɑbo] m **1.** F Köter m; *nordd* Töle f; **2.** *mil* (*caporal*) Gefreite(r) m; F Schnäpser m; **3.** *cf* **cabotin**

cabotage [kɑbɔtaʒ] m *mar* Küstenschifffahrt f; **grand, petit** ~ große, kleine Kabo'tage; **commerce m de** ~ Küstenhandel m; *mar* **~er** *v/i* Küstenschiffahrt betreiben; die Küste entlangfahren; **~eur** m *mar* ~ *od adit* **navire** m ~ Küstenschiff n, -fahrzeug n, -fahrer m

cabotin [kɑbɔtɛ̃] m **1.** zweitrangiger *bzw* über'trieben spielender Schauspieler; **2.** *fig* Schauspieler m; Komödi'ant m; *adit* **il est un peu** ~ er schauspielert etwas; er setzt sich ein wenig in Szene

cabotinage [kɑbɔtinaʒ] m Schauspiele'rei f; Komödi'antentum n

cabouloue [kabulo] F m Kneipe f; *péj* Ka'schemme f

cabré [kɑbre] *adj* Pferd sich bäumend

cabrer [kɑbre] **I** *v/t* **1.** *Pferd* (faire) steigen, sich bäumen lassen; **2.** *Person* zum 'Widerstand reizen; **3.** *aviat* Flugzeug hochziehen; **II** *v/pr* **se** ~ **4.** *Pferd* sich (auf)bäumen; steigen; **5.** *Person* sich sträuben; sich aufbäumen; sich empören (*auch Stolz*)

cabri [kabri] m *zo* **a)** Zicklein n; Zickel n; Ziegenlamm n; *auch fig* **sauts** m/pl **de** ~ Bocksprünge m/pl; **sauter comme un** ~ Bock-, Luftsprünge machen; **b)** afri'kanische Ziege(nart) ohne Hörner

cabriole [kabrijɔl] f **1.** Kapri'ole f; Luft-, Bocksprung m; **faire, exécuter des** ~s Kapriolen, Luftsprünge machen; kapri'olen; **2.** *Reitkunst* Kapri'ole f; **~er** *v/i* Luftsprünge, *auch Pferd* Kapri'olen machen; kapri'olen

cabriolet [kabrijɔle] m **1.** *auto u Pferdewagen* Kabrio'lett n; **2.** (*Schuh*)Leisten m

cabrouet [kabruɛ] m *auf Bahnhöfen* **passage** m **à** ~**s** schienengleicher 'Übergang für Gepäckkarren

cabus [kaby] m *bot* ~ *od adit* **chou** m ~ Kopfkohl m

caca [kaka] m **1.** *enf* **a)** Kot m; *enf* Bä('bä) n; A'a n; **faire** ~ Bäbä machen (**dans sa**

culotte in die Hose); **b)** *zu e-m Kind*: ne touche pas c'est ~ ... das ist bäbä, baba; **2.** ~ **d'oie a)** *adjt* <*inv*> (unangenehm, häßlich) gelbgrün; **b)** *subst* m (häßliches) Gelbgrün

cacaber [kakabe] *v/i* Rebhuhn, Wachtel: Henne rufen; *Hahn* locken

caca|houète [kakawɛt] *od* ~**huète** [-ɥɛt] f Erdnuß f

cacao [kakao] m **1.** (fève f de) ~ Ka'kao(bohne) m(f); **2.** ~ (en poudre) Kakao(pulver) m(n)

cacaoté [kakaɔte] *adj cf* **chocolaté**

cacaot|ier [kakaɔtje] m *bot* Ka'kaobaum m; ~**ière** f Ka'kaopflanzung f

cacaoy|er [kakaɔje] m *cf* **cacaotier**; ~**ère** f *cf* **cacaotière**

cacarder [kakarde] *v/i* Gans schnattern

cacatoès [kakatɔɛs] m *zo* Kakadu m

cacatois [kakatwa] m *mar* Royal-, Reuelsegel n

cachalot [kaʃalo] m *zo* Pottwal m; F **souffler comme un** ~ F schnaufen wie ein Walroß; e-e alte Dampflokomotive

cache [kaʃ] m *cin, phot* Maske f

caché [kaʃe] *adj Gegenstand* versteckt; verborgen; *Gefühl* geheim; heimlich; geheimgehalten; **sens** ~ verborgener Sinn

cache-cache [kaʃkaʃ] m Verstecken n; Versteckspiel n; **jouer à** ~ Versteck spielen; **faire une partie de** ~ Verstecken spielen

cache|-cœur [kaʃkœr] m <*inv*> Wickelbluse f; ~**-col** m <*inv*> feiner Schal; Seidenschal m; Kragenschoner m

cachectique [kaʃɛktik] *path* **I** *adj* ka'chektisch; **II** m Ka'chektiker m

cache|-entrée [kaʃãtre] m <*inv*> Schlüssellochdeckel m; ~**-flammes** m <*inv*> *mil* Mündungsfeuerdämpfer m

cachemire [kaʃmir] m **1.** *text* Kaschmir m; **châle** m **de** ~ Kaschmirschal m; **2.** *adit Muster* persisch-indisch

cache|-misère [kaʃmizɛr] m <*inv*> Mantel m *bzw* Jacke f *bzw* 'Umhang m, der (die) zum Verdecken schlechter Kleidung getragen wird; ~**-nez** m <*inv*> (Woll)Schal m; ~**-pot** m <*inv*> 'Übertopf m

cacher [kaʃe] **I** *v/t* **1.** *Gegenstand* verstekken; verbergen; *Flüchtigen etc* verstekken; **2.** *par ext Aussicht* versperren; verdecken; *Wolke: Sonne* ver-, bedekken; verhüllen; *Baum: Sonne* verdecken; **tu me caches le jour** du stehst mir im Licht; F du nimmst mir das Licht weg; *Gesicht* ~ **sous un voile** mit e-m Schleier verhüllen, bedecken; **3.** *fig Gefühle* verbergen; *auch Wahrheit, Nachricht etc* verschweigen; verheimlichen; geheimhalten; verhehlen; ~ **qc à qn** j-m etw verheimlichen, verschweigen; vor j-m etw verbergen, geheimhalten; **cela cache qc** dahinter steckt etw; da steckt etw da'hinter; ~ **son jeu** mit dieser Brief nur verkrochen?; **le soleil s'est caché** die Sonne hat sich (hinter den Wolken) verborgen; *zu Kindern* **va te** ~ *od* **cache-toi** schäm dich; **5.** *fig* **se** ~ **de qn** sein Tun vor j-m verbergen; **se** ~ **de qn pour faire qc** etw hinter j-s Rücken, heimlich tun; **il ne s'en cache pas** er macht

kein(en) Hehl daraus; er verhehlt es nicht; er zeigt, sagt es offen; **sa méchanceté se cache** *sous des dehors aimables* unter ... verbirgt sich Bosheit; hinter ... steckt Bosheit

cache-radiateur [kaʃradjatœr] m <*inv*> Heizkörperverkleidung f

cachère [kaʃɛr] *adj cf* **cawcher**

cache-sexe [kaʃsɛks] m <*inv*> winziges Höschen

cachet [kaʃɛ] m **1.** (Hand)Stempel m; Petschaft n; Siegel n; ~ **de caoutchouc** Gummistempel m; *adit* **bague** f ~ Siegelring m; **mettre son** ~ **sur qc** sein Siegel auf etw (*acc*) aufdrücken; etw siegeln, stempeln; **2.** Siegel(marke) n(f); Stempel m; ~ **officiel** Dienstsiegel n, -stempel m; ~ (**d'oblitération**) (Entwertungs)Stempel m; ~ **de la poste** Poststempel m; *par ext* Datum n des Poststempels; **3.** *hist* **lettre** f **de** ~ königlicher Geheimbefehl (*der Verhaftung od Verbannung anordnete*); **4.** *von Schauspielern* Gage f; *von Musikern, Rednern* Hono'rar n; **courir le** ~ sich ständig um Engagements bemühen; **5.** *fig* Gepräge n; Eigenart f; Cha'rakter m; **avoir du** ~ ein besonderes Gepräge haben; **6.** *phm* **a)** Ob'late(nkapsel) f; **b)** *par ext* Ta'blette f

cachetage [kaʃtaʒ] m (Ver)Siegeln n; Versiegelung f; *e-s Briefumschlags auch* Zukleben n

cache-tampon [kaʃtãpõ] m Suchspiel Gegenstand Verstecken und Suchen n

cacheter [kaʃte] *v/t* <-tt-> *Brief, Paket* versiegeln; *Brief auch* siegeln; *Briefumschlag auch* zukleben; verschließen; *adit* **bouteille cachetée** versiegelte Flasche; **cire f à** ~ Siegellack m, -wachs n

cachette [kaʃɛt] f Versteck n; Schlupfwinkel m; *loc/adv* **en** ~ heimlich; insgeheim; *loc/prép* **en** ~ **de qn** hinter j-s Rücken (*dat*); ohne j-s Wissen

cachexie [kaʃɛksi] f *path, vét* Kache'xie f

cachot [kaʃo] m **1.** dunkle Zelle; *früher* Kerker m; Verlies n; *par ext* Gefängnis n; **la paille humide des** ~**s** das Gefängnis; F das Kittchen; **mettre qn au** ~ j-n in Dunkelhaft setzen; **2.** *im Gefängnis* (*strenger*) Ar'rest; Einzelhaft f (*als Strafe*)

cachotterie [kaʃɔtri] f Geheimniskräme'rei f; Heimlichtue'rei f; geheimnisvolles Gehabe, Getue; **faire des** ~**s** heimlichtun; geheimnisvoll tun

cachott|ier [kaʃɔtje] m, ~**ière** f Heimlichtuer(in) m(f); Geheimniskrämer(in) m(f); *adit* **être cachottier** ein Heimlichtuer, Geheimniskrämer sein

cachou [kaʃu] m **1.** Katechu *od* Catechu n; **2.** (**pastille f au**) ~ Cachou [ka'ʃu:] n; (*Art*) La'kritze f

cachucha [ka(t)ʃu(t)ʃa] f *mus* Cachucha [ka'tʃutʃa] f

cacique [kasik] m **1.** Indianerhäuptling Ka'zike m; **2.** Primus m, Beste(r) m bei der Aufnahmeprüfung für, in die École normale supérieure; **3.** F *fig* e-r Partei *etc* F Bonze m

cacodyl|ate [kakɔdilat] m *chim* Kakody'lat n; ~**ique** *adj chim* **acide** m ~ Kako'dylsäure f

cacographie [kakɔɡrafi] f **a)** fehlerhafte Orthogra'phie, Rechtschreibung; **b)** Stilfehler m/pl; schlechter Stil

cacophon|ie [kakɔfɔni] f Kakopho'nie f; ~**ique** *adj* kako'phonisch

cact(acé)ées [kakt(as)e] f/pl *bot* Kak'teen pl; Kakta'zeen pl; Kaktusgewächse n/pl

cactoïde [kaktɔid] *adj bot* kaktusartig

cactus [kaktys] m *bot* Kaktus m; *bes* O'puntie f

cadastrage [kadastraʒ] m Ka'tasteraufnahme f

cadastral [kadastral] *adj* ‹-aux› Ka'taster...; Flur...; **plan** ~ Ka'taster-, Flurplan *m*

cadastr|e [kadastr(ə)] *m* **1.** Ka'taster *m od n*; Flurbuch *n*; **2.** Ka'tasteramt *n*; **~er** *v/t* kata'strieren; in den Ka'taster aufnehmen

cadavér|eux [kadaverø] *adj* ‹-euse› leichenhaft, -blaß; Leichen...; **~ique** *adj* Leichen...; Ka'daver...; Toten...; **pâleur** *f*, **rigidité** *f* ~ Leichenblässe *f*, -starre *f*

cadavre [kadavr(ə)] *m* **1.** *e-s Menschen* Leiche *f*; Leichnam *m*; *e-s Tieres* Ka'daver *m*; *fig* **un** ~ **ambulant** ein wandelnder, lebender Leichnam; **être, rester comme un** ~ völlig bewegungslos daliegen; ganz starr, steif sein, daliegen; **2.** F (völlig) geleerte Flasche

caddie [kadi] *m* **1.** *Golf* Caddie [ˈkɛdi] *m*; **2.** *aviat, ch de fer* Kofferkuli *m*; *in Geschäften* Einkaufswagen *m*; *Büro* Aktenwagen *m* mit Einsätzen

cade [kad] *m bot* Baumwacholder *m*; **huile** *f* **de** ~ Wa'cholderteer-, Cadeöl *n*

cadeau [kado] *m* ‹*pl* ~**x**› Geschenk *n*; Gabe *f*; *von e-r Reise* petit ~ *auch* Mitbringsel *n*; ~ **publicitaire** Werbegeschenk *n*; ~ **d'anniversaire, de mariage** *od* **de noces, de Noël** Geburtstags-, Hochzeits-, Weihnachtsgeschenk *n*; **faire un** ~ **à qn** j-m ein Geschenk machen; **j-m etw schenken; faire** ~ **de qc à qn** j-m etw zum Geschenk machen; j-m etw schenken; *fig* **ne pas faire de** ~ **à qn** j-m nichts schenken, ersparen; **recevoir qc en** ~ etw als Geschenk erhalten; etw geschenkt bekommen; *loc/prov* **les petits** ~**x entretiennent l'amitié** kleine Geschenke erhalten die Freundschaft (*loc/prov*); ♦ *adit comm* Geschenk...; **boîte** *f*, **emballage** *m* ~ Geschenkpakkung *f*

cadenas [kadna] *m* Vorhänge-, Vorlegeschloß *n*; **fermer au** ~ *cf* cadenasser

cadenasser [kadnase] *v/t* mit e-m Vorhängeschloß (ver)schließen, sichern; *Fahrrad auch* anschließen

cadence [kadãs] *f* **1.** *in der Poesie, Musik etc* Rhythmus *m*; Takt *m*; *loc/adv* **en** ~ im Takt; rhythmisch; **marquer la** ~ den Takt angeben, schlagen; **perdre la** ~ aus dem Takt, *beim Marschieren* aus dem Tritt, Schritt kommen; **suivre la** ~ sich dem Takt, Rhythmus anpassen; dem Rhythmus folgen; **2.** Tempo *n*; Geschwindigkeit *f*; *mil* ~ **de marche** Marschtempo *n*; *mil* ~ **de tir** Schußfolge *f*; Feuergeschwindigkeit *f*; *loc/adv* **à une** ~ **accélérée** schneller; häufiger; in schnellerer Reihenfolge; **les avions décollent à une** ~ **moyenne de dix par heure** 'durchschnittlich starten zehn Flugzeuge in der, pro Stunde; **3.** *am Fließband* (Arbeits)Takt *m*; **augmenter, forcer la** ~ **den Arbeitstakt** beschleunigen; **4.** *mus* Ka'denz *f*; ~ **parfaite** perfekte Kadenz; Ganzschluß *m*; ~ **plagale** plagale Kadenz; Pla'galschluß *m*; ~ **rompue** Trugschluß *m*

cadencé [kadãse] *adj* rhythmisch; taktmäßig; **pas** ~ Gleichschritt *m*; **pas** ~ **en avant – marche!** im Gleichschritt – marsch!; **marcher au pas** ~ im Gleichschritt, im gleichen (Schritt und) Tritt marschieren

cadencer [kadãse] *v/t* ‹-ç-› **1.** rhythmisch gliedern, gestalten; **2.** ~ **son pas** Schritt, Tritt halten

cadène [kadɛn] *f mar* ~ **de haubans** Rüsteisen *n*; Pütting *n*

cadet [kadɛ] *m* **1.** ~(**te**) *m(f)* jüngerer *bzw* jüngster Sohn; jüngere *bzw* jüngste Tochter; Jüngste(r) *f(m)*; nachgeborener Sohn; nachgeborene Tochter; *adit*:

branche ~**te** jüngere Linie (*e-r Dynastie*); **frère** ~ jüngerer *bzw* jüngster Bruder; **sœur** ~**te** jüngere *bzw* jüngste Schwester; **c'est mon** ~ a) er, das ist mein jüngerer *bzw* jüngster Bruder; b) er, das ist mein jüngerer *bzw* jüngster Sohn; **2.** *e-r Gruppe etc* **les** ~**s de** Jüngsten *m/pl*; **il est son** ~ **de trois ans** er ist drei Jahre jünger als sie *bzw* er; *fig* **c'est le** ~ **de mes soucis** das ist meine geringste Sorge, mein geringster Kummer; **3.** *mil* Ka'dett *m*; *hist mil:* Edelmann, der als Soldat, dann als Offizier diente, um das Waffenhandwerk zu erlernen; **4.** *sports* etwa Jugendspieler *m*; **5.** *Golf cf* caddie

cadette [kadɛt] *f* **1.** *cf* cadet 1.; **2.** kleine Steinplatte

cadi [kadi] *m in islamischen Ländern* Kadi *m*

cadmi|age [kadmjaʒ] *m* Kadmiumüberzug *m*; **~er** *v/t* verkadmen; kad'mieren; **cadm|ifère** [kadmifɛr] *adj* kadmiumhaltig; **~ique** *adj* Kadmium...

cadmium [kadmjɔm] *m chim* Kadmium *n*; *fachspr* Cadmium *n*; **jaune de** ~ Kadmiumgelb *n*

cadogan [kadɔgã] *m cf* catogan

cadrage [kadraʒ] *m phot, cin, télév* Bildeinstellung *f*

cadran [kadrã] *m* **1.** *e-r Uhr, e-s Kompasses etc* Zifferblatt *n*; *e-s Meßgerätes auch, rad nur* Skala *f*; *e-s Meßgerätes auch* Skalenscheibe *f*; *tél* Nummern-, Wählscheibe *f*; ~ **lumineux** Leuchtzifferblatt *n*; leuchtende Skala; **tour du** ~ *cf* tour² 2.; **2.** ~ (**solaire**) Sonnenuhr *f*; **3.** Kloben *m* der Edelsteinschleifer, -graveure

cadrat [kadra] *m impr* **a)** Ausschlußstück *n*; Qua'drat *n*; **b)** nichtdruckende Stellen *f/pl*

cadrat|in [kadratɛ̃] *m impr* Geviert *n*; ~**ure** *f e-r Uhr* Zeigerwerk *n*

cadre [kadr(ə), kɑ-] *m* **1.** *e-s Bildes* Rahmen *m*; ~ **doré, en bois** Gold-, Holzrahmen *m*; **mettre une photo dans un** ~ e-e Fotografie (ein)rahmen; **2.** *allg* Rahmen *m* (*auch e-r Tür, e-s Fensters, Fahrrads, Motorrads*); (Ein-)Fassung *f*; Gestell *n*; *e-s Keschers* Bügel *m*; *rad* Rahmenantenne *f*; ~ **à broderie** Stickrahmen *m*; **3.** *fig* Rahmen *m*; Um'gebung *f*; Kreis *m*; Bereich *m*; *e-s Romans etc* Anlage *f*; Entwurf *m*; **dans un** ~ **de verdure** ganz im Grünen; *loc/prép* **dans le** ~ **de** im Rahmen (+gén); innerhalb (+gén); **dans le** ~ **de ses fonctions** im Rahmen, innerhalb s-r Befugnisse, Tätigkeit; **entrer dans le** ~ **de ses fonctions** zu s-n Befugnissen, s-r Tätigkeit gehören; in den Rahmen s-r Tätigkeit, Befugnisse fallen; **rester dans le** ~ **de la légalité** innerhalb, im Rahmen der Legalität bleiben; **sortir du** ~ **de ses fonctions** s-e Befugnisse über'schreiten; **sortir du** ~ **de son exposé** über den Rahmen s-s Exposés hinausgehen; **cela sortirait du** ~ **de mon exposé** das würde den Rahmen meines Exposés sprengen; ♦ *adit* Rahmen...; **programme** *m* ~ Rahmenprogramm *n*; **4.** *mil* Kader *m*; Stammpersonal *n*; *aviat* ~ **navigant, sédentaire** Offiziere und 'Unteroffiziere *m/pl* des fliegenden Personals, des Bodenpersonals; ~ **noir** Kader der Kavallerie, der Reitunterricht gibt (*bes in Saumur*); ~**s de réserve** Gesamtheit *f* der Generale a. D., die im Generalstab zur Disposition stehen; **officier** *in* **'hors** ~ ein anderer Abteilung *od* auf Mission abkommandierter Offizier; **5.** Angestellte(r) *m* mit Weisungsbefugnis; ~ **moyen** mittlere Führungskraft; ~ **supérieur**

leitender Angestellter; obere Führungskraft; *in Frankreich* **Confédération générale des** ~**s** etwa Vereinigung *f* leitender Angestellter; **6.** *in sozialistischen Ländern* Kader *m*; **7.** *adm* ~**s** *pl* Stellenplan *m*; **être rayé des** ~**s** entlassen werden; *mil* aus der Armee ausgeschlossen werden; **8.** große Kiste; ~ **de déménagement** Möbelkiste *f*; **9.** *mar* Hängematte *f*

cadr|er [kadre] **I** *v/t* **1.** *phot, cin:* Bild einstellen; *adit* **mal cadré** schlecht eingestellt; **2.** *Stierkampf:* Stier zum Stehen bringen; **II** *v/i* ~ **avec** über'einstimmen mit; passen zu; entsprechen (+*dat*); ~ **mal avec** schlecht passen zu; **faire** ~ **in** Über'einstimmung bringen; ~**eur** *m cin, télév* Kameramann *m*

caduc [kadyk] *adj* ‹**caduque** [kadyk]› **1.** veraltet; über'holt; *litt Bauwerk* baufällig; **2.** *jur Rechtsgeschäft, Vermächtnis* unwirksam; **3.** *biol Stangen e-s Hirsches* abwerfbar; *bot* **arbre** *m* **à feuilles caduques** sommergrüner Laubbaum; **4.** *anat* **membrane caduque** *od subst* **caduque** *f* De'cidua *f*

caducée [kadyse] *m* **a)** *méd* Äsku'lapstab *m*; **b)** *myth* Hermesstab *m*

caducité [kadysite] *f* **1.** Veraltet-, Über'holtsein *n*; **2.** *jur Rechtsgeschäfts* Unwirksamkeit *f* (auf Grund e-s später eintretenden Ereignisses)

cæcal [sekal] *adj* ‹-aux› *anat* Blinddarm...; **appendice** ~ Wurmfortsatz *m*

cæcum [sekɔm] *m anat* Blinddarm *m*; *sc* Caecum *n*

cæsium [sezjɔm] *m chim* Cäsium *n*

caf *od* **C.A.F.** [kaf, seaɛf] *advt comm* cif; **vente** *f* ~ cif-Geschäft *n*

cafard [kafar] *m* **1.** *Schule* Petzer *m*; Petze *f*; Angeber *m*; **2.** F **avoir le** ~ melan'cholisch, trübselig, depri'miert, F **down** [daun] sein; deprimiert, trübselig machen, stimmen (**à qn** j-n); **3.** Frömmler *m*; Mucker *m*; Heuchler *m*; Scheinheilige(r) *m*; **4.** *zo* Schabe *f*

cafard|age [kafardaʒ] *m Schülersprache* Petzen *n*; ~**er** *Schülersprache* **I** *v/t* ~ **qn** j-n verpetzen, angeben; **II** *v/i* petzen; ~**eur** *m*, ~**euse** *f Schülersprache* Petzer (-in) *m(f)*; Petze *f*

cafardeux [kafardø] F *adj* ‹-euse› *Person* trübsinnig, -selig; melan'cholisch; *Wetter, Landschaft* trübselig

caf'conc' [kafkõs] *m cf* café-concert

café [kafe] *m* **1.** 'Kaffee *od* Kaf'fee *m*; ~ **soluble** löslicher Kaffee; ~ **en grains** ungemahlener Kaffee; ~ **en poudre** Pulverkaffee *m*; **crème** *f* **au** ~ Kaffee-, Mokkacreme *f*; **glace** *f* **au** ~ Mokkaeis *n*; **moulin** *m* **à** ~ Kaffeemühle *f*; **extrait** *m* **de** ~ Kaffee-Extrakt *m*; **2.** *Getränk* Kaffee *m*; ~ **complet** komplettes Frühstück; ~ **crème a)** Kaffee mit Sahne; **b)** *cf* ~ **au lait**; ~ **glacé**, froid eisgekühlter Kaffee; ~ **noir** schwarzer Kaffee; ~ **au lait** Milchkaffee *m*; *cf auch* **4.**; **arriver au** ~ nach dem Mittagessen kommen; *fig* **c'est un peu fort de** ~ das ist doch unerhört, die Höhe, F allerhand, ein starkes Stück; **faire du, le** ~ Kaffee machen, kochen *bzw* aufbrühen; **prendre du, le** ~ Kaffee trinken; **inviter qn à prendre le** ~ j-n zum Kaffee einladen; **3.** Ca'fé, Kaf'feehaus *n*; Bar *f*; Wirtshaus *n*; ~ **littéraire, artistique** Künstlercafé *n*; **4.** *adit* ‹*inv*› Farbe kaffeebraun; ~ **au lait** hellbraun

café'-bar [kafebar] *m* ‹*pl* **cafés-bars**› kleines Ca'fé; kleine Bar; ~**-concert** *m* ‹*pl* **cafés-concerts**› früher Ca'fé *n* mit Varietédarbietungen; F Tingeltangel *m*

café'|ier [kafeje] *m bot* Kaffeestrauch *m*; ~**ière** *f* Kaffeepflanzung *f*, -plantage *f*; ~**ine** *f* Koffe'in *od* Coffe'in *n*; ~**isme** *m*

path Koffe'in-, Coffe'invergiftung *f*

café-restaurant [kaferestɔrɑ̃] *m* ⟨*pl* cafés-restaurants⟩ Ca'fé *n* mit Restau'rant; **⁓-tabac** *m* ⟨*pl* cafés--tabacs⟩ Ca'fé *n* mit Tabakladen

cafetan [kaftɑ̃] *m* Kaftan *m*

cafétéria [kafeterja] *f* Cafete'ria *f*

café-théâtre [kafeteɑtr(ə)] *m* ⟨*pl* cafés--théâtres⟩ Kleinkunsttheater *n*

cafet|ier [kaftje] *m* Kaf'feehausbesitzer *m*, -wirt *m*; **⁓ière** *f* **1.** Kaffeekanne *f*; ⁓ électrique Kaffeemaschine *f*; **2.** F Schädel *m*; Birne *f*; Dez *m*

cafouillage [kafujaʒ] F *m* Durcheinander *n*; Wirrwarr *m*; Verwirrung *f*

cafouill|er [kafuje] F *v/i Person* Verwirrung, ein Durcheinander anrichten; F murksen; *Organisation* nicht funktio-'nieren; *Motor* F stottern; ça cafouille das geht völlig durchein'ander; **⁓eur** *od* **⁓eux** F *adj* ⟨-euse⟩ verworren; verwirrt; wirr; durchein'ander

cafouillis [kafuji] F *m cf* cafouillage

cafre [kafr(ə)] **I** *adj* Kaffern…; **II** *m/pl* ⚥s Kaffern *m/pl*

caftan *cf* cafetan

cage [kaʒ] *f* **1.** Käfig *m*; *für Vögel auch* Bauer *n*; ⁓ à lapin Bucht *f* im Kaninchenstall; *fig* a) enges, kleines Zimmer; F Ka'buff *n*; b) enge, kleine Wohnung; ⁓ aux lions Löwenkäfig *m*, -zwinger *m*; **2.** *allg u tech* Gehäuse *n*; *bei Walzwerken* Walzgerüst *n*; *e-s Gebäudes* Außenmauern *f/pl*; *e-r Uhr* Gehäuse *n*; ⁓ d'ascenseur Aufzug-, Fahrstuhlschacht *m*; ⁓ d'escalier Treppenhaus *n*; *mines* ⁓ d'extraction Förderkorb *m*; *phys* ⁓ de Faraday Faraday-Käfig *m*; Faradayscher Käfig; *mar* ⁓ d'hélice Schraubenbrunnen *m*; **3.** *anat* ⁓ thoracique Brustkorb *m*; **4.** F *fig* F Kittchen *n*; Knast *m*; **5.** Fuß-, Wasserball, Hockey Tor *n*; **6.** *für Fische* Reuse *f*

cageot [kaʒo] *m* Lattenkiste *f*; Steige *f*; Stiege *f*

cagerotte [kaʒrɔt] *f* Weidenkorb *m* zum Abtropfen der Molke (*bei der Käseherstellung*)

cagibi [kaʒibi] F *m* Abstell-, Rumpelkammer *f*; Verschlag *m*; F Ka'buff *n*

cagna [kaɲa] *arg mil* f 'Unterstand *m*

cagne [kaɲ] *f cf* khâgne

cagneux [kaɲø] **I** *adj* ⟨-euse⟩ *Person* X-beinig; *Pferd* mit knieengen und zehenweiten Beinen; genoux *m/pl* ⁓, jambes cagneuses X-Beine *n/pl*; **II** *m cf* khâgneux

cagnotte [kaɲɔt] *f* **1.** Spielkasse *f*; Gemeinschaftskasse *f* (*beide auch Geld*); **2.** F Spargroschen *m*

cagot [kago] *litt* **I** *adj* heuchlerisch; scheinheilig; **II** *subst* ⁓(e) *m(f)* Heuchler(in) *m(f)*; Frömmler(in) *m(f)*; Mucker *m*

cagoul|ard [kagular] *m*, **⁓arde** *f hist* Mitglied *n* der Ca'goule

cagoule [kagul] *f* **1.** *früher* Kutte *f* der Büßer; **2.** Ka'puzenumhang *m*; **2.** Ka'puze *f* mit Augenschlitzen (*auch des Ku-Klux-Klan*); *von Verbrechern* Strumpfmaske *f*; **3.** Ka'puzenmütze *f* (*auch als Kindermütze*); **4.** la ⚥ rechtsextremer Geheimbund in Frankreich 1932–1940

cahier [kaje] *m* **1.** (Schreib)Heft *n*; ⁓ de brouillon Schmier-, Kon'zeptheft *n*; Kladde *f*; ⁓ de cours Heft zum Mitschreiben (in der Schule); ⁓ de devoirs, d'exercices Hausaufgabenheft *n*; ⁓ d'écolier Schulheft *n*; ⁓ d'histoire, de musique, de textes Geschichts-, Noten-, Aufgabenheft *n*; **2.** ⁓ d'imprimerie gefalzter Druckbogen; **3.** *hist* Denkschrift *f*; Eingabe *f/pl*; ⁓ de doléances Eingaben (mit Beschwerden und Bitten) der Stände an den König;

etwa Beschwerdeheft *n*; *heute* ⁓ de revendications Liste *f* mit Forderungen; **4.** *jur* ⁓ des charges Lastenheft *n*; Leistungsverzeichnis *n*; Vergabebedingungen *f/pl*; *Zwangsversteigerung* Versteigerungsbedingungen *f/pl*; Leistungsverzeichnis *n*; **5.** (*literarische od philosophische*) Zeitschrift; Heft *n*

cahin-caha [kaɛ̃kaa] *adv* mühsam; mit Müh und Not; *fig Geschäft etc gehen* F so'so, la'la

cahot [kao] *m* **1.** Stoß *m*; Ruck *m*; ⁓s *pl* Rütteln *n*; Stoßen *n*; Rumpeln *n*; **2.** *e-s Weges* ⁓s *pl* Holp(e)rigkeit *f*; Unebenheiten *f/pl*

cahot|ant [kaotɑ̃] *adj* **1.** *Fahrzeug* rüttelnd; **2.** *Weg* holp(e)rig; **⁓ement** *m* **1.** Stoß *m*; Ruck *m*; **2.** Rütteln *n*; Stoßen *n*; Rumpeln *n*

cahot|er [kaote] **I** *v/t* 'durchrütteln; *meist p/p* être cahoté 'durchgerüttelt, hin- und hergeschüttelt werden; *adjt fig* vie cahotée unruhiges, bewegtes Leben; **II** *v/i Fahrzeug* rumpeln; holpern; **⁓eux** *adj* ⟨-euse⟩ *Weg* holp(e)rig

cahute [kayt] *f* Hütte *f*; elende Behausung

caïd [kaid] *m* **1.** *in Nordafrika* Kaid *m*; **2.** F a) Bandenführer *m*; (Gangster)Boß *m*; vouloir faire le ⁓ der Boß sein wollen; **b)** F Bonze *m*; Boß *m*; Obermacher *m*; Macker *m*; **3.** *arg auf e-m Spezialgebiet* großer Könner; F As *n*

caïeu [kajø] *m* ⟨*pl* ⁓x⟩ *bot* Brutzwiebel *f*

caillage [kajaʒ] *m* **1.** Gerinnen *n*; **2.** Zum-Gerinnen-Bringen *n*

caillasse [kajas] *f* minderwertiges Gestein; F Schotter *m*; Kies *m*

caille [kaj] *f* **1.** *zo* Wachtel *f*; F chaud comme une ⁓ ganz warm (*z B Säugling in s-m Bettchen*); F gras comme une ⁓ fett wie e-e Wachtel; **2.** F *fig als Kosename* ma petite ⁓ (mein) Schätzchen, Liebling

caillé [kaje] **I** *adj u subst m* (lait *m*) ⁓ geronnene Milch; Dick-, Sauermilch *f*; dicke, saure Milch; **II** *m bei der Käseherstellung* Bruch *m*

caillebotis [kajbɔti] *m* **1.** *mar* Gräting *f*; **2.** Lattenrost *m*; (*Art*) Knüppeldamm *m*

caillebotte [kajbɔt] *f* Quark *m*

caille-lait [kajlɛ] *m* ⟨*inv*⟩ *bot* Labkraut *n*

caillement [kajmɑ̃] *m cf* caillage

cailler [kaje] **I** *v/t* zum Gerinnen bringen; gerinnen lassen; *adjt* lait caillé geronnene Milch; Dick-, Sauermilch *f*; **II** *v/i* **1.** gerinnen; zum Gerinnen bringen; *in der Käseherstellung* dicklegen; **2.** F *fig* ça caille aujourd'hui F ganz schön kalt heute; on caille ici *cf* 4.; **III** *v/pr* se ⁓ **3.** *Milch, Blut* gerinnen; **4.** F *fig* on se caille ici F hier erfriert man ja

caillette [kajɛt] *f zo* Labmagen *m*

caillot [kajo] *m* Gerinnsel *n*; *meist* ⁓ (de sang) Blutgerinnsel *n*; Blutklümpchen *n*; Blutkuchen *m*

caillou [kaju] *m* ⟨*pl* ⁓x⟩ **1.** Kiesel(stein) *m*; Stein(chen) *m(n)*; *géol* ⁓ poli abgeschliffener Stein; ⁓x roulés Geröll *n*; avoir un ⁓ dans sa chaussure *od* un Stein im Schuh haben; casser des ⁓x Steine klopfen; **2.** ⁓x *pl* Schotter *m*; Kies *m*; tas *m* de ⁓x Schotter *m*; Kies *m*; **3.** (*Art*) Fa'yence *f* (*Art*) Jaspis *m*; ⁓ du Rhin Rheinkiesel *m*; **b)** F (*pierre précieuse*) Edelstein *m*; Dia'mant *m*; **4.** F n'avoir plus un poil, plus de cresson sur le ⁓ 'vollständig kahl sein; F e-e Platte haben

cailloutage [kajutaʒ] *m* **1.** (Be)Schottern *n*; Bekiesen *n*; **2.** Beschotterung *f*; Schotter *m*; Kies *m*; **3.** (*Art*) Fa'yence *f*

caillout|er [kajute] *v/t Straße* (be)schottern; *Weg* bekiesen; *adjt* allée caillou-

tée Kiesweg *m*; **⁓eux** *adj* ⟨-euse⟩ *Weg, Boden* steinig

cailloutis [kajuti] *m* Schotter *m*; Kies *m*; *géol* ⁓ glaciaire Geschiebe *n*

caïman [kaimɑ̃] *m* **1.** *zo* Kaiman *m*; **2.** *Studentensprache* Repe'titor *m* an der École normale supérieure

caïque [kaik] *m mar* Kaik *od* Kajik *m*

cairn [kern] *m* **1.** Cairn [kɛən] *m*; keltisches Hügelgrab; **2.** Steinkegel *m*, -pyramide *f*, *österr* -mandl *n* (*von Polarforschern bzw Bergsteigern zur Markierung errichtet*)

caisse [kɛs] *f* **1.** Kiste *f*; Kasten *m*; Lade *f*; *für kleine Bäume etc* Kübel *m*; *allg u tech* Gehäuse *n*; *mar*: Tank *m*; Zelle *f*; *e-r Talie* Block *m*; Taukloben *m*; *auto* Aufbau *m* der Karosse'rie; *par ext* Karosse'rie *f*; ⁓ à claire-voie Lattenkiste *f*; *mar* ⁓ à eau Wassertank *m*; ⁓ à fleurs Blumenkasten *m*; *mil* ⁓ à munitions Muni-ti'onskiste *f*; ⁓ à outils Werkzeugkasten *m*, -kiste *f*; *mil* ⁓ à sable Sandkasten *m*; F *fig mar* ⁓ à savon Raddampfer *m*; Paddelkasten *m*; ⁓ de livres Bücherkiste *f*; **2.** *mus e-s Klaviers* Reso'nanzboden *m*; *e-r Trommel* Reso'nanzkörper *m*; *par ext* Trommel *f*; ⁓ claire kleine (Schnarr-)Trommel; grosse ⁓ große Trommel; *fig* battre la grosse ⁓ die Re'klametrommel rühren; ⁓ roulante Roll-, Wirbeltrommel *f*; **3.** *anat* ⁓ du tympan Paukenhöhle *f*; F *meist iron* s'en aller, partir de la ⁓ F die Galop'pierende, die Motten haben; **4.** *cuis* Backpapier *n*; Pa'pierform *f*; Backform *f aus* Alu'miniumfolie; **5.** Kasse *f*, *österr* Kassa *f* (*Stelle, Apparat u Geld*); Zahlstelle *f*; ⁓ communale, municipale Gemeinde-, Stadtkasse *f*; ⁓ enregistreuse Regi-'strierkasse *f*; ⁓ noire Geheimfonds *m*, -kasse *f*; *in Frankreich* ⁓ des écoles *von der Gemeinde verwaltete Kasse zur Anschaffung von Büchern, Heften, Kleidung, Speisung für bedürftige Schüler*; livre *m* de ⁓ Kassen-, Kassabuch *n*; ticket *m*, bordereau *m* de ⁓ Kassenzettel *m*; montant *m* en ⁓ Kassenbestand *m*; avoir mille francs dans sa, en ⁓ tausend Franc in der Kasse haben; faire la ⁓ Kasse machen; faire l'état de la ⁓ den Kassenbestand aufnehmen; partir avec la ⁓ mit der Kasse 'durchbrennen, -gehen; passer, se présenter à la ⁓ zur Kasse gehen; *fig* vous pouvez passer à la ⁓ Sie sind (fristlos) entlassen; tenir la ⁓ die Kasse führen; **6.** Kasse *f* (*Institution*); ⁓ d'allocations familiales Fa'milienausgleichskasse *f*; ⁓ d'amortissement Schuldentilgungskasse *f*; ⁓ (nationale) d'assurance maladie (nationale) Krankenkasse; ⁓ primaire d'assurance maladie *etwa* Ortskrankenkasse *f*; ⁓ d'assurance vieillesse des travailleurs salariés Altersversicherungskasse *f* für Arbeitnehmer; ⁓ de crédit Darlehenskasse *f*; ⁓ de crédit municipal (Pfand)Leihhaus *n*; ⁓ des dépôts et consignations (staatliche) Hinter'legungs- und Konsi-gnati'onskasse; ⁓ d'épargne Sparkasse *f*; ⁓ nationale d'épargne *od* d'épargne postale Postsparkasse *f*; ⁓ de prévoyance *etwa* Versorgungskasse *f*; ⁓ de retraite Altersversorgung (-skasse) *f*; Pensi'onskasse *f*; ⚥ nationale de Sécurité sociale *etwa* Zen'tralbehörde *f*, -amt *n* der Sozialversicherung

caiss|erie [kɛsri] *f* **a)** Kistenfabrik *f*; **b)** Kistenfabrikation *f*; **⁓ette** *f* Kistchen *n*; Kästchen *n*

caiss|ier [kɛsje] *m*, **⁓ière** *f* Kas'sierer (-in) *m(f)*; Kassenführer(in) *m(f)*; *südd, österr* Kas'sier(in) *m(f)*; *bei Behörden* Kassenbeamte(r) *m*, -beamtin *f*

caisson [kɛsõ] *m* **1.** Kiste *f*; Behälter *m*; *mar auch* Tank *m*; **2.** *mil* Muniti'onswagen *m*; **3.** bât ~ (à air comprimé) Cais'son *m*; Senkkasten *m*; *aviat, méd* ~ à dépression 'Unterdruckkammer *f*; *path* maladie *f* des ~s Cais'son-, Taucherkrankheit *f* (im *m*); *arch* plafond *m* à ~s Kassettendecke *f*; **5.** F se faire sauter le ~ sich e-e Kugel durch den Kopf schießen, F jagen

cajeput [kaʒpy] *m bot* Kaje'putbaum *m*; (essence *f* de) ~ Kaje'putöl *n*

cajeputier [kaʒpytje] *m cf* cajeput

cajol|er [kaʒole] *v/t* liebkosen; um'schmeicheln; *Kind* hätscheln; herzen; **~erie** *f oft pl* ~s Um'schmeicheln *n*; Liebkosungen *f/pl* Schmeiche'leien *f/pl*; **~eur I** *adj* ‹-euse› *Stimme etc* (ein-)schmeichelnd; schmeichlerisch; *Kind* anschmiegsam; **II** *subst* ~, cajoleuse *m,f* Schmeichelkatze *f*, -kätzchen *n*

cajou [kaʒu] *m bot* (pomme *f* de) ~ Cashewapfel *m*; noix *f* de ~ Cashewnuß *f*, -kern *m* Cachounuß [ka'ʃu-] *f*

cake [kɛk] *m cuis* englischer Kuchen

cake-walk [kɛkwo(l)k] *m mus* Cakewalk ['ke:kwo:k] *m*

cal [kal] *m* **1.** Schwiele *f*; **2.** *méd, bot* Kallus *m*

calabrais [kalabrɛ] **I** *adj* ka'labrisch; **II** *subst* **1.** ♀(e) *m(f)* Ka'labrier(in) *m(f)*; **2.** *ling* le ~ das Ka'labrische; ka'labrisch *n*

caladion [kaladjõ] *od* **caladium** [kaladjɔm] *m bot* Ka'ladie *f*

calage [kalaʒ] *m* **1.** Verkeilen *n*; Feststellen *n*, -klemmen *n*; **2.** *aviat* (angle *m* de) ~ Anstellwinkel *m*; **3.** *auto* ~ de l'allumage Zündeinstellung *f*; **4.** *e-s Motors* Abwürgen *n*

calaison [kalɛzõ] *f mar* Tiefgang *m*

calambac [kalãbak] *od* **calambour** [kalãbur] *m* Adler-, Aloe-, Para'diesholz *n*

calamine [kalamin] *f* **1.** *minér* Zinkkieselerz *n*; Kieselgalmei *m*; *tech* Zinkspat *m*; Edler Gal'mei; **2.** *auto* **a)** Verbrennungsrückstände *m/pl*; **b)** Ölkohle *f*

calaminer [kalamine] *v/pr* se ~ Zündkerze verrußen

calamite [kalamit] *f* **1.** *bot* Kala'mit *m*; **2.** *minér* (*Art*) Tremo'lit *m*

calamité [kalamite] *f* großes allgemeines Unglück; Unheil *n*; Drangsal *f*; Elend *n*; Geißel *f*; Kata'strophe *f*; F *plais* quelle ~! was für e-e Strafe!; wie grausam!

calamus [kalamys] *m bot* Rotangpalme *f*

calancher [kalãʃe] *arg v/i* sterben; P abkratzen

calandrage [kalãdraʒ] *m tech* Ka'landern *n*

calandre [kalãdr(ə)] *f* **1.** *tech* Ka'lander *m*; **2.** *auto* Kühlergrill *m*; **3.** *zo* **a)** Ka'landerlerche *f*; **b)** ~ du blé Kornkäfer *m*; Schwarzer Kornwurm; ~ du riz Reiskäfer *m*

calandr|er [kalãdre] *v/t tech* ka'landern; *adjt* papier calandré sati'niertes Papier; **~eur** *m*, **~euse** *f* **1.** Ka'landerer *m*; Ka'landerführer *m*; **2.** *m tech* Walze *f* des Ka'landers

calanque [kalãk] *f in Südfrankreich* (kleine) Felsbucht

calao [kalao] *m zo* Nashornvogel *m*

calcaire [kalkɛr] **I** *adj* Kalk...; kalkig; kalkhaltig; *path* dégénérescence *f* ~ Verkalkung *f*; eau *f* très ~ sehr kalkhaltiges Wasser; relief *m* ~ Kalksteinrelief *n*; *chim* sel *m* ~ Kalksalz *n*; terrain *m* ~ Kalkboden *m*; **II** *m* **1.** Kalk(stein) *m*; ~ lithographique Lithographischer Stein; ~ marneux Kalkmergel *m*; ~ oolithique Oo'lithkalk *m*; **2.** Kessel-

---

stein *m*; Kalkansatz *m*

calcanéum [kalkaneɔm] *m anat* Fersenbein *n*; *sc* Cal'caneus *m*

calcédoine [kalsedwan] *f minér* Chalze-'don [k-] *m*

calcémie [kalsemi] *f physiol* Kalziumgehalt *m*, -spiegel *m* (im Blut)

calcéolaire [kalseɔlɛr] *f bot* Pan'toffelblume *f*

calcicole [kalsikɔl] *adj bot* kalzi'phil

calcification [kalsifikasjõ] *f physiol, path* Verkalkung *f*

calcifié [kalsifje] *adj* verkalkt

calcin [kalsɛ̃] *m* **1.** Glaspulver *n*, -staub *m*; Glas *n* zur E'mailherstellung; **2. a)** Kesselstein *m*; Kalkansatz *m*; **b)** Kalkkruste *f* (auf Steinen)

calcination [kalsinasjõ] *f tech, chim* Glühen *n*; Kalzi'nieren *od fachspr* Calci-'nieren *n*; *von Kalk(stein)* Brennen *n*

calciner [kalsine] *v/t* **1.** *tech, chim* glühen; kalzi'nieren *od fachspr* calci'nieren; *Kalk(stein)* brennen; **2.** verbrennen; *litt auch* ausdörren; versengen; *meist adjt* calciné verbrannt; verkohlt; débris calcinés verkohlte, verbrannte Reste *m/pl*, Trümmer *pl*

calc|ique [kalsik] *adj chim* Kalzium... *od fachspr* Calcium...; sels *m/pl* ~s Kalk-, Kalziumsalze *n/pl*; **~ite** *f minér* Kalkspat *m*; Kal'zit *od fachspr* Cal'cit *m*

calcium [kalsjɔm] *m* **1.** *chim* Kalzium *od fachspr* Calcium *n*; chlorure *m* de ~ Chlorcalcium *n*; Calciumchlorid *n*; oxyde *m*, phosphate *m*, sulfate *m* de ~ Calciumoxid *n*, -phosphat *n*, -sulfat *n*; **2.** *phm* Kalzium(-) *od* Calcium(präparat) *n*

calcul[1] [kalkyl] *m* **1.** Rechnen *n*; Rechnung *f*; Berechnen *n*, -ung *f*; Ausrechnen *n*; *comm* Kalkulati'on *f*; ~ algébrique algebraisches Rechnen; ~ exact, juste richtiges Rechnen; richtige Berechnung; ~ intégral, logarithmique Inte'gral-, Loga'rithmenrechnung *f*; ~ mental Kopfrechnen *n*; ♦ ~ des bénéfices Gewinnermittlung *f*; ~ d'erreurs Fehlerrechnung *f*; ~ des frais Kostenrechnung *f*; ~ de l'impôt Steuerberechnung *f*; ~ des intérêts Zins(be)rechnung *f*; ~ des prix Preisberechnung *f*, -kalkulation *f*, -ermittlung *f*; ~ des probabilités Wahr'scheinlichkeitsrechnung *f*; ~ de rentabilité Rentabili'tätsberechnung *f*; règle *f* à ~ Rechenschieber *m*; *loc/adv* par le ~ rechnerisch; ♦ être bon, faible en ~ im Rechnen gut, schwach sein; gut, nicht gut rechnen können; être perdu dans ses ~s ins Rechnen, in s-e Berechnungen vertieft sein; faire des ~s rechnen; Rechnungen machen; Berechnungen anstellen; faire le ~ de qc etw be-ausrechnen; faire à qn le ~ de qc j-m etw vorrechnen; faire un premier ~ e-e erste Berechnung anstellen; faire une erreur de ~ e-n Rechenfehler machen; sich verrechnen; **2.** *fig* Berechnung *f*; Erwartung *f*; Kal'kül *m*; d'après mes ~s meinen Berechnungen nach; mon ~ était juste meine Erwartung, Berechnung, mein Kalkül war richtig; faire richtig kalku'liert; faire un mauvais ~ *od* se tromper dans ses ~s sich verrechnen; sich verkalku'lieren; il s'est trompé dans ses ~s *auch* s-e Rechnung ist nicht aufgegangen; **3.** *fig* Berechnung *f*; Eigennutz *m*; *loc/adv* sans ~ ohne jede Berechnung; spon'tan; agir par ~ aus Berechnung handeln

calcul[2] [kalkyl] *m path* Stein *m*; ~ biliaire, rénal, urinaire Gallen-, Nieren-, Harnstein *m*

calculable [kalkylabl(ə)] *adj* berechenbar; être ~ *auch* berechnet werden können

---

calcula|teur [kalkylatœr] **I** *adj* ‹-trice› **1.** rechnend; **2.** vor'ausschauend; *péj* berechnend; **II** *m* **1.** *comm* Kalku'lator *m*; **2.** Rechner *m*; être un bon ~ ein guter Rechner sein; gut rechnen können; **3.** *Maschine* Rechner *m*; Rechengerät *n*, -anlage *f*; ~ électronique Elek'tronenrechner *m*; ~ de poche Taschenrechner *m*; **~trice** *f* **1.** (Tisch)Rechenmaschine *f*; **2.** (gute) Rechnerin

calculer [kalkyle] **I** *v/t* **1.** rechnen; be-, aus-, errechnen; (aus)kalku'lieren; *abs* rechnen; machine *f* à ~ (Tisch)Rechenmaschine *f*; ~ mentalement *od* de tête im Kopf (aus)rechnen; **2.** *fig* berechnen; abwägen; (ein)kalku'lieren; ~ approximativement schätzen; ~ que ... schätzen, rechnen, daß ...; ~ les avantages et les inconvénients die Vorzüge und Nachteile gegenein'ander abwägen; ~ ses chances s-e Chancen ausrechnen; *adjt* risque calculé einkalkuliertes, wohlbedachtes Risiko; **3.** sorgfältig, genau über'legen; be-, ausrechnen; *adjt* calculé wohlüberlegt; genau berechnet; berechnend; **II** *v/i* (mit dem Geld) rechnen

calculeux [kalkylø] *adj* ‹-euse› *path* Stein...; *bes* Blasenstein...

caldeira [kaldɛra] *f géol* Cal'dera *f*

cale [kal] *f* **1.** *mar* **a)** (Schiffs)Raum *m*; (fond *m* de) ~ Lade- *bzw* Kielraum *m*; ~ à charbon Kohlenbunker *m*; F *fig* être à fond de ~ F völlig blank sein; auf dem letzten Loch pfeifen; **b)** Laderampe *f*; ~ de halage Ablaufbahn *f*; **c)** ~ de construction Helling *f*; Helgen *m*; *auch* Stapel *m*; ~ sèche *od* de radoub Trockendock *n*; **2.** ('Unterleg)Keil *m*; 'Unterlage *f*; *tech* Keil *m*; Paßstück *m*; glisser, mettre une ~ derrière les roues e-n Keil unter *od* hinter die Räder schieben, legen; die Räder mit e-m Keil sichern

calé [kale] *adj* F **1.** *Person* beschlagen; ~ en maths F in Mathe bewandert, beschlagen; être ~ *auch* F was los haben; **2.** *Sache* sehr schwierig; F haarig; c'est trop ~ pour moi F das ist zu hoch für mich, ist mir zu hoch

calebass|e [kalbas] *f* **a)** *bot* Flaschenkürbis *m*; **b)** Kale'basse *f*; **~ier** *m bot* Kale'bassenbaum *m*; ~ du Sénégal Affenbrotbaum *m*; Baobab *m*

calèche [kalɛʃ] *f* Ka'lesche *f*; Kutsche *f*

caleçon [kalsõ] *m* 'Unterhose *f*; ~ long lange Unterhose; ~ de bain Badehose *f*; être en ~ in Unterhosen, in der Unterhose sein

calédonien [kaledɔnjɛ̃] *adj* ‹~ne› kale-'donisch; *géol* plissement ~ Kaledonisches Gebirge; Kaledo'niden *pl*

cale-étalon [kaletalõ] *m* ‹*pl* cales-étalons› *tech* Endmaß *n*

caléfaction [kalefaksjõ] *f* **1.** Erwärmung *f*; Erhitzung *f*; **2.** *phys* Leidenfrost-Phänomen *n*

caléidoscope *cf* kaléidoscope

calembour [kalãbur] *m* (auf Homony-'mie beruhendes) Wortspiel

calembredaine [kalãbrədɛn] *f meist pl* ~s Ti'raden *f/pl*; Albernheiten *f/pl*; Geschwätz *n*

calendes [kalãd] *f/pl im alten Rom* Ka'lenden *f/pl*; *fig* renvoyer qc aux ~ (grecques) etw auf den Sankt-Nimmerleins-Tag, *par ext* auf e-n viel späteren Termin verschieben

calendo [kalãdo] F *m* Camembert *m*

calendrier [kalãdrije] *m* **1.** Ka'lender *m*; ~ grégorien *od* nouveau ~ Gregorianischer Kalender; ~ julien *od* vieux ~ Julianischer Kalender; ~ mural Wandkalender *m*; ~ à effeuiller *od* bloc *m* ~ Abreißkalender *m*; *in Frankreich* ~ des postes *Kalender, den der Briefträ-*

ger zum Jahresende im Auftrag der Post verkauft; **2.** Ter'minkalender *m;* Ter'mine *m/pl;* Pro'gramm *n;* Zeitplan *m*
cale-pied [kalpje] *m ⟨pl* cale-pieds⟩ *am Fahrradpedal* Haken *m* (und Riemen)
calepin [kalpɛ̃] *m* **1.** No'tizbuch *n;* **2.** *bât* Werkzeichnung *f*
caler [kale] **I** *v/t* **1.** *auto* Motor abwürgen; **2.** *Stuhl, Tisch etwas,* e-n Keil legen unter (+*acc*); mit e-m Keil Halt geben (+*dat*); *Rad* bloc'kieren; mit etwas, e-m Keil stützen; etwas, e-n Keil legen hinter (+*acc*); ∼ *contre qc* gegen etw stützen; *an etw* (+*dat*) abstützen; *an etw* (+*acc*) anlehnen; **3.** *tech* verkeilen; feststellen; stützen; festklemmen; *Zündung etc* einstellen; **4.** *mar* **a)** *Mast, Segel* niederholen; her'unterlassen; **b)** *Schiff* ∼ *six mètres* sechs Meter Tiefgang haben; **5.** *Murmel* (mit den Fingern) wegschnellen, wegschnippen; **II** *v/i* **6.** *Person* den Motor abwürgen; *Motor* absterben; **7.** *fig* aufgeben; F *beim Essen auch* nicht mehr können; F *Speise* satt machen; **8.** *mar* Tiefgang haben; ∼ **trop** zu großen Tiefgang haben; **III** *v/pr* **se** ∼ sich bequem hinsetzen, es sich bequem machen (**dans un fauteuil** in e-m Sessel)
caleter [kalte] *cf* **calter**
calfat [kalfa] *m mar* Kal'faterer *m;* **marteau** *m* **de** ∼ Kal'fathammer *m*
calfat|age [kalfataʒ] *m mar* Kal'fatern *n;* ∼**er** *v/t mar* kal'fatern
calfeutrage [kalføtraʒ] *m od* **calfeutrement** [kalføtrəmã] *m* Abdichten *n*
calfeutrer [kalføtre] **I** *v/t* Tür, Fenster abdichten; luftdicht verschließen; **II** *v/pr* **se** ∼ sich in s-r Wohnung verkriechen; **se** ∼ **chez soi** vor der warmen Stube sitzen bleiben; *péj* am, hinter dem Ofen hocken; ein Stubenhocker sein
calibrage [kalibraʒ] *m* **1.** Kali'brieren *n;* Eichen *n;* **2.** *e-s Rohrs etc* Bestimmen *n,* Messen *n* des Ka'libers, 'Durchmessers; **3.** *von Früchten, Eiern* Sor'tieren *n* der Größe nach; *der Kohle* Klas'sieren *n*
calibre [kalibr(ə)] *m* **1.** **a)** *e-s Rohrs, Geschützes* Ka'liber *n;* Rohrweite *f; e-s Rohrs* lichte Weite; **b)** *e-s Geschützes* Ka'liberlänge *f;* **c)** *e-s Geschosses* Ka'liber *n;* **de gros, de petit** ∼ groß-, kleinkalibrig; **2.** *tech* (Schub)Lehre *f;* Scha'blone *f;* ∼ **(à) mâchoires** Rechenlehre *f;* **d'alésage** *od* **pour alésage** Bohrungslehre *f;* ∼ **d'épaisseur** Dickenmesser *m;* ∼ **de** *od* **pour filetage** Gewindelehre *f,* -schablone *f;* **3.** *e-r Säule, Kugel, Kugel* 'Durchmesser *m; von Früchten, Eiern* Größe *f;* **4.** F *fig oft péj* Art *f;* Schlag *m;* For'mat *n;* F Ka'liber *n;* **une erreur de ce** ∼ ein so gewaltiger Irrtum; ein Irrtum solchen Ausmaßes, F solchen Kalibers; **un escroc de ce** ∼ ein Gauner s-s Schlages; ein solcher Gauner; **ils sont du même** ∼ sie sind vom gleichen Schlag; *positiv* **il est d'un tout autre** ∼ (d)er ist von ganz anderem Format, aus ganz anderem Holz geschnitzt, F von ganz anderem Kaliber; (d)er hat ein ganz anderes Kaliber
calibrer [kalibre] *v/t* **1.** kali'brieren; eichen; *Zündung* einstellen; **2.** das Ka'liber, den 'Durchmesser (+*gén*) feststellen, messen; **3.** *Früchte der* Größe nach sor'tieren; *Kohle* klas'sieren
calibreur [kalibrœr] *m* **1.** *tech* Meßkaliber *m;* **2.** Obstsortierer *m*
calice [kalis] *m* **1.** *égl* (Abendmahls-) Kelch *m; fig* **boire le** ∼ **jusqu'à la lie** den Kelch bis zur Neige leeren; **2.** *bot* (Blüten)Kelch *m;* **3.** *anat* ∼**s** *pl* rein Nierenkelche *m/pl*
caliche [kaliʃ] *m* Caliche [ka'li:tʃə] *f;* ungereinigter Chilesalpeter

caliciforme [kalisifɔrm] *adj anat* papilles *f/pl* ∼**s** um'wallte Pa'pillen *f/pl*
calicot [kaliko] *m* **a)** *text* Kaliko *m;* **b)** *par ext* Spruchband *n*
calicule [kalikyl] *m bot* Außenkelch *m*
calier [kalje] *m mar* Trimmer *m*
califat [kalifa] *m* Kali'fat *n*
calife [kalif] *m* Ka'lif *m*
californien [kalifɔrnjɛ̃] **I** *adj* ⟨∼**ne**⟩ kali'fornisch; **II** *subst* ♀(**ne**) *m(f)* Kali'fornier(in) *m(f)*
californium [kalifɔrnjɔm] *m chim* Cali'fornium *n*
califourchon [kalifurʃɔ̃] *loc/adv* **à** ∼ rittlings; **être assis à** ∼ rittlings sitzen (**sur** *auf* + *dat*); **monter, se mettre à** ∼ **sur** sich rittlings setzen auf (+*acc*)
câlin [kɑlɛ̃] **I** *adj* **a)** zärtlich; liebevoll; **enfant** ∼ Schmeichelkatze *f,* -kätzchen *n;* F Schmusekatze *f; d'un air* ∼ zärtlich; liebevoll; **b)** zärtlichkeitsbedürftig; **II** *m* Liebkosung *f;* Zärtlichkeit *f;* **faire (un)** ∼ zärtlich, lieb sein; F schmusen
câlin|er [kɑline] *v/t* zärtlich sein zu; liebkosen; hätscheln; F schmusen mit; ∼**erie** *f* Zärtlichkeit *f;* Liebkosungen *f/pl;* F Schmusen *n;* Schmuse'rei *f*
caliorne [kaljɔrn] *f mar* Gien *f od n*
calisson [kalisɔ̃] *m* Mandelkonfekt *n* mit Zuckerguß
calleux [kalø] *adj* ⟨**-euse**⟩ schwielig; *path auch* kal'lös; *anat* **corps** ∼ Balken *m* (des Gehirns); *sc* Corpus cal'losum *n*
call-girl [kɔlgœrl] *f* Callgirl ['kɔ:l- gœːrl] *n*
calligraph|e [kaligraf] *m,f* Kalli'graph (-in) *m(f);* Schönschreiber(in) *m(f);* ∼**ie** *f* Kalligra'phie *f;* Schönschreibkunst *f;* Schönschreiben *n;* Schönschrift *f;* ∼**ier** *v/t* schön schreiben; in Schönschrift schreiben; malen; *auch* schönschreiben; ∼**ique** *adj* kalli'graphisch
callosité [kalozite] *f* Schwiele *f;* Hornhaut *f; sc* Cal'lositas *f; meist pl* ∼**s** Schwielen *f/pl*
calmant [kalmã] *phm* **I** *adj* beruhigend und schmerzstillend; **II** *m* Beruhigungs- und Schmerzmittel *n*
calmar [kalmar] *m zo* Kalmar *m; cuis:* **frit** (in Öl) gebratener Kalmar; ∼ **à l'encre** Kalmar in schwarzer Soße
calme [kalm] **I** *adj* ruhig; still; *Börse* ruhig; zu'rückhaltend; **être** ∼ ruhig, still sein; **la mer est** ∼ das Meer, die See ist ruhig; **le temps est** ∼ es ist windstill, ruhiges Wetter; **mener une petite vie** ∼ ein ruhiges, stilles Leben führen; **II** *m* **1.** Ruhe *f;* Stille *f; mar* Windstille *f;* **plat** *mar, fig* im *Geschäftsleben* Flaute *f; mar auch* völlige Windstille; **c'est le** ∼ **plat** *mar* es herrscht Flaute, völlige Windstille; es ist ganz windstill; *im Geschäftsleben* es herrscht e-e Flaute; *allg* es ist nichts los; es geschieht, passiert gar nichts; *fig* **le** ∼ **avant la tempête** die Ruhe vor dem Sturm; **chercher le** ∼ die Ruhe suchen; **ramener, rétablir le** ∼ die Ruhe wieder'herstellen; **travailler dans le, au** ∼ in Ruhe, ungestört arbeiten; **2.** *géogr* ∼**s** *pl* Kalmen *f/pl;* Kalmengürtel *od* ∼**s équatoriaux** äquatorialer Kalmengürtel; ∼**s tropicaux** subtropische Kalmengürtel; Roßbreiten *f/pl;* **3.** *fig* Ruhe *f;* Gelassenheit *f;* Gemütsruhe *f;* ∼ **imperturbable** unerschütterliche Ruhe, Gelassenheit; *loc/adv* **intérieur** innere Ruhe; **avec** ∼ ruhig; gelassen; **avec le plus grand** ∼ äußerst ruhig, gelassen; in großer Ruhe; **mit größter** Gelassenheit; **du** ∼, **voyons!** a) bitte Ruhe (bewahren)!; nur ruhig Blut!; b) Ruhe bitte!; **avoir un moment de** ∼ im Moment ruhig sein; e-e Zeitlang ruhig sein; **conserver, gar-**

der son ∼ (die) Ruhe bewahren; s-e Ruhe behalten; ruhig bleiben; **perdre son** ∼ s-e Gelassenheit, die Beherrschung verlieren
calmement [kalməmã] *adv* ruhig; still; gelassen
calmer [kalme] **I** *v/t* **1.** *Person* beruhigen; besänftigen; zur Ruhe bringen; beschwichtigen; F *als Drohung* **je vais te** ∼ **!** F ich werd' dich Mores lehren!; **2.** *Schmerz* mildern; lindern; stillen; *Husten* lindern; *Durst, Hunger* stillen; *Ungeduld, Angst, Zorn* beschwichtigen; *Heftigkeit, Eifer* dämpfen; **II** *v/pr* **se** ∼ **3.** *Person* sich beruhigen; ruhig werden; **calmez-vous!** beruhigen Sie sich!; F **regen Sie sich ab!;** **4.** *Sturm* sich legen; abflauen; *auch Fieber, Schmerz* nachlassen; *Leidenschaft* sich abkühlen; *Sturm* **commencer à se** ∼ allmählich nachlassen
calmir [kalmir] *v/i mar Wind* abflauen; sich legen; *See* **sich beruhigen**
calo [kalo] *m* spanische Gaunersprache
calomel [kalɔmɛl] *m phm* Kalo'mel *n; chim* Quecksilberhornerz *n;* Quecksilber(I)-chlorid *n*
calomnia|teur [kalɔmnjatœr] *m,* ∼**trice** *f* Verleumder(in) *m(f); adjt* verleumderisch
calomnie [kalɔmni] *f* Verleumdung *f;* **basse** ∼ schändliche Verleumdung
calomnier [kalɔmnje] *v/t* verleumden; *Handlung* verketzern; ∼ **qn** *auch* j-m etw andichten
calomnieux [kalɔmnjø] *adj* ⟨**-euse**⟩ verleumderisch; *jur* **dénonciation calomnieuse** falsche Anschuldigung
caloporteur [kalɔpɔrtœr] *adj* **fluide** *m* ∼ wärmeabführende Flüssigkeit
calorie [kalɔri] *f phys, physiol* Kalo'rie *f* (*abr* cal); **grande** ∼ Kilokalorie *f*
calori|fère [kalɔrifɛr] **I** *m* Heizung(sanlage) *f;* **II** *adj* Heiz…; ∼**fication** *f physiol* Wärmebildung *f*
calorifique [kalɔrifik] *adj* Wärme…; Heiz…; wärmeerzeugend; **capacité** *f* ∼ Wärmekapazität *f;* **pouvoir** *m* ∼ Heizwert *m*
calorifuge [kalɔrifyʒ] **I** *adj* wärmeisolierend; dämmend; **II** *m* Wärmeschutz-, Dämmstoff *m*
calorifugeage [kalɔrifyʒaʒ] *m* Wärmeisolation *f,* -dämmung *f,* -schutz *m*
calorifuger [kalɔrifyʒe] *v/t* ⟨**-geons**⟩ (wärme)iso'lieren; dämmen; *adjt* **calorifugé** wärmeisoliert
calori|mètre [kalɔrimɛtr(ə)] *m* Kalori'meter *n;* ∼**métrie** *f* Kalorime'trie *f;* Wärmemessung *f;* ∼**métrique** *adj* kalori'metrisch
calorique [kalɔrik] *adj physiol* Kalo'rien…
caloris|ation [kalɔrizasjɔ̃] *f métall* Kalori'sieren *n;* ∼**er** *v/t métall* kalori'sieren
calot [kalo] *m* **1.** *mil* Feldmütze *f;* Käppi *n;* F Schiffchen *n;* **2.** große Murmel
calotin [kalɔtɛ̃] F *péj* ∼ *m* Kleri'kale(r) *m;* F *péj* Pfaffenknecht *m;* Schwarze(r) *m*
calotte [kalɔt] *f* **1.** *von Priestern* Ka'lotte *f; auch allg* (Scheitel)Käppchen *n;* **2.** *fig u péj* **la** ∼ **a)** *péj* die Pfaffen *m/pl;* **b)** die Kleri'kalen *m/pl;* F *péj* die Schwarzen *m/pl;* **3.** *des Hutes* Kopf *m;* **4.** *arch* Ka'lotte *f; géogr* ∼ **glaciaire** Eiskappe *f;* *Geometrie* ∼ **sphérique** Ka'lotte *f;* Kugelkappe *f,* -haube *f; anat* ∼ **du crâne** Schädeldach *n;* Ka'lotte *f;* **5.** F (tape) Klaps *m;* leichte Ohrfeige; Kopfnuß *f;* **flanquer une** ∼ **à qn** *cf* **calotter**
calotter [kalɔte] *v/t* F ∼ **qn** j-m e-e Kopfnuß geben; F j-m eine wischen
calquage [kalkaʒ] *m* ('Durch)Pausen *n;* 'Durchzeichnen *n*

calque [kalk] *m* **1.** Pause *f* (*Zeichnung*); prendre un ～ e-e Pause (davon) machen, herstellen; prendre un ～ de qc etw 'durchpausen, -zeichnen; **2.** *fig* Nachahmung *f*; *péj* Abklatsch *m*; **3.** *ling* Lehnübersetzung *f*

calquer [kalke] *v/t* **1.** 'durchpausen, -zeichnen; **2.** *fig* qc etw nachahmen, ko'pieren; ～ sa conduite sur celle de qn j-s Verhalten genau nachahmen; sich in s-m Verhalten ganz nach j-m richten

calter [kalte] *v/i od v/pr* se ～ *F* (se) ～ *F* abhauen; verduften; türmen; stiftengehen

calumet [kalymɛ] *m* Kalu'met *n*; ～ de (la) paix Friedenspfeife *f*; fumer le ～ de la paix die Friedenspfeife rauchen (*auch fig*)

calus [kalys] *m bot* Kallus *m*

calva [kalva] F *m cf* calvados

calvados [kalvados] *m* Calva'dos *m* (*Apfelbranntwein*)

calvaire [kalvɛr] *m* **1.** *rel, Kunst* Kal'varienberg *m*; *Kunst* Kreuzigung *f* Christi; **2.** *fig* Leidensweg *m*; Mar'tyrium *n*

calville [kalvil] *f* Apfelsorte Kal'vill *m*; Kal'ville *f*

calvin|isme [kalvinism(ə)] *m rel* Kalvi'nismus *m*; ～iste I *adj* a) kalvi'nistisch; b) kal'vinisch; II *m,f* Kalvi'nist(in) *m(f)*

calvitie [kalvisi] *f* Glatze *f*; Kahlheit *f*; Kahlköpfigkeit *f*; *méd* Cal'vities *f*

calypso [kalipso] *m Tanz* Ca'lypso *m*

camaïeu [kamajø] *m* **1.** Camai'eu *f* (*Kamee*); **2.** *Malerei* Camai'eu *f*; (peinture *f* en) ～ *auch* Tonmalerei *f*; monochrome *od* tonige Malerei; **3.** *loc/adj* en ～ Ton in Ton (gehalten); *text auch* in sich gemustert

camail [kamaj] *m* **1.** *cf* mosette; **2.** *zo* Hals- und Brustfedern *f/pl* des Hahns

camaldule [kamaldyl] *m,f égl cath* Kamaldu'lenser(in)*m(f)*

camarade [kamarad] *m,f* **1.** Kame'rad (-in) *m(f)*; Gefährte *m*, Gefährtin *f*; Genosse *m*, Genossin *f*; Kum'pan *m*; vieux ～ alter Kamerad, Freund; ～ de bureau Bü'ro-, Arbeitskollege *m*, -kollegin *f*; ～ d'école Schulkamerad(in) *m(f)*, -freund(in) *m(f)*; Mitschüler(in) *m(f)*; ～ d'enfance Jugendfreund(in) *m(f)*, -gefährtin *m*, -gefährtin *f*; ～ *m* de guerre Kriegskamerad *m*; ～ de jeu Spielkamerad(in) *m(f)*, -gefährte *m*, -gefährtin *f*; *m* de régiment Regi'mentskamerad *m*; Kamerad aus der Militärzeit; eh, ～! he, Kumpel!; **2.** *in der sozialistischen u kommunistischen Partei* Genosse *m*, Genossin *f*; **3.** *arg* ～ mil faire ～ sich ergeben

camaraderie [kamaradri] *f* Kame'radschaft *f*; par (esprit de) ～ aus Kameradschaft; ils ont des relations de bonne ～ ihr Verhältnis zueinander ist sehr kame'radschaftlich; *auch* bei ihnen herrscht ein sehr kameradschaftlicher Ton

camard [kamar] *adj* nez ～ Sattelnase *f*; visage ～ Gesicht *n* mit e-r Sattelnase; *subst fig* la 2e der Tod; der Knochenmann

camarguais [kamargɛ] I *adj* (aus) der Ca'margue; II *subst* 2(e) *m(f)* Bewohner(in) *m(f)* der Ca'margue

camarilla [kamarija] *f pol* Kama'rilla *f*

camb|ial [kãbjal] *adj* <-aux> *comm* Wechsel...; ～ droit ～ Wechselrecht *n*; ～iste *m* Börsenmakler *m*

cambium [kãbjɔm] *m bot* Kambium *n*

cambodgien [kãbɔdʒjɛ̃] I *adj* kambo'dschanisch; II *subst* **1.** 2(ne) *m(f)* Kambo'dschaner(in) *m(f)*; **2.** *ling* le ～ das Kambo'dschanische; Kambo'dschanisch *n*

cambouis [kãbwi] *m* (gebrauchtes) Schmieröl; Schmiere *f*; tache *f* de ～ Ölfleck *m*; plein *od* taché de ～ ölverschmiert

cambré [kãbre] *adj* Fuß gewölbt; taille ～e, reins ～s nach rückwärts geneigter Oberkörper; avoir la taille ～e ein etwas hohles Kreuz haben; avoir la taille bien～e e-e schön geformte Taille haben

cambrer [kãbre] I *v/t* **1.** ～ la taille, les reins *cf* se ～; **2.** biegen; krümmen; wölben; II *v/pr* se ～ die Brust wölben; den Oberkörper nach rückwärts neigen; den Körper straffen

cambrésien [kãbrezjɛ̃] *adj* <～ne> (*u subst* 2 Einwohner) von Cambrai

cambrien [kãbrijɛ̃] *géol* I *adj* <～ne> kambrisch; II *m* Kambrium *n*

cambriolage [kãbrijolaʒ] *m* Einbruch *m*; par peur des ～s aus Furcht vor Einbrechern

cambriole [kãbrijɔl] *arg f* Einbruch *m*; *arg* Bruch *m*

cambriol|er [kãbrijɔle] *v/t* einbrechen (qc in etw [*acc*]); j'ai été cambriolé bei mir ist eingebrochen worden; man hat bei mir eingebrochen; ～eur *m*, ～euse *f* Einbrecher(in) *m(f)*

cambrousse [kãbrus] F *péj f* (flaches) Land (*im Gegensatz zur Stadt*); F gottverlassene Gegend; en pleine ～ F in e-r gottverlassenen Gegend; wo Fuchs und Hase sich gute Nacht sagen; il n'est jamais sorti de sa ～ F er ist nie aus seinem Kaff herausgekommen; er ist ein richtiger 'Hinterwäldler

cambrure [kãbryr] *f* Krümmung *f*; Wölbung *f*; ～ du pied Fußwölbung *f*; ～ des reins, de la taille Wölbung des Rückens

cambuse [kãbyz] *f* **1.** F *péj* a) erbärmliche Wohnung; F *péj* elender Stall; elendes Loch; b) Zimmer *n*; F Bude *f*; **2.** *mar* Bottle'rei *f*

cambusier [kãbyzje] *m mar* Bottler *m*; Botte'lier *m*

came [kam] *f* **1.** *tech* Nocken *m*; Daumen *m*; Kurvenscheibe *f*; *bei Strickmaschinen* Schloß; arbre *m* à ～s Nockenwelle *f*; **2.** *arg* a) Koka'in *n*; F Koks; Schnee *m*; b) *par ext* Rauschgift *n*; F Stoff *m*

camé [kame] *arg m* Rauschgiftsüchtige(r) *m*; F Kokser; *m* Fixer *m*; c'est un ～ *od adit* il est ～ er ist rauschgiftsüchtig; F er ist ein Kokser, Fixer; er fixt

camée [kame] *m* **1.** Ka'mee *f*; **2.** *peint* Gri'saille *f*, in der e-e Ka'mee imi'tiert wird

caméléon [kameleɔ̃] *m zo* Cha'mäleon *n*

camélia [kamelja] *m bot* Ka'melie *f*; *sc* Ka'mellie *f*; *Dumas* La Dame aux ～s Die Ka'meliendame

camélidés [kamelide] *m/pl zo* Ka'mele *n/pl*

cameline [kamlin] *od* **caméline** [kamelin] *f bot* Leindotter *m*

camelle [kamɛl] *f* Salzaufschüttung *f* in e-r Sa'line

camellia [kamɛ(l)lja] *m bot sc cf* camélia

camelot [kamlo] *m* **1.** Straßenverkäufer *m* (*von Haushaltswaren, billigem Schmuck etc*); **2.** *hist* ～s du roi Came'lots *m/pl* du Roi; mili'tante Roya'listen *m/pl*; **3.** *text* Came'lott *m*

camelote [kamlɔt] F *f* **1.** a) *péj* schlechte Ware; F Schund *m*; Ramsch *m*; b) Ware *f*; **2.** Koka'in *n*; F Koks *m*; Schnee *m*

camembert [kamãbɛr] *m* Camembert *m*

camer [kame] F *v/pr* se ～ Rauschgift nehmen; F fixen

caméra [kamera] *f* (Film)Kamera *f*; ～ électronique Elek'tronenkamera *f*; ～ de cinéma, de télévision Kino-, Fernsehkamera *f*

caméral [kameral] *adj* <-aux> science ～e Kame'ralwissenschaft *f*

caméralistique [kameralistik] *f*
Kamera'listik *f*

cameraman [kameraman] *m* <*pl* cameramen [-men]> Kameramann *m*

caméra-son [kamerasɔ̃] *f* <*pl* caméras-son> *cin, télév* Tonkamera *f*

camér|ier [kamerje] *m égl cath* Camerі'ere *m*; ～iste *f* **1.** Kammerfrau *f*; **2.** F (*femme de chambre*) Zimmermädchen *n*

camerlingue [kamɛrlɛ̃g] *m égl cath* Camer'lengo *m*; Kardi'nalkämmerer *m*

camerounais [kamrunɛ] I *adj* kame'runisch; Kame'runs; II *subst* 2(e) *m(f)* Kame'runer(in) *m(f)*

camion [kamjɔ̃] *m* **1.** Last(kraft)wagen *m*; Lastauto *n*; Laster *m*; Lkw *od* LKW *m*; ～ à benne basculante Kipper *m*; ～ à deux, trois essieux Zwei-, Dreiachser *m*; ～ à plate-forme Pritschenwagen *m*; ～ à remorque Lkw mit Anhänger; Lastzug *m*; ～ de déménagement Möbelwagen *m*; ～ de trois tonnes Dreitonner *m*; **2.** a) Lastfuhrwerk *n*, -karren *m*; b) zweiräd(e)riger Schubkarren; **3.** Farbeimer *m*; Farbeimer *m*; **4.** kleine Stecknadel (*zum Feststecken von Bändern, Etiketten etc*)

camion-citerne [kamjɔ̃sitɛrn] *m* <*pl* camions-citernes> Tank(last)wagen *m*

camionn|age [kamjonaʒ] *m* **1.** Trans'port *m* mit Lastwagen; Straßentransport *m*; **2.** *ch de fer* a) Zustellung *f*; b) Rollgeld *n*; c) entreprise *f* de ～ Rollfuhrdienst *m*, -unternehmen *m*; ～er *v/t* mit Lastwagen transpor'tieren; abrollen; ～ette *f* Lieferwagen *m*; kleiner Lastwagen; ～eur *m* **1.** Lastwagenfahrer *m*; **2.** Rollfuhrunternehmer *m*; *früher* Rollkutscher *m*

camisards [kamizar] *m/pl hist* Kami'sarden *m/pl*; révolte *f* des ～ Aufstand *m* der Kamisarden

camisole [kamizɔl] *f früher* Wams *n*; ～ de force Zwangsjacke *f*

camomille [kamɔmij] *f* **1.** *bot* Ka'mille *f*; **2.** (infusion *f* de) ～ Ka'millentee *m*

camouflage [kamuflaʒ] *m* **1.** *mil* a) Tarnung *f*; teinte *f*, vêtement *m* de ～ Tarnfarbe *f*, -anzug *m*; b) Verdunk(e)lung *f*; **2.** *fig* Tarnung *f*; Verschleierung *f*

camoufler [kamufle] I *v/t* **1.** *mil* a) tarnen; *adit* tenue camouflée Tarnanzug *m*; b) verdunkeln; **2.** *par ext* verstecken; verbergen; tarnen; verschleiern; II *v/pr* se ～ sich verbergen; sich verstecken

camouflet [kamuflɛ] *m litt* (*offense*) Kränkung *f*; Beleidigung *f*

camp [kã] *m* **1.** *mil u allg* Lager *n*; *mil auch* Feldlager *n*; *mil* ～ fortifié, retranché befestigtes Lager; ～ militaire Truppenübungsplatz *m*; ～ d'aviation Mili'tärflugplatz *m*; Fliegerhorst *m*; ～ (de camping) Campingplatz ['kem-] *m*; Zeltplatz *m*; ～ de concentration Konzentrati'onslager *n* (*abr* KZ); *mil* ～ d'entraînement Truppenübungsplatz *m*; ～ d'extermination Vernichtungslager *n*; *mil* ～ d'instruction Ausbildungslager *n*; ～ de jeunes Jugendlager *n*; ～ de nudistes *cf* nudiste II; ～ de prisonniers, de réfugiés, de transit, de vacances (Kriegs)Gefangenen-, Flüchtlings-, 'Durchgangs-, Ferienlager *n*; dresser, établir un ～ ein Lager aufschlagen; faire un ～ an e-m Lager teilnehmen; F fiche(r), foutre le ～ *Person* F abhauen; sich aus dem Staub machen; verduften; sich verziehen; *Knopf, Nagel* sich lösen; *Knopf auch* abgehen; abplatzen; F fiche-moi, fous-moi le ～! F hau ab!; verschwinde, verdufte gefälligst!; mach, daß du fortkommst!; lever le ～ das Lager abbrechen; *fig* abziehen; das Feld räumen; **2.** *pol, bei e-m Streit* Lager *n*; *sports, Streit auch* Par'tei *f*; *sports auch* Mannschaft *f*;

partagé en deux ⌐s in zwei Lager gespalten; **changer de** ⌐ ins andere Lager 'überwechseln; **passer au** ⌐ **adverse** ins gegnerische Lager, ins Lager des Gegners 'übergehen

campagnard [kɑ̃paɲar] **I** *adj* ländlich; bäuerlich; *Land*...; *péj* bäu(e)risch; **air** ⌐ bäuerliches, *péj* bäurisches Aussehen; **gentilhomme** ⌐ Landedelmann *m*; **mœurs** ⌐**es** ländliche Sitten *f/pl*; **il a un accent** ⌐ er spricht wie ein Mann vom Land; *péj* er hat e-n bäurischen Tonfall; **II** *subst* ⌐(**e**) *m(f)* **a)** Landbewohner(in) *m(f)*; **b)** Bauer *m*, Bäuerin *f*; Landmann *m*, -frau *f*

campagne [kɑ̃paɲ] *f* **1.** Land *n* (*im Gegensatz zur Stadt*); Ebene *f*, flaches Land (*im Gegensatz zum Gebirge*); (Acker)Feld *n*; Landschaft *f*; Gelände *n*; *poét* Flur *f*; Gefilde *n*; *loc/adj u loc/adv* **à la** ⌐ auf dem *bzw* das Land; **séjour** *m* **à la** ⌐ Aufenthalt *m* auf dem Land(e); Landaufenthalt *m*; **vie** *f* **à de la** ⌐ Landleben *n*; **aller à la** ⌐ aufs Land gehen *bzw* fahren; *loc/adv:* **dans la** ⌐ im Gelände; **dans nos** ⌐**s** bei uns auf dem Land; **en pleine** ⌐ weit auf dem Land draußen; weitab von jeder Ortschaft; *ch de fer* auf freier Strecke; **en rase** ⌐ *cf* **ras[1]**; **curé** ⌐, **médecin** *m* **de** ⌐ Landpfarrer *m*, -arzt *m*; **aimer la** ⌐ das Land(leben) lieben; gern auf dem Land sein; **battre la** ⌐ **a)** das Gelände, die Gegend kreuz und quer durch'streifen; *Polizei* das Gelände 'durchkämmen *od* durch'kämmen; **b)** *fig* sich in Phantasien, Phantastereien verlieren; wirres, verworrenes Zeug reden; **2.** *mil* Feldzug *m*; ⌐**s de Napoléon** Napoleonische Feldzüge *m/pl*; ⌐ **de Russie** russischer Feldzug; **artillerie** *f*, **pièce** *f* **de** ⌐ Feldartillerie *f*, -geschütz *n*; **tenue** *f* **de** ⌐ volle Marschausrüstung *f*; feldmarschmäßige Ausrüstung; **en tenue de** ⌐ feldmarschmäßig ausgerüstet, bepackt; **armée** *f*, **service** *m* **en** ⌐ Feldheer *n*, -dienst *m*; **entrer en** ⌐ ins Feld ziehen, rücken; **être en**, **faire** ⌐ im Feld stehen; **faire une** ⌐ e-n Feldzug mitmachen; *fig* **se mettre en** ⌐ alle Hebel in Bewegung setzen; **3.** *fig* Feldzug *m*; Kam'pagne *f*; ⌐ **électorale** Wahlkampf *m*; ⌐ **publicitaire**, **de publicité** Werbekampagne *f*; **Werbe-**, **Re'klamefeldzug** *m*; ⌐ **d'information**, **de lancement**, **de presse** Aufklärungs-, Einführungs-, Pressekampagne *f*; ⌐ **de propagande** Propa'gandafeldzug *m*; **faire** ⌐ **pour qc** für etw Propa'ganda machen; sich für etw einsetzen; **lancer une** ⌐ **en faveur de qc** e-n Werbe-, Propagandafeldzug für etw starten; **lancer une** ⌐ **contre qc** gegen etw zu Felde ziehen; **4.** *comm* Ernte *f*; *für Getreide etc* Wirtschaftsjahr *n*; Sai'son *f*; Kam'pagne *f*; ⌐ **de vente** Verkaufssaison *f*; **5.** ⌐ **d'essais nucléaires** Atomversuchsreihe *f*

campagnol [kɑ̃paɲɔl] *m zo* Schermaus *f*; Wasserratte *f*

campane [kɑ̃pan] *f* **1.** *arch* Körper *m* des ko'rinthischen Kapi'tells; **2.** Troddel *f*

campanile [kɑ̃panil] *m arch* **1.** Campa-'nile *od* Kampa'nile *m*; frei stehender Glockenturm *m*; **2. a)** kleine La'terne; **b)** Dachreiter *m*

campan|ulacées [kɑ̃panylase] *f/pl bot* Glockenblumengewächse *n/pl*; ⌐**ule** *f bot* Glockenblume *f*

campé [kɑ̃pe] *adj* **1.** *Person* **être bien** ⌐ **a)** kräftig gebaut sein; **b)** fest *od* breitbeinig dastehen; **2.** *fig in e-m Roman*, *Theaterstück* **personnage bien** ⌐ le'bendig dargestellte Fi'gur

---

campêche [kɑ̃pɛʃ] *m od* **bois** *m* **de** ⌐ Cam'peche- [-tʃ-], Kam'pesche-, Blau-, Blutholz *n*

campement [kɑ̃pmɑ̃] *m* **1. a)** *bes mil* Lager *n*; Lagerplatz *m*; *mil auch* Feldlager *n*; ⌐ **de Gitans** Zi'geunerlager *n*; **effets** *m/pl*, **matériel** *m* **de** ⌐ Lagerausrüstung *f*; **b)** *mil* Vorkommando *n*; **c)** *bes mil* Lagern *n*; Kam'pieren *n*; **2.** *fig* Kam'pieren *n*; **être en** ⌐ kam'pieren; sich (notdürftig und) vor'übergehend eingerichtet haben

camper [kɑ̃pe] **I** *v/t* **1.** *bes mil* lagern, kam'pieren lassen; **2.** *Autor: Figuren*, *Maler: Porträt* le'bendig darstellen; **3.** *litt Hut* aufsetzen; **II** *v/i* **4.** zelten; campen ['kɛm-]; **5.** *mil* **a)** kam'pieren; lagern; **b)** das Lager aufschlagen; **6.** *fig* kam'pieren; sich (notdürftig und) vor-'übergehend einrichten; **III** *v/pr* **se** ⌐ sich aufstellen, F aufpflanzen (**devant** vor + *dat*); **il est venu se** ⌐ **devant moi** er stellte, F pflanzte, baute sich vor mir auf

camp|eur [kɑ̃pœr] *m*, ⌐**euse** *f* Camper (-in) ['kɛm-] *m(f)*; Zeltler(in) *m(f)*; Zeltwand(e)rer(in) *m(f)*

camphorique [kɑ̃fɔrik] *adj chim* (**di**)**acide** *m* ⌐ Kampfersäure *f*

camphre [kɑ̃fr(ə)] *m chim* Kampfer *m*

camphr|é [kɑ̃fre] *adj* Kampfer...; **alcool** ⌐, **huile** ⌐**e** Kampferspiritus *m*, -öl *n*; ⌐**ier** *m bot* Kampferbaum *m*

camping [kɑ̃piŋ] *m* **1.** Camping ['kɛm-] *n*; Zelten *n*; Campen ['kɛm-] *n*; ⌐ **pédestre** Zeltwandern *n*; ⌐ **sauvage** wildes Zelten; **matériel** *m* **de** ⌐ Camping-, Zeltausrüstung *f*; **faire du** ⌐ zelten; campen; **2.** (**terrain** *m* **de**) ⌐ Camping-, Zeltplatz *m*

campos [kɑ̃pos] *m géogr* Campos *m/pl*

campus [kɑ̃pys] *m* Universi'tätsgelände *n*; Campus *m*

camus [kamy] *adj* ⟨**-use** [-yz]⟩ **nez** ⌐ Sattelnase *f*; **visage** ⌐ Gesicht *n* mit e-r Sattelnase

canada [kanada] *f bot* (*Art*) Re'nette *f*

canadianisme [kanadjanism(ə)] *m* in Kanada gebräuchlicher Ausdruck im Fran'zösischen

canadien [kanadjɛ̃] **I** *adj* ⟨⌐**ne**⟩ ka'nadisch; **II** *subst* **1.** ⌐**ne**⟩ *m(f)* Ka'nadier (-in) *m(f)*; ⟩ **français** Frankokanadier *m*; **2.** ⌐**ne** *f* Leder- *bzw* Stoffjacke *f* mit Lammfellfutter; Lammfelljacke *f*; **3.** *sports* (*auch adjt* canoë ⌐) Ka'nadier *m*

canaille [kanaj] *f* **1.** Schurke *m*; Schuft *m*; Ha'lunke *m*; Lump *m*; Kanaille [ka'naljə] *f*; **cette** ⌐ **de X** X, dieser Lump, Schuft, Halunke; **2.** *plais*, *zu od von e-m Kind* Schlingel *m*; Nichtsnutz *m*; kleiner Teufel; **3.** *adjt* **a)** unverschämt; pöbelhaft; ordi'när; **b)** unredlich; unanständig

canaillerie [kanajri] *f* **a)** Gemeinheit *f*; Schuftigkeit *f*; Schurke'rei *f*; Schurkenstreich *m*; **b)** Unverschämtheit *f*

canal [kanal] *m* ⟨*pl* -aux⟩ Ka'nal *m*; *in Venedig* **le Grand** ⌐ der Canal Grande; ⌐ **latéral**, **maritime** Seiten-, Seekanal *m*; ⌐ **à point de partage** Verbindungskanal *m*; ⌐ **de dérivation** Seitenkanal *m*; ⌐ **de dessèchement**, **de drainage** Entwässerungskanal *m*; ⌐ **d'irrigation**, **de jonction**, **de navigation** Bewässerungs-, Verbindungs-, Schiffahrtskanal *m*; ⌐ **de Panama**, **de Suez** Panama-, Suezkanal *m*; **2.** *géogr* Ka'nal *m*; Meeresarm *m*; **3.** *für Wasser*, *Gas etc* Leitung *f*; Ka'nal *m*; ⌐ **d'adduction d'eau**, **d'amenée** Zuleitung(s-) *f*, Zuführung(skanal) *f(m)*; ⌐ **d'aération** Luftkanal *m*, -schacht *m*; **4.** (Fluß)Arm *m*

---

bzw (-)Bett *n*; **5.** Rinne *f*; Gosse *f*; **6.** *anat* Gang *m*; *sc* Ductus *m*; ⌐ **biliaire** Gallengang *m*; ⌐ **excréteur** Ausführungsgang *m*; ⌐ **médullaire** *anat* Markrohr *n*, -röhre *f*; *bot* Markhöhle *f*; ⌐ **rachidien** Wirbel-, Rückenmarkskanal *m*; *des Ohrs* **canaux semi-circulaires** Bogengänge *m/pl*; **7.** *fig loc/prép* **par le** ⌐ **de** über (+*acc*); durch Vermittlung von (*od* + *gén*); **8.** *arch* (spi'ralförmige) Rinne, Rille; **9.** *rad*, *télév* Ka'nal *m*

canalicule [kanalikyl] *m anat* Ka'nälchen *n*

canalisable [kanalizabl(ə)] *adj* kanali-'sierbar

canalisation [kanalizasjõ] *f* **1.** *für Gas etc* Leitung(snetz) *f(n)*; Rohrleitung *f*; *für Abwässer* Kanalisati'on *f*; **2.** *e-s Flusses* Kanali'sierung *f*; **3.** Anlegen *n* von Ka'nälen; **4.** Verlegen *n* von Leitungen

canaliser [kanalize] *v/t* **1.** Fluß kanali-'sieren; **2.** Ka'näle anlegen (**une région** in e-m Gebiet); **3.** *fig* kanali'sieren; in e-e bestimmte Richtung lenken; zu'sammenfassen; zentrali'sieren

cananéen [kananeɛ̃] **I** *adj* ⟨⌐**ne**⟩ kanaa'näisch; kanaa'nitisch; **II** *subst* **1.** ⌐**s** *m/pl* Kanaa'näer *m/pl*; Kanaa'niter *m/pl*; **2.** *m ling* kanaa'näische Sprachen *f/pl*

canapé [kanape] *m* **1.** Couch [kautʃ] *f*; Sofa *n*; Kanapee *n*; **2.** *cuis* Kanapee *n*; Weißbrotscheibe *f* mit pi'kantem Belag; ⌐ **d'anchois** Kanapee mit Anchovis; ⌐**-lit** *m* ⟨*pl* canapés-lits⟩ Schlaf-, Bettcouch [-kautʃ] *f*; ⌐ **pour deux personnes** Doppelbettcouch *f*

Canaques [kanak] *m/pl* Ka'naken *m/pl*

canard [kanar] *m* **1.** *zo* Ente *f*; *wenn Geschlecht betont* ⌐ (**mâle**) Erpel *m*; Enterich *m*; ⌐ **domestique**, **plongeur**, **sauvage** Haus-, Tauch-, Wildente *f*; F *fig zu e-m Kind* **mon petit** ⌐ mein Kleines; mein Spätzchen; mein kleiner Spatz; *cuis* ⌐ **à l'orange** Ente mit Orangensoße; F *fig*: **il ne casse pas trois pattes à un** ⌐ *Person* er hat nicht gerade e-e Meisterleistung voll'bracht; F er hat sich nicht mit Ruhm bekleckert; *Film etc* er ist nicht gerade ein Meisterwerk; **il fait un froid de** ⌐ F es ist hunde-, P saukalt; **marcher comme un** ⌐ watscheln; **2.** F **a)** (Zeitungs)Ente *f*; **b)** Zeitung *f*; F *péj* Käseblatt *n*, -blättchen *n*; **3.** *mus* **a)** falscher Ton; **b)** Gickser *m*; **faire un** ⌐ **a)** falsch singen *bzw* spielen; **b)** gicksen; **il a fait un** ⌐ *auch* s-e Stimme über'schlug sich, schnappte über; **4.** in Schnaps *bzw* Kognak *bzw* Kaffee getauchtes Stück Zucker; **5.** Schnabeltasse *f*

canardeau [kanardo] *m* ⟨*pl* ⌐**x**⟩ *zo* junge Ente

canarder [kanarde] **I** *v/t* F ⌐ **qn** aus gedeckter Stellung, aus dem 'Hinterhalt auf j-n schießen; *par ext* bewerfen; **II** *v/i* **1.** F *mus* **a)** falsch singen *bzw* spielen; **b)** gicksen; **2.** *mar* Schiff kopflastig sein

canardière [kanardjɛr] *f* **1.** Ententeich *m*; **2.** *ch* **a)** Anstand *m* (*für die Entenjagd*); **b)** Entenflinte *f*

canari [kanari] *m zo* Ka'narienvogel *m*; **adit jaune** ⟨*inv*⟩ ka'nariengelb

canasson [kanasõ] F *m* Pferd *n*; F Gaul *m*; *péj* Klepper *m*; F (Schind)Mähre *f*

canasta [kanasta] *f Kartenspiel* Ca'nasta *n*

cancan [kɑ̃kɑ̃] *m* **1.** *meist pl* ⌐**s** Klatsch *m*; Klatsche'reien *f/pl*; Geschwätz *n*; F Tratsch *m*; **faire des** ⌐**s** klatschen; F tratschen; **raconter des** ⌐**s sur qn** über j-n Gerüchte, Klatsch verbreiten; **2.** *Tanz* Can'can *m*

cancan|er [kãkane] *v/i* **1.** klatschen; Klatsch, Gerüchte verbreiten; F tratschen; **2.** *Ente* schnattern; **~ier I** *adj* ⟨-ière⟩ klatschsüchtig, -haft; F tratschen; **2.** *Ente* schnattern; **~ier I** *adj* ⟨-ière⟩ klatschsüchtig, -haft; **II** *subst* **~, cancanière** *m,f* Klatschbase f; Schwätzer(in) *m(f)*; F Klatschmaul *n*

cancellariat [kãsε(l)larja] *m* Kanzlerschaft *f*

cancer [kãsεr] *m* **1.** *path* Krebs *m*; *sc* Karzi'nom *n*; **~ de l'estomac, du foie, du poumon, du sein** Magen-, Leber-, Lungen-, Brustkrebs *m*; **2.** *fig* Krebsgeschwür *n*; **3.** *astr* ♋ Krebs *m*; **4.** *zo* Taschenkrebs *m*

cancéreux [kãserø] *path* **I** *adj* ⟨-euse⟩ **1.** Krebs...; krebsartig; krebsig; **tumeur cancéreuse** Krebsgeschwulst *f*; **2.** krebskrank; **II** *subst* **~, cancéreuse** *m,f* Krebskranke(r) *f(m)*

cancérigène [kãseriʒεn] *adj path* krebserregend, -erzeugend; *sc* karzino'gen; kanzero'gen; **avoir une action ~** Krebs erregen, erzeugen; karzinogen sein

cancérisation [kãserizasjõ] *f path* Bösartigwerden *n*; Krebsbildung *f*; Kanzeri'sierung *f*

cancéro|gène [kãserɔʒεn] *adj cf* **cancérigène**; **~logie** *f* Krebsforschung *f*; Karzinolo'gie *f*; Kanzerolo'gie *f*; **~logique** *adj* Krebs...; karzino'logisch; **recherche ~** Krebsforschung *f*; **~logue** *m,f* Krebsforscher(in) *m(f)*; Kanzero'loge, -login *m,f*

canche [kãʃ] *f bot* **a)** Pfeifengras *n*; **b)** Rasenschmiele *f*; **c)** Waldschmiele *f*

cancoillotte [kãkɔjɔt, -kwajɔt] *f ein Weichkäse aus der Franche-Comté*

cancre [kãkr(ə)] *m* **1.** *Schule* Faulpelz *m*; fauler Schüler; **2.** *zo* Taschenkrebs *m*

cancrelat [kãkrəla] *m zo* Schabe *f*

cancroïde [kãkrɔid] *m path* Spinali'om *n*; *früher* Kankro'id *n*

candéfaction [kãdefaksjõ] *f tech* Weißglühen *n*

candela [kãdela] *m (abr* cd*) phys* Can'dela *f (abr* cd*)*

candélabre [kãdelabr(ə)] *m* Kande'laber *m*; großer Armleuchter

candeur [kãdœr] *f* Arglosigkeit *f*; Treuherzigkeit *f*; Naivi'tät *f*; **avec ~** arglos; treuherzig; na'iv

candi [kãdi] *adj* **fruits** *m/pl* **~s** gla'sierte Früchte *f/pl*; **sucre** *m* **~** Kandis(zukker) *m*

candid|at [kãdida] *m*, **~ate** *f* Kandi'dat(in) *m(f) (auch pol)*; Bewerber(-in) *m(f)*; Anwärter(in) *m(f)*; **candidat à la construction** Bauwillige(r) *m*; **candidat à un examen** Ex'amenskandidat *m*; Prüfling *m*; **candidat à la présidence** Präsi'dentschaftskandidat *m*; *fig* **~ au suicide** Selbstmordkandidat *m*; **liste** *f* **des candidats** Kandi'daten-, Bewerberliste *f*; **être, se porter candidat** kandi'dieren, als Kandidat auftreten (à une élection bei e-r Wahl); sich bewerben, als Bewerber auftreten (à un poste um e-e Stellung)

candidature [kãdidatyr] *f* Kandida'tur *f (bes pol)*; Bewerbung *f*; **faire acte de ~** kandi'dieren; *auch* sich bewerben; **poser, présenter sa ~** sich bewerben (à un poste um e-e Stellung); s-e Bewerbung einreichen; kandi'dieren, s-e Kandidatur anmelden, sich als Kandi'dat aufstellen lassen (à une élection bei e-r Wahl); **retirer sa ~** s-e Kandidatur, Bewerbung zurückziehen

candide [kãdid] *adj* arglos; treuherzig; na'iv; unschuldig; ohne Falsch

cand|ir [kãdir] *v/pr* **se ~** *Zucker* auskristallisieren; *ellip* **faire ~ du sucre** Zucker kan'dieren; **~isation** *f* **des Zuckers** Kan'dieren *n*

cane [kan] *f zo* (weibliche) Ente

canepetière [kanpətjεr] *f zo* Zwergtrappe *f*

caner [kane] *v/i* F kneifen; sich drücken

caneton [kantõ] *m zo* Entchen *n*; Entenküken *n*

canette [kanεt] *f* **1.** *der Nähmaschine* Spule *f*; **2. a)** Bier- *bzw* Cidreflasche *f (mit Hebelverschluß)*; **b)** Flasche *f* Bier *bzw* Cidre; **3.** *zo* Entchen *n*

canevas [kanva] *m* **1. a)** *cout* Kanevas *m*; Gitterleinen *n*; Stra'min *m*; *par ext* Kanevas-Stickerei *f*; **b)** grobes Leinen; **2.** *fig* *e-s Romans, Vortrags etc* Disposition *f*; Gerüst *n*; Entwurf *m*; (Gedanken)Schema *n*; **3.** *Topographie* Festpunktfeld *n*; *géogr* Gradnetz *n*

caniche [kaniʃ] *m* Pudel *m*; F **être frisé comme un ~** sehr, ganz krause Haare haben

canic|ulaire [kanikylεr] *adj* **chaleur** *f* **~** Gluthitze *f*; **jours** *m/pl* **~s** Hundstage *m/pl*; **~ule** *f* **1.** Hundstage *m/pl*; *par ext* Gluthitze *f*; **2.** *astr* ♌ Hundsstern *m*; Sirius *m*

canidés [kanide] *m/pl zo* Hunde *m/pl (Familie)*

canif [kanif] *m* Taschenmesser *n*; F *fig* **donner un coup de ~ dans le contrat** e-n Seitensprung machen; F fremdgehen

canin [kanɛ̃] *adj* Hunde...; **exposition ~e** Hundeausstellung *f*; **race ~e** Hunderasse *f*

canine [kanin] *f* Eck-, Augenzahn *m*

canitie [kanisi] *sc f méd* Ergrauen *n*; Grauwerden *n*; *sc* Ca'nities *f*

caniveau [kanivo] *m* ⟨*pl* **~x**⟩ **1.** Rinnstein *m*; Gosse *f*; **2.** Kabel-, Leitungskanal *m*

canna [kana] *m bot* Blumenrohr *n*; Canna *f*

cannabin [kanabɛ̃] *adj* hanfähnlich, -artig; Hanf...

cannabinacées [kanabinase] *f/pl bot* Hanfgewächse *n/pl*

cannage [kanaʒ] *m* **a)** Stuhlflechten *n*; **b)** Rohrgeflecht *n*

cannaie [kanε] *f* **a)** (Zucker)Rohrpflanzung *f*; **b)** Röhricht *n*

canne [kan] *f* **1.** *bot* Rohr *n*; **~ à sucre** Zuckerrohr *n*; **sucre** *m* **de ~** Rohrzucker *m*; **2.** (Spa'zier)Stock *m*; Bergstock *m*; **~ blanche** Blindenstock *m*; *par ext* **les ~s blanches** die Blinden *m/pl*; **~ à épée** Stockdegen *m*; **~ de jonc** Rohrstock *m*; **marcher avec une ~** am Stock gehen; **3. à pêche** Angelrute *f*; **4.** Glasbläserpfeife *f*; **5.** F *~s pl* (Storchen-)Beine *n/pl*

canné [kane] *adj* aus Rohrgeflecht; **chaise ~e** Stuhl *m* mit Sitz (und Lehne) *bzw* mit Lehne aus Rohrgeflecht

canneberge [kanbεrʒ] *f bot* Moosbeere *f*

canne-épée [kanepe] *f* ⟨*pl* **cannes-épées**⟩ Stockdegen *m*

cannel|é [kanle] **I** *adj* gerillt; *Säule* kanne'liert; *Münze* gerändelt; **II** *m text* Canne'lé *m*; Rips(gewebe) *m(n)*; **~er** *v/t* ⟨-ll-⟩ kanne'lieren; riefe(l)n; auskehlen

cannelier [kanəlje] *m bot* Zimtbaum *m*

cannelle [kanεl] *f* **1.** *bot, cuis* Zimt *m*; **~ blanche** Ka'neel *m*; **~ en bâton** Stangenzimt *m*; **~ en poudre** gemahlener Zimt; **bâton** *m* **de ~** Zimtstange *f*; **2.** Faßhahn *m*; **3.** *e-s Wasserhahns* Gehäuse *n*

cannelloni [kanεlɔni] *m/pl cuis* Canne'lloni *pl*

cannelure [kanlyr] *f* **1.** *arch* Kanne'lüre *f*; Rille *f*; Hohlkehle *f*; **~s** *pl* Riefelung *f*; **2.** *allg* Rille *f*; Hohlkehle *f*; **3.** *géol* Rinne *f*

canner [kane] *v/t* mit (e-m) Rohrgeflecht versehen

cannetille [kantij] *f* Kan'tille *f*; Gold-, Silberfaden *m*

cannette [kanεt] *f cf* **canette** 1. *u* 2. *u* **cannelle** 2.

cann|eur [kanœr] *m*, **~euse** *f* Stuhlflechter(in) *m(f)*

cannibal|e [kanibal] **I** *m* Kanni'bale *m (auch fig)*; Menschenfresser *m*; **II** *adj* Kanni'balen...; kanni'balisch; **~isme** *m* Kannibalismus *m*; Menschenfresse'rei *f*

cannier [kanje] *m cf* **canneur**

canoë [kanɔe] *m* **1.** Kanu *m*; **~ canadien** Ka'nadier *m*; **faire du ~** Kanusport (be)treiben; Kanu fahren

canoé|isme [kanɔeism(ə)] *m* Kanusport *m*; **~iste** *m,f* Kanufahrer(in) *m(f)*; Ka'nute *m*

canon[1] [kanõ] *m* **1. a)** *mil* Geschütz *n*; Ka'none *f*; **~ antiaérien** *od* **de D.C.A.** Flugabwehrgeschütz *n*, -kanone *f*; *abr* Flak *f*; **~ atomique** A'tomgeschütz *n*, -kanone *f*; **~ à tir rapide** Schnellfeuergeschütz *n*; **~ d'assaut** Sturmgeschütz *n*; **~ d'avion** Bordkanone *f*, -geschütz *n*; **~ de campagne, d'infanterie, de marine** Feld-, Infante'rie-, Schiffsgeschütz *n*; **~ de 75 mm (de calibre)** 7,5-cm-Geschütz *n*; **~ sans recul** rückstoßfreies (Leicht)Geschütz; **~ sur voie ferrée** Eisenbahngeschütz *n*; **coup** *m* **de ~** Kanonenschuß *m*; **tirer le ~, un coup de ~** e-n Kanonenschuß abgeben; **b)** *Fischerei* **~ lance-harpon** Har'punenkanone *f*; *Wintersport* **~ à neige** Schneekanone *f*; **2.** *e-s Gewehrs, e-r Pistole* Lauf *m*; **~ de mitrailleuse** Ma'schinengewehrlauf *m*; MG-Lauf *m*; **baïonnette au ~** *cf* **baïonnette** 1.; **3.** *e-r Injektionsspritze* Zy'linder *m*; *e-s Schlüssels, e-r Gießkanne* Rohr *n*; **4.** F *(verre de vin)* Glas *n* Wein; **5.** *beim Pferd: des Vorderbeins* 'Unterarm *m*; Röhre *f*; *des Hinterbeins* Schienbein *n*

canon[2] [kanõ] *m* **1.** *Kunst* Kanon *m*; *allg* Regel *f*; **2.** *rel bes égl cath* Kanon *m* *(im Kirchenrecht, bibl, der Messe, Heiligenverzeichnis)*; *égl cath auch* Kanontafel *f*; *adit* **droit** *m* **~** ka'nonisches Recht; (katholisches) Kirchenrecht; **3.** *mus* Kanon *m*

cañon [kanõ] *m géogr* Cañon [-nj-] *m*

canon-'harpon [kanõarpõ] *m* ⟨*pl* **canons-harpons**⟩ Har'punenkanone *f*

canonial [kanɔnjal] *adj* ⟨-aux⟩ **1.** *rel* ka'nonisch; **heures ~es** Stundengebet *n*; **2.** *égl cath* Domherren- *bzw* Stiftsherren...; **office ~** Chorgebet *n*

canonicat [kanɔnika] *m égl cath* Kano'ni'kat *n*

canonicité [kanɔnisite] *f égl cath* Über'einstimmung *f* mit dem ka'nonischen Recht

canonique [kanɔnik] *adj égl cath* ka'nonisch; dem Kanon entsprechend; **âge** *m* **~** kanonisches Alter; *bes* vorgeschriebenes Mindestalter von vierzig Jahren für Pfarrhaushälterinnen; F *fig* **être d'un âge ~** F im kanonischen Alter sein; **droit** *m* **~** kanonisches Recht; **livres** *m/pl* **~s** kanonische Bücher *n/pl*

canon|isation [kanɔnizasjõ] *f égl cath* Heiligsprechung *f*; Kanonisati'on *f*; **procès** *m* **de ~** Heiligsprechungsprozeß *m*; **~iser** *v/t égl cath* heiligsprechen; kanoni'sieren; **~iste** *m égl cath* Kano'nist *m*

canonn|ade [kanɔnad] *f mil* Kano'nade *f*; Ka'nonendonner *m*; Geschützfeuer *n*; **~age** *m mil* **1.** *bes mar* Bedienung *f* der Geschütze; **2.** Beschießen *n*; Beschuß *m*; **~er** *v/t mil* beschießen; mit Geschützfeuer belegen; **~ier** *m mil* Kano'nier *m*; *mar* Artille'rist *m*; **~ière** *f mar* Ka'nonenboot *n*

canope [kanɔp] *m Archäologie* Ka'nope *f*

canot [kano] *m* Boot *n*; Kahn *m*; *auf Schiffen auch* Beiboot *n*; ~ **automobile, à moteur** Motorboot *n*; ~ **à rames, à voiles, de pêche, de sauvetage** Ruder-, Segel-, Fischer-, Rettungsboot *n*; **mettre un ~ à la mer** ein Boot zu Wasser bringen, lassen

canot|age [kanɔtaʒ] *m* Kahnfahren *n*; Rudern *n*; **~er** *v/i* kahnfahren; rudern; **~eur** *m* Kahnfahrer *m*; **~ier** *m* **1. a)** Kahnfahrer *m*; **b)** Ruderer *m*; **2.** *Hut* Canoti'er *m*; F Kreissäge *f*

cantabile [kãtabile] *mus* **I** *adj* can'tabile; **II** *m* Kan'tabile *n*

cantal [kãtal] *m* ein Hartkäse aus der Auvergne

cantaloup [kãtalu] *m bot* (*Art*) Zucker-melone *f*

cantate [kãtat] *f mus* Kan'tate *f*; ~ **profane** weltliche Kantate; ~ **religieuse** *od* **d'église** Kirchenkantate *f*

canta|tille [kãtatij] *f mus* Canta'tille *f*; **~trice** *f* (Berufs)Sängerin *f*; ~ **d'opéra** Opernsängerin *f*

canter [kãtɛr, -tœr] *m Pferderennen* Aufgalopp *m*

cantharid|e [kãtarid] *f zo* Kantha'ride *f*; Spanische Fliege; **~ine** *f phm* Kantha-ri'din *n*; *fachspr* Canthari'din *n*

canthus [kãtys] *m anat* Augenwinkel *m*

cantilène [kãtilɛn] *f* **1.** *mus* Kanti'lene *f*; **2.** *Literatur* Klagelied *n*

cantilever [kãtiləvɛr, -levœr] *adj tech* Ausleger…; *aviat* **aile** *f* **en** ~ *od subst* ~ *m* freitragende Tragfläche; **pont** *m* ~ *od subst* ~ *m* Auslegerbrücke *f*

cantine [kãtin] *f* **1.** *in Betrieben, Kasernen* Kan'tine *f*; *in Schulen etc* Speisesaal *m*; *Eßraum m* (*auch in Gefängnissen*); ~ **d'entreprise** Werkskantine *f*; *par ext* **la ~ est bonne** das Essen in der Kantine, in der Schule ist gut; **manger à la ~** in der Kantine, in der Schule essen; **2.** *mil früher* Marketende'rei *f*; **3.** (Leicht-) Me'tallkiste *f*, -truhe *f*; ~ **d'officier** Offi'zierskiste *f*, -koffer *m*

cantin|ier [kãtinje] *m* Kan'tinenwirt *m*, -pächter *m*; **~ière** *f* **1.** Kan'tinenwirtin *f*, -pächterin *f*; **2.** *früher mil* Marke'tende-rin *f*

cantique [kãtik] *m rel* **1.** geistliches Lied; Kirchenlied *n*; *égl prot* Cho'ral *m*; **2.** *bibl* Lobgesang *m*; **le ⁹ des ~s** das Hohelied

canton [kãtõ] *m* **1.** *adm* *Schweiz u Frankreich* Kan'ton *m*; ~ **de Vaud** Kanton Waadt. **2.** *ch de fer* a) Blockab-schnitt *m*; b) Streckenabschnitt *m* e-r Rotte; *e-r Straße* Streckenabschnitt *m*; **3.** *Forstwirtschaft* etwa Bezirk *m* e-s Forstwarts

cantonade [kãtonad] *f thé* **parler à la ~** in die *bzw* aus den Ku'lissen sprechen; *allg* **dire, crier qc à la ~** etw in den Raum sagen, rufen

cantonal [kãtonal] *adj* ⟨-aux⟩ kanto-'nal; Kan'tons…; *in der Schweiz* **autori-tés ~es** Kantonsbehörden *f/pl*; *in Frankreich* **délégué** ~ für die Kontrolle der Volksschulen e-s Kantons bestell-ter Aufsichtsbeamter; **élections ~es** Kantonalwahlen *f/pl*

cantonné [kãtone] *adj arch* an den Ecken mit Pfeilern *etc* verziert

cantonnement [kãtonmã] *m* **1.** *mil* **a)** 'Unterbringung *f*; ~ **chez l'habitant** Einquartieren *n*, -ung *f*; **prendre ses ~s** Quar'tier(e) beziehen; ins Quartier *bzw* in die Quartiere rücken; **b)** Quar'tier *n*; Ortsunterkunft *f*; **billet** *m* **de ~** Quar-tierzettel *m*; **commandant** *m* **du ~** Ortskommandant *m*; **faire changer de ~** 'umquartieren. **2.** *ch de fer* Strecken-blockung *f*; **3.** *jur bei Pfändungs- u Überweisungsbeschluß* Beschränkung *f* der Pfändung

cantonner [kãtone] **I** *v/t* **1.** *mil* 'unter-bringen; einquartieren; Quar'tier(e) beziehen lassen; ~ **qn dans** *j-m* nicht mehr zugestehen als (+*acc*); **II** *v/i* **3.** *mil* Quar'tier beziehen; im Quar'tier sein, liegen; **III** *v/pr* **se** ~ **4.** sich zu'rück-ziehen; **5.** *fig* sich beschränken (**dans** *auf* + *acc*); **se** ~ **dans de brèves explications** sich auf kurze Erklärun-gen beschränken

cantonn|ier [kãtonje] *m* Straßenwärter *m*; *ch de fer* Streckenwärter *m*; **~ière** *f* **1.** *an Kisten, Koffern* Eckbeschlag *m*; Win-keleisen *n*; **2.** Querbehang *m*; Scha'brak-ke *f*

cantre [kãtr(ə)] *m text* Zettelgatter *n*; Zettel-, Schärrahmen *m*

canulant [kanylã] F *adj Person, Sache* lästig; **ce qu'il est ~!** F der fällt einem ganz schön auf den Wecker!; ist d e r e-e Nervensäge!

canular [kanylar] F *m* Streich *m*; Foppe-'rei *f*; Irreführung *f*; **monter un ~** *j-n*, die andern *etc* an der Nase her'um-führen; *j-m*, den andern *etc* e-n Bären aufbinden

canularesque [kanylarɛsk] F *adj* his-toire *f* ~ (Lügen)Märchen *n*; Ammen-märchen *n*

canule [kanyl] *f* **1.** *méd* Röhrchen *n*; *für Irrigator etc* Ansatzstück *n*, -rohr *n*; *chir* Ka'nüle *f*; *tracheale* Trache'alkanüle *f*; **2.** F **quelle ~!** was für e-e lästige Per'son!

canuler [kanyle] *v/t* F ~ **qn** *j-m* lästig, F auf den Wecker fallen

canut [kany] *m* Ly'oner Seidenarbei-ter *m*

canyon [kanjõ] *m cf* cañon

canzone [kã(d)zone] *f Literatur* Kan'zo-ne *f*

canzonette [kã(d)zonɛt] *f mus* Kanzo-'nette *f*

caoua [kawa] F *m* Kaffee *m*

caouane [kawan] *f zo* Unechte Ka'rett-schildkröte

caoutchouc [kautʃu] *m* **1.** Kautschuk *m*; ~ (**vulcanisé**) Gummi *m od n*; vulkanisierter Kautschuk; ~ **brut** Roh-kautschuk *m*; ~ **butyle** Bu'tylkautschuk *m*; ~ **mousse** Schaumgummi *m od n*; ~ **naturel, nitrile, synthétique** *od* **arti-ficiel** Na'tur-, Ni'tril-, Kunst- *od* Syn-'thesekautschuk *m*; ~ **de plantation** Pflanzungskautschuk *m*; **arbre** *m* **à** ~ Kautschukbaum *m*; *loc/adj* **de** *od* **en** ~ Gummi…; **articles** *m/pl* **en, balle** *f*, **gant** *m* **de** ~ Gummiwaren *f/pl*, -ball *m*, -handschuh *m*; **2.** *bot* Gummibaum *m*; **3.** Gummiband *n bzw* -ring *m*; **4.** Gummi-tuch *n*; *früher* Gummimantel *m*; ~**s** *pl* Gummi(über)schuhe *m/pl*; **5.** *minéral* ~ **minéral** fos'siles Harz

caoutchout|age [kautʃutaʒ] *m* **a)** Gum'mieren *n*; Kautschu'tieren *n*; **b)** Gummibelag *m*; **~er** *v/t* gum'mieren; kautschu'tieren; **~eux** *adj* ⟨-euse⟩ kautschuk-, gummiartig; *Fleisch etc auch* zäh wie Gummi

cap [kap] *m* **1.** Kap *n*; Vorgebirge *n*; (**dé**)**passer, doubler, franchir un** ~ ein Kap um'fahren; ♦ *fig:* **doubler, franchir, passer le** ~ **es** *od* **die schwieri-ge Lage über'stehen**; *Kranker* **avoir passé le** ~ über den Berg sein; **avoir doublé le** ~ **de l'examen** das Examen über'standen, hinter sich haben; *Person* **avoir (dé)passé le** ~ **de la quarantai-ne** über die Vierzig sein; die Vierzig über'schritten haben; *Land* **avoir passé, doublé le** ~ **de 30 mil-lions d'habitants** e-e Einwohnerzahl von 30 Millionen (erreicht) haben; die 30-Millionen-Grenze erreicht haben; **2.**

mar Kurs *m*; ~ **magnétique, au com-pas** 'mißweisender, gesteuerter Kurs; Kompaßkurs *m*; ~ **vrai** wahrer, recht-weisender Kurs; **avoir, mettre le** ~ **au nord** *mar, aviat* nordwärts steuern, fahren, fliegen; Kurs nach Norden neh-men; **auf nördlichen Kurs gehen**; *allg* nach Norden, nordwärts fahren; **mettre le** ~ **sur Marseille** *mar, aviat* Kurs auf Marseille nehmen; Marseille an-steuern; *allg* in Richtung Marseille fah-ren; **changer de** ~ *mar, aviat, fig* den Kurs wechseln, ändern; *fig auch* e-n Kurswechsel vornehmen; *mar, aviat* **maintenir le** ~ Kurs halten; **3.** *loc/adv* **de pied en** ~ von Kopf bis Fuß; von oben bis unten; 'vollständig; vom Schei-tel bis zur Sohle; **4.** *mar* ~ **de mouton** Jungfer *f*

capable [kapabl(ə)] *adj* **1.** *Person* **a)** ~ **de** (+*inf*) fähig, in der Lage, im'stande zu (+*inf*); **être** ~ **de faire qc** *auch* etw tun können, zu tun vermögen; **il est** ~ **de l'avoir oublié** er hat es vergessen können und hat es vergessen; *péj* **il n'est même pas** ~ **de** (+*inf*) er ist nicht einmal imstande, fähig zu (+*inf*); er kann nicht einmal (+*inf*); **b)** ~ **de qc** zu etw, *st/s* e-r Sache (*gén*) fähig; **être** ~ **de sérieux, de patience** ernst, geduldig sein können; *péj* **il est** ~ **d'une bassesse pour** … er ist e-r, zu e-r Niederträchtigkeit fähig, um zu …; *péj* **il est** ~ **de tout** er ist zu allem fähig; **2.** *Sache* **être** ~ **de** (+*inf*) können (+*inf*); **ce choc est** ~ **de la tuer** dieser Schock kann, könnte sie töten; **un détail** ~ **de passer inaperçu** ein Detail, das leicht über'sehen werden kann, könnte; **3.** *Person* **wichtig**; tüchtig; befähigt; tauglich; **4.** *jur* handlungsfähig; ~ **de contracter, d'ester en justice, de tester** ge-schäfts-, par'tei-, te'stierfähig; **5.** *math* **arc** *m* ~ **d'un angle donné** e-m gegebe-nen Winkel zugehöriger Bogen

capacitaire [kapasitɛr] *m,f* ~ (**en droit**) Inhaber(in) *m*(*f*) des „certificat de capa-cité en droit"; *cf* **capacité** 7.

capacité [kapasite] *f* **1.** *e-r Person* Fähig-keit *f*; Tüchtigkeit *f*; Tauglichkeit *f*; Befähigung *f*; ~**s** *pl* Fähigkeiten *f/pl*; ~**s intellectuelles, de l'esprit** geistige Fähigkeiten; ~**s professionnelles** be-rufliche Fähigkeiten; berufliches Kön-nen; ~ **de travail** Arbeits-, Erwerbsfä-higkeit *f*; *loc/adj* **de grande** ~ sehr fähig, tüchtig, befähigt; **travail** *m* **au--dessus de ses ~s** Arbeit, die s-e Fähig-keiten über'steigt; **douter de la ~ de qn** an *j-s* Fähigkeit, Können zweifeln; **je commence à douter de ses ~s** ich beginne, an s-m Verstand zu zweifeln; allmählich zweifle ich an s-m Verstand; **2.** *e-s Behälters etc* Fassungsvermögen *n*; Kapazi'tät *f*; Rauminhalt *m*; *e-s Schif-fes, Flugzeuges* Ladefähigkeit *f*; ~ **de charge** Tragfähigkeit *f*; **mesure** *f* **de** ~ Hohlmaß *n*; **3.** *phys, élect* Kapazi'tät *f*; ~ **calorifique** Wärmekapazität *f*; **4.** *phy-siol* ~ **pulmonaire totale** Gesamtkapa-zität *f* der Lunge; ~ **vitale** Vi'talkapazi-tät *f*; **5.** *allg* Kapazi'tät *f*; Leistung(sfähigkeit) *f*; ~ **fiscale** Steuer-kraft *f*; ~ **industrielle** Indu'striekapazi-tät *f*; ~ **d'absorption** Aufnahmefähig-keit *f*; ~ **de production** Produkti'ons-kapazität *f*; **6.** *jur* ~ (**civile, de jouis-sance**) Rechtsfähigkeit *f*; ~ **d'ester en justice** Pro'zeßfähigkeit *f*; ~ **d'exercice** Handlungsfähigkeit *f*; ~ **pour contracter, pour tester** Geschäfts-, Te'stierfähigkeit *f*; **avoir** ~ **pour contracter, pour tester** ge-schäfts-, te'stierfähig sein; **7.** *in Frank-reich* **certificat** *m* **de** ~ **en droit** Di'plom *n* nach zweijährigem Rechts-

studium, zu dem Stu'denten ohne Ab-i'tur oder sonstige Prüfungen zugelassen werden

capage [kapaʒ] *m von Zigarren* Um'-rollen *n* mit dem Deckblatt; Decken *n*

caparaçon [kaparasõ] *m früher* (bestickter) Pferdeharnisch

cape [kap] *f* 1. 'Umhang *m*; Cape [keːp] *n*; *aus Wolle auch* Kotze(n) *f*(*m*); *des Matadors* Capa *f*; ~ de fourrure Pelzcape *n*; roman *m* de ~ et d'épée Mantel- und Degenroman *m*; *fig loc/adv* rire sous ~ heimlich, versteckt lachen; sich (eins) ins Fäustchen lachen; 2. *e-r Zigarre* Deckblatt *n*; 3. *mar* être à la ~ beiliegen; prendre la ~ beidrehen

capéer [kapee] *v/i mar* beiliegen

capel|an [kaplã] *m zo* (*Art*) Dorsch *m*; ~et *m vét* Piephacke *f*; ~ine *f* breitkrempiger (Damen)Hut

capés|ien [kapezjɛ̃] *m*, ~ienne *f* a) Stu'dent(in), der (die) sich auf das C.A.P.E.S. vorbereitet; b) Inhaber(in) *m*(*f*) des C.A.P.E.S.

capétien [kapesjɛ̃] *hist* I *adj* ‹~ne› Kapetinger...; II *m/pl* ~s Kapetinger *m/pl*

capeyer [kapeje] *v/i mar* beiliegen

capharnaüm [kafarnaɔm] F *m* Rumpelkammer *f*; Trödelladen *m* (*beide fig*)

capillaire [kapiler] I *adj* 1. *anat, bot* kapil'lar; Kapil'lar...; Haar...; racines *f/pl* ~s Wurzelhaare *n/pl*; vaisseaux *m/pl* ~s od subst ~s *m/pl* Kapillar-, Haargefäße *n/pl*; Kapil'laren *f/pl*; 2. Haar...; *art* ~ Fri'sierkunst *f*; artiste *m*, lotion *f* ~ Haarkünstler *m*, -wasser *n*; 3. *phys* kapil'lar; Kapil'lar...; ascension *f*, pression *f* ~ Kapillaraszension *f*, -druck *m*; tube *m* ~ Kapillar-, Haarröhrchen *n*; Kapil'lare *f*; II *m bot* Frauenhaarfarn *m*; ~ de Montpellier Venushaar *n*

capillarité [kapilarite] *f* 1. Feinheit *f*; 2. *phys* a) Kapillari'tät *f*; Kapil'larwirkung *f*; b) Kapil'larchemie *f*

capillaroscopie [kapilarɔskɔpi] *f méd* Kapillarosko'pie *f*

capilotade [kapilɔtad] *f* 1. F *loc/adj* en ~; j'ai les jambes en ~ die Füße sind mir schwer wie Blei; j'ai les reins en ~ F ich bin wie gerädert; ich bin ganz kreuz-lendenlahm; *Sache* être en ~ F total zerquetscht, zermanscht sein; 2. *cuis* Ra'gout *n* aus Fleischresten

capitaine [kapitɛn] *m* 1. *mil* a) Heer, *aviat* Hauptmann *m*; *früher* Kavallerie Rittmeister *m*; *in Spanien* ~ général Gene'ralkapitän *m*; ~ de gendarmerie Hauptmann der Gendarmerie; ~ des pompiers Brandmeister *m*; Feuerwehrhauptmann *m*; b) *mar mil alleinstehend als Anrede* Herr Kapi'tänleutnant; ~ de corvette, de frégate, de pavillon Kor'vetten-, Fre'gatten-, Flaggkapitän *m*; ~ de vaisseau Kapitän zur See (*abr* z. S.); 2. *mar* (Schiffs)Kapi'tän *m*; ~ d'armement mit Verwaltung, Materialkontrolle und Verantwortung für die Schiffsbesatzung beauftragter Angestellter *e-r* Reederei (*meist ein ehemaliger Schiffskapitän*); ~ au long cours Kapitän auf großer Fahrt; ~ de la marine marchande *od* ~ marchand Kapitän der Handelsmarine; ~ de port Hafenmeister *m*, -kapitän *m*; ~ en second Erster Offizier (*abr* I. O.); 3. *litt* Feldherr *m*; Heerführer *m*; 4. *sports* (Mannschafts)Kapi'tän *m*; Mannschaftsführer *m*; 5. ~ d'industrie Indu'-striekapitän *m*

capitainerie [kapitɛnri] *f mar* Hafenamt *n*

capital¹ [kapital] *adj* ‹-aux› 1. Haupt...; hauptsächlich; wesentlich;

---

entscheidend; kapi'tal; grundlegend; erreur ~e kapitaler, grundlegender Irrtum; œuvre ~e Hauptwerk *n*; *rel cath* les sept péchés capitaux die sieben Hauptsünden *f/pl*; point ~ Hauptpunkt *m*; wichtigster, wesentlicher, entscheidender Punkt; il est ~ que ... (+*subj*) es ist von größter Wichtigkeit, Bedeutung, daß ...; être d'un intérêt ~ von größter, entscheidender, kapitaler Bedeutung sein; jouer un rôle ~ dans une affaire in e-r Angelegenheit e-e entscheidende Rolle spielen; 2. *jur*: crime ~ Kapi'talverbrechen *n*; todeswürdiges Verbrechen; peine ~e Todesstrafe *f*; condamner qn à la peine ~e j-n zum Tode verurteilen; sentence ~e Todesurteil *n*

capital² [kapital] *m* ‹*pl* -aux› 1. Kapi'tal *n* (*auch écon u coll*) Vermögen *n*; capitaux *pl* Gelder *n/pl*; (Geld)Mittel *n/pl*; Kapi'talien *n/pl*; ~ assuré Versicherungssumme *f*; capitaux circulants 'Umlaufvermögen *n*; ~ décès Sterbegeld *n*; ~ disponible, liquide flüssiges Kapital; ~ financier Fi'nanzkapital *n*; ~ fixe Anlagevermögen *n*, -kapital *n*; ~ foncier Grundvermögen *n*; ~ initial Gründungs-, Anfangskapital *n*; ~ nominal Nenn-, Nomi'nalkapital *n*; ~ d'exploitation, de roulement Betriebsvermögen *n*, -kapital *n*; Umlaufvermögen *n*; arbeitendes Kapital; ~ d'investissement Investiti'ons-, Anlagekapital *n*; ~ en nature Sach-, Re'alkapital *n*; le ~ et le travail Kapital und Arbeit; entamer son ~ sein Kapital angreifen; il manque de capitaux es fehlt ihm an Kapital; 2. *fig* Schatz *m*; ~ artistique d'un pays Kunstschätze *m/pl* e-s Landes; ~ de connaissances Reichtum *m* an Wissen, Kenntnissen

capital-actions [kapitalaksjõ] *m* Aktienkapital *n*

capitale [kapital] *f* 1. a) ~ d'un Landes Hauptstadt *f*; *in Frankreich oft* la ~ Paris; ~ fédérale Bundeshauptstadt *f*; b) *par ext* Mittelpunkt *m*; Zentrum *n*; ~ commerciale Handelszentrum *n*: Ro-mans, ~ de la chaussure ... die Stadt der Schuhindustrie; Lyon, ~ de la soie ... Zentrum der Seidenindustrie; 2. *impr* Großbuchstabe *m*; Ver'sal(buchstabe) *m*; petite ~e Kapi'tälchen *n*; en ~s d'imprimerie in Blockschrift

capitalisable [kapitalizabl(ə)] *adj* kapitali'sierbar; ~isation *f* 1. Kapitali'sierung *f*; Kapitalisati'on *f*; Kapi'talbildung *f*; *fig* (An)Sammeln *n*; Anhäufung *f*; ~iser I *v/t* Rente *etc* kapitali'sieren; Zinsen zum Kapi'tal schlagen; II *v/t u v/i* (Geld) anhäufen; Kapi'tal bilden; ~isme *m* 1. Kapita'lismus *m*; ~ d'État Staatskapitalismus *m*; 2. Großkapital *n*; ~iste I *adj* kapita'listisch; II *m,f* Kapita'list(in) *m*(*f*); F gros ~ Großkapitalist *m*

capital-obligations [kapitalɔbligasjõ] *m* Anleihekapital *n*

capitation [kapitasjõ] *f hist* Kopfsteuer *f*

capité [kapite] *adj bot* köpfchenförmig

capiteux [kapitø] *adj* ‹-euse› 1. *Parfüm, Wein, Duft* schwer; berauschend; 2. *Schönheit* verlockend; berauschend

Capitole [kapitɔl] *in Rom u Washington* le ~ das Kapi'tol

capitolin [kapitɔlɛ̃] *adj* kapito'linisch

capiton [kapitõ] *m* 1. Abfallseide *f*; 2. *an Polstermöbeln* Polsterkaro *n*, -karree *n*

capitonnage [kapitɔnaʒ] *m von Möbeln* a) Polstern *n* (und Absteppen *n*); b) Polsterung *f*

capitonner [kapitɔne] *v/t Sessel etc* polstern; *im engeren Sinne* mit e-r Polste-

---

rung mit Absteppung versehen; *adjt* porte capitonnée Polstertür *f*; siège capitonné Polstersessel *m* mit Absteppung; *fig tronc d'arbre* capitonné de mousse ... mit e-m Moospolster

capitulaire [kapityler] I *adj* 1. *égl cath* Ka'pitel...; 2. lettre *f* ~ Initi'ale *f*; Initi'al *n*; Initi'albuchstabe *m*; II *m hist* Kapitu'lar *n*

capitulard [kapitylar] F *péj m* Defä-'tist *m*

capitulation [kapitylasjõ] *f mil, fig u hist jur* Kapitulati'on *f*; ~ sans conditions, inconditionnelle bedingungslose Kapitulation

capitule [kapityl] *m bot* (Blüten-) Köpfchen *n*

capituler [kapityle] *v/i mil u fig* kapitu-'lieren; *fig auch* aufgeben; ~ sans conditions bedingungslos kapitulieren

caporal [kapɔral] *m* ‹*pl* -aux› 1. *mil etwa* Gefreite(r) *m*; F le Petit ♀ Napoleon I.; ~ d'ordinaire Küchengefreite(r) *m*; passer ~ zum Gefreiten befördert werden; 2. Tabak *m* zweiter Güte

caporal-chef [kapɔralʃef] *m* ‹*pl* caporaux-chefs› *mil* Ober- *bzw* Hauptgefreite(r) *m*

caporalisme [kapɔralism(ə)] *m* 1. Milita'rismus *m*; 2. Ka'sernenhofgeist *m*

capot¹ [kapo] *m* 1. *auto* Mo'torhaube *f*; *aviat* Triebwerkverkleidung *f*; ouvrir, soulever le ~ die Motorhaube öffnen, aufklappen; 2. *mar* a) Per'senning *f*; b) Lukendeckel *m*; ~ d'échelle Niedergangshaube *f*; c) Einsteigeluke *f*

capot² [kapo] *adj* ‹*inv*› *beim Kartenspiel* être (mis) ~ schwarz sein, werden; keinen Stich machen

capotage [kapɔtaʒ] *m aviat* Kopfstand *m*; *auto* Sichüber'schlagen *n*

capote [kapɔt] *f* 1. *auto, Kinderwagen* Verdeck *n*; 2. Mantel *m* (mit Ka'puze); *mil* Sol'datenmantel *m*; 3. P ~ anglaise Kon'dom *n od m*; P Pa'riser *m*; 4. *früher* Ka'potthut *m*; Ka'potte *f*; 5. *bât* Haube *f*

capoter [kapɔte] I *v/t* ~ une voiture a) e-n Wagen mit e-m Verdeck versehen; b) das Verdeck e-s Wagens schließen; II *v/i mar* kentern; *aviat, auto* sich über-'schlagen; la rupture de l'essieu a fait ~ la voiture ... war die Ursache dafür, daß sich der Wagen überschlug

cappadocien [kapadɔsjɛ̃] I *adj* ‹~ne› kappa'dozisch *od* kappa'dokisch; II *m/pl* ~s Kappa'dozier *m/pl*

câpre [kɑpr(ə)] *f cuis* Kaper *f*; sauce *f* aux ~s Kapernsoße *f*

capricant [kaprikã] *adj méd sc* pouls ~ *sc* Pulsus capricans *m*

capriccio [kapritʃjo] *m mus* Ca'priccio [-tʃo] *n*

caprice [kapris] *m* 1. Laune *f*; Grille *f*; Ka'price *f*; ~s *pl* Launen *f/pl*; Launenhaftigkeit *f*; ~ s de la mode Modetorheiten *f/pl*; par ~ aus e-r Laune, Grille heraus; avoir, faire des ~s launisch, launenhaft, *p/fort* eigensinnig sein; Launen haben; céder aux ~s de qn j-s Launen nachgeben; elle lui passe tous ses ~s sie läßt ihm alle s-e Launen 'durchgehen; suivre son ~ e-r Laune nachgeben, folgen; 2. *fig des Wetters, Schicksals, Zufalls* ~s *pl* Launen *f/pl*; *der Landschaft* die Vielfalt *f*; ständiger Wechsel; *der Wolken etc* immer neue Formen *f/pl*; 3. *st/s* Liebe'lei *f*; Liebschaft *f*: ~ aus Caprice

capricieux [kaprisjø] I *adj* ‹-euse› 1. launenhaft; launisch; kaprizi'ös; *p/fort* eigensinnig; humeur capricieuse Launenhaftigkeit *f*; *loc/adj* d'humeur capricieuse launisch; launenhaft; kapri-ziös; 2. *fig Mode, Glück, Schicksal* launisch; *Zufall* launenhaft; *Landschaft*

etc stets wechselnd; vielfältig; abwechslungsreich; **II** *subst* ~, **capricieuse** *m,f* launenhafter, launischer Mensch; *p/fort* F Eigensinn *m* (*Person*)
capricorne [kaprikɔrn] *m* **1.** *astr* ♋ Steinbock *m*; **2.** *zo* Großer Eichen- *od* Heldbock
câprier [kɑprije] *m* *bot* Kapernstrauch *m*
caprification [kaprifikasjõ] *f* *agr* Kaprifikati'on *f*
caprifigue [kaprifig] *f bot* Bocks-, Geißfeige *f*
caprifoliacées [kaprifɔljase] *f/pl* *bot* Geißblattgewächse *n/pl*; Kaprifolia'zeen *f/pl*
capr|in [kaprẽ] *adj* Ziegen…; **~races** ~**es** Ziegenrassen *f/pl*; **~ique** *adj chim* acide *m* ~ Ca'prinsäure *f*
caproïque [kaprɔik] *adj chim* acide *m* ~ Ca'pronsäure *f*
capron [kaprõ] *m* *bot* Moschuserdbeere *f*
caprylique [kaprilik] *adj chim* acide *m* ~ Ca'prylsäure *f*
capselle [kapsɛl] *f bot* Hirtentäschel *n*
capsul|age [kapsylaʒ] *m* Verkapseln *n*, -ung *f* (von Flaschen); **~aire** *adj* Kapsel…; kapselförmig; *bot* fruit *m* ~ Kapselfrucht *f*; **~ateur** *m* Ma'schine *f* zum Verkapseln von Flaschen
capsule [kapsyl] *f* **1.** *bei Flaschen* Flaschenkapsel *f*; Kronenverschluß *m*; **2.** *bei Waffen, Patronen* ~ (fulminante) Sprengkapsel *f*; Zündhütchen *n*; pistolet *m* à ~ Spielzeugpistole *f* mit Zündblättchen; **3.** *phm* (Arz'nei)Kapsel *f*; **4.** *anat* Kapsel *f*; ~ **articulaire** Gelenkkapsel *f*; ~ **surrénales** Nebennieren *f/pl*; ~ **de Ténon** Tenonsche Kapsel *f*; **5.** *bot* **a)** Kapsel *f*; **b)** *bei Moos* Sporenkapsel *f*; **6.** *tech* Kapsel *f* (*auch Raumfahrt*); *tél* ~ **microphonique** Mikro'phonkapsel *f*; **7.** *chim* (Abdampf)Schale *f*
capsuler [kapsyle] *v/t* Flaschen verkapseln
captage [kaptaʒ] *m* *e-r Quelle* Fassen *n*; *rad von Signalen etc* Auffangen *n*; *tech von Abfällen* Absaugen *n*; *élect* ~ **du courant** Entnahme *f* (und Zuführen *n*) des Stroms; Stromabnahme *f*; dispositif *m* de ~ Stromabnehmer *m*
capta|teur [kaptatœr] *m*, **~trice** *f jur* ~ **d'héritage** Erbschleicher(in) *m(f)*; **~tion** *f jur* Erschleichung *f*, ~ **d'héritage** Erbschleiche'rei *f*; **~toire** *adj* kapta'torisch; manœuvres *f/pl* ~**s** erbschleicherische Machenschaften *f/pl*
capt|er [kapte] *v/t* **1.** Aufmerksamkeit fesseln; ~ **la confiance de qn** j-s Vertrauen gewinnen, sich einschleichen; *péj* sich in j-s Vertrauen einschleichen; **2.** Quelle fassen; Straßenbahn etc: Strom entnehmen (und zuführen); *rad, télév* Sender her'einbekommen; Botschaft, Signal auffangen; *tech* Abfälle ab-, aufsaugen; *phys atom* Partikeln einfangen; **~eur** *m tech* Sensor *m*; Meßfühler *m*
captieux [kapsjø] *adj* <-euse> Argument, Frage verfänglich; argument ~ *auch* Scheinargument *n*; raisonnement ~ verfängliche Fehl-, Trugschlüsse *m/pl*
captif [kaptif] **I** *adj* <-ive> **1.** *Tier* gefangen(gehalten); *litt Person* gefangen; *litt* in Banden, Fesseln; *Stadt, Land* erobert; **2.** ballon ~ Fesselballon *m*; **3.** *géol* nappe captive gespannter Grundwasserspiegel; Druckspiegel *m*; **II** *subst* ~, captive *m,f* Gefangene(r) *f(m)*
captivant [kaptivã] *adj* **1.** *Buch, Film etc* fesselnd; spannend; packend; **2.** *Augen, Blick, Schönheit, Frau* bezaubernd; *p/fort, auch Mann* faszi'nierend; *Persönlichkeit* fesselnd; faszinierend

captiver [kaptive] *v/t* ~ **qn** j-n in Bann schlagen; j-n fesseln, *p/fort* faszi'nieren, bannen; ~ **l'attention de qn, de l'auditoire** j-s Aufmerksamkeit fesseln; j-n, s-e Zuhörer fesseln, in Bann schlagen, *p/fort* faszinieren
captivité [kaptivite] *f* Gefangenschaft *f*; *bibl* ~ **de Babylone** Baby'lonische Gefangenschaft *f*; *à son retour* de ~ … aus der Gefangenschaft; **tenir en** ~ gefangenhalten
capture [kaptyr] *f* **1.** *von Tieren* Fangen *n*; *von Personen* Festnahme *f*; *mil* Gefangennahme *f*; *von Schiffen* Aufbringen *n*, -ung *f*; *hist* Kapern *n*; *von Waren durch den Zoll* Beschlagnahme *f*; **2.** Fang *m*; Beute *f*; **3.** *phys atom* Einfang(prozeß) *m*; ~ **des électrons, des neutrons** Elek'tronen-, Neu'troneneinfang *m*
capturer [kaptyre] *v/t* Tier fangen; *Person* fassen; festnehmen; *nach e-r Verfolgungsjagd auch* stellen; *mil* gefangennehmen; *Sache* erbeuten; *Schiff* aufbringen; *hist* kapern; *Zoll:* Ware beschlagnahmen
capuce [kapys] *m* (Mönchs)Ka'puze *f*
capuche [kapyʃ] *f* Ka'puze *f*
capuchon [kapyʃõ] *m* **1. a)** Ka'puze *f*; manteau *m* à ~ Kapuzenmantel *m*; **b)** Pele'rine *f*, 'Umhang *m* mit Ka'puze; **2.** *e-s Füllhalters etc* Kappe *f*; **3.** *als Schutz* Haube *f*; Kappe *f*; **4.** *e-s Schornsteins* Haube *f*
capuc|in [kapysẽ] *m* **1.** *égl cath* Kapu'ziner(mönch) *m*; **2.** *zo* Weißschulterkapuziner *m*; **~ine** *f* **1.** *bot* Kapu'zinerkresse *f*; **2.** *adit* <inv> o'rangerot: Ringelreihen *m*
cap-verdien [kapvɛrdjẽ] **I** *adj* <~ne> kap'verdisch; **II** ♋(ne) *m(f)* Bewohner (-in) *m(f)* der Kap'verdischen Inseln
caqu|e [kak] *f* ~ (de harengs) Heringsfaß *m*; **~er** *v/t* Heringe **a)** kaaken; ausnehmen; **b)** in Fässer packen
caquet [kakɛ] *m* **1.** rabattre *od* rabaisser le ~ à qn j-m den Mund stopfen; j-m e-n Dämpfer aufsetzen; **2.** *der Henne u* F *fig* Gackern *n*; Gegacker *n*; F *fig* Geschwätz *n*; F Schnattern *n*; Geschnatter *n*; Klatsche'rei *f*; Klatschen *n*; Tratschen *n*; **3.** F Klatschsucht *f*
caquet|age [kaktaʒ] *m* **1.** *der Henne* Gackern *n*; Gegacker *n*; **2.** *fig* Geschwätz *n*; F Klatschen *n*; Tratschen *n*; **~er** *v/i* <-tt-> **1.** *Huhn* gackern; **2.** *fig Person* schwatzen; F klatschen; tratschen
car¹ [kar] *conj* denn
car² [kar] *m* Reise(omni)bus *m*; ('Überland)Bus *m*; ~ **de police** Mannschaftswagen *m* der Polizei; ~ **de ramassage scolaire** Schulbus *m*
carabe [karab] *m zo* Laufkäfer *m*; ~ **doré** Goldlaufkäfer *m*
carabé [karabe] *m minér* Bernstein *m*
carabin [karabẽ] F *m* Medi'zinstudent *m*
carabine [karabin] *f* Kara'biner *m*; Stutzen *m*; Büchse *f*; Gewehr *n*; ~ **Flobert** Flobertgewehr *n*; ~ **à air comprimé** Luftgewehr *n*
carabiné [karabine] F *adj* heftig; F gewaltig; *Getränk* stark; amende ~ saftige, gepfefferte Geldstrafe; grippe ~**e** heftige Grippe; grog ~ steifer Grog; rhume ~ F Mordsschnupfen *m*
carabinier [karabinje] *m* **1.** *hist mil* Karabini'er *m*; **2.** *in Italien* Carabini'ere *m*; *in Spanien* Angehörige(r) *m* des Zollgrenzdienstes
caracal [karakal] *m zo* Karakal *m*; Wüstenluchs *m*
caracoler [karakɔle] *v/i Pferd* tänzeln; *Reiter* faire ~ son cheval *od* sein Pferd tänzeln lassen
caracouler [karakule] *v/i Tauben* gurren; girren

caractère [karaktɛr] *m* **1.** *e-r Person* Cha'rakter *m* (*auch e-s Tieres*); Wesen (-sart) *n(f)*; Gemüt(sart) *n(f)*; ~ **facile** verträglicher Charakter; verträgliches Wesen; **~s opposés** gegensätzliche Cha-rak'tere *m/pl*; ~ **d'un peuple** Volkscharakter *m*; Mentali'tät *f* e-s Volkes; avec le ~ qu'il a … bei s-m Charakter …; avoir bon ~ ein verträglicher, ein leicht zu behandelnder Mensch sein; avoir mauvais ~, un ~ exécrable, un fichu, foutu, sale ~, un ~ de chien, de cochon e-n schwierigen Charakter haben; ein schwieriger, schwer zu behandelnder Mensch sein; *cf auch* fichu² **2.**; avoir un, être d'un ~ heureux e-e glückliche Na'tur, ein glückliches Natu'rell haben, besitzen; être jeune de ~ (im Wesen) jung geblieben sein; ein jugendliches Wesen haben; être vieux de ~ das Wesen e-s alten Menschen haben; **2.** (force *f* de) ~ Cha'rakter (-stärke) *m(f)*; Willensstärke *f*, -kraft *f*; homme *m* de ~ Mann *m* mit Charakter; willensstarker Mann; starke Persönlichkeit; homme sans ~ charakter-, willengesinnungsloser Mann; avoir du ~ Charakter, Willensstärke haben; manquer de ~ charakter-, willensschwach, *p/fort* charakterlos sein; **3.** *Person* Charakter *m*; cha'rakterfester Mensch; **4.** *Literatur* Cha'rakter *m*; comédie *f*, pièce *f* de ~(s) Charakterkomödie *f*, -stück *n*; **5.** *bes biol* Merkmal *n*; Eigenschaft *f*; *biol* ~**s génériques** Gattungsmerkmale *n/pl*; *biol* ~**s héréditaires** Erbanlagen *f/pl*; erbbedingte Merkmale *n/pl*; ~ **particulier, propre** Eigentümlichkeit *f*; Charakte'ristikum *n*; **6.** Merkmal *n*; Wesenszug *m*; Kennzeichen *n*; Eigenart *f*; Gepräge *n*; *e-r Stadt, Landschaft auch* Cha'rakter *m*; danse *f* de ~ Heimat-, Volkstanz *m*; sans ~ farblos (*fig*); ohne eigenes Gepräge; conférer un ~ comique à qc e-r Sache (*dat*) e-e komische Note geben, verleihen; etw ins Komische wandeln; **7.** *e-r abstrakten Sache, mit adj* Cha'rakter *m*; le ~ difficile des négociations die Schwierigkeit der Verhandlungen; e-r Maßnahme etc ~ limité beschränkter 'Umfang; ~ particulier Besonderheit *f*; Eigenart *f*; le ~ problématique de qc die Proble'matik e-r Sache (*gén*); avoir un ~ problématique problematisch sein; ~ provisoire das Provi'sorische; avoir un ~ provisoire nur provisorisch, ein Provisorium sein; provisorischen Charakter haben; ~ urgent Dringlichkeit *f*; avoir, revêtir un ~ officiel offiziell sein; offiziellen Charakter haben, tragen; ne présenter aucun ~ de gravité völlig harmlos, ungefährlich sein; présenter un ~ de nouveauté e-e Neuheit darstellen; **8. a)** Schriftzeichen *n*; Letter *f*; Buchstabe *m*; ~ (d'imprimerie) Druckbuchstabe *m*; Druck *m*; *impr:* ~**s demi-gras** halbfette Schrift; ~**s espacés** Sperrdruck *m*; ~**s italiques** Kur'sivschrift *f*; ~**s romains** An'tiqua *f*; ~**s typographiques, d'imprimerie** Druckschrift *f*; ~**s d'écriture** Schreibschrift *f*; *loc/adv:* en gros, en petits ~**s** mit großen, kleinen Buchstaben; *auch* groß-, kleingedruckt; en ~**s d'or** mit goldenen Buchstaben, Lettern; in Goldschrift, -buchstaben; **b)** *impr* ~ (d'imprimerie) Letter *f*; (Druck)Type *f*; fondeur *m*, graveur *m* en ~**s** Schriftgießer *m*, -schneider *m*
caractériel [karakterjɛl] **I** *adj* <~le> **1.** cha'rakterlich; Cha'rakter…; troubles ~**s** Charakterstörungen *f/pl*; **2.** verhaltensgestört; *Kind auch* schwererziehbar; **II** *subst* ~, caractérielle *m,f* schwerer-

ziehbares Kind; Schwererziehbare(r) *f(m)*

caractérisation [karakterizasjõ] *f* **1.** Charakteri'sierung *f*; Charakte'ristik *f*; **2.** *ling* nähere Bestimmung

caractérisé [karakterize] *adj* eindeutig; typisch; ausgeprägt; echt; deutlich (zu erkennend); **insolence** ∼e eindeutige, deutliche Unverschämtheit

caractériser [karakterize] **I** *v/t* **1.** charakteri'sieren; kennzeichnen; **2.** ∼ qn charakte'ristisch, bezeichnend, kennzeichnend für j-n sein; j-n charakteri'sieren, auszeichnen, kennzeichnen; symp*tômes qui caractérisent une maladie* für e-e Krankheit charakteristische, typische Symptome; *iron* **avec la chance, l'habileté qui me caractérise** mit, bei dem Glück, das ich immer habe; mit meiner gewohnten, wohlbekannten Geschicklichkeit; mit der mir eigenen Geschicklichkeit; **II** *v/pr* se ∼ **par** gekennzeichnet sein durch; sich auszeichnen durch

caractéristique [karakteristik] **I** *adj* **1.** charakte'ristisch, kennzeichnend, bezeichnend, typisch (**de** qc für etw); **2.** *phys, tech* **courbe** *f* ∼ Kennlinie *f*; Charakte'ristik *f*; *math* **équation** *f* ∼ charakteristische Gleichung; **II** *f* **1.** Kennzeichen *n*; Merkmal *n*; Wesenszug *m*; Besonderheit *f*; besondere Eigenschaft; Charakte'ristikum *m*; **2.** *math* Zeichen *n*; Sym'bol *n*; *bei Logarithmen* Kennziffer *f*; Charakte'ristik *f (auch bei Differentialgleichungen)*; **3.** *phys, tech* Kennlinie *f*; Charakte'ristik *f*; *von Maschinen etc* ∼s *pl* technische Daten *pl*

caractéro|logie [karakterolɔʒi] *f* Charakterolo'gie *f*; Cha'rakterkunde *f*; ∼**logue** *m* Charaktero'loge *m*

caracul [karakyl] *m zo* Kara'kulschaf *n*

carafe [karaf] *f* **1.** Ka'raffe *f (auch Inhalt)*; ∼ **à eau** Wasserkaraffe *f*; ∼ **d'eau** Karaffe Wasser; **vin** *m* **en** ∼ offener Wein; Schoppenwein *m*; **2.** F **laisser** qn **en** ∼ F j-n versetzen; **rester en** ∼ a) *unterwegs* festsitzen; nicht mehr weiterkommen; *mit dem Wagen* liegenbleiben; b) *Redner etc* stocken, steckenbleiben; sich verheddern; **3.** Flasche *f* zum Fangen von Köderfischen

carafon [karafõ] *m* **1.** kleine Ka'raffe; **2.** F Schädel *m*; Dez *m*

caraïbe [karaib] **I** *adj* kar(a)'ibisch; **II** *subst* **1.** ∼s *m/pl* Kar(a)'iben *m/pl*; **2.** *ling* **le** ∼ das Kar(a)'ibische; Kar(a)'ibisch *n*

carambolage [karãbɔlaʒ] *m* **1.** *zwischen Fahrzeugen* Zu'sammenstoß *m*; Karambo'lage *f*; *zwischen mehreren Massenka*rambolage *f*; **2.** *Billard* Karambo'lage *f*

carambole [karãbɔl] *f Billard* Karam'bole *f*

caramboler [karãbɔle] **I** *v/t Fahrzeug* prallen auf *od* gegen (+*acc*); zu'sammenstoßen mit; **II** *v/i Billard* karambo'lieren; **III** *v/pr* se ∼ *Fahrzeuge* zu'sammen-, aufein'anderprallen

carambouillage [karãbujaʒ] *m* (Weiter)Verkauf *m* noch nicht bezahlter Ware; *etwa* Kre'ditschwindel *m*

carambouill|e [karãbuj] *f cf* carambouillage; ∼**eur** *m* j, der noch nicht bezahlte Ware weiterverkauft; *etwa* Kre'ditschwindler *m*

caramel [karamɛl] *m* **1.** Kara'mel *m*; **crème** *f* **au** ∼ Karamelcreme *f*; **2.** Kara'melbonbon *m od n*; ∼ **durs**, **mous** harte, weiche Karamelbonbons; ∼ **au lait** Kara'melle *f*; **3.** *adjt* ⟨*inv*⟩ kara'melfarben

caramélé [karamele] *adj* **a)** mit Kara'melgeschmack; **b)** kara'melfarben *bzw* -artig

caraméliser [karamelize] **I** *v/t Zucker*

karameli'sieren; *Form für Nachspeisen* mit Kara'melzucker ausstreichen; *adjt*: **eau-de-vie caramélisée** Branntwein *m* mit Kara'melgeschmack; **sucre** caramélisé Kara'melzucker *m*; **II** *v/i* (*u v/pr* se) ∼ *Zucker* karame'lieren; *Braten* e-e braune Kruste bekommen

carapace [karapas] *f* **1.** *zo bei Schildkröten, Krebsen etc* Panzer *m*; **2.** *fig* Panzer *m*; ∼ **d'indifférence** Panzer aus Gleichgültigkeit; **3.** *géol* harte Konkreti'on von Late'rit *etc*

carapater [karapate] *v/pr* F **se** ∼ F abhauen; sich verdrücken; verduften

carassin [karasɛ̃] *m zo* Ka'rausche *f*; ∼ **doré** Giebel *m*

carat [kara] *m bei Gold u Edelstein* Ka'rat *n*; **or m à dix-huit** ∼**s** achtzehnkarätiges Gold

caravane [karavan] *f* **1.** Kara'wane *f*; ∼ **de chameaux, de marchands** Ka'mel-, Handelskarawane *f*; **2.** *par ext* Gruppe *f*; Kara'wane *f*; ∼ **publicitaire** Gruppe von Reklamewagen (*z B bei der Tour de France*); ∼ **d'alpinistes** Bergsteigergruppe *f*; **3.** Wohnwagen *m*; Caravan *m*

caravaneige [karavanɛʒ] *m* Wintercamping [-kɛm-] *n*; Wohnwagenreisen *n* zum Wintersport

caravanier [karavanje] **I** *m* **1.** Führer *m* (der Lasttiere) e-r Kara'wane; **2.** Wohnwagentourist *m*, -fahrer *m*, -reisende(r) *m*; **II** *adj* ⟨-ière⟩ Wohnwagen(reisen)…; **milieu** ∼ Milieu *n* der Wohnwagenreisenden

caravan(n)ing [karavaniŋ] *m* **1.** Wohnwagentourismus *m*; Reisen *n* mit Wohnwagen; **2.** Abstellplatz *m* für Wohnwagen

caravansérail [karavãseraj] *m* Karawanse'rei *f*

caravelle [karavɛl] *f hist mar* Kara'velle *f*

carbet [karbɛ] *m Antillen, Guayana* große Hütte

carbo|gène [karbɔʒɛn] *m méd* Gemisch *n* von Sauerstoff und Kohlendioxid; ∼**glace** *f (nom déposé)* Trockeneis *n*; ∼**hémoglobine** *f physiol* Karbhämoglobin *n*

carbolique [karbɔlik] *adj chim* **acide** *m* ∼ *cf* **phénol**

carbonade [karbɔnad] *f cuis* auf Kohlenrost gebratenes Fleisch

carbonado [karbɔnado] *m minér* Karbo'nado *od* Carbo'nado *m*

carbonari [karbɔnari] *m/pl hist* Carbo'nari *od* Karbo'nari *m/pl*

carbonarisme [karbɔnarism(ə)] *m hist Italien* **a)** Carbone'ria *f*; Geheimbund *m* (der Carbo'nari); **b)** po'litische Ziele *n/pl* der Carbo'nari

carbonate [karbɔnat] *m chim* Karbo'nat *n*; *fachspr* Carbo'nat *n*; ∼ **de calcium, de potassium** Kalzium-, Kaliumkarbonat *n*; ∼ **de sodium** Natriumkarbonat *n*; Soda *f*; kohlensaures Natrium

carbonater [karbɔnate] *v/t chim* karboni'sieren; *adjt* **carbonaté** kohlensauer

carbone [karbɔn] *m* **1.** *chim* Kohlenstoff *m*; ∼ **14** Kohlenstoff 14; Radiokohlenstoff *m*; **cycle** *m* **du** ∼ Kreislauf *m* des Kohlenstoffs; **hydrates** *m/pl* **de** ∼ Kohle(n)hydrate *n/pl*; **oxyde** *m* **de** ∼ Kohlenoxyd *n*; **sulfure** *m*, **tétrachlorure** *m* **de** ∼ Schwefel-, Tetrachlor'kohlenstoff *m*; **2.** *adjt* **papier** *m* ∼ Kohlepapier *n*

carbonifère [karbɔnifɛr] **I** *adj* **1.** kohlehaltig, -führend; **2.** *géol* kar'bonisch; **II** *m géol* Kar'bon *n*; Steinkohlenformation *f*

carbonique [karbɔnik] *adj* Kohlen-

(säure)…; **acide** *m* ∼ Kohlensäure *f*; **gaz** *m*, **anhydride** *m* ∼ Kohlendioxid *n*; Kohlensäure *f* (*abus*); **neige** *f* ∼ Kohlensäureschnee *m*

carbonis|ation [karbɔnizasjõ] *f* Verkohlung *f*; *abus* Verkokung *f*; ∼ **à basse température** Schwelung *f*; ∼**er** *v/t* verkohlen; *adjt Braten etc* **carbonisé** verkohlt

carbonnade *cf* carbonade

carbonyle [karbɔnil] *m chim* Carbo'nylgruppe *f*; *adjt* **métal** *m* ∼ Carbo'nyl *n*

carborundum [karbɔrõdɔm] *m* (*nom déposé*) Karbo'rund *od* Carbo'rundum *n* (*Wz*)

carboxylase [karbɔksilaz] *f Biochemie* Carboxy'lase *f*

carboxyle [karbɔksil] *m chim* Carbo'xylgruppe *f*

carburant [karbyrã] *m* **1.** Kraft-, Treibstoff *m*; ∼ **pour avion** Flugkraftstoff *m*; **consommation** *f* **de, ravitaillement** *m* **en** ∼ Kraft-, Treibstoffverbrauch *m*, -versorgung *f*; **2.** *adjt* kohlen'wasserstoffhaltig

carburateur [karbyratœr] *m tech* Vergaser *m*; ∼ **horizontal, inversé, vertical** Flachstrom-, Fallstrom-, Steigstromvergaser *m*; ∼ **à cuve** Schwimmervergaser *m*

carburation [karbyrasjõ] *f* **1.** *métall* Aufkohlen *n*; Einsatzhärten *n*; **2.** *tech* Vergasung *f*; *des Vergasers* **chambre** *f* **de** ∼ Mischkammer *f*

carbure [karbyr] *m chim* Kohlenstoffverbindung *f*; *mit Metallen* Kar'bid *od* *fachspr* Car'bid *n*; ∼**s (a)cycliques,** **aromatiques** (a)zyklische, aromatische Kohlenstoffverbindungen *f/pl*; ∼**s métalliques** metallische Carbide *n/pl*; ∼ **(de calcium)** (Kalzium)Karbid *n*; ∼ **de fer** Eisencarbid *n*; ∼ **d'hydrogène** Kohlen'wasserstoff *m*; ∼ **de silicium** Si'liciumcarbid *n*

carburé [karbyre] *adj chim* kohlenstoffhaltig

carburéacteur [karbyreaktœr] *m* Kraft-, Treibstoff *m* für Strahl- und Tur'binentriebwerke; Düsentreibstoff *m*; Flugturbinenkraftstoff *m*

carburer [karbyre] **I** *v/t* **1.** *métall* aufkohlen; **2.** *tech* vergasen; **II** *v/i* F ça **carbure** *Maschine, Motor* die *bzw* der läuft tadellos; *Arbeit etc* F da wird wie verrückt gearbeitet

carcailler [karkaje] *v/i Wachtel* schlagen

carcajou [karkaʒu] *m zo* Prä'rie-, Silberdachs *m*

carcan [karkã] *m* **1.** *früher* Halseisen *n*; **2.** *fig* Zwang *m*; Zwangsjacke *f* (*fig*); *von e-m engen Kragen* **c'est un véritable** ∼ er schnürt mir die Luft ab; **3.** *agr für Vieh* hölzerner Halsring

carcasse [karkas] *f* **1.** *von Tieren* Gerippe *n*; *cuis bei Geflügel* Rumpf *m*; Kar'kasse *f*; **2.** F (*corps humain*) Körper *m*; F Korpus *m*; Gestell *n*; **ma vieille** ∼ meine alten Knochen; **3.** *tech* Gerippe *n*; Gerüst *n*; Gestell *n*; *e-s Reifens* Kar'kasse *f*; *e-s Schiffes* Rumpf *m*; *par ext von e-m Auto* Wrack *n*; ∼ **métallique** Stahlskelett *n*; Me'tallgerüst *n*, -gestell *n*

carcéral [karseral] *adj* ⟨-aux⟩ Gefängnis…; **univers** ∼ Welt *f* des Gefängnisses; Gefängniswelt *f*

carcinologie [karsinɔlɔʒi] *f* **1.** *zo* Lehre *f* von den Krebstieren; **2.** *cf* **cancérologie**

carcinomateux [karsinɔmatø] *adj* ⟨-euse⟩ *path* **tumeur carcinomateuse** Karzi'nom *n*

carcinome [karsinɔm, -nom] *m path* Karzi'nom *n* (*abr* Ca)

cardage [kardaʒ] *m text* Krempeln *n*;

Streichen *n*; Karden *n*

cardamine [kardamin] *f bot* Schaum-kraut *n*; ~ des prés Wiesenschaum-kraut *n*

cardamome [kardamɔm] *f bot* Karda-ˈmom *m od n*

cardan [kardã] *m tech* (joint *m* de) ~ Karˈdangelenk *n*; arbre *m* à ~ Karˈdan-welle *f*; suspension *f* à la ~ karˈdani-sche Aufhängung; *math* formule *f* de ~ karˈdanische Formel; *auto* transmis-sion *f* par ~ Karˈdanantrieb *m*

carde [kard] *f* 1. *text* Karde *f*; Krempel *f*; Karˈdätsche *f*; 2. Blattstiel *m* der Gemü-seartischocke

card|é [karde] *adj text* gekrempelt; ge-strichen; laine ~e Streichwolle *f*; ~er *v/t* Wolle, Baumwolle krempeln; streichen; karden; ~ère *f bot* Weberkarde *f*; ~eur *m text* Karˈdierer *m*; ~euse *f text* 1. Karˈdiererin *f*; 2. Zupf-, Rupfmaschine *f* für Maˈtratzenwolle

cardi|a [kardja] *m anat* Magenmund *m*, -eingang *m*; Karˈdia *f*; ~algie *f path* a) Kardialˈgie *f*; b) Herzschmerzen *m/pl*

cardiaque [kardjak] **I** *adj* 1. *anat, path* Herz…; kardiˈal; artère *f* ~ Koroˈnar-, Kranzarterie *f*; chirurgie *f*, lésion *f*, muscle *m* ~ Herzchirurgie *f*, -schaden *m*, -muskel *m*; 2. herzkrank, -leidend; **II** *subst* 1. *m phm* herzstärkendes Mittel; Herzmittel *n*; Karˈdiakum *n*; Cardiaˈto-nicum *m*; 2. *m,f* Herzkranke(r) *f(m)*; 3. *m bot* Echtes Herzgespann; Löwen-schwanz *m*

cardigan [kardigã] *m* hochgeschlossene Strickjacke. *fachspr* Weste

cardinal [kardinal] ⟨*m/pl* -aux⟩ **I** *adj litt* (*fondamental*) Haupt…; hauptsäch-lich; Kardiˈnal…; kardiˈnal; *math* ad-jectif numéral ~ *od* nombre ~ Kardi-nal-, Grundzahl *f*; *égl* autel ~ Haupt-altar *m*; *géogr* les (quatre) points cardi-naux die (vier) Himmelsrichtungen *f/pl*; *opt* points cardinaux Kardinalpunkte *m/pl*; *philos, rel* les (quatre) vertus ~es die (vier) Kardinaltugenden *f/pl*; **II** *m* 1. *égl cath* Kardiˈnal *m*; ~ doyen Kardinal-dekan *m*; ~ de curie Kurienkardinal *m*; 2. *zo* Kardiˈnal *m*

cardinalat [kardinala] *m égl cath* Kar-diˈnalswürde *f*

cardinal|-diacre [kardinaldjakr(ə)] *m* ⟨*pl* cardinaux-diacres⟩ *égl cath* Kar-diˈnaldiakon *m*; ~-évêque *m* ⟨*pl* cardi-naux-évêques⟩ *égl cath* Kardiˈnal-bischof *m*

cardinalice [kardinalis] *adj égl cath* Kardiˈnals…; dignité *f*, pourpre *f* ~ Kardinalswürde *f*, -purpur *m*

cardinal-prêtre [kardinalprɛtr(ə)] *m* ⟨*pl* cardinaux-prêtres⟩ *égl cath* Kar-diˈnalpriester *m*

cardio|gramme [kardjɔgram] *m méd* Kardioˈgramm *n*; ~graphe *m méd* Kar-dioˈgraph *m*; ~graphie *f méd* Kardio-graˈphie *f*; ~logie *f méd* Kardioloˈgie *f*; ~logue *m* Herzspezialist *m*; Kardioˈlo-ge *m*; ~pathie [-pati] *f* Herzkrankheit *f*, -leiden *n*; Kardiopaˈthie *f*; ~-pul-monaire *adj méd* kardiopulmoˈnal; ~tonique *adj u subst m* (remède *m*) ~ Herzmittel *n*; Cardioˈtonicum *n*; ~-vasculaire *adj méd* kardiovasku-ˈlär; *path* troubles *m/pl* ~s kardiovasku-läre Störungen *f/pl*

cardite [kardit] *f path* Herzentzündung *f*; *sc* Karˈditis *f*

cardon [kardõ] *m bot* Gemüseartischok-ke *f*; Kardy-Artischocke *f*; Karˈdone *f*

carême [karɛm] *m rel* 1. (temps *m* de) ~ Fastenzeit *f*; dimanches *m/pl*, sermon *m* de ~ Fastensonntage *m/pl*, -predigt *f*; *fig* arriver comme mars, marée en ~ a) wie gerufen kommen; b) unweigerlich

so kommen müssen; 2. Fastenpredigten *f/pl*; prêcher le ~ Fastenpredigten hal-ten; 3. Fasten *f/pl*; F *fig* face *f* de ~ trübseliges Gesicht; Leichenbitter-, Lei-densmiene *f*; *Person* F Trauerkloß *m*; Sauertopf *m*; ~-prenant *m litt* le ~ die drei Tage *m/pl* vor Aschermittwoch

carénage [karenaʒ] *m* 1. *mar* a) Über-ˈholen *n*, -ung *f* des Unterˈwasserschiffs; grand ~ Überˈholen *f* des (ganzen) Schiffs; b) (gril *m* de) ~ Kielbank *f*; 2. *auto* stromlinienförmige Karosseˈrie

carence [karãs] *f* 1. Fehlen *n*; Mangel *m*; Unzulänglichkeit *f*; *auch* Versagen *n*; Nichtstun *n*; ~ du gouvernement Ver-sagen, Nichtstun der Regierung; ~ de moyens Fehlen von Mitteln; ~ de la volonté Mangel an Willen; 2. *path* Mangel *m*; alimentaire Mangeler-nährung *f*; ~ de, en vitamines Vita-ˈminmangel *m*; maladie *f* de, par ~ Mangelkrankheit *f*; 3. *Versicherung* dé-lai *m* de ~ Kaˈrenz(zeit) *f*; *jur bei Pfändung* procès-verbal *m* de ~ Proto-koll *n* über Abstandnahme von der Pfändung; Protokoll *n* über fruchtlose Pfändung

carène [karɛn] *f* 1. *mar* Unterˈwasser-schiff *n*; Unterˈwasserteil *m*; (Schiffs-) Kiel *m* (*im weiteren Sinne*); abattre, mettre en ~ kielholen; 2. *bot der Schmetterlingsblütler* Schiffchen *n*; Kiel *m*

carén|é [karene] *adj* 1. *Karosserie* strom-linienförmig; 2. *bot* gekielt; ~er *v/t* ⟨-è-⟩ 1. *mar* un navire das Unter-ˈwasserschiff, den Kiel e-s Schiffes über-ˈholen; 2. *auto etc* Stromlinienform geben (+*dat*)

carentiel [karãsjɛl] *adj* ⟨~le⟩ *path* Man-gel…; maladie ~le Mangelkrankheit *f*

caressant [karɛsã] *adj Person, Kind, Tier* zärtlich; anschmiegsam; *Blick, Stimme* zärtlich; liebkosend

caresse [karɛs] *f* 1. ˈLiebkosung *od* Liebˈkosung *f*; Zärtlichkeit *f*; Streicheln *n*; couvrir qn de ~s j-n mit Liebkosun-gen überˈschütten; faire des ~s à qn, à un animal j-n, ein Tier streicheln; j-n liebkosen, *Kind auch* hätscheln; rece-voir plus de coups que de ~s mehr Prügel erhalten als Liebe erfahren; 2. *fig des Windes, Wassers* (sanftes) Strei-cheln; *der Sonne* (sanfte, wohltuende) Wärme

caresser [karese] *v/t* 1. *Kind, Person, Tier* streicheln; *Kind, Person auch* ˈlieb-kosen *od* liebˈkosen; zärtlich sein zu; *par ext Stoff* befühlen; ~ la joue de qn j-s Wange streicheln; j-m sanft, zärtlich über die Wange streichen; ~ des lèvres mit den Lippen liebkosen; ~ du regard mit den Augen, Blicken liebkosen, strei-cheln; 2. ~ qn *Wind, Wasser* j-n (sanft) streicheln; *Sonne* j-n wohlig wär-men; 3. *fig* Hoffnung hegen; ~ une chimère, une idée e-r Schimäre, e-m Gedanken nachhängen; *péj* e-n Gedan-ken hätscheln

caret [karɛ] *m* 1. *zo* a) Unechte, b) Echte Kaˈrettschildkröte; 2. *mar* fil *m* de ~ Seil-, Kabelgarn *n*

carex [karɛks] *m bot* Segge *f*; Riedgras *n*

car-ferry [karferi] *m* ⟨*pl* car-ferries⟩ Autofähre *f*

cargaison [kargɛzõ] *f* 1. *mar* (Schiffs-) Ladung *f*; Fracht *f*; Kargo *m*; ~ de charbon Ladung Kohlen; Kohlenla-dung *f*, -fracht *f*; 2. F *fig* toute une ~ ein ganzer Vorrat; F e-e ganze Menge; e-e ganze Wagenladung

cargo [kargo] *m mar* Frachter *m*; Fracht-schiff *n*, -dampfer *m*; ~ charbonnier Kohlenfrachter *m*

cargu|e [karg] *f mar* Gei(tau) *n*; Gording *f*; ~er *v/t mar* aufgeien

cari [kari] *m Gewürz* Curry [ˈkœri] *m od n*

cariatide [karjatid] *f arch* Karyaˈtide *f*

caribou [karibu] *m zo* Karibu *n od m*

caricatural [karikatyral] *adj* ⟨-aux⟩ 1. karikaˈturenhaft; karikaˈtüristisch; des-sin ~ Karikaˈtur *f*; 2. *par ext* karikatuˈri-stisch; kariˈkiert; verzerrt

caricature [karikatyr] *f* 1. Karikaˈtur *f*; faire la ~ de qc etw kariˈkieren; 2. *fig* Karikaˈtur *f*; Zerrbild *n*; une ~ de la vérité e-e Karikatur, ein Zerrbild der Wahrheit; ce n'est qu'une ~ de procès das ist nur die Karikatur e-s Prozesses; dieser Prozeß ist die reinste Farce; 3. *Person* c'est une vraie ~ er *bzw* sie hat die reinste Witzblatt-, F Schießbudenfi-gur

caricatur|er [karikatyre] *v/t* 1. ~ qn j-n kariˈkieren; e-e Karikaˈtur von j-m ma-chen, zeichnen; 2. *fig* kariˈkieren; verzer-ren; entstellen; ~iste *m* Karikatuˈrist *m*; Karikaˈturenzeichner *m*

carie [kari] *f* 1. *path* a) ~ (dentaire) Zahnfäule *f*; Karies *f*; j'ai une ~, ich habe e-n hohlen Zahn, ein Loch im Zahn; b) Knochenschwund *m*, -fraß *m*; Karies *f*; ~ sèche trockener Schwund; *sc* Caries sicca *f*; 2. *bot* ~ du blé Stein-, Stink-brand *m* des Weizens

cari|é [karje] *adj path* Zahn hohl; *sc* kariˈös; ~er *path* **I** *v/t Zahn* Karies über-ˈtragen auf (+*acc*); mit Karies an-stecken; **II** *v/pr* se ~ *Zahn* hohl werden; faulen

carillon [karijõ] *m* 1. Glockenspiel *n*; 2. (Fest)Geläute *n*; ~ de Pâques Osterge-läute *n*; 3. e-r Uhr Schlagwerk *n*; (horlo-ge *f* à) ~ Schlaguhr *f*; 4. ~ (électrique) (eˈlektrische) Klingel

carillonné [karijone] *adj rel* fête ~e hohes Fest

carillonn|er [karijone] **I** *v/t* 1. *Glocken: Fest* einläuten; *Stunden* schlagen; *Melo-die* ertönen lassen; 2. *fig* Neuigkeit etc ausposaunen; **II** *v/i* 3. *Glocken* läuten; ihr Spiel ertönen lassen; 4. ~ à la porte de qn bei j-m, an j-s Tür Sturm läuten; ~eur *m* Glöckner *m*

carl|in [karlɛ̃] *m zo* Mops *m*; ~ine *f bot* Eberwurz *f*; *sc* Carˈlina *f*

carlingue [karlɛ̃g] *f* 1. *aviat* Rumpf *m*; 2. *mar* Kielschwein *n*

carmagnole [karmaɲɔl] *f hist* Tanz Carmaˈgnole [-nj-] *f*

carm|e [karm] *m égl cath* Karmeˈlit(er) *m*; ~el *m* a) Karmeˈliterkloster *n*; b) le ♀ der Karmeˈliterorden

carméline [karməlin] *adj* laine *f* ~ *od adjt* laine *f* ~ Viˈkunjawolle *f*

carmélite [karmelit] *f égl cath* Karmeˈlit(er)in *f*

carmin [karmɛ̃] *m* 1. *Farbstoff* Karˈmin *n*; Karmeˈsin *n*; 2. *Farbe* Karˈmin(-), Karmeˈsin(rot) *n*; *adjt* ⟨*inv*⟩ karˈmin-, karmeˈsinrot, -farben; lèvres *f/pl* (de) ~ karminrote Lippen *f/pl*; *poét* Koˈrallen-lippen *f/pl*; Kirschenmund *m*

carminé [karmine] *adj* karˈmin-, karmeˈsinrot

carnage [karnaʒ] *m* Gemetzel *n*; Blut-bad *n*

carnass|ier [karnasje] **I** *adj* ⟨-ière⟩ 1. fleischfressend; 2. dent carnassière Reißzahn *m*; **II** ~s *m/pl* Landraubtiere *n/pl*; ~ière *f* 1. Reißzahn *m*; 2. *ch* Jagdtasche *f*

carnation [karnasjõ] *f* 1. Teint *m*; Ge-sichtsfarbe *f*; 2. *peint* Karnatiˈon *f*; Inkarˈnat *n*

carnau *cf* carneau

carnaval [karnaval] *m* 1. Karneval *m*; *südd* Fasching *m*; ~ de Nice, de Rio Karneval von Nizza, Rio; 2. (Sa Ma-

jesté) ♀ *groteske Figur, die am Aschermittwoch verbrannt od beerdigt wird*
carnavalesque [karnavalɛsk] *adj* **1.** Karnevals...; Faschings...; karneva'listisch; **2.** *fig* Karnevals...; gro'tesk: närrisch; karneva'listisch
carne [karn] *f* F **1.** zähes Fleisch; **2.** Klepper *m*; F Schindmähre *f*; **3.** 'widerwärtiger Mensch; F Ekel *n*
carné [karne] *adj* **1.** Fleisch...; alimentation ~e Fleischnahrung *f*; **2.** fleischfarben
carneau [karno] *m* ⟨*pl* ~**x**⟩ *tech* Fuchs *m*; Feuerzug *m*; Rauchkanal *m*
carnet [karnɛ] *m* **1.** No'tizbuch *n*; Heftchen *n*; Block *m*; ~ **à souche** Abreißblock *m*; ~ **d'adresses** Adressenbüchlein *n*; Notizbuch *n* mit Adressen; ~ **de bal** Tanzkarte *f*; ~ **de bus** Fahrkartenblock *m*. Fahrscheinheft *n* für den Bus; ~ **de chèques** Scheckbuch *n*, -heft *n*; *comm* ~ **de commandes** a) Auftrags-, Bestellbuch *n*; b) *par ext* Auftragsbestand *m*; ~ **de comptes, de dépenses** Ausgabenheft *n*, -buch *n*; ~ **d'échantillons** Musterheft *n*, -buch *n*; ~ **de maternité** Mutterpaß *m*; ~ **de métro** Fahrkartenblock *m* für die U-Bahn; ~ **(de notes)** a) Notizbuch *n*; b) *Schule* Zeugnis(heft) *n* (*für ein Schuljahr*); ~ **de quittances** Quittungsblock *m*; ~ **(de tickets)** Fahrkartenblock *m*; Fahrscheinheft *n*; ~ **de timbres** Heftchen *n* mit (fünf *bzw* zehn) Briefmarken; Briefmarkenheftchen *n*; **2.** *adm* **auto** ~ **de passage en douane** Car'net *n* (de pas'sage); Zollpassierscheinheft *n*
carnier [karnje] *m ch* kleine Jagdtasche
carn|ification [karnifikasjõ] *f od* ~**isation** *f path* Karnifikati'on *f*
carnivore [karnivɔr] **I** *adj* fleischfressend; karni'vor; **plantes** *f/pl* ~**s** fleischfressende Pflanzen *f/pl*; **II** *m/pl* ~**s 1.** fleischfressende Tiere *n/pl*; Fleischfresser *m/pl*; Karni'voren *pl*; **2.** Raubkäfer *m/pl*
carolingien [karɔlɛ̃ʒjɛ̃] *hist* **I** *adj* ⟨~**ne**⟩ karolingisch; Karolinger...; **II** *m/pl* ♀**s** Karolinger *m/pl*
carolorégien [karɔlɔreʒjɛ̃] *adj* ⟨~**ne**⟩ (*u subst* ♀ Einwohner) von Charleroi
caron [karõ] *m* Schnitte *f*, Streifen *m* fetten Specks
caroncule [karõkyl] *f* **1.** *anat* Fleischwärzchen *n*; ~ **la'**runkel *f*; ~ **lacrymale** Tränenkarunkel *f*; **2.** *zo* Fleischauswuchs *m*, -klunker *f*; Kehllappen *m*
carotène [karɔtɛn] *m Biochemie* Karo'tin *n*
carotid|e [karɔtid] *f anat* Hals-, Kopfschlagader *f*; *sc* Ka'rotis *f*; ~**ien** *adj* ⟨~**ne**⟩ *anat* Ka'rotis...; *sc* ca'roticus; **plexus** ~ Plexus caroticus *m*; **trou** ~ Fo'ramen caroticum *n*
carottage [karɔtaʒ] *m mines* Kernbohren *n*, -ung *f*
carotte [karɔt] *f* **1.** *bot* Möhre *f*; Mohrrübe *f*; Ka'rotte *f*; gelbe Rübe; ~ **fourragère, potagère** Futter-, Gartenmöhre *f*; ~**s râpées** Sa'lat *m* aus geriebenen Möhren; F *fig* **les** ~**s sont cuites** es ist aus der Traum!; nichts mehr zu machen!; F alles im Eimer!; **2.** *adjt* ~ *od* **rouge** ~ ⟨*beide inv*⟩ fuchsrot; fuchsig; **cheveux** *m/pl* **poil de** ~ fuchsrote Haare *n/pl*; **il est poil de** ~ er ist fuchsrot, hat fuchsrote Haare; **3.** Schild *n* an Tabakläden; ~ **de tabac** Rolle *f* Kautabak; **4.** *fig* Lockmittel *n*; Köder *m*; **la** ~ **et le bâton** Zuckerbrot *n* und Peitsche *f*; **5.** *mines* Bohrkern *m*; **6.** F *fig* **tirer une** ~ **à** qn j-m etw abschwindeln; j-m das Fell über die Ohren ziehen; F j-n rupfen
carotter [karɔte] **I** *v/t* F ~ qn F j-n begaunern, beschummeln, übers Ohr

hauen; F ~ qc **à** qn F j-m etw sti'bitzen, mausen, mopsen; bei j-m etw abstauben; j-n um etw erleichtern; j-n um etw beschummeln; **II** *v/i* **1.** F ~ **sur** qc von etw heimlich etwas für sich bei'seite schaffen; F von etw etwas für sich abzwacken; *beim Verkauf* F ~ **sur le prix, le poids** F bei der Rechnung, beim Wiegen (be)schummeln; **2.** *mines* Kernbohrungen vornehmen
carott|eur [karɔtœr] F *m* Spitzbube *m*; kleiner Gauner; ~**ier** *m* **1.** *mines* Kernbohrrohr *n*; *Ozeanographie* Kerngerät *n*; **2.** F *cf* carotteur
caroub|e [karub] *f bot* Jo'hannisbrot *n*; Ka'rube *f*; Ka'robe *f*; ~**ier** *m bot* Jo'hannisbrotbaum *m*
carpe[1] [karp] *f zo* Karpfen *m*; ~ **cuir, miroir** Leder-, Spiegelkarpfen *m*; *sports* **saut** *m* **de** ~ Hechtsprung *m*; **bâiller comme une** ~ mehrmals herzhaft gähnen; **être, rester muet comme une** ~ stumm wie ein Fisch sein, bleiben
carpe[2] [karp] *m anat* Handwurzel *f*
carpé [karpe] *adj sports* gehechtet; **saut** ~ Hechtsprung *m*
carpelle [karpɛl] *m bot* Fruchtblatt *n*; Kar'pell *n*
carpette [karpɛt] *f* **1.** kleiner Teppich; Brücke *f*; Läufer *m*; Bettvorleger *m*
carpien [karpjɛ̃] *adj* ⟨~**ne**⟩ *anat* **os** ~**s** Handwurzelknochen *m/pl*
carpillon [karpijõ] *m zo* sehr kleiner Karpfen
carpocapse[karpɔkaps] *m od f zo* Apfelwickler *m*
carpogonial [karpɔgɔnjal] *adj* ⟨~**aux**⟩ *bot der Rotalgen* **rameau** ~ Karpo'gon *n*
carquois [karkwa] *m* Köcher *m*
carrare[karar] *m* car'rarischer Marmor; Car'rara *m*
carre [kar] *f* Kante *f* (*auch von Skiern, Schlittschuhen*); Schnittfläche *f*; *e-s Brettes etc* Dicke *f*
carré [kare] **I** *adj* **1.** qua'dratisch; Qua'drat... (*auch math*); F viereckig; *tech* Vierkant...; **bonnet** ~ (*Art*) Ba'rett *n*; **écriture** ~e Quadratschrift *f*; **fer** ~ Vierkant(eisen) *m*(*n*); **mètre** ~ (*abr* **m²**) Quadratmeter *m od n* (*abr* m² *od* qm); **de vingt mètres** ~**s** von zwanzig Quadratmetern; zwanzig Quadratmeter groß; **mots** ~**s** magisches (Buchstaben)Quadrat; *math* **racine** ~e Quadratwurzel *f*; **tour** ~e quadratischer Turm; Turm mit quadratischem Grundriß, Querschnitt; **2.** *Gesicht, Kiefer* eckig; Kiefer *auch*, Kinn, Schultern breit; *mar* **voile** ~e Rahsegel *n*; *loc/adj:* Schuh **à bout** ~ vorne eckig; mit eckiger Kappe; *Person* **aux épaules** ~**es** breitschult(e)rig; **3.** *Rede, Antwort etc* deutlich; klar; offen; eindeutig; unzweideutig; **refus** ~ glatte, eindeutige, klare Absage; *Person* **être** ~ **en affaires** kurz entschlossen und offen handeln; **II** *m* **1.** *allg, math* Qua'drat *n*; *allg* F Viereck *n*; *allg* Geviert *n*; *math auch* Qua'dratzahl *f*; ~ **magique** magisches (Zahlen)Quadrat; **5 au** ~ 5 im Quadrat; **25 est le** ~ **de 5** 25 ist die Quadratzahl von 5; **élever, porter au** ~ ins Quadrat erheben; qua'drieren; **2.** *auf Schach-, Damebrett* Feld *n*; **3.** (qua'dratisches) Hals-, Kopftuch; **4.** *jard* (Gemüse)Beet *n*; ~ **de choux** Kohlbeet *n*; **5.** *cuis von Kalb, Schwein, Hammel* Kar'ree *n*; ~**s** *pl* **de lard** Speckwürfel *m/pl*; **7.** *mar* Offi'ziersmesse *f*; **8.** *Poker* Viererpasch *m*; **9.** *anat* viereckiger Muskel; **10.** *impr* (Pa'pier)Format *n* 45×56 cm; **11.** *ch de fer* Haltesignal *n*; **12.** *mil früher* Kar'ree *n*; **enfoncer un** ~ ein Karree sprengen; **former le** ~ Karree bilden; sich zu e-m Karree formieren

carreau [karo] *m* ⟨*pl* ~**x**⟩ **1.** (Fenster-) Scheibe *f*; **laveur** *m* **de** ~**x** Fensterputzer *m*; *fig* **encore un** ~ **de cassé** F da hat's Scherben gegeben; da wird mit harten Gegenständen geworfen; **2.** (Stein)Platte *f*; Wand- *bzw* Bodenplatte *f*; Fliese *f*; ~ (**de, en faïence**) Kachel *f*; ~ **de grès cérame, de terre cuite** Stein(zeug)-, Terra'kottafliese *f*; **3.** Fliesen-, Plattenboden *m*; *par ext* Fußboden *m*; *fig* **laisser** qn **sur le** ~ j-n tot *od* verwundet zurücklassen; **laver le** ~ **de la cuisine** den Küchenboden (auf-) wischen; F **rester sur le** ~ a) tot *od* verwundet liegenbleiben; b) *fig* auf der Strecke bleiben; **4.** *in Paris* ~ **des 'Halles** Platz *m* mit Verkaufsbuden rund um die Zentralmarkthallen; ~ **du Temple** Teil *m* des Marché du Temple, in dem billige Kleidung verkauft wird; **5.** kleines Qua'drat, Viereck; Karo *n*; *loc/adj:* **à** ~**x** ka'riert; gewürfelt; **à grands, à petits** ~**x** kleinkariert; **papier** *m*, **tablier** *m* **à** ~**x** kariertes Papier, karierte Schürze; **tissu** *m* **à** ~**x** Karostoff *m*; kariertes Stoff; **6.** *Kartenspiel* Karo *n*; **as** *m* **de** ~ Karo-As *f*; F *fig* **se tenir à** ~ vorsichtig, gewarnt sein; F s-n Denkzettel weghaben; **7.** ~ **de la mine** a) Bergwerks-, Gruben-, Zechengelände *n*, -anlagen *f/pl* (*über der Erde*); b) (Gruben)Halde *f*; **8.** *peint* Qua'dratnetz *n*; **mise** *f* **au** ~ Qua'drierung *f*; **9.** Schneiderbügeleisen *n*; **10.** Klöppelkissen *n*; **11.** F ~**x** Brille *f*
carrée [kare] *f arg* (*chambre*) F Bude *f*
carrefour [karfur] *m* **1.** (Straßen)Kreuzung *f*; **2.** *fig* **a)** Ort *m* der Begegnung; Treffpunkt *m*; 'Umschlagplatz *m*; **b)** Kreuz-, Scheideweg *m*; **être à un** ~ Kreuz-, Scheidewege stehen; **3.** *fig* Treffen *n*; Begegnung *f*; Konfe'renz *f*
carrel|age [karlaʒ] *m* **1.** Fliesenlegen *n*; **2.** Fliesen-, Plattenbelag *m*, -boden *m*; **poser un** ~ Fliesen legen; ~**er** *v/t* ⟨-ll-⟩ *Raum* mit Platten, Fliesen auslegen; fliesen; *adjt* **carrelé** *auch* mit Fliesenboden
carrelet [karlɛ] *m* **1.** *zo* Scholle *f*; Goldbutt *m*; **2.** *Fischerei* viereckiges Senknetz; **3.** Pack-, Sattlernadel *f*; **4.** kleine Vierkantfeile; **5.** vierkantiges Line'al; Kantel *m od n*
carreleur [karlœr] *m* Fliesen-, Plattenleger *m*
carrément [karemã] *adv* **1.** *sagen, sprechen etc* geradeher'aus; freiher'aus; gerade'zu; klar; deutlich; ohne 'Umschweife; *ablehnen* rundweg; glatt; **j'ai dit** ~ **ce que je pensais** ich sagte geradeheraus, F klipp und klar ...; **2.** *etw tun* kurz entschlossen; ohne zu zögern; ohne Zögern; F ohne (lange) zu fackeln; einfach; ohne weiteres; F glatt; F **vas-y** ~! über'leg nicht erst lange!; F **il y va** ~ F der kennt da keine Hemmungen; **3.** F (*sûrement*) ganz bestimmt; F entschieden; **arriver** ~ **en retard** F entschieden zu spät, mit gewaltiger Verspätung kommen; **4.** *st/s* rechtwinklig
carrer [kare] **I** *v/t* **1.** *Stein, Brett* viereckkig machen; e-e viereckige Form geben (+*dat*); Brett *auch* viereckig (zu)schneiden; **2.** *math* **a)** qua'drieren; ins Qua'drat erheben; **b)** *Fläche* in ein flächengleiches Qua'drat 'überführen; **II** *v/pr* ~ **es sich bequem machen** (*dans* in + *dat*)
carrier [karje] *m* **a)** ~ *od adit* **maître** *m* ~ Steinbruchbesitzer *m*; **b)** ~ *od adit* **ouvrier** *m* ~ Steinbrucharbeiter *m*; Steinbrecher *m*
carrière [karjɛr] *f* **1.** Steinbruch *m*; ~ **d'ardoise** Schieferbruch *m*; ~ **de glaise** Lehmgrube *f*; ~ **de marbre** Marmorbruch *m*, -grube *f*; ~ **de sable** Sandgrube

f; **2.** Beruf *m*; Laufbahn *f*; Karri'ere *f*; beruflicher Werdegang; **la ~ diplomatique** *od* **la ♀ die diplomatische Laufbahn; entrer dans la ♀ in den diplomatischen Dienst treten; die diplomatische Laufbahn einschlagen; ~ médicale** ärztliche Laufbahn; ärztlicher Beruf; Beruf des Arztes; **~ militaire, des armes** militärische Laufbahn; **~ politique** politische Laufbahn, Karriere; **~s de l'enseignement** Lehrberufe *m/pl*; **~ des lettres** Beruf des Schriftstellers; schriftstellerischer Beruf; **choix** *m* **d'une ~** Berufswahl *f*; **militaire** *m*, **officier** *m* **de ~** Berufssoldat *m*, -offizier *m*; **en fin de ~** am Ende der Laufbahn; **embrasser une ~** e-n Beruf ergreifen; **faire ~** Karriere machen; **faire une brillante, rapide ~** e-e glänzende Karriere machen; **schnell Karriere machen; la ~ qui s'ouvre pour, devant lui** die Karriere, Laufbahn, die sich ihm eröffnet, die vor ihm liegt; **suivre une ~** e-e Laufbahn einschlagen; *plais Gegenstand* **avoir terminé sa ~** ausgedient haben; **3.** *st/s* **donner ~ à qc** e-r Sache (*dat*) freien Lauf lassen

carriér|isme [karjerism(ə)] *m péj* Karri'erismus *m*; Karri'eristentum *n*; **~iste** *m péj* Karri'eremacher *m*; Karri'erist *m*

carriole [karjɔl] *f* Karren *m*; Handkarren *m*

carross|able [karɔsabl(ə)] *adj* befahrbar; **chemin** *m* **~** Fahrweg *m*; **~age** *m* *auto* (Rad)Sturz *m*

carrosse [karɔs] *m* Ka'rosse *f*; Staatskutsche *f*; *früher* **rouler ~ in,** mit der Karosse fahren; Pferd und Wagen halten; *fig* reich sein

carross|er [karɔse] *v/t auto* mit e-r Karosse'rie versehen; karos'sieren; **~erie** *f auto* **1.** Karosse'rie *f*; Aufbau *m*; **2.** Karosse'riebau *m*; **~ier** *m* **a)** Karosse'rieklempner *m*, -schlosser *m*; *südd* Autospengler *m*; **b)** Karosse'riebauer *m*; **c)** Karosse'riekonstrukteur *m*; Styler ['stai-] *m*

carrousel [karuzɛl] *m* **1.** *früher u fig* Karus'sell *n*; *fig* ~ de pensées Gedankenkarussell *n*; **2.** *fig von Wagen etc* Gewimmel *n*; **3.** *tech* Kreisförderer *m*; **4.** *auf Flughäfen zur Gepäckausgabe* Verteilerband *n*

carroy|age [karwajaʒ] *m* **1.** schachbrettartiges Straßennetz *n*; *auf Karten* Gitternetz *n*; **~er** *v/t* <**-oi-**> Karten mit e-m Gitternetz versehen

carrure [karyr] *f* **1.** e-r *Person* Schulterbreite *f*; **d'une belle ~** breitschult(e)rig; **avoir une belle, forte ~** breite Schultern haben; breitschult(e)rig sein; **avoir une ~ d'athlète** athletische Schultern haben; **2.** *von Kleidung:* **manteau trop large de ~ ...** der in den Schultern zu weit ist

cartable [kartabl(ə)] *m* Schulmappe *f*, -tasche *f*, -ranzen *m*; **~ à bretelles** Schulranzen *m*

cartayer [kartɛje] *v/i* <**-ay-** *od* **-ai-**> nicht in den Spuren fahren

carte [kart] *f* **1.** Karte *f*; Ausweis *m*; Fahrkarte *f*; **~ grise** Kraftfahrzeugschein *m*; F Zulassung *f*; **~ hebdomadaire** Wochenkarte *f*; **~ syndicale** Gewerkschaftsausweis *m*; *ch de fer* **~ vermeil** Seni'orenpaß *m*; *auto* **~ verte** grüne Versicherungskarte *f*; **~ d'abonnement** *etwa* Zeit-, Dauerkarte *f*; *aviat* **~ d'accès à bord** Bordkarte *f*; **~ d'admission, d'alimentation** Zulassungs-, Lebensmittelkarte *f*; **~ de chemin de fer** Eisenbahnfahrkarte *f*; **~ de commerce** *etwa* Reisegewerbekarte *f*; **~ de crédit** Kre'ditkarte *f*; **~ d'électeur** *od* **électorale** Wählerkarte *f*, Wahlaus-

weis *m* (*für mehrere Wahlen gültig*); *aviat, mar* **~ d'embarquement** Bordkarte *f*; **~ d'entrée** Eintritts-, Einlaßkarte *f*; **~ d'étudiant** Stu'dentenausweis *m*; **~ de famille nombreuse** Ausweis für kinderreiche Familien (*für Ermäßigungen in öffentlichen Verkehrsmitteln*); **~ (in Frankreich nationale) d'identité** Perso'nalausweis *m*; *in Deutschland früher u* F Kennkarte *f*; *österr* Identi'tätsausweis *m*; *schweiz* Identi'tätskarte *f*; **~ d'invalidité** Schwerbeschädigtenausweis *m*; **~ de lecteur** Leserkarte *f*; **~ de priorité** Presseausweis *m*; **~ de priorité** Sonderausweis *m* (*für bevorzugte Abfertigung*); **~ de travail** Arbeitskarte *f*; *ch de fer* **~ de zone** *etwa* Netzkarte *f*. **2.** (à jouer) (Spiel)Karte *f*; **~s** *pl auch* Kartenspiel *n*; **~ basse,** 'haute niedere, hohe Karte; **~ forcée** for'cierte Karte; *fig* **c'est la ~ forcée** mir *bzw* uns *etc* bleibt keine andere Wahl, gar nichts anderes übrig; **~ maîtresse** Karte, die sticht; *fig* Trumpf(karte) *m(f)*; **aller aux, prendre des ~s** Karten aufnehmen; **avoir, faire la ~** mehr Stiche als der Gegner machen; *fig* **avoir toutes les ~s dans son jeu** alle Trümpfe in der Hand haben; **battre les ~s** die Karten mischen; *fig* **brouiller les ~s** die ('Hintergründe der) Angelegenheit verschleiern; bewußt Verwirrung stiften; **faire les ~s** *cf* **tirer les ~s;** **faire ~s égales** gleich viel Stiche machen; *fig* **jouer la ~ de qc** auf etw (*acc*) setzen; etw als die richtige Lösung, das richtige Mittel ansehen; *fig* **jouer sa dernière ~s-n** letzten Trumpf ausspielen; **jouer aux ~s** Karten spielen; *fig* **jouer ~s sur table** mit offenen Karten spielen; **perdre la ~** weniger Stiche als der Gegner machen; **tirer les ~s** j-m die Karten legen; **3.** ~ (de géographie) (Land-) Karte *f*; **~ marine, météorologique, routière** See-, Wetter-, Straßenkarte *f*; **~s thématiques** thematische Karten; **~ touristique** Tourenkarte *f*; **~ universelle** Welt-, Erdkarte *f*; **~ au 1/100000 (un cent millième)** Karte (im Maßstab) 1:100000 (eins zu hunderttausend); **~ d'Allemagne** Deutschlandkarte *f*; Karte von Deutschland; **~ de base, du ciel, d'état-major** Grund- *od* Basis-, Himmels-, Gene'ralstabskarte *f*; **~ de la Lune,** des vents, en relief Mond-, Wind-, Reli'efkarte *f*; *Literatur* **~ de, du Tendre** Carte de Tendre *f*; Darstellung *f* der Liebesgeographie der Précieuses. **4.** (Speise)Karte *f*; **~ des vins** Weinkarte *f*; *loc/adj u loc/adv* **à la ~** nach der Karte; **à la carte;** *fig* **nach Wahl; à la carte. 5.** Karte *f*; **~ perforée** Lochkarte *f*; **~ pneumatique** Rohrpostkarte *f*; **~ (postale) (Ansichts)Postkarte** *f*; **~ illustrée** Ansichtskarte *f*; **~ d'anniversaire, d'invitation, de Noël** Geburtstags-, Einladungs-, Weihnachtskarte *f*; **~ de Nouvel An** *od* **de vœux** Neujahrskarte *f*; **~ de visite** Vi'siten-, Besuchskarte *f*; **laisser sa ~** e-e Karte abgeben, dalassen; *fig* **laisser, donner ~ blanche à qn** j-m freie Hand lassen; j-m uneingeschränkte 'Vollmacht, Carte blanche

cartel [kartɛl] *m* **1.** *écon* Kar'tell *n*; **~ de prix** Preiskartell *n*; **2.** *pol* Zu'sammenschluß *m*; Block *m*; Kar'tell *n*; *hist in Frankreich ♀* **des gauches** Linkskartell *n*; Cartel ♀ des Gauches. **3.** *hist mar* **navire** *m* **de ~** Kar'tell-, Parlamen'tärschiff *n*; **4.** *früher* Kar'tell *n* (*Herausforderung zum Duell*); **5.** Wanduhr *f*; **6.** e-s *Gemäldes* Rahmenverzierung *f*

carte-lettre [kart(ə)letr(ə)] *f* <*pl* cartes-lettres*>* Kartenbrief *m*

cartellisation [kartelizasjõ] *f* *écon* Kar'tellbildung *f*

carter [kartɛr] *m* *tech* Gehäuse *n*; Kasten *m*; *am Fahrrad* Kettenschutz(blech) *m(n)*; *auto:* **~ inférieur** Ölwanne *f*; **~ du changement de vitesse, du différentiel, d'embrayage, de moteur** Getriebe-, Ausgleichs-, Kupplungs-, Kurbelgehäuse *n*

cartésianisme [kartezjanism(ə)] *m philos* Kartesia'nismus *m*

cartésien [kartezjɛ̃] **I** *adj* <**~ne**> **1.** *philos* kartesi'anisch; **2.** *par ext* logisch, me'thodisch und ratio'nal; **3.** *math* **coordonnées ~nes** kar'tesische Koordi'naten *f/pl*; **II** *m philos* Anhänger *m* von Descartes

carte-télégramme [kart(ə)telegram] *m* <*pl* cartes-télégrammes*>* Rohrpostkarte *f*

carthaginois [kartaʒinwa] **I** *adj* kar'thagisch; **II** *subst* ♀(e) *m(f)* Kar'thager (-in) *m(f)*; ♀ *pl auch* Punier *pl*

carthame [kartam] *m* *bot* Sa'flor *m*; Färberdistel *f*

cartier [kartje] *m* Spielkartenfabrikant *m*

cartilage [kartilaʒ] *m* *anat* Knorpel *m*; **~ articulaire, du nez** Gelenk-, Nasenknorpel *m*

cartilagineux [kartilaʒinø] *adj* <**-euse**> **1.** *anat* knorp(e)lig; Knorpel...; **tissu ~** Knorpelgewebe *n*; **2.** *zo* **poissons ~** *m/pl* Knorpelfische *m/pl*

cartogramme [kartɔgram] *m* Karto'gramm *n*

cartograph|e [kartɔgraf] *m* Karto'graph *m*; *adit* **dessinateur** *m* **~** Kartenzeichner *m*; **~ie** *f* Kartogra'phie *f*; **~ique** *adj* karto'graphisch; Karten...

cartomanc|ie [kartɔmɑ̃si] *f* Kartenlegen *n*, -schlagen *n*; Kartenlesekunst *f*; Kartoman'tie *f*; **~ien, ~ienne** Kartenleger(in) *m(f)*; Kartenschlägerin *f*, -leserin *f*

carton [kartõ] *m* **1.** Kar'ton *m*; Pappe *f*; Papp(en)deckel *m*; **~ bitumé** Bi'tumenpappe *f*; **~ bristol** Bristolkarton *m*, -papier *m*; **~ goudronné, gris, ondulé, d'amiante** Teer-, Grau-, Well-, As'bestpappe *f*; **(morceau** *m* **de) ~** Papp(en)deckel; **(Stück** *n*) Pappe; **de ~** aus Karton, Pappe; Papp...; **boîte** *f* **de ~** (Papp)Schachtel *f*; Kar'ton *m*; **2.** (Papp-) Schachtel *f*; Kar'ton *m*; **~ à chapeaux** Hutschachtel *f*; **~ à chaussures** Schuhkarton *m*, -schachtel *f*; **3.** *cf* **cartable;** **~ à dessin** Zeichenmappe *f*; **~** Schießscheibe *f*; F **faire un ~** (in der Schießbude) schießen; F **faire un ~ sur qn** auf j-n schießen; j-n aufs Korn nehmen; **5.** *peint, géogr* Kar'ton *m*; **6.** *impr* **a)** Viertelbogen *m*; **b)** Kar'tons *m/pl*; Ersatz- *bzw* Ergänzungsblätter *n/pl*

carton-cuir [kartõkɥir] *m* <*pl* cartons-cuirs*>* Lederpappe *f*

cartonnage [kartɔnaʒ] *m* **1. a)** Herstellung *f* von Waren aus Kar'ton, Pappe *bzw* von Karto'nagen; **b)** Karto'nage *f* *bzw* Ware *f* aus Kar'ton, Pappe; **2.** *impr* **a)** Karto'nieren *n*; **b)** Herstellung *f* von Einbanddecken (*aus Pappe od Leinen*); **c)** Einbanddecke *f*

cartonner [kartɔne] *v/t* **1.** mit Pappe, Kar'ton über'ziehen; **2.** *impr* **~ un livre** **a)** ein Buch karto'nieren; **b)** e-n Buchblock in die Einbanddecke einhängen; *adit* **cartonné** karto'niert

cartonn|erie [kartɔnri] *f* **a)** Herstellung *f* von Pappe, Kar'ton *bzw* von Karto'nagen; **b)** Kar'ton- und Pappfabrik *f* *bzw* Karto'nagenfabrik *f*; **~eux** *adj* <**-euse**> kar'tonartig

cartonnier [kartɔnje] *m* **1. a)** Kar'ton- *bzw* Karto'nagenfabrikant *m*; **b)** Pap-

penmacher *m bzw* Karto'nagenmacher *m*; **c)** Pappen- *bzw* Karto'nagenhändler *m*; **2.** Aktenschrank *m*

carton|-paille [kartõpaj] *m ⟨pl cartons-pailles⟩* Strohpappe *f*; **~-pâte** *m ⟨pl cartons-pâtes⟩ auch péj* Papp-, Papiermaché [-'ʃeː] *n*; **~-pierre** *m ⟨pl cartons-pierres⟩* Pa'pierstuck *m*

cartouche[1] [kartuʃ] *f* **1.** *mil, ch* Pa'trone *f*; *mines* Sprengpatrone *f*; **~ éclairante** Leuchtpatrone *f*; **~ à balle, de tir réel** scharfe Patrone *f*; **~ à blanc** Platzpatrone *f*; *ch* **~ à plombs** Schrotpatrone *f*; **~ de chasse, de dynamite** Jagd-, Dyna'mitpatrone *f*; **2.** Hülse *f*; *phot, e-s Füllhalters, e-r Sicherung* Pa'trone *f*; *e-r Gasmaske* **~ (filtrante)** Filtereinsatz *m*; Atemfilter *m*; **3.** *Zigaretten* Stange *f*

cartouche[2] [kartuʃ] *m Kunst, Archäologie* Kar'tusche *f*

cartouch|erie [kartuʃri] *f* Pa'tronenfabrik *f*; **~ière** *f mil* Pa'tronentasche *f*; *ch* Pa'tronentasche *f*

cartulaire [kartylɛr] *m hist* Kopi'albuch *n*; Kartu'lar *n*

carvi [karvi] *m bot* (Echter) Kümmel

caryatide *cf* cariatide

caryophyll|acées [karjɔfilase] *f/pl bot* Nelkengewächse *n/pl*; **~é** *adj bot* nelkenblätt(e)rig

caryopse [karjɔps] *m sc bot* Korn *n* (der Gräser)

cas [kɑ, ka] *m* **1.** Fall *m*; Möglichkeit *f*; Lage *f*; Situati'on *f*; **~ exceptionnel** Ausnahme-, Sonderfall *m*; **~ isolé**, limite Einzel-, Grenzfall *m*; **~ type** typischer Fall; Musterfall *m*; **~ de conscience** Gewissenssache *f*, -frage *f*, -entscheidung *f*; *égl cath* Gewissensfall *m*; *plais* **~ de divorce** Scheidungsgrund *m*; **~ d'espèce** *cf* espèce **4.**; **~ de guerre** a) Kriegsfall *m*; **b)** Kriegsgrund *m*; Casus belli *m*; **en ~ de guerre** im Kriegsfall; im Falle e-s Krieges; **~ de renvoi** Kündigungsgrund *m*; Schule Grund für e-e Verweisung von der Schule; ♦ *loc/adv:* **dans bien des ~** in vielen Fällen; sehr oft, häufig; **dans ce ~(-là)** in dem, diesem Fall; dann; **dans ces ~-là** in solchen Fällen; **dans le ~ contraire** ander(e)nfalls; im entgegengesetzten Fall; *F je prends mon parapluie*, **en ~ ...** für alle Fälle; *F* sicher ist sicher, für den Fall e-s Falles; **en aucun ~** auf keinen Fall; keinesfalls; **en ce ~** in dem, diesem Fall; dann; **en pareil, tel ~** in e-m solchen Fall; in solchen Fällen; in e-r solchen Lage; **en tout ~** *od* **en tous les ~** auf jeden Fall; jedenfalls; auf alle Fälle; **selon, suivant le(s) ~** je nach Fall; je nach Lage des Falls; *entscheidet* **de ~ en ~** von Fall zu Fall; ♦ *loc/prép* **en ~ de** im Fall(e) (+*gén*); bei; **en ~ d'accident** bei e-m Unfall; **en ~ de besoin, de nécessité** im Notfall; notfalls; wenn es nötig sein sollte; nötigenfalls; im Bedarfsfall; **en ~ de décès** im Todesfall; **en ~ de doute** im Zweifelsfall; **en ~ de doute sur** besteht Zweifel an (+*dat*), über (+*acc*); **en ~ de pluie** bei Regen; falls es regnet; wenn es regnen sollte; **en ~ d'(extrême) urgence** in (äußerst) dringenden Fällen; ♦ *loc/conj* **au ~ où**, **dans le ~ où** (*beide* + *cond*), *litt* **au ~ que** (+*subj*) falls; wenn; im Fall(e), daß; für den Fall, daß; **au ~ où il viendrait** falls, wenn er kommen sollte; für den Fall, daß er kommt; **dans tous les ~ où ... immer wenn ...**; in allen Fällen, in denen ...; ♦ **envisager plusieurs ~** mehrere Möglichkeiten in Betracht ziehen; **ce n'est pas le ~** das ist nicht so, nicht der Fall; **si tel est le ~** wenn das so ist; wenn das der Fall ist; **in d e m Fall**; **ce n'est pas du tout le même ~** das ist ein

ganz anderer Fall; dieser Fall ist ganz anders gelagert; **leur ~ est différent** ihr Fall, ihre Lage, Situation ist verschieden; **c'est le ~ de** das, dies ist der (richtige) Moment, um zu (+*inf*); *F* **c'est (bien) le ~ de le dire** das kann man wohl sagen; **c'est le ~ ou jamais!** jetzt oder nie!; **examiner le ~ de qn** j-s Fall, Lage, Situation prüfen; **exposer son ~** s-n Fall, s-e Sache vortragen; **je ne voudrais pas être dans son ~** ich möchte nicht in s-r Lage, an s-r Stelle sein; **2.** *allg, méd* Fall *m* (*auch Person*); **~ grave** schwerer Fall; **~ social** Sozi'alfall *m*; *auch* Härtefall *m*; **le ~ Untel** der Fall Soundso; **c'est un ~** er *bzw* sie ist ein schwieriger Fall; **c'est un ~ désespéré** *méd* sein *bzw* ihr Zustand ist hoffnungslos; *méd u F iron* er *bzw* sie ist ein hoffnungsloser Fall; **on signale deux ~ de variole** zwei Fälle von Pocken, zwei Pockenfälle sind gemeldet worden; **3.** **faire ~ de qn, qc** j-n schätzen; auf etw (*acc*) Wert legen; **faire grand ~ de qn, qc** auf j-n große Stücke halten; auf etw großen Wert legen; **ne faire aucun ~ de qn, qc** sich überhaupt nicht um j-n, etw kümmern, *F* scheren; sich nichts aus j-m, etw machen; **4.** *jur* Fall *m*; **~ de légitime défense** Fall von Notwehr; **5.** *gr* Fall *m*; Kasus *m*

casanier [kazanje] **I** *adj ⟨-ière⟩ Person*, *Leben* häuslich; **avoir des goûts ~s**, **des habitudes casanières**, **mener une vie casanière** am liebsten zu Hause sein; ein häusliches Leben führen; *péj* immer hinterm Ofen hocken; **II** *subst* **~**, **casanière** *m,f* häuslicher Mensch; *péj* Stubenhocker(in) *m(f)*

casaque [kazak] *f* **a)** Kasack *m*; **b)** Jockeijacke ['dʒ-] *f*; **c)** *früher* 'Umhang *m* der Muske'tiere; **d)** *fig* **tourner ~** umschwenken; s-e Meinung radi'kal ändern

casbah [kazba] *f in nordafrikanischen Städten* Kasba(h) *f*

cascade [kaskad] *f* **1.** (kleinerer) Wasserfall; Kas'kade *f*; **tomber en ~** in Kaskaden herabstürzen; **2.** *fig* Schwall *m*; Flut *f*; **~ d'applaudissements** Beifallssturm *m*; **~ de chiffres** Schwall, Flut von Zahlen; **~ de paroles** Wortschwall *m*; **~ de rires** Lachsalve *f*; *loc/adj* **en ~** aufein'anderfolgend; **il a eu des malheurs en ~** die Unglückskette riß bei ihm nicht ab; *F* s-e Pechsträhne riß nicht ab; er wurde vom Pech verfolgt; **3.** *élect* **montage m en ~** Kas'kadenschaltung *f*

cascad|er [kaskade] *v/i* (in Kas'kaden) her'abstürzen; **~eur** *m cin* Double *m* (*für gefährliche Szenen*); Stuntman ['stantmən] *m*; *auch* Zirkus Kaska'deur *m*

case [kɑz, kaz] *f* **1.** *auf dem Schach-, Damebrett* Feld *n*; *auf Formularen, bei Kreuzworträtseln* Feld *n*; *F* Kästchen *n*; **2.** *in Schränken, Kisten, Schubladen, Schulbänken etc* Fach *n*; *F fig* **il a une (de) vide, une ~ en moins, il lui manque une ~** *F* bei ihm ist e-e Schraube locker; er hat nicht alle Tassen im Schrank; *cf auch* caïd; **3.** (Eingeborenen)Hütte *f*; *Beecher-Stowe* **La ~ de l'oncle Tom** Onkel Toms Hütte

caséation [kazeasjõ] *f* Kase'inbildung *f*; 'Umwandlung *f* der Milch in Käse

caséeux [kazeø] *adj ⟨-euse⟩* **1.** käsig; **2.** *path* käsig; verkäst; **nécrose caséeuse** Koagulati'onsnekrose *f*; Verkäsung *f*

casé|fication [kazeifikasjõ] *f path* Verkäsung *f*; **~fier I** *v/t Milch* verkäsen; in Käse 'umwandeln; käsen lassen; **II** *v/pr* **se ~** *Milch* (ver)käsen

caséine [kazein] *f* Kase'in *od* Case'in *n*; Käsestoff *m*

caséine-présure [kazeinprezyr] *f* Labkasein *n*

casemate [kazmat] *f fortif* Kase'matte *f*; Bunker *m*

caser [kaze, kɑ-] **I** *v/t* **1.** *Sache* 'unterbringen; verstauen; **2.** *F Person* **a)** 'unterbringen (*in e-m Raum, e-r Stellung*); **b)** *Mann, Mädchen* verheiraten; *Mädchen F* unter die Haube, an den Mann bringen; *adit* **elle est casée** F sie ist glücklich versorgt, unter der Haube; **II** *F v/pr* **se ~ a)** noch e-n Platz finden; 'unterkommen (*auch in e-r Stellung*); ein 'Unterkommen finden; **case-toi où tu pourras** setz dich, wo du noch Platz findest; **b)** *réussir, trouver à se ~* F glücklich e-n Mann *bzw* e-e Frau finden; sich e-n Mann angeln

caser|et [kazrɛ] *m od* **~ette** *f* Käseform *f*

caserne [kazɛrn] *f* **1.** *mil* Ka'serne *f*; **~ d'infanterie** Infante'riekaserne *f*; **cour f de (la) ~** Kasernenhof *m*; **2.** *F fig von e-m Gebäude* **a)** *F péj* Kasten *m*; Ka'serne *f*; **b)** *F péj* Mietskaserne *f*

casern|ement [kazɛrnəmã] *m* **1.** *der Truppen* Kaser'nierung *f*; **2.** Ka'serne (-nbereich *m*, -gelände *n*, -komplex *m*) *f*; **~er** *v/t Truppen* kaser'nieren; **~ier** *m mil* Ka'sernenwart *m*; Materi'alverwalter *m*

cash [kaʃ] **I** *adv F* **payer ~ bar** (be)zahlen; **II** *m comm* **~ and carry** [kaʃandkari] Cash and carry *f* [kaʃ'kɛri] *n*

casher [kaʃɛr] *adj cf* cawcher

cash flow [kaʃflo] *m écon* Cash-flow ['kɛʃflo:] *m*

casier [kazje, kɑ-] *m* **1.** Fach *n*; Ablagefach *n*; **2. a)** Re'gal *n*; Ständer *m*; Aktenregal *n*; **~ à bouteilles** Flaschenregal *n*, -ständer *m*, -gestell *n*; **~ à musique** Notenregal *n*; **~ à disques** Plattenständer *m*; **b)** Fächerschrank *m*; Aktenschrank mit Fächern; **3.** *adm* Kar'tei *f*; Re'gister *n*; **~ judiciaire** Strafregister *n*; **~ de la circulation** Verkehrszentralregister *n*; *F* Verkehrssünderkartei *f*; **4.** Hummer- *bzw* Lan'gustenreuse *f*

casino [kazino] *m* **a)** Ka'sino *n*; **b)** Spielbank *f*, -kasino *n*

casoar [kazɔar] *m* **1.** *zo* Kasuar *m*; **2.** rotweißer Federbusch am Tschako der Saint-cyriens

casque [kask] *m* **1.** Helm *m* (*auch mil*); *früher mil* Sturmhaube *f*; *der Bergleute etc* Schutzhelm *m*; *der Motorrad-, Rennfahrer* Sturzhelm *m*; *fig* **les ~s bleus** die Blauhelme *m/pl* (*UNO-Soldaten*); **~ colonial** Tropenhelm *m*; **~ à pointe** Pikkelhaube *f*; **~ en** *od* **d'acier** Stahlhelm *m*; **~ d'aviateur** Fliegerhaube *f*; **~ de scaphandrier** Taucherhelm *m*; **2.** Trokkenhaube *f* (*beim Friseur*); **~ séchoir** Luftkissen-(Trocken)Haube *f*; **3.** *rad* Kopfhörer *m*; **4.** *bei Vögeln* **a)** *am Kopf* Helm *m*; **b)** *am Schnabel* Aufsatz *m*; **5.** *bot* helmartig ausgebildetes Blütenblatt *n*

casqué [kaske] *adj* behelmt; mit Helm

casquer [kaske] *F v/t u v/i* (be)zahlen; *F* blechen; berappen; *nur v/t Geld* lockermachen

casquette [kaskɛt] *f* (Schirm)Mütze *f*; **~ (d'écolier)** Schülermütze *f*; **~ de jockey, d'officier** Jockei- ['dʒ-], Offi'ziersmütze *f*

cassable [kasabl(ə), kɑ-] *adj* zerbrechlich

cassage [kasaʒ, kɑ-] *m* **~ de cailloux** Steineklopfen *n*; *F fig* **~ de gueules** Schläge'rei *f*; Prüge'lei *f*; Raufe'rei *f*; *F* Keile'rei *f*

cassant [kasã, kɑ-] *adj* **1.** *Material* spröde; brüchig; leicht splitternd; zerbrechlich; *Haare* brüchig; **2.** *Person* schroff

herrisch; *Ton, Stimme, Worte* schroff; scharf; schneidend; **3.** F *Arbeit* **ce n'est pas ~** F dabei reißt man sich kein Bein aus

cassate [kasat] *f* Cas'sata(-Eis) *f(n)*

cassation [kasasjõ, ka-] *f* **1.** *jur* Kassati'on *f*; Aufhebung *f* (e-s Urteils) *bzw* Ungültigkeitserklärung *f* (von Urkunden); **Cour** *f* **de ~** Kassationshof *m*, -gericht *n*; **pourvoi** *m* **en ~** Revisi'on (-santrag) *f(m)*; **2.** *mil* Degra'dierung *f*; **3.** *mus* Kassati'on *f*

cassave [kasav] *f bot, Nahrungsmittel* Cas'save *od* Kas'save *f*

casse¹ [kas, kɑs] *f* **1. a)** Zerschlagen *n*; Zerbrechen *n*; **b)** zerbrochenes Glas, Porzel'lan *etc*; Scherben *f/pl*; **attention à la ~!** Vorsicht, daß es keine Scherben gibt!; **il y a eu de la ~** es hat Scherben gegeben; **payer la ~** den Schaden bezahlen; für den Schaden aufkommen; **2.** F **il va y avoir de la ~** es wird e-e Schläge'rei geben; F es liegen Prügel in der Luft; **3.** *von Maschinen, Autos* Schrott *m*; *par ext* Schrottplatz *m*; **voiture bonne pour la ~** schrottreifer Wagen; **amener à la ~** zum Verschrotten bringen, geben; **mettre à la ~** verschrotten (lassen); **vendre à la ~** zum Schrottwert verkaufen; **4.** *impr* Setzkasten *m*; **bas** *m* **de ~** *a)* Teil *m* des Setzkastens mit Kleinbuchstaben und Ziffern; b) Kleinbuchstaben *m/pl*; **'haut** *m* **de ~** Teil *m* des Setzkastens mit Großbuchstaben; **5.** *bot* Kassie *f*; Sennesstrauch *m*; **~ fistuleuse** Röhrenkassie *f*; **6.** *beim Wein* Bruch *m*; **7.** *tech* Ku'pfelle *f* (zum Kupel'lieren von Gold)

casse² [kas, kɑs] *m arg* **a)** Einbrecher *m*; **b)** *arg* Einbruch *m*

cassé [kase, kɑ-] *adj* **1.** zerbrochen; **il a la, une jambe ~e** er hat ein gebrochenes Bein; sein Bein ist gebrochen; *cf auch* casser; **2.** **pois ~** getrocknete Erbsen *f/pl*; Trockenerbsen *f/pl*; **3.** **blanc ~** nicht ganz reines Weiß; Weiß *n* mit leichter Tönung; Perlweiß *n*; gebrochenes Weiß; **4.** *Stimme* heiser; rauh

casseau [kaso, kɑ-] *m ‹pl ~x› impr* Hälfte *f* des Setzkastens (mit größeren Fächern)

casse-cou [kasku, kɑs-] ‹inv› **I** *adj* draufgängerisch; tollkühn; waghalsig; verwegen; **II** *m* Draufgänger *m*; Wag(e)hals *m*; **crier ~ à qn** j-n warnen

casse-croût|e [kaskrut, kɑs-] *m ‹inv›* Imbiß *m*; *südd* Vesper *n*; Brotzeit *f*; *nordd* Stulle(n) *f(pl)*; *auch* (zweites) Frühstück; **~er** F *v/i südd* vespern; Brotzeit machen; *nordd* s-e Stulle(n) essen; zweites Frühstück machen

casse|-fil [kasfil, kɑs-] *m ‹pl casse-fils› text* Fadenwächter *m*; **~-graine** *m* ‹inv› *cf* casse-croûte

casse-gueule [kasgœl, kɑs-] ‹inv› F **I** *adj* **1.** *Pfad, Treppe, Turnübung* halsbrecherisch; *Unternehmen* tollkühn; gewagt; verwegen; **c'est ~** *auch* das ist ja lebensgefährlich; **2.** *Person* tollkühn; draufgängerisch; waghalsig; verwegen; **II** *m* **1.** gefährliche Stelle *bzw* Übung; waghalsiges, ris'kantes, tollkühnes Unter'nehmen; **c'est un ~** *auch* da kann man sich ja den Hals brechen; **2.** Krieg *m*

cassement [kasmã, kɑs-] *m* **1.** **~ de tête** a) geistige Ermüdung, Abgespanntheit; Leere *f* im Kopf; b) Kopfzerbrechen *n*; **2.** *arg* Einbruch *m*; Bruch *m* (*arg*)

casse|-noisette(s) [kasnwazɛt, kɑs-] *m ‹pl casse-noisettes›* Nußknacker *m* (*für Haselnüsse*); **~-noix** *m ‹inv›* **1.** Nußknacker *m*; **2.** *zo* Tannenhäher *m*; **~-pattes** F *m ‹inv›* Fusel *m*; F Rachenputzer *m*

casse-pieds [kaspje, kɑs-] ‹inv› F **I** *adj* **1.** *Person* aufdringlich; lästig; unerträg-

lich; **ce qu'il est ~!** F geht d e r einem auf die Nerven!; fällt d e r einem auf den Wecker!; **2.** *Sache* lästig; **II** *m,f* lästige, aufdringliche Per'son; F Nervensäge *f*

casse|-pierres [kaspjɛr, kɑs-] *m ‹inv›* **1.** *tech* Stein-, Backenbrecher *m*; **2.** *bot* Glaskraut *n*; **~-pipe(s)** F *m ‹inv›* Krieg *m*; **aller, monter au ~** in den Krieg, an die Front gehen; **revenir du ~** aus dem Krieg zurückkommen

casser [kase, kɑ-] **I** *v/t* **1.** *Geschirr, Glas, Scheibe, Spielzeug etc* zerbrechen; zerschlagen; entzweischlagen; F ka'puttmachen (*auch Gerät etc*); *Scheibe auch* einwerfen, -schlagen; *Faden, Seil etc* zerreißen; *Zweig etc* zerbrechen; (ab-) knicken; *Stab* 'durchbrechen; *Eier: absichtlich* aufschlagen; *unabsichtlich* zerbrechen; *Zahn* ausschlagen; *Nuß* (auf-) knacken; *Spitze, Griff* abbrechen; *Holz* hacken; *Atom* spalten; ♦ *fig* zerstören; stören; *Gegner* ausschalten; unschädlich machen; *par ext* töten; F 'umlegen; abknallen; *Bewegung, Partei* zerschlagen; *Preise* radi'kal senken; *Börsenkurse* stürzen lassen; ♦ *fig aviat* **~ du bois** Bruch, e-e Bruchlandung machen; **~ le bras à qn** j-m den Arm brechen; F *fig* **~ la croûte, la graine** e-n Imbiß zu sich nehmen; *südd* vespern; *österr* jausen; *nordd* s-e Stulle(n) essen; *auch* Frühstückspause, zweites Frühstück machen; frühstücken; *par ext* essen; F futtern; **~ la figure, la gueule** *cf* figure 1., gueule 3.; F **~ le moral à qn** j-s Moral unter'graben, aufweichen; j-n demorali'sieren; F **~ les pieds à qn** *Person* F j-m auf den Wecker fallen; *Person auch, Sache* j-m auf die Nerven gehen, fallen; *Sache auch* j-m sehr lästig sein; F j-m gegen den Strich gehen; F **tu nous les casses** F du fällst uns auf den Wecker, auf die Nerven; F *fig* **ça ne casse qu'il lui a cassé!** F was der ihm *bzw* ihr alles an den Kopf geworfen hat!; dem *bzw* der hat er aber den Kopf gewaschen, den Marsch geblasen; F *fig* **ça ne casse rien, ça ne casse pas trois pattes à un canard, ça ne casse pas les vitres** das taugt nicht viel; das ist nicht gerade ein Meisterwerk, e-e Meisterleistung; F *fig* **elle ne casse rien** a) e-e Schönheit ist sie ja nicht gerade; b) da hat sie ja nicht gerade geglänzt; e-e Meisterleistung ist das wirklich nicht gerade; F **le ressort est cassé** er *bzw* sie ist innerlich zerbrochen; F *fig* **~ la tête à qn** *cf* tête 1.; **~ sa voix** s-e Stimme über'anstrengen; F **à tout ~** a) *loc/adj*: *Fest, Essen* F mit allem Drum und Dran; toll; *Erfolg* beispiellos; ungeheuer; F toll; Spannung ungeheuer; atemlos; b) *loc/adv* höchstens; maxi'mal; **2.** *jur Urteil* aufheben; kas'sieren; *Dokument etc* für ungültig erklären; *Ehe* annul'lieren; **3.** *Beamten* entlassen; s-s Amtes entheben; *Offizier* degra'dieren; **II** *v/i* **4.** *Glas, Porzellan, Scheibe etc* (zer)brechen; *Faden* ka'puttgehen; *Faden etc* (zer-, ab)reißen; *loc/prov* **tout passe, tout lasse, tout casse** *cf* passer 25.; **5.** *Person* (plötzlich) zu'sammenbrechen; **6.** *arg* (cambrioler) einbrechen; **III** *v/pr* **7. se ~** *Glas, Porzellan etc* (zer)brechen; (zer)springen; zersplittern; F ka'puttgehen; *Faden etc* (zer-) reißen; *Zahn, Ast* abbrechen; **ça se casse** das (zer)bricht leicht; **8.** *Person* **ne ~ qc** sich (*dat*) etw brechen; F *fig* **elle ne s'est pas cassée** F sie hat sich (dabei) kein Bein ausgerissen; F *fig* **ne te casse pas** a) zerbrich dir, schinde dich nicht so ab; b) zerbrich dir nicht den Kopf; mach dir nicht soviel Sorgen; P **se ~ le cul** F schuften; sich (ab)schinden, abrak-

kern, (ab)placken; **se ~ la jambe en tombant** fallen und sich das Bein brechen; sich bei e-m Sturz ein, das Bein brechen; **se ~ le nez, la tête** *cf* nez 1., tête 1.; **9.** F **je me casse** F ich hau' ab; ich verdufte; ich verdrück' mich

casserole [kasrɔl, kɑs-] *f* **1.** *cuis* Stieltopf *m*; (Stiel)Kasse'rolle *f*; *abus* **~s** *pl* Kochtöpfe *m/pl*; **veau à la ~** Kalbsschmorbraten *m*; F **chanter comme une ~** falsch und unmelodisch singen; F *fig* **passer à la ~** F drankommen; dran glauben müssen; **2.** (*piano*) Kla'vier *n*; F Klimperkasten *m*; Drahtkommode *f*; **3.** F *cin* Scheinwerfer *m*; *thé* (Farb-) Scheinwerfer *m*

casse-tête [kastɛt, kɑs-] *m ‹inv›* **1. ~ (chinois)** Geduldsspiel *n*; Puzzle ['pazl] *n*; **c'est un vrai ~** das ist das reinste Geduldsspiel; **être un ~ pour qn** j-m viel Kopfzerbrechen machen; **2. a)** (Schlag)Keule *f* (*Kriegswaffe*); **b)** Totschläger *m* (*Waffe*)

cassetin [kastɛ̃, kɑ-] *m impr* e-s Setzkastens Fach *n*

cassette [kasɛt, kɑ-] *f* **1.** *Aufzeichnungstechnik, Röntgen* Kas'sette *od* Cas'sette *f*; **magnétophone** *m* **à ~** Kassettenrecorder *m*, -tonbandgerät *n*; **2.** *früher* (Geld-, Schmuck)Kas'sette *f*, (-)Scha'tulle *f*; *e-s Fürsten* (Pri'vat)Scha'tulle *f*

casseur [kasœr, kɑ-] *m* **1.** Demon'strant, der darauf aus ist, Zerstörungen anzurichten; F Po'litrocker *m*; Radika'linski *m*; **2.** Schrotthändler *m* (*der schrottreife Wagen ausschlachtet*); **3. ~ de pierres** Steinklopfer *m*; **4.** *arg* (*cambrioleur*) Einbrecher *m*

cassier [kasje, kɑ-] *m bot* Kassie *f*; Sennesstrauch *m*

cassinoïde [kasinɔid] *f math* Cas'sinische Kurve

cassis¹ [kasis, kɑ-] *m* **1.** *bot* **a)** Schwarze Jo'hannisbeere; **b)** Schwarzer Jo'hannisbeerstrauch; **2.** (**crème** *f* **de**) **~** Cas'sis *m*; Fruchtlikör *m aus* Schwarzen Jo'hannisbeeren; **3.** F (*tête*) Kopf *m*; F Schädel *m*; Dez *m*

cassis² [kasis, kɑ-] *m e-r Straße* Querrinne *f*

cassitérite [kasiterit] *f minér* Kassite'rit *m*

cassolette [kasɔlɛt] *f* Räucherpfanne *f*, -gefäß *n*

casson [kasõ, kɑ-] *m* **1.** Zuckerklumpen *m*, -brocken *m*; **2.** *tech* Glasscherbe *f*

cassonade [kasɔnad] *f* Rohzucker *m* (*aus Zuckerrohr*)

cassoulet [kasulɛ] *m cuis* Cassou'let *m* (*Eintopf aus weißen Bohnen, Speck, Hammelfleisch u Wurst*)

cassure [kasyr, kɑ-] *f* **1.** Bruch *m*; Bruchstelle *f*; *am Hosenbein, wenn dieses auf dem Schuh aufliegt* Knick *m*; *géol* Kluft *f*; *tech bei Metall* Haarriß *m*; **2.** *fig* Bruch *m*; Einschnitt *m*

castagnette [kastaɲɛt] *f* Kasta'gnette *f*; **jouer des ~s** mit den Kastagnetten klappern

caste [kast] *f* Kaste *f* (*auch péj*); **esprit *m* de ~** Kastengeist *m*; **préjugés** *m/pl* **de ~** Kastenvorurteile *m/pl*; Vorurteile der *bzw* e-r Kaste; **régime, système *m* de(s) castes** Kastensystem *n*, -wesen *n*

castel [kastɛl] *m* Schlößchen *n*; kleines Schloß

castelbriantais [kastɛlbrijɑ̃tɛ] *adj* (*u subst* ♀ Einwohner) von Châteaubriant

castelroussin [kastɛlrusɛ̃] *adj* (*u subst* ♀ Einwohner) von Châteauroux

castillan [kastijɑ̃] **I** *adj* ka'stilisch; **II** *subst* **1.** ♀(e) *m(f)* Ka'stilier(in) *m(f)*; **2.** *ling* **le ~** das Ka'stilische; Ka'stilisch *n*

castine [kastin] *f métall* Kalkstein *m* als Zuschlag(stoff)

castor [kastɔr] *m* **1. a)** *zo* Biber *m*; ~ du **Canada** Kanadabiber *m*; **b)** Biber(pelz) *m*; Biberfell *n*; **2.** ~s *pl in Verbänden zusammengeschlossene Personen, die ohne Bauunternehmer gemeinsam in ihrer Freizeit ihre Häuser bauen*

castoréum [kastɔreɔm] *m* Bibergeil *n*; Ca'storeum *n*

castr|at [kastra] *m* Ka'strat *m* (*auch mus*); ~ation *f* Kastrati'on *f*; Ka'strierung *f*; ~er *v/t* ka'strieren; *Tiere auch* verschneiden

castr'isme [kastrism(ə)] *m pol* Ca'strismus *m*; ~iste I *adj* Castro...; (Fidel) Castros; II *m,f* Anhänger(in) *m(f)* Fidel Castros

castrothéodoricien [kastrɔteɔdɔrisjɛ̃] *adj* ~ne⟩ (*u subst ♀ Einwohner*) *von* Château-Thierry

casuel [kazɥɛl] I *adj* ~le⟩ **1.** *litt* zufällig; gelegentlich; eventu'ell; *früher* charges ~les *nicht erbliche Ämter n/pl*; **2.** *ling* kasu'ell; II *m* Nebeneinkünfte *pl*; *bes égl* Kasu'alien *pl* (*Vergütung*)

casuist|e [kazɥist] *m rel u fig* Kasu'ist *m*; ~ique *f rel u fig* Kasu'istik *f*

casus belli [kazysbɛ(l)li] *m* ⟨*inv*⟩ Casus belli *m*

catabatique [katabatik] *adj cf* **katabatique**

catabolisme [katabɔlism(ə)] *m physiol* Katabo'lismus *m*

catachrèse [katakrɛz] *f rhét* Kata'chrese *f*

cataclysme [kataklism(ə)] *m* **1. a)** *géol* Kata'klysmus *m*; **b)** (Na'tur)Kata'strophe *f*; *fig* Kata'strophe *f*; Sturm *m* (*fig*)

catacombes [katakõb] *f/pl* Kata'komben *f/pl*

catadioptr|e [katadjɔptr(ə)] *m* Rückstrahler *m*; *am Fahrrad* F Katzenauge *n*; ~ique *opt* I *adj* katadi'optrisch; II *f* Katadi'optrik *f*

catafalque [katafalk] *m* Kata'falk *m*

cataire [katɛr] I *adj path* frémissement *m* ~ Katzenschnurren *n*; II *f bot* Gemeine Katzenminze

catalan [katalɑ̃] I *adj* kata'lanisch; *auch* kata'lonisch; II *subst* **1.** ♀(e) *m(f)* Kata'lane *m*, Kata'lanin *f*; **2.** *ling* le ~ das Kata'lanische; Kata'lanisch *n*

catalectique [katalɛktik] *adj Vers* kata'lektisch

catalep|sie [katalɛpsi] *f path* Starrsucht *f*; Katalep'sie *f*; tomber en ~ e-n kataleptischen Anfall bekommen; ~tique *path* I *adj* kata'leptisch; *Person auch* starrsüchtig; II *m,f* Starrsüchtige(r) *f(m)*

catalogue [katalɔg] *m* **1.** *bes F Bibliothek, Ausstellung, comm* Kata'log *m*; ~ alphabétique alphabetischer Katalog; ~ alphabétique de matières alphabetischer Schlagwort-, Sachkatalog; ~ méthodique systematischer Katalog; Re'alkatalog *m*; ~ de meubles Möbelkatalog *m*; ~ sur fiches Zettelkatalog *m*; **2.** *par ext* Verzeichnis *n*; Liste *f*; *égl cath* ~ des martyrs, des saints Verzeichnis der Märtyrer, Heiligen; dresser un ~ des œuvres ein Verzeichnis, e-e Liste der Werke anlegen, aufstellen

cataloguer [katalɔge] *v/t* **1.** katalogi'sieren; listen; kar'teimäßig erfassen; *Ware* in e-n *bzw* den Kata'log aufnehmen; *par ext* ~ une bibliothèque die Bücher e-r Bibliothek katalogisieren, in e-n Katalog erfassen; **2.** F *péi* ~ qn j-n einschätzen (comme als); *après ce qu'il vient de faire*, il est, on l'a catalogué ... weiß man, was man von ihm zu halten hat, wie man ihn einzuschätzen hat

catalpa [katalpa] *m bot* Ka'talpe *f*; Trom'petenbaum *m*

catalyse [kataliz] *f chim* Kata'lyse *f*

catalys|er [katalize] *v/t* **1.** *chim* kata-

ly'sieren; **2.** *fig Kräfte etc* wecken; wachrufen; zu'sammenfassen; konzen'trieren; ~eur *m chim* Kataly'sator *m* (*auch fig*); jouer le rôle d'un ~ als Katalysator wirken

catalytique [katalitik] *adj chim* kata'lytisch

catamaran [katamarɑ̃] *m mar* Katama'ran *m*; *aviat* flotteurs *m/pl* à ~ Schwimmwerk *n* mit zwei Schwimmern

cataphote [katafɔt] *m* (*nom déposé*) Rückstrahler *m*

cataplasme [kataplasm(ə)] *m méd* Kata'plasma *n*; Breiumschlag *m*; ~ sinapisé, de moutarde Senfpackung *f*; ~ de farine de lin Leinsamenumschlag *m*, -säckchen *n*

catapultage [katapyltaʒ] *m aviat* Kata'pult-, Schleuderstart *m*; Katapul'tieren *n*

catapulte [katapylt] *f* **1.** *aviat* Kata'pult *m od n*; Startschleuder *f*; lancer par ~ mit e-m Katapult starten; katapul'tieren; **2.** *früher mil* Kata'pult *m od n*; Wurfmaschine *f*

catapulter [katapylte] *v/t* **1.** *aviat* katapul'tieren; abschleudern; **2.** *allg* schleudern; katapul'tieren; être catapulté à plusieurs mètres mehrere Meter weit geschleudert werden; **3.** F *fig* ~ qn a) *an e-n Ort* j-n plötzlich schicken; b) *in e-e Stellung* F j-n hin'aufkatapultieren, hochhieven

cataracte [katarakt] *f* **1.** Kata'rakt *m*; Wasserfall *m*; **2.** *path* grauer Star; Kata'rakt *f*; opération *f* de la ~ Staroperation *f*; opérer qn de la ~ j-n am (grauen) Star operieren

catarhiniens [katarinjɛ̃] *m/pl zo* Altweltaffen *m/pl*

catarrhal [kataral] *adj* ⟨-aux⟩ *path* katar'rhalisch; Ka'tarrh...

catarrh|e [katar] *m path* Ka'tarrh *m*; ~ des bronches Bronchi'alkatarrh *m*; ~eux *adj* ⟨-euse⟩ *path* a) zu Ka'tarrh neigend; b) an Ka'tarrh erkrankt

catastrophe [katastrɔf] *f* **1.** Kata'strophe *f*; (schweres) Unglück *n*; ~ aérienne, ferroviaire Flugzeug-, Eisenbahnunglück *n*, *p/fort* -katastrophe *f*; ~ minière Grubenunglück *n*; Bergwerkskatastrophe *f*; courir à la ~ e-r Katastrophe entgegengehen; être une ~ pour qn für j-n e-e Katastrophe sein, bedeuten; **2.** F übertrieben quelle ~! was für e-e Katastrophe!; ~, j'ai oublié mon porte-monnaie! F oh (du) Schande, ...!; wie verheerend, ...!; **3.** *von e-m Film, Buch etc* F ce livre est une (vraie) ~ F der Film *bzw* das Buch ist e-e Kata'strophe; **4.** *loc/adj u loc/adv* en ~ über'stürzt; *nur loc/adv* schleunigst; eiligst; in größter Eile, Hast; atterrissage *m* en ~ Notlandung *f*; atterrir, se poser en ~ notlanden

catastropher [katastrɔfe] F *v/t Nachricht, Mißerfolg* ~ qn j-n niederschmettern, F fertigmachen; *adit*: il a un air catastophé er sieht ganz niedergeschmettert aus; il est tout catastrophé er ist völlig niedergeschmettert, F fertig, am Boden zerstört

catastrophique [katastrɔfik] *adj* **1.** *Ereignis, Folgen etc* katastro'phal; entsetzlich; *Folgen auch* verheerend; **2.** F *Ergebnis, Schulnote, Buch, Film etc* F katastro'phal; mise'rabel; verheerend (*auch Preissteigerungen*)

catch [katʃ] *m sports* Catchen [ˈkɛtʃən]; Catch-as-catch-can [ˈkɛtʃ as ˈkɛtʃ kan]; combat *m* de ~ Catcher-Ringkampf *m*; ~er *v/i sports* catchen [ˈkɛtʃən]; ~eur *m sports* Catcher [ˈkɛtʃər] *m*

catéchèse [kateʃɛz] *f rel* Kate'chese *f*

catéchiser [kateʃize] *v/t* **1.** *rel* den Kate'chismus lehren; katechi'sieren; **2.** *fig* ~

qn j-n instru'ieren

catéch|isme [kateʃism(ə)] *m rel* **1.** Religi'onsunterricht *m* (*bes vor der Erstkommunion*); *prot* Konfir'mandenunterricht *m*; aller au, suivre le ~ in den Religionsunterricht gehen; faire le ~ Religionsunterricht erteilen; **2.** *Buch* Kate'chismus *m*; ~iste *m,f rel* Kate'chet(in) *m(f)*; Religi'onslehrer(in) *m(f)*; *adit* dame *f* ~ Katechetin *f*

catéchistique [kateʃistik] *adj rel* kate'chetisch

catéchuménat [katekymena] *m rel* Katechume'nat *n*

catéchumène [katekymɛn] *m,f rel* **a)** Katechu'mene *m*; **b)** *prot* Konfir'mand (-in) *m(f)*

catégorie [kategɔri] *f* **1.** *allg* Katego'rie *f*; Klasse *f*; Gruppe *f*; Art *f*; Gattung *f*; *von Hotels* Katego'rie *f*; *von Fleisch etc* Quali'tät *f*; ~ d'âge Altersgruppe *f*; les petites ~s d'artisans die kleinen Handwerker *m/pl*; ~ d'employés Gruppe, Kategorie von Angestellten; *sports*: ~ de poids Gewichtsklasse *f*; ~ des poids lourds Schwergewichtsklasse *f*; ~ de salaires (Lohn- und) Gehaltsgruppe *f*; *loc/adj* de première ~ erster Kategorie, Qualität; appartenir à, faire partie de, être de la ~ des éternels mécontents zu den ewig Unzufriedenen gehören; répartir, classer qc en plusieurs ~s etw in mehrere Kategorien, Gruppen, Arten einteilen, einordnen; **2.** *ling, philos* Katego'rie *f*; ~s grammaticales, logiques grammatische, logische Kategorien; ~ verbale Kategorie der Verben; **3.** *math* ~ de base Grundmenge *f*

catégoriel [kategɔrjɛl] *adj* ⟨~le⟩ **1.** kategori'al (*auch philos*); **2.** *écon* e-r *bzw* der Gehaltsgruppe; e-r bestimmten Kategorie von Arbeitern, Arbeitnehmern

catégorique [kategɔrik] *adj* **1.** *Ton, Behauptung* kate'gorisch; *auch Antwort, Dementi, Ablehnung* entschieden; e'nergisch; *Person* être, se montrer très ~ sur qc etw kategorisch, sehr bestimmt, entschieden behaupten; il est déjà moins ~ er behauptet es nicht mehr so bestimmt; **2.** *philos* kate'gorisch; impératif *m* ~ kategorischer Imperativ; jugement *m* ~ kategorisches Urteil; ~ment *adv* kate'gorisch; e'nergisch; entschieden

catégoris|ation [kategɔrizasjõ] *f* Kategori'sierung *f*; ~er *v/t* kategori'sieren; in Katego'rien (ein)ordnen, einteilen

caténaire [katenɛr] *adj u subst f ch de fer* (ligne *f*, suspension *f*) ~ (Ketten)Fahrleitung *f*

catgut [katgyt] *m chir* Katgut *n*

cathares [katar] *m/pl hist rel* Katharer *m/pl*

cathar|sis [katarsis] *f philos, psych* Katharsis *f*; ~tique I *adj philos, psych* ka'thartisch; *psych* méthode *f* ~ kathartische Methode; II *m phm* Ka'thartikum *n*

cathédral [katedral] *adj* ⟨-aux⟩ Kathe'dral...; Dom...; église ~e Kathedralkirche *f*

cathédrale [katedral] *f* **1.** Kathe'drale *f*; Dom *m*; Münster *n*; la ~ de Chartres die Kathedrale von Chartres; la ~ de Cologne der Kölner Dom; la ~ de Strasbourg das Straßburger Münster; **2.** *adit* verre ~ Kathe'dralglas *n*

catherinette [katrinɛt] *f Mädchen, das mit 25 Jahren noch nicht verheiratet ist* (*u am 25. November mit e-r besonders aufgeputzten u verzierten Kopfbedeckung an e-m Wettbewerb, Festessen od Ball teilnimmt*)

cathéter [katetɛr] *m méd* Ka'theter *m*

cathétér|iser [kateterize] *v/t méd* kathe-teri'sieren; ka'thetern; ~isme *m méd*

Ka'thetern n, -ung f; Kathete'rismus m; Katheteri'sieren n, -ung f; **~ cardiaque, du cœur** Herzkatheterisierung f, -katheterismus m

cathétomètre [katetɔmɛtr(ə)] m phys Katheto'meter n

catho [kato] F Kurzwort f ka'tholische Universi'tät, Hochschule

cathod|e [katɔd] f élect Ka'thode f; **~ique** adj élect ka'thodisch; Ka'thoden(strahl)...; **rayons** m/pl **~s** Kathodenstrahlen m/pl; **tube** m **~** Braunsche Röhre; Kathodenstrahlröhre f

catholic|isant [katɔlisizã] adj zum Katholi'zismus neigend; **~isme** m Katholi'zismus m; ka'tholischer Glaube; ka'tholische Religi'on; **~ité** f a) Katholizi'tät f; b) ka'tholische Christenheit od Welt

catholique [katɔlik] **I** adj **1.** ka'tholisch; **Institut** m **~** katholische Universität, Hochschule; hist in Spanien: Sa Majesté ♀ Seine bzw Ihre Katholische Majestät; **les Rois ♀s** die Katholischen Könige; **2.** F fig **ce n'est pas très ~** F das ist nicht ganz koscher, ast-, hasenrein; das ist etwas faul; **il n'a pas l'air très ~** der sieht (mir) ziemlich verdächtig aus; dem ist nicht sehr zu trauen; **II** m,f Katho'lik (-in) m(f)

cati [kati] m text Preßglanz m

catimini [katimini] loc/adv **en ~** heimlich; verstohlen

catin [katɛ̃] f péj, veraltend Dirne f; Hure f; litt Metze f

cation [katjɔ̃] m phys Kation n

cat|ir [katir] v/t text (glanz)pressen; **~issage** m text (Glanz)Pressen n

catogan [katɔgã] m **a)** im Nacken zu'sammengebundenes Haar; **b)** Schleife f zum Zu'sammenbinden des Haares

catoptrique [katɔptrik] opt **I** adj kat'optrisch; **II** f Kat'optrik f

cattleya [katleja] m bot Catt'leya f

caucasien [kokazjɛ̃] **I** adj **~, ~ne** kau'kasisch; **II** subst ♀(ne) m(f) Kau'kasier(in) m(f)

cauchemar [koʃmar] m **1.** Alptraum m; Alpdrücken n, -druck m; fig **~ de la guerre** Alptraum, Schreckgespenst n des Krieges; **vision** f **de ~** Schreckensvision f; Schreckbild n; **avoir, faire un ~** e-n Alptraum haben; **ça me donne des ~s** davon bekomme ich Alpträume, Alpdrücken n; **2.** F fig Greuel m; Graus m; **c'est mon ~** das ist mir ein Greuel

cauchemard|er [koʃmarde] v/i Alpträume haben; **~esque** adj alptraumhaft; grausig; **vision** f **~** auch Schrekkensvision f; Schreckbild n; **~eux** adj <-euse> cf cauchemardesque

cauchois [koʃwa] adj (u subst ♀ Bewohner) des Pays de Caux

caudal [kodal] adj <-aux> zo kau'dal; Schwanz...; **appendice ~** Schwanz m; **nageoire ~e** od subst **~e** f Schwanzflosse f; **plume ~e** Schwanzfeder f

caudataire [kodatɛr] m Schleppenträger m

caudé [kode] adj biol geschwänzt; anat **lobe ~** Schwanzlappen m

caudrette [kodrɛt] f Fischerei (Art) Kescher m

caulescent [kolesã] adj bot stengeltreibend

causal [kozal] adj **1.** ursächlich; kau'sal; Kau'sal...; **lien ~** Kausalnexus m, -zusammenhang m; ursächlicher Zusammenhang; **2.** gr kau'sal; Kau'sal...; **conjonction ~e** kausale Konjunktion; **proposition ~e** od Kausal-; **~isme** m philos Theo'rie f der Kausali'tät; **~ité** f Ursächlichkeit f; Kausali'tät f; philos loi f, principe m de **~** Kau'sal- od Kausalitätsgesetz n, -prinzip n

causant [kozã] F adj gesprächig; redselig; **elle n'est pas très ~e** sie ist ziemlich wortkarg

causatif [kozatif] adj <-ive> cf factitif

cause [koz] f **1.** Ursache f; Grund m (auch jur); Anlaß m; **~ principale** Hauptgrund m, -ursache f; **~ de l'accident** Ursache für den Unfall, des Unfalls; Unfallursache f; **~ de divorce** Scheidungsgrund m; **~ d'erreurs** Fehlerquelle f; **la ~ de la mort** die Todesursache; jur **~ de nullité, de pourvoi, de récusation** Nichtigkeits-, Beschwerde-, Ablehnungsgrund m; **rapport** m, **relation** f **de ~ à effet** Kau'salzusammenhang m, -nexus m; ursächlicher Zusammenhang; ♦ loc/prép: **à ~ de** wegen (+gén, F + dat); um (+gén) willen; **à ~ de son grand âge** s-s hohen Alters wegen; wegen s-s hohen Alters; **à ~ de moi, toi, lui, elle, nous, vous, eux, elles** meinet-, deinet-, seinet-, ihret-, unsert-, euert- od eurentbzw Ihret-, ihretwegen; meinethalben etc; um meinetwillen etc; **à ~ des vacances** der Ferien wegen; wegen der, F den Ferien; **c'est à ~ de cela que ...**, **deshalb...**; **c'est à ~ de sa négligence que ...** wegen s-r Nachlässigkeit ...; s-e Nachlässigkeit ist schuld, es liegt an s-r Nachlässigkeit, daß ...; **pour ~ d'inventaire** wegen Inven'tur; **pour ~ de maladie** wegen Krankheit; krankheitshalber; ♦ loc/conj F **à ~ que** weil; plais alldieweil; ♦ loc/adv: **pour une ~ valable** aus e-m triftigen Grund; **et pour ~!** (und das od und zwar) aus gutem Grund; **sans ~** grundlos; ohne (jeden) Grund, Anlaß; ohne jede Ursache; **non sans ~** nicht ohne Grund; ♦ **avoir qc pour ~** etw zur Ursache haben; **être (la) ~ de qc** die Ursache, der Grund für etw sein; etw verursachen; bewirken bzw verursacht, bewirkt haben; **être ~ de confusion** zu Verwechslungen führen, Anlaß geben; **être ~ que ...** die Ursache sein, daß ...; **quelle (en) est la ~?** was ist die Ursache, der Grund dafür?; loc/prov **petites ~s, grands effets** kleine Ursachen, große Wirkungen (loc/prov); **2.** fig Sache f; Angelegenheit f; Inter'essen n/pl; **~ perdue** verlorene Sache; **la ~ du peuple** die Sache des Volkes; auch iron **pour la bonne ~** für die gute od gerechte Sache; plais **c'est pour la bonne ~** F er hat ernste Absichten; **travailler pour la bonne ~** für die gute, gerechte Sache arbeiten; **consacrer sa vie au service d'une ~** sein Leben in den Dienst e-r Sache stellen; **faire ~ commune** sich zu'sammentun, -schließen, gemeinsame Sache machen (nicht péj) (avec qn mit j-m); **s'intéresser à la ~ de qn** sich für j-s Sache, Fall interessieren; **soutenir la ~ de qn** j-s Sache, Interessen unter'stützen; **3.** jur **a)** (Rechts)Sache f; (Rechts-)Fall m; Pro'zeß m; **~ célèbre** aufsehenerregender Rechtsfall; Cause célèbre f; **~ civile** Rechtsstreit m; **~ criminelle** Strafsache f; **avocat** m **sans ~(s)** Rechtsanwalt m ohne Kli'enten; allg **en tout état de ~** auf jeden Fall; in jedem Fall; in jeder Lage; **être en ~** Person: jur (in e-m Prozeß) Partei sein; in e-n Prozeß verwickelt sein; allg in die Sache verwickelt sein; daran beteiligt, davon betroffen sein; Interessen etc auf dem Spiel stehen; **sa bonne foi n'est pas en ~ ...** steht außer Frage, nicht zur De'batte; ... wird nicht angezweifelt; **mettre en ~** Person (mit) hin'einziehen, verwickeln (dans une affaire in e-e Angelegenheit); Eigenschaft etc be-, anzweifeln; in Frage

stellen; **être 'hors de ~** Person nicht verdächtigt werden; Sache nicht in Frage kommen; **mettre qn 'hors de ~** j-n von jedem Verdacht freisprechen; **la ~ est entendue** jur das Verfahren ist abgeschlossen; die Sache ist spruchreif; allg die Sache geht in Ordnung; **plaider la ~ de qn** cf plaider I.; **b)** e-s Abkommens, e-s Schuldverhältnisses Zweck m; (Rechts)Grund m; Begründung f; **4.** gr **complément** m **de ~** ('Umstands)Bestimmung f des Grundes; **proposition** f **de ~** Kausalsatz m; **5.** philos Ursache f

causer¹ [koze] v/t Unglück, Unfall, Schaden, Kosten, Kummer, Sorgen, Skandal etc verursachen; Schaden auch anrichten; Skandal auch auslösen; her'vorrufen; Kummer, Sorgen, Freude auch machen; bereiten; Unruhe, Verwirrung auch stiften; **~ une certaine surprise à qn** bei j-m einige Über'raschung auslösen, hervorrufen; j-n ziemlich über'raschen

causer² [koze] v/t, v/t/indir u v/i **1.** **~** (avec qn de qc, qn) sich unter'halten, plaudern (mit j-m über etw, j-n); reden, sprechen (mit j-m von etw, j-m od über etw, j-n); **~ politique** über Politik sprechen, plaudern; sich über Politik unterhalten; **2.** F allg sprechen; reden; **~ français** französisch sprechen; par ext: **je cause français!** ich drücke mich doch (klar und) verständlich aus!; **~ à qn** mit j-m sprechen, reden; **je te cause!** hörst du denn nicht!; ich rede mit d i r!; **assez causé** F (jetzt ist) genug geschwatzt; **cause toujours (, tu m'intéresses od je t'écoute)!** red du nur!; **3.** klatschen, reden, sich aufhalten, F tratschen (sur qn über j-n); **les gens commencent à (en) ~** man fängt an, darüber zu reden, klatschen; **ça fait ~** das gibt Anlaß zu Gerede

causerie [kozri] f **1.** (zwangloser) Vortrag; Plaude'rei f; **2.** litt (conversation) Gespräch n; Unter'haltung f; Plaude'rei f

causette [kozɛt] f F Schwatz m; Schwätzchen n; Plausch m; **faire la, un brin de, une petite ~** F ein Schwätzchen, e-n Schwatz, e-n Plausch halten; **elle est venue me faire la ~** F sie ist auf e-n Schwatz zu mir gekommen

caus|eur [kozœr] **I** m Plauderer m; **un brillant ~** ein glänzender Unter'halter; **II** adj <-euse> cf causant; **~euse** f kleines Sofa; Cau'seuse f

causse [kos] m géogr im Massif Central (dürres) Kalkplateau

causticité [kostisite] f **1.** chim ätzende Wirkung; Ätzwirkung f, -kraft f; **2.** fig e-r Person Scharfzüngigkeit f; Bissigkeit f; e-r Satire, Kritik Bissigkeit f; ätzende Schärfe

caustique [kostik] **I** adj **1.** chim ätzend; kaustisch; **soude** f **~** Ätznatron n; kaustische Soda; Natriumhydroxid n; **2.** fig Artikel, Satire, Ironie scharf; bissig; Ironie auch beißend; schneidend; ätzend; **Person avoir l'esprit ~**, **être ~** scharfzüngig sein; von beißender Ironie sein; **II** subst **1.** m méd Ätzmittel n; Kaustikum n; **2.** f opt Kaustik f; Brennfläche f

cautèle [kotɛl] f litt Verschlagenheit f; Durch'triebenheit f; Abgefeimtheit f

cauteleux [kotlø] adj <-euse> Person, Miene, Verhalten durch'trieben; verschlagen; abgefeimt

cautère [kotɛr, kɔ-] m méd Kauter m; **~ chimique** Ätzmittel n; **appliquer un ~** kauteri'sieren; fig **c'est un ~ sur une jambe de bois** das hat gar keinen Zweck; da(s) hilft absolut nichts; das ist sinnlos

cautéris|ation [koterizasjõ] *f méd* Kauterisati'on *f*; Kaustik *f*; e-r *Wunde auch* Ausbrennen *n*; e-r *Warze auch* (Ab-) Ätzen *n*; **~er** *v/t* kauteri'sieren (*Wunde auch* ausbrennen; *Warze auch* (ab)ätzen

caution [kosjõ] *f* **1.** *jur* **a)** Bürgschaft *f*; ~ *judicatum solvi* Vorschußpflicht *f* e-s Ausländers; ~ **légale** gesetzliche Bürgschaft; *cf auch* c); **b)** Kauti'on *f*; Bürgschaftssumme *f*; *mettre en liberté sous* ~ gegen (Stellung e-r) Kaution; **déposer une** ~ e-e Kaution hinter'legen; **c)** Bürge *m*; ~ **légale** gesetzlicher Bürge; ~ **réelle** Bürge, der für die Bürgschaft ein Grundstück mit e-r Hypothek belastet; ~ **solidaire** Mitbürge *m*; **se porter, se rendre** ~ bürgen, Bürgschaft leisten (*pour qn* für j-n); **2.** *loc/adj sujet à* ~ *Information, Aussage* nicht verbürgt; *auch Zeuge* unzuverlässig; verdächtig; **3.** moralische Unter'stützung, Protekti'on *f*; Garan'tie *f*

cautionnement [kosjõnmâl] *m* **1.** *jur* **a)** Bürgschaft(svertrag) *f(m)*; **fournir un** ~ Bürgschaft leisten; **die** *bzw* **e-e Bürgschaft über'nehmen**; *cf auch* b); **b)** Kauti'on *f*; Sicherheitsleistung *f*; **déposer qc en** ~ etw als Kaution hinter'legen; **fournir un** ~ e-e Kaution stellen; **2.** Unter'stützung *f*

cautionner [kosjõne] *v/t* **1.** *jur* ~ qn, qc für j-n, etw bürgen, Bürgschaft leisten, die Bürgschaft über'nehmen; *adit fin* **obligations cautionnées** Obligationen *f/pl* mit Bankbürgschaft; **2.** *fig* ~ qn für j-n bürgen od in j-n verbürgen; für j-n gutsagen; **3.** *fig Politik etc* unter'stützen; stehen hinter (+*dat*)

cavaillon [kavajõ] *m bot* (*Art*) Netzmelone *f*

cavalcade [kavalkad] *f* **1.** Horde *f*; (lärmende) Schar; **2.** **quelle** ~ ! was für e-e Hetze, Renne'rei!; **3.** Kaval'kade *f*; (Auf)Zug *m*; ~ **du mardi gras** Faschingszug *m*

cavalcader [kavalkade] *v/i* in der Gruppe rennen; F traben; ~ **dans toute la maison** durch das ganze Haus toben

cavale [kaval] *f* **1.** *fig* (*évasion*) Ausbruch *m* (*aus dem Gefängnis*); **être en** ~ ausgebrochen, flüchtig sein; **2.** *poét* (*Jument*) Rassestute *f*

cavaler [kavale] F **I** *v/t* ~ qn F j-m auf den Wecker fallen, auf die Nerven gehen; **II** *v/i* **1.** her'umrasen; ~ **après qn** j-m nachlaufen (*auch fig*); F *fig* hinter j-m (e-m *Mädchen, Mann*) her sein; **2.** *cf* **se** ~; **III** *v/pr* **se** ~ F sich da'vonmachen; abhauen; verduften

cavalerie [kavalri] *f* **1.** *mil* **a)** Kavalle'rie *f*; Reite'rei *f*; Reitertruppe *f*; berittene Truppe; **grosse** ~ *od* **lourde** schwere Kavallerie; F *fig* **c'est de la grosse** ~ das ist Massenware; ~ **légère** leichte Kavallerie; **b)** *heute* motori'sierte Truppe; *meist* Panzerwaffe *f*; **2.** *im Zirkus* Pferde *n/pl*; **3.** *comm* effet *m*, traite *f*, papier *m* de ~ Reitwechsel *m*; **tirage en** *od* **de traites de** ~ Wechselreiterei *f*

caval|eur [kavalœr] *m* F **c'est un** ~ *od adit* **il est** ~ er ist ein Schürzenjäger; **~euse** *f* **c'est une** ~ *od adit* **elle est** ~ F sie ist scharf auf Männer

caval|ier [kavalje] **.ière I** *subst* **1.** *m,f* Reiter(in) *m(f)*; **c'est un bon cavalier** *auch* er reitet gut; er kann gut reiten; **2.** *m,f* **a)** Tischherr *m*, -dame *f*; **b)** Tänzer(in) *m(f)*; Tänzer(in) *m(f)* Herr *m*; Dame *f*; **c)** Begleiter(in) *m(f)*; Herr *m*; Dame *f*; Kava'lier *m*; *fig* **faire cavalier seul** e-n Al'leingang unter'nehmen, machen; auf eigene Faust handeln; *Pferderennen* e-n großen Vorsprung (vor den anderen) haben; den andern weit über'legen sein; **3.** *m mil* Kavalle'rist *m*; **4.** *m*

beim *Schach* Springer *m*; Rössel *n*; **5.** *m tech* Krampe *f*; **6.** *m für Karteien* Reiter *m*; **7.** *m* Pa'pierformat *n* 46×62 cm; **II** *adj* **1.** *Manieren, Verhalten* ungehörig; ungezogen (*auch Person*); **2.** **allée, piste cavalière** Reitweg *m*; **3.** *math* **perspective cavalière** Kava'lier-, Paral'lelperspektive *f*; **4.** *bot* **chou cavalier** Kuhkohl *m*

cavatine [kavatin] *f mus* Kava'tine *f*

cave[1] [kav] *f* **1.** Keller *m*; ~ (**à vin**) Weinkeller *m*; **une bonne** ~, **une bien garnie** ein gutgefüllter Weinkeller; ~ **à charbon, à provisions** Kohlen-, Vorratskeller *m*; *Gide* **Les** ~**s du Vatican** Die Verliese des Vatikans; *loc/adv* **de la** ~ **au grenier** vom Dachboden bis zum Keller; **fouiller la maison de la** ~ **au grenier** das ganze Haus durch'suchen; **avoir de vin en** ~ e-n Weinvorrat haben; **descendre, aller à la** ~ in den Keller (hin'unter)gehen, hin'untersteigen; **mettre en** ~ einkellern; **2.** Kellerlokal *n*, -bar *f*; **3.** e-s *Schranks* Barfach *n*; **4.** Spielgeld *n* (*das der Spieler vor sich auf den Tisch legt*)

cave[2] [kav] *adj* er, der nicht den Ga'novenkreisen angehört

cave[3] [kav] *adj* **1.** *Augen* tiefliegend; *Wangen* hohl; eingefallen; *anat* **veine** *f* ~ Hohlvene *f*; **2.** **année** *f* ~ Mondjahr *n*; *im griechischen Kalender* **mois** *m* ~ hohler (29tägiger) Monat

caveau [kavo] *m* <*pl* ~x> **1.** Gruft *f*; Grabgewölbe *n*; ~ **de famille** Fa'miliengruft *f*; **2.** ~ *Name einiger Kabaretts*

caveçon [kavsõ] *m* Kappzaum *f*

caver [kave] *v/t u v/i beim Poker etc* setzen (**cent francs** hundert Franc); ~ **au plus fort** halten

caverne [kavɛrn] *f* **1.** Höhle *f*; ~ **de brigands** Räuberhöhle *f*; **habitant** *m*, **homme** *m* **des** ~ Höhlenbewohner *m*, -mensch *m*; *path* Ka'verne *f*; **2.**

caverneux [kavɛrnø] *adj* <-**euse**> **1.** **voix caverneuse** a) sehr tiefe Stimme; b) Grabesstimme *f*; **2.** *path* kaver'nös; **3.** *anat* **corps** ~ Schwellkörper *m*

cavernicole [kavɛrnikɔl] *adj zo* höhlenbewohnend; *sc* kaverni'kol

cavet [kavɛ] *m arch* Hohlkehle *f*

caviar [kavjar] *m* **1.** Kaviar *m*; ~ **rouge** Lachs-, Ketakaviar *m*; **2.** *fig* **passer au** ~ *cf* **caviarder**

caviard|age [kavjardaʒ] *m durch die Zensur* Streichen *n*, -ung *f*; Über'drukken *n*; **~er** *v/t Zensur: Text* unleserlich machen; streichen; über'drucken; F *par ext* zen'sieren

cavicornes [kavikɔrn] *m/pl zo* Hohlhornträger *m/pl*

caviste [kavist] *m* **a)** *im Restaurant* Kellermeister *m*; **b)** Arbeiter *m* in e-r Kelle'rei

cavitation [kavitasjõ] *f phys* Kavitati'on *f*

cavité [kavite] *f* **1.** Hohlraum *m*; Höhlung *f*; *künstlich auch* Aussparung *f*; **2.** *anat* Hohlraum *m*; Höhle *f*; Raum *m*; **articulaire** Gelenkpfanne *f*; ~ **abdominale, buccale, crânienne** Bauch-, Mund-, Schädelhöhle *f*; ~ **thoracique** Brusthöhle *f*, -raum *m*; **3.** *path* Hohlraum *m*; *in der Lunge* Ka'verne *f*; **4.** *phys* **résonnante** Hohlraumresonator *m*

cawcher [kaʃɛr] *adj* <-**ère**> *jüdische Religion* koscher

cayeu [kajø] *m* cf **caïeu**

ce [s(ə)] **I** *adj/dém* <*vor Vokal u stummem* *h* **cet** [sɛt], *f* **cette** [sɛt], *pl* **ces** [se]> dieser, diese, dieses; *pl* diese; ~ **cas** dieser Fall; **cet homme** dieser Mann; **cette maison** dieses Haus; **ces tables** diese Tische; ~ **film-ci** dieser Film; ~ **livre-là** das Buch da, dort; *st/s* jenes Buch; *cf*

auch ci *u* **là**; ♦ *im Hotel etc* **ces messieurs sont satisfaits?** sind die Herren zufrieden?; ♦ *zeitlich:* **cette année** dieses Jahr; in diesem Jahr; ~ **matin, midi, soir** heute morgen, mittag, abend; *st/s* **en** ~ **jour** am heutigen Tage; ♦ *in Ausrufen: emphatisch, bewundernd* **cette audace!** diese Kühnheit!; **ah, ces montagnes!** oh, diese Berge!; **erstaunt** F **cette idée!** [stide] was für e-e Idee; in Gedanke!; **empört cet idiot!** [stidjo] dieser, so ein Idiot!; ♦ F *verstärkend:* **j'ai eu une de ces peurs!** F bin ich erschrocken!; hab' ich e-n Schreck gekriegt!; **il a un de ces rhumes** F er hat e-n Mordsschnupfen; **II** *pr/dém* das; es; ♦ *mit pr:* **dont il est accusé** (das,) wessen er beschuldigt wird; ~ **dont on parle** (das,) wovon *od* worüber man spricht; ~ **que tu fais** (das,) was ...; ~ **qui me gêne** (das,) was ...; ~ **à quoi tu penses** (das,) woran ...; ~ **pour quoi je travaille** (das,) wofür ...; *cf auch* **que I 2. a)**, II, III **1.**; ♦ **c'est** ce ist; *betont od* F **das ist: ç'aurait été préférable** das wäre vorzuziehen gewesen; ~ **doit être elle** das muß sie sein; ~ **serait une erreur que de** (+*inf*) es wäre ein Irrtum zu (+*inf*); *cf auch* **être 11.**; ♦ *in Wendungen:* **et** ~ und zwar; *je dois partir, et* ~ **dès demain** ... und zwar schon morgen; *il a refusé de m'aider, et* ~, **après tout** ~ **que** j'ai fait pour lui ... und das nach allem, was ich für ihn getan habe; **et pour** ~ (**faire**) zu diesem Zweck; dafür; **si** ~ **n'est** *cf* **si**[2] **1.**; ~ **sur** ~ und damit; und nun; darauf(hin); ♦ *mit p/pr* ~ **disant** mit, bei diesen Worten; während er, sie *etc* dies sagte; ~ **faisant** dabei; als er *etc* das tat, machte

céans [seã] *adv* **1.** **maître** *m* **de** ~ Hausherr *m*; **2.** *früher* hier (drinnen)

ceci [səsi] *pr/dém* dies(es); das; *im Gegensatz zu „jenes"* dies(es); ~ **ou cela** dies oder jenes; dies oder das; ~ **dit** abgesehen davon; trotzdem; **je vous dirai** ~ ... ich sage Ihnen dies ...; ich werde Ihnen folgendes sagen: ...

cécidie [sesidi] *f bot* Galle *f*; *sc* Ze'zidie *f*

cécité [sesite] *f path* Blindheit *f*; ~ **littérale, psychique, verbale** Buchstaben-, Seelen-, Wortblindheit *f*; ~ **des neiges** Schneeblindheit *f*; **être atteint, frappé de** ~ erblinden; blind (geworden) sein

cédant [sedã] *m jur* Abtretende(r) *m*; Ze'dent *m*; *e-s Wechsels auch* Vormann *m*; *adit partie* ~ Zedent

céder [sede] <-**è**-> **I** *v/t* **1.** ~ qc à qn j-m od etw an j-n etw abtreten; j-m etw über'lassen; etw an j-n abgeben; *rad, télév* ~ **l'antenne à qn** j-n über'geben; ~ **la parole à qn** j-m das Wort über'geben; *Person* ~ **le pas à qn** j-m den Vortritt, *fig* den Vorrang lassen; *Sache* ~ **à qc** zu'rücktreten hinter etw (*dat*); weniger vorrangig sein als etw; *auto* ~ **le passage à qn** *od* **die Vorfahrt** lassen; ~ **sa place à qn** j-m s-n Platz überlassen, abtreten, geben; j-m Platz machen; ~ **du terrain** *cf* **terrain 1.**; ~ **son tour à qn** j-n vorlassen; **2.** verkaufen; *jur* ze'dieren; *Forderung etc* über'tragen (à qn auf j-n); abtreten (an j-n); *Geschäft* abgeben; *allg auch* borgen; abgeben; **II** *v/t /ind u v/i* **3.** nachgeben; weichen; zu'rückweichen; ~ **à qn** j-m nachgeben; ~ **au chantage** sich erpressen lassen; ~ **à la facilité** es sich zu leicht, zu bequem machen; ~ **à une impulsion** e-m Impuls nachgeben; ~ **aux, devant les menaces de qn** angesichts j-s Drohungen nachgeben; ~ **aux prières de qn** j-s Bitten nachgeben; ~ **à la violence, à la**

force der Gewalt weichen; **ne pas ~** nicht weichen, nachgeben; standhalten; **4. ne le ~ en rien à qn, qc** j-m, e-r Sache in nichts nachstehen, nichts nachgeben; *auch* il ne lui cède en rien er steht ihm in nichts nach; il ne le cède à personne en habileté an Geschicklichkeit steht er niemandem, keinem nach; **5.** *Gefühl* weichen; *son désespoir* céda pour faire place à la résignation ... wich (e-m Gefühl) der Resignation; **6.** *Boden, Ast, Damm, Schloß etc* nachgeben; *Ast auch* (ab)brechen; *Damm auch* brechen; *Seil, Kabel* reißen; *Griff* abreißen; abbrechen; *Steg, Brett* 'durchbrechen

Cedex [sedɛks] *m* (*Kurzwort für* **courrier d'entreprise à distribution exceptionnelle**) gesondert zugestellte Firmenpost; *par ext* Sammelpostamt *n* für gesonderte Zustellung der Post für Firmen, Behörden *etc*

cédille [sedij] *f* Ce'dille *f*; **c** *m* ~ **(ç)** *c* *n* mit Cedille

cédrat [sedra] *m bot* Zitro'natzitrone *f*

cédratier [sedratje] *m bot* Zitro'natzitrone(nbaum) *f(m)*

cèdre [sɛdr(ə)] *m bot* Zeder *f*; **(bois** *m* **de)** ~ Zedernholz *n*; ~ **du Liban** Libanonzeder *f*

cédulaire [sedylɛr] *adj fin bis 1949* **impôt** *m* ~ Einkommen(s)steuer *f* (je nach Einkunftsart)

cédule [sedyl] *f* **1.** *jur* ~ **de citation** Verfügung *f* (des Friedensrichters) über sofortige Ladung (*in dringenden Fällen*); **2.** *fin bis 1949* **a)** Einkunftsart *f*; **b)** (Steuer)Formu'lar *n* zum Eintragen der einzelnen Einkunftsarten

cégésimal [seʒezimal] *adj* ⟨-aux⟩ des CGS-Systems

cégétiste [seʒetist] *pol* **I** *adj* der C.G.T. (-Gewerkschaft); **II** *m,f* Mitglied *n* der C.G.T.

ceindre [sɛ̃dr(ə)] ⟨*cf* peindre⟩ *litt v/t* **1.** ~ **son front** *od* **se** ~ **le front d'un bandeau** ein Band um s-e Stirn winden; ~ **sa taille** *od* **se** ~ **d'une écharpe** e-e Schärpe 'umlegen; *adj* **la tête ceinte d'un diadème** mit dia'demgeschmücktem Haupt; das Haupt mit e-m Diadem geschmückt; **~ de laurier** ein Haupt mit Lorbeer bekränzt, gekrönt; **2.** *Säbel* 'umschnallen; *Rüstung* anlegen; *fig* ~ **la couronne** die Krone aufs Haupt setzen; den Thron besteigen; *fig* ~ **son épée** sich mit dem Schwert gürten; *fig* ~ **l'épée** sich gürten; das Schwert gürten

ceinture [sɛ̃tyr] *f* **1.** Gürtel *m* (*auch Judo*); Gurt *m*; *Judo* (**être**) ~ **noire** Schwarzgurtträger *m* (sein); *méd* ~ **orthopédique** (ortho'pädische) Ban'dage; *früher* ~ **de chasteté** Keuschheitsgürtel *m*; ~ **de flanelle** Fla'nellbinde *f*; ~ **de natation, de sauvetage** Schwimm-, Rettungsgürtel *m*; *auto, aviat* ~ **de sécurité** Sicherheitsgurt *m*; **attacher sa** ~ **de** Gürtel zumachen *bzw* zubinden; *auto, aviat* sich anschnallen; den Gurt anlegen; *F fig:* **faire** ~ leer ausgehen; F in die Röhre, den Mond gucken; *ellip et* **nous,** ~ **!** F und wir gucken in die Röhre!; und für uns, Neese!; **mettre une** ~ e-n Gürtel 'umlegen, -schnallen; F *fig* **se serrer, se mettre la** ~ F den Gürtel enger schnallen; **2.** Taille *f*; Gürtel(linie) *m(f)*; *an Rock, Hose* Bund *m*; **jusqu'à la** ~ bis zur Taille, zum Gürtel; **3.** *anat* Gürtel *m*; ~ **scapulaire** Schultergürtel *m*; **4.** *mar* Scheuerleiste *f*; ~ **cuirassée** Gürtelpanzer *m*; **5.** *mil* **e-s** *Geschosses* Führungsring *m*; **6.** *fig* Gürtel *m*; Um'fassung *f*; Ring *m*; *in Paris* **la grande, la petite** ~ die äußere, innere Ringbuslinie; **e-r Stadt** ~ **verte** Grün-

gürtel *m*; **chemin** *m* **de fer de** ~ Ringbahn *f*

ceinture-piège [sɛ̃tyrpjɛʒ] *f* ⟨*pl* **ceintures-pièges**⟩ *an Bäumen* Leimring *m*, -gürtel *m*

ceinturer [sɛ̃tyre] *v/t* **1.** *sports: Gegner* um'klammern; *beim Ringen* um'fassen; *allg* (*in der Taille*) um'klammern; **2.** *bes adj* **ville ceinturée de remparts** von e-m Ringwall um'gebene Stadt

ceinturon [sɛ̃tyrõ] *m* **a)** *mil, Polizei* Koppel *n*; *früher mil* Degen-, Wehrgehenk *n*; **b)** breiter Ledergürtel

cela [s(ə)la] *pr/dém* das; dies(es); *im Gegensatz zu* „dieses" jenes; *cf auch* ça *u* ceci; **à** ~ daran; an das; **de** ~ davon; darüber; **avoir** ~ **de bon que** ... das (*Gute*) für sich haben, daß ...; **il y a cinq ans de** ~ es, das ist fünf Jahre her; das war vor fünf Jahren; **qu'à** ~ **ne tienne** daran soll's nicht liegen

céladon [seladõ] **I** *adj* ⟨*inv*⟩ blaßgrün; **II** *m* Blaßgrün *n*

célébrant [selebrɑ̃] *m égl cath* ~ *od adit* **prêtre** *m* ~ Zele'brant *m*

célébration [selebrasjõ] *f* **e-s** *Festes* Feiern *n*; festliche Begehung; **e-s** *Geburtstags etc* Feier *f*; *der Messe* Zelebrati'on *f*; Zele'brieren *n*; **e-s** *Konzils* Abhaltung *f*; ~ **du mariage** Eheschließung *f*; Trauung *f*

célèbre [selɛbr(ə)] *adj* berühmt; weithin bekannt; *Pers auch* gefeiert; ~ **dans le monde entier** weltberühmt; **se rendre, devenir** ~ **(par)** berühmt werden (durch)

célébrer [selebre] *v/t* ⟨-è-⟩ **1.** *Fest, Sieg, Ereignis* feiern; festlich begehen; *Priester: Messe* zele'brieren; *Opfer* darbringen; *Konzil, Spiele* abhalten; *Trauung* vornehmen; halten; voll'ziehen (*durch den Priester*); **le mariage fut célébré à l'église** ... die Trauung fand in der ...kirche statt; ~ **la mémoire de qn** j-s feierlich gedenken; zu j-s Gedenken e-e Feier, für j-n e-e Gedenkfeier veranstalten; **2.** ~ **qn, qc** j-n, etw rühmen, preisen; j-n feiern

celebret [selebrɛt] *m égl cath* Zelebret *n*

célébrité [selebrite] *f* **1.** Berühmtheit *f*; Ruhm *m*; **il doit sa** ~ **à cette œuvre** er ist durch dieses Werk berühmt geworden; dieses Werk hat ihn berühmt gemacht; er verdankt s-e Berühmtheit diesem Werk; **jouir d'une grande** ~ großen Ruhm genießen; sehr berühmt sein; **viser à la** ~ nach Ruhm streben; berühmt werden wollen; **2.** *Person* berühmte Per'sönlichkeit; Promi'nente(r) *f(m)*; ~ **locale** lokale Berühmtheit, Größe; **les** ~ **s du monde artistique** die Künstlerprominenz *f*; die prominenten Künstler *m/pl*

celer [səle] *litt v/t* ⟨-è-⟩ ~ **qc (à qn)** (*vor j-m*) etw verbergen; (j-m) etw verschweigen, verheimlichen, verhehlen

céleri [sɛlri] *m bot* Sellerie *m od f*; ~ **à côtes, à couper** Bleich-, Schnittsellerie *m*; **~-rave** *m* ⟨*pl* **céleris-raves**⟩ *bot* Knollensellerie *m*

célérité [selerite] *f* Geschwindigkeit *f*; Flinkheit *f*; Behendigkeit *f*; **avec** ~ geschwind; behende; flink

célesta [selɛsta] *m mus* Ce'lesta [tʃe-] *f*

céleste [selɛst] *adj* **1.** Himmels...; **corps** *m* ~ Himmelskörper *m*; **les espaces** *m/pl* ~ **s** das All; **harmonie** *f* ~ Sphärenharmonie *f*, -gesang *m*; **2.** *rel* himmlisch; **l'armée** ~ die himmlischen Heerscharen *f/pl*; **colère** *f* ~ Gottes, göttlicher Zorn; **demeure** *f* ~ Stätte *f* der Seligen; **le Père** ~ der himmlische Vater; **3.** *fig* himmlisch; 'überirdisch; wunderbar; **4.** **le ♀ Empire** das Reich der Mitte

célestin [selɛstɛ̃] *m égl cath* Zöle'stiner *m*

célibat [seliba] *m* Ehelosigkeit *f*; Ledigenstand *m*; ~ **(ecclésiastique** *od* **des prêtres)** Zöli'bat *m od n*

célibataire [selibatɛr] **I** *adj* ledig; unverheiratet; **mère** *f* ~ ledige Mutter; **être** ~ ledig, Junggeselle, -gesellin sein; **II** *m,f* Junggeselle, -gesellin *m,f*; Ledige(r) *f(m)*; Unverheiratete(r) *f(m)*; ~ **endurci** eingefleischter Junggeselle; Hagestolz *m*; **vie** *f* **de** ~ Junggesellenleben *n*, -dasein *n*; **plais: en ce moment, je suis** ~ ... bin ich Strohwitwe(r)

celle *cf* celui

cellérier [selerje] *m* Klosterverwalter *m*

cellier [selje] *m* **a)** Vorratsraum *m*, -kammer *f*; Speisekammer *f*; **b)** Vorratsraum *m* für Wein

cellophane [selɔfan] *f, abus m* (*nom déposé*) Cello'phan *od* Zello'phan *n* (*Wz*); **sous** ~ in Cellophan verpackt

cellulaire [selylɛr] *adj* **1.** *biol* Zell(en)...; Zellu'lar...; zellu'lar; **pathologie** *f* ~ Zellularpathologie *f*; **théorie** *f* ~ Zellenlehre *f*; **tissu** *m* ~ Zellgewebe *n*; **2.** Zellen...; **emprisonnement** *m* ~ Einzelhaft *f*; **fourgon** *m od* **voiture** *f*, **prison** *f* ~ Zellenwagen *m*, -gefängnis *n*; **3.** *minér* **sol** ~ Struk'turboden *m*; **4.** *tech* **béton** *m* ~ Porenbeton *m*

cellular [selylar] *m text* **chemise** *f* **en** ~ Netzhemd *n*

cellule [selyl] *f* **1.** *im Gefängnis, Kloster* Zelle *f*; *allg für e-n engen Raum* Klause *f*; Kämmerchen *n*; *mil auch* Einzelhaft *f*, -arrest *m*; verschärfter Ar'rest; ~ **disciplinaire** Arrestzelle *f*; **2.** *biol, élect, aviat,* **e-r** *Bienenwabe etc* Zelle *f*; ~ **animale, végétale** tierische, pflanzliche Zelle; *météo* ~ **anticyclonique** Hochdruckzelle *f*; ~ **photo-électrique** Photozelle *f*; ~ **solaire** Sonnen-, So'larzelle *f*; ~ **au sélénium** Se'lenzelle *f*; **3.** *pol* Zelle *f*; *par ext* Zellensitzung *f*; **4.** *fig von Menschen* Gruppe *f*; Gemeinschaft *f*; ~ **familiale** Familie *f* als Gemeinschaft, Gruppe

cellulite [selylit] *f path* **a)** Zellu'litis *f*; **b)** Bindegewebsentzündung *f*

celluloïd [selylɔid] *m* (*nom déposé*) Zellu'loïd *n*

cellulose [selyloz] *f* Zellu'lose *f*; Zellstoff *m*

cellulosique [selylozik] *adj* Zellu'lose...; **vernis** *m* ~ Zelluloselack *m*

celte [sɛlt] **I** *adj* keltisch; **II** *subst* **1.** ♀**s** *m/pl* Kelten *m/pl*; **2.** *ling* **le** ~ das Keltische; Keltisch *n*; **~ique** *cf* celte **I** *u* **II 2.**

celui [s(ə)lui] *pr/dém* ⟨*f* **celle** [sɛl]; *m/pl* **ceux** [sø], *f/pl* **celles** [sɛl]⟩ *Subjekt* der(-), die(-), das(jenige), *pl* die(jenigen); *obj/dir* den(jenigen), die(-), das(jenige), *pl* die(jenigen); *obj/indir* **à** ~, *etc* dem(-), der(jenigen), *pl* denen, denjenigen; **de** ~, *etc* des-, der-, *pl* derjenigen; von dem, der, *pl* denen; **a) mit de:** ~ **de mon frère** der *bzw* den meines Bruders; *cf auch* **b)**; **mieux que** ~ **de la dernière fois** besser als der vom letzten Mal; **je prends** ~ **de huit heures** ich nehme den (*Zug, Bus*) um acht; *unübersetzt* ce n'était pas une tâche facile que **celle de** (+*inf*) es war keine leichte Aufgabe zu (+*inf*); **b) mit** *pr/rel:* ~ **dont je t'ai parlé** der(jenige), über den ich mit dir gesprochen habe; **celle que nous avons vue** die(jenige), die *od* welche wir gesehen haben; *Subjekt* **celui, celle** der od welcher; wer; *jur* ~ **qui aura** *od* **ceux qui auront fait** ... wer ... tut; **tout ceux qui** alle (die(jenigen)), die; **quel est** ~ **que vous préférez?** welchen ziehen Sie vor?; **ceux de mes amis qui** diejenigen meiner Freunde, die *od* welche; **c) mit** *p/p u adj:* **ces chiffres confir-**

ment ceux donnés par les journaux
… bestätigen die in den Zeitungen
genannten; bestätigen die, die *od* welche
die Zeitungen nannten; *bei Vergleichen:*
ces résultats sont aussi positifs que
ceux obtenus l'année dernière …
sind ebenso positiv wie die des letzten
Jahres *od* wie die im letzten Jahr er-
reichten

celui-ci [s(ə)lyisi] *pr/dém* ⟨*f* celle-ci;
m/pl ceux-ci, *f/pl* celles-ci⟩ *Subjekt*
dieser, diese, dieses, *pl* diese (hier); der,
die, das, *pl* die (hier); *obj/dir* diesen,
diese, dieses, *pl* diese (hier); den, die, das,
pl die (hier); *obj/indir* à ~, *etc* diesem,
dieser, diesem, *pl* diesen (hier); dem, der,
dem, *pl* denen (hier); *cf auch* celui-là

celui-là [s(ə)lyila] *pr/dém* ⟨*f* celle-là;
m/pl ceux-là, *f/pl* celles-là⟩ **a)** *im
Gegensatz zu „dieser":* *Subjekt* jener,
jene, jenes, *pl* jene; *obj/dir* jenen, jene,
jenes, *pl* jene; *obj/indir* à ~, *etc* jenem,
jener, jenem, *pl* jenen; *bei Rückverwei-
sen* celui-ci … ~ *auch* der letztere …, der
erstere; letzterer …, ersterer; **b)** *ohne
Gegenüberstellung: Subjekt* dieser, diese,
dieses, *pl* diese (da); der, die, das, *pl* die
(da, dort); *obj/dir* diesen, diese, dieses, *pl*
diese (da); den, die, das, *pl* die (da, dort);
obj/indir à ~, *etc* diesem, dieser, diesem,
pl diesen (da); dem, der, dem, *pl* denen
(da, dort); je ne m'attendais pas à
celle-là darauf war ich nicht gefaßt; F
ce qu'ils m'énervent, ceux-là F die
gehen mir vielleicht auf die Nerven; F
elle est bien bonne, celle-là F das ist
e-e tolle Geschichte; le frère de ~ *auch*
dessen Bruder; le frère de celle-là, de
ceux-là, de celles-là *auch* deren
Bruder

cément [semã] *m* **1.** *métall* Einsatzmittel
n; **2.** *anat* (Zahn)Ze'ment *m*

cément|ation [semãtasjõ] *f métall* Ze-
menta ti on *f*; *bes* Einsatzhärten *n*; Auf-
kohlen *n*; ~**er** *v/t métall* zemen'tieren;
~**ite** *f métall* Zemen'tit *m*

cénacle [senakl(ə)] *m* **1.** *von Schriftstel-
lern etc* Kreis *m*; Gruppe *f*; *bes* Cénacle *m*
(*Vereinigung von Dichtern der Romantik*);
2. *bibl* Abendmahlssaal *m*

cendre [sãdr(ə)] *f* ⟨*oft pl* ~s⟩ Asche *f; fig
e-r Person* les ~s die sterblichen 'Überre-
ste *m/pl*; ~ **bleue** *minér* gemahlener
Azu'rit; *chim* basisches Kupfercarbo-
nat; ~s **volcaniques** vulkanische
Asche; ~(s) **de bois** Holzasche *f*; ~ **de
charbon** Kohlenasche *f*; ~s **de cigaret-
tes**, *chim* de houille, d'os, **de varech**
Ziga'retten-, Kohlen-, Knochen-, Algen-
asche *f*; **paix à ses** ~s! Friede s-r Asche!
(*auch plais*); **goût** *m* **de** ~ aschiger
Geschmack; *rel* **le mercredi des** ⸰s *od*
ellip **les** ⸰s *f/pl* Ascher'mittwoch *m*;
couver sous la ~ *Feuer* unter der Asche
schwelen, glühen; *fig Revolte etc* unter
der Oberfläche schwelen; **faire cuire** qc
sous la ~ etw in der Asche braten; *égl
cath* **recevoir les** ~s sich Asche aufs
Haupt streuen lassen; **réduire, mettre
en** ~s Ort in Schutt und Asche legen;
auch Gebäude einäschern; niederbren-
nen; **réduit en** ~s völlig niederge-
brannt; **renaître de ses** ~s aus der
Asche erstehen; 'wiedererstehen

cendré [sãdre] *adj* aschfarben; *Licht*
fahl; **blond, gris** ~ Aschblond *n*. -grau
n; **cheveux** ~s aschblonde Haare *n/pl*;
astr **lumière** ~ aschgraues Mondlicht

cendr|ée [sãdre] *f* **1.** *sports* Aschenbahn
f; **2.** *ch* kleine Schrotkugeln *f/pl*; Vogel-
dunst *m*; ~**er** *v/t* mit Asche bedecken;
sports Bahn mit e-r (Aschen)Decke ver-
sehen; ~**eux** *adj* ⟨-euse⟩ **1.** *Teint* (asch-)
grau; (asch)fahl; **2.** aschehaltig; aschig

cendrier [sãdrije] *m* **1.** Asch(en)becher

m; F Ascher *m*; **2.** *e-r Lokomotive, e-s
Ofens* Asch(en)kasten *m*

Cendrillon [sãdrijõ] *f Märchen(gestalt)*
Aschenbrödel *n*. -puttel *n*

cène [sɛn] *f rel* **a)** *bibl u Kunst* ♀ Abend-
mahl *n*; **b)** *égl* Abendmahlsfeier *f* des
Gründonnerstags; **c)** *prot* (sainte) ~
(heiliges) Abendmahl

cenelle [s(ə)nɛl] *f bot* Frucht *f* der
Stechpalme *bzw* des Weißdorns

cénesthésie [senɛstezi] *f physiol* Ge-
mein-, Vi'talgefühl *n*

cénobite [senɔbit] *m rel* Zöno'bit *m*

cénotaphe [senɔtaf] *m* Keno'taph *od*
Zeno'taph *n*

cens [sãs] *m* **1.** *hist* ~ **électoral** Wahl-
zensus *m*; **2.** *féod* (Pacht)Zins *m*; **3.** *im
alten Rom* Zensus *m*

censé [sãse] *adj* il est ~ **être malade**
man nimmt an, daß er krank ist; er gilt
als krank; man hält ihn für krank; **je ne
suis pas** ~ **le savoir** man kann von mir
nicht verlangen *od* erwarten, daß ich es
weiß; **vous êtes** ~ **ne pas le savoir** man
nimmt allgemein an *od* man glaubt
allgemein, daß Sie es nicht wissen; **nul
n'est** ~ **ignorer la loi** Unkenntnis des
Gesetzes schützt nicht vor Strafe

censeur [sãsœr] *m* **1.** *an Gymnasien:
Assistent des Direktors, der für die allge-
meine Disziplin verantwortlich ist;* **2.** *von
Publikationen* Zensor *m; fig* strenger
Kritiker, Richter; Sittenrichter *m; e-r
Finanzgesellschaft* Rechnungs-, Wirt-
schaftsprüfer *m*; **3.** *im alten Rom* Zen-
sor *m*

censier [sãsje] *adj* ⟨-ière⟩ *féod* Zins…;
seigneur ~ Zinsherr *m*

censitaire [sãsitɛr] *adj hist* Zensus…;
électeur *m* ~ (*nach dem Wahlzensus*)
Wahlberechtigte(r) *m*; **suffrage** *m* ~
Zensuswahlrecht *n*

censorat [sãsɔra] *m* **1.** *Schule* Amt *n* e-s
„censeur"; **2.** *im alten Rom* Amt(szeit)
n(f) e-s Zensors

censorial [sãsɔrjal] *adj* ⟨-aux⟩ Zen-
'sur…

censure [sãsyr] *f* **1.** Zen'sur *f*; (commis-
sion *f de*) ~ Zensur(behörde *f*, -stelle *f*) *f*;
être à la ~ bei der Zensur sein; **2.** *adm:
an Beamte* Verweis *m*; Warnung *f; für
Abgeordnete* Ordnungsstrafe *f; pol* mo-
tion *f* de ~ 'Mißtrauensantrag *m*; **3.** *égl
cath* Zen'sur *f* (*auch Strafe*)

censurer [sãsyre] *v/t* **1.** *Film, Buch etc*
zen'sieren; *auch das Erscheinen* (*e-s
Buchs etc*), *die Aufführung* (*e-s Films*)
verbieten; *einzelne Stelle* streichen; *adit
film* **censuré** zen'sierter *bzw* von der
Zen'sur verbotener Film; **2.** *adm: Beam-
ten* e-n Verweis, e-e Warnung erteilen
(+*dat*); *Abgeordneten* mit e-r Ordnungs-
strafe belegen; *pol Regierung* das 'Miß-
trauen aussprechen (+*dat*); **3.** *litt* (*criti-
quer*) scharf kriti'sieren; streng ins Ge-
richt gehen mit; **4.** *égl cath* **a)** der Zen'sur
unter'werfen; **b)** verdammen

cent¹ [sã] *I adj/num/c* (ein)hundert; *hist*
les ♀ **jours** die Hundert Tage; *loc/adj* **de**
~ **ans** hundertjährig; ♦ **deux** ~(s) ⟨*bei
folgender Zahl sowie als Ordnungszahl
ohne* s⟩ zweihundert; **dix-huit** *od* **mille
huit** ~(s) achtzehnhundert; (ein)-
tausendachthundert; **l'an quinze** ~ das
Jahr fünfzehnhundert; **trois** ~s **pages**
dreihundert Seiten; **trois** ~ **dix pages**
dreihundertzehn Seiten; **page trois** ~
Seite dreihundert; *fig, übertrieben:* ~ **
sept ans** F e-e Ewigkeit; ewig; ~ **fois**
zehn-, hundertmal; **vous avez** ~ **fois
raison** ~ du hast hundertprozentig
recht; **c'est** ~ **fois mieux** das ist zehn-,
hundertmal besser; **il aurait eu le
temps de mourir** ~ **fois** in der Zeit
hätte er zehnmal sterben können; F **être**

aux ~ **coups**, **faire les quatre** ~s
coups *cf* coup 1.; **faire les** ~ **pas** hin
und her gehen; auf und ab gehen; **je
parie** ~ *od* **il y a** ~ **à parier contre un
que** … (ich wette) zehn *od* hundert
gegen eins, daß …; **II** *m* **1.** *Zahl* Hundert
f; südd od Öster Hunderter *m; cf auch* deux
II; **2.** *Menge* Hundert *n*; **un** ~ **de** hun-
dert; **trois** ~s **d'œufs** dreihundert Eier; **3.**
pour ~ Pro'zent *n*; **cinq pour** ~ (5 % *od*
5 p.c. *od* 5 p. 100) fünf Prozent (5 %);
fünf vom Hundert (*abr* v. H.); 100 %
laine 100 % Wolle; **augmentation** *f* de
dix pour ~ zehnprozentige Erhö-
hung; Erhöhung *f* von 10 %; **intérêt** *m*
de 7 % 7 % Zinsen; *ellip* acheter du
4 % 4%ige Rentenpapiere kaufen; **pla-
cer son argent à 6 %** sein Geld zu 6 %
anlegen; **prêter à 5 %** (Geld) zu 5 %
Zinsen verleihen; **5 %** Zinsen verlangen;
♦ *fig* **Breton** *etc* (**à**) ~ **pour** ~ hundert-
prozentiger, typischer, F waschechter
Bretone *etc*

cent² [sɛnt] *m Währung* Cent [(t)sɛnt] *m*

centaine [sãtɛn] *f* **1.** Hundert *n*; **une**
~ (**de** …) etwa, ungefähr, an die hundert
(…); **par** ~s **zu** Hunderten; in großer
Menge; **2.** Alter *n* von hundert Jahren;
atteindre la ~ hundert Jahre alt werden;
3. in mehrstelligen Zahlen Hunderter *m*

centaure [sãtɔr] *m myth* Zen'taur *od*
Ken'taur *m*

centaurée [sãtɔre] *f bot* Flockenblume
f; **petite** ~ Tausend'gulden-, Tausend-
'güldenkraut *n*

centavo [sãtavo] *m in Portugal u in
lateinamerikanischen Währungen* Cen-
'tavo [s-] *m*

centenaire [sãtnɛr] **I** *adj* hundertjährig;
hundert Jahre alt; **deux fois** ~ zweihun-
dertjährig; **plusieurs fois** ~ mehrere
hundert Jahre alt; **devenir** ~ (über)
hundert Jahre (alt) werden; **II** *subst* **1.**
m,f (über) Hundertjährige(r) *f(m)*; **2.** *m*
hundertster Jahrestag; *par ext* hundert-
jähriges Jubi'läum; Hundert'jahrfeier *f;
e-r Stadt* 'huitième ~ achthundertjähri-
ges Bestehen; **le quatrième** ~ **de sa
mort**, **de sa naissance** sein vierhun-
dertster Todes-, Geburtstag; **célébrer,
fêter le** ~ **de la ville** die Hundertjahr-
feier der Stadt begehen; das hundertjäh-
rige Bestehen der Stadt feiern

centésimal [sãtezimal] *adj* ⟨-aux⟩ **1.**
zentesi'mal; Zentesi'mal…; hundertteil-
lig; **degré** ~ Celsius-Grad *m*; **division**
~**e** Zentesimaleinteilung *f*; **échelle** ~**e**
hundertteilige Skala: Zentesimalskala *f;
bes* Celsius-Skala *f*; **2.** *math* **fraction** ~**e**
Bruch *m* mit dem Nenner 100

cent-garde [sãgard] *m* ⟨*pl* cent-gar-
des⟩ *hist* Leibgardist *m* (Napoleons
III.); **cent-gardes** *pl* Leibgarde *f* (Na-
poleons III.)

centiare [sãtjar] *m* (*abr* ca) hundertstel
Ar *n*

centième [sãtjɛm] **I** *adj/num/o*
hundertste(r, -s); **II** *subst* **1.** le, la ~ der,
die, das hundertste. **2.** *m math* Hundert-
stel *n*; ~ **de seconde** Hundertstelsekun-
de *f*; **3.** *thé* la ~ die hundertste Auffüh-
rung

centigrade [sãtigrad] **I** *adj früher:* de-
gré *m* ~ Grad *m* Celsius; **thermomètre**
m ~ Thermometer *n* mit Celsius-Skala;
II *m* (*abr* cgr) *math* Neuminute *f* (*abr* ᶜ)

centi|gramme [sãtigram] *m* (*abr* cg)
Zenti'gramm *n* (*abr* cg); ~**litre** *m* (*abr*
cl) Zenti'liter *n od* (*abr* cl)

centime [sãtim] *m* **1.** *hundertster Teil des
Franc bzw* Franken Cen'time *m; in
der Schweiz* Rappen *m*; **pièce** *f* d'un ~
Eincen'timestück *n*, -münze *f*; **n'avoir
pas un** ~ keinen Pfennig haben; **je n'ai
pas eu à dépenser un** ~ ich brauchte

keinen Pfennig, überhaupt nichts auszu-
geben; **2.** *fin* ~s additionnels *Gemein-
desteuer, die sich aus den Hundertsteln e-r
fiktiven Grund-, Wohnraum- u Gewerbe-
steuer errechnet*
centimètre [sãtimɛtr(ə)] *m* **1.** (*abr* cm)
Zenti'meter *n od m* (*abr* cm); ~ **carré,
cube** Qua'drat-, Ku'bikzentimeter *n od
m*; **2.** *cout* Zenti'metermaß *n*
centrafricain [sãtrafrikɛ̃] **I** *adj* zen-
'tralafrikanisch; **II** *subst* ♀(e) *m(f)* Zen-
'tralafrikaner(in) *m(f)*
centrage [sãtraʒ] *m tech, opt* Zen'trieren
n, -ung *f*; *aviat* Trimmung *f*
central [sãtral] **I** *adj* (~-aux) zen'tral;
Zen'tral...; Mittel...; Haupt...; zen'tral
od im Mittelpunkt gelegen; **adminis-
tration** ~e Zentralverwaltung *f*; zen-
trale Verwaltung; **l'Amérique** ~e Mit-
telamerika *n*; **l'Asie** ~e Inner-, Zentral-
asien *n*; *pol* **comité** ~ Zentralkomitee
n (*abr* ZK); **École** ~e *od subst* ♀e *f*
*Hochschule zur Ausbildung von Ingenieu-
ren in Paris; etwa* Technische Hochschu-
le; **l'Europe** ~e Mitteleuropa *n*;
d'Europe centrale *auch* mitteleuro-
päisch; **idée** ~e zentraler Gedanke;
maison, prison ~e *od subst* ♀e Zen-
tralgefängnis *n* (*zur Verbüßung von Frei-
heitsstrafen von mehr als einem Jahr*);
auch Zuchthaus *n*; **partie** ~e Mitte(lteil)
f(m); zentraler Teil; Zentrum *n*; *e-r
Gesellschaft* **siège** ~ Hauptsitz *m*; **thè-
me** ~ zentrales Thema; Hauptthema *n*;
Haus, Viertel **c'est très** ~ es ist sehr
zentral gelegen; es liegt sehr zentral; **II**
subst **1.** *m* ⟨*pl* -aux⟩ ~ (**téléphonique**)
(Tele'fon)Zentrale *f*, (-)Vermittlung *f*;
Fern(melde)amt *n*; ~ **télégraphique**
Tele'graphenamt *n*; **2.** *f* ~e (**électri-
que**) Kraftwerk *n*; Elektrizi'tätswerk *n*;
E-Werk *n*; ~e **atomique, nucléaire**
A'tom-, Kernkraftwerk *n*; **grande** ~e
électrique Großkraftwerk *n*; ~e **hy-
draulique** Wasserkraftwerk *n*; ~e
thermique thermisches Kraftwerk;
Wärmekraftwerk *n*; **4.** *f* ~ **à béton**
Betonwerk *n*
centralis\|ateur [sãtralizatœr] **I** *adj*
⟨-trice⟩ zentrali'sierend; zentra'listisch;
II *m math* Zentrali'sator *m*; ~**ation** *f*
Zentrali'sierung *f*; Zentralisati'on *f*; ~
administrative Zentralisierung der
Verwaltung; ~ **économique** wirtschaft-
liche Zentralisierung; Zentralisierung
der Wirtschaft
central\|iser [sãtralize] *v/t* zen-
trali'sieren; zu'sammenfassen; sammeln;
adjt **centralisé** zentrali'siert; ~**isme** *m*
Zentra'lismus *m*; ~**iste** **I** *adj* zentra'li-
stisch; **II** *m* Anhänger *m* des Zentra-
'lismus
centre [sãtr(ə)] *m* **1.** Mittelpunkt *m* (*auch
math*); Zentrum *n*; Mitte *f* (*auch mil im
Gegensatz zu den Flügeln*); *anat u fig* ~
nerveux Nervenzentrum *n*; *météo* ~
d'action Akti'onszentrum *n*; **le** ~ **de la
France** *od* **le** ♀ Mittelfrankreich *n*; **dans
le** ♀ in Mittelfrankreich; ~ **de la Terre**
Mittelpunkt der Erde; Erdmittelpunkt
m; ~ **de la ville** Stadtzentrum *n*, -mitte
f; Zentrum der Stadt; *auf Schildern* ~ **ville**
(zur) Stadtmitte; (zum) Stadtzentrum;
au ~ in der Mitte (**de** *gén*); **en plein** ~
de mitten in (+*dat*); **2.** *phys* Mittelpunkt
m; ~ **optique** optischer Mittelpunkt;
mar ~ **de carène** Form-, Gewichts-
schwerpunkt *m*; ~ **de gravité** Schwer-
punkt *m*; ~ **d'oscillation** Schwingungs-
mittelpunkt *m*; ~ **de poussée** Druck-,
Auftriebs-, Angriffsmittelpunkt *m*; ~
de rotation Drehpunkt *m*; **3. a)**
Stadt, Ort Zentrum *n*; Hauptort *m*; ~

agricole, rural Hauptort e-s ländlichen
Gebiet(e)s; ~ **industriel, minier, tou-
ristique** Indu'strie-, Bergbau-, Frem-
denverkehrszentrum *n*; **grands** ~s **ur-
bains** Großstädte *f/pl*; **b)** *e-r Stadt*
Viertel n; ~ **civique, des affaires** Ver-
waltungs-, Geschäftsviertel *n*; **4.** Zen-
trum *n*; Zen'trale *f*; Anstalt *f*; Insti'tut *n*;
Stelle *f*; Amt *n*; ~ **commercial** Ein-
kaufszentrum *n*; ~ **culturel** (Volks-)
Bildungs-, Kul'turzentrum *n*; ~ **drama-
tique** The'atertruppe *f*, -ensemble *n* (*in
der Provinz, im Gegensatz zu Paris*); ~
hospitalier Krankenhaus *n*; *mil etwa*
Standortlazarett *n*; *mil* ~ **mobilisateur**
Mo'bilmachungsamt *n*; ♀ **national de
la recherche scientifique** (*abr*
C.N.R.S.) Nationales Forschungsinsti-
tut; ~ **universitaire** Universi'tätsge-
bäude *n* (*auch außerhalb des Universi-
tätsviertels*); ~ **d'accueil a)** Beratungs-
und Informati'onsstelle *f* (*für Touristen
etc*); **b)** Auffanglager *n*; ~ **d'ap-
prentissage** Lehrlingsausbildungsstätte
f; Lehrwerkstätte *f*; ~ **de chèques
postaux** Postscheckamt *n*; ~ **de
dépistage de la tuberculose** Stelle für
Reihenuntersuchungen auf Tuberku-
lose; Schirmbildstelle *f*; ~ **de docu-
mentation** Dokumentati'onszentrum
n, -stelle *f*; ~ **d'enseignement par
correspondance** *od* ~ **de téléensei-
gnement** Fernlehrinstitut *n*; ~ **de for-
mation agricole** Landwirtschaftsschu-
le *f*; ~ **de formation professionnelle**
Berufsausbildungsstätte *f*; ~ **de loisirs**
Freizeit-, Vergnügungszentrum *n*; ~ **de
recherches, d'études** Forschungsin-
stitut *n*, -zentrum *n*, -stätte *f*; ~ **de
renseignements** (zentrale) Auskunfts-
stelle; ~ **de transbordement** 'Um-
schlagplatz *m*; ~ **de vacances** Ferien-
zentrum *n*; **5.** *pol e-s Parlaments* (**parti** *m
bzw* **partis** *m/pl* **du**) ~ Mitte(lpartei *f*
bzw -parteien *f/pl*) *f*; *in einigen Ländern*
Zentrum(spartei *f bzw* -parteien *f/pl*) *n*; ~
gauche gemäßigte Linke; *in Italien*
linke Mitte; **candidat** *m* **du** ~ Kandidat
m der Mitte; **6.** *fig* Mittel-, Brennpunkt
m; ~ **d'attraction** (Haupt)Anziehungs-
punkt *m*; Ma'gnet *m*; ~ **d'intérêt a)**
Mittel-, Brennpunkt des Interesses; **b)**
(zentrales) Thema; *adjt* **idée** ~ ~ Grund-
gedanke *m*; zentraler Gedanke; **être au**
~ **de l'actualité** hochaktuell sein; *im*
Mittelpunkt des allgemeinen Interesses
stehen; *Problem* **être au** ~ **de la discus-
sion** das zentrale Thema der Diskussion
sein, bilden; im Mittelpunkt der Diskus-
sion stehen; **7.** *sports* **a)** (*avant m*) ~
Mittelstürmer *m*; **b)** Flanke *f*; **faire un** ~
(zur Mitte) flanken
centre-auto [sãtroto] *m* ⟨*pl* **centres-
-autos**⟩ Autozubehörgeschäft *n*
centrer [sãtre] **I** *v/t* **1.** in die Mitte
setzen; *phot* in den Bildmittelpunkt le-
gen; **2.** *tech* zen'trieren (*auch opt*); ein-
mitten; *aviat* trimmen; **3.** *fig* **être con-
tré sur** sich drehen um; zum Gegen-
stand haben; gerichtet sein auf (+*acc*); **II**
v/i sports (zur Mitte) flanken
centrifugation [sãtrifygasjõ] *f* Zentri-
fu'gieren *n*
centrifuge [sãtrifyʒ] *adj* **1.** *phys* zentri-
fu'gal; Zentrifu'gal...; *force f* ~ Zentri-
fugal-, Flieh-, Schwungkraft *f*; **pompe** *f*
~ Kreiselpumpe *f*; **2.** *anat* **nerfs** *m/pl* ~**s**
mo'torische, effe'rente Nerven *m/pl*; Be-
wegungsnerven *m/pl*
centrifug\|er [sãtrifyʒe] *v/t* ⟨-geons⟩
zentrifu'gieren; schleudern; ~**eur** *m*
Zentri'fuge *f*; ~**euse** *f* **1.** *cuis* Entsafter
m; Zentri'fuge *f*; **2.** *aviat* Zentri'fuge *f*
centripète [sãtripɛt] *adj* **1.** *phys* zentri-
pe'tal; Zentripe'tal...; **force** *f* ~ Zentri-

pe'talkraft *f*; **2.** *anat* **nerfs** *m/pl* ~**s**
sensi'tive, sen'sorische, affe'rente Ner-
ven *m/pl*; Empfindungsnerven *m/pl*
centrisque [sãtrisk] *m zo* Meerschnep-
fe *f*
centriste [sãtrist] *pol* **I** *adj* Abgeordneter
etc der Mitte; **II** *m,f* Abgeordnete(r) *f(m)*
bzw Kandi'dat(in) *m(f)* der Mitte, des
Zentrums
centrosome [sãtrozom] *m biol* Zentro-
'som *n*
centuple [sãtypl(ə)] **I** *adj* hundertfach;
II *subst* **le** ~ das Hundertfache; **au** ~
hundertfach (*auch fig*)
centupler [sãtyple] **I** *v/t* verhundertfa-
chen; **II** *v/i* sich verhundertfachen; auf
das Hundertfache steigen
centurie [sãtyri] *f im alten Rom* Zen-
'turie *f*
centurion [sãtyrjõ] *m im alten Rom*
Zen'turio *m*
cénure [senyr] *m vét, zo* Drehwurm *m*;
Gehirnblasenwurm *m*; Gehirnquese *f*
cep [sɛp] *m* **1.** (de vigne) Wein-,
Rebstock *m*; **2.** *agr des Pflugs* Sohle *f*
cépage [sepaʒ] *m* Rebsorte *f*; Rebenart *f*
cèpe [sɛp] *m bot* (Dick)Röhrling *m*; ~ (**de
Bordeaux**) Steinpilz *m*
cépée [sepe] *f bot* Büschel *n* von Ruten,
Schößlingen
cependant [s(ə)pãdã] *conj* doch; je-
'doch; in'dessen; dennoch; *litt* ~ **que**
während
céphalalgie [sefalalʒi] *f od* **céphalée**
[sefale] *f path* Kopfschmerz(en) *m(pl)*; *sc*
Kephal'gie *f*
céphalique [sefalik] *adj anat, path*
Kopf...; **artère** *f*, **douleur** *f* ~ Kopf-
schlagader *f*, -schmerz *m*; *des Embryos*
extrémité *f* ~ Kopfgebiet *n*, -ende *n*;
indice *m* ~ Schädelindex *m*; **veine** *f* ~ *sc*
Vena ce'phalica *f*
céphalo\|pode [sefalopod] *m zo* Kopf-
füßer *m*; ~**-rachidien** *adj* ⟨~ne⟩ *anat,
physiol* Gehirn-Rückenmarks-...; *sc* ce-
rebrospi'nalis; **liquide** *m* ~ Liquor (cere-
brospinalis) *m*; ~**thorax** *m zo* Kopf-
bruststück *n*
céphéides [sefeid] *f/pl astr* Cephe-
'iden *pl*
ceps [sɛp] *m cf* **cèpe**
cérambyx [serãbiks] *m zo* Großer Ei-
chen- *od* Heldbock
cérame [seram] *m* an'tike Terra'kott-
tavase; *adjt* **grès** *m* ~ Steinzeug *n*
céram\|ique [seramik] **I** *adj* ke'ramisch;
Ke'ramik...; **II** *f* Ke'ramik *f* (*Kunst,
Material u Erzeugnisse*); **de, en** ~ Kera-
mik...; ~**iste** *m,f* Ke'ramiker(in) *m(f)*
céraste [serast] *m zo* Hornviper *f*
cérat [sera] *m phm* Wachssalbe *f*
cerbère [sɛrbɛr] *m myth* ♀ *u fig* Zerberus
m; *myth auch* Höllenhund *m*
cerceau [sɛrso] *m* ⟨*pl* ~**x**⟩ **1.** *e-s Fasses*
Reifen *m*; Faßband *n*; *des Akrobaten, des
Reifrocks, Spielzeug* Reif(en) *m*; **jouer
au** ~ den Reifen treiben; **2.** ~**x** *pl*
bogenförmiges Gestell; **3.** *zo* ~**x** *pl*
Handschwingen *f/pl* (*der Greifvögel*)
cerclage [sɛrklaʒ] *m der Fässer* Bereifen
n; Binden *n*
cercle [sɛrkl(ə)] *m* **1.** Kreis *m* (*auch math,
géogr*); *e-r Kugel* **grand, petit** ~ Groß-
od Haupt-, Klein- *od* Nebenkreis *m*; *astr*
~ **horaire** Stundenkreis *m*; *géogr* ~
polaire Po'larkreis *m*; *astr* ~ **de décli-
naison** Deklinati'onskreis *m*; *géogr* ~
des tropiques Wendekreis *m*; **entou-
rer** *qc* **d'un** ~ e-n Kreis um etw be-
schreiben, machen; etw mit e-m Kreis
um'randen; **2.** Kreis *m*; Ring *m*; ~
d'admirateurs, de curieux Kreis,
Schar *f* von Verehrern, Neugierigen;
faire ~ **autour de** qn sich um j-n
scharen; j-n um'ringen; **former un** ~

autour de qn, qc um j-n, etw e-n Kreis bilden; le ~ se resserre der Kreis, Ring wird enger; **3.** *fig* Kreis *m*; Zirkel *m*; Klub *m*; Kränzchen *n*; ~ **militaire** (Offi'ziers)Ka'sino *n*; ~ **politique** politischer Klub, Zirkel; ~ **d'amis** Kreis von Freunden; Freundeskreis *m*; ~ **d'études** Arbeitsgemeinschaft *f*, -kreis *m*; ~ **de famille** Kreis der Familie; ~ **de relations** Bekanntenkreis *m*; **4.** *fig* Bereich *m*; Kreis *m*; Ring *m*; 'Umfang *m*; ~ **magique** Zauber-, Bannkreis *m*; ~ **vicieux** Teufelskreis *m*; Circulus viti'osus *m*; *rel* ~ **de l'existence** Kreislauf *m* der 'Wiedergeburten; **5.** Ring *m*; (Faß-) Reifen *m*; *par ext* vin *m* en ~s Wein *m* im Faß; Faßwein *m*; **6.** *arp* Winkelmeßgerät *n*; *astr* ~ **mural** Mauerquadrant *m*, -kreis *m*

cercler [serkle] *v/t* Faß bereifen; binden; *Holzrad* beschlagen; *adjt* **lunettes cerclées d'or** Brille *f* mit Goldrand

cercopithèque [serkɔpitɛk] *m zo* Meerkatze *f*

cercueil [serkœj] *m* Sarg *m*; **descendre le ~ dans la tombe** den Sarg ins Grab nieder-, hinablassen; **mettre dans un** *bzw* **le ~ in** e-n *bzw* den Sarg legen; einsargen

céréale [sereal] *f* Getreideart *f*; ~s *pl* Getreide *n*

céréalier [serealje] **I** *adj* ⟨-ière⟩ Getreide...; **cultures céréalières** Getreide(an)bau *m*; **II** *m* Getreideproduzent *m*

cérébelleux [serebɛ(l)lø] *adj* ⟨-euse⟩ *anat, path* Kleinhirn...; *zo* zerebel'lar...; **atrophie cérébelleuse** Kleinhirnatrophie *f*

cérébral [serebral] *adj* ⟨-aux⟩ **1.** *anat, path* Gehirn...; (Groß)Hirn...; *volkstümlich* **congestion** ~e Schlaganfall *m*; **hémorragie** ~e Gehirnblutung *f*; **2.** geistig; Geistes...; **travail** ~ geistige Arbeit; *subst* **c'est un** ~ er ist ein Verstandesmensch

cérébro-spinal [serebrospinal] *adj* ⟨-aux⟩ *anat* zerebrospi'nal

cérémonial [seremɔnjal] *m* **1.** Zeremoni'ell *n* (*auch rel*); ~ **diplomatique, de cour** diplomatisches, höfisches Zeremoniell; Hofzeremoniell *n*; **2.** *fig* Ritus *m*; Ritu'al *n*; Zeremoni'ell *n*

cérémonie [seremɔni] *f* **1.** Zeremo'nie *od* Zere'monie *f*; Feier(lichkeit) *f*; ~ **civile, religieuse** standesamtliche, kirchliche Trauung; ~ **du baptême** Tauffeier *f*; ~ **d'inauguration** Eröffnungszeremonie *f*, -feier(lichkeit) *f*; ~ **du mariage** Trauung *f*; Trauhandlung *f*; Trauungszeremonie *f*; **tenue** *f* **de** ~ feierliche Kleidung; Gesellschaftsanzug *m*; Abendanzug *m bzw* -kleid *n*; **2.** Förmlichkeit *f*; über'triebene Höflichkeit; **avec** ~, **en grande** ~ 'umständlich; feierlich; förmlich; mit großem Pomp, Aufwand; **sans** ~ zwanglos; ohne 'Umstände; ungezwungen; **faire des** ~s **sich** zieren; sich nötigen lassen; 'Umstände machen

cérémonieux [seremɔnjø] *adj* ⟨-euse⟩ zeremoni'ell; zeremoni'ös; förmlich

cerf [sɛr] *m zo* Hirsch *m*

cerfeuil [sɛrfœj] *m bot* Kerbel *m*

cerf-volant [sɛrvɔlɑ̃] *m* ⟨*pl* **cerfs-volants**⟩ **1.** (Pa'pier)Drachen *m*; **lancer un** ~ e-n Drachen steigen lassen; **2.** *zo* Hirschkäfer *m*

cerisaie [s(ə)rize] *f* Kirschgarten *m*

cerise [s(ə)riz] *f* **1.** *bot* Kirsche *f*; **devenir rouge comme une** ~ knall-, puterrot ...; **2.** *adit* (**rouge**) ⟨*inv*⟩ kirschrot; **3.** *F fig* **avoir la** ~ (*momentan*) Pech haben

ceris|ette [s(ə)rizet] *f* **1.** Kirschgetränk *n*; **2.** *bot cf* morelle 1.; ~**ier** *m* **1.** *bot* Kirschbaum *m*; Kirsche *f*; **2.** Kirsch-

baum(holz) *m*(*n*)

cérium [serjɔm] *m chim* Cer *n*

cermet [sermɛ] *m tech Werkstoff* Cermet ['sør:r-] *n*

cerne [sɛrn] *m* **1.** ~s *pl* Ringe *m/pl* (um die Augen); Schatten *m/pl* (unter den Augen); *bei Flecken* Rand *m*; *bei Zeichnungen* Strich *m* zum Her'vorheben von Kon'turen; *um den Mond* Hof *m*; **3.** *der Bäume* Jahresring *m*

cerné [sɛrne] *adj* **avoir les yeux** ~s (tiefe) Schatten unter den Augen, (dunkle) Ringe um die Augen haben

cerneau [sɛrno] *m* ⟨*pl* ~x⟩ *bot* **a)** halbreife Nuß; **b)** halbreifer Nußkern; **vin** *m* **de** ~x junger (Rosé)Wein (*der zur Zeit, wenn die Nüsse grün sind, getrunken wird*)

cerner [sɛrne] *v/t* **1.** einkreisen; einschließen; um'zingeln; um'stellen; *mil, durch die Polizei auch* abriegeln; *mil auch* einkesseln; *Wild* einkreisen; um'stellen; **2.** *fig* Problem klar erkennen, erfassen; ausleuchten; **3.** *st/s* (*entourer*) um'geben; *beim Zeichnen: Figur* kontu'rieren; **4.** *Nuß* aus-, entkernen; **5.** *Baum* kreisförmig einschneiden

céroplastique [serɔplastik] *f* Wachsbildne'rei *f*

certain [sɛrtɛ̃] **I** *adj* ⟨*nachgestellt od prädikativ*⟩ **a)** *Sache* bestimmt; sicher; zuverlässig; *jur* **date** ~e (gerichtlich *od* notari'ell) beglaubigtes Datum; **c'est** ~ das ist sicher, gewiß; das steht fest; **il est** ~ **qu'il ne viendra pas** es steht fest *od* ist sicher, daß er nicht kommt; er kommt ganz bestimmt nicht; **faire des progrès** ~s entschiedene Fortschritte machen; **tenir qc pour** ~ etw für sicher halten; **b)** *Person* **être** ~ **de qc** e-r Sache (*gén*) sicher sein; **j'en suis** ~ dessen bin ich sicher, gewiß; **être** ~ **de** (+*inf*) *od* **que ...** sicher sein zu (+*inf*) *od* daß ...; **II** *adj/ind* ⟨*vorangestellt*⟩ **un(e)** ~(e) ein gewisser, gewisses, e-e gewisse; einige(r, -s); **manche**(-s); *oft péj* **un** ~ **X** ein gewisser X; **d'un** ~ **âge** nicht mehr ganz jung; schon etwas älter; mittleren Alters; *iron* **von e-r Frau non pas d'un** ~ **âge**, mais **d'un** ~ **âge** = wirklich nicht mehr im ersten Frühling; **à partir d'un** ~ **âge** von e-m gewissen, bestimmten Alter an; **dans** ~s **cas** in gewissen, bestimmten, einigen, manchen Fällen; **à** ~es **heures** zu gewissen, bestimmten Stunden, Zeiten; ~ **jour que** ... e-s Tages, als ...; **je me rappelle** ~s **jours où** ... ich erinnere mich an gewisse, manche Tage, wo *od* da ...; **un** ~ **nombre de fois** einige Male; einigemal; ~es **personnes** gewisse Leute; einige, manche (Leute); **d'un** ~ **rang** ranghöhere(r, -s); **au bout d'un** ~ **temps** nach einiger, e-r gewissen Zeit; **III** *pr/ind* ~s *pl* gewisse Leute; einige, manche (Leute); ~ **de ses collègues** einige, manche s-r Kollegen; gewisse Kollegen; **IV** *m Börse* Mengennotierung *f*, -kurs *m*

certainement [sɛrtɛnmɑ̃] *adv* sicher (-lich); gewiß; bestimmt; **Antwort** (**mais**) ~ allerdings; (aber) sicher, gewiß, bestimmt; **il viendra** ~ **demain** *od* F ~ **qu'il viendra demain** er kommt ganz bestimmt morgen; bestimmt, sicher kommt er morgen

certes [sɛrt] *adv st/s* **1.** *verstärkend* gewiß; sicher; *st/s* wahrlich; gewißlich; **2.** *einschränkend* gewiß; zwar; **il a de la bonne volonté,** ~, **mais** ... er ist gewiß, zwar gutwillig, aber ...; gewiß, zwar ist er gutwillig, aber ...

certificat [sɛrtifika] *m* Zeugnis *n*; Bescheinigung *f*; Schein *m*; Nachweis *m*; At'test *n*; Bestätigung *f*; Zertifi'kat *n*; ~ **médical, du médecin** ärztliches Zeugnis, Attest; ärztliche Bescheinigung; ~

(**d'études primaires**), ~ **d'études** (*abr* **C.E.P.**) **a)** Abschlußzeugnis *n* der Volksschule; **b)** Volksschulabschluß *m*; **le** ~ **d'aptitude pédagogique à l'enseignement secondaire** (*abr* **C.A.P.E.S.**) *etwa* (das Zeugnis über) das zweite Staatsexamen für das höhere Lehramt; ~ **d'aptitude professionnelle** (*abr* **C.A.P.**) (Zeugnis über die) Lehrabschlußprüfung *f*; *in der Industrie* Gehilfenprüfung *f bzw* -brief *m*; *bei Handwerkern* Gesellenprüfung *f bzw* -brief *m*; *bei Arbeitern* Facharbeiterprüfung *f bzw* -brief *m*; ~ **d'arrêt de travail** Arbeitsunfähigkeitsbescheinigung *f*; ~ **de complaisance** Gefälligkeitszeugnis *n*, -bescheinigung *f*; *comm* ~ **de dépôt** Hinter'legungsschein *m*; ~ **de domicile** Anmeldebestätigung *f*; *früher* ~ **d'études supérieures** Zeugnis über jeweils eine der vier abzulegenden Zwischenprüfungen bei der „Licence"; ~ **d'immatriculation** Anmelde-, Aufnahmebescheinigung *f*; ~ **d'indigence** Bedürftigkeitsnachweis *m*; *mar* ~ **de jaugeage, de tonnage** Meßbrief *m*; ~ **de nationalité** Staatsangehörigkeitszeugnis *n*; *comm* ~ **d'origine** Ursprungszeugnis *n*; ~ **de scolarité** Bescheinigung über den regelmäßigen Schulbesuch; ~ **de travail** Arbeitszeugnis *n*, -bescheinigung *f*; ~ **de vaccination** Impfzeugnis *n*, -schein *m*; ~ **de vie** Lebensbescheinigung *f*; ~ **de bonne(s) vie et mœurs** (polizeiliches) Führungszeugnis

certificateur [sɛrtifikatœr] *m adm* Aussteller *m* e-s Zeugnisses, Scheins *etc*; *jur* ~ **de caution** Nachbürge *m*

certification [sɛrtifikasjõ] *f adm* Beglaubigung *f*; *jur* ~ **de caution** Nachbürgschaft *f*; ~ **de signatures** Beglaubigung von 'Unterschriften; *adm* **pour la** ~ **matérielle de la signature** für die Richtigkeit der Unterschrift

certifié [sɛrtifje] *adj* **1. professeur** ~ *od subst* ~ *m* Gymnasi'allehrer *m* mit C.A.P.E.S.; *etwa* Studienrat *m*; **2. copie** ~e **conforme** (**à l'original**) beglaubigte Abschrift, Kopie; **3. lait cru** ~ Vorzugsmilch *f*

certifier [sɛrtifje] *v/t* **1.** ~ **qc à qn** j-m etw bestätigen, bescheinigen; j-n e-r Sache (*gén*) versichern; sich bei j-m für etw verbürgen; ~ **à qn que** ... j-m bestätigen, versichern, daß ...; **2.** *jur, adm Unterschrift etc* beglaubigen; *jur* ~ **une caution** Nachbürge sein; als Nachbürge auftreten

certitude [sɛrtityd] *f* **1.** Sicherheit *f*; Gewißheit *f*; Zuverlässigkeit *f*; **avec** ~ mit Sicherheit; **avoir la** ~ **de** (+*inf*) *od* **que ...** die Gewißheit haben zu (+*inf*) *od* daß ...; sicher, gewiß sein, daß ...; **c'est une** ~ das ist sicher, gewiß; das steht fest; **2.** *philos* Gewißheit *f*; ~ **objective, subjective** objektive, subjektive Gewißheit

cérumen [serymɛn] *m* Ohrenschmalz *n*; *sc* Ce'rumen *n*

céruse [seryz] *f chim, peint* Bleiweiß *n*

cérus(s)ite [serysit, -sit] *f minér* Weißbleierz *n*; Cerus'sit *od* Zerus'sit *n*

cervaison [sɛrvezõ] *f ch* Feistzeit *f* (der Hirsche)

cerveau [sɛrvo] *m* ⟨*pl* ~x⟩ **1.** *anat* (Ge)Hirn *n*; *im engeren Sinne* Großhirn *n*; *sc* Cerebrum *n*; F *fig* **avoir le** ~ **fêlé** fêlé 3.; **2.** *fig von e-r Person* **un (grand)** ~ ein großer Wissenschaftler; ein bedeutender Kopf; **3.** *fig e-s Unternehmens etc* Gehirn *n*; Zen'trale *f*; **4.** *élect* ~ **électronique** Elek'tronengehirn *n*

cervelas [sɛrvəla] *m cuis etwa* Bock-, Fleischwurst *f*

cervelet [sɛrvəlɛ] *m anat* Kleinhirn *n*; *sc* Cere'bellum *n*

cervelle [sɛrvɛl] *f* **1.** Hirnsubstanz *f*, -masse *f*; *fig* Hirn *n*; Verstand *m*; **avoir une ~ d'oiseau, de moineau, une petite ~** F ein Spatzenhirn haben; **keine Grütze im Kopf haben; il n'a pas de ~** *od* **c'est une tête sans ~** er hat ein Gedächtnis wie ein Sieb; **se brûler** *od* **se faire sauter la ~** sich e-e Kugel durch den Kopf schießen, jagen; **se mettre qc dans la ~** etw (geistig) aufnehmen; etw im Gehirn speichern; *péj* sich mit etw den Kopf 'vollstopfen; **2.** *cuis* Hirn *n*; *nordd* Bregen *m*

cervical [sɛrvikal] *adj* ⟨-aux⟩ *anat* **1.** Hals-..; Nacken...; zervi'kal; Zervi-'kal...; **douleur ~e** Genick-, Nackenschmerzen *m/pl*; **vertèbre ~e** Halswirbel *m*; **2.** Gebärmutterhals...; zervi'kal; Zervi'kal...

cervicapre [sɛrvikapr(ə)] *m zo* Hirschziegenantilope *f*

cervidés [sɛrvide] *m/pl zo* Hirsche *m/pl*

cervoise [sɛrvwaz] *f* im Altertum Bier *n*

ces *cf* ce

césalpin(i)ées [sezalpin(j)e] *f/pl bot* Caesal'piniengewächse *n/pl*

césarienne [sezarjɛn] *adj u subst f chir* **(opération** *f*) **~** Kaiserschnitt *m*

césium [sezjɔm] *m chim* Cäsium *n*

cessant [sɛsã] *loc/adv adm* **toute(s) affaire(s) ~e(s)** vordringlich; vor allem anderen; unverzüglich; so'fort

cessation [sɛsasjõ] *f* Einstellung *f*; Aufhören *n*; ~ **de commerce** Geschäftsaufgabe *f*; ~ **des hostilités** Einstellung der Feindseligkeiten; *jur:* ~ **de paiements** Zahlungseinstellung *f*; ~ **des poursuites** Einstellung der Strafverfolgung

cesse [sɛs] *f* **1.** *loc/adv* **sans ~** unaufhörlich; ständig; dauernd; rastlos; **2.** **n'avoir pas de ~ (jusqu'à ce) que ...** (+*subj*) *od* **avant de** (+*inf*) nicht ruhen und rasten, bis ...; nicht eher ruhen, als bis ...; keine Ruhe geben, bis (nicht) ...

cesser [sese] **I** *v/t* aufhören mit; einstellen; *st/s* **cessez vos bavardages** hört auf mit eurem Gerede; ~ **le combat** den Kampf abbrechen; die Kampfhandlungen einstellen; ~ **la fabrication d'un modèle** ein Modell nicht mehr herstellen; ~ **ses fonctions** aus dem Amt scheiden; *st/s* **cessez vos larmes** *st/s* haltet ein mit euren Tränen; ~ **les poursuites** die Strafverfolgung einstellen; ~ **le travail** die Arbeit niederlegen, einstellen; ~ **de** (+*inf*) aufhören zu (+*inf*); *(auch* **avoir cessé de** [+*inf*]) nicht mehr (+ *konjugiertes Verb*); **ne pas ~ de** (+*inf*), *st/s* **ne ~ de** (+*inf*) nicht aufhören zu (+*inf*); unaufhörlich, ständig, dauernd (+ *konjugiertes Verb*); **il n'a pas cessé de bavarder** er hat dauernd, unaufhörlich geschwatzt; *Gesetz etc* ~ **d'être en vigueur** außer Kraft treten; *Einfluß etc* ~ **de se faire sentir** nicht mehr spürbar sein; ~ **de résister** den 'Widerstand aufgeben; keinen 'Widerstand mehr leisten; **avoir cessé de vivre** tot sein; nicht mehr sein; **ne pas ~ de voir qn** j-n immer wieder besuchen; **II** *v/i* aufhören; *Erzählung, Musik, Verbindung auch* abbrechen; *Kampf, Feuer auch* eingestellt, abgebrochen werden; *Fieber* fallen; *Einfluß* nicht mehr wirken, wirksam sein; **la douleur a cessé** *auch* er hat keine Schmerzen mehr; **faire ~ qc** e-r Sache (*dat*) ein Ende machen

cesse-le-feu [seselfə] *m* ⟨*inv*⟩ Waffenruhe *f*; Feuereinstellung *f*

cessibilité [sesibilite] *f jur* Über'tragbarkeit *f*; Abtretbarkeit *f*; **~ible** *adj jur* über'tragbar; abtretbar

cession [sɛsjõ] *f jur* Über'tragung *f*; Über'lassung *f*; Zessi'on *f*; *e-r Forderung etc* Abtretung *f*; *e-s Geschäfts* Abgabe *f*; Verkauf *m*; *bei Konkurs* ~ **de biens** Verzicht *m* (des Schuldners) auf sein Vermögen *bzw* auf e-n Teil s-s Vermögens zugunsten der Gläubiger; **faire ~ de qc** etw abtreten, über'tragen

cessionnaire [sesjɔnɛr] *m jur* Zessio-'när *m*

c'est-à-dire [setadir] *loc/conj* (*abr* c.-à-d.) das heißt (*abr* d. h.); nämlich; also; ~ **que** a) das heißt (, daß); b) *als Einleitung e-r höflichen Absage* ~ **que nous sommes invités chez ...** oh, das geht leider nicht, wir sind bei ... eingeladen; ach, leider sind wir bei ... eingeladen

cestodes [sɛstɔd] *m/pl zo, path* Bandwürmer *m/pl*

césure [sezyr] *f métr, mus* Zä'sur *f*

cet *cf* ce

cétacé [setase] *m zo* Wal *m*; Waltier *n*, F -fisch *m*

cétane [setan] *m chim* Ce'tan *n*; **indice** *m* **de ~** Ce'tanzahl *f*

cétérac(h) [seterak] *m bot* Schrift-, Milzfarn *m*

cétoine [setwan] *f zo* **~ (dorée)** Rosenkäfer *m*

cétone [setɔn] *f chim* Ke'ton *n*

cette *cf* ce

ceux *cf* celui

cévenol [sev(ə)nɔl] *adj* (*u subst* ♀ Bewohner) der Ce'vennen

ceylanais [sɛlanɛ] **I** *adj* ceylo'nesisch; **II** *subst* ♀(e) *m(f)* Ceylo'nese, -'nesin *m.f*

chabichou [ʃabiʃu] *m* (ein) Ziegenkäse aus Poitou

chablis [ʃabli] *m* **1.** Cha'blis *m* (*Wein*); **2.** *von Wind od Schneelast* abgebrochener Ast *bzw* umgestürzter Baum

chabot [ʃabo] *m zo* Groppe *f*; Kaulkopf *m*

chabraque [ʃabrak] *f* **1.** *früher mil* Scha'bracke *f*; **2.** *arg péj* Nutte *f*; Hure *f*

chabrol [ʃabrɔl] *m od* **chabrot** [ʃabro] *m* Wein *m* mit Fleischbrühe

chacal [ʃakal] *m zo* Scha'kal *m*

chacon(n)e [ʃakɔn] *f mus* Cha'conne *f*

chacun [ʃakɛ̃, -kœ̃] *pr/ind* ⟨**chacune** [ʃakyn]⟩ **1.** jede(r, -s) (einzelne); ~ **de od d'entre nous** jeder von uns; ~ **des deux** jeder der beiden; alle beide, zwei; **partir, se retirer ~ de son côté** auseinander'gehen; **ils ont rempli ~ leur** *od* **sa mission** jeder (von ihnen) hat s-n Auftrag erfüllt; **le sien** *Verteilen* ~ **le sien** jeder einen (für sich); ~ **son tour** *cf* **tour²** **7.**; **il leur consacre dix minutes ~** er widmet jedem ihrer dann Minuten; **ils coûtent cent francs ~** jeder kostet hundert Franc; **2.** ⟨*nur m*⟩ jeder(mann); alle; *st/s* **tout un ~** jedermann; ein jeder; **à ~ selon son mérite** jedem nach seinem Verdienst; *prov:* ~ **pour soi et Dieu pour tous** jeder für sich und Gott für uns alle (*prov*); **3.** *plais* ~ **sa ~e** jeder mit e-r, s-r Dame

chadburn [ʃadbœrn] *m mar* Ma'schinentelegraph *m*

chadouf [ʃaduf] *m* (nordafrikanischer) Ziehbrunnen

chafouin [ʃafwɛ̃] *adj péj* Gesicht(saus-druck) durch'trieben; verschlagen; **visage** ~ *auch* Fuchsgesicht *n*

chagrin [ʃagrɛ̃] **I** *adj* **1.** *st/s* Miene, Person bekümmert; bedrückt; betrübt; **2.** *litt* Laune, Person griesgrämig; verdrießlich; mürrisch; grämlich; **II** *m* **1.** Kummer *m*; Gram *m*; Betrübnis *f*; Leid *n*; **grand** ~ großer Kummer; großes Leid; *e-s Kindes* **gros** ~ großer Kummer, Schmerz; ~ **d'amour** Liebeskummer *m*; ~ **d'enfant** kindlicher Kummer,

Schmerz; Kinderkummer *m*; **avoir du ~** Kummer haben; leiden; **elle en a eu beaucoup de ~** das hat ihr großen Kummer gemacht; **faire, causer, donner du ~ à qn** j-m Kummer machen, bereiten; j-m Leid verursachen, bringen; **mourir de ~** vor Kummer, an gebrochenem Herzen sterben; **2.** Cha'grinleder *n*

chagriner [ʃagrine] *v/t* **1.** *Person, Sache* ~ **qn** j-n bekümmern, betrüben; *Sache auch* j-n bedrücken; **2.** *Sache* ~ **qn** j-n stören, (ver)ärgern, verdrießen; **3.** *tech* chagri'nieren; *adjt* **papier chagriné, peau chagrinée** Cha'grinpapier *n*, -leder *n*

chah [ʃa] *m* **le ~ (d'Iran)** der Schah (von Persien)

chahut [ʃay] *m bes Schule* Kra'wall *m*; F Spek'takel *m*; Ra'batz *m*; Kla'mauk *m*; **faire du ~, randa'lieren**; Krawall, F Rabatz, Klamauk machen

chahuter [ʃayte] **I** *v/t* ~ **un conférencier** e-n Redner dauernd unter'brechen (und niederschreien); ~ **un professeur** den 'Unterricht e-s Lehrers dauernd stören; während des 'Unterrichts randa'lieren; *Lehrer* **il est chahuté** *od* **il se fait** ~ in s-n Stunden wird immer randa'liert; **II** *v/i bes Schule* randa'lieren; Kra'wall, F Ra'batz machen

chahuteur [ʃaytœr] **I** *adj* ⟨-euse⟩ *bes Schüler* undiszipliniert; aufsässig; **II** *m* Randa'lierer *m*; Ra'daubruder *m*

chai [ʃɛ] *m* Weinlager *n*; ebenerdiger Weinkeller

chaînage [ʃɛnaʒ] *m* **1.** *arp* Vermessen *n* mit der Meßkette; **2.** *bât* Verankerung *f*

chaîne [ʃɛn] *f* **1.** Kette *f* (*auch als Schmuck*); *~s pl* Schneeketten *f/pl*; *mar:* ~ **d'ancre** Ankerkette *f*; ~ **d'arpenteur** Meßkette *f*; ~ **(de bicyclette)** Fahrradkette *f*; ~ **de montre, d'or, de sûreté** Uhr-, Gold-, Sicherheitskette *f*; ~ **en S** Kette mit S-förmigen Gliedern; ~ **sans fin** endlose Kette; *Industrie* ~ **de fabrication, de montage** Fließ-, Mon'tageband *n*; **travail** *m* **à la** ~ Fließ(band)arbeit *f*; Arbeit *f* am Fließband; **travailler à la** ~ am Fließband arbeiten; **3.** *fig von Dingen u Personen* Kette *f*; Reihe *f*; (Aufein'ander)Folge *f*; *von Vorgängen* Ablauf *m*; *von Hotels etc* Kette *f*; *comm:* ~ **(volontaire)** (freiwillige) Handelskette; ~ **(de montagnes)** Gebirgskette *f*, -zug *m*; (Ketten)Gebirge *n*; **la** ~ **des Alpes** die Alpenkette; ~ **d'écueils** Reihe, Kette von Riffen; ~ **d'étangs, de lacs** Seenkette *f*; *comm:* ~ **de magasins** Ladenkette *f*; Kettenläden *m/pl*; ~ **de questions** Reihe, Folge von Fragen; *mil:* ~ **de tirailleurs** Schützenkette *f*; *auto:* ~ **collision** *f* **en** ~ Massenkarambolage *f*; Serienunfall *m*; *phys atom u fig* **réaction** *f* **en** ~ Kettenreaktion *f*; **faire la** ~ e-e Kette bilden; **4.** *fig u litt* ⟨**~s**⟩ Fessel(n) *f(pl)*; Bande *n/pl*; Kette(n) *f(pl)*; **briser ses ~s** die, s-e Ketten zerbrechen; die Fesseln sprengen; **5.** *rad, télév* Sender(netz) *m(n)*; Pro'gramm *n*; *télév auch* Ka'nal *m*; **sur la** ~ im ersten Programm; **6.** *Elektroakustik* ~ **'haute fidélité** Hi-Fi-Anlage ['haifai-] *f*; *tech* **Hi-Fi-Kette** *f*; **7.** *text* Kette *f*; Zettel *m*; **fil de** ~ Kettfaden *m*, -garn *n*; **8.** *chim* Kette *f* (*von Atomen*); ~ **fermée** Ring *m*; ~ **ouverte** offene Kette; **9.** *Kybernetik* ~ **d'action** Wirkungskette *f*; ~ **d'asservissement, de régulation** Steuerkette *f*; **10.** *géol* ~ **de sols** Bodenschichtung *f* am Hängen; **11.** *arp* ~ **de triangle** Dreieckskette *f*; **12.** *ling* ~ **parlée** Chaîne parlée *f*; **13.** *bât* a) Li'sene *f*; b) (Mauer)Anker *m*; **14.** *anat* Kette *f*; ~ **ganglionnaire** Grenzstrang *m*

chaîner[ʃene] v/t 1. arp mit der Meßkette vermessen; 2. bât gegenseitig verankern

chaîn|ette [ʃɛnɛt] f 1. Kettchen n; cout point m de ~ Kettenstich m; 2. math Kettenlinie f; **~ier** m Kettenschmied m; **~iste** m Goldschmied, der Ketten herstellt

chaînon [ʃɛnõ] m 1. (Ketten)Glied n; mar Schake f; 2. fig Glied n in der Kette; 3. Bergkette f

chair|[ʃɛr] f 1. Fleisch n (im Gegensatz zu Knochen, in einigen Zssgn auch cuis); e-r Person ~ ferme festes Fleisch; von Fisch, Huhn ~ fine, tendre zartes Fleisch; fig ~ à canon Ka'nonenfutter n; cuis ~ à pâté Pa'stetenfleisch n; fig Drohung je te hacherai menu comme ~ à pâté F aus dir mach' ich Hackfleisch, Kleinholz; ~ à saucisse(s) gewürztes Hackfleisch; ♦ adjt ⟨inv⟩ Gerberei côté ~ Aas-, Fleischseite f; (couleur) ~ fleischfarben; loc/adv être ~ en ~ ein so leibhaftig; in eigener Person; en pleine ~ (tief) ins bzw im Fleisch; ♦ fig avoir la ~ de poule ~ e-e Gänsehaut haben; ça me donne la ~ de poule da(von) bekomme, F kriege ich, da über'läuft mich e-e Gänsehaut; être bien en ~ rundlich, wohlgenährt, gut beieinander, gut im Fleisch sein; fig n'être ni ~ ni poisson weder Fisch noch Fleisch sein; Kugel labourer les ~s e-e große Wunde reißen; Kugel, Splitter pénétrer dans les ~s ins Fleisch (ein)dringen; Menschenfresser im Märchen ça sent la ~ fraîche ich rieche Menschenfleisch; 2. peint ~s pl Fleisch(partien) n (f/pl); 3. von Obst etc (Frucht)Fleisch n; 4. fig u rel Fleisch n; Körper m; st/s la ~ de sa ~ sein bzw ihr eigen Fleisch und Blut; être m de ~ et de sang Wesen n aus Fleisch und Blut; rel péché m de la ~ Sünde f des Fleisches; rel plaisirs m/pl de la ~ Fleischeslust f; fleischliche Genüsse m/pl; souffrir dans sa ~ körperlich leiden

chaire [ʃɛr] f 1. in Kirchen Kanzel f; monter en ~ die Kanzel besteigen; 2. Universität a) Ka'theder n; être en ~ e-e Vorlesung halten; b) Lehrstuhl m; Profes'sur f; être titulaire d'une ~ de droit e-n Lehrstuhl für Recht innehaben; 3. égl cath la ~ apostolique, pontificale, de saint Pierre der Apostolische Stuhl; der Stuhl Petri

chaise [ʃɛz] f 1. Stuhl m; USA ~ électrique elektrischer Stuhl; ~ 'haute Kinderstuhl m; ~ longue, percée Liege-, Nachtstuhl m; früher ~ à porteurs Sänfte f; Tragsessel m; ~ de cuisine, de jardin Küchen-, Gartenstuhl m; F fig être (assis) entre deux ~s zwischen zwei Stühlen sitzen; faire la ~ mit den über'kreuzten Händen e-n Sitz bilden (um j-n zu tragen); 2. früher ~ de poste Postchaise f; 3. tech Gestell n

chaisière [ʃɛzjɛr] f Stuhlvermieterin f

chaland¹ [ʃalã] m (Last-, Fracht-, Schlepp)Kahn m; Zille f

chal|and² [ʃalã] m, **~ande** f litt (client) Kunde m, Kundin f

chalandise [ʃalãdiz] f comm région f, zone f de ~ Einzugsgebiet n

chalaze [kalaz] f 1. bot Hagel-, Nabelfleck m; Knospengrund m; sc Chalaza f; 2. zo im Ei Hagelschnur f; sc Chalaza f

chalazion [kalazjõ] m path Hagelkorn n; sc Cha'lazion n

chalco|graphie [kalkografi] f a) Kupferstichkunst f; Chalkogra'phie f; b) Kupferstichkabinett n; **~pyrite** f minér Kupferkies m; Chalkopy'rit m; **~sine** [-zin] f minér Kupferglanz m; Chalko-'sin m

chaldéen [kaldeẽ] hist I adj ⟨~ne⟩ chal'däisch; II m/pl ⟨~s⟩ Chal'däer m/pl

châle[ʃal] m Dreieck-, 'Umschlagtuch n; Stola f; adjt col m ~ Schalkragen m

chalet[ʃalɛ] m a) ~ (suisse) (Schweizer) Cha'let n; b) Schweizerhaus n; Landhaus n im Schweizer Stil; c) Sennhütte f

chaleur[ʃalœr] f 1. Wärme f (auch phys); p/fort Hitze f; phys ~ atomique A'tomwärme f; les grandes ~s, st/s les ~s de l'été die heißen Tage m/pl; der Hochsommer; die hochsommerliche Hitze; phys ~ de réaction Reakti'onswärme f; journée f d'une ~ tropicale tropisch heißer Tag; Tropentag m; Speise etc conserver sa ~ heiß, warm bleiben; dégager, donner, fournir de la ~, Wärme, Hitze abgeben, ausstrahlen; 2. fig Wärme f; Herzlichkeit f; Feuer n; Eifer m; loc/adv avec ~ mit Wärme, Herzlichkeit; herzlich; défendre qn avec ~ j-n mit Eifer verteidigen; dans la ~ de la discussion in der Hitze, im Eifer des Gefechts; Empfang etc manquer de ~ es an Wärme fehlen lassen; kühl sein; 3. der Tiere ~s, st/s ~s de Brunft f; der Hündin Hitze f; Läufigkeit f; loc/adj en ~ brünstig; heiß; ch brunftig; Hündin hitzig; läufig; Katze rollig; Stute rossig; entrer en ~ brünstig etc werden; être en ~ brünstig etc sein; ch auch brunften; époque f des ~s Brunst-, ch Brunftzeit f

chaleureusement [ʃalørøzmã] adv herzlich; warm; mit Herzlichkeit

chaleureux [ʃalørø] adj ⟨-euse⟩ Empfang, Dank, Worte, Glückwünsche, Ton herzlich; warm; Beifall herzlich; begeistert; Verteidiger eifrig

châlit [ʃali] m Bettstelle f, -gestell n

challenge [ʃalãʒ] m sports a) Titel- bzw Po'kalkampf m; b) Titel m bzw Wanderpreis m, -pokal m

challeng|er [ʃalãʒœr] m od **~eur** m sports u fig Her'ausforderer m

chaloir [ʃalwar] litt v/imp nur loc peu me od m'en chaut das ist mir gleich; daran liegt mir wenig

chaloupe [ʃalup] f mar Boot n; Scha'luppe f

chaloup|é[ʃalupe] adj Gang etc wiegend; schaukelnd; **~er** v/i schaukeln; sich wiegen

chalumeau [ʃalymo] m ⟨pl ~x⟩ 1. tech Schweißbrenner m; Schneidbrenner m; ~ oxydrique Knallgasgebläse n; 2. a) Strohhalm m; par ext Trinkhalm m; b) Schilfrohr n; 3. mus Schal'mei f; Chalu'meau n; b) des Dudelsacks Spiel-, Melo'diepfeife f

chalut [ʃaly] m (Grund)Schleppnetz n; Trawl [tro:l] n; pêcher au ~ mit dem Trawl fischen

chalutage [ʃalytaʒ] m Fischen n mit dem (Grund)Schleppnetz od Trawl

chalutier [ʃalytje] m 1. Trawler ['tro:-] m; ~ congélateur Tiefkühl-, Gefrierschiff n; 2. Fischer m auf e-m Trawler; **~usine** m ⟨pl chalutiers-usines⟩ Fa'brikschiff n

chamade [ʃamad] f 1. Herz battre la ~ zum Zerspringen klopfen; 2. früher mil Scha'made f

chamaille(s) [ʃamaj] f(pl) cf chamaillerie

chamailler [ʃamaje] F v/pr se ~ bes Kinder streiten; sich zanken

chamaill|erie [ʃamajri] F f meist pl ~s Zank m; Zanke'rei f; Streite'rei f; **~eur** F, **~euse** F I m,f F Streithammel m, -hansel m; II adj streitsüchtig

cham|an [ʃamã] m rel Scha'mane m

chamanisme [ʃamanism(ə)] m rel Schama'nismus m

chamarr|er [ʃamare] v/t 1. meist p/p chamarré bunt (abgesetzt); péj chamarré d'or goldübersät; péj mit Gold über'laden; 2. litt (colorer) beleben; Farbe geben (+dat); **~ures** f/pl Verzierung f; Schmuck m; péj Kitsch m; Flitterkram m; über'ladene Pracht

chambard [ʃãbar] F m Krach m; lautes Durcheinander; F Spek'takel m; Kra'wall m; faire du ~ Krawall machen; Krach schlagen

chambardement [ʃãbardəmã] F m 'Umwälzung f; 'Umsturz m; Neuordnung f

chambarder [ʃãbarde] F v/t Sachen durchein'anderbringen; in Unordnung bringen; fig Ordnungen etc 'umstürzen; Pläne über den Haufen werfen; il a tout chambardé er hat das Unterste zu-'oberst gekehrt, alles auf den Kopf gestellt

chambellan[ʃãbɛ(l)lã] m hist Kammerherr m; Kämmerling m; Grand ⟨⟩ etwa Oberstkämmerer m

chambertin[ʃãbɛrtẽ] m Chamber'tin m (Wein)

chambouler [ʃãbule] F v/t cf chambarder

chambranle [ʃãbrãl] m a) Tür- bzw Fensterstock m od -zarge f; b) Ka'minverkleidung f

chambre [ʃãbr(ə)] f 1. Zimmer n; st/s Gemach n; im Krankenhaus ~ individuelle Einzelzimmer n; ~ meublée möbliertes Zimmer; ~ (à coucher) Schlafzimmer n (auch die Möbel); ~ à un lit, à deux lits Einbett-, Zweibettzimmer n; ~ d'ami(s) Gäste-, Gastzimmer n; ~ de bonne Dienstbotenkammer f, -stube f; Mädchenzimmer n; ~ d'enfants Kinderzimmer n; ~ d'hôte Zimmer mit Frühstück; ~ (d'hôtel) Ho'tel-, Fremdenzimmer n; ~ côté rue od (donnant) sur la rue od ~ sur le devant Zimmer nach der Straße hinaus, zur Straße, nach vorn(e); fig sportif en ~ Sportfan, der selbst nicht Sport treibt; faire la ~ das Zimmer aufräumen; faire ~ à part getrennt schlafen; Kranker garder la ~ nicht ausgehen dürfen; das Zimmer hüten (müssen); 2. Raum m; Kammer f; mar (Offi'ziers) Ka'jüte f; in Banken Stahlkammer f; Tre'sor m; ~ froide Kühlraum m, -kammer f; ~ à gaz Gaskammer f; mar: ~ des cartes od de navigation Kartenhaus n; ~ de chauffe, des machines Kessel- od Heiz-, Ma'schinenraum m; 3. a) jur Kammer f; in der BRD bei höheren Gerichten etwa Se'nat m; ~ civile, correctionnelle od criminelle Zi'vil-, Strafkammer f; bei höheren Gerichten Zi'vil-, Strafsenat m; les ~s réunies die vereinigten Senate; ~ d'accusation od des mises en accusation etwa Anklagesenat m; ~ des requêtes Kammer, die Anträge auf Wieder'aufnahme prüft; b) pol Kammer f; in England ⟨⟩ basse od des communes, ⟨⟩ 'haute od des lords od des pairs 'Unter-, Oberhaus n; ⟨⟩ des députés Abgeordnetenhaus n; ~ 'haute od des représentants Repräsen'tantenhaus n; in einigen Ländern Abgeordnetenhaus n; c) allg Kammer f; Verband m; égl cath ~ apostolique Apostolische Kammer; ~ syndicale Arbeit'geberverband m; ~ d'agriculture Landwirtschaftskammer f; ~ de commerce (et d'industrie) (Indu'strie- und) Handelskammer f; ~ de compensation, de clearing Verrechnungsstelle f; des métiers Handwerkskammer f; 4. tech Kammer f (auch e-r Waffe); Raum m; e-s Reifens ~ à air Schlauch m; phys atom ~ à brouillard, à bulles, à étincelles

Nebel-, Blasen-, Funkenkammer *f*; *e-s Dampfkessels* ~ à, **de vapeur** Dampfraum *m*; ~ **de combustion** *e-s Motors* Verbrennungsraum *m*; *e-s Düsentriebwerks, e-r Rakete* Brennkammer *f*; *bât* ~ **d'écluse** Schleusenkammer *f*; *phys* ~ **d'ionisation** Ionisati'onskammer *f*; ~ **de mine** Sprengkammer *f*; *chim* ~ **de plomb** Bleikammer *f*; *phys* ~ **de Wilson** Wilsonsche Nebelkammer *f*; **5.** *opt* ~ **claire** Camera lucida *f*; *phot*: ~ **noire** *a)* Dunkelkammer *f*; *b) (auch* ~ **obscure)** lichtdichtes Gehäuse; lichtdichter Kasten; *früher* Camera ob'scura *f*; ~ **pliante** zusammenschiebbares Gehäuse; **6.** **musique** *f*, **orchestre** *m* **de** ~ Kammermusik *f*, -orchester *n*; **7.** *fig* **stratège** *m* **en** ~ Stammtischpolitiker *m*; Biertischstratege *m*; **travailler en** ~ zu Hause arbeiten; Heimarbeit machen; **8.** *mines (beim Abbau entstandener)* Hohlraum; **9.** *anat* ~ **antérieure, postérieure** vordere, hintere Augenkammer

chambrée [ʃãbre] *f* **1.** *in Internaten etc* Zimmergemeinschaft *f*; *bes mil* Stubengemeinschaft *f*; **2.** *mil* Stube *f*

chambrer [ʃãbre] *v/t* **1.** *(Flasche) Wein* tempe'rieren; auf Zimmertemperatur anwärmen; **2.** F *Person* ins Zimmer sperren

chambr|ette [ʃãbrɛt] *f* kleines Schlafzimmer; Kämmerchen *n*; ~**ière** *f* **1.** lange Peitsche; **2.** Stütze *f* *e-s* zweirädrigen Karrens

chame [kam] *f* *zo* Gienmuschel *f*

chameau [ʃamo] *m* ‹*pl* ~**x**› **1.** *zo* Ka'mel *n*; *im engeren Sinn* Trampeltier *n*; **à dos de** ~ auf Kamelrücken; mit Kamelen; **poil** *m* **de** ~ Kamelhaar(stoff) *n(m)*; *bibl* il est plus facile à un ~ de passer par le trou d'une aiguille, qu'à un riche d'entrer dans le ciel es ist leichter, daß ein Kamel durch ein Nadelöhr gehe, als daß ein Reicher in das Reich Gottes komme; **2.** F *fig* Schuft *m*; gemeiner Kerl; *von e-r Frau* la quelle ~! so ein böse Sieben!; *adit* il est ~ er ist ein Schuft

cham|elier [ʃaməlje] *m* Ka'meltreiber *m*; ~**elle** *f* *zo* Ka'melstute *f*

chamérops [kamerops] *m* *bot* Zwergpalme *f*

Chamites [kamit] *m/pl* Ha'miten *m/pl*

chamito-sémitique [kamitosemitik] *adj ling* **langues** *f/pl* ~**s** ha'mito-se'mitische Sprachen *f/pl*

chamois [ʃamwa] *m* **1.** *zo* Gemse *f*; **2.** **(cuir** *m* **de)** ~ Gems-, Gamsleder *n*; Wasch-, Sämischleder *n*; **peau** *f* **de** ~ Fenster-, Autoleder *n*; **3.** *adit (couleur)* ~ ‹*inv*› cha'mois; gelbbräunlich; gemsfarben

chamois|age [ʃamwazaʒ] *m* Sämischgerbung *f*; ~**er** *v/t* mit Dorsch- *od* Robbentran gerben; *adit* peau chamoisée Wasch-, Sämischleder *n*; ~**erie** *f* **1.** Sämischgerberei *f*; **2.** Wasch-, Sämischlederindustrie *f* *bzw* -handel *m*; ~**eur** *m* Sämischgerber *m*

chamotte [ʃamot] *f* Scha'motte *f*

champ [ʃã] *m* **1.** Feld *n*; Acker *m*; ~**s** *pl* Feld *n*; *st/s* Gefilde *n/pl*; Fluren *f/pl*; *par ext* Land *n*; ~ **de blé, d'expérience** Getreide-, Versuchsfeld *n*; ~ **de pommes de terre** Kar'toffelfeld *n*, -acker *m*; **fleurs** *f/pl* **des** ~**s** Feld-, Wiesenblumen *f/pl*; **travaux** *m/pl* **des** ~**s** Feldarbeit(en) *f(pl)*; **vie** *f* **des** ~**s** Landleben *n*; *loc/adv*: **à travers** ~**s** querfeldein; **en plein** ~ auf freiem, offenem Feld; **2.** Feld *n (auch mil)*; Gelände *n*; Platz *m*; *früher* ~ **clos** Tur'nier-, Kampfplatz *m*; *aviat* ~ **d'atterrissage** Landeplatz *m*; ~ **de bataille** Schlachtfeld *n (auch fig)*; *poét* Walstatt *f*; ~ **de courses** Rennplatz *m*, -bahn *f*; ~ **de dunes** Dünen *f/pl*; ~ **de**

foire Festplatz *m*, -wiese *f*; Messegelände *n*; ~ **de manœuvre, d'exercices** Ma'növergelände *n*; Truppenübungsplatz *m*; ~ **de mines, de neige, de pétrole** *od* **pétrolifère** Minen-, Schnee-, Ölfeld *n*; ~ **de tir** *a)* Schußfeld *n*; *b)* Schießstand *m*, -platz *m*; **mourir, tomber au** ~ **d'honneur** auf dem Feld(e) der Ehre fallen; **3.** *phys* Feld *n*; ~ **électrique** elektrisches Feld; ~ **magnétique** Ma'gnetfeld *n*; magnetisches Feld; ~ **de forces** Kraftfeld *n*; ~ **de gravitation** Gravitati'ons-, Schwerefeld *n*; **4.** *opt* Gesichtsfeld *n*; *cin* Bild *n*; Bildfeld *n*; **Einstellung** *f*; ~ **(visuel, de vision)** Sehfeld *n*; *abus* Blickfeld *n*; *sc nur* Gesichtsfeld *n*; ~ **de visibilité** Sichtfeld *n*, -bereich *m*; **entrer dans le** ~ ins Bild kommen; **être dans le** ~ im Bild(feld) sein; **5.** *fig* Feld *n (auch ling, math, Heraldik)*; Bereich *m*; Gebiet *n*; *chir* ~ **opératoire** Operati'onsfeld *n*; *ling* ~ **sémantique** Wortfeld *n*; ~ **d'action, d'activité** Tätigkeitsfeld *n*, -bereich *m*; Aufgabengebiet *n*, -bereich *m*; Wirkungsbereich *m*, -feld *n*, -kreis *m*; ~ **d'application** Akti'onsbereich *m*; ~ **d'application** Anwendungsgebiet *n*, -bereich *m*; Geltungsbereich *m*; ~ **des connaissances** Bereich, Gebiet der Kenntnisse; *psych* ~ **de conscience** Bewußtseinsfeld *n*; ~ **d'études, de recherches** Forschungsgebiet *n*; ~ **des hypothèses** Bereich der Hypothesen; Zahl *f* der (möglichen) Hypothesen; ~ **d'observation** Beobachtungsbereich *m*; **avoir le** ~ **libre** freie Hand haben; **donner libre** ~ **à son imagination** s-r Phantasie freien Lauf lassen; **laisser du** ~ **à qn** j-m etwas mehr Handlungsfreiheit lassen; **laisser le** ~ **libre à qn** j-m freie Hand; Handlungsfreiheit lassen; j-n frei schalten und walten lassen; **laisser le** ~ **libre** Raum lassen für etw; *e-r Sache (dat)* Tor und Tür öffnen; **prendre du** ~ Abstand gewinnen; **6.** *fig* Grund *m*

champagne¹ [ʃãpaɲ] *f* **1.** *géogr* Kreidebene *f*; Cham'pagne *f*; **2.** *adit* **fine** *f* ~ Cognac *m* aus der Cham'pagne de Sain-'tonge

champagne² [ʃãpaɲ] *m* **a)** Cham'pagner *m*; **b)** ~ **nature** trockener Weißwein aus der Cham'pagne

champagnis|ation [ʃãpaɲizasjɔ̃] *f* Verarbeitung *f* zu Cham'pagner, Schaumwein *od* Sekt; ~**er** *v/t* Wein zu Cham'pagner, Schaumwein *od* Sekt verarbeiten

champart [ʃãpar] *m* *agr* Mengkorn *n*, -futter *m (aus Roggen, Weizen u Gerste)*

champenois [ʃãpənwa] *adj (u subst* ♀ Bewohner) der Cham'pagne

champêtre [ʃãpεtr(ə)] *adj* ländlich; Dorf...; Land...; **bal** *m* ~ ländliches Tanzvergnügen; Tanz(veranstaltung) *m(f)* auf dem Lande; **garde** *m* ~ Feldhüter *m*

champignon [ʃãpiɲɔ̃] *m* **1.** *bot, cuis* Pilz *m*; *österr* Schwammerl *n*; *fig* ~ **atomique** A'tompilz *m*; ~ **de couche, de Paris** (Zucht)Champignon *m*; **aller aux** ~**s** F in die Pilze gehen; **cueillir, ramasser des** ~**s** Pilze suchen, sammeln; *fig Häuser, Städte* **pousser comme des** ~**s** wie Pilze aus dem Boden, aus der Erde schießen; *Kind* **pousser comme un** ~ sehr schnell wachsen; aufschießen; **2.** F *auto* Gaspedal *n*; **appuyer sur le** ~ F auf die Tube drücken; **3.** *bot, path* Pilz *m*; *path* ~ **de fer** od **fongus** *m*; **4.** *ch de fer* Schienenkopf *m*

champignonn|ière [ʃãpiɲɔnjεr] *f* ('unterirdische) Champignonkultur; Champignonhaus *n*; ~**iste** *m* Champignon-, Edelpilzzüchter *m*

champi|on [ʃãpjɔ̃] *m*, ~**onne** *f* **1.** *sports*

Meister(in) *m(f)*; Champion [meist 'tʃæmpjən] *m*; Sieger(in) *m(f)*; **champion olympique** O'lympiasieger *m*; *auch* Olympio'nike *m*; **champion d'Europe** Eu'ropameister *m*; **champion de France de tennis** französischer Tennismeister; **champion du monde** Weltmeister *m*; **champion du monde de boxe, d'échecs** Box-, Schachweltmeister *m*; Weltmeister im Boxen; ~ **de tir** Meisterschütze *m*; Schützenkönig *m*; **2.** ‹*nur m*› **grand** ~ (Sport)Ka'none *f*; As *n*; Re'kordler *m*; **3.** **(Vor)Kämpfer(in)** *m(f)* **(d'une cause** für e-e Sache); Verfechter(in) *m(f)* (e-r Sache); **se faire le champion d'une cause** für e-e Sache kämpfen; für e-e Sache verfechten; als Vorkämpfer für e-e Sache auftreten; **4.** F *fig adit*: **pour ça, il est champion** darin ist er Meister, ist er groß *(auch iron)*; *Sache* **c'est champion** F das ist toll

championnat [ʃãpjɔna] *m* Meisterschaft(skampf) *f(m)*; ~ **de boxe** Meisterschaft im Boxen; ~ **de France** französische Meisterschaft; ~ **du monde** Weltmeisterschaft *f*; **gagner, remporter le** ~ **du monde** die Weltmeisterschaft gewinnen, erringen; den Weltmeistertitel erringen

champlever [ʃãlve] *v/t* ‹-è-› Kunst **1.** mit dem Stichel ausschneiden; **2.** *adit* **émail champlevé** Grubenschmelz *m*

Champs-Élysées [ʃãzelize] *m/pl* Prachtstraße in Paris

chamsin *cf* khamsin

chançard [ʃãsar] F *adj u subst* il (elle) **est** *od* **c'est un(e)** ~**(e)** F er (sie) ist ein Glückspilz

chance [ʃãs] *f* **1.** Glück *n*; Chance *f*; (glücklicher) Zufall; **bonne** ~! viel Glück!; **mauvaise** ~ 'Mißgeschick *n*; **coup** *m* **de** ~ Glücksfall *m*; **avec un peu de** ~ mit ein bißchen, ein wenig Glück; **par** ~ glücklicherweise; durch e-n glücklichen Zufall; **pas de** ~! F so ein Pech!; Pech gehabt!; **avoir de la** ~ Glück haben; *ständig* ein Glückskind sein; **n'avoir pas de** ~ kein Glück haben; F Pech haben; *ständig* F ein Pechvogel sein; **tu as de la** ~ **de pouvoir partir** du hast Glück, du kannst von Glück sagen, daß du gehen kannst; **courir, tenter sa** ~ sein Glück versuchen; **donner, laisser sa** ~ **à qn** j-m e-e Chance geben; *iron* **c'est bien ma** ~! mein übliches Glück!; ich hab' ja immer so ein Glück!; **c'est une** ~ das ist ein Glücksfall, ein glücklicher Zufall; **c'est une** ~ **à courir man** sollte, müßte es versuchen; **(c'est) une** ~ **que ...** (+*subj*) (es ist) ein Glück, daß ...; **porter** ~ Glück bringen; **la** ~ **a tourné** das Blatt, Glück hat sich gewendet; **la** ~ **a voulu que ...** (+*subj*) der Zufall wollte es, daß ...; durch e-n glücklichen Zufall ...; **2.** Chance *f*; Aussicht *f*; ~**s de succès** Erfolgsaussichten *f/pl*, -chancen *f/pl*; **il y a des** ~**s, beaucoup de** ~**s, de fortes** ~**s (pour que ...** (+*subj*) es bestehen gute Aussichten, Chancen, daß ...; **il y a peu de** ~**s pour que ...** (+*subj*) es besteht wenig Aussicht, daß ...; **le projet a peu de** ~**s de réussir** der Plan hat wenig Aussicht auf Erfolg; es besteht wenig Aussicht, daß der Plan gelingt; **il n'a qu'une** ~ **sur cent de le retrouver** die Chancen stehen eins zu hundert dagegen, daß er ihn 'wiederfindet; **il y a quatre-vingt--dix-neuf** ~**s sur cent** *od* **neuf** ~**s sur dix que ...** (+*subj*) mit (neunund-) neunzigprozentiger Sicherheit ...; **il y a une** ~ **sur deux** die Chancen stehen gleich; **il a mis toutes les** ~**s de son côté** was an ihm lag, hat er getan

chancel [ʃ̃ɑ̃sɛl] *m arch* Chorschranken *f/pl*

chancelant [ʃ̃ɑ̃slɑ̃] *adj* **1.** *Schritte, Gang* (sch)wankend; taumelnd; **avoir une démarche** ~e *od* **marcher d'un pas** ~ (sch)wanken; taumeln; **2.** *fig Gesundheit, Glaube, Wille* schwankend; *Entschluß, Autorität* wankend

chanceler [ʃ̃ɑ̃sle] *v/i* <-ll-> **1.** *Person* (sch)wanken; taumeln; *Sachen* (sch)wanken; **faire** ~ ins (Sch)Wanken bringen; **2.** *fig Entschluß etc* ins Wanken geraten

chancelier [ʃ̃ɑ̃səlje] *m pol, dipl* Kanzler *m*; *in der BRD u Österreich* ~ **(fédéral)** Bundeskanzler *m*; *der Ehrenlegion* **grand** ~ Großkanzler *m* (*Leiter der Verwaltung*); *in England* ~ **de l'Échiquier** Schatzkanzler *m*; *hist* **le** ~ **de fer** der Eiserne Kanzler

chancelière [ʃ̃ɑ̃səljɛr] *f* Fußsack *m*

chancellerie [ʃ̃ɑ̃sɛlri] *f* **1.** Kanz'lei *f* (*auch dipl*); *in der BRD u Österreich* Kanzleramt *n*; *in Frankreich* Ju'stizministerium *n* (*als Behörde*); *égl cath* ♀ **apostolique** *od* **romaine** Apostolische *od* Päpstliche Kanzlei; *der Ehrenlegion* **grande** ~ Verwaltung *f*; **style** *m* **de** ~ Kanzleistil *m*; **2.** *mil e-s Führungsstabes* Perso'nal *n* und Innere Führung (*Aufgabe u Abteilung*)

chanceux [ʃ̃ɑ̃sø] *adj* <-euse> **être** ~ Glück haben; ein Glückskind sein

chancir [ʃ̃ɑ̃sir] *v/i* schimmeln

chancre [ʃ̃ɑ̃kr(ə)] *m* **1.** *path* ~ **mou**, **induré** *od* **syphilitique** weicher, harter Schanker; **2.** *bot* Baumkrebs *m*; **3.** *fig u st/s* Krebsgeschwür *n*

chandail [ʃ̃ɑ̃daj] *m* Pul'lover *m*

Chandeleur [ʃ̃ɑ̃dlœr] *f égl cath* **la** ~ (Mariä) Lichtmeß *f*; **à la** ~ (an) Lichtmeß

chandelier [ʃ̃ɑ̃dəlje] *m* **1.** (Kerzen-) Leuchter *m*; ~ **d'autel** Al'tarleuchter *m*; **2.** *mar* Stütze *f*; *bes* Relingsstütze *f*

chandelle [ʃ̃ɑ̃dɛl] *f* **1.** (Talg)Kerze *f*; Talglicht *n*; **économies** *pl* **de bouts de** ~s *cf* économie **4.**; *fig* **brûler la** ~ **par les deux bouts** a) mit s-r Gesundheit Raubbau treiben; b) das Geld mit vollen Händen ausgeben; *F fig* **devoir une fière** ~ **à qn** j-m zu großem Dank verpflichtet sein; j-m viel, *F* e-e ganze Menge zu verdanken haben; **dîner aux** ~s bei Kerzenlicht, -schein essen, dinieren; *fig*: **tenir la** ~ als (''überflüssig) Dritter dabeisein; das fünfte Rad am Wagen sein; **le jeu n'en vaut pas la** ~ das, es lohnt sich nicht; das ist der *od* die Mühe nicht wert; **en voir trente-six** ~s die Engel (im Himmel) singen hören; Sterne sehen; **le coup lui a fait voir trente-six** ~s der Schlag ließ ihn alle Sterne sehen; **2.** *Feuerwerk* ~ **romaine** (*Art*) bunte Feuerwerksrakete; **3.** *aviat* **monter en** ~ *Pilot* die Maschine hochziehen; *Flugzeug* im Steilflug hochsteigen; **4.** *Fußball* Kerze *f*; Steilschuß *m*; *Tennis cf* lob; **d'arbitre** Schiedsrichterball *m*; **faire une** ~ e-e Kerze schießen; **5.** *gym* Kerze *f*; Nackenstand *m*; **faire une** ~ e-e Kerze machen

chanfrein [ʃ̃ɑ̃frɛ̃] *m* **1.** *tech* Fase *f*; **2.** *des Pferdes* Gesicht *n*; **3.** *früher des Pferdeharnischs* Roßstirn *f*

chanfreiner [ʃ̃ɑ̃frene] *v/t tech* abfasen

change [ʃ̃ɑ̃ʒ] *m* **1.** Tausch *m*; **gagner, perdre au** ~ e-n guten, schlechten Tausch machen; **2.** *comm* (Geld-) Wechsel *m*; (**cours** *od* **taux** *m* **du** *od* **de**) ~ Wechselkurs *m*; ~ **avantageux** günstiger (Wechsel)Kurs; **de l'or** Goldkurs *m*; **agent** *m* **de** ~ Börsenmakler *m*; **bureau** *m* **de** ~ Wechselstube *f*; **lettre** *f* **de** ~ Wechsel *m*; **marché**, **Office** *m* **des** ~s De'visenmarkt *m*,

-(bewirtschaftungs)stelle *f*; **opérations** *f/pl* **de** ~ De'visen-, Wechselgeschäfte *n/pl*; **réglementation** *f* **des** ~s De'visenbestimmungen *f/pl*, -vorschriften *f/pl*; **3.** **donner le** ~ **à qn** j-n hinters Licht führen

changeant [ʃ̃ɑ̃ʒɑ̃] *adj* **1.** *Wetter* veränderlich; wechselhaft; unbeständig; *auch Person, Schicksal* launisch; *nur Person, Schicksal* launenhaft; *Person* **être** ~ *od* **d'humeur** ~e launisch, launenhaft sein; **2.** *Farbe* chan'gierend; schillernd; *Stoff* **avoir des reflets** ~s schillern

changement [ʃ̃ɑ̃ʒmɑ̃] *m* **1.** (Ver)Änderung *f*; Wechsel *m*; Wandel *m*; Wandlung *f*; 'Umwandlung *f*; Verwandlung *f*; Neuerung *f*; 'Umbruch *m*; *e-s Betriebes etc* 'Umstellung *f*; ~ **à vue** *cf* vue **2.**; ~ **d'adresse** Änderung der Anschrift; ~ **d'air** Luftveränderung *f*; ~ **de couleur** Verfärbung *f*; *chim* Farbumschlag *m*; ~ **de décor** *thé* Szenenwechsel *m*; *fig* a) Orts-, *F* Ta'petenwechsel *m*; b) plötzliche Änderung der Lage; ~ **de direction** (*Fahrzeug Fahrt*)Richtungsänderung *f*; *mil* Schwenkung *f*; ~ **de domicile** Wohnsitzwechsel *m*; ~ **d'état** Zustandsänderung *f*; 'Umwandlung *f*; ~ **de forme** 'Umwandlung *f*; 'Umgestaltung *f*; ~ **de lune, de marée** Mond-, Gezeitenwechsel *m*; ~ **de ministère** Re'gierungswechsel *m*; ~ **d'opinion** Meinungswechsel *m*, -wandel *m*; ~ **de personnel**, *mil* **de position** Perso'nal-, Stellungswechsel *m*; ~ **de poste** Stellungswechsel *m*; ~ **de prix, de programme** Preis-, Pro'grammänderung *f*; ~ **de propriétaire** Besitz(er)wechsel *m*; *bei Geschäften* Geschäftsübernahme *f*; **il y a un** ~ **de propriétaire** das Geschäft, Haus hat e-n neuen Besitzer, hat den Besitzer gewechselt; ~ **de régime** Re'gimewechsel *m*; Wechsel des Regimes; ~ **de saison** Wechsel der Jahreszeit; ~ **de structure** Struk'turwandel *m*; ~ **de température** Tempera'turänderung *f*; **brusque** ~ **de température** Tempera'tursturz *m bzw* steiler Temperaturanstieg; ~ **de temps** Wetteränderung *f*; *auto* ~ **de vitesse** a) Gangschaltung *f*; b) *Vorgang* Schalten *n*; ♦ **sans** ~ unveränderlich; unverändert; ♦ **aimer le** ~ die Abwechslung lieben; **apporter, faire des** ~s Veränderungen vornehmen (à, dans *an* + *dat*), herbeiführen (an, in + *dat*); **Neuerungen einführen**; *an e-m Text etc* Änderungen vornehmen; **il y a eu du** ~ es hat sich manches, einiges geändert; **craindre le** ~ sich vor Veränderungen fürchten; **cela fait un grand** ~ das bedeutet e-e große Umstellung; **subir des** ~s ge-, verändert werden; (Ver)Änderungen erfahren; **2.** *ch de fer etc* 'Umsteigen *n*

changer [ʃ̃ɑ̃ʒe] <-geons> **I** *v/t* **1.** ('um-, ein-, aus)tauschen; (aus)wechseln; *Reihenfolge, Pläne, Gewohnheiten, Text, Rede* ändern; *Reihenfolge auch, Anordnung etc* verändern; *Geld* (ein)wechseln; *Personal* auswechseln; *Einrichtung, Vorhänge, Ersatzteile etc* auswechseln; **er-setzen**; ~ **qn** j-n verändern; ♦ ~ **ses assiettes** die Teller wechseln; *fig* ~ **ses batteries** die, s-e Taktik ändern; ~ **les décors** die Kulissen, Dekoration, das Bühnenbild wechseln; ~ **les draps** die Bettwäsche wechseln; das Bett *bzw* die Betten frisch beziehen; ~ (**un billet de**) **50 francs** 50 Franc wechseln; ~ **les idées à qn** j-n auf andere Gedanken bringen; ~ **la place de qc** etw an, auf e-n anderen Platz legen, stellen, setzen; *Möbel* 'umstellen; ~ **sa place pour une autre** den Platz wechseln; ~ **sa place pour celle d'un autre** s-n Platz gegen

den e-s anderen tauschen; **den Platz** e-s anderen einnehmen; **cela ne change en rien ma résolution** das ändert nichts an meinem Entschluß; **vouloir tout** ~ alles ändern, 'umstürzen, 'umkrempeln wollen; **ça, voilà qui change tout** das ändert natürlich alles; ~ **sa voiture** *cf* (~ **de voiture**). ~ **sa voix** s-e Stimme verstellen; ♦ ~ **qc à qc** etw an etw (*dat*) ändern; **ne rien** ~ **à ses habitudes, à ses projets** nichts an s-n Gewohnheiten, Plänen ändern; **cela ne change rien à l'affaire** das ändert nichts daran *od* an der Sache; ~ **une chose contre** *od* **pour une autre** etw gegen, für etw eintauschen; ~ **des francs contre des, en dollars** Francs gegen, für Dollars (ein)wechseln, (ein-) tauschen; ~ **qc de place** etw an e-n anderen Platz stellen, setzen, legen; etw 'umräumen, *Möbel auch* 'umstellen; ~ **qn de poste** j-m e-e andere Stelle geben; j-n versetzen; **ne rien y** ~ nichts daran ändern; **vous n'y changerez rien** Sie werden da(ran) doch nichts ändern; **2.** verwandeln, 'umwandeln (**en** in +*acc*); **les doutes de qn en certitude** j-s Zweifel zur Gewißheit werden lassen; *Metall* ~ **en or** in Gold verwandeln; **3.** *Säugling* trockenlegen; frisch wickeln; ~ **un malade** e-m Kranken ein frisches Nachthemd *bzw* e-n frischen Schlafanzug anziehen; **4.** **ça me** (*bzw* **le** *etc*) **change** das ist ein 'Unterschied (de zu); **5.** *mar* ~ **la barre** das Steuerruder 'überlegen; **II** *v/t/indir* **6.** ~ **de** wechseln, ändern (+*acc*); ~ **d'adresse** se-e Anschrift ändern; 'umziehen; ~ **d'air** *lui fera du bien* e-e Luftveränderung …; ~ **d'appartement** die Wohnung wechseln; 'umziehen; ~ **d'attitude** s-e Haltung ändern (**avec, envers qn** j-m gegenüber); ~ **d'avis** s-e Ansicht, Meinung ändern; anderen Sinnes werden; **faire** ~ **qn d'avis** j-n 'umstimmen; ~ **de bus** 'umsteigen; ~ **de chemise** ein frisches Hemd anziehen; ~ **de coiffeur** den Friseur wechseln; zu e-m anderen Friseur gehen; ~ **de coiffure** sich anders fri'sieren (lassen); **avoir changé de coiffure** e-e neue, andere Frisur tragen, haben; ~ **de côté** auf die andere Seite gehen *bzw* sich auf die andere Seite setzen; ~ **de couleur** e-e andere Farbe annehmen; sich verfärben; *Person* die Farbe wechseln; blaß *bzw* rot werden; ~ **de direction** die *od* s-e (*Fahrzeug* Fahrt-) Richtung ändern; *mil* ('um)schwenken; ~ **d'état** sich 'umwandeln; in e-n anderen Zustand 'übergehen; ~ **de forme** e-e andere Form, Gestalt annehmen; ~ **de gouvernement** e-e andere Regierung bekommen; ~ **d'idée** s-e Absicht, Ansicht ändern; sich anders besinnen; *F* ~ **d'idée comme de chemise** s-e Meinung wechseln wie sein Hemd; ~ **de jupe** e-n anderen Rock anziehen; ~ **de langage** e-n anderen Ton anschlagen; ~ **de lectures** e-e Lektüre wechseln; ~ **de marque** die Marke wechseln; *auch* auf e-e andere Marke 'umsteigen; ~ **de médecin** zu e-m anderen Arzt gehen; den Arzt wechseln; ~ **de métier** den Beruf wechseln; 'umsatteln; ~ **de nom** s-n Namen ändern; sich anders nennen; *Sache* 'umbenannt werden; **avoir changé de nom** (jetzt) anders heißen; ~ **de place den** Platz wechseln; ~ **de place avec qn** mit j-m den Platz tauschen; ~ **de professeur** *Klasse* e-n neuen Lehrer bekommen; *privat* e-n anderen Lehrer nehmen; zu e-m anderen Lehrer gehen; ~ **de propriétaire** den Besitzer wechseln; ~ **de route** e-e andere Route fahren; *mar* den Kurs wechseln; ~ **de sujet** das

Thema wechseln; ~ de tactique die Taktik ändern, wechseln; ~ de train 'umsteigen; ~ de vêtement sich 'umziehen, 'umkleiden; ~ de voiture sich e-n anderen, neuen Wagen anschaffen, F zulegen; **III** v/i 7. ⟨Zustand être⟩ sich ändern; anders werden; Wetter ~ brusquement auch 'umschlagen; ~ à son avantage od en mieux, en pire sich zu s-m Vorteil, Nachteil verändern; Person il n'a pas changé er hat sich überhaupt nicht verändert, nur charakterlich geändert; il est tout changé auch er ist wie 'umgewandelt; les choses, les temps ont bien changé! wie die Zeiten sich ändern!; rien n'a changé alles ist noch so, wie es war, ist beim alten; nichts hat sich geändert; le temps va ~ das Wetter ändert sich; wir bekommen anderes Wetter; tout a changé alles ist anders (geworden); 8. ~ avec qn mit j-m tauschen; je ne voudrais pas ~ avec lui ich möchte nicht mit ihm tauschen; 9. F plais pour ~ wie gewöhnlich; F iron zur Abwechslung mal wieder; 10. ch de fer etc 'umsteigen; **IV** v/pr se ~ 11. sich 'umziehen, 'umkleiden; 12. se ~ en sich verwandeln in (+acc); Verdacht etc se ~ en certitude zur Gewißheit werden; 13. pour se ~ les idées um auf andere Gedanken zu kommen

changeur [ʃɑ̃ʒœr] m 1. comm Geldwechsler m; 2. ~ (de disques) Wechselachse f; électrophone m à ~ (automatique) Plattenwechsler m; 3. phys ~ de fréquence Fre'quenzumformer m

chanlat(t)e [ʃɑ̃lat] f bât Latte f zum Befestigen der untersten Dachziegel

chanoin|e [ʃanwan] m Dom-, Stiftschorherr m; Ka'noniker m; Ka'nonikus m; Kapitu'lar m; ~ honoraire Ehrenkanoniker m; ~esse f früher Stiftsdame f; Kano'nisse f, -'nissin f

chanson [ʃɑ̃sɔ̃] f 1. Lied n (auch Literatur); Schlager m; ~ folklorique, populaire Volkslied n; ~ à boire Trinklied n; ~ (à texte) Chan'son n; ~ d'amour, d'art Liebes-, Kunstlied n; ~ de charme sentimentales, péj schmalziges Lied; péj Schnulze f; Literatur ~ de geste Heldenlied n, -epos n; ~ de marche Marschlied n; Literatur ~ de Roland das Rolandslied; F fig je connais la ~ das kenne ich; comme dit la ~ wie es im Lied heißt; F fig c'est toujours la même ~ es ist immer die alte Leier, das alte Lied; mettre qc en ~ etw in Liedform bringen; 2. poét der Grille, des Meeres etc Lied n

chansonnette [ʃɑ̃sɔnɛt] f Liedchen n; F pousser la ~ ein Lied schmettern

chansonnier [ʃɑ̃sɔnje] m 1. Kabaret'tist m; théâtre m de ~s Kaba'rett n; Kleinkunstbühne f; 2. Liederbuch n, -sammlung f

chant[1] [ʃɑ̃] m 1. Singen n; Gesang m; st/s Sang m; art m du ~ Singen n; Gesangskunst f; cours m/pl de ~ Gesangsstunden f/pl, -unterricht m; exercices m/pl, professeur m de ~ Gesangsübungen f/pl, -lehrer m; apprendre le ~ singen lernen; 2. Lied n; Weise f; Melo'die f; Gesang m; im Kontrapunkt ~ donné gegebene Melo'die; ~ funèbre Grablied n, -gesang m; ~ patriotique vaterländisches Lied; ~ populaire Volkslied n, -weise f; ~s profanes, sacrés weltliche, geistliche Lieder n/pl; ~ d'enfants Kinderlied n; 3. der Vögel Singen n; Gesang m; der Lerche Tiri'lieren n; der Nachtigall Schlagen n; des Hahns Krähen m; der Grille, Zikade Zirpen n; des Froschs Quaken n; fig le ~ du cygne der Schwanengesang; loc/adv au ~ du coq beim ersten Hahnenschrei; 4. fig der

Geigen, des Meeres etc Lied n; 5. Literatur a) Lied n; Gesang m; le ♀ du départ Kriegslied von 1794 (Text von Chénier, Melodie von Méhul); b) e-s Epos Gesang m

chant[2] [ʃɑ̃] m e-s Steins etc Schmalseite f; mettre, poser de, sur ~ mit der Schmalseite nach unten setzen

chantage [ʃɑ̃taʒ] m Erpressung f; faire du ~ Erpressungen bzw e-e Erpressung begehen; il a essayé de faire du ~ er hat versucht, mich bzw ihn etc zu erpressen; se livrer à un ~ sur qn j-n erpressen

chantant [ʃɑ̃tɑ̃] adj 1. Sprache, Stimme me'lodisch; accent ~ singender Tonfall; 2. sangbar; sanglich; 3. péj Ton leiernd

chantefable [ʃɑ̃tfabl(ə)] f altfrz Literatur Chante'fable f (volkstümliche Vers- u Prosaerzählung)

chantepleure [ʃɑ̃tplœr] f 1. a) Siebtrichter m (beim ersten Abstich des Weins); b) Faß-, Zapfhahn m; 2. bât Entwässerungsschlitz m

chanter [ʃɑ̃te] **I** v/t 1. Lied, Melodie singen; ~ l'An neuf, Noël zu Neujahr, Weihnachten singen; 2. ~ qc etw besingen, preisen; ~ (les exploits de) qn j-n, j-s Heldentaten besingen, preisen; 3. F fig qu'est-ce que tu me chantes là? was erzählst du da für e-n Unsinn, F Quatsch?; **II** v/i 4. singen; ~ bien, doucement, faux, fort, juste qui, leise, falsch, laut, richtig singen; ~ à pleine voix mit voller Stimme singen; F fig c'est comme si on chantait das ist alles in den Wind geredet; 5. beim Sprechen singen; langue qui chante melodische Sprache; 6. péj leiern; 7. Vögel singen; trillern; Lerche tiri'lieren; Nachtigall schlagen; Hahn krähen; Zikade, Grille zirpen; 8. fig kochendes Wasser, Wasserkessel summen; singen; 9. F fig si ça vous chante wenn Sie (dazu) Lust haben; F wenn Sie (dazu) lustig sind; comme ça vous chante ganz wie Sie wollen, F lustig sind; 10. mus Instrument die (Stimm)Führung haben; 11. faire ~ qn j-n erpressen

chanterelle [ʃɑ̃trɛl] f 1. bot Pfifferling m; Eierschwamm m; 2. mus höchste Saite (e-s Saiteninstruments); F fig appuyer sur la ~ den Finger auf die Wunde legen; 3. Lockvogel m

chant|eur [ʃɑ̃tœr] m, ~euse f 1. Sänger (-in) m(f); ~ de cabaret Kaba'rettsänger(in) m(f); Chansonni'er m; Chanso'n(n)ette f; ~ de charme Schlager-, péj Schnulzensänger(in) m(f); ~ de jazz, d'opéra, des rues Jazz-, Opern-, Straßensänger(in) m(f); 2. adj oiseaux chanteurs Singvögel m/pl; 3. adj maître chanteur cf maître 4.

chantier [ʃɑ̃tje] m 1. Baustelle f; ~ naval (Schiffs)Werft f; mines ~ d'abattage Abbaustoß m, -betrieb m; ~ de démolition Abbruchstelle f; ~ de travail internationales Ferienarbeitslager; chef m de ~ Bauführer m, -leiter m; mise f en ~ bât Baubeginn m; mar Kiellegung f; navire m sur ~ auf Kiel gelegtes Schiff; fig avoir qc en ~ an etw (dat) arbeiten; fig être en ~ in Arbeit sein; fig mettre qc en ~ etw in Angriff nehmen; travailler sur un ~ auf e-r Baustelle bzw e-r Werft arbeiten; travailler sur le ~ auf dem Bau arbeiten; 2. F fig quel ~! was für ein Chaos, Tohuwa'bohu!; 3. bât Bauhof m; für Holz, Kohle Lager n; 4. für Fässer Lager n

chantonner [ʃɑ̃tɔne] v/t u v/i trällern; summen; vor sich hin singen

chantoung cf shant(o)ung

chantourner [ʃɑ̃turne] v/t tech deku'pieren; scie f à ~ Schweif-, Deku'piersäge f

chantre [ʃɑ̃tr(ə)] m 1. égl cath Vorsänger m; grand ~ Chorleiter m, -dirigent m; 2. fig u st/s Sänger m; Dichter m; ~ de la liberté Sänger der Freiheit

chanvre [ʃɑ̃vr(ə)] m bot, text Hanf m; ~ indien Indischer Hanf; ~ d'eau Wasserhanf m, -dost m; Kuni'gundenkraut n; ~ de Manille Ma'nilahanf m; corde f de ~ Hanfseil n; (toile f de) ~ Hanfleinwand f

chanvrier [ʃɑ̃vrije] **I** adj ⟨-ière⟩ Hanf...; industrie chanvrière Hanfindustrie f; **II** m a) Hanfbauer m, -züchter m; b) Hanfbrecher m; c) Hanfhändler m

chaos [kao] m 1. rel, myth u fig Chaos n; 2. géogr ~ de blocs Block-, Felsenmeer n

chaotique [kaotik] adj cha'otisch; wüst; verworren

chaouch [ʃauʃ] m in Nordafrika Gerichtsdiener m

chapard|age [ʃapardaʒ] m F Mausen n; Sti'bitzen n; ~er v/t F mausen; sti'bitzen; klauen; ~eur F **I** adj ⟨-euse⟩ diebisch; **II** m, chapardeuse m,f Dieb m, Diebin f; F Langfinger m

chape [ʃap] f 1. égl cath Cap(p)a f; Rauchmantel m; Pluvi'ale n; 2. tech Deckel m; Haube f; Kappe f; 'Überzug m; von Reifen Lauffläche f; e-r Rolle Bügel m; Straßenbau ~ d'étanchéité Dichtungsschicht f; 3. Heraldik Spitze f

chapé [ʃape] adj Heraldik écu ~ Wappen n mit Spitze

chapeau [ʃapo] m ⟨pl ~x⟩ 1. Hut m; ~ 'haut de forme Zy'linder m; ~ à plumes Federhut m; ~ de cardinal Kardi'nalshut m (auch fig Kar'dinalswürde); ~ de femme, de feutre, d'homme, de paille, de soleil Damen-, Filz-, Herren-, Stroh-, Sonnenhut m; fig ~ bas!, F ~! Hut ab!; alle Achtung!; donner un coup de ~ den Hut ziehen, lüften, abnehmen (à qn vor j-m); fig donner un coup de ~ à qn vor j-m den Hut ziehen; échanger des coups de ~ voreinander die Hüte ziehen; enlever, ôter son ~ den, s-n Hut abnehmen; mettre un, son ~ e-n, s-n Hut aufsetzen; fig u st/s saluer ~ bas sich tief, ehrfürchtig verneigen (qn vor j-m); fig tirer son ~ à qn vor j-m den Hut ziehen; F fig travailler du ~ F nicht ganz bei Trost sein; spinnen; e-n Sparren haben; cf auch cinglé; 2. der Pilze Hut m; cuis e-r Pastete etc Deckel m; 3. tech Haube f; Deckel m; Kappe f; auto ~ de roue Rad(zier)kappe f; démarrer sur les ~x de roue(s) auto e-n Blitzstart machen; fig ra'sant beginnen; prendre un virage sur les ~x de roue(s) F mit -zig Sachen in die Kurve gehen; die Kurve auf zwei Rädern nehmen; 4. mus ~ chinois Schellenbaum m; 5. zu e-m Zeitungsartikel Kopfnote f

chapeaut|é [ʃapote] adj ganté et ~ mit Handschuhen und Hut; ~er F v/t ~ qc etw leiten, kontrol'lieren

chapelain [ʃaplɛ̃] m (Haus)Ka'plan m

chapelet [ʃaplɛ] m 1. a) égl cath Rosenkranz m; in anderen Religionen Gebetsschnur f; b) Rosenkranz(gebet) m(n); dire, réciter son ~ den Rosenkranz beten; fig Reihe f; Kette f; Kranz m; von Beleidigungen Hagel m; von Zwiebeln Zopf m; von Würsten Kette f; Kranz m; von Bomben Reihe f; ~ d'îles Inselkette f; 3. arch Perlstab m; 4. ~ hydraulique od (pompe f à) ~ Wasserschöpfrad n

chapel|ier [ʃapəlje] m, ~ière f [ʃapəljɛr] Hutmacher(in) m(f); adit industrie chapelière Hutindustrie f

chapelle [ʃapɛl] f 1. Ka'pelle f (auch Teil e-r Kirche); ~ ardente cf ardent 1.; ~

baptismale Taufkapelle f; ~ de la (Sainte) Vierge Ma'rienkapelle f; **2.** égl cath Meßgeräte n/pl; **3.** hist Kirchenmusik Ka'pelle f; **maître** m de ~ Kantor m; Chorleiter m; **4.** fig u péj Clan m; Clique f; Klüngel m; **5.** ke'ramischer Ofen; **enfourner, mettre en** ~ in den Ofen einbringen

chapellenie [ʃapɛlni] f Ka'planswürde f

chapellerie [ʃapɛlri] f **a)** Hutfabrik f bzw -macherei f; **b)** Hutindustrie f; **c)** Huthandel m bzw -geschäft n; **d)** coll Hüte m/pl

chapelure [ʃaplyr] f cuis Pa'nier-, Semmelmehl n; Semmelbrösel m/pl

chaperon [ʃaprõ] m **1.** Anstandsdame f. F -wauwau m; **servir** de ~ à qn j-m als Anstandsdame dienen; **2.** Märchen(gestalt) le Petit ♀ rouge Rotkäppchen n; **3.** bât Mauerabdeckung f

chaperonner [ʃaprɔne] v/t **1.** bes junges Mädchen als Anstandsdame begleiten; chapero'nieren; **2.** Mauer abdecken

chapiteau [ʃapito] m ‹pl ~x› **1.** arch Kapi'tell n; par ext Aufsatz m; über e-r Statue kleiner Baldachin; **2.** ~ (de cirque) (Zirkus)Zelt n; par ext Zirkus m; **sous le** ~ unter der (Zirkus)Kuppel

chapitre [ʃapitr(ə)] m **1.** Ka'pitel n (auch der Bibel. e-s Budgets u fig); Abschnitt m; **2.** fig Ka'pitel n; Gebiet n; Bereich m; Gegenstand m; Punkt m; **au** ~ de la politique extérieure, on peut signaler ... aus der Außenpolitik wäre zu melden ...; **sur ce** ~ diesbezüglich; in dieser Hinsicht, Beziehung; in diesem Punkt; davon; dazu; darüber; c'est tout ce qu'on peut dire sur ce ~ ... was man darüber, diesbezüglich, zu diesem Punkt sagen kann; être très exigeant sur le ~ de l'exactitude ... in bezug auf od in puncto Genauigkeit ...; **3.** rel a) Ka'pitel n; cathédral, collégial, conventuel Dom-, Stifts-, Klosterkapitel n; **b)** (salle f du) ~ Ka'pitelsaal m

chapitrer [ʃapitre] v/t **1.** ~ qn a) j-m Verhaltensmaßregeln geben; être dûment chapitré entsprechend instru'iert sein; mit entsprechenden Instrukti'onen versehen sein; **b)** j-n maßregeln; j-m die Le'viten lesen; **2.** in Ka'pitel einteilen

chapon [ʃapõ] m **1.** Ka'paun m; **2.** cuis in Fleischbrühe getauchtes bzw mit Knoblauch eingeriebenes (Stück) Weißbrot

chaponner [ʃapɔne] v/t Hahn verschneiden; ka'paunen; kapauni'sieren

chapska [ʃapska] m hist mil Tschapka f

chaptalisation [ʃaptalizasjõ] f des Weins Chaptali'sieren n, -ung f; Trockenzuckerung f; **~er** v/t chaptali'sieren

chaque [ʃak] **I** adj/ind jede(-r, -s); à ~ instant alle Augenblicke; ständig; unaufhörlich; **entre** ~ **phrase**, il poussait un soupir nach jedem Satz ...; zwischen den einzelnen Sätzen ...; **II** pr/ind ‹für chacun, nachgestellt› coûter cent francs ~ hundert Franc je(des) od das od pro Stück kosten; je hundert Franc kosten

char [ʃar] m **1.** mil Panzer m; ~ léger, lourd, moyen leichter, schwerer, mittelschwerer Panzer; ~ **poseur de pont** Brückenlegepanzer m; ~ **d'assaut, de combat, de commandement, de reconnaissance** Sturm-, Kampf-, Befehls-, Aufklärungspanzer m; **2.** Wagen m; Karren m; st/s ~ **funèbre** Leichenwagen m; früher ~ **à bancs** Kremser m; ~ à bœufs Ochsenkarren m; ~ à foin Heuwagen m; fig ~ de l'État Staatsschiff n; beim Karneval ~ **de fleurs, fleuri** blumengeschmückter Wagen m; in der Antike Wagen m; litt. myth ~ **du soleil** Sonnenwagen m; **course** f de ~s Wagenrennen n

---

charabia [ʃarabja] m F Kauderwelsch n; ~ **administratif** Behördenkauderwelsch n

charade [ʃarad] f Scha'rade f; ~ **en action** lebende Scharade

charadriidés [karadriide] m/pl zo Regenpfeifer m/pl

charançon [ʃarãsõ] m zo Rüsselkäfer m; ~ **du blé, du riz** Korn-, Reiskäfer m

charbon [ʃarbõ] m **1.** a) ~ (minéral, de terre) Kohle f; ~ **aggloméré, gras, maigre** Preß-, Fett-, Magerkohle f; ~ de bois Holzkohle f; mine f de ~ Kohlenbergwerk n; Zeche f; **b)** (Stück n) Kohle f; fig **être sur des** ~s ardents in e-r peinlichen, schwierigen Lage sein; (vor Angst) (wie) auf glühenden Kohlen sitzen; **2.** chim ~ **animal** cf animal II 1.; **3.** Zeichenkohle f; par ext Kohlezeichnung f; **4. a)** vét, path Milzbrand m; **b)** bot Brand m; bes Getreidebrand m

charbonnage [ʃarbɔnaʒ] m **a)** Kohlenbergwerk n; Zeche f; ~s de France staatliches Kohlenbergwerksunternehmen; **b)** Steinkohlenbergbau m

charbonné [ʃarbɔne] adj schwarz (gefärbt, angemalt)

charbonner [ʃarbɔne] **I** v/t **1.** verkohlen; **2.** mit Kohle zeichnen; **II** v/i **3.** Ofen, Lampe, Docht rußen; Lampe, Docht auch blaken; **4.** mar kohlen; Kohle über'nehmen, bunkern

Charbonnerie [ʃarbɔnri] f hist Carbone'ria f

charbonneux [ʃarbɔnø] adj ‹-euse› **1.** vét, path Milzbrand...; bactéridie, tumeur charbonneuse Milzbrandbazillus m, -karbunkel m; **2.** Augen zu dunkel um'randet

charbonnier [ʃarbɔnje] **I** adj ‹-ière› Kohlen...; industrie charbonnière et sidérurgique Mon'tanindustrie f; **II** m **1.** Kohlenhändler m; **2.** Köhler m; Kohlenbrenner m; Kind noir comme un ~ schwarz wie ein Mohr; prov ~ est maître chez soi od dans sa maison jeder ist Herr in s-m Haus; **3.** mar Kohlendampfer m, -schiff n

charbonnière [ʃarbɔnjɛr] f **1.** Köhle'rei f; **2.** zo Kohlmeise f

charcuter [ʃarkyte] F v/t ~ qn F an j-m her'umschnippeln, -schnipseln; se ~ le doigt im Finger (nach e-m Splitter etc) her'umstochern; se faire ~ F an sich her'umschnippeln lassen

charcut|erie [ʃarkytri] f **1.** (Schweine-) Fleisch- und Wurstwaren f/pl; (Schweine)Wurst f; auch Aufschnitt m; **2.** (Schweine)Fleisch- und Wurstwarengeschäft n; (Schweine)Metzge'rei f; Flei'sche'rei f; **3.** (Schweine)Metzger-, Flei'scherhandwerk n bzw (Schweine-) Fleisch- und Wurstwarenindustrie f; **~ier** m (Schweine)Metzger m; Fleischer m

chardon [ʃardõ] m **1.** bot Distel f; ~ argenté od Notre-Dame Ma'riendistel f; ~ étoilé Sternflockenblume f; ~ Roland Brachdistel f; Feldmannstreu m; ~ à foulon Weberkarde f; ~ des champs Ackerkratzdistel f; **2.** Eisenspitze f (auf Mauern od Gittertoren); **3.** text Karde f; Kratze f

chardonner [ʃardɔne] v/t text rauhen

chardonneret [ʃardɔnrɛ] m zo Distelfink m; Stieglitz m

charentais [ʃarãtɛ] adj (u subst ♀ Bewohner) der Cha'rente

charge [ʃarʒ] f **1.** Last f; Belastung f; Bürde f; phys auch Wasserdruck m; e-s Schiffs a) Ladung f; Fracht f; **2.** tech ~ **admissible** zulässige Belastung; Belastbarkeit f; ~ **maximale** Höchstlast f; maximale Last; ~ **utile** Nutzlast f; ~ **d'eau** Höhe f der Wasser-

---

säule; ~ **de rupture** Bruchlast f; **en** ~ beladen; mit Ladung, Last; Fahrer **prendre** qn, qc en ~ j-n (Fahrgast) auf-, mitnehmen; ein einladen, mitnehmen; cf auch 4.; Transportwesen **rompre** ~ 'umladen; mar (die Ladung) löschen; entladen; **2.** élect, bei Waffen **a)** Ladung f; ~ **creuse** Hohlladung f; ~ **explosive** od **d'explosifs** Sprengladung f; **b)** Laden n; **courant** m de ~ Ladestrom m; **3.** fig Last f; Bürde f; Belastung f; jur a) Verpflichtung f; b) bei Schenkungen Auflage f; c) von Grundstücken etc Belastung f; d) im Strafprozeß Belastung f; Anklagepunkt m; ~s fiscales Steuerlast f; steuerliche Belastung(en) f(pl); **Steuerbelastung** f; ~s foncières Grundlasten f/pl; bei Mieten ~s (locatives) Nebenkosten pl; jur lourdes ~s dringender Tatverdacht; de lourdes ~s pèsent sur lui er ist dringend der Tat verdächtig; ~s sociales Sozi'allasten f/pl; ~s de l'État Staatsausgaben f/pl und -schulden f/pl; ~s de famille 'Unterhaltsverpflichtungen f/pl; ~s du ménage Haushaltskosten pl; ~s sur salaire Lohnnebenkosten pl; enfant m à ~ 'unterhaltsberechtigtes Kind; jur témoin m à ~ Belastungszeuge m; **♦** loc/adv: à ~ **de revanche** cf revanche; à ~ **pour vous de** (+inf) unter der Bedingung od mit der Verpflichtung, daß Sie...; wenn Sie...; à la ~ de zu Lasten von (od + gén); à la ~ de la **collectivité** zu Lasten des Staates, der Allgemeinheit; être à la ~ de qn Person von j-m unter'halten werden; F j-m auf der Tasche liegen; Kosten zu j-s Lasten gehen; les frais de voyage sont à sa ~ auch er trägt, bestreitet die Reisekosten; **♦** avoir qn à ~ für j-n sorgen müssen; jur constituer une ~ pour qn j-n belasten; être à ~ à qn Person jur zur Last fallen; Sache j-m sehr schwerfallen; j-m fast zuviel sein; c'est une ~ pour moi das ist, bedeutet e-e Belastung für mich; toute la ~ (en) retombe sur lui die ganze Last, Bürde muß er tragen; **4.** Aufgabe f; Auftrag m; rel ~ d'âme(s) Seelsorge f; seelsorgerische, seelsorgerliche Tätigkeit; par ext avoir ~ **d'âme(s)** für andere, für das Leben anderer verantwortlich sein; j'ai ~ d'âme auch ich habe für ihn bzw sie die Verantwortung; avoir (la) ~ de (+inf) die Aufgabe, den Auftrag haben zu (+inf); (damit) beauftragt, betraut sein zu (+inf); **confier à** qn la ~ de (+inf) jdm die Aufgabe über'tragen zu (+inf); j-n damit beauftragen, betrauen zu (+inf); **prendre** qn, qc en ~ sich j-s, e-r Sache annehmen; etw in die Hand nehmen; etw über'nehmen; **5.** e-s Notars, Avoué, Maklers etc Amt n; **6.** von Holz etc Ladung f; Last f; tech für Papier etc Füllstoff m; e-s Hochofens Ladung f; Füllung f; Beschickung f; Charge f; géogr e-s Flusses: Last f; Fracht f; ~ **dissoute, en suspension** Lösungs-, Schub- od Suspensi'onsfracht f; **7.** mil, der Polizei, von Tieren etc Angriff m; At'tacke f; ~ de cavalerie Kavalle'rieangriff m, -attacke f; **battre, sonner la** ~ zum Angriff trommeln, blasen; fig **revenir à la** ~ sich nicht abweisen lassen; nicht lockerlassen; es noch einmal versuchen; **8.** thé e-r Rolle Über'treiben n; Karika'tur f; **jouer son rôle en** ~ od mettre trop de ~ dans son rôle (bei s-r Rolle) über'treiben, zu dick auftragen; s-e Rolle kari'kieren; **9.** femme f de ~ (Wäsche)Beschließerin f

chargé [ʃarʒe] **I** adj **1.** beladen, bepackt, belastet (de mit); Magen über'laden; 'übervoll; Zunge belegt; Stil, Dekoration

etc **trop** ~ über'laden; **main** ~e de **bagues** mit vielen Ringen geschmückte, von Ringen bedeckte Hand; *Baum* ~ de **fruits** voller Früchte; schwer von Früchten; **table** ~e de mets Tisch *m* voller Speisen; ~ de paquets mit Paketen beladen, bepackt; *Wolke* ~ de pluie regenschwer; *fig* ~ de gloire ruhmbedeckt; **avoir une semaine** ~e e-e ausgefüllte Woche haben; 2. *Waffe* geladen; 3. **lettre** ~e Wertbrief *m*; Brief *m* mit Wertangabe; 4. ~ de beauftragt, betraut mit; ~ de mission mit e-r Mission beauftragt; **M. X.,** ~ **des relations publiques à** ... Herr X., zuständig für Öffentlichkeitsarbeit in ...; **être** ~ **de famille** für e-e Familie zu sorgen haben; **II** *m dipl* ~ **d'affaires** Geschäftsträger *m*; **an Hochschulen** ~ **de cours** Do'zent *m*; Lehrbeauftragte(r) *m*; *jur* ~ de procuration Bevollmächtigte(r) *m*

chargement [ʃarʒəmã] *m* **1.** *e-s Fahrzeugs* Beladen *n*; *e-s Schiffes* Laden *n*; *von Waren* Ein-, Verladen *n*; **appareil** *m* de ~ Ladevorrichtung *f*; **2.** Ladung *f*; Fracht *f*; **3.** *e-r Waffe* Laden *n*; **4.** *e-s Hochofens* Beschickung *f*; Begichtung *f*; Char'gieren *n*; **5.** ~ **d'un appareil photo** Einlegen *n* des, e-s Films in e-n Fotoapparat

charger [ʃarʒe] **I** *v/t* **1.** *Person, Tier, Fahrzeug* beladen, bepacken *(de mit)*; *Fahrzeug auch* befrachten; *Güter* (ver-, ein)laden; F *Taxi(fahrer)* ~ un client e-n Fahrgast auf-, mitnehmen; ~ du bois sur, des meubles dans un camion Holz auf, Möbel in e-n Lkw (ver)laden; ~ une malle sur son épaule sich *bzw* ihm e-n Koffer auf die Schulter laden; e-n Koffer schultern; **2.** *fig* belasten, beschweren *(de mit)*; ~ qn in die Rechnung setzen *(auch jur Angeklagten)*; ~ qn de qc j-n mit etw belasten; j-m etw *(Unangenehmes)* aufladen, auferlegen, aufhalsen; etw auf j-n abladen; ~ qn de tous les défauts j-m alle Fehler anhängen, nachsagen; ~ **sa conscience d'un crime** sein Gewissen mit e-m Verbrechen belasten; *Verbrechen* ~ **la conscience de qn** j-s Gewissen belasten; auf j-s Gewissen drücken; *Speisen* ~ **l'estomac** im Magen liegen; ~ **sa mémoire de** ... sein Gedächtnis belasten mit ...; ~ **son récit d'**épisodes inutiles e-e Erzählung über'laden mit ...; **3.** ~ qn de qc j-n mit etw beauftragen, betrauen; j-m etw über'tragen; ~ qn de (+*inf*) j-n damit beauftragen *od* betrauen, in j-m den Auftrag geben zu (+*inf*); **4.** *Batterie, Waffe* laden; *abs* ~ **à balles, à blanc** scharf, blind laden; **5.** *Brief* als Wertsendung aufgeben; **6.** *Hochofen* beschicken; begichten; char'gieren; **7.** ~ un appareil photo den, e-n Film einlegen *(in die Kamera)*; **8.** *mil, Polizei, Tier* angreifen *(auch abs)*; sich stürzen auf (+*acc*); **9.** *Porträt* über'treiben; kari'kieren; **II** *v/i* **10.** *sports* rempeln; **III** *v/pr* **11.** se ~ sich beladen, belasten (de mit); se ~ l'estomac sich den Magen über'laden; **12.** se ~ de qc etw über'nehmen, auf sich nehmen, in die Hand nehmen; se ~ de qn j-n betreuen; sich j-s annehmen; se ~ de faire qc sich etw nehmen, übernehmen, etw zu tun; je m'en charge das, F den *bzw* die übernehme ich; um das, F den *bzw* die übernehme ich mich

chargette [ʃarʒɛt] *f ch* Pulver-, Schrotmaß *n (für die Herstellung von Patronen)*

charg|eur [ʃarʒœr] *m* **1.** *mar* Befrachter *m*; **2.** *mil* Ladeschütze *m*; **3.** *tech* Ladevorrichtung *f*; *agr* Lader *m*; Förderer *m*; **4.** *élect* Ladegerät *n*, -aggregat *n*; **5.** *e-s Gewehrs* Maga'zin *n*; **6.** *phot* Kas'sette *f*

à ~ **automatique** Kassetten...; ~**euse** *f* **1.** *tech* Lademaschine *f*, -vorrichtung *f*; Lader *m*; **2.** *métall* Beschickungs-, Char'giermaschine *f*, -kran *m*

charibot|ée [ʃaribote] F *f* Menge *f*; F Haufen *m*; ~**er** F *v/i* über'treiben

chariot [ʃarjo] *m* **1.** Wagen *m*; Karren *m*; Fuhrwerk *n*; *im Krankenhaus* Rollwagen *m*; *in Geschäften* Einkaufs-, Korbwagen *m*; *aviat, ch de fer* Kofferkuli *m*; *cin* Kamerawagen *m*; *mines* Fördergestell *n*; *tech* Flurfördermittel *n*; *e-r Schreibmaschine* Wagen *m*; ~ **alsacien** Stubenwagen *m*; ~ **cavalier** Por'talhubkarren *m*; ~ **électrique** Elektrokarren *m*; ~ **(élévateur)** Hubkarren *m*; ~ **(élévateur) à fourche** Gabelstapler *m*; ~ **tracteur** Zugkarren *m*; Schlepper *m*; *ch de fer* transbordeur Schiebebühne *f*; ~ **(à bagages)** Gepäckkarren *m*; ~ **à plate-forme** Plattformkarren *m*, -wagen *m*; ~ **à ridelles** Leiterwagen *m*; ~ **d'enfant** Lauflernstuhl *m*, -gestell *n*; **2.** *astr* le Grand, Petit ♀ der Große, Kleine Wagen; **3.** *für Gardinen* Laufrolle *f*

chariotage [ʃarjota ʒ] *m tech* Drehen *n*; ~ **(cylindrique)** Langdrehen *n*; ~ **conique** Kegeldrehen *n*

charisme [karism(ə)] *m rel u fig* Charisma *n*

charitable [ʃaritabl(ə)] *adj* barm'herzig; wohl-, mildtätig; mitleidig; *Worte* hilfreich; barmherzig; mitleidig; *Geste* mildtätig; barmherzig; **œuvres** *f/pl* ~s cf œuvre¹ **3.** (œuvres de bienfaisance); **n'être pas très** ~ **envers qn** ziemlich unbarmherzig, mitleidslos zu j-m sein, mit j-m verfahren

charitablement [ʃaritabləmã] *adv* aus Barmherzigkeit (*auch iron*)

charité [ʃarite] *f* **1.** Barm'herzigkeit *f*; Wohl-, Mildtätigkeit *f*; Liebeswerk *n*, -tätigkeit *f*; *rel* Nächstenliebe *f*; Liebe *f*; ~ **chrétienne** christliche Nächstenliebe; **filles** *f/pl od* **sœurs** *f/pl*, **frères** *m/pl* de la ♀ Barmherzige Schwestern *f/pl*, Brüder *m/pl*; **vente** *f* de ~ Wohltätigkeitsbasar *m*; la ~, **s'il vous plaît** ich bitte um e-e milde Gabe; **il a eu la** ~ de (+*inf*) er war so barmherzig *und* ... *od* zu (+*inf*); **demander la** ~ um Almosen bitten; betteln; **faire la** ~ (ein) Almosen geben; Barmherzigkeit üben; *loc/prov* ~ **bien ordonnée commence par soi-même** jeder ist sich selbst der Nächste; das Hemd ist näher als der Rock *(beide loc/prov)*; **2.** la ♀ die Charité *(Krankenhaus, bes in Paris)*

charivari [ʃarivari] *m* Krach *m*; F Ra'dau *m*; F Spek'takel *m*

charlatan [ʃarlatã] *m* **1.** *péj für Arzt* Quacksalber *m*; Kurpfuscher *m*; *auch für Wissenschaftler etc* Scharlatan *m*; **2.** *früher* Marktschreier *m*

charlatan|esque [ʃarlatanɛsk] *adj* marktschreierisch; *~isme* *m* Scharlatane'rie *f*; Quacksalbe'rei *f*; Kurpfusche'rei *f*

charlemagne [ʃarləmaɲ] *loc* faire ~ keine Re'vanche geben *(wenn man beim Spiel gewonnen hat)*

charleston [ʃarlɛstɔn] *m Tanz* Charleston ['tʃaːrlstən] *m*

charlotte [ʃarlɔt] *f* **1.** *früher* Damenhaube *f* aus Baumwolle mit Vo'lantrand; **2.** *cuis* Char'lotte *f*

charmant [ʃarmã] *adj* reizend; bezaubernd; entzückend; *Person auch* char'mant; **le Prince** ♀ der Märchenprinz *(auch fig)*; **iron** ~ **e soirée** wirklich reizender Abend!; **être d'humeur** ~**e** strahlender, *iron* reizender Laune sein; **comme c'est** ~! wie entzückend, reizend, bezaubernd!; *iron* **c'est** ~! das ist ja reizend!

---

charme¹ [ʃarm] *m* **1.** Zauber *m*; Bann *m*; *e-r Person auch* Charme *m*; *e-r Landschaft, Stadt, Musik etc* Reiz *m*; ~ **de la nouveauté** Reiz der Neuheit; **avoir du** ~ Charme haben; char'mant sein; **avoir (aussi) son** ~ (auch) s-e Reize, s-n Reiz haben; **être (encore) sous le** ~ (noch) ganz verzaubert sein; **être sous le** ~ **de qn** in j-s Bann stehen; **faire du** ~ **à qn** F versuchen, j-n zu bezirzen; **c'est ce qui en fait le** ~ gerade d a s macht s-n *bzw* ihren Reiz aus; *st/s* jeter un ~ **à qn** j-n verzaubern; **ne pas manquer de** ~ *Sache* durchaus auch s-e Reize, s-n Reiz haben; *Person* e-n gewissen Charme haben; **se porter comme un** ~ frisch und munter sein; sich bester Gesundheit erfreuen; **e-e eiserne Gesundheit haben; rompre le** ~ den Zauber lösen; *fig* **le** ~ **est rompu** der Zauber, die Illusi'on ist verflogen, dahin; **tenir qn sous** ~ j-n in s-n Bann halten; **2.** *litt e-r Frau* ~**s** die (weiblichen) Reize *m/pl*; **vendre ses** ~**s** sich, ihren Körper verkaufen

charme² [ʃarm] *m bot* Weiß-, Hage-, Hainbuche *f (auch Holz)*

charmer [ʃarme] *v/t* **1.** *Schlange* beschwören; **2.** ~ qn j-n bezaubern, faszi'nieren, fesseln, gefangennehmen, entzücken; *p/fort* j-n verzaubern, in s-n Bann schlagen; *abgeschwächt: Sache* j-n sehr freuen; **être charmé** sich sehr freuen, entzückt sein (de + *inf* [darüber,] daß ...); **votre visite m'a charmé** ich habe mich sehr über Ihren Besuch gefreut

charmeur [ʃarmœr] **I** *adj* ⟨-euse⟩ Lächeln, Stimme *etc* einschmeichelnd; **II** *subst* **1.** *m* ~ de serpent Schlangenbeschwörer *m*; **2.** *m* Char'meur *m*; **3.** *text* **charmeuse** *f* Char'meuse *f*; **4.** F char'meuses *f/pl* Schnauzbart *m*

charmille [ʃarmij] *f* **a)** (Hage)Buchenallee *f*; **b)** *par ext* Laubengang *m*; **sous la** ~ im Laubengang

charnel [ʃarnɛl] *adj* ⟨~le⟩ **1.** fleischlich; körperlich; Fleisches...; **enveloppe** ~**le** Körper *m*; körperliche Hülle *f*; **2.** fleischlich; sinnlich; Fleisches...; **acte** ~, **union** ~ die Geschlechtsakt *m*; **amour** ~ körperliche Liebe; **désirs** ~**s** Fleischeslust *f*; fleischliche Begierden *f/pl*

charnier [ʃarnje] *m* **a)** Leichengrube *f*; Massengrab *n*; **b)** Grube *f* für Tierkadaver *(bei Epidemien etc)*

charnière [ʃarnjɛr] *f* **1.** Schar'nier *n*; **2.** *e-r Muschel* Schloßband *n*; **3.** *fig* 'Übergang *m*; Treffpunkt *m*; Verbindung *f*; **constituer une,** la ~ die Verbindungsstelle sein; la ~ *adj* 'Übergangs...; Verbindungs...; **♦** ~ *adj* 'Übergangs...; Verbindungs...; **4.** *mil* Nahtstelle *f*; **5.** *géol* Schar'nier *n*; **6.** *für Briefmarken* Falz *m*

charnu [ʃarny] *adj* Blatt, Frucht, Lippen fleischig; **parties** ~**es** Weichteile *m/pl*; *plais* **une partie** ~**e de son individu** F sein 'Hinterteil *n*; *plais* sein verlängerter Rücken

charognard [ʃarɔɲar] *m* **1.** *zo* Geier *m*; **2.** *fig* cf charogne 2.

charogne [ʃarɔɲ] *f* **1.** *von Tieren* Aas *n*; *ch als Köder* Luder *n*; *péj von Menschen* Ka'daver *m*; **2.** Schimpfwort P Scheiß-, Dreckskerl *m*; Arschloch *n*; *von e-r Frau* Miststück *n*; (Raben)Aas *n*; Luder *n*

charpentage [ʃarpãta ʒ] *m* Zimmermannsarbeit *f*; Zimmerei *f*

charpente [ʃarpãt] *f* **1.** *bât* (Trag)Gerüst *n*; Gerippe *n*; Ske'lett *n*; *e-s Schiffes* Gerippe *n*; *e-r Brücke* 'Überbau *m*; Tragwerk *n*; *e-s Hauses etc* ~ **(du toit)** Dachstuhl *m*; Gebälk *n*; ~ **métallique** Stahl-, Eisengerüst *n*, -skelett *n*, -konstruktion *f*; **2.** *des Körpers* ~ **(osseuse)** Knochengerüst *n*; **avoir une solide,**

forte ~ kräftig, stattlich gebaut sein; **3.** *fig e-s literarischen Werkes* Aufbau *m*

charpent|é [ʃarpãte] *adj* **être bien, solidement ~** a) *Person* kräftig, stattlich gebaut sein; e-n kräftigen Körperbau haben; b) *fig literarisches Werk* klar aufgebaut sein; **~er** *v/t* Holz, Balken behauen; zuschneiden; **~erie** *f* Zimme-'rei *f*; Zimmerhandwerk *n*

charpent|ier [ʃarpãtje] *m* Zimmermann *m*; Zimmerer *m*; *mar* Schiffszimmermann *m*; *adit* **maître** *m* ~ Zimmermeister *m*; *mar* Zimmerbaas *m*; **~ière** *f zo* Holzbiene *f*

charpie [ʃarpi] *f* **1.** *früher chir* Schar'pie *f*; **faire de la ~** Scharpie zupfen; **2.** *fig loc/adj* **en ~** *Fleisch* ganz zerkocht; *Buch* zerfleddert; *Stoffe* brüchig; verschlissen; **mettre, réduire** *qc* **en ~** *etw* zerzupfen, zerkrümeln, in kleine Fetzchen zerreißen; *als Drohung* **mettre** *qn* **en ~** j-n windelweich schlagen; F j-n in der Luft zerreißen; **se faire mettre en ~** windelweich geschlagen werden; **tomber en ~** (in der Hand) zerfallen

charretée [ʃarte] *f* Ladung *f*; Fuhre *f*; Karren *m*, Wagen *m* voll

charretier [ʃartje] *m* Fuhrmann *m*, -knecht *m*

charrette [ʃarɛt] *f* Wagen *m*; Karren *m*; ~ **anglaise** leichter zweirädriger Einspänner; ~ **à bras** Handkarren *m*; *Frz Revolution* ~ **des condamnés** *etwa* Schinderkarren *m* (*mit den zum Tode Verurteilten*)

charriage [ʃarjaʒ] *m* **1.** *von Ladungen* Fahren *n*; Karren *n*; Trans'port *m*; **2.** *géol* Über'schiebung *f*

charrier [ʃarje] **I** *v/t* **1.** Last fahren; karren; transpor'tieren; *Fluß: Sand* mit sich führen; *Eis* führen; **2.** F *fig* ~ *qn* F j-m e-n Bären aufbinden; j-n auf den Arm nehmen; **II** F *v/i* zu weit gehen; es zu weit treiben; **faut pas ~** (dans les **bégonias**) F das geht zu weit; jetzt reicht's aber

charroi [ʃarwa] *litt m von Lasten* Fahren *n*; Trans'port *m*

charron [ʃarõ] *m* Wagner *m*; Wagenbauer *m*; Stellmacher *m*

charronnage [ʃarɔnaʒ] *m* Stell-mache'rei *f*; Wagnerarbeit *f*

charroyer [ʃarwaje] *v/t* ⟨-oi-⟩ *litt cf* charrier **1.**

charruage [ʃaryaʒ] *m agr* Pflügen *n*

charrue [ʃary] *f agr* Pflug *m*; ~ **à avant-train** à disques Karren-, Scheibenpflug *m*; *fig* **mettre la ~ avant, devant les bœufs** das Pferd beim Schwanz aufzäumen

charte [ʃart] *f jur, pol* Charta *f*; *im Mittelalter auch* Urkunde *f*; *hist in Frankreich* ♀ (**constitutionnelle**) Charte *f*; *hist in England* **la Grande** ♀ die Magna Charta; *pol* ♀ **sociale européenne** Europäische Sozi'alcharta; *pol* ~ **de l'Atlantique** At'lantikcharta *f*; *pol* ♀ **des Nations unies** Charta der Vereinten Nationen; **École nationale des ~** Hochschule zur Ausbildung von Archivaren, Bibliothekaren, Paläographen (*an der Sorbonne*)

charte-partie [ʃartəparti] *f ⟨pl chartes-parties⟩ mar* Chartepar'tie *f*

charter [ʃarter, -tœr] **1.** *m* Charterflug *m bzw* -maschine *f*, -flugzeug *n*; **en ~** mit e-r Chartermaschine; **2.** *adit* Charter...; **avion** *m*, **compagnie** *f*, **vol** *m* ~ Charterflugzeug *n*, -gesellschaft *f*, -flug *m*

chart|isme [ʃartism(ə)] *m hist in England* Char'tismus [tʃ-] *m*; **~iste 1.** *m,f* (ehemalige[r]) Schüler(in) der „École nationale des chartes"; **2.** *m hist in England* Char'tist [tʃ-] *m*

---

chartreuse [ʃartrøz] *f* **1.** *égl cath* **a)** Kar'tause *f*; Kar'täuserkloster *n*; **b)** Kar'täuserin *f*; **2.** Li'kör (*nom déposé*) Char'treuse *m* (*Wz*)

chartreux [ʃartrø] *m* **1.** *égl cath* Kar'täuser(mönch) *m*; **2.** *zo* Kar'täuserkatze *f*

chartrier [ʃartrije] *m früher* **1.** Urkundensammlung *f*; **2.** Ar'chivsaal *m*

Charybde [karibd] *n/pr loc* **tomber de ~ en Scylla** vom Regen in die Traufe kommen

chas [ʃa, ʃa] *m* (Nadel)Öhr *n*

chasse [ʃas] *f* **1.** *ch a*) Jagd *f*; Fang *m*; *st/s* Weidwerk *n*; ~ **aux grands animaux** Rotwildjagd *f*; ~ **à la baleine** Walfang *m*; ~ **aux canards** Entenjagd *f*; ~ **à courre** Hetz- *bzw* Par'forcejagd *f*; ~ **au furet** Fret'tieren *n*; ~ **au lièvre** Hasenjagd *f*; ~ **aux papillons** Schmetterlingsfang *m*; ~ **à tir** Suche *f*, Anstand *m* und Pirschen *n*; **aller, partir à la ~** auf die Jagd gehen; **faire la ~ à un animal** ein Tier jagen; Jagd auf ein Tier machen; ein Tier verfolgen; *prov* **qui va à la ~ perd sa place** wer s-n Platz verläßt, verliert ihn, verliert sein Recht darauf; **b)** Jagd *f*; Jagdrevier *n*, -gebiet *n*; **c)** Jagd *f*; Jagd-*m/pl*; Jagdgesellschaft *f*; **d)** Jagd(aus)-beute *f*; Strecke *f*; **faire bonne ~** e-e gute Strecke haben; **e)** *Tier* être *m* ~ *cf* **chaleur 3.**; **f)** *fig* Jagd *f*; Verfolgung *f*; ~ **aux autographes** Jagd auf Autogramme, nach Autogrammen; ~ **à l'homme** Verfolgungsjagd *f*; ~ **aux sorcières** Hexenjagd *f*; **faire la ~ à** *qn*, **prendre** *qn*, *qc* **en ~** j-n, etw verfolgen, jagen; **j-m, etw nachjagen**; auf j-n, etw Jagd machen; *plais* **faire la ~ au mari** F auf e-n (Ehe)Mann aussein; **se mettre en ~** sich auf die Suche machen (**pour trouver** *qc* **nach etw**); **3.** *mil* (aviation *f* de) ~ a) Jagdwaffe *f*; b) Jagdfliege'rei *f*; **avion** *m* de ~ Jäger *m*; Jagdflugzeug *n*; **4.** ~ (**d'eau**) Wasserspülung *f*; **actionner, tirer la ~ d'eau** die Wasserspülung betätigen, ziehen; **5.** *tech* Spielraum *m*; *auto* Nachlauf *m*; **6.** *impr* **a)** Buchstabenbreite *f*; **b)** 'Überschuß *m* an Zeilen

châsse [ʃas] *f* **1.** Heiligen-, Re'liquienschrein *m*; Reliqui'ar *n*; **2.** Fassung *f*; Griff *m*; **3.** *arg* **~s** *pl* Augen *n/pl*

chassé [ʃase] *m beim Tanz* Wechselschritt *m*; Chassé *n*

chasse-clou [ʃaklu] *m ⟨pl chasse-clous⟩ tech* Nageltreiber *m*

chassé-croisé [ʃasekrwaze] *m ⟨pl chassés-croisés⟩* **1.** *beim Tanz* gekreuzter Wechselschritt; Kreuzchassé *n*; **2.** *fig* Hin'über und Her'über *n*; Hin und Her *n*; Kommen und Gehen *n*

chasselas [ʃasla] *m* Gutedel *m* (*süße weiße Tafeltraube*)

chasse-marée [ʃasmare] *m ⟨inv⟩ mar* (*Art*) Logger *m*; **~-mouches** *m ⟨inv⟩* Fliegenwisch *m*; **~-neige** *m ⟨inv⟩* **1.** Schneeräumer *m*, -pflug *m*; **2.** *beim Skifahren* Schneepflug *m*; **~-pierres** *m ⟨inv⟩* *ch de fer* Schienenräumer *m*

chassepot [ʃaspo] *m hist mil* Chasse-'potgewehr *n*

chasser [ʃase] **I** *v/t* **1.** *ch* jagen; Jagd machen auf (+*acc*); *Schmetterlinge* fangen; ~ **la baleine** auf Walfang gehen; ~ **au filet** mit dem Netz fangen; ~ **au furet** *Kaninchen* fret'tieren; **2.** weg-, hin'aus-, ver-, da'vonjagen; vertreiben; *Angestellten etc* hin'auswerfen; *Tiere* verjagen; *plais* **les peintres m'ont chassé de chez moi ...** haben mich von zu Hause vertrieben; *Tiere* ~ **devant soi** vorwärts treiben; vor sich hertreiben; **l'ennemi de ses positions** den Feind aus s-n Stellungen her'auswerfen; **3.**

---

schlechten Geruch, Langeweile vertreiben; *Sorgen, Kummer, Erinnerung, Gedanken* vertreiben; verscheuchen; *Wind:* *Wolken* verjagen; vertreiben; ~ **son ennui, l'ennui** sich die Langeweile vertreiben; ~ **un souvenir de son esprit** e-e Erinnerung aus s-n Gedanken verdrängen, verbannen; **4.** *Schraube, Nagel* versenken; **II** *v/i* **5.** jagen; auf die Jagd gehen; **6.** *Wolken* ~ **du nord** aus dem Norden kommen, her'aufziehen; **7.** *mar Anker* nicht fassen; *Schiff* ~ **sur ses ancres** vor Anker treiben; **8.** *impr* Zeilen ausbringen, -treiben; **9.** *auto* Räder seitlich rutschen; **10.** *Tanzen* e-n Wechselschritt machen; schas'sieren

chasseresse [ʃasrɛs] *poét f* Jägerin *f*; *adit* **Diane ~** Diana als Göttin der Jagd

chasse-roue [ʃasru] *m ⟨pl chasse-roues⟩* Prellstein *m*

chasseur [ʃasœr] *m* **1.** Jäger *m*; *sports* ~ **sous-marin** Unter'wasserjäger *m*; *fig* ~ **d'autographes** Auto'grammjäger *m*; *fig* ~ **d'images** Fotojäger *m*; ~ **de têtes** Kopfjäger *m*; **2.** *mil* **a)** Soldat Jäger *m*; *alpin* Gebirgsjäger *m*; ~ **à pied** Jäger *m/pl* zu Fuß; **~s d'Afrique** reitende afrikanische Jäger *m/pl*; **régiment** *m* **de ~s** Jägerregiment *n*; **b)** *aviat* Jagdflugzeug *n*; Jäger *m*; ~ **bombardier** Jagdbomber *m*; *Kurzwort* Jabo *m*; ~ **tous temps** All'wetterjäger *m*; ~ **d'interception, de nuit** Abfang-, Nachtjäger *m*; **c)** *mar* ~ **de sous-marins** U-Boot-Jäger *m*; ~ **de chars** Jagdpanzer *m*; **3.** ~ (**d'hôtel, de restaurant**) Page *m*; Bote *m*; Boy *m*; **4.** *mar* (Wal)Fangboot *n*; Walfänger *m*; *adit cuis* **sauce** *f* ~ Soße *f* aus Rotwein, Zwiebeln, Schalotten, Speck und Bratensaft

chasseuse [ʃasøz] *f* Jägerin *f*

chassie [ʃasi] *f* Augenbutter *f*

chassieux [ʃasjø] *adj* ⟨-euse⟩ **avoir les yeux ~** Schmutz in den Augenwinkeln haben

châssis [ʃasi, ʃa-] *m* **1.** *allg* (Ein)Fassung *f*; Rahmen *m*; **2.** *auto* Rahmen *m*; Fahrgestell *n*; Chas'sis *n*; ~ **intégré** selbsttragende Karosse'rie; **3.** F *fig von e-r Frau* **c'est, elle a un beau ~** F sie hat ein Prachtuntergestell; **4.** *bei Fenstern* (Fenster)Flügel *m*; ~ **dormant, fixe** nicht zu öffnendes Fenster; ~ **mobile** beweglicher Fensterflügel; **5.** *jard* Frühbeet-, Mistbeetfenster *n*; **6.** *peint* Blendrahmen *m*; **7.** *thé* Versatzstück *n*; **8.** *impr* Schließrahmen *m*; **9.** *métall* Formkasten *m*; **10.** *phot* ~ **négatif** Plattenkassette *f*; ~ **positif** *cf* **châssis-presse**

châssis-presse [ʃasiprɛs] *m ⟨pl châssis-presses⟩ phot* Ko'pierrahmen *m*; Kas'sette *f*

chaste [ʃast] *adj* keusch; züchtig; *Herz* rein; *oft plais* **~s oreilles** *f/pl plais* zarte Ohren *n/pl*

chasteté [ʃastəte] *f* Keuschheit *f*; Züchtigkeit *f*

chasuble [ʃazybl(ə)] *f* **1.** *égl cath* Meßgewand *n*; Kasel *f*; **2.** ärmelloser Kasack; *adit* **robe** *f* ~ Trägerrock *m*

chasublerie [ʃazyblǝri] *f* **a)** Para'mente *n/pl*; **b)** Para'mentenhandel *m*

chat [ʃa] *m* **1.** *zo* Katze *f*; *bei Betonung des Geschlechts* Kater *m*; *Märchen(gestalt)* **le** ♀ **botté** der Gestiefelte Kater; ~ **domestique** Hauskatze *f*; *Kosename* **mon ~** (mein) Liebling; **petit** ~ Kätzchen *n*; ~ **sauvage** Wildkatze *f*; ~ **de gouttière** ganz gewöhnliche Katze; F Dachhase *m*; **peau** *f* **de** ~ Katzenfell *n*; **jouer avec** *qn* **comme un ~ avec une souris** wie die Katze mit der Maus, Katze und Maus mit j-m spielen; *fig:* **acheter** ~ **en poche** die Katze im Sack kaufen; **appeler un** ~ **un** ~ das Kind

beim Namen nennen; il n'y a pas un ~ kein Mensch. keine lebende Seele ist da. ist zu sehen; **avoir un ~ dans la gorge** e-n Frosch im Hals haben; **écrire comme un ~,** avoir une écriture de ~ krakelig schreiben; e-e krakelige Schrift haben; **il n'y a pas de quoi fouetter un ~** das ist kein Grund zur Aufregung; da ist doch nichts dabei; **avoir d'autres ~s à fouetter** Wichtigeres zu tun haben; andere Sorgen haben; *prov:* **à bon ~ bon rat** Wurst wider Wurst; wie du mir, so ich dir *(beide loc/prov);* ~ **échaudé craint l'eau froide** gebranntes Kind scheut das Feuer *(prov);* **quand le ~ n'est pas là, les souris dansent** wenn die Katze aus dem Haus ist. tanzen die Mäuse (auf dem Tisch) *(prov);* **2.** *Kinderspiel* Fangen *n;* ~ **coupé** Fangen, bei dem ein Mitspieler zwischen Verfolger u Verfolgtem durchläuft u damit den Verfolger auf sich zieht; ~ **perché** Fangen, bei dem man sich vor dem Verfolger auf e-n erhöhten Standort rettet; **jouer à ~** Fangen spielen

châtaigne [ʃatɛɲ] *f* **1.** *bot* (Edel-, Eß-) Ka'stanie *f;* **2.** *bot* ~ **d'eau** Frucht *f* der Wassernuß; **3.** F *(coup de poing)* Faustschlag *m;* **4.** *beim Pferd* Ka'stanie *f*

châtaign|eraie [ʃatɛɲrɛ] *f* **a)** Ka'stanienpflanzung *f;* **b)** Ka'stanienhain *m,* -wäldchen *n;* **~ier** *m* **1.** *bot* (Edel-) Ka'stanie *f;* Ka'stanienbaum *m;* **2. (bois *m* de)** ~ Ka'stanie(nholz) *f(n)*

châtain [ʃatɛ̃] *adj ⟨f inv, litt* châtaine⟩ Haar braun; ~ **clair, foncé** ⟨*inv*⟩ hell-, dunkelbraun; **être ~** braunes Haar haben; braunhaarig sein

chat-cervier [ʃasɛrvje] *m ⟨pl* chats--cerviers⟩ *zo* Luchs *m*

château [ʃato] *m ⟨pl* ~**x**⟩ **1.** Schloß *n;* ~ **fort** Burg *f;* Ka'stell *n;* ~ **de cartes** Kartenhaus *n; Pläne* **s'écrouler comme un ~ de cartes** wie ein Kartenhaus zusammenstürzen; **~x de la Loire** Loireschlösser *n/pl; fig* **bâtir, faire des ~x en Espagne** Luftschlösser bauen; **2.** ~ **d'eau** Wasserturm *m;* **3.** *im Bordelais* Weingut *m;* **4.** *mar früher* Ka'stell *n; heute* ~ **(central)** Aufbauten *m/pl; früher* ~ **d'arrière, de poupe** 'Hinterkastell *n*

chateaubriand *od* **châteaubriant** [ʃatobrijɑ̃] *m cuis* Chateaubri'and *n (doppelt dickes Filetsteak vom Grill)*

châtel|ain [ʃatlɛ̃, ʃa-] *m,* **~aine** *f* **1.** Schloßherr(in) *m(f); früher* Burgherr, -frau *m,f;* **2.** *féod etwa* Burggraf, -gräfin *m,f; auch* Burgvogt *m*

châtelet [ʃatlɛ, ʃa-] *m hist* **1.** kleine Burg; **2.** ♀ (Gericht *n* und) Gefängnis *n (in einigen Städten Frankreichs)*

châtellenie [ʃatɛlni, ʃa-] *f féod etwa* Burggrafschaft *f,* -vogtei *f*

chat-huant [ʃayɑ̃] *m ⟨pl* chats--huants⟩ *zo* Waldkauz *m*

châtier [ʃatje] *v/t* **1.** (be)strafen *(de mit);* abstrafen; *mit Schlägen st/s* züchtigen; *litt* ~ **son corps,** sa chair *das Fleisch* abtöten; sich ka'steien; ~ **l'insolence de qn** j-n für s-e Unverschämtheit (be)strafen; j-s Unverschämtheit *od* Unverschämtheit (be)strafen; **2.** *adjt Sprache, Stil* **châtié** gepflegt

chatière [ʃatjɛr] *f* **1. a)** 'Durchschlupf *m* für Katzen; **b)** Lüftungsöffnung *f* (im Dach); **2.** Falle *f (zum Fangen von Katzen. Dachsen etc)*

châtiment [ʃatimɑ̃] *m* Strafe *f;* Bestrafung *f;* ~ **corporel** (körperliche) Züchtigung; *Schule* Prügelstrafe *f;* **subir, recevoir un ~** ge-, bestraft. gezüchtigt werden

chatoiement [ʃatwamɑ̃] *m* Schillern *n*

chaton [ʃatɔ̃] *m* **1.** *zo* Kätzchen *n;* **2.** *bot* Kätzchen *n;* ~ **de saule** Weidenkätzchen *n;* **3. a)** *e-s Edelsteins* Fassung *f;* **b)**

gefaßter Edelstein; **c)** *e-s Siegelrings* Platte *f*

chatouillement [ʃatujmɑ̃] *m* **a)** *Handlung* Kitzeln *n;* **b)** *Gefühl* Kitzel(n) *m(n)*

chatouiller [ʃatuje] *v/t* **1.** kitzeln; *auch abs* **ça (me) chatouille** das kitzelt (mich); **2.** *fig den Gaumen* kitzeln; **l'amour-propre de qn** j-s Selbstachtung *(dat)* schmeicheln; *Duft* ~ **l'odorat** angenehm sein

chatouilles [ʃatuj] *f/pl* **faire des ~ à qn** j-n kitzeln

chatouilleux [ʃatujø] *adj* ⟨-euse⟩ **1.** kitz(e)lig; **être ~ de** an (+*dat*) kitz(e)lig sein; **2.** *fig Charakter, Person* empfindlich; **être ~ sur le chapitre de l'honneur** empfindlich in bezug auf s-e Ehre sein

chatoy|ant [ʃatwajɑ̃] *adj* schillernd; **~er** *v/i* ⟨-oi-⟩ schillern

chat-pard [ʃapar] *m ⟨pl* chats-pards⟩ *zo* Serval *m*

châtré [ʃatre] **I** *adj* ka'striert; verschnitten; **II** *m* Ka'strierte(r) *m;* Verschnittene(r) *m;* F **voix *f* de ~** Fistelstimme *f*

châtrer [ʃatre] *v/t* **1.** ka'strieren; verschneiden; **2.** *jard* ausschneiden

chats-tigres [ʃatigrə] *m/pl zo* Gruppe *f* von Kleinkatzen

chatte [ʃat] *f* **1.** *zo* Katze *f;* Kätzin *f; Kosename* **ma (petite) ~ mein (kleiner) Liebling; *fig von e-r Frau* **elle est (très) ~** sie ist zärtlich und anschmiegsam wie ein Kätzchen; **2.** *mar* Suchanker *m;* Draggen *m*

chattée [ʃate] *f* Wurf *m* Katzen

chatteries [ʃatri] *f/pl* **1.** Liebkosungen *f/pl;* Zärtlichkeiten *f/pl;* **faire des ~ à qn** j-n liebkosen; *fig* zu j-m zärtlich sein; **2.** Leckerbissen *m/pl;* Naschwerk *n*

chatterton [ʃatɛrtɔn] *m* Iso'lierband *n*

chaud [ʃo] **I** *adj* **1.** warm; *p/fort* heiß; *Jahreszeit, Nacht, Tag, Mahlzeit* warm; *Wasser, Bad, Quelle, Klima* warm *bzw* heiß; *Stirn* heiß; **très ~** (sehr) heiß; **trop ~** zu warm *bzw* heiß; **air ~** warme *bzw* heiße Luft; *tech* Warmluft *f;* **main ~e** *Gesellschaftsspiel, bei dem e-e Person, der die Augen verbunden sind u der auf die auf den Rücken gehaltenen Hände geschlagen wird, erraten muß, wer schlägt;* **serre ~e** Warmhaus *n;* **vin ~** Glühwein *m;* **avoir les mains ~es, les pieds ~s** warme Hände, Füße haben; **boire ~** etwas Warmes trinken; **cuire à four très ~** bei starker Hitze backen; *Motor, Leiche etc* **être encore ~** noch warm sein; **le soleil est ~** die Sonne ist. scheint warm; **manger ~** etwas Warmes essen; **servir ~** heiß servieren; **2.** *Kleidung, Decke etc* warm; wärmend; **3.** *fig Glückwünsche etc, Farbe, Stimme* warm; *Duft* schwer; *Debatte* hitzig; *Anhänger, Bewunderer* glühend; leidenschaftlich; **nouvelle toute ~e** brühwarme Neuigkeit; **l'alerte a été ~e** das ist noch einmal gnädig abgegangen; **la bataille a été ~e** das war ein heißer Kampf; **il n'est pas très ~ (pour ce projet)** er kann sich dafür nicht recht erwärmen; er ist davon nicht sehr begeistert; **4.** *fig Problem* brennend; bri'sant; *Gebiet, Zone* gefährlich; *Sommer, Herbst, Tage* heiß; **point ~** a) Krisenpunkt *m,* -herd *m;* b) brennende Frage; brennendes Problem; *auch* heißes Eisen; **5.** *Temperament, Blut* hitzig; **II** *m* Wärme *f; p/fort* Hitze *f;* ♦ *loc/adv:* **au ~** im Warmen; **être, rester (bien) au ~** im Warmen sein, bleiben; **garder, tenir au ~** *Essen* warm stellen; *Füße etc* warm halten; **à ~** *chir* bei a'kuter Entzündung; *fig* **so'lange die Gemüter noch erhitzt sind;** *tech* **étirer à ~** warmziehen; ♦ **j'ai ~** mir ist warm, *p/fort* heiß; **j'ai bien ~** mir ist

angenehm warm; *fig* **j'ai eu ~** ich bin gerade noch mit e-m blauen Auge davongekommen; **cela me donne ~** davon *bzw* dabei wird mir warm; il fait ~ es ist warm, *p/fort* heiß; *fig* **ça ne me fait ni ~ ni froid** das ist mir völlig gleichgültig, egal; das läßt mich kalt; *fig* **il fera ~ le jour où ... da muß noch viel passieren, bis ...;** **prendre un ~ et froid** sich verkühlen; **tenir ~ (à qn)** (j-n) warm halten; **cela te tiendra ~ aux oreilles** das wird dir die Ohren warm halten

chaude [ʃod] *f tech von Metall, Glas* Erhitzen *n;* **donner une ~ au fer** das Eisen erhitzen

chaudement [ʃodmɑ̃] *adv* **1.** warm; **s'habiller ~** sich warm anziehen; **2.** *fig* beglückwünschen *etc* warm; *auch* empfehlen wärmstens; *umkämpft* heiß

chaude-pisse [ʃodpis] P *f* Tripper *m*

chaud-froid [ʃofrwa] *m ⟨pl* chauds--froids⟩ *cuis* Chaudfroid *n*

chaudière [ʃodjɛr] *f* (Heiz-, Dampf-) Kessel *m;* ~ **à charbon, à gaz, à mazout** Kohle-, Gas-, Heizölkessel *m;* ~ **à 'haute pression, à tubes d'eau, à tubes de fumée** Hochdruck-, Wasserrohr-, Rauchrohrkessel *m;* ~ **à vapeur** Dampfkessel *m*

chaudron [ʃodrɔ̃] *m* **1.** (Koch)Kessel *m;* **2.** F *fig* schlechtes Musikinstrument; *Klavier* F alter Klimperkasten

chaudronnerie [ʃodrɔnri] *f* **a)** Kesselbzw Blech- *bzw* Kupferschmiede *f;* **b)** Blech- *bzw* Kupferwaren *f/pl;* **c)** grosse ~ Behälter- und Appa'ratebau *m;* petite ~ Blechwarenfertigung *f*

chaudronnier [ʃodrɔnje] *m* Kessel- *bzw* Kupfer- *bzw* Blechschmied *m*

chauffage [ʃofaʒ] *m* Heizung *f (Anlage u Vorgang);* Vorgang Heizen *n;* Beheizen *n; tech* Erwärmung *f;* Erhitzung *f;* ~ **central, collectif** Zen'tral-, Sammelheizung *f;* ~ **électrique** elektrische Heizung; ~ **urbain, à air chaud** Stadt-, Warmluftheizung *f;* ~ **au bois, au charbon** Holz-, Kohlenheizung *f,* -feuerung *f;* ~ **à distance, à eau, au gaz** Fern-, Warm'wasser-, Gasheizung *f;* ~ **au mazout** Ölheizung *f; mar* Ölfeuerung *f;* ~ **à vapeur** Dampfheizung *f;* ~ **par accumulation, par plancher, par rayonnement** Speicher-, Fußboden-, Strahlungsheizung *f;* **appareil *m* de ~** Heizgerät *n,* -apparat *m;* **bois *m* de ~** Brennholz *n;* **installation *f* de ~** Heiz(ungs)anlage *f;* **arrêter, mettre le ~** die Heizung aus-, anstellen

chauffant [ʃofɑ̃] *adj* aufheizbar; beheizbar; Heiz...; **couverture ~e** Heizdecke *f; auto* **lunette arrière ~e** beheizbare Heckscheibe; **plaque ~e** Heiz-, Kochplatte *f*

chauffard [ʃofar] *m* Verkehrsrowdy [-raudi] *m*

chauffe [ʃof] *f auch tech* Heizen *n;* Heizung *f;* Feuerung *f; mar* **(chambre *f* de) ~** Heiz-, Kesselraum *m;* **contrôle *m* de ~** Flammüberwachung *f;* **surface *f* de ~** Heizfläche *f*

chauffe|-assiettes [ʃofasjɛt] *m ⟨inv⟩* Tellerwärmer *m;* **~-bain** *m ⟨pl* chauffe-bains⟩ Boiler *m,* 'Durchlauferhitzer *m (im Bad);* Badeofen *m;* **~-biberon** *m ⟨pl* chauffe-biberons⟩ (Baby-) Flaschenwärmer ['be:bi-] *m*

chauffe|-eau [ʃofo] *m ⟨inv⟩* Boiler *m;* Heiß-, Warm'wasserbereiter *m;* ~ **instantané** 'Durchlauferhitzer *m;* ~ **à accumulation** Heiß-, Warm'wasserspeicher *m;* **~-liquides** *m ⟨inv⟩* Tauchsieder *m;* **~-pieds** *m ⟨inv⟩* Fußwärmer *m;* **~-plats** *m ⟨inv⟩* Warmhalteplatte *f*

chauffer [ʃofe] **I** *v/t* **1.** warm, heiß machen; erwärmen; erhitzen; (an-, vor-)

wärmen; *Wohnung, Kessel* heizen; *Metall* ~ à blanc, **au rouge** bis zur Weiß-, Rotglut erhitzen; ~ **de l'eau à 80 degrés** Wasser auf 80 Grad erhitzen; **2.** *fig Publikum* in Schwung bringen; F ~ **un candidat** F mit e-m Kandidaten pauken, büffeln; **II** *v/i* **3.** warm, *p/fort* heiß werden; sich erwärmen; **faire** ~ warm, heiß machen; erhitzen; *Essen* (auf-)wärmen; *Bügeleisen* anstellen; *Motor* warmlaufen lassen; **l'eau chauffe,** est **en train de** ~ das Wasser wird warm, heiß; **mettre de l'eau à** ~ Wasser aufsetzen; **4.** *Lok, Schiff* unter Dampf stehen; **5.** *Motor, Achse etc* (sich) heißlaufen; *Motor auch* kochen; zu heiß werden; **6.** *Ofen, Brennstoff* heizen; Wärme geben; *Sonne* brennen; **7.** F *fig* ça, la **salle chauffe** das Publikum geht begeistert mit, läßt sich mitreißen; F *fig* ça va ~ F das wird es geben, absetzen; es ist dicke Luft; **III** *v/pr* se ~ **8.** sich wärmen (**au soleil** an der Sonne); **se** ~ **devant le feu** sich am Feuer (auf)wärmen; **9.** heizen (**au bois** mit Holz)

chaufferette [ʃofrɛt] *f* Fußwärmer *m*

chaufferie [ʃofri] *f mar* Kessel-, Heizraum *m*; *in Fabriken etc* Kesselhaus *n*; *in Häusern* Heizungskeller *m*

chauffeur [ʃofœr] *m* **1.** (Kraftwagen-)Fahrer *m*; Kraftfahrer *m*; Chauf'feur *m*; (Pri'vat)Chauf'feur *m*; *plais für e-e Frau* Chauf'feuse *f*; ~ **de camion, de poids lourd** (Last)Kraftfahrer *m*; Lkw-Fahrer *m*; ~ **du dimanche** Sonntagsfahrer *m*; ~ **de taxi** Taxifahrer(in) *m(f)*, -chauffeur *m*; **voiture** *f* **sans** ~ Leihwagen *m* (für Selbstfahrer); **louer une voiture sans** ~ e-n Leihwagen nehmen; **2.** *mar, e-r Lok, e-s Kessels* Heizer *m*; ~**-livreur** *m* ‹*pl* **chauffeurs-livreurs**› Verkaufsfahrer *m*; Ausfahrer *m*

chauffeuse [ʃoføz] *f* tiefer Sessel *m*

chaufour [ʃofur] *m tech* Kalkofen *m*

chaufourn|erie [ʃofurnəri] *f* Kalkbrennerei *f*; ~**ier** *m* Kalkbrenner *m*

chaulage [ʃolaʒ] *m agr* Kalken *n*, -ung *f*; Kalkdüngung *f*

chauler [ʃole] *v/t* **1.** *agr Boden* kalken; **2.** *Mauer* kalken; weißen

chaulier [ʃolje] *m* Kalkbrenner *m*

chaume [ʃom] *m* **1. a)** Stoppel *f*; **b)** Stoppelfeld *n*; **c)** Halm *m* der Gräser; **2.** Dachstroh *n*; **toit** *m* **de** ~ Strohdach *n*

chaumière [ʃomjɛr] *f* kleines (strohgedecktes) Haus; (strohgedeckte) Hütte; ärmliches Häuschen; *fig* **une** ~ **et un cœur** *etwa* Raum ist in der kleinsten Hütte für ein glücklich liebend Paar (*Schiller*); **b)** kleines Landhaus; **c)** Landgasthof *m*, -gasthaus *n*

chaumine [ʃomin] *f litt cf* **chaumière a)**

chaussant [ʃosã] *adj Schuhe* **être** ~s gut sitzen; angenehm zu tragen sein

chausse [ʃos] *f* **1.** *pl* ~s vom 7. bis 16. Jh (*Art*) Beinkleider *n/pl*; *vom 16. Jh an* Oberschenkelhosen *f/pl*; **2.** Seihtuch *n*; **3.** *im WC* Abflußrohr *n*; **4.** *Heraldik* gestürzte Spitze

chaussé [ʃose] *adj* **1.** ~ **de vieilles sandales** mit alten Sandalen; an den Füßen alte Sandalen; **être bien** ~ gute Schuhe tragen, (an)haben; **maintenant, je suis bien** ~ *auch* jetzt habe ich die richtigen, passenden Schuhe; **2.** *Auto* bereift; **3.** *Heraldik* mit gestürzter Spitze

chaussée [ʃose] *f* **1.** Fahrbahn *f*; *par ext* Straße *f*; **Ponts et** ~s *cf* **pont 2.**; **2.** *bei Flüssen, Teichen, in Sumpfgebiet* Damm (-weg) *m*; **3.** *géol* langes Riff; Bank *f*

chausse-pied [ʃospje] *m* ‹*pl* **chausse-pieds**› Schuhanzieher *m*, -löffel *m*

chausser [ʃose] **I** *v/t* **1.** *Schuhe* (sich) anziehen; ~ **qn a)** j-m die Schuhe anziehen; **b)** für j-n Schuhe machen, anfertigen; ~ **des bottes à un enfant** e-m Kind Stiefel anziehen; ~ **du 37** Schuhgröße 37 tragen, haben; ~ **les étriers** die Füße in die Steigbügel stecken; ~ **ses lunettes** (sich) die Brille auf die Nase setzen; ~ **ses, des skis** (sich) die Schier anschnallen; **X chausse toute la famille** die ganze Familie kauft ihre Schuhe bei X, läßt ihre Schuhe bei, von X machen; *ces escarpins* la chaussent bien ... stehen ihr gut; **se faire** ~ sich die Schuhe anziehen lassen; **2.** *agr* häufeln; **3.** *auto* bereifen; **II** *v/i* **4.** *Schuhe* ~ **bien** gut sitzen (und guten Halt geben); gut aussehen; **III** *v/pr* se ~ **5.** (sich) die Schuhe anziehen; **6.** se ~ **chez X** s-e Schuhe immer bei X kaufen; immer (*Marke*) X-Schuhe kaufen; **il a du mal à se** ~ es ist schwer für ihn, passende Schuhe zu finden

chausse-trape [ʃostrap] *f* ‹*pl* **chausse-trapes**› **a)** Fußangel *f*, -eisen *n*; **b)** Fallgrube *f*; **c)** *fig* Falle *f*

chaussette [ʃosɛt] *f* Kniestrumpf *m*; Socke *f*; *südd, österr* Socken *m*; ~s **russes** Fußlappen *m/pl*; ~s **de laine** Wollsocken *f/pl*, -kniestrümpfe *m/pl*; **wollene Socken, Kniestrümpfe; en** ~s **in Socken**

chausseur [ʃosœr] *m* Schuhfabrikant *m*; Schuhwarenhändler *m*

chausson [ʃosõ] *m* **1. a)** Hausschuh *m*; ~s *pl für Säuglinge* Babyschuhe [ˈbeːbi-] *m/pl*; *der Fechter* Schuhe *m/pl*; ~ (**de danse**) Ball'lettschuh *m*; ~ **de feutre** Filzschuh *m*; *cout* **point** *m* **de** ~ Hexenstich *m*; **b)** Füßling *m*; **2.** *cuis* ~ **aux pommes** Apfeltasche *f*; Apfel *m* im Schlafrock; **3.** *sports cf* **savate 3.**

chaussure [ʃosyr] *f* **1.** Schuh *m*; ~s *pl* Schuhe *m/pl*; Schuhwerk *n*; Schuhwaren *f/pl*; ~ **basse** Halbschuh *m*; ~ **montante** hoher Schuh; Stiefel *m*; ~s **de cuir** Lederschuhe *m/pl*; ~s **de football** Fußballschuhe *m/pl*, -stiefel *m/pl*; ~s **de gymnastique** Turnschuhe *m/pl*; ~s **de ski** Schistiefel *m/pl*, -schuhe *m/pl*; ~s **de sport** Schuhe für den Sport; **fabricant** *m* **de** ~s Schuhfabrikant *m*; **marchand** *m* **de** ~s Schuh(waren)händler *m*; **enlever ses, mettre des, ses** ~s **die** Schuhe, sich die Schuhe aus-, anziehen; **faire les** ~s die Schuhe putzen; *fig* **trouver** ~ **à son pied** a) den Richtigen *bzw* die Richtige, den passenden Partner finden; **b)** das Passende, Richtige finden; **2.** Schuhbranche *f*, -handel *m*, -industrie *f*; **ouvriers** *m/pl* **de la** ~ Arbeiter *m/pl* der Schuhindustrie

chaut [ʃo] *cf* **chaloir**

chauve [ʃov] *adj* kahl (*auch fig Hügel etc*); *Person auch* kahlköpfig; *subst* **un** ~ ein Kahlkopf *m*; **devenir** ~ e-e Glatze bekommen; kahl werden; **il est** ~ **comme un œuf** er ist völlig kahl; F er hat e-e Platte

chauve-souris [ʃovsuri] *f* ‹*pl* **chauves-souris**› *zo* Fledermaus *f*

chauvin [ʃovɛ̃] *péj* **I** *adj* chauvi'nistisch; **II** *subst* ~(**e**) *m(f)* Chauvi'nist(in) *m(f)*

chauvinisme [ʃovinism(ə)] *m péj* Chauvi'nismus *m*

chauvir [ʃovir] *v/i* ‹*cf* **partir**, *aber prés* il **chauvit**› *Pferd, Esel* ~ (**des oreilles**) die Ohren aufstellen

chaux [ʃo] *f* Kalk *m*; ~ **éteinte** gelöschter Kalk; ~ **grasse** Fettkalk *m*; ~ **vive** ungelöschter *od* gebrannter Kalk; **blanchir à la** ~ mit Kalk weißen, *südd, österr* weißeln; kalken; *par ext* **bâtir à** ~ **et à sable** sehr solide bauen; F *fig Person* **être bâti à** ~ **et à sable** e-e robuste Natur haben

chavirement [ʃavirmã] *m* Kentern *n*

chavirer [ʃavire] **I** *v/t* **1.** *mar* zum Kentern bringen; **2.** *fig* qn j-n zu'tiefst berühren, aufwühlen; **j'en ai le cœur, j'en suis tout chaviré** das hat mich zutiefst berührt, aufgewühlt; **II** *v/i* **3.** *Schiff, Boot* kentern; 'umschlagen; **faire** ~ zum Kentern bringen; **4.** *fig Wände, Möbel etc* ~ **autour de** qn um j-n schwanken; sich um j-n drehen; **ses yeux chaviraient** er verdrehte die Augen

chéchia [ʃeʃja] *f* (*Art*) roter Fes *od* Fez

check-list [ʃɛklist] *f* ‹*pl* **check-lists**› *aviat* Checkliste(e) [ˈtʃ-] *f*

check-up [ʃɛkœp] *m méd* Gene'raluntersuchung *f*

cheddite [ʃedit] *f Sprengstoff* Ched'dit *m*

chef [ʃɛf] *m* **1.** Führer(in) *m(f)*; Leiter(in) *m(f)*; Chef(in) *m(f)*; Vorsteher(in) *m(f)*; Oberhaupt *n*; *e-r Revolte etc* Anführer *m*; *e-r Verschwörung* Haupt *n*; Anführer *m*; *mil* Führer *m*; Kom'man'deur *m*; Chef *m*; *der Pfadfinder* Führer *m*; *von Eingeborenen* Häuptling *m*; *e-r Schule*: *peint* Meister *m*; *philos* Lehrer *m*; *im Gasthaus* ~! Herr Wirt!; ◆ ~ **comptable** Haupt-, Oberbuchhalter *m*; ~ (**cuisinier, de cuisine**) Chefkoch *m*; Küchenchef *m*; ~ (**hiérarchique**) Vorgesetzte(r) *m*; ~ **indien** Indi'anerhäuptling *m*; ~ **mécanicien** *mar* leitender Ingenieur; *ch de fer* Oberlokomotivführer *m*; ~ **syndicaliste** Gewerkschaftsführer *m*, F -boß *m*; ◆ ~ **d'armée, d'une armée** Heerführer *m*; ~ **d'atelier** Werkmeister *m*; Werkstattleiter *m*; *Infanterie, Pioniere* ~ **de bande** Bandenchef *m*, -führer *m*; *Infanterie, Pioniere* ~ **de bataillon** Ma'jor *m*; ~ **de brigands** Räuberhauptmann *m*; ~ **de bureau** a) Bü'rovorsteher *m*, -chef *m*; **b)** *in e-m Ministerium* Refe'rent *m*; Ministeri'aldirigent *m*, -rat *m*; ~ **de cabinet** *cf* **cabinet 6. b)**; ~ **de chantier** Bauführer *m*, -leiter *m*; ~ **de chœur** Chordirektor *m*, -leiter *m*; ~ **d'entreprise** Leiter, Chef, Di'rektor *m* e-s Unter'nehmens, Betriebs; Unter'nehmer *m*; ~ **d'équipe** *cf* **équipe**; *mil* ~ **d'escadre** *mar* Geschwaderkommandeur *m*; *aviat* (Geschwader-)Kommo'dore *m*; *Artillerie, Train, Gendarmerie* ~ **d'escadron** *Panzertruppen, Kavallerie* ~ **d'escadrons** Ma'jor *m*; ~ **d'État, de l'État** Staatsoberhaupt *n*, -chef *m*; ~ **d'état-major** Chef des Stabes; Stabschef *m*; ~ **d'état-major** (**général des armées**) Gene'ralstabschef *m*; ~ **de famille** Fa'milienoberhaupt *n*; *adm, jur* Haushaltungsvorstand *m*; ~ **de file** Leiter; Oberhaupt; (An)Führer; führender Kopf; ~ **de gare** Bahnhofs-, Stati'onsvorsteher *m*; ~ **de gouvernement** Re'gierungschef *m*; ~ **de groupe** Gruppenführer *m*; *mil* ~ **de musique** Ka'pellmeister *m*; *Musikmeister m; beim Rudern* ~ **de nage** Schlagmann *m*; ~ **d'orchestre** (Or'chester)Diri'gent *m*; ~ **d'un parti** Par'teichef *m*, -führer *m*; *mil* ~ **de patrouille** Pa'trouillenführer *m*; ~ **du personnel** Perso'nalchef *m*, -leiter *m*; *mil* ~ **de pièce** Geschützführer *m*; ~ **de production** Produkti'onsleiter *m*; Leiter der Produktionsabteilung; ~ **de produit** Pro'duktmanager [-mɛnidʒər] *m*; ~ **de publicité** Werbeleiter *m*; *im Warenhaus* ~ **de rayon** Ab'teilungsleiter *m*; Ray'onchef *m*; *mil* ~ **de section** Zugführer *m*; *ch de fer* ~ **de sécurité** *etwa* Fahrdienstleiter *m*; ~ **de service** Ab'teilungsleiter *m*; ~ **de service de presse** Pressereferent *m*; *mar* ~ **de timonerie** Quartermeister *m*; *ch de fer* ~ **de train** Zugführer *m*; ~ **de tribu** (Stammes)Häuptling *m*; ~ **de(s) vente(s)** Verkaufsleiter *m*; ◆ **pâté** *m*

du ~ nach hauseigenem Rezept herge-
stellte Pastete; **qualités** *f/pl* **d'un**
~ **Führer-, Führungsqualitäten** *f/pl*,
-eigenschaften *f/pl*; ♦ *adit* ...-~ Chef...;
Haupt...; Ober...; **médecin-~** Chef-
arzt *m*; leitender Arzt; **sergent-~**
(Ober)Feldwebel *m*; *ellip als Anrede* oui,
~! jawohl, Herr (Ober)Feldwebel!;
loc/adj u loc/adv **en** ~ Chef...; Ober...;
général *m* **en** ~ Oberbefehlshaber *m*;
Oberkommandierende(r) *m*; **ingénieur**
m **en** ~ Chefingenieur *m*; **rédacteur** *m*
en ~ Chefredakteur *m*; **commander en**
~ **une armée** den Oberbefehl über e-e
Armee haben; Befehlshaber *m* e-r Ar-
mee sein; ♦ F **t'es un** ~! F du bist ein
As!; **2.** *litt* *(tête)* Kopf *m*; Haupt *n*;
loc/adv **de son propre** ~ aus eigener
Initia'tive; auf eigene Faust; von sich
aus; eigenmächtig; **3.** *jur* (Haupt)Punkt
m; **d'accusation**, **d'inculpation**
(Haupt)Anklagepunkt *m*; **4.** *loc/adv* **au**
premier ~ in erster Linie; vor allem;
loc/prép: **être héritier du** ~ **de sa mère**
... durch, über s-e Mutter; ... aufgrund
der Rechte s-r Mutter
chef-d'œuvre [ʃɛdœvr(ə)] *m* ‹*pl* chefs-
-d'œuvre› Meisterwerk *n*; *fig u iron auch*
Meisterstück *n* *(auch früher e-s Handwer-*
kers): Meister-, Glanzleistung *f*; *iron* ~ *un*
~ **de maladresse** e-e Glanzleistung an
Ungeschicklichkeit; *fig* **déployer des**
chefs-d'œuvre d'habileté e-e meister-
hafte Geschicklichkeit an den Tag legen;
c'est son ~ das ist sein Meisterwerk; *fig*
c'est un ~ **d'ironie** das ist ein Meister-
werk, -stück an Ironie
chefferie [ʃefri] *f* in Schwarzafrika Herr-
schaft(sbereich) *f(m)* e-s Stammeshäupt-
lings
chef-lieu [ʃɛfljø] *m* ‹*pl* chefs-lieux›
adm Hauptort *m*; ~ **d'arrondissement**
Hauptort 'e-s, des Arrondissements; ~
(de département) Departements-
hauptort *m*, -hauptstadt *f*
cheftaine [ʃɛftɛn] *f* bei den Pfadfindern
Führerin *f*
cheik(h) [ʃɛk] *m* Scheich *m*
cheiroptères [keirɔptɛr] *m/pl zo* Flatter-
, Fledertiere *n/pl*; Handflügler *m/pl*
chelem [ʃlɛm] *m* *Kartenspiel* Schlemm
m; **grand, petit** ~ Groß-, Kleinschlemm
m; **être** ~ keinen Stich gemacht haben;
faire ~ Schlemm machen
chélicère [keliser] *f zo* Kieferfühler *m*
chélidoine [kelidwan] *f bot* Schöll-
kraut *n*
chelinguer [ʃlɛge] P *v/i* stinken (F wie
die Pest)
chéloniens [kelɔnjɛ̃] *m/pl zo* Schildkrö-
ten *f/pl*
chemin [ʃ(ə)mɛ̃] *m* **1.** Weg *m*, Straße *f*
(de nach, zu); Pfad *m*; (Weg)Strecke *f*;
zu'rückgelegter Weg; *fig* Weg *m*; ♦ ~
côtier Küstenweg *m*; **le** ~ **le plus court**
der kürzeste Weg; *math* **le plus court** ~
d'un point à un autre die kürzeste
Verbindung zweier Punkte; ~ **creux,**
rural Hohl-, Feldweg *m*; *rel* ~ **de (la)**
croix a) Kreuz-, Leidensweg *m* Christi;
b) Kreuzweg(darstellung) *m(f)*; c) Kreuz-
wegandacht *f*; **faire son** ~ **de croix**
den Kreuzweg beten(d abschreiten); ~
de Damas Weg nach Damaskus; *rel u*
fig Da'maskuserlebnis *n (des Paulus)*; *fig*
trouver son ~ **de Damas** sein Damas-
kus erleben; sein Damaskuserlebnis ha-
ben; *fig* ~ **de la gloire** Weg zum Ruhm;
~ **de halage** Treidelweg *m*; Treidel-,
Leinpfad *m*; ~ **de montagne** Bergpfad
m; ~ **du retour** Heim-, Rückweg *m*; *astr*
~ **de saint Jacques** Milchstraße *f*;
deux heures de ~ zwei Stunden Weg,
im Auto Fahrt; zwei Wegstunden, *im*
Auto Fahrstunden; ♦ *loc/adv:* **en** ~

unter'wegs; *fig* **s'arrêter en** ~ mitten-
'drin aufhören, abbrechen; auf halbem
Wege stehenbleiben; *fig* **je ne vais pas**
m'arrêter en si bon ~ da ich schon
einmal dabei, drin, F im Schwung bin
(, mach' ich gleich weiter); **être en** ~
unterwegs sein; *fig* **l'affaire est en bon**
~ die Sache läuft gut; **se mettre en** ~
sich auf den Weg machen; aufbrechen;
fig **rester en** ~ *cf* rester 1.; **par ce** ~ auf
diesem Weg(e) *(auch fig)*; *fig* damit; da-
durch; *fig* **ne pas y aller par quatre** ~**s**
a) nicht lange fackeln; nicht viel Federle-
sens, 'Umstände machen; b) s-e Mei-
nung geradeheraus, freimütig sagen;
kein Blatt vor den Mund nehmen; **pas-**
ser par un autre ~ e-n ander(e)n Weg
nehmen, gehen; ~ **faisant** unter'wegs;
während der Fahrt, Reise; ♦ *fig* **aller**
son ~ unbeirrt s-n Weg gehen; sich nicht
beirren lassen; **demander son, le** ~ à
qn j-n nach dem Weg fragen; **faire du** ~
gut vorwärts-, vor'ankommen; e-e tüch-
tige Strecke zu'rücklegen; *fig* vorwärts-,
vor'ankommen; *fig* **faire son** ~ s-n Weg
machen; *Gedanke etc* sich allmählich
'durchsetzen; **montrer son, le** ~ à **qn**
j-m den Weg zeigen; *fig* **montrer le** ~ ein
Beispiel geben, e-n, den Weg zeigen (à
qn j-m); **passer son** ~ *cf* passer 1.;
perdre son ~ *cf* perdre 1.; **prendre le**
~ **de ...** den Weg nach ... einschlagen;
nach ... aufbrechen; *fig* **prendre, sui-**
vre le ~ **des écoliers** 'Umwege machen;
nicht den direkten, kürzesten Weg ge-
hen; *fig* **prendre le** ~ **de l'exil** ins Exil
gehen; **prendre un autre** ~ e-n
ander(e)n Weg nehmen, gehen; **pren-**
dre le mauvais ~ den, e-n falschen Weg
einschlagen; *fig* **il n'en prend pas le** ~
er tut es anscheinend (doch) nicht; *fig*
reprendre le ~ **de l'école** sich wieder
auf die Schulbank setzen; wieder die
Schulbank drücken; **reprendre le** ~ **de**
son village in sein Dorf zurückkehren;
fig **rester dans le, suivre le droit** ~ auf
dem rechten Weg(e) bleiben; *fig u st/s*
suivre le ~ **de la vertu** den, auf dem
Pfad der Tugend wandeln; **trouver qc**
sur son ~ etw *(dat)* auf s-m Weg
begegnen; **il me trouvera sur son** ~ ich
werde mich ihm in den Weg stellen; *fig* **il**
a su trouver le ~ **de son cœur** er hat
den Weg, den Zugang zu ihrem Herzen
gefunden; *prov* **tous les** ~**s mènent à**
Rome alle Wege führen nach Rom
(prov); **2.** Läufer *m*; ~ **d'escalier, de**
table Treppen-, Tischläufer *m*; **3.** *tech*
e-s *Kolbens etc* Weg *m*; **4.** ~ **de roule-**
ment e-s *Krans* Kranbahn *f*; *aviat* Roll-
weg *m*, -bahn *f*; **5.** *fortif* ~ **couvert**
gedeckter Gang; ~ **de ronde** Wehrgang
m; **6.** ~ **de fer** (Eisen)Bahn *f*; ~ **de fer**
aérien Schwebebahn *f*; ~ **de fer élec-**
trique elektrische (Eisen)Bahn; ~ **de fer**
portatif Feldbahn *f*; ~ **de fer à crémail-**
lère Zahnradbahn *f*; ~ **de fer de**
montagne Bergbahn *f*; **employé** *m*
des ~**s de fer** Eisenbahnbedienstete(r)
m; **7.** ~ **de fer** *Glücksspiel* Chemin de fer
n; **8.** ~ **de fer** *für Gardinen* Schleuder-
leiste *f*; Gar'dinenleiste *f*
chemineau [ʃ(ə)mino] *m* ‹*pl* ~**x**› Land-
streicher *m*; F Tippelbruder *m*
cheminée [ʃ(ə)mine] *f* **1. a)** Ka'min *m*;
Schornstein *m*; Esse *f*; Schlot *m*; *österr*
Rauchfang *m*; *e-r Lokomotive, e-s*
Schiffs Schornstein *m*; ~ **d'usine**
(Fa'brik)Schornstein *m*, ~ (-)Schlot *m*,
(-)Esse *f*; **b)** (offener) Ka'min; **sur la** ~
auf dem Kamin(sims); **2.** *Bergsteigen*
Ka'min *m*; **3.** *bei Vulkanen* Schlot *m*;
Erupti'onskanal *m*; **4.** *géol* ~ **des fées**
Erdpfeiler *m*, -pyramide *f*; **5.** *mines*
~ **d'aérage** Luftschacht *m*

cheminement [ʃ(ə)minmã] *m* **1.** Wan-
deln *n*; Wandern *n*; *des Wassers* langsa-
mes Rinnen; **2.** *fig* ~ **de la pensée**
Entwicklung *f* des Denkens, der Gedan-
ken; Fortschreiten *n* der Gedanken; **3.**
mil ~**s** *pl* Laufgräben *m/pl*; Annähe-
rungswege *m/pl*; **4.** *arp* Poly'gon-, Viel-
eckzug *m*
cheminer [ʃ(ə)mine] *v/i* **1.** wandeln;
wandern; s-s Weges ziehen; da'hingehen,
-schreiten; *Weg* ~ **le long du mur** an der
Mauer entlangführen; **2.** *fig Gedanke*
sich allmählich 'durch-, festsetzen; **3.** *mil*
sich vorarbeiten; **4.** *arp* polygo'nieren
cheminot [ʃ(ə)mino] *m* Eisenbahner *m*
chemisage [ʃ(ə)mizaʒ] *m tech* Verklei-
den *n*; Über'ziehen *n*; *e-s Geschosses*
Um'mantelung *f*; *e-s Motorzylinders*
Versehen *n* mit e-r Laufbuchse
chemise [ʃ(ə)miz] *f* **1.** Hemd *n*; *für*
Männer auch Oberhemd *n*; *Damenunter-*
wäsche 'Unterhemd *n*; *für Kleinkinder*
Hemdchen *n*; *par ext hist pol* ~**s brunes**,
noires Braun-, Schwarzhemden *n/pl*;
früher ~ **de mailles** *(Art)* Kettenhemd
n, -panzer *m*; ~ **de nuit, de nylon**
Nacht-, Nylonhemd *n*; **en bras, man-**
ches de ~ in Hemdsärmeln; *fig:* **chan-**
ger d'avis, d'idée, d'opinion comme
de ~ s-e Meinung wie sein Hemd wech-
seln; **il donnerait sa** ~ er würde sein
letztes Hemd verschenken, hergeben; F
je m'en fiche, moque comme de ma
première ~ F das ist mir piepe, schnurz-
egal, schnurzpiepe; F **y laisser, ren-**
dre jusqu'à sa dernière ~ sich dabei,
damit ruinieren; F dabei Pleite machen;
2. Aktendeckel *m*; Sammelmappe *f*; **3.**
tech 'Überzug *m*; Verkleidung *f*; Mantel
m; *e-s Geschützes* Futterrohr *m*; *e-s Ge-*
schosses Mantel *m*; *e-s Motorzylinders* ~
de résistance Laufbuchse *f*; **4.** *cuis*
nègre en ~ Reisauflauf *m* mit Scho-
ko'ladencreme und Schlagsahne
chemiser [ʃ(ə)mize] *v/t tech* verkleiden;
über'ziehen; um'manteln
chemis|erie [ʃ(ə)mizri] *f* **a)** Herrenwä-
sche *f (Oberhemden, Unterwäsche, Kra-*
watten); **b)** Herrenwäschegeschäft *n*;
~**ette** *f* kurzärm(e)liges Sporthemd;
Buschhemd *n*; kurzärm(e)lige (Sport-)
Bluse
chemisier [ʃ(ə)mizje] *m* **1.** Hemdbluse *f*;
adit **robe** *f* ~ Hemdblusenkleid *n*; **2.**
Hersteller *m* bzw Verkäufer *m* von Her-
renwäsche
chênaie [ʃɛnɛ] *f* Eichenwäldchen *n*,
-hain *m*
chenal [ʃənal] *m* **1.** *e-s Flusses, e-r*
Hafenausfahrt Fahrrinne *f*; **2.** Mühlbach
m; *e-r Fabrik* Werkkanal *m*; **3.** *métall*
Abstichrinne *f*
chenapan [ʃ(ə)napã] *m* F *bes von Kin-*
dern Taugenichts *m*; Strolch *m*
chêne [ʃɛn] *m* **1.** *bot* Eiche *f*; ~ **vert**
Steineiche *f*; **pomme** *f* **de** ~ Gallapfel *m*;
fig **être solide comme un** ~ e-e sehr
robuste Gesundheit haben; sehr robust
sein; **2. (bois** *m* **de)** ~ Eiche(nholz) *f(n)*;
de, en ~ eichen; Eichen...
chêneau [ʃeno] *m* ‹*pl* ~**x**› Dachrinne *f*
chêne-liège [ʃɛnljɛʒ] *m bot* ‹*pl* chênes-
-lièges› Korkeiche *f*
chenet [ʃənɛ] *m* Feuerbock *m*, -hund *m*,
-roß *n*
chènevière [ʃɛnvjɛr] *f* Hanffeld *n*,
-acker *m*
chènevis [ʃɛnvi] *m bot* Hanfsamen *m*
chenil [ʃənil] *m* Hundezwinger *m*
chenille [ʃ(ə)nij] *f* **1.** *zo* Raupe *f*; **2.** *tech*
Gleiskette *f*; **véhicule** *m* **à** ~**s** Gleisket-
ten-, Raupenfahrzeug *n*; **3.** *text* Che-
'nille *f*
chenill|é [ʃ(ə)nije] *adj* **véhicule** ~ Gleis-
ketten-, Raupenfahrzeug *n*; ~**ère** *f* Rau-

pennest n; ~**ette** f **1.** mil etwa Schützenpanzer m; **2.** für Skipisten Pistenraupe f

chénopode [kenɔpɔd] m bot Gänsefuß m

chénopodiacées [kenɔpɔdjase] f/pl bot Gänsefußgewächse n/pl

chenu [ʃəny] litt adj Greis weißhaarig; Haupt schneeweiß; fig Berge schneebedeckt; Baum halb verdorrt, abgestorben

cheptel [ʃɛptɛl] m agr **1.** Vieh(bestand) n(m); ~ bovin, ovin, porcin Rinder-, Schaf-, Schweinebestand m; ~ mort, vif totes, lebendes Inven'tar; **2.** jur (bail m à) ~ Viehpacht f; ~ de fer Eisernviehvertrag m

chèque [ʃɛk] m comm Scheck m (de cent francs über hundert Franc); ~ bancaire Bankscheck m; ~ barré Verrechnungsscheck m; auch gekreuzter Scheck m; certifié Scheck mit e-r Bestätigung der Bank, daß er gedeckt ist; ~ ouvert Barscheck m; ~ postal Postscheck m; compte m ~ postal (abr C.C.P.) Postscheckkonto n; centre m de ~ postaux, F ~s postaux Postscheckamt n; service m des ~s postaux Postscheckdienst m; ~ à ordre Order-, Namensscheck m; ~ au porteur Inhaber-, Über-'bringerscheck m; ~ d'assignation Postscheck m (für e-n Dritten); ~ de virement (Postscheck)Über'weisung f (von Konto zu Konto); ~ de voyage Reisescheck m; ~ en blanc Blankoscheck m; comm tirer, émettre, aller faire un ~ e-n Scheck ausstellen (sur qn auf j-n); payer par ~ mit, durch, per Scheck (be)zahlen; ~-essence m ⟨pl ~s--essence⟩ Ben'zingutschein m; ~-restaurant m ⟨pl chèques-restaurant⟩ cf titre-restaurant

chéquier [ʃekje] m Scheckbuch n, -heft n

cher [ʃɛr] I adj ⟨chère⟩ **1. a)** Person lieb; teuer; geliebt; wert; Anrede ~ ami (mein) lieber Freund; un ami très ~ ein sehr lieber, ein teurer Freund; (mes) ~s auditeurs liebe Zuhörer; un être ~ ein geliebter Mensch; ce ~ homme der Gute; in Briefen **Chère Madame** Liebe Frau (+ Name); sehr höflich Liebe gnädige Frau; (mon) ~ **Monsieur** mein lieber Herr (X); in Briefen ♀ **Monsieur** Lieber Herr (+ Name); iron ce ~ **Roger**, il n'en fait jamais d'autres unser lieber, der liebe Roger ...; plais et ce ~ X, qu'est-ce qu'il devient? und der gute X, ...?; ~ téléspectateurs liebe od verehrte Zuschauer; un ami ~ à son cœur ... an dem er sehr hängt; ... den er sehr liebt; st/s ... der ~s Herzen teuer ist; elle lui est chère sie ist ihm lieb, teuer; er liebt sie; er hängt an ihr; **b)** Sache lieb; wichtig; teuer; cela lui est ~ das ist ihm wichtig; ihm liegt viel daran; daran hängt er; das liebt er; c'est mon vœu le plus ~ das ist mein innigster Wunsch; retrouver son ~ village in sein geliebtes Dorf zurückkehren; tenir à ses chères habitudes an s-n lieben alten Gewohnheiten hängen; **2.** teuer; kostspielig; Pelz etc auch kostbar; vie chère teures Leben; hohe Lebenshaltungskosten pl; lutte f contre la vie chère Kampf m gegen die hohen Lebenshaltungskosten, Preise; un hôtel pas ~, moins ~ ein billiges, billigeres Hotel; ce n'est pas ~ das ist billig, nicht teuer; être ~ teuer sein; c'est ~ pour ce que c'est das ist den, s-n Preis nicht wert; c'est trop ~ pour moi das ist zu teuer für mich; das ist mir zu teuer; j'ai trouvé une petite robe pas chère ich hab' ein Kleid ganz billig bekommen; **II** adv teuer; moins ~ billiger; F je l'ai eu pour pas ~ ich hab' ihn billig bekommen; bezahlt; ich hab' ihn billig bekommen

coûter ~ cf coûter II; ne pas donner ~ de la vie de qn j-s Leben für verloren halten; je donnerais ~ pour savoir si ... ich würde viel d(a)rum geben, wenn ich wüßte, ob ...; payer ~ teuer bezahlen (auch fig Irrtum etc); fig e-n Sieg auch teuer erkaufen; je ne l'ai pas payé ~ ich habe nicht viel dafür bezahlt; fig: il me le payera ~ das wird er mir büßen; je lui ferai payer ~ sa trahison (für) diesen Verrat wird er mir büßen; Schneider etc prendre ~ teuer sein; revenir ~ teuer sein; auch fig teuer zu stehen kommen (à qn j-n); c'est un déjeuner qui revient ~ F auch das war ein teures Mittagessen; valoir ~ teuer sein; fig ne pas valoir ~ nichts taugen; Person auch ein Taugenichts sein; vendre ~ teuer verkaufen (auch fig sein Leben); abs hohe Preise haben, verlangen; Geschäft teuer sein; vendre moins ~ que qn j-n unter'bieten; **III** subst mon ~ mein Lieber; ma chère meine Liebe; affektiert u nichtssagend: ... très ~ mein Bester, Lieber; chère, très chère Liebste; Teuerste

cherche-fuites [ʃɛrʃəfɥit] m ⟨inv⟩ tech Gasspürgerät n

chercher [ʃɛrʃe] I v/t **1.** ~ qn, qc j-n, etw suchen; nach j-m, etw suchen; ~ de l'argent Geld aufzutreiben suchen; ~ le calme die Stille suchen; ~ des difficultés à qn j-m Schwierigkeiten machen; ~ une femme e-e (Ehe)Frau suchen; ~ des histoires à qn mit j-m Streit, Händel suchen; ne ~ que son intérêt nur s-n Vorteil suchen; nur auf s-n Vorteil bedacht, aus sein; ~ un mot dans le dictionnaire ein Wort im ~ nachschlagen, suchen; ~ ses mots (en parlant) nach Worten suchen, ringen; ~ le mot juste, exact nach dem richtigen, das richtige Wort suchen; ~ un moyen de (+inf) ein Mittel, e-e Möglichkeit suchen zu (+inf); ~ le nom de qn (dans sa mémoire, tête) sich auf j-s Namen (acc) zu besinnen suchen; ~ l'oubli Vergessen suchen; ~ un passage dans un livre ... e-e Stelle (auf)suchen, nachschlagen; ~ du secours Hilfe holen; ~ la solution d'un problème de Lösung für ein Problem, e-s Problems suchen; ~ la vérité die, nach der Wahrheit suchen; ~ qn du regard, des yeux sich nach j-m 'umsehen; nach j-m Ausschau halten; je vous cherchais ich habe Sie gesucht; je l'ai cherché partout ich habe überall gesucht (und nicht gefunden); **2.** aller ~ qn, qc j-n, etw abholen (gehen); Arzt, Brot etc holen; aller ~ l'argent à la banque, qc dans l'armoire, dans la cuisine, du vin à la cave Geld von der Bank, etw aus dem Schrank, aus der Küche, Wein aus dem Keller holen; fig qu'est-ce que tu vas ~? wie kommst du denn d a r a u f?; envoyer (qn) ~ qn, qc (j-n) j-n, etw holen lassen; (j-n) nach j-m, etw schicken; venir ~ qn, qc j-n, etw abholen; etw holen; **3.** Gefahr suchen; her'ausfordern; ~ l'accident es auf e-n Unfall ankommen lassen, p/fort anlegen; il l'a cherché! er hat es herausgefordert!; **4.** F ~ qn mit j-m Streit, Händel suchen, anfangen wollen; s'il me cherche ... wenn er Streit haben will ...; wenn er es auf Streit angelegt hat ...; **II** v/t/indir **5.** ~ à (+inf) (ver)suchen zu (+inf); sich bemühen zu (+inf); danach streben zu (+inf); ~ à comprendre (ver)suchen, sich bemühen zu verstehen; ~ à plaire gefallen wollen; zu gefallen suchen; **6.** F ~ après qn j-n, nach j-m suchen; **7.** F ça va ~ dans les mille francs das kostet etwa, an die tausend Franc; ça va ~ dans les cinq ans (de prison) das gibt, bringt etwa, an die

fünf Jahre (Knast); F das gibt so um die fünf Jährchen (Knast); **III** v/i suchen; zum Hund cherche! such!; bibl cherchez et vous trouverez suchet, so werdet ihr finden; ~ dans sa mémoire, sa tête sich darauf zu besinnen, sich daran zu erinnern versuchen; sein Gedächtnis anstrengen; F in s-m Gedächtnis kramen; **IV** v/pr se ~ psych sich (selbst) suchen

cherch|eur [ʃɛrʃœr] m **1.** Forscher m; **2.** ~ d'or Goldsucher m, -gräber m; ~ de trésors Schatzsucher m, -gräber m; **3.** tél ~ d'appel Anrufsucher m; tech ~ de fuites Gasspürgerät m; ~euse f **1.** Forscherin f; **2.** adit fusée f à tête ~ Rakete f mit Suchkopf

chère [ʃɛr] f gutes (und reichliches) Essen; aimer la bonne ~ gerne gut essen; faire bonne ~ gut essen; ständig auch gut leben

chèrement [ʃɛrmã] adv Sieg, Erfolg payer ~ teuer bezahlen, erkaufen; Leben vendre ~ teuer verkaufen

chergui [ʃɛrgi] m in Marokko Ostwind m; Schi'rokko m

chéri [ʃeri] I adj geliebt; fig l'enfant ~ des dieux Liebling der Götter; l'enfant ~ du destin, du succès ein vom Schicksal, Erfolg Verwöhnter, Begünstigter; l'enfant ~ de la Victoire Beiname des Marschalls Masséna; **II** subst: Anrede ~(e) m(f) od mon ~, ma ~e Liebling m; Geliebte(r) f(m); Schatz m; Schätzchen m; auch iron le pauvre ~ der arme Liebling; F le ~ à sa maman Mamas Liebling; le ~ de la famille der Liebling der Familie

chérif [ʃerif] m arabischer Titel Sche'rif od Scha'rif m

chérifien [ʃerifjɛ̃] adj ⟨~ne⟩ sche'rifisch; hist l'Empire ~ das Scherifische Reich

chérir [ʃerir] v/t **1.** ~ qn j-n (zärtlich) lieben; ~ la mémoire, le souvenir de qn j-s in Liebe gedenken; j-s Erinnerung, Gedächtnis hoch in Ehren halten; **2.** Freiheit etc lieben; ~ son malheur, sa souffrance sich in s-m Unglück, s-m Leid gefallen

chérot [ʃero] adj F c'est ~ F das ist ganz schön teuer

cherrer [ʃere] v/i arg faut pas ~ man sollte es nicht über'treiben

cherry(-brandy) [ʃeri(brãdi)] m Cherry Brandy [tʃeri'brɛndi] m

cherté [ʃɛrte] f hoher Preis (de für); ~ de la vie hohe Lebenshaltungskosten pl; Teuerung f

chérubin [ʃerybɛ̃] m **1.** bibl Cherub m; Kunst Engelsköpfchen n; ~s pl Cherubim pl; Cheru'binen pl; **2.** fig, als Vergleich, von Kleinkind Engelchen n; Lockenköpfchen n

chervis [ʃɛrvi] m bot Zuckerwurz f

chester [ʃɛstɛr] m Chester(käse) ['tʃ-] m

chétif [ʃetif] adj ⟨-ive⟩ Kind, Person schwächlich; schmächtig; F mick(e)rig; Pflanze kümmerlich; p/fort verkümmert

chétodontidés [ketɔdõtide] m/pl zo Borstenzähner m/pl

chevaine [ʃ(ə)vɛn] m zo Döbel m

cheval [ʃ(ə)val] m ⟨pl -aux⟩ **1.** zo Pferd n; F Gaul m; st/s Roß n; ♦ ~ anglais (de) pur sang englisches 'Vollblut (-pferd); ~ blanc Schimmel m; ~ entier Hengst m; ~ gris Grauschimmel m; ~ marin a) Seepferdchen n; b) Walroß n; ~ noir Rappe m; ♦ ~ de bataille a) früher Schlacht-, Streitroß n; b) fig Haupt-, Lieblingsthema n; bevorzugtes Thema; Steckenpferd n; ~ de cirque, de course Zirkus-, Rennpferd m; ~ de labour Ackerpferd n, F-gaul m; ~ de manège Dres'sur-, Schulpferd n; ~ de poste, de

selle, de trait Post-, Reit-, Zugpferd *n*;
♦ F *fig:* (avoir une) fièvre de ~ starkes,
hohes Fieber (haben); remède *m* de ~
sehr starkes Heilmittel; *auch* F Pferde-,
Roßkur *f*; ♦ *loc/adj u loc/adv* à ~ zu
Pferd(e); beritten; *als Befehl* à ~! aufsit-
zen!; à ~ sur rittlings sitzend auf (+*dat*);
promenade *f* à ~ Spa'zierritt *m*; aller à
~ reiten; être (assis) à ~ sur rittlings
sitzen auf (+*dat*); *fig:* être à ~ sur qc auf
etw (*dat*) her'umreiten; es mit etw sehr
genau nehmen; être à ~ sur les principes
ein Prin'zipienreiter sein; *Besitz* être à ~
sur deux communes sich beiderseits
der Gemeindegrenzen erstrecken; *Re-
gierungszeit* être à ~ sur deux siècles
bis (weit) ins nächste Jahrhundert rei-
chen; monter à ~ a) reiten; b) aufs Pferd
steigen; aufsitzen; parcourir *sa proprié-
té* à ~ ... abreiten; passer à ~ vor'bei-,
vor'überreiten; ♦ descendre de ~ vom
Pferd (ab)steigen; absitzen; F *fig* il a
mangé, bouffé du ~ (, ma parole) F
der entwickelt ja plötzlich e-e gewaltige
Aktivität; monter un ~ ein, auf e-m
Pferd reiten; monter sur un ~ ein Pferd
besteigen; *fig* monter sur ses grands
chevaux aufbrausen; F hochgehen;
tomber de ~ vom Pferd stürzen, fallen;
ça ne se trouve pas dans, sous le pas,
sous le sabot d'un ~ das (*das Geld*)
kann man nicht so einfach aus dem
Ärmel schütteln; das liegt, findet man
nicht auf der Straße; *loc/prov* changer,
troquer son ~ borgne contre un
aveugle vom Regen in die Traufe kom-
men; **2.** Reiten *n*; Reitsport *m*; costume
m de ~ Reitanzug *m*, -kleidung *f*; faire
du ~ reiten; (den) Reitsport betreiben; **3.**
par ext (jeu de) petits chevaux *pl*
etwa Mensch-'ärgere-dich-nicht *n* (*mit
Pferdefiguren*); à bascule Schaukel-
pferd *n*; *gym* ~ d'arçons Pferd *n*; (manè-
ge *m* de) chevaux *pl* de bois Pferdeka-
russel *n*; ~ de Troie Tro'janisches Pferd;
4. F *fig:* un ~ e-e große derbknochige Frau; vieux ~ de
retour a) Rückfällige(r) *m*; F alter
Bekannter der Polizei; b) alternde Circe;
c'est un vrai ~ F e-r *bzw* sie hat e-e
Pferde-, Roßnatur; c'est pas un, il n'est
pas mauvais ~ F e-n Kater, dann ein
Kerl; **5.** *tech* ~ (DIN) *cf* ~-vapeur; *auto
in Frankreich* ~ fiscal (*abr* CV) der
Kraftfahrzeugsteuer zugrunde gelegte
Leistungseinheit; Steuer-PS *n*; *ellip* une
quatre chevaux ein Wagen *m* mit 4 CV;
une deux chevaux (2 CV) F ein
Entchen *n*; **6.** *mil* ~ de frise spanischer
Reiter

cheval|ement [ʃ(ə)valmã] *m* **1.** *bât* Ab-
stützbock *m*; **2.** *mines* Fördergerüst *n*,
-turm *m*; **~er** *v/t Mauer* abstützen
chevaleresque [ʃ(ə)valrɛsk] *adj* **1.** rit-
terlich; chevale'resk; **2.** *früher* Ritter...;
ritterlich
chevalerie [ʃ(ə)valri] *f* **1.** *féod* Rittertum
n; Ritterschaft *f*; Ritterstand *m*; roman
m de ~ Ritterroman *m*; **2.** ordre *m* de ~
Ritterorden *m*; **3.** *Ehrenlegion, Hosen-
bandorden etc* Würde *f bzw* Auszeich-
nung *f* des Ritters
chevalet [ʃ(ə)valɛ] *m* **1.** Bock *m*; Gerüst
n; Gestell *n*; Schragen *m*; Sägebock *m*; **2.**
der Maler Staffe'lei *f*; **3.** *mines* a) Förder-
gerüst *n*, -turm *m*; b) Bohrturm *m*; **4.** *e-s
Saiteninstruments* Steg *m*
chevalier [ʃ(ə)valje] *m* **1.** *féod* Ritter *m*; *fig*
~ servant *meist iron* ständiger Begleiter;
hist auserwählter Ritter e-r Dame; *fig* ~
d'industrie Hochstapler *m*; *Don Qui-
chotte* le ♀ de ~ *od* à la triste figure der
Ritter von der traurigen Gestalt; ♀s de
la table ronde Tafelrunde *f* des Königs

Artus; *Bayard* le ~ sans peur et sans
reproche der Ritter ohne Furcht und
Tadel; armer, recevoir qn ~ j-n zum
Ritter schlagen; **2.** (Ordens)Ritter *m*; ~s
teutoniques Deutschordensritter *m/pl*;
~ de Malte Mal'teserritter *m*; ~ du
Saint-Sépulcre Ritter vom Heiligen
Grab; ~s du Temple Tempelherren
m/pl; Templer *m/pl*; **3.** *der Ehrenlegion,
des Hosenbandordens etc* Ritter *m*; **4.**
Adelstitel Chevali'er *m*; **5.** *im alten Rom*
Ritter *m*; **6.** *zo* Wasserläufer *m*
chevalière [ʃ(ə)valjɛr] *f* Siegelring *m*
chevalin [ʃ(ə)valɛ̃] *adj* **1.** Pferde...;
Roß...; boucherie ~e Pferdemetzgerei
f; Pferde-, Roßschlachterei *f*; espèce ~e
Pferde *n/pl*; race ~e Pferderasse *f*; **2.** *fig*
visage ~ Pferdegesicht *n*
cheval-vapeur [ʃ(ə)valvapœr] *m* ⟨*pl*
chevaux-vapeur⟩ *tech* Pferdestärke *f*
(*abr* PS)
chevauchée [ʃ(ə)voʃe] *f* (Spa'zier)Ritt
m; *Wagner* la ~ des Valkyries der
Wal'kürenritt
chevauchement [ʃ(ə)voʃmã] *m* Über-
'lappung *f*; *von Ziegeln* Sichüber'decken
n; *géol* Über'schiebung *f*; *fig* Über-
'schneidung *f*
chevaucher [ʃ(ə)voʃe] **I** *v/t* reiten auf
(+*dat*); **II** *v/i* **1.** überein'anderliegen,
-stehen; sich über'lappen (*auch Tapeten-
bahnen*); *Ziegel* sich zum Teil über'dek-
ken; *Zähne* überein'ander, ku'lissen-
förmig stehen; ~ (*s/s* (aller à cheval)
reiten; **III** *v/pr* se ~ *cf* II 1.; *Aufgabenbe-
reiche etc* sich über'schneiden
chevau-légers [ʃ(ə)volɛʒe] *m/pl hist mil*
Chevaule'gers *m/pl*
chevêche [ʃəvɛʃ] *f zo od adj* chouette
~ f; Steinkauz *m*
chevelu [ʃəvly] **I** *adj* **1.** *anat* cuir ~
Kopfhaut *f*; Haarboden *m*; **2.** *Person* mit
dichtem Haar; mit dichtem Schopf
(*auch Kopf*); **3.** *bot* behaart; racine ~e
Büschelwurzel *f*; **II** *m bot* Wurzelhaare
n/pl
chevelure [ʃəvlyr] *f* **1.** (Kopf)Haare
n/pl; Haar *n*; Haarwuchs *m*; ~ blonde
blondes Haar; **2.** *e-s Kometen* Schweif *m*
chevenne *od* **chevesne** [ʃ(ə)vɛn] *m cf*
chevaine
chevet [ʃ(ə)vɛ] *m* **1.** *des Bettes* Kopfende
n; lampe *f* de ~ Nachttischlampe *f*,
-leuchte *f*; livre *m* de ~ Lieblingsbuch *n*;
table *f* de ~ Nachttisch *m*; au ~ de qn
an j-s (*Kranken*)Bett; rester au ~ de qn
an j-s Bett bleiben, wachen; **2.** *arch*
(Chor)Apsis *f*
cheveu [ʃ(ə)vø] *m* ⟨*pl* ~x⟩ **1.** (Kopf)Haar
n; ~x *pl* Haar(e) *n(pl)*; ~x plats glattes
Haar; glatte Haare; ♦ *loc/adj u loc/adv:*
aux ~x courts, longs kurz-, langhaarig;
mit kurzem, langem Haar; *fig* à un ~
près *od* il s'en est fallu d'un ~ um ein
Haar; um Haaresbreite; (les) ~x au
vent mit flatternden, wehenden Haa-
ren; *litt von e-r Frau* en ~x ohne Hut; mit
bloßem Kopf; ♦ *fig* s'arracher les ~x
sich die Haare (aus)raufen; avoir beau-
coup de ~x, avoir des ~ épais, drus
dichtes Haar haben; avoir les ~x gris
graue Haare haben; grauhaarig sein;
avoir, porter les ~x courts, longs
kurze, lange Haare haben; das Haar
kurz, lang tragen; avoir le ~ rare nur
ganz wenig Haare haben; F *fig* avoir un
~ sur la langue *cf* zézayer; *fig* avoir
mal aux ~x F e-n Kater, denn ein
Katzenjammer haben; *fig* couper les
~x en quatre Haarspalte'rei treiben; ein
Haarspalter sein; *fig* faire dresser les
~x sur la tête à qn j-m die Haare zu
Berge stehen lassen; *fig* se faire des ~x
(blancs) sich große Sorgen machen; *fig*
ce n'est pas la peine de te faire des

~x (blancs) laß dir doch darüber keine
grauen Haare wachsen; perdre ses ~x
(die) Haare verlieren; il perd ses ~x
auch ihm gehen die Haare aus; *fig:* c'est
tiré par les ~x das ist an den Haaren
herbeigezogen; das ist weit hergeholt; si
vous touchez à un ~ de sa tête, à un
seul de ses ~x wenn Sie ihm ein Haar
krümmen; wenn ihm ein Haar ge-
krümmt wird; ça vient, arrive comme
un ~ sur la soupe das paßt über'haupt
nicht hierher; das paßt wie die Faust
aufs Auge; *auch* das kommt denkbar
ungelegen; **2.** ~x *pl* d'ange a) Engel(s)-
haar *n* (*Weihnachtsschmuck*); b) feine
Fadennudeln *f/pl*; **3.** *im Porzellan*
Sprung *m*; ~ d'or Goldrand *m*; **4.** *bot* ~
de Vénus Frauen-, Venushaar *n*; ~ de
la Vierge Blüte *f* des Schneeballs
chevillage [ʃ(ə)vijaʒ] *m* **1.** *tech* (Ver-)
Dübeln *n*; **2.** *text* Chevil'lieren *n*
chevillard [ʃ(ə)vijar] *m* Schlachter *od*
Schlächter, der im Schlachthof Tiere
schlachtet und an Ladenfleischer ver-
kauft
cheville [ʃ(ə)vij] *f* **1.** *anat* (Fuß)Knöchel
m; *par ext* Fessel *f*; arriver à la ~ *Kleid
etc* bis zum Knöchel reichen; knöchel-
lang sein; *Wasser etc* bis zu den Knö-
cheln reichen; knöcheltief sein; *fig* il ne
lui arrive, vient pas à la ~ e-m kann ihm
das Wasser nicht reichen; avoir de l'eau
jusqu'à la ~ bis zu den Knöcheln im
Wasser stehen; avoir la ~ fine zarte,
schlanke Fesseln haben; **2.** *tech* Dübel
m; Bolzen *m*; Zapfen *m*; Pflock *m*; *fig* ~
ouvrière treibende Kraft; F *fig* être en
~ avec qn mit j-m (e-r einflußreichen
Persönlichkeit etc) sehr gut bekannt
sein, gut stehen; bei j-m ein und aus
gehen; **3.** *mus* e-s Saiteninstruments Wir-
bel *m*; **4.** vente *f* à la ~ Fleischverkauf *m*
im Schlachthof an Ladenfleischer; **5.**
métr Flick-, Füllwort *n*; **6.** *zo bei Wieder-
käuern* Stirnzapfen *m*
cheviller [ʃ(ə)vije] *v/t* **1.** *tech* verdübeln;
zu'sammendübeln; *fig adit* avoir l'âme
chevillée au corps ein zähes Leben
haben; **2.** *text* chevil'lieren
chevillier [ʃ(ə)vilje] *m mus* Wirbelka-
sten *m*
cheviotte [ʃəvjɔt] *f text* **a)** Cheviotwolle
f; **b)** Cheviot *m* (*Stoff*)
chèvre [ʃɛvr(ə)] *f* **1.** *zo* Ziege *f*; *wenn
Geschlecht betont* Geiß *f*; ~ domestique
Hausziege *f*; petite ~ kleine, junge
Ziege; Zicklein *n*; ~ sauvage Wildziege
f; chemin *m* de ~s schmaler, steiler
Pfad; Gebirgspfad *m*; *fig* ménager la ~
et le chou e-s mit keinem verderben
wollen; **2.** *tech* **a)** Hebebock *m*; **b)**
Sägebock *m*
chevreau [ʃəvro] *m* ⟨*pl* ~x⟩ **1.** *zo* Zick-
lein *n*; Zickel *n*; Geißlein *n*; (Ziegen-)
Lamm *n*; **2.** Ziegenleder *n*; Che'vreau
(-leder) *n*
chèvrefeuille [ʃɛvrəfœj] *m bot* Geiß-
blatt *n*; ~ des jardins Je'längerje'lie-
ber *n*
chèvre-pied(s) [ʃɛvrəpje] *adj myth*
bocksbeinig
chevreter [ʃəvrəte] *v/i* ⟨-è-⟩ *cf* chevro-
ter 2. b)
chevrette [ʃəvrɛt] *f* **1.** *zo* **a)** Zicklein *n*;
Zickel *n*; junge Ziege; **b)** Rehgeiß *f*; Ricke
f; **2.** Zickelfell *n*; **3.** kleiner Feuerbock
chevreuil [ʃəvrœj] *m zo* Reh *n*; *wenn
Geschlecht betont* Rehbock *m*
chevr|ier [ʃəvrije] *m*, **~ière** *f* **1.** *litt*
Ziegenhirt(in) *m(f)*; **2.** *m bot* weiße
Bohne(nsorte)
chevrillard [ʃəvrijar] *m zo* Rehkitz *n*
von sechs bis zehn Monaten
chevron [ʃəvrõ] *m* **1.** *bât* Dachsparren *m*;
2. *text* Fischgrätenmuster *n*; (tissu *m*

à) ~(s) Stoff *m* mit Fischgrätenmuster; **3.** *mil* Winkel *m*; **4.** *tech* **engrenage** *m* à ~s Pfeilverzahnung *f*; **5.** *Heraldik* Sparren *m*

chevronnage [ʃəvrɔnaʒ] *m bât* **a)** Sparrenlegen *n*; **b)** Sparrenwerk *n*

chevronné [ʃəvrɔne] *adj* **1.** erfahren; routi'niert; ver'siert; **conducteur, journaliste** ~ versierter, routinierter Fahrer, Journalist; alter Hase (in diesem Metier); **2.** *Heraldik*: Schild mit Sparren

chevronner [ʃəvrɔne] *v/t bât* mit Sparren versehen

chevrotain [ʃəvrɔtɛ̃] *m zo* ~ **aquatique** Wassermoschustier *n*; ~ **porte-musc** Moschustier *n*

chevrot|ant [ʃəvrɔtɑ̃] *adj Stimme* zitt(e)rig; zitternd; meckernd; ~**ement** *m der Stimme* Zittern *n*

chevroter [ʃəvrɔte] *v/i* **1.** *Stimme* zitt(e)rig sein; zittern; *Person* ⟨*auch v/t*⟩ mit zitt(e)riger Stimme singen, reden, sagen; **2.** *Ziege* **a)** meckern; **b)** Junge werfen; zickeln

chevrotin [ʃəvrɔtɛ̃] *m* **1.** *zo* **a)** Rehkitz *n*, -kalb *n* bis zu sechs Monaten; **b)** *cf* chevrotain; **2.** Ziegenleder *n*; Che-'vreau(leder) *n*; **3.** *(ein)* Ziegenkäse *m*

chevrotine [ʃəvrɔtin] *f ch* Posten *m*

chewing-gum [ʃwiŋɡɔm] *m* ⟨*pl* chewing-gums⟩ Kaugummi *m*

chez [ʃe] *prép* bei (+*dat*); zu (+*dat*); ◆ ~ **les Anciens** bei den Alten (*Griechen u Römern*); ~ **les animaux** bei (den) Tieren; ~ **les Français** bei den Franzosen; ◆ ~ **lui** bei *bzw* zu ihm; **c'est une habitude** ~ **lui** das ist e-e Gewohnheit bei, von ihm; **je viens de** ~ **lui** ich komme von ihm, aus s-r Wohnung; ~ **moi** bei mir (zu Hause) *bzw* zu mir (nach Hause); in meiner Wohnung, in meinem Haus *bzw* in meine Wohnung, in mein Haus; **à côté, près de** ~ **moi, nous** ganz in der Nähe meiner, unserer Wohnung, meines, unseres Hauses; ganz in meiner, unserer Nähe; **derrière** ~ **moi** hinter meiner Wohnung, meinem Haus; **au-dessus de** ~ **moi** (in der Wohnung) über mir; **devant** ~ **moi** vor meiner Wohnung, meinem Haus; **en bas de** ~ **moi** unten vor meinem Haus; unten vor dem Haus, in dem ich wohne; **je viens de** ~ **moi** ich komme von zu Hause, aus meiner Wohnung; ~ **nous** bei uns; **par** ~ **nous** bei uns; in unserer Gegend; **passez par** ~ **nous** kommen Sie bei uns vorbei; besuchen Sie uns; ◆ *loc/adj:* **robe** *f* **de** ~ **Dior** Kleid *n* von Dior; **un gars de** ~ **nous** ein Bursche aus unserer Gegend; *Brauch, Lied* **bien de** ~ **nous** unverkennbar aus unserer Gegend; ◆ **acheter qc** ~ **le boulanger** etw beim Bäcker kaufen; **aller** ~ **le coiffeur, le médecin, qn** zum Friseur, zum Arzt, zu j-m gehen; **être** ~ **qn** bei j-m sein; **être** ~ **soi** zu Hause, da'heim sein; **faites comme** ~ **vous** tun Sie, als ob Sie zu Hause wären; machen Sie es sich bequem; **rentrer** ~ **soi** nach Hause gehen *bzw* kommen; heimgehen *bzw* -kommen; **chacun reste** ~ **soi** jeder bleibt zu Hause, da'heim; **se sentir** ~ **soi** sich wie zu Hause fühlen

chez|-moi [ʃemwa] *m*, ~**-nous** *m*, ~**-soi** *m*, ~**-toi** *m*, ~**-vous** *m* ⟨*alle inv*⟩ Zu'hause *n*; Heim *n*; **avoir un vrai chez-soi** ein richtiges Heim, Zuhause, Da'heim haben; **je suis content de retrouver mon chez-moi** ich freue mich, wieder nach Hause zu kommen

chiadé [ʃjade] *adj arg* **1.** *Examen etc* sehr schwierig; *Aufgabe auch* F verzwickt; haarig; **2.** *Arbeit* ausgefeilt; sorgfältig ausgearbeitet

chiader [ʃjade] *arg v/t u v/i* F schuften; büffeln, pauken (**un examen** für e-e Prüfung); ~ **une question** e-e Aufgabe einpauken

chialer [ʃjale] *v/i* F heulen; flennen; *Drohung* **je vais te faire** ~ **pour qc** F wenn du jetzt nicht aufhörst zu flennen, werd' ich dir e-n wirklichen Grund dafür geben

chialeur [ʃjalœr] *adj* ⟨-euse⟩ F môme ~, **chialeuse** F Heulpeter *m*, -suse *f*

chiant [ʃjɑ̃] *P adj Sache* P beschissen; **c'est** ~! P es ist zum Kotzen (, daß ich das machen muß)!; **ce qu'il est** ~ *od* **c'est un type** ~! F ist der e-e Nervensäge!

chianti [kjɑ̃ti] *m* Chi'anti(wein) [k-] *m*

chiasma [kjasma] *m anat der* Sehnerven, *von Chromosomen* Chi'asma *n*

chiasme [kjasm(ə)] *m rhét* Chi'asmus *m*

chiasse [ʃjas] *f* **1.** (Fliegen)Dreck *m*; **2.** P **avoir la** ~ a) P 'Durchmarsch, Dünnpfiff, P Dünnschiß haben; b) *fig* P Schiß haben; **3.** P **quelle** ~! P verdammte Scheiße!; so ein Scheiß!

chibouk *od* **chibouque** [ʃibuk] *f od m* Tschi'buk *m*

chic [ʃik] **I** *adj* ⟨*inv, pl auch* ~s⟩ **1.** schick; chic; *Party, Essen, Wohnung(seinrichtung)* hochvornehm; F piekfein; **les gens** ~ die feinen Leute; **elle est toujours** ~ sie ist immer sehr schick (angezogen); **2.** F (**alors**)! F prima!; toll!; Klasse!; dufte!; pfundig!; **un** ~ **type** ein feiner, F prima Kerl; **c'est** ~ **de ta part** das ist großartig, F toll von dir; **ce n'est pas** ~ **de ta part** das finde ich nicht sehr nett, freundlich von dir; il a **été très** ~ (**à mon égard, avec moi**) er hat sich (mir gegenüber) großartig verhalten; **II** *m* **1.** Schick *m*; *loc/adj* F **du dernier** ~ F todschick; **avoir du** ~ *Person* Schick haben; sich schick anziehen; *Sache* schick sein; **tout le** ~ **est dans** ~! ... gibt, unterm ihm den Pfiff!; *Sache* **ne pas manquer de** ~ recht elegant sein; **2.** *auch iron* **avoir le** ~ **pour faire** ~ e-e besondere Begabung, ein besonderes Geschick, Ta'lent (dafür) haben, etw zu tun; **3.** *loc/adv* **de** ~ **malen** ohne Vorbild, Mo'dell; *allg* etw arbeiten ohne Kon'zept, Entwurf

chicane [ʃikan] *f* **1.** Streit *m* um nichts; ~(**s**)Kä'ne *f*; **chercher** ~ **à qn** a) mit j-m Streit, Händel suchen; b) j-n schika-'nieren; **2.** ~**s** *pl* Zickzackdurchlaß *m*, -gang *m*; durch Schranken gesicherter 'Durchgang, 'Durchlaß; **3.** *litt u péj* **la** ~ a) das Gerichtsverfahren; der Pro'zeß; b) *péj* die Rechtsverdrehung; **gens** *pl* **de** ~ a) in der Justiz tätige Personen *f/pl*; b) *péj* Rechtsverdreher *m/pl*

chicaner [ʃikane] **I** *v/t* ~ **qn** j-n schika-'nieren; an j-m her'umnörgeln; mit j-m Streit suchen; ~ **qc à qn** j-m etw nicht gönnen; ~ **qn sur tout** (bei j-m) an allem etw herumzunörgeln haben; **II** *v/t/indir u v/i* ~ her'umnörgeln (**sur tout** an allem); **on ne va pas** ~ **pour si peu** wegen e-r solchen Kleinigkeit, Bagatelle werden wir nicht streiten; ~ **sur les chiffres** es mit den Zahlen pe'dantisch genau nehmen; allzu kleinlich mit den Zahlen sein; **III** *v/t pr* **se** ~ (sich) wegen Lap'palien, Baga'tellen streiten

chicanerie [ʃikanri] *f* Schi'kane *f*

chicaneur [ʃikanœr] **I** *adj* ⟨-euse⟩ **a)** schika'nös; **b)** streitsüchtig; **II** *m* **a)** Schika'neur *m*; Krittler *m*; **b)** *litt* Rechtsverdreher *m*

chicanier [ʃikanje] ⟨-ière⟩ *cf* chicaneur

chiche [ʃiʃ] *adj* **1.** kärglich; kümmerlich; knaus(e)rig; *p/fort* schäbig; **être** ~

de compliments, d'éloges sparsam mit Komplimenten, Lob sein; **2.** *bot* **pois** *m* ~ Kichererbse *f*; **3.** F: **tu n'es pas** ~ **de** (+*inf*) F du hast keine Traute, nicht den Schneid zu (+*inf*); **je suis** ~ **de** (+*inf*) ich bin durchaus fähig zu (+*inf*); ich trau' es mir ohne weiteres zu zu (+*inf*); ◆ ~ **que je le fais!** jetzt tu' ich es gerade!; wetten, daß ich es tu'!; *tu n'oseras jamais* — ~! jetzt gerade!; F von wegen!

chichement [ʃiʃmɑ̃] *adv* **vivre** ~ kümmerlich, kärglich leben; ein kümmerliches Leben führen

chichi [ʃiʃi] F *m* Getue *n*; Ziere'rei *f*; **gens** *m/pl* à ~**s** zeremoni'elle Leute *pl*; **faire des** ~**s** F sich haben; (**ne fais**) **pas tant de** ~(**s**)! a) mach nicht so ein Getue!; b) (mach) nur nicht so viel 'Umstände!

chichiteux [ʃiʃitø] F *adj* ⟨-euse⟩ geziert; zeremoni'ös; for'mell

chicon [ʃikɔ̃] *m bot cf* romain II 3.

chicorée [ʃikɔre] *f* **1.** *bot* **a)** ~ (**sauvage**) Wegwarte *f*; Wilde Zi'chorie; à **café** Kaffeezichorie *f*; **b)** *Salatpflanze* ~ (**endive**) En'divie *f*; ~ **frisée** Winter-, Bindeendivie *f*; **2.** *cuis* Zi'chorienkaffee *m*

chicot [ʃiko] *m* **1.** Zahnstummel *m*, -stumpf *m*; **2.** Baumstumpf *m*

chicotin [ʃikɔtɛ̃] *m* Kolo'quinten- *bzw* Aloesaft *m*

chiée [ʃje] *f P* **une** ~ **de ... F** ein Haufen

chien [ʃjɛ̃] **I** *m* **1.** *zo* Hund *m*; **Haushund** *m*; ◆ ~ **policier** Poli'zeihund *m*; ~ **d'appartement** Wohnungshund *m*; *ch* ~ **d'arrêt** Vorsteh-, Hühnerhund *m*; ~ **d'aveugle, de berger, de chasse** Blinden-, Schäfer-, Jagdhund *m*; ~ **de Dalmatie** Dalma'tiner *m*; ~ **de garde, de race** Wach-, Rassehund *m*; ◆ F *fig* **quel** ~ **de métier, de temps** F was für ein Sauberuf, Sauwetter *n*; ◆ F *fig loc/adv* **de** ~ F Hunde...; Sau...; **coup** *m* **de** ~ **a)** plötzlicher Sturm; **b)** plötzlicher Aufruhr; **temps** *m* **de** ~ F Hunde-, Sauwetter *n*; **vie** *f* **de** ~ F Hundeleben *n*; **avoir un caractère de** ~ ein schwieriger, schwer zu behandelnder Mensch sein; **être d'une humeur de** ~ F e-e Saulaune haben; ◆ *fig loc/adv* **entre** ~ **et loup** in der Abenddämmerung; ◆ *fig:* **abattre, tuer qn comme un** ~ F j-n wie e-n Hund abknallen; **ne pas attacher son** ~, **ses** ~**s avec des saucisses** auf s-m Geld sitzen; jeden Pfennig zehnmal 'umdrehen; F **j'ai eu un mal de** ~ (**pour, à** + *inf*) F es war irrsinnig schwer (zu + *inf*); es hat mich wahnsinnige Mühe gekostet (zu + *inf*); **enterrer qn comme un** ~ j-n wie e-n Hund verscharren; **s'entendre comme** ~ **et chat** wie Hund und Katze sein, miteinander leben; **j'ai été malade comme un** ~ F mir war hundeelend; **il fait, c'est un temps à ne pas mettre un** ~ **dehors** bei dem Wetter jagt man keinen Hund hinaus; F **ce n'est pas fait pour les** ~**s!** das ist zum Benutzen, nicht nur zum Ansehen da!; *Kind* **faire le jeune** ~ her'umtollen; F **je lui garde un** ~ **de ma chienne** das werde ich ihm heimzahlen; das soll er mir büßen; **mourir comme un** ~ a) elend sterben; P elend, wie ein Hund verrecken; b) ohne Beistand e-s Priesters sterben; **recevoir qn comme un** ~ **dans un jeu de quilles** j-n sehr ungnädig, unfreundlich empfangen; **se regarder en** ~**s de faïence** sich feindselig anblicken, anstarren; sich, einander fixieren; **un** ~ **regarde bien un évêque** man wird dich *bzw* Sie doch noch anschauen dürfen; **traiter qn comme**

un ~ j-n wie e-n Hund behandeln; ◆ *prov*: ~ qui aboie ne mord pas Hunde, die (viel) bellen, beißen nicht (*prov*); les ~s aboient, la caravane passe man soll sich durch Kritiken und böses Gerede nicht beirren lassen; **bon** ~ **chasse de race** der Apfel fällt' nicht weit vom Stamm (*prov*), **qui veut noyer son** ~ **l'accuse de la rage** soll der Hund Schläge bekommen, so findet sich bald ein Stock (*loc/prov*); wenn man jemand hängen will, findet man auch den Strick dazu (*loc/prov*); wer sich e-s anderen entledigen will, findet immer e-n Vorwand; **2.** *astr* le **Grand**, **Petit** ♀ der Große, Kleine Hund; **3.** *arg mil* ~ de **caserne**, de **quartier** Feldwebel *m*; F Spieß *m*; **4.** F *fig* **avoir du** ~ das gewisse Etwas haben; **5.** *am Gewehr* Hahn *m*; *fig* **être couché**, **dormir en** ~ **de fusil** mit angezogenen Beinen …; **6.** ~s *pl* Pony *m* (*Frisur*); **II** *adj* ⟨~ne⟩ F **il n'a pas été** ~ **(avec toi)** er war recht anständig, großzügig (zu dir); F **il ne faut pas être** ~ man sollte ein bißchen großzügig, nicht zu kleinlich sein

chien-chien [ʃjɛ̃ʃjɛ̃] *m* F **petit** ~ **à sa mémère** F Hätschelhund *m*

chiendent [ʃjɛ̃dɑ̃] *m* **1.** *bot* Quecke *f*; **brosse** *f* **en** ~ harte Bürste (aus Queckenwurzeln); **2.** F *fig* Schwierigkeit *f*; **quel** ~! F so was Verflixtes!; **voilà le** ~ das ist der Haken; F da liegt der Hund begraben, der Hase im Pfeffer

chienlit [ʃjɑ̃li] *f* **1.** Karnevalsmaske *f*; *fig* **a)** Tu'mult *m*; Chaos *n*; **b)** Pöbel *m*; Abschaum *m*

chien-loup [ʃjɛ̃lu] *m* ⟨*pl* chiens-loups⟩ *zo* Wolfshund *m*; *abus* Deutscher Schäferhund

chienne [ʃjɛn] *f* **1.** *zo* Hündin *f*; **2.** F *fig* **quelle** ~ **de vie** F was für ein Hundeleben

chier [ʃje] *v/i* P **1.** P scheißen; kacken; **2.** *fig*: **ça va** ~ F es ist dicke Luft; es wird Stunk geben; **y a pas à** ~ es hilft alles nichts (*wir müssen es tun*); **tu me fais** ~ du fällst mir auf den Wecker; **ça me fait** ~ F das stinkt mir; P das kotzt mich an; **se faire** ~ sich langweilen, F mopsen; **se faire** ~ **à faire qc** F sich mit etw abplacken; sich mit, bei etw abrackern; ◆ *adj* **c'est chié** das ist großartig, F toll, Klasse

chierie [ʃiri] *f* P **quelle** ~! F verdammter Mist!; P so e-e, verdammte Scheiße!; **quelle** ~ **de temps!** F so ein Mist-, Sau-, P Scheißwetter!

chiffe [ʃif] *f* F *von e-r Person* Waschlappen *m*; Schlappschwanz *m*; **c'est une** ~ **(molle)**, **il est mou comme une** ~ F er ist ein Waschlappen, Schlappschwanz

chiffon [ʃifɔ̃] *m* **1.** Stoffetzen *m*; Lumpen *m*; *text* ~s *pl auch* Hadern *pl*; *von e-m Stoff* **c'est un vrai**, **du** ~ das ist ein Fetzen; **2.** Putzlappen *m*; ~ **(à chaussures)** Schuhputzlappen *m*, -tuch *n*; ~ **(à poussière)** Staubtuch *n*, -lappen *m*; **3.** ~ **dè papier** (Pa'pier)Fetzen *m*; *auch fig* **(de papier)** Fetzen Papier; F Wisch *m*; **4.** F **causer**, **parler** ~s über Mode, Kleider reden, sprechen

chiffonn|ade [ʃifɔnad] *f cuis* Gericht *n* aus Kopfsalat, Sauerampfer *etc* mit zerlassener Butter; **~age** *m* **1.** Zerknittern *m*; Zer-, Verdrücken *n*; **2.** Knitter *m/pl*; Falten *f/pl*

chiffonn|é [ʃifɔne] *adj* **1.** *Stoff*, *Kleid* zerknittert; zer-, verdrückt; zerknüllt; zerknautscht; **2.** *fig* Gesicht eingefallen; **~ement** *m cf* chiffonnage

chiffonner [ʃifɔne] **I** *v/t* **1.** *Kleid etc* zerknittern; zer-, verdrücken; zerknautschen; *Papier*, *Brief* zu'sammen-, zerknüllen; zerknittern; **2.** F *fig* **ça me**

chiffonne das stört mich; F das geht mir gegen den Strich; **II** *v/pr* **se** ~ *Stoff*, *Kleid* (stark) knittern

chiffonn|ier [ʃifɔnje] *m*, **~ière** *f* **1.** Lumpensammler(in) *m(f)*; *fig* **se battre**, **se disputer comme des chiffonniers** aufeinander eindreschen, sich anschreien; **2.** (*Art*) Schränkchen *n*, Kom'mode *f*

chiffrage [ʃifraʒ] *m* **1.** Berechnen *n*, -ung *f*; Ausrechnen *n*; Ta'xieren *n*; **2.** Chif'frieren *n*; Verschlüsseln *n*; **3.** *mus* Beziffern *n*, -ung *f*

chiffre [ʃifr(ə)] *m* **1.** Ziffer *f*; Zahlzeichen *n*; ~ **arabe**, **romain** arabische, römische Ziffer, Zahl; *e-r Zahl* ~ **des unités** Einerstelle *f*; **nombre** *m* **de deux**, **de plusieurs** ~s zwei-, mehrstellige Zahl; **écrire** *un nombre* **en** ~s … in Ziffern schreiben; **2.** Zahl *f*; Anzahl *f*; Gesamtzahl *f*, -ziffer *f*; ~ **comm** **d'affaires** 'Umsatz *m*; ~ **des dépenses** (Gesamt)Ziffer *f*, (-)Summe *f* der Ausgaben; ~ **des naissances** (An)Zahl der Geburten; ~ **de la polulation** Bevölkerungszahl *f*; **en** ~s **ronds** in runden Zahlen; **3.** (Geheim)Kode *m*; Geheimschrift *f*; *e-s Schlosses*, *Tresors* (Zahlen-, Buchstaben)Kombinati'on *f*; **(service** *m* **du)** ♀ Chif'frierabteilung *f*; **4.** *auf Besteck*, *Wäsche* Mono'gramm *n*; **marquer au** ~ **de qn** *Wäsche*, *Besteck* mit j-s Monogramm versehen; *Besteck* j-s Monogramm eingravieren (in + *acc*); **5.** *mus im Generalbaß* **a)** Ziffer *f*; **b)** Bezifferung *f*

chiffrement [ʃifrəmɑ̃] *m* Chif'frieren *n*

chiffr|er [ʃifre] **I** *v/t* **1.** Seiten *etc* beziffern; nume'rieren; **2.** be-, ausrechnen; ta'xieren, beziffern (à auf + *acc*); **3.** Telegramm *etc* chif'frieren; verschlüsseln; **machine** *f* **à** ~ Chif'friermaschine *f*, *adj* **chiffré** chif'friert; verschlüsselt; Chiffre …; **4.** Wäsche, Besteck mit (e-m) Mono'gramm versehen; *adj* **chiffré** mit Monogramm; **5.** *mus* beziffern; *adjt* **basse chiffrée** bezifferter Baß; **II** *v/i* **ça finit par** ~ das sum'miert sich; **III** *v/pr* **se** ~ **à trois millions**, *etc* sich auf drei Millionen *etc* belaufen; **se** ~ **par millions** sich auf Millionen beziffern, belaufen; ~**eur** *m Person* Chif'freur *m*

chignole [ʃiɲɔl] *f* Handbohrmaschine *f*

chignon [ʃiɲɔ̃] *m* (Haar)Knoten *m*; F Dutt *m*; **cheveux** *m* **nattés**, **ramassés**, **tordus en** ~ zu e-m Knoten geflochtene, zu'sammengefaßte, gedrehte Haare *n/pl*; F **se crêper le** ~ sich an den Haaren reißen; *fig* sich (*dat*) in den Haaren liegen; sich (*dat*), einander in die Haare, F Wolle geraten

chiites [ʃiit] *m/pl Islam* Schi'iten *m/pl*

chilien [ʃiljɛ̃] **I** *adj* ⟨~ne⟩ chi'lenisch; **II** *subst* ♀(ne) *m(f)* Chi'lene, Chi'lenin *f*

chimère [ʃimɛr] *f* **1.** ⟨*oft pl* ~s⟩ Schi'märe *f*; Chi'märe *f*; Hirngespinst *n*; Trugbild *n*; **se bercer de** ~s im Wolkenkuckucksheim leben; **se créer**, **se forger des** ~s Luftschlösser bauen; sich Illusi'onen hingeben; *Plan etc* **c'est une** ~ das ist e-e Uto'pie, ein Hirngespinst; **poursuivre des** ~s Schimären, Hirngespinsten nachjagen; **2.** *zo* Seeratte *f*; Spöke *f*; Königsfisch *m*; **3.** *biol* Chi'märe *f*; **4.** *myth* Chi'mära *od* Chi'märe *f*

chimérique [ʃimerik] *adj* schi'märisch; *Hoffnung* trügerisch; *Pläne etc* u'topisch; *Person* **esprit** *m* ~ Träumer *m*; Phan'tast *m*; **rêves** *m/pl* ~s Schi'mären *f/pl*; Hirngespinste *n/pl*; Phantaste'reien *f/pl*

chimie [ʃimi] *f* Che'mie *f*; ~ **agraire**, **agricole** Agrikul'turchemie *f*; ~ **appliquée** angewandte Chemie; ~ **biologi-**

que Biochemie *f*; ~ **générale**, **industrielle**, ~ **minérale** allgemeine *od* theoretische, technische, pharmazeutische, anorganische Chemie; ~ **nucléaire** Kernchemie *f*; ~ **organique**, **physique**, *pu*-re organische, physikalische, reine Chemie; **expérience** *f* **de** ~ chemisches Experiment

chimio|synthèse [ʃimjɔsɛ̃tɛz] *f biol* Chemosyn'these *f*; ~**thérapie** *f méd* Chemothera'pie *f*

chimique [ʃimik] *adj* chemisch; **industrie** *f* ~ chemische Industrie; **produits** *m/pl* ~s Chemi'kalien *f/pl*; **usine** *f* **de produits** ~s chemische Fabrik; Che'miewerk *n*

chim|iquement [ʃimikmɑ̃] *adv* chemisch; ~ **pur** chemisch rein; ~**isme** *m* Che'mismus *m*; ~**iste** *m,f* Chemiker(in) *m(f)*; **ingénieur** *m* ~ Verfahrenstechniker *m*

chimpanzé [ʃɛ̃pɑ̃ze] *m zo* Schim'panse *m*; ~ **femelle** Schim'pansin *f*

chinage [ʃinaʒ] *m text* Chi'nieren *n*

chinchilla [ʃɛ̃ʃila] *m* **a)** *zo* Chin'chilla [tʃ-] *f od n*; **b)** *Pelz* Chin'chilla(pelz) *m*

chine [ʃin] **1.** *m* chi'nesisches Pa'pier; China-, Japanpapier *n*; **2.** *m od f* chi'nesisches Porzel'lan; **3.** *f* F (*brocante*) Altwaren-, Trödelwarenhandel *m*

chiner [ʃine] **I** *v/t* **1.** ~ **qn** j-n aufziehen, foppen; **2.** *text* chi'nieren; *adit* **Stoff chiné** chi'niert; **tissu chiné** Chi'né *m*; **II** *v/i* **a)** die Trödelläden abklappern; **b)** *Trödler* sich nach Trödelware (über'all) 'umsehen

chinetoc *od* **chinetoque** [ʃintɔk] F *péj m* Chi'nese *n*

chineur [ʃinœr] *m* **1.** Trödler *m*; Altwarenhändler *m*; **2.** Liebhaber *m* von Trödel(waren)

chinois [ʃinwa] **I** *adj* **1.** chi'nesisch; **lanterne** ~**e** Lampi'on *m od n*; **ombres** ~**es** Schattenspiel *n*; **ville** ~**e** Chi'nesenviertel *n*; **2.** F *fig* **Problem c'est un peu** ~ F das ist ganz schön verzwickt, verwikkelt; **II** *subst* **1.** ♀(e) *m(f)* Chi'nese *m*, Chi'nesin *f*; **2.** *ling* **le** ~ das Chi'nesische; Chi'nesisch *n*; F *fig* **c'est du** ~ **(pour moi)** das sind böhmische Dörfer für mich; das ist für mich chinesisch; **3.** F *fig* ~(e) *m(f)*: **quel** ~, **ce qu'il est** ~! was für ein Pe'dant!; F ist der pingelig!; **4.** *m* trichterförmiges Sieb; **5.** *m* Kumquat *f in* Schnaps eingelegt

chinoiser [ʃinwaze] *v/i* allzu pe'dantisch, pe'nibel, F pingelig sein

chinoiseries [ʃinwazri] *f/pl* **1.** pe'dantisches Gehabe; F Pingeligkeit *f*; ~ **administratives** Amtsschimmel *m*; **2.** *Kunstgewerbe* Chinoise'rien *f/pl*

chintz [ʃints] *m text* Chintz [tʃ-] *m*

chinure [ʃinyr] *f text* Chi'né-Muster *n*

chiot [ʃjo] *m zo* Welpe *m*; junger Hund

chiottes [ʃjɔt] F *P/pl* Abtritt *m*; P Scheißhaus *n*; *mil* **la corvée des** ~ das A'bort-, La'trinenreinigen; *par* **aux** ~! abtreten!; geh nach Hause! (*Zuruf an e-n schlechten Schauspieler etc*)

chiper [ʃipe] *v/t* F **1.** F sti'bitzen; klauen; mopsen; mausen; **2.** *fig* ~ **un bon rhume** F e-n kräftigen Schnupfen erwischen

chipie [ʃipi] F *f* **une petite** ~ F ein kleines Biest, Luder; **quelle vieille** ~! F dieser alte, so ein alter Drachen!; diese alte Hexe!; *adit* **elle est un peu** ~ F sie ist ein kleines Luder, Biest

chipolata [ʃipɔlata] *f cuis* (*Art*) Paprikawürstchen *n*

chipotage [ʃipɔtaʒ] *m* Knausern *n*

chipoter [ʃipɔte] **I** *v/i* **1.** knausern (**sur** mit); geizen (mit); **2.** 'widerwillig, F mit langen Zähnen essen; F die Zähne

heben; **II** *v/pr* **se** ~ sich her'umstreiten; sich zanken
Chippendale [ʃipɛndal] *m od adjt* style *m* ~ Chippendale ['tʃipəndə:l] *n*
chips [ʃips] *m/pl od adjt* pommes *f/pl* ~ (Kar'toffel)Chips [tʃ-] *m/pl*
chique [ʃik] *f* **1.** Kautabak *m*; Priem *m*; F *fig*: **mou comme une** ~ schlaff; zäh; gummiartig; **avaler sa** ~ sterben; P abkratzen; *Sache* **couper la** ~ **à qn** j-m die Sprache, Rede verschlagen; *Person* **elle lui a coupé la** ~ ihr Eintreten, Anblick *bzw* ihre Worte verschlugen ihm die Rede; **2.** F *fig* geschwollene, F dicke Backe; **3.** *zo* Sandfloh *m*
chiqué [ʃike] F *m* **1. c'est du** ~ das ist (nur *od* reine) Angabe; *bei Ringkämpfen* das ist nur Schein, F Mache; die tun nur so, als ob; **2. faire du** ~ zeremoni'ell sein
chiquenaude [ʃiknod] *f* Schneller *m*; **donner une** ~ **à qn** j-n auf die Wange schnipsen; **faire tomber qc d'une** ~ etw wegschnipsen *od* -schnippen; **d'une** ~, **il fit tomber la cendre de son cigare** er schnipste *od* schnippte die Asche von s-r Zigarre
chiqu|er [ʃike] *v/i* Tabak kauen; priemen; **tabac** *m* **à** ~ Kautabak *m*; ~**eur** *m* Tabakkauer *m*
chirognomonie [kirɔgnɔmɔni] *f* Chirolo'gie *f*; Chirogno'mie *f*
chiro|graphaire [kirɔgrafɛr] *adj jur*: **créance** *f* ~ nicht bevorrechtigte, nicht gesicherte Forderung; **créancier** *m* ~ nicht bevorrechtigter Gläubiger; **obligation** *f* ~ hypothe'karisch nicht gesicherte Schuldverschreibung; ~**logie** *f cf* chirognomonie
chiromanc|ie [kirɔmãsi] *f* Chiroman'tie *f*; Handliniendeutung *f*; Handlesekunst *f*; ~**ien** *m* Chiro'mant *m*; Handleser *m*; ~**ienne** *f* Handleserin *f*
chiro|practeur [kirɔpraktœr] *m* Chiro-'praktiker *m*; ~**practie** [-prakti] *od* ~**praxie** [-praksi] *f méd* Chiro'praktik *f*
chiroptères [kirɔptɛr] *cf* cheiroptères
chirurgical [ʃiryrʒikal] *adj* ⟨-aux⟩ chir-'urgisch; **intervention** ~**e** chirurgischer Eingriff; **opération** ~**e** (chirurgische) Operation; **ouate** ~**e** Verband-, Wundwatte *f*; **service** ~ chirurgische Abteilung
chirurgie [ʃiryrʒi] *f* **1.** Chirur'gie *f*; ~ **générale** allgemeine Chirurgie; ~ **plastique** plastische Chirurgie; Wieder-'herstellungschirurgie *f*; ~ **du cœur** Herzchirurgie *f*; **2.** ~ **dentaire** Zahnheilkunde *f*
chirurgien [ʃiryrʒjɛ̃] *m* Chir'urg *m*; **2.** *früher* Wundarzt *m*; **3.** ~ **dentiste** Zahnarzt *m*
chistera [ʃistera] *m od f beim Pelotaspiel* Fangschläger *m*; Chi'stera [tʃ-] *f*
chitin|e [kitin] *f biol* Chi'tin *n*; ~**eux** *adj* ⟨-euse⟩ chiti'nös; chi'tinig; Chi'tin…
chiure [ʃiyr] *f* Fliegendreck *m*
chleuh [ʃlø] *m* **1.** *ling* Schlöch *n*; **2.** ♀(s) *pl* Shilh *m/pl*; Schlöch *m/pl*; **3.** *péj* ♀ Deutsche(r) *m*
chlorage [klɔraʒ] *m text* Chlo'rieren *n*
chloral [klɔral] *m chim* Chlo'ral *n*; ~ **hydraté** *od* **hydrate** *m* **de** ~ Chlo'ralhydrat *n*
chloramphénicol [klɔrãfenikɔl] *m* (*nom déposé*) *phm* Chlorampheni'col *n*; Chloromyce'tin *n* (*Wz*)
chlor|ate [klɔrat] *m chim* Chlo'rat *n*; ~**ation** *f* **a**) *chim* Chlo'rieren *n*; **b**) *des Wassers* Chloren *n*; Chlo'rieren *n*
chlore [klɔr] *m chim* Chlor *m* od *n*
chlor|é [klɔre] *adj chim* chlorhaltig; Chlor…; ~**er** *v/t chim, text* chlo'rieren; ~**eux** *adj* ⟨-euse⟩ *chim* **acide** ~ chlorige Säure

chlor|hydrique [klɔridrik] *adj chim* **acide** *m* ~ **a**) Chlorwasserstoff *m*; **b**) Salzsäure *f*; ~**ique** *adj chim* **acide** *m* ~ Chlorsäure *f*; ~**ite** *m* **1.** *minér* Chlo'rit *m*; **2.** *chim* Chlo'rit *n*
chloroforme [klɔrɔfɔrm] *m chim. méd* Chloro'form *n*
chloroform|er [klɔrɔfɔrme] *v/t* **1.** *méd* chlorofor'mieren; (mit Chloro'form) einschläfern, betäuben, narkoti'sieren; **2.** *chim* Chloro'form zusetzen (+*dat*); **3.** *fig meist adjt* **chloroformé** betäubt; eingelullt; abgestumpft; ~**ique** *adj* Chloro'form…; ~**isation** *f méd* Chloro'formnarkose *f*; Chlorofor'mieren *n*
chlorométrie [klɔrɔmetri] *f chim* Chlorome'trie *od* Chlorime'trie *f*
chloromycétine [klɔrɔmisetin] *f cf* chloramphénicol
chlorophycées [klɔrɔfise] *f/pl bot* Chlorophy'zeen *f/pl*; Grünalgen *f/pl*
chlorophyll|e [klɔrɔfil] *f bot* Chloro'phyll *n*; Blattgrün *n*; ~**ien** *adj* ⟨~ne⟩ des Chloro'phylls; **assimilation** ~**ne** Kohlendioxyd-, Kohlenstoffassimilation *f*
chloropicrine [klɔrɔpikrin] *f chim* Trichlornitrome'than *n*; Chlorpi'krin *n*
chlorose [klɔroz] *f path, bot* Chlo'rose *f*; Bleichsucht *f*
chlorotique [klɔrɔtik] *adj* bleichsüchtig
chlorure [klɔryr] *m chim* Chlo'rid *n*; ~**s décolorants** Chlorbleichmittel *n/pl*; ~ **de chaux** Chlorkalk *m*; ~ **d'éthyle** Chloräthyl *n*; Ä'thylchlorid *n*; ~ **de polyvinyle** Polyvi'nylchlorid *n* (*abr* PVC); ~ **de sodium** Natriumchlorid *n*; Kochsalz *n*; ~ **de zinc** Zinkchlorid *n*; Chlorzink *n*
chlorur|é [klɔryre] *adj chim* **a**) chlo'rid-*bzw* kochsalzhaltig; **b**) in Chlo'rid 'umgewandelt; ~**er** *v/t chim* **a**) chlo'rieren; **b**) in Chlo'rid 'umwandeln
choc [ʃɔk] *m* **1.** Stoß *m*; Schlag *m*; Zu'sammenstoß *m*. -prall *m*; An-. Aufprall *m*; Anschlagen *n*; Aufein'anderprall *m*; Anein'anderstoßen *n*, -schlagen *n*; Erschütterung *f*: **sous le** ~ durch den Stoß, Schlag, Aufprall, die Erschütterung; **bei dem Stoß** *etc*; **2.** *méd. seelisch* Schock *m*; *seelisch schwächer* Schlag *m*; ~ **nerveux**, **opératoire** Nerven-, Operati'onsschock *m*; **effet** *m* **de** ~ Schockwirkung *f*; **état** *m* **de** ~ Schock(zustand) *m*; **traitement** *m* **de** ~ Schockbehandlung *f*; Schocktherapie *f* (*auch fig*); (*auch* **4.**); **être encore sous le** ~ noch unter Schockwirkung stehen; **ça m'a fait, donné un** ~ das hat mir e-n Schlag versetzt; das war ein Schock für mich; **produire** ~ als Schock wirken; **en** ~ Schock hervorrufen; **recevoir un** ~ e-n Schock erleiden; **3.** *mil*, *Polizei* Zu'sammenstoß *m*; **troupes** *f/pl* **de** ~ Stoßtruppen *f/pl*; **résister au** ~ dem Angriff standhalten; **4.** *loc/adj* **de** ~ *Person* enga'giert; äußerst ak'tiv; dy'namisch; unkonventionell; fortschrittlich; *Sache* auffallend; neuartig; sensatio'nell; **enseignement** *m* **de** ~ neuartiger, äußerst inten'siver 'Unterricht; *auto* **modèle** *m* **de** ~ neues Modell mit auffallender Karosse'rie; **traitement** *m* **de** ~ neuartige, inten'sive Behandlung; **5.** *adjt* sensatio'nell; aufsehenerregend; verblüffend; drastisch; **argument** *m* ~ verblüffend treffendes Argument; **formule** *f* ~ prä'gnante, eingängige Formulierung; **livre** *m* ~ aufsehenerregendes Buch; **mesures** *f/pl* ~ drastische Maßnahmen *f/pl*; **prix** ~ sensationeller Preis; **6.** *phys* Stoß *m*; Schlag *m*; *fig* ~ **en retour**: **c'est le** ~ **en retour de** … … erweist sich als Bumerang; **essai** *m* **de** ~

Schlagversuch *m*; **onde** *f* **de** ~ Stoß-, Schockwelle *f*
chochotte [ʃɔʃɔt] *f* F *iron* ~!e-e, die feine Dame!
chocolat [ʃɔkɔla] **I** *m* **1.** Schoko'lade *f*; ~ **fourré** gefüllte Schokolade; ~ **à croquer** bittere Schokolade; ~ **à cuire** *od* **de ménage**, **au lait**, **aux noisettes** Koch- *od* Block-, Milch-, Nußschokolade *f*; **crème** *f* **au** ~ Schokolade(n)creme *f*; **gâteau** *m* **au** ~ Schokolade(n)kuchen *m bzw* -torte *f*; **2. un** ~ e-e Pra'line; **des** ~**s** *auch* Kon'fekt *n*; **3.** ~ **en poudre** Ka'kaopulver *n* mit Zucker; **4.** *Getränk* **Ka'kao** *m*; Schoko'lade *f*; ~ **liégeois** Vanilleeis *n* mit Schokolade(n)sauce und Schlagsahne; **II** *adj* ⟨*inv*⟩ **1.** schoko'lade(n)braun; schoko'lade(n)-farben, -farbig; **2.** F **être** ~ F in die Röhre, in den Mond gucken
chocolaté [ʃɔkɔlate] *adj* Schoko-'lade(n)…; schoko'lade(n)haltig; mit Schoko'lade; **bouillie** ~**e** Schokolade(n)brei *m*; **farine** ~**e** Mehl *n* für Schokoladenbrei; ~**erie** *f* Schoko-'lade(n)fabrik *f*
chocolatier [ʃɔkɔlatje] **I** *adj* ⟨-ière⟩ Schoko'lade(n)…; **II** *subst* **1.** ~, chocolatière *m.f* Schoko'lade(n)fabrikant(in) *m(f) bzw* -(groß)händler(in) *m(f)*; **2.** chocolatière *f* Ka'kaokanne *f* mit Quirl zum Verrühren
chocottes [ʃɔkɔt] *f/pl* F **avoir les** ~ Angst, F Bammel haben
chœur [kœr] *m* **1.** Chor *m* (*auch fig u im antiken Theater*); *mus* Chor(werk) *m(n)*; Chor(gesang) *m*; *thé* ~ **parlé** Sprechchor *m*; *rel* ~ **des anges** Chor der Engel; ~ **d'enfants**, **de l'opéra** Kinder-, Opernchor *m*; *loc/adv* **en** ~ im Chor; einstimmig; gemeinsam; **rufen** *etc auch* im Sprechchor; **2.** *fig* **a**) Chor *m*; Schar *f*; ~ **des mécontents** Chor, Schar der Unzufriedenen; **b**) Geschrei *n*; ~ **de lamentations**, **de protestations** Klage-, Pro-'testgeschrei *n*; **3.** *arch* e-r Kirche Chor *m*, *auch* n
choin [ʃwɛ̃] *m bot* Kopfried *n*
choir [ʃwar] *v/i* ⟨*déf*: **je chois**, **il choit**; **je chus**; **chu**⟩ *litt* (*tomber*) fallen; *litt od plais*: **laisser** ~ **qc** etw fallen lassen; *fig* **laisser** ~ **qn** a) j-n fallenlassen; b) j-n im Stich lassen; **se laisser** ~ sich fallen lassen (**dans** *n* + *acc*)
choisi [ʃwazi] *adj* ausgesucht; ausgewählt; (aus)erlesen; *Gesellschaft* erlesen; exklu'siv; *Kundschaft* ausgewählt; exklu'siv; **morceaux**, **textes** ~**s** ausgewählte Lesestücke *n/pl*, Texte *m/pl*; **parler un langage** ~**e** gewählte Sprache sprechen
choisir [ʃwazir] **I** *v/t* **1.** wählen; auswählen; aussuchen; *Lösung*, *Beruf* wählen; *Mitarbeiter* (aus)wählen; (sich [*dat*]) aussuchen; *st/s Gatten*, *Lebensgefährten* (er-)wählen; *Lektüre etc* auswählen; ~ **ses amis** sich s-e Freunde aussuchen; **entre** (aus)wählen unter (+*dat*); aussuchen aus; ~ **qn pour qc** j-n für etw aussuchen, (aus)wählen; ~ **qn pour remplir une mission** j-n für e-e Aufgabe aussuchen, (aus)wählen; **2.** *abs* wählen; e-e Wahl treffen; sich entscheiden; ~ **de faire qc** sich dafür entscheiden, sich (dazu) entschließen, beschließen, etw zu tun; ~ **où**, **quand**, **si** … sich entscheiden, wo, wann, ob …; **on ne choisit pas toujours** manchmal hat man, bleibt einem keine Wahl; **c'est à vous de** ~ die Entscheidung liegt bei Ihnen; **S i e müssen entscheiden**; **II** *v/pr* **se** ~ **qc** sich etw aussuchen
choix [ʃwa] *m* **1.** Wahl *f*; Auswahl *f*; Wählen *n*; ~ **raisonnable** vernünftige Wahl, Entscheidung; *beim Duell* ~ **des**

armes Wahl der Waffen; ~ **d'une carrière, d'un métier, d'une profession** Berufswahl *f*; ◆ **au ~ (du client)** (frei) nach Wahl; nach eigener Wahl; **avancement** *m*, **promotion** *f* **au ~** außerplanmäßige Beförderung; Beförderung auf Vorschlag des Vorgesetzten; **trois possibilités au ~** drei Möglichkeiten zur Wahl; **à ton, son, votre ~** nach deiner, s-r, Ihrer Wahl; nach freier, eigener Wahl; **Arzt** *etc* **de son,** *etc* ~ seiner *etc* Wahl; ◆ **vous avez le ~** Sie haben die Wahl; **je n'ai pas le ~** ich habe keine (andere) Wahl; **arrêter, fixer, porter son ~ sur qn, qc** j-n, etw (aus)wählen; (sich) j-n, etw aussuchen; j-n, etw ausersehen; sich für j-n, etw entscheiden; **il a arrêté, fixé, porté son ~ sur elle** *auch* s-e Wahl fiel auf sie; **faire son ~** s-e Wahl treffen; **faire un bon, mauvais ~** gute, schlechte Wahl treffen; gut, schlecht wählen; **mon ~ est fait** ich habe meine Wahl getroffen; **guider le ~ de qn, guider qn dans son ~** j-m helfen, s-e Wahl zu treffen; **laisser à qn le ~** j-m die Wahl lassen **(entre zwischen)**; j-m die Wahl über'lassen **(du restaurant des Restaurants)**; j-n wählen lassen; **2.** Auswahl *f*; ~ **de disques** Auswahl von, an Schallplatten; ~ **de poésies** Gedichtauswahl *f*; ~ **de textes** Auswahl von Texten; ausgewählte Texte *m/pl*; **avoir, offrir un grand ~ (d'articles)** e-e große Auswahl (an)bieten; **il y a du, beaucoup de ~** da gibt es e-e große Auswahl; **il n'y a pas (beaucoup) de ~** da gibt es, es gibt wenig Auswahl; **3.** *loc/adj*: **comm de (premier) ~** erster Wahl, Güte; erstklassig; erlesen; *allg* **spectacle** *m* **de ~** erstklassige, großartige Aufführung

choke-bore [(t)ʃɔkbɔr] *m bei Jagdwaffen* Choke- ['tʃo:k-], Würgebohrung *f*

cholagogue [kɔlagɔg] *adj u subst m phm* **(remède** *m***) ~** Chola'gogum *n*

cholécystite [kɔlesistit] *f path* Gallenblasenentzündung *f*; *sc* Cholezy'stitis *f*

cholédoque [kɔledɔk] *adj u subst m anat* **(canal** *m***) ~** Ausführungsgang *m* der Leber; *sc* Ductus cho'ledochus *m*

cholémie [kɔlemi] *f path* Cholä'mie *f*

choléra [kɔlera] *m path* Cholera *f*

cholér|iforme [kɔleriform] *adj path* choleraähnlich; **~ine** *f path* Chole'rine *f*

cholérique [kɔlerik] **I** *adj path* **1.** Cholera…; **être atteint de ~** an Cholera erkrankt; **II** *m.f* Cholerakranke(r) *f(m)*

cholestérine [kɔlesterin] *f cf* cholestérol

cholestérol [kɔlɛsterɔl] *m physiol* Choleste'rin *n*; **taux** *m* **de ~** Cholesteringehalt *m* (im Blut)

choliambe [kɔljãb] *m métr* Choli'ambus *m*

choline [kɔlin] *f biol* Cho'lin *n*

chômage [ʃomaʒ] *m* Arbeitslosigkeit *f*; Erwerbslosigkeit *f*; ~ **conjoncturel, déguisé** konjunkturelle, versteckte Arbeitslosigkeit; ~ **endémique, permanent** Dauerarbeitslosigkeit *f*; ~ **partiel** Kurzarbeit *f*; ~ **saisonnier** saisonale *od* saisonbedingte Arbeitslosigkeit; ~ **structurel** strukturelle Arbeitslosigkeit; ~ **technique** Arbeitslosigkeit aus technischen Gründen **(Streik in Zulieferbetrieben** *etc***);** ~ **technologique** durch Rationalisierungsmaßnahmen *etc* verursachte Arbeitslosigkeit; ~ **volontaire** freiwillige Arbeitslosigkeit; ~ **de l'industrie automobile, du textile** Arbeitslosigkeit in der Automobil-, Textilindustrie; **indemnité** *f*, **indemnité** *f* **de ~** Arbeitslosenunterstützung *f*, -geld *n*; **allocation** *f*, **indemnité** *f* **de ~ intempéries** Schlecht'wettergeld *n*;

adjt **assurance** *f* ~ Arbeitslosenversicherung *f*; *loc/adj u loc/adv*: **en ~** arbeitslos; **au ~: être au ~** Arbeitslosenunterstützung beziehen; F stempeln gehen; **être réduit au ~** arbeitslos sein; **réduire qn au ~** j-n arbeitslos machen

chômé [ʃome] *adj* **jour ~** Tag *m*, an dem nicht gearbeitet wird; arbeitsfreier Tag; Feiertag *m*

chômer [ʃome] *v/i* **1.** arbeitslos sein; *par ext* **l'usine chôme** die Arbeit in der Fabrik steht still, ruht; **2.** *fig Gespräch etc* **ne pas ~** nicht stocken; **laisser ~ un capital** … nicht arbeiten lassen; **3.** nicht arbeiten; feiern; *v/t* ~ **un jour** an e-m Tage nicht arbeiten; e-n Tag feiern; F *fig* **on ne chôme pas** wir können uns über Mangel an Arbeit nicht beklagen; F wir haben ganz schön viel zu tun

chôm|eur [ʃomœr] *m*, **~euse** *f* Arbeitslose(r) *f(m)*; **chômeur partiel** Kurzarbeiter *m*

chondriome [kõdrijom, -ɔm] *m biol* Chondri'om *n*

chondroblaste [kõdrɔblast] *m biol* Chondro'blast *m*

chope [ʃɔp] *f* **a)** Bierkrug *m*; (Bier)Seidel *n*; **b)** Krug *m*, Seidel *n* Bier

choper [ʃɔpe] F *v/t* **1.** ~ **qc** F etw mopsen, mausen, sti'bitzen, klauen; **2.** ~ **un rhume** F Schnupfen erwischen; ~ **qn** F j-n (*e-n Dieb etc*) schnappen; *Dieb etc* **se faire ~** geschnappt werden

chopine [ʃɔpin] *f* **1.** F (*verre, bouteille de vin*) Schoppen *m*; Flasche *f*, Glas *n* Wein; **2.** *früher Flüssigkeitsmaß* halber *od* halbes Liter; *südd auch* Schoppen *m*

choquant [ʃɔkã] *adj* schoc'kierend; anstößig; empörend

choquer [ʃɔke] *v/t* ~ **qn** j-n schoc'kieren; bei j-m Anstoß erregen; j-m miß'fallen; zu'wider sein; j-n (sittlich) entrüsten; *p/fort* bei j-m e-n seelischen Schock her'vorrufen; ~ **la bienséance** gegen den Anstand verstoßen; den Anstand verletzen; ~ **le bon sens** gegen den gesunden Menschenverstand sein; ~ **la sensibilité de qn** j-s Gefühle verletzen; ~ **la vue** das Auge beleidigen; **être choqué** schoc'kiert sein; *p/fort* entsetzt sein **(par über + acc)**

choral [kɔral] **I** *adj* Chor…; **musique ~e** Chormusik *f*; **II** *subst* **1.** *m rel. mus* Cho'ral *m*; **~e** *f* Chor *m*; Gesangverein *m*

chorée [kɔre] *f path* Cho'rea *f*; Veitstanz *m*

chorégraph|e [kɔregraf] *m.f* Choreo'graph (*in*) *f(f)*; **~ie** *f* **a)** Choreogra'phie *f*; **b)** Tanzkunst *f*; **~ique** *adj* choreo'graphisch; Tanz…; tänzerisch; **art** *m* ~ Tanzkunst *f*; **notation** *f* ~ Tanzschrift *f*

choréique [kɔreik] *path* **I** *adj* chore'atisch; an Cho'rea erkrankt; **II** *m.f* an Cho'rea Erkrankte(r) *f(m)*

choriambe [kɔrjãb] *m métr* Chori'ambus *m*

chorion [kɔrjõ] *m biol* Chorion *n*

choriste [kɔrist] *m.f* Chorsänger(in) *m(f)*, -mitglied *n*; *in der Oper* Cho'rist(in) *m(f)*

choroïd|e [kɔrɔid] *f anat* Aderhaut *f* (*des Auges*); *sc* Chorio'idea [k-] *f*; **~ien** *adj* ⟨**~ne**⟩ *anat* Aderhaut…; **~ite** *f path* Aderhautentzündung *f*; *sc* Chorioi'ditis *f*

chorus [kɔrys] *m* **1.** **faire ~** im Chor einfallen; ihm *bzw* ihr, ihnen beipflichten, beistimmen; **faire ~ avec qn** j-m beipflichten, beistimmen; **2.** *mus Jazz* Chorus *m*; Thema *n*

chose [ʃoz] *f* **1.** Sache *f*; Ding *n*; *fig auch* Angelegenheit *f*; ◆ **autre ~** etwas and(e)res; *cf auch* **autre** I 1.; **les belles ~s** die

schönen Dinge; das Schöne; **les bonnes ~s** die guten Dinge (*beim Essen u Trinken*); **chaque ~** alles; jedes Ding; jede Sache; *loc/prov* **chaque ~ à sa place** *cf* place 1.; ~ **étonnantes** erstaunliche Dinge, Sachen; Erstaunliches *n*; **la même ~** dasselbe; das gleiche; die gleiche Sache; **c'est la même ~** das ist das gleiche, dasselbe; das ist einerlei; **c'est toujours la même ~** es ist immer das gleiche, dasselbe; *st/s* **la ~ publique** das Gemeinwesen; die Staatsangelegenheiten *f/pl*, -geschäfte *n/pl*; der Staat; ◆ **les ~s de la terre** die irdischen Dinge; *philos* **~ en soi** das Ding an sich; **la ~ qui** *bzw* **que** … die Sache, die …; was …; **cours naturel des ~s** natürlicher Lauf der Dinge; *Schule* **leçon** *f* **de ~s** a) Anschauungsunterricht *m*; b) *Volksschule* Sachkunde *f*; ◆ **(vous lui direz) bien des ~s de ma part** richten Sie ihm *bzw* ihr (bitte) viele Grüße von mir aus; grüßen Sie ihn *bzw* sie bitte vielmals (von mir); **peu de ~** *cf* peu f); ◆ **avant toute ~** vor allem; vor allen Dingen; in erster Linie; **dans cet état de ~s** *cf* état 1.; **de deux ~s l'une** eins von beiden; ◆ **accomplir, faire de grandes ~s** große Dinge voll'bringen, tun; **appeler les ~s par leur nom** die Dinge, das Kind beim rechten Namen nennen; **avoir une foule, des tas, plein, une quantité de ~s à faire, à raconter** e-e Menge (Dinge) zu tun, e-e Menge zu erzählen haben; **la ~ est décidée** es, die Sache ist entschieden; **dire à qn des ~s désagréables** j-m unerfreuliche Dinge sagen; **je vais vous dire une ~** ich werde Ihnen etwas sagen; **je vais vous dire une (bonne) ~:** … ich gebe Ihnen den, e-n guten Rat: …; **ce n'est pas une ~ à dire** darüber sollte jetzt (hier) nicht gesprochen werden; das Thema sollte nicht gerade jetzt berührt werden; **c'est une ~ de parler, c'en est une autre d'agir** Reden und Handeln ist zweierlei; **c'est une ~ très, bien agréable que de (+inf)** es ist sehr angenehm, e-e sehr angenehme Sache zu (+inf); **la théorie est une ~, la pratique en est une autre** Theorie und Praxis ist zweierlei; **voilà où en sont les ~s** so steht es, die Sache; so sieht es aus; so liegen, stehen die Dinge; **les ~s étant ce qu'elles sont** (so) wie die Dinge (nun einmal) stehen *od* liegen; **c'est ~ faite** die Sache ist erledigt, abgeschlossen; **bien faire les ~s** großzügig sein; F sich nicht lumpen lassen; **ne pas faire les ~s à moitié** a) nichts halb machen; nicht auf halbem Weg stehenbleiben; b) großzügig sein; F sich nicht lumpen lassen; **les ~s se gâtent** die Sache geht schief; **les ~s vont se gâter** die Sache wird bedrohlich, F mulmig aus; **s'intéresser à beaucoup de ~s** vielseitig, an vielem interessiert sein; **s'intéresser à ~s de la politique** an Politik, an politischen Dingen interessiert sein; **laisser aller les ~s** den Dingen ihren Lauf lassen; **en mettant les ~s au mieux, au pire** *cf* mieux I 2. *u* pire II; **parler de ~s et d'autres** von diesem und jenem sprechen, reden; **il a bien, mal pris la ~** er hat es, die Sache gut, nicht gut aufgenommen; **la ~ qu'il souhaite le plus** (das,) was er am meisten wünscht; *loc/prov* ~ **promise,** ~ **due** was man versprochen hat, muß man auch halten (*loc/prov*); **2. quelque ~ ~s** F was; **quelque ~ comme** so etwas wie; ungefähr; etwa; **quelque ~ dans ce goût-là** (irgend) etwas in dieser Art, Richtung, in diesem Stil; etwas Ähnliches; **quelque ~ d'autre** etwas and(e)res; ◆ **il lui est sans doute arrivé**

quelque ~ wahrscheinlich ist ihm etwas passiert, zugestoßen; **pour le cas où il m'arriverait quelque** ~ falls mir etwas zustoßen sollte; **il a quelque** ~ er hat (irgend) etwas, F irgendwas; ihm fehlt (irgend) etwas; **il y a eu quelque** ~ da war irgend etwas; irgend etwas hat's da gegeben; **avoir quelque** ~ **à dire, à faire** etwas zu sagen, zu tun haben; **avoir quelque** ~ **de bon** etwas Gutes, auch sein Gutes haben; **il y a quelque** ~ **qui ne va pas** irgend etwas klappt, funktioniert, stimmt da nicht; **(mais) dites quelque** ~! (so) sagen Sie (doch) etwas!; **c'est quelque** ~! das ist unerhört, unglaublich!; **c'est déjà quelque** ~ das ist immerhin etwas; **y être pour quelque** ~ etwas damit zu tun, zu schaffen haben; s-e Hand im Spiel haben; **faites quelque** ~ tun Sie (doch) etwas, F was; **ça lui a fait quelque** ~ das hat ihn (sehr) getroffen; das hat ihm e-n Stich gegeben; **vous prendrez bien quelque** ~, **un petit quelque** ~? ich darf Ihnen doch etwas, e-e Kleinigkeit anbieten?; **3.** *jur* Sache *f*; ~**s communes** Gemeingut *n*; ~ **jugée** abgeurteilte Sache; *cf auch* **juger 1.**; **droit** *m* **des** ~**s** Sachenrecht *n*; **4. considérer qn comme sa** ~ j-n als sein Eigentum ansehen, betrachten; **il en a fait sa** ~ er hat ihn *bzw* sie völlig unter'jocht; **5.** F **être porté sur la** ~ F scharf auf Frauen, kein Kostverächter sein; gern die Frauen vernaschen; **6.** F ♀ *od* **Machin** ♀ F der *bzw* die Dingsbums, Dingsda; *Daudet* **Le petit** ♀ Der kleine Dingsda; **une pauvre (petite)** ~ ein armes, bedauernswertes Wesen; e-e bedauernswerte Krea'tur; **7. avoir l'air, être tout** ~ ganz verwirrt, verstört, bestürzt aussehen, sein

chott [ʃɔt] *m géogr* Schott *m*

chou [ʃu] *m* ‹*pl* ~**x**› **1.** Kohl *m*; *südd auch* Kraut *n*; ~ **(cabus) blanc** Weißkohl *m*, -kraut *n*; *cuis* ~ **farci** Rot- *bzw* Weißkohl (-kopf) *m* mit Hackfleisch gefüllt; ~ **fourrager** Futter-, Blattkohl *m*; ~ **rouge** Rotkohl *m*; Blau-, Rotkraut *n*; ~ **de Bruxelles** Rosenkohl *m*; ~ **de Milan** Wirsing(kohl) *m*; **soupe** *f* **aux** ~**x** Kohl-, Krautsuppe *f*; F *fig* **feuille** *f* **de** ~ F Käseblatt *n*; **(tête** *f* **de)** ~ Kohlkopf *m*; F *fig* **c'est bête comme** ~ das ist kinderleicht, ein Kinderspiel; F *fig* **être dans les** ~**x** F in der, e-r Klemme sein, stecken; in der Tinte sitzen; F *fig* **il a fait** ~ **blanc** F das ist ihm da'nebengegangen; das ist in die Hose gegangen; F *fig* **faire ses** ~**x gras** F e-n guten Schnitt machen (**de qc** bei etw); **planter des** ~**x** Kohl pflanzen; *fig* **aller planter ses, des** ~**x** sich aufs Land zurückziehen; F *fig* **il lui est rentré dans le** ~ er ist in ihn hineingerannt; *Auto-, Radfahrer* F er ist auf ihn draufgeknallt; **2.** *fig* **mon (petit)** ~, *f auch* **ma** ~**te** (mein) Liebling, Schatz, Schätzchen; **le pauvre** ~ der arme, mein armer Liebling; **un (petit) bout de** ~ ein (kleines) Bübchen *bzw* Mädelchen; *kleiner Junge auch* ein Drei'käsehoch; *adit* **ce qu'il est, ce que c'est** ~! ist der, das süß, entzückend!; **3.** *cuis* ~ **à la crème** Windbeutel *m* mit Schlagsahne *bzw* Creme; **pâte** *f* **à** ~ Brandteig *m*; **4.** *an Kleidung, im Haar* Schleife *f*

chouan [ʃwɑ̃, ʃuɑ̃] *m hist* Chou'an *m*

chouannerie [ʃwanri, ʃuanri] *f hist* Erhebung *f*, Bewegung *f* der Chou'ans

choucas [ʃuka] *m zo* Dohle *f*

chouchou [ʃuʃu] F *m*, **chouchoute** [ʃuʃut] F *f* Liebling *m*; **être le chouchou de qn** j-s Liebling sein

chouchouter [ʃuʃute] *v/t* F ~ **qn** j-n verwöhnen, verhätscheln

choucroute [ʃukrut] *f cuis* Sauerkraut *n*, -kohl *m*; ~ **garnie** Sauerkraut *n* auf elsässische Art

chouette[1] [ʃwɛt] *f* **1.** *zo* Eule *f*; ~ **des clochers** Schleiereule *f*; **2.** F *fig* **une vieille** ~ F e-e alte Ziege; **3.** F **Machin** ♀ der *bzw* die Dingsda, Dingsbums

chouette[2] [ʃwɛt] *adj* F toll; prima (*inv*); Klasse (*inv*); dufte; pfundig; **un** ~ **(d')appartement** F e-e tolle, prima, pfundige, dufte Wohnung; *int* ~ **(alors)**! F toll!; prima!; Klasse!; dufte!; pfundig!; **il a été** ~ **(avec moi, nous)** er hat sich (mir, uns gegenüber) großartig benommen

chou-fleur [ʃuflœr] *m* ‹*pl* **choux--fleurs**› *bot* Blumenkohl *m*

chouïa [ʃuja] *loc/adv* F **un** ~ ein wenig, bißchen

chou-navet [ʃunavɛ] *m* ‹*pl* **choux--navets**› *bot* Kohl-, Steckrübe *f*

choupette [ʃupɛt] F *f* **1.** gedrehte Haartolle (*bei Kindern*); **2.** Haarschleife *f*

chouque [ʃuk] *od* ~**et** *m mar* Eselshaupt *n*

chou-rave [ʃurav] *m* ‹*pl* **choux-raves**› *bot* Kohl'rabi *m*

chouraver [ʃurave] *v/t arg* ~ **qc à qn** F j-m etw klauen

chourin [ʃurɛ̃] *m arg (couteau)* Messer *n*

chouriner [ʃurine] *v/t arg* ~ **qn** j-n erstechen

choute [ʃut] *cf* **chou 2.**

chow-chow [ʃoʃo] *m* ‹*pl* **chows-chows**› *zo* Chow-Chow [tʃauˈtʃau] *m*

choyer [ʃwaje] *v/t* ‹-oi-› um'hegen; um'sorgen

chrême [krɛm] *m égl* **(saint)** ~ Chrisam *n od m*; Chrisma *n*; Salböl *n*; geweihtes Öl

chrestomathie [krɛstɔmati] *f* Chrestoma'thie *f*

chrétien [kretjɛ̃] **I** *adj* ‹-ne› christlich; **art** ~ christliche Kunst; **monde** ~ Christenheit *f*; christliche Welt; *hist* **le Roi Très** ~ der Allerchristlichste König; **II** *subst* ~**(ne)** *m(f)* Christ(in) *m(f)*; **en bon** ~ als guter Christ; **les premiers** ~**s** die ersten Christen

chrétien-démocrate [kretjɛ̃demokrat] **I** *adj pol in der BRD* christlich--demo'kratisch; **II** *m/pl* **les chrétiens--démocrates** die Christdemokraten *pl*; die Christlichen Demo'kraten *pl*

chrétiennement [kretjɛnmɑ̃] *adv* christlich; als guter Christ; **élever** ~ *auch* im christlichen Glauben erziehen

chrétienté [kretjɛ̃te] *f* Christenheit *f*; Christen *m/pl*; ~ **primitive** Urgemeinde *f*

chrisme [krism(ə)] *m* Christusmonogramm *n*

christ [krist] *m* **1.** *rel cath* **le** ♀, *prot* ♀ Christus *m*; **2.** *Kunst* Christus(figur *f*, -bild *n*) *m*

christe-marine [kristmarin] *f* ‹*pl* **christes-marines**› *bot* Strand-, Meerfenchel *m*

christiania [kristjanja] *m Skilauf* Kristi'ania(schwung) *m*

christian|isation [kristjanizasjɔ̃] *f* Christiani'sierung *f*; ~**iser** *v/t* christiani'sieren; zum Christentum bekehren; ~**isme** *m* Christentum *n*; ~ **primitif** Urchristentum *n*

christologie [kristɔlɔʒi] *f Theologie* Christolo'gie *f*

chromage [kromaʒ] *m* Verchromen *n*, -ung *f*

chromate [krɔmat] *m chim* Chro'mat *n*; ~ **de plomb** Bleichromat *n*

chromatine [krɔmatin] *f biol* Chroma'tin *n*

chromat|ique [krɔmatik] *adj* **1.** *mus* chro'matisch; **demi-ton** *m* ~ chromati-scher Halbton; **gamme** *f* ~ chromatische Tonleiter; **2.** *opt* chro'matisch; **Farb...**; **3.** *biol* Chromo'somen...; **réduction** *f* ~ Chromosomenreduktion *f*; ~**isme** *m* **1.** *mus* Chro'matik *f*; **2.** *litt cf* **coloration 1.**

chromatographie [krɔmatɔgrafi] *f chim* Chromatogra'phie *f*

chromatopsie [krɔmatɔpsi] *f physiol* Farbensehen *n*; Chromatop'sie *f*

chrome [krom] *m* **1.** *chim* Chrom *n*; **2.** *an Autos, Fahrrädern meist pl* ~**s** Chrom (-teile) *n(m/pl)*; Verchromung *f*

chrom|é [krome] **I** *adj* **1.** verchromt; **2.** mit Chrom le'giert; Chrom...; chromhaltig; **3.** *cuir* ~ Chromleder *n*; **II** *m* **en** ~ verchromt; ~**er** *v/t* verchromen

chrom|ique [krɔmik] *adj* Chrom...; **anhydride** *m* ~ Chromtrioxyd *n*, -säureanhydrid *n*; Chromsäure *f* (*abus*); ~**iste** *m* Retu'scheur *m*; ~**ite** *f minér* Chro'mit *m*; Chromeisenerz *n*, -eisenstein *m*

chromo [kromo] *m* **1.** Farben(stein)druck *m*; **2.** *péj* billige Reprodukti'on *bzw* Bild *n* in knalligen, grellen Farben

chromogène [krɔmɔʒɛn] *adj biol, phot* chromo'gen

chromolithographie [krɔmɔlitɔgrafi] *f Verfahren u Bild* Farben(stein)druck *m*; Chromolithogra'phie *f*

chromosome [krɔmozom] *m biol* Chromo'som *n*

chromosomique [krɔmozɔmik] *adj biol* Chromo'somen...; **carte** *f* ~ Chromosomenkarte *f*

chromosphère [krɔmɔsfɛr] *f astr* Chromo'sphäre *f*

chromo|typie [krɔmɔtipi] *f od* ~**typographie** *f* Chromoty'pie *f*; Farbendruck *m*

chromurgie [krɔmyrʒi] *f* Farbenchemie *f*

chronaxie [krɔnaksi] *f physiol* Chrona'xie *f*

chronicité [krɔnisite] *f path* chronischer Verlauf

chronique [krɔnik] **I** *adj path u allg* chronisch; **passer à l'état** ~ chronisch werden; **II** *f* **1.** *path (auch hist)*; *bibl* **les livres** *m/pl* **des** ♀**s** die Bücher *n/pl* der Chronik; **2.** *in Zeitungen (regelmäßig erscheinender)* Bericht, Ar'tikel, Kommen'tar; Ru'brik *f*; *rad* regelmäßige Sendung; Rundschau *f*; ~ **sportive** *e-r Zeitung* Sportteil *m*; *rad* Sportsendung *f*

chroniqueur [krɔnikœr] *m* **1.** Chro'nist *m*; **2.** *e-r Zeitung* Berichterstatter *m*; *e-s Teils auch* Redak'teur *m*; ~ **sportif** Sportredakteur *m*

chrono [krɔno] *m* F (*Kurzwort für* **chronomètre**) Stoppuhr *f*; *Wagen* **faire du 160** ~ F 160 gestoppte Stundenkilometer fahren

chronographe [krɔnɔgraf] *m tech* Chrono'graph *m*

chronologie [krɔnɔlɔʒi] *f* Chronolo'gie *f* (*auch Wissenschaft*); chrono'logische Reihenfolge; chrono'logischer Ablauf

chronolog|ique [krɔnɔlɔʒik] *adj* chrono'logisch; Zeit...; **ordre** *m* ~ chronologische Reihenfolge; **dans l'ordre** ~ *auch* chronologisch; **table** *f*, **tableau** *m* ~ Zeittafel *f*; ~**iste** *m* Chrono'loge *m*

chronométrage [krɔnɔmetraʒ] *m* **a)** *sports etc* Zeitmessung *f*; Stoppen *n*; **b)** *écon* Zeitstudie *f*

chronomètre [krɔnɔmɛtr(ə)] *m* **a)** Stoppuhr *f*; **b)** Chrono'meter *n*; Präzisi'onsuhr *f*; ~ **de marine** Seechronometer *n*

chronométr|er [krɔnometre] *v/t* ‹-è-› stoppen; mit der Stoppuhr messen; die Zeit (von *od* + *gén*) abnehmen; *sports*: ~ **qn** j-s Laufzeit stoppen; j-s Zeit mit der Stoppuhr messen; ~ **une course** die

Laufzeit stoppen, abnehmen; **~eur** *m sports, écon* Zeitnehmer *m*

chronométr|ie [krɔnɔmetri] *f* Chronome'trie *f*; Zeitmessung *f*; **~ique** *adj* chrono'metrisch

chronophotographie [krɔnɔfɔtɔgrafi] *f* Chronophotogra'phie *f*

chrysalide [krizalid] *f zo* Puppe *f (der Schmetterlinge)*; *sc* Chrysa'lide *f*; Chrysalis *f*; **sortir de sa ~** aus der Puppe schlüpfen; sich entpuppen; *fig* sich entfalten; sich entwickeln

chrysanthème [krizɑ̃tɛm] *m bot* Chrysan'theme *f*; Chrys'anthemum *n*; **~ des jardins** Gelbe Marge'rite

chryséléphantin [krizelefɑ̃tɛ̃] *adj* sculpture **~e** chryselephan'tines Bildwerk

chrysis [krizis] *f zo* Goldwespe *f*

chrysocale [krizɔkal] *m od* **chrysochalque** [krizɔkalk] *m* Legierung Chryso'chalk *m*, -'kalk *m*

chrysocol(l)e [krizɔkɔl] *f minér* Chryso'koll *n*; Kupfergrün *n*; Kieselmalachit *m*

chrysolit(h)e [krizɔlit] *f minér* Chryso'lith *m*

chrysomélidés [krizɔmelide] *m/pl zo* Blattkäfer *m/pl*

chrysoprase [krizɔpraz] *f minér* Chryso'pras *m*

chthonien [ktɔnjɛ̃] *adj* <**~ne**> *myth* divinités **~nes** chthonische Gottheiten *f/pl*

ch'timi [ʃtimi] *m* F **1.** Nordfranzose *m*; **2.** Dia'lekt *m* der Nordfranzosen

chu [ʃy] *cf* choir

chucheter [ʃyʃte] *v/i* <**-tt-**> Spatz (t)schilpen

chuchotement [ʃyʃɔtmɑ̃] *m* Flüstern *n*; Tuscheln *n*; Getuschel *n*; Zischeln *n*

chuchoter [ʃyʃɔte] **I** *v/t* **~ qc à qn** j-m etw zuflüstern, zuraunen; **~ qc à l'oreille de qn** j-m etw ins Ohr flüstern, tuscheln, raunen; **II** *v/i* **1.** Person flüstern; tuscheln; wispern; zischeln; *mehrere Personen auch* mitein'ander flüstern, tuscheln; *fig* **on chuchote que** ... man munkelt, es wird gemunkelt, daß ...; **2.** *poét* Bach murmeln; *Wind* säuseln; *Laub* (im Wind) flüstern

chuchoterie [ʃyʃɔtri] *f/pl* Getuschel *n*; Tusche'leien *f/pl*; Gewisper *n*

chuchotis [ʃyʃɔti] *m* **1.** leises Flüstern; Wispern *n*; **2.** *poét e-s Bachs* Murmeln *n*; *des Windes* Säuseln *n*; *des Laubs* Flüstern *n*

chuintant [ʃɥɛ̃tɑ̃] *adj* **1.** *phon* consonne **~e** *od subst* **~e** *f* Zischlaut *m*; Sch-Laut *m (stimmlos od stimmhaft)*; **2.** prononciation **~e** *cf* chuintement 1. b)

chuintement [ʃɥɛ̃tmɑ̃] *m* **1.** *phon* **a)** Aussprache *f*, Aussprechen *n* des (stimmhaften und stimmlosen) Sch-Lautes; **b)** fehlerhafte Aussprache, bei der s [s, z] wie sch [ʃ, ʒ] gesprochen wird; **2.** des Dampfs Zischen *n*

chuinter [ʃɥɛ̃te] *v/i* **1.** s [s, z] wie sch [ʃ, ʒ] (aus)sprechen; **2.** *Dampf* zischen; **3.** *Eule* schreien

chut [ʃyt] *int* pst!; st!; still!; **faire ~** *auch* den Finger auf den Mund legen

chute [ʃyt] *f* **1.** *e-r Person* Fall *m*; Fallen *n*; Sturz *m*; Absturz *m*; **faire une ~** fallen; stürzen; **~ de bicyclette, de cheval** Sturz vom Fahrrad, vom Pferd; **faire une ~ de bicyclette, de cheval** vom Fahrrad, vom Pferd stürzen, fallen; **~ de dix mètres** (Ab)Sturz von zehn Metern; **faire une ~ de dix mètres** zehn Meter tief (ab)stürzen; **faire une ~ dans, en descendant l'escalier** auf der Treppe stürzen, fallen; die Treppe hin'unterstürzen, -fallen; **2.** von Sachen

Fall *m (auch phys)*; Fallen *n*; Einsturz *m*; *von Felsblöcken etc* (Ab)Sturz *m*; *thé des Vorhangs* Fallen *n*; *par ext der Börsenkurse etc* Sturz *m*; *phys* **~ libre** freier Fall; *auch allg* **en ~ libre** in freiem Fall; **~ des cheveux** Haarausfall *m*; *Börse* **~ des cours** Kurssturz *m*, -einbruch *m*; **~ des dents** Ausfallen *n* der Zähne; **~ d'eau** Wasserfall *m*; **~ des feuilles** (Ab)Fallen *n* der Blätter; Blätter-, Laubfall *m*; **~ de grêle** Hagelschlag *m*; **~ d'une monnaie** Währungssturz *m*; **~ de neige** Schneefall *m*; **~s du Niagara** Nia'garafälle *m/pl*; **~ de pierres** Steinschlag *m*; **~ de pluie** Regenfall *m*; *élect* **de potentiel, de tension** Spannungsabfall *m*; **~ des prix, d'un rocher, de température** Preis-, Fels-, Tempera'tursturz *m*; *phys* **loi f de la ~ des corps** Fallgesetz *n*; *e-r Schleuse* **mur m de ~** Abfallmauer *f*, -wand *f*; **3.** *fig e-r Regierung etc* Sturz *m*; **entraîner qn dans sa ~** j-n in s-n Sturz mit hineinreißen, -ziehen; **4.** *mil e-r Festung, Stadt* Fall *m*; **5.** *e-s Geschosses, e-r Bombe* Einschlagen *n*; Auftreffen *n*; **point m de ~** a) *mil* Einschlag-, Auftreffstelle *f*, -punkt *m*; b) *fig* Bleibe *f*; Standort *m*; (vorläufiger) Ruhepunkt; **6.** *fig e-r Person* Fall *m*; *la ~* (d'Adam) der Sündenfall; **7. ~ de cuir, d'étoffe** Leder-, Stoffrest *m*, -abfall *m*; **8. avoir une belle ~ de reins** ein schön geschwungenes, wohlgeformtes, wohlproportioniertes Gesäß haben; **9.** *bât e-s Daches* Neigung *f*; **10.** *path* Senkung *f*; **11.** *e-r Literaturperiode* Schluß *m*; *e-s Gedichts* Pointe *f*; **12.** *Bridge* 'Unterstich *m*; **deux de ~** zwei Unterstiche; **13.** *mar* Segellänge *f*

chuter [ʃyte] *v/i* **1.** F *(tomber)* fallen; stürzen; *fig* **faire ~** Regierung etc stürzen; *Kandidaten zu* Fall bringen; **le candidat a chuté sur la dernière question** der Kandidat stolperte über die letzte Frage; diese Frage brachte den Kandidaten zu Fall; **2.** *Bridge* **~ de trois levées** drei 'Unterstiche machen

chyl|e [ʃil] *m physiol* Milch-, Speisesaft *m*; *sc* Chylus *m*; **~ifère** *adj anat* vaisseau *m* **~** *od subst* **~** *m* Lymphgefäß *n* des Dünndarms

chyme [ʃim] *m physiol* Speisebrei *m*; *sc* Chymus *m*

chymification [ʃimifikasjɔ̃] *f physiol* Chymifikati'on *f*

chypriote [ʃipirjɔt] *cf* cypriote

ci [si] **I** *adv* **1.** *mit* ce + *subst*: diese(r, s) ... (hier); **à cette heure-~** um diese Zeit; zu dieser Tageszeit; **ces jours-~** dieser Tage; in diesen Tagen; **ce livre-~** dieses Buch (da, hier); **ce mois-~** dieser *bzw* diesen, in diesem Monat; **2.** *comm vor e-r Gesamtsumme* insgesamt; macht; **II** *pr/dém* **~ et ça** dies und jenes; *loc/adv* F **comme ~ comme ça** so'so la'la

ci-annexé [sianɛkse] *cf* ci-inclus

ci-après [siaprɛ] *loc/adv* weiter unten; nachstehend (angeführt)

cibiche [sibiʃ] *f* arg Ziga'rette *f*; F Glimmstengel *m*; Stäbchen *n*

cible [sibl(ə)] *f* **1.** (Schieß)Scheibe *f*; Ziel *n*; Zielscheibe *f (auch fig)*; tir *m* **à la ~** Scheibenschießen *n*; **être une ~ facile pour qn** j-m ein günstiges Ziel bieten; **être une ~ pour, servir de ~ à qn** j-m als Zielscheibe dienen; *fig* **être la ~ des railleries, des critiques** Zielscheibe des Spottes, der Kritik sein; im Kreuzfeuer der Kritik stehen; *fig* **être la ~ des critiques** (=*Personen*) von den Kritikern aufs Korn genommen werden; **prendre qn, qc pour ~** j-n, etw als Zielscheibe benutzen; nehmen; *fig* j-n aufs Korn nehmen; **tirer à la ~** nach der

Scheibe, auf Scheiben schießen; **2.** *phys atom* Target *n*; **3.** *adlt ling* **langue ~** Zielsprache *f*; **4.** *Werbung* **Zielgruppe** *f*

ciboire [sibwar] *m égl cath* Zi'borium *n*; Speisekelch *m*

ciborium [sibɔrjɔm] *m arch* Zi'borium *n*

ciboul|e [sibul] *f bot* Winterlauch *m*, -zwiebel *f*; **~ette** *f bot* Schnittlauch *m*

ciboulot [sibulo] F *m* Kopf *m*; F Schädel *m*; Hirnkasten *m*; Dez *m*

cicatrice [sikatris] *f* Narbe *f (auch fig)*; **~ de brûlure, de coupure** Brand-, Schnittnarbe *f*; *fig* **~s de la guerre** Narben, Spuren *f/pl* des Krieges; **avoir une ~ au visage, à la jambe, dans le dos** e-e Narbe im Gesicht, am Bein, an dem Rücken haben; **laisser une ~** e-e Narbe zurücklassen, hinter'lassen; **la brûlure lui a laissé une ~** von der Verbrennung ist ihm e-e Narbe (zurück-) geblieben

cicatriciel [sikatrisjɛl] *adj* <**~le**> Narben ...; **tissu(s) ~(s)** Narbengewebe *n*

cicatricule [sikatrikyl] *f* **1.** *biol* Hahnentritt *m*; Keimscheibe *f*; **2.** *bot* Nabel *m*

cicatrisant [sikatrizɑ̃] *adj u subst m phm* (**remède** *m*) **~** das Zuheilen, das Verheilen, die Narbenbildung förderndes Mittel; Wundheilungsmittel *n*

cicatrisation [sikatrizasjɔ̃] *f e-r Wunde* Vernarben *n*, -ung *f*; Narbenbildung *f*; Heilen *n*, -ung *f (auch fig)*

cicatriser [sikatrize] **I** *v/t* Wunde, auch fig heilen; vernarben lassen; **II** *v/i (u v/pr se)* **~** zuheilen; *auch fig* verheilen; vernarben

cicéro [sisero] *m impr* Cicero ['tsits-] *f*

cicérone [siserɔn] *m litt od plais* Cice'rone [tʃitʃe-] *m*; Fremdenführer *m*; **faire le ~** den Cicerone machen, spielen

cicéronien [siserɔnjɛ̃] *adj* <**~ne**> ciceroni'anisch *od* cice'ronisch [tsits-]

cicindèle [sisɛ̃dɛl] *f zo* Sandläufer *m*, -laufkäfer *m*

ciconiidés [sikɔniide] *m/pl zo* Störche *m/pl*

ci-contre [sikɔ̃tr(ə)] *loc/adv* nebenstehend; **voir image ~** siehe nebenstehendes Bild

cicutine [sikytin] *f chim* Coni'in *n*

ci|-dessous [sid(ə)su] *loc/adv* nachstehend; weiter unten; **~-dessus** *loc/adv* weiter oben; (**mentionné**) **~** (weiter) oben angeführt, genannt, erwähnt

ci-devant [sid(ə)vɑ̃] *hist* **I** *loc/adj* ehemalig; **II** *m,f* <**inv**> ehemalige(r) Adlige(r) *f(m)*

cidre [sidr(ə)] *m* Apfelwein *m*; Cidre *m*; Zider *m*; *regional auch* Most *m*; **~ bouché** stark moussierender, auf Flaschen gezogener Cidre; **~ doux** süßer, noch nicht ganz vergorener Cidre; **~ mousseux** moussierender Cidre; **petit ~** Cidre mit weniger als 3,5% Alkoholgehalt; *par ext* **~ de poires** Birnenwein *m*, *regional auch* -most *m*

cidr|erie [sidrəri] *f* **a)** Apfelweinindustrie *f*; **b)** Apfelweinkellerei *f*; **~ier** *m* Apfelweinhersteller *m*

ciel [sjɛl] *m* **1.** <*pl* cieux [sjø], *peint* **~s**> Himmel *m (auch astr u peint)*; **~ bleu, clair** blauer, klarer Himmel; **~ lourd, de plomb** bleierner Himmel; *astr* **carte f du ~** Himmelskarte *f*; *poét* **eau f du ~** Regen *m*; *poét* Himmelsnaß *n*; *poét* **feu m du ~** Blitz *m*; ♦ *adlt* **~** *od* **bleu ~** <*beide inv*> himmelblau; ♦ *loc/adj u loc/adv* **à ~ ouvert** *mines* im Tagebau; *Baugrube* offen; *cf auch* **mine²**; **dans le ~** am Himmel; **entre ~ et terre** zwischen Himmel und Erde *od* in der Luft (**rester**, **être suspendu** hängen, schweben); **sous le ~ de Londres** unter dem Himmel von London; in London; ♦ *fig* **lever les bras au ~** die Hände über dem

Kopf zusammenschlagen; **lever les yeux au ~** a) zum Himmel (auf)blicken; b) die Augen verdrehen; *fig:* **remuer et terre** Himmel und Hölle, alle Hebel in Bewegung setzen; **tomber du ~** *cf* tomber 10; **2.** *rel* ⟨*pl* cieux⟩ Himmel *m*; *int* ~!, ô ~!, juste ~! (o) Himmel!; gerechter Himmel!; **don** *m*, **présent** *m* **du ~** Geschenk *n* des Himmels; *Begabung, Talent* Begnadung *f*; Geschenk *n*, Gabe *f* Gottes; **justice** *f* **du ~** himmlische Gerechtigkeit; **reine** *f* **du ~** Himmelskönigin *f*; **adresser des prières au ~** Gebete zum Himmel schicken; **aller au ~** in den Himmel kommen; **c'est le ~ qui t'envoie** dich schickt der Himmel; **Notre Père qui es aux cieux** Vater unser (, der du bist) im Himmel; *fig* **être au septième ~** im siebenten Himmel sein; *bibl* **monter au ~** gen Himmel (auf)fahren; *prov* **aide-toi, le ~ t'aidera** hilf dir selbst, so hilft dir Gott (*prov*); **3.** ⟨*pl* ~s *od* cieux⟩ Himmelsstrich *m*; Klima *n*; **4.** ⟨*pl* ~s⟩ **~ de lit** Betthimmel *m*

cierge [sjɛrʒ] *m* **1.** *égl* (große Wachs-) Kerze *f*; Wachslicht *n*; **~ pascal** Osterkerze *f*; F **se tenir droit comme un ~** sich kerzengerade halten; **2.** *bot* **~ amer, laiteux** Wolfsmilch *f*; **~ de Notre-Dame** Königskerze *f*

cieux [sjø] *pl von* ciel

cigale [sigal] *f* **1.** *zo* a) Zi'kade *f*; **b) ~ de mer** Heuschreckenkrebs *m*; **2.** *mar* Ankerring *m*

cigare [sigar] *m* Zi'garre *f*; **boîte** *f* **de ~s** Zigarrenkiste *f* *bzw* Kiste *f* Zigarren

cigar|ette [sigarɛt] *f* **1.** Ziga'rette *f*; **~ à bout filtre** Filterzigarette *f*; **2.** *cuis* Hohlwaffel *f*; **~ière** *f* Arbeiterin *f* in e-r Zi'garrenfabrik

cigarillo [sigarijo] *m* Ziga'rillo *n od m*

ci-gît [siʒi] *Grabinschrift* hier ruht

cigogn|e [sigɔɲ] *f* *zo* Storch *m*; **~ blanche, noire** Weiß-, Schwarzstorch *m*; *fig* **cou m de ~** Schwanenhals *m*; **nid** *m* **de ~** Storchennest *n*; **~eau** *m* ⟨*pl* ~x⟩ *zo* Storchenjunge(s) *n*; junger Storch; Jungstorch *m*

ciguë [sigy] *f* **1.** *bot* Schierling *m*; **grande ~** Gefleckter Schierling; **petite ~, ~ d'eau, aquatique** Wasserschierling *m*; **2.** Schierlingsgift *n*, -trank *m*; **boire la ~** den Schierlingsbecher trinken

ci-inclus [siɛ̃kly] *od* **ci-joint** [siʒwɛ̃] *loc/adj u loc/adv* anliegend; beigefügt; beiliegend; beigelegt; in der Anlage; *adm* in-, einliegend; **~ quittance** Quittung anbei; anbei (e-e, die) Quittung

cil [sil] *m* **1.** (Augen)Wimper *f*; **faux ~s** falsche *od* künstliche Wimpern; **2.** **~s vibratiles** *bei Tieren u Menschen* Flimmerhaare *n/pl*; Zilien *f/pl*; *der Protozoen* Wimpern *f/pl*; Zilien *f/pl*; **3.** *bot* **~s** *pl* Wimpern *f/pl*

ciliaire [siljɛr] *adj anat* Wimper(n)...; Zili'ar...; Strahlen...; **corps** *m* **~** Strahlenkörper *m*; **muscle** *m* **~** Ziliarmuskel *m*; **procès** *m* **~** Strahlenkörperfortsatz *m*

cilice [silis] *m* Büßerhemd *n*, -kleid *n*

cilié [silje] **I** *adj zo, bot* gewimpert; *zo* Flimmer...; **épithélium** *m* **~** Flimmerepithel *n*; **II** *m/pl* **~s** *zo* Wimperinfusorien *n/pl*, -tierchen *n/pl*; *sc* Zili'aten *pl*

cillement [sijmã] *m* **~ (d'yeux)** Zwinkern *n*; Blinzeln *n*

ciller [sije] *v/i* **1.** zwinkern; blinzeln; **2.** *fig* **ne pas oser ~** F nicht zu mucksen wagen

cimaise [simɛz] *f* **1.** *arch* Kar'nies *n*; **2.** *e-r Täfelung* Abschlußleiste *f*; **3.** *in e-r Bildergalerie* Wandleiste *f*, über die die Bilder angebracht werden; *Bild* **avoir**

les honneurs de la ~ an bevorzugter Stelle hängen; e-n Ehrenplatz haben

cime [sim] *f* **1.** *e-s Baumes* Wipfel *m*; Krone *f*; *e-s Berges* Gipfel *m* (*litt auch fig*); Spitze *f*; **2.** *bot cf* cyme

ciment [simã] *m* **1.** Ze'ment *m*; **~ Portland** Portlandzement *m*; **~ à prise lente, à prise rapide** langsam, schnell bindender *od* härtender Zement; **~ de laitier** Schlackenzement *m*; **de od en ~** Zement...; **2.** *fig* **être le ~ d'une amitié** e-e Freundschaft festigen; **3.** *für Zahnfüllung* Ze'ment *m*

cimentation [simãtasjõ] *f* Zemen'tierung *f*

cimenter [simãte] *v/t* **1.** zemen'tieren; *Becken etc auch* auszementieren; **~ un anneau dans le mur** e-n Ring in die Wand einzementieren; **2.** *fig Freundschaft, Verbindung* festigen; zemen'tieren

ciment|erie [simãtri] *f* a) Ze'mentindustrie *f*; **b)** Ze'mentfabrik *f*, -werk *n*; **~ier** *m* a) Ze'mentarbeiter *m*; **b)** Be'tonwerker *m*; **c)** Be'tonbauer *m*

cimeterre [simtɛr] *m* (*Art*) Krummschwert *n*

cimetière [simtjɛr] *m* Friedhof *m* (*auch fig*); *bei e-r Kirche auch* Kirchhof *m*; *poét* Toten-, Gottesacker *m*; **~ militaire** Sol'datenfriedhof *m*; *auch* Kriegsgräber *n/pl*; *par ext* **~ de chiens, de voitures** Hunde-, Autofriedhof *m*; **porter au mort au ~** e-n Toten zu Grabe tragen

cimier [simje] *m* **1.** *am Helm* Helmzier *f* (*auch Heraldik*); **2.** *ch, cuis* Ziemer *m*

cinabre [sinabr(ə)] *m* **1.** *chim* Zin'nober *m*; **2.** *Farbe* Zin'nober(rot) *m(n)*

cinchonine [sɛ̃kɔnin] *f chim* Cincho'nin *n*

cincle [sɛ̃kl(ə)] *m* *zo* Euro'päische Wasseramsel *f*

ciné [sine] *m* F (*Kurzwort für* cinéma) Kino *n*; F Kintopp *m od n*

cinéaste [sineast] *m* Cine'ast [s-] *m*; Filmemacher *m*; **~s** *pl auch* Filmschaffende(n) *m/pl*

ciné-club [sineklœb] *m* ⟨*pl* ciné-clubs⟩ Filmklub *m*

cinéma [sinema] *m* **1.** Film *m*; Filmkunst *f*; Filmen *m*; Kino *n*; **le ~ français** der französiche Film; **~ muet, parlant** *od* **sonore** Stumm-, Tonfilm *m*; **~ scientifique** wissenschaftlicher Film; **~ d'amateur** Ama'teurfilmkunst *f*, F -filmerei *f*; **~ en couleurs** Farbfilm *m*; **acteur** *m* **de ~** Filmschauspieler *m*; **techniciens** *m/pl* **de ~** Filmtechniker *m/pl*, Kameraleute *pl*, Maskenbildner *m/pl*, Toningenieure *m/pl etc*; Filmschaffende(n) *m/pl* (*außer Schauspielern, Regisseuren u Produzenten*); **faire du ~** Filmschauspieler(in) sein; filmen; beim Film sein; **il n'a jamais fait de ~** auch er hat nie in e-m Film gespielt, nie e-e Filmrolle gehabt, nie vor e-r Filmkamera gestanden; **2.** (**industrie** *f* **du**) Filmindustrie *f*, -branche *f*, -geschäft *n*; **3.** (**salle** *f* **de**) **~** Kino *n*; Lichtspieltheater *n*, -haus *n*; Filmtheater *n*; **~ d'art et d'essai** Filmkunsttheater *n*; Studiokino *n*; **~ d'exclusivité, de quartier** Erstaufführungs-, Vorstadtkino *n*; **aller au ~** ins Kino gehen; **4.** F *fig* **c'est du ~** das ist doch nur The'ater; **elle nous a fait tout un ~** F sie hat ganz schön The'ater gespielt (**pour** um zu)

Cinémascope [sinemaskɔp] (*nom déposé*) *m* Cinemascope [sinema'sko:p] *n*; **film** *m* **en ~** Cinemascopefilm *m*

cinémathèque [sinematɛk] *f* Kinema-, Cinema- [s-], Filmo'thek *f*; Filmarchiv *n*

cinématique [sinematik] *f phys* Kine'matik *f*; Bewegungslehre *f*

cinématograph|e [sinematɔgraf] *m* Kinemato'graph *m*; **~ie** *f* Kinematogra'phie *f*; **~ique** *adj* kinemato'graphisch; Film...; **art** *m*, **technique** *f* **~** Filmkunst *f*, -technik *f*; **Institut** *m* **des 'hautes études ~s** (*abr* I.D.H.E.C.) *etwa* Film- und Fernsehakademie *f*

cinéphile [sinefil] **I** *adj* kino-, filmbegeistert; **II** *m,f* Kinofreund(in) *m(f)*; Filmkenner(in) *m(f)*; Filmfreund *m*, -fan *m*

cinéraire [sinerɛr] **I** *adj* urne *f*, vase *m* **~** Aschenurne *f*, -krug *m*; Graburne *f*; **II** *f bot* Zine'rarie *f*; Cine'raria *f*

Cinérama [sinerama] (*nom déposé*) *m* Cine'rama [s-] *n*

cinéroman [sinerɔmã] *m* a) (Foto-) Ro'man *m* nach e-m Film; **b)** *1920–30* Epi'sodenfilm *m*

cinétique [sinetik] *phys* **I** *adj* ki'netisch; **énergie** *f* **~** kinetische Energie; **théorie** *f* **~ des gaz** kinetische Gastheorie; **II** *f* Ki'netik *f*

cing(h)alais [sɛ̃galɛ] **I** *adj* singha'lesisch; **II** *subst* ♀(e) *m(f)* Singha'lese *m*, -'lesin *f*

cinglant [sɛ̃glã] *adj* **1.** *Wind* schneidend; peitschend (*auch Regen*); **2.** *fig Bemerkung, Worte* schneidend

cinglé [sɛ̃gle] *adj* F bekloppt; behämmert; bescheuert; bestußt; 'übergeschnappt; plem'plem; me'schugge; **être ~** *auch* F spinnen; e-n Vogel, e-n Klaps, nicht alle Tassen im Schrank, e-n (kleinen) Dachschaden, e-n Sparren (zu'viel), e-e Macke, e-n Hau haben; nicht (recht) bei Trost sein; nicht ganz richtig im Oberstübchen sein; **il est ~** *auch* F bei dem ist e-e Schraube locker; bei dem stimmt's wohl nicht; **subst c'est un ~** *auch* F er ist ein Spinner

cingler[1] [sɛ̃gle] *v/i mar Schiff* **~ vers** segeln nach; in Richtung auf (+*acc*) segeln

cingler[2] [sɛ̃gle] *v/t* **1.** mit e-r Gerte etc schlagen; *Wind, Regen, Zweige etc* **~ (le visage de)** qn j-m ins Gesicht peitschen; j-s Gesicht peitschen; *Regen* **~ les vitres** heftig gegen, an die Scheiben schlagen, prasseln; **~ qn avec le, d'un coup de fouet** j-n peitschen; j-n mit der Peitsche schlagen; **2.** *st/s* **~ qn** j-n verletzen, tief treffen; **3.** *Holz* abschnüren; **4.** *métall Eisen* mit e-r Quetsche bearbeiten

cinnamome [sinamɔm] *m bot* Zimtbaum *m*

cinoche [sinɔʃ] F *m* Kino *n*; F Kintopp *m od n*

cinoque [sinɔk] *adj* F *cf* cinglé

cinq [sɛ̃k, *vor Konsonant* sɛ̃] **I** *adj/num/c* fünf; **chapitre ~** Kapitel fünf; **Guillaume V** Wilhelm V. (der Fünfte); **le ~ mai** der fünfte *bzw* am fünften Mai; **~ minutes** fünf, *par ext* ein paar Minuten; **je reviens dans ~ minutes** ich bin in fünf, in ein paar Minuten, im Moment wieder da; **on va rire ~ minutes** da werden wir etwas zum Lachen haben, bekommen; **pièce** *f* **de ~ francs** Fünf'francstück *n*; *loc/adv:* **à ~** zu fünft; zu fünfen; F **en ~ sec** im Handumdrehen; im Nu; **il y en avait quatre ou ~** *od* **~ ou six** es waren vier oder fünf, fünf oder sechs, fünf bis sechs, ein paar; **il est ~ heures** es ist fünf (Uhr); **il est sept heures ~** es ist sieben Uhr fünf; es ist fünf (Minuten) nach sieben; F **il est ~** es ist fünf nach; F *fig* **il était moins ~** *cf* moins 1 l. c); **II** *m* ⟨*inv*⟩ **1.** Fünf *f*; *südd auch* Fünfer *m*; **le ~ (du mois)** der Fünfte *bzw* am Fünften (des Monats); *cf auch* deux II; **2.** *comm* **du ~ pour cent** fünfprozentige Wertpapiere *n/pl*

cinq-à-sept [sɛ̃kasɛt] *m* ⟨*inv*⟩ F **a)** Empfang *m* am Spätnachmittag; **b)** Rendez-'vous *n* am Spätnachmittag

cinquantaine [sɛ̃kɑ̃tɛn] *f* **1.** une ~ (de) etwa, an die, ungefähr, rund, zirka fünfzig; **2.** *Alter* Fünfzig *f*; Fünfziger (-jahre) *n*/*pl*; **approcher de la** ~ sich den Fünfzigern nähern; auf die Fünfzig zugehen; bald fünfzig sein; **avoir la** ~ etwa, rund fünfzig Jahre alt sein; mindestens fünfzig (Jahre alt) sein; **avoir (dé-) passé la** ~ die Fünfzig über'schritten haben; über die Fünfzig sein; in den Fünfzigern sein

cinquante [sɛ̃kɑ̃t] **I** *adj*/*num*/*c* fünfzig; ~ **et un** einundfünfzig; ~ **et unième** einundfünfzigste(r, -s); **page** ~ Seite fünfzig; **dans les années** ~ in den fünfziger Jahren; *par ext* F: **il n'y a pas** ~ **solutions** es gibt nicht sehr viel(e) Möglichkeiten; **je lui ai déjà dit** ~ **fois** ich hab' ihm schon hundertmal gesagt; **II** *m* Fünfzig *f*; *cf auch* **deux II**

cinquantenaire [sɛ̃kɑ̃tnɛr] **I** *adj* fünfzigjährig (*nicht von Personen*); **II** *m* fünfzigjähriges Jubi'läum; ~ **de la mort de qn** j-s fünfzigster Todestag; **fêter le** ~ **de qc** das fünfzigjährige Jubiläum *od* Bestehen von etw feiern

cinquantième [sɛ̃kɑ̃tjɛm] **I** *adj*/*num*/*c* fünfzigste(r, -s); **le** ~ **jour après qc** *auch* fünfzig Tage nach etw; **II** *subst* **1.** **le, la** ~ der, die, das fünfzigste; **2.** *m math* Fünfzigstel *n*

cinquième [sɛ̃kjɛm] **I** *adj*/*num*/*c* fünfte(r, -s); *in Frankreich* **la Ve République** die Fünfte Republik; **II** *subst* **1.** **le, la** ~ der, die, das fünfte (*der Reihenfolge nach*) *bzw* der, die, das Fünfte (*der Leistung od dem Rang nach*); **2.** *m math* Fünftel *n*; **les deux** ~**s** de zwei Fünftel von (*od + gén*); **3.** *m* fünfter Stock; fünfte E'tage; **au** ~ im fünften Stock; F fünf Treppen hoch; **4.** *in Paris* **le** ~ das fünfte Arrondisse'ment; **5.** *f Schule* zweite Klasse im Gym'nasium; Quinta *f*; **élève** *m,f* **de** ~ Quin'taner(in) *m(f)*

cinquièmement [sɛ̃kjɛmmɑ̃] *adv* fünftens

cintrage [sɛ̃traʒ] *m tech* Biegen *n*

cintre [sɛ̃tr(ə)] *m* **1.** Kleiderbügel *m*; **mettre sur un** ~ auf e-n Bügel hängen; **2. a)** *arch* Wölbung *f*; Bogen *m*; (**arc** *m*, **voûte** *f* **en**) **plein** ~ Rundbogen *m*; **b)** *bât* Lehrgerüst *n*, -bogen *m*; **3.** *thé* Schnürboden *m*

cintré [sɛ̃tre] *adj* **1.** *Jacke etc* (an-) tail'liert; **2.** *arch* mit Rundbogen; **fenêtre** ~**e** Rundbogenfenster *n*; **3.** F *Person cf* **cinglé**

cintrer [sɛ̃tre] *v*/*t* **1.** *arch* über'wölben; *Tür, Fenster* mit Rundbogen konstru'ieren; **2.** *tech* biegen; **machine** *f* **à** ~ *cf* **cintreuse**; **3.** *cout Jacke etc* (an-) tail'lieren

cintreuse [sɛ̃trøz] *f tech* Biegemaschine *f*; ~ **à quatre rouleaux** Vierwalzenbiegemaschine *f*

cipolin [sipolɛ̃] *m minér* Cipol'lin [tʃ-] *m od n*; Zwiebelmarmor *m*

cippe [sip] *m Archäologie* Zippus *m*

ci-présent [siprezɑ̃] *loc*/*adj jur* **le** ~, **la** ~**e** ... der, die hier anwesende ...

cirage [siraʒ] *m* **1.** Schuhcreme *f*; Schuh-, Lederwichse *f*; **2.** *des Fußbodens* (Wachsen *n* und) Bohnern *n*; **3.** F *fig* **être dans le** ~ **a)** F im Tran sein; **b)** *arg aviat* in e-r Waschküche fliegen

circadien [sirkadjɛ̃] *adj* ⟨~**ne**⟩ *physiol* **rythme** ~ 24-Stunden-Rhythmus *m*

circaète [sirkaɛt] *m zo* Schlangenadler *m*

circée [sirse] *f bot* Hexenkraut *n*

circoncire [sirkɔ̃sir] *v*/*t* ⟨*cf* **suffire**; *aber p*/*p* **circoncis**⟩ *rel* beschneiden

circoncis [sirkɔ̃si] *rel* **I** *adj* beschnitten; **II** *m* Beschnittene(r) *m*

circoncision [sirkɔ̃sizjɔ̃] *f rel, Völkerkunde* Beschneidung *f*; Zirkumzisi'on *f*

circonférence [sirkɔ̃ferɑ̃s] *f* **1.** *math* Kreis(linie) *m(f)*; 'Umfang *m*; *bes* ~ (**d'un cercle**) Kreisumfang *m*; Periphe'rie *f*; **2.** *allg* 'Umfang *m*; 'Umkreis *m*

circonflexe [sirkɔ̃flɛks] *adj u subst m* **ling** (**accent** ~) *für das Frz* Accent circon'flexe *m*; *auch für andere Sprachen* Zirkum'flex *m*

circonlocution [sirkɔ̃lɔkysjɔ̃] *f meist pl* ~**s** Um'schreibungen *f*/*pl*

circonscription [sirkɔ̃skripsjɔ̃] *f* **1.** *adm* Bezirk *m*; (Verwaltungs)Gebiet *n*; Bereich *m*; Di'strikt *m*; ~ (**électorale**) Wahlbezirk *m*; *e-s Abgeordneten* Wahlkreis *m*; **2.** *math* Um'schreiben *n*

circonscrire [sirkɔ̃skrir] *v*/*t* ⟨*cf* **écrire**⟩ **1.** *math* 'umbeschreiben; um'schreiben; ~ **un cercle à un polygone** e-m Vieleck e-n Kreis umbeschreiben; *adj* **circonscrit** 'umbeschrieben; **cercle** **circonscrit à un polygone** 'Umkreis *m* e-s Vielecks; **quadrilatère circonscrit** Tan'gentenviereck *n*; **2.** *Thema etc* um'schreiben; um'reißen; Grenzen festlegen (+*gén*); **3.** *Feuer, Epidemie* eindämmen; ~ **un incendie** *auch* ein Ausbreiten des Brandes verhindern

circonspect [sirkɔ̃spɛ(kt)] *adj* ⟨-**ecte** [-ɛkt]⟩ vorsichtig; 'umsichtig; zu'rückhaltend; **ne pas être très** ~ **dans le choix de** *auch* nicht sehr wählerisch in bezug auf (+*acc*) sein; **se montrer** ~ sich vorsichtig, abwartend verhalten; umsichtig

circonspection [sirkɔ̃spɛksjɔ̃] *f* Vorsicht *f*; 'Umsicht *f*; Zu'rückhaltung *f*; **avec** ~ vorsichtig; 'umsichtig; zu'rückhaltend; mit Bedacht

circonstance [sirkɔ̃stɑ̃s] *f* **1.** 'Umstand *m*; Faktor *m*; *auch* Gelegenheit *f*; Fall *m*; ~**s** *pl* 'Umstände *m*/*pl*; Lage *f*; Situati'on *f*; Verhältnisse *n*/*pl*; Einzelheiten *f*/*pl*; Gegebenheiten *f*/*pl*; *jur* ~ **particulière** besonderer Umstand; ~**s d'un accident** Einzelheiten, Umstände e-s Unfalls; ♦ *loc*/*adj* **de** ~ den Umständen, dem Anlaß entsprechend, angemessen, angepaßt; *Literatur* **œuvre** *f* **de** ~ Gelegenheitsdichtung *f*; **être de** ~ (sehr) angebracht sein; **prendre une mine de** ~ e-e dem Anlaß entsprechende, angemessene Miene aufsetzen; ♦ *loc*/*adv*: **dans les** ~**s actuelles** unter den gegenwärtigen, augenblicklichen Umständen; in der augenblicklichen Lage; **bei** d e n Gegebenheiten; *mourir* **dans de tragiques** ~**s** unter tragischen Umständen ...; *rapporter qc* **jusque dans ses moindres** ~**s** ... mit allen Einzelheiten, bis ins letzte Detail ...; *st*/*s* **en la** ~ im vorliegenden Fall; **en toute** ~ in jeder Lage, Situation; **en pareille** ~ in e-m solchen Fall; in e-r solchen Situation, Lage; **pour la** ~ bei, zu dieser Gelegenheit; aus, zu diesem Anlaß; **selon les** ~**s** je nach den Umständen; ♦ **il y a des** ~**s où** ... manchmal ...; in manchen Fällen, Situationen ...; es gibt Situationen, in denen ...; **cela dépend(ra) des** ~**s** das hängt von den Umständen ab; **étant donné les** ~**s** unter diesen Umständen; **si les** ~**s l'exigent** wenn die Umstände es erfordern; erforderlichenfalls; **profiter de la** ~ **pour** (+*inf*) sich die Gelegenheit, diesen Umstand zunutze machen, um zu (+*inf*); **2.** *gr* **complément m de** ~ *complément f*; **3.** *jur* ~**s et dépendances** *f*/*pl* Zubehör *n*

circonstancié [sirkɔ̃stɑ̃sje] *adj* ausführlich; eingehend; (sehr) detail'liert; **faire un rapport** ~ **de qc** ausführlich, eingehend über etw (*acc*) berichten

circonstanciel [sirkɔ̃stɑ̃sjɛl] *adj* ⟨~**le**⟩ *gr* 'Umstands...; Adverbi'al...; adverbi'al; **complément** ~ *cf* **complément 2.**; **proposition** ~**le** Umstands-, Adverbialsatz *m*

circonvenir [sirkɔ̃vnir] *v*/*t* ⟨*cf* **venir**⟩ *st*/*s* ~ **qn** j-n zu s-n Gunsten beeinflussen

circonvolution [sirkɔ̃volysjɔ̃] *f meist pl* ~**s** Windungen *f*/*pl*; Spi'rale *f*; *anat* ~**s cérébrales** Gehirnwindungen *f*/*pl*; ~**s intestinales** Darmschlingen *f*/*pl*

circuit [sirkɥi] *m* **1.** (**touristique**) Rundreise *f*, -fahrt *f*; ~ **d'autocar** (Omni)Busrundreise *f*; **faire le** ~ **des châteaux de la Loire** die Loire-Schlösser besuchen; **2.** *sports* Rennstrecke *f*; Rundstrecke *f*, -kurs *m*; Ring *m*; **3.** 'Umkreis *m*; 'Umfang *m*; **4.** *élect* (**électrique**) (Strom)Kreis *m*; Schaltung *f*; ~ **fermé** geschlossener Stromkreis; *cf auch* **6.**; *Elektronik* ~ **intégré** integrierte Schaltung; integrierter Schaltkreis; ~ **oscillant** Schwingkreis *m*; **schéma** *m* **de** ~ Schaltbild *n*, -plan *m*; **en** ~ eingeschaltet; **mettre en** ~ (in den Stromkreis) einschalten; '**hors** ~ ausgeschaltet; **mettre 'hors** ~ (aus dem Stromkreis) ausschalten; **5.** *tech* 'Umlauf *m*; Kreislauf *m*; **6.** *écon* Wirtschaftskreislauf *m*; **économie** *f* **en** ~ **fermé** Wirtschaft *f* e-s Landes, das keinen Außenhandel treibt; *fig* **vivre en** ~ **fermé** abgesondert, abgeschlossen (von den andern) leben; **7.** *aviat* ~ **d'attente** Warteraum *m*

circulaire [sirkylɛr] **I** *adj* Kreis...; (**de forme**) ~ kreisförmig, -rund; *ch de fer* **billet** *m* ~ Rundreisefahrkarte *f*; **coup** *m* **d'œil** ~ Blick *m* in die Runde; *math* **fonction** *f* ~ Kreis-, Winkelfunktion *f*; **mouvement** *m* ~ Kreisbewegung *f*; kreisende Bewegung; *scie* *f* ~ Kreissäge *f*; **voyage** *m* ~ Rundreise *f*; **II** *f* Rundschreiben *n*; 'Umlauf *m*; Zirku'lar *n*; *adm* Runderlaß *m*

circulation [sirkylasjɔ̃] *f* **1.** Verkehr *m*; *von Autos, Fahrern auch* Fahren *n*; ♦ ~ **aérienne** Luft-, Flugverkehr *m*; ~ **automobile** Auto-, Kraftverkehr *m*; ~ **ferroviaire** Eisenbahnverkehr *m*; *von Personen* **libre** ~ Freizügigkeit *f* (*des travailleurs der Arbeitnehmer*); ~ **maritime**, **routière** See-, Straßenverkehr *m*; ~ **à droite, à gauche** Rechts-, Linksverkehr *m*; ~ **des trains** Zugverkehr *m*; **route** *f*, **voie** *f* **à grande** ~ Hauptverkehrsstraße *f*; ♦ **il y a beaucoup de** ~ es herrscht reger, starker, lebhafter Verkehr; *fig* **avoir disparu de la** ~ *Person* von der Bildfläche, *auch Sache* spurlos verschwunden sein; **la** ~ **est difficile bei** diesem Verkehr kommt man schlecht voran; **véhicules** *m*/*pl* **mis en** ~ **après le 1er janvier** ... neu zugelassene Fahrzeuge *n*/*pl*; *Gesetz.* **Schilder réglementer**, Po*lizist* **régler** ~ den Verkehr regeln; **2.** *physiol* ~ (**sanguine, du sang**) (Blut-) Kreislauf *m*, (-)Zirkulati'on *f*; ~ **artérielle** arterieller Kreislauf; ~ **capillaire** Kapil'lardurchblutung *f*, -kreislauf *m*; **grande** ~ großer (Blut)Kreislauf; ~ **lymphatique** Lymph(gefäß)strom *m*; **petite** ~, ~ **pulmonaire** kleiner (Blut-) Kreislauf; Lungenkreislauf *m*; ~ **veineuse** venöser Kreislauf; **troubles** *m*/*pl* **de la** ~ Kreislaufstörungen *f*/*pl*; **c'est dû à une mauvaise** ~ das liegt an der schlechten Durch'blutung; **3.** *von Geld.* *Devisen* 'Umlauf *m*; Verkehr *m*; ~ **monétaire** Geldumlauf *m*; (**libre**) ~ **des capitaux, des marchandises** (freier) Kapi'tal-, Waren- *od* Güterverkehr; *e-s Wechsels etc* **délai** *m* **de** ~ Laufzeit *f*;

mise *f* en ~ *von Geld etc* In-'Umlauf-Setzen *n*; In-'Umlauf-Bringen *n*; In-Ver'kehr-Bringen *n*; *von Büchern, Gerüchten etc* Verbreiten *n*; *von Gerüchten auch* Ausstreuen *n*; **mettre en** ~ *Geld etc* in 'Umlauf setzen, bringen; in Verkehr bringen; *Buch, Gerücht* verbreiten; *Gerücht auch* ausstreuen; **retirer de la** ~ *Geld, Briefmarken etc* aus dem Verkehr ziehen; *Zahlungsmittel* außer Kurs setzen; *Banknoten auch* einziehen; **4.** *von Flüssigkeiten, Gasen* Fließen *n*; Strömen *n*; 'Umlauf *m*; ~ *d'air auch* Luftbewegung *f*; *tech* ~ **d'huile** Ölumlauf *m*; **5.** *bot* ~ **ascendante** Saftsteigen *n*; ~ **de la sève** Saftstrom *m*

circulatoire [sirkylatwar] *adj anat, physiol* Kreislauf...; **appareil** *m* ~ Kreislaufsystem *n*, -organe *n/pl*; **troubles** *m/pl* ~**s** Kreislaufstörungen *f/pl*

circuler [sirkyle] *v/i* **1.** *Fahrzeuge* verkehren; fahren; *Personen* sich bewegen; gehen; fahren; **circulez!** *Aufforderung:* **an Fußgänger** weitergehen (, nicht stehenbleiben)!; *an Fahrer* weiterfahren!; ~ **bien** (im Verkehr) gut vor'an-, vorwärtskommen; ~ **lentement** langsam fahren *bzw* vor'an-, vorwärtskommen; *Polizei* **faire** ~ **les badauds** ... zum Weitergehen veranlassen; **2.** *Wasser, Gas, Blut* fließen; strömen; kreisen; zirku'lieren; *Luft* a) sich bewegen; b) *in e-m geschlossenen System* fließen; strömen; *Strom* fließen; *tech Öl etc* 'umlaufen; **3.** *Geld, Kapital* in 'Umlauf sein; *Geld auch* zirku'lieren; *Münzen etc* in Verkehr sein; **4.** *Gerücht etc* kur'sieren; 'umgehen; *Nachricht auch* sich verbreiten; *unpersönlich* **il circule à son sujet** ... man erzählt sich über ihn ...; **faire** ~ *Nachricht etc* verbreiten; *Gerücht auch* in 'Umlauf setzen, bringen

circum|duction [sirkɔmdyksjɔ̃] *f* Kreisen *n* (*auch gym*); ~**navigation** *litt f* (*bes* Welt)Um'segelung *f*; Um'schiffen *n*, -ung *f*; ~**polaire** *adj* zirkumpo'lar; *astr* **étoile** *f* ~ Zirkumpo'larstern *m*

cire [sir] *f* **1.** Wachs *n*; *für Fußböden* (Bohner)Wachs *n*; ~ **végétale** pflanzliches Wachs *n*; ~ **à modeler** Model'lierwachs *n*; ~ **d'abeille** Bienenwachs *n*; **en od de** ~ Wachs...; **wächsern; figure** *f* **de** ~ Wachsfigur *f*; **2.** ~ **à cacheter, d'Espagne** Siegelwachs *n*, -lack *m*; **bâton** *m* **de** ~ Siegellackstange *f*; **cachet** *m* **de** ~ Wachssiegel *n*; **3.** *physiol* **a)** Ohrenschmalz *n*; **b)** Augenbutter *f*; **4.** *zo* Wachshaut *f*

ciré [sire] **I** *adj* **1.** *Fußboden* gebohnert; *Möbel* po'liert; *Schuhe* blankgeputzt; **2.** **toile** *f* ~**e** Wachstuch *n*; **II** *m* Seglerjacke *f*; *mar* Ölzeug *n*

cirer [sire] *v/t Fußboden* (wachsen und) bohnern, *südd* blocken; *Möbel* po'lieren; *Schuhe* wichsen; eincremen; *par ext* putzen

cir|eur [sirœr] *m* ~ **de chaussures** Schuh-, Stiefelputzer *m*; ~**euse** *f* Bohnerbürste *f*; Bohner *m*; *südd* Blocker *m*; ~ **(électrique)** Bohnermaschine *f*; ~**eux** *adj* ⟨-euse⟩ wachsartig; Wachs...; *Teint, Gesicht* wächsern

cir|ier [sirje] *m* **1.** *bot* Wachspalme *f*; **2. a)** Wachszieher *m*; **b)** Kerzenfabrikant *m bzw* -händler *m*; ~**ière** *f od adit* **abeille** *f* ~ Baubiene *f*

cirque [sirk] *m* **1.** Zirkus *m* (*auch Antike*); ~ **ambulant** Wanderzirkus *m*; **gens** *pl* **du** ~ Zirkusleute *pl*, -volk *n*; **musique** *f* **de** ~ Zirkusmusik *f*; **2.** F *fig* **quel** ~! **so ein** (F Affen)The'ater, (F Zirkus)!; **3.** *géol* Talzirkus *m*; ~ **de Gavarnie** Cirque *m* de Gavarnie

cirr(h)e [sir] *m* **1.** *zo* Zirrus *m*; **2.** *bot der Kletterpflanzen* Ranke *f*; *sc* Zirrus *m*

cirrhose [siroz] *f path* Zir'rhose *f*; ~ **alcoolique,** F **du foie** Leberzirrhose *f*; F **Säuferleber** *f*; ~ **graisseuse, pigmentaire** Fett-, Pig'mentzirrhose *f*

cirripèdes [siripɛd] *m/pl zo* Rankenfüßer *m/pl*

cirro|-cumulus [sirokymylys] *m* ⟨*inv*⟩ *météo* Zirro'kumulus *m*; ~**stratus** *m* ⟨*inv*⟩ *météo* Zirro'stratus *m*

cirrus [sirys] *m météo* Zirrus *m*; Federwolke *f*

cirse [sirs] *m bot* Kratzdistel *f*

cisaille [sizaj] *f* ⟨*oft pl* ~**s**⟩ *tech* Schere *f*; ~ **circulaire** Kreisschere *f*; ~**(s) à (tailler les) 'haies** Heckenschere *f*; ~**(s) à tôle, à volailles** Blech-, Geflügelschere *f*; ~**(s) de jardinier** Gartenschere *f*; ~ **de relieur** Hebelschneidemaschine *f*

cisaillement [sizajmɑ̃] *m* **1.** (Zer-, Ab-)Schneiden *n* mit der Blechschere, Schneidemaschine *etc*; **2.** *tech* Abscherung *f*; **résistance** *f* **au** ~ (Ab)Scherfestigkeit *f*; **3.** *ch de fer* ~ **(de voies)** Gleiskreuzung *f*

cisailler [sizaje] *v/t* **1.** *tech* mit der Blechschere, Schneidemaschine *etc* (zer-, ab)schneiden; **2.** F *Papier* zerschnipseln; *Stoff* verschneiden

cisalpin [sizalpɛ̃] *adj hist* zisal'pin(isch); diesseits der Alpen gelegen (*von Rom aus gesehen*); **Gaule** ~**e** Gallia cisal'pina *f*

ciseau [sizo] *m* ⟨*pl* ~**x**⟩ **1.** ~**x** *pl od* **paire** *f* **de** ~**x** Schere *f*; ~**x à boutonnière(s), à broder, à ongles, de couturière** Knopfloch-, Stick-, Nagel-, Schneiderschere *f*; ~**x de chirurgien** chirurgische Schere; ~**x de poche** Taschenschere *f*; **2.** *tech* Meißel *m*; *mar* ~ **de calfat** Kal'fateisen *n*; ~ **de menuisier** Stemmeisen *n*; Stechbeitel *m*; **tailler au** ~ (aus)meißeln; ausstemmen; **3.** *sports* ~**x** *pl* Schere *f*; **sauter en** ~**x** e-n Schersprung machen

ciseler [sizle] *v/t* ⟨-è-⟩ **1.** *Schmuckstück, Metall, Motiv* zise'lieren; *Holz* (mit e-m feinen Instru'ment) ausarbeiten; **2.** *fig Stil* ausfeilen; ~ **ses phrases** an s-n Sätzen feilen; *adit* **poème** *m* **ciselé** Gedicht *n* in ausgefeiltem Stil; **3.** *adit* **velours** *m* **ciselé** zise'lierter Samt

ciselet [sizlɛ] *m* (Grab)Stichel *m*; Punze *f*; ~**eur** *m* Zise'leur *m*; Zise'lierer *m*

cisellement [sizlmɑ̃] *m* **1.** Zise'lieren *n*; **2.** *vit* Ausschneiden *n* der schlechten (Trauben)Beeren am Weinstock

ciselure [sizlyr] *f* **a)** Zise'lieren *n*; **b)** *oft pl* ~**s** Zise'lierung *f*

cisoires [sizwar] *f/pl* große Me'tallschere *f*

ciste [sist] *m bot* Zistrose *f*

cistercien [sistɛrsjɛ̃] *égl cath* **I** *adj* ⟨~**ne**⟩ Zisterzi'enser...; **architecture** ~**ne** Zisterzienserbaukunst *f*; **II** *m* Zisterzi'enser *m*

cistre [sistr(ə)] *m mus* Cister *f*

cistude [sistyd] *f zo* Teich-, Sumpfschildkröte *f*

citadelle [sitadɛl] *f* **1.** Zita'delle *f*; **2.** *fig* Bollwerk *n*; Basti'on *f*; Hochburg *f*

citadin [sitadɛ̃] **I** *adj* städtisch; Stadt...; **II** *subst* ~**(e)** *m(f)* Städter(in) *m(f)*; Stadtbewohner(in) *m(f)*

citation [sitasjɔ̃] *f* **1.** Zi'tat *n*; Anführung *f*; ~ **prise dans, tirée de cet ouvrage** diesem Werk entnommenes, aus diesem Werk angeführtes Zitat; Zitat aus diesem Werk; **2.** *jur* ~ **(en justice od devant un tribunal)** (Vor)Ladung *f* (vor Gericht) (*auch Schreiben*); ~ **en conciliation** Vorladung zur Sühneverhandlung; **3.** *mil* ehrenvolle Erwähnung (**à l'ordre du jour** im Tagesbefehl)

cité [site] *f* **1.** Stadt *f*; **2.** *e-r Stadt* ♀ City [s-] *f*; Innenstadt *f*; *in Paris* (**Ile de la**) ♀ Ile de la Cité *f*; **3.** Siedlung *f*; ~ **ouvrière** Arbeitersiedlung *f*; ~ **universitaire**

Stu'dentenstadt *f bzw* -wohnheim *n*; **4.** *Antike, Mittelalter* Stadtstaat *m*; **droit** *m* **de** ~ Bürgerrecht *n*; *fig* **acquérir droit de** ~ sich einbürgern; allgemein üblich *bzw* bekannt werden

cité|-dortoir [sitedɔrtwar] *f* ⟨*pl* **cités--dortoirs**⟩ Schlafstadt *f*; ~**-jardin** *f* ⟨*pl* **cités-jardins**⟩ Gartenstadt *f*

citer [site] *v/t* **1.** *Autor, Stelle, Worte* zi'tieren; anführen; *Beispiel* anführen; angeben; *cf auch* **exemple**; *Namen etc* nennen; **2.** *jur* ~ **qn (en justice)** j-n (vor)laden; j-n vor Gericht zi'tieren; **3.** *mil* lobend erwähnen

citerne [sitɛrn] *f* **1.** Zi'sterne *f*; **2.** Tank *m* (*auch auf Schiffen*); *adit* **bateau-**~, *etc cf* **bateau-citerne** *etc*

cité-satellite [sitesatelit] *f* ⟨*pl* **cités--satellites**⟩ Tra'bantenstadt *f*

cithare [sitar] *f mus* Zither *f*; *Antike* Kithara *f*

cithariste [sitarist] *m,f* Zitherspieler(in) *m(f)*

citoyen [sitwajɛ̃] *m* **1.** (Staats)Bürger *m*; Staatsangehörige(r) *m*; *in der Revolution als Anrede* Bürger; *beim Zensuswahlrecht* ~ **actif, passif** wahlberechtigter, nicht wahlberechtigter Bürger; **le** ~ **de Genève** Jean-Jacques Rousseau; ~ **d'honneur, du monde** Ehren-, Weltbürger *m*; *adit hist* **le Roi** ~ der Bürgerkönig; **accomplir son devoir de** ~ s-e staatsbürgerliche Pflicht, s-e Pflicht als Staatsbürger erfüllen; **2.** F *fig* **un drôle de** ~ ein seltsamer, komischer Kauz; F ein seltener Vogel

citoyenne [sitwajɛn] *f* (Staats)Bürgerin *f*; Staatsangehörige *f*; *in der Revolution als Anrede* Bürgerin

citoyenneté [sitwajɛnte] *f* Staatsbürgerschaft *f*, -angehörigkeit *f*

citr|ate [sitrat] *m chim* Zi'trat *od fachspr* Ci'trat *n*; ~ **de sodium** Natriumzitrat *n*; ~**ique** *adj chim* **acide** *m* ~ Zi'tronensäure *f*

citron [sitrɔ̃] *m* **1.** *bot* Zi'trone *f*; **glace** *f* **au** ~ Zitroneneis *n*; **tarte** *f* **au** ~ Zitronenkuchen *m* (*Mürbeteigboden mit Zitronencreme*); **thé** *m* **au** ~ Tee *m* mit Zitrone; **jus** *m* **de** ~ Zitronensaft *m*; **jaune comme un** ~ zi'tronengelb; *adit* **(jaune)** ⟨*inv*⟩ zitrone(ngelb); **2.** *zo* Zi'tronenfalter *m*; **3.** F (*tête*) Kopf *m*; F Schädel *m*; Dez *m*

citronnade [sitrɔnad] *f* Zi'tronenwasser *n*, -getränk *n*, -saft *m*

citronn|é [sitrɔne] *adj* **a)** mit Zi'trone; **b)** zi'tronenduftend; **odeur** ~**e** Zi'tronengeruch *m*, -duft *m*; ~**elle** *f* **1.** *bot* Zi'tronenkraut *n*; **2.** Zi'tronenlikör *m*; ~**er** *v/t cuis* mit Zitronensaft beträufeln; Zi'tronensaft geben in (+*acc*); ~**ier** *m* **1.** *bot* Zi'tronenbaum *m*; **2.** **(bois** *m* **de)** ~ Zi'tronenholz *n*

citrouille [sitruj] *f* **1.** *bot* Gartenkürbis *m*; **2.** F *fig* dicker Kopf; F Kürbis *m*

cive [siv] *f cf* **ciboulette**

civet [sivɛ] *m cuis* ~ **de lapin** *od* **lapin** *m* **en** ~, ~ **de lièvre** Ka'ninchen-, Hasenpfeffer *m*

civette [sivɛt] *f* **1. a)** *zo* Zibetkatze *f*; **b)** Zibet-, Cevetfell *n*; **c)** Zibet *m* (*Duftstoff u Exkret*); **2.** *bot cf* **ciboulette**

civière [sivjɛr] *f* (Trag)Bahre *f*; Trage *f*

civil [sivil] **I** *adj* **1.** *jur* Zi'vil...; zi'vilrechtlich; bürgerlich; **code** ~ Bürgerliches Gesetzbuch (*abr* BGB); **droit** ~ bürgerliches Recht, Zivilrecht *n*; **partie** ~**e** Neben- *bzw* Pri'vatkläger *m*; *cf auch* **partie 5.**; **procédure** ~**e** Zivilverfahren *n*, -prozeß *m*; **responsabilité** ~**e** Haftpflicht *f*; zivilrechtliche Haftung; *bis 1959* **tribunal** ~ *etwa* Landgericht *n* Abteilung Zivilsachen; **2.** Bürger...; **droits** ~**s** bürgerliche Rechte *n/pl*; Rechte *n/pl* der

Bürger: **jouissance** f **des droits** ~s Rechtsfähigkeit f; **état** ~ Fa'milien-, Per'sonenstand m; (**bureau** m **de l'**)**état** ~ Standesamt n; **guerre** ~e Bürgerkrieg m; **mort** ~e bürgerlicher Tod; **vie** ~e Leben n der Bürger im Staat; 3. zi'vil; Zi'vil...; **autorités** ~**es** zivile Behörden f/pl; Zivilbehörden f/pl; **protection** ~e Luft-, Zivilschutz m; **vie** ~e Zivilleben n; Leben n der Zivi'listen; 4. nichtkirchlich; **enterrement** ~ nichtkirchliches Begräbnis; **mariage** ~ standesamtliche Trauung; Zi'viltrauung f, -ehe f; 5. adm **année** ~e bürgerliches Jahr; Ka'lenderjahr n; **jour** ~ 24-Stunden-Tag m (von Mitternacht bis Mitternacht); 6. jur **requête** ~e Restituti'onsklage f; 7. litt Verhalten etc höflich; liebenswürdig; kor'rekt; gesittet; ur'ban; Person être, se montrer fort ~ à l'égard de qn j-m gegenüber sehr korrekt, höflich sein; **II** m 1. a) Zivi'list m; b) **en** ~ in Zi'vil(kleidung); être en ~ in Zivil sein; Zivil(kleidung) tragen; c) **dans le** ~ im Zi'villeben; 2. jur **poursuivre qn au** ~ j-n zi'vilrechtlich verfolgen

civilement [sivilmã] adv 1. nichtkirchlich; **être enterré** ~ nichtkirchlich beerdigt werden; **se marier** ~ sich standesamtlich trauen lassen; standesamtlich heiraten; 2. jur zi'vilrechtlich; nach bürgerlichem Recht; **être** ~ **responsable** haftpflichtig sein; zivilrechtlich haften; **être** ~ **responsable des dégâts** für die Schäden haften; **poursuivre qn** ~ j-n zivilrechtlich verfolgen; 3. litt **traiter qn** ~ j-n höflich, kor'rekt behandeln

civilisateur [sivilizatœr] adj ⟨-trice⟩ zivilisa'torisch; zivili'sierend

civilisation [sivilizasjõ] f 1. Zivilisati'on f; Kul'tur f; Gesittung f; **crime** m **contre la** ~ Verbrechen n gegen die Zivilisation, zivili'sierte Welt; **degré** m **de** ~ Kulturstufe f; 2. Kul'tur f; ~ **chinoise, occidentale** chinesische, westliche bzw abendländische Kultur; **aire** f **de** ~ Kulturraum m; 3. Zivili'sieren n, -ung f

civilisé [sivilize] **I** adj zivili'siert; Kul-'tur...; gesittet; **II** m/pl **les** ~**s** die zivili'sierten Völker n/pl, Nati'onen f/pl; die Kul'turvölker n/pl

civiliser [sivilize] **I** v/t 1. Volk, Land zivili'sieren; 2. ~ **qn** j-n zivili'sieren; **II** v/pr se ~ sich Schliff aneignen; zivili'sierter werden

civiliste [sivilist] m,f jur Zi'vilrechtler(in) m(f)

civilité [sivilite] f litt 1. Kor'rektheit f; Höflichkeit f; **avec** ~ kor'rekt; höflich; 2. ~**s** pl Höflichkeitsbezeigungen f/pl; **mes** ~**s à madame votre épouse** bitte empfehlen Sie mich Ihrer, meine Empfehlungen an Ihre Frau Gemahlin; **faire, présenter ses** ~**s à qn** j-m s-e Ehrerbietung aussprechen, s-e Ehrfurcht bezeugen

civique [sivik] adj (staats)bürgerlich; **courage** m ~ Zi'vilcourage f; **dégradation** f ~ Verlust m, Aberkennung f der bürgerlichen Ehrenrechte; **droits** m/pl ~**s** bürgerliche Ehrenrechte n/pl; Unterrichtsfach **instruction** f ~ Staatsbürgerkunde f; **sens** m, **esprit** m ~ Bürgersinn m; staatsbürgerliche Gesinnung

civisme [sivism(ə)] m Bürgersinn m; staatsbürgerliche Gesinnung

clabaud [klabo] ch m Kläffer m

clabaudage [klabodaʒ] m 1. ch Kläffen n; 2. fig, oft pl ~**s** Lästern n; Geläster n

clabaud|er [klabode] v/i 1. ch kläffen; 2. fig ~ **sur, contre qn** j-n schlechtmachen; über j-n herziehen; F j-n verlästern; ~**erie** f cf clabaudage 2.

---

clabot [klabo] m tech Schaltklaue f

claboter [klabote] arg v/i P abkratzen; abschrammen; p/fort verrecken; kre'pieren

clac [klak] int: beim Zuklappen e-r Tür etc klapp!; clic! ~! Knallen der Peitsche

clafoutis [klafuti] m cuis: Süßspeise aus Eierkuchenteig u Kirschen

claie [klɛ] f 1. (Gitter)Rost m; Sieb n; für Obst Horde f; bei der Weichkäseherstellung (Art) Sieb n zum Abtropfenlassen der Molke; ~ **à trier le sable** Sandsieb n; 2. agr ~ **de porc** Hürde f (e-s Pferchs)

clair [klɛr] **I** adj 1. Zimmer, Flamme, Feuer, Farbe, Stoff, Flüssigkeit etc hell; Flamme auch helleuchtend; Flüssigkeit auch, Wasser, Bach, Himmel etc klar; Fensterscheiben blank; sauber; par ext Blick klar; offen; Stimme, Ton hell; klar; Klang hell; rein; ~ **et foncé** blau, brun, etc ⟨inv⟩ hellblau, -braun etc; ♦ **note** ~e hoher Ton; poét ~ **soleil du matin** helle Morgensonne; **teint** ~ a) heller Teint; b) klarer, frischer Teint; **tintement** ~ helles Läuten; F Bimmeln n; Gebimmel n; **voix** f **au timbre** ~ helle, klare Stimme; **parler d'une voix** ~e mit klarer Stimme ...; **par temps** ~ bei klarem Wetter; **rendre un son** ~ e-n hellen Ton von sich geben; **rincer à l'eau** ~e mit klarem Wasser (nach-) spülen; 2. fig klar; eindeutig; (leicht) verständlich; einleuchtend; Vortrag, Stil gut verständlich; Stil auch klar; **auteur**, **orateur** ~ Autor, Redner, der klar, verständlich schreibt, spricht; ♦ ~ **et net** klar (und deutlich); **opposer un refus** ~ **et net à qn** j-m e-e klare, eindeutige Absage erteilen; es j-m rund-(heraus) schlagen; (es) rund-, schlankweg ablehnen; ~ **comme le jour**, ~ **comme l'eau de roche** sonnenklar; ♦ **j'aime les situations** ~**es** ich liebe, mag klare Verhältnisse; **il n'a pas eu une attitude bien** ~**e** sein Verhalten war nicht sehr klar, eindeutig; **avoir les idées** ~**es** klar, logisch denken; **à l'esprit** ~, **c'est un esprit** ~ er hat e-n klaren, logischen Verstand, e-n klaren Kopf; **c'est** ~ a) das ist (ganz) klar; das leuchtet ein, ist einleuchtend; b) das ist klar (und deutlich); unmißverständlich; **il est** ~ **que ... es** ist klar, daß ...; **l'affaire n'est pas** ~**e** die Sache ist nicht (ganz, recht) klar; F **son affaire est** ~**e** sein Fall ist klar (s-r Strafe entkommt er nicht); 3. Wald licht; Soße, Kaffee (zu) dünn; 4. Ei unbefruchtet; 5. mus **caisse** ~e kleine (Schnarr-)Trommel; **II** adv 1. **il fait (déjà)** ~ es ist (schon) hell, Tag; fig **parler** ~ sich klar (und deutlich), unmißverständlich ausdrücken; **voir** ~ gut, genug sehen; **on ne** od **n'y voit pas** ~ man sieht hier nicht genug bzw nichts; F **tu ne vois pas** ~ du siehst wohl schlecht (was du suchst, liegt doch vor dir); F es beißt dich gleich; beinahe hätt's dich gebissen; fig: je **vois** ~ **dans son jeu** ich durch'schaue ihn, sein Spiel; **on commence à y voir (plus)** ~ jetzt sieht man allmählich klar(er); das Durcheinander lichtet sich allmählich; **j'ai fini par voir** ~ schließlich sah ich klar, wußte ich Bescheid; 2. agr **semer** ~ dünn säen; **III** m 1. ~ **de lune** Mondschein m; poét Mondenschein m; **au** ~ **de lune** im, bei Mondschein; **Au** ~ **de la lune** Titel u Anfang e-s Volkslieds; **il y a** od **il fait (un beau)** ~ **de lune** der Mond scheint (hell); es ist (heller) Mondschein; 2. loc/adv: **au** ~ ...; **mettre ses notes au** ~ s-e Notizen in Ordnung bringen; **mettre sabre au** ~ blankziehen; **tirer qc au** ~ a) etw (auf)klären, klarstellen; Klarheit in etw

---

(acc) bringen; b) sich über etw (acc) Klarheit verschaffen; **en** ~ Nachricht etc unverschlüsselt; nicht chif'friert; im Klartext ...; **il ne veut pas** F auf gut deutsch ...; **se détacher en** ~ **sur** un fond sombre sich hell abheben gegen ...; **s'habiller en** ~ helle Kleidung tragen; 3. ~**s** pl peint e-s Bildes Lichter n/pl; e-s Wandteppichs helle Farben f/pl; 4. **le plus** ~ **de** der größte Teil von (od + gén); **passer le plus** ~ **de son temps à** (+inf) den größten Teil, e-n Großteil s-r Zeit, die meiste Zeit damit verbringen zu (+inf)

clairçage [klɛrsaʒ] m des Zuckers Dekken n

claircer [klɛrse] v/t ⟨-ç-⟩ Zucker decken

claire [klɛr] f ~**s** pl od **fines** f/pl, **huîtres** f/pl **de** ~ Austern f/pl aus Mastparks

clairement [klɛrmã] adv klar; deutlich; **comprendre** ~ klar, deutlich, ganz genau verstehen; **envisager** ~ **la situation de** Lage klar sehen; **expliquer** ~ klar darlegen; deutlich erklären

clairet [klɛrɛ] adj ⟨~**te**⟩ 1. vin ~ od subst ~ m leichter, heller Rotwein; Bleichert m; Bleichart m; 2. Soße etc (zu, etwas) dünn

clairette [klɛrɛt] f a) Clai'rette f; leichter (weißer) Schaumwein; b) Weinrebe f, aus der Clairette gemacht wird

claire-voie [klɛrvwa] f ⟨pl claires-voies⟩ 1. Latten-, Sta'ketenzaun m; 2. in Kirchen (Fensterreihe f des) Lichtgaden(s) m; 3. loc/adj **à** ~ mit Zwischenräumen; **caisse** f **à** ~ Lattenkiste f; **porte** f **à** ~ Latten-, Gittertür f; **volet** m **à** ~ Fensterladen m mit La'mellen

clairière [klɛrjɛr] f (Wald)Lichtung f

clair-obscur [klɛrɔpskyr] m ⟨pl clairs-obscurs⟩ 1. peint Helldunkel n; Clair-ob'scur n; 2. poét (pénombre) Halbdunkel n; Dämmerschein m, -licht n

clairon [klɛrõ] m mus 1. Clai'ron n; Si'gnalhorn n; **sonnerie** f **de** ~ Hornsignal n; **sonner du** ~ das (Signal)Horn blasen; 2. Clai'ronbläser m; 3. Orgelregister Cla'rino n; Clai'ron n

claironnant [klɛronã] adj Stimme schmetternd; 'durchdringend

claironner [klɛrone] **I** v/t ~ **qc** etw ausposaunen, austrompeten; **II** v/i mit schmetternder Stimme sprechen; trom-'peten

clairsemé [klɛrsəme] adj dünngesät; Haar schütter; licht; Haar auch, Beifall, Bevölkerung spärlich; **arbres** ~**s** wenige Bäume m/pl; spärlicher Baumbestand; **auditoire** ~ wenige Zuschauer m/pl bzw Zuhörer m/pl; spärliches Publikum

clairvoy|ance [klɛrvwajãs] f Scharf-, Weit-, Klarblick m; Klarsicht f; ~**ant** adj klar-, weitblickend; scharfsinnig, -sichtig

clam [klam] m zo (e-e) Venusmuschel f

clameaux [klamo] m/pl bât Stahl-, Eisenklammern f/pl

clamecer [klamse] v/i ⟨-ç-⟩ cf clamser

clamer [klame] v/t hin'ausschreien; ~ **son innocence** s-e Unschuld hinausschreien, lauthals beteuern; ~ **son indignation** s-r Empörung heftig, lautstark Ausdruck geben

clameur [klamœr] f 1. Geschrei n; Gebrüll n; Schreien n; Brüllen n; 2. st/s in der Presse lautstarker Pro'test; Geschrei n

clamp [klã] m chir Darm- bzw Gefäßklemme f

clamser [klamse] arg v/i P kre'pieren; abkratzen; abschrammen

clan [klã] m 1. in Schottland, Irland Clan m; Soziologie Klan m; 2. der Pfadfinder Gruppe f der 17- bis 25jährigen; Rovers m/pl; 3. fig oft péj Clique f; Klüngel m;

Sippe *f*; Sippschaft *f*; Clan *m*; **esprit** *m*
de ~ Cliquengeist *m*; **passer dans le ~**
de l'opposition ins gegnerische Lager
'überlaufen, -wechseln
clandestin [klɑ̃dɛstɛ̃] **I** *adj* heimlich;
geheim; verborgen; *Zeitung* heimlich
gedruckt, erscheinend; **émetteur ~**
Schwarz-, Geheimsender *m*; **mouve-**
ment ~ 'Untergrundbewegung *f*; **passa-**
ger ~ blinder Passagier; **publicité ~e**
Schleichwerbung *f*; *adm* **travail ~**
Schwarzarbeit *f*; **mener une vie ~e** im
'Untergrund leben; **II** *m* **1.** blinder
Passa'gier; **2.** illegal eingereister Arbei-
ter *bzw* Arbeiter *m* ohne Arbeitsgeneh-
migung
clandestin|ement [klɑ̃dɛstinmɑ̃] *adv*
heimlich; im geheimen; im verborgenen;
insge'heim; **s'introduire ~** sich (hin)ein-
schleichen; unbemerkt eindringen; **~ité**
f Heimlichkeit *f*; Verborgenheit *f*; **vivre**
dans la ~ im 'Untergrund leben; 'unter-
getaucht sein
clanique [klanik] *adj Soziologie* des *bzw*
der Klans
clapet [klapɛ] *m* **1.** *tech* Ven'til *n*; Klappe
f; **~ d'aspiration, de refoulement**
Saug-, Druckventil *n*; **~ de retenue**
Rückschlagventil *n*; **2.** F *fig* **quel ~!** F
halt
für ein Mundwerk!; **ferme ton ~!** F halt
die Klappe!
clapier [klapje] *m* **1.** Ka'ninchenstall *m*;
lapin *m* **de ~** Hauskaninchen *n*; Stallha-
se *m*; **2.** Ka'ninchenbaue *m/pl* (*-s Re-
viers*); **3.** *in den Bergen* grobes Geröll; **4.**
path Eitersack *m*
clapir [klapir[*v/i Kaninchen* klagen;
pfeifen
clapot|age [klapotaʒ] *m od* **~ement** *m*
Plätschern *n*; **~er** *v/i Wasser* plätschern
clapotis [klapoti] *m von Wasser, Wellen*
Plätschern *n*
clapp|ement [klapmɑ̃] *m* Schnalzen *n*
(*mit der Zunge*); Schnalzer *m*; **~er** *v/i*
(*de la langue*) mit der Zunge schnalzen
claquage [klakaʒ] *m* **1.** *path, sports* **~**
d'un muscle Muskelzerrung *f*; **2.** *élect*
'Durchschlag(en) *m(n)*
claquant [klakɑ̃] *adj* F *Arbeit, Marsch*
sehr ermüdend; **c'est ~** F das macht
einen (fix und) fertig
claque[1] [klak] *f* **1.** Ohrfeige *f*; Schlag *m*
mit der flachen Hand; F **tête** *f* **à ~s** F
Ohrfeigengesicht *n*; **donner une ~ à qn**
auch j-m ohrfeigen; **donner une gran-**
de ~ dans le dos à qn j-m auf den
Rücken klopfen; **se donner de gran-**
des ~s sur les cuisses sich auf die
Schenkel schlagen, klatschen; **2.** *thé*
Claque *f*; **3.** F **j'en ai ma ~** mir reicht's; F
ich hab' die Nase voll!; **4.** *des Schuhes*
Schaft *m*; Oberleder *n*
claque[2] [klak] *adj u subst m* (**chapeau**
m) **~** Klappzylinder *m*; Chapeau
claque *m*
claqué [klake] *adj* F **être ~** F to'tal hin,
erledigt sein; (fix und) fertig, völlig
erschossen sein
claquement [klakmɑ̃] *m der Peitsche*
Knallen *n*; *e-r Tür* Zuschlagen *n*; **~ de**
dents Zähneklappern *n*; **~ de doigts**
Schnalzen *n*, Schnalzer *m* mit den Fin-
gern; **~ de langue** Schnalzen *n* mit der
Zunge
claquemurer [klakmyre] **I** *v/t litt* (*en-*
fermer) einschließen, -sperren; **II** *v/pr* **se**
~ od adit être, rester claquemuré sich
einschließen; sich verkriechen
claquer [klake] **I** *v/t* **1.** *Tür etc* zuschla-
gen; F zuknallen; *fig* **partir en claquant**
la porte wütend die Tür hinter sich
zuschlagen; unter Krach abziehen; **2.** F
Geld, Vermögen 'durchbringen; ver-
schleudern; F auf den Kopf hauen;
verjubeln; verjuxen; **3.** F **a)** *Pferd* zu-

'schanden reiten; **b)** **ce travail m'a**
claqué F ich bin fix und fertig, to'tal
erledigt, hin (*von dieser Arbeit*); **II** *v/i* **4.**
Zähne klappern; aufein'anderschlagen;
Flagge, Segel, Wäsche knattern (**au**
vent im Wind); *Tür* zuschlagen; *Fenster-*
laden (zu)schlagen; *Peitsche, Schuß*
knallen; *Absätze* (*auf dem Boden*) klap-
pern; *élect* *Widerstand etc* 'durch-
schlagen; **un coup de feu claqua** *auch*
ein Schuß fiel; es fiel ein Schuß; F *fig* **~**
du bec F Kohldampf schieben; **~ des**
dents mit den Zähnen klappern; **faire ~**
ses doigts, sa langue mit den Fingern,
mit der Zunge schnalzen; **faire ~ son**
fouet mit der Peitsche knallen; **5.** F **a)**
(*mourir*) F ins Gras beißen; P abkratzen;
abschrammen; **b)** **l'affaire lui a claqué**
dans la main F die Sache ist schief-
da'nebengegangen, in die Hose gegan-
gen; **III** *v/pr* **6.** F **se ~** (**pour qc, à faire**
qc) sich abmühen, sich abrackern, sich
schinden, F schuften (für etw, um etw zu
tun); **7. se ~ un muscle** sich e-n Muskel
zerren; sich e-e Muskelzerrung zuziehen
claqueter [klakte] *v/i* <-tt-> *Storch* klap-
pern
claqu|ette [klakɛt] *f* **1.** *cin bei Aufnahme*
Klappe *f*; **2.** **~s** *pl od* **danse** *f* **à ~s**
Step(tanz) *m*; **danseur** *m* **à ~s** Steptän-
zer *m*; **~eur** *m thé* Cla'queur *m*
clarifiant [klarifjɑ̃] *m* Klärmittel *n*
clarification [klarifikasjɔ̃] *f* **1.** *e-r Flüs-*
sigkeit Klären *n*, -ung *f*; Abklären *n*; **2.**
fig e-r Frage, Lage Klärung *f*
clarifier [klarifje] *v/t* **1.** *Flüssigkeit* (ab-)
klären; *Zucker* klären; **2.** *fig Lage, Frage*
klären; *Lage auch* aufhellen
clarine [klarin] *f für Ziegen etc* Glocke *f*;
Schelle *f*
clarinett|e [klarinɛt] *f mus* Klari'nette *f*;
~iste *m,f* Klarinet'tist(in) *m(f)*
clarisse [klaris] *f égl cath* Kla'risse *f*,
-'rissin *f*
clarté [klarte] *f* **1.** Licht(schein) *n(m)*;
Lichtschimmer *m*; Helle *f*; Helligkeit *f*;
faible ~ schwaches Licht; schwacher
Lichtschimmer; **~ de l'aurore** Morgen-
licht *n*; **~ du jour** Tageslicht *n*, -helle *f*;
~ de la lune Mondlicht *n*; **2.** *des Himmels,*
Wassers etc Klarheit *f*; *des Teints* Fri-
sche *f*; **3.** *fig des Stils, der Sprache, e-s*
Vortrags etc Klarheit *f*; *e-s Redners* klare
Ausdrucksweise; **s'exprimer avec ~**
sich klar ausdrücken; **4.** *litt* **~s** *pl* od *pl*
Wissen *n* über etw (*acc*); Kenntnisse *f/pl*
über etw (*acc*), von etw
classe [klɑs] *f* **1.** Klasse *f*; Schicht *f*; **~s** *pl*
Stand *m*; **~s moyennes** Mittelstand *m*;
~ ouvrière Arbeiterklasse *f*; **société** *f*
sans ~ klassenlose Gesellschaft; **2.**
Schule **a)** Klasse *f*; **petites ~s**, -s
supérieures *od* **grandes ~s** untere,
obere Klassen im Gymnasium; **~ de**
sixième erste Klasse im Gymnasium;
Sexta *f*; **camarade** *m,f* **de ~** Schul-,
Klassenkamerad(in) *m(f)*; Schulfreund
(-in) *m(f)*; Mitschüler(in) *m(f)*; **rentrée**
f **des ~s** Schulbeginn *m*, -anfang *m*; (sal-
le *f* de) **~ Klasse**(nzimmer) *f(n)*; **b)** Schu-
le; 'Unterricht *m*, **~ d'histoire** Ge-
schichtsstunde *f*, -unterricht *m*; **~ de**
neige *cf* neige 1.; **livres** *m/pl* **de ~**
Schulbücher *n/pl*; **en ~** in der *bzw* die
Schule; im Unterricht; **aller, partir en ~**
in die, zur Schule gehen; **être en ~** in der
Schule sein; **entre les heures de ~**
zwischen den Unterrichtsstunden; **faire**
(la) **~** unter'richten; Schule halten; Un-
terricht geben, erteilen; **faire bien la ~**
guten Unterricht geben; **3.** *ch de fer,*
Schiff, aviat, Begräbnis etc Klasse *f*;
deuxième ~ zweite Klasse; **billet** *m* **de**
deuxième ~ Fahrkarte *f* zweiter Klas-
se; **compartiment** *m* **de deuxième ~**

Zweiter-Klasse-Abteil *n*; **première ~**
erste Klasse; **voyager en première ~**
erster Klasse reisen, fahren; *Schiff, aviat*
~ touriste Tou'ristenklasse *f*; **4.** *fig von*
Personen, Sachen Klasse *f*; Rang *m*;
For'mat *n*; Kate'go'rie *f*; ♦ *loc/adj*: **de**
grande ~, d'une ~ exceptionnelle
her'vorragend; von Format; ersten Ran-
ges; von hohem Rang; **de ~ internatio-**
nale von internationalem Rang; der
internationalen Klasse; **de première ~**
ersten Ranges; erstklassig; erster Klasse;
♦ **avoir de la ~** her'vorragend, erstklas-
sig sein; Format haben; große Klasse
sein; *Frau auch* a'part sein; **ils n'ont pas**
la même ~ sie gehören nicht der glei-
chen Kategorie an; sie sind von verschie-
denem Format; **il est d'une tout autre**
~ er ist um einige Klassen besser;
er hat wesentlich mehr Format; **5.** *zo,*
bot, allg Klasse *f*; *allg auch* Typ *m*; Art *f*;
6. *mil* **a)** soldat *m* **de deuxième,**
première ~ *od subst m* **deuxième,**
première ~ *bis 1945* Schütze *m*, Ober-
schütze *m*; *heute beide etwa* Grena'dier
m; **b)** Jahrgang *m*; **~ 1974** Jahrgang
1954 (*in Frankreich wird das Jahr der*
Wehrdienstpflicht, in Deutschland das
Geburtsjahr genannt); **être bon pour**
la ~ (*mili'tärdienst*)tauglich sein; **être**
de la ~ den Mili'tärdienst bald beendet
haben; **c)** faire **~**s die Grundausbil-
dung erhalten; **7.** *ling* **~s grammatica-**
les Wortarten *f/pl*, -klassen *f/pl*
classement [klɑsmɑ̃] *m* **1.** Einteilung *f*;
(An-, Ein)Ordnen *n*, -ung *f*; Sor'tieren *n*,
-ung *f*; Einstufen *n*, -ung *f*; Eingruppie-
ren *n*, -ung *f*; Klassifi'zierung *f*; **~ alpha-**
bétique alphabetische Einteilung, (An-,
Ein)Ordnung *f*; **2.** *von Akten* Ablegen *n*;
Ablage *f*; *fig* **~ d'une affaire** Abschluß
m er-r Angelegenheit *f*; **3.** *adm* **~ comme**
monument historique Inventarisati-
'on *f*; Eintragung *f* in die Denkmalliste;
4. *Schule, sports* (Be)Wertung *f*; Fußball
etc auch Ta'belle *f*; *sports* **~ par équipes**
Mannschaftswertung *f*; **au ~ de fin**
d'année bei der Bewertung am Ende
des Schuljahres; nach den Zeugnissen
am Schuljahrsschluß; **avoir un bon ~**
zu den besten gehören; **être premier au**
~ an erster Stelle stehen; den ersten Platz
einnehmen
classer [klɑse] **I** *v/t* **1.** (an-, ein)ordnen;
sor'tieren; einstufen; einreihen; *auch bot,*
zo einteilen; klassifi'zieren; *bot, zo auch*
in Klassen einteilen; **être classé au**
nombre des chefs-d'œuvre zu den
Meisterwerken gehören, zählen; gerech-
net, gezählt werden; **~ qc dans une**
catégorie *od er-r* Kategorie (*dat*) zuord-
nen; **~ par auteurs, par ordre chrono-**
logique nach Autoren, chronologisch
ordnen; **2.** *Akten etc* ablegen; *Akte*
schließen; *fig Angelegenheit* ad acta, zu
den Akten legen; die Akten schließen
über (*+acc*); *adit* **affaire classée** abge-
schlossene Sache, Angelegenheit; **3.** F
péi **~ qn** j-n abschätzig beurteilen; **je l'ai**
tout de suite classé ich habe ihn sofort
durch'schaut, richtig ta'xiert; F ich hab'
gleich gemerkt, daß mit ihm nicht viel,
nichts los ist; **il est classé** jeder weiß,
daß er nichts taugt, was er von ihm zu
halten hat; **4.** *adm* **~ (comme) monu-**
ment historique unter Denkmalschutz
stellen; **être classé (comme) monu-**
ment historique unter Denkmalschutz
stehen; **~ (comme) site protégé** zum
Landschaftsschutzgebiet erklären; *adit*:
monument classé unter Denkmal-
schutz stehendes Bauwerk; **site classé**
Landschaftsschutzgebiet *n*; **II** *v/pr* **se ~**
au nombre des ..., parmi les ... zu ...
gehören, zählen; **se ~ dans une caté-**

gorie unter e-e Kategorie fallen; se ~ premier der Beste, Erste sein; als Bester her'vorgehen; *sports auch* sich als Erster pla'cieren *od* pla'zieren
classeur [klɑsœr] *m* **1. a)** Ordner *m*; **b)** Schnellhefter *m*; **c)** Ringbuch *n*; Kol'legheft *n*; **2.** Aktenschrank *m*; Ablagekasten *m*; ~ **à rideaux en bois** Rollschrank *m*
classicisme [klasisism(ə)] *m* **1.** Klassik *f* (*bes Literatur u Antike*); Klassi'zismus *m* (*bes bildende Kunst u arch*); **2.** *als Eigenschaft* Klassik *f*; Klassische(s) *n*
classi|fication [klasifikasjõ] *f* **1.** Klassifi'zierung *f* (*bes bot, zo*); Einteilung *f* (in Klassen); *chim* ~ **périodique des éléments** periodisches System, Peri'odensystem *n* der Elemente; ~**fier** *v/t* (in Klassen) einteilen; klassifi'zieren
classique [klasik] **I** *adj* **1.** *Literatur, bes Antike u Frankreich, Theater, Sprachen, Latein, Kunst etc* klassisch; *Architektur, Malerei, Kunst auch, Theater auch* klassi'zistisch; **arabe** *m* ~ Schriftarabisch *n*; arabische Schriftsprache; **auteur** *m* ~ Klassiker *m*; klassischer Autor; **lettres** *f/pl* ~*s cf* lettre 4.; **lycée** *m* ~ huma'nistisches Gymnasium; **musique** *f* ~ klassische Musik (*auch als Gegensatz zu Unterhaltungsmusik etc*); **des Gymnasiums section** *f* ~ huma'nistischer Zweig; **faire des études** ~*s* das humanistische Gymnasium besuchen; **2.** *fig u allg* klassisch; herkömmlich; traditio'nell; konventio'nell; typisch; Schul...; **armes** *f/pl* ~*s* konventio'nelle Waffen *f/pl*; **école** *f* ~ klassische Schule; *sports* **épreuve** *f* ~ *cf* II 2.; **c'est** ~ *od* F **c'est le coup** ~ das ist ganz typisch (dafür); das ist immer so (in solchen Fällen); **3.** *fig* klassisch; mustergültig; *Kleiderschnitt* klassisch (-streng); **beauté** *f* ~ klassische Schönheit; **II** *subst* **1.** *m Kunst, Literatur, mus* Klassiker *m* (*auch Werk*); *par ext:* **un** ~ **du cinéma** ein Klassiker des Films; **un** ~ **du jazz** ein Stück in das klassischen Jazz; **2.** *f sports* traditio'neller Wettkampf; traditio'nelles Rennen
clastique [klastik] *adj géol* **roche** *f* ~ klastisches Gestein
claudic|ant [klodikã] *adj litt Gang* hinkend; ~**ation** *f path* Hinken *n*; ~ **intermittente** intermittierendes Hinken
claudiquer [klodike] *litt v/i* hinken
clause [kloz] *f* **1.** *e-s Vertrags, Gesetzes* Klausel *f*; Bestimmung *f*; ~ **attributive de juridiction** Gerichtsstandsklausel *f*; ~ **or** Goldklausel *f*; *comm* ~ **à ordre** Orderklausel *f*; ~ **de la nation la plus favorisée** Meistbegünstigungsklausel *f*; **2.** *adm u allg* ~ **de style** übliche Formel; Floskel *f*
claustral [klostral] *adj* <-aux> **1.** klösterlich; Kloster...; **2.** *fig* (beinahe) klösterlich
claustration [klostrasjõ] *f* Abgeschlossenheit *f*; Abgeschiedenheit *f*; Zu'rückgezogenheit *f*; Klau'sur *f*; **vivre dans la** ~ sehr zu'rückgezogen, abgeschieden leben
claustrer [klostre] *v/t* einschließen, -sperren; *meist p/p* être, rester claustré *od v/pr* se ~ **chez soi** sich ganz zu'rückziehen; sich zu Hause verkriechen; sich abkapseln
claustrophobie [klostrofobi] *f path* Klaustropho'bie *f*; F *abus* Platzangst *f*
clausule [klozyl] *f rhét, métr* Klausel *f*
clavaire [klavɛr] *f bot* Ko'rallen-, Keulenpilz *m*; ~ **cendrée** Graue Koralle
claveau [klavo] *m* <*pl* ~x> *arch* Bogenstein *m*
clavecin [klavsɛ̃] *m mus* Cembalo ['tʃ-] *n*; *auch* Clavi'cembalo *n*

claveciniste [klavsinist] *m,f* Cemba'list(in) [tʃ-] *m(f)*; Cembalospieler(in) *m(f)*
clavelée [klavle] *f vét* Schafpocken *f/pl*
clavetage [klavtaʒ] *m tech* Verkeilen *n*, -ung *f*
clavette [klavɛt] *f tech* Keil *m*; Einlege-, Treibkeil *m*
clavicorde [klavikɔrd] *m mus* Klavi'chord [-k-] *n*
clavicule [klavikyl] *f anat* Schlüsselbein *n*; *sc* Cla'vicula *f*
clavier [klavje] *m* **1.** *e-s Klaviers, e-r Orgel etc* Klavia'tur *f*; *e-r Schreibmaschine* Tasta'tur *f*; Tastenfeld *n*; *impr* Taster *m* (*Gerät*); **2.** *mus e-r Stimme, e-s Instruments* 'Umfang *m*
clayère [klɛjɛr] *f* (*Art*) Austernpark *m*
clayon [klɛjõ] *m cf* claie 1.
clayonn|age [klɛjɔnaʒ] *m* Tiefbau Flechtwerk *n*; ~**er** *v/t* Tiefbau mit Flechtwerk befestigen, abstützen
clé [kle] *f* **1.** Schlüssel *m* (*auch zum Aufziehen e-r Uhr*); **fausse** ~ Nachschlüssel *m*; *auto* ~ **de contact** Zündschlüssel *m*; *rel* **les** ~**s du paradis** *od* **du royaume** die Himmelsschlüssel *m/pl*; die Schlüssel des Himmelreiches (*mit denen Petrus dargestellt wird*); *égl cath* **les** ~**s de saint Pierre** die Schlüsselgewalt des Papstes; ~ **de la porte** Türschlüssel *m*; ~ **de voiture** Wagenschlüssel *m*; ◆ *loc/adv:* **à** ~ : **fermer à** ~ ab-, zuschließen, -sperren; verschließen; **b)** *Tür etc* verschließbar sein; ~**s en main** schlüsselfertig; **sous** ~ unter Verschluß; **eingesperrt**; **garder sous** ~ unter Verschluß halten, aufbewahren; **mettre sous** ~ weg-, einschließen; ◆ **laisser la** ~ **sur la porte** den Schlüssel steckenlassen; **mettre la** ~ **sous la porte a)** den Schlüssel unter den Fußabstreifer legen; **b)** *fig* sang- und klanglos verschwinden; *fig* **prendre la** ~ **des champs** das Weite suchen; *hist* **remettre les** ~**s de la ville** die Schlüssel der Stadt über'geben, -reichen; **2.** *tech* (Schrauben)Schlüssel *m*; *Dosenöffner* Schlüssel *m*; *am Ofen* (Zug-) Klappe *f*; *e-s Wasser-, Gashahns etc* Küken *n*; *mus e-s Blasinstruments* Klappe *f*; ~ **anglaise** Engländer *m*; Fran'zose *m*; ~ **plate** Gabel- *od* Maulschlüssel *m*; ~ **polygonale** Ringschlüssel *m*; ~ **à ergot** Hakenschlüssel *m*; ~ **à molette** Rollgabelschlüssel *m*; *mus* ~ **d'accordeur** Stimmschlüssel *m*; **3.** *fig* Schlüssel *m* (**de** qc zu etw); ~ **d'un chiffre** Chiffreschlüssel *m*; **la** ~ **de l'énigme** des Rätsels Lösung *f*; ~ **du mystère, du succès** Schlüssel zum Geheimnis, zum Erfolg; **roman** *m* **à** ~(s) Schlüsselroman *m*; **c'est la** ~ **du problème** das ist die Lösung; ◆ *adjt* Schlüssel...; entscheidend; wesentlich; wichtigste(r, -s); **concept** *m*, **idée** *f*, **mot** *m*, **notion** *f* ~ Schlüsselbegriff *m*; **élément** *m* ~ wichtigster, wesentlicher, entscheidender Faktor; **homme** *m*, **personnage** *m* ~ Schlüsselfigur *f*, -person *f*; **industrie** *f* ~ Schlüsselindustrie *f*; **position** *f* ~ Schlüsselstellung *f* (*auch mil*), -position *f*; **poste** *m* ~ Schlüsselposition *f*, -posten *m*, -stellung *f*; **problème** *m*, **question** *f* ~ entscheidendes, wesentliches Problem; Schlüsselproblem *n*; Hauptproblem *n*; Kernfrage *f*; **4.** *mus* (Noten)Schlüssel *m*; ~ **de fa, de sol, d'ut** F-, G-, C-Schlüssel *m*; ~ **de fa 4ᵉ ligne** des sol 2ᵉ ligne Baß-, Vio'linschlüssel *m*; **il y a un bémol à la** ~ ein B ist vorgezeichnet; *fig* Gewinn, Belohnung **à la** ~ in Aussicht; **5.** ~ **de voûte** *arch* Schlußstein *m*; *fig* Grundlage *f*; grundlegende Vor'aussetzung; **6.** *tél* ~ **d'appel** Ruftaste *f*; **7.** *sports* Hebel *m*

clearing [klirin] *m fin* Clearing ['kli:-] *n*; **accord** *m* **de** ~ Clearingabkommen *n*
clébard [klebar] *m od* **clebs** [klɛps] *m* F Köter *m*; *nordd* Töle *f*
clef [kle] *f cf* clé
clématite [klematit] *f bot* Kle'matis *od* *fachspr* 'Clematis *f*; Waldrebe *f*
clémence [klemãs] *f st/s* **1.** Erbarmen *n*; Milde *f*; Gnade *f*; **paroles** *f/pl* **de** ~ milde Worte *n/pl*; **faire preuve, user de** ~ Milde walten lassen; Gnade vor Recht ergehen lassen; **2.** *fig des Winters* Milde *f*; ~ **du temps** milde Witterung
clément [klemã] *adj* **1.** *Richter, Urteil* mild(e); gütig; gnädig; **2.** *fig Temperatur, Winter* mild(e)
clémentin|e [klemãtin] *f bot* Klemen'tine *od* Clemen'tine *f*; ~**ier** *m bot* Clemen'tinenbaum *m*
clenche [klãʃ] *f od* **clenchette** [klãʃɛt] *f tech* Falle *f*; Riegel *m*
clepsydre [klɛpsidr(ə)] *f hist* Wasseruhr *f*
cleptomane, cleptomanie *cf* kleptomane, kleptomanie
clerc [klɛr] *m* **1.** *e-s Notars, Avoué, Gerichtsvollziehers* Gehilfe *m*; Kanz'list *m*; Schreiber *m*; *auch in der Kanzlei e-s* Avoué, *e-s* Notars als Praktikant tätiger angehender Avoué, Notar; **premier** ~ Leiter *m* der Kanzlei (*e-s Notars bzw Avoué*); *fig:* **commettre un pas de** ~ (*aus Unerfahrenheit*) e-n Bock schießen; **je ne suis pas (grand)** ~ **en la matière** da bin ich nicht sehr bewandert; da kenne ich mich nicht sehr gut aus; **il n'est pas besoin d'être grand** ~ **man** braucht kein großes Kirchenlicht zu sein (**pour** + *inf* **um** zu + *inf*); **2.** Kleriker *m*; Geistliche(r) *m*
clergé [klɛrʒe] *m* Klerus *m*; Geistlichkeit *f*; **le bas, 'haut** ~ der niedere, hohe Klerus
clergyman [klɛrʒiman] *m* <*pl* clergymen [-mɛn]> angli'kanische(r) Geistliche(r) *m*; **habit** *m* **de** ~ Kleidung *f* der Geistlichen
clérical [klerikal] <*m/pl* -aux> **I** *adj* **1.** geistlich; der Geistlichen; kleri'kal; **2.** *pol u péj* kleri'kal; klerika'listisch; **II** *m pol u péj* Kleri'kale(r) *m*; Par'teigänger *m*, Anhänger *m* des Klerika'lismus
cléricalisme [klerikalism(ə)] *m pol u péj* Klerika'lismus *m*
clêthre [klɛtr(ə)] *m bot* Scheinerle *f*, -eller *f*
clic [klik] **I** *int* klick!; *cf auch* clac; **II** *m* Klicken *n*
clichage [kliʃaʒ] *m impr* Kli'schieren *n*; Stereoty'pie *f*
cliché [kliʃe] *m* **1.** *impr* Kli'schee *n*; Druckplatte *f*; Stereo *n*; Stereoty'pie *f*; **2.** *phot* Negativ *n*; **3.** *fig* Kli'schee *n*; Gemeinplatz *m*
clicher [kliʃe] **I** *v/t impr* kli'schieren; stereoty'pieren; **II** *v/i* nach Zischlauten den Jot-Laut einschieben (*z B* „chianter" statt „chanter" aussprechen)
clich|erie [kliʃri] *f impr* Kli'schieranstalt *f*; Raum *m*, in dem Stereos hergestellt werden; ~**eur** *m impr* Stereoty'peur *f*
click *cf* clic II
cli|ent [klijã] *m*, ~**ente** *f* **1.** *e-s Geschäfts* Kunde *m*, Kundin *f*; *auch* Stammkunde *m*; *e-s Taxifahrers* Fahrgast *m*; *auch* Kunde *m*; *e-s Hotels, Cafés etc* Gast *m*; *auch* Stammgast *m*; *Land e-s anderen Landes* Abnehmer *m*; *e-s Arztes* Pati'ent (-in) *m(f)*; *e-s Rechtsanwalts* Kli'ent(in) *m(f)*; Man'dant(in) *m(f)*; *Preis* **à la tête du client** je nachdem wie der Kunde eingeschätzt wird; **attendre le client** auf Kundschaft, Kunden, Patienten *etc* warten; **wenig** *od* **kaum Kunden, Patienten** *etc* haben; **il est client de** *od* **dans**

ce magasin, de *od* chez ce coiffeur er ist Kunde in diesem Geschäft, bei diesem Friseur; **se faire un nouveau client** e-n neuen Kunden gewinnen; **2.** ⟨*nur m*⟩ *Antike* Kli'ent *m*

clientèle [klijᾱtɛl] *f e-s Geschäfts etc* Kunden(kreis) *m/pl(m)*; Kundschaft *f*; *e-s Hotels, Cafés etc* Gäste *m/pl*; *e-s Arztes* Pati'enten *m/pl*; *auch e-s Rechtsanwalts* Praxis *f*; *e-s Rechtsanwalts etc* Klien'tel *f*; *fig* ∼ **électorale** Wähler *m/pl*; Anhänger *m/pl*; ∼ **établie** fester Kundenkreis; Kundenstamm *m*; ∼ **ouvrière** *e-s Geschäfts etc* Kunden, *e-s Arztes* Patienten aus Arbeiterkreisen; ∼ **d'habitués** Stammkundschaft *f bzw* -gäste *m/pl*; ∼ **de passage** Laufkundschaft *f*; **avoir une grosse** ∼ *Geschäft* e-e große Kundschaft, viele (Stamm)Kunden haben; *Hotel etc* viele (Stamm)Gäste haben; *Arzt, Rechtsanwalt* e-e große Praxis haben

clignement [klíɲmᾱ] *m* **1.** ∼ **d'yeux** Blinzeln *n*; (Augen)Zwinkern *n*; Zu'sammenkneifen *n* der Augen; **2.** *von Lichtern* Blinken *n*

cligner [kliɲe] **I** *v/t/ind* ∼ **des yeux** (mit den Augen) blinzeln; die Augen zu'sammenkneifen; ∼ **de l'œil, des yeux** mit den Augen zwinkern; ∼ **de l'œil à qn** j-m zublinzeln, zuzwinkern; **II** *v/i* **1.** *Augen* blinzeln; **2.** *Licht* blinken

clignotant [kliɲɔtᾱ] **I** *adj* Straßenverkehr, ch der feu **~** Blinklicht(anlage) *n(f)*; **II** *m auto* Blinker *m*; Blinkleuchte *f*; *e-r Ampel* Blinklicht *n*; **être en** ∼ auf (gelbes) Blinklicht geschaltet sein; **mettre en** ∼ auf Blinklicht schalten; *Autofahrer* **mettre son** ∼ den Blinker einschalten

clignot|ement [kliɲɔtmᾱ] *m* **1.** *von Lichtern* Blinken *n*; **2.** *path* Blinzeln *n*; **~er** *v/i Licht, Ampel* blinken; **~eur** *m cf* clignotant II

climat [klima] *m* **1.** *géogr* Klima *n*; ∼ **chaud, sec** warmes, trockenes Klima; ∼ **de montagne** Gebirgsklima *n*; **2.** *fig* Klima *n*; Atmo'sphäre *f*; ∼ **social** soziales Klima; ∼ **tendu** gespannte Atmosphäre; ∼ **d'inquiétude** Atmosphäre der Unruhe; **3.** *litt* Landstrich *m*

climatérique [klimaterik] *adj Astrologie früher* klimak'terisch

climatique [klimatik] *adj* kli'matisch; Klima...; **station** *f* ∼ Luftkurort *m*; heilklimatischer Kurort; **variations** ∼**s** Klimaschwankungen *f/pl*

climatis|ation [klimatizasjɔ̃] *f* Klimati'sierung *f*; (**installation** *f* **de**) ∼ Klimaanlage *f*; **~er** *v/t* **1.** klimati'sieren; *oft adj* **climatisé** klimati'siert; mit Klimaanlage; **2.** *Geräte* für ex'treme kli'matische Bedingungen ausrüsten; **~eur** *m* Klimagerät *n*, -anlage *f*

climato|logie [klimatɔlɔʒi] *f* Klimatolo'gie *f*; Klimakunde *f*; **~logique** *adj* klimato'logisch; Klima...; **carte** *f* ∼ Klimakarte *f*; **~thérapie** *f méd* Klimatherapie *f*; Klimatothera'pie *f*

clin [klɛ̃] *m* **1.** ∼**(s) d'œil, ∼s d'yeux** Blinzeln *n*; *loc/adv* **en un** ∼ **d'œil** im Nu; im Handumdrehen; in e-m Augenblick; **échanger des** ∼**s d'œil** complices einander verständnisinnig zuzwinkern; **faire un** ∼ **d'œil** (amusé) à qn j-m (amüsiert) zublinzeln, zuzwinkern; **2.** *mar* **construction** *f* **à** ∼**s** Klinkerbauweise *f*

clinfoc [klɛ̃fɔk] *m mar* Jager *m*

clinicat [klinika] *m méd* Amt *n* des „chef de clinique" (*cf* clinique II 2.)

clinicien [klinisjɛ̃] *m* prakti'zierender Arzt

clinique [klinik] **I** *adj* klinisch; **examens** *m/pl* ∼**s** *od subst* ∼**s** *m/pl* klinische

Prüfung; **signes** *m/pl* ∼**s** äußerlich erkennbare Symptome *n/pl*; **II** *f* **1.** (Pri'vat-)Klinik *f*; ∼ **chirurgicale** chirurgische Klinik; ∼ **d'accouchement** Entbindungsklinik *f*, -heim *n*; **2.** Klinik(um) *f(n)* (*Teil des Medizinstudiums*); **chef de** ∼ für die in e-m Krankenhaus in klinischer Ausbildung stehenden Studenten verantwortlicher Arzt; **service** *m* **de** ∼ Abteilung *f e-s* Krankenhauses, in der Studenten klinisch ausgebildet werden

clinker [klinkœr] *m bât* Klinker *m*

clinomètre [klinɔmɛtr(ə)] *m mar, aviat, géol* Klino'meter *n*; Neigungsmesser *m*

clinquant [klɛ̃kᾱ] **I** *adj* Schmuck, Einrichtung protzig; über'laden; kitschig; **II** *m* Flitter *m*; Talmi *n*; Flitterkram *m*, -werk *n*

clip [klip] *cf* clips

clipper [klipœr] *m* **1.** *mar hist* Klipper *m*; Schnellsegler *m*; **2.** *aviat* Clipper *m* (*Wz*)

clips [klips] *m* Clip *m*; Klipp *m*; Klips *m*; *auch* Ohrclip *m*

clique [klik] *f* **1.** *péj* Clique *f*; Klüngel *m*; Sippschaft *f*; **2.** *mus mil e-s Musikzugs* Clai'rons *n/pl und* Trommeln *f/pl*

cliques [klik] *f/pl* F **prendre ses** ∼**s et ses claques** F s-e Siebensachen packen (und abhauen); sich (mit Sack und Pack) absetzen

cliquet [klikɛ] *m tech* **a)** Bohrknarre *f*, -ratsche *f*; **b)** *e-s Zahnrads* Sperrklinke *f*

cliqueter [klikte] *v/i* ⟨-tt-⟩ klirren; klappern

cliquetis [klikti] *m* Klirren *n*; Geklirr *n*; Klappern *n*; *e-s Motors* Klopfen *n*; *e-s Dieselmotors* Nageln *n*

cliss|e [klis] *f für Flaschen* Korbgeflecht *n*; *für Käse* claie 1.; **∼é** *adj* **bouteille** ∼**e** Korbflasche *f*

clitocybe [klitɔsib] *m bot* Trichterling *m*; Trichterpilz *m*

clitoridien [klitɔridjɛ̃] *adj* ⟨**~ne**⟩ *anat* Klitoris...

clitoris [klitɔris] *m anat* Kitzler *m*; Klitoris *f*

clivable [klivabl(ə)] *adj minér* spaltbar

clivage [klivaʒ] *m* **1.** *minér* Spaltung *f*; *tech auch* Spalten *n*; **plan** *m* **de** ∼ Spaltfläche *f*; **2.** *fig* Spaltung *f* (in zwei *od* mehrere Lager); Kluft *f*; Abstand *m*

cliver [klive] **I** *v/t tech* Diamanten *etc* spalten; **II** *v/pr* **se** ∼ *minér* sich spalten

cloaque [klɔak] *m* Klo'ake *f* (*auch fig u zo*); *fig auch* Pfuhl *m*; **c'est un vrai** ∼ *auch* das ist das reinste Schlammloch, ein einziges Dreckloch

cloch|ard [klɔʃar] *m* Stadtstreicher *m*; F Penner *m*; Pennbruder *m*; *in Frankreich* Clo'chard *m*; **~arde** *f* weiblicher Clo'chard

cloche [klɔʃ] *f* **1.** Glocke *f*; *e-r Tischuhr etc* Schlagwerk *n*; ∼**s de Pâques** Osterglocken *f/pl*; *fig* **déménager à la** ∼ **de bois** sich da'vonmachen (, ohne zu bezahlen); F *fig:* **sonner les** ∼**s à qn** j-n abkanzeln, F her'unterputzen, zu'sammenstauchen; F j-m den Marsch blasen; j-m eins auf den Deckel geben; **se faire sonner les** ∼**s** abgekanzelt, F zu'sammengestaucht, F her'untergeputzt werden; e-n Rüffel, e-e Abreibung, F eins auf den Deckel, *enf* Schimpfe kriegen; *prov* **qui n'entend qu'une** ∼ **n'entend qu'un son** e-s Mannes Rede ist keines Mannes Rede, man muß sie hören alle beede; audi'atur et altera pars (*beide prov*); **2.** Glasglocke *f*, -sturz *m*; *jard* Glashaube *f*, -schutz *m* (*für Salat, Melonen etc*); ∼ **à fromage** Käseglocke *f*; **3.** ∼ **à plongeur** Taucherglocke *f*; **4.** **cout** ∼, *auch adj* **chapeau** *m* ∼ Glocke(nhut) *f(m)*; *adj* **jupe** *f* ∼ Glockenrock *m*; **5.** F *fig* **se taper la** ∼ schwelgen; schlemmen;

sich den Bauch 'vollschlagen; **6.** F *fig* **quelle** ∼!, *adj* **ce qu'il est** ∼! so ein Tolpatsch!; F **so e-e Flasche**, ein Dussel!; **il est trop** ∼ F er ist zu blöd, dämlich; **7.** **la** ∼ **de Clo'chards** *m/pl*, F **Penner** *m/pl*; **faire partie, être de la** ∼ ein Clochard, F Penner sein; **8.** *élect* ∼ **à suspension** Glocken-, Hängeisolator *m*

cloche-pied [klɔʃpje] *loc/adv* **à** ∼ auf e-m Bein (**sauter** hüpfen); **traverser le jardin à** ∼ auf e-m Bein durch den Garten hüpfen

clocher[1] [klɔʃe] *m* Kirchturm *m*; Glockenturm *m*; *fig* **esprit** *m* **de** ∼ Lo'kalpatriotismus *m*; **querelle** *f* **de** ∼ lokale Streitigkeit

clocher[2] [klɔʃe] *v/i* F **ça cloche, il y a qc qui cloche** da stimmt etwas nicht; **il y a qc qui cloche dans cette comparaison** der Vergleich hinkt; **qu'est-ce qui cloche?** was stimmt da, denn nicht?; woran hapert's denn?

clocheton [klɔʃtɔ̃] *m* Türmchen *n*

clochette [klɔʃɛt] *f* **1.** Glöckchen *n*; (Tisch)Glocke *f*; Schelle *f*; F Bimmel *f*; **2.** *bot* glockenförmige Blüte; Glöckchen *n*

clodo(t) [klɔdo] *m* F clochard

clodoaldien [klɔdɔaldjɛ̃] *adj* ⟨∼**ne**⟩ (*u subst* ♀ Einwohner) von Saint-Cloud

cloison [klwazɔ̃] *f* **1.** (Zwischen)Wand *f*; Trenn-, Scheidewand *f*; *mar* ∼ (**étanche**) Schott *n*; **2.** *fig zwischen Gruppen etc* Barri'ere *f*; Schranke *f* (*auch* ∼ **étanche**); **3.** *bot, anat* Scheidewand *f*; *sc* Septum *n*; *anat:* **des Herzens** ∼ **interventriculaire** Kammerscheidewand *f*; ∼ **des fosses nasales** Nasenscheidewand *f*

cloisonnage [klwazɔnaʒ] *m* **a)** Einziehen *n* von Wänden; **b)** Zwischen-, Trennwände *f/pl*

cloisonné [klwazɔne] *adj* **1.** **émail** ∼ *od subst* ∼ *m* Zellenschmelz *m*; Cloison'né *n*; **2.** durch Zwischen-, Trennwände (ab)geteilt; **3.** *fig* von den anderen iso'liert; gegen die anderen abgeschirmt *bzw* gegeneinander abgeschirmt

cloisonn|ement [klwazɔnmᾱ] *m* **1.** *cf* cloisonnage; **2.** *fig* Abschirmung *f* (der einen gegen die anderen); Abkapselung *f*; **~er** *v/t* durch Zwischen-, Trennwände (ab)teilen

cloître [klwatr(ə)] *m* **1.** *arch* Kreuzgang *m*; **2.** Kloster *n*; *Klosterteil* Klau'sur *f*; **3.** *fig* Kloster(leben) *n*

cloîtrer [klwatre] **I** *v/t* **1.** in ein Kloster sperren, stecken; **2.** *adjt* **couvent cloî-tré** Kloster *n* mit päpstlicher Klausur; **3.** *fig adjt* **être, vivre cloîtré** von der Außenwelt iso'liert, abgeschnitten, in völliger Zu'rückgezogenheit leben; **II** *v/pr* **se** ∼ sich ganz zu'rückziehen; sich abschließen (gegen die Außenwelt)

clone [klon] *m bot* Klon *m*

clonique [klɔnik] *adj path* **convulsions** *f/pl* ∼**s** klonische Krämpfe *m/pl*; Schüttelkrämpfe *m/pl*; Konvulsi'onen *f/pl*

clope [klɔp] *m* F **1. a)** Zi'garren-, Ziga'rettenstummel *m*; F Kippe *f*; *österr* Tschik *m*; **b)** Ziga'rette *f*; F Glimmstengel *m*; Stäbchen *n*; Sargnagel *m*; *österr* Tschik *m*; **2.** *fig* **des** ∼**s** *cf* clopinettes

clopin-clopant [klɔpɛ̃klɔpᾱ] F *adv* humpelnd; **aller, marcher** ∼ humpeln; *fig Geschäfte* F so la la gehen

clopiner [klɔpine] *v/i* humpeln

clopinettes [klɔpinɛt] *f/pl* F **des** ∼! nichts da!; kommt nicht in Frage, F in die Tüte!

cloporte [klɔpɔrt] *m zo* (*bes Keller*)Assel *f*; F *fig* **chaleur** *f* **de** ∼ stickige Hitze; Bruthitze *f*

cloque [klɔk] *f* **1.** (*bes Brand*)Blase *f*; Bläschen *n*; *bei Tapeten, Farbanstrich* Blase *f*; **faire des** ∼**s** Blasen bilden,

werfen, ziehen, verursachen; **2.** *bot des Pfirsichs* Kräuselkrankheit *f*

cloqué[klɔke] *adj* **1.** étoffe ～e, tissu ～ *od subst* ～ *m* Clo'qué *m*; Blasenkrepp *m*; **2.** blasig; mit, voller Blasen

clore [klɔr] *v/t* ⟨*déf:* je clos, tu clos, il clôt, ils closent; je clorai; que je close; clos⟩ **1.** *litt* (*fermer*) schließen; F *fig* ～ le bec à qn F j-m den Mund stopfen; **2.** *bes adm: Sitzung* schließen; *Geschäft, Rede, Debatte, Inventar etc* abschließen; *Rede auch* (be)schließen; *Brief, Kapitel* (ab)schließen; **3.** *litt Grundstück* einfried(ig)en; um'zäunen

clos [klo] **I** *p/p von* clore *u adj* ⟨**close** [kloz]⟩ geschlossen; *früher* champ ～ Tur'nier-, Kampfplatz *m*; maison ～e Bor'dell *n*; Freudenhaus *n*; *loc/adv:* à 'huis ～ *cf* huis clos; à la nuit ～e nach Einbruch der Dunkelheit; **en vase** ～ *cf* vase[1]; les yeux ～ mit geschlossenen Augen; l'incident est ～ der Zwischenfall ist erledigt; der Streit ist beigelegt; la séance est ～e die Sitzung ist geschlossen; trouver porte ～e vor verschlossener Tür stehen; **II** *m* **a)** Weinberg(lage) *m(f)*; Clos *n*; **b)** *agr* eingezäuntes Grundstück (*bes mit Obstbäumen*)

closerie [klozri] *f agr* kleiner (Bauern-) Hof

clôture [klotyr] *f* **1.** Zaun *m*; Einfried(ig)ung *f*; Um'zäunung *f*; *in Kirchen* Chorschranken *f/pl*; ～ électrique elektrischer Zaun; mur *m* de ～ Um'fassungsmauer *f*; **2.** *bes adm, comm* (Ab-) Schluß *m*; Schließen *n*, -ung *f*; Beendigung *f*; ～ du bilan Bi'lanzabschluß *m*; ～ (de la Bourse) Börsenschluß *m*; ～ du débat, des débats, de la discussion Schluß der Debatte; *bei Gericht* ～ des débats Schluß der Verhandlung; ～ de l'exercice Jahresabschluß *m*; Abschluß des Geschäftsjahres; *adm* Haushaltsjahres; ～ du scrutin, d'une séance Schließung der Abstimmung, e-r Sitzung; ～ de la session Schluß, Schließung der Sitzungsperiode; bilan *m* de ～ (Ab)Schlußbilanz *f*; séance *f* de ～ Schlußsitzung *f*; *loc/adv* à la ～ od en ～ bei Börsenschluß; demander la ～ Schluß der Debatte beantragen; **3.** *égl cath* **a)** Klau'sur *f* (*Klosterteil*); **b)** ～ épiscopale, papale bischöfliche, päpstliche Klau'sur

clôturer [klotyre] *v/t* **1.** *Grundstück* einfried(ig)en; einzäunen; **2.** beend(ig)en; *Debatte etc* (ab)schließen; *Sitzung* schließen

clou [klu] *m* **1.** Nagel *m* (*auch chir*); (Draht)Stift *m*; *mar auch* Spieker *m*; ～ à chaussures *od* de cordonnier Schuhnagel *m*; ～ à, sans tête Nagel mit, ohne Kopf; ～ de fer à cheval Hufnagel *m*; ～ de tapissier, de tapisserie Tape'ziernagel *m*; *auto* pneus *m/pl* à ～s Spikes [spaiks, ʃp-] *pl*; Spike(s)reifen *m/pl*; ils un ～ an e-m *bzw* e-n Nagel; *fig* un ～ chasse l'autre das *bzw* der eine kommt, das *bzw* der andere geht; enfoncer, planter un ～ e-n Nagel einschlagen; *fig* être maigre comme un ～ spindeldürr, klapperdürr, dünn wie ein Zwirnsfaden, ein Hering sein; F *fig* river son ～ à qn j-m den Mund stopfen; il lui a rivé son ～ *auch* F der hat's ihm aber gegeben; F *fig* ça ne vaut pas un ～ das taugt nichts; das ist keinen Pfifferling wert; **2.** F ～s *pl* Fußgängerüberweg *m*; prendre les, traverser dans les ～s die Straße am Fußgängerüberweg über'queren; **3.** *fig* Höhepunkt *m*; Clou *m*; **4.** *cuis* ～ de girofle (Gewürz)Nelke *f*; **5.** *path* Fu'runkel *m od n*; **6.** F un vieux ～ F ein alter Klapperkasten (*Auto*) *bzw* Drahtesel (*Fahrrad*); **7.** F (*mont de piété*) Pfandleih-

haus *n*; mettre qc au ～ etw versetzen, verpfänden; **8.** F des ～s! nichts da!; das fehlte gerade noch!; ～! F das wäre ja noch schöner!; denkste!

clouage [kluaʒ] *m* (Zu'sammen-) Nageln *n*

clouer [klue] *v/t* **1.** (zu'sammen)nageln; zu-, vernageln; an-, auf-, festnageln; anschlagen; **2.** *fig:* ～ le bec à qn *cf* bec **2.**; *Krankheit* ～ qn au lit j-n ans Bett fesseln; *adjt:* être cloué au, dans son lit ans Bett gefesselt sein; être cloué à Paris in Paris festsitzen; nicht von Paris wegkönnen; rester cloué (sur place) wie angewurzelt stehenbleiben

cloutage [klutaʒ] *m* Verzierung *f* mit Nägeln

clouté [klute] *adj* genagelt; *Gürtel etc* mit Nägeln verziert, beschlagen; chaussures ～es Nagelschuhe *m/pl*; genagelte Schuhe *m/pl*; passage ～ (mit Nägeln mar'kierter) Fußgängerüberweg

clout|er [klute] *v/t* mit Nägeln verzieren, beschlagen; *Schuhe* nageln; ～**erie** (*f* **a)** Nagelfabrik *f bzw* -schmiede *f*; **b)** Nagelherstellung *f*; **c)** Nagelhandel *m*; ～**ier** *m* Nagelfabrikant *m bzw* -schmied *m*

clovisse [klɔvis] *f zo* Venus-, Teppichmuschel *f*

clown [klun] *m im Zirkus u fig* Clown [klaun] *m*; *fig auch* Hanswurst *m*; *fig:* c'est un vrai ～ er ist ein richtiger Clown; faire le ～ den Hanswurst spielen

clown|erie [klunri] *f* Clowne'rie [klau-] *f*; Albe'rei *f*; ～s *pl auch* Possenreißerei *f*; Faxen *f/pl*; faire des ～s Faxen machen; Possen treiben; ～**esque** *adj* clow'nesk [klau-]; clownshaft; Clowns…; possenhaft; närrisch

cloyère [klɔjɛr, klwa-] *f* Austern- *bzw* Fischkorb *m*

club [klœb] *m* **1.** Klub *od* Club *m*; Verein *m*; ～ alpin Alpenverein *m*; ～ automobile Automo'bilklub *m*; ～ sportif Sportklub *m*, -verein *m*; ～ du livre Buchgemeinschaft *f*; faire partie d'un ～ Klubmitglied sein; e-m Klub angehören; **2.** Klub(haus) *m(n)*; **3.** ～ *od adit* fauteuil ～ Klub-, Clubsessel *m*; **4.** *hist* (po'litischer) Klub; ♀ des Jacobins Jako'binerklub *m*; **5.** Golfschläger *m*

clubiste [klybist] *m hist* Mitglied *n* e-s po'litischen Klubs

cluniste [klynist] *m égl cath* Klunia'zenser *m*

clupéidés [klypeide] *m/pl zo* Heringsfische *m/pl*

cluse [klyz] *f géogr* Schlucht *f*; Klause *f*; *schweiz* Klus *f*

cnidaires [knidɛr] *m/pl zo* Nesseltiere *n/pl*; *sc* Kni'darien *pl*

co… [kɔ] *in Zssgn* Ko'…; Mit'…; ko'…; mit'…

coaccusé(e) [kɔakyze] *m(f) jur* Mitangeklagte(r) *f(m)*

coach [kotʃ] *m* zweitüriger Wagen; F Zweitürer *m*

coacquéreur [kɔakerœr] *m* Miterwerber *m*

coadju|teur [kɔadʒytœr] *m égl cath* Koad'jutor *m*; ～**trice** *f égl cath* Stellvertreterin *f* der Äb'tissin; Superi'orin *f*

coagul|abilité [kɔagylabilite] *f chim* Gerinnungsfähigkeit *f*; Koagu'lierbarkeit *f*; ～**able** *adj chim* gerinnungsfähig; koagu'lierbar; **～ant** *m chim, phm* koagu'lans *n*; (blut)gerinnungsförderndes Mittel; *chim auch* Flockungsmittel *n*; **～ation** *f chim, physiol* Gerinnen *n*, -ung *f*; Koagulati'on *f*; Koagu'lieren *n*; *chim auch* (Aus)Flockung *f*; *physiol* ～ du sang Blutgerinnung *f*; temps *m* de ～ Gerinnungszeit *f*

coaguler [kɔagyle] *chim* **I** *v/t* zum Gerinnen bringen; gerinnen lassen; koagu-

'lieren; ausflocken; **II** *v/i* (*u v/pr* se) ～ gerinnen; koagu'lieren

coagulum [kɔagylɔm] *m chim* Gerinnsel *n*; *sc* Ko'agulum *n*; Koagu'lat *n*

coalisé [kɔalize] *pol* **I** *adj* verbündet; Koaliti'ons…; **II** *m* Verbündete(r) *m*

coaliser [kɔalize] *bes pol* **I** *v/t* verbünden; zu Verbündeten machen; vereinigen; **II** *v/pr* se ～ sich verbünden

coalition [kɔalisjɔ] *f bes pol* Koaliti'on *f*; Bündnis *n*; ～ électorale Wahlbündnis *n*; ～ gouvernementale Re'gierungskoalition *f*; gouvernement *m*, ministère *m* de ～ Koalitionsregierung *f*; former une ～ e-e Koalition bilden; ein Bündnis eingehen

coarctation [kɔarktasjɔ] *f path* Verengung *f*

coass|ement [kɔasmɑ] *m der Frösche* Quaken *n*; **～er** *v/i Frösche* quaken

coassocié(e) [kɔasɔsje] *m(f)* (Mit)Teilhaber(in) *m(f)*; Partner(in) *m(f)*

coassurance [kɔasyrɑs] *f* Mitversicherung *f*

coati [kɔati] *m zo* Ko'ati *od* Co'ati *m*; Nasenbär *m*

coauteur [kootœr] *m* **1.** Mitverfasser *m*; Ko-Autor *m*; **2.** *jur* Mittäter *m*

coaxial [kɔaksjal] *adj* ⟨**-aux**⟩ *tech* koaxi'al; Koaxi'al…; *télécomm* câble ～ Koaxialleitung *f*, -kabel *n*; *aviat* hélices ～es Koaxialluftschrauben *f/pl*

cobalt [kɔbalt] *m chim* Kobalt *n*; *méd, mil* bombe *f* au ～ Kobaltbombe *f*; bleu *m* de ～ Kobaltblau *n*

cobalt|ides [kɔbaltid] *m/pl minér, chim* Kobalterze *n/pl*; **～ifère** *adj chim* kobalthaltig; **～ique** *adj chim* Kobalt(III)-…

cobal(to)thérapie [kɔbal(tɔ)terapi] *f méd* Kobaltbestrahlung *f*

cobaye [kɔbaj] *m zo* Meerschweinchen *n*; F *fig* servir de ～ F als Versuchskaninchen, -karnickel dienen; Versuchskarnickel sein

cob|éa [kɔbea] *m od* **～ée** *f bot* Glockenrebe *f*, -winde *f*

cobelligérant [kɔbɛ(l)liʒerɑ] *adj* nation ～e *od subst* ～ *m* Mitkriegführende(r) *m*

cobitidés [kɔbitide] *m/pl zo* Schmerlen *f/pl*; Grundeln *f/pl*

cobol [kɔbɔl] *m* Programmiersprache COBOL *n*

cobra [kɔbra] *m zo* Kobra *f*

coca [kɔka] *f od m bot* Koka *od* Coca *f*; Kokastrauch *m*

cocagne [kɔkaɲ] *f* **1.** Pays *m*, vie *f* de ～ Schla'raffenland *n*, -leben *n*; **2.** *auf Jahrmärkten* mât *m* de ～ Klettermast *m*

cocaïn|e [kɔkain] *f chim, phm* Koka'in *od* Coca'in *n*; **～isation** *f méd* Anästhe'sie *f* mit Koka'in

cocaïnoman|e [kɔkainɔman] *m,f path* Kokai'nist(in) *m(f)*; Koka'insüchtige(r) *f(m)*; F Kokser *m*; **～ie** *f path* Kokai'nismus *m*; Koka'insucht *f*

cocarde [kɔkard] *f* **1.** Ko'karde *f* (*auch auf Flugzeugen*); Schleife *f*; **2.** F blaues Auge

cocardier [kɔkardje] **I** *adj* ⟨**-ière**⟩ chauvi'nistisch; patriotisme ～ Hurrapatriotismus *m*; Chauvi'nismus *m*; **II** *m* Hurrapatriot *m*

cocass|e [kɔkas] *adj* komisch; spaßig; drollig; ulkig; **～erie** *f* Komik *f*; Komische(s) *n*; Drollige(s) *n*; Drolligkeit *f*

coccidés [kɔkside] *m/pl zo* Schildläuse *f/pl*

coccidies [kɔksidi] *f/pl zo* Kok'zidien *f/pl*

coccidiose [kɔksidjoz] *f vét* Kokzidi'ose *f*

coccinelle [kɔksinɛl] *f* **1.** *zo* Ma'rienkäfer *m*; ～ à sept points Siebenpunkt *m*; **2.** F *fig* Käfer *m* (*Volkswagen*)

cocculus [kɔkylys] *m bot* Kokkelstrauch *m*

coccygien [kɔksiʒiɛ̃] *adj* ⟨~ne⟩ *anat* Steißbein...; **vertèbre** ~ne Steißbeinwirbel *m*

coccyx [kɔksis] *m anat* Steißbein *n*; *plais* tomber sur le ~ F auf den Aller'wertesten fallen

coche [kɔʃ] *m früher* Kutsche *f*; F *fig* manquer, rater le ~ die Gelegenheit verpassen

cochenille [kɔʃnij] *f* 1. *zo* Schildlaus *f*; ~ du nopal Kosche'nille(schild)laus *f*; 2. *Farbstoff* Kosche'nille *od* Coche'nille *f*

cocher¹ [kɔʃe] *m* Kutscher *m*; Fuhrmann *m*; ~ de fiacre Droschkenkutscher *m*; *österr* Fi'aker *m*

cocher² [kɔʃe] *v/t Namen, Zahlen auf e-r Liste* abhaken

cochère [kɔʃɛr] *adj f* porte ~ Toreinfahrt *f*; Torweg *m*; Einfahrtstor *n*

cochevis [kɔʃvi] *m zo* Haubenlerche *f*

cochléaria [kɔklearja] *m bot* Löffelkraut *n*

cochlée [kɔkle] *f anat* (knöcherne) Schnecke

cochon [kɔʃõ] I *m* 1. *zo* Schwein *n*; *cuis* Schweinefleisch *n*; *par ext* ~ d'Inde Meerschweinchen *n*; ~ de lait *cuis* Span-, *zo* Saugferkel *n*; *par ext* ~ de mer *cf* marsouin 1.; F *fig*: temps *m* de ~ F Sauwetter *n*; des (petits) yeux de ~ sehr kleine Augen *n/pl*; être gros, gras comme un ~ F dick und fett, ein Fettwanst sein; être sale comme un ~ F ein Ferkel, Schmutz-, Dreckfink, Schweinigel, *p/fort* Dreckschwein sein; ils sont copains comme ~s F sie sind dicke Freunde; *Kinder* faire le ~ pendu den Kniehang machen; je n'ai pas gardé les ~s avec vous wo haben wir schon zusammen Schweine gehütet?; manger, F bouffer comme un ~ essen, fressen wie ein Schwein; 2. F *fig Person (auch moralisch)* F Ferkel *n*; Schmutz-, Dreckfink *m*; Schweinigel *m*; *p/fort* Schwein *n*; *Kind* F Ferkel *n*; Dreckspatz *m*; ce ~ de X, ce ~ de F (X,) dieser Kerl, *p/fort* Mistkerl; ben, mon ~, ... mein Lieber *od* Bester, ...; quel ~ *od* le ~! *moralisch* so ein Ferkel, Schweinigel, *p/fort* Schwein!; tour *m* de ~ übler Streich; avoir une tête de ~ ein Dickkopf, F-schädel sein; II *adj* ⟨~ne⟩ F 1. *Person* ungepflegt; schmutzig; F schmudd(e)lig; 2. *Geschichten etc* schmutzig; zotig; schweinisch; histoires ~nes *auch* Zoten *f/pl*

cochonnaille [kɔʃɔnaj] F *f* Schweinerne(s) *n* (*Wurst, Sülze, Füßchen etc*)

cochonne [kɔʃɔn] *f* F schmudd(e)lige Person; Schlampe *f*; *bes Kind* Ferkel *n*

cochonner [kɔʃɔne] *v/t* F 1. *Arbeit* hinpfuschen; *meist adit* travail cochonné Pfusch(arbeit) *m(f)*; 2. beschmutzen; beschmieren; F verdrecken

cochonnerie [kɔʃɔnri] F *f* 1. Unsauberkeit *f*; Schmutz *m*; F Dreck *m*; Schweine'rei *f*; faire des ~s Schmutz, Dreck machen; 2. *e-r Person* Unsauberkeit *f*; F Schmuddeligkeit *f*; 3. *von Sachen* Schund *m*; Ramsch *m*; F Mist *m*; Dreck *m*; cette ~ de temps F dieses, so ein Sauwetter; cette ~ de voiture F diese Mistkarre; c'est de la ~ das ist Schund *etc*; 4. *moralisch* Schweine'rei *f*; Schweinige'lei *f*; dire, raconter des ~s Zoten erzählen; Schweinereien sagen, erzählen; schweinigeln

cochonnet [kɔʃɔnɛ] *m beim Boulespiel* Ziel-, Mar'kierkugel *f*

cochylis [kɔkilis] *m zo* Traubenwickler *m*

cocker [kɔkɛr] *m zo* Cockerspaniel *m*

cockpit [kɔkpit] *m aviat, mar* Cockpit *n*; *mar auch* Plicht *f*

cocktail [kɔktɛl] *m* 1. *Getränk* Cocktail [-te:l] *m*; 2. *par ext* Cocktail(empfang *m*, -party *f*) *m*; robe *f* de ~ Cocktailkleid *n*; 3. *mil* ~ Molotov Molotowcocktail *m*; 4. *fig* Mischung *f*; Mix'tur *f*; Gemisch *n*

coco¹ [kɔko] *m* 1. noix *f* de ~ Kokosnuß *f*; huile *f*, lait *m* de ~ Kokosöl *n od* -fett *n*, -milch *f*; 2. F *Getränk* La'kritzenwasser *n*

coco² [kɔko] *m* 1. *enf* (œuf) Ei *n*; *enf* Gackei *n*; 2. *Kosename* mon (petit) ~ mein (kleiner) Liebling, Schatz; 3. *péj* un joli ~ *od* un drôle de ~ F ein sauberes Früchtchen; ein (ziemlich) übler Kunde; c'est un joli ~, etc auch F der ist mit Vorsicht zu genießen; 4. *péj (communiste)* Kommu'nist *m*; *péj* Rote(r) *m*; *adit* kommu'nistisch

coco³ [kɔko] F *f* Koka'in *n*; F Koks *m*; Schnee *m*

cocon [kɔkõ] *m zo* Ko'kon *m*; *fig*: être élevé dans un ~ allzu behütet aufwachsen; s'enfermer dans son ~ sich ganz zu'rückziehen; sich einspinnen

coconn|age [kɔkɔnaʒ] *m zo* ~ Ko'konbildung *f*; Verpuppung *f*; **~er** *v/i zo* sich verpuppen, einspinnen

cocontract|ant [kɔkõtraktã] *m*, **~ante** *f jur* Vertragspartner(in) *m(f)*

cocorico [kɔkɔriko] I *int* kikeri'ki!; II *m* Kikeri'ki *n*

cocoter [kɔkɔte] F *v/i* stinken; *bes* ça cocote es stinkt

cocotier [kɔkɔtje] *m bot* Kokospalme *f*; F *fig*: gagner le ~ das große Los gewinnen, ziehen; *alte Leute* faire monter au ~ abschieben; die Lebensgrundlage entziehen (+*dat*)

cocotte¹ [kɔkɔt] *f* 1. *enf (poule) enf* Tucktuck *n*; Put(t)put(t) *n*; ~ en papier aus Papier gefalteter Vogel; 2. *Anrede* ma ~ (mein) Liebling, Schatz, Schätzchen; 3. *péj* Halbweltdame *f*; Ko'kotte *f*; 4. *sur e-r Pferd* hue, ~! hü!

cocotte² [kɔkɔt] *f cuis* Schmortopf *m*; ~ minute (*nom déposé*) Schnellkochtopf *m*; à la ~ *od adit* ~ geschmort; Schmor...

coction [kɔksjõ] *f* Kochen *n*

cocu [kɔky] F I *m* betrogener, F gehörnter Ehemann *m*; *litt* Hahnrei *m*; *fig* avoir une veine de ~ F (ein) Mordsglück, -schwein haben; Dusel, Massel haben; faire qn ~ j-n betrügen; F j-m die Hörner aufsetzen; II *adj Ehemann, -frau, Liebhaber* betrogen; *Ehemann, Liebhaber* F gehörnt

cocuage [kɔkɥaʒ] F *m* Betrogensein *n* *bzw* -werden *n*

cocufier [kɔkyfje] *v/t* F ~ qn j-n betrügen; F j-m die Hörner aufsetzen

coda [kɔda] *f mus* Coda *od* Koda *f*

codage [kɔdaʒ] *m* Co'dieren *od* Ko'dieren *n*; Verschlüsseln *n*; Chif'frieren *n*

code [kɔd] *m* 1. *jur* Gesetzbuch *n*; ~ civil Bürgerliches Gesetzbuch (*abr* BGB); *DDR. Schweiz* Zi'vilgesetzbuch *n*; ~ électoral Wahlordnung *f*; ⚥ Napoléon Code Napoléon *m*; ~ pénal Strafgesetzbuch *n* (*abr* StGB); ~ rural Landwirtschafts- und Wassergesetzbuch *n*; ~ de commerce Handelsgesetzbuch *n* (*abr* HGB); ~ de justice militaire Mili'tärstrafgesetzbuch *n*; ~ de procédure civile, de procédure pénale Zi'vil-, Strafprozeßordnung *f* (*abr* ZPO, StPO); ~ de la route Straßenverkehrsgesetzgebung *f*; *im engeren Sinn* Straßenverkehrsordnung *f* (*abr* StVO); *cf auch* 2.; *fig* c'est dans le ~ das ist gesetzlich; 2. a) Verkehrsregeln *f/pl*; b) theo'retische Fahrprüfung; c) *adit* éclairage *m*, phares *m/pl* ~ Abblendlicht *n*; être en ~ abgeblendet haben; mettre ses phares, se mettre en ~ abblenden; 3. *fig* Kodex *m*; Gesetze *n/pl*; ~ de l'honneur Ehrenkodex *m*; ~ de la politesse Gesetze der Höflichkeit; 4. *Informationswesen* Code *od* Kode *m*; *télécomm auch* Schlüssel *m*; *biol* ~ génétique genetischer Code; ~ secret Geheimcode *m*; *mar* ~ de signaux *od* ~ international Si'gnalbuch *n*; en ~ verschlüsselt; chif'friert; co'diert; mettre en ~ verschlüsseln; chif'frieren; co'dieren; 5. *postal* Verzeichnis *n* der Postleitzahlen; numéro *m* de ~ (postal) *od ellip* ~ postal Postleitzahl *f*

codébi|teur [kɔdebitœr] *m*, **~trice** *f jur* Mitschuldner(in) *m(f)*

codéine [kɔdein] *f phm* Code'in *od* Kode'in *n*

co|demandeur [kɔd(ə)mãdœr] *m*, **~demanderesse** *f jur* Mitkläger(in) *m(f)*

coder [kɔde] *v/t* co'dieren *od* ko'dieren; verschlüsseln; chif'frieren

codéten|teur [kɔdetãtœr] *m*, **~trice** *f jur* Mitbesitzer(in) *m(f)*; Mitinhaber(in) *m(f)*

codétenu(e) [kɔdetny] *m(f)* Mitgefangene(r) *f(m)*; Mithäftling *m*

codex [kɔdɛks] *m phm (französisches)* Arz'neibuch *n*

codicille [kɔdisil] *m jur* Zusatz *m* zum Testament; Kodi'zill *n*

codification [kɔdifikasjõ] *f* Kodifi'zierung *f*

codifier [kɔdifje] *v/t* 1. *jur* kodifi'zieren; 2. *allg* syste'matisch erfassen; in Normen fi'xieren

codirec|teur [kɔdirɛktœr] *m*, **~trice** *f* Mitdirektor(in) *m(f)*; *e-r Zeitschrift etc* Mitherausgeber(in) *m(f)*

coefficient [kɔefisjã] *m* Koeffizi'ent *m* (*auch math, phys, tech, écon*); Faktor *m*; Zahl *f*; Quote *f*; Beiwert *m*; *bei Prüfungen* Notengewicht *n*; *math* ~ angulaire Steigungsfaktor *m*, -koeffizient *m*; *phys*: ~ d'absorption Absorpti'onskoeffizient *m*; ~ de conductibilité thermique Wärmeleitzahl *f*; ~ de dilatation (Aus-)Dehnungskoeffizient *m*; Dehnzahl *f*; *bei Statistiken etc* ~ d'erreur Fehlerquote *f*; *phys* ~ de frottement Reibungszahl *f*, -koeffizient *m*, -beiwert *m*

cœlacanthe [selakãt] *m zo* Lati'meria *f*

cœlentérés [selãtere] *m/pl zo* Hohltiere *n/pl*; *sc* Zölente'raten *pl*

cœliaque [seljak] *adj anat* tronc *m* ~ Truncus coe'liacus *m*

cœnesthésie *cf* cénesthésie

cœnure *cf* cénure

coéquip|ier [kɔekipje] *m*, **~ière** *f* Mannschaftskamerad(in) *m(f)*; Mitspieler(in) *m(f)*

coercibilité [kɔɛrsibilite] *f phys* Kompri'mierbarkeit *f*

coercible [kɔɛrsibl(ə)] *adj* 1. *phys* kompri'mierbar; 2. *allg u st/s* Impuls *etc* difficilement ~ schwer unter'drückbar

coercitif [kɔɛrsitif] *st/s adj* ⟨-ive⟩ Zwangs...; mesures coercitives Zwangsmaßnahmen *f/pl*; moyen ~ Druck-, Zwangsmittel *n*

coercition [kɔɛrsisjõ] *st/s f* Zwang *m*; droit *m* de ~ Recht *n*, Zwang auszuüben; mesures *f/pl* de ~ Zwangsmaßnahmen *f/pl*

coéternel [kɔetɛrnɛl] *adj* ⟨~le⟩ *Theologie* gleich ewig (à wie)

cœur [kœr] *m* 1. *anat* Herz *n*; maladie *f* de ~ Herzkrankheit *f*, -leiden *n*; opéré *m* du ~ Herzoperierte(r) *m*; am Herzen Operierte(r) *m*; opération *f* à ~ ouvert Operation *f* am offenen Herzen; en (forme de) ~ herzförmig; mettre la main sur le ~ die Hand aufs Herz legen; presser, serrer qn contre, sur son

j-n an sein *od* ans Herz, an seine *od* an die Brust drücken; **2.** *fig* Herz *n*; *Kosename* **mon (petit)** ~ mein (kleiner) Liebling; mein Herz(chen); mein Herzblatt; **affaire** *f* **de** ~ Herzensangelegenheit *f*; Liebesgeschichte *f*; **femme** *f* **de** ~ Frau *f* mit Herz; **intelligence** *f* **du** ~ Takt *m*; Feinfühligkeit *f*; Herzensbildung *f*; **noblesse** *f* **de** ~ Herzensadel *m*; **peine** *f* **de** ~ Liebeskummer *m*, -schmerz *m*; ♦ *loc/adj u loc/adv*: **le** ~ **gros** schweren Herzens; **il a le** ~ **gros** ihm ist schwer ums Herz; **en avoir gros sur le** ~ be-, gedrückt, niedergeschlagen sein; *plais* **'haut les** ~**s!** Kopf hoch!; **joli comme un** ~ bildhübsch; **le** ~ **léger** leichten Herzens; unbesorgt; unbeschwert; **j'ai le** ~ **léger** mir ist (so) leicht ums Herz; **prendre qc d'un** ~ **léger** etw heiter, gelassen aufnehmen; **à** ~ **joie** nach Herzenslust; **s'en donner à** ~ **joie** es voll und ganz genießen; *plais* **à vot' bon** ~, **m'ssieurs-dames!** spenden Sie, e-e kleine Spende für den guten Zweck!; **il a à** ~ **de** (+*inf*) es liegt ihm sehr viel daran zu (+*inf*); er läßt es sich angelegen sein zu (+*inf*); **prendre qc à** ~ a) etw beherzigen; sich (*dat*) etw zu Herzen nehmen; b) etw (*Aufgabe etc*) sehr ernst nehmen; für etw wichtig halten; **cela me tient à** ~ das ist mir sehr wichtig; das liegt mir sehr am Herzen; daran ist mir sehr viel gelegen; **dans le secret de son** ~ inge'heim; im tiefsten Inneren; **de bon** ~, **de grand** ~ helfen, geben, annehmen *etc* von Herzen gern; sehr, herzlich gern; bereitwillig; *lachen* herzlich; **de tout (son)** ~ von ganzem Herzen; **je suis de tout** ~ **avec vous** ich bin in Gedanken ganz bei Ihnen; **par** ~ auswendig (*wissen, lernen*); aus dem Kopf (*hersagen etc*); **connaître qc, qn par** ~ etw (in- und) auswendig kennen, j-n durch und durch kennen; **sans** ~ herzlos; **selon son** ~ nach s-m Herzen; **je l'ai, ça m'est resté sur le** ~ das ärgert mich immer noch; darüber bin ich (noch) nicht hinweg(gekommen); damit werde ich nicht fertig; ♦ *Worte etc* **aller droit au** ~ (**à qn**) zu Herzen gehen, dringen; j-s Herz bewegen; j-n tief berühren; herzbewegend sein; **avoir le** ~ **gai** aufgeräumt, gut aufgelegt, guter Dinge sein; **avoir le** ~ **sensible, tendre** ein weiches, mitfühlendes Herz, ein weiches Gemüt haben; weichherzig sein; **avoir bon** ~, **du** ~, **un** ~ **d'or** ein gutes Herz, ein Herz von Gold haben; **avoir, être un** ~ **de pierre** ein Herz von Stein haben; **n'avoir de** ~ **à rien** zu nichts Lust haben; **je n'ai pas le** ~ **à rire** mir ist nicht nach Lachen zu'mute; **avoir du** ~ **à l'ouvrage** mit Schwung, mit Lust und Liebe arbeiten; ganz bei der Sache sein; sich mit Schwung an die Arbeit machen; **je n'ai pas eu le** ~ **de** (+*inf*) ich habe es nicht übers Herz gebracht, nicht fertiggebracht zu (+*inf*); **je veux en avoir le** ~ **net** ich möchte Gewißheit haben, ganz sicher sein; **avoir le** ~ **sur la main** ein großzügig sein; freigebig sein; e-e offene Hand haben; **avoir la rage au** ~ voller Wut, wutentbrannt sein; **briser, crever, fendre, percer le** ~ **à qn** j-m das Herz zerreißen, brechen; **si le** ~ **vous en dit** wenn Sie Lust (dazu) haben; wenn Sie gern wollen; **donner, offrir son** ~ **à qn** j-m sein Herz schenken; **donner à qn du** ~ **à l'ouvrage** j-m Auftrieb geben; **écouter son** ~ s-m Herzen folgen; **le** ~ **n'y est pas** er, sie *etc* ist nicht bei der Sache, mit dem Herzen nicht dabei, mit den Gedanken ganz woanders; **faire mal au**

~ **qn** j-n schmerzen; j-m (in der Seele) wehtun; **faire le joli** ~ den Charmeur spielen; sich wie ein Geck benehmen; **le** ~ **m'a manqué** ich hab's nicht fertiggebracht, übers Herz gebracht; **mettre, donner du** ~ **au ventre à qn** j-m Mut machen; j-n aufpulvern; j-m Auftrieb geben; **parler à** ~ **ouvert** offen, freimütig, frei *od* frisch von der Leber weg sprechen; **il ne le porte pas dans son** ~ er hat ihn nicht (gerade) ins Herz geschlossen; er ist ihm nicht gewogen, F nicht grün; er hat keine besondere Vorliebe für ihn; **rester jeune de** ~ im Herzen jung bleiben; **venir du** ~ von Herzen kommen; *prov, meist plais*: ~ **qui soupire n'a pas ce qu'il désire** dieser Seufzer kam aber aus dem, aus tiefstem Herzen; **à** ~ **vaillant rien d'impossible** dem Mutigen gehört die Welt; frisch gewagt ist halb gewonnen (*beide prov*); **3.** *in einigen Wendungen* Magen *m*; **j'ai le** ~ **au bord des lèvres** ich muß mich (gleich) über'geben; F mir ist speiübel; **j'ai mal au** ~ mir ist, wird übel; **ça me donne mal au** ~, **ça me soulève le** ~ davon wird mir übel; da dreht sich mir der Magen um; **4.** *fig* Mittelpunkt *m*; Mitte *f*; Kern *m*; Kernpunkt *m*; wichtigster Punkt; *st/s* Herz *n*; **au** ~ **de la forêt, ville** mitten im Wald, in der Stadt; *st/s* im Herzen des Waldes, der Stadt; **au** ~ **de l'hiver** mitten im Winter; im tiefsten Winter; **5.** *herzförmiger Gegenstand, Spielkartenfarbe* Herz *n*; *Kartenspiel* as *m, etc* **de** ~ Herzas *n etc*; **6.** *von Salat* Herz *n*; *von Äpfeln etc* Kerngehäuse *n*; Griebs *m*; *von Kohl etc* Innere(s) *n*; **d'artichaut** *cf* artichaut 1.; ~ **de palmier** Palmkohl *m*; Palmenherz *n*; *Weichkäse* **fait à** ~ ganz reif; **7.** *rel* le ~ **Sacré** ♀ **(de Jésus)** das (Heiligste) Herz Jesu; **8.** *zo* Herzmuschel *f*

coexist|ence [kɔɛgzistᾱs] *f* Nebeneinanderbestehen *n*, -existieren *n*; gleichzeitiges Bestehen, Exi'stieren, Vor'handensein; *bes pol* Koexistenz *f*; *pol* ~ **pacifique** friedliche Koexistenz; ~**er** *v/i* zu'gleich, gleichzeitig, nebenein'ander exi'stieren, bestehen; gleichzeitig vor'handen sein; koexi'stieren

coffin [kɔfɛ̃] *m* Kumpf *m*; Behälter *m* für den Wetzstein

coffrage [kɔfraʒ] *m* *bât, mines* a) (Ver-)Schalung *f*; b) Verschalen *n*; *bât auch* Einschalen *n*

coffre [kɔfr(ə)] *m* **1.** Truhe *f*; Kiste *f*; Kasten *m* (*auch e-s Altars*); ~ **à bois** Kiste für Holz; Holzkiste *f*; ~ **à charbon** Kohlenkiste *f*; ~ **à jouets** Spiel(zeug)kiste *f*; ~ **à linge** Wäschetruhe *f*; **2.** *auto* Kofferraum *m*; **3.** *in Banken etc cf* coffre-fort; **4.** F *fig* **avoir du** ~ a) e-e kräftige, ausdauernde Stimme haben; b) Mut, F Mumm, Schneid haben; **5.** *mar* Well *f*; **6.** *zo* Kofferfisch *m*

coffre-fort [kɔfrəfɔr] *m* ⟨*pl* **coffres--forts**⟩ Safe *m*; Panzer-, Geldschrank *m*; Tre'sor *m*; Stahlfach *n*; ~ **mural** Wandsafe *m*

coffrer [kɔfre] *v/t* **1.** F ~ **qn** j-n einsperren, F einlochen, einspunden, ins Kittchen sperren; **se faire** ~ F eingelocht, eingebuchtet werden; ins Kittchen wandern; **2.** *bât, mines* verschalen; *bât auch* einschalen

coffret [kɔfrɛ] *m* Kästchen *n*; Scha'tulle *f*; Kas'sette *f* (*auch für Schallplatten*); ~ **à bijoux** Schmuckkästchen *n*, -kassette *f*; ~ **à cigares, à cigarettes** Zi'garren-, Ziga'rettenkästchen *n*

cogérance [kɔʒerᾱs] *f* *jur* Mitgeschäftsführung *f*; *im engeren Sinn* Mitpacht *f*

cogérer [kɔʒere] *v/t* ⟨-è-⟩ mitverwalten; mitbestimmen (**qc** in etw [*dat*]); *bes adit* **cogéré** *Betrieb* mit Mitbestimmung

cogestion [kɔʒestjõ] *f* *pol, jur* Mitbestimmung *f*

cogit|ation [kɔʒitasjõ] *f* *litt od plais meist* ~**s** *pl* Gedanken *m/pl*; (Nach-)Denken *n*; Über'legungen *f/pl*; ~**er** *v/i litt od plais* (nach)denken; über'legen

cognac [kɔɲak] *m* (echter) Cognac *od* Kognak

cognassier [kɔɲasje] *m* *bot* Quitte (-nbaum) *f(m)*

cogn|at [kɔɲa] *m* *jur* Ko'gnat *m*; ~**ation** *f jur* Kognati'on *f*

cogne [kɔɲ] F *péj m* Poli'zist *m*; F *péj* Po'lyp *m*; Bulle *m*

cognée [kɔɲe] *f* (Holzfäller)Axt *f*

cognement [kɔɲmᾱ] *m* Klopfen *n* (*auch e-s Motors*); *e-s Dieselmotors* Nageln *n*

cogner [kɔɲe] **I** *v/t* ~ **qc** an etw (*acc*) anstoßen; mit etw (irgendwo) anstoßen; ~ **trois coups à la porte** dreimal (an die Tür) klopfen; dreimal anstoßen; ♦ ~ **qn a**) j-n anstoßen (**du coude** mit dem Ellbogen); F j-n puffen, anrempeln; b) j-n schlagen, F verdreschen, vertrimmen; **II** *v/t/ind* ~ **à, contre, sur** klopfen, pochen, schlagen an (+*acc*), gegen, auf (+*acc*); hämmern gegen; ~ **au plafond** an, gegen die Zimmerdecke schlagen, klopfen; ~ **à la porte** (an die Tür) klopfen; anklopfen; *p/fort* an die Tür hämmern; ~ **du poing sur la table** mit der Faust auf den Tisch schlagen; F ~ **sur qn** j-n schlagen; auf j-n einschlagen; F j-n verdreschen, verprügeln, vertrimmen; **venir** ~ **contre qc** gegen etw schlagen; an etw (*acc*) anschlagen, (an-)stoßen; **III** *v/i* klopfen (*auch Motor*); *Dieselmotor* nageln; **IV** *v/pr* **1. se** ~ **à, contre qc** sich an etw (*dat*) stoßen; an etw (*acc*) anstoßen; gegen etw stoßen; **se** ~ **la tête à, contre qc** sich den Kopf an etw (*dat*) anschlagen; *fig* **se** ~ **la tête contre les murs** verzweifeln; hier **c'est à se** ~ **la tête contre les murs** es ist zum Verzweifeln; F man könnte die Wände hochgehen; **2.** F **se** ~ F sich (gegenseitig) verhauen, (ver)prügeln

cognition [kɔgnisjõ] *f philos* Erkenntnis *f*; Kogniti'on *f*

cohabitation [kɔabitasjõ] *f* **1.** Mitein'anderleben *n*; Zu'sammenleben *n*, -wohnen *n*; **2.** *jur* **a)** Lebensgemeinschaft *f* der Eheleute; eheliche Gemeinschaft; **b)** Beischlaf *m*; Beiwohnung *f*; Kohabitati'on *f*

cohabiter [kɔabite] *v/i* zu'sammen leben, wohnen (**avec** mit); *cf auch* coexister

cohérence [kɔerᾱs] *f* **1.** *von Gedanken etc* Zu'sammenhang *m*; Kohä'renz *f*; *e-r Gruppe etc* Zu'sammenhalt *m*; **2.** *bot* Verwachsung *f* gleicher Or'gane

cohérent [kɔerᾱ] *adj* *Vorstellungen etc* (logisch) zu'sammenhängend; kohä'rent (*auch phys*); *Gruppe etc* aufein'ander abgestimmt; eng verbunden; **former un ensemble, un tout** ~ ein har'monisches Ganzes bilden

cohéreur [kɔerœr] *m* *rad* Ko'härer *m*; Fritter *m*

cohérit|er [kɔerite] *v/t* miterben; Miterbe sein; ~**ier** *m*, ~**ière** *f jur* Miterbe *m*, -erbin *f*

cohésif [kɔezif] *adj* ⟨-ive⟩ *phys* kohä'siv

cohésion [kɔezjõ] *f* **1.** *phys* Kohäsi'on *f*; **2.** *fig* *e-r Gruppe etc* Zu'sammenhalt *m*; *e-r Erzählung etc* Zu'sammenhang *m*; Kohä'renz *f*

cohorte [kɔɔrt] *f* **1.** *hist* Ko'horte *f*; **2.** *par ext litt* Heer-, Kriegerschar *f*; **3.** F *fig* Trupp *m*; Gruppe *f*; Rudel *n*; Horde *f*

cohue [kɔy] *f* Menschenmenge *f*, -masse *f*; Gedränge *n*; Gewühl *n*

coi [kwa] *adj* ⟨**coite** [kwat]⟩ **rester, se tenir** ~ stillschweigen; still sein; **il en**

resta ~ *auch* es verschlug ihm die Sprache

coiffant [kwafã] *adj* Haarschnitt *etc* kleidsam

coiffe [kwaf] *f* **1.** (Trachten)Haube *f; der Ordenstracht* Haube *f; des Hutes* Futter *n; mil* Schutzhülle *f* der Uni'formmütze; **2.** *tech* Haube *f;* Kappe *f; mar* Bezug *m;* Schutzhülle *f;* **3.** *beim Neugeborenen* Glückshaube *f;* **4.** *bot* **a)** Wurzelhaube *f; sc* Ka'lyptra *f;* **b)** *beim Moos* Haube *f;* Ka'lyptra *f;* **5.** *Buchbinderei* faire la ~ kap'talen

coiffé [kwafe] *adj* **1.** bien, mal ~ gut, schlecht *od* nachlässig *od* unordentlich fri'siert; **2.** ~ d'un bonnet mit e-m Mützchen; être ~ d'une casquette e-e Mütze tragen, auf dem Kopf haben, aufhaben; *fig* être né ~ ein Sonntags-. Glückskind sein; F *fig* s'amouracher du premier chien ~ F sich in den ersten besten verknallen; sich in den ersten, der e-m über den Weg läuft, verknallen; **3.** F *fig* être ~ de j-n *od* j-n vernarrt sein; e-n Narren an j-m gefressen haben

coiffer [kwafe] **I** *v/t* **1.** ~ qn j-n fri'sieren; **2.** ~ qn d'un bonnet j-m e-e Mütze aufsetzen; *abs* Hut ~ bien kleidsam sein; ~ qn bien j-m gut stehen; j-n (gut) kleiden; *fig Mädchen* ~ sainte Catherine fünfundzwanzig Jahre alt und noch nicht verheiratet sein; **3.** *fig u poét* ~ qc etw bedecken; *mil* ~ un objectif ein Ziel (mit Feuer) eindecken; **4.** *fig* ~ différents organismes verschiedenen Organen 'übergeordnet sein; die Arbeit verschiedener Organe koordi'nieren und kontrol'lieren; **5.** *abs sports* ~ au poteau im Ziel abfangen; *sports u allg* ~ qn j-n über'raschend besiegen, über'holen; **II** *v/pr* se ~ **6.** sich fri'sieren; sich die Haare richten, ordnen; sich kämmen; **7.** se ~ d'une casquette sich eine Mütze aufsetzen; **8.** F *fig* se ~ de qn F sich in j-n vergaffen, vernarren

coiffeur [kwafœr] *m* Fri'seur *m; auch* Fri'sör *m; adjt* garçon *m* ~ Friseurgehilfe *m;* ~ pour dames, pour hommes Damen-, Herrenfriseur *m;* aller chez le ~ zum Friseur gehen

coiffeuse [kwaføz] *f* **1.** Fri'seuse *f; bes österr* Fri'seurin *f;* **2.** Fri'sierkommode *f,* -tisch *m*

coiffure [kwafyr] *f* **1. a)** Fri'sur *f;* Haartracht *f;* changer de ~ sich anders fri'sieren; **b)** Fri'seurhandwerk *n;* salon *m* de ~ Fri'siersalon *m;* **2.** Kopfbedeckung *f;* ~ militaire Mili'tärmütze *f;* militärische Kopfbedeckung

coin [kwẽ] *m* **1.** Ecke *f (auch fig);* Eck *n;* Winkel *m (auch fig); fig* Gegend *f;* Fleck(chen) *m(n);* ♦ ~ repas Eßecke *f;* ~ de la bouche Mundwinkel *m;* un ~ de ciel bleu ein Fleckchen, ein Zipfel *m* blauer Himmel *od* Himmels; ~ de l'œil Augenwinkel *m;* regarder du ~ de l'œil verstohlen, aus den Augenwinkeln, von der Seite ansehen; l'épicier *m* du ~ der Kaufmann von neben'an, an der Ecke; *Kinderspiel* jeu *m* des quatre ~s *etwa* Bäumchen-wechsle-dich *n;* jouer aux quatre ~s Bäumchen wechseln spielen; regard *m* en ~ Seitenblick *m;* sourire *m* en ~ hämisches Lächeln; ♦ *loc/adv* au ~ du feu a) am Ka'min, Herd, Feuer; b) *fig* zu Hause; in gemütlichem Kreise; causerie *f* au ~ du feu *etwa* Plauderei *f* am Kamin; aux quatre ~s du monde, de la ville über'all in, auf der Welt, in der Stadt; disperser aux quatre ~s du monde in alle Winde zerstreuen; au ~ de la rue an der Straßenecke; à tous les ~s de rue an jeder Straßenecke; über'all; dans un ~ charmant in, an, auf e-m bezaubern-

den Fleckchen Erde: in e-m reizenden Winkel; dans un ~ de sa mémoire in e-m Winkel s-s Gedächtnisses; ♦ F *fig* ça t'en bouche un ~ F da staunste, biste platt, baff (, was?); chercher dans tous les ~s über'all, in jedem Winkel suchen; faire le ~ de la rue X et de la rue Y an der Ecke X- und Y-Straße stehen (*Haus*), liegen (*Grundstück*); maison qui fait le ~ *auch* Eckhaus *n;* jeter, mettre qc dans un ~ etw weglegen; mettre *un enfant* au ~ ... in die Ecke stellen; soulever un ~ du voile e-n Zipfel des Schleiers lüften; venir des quatre ~s du monde aus allen Himmelsrichtungen, aus aller Herren Länder, F von allen Ecken und Enden der Welt kommen; *fig* je ne voudrais pas le rencontrer au ~ d'un bois dem möchte ich nicht im Dunkeln *od* im (dunklen) Wald begegnen; **2.** F *fig* le petit ~ F das (stille) Örtchen; aller au petit ~ F mal (verschwinden) müssen; aufs Örtchen müssen; verschwinden; **3.** *ch de fer* (*place f de*) ~ Eckplatz *m;* ~ couloir Eckplatz am Gang; ~ fenêtre Fensterplatz *m;* **4.** *in Zeitungen* Ecke *f;* le ~ du philatéliste die Briefmarkenecke *f;* **5.** (meuble de) ~ Eckschrank *m,* -schränkchen *n;* **6.** *für Fotos* Fotoecke *f; am Bucheinband* Ecke *f; aus Metall* Beschlag *m;* **7.** *tech* Keil *m (zum Spalten);* **8.** *auf Gold, Silber* Stempel *m; für Münzen* Prägestempel *m; fig u st/s* marqué au ~ de ... geprägt sein von ...; das Gepräge, den Stempel (+ *gén*) tragen

coinçage [kwẽsaʒ] *m* Ver-, Festkeilen *n*

coincement [kwẽsmã] *m* Verkeiltsein *n;* Hemmung *f;* Verklemmtsein *n*

coincer [kwẽse] ⟨-ç-⟩ **I** *v/t* **1.** ~ qc etw einklemmen; *auch tech* etw ver-, festkeilen; ~ qn j-n einklemmen (entre zwischen + *dat*); j-n quetschen, drücken (contre gegen); *adjt* être coincé verklemmt, eingekeilt sein; klemmen; **2.** F *fig* ~ qn j-n in die Enge treiben; F j-n festnageln; **3.** F *fig Dieb etc* erwischen; F schnappen; **II** *v/i* P ça coince da stinkt's; **III** *v/pr* se ~ sich verklemmen

coïncidence [kɔ̃esidãs] *f* **1.** Zu'sammentreffen *n;* (zeitliches) Zu'sammenfallen; Fügung *f;* Zufall *m;* heureuse ~ glücklicher Zufall; glückliches Zusammentreffen; glückliche Fügung; quelle ~! so ein, was für ein Zufall!; c'est une simple ~ das ist (ein) reiner Zufall; **2.** *math* Kongru'enz *f;* Deckungsgleichheit *f*

coïncident [kɔ̃esidã] *adj math* kongru'ent; deckungsgleich

coïncider [kɔ̃eside] *v/i* **1.** zu'gleich, gleichzeitig stattfinden, geschehen; (zeitlich) zu'sammentreffen, -fallen (avec mit); **2.** *Zeugenaussagen etc* (mitein'ander) über'einstimmen; sich decken; **3.** *math* deckungsgleich, kongru'ent sein; **4.** *zwei Teile* zu'sammen-, auf-ein'anderpassen; faire ~ (aufein'ander-) passend machen; passend anein'anderlegen

coin-coin [kwẽkwẽ] *int der Ente* quak, quak!

coïnculpé(e) [kɔ̃ekylpe] *m(f) jur* Mitbeschuldigte(r) *f(m),* -angeschuldigte(r) *f(m)*

coing [kwẽ] *m bot* Quitte *f;* confiture *f* de ~(s) Quittenmarmelade *f;* F *fig* jaune comme un ~ quitte(n)gelb

coïntéressé [kɔ̃eterese] *m* Mitbeteiligte(r) *m*

coït [kɔit] *m* Beischlaf *m;* Koitus *m*

coïte [kwat] *cf* coi

coke [kɔk] *m* Koks *m;* ~ métallurgique Zechen-, Hüttenkoks *m;* ~ de pétrole Pe'trol-, Erdölpechkoks *m;* four *m* à ~ Koksofen *m*

cokéfaction [kɔkefaksjõ] *f tech* Verkokung *f*

coké|fiable [kɔkefjabl(ə)] *adj* verkokbar; ~fier *v/t* verkoken

cokerie [kɔkri] *f* Koke'rei *f*

col [kɔl] *m* **1.** Kragen *m;* ~ cassé Stehkragen *m* mit 'umgebogenen Ecken; ~ chemisier (spitzer) Hemdblusenkragen *m;* ~ Claudine runder Kragen; Bubikragen *m;* ~ Danton Schillerkragen *m;* ~ droit, officier Stehkragen *m;* Bündchen *n;* Stehbörtchen *n;* faux ~ abknöpfbarer Kragen; *cf auch* 3.; ~ roulé Rollkragen *m;* pull à ~ roulé Rollkragenpullover *m,* F -pulli *m;* F Rolli *m;* ~ tailleur Re'verskragen *m;* F ~ à manger de la tarte hoher Stehkragen; F Vatermörder *m;* ~ de chemise, de fourrure Hemd-, Pelzkragen *m;* **2.** *fig* ~s blancs Angestellte(n) *m/pl;* ~s bleus Arbeiter *m/pl;* **3.** F *fig* faux ~ Schaum *m (beim Bier);* bes: un bock sans faux ~ ... ohne Schaum, F Stehkragen *m,* Feldwebel *m;* ~ et Flasche *etc, anat* Hals *m; anat* ~ du fémur, de l'utérus, de la vessie Oberschenkel-, Gebärmutter-, Harnblasenhals *m;* **5.** *géogr* (Gebirgs)Paß *m;* ~s alpins Alpenpässe *m/pl;* ~ du Brenner Brenner(paß) *m;* ~ du Simplon Simplonpaß *m;* passer un ~ e-n Paß über'queren; über e-n Paß fahren

cola *cf* kola

colat|eur [kɔlatœr] *m agr* Abzugsgraben *m;* ~ure *f* **1.** *phm* **a)** Fil'trieren *n;* Ab-, 'Durchseihen *n;* **b)** fil'trierte Flüssigkeit; Fil'trat *n;* **2.** *agr* abfließendes Wasser

col-bleu [kɔlblø] *m* F ⟨*pl* cols-bleus⟩ Ma'trose *m (der Kriegsmarine);* F Teerjacke *f; pl* cols-bleus F *auch* blaue Jungs *m/pl*

colchicine [kɔlʃisin] *f chim* Kolchi'zin, *fachspr* Colchi'cin *n*

colchique [kɔlʃik] *m bot* Herbstzeitlose *f*

colcotar [kɔlkɔtar] *m chim* Kolko'thar *m*

cold-cream [kɔldkrim] *m* Cold Cream [-kri:m] *f od n*

col-de-cygne [kɔldəsiɲ] *m* ⟨*pl* cols-de--cygne⟩ *tech* Schwanenhals *m*

colégataire [kɔlegatɛr] *m,f jur* Mitvermächtnisnehmer(in) *m(f)*

coléoptères [kɔleɔptɛr] *m/pl* Käfer *m/pl; sc* Koleo'pteren *pl;* un coléoptère ein Käfer

colère [kɔlɛr] *f* **1.** Zorn *m;* Ärger *m; p/fort* Wut *f;* ~ noire, bleue wütender Ärger, helle Wut; être dans une ~ noire vor Wut kochen; F fuchsteufelswild sein; *fig u litt* ~ du ciel *od* divine göttlicher Zorn; Zorn Gottes, des Himmels; *loc/adv* avec ~ zornig; böse; *p/fort* wütend; wutschäumend; de ~ *loc/adv* vor Zorn, *p/fort* Wut; *loc/adj* wütend; Wut...; dans un mouvement de ~, sous le coup de la ~ in e-r Anwandlung, Aufwallung von Zorn; im Zorn; entrer dans une ~ terrible in helle Wut geraten; F fuchsteufelswild werden; être en ~ (contre qn) zornig, böse, *p/fort* wütend sein (auf, über j-n); F fuchtig sein; mettre qn en ~ j-n zornig, böse, *p/fort* wütend machen; se mettre en ~ zornig, böse, *p/fort* wütend werden; in Zorn, *p/fort* Wut geraten; aufbrausen; passer sa ~ sur qn, qc s-n Zorn an j-m, etw auslassen, abreagieren; **2.** Wutanfall *m,* -ausbruch *m; Kind* faire une ~ e-n Wutanfall, F Raptus haben, kriegen; F piquer une ~ e-n Wutanfall, F e-n Koller kriegen; **3.** *fig u litt der Elemente* Wut *f;* Wüten *n;* Toben *n;* flots *m/pl* en ~ tobende Fluten *f/pl*

colér|eux [kɔlerø] *adj* ⟨-euse⟩ *od* ~ique *adj Person, Charakter* jähzornig;

aufbrausend; hitzig; cho'lerisch; *Ton* zornig; wütend

colibacill|e [kɔlibasil] *m biol* Kolibakterium *n*; **~ose** *f path* durch Kolibakterien her'vorgerufene Krankheit

colibri [kɔlibri] *m zo* Kolibri *m*

colicitant [kɔlisitɑ̃] *m jur* Mitversteigerer *m* (bei e-r „licitation")

colifichet [kɔlifiʃɛ] *m* (billiger) Schmuckgegenstand (*Schmuck, Halstücher etc*); **~s** *pl auch* Kinkerlitzchen *n/pl*; F Firlefanz *m*

colimaçon [kɔlimasõ] *m* **1.** *zo* Schnecke *f*; **2.** *bât* escalier *m* en **~** Wendeltreppe *f*

colin [kɔlɛ̃] *m zo* Seehecht *m*; Hechtdorsch *m*

colin-maillard [kɔlɛ̃majar] *m* jouer à **~** Blindekuh spielen

colin-tampon [kɔlɛ̃tɑ̃põ] *m nur loc* F je m'en moque, m'en fiche comme de **~** F das ist mir schnuppe, piepe, piepegal, schnurz

colique [kɔlik] **I** *f* **1.** *path* Kolik *f*; **~** hépatique, néphrétique Gallen-, Nierenkolik *f*; **~** utérine a) *physiol* Nachwehen *f/pl*; b) Krämpfe *m/pl* bei der Menstruation; **~ de plomb** Bleikolik *f*; *par ext* 'Durchfall *m*; avoir la **~** a) Durchfall haben; b) F *fig* Bammel, Man'schetten, P Schiß haben; **3.** F *fig* quelle **~**! wie lästig!; F was für ein Kreuz!; **II** *adj anat* Grimmdarm...; Kolon...

colis [kɔli] *m* Pa'ket *n*; ch de fer Frachtstück *n*; Stückgut *n*; Kollo *n*; **~ postal** Postpaket *n*; **~ de livres** Bücherpaket *n*; faire un **~** ein Paket machen, packen

Colisée [kɔlize] *in Rom* le **~** das Kolos-'seum

colistier [kɔlistje] *m pol* mit auf der Liste stehender Kandi'dat; Mitkandidat *m* (*auf der gleichen Liste*)

colite [kɔlit] *f path* Ko'litis *f*

colitigant [kɔlitigɑ̃] *adj jur bes* parties **~es** streitende Parteien *f/pl*

collabo [kɔlabo] *m* F *Kurzwort für* collaborateur 2.

collabora|teur [kɔlabɔratœr] *m*, **~trice** *f* **1.** Mitarbeiter(in) *m(f)*; **2.** *m pol u péj bes im 2. Weltkrieg* Kollabora'teur *m*; *in führender Position auch* Quisling *m*

collaboration [kɔlabɔrasjõ] *f* **1.** Mitarbeit *f*; Mitwirkung *f*; Zu'sammenarbeit *f*; en **~** als Gemeinschaftsarbeit; en **~** avec unter Mitarbeit von (*od u gén*); in Zusammenarbeit mit; apporter sa **~** à qc an etw (*dat*) mitarbeiten; zu etw e-n Beitrag leisten; être le fruit d'une **~** entre... das Ergebnis der Zusammenarbeit von (*od u gén*); **2.** *pol u péj bes im 2. Weltkrieg* Zu'sammenarbeit *f* mit dem Feind; Kollaborati'on *f*; Kolla-'rieren *n*

collaborationniste [kɔlabɔrasjɔnist] *pol u péj* **I** *adj* der Kollabora'teure; **II** *m cf* collaborateur 2.

collaborer [kɔlabɔre] **I** *v/t/indir* **~** à qc an etw (*dat*) mitarbeiten, mitwirken; **~** à un journal *auch* Mitarbeiter in e-r Zeitung sein; für e-e Zeitung schreiben; **~** avec qn mit j-m zu'sammenarbeiten (*auch pol u péj mit dem Feind*); **II** *v/i* **1.** zu'sammenarbeiten; **2.** *pol u péj bes im 2. Weltkrieg* mit dem Feind zu'sammenarbeiten; kollabo'rieren

collage [kɔlaʒ] *m* **1.** (An-, Auf)Kleben *n*; *von Fotos auch* Aufziehen *n*; **2.** *Kunst* Col'lage *f*; **3.** *tech cf* encollage; **4.** *des Weins* Klären *n*; **5.** F *fig* wilde Ehe

collagène [kɔlaʒɛn] *m Biochemie* Kolla-'gen *n*

collant [kɔlɑ̃] **I** *adj* **1.** klebend; Klebe...; papier **~** Kleb(e)papier *n*; **2.** *Finger etc* klebrig; *Reis, Nudeln* breiig; F pappig; pampig; **3.** *Kleid, Hose etc* enganliegend; hauteng; **4.** F *fig Person* zu-,

aufdringlich; ce qu'il est **~**, ce qu'elle est **~e**! was für e-e Klette!; **II** *subst* **1.** *m* Strumpfhose *f*; *der Ballettänzer* Hose *f*; **2.** **~e** *f Schülersprache* schriftliche Aufforderung, sich zur Prüfung einzufinden

collapsus [kɔlapsys] *m path* Kollaps *m*; **~** cardio-vasculaire, pulmonaire Kreislauf-, Lungenkollaps *m*

collargol [kɔlargɔl] *m chim* Kollar'gol *n*

collatéral [kɔlateral] *adj* ⟨-aux⟩ **1.** Seiten...; Neben...; *bot* nebenständig; kollate'ral; *anat* artère **~e** Nebenschlagader *f*; *arch* nef **~e** Seitenschiff *n*; *arch* n/pl; **2.** *jur* Seiten...; héritier **~**, ligne **~e** Seitenerbe *m*, -linie *f*; Nebenlinie *f*; parents collatéraux *od subst* collatéraux *m/pl* Seitenverwandte *m/pl*; Verwandte *m/pl* in der Seitenlinie; succession **~e** Erbfolge *f* aus der Seitenverwandtschaft; **3.** *géogr* points collatéraux Zwischenhimmelsrichtungen *f/pl*

collation [kɔlasjõ] *f* **1.** Klebstoff *m*; Leim *m*; **2.** Verleihung *f* von aka'demischen Titeln; **3.** *von Manuskripten* Kollati'on *f*

collationnement [kɔlasjɔnmɑ̃] *m von Manuskripten* Kollati'on *f*

collationner [kɔlasjɔne] **I** *v/t impr von Manuskripte* kollatio'nieren; *allg Schriftstücke* überprüfen; nachprüfen; **II** *litt od plais v/i* e-n Imbiß zu sich nehmen

colle [kɔl] *f* **1.** Klebstoff *m*; Leim *m*; Kleber *m*; *text* Schlichte *f*; **~ forte** Alleskleber *m*; **~ à froid** Kaltleim *m*; **~ d'amidon** Kleister *m*; **~ de bureau** Büroleim *m*, -klebstoff *m*; **~ de pâte** Mehlkleister *m*; *par ext von Reis, Nudeln* c'est de la **~** F das ist der reinste Pamps, Papp; F *plais* faites chauffer la **~**! F da hat's gescheppert!; **2.** F *fig* être, vivre à la **~** in wilder Ehe leben; **3.** *Schülersprache* a) Nachsitzen *n*; Ar'rest *m*; avoir, donner deux heures de **~** zwei Stunden nachsitzen (müssen), nachsitzen lassen (à qn j-n); b) *auch allg* schwierige, knifflige, ausgetüftelte Frage; poser une **~** à qn j-m e-e knifflige Frage stellen; j-n in die Enge treiben; c) **~** de maths Extempo'rale *n*, F Ex *f* in Mathe; Mathearbeit *f*

collectage [kɔlɛktaʒ] *m* Sammeln *n*

collecte [kɔlɛkt] *f* **1.** (Geld-, Spenden-) Sammlung *f*; **~** de vêtements Kleidersammlung *f*; faire, organiser une **~** en faveur de, pour, au profit de ... sammeln, e-e Sammlung veranstalten für, zugunsten ...; **2.** *agr der Milch etc* (Ein)Sammeln *n*; **3.** *Liturgie* Kol'lekte *f*; Kirchengebet *n*

collecter [kɔlɛkte] *v/t* **1.** *Spenden, Gelder etc* sammeln; **2.** *agr Milch etc* (ein)sammeln

collecteur [kɔlɛktœr] **I** *m* **1.** *élect* Kol-'lektor *m*; Kommu'tator *m*; Stromwender *m*; *télécomm*: **~** d'ondes Empfangsantenne *f*; **~** de terre Erdung *f*; **2.** *auto* **~** d'admission, d'échappement Ansaug-, Auspuffkrümmer *m*; **3.** **~** *od* **~** égout **~** Haupt(sammel)kanal *m*; Sammler *m*; **4.** Sammelstelle *f*; **II** *adj* ⟨-trice⟩ Sammel...; *élect* barre collectrice Sammelschiene *f*

collectif [kɔlɛktif] **I** *adj* ⟨-ive⟩ kollek-'tiv; Kollek'tiv...; Gemeinschafts...; gemeinsam; Sammel...; Massen...; *psych* âme collective Kollektivseele *f*; *ch de fer* billet **~** Sammelfahrschein *m*; *schweiz* Kollektivbillet *n*; *psych* conscience collective Kollektivbewußtsein *n*; *pol* convention collective Ta'rifvertrag *m*; délire **~** Massenwahn *m*; démarche collective gemeinsamer Schritt (*fig*); licenciement **~** Massenentlassung *f*; *gr* nom **~** Kollek'tivum *n*;

Kollektiv-, Sammelbegriff *m*; Sammelname *m*; œuvre collective Gemeinschaftswerk *n*, -arbeit *f*; propriété collective Kollektiv-, Gemeineigentum *n*; kollektives Eigentum; propriété collective des moyens de production gesellschaftliches Eigentum an den Produktionsmitteln; responsabilité collective Kollektivschuld *f*; taxi **~** Sammeltaxi *n*; société *f* en nom **~** Offene Handelsgesellschaft *f* (*abr OHG*); *in der Schweiz* Kollek'tivgesellschaft *f*; être victime d'une hallucination collective e-r kollektiven Sinnestäuschung erliegen; *Wort* pris au sens **~** als Kollektivbegriff; **II** *m* **1.** *gr cf* (nom) **~** L; **2.** *fin* **~** (budgétaire) Nachtragshaushalt *m*; **3.** *math* Kollek'tiv *n*; **4.** *von Berufskollegen* Kollek'tiv *n*

collection [kɔlɛksjõ] *f* **1.** Sammlung *f*; **~** complète des œuvres de ... Gesammelte Werke von ...; **~** privée Pri'vatsammlung *f*; **~** de médailles, d'objets d'art, de papillons, de tableaux, de timbres Münz-, Kunst-, Schmetterlings-, Bilder-, Briefmarkensammlung *f*; **pièce f de ~** Sammlerstück *n*; *von Zeitschriften etc* avoir la **~** complète depuis ... die 'vollständigen Jahrgänge seit ... haben; faire **~** de timbres, etc Briefmarken etc sammeln; **2.** *e-s Verlages* (Buch)Reihe *f*; **~** (de livres) de poche Taschenbuchreihe *f*; **3.** *fig* Menge *f*; große Zahl; ganze Sammlung; **4.** *e-s Vertreters etc* (Muster)Kollekti'on *f*; *der Haute Couture* Kollekti'on *f*; **~** d'été Sommerkollektion *f*; **5.** *path* **~** purulente, de pus Eiteransammlung *f*

collectionn|er [kɔlɛksjɔne] *v/t* **1.** sammeln; e-e Sammlung von ... anlegen; **2.** *fig u iron von schlechten Noten, Verwarnungen, von Preisen etc* il les collectionne sie häufen sich bei ihm (*auch von Unfällen*); er sammelt sie; *von Liebhabern bzw Geliebten* il, elle les collectionne er bzw sie hat an jedem Finger eine *bzw* einen, an jedem Finger zehn; **~eur** *m* Sammler *m*; **~** de timbres, d'objets d'art Briefmarken-, Kunstsammler *m*; **~euse** *f* Sammlerin *f*

collectivement [kɔlɛktivmɑ̃] *adv* kollek'tiv; gemeinschaftlich; gemeinsam; *gr Wort* pris **~** als Kollek'tivbegriff

collectiv|isation [kɔlɛktivizasjõ] *f* Kollekti'vierung *f*, Kollekti'vieren *n*; **~iser** *v/t* kollekti'vieren; in Gemeineigentum 'überführen; **~isme** *m* Kollekti'vismus *m*; **~iste I** *adj* kollekti'vistisch; doctrine *f* **~** Kollekti'vismus *m*; **II** *m* Kollekti'vist *m*

collectivité [kɔlɛktivite] *f* **1.** Gemeinschaft *f*; Gesamtheit *f*; Kollek'tiv *n* (*auch pol*); Gruppe *f*; à la charge de la **~** zu Lasten des Staates, der Allgemeinheit; **2.** *adm* **~s** locales Gebietskörperschaften *f/pl*

collège [kɔlɛʒ] *m* **1. a)** (*ursprünglich städtisches*) Gym'nasium *n*; *auch* Pri'vatgymnasium *n*; **~** de jésuites Jesu'itenkolleg *n*, -schule *f*; **b)** **~** d'enseignement général (*abr C.E.G.*) etwa Re'alschule *f*; **~** d'enseignement secondaire (*abr C.E.S.*) etwa Progymnasium *n*; **~** d'enseignement technique (*abr C.E.T.*) etwa Berufsfachschule *f*; **2.** ♀ de France *unabhängige Lehranstalt, deren Vorlesungen von jedem besucht werden können, an der aber keine Diplome vergeben werden*; **3.** **~** électoral Wähler *m/pl* e-s Wahlkreises; *für den Senat* Wahlkollegium *n*, -gremium *n*; **4.** *égl cath* le Sacré ♀ das Kardi'nalskollegium; das Heilige Kol'legium

collégial [kɔleʒjal] *adj* ⟨-aux⟩ **1.** *égl cath* Stifts...; église **~e** *od subst* **~e** *f* Stiftskirche *f*; **2.** kollegi'al; Kollegi'al...; kol-

lek'tiv; **direction** ⸗e leitendes Gremium; **tribunal** ⸗ Kollegialgericht *n*
collégialité [kɔleʒjalite] *f* kollegi'ale Leitung; *égl cath* Kollegiali'tät *f*; *pol* ⸗ **de (la) direction** kollek'tive Führung
collég|ien [kɔleʒjɛ̃] *m*, **⸗ienne** *f* **1.** Schüler(in) *m(f)* e-s „collège"; Oberschüler(in) *m(f)*; Gymnasi'ast(in) *m(f)*; **2.**⟨*nur m*⟩ *fig* na'iver Mensch; Schuljunge *m*; Unschuldslamm *n*; F Na'ivling *m*; **se conduire comme un** ⸗ äußerste Naivität an den Tag legen
collègue [kɔlɛg] *m,f* **1.** (Berufs-, Arbeits-) Kol'lege *m*, (-)Kol'legin *f*; **2.**⟨*nur m*⟩ *in Südfrankreich* F Kumpel *m*; Kol'lege *m*
coller [kɔle] **I** *v/t* **1.** *Plakat, Tapete* ankleben; *Briefmarke etc* aufkleben; *Stuhlbein etc* anleimen; *zwei Sachen* (zu'sammen)kleben, (-)leimen; *Umschlag etc* zukleben; *Foto auch* aufziehen; *tech cf* **encoller;** *Sache* ⸗ **qc** etw verkleben; *Person* ⸗ **qc dans** etw (ein-) kleben in (+*acc*); ⸗ **une affiche sur** ein Plakat kleben an (+*acc*); ⸗ **un timbre sur** e-e Briefmarke kleben auf (+*acc*); ♦ *adit:* **papiers collés** Col'lage *f*; **être collé** verklebt sein; **être collé à** angeklebt sein an (+*dat*); **2.** *fig Gesicht, Ohr* drücken, pressen (**contre, à** an + *acc*); **son œil au trou de la serrure** sein Auge ans Schlüsselloch drücken; **3.** F *fig:* ⸗ **qc à qn** j-m etw aufbürden, F aufhalsen, aufhängen; ⸗ **une gifle à qn** F j-m eine kleben, schmieren, her'unterhauen, schallern; **il lui a collé son poing dans la figure** F er hat ihm s-e Faust ins Gesicht gepflanzt; ⸗ **qc dans un coin, par terre** F etw in e-n Winkel, auf den Boden schmeißen, pfeffern; ⸗ **qn au mur** F j-n an die Wand stellen (*erschießen*); ⸗ **qn en prison** F j-n einbuchten, einlochen; **4.** F *fig* ⸗ **qn wie** e-e Klette an j-m hängen; **5.** F *bes Schülersprache* **a)** ⸗ **qn** j-n (*mit e-r Frage*) in die Enge treiben; j-m e-e schwierige, knifflige Frage stellen; **b)** *Kandidaten* 'durchfallen, F 'durchrasseln lassen; **être collé, se faire** ⸗ F 'durchfliegen, -rasseln, -segeln; **c)** nachsitzen lassen; F Ar'rest aufbrummen (+*dat*); **être collé** nachsitzen (müssen); F Arrest aufgebrummt bekommen; **6.** *Wein* klären; schönen; **II** *v/t/indir* **7.** ⸗ **à** *Kleid am Körper, Erde an Schuhsohlen etc* kleben, haften an (+*dat*); **8.** *fig: Wort* ⸗ **à la pensée de qn** j-s Gedanken prä'zise, ganz genau, treffend ausdrücken, F 'wiedergeben; *Beschreibung* ⸗ **à la réalité** die Wirklichkeit treffend darstellen; *péj* ⸗ **à un texte** Übersetzung zu wörtlich sein; *Übersetzer* zu sehr am Text, Original kleben; **III** *v/i* **9.** kleben, halten (*auch zwei Sachen*); *Kleid etc* ⸗ (*au corps à qn*) hauteng sein; (j-m) am Körper kleben; **j'ai les doigts qui collent** meine Finger kleben, sind klebrig; **10.** F **ça colle** F es, das klappt; es, das haut hin; **ça ne colle pas entre eux** F das klappt nicht, haut nicht hin bei, zwischen ihnen; **IV** *v/pr* **11.** **se** ⸗ **contre qc, qn, à qc** sich an etw, j-n (an)schmiegen; sich an etw, j-n pressen, drücken; **12.** F: **se** ⸗ **dans un fauteuil** F sich in e-n Sessel hauen; **se** ⸗ **dans la, sa voiture** sich in den, s-n Wagen setzen, F hocken; *Fahrer* F sich hinters Lenkrad klemmen; **se** ⸗ **devant la télévision** F vor den, sich vor den Fernseher hocken; **colle-toi là** F hock dich da hin; **13.** F *péj:* **se** ⸗ **qc** etw anziehen; *Hut* ⸗ **sur la tête** aufsetzen; **se** ⸗ **du noir aux yeux, du rouge à lèvres** F *péj* sich die Augen schwarz, die Lippen (rot) anmalen, anschmieren

collerette [kɔlrɛt] *f* **1.** Halskrause *f*; **2.** *tech* Flansch *m*; Muffe *f*; **3.** *bot* Ringkragen *m*
collet [kɔlɛ] *m* **1.** *nur loc:* Person ⸗ **monté** steif; (sehr) förmlich; **prendre** ⸗, **saisir qn au** ⸗ j-n am Kragen, F Schla'fittchen packen, F kriegen; **2.** *ch* Schlinge *f*; *für Vogelfang* Dohne *f*; **tendre des** ⸗**s** Schlingen legen; **3.** *Fleischerei von Kalb, Hammel* Hals *m*; **4.** *anat* (Zahn)Hals *m*; **5.** *tech* Muffe *f*
colleter [kɔlte] *v/pr* ⟨-tt-⟩ **se** ⸗ sich schlagen, prügeln
coll|eur [kɔlœr] *m* ⸗ **d'affiches** Pla'kat(an)kleber *m*; *österr* Plaka'tierer *m*; **⸗euse** *f* **1.** *tech cf* **encolleuse; 2.** *cin* Klebepresse *f*
colley [kɔlɛ] *od* **collie** [kɔli] *m zo* Collie *m*
collier [kɔlje] *m* **1.** Halsband *n*, -kette *f*; Kolli'er *n*; Kette *f*; *der Ehrenlegion etc* Ordenskette *f*; ⸗ **de fleurs** Blumenkette *f* (*bes Südsee*); ⸗ **de perles** Perlenkette *f*, -kollier *n*, -schnur *f*; **2.** *für Tiere* Halsband *n*; ⸗ **de chien** Hundehalsband *n*; ⸗ **de force** Stachelhalsband *n*; **3.** *für Pferde* Kum(m)et *n*; **cheval m de** ⸗ Zugpferd *n*; **cheval franc de** *od* **du** ⸗ tüchtiges Zugpferd *n*; *fig:* **franc du** ⸗ offen (*im Reden, Handeln*); **donner un coup de** ⸗ sich ins Zeug legen; **reprendre son** ⸗ (**de misère**) wieder ins Joch gespannt werden; **4.** ⸗ (**de barbe**) Krause *f*; Fräse *f*; **5.** *path* ⸗ **de Vénus** Venushalsband *n*; **6.** *zo* andersfarbiger Halsring; **7.** *tech* Schelle *f*; Klemme *f*; Ring *m*; ⸗ **de serrage** Rohrschelle *f*; **8.** *arch e-r Säule* Perlstab *m*, -schnur *f*; **9.** *der Schlachttiere* Hals *m*
collim|ateur [kɔlimatœr] *m opt* Kolli'mator *m*; *F fig* **avoir, prendre qn dans le** ⸗ j-n aufs Korn nehmen; **⸗ation** *f opt* Kollimati'on *f*; **erreur f de** ⸗ Kollimationsfehler *m*
colline [kɔlin] *f* Hügel *m*; *Rom* **la ville aux sept** ⸗**s** die Sieben'hügelstadt
collision [kɔlizjɔ̃] *f* **1.** Zu'sammenstoß *m*; Kollisi'on *f* (*beide auch fig*); Aufein'anderprallen *n*; Zu'sammenprall(en) *m(n)*; *fig* ⸗ **d'intérêts** Inter'essenkollision *f*; ⸗ **en chaîne** Massenkarambolage *f*; Serienunfall *m*; ⸗ **entre** *od* **de deux véhicules** Zusammenstoß zweier Fahrzeuge, zwischen zwei Fahrzeugen; ⸗ **entre forces de police et manifestants** Zusammenstoß zwischen Polizei und Demonstranten; **entrer en** ⸗ (**avec**) zu'sammenstoßen (mit)
collocation [kɔlɔkasjɔ̃] *f* **1.** *jur bei e-r Zwangsversteigerung* **a)** Rangzuweisung *f*; **b)** Rangordnung *f*; **état m de** ⸗ Teilungsplan *m*; **2.** *ling* Kollokati'on *f*
collodion [kɔlɔdjɔ̃] *m chim* Kol'lodium *n*
colloïdal [kɔlɔidal] *adj* ⟨-aux⟩ *chim* kollo'id; kolloi'dal; **état** ⸗ kolloidaler Zustand; **système** ⸗ kolloidales System; Kollo'idsystem *n*
colloïde [kɔlɔid] *m chim* Kollo'id *n*
colloque [kɔlɔk] *m* Kol'loquium *n*; **tenir un** ⸗ ein Kolloquium abhalten
colloquer [kɔlɔke] *v/t jur* ⸗ **les créanciers** die Rangordnung der Gläubiger festsetzen; ⸗ **un créancier** e-m Gläubiger e-n bestimmten Rang einräumen
collus|ion [kɔlyzjɔ̃] *f* **1.** *jur* Kollusi'on *f*; **2.** *allg* abgekartetes Spiel; **⸗oire** *adj jur* **acte m** ⸗ Kollusi'on *f*
collutoire [kɔlytwar] *m phm* Medika'ment *n* zur Mund- und Rachenbehandlung; Mund- und Rachenantiseptikum *n*
colluvion [kɔlyvjɔ̃] *f géol* feine Ablagerung

collyre [kɔlir] *m phm* ⸗ (**aqueux, liquide**) Augentropfen *m/pl; sc* Kol'lyrium *n*; ⸗ **gras, mou** Augensalbe *f*
colmatage [kɔlmataʒ] *m* **1.** *e-s Lecks etc* Abdichten *n*; (Zu)Stopfen *n*; **2.** *von Rohren etc* Verschlammen *n*, -ung *f*; **3.** *mil von Fronteinbrüchen* Abriegeln *n*; **4.** *agr* Kolma'tieren *n*; Kolmati'on *f*
colmater [kɔlmate] **I** *v/t* **1.** *Leck etc* abdichten; zustopfen; **2.** *mil Fronteinbruch* abriegeln; **3.** *agr* kolma'tieren; **II** *v/pr* **se** ⸗ *Rohr etc* verschlammen
colo [kɔlo] *f* F *Kurzwort für* **colonie de vacances**
colobome [kɔlɔbɔm] *m path* Kolo'bom(a) *f*
colocase [kɔlɔkaz] *f bot* Kolo'kasie *f*
colocataire [kɔlɔkatɛr] *m,f* Mitbewohner(in) *m(f)* e-s Mietshauses; Mitmieter (-in) *m(f)*
colombage [kɔlɔ̃baʒ] *m arch* Fachwerk *n*; **maison f à** ⸗ Fachwerkhaus *n*
colombe [kɔlɔ̃b] *f* **1.** *zo* Taube *f* (*auch fig u rel*); *fig* ⸗ **de la paix** Friedenstaube *f*; **2.** *poét von e-m jungen Mädchen: etwa poét* holde Jungfrau; *Kosewort* **ma** ⸗ mein Täubchen; **3.** *bât im Fachwerk* Ständer *m*; Stiel *m*
colombien [kɔlɔ̃bjɛ̃] **I** *adj* kolumbi'anisch; ko'lumbisch; **II** *subst* ⟨-(ne) *m(f)*⟩ Kolumbi'aner(in) *m(f)*; (Ko'lumbier(in) *m(f)*
colombier [kɔlɔ̃bje] *m* **1.** Taubenschlag *m*, -haus *n*; **2.** (Pa'pier)For'mat *n* 60×80 cm (*für Zeitungen*) *bzw* 62×85 cm (*für Plakate*); ⸗ **commercial** (Papier-)Format 63×90 (*für Bücher etc*)
colomb|in [kɔlɔ̃bɛ̃] **I** *adj* taubenblau; **II** *m* **1.** F (*étron*) Kothaufen *m*; F Kaktus *m*; **2.** *zo* Hohltaube *f*; **3.** *minér (ein)* Bleierz *n*; **⸗ine** *f agr* Hühner- und Taubenmist *m*
colombophil|e [kɔlɔ̃bɔfil] **I** *adj bes* **société** ⸗ Brieftaubenzüchterverein *m*; **II** *m,f* Brieftaubenzüchter(in) *m(f)*; **⸗ie** *f* Brieftaubenzucht *f*
colon [kɔlɔ̃] *m* **1.** (An)Siedler *m*; Kolo'nist *m*; **2.** *jur* ⸗ (**partiaire**) Teil-, Halbpächter *m*; **3.** Kind *n* in e-r Ferienkolonie; **4.** *arg mil* (*colonel*) Oberst *m*; F *fig* **ben, mon** ⸗! F da biste platt, von den Socken!
côlon [kɔlɔ̃] *m anat* Grimmdarm *m*; *sc* Kolon *od* Colon *n*; ⸗ **ascendant, descendant** auf-, absteigender Grimmdarm
colonage [kɔlɔnaʒ] *m jur* bail *m* à ⸗ **partiaire** Teil-, Halbpacht(vertrag) *f(m)*
colon|el [kɔlɔnɛl] *m mil* Oberst *m*; **⸗elle** *f* **la** ⸗ **X** die Frau des Obersten X
coloni|al [kɔlɔnjal] ⟨*m/pl* -aux⟩ **I** *adj* koloni'al; Koloni'al…; **casque** ⸗ Tropenhelm *m*; **denrées** ⸗**es** Kolonialwaren *f/pl*; **expansion** ⸗**e** koloniale Ausdehnung, Expansion; **guerre** ⸗**e** Kolonialkrieg *m*; **puissance** ⸗**e** Kolonialmacht *f*; **régime** ⸗ Kolonialsystem *n od* -herrschaft *f*; **troupes** ⸗**es** Kolonialtruppen *f/pl* (*bes frz bis 1958*); **Häuser de style** ⸗ im Kolonialstil; **II** *m* **a)** Angehörige(r) *m* der Koloni'altruppen; **b)** Koloni'albeamte(r) *m*; **⸗ale** *f* Ma'rineinfanterie *f* und -artillerie *f* (*der frz Kolonialtruppen bis 1958*)
colonial|isme [kɔlɔnjalism(ə)] *m péj* Kolonia'lismus *m*; **⸗iste** *péj* **I** *adj* kolonia'listisch; **II** *m* Kolonia'list *m*
colonie [kɔlɔni] *f* **1.** *hist* Kolo'nie *f*; Niederlassung *f*; Siedlung *f*; *pol* Kolo'nie *f*; ⸗ **de la Couronne** Kronkolonie *f*; ⸗ **d'exploitation, de peuplement** Wirtschafts-, Siedlungskolonie *f*; **2.** *fig in e-r Stadt* Kolo'nie *f*; ⸗ **d'artistes** Künstlerkolonie *f*; **3.** ⸗ (**de vacances**) Ferienkolonie *f*, -lager *n*; **partir en** ⸗ in e-e

Ferienkolonie fahren; **4.** *biol* Kolo'nie *f*; ~ **d'abeilles** Bienenvolk *n*; ~ **de termites** Ter'mitenkolonie *f*

colonis|ateur [kɔlɔnizatœr] **I** *adj* ‹**-trice**› koloniza'torisch; koloni'sierend; **États** ~**s** Kolonisa'torenländer *n/pl*; **II** *m* Koloni'sator *m*; ~**ation** *f* Koloni'sierung *f*; Kolonisati'on *f*; Besied(e)lung *f*

coloniser [kɔlɔnize] *v/t* koloni'sieren; besiedeln

colonnade [kɔlɔnad] *f arch* Kolon'nade *f*; Säulenreihe *f*, -gang *m* (*mit geradem Gebälk*)

colonne [kɔlɔn] *f* **1.** *arch* Säule *f* (*auch an Möbeln*); *e-s Betts auch* Pfosten *m*; *par ext* ~ **Morris** Litfaß-, Anschlagsäule *f*; *in Rom* ~ **Trajane** Tra'janssäule *f*; **2.** *fig* Säule *f*; *géol* ~**s basaltiques** Ba'saltsäulen *f/pl*; *phys* ~ **d'air, d'eau, de mercure** Luft-, Wasser-, Quecksilbersäule *f*; ~ **de feu, de fumée** Feuer-, Rauchsäule *f*; *myth, géogr* ~ **d'Hercule** Herkules-, Heraklessäulen *f/pl*; **3.** *tech* **a)** *bât* ~ **montante** Steigleitung *f*, -rohr *n*; **b)** *auto* ~ **de direction** Lenksäule *f*; **c)** *chim* ~ **(de distillation)** (Destillati'ons-) Ko'lonne *f*; Austauschsäule *f*; ~ **à plateaux** Bodenkolonne *f*; **4.** *anat* ~ **vertébrale** Wirbelsäule *f*; Rückgrat *m*; **5.** *in Zeitungen etc* Spalte *f*; Ko'lumne *f*; *von Zahlen* Ko'lonne *f*; ~**s de chiffres** Zahlen-, Zifferkolonnen *f/pl*; ~ **des dizaines** Zehnerkolonne *f*; *par ext* **dans les** ~**s du journal X** in der Zeitung X; **sur deux, trois** ~**s** zwei-, dreispaltig; **sur cinq** ~ **à la une** über fünf Spalten auf der ersten Seite; **6.** *mil u allg* Ko'lonne *f*; *pol* **cinquième** ~ fünfte Kolonne; ~ **de marche, de route** Marschkolonne *f*; ~ **par deux, trois** Zweier-, Dreierkolonne *f*, -reihe *f*

colonnette [kɔlɔnɛt] *f arch* kleine Säule

colophane [kɔlɔfan] *f* Kolo'phonium *n*

coloquinte [kɔlɔkɛt] *f bot* Kolo'quinte *f*

colorant [kɔlɔrɑ̃] **I** *adj* Farb…; **matière** ~**e** Farbstoff *m*; **shampooing** ~ Tönungsshampoo *n*; **II** *m* Farbstoff *m*; Farbe *f*

coloration [kɔlɔrasjɔ̃] *f* **1.** Färbung *f*; Farbe *f*; *par ext* **se faire faire une** ~ sich die Haare färben lassen; *Himmel, See etc* **prendre une** ~ **étrange** e-e seltsame Farbe, Färbung annehmen; sich seltsam färben; **2.** *Vorgang* Färben *n*, -ung *f*

coloratur|e [kɔlɔratyr] *f mus* ~ *od adj* **cantatrice** ~ Kolora'tursängerin *f*

coloré [kɔlɔre] *adj* **1.** *Gesichtsfarbe* gesund; blühend; *vorübergehend* rot; **verre** ~ farbiges, gefärbtes Glas; Farbglas *n*; **2.** *fig Sprache, Stil* farbig; *Anblick, Bild* farbenprächtig; *Bild auch* farbenfroh; **3.** *fig u st/s* ~ **de** gemischt mit; ~ **d'ironie** ironisch gefärbt

colorer [kɔlɔre] **I** *v/t* färben; Farbe geben (+*dat*); ~ **en bleu** blau färben; **II** *v/pr* ~ **sich färben** (**de rouge** rot)

coloriage [kɔlɔrjaʒ] *m* **1.** *von Kindern* Malen *n* (*mit Kreide od Buntstift*); Ausmalen *n* (*von Vorgezeichnetem*); **faire du** ~, **des** ~**s** (mit Kreide *od* Buntstiften) malen; **album** *m* **de** ~**s** Malbuch *n*; **2.** Kolo'rieren *n*, -ung *f*; *mit Tusche* Austuschen *n*

colorier [kɔlɔrje] *v/t* **1.** *Kind: Vorgezeichnetes* ausmalen; *abs* malen; **album** *m* **à** ~ Malbuch *n*; **2.** kolo'rieren; *mit Tusche* austuschen

colori|mètre [kɔlɔrimɛtr(ə)] *m phys, chim* Kolori'meter *n*; ~**métrie** *f* Kolorime'trie *f*

coloris [kɔlɔri] *m* **1.** *peint* Kolo'rit *n*; Farbgebung *f bzw* -wirkung *f*; **2.** *par ext* Farbe *f*; Färbung *f*; **aux riches** ~ farbenprächtig

coloriste [kɔlɔrist] *m* Kolo'rist *m* (*auch peint*)

colossal [kɔlɔsal] **I** *adj* ‹**-aux**› riesenhaft; Riesen…; gewaltig; gi'gantisch; ungeheuer; ~**ssal**; Kolos'sal…; **fortune** ~**e** gewaltiges Vermögen; Riesenvermögen *n*; **statue** ~**e** Kolossalstatue *f*; Riesenstandbild *n*; *Bau* **aux dimensions** ~**es** von gewaltigen, riesenhaften Ausmaßen; riesenhaft; Kolossal…; *Person* **d'une taille** ~**e** riesen-, hünenhaft; **faire un effort** ~ **pour** (+*inf*) sich gewaltig anstrengen, um zu (+*inf*); **II** *subst* **le** ~ das Gi'gantische, Riesenhafte; **goût** *m*, **manie** *f* **du** ~ Neigung *f* zum Gigantischen; *péj* Gigantoma'nie *f*

colossalement [kɔlɔsalmã] *adv* gewaltig; ungeheuer

colosse [kɔlɔs] *m* Ko'loß *m* (*auch fig bes von e-m Menschen*); Kolos'salstatue *f*; Riesenstandbild *n*; *fig von e-m Konzern* Gi'gant *m*; Riese *m*; *fig* ~ **aux pieds d'argile** Koloß auf, mit tönernen Füßen; *Antike* ~ **de Rhodes** Koloß von Rhodos; *Person* **c'est un vrai** ~ er ist ein wahrer Koloß, Hüne

colostrum [kɔlɔstrɔm] *m physiol* Ko'lostrum *n*; Vor-, Erstmilch *f*

colportage [kɔlpɔrtaʒ] *m* **1.** *comm* Hau'sieren *n*; Hau'sierhandel *m*; **2.** *fig von Nachrichten etc* Kolpor'tieren *n*

colport|er [kɔlpɔrte] *v/t* **1.** *comm* hau'sieren (gehen) mit; **2.** *fig Nachricht etc* kolpor'tieren; über'all her'umerzählen; hau'sieren gehen mit; ~**eur** *m*, ~**euse** *f* Hau'sierer(in) *m(f)*

colt [kɔlt] *m* Colt *m*

coltiner [kɔltine] *v/pr* F **se** ~ **tout le travail** F sich die ganze Arbeit aufhalsen, auf den Buckel laden

colubridés [kɔlybride] *m/pl zo* Nattern *f/pl*

columbarium [kɔlɔ̄barjɔm] *m* Urnenhalle *f*; *arch* Kolum'barium *n*

columelle [kɔlymɛl] *f biol* Kolu'mella *f*

columérien [kɔlymerjɛ̃] *adj* ‹~**ne**› (*u subst* ♀ Einwohner) von Coulommiers

colure [kɔlyr] *m astr* Ko'lur *m*

col-vert [kɔlvɛr] *m zo* ‹*pl* **cols-verts**› Stockente *f*

colza [kɔlza] *m agr* Raps *m*; **huile** *f* **de** ~ Raps-, Rüböl *n*

coma [kɔma] *m path* tiefe Bewußtlosigkeit; *sc* Koma *n*; ~ **diabétique** Zuckerkoma *n*; *sc* Coma dia'beticum *n*; **entrer dans le** ~ in tiefe Bewußtlosigkeit versinken; **être dans le** ~ im Koma sein; **sortir du** ~ aus dem Koma erwachen

comandataire [kɔmãdatɛr] *m* Mitbeauftragte(r) *m*; Mitbevollmächtigte(r) *m*

comateux [kɔmatø] *path* **I** *adj* ‹**-euse**› koma'tös; **état** ~ komatöser Zustand; Koma *n*; **II** *m* Kranke(r) *m*, Pati'ent *m im* Koma

combat [kɔ̄ba] *m* Kampf *m* (*auch fig u sports*); *mil auch* Gefecht *n*; *fig auch* (innerer) 'Widerstreit; ♦ ~ **aérien** Luftkampf *m*; ~ **naval** Seegefecht *n*, -schlacht *f*; *litt* ~ **singulier** Zweikampf *m*; ~ **terrestre** Erdkampf *m*; ~ **de boxe, de coqs** Box-, Hahnenkampf *m*; *Antike* ~ **de gladiateurs** Gladia'torenkampf *m*; ~**s de rues** *mil, allg* Straßenkämpfe *m/pl*; *allg auch* Straßenschlachten *f/pl*; *fig u st/s* **le** ~ **de la force et de la justice** der Kampf der Macht mit der, gegen die Gerechtigkeit; ♦ *loc/adj*: *mil* **de** ~ Kampf…; **avion** *m* **de** ~ Kampfflugzeug *m*; *mil u fig* '**hors de** ~ außer Gefecht; kampfunfähig; **mettre 'hors de** ~ außer Gefecht setzen; kampfunfähig machen; **être (mis) 'hors de** ~ außer Gefecht gesetzt sein; kampfunfähig sein; ♦ *plais* **et le** ~ **cessa faute de combattants** die Schlägerei war vorbei,

weil alle kampfunfähig waren; *par ext* die Diskussion war vorbei, weil niemand mehr etwas einfiel; *mil* **livrer (un)** ~ e-e Schlacht schlagen, liefern; *fig* **livrer** ~ **à qc** etw bekämpfen; gegen etw kämpfen; *mil* **marcher au** ~ in den Kampf ziehen

combatif [kɔ̄batif] **I** *adj* ‹**-ive**› *mil, allg* kämpferisch; kampf(es)lustig; **être** ~ kämpferisch (veranlagt), kampf(es)lustig, e-e Kampfnatur sein; Kampfgeist haben; **II** *m* Kämpfernatur *f*

combativité [kɔ̄bativite] *f mil, allg* Kampfgeist *m*; *allg auch* Kampf(es)lust *f*; *mil auch* Kampfkraft *f*; **faire preuve de** ~ Kampfgeist zeigen; sich kampf(es)lustig zeigen

combattant [kɔ̄batã] **I** *adj mil* kämpfend; Kampf…; **troupes** ~**es** kämpfende Truppe(n) *f(pl)*; Kampftruppen *f/pl*; **II** *m* **1.** *mil* Sol'dat *m im* Kampf; Frontsoldat *m*; Kombat'tant *m*; ~**s** *pl* kämpfende Truppe(n) *f(pl)*; **2.** **ancien** ~ (ehemaliger) Kriegsteilnehmer, Frontkämpfer; **association** *f* **des anciens** ~**s** Verband *m* der ehemaligen Kriegsteilnehmer; **3.** *allg* Kämpfende(r) *m*; **séparer les** ~**s** die Streitenden, Kämpfenden, F Kampfhähne trennen; **4.** *zo* **a)** Kampffisch *m*; **b)** Kampfläufer *m*; **c)** Kampfhuhn *n*

combattre [kɔ̄batr(ə)] ‹*cf* **battre**› **I** *v/t* ~ **qn, qc** j-n, etw bekämpfen; gegen j-n, etw kämpfen; gegen j-n fechten, *st/s* streiten; gegen etw ankämpfen; ~ **qn victorieusement** gegen j-n siegreich kämpfen; j-n besiegen; über j-n siegen; **II** *v/t/indir u v/i* kämpfen, *st/s* streiten (**contre gegen**); ~ **contre qn, qc** *auch* j-n, etw bekämpfen; ~ **pour le, son droit** für das, um sein Recht kämpfen; **en état de** ~ kampffähig; **III** *v/pr* **se** ~ sich, ein'ander bekämpfen; gegenein'ander kämpfen

combe [kɔ̄b] *f géogr* Erosi'onstal *n* (*im Jura*)

combien [kɔ̄bjɛ̃] **I** *adv* **1.** '**wieviel** *od* wie'viel; ♦ *mit de + subst*: ~ **d'années ont passé depuis** …! wieviel, wie viele Jahre …!; ~ **de fois** wie oft; wievielmal; wie viele Male; ~ **de fois lui ai-je dit** … *od* je lui ai répété ~ **de fois** … wie oft habe ich ihm gesagt …; ich habe ihm schon hundertmal gesagt …; ~ **y a-t-il de participants** *od* ~ **de participants y a-t-il?** wieviel, wie viele Teilnehmer sind es?; ~ **de jours** *restez-vous?* wieviel Tage …?; ~ **de temps** wie lang(e); wieviel Zeit; ~ **de temps** *restez-vous?* wie lange …?; **depuis** ~ **de temps êtes-vous là?** wie lange sind Sie schon da?; **seit wann sind Sie da?**; **pour** ~ **de temps?** für wie lange?; ♦ *loc/adv* **à** ~ auf wieviel; **à** ~ **évaluez-vous** …? (auf) wie hoch, auf wieviel schätzen Sie …?; **à** ~ **cela vous est-il revenu?** wieviel, was haben Sie dafür bezahlt?; auf wieviel ist Sie das zu stehen gekommen?; ♦ *mit Verb*: ~ **y a-t-il jusqu'à** …? wie weit ist es bis …?; ~ **coûte** …? wieviel, was kostet …?; ~ **vous dois-je?** *od* **je vous dois** …? was ich (Ihnen) schuldig?; wieviel schulde ich Ihnen?; ~ **sont-ils?** *od* F ~ **qu'ils sont?** wieviel, wie viele sind es?; F **ça fait** ~? wieviel macht das?; das macht wieviel?; ~ **mesure** …? wie groß ist …?; ~ **pèse** …? wieviel wiegt …? wie schwer ist …?; ~ **en a-t-on vus qui** … wie viele gab es, hat es gegeben, die …; wie viele …; **2.** wie sehr; wie viel; *mit adj*; *st/s* ~ **rares sont** …! wie selten sind …!; *tu ne sais pas* ~ **je regrette** …, ~ **il a souffert** … wie sehr er es bedauert, wie sehr *od* wie viel er gelitten hat; *eingeschoben st/s* ♂ ~! oh, so

sehr!; **II** *subst* **1.** le ~ der Wievielte (*Monatstag*); le ~ sommes-nous? *od* F c'est le ~ (aujourd'hui)? der Wievielte ist, den Wievielten haben wir heute?; **2.** F tu es le, la ~? der, die wievielte bist du?; F *Bus, Zug* il vient, passe tous les ~? wie oft, in welchen Abständen fährt er?

combientième [kõbjɛ̃tjɛm] F **I** *adj* wievielte(r, -s); **II** *subst* le, la ~ der, die, das wievielte; il est arrivé le ~? als wievielte ist er angekommen?

combinaison [kõbinɛzõ] f **1.** Kombinati'on f (*auch math u mus* e-r Orgel); Zu'sammenstellung f; *chim* Verbindung f (*Vorgang u Ergebnis*); e-s Tresors etc (Buchstaben-, Zahlen)Kombinati'on f; ~ ministérielle Zu'sammensetzung f der Regierung; ~ de chiffres Zahlenkombination f; ~ de couleurs Farbkombination f, -zusammenstellung f; **2.** *fig* Mittel n; Kniff m; Trick m; *péj* ~s *pl* Praktiken f/pl; Machenschaften f/pl; F *péj* krumme Tour(en) f(pl); **3. a)** Overall m; Kombinati'on f; ~ spatiale Raumanzug m; *für Säuglinge* ~ à pieds Strampelanzug m; *d'aviateur*, de pilote, de vol Fliegerkombination f; ~ de mécanicien Mon'teuranzug m; **b)** *für Frauen* 'Unterkleid n, -rock m

combinard [kõbinar] F *péj adj* durch'trieben; F gerissen; ge'rieben; *auch subst* c'est un ~ *od* il est ~ F er ist mit allen Wassern gewaschen, ein Schla'winer

combinat [kõbina] m in sozialistischen Ländern Kombi'nat n

combinateur [kõbinatœr] m **1.** *ch de fer* e-s Stellwerks Hebelbank f; **2.** *Straßenbahn etc* Fahrschalter m; Kon'troller m

combinatoire [kõbinatwar] *adj* kombina'torisch; *math* analyse f ~ Kombina'torik f; *ling* changement m ~ kombinatorischer Lautwandel; variante f ~ kombinatorische Variante

combine [kõbin] f F *oft péj* Trick m; Kniff m; F Dreh m; Masche f; connaître la ~ F den Trick, Kniff, Dreh raushaben; être dans la ~ Bescheid wissen; eingeweiht sein; **2.** 'Unterkleid n, -rock m

combiné [kõbine] **I** *adj* kombi'niert, verbunden (*auch mil*); **II** m **1.** *tél* Hörer m; **2.** *chim* Verbindung f; **3.** *Ski* ~ (alpin) al'pine Kombinati'on; ~ nordique nordische Kombination; **4.** *für Frauen* Korse'lett n; **5.** *aviat* Kombinati'onstragschrauber m; **6.** Radio n mit Plattenspieler; Radio-Phono-Kombination f

combiner [kõbine] **I** *v/t* **1.** kombi'nieren; zu'sammenstellen; anordnen; **2.** *chim* verbinden; **3.** *fig* (vorbereiten und) organi'sieren; ausarbeiten; arran'gieren; **II** *v/pr* se ~ **4.** *chim* sich verbinden; e-e Verbindung eingehen; **5.** *fig* ça s'est bien combiné das hat sich gut gefügt

comblanchien [kõblɑ̃ʃjɛ̃] m *minér, bât* (*Art*) harter Kalkstein

comble[1] [kõbl(ə)] m **1.** *fig* Gipfel m; Höhepunkt m; le ~ de l'insolence der Gipfel der Unverschämtheit; pour ~ de malheur, de malchance, d'infortune, de misère um das Unglück 'vollzumachen; zu allem 'Überfluß, Unglück; oben'drein; c'est le, un ~! das ist doch die Höhe, der Gipfel!; F das schlägt dem Faß den Boden aus!; *iron* le ~, c'est que ... und was das allerschönste ist ...; c'était le ~ du ridicule das war der Gipfel der Lächerlichkeit; F das war das allerletzte; sa colère était à son ~ sein Zorn hatte den Siedepunkt erreicht; sa joie était à son ~ sein Glück war vollkommen; être au ~ du désespoir zu'tiefst verzweifelt sein; être au ~ de la joie 'überglücklich, selig

sein; in (Glück)Seligkeit schwimmen; F sich wie ein Schneekönig freuen; être au ~ de la surprise höchst, äußerst über'rascht, wie vom Donner gerührt sein; mettre un ~ à la confusion die Verwirrung 'vollständig machen; mettre un ~ au désespoir, à la joie de qn j-n in tiefste Verzweiflung stürzen, j-n 'überglücklich machen; mettre qn au ~ de l'exaspération j-n aufs äußerste reizen, erbittern; **2.** *bât* Dach(form) n(f); Dachstuhl m; ~s *pl* Dachgeschoß n; ~ brisé *od* à la Mansart Man'sard(en)dach n; ~ pyramidal *od* en pavillon Pyra'miden-, Zeltdach n; ~ en croupe Walmdach n; *loc/adv* de fond en ~ *cf* fond 1. u 4.; wohnen sous les ~s unter dem Dach; im Dachgeschoß; in e-r Dachwohnung; e-r Mansarde; aménager les ~s das Dachgeschoß ausbauen

comble[2] [kõbl(ə)] *adj* Saal, Kino (ge-drängt) voll; Zug, Bus über'füllt; 'voll (-besetzt); *fig* la mesure est ~ das Maß ist voll; faire salle ~ ein volles Haus, volle Häuser bringen; jouer devant une salle ~ vor ausverkauftem, vollbesetztem Haus spielen

comblement [kõbləmɑ̃] m von Gräben, Löchern etc Zuschütten n; Auffüllen n

combler [kõble] *v/t* **1.** Graben, Loch etc zuschütten; auffüllen; **2.** *fig*: Lücke ausfüllen; schließen; Defizit ausgleichen; Rückstand aufholen; ~ un manque e-n Mangel abhelfen; ~ la mesure das Maß 'vollmachen; avoir un énorme retard à ~ e-n gewaltigen Nachholbedarf, Rückstand haben; **3.** Wunsch, Hoffnung erfüllen; Bedürfnis befriedigen; ~ qn j-s Wünsche, Hoffnungen in reichem Maß erfüllen; *auch* j-n ('über)glücklich machen; ~ qn de qc j-n mit etw über'schütten, über'häufen; ~ qn de joie j-n mit Freude erfüllen; *meist plais* als Dank vous me comblez! Sie verwöhnen mich!; *plais* womit hab' ich das verdient!; ◆ *adjt*: être comblé äußerst zu'frieden, p/fort ('über)glücklich sein; comblé d'honneurs mit Ehren über'häuft

comburant [kõbyrɑ̃] *adj u subst m chim* (corps m) ~ Oxydati'onsmittel n

combustibilité [kõbystibilite] f Brennbarkeit f

combustible [kõbystibl(ə)] **I** *adj* brennbar; entzündlich, -bar; corps m ~ Brennstoff m; *phys atom* élément m ~ Brenn(stoff)element n; **II** m Brennstoff m; ~s artificiels, gazeux, liquides, naturels künstliche, gasförmige, flüssige, natürliche Brennstoffe; ~ nucléaire Kernbrennstoff m; ~s solides feste Brennstoffe

combustion [kõbystjõ] f **1.** *chim, tech* Verbrennung f; Verbrennen n; ~ (in)complète (un)vollkommene Verbrennung; ~ lente stille Oxydati'on; ~ vive (eigentliche) Verbrennung; moteur m à ~ interne Verbrennungsmotor m; produit de ~ Verbrennungsprodukt n; **2.** *physiol* (organique) Verbrennung f

comédie [kɔmedi] f **1.** *thé* Ko'mödie f (auch als Gattung); Lustspiel n; in Zssgn auch Stück n; 'haute ~ Komödie mit höherem Niveau, mit Aussage; ~ musicale Musical ['mju:zikəl] n; früher à ariettes, à couplets komische Oper; ~ de caractère(s) Cha'rakterkomödie f; ~ d'intrigue In'trigenstück n; ~ de mœurs Sittenkomödie f; ~ en vers Verskomödie f; jouer la ~ (The'ater-) Schauspieler sein; The'ater spielen (*auch* **2.**); **2.** *fig* The'ater n; Schauspiele'rei f; F (Affen)Zirkus m; Affentheater n; F quelle ~! F so ein Affentheater,

-zirkus!; F pas de ~!kein Theater, Getue bitte!; *meist zu Kindern* cesse tes ~s! hör auf mit dem, diesem Theater!; c'est de la ~ das ist nur Theater, geheuchelt, F Mache; F faire toute une ~ ein Drama daraus machen; F e-n Affenzirkus, ein Affentheater machen; jouer la ~ schauspielern; Komödie, (nur) Theater spielen; jouer bien la ~ *auch* sich gut verstellen können; jouer la ~ du désespoir Verzweiflung heucheln; Verzweiflung vorspielen (à qn j-m); den Verzweifelten spielen

comédie-ballet [kɔmedibalɛ] f ‹*pl* comédies-ballets› *thé* Bal'lettkomödie f

Comédie-Française [kɔmedifrɑ̃sɛz] f **a)** Comédie Fran'çaise f (*Nationaltheater in Paris*); **b)** *cf* comédiens-français

coméd|ien [kɔmedjɛ̃] m, ~ienne f **1. a)** (The'ater)Schauspieler(in) m(f); früher Komödi'ant(in) m(f); troupe f de comédiens The'atertruppe f; En'semble n; **b)** in Ko'mödien spielender Schauspieler, spielende Schauspielerin m(f), **2.** *fig* Komödi'ant m(f); Schauspieler(in) m(f); c'est un vrai, *adjt* il est très comédien **a)** er schauspielert gern; er setzt sich gern in Szene; **b)** er ist ein Heuchler, Komödiant; er spielt immer Theater

comédiens-français [kɔmedjɛ̃frɑ̃sɛ] m/pl (Société f des) ~ ständige Mitglieder n/pl der Comédie Française

comédon [kɔmedõ] m Mitesser m; *sc* Komedo m

comestible [kɔmɛstibl(ə)] **I** *adj* eßbar; genießbar; champignon m ~ Speisepilz m; **II** m/pl ~s Eßwaren f/pl; Nahrungs-, Lebensmittel n/pl

cométaire [kɔmetɛr] *adj astr* Ko'meten...

comète [kɔmɛt] f **1.** *astr* Ko'met m; année f de la ~ n in dem der Komet zu sehen ist; *fig* tirer des plans sur la ~ Luftschlösser bauen; **2.** *Buchbinderei* Kapi'talband n mit nur e-r Raupe

comice [kɔmis] m **1.** ~s *pl* im alten Rom Ko'mitien pl; **2. a)** ~s agricoles landwirtschaftlicher Verband (*zur Verbesserung der Produktion*); **b)** ~ agricole *etwa* Landwirtschaftsmesse f, -ausstellung f

comics [kɔmiks] m/pl Comics pl; Comic strips pl

comique [kɔmik] **I** *adj* **1.** *thé, cin* ko-misch; Ko'mödien...; Lustspiel...; acteur m ~ Komiker m; Darsteller m komischer Rollen; auteur m ~ Komödien-, Lustspieldichter m; Verfasser m von Komödien; genre m, théâtre m ~ Komödie f (*als Gattung*); personnage m ~ lustige, komische Person; pièce f ~ Komödie f (im weitesten Sinn); rôle m ~ komische Rolle; **2.** *allg* komisch; spaßig; lustig; ulkig; drollig; **II** m **1.** *thé, cin* a-cteur m ~ Komiker; Komische(s) n; ~ de caractère, de mots, de situation Cha'rakter-, Wort-, Situati'onskomik f; le ~ d'une scène die Komik e-r Szene; **b)** Ko'mödie f (*als Gattung*); **c)** komische Rolle; ~s pl auch komisches Fach; **d)** Komiker m; Darsteller m komischer Rollen; **e)** Ko'mödien-, Lustspieldichter m; Verfasser m von Ko'mödien; **2.** *allg* Komik f; Komische(s) n; Spaßige(s) n; Lustige(s) n; Ulkige(s) n; Drollige(s) n

comité [kɔmite] m Ausschuß m; Komi-'tee n; Kommissi'on f; Gremium n; ~ central *pol* Zen'tralkomitee n (abr ZK); *allg* Zen'tralausschuß m; ~ consultatif beratender Ausschuß; Beirat m; ~ directeur Vorstand m; Lenkungsausschuß m; leitendes Gremium; ~ électoral Wahlausschuß m, -komitee n; ~ exécutif Exeku'tivausschuß m, -komi-

tee *n*; ~ **organisateur** Organisati'onskomitee *n*; *par ext* ~ **secret** nichtöffentliche (Parla'ments)Sitzung; **en** ~ **secret** in nichtöffentlicher Sitzung; ~ **d'action** Akti'onskomitee *n*; ~ **de conciliation** Schlichtungsstelle *f*; ~ **de coordination** Koordi'nierungsausschuß *m*; ~ **de défense** *etwa* Inter'essengemeinschaft *f*; ~ **d'entreprise** *etwa* Betriebsrat *m*; ~ **d'études** Studien-, Planungsausschuß *m*. -kommission *f*; ~ **des fêtes** Festausschuß *m*. -komitee *n*; *thé* ~ **de lecture** Prüfungsausschuß *m* -komitee *n*; ~ **de liaison** Verbindungsausschuß *m*; ~ **de rédaction** Redakti'on(sstab) *f(m)*; *hist* ♀ **de salut public** Wohlfahrtsausschuß *m*; ~ **de soutien** Unter'stützungsausschuß *m*; Hilfskomitee *n*; *loc/adv* **en petit** ~ in engstem, kleinem Kreis; **nous serons en petit** ~ *auch* wir werden ganz unter uns sein

comma [kɔma] *m mus* Komma *n*

commandant [kɔmãdã] *m* **1.** *mil* **a)** *Dienstgrad* Ma'jor *m*; **b)** *Dienststellung* Komman'deur *m*; *auf e-m Kriegsschiff* Komman'dant *m*; *aviat e-r* Staffel Kapi-'tän *m*; ~ **d'armes** Standortälteste(r) *m*; ~ **de bataillon** Batail'lonskommandeur *m*; ~ **de compagnie** Kompa'niechef *m*; ~ **d'escadre** *mar* Geschwaderkommandeur *m*; *aviat* Geschwaderkommodore *m*; ~ **de place** Ortskommandant *m*; ~ **de régiment** Regi'mentskommandeur *m*; ~ **en chef** Befehlshaber *m*; Komman'dierender Gene'ral; **en chef des forces armées** Oberbefehlshaber *m*; **2.** *mar* Kapi'tän *m*; *aviat* ~ **de bord** Flugkapitän *m*

commandante [kɔmãdãt] *f* la ~ X die Frau des Majors X

commande [kɔmãd] *f* **1.** *bes comm* Bestellung *f* (*auch bestellte Ware, Arbeit*); Auftrag *m*; Auftragserteilung *f*; *loc/adv* **à la** ~ bei Bestellung; *loc/adj* **de** ~ a) Bestell...; Auftrags...; b) *fig Lächeln, Optimismus etc* zur Schau getragen; gespielt; **montrer un optimisme de** ~ Zweckoptimismus zur Schau tragen; *loc/adv* **sur** ~ a) auf Bestellung; b) *fig auf* Befehl, Kom'mando; **faire, passer une** ~ **à qn** bei j-m e-e Bestellung aufgeben, machen; j-m e-n Auftrag erteilen; **2.** *tech* **a)** Antrieb *m*; ~ **directe, individuelle** Einzelantrieb *m*; ~ **électrique** elektrischer Antrieb; **b)** Steuerung *f* (*auch Kybernetik*); Lenkung *f*; Bedienung *f*; Schaltung *f*; *aviat auch* Steuerwerk *n*; ~ **automatique** automatische Steuerung; *aviat, auto* **double** ~ *cf* **double-commande**; ~ **à distance** Fernsteuerung *f*. -lenkung *f*; ~ **à programme** Programmsteuerung *f*; *aviat* ~ **de direction, de profondeur** Seiten-, Höhensteuer(ung) *n(f)*; ~ **machine-outil** *f* à ~ **numérique** numerisch gesteuerte Werkzeugmaschine; *loc/adj* **de** ~ Steuer-, Schalt-, Bedienungs...; **être aux** ~**s** steuern; lenken; **se mettre aux** ~**s**, **prendre les** ~**s** *Pilot* sich auf den Pi'lotensitz setzen; *fig* die Führung, das Steuer (*e-s Unternehmens*) über'nehmen

commandement [kɔmãdmã] *m* **1.** *mil* **a)** (*einzelner*) Befehl; Kom'mando *n*; ~ **préparatoire, d'exécution** Ankündigungs-, Ausführungskommando *n*; *par ext* **ton** *m* **de** ~ Befehlston *m*; gebieterischer Ton; **à mon** ~, ...! auf mein Kommando. ...!; *par ext* **avoir l'habitude du** ~ gewohnt sein zu befehlen; **b)** Befehl(sgewalt) *m(f)*, Kom'mando(gewalt) *n(f)* (**d'une armée** über e-e Armee); Führung *f* (e-r Armee); ~ **d'une compagnie** Führung *f* e-r Kompanie; **assumer, prendre le** ~ (**d'une ar-**

mée) das Kommando, den Befehl (**über** e-e Armee) über'nehmen; **avoir le** ~ **sur une** *od* **exercer le** ~ **d'une armée** e-e Armee befehligen; den Befehl über e-e Armee haben, führen; **être sous le** ~ **de qn** unter j-s Befehl, Kommando stehen; **von** j-m **befehligt werden; c)** Kom'mando(behörde) *n(f)*; **'haut** ~, ~ **suprême** Oberkommando *n*; ~ **suprême allié** Alliiertes Oberkommando; *NATO* ~ **supérieur des forces alliées en Europe** Alliierter Oberbefehlshaber Europa; **2.** *rel* Gebot *n*; *bibl* **les dix** ~**s** *od* **les** ~**s de Dieu** die Zehn Gebote *n/pl*; *égl cath* ~ **de l'Église** Gebot der Kirche; **3.** *jur* ~ (**de payer**) durch den Gerichtsvollzieher zugestellter Zahlungsbefehl; **4.** *sports* **être au** ~ in Führung liegen

commander [kɔmãde] **I** *v/t* **1.** *comm, im Café etc* ~ etw bestellen; comm auch in Auftrag geben (**à qn** bei j-m); **2. a)** *mil Truppen, Armee, Regiment etc* komman'dieren; befehligen; den Befehl haben, führen über (*+acc*); *Schiff auch* führen; Komman'dant sein (*+gén*); **général commandant un corps d'armée** Kommandierender General (*e-s Armeekorps*); **général commandant la région** *etwa* Befehlshaber *m* des Wehrbereichskommandos; *par ext* Arbeitsteam, *Expedition etc* führen; leiten; die Führung, Leitung haben (*+gén*); **c)** ~ **qn** j-n komman'dieren; j-m befehlen; F j-n her'umkommandieren; **il n'aime pas qu'on le commande** er läßt sich nicht gern befehlen, F herumkommandieren; **3.** *bes mil Angriff, Rückzug etc* befehlen; den Befehl geben zu; *allg Maßnahmen etc* anordnen; **4.** *mil u allg* (durch s-e Lage) beherrschen; *Festung, Stadt etc* ~ **l'accès à qc** den Zugang zu etw beherrschen, kontrol'lieren; **5.** *fig Lage:* Geduld, Mut etc erfordern; verlangen; erforderlich machen; *Person: Bewunderung, Achtung etc* abnötigen (**à qn** j-m); ~ **que** (*+subj*) verlangen, erfordern, daß ...; **6.** *tech* betätigen; bedienen; steuern; wirken auf (*+acc*); antreiben; *physiol* ~ **les mouvements** die Bewegungen steuern; **II** *v/t/indir* **7.** ~ **à qn** *auch mil* j-m befehlen; j-n komman'dieren; ~ **à qn de** (*+inf*) *od* **que** ... (*+subj*) j-m befehlen, den Befehl geben zu (*+inf*); *mil* ~ **à une armée, compagnie,** *etc* e-e Armee befehligen; Befehlshaber e-r Armee sein; e-e Kompanie führen; **8.** *fig* ~ **à ses passions, sentiments,** *etc* s-e Leidenschaften, Gefühle *etc* beherrschen; **III** *v/i* befehlen; den Befehl, das Kom'mando haben, führen; **qui est-ce qui commande ici?** *auch* wer sagt hier das Befehle?; **IV** *v/pr Gefühle* **ne pas se** ~ sich nicht erzwingen lassen

commanderie [kɔmãdri] *f hist* Komtu'rei *f*

commandeur [kɔmãdœr] *m* **1.** *hist e-s Ritterordens* Kom'tur *m*; **2.** *e-s Verdienstordens* Kom'tur *m*; Komman-'deur *m*

commanditaire [kɔmãditɛr] *m comm* ~ *od adit* **associé** *m* ~ Kommandi'tist *m*; *schweiz* Kommandi'tär *m*

commandite [kɔmãdit] *f* **1.** *comm* **a)** **société** *f* **en** ~ (**simple**) Komman'ditgesellschaft *f* (*abr* KG); **société** *f* **en** ~ **par actions** Kommanditgesellschaft *f* auf Aktien (*abr* KGaA); **b)** Komman'diteinlage *f*; **2.** Kollek'tiv *n* von Setzern, die auf eigene Rechnung für e-n Drucker arbeiten

commandité [kɔmãdite] *m comm* Komplemen'tär *m*

commanditer [kɔmãdite] *v/t comm* ~ **une entreprise** ein Unter'nehmen

finan'zieren; **Kapi'tal in ein** Unter'nehmen einbringen

commando [kɔmãdo] *m mil, von Terroristen etc* **a)** Kom'mando *n*, *von Terroristen auch* Gruppe *f*; action *f*, opéra- tion *f* **de** ~ Kommandounternehmen *n*; **b)** Mitglied *n* e-s Kom'mandos

comme [kɔm] **I** *conj* **1.** *zum Vergleichen* wie; (eben)so wie; **tout** ~ genau(so), ebenso, gerade(so) wie; **ce n'est pas terminé, mais c'est tout** ~ es ist so gut wie, fast, beinahe, praktisch fertig; **a)** *mit subst:* ~ **son frère** (ebenso) wie sein Bruder; **et moi,** ~ **un idiot,** ... F und ich, blöd, wie ich bin, ...; und ich, Idiot, der ich bin, ...; **blanc** ~ **neige** weiß wie Schnee; schneeweiß; *il oubliera cela* (**tout**) ~ **le reste** ... (genauso) wie alles übrige; ♦ *in Aufzählungen: les animaux domestiques* ~ **le chien, le chat** ... wie (zum Beispiel) der Hund, die Katze; ♦ *abschwächend: j'ai entendu* ~ **une explosion** ... so etwas wie e-e Explosion; **j'ai** ~ **une idée que** ... ich habe so e-e Ahnung, (so) ein dunkles Gefühl, daß ...; **b)** *mit pr:* **l'un** ~ **l'autre parlent** ... der eine wie der andere sprechen ...; ~ **cela,** F ~ **ça** *cf* **ça** 1.; *un homme* ~ **lui** ... wie er; F ~ **qui dirait** *cf* **dire** 1. d); ~ **quoi** *cf* **quoi** II 1.b); ~ **tout** *cf* **tout** II 1.; **c)** *mit adv u adj:* ~ **autrefois** wie früher; *la ville était* ~ **morte** ... wie ausgestorben; **d)** *mit conj:* ~ **lorsque** *cf* **quand**; *il fit un geste* ~ **pour m'interrompre** ... als wollte er mich unter'brechen; ... als ob er mich unter'brechen wollte; ~ **quand:** ... **quand j'étais petite** so wie damals, als ich klein war; ~ **quand il fait de l'orage** so wie bei (e-m) Gewitter; ~ **si** als ob; F als wenn; ~ **s'il ne le savait pas** als ob er es nicht wüßte; **e)** *mit Verb:* ~ **elle le croit** wie sie glaubt; **faites** ~ **il vous plaira** machen Sie es, wie Sie wollen; ~ **vous voulez** *od* **voudrez** wie Sie wollen; **II** *conj* **1.** *zeitlich* als; ~ **nous partions** als wir aufbrachen; **2.** *kausal* da; ~ **je n'avais pas le temps** da ich keine Zeit hatte; **III** *adv* **1.** *bes in Ausrufen* wie; wie sehr; F ~ **vous y allez!** F na, Sie sind (vielleicht) gut!; **tu sais,** ~ **est du** weißt, wie er ist; ~ **c'est laid!** wie häßlich das ist! Dieu sait ~! weiß der Himmel *od* Teufel, wie!; aber wie!; **il faut voir** ~! das muß man gesehen haben!; aber wie!; **2.** *qualifizierend* als; ~ **collègue,** *il est très agréable* als Kollege ...; ~ **metteur en scène et** ~ **acteur** sowohl als Regisseur wie auch als Schauspieler; **c'est très intéressant** ~ **travail** es ist e-e sehr interessante Arbeit

commedia dell'arte [kɔmedjadɛlarte] *f thé* Com'media dell'arte *f*

commémoraison [kɔmemɔrɛzõ] *f égl cath* Commemo'ratio *f*

commémoratif [kɔmemɔratif] *adj* <**-ive**> Gedenk...; Gedächtnis...; **cérémonie commémorative** Gedenk-, Gedächtnisfeier *f*; **jour** ~ Gedenktag *m*; **monument** ~ Denkmal *n* (*im engeren Sinn*); **pierre commémorative** Gedenkstein *m*

commémoration [kɔmemɔrasjõ] *f* **1.** Gedenken *n*; *st/s* Gedächtnis *n*; **en** ~ **de** zum Gedenken an (*+acc*); **2.** Gedächtnis-, Gedenkfeier *f*

commémorer [kɔmemɔre] *v/t* (mit e-r Feier) gedenken (*+gén*); feierlich begehen

commençant [kɔmãsã] *m,* ~**ante** *f* Anfänger(in) *m(f)*

commencement [kɔmãsmã] *m* Anfang *m* (*zeitlich u räumlich*); Beginn *m* (*zeitlich*); *jur* ~ **d'exécution** Anfang der Ausführung; ~ **d'incendie** beginnender Brand; ~ **du monde** Entste-

hung *f* der Welt; *jur* ~ de preuve par écrit Beginn e-s Urkundenbeweises; ~ des temps Beginn, Anfang der Zeiten; *loc/adv* au ~ am Anfang (*auch bibl*) zu, bei Beginn; anfangs; anfänglich; *bibl auch* im Anfang; *bibl* au ~ était le Verbe im Anfang war das Wort; *loc/prép* au ~ de am Anfang (+*gén*); *loc/adv*: du ~ à la fin von Anfang bis (zu) Ende; vom Anfang bis zum Ende; depuis le ~ von Anfang, Beginn an; seit dem Anfang, Beginn, dès le ~ schon zu, bei Beginn, am Anfang; von Anfang an; c'est le ~ de la fin das ist der Anfang vom Ende; Dieu est le ~ de toutes choses … ist der Anfang aller Dinge; *loc/prov* il y a (un) ~ à tout es ist noch kein Meister vom Himmel gefallen (*loc/prov*)

commencer[kɔmãse] ⟨-ç-⟩ **I** *v/t* **1.** *Person* ~ qc (mit) etw beginnen, anfangen; ~ des, ses études das, sein, mit dem Studium anfangen, beginnen; *mil* ~ le feu das Feuer eröffnen; nous avions commencé les 'hors-d'œuvre wir hatten mit der Vorspeise begonnen; wir waren gerade bei der Vorspeise; ~ la lecture d'un roman e-n Roman zu lesen beginnen; mit der Lektüre e-s Romans beginnen, anfangen; ~ un roman e-n Roman (zu lesen *bzw* schreiben) beginnen, anfangen; mit e-m Roman beginnen; ♦ ~ qc par qc etw mit etw beginnen, anfangen; ~ son discours par … s-e Rede mit … beginnen, einleiten; ~ sa journée par … den Tag mit … beginnen, anfangen; **2.** *Sache* ~ qc an Anfang e-r Sache (*gén*) stehen; den Auftakt zu etw bilden; etw einleiten; *un spectacle de danse* commence le festival die Festspiele beginnen mit …; … bildet den Auftakt zu den Festspielen, leitet die Festspiele ein; *Wort* ~ une phrase am Anfang e-s Satzes stehen; *Haus* ~ la rue am Anfang der Straße stehen; **3.** *bes e-m Schüler* ~ qn j-m die Grundbegriffe beibringen; **II** *v/t/indir* à *od seltener* de (+*inf*) anfangen, beginnen zu (+*inf*); *als loc/adv* all'mählich; F je commence à en avoir assez F jetzt langt's mir allmählich; jetzt hab' ich's allmählich satt; ~ à comprendre beginnen zu, anfangen zu, allmählich verstehen, begreifen; F il commence à nous ennuyer F allmählich geht, fällt er uns auf die Nerven; il commençait à étouffer er war dem Ersticken nahe, kurz vor dem Ersticken; F ça commence à bien faire, à suffire F jetzt langt's aber allmählich; ~ à jouer zu spielen anfangen, beginnen; *mus auch* einsetzen; ~ à manger zu essen, mit dem Essen anfangen, beginnen; ~ à parler zu reden, *auch Kind* zu sprechen beginnen, anfangen; ♦ ~ par a) *mit inf* ~ par faire qc zu'erst, zu'nächst, anfangs etw tun; commence par faire tes devoirs, *tu joueras après* mach zuerst deine Aufgaben, …; b) *mit subst u adv* beginnen, anfangen mit; par où ~? wo(mit) (soll ich *bzw* sollen wir) beginnen, anfangen?; il commence par où il devrait finir er tut den zweiten Schritt vor dem ersten; le spectacle commence par un ballet die Vorstellung beginnt mit, fängt mit … an, wird von … eingeleitet; commençons par le commencement beginnen wir an, beim, mit dem Anfang; **III** *v/i* ⟨*Zustand* être⟩ anfangen; beginnen; *Person auch* den Anfang machen; *Produktion auch* anlaufen; l'été commence le 21 juin der Sommer beginnt am …; F ça commence mal, *iron* bien F *iron* das fängt ja gut an; les travaux (s)ont commencé(s) … haben begonnen; *dire*

en commençant zu Beginn, am Anfang, anfangs …; **IV** *v/imp* il commence à faire chaud es wird all'mählich warm; il commence à pleuvoir es beginnt, fängt an zu regnen

commende [kɔmãd] *f égl cath* Kom'mende *f*

commensal [kɔmãsal] *m* ⟨*pl* -aux⟩ **1.** *litt* Tischgenosse *m*; commensaux *pl auch* Tischgesellschaft *f*; **2.** *biol* Kommen'sale *m*

commensalisme [kɔmãsalism(ə)] *m biol* Kommensa'lismus *m*

commensurable [kɔmãsyrabl(ə)] *adj math* kommensu'rabel

comment [kɔmã] **I** *adv in Frage u Ausruf* wie; ♦ alleinstehend: ~? wie (bitte)?; *unhöflich* was?; ~, tu n'as pas encore terminé? wie, …?; was, …!; ~! vous ne le saviez pas? wie, …?; was, …?; ♦ ~ ça *od* cela? wie ist das? (*erklären Sie das näher*); wie (denn) das?; (et) ~ cela? wie denn?; ~ donc *od* diable, a-t-il pu faire? wie zum Teufel …?; et peux en prendre? – mais ~ donc! … aber selbstverständlich, natürlich!; *zur Verstärkung e-r Bejahung* F et ~! und wie!; F ~ que: ~ qu'on l'a eu! F den haben wir ganz schön hereingelegt!; ~ qu'elle est? wie ist sie denn?; ♦ ~ allez-vous? wie geht es Ihnen?; ~ faire? wie soll man, soll ich, sollen wir das machen?; ~ y vas-tu? wie kommst du hin?; je ne sais pas ~ il a fait … wie er das gemacht hat; voilà ~ il faut faire so muß man es, das machen; **II** *subst* ⟨*inv*⟩ ~ das Wie

commentaire [kɔmãtɛr] *m Literatur, jur, rad, télév, Presse, allg* Kommen'tar *m*; *zu e-m Kulturfilm* (Begleit)Text *m*; ~s *pl auch* Gerede *n*; Rede'reien *f/pl*; ~ de presse Pressekommentar *m*; pas de ~ kein Kommentar; *bes zu e-m Kind* pas de ~! kein Wort mehr!; keine 'Widerrede!; sans ~! *od* cela se passe de ~(s) Kommentar 'überflüssig; faire le, un ~ de qc ein Kommentar zu etw abgeben; etw kommen'tieren; faire des ~s reden; klatschen

commenta|teur[kɔmãtatœr] *m*, **~trice** *f Literatur, jur, rad, télév, Presse* Kommen'tator *m*, Kommenta'torin *f*

commenter [kɔmãte] *v/t Literatur, jur, rad, télév, Presse, allg* kommen'tieren; *allg auch* reden über (+*acc*)

commérage [kɔmeraʒ] *m meist pl* ~s Klatsch *m*; Gerede *n*; Rede'rei(en) *f(pl)*; F Tratsch *m*; Tratsche'rei *f*

commerçant [kɔmɛrsã] **I** *adj* Handels…; handeltreibend; Geschäfts…; peuple ~ Handelsvolk *n*; handeltreibendes Volk; rue ~e Geschäftsstraße *f*; il est très ~ er ist ein sehr guter Geschäftsmann; **II** *subst* ~(e) *m(f)* Kaufmann *m* (*auch jur*); *nur jur* Kauffrau *f*; *allg auch* Geschäftsmann *m*, -frau *f*; gros ~ Großkaufmann *m*; reicher, wohlhabender Kaufmann; les petits ~s die kleinen Kaufleute *pl*; *auch* die (kleinen) Einzelhändler *m/pl*; ~ de *od* en gros Großhändler *m*; Gros'sist *m*

commerce [kɔmɛrs] *m* **1.** Handel *m*; ~ extérieur, *auch* ~ international Außenhandel *m*; ~ intérieur, mondial Binnen-, Welthandel *m*; ~ de demi-gros *cf* demi-gros; ~ de détail Einzel-, De'tail-, Kleinhandel *m*; ~ de, en gros Großhandel *m*; ~ d'outre-mer 'Überseehandel *m*; ~ du vin Weinhandel *m*; chambre *f*, code *m*, école *f* de ~ Handelskammer *f*, -gesetzbuch *n*, -schule *f*; employé *m* de ~ kaufmännischer Angestellter; livres *m/pl* de ~ Geschäftsbücher *n/pl*; dans le ~ im Handel; être dans le ~ *Person* im Handel tätig sein; Kaufmann sein; Sa-

che (*auch* se trouver dans le ~) im Handel (erhältlich) sein; cela est *od* se trouve dans le ~ *auch* das gibt es zu kaufen; faire du ~ Handel treiben; faire le ~ de qc mit etw handeln; *fig* faire ~ de ses charmes, de son corps sich, s-n Körper verkaufen; **2.** Geschäft *n*; Laden *m*; ~ de meubles Möbelgeschäft *n*; tenir un ~ ein Geschäft haben, führen; **3.** *coll* le ~ der Handel; le petit ~ die kleinen Kaufleute *pl*; der Einzelhandel; **4.** *litt* ~ des hommes 'Umgang *m* mit (den) Menschen; Gesellschaft *f* der Menschen; il est d'un ~ agréable der Ungang mit ihm ist angenehm; être d'un ~ facile 'umgänglich sein

commercer[kɔmɛrse] *v/i* ⟨-ç-⟩ Handel treiben (avec qn mit j-m)

commercial[kɔmɛrsjal] **I** *adj* ⟨-aux⟩ **1.** Handels…; kaufmännisch; kommerzi'ell; Geschäfts…; agent ~ Handelsvertreter *m*; entreprise ~e Handelsunternehmen *n*; kaufmännischer Betrieb; français ~ Kaufmannsfranzösisch *n*; locaux commerciaux Geschäftsräume *m/pl*; *in Zeitungsannoncen* gewerbliche Räume *m/pl*; nom ~ Firmenname *m*, -bezeichnung *f*; Firma *f*; Handelsname *m*; relations ~es Handelsbeziehungen *f/pl*; traité ~ Handelsvertrag *m*; **2.** *péj* kommerziali'siert; chanson ~e, film ~, *etc péj* Reißer *m*; **II** *f* ~e auto Kombi (-wagen) *m*; *adm* Kombinati'onskraftwagen *m*

commercialisation [kɔmɛrsjalizasjõ] *f* Vertrieb *m*; Verkauf *m*; Vermarktung *f*; Kommerziali'sierung *f* (*auch péj des Sports etc*); il faut attendre la ~ man muß warten, bis es in den Handel kommt

commercialiser [kɔmɛrsjalize] *v/t* Produkt, Erfindung in den Handel bringen; vermarkten; kommerziali'sieren (*auch fig u péj*)

commère [kɔmɛr] *f* **1.** Klatschbase *f*, -weib *n*; *Shakespeare* Les Joyeuses ~s de Windsor Die lustigen Weiber von Windsor; **2.** *früher* Gevatterin *f*

commérer [kɔmere] *v/i* ⟨-è-⟩ klatschen; F tratschen

commettage [kɔmɛtaʒ] *m mar* Kabelschlag *m*

commettant[kɔmɛtã] *m jur* Geschäftsherr *m*; Auftraggeber *m*; *bei Kommissionsgeschäft* Kommit'tent *m*

commettre [kɔmɛtr(ə)] ⟨*cf* mettre⟩ **I** *v/t* **1.** Verbrechen, Sünde, Irrtum, Gemeinheit, Betrug, Unvorsichtigkeit begehen; Verbrechen *auch* verüben; ~ une injustice (à l'égard de qn) (j-m gegenüber) e-e Ungerechtigkeit begehen, ungerecht sein; ~ une trahison Verrat begehen, üben; **2.** *jur* beauftragen; bestellen; einsetzen; **3.** *mar Kabel* schlagen; **II** *v/r* **4.** se ~ avec qn sich mit j-m einlassen; **5.** *passivisch* se ~ begangen werden; geschehen; il se commet bien des atrocités es geschehen viele Greueltaten begangen; es geschehen viele Greueltaten

comminatoire [kɔminatwar] *adj* **1.** *jur* strafandrohend; mit Strafandrohung; jugement *m* ~ Leistungsurteil *n* mit Strafandrohung; **2.** *st/s (menaçant)* drohend; Droh…

comminutif [kɔminytif] *adj* ⟨-ive⟩ *chir* fracture comminutive Splitterbruch *m*; *sc* Komminu'tivfraktur *f*

commis [kɔmi] **I** *m* **1.** kaufmännische(r) Angestellte(r) *m*; Handlungsgehilfe *m*; *früher* Kom'mis *m*; *greffier etwa* Stellvertreter *m* des Urkundsbeamten (der Geschäftsstelle); ~ voyageur (Handlungs)Reisende(r) *m*; ~ aux écritures Konto'rist *m*; *mar* ~ aux vivres

Provi'antmeister *m*; *fig* les grands ⁀ de l'État die hohen Staatsbeamten *pl*; **2.** Knecht *m*; **d** *adj jur* beauftragt: bestellt; avocat ⁀ **d'office** *cf* office **5.**; juge ⁀ beauftragter Richter

commisération [kɔmizerasjõ] *f* Mitleid *n*; Erbarmen *n*; avec ⁀ mitleidig; avoir, éprouver de la ⁀ pour qn mit j-m Mitleid haben; für j-n Mitleid empfinden

commissaire [kɔmisɛr] *m* **1.** Kommis'sar *m*; *österr, schweiz* Kommis'sär *m*; *comm* ⁀ aux comptes Rechnungs-, Wirtschaftsprüfer *m*; *écon* ⁀ au Plan Kommissar für Wirtschaftsplanung; ⁀ du gouvernement a) *beim Militärgericht* Anklagevertreter *m*; b) Ex'perte *(der e-m Minister bei der Parlamentsdebatte zur Seite steht); früher UdSSR* ⁀ du peuple Volkskommissar *m*; **2.** ⁀ (de police) (Poli'zei)Kommis'sar *m*; **3.** *sports* Kampfrichter *m*; *allg e-s Festes* Organi'sator *m*; **4.** mar ⁀ (du bord) Zahlmeister *m*; *mil* ⁀ de l'air, de la marine Verwaltungsoffizier *m* der Luftwaffe, der (Kriegs)Marine

commissaire-priseur [kɔmisɛrprizœr] *m* ⟨*pl* commissaires-priseurs⟩ Auktio'nator *m*; Versteigerer *m*

commissariat [kɔmisarja] *m* **1.** Kommissari'at *n*; ⚥ à l'énergie atomique *(abr* C.E.A.) Kommissariat für Atomenergie; **2.** ⁀ (de police) Poli'zeirevier *n*, -dienststelle *f*; **3.** Kommissari'at *n*; Amt *n* e-s Kommis'sars; **4.** *mil* ⚥ de l'air, de la marine (Wirtschafts)Verwaltung *f* der Luftwaffe, der (Kriegs)Marine

commission [kɔmisjõ] *f* **1.** Auftrag *m*; Besorgung *f*; ⁀s *pl* (tägliche) Einkäufe *m/pl*, Besorgungen *f/pl*; **s'acquitter d'une** ⁀ e-n Auftrag erledigen, ausführen; envoyer qn faire une ⁀ j-n zum Einkaufen schicken; j-n etw besorgen, einkaufen, F einholen lassen; faire les ⁀s die (täglichen) Einkäufe machen; einkaufen, F einholen (gehen); faire une ⁀ pour qn für j-n etw besorgen; für j-n e-n Auftrag erledigen; faire faire une ⁀ par qn j-n mit etw beauftragen; j-m e-n Auftrag geben; transmettre une ⁀ à qn j-m e-n Auftrag, e-e Nachricht über'mitteln; j-m etw bestellen; **2.** Kommissi'on *f*; Ausschuß *m*; ⁀ administrative Verwaltungsausschuß *m*; ⁀ départementale Ausschuß, der die Arbeit des „conseil général" vorbereitet und kontrolliert; *etwa* Bezirksausschuß *m*; ⁀ parlementaire parlamentarischer Ausschuß; Parla'mentsausschuß *m*; ⁀ permanente ständiger Ausschuß; *im Parlament* (Fach)Ausschuß *m*; ⁀ de contrôle Kon'trollausschuß *m*, -kommission *f*; *im Bankwesen etwa* Aufsichtsamt *n* für das Kre'ditwesen; **d'enquête** Unter'suchungs-, Ermittlungsausschuß *m*; Unter'suchungskommission *f*; *Schule* **d'examen** Prüfungskommission *f*, -ausschuß *m*; ⁀ des finances Haushalts-, Fi'nanzausschuß *m*; **3.** *comm* a) Kommissi'onsgeschäft *n*; contrat *m*, maison *f* de ⁀ Kommissionsvertrag *m*, -firma *f*; faire la ⁀ Kommissionsgeschäfte machen, tätigen; b) Provisi'on *f*; Vermittlungsgebühr *f*; ⁀ d'encaissement In'kassoprovision *f*, -gebühr *f*; toucher dix pour cent de ⁀ zehn Prozent Provision erhalten; travailler à la ⁀ auf Provisionsbasis arbeiten; **4.** *enf* faire la grosse, la petite ⁀ *enf* ein großes, kleines Geschäft verrichten; **5.** *jur* ⁀ rogatoire Rogatoire

commissionnaire [kɔmisjɔnɛr] *m* **1.** *comm* Kommissio'när *m*; *jur* ⁀ de transport Spedi'teur *m*; ⁀ en douane Zoll-

agent *m*; **2.** *im Hotel etc* Bote *m*; Botengänger *m*; Laufbursche *m*

commissionner [kɔmisjɔne] *v/t* **1.** ⁀ qn j-m e-n Auftrag geben, erteilen; *comm* j-n mit e-m Kommissi'onsgeschäft betrauen; être commissionné pour (+*inf*) beauftragt werden, den Auftrag erhalten zu (+*inf*); **2.** *ch de fer* ⁀ qn j-n ins Beamtenverhältnis über'nehmen

commissoire [kɔmiswar] *adj jur* clause *f*, pacte *m* ⁀ Verfall-, Verwirkungsklausel *f*; kassa'torische Klausel

commissure [kɔmisyr] *f anat* Kommis'sur *f*; ⁀ des lèvres Mundwinkel *m*

commodat [kɔmɔda] *m jur* Leihe *f*

commode¹ [kɔmɔd] *adj* **1.** *Methode etc* bequem; *Gerät, Mittel etc* praktisch; ⁀ ce serait trop ⁀ F das könnte dir *bzw* ihm *etc* so passen; pas ⁀ à faire schwierig; schwer; F knifflig; pas ⁀ à traduire schwer, schwierig zu über'setzen; **2.** *Person* n'être pas ⁀ unzugänglich, unfreundlich, unwirsch sein

commode² [kɔmɔd] *f* Kom'mode *f*; ⁀ Louis XVI Louis-seize-Kommode *f*

commodément [kɔmɔdemɑ̃] *adv* bequem; **s'installer** ⁀ sich bequem hinsetzen; es sich (F sich's) bequem machen

commodité [kɔmɔdite] *f* **1.** Bequemlichkeit *f*; pour plus de ⁀ bequemlichkeitshalber; aus praktischen Gründen; **2.** ⁀ Kom'fort *m*; Annehmlichkeit(en) *f(pl)*; **3.** *litt od plais* ⁀s *pl* Toi'lette *f*; F Örtlichkeiten *f/pl*

commodore [kɔmɔdɔr] *m mar in England, USA, Holland etwa* Kommo'dore *m*; Flo'tillenadmiral *m*

commotion [kɔmɔsjõ] *f path* Erschütterung *f*; ⁀ cérébrale Gehirnerschütterung *f*; *sc* Commotio cerebri *f*; ⁀ électrique elektrischer Schlag

commotionner [kɔmɔsjɔne] *v/t* ⁀ qn j-n in e-n Schockzustand versetzen

commuable [kɔmɥablə)] *adj jur Strafe* 'umwandelbar

commuer [kɔmɥe] *v/t jur Strafe* 'umwandeln (en in + *acc*)

commun [kɔmɛ̃, -mœ̃] *I adj* ⟨-une[-yn]⟩ **1.** gemeinsam *(auch math)*; gemeinschaftlich; Gemeinschafts…; 'allgemein *od* allge'mein; Allge'mein…; Gemein…; *jur der Ehegatten* biens ⁀s *etwa* Gesamtgut *n*; *jur* droit ⁀ *cf* droit¹ **1.**; fosse ⁀e Massen-, Sammelgrab *n*; (All)Gemeinwohl *n*; allgemeines Wohl; b) allgemeines, gemeinsames Interesse; avoir des intérêts ⁀s (avec qn) gemeinsame Interessen haben (mit j-m); gleiche Interessen haben (wie j); *ling* langue ⁀e a) Gemeinsprache *f*; b) Grundsprache *f*; *ling* nom ⁀ Gattungsname *m*; Appella'tiv(um) *n*; salle ⁀e Gemeinschaftsraum *m*; sens ⁀ *cf* sens **2.** b); travail ⁀ gemeinsame Arbeit; Gemeinschaftsarbeit *f*; vie ⁀e gemeinsames *bzw* gemeinsam, zu'sammen verbrachtes Leben; Zu'sammenleben *n*; volonté ⁀e allgemeiner Wunsch, Wille; ♦ ⁀ à: mur ⁀ à deux propriétés gemeinsame Mauer zweier Grundstücke; une conduite ⁀e à presque tous les automobilistes ein Verhalten, das fast alle Autofahrer gemeinsam haben, das fast allen Autofahrern gemein, eigen ist; *loc/adj u loc/adv* en ⁀ gemeinsam; zu'sammen; gemeinschaftlich; Gemeinschafts…; *von Geld etc* mise *f* en ⁀ Zu'sammenlegen *n*, -tun *n*; transports *m/pl* en ⁀ öffentliche Verkehrsmittel *n/pl*; Massenverkehrsmittel *n/pl*; mettre en ⁀ zu'sammentun, -legen; travailler en ⁀ gemeinsam, zusammen arbeiten; vivre en ⁀ zusammen, in Gemeinschaft leben; ♦ n'avoir de ⁀ que … nur …

miteinʼander gemein(sam) haben; il n'a rien de ⁀ avec … er hat nichts gemein (-sam) mit …, keinerlei Ähnlichkeit mit …; c'est un point ⁀ entre eux das haben sie beide gemein(sam); das ist ihnen beiden gemein(sam); faire cause ⁀e sich zu'sammentun, -schließen, gemeinsame Sache machen *(nicht péj)* (avec qn mit j-m); **2.** gewöhnlich *(auch péj)*; all'täglich; *Sachen auch* häufig; üblich; gebräuchlich; weit verbreitet; *péj Person, Stimme etc* ordi'när; lieu ⁀ Gemeinplatz *m*; peu ⁀ außergewöhnlich; nicht alltäglich; c'est une erreur très ⁀e das ist ein häufiger, weitverbreiteter Irrtum; **3.** *in Pflanzen- u Tiernamen oft* gemein; mouche ⁀e Gemeine Stubenfliege; **II** *m* **1.** *coll* le ⁀ des mortels das Gros; die große Masse (der Menschen); die meisten Menschen; F der große Haufen; *plais der Nor'malverbraucher; litt u péj* les gens du ⁀ das gemeine, niedere, einfache Volk; **2.** *Werk, Persönlichkeit etc* 'hors du ⁀ außergewöhnlich; her'vorragend; **3.** ⁀s *pl in Schlössern und* für Wirtschaftsgebäude *n/pl* (und Gesindewohnungen *f/pl*)

communal [kɔmynal] **I** *adj* ⟨-aux⟩ *adm* kommu'nal; Kommu'nal…; Gemeinde…; *adm auch* gemeindlich; bois communaux Gemeindewald *m*; budget ⁀ Gemeindehaushalt *m*; **II** *subst* **1.** *adm* communaux *m/pl* kommu'nale, gemeindeeigene Grundstücke *n/pl*; Grundstücke *n/pl* der Gemeinde; All'mende *f*; **2.** F ⁀e *f (fünfklassige)* Volksschule; ⁀iser *v/t* der Gemeindeverwaltung unter'stellen; kommunali'sieren

communaliste [kɔmynalist] **I** *adj* mouvement *m* ⁀ Bewegung *f* zur Förderung der Selbstverwaltung der Gemeinden; **II** *m,f* Anhänger(in) *m(f)* des „mouvement communaliste"

communard [kɔmynar] *hist* **I** *adj* der Pa'riser Kom'mune; mouvement *m* ⁀ *heute* Bewegung *f* mit Ten'denzen in Richtung Pa'riser Kom'mune; **II** *subst* ⁀(e) *m(f)* Mitglied *n*, Anhänger(in) *m(f)* der Pa'riser Kom'mune

communautaire [kɔmynotɛr] *adj* Gemeinschafts…; *pol bes der* Euro'päischen (Wirtschafts)Gemeinschaft *bzw* der Euro'päischen Gemeinschaften; der EG; EG-…

communauté [kɔmynote] *f* **1.** Gemeinsamkeit *f*; Über'einstimmung *f*; ⁀ de goûts gemeinsame, gleiche Inter'essen *n/pl*, Neigungen *f/pl*; Gemeinsamkeit der Interessen; ⁀ des intérêts gemeinsames Interesse; Gemeinsamkeit der Interessen; **2.** Gemeinschaft *f (auch pol, rel)*; Gemeinwesen *n*; *rel auch* Orden *m bzw* Gemeinde *f*; ⚥ (économique) européenne *(abr* C.[E.]E.) Europäische (Wirtschafts)Gemeinschaft *(abr* E[W]G); ⁀ ethnique Volksgemeinschaft *f*, -gruppe *f*; ⚥ européenne du charbon et de l'acier *(abr* C.E.C.A.) Europäische Gemeinschaft für Kohle und Stahl *(abr* EGKS); Mon'tanunion *f*; *hist pol* ⚥ européenne de défense *(abr* C.E.D.) Europäische Verteidigungsgemeinschaft *(abr* EVG); ⚥ européenne de l'énergie atomique *(abr* Euratom) Europäische Atomgemeinschaft *(abr* Euratom); *ab 1958* ⚥ (française) Französische Gemeinschaft; ⁀ religieuse Religi'onsgemeinschaft *f*; *égl cath auch* Ordensgemeinschaft *f*; *rel* ⁀ de franciscains Wohngemeinschaft *f* von Franziskanern; ⁀ d'habitation Wohngemeinschaft *f*; ⁀ d'intérêts Inter'essengemeinschaft *f*; *loc/adv* en ⁀ gemeinschaftlich; **3.** *jur* a) ⁀ conventionnelle vertraglich vereinbarte Güterge-

meinschaft; ~ de(s) biens Gütergemeinschaft f; ~ réduite aux acquêts Errungenschaftsgemeinschaft f; **b)** Gesamtgut n; **4.** rel Kloster(gebäude) n
commune [komyn] f **1.** adm Gemeinde f; Kom'mune f; **2.** hist la ⵥ de Paris die Pa'riser Kom'mune; **3.** pol in England les ⵥs od la Chambre des ⵥs das 'Unterhaus; **4.** ~s pl (Land)Bevölkerung f; Ortschaften f/pl; Dorfbevölkerung f; Gemeinden f/pl; **5.** pol in China ~ populaire Volkskommune f
communément [komynemã] adv allgemein; im allgemeinen; gemeinhin; (für) gewöhnlich
communi|ant [komynjã] m, ~ante f égl cath Communi'kant(in) m(f); premier communiant, première communiante Erstkommunikant(in) m(f)
communicable [komynikabl(ə)] adj **1.** Recht, Krankheit über'tragbar; jur Akte der Staatsanwaltschaft vorzulegen(d); **2.** ⟨oft negativ od einschränkend⟩ Eindruck etc mitteilbar; zu beschreiben(d); 'wiederzugeben(d); Erlebnis etc auch zu erzählen(d)
communic|ant [komynikã] adj **1.** mitein'ander in Verbindung stehend; inein'andergehend; **2.** phys vases ~s kommuni'zierende Röhren f/pl; ~ateur m Kinematik die Bewegung über'tragendes Ele'ment
communicatif [komynikatif] adj ⟨-ive⟩ **1.** Person mitteilsam; offenherzig; kon'taktfreudig; **2.** Lachen, Panik etc ansteckend
communication [komynikasjõ] f **1. a)** Mitteilung f; Nachricht f; Bekanntgabe f; Bescheid m; von Akten Über'mittlung f; über wissenschaftliche Fragen (kurzer) Bericht; **donner** ~ de qc etw mitteilen, bekanntgeben (à qn j-m); **b)** Kenntnis f; Einsichtnahme f; **avoir** ~ de qc von etw Kenntnis haben; **prendre** qc en ~ od **prendre** ~ de qc Einsicht in etw (acc) nehmen; **recevoir** ~ de qc von etw Kenntnis erhalten; **2.** Verbindung f (auch mil); ~s pl a) Verbindungen f/pl; b) mil Nachschubwege m/pl; **porte** f de ~ Verbindungstür f; **voies** f/pl de ~ od ellip ~s pl Verkehrsverbindungen f/pl, -wege m/pl; **voie** f de ~ Verbindungsweg m; **donner** ~ **avec** verbinden mit; **3.** télécomm Verbindung f; par ext Gespräch n; ~ **internationale**, **interurbaine**, **locale** od **urbaine** Auslands-, Fern-, Ortsgespräch n; ~ **radiophonique** Funkverbindung f; ~ **téléphonique a)** Tele'fon-, Ferngespräch n; **b)** Tele'fonverbindung f; ~s **téléphoniques** auch Fernsprech-, Tele'fonverkehr m; **demander une** ~ ein Gespräch anmelden; **donner une mauvaise** ~ falsch verbinden; **donnez-moi la** ~ **avec**... verbinden Sie mich bitte mit ...; **prendre la** ~ das Gespräch annehmen; ans Telefon gehen; **4.** zwischen Personen Verbindung f; Kommunikati'on f (auch psych); Kon'takt m; Verständigung f; ~ **d'idées** Gedankenaustausch m; **être**, **mettre en** ~ in Verbindung stehen od sein, setzen; **5.** Mechanik Über'tragung f (der Bewegung); **6.** path Über'tragung f; Ansteckung f
communier [komynje] **I** selten v/t die Kommuni'on reichen (qn j-m); **II** v/i **1.** égl cath die Kommuni'on empfangen; zur Kommuni'on gehen; prot das Abendmahl nehmen; **2.** st/s sich innig verbunden, sich eins fühlen; ein'ander seelisch nahe sein; **avec** des sentiments ... zu'tiefst teilen
communion [komynjõ] f **1.** rel **a)** Gemeinschaft f; ~ **des fidèles**, **des saints** Gemeinschaft der Gläubigen, der

Heiligen; **exclure de la** ~ aus der Gemeinschaft (der Gläubigen) ausschließen; **b)** égl cath Kommuni'on f (auch Teil der Messe); prot Abendmahl (-sfeier) n(f); cath: ~ **privée** etwa Frühkommunion f; **première** ~ od **solennelle** Erstkommunion f; **faire sa première** ~ zur Erstkommunion gehen bzw kommen; die erste heilige Kommunion empfangen; **c)** Konfessi'on f; **2.** fig st/s der Gefühle, Gedanken, Meinungen Über'einstimmung f; Ein-, Gleich-, Zu'sammenklang m; Einssein n; **être en** ~ **de sentiments** in ihren Gefühlen über'einstimmen; **être en** ~ **avec la nature** sich mit der Natur eins fühlen
communiqué [komynike] m Bekanntmachung f; Mitteilung f; Meldung f; Bericht m; pol Kommuni'qué od Communi'qué n; ~ **final** Schlußkommuniqué n; ~ **publicitaire** in Zeitungen etc PR-Veröffentlichung (Public-Relations-...) f; Werbedurchsage f
communiquer [komynike] **I** v/t **1.** ~ qc etw mitteilen, bekanntgeben; Nachricht auch veröffentlichen; Akte über'mitteln; ~ qc à qn auch j-n von etw in Kenntnis setzen; **2.** in der Mechanik e-e Bewegung, path Krankheit über'tragen (à auf + acc); Bewegung auch mitteilen; ~ qc à qn j-n mit etw anstecken (auch fig); le soleil communique sa chaleur à la terre die Sonne vermittelt der Erde ihre Wärme; **II** v/i **3.** in Verbindung stehen (**entre eux** miteinander; **avec qn** mit j-m); Zimmer inein'ander gehen; mitein'ander in Verbindung stehen; **faire** ~ mitein'ander verbinden; **III** v/pr **4.** se ~ Feuer etc sich ausbreiten (à auf + acc); **5.** se ~ qc ein'ander etw mitteilen, bekanntgeben; etw austauschen
commun|isant [komynizã] adj kommu'nistenfreundlich; prokommunistisch; mit dem Kommu'nismus sympathi'sierend; ~isme m Kommu'nismus m; ~iste **I** adj kommu'nistisch; **II** m,f Kommu'nist(in) m(f)
commut|able [komytabl(ə)] adj cf **commuable**; ~ateur m élect Schalter m; 'Umschalter m
commutatif [komytatif] adj ⟨-ive⟩ **1.** philos justice commutative ausgleichende Gerechtigkeit; **2.** math kommuta'tiv; loi commutative Kommuta'tivgesetz n; **3.** jur contrat ~ nicht alea'torischer Vertrag
commuta|tion [komytasjõ] f **1.** math, ling Kommuta'tion f; Vertauschung f; jur ~ **de peine** Strafumwandlung f; **2.** télécomm Schaltung f; ~trice f élect Einankerumformer m
comorien [komorjẽ] adj ⟨~ne⟩ der Ko'moren
compacité [kõpasite] f Dichte f; Dichtigkeit f
compact [kõpakt] adj **1.** dicht; fest; kom'pakt; Kom'pakt...; Menschenmenge dicht; dichtgedrängt; Häuserblock massig; poudre ~e Kompaktpuder m; **2.** kom'pakt; Kom'pakt...; raumsparend; **édition** ~e kleingedruckte Ausgabe; **voiture** ~e Kompaktwagen m; ~**age** m Tiefbau Verdichtung f (des Bodens); ~**eur** adj ⟨-trice⟩ agr rouleau ~ 'Untergrundpacker m
compagne [kõpaɲ] f **1.** Gefährtin f; Kame'radin f; Genossin f; Kol'legin f; Begleiterin f; e-s Mannes auch Lebensgefährtin f; ~ **de classe** Schulkameradin f; ~ **d'études** Studienkollegin f; Kommili'tonin f; ~ **d'infortune** Leidensgenossin f, -gefährtin f; ~ **de jeu(x)** Spielkameradin f; ~ **de voyage** Reisegefährtin f; **2.** fig Begleiterschei-

nung f; **être la** ~ **de** Hand in Hand gehen mit
compagnie [kõpaɲi] f **1.** Gesellschaft f; Begleitung f; dame f du ~ Gesellschafterin f; Gesellschaftsdame f; F **salut la** ~! F guten Tag, südd grüß Gott mitein'ander, zu'sammen!; **avec la seule** ~ **de** nur in Begleitung von (od + gén); **de** ~ (avec) gemeinsam, zu'sammen (mit); **aller de** ~ Personen zusammen (hin-) gehen; Sachen Hand in Hand gehen (**avec** mit); **en** ~ **de** gemeinsam, zu'sammen mit; in Begleitung, Gesellschaft von (od + gén); **il est de** od **c'est un homme de bonne** ~ od **il est d'une** ~ **agréable** er ist ein angenehmer Gesellschafter; es macht Freude, mit ihm zu'sammen zu sein; **c'est un homme de mauvaise** ~ auch er ist e-e etwas zwielichtige Fi'gur; **c'est une joyeuse** ~, es, das ist e-e fröhliche, lustige Gesellschaft, F ein fröhlicher, vergnügter Verein; **fausser** ~ **à qn** j-n entfliehen, entkommen, F entwischen; **se plaire en la** ~ **de qn** gern(e) mit j-m zu'sammen sein; **tenir** ~ **à qn** j-m Gesellschaft leisten; j-n unter'halten; **2.** Gesellschaft f; Firma f; comm ... **& Cie** ... & Co.; allg, nach Aufzählung F ... **et** ... usw.; F ... und Co.; ~ **aérienne**, **d'aviation** Luftfahrt-, Luftverkehrs-, Fluggesellschaft f; ~ **aérienne de transport à la demande** Charterfluggesellschaft ['ʃ-] f; hist ~ **commerciales** Handelskompanien f/pl; ~ **d'assurances** Versicherungsgesellschaft f; ~ **de chemins de fer**, **d'électricité** Eisenbahn-, Elektrizi'tätsgesellschaft f; hist ⵥ **des Indes** (Orientales) Ostindische Kompa'nie; **3.** allg Gesellschaft f; Vereinigung f; l'illustre ⵥ Beiname der „Académie Française"; ~ **savante** wissenschaftliche Gesellschaft; ⵥ **de Jésus** Jesu'itenorden m; Gesellschaft Jesu; So'cietas Jesu f (abr SJ); ~ **de théâtre** The'aterensemble n; **4.** mil Kompan'ie f; im Mittelalter les Grandes ⵥs die Banden f/pl (Söldnertruppen); in Frankreich: ~ **républicaine de sécurité** (abr C.R.S.) etwa (Hundertschaft f der) Bereitschaftspolizei; bis 1910 ~ **de discipline** Strafkompanie f; ~ **d'infanterie** Infante'riekompanie f; **5.** ch von Wildschweinen Rotte f; ~ **de perdrix** Kette f, Volk n Rebhühner od Feldhühner
compagnon [kõpaɲõ] m **1.** Gefährte m; Kame'rad m; Genosse m; Kol'lege m; Begleiter m; e-r Frau auch Lebensgefährte m; **joyeux** ~ lustiger Bruder; F fi'deles Haus; st/s ~ **d'armes** st/s Waffen-, Kampfgefährte m; Waffenbruder m; ~ **de beuverie** Zechgenosse m, -kumpan m; ~ **d'enfance** Jugendgefährte m; ~ **d'études** Studienkollege m; Kommili'tone m; ~ **d'infortune** Leidensgenosse m, -gefährte m; ~ **de travail** Arbeitskollege m; ~ **de voyage** Reisegefährte m; **2.** Sache Begleiterscheinung f; **être le** ~ **de** auch Hand in Hand gehen mit; **3.** früher e-s Handwerks Geselle m; ~ **boulanger** Bäckergeselle m
compagn|onnage [kõpaɲonaʒ] m **1.** früher **a)** Gesellenzeit f; **b)** Wanderjahre n/pl; **2.** früher Gesellenbruderschaft f; ~**onne** f plais cf compagne
compar|abilité [kõparabilite] f Vergleichbarkeit f; ~**able** adj vergleichbar (à, avec mit; auch + dat); **ne pas être** ~ **à** auch sich nicht vergleichen lassen mit
comparaison [kõparezõ] f Vergleich m; Vergleichen n, -ung f; Gegen'überstellung f; jur ~ **des écritures** Schriftvergleichung f; gr **degrés** m/pl **de** ~ Steigerung f; gr **degré** m **de** ~ Steige-

rungsstufe f; jur **pièce** f de ~ (geeigne-
tes) Vergleichsschriftstück; **en** ~ **de, par**
~ **à** od **avec** im Vergleich zu od mit;
vergleichen mit; **par** ~ auch vergleichs-
weise; **sans** ~ unvergleichlich; nicht zu
vergleichen (avec mit); **établir une** ~
entre e-n Vergleich ziehen zwischen
(+dat); **faire la** ~ e-n Vergleich ziehen,
anstellen (avec mit); **mettre qc en** ~
avec qc etw vergleichen mit etw; e-n
Vergleich, Vergleiche ziehen, anstellen
zwischen etw (dat) und etw (dat); **soute-
nir la** ~ den, jeden Vergleich aushalten
(avec mit); **ne pas soutenir la** ~ auch
damit nicht zu vergleichen sein

comparaître [kõparɛtr(ə)] v/i ⟨cf con-
naître⟩ jur erscheinen (**en justice** vor
Gericht); ~ **par avoué** sich durch e-n
(nicht plädierenden) Anwalt vertreten
lassen; **ordre** m **de faire** ~ Vorfüh-
rungsbefehl m

comparant [kõparã] jur **I** adj Partei
erscheinen; **II** subst ~(e) m(f) Erschiene-
ne(r) f(m)

comparateur [kõparatœr] m tech
Kompa'rator m

comparatif [kõparatif] **I** adj ⟨-ive⟩
vergleichend; Vergleichs…; **faculté**
comparative Vergleichsvermögen n; gr
proposition comparative Vergleichs-
satz m; **tableau** ~ vergleichende Tabelle;
II m gr Komparativ m; Adjektiv **mettre**
au ~ steigern

comparatiste [kõparatist] m Kom-
para'tist m; vergleichender Litera'tur-
bzw Sprachwissenschaftler

comparativement [kõparativmã] adv
vergleichsweise; damit verglichen; ~ **à**
verglichen mit; im Vergleich zu od mit

comparé [kõpare] adj **1.** vergleichend;
droit ~ vergleichendes Recht; **gram-
maire** ~e vergleichende Grammatik;
littérature ~e vergleichende Literatur-
wissenschaft; Kompara'tistik f; **2.** ~ **à**
verglichen mit; im Vergleich zu od mit;
mérites ~s mitein'ander verglichene
Vorzüge m/pl

comparer [kõpare] **I** v/t mitein'ander
vergleichen; gegenein'anderhalten; ein-
'ander gegen'überstellen; ~ **à, avec** ver-
gleichen mit; **II** v/pr **se** ~ mitein'ander
verglichen werden; **ces choses ne peu-
vent se** ~ … lassen sich, kann man nicht
(miteinander) vergleichen

comparse [kõpars] m,f **1.** thé Kom'par-
se, -'parsin m,f; **2.** fig m (kleiner) Kom-
'plize; **ce ne sont que des** ~s das sind
ja nur Randfiguren, Komparsen, F klei-
ne Fische

compartiment [kõpartimã] m **1.** Fach
n; Ab'teil(ung) n(f); Raum m; e-s Dame-
bretts etc Feld n; **parquet** m **à** ~
Tafelparkett n; **2.** ch de fer Ab'teil n; ~
(de) fumeurs, de service Raucher-,
Dienstabteil n; **3.** fig Teilbereich m;
Sparte f

compartimentage [kõpartimãtaʒ] m
1. Einteilung f in Fächer, Felder; **2.**
Abgrenzung f, Abkapselung f (gegen die
andern)

compartimenter [kõpartimãte] v/t **1.**
in Fächer, Felder etc einteilen; **2.** gegen-
ein'ander abgrenzen, abkapseln; adjt vie
compartimentée streng vonein'ander
getrenntes Berufs- und Pri'vatleben

comparution [kõparysjõ] f jur Erschei-
nen n (vor Gericht); **mandat** m **de** ~
(Vor)Ladung f; **faire acte de** ~ vor
Gericht erscheinen

compas [kõpa] m **1.** Zirkel m; ~ **à**
balustre à pointes sèches, à secteur,
à verge Nullen-, Stech-, Plani'meter-,
Stangenzirkel m; ~ **d'épaisseur** Dik-
kenmesser m; Tast-, Greifzirkel m; Ta-
ster m; **boîte** f **à** ~ Reißzeug n; **avoir le** ~

dans l'œil ein ausgezeichnetes Augen-
maß haben; **2.** bes mar, aviat Kompaß m;
~ **gyroscopique, magnétique** Kreisel-,
Ma'gnetkompaß m; ~ **de relèvement**
Peilkompaß m

compassé [kõpase] adj über'trieben ge-
messen; steif; Sprechweise auch ge-
spreizt; geschraubt

compassement [kõpasmã] m **1.** Ab-
stecken n; Abgreifen n; Abzirkeln n; **2.**
fig Steifheit f; über'triebene Gemessen-
heit

compasser [kõpase] v/t **1.** mit dem
Zirkel abmessen; abgreifen; abzirkeln;
2. fig über'trieben gemessen machen,
gestalten; ~ **sa démarche** (steif) ein'her-
stolzieren; stelzen; ~ **ses phrases** ge-
schraubt, gespreizt sprechen

compassion [kõpasjõ] f tiefes Mitge-
fühl, Mitleid (**pour** mit); große Anteil-
nahme (**für**); **plein de** ~ mitfühlend;
teilnahmsvoll; **il est digne de** ~ man
muß Mitleid mit ihm haben; **être tou-
ché de** ~ von tiefem Mitleid ergriffen
werden

compaternité [kõpaternite] f égl cath
geistliche Verwandtschaft zwischen Pa-
ten und Patenkind

compatibilité [kõpatibilite] f von Äm-
tern Vereinbarkeit f; Kompatibili'tät f;
von Charakteren etc Vereinbarkeit f;
Verträglichkeit f; phys **conditions** f/pl
de ~ Kompatibilitätsbedingungen f/pl

compatible [kõpatibl(ə)] adj (mit-
ein'ander) vereinbar (bes Ämter); ver-
träglich; in Über'einstimmung zu
bringen(d); kompa'tibel (auch tech, té-
lév); **difficilement** ~ **avec** kaum ver-
einbar mit

compatir [kõpatir] v/t/indir **1.** ~ **à**
Anteil nehmen, teilnehmen an (+dat);
mitfühlen mit; **2.** litt meist negativ **ne
pas** ~ **avec** unvereinbar sein mit; sich
nicht vertragen mit

compatissant [kõpatisã] adj teil-
nahmsvoll; mitfühlend; (an)teil-
nehmend; Person **être** ~ ein mitfühlen-
der Mensch sein

compatriote [kõpatriɔt] m,f Lands-
mann, -männin m,f; **ils sont** ~s sie sind
Landsleute

compendieux [kõpãdjø] selten adj
⟨-euse⟩ Person die sich la'konisch aus-
drückt; Ausdruck(sform) kurz (und bün-
dig); abgekürzt; gedrängt

compendium [kõpẽdjɔm] litt m
Sammlung f; Resü'mee n; Zu'sammen-
fassung f

compénétrer [kõpenetre] v/pr ⟨-è-⟩ **se**
~ inein'ander 'übergehen; sich gegensei-
tig beeinflussen

compensable [kõpãsabl(ə)] adj kom-
pen'sierbar; jur aufrechenbar

compensat|eur [kõpãsatœr] **I** adj
⟨-trice⟩ ausgleichend; Ausgleichs…;
Kompensati'ons…; phot **filtre** ~ Aus-
gleichs-, Kompensationsfilter n; **in-
demnité compensatrice** Entschädi-
gung f zum Ausgleich; **pendule** ~ od
subst ~ m Kompensati'onspendel n; **II** m
Kompen'sator m; Ausgleichsvorrichtung f; ~**if** adj ⟨-ive⟩ cf
compensatoire

compensation [kõpãsasjõ] f **1.** Aus-
gleich m; Ersatz m; Entschädigung f;
Kompensati'on f (auch méd); Ausglei-
chen n; par ext Vergütung f; Abfindung
f; comm, jur Aufrechnung f; jur auch
Kompensati'on f; fin, comm Verrech-
nung f; jur ~ **conventionnelle, légale**
vertragliche, gesetzliche Aufrechnung; ~
judiciaire Aufrechnung aufgrund e-s
Urteils; ~ **morale** seelisch-moralischer
Ausgleich, Ersatz; fin, comm **chambre** f
de ~ Verrechnungsstelle f; **en** ~ zum

Ausgleich; als Ersatz; dafür; **en** ~ **de**
zum Ausgleich, als Ersatz für; **il y a** ~ **das**
ist ein Ausgleich, Ersatz; das entschä-
digt dafür; das gleicht sich aus; **2.** tech
Ausgleich m; Kompensati'on f; **horloge**
f **de** ~ Uhr f mit Kompensationspendel

compensatoire [kõpãsatwar] adj kom-
pensa'torisch; Kompensati'ons…; Er-
satz…; Entschädigungs…; Aus-
gleichs…; ausgleichend; phon allonge-
ment m ~ Ersatzdehnung f

compensé [kõpãse] adj kompen'siert
(auch méd); mar **gouvernail** ~ Ba'lance-
ruder n; **semelle** ~e Keilabsatz m

compenser [kõpãse] **I** v/t **1.** ausglei-
chen; kompen'sieren; wettmachen; auf-
wiegen; psych Komplex kompen'sieren
(auch abs); mar Kompaß kompen'sieren;
abs: **pour** ~ als Ersatz, Entschädigung;
zum Ausgleich; dafür; **ça compensera**
das gilt als, ist e-e Entschädigung, ein
Ausgleich, ein Ersatz; **2.** jur ~ **les
dépens** die (Gerichts)Kosten gegen-
ein'ander aufheben; ~ **une dette** e-e
Schuld gegen e-e Forderung aufrechnen;
II v/pr **se** ~ sich ausgleichen; sich
ergänzen

compérage [kõperaʒ] m **1.** litt Gevat-
terschaft f; **2.** fig (geheimes) Einver-
ständnis, péj Kom'plizenschaft f; Kum-
pa'nei f

compère [kõpɛr] m **1.** litt Gevatter m
(auch F als Anrede); **2.** fig Kerl m;
Bursche m; **joyeux** ~ F lustiger Bruder;
rusé ~ Fi'lou m; alter Fuchs;
F Pfiffikus m; **3.** péj e-s Taschenspielers
etc Helfershelfer m; Kum'pan m; bei
Betrug auch Kom'plize m

compère-loriot [kõperlɔrjo] m ⟨pl
compères-loriots⟩ **1.** path Gersten-
korn n; **2.** zo cf **loriot**

compétence [kõpetãs] f **1.** ~(s) Fach-,
Sachkenntnis(se) f(pl); **avec** ~ fach-,
sachkundig; fachmännisch, -gerecht;
sachverständig; F **avoir des** ~s en la
matière auf diesem Gebiet gute Kennt-
nisse haben, sehr beschlagen sein; **cela
dépasse mes** ~s davon verstehe ich
nicht genug; dafür bin ich nicht kom-
pe'tent genug; **2.** Zuständigkeit f; Kom-
pe'tenz f (beide auch jur); Befugnis f; jur:
~ **territoriale** od **ratione personae**
örtliche Zuständigkeit; ~ **d'attribution**
od **ratione materiae** sachliche Zustän-
digkeit; **cela entre dans les** ~s de,
c'est de la, cela relève de la ~ **de** …
dafür ist … zuständig; das fällt in die
Zuständigkeit von (od + gén); **3.** F
(personne compétente) Kapazi'tät f;
Kory'phäe f; F Ka'none f; **4.** ling Kom-
pe'tenz f

compétent [kõpetã] adj **1.** Person sach-
verständig; kompe'tent; fach-, sachkun-
dig; maßgebend; maßgeblich; **c'est lui
qui est** ~ (**pour cela**) er ist darin sehr
beschlagen; davon versteht er sehr viel,
F e-e ganze Menge; **2.** jur Behörde etc
zuständig; kompe'tent; **tribunal** ~ zu-
ständiges Gericht; in Verträgen auch
Gerichtsstand m; **3.** jur **âge** ~ erforderli-
ches Alter (**pour** + inf un zu + inf); **4.** F
(personne compétente) Kapazi'tät f;
Kory'phäe f; F Ka'none f

compéter [kõpete] v/t/indir ⟨-è-⟩ jur
cette affaire compète à tel tribunal für
diese Sache ist … zuständig

compéti|teur [kõpetitœr] m, ~**trice** f
Mitbewerber(in) m(f) (à um); Kon-
kur'rent(in) m(f)

compétitif [kõpetitif] adj ⟨-ive⟩ kon-
kur'renz-, wettbewerbsfähig; Kon-
kur'renz…; Wettbewerbs…; **société
compétitive** Leistungsgesellschaft f

compétition [kõpetisjõ] f **1.** Wettbe-
werb m; sports ~ (**sportive**) Wettkampf
m; **sport** m **de** ~ Leistungssport m;
entrer en ~ in Wettbewerb treten (**avec**

mit); **être en** ~ **mitein'ander konkur'rie-ren; être en** ~ **avec qn** mit j-m konkur-rieren; **faire une** ~ **sportive** e-n (Sport-)Wettkampf austragen; **2.** *biol* Konkur-'renz *f*

compétitivité [kõpetitivite] *f* Konkur'renz-, Wettbewerbsfähigkeit *f*

compil|ateur [kõpilatœr] *m* **1.** Kompi-'lator *m* (*auch péj*); **travail** *m* **de** ~ Kompilati'on *f*; **2.** *EDV* Compiler [-'pai-] *m*; Kompi'lierer *m*; ~**ation** *f* Kompila-ti'on *f* (*auch Werk u péj*); Zu'sammen-tragen *n* von Quellen

compiler [kõpile] *v/t* kompi'lieren (*auch abs u péj*); zu'sammentragen, -stellen; F *u péj* zu'sammenstoppeln

complainte [kõplɛ̃t] *f* **1.** (volkstümli-ches) Klagelied; ~**s** *pl fig auch* Wehkla-gen *n*; **2.** *jur* Klage *f* auf Unter'lassung der Besitzstörung; Besitzklage *f*

complaire [kõplɛr] ⟨*cf* **plaire**⟩ **I** *v/t/in-dir litt* ~ **à qn** j-m gefällig sein; **II** *v/pr* **se** ~ **à** (+*inf*) sich darin gefallen zu (+*inf*); sich ein Vergnügen, e-n Spaß daraus machen zu (+*inf*); **se** ~ **dans qc** sich wohl fühlen in etw (*dat*); *p/fort* schwel-gen, F sich aalen in etw (*dat*)

complaisamment [kõplɛzamã] *adv* **1.** entgegenkommend(-), liebenswürdig(-), freundlich(erweise); **2.** selbstgefällig

complaisance [kõplɛzãs] *f* **1.** Liebens-würdigkeit *f*; Entgegenkommen *n*; Freundlichkeit *f*; Gefälligkeit *f*; *loc/adj* **de** ~ Höflichkeits...; Gefälligkeits...; **attestation** *f*, *comm* **billet** *m od* **effet** *m* **de** ~ Gefälligkeitsattest *m*, -akzept *m*; **sourire** *m* **de** ~ höfliches Lächeln; Höflichkeitslächeln *n*; *loc/adv*: **avec** ~ liebenswürdig; entgegenkommend; *cf auch* **3.**; **par** ~ aus Gefälligkeit, Freund-lichkeit; **auriez-vous la** ~ **de** (+*inf*) wären Sie so liebenswürdig zu (+*inf*); hätten Sie die Güte *od* Freundlichkeit zu (+*inf*); **2.** *péj* Duldsamkeit *f*; Willfährig-keit *f*; allzu große Nachsicht, Zu'vor-kommenheit, Gefälligkeit *f*; **3.** *péj* Selbst-gefälligkeit *f*; **avec** ~ selbstgefällig; **4.** **avoir des** ~**s pour qn** F ein Techtel-'mechtel mit j-m haben; **5.** *bibl* ~**s** *pl* Wohlgefallen *n*

complaisant [kõplɛzã] *adj* **1.** ~ (**pour, envers qn**) liebenswürdig, freundlich (zu j-m, j-m gegenüber); entgegenkom-mend, gefällig (j-m gegenüber); **2.** *péj* **mari** ~ allzu nachsichtiger, *iron* gefälli-ger, verständnisvoller Ehemann; **3.** *péj* selbstgefällig; **tu t'écoutes d'une oreil-le** ~ **e** du hörst dich wohl sehr gern reden; **elle prête toujours une oreille** ~ **e aux potins** sie ist für jeden Tratsch empfänglich; sie hört sich begeistert jeden Klatsch an; **elle se regarde d'un œil** ~ sie findet sich anscheinend, wohl sehr hübsch

complanter [kõplãte] *v/t agr* ~ **une terre de qc** ... bepflanzen mit etw; **auf** (+*dat*) etw anpflanzen

complément [kõplemã] *m* **1.** Ergän-zung *f*; Vervollständigung *f*; *loc/adj* ~ **de** ergänzend; *par ext* zusätzlich; Zusatz...; ~ **d'information** ergänzende, zusätzli-che Information; ~ **d'une somme** feh-lende Summe; Rest *m* e-r Summe; **2.** *gr* Ergänzung *f*; *par ext* nähere Bestim-mung; Attri'but *n*; ~ **circonstanciel, de circonstance** 'Umstands-, Adverbi'al-bestimmung *f*; Adverbi'ale *n*; ~ **circons-tanciel de lieu, de manière, de temps** Umstandsbestimmung des Ortes, der Art und Weise, der Zeit; ~ **déterminatif** *cf* **déterminatif**; ~ **d'agent** Agens *n*; Urhe-ber *m*; ~ **d'objet (in)direct** *cf* **objet 4.**; *adit* **nom** ~ als Ergänzung stehendes Substantiv; **3.** *math, biol* Komple'ment *n*; **e-s Winkels** Komple'mentwinkel *m*

complémentaire [kõplemãtɛr] **I** *adj* **1.** ergänzend; Ergänzungs...; Kom-ple'ment...; komplemen'tär; Komple-men'tär...; *par ext* zusätzlich; Zusatz...; ~**s** *auch* sich, ein'ander ergänzend; **an-gle** *m* ~ Komplement-, Ergänzungswin-kel *m*; **couleurs** *f/pl* ~**s** Komplementär-farben *f/pl*; **2.** *früher* **cours** *m* ~ *etwa* Mittel-, Re'alschule *f*; **II** *m math* Kom-ple'ment *n*; Komplemen'tärmenge *f*

complémentarité [kõplemãtarite] *f phys, écon* Komplementari'tät *f*

complet [kõplɛ] **I** *adj* ⟨-**ète** [-ɛt]⟩ **1.** 'vollständig; voll'kommen *od* 'vollkom-men; kom'plett; ganz; to'tal; völlig; ge-samt; *Freude* vollkommen; ungetrübt; **aveux** ~ **s** volles, um'fassendes Geständ-nis; **destruction complète** völlige, vollständige, totale Zerstörung, Ver-nichtung; **échec** ~ vollständiger, totaler 'Mißerfolg; vernichtende Niederlage; **œuvres complètes** sämtliche, gesam-melte Werke *n/pl*; **pain** ~ 'Vollkornbrot *n*; **série complète** vollständige, kom-plette Serie; kompletter Satz; **succès** ~ voller Erfolg; **à temps** ~ *loc/adv* ganz-tags; ganztägig; *loc/adj* Ganztags...; **au** (**grand**) ~ 'vollzählig (versammelt); in voller Zahl; F **alle Mann hoch**; F **c'est** ~! das hat (uns *od* mir) gerade noch ge-fehlt!; **la victoire était complète** es war ein voller Sieg; **2.** voll'endet; vielseitig; *Nahrungsmittel* 'vollwertig; **artiste** ~ vielseitiger Künstler; Allroundkünstler [ɔːl'raund-] *m*; **3.** *Hotel, Bus etc* (voll) besetzt; *Hotel auch* (voll) belegt; *Theater etc* ausverkauft; **le théâtre affiche** ~ das Theater, die Vorstellung ist ausver-kauft; *Hotel* **afficher** ~ voll belegt, besetzt sein; **II** *m* (Herren)Anzug *m*

complètement [kõplɛtmã] **I** *adv* völ-lig; voll'kommen *od* 'vollkommen; voll-ständig; to'tal; ganz; kom'plett; **il a traité** ~ **le sujet** er hat das Thema erschöpfend behandelt, (ganz) ausge-schöpft; **II** *m* Vervollständigung *f*; Er-gänzung *f*; Komplet'tierung *f*

compléter [kõplete] ⟨-**è**-⟩ **I** *v/t* ergän-zen; vervollständigen; 'vollzählig ma-chen; komplet'tieren; *Studien, Werk etc* abschließen; beenden; voll'enden; **II** *v/pr* **se** ~ **1.** *reziprok* sich, ein'ander ergänzen; **2.** *passivisch* 'vollständig, kom'plett werden; sich vervollständigen

complétif [kõpletif] *adj* ⟨-**ive**-⟩ *gr* pro-position complétive Ergänzungs-, Ob'jekt- *bzw* Sub'jektsatz *m*

complexe [kõplɛks] **I** *adj* zu'sammen-setzt; vielschichtig; kom'plex; kom-pli'ziert; *gr* zu'sammengesetzt; *math* **Zahl** kom'plex; **II** *m* **1.** Kompli'zierte(s) *n*; Komplexe(s) *n*; Vielschichtige(s) *n*; **2.** *von Gebäuden, Anlagen* Kom'plex *m*; ~ **industriel** Indu'striekomplex *m*; ~ **por-tuaire** Hafenkomplex *m*; ~ **sidérurgi-que** Kom'plex *m* der Eisen-hüttenindustrie; **3.** *psych* Kom'plex *m*; ~ **d'infériorité, d'Œdipe** Minderwertig-keits-, Ödipuskomplex *m*; **avoir, faire des** ~ **s** Komplexe haben; an Komplexen leiden; **ça me donne des** ~ **s** da(von) bekomme ich Komplexe; **4.** *chim* Kom-'plex *m*; Kom'plex-, Koordinati'onsver-bindung *f*; **5.** *math* Kom'plex *m*

complexé [kõplɛkse] *adj* F **il est** ~ er hat Kom'plexe; er ist gehemmt, *p/fort* F verklemmt

complexion [kõplɛksjõ] *litt f* Konstitu-ti'on *f*; *fig* Veranlagung *f*; Natu'rell *n*; **il est de** ~ **triste** er ist melan'cholisch veranlagt; er hat ein trauriges Gemüt

complexité [kõplɛksite] *f* Vielschichtig-keit *f*; Kompli'ziertheit *f*; Komplexi'tät *f*

complication [kõplikasjõ] *f* **1.** kompli-'zierter Aufbau; kompli'zierte Konstruk-

ti'on; Kompli'ziertheit *f*; **2.** Komplikati-ti'on *f* (*auch path*); Verwirrung *f*; Ver-wicklung *f*; Schwierigkeit *f*; ~**s** senti-mentales *a*) Liebeskummer *m*; b) Liebes-geschichten haben; *chir* **fracture à** ~ **s** kompli'zierter Bruch; **vous ai-mez, cherchez les** ~ **s** Sie komplizieren die Dinge unnötig; Sie machen sich das Leben unnötig schwer

complice [kõplis] **I** *adj Person* mitschul-dig; *Lächeln, Blick* verständnisinnig; **être, se faire** ~ **de qc** an etw (*dat*) teilnehmen; etw begünstigen; sich an etw (*dat*) mitschuldig machen; **II** *m,f* Kom'plize *od* Kom'plice *m*; Kom'plizin *f*; Helfershelfer(in) *m(f)*; Mitschuldige(r) *f(m)*; *jur* Teilnehmer *m*; Mittäter *m*; Beteiligte(r) *m*; *jur* ~ *m* (**par assistance**) Gehilfe *m*

complicité [kõplisite] *f* Kom'plizen-schaft *f*; (geheimes) Einverständnis; Mitschuld *f*; *jur* Teilnahme *f*; Mittäter-schaft *f*; *jur* ~ (**par assistance**) Beihilfe *f* (**de** zu); **agir en** ~ in geheimem Einver-ständnis handeln; **il y a une grande** ~ **entre eux** sie verstehen sich auf e-n Blick; **être de** ~ **avec qn** in geheimem Einverständnis mit j-m stehen; mit j-m gemeinsame Sache machen; F mit j-m unter e-r Decke stecken; *jur* j-m Beihilfe leisten; **il a joui de nombreuses** ~ **s** er hatte viele Helfershelfer

complies [kõpli] *f/pl égl cath* Komplet [-'plɛːt] *f*

compliment [kõplimã] *m* **1.** Kom-pli'ment *n*; Schmeiche'lei *f*; Artigkeit *f*; *par ext* Glückwunsch *m*; (**tous**) **mes** ~ **s**! (allen) Re'spekt!; mein Kompliment!; F **alle Achtung!; sans** ~ ohne jede Schmei-chelei; **faire des** ~ **s à qn** j-m Kompli-mente machen; j-m Schmeicheleien sa-gen; **faire** ~ **à qn de qc** j-m ein Kompliment machen über etw (*acc*); j-m gratu'lieren, j-n beglückwünschen zu etw; **je ne te fais pas mes** ~ **s**! das hättest du wirklich besser machen kön-nen!; dazu kann man dir wahrhaftig nicht gratulieren!; **2.** Empfehlung *f*; **avec mes** ~ **s de** ... mit den besten Empfehlungen ...; **3.** *litt u plais* feierli-cher Ansprache; *l'enfant* **récita son petit** ~ ... sagte sein Gedicht auf

complimenter [kõplimãte] *v/t* ~ **qn** j-m ein Kompli'ment, Komplimente machen (**sur** über + *acc*); ~ **qn pour qc** j-m zu etw gratu'lieren; j-n zu etw be-glückwünschen

complimenteur [kõplimãtœr] **I** *adj* ⟨-**euse**⟩ schmeichelhaft; bewundernd; *péj* schmeichlerisch; **discours** ~ allzu dick aufgetragene Lobrede; **II** *m* Kom-pli'mentemacher *m*; *péj* Lobhudler *m*

compliqué [kõplike] *adj* kompli'ziert; verwickelt; schwierig; verworren, *chir Bruch* kompli'ziert; **esprit** ~ *od* F *subst* ~ *m* F 'Umstandskrämer *m*; **vous êtes un** ~ *auch* Sie komplizieren die Dinge un-nötig; Sie grübeln zu viel

compliquer [kõplike] **I** *v/t* kompli-'zieren; verwirren; kompli'zier(er), verwickelt(er) machen; *Arbeit etc auch* erschweren; behindern; **II** *v/pr* **1.** **se** ~ sich kompli'zieren; kompli'ziert, schwierig(er) werden; *Lage p/fort* sich zuspitzen; **la maladie s'est compliquée d'une pneumonie** zu ... kam noch e-e Lungenentzündung (hinzu); **2.** **se** ~ **qc** sich etw kompli'zieren, schwierig(er) machen; **elle ne se complique pas l'existence** a) sie macht es sich zu leicht; b) sie macht sich keine unnötigen Sorgen

complot [kõplo] *m* **1.** Kom'plott *n* (*auch jur*); Ränke *pl*; *par ext* Verschwörung *f*; **faire, former, ourdir, tramer un** ~

(contre qn) ein Komplott schmieden, e-e Verschwörung anzetteln (gegen j-n); **être dans le, du** ～ ins Komplott verwickelt, mit im Komplott sein; **être de** ～ **avec qn** mit j-m ein Komplott schmieden; **2.** F (*secret*) Geheimnis *n*; **mettre qn dans le** ～ j-n (ins Geheimnis) einweihen

comploter [kõplɔte] **I** *v/t* **1.** (heimlich) planen, verabreden; ～ **un coup d'État** e-n Staatsstreich planen; ～ **de faire qc** etw anzetteln; verabreden, etw zu tun; ～ **de renverser le régime** ein Komplott schmieden, das Regime zu stürzen; den Sturz des Regimes planen; e-e Verschwörung gegen das Regime anzetteln; **2.** *allg* ～ etw aushecken, -brüten; **3.** *st/s* ～ **de faire qc** *st/s* sich mit dem Gedanken tragen, etw zu tun; **II** *v/t/indir u v/i* ein Komplott schmieden, e-e Verschwörung anzetteln, sich verschwören (*contre* gegen); ～ **contre (la vie de) qn** *auch* ein Attentat auf j-n planen

comploteur [kõplɔtœr] *m* Verschwörer *m*

componction [kõpõksjõ] *f* **1.** *rel* tiefste Zerknirschung, Zerknirschtheit (*de* über + *acc*); Bußfertigkeit *f*; **2.** Geschraubtheit *f*; über'triebene Würde; Pose *f*; *avec m de* ～ übertrieben würdevolle Miene; *avec* ～ übertrieben würdig, würdevoll; gespreizt; geschraubt

compon(n)é [kõpɔne] *adj* Heraldik geschacht

comporte [kõpɔrt] *f* Bütte *f* (*für den Transport von Weintrauben u Wasser*)

comportement [kõpɔrtəmã] *m* Verhalten *n* (*auch chim, psych*), Verhaltensweise *f*, Benehmen *n*, Betragen *n* (**avec**, **envers** *qn* j-m gegenüber); Gebaren *n*; **étude** *f* **du** ～ Verhaltensforschung *f*

comporter [kõpɔrte] **I** *v/t* **1.** enthalten; be'inhalten; bestehen aus; sich zu'sammensetzen aus; um'fassen; **la propriété comporte** *une maison d'habitation, un pré etc* zum Besitz gehören ... (+*nom*); **2.** mit sich bringen; zur Folge haben; nach sich ziehen; ～ **qc** *auch* etw bedeuten; **avec ce que tout cela comporte de ...** mit allem, was dies an (+*dat*) mit sich bringt; **II** *v/pr* **se** ～ **3.** sich benehmen, sich betragen, sich verhalten (**avec** *qn* j-m gegenüber; *meist péj* sich aufführen; sich gebärden; **4.** *Maschine* funktio'nieren; *Wagen* **se** ～ **bien** gut funktio'nieren; ein gutes Fahrverhalten zeigen; F sich gut, tadellos benehmen

composacées [kõpozase] *f/pl cf* **composées**

composant [kõpozã] **I** *adj chim* **corps** ～ Bestandteil *m*; Kompo'nente *f*; *phys* **force, vitesse** ～ **e** Kraft-, Geschwindigkeitskomponente *f*; Teilkraft *f*; **II** *subst* **1.** *m chim, ling* Bestandteil *m*; Kompo-'nente *f*; *Elektronik* Bauelement *n*, -teil *n*; **2.** *f math, phys, fig* Kompo'nente *f*

composé [kõpoze] **I** *adj* **1.** zu'sammengesetzt (**de** aus); *bot* **feuille** ～ **e** zusammengesetztes Blatt; *fig* **intérêt(s)** ～ **(s)** Zinseszins(en) *m(pl)*; *gr* **mot** ～ zusammengesetztes Wort; Kom'positum *n*; Zu'sammensetzung *f*; **pendule** ～ physisches, physi'kalisches Pendel; *gr* **temps** ～ zusammengesetzte Zeit; **2.** *fig* **attitude** ～ **e** einstudierte Haltung; **3.** *impr* (ab)gesetzt; **II** *m* **1.** Zu'sammensetzung *f*; **2.** ～ (chimique) (chemische) Verbindung (**de** aus); ～ **oxygéné** Sauerstoffverbindung *f*; **3.** *ling* Kom'positum *n*; Zu'sammensetzung *f*; **4.** *st/s* von e-r Person étrange ～ **de** ... seltsame Mischung von ...

composées [kõpoze] *f/pl bot* Korbblütler *m/pl*; *sc* Kompo'siten *f/pl*

composer [kõpoze] **I** *v/t* **1.** zu'sammenstellen, -setzen, herstellen, (zu)bereiten (**de** aus); *tél Nummer* wählen; ～ **un menu** ein Menü zusammenstellen; **2.** ～ **qc** etw bilden; etw ausmachen; **3.** *Gedicht, Verse etc* verfassen; schreiben; machen; *Text auch* ausarbeiten; *mus* kompo'nieren (*auch abs*); ～ **la musique pour un poème** ein Gedicht vertonen; ～ **des vers** *auch* dichten; **4.** ～ **ses gestes** unnatürlich, einstudiert wirkende Gebärden machen; ～ **son visage** ein undurchdringliches Gesicht machen; e-e ausdruckslose Miene aufsetzen; **5.** *impr Text* (ab)setzen; **machine** *f* **à** ～ Setzmaschine *f*; **II** *v/t/indir u v/i* **6.** sich vergleichen, sich gütlich einigen, Kompro'misse *od* e-n Kompro'miß schließen, eingehen (**avec** mit); ～ **avec sa conscience** nicht auf die Stimme des Gewissens hören; **7.** *Schule* e-e Klassenarbeit, Schulaufgabe machen, schreiben (**en latin** in Latein); **III** *v/pr* **8.** **se** ～ **de** sich zu'sammensetzen, zu'sammengesetzt sein, bestehen aus; **9.** **se** ～ **un personnage** sich ganz anders geben, als man eigentlich ist; **se** ～ **un visage de circonstance** e-dem Anlaß entsprechende Miene aufsetzen

composite [kõpozit] *adj* **1.** Kompo-'sit...; *arch* **chapiteau** *m* ～ Kompositkapitell *n*; *mar* **construction** *f* ～ Kompositbauweise *f*; *arch* **ordre** *m*, **style** *m* ～ *od* **subst** ～ *m* Kompositordnung *f*; **2.** *litt* (*hétéroclite*) (bunt) zu'sammengewürfelt, gemischt

composi|teur [kõpozitœr] *m*, ～ **trice** *f* **1.** *mus* Kompo'nist(in) *m(f)*; **compositeur d'opéra(s)** Opernkomponist *m*; **2.** *m impr* (Schrift)Setzer *m*; **3.** *m jur* **amiable** ～ Schiedsrichter *m* (*der e-n Streitfall ohne Formalitäten beilegt*)

composition [kõpozisjõ] *f* **1.** Zu'sammensetzung *f*, -stellung *f* (*Handlung u Ergebnis*); *von Gedichten etc* Verfassen *n*; *von Romanen auch* Aufbau *m*; *Kunst, phot, gr* Kompositi'on *f*; *chim, e-s Gremiums etc, auch gr* Zu'sammensetzung *f*; *allg auch* Mischung *f*; *sports* ～ **d'une équipe** Mannschaftsaufstellung *f*; *ch de fer* ～ **d'une rame** Zugzusammensetzung *f*; **c'est un plat de ma** ～ dieses Gericht habe ich selbst erfunden; mein selbst ausgedacht; dieses Gericht ist meine Erfindung; **2.** *Schule* **a)** Klassenarbeit *f, bes in Bayern* Schulaufgabe *f* (**de chimie** in Chemie); **b)** ～ **française** (französischer) Aufsatz; **il est très bon en** ～ **française** er ist sehr gut im Aufsatz; er schreibt sehr gute Aufsätze; **3.** *mus* Kompositi'on *f* (*auch Unterrichtsfach*); *st/s* Ton(setz)kunst *f*; *als Handlung* Kompo'nieren *n*; **4.** *Person* **être de bonne** ～ 'umgänglich sein; **5.** *impr* **a)** Setzen *n*; Satz *m* (*auch Ergebnis*); ～ **mécanique, à la main** Ma'schinen-, Handsatz *m*; **frais** *m/pl* **de** ～ Satzkosten *pl*; **b)** Setze'rei *f*; **6. amener qn à** ～ j-n zu e-r gütlichen Einigung bringen; **entrer en** ～ auf e-n Vergleich, Kompro'miß eingehen; **venir à** ～ nachgeben; sich versöhnlich zeigen; Zugeständnisse machen

compost [kõpɔst] *m agr* Kom'post *m*; ～ **age** *m agr* Düngen *n* mit Kom'post; ～ **er**[1] *v/t agr* mit Kom'post düngen; kompo'stieren

compost|er[2] [kõpɔste] *v/t* **1.** *impr Buchstaben* im Winkelhaken zu'sammensetzen; **2.** *Fahrschein* lochen; entwerten; ～ **eur** *m* **1.** *impr* Winkelhaken *m*; **2.** *in der Metro etc* Entwerter *m*

compot|e [kõpɔt] *f* **1.** Mus *n*, Brei *m* (*aus Obst*); ～ **de pommes** Apfelmus *n*, -brei *m*; **2.** F *fig* **en** ～ zerschlagen; F *pl/fort* zu

Brei geschlagen (*Gesicht*); **j'ai les pieds en** ～ die Füße tun mir scheußlich weh; ～ **ier** *m* Obstschale *f* (*mit Fuß*); ～ **de fruits** Schale *f* mit Obst

compound [kõpund, -pawnd] *adj* ⟨*inv*⟩ *tech* Verbund...; Compound... [-'pawnd]; *élect* **enroulement** *m*, **excitation** *f* ～ Verbund-, Compoundwicklung *f*, -erregung *f*; **machine** *f*, *aviat* **moteur** *m* ～ Verbund-, Compoundmaschine *f*, -triebwerk *n*

compréhensibilité [kõpreãsibilite] *f* Verständlichkeit *f*; Begreiflichkeit *f*; **pour une plus grande** ～ zum besseren Verständnis; um e-r besseren Verständlichkeit willen

compréhensible [kõpreãsibl(ə)] *adj* verständlich; begreiflich; faßbar; faßlich; zu verstehen(d); zu begreifen(d); **il est** ～ **que ...** (+*subj*) es ist begreiflich, verständlich, zu verstehen, daß ...; **ce n'est pas** ～ *auch* das ist unverständlich

compréhensif [kõpreãsif] *adj* ⟨**-ive**⟩ **1.** verständnisvoll; **2.** *Logik* **plus** ～ mehr inhaltliche Merkmale aufweisend

compréhension [kõpreãsjõ] *f* **1.** Verständnis *n* (**pour, à l'égard de** für); **2.** Verständlichkeit *f*; **d'une difficile** ～ schwer verständlich; **3.** Begriffsvermögen *n*; Auffassungsgabe *f*, -kraft *f*, -vermögen *n*; *Logik* Inhalt *m*

comprendre [kõprãdr(ə)] ⟨*cf* **prendre**⟩ **I** *v/t* **1.** verstehen; begreifen (*beide auch abs*); erfassen; auffassen; sich klar, im klaren sein *bzw* sich klarwerden über (+*acc*); ♦ *abs* **je comprends a)** ich verstehe; **b)** und ob; das will ich meinen; ♦ *mit subst, pr u Objektsatz:* **je comprends son attitude** ich verstehe, begreife s-e Haltung; s-e Haltung ist mir verständlich, begreiflich; **il ne comprend pas** *la portée de ses actes* er begreift ... nicht; er ist sich nicht klar über ...; ～ **qc** etw verstehen, begreifen, erfassen; etw verständlich, begreiflich finden; sich über etw klar, im klaren sein; **tu y comprends qc?** **a)** verstehst du (et)was davon?; **b)** verstehst, begreifst du das?; ～ **qn** j-n verstehen, begreifen; **je n'y comprends rien** ich verstehe, begreife nichts; ich werde nicht klug daraus; **il ne comprend rien à rien** er versteht, begreift über'haupt nichts (à von); **il ne comprend jamais rien à rien** er begreift nie etwas; F er ist sehr schwer von Begriff; **j'ai compris que ...** ich habe erkannt, gemerkt, es ist mir klargeworden, daß ...; **je comprends que ...** (+*subj*) ich verstehe, begreife, es ist (mir) verständlich, begreiflich, daß ...; ♦ *mit adv:* ～ **bien a)** gut verstehen; gut begreifen; **b)** richtig verstehen, auffassen; ～ **mal a)** schlecht verstehen; **b)** falsch verstehen, auffassen; **c)** nicht ganz begreifen, verstehen; **je comprends mal qc** *auch* etw ist mir nicht recht verständlich; etw ist mir unverständlich; **je ne comprends pas** ich verstehe, begreife nicht (**que** + *subj* daß); es ist mir unverständlich, unbegreiflich (daß); ～ **vite** schnell verstehen, begreifen, erfassen; *abs* schnell auffassen; e-e gute Auffassungsgabe haben; *plais* **il comprend vite, mais il faut lui expliquer longtemps** F er hat e-e lange Leitung; er schaltet langsam; ♦ **faire** ～ **qc à qn** j-m etw begreiflich, verständlich machen, klarmachen, zu verstehen geben; **se faire** ～ sich verständlich machen *bzw* ausdrücken; **je me fais** ～, **j'espère?** ich habe mich hoffentlich deutlich genug ausgedrückt; ich bin hoffentlich verstanden worden; **2.** um-'fassen; enthalten; in sich schließen; bestehen aus; **la propriété comprend ...**

auch zum Besitz gehört *bzw* gehören ...; **les statistiques ne comprennent pas les étrangers** in den Statistiken sind (+*nom*) nicht enthalten; die Statistiken beziehen (+*acc*) nicht mit ein; **3.** mitrechnen, mitzählen (**dans** bei); **II** *v/pr* **4.** se ~ sich, ein'ander verstehen; **5.** cela se comprend a) das kann man verstehen; das ist verständlich, begreiflich; b) das versteht sich

compren|ette [kɔ̃prənɛt] F *f od* ~**otte** F *f* Begriffsvermögen *n*; *meist negativ* il **n'a pas la** ~ **facile** *od* **rapide** er ist begriffsstutzig; F er hat 'ne lange Leitung; er ist schwer von Begriff, Ka'pee

compresse [kɔ̃prɛs] *f méd* Kom'presse *f* (*auch chir*); 'Umschlag *m*; ~ **humide** feuchter Umschlag; ~ **de gaze** Mullkompresse *f*; **appliquer qc en** ~ etw als Kompresse auflegen

compresseur [kɔ̃prɛsœr] *m tech* Kom'pressor *m*; Verdichter *m*; ~ **axial**, **centrifuge**, **rotatif** Axi'al-, Radi'al-, Rotati'onsverdichter *m*; ~ **à pistons** Kolbenverdichter *m*; ♦ *adj:* **appareil** *m* ~ Kompressor *m*; Verdichter *m*; **rouleau** *m* ~ Straßen-, F Dampfwalze *f*

compress|ibilité [kɔ̃prɛsibilite] *f* **1.** *phys* Verdichtbarkeit *f*; Kompressibili'tät *f*; **2.** *allg* Zu'sammendrückbarkeit *f*, -preßbarkeit *f*; **3.** *von Ausgaben etc* Redu'zierbarkeit *f*; ~**ible** *adj* **1.** *phys* verdichtbar; kompres'sibel; **2.** *allg* zu'sammenpreßbar, -drückbar; **3.** *Ausgaben etc* redu'zierbar

compressif [kɔ̃prɛsif] *adj* ‹*-ive*› **1.** *méd* Druck...; Kompressi'ons...; **bandage** ~ Druck-, Kompressionsverband *m*; **2.** **mesures compressives** Einsparungsmaßnahmen *f/pl* (durch Perso'nalabbau)

compression [kɔ̃prɛsjɔ̃] *f* **1.** *phys, tech* Kompressi'on *f*; Verdichtung *f*; ~ **de l'air** Luftverdichtung *f*; **réfrigérateur** *m* à ~ Kompres'sor-, Kompressi'onskühlschrank *m*; **2.** *allg, bes méd* Kompressi'on *f*; Zu'sammendrücken *n*, -pressen *n*; Druck *m*; **3.** *von Ausgaben etc* Senkung *f*; Redu'zierung *f*; Her'absetzung *f*; ~ **des frais** Kostensenkung *f*, -verringerung *f*, -einsparung *f*, -dämpfung *f*; ~ **du personnel** Perso'nalabbau *m*; **4.** *litt* (*oppression*) Unter'drückung *f*

comprimable [kɔ̃primabl(ə)] *adj cf* **compressible**

comprimé [kɔ̃prime] **I** *adj* **1.** *phys* Preß...; Druck...; **air** ~ Preß-, Druckluft *f*; **2.** zu'sammengedrückt, -geschnürt; eingeschnürt, -gezwängt; **II** *m phm* Ta'blette *f*; ~ **d'aspirine** Aspi'rintablette *f*

comprimer [kɔ̃prime] **I** *v/t* **1.** *phys* kompri'mieren; verdichten; **2.** zu'sammendrücken (*auch méd Ader*); zu'sammenpressen; einzwängen, -schnüren; **3.** *Ausgaben etc* redu'zieren; vermindern; senken; zu'sammenstreichen; **4.** *litt Gefühle etc* unter'drücken; **II** *v/pr* se ~ **la taille** sich die Taille schnüren

compris [kɔ̃pri] **I** *adj* ‹*vor dem subst inv*› **1.** **(y)** einschließlich; (mit) (e)inbegriffen; inklu'sive (*abr* inkl.); (mit) einbezogen; mit; ~ **dans** inbegriffen in (+*dat*); einbezogen in (+*acc*) **non** ~ nicht (e)inbegriffen; ausschließlich; ohne; zuzüglich; exklu'sive (*abr* exkl.); **service non** ~ ohne Bedienung; zuzüglich Bedienung; *le loyer est de 900 francs,* **charges (y)** ~**es** ... inkl. Nebenkosten; **tout** ~ alles inbegriffen; **2.** mitgerechnet; mitgezählt; **II** *p/p von* **comprendre; 1.** verstanden; ~**?** verstanden?; **2.** *la partie du quartier* ~**e entre la**

---

rue X *et l'avenue* Y ... zwischen der X-Straße und der Y-Avenue

compromettant [kɔ̃prɔmɛtɑ̃] *adj* **1.** kompromit'tierend; bloßstellend; ~ **pour qn** j-n kompromit'tieren, bloßstellen; j-n dem Gerede aussetzen; **2. ce n'est pas** ~ das verpflichtet zu nichts

compromettre [kɔ̃prɔmɛtr(ə)] ‹*cf* **mettre**› **I** *v/t* **1.** *Gesundheit, Ansehen, Chancen, Karriere, Autorität etc* schaden (+*dat*); gefährden; in Gefahr bringen; aufs Spiel setzen; beeinträchtigen; **sa dignité** *auch* sich etwas vergeben; **2.** ~ **qn** j-n kompromit'tieren, bloßstellen; **II** *v/i* **3.** *jur* e-n Schiedsvertrag abschließen (**sur** über + *acc*); **III** *v/pr* se ~ **4.** sich in Geschäfte einlassen (**avec** mit); **s'être compromis dans** e-n scandale in e-n Skandal verwickelt sein; **5.** sich (selbst) kompromit'tieren; s-m Ruf schaden

compromis [kɔ̃prɔmi] *m* **1.** Kompro'miß *m*, *auch n*; Vergleich *m*; **faire un** ~ e-n Kompromiß schließen; sich vergleichen; **2.** Mittelding *n*, Zwischending *n* (**entre** zwischen + *dat*); **3.** *jur* Schiedsvertrag *m*; **faire un** ~ e-n Schiedsvertrag schließen

compromission [kɔ̃prɔmisjɔ̃] *f meist pl* ~**s** (péj faule) Kompro'misse *m/pl*, *auch n/pl*; Zugeständnis *n/pl*; péj **faire des** ~**s** Kompromisse mit s-m Gewissen schließen; gegen sein Gewissen handeln

compromissoire [kɔ̃prɔmiswar] *adj jur* **clause** ~ Schieds(vertrags)klausel *f*

comptabilis|ation [kɔ̃tabilizasjɔ̃] *f* Verbuchung *f*; (buchmäßige) Erfassung; ~**er** *v/t comm* (ver)buchen; in die Bücher eintragen; buchmäßig erfassen

comptabilité [kɔ̃tabilite] *f* **a)** Buchführung *f*; Buchhaltung *f* (*auch Abteilung*); Rechnungsführung *f*; *adm* Rechnungswesen *n*; ~ **analytique d'exploitation** *od* **industrielle** Betriebsbuchführung *f*; ~ **deniers** Fi'nanzbuchführung *f*; ~ **économique** *od* **nationale** volkswirtschaftliche Gesamtrechnung (*abr* V.G.); ~ **matière** Materi'al-, Lagerbuchführung *f*; ~ **publique** kamera'listisches Rechnungswesen *n*; ~ **en partie double** doppelte Buchführung; Doppik *f*; ~ **en partie simple** einfache Buchführung; **b)** (*livres m/pl de*) ~ (Geschäfts)Bücher *n/pl*; **tenir** *od* **gérer la** ~ die Bücher führen

comptable [kɔ̃tabl(ə)] **I** *adj* **1. a)** rechnungsführend; Buchungs...; Buch(führungs)...; **agent** *m* ~ Buchhalter *m*; Rechnungsführer *m*; **machine** *f* ~ Buchungs-, Buchführungsmaschine *f*; **pièce** *f* ~ Buchungsbeleg *m*; **b)** Konten...; **2.** zur Rechnungslegung verpflichtet; **être** ~ **de qc** für etw Rechenschaft ablegen müssen; für etw einstehen müssen; **II** *m,f* Buchhalter(in) *m(f)*; Rechnungsführer(in) *m(f)*

comptage [kɔ̃taʒ] *m* Zählen *n*, -ung *f*

comptant [kɔ̃tɑ̃] *adj comm* bar; **argent** ~ Bargeld *n*; Bargeld *n* (*f auch* **argent 2.**; ‹*inv*› **c'est 8000 francs** ~ **et le reste** ... 8000 Franc so'fort ...; ♦ *loc/adj* **au** ~ Bar...; gegen bar; gegen Kasse; Kassa...; **achat** *m* **au** ~ Barkauf *m*; Kauf *m* gegen bar; **opération** *f* **au** ~ Kassageschäft *n*; Barabschluß *m*, -geschäft *n*; **paiement** *m* **au** ~ Barzahlung *f*; ♦ (*loc*)*adv* **(au)** ~ bar; gegen Barzahlung; **acheter (au)** ~ gegen Barzahlung kaufen; bar einkaufen; **payer (au)** ~ bar (be)zahlen

compte [kɔ̃t] *m* **1.** Zählen *n*, -ung *f*; Rechnen *n*, -ung *f*; Berechnung *f* (*z B Rat*); Betrag *m*; Summe *f*; ~ **rond** runde Zahl, Summe; ~ **à rebours** Countdown [kaunt'daun] *m od n*; ♦ *loc/adj u loc/adv:* **à bon** ~

---

billig; preiswert; *litt* wohlfeil; **il s'en est tiré à bon** ~ **bei** e-r **Strafe** er ist billig weggekommen; *bei* e-r **Arbeit** er ist gut dabei weggekommen (*er hat die leichtere Arbeit zu tun*); *bei* e-m **Unfall** *u fig* er ist mit e-m blauen Auge da'vongekommen; **à ce** ~-là, *je ne le ferai pas* wenn es, das s o ist ...; um diesen Preis ...; **à meilleur** ~ billiger; preiswerter; **s'établir**, **s'installer à son** ~ sich selbständig machen; **être à son** ~ selbständig sein; **prendre qc à son** ~ a) die Verantwortung für etw über'nehmen, auf sich nehmen; F etw auf s-e Kappe nehmen; b) die Kosten für etw über'nehmen; **travailler à son** ~ selbständig sein; publier à ~ **d'auteur** auf Kosten des Autors veröffentlichen; **pour mon** ~ ich meinerseits; was mich betrifft; **pour mon (son) propre** ~ für mich (sich) selbst; (*ver*)*kaufen* **pour son propre** ~ auf eigene Rechnung; **pour le** ~ **de** auf, für Rechnung von (*od* + *gén*); im Auftrag von (*od* + *gén*); *Boxen* **être envoyé sur le tapis pour le** ~ ausgezählt werden; **laisser pour** ~ *Ware* nicht an-, abnehmen; *Person* links liegenlassen; sich nicht mehr kümmern um; **sur le** ~ **de qn** über j-n; **dire qc sur le** ~ **de qn** über j-n, von j-m etw sagen; j-m etw nachsagen; **mettre qc sur le** ~ **de qc** etw auf etw (*acc*) schieben, zu'rückführen; etw e-r Sache (*dat*) zuschreiben; **prendre qc sur son** ~ etw auf s-e Kappe nehmen; für etw die Schuld, Verantwortung über'nehmen; **vous pouvez être rassuré sur le** ~ Sie können seinetwegen unbesorgt sein; ♦ **au bout du** ~ *od* **en fin de** ~ schließlich; letztlich; letzten Endes; im Endeffekt; im Grunde genommen; genauergenommen; alles in allem; *tu m'agaces,* **à la fin du** ... jetzt langt's mir aber, F verflixt noch mal; ♦ **je n'arrive jamais au même** ~ es kommt immer e-e andere Zahl, etwas anderes her'aus; F **avoir son** ~ F blau, besoffen, voll (wie 'ne Strandhaubitze) sein; F **il a eu son** ~ F der hat sein Teil gekriegt, sein Fett weg; dem hat man's richtig besorgt; **demander son** ~ s-n Lohn verlangen, fordern; kündigen; sich auszahlen lassen; **donner son** ~ à **qn** j-n auszahlen, ablohnen, entlassen; j-m kündigen; F **son** ~ **est bon** F jetzt geht's ihm an den Kragen; **être loin du** ~ weit von der richtigen Zahl *bzw* von der Wirklichkeit entfernt sein; sich stark verzählt, verrechnet, geirrt haben; **le** ~ **n'y est pas** die Rechnung stimmt nicht, ist nicht richtig; **tout** ~ **fait** im Grunde genommen; alles in allem; schließlich; **faire le** ~ **de** (ab)zählen; zu'sammenzählen; berechnen; zu'sammenrechnen; **faire le** ~ **de qc à qn** j-m etw vorzählen, vorrechnen; **faire, tenir ses** ~**s** s-e Ausgaben aufschreiben; über s-e Ausgaben Buch führen; ein Ausgabenbuch führen; **nous faisons nos** ~**s** wir rechnen (mitein'ander) ab; **faire le** ~ **de qn** j-m zu'gute kommen; **régler ses** ~**s** s-e Schulden begleichen; **régler son** ~ à **qn** a) j-n auszahlen, ablohnen; j-m kündigen; j-n entlassen; b) F *fig* mit j-m abrechnen; **avoir un** ~ à **régler avec qn** mit j-m noch eine Rechnung zu begleichen haben; F mit j-m ein Hühnchen zu rupfen haben; **(se) rendre** ~ *cf* **rendre 9.** *u* **15.**; **tenir** ~ **de qc** etw berücksichtigen; e-r Sache (*dat*) Rechnung tragen; etw bedenken; **ne tenir aucun** ~ **de qc** etw gänzlich unbeachtet, außer Betracht lassen; etw (*z B Rat*) in den Wind schlagen; ~ **tenu de** unter Berücksichtigung von; **y trouver son** ~ auf s-e Kosten, Rechnung kommen;

prov les bons ~s font les bons amis unter Freunden sollte man in Geldsachen genau sein; in Geldsachen hört die Freunschaft, F die Gemütlichkeit auf (*loc/prov*); **2.** *comm, écon, fin* Konto *n*; Rechnung *f*; ~ **bloqué** Sperrkonto *n*; ~ **chèque postal** (*abr* C.C.P.) Postscheckkonto *n*; ~ **collectif** Sammelkonto *n*; ~ **courant** laufendes Konto; Girokonto *n*; Kontokor'rent *n*; laufende Rechnung; ~ **de dépôt, d'épargne** Depo'siten-, Sparkonto *n*; ~ **de frais** Unkostenrechnung *f*; ~ **des profits et pertes** *od* ~ **des pertes et profits** Gewinn- und Verlustrechnung *f*; Ertragsrechnung *f*; ~ **de résultat** Erfolgsrechnung *f*, -konto *n*; ~ **en banque** Bankkonto *n*; **Cour** *f* **des ~s** Rechnungshof *m*; **alimenter, approvisionner un** ~ ein Konto auffüllen; **arrêter un** ~ ein Konto abschließen; **avoir un** ~ **chez …** F bei (*e-m Kaufmann*) anschreiben lassen; **ouvrir un** ~ **à la banque X** ein Konto bei der Bank X eröffnen; **passer en** ~, **sur le** ~ auf dem Konto verbuchen; buchen; eintragen; **3.** ~(**s**) Rechnungslegung *f*, -bericht *m*; ~ **rendu** a) Bericht *m*; Niederschrift *f*; Proto'koll *n*; b) Rechnungslegung *f*; Abrechnung *f*; c) Rezensi'on *f*; d) *Schule* Nacherzählung *f*; ~ **rendu des débats parlementaires** Parla'mentsbericht *m*; ~ **de gestion** Abrechnung *f* über e-e ausgeübte Geschäftsführung, Verwaltung; *jur* ~ **de tutelle** Rechnungslegung (*nach Beendigung der Vormundschaft*); **demander des ~s à qn** von j-m Rechenschaft fordern; **devoir des ~s à qn** j-m Rechenschaft schuldig sein, schulden, ablegen müssen

compte-fils [kõtfil] *m* ⟨*inv*⟩ *text* Fadenzähler *m*; Weberglas *n*

compte-gouttes [kõtgut] *m* ⟨*inv*⟩ Tropfenzähler *m*; *fig* **accorder, distribuer, donner qc au** ~ mit etw knausern; etw tröpfchen-, scheibchenweise zuteilen, verteilen, geben; **subsides accordés au** ~ spärlich tröpfelnde Unter'stützung *f*

compter [kõte] **I** *v/t* **1.** zählen; zu'sammenzählen; abzählen; mit-, da'zuzählen, -rechnen; mit einrechnen, einbeziehen; *Stimmen* (aus)zählen; *fig Stunden, Tage etc* zählen; ♦ *fig* **ses jours sont comptés** e Tage sind gezählt; **on ne compte plus ses gaffes, succès** s-e Dummheiten, Erfolge sind nicht mehr zu zählen; er macht e Dummheit nach der anderen; er hat Erfolge über Erfolge; **on peut** ~ **les lettres** *qu'il a écrites* man kann die Briefe … an den Fingern (e-r Hand) abzählen; ♦ ~ **par douzaines** nach … zählen; ~ **qc, qn au nombre des, parmi les meilleurs** etw, j-n zu den Besten zählen, rechnen; **on compte ce livre parmi …** *auch* dieses Buch wird zu … gerechnet; **je le compte parmi …** *auch* für mich gehört er zu …; **je ne me compte pas au nombre de ses amis** ich rechne, zähle mich nicht zu s-n Freunden; ♦ **sans** ~ (+*subst*) ohne (+*acc*); außer (+*dat*) abgesehen von (+*dat*); nicht (mit)gerechnet (+*acc*); **sans** ~ **que** abgesehen davon, daß; außerdem; oben'drein; noch dazu; **2.** rechnen (mit); ~ **cinq heures en voiture** mit dem Wagen fünf Stunden rechnen; ~ **que** … erwarten, annehmen, damit rechnen, daß …; **ne pas** ~ **que** … (+*subj*) nicht damit rechnen, daß …; **3.** ~ (+*inf*) beabsichtigen, vorhaben, hoffen, damit rechnen zu (+*inf*); wollen (+*inf*); **je compte aller vous voir la semaine prochaine** ich beabsichtige *etc*, Sie

nächste Woche zu besuchen; **4.** ~ **qc à qn** a) j-m etw berechnen, in Rechnung stellen; b) j-m etw (*e-e Summe*) (aus)zahlen, bezahlen; c) j-m etw anrechnen, zu'gute halten; d) F j-m etw (spärlich) zuteilen; **tu nous, me les comptes** F die sind wohl abgezählt, ratio'niert; **5.** *in Wendungen* schätzen; ansehen; *litt* **il compte pour beaucoup l'exactitude** er erachtet Genauigkeit für wichtig, wesentlich; **tu comptes pour rien le mal** *que je me suis donné* die Mühe … zählt für dich überhaupt nicht; du erachtest die Mühe … für nichts; **6.** *Lebensjahre* zählen; *Dienstjahre* haben; *Ortschaft: Einwohner* haben; zählen; **il compte déjà vingt ans de service (dans l'armée)** er ist schon zwanzig Jahre in der Armee; er hat schon zwanzig Dienstjahre; e-e Dienstzeit von zwanzig Jahren (in der Armee); *st/s od iron* ~ **dix-huit printemps** achtzehn Lenze zählen; **II** *v/i* **7.** zählen; rechnen; ~ **de tête** *im Kopf* rechnen; ~ **sur ses doigts** *cf* **doigt** 1.; ♦ *loc/prép* **à** ~ **de** von … ab, an; ab; **à** ~ **d'aujourd'hui** von heute ab, an; ab heute; **8.** *Person* ~ **avec qc** mit etw rechnen; etw bedenken; an etw (*acc*) denken; etw berücksichtigen; e-r Sache (*dat*) Rechnung tragen; ~ **avec qn** mit j-m rechnen; j-n berücksichtigen; j-m Rechnung tragen; **compte là-dessus** *cf* **comptes-y**; *Person, Sache* ~ **parmi** zählen, gehören zu; gezählt, gerechnet werden zu; ~ **sans qc** etw vergessen, nicht bedenken, nicht berücksichtigen; ~ **sans qn** nicht mit j-m rechnen; j-n vergessen; die Rechnung ohne j-n machen; *loc/adv* **sans** ~ reichlich; großzügig; verschwenderisch; mit vollen Händen; ~ **sur qc, qn** auf etw, j-n zählen, rechnen; mit etw, j-m rechnen; sich auf j-n verlassen; **il vaut mieux ne** ~ **que sur soi** man soll(te) sich nur auf sich selbst verlassen; **j'y compte** ich rechne (fest) damit; ich verlasse mich darauf; F *iron* **comptes-y** ja denkste!; von wegen!; F **comptes-y, bois de l'eau** *od* **compte là-dessus et bois de l'eau fraîche** das schlag dir aus dem Kopf; F da kannst du warten, bis du schwarz wirst; F **9.** *Sache, Person* zählen; wichtig, wesentlich sein; gelten; **cela ne compte pas** das zählt nicht; das hat nichts zu bedeuten; **son avis comptait pour beaucoup** *dans la délibération* s-e Ansicht galt viel, hatte viel Gewicht …; **l'exactitude, ça compte beaucoup pour lui** Genauigkeit ist ihm sehr wichtig, wesentlich; er hält sehr auf Genauigkeit; **son fils compte beaucoup pour lui** sein Sohn bedeutet ihm sehr viel; er hängt sehr an s-m Sohn; *le mal qu'il s'est donné* **compte pour rien** … zählt überhaupt nicht; **10. devoir** ~ rechnen, haushalten müssen; **11.** *mus* (den Takt) zählen; **III** *v/pr* **se** ~ gezählt werden (**par** nach); sich zählen lassen

compte-tours [kõttur] *m* ⟨*inv*⟩ *tech* Drehzahlmesser *m*; Tourenzähler *m*

compteur [kõtœr] **I** *m* **1.** *tech* Zähler *m*; Zählwerk *n*, -gerät *n*, -apparat *m*; ~ **bleu** Zähler für Gas zum verbilligten Tarif; ~ **électrique** *od* **à électricité** Strom-, Elektrizi'tätszähler *m*; ~ **Geiger** [ʒɛʒɛr], **général, kilométrique** Geiger-, Haupt-, Kilo'meterzähler *m*; ~ **à eau** Wasserzähler *m*, -uhr *f*; ~ **à gaz** Gaszähler *m*, -messer *m*, -uhr *f*; ~ **de taxi** (-mètre) Taxa'meter *m*; Fahrpreisanzeiger *m*; ~ **de tours** *cf* **compte-tours**; ~ **de vitesse** *od* F *ellip* ~ Geschwindigkeitsmesser *m*; Tacho'meter *n od m*; F Tacho *m*; *élect* **baisser le** ~ den Haupt-

schalter ausschalten; **relever le** ~ den Zähler ablesen; **2.** *litt Person* Zähler *m*; **II** *adj* **boulier** ~ Rechenmaschine *f* (*aus Kugeln*)

comptine [kõtin] *f* Abzählvers *m*, -reim *m*

comptoir [kõtwar] *m* **1. a)** Theke *f*; Schanktisch *m*; Bü'fett *n*; *regional* Tresen *m*; **b)** (Laden)Theke *f*; Ladentisch *m*; **2.** *der Banque de France* Zweigstelle *f*; *comm* ~ **central d'achats** Einkaufszentrale *f*; ♀ ~ **national d'escompte de Paris** Name e-r staatlichen Kreditanstalt; *comm* ~ **de vente en commun** Gesellschaft *f* für Gemeinschaftsvertrieb; **3.** *in der Kolonialzeit* (Handels-)Kon'tor *n*; Handelsniederlassung *f*; Fakto'rei *f*

compulsation [kõpylsasjõ] *f adm* Einsichtnahme *f* (**de in** +*acc*)

compulser [kõpylse] *v/t* **1.** *adm* Einsicht nehmen in (+*acc*); *abs* in Urkunden *bzw* Akten Einsicht nehmen; **2.** *allg Bücher, Notizen, Archive* nachschlagen in (+*dat*); 'durchsehen; 'durchblättern

compuls|if [kõpylsif] *adj* ⟨-**ive**⟩ *psych* Zwangs…; **conduite compulsive** zwangshafte Verhaltensweise; ~**ion** *f psych* ~ **de répétition** Wieder'holungszwang *m*; *jur* gerichtliche Anordnung zur Ausfertigung e-r Zweitschrift *bzw* zur Vorlegung e-r Urkunde

computation [kõpytasjõ] *f* (Zeit)Berechnung *f*; *jur* ~ **d'un délai** Fristberechnung *f*

comtal [kõtal] *adj* ⟨-**aux**⟩ gräflich; Grafen…; **couronne** ~**e** Grafenkrone *f*

comte [kõt] *m* Graf *m*; ~ **et hist** *u in England* Grafschaft *f*; ~**esse** *f* Gräfin *f*

comtois [kõtwa] *adj* (*u subst* ♀ Bewohner) der Franche-Comté

con [kõ] P **I** *adj* ⟨*f inv od* **conne** [kɔn]⟩ P saudumm, -dämlich, -blöd, -doof; **II** *m* **1.** ⟨*auch* **conne** [kɔn] *f*⟩ F Blödmann *m*, -hammel *m*; Blödian *m*; Idi'ot *m*, Trottel *m* (*auch von e-r Frau*); dumme Ziege; *als Schimpfwort* P Arschloch *n*; **faire le** ~ a) F sich blöd, doof (an)stellen; Blödsinn, Dummheiten machen; b) e-e stu'pide, stumpfsinnige, F blöde, doofe Arbeit machen müssen; **2.** *obszön* Fotze *f*; Möse *f* (*Vulva*)

conard [kɔnar] P *m*, **conasse** [kɔnas] P *f cf* **con** II 1.

concass|age [kõkasaʒ] *m von Steinen* Brechen *n*; *von Getreide* Schroten *n*; ~**é** *m* Schotter *m*

concass|er [kõkase] *v/t Pfeffer, Zucker etc* (zer)stoßen; *Eis* zerkleinern; *Steine* brechen; *Getreide* schroten; ~**eur** *m* *Tiefbau* Brecher *m*; *agr* Schrotmühle *f*; ~ **à mâchoires** Backenbrecher *m*; *adit* **cylindre** *m* ~ Brechwalze *f*

concaténation [kõkatenasjõ] *f philos* Verkettung *f*

concav|e [kõkav] *adj* kon'kav, Kon'kav… (*auch opt*); vertieft; hohl (geschliffen); **miroir** *m* ~ Konkav-, Hohlspiegel *m*; **polygone** *m* ~ konkaves Vieleck; ~**ité** *f* **1.** *opt* Konkavi'tät *f*; **2.** Vertiefung *f*; Einbuchtung *f*; Höhlung *f*

concéder [kõsede] *v/t* ⟨-**è**-⟩ **1.** *Recht etc* gewähren; einräumen; bewilligen; zugestehen; genehmigen; *Monopol* gewähren; einräumen; **2.** ~ **que** zugeben, einräumen, daß …; ~ **à qn un point** j-m in e-m Punkt recht geben

concélébrer [kõselebre] *v/i* ⟨-**è**-⟩ *égl cath* konzele'brieren

concentration [kõsãtrasjõ] *f* **1.** Konzentrati'on *f* (*auch mil von Truppen, chim*); *écon auch* Zu'sammenschluß *m*; *opt von Strahlen* Bündelung *f*; Aufbereitungstechnik Anreicherung *f*; *écon* ~

horizontale, verticale horizontale, vertikale Konzentration; mil ~ de feux kon'zentrisches Feuer; ~ de la population Konzentration, (Zu'sammen)Ballung f der Bevölkerung (in Großstädten); ~ de pouvoir Machtkonzentration f; mil ~ de(s) troupes Truppenkonzentration f, -ansammlung f, -zusammenziehung f; Mas'sierung f von Truppen; pol camp m de ~ Konzentrati'onslager n (abr KZ); chim degré m de ~ Konzentration f; écon zone f de ~ urbaine Ballungsraum m, -gebiet n; 2. fig ~ (de l'esprit) (geistige) Konzentrati'on; Sammlung f; faculté f de ~ Konzentrationsvermögen n

concentrationnaire [kõsãtrasjɔnɛr] **I** adj des, e-s Konzentrati'onslagers; KZ-...; univers m ~ Welt f der Konzentrationslager; fig KZ-Atmosphäre f; **II** m KZ-Häftling m; KZ-Insasse m

concentré [kõsãtre] **I** adj **1.** konzen'triert (auch chim); agr fourrage(s) ~(s) od subst ~ m Kraftfutter n; lait m ~ Kon'densmilch f; Dosenmilch f; population ~e dans... in (+dat) konzentrierte Bevölkerung, zu'sammengeballte Menschenmassen f/pl; **2.** fig konzen'triert; gesammelt; **II** m Konzen'trat n; ~ de tomates To'matenmark n; en ~ konzen'triert; in konzentrierter Form; als Konzentrat

concentrer [kõsãtre] **I** v/t **1.** opt Strahlen bündeln; sammeln; konzen'trieren; chim Lösung konzen'trieren; allg Flüssigkeit auch eindicken; Erz anreichern; mil Feuer konzen'trieren (sur auf +acc); zu'sammenfassen; Truppen zu'sammenziehen; mas'sieren; konzen'trieren; Macht konzen'trieren (dans in +dat); allg (an)sammeln; konzen'trieren; **2.** Gefühl, Aufmerksamkeit, Zorn, Gedanken ~ sur qn, qc auf j-n, etw konzen'trieren, richten; ~ toutes ses forces alle s-e Kräfte anspannen, zu'sammennehmen; **II** v/pr se ~ **3.** Strahlen sich sammeln; gebündelt, konzen'triert werden; Menschenmenge sich ansammeln; p/fort sich ballen; mil Truppen sich zu'sammenziehen; sich mas'sieren; **4.** Person sich konzen'trieren (sur auf + acc); sich sammeln; sich vertiefen (in + acc); **5.** Sache konzen'triert sein (dans in + dat)

concentrique [kõsãtrik] adj kon'zentrisch; cercles m/pl ~s konzentrische Kreise m/pl

concept [kõsɛpt] m Logik, ling Begriff m; ~ fondamental Grundbegriff m; le ~ de table od Begriff „Tisch"

conceptacle [kõsɛptakl(ə)] m bot Konzep'takulum n

conception [kõsɛpsjõ] f **1.** Anschauung f; Auffassung f; Vorstellung f; Begriff m; ~ du monde Weltanschauung f bzw -bild n; ~(s) sur qc Ansicht(en) f(pl) über etw (acc); Auffassung(en) von etw; je n'ai pas une ~ très claire de la question ich habe keine sehr klare Vorstellung von ...; nous n'avons pas la même ~ du mariage unsere Vorstellungen von der Ehe sind nicht die gleichen, gehen ausein'ander; wir stellen uns unter e-r Ehe nicht das gleiche vor; **2.** Konzepti'on f; Entwurf m; Planung f; Gestaltung f; d'une ~ 'hardie kühn konzi'piert; **3.** biol Empfängnis f; Konzepti'on f; rel Immaculée ♀ Unbefleckte Empfängnis

conceptisme [kõsɛptism(ə)] m Literatur Konzep'tismus m

conceptualiser [kõsɛptɥalize] v/t Begriffe fassen

conceptualisme [kõsɛptɥalism(ə)] m philos Konzeptua'lismus m

conceptuel [kõsɛptɥɛl] adj ⟨~le⟩ **1.** begrifflich; intelligence ~le theo'reti-

sche Intelligenz; **2.** Kunstrichtung art ~ Concept-art f

concernant [kõsɛrnã] bes adm prép bezüglich (+gén); hinsichtlich (+gén); adm betreffs (+gén)

concerné [kõsɛrne] adj betroffen; être ~ betroffen sein; se sentir ~ sich betroffen fühlen

concerner [kõsɛrne] v/t qc, qn etw, j-n angehen, betreffen; en ce qui concerne ... was (+acc) betrifft, anbelangt; hinsichtlich, bezüglich (+gén); en ce qui me concerne was mich betrifft; ich meinerseits; cela ne te concerne pas das betrifft dich nicht; das bezieht sich nicht auf dich

concert [kõsɛr] m **1.** mus **a)** Kon'zert n; ~ spirituel Kirchenkonzert n; **b)** ~s pl mit Eigennamen auch Or'chester n; **2.** fig u poét der Vögel etc Gesang m; Gesänge m/pl; plais von Kindern Geheul(e) n; ~ d'avertisseurs Hupkonzert n; ~ de lamentations Klage-, Wehgeschrei n; se joindre au ~ des lamentations ins Wehgeschrei mit einstimmen; **3.** ~ des grandes puissances Kon'zert n der Großmächte; Mächtekonzert n; loc/adv handeln etc de ~ im Einvernehmen, Einverständnis, in Über'einstimmung (avec mit); gemeinsam; **4.** fig von Lobreden etc Flut f; Strom m; ~ de louanges auch einstimmiges Lob; c'était un ~ de louanges alle waren des Lobes voll

concert|ant [kõsɛrtã] adj mus konzer'tant; konzer'tierend; symphonie ~e konzertante Sinfonie; Symphonie concertante f; ~ation f Absprache f; Verständigung f; konzer'tierte Akti'on

concerter [kõsɛrte] **I** v/t vereinbaren; absprechen; ausmachen; verabreden; plan habilement concerté auch geschickt eingefädelter Plan; **II** v/i Soloinstrument spielen; konzer'tieren; **III** v/pr se ~ sich (mitein'ander) verständigen; sich absprechen, abstimmen, bereden; (mitein'ander, sich) beraten; se ~ du regard sich mit Blicken, durch Blicke verständigen; après s'être concertés, ils décidèrent ... nachdem sie miteinander beraten hatten ...; nach Beratung ...

concertina [kõsɛrtina] m mus Konzer'tina f

concertino [kõsɛrtino] m mus Concer'tino [-t∫ɛr-] n

concertiste [kõsɛrtist] m,f **a)** Instrumenta'list(in) m(f) in Kon'zerten; **b)** j, der Kon'zerte gibt

concerto [kõsɛrto] m mus Kon'zert n (Komposition); ~ grosso Concerto [-'t∫ɛr-] grosso n; ~ pour piano et orchestre Kla'vierkonzert n; Konzert für Klavier und Orchester

concessible [kõsesibl(ə)] adj le pétrole est ~ für ... werden Konzessi'onen vergeben

concessif [kõsesif] adj ⟨-ive⟩ gr konzes'siv; einräumend; proposition (subordonnée) concessive Konzes'sivsatz m

concession [kõsesjõ] f **1.** adm e-s Rechts etc Gewährung f; Genehmigung f; Einräumung f; Verleihung f; für ein Grundstück, Bergwerk etc Konzessi'on f; ~ d'eau, d'électricité Genehmigung (an Privatpersonen) zum Anschluß an das Wasser-, Stromnetz; ~ d'énergie hydraulique Konzession zur Ausbeutung von Wasserkraft; ~ de travaux publics Vergabe f von Bauarbeiten (der öffentlichen Hand); attribution f, octroi m de ~s Konzessio'nierung f; accorder une ~ e-e Konzession bzw Genehmigung erteilen; **2.** Fa'miliengrab n; ~ à perpétuité Erbbegräbnis n; **3.** Zugeständnis n; Entgegenkommen n; **4.** gr loc/adj de ~

Konzes'siv...; konzes'siv; **5.** hist in den Kolonien Konzessi'on f

concessionnaire [kõsesjɔnɛr] m Konzessio'när m; Konzessi'onsinhaber m; comm Vertragshändler m; adjt konzessio'niert

concetti [kõsɛ(t)ti] m/pl Literatur Kon'zetti od Concetti [-'t∫ɛ-] pl

concevable [kõsvabl(ə)] adj **1.** vorstellbar; denkbar; il est ~ que ... (+subj) es ist vorstellbar, denkbar, möglich, man könnte sich vorstellen, es könnte sein, daß ...; **2.** begreiflich; verständlich

concevoir [kõs(ə)vwar] v/t ⟨cf recevoir⟩ **1.** begreifen; erfassen; verstehen; sich vorstellen; je conçois mal que ... (+subj) ich begreife, verstehe nicht, es ist für mich unfaßbar, ich finde es unbegreiflich, daß ...; ~ qc comme etw begreifen, ansehen, auffassen als; cela se conçoit a) das ist begreiflich, verständlich; b) das läßt sich denken; **2.** Plan etc entwerfen (auch e-r Wohnung etc); fassen; ersinnen; adjt tech conçu angelegt, konstru'iert, ausgelegt (pour für); appartement bien, mal conçu gut, schlecht geschnittene Wohnung; **3.** st/s Hoffnung, Verdacht schöpfen; Abneigung, Vertrauen fassen; ~ de l'amitié pour qn j-n liebgewinnen; ~ de l'amour, de la haine pour qn von Liebe zu j-m, von Haß gegen j-n ergriffen werden; il n'en conçut que plus d'estime pour elle er hatte deshalb um so mehr Achtung vor ihr; ~ de la rancune envers qn Groll gegen j-n fassen (de qc wegen etw); **4.** nur p/p conçu abgefaßt; message conçu en ces termes od ainsi conçu: ... folgende, folgendermaßen lautende, abgefaßte Botschaft: ...; Botschaft mit folgendem Wortlaut: ...; être conçu en ces termes: ... folgendermaßen lauten: ...; **5.** biol empfangen (auch abs)

conchoïdal [kõkɔidal] adj ⟨-aux⟩ muschelförmig; muschelig

conchoïde [kõkɔid] adj u subst f math (courbe f) ~ Muschellinie f; Koncho'ide f

conchyliculture [kõkilikyltyr] f Muschelzucht f

conchylien [kõkiljɛ̃] adj ⟨~ne⟩ géol Muschel...; calcaire m ~ Muschelkalk m

conchyliologie [kõkiljɔlɔʒi] f zo Konchyliolo'gie f; Muschelkunde f

conchylis [kõkilis] cf cochylis

concierge [kõsjɛrʒ] m,f Conci'erge m,f; Pförtner(in) m(f); Porti'er m; Hausmeister(in) m(f); an Universitäten Pe'dell m; Kastel'lan m; bavard comme une ~ schwatzhaft, geschwätzig wie e-e Elster; fig c'est une vraie ~ sie bzw er ist e-e Klatschbase, klatscht, F tratscht ständig

conciergerie [kõsjɛrʒəri] f **1.** Porti'ers-, Pförtner-, Hausmeisterwohnung f; **2.** in Paris ♀ Concierge'rie f

concile [kõsil] m **1.** égl cath Kon'zil n; ~ provincial Provinzi'alkonzil n; **2.** fig u litt erlauchter, auserwählter Kreis

conciliable [kõsiljabl(ə)] adj Meinungen etc mitein'ander vereinbar; être ~s auch zu vereinbaren sein; sich miteinander vertragen

conciliabule [kõsiljabyl] m meist pl ~s Getuschel n; tenir des ~s (die Köpfe zu'sammenstecken und) mitein'ander tuscheln

conciliaire [kõsiljɛr] adj égl cath Kon'zils...; décrets m/pl, Pères m/pl ~s Konzilsbeschlüsse m/pl, -väter m/pl

conciliant [kõsiljã] adj Person zu'vor-, entgegenkommend; 'umgänglich; verbindlich; konzili'ant; gefällig; Worte versöhnlich; konzili'ant

conciliateur [kõsiljatœr] **I** *adj* ‹-trice› ausgleichend; vermittelnd; versöhnend; **II** *subst* ~, **conciliatrice** *m,f* Schlichter(in) *m(f)*; Vermittler(in) *m(f)*; Mittelsmann *m*

conciliation [kõsiljasjõ] *f* **1.** Ausgleich *m*; Vergleich *m*; Vermittlung *f*; Schlichtung *f*; *esprit m* de ~ Versöhnlichkeit *f*; **2.** *jur* gütliche Einigung; *pol* Vermittlung *f*; Schlichtung *f*; *Arbeitsrecht früher* comité *m* de ~ *etwa* Schlichtungsausschuß *m*; **procédure** *f* de ~ Sühneverfahren *n*; *pol* Vergleichsverfahren *n*; **tentative** *f* de ~ Sühneversuch *m*; **citer en** ~ zum Sühnetermin laden

conciliatoire [kõsiljatwar] *adj* Vergleichs…; vermittelnd; der Versöhnung dienend; *pol* **procédure** *f* ~ Vergleichsverfahren *n*

concilier [kõsilje] **I** *v/t* **1.** *Meinungen etc* in Einklang, Über'einstimmung bringen; **peut-on** ~ **carrière et famille** *od* **la carrière avec la famille?** sind Beruf und Familie mitein'ander vereinbar?; kann man Beruf und Familie mitein'ander in Einklang bringen?; **chercher à tout** ~ versuchen, alles unter e-n Hut zu bringen; **2.** *jur od litt Personen* zu e-m Vergleich, zu e-r Versöhnung bewegen; **3.** ~ **qc à qn** j-m etw bringen, gewinnen; **sa gentillesse lui a concilié la sympathie de tout le monde** durch s-e Liebenswürdigkeit gewann er jedermanns Zuneigung; **II** *v/pr* **4. se** ~ **la confiance, la bienveillance de qn** j-s Vertrauen, Wohlwollen gewinnen, erringen; sich j-s Vertrauen, Wohlwollen erwerben; **5.** *Sachen* **se** ~ **avec** vereinbaren lassen mit

concis [kõsi] *adj* prä'gnant; bündig; kurzgefaßt; knapp; gedrängt; *sc* kon'zis; **c'est un orateur** ~ er spricht, s-e Reden sind immer prägnant, bündig; **soyez** ~! fassen Sie sich kurz!

concision [kõsizjõ] *f* Prä'gnanz *f*; Bündigkeit *f*; Knappheit *f*; Gedrängtheit *f*; Kürze *f*

concitoyen [kõsitwajẽ] *m* Mitbürger *m*

concitoyenne [kõsitwajɛn] *f* Mitbürgerin *f*; ~**té** *f* Mitbürgerschaft *f*

conclav|e [kõklav] *m égl cath* Kon'klave *n*; ~**iste** *m égl cath* Konkla'vist *m*

concluant [kõklyã] *adj* über'zeugend; schlüssig; schlagend; bündig; beweiskräftig

conclure [kõklyr] ‹je conclus, il conclut, nous concluons; je concluais; je conclus; je conclurai; que je conclue; concluant; conclu› **I** *v/t* **1.** *Geschäft, Handel* abschließen; tätigen; *Vereinbarung* treffen; *Abkommen, Bündnis* schließen; *Vertrag* (ab)schließen; **marché conclu!** abgemacht!; **2.** beenden; abschließen; zu Ende bringen; *abs* **concluez!** kommen Sie zum Schluß!; **ne pas savoir** ~ kein Ende finden; ~ **son allocution par** … s-e Ansprache schließen, beenden mit …; **3.** ~ **qc de qc** etw aus etw schließen, folgern, ableiten; **j'en conclus que** … *auch* ich ziehe daraus die Schlußfolgerung, den Schluß, daß …; **4.** *litt (décider)* beschließen; **II** *v/t/indir* **5.** ~ **à** qc auf etw *(acc)* schließen; *jur* ~ **à** erkennen auf *(e-e Strafe)*; sich aussprechen für; *jur* **l'enquête conclut à la mort** par strangulation den Ermittlungen zufolge trat der Tod durch Erwürgen ein; die Ermittlungen ergaben Tod durch Erwürgen; ~ **de qc à qc** von etw auf etw *(acc)* schließen; **6.** *bes jur* ~ **contre qn** gegen j-n sprechen; **III** *v/i jur* (die) Anträge stellen

conclusif [kõklyzif] *adj* ‹-ive› konklu'siv; *Konjunktion* konseku'tiv

conclusion [kõklyzjõ] *f* **1.** *e-s Vertrags etc* Abschluß *m*; ~ **d'un contrat** Vertragsabschluß *m*; ~ **de la paix** Friedensschluß *m*; **2.** Schluß *m*; Ende *n*; Abschluß *m*; (End)Ergebnis *n*; *in e-r Rede* **en** ~ abschließend; zum Abschluß; *cf auch* **3.**; **3.** Schluß(folgerung) *m(f)*; *philos* Konklusi'on *f*; …, Fazit, …; kurz, …; *mit* **em Wort, …; en** ~, … kurz, …; folglich, …; **tirer des** ~**s** Schlüsse, (Schluß-)Folgerungen ziehen (de aus); **4.** *jur* ~ **s** Anträge *m/pl*; *der Staatsanwaltschaft* Schlußanträge *m/pl*, -antrag *m*; ~**s écrites, verbales** schriftliche, mündliche Anträge *m/pl*; **déposer des** ~**s** Anträge stellen

concocter [kõkɔkte] *v/t plais Plan etc* ausbrüten; brüten über *(+dat)*; *Gemisch etc* zu'sammenbrauen

concombre [kõkõbr(ə)] *m bot* Gurke *f*; ~**s en salade** *od* **salade** *f* **de** ~**s** Gurkensalat *m*

concomitance [kõkɔmitãs] *f* Konkomi'tanz *f*

concomitant [kõkɔmitã] *adj* Begleit…; *méd auch* konkomi'tierend; **circonstances** ~**es** Begleitumstände *m/pl*; **phénomènes, symptômes** ~**s** Begleiterscheinungen *f/pl*, -symptome *n/pl*

concordance [kõkɔrdãs] *f* **1.** Über'einstimmung *f*; Zu'sammentreffen *n*; ~ **des témoignages** Übereinstimmung der Zeugenaussagen; über'einstimmende Zeugenaussagen *f/pl*; **leur** ~ **de vues** *od* **la** ~ **de leurs vues** die Übereinstimmung ihrer Ansichten; **avec une** ~ **remarquable** in bemerkenswerter Übereinstimmung *bzw* Einmütigkeit; **mettre en** ~ **avec** in Übereinstimmung, Einklang bringen mit; **2.** *gr* **a)** Kongru'enz *f*; **b)** ~ **des temps** Zeitenfolge *f*; **3.** *phys* ~ **de phases** Phasengleichheit *f*; **4.** Konkor'danz *f (auch géol)*; ~ **de la Bible** Bibelkonkordanz *f*

concordant [kõkɔrdã] *adj* **1.** über'einstimmend; **projets** **peu** ~**s avec la réalité** … die nicht mehr viel mit der Wirklichkeit zu tun haben; **2.** *géol* konkor'dant

concordat [kõkɔrda] *m* **1.** *égl cath* Konkor'dat *n*; *hist* **le** ♀ das napole'onische Konkordat *(von 1801)*; **2.** *Handelsrecht* Vergleich *m*

concordataire [kõkɔrdatɛr] *adj* **1.** *égl cath* Konkor'dats…; *hist* **évêques** *m/pl* ~**s** Bischöfe *m/pl*, die dem Konkordat von 1801 zustimmten; … **est un État** … *hat* (mit dem Vatikan) ein Konkordat geschlossen; **2.** *Handelsrecht* **failli** *m* ~ Gemeinschuldner *m* im Vergleichsverfahren

concorde [kõkɔrd] *f* Eintracht *f*; **climat** *m* **de** ~ freundschaftliche Atmosphäre; **esprit** *m* **de** ~ (Geist *m* der) Eintracht; **vivre dans la** ~ in Eintracht, in bestem Einvernehmen leben; einträchtig zu'sammen leben

concorder [kõkɔrde] *v/i* (mitein'ander) über'einstimmen; *Charaktere* mitein'ander harmo'nieren; zu'sammenpassen; *Bemühungen* das gleiche Ziel haben; in die gleiche Richtung gehen; ~ **avec** übereinstimmen mit; in Einklang stehen mit; **faire** ~ aufein'ander abstimmen; in Über'einstimmung, Einklang bringen

concourant [kõkurã] *adj* **1.** *Geometrie:* **Linien** konver'gent; konver'gierend; **2.** *Bemühungen etc* zu'sammenwirkend; vereint

concourir [kõkurir] ‹*cf* **courir**› **I** *v/t/indir* **1.** ~ **à** qc beitragen zu etw; ~ **en** Beitrag zu etw leisten; mitwirken an etw *(dat)*; gemeinsam hinwirken auf etw *(acc)*; ~ **à** *(+inf)* dazu beitragen zu *(+inf)*; ~ **à faire qc** zu etw beitragen; **II** *v/i* **2.** *Geometrie* konver'gieren; ~ **en un point** in e-m Punkt zu'sammenlaufen; ~ **vers un même point** nach e-m gemeinsamen Punkt streben; **2.** *Personen, Tiere, Werke* an e-m, am Wettbewerb teilnehmen *(pour un prix* um e-n Preis*)*; *abs* **les agrégatifs concourent en mai** die Prüfung für die „agrégation“ findet im Mai statt; *sports* ~ **pour un titre** um e-n Titel kämpfen; **être admis à** ~ zum Wettbewerb zugelassen werden; **3.** *jur* **créanciers** *m/pl* **qui concourent** gleichberechtigte Gläubiger *m/pl*

concours [kõkur] *m* **1.** Wettbewerb *m*; Wettstreit *m*; *bei Besetzung freier Stellen* Auswahl-, Ausleseverfahren *n*; *im Unterrichtswesen* Prüfung *f*, Ex'amen *n* im Auswahlverfahren, mit Wettbewerbscharakter; ~ **agricole** landwirtschaftlicher Wettbewerb; ~ **général** jährlicher Leistungswettbewerb der besten Gymnasiasten (in Frankreich); ~ **hippique** Reit- und Fahrturnier *n*; ~ **publicitaire** Preisausschreiben *n*; ~ **d'agrégation** Prüfung im Auswahlverfahren für ein höheres Lehramt; **être reçu au** ~ **d'agrégation** die „agrégation“ erhalten; ~ **de beauté** Schönheitswettbewerb *m*; ~ **d'entrée (aux grandes écoles)** Aufnahmeprüfung im Auswahlverfahren für die „grandes écoles“; ~ **de tir** Wett-, Preisschießen *n*; **par voie de** ~ im Auswahlverfahren; **se présenter à un** ~ an e-m Wettbewerb, an e-m „concours“ teilnehmen; **2.** Unter'stützung *f*; Hilfe *f*; Mitwirkung *f*; *jur* ~ **de l'État** finanzi'elle Beteiligung des Staates; staatliche Beihilfe; **avec le** ~ **de qn** mit j-s Hilfe, Unterstützung, Beistand; unter j-s Mitwirkung *(dat)*; **apporter, prêter son** ~ **à qc** e-n Beitrag zu etw leisten; sein(en) Teil zu etw beitragen; zu etw beitragen; bei etw mitwirken; e-r Sache *(dat)* s-e Unterstützung leihen; **3.** ~ **de circonstances** Zu'sammentreffen *n* (mehrerer 'Umstände); **4.** *von Menschenmassen* Ansammlung *f*; Andrang *m*; **grand** ~ **de peuple** Menschenmassen *f/pl*; große Menschenansammlung; großer Menschenauflauf; **5.** *jur* **a)** *adm* Mitwirkung *f*; **b)** *jur* ~ **d'agrégation** Gleichberechtigung *f*; *von Forderungen* gleichzeitiges Bestehen; **c)** *Strafrecht* ~ **idéal** Ide'alkonkurrenz *f*; ~ **réel** Re'alkonkurrenz *f*; Tatmehrheit *f*

concours-exposition [kõkurɛkspozisjõ] *m* ‹*pl* **concours-expositions**› *(bes landwirtschaftliche)* Ausstellung *f*

concret [kõkrɛ] **I** *adj* ‹**concrète** [kõkrɛt]› kon'kret *(auch Zahl)*; gegenständlich; anschaulich; bildhaft; *Vorteile* materi'ell; **application concrète d'une théorie** *auch* praktische Anwendung …; **exemple** ~ konkretes Beispiel; **idée concrète** konkrete Vorstellung; **musique concrète** konkrete Musik; **nom** ~ konkretes Substantiv; Kon'kretum *n*; **terme** ~ konkreter Begriff; **II** *m* **le** ~ das Kon'krete

concrètement [kõkrɛtmã] *adv* (ganz) kon'kret; anschaulich

concrétion [kõkresjõ] *f* **1.** *bot in Birnen etc* Körnchen *n*; **2.** *géol* Konkreti'on *f*; **3.** *path* Konkre'ment *n*; ~ **arthritique** Gichtknoten *m*

concrétisation [kõkretizasjõ] *f* Veranschaulichung *f*; Konkreti'sierung *f*; Vergegenständlichung *f*

concrétiser [kõkretize] **I** *v/t* veranschaulichen; verdeutlichen; konkreti'sieren; vergegenständlichen; *Vorstellung, Gedanken* Gestalt gewinnen lassen; Gestalt geben *(+dat)*; *Gefühl* Ausdruck

geben (+*dat*); **II** *v/pr* se ⌣ Gestalt annehmen, gewinnen; *Hoffnung* näherrücken

conçu [kõsy] *p/p von* concevoir

concubin|age [kõkybinaʒ] *m od* ⌣at *m* Konkubi'nat *n* (*auch hist*); wilde Ehe; *bes adm* eheähnliches Verhältnis; eheähnliche Gemeinschaft; **vivre en** ⌣ im Konkubinat, in wilder Ehe, in e-m eheähnlichen Verhältnis leben

concubine [kõkybin] *f* im Konkubi'nat lebende Frau; Konku'bine *f*

concupisc|ence [kõkypisãs] *f* Begierde *f*; Trieb *m*; *rel auch* Konkupis'zenz *f*; ⌣ de la chair fleischliche Begierde; Fleischeslust *f*; *plais loc/adj* de ⌣ lüstern; begehrlich; ⌣ent *adj* begehrlich; lüstern

concurremment [kõkyramã] *adv* **1.** gemeinschaftlich; gemeinsam; zu'sammen; *par ext* gleichzeitig; **2.** *st/s* avec im Wettbewerb mit; als Konkur'rent (+*gén*)

concurrence [kõkyrãs] *f* **1. a)** Konkur'renz *f*; Wettbewerb *m*; Konkur'renzkampf *m* (*alle auch comm*); Wettstreit *m*; *comm* libre ⌣ freier Wettbewerb; *biol*, *philos* ⌣ vitale Kampf *m* ums Dasein; *comm* prix *m/pl* défiant toute ⌣ konkur'renzlose Preise *m/pl*; **entrer en** ⌣ avec qn mit j-m in Wettbewerb treten; sich mit j-m gleichzeitig bewerben; **être en** ⌣ avec qn mit j-m wetteifern, konkur'rieren, rivali'sieren; **faire** ⌣ à qn j-m Konkurrenz machen; **se faire** ⌣ sich *od* ein'ander Konkurrenz machen; mitein'ander konkur'rieren; **b)** *comm* Konkur'renz *f*; konkur'rierende Firmen *f/pl*; **soutenir la** ⌣ mit der Konkurrenz Schritt halten (können); konkur'renzfähig sein; **2.** *nur loc* jusqu'à ⌣ de mille francs bis zu ...; bis zum Betrag, bis zu e-r Höhe von ...; **3.** *jur* créanciers *m/pl* venant en ⌣ gleichberechtigte Gläubiger *m/pl*

concurrencer [kõkyrãse] *v/t* <-ç-> Konkur'renz machen (+*dat*); konkur'rieren mit; im Wettbewerb stehen mit

concurrent [kõkyrã] **I** *adj* **1.** konkur'rierend; Konkur'renz...; maison ⌣ e Konkurrenzfirma *f*; **2.** *st/s* Kräfte *etc* zu'sammenwirkend; **II** *subst* ⌣(e) *m(f)* Konkur'rent(in) *m(f)*; Mitbewerber(in) *m(f)*; ⌣ sérieux ernsthafter Konkurrent, Ri'vale; ⌣s à une compétition Teilnehmer *m/pl* an e-m Wettkampf; Wettkampfteilnehmer *m/pl*; ⌣s à un concours Kandi'daten *m/pl* e-s „concours"

concurrentiel [kõkyrãsjɛl] *adj* <⌣le> *écon* Konkur'renz...; konkur'rierend; konkur'renzfähig; marché ⌣ Konkurrenzmarkt *m*; secteurs ⌣s konkurrierende Sektoren *m/pl*, Bereiche *m/pl*

concussion [kõkysjõ] *f jur* 'übermäßige Gebührenerhebung

concussionnaire [kõkysjɔnɛr] *m jur* Beamte(r) *m*, Angestellte(r) *m* des öffentlichen Dienstes, der sich 'übermäßiger Gebührenerhebung schuldig gemacht hat

condamnable [kõdanabl(ə)] *adj* tadelns-, verdammenswert; verwerflich; verdammungswürdig; zu verurteilen(d); vous n'êtes pas ⌣ d'avoir agi ainsi Sie sind für Ihr Handeln nicht zu tadeln; Ihre Handlungsweise ist nicht zu tadeln

condamnation [kõdanasjõ] *f* **1.** *jur* Verurteilung *f*; Aburteilung *f*; *auch* Urteil *n*; *par ext* Strafe *f*; ⌣ à (la peine de) mort Todesurteil *n*; Verurteilung zum Tode; ⌣ par contumace, pour vol Verurteilung in Abwesenheit, wegen Diebstahls; infliger une ⌣ e-e Strafe verhängen; verurteilen (à qn j-n); subir

sa ⌣ s-e Strafe verbüßen; **subir** ⌣ auf (Einlegen der) Berufung verzichten; **2.** *allg* 'Mißbilligung *f*; Verwerfung *f*; Verurteilung *f*; Verdammung *f*; *jur* e-s Buches *etc* Verbot *n*; **3.** *fig* passer ⌣ sein Unrecht eingestehen

condamnatoire [kõdanatwar] *adj jur* jugement ⌣, sentence *f* ⌣ Verurteilung *f*; verurteilendes Urteil

condamné [kõdane] **I** *adj* **1.** verurteilt; innocent ⌣ unschuldig Verurteilte(r) *m*; **2.** *Kranker* unheilbar; (von den Ärzten) aufgegeben; **3.** *Tür* zugemauert; (mit Brettern) vernagelt; zugestellt; **II** *subst* ⌣(e) *m(f)* Verurteilte(r) *f(m)*; ⌣ à mort zum Tode Verurteilte(r) *m*; la cigarette du ⌣ die letzte Zigarette (des Verurteilten) vor der Hinrichtung; travailler comme un ⌣ arbeiten wie ein Ga'leerensklave; F schuften; sich abrackern

condamner [kõdane] *v/t* **1.** *jur* verurteilen; aburteilen; ⌣ à (+*inf*) dazu verurteilen zu (+*inf*); *cf auch* **2.**; ⌣ qn à trois ans (de prison), à la déportation, à mort j-n zu drei Jahren Freiheitsstrafe, zur Deportation, zum Tode verurteilen; **2.** *allg* miß'billigen; tadeln; verurteilen; verdammen; verwerfen; *Buch etc* (durch Gerichtsurteil) verbieten; ⌣ qn à qc j-n zu etw verurteilen; ⌣ qn à (+*inf*) j-n dazu verurteilen, verdammen zu (+*inf*); *Wortes* emploi condamné par l'Académie Gebrauch, den die Académie mißbilligt, verwirft, ablehnt; son silence le condamne durch sein, mit s-m Schweigen spricht er sich selbst sein, das Urteil; je ne peux pas le ⌣ d'avoir agi ainsi ich kann (ihn für) s-e Handlungsweise nicht tadeln, verurteilen; **3.** *Kranken* aufgeben; **4.** *Tür*, *Öffnung* zumauern; (mit Brettern) ver-, zunageln; zu-, verstellen (avec mit); *fig*: ⌣ sa porte für niemanden zu sprechen sein, niemanden empfangen; ⌣ sa porte à qn j-m den Zutritt zu s-r Wohnung, zu s-m Haus, zu sein, das Haus verbieten

condé [kõde] *arg m* Poli'zeiinspektor *m*

condensable [kõdãsabl(ə)] *adj phys* konden'sierbar

condensateur [kõdãsatœr] *m* **1.** *élect* Konden'sator *m*; ⌣ cylindrique, électronique, sphérique Zy'linder-, Elektro'lyt-, Kugelkondensator *m*; **2.** *opt* ⌣ optique *cf* condenseur **1.**

condensation [kõdãsasjõ] *f phys* Kondensati'on *f* (*auch chim*); Konden'sieren *n*, -ung *f*; ⌣ électrique Speicherung *f* elektrischer Ladungen; *allg* ⌣ de la vapeur sur la vitre Niederschlag *m* (von Dampf) auf der Fensterscheibe; Beschlagen *n* der Fensterscheibe; *phys* machine *f* à vapeur à ⌣ Kondensations(dampf)maschine *f*; eau *f* de ⌣ a) in den Konden'sator eingespritztes Wasser; b) *abus* Kon'denswasser *n*; point *m* de ⌣ Kondensations-, Taupunkt *m*

condensé [kõdãse] *adj* **1.** konden'siert; Kon'dens...; eau ⌣ e Kondenswasser *n*; lait ⌣ Kondensmilch *f*; kondensierte Milch; Dosenmilch *f*; **2.** *texte* ⌣ *od subst* ⌣ *m* a) Kurzfassung *f*; Zu'sammenfassung *f*; b) (Text)Auszug *m*

condenser [kõdãse] **I** *v/t* **1.** *phys* konden'sieren; zu Flüssigkeit verdichten; ⌣ par pression durch Druck kondensieren; le froid de la vitre condense la vapeur durch die Kälte der Fensterscheibe wird der Dampf kondensiert; der Dampf schlägt sich an der kalten Fensterscheibe nieder; **2.** *fig* a) *Bericht etc* zu'sammenfassen; kompri'mieren; in gedrängter Form darstellen; b) *Auszüge* machen aus; c) *litt* ⌣ sa pensée s-n Gedanken in prä'gnanter Form Aus-

druck geben; **II** *v/pr Dampf etc* se ⌣ sich niederschlagen

condenseur [kõdãsœr] *m* **1.** *opt* Kon'densor *m*; **2.** *tech* ⌣ (de vapeur) (Dampf)Konden'sator *m*

condescend|ance [kõdesãdãs] *f* **1.** *péj* Her'ablassung *f*; Gönnerhaftigkeit *f*; air *m* de ⌣ Gönnermiene *f*; her'ablassende Miene; **2.** freundliche Nachsicht, Duldsamkeit; ⌣ant *adj* her'ablassend; gönnerhaft; hochmütig-über'legen

condescendre [kõdesãdr(ə)] *v/t/indir* <*cf* rendre> *péj* ⌣ à qc *péj* etw anzunehmen geruhen; ⌣ à (+*inf*) *péj* sich (dazu) her'ablassen zu (+*inf*); geruhen zu (+*inf*); so gnädig sein zu (+*inf*)

condiment [kõdimã] *m* **1.** Gewürz *n*; Würzstoff *m*; Würze *f* (*auch fig*); **2.** *fig* (besonderer) Reiz

condisciple [kõdisipl(ə)] *m,f* Mitschüler(in) *m(f)*; Schulkamerad(in) *m(f)*; Studienkollege, -kollegin *m,f*; Kommili'tone, -'tonin *m,f*

condition [kõdisjõ] *f* **1.** Bedingung *f* (*auch jur*, *comm*); Vor'aussetzung *f*; ⌣s *pl comm* Konditi'onen *f/pl*; e-s Vertrags auch Bestimmungen *f/pl*; *allg* Verhältnisse *n/pl*; 'Umstände *m/pl*; Lage *f*; ⌣s atmosphériques Wetter-, Witterungsverhältnisse *n/pl*; ⌣s économiques wirtschaftliche Bedingungen, Voraussetzungen, Verhältnisse; ⌣s générales allgemeine Geschäfts- *bzw* Versicherungsbedingungen *f/pl*; ⌣ humaine *cf* humain **I** **1.**; *math* ⌣ nécessaire et suffisante notwendige und hinreichende Bedingung; *comm* ⌣s de livraison, de paiement Liefer(ungs)-, Zahlungsbedingungen *f/pl*; ⌣s de travail Arbeitsbedingungen *f/pl*; ⌣(s de vie) Lebensbedingungen *f/pl*; ♦ *comm* à ⌣ mit Rückgaberecht; *allg*: à ces ⌣s unter folgenden Bedingungen, Voraussetzungen; à ⌣ de (+*inf*) unter der Voraussetzung, Bedingung, daß ...; vorausgesetzt (, daß) ...; à (la) ⌣ que (+*subj od fut*) unter der Bedingung, daß ...; (nur) wenn ...; dans ces ⌣s unter diesen Umständen, Bedingungen; sans ⌣(s) bedingungslos; sous ⌣ bedingt; bedingungsweise; unter bestimmten Bedingungen; ♦ *comm* faire des ⌣s Bedingungen einräumen (à qn j-m); poser des ⌣s Bedingungen stellen; poser qc comme ⌣ etw zur Bedingung machen; mettre une ⌣ à qc e-e Bedingung an etw (acc) knüpfen; **2.** e-r Person geistige *bzw* körperliche Verfassung; e-s *Sportlers* Konditi'on *f*; être en bonne ⌣ in guter Verfassung sein; *Sportler* in Form, Kondition, fit sein; *Prüfling etc* alle Vor'aussetzungen mitbringen (pour für); gut vorbereitet sein; mettre en ⌣ *Sportler* in Form bringen; fit machen; *fig Personen*, öffentliche Meinung bearbeiten; präpa'rieren; *péj* manipu'lieren; **3.** e-r *Person* Stellung *f*; Positi'on *f*; Stand *m*, Rang *m*; *früher* ⌣ de noble ad(e)liger Stand; *litt* de basse ⌣ aus niederem Stande; de ⌣ élevée hochgestellt; de ⌣ modeste bescheidenen Standes; bescheidener Herkunft; en ma, sa, *etc* ⌣ de (in meiner, s-r *etc* Position, Stellung) als; **4.** *von Waren etc* Zustand *m*; Konditi'on *f*

conditionné [kõdisjɔne] **I** *adj* **1.** air ⌣ in e-r Klimaanlage aufbereitete Luft; *par ext* Klimaanlage *f*; **2.** *Person* geformt; auf bestimmte Verhaltensweisen festgelegt (par durch); *psych* réflexe ⌣ bedingter Reflex; **3.** *comm Ware* ver-, abgepackt; **II** *m philos* le ⌣ das Bedingte

conditionnel [kõdisjɔnɛl] *adj* <⌣le> **1.** bedingt (*auch jur*); unter bestimmten Bedingungen (geltend, gültig); son accord est ⌣ er stimmt nur bedingt zu; s-e

Zustimmung ist an (bestimmte) Bedingungen gebunden, geknüpft; **2.** gr konditio'nal; Konditio'nal...; bedingend; **mode** ~ od subst ~ m Konditio'nal(is) m; **proposition** ~le od subst ~le f Bedingungs-, Konditionalsatz m
conditionnellement [kõdisjɔnɛlmã] adv bedingt; unter bestimmten Bedingungen
conditionnement [kõdisjɔnmã] m agr, psych, text Konditio'nieren n, -ung f; von Waren Verpackung f und Aufmachung f; der Luft Klimati'sierung f; text établissement m de ~ Konditio'nieranstalt f
conditionner [kõdisjɔne] v/t **1.** ~ qc etw bedingen; die Ursache, Bedingung für etw sein; **2.** ~ qn j-n formen; j-n in e-e bestimmte Richtung lenken; j-n auf bestimmte Verhaltensweisen fi'xieren; péj j-n präpa'rieren, manipu'lieren; **3.** agr, comm, text konditio'nieren; Ware auch (abpacken und) aufmachen; Luft klimati'sieren
conditionneur [kõdisjɔnœr] m od adjt **appareil** m ~ Klimagerät n
condoléances [kõdɔleãs] f/pl Beileid (-sbezeigung) n(f); lettre f, message m de ~ Beileids-, Kondo'lenzbrief m, -schreiben n; exprimer, faire, offrir, présenter ses ~ à qn j-m sein Beileid, s-e (An)Teilnahme bezeigen, aussprechen, ausdrücken
condom [kõdɔm] m Kon'dom n
condominium [kõdɔminjɔm] m pol Kondo'minium n; Kondomi'nat n
condor [kõdɔr] m zo Kondor m
condottiere [kõdɔtjɛr] m hist Kondotti'ere m
conductance [kõdyktãs] f élect Konduk'tanz f; (Wirk)Leitwert m
conducteur [kõdyktœr] **I** adj <-trice> leitend (auch phys); phys corps ~ Leiter m; fil ~ élect Drahtleitung f; fig roter Faden; **rail** ~ Stromschiene f; **II** subst **1.** ~, **conductrice** m.f e-s Fahrzeugs Fahrer(in) m(f); ~ **d'autobus** Omnibus-, Autobus-, Busfahrer m; ~ de camions Lastwagenfahrer m; Lkw-Fahrer m; ~ **d'engin** bes Kran- bzw Baggerführer m; ~ de train Lokomo'tiv-, Lokführer m; ~ de tram Straßenbahnfahrer m; **2.** m e-r Karawane Führer m; bât ~ de travaux Bauführer m, -leiter m; **3.** m phys Leiter m; ~ de la chaleur Wärmeleiter m
conduct|ibilité [kõdyktibilite] f phys, physiol Leitfähigkeit f; ~ moléculaire molekulare Leitfähigkeit; ~ thermique Wärmeleitfähigkeit f; **~ible** adj leitfähig
conduction [kõdyksjõ] f phys Leiten n; Leitung f; phys (Erregungs-, Reiz)Leitung f; méd bei Hörgeräten ~ osseuse Knochenleitung f
conductivité [kõdyktivite] f élect Konduktivi'tät f; spe'zifische e'lektrische Leitfähigkeit
conduire [kõdqir] < je conduis, il conduit, nous conduisons; je conduisais; je conduisis; je conduirai; que je conduise; conduisant; conduit> **I** v/t **1.** Person führen; geleiten; par ext begleiten; Ladung bringen; führen; Unternehmen etc führen; leiten; lenken; Delegation etc anführen; leiten; mil (an-) führen; befehligen; ~ la main d'un enfant e-m Kind die Hand führen; fig ~ à l'autel zum Altar führen; ~ au combat in den Kampf, ins Gefecht führen; ~ au désespoir zur Verzweiflung treiben; ~ à l'école zur, in die Schule bringen; ~ à sa ruine zu'grunde richten; ~ par la main an der Hand führen; se laisser ~ comme un enfant sich wie ein Kind

führen, lenken, leiten lassen; **2.** Sache ~ à führen zu (auch fig); Straße (hin)führen nach, zu; auf (+acc) zuführen; ~ à (+inf) dazu bringen zu (+inf); (dazu) veranlassen zu (+inf); ~ sur les traces de qn auf j-s Spur(en) (acc) führen; **le hasard a conduit mes pas** od **m'a conduit** der Zufall lenkte meine Schritte (vers zu, nach); **3.** Fahrzeug, Wagen fahren (auch Person in e-m Fahrzeug); auch Maschine lenken; steuern; abs fahren; **savoir** ~ fahren können; **permis** m de ~ Führerschein m; **4.** phys Strom, Wärme leiten; **5.** bât Mauer ziehen; **II** v/pr se ~ sich betragen, sich verhalten, sich gebaren, F, meist péj sich aufführen (en wie ein[e] + nom); **se** ~ **bien** sich gut benehmen, betragen
conduit [kõdqi] m **1.** (Zu)Leitung f; Rohr n; Röhre f; Rinne f; cf auch **conduite 4.**; ~ **d'eau** Wasserleitung f; ~ de fumée Rauchabzug m; **2.** anat Gang m; ~ auditif, lacrymal Gehör-, Tränengang m
conduite [kõdqit] f **1.** Benehmen n; Verhalten n (auch psych); Betragen n (auch Schule); ~s pl psych auch Verhaltensweise(n) f(pl); jur, mil Führung f; F fig **acheter une** ~ (nach außen hin) ehrbar werden; sich nichts mehr zu'schulden kommen lassen; **adopter, observer, suivre la même** ~ die gleiche Haltung einnehmen; sich gleich verhalten; **racheter sa** ~ **passée** sein Lebenswandel ändern; anständig werden; **2.** e-s Fahrzeugs, bes auto **a)** Fahren n; Lenken n; Steuern n; par ext Fahrweise f; ~ **en état d'ivresse** Trunkenheit f am Steuer; ~ **en ville** Fahren in der Stadt; **leçons** f/pl de ~ Fahrstunden f/pl, -unterricht m; **prendre des leçons de** ~ Fahrstunden, -unterricht nehmen; e-n Fahrkurs besuchen; **b)** Lenkung f (Vorrichtung); **c)** auto ~ **intérieure** Limou'sine f; **3.** Leiten n, -ung f; Lenken n, -ung f; Führen n, -ung f; par ext Begleitung f; Geleit n; mil ~ **des troupes** Truppenführung f; **sous la** ~ **de** unter der Führung, Leitung von (od + gén); **faire un bout, un brin de** ~ **à qn** j-n ein Stück(chen) Weges begleiten; **4.** tech Leitung f; Zuleitung f; ~ **forcée** Druckleitung f; ~ **d'alimentation** Zuführung f; ~ **d'eau, de gaz** Wasser-, Gasleitung f; cf auch **tuyau 1.**; **5.** von Arbeiten, Unternehmungen Aus-, 'Durchführung f
condyle [kõdil] m anat Gelenkkopf m, -fortsatz m; sc Condylus m
condylome [kõdilom] m path Kondy'lom n
cône [kon] m **1.** Kegel m (auch math); math ~ **droit, oblique** gerader, schiefer Kegel; ~ **tronqué** od **tronc** m de ~ Kegelstumpf m; géol ~ **volcanique** Vul'kankegel m; phys ~ de lumière Lichtkegel m; astr ~ **d'ombre** Kernschatten m; **en** (forme de) ~ kegelförmig; **2.** bot (Frucht)Zapfen m; ~ de pin Kiefernzapfen m; **3.** tech Kegel m; Konus m; **4.** zo Kegelschnecke f; sc Conus m
confabuler [kõfabyle] litt v/i plaudern
confection [kõfɛksjõ] f **1.** Herstellung f; Ver-, Anfertigung f; e-s Gerichts Zubereitung f; **c'est un gâteau de ma** ~ den Kuchen habe ich (selbst) gemacht; **2.** Konfekti'on f; Fertigkleidung f; **(industrie** f de) ~ Konfektion f; Bekleidungsindustrie f; **magasin** m, **maison** f de ~ Konfektionsgeschäft n; **vêtements** m/pl de ~ Konfektion(skleidung) f; Fertigkleidung f; **s'habiller en** ~ Konfektions-, Fertigkleidung tragen

confectionn|er [kõfɛksjɔne] v/t herstellen; ver-, anfertigen; Kleidung etc schneidern; nähen; machen; Gericht zubereiten; **~eur** m Hersteller m von Konfekti'on(skleidung); Konfektio'när m
confédéral [kõfederal] adj <-aux> staatenbündisch
confédération [kõfederasjõ] f **1.** Bündnis n; ~ **(d'États)** Staatenbund m; ℒ helvétique Schweizerische Eidgenossenschaft; hist: la ℒ de l'Allemagne du Nord der Norddeutsche Bund; ℒ du Rhin Rheinbund m; **2.** von Gewerkschaften etc Bund m; ℒ **générale du travail** (abr C.G.T.) kommunistisch orientierte Gewerkschaft; ℒ internationale des syndicats libres (abr C.I.S.L.) Internationaler Bund Freier Gewerkschaften (abr IBFG)
confédéré [kõfedere] **I** adj verbündet; États ~s Staatenbund m; **II** m/pl ~s hist USA Konföde'rierte(n) m/pl
confédérer [kõfedere] v/t <-è-> zu'sammenschließen; verbünden
confer [kõfɛr] imp (abr cf., conf.) vergleiche (abr vgl.)
conférence [kõferãs] f **1.** Konfe'renz f; Besprechung f; Verhandlung f; Beratung f; ~ **pédagogique** regelmäßige Zu'sammenkunft der Lehrer e-s Bezirks zum Austausch pädagogischer Erfahrungen; ~ **au sommet** Gipfelkonferenz f; ~ de Genève Genfer Konferenz; ~ de la paix Friedenskonferenz f; ~ de presse Pressekonferenz f; **donner, tenir une** ~ **de presse** e-e Pressekonferenz geben, abhalten; ~ **sur le désarmement** Abrüstungskonferenz f; **être en** ~ konfe'rieren; bei e-r Besprechung, in, bei e-r Konferenz sein; **tenir** ~ e-e Besprechung, Konferenz abhalten; **2.** Vortrag m; Refe'rat n; e-s Dozenten Vorlesung f; ~ **avec diapositives** Lichtbildervortrag m; **donner, faire une** ~ e-n Vortrag halten (sur über +acc)
conférenc|ier [kõferãsje] m, **~ière** f (Vortrags)Redner(in) m(f); Vortragende(r) f(m); Refe'rent(in) m(f)
conférer [kõfere] <-è-> **I** v/t verleihen; gewähren; Vollmachten etc erteilen; über'tragen; **II** v/i beraten, verhandeln, konfe'rieren, sich besprechen (avec qn mit j-m, de, sur über + acc); ~ **avec qn** auch mit j-m Rücksprache nehmen
confesse [kõfɛs] f nur loc aller à ~ zur Beichte, beichten gehen; être à ~ beichten; bei der Beichte sein
confesser [kõfese] **I** v/t **1.** égl a) Sünden beichten, bekennen (à un prêtre e-m Priester); **b)** ~ qn j-m die Beichte abnehmen; j-s Beichte hören; abs ~ die Beichte hören; **c)** ~ une foi e-n Glauben, sich zu e-m Glauben (öffentlich) bekennen; **2.** allg ~ qc etw gestehen, eingestehen, zugeben, beichten; **3.** F fig ~ qn j-n aushorchen, ausholen, F ausquetschen; **II** v/pr se ~ égl beichten; die Beichte ablegen; **se** ~ **de qc à qn** j-m etw beichten
confesseur [kõfesœr] m égl cath **a)** Beichtvater m; Beichtiger m; **avoir un** ~ attitré immer beim gleichen Priester zur Beichte gehen; **b)** ~s pl Bekenner m/pl
confession [kõfesjõ] f **1.** égl cath Beichte f; (Sünden)Bekenntnis n; ~ **générale, privée** Gene'ral-, Einzelbeichte f; ~ **publique** öffentliche Beichte; **sceau** m, **secret** m de la ~ Beichtsiegel n, -geheimnis n; **sans** ~ ohne gebeichtet zu haben; **entendre qn en** ~ j-m die Beichte abnehmen; j-s Beichte hören; **2.** rel Konfessi'on f; Bekenntnis n; la ~ **d'Augsbourg** das Augsburgische Bekenntnis; die Augsburgische Konfession; **de** ~ **protestante** pro-

testantisch(er Konfession); **sans** ~ konfessions-, bekenntnislos; **faire une** ~ **de foi** ein Glaubensbekenntnis ablegen; **3.** *allg* Bekenntnis *n*; (Ein)Geständnis *n*; *psych* **rage** *f* **de** ~ unwiderstehlicher Drang zur Selbstenthüllung, zu Bekenntnissen

confessionnal [kõfesjɔnal] *m* ‹*pl* -aux› Beichtstuhl *m*; **secret** *m* **du** ~ Beichtgeheimnis *n*; **entrer dans un** ~ in e-n Beichtstuhl (ein)treten

confessionnel [kõfesjɔnɛl] *adj* ‹~le› Konfessi'ons…; Bekenntnis…; konfessio'nell; **école** ~le pri'vate Bekenntnis-, Konfessionsschule; *bes* Kloster-, Ordensschule *f*; **querelle** ~le Glaubensstreit *m*

confetti [kõfeti] *m meist pl* ~s Kon'fetti *n*

confiance [kõfjãs] *f* Vertrauen *n* (**en**, **dans** zu: in *od* auf +*acc*); Zutrauen *n* (zu); Zuversicht *f*; Zutraulichkeit *f*; ~ **en soi** Selbstvertrauen *n*; **homme** *m* **de** ~ Vertrauensmann *m*; **c'est son homme de** ~ er ist der Mann s-s Vertrauens; **maison** *f* **de** ~ so'lide Firma; Geschäft, in dem man re'ell bedient wird; **personne** *f* **de** ~ Vertrauensperson *f*; ◆ **plein de** ~ vertrauensvoll; zuversichtlich; voller Zuversicht; *Kind auch* zutraulich; **en toute** ~ vertrauensvoll; ◆ **avoir** ~ **dans**, **en qn**, **qc** Vertrauen, Zutrauen zu j-m, etw haben; j-m vertrauen; **avoir toute, pleine** ~ **en qn** voll(st)es Vertrauen zu j-m haben; **avoir toute la** ~ **de qn** j-s vollstes Vertrauen besitzen, genießen; **donner** ~ Vertrauen erwecken, einflößen; **donner sa** ~ **à qn** j-m (sein) Vertrauen schenken; j-m Vertrauen entgegenbringen; **cela lui a donné** ~ **en elle-même** das hat ihr Selbstvertrauen gegeben; **faire** ~ **à qn** j-m vertrauen; **faire** ~ **à l'avenir** zuversichtlich, mit Zuversicht in die Zukunft blicken; **vous pouvez me faire** ~ Sie können sich auf mich verlassen; **manquer de** ~ kein Vertrauen haben (**en** zu); **mettre qn en** ~ j-s Vertrauen gewinnen; **rechercher la** ~ **de qn** sich um j-s Vertrauen bemühen; danach trachten, j-s Vertrauen zu erringen

confiant [kõfjã] *adj* vertrauensvoll; zuversichtlich; zutraulich; **trop** ~ (zu) vertrauensselig; zu arglos; ~ **dans sa bonne étoile** im Vertrauen auf s-n guten Stern; **il a un, est d'un naturel** ~ er ist (zu) vertrauen auf (+*acc*); Vertrauen haben zu

confidence [kõfidãs] *f* **1.** *meist pl* ~s Herzensergießung *f*, -ergüsse *m/pl*; **faire des** ~s **à qn** j-m (im Vertrauen) sein Herz ausschütten; **recevoir des** ~s Herzensergüsse anhören; **2.** *in Wendungen*: **en** ~ im Vertrauen; vertraulich; **être dans la** ~ (ins Geheimnis) eingeweiht sein; Bescheid wissen; **mettre qn dans la** ~ j-n ins Vertrauen ziehen; j-n ins Geheimnis einweihen

confident [kõfidã] *subst* **1.** ~(e) *m(f)* Vertraute(r) *f(m)* (*auch thé*); ~ **discret** Vertrauensperson *f* (, auf deren Verschwiegenheit man sich verlassen kann); **prendre qn pour** ~ sich j-m anvertrauen; **2.** *m früher* zwei- *bzw* dreisitziger Sessel in S-Form mit niedriger Lehne

confidentiel [kõfidãsjɛl] *adj* ‹~le› Gespräch, Brief *etc* vertraulich

confidentiellement [kõfidãsjɛlmã] *adv* vertraulich; im Vertrauen

confier [kõfje] I *v/t* **1.** ~ **qc à qn** j-m etw anvertrauen; j-m etw im Vertrauen sagen; ~ **qn à qn** j-n j-m anvertrauen; ~ **qc à qn** j-m etw in j-s Obhut (*acc*) geben; über'tragen; j-n mit etw betrauen; ~ **le gouvernement à qn**

j-m die Regierung übertragen; **II** *v/pr* **3.** *abs* **se** ~ aus sich her'ausgehen; **se** ~ **à qn** sich j-m anvertrauen; j-m sein Herz öffnen; sich j-m eröffnen; *reziprok* **se** ~ **qc** ein'ander, sich etw im Vertrauen gestehen; **4.** **se** ~ **en qc** zu etw Vertrauen haben; sich auf etw (*acc*) verlassen; **se** ~ **en Dieu** auf Gott vertrauen

configuration [kõfigyrasjõ] *f* **1.** Form *f*; Gestalt *f*; ~ **des lieux** Art *f*, Beschaffenheit *f* des Geländes, der Örtlichkeit; **2.** *chim* Konfigurati'on *f*; **3.** *Astrologie* Konstellati'on *f* (*der Planeten*)

confiné [kõfine] *adj* **1.** Luft verbraucht; Atmosphäre stickig; dumpf; **2.** **vivre** ~ **chez soi** abgekapselt (von der übrigen Welt) leben

confinement [kõfinmã] *st/s m* Abgeschiedenheit *f*; Abgeschlossenheit *f* von der Welt; Abkapselung *f*

confiner [kõfine] I *v/t litt* ~ **qn** j-n verbannen, einsperren, einschließen; **II** *v/t/indir st/s* ~ **à** (an)grenzen an (+*acc*); her'anreichen an (+*acc*); enden an (+*dat*); *fig* grenzen an (+*acc*); **III** *v/pr* ~ *litt* sich in die Einsamkeit zu'rückziehen; **se** ~ **chez soi** sich (von der übrigen Welt) abkapseln; *fig* **se** ~ **dans qc** sich auf etw (*acc*) beschränken, festlegen; **se** ~ **dans ses études** *p/fort auch* sich in s-e Studien vergraben

confins [kõfɛ̃] *m/pl* (äußerste) Grenze, Rand *m*; **aux** ~ **de** an der äußersten Grenze, weit an der Grenze, am Rande (+*gén*); *fig* an der Grenze zu; *auch* an der Grenzscheide (+*gén*); **aux** ~ **de la Terre** am Ende der Welt

confire [kõfir] *v/t* ‹je confis, il confit, nous confisons; je confisais; je confis; je confirai; que je confise; confisant; confit› *cuis Gurken* einlegen (**dans du vinaigre** in Essig); *Früchte* ~ (**dans du sucre**) kan'dieren; **2.** *Leder* beizen

confirm|and [kõfirmã] *m*, ~**ande** *f égl cath* Firmling *m* (*auch von e-m Mädchen*); *prot* Konfir'mand(in) *m(f)*

confirmatif [kõfirmatif] *adj* ‹-ive› bestätigend; *jur* **acte** ~ Bestätigung *f*; **lettre confirmative** Bestätigungsschreiben *n*

confirmation [kõfirmasjõ] *f* **1.** Bestätigung *f* (*auch comm, jur*) *p/fort* Bekräftigung *f*; *comm* ~ **de commande** Auftragsbestätigung *f*; **donner** ~ **de qc** etw bestätigen; **j'ai reçu** ~ **de cela** das wurde mir bestätigt; ich habe das bestätigt bekommen; **2.** *égl cath* Firmung *f*; *prot* Konfirmati'on *f*; Einsegnung *f*; **donner la** ~ *cath* die Firmung spenden (**à qn** j-m); *prot* konfir'mieren, einsegnen (**à qn** j-n)

confirmé [kõfirme] *adj* Arzt, Übersetzer *etc* erfahren

confirmer [kõfirme] I *v/t* **1.** bestätigen; *p/fort* bekräftigen; ~ **qn dans qc** j-n in etw (*dat*) bestärken; **2.** *égl cath* firmen; *prot* konfir'mieren; einsegnen; **II** *v/pr* **se** ~ bestätigt werden; sich bestätigen; *unpersönlich* **il se confirme que … es bestätigt sich**, es stellt sich als wahr, richtig her'aus, daß …

confiscable [kõfiskabl(ə)] *adj* konfis'zierbar; einziehbar

confiscation [kõfiskasjõ] *f jur, adm* Beschlagnahme *f*; Konfiskati'on *f*; Einziehung *f*

confiserie [kõfizri] *f* **a)** Süßwaren *f/pl* (*ohne Backwaren*); Zuckerwerk *n*; **manger de la** ~, **des** ~s Süßigkeiten essen; **b)** Süßwarenherstellung *f*, -industrie *f*; **c)** Süßwarengeschäft *n*

confis|eur [kõfizœr] *m*, ~**euse** *f* Süßwarenfabrikant(in) *m(f) bzw* -händler(in) *m(f)*; **trêve** *f* **des confiseurs** *cf* trêve 1.

confisquer [kõfiske] *v/t* **1.** *jur, adm* beschlagnahmen; konfis'zieren; *Güter* einziehen; **2.** *in der Schule unerlaubten Gegenstand* konfis'zieren; **3.** *fig u litt* ~ **qc** etw mit Beschlag belegen; etw für sich al'lein beanspruchen

confit [kõfi] I *adj* **1.** *Früchte* kan'diert; *Gürkchen, Oliven* eingelegt; **2.** *fig u péi* **Miene** *etc* zuckersüß; 'überströmend liebenswürdig; **être** ~ **en dévotion** *péj* ein Frömmler, bi'gott sein; **II** *m* **1.** *cuis* gesalzenes Gänse- oder Entenfleisch, das nach dem Braten mit Fett bedeckt und in Steinkrügen aufbewahrt wird; **2.** *für Leder* Beize *f*

confiteor [kõfiteɔr] *m égl cath* Con'fiteor *n*

confiture [kõfityr] *f* eingemachtes Obst (*Marmelade, Gelee, Konfitüre*); *im engeren Sinn* Konfi'türe *f*; ~ **de fraises** Erdbeerkonfitüre *f*, -marmelade *f*

confiturier [kõfityrje] I *adj* ‹-ière› **industrie confiturière** *etwa* obstverarbeitende Industrie; **II** *m* Konfi'türe-, Marme'lade(n)-, Ge'leeschale *f*, -dose *f*

conflagration [kõflagrasjõ] *st/s f* 'Umsturz *m*; 'Umwälzung *f*; Aufruhr *m*; ~ **universelle** *st/s* Weltenbrand *m*

conflictuel [kõfliktɥel] *adj* ‹~le› kon'fliktgeladen; **situation** ~le *auch* Kon'fliktsituation *f*

conflit [kõfli] *m* **1.** Kon'flikt *m* (*auch pol, jur*); Ausein'andersetzung *f*; Streit(igkeit) *m(f)*; ~ **collectifs du travail** Gesamt-, Kollek'tivstreitigkeiten *f/pl*; ~ **ouvert** offener Konflikt; ~ **sanglant** blutige Auseinandersetzung; *jur, adm* ~ **d'attribution, de juridiction** Kompe'tenzkonflikt *m*; ~ **d'intérêts** Inter'essenkonflikt *m*, -kollision *f*; *jur* ~ **de(s) lois** Normenkollision *f*; *jur* ~ **du travail** Arbeitsstreitigkeit *f*, -konflikt *m*; arbeitsrechtlicher Streitfall; **entrer en** ~ **avec qn** mit j-m in Streit geraten; **2.** *psych* Kon'flikt *m*; innerer Zwiespalt

confluence [kõflɥãs] *f* von Flüssen Zu'sammenfluß *m*, -fließen *n*

confluent [kõflɥã] I *adj path* konflu'ierend; **II** *m* von Flüssen Zu'sammenfluß *m*; *von Gletschern* Konflu'enz *f*; **au** ~ **de la Saône et du Rhône** am Zusammenfluß von Saône und Rhone

confluer [kõflɥe] *v/i* **1.** *Flüsse* zu'sammenfließen; sich vereinigen; **2.** *fig u st/s* **Neigungen** *etc* ~ **à** gerichtet sein auf (+*acc*); streben nach; *p/fort* zustreben (+*dat*)

confondant [kõfõdã] *adj* erstaunlich; verblüffend

confondre [kõfõdr(ə)] ‹*cf* rendre› I *v/t* **1.** verwechseln (**qn, qc avec** *od* **et** j-n, etw mit, *auch* und); *abs* es, alles durchein'anderbringen; ~ **deux choses** zwei Dinge (mitein'ander) verwechseln, F durchein'anderwerfen; **2.** ~ **qn** j-n verblüffen, verwirren, verlegen machen, bestürzen; *adit* **confondu** verwirrt; verblüfft; **il est resté confondu** *auch* es ist ihm peinlich; **3.** ~ **qn** j-n wider'legen; j-n in die Enge treiben (**par** durch); ~ **un menteur** j-n als Lügner entlarven; *der Lüge* (*gén*) über'führen; **4.** *st/s* **vous me confondez!** Sie beschämen mich! *litt* Sie sehen mich verwirrt, beschämt ob Ihrer Güte!; **5.** *st/s* (*mélanger*) vermischen; vermengen; vereinigen; verbinden; verschmelzen; **II** *v/pr* **se** ~ **6.** sich vermischen, sich vereinigen, verschmelzen (**avec** mit); inein'ander 'übergehen; verschwimmen; **7.** **se** ~ **en politesses, remerciements** 'überströmen vor Höflichkeits-, Dankesbezeigungen; sich erschöpfen in Danksagungen

conformateur [kõfɔrmatœr] *m* Formmeßgerät *n*

conformation [kõfɔrmasjõ] f Form f; (Auf)Bau m; **mauvaise ~** 'Mißbildung f; **~ du squelette** Knochenbau m

conforme [kõfɔrm] adj **1. ~ à** gemäß (+dat); entsprechend (+dat); über'einstimmend mit; Text auch gleichlautend mit; **être ~ à qc** e-r Sache (dat) gemäß sein, entsprechen; **~ au règlement** vorschriftsmäßig; **non ~ à la règle** regelwidrig; ♦ adm: **certifié ~** beglaubigt; **pour copie, traduction ~** für die Richtigkeit der Abschrift, Über'setzung; **2.** math, Kartographie kon'form

conformé [kõfɔrme] adj Kind **bien ~** wohlgebildet; **mal ~** mit e-r 'Mißbildung

conformément [kõfɔrmemã] adv **~ à** gemäß, entsprechend, laut, nach (+dat); in Über'einstimmung mit (+dat); nach Maßgabe (+gén)

conformer [kõfɔrme] **I** v/t **~ à** anpassen (+dat) (bes fig); fig richten nach; in Über'einstimmung bringen mit; **~ sa vie à ses principes** s-n Grundsätzen gemäß, entsprechend leben; **II** v/pr **se ~ à qc** sich an etw (acc) halten; sich nach etw richten; sich e-r Sache (dat) fügen; e-r Sache (dat) nachkommen; etw beachten; **se ~ aux ordres** auch den Befehlen Folge leisten

conformisme [kõfɔrmism(ə)] m Konfor'mismus m (auch hist rel in England); allzu bereitwillige Anpassung

conformiste [kõfɔrmist] **I** adj konfor'mistisch (auch hist rel); Moral starr; traditiona'listisch; **les enfants sont souvent ~s** die meisten Kinder wollen so sein wie die andern, wollen nicht auffallen; **II** m,f Konfor'mist m; Jasager m

conformité [kõfɔrmite] f Gleichartigkeit f, -förmigkeit f; Über'einstimmung f; Konformi'tät f; **en ~ avec** über'einstimmend, in Übereinstimmung mit; **être en ~ avec qn, qc** mit j-m, etw über'einstimmen, kon'form gehen

confort [kõfɔr] m **1.** Bequemlichkeit f; Behaglichkeit f; Kom'fort m; **~ moderne** moderner, neuzeitlicher Komfort; **appartement m de grand ~** Luxuswohnung f; **loc/adj tout ~** mit allem Komfort ausgestattet; **aimer le ~** den Komfort lieben; **aimer son ~** s-e Bequemlichkeit lieben; **avoir (tout) le ~** mit allem Komfort ausgestattet sein; **offrir un ~ très poussé** sehr bequem sein; **2. ~ intellectuel** geistige Bequemlichkeit

confortable [kõfɔrtabl(ə)] adj **1.** bequem; behaglich; komfor'tabel; **mener une vie ~** im Wohlstand leben; **2.** fig Einkommen, Vermögen, Mehrheit etc beachtlich; beträchtlich; ansehnlich; **3.** fig seelische Situation behaglich; bequem

confortablement [kõfɔrtabləmã] adv **1.** bequem; behaglich; **~ installé** bequem sitzend bzw liegend; **être ~ assis, couché, installé** bequem sitzen bzw liegen; **2.** fig sehr gut, reichlich

conforter [kõfɔrte] v/t **1.** stärken; festigen; **2.** trösten

confratern|el [kõfratɛrnɛl] adj ‹~le› kollegi'al; **rivalité ~le** Rivalität f unter Kol'legen; **~ité** st/s f gutes kollegi'ales Verhältnis

confrère [kõfrɛr] m in freien Berufen, wissenschaftlichen Gesellschaften etc Kol'lege m; égl Amtsbruder m

confrérie [kõfreri] f **1.** rel kirchlicher Ver'ein; Bruderschaft f; **2.** hist etwa Zunft f; Gilde f

confrontation [kõfrõtasjõ] f Gegen'überstellung f; Konfrontati'on f (beide auch jur); von Texten etc Gegenein'anderhalten n

confronter [kõfrõte] v/t einander gegen'überstellen; mitein'ander konfron'tieren; Texte auch gegenein'anderhalten; **~ qc, qn avec qc, qn** etw, j-n mit etw, j-m konfrontieren; etw, j-n mit e-r Sache, j-m gegen'überstellen; adjt **être confronté avec, à qc** mit etw konfron'tiert sein; e-r Sache (dat) gegen'überstehen

confucian|isme [kõfysjanism(ə)] m philos, rel Konfuzia'nismus m; **~iste** m; **I** adj konfuzi'anisch; konfuzia'nistisch; **II** m Konfuzi'aner m

confus [kõfy] adj ‹-fuse [-fyz]› **1.** Haufen etc wirr; unordentlich; ungeordnet; Form undeutlich; verschwommen; Geräusch unbestimmt; unbestimmbar; Gemurmel undeutlich; **2.** fig unklar; kon'fus; vage; dunkel; verschwommen; verworren; wirr; **esprit ~** Wirrkopf m; **3.** Person **a)** verlegen; betreten; verwirrt; **b)** beschämt; **je suis ~ a)** es ist mir peinlich; **b)** ich bin beschämt; **il était ~ de sa méprise** dieses Versehen war ihm peinlich

confusément [kõfyzemã] adv undeutlich; verschwommen (beide auch fig); fig auch vage; dunkel; **sich ausdrücken** verworren; **deviner ~** dunkel ahnen

confusion [kõfyzjõ] f **1.** Verwirrung f; Verworrenheit f; Durcheinander n; Konfusi'on f; Wirrnis f; Wirrsal n; **~ d'esprit, des idées** Gedankenverwirrung f; **~ du langage** Verworrenheit des Redens; bibl **~ des langues** baby'lonische Sprachverwirrung; **il y a eu une ~ indescriptible** es gab, herrschte ee unbeschreibliche Verwirrung, ein unbeschreibliches Durcheinander; **es herrschte ein unbeschreiblicher Wirrwarr**; **mettre la ~ dans qc** großes Durcheinander, große Verwirrung anrichten in etw (dat); **2.** e-r Person Verlegenheit f; Betretenheit f; Verwirrung f; **plein de ~** äußerst verlegen, betreten; **à ma grande ~** zu meiner großen Verlegenheit; **remplir qn de ~** j-n in Verlegenheit, in Verwirrung bringen; j-n verwirren; **3.** Verwechs(e)lung f; **~ de noms** Namensverwechslung f; **4.** path **~ mentale** Ausfälle m/pl des Gedächtnisses und der Orien'tierung; **5.** jur Konfusi'on f; **~ de part, de paternité** Ungewißheit f über die Vaterschaft (wegen Nichteinhaltung der Wartezeit e-r Frau vor der Wiederverheiratung); Pertur'batio sanguinis f; **~ de(s) peine(s)** Anwendung f der Strafe für das schwerste Delikt (bei Tateinheit und Tatmehrheit); pol **~ des pouvoirs** Gewalteneinheit f

confusionnisme [kõfyzjɔnism(ə)] m pol Ten'denz f, objektive Tatsachenbeurteilungen zu verhindern

congé [kõʒe] m **1.** Urlaub m; mil Sonderurlaub m (von mehr als 30 Tagen); **~ annuel** Jahresurlaub m; **~s payés a)** bezahlter Urlaub; **b)** (allgemeine) Urlaubszeit; **c)** péj **les ~s payés** das Volk im Urlaub; **billet m de ~s payés** Fahrkarte f mit 30prozentiger Ermäßigung für Arbeitnehmer (einmal pro Jahr ausgegeben); **~ de convalescence** Genesungsurlaub m; **~ für Beamte** **~ de longue durée** (länger dauernde) Beurlaubung; **prendre un ~ de longue durée** sich für längere Zeit beurlauben lassen; **~ de maladie** Krankheitsurlaub m; **~ de maternité** Schutzfristen f/pl nach dem Mutterschutzgesetz; Mutterschaftsurlaub m; **~ de naissance** Sonderurlaub m für Väter nach der Geburt e-s Kindes; **~ de Noël** Weihnachtsurlaub m; **jour m de ~** Urlaubstag m; freier Tag (auch Schule); **avoir un jour de ~** e-n freien bzw schulfreien Tag haben;

e-n Tag freihaben, -bekommen; **avoir ~** freihaben, -bekommen; **donner ~ à qn** j-m freigeben; **être en ~** in, im, auf Urlaub sein; **prendre un ~** Urlaub nehmen bzw sich beurlauben lassen; **2.** Kündigung f (vom Arbeitgeber bzw -nehmer bzw Vermieter); Arbeitnehmer **demander son ~ (à qn)** (j-m) kündigen; e-m Mieter **donner ~ à** kündigen (+dat); **donner son ~ à qn** j-n entlassen; j-m, abus j-n kündigen; **recevoir son ~** entlassen, abus gekündigt werden; **3.** in Wendungen: **prendre ~** sich verabschieden, Abschied nehmen (de von); **signifier son ~ à qn** j-m bedeuten, daß er sich zu verabschieden hat, daß er entlassen ist; j-n hin'auskomplimentieren; **4.** adm **donner ~ à ~** Bescheinigung f über beim Abtransport entrichtete Abgaben für Getränke; mar **~ de navigation** (jährlich zu erneuerndes) Schiffszertifikat od Flaggenzeugnis

congédiement [kõʒedimã] m **1.** Verabschiedung f; **2.** Entlassung f; Kündigung f

congédier [kõʒedje] v/t **1.** verabschieden; entlassen; hin'auskomplimentieren; **2.** Arbeitgeber **~ qn** j-n entlassen; j-m, abus j-n kündigen

congelable [kõʒlabl(ə)] adj gefrierbar

congélateur [kõʒelatœr] m **a)** Gefrier-, Tiefkühltruhe f; Gefrierschrank m; **b)** Gefrierfach n, -abteil n; Tiefkühlfach n; Froster(fach) m(n)

congélation [kõʒelasjõ] f **1.** Gefrieren n; Erstarren n; Dick-, Steifwerden n; von Ölen Stocken n; von Lebensmitteln Ge-, Einfrieren n; Tiefkühlen n, -ung f; **point m de ~** Gefrierpunkt m; bei Ölen Stockpunkt m; **2.** von Gliedern Erfrieren n, -ung f; bot Erfrieren n

congeler [kõʒle] ‹-è-› **I** v/t **1.** zum Gefrieren bringen; fest, hart, steif werden, erstarren lassen; Öl stocken lassen; Lebensmittel ge-, einfrieren; tiefkühlen; fachspr auch frosten; **viande congelée** Gefrierfleisch n; **2.** erfrieren lassen; **le froid lui a congelé les pieds** s-e Füße sind, er hat sich die Füße erfroren; **II** v/pr se ~ gefrieren

congénère [kõʒenɛr] **I** adj **1.** biol der gleichen Art, Gattung; anat **muscle m ~** Syner'gist m; **2.** fig gleichartig; **II** m **1.** biol Artgenosse m; **2.** fig u péj **lui et ses ~s** er und seinesgleichen

congénital [kõʒenital] adj ‹-aux› biol angeboren (auch fig); kongeni'tal; kon-na'tal

congère [kõʒɛr] f Schneeverwehung f

congestif [kõʒɛstif] adj ‹-ive› path e-s Organs **état ~** Schwellung f; Stauung f

congestion [kõʒɛstjõ] f **1.** path Hyperä'mie f; Schwellung f; ~ **active** Blutandrang m; Kongesti'on f; volkstümlich **~ cérébrale** Schlaganfall m; **~ passive** Blutstauung f; **~ pulmonaire, du foie** Lungen-, Leberstauung f; **2.** des Verkehrsnetzes Über'lastung f

congestionné [kõʒɛstjɔne] adj **1.** path gestaut; Stauungs...; **foie ~** geschwollene Leber; **2.** Gesicht hochrot; blaurot

congestionner [kõʒɛstjɔne] **I** v/t **1.** Blutandrang verursachen an (+dat), in (+dat); Husten, Lachen: Gesicht hochrot, blaurot färben; **2.** Straße verstopfen; **II** v/pr se ~ Gesicht sich hochrot, blaurot färben; hochrot, blaurot werden

conglomér|at [kõglɔmera] m géol Konglome'rat n (auch fig); fig **~ de races** Rassenkonglomerat n; **~ation** st/s f Zu'sammenballung f; fig Schmelztiegel m

conglomérer [kõglɔmere] ‹-è-› st/s v/t zu'sammenballen

conglutinant [kõglytinã] *od* **conglutinatif** [kõglytinatif] ⟨-ive⟩ *adj* kongluti'nierend
conglutin|ation [kõglytinasjõ] *f* Konglutinati'on *f*; **~er** *v/t* zu'sammenkleben; konglutiʹnieren; *Wundränder* verkleben
congolais [kõgɔlɛ] **I** *adj* kongoʹlesisch; **II** *subst* **1.** ♀(e) *m(f)* Kongoʹlese *m*, Kongoʹlesin *f*; **2.** *m* Kokosmakrone *f*
congratulation [kõgratylasjõ] *f meist pl* **~s** 'überschwengliche Gratulatiʹonen *f/pl*
congratuler [kõgratyle] *st/s* **I** *v/t* 'überschwenglich gratuʹlieren (**qn** j-m); **II** *v/pr* **se ~** sich (gegenseitig) 'überschwengliche Kompliʹmente machen
congre [kõgr(ə)] *m zo* Meeraal *m*
congréer [kõgree] *v/t mar* trensen
congréganiste [kõgreganist] *rel* **I** *adj* Kongregatiʹons...; **école** *f* ~ Klosterschule *f*; von Ordensbrüdern *bzw* -schwestern geleitete Schule; **II** *m.f* **a)** Mitglied *n* e-r Kongregatiʹon; **b)** Ordensbruder *m*, -schwester *f*
congrégation [kõgregasjõ] *f rel* Kongregatiʹon *f*; *par ext* Orden *m*; *prot* kongregatioʹnalistische Gemeinde; *égl cath* ~ **romaine**, ~ **des Rites** Kurien-, Ritenkongregation *f*
congrégational|isme [kõgregasjɔnalism(ə)] *m égl prot* Kongregatioʹnalismus *m*; **~iste** *égl prot* **I** *adj* kongregationaʹlistisch; **II** *m* Kongregatioʹnalist *m*
congrès [kõgrɛ] *m* **1.** Konʹgreß *m*; Tagung *f*; ~ **de médecins** Ärztekongreß *m*, -tagung *f*; ~ **d'un, du parti** Parʹteitag *m*; **2.** *in den USA* Konʹgreß *m*; **3.** *in Frankreich während der III. u VI. Republik* Zuʹsammentritt *m* der beiden Kammern zur Wahl des Staatspräsidenten oder zur Verfassungsänderung; **4.** *hist* Konʹgreß *m* ⟨*Konferenz*⟩; ~ **de Berlin, de Vienne** Berliner, Wiener Kongreß
congressiste [kõgrɛsist, -grə-] *m.f* Konʹgreß-, Tagungsteilnehmer(in) *m(f)*
congru [kõgry] *adj* **1.** *math* Zahlen, Figuren kongruʹent; **2. portion** ~**e a)** *égl cath* Kongrua *f*; **b)** *fig* miniʹmale Menge (zum Lebensunterhalt); *fig* **en être réduit à la portion** ~**e** von e-m Existenzminimum leben müssen; sehr kurzgehalten werden; auf schmale Kost gesetzt (worden) sein; **3.** *litt* (*convenable*) passend; schicklich
congru|ence [kõgryãs] *f math* Kongruʹenz *f*; ~ **de droites** Geradenkongruenz *f*; **~ent** *adj math* kongruʹent
conicine [kɔnisin] *f cf* cicutine
conicité [kɔnisite] *f* Kegelform *f*, -gestalt *f*
conidie [kɔnidi] *f bot* Koʹnidie *f*
conifère [kɔnifɛr] *m bot* Nadelbaum *m*; Koʹnifere *f*; **~s** *pl auch* Nadelhölzer *n/pl*
coniose [kɔnjoz] *f path* Staubkrankheit *f*; *sc* Koniʹose *f*
conique [kɔnik] *adj* kegelförmig; Kegel...; konisch; *e-s Blasinstruments* **perce** *f* ~ konische Bohrung; *math* **section** *f* ~ *od subst* ~ *f* Kegelschnitt *m*
conirostre [kɔnirɔstr(ə)] *adj zo* mit kurzem kegelförmigem Schnabel
conjectural [kõʒɛktyral] *adj* ⟨-aux⟩ auf Vermutungen beruhend; spekuʹlativ
conjecture [kõʒɛktyr] *f* Vermutung *f*; Mutmaßung *f*; Spekulatiʹon *f*; **~s sur** Vermutungen, Spekulationen über (+*acc*); **en être réduit aux** ~**s** auf Vermutungen, Spekulationen angewiesen sein
conjecturer [kõʒɛktyre] *st/s v/t* mutmaßen; vermuten; ahnen; *abs* Vermutungen anstellen (**sur** über +*acc*)
conjoint [kõʒwɛ̃] **I** *adj* ⟨-jointe [-ʒwɛ̃t]⟩ gemeinsam; gemeinschaftlich; (mit

einʹander) verbunden; *Buchstaben* verschlungen; *Notiz, Bemerkung* beigefügt; **II** *subst* **1.** *m* ⟨conjointe *f selten*⟩ Ehegatte, -gattin *m.f*; **~s** *pl* Eheleute *pl*, -gatten *m/pl*; **2.** **~e** *f math* Kettensatz *m*
conjointement [kõʒwɛ̃tmã] *adv* gemeinsam; gemeinschaftlich
conjoncteur-disjoncteur [kõʒõktœrdisʒõktœr] *m* ⟨*pl* conjoncteurs-disjoncteurs⟩ *élect* Rückstromschalter *m* (im Lichtmaschinenregler)
conjonctif [kõʒõktif] *adj* ⟨-ive⟩ **1.** verbindend; Binde...; *anat* **tissu** ~ Bindegewebe *n*; **2.** *gr* **locution conjonctive** als Konjunktiʹon gebrauchte Wendung; **proposition conjonctive** Konjunktioʹnalsatz *m*
conjonction [kõʒõksjõ] *f* **1.** *gr* Bindewort *n*; Konjunktiʹon *f*; **2.** *astr, Astrologie* Konjunktiʹon *f*; **3.** *st/s (rencontre)* Zuʹsammentreffen *n*; Vereinigung *f*; Verbindung *f*
conjonctiv|e [kõʒõktiv] *f anat* Bindehaut *f*; *sc* Konjunkʹtiva *f*; **~ite** *f path* Bindehautentzündung *f*; *sc* Konjunktiʹvitis *f*
conjoncture [kõʒõktyr] *f* **1.** Zuʹsammentreffen *n*; 'Umstände *m/pl*; Lage *f* (der Dinge); **dans la** ~ **présente** unter den augenblicklichen, gegenwärtigen, gegebenen Umständen; **profiter de la** ~ sich die Umstände zunutze machen; **2.** ~ **(économique)** Konjunkʹtur *f*; Wirtschaftslage *f*; ~ **démographique** (Analyse *f* der) Bevölkerungsentwicklung *f*; **étude** *f* **de** ~ Konjunkturstudie *f*; *par ext* Konjunkturforschung *f*; **sensible à la** ~ konjunkturanfällig, -empfindlich
conjonctur|el [kõʒõktyrɛl] *adj* ⟨**~le**⟩ *écon* konjunkʹturʹrell; Konjunkʹtur...; konjunkʹturbedingt; **politique** *f* ~ Konjunkturpolitik *f*; **~iste** *m écon* Konjunkʹturexperte *m*, -forscher *m*, ~ -analytiker *m*
conjugable [kõʒygabl(ə)] *adj gr* konʹjugiʹerbar
conjugaison [kõʒygɛzõ] *f* **1.** *gr* Konjugatiʹon *f*; Abwandlung *f*, Beugung *f*, Flexiʹon *f* (des Verbums); ~ **(ir)régulière** (un)regelmäßige Konjugation; **2.** *biol* Konjugatiʹon *f*
conjugal [kõʒygal] *adj* ⟨-aux⟩ Ehe...; ehelich; Gatten...; **amour** ~ eheliche Liebe; Gattenliebe *f*; **conseiller** ~ Eheberater *m*; **devoir** ~ eheliche Pflichten *f/pl*; **domicile, foyer** ~ ehelicher Wohnsitz, Haushalt; **liens conjugaux** Band(e) *n(pl)* der Ehe; *lit* ~ **Ehebett** *n*
conjugalement [kõʒygalmã] *adv cf* maritalement
conjugué [kõʒyge] **I** *adj* **1.** *Kräfte etc* verein(ig)t; gemeinsam; **2.** zugeordnet; *math* konjuʹgiert; **3.** *bot Blatt* paarig gefiedert; **II** *f/pl* **~es** *bot* Jochalgen *f/pl*; *sc* Konjuʹgaten *f/pl*
conjuguer [kõʒyge] *v/t* **1.** *Kräfte etc* verein(ig)en; **2.** *gr Verb* konjuʹgieren; abwandeln; beugen; **II** *v/pr* **se ~** *gr* konjuʹgiert werden
conjura|teur [kõʒyratœr] *m*, **~trice** *f* Geisterbeschwörer(in) *m(f)*
conjuration [kõʒyrasjõ] *f* **1.** *pol u fig* Verschwörung *f*; *fig* **mais c'est une** ~! das ist ja e-e richtige, die reinste Verschwörung!; **2.** (Geister)Beschwörung *f*; **prononcer des** ~**s** Beschwörungsformeln sprechen
conjuré [kõʒyre] *m* Verschwörer *m*; Verschworene(r) *m*
conjurer [kõʒyre] *v/t* **1.** ~ **qn de** (+*inf*) j-n beschwören, anflehen zu (+*inf*); j-n inständig, flehentlich bitten zu (+*inf*); *je* **vous en conjure** ich flehe Sie an; **2.** *Gefahr, Unglück etc* abwenden; verhüten; *Gefahr auch* bannen; **3.** *Geister etc*

austreiben; bannen; beschwören; **4.** *litt* ~ **la perte de qn** sich gegen j-n verschwören; **II** *v/pr* **se** ~ **contre qn** sich gegen j-n verschwören; e-e Verschwörung gegen j-n anzetteln; **se** ~ **pour** (+*inf*) e-e Verschwörung anzetteln mit dem Ziel zu (+*inf*)
connaissable [kɔnɛsabl(ə)] *adj* erkennbar; zu erkennen(d)
connaissance [kɔnɛsãs] *f* **1.** Kenntnis *f*; Wissen *n*; *poét* Kunde *f*; ~**s** *pl* Kenntnisse *f/pl*; Wissen *n*; ~**s élémentaires** Grund-, Anfangskenntnisse *f/pl*; ~**s des affaires** Geschäftskenntnisse *f/pl*; ~**s d'anglais** Englischkenntnisse *f/pl*; ~ **du cœur humain** Kenntnis des menschlichen Herzens; *st/s* Wissen um das menschliche Herz; ~ **des hommes** Menschenkenntnis *f*; **ensemble** *m* **des** ~**s** gesamtes Wissen; ♦ **à ma** ~ meines Wissens; soʹviel ich weiß; ♦ **avoir** ~ **de qc** Kenntnis von etw haben; (etwas) wissen über etw (*acc*), von etw; über etw (*acc*) inforʹmiert sein; **il a eu** ~ **de** *l'incident auch* er hat von ... erfahren; **avoir, posséder des** ~**s de**, **sur qc** Kenntnisse haben, besitzen in etw (*dat*); **porter qc à la** ~ **de qn** j-n von etw in Kenntnis setzen; j-m etw zur Kenntnis bringen; j-n über etw (*acc*) unterʹrichten; j-m etw mitteilen; **prendre** ~ **de** Kenntnis nehmen von; sich inforʹmieren über (+*acc*); Einsicht nehmen in (+*acc*); ... **est venu à sa** ~ Kenntnis erlangt; ... ist ihm zu Ohren gekommen; *st/s* er hat Kunde von ... erhalten; **2.** *bes philos* Erkenntnis *f*; *im engeren Sinn* Erkennen *n*; **théorie** *f* **de la** ~ Erkenntnistheorie *f*, *par ext* -lehre *f*; **3.** Bewußtsein *n*; Besinnung *f*; **sans** ~ bewußt-, besinnungslos; ohnmächtig; **tomber sans** ~ in Ohnmacht fallen; ohnmächtig, bewußtlos werden; **n'avoir plus sa** ~ a) nicht mehr bei Bewußtsein sein; b) geistig verwirrt sein; **avoir toute sa** ~ bei vollem Bewußtsein sein; **perdre** ~ das Bewußtsein, die Besinnung verlieren; bewußtlos, ohnmächtig werden; **reprendre** ~ wieder zu sich kommen; das Bewußtsein 'wiedererlangen; **4. a)** Bekannte(r) *f(m)*; Bekanntschaft *f*; **avoir beaucoup de** ~**s** viele Bekannte, Bekanntschaften haben; **b)** Bekanntschaft *f*; **visage** *m* **de** ~ bekanntes Gesicht; **être en pays de** ~ *cf* **pays[1] 2.**; **faire** ~ **avec qn, qc** *od* **faire la** ~ **de qn, qc** j-n, etw kennenlernen; mit j-m, etw bekannt werden; j-s Bekanntschaft machen; *meist negativ* mit j-m, etw Bekanntschaft machen; *Subjekt pl* **faire** ~ **ein'ander**, sich kennenlernen; **faire faire la** ~ **de qn à qn** j-n mit j-m bekannt machen; **lier** ~ **avec qn** mit j-m Bekanntschaft schließen; **5.** *jur* Zuständigkeit *f* (**d'une cause** für e-e Sache); *fig* **en** ~ **de cause** in Kenntnis der Sache, Sachlage; mit Sachkenntnis; **6.** ♀ **des temps** Ephemeʹriden *f/pl*; astroʹnomische und nautische Jahrbücher *n/pl* (*des frz astronomischen Recheninstitutes*)
connaissement [kɔnɛsmã] *m mar* Konnosseʹment *n*
connaisseur [kɔnɛsœr] **I** *adj* ⟨*selten* -euse⟩ kennerisch; Kenner...; sachkundig; **coup d'œil** ~ Kennerblick *m*; **d'un air** ~ mit Kennermiene; **II** *m* (Sach)Kenner *m*; **fin** ~ *cf* **fin[2] 1.**; *loc/adv* **en** ~ als Kenner; kennerisch; mit Sachkenntnis; **être** ~ **en** ... im Kenner in (+*dat*), von (*od* + *gén*) sein; sich (ausgezeichnet) auskennen in (+*dat*); **être** ~ **en vins** (ein) Weinkenner sein
connaître [kɔnɛtr(ə)] ⟨je **connais**, il **connaît**, nous **connaissons**; je connaissais; je connus; je connaîtrai;

que je connaisse; connaissant; con-nu⟩ **I** *v/t* **1.** *Person* kennen; bekannt sein mit; *Sache* kennen; wissen; ♦ *mit subst:* ne plus ~ de bornes *cf* borne 3.; ~ son métier *cf* métier 1.; ne pas ~ de pitié kein Mitleid, Erbarmen kennen; ♦ *mit pr, adj u adv:* je le connais *auch* er ist mir bekannt; je l'ai connu pauvre ich habe ihn gekannt, als er (noch) arm war; je ne le connais ni d'Ève ni d'Adam ich kenne ihn überhaupt nicht; er ist mir vollkommen, völlig, gänzlich unbe-kannt; je le connais de nom, de vue ich kenne ihn dem Namen nach, vom Sehen; on lui connaît deux faiblesses man kennt zwei Schwächen an ihm; zwei Schwächen von ihm sind bekannt; man weiß, daß er zwei Schwächen hat; on ne lui connaissait pas d'ennemis a) es ist bekannt, daß er keine Feinde hatte; b) von irgendwelchen Feinden (, die er gehabt hätte,) war nichts bekannt; tu ne me connais pas! du kennst mich (noch) nicht!; da kennst du mich schlecht!; il ne connaît que *son travail* er kennt nur …; für ihn gibt es nur …; je ne connais rien à … ich verstehe nichts von …; je n'y connais rien ich verstehe nichts davon; ♦ faire ~ qc etw be-kanntgeben, -machen; etw mitteilen; *Meinung etc* äußern; zum Ausdruck bringen; faire ~ qn j-n bekannt machen; ce film l'a fait ~ *auch* durch diesen Film ist er bekannt geworden; faire ~ qn à qn j-n mit j-m bekannt machen; se faire ~ bekannt werden; auffallen (par, par durch); **2.** kennenlernen (qn, qc j-n, etw); *Erfolg* haben; *Schicksal etc* auch erleben; erfahren; il a connu des jours meilleurs er hat (früher) bessere Tage gesehen, gekannt; apprendre à ~ (all-mählich) gut kennenlernen; **3.** *bibl e-e Frau* erkennen; **4.** *litt* erkennen; **II** *v/t/indir* **5.** *jur* ~ de erkennen in (+*dat*); befinden über (+*acc*); entscheiden in (+*dat*) *od* über (+*acc*); **III** *v/pr se* ~ **6.** sich, ein'ander kennen *bzw* kennenler-nen; **7.** sich (selbst) kennen; il ne se connaît plus er ist außer sich, kennt sich nicht mehr, ist besinnungslos vor Wut; *philos* connais-toi toi-même er-kenne dich selbst; **8.** s'y ~ sich darin auskennen; sich darauf verstehen; etwas davon verstehen; s'y ~ en sich aus-kennen in (+*dat*); etwas verstehen von

connard [kɔnar] P *m,* **connasse** [kɔ-nas] P *f cf* con II 1.

conné [kɔne] *adj biol* an der Basis zu-'sammengewachsen

connect|er [kɔnɛkte] *v/t tech. élect* an-schließen (sur an + *acc*); verbinden (à mit); ~eur *m tech. élect* Schalter *m;* Schaltgerät *n; ch de fer* Verbindungs-stück *n*

connectif [kɔnɛktif] **I** *adj* ⟨-ive⟩ verbin-dend; Binde…; *anat* tissu ~ Konnek'tiv *n;* **II** *m bot* Konnek'tiv *n*

connerie [kɔnri] P *f* F Idio'tie *f;* Quatsch *m;* Mist *m;* Stuß *m;* Krampf *m;* P Scheiße *f;* dire une ~, des ~s F Quatsch, Stuß reden; Mist verzapfen; faire une ~, des ~s F Mist machen, bauen; P Scheiße bauen

connétable [kɔnetabl(ə)] *m hist* Konne-'tabel *m*

connexe [kɔnɛks] *adj* zu'sammen-hängend (*auch jur*); (mitein'ander) ver-bunden, verknüpft; délits *m/pl* ~s zu-sammenhängende Straftaten *f/pl*

connexion [kɔnɛksjõ] *f* **1.** (enge) Ver-bindung; Zu'sammenhang *m;* **2.** *tech, élect* (Schalt)Verbindung *f;* Anschluß *m*

connexité [kɔnɛksite] *f* (enge) Verbin-dung; Zu'sammenhang *m;* Verflechtung *f;* Kon'nex *m; jur* Konnexi'tät *f*

---

connivence [kɔnivãs] *f* heimliches Ein-verständnis; sourire *m* de ~ verständnis-inniges Lächeln; être, agir de ~ avec qn mit j-m unter einer Decke stecken

connivent [kɔnivã] *adj anat* valvules ~es Schleimhautfalten *f/pl* (*des Darms*)

connotation [kɔnɔtasjõ] *f Logik, ling* Konnotati'on *f*

connu [kɔny] **I** *p/p von* **connaître** *u adj Person, Sache* bekannt; qc, qn de ~ etw, j Bekanntes; bekannt sein als, für; c'est (bien) ~! das ist allgemein bekannt!; **II** *subst* le ~ das Bekannte

conoïde [kɔnɔid] **I** *adj* kegelförmig; ko-nisch; **II** *m math* Kono'id *n*

conque [kõk] *f* **1.** *zo* (Meeres)Schnecke *f; bes* Trom'petenschnecke *f; myth* Mu-schel-, Tritonshorn *n;* la ~ sacrée die heilige Schnecke (Sankha); **2.** *anat* unte-re Grube der Ohrmuschel; **3.** *arch* Kon-cha *f;* Konche *f*

conquérant [kõkerã] **I** *adj* eroberungs-lustig; *fig Miene etc* siegessicher, -gewiß; **II** *m* Eroberer *m; hist* Guillaume le ♀ Wilhelm der Eroberer

conquérir [kõkerir] ⟨*cf* acquérir⟩ **I** *v/t Land etc, fig Herzen, Frau* erobern; *Markt auch* erschließen; *Person* für sich einnehmen, gewinnen; *Achtung etc* sich erringen, erwerben; *Land* ~ sur la mer dem Meer abringen, abgewinnen; **II** *v/pr se* ~ errungen, erkämpft, erobert wer-den müssen; *cf auch* conquis

conquêt [kõkɛ] *m jur cf* acquêt

conquête [kõkɛt] *f* **1.** Eroberung *f* (*auch fig e-r Frau*); ~s *pl* Eroberungen *f/pl;* eroberte Gebiete *n/pl;* F *fig* c'est sa dernière ~ F das ist die neueste Erobe-rung; *fig* faire la ~ de qn j-n erobern; j-n für sich einnehmen, für sich gewinnen; faire la ~ des cœurs die Herzen er-obern; **2.** Errungenschaft *f*

conquis [kõki] *p/p von* **conquérir** *u adj* erobert; *fig* se conduire comme en pays ~ sich benehmen, aufführen, als ob man der Herr sei, als ob einem alles gehöre, als ob man zu befehlen hätte; garder le terrain ~ *mil* das eroberte Gelände halten; *fig* den einmal gewon-nenen Vorteil, das einmal Gewonnene festhalten; *fig* j'ai été ~ par sa gentil-lesse s-e Liebenswürdigkeit hat mich für ihn eingenommen, hat mich gewonnen

conquistador [kõkistadɔr] *m* ⟨*pl* ~es⟩ *hist* Konquista'dor *m*

consacré [kõsakre] *adj* **1.** *rel, bes cath* geweiht; *par ext* geheiligt; **2.** *Brauch, Ausdruck* üblich

consacrer [kõsakre] **I** *v/t* **1.** *Zeit, Ener-gie etc* widmen (à qc, qn e-r Sache, j-m); *sein Leben* ~ à qn *od* st/s e-r Sache, j-n weihen; ~ sa jeunesse à qn j-m s-e Jugend opfern; **2.** *rel bes cath* weihen; *cath* konse'krieren; *Altar auch* einwei-hen; *par ext Stätte* heiligen; ~ évêque zum Bischof weihen; ~ une chapelle à un saint e-e Kapelle e-m Heiligen wei-hen; *par ext* ~ un enfant à la Vierge ein Kind der Jungfrau Maria weihen; **3.** sichtbar bestätigen; festigen; sanktio-'nieren; *Laufbahn auch* krönen; **II** *v/pr se* ~ à qc, qn sich e-r Sache, j-m widmen, st/s weihen; se ~ au théâtre sich dem Theater, der Bühne verschreiben

consanguin [kõsãgɛ̃] **I** *adj* **1.** *Verwandter* väterlicherseits; frère ~, sœur ~e Halb-bruder *m,* -schwester *f* väterlicherseits; **2.** *par ext* blutsverwandt; mariage ~ Verwandtenehe *f;* **II** *m/pl* ~s **1.** Halbge-schwister *pl* väterlicherseits; **2.** *par ext* Blutsverwandte(n) *m/pl*

consanguinité [kõsãginite, -gɥi-] *f* **1.** Verwandtschaft *f* väterlicherseits; **2.** *par ext* Blutsverwandtschaft *f*

---

consciemment [kõsjamã] *adv* bewußt

conscience [kõsjãs] *f* **1.** Gewissen *n;* ~ professionnelle Berufsethos *n,* -ehre *f;* berufliches Pflichtbewußtsein *n.* Gewis-sen; ♦ *loc/adj u loc/adv:* de ~ gewissen-haft; en ~ ganz ehrlich; sans ~ gewissen-los; *handeln, sprechen* selon sa ~ wie man es für richtig hält; nach s-m Gewis-sen; ♦ avoir bonne, mauvaise ~ ein gutes *od* reines, schlechtes Gewissen haben; il n'a pas la ~ tranquille er hat kein ganz reines, sauberes Gewissen; avoir la ~ en paix, en repos, être en paix avec sa ~ ein ruhiges Gewissen haben; avoir qc, qn sur la ~ etw, j-n auf dem Gewissen haben; dire tout ce qu'on a sur la ~ sich alles, die ganze Last von der Seele reden; se donner bonne ~ sein Gewissen beschwichtigen; sich (vor sich selbst) ein Alibi verschaf-fen; mettre beaucoup de ~ dans qc, à faire qc etw äußerst gewissenhaft tun, machen; soulager sa ~ sein Gewissen erleichtern, entlasten; **2.** Bewußtsein *n* (*auch philos*); ~ collective, de classe Kollek'tiv-, Klassenbewußtsein *n; philos* ~ du moi Selbstbewußtsein *n;* prise *f* de ~ a) Bewußtwerden *n,* -ung *f;* Sich-be'wußtwerden *n;* b) Selbstverständnis *n;* avoir ~ que …, de qc sich (*dat*) (dessen) bewußt sein, daß …; sich e-r Sache (*gén*) bewußt sein; avoir une ~ claire, obscure de qc sich e-r Sache (*gén*) klar, dunkel bewußt sein; perdre ~ ohnmächtig werden; perdre ~ de qc sich e-r Sache (*gén*) nicht mehr bewußt sein; jedes Gefühl für etw verlieren; prendre ~ de qc sich e-r Sache (*gén*) bewußt werden; **3.** Gesinnung *f;* Wesen *n;* il a, c'est une ~ droite er hat e-e aufrechte Gesinnung, ein aufrechtes Wesen; **4.** ~s *pl* Meinung(en) *f(pl);* inne-re Über'zeugung(en) *f(pl);* acheter les ~s durch Bestechung die Meinungen zu s-n Gunsten beeinflussen; sonder les ~s die Meinungen erforschen

consciencieux [kõsjãsjø] *adj* ⟨-euse⟩ *Person* gewissenhaft; *Arbeit etc* gewis-senhaft, sorgfältig ausgeführt

conscient [kõsjã] **I** *adj Handlung, Sache* bewußt; (*Lebe*)*Wesen* s-r selbst und s-r Um'gebung; denkend; bewußt lebend; être ~ de qc sich (*dat*) e-r Sache (*gén*) bewußt sein; il est devenu ~ de … *auch* … kam ihm zum Bewußtsein; **II** *subst* le ~ das Bewußte

conscription [kõskripsjõ] *f hist mil* Aushebung *f;* Konskripti'on *f*

conscrit [kõskri] *m mil* Ausgehobene(r) *m;* Einberufene(r) *m;* ~s de la classe 1970 die 1970 Einberufenen *m/pl;* bal *m* des ~s Re'krutenball *m*

consécration [kõsekrasjõ] *f* **1.** *rel, bes cath* Weihe *f;* Konsekrati'on *f;* e-s Altars *auch* Einsegnung *f; prot e-s Pfarrers* Ordinati'on *f;* Ordi'nierung *f; cath* ~ d'un évêque Bischofsweihe *f;* **2.** *égl cath bei der Messe* Wandlung *f;* paroles *f/pl* de la ~ Einsetzungsworte *n/pl;* **3.** Bestätigung *f;* Sanktio'nierung *f;* e-r *Laufbahn* Krönung *f;* e-r *Theorie* glän-zende Bestätigung

consécutif [kõsekytif] *adj* ⟨-ive⟩ **1.** aufein'anderfolgend; hinterein'ander; dix heures consécutives *od* zehn Stunden in einem Stück, in einem fort; **2.** ~ à e-e Folge von (*od* + *gén*); être ~ à qc auf etw (*acc*) folgen; e-e Folge (von) e-r Sache sein; **3.** *gr* proposition consécu-tive *od subst* consécutive *f* Konse-ku'tiv-, Folgesatz *m*

consécutivement [kõsekytivmã] *adv* nach-, hinterein'ander

conseigle [kõsɛgl(ə)] *m agr* Mengkorn *n;* Gemengesaat *f*

conseil [kõsɛj] *m* **1.** Rat(schlag) *m*; ∼ d'ami freundschaftlicher Rat; ∼ de (+*inf*) Rat zu (+*inf*); sur le ∼ de qn auf j-s Rat (*acc*) (hin); demander (un) ∼ à qn j-n um Rat fragen, um (e-n) Rat bitten; bei j-m e-n Rat erbitten; écouter les ∼s de la raison sich danach richten, was die Vernunft einem rät; être (homme) de bon ∼ immer (e-n guten) Rat wissen; prendre ∼ de qn sich bei j-m Rat holen; j-s Rat einholen; j-n zu Rate ziehen; sich von j-m beraten lassen; tenir ∼ (sich) beraten (avec qn mit j-m; sur qc über etw [*acc*]); beratschlagen; Rat halten; *cf auch* **3.**; **2.** Ratgeber *m*; Berater *m*; ∼ fiscal Steuerberater *m*; in *Frankreich* ∼ judiciaire Vormund *m* (*e-s Geistesschwachen od Verschwenders*); ∼ juridique Rechtsbeistand *m*, -berater *m*; Justiti'ar *m*; Syndikus *m*; *cf* tutelle **1.** a) *u* b); **3.** Rat *m* (*Gremium*); *par ext* Ratssitzung *f*, -versammlung *f*; *der Rechtsanwalts-, Ärztekammern* Vorstand *m*; *in Zssgn auch* Gericht *n*; ∼ administratif Verwaltungsrat *m* (*beratendes Gremium*); *Frankreich u UNO* ♀ économique et social Wirtschafts- und Sozi'alrat *m*; ∼ général Gene'ralrat *m*; Departe'mentsvertretung *f*; *etwa* Bezirkstag *m*; ∼ municipal Gemeinde-, Stadtrat *m*; Gemeindevertretung *f*; Stadtverordnetenversammlung *f*; *hist* ♀ national de la Résistance Natio'nalrat *m* der Résistance; ♀ oecuménique *od* mondial des Églises Ökumenischer Rat; Weltkirchenrat *m*; Rat der Weltkirchen; ♀ supérieur de l'Éducation nationale *für Disziplinarsachen zuständiges Gremium*; ♀ supérieur de la magistrature (*abr* C.S.M.) Oberster Rat der Richter; ∼ d'administration *e-r* AG *frz Rechts* Verwaltungsrat *m*; *in der BRD etwa* Aufsichtsrat *m*; ∼ des Anciens Rat der Alten; ∼ de cabinet *cf* cabinet **6.** a); *hist* ♀ des Cinq-Cents Rat der Fünfhundert; *Schule* ∼ de classe Lehrerkonferenz *f*, -sitzung *f*; ∼ de discipline *etwa* Dizipli'nargericht *n*; *in Frankreich* ♀ d'État Staatsrat *m* (*die Regierung beratendes Gremium u oberste Instanz der Verwaltungsgerichte*); ♀ de l'Europe Eu'roparat *m*; ∼ de famille Fa'milienrat *m*; ∼ de guerre a) Kriegsrat *m* (*auch fig*); b) *bis 1928* Kriegsgericht *n*; *fig* tenir un ∼ de guerre Kriegsrat halten; passer en ∼ de guerre vor ein, das Kriegsgericht kommen, gestellt werden; mar ∼ de justice *etwa* Bordgericht *n*; ∼ des ministres Mi'nisterrat *m*; *bis 1953* ∼ de préfecture Verwaltungsgericht *n* (*I. Instanz*); mar ∼ des prises Prisengericht *n*; *in Frankreich 1946–1958* ♀ de la République *zweite Kammer des Parlaments*; *mil* ∼ de révision Musterungsausschuß *m*; passer (devant) le ∼ de révision gemustert werden; *UNO* ♀ de Sécurité (Welt)Sicherheitsrat *m*; *e-r* AG ∼ de surveillance Aufsichtsrat *m*; *bis 1958* président *m* du ∼ Mi'nisterpräsident *m*; tenir ∼ e-e Ratssitzung abhalten
conseillable [kõsɛjabl(ə)] *adj* ratsam; empfehlenswert
conseiller[1] [kõsɛje] *v/t* ∼ qn j-n beraten; j-m e-n Rat(schlag) geben, erteilen; j-m Ratschläge geben; ∼ qc à qn j-m etw anraten; j-m zu etw raten; ∼ à qn de (+*inf*) j-m raten, empfehlen zu (+*inf*) il est conseillé de (+*inf*) es wird empfohlen zu (+*inf*); *adjt*: être bien, mal conseillé gut, schlecht beraten sein; *comm* prix conseillé empfohlener Preis
conseill|er[2] [kõsɛje] *m* Ratgeber *m*; Berater *m*; *als Mitglied e-s Gremiums* Rat *m*; ∼ économique Wirtschaftsbera-

ter *m*; ∼ général Mitglied *n* des „conseil général"; ∼ juridique Rechtsberater *m*, -beistand *m*; Justiti'ar *m*; Syndikus *m*; ∼ municipal Gemeinderatsmitglied *n*; Stadtrat(smitglied) *m(n)*; Stadtverordnete(r) *m*; ∼ pédagogique pädagogischer Berater; à la Cour d'appel Richter *m* am Berufungsgericht; Nebenrichter *m*; Beisitzer *m*; *dipl* ∼ d'ambassade Botschaftsrat *m*; *an frz Schulen* ∼ principal d'éducation Vorgesetzte(r) *m* des Aufsichtspersonals mit zusätzlichen Verwaltungsaufgaben; ∼ d'État Staatsrat *m*; Mitglied *n* des „Conseil d'État"; *fig u iron* ∼ des grâces Spiegel *m*; **∼ère** *f* Beraterin *f*; Ratgeberin *f*; *als Mitglied e-s Gremiums* Rätin *f*
conseilleur [kõsɛjœr] *m loc*/*prov* les ∼s ne sont pas les payeurs guter Rat kostet nichts; raten ist leichter als helfen
consensuel [kõsãsɥɛl] *adj* ⟨∼le⟩ *jur* durch beidseitige Willenserklärung rechtsgültig; contrat ∼ Konsensu'alvertrag *m*, -kontrakt *m*
consensus [kõsãsys, -sɛ̃-] *sc m* Kon'sens(us) *m*; Con'sensus *m*
consentant [kõsãtã] *adj* (bereit)willig; être ∼ einwilligen; zustimmen; einverstanden sein
consentement [kõsãtmã] *m* Einwilligung *f*; Zustimmung *f*; Einverständnis *n*; Zusage *f*; Genehmigung *f*; Billigung *f*; *st/s* ∼ universel Con'sensus omnium *m*; ∼ à mariage Ehekonsens *m*; accorder, donner son ∼ s-e Zustimmung erteilen, geben; einwilligen; zustimmen
consentir [kõsãtir] ⟨*cf* sentir⟩ **I** *v/t* ∼ qc *bes jur* e-r Sache (*dat*) zustimmen; in etw (*acc*) einwilligen; etw genehmigen, billigen; *Erlaubnis* geben; *Kredit, Vorteil* gewähren; einräumen; ∼ un délai à qn j-m e-e Frist zubilligen, zugestehen, gewähren; *st/s* ∼ un sacrifice (bereit sein,) ein Opfer (zu) bringen; ∼ que ... (+*subj*) darin einwilligen, daß ...; damit einverstanden sein, daß ...; *st/s* ∼ que ... (+*ind*) zugeben, daß ...; **II** *v/t*/*indir* ∼ à qc in etw (*acc*) einwilligen, e-r Sache (*dat*) zustimmen; elle y a consenti sie hat (darin) eingewilligt; sie hat zugestimmt; ∼ à ce que ... (+*subj*) darin einwilligen, daß ...; damit einverstanden sein, daß ...; **III** *v/i mar Schiffsteil* sich begeben
conséquemment [kõsekamã] *adv* daher; infolge'dessen; dementsprechend; demgemäß
conséquence [kõsekãs] *f* **1.** Conse-qu'enz *f*; Folge *f*; (Aus)Wirkung *f*; *in Wendungen auch* Bedeutung *f*; Wichtigkeit *f*; ∼s graves ernste, schwerwiegende Folgen, Konsequenzen; ∼ indirecte mittelbare Folge; ♦ *loc*/*adj u loc*/*adv*: de peu de ∼ unbedeutend; unwichtig; en ∼ (dem)entsprechend; demgemäß; demnach; daher; infolge'dessen; agir en ∼ *auch* die Konsequenzen daraus ziehen; sans ∼ ohne (jede) Bedeutung; (völlig) unwichtig; bedeutungslos; ♦ *loc*/*conj* par voie de ∼ infolge'dessen; ♦ *loc*/*adv*: accepter les ∼s die Folgen in Kauf nehmen; avoir pour ∼ zur Folge haben; cela ne tire pas à ∼ das hat nichts zu bedeuten; das ist ganz harmlos; das hat weiter keine Folgen, (weiter) nichts auf sich; **2.** Folgerichtigkeit *f*; **3.** *gr* proposition *f* de ∼ Konseku'tiv-, Folgesatz *m*
conséquent [kõsekã] *adj* **1.** konse-qu'ent; beharrlich; c'est un esprit ∼ er *bzw* sie ist konsequent, beharrlich; être ∼ à ses principes s-n Grundsätzen gemäß, entsprechend leben; être ∼ dans ses actions konsequent handeln; **2.** bedeutend; wichtig; rele'vant; **3.** *loc*/*adv* par ∼ folglich; daher; infolge'dessen;

4. *géol* percée ∼e konsequ'entes (Fluß)Tal
conservateur [kõsɛrvatœr] **I** *adj* ⟨-trice⟩ konserva'tiv *od* 'konservativ (*auch pol*); **II** *m* **1.** *im Museumsdienst* Konser'vator *m*; Kustos *m*; ∼ de bibliothèque Be'amte(r) *m* des gehobenen Dienstes in Bibliotheken; ∼ des eaux et forêts *etwa* Forstmeister *m*; ∼ des hypothèques Grundbuchbeamte(r) *m*, -führer *m*; **2.** *pol* Konserva'tive(r) *od* 'Konservative(r) *m*; **3.** Konser'vierungsmittel *n*
conservation [kõsɛrvasjõ] *f* **1.** Erhaltung *f* (*auch phys*); Bewahrung *f*; *phys* ∼ de l'énergie Erhaltung der Energie; ∼ du sol, des sols Bodenschutz *m*, -erhaltung *f*; Erosi'onsschutz *m*; en état de ∼ remarquable bemerkenswert gut erhalten; **2.** a) *von Kunstsammlungen etc* Erhaltung *f* und Pflege *f*; b) Amt *n bzw* Dienststelle *f* e-s „conservateur"; ∼ des eaux et forêts *etwa* Forstamt *n*; ∼ des hypothèques *etwa* Grundbuchamt *n*; **3.** *von Lebensmitteln etc* Haltbarmachen *n*, -ung *f*; Konser'vieren *n*, -ung *f*; Aufbewahrung *f*; *im Haushalt auch* Einmachen *n*, -wecken *n*, -kochen *n*; lait *m* longue ∼ H-Milch *f*
conservatisme [kõsɛrvatism(ə)] *m pol* Konservati'vismus *od* Konserva'tismus *m*
conservatoire [kõsɛrvatwar] **I** *adj jur* Sicherungs...; acte *m* ∼ Rechtsgeschäft *n* zur Erhaltung, Sicherung oder Wahrung e-s Rechts; mesure *f* ∼ Sicherungsmaßnahme *f*; vorsorgliche Maßnahme; saisie *f* ∼ Ar'rest *m* in das bewegliche Vermögen; **II** *m* ♀ national d'art dramatique Staatliche Schauspielschule; ♀ national des arts et métiers *technisches Museum mit angeschlossener Technischer Hochschule mit Diplomabschluß zur Weiterbildung für im Berufsleben Stehende*; ♀ (de musique) Mu'sikhochschule *f*; Konserva'torium *n*
conserve [kõsɛrv] *f* **1.** *von Lebensmitteln* Kon'serve *f*; Eingemachte(s) *n*; ∼ de viande Fleischkonserve *f*; bœuf *m* de, en ∼ Büchsen-, Dosenrindfleisch *n*; Rindfleischkonserve *f*; Rindfleisch *n* in, aus der Dose; industrie *f* de la ∼ Konservenindustrie *f*; faire des ∼s (de légumes) (Gemüse) einmachen, -kochen, -wecken; *fig* ils en font des ∼s *od* ils le mettent en ∼ die stapeln das (*Vorräte, Geld, Sachen, die nie mehr gebraucht werden*); die können sich davon nicht trennen; die heben das alles auf; mettre en ∼ eindosen; **2.** *par ext* musique *f* en ∼ vorproduzierte Musik; **3.** *impr* Stehsatz *m*; **4.** *loc*/*adv* de ∼ gemeinsam; zu'sammen
conservé [kõsɛrve] *adj von Personen* bien ∼ gut erhalten
conserver [kõsɛrve] **I** *v/t* **1.** behalten; (auf)bewahren; aufheben; *Stellung* behalten; *Brauch, Sitte* beibehalten; bewahren; il a conservé ses cheveux er hat noch alle s-e Haare; elle a conservé ses beaux cheveux ihre Haare sind immer noch so schön (wie früher); il a conservé ses dents er hat noch s-e eigenen Zähne; ∼ ses illusions sich s-e Illusionen bewahren; ∼ sa souplesse gelenkig bleiben; s-e Gelenkigkeit behalten; ∼ le souvenir de qc, qn etw, j-n in Erinnerung behalten; il a conservé (toute) sa tête er ist geistig noch ganz frisch; s-e geistigen Kräfte haben (überhaupt) nicht nachgelassen; **2.** *Lebensmittel* a) haltbar machen; b) aufbewahren; **3.** *Kunstgegenstände* erhalten und pflegen; **II** *v/pr* se ∼ erhalten bleiben *bzw* sein; *von Lebens-*

mitteln cela ne se conserve pas das hält sich nicht; das kann man nicht aufbewahren

conserverie [kõsɛrvəri] f Kon'serven-fabrik f bzw -industrie f

considérable [kõsiderabl(ə)] adj beträchtlich; beachtlich; erheblich; ansehnlich; namhaft; groß

considérablement [kõsiderabləmã] adv beträchtlich; erheblich

considérant [kõsiderã] jur **I** m Urteilsbegründung f, -grund m; ~s pl Entscheidungsgründe m/pl, -begründung f; **II** loc/conj ~ que in der Erwägung, daß; in Anbetracht dessen, daß

considération [kõsiderasjõ] f **1.** Über-'legung f; Erwägung f; (Beweg)Grund m; in Wendungen auch Beachtung f; Rücksicht f; Betracht m; Berücksichtigung f; prise f en ~ Berücksichtigung f; loc/adj digne de ~ zu berücksichtigen(d); zu bedenken(d); e-r Erwägung, Prüfung wert; cf auch 3.; loc/prép: ~ de in Anbetracht, Ansehung (+gén); mit Rücksicht auf (+acc); **sans ~ de** ohne Rücksicht auf (+acc); **sans ~ de personne** ohne Ansehen, Ansehung der Person; **faire entrer qc en ~** etw berücksichtigen, bedenken, in Betracht ziehen; auch (acc) Rücksicht nehmen; je ne peux entrer dans ces ~s ich kann diesen Erwägungen nicht folgen; ich kann darauf keine Rücksicht nehmen; **mériter ~** e-r Überlegung wert, erwägenswert sein; **prendre qc en ~** etw in Erwägung, Betracht ziehen; etw berücksichtigen; **ne pas être pris en ~** auch außer Betracht bleiben; **2.** ~s pl Betrachtungen f/pl, Meinungen f/pl, Ansichten f/pl (sur über + acc); **émettre des ~s** Meinungen äußern, vorbringen; **émettre des ~ générales** auch sich nur ganz allgemein äußern; **3.** Achtung f; Ansehen n; Wertschätzung f; *Briefschluß cf* **agréer 1.; digne de ~** achtens-, schätzenswert; **par ~ pour** aus Achtung vor (+dat); **avoir la ~ de qn** von j-m geschätzt, geachtet werden; **avoir beaucoup de ~ pour qn** große Achtung vor j-m haben; j-n sehr schätzen

considérer [kõsidere] ‹-è-› **I** v/t **1.** bedenken; beachten; berücksichtigen; abwägen; erwägen; in Betracht, Erwägung ziehen; ~ **le pour et le contre** das Für und Wider (gegeneinander) abwägen; **tout bien considéré** alles in allem; wenn man es recht bedenkt; **c'est à ~** das ist mit zu berücksichtigen; das muß mit bedacht werden; **2. je considère que … (+ind)** ich finde, ich bin der Meinung, meine Meinung ist, (daß) …; **je considère que la question est réglée** ich betrachte die Angelegenheit als erledigt; **ne pas ~ que … (+subj)** nicht finden etc, (daß) …; **3.** ~ **qn comme (+subst)** j-n ansehen, betrachten als (+acc); ~ **qc (comme) (+adj)** etw für (+adj) halten; etw als (+adj) betrachten; **être considéré comme** auch gelten als; **4.** ~ **qn, qc** j-n, etw betrachten, eingehend mustern; **5.** *meist passivisch* **être considéré** geschätzt, geachtet sein, werden (de von); **II** v/pr **se ~** (+subst) sich halten für (+acc)

consignataire [kõsiɲatɛr] m **1.** jur Verwahrer m e-r hinter'legten Sache; **2.** comm etwa Verkaufskommissionär m; im Export Konsigna'tar m; Ex'portkommissionär m; mar Reede'reivertreter m

consignation [kõsiɲasjõ] f **1.** jur Hinter'legung f; **2.** comm Verkaufskommission f; im Export Konsignati'on f

consigne [kõsiɲ] f **1.** (An)Weisung f (auch mil); Verhaltensmaßregel f; Vorschrift(en) f(pl); ~ **de grève** Streikauf-

ruf m, -parole f; **appliquer la ~** die Vorschrift, Anweisung befolgen; **donner la ~** Weisung erteilen (de + inf zu + inf); **F** fig **manger la ~** es (z B e-e Abmachung, Verabredung) vergessen; **j'ai reçu la ~ formelle de** (+inf) ich habe strenge, strikte Anweisung zu (+inf); **2.** (Hand)Gepäckaufbewahrung f (auch Raum); ~ **automatique** Schließfächer n/pl; **mettre ses bagages à la ~** … zur Aufbewahrung geben; **retirer de la ~** von der Aufbewahrung holen; **3.** für Verpackung, Flaschen Pfand(betrag) n(m); Einsatz m; **se faire rembourser la ~** sich den Pfandbetrag, Einsatz zurückzahlen, -geben lassen; **4.** Schule Nachsitzen n; in Internaten Hausarrest m; mil für Mannschaftsgrade Ausgehverbot n

consigner [kõsiɲe] v/t **1.** bes adm schriftlich niederlegen (à, dans, sur in + dat), vermerken (in + dat), festhalten (in + dat); eintragen (in + acc bzw dat); verzeichnen (in + dat); **2.** ~ **sa porte** niemanden her'einlassen; ~ **sa porte à qn** j-n nicht hereinlassen; j-m sein Haus verbieten; **3.** ~ **qc** für etw (Flasche, Verpackung) Pfand, Einsatz verlangen; **la bouteille est consignée** für die Flasche ist ein Pfandbetrag berechnet; F **auf der Flasche ist ein Pfand drauf; non consigné** keine Rücknahme, -gabe; **4.** Schüler nachsitzen lassen; im Internat unter Hausarrest stellen; mil Ausgehverbot, Ausgangssperre anordnen für; Schüler **ist consigné cet après-midi** heute nachmittag muß er nachsitzen; **5.** Gepäck zur (Gepäck)Aufbewahrung geben; **6.** jur hinter'legen; comm konsi-'gnieren

consistance [kõsistãs] f Konsi'stenz f; Beschaffenheit f; Festigkeit f; e-r Soße etc auch Dickflüssigkeit f; fig **sans ~** Gerücht haltlos; unverbürgt; unbestätigt; Person, Schauspieler, Theater-, Romanfigur farblos; Gefühl unecht; ohne Sub'stanz; oberflächlich; **donner de la ~ à a)** Flüssigkeit etc eindicken; verdikken; dick(flüssig) machen; b) fig Sub-'stanz geben, verleihen (+dat); **prendre de la ~ a)** Flüssigkeit etc dick(flüssig)er, steif, fest werden; b) fig: Gerücht etc sich erhärten; sich allmählich bestätigen; Person an Per'sönlichkeit, Pro'fil gewinnen

consistant [kõsistã] adj **1.** Flüssigkeit, Suppe dick; Gericht nahrhaft; **2.** fig Argument stichhaltig

consister [kõsiste] v/t/indir ~ **en**, **dans** bestehen in, aus (+dat); sich zu'sammensetzen aus; ~ **à** (+inf) darin bestehen zu (+inf)

consistoire [kõsistwar] m **1.** égl cath Konsi'storium n; **2.** ~ **israélite** etwa Vorstand m e-r jüdischen (Kultus-) Gemeinde; ~ **protestant** Kirchenvorstand m

consistorial [kõsistɔrjal] adj ‹-aux› égl cath Konsistori'al-; ~ **bénéfice** od, ~ **congrégation** ~e Konsistorialbenefizium n, -kongregation f

consœur [kõsœr] f **1.** oft iron (Berufs-) Kol'legin f; **2.** égl cath Schwester f vom gleichen Orden

consol|able [kõsɔlabl(ə)] adj zu trösten(d); ~**ant** tröstlich; tröstend; trostbringend, -reich; **paroles ~es** tröstliche, tröstende Worte n/pl; Worte des Trostes; Trostworte n/pl; ~**ateur I** st/s adj ‹-trice› tröstend; trostreich; fig **ange ~** tröstender Engel; **être ~** trösten; **II** subst litt ~, consolatrice m, f Tröster (-in) m(f) (auch rel); Trostbringer(in) m(f), -spender(in) m(f)

consolation [kõsɔlasjõ] f Trost m (auch Person); ~**s** pl Tröstungen f/pl; iron

belle ~! ein schöner Trost!; cet enfant est toute sa ~ … ihr einziger, ganzer Trost; **paroles** f/pl **de ~** tröstliche, tröstende, trostreiche Worte n/pl; Worte des Trostes; Trostworte n/pl; **prix** m **de ~** Trostpreis m; **apporter la ~ à qn** j-m Trost bringen; j-n trösten; **chercher une, la ~ dans qc** in etw (dat) Trost suchen; **c'est une ~!** das ist immerhin ein Trost!; **c'est une ~ de (+inf)** es ist tröstlich, es tröstet zu (+inf); **c'est une faible ~** das ist ein schwacher Trost; **trouver de la ~ à penser que …** Trost in, bei dem Gedanken finden, daß …; sich mit dem Gedanken trösten, daß …

console [kõsɔl] f **1.** Kon'soltisch(chen) m(n); **2.** bât Kon'sole f; Kragstein m; **3.** Sprachlabor Lehrerpult n; EDV ~ **de visualisation** Datensichtgerät n; **4.** tech grue f à ~ Kon'solkran m; **5.** mus **a)** e-r Harfe Hals m; **b)** e-r Orgel Spieltisch m

consoler [kõsɔle] **I** v/t trösten; Trost zusprechen (+dat); Trost bringen (+dat); Schmerz, Kummer lindern; ~ **qn de qc** j-n über etw (acc) (hin'weg-) trösten; abs **cela console!** das ist immerhin ein Trost!; abs **le temps console** die Zeit bringt Trost, heilt alle Wunden; **si cela te console …** wenn dir das ein Trost ist …; wenn dich das tröstet …; **wenn das ein Trost für dich ist** …; **II** v/pr **se ~** sich (selbst) trösten; **se ~ de qc** sich über etw (acc) (hin'weg) trösten; etw verschmerzen

consolidation [kõsɔlidasjõ] f **1.** e-r Mauer, e-s Bauwerks etc Verstärkung f; (Be)Festigung f; Stützung f; Sicherung f; **2.** fig Festigung f; Sicherung f; Stärkung f; Konsoli'dierung f; **3.** fin Konsoli'dierung f; Konsolidati'on f; **4.** méd e-s Knochenbruches Zu'sammenheilen n; Konsoli'dierung f; Arbeitsrecht ~ **de la blessure** optimaler Heilungsgrad

consolidé [kõsɔlide] **I** adj **1.** fin Staatsschuld fun'diert; **2.** méd Knochenbruch zu'sammengeheilt; **II** m/pl ~**s** in England Con'sols od Kon'sols m/pl

consolider [kõsɔlide] v/t **1.** Mauer, Bauwerk etc verstärken; (be)festigen; stützen; sichern; **2.** fig festigen; sichern; stärken; konsoli'dieren; **3.** fin Anleihen etc konsoli'dieren

consommable [kõsɔmabl(ə)] adj genießbar; eß- bzw trinkbar

consommateur [kõsɔmatœr] m **1.** Verbraucher m; Konsu'ment m; im Lokal Gast m; **2.** rel Voll'ender m; **3.** biol Konsu'ment m; ~ **primaire, secondaire** Pri'mär-, Sekun'därkonsument m

consommation [kõsɔmasjõ] f **1.** Verbrauch m; Kon'sum m; Konsumti'on f; Bedarf m (alle auch écon); ~ **privée** privater Konsum, Verbrauch; ~ **publique** Verbrauch, Konsum der öffentlichen Hand; ~ **d'électricité** od **en électricité** Strom-, Ener'gieverbrauch m, -bedarf m; **article** m **de ~ courante** Artikel m des täglichen Bedarfs; **biens** m/pl **de ~** Konsumgüter n/pl; im engeren Sinn Verbrauchsgüter n/pl; **culture** f **de ~** Kultur f als Massenkonsumware, -artikel; **droit** m **de ~ sur l'alcool** Alkoholsteuer f; **société** f od **civilisation** f **de ~** Konsumgesellschaft f; **télévision** f **de ~** Fernsehen n als Konsumware; **faire une grande ~ d'ail** viel Knoblauch (ver)brauchen, (ver)essen; Wagen **faire une ~ d'essence énorme** e-n sehr hohen Benzinverbrauch haben; viel Benzin (ver-) brauchen; **2.** im Lokal **a)** Verzehr m; Bestellung f; **b)** Getränk n; als Überschrift ~**s** Getränkepreise m/pl; **j'ai pris deux ~s** ich habe zwei Getränke (Gläser

Wein, Tassen Kaffee etc) gehabt; **3.** *jur e-r Straftat* Voll'endung *f*; *jur u égl cath der Ehe* Voll'zug *m*; **4.** *st/s* jusqu'à la ~ des siècles bis an das. zum Ende der Zeiten; **5.** *jur* prêt *m* de ~ Darlehen *n*

consommatrice [kõsɔmatris] *f* Verbraucherin *f*; Konsu'mentin *f*

consommé [kõsɔme] **I** *adj* voll'endet; voll'kommen *od* 'vollkommen; meisterhaft; per'fekt; **diplomate** ~ vollendeter Diplomat; **c'est un général** ~ **dans l'art de la stratégie** dieser General ist ein vollendeter, meisterhafter Stratege, ein Meister der Strategie; **II** *m cuis* Kraftbrühe *f*; Consom'mé *n od f*

consommer [kõsɔme] *v/t* **1.** verbrauchen; konsu'mieren; *Lebensmittel auch* verzehren; *Wagen: Benzin* (ver-) brauchen; **2.** *im Lokal: abs* etwas verzehren; **3.** *bes jur u égl cath Ehe* voll'ziehen; **4.** *jur Straftat* voll'enden; *fig* ~ **sa ruine** s-n Ruin, 'Untergang besiegeln

consomptible [kõsõptibl(ə)] *adj jur* verbrauchbar; konsum'tiv; zum Verbrauch bestimmt

consomp|tif [kõsõptif] *adj* ‹**-ive**› *path* Auszehrungs…; **~tion** *f path* Auszehrung *f*; *früher* (Lungen)Schwindsucht *f*; Auszehrung *f*

consonance [kõsɔnãs] *f* **1.** *e-r Sprache, e-s Namens* Klang *m*; **langue** *f* **aux** ~**s nasillardes** näselnde Sprache; **nom** *m* **d'une** ~ **germanique** deutsch klingender Name; **2.** *mus* Konso'nanz *f*; **3.** *rhét* Gleichklang *m* (der Worte)

consonant [kõsɔnã] *adj* **1.** *mus* konso'nant; **2.** *rhét* **phrases** ~**es** Sätze *m/pl* mit gleich klingenden Worten

consonant|ique [kõsɔnãtik] *adj phon* konso'nantisch; Konso'nanten…; **substitution** *f* ~ Lautverschiebung *f*; *e-r Sprache* **système** *m* ~ Konsonantenbestand *m*; Konsonan'tismus *m*; ~**isme** *m phon* Konsonan'tismus *m*

consonne [kõsɔn] *f phon* Konso'nant *m*; Mitlaut *m*

consort [kõsɔr] **I** *adj m* **prince** *m* ~ Prinzgemahl *m*; **II** *m/pl* ~**s** Mittäter *m/pl*; *meist péj* Untel et ~**s** X und Kon'sorten *m/pl*

consortium [kõsɔrsjɔm] *m écon* Kon'sortium *n*; Kon'zern *m*

consoude [kõsud] *f bot* Schwarzwurz *f*; **grande** ~ Gemeine Schwarzwurz; Gemeiner Beinwell

conspirateur [kõspiratœr] **I** *adj* ‹**-trice**› verschwö'rerisch; Verschwör…; konspira'tiv; **menées conspiratrices** verschwörerische 'Umtriebe *m/pl*, Machenschaften *f/pl*; **II** *subst* ~, **conspiratrice** *m.f* Verschwö'rer(in) *m(f)*; Konspi'rant(in) *m(f)*; Verschworene(r) *f(m)*; **air** *m* **de** ~ Verschwörermiene *f*

conspiration [kõspirasjõ] *f* **1.** Verschwörung *f*; Konspirati'on *f*; *hist* ♀ **des poudres** Pulververschwörung *f*; **2.** *fig* ~ **du silence** *F* das Schweigens; **c'est la, il y a une** ~ **du silence** alle haben sich verschworen zu schweigen

conspirer [kõspire] *v/i* **1.** konspi'rieren, sich verschwören, e-e Verschwörung anzetteln (**contre** gegen); **2.** *st/s* ~ **à** (+*inf*) sich mit dem Ziel verschwören zu (+*inf*); ~ **pour que** … (+*subj*) e-e verschworene Gemeinschaft bilden, damit …

conspuer [kõspɥe] *st/s v/t* niederschreien; ausbuhen

constable [kõstabl(ə)] *m in England, USA* Kon'stabler *m*

constamment [kõstamã] *adv* (be)ständig; (an)dauernd; immer (wieder)

constance [kõstãs] *f* **1.** Beständigkeit *f*; Beharrlichkeit *f*; Stetigkeit *f*; Ausdauer *f*; Kon'stanz *f*; *loc/adv* **avec** ~ beständig;

---

beharrlich; ausdauernd; **mit viel Ausdauer**; stetig; kon'stant; *F* **tu en as de la** ~ du kannst wohl einfach nicht aufgeben; *F* du hast vielleicht 'ne (Engels)Geduld; **elle a beaucoup de, elle est d'une grande** ~ sie hat große Ausdauer; sie ist sehr beständig, beharrlich; **2.** *e-s Naturereignisses etc* regelmäßiges Auftreten; regelmäßige 'Wiederkehr; **3.** *psych* ~ **perceptive** Kon'stanz *f*

constant [kõstã] **I** *adj* **1.** *Sache* (be-)ständig; (aus)dauernd; beharrlich; kon'stant; stet(ig); *Person* beständig; beharrlich; *Arbeit auch* nie abreißend; **2.** *Tatsache* feststehend; (ge)sicher(t); **3.** *math* **quantité** ~**e** Kon'stante *f*; Unveränderliche *f*; **II** *f* ~**e**, *phys, math* Kon'stante *f*; *physiol* ~**es biologiques** Nor'malwerte *m/pl*; *phys* ~**e de Planck** Plancksche Konstante; **2.** *fig* Kon'stante *f*; kon'stanter, gleichbleibender Faktor

constantan [kõstãtã] *m tech* Kon'stan'tan *n*

constat [kõsta] *m* **1.** *adm, jur* Feststellung(sprotokoll) *f(n)*; proto'kol'larische Feststellung; (amtliches) Proto'koll; **faire le** ~ **(d'un accident de voiture)** e-n, den (Verkehrs)Unfall aufnehmen; **2.** *fig* **dresser un** ~ **d'échec** feststellen, daß alles (*Leben, Ehe, Projekt etc*) ein einziger 'Mißerfolg war

constatable [kõstatabl(ə)] *adj* feststellbar; festzustellen(d)

constatation [kõstatasjõ] *f* Feststellung *f* (*auch jur, adm*); Konsta'tierung *f*; *jur auch* Beurkundung *f*; ~ **des faits** *jur* Tatbestandsaufnahme *f*; *allg* Feststellung *f* der Tatsachen

constater [kõstate] *v/t* feststellen; konsta'tieren; *jur auch* beurkunden; *abs* **constatez (par) vous-même!** über'zeugen Sie sich, sehen Sie selbst!; ~ **que** … feststellen, konstatieren, daß …; ~ **le décès** den Tod feststellen *bzw* beurkunden; ~ **les faits** die Tatsachen feststellen; *auch* den Tatbestand aufnehmen

constellation [kõstɛ(l)lasjõ] *f* **1.** *astr* Sternbild *n*; Konstellati'on *f*; **né sous une heureuse** ~ unter e-m günstigen Stern geboren sein; **2.** *fig u st/s* Menge *f*; ~ **de lumières** Lichtermeer *n*

constell|é [kõstɛ(l)le] *adj* über'sät, besät (**de** mit); ~ **de décorations** ordengeschmückt; mit Orden behängt; ~ **d'étoiles** sternenübersät; mit Sternen über'sät; be-, gestirnt; Sternen…; ~ **de taches** fleckenübersät; mit Flecken übersät, besät; ~**er** *v/t* über'säen (**de** mit)

consternant [kõstɛrnã] *adj* bestürzend; erschreckend

consternation [kõstɛrnasjõ] *f* Bestürzung *f*; Betroffenheit *f*; Erschrecken *n*; Erschütterung *f*; Fassungslosigkeit *f*; **frappé de** ~ zu'tiefst bestürzt, betroffen; **jeter la** ~ Bestürzung, Betroffenheit hervorrufen

consterner [kõstɛrne] *v/t meist adit* **consterné** bestürzt; betroffen; konster'niert; erschüttert; fassungslos; **être consterné de** *auch* in Bestürzung geraten über (+*acc*); **sa bêtise me consterne** ich bin bestürzt, konsterniert, erschüttert über s-e Dummheit

constip|ant [kõstipã] *adj* (ver)stopfend (wirkend); zu Verstopfung führend; **être** ~ Verstopfung verursachen; verstopfend wirken; stopfen; ~**ation** *f path* Verstopfung *f*; **souffrir de** ~ Verstopfung haben; an Verstopfung leiden

constipé [kõstipe] *adj* **1.** *path* verstopft; **être** ~ an Verstopfung leiden; Verstopfung haben; verstopft sein; **2.** *F* **il, elle a un air** ~ *od subst* **c'est un(e)** ~**(e)**

F der, die mit s-m, ihrem gestelzten Gehabe

constiper [kõstipe] *v/t* Verstopfung verursachen, zu Verstopfung führen; verstopfend wirken (**qn bei** j-m); *abs auch* stopfen; **les voyages me constipent** auf Reisen habe ich immer Verstopfung

constituant [kõstitɥã] **I** *adj* **1.** **élément** ~, **partie** ~**e** Bestandteil *m*; **2.** *jur* begründend; *auch pol* konstitu'ierend; *pol* verfassunggebend; **assemblée** ~**e** verfassunggebende Versammlung; *hist* **Assemblée** ~**e** *od subst* ♀**e** *f* Constitu'ante *od* Konstitu'ante *f*; **II** *m* **1.** *jur e-s Rechts, e-r Hypothek etc* Besteller *m*; **2.** *hist* Mitglied *n* der Constituante

constitué [kõstitɥe] *adj* **1.** **bien** ~ wohlproportioniert; **mal** ~ 'mißgestaltet; **2.** **être** ~ **par** bestehen aus; **3.** *pol* von der Verfassung vorgesehen, eingesetzt; durch Gesetz begründet, bestellt; *in Frankreich* **corps** ~**s** von der Verfassung vorgesehene Gremien *n/pl*; bestehende Gremien *n/pl*

constituer [kõstitɥe] **I** *v/t* **1.** bilden; ausmachen; darstellen; sein; bedeuten; ~ **un précédent** e-n Präzedenzfall darstellen; **2.** *adm, jur* bilden; konstitu'ieren; gründen; einsetzen; *Recht, Hypothek, Dienstbarkeit* bestellen; *Gesellschaft* errichten; ~ **qn avoué** j-n zum „avoué" bestellen; ~ **qn héritier** j-n als Erben einsetzen; ~ **à qn une dot, une rente à qn** j-m e-e Mitgift, e-e Rente aussetzen; **4.** ‹*auch v/pr* **se** ~› ~ **un dossier** e-e Akte anlegen; 'Unterlagen zu'sammentragen; (**se**) ~ **une collection, des réserves** (sich) e-e Sammlung, e-n Vorrat anlegen; **se** ~ **une fortune, des relations** sich ein Vermögen, Beziehungen schaffen; **II** *v/pr* **se** ~ **5.** *Organisation etc* sich konstitu'ieren; **6.** *jur* **se** ~ **partie civile** sich als Nebenkläger anschließen; als Nebenkläger auf-, beitreten; **se** ~ **prisonnier** *Täter* sich (der Polizei) stellen; *mil* sich ergeben

constitutif [kõstitɥtif] *adj* ‹**-ive**› **1.** grundlegend; wesentlich; konstitu'tiv; **éléments** ~**s** (Grund)Bestandteile *m/pl*; **propriété constitutive** wesentliche, grundlegende Eigenschaft; **2.** *jur* rechtsbegründend; ein Recht begründend; konstitu'tiv; **jugement** ~ gestaltendes Urteil; **titre** ~ **de propriété** das Eigentum begründender Rechtstitel

constitution [kõstitɥsjõ] *f* **1.** *bes pol, e-s bestimmten Landes* ♀ Verfassung *f*; Konstituti'on *f*; *der BRD* Grundgesetz *n*; *égl cath* ~**s apostoliques** Apostolische Konstitutionen *f/pl*; *hist* ~ **civile du clergé** zivilrechtliche Konstitu'ierung des Klerus; ~ **coutumière, écrite, républicaine** ungeschriebene, geschriebene, republikanische Verfassung; **2.** *bes adm, jur* Bildung *f*; Gründung *f*; *e-r Kommission etc* Einsetzung *f*; Konstitu'ierung *f*; *e-r Hypothek, e-s Rechts, e-s „avoué" etc* Bestellung *f*; *e-s Rechts auch* Begründung *f*; *e-r Rente, e-r Mitgift etc* Aussetzung *f*; ~ **d'un capital** Kapitalbildung *f*; ~ **d'un dossier** Anlegen *n* e-r Akte; Zu'sammentragen *n* von 'Unterlagen; ~ **de partie civile** Beitritt *m* als Nebenkläger; **3.** (physische *bzw* psychische) Konstituti'on, Beschaffenheit; **type** *m* **de** ~ Konstitutionstyp *m*; **4.** Anordnung *f*; Aufbau *m*; Struk'tur *f*; Zu'sammensetzung *f*; Gliederung *f*

constitutionnal|iser [kõstitɥsjɔnalize] *v/t Gesetz* Verfassungscharakter geben (+*dat*); in die Verfassung aufnehmen; ~**isme** *m pol* Konstitutiona'lismus *m*; ~**ité** *f* Verfassungsmäßigkeit *f*; **contrôle** *m* **de la** ~ **des lois** Kontrolle *f* der

Verfassungsmäßigkeit der Gesetze; Normenkontrolle f

constitutionnel [kõstitysjɔnɛl] **I** adj ⟨~le⟩ **1.** pol konstitutio'nell; Verfassungs...; verfassungsmäßig; in Frankreich Conseil ~ Verfassungsrat m (Gremium zur Überwachung der Verfassungsmäßigkeit von Gesetzen, Wahlen etc); droit ~ Verfassungsrecht n; Staatsrecht n (im engeren Sinn); monarchie ~le konstitutionelle Monarchie; être ~ verfassungsmäßig sein; ne pas être ~ auch verfassungswidrig sein; **2.** physisch od psychisch Konstituti'ons...; konstitutio'nell; **II** m pol Anhänger m des konstitutio'nellen Sy'stems

constitutionnellement [kõstitysjɔnɛlmã] adv pol nach der Verfassung; verfassungsgemäß, -mäßig

constricteur [kõstriktœr] adj m **1.** anat muscle ~ od subst ~ m Schließmuskel m; sc Kon'striktor m; **2.** zo boa ~ Abgott-, Königsschlange f; Boa con'strictor f

constrictif [kõstriktif] adj ⟨-ive⟩ **1.** anat cf constricteur 1.; **2.** phon consonne constrictive od subst constrictive f Spirans f

constriction [kõstriksjõ] f **1.** Zu'sammenschnürung f, -ziehung f (auch méd); sensation f de ~ à l'estomac Engegefühl n im Magen; exercer une ~ zu'sammenschnüren, -pressen, -ziehen; **2.** path ~ des mâchoires Kieferklemme f

constrictor [kõstriktɔr] m zo cf constricteur 2.

constructeur [kõstryktœr] **I** adj ⟨-trice⟩ schöpferisch; **II** m **1.** Konstruk'teur m; Erbauer m; Baumeister m; in Zssgn ...bauer m; ~ mécanicien Ma'schinenbautechniker m, -bauer m; ~ naval Schiff'baumeister m; ~ d'automobiles Kraftwagenbauer m; ~ d'avions Flugzeugkonstrukteur m; **2.** fig e-s Imperiums (Be)Gründer m; **3.** certains animaux, ~s de nids ... die Nester bauen

constructible [kõstryktibl(ə)] adj Grundstück baureif

constructif [kõstryktif] adj ⟨-ive⟩ **1.** Vorschlag, Kritik etc konstruk'tiv; **2.** krea'tiv; schöpferisch

construction [kõstryksjõ] f **1.** bât, tech Konstrukti'on f; Bau m (beide auch Ergebnis); Bauweise f, -art f; bât auch Erbauen n, -ung f; Errichten n, -ung f; par ext auch Bautechnik f; ~ navale Schiff(s)bau m; ingénieur m de ~ navale Schiff(s)bauingenieur m; ~s nouvelles Neubauten m/pl; ~ de logements, de machines Wohnungs-, Ma'schinenbau m; ~ d'une maison Hausbau m; Bau e-s Hauses; ~ des routes Straßenbau m; ~ en bois Holzbau (-weise) m(f); Holzkonstruktion f; ~ en fer Eisenkonstruktion f; ~ en pierre Steinbau m; ~ en préfabriqué Bau aus Fertigteilen; (Konstruktion in) Fertigbauweise f; Fertigbau m; ~ en tôle Blechkonstruktion f; défaut m de ~ Konstruktionsfehler m; devis m de ~ Baukostenvoranschlag m; loc/adv en ~ im Bau (befindlich); être en ~ im Bau sein; sich im Bau befinden; **2.** gr Konstrukti'on f, (de la phrase) Satzkonstruktion f, -bau m; faire la ~ de la phrase den Satz analy'sieren; e-e Satzanalyse machen; **3.** Geometrie Konstrukti'on f; **4.** fig e-s Romans etc Aufbau m; Anlage f; Gestaltung f; **5.** fig ~ de l'esprit (reine) Hypo'thesen f/pl; Gedankengänge m/pl ohne re'alen Bezug; Konstrukti'onen f/pl

construire [kõstrɥir] v/t ⟨cf conduire⟩ **1.** bât, tech konstru'ieren; bauen; bât

auch erbauen; errichten; im engeren Sinn entwerfen; abs il fait ~ er baut (sich ein Haus); **2.** gr Satz bilden; konstru'ieren; **3.** Geometrie konstru'ieren; **4.** fig Roman etc anordnen; anlegen; gestalten; Theorie aufstellen

consubstanti|alité [kõsypstãsjalite] f égl cath Gleichwesentlichkeit f; **~ation** f égl prot Konsubstantiati'on f; **~el** adj ⟨~le⟩ égl cath gleichwesentlich; gleichen Wesens

consul [kõsyl] m **1.** dipl Konsul m; ~ adjoint stellvertretender Konsul; ~ général Gene'ralkonsul m; ~ de France à ... französischer Konsul in (+dat); **2.** hist Konsul m

consulaire [kõsylɛr] adj **1.** dipl konsu'larisch; Konsu'lar...; Konsu'lats...; agent m ~ allg konsularischer Vertreter; Konsularagent m; im engeren Sinn Wahl-, Ehren-, Hono'rarkonsul m; corps m ~ konsularisches Korps; fonctions f/pl ~s Amt n, Aufgaben f/pl e-s, des Konsuls; représentation f ~ konsularische Vertretung; **2.** jur juge ~ Handelsrichter m; **3.** hist régime m ~ cf consulat 2.

consulat [kõsyla] m **1.** dipl Konsu'lat n; ~ de France französisches Konsulat; ~ général Gene'ralkonsulat n; **2.** hist in Frankreich Konsu'lat n; **3.** hist in Rom Konsu'lat n; Amt(szeit) n(f) e-s Konsuls

consultable [kõsyltabl(ə)] adj Nachschlagewerk etc être ~ eingesehen werden können

consultant [kõsyltã] adj beratend; avocat ~ beratender Anwalt; médecin ~ od subst ~ m zur Beratung, zum Kon'silium zugezogener Arzt; Konsili'arius m; les ~s délibèrent auch die Ärzte halten ein Konsilium ab

consultatif [kõsyltatif] adj ⟨-ive⟩ beratend; consulta'tiv; comité ~ beratender Ausschuß; voix consultative beratende Stimme; loc/adv à titre ~ um j-s Rat, Meinung zu fragen

consultation [kõsyltasjõ] f **1.** méd **a)** Sprechstunde f; heures f/pl de ~ Sprechstunde(n) f(pl); services m/pl de ~ etwa Ambu'lanz f; e-r Universitätsklinik Poliklinik f; (service m de) ~ de nourrissons auch Mütterberatung (-sstelle) f; aller à la ~ in die Sprechstunde gehen; donner des ~s Sprechstunden (ab)halten; cf auch 2.; Arzt être en ~ e-e Unter'suchung vornehmen; (gerade) e-n Pati'enten unter'suchen; **b)** ärztliche Beratung; Konsultati'on f; **c)** Kon'silium n; Beratung f mehrerer Ärzte; appeler en ~ zur Beratung, zum Konsilium zu-, beiziehen; **2.** allg Beratung f; Konsultati'on f (auch pol); Rechtsanwalt etc donner des ~s Sprechstunde (ab)halten, haben; st/s entrer en ~ Konsultationen aufnehmen; **3.** Befragung f; Konsultati'on f; e-s Sachverständigen auch Anhörung f; Hin'zuziehung f; pol ~ populaire Volksbefragung f; après ~ de nach Anhören, Anhörung (+gén); **4.** Nachschlagen n (de in + dat); **5.** jur (schriftliches od mündliches) Gutachten

consulter [kõsylte] **I** v/t **1.** Person befragen, um Rat fragen, konsul'tieren, zu Rate ziehen, Sachverständigen auch anhören, hin'zuziehen (sur qc, au sujet de qc in e-r Sache [dat]; bezüglich e-r Sache [gén]); ~ qn auch sich von j-m beraten lassen; ~ qn du regard j-n fragend ansehen; **2.** Sache zu Rate ziehen; konsul'tieren; Sterne etc befragen; in Dokumente Einsicht nehmen in (+acc); in Lexika nachschlagen, nachsehen in (+dat); ~ le calendrier auf dem Kalender nachsehen; auf den Kalender sehen; ~ son miroir e-n (prüfenden)

Blick in den Spiegel werfen; ~ sa montre auf die, s-e Uhr sehen; **3.** (ne) ~ (que) qc sich (nur) von etw leiten lassen; (nur) nach etw handeln; ne ~ que sa conscience sich nur von s-m Gewissen leiten lassen; nur nach s-m Gewissen handeln; ne ~ que son intérêt nur sein eigenes Interesse im Auge haben; **II** v/i Arzt Sprechstunde haben; **III** v/pr se ~ ein'ander befragen, konsul'tieren; mitein'ander beraten; se ~ du regard einander, sich fragend ansehen

consulteur [kõsyltœr] m égl cath e-r Kardinalskongregation Kon'sultor m

consumer [kõsyme] st/s **I** v/t **1.** Feuer, Flammen ~ qc st/s etw ver-, aufzehren; **2.** fig Leidenschaft, Kummer, Fieber etc ~ qn st/s j-n verzehren, aushöhlen; **II** v/pr se ~ da'hinsiechen; sich verzehren (de douleur in Schmerzen)

contact [kõtakt] m **1.** Kon'takt m (auch élect); Berührung f (auch math); Berühren n; ~ fugitif flüchtige Berührung; élect mauvais ~ Wackelkontakt m; ~ de, avec Kontakt, Berührung mit; Berühren (+gén); auto clé f de ~ Zündschlüssel m; loc/adv: au ~ de durch die, bei der Berührung mit; au ~ de l'air auch an der Luft; par le ~ durch Kontakt; couper le ~ den Kontakt unter'brechen; auch (den Apparat, die Maschine etc) ausschalten; auto die Zündung ausschalten; entrer en ~ sich berühren; (mitein'ander) in Berührung kommen; établir le ~ den Kontakt herstellen; élect auch (den Apparat, die Maschine etc) einschalten; être en ~ sich berühren; Kontakt haben; auto mettre le ~ die Zündung einschalten; **2.** fig Kon'takt m; Fühlung(nahme) f; Verbindung f; ~s humains menschliche Kontakte; Kontakte mit (den) Menschen; prise f de ~ Kontaktaufnahme f; Fühlungnahme f; au ~ de qn durch den Kontakt, die Verbindung mit j-m; avoir des ~s avec qn, dans un ministère mit j-m in Kontakt, Verbindung stehen; zu j-m, e-m Ministerium Kontakt haben; über (gute) Verbindungen, Kontakte in e-m Ministerium verfügen; entrer en ~ (avec) Fühlung (auf)nehmen (mit); in Kontakt, Verbindung kommen (mit); être en ~ avec qn mit j-m in Kontakt, Verbindung stehen; être en ~ par radio in Funkverbindung stehen; le ~ n'est pas fait entre eux es gibt bzw gab keinen Kontakt zwischen ihnen; mettre qn en ~ avec qn Kontakte, Beziehungen zwischen j-m und j-m herstellen; prendre des ~s Kontakt(e) aufnehmen; Verbindungen anknüpfen; Fühlung (auf)nehmen; prendre des ~s avec qn auch sich mit j-m ins Benehmen setzen; prendre ~ par radio Funkverbindung aufnehmen; le ~ est rompu der Kontakt, die Verbindung ist abgebrochen, abgerissen; **3.** mil Fühlung f (mit dem Feind); maintenir le ~ die Fühlung behalten; in Fühlung bleiben; rompre le ~ sich vom Feind lösen; sich absetzen; **4.** méd lentilles f/pl, verres m/pl de ~ Kontaktlinsen f/pl; Haftschalen f/pl; **5.** phot Kon'taktabzug m; **6.** Spionage Kon'takt(person) m(f)

contacter [kõtakte] v/t ~ qn mit, zu j-m Kon'takt aufnehmen; j-n kontak'tieren

contacteur [kõtaktœr] m élect Schütz n; Schalter m

contagieux [kõtaʒjø] **I** adj ⟨-euse⟩ path ansteckend (auch fig); über'tragbar; kontagi'ös; maladie contagieuse ansteckende Krankheit; être ~ anstekken(d sein); über'tragen werden; **II** m j, der e-e ansteckende Krankheit hat; service m des ~ Iso'lierstation f, -abteilung f

contagion [kõtaʒjõ] f 1. path Anstekkung f; Über'tragung f; Kontagi'on f; 2. par ext ansteckende Krankheit; Seuche f; 3. fig Ansteckung f; Ausbreitung f; ~ mentale Über'tragung f e-s Wahns; il a fait cela par ~ ... weil die anderen es auch taten

contagiosité [kõtaʒjozite] f path Über'tragbarkeit f; Ansteckungsfähigkeit f; Kontagiosi'tät f

container [kõtenɛr, -tɛ-] m Behälter m; bes Container [-'tɛ:-] m; Großraumbehälter m; aviat mil Nachschubbombe f; Lastenbehälter m

containér|isation [kõtenerizasjõ] f von Waren Ein-, Verladen n in Con'tainer; Beförderung f. Trans'port m in Con'tainern; **~iser** v/t Waren in Con'tainer ein-, verladen; in Con'tainern befördern, transpor'tieren

contamination [kõtaminasjõ] f 1. Verseuchung f; Kontaminati'on f; Infekti'on f; Über'tragung f; ~ alimentaire Infektion durch Nahrungsmittel; ~ radioactive radioaktive Verseuchung f; 2. fig Ansteckung f; p/fort Verseuchung f; 3. ling Kontaminati'on f

contaminer [kõtamine] v/t 1. path anstecken; infi'zieren; p/fort verseuchen; adjt contaminé Wasser etc infi'ziert; Wäsche etc infi'ziert; 2. fig Person(en) anstecken; infi'zieren; p/fort verseuchen

conte [kõt] m Erzählung f; Geschichte f; im engeren Sinn Märchen n; fig ~ à dormir debout ganz unwahrscheinliche, völlig unglaubwürdige Geschichte; Räubergeschichte f, F-pistole f; ~ de fée (Feen)Märchen n; fig j'ai vécu un vrai ~ de fée es war wie im Märchen; ~ de bonne(s) femme(s) Ammenmärchen n; ~ en prose, en vers Prosa-, Verserzählung f; livre m de ~s a) Märchenbuch n; b) Band m Erzählungen

contempla|teur [kõtãplatœr] m, **~trice** f Betrachter(in) m(f); Beschauer(in) m(f)

contemplatif [kõtãplatif] adj <-ive> adj beschaulich; besinnlich; kontempla'tiv; égl cath ordre ~ beschaulicher Orden; religieux ~ od subst ~ m Mitglied n e-s beschaulichen Ordens

contemplation [kõtãplasjõ] f 1. Betrachten n, -ung f; Anschauen n; rester en ~ devant qc etw lange betrachten; 2. rel, philos a) Beschaulichkeit f; b) Kontemplati'on f

contempler [kõtãple] v/t 1. betrachten; anschauen; 2. nachsinnen über (+acc); abs sich der Kontemplati'on widmen, hingeben

contemporain [kõtãpɔrɛ̃] I adj 1. zeitgenössisch; être ~s Zeitgenossen sein; être ~ de qn, qc j-s Zeitgenosse sein; zur Zeit j-s, e-r Sache (e-s Geschehnisses etc) leben bzw gelebt haben; 2. heutig; histoire ~e Neueste Geschichte (ab 1789); la langue française ~e das heutige Französisch; die französische Gegenwartssprache; II m Zeitgenosse m

contemporanéité [kõtãpɔraneite] f gleichzeitiges Bestehen

contemp|teur [kõtãptœr] litt m, **~trice** litt f Verächter(in) m(f)

contenance [kõtnãs] f 1. e-s Behältnisses etc Fassungsvermögen n; Kapazi'tät f; 2. fig Haltung f; Verhalten n; im engeren Sinn Gelassenheit f; Anstand m; se donner une ~ sich (nach außen hin) gelassen geben; sich (äußerlich) gefaßt zeigen; pour se donner une ~ um s-e Verwirrung nicht merken zu lassen; um s-e Verlegenheit zu bemänteln; faire bonne ~ Haltung bewahren; sich beherrschen; gelassen bleiben; perdre ~ die Beherrschung bzw Fassung verlie-

ren; 3. e-s Geländes Flächeninhalt m; Oberfläche f; Ausdehnung f; Bodenfläche f

conten|ant [kõtnã] m Behältnis n; Be'inhaltende(s) n; **~eur** m 1. kleiner Behälter; Körbchen n (auch Karton od Plastik); 2. bes in städtischen Anlagen (Be'ton)Trog m (für Blumen); 3. cf container

contenir [kõtnir] <cf venir> I v/t 1. enthalten; cette bouteille contient du vin auch in dieser Flasche ist, befindet sich Wein; cette lettre contient ... auch in diesem Brief steht, ist enthalten (+nom); dieser Brief be'inhaltet ...; une valise contenant des livres ein Koffer m mit Büchern; 2. Raum, Behältnis fassen; ce récipient contient ... auch in diesen Behälter gehen (+nom); 3. e-e Oberfläche, e-e Ausdehnung, e-n Flächeninhalt von ... haben; ~ 100 ha auch 100 ha groß sein; 4. zu'rückhalten; in Schranken, im Zaum halten; zügeln; beherrschen; II v/pr se ~ sich beherrschen; sich zu'rückhalten; sich zu'sammennehmen

content [kõtã] I adj zu'frieden; befriedigt; erfreut; froh; ~ de qc, qn zufrieden mit etw, j-m; befriedigt, erfreut, froh über etw (acc); ~ de peu auch genügsam; non ~ de (+inf) nicht zufrieden, nicht genug damit, daß ...; être ~ de (+inf) od que ... (+subj) sich freuen zu (+inf); sich (darüber) freuen, daß ...; péj être ~ de soi-même selbstzufrieden, selbstgefällig sein; je suis ~ pour vous ich freue mich für Sie; vous voilà ~! a) sind Sie jetzt zufrieden? (auch iron); b) das kommt davon!; II m in Wendungen: loc/adv tout son ~ nach Herzenslust; j'en ai mon ~, j'ai tout mon ~ de cela ich habe genug davon; mir reicht's jetzt; mein Bedarf ist reichlich gedeckt; avoir tout son ~ de qc auch alles (von etw) bekommen, was man sich wünscht bzw braucht; avoir dormi son ~ (sich) ausgeschlafen haben

contentement [kõtãtmã] m 1. Zu'friedenheit f; Befriedigung f; Freude f; ~ de soi-même Zufriedenheit mit sich selbst; péj Selbstzufriedenheit f; Selbstgefälligkeit f; prov ~ passe richesse (prov); 2. e-s Wunsches etc Befriedigung f; donner ~ à ses créanciers s-e Gläubiger befriedigen

contenter [kõtãte] I v/t Person zu'friedenstellen; Neugier etc befriedigen; un rien le contente ist mit e-r Kleinigkeit zufrieden; sie begnügt sich mit e-r Kleinigkeit; sie freut sich über jede Kleinigkeit; vouloir ~ tout le monde es allen recht machen wollen; II v/pr se ~ de qc sich mit etw zu'friedengeben, begnügen, bescheiden; mit etw vor'liebnehmen; se ~ de (+inf) sich damit begnügen, sich darauf beschränken zu (+inf); elle s'est contentée de sourire sie beschränkte sich darauf zu lächeln; sie beschränkte sich auf ein Lächeln; il a dû se ~ de ... auch man hat ihn mit ... abgefunden; je me contenterai de vous dire ceci: ... ich sage Ihnen nur (noch) eins od dies: ...

contentieux [kõtãsjø] jur I adj <-euse> streitig; affaire contentieuse Streitsache f; Pro'zeß m; Verfahren n; juridiction contentieuse streitige Gerichtsbarkeit; II m 1. Streitsache(n) f(pl); administratif Verwaltungsstreitsachen f/pl; ~ fiscal Steuerverfahren n/pl; 2. e-s Unternehmens Rechtsabteilung f; ~ général Rechtsabteilung des Sozialversicherungsträgers; etwa Sozi'algerichtsbarkeit f; ~ militaire etwa

Rechtsabteilung der Heeresverwaltung

contentif [kõtãtif] adj <-ive> chir Retenti'ons...

contention [kõtãsjõ] f 1. chir Retenti'on f; 2. vét moyens m/pl de ~ Zwangsmittel n/pl; 3. litt Anstrengung f; Anspannung f

contenu [kõtny] I adj Gefühl, Erschütterung etc beherrscht; gezügelt; II m Inhalt m (auch fig e-r Rede etc); philos e-s Begriffs Gehalt m

conter [kõte] v/t 1. st/s (raconter) erzählen; berichten; 2. il ne faut pas lui en ~ od il ne s'en laisse pas ~ ihm kann man nichts vormachen, kein X für ein U vormachen

contestable [kõtestabl(ə)] adj bestreitbar; strittig; anfechtbar

contestataire [kõtestatɛr] bes pol I adj re'bellisch; rebel'lierend; aufsässig; Pro'test...; e-r Partei aile f ~ (links-)radi'kaler, rebellierender Flügel; étudiants m/pl ~s protestierende, rebellierende Studenten m/pl; inscriptions f/pl ~s Protestinschriften f/pl; II m Pro'testler m; Prote'stierende(r) m; ~s pl pol auch Sy'stemveränderer m/pl

contestateur [kõtestatœr] I adj <-trice> Re'form...; p/fort Pro'test...; courants ~s Reformbestrebungen f/pl; auf Reformen gerichtete Strömungen f/pl; II m cf contestataire II

contestation [kõtestasjõ] f 1. Bestreiten n, -ung f; Abstreiten n; jur auch Anfechtung f; sans ~ unbestreitbar; élever une ~ sur qc etw bestreiten; etw in Frage stellen; Einwände erheben gegen etw; 2. bes pol Pro'test m; Pro'testbewegung f; 3. Streit(igkeit) m(f); Streitfall m; Dis'put m; Diskussi'on f

conteste [kõtest] loc/adv sans ~ unbestritten; unbestreitbar; ohne jeden Zweifel

contesté [kõteste] adj um'stritten; streitig; strittig

contester [kõteste] I v/t bestreiten; abstreiten; anfechten; ~ la compétence de qn j-s Kompetenz bestreiten; j-m die Kompetenz abstreiten; ~ à qn le droit de (+inf) j-m das Recht abstreiten, streitig machen zu (+inf); ~ que ... (+subj) bestreiten, daß ...; je ne conteste pas qu'il (n')ait raison ich bestreite nicht, daß er recht hat; II v/i 1. (sich) streiten; 2. bes pol prote'stieren

conteur [kõtœr] m Erzähler m; im engeren Sinn Märchenerzähler m, -dichter m

contexte [kõtɛkst] m 1. Kontext m; Zu'sammenhang m; Wort 'hors du, isolé de son ~ aus dem Zusammenhang gerissen; 2. par ext Verbindung f; Umstände m/pl; Bedingungen f/pl; 'Hintergründe m/pl; Lage f; ('Um)Welt f; Mili'eu n; Um'gebung f; ~ politique politische Umstände, Lage; politische Landschaft; ~ de vie Lebensbedingungen f/pl

contextuel [kõtɛkstɥel] adj <-le> kontextu'ell; entourage, lien ~ Kontext m; Zu'sammenhang m

contexture [kõtɛkstyr] f 1. Struk'tur f; Anordnung f; Aufbau m; 2. text Bindung f

contigu [kõtigy] adj <-guë [-gy]> anein'andergrenzend, -stoßend; benachbart (auch fig); fig ähnlich; verwandt; ~ à angrenzend an (+acc); benachbart (+dat); être ~ à (an)grenzen an (+acc); benachbart sein (+dat); sich berühren

contiguïté [kõtigɥite] f 1. Anein'andergrenzen n, -stoßen n; 2. chir amputation f dans la ~ Absetzung f in Höhe e-r Gelenkebene; Exartikulati'on f; 3. psych association f par ~ Assoziation f durch Kontigui'tät

contin|ence [kɔ̃tinɑ̃s] f (sexu'elle) Enthaltsamkeit; **~ent**[1] adj **1.** litt être ~ (bes sexu'ell) enthaltsam sein, leben; **2.** st/s être ~ **en paroles** wortkarg sein; mit Worten sparsam sein
continent[2] [kɔ̃tinɑ̃] m **1.** Konti'nent od 'Kontinent m; Erdteil m; **2.** Konti'nent od 'Kontinent m; Festland n; aus englischer Sicht euro'päisches Festland; Kontinent m
continental [kɔ̃tinɑ̃tal] adj ⟨-aux⟩ **1.** Kontinen'tal...; kontinen'tal; festländisch; Festland...; **climat** ~ Kontinental-, Festland-, Binnenklima n; géol: **plateau** ~ Festland-, Kontinentalsockel m; Schelf m od n; **talus** ~ Kontinentalabhang m; **2.** auf den (euro'päischen) Kontinent bezüglich; hist blocus ~ Kontinen'talsperre f; **~ité** f météo Kontinentali'tät f
contingence [kɔ̃tɛ̃ʒɑ̃s] f **1.** ~s pl pro'saische Dinge n/pl; Banali'täten f/pl; **les basses** ~s **matérielles** die ba'nalen, materi'ellen Dinge des Alltags; **2.** philos Kontin'genz f
contingent [kɔ̃tɛ̃ʒɑ̃] **I** adj **1.** jur portion ~e rechtmäßiger Anteil; **2.** st/s (sans importance) unwesentlich; unwichtig; **3.** Ereignis zufällig eintretend; philos kontin'gent; **II** m **1.** Kontin'gent n; Quote f; Anteil m; Beitrag m (beide auch fig); fig auch Teil n; **apporter son** ~ **à qc** sein Teil zu etw beitragen; s-n Beitrag zu etw leisten; **2.** mil **a)** (Jahrgang m der) Wehrdienstpflichtige(n) m/pl; **b)** (Truppen)Kontin'gent n; **3.** philos Zufällige(s) n
contingent|aire [kɔ̃tɛ̃ʒɑ̃tɛr] adj die Kontingen'tierung betreffend; der Kontingen'tierung; **~ement** m Kontingen'tierung f; Zuteilung f; **~er** v/t kontingen'tieren; zuteilen; Waren auch bewirtschaften
continu [kɔ̃tiny] **I** adj **1.** kontinu'ierlich; stetig; fortdauernd, -laufend; Dauer...; (an)dauernd; anhaltend; ununterbrochen; unaufhörlich; Folge auch nicht abreißend; méd Fieber kontinu'ierlich; élect **courant** ~ Gleichstrom m; **effort** ~ kontinuierliche, stetige Leistung; Mechanik Dauerbeanspruchung f; math **fonction** ~e stetige Funktion; math **fraction** ~e Kettenbruch m; journée ~e cf journée 2.; **pluie** ~e Dauerregen m; **trois jours de pluie** ~e drei Regentage hintereinander; (poêle m à) feu ~ Dauerbrandofen m, -brenner m; **2.** mus **basse** ~e Gene'ralbaß m; Basso con'tinuo m; **II** m **1.** philos Kontinu'ierliche(s) n; phys, math Kon'tinuum n; **2.** loc/adj **papier** m **en** ~ Endlospapierband n
continuateur [kɔ̃tinyatœr] m ~ **de qc** j. der etw fortsetzt, weiterführt
continuation [kɔ̃tinɥasjɔ̃] f Fortsetzung f; Weiterführung f; Fortdauer f, -gang m; **! F bonne** ~! weiter viel Spaß, Vergnügen!; ~ **du travail** Weiterarbeit f
continuel [kɔ̃tinɥɛl] adj ⟨~le⟩ (be)ständig; (fort-, an)dauernd; fortwährend; **efforts** ~s ständige Bemühungen f/pl; **pluie** ~le Dauerregen m
continuellement [kɔ̃tinɥɛlmɑ̃] adv ständig; (an)dauernd; immerfort, -zu; fortwährend
continuer [kɔ̃tinɥe] **I** v/t **1.** ~ **qc** etw fortsetzen, weiterführen; ~ **son chemin, sa route** s-n Weg fortsetzen; ~ **ses études** s-e Studien fortsetzen; weiterstudieren; **♦** ~ **à** od **de** (+inf) weiter... (+inf); weiterhin (+inf); ~ **à boire** weitertrinken; ~ **de, à croire que** ... weiterhin glauben, (daß) ...; **en continuant à** od **de marcher tout droit, vous** ... wenn Sie geradeaus weitergehen, weiter geradeaus gehen ...; **2.** Linie,

Straße etc verlängern; weiterführen; **3.** ~ **qn** j-s Werk fortsetzen, weiterführen; **II** v/i **4.** Person **a)** bei e-r Tätigkeit weitermachen, -arbeiten; fortfahren (auch in s-r Rede); **b)** weitergehen bzw -fahren; **continuez!** machen Sie weiter!; fahren Sie fort!; mil Weitermachen!; ~ **dans cette même voie** so weitermachen; auf diesem Wege weitergehen; ... **continua-t-il** ... fuhr er fort; **5.** Sache (fort-, an)dauern; s-n Fortgang nehmen; **6.** räumlich (auch v/pr se) ~ **jusque** sich erstrecken, gehen, reichen bis; Straße etc führen, gehen bis
continuité [kɔ̃tinɥite] f **1.** Kontinui'tät f (auch philos); Stetigkeit f (auch math); e-r Tradition, biol e-r Art Fortbestand m; im Handeln Beständigkeit f; **2.** chir **amputation** f **dans la** ~ Amputati'on f e-r Gliedmaße; Durch'trennung f des Knochens in s-r Kontinui'tät
continûment [kɔ̃tinymɑ̃] st/s adv stetig; ununterbrochen; anhaltend; andauernd
continuo [kɔ̃tinyo] m mus Con'tinuo od Kon'tinuo m
continuum [kɔ̃tinyɔm] m phys Kon'tinuum n; ~ **espace-temps** Raum-'Zeit-Kontinuum n; vierdimensionaler Raum
contondant [kɔ̃tɔ̃dɑ̃] adj jur **arme** ~e stumpfer Gegenstand; allg **instrument,** **outil** ~ auch Schlagwerkzeug n
contorsion [kɔ̃tɔrsjɔ̃] f **1.** der Glieder Verrenkung f; Verdrehung f; **2.** fig ~s pl bes von Kindern Gezappel n und Gri'massenschneiden n; **3.** fig u st/s ~s pl vergebliche Bemühungen f/pl; Sich'abzappeln n
contorsionn|er [kɔ̃tɔrsjɔne] **I** v/t litt Glieder verrenken; verdrehen; **II** v/pr se ~ (her'um)zappeln; **~iste** m Schlangenmensch m; Kontorsio'nist m
contour [kɔ̃tur] m 'Umriß m; Kon'tur f; oft pl ~s Umrisse; Kon'turen pl
contournable [kɔ̃turnabl(ə)] adj Hindernis etc um'gehbar; zu um'gehen(d)
contourné [kɔ̃turne] adj **1.** verkrümmt; verdreht; **2.** litt Stil etc gewunden; geschraubt
contournement [kɔ̃turnəmɑ̃] m **1.** Um'gehen n; Um'gehung f; **route** f **de** ~ Umgehungsstraße f; **2.** fig u litt ~s Schnörkel m/pl; verschnörkelte Verzierungen f/pl
contourner [kɔ̃turne] v/t **1.** Person ~ **qc** etw um'gehen, um etw her'umgehen, -fahren (auch Fahrzeug); Flugzeug um etw her'umfliegen; etw um'fliegen; Straße ~ **qc** etw umgehen; um etw her'umführen; **le fleuve contourne la ville** der Fluß fließt um die Stadt (her'um); die Stadt wird vom Fluß um'flossen; **2.** fig ~ **qc** etw um'gehen; ~ **la loi** das Gesetz umgehen; das Recht verdrehen; **3.** st/s ~ **qc** etw im 'Umriß entwerfen; um'reißen; die Kon'turen e-r Sache zeichnen; **4.** verkrümmen; verdrehen; verbiegen
contracepteur [kɔ̃traseptœr] adj ⟨-trice⟩ **couple** ~ ... das Empfängnisverhütungsmittel verwendet
contraceptif [kɔ̃traseptif] adj ⟨-ive⟩ empfängnisverhütend; Empfängnisverhütungs...; kontrazep'tiv; antikonzeptio'nell; **méthode contraceptive** kontrazeptive Methode; Methode zur Empfängnisverhütung; **moyen** ~ od subst ~ m Empfängnisverhütungsmittel n; Kontrazep'tivum n; Antikonzep'tivum n
contraception [kɔ̃trasepsjɔ̃] f Empfängnisverhütung f; Kontrazepti'on f
contractant [kɔ̃traktɑ̃] **I** adj vertragschließend; **parties** ~es vertragschließende Parteien f/pl, Teile m/pl; Vertragspartner m/pl, -parteien f/pl; **II**

m/pl ~s Vertragschließende(n) m/pl; Kontra'henten m/pl
contracte [kɔ̃trakt] adj ling kontra'hiert; **verbes** m/pl ~s Verba con'tracta n/pl
contracté [kɔ̃trakte] adj **1.** Gesicht(s-züge), Muskel, Person verkrampft; Gesicht(szüge) auch verzerrt; **2.** ling **article** ~ mit e-r Präposition verschmolzener bestimmter Artikel
contracter [kɔ̃trakte] **I** v/t **1.** Bündnis schließen; eingehen; Versicherung abschließen; Verantwortung, Verpflichtung über'nehmen; Verpflichtung, Verbindlichkeit eingehen; Schulden machen; Anleihe, Darlehen aufnehmen; adm ~ **mariage** die Ehe schließen, eingehen; **2.** Gewohnheit annehmen; ~ **une maladie** sich e-e Krankheit zuziehen; e-e Krankheit bekommen; ~ **un vice** sich ein Laster angewöhnen; **3.** zu'sammenziehen; sc kontra'hieren; Muskeln auch spannen; fig l'émotion contractait sa **gorge** ... schnürte ihm die Kehle zu; un sourire figé contractait son visage sein Gesicht war von ... verzogen; ... verkrampfte, verzerrte sein Gesicht; **II** v/i e-n Vertrag (ab)schließen; kontra'hieren; **III** v/pr se ~ sich zu'sammenziehen; sc sich kontra'hieren; Muskeln auch sich spannen; Gesicht etc sich verkrampfen; sich verzerren
contractil|e [kɔ̃traktil] adj physiol zu'sammenziehbar; kontra'ktil; **~ité** f physiol Kontraktili'tät f
contraction [kɔ̃traksjɔ̃] f Zu'sammenziehung f; Kontrakti'on f (beide auch phys, physiol, ling); des Gesichts Verkrampfung f, Verzerren n, -ung f; ~s **utérines** Uteruskontraktionen f/pl; Wehen f/pl; ~ **des muscles** Muskelkontraktion f
contractuel [kɔ̃traktɥɛl] **I** adj ⟨~le⟩ **1.** vertraglich; vertragsmäßig, -gemäß; Vertrags...; kon'traktlich; **liberté** ~le Vertragsfreiheit f; **obligation** ~le vertragliche, vertraglich eingegangene Verpflichtung f; **2.** **agent** ~ Angestellte(r) m im öffentlichen Dienst (mit Privatdienstvertrag); **II** subst ~(le) m(f) Hilfspolizist, der den ruhenden Verkehr über'wacht; Poli'tesse f
contractur|e [kɔ̃traktyr] f **1.** path krankhafte Anspannung (der Muskeln); (bleibende) Kontrak'tur; **2.** arch e-s Säulenschafts Verjüngung f; ~**er** v/t **1.** path verkrampfen; **2.** arch verjüngen
contradicteur [kɔ̃tradiktœr] m j. der wider'spricht; Oppo'nent m; 'Widerspruchsgeist m
contradiction [kɔ̃tradiksjɔ̃] f 'Widerspruch m (auch Logik); 'Widerrede f; Gegensatz m; ~s **internes** innere Widersprüche m/pl; **esprit** m **de** ~ Widerspruchsgeist m; **avoir l'esprit de** ~ (gern und) stets oft wider'sprechen; F ein Widerspruchsgeist sein; **à la plus légère** ~ beim leisesten Widerspruch; **il y a** ~ **entre ses principes et sa vie** zwischen s-n Prinzipien und s-m Leben besteht, klafft ein Widerspruch; **être en** ~ im od in Widerspruch zuein'ander stehen; 'wider'sprüchlich sein; **être en** ~ **avec** im od in Widerspruch stehen zu; **être plein de** ~s voller Widersprüche sein, stekken; voll von Widersprüchen, äußerst widersprüchlich sein; **mettre qn en** ~ j-m Widersprüche, widersprüchliche Aussagen nachweisen; **porter la** ~ **à un orateur** e-m Redner wider'sprechen; **porter la** ~ **dans une discussion** in e-r Diskussion Gegenargumente anführen; **tomber dans les** ~s sich (immer wieder) selbst wider'sprechen

contradictoire [kõtradiktwar] *adj* **1.** 'widersprüchlich, -spruchsvoll; ein'ander wider'sprechend; gegensätzlich; **2.** *Versammlung, Konferenz etc* mit (anschließender) Diskussi'on; **3.** *jur* kontradik'torisch; jugement *m* ~ kontradiktorisches, streitiges Urteil; **4.** *Logik* proposition *f* ~ kontradik'torischer Gegensatz; **~ment** *adv jur* in Anwesenheit der Par'teien

contraignable [kõtrɛɲabl(ə)] *adj jur* être ~ gesetzlich gezwungen werden können

contraignant [kõtrɛɲã] *adj* beengend; lästig; als Zwang auferlegt

contraindre [kõtrɛ̃dr(ə)] <*cf* crain­dre> **I** *v/t* **1.** ~ qn j-n zwingen, nötigen (à *od* de + *inf* zu + *inf*); ~ par voie de justice durch gerichtlichen Zwang anhalten (qn à qc j-n zu etw); **2.** ~ qc etw erzwingen; **3.** *litt Gefühle etc* bezwingen; zügeln; in Schranken halten; **II** *v/pr* se ~ à (+*inf*) sich (dazu) zwingen zu (+*inf*)

contraint [kõtrɛ̃] *adj* **1.** gezwungen; ge-, erkrampft; verkrampft; unnatürlich; steif; **2.** ~ et forcé unter Zwang; gezwungen(ermaßen)

contrainte [kõtrɛ̃t] *f* **1.** Zwang *m*; Einengung *f*; Beschränkung *f*; ~ morale, sociale moralischer, sozialer Zwang; *loc/adv* par ~ gezwungen; par la ~ durch Zwang; unter Anwendung von Zwang; im Zwangswege; agir sous la ~ unter Zwang, Druck handeln; être soumis à des ~s Zwängen unter'worfen sein; user de ~ Zwang anwenden; user de ~ envers qn j-m Zwang antun; **2.** *st/s (état de gêne)* Gezwungenheit *f*; Hemmung *f*; air *m* de ~ gezwungene Miene; **3.** *jur* a) Zwangsmittel *n*, -maßnahme *f*; ~ par corps Schuldhaft *f*; Perso'nalarrest *m*; b) Beitreibungsmaßnahme *f*; c) Nötigung *f*; **4.** *Mechanik* a) Belastung *f*; b) Spannung *f*

contraire [kõtrɛr] **I** *adj* gegensätzlich; kon'trär; entgegengesetzt; gegenteilig; Gegen...; *mus* mouvement *m* ~ Gegenbewegung *f*; *Logik* proposition *f* ~ konträrer Gegensatz; sens ~ von Wörtern entgegengesetzter Sinn: gehen, fahren, kommen en sens ~ in *bzw* aus entgegengesetzter Richtung; vent *m* ~ Gegenwind *m*; vents *m/pl* ~s *mar auch* widrige Winde *m/pl*; dans le cas ~ andernfalls; im gegenteiligen Fall; entgegengesetztenfalls; ♦ ~ à gegen; ... widrig; im 'Widerspruch zu; nachteilig für; abträglich (+*dat*); zu'wider (+*dat*); ~ au règlement vorschriftswidrig; être ~ à qc e-r Sache (*dat*) entgegenstehen; être ~ aux intérêts de qn j-s Interessen (*dat*) zu'widerlaufen; être ~ au règlement gegen die Vorschrift(en) verstoßen; im Widerspruch, im Gegensatz zu der Vorschrift stehen; le destin, la fortune lui a été ~ das Schicksal war gegen ihn, hat es mit ihm nicht gut gemeint; das Glück war ihm nicht hold; **II** *m* **1.** Gegenteil *n* (de von *od* + *gén*); *loc/adv* au ~ im Gegenteil; bien *od* tout au ~ ganz im Gegenteil; je ne dis pas le ~ das leugne ich nicht, streite ich nicht ab; lui, c'est tout le ~ son père er ist das genaue Gegenteil s-s Vaters; **2.** Gegensatz *m*; *loc/prép* au ~ de im Gegensatz zu; les ~s s'attirent Gegensätze ziehen sich an

contrairement [kõtrɛrmã] *loc/prép* à ~ im Gegensatz zu; entgegen, zu'wider (+*dat*); agir ~ à ses habitudes entgegen s-n Gewohnheiten handeln; s-n Gewohnheiten zu'widerhandeln

contralto [kõtralto] *m mus* <*pl auch* contralti> Alt *m* (*auch Sängerin*); voix *f* de ~ Altstimme *f*

contra|pointiste [kõtrapwɛtist] *od* **~pontiste** [-põtist] *m mus* Meister *m* des Kontrapunktes; Kontra'punktiker *m*

contrapunt|ique [kõtrapõtik] *adj mus* kontra'punktisch; **~iste** *m cf* contrapointiste

contrariant [kõtrarjã] *adj* **1.** ärgerlich; unangenehm; 'widerwärtig; **2.** avoir l'esprit ~, l'humeur ~e ein Oppo'nent, F 'Widerspruchsgeist sein; sich immer wider'setzen; il n'est pas ~ er ist stets einverstanden; er macht nie Schwierigkeiten

contrarié [kõtrarje] *adj* **1.** ver-, behindert; *Plan* durch'kreuzt; **2.** verstimmt; verärgert; ärgerlich

contrarier [kõtrarje] *v/t* **1.** behindern; entgegenwirken (+*dat*); stören; p/fort zu'nichte machen; *Pläne* durch'kreuzen; **2.** *Person* (durch 'Widerstand) (ver-) ärgern; verstimmen; verdrießen; *par ext* wider'sprechen (qn j-m); cette histoire me contrarie F *auch* ... geht mir gegen den Strich; **3.** *st/s Farben etc* kontra'stieren lassen; stark gegenein'ander absetzen

contrariété [kõtrarjete] *f* **1.** Verärgerung *f*; Verstimmung *f*; **2.** Ärger *m*; Unannehmlichkeit *f*; **3.** *jur* d'arrêts ein'ander wider'sprechende Entscheidungen

contrarotatif [kõtrarotatif] *adj* <-ive> *tech* mit gegenläufiger Um'drehung

contraste [kõtrast] *m* Kon'trast *m* (*auch opt, psych*); Gegensatz *m*; ~ saisissant auffallender Kontrast, Gegensatz; ~ des couleurs Farbkontrast *m*; *opt* ~ de phase *cf* phase **5.**; effet *m* de ~ Kontrastwirkung *f*; *méd* substance *f* de ~ Kontrastmittel *n*; *loc/prép* en ~ avec im Gegensatz zu; *loc/adv* par ~ durch den Kontrast, Gegensatz; im Kontrast dazu; former (un) ~ avec e-n Kontrast, Gegensatz bilden zu; im Gegensatz stehen zu; sich (scharf) abheben gegen; offrir un ~ criant avec e-n auffallenden Kontrast, Gegensatz bilden zu; in schroffem Gegensatz stehen zu; faire ressortir le ~ entre ... et ... den Kontrast, Gegensatz zwischen (+*dat*) und (+*dat*) her'vortreten lassen; her'vorheben; *télév* régler le ~ den Kontrast einstellen

contrasté [kõtraste] *adj* kon'trastreich; stark kontra'stiert; stark gegenein'ander abgehoben; être ~ *auch* starke Kontraste aufweisen

contraster [kõtraste] **I** *v/t* kon'trastreich, gegensätzlich gestalten; **II** *v/i* kontra'stieren; im Kon'trast, Gegensatz zuein'ander stehen; gegensätzlich sein; ~ avec im Kontrast, Gegensatz stehen zu; e-n Kontrast, Gegensatz bilden zu; abstechen gegen; dans ce milieu il contraste er paßt nicht in diese Um'gebung

contrastif [kõtrastif] *adj* <-ive> *ling* kontra'stiv

contrat [kõtra] *m* **1.** *comm, jur* Vertrag *m*; Kon'trakt *m* (*beide auch Urkunde*); ~ gratuit unentgeltlicher Vertrag; ~ innommé atypischer Vertrag; ~ judiciaire vor Gericht geschlossener Vertrag; ~ à titre onéreux entgeltlicher Vertrag; ~ d'assurance Versicherungsvertrag *m*; ~ de location, de mariage Miet-, Ehevertrag *m*; ~ de transport a) Trans'port-, Beförderungsvertrag *m*; b) Frachtvertrag *m*; ~ de travail Arbeitsvertrag *m*; promesse *f* de ~ *etwa* Vorvertrag *m*; Vertragsversprechen *n*; *loc/adv* par ~ vertraglich; durch Vertrag; exécuter, réaliser un ~ e-n Vertrag erfüllen; *cf auch* **2.** *u* **3.**; **2.** *Bridge* Kon'trakt *m*; réaliser son ~ den

(ausgereizten) Kontrakt erfüllen; **3.** *fig* réaliser, remplir son ~ sein Versprechen halten; halten, was man versprochen hat

contravention [kõtravãsjõ] *f jur* **1.** Über'tretung *f*; être en ~ sich e-r Übertretung schuldig gemacht haben; ein Gesetz über'treten haben; **2. a)** Über'tretung *f* der, Verstoß *m* gegen die Straßenverkehrsordnung; casier *m* des ~s de circulation *etwa* Verkehrssünderkartei *f*; **b)** gebührenpflichtige Verwarnung; F Strafzettel *m*; j'ai eu, attrapé une ~ ich habe e-e gebührenpflichtige Verwarnung bekommen; dresser une ~ à qn j-n gebührenpflichtig verwarnen

contre [kõtr(ə)] **I** *prép* **1. a)** *feindlich* gegen (+*acc*); wider (+*acc*); je n'ai rien ~ lui, ~ ce projet ich habe nichts gegen ihn, gegen diesen Plan; être en colère ~ qn zornig sein auf, über j-n; lutter ~ qn gegen j-n kämpfen; **b)** *Gegensatz* gegen (+*acc*); entgegen (+*dat*); wider (+*acc*); zu'wider (+*dat*); ~ toute apparence entgegen allem Anschein; ~ toute attente wider alles Erwarten; entgegen allen Erwartungen; agir ~ son habitude entgegen s-r Gewohnheit, wider s-e Gewohnheit handeln; ça va ~ mes principes das ist gegen, das geht wider meine Grundsätze; das läuft meinen Grundsätzen zuwider; **c)** *Schutz* gegen (+*acc*); für (+*acc*); sirop *m* ~ la toux Hustensaft *m*; s'assurer ~ l'incendie sich gegen Feuer, Brand versichern; s'équiper ~ le mauvais temps sich für schlechtes Wetter ausrüsten; **d)** *Tausch* für (+*acc*); gegen (+*acc*); ~ remboursement gegen, per Nachnahme; donner un bonbon ~ une cigarette ... für e-e Zigarette geben; **2.** *räumlich* an (+*dat bzw acc*); nahe bei (+*dat*); tout ~ l'église dicht bei, neben der Kirche; ganz nahe an der Kirche; la face ~ terre mit dem Gesicht zum Boden; s'écraser ~ un arbre gegen, an e-n Baum prallen; *sa maison est* ~ la mienne ... stößt an meines (an); pousser la table ~ le mur ... an die Wand rücken; tenir ~ son cœur an ihr Herz drücken; **II** *adv* da'gegen; avoir qc ~ etw dagegen haben; être ~ dagegen sein; voter ~ dagegen stimmen; ♦ *loc/adv* par ~ andererseits; da'für; da'gegen; im Gegensatz dazu; wiederum; hin'wieder(um); **III** *m* **1.** le pour et le ~ das Für und Wider; **2.** *Bridge* Kontra *m*; **3.** *esc* Kontraparade *f*

contre-... [kõtr(ə)] *in Zssgn* <*im pl inv*, *z B* contre-accusations> Gegen...; Konter...; ~ gegen...; *cf die nachfolgenden Stichwörter*

contre|-accusation [kõtrakyzasjõ] *f* Gegenbeschuldigung *f*; **~-alizé** *m* Antipassat *m*; **~-allée** *f* Seitenallee *f*; **~--amiral** *m* <*pl* contre-amiraux> *mar* Flot'tillenadmiral *m*; **~-appel** *m* mil Nachappell *m*; **~-attaque** *f mil* Gegenangriff *m*; **~-attaquer** *v/t u v/i mil* e-n Gegenangriff führen (qn gegen j-n)

contrebalancer [kõtrəbalãse] <-ç-> **I** *v/t* **1.** ~ un poids zu e-m Gewicht ein Gegengewicht bilden; **2.** *fig* ~ qc etw aufwiegen, ausgleichen; **II** *v/pr* **3.** se ~ ein'ander ausgleichen, die Waage halten; **4.** P je m'en contrebalance! F ich pfeif drauf *bzw auf* mit; das *bzw* der ist mir schnurzegal, schnurzpiepe!

contrebande [kõtrəbãd] *f* Schmuggel(ei) *m(f)*; Schleichhandel *m*; Völkerrecht ~ (de guerre) Konterbande *f*; Bannware *f*, -gut *n*; (marchandise *f* de) ~ Schmuggelware *f*; Bannware *f*, -gut *n*; Konterbande *f*; *loc/adj* de ~ geschmuggelt; marchandise entrée en ~ eingeschmuggelte Ware; faire de la ~

Schmuggel, Schleichhandel treiben; schmuggeln; **faire la ~ d'alcool** Alkoholschmuggel treiben; Alkohol schmuggeln; **transporter de la ~** Schmuggelware befördern, transportieren, mit sich führen; *Völkerrecht* Konterbande mit sich führen
contrebandier [kõtrəbãdje] **I** *adj* ⟨-ière⟩ Schmuggler…; **navire ~** Schmugglerschiff *n*; **II** *m* Schmuggler *m*; Schleichhändler *m*
contrebas [kõtrəba] *loc/adv* **en ~** tiefer; weiter unten; *loc/prép* **en ~ de** 'unterhalb (+*gén*); **être en ~ de** tiefer liegen als
contrebasse [kõtrəbas] *f mus* **1.** Baßgeige *f*; (Kontra)Baß *m* (*auch Part*); **il est à la ~** er spielt Kontrabaß (*im Orchester*); **2.** *cf* contrebassiste
contre|bassiste [kõtrəbasist] *m,f mus* Kontrabassist(in) *m(f)*; **~basson** *m mus* Kontrafagott *n*; **~batterie** *f mil* Artille'riebekämpfung *f*
contre|-bord [kõtrəbɔr] *loc/adj mar* auf Gegenkurs; **navire m à ~** Gegenkommer *m*; **~-bordier** *m mar* Gegenkommer *m*
contre-bouter [kõtrəbute] *od* **contre--buter** [kõtrəbyte] *v/t bât* abstützen; absteifen
contre-braquer [kõtrəbrake] *v/t auto* gegensteuern, -lenken
contrecarrer [kõtrəkare] *v/t Pläne etc* behindern; durch'kreuzen; entgegenarbeiten, -wirken (+*dat*); konterka'rieren
contrechamp [kõtrəʃã] *m cin* Gegeneinstellung *f*
contre|-chant [kõtrəʃã] *m mus* im Kontrapunkt Gegenstimme *f*; **~-châssis** *m* Doppel-, Vorfenster *n*
contreclef [kõtrəkle] *f arch* Nebenschlußstein *m*
contrecœur [kõtrəkœr] *m* **1.** *loc/adv* **à ~** 'widerwillig; mit 'Widerwillen; **2. a)** Ka'minplatte *f*; **b)** Ka'minrückwand *f*
contrecoup [kõtrəku] *m* Rück-, Nachwirkung *f*; indirekte (*böse*) Folge; **par ~** indirekt; als mittelbare, indirekte Folge
contre-courant [kõtrəkurã] *m* **1.** *mar* Gegenströmung *f*; *loc/adv* **à ~** gegen die Strömung; strom'aufwärts; *fig* **aller à ~ de qc** *Person* e-r Sache (*dat*) zu'widerhandeln; *Sache* e-r Sache (*dat*) zu'widerlaufen; *fig* **nager à ~** gegen den Strom schwimmen; **naviguer à ~** gegen die Strömung *bzw* stromaufwärts fahren; **2.** *chim* (**principe m de**) **~** Gegenstromprinzip *n*
contre-culture [kõtrəkyltyr] *f* Subkultur *f*
contredanse [kõtrədãs] *f* **1.** Kontertanz *m*; **2.** F *cf* contravention **2. b)**
contredire [kõtrədir] ⟨*cf* dire; *aber* **vous contredisez**⟩ **I** *v/t* wider'sprechen (**qn** j-m); *abs auch* 'Widerworte sagen, geben; **~ qc** *Sache, Person* e-r Sache (*dat*) wider'sprechen; *Sache* e-r Sache (*dat*) nicht entsprechen; nicht mit etw über'einstimmen; **II** *v/pr* **se ~** *Personen, Sachen* ein'ander, sich (*dat*) wider'sprechen; *Sachen auch* nicht mitein'ander über'einstimmen
contredit [kõtrədi] *loc/adv* **sans ~** zweifellos; zweifels'ohne; unbestritten; unstreitig
contrée [kõtre] *f* Gegend *f*; Landschaft *f*; Landstrich *m*; **dans nos ~s** in unserer Gegend; in unseren Breiten; *fig* bei uns
contre|-écrou [kõtrekru] *m tech* Gegenmutter *f*; **~-empreinte** *f géol* **e-s Fossils** (ausgefüllter) Abdruck; **~--épreuve** *f* Gegenprobe *f*; **~-espalier** *m jard* Spa'lier *n* (*im Freien*); **~--espionnage** *m* Gegenspionage *f*; Spio'nageabwehr *f*; **service m de ~**

Abwehrdienst *m*; **~-essai** *m* Gegen-. Kon'trollversuch *m*; **~-expertise** *f* Gegengutachten *n*; **~-extension** *f chir beim Einrichten e-s Knochenbruchs* Gegenzug *m*
contrefaçon [kõtrəfasõ] *f* (betrügerische) Nachahmung *f*, -bildung *f*; Fälschung *f*; **~ des brevets** Pa'tentverletzung *f*; **~ de marques** Nachahmung, -bildung von Warenzeichen; **~ des monnaies et billets de banque** Münz-, Geldfälschung *f*; *im engeren Sinn* Falschmünze'rei *f bzw* Münzverfälschung *f*; **objets** *m/pl* **de ~** nachgeahmte, nachgebildete, gefälschte Gegenstände *m/pl*
contrefac|teur [kõtrəfaktœr] *m jur* Fälscher *m*; **~tion** *f jur* Fälschung *f*
contre|faire [kõtrəfɛr] ⟨*cf* faire⟩ *v/t* **1.** *Stimme etc* verstellen; **2.** *jur* betrügerisch nachahmen, -bilden, -machen; fälschen; *par ext Realität* falsch darstellen; 'wiedergeben; **3.** *st/s* **~ qn, la voix de qn** j-n, j-s Stimme nachmachen, -ahmen; **~fait** *adj* 'mißgestaltet
contre|-fenêtre [kõtrəf(ə)nɛtr(ə)] *f cf* contre-châssis; **~-feu** *m* **1.** *cf* contre--cœur **2.**; **2.** *Waldbrandbekämpfung* Gegenfeuer *n*; **~-fiche** *f bât* Strebe *f*
contreficher [kõtrəfiʃe] *v/pr* F **se ~ de** *cf* ficher[1] **5.**
contre|-fil [kõtrəfil] *m* Gegenrichtung *f*; **à ~** gegen den Strich; quer zur Faser; **~-filet** *m cf* faux-filet
contrefort [kõtrəfɔr] *m* **1.** *bât* 'Widerlager *n*; Strebepfeiler *m*; **2.** *géogr* **~s** *pl* Vorberge *m/pl*; Ausläufer *m(pl)*; **3.** *e-s Schuhs* Ferse *f*; 'Hinterkappe *f*
contrefoutre [kõtrəfutr(ə)] *v/pr* P **se ~ de** *cf* foutre **5.**
contre-gouvernement [kõtrəguvɛrnəmã] *m pol* Gegenregierung *f*; Schattenkabinett *n*
contre|-haut [kõtrəo] *loc/adv* **st/s en ~** darüber; *loc/prép* **en ~ de** oberhalb (+*gén*); **~-hermine** *f Heraldik* Gegenhermelin *m*
contre|-indication [kõtrɛ̃dikasjõ] *f méd* Gegenanzeige *f*; Kontraindikation *f*; **~-indiquer** *v/t* **1.** *méd* **sa faiblesse contre-indique une opération bei s-r Schwäche ist e-e Operation kontraindiziert, nicht angezeigt; être contre--indiqué kontraindiziert sein; 2.** *fig* **être contre-indiqué** gar nicht zu empfehlen, keineswegs empfehlenswert sein; sich verbieten
contre-jour [kõtrəʒur] *m* Gegenlicht *n*; *phot* (**photo prise à**) **~** Gegenlichtaufnahme *f*; **éclairage m en ~** Gegenlicht *n*; *loc/adv* **à ~** gegen das Licht; im Gegenlicht; **se placer à ~** sich mit dem Rücken zum Licht setzen; sich gegen das Licht setzen; **prendre une photo à ~** e-e Gegenlichtaufnahme machen; gegen das Licht fotografieren
contre-lettre [kõtrəlɛtr(ə)] *f jur* geheime Nebenabrede e-s Vertrags
contre|maître [kõtrəmɛtr(ə)] *m* Vorarbeiter *m*; Werkmeister *m*; *beim Bau* (Maurer)Po'lier *m*; **~maîtresse** *f* Vorarbeiterin *f*
contre-manifest|ant [kõtrəmanifɛstã] *m*, **~ante** *f* Gegendemonstrant(in) *m(f)*; **~ation** *f* Gegendemonstration *f*, -kundgebung *f*; **~er** *v/i* e-e Gegendemonstration veranstalten
contremarche [kõtrəmarʃ] *f e-r Treppe* **a)** Stufenhöhe *f*; **b)** Setzbrett *n*
contre-marée [kõtrəmare] *loc/adv* **à ~** gegen den Gezeitenstrom
contremarque [kõtrəmark] *f* **1.** nachträglich angebrachtes Warenzeichen; *auf Gold etc* zweiter Stempel; **2.** *thé etc* Kon'trollmarke *f*, -karte *f* (, die zum

'Wiedereintritt während der Vorstellung berechtigt)
contre|-mesure [kõtrəm(ə)zyr] *f* Gegenmaßnahme *f*; **~-mur** *m bât* Verstärkungs-, Stützmauer *f*; **~-offensive** *f mil* Gegenoffensive *f* (*auch fig*); **~-ordre** *cf* contrordre; **~-palé** *adj Heraldik* geschindelt
contrepartie [kõtrəparti] *f* **1.** Entschädigung *f*; Ausgleich *m* (**de** für); Gegenleistung *f*; **en ~** dafür; zum Ausgleich; als Gegenleistung; **avoir pour ~ qc** etw zum Ausgleich haben; **2.** entgegengesetzte, gegenteilige Meinung; **3.** *Buchhaltung* Gegenposten *m*
contre-pas [kõtrəpa] *m mil* Trittwechsel *m*
contre-pass|ation [kõtrəpasasjõ] *f comm* **a)** *Buchhaltung* Berichtigung *f* (*im Hauptbuch*); Stor'nierung *f*; **b)** *e-s Wechsels* Rückgabe *f*; **~er** *v/t comm* **a)** *Buchung* berichtigen; stor'nieren; 'umbuchen; **b)** *Wechsel* zu'rückgeben; zu'rückabtreten
contre|-pente [kõtrəpãt] *f e-s Berges* **a)** Gegenhang *m*; **b)** steilster Hang; **~-performance** *f sports* (unerwartet) schlechte Leistung
contrepèterie *od* **contrepetterie** [kõtrəpetri] *f* Silbenvertauschung *f*; Schüttelreim *m*
contre-pied [kõtrəpje] *m* **1.** Gegenteil *n*; Gegensatz *m*; **prendre le ~ de qc** das genaue Gegenteil von etw tun *bzw* sagen; **2.** *bei Ballspielen* **prendre son adversaire à ~** den Gegner täuschen, ins Leere laufen lassen
contre|-placage [kõtrəplakaʒ] *m* beidseitiges Fur'nieren; **~-plaqué** *m* Sperrholz *n*; **~-plongée** *f cin* Aufnahme *f* von unten, aus der Froschperspektive
contrepoids [kõtrəpwa] *m* **1.** *tech* Gegen-, Ballastgewicht *n*; *e-r Uhr* (Zug-) Gewicht *n*; **2.** *fig* Gegengewicht *n*; **faire (le) ~** das Gegengewicht, den Ausgleich bilden; es ausgleichen; **servir de ~ à** das Gegengewicht bilden zu; **3.** *e-s Seiltänzers* Balan'cierstange *f*
contre-poil [kõtrəpwal] *loc/adv* **à ~ a)** gegen den Strich; **b)** F *fig* **prendre qn, qc à ~** j-n, etw falsch, verkehrt anpacken
contrepoint [kõtrəpwɛ̃] *m* **1.** *mus* Kontrapunkt *m*; **2.** *fig u st/s* Bei-, Rankenwerk *n*; **fournir un ~ à qc** etw um'rahmen (und her'vorheben); den 'Hintergrund für etw bilden
contre-pointe [kõtrəpwɛ̃t] *f* **1.** *e-s Säbels* schneidender Teil des Rückens; **2.** Säbelfechten *n* (mit dem Säbel als Hieb- und Stichwaffe)
contrepointiste [kõtrəpwɛ̃tist] *m cf* contrapointiste
contrepoison [kõtrəpwazõ] *m* Gegengift *n* (*auch fig*); *fig* Mittel *n* (**de** gegen)
contre|-porte [kõtrəpɔrt] *f* (gepolsterte) Doppeltür; **~-pression** *f phys* Gegendruck *m*; **turbine f à ~** Gegendruckdampfturbine *f*; **~-propagande** *f* Gegenpropaganda *f*; **~-proposition** *f* Gegenvorschlag *m*
contrer [kõtre] **I** *v/t* **~ qn** gegen j-n aufbegehren; sich gegen j-n auflehnen; j-s Pläne durch'kreuzen; j-n behindern; j-n davon abhalten; **~ qc** etw angreifen, scharf kriti'sieren; *Waffen etc* ausschalten; unschädlich machen; **II** *v/i beim Kartenspiel* Kontra geben, ansagen
contre-rail [kõtrəraj] *m ch de fer* Leitschiene *f*
Contre-Réforme [kõtrərefɔrm] *f hist rel* Gegenreformation *f*
contre|-révolution [kõtrərevɔlysjõ] *f pol* Gegen-, Konterrevolution *f*; **~--révolutionnaire I** *adj* gegen-, konterrevolutionär; **II** *m* Konterrevolutionär *m*

contrescarpe[kõtrɛskarp] *f fortif* äuße-
re Grabenböschung

contreseing [kõtrəsɛ̃] *m jur, pol* Gegen-
zeichnen *n,* -ung *f;* Kontrasignatur *f*

contresens [kõtrəsãs] *m* gegenteiliger,
entgegengesetzter Sinn; *fig* 'Widersinn
m; Sinnwidrigkeit *f; loc/adv* à ~ falsch;
verkehrt; in entgegengesetztem Sinn;
sinnwidrig

contresigner [kõtrəsiɲe] *v/t* **1.** *jur*
gegenzeichnen; kontrasi'gnieren; **2.** ~
avec qn un roman (mit j-m) Mitautor
e-s Romans sein

contre-sujet [kõtrəsyʒɛ] *m mus* Gegen-
satz *m;* Kontrasubjekt *n*

contretemps [kõtrətã] *m* **1.** (unerwar-
tet eintretendes) Hindernis; widriger
'Umstand; sauf ~ wenn nichts da'zwi-
schenkommt; il y a eu un ~ es kam
etwas dazwischen; j'ai été retenu par
un ~ es ist mir etwas dazwischengekom-
men; **2.** *loc/adv* à ~ zur Unzeit; im
ungünstigsten Mo'ment

contre-terror|isme [kõtrətɛrɔrism(ə)]
m Gegenterror *m;* **~iste I** *adj* gegenter-
roristisch; **II** *m* Gegenterrorist *m*

contre|-timbre [kõtrətɛ̃br(ə)] *m* zu-
sätzliche Gebührenmarke auf Stempel-
papier; **~-torpilleur** *m mar mil* Zer-
störer *m*

contretype [kõtrətip] *m phot* Dupli'kat-
negativ *n*

contre-valeur [kõtrəvalœr] *f* Gegen-
wert *m*

contreven|ant [kõtrəvnã] *m,* **~ante** *f*
jur Über'treter(in) *m(f);* Zu'wider-
handelnde(r) *f(m)*

contrevenir [kõtrəvnir] *v/t/i indir* ⟨*cf*
venir⟩ *jur* ~ à qc gegen etw verstoßen;
etw über'treten; e-r Sache (*dat*) zu'wider-
handeln

contrevent [kõtrəvã] *m* Fensterladen *m*
(aus Holz)

contre-vérité [kõtrəverite] *st/s f*
Gegenteil *n* der, e-r Wahrheit; Unwahr-
heit *f*

contre-visite [kõtrəvizit] *f méd* **a)** Kon-
'trolluntersuchung *f;* vertrauensärztli-
che Unter'suchung; **b)** *im Krankenhaus*
zweite Vi'site; Nachmittagsvisite *f*

contre-voie [kõtrəvwa] *f ch de fer*
Gegengleis *n;* circulation *f* à ~ Gegen-
verkehr *m;* descendre à ~ auf der
falschen Seite aussteigen

contribuable [kõtribɥabl(ə)] *m* Steuer-
zahler *m,* -pflichtige(r) *m*

contribuer[kõtribɥe] *v/t/i indir* ~ à qc zu
etw beitragen; sich an etw (*dat*) beteili-
gen; zu etw beisteuern; s-n Beitrag zu etw
leisten

contributif [kõtribytif] *adj* ⟨-ive⟩ *jur*
Steuer...

contribution [kõtribysjõ] *f* **1.** Beitrag *m*
(à zu); Anteil *m* (à an + *dat*); apporter
sa ~ à qc beitragen zu etw; s-n Beitrag zu
etw leisten; sein(en) Teil zu etw beitra-
gen; mettre qn à ~ j-s Dienste in An-
spruch nehmen; j-n hin'zuziehen; **2. a)**
Steuer *f;* Abgabe *f;* ~s (in)directes
(in)direkte Steuern; *früher* ~ de guerre
Kriegskontribution *f;* registre *m* des
~s Steuerregister *n,* -liste *f,* -verzeichnis
n; **b)** *meist pl* ~s Steuerbehörde *f;*
fonctionnaire *m* des ~s *etwa* Fi'nanz-
beamte(r) *m;* être dans les ~s bei der
Steuerbehörde, im Finanzamt arbeiten

contrister [kõtriste] *litt v/t* (tief) be-
trüben; Gram bereiten (qn j-m)

contrit[kõtri] *adj* zerknirscht; reumütig;
reuig; reuevoll; *rel* pécheur ~ reuiger,
reumütiger Sünder

contrition [kõtrisjõ] *f* Reue *f* (*bes rel*);
Zerknirschung *f;* Bußfertigkeit *f; rel* ~
(im)parfaite (un)vollkommene Reue;
acte *m* de ~ Reueakt *m,* -gebet *n*

contrôlable [kõtrolabl(ə)] *adj* kontrol-
'lierbar; (nach)prüfbar; über'prüfbar

contro-latéral [kõtrolateral] *adj*
⟨-aux⟩ *méd* kontralateral

contrôle [kõtrol] *m* **1.** Kon'trolle *f;*
(Über')Prüfung *f;* Be-, Über'wachung *f;*
Aufsicht *f;* Beaufsichtigung *f; par ext*
auch Kon'trollstelle *f;* Kon'trolle *f;* ~
budgétaire Haushaltskontrolle *f,*
-überwachung *f;* ~ statistique de quali-
té statistische Quali'tätskontrolle; *in*
Belgien ~ technique Technischer Über-
wachungs-Verein (*abr* TÜV); ~ des
billets Fahrscheinkontrolle *f;* ~ des
changes De'visenbewirtschaftung *f,*
-zwangswirtschaft *f;* De'visen-, Wäh-
rungskontrolle *f;* ~ d'identité Aus-
weiskontrolle *f;* ~ des naissances Ge-
burtenkontrolle *f,* -regelung *f,* -be-
schränkung *f;* ~ de la navigation
aérienne Flugsicherung *f;* ~ des pas-
seports Paßkontrolle *f;* ~ des prix
Preiskontrolle *f,* -überwachung *f;* corps
m de ~ Kontrollorgan *n; aviat* liste *f* de
~ Checkliste ['tʃ-] *f;* système *m* de ~
Kontrollsystem *n;* **2.** Kon'trolle *f;* Herr-
schaft *f;* Beherrschung *f;* Gewalt *f;* ~ de
soi Selbstkontrolle *f,* -beherrschung *f;*
perdre le ~ de son véhicule die
Herrschaft, Kontrolle, Gewalt über
sein Fahrzeug verlieren; **3.** Re'gister *n;*
Liste *f*

contrôler [kõtrole] **I** *v/t* **1.** kontrol'lie-
ren; (über')prüfen; nachprüfen; über-
'wachen; beaufsichtigen; **2.** kontrol'lie-
ren (*auch comm, mil*); beherrschen; ~ ses
nerfs sich, s-e Nerven in der Gewalt
haben; **3.** *Schmuck* stempeln; **II** *v/pr* se ~
sich beherrschen; sich in der Gewalt
haben

contrôl|eur [kõtrolœr] *m* **1.** Kontrol-
'leur *m; ch de fer* Schaffner *m;* ~ de la
navigation aérienne Flug(sicherungs)-
lotse *m;* **2.** Kon'trollgerät *n; tech auch*
Wächter *m; Straßenbahn etc* Kon'troller
m; Fahrschalter m; der Nachtwächter ~
de ronde Kontrolluhr *f;* **~euse** *f* Kon-
tol'leurin *f*

contrôlographe [kõtrolɔgraf] *m bei*
Lkw Fahrt(en)schreiber *m*

contrordre [kõtrɔrdr(ə)] *m* Gegenbe-
fehl *m,* -order *f;* 'Widerruf *m;* sauf ~
vorbehaltlich Widerruf; il y a eu ~ die
Sache (*Verabredung etc*) ist abgesagt,
abgeblasen worden

controuvé [kõtruve] *st/s adj* erfunden;
erdichtet

controverse [kõtrɔvɛrs] *f* Meinungs-
streit *m;* Ausein'andersetzung *f;* Kon-
tro'verse *f;* une vive ~ a opposé X et Y
es gab e-e heftige Auseinandersetzung,
Kontroverse zwischen X und Y

controversé [kõtrɔvɛrse] *adj* um'strit-
ten; strittig

contumace [kõtymas] *f jur nur loc* être
condamné par ~ in Abwesenheit verur-
teilt werden

contumax [kõtymaks] *m jur* le ~ der in
Abwesenheit Verurteilte

contus [kõty] *adj* ⟨-tuse [-tyz]⟩ *path*
gequetscht; geprellt; Quetsch...;
Prell...; *f* plaie ~e Quetschwunde *f*

contusion [kõtyzjõ] *f path* Prellung *f,*
Quetschung *f; sc* Kontusi'on *f*

contusionner [kõtyzjɔne] *v/t* quet-
schen; *adit* tout contusionné *auch* vol-
ler Prellungen

conurbation[kɔnyrbasjõ] *f* Stadtregion
f; Konurbati'on *f*

convaincant [kõvɛ̃kã] *adj* über'zeu-
gend

convaincre [kõvɛ̃kr(ə)] *v/t* ⟨*cf* vain-
cre⟩ **1.** über'zeugen (qn de qc j-n von
etw); *abs* il sait ~ er versteht (es) zu
überzeugen; **2.** ~ qn de qc j-n e-r Sache

(*gén*) über'führen; ~ qn de vol *od*
d'avoir volé j-n des Diebstahls überfüh-
ren

convaincu [kõvɛ̃ky] *p/p von* convain-
cre *u adj* über'zeugt (de qc von etw); il
est ~ d'avoir raison er ist (davon) über-
zeugt, daß er recht hat *od* recht zu haben

convalescence [kõvalesãs] *f* Gene-
sung(szeit) *f;* Rekonvales'zenz *f;* mai-
son *f* de ~ Genesungs-, Erholungs-
heim *n;* entrer, être en ~ auf dem
Weg(e) der Genesung sein; sich auf dem
Weg der Besserung befinden; all'mäh-
lich genesen

convalescent [kõvalesã] **I** *adj* gene-
send; il est encore ~ er ist noch nicht
ganz genesen, gesund; er ist noch rekon-
vales'zent; **II** *subst* ~(e) *m(f)* Genesen-
de(r) *f(m);* Rekonvales'zent(in) *m(f)*

convection [kõvɛksjõ] *f phys, météo*
Konvekti'on *f*

convenable [kõvnabl(ə)] *adj* **1.** kor-
'rekt; passend; angebracht; être ~ *auch*
sich schicken; *Kleidung etc* être ~ pour
faire qc für etw angemessen sein; sois ~!
benimm dich!; il serait ~ que ...
(+*subj*) es wäre schicklich zu (+*inf*); es
wäre passend zu (+*inf*) *od* wenn (+*impf*
subj); **2.** *Lohn, Gehalt* angemessen; *gelei-
stete Arbeit* recht ordentlich; zu'frieden-
stellend; **3.** passend; richtig; entspre-
chend; **4.** F c'est une jeune fille très ~
sie ist ein sehr anständiges Mädchen, sie
ist ja ganz nett (*aber ein bißchen langwei-
lig*)

convenablement [kõvnabləmã] *adv*
schicklich; wie es sich gehört; ordent-
lich; ~ chauffé gut geheizt; il s'exprime
très ~ en anglais er kann sich recht gut,
ordentlich auf Englisch verständi-
gen; si vous vous y prenez ~, ça devrait
fonctionner wenn Sie es richtig anpak-
ken, ...

convenance [kõvnãs] *f* **1.** ~s *pl* Schick-
lichkeit *f;* Anstandsregeln *f/pl;* gesell-
schaftlicher Anstand; Konventi'onen
f/pl; konventio'nelle Formen *f/pl;* con-
traire aux ~s unschicklich; wider den
Anstand; **2.** Passende(s) *n;* qc à ma, sa,
etc ~ etwas Passendes; etwas Entspre-
chendes; etwas, was mir, ihm *etc,*
meinen, s-n *etc* Vorstellungen ent-
spricht; *für Beamte etc* congé pour ~s
personnelles Beurlaubung *f* aus per-
sönlichen Gründen; **3.** mariage *m* de ~
Vernunftehe *f,* -heirat *f;* standesgemäße
Heirat; **4.** *litt (affinité)* Über'einstim-
mung *f;* Ähnlichkeit *f;* Verwandtschaft *f*

convenir [kõvnir] *v/t/i indir* ⟨*cf* venir⟩
1. ⟨avoir⟩ ~ à qc passen zu etw; e-r
Sache (*dat*) angemessen sein, entspre-
chen; ~ à qn j-m passen; j-m zusagen; j-m
genehm sein; *abs* cela convient das
paßt, ist angemessen; cela pourra ~ das
könnte passen; das wird (wahrschein-
lich) passen; **2.** ⟨avoir⟩ *st/s* être ~ de
qc etw vereinbaren, verabreden, ab-,
ausmachen, beschließen, festsetzen, be-
stimmen; sich einig werden, sich einigen,
sich verständigen über etw (*acc*); ~ de
(+*inf*) *od* ~ que ... sich (darüber) einig
werden, vereinbaren, beschließen, ab-
machen, über'einkommen zu (+*inf*) *od*
daß ...; comme convenu wie verein-
bart, abgemacht; *passivisch* une date a
été convenue ein Datum wurde verein-
bart; **3.** ~ de qc etw zugeben, einräu-
men; ~ que ... zugeben, einräumen, daß
...; **II** *v/imp* **4.** il convient de (+*inf*) *od*
que ... (+*subj*) es empfiehlt sich zu
(+*inf*); es wäre zweckmäßig zu (+*inf*);
man sollte (+*inf*); es schickt sich zu
(+*inf*); **5.** il a été convenu que ... es
wurde vereinbart, beschlossen, daß ...;
man kam über'ein, daß ...

convent [kõvã] *m der Freimaurer* Kon-
'vent *m*

convention [kõvãsjõ] *f* **1.** *jur, pol* Über-
'einkunft *f*; Über'einkommen *n*; Ab-
kommen *n*; Vereinbarung *f*; Absprache
f; Abmachung *f*; *auch* (einzelne) Bestim-
mung (*e-s Abkommens*); Konventi'on *f*;
Arbeitsrecht ~ **collective (de travail)**
Ta'rifvertrag *m*; ~s **matrimoniales** Be-
stimmungen, Vereinbarungen e-s des
Ehevertrages; ~s **de Genève, de la
Haye** Genfer, Haager Konvention; **2.**
Konventi'onen *f/pl*; Regeln *f/pl*; Nor-
men *f/pl*; Schema *n*; *loc/adj* **de** ~ konven-
tio'nell; herkömmlich; *Sprache etc auch*
konventionali'siert; *Szenerie etc* ange-
nommen; fik'tiv; **3.** *hist in Frankreich* ♀
(Nationale) (Natio'nal)Kon'vent *m*; **4.**
pol USA ~ **démocrate, républicaine**
(Natio'nal)Kon'vent der Demo'kraten,
Republi'kaner

conventionné [kõvãsjɔne] *adj* **a)** *frz
Sozialversicherung* **clinique** ~e mit
Krankenkassen unter Vertrag stehende
Klinik; **médecin** ~ Kassenarzt *m*; **b)**
école privée ~e Pri'vatschule, deren
Lehrer Staatsexamen abgelegt haben
und dementsprechend bezahlt werden

conventionnel [kõvãsjɔnɛl] **I** *adj* ⟨~le⟩
1. steif; förmlich; herkömmlich; **2.**
konventio'nell; herkömmlich; üblich;
armes ~les konventionelle Waffen *f/pl*;
formule ~le **de politesse** Höflichkeits-
floskel *f*; **3.** Konventio'nal...; Vereinba-
rungs...; vertraglich vereinbart; durch
Vereinbarung; **signe** ~ vereinbartes Zei-
chen; *von Münzen, Papiergeld* **valeur**
~le angenommener, gedachter, fik'tiver
Wert; **II** *m hist* Kon'ventsmitglied *n*

conventionn|ellement [kõvãsjɔnɛl-
mã] *adv* **1.** konventio'nell; **2.** durch
Vereinbarung; ~ement *m der Ärzte*
Gebührenordnung *f*

conventualité [kõvãtɥalite] *f rel* Klo-
sterleben *n*

conventuel [kõvãtɥɛl] *rel* **I** *adj* ⟨~le⟩
Kloster...; klösterlich; **messe** ~le Kon-
'ventsmesse *f*; **règle** ~le Klosterregel *f*;
II *m* Konventu'ale *m*; Kloster-, Ordens-
mitglied *n*

convenu [kõvny] *adj* **1.** vereinbart; ab-
gemacht; abgesprochen; (entendu,)
c'est chose ~e abgemacht!; **2.** *litt cf*
conventionnel 1.

convergence [kõvɛrʒãs] *f* Konver'genz
f (*auch opt, math, météo, biol*); Zu'sam-
menlaufen *n*, -treffen *n* (*in e-m Punkt*);
Streben *n* nach dem gleichen Ziel; (all-
'mähliche) Annäherung (*auch math*); *von
Meinungen, Interessen etc auch* Über-
'einstimmung *f*

convergent [kõvɛrʒã] *adj opt, math, fig*
konver'gierend; konver'gent; in e-m
Punkt zu'sammenlaufend; dem gleichen
Ziel zustrebend; sich nähernd; **lentille**
~e Sammellinse *f*

converger [kõvɛrʒe] *v/t* ⟨-geons⟩ zu-
'sammenlaufen (*in e-m Punkt*); demsel-
ben Ziel, in e-m Punkt zustreben; sich
nähern; ein'ander näherkommen; kon-
ver'gieren (*auch opt, math*); *Meinungen
etc auch* über'einstimmen; *sur Blicke*
sich richten, konzen'trieren auf (+*acc*);
Linien, Straßen etc (strahlenförmig) zu-
laufen auf (+*acc*)

convers [kõvɛr] *adj* ⟨**converse**
[kõvɛrs]⟩ *égl cath* **frère** ~, **sœur** ~e
Laienbruder *m*, -schwester *f*

conversation [kõvɛrsasjõ] *f* Unter'hal-
tung *f*; Gespräch *n*; Konversati'on *f*; ~
mondaine (reine) Konversation; ~ **se-
crète** Geheimgespräch *n*; ~ **téléphoni-
que** Tele'fongespräch *n*; Telefo'nat *n*;
avoir une longue ~ **avec qn** ein langes
Gespräch mit j-m haben, führen; sich

lange mit j-m unter'halten; **avoir une** ~
spirituelle ein guter, geistreicher Un-
ter'halter, Gesellschafter sein; geistreich
sein; **il n'a pas de** ~ ihm liegt die (reine)
Konversation nicht; **détourner la** ~
vom Thema ablenken; **engager (la)** ~
ein Gespräch, e-e Unterhaltung an-
knüpfen, beginnen, ein Gespräch kom-
men (**avec** mit); F **faire la** ~ **à, avec qn** F
mit j-m schwatzen, ein Schwätzchen, e-n
Schwatz halten; **la** ~ Unter-
haltung, das Gespräch wieder in Gang
bringen, 'wiederbeleben, wieder aufle-
ben lassen; wieder lebhaft werden lassen

converser [kõvɛrse] *v/i st/s* **1.** sich
(mitein'ander) unter'halten; (mit-
ein'ander) plaudern; *je l'ai rencontré,*
conversant avec elle ... im Gespräch
mit ihr; **2.** ~ **avec les morts** mit den
Toten reden, sprechen; ~ **avec soi-
-même** mit sich selbst sprechen; Selbst-
gespräche führen

conversion [kõvɛrsjõ] *f* **1.** *rel* **a)** Kon-
versi'on *f*; 'Übertritt *m* (**à** zu); **b)** *e-s
Sünders, Heiden* Bekehrung *f*; **2.** *par ext*
Sinnesänderung *f*; ~ **à qc** Bekehrung *f* zu
etw; **3.** *fin e-r Anleihe etc* 'Umwandlung
f; 'Umschuldung *f*; Konversi'on *f*; Kon-
ver'tierung *f*; *von Währungen* a) 'Um-
rechnung *f* (**en** in + *acc*); b) 'Umtausch
m; *von Wertpapieren* 'Umwandlung (**en**
in + *acc*); 'Umstellung *f* (**auf** + *acc*); ~ **de**
titre Umwandlung von Namenspapie-
ren auf Inhaberpapiere und 'umgekehrt;
4. *math von Brüchen* 'Umwandlung *f* (**en**
in + *acc*); *von Maßen* 'Umrechnung (**en**
in + *acc*); **5.** *allg* 'Um-, Verwandlung *f*
(**en** in + *acc*); **6.** *cf* **reconversion**; **7.** *jur*
'Umwandlung *f* (*e-s Rechtsgeschäfts*); **8.**
mil Schwenkung *f*; **exécuter une** ~ e-e
Schwenkung voll'ziehen; **9.** *psych* Kon-
versi'on *f*

converti [kõvɛrti] *rel* **I** *adj* bekehrt;
konver'tiert; 'übergetreten (**à** zu); *Jude*
getauft (*zum Christentum* übergetreten);
II *subst* ~**(e)** *m(f)* Konver'tit(in) *m(f)*;
Bekehrte(r) *f(m)*; **nouveau** ~
Neubekehrte(r) *m*; *fig* **prêcher un** ~ e-n
Über'zeugten über'zeugen wollen; bei
j-m offene Türen einrennen

convertibilité [kõvɛrtibilite] *f fin* **a)** *e-r
Währung* Konver'tierbarkeit *f*; Konver-
tibili'tät *f*; **b)** 'Umtauschbarkeit *f*; **b)**
Anleihe, von Wertpapieren etc 'Um-
wandelbarkeit *f*

convertible [kõvɛrtibl(ə)] **I** *adj* **1.** *fin* **a)**
Währung konver'tierbar; 'umtauschbar;
b) *Anleihe etc* 'umwandelbar; **2.** *aviat*
avion ~ *od* **avion** ~ Kippflügel-
flugzeug *n*; **II** *m* Schlafcouch [-kautʃ] *f*;
Wiener Bank *f*; ~s *pl auch* Verwand-
lungsmöbel *pl*

convertir [kõvɛrtir] **I** *v/t* **1.** *rel u fig* ~ **qn**
j-n bekehren (**à** zu); *fig auch* j-n zu e-r
Sinnesänderung bewegen; j-n anderen
Sinnes machen; **2.** *fin Anleihe etc* 'um-
wandeln; konver'tieren; *Anleihe auch*
'umschulden; *Währung* a) 'umrechnen
(**des francs en marks** Francs in
Mark); b) konver'tieren; 'umtauschen;
3. *math Brüche* 'umwandeln; *Maße*
'umrechnen (**en** in + *acc*); **4.** *litt allg* ver-,
'umwandeln (**en** in + *acc*); **II** *v/pr* **se** ~ **5.**
rel konver'tieren; sich bekehren (**à** zu)
(*auch allg*); 'übertreten (**zu**); **6. se** ~
en sich verwandeln in (+*acc*); **7.** sich
'umschulen lassen

convertiss|age [kõvɛrtisaʒ] *m métall*
Windfrischen *n*, -frischverfahren *n*;
~**ement** *m fin* 'Umwandlung *f*

convertisseur [kõvɛrtisœr] *m* **1.** *métall*
Kon'verter *m*; ~ **Bessemer, Thomas**
Bessemer-, Thomaskonverter *m*, -birne
f; **2.** *élect* Wandler *m*; 'Umformer *m*;
Elektronik ~ **d'images** Bildwandler *m*;

3. *Mechanik* ~ **de couple (hydrodyna-
mique)** Strömungs-, Drehmomenten-
wandler *m*; hydrodynamisches Getriebe

convexe [kõvɛks] *adj* kon'vex; Kon-
'vex...; (rund) erhaben; nach außen
gewölbt; **lentille** *f*, **miroir** *m* ~ Konvex-
linse *f*, -spiegel *m*; konvexe Linse; kon-
vexer Spiegel; **polygone** *m* ~ konvexes
Vieleck

convexion [kõvɛksjõ] *f cf* **convection**

convexité [kõvɛksite] *f* Gewölbtsein *n*,
-heit *f*; Wölbung *f*; Konvexi'tät *f*

convict [kõvikt] *m hist in England* Sträf-
ling *m*

conviction [kõviksjõ] *f* **1.** Über'zeu-
gung *f*; ~s *pl* Auffassungen *f/pl*; Ansich-
ten *f/pl*; Überzeugungen *f/pl*; *loc/adv*
avec ~ über'zeugt; mit Überzeugung;
avoir la ~ **que** ... die feste Überzeugung
haben, fest (davon) über'zeugt sein, daß
...; **tout à coup il éprouva la** ~ **que** ...
plötzlich war er sicher, überzeugt, daß
...; **2.** *par ext* Ernsthaftigkeit *f*; Durch-
'drungenheit *f*; *Jur* **pièce** *f* **à** ~ Beweis-
stück *n* (für e-e Straftat); Corpus de-
'licti *n*

convier [kõvje] *st/s v/t* ~ **qn à qc** j-n zu
etw einladen (*auch fig*); *st/s* j-n zu etw
laden, bitten; *fig auch* j-n zu etw verlok-
ken; ~ **à** (+*inf*) auffordern, ersuchen zu
(+*inf*)

convive [kõviv] *st/s m,f* (Mit)Gast *m*

convocation [kõvɔkasjõ] *f* **1.** *e-r Ver-
sammlung* Einberufung *f* (**à** zu); *par ext*
Einberufungsschreiben *n*; **2.** *jur, adm*
Vorladung *f*; *Schule u Universität* ~ **à
l'examen** (schriftliche) Aufforderung,
sich zur Prüfung einzufinden; **se ren-
dre à une** ~ e-r Vorladung (*dat*) Folge
leisten

convoi [kõvwa] *m* **1.** (Fahrzeug-, Wagen-)
Ko'lonne *f*; Konvoi *m*, Geleitzug *m*
(*beide auch mar*); *von Personen auch*
Trans'port *m*; ~ **exceptionnel** geschlos-
sene Kolonne von Militär-, Straßenbau-
fahrzeugen *etc*; **2.** ~ **(funèbre)** Leichen-,
Trauerzug *m*; **3.** *ch de fer adm* Zug *m*

convoiement [kõvwamã] *m* Begleiten
n; Geleiten *n*; Bedeckung *f*; Eskor-
'tieren *n*

convoiter [kõvwate] *st/s v/t* (heftig)
begehren; gieren; gierig sein nach; sehn-
sehnlichst wünschen; **il le convoite** es
gelüstet ihn danach

convoitise [kõvwatiz] *f* Begehrlichkeit
f; Gier(igkeit) *f*; Begehren *n*; *loc/adv*
avec ~ begehrlich; gierig

convoler [kõvɔle] *v/i plais* ~ **en justes
noces** heiraten; in den heiligen Stand
der Ehe treten; *plais* in den Hafen der
Ehe einlaufen; ~ **en secondes noces
avec qn** zum 2. Male, in zweiter Ehe
heiraten

convoluté [kõvɔlyte] *adj bot Blatt* ein-,
zu'sammengerollt

convolvulacées [kõvɔlvylase] *f/pl bot*
Windengewächse *n/pl*; *sc* Convolvula-
'ceae *f/pl*

convoquer [kõvɔke] *v/t* **1.** *Versammlung
etc* einberufen; zu'sammenrufen; ~ **en
session extraordinaire** zu e-r außeror-
dentlichen Sitzung einberufen; **2.** *jur,
adm* (vor)laden; *Untergebenen, Schüler*
rufen; kommen lassen; zi'tieren; *Prüf-
ling* ~ **à l'examen** (schriftlich) auffor-
dern, sich zur Prüfung einzufinden
(**pour le 2 mai** am 2. Mai)

convoyage [kõvwajaʒ] *m aviat mil* Ge-
leitschutzflug *m*; Über'führung *f*

convoyer [kõvwaje] *v/t* ⟨-oi-⟩ (zum
Schutz) begleiten; geleiten; eskor'tieren

convoy|eur [kõvwajœr] *adj* ⟨-euse⟩
Begleit...; Geleit...; **II** *m* **1.** *mar mil*
Geleitschiff *n*; **2.** *ch de fer* Begleitperson
f; ~s *pl* Begleitpersonal *n* (*auch mil*); **3.**
tech (auto'matischer) Förderer; ~ **blin-**

dé Panzerförderer *m*; ~ à bande Band-, Gurtförderer *m*; **~euse** *f aviat mil* ~ de l'air Angehörige *f* der Luftwaffe, die (Verwundeten- *etc*)Trans'porte begleitet
convuls|é [kõvylse] *adj* verkrampft; verzerrt; **~er** *v/t* (*u v/pr* se) ~ (sich) verkrampfen; (sich) (krampfhaft) verzerren
convulsif [kõvylsif] *adj* ‹-ive› *path u fig* krampfhaft; konvul'siv(isch); **agitation convulsive** aufgeregtes, fieberhaftes 'Umsichschlagen *od* Hin- und Herwerfen *od* Hin- und Herhasten; **rire** ~ Lachkrampf *m*
convulsion [kõvylsjõ] *f* **1.** Krampf *m* (*auch path*); Zuckung *f*; **des ~s de colère lui défiguraient le visage** sein Gesicht verzerrte sich (krampfhaft) vor Wut; **être pris de ~s** von Krämpfen geschüttelt werden; **être pris de ~s de colère** vor Wut verkrampfen; **2.** *fig* ~s *pl* Erschütterungen *f/pl*; **dernières ~s** letzte Zuckungen *f/pl*
convulsionnaire [kõvylsjɔnɛr] *m hist rel* Konvulsio'när *m*
convulsionner [kõvylsjɔne] *v/t* **1.** in Krämpfe, Zuckungen verfallen lassen; *meist adit* **convulsionné** krampfhaft verzerrt, zuckend; **2.** *fig* erschüttern; schütteln
convulsivement [kõvylsivmã] *adv* krampfhaft; konvul'siv(isch); **s'agiter** ~ aufgeregt, fieberhaft hin und her hasten; sich aufgeregt, fieberhaft hin und her werfen; fieberhaft um sich schlagen; von Krämpfen geschüttelt werden; **rire** ~ e-n Lachkrampf haben; **elle serrait** ~ *sa poupée sur son cœur* sie preßte krampfhaft ...
coobligé [kɔɔbliʒe] *m jur* Mitverpflichtete(r) *m*; Gesamtschuldner *m*
cooccupant [kɔɔkypã] *m* **1.** *jur* Mitbewohner *m*; **2.** *mil* Mitbesatzungsmacht *f*
coolie [kuli] *m* Kuli *m*
coopé [kɔpe] *f Kurzwort für* **coopérative 3.**
coopérant [kɔɔperã] *m* Entwicklungshelfer *m bzw* -experte *m*
coopérateur [kɔɔperatœr] **I** *adj* ‹-trice› mitwirkend, -arbeitend; **II** *subst* ~, coopératrice *m,f* **1.** Mitarbeiter(in) *m(f)*; **2.** Mitglied *n* e-r Genossenschaft; Genossenschaft(l)er *m*
coopératif [kɔɔperatif] *adj* ‹-ive› **1.** koopera'tiv; **être très** ~ aktiv mitarbeiten; **il n'a pas l'esprit** ~ er ist nicht bereit mitzuarbeiten, -helfen; er ist zur Zu'sammenarbeit nicht bereit; **2.** genossenschaftlich; Genossenschafts...; **société coopérative** *cf* **coopérative 1.**
coopération [kɔɔperasjõ] *f* **1.** Mitarbeit *f*, -wirkung *f*; Zu'sammenarbeit *f*; **Koopérati'on** *f* (*beide auch pol*); **apporter sa** ~ à qc an etw (*dat*) mitarbeiten, -wirken; **2.** *für Entwicklungsländer* Entwicklungshilfe *f*; **3.** *écon* Genossenschaftswesen *n*
coopératisme [kɔɔperatism(ə)] *m écon* genossenschaftliches Sy'stem
coopérative [kɔɔperativ] *f* **1.** Genossenschaft *f*; ~ **agricole** landwirtschaftliche Genossenschaft; ~ **artisanale, laitière, vinicole** Handwerker-, Molke'rei-, Weinbaugenossenschaft *f*; ~ **d'achat** Einkaufsgenossenschaft *f*; ~ **de consommation** Kon'sumverein *m*, ~ **-genossenschaft** *f*; ~ **de production, de vente** Produkti'ons-, Absatzgenossenschaft *f*; **2.** ~s **ouvrières de production** ('Voll)Produk'tivgenossenschaften *f/pl*; **3.** ~ (*+Firmenname*) Kaufhaus *n* (*+Firmenname*) (*früher nur für Betriebsangehörige*)
coopérer [kɔɔpere] *v/t/indir* ‹-è-› à qc an etw (*dat*) mitarbeiten, -wirken

coopt|ation [kɔɔptasjõ] *f* Hin'zuwahl *f*; Kooptati'on *f*; **~er** *v/t* hin'zuwählen; koop'tieren
coordinateur [kɔɔrdinatœr] **I** *adj* ‹-trice› koordi'nierend; Koordinati'ons...; **II** *m* Koordi'nator *m*
coordination [kɔɔrdinasjõ] *f* **1.** Koordinati'on *f* (*auch physiol, chim*); Koordi'nierung *f*; **2.** *gr* Neben-, Beiordnung *f*; Koordinati'on *f*; Para'taxe *f*; **conjonction** *f* **de** ~ nebenordnende Konjunktion
coordinence [kɔɔrdinãs] *f chim* Koordinati'onszahl *f*
coordonnateur [kɔɔrdɔnatœr] *cf* **coordinateur**
coordonn|é [kɔɔrdɔne] *adj* **1.** koordi'niert; aufein'ander abgestimmt; **2.** *gr* Satz neben-, beigeordnet; **3.** *ch de fer* Bahnstrecke im Zuge der Rationali'sierung stillgelegt; **~ée** *f* **1.** *math, astr, Geodäsie* Koordi'nate *f*; (**système** *m* **de**) ~s Koordinatensystem *n*; **2.** *par ext* F ~s *pl* per'sönliche Daten *n/pl*; nähere Angaben *f/pl* (*Adresse, Berufsausbildung, derzeitiger Aufenthaltsort etc*)
coordonner [kɔɔrdɔne] *v/t* koordi'nieren (*auch physiol*); aufein'ander abstimmen; *Kleider* kombi'nieren
copahu [kɔpay] *m* Kopa'ivabalsam *m*
copaïer [kɔpaje] *cf* **copayer**
copain [kɔpɛ̃] F *m* Kame'rad *m*; Freund *m*; Kol'lege *m*; Kum'pan *m*; Spezi *m*; *südd auch* Spezi *m*; **petit** ~ *auch péj* Kumpan *m*; **nous sommes** ~s *auch* wir vertragen uns gut
copain-copain [kɔpɛ̃kɔpɛ̃] *adjt* ‹*inv*› F **ils ne sont pas** ~ F sie sind nicht gerade dicke Freunde
copal [kɔpal] *m* Ko'pal(harz) *m(n)*
copartage [kɔpartaʒ] *m jur* Teilung *f* zwischen mehreren Per'sonen
copartageant [kɔpartaʒã] *adj u subst m jur* (**héritier** *m*) ~ Miterbe *m*
coparticip|ant [kɔpartisipã] *m jur* Mitglied *n* e-r stillen Gesellschaft; **~ation** *f jur* Mitgliedschaft *f* in e-r stillen Gesellschaft
copayer [kɔpaje] *m bot* Kopa'ivabaum *m*
copeau [kɔpo] *m* ‹*pl* ~x› Span *m*; ~x **d'acier, de bois** Stahl-, Hobelspäne *m/pl*
copépodes [kɔpepɔd] *m/pl zo* Ruderfußkrebse *m/pl*; *sc* Cope'poden *pl*
copiage [kɔpjaʒ] *m Schule* Abschreiben *n*; F Spicken *n*
copie [kɔpi] *f* **1. a)** Ko'pie *f*; Abschrift *f*; Zweitschrift *f*; **b)** Ko'pie *f*; 'Durchschlag *m*; 'Durchschrift *f*; **2.** *e-s Kunstwerks* Ko'pie *f* (*auch e-s Films*); Nachbildung *f*; **3.** *e-s Menschen, Werkes* Nachahmung *f*; *péj* Abklatsch *m*; **pâle** ~ schwacher Abklatsch; **4.** *Schule* **a)** Doppelbogen *m*; **rendre** (**une**) ~ **blanche** ein leeres Blatt abgeben; **b)** (Klassen-, Haus-) Arbeit *f*; **5.** *e-s Journalisten* Ar'tikel *m*; Beitrag *m*; *journaliste* **en mal de** ~ ... dem nichts einfällt; **6.** *impr* Manu'skript *n*; Satzvorlage *f*
copier [kɔpje] *v/t* **1.** abschreiben (**dans un livre** aus e-m Buch; **Schule sur son voisin** von s-m Nachbarn; *abs* **il a copié** er hat abgeschrieben; *Schule* **vous me copierez 50 fois la phrase** ... ihr schreibt 50mal den Satz ...); **2.** ~ **qn, qc** j-n, etw nachahmen, nachmachen, nachbilden; j-n, etw ko'pieren; **3.** F *fig* **vous me la copierez!** F das ist doch allerhand, die Höhe, ein starkes Stück!; da biste platt, von den Socken!
copieur [kɔpjœr] *m* **1.** *Schule* F Spicker *m*; **2.** *Gerät* Ko'pierer *m*
copieusement [kɔpjøzmã] *adv* reichlich; ausgiebig

copieux [kɔpjø] *adj* ‹-euse› *Essen, Trinkgeld etc* reichlich; *Essen auch* reichhaltig; *Trinkgeld auch* großzügig
copilote [kɔpilɔt] *m aviat* Kopi'lot *od* Copilot *m*
copinage [kɔpinaʒ] *m cf* **copinerie**
copine [kɔpin] F *f* Freundin *f*; Kame'radin *f*; Kol'legin *f*
copin|er [kɔpine] F *v/i* ~ (**ensemble**) Kame'raden, Kum'pane, F Kumpel sein; ~ **avec** qn j-s Kamerad *etc* sein; **~erie** F *f* **1.** Kame'radschaft *f*; *meist péj* Kumpa'nei *f*; *péj* **affaire** *f* **de** ~ Klünge'lei *f*; **2.** Clique *f*; F Blase *f*
copiste [kɔpist] *m* **1.** Ko'pist *m*; **2.** Nachahmer *m*
coplanaire [kɔplanɛr] *adj Geometrie* in der gleichen Ebene liegend; koplanar
coposséder [kɔposede] *v/t* ‹-è-› *jur* gemeinsam besitzen
copra(h) [kɔpra] *m* Kopra *f*
coprésid|ence [kɔprezidãs] *f* Mitvorsitz *m*, -präsidentschaft *f*; **~ent** *m* Mitvorsitzende(r) *m*, -präsidentin *f*
coprin [kɔprɛ̃] *m bot* Tintling *m*
coproduc|teur [kɔprɔdyktœr] *m cin, télév* Koproduzent *m*; *cin, télév* Koproduktion *f*; Gemeinschaftsproduktion *f*
copro|lithe [kɔprɔlit] *m géol* Kopro'lith *m*; **~logie** *f méd* kopro'logische Dia'gnostik; **~phage** [-faʒ] *adj zo* kotfressend
copropriétaire [kɔprɔprijetɛr] *m* Miteigentümer *m*
copropriété [kɔprɔprijete] *f* Miteigentum *n*; **en** ~ (Mit)Eigentum...; **appartement** *m*, **logement** *m* **en** ~ Eigentumswohnung *f*; *immeuble* **vendu en** ~ ... Wohnungen einzeln, als Eigentumswohnungen verkauft werden
copte [kɔpt] **I** *adj* koptisch; **II** *subst* **1.** ♀ *m,f* Kopte *m*, Koptin *f*; **2.** *ling* **le** ~ **das** Koptische; Koptisch *n*
copul|atif [kɔpylatif] *adj* ‹-ive› *gr* verbindend; kopula'tiv; **~ation** *f biol* Kopulati'on *f*; Begattung *f*
copule [kɔpyl] *f gr* Satzband *n*; Kopula *f*
copyright [kɔpirajt] *m* Copyright *n* [-rait] *n*
coq [kɔk] *m* **1.** *zo* Hahn *m*; *südd* Gockel *m*; ~ **faisan** Fa'sanenhahn *m*; **grand, petit** ~ **de bruyère** Auer-, Birkhahn *m*; ~ **de combat** Kampfhahn *m*; ~ **de roche** Felsenhahn *m*; **rouge comme un** ~ puterrot; **2.** *fig:* **jambes** *f/pl* **de** ~ dünne Beine *n/pl*; Storchbeine *n/pl*; **mollets** *m/pl* **de** ~ dünne und sehnige Waden *f/pl*; **il a l'air d'un petit** ~ er sieht aus, als ob er e-m Wutanfall nahe wäre; **se battre comme un petit** ~ sich ins Kampfgewühl stürzen; sich tapfer schlagen; **être le** ~ **du village** der um'schwärmteste Bursche, Mann des Dorfes, des Viertels sein; **c'est un** ~ **de village** er wird sehr um'schwärmt; er ist ein Weiberheld; **être** *od* **vivre comme un** ~ **en pâte** verwöhnt werden; von vorn und hinten, wie ein Pascha bedient werden; leben wie Gott in Frankreich; **passer, sauter du** ~ **à l'âne** von e-m Thema zum andern springen; **3.** *cuis* ~ **au vin** Hahn *m*, Huhn *n* in Rotweinsoße; **4.** ~ **de clocher** Turm-, Wetterhahn *m*; **5.** *Boxen* **poids** ~ Bantamgewicht *n*; **6.** *Heraldik* Hahn *m* (*als Wappentier*); ~ **gaulois** gallischer Hahn *m*; **7.** *mar* (Schiffs)Koch *m*; F Smutje *m*
coq-à-l'âne [kɔkalan, -kal-] *m* ‹*inv*› Gedankensprung *m*; **faire des** ~ von e-m Thema zum andern springen
coquard *od* **coquart** [kɔkar] *m* **1.** *meist pl* ~s Augen *n/pl*; **2.** P **a)** Schlag *m* aufs Auge; **b)** blaues Auge; F Veilchen *n*

coque [kɔk] *f* **1.** *e-s Schiffes, Flugzeugs* Rumpf *m; e-s Autos* selbsttragende Karosse'rie; **2.** *st/s* (Nuß-, Mandel-, Eier-) Schale *f; cuis* œuf *m* à la ~ weiches, weichgekochtes Ei; **3.** (Haar)Tolle *f;* Rolle *f;* **4.** *zo* Herzmuschel *f;* **5.** *bot* ~ du Levant Kockels-, Fischkörner *n/pl*

coquelet [kɔklɛ] *m cuis* Hähnchen *n;* ~ au vin blanc Hähnchen in Weißweinsoße

coquelicot [kɔkliko] *m* **1.** *bot* Klatschmohn *m;* **2.** *adjt ⟨inv⟩* rouge ~ leuchtend rot

coqueluch|e [kɔklyʃ] *f* **1.** *path* Keuchhusten *m;* **2.** *fig* être la ~ de qn j-s I'dol, Liebling, F Schwarm sein; ~eux *adj* ⟨-euse⟩ *Husten* krampfhaft

coquerico [kɔkriko] *cf* cocorico

coquerie [kɔkri] *f mar* **a)** Kom'büse *f;* **b)** (Behelfs)Küche *f* auf dem Kai

coquet [kɔkɛ] **I** *adj* ⟨~te⟩ **1.** *Person, Sache* hübsch (anzusehen); schmuck; a'drett; *österr auch* fesch; *Wohnung etc auch* gemütlich; **2.** *Person* ko'kett; gefallsüchtig; **3.** F *Summe, Ziffer* stattlich; ansehnlich; beträchtlich; ~te somme *auch* F iron hübsches Sümmchen; **II** *f* ~te ko'kette Frau; ko'kettes Mädchen; grande ~te *thé* verführerische Frau; *allg* aufgetakelte, mit aller Gewalt jung aussehen wollende Frau; F hinten Ly'zeum, vorne Mu'seum

coqueter [kɔkte] ⟨-tt-⟩ *litt v/i* **1.** affek'tiert sein; sich zieren; **2.** kokett'tieren, liebäugeln (avec mit)

coquet|ier [kɔktje] *m* **1.** Eierbecher *m;* **2.** Geflügelhändler *m;* ~ière *f* Topf *m* mit Einsatz zum Eierkochen

coquetterie [kɔketri] *f* **1.** Kokette'rie *f;* Gefallsucht *f;* **2.** Kokette'rie *f; péj* Affek'tiertheit *f;* Ziere'rei *f;* **3.** Kokett'tieren *n;* Flirt *m;* **4.** F *fig* ~ dans l'œil F Silberblick *m*

coquillage [kɔkijaʒ] *m* **a)** *zo* Muschel *f;* **b)** Muschel(schale) *f*

coquillard [kɔkijar] *m* F je m'en tape, tamponne le ~ F das ist mir (schnurz)piepe, piepegal

coquille [kɔkij] *f* **1.** *zo* von Weichtieren Schale *f;* Muschel *f (auch Tier selbst); der Schnecke* Gehäuse *n;* ~ enroulée spiralförmige Muschel; spiralförmiges Gehäuse; ~ Saint-Jacques Jakobsmuschel *f;* ~ d'escargot *auch* Schneckenhaus *n; fig:* rentrer dans sa ~ sich in sein Schneckenhaus zurückziehen; sortir de sa ~ (ein wenig) aus sich her'ausgehen; **2.** *von Eiern, Nüssen etc* Schale *f;* ~ de noix Nußschale *f (auch fig von e-m kleinen Boot, Schiff);* ~ d'œuf a) Eierschale *f;* b) *adjt ⟨inv⟩* eierschalenfarben; **3.** *cuis* ~ de beurre Butterröllchen *n;* ~ de poisson kleine Porti'on Fisch (*in Muschelschälchen als Vorspeise*); **4.** muschelförmige Verzierung; Muschel *f (als Ornament);* **5.** *impr* Satzfehler *m;* **6.** (Pa'pier)For'mat *n* 44×56 cm; **7.** *e-s Degens* Korb *m; e-s Säbels* Stichblatt *n;* **8.** *Boxen* Tiefschutz *m;* **9.** *métall* Ko'kille *f;* moulage *m* en ~ Kokillenguß *m*

coquillettes [kɔkijɛt] *f/pl* Hörnchen *n/pl* (*Teigware*)

coquillier [kɔkije] *adj* ⟨-ière⟩ *minér* muschelhaltig; Muschel...; calcaire ~ Muschelkalk *m*

coquin [kɔkɛ̃] **I** *adj* **1.** *bes von Kindern* spitzbübisch; schelmisch; être ~ ein Schlingel, Lausebengel, Spitzbube, Schelm sein; **2.** *Geschichte etc* pi'kant; fri'vol (*auch Blick*); **II** *subst* **1.** ~(e) *m(f)* Schlaukopf *m,* F -berger *m,* -meier *m; bes von e-m Kind* (petit) ~ (kleiner) Schelm; Spitzbube *m;* Schlingel *m;* c'est un(e) ~(e) *auch* er (sie) ist pfiffig, durch'trieben, gewitzt, F gerissen; **2.** *m litt* Schurke

m; Bösewicht *m;* Elende(r) *m;* **3.** *m* F ~ de sort! F verflixt (und zugenäht)!; verdammt (noch mal)!; hol's der Teufel!

coquinerie [kɔkinri] *f* **1.** Schelme'rei *f;* Spitzbübe'rei *f;* **2.** Pfiffigkeit *f;* Durch'triebenheit *f;* F Gerissenheit *f;* **3.** *litt* Schurke'rei *f;* Schuftigkeit *f;* Schurkenstreich *m;* schurkische Gesinnung

cor [kɔr] *m* **1.** *mus* **a)** Horn *n;* ~ anglais Englischhorn *n;* ~ à pistons *od* chromatique Ven'tilhorn *n;* ~ de basset Bas'setthorn *n;* ~ de chasse Jagd-, Hifthorn *n;* ~ (d'harmonie) Waldhorn *n;* le ~ de Roland das Horn Rolands; *ch* chasse *f* à ~ et à cri Hetz- *bzw* Par'forcejagd *f; fig loc/adv* à ~ et à cri fordern *etc* ungestüm; lauthals; **b)** Hor'nist *m;* Hornbläser *m;* **2.** ~ (au pied) Hühnerauge *n;* **3.** *ch un* cerf (de) dix ~s *od* un dix ~s ein Zehnender *m*

coracoïde [kɔrakɔid] *adj u subst f anat* (apophyse *f*) ~ Rabenschnabelfortsatz *m;* Pro'cessus coraco'ideus *m*

corail [kɔraj] *m* ⟨*pl* -aux⟩ **1.** *zo u Schmuck* Ko'ralle *f;* ~ blanc weiße Koralle; ~ bleu Blaukoralle *f;* ~ noir schwarze Koralle; ~ rouge rote (Edel-) Koralle; collier *m,* récif *m* de ~ Korallenkette *f,* -riff *n;* **2.** *fig* (couleur) ~ ⟨*inv*⟩ *poét* lèvres *f/pl* de ~ korallenrote Lippen *f/pl; poét* Rosenmund *m;* **3.** bois *m* (de) ~ Ko'rallenholz *m;* **4.** *adjt zo* serpent *m* ~ Ko'rallenotter *f*

corailleur [kɔrajœr] *m* **1.** Ko'rallenfischer *m bzw* -arbeiter *m;* **2.** Ko'rallenfischerboot *n*

coralliaires [kɔraljɛr] *m/pl cf* anthozoaires

corall|ien [kɔraljɛ̃] *adj* ⟨~ne⟩ Ko'rallen...; calcaire ~ Korallenkalk *m;* formations ~nes Korallenbauten *m/pl;* ~ifère *adj* Ko'rallen...; banc *m,* îlot *m* ~ Korallenbank *f,* -insel *n;* ~ine *f bot* Ko'rallenkalkalge *f; sc* Koral'lina *f*

Coran [kɔrɑ̃] *m* Ko'ran *m*

coranique [kɔranik] *adj* des Ko'rans; école *f* ~ Ko'ranschule *f*

corbeau [kɔrbo] *m* ⟨*pl* ~x⟩ **1.** *zo* Rabe *m; bes* Kolkrabe *m;* ~ de clocher Dohle *f;* (couleur) aile de ~, noir comme un ~ tief-, blauschwarz; (kohl)rabenschwarz; **2.** *arch* Kragstein *m;* **3.** *fig u péj Person* **a)** ano'nymer Briefschreiber; **b)** schmutzige, unfreundliche Per'son; Vettel *f;* Hexe *f;* **c)** habgierige, magere Person mit dunklen Haaren; *etwa* Geier *m;* **d)** F Pfaffe *m*

corbeille [kɔrbɛj] *f* **1.** Korb *m;* Körbchen *n;* ~ à linge, à ouvrage, à pain, à papier Wäsche-, Näh- *od* Handarbeits-, Brot-, Pa'pierkorb *m;* ~ de fleurs Blumenkorb *m;* ~ de fruits Obstkörbchen *n;* ~ en osier *od* d'osier Weidenkorb *m;* ~ de mariage Hochzeitsgeschenke *n/pl;* mettre qc dans la ~ de mariage etw zur Hochzeit schenken; **2.** kunstvoll angelegtes (rundes *od* o'vales) Blumenbeet; **3.** *bot* ~ d'argent Ackertäschel-, Hellerkraut *n;* **4.** *thé* Bal'kon- *bzw* Ranglose *f*

corbillard [kɔrbijar] *m* Leichenwagen *m*

cordage [kɔrdaʒ] *m* **1.** Tau(werk) *n;* Seil(werk) *n; nur mar* Reep *n; cf auch* corde 1.; **2.** *e-s Tennisschlägers etc* Bespannung *f*

corde [kɔrd] *f* **1.** Seil *n;* Leine *f;* Strick *m;* Schnur *f;* ~ à linge Wäscheleine *f;* échelle *f* de ~ Strickleiter *f;* semelles *f/pl* de ~ geflochtene Sohlen *f/pl;* Schnur-, Hanfsohlen *f/pl;* tapis *m* de ~ Bastteppich *m;* cravate *f* comme une ~ völlig zerknüllte, zerdrückte Krawatte; *fig* il pleut des ~s es regnet Bindfäden; tirer sur une ~ an e-m Strick ziehen; e-n

Strick anziehen, spannen; *cf auch* 3.; **2.** *sports, gym* Seil *n; Boxring* ~s *pl* Seile *n/pl;* ~ lisse Kletterseil *n; der Seiltänzer* ~ raide Drahtseil *n; fig* être, danser, marcher sur la ~ raide sich auf ein ris'kantes Unter'nehmen einlassen; ~ à nœuds Knotenseil *n;* ~ à sauter Springseil *n; Bergsteigen* ~ de rappel Doppelseil *n* zum Abseilen; **3.** *Geometrie, e-s Bogens* Sehne *f; fig:* avoir plus d'une ~ *od* plusieurs ~s à son arc mehrere verschiedene Möglichkeiten haben; mehrere Eisen im Feuer haben; tirer trop sur la ~ *den Bogen über'spannen;* **4.** *bei Pferderennen* Abgrenzungsstreifen *m bzw* -seil *n* auf der Innenseite der Bahn; *Auto* prendre un virage à la ~ e-e Kurve so eng wie möglich fahren, nehmen; **5.** *mus* Saite *f;* ~s *pl auch* Saiteninstrumente *n/pl; e-s Orchesters* meist Streichinstrumente *n/pl; auch* Streicher *m/pl;* double ~ Doppelgriff *m;* ~ sympathique Reso'nanzsaite *f;* ~ à, de boyau Darmsaite *f;* ~ à vide leere Saite; instrument *m* à ~s Saiteninstrument *n;* instrument *m* à ~s frottées, pincées Streich-, Zupfinstrument *n; fig* ce n'est pas dans mes ~s dafür bin ich nicht zuständig; das kann ich nicht; mettre des ~s à un instrument ein Instrument besaiten; *fig* faire vibrer, toucher la ~ sensible (de qn) j-n da packen, wo er zugänglich ist; an j-s Gefühle appellieren; F es auf die sentimentale Tour versuchen; **6.** *e-s Tennisschlägers etc* Saite *f;* ~s *pl* Bespannung *f;* **7.** *des Galgens* Strick *m;* Strang *m; fig* la ~ l'attend er entgeht s-r Strafe nicht; il mérite la ~ er hätte den Galgen verdient; er gehört gehenkt, an den Galgen; mettre, passer à qn la ~ au cou a) j-m die Schlinge um den Hals legen; b) *fig* j-n einfangen (zur Ehe); *fig:* se mettre la ~ au cou das Joch der Ehe auf sich nehmen; parler de la ~ dans la maison d'un pendu im Haus e-s Gehenkten vom Strick sprechen; il ne vaut pas la ~ pour le pendre er ist keinen Schuß Pulver wert; **8.** usé jusqu'à la ~ *Kleidung etc* abgewetzt; *Teppich etc auch* abgetreten; abgenutzt, fadenscheinig (*beide auch fig*); abgedroschen; **9.** *anat* ~s vocales Stimmbänder *n/pl;* **10.** *biol* ~ dorsale Rückensaite *f;* Achsenstab *m; sc* Chorda dor'salis *f*

cordé [kɔrde] *adj* **1.** *st/s* Venen, Sehnen stark her'vortretend; *Nacken etc* sehnig; **2.** *géol* lave ~e Stricklava *f*

cordeau [kɔrdo] *m* ⟨*pl* ~x⟩ **1.** zum Messen, Abstecken Schnur *f; loc/adv* au ~ schnurgerade; aligner au ~ a) *jard Bäume etc* mit Hilfe der Schnur, schnurgerade pflanzen, setzen; b) *fig* aneinanderreihen; *péj* Sätze allzu regelmäßig und mono'ton aneinanderreihen; tiré au ~ schnurgerade; **2.** ~ Bickford (Schwarz)Pulverzündschnur *f;* ~ détonant Sprengschnur *f;* deto'nierende Zündschnur *f;* **3.** *Flußfischerei* Grundangel *f*

cordée [kɔrde] *f* **1.** ~ (d'alpinistes) Seilschaft *f;* **2.** (zu'sammengeschnürtes) Reisigbündel *n;* **3.** *mines* Seilfahrt *f*

cordel|er [kɔrdəle] *st/s v/t* ⟨-ll-⟩ flechten; drehen; umein'anderdrehen; ~ette *f* dünne Schnur; dünner Bindfaden

cordelière [kɔrdəljɛr] *f* Kordel *f;* Schnur *f; der Mönchskutte* Strick *m;* ~ des rideaux Kordel, Band *n* zum Raffen der Vorhänge

cordeliers [kɔrdəlje] *m/pl* **1.** *égl cath bis 1790* Franzis'kaner(-Obser'vanten) *m/pl;* **2.** *hist* club *m* des ♀ radikaler politischer Klub während der Frz Revolution

corder [kɔrde] **I** v/t **1.** drehen; rollen; **2.** *Tennisschläger etc* bespannen; **II** v/pr se ~ *Gemüse* faserig werden
corderie [kɔrdəri] f **a)** Seile'rei f; Seilerhandwerk n; **b)** Seile'rei f; Seilherstellung f; **c)** Seilfabrik f; ~ **métallique** Kabelwerk n; **d)** Seilerwaren f/pl
cordés [kɔrde] m/pl zo Chor'daten pl
cordial [kɔrdjal] ⟨m/pl -aux⟩ **I** adj **1.** herzlich; freundlich; freundschaftlich; *iron* 'haine ~e herzliche Feindschaft; *éprouver des sentiments cordiaux pour qn* j-n sehr mögen; *Briefschluß croyez à od avec mes sentiments cordiaux* mit freundlichen bzw herzlichen Grüßen; **2.** *phm* (herz)stärkend; Herz...; **II** m Stärkungsmittel n; stärkender Trank
cordialement [kɔrdjalmã] adv herzlich; von Herzen; *Briefschluß* ~ **vôtre** mit herzlichen Grüßen (Ihr); *iron se détester* ~ sich von Herzen verabscheuen
cordialité [kɔrdjalite] f Herzlichkeit f; **avec** ~ herzlich
cordier [kɔrdje] m **1. a)** Seiler m; **b)** Seilwarenhändler m; **2.** *mus* Saitenhalter m
cordiérite [kɔrdjerit] f minér Cordie'rit m; Dichro'it m
cordiforme [kɔrdiform] adj herzförmig
cordillère [kɔrdijɛr] f géogr Kordil'lere f; Kettengebirge n; Gebirgskette f
cordite [kɔrdit] f *Sprengstoff* Kor'dit m
cordon [kɔrdõ] m **1.** Schnur f; *élect* ~ **conducteur** Geräteschnur f; Litze f; ~ **de poêle** cf **poêle**[3]; ~ **de rideaux** Vorhangschnur f; ~ **de sonnette** Klingelzug m, -schnur f; ~ **de tirage** Zugschnur f; *früher* **demander le** ~ de la Concierge um Öffnung der Tür bitten; *fig*: **desserrer les** ~s **de sa bourse** Geld her'ausrücken; **tenir les** ~s **de la bourse** allein über das (gemeinsame) Geld verfügen; **2.** Ordensband n; *der Freimaurer* Band n; ~ **bleu** blaues (großes Schulter)Band der Ritter des Ordens vom Heiligen Geist; *cf auch* **cordon-bleu**; **grand** ~ **de la Légion d'honneur** breites Band der Träger des Großkreuzes der Ehrenlegion; **3.** *anat* Schnur f; Strang m; ~ **médullaire** Rükkenmark n; ~ **ombilical** *anat* Nabelschnur f, -strang m; *bot* Nabelstrang m; Samenstrang m; **couper le** ~ die Nabelschnur 'durchtrennen; **4.** *von Polizisten etc* Kette f; Kor'don m; Absperrung f; Sperrgürtel m; ~ **sanitaire** Cor'don sani'taire m; Sperrgürtel m zum Schutz gegen das Einschleppen epidemischer Krankheiten; Seuchensperre f; **5.** *von Bäumen etc* Reihe f; **6.** ~ **littoral** Küstenstreifen m; **7.** *jard* Schnurbaum m; Kor'don m
cordon-bleu [kɔrdõblø] F m ⟨pl cordons-bleus⟩ gute, ausgezeichnete Köchin; *auch* guter, ausgezeichneter Koch
cordonner [kɔrdɔne] v/t (zu e-r Schnur zu'sammen)drehen
cordonnerie [kɔrdɔnri] f **a)** Schuhmacher-, Schusterhandwerk n; **b)** Schuhmache'rei f; Schuster-, Schuhmacherwerkstatt f
cordonnet [kɔrdɔnɛ] m **1.** *cout* Kordo'nett-, Knopflochseide f; **point m de** ~ Kordo'nierstich m; **2.** Schnürchen n; Bändchen n
cordonnier [kɔrdɔnje] m Schuster m; Schuhmacher m; *prov les* ~s *sont toujours les plus mal chaussés* der Schuster trägt (oft) die schlechtesten Schuhe
coréen [kɔreɛ̃] **I** adj ⟨~ne⟩ kore'anisch; **II** subst **1.** ♀(ne) m(f) Kore'aner(in) m(f); **2.** ling le ~ das Kore'anische; Kore'anisch n

corég|ence [kɔreʒãs] f Mitregentschaft f; ~**ent** m Mitregent m
corégone [kɔregɔn] m zo Renke f; Ma'räne f
coréligionnaire [kɔreliʒjɔnɛr] m Glaubensbruder m, -genosse m
coréopsis [kɔreɔpsis] m bot Mädchenauge n
corespons|abilité [kɔrɛspõsabilite] f Mitverantwortung f; ~**able** adj mitverantwortlich
coriace [kɔrjas] adj **1.** *Fleisch* zäh; *allg auch* hart; **2.** *fig Person* zäh; hartnäckig; starrköpfig, -sinnig
coriandre [kɔrjãdr(ə)] f bot Kori'ander m
coricide [kɔrisid] m phm Hühneraugenmittel n
corindon [kɔrɛ̃dõ] m minér Ko'rund m
corinthien [kɔrɛ̃tjɛ̃] **I** adj ⟨~ne⟩ korinthisch; **colonne** ~**ne, ordre** ~ korinthische Säule. (Säulen)Ordnung; **II** subst ♀(ne) m(f) Ko'rinther(in) m(f)
cormier [kɔrmje] m bot Speierling m; Spierling m; Spierapfel m
cormoran [kɔrmɔrã] m zo Kormo'ran m
cornac [kɔrnak] m **1.** Ele'fantenführer m; Kor'nak m; **2.** *litt* Cice'rone [tʃitʃ-] m
cornacées [kɔrnase] f/pl bot Hartriegelgewächse n/pl
cornage [kɔrnaʒ] m vét. path Keuchen n, pfeifendes Atmen, Kehlkopfpfeifen n (*der Pferde, Esel bei Dämpfigkeit, der Menschen bei Krupp*)
cornaline [kɔrnalin] f minér Karne'ol m
cornard [kɔrnar] adj **1.** vét Pferd, Esel dämpfig; **2.** P fig mari ~ od subst ~ m cf **cocu**
corne [kɔrn] f **1.** zo der Horntiere. allg Horn n; ~s pl der Schnecken Fühler m/pl; Hörner n/pl; *des Teufels* Hörner n/pl; ~ **d'abondance** Füllhorn n; **coup m de** ~ Stoß m mit dem Horn; Hornstoß m; *Schnecke* **montrer ses** ~s die, ihre Fühler, Hörner her'ausstrecken; **2.** Horn(substanz) n(f); *der Huftiere* Hornkapsel f, -schuh m; *allg* Hornhaut f; *Schwiele(n)* f(pl); path ~ **cutanée** Hauthorn n; ~ **à chaussure** Schuhanzieher m, -löffel m; loc/adj **de, en** ~ aus Horn; hörnern; Horn...; **peigne m de** ~ Hornkamm m; **3.** *fig*: **avoir, porter des** ~s betrogen werden (*Ehemann bzw -frau*); **mettre, planter des** ~s **à qn** j-m die Hörner aufsetzen; *von Kindern* **faire, montrer les** ~s **à qn** j-n verspotten (*indem man mit beiden Zeige- und Mittel*f)*inger auf ihn deutet oder Zeige- und Mittelfinger über den Kopf hält*); **4.** Zacke f; Spitze f; Ecke f; st/s ~ *e-s Waldes* Ecke f; *e-r Buchseite etc* Eselsohr n; géogr cf **aiguille** 7.; **pic**[1] 2.; st/s ~s **de la lune** Spitzen f/pl, Hörner n/pl der Mondsichel; **chapeau m à deux, trois** ~s Zwei-, Dreispitz m; **5.** *mus bes früher* Horn n; Si'gnalhorn n; *auto* Hupe f; F Tute f; mar ~ **de brume** Nebelhorn n; **6.** *mar* Gaffel f; *bes* Flaggengaffel f; **7.** *Gebäck* ~ **de gazelle** (mit Mandeln. Marzipan *etc*) gefülltes Hörnchen
corné [kɔrne] adj hornartig; Horn...
corned-beef [kɔrn(d)bif, -nɛd-] m Corned beef [ˈkɔːrnd ˈbiːf] n
cornée [kɔrne] f anat Hornhaut f (des Auges); sc Cornea f
cornéen [kɔrneɛ̃] adj ⟨~ne⟩ méd Hornhaut...; Korne'al...; **lentilles** ~**nes** Kon'taktlinsen f/pl; path **ulcère** ~ Hornhautgeschwür n
corneille [kɔrnɛj] f zo Krähe f; ~ **mantelée, noire** Nebel-, Rabenkrähe f; **bayer aux** ~s F Maulaffen feilhalten

cornélien [kɔrneljɛ̃] adj ⟨~ne⟩ **1.** *Literatur* Cor'neilles; **2.** *fig* schicksalhaft-tragisch; von tragischer Größe
cornement [kɔrnəmã] m *bei e-r Orgel* mitklingender Ton (*verursacht durch e-n Defekt an der Windlade*)
cornemuse [kɔrnəmyz] f mus Dudelsack m; Sackpfeife f
corner[1] [kɔrne] **I** v/t **1.** ~ qc etw ausposaunen; **2.** ~ qc an etw (dat) e-e Ecke 'umknicken, 'umbiegen; etw kniffen; **II** v/i **3.** hupen; F tuten; **4.** F **les oreilles me cornent** ich habe Ohrensausen; es braust mir in den Ohren; *fig* **les oreilles ont dû vous** ~ die Ohren müssen Ihnen geklungen haben; **5.** F ~ **à qn dans les, aux oreilles** j-m in die Ohren trom'peten, schreien, brüllen
corner[2] [kɔrnɛr] m *Fußball* Eckball m; Ecke f
cornet [kɔrnɛ] m **1.** Horn n (*hornförmiger Gegenstand*); (spitze) Tüte; Tütchen n; *par ext auch* Röllchen n; ~ **de bonbons** Tüte Bonbons; ~ **de glace** Eistütchen n. -hörnchen n; ~ **de macédoine** (**et jambon**) Schinkenröllchen n mit Gemüse- und Mayonnaisefüllung; roulé en ~ (zu e-r Tüte) zu'sammengerollt; **2.** *mus bes früher* Horn n; ~ **à pistons** Kor'nett n; Pi'ston n; mar ~ **de brume** Nebelhorn n; **3.** ~ **acoustique** Hörrohr n; **4.** ~ **à dés** Würfel-, Knobelbecher m; **5.** *anat* ~ **du nez** Nasenmuschel f; **6.** zo ~ **de mer** Name mehrerer spiralförmiger Muscheln
cornette[1] [kɔrnɛt] f **1.** einiger Nonnentrachten Flügelhaube f; *hist der Frauentrachten* Hörnerhaube f; **2.** hist mil Stan'darte f; ~ **blanche** od **de France** Königsstandarte f
cornett|e[2] [kɔrnɛt] m hist mil Kor'nett m; ~**iste** m, f mus Kor'nettbläser(in) m(f)
cornéule [kɔrneyl] f zo des Facettenauges Kornealinse f
corniaud [kɔrnjo] m **1.** plais Prome'nadenmischung f; **2.** P (imbécile) F Blödhammel m; Dämlack m; Rindvieh n; Idi'ot m; adjt dämlich; doof; trottelhaft
corniche [kɔrniʃ] f **1.** ~ od **route** ~ en ~ kurvenreiche Küstenstraße an e-m felsigen Steilhang; **2.** arch Geison n; allg auch Kranzgesims m; **3.** (Schnee)Wächte f; **4.** *Schülersprache* Vorbereitungsjahr n für die Heeresakademie von Saint-Cyr
cornichon [kɔrniʃõ] m **1.** cuis ~ (au vinaigre) Essig-, Gewürzgürkchen n; **2.** F Dämlack m; Blödmann m; adjt dämlich; doof; **3.** *Schule* Stu'dent m im Vorbereitungsjahr für die Heeresakademie von Saint-Cyr
corn|ier [kɔrnje] adj ⟨-ière⟩ Eck...; **poteau** ~ Eckpfosten m; ~**ière** f tech Winkeleisen n, -stahl m
cornillon [kɔrnijõ] m der Horntiere Knochenzapfen m des Stirnbeins
corniot [kɔrnjo] m cf **corniaud**
cornique [kɔrnik] **I** adj kornisch; von Cornwall; **II** m ling le ~ das Kornische; Kornisch n
corniste [kɔrnist] m mus Hor'nist m; Hornbläser m
cornouille [kɔrnuj] f Kor'nelkirsche f (*Frucht*)
cornouiller [kɔrnuje] m bot Hartriegel m; Hornstrauch m; ~ **mâle** Gelber Hartriegel; Kor'nelkirsche f; ~ **sanguin** Roter Hartriegel; Blutweide f
cornu [kɔrny] adj **1.** gehörnt; Horn...; mit Hörnern; **2.** mit Spitzen bzw Ecken bzw Zacken; **3.** **blé** ~ Mutter-, Hungerkorn n (*Krankheit des Roggens*)
cornue [kɔrny] f chim Re'torte f
corollaire [kɔrɔlɛr] m **1.** Logik Korol'larium n; math logische Folge e-s bewiese-

nen Lehrsatzes; **2.** *par ext* logische, unmittelbare Folge

corolle [kɔrɔl] *f bot* (Blumen)Krone *f*; Ko'rolle *f*

coron [kɔrõ] *m* (Haus *n* in e-r *bzw* Häuser *n*/*pl* e-r) Bergarbeitersiedlung *f*; Zechenhäuser *n*/*pl*

coronaire [kɔrɔnɛr] *adj anat* Kranz...; *bes* Herzkranz...; Koro'nar...; **artères** *f*/*pl* **~s** (Herz)Kranz-, Koronararterien *f*/*pl*

coronal [kɔrɔnal] *adj* ‹-aux› *astr* Ko'rona...

coronarite [kɔrɔnarit] *f path* Entzündung *f* der Herzkranzgefäße

coronelle [kɔrɔnɛl] *f zo* Schlingnatter *f*

coroner [kɔrɔnɛr, -nœr] *m* in England u USA Coroner *m*

coronille [kɔrɔnij] *f bot* Süßklee *m*; *bes méd, phm* Bunte Kronwicke

coronographe [kɔrɔnɔgraf] *m astr* Korono'graph *m*

coronoïde [kɔrɔnɔid] *adj anat* apophyse *f* ~ (du cubitus) Kronenfortsatz *m* (der Elle)

corossol [kɔrɔsɔl] *m od* ~ier *m bot* Stachel-Annone *f*; Sauersack *m*

corozo [kɔrɔzo, -rɔ-] *m* aus der Steinnuß gewonnene weiße Sub'stanz; vegeta'bilisches Elfenbein

corporal [kɔrpɔral] *m* ‹*pl* -aux› *égl cath* Korpo'rale *n*

corporatif [kɔrpɔratif] *adj* ‹-ive› **1.** korpora'tiv; ständisch; Stände...; État ~ Ständestaat *m*; **2.** *früher* Zunft...; régime ~ Zunftwesen *n*

corporation [kɔrpɔrasjõ] *f* **1.** Körperschaft *f*; Korporati'on *f*; ~ syndicale *etwa* Berufsverband *m*; **2.** *früher* Gilde *f*; Zunft *f*

corporatisme [kɔrpɔratism(ə)] *m pol* Korporati'vismus *m*

corporel [kɔrpɔrɛl] *adj* ‹~le› **1.** körperlich; leiblich; **châtiment** ~ (körperliche) Züchtigung; *Schule* Prügelstrafe *f*; **fouille** ~ Leibesvisitation *f*; **2.** *jur* **biens** ~s materi'elle Güter *n*/*pl*

corps [kɔr] *m* **1. a)** *der Menschen, Tiere* Körper *m*; (*auch rel*); **garde** *m* **du** ~ *cf* garde[2] 1.; ♦ *loc*/*adv*; ~ **et âme** [kɔrzeam] mit Leib und Seele; **appartenir, se donner** ~ **et âme à qc**, qn sich e-r Sache ganz hingeben; sich e-r Sache mit Leib und Seele hingeben, verschreiben; ~ **à** ~ *m* Mann gegen Mann; *subst* ~ **à** ~ *m* Handgemenge *n*; *mil* Nahkampf *m*; **à son** ~ **défendant** 'widerwillig; ungern; **à** ~ **perdu** ungestüm; blindlings; **se jeter, s'élancer à** ~ **perdu dans une entreprise, dans la mêlée** sich mit Feuereifer, E'lan in ein Unter'nehmen, sich blindlings in das Kampfgetümmel stürzen; **jusqu'au milieu du** ~ bis zur Taille; bis zum Gürtel; bis an die Hüften; ♦ **passer sur le** ~ **de, à qn** j-n über'rollen, über'fahren; über j-n hin'wegfahren; *fig* über j-s Leiche gehen; j-n skrupellos opfern; **ça tient au** ~, **ça** das (*Essen*) hält lange vor; das macht für lange Zeit satt; **b)** Leiche *f*; Leichnam *m*; **mettre, porter le** ~ **de qn, un** ~ **en terre** j-n zu Grabe tragen; **2.** Körperschaft *f*; Gruppe *f*; Or'gan *n*; Gremium *n*; Korps *n* (*auch mil*); ~ **diplomatique** diplomatisches Korps *n*; ~ **électoral** Wähler(schaft) *m*/*pl*(*f*); ~ **enseignant** Lehrerschaft *f*; Lehrkörper *m*; Lehrer *m*/*pl*; Erzieher *m*/*pl*; ~ **expéditionnaire** Expediti'onskorps *n*; ~ **franc** Freikorps *n*; *bes hist* ~ **législatif** gesetzgebender Körperschaft(en); ~ **médical** Ärzteschaft *f*; ~ **d'armée** Ar'meekorps *n*; ~ **de ballet** Bal'lettkorps *n*, -gruppe *f*; Corps de bal'let *n*; ~ **des équipages de la flotte** 'Unteroffiziere

---

m/*pl* und Mannschaften *f*/*pl* der *frz* (Kriegs)Marine; *in Frankreich* **grands** ~ **de l'État** staatliche Organe mit besonderen Aufgaben; ~ **de garde** *cf* garde[1] 6.; ~ **de métier** *früher* (Handwerker)Zunft *f*; Handwerksgilde *f*; Gewerk *n*; *heute* Innung *f*; ~ **des officiers** Offi'zierskorps *n*; **esprit** *m* **de** ~ Korpsgeist *m*; *mil* **rejoindre son** ~ zu s-r Einheit, Truppe zu'rückkehren; **3.** Haupt(bestand)teil *m*; *e-s Briefes, Artikels* (eigentlicher) Text; ~ **de logis** Hauptbau *m*, -trakt *m*; **4.** Körper *m* (*Gegenstand*); *e-s Schiffs* Rumpf *m*; Kasko *m*; ~ **céleste** Himmelskörper *m*; *chim* ~ **composé** (chemische) Verbindung; *méd u fig* ~ **étranger** Fremdkörper *m*; *anat* ~ **jaune** Gelbkörper *m*; Corpus luteum *n*; *phys* ~ **noir** schwarzer Körper, Strahler; Planckscher Strahler; *chim* ~ **purs** reine Sub'stanzen *f*/*pl*; *chim* ~ **simple** (chemisches) Ele'ment; Grundstoff *m*; ~ **de chauffe** Heizkörper *m*; *jur* ~ **du délit** Corpus de'licti *n*; Beweisstück *n*, *sc* ~ **de fer** ~ **d'essieu** Achswelle *f*; ~ **du piston** Kolbenschaft *m*, -hemd *n*, -mantel *m*; ~ **de pompe** Pumpenstock *m*, -stiefel *m*, -gehäuse *n*; *ch de fer* ~ **de roue** Radscheibe *f*, -stern *m*; *mar, adm* ~ **et biens** [kɔrzebjɛ̃] Schiff *n* und Ladung *f*; *mar u allg* **navire perdu** ~ **et biens** mit Mann und Maus 'untergegangenes Schiff; **faire** ~ (**avec**) nicht zu trennen sein (von); e-e Einheit bilden, fest zu'sammenhängen, verschmolzen *od* eins sein (mit); *fig* **prendre** ~ Gestalt annehmen, gewinnen; **5.** *e-s Kleidungsstücks* Vorder- und Rückenteil *n od m*; **6.** *von Texten, Gesetzen etc* Sammlung *f*; *sc* Corpus *od* Korpus *n*; **7.** *impr* ~ **d'une lettre** Schriftgrad *m*, -größe *f*; ~ **de dix points** Korpus *f*; **8.** **avoir du** ~ *Wein* 'vollmundig sein; *Wein* Körper haben; körperreich sein; *Soße* rund und würzig schmecken; *fig* **donner (du)** ~ **à qc** e-r Sache (*dat*) Gewicht geben, verleihen

corps-mort [kɔrmɔr] *m mar* Bojengeschirr *n*; perma'nentes Grundgeschirr

corpul|ence [kɔrpylãs] *f* Beleibtheit *f*; Korpu'lenz *f*; **d'une forte** ~ von beträchtlichem Leibesumfang, ~ent *adj* beleibt; korpu'lent

corpus [kɔrpys] *m* **1.** Korpus *od* Corpus *n* (*Gesetzes- bzw Textsammlung*); **2.** *ling* Korpus *n od m*

corpusculaire [kɔrpyskylɛr] *adj phys* korpusku'lar; Korpusku'lar...; Teilchen...

corpuscule [kɔrpyskyl] *m* **1.** *bes phys* Teilchen *n*; Par'tikel *f*; Kor'puskel *n*, *fachspr meist f*; **2.** *biol* Körperchen *n*; ~s **de Meissner** *od tact* Meißnersche Körperchen *n*/*pl*; Tastkörperchen *n*/*pl*

corral [kɔral] *m* Pferch *m* (für Großvieh); Kor'ral *m*

corrasion [kɔrazjõ] *f géol* Korrasi'on *f*

correct [kɔrɛkt] *adj* **1.** *Sache* richtig; fehlerfrei; einwandfrei; tadellos; kor'rekt; *Person* kor'rekt; **il est très** ~ er verhält sich tadellos, einwandfrei, sehr 'korrekt; **il est en affaires et en Geschäftsgebaren ist korrekt, einwandfrei; in Geschäftsdingen ist er korrekt; **2.** *Preis* angemessen; *Lebensbedingungen* menschenwürdig; **3.** *Arbeit etc* 'durchschnittlich; annehmbar; pas'sabel

correctement [kɔrɛktəmã] *adv* **1.** richtig; fehlerfrei; einwandfrei; tadellos; kor'rekt; **2.** **gagner** ~ **sa vie** genug verdienen, um menschenwürdig leben zu können

correc|teur [kɔrɛktœr], ~trice I *m,f* **1.** *impr* Kor'rektor *m*, Korrek'torin *f*; **2.** ~ (**au bac**) *j*, der (beim Abitur) die Arbeiten korri'giert und zen'siert; **3.** ‹*nur m*›

---

tech Regler *m*; Kor'rektor *m*; *télécomm* Entzerrer *m*; ~ **de tonalité** Tonblende *f*; Klangregler *m*; **II** *adj* Brille zur Korrek'tur e-s Brechungsfehlers der Augen

correctif [kɔrɛktif] **I** *adj* ‹-ive› **1.** kor-rek'tiv; Ausgleichs...; **gymnastique corrective** Gymnastik *f* gegen Haltungsschäden; Ausgleichsgymnastik *f*; funktio'nelle Gymnastik; ortho'pädisches Turnen; **2.** *phm Substanz* (die Wirkung) mildernd; (den Geschmack) verbessernd; **II** *m* **1.** *phm* Milderungsmittel *n*; Korrigens *n*; **2.** Korrek'tiv *n*

correction [kɔrɛksjõ] *f* **1.** Kor'rektheit *f*; Richtigkeit *f*; Fehlerfreiheit *f*; *e-r Person* kor'rektes Benehmen, Verhalten; Anstand *m*; Kor'rektheit *f*; **d'une garde** ~ sehr kor'rekt; einwandfrei; tadellos; **2.** Verbesserung *f*; Korrek'tur *f*; Richtigstellung *f*; Berichtigung *f*; Änderung *f*; *Schule* u Korrek'tur *f*; ~s *pl* Korri'gieren *n* (und Zen'sieren *n*); *loc*/*adv* **sauf** ~ wenn ich mich nicht täusche; mit Verlaub; *thé* **recevoir une pièce à** ~ ein Stück vorbehaltlich, unter Vorbehalt notwendiger Änderungen annehmen; **3.** *impr* Korrek'tur *f*; ~ **d'auteur** Autorkorrektur *f*; ~ **d'épreuves** a) Korrekturlesen *n*; b) Fahnenkorrektur *f*; **signes** *m*/*pl* **de** ~ Korrekturzeichen *n*/*pl*; **faire les** ~s Korrektur lesen; **4.** *tech, opt* Berichtigung *f*; Korrek'tur *f*; *télécomm* Entzerrung *f*; ~ **des cours d'eau** Flußregulierung *f*; **table** *f* **de** ~s Berichtigungstabelle *f*; **5.** Tracht *f* Prügel; Schläge *m*/*pl*; **recevoir une** ~ Schläge, Hiebe bekommen; verprügelt werden

correctionnalis|ation [kɔrɛksjɔnalizasjõ] *f jur* Behandlung *f* von Verbrechen als Vergehen; ~er *v*/*t jur* Verbrechen als Vergehen behandeln

correctionn|el [kɔrɛksjɔnɛl] *adj* ‹~le› *jur* deliktisch ~ Vergehen *n*; **peine** ~ Strafe *f* für ein Vergehen; ~elle *f etwa* Landgericht *n* Ab'teilung Strafsachen; **passer en** ~ sich vor der Strafkammer verantworten müssen

corrélatif [kɔrelatif] *adj* ‹ive› korre'lat; korrela'tiv; sich wechselseitig bedingend; *gr* **mot** ~ *od subst* ~ *m* Korre'lat *n*

corrélation [kɔrelasjõ] *f* Korrelati'on *f* (*auch biol, Statistik, Geometrie, gr*); Wechselbeziehung *f*; wechselseitige Beziehung; enger Zu'sammenhang; **coefficient** *m* **de** ~ Korrelationskoeffizient *m*

correspondance [kɔrɛspõdãs] *f* **1.** Brief-, Schriftwechsel *m*, -verkehr *m*; schriftlicher Verkehr; Korrespon'denz *f*; ~ **commerciale** Handelskorrespondenz *f*; ~ **diplomatique** diplomatischer Schriftverkehr; **la** ~ **de Madame de Sévigné** die Briefe, der Briefwechsel der Madame de Sévigné; **enseignement** *m* **par** ~ Fernunterricht *m*; **dépouiller sa** ~ s-e Post 'durchsehen; *comm* **être chargé de, faire la** ~ die Korrespondenz führen; **lire sa** ~ die, s-e Post lesen; **2.** *ch de fer etc* Anschluß *m* (pour nach; *auch Verkehrsmittel*); ~s *pl* (Verkehrs)Verbindungen *f*/*pl*; ... **assure la** ~ (**pour**) mit ... fährt man weiter (nach); **prendre la** ~, **une** ~ 'umsteigen; **3.** Über'einstimmung *f*; Entsprechung *f*; *st*/*s* ~ **d'âmes** *st*/*s* Gleichklang *m* der Seelen; ~ **de sentiments** Übereinstimmung der, über'einstimmende Gefühle *n*/*pl*; **4.** *Schule* **carnet** *m* **de** ~ Heft mit Eintragung aller Noten und Bemerkungen der Lehrer, das monatlich von den Eltern unterschrieben werden muß; **5.** *math* Abbildung *f*; ~ **univoque** eindeutige Abbildung

correspondanc|ier [kɔrɛspõdãsje] *m*, ~ière *f* in e-r Firma Korrespon'dent(in) *m*(*f*)

correspondant [kɔrɛspõdã] **I** adj **1.** (ein'ander) entsprechend; (dazu) passend; math **angles** ~s Stufenwinkel m/pl; phys **états** ~s über'einstimmende, korrespon'dierende Zustände m/pl; **2.** e-r Akademie **membre** ~ korrespon'dierendes Mitglied; **II** subst **1.** ~(e) m(f) Briefpartner(in) m(f); Brieffreund(in) m(f); **2.** ~(e) m(f) e-r Zeitung Korrespon'dent(in) m(f); Berichterstatter(in) m(f); ~ **de guerre** Kriegsberichterstatter m; **3.** m Geschäftspartner m; unter Geschäftsleuten Geschäftsfreund m; **4.** m Person, die sich um e-n Internatszögling, dessen Eltern nicht am gleichen Ort wohnen, kümmert; **5.** m e-r Akademie korrespon'dierendes Mitglied

correspondre [kɔrɛspõdr(ə)] v/i ⟨cf **rendre**⟩ **1.** Zimmer etc mitein'ander in Verbindung stehen, verbunden sein; ~ **avec** in Verbindung stehen, verbunden sein mit; **2.** Personen (mitein'ander) korrespon'dieren, in brieflicher Verbindung, in Briefwechsel, in Briefverkehr stehen, e-n Briefwechsel führen; ~ **avec qn** mit j-m korrespondieren etc; **3.** sich (dat), mitein'ander entsprechen; mitein'ander über'einstimmen; ~ **à, avec qc** e-r Sache (dat) entsprechen; mit etw über'einstimmen; **cela ne correspond à rien** das entbehrt jeglicher Grundlage; das ist völlig sinnlos; das hat keinerlei Sinn

corricide [kɔrisid] cf **coricide**

corrida [kɔrida] f **1.** Stierkampf m; **2.** F fig **a)** lautes Durchein'ander, Trubel m; Wirbel m; Tohuwa'bohu n; **b)** faire une ~ F ein schreckliches The'ater machen; sich furchtbar anstellen

corridor [kɔridɔr] m **1.** (enger, schmaler) Flur, Korridor, Gang; **2.** géogr, pol Korridor m; hist **le** ~ **de Dantzig** der Polnische Korridor

corrigé [kɔriʒe] m (Hoch)Schule Muster(-lösung) n(f); Lösung f

corriger [kɔriʒe] ⟨-geons⟩ **I** v/t **1.** verbessern; korri'gieren; berichtigen; richtigstellen; ändern; fig ~ **son mauvais caractère** 'umgänglicher werden; nicht mehr so schwierig im 'Umgang sein; impr ~ **des épreuves** Korrek'tur lesen; Fahnen korrigieren; mar ~ **la route** den Kurs korrigieren, berichtigen; **2.** ~ **qn de qc** j-m etw (e-n Fehler) abgewöhnen; j-n von etw heilen; **3.** harte Worte etc mildern; **4.** Kind schlagen; verhauen; **se faire** ~ geschlagen, verhauen werden; Haue, Schläge bekommen; **II** v/pr **se** ~ sich bessern; **se** ~ **de qc** etw (e-n Fehler) ablegen; sich etw abgewöhnen

correcteur [kɔriʒœr] m impr Handsetzer, der die Korrek'turen ausführt

corrigible [kɔriʒibl(ə)] adj verbesserungsfähig; zu verbessern(d); verbesser-, korri'gierbar

corrobor|ant [kɔrɔbɔrã] adj bekräftigend; bestätigend; zur Bekräftigung, Bestätigung; **~ation** f Bekräftigung f; Bestätigung f; Be-, Verstärkung f; Erhärtung f; **~er** v/t bekräftigen; bestätigen; (be-, ver)stärken; erhärten

corrodant [kɔrɔdã] **I** adj korro'dierend; ätzend; **II** m korro'dierende, ätzende Sub'stanz; Ätzmittel n

corroder [kɔrɔde] v/t **1.** ätzen; angreifen; zersetzen; anfressen; nagen an (+dat); korro'dieren (auch géol); géol auch auswaschen; **2.** fig u st/s zerstören; zersetzen; unter'graben; zerrütten

corroi [kɔrwa] m bei Talsperren etc Dichtungsschicht f, -kern m

corroierie [kɔrwari] f Lederherstellung Zurichtung f (auch Werkstatt)

corrompre [kɔrõpr(ə)] ⟨cf **rompre**⟩ **I** v/t **1.** Personen korrum'pieren; (sittlich) verderben; ~ **le goût, les mœurs** den Geschmack, die Sitten verderben; **2.** Beamte, Zeugen etc bestechen; **3.** Fleisch etc zersetzen; **la chaleur corrompt la viande** auch bei Hitze verdirbt, (ver)fault das Fleisch; **4.** st/s Text verfälschen; entstellen; korrum'pieren; ~ **des mots** den Sinn von Wörtern entstellen, verfälschen; **5.** litt Freude etc verderben; **II** v/pr **se** ~ **6.** Holz, Fleisch faulen; in Fäulnis 'übergehen; Fleisch auch sich zersetzen; verwesen; **7.** fig u st/s Sitten in Verfall geraten; Gesinnung st/s verderbt werden

corrompu [kɔrõpy] p/p von **corrompre** u adj kor'rupt; korrum'piert; auch bestochen; st/s Meinung, Urteil manipu'liert; Gesinnung, Geschmack verdorben; litt verderbt

corrosif [kɔrozif] **I** adj ⟨-ive⟩ **1.** ätzend; korro'siv; fressend; **2.** fig Worte, Ironie ätzend; beißend; Person bissig; **II** m Ätzmittel n

corrosion [kɔrozjõ, -rɔ-] f Ätzen n; Korrosi'on f (auch géol)

corroyage [kɔrwajaʒ] m von Leder Zurichtung f

corroy|er [kɔrwaje] v/t ⟨-oi-⟩ Leder zurichten; Holz schruppen; **~eur** m für Leder Zurichter m

corrupteur [kɔryptœr] st/s **I** adj ⟨-trice⟩ Einfluß etc (mo'ralisch) verderblich; korrum'pierend; **II** subst ~, corruptrice m,f Verderber(in) m(f)

corruptibilité [kɔryptibilite] f **1.** Bestechlichkeit f; **2.** Verweslichkeit f

corruptible [kɔryptibl(ə)] adj **1.** bestechlich; Gesinnung etc korrum'pierbar; manipu'lierbar; **2.** st/s Materie zersetzbar; organisch verweslich

corruption [kɔrypsjõ] f **1.** Korrupti'on f; Kor'ruptheit f; litt Verderbtheit f; Fäulnis f; litt Verderbtheitnis f, -verfall m; **2.** Bestechung f; ~ **active** aktive Bestechung; ~ **électorale** Stimmenkauf m; Wahlbestechung f, -manipulation f; ~ **passive** passive Bestechung; ~ **d'employés** Beamtenbestechung f bzw Bestechung nichtbeamteter Personen; ~ **de fonctionnaires** Beamtenbestechung f; **affaire** f, **tentative** f **de** ~ Bestechungsaffäre f, -versuch m; **3.** von Materie Zersetzung f; Faulen n; Fäulnis f; organisch auch Verwesung f

corsage [kɔrsaʒ] m **a)** Bluse f; **b)** e-s Kleides Oberteil n od m; früher Kor'sage f

corsaire [kɔrsɛr] m **1.** Freibeuter m; früher Kor'sar m; **2.** hist ~ od adit **navire** m od **bâtiment** m ~ Kaperschiff n; **3.** adit **pantalon** m ~ Kniebundhose f (für Damen)

corse [kɔrs] **I** adj korsisch; **II** subst **1.** ♀ m,f Korse m, Korsin f; **2.** ling **le** ~ das Korsische; Korsisch n

corsé [kɔrse] adj **1.** Wein 'vollmundig; körperreich; Essen gut, pi'kant, scharf gewürzt; **2.** fig Witz, Geschichte schlüpfrig; saftig; gepfeffert

corselet [kɔrsəlɛ] m **1.** Mieder n (Oberbekleidung); **2.** zo einiger Insektenarten Brust(stück) f(n)

corser [kɔrse] **I** v/t **1.** Wein mit Alkohol versetzen; Essen (pi'kant) würzen; **2.** Literatur packend(er), spannend(er) gestalten; **II** v/pr **se** ~ Sache verwickelt, kompli'ziert, spannend werden; sich kompli'zieren

corset [kɔrsɛ] m Kor'sett n; Mieder n; ~ **orthopédique** (Stütz)Korsett n

corseter [kɔrsəte] v/t ⟨-è-⟩ in ein Kor'sett stecken, zwängen; schnüren; adit **corseté** geschnürt; eingezwängt; korset'tiert

corset|ier [kɔrsətje] m, **~ière** f **a)** Kor'settmacher(in) m(f); **b)** Mieder-

warenhändler(in) m(f) bzw -fabrikant(in) m(f)

corso [kɔrso] m Korso m; 'Umzug m; ~ **fleuri** Blumenkorso m

cortège [kɔrtɛʒ] m **1.** Zug m; Gefolge n; ~ **funèbre** Leichen-, Trauerzug m; Trauergefolge n; ~ **nuptial, de mariage** Hochzeitszug m; **se former en** ~ e-n Zug bilden; sich zu e-m Zug aufstellen, for'mieren; **2.** fig Gefolge n; Folge f; **la guerre et son** ~ **de misères** der Krieg und was er an Not mit sich bringt; der Krieg und was er an Elend im Gefolge hat

Cortes od **Cortès** [kɔrtɛs] f/pl in Spanien Cortes pl

cortex [kɔrtɛks] m anat Rinde f; Kortex od Cortex m; ~ **cérébral, surrénal** (Groß)Hirn-, Nebennierenrinde f

cortical [kɔrtikal] adj ⟨-aux⟩ **1.** anat korti'kal; Rinden...; **substance** ~e des **glandes surrénales** Nebennierenrinde f; **2.** bot Rinden...; **couche** ~e Rindenschicht f

corticosurrénal [kɔrtikɔsyrenal] adj ⟨-aux⟩ anat, physiol Nebennierenrinden...; **glande** ~e od subst ~e f Nebennierenrinde f

cortisone [kɔrtizɔn] f Biochemie Corti'son od Korti'son n

corton [kɔrtõ] m ein Burgunderwein

coruscant [kɔryskã] litt adj schimmernd; glitzernd; flimmernd

corvéable [kɔrveabl(ə)] adj hist fronpflichtig; zum Frondienst verpflichtet

corvée [kɔrve] f **1.** lästige Arbeit, Aufgabe; Bürde f; Last f; **mil u in Gemeinschaften** (bestimmter Sonder)Dienst; ~s **ménagères** tägliche Haushaltsarbeiten f/pl; P ~ **des chiottes** Ab'ort-, La'trinenreinigungsdienst m; F ~ **de pluches** Kar'toffelschäldienst m; allg **être de** ~ die Aufgabe über'nehmen müssen; F **dran sein**; dran glauben müssen; **cette semaine je suis de** ~ **de vaisselle** diese Woche habe ich Geschirrspüldienst, F ich bin dran mit Geschirrspülen; **2.** hist Fron(arbeit) f; Frondienst m

corvette [kɔrvɛt] f mar, auch hist Kor'vette f

corvidés [kɔrvide] m/pl zo Rabenvögel m/pl

corybante [kɔribãt] m Antike Kory'bant m

corymbe [kɔrɛ̃b] m bot Doldenrispe f, -traube f; Ebenstrauß m

coryphée [kɔrife] m **1.** Angehörige der dritten Stufe der Rangordnung im frz Ballett; **2.** fig u st/s e-r Partei, Sekte etc Führer m

coryza [kɔriza] m sc path Schnupfen m; sc Koryza f

cosaque [kɔzak] m Ko'sak m

co|sécante [kosekãt] f math Kosekans m; ~**signataire** m jur Mitunterzeichner m; pol auch Mitunterzeichnerstaat m; ~**sinus** m math Kosinus m

cosmétique [kɔsmetik] **I** adj kos'metisch; Kos'metik...; **produits** ~s Kos'metika n/pl; **II** subst **1.** f Kos'metik f; Körper- und Schönheitspflege f; **2.** m Kos'metikum n; **3.** m früher Haarpomade f

cosmétologie [kɔsmetɔlɔʒi] f Kosmetolo'gie f

cosmique [kɔsmik] adj **1.** kosmisch; Weltraum...; des Weltalls; **espace** m ~ Weltraum m; **rayons** m/pl ~s kosmische (Ultra)Strahlung; Höhenstrahlung f; **2.** fig un'endlich; kosmisch; (Natur)Katastrophe von kosmischen Ausmaßen

cosmo|biologie [kɔsmɔbjɔlɔʒi] f Kosmobiolo'gie f; ~**chimie** f Kosmoche'mie f

cosmodrome [kɔsmɔdrom] m in der UdSSR Kosmo'drom n

cosmogon|ie [kɔsmɔgɔni] f Kosmo-
go'nie f; **~ique** adj kosmo'gonisch
cosmograph|ie [kɔsmɔgrafi] f Kosmo-
gra'phie f; **~ique** adj kosmo'graphisch
cosmolog|ie [kɔsmɔlɔʒi] f Kosmolo'gie f;
~ique adj kosmo'logisch; philos preuve
f ~ kosmologischer Gottesbeweis
cosmonaute [kɔsmɔnot] m.f Kosmo-
'naut(in) m(f); (Welt)Raumfahrer
(-in) m(f)
cosmopolite [kɔsmɔpɔlit] **I** adj **1.** kos-
mopo'litisch; weltbürgerlich; weltoffen;
famille f ~ Familie f, deren Mitglieder
überall in der Welt verstreut leben;
foule f ~ buntes Völkergemisch; quar-
tier m ~ Stadtviertel n mit verschieden-
sten Bevölkerungsgruppen; mener une
existence ~ in den verschiedensten
Ländern leben bzw gelebt haben; **2.** biol
espèce f ~ Kosmopo'lit m; **II** m Kosmo-
po'lit m; Weltbürger m
cosmopolitisme [kɔsmɔpɔlitism(ə)] m
1. Kosmopoli'tismus m; Weltbürgertum
n; **2.** buntes Völkergemisch
cosmos [kɔsmɔs] m **1.** Kosmos m; Welt-
all n; Weltraum m; **2.** philos Kosmos m;
Weltordnung f; **3.** bot Schmuckkörb-
chen n; Kos'mee f
cossard [kɔsar] P **I** adj faul; il est
drôlement ~ F er ist stinkfaul; er stinkt
vor Faulheit; **II** subst ~(e) m(f)
Faulenzer(in) m(f); F Faulpelz m, -tier n
cosse [kɔs] f **1.** der Hülsenfrüchtler Scho-
te f; Hülse f; **2.** élect Kabelschuh m; **3.**
mar Kausch(e) f; **4.** P (paresse) Faulheit
f; cf auch **flemme**
cossette [kɔsɛt] f agr Zuckerrüben- bzw
Zi'chorienschnitzel n
cossidés [kɔside] m/pl zo Holzbohrer
m/pl
cossu [kɔsy] adj Person wohlhabend;
wohlsituiert; begütert; Hauseinrichtung
luxuri'ös; Haus stattlich; ansehnlich
cossus [kɔsys] m zo Weidenbohrer m
costal [kɔstal] adj ⟨-aux⟩ anat Rip-
pen...; ko'stal; Ko'stal...; **vertèbre ~e**
Brustwirbel m
costard [kɔstar] P m (Herren)Anzug m
costaricien [kɔstarisjɛ̃] **I** adj ⟨~ne⟩
costari'canisch; **II** subst ♀(ne) m(f)
Costari'caner(in) m(f)
costaud [kɔsto] F **I** adj ⟨f inv⟩ **1.**
stämmig; unter'setzt; vierschrötig; **2.**
gesundheitlich ro'bust; elle n'est pas ~
sie ist nicht sehr kräftig; sie hat e-e zarte
Konstitution; **3.** Wagen ro'bust; Möbel-
stück so'lide; haltbar; meist negativ ce
n'est pas ~ das wird nicht lange halten;
II m stämmiger Kerl
costière [kɔstjɛr] f thé Führung f im
Bühnenboden
costume [kɔstym] m **1.** **a)** (Herren)An-
zug m; ~ de confection, de ville, sur
mesure   Konfekti'ons-,   Straßen-,
Maßanzug m; **b)** für Damen ~ pantalon
Hosenanzug m; ~ tailleur cf tailleur 2.;
2. Ko'stüm n (auch thé); (Berufs-, Amts-
bzw Volks)Tracht f; allg Kleidung f; ~
national, régional Natio'nal-; ~ du Lan-
des-, Volkstracht f; ~ d'apparat Prunk-,
Prachtgewand n; ~ de bain Badeanzug
m; ~ de carnaval Faschings-, Karne-
valskostüm n; fig en ~ d'Adam, d'Ève
im Adams-, Evaskostüm; splitter(faser)-
nackt; **3.** früher Kleidung f und Haar-
tracht f
costumé [kɔstyme] adj kostü'miert; mas-
'kiert; bal ~ Ko'stüm-,Maskenball m
costumer [kɔstyme] v/t (u v/pr se) ~
(sich) kostü'mieren, verkleiden (en als
+acc)
costum|ier [kɔstymje] m, **~ière** f **a)**
Ko'stümverleiher(in) m(f); **b)** Ko'stüm-
schneider(in) m(f); **c)** thé etc Ko'stüm-
bildner(in) m(f); Gewandmeister m

cosy [kɔzi] m **1.** Kaffeewärmer m; **2.** in
den 50er Jahren Anbauliege f
cotable [kɔtabl(ə)] adj comm börsen-
fähig
cotangente [kɔtɑ̃ʒɑ̃t] f math Ko-
tangens m
cotation [kɔtasjɔ̃] f Bewertung f; comm
(Börsen-, Kurs)No'tierung f
cote [kɔt] f **1.** Anteil m; Quote f; ~
foncière Anteil an der Grundsteuer; ~
mobilière Wohnraumsteuer f; **2.** Börse
a) Kursnotierung f; **b)** Kurszettel m,
-bericht m, -blatt m; **c)** par ext Preisliste f
für Gebrauchtwagen, Briefmarken etc;
3. (Kenn)Ziffer f; Signa'tur f; Aktenzei-
chen n; Nummer f; **4.** Topogra'phie
Kartenpunkt m; Kote f; Höhe f; ~ de
niveau Höhenzahl f, -angabe f; **5.** ~
d'alerte Hochwassermarke f; fig kriti-
scher Punkt; **6.** bei e-r Prüfung etc
Bewertung f; ~ d'amour Beliebtheits-
grad m; F fig (ne pas) avoir la ~
(nicht) sehr geschätzt werden, angese-
hen sein, hoch im Kurs stehen; avoir la
~ auprès de qn bei j-m gut angeschrie-
ben sein, F e-n Stein im Brett haben; sa ~
baisse sein Stern ist im Sinken; **7.** e-s
Schiffs Klassenzeichen n; **8.** Pferde-
rennen: e-s Pferdes la ~ est à 10 contre 1
die Gewinnchancen stehen 1 zu 10; **9.**
tech Maßzahl f; Abmessung f
côte [kot] f **1.** Küste f; ~ escarpée, plate
Steil-, Flachküste f; sur la ~ an der bzw
die Küste; aller à la ~ stranden;
auflaufen; fig Person être à la ~ am
Hungertuch nagen; keinen Heller ha-
ben; **2.** anat Rippe f; fausses ~s falsche
Rippen f/pl (8.–10.); vraies ~s wahre
Rippen; loc/adv à ~ nebenein'ander;
Seite an Seite; F avoir les ~s en long
F die Arbeit nicht erfunden haben; fig u
litt être sorti de la ~ d'Adam von
Adam (und Eva) abstammen; F se tenir
les ~s (de rire) sich die Seiten, den
Bauch halten vor Lachen; fig on lui voit
les ~s man kann bei ihm die Rippen
zählen; er hat nichts auf den Rippen; **3.**
Steigung f; Hang m; en 'haut de, d'une
~ an, auf e-r (Berg)Kuppe; **4.** (Berg-)
Hang m; Lehne f; les ~s du Rhône die
Hänge beiderseits der Rhone; ~s plan-
tées de vigne mit Reben bepflanzte
Hänge; Weinberge m/pl; **5.** von Fleisch
Kote'lett n; **6.** von Salat etc Rippe f; **7.**
Pullover etc à ~s im Rippenmuster;
velours à ~s Cord m od Kord(samt)
m; Rippensamt m; gerippter Samt; **8.**
arch an Säulen Steg m
coté [kɔte] adj **1.** (Wert)Gegenstand ge-
schätzt; begehrt; Person il est très ~ er
ist sehr angesehen; F er steht sehr hoch
im Kurs; **2.** Wertpapier (non) ~ an
Bourse an der Börse (nicht) no'tiert,
gehandelt; **3.** Plan mit Maßangaben
versehen; Karte ko'tiert; **4.** Schulaufgabe
bien ~ gut bewertet
côté [kote] m Seite f (auch fig von Sachen
u Personen); math e-s Winkels Schenkel
m; ♦ **bon** ~ Stoffes rechte Seite;
Außenseite f; fig e-s Menschen, e-r Sache
gute Seite; fig prendre qc du bon ~ etw
von s-r guten Seite nehmen, ansehen;
nur die gute(n) Seite(n) e-r Sache sehen;
math ~ opposé à Gegenseite f von (od +
gén); les ~s ridicules de qn, de qc die
lächerlichen Eigenschaften e-r Person;
die lächerlichen Seiten e-r Sache; ♦ **10
cm de ~** 10 cm Seitenlänge; ♦ loc/adj à
trois ~s dreiseitig; ♦ loc/adj u loc/adv à
~ neben'an; Neben...; pièce f à ~
Nebenzimmer n; Zimmer n neben an; il
habite à ~ er wohnt nebenan bzw gleich
um die Ecke bzw nahebei; jeter, lancer
à ~ vor'beiwerfen; passons à ~ gehen
wir nach nebenan; le coup est passé à ~

der Schlag ist da'nebengegangen; ♦ **les
gens d'à** ~ die Leute von nebenan; la
maison d'à ~ das Nebenhaus; das Haus
nebenan; ♦ loc/prép **à ~ de** neben (+ dat
[auch fig] bzw + acc); **aux ~s de qn** an j-s
Seite (dat); j-m zur Seite; neben j-m (alle
auch fig); fig auch mit j-m; **l'un à ~ de
l'autre** nebenein'ander; F à ~ de ça
allerdings; andererseits; **à ~ de moi, toi,
etc** neben mir, dir etc (auch fig) bzw
mich, dich etc; fig im Vergleich zu mir,
dir etc; verglichen mit mir, dir etc;
assieds-toi à ~ de moi auch setz dich zu
mir; fig **vous êtes passé à ~ du sujet**
Sie haben das Thema verfehlt; **vous
avez répondu à ~ de la question** Ihre
Antwort geht an der Frage vor'bei; ♦
loc/adj u loc/adv **de ~** auf der bzw die
Seite; zur Seite; bei'seite; schräg; **bond
m de ~** Sprung m zur Seite; **faire un
bond de ~** zur Seite springen; e-n
Sprung zur Seite tun, machen; **regard m
de ~** Seitenblick m; **jeter un regard de
~ à qn** j-m e-n Seitenblick zu'werfen; j-n
von der Seite ansehen; **jeter qc de ~** etw
beiseite werfen; etw zur od auf die Seite
werfen; **laisser qc de ~** etw beiseite
lassen; fig Thema auch etw nicht erwäh-
nen; fig **laisser qn de ~** j-n links
liegenlassen, unbeachtet lassen; **mettre
de ~** beiseite legen; auf die Seite legen;
zur Seite legen; fig beiseite lassen; Geld
beiseite legen; auf die hohe Kante, auf
die Seite legen; sparen; Hut posé de ~
schräg, schief aufgesetzt; ♦ **de l'autre ~**
a) auf bzw von der ander(e)n bzw auf die
andere od nach der ander(e)n Seite f; fig
and(e)rerseits; auf der ander(e)n Seite;
d'un ~ ..., de l'autre ~ ... einerseits ...,
andererseits ...; **de ce ~(-ci)** kommen
von dieser Seite; sich befinden auf dieser
Seite; weggehen nach dieser Seite; fig de
ce ~-là diesbezüglich; in dieser Hin-
sicht; **de chaque ~** von bzw auf jeder
Seite; **des deux ~s** von bzw auf beiden
Seiten; **du ~ maternel, paternel** müt-
terlicher-, väterlicherseits; **du ~ opposé**
von bzw auf der entgegengesetzten Seite
(à dat); aus der entgegengesetzten bzw in
die entgegengesetzte Richtung; **de tout
~** od **de tous ~s** von bzw nach allen
Seiten; überallhin bzw überallhin; **de
tous les ~s** auch überall; ♦ **mit adj/poss:**
de mon, son ~ meiner-, seinerseits; je
l'ai de mon ~ ich habe ihn, er ist, er steht
auf meiner Seite; **mettre qn de son ~**
j-n auf s-e Seite ziehen; j-n für sich
gewinnen; **chacun est parti de son ~**
sie gingen ausein'ander; jeder ging s-r
Wege; **ils vivent chacun de son ~** jeder
geht s-e eigenen Wege; sie leben neben-
einander'her; ♦ loc/prép **du ~ de** **a)** in
der Nähe von (od + gén) **b)** in Richtung
auf (+acc); fig: être du ~ de qn auf j-s
Seite (dat) stehen; **passer, se ranger du
~ de qn** sich auf j-s Seite (acc) stellen; zu
j-m 'übergehen; **des deux ~s de** beider-
seits (+gén); ♦ loc/adv **par le ~** von der
Seite (her); **on entre par le ~ gauche**
der Eingang ist auf der linken Seite; ♦
loc/adv **sur le ~** auf der bzw die Seite; an
der Seite; Person, Fahrzeug **être couché
sur le ~** auf der Seite liegen; la
voiture s'est couchée sur le ~ ... ist
'umgestürzt, 'umgekippt; **dormir sur le
~** auf der Seite schlafen
coteau [kɔto] m ⟨pl ~x⟩ Anhöhe f;
(sanfter) Hügel m; Hang m
côtelé [kotle] adj velours ~ Cord(-) od
Kord(samt) m; Rippensamt m
côtelette [kotlɛt, kɔt-] f Fleischerei Kote-
'lett n; ~ de porc, de veau Schweine-,
Kalbskotelett n
coter [kɔte] v/t **1.** mar'kieren; nume'rie-
ren; einordnen; **2.** an der Börse no'tieren;

den Kurs bestimmen (+*gén*); **3.** *Plan* mit Maßzahlen versehen; *Karte* ko'tie-ren; **4.** *Arbeit* bewerten; **5.** *mar Schiff* klassifi'zieren

coterie [kɔtri] *st/s f* Klüngel *m*; Clique *f*

cothurne [kɔtyrn] *m* **1.** *Antike* Ko'thurn *m*; **2.** *fig* Tra'gödie *f* (*als Gattung*); chausser le ～ a) Tragödien schreiben *bzw* spielen; b) *st/s* auf Ko'thurnen schreiten

cotidal [kɔtidal] *adj* ‹-aux› courbe ～e Flutstundenlinie *f*

côtier [kotje] **I** *adj* ‹-ière› Küsten...; fleuve ～, navigation, pêche côtière Küstenfluß *m*, -schiffahrt *f*, -fischerei *f*; **II** *m mar* Küstenfahrzeug *n*

cotillon [kɔtijõ] *m* **1.** *litt* (*jupon*) 'Unter-rock *m*; fig courir le ～ jeder Schürze nachlaufen; ein Schürzenjäger sein; **2.** *für Bälle, Silvester etc* accessoires *m/pl* de ～ Pa'pier- und Kar'tonartikel *m/pl* (*Papierschlangen, Konfetti, Hütchen etc*); **3.** *Tanz* Kotillon *m*

cotinga [kɔtẽga] *m zo* Ko'tinga *f*

cotisant [kɔtizã] *adj* membre ～ zahlendes Mitglied

cotisation [kɔtizasjõ] *f* Beitrag *m* (à an + *acc*); Anteil *m*; Beitragszahlung *f*, -entrichtung *f*; rôle *m* des ～s Beitragsliste *f*

cotiser [kɔtize] **I** *v/i* (s-n) Beitrag *bzw* (s-e) Beiträge zahlen, entrichten (à an +*acc*); **II** *v/pr* se ～ Beiträge sammeln; zu'sammenlegen

coton [kɔtõ] *m* **1.** Baumwolle *f*; de ～ Baumwoll...; baumwollen; aus Baumwolle; (tissu *m* de) ～ Baumwollgewebe *n*, -stoff *m*, -zeug *n*; c'est un petit ～ das ist ein leichter Baumwollstoff, leichte Baumwolle; *fig*: avoir les jambes en ～ weiche Knie haben; filer un mauvais ～ *cf* filer 1.; **2.** Baumwollgarn *n*; ～ perlé, à broder, à repriser Perl-, (Baumwoll-) Stick-, Stopfgarn *n*; **3.** ～ (hydrophile) (Verband)Watte *f*; (morceau *m* de) ～ Wattebausch *m*; *fig*: il a du ～ dans les oreilles s-e Ohren sind zu; élever, tenir dans du ～ in Watte packen; verhätscheln; verzärteln; **4.** *von Pflanzen, Vögeln* Flaum *m*; **5.** *adjt* ～! F das ist kniff(e)lig, verzwickt, vertrackt!

cotonnade [kɔtɔnad] *f* Baumwollgewebe *n*, -zeug *n*

cotonner [kɔtɔne] **I** *v/t* (aus)polstern; **II** *v/i Stoff* rauh werden; kleine Knötchen bekommen; **III** *v/pr* se ～ *Früchte, Gemüse* teigig, mehlig werden

cotonneux [kɔtɔnø] *adj* ‹-euse› **1.** wie Watte; flockig; *Landschaft* nebelverhangen; dunstverschleiert; nuages *m/pl* ～ Wattewolken *f/pl*, -wölkchen *n/pl*; **2.** *Blatt* flaumig; **3.** *Obst* mehlig; teigig; **4.** *Geräusch* gedämpft; dumpf

cotonnier [kɔtɔnje] **I** *adj* ‹-ière› Baumwoll...; industrie cotonnière Baumwollindustrie *f*; **II** *subst* **1.** *m* Baumwollstrauch *m*; **2.** ～, cotonnière *m,f* Baumwollspinnereiarbeiter(in) *m(f)*

coton-poudre [kɔtõpudr(ə)] *m* ‹*pl* cotons-poudre› Schießbaumwolle *f*

côtoyer [kotwaje] *v/t* ‹-oi-› **1.** ～ qn mit j-m zu'sammenkommen, in Verbindung, in Berührung kommen; *fig* ～ qc mit etw in (enge) Berührung kommen; ～ des dangers sich großen Gefahren aussetzen; ～ le ridicule *Sache* ans Lächerliche grenzen, streifen; *Person* sich ziemlich lächerlich machen; **2.** *st/s* ～ qc *Weg etc* sich an etw (*dat*) entlangziehen; an etw (*dat*) entlanglaufen; *Person* an etw (*dat*) entlanggehen, *auch Fahrzeug* entlangfahren

cotre [kotr(ə)] *m mar* Kutter *m*

cotret [kotrɛ] *m* Holz-, Reisigbündel *n*

cottage [kɔtaʒ, kɔtɛdʒ] *m* Cottage [-idʒ] *n*; kleines Landhaus

cotte [kɔt] *f* **1.** *früher* 'Überwurf *m*; ～ d'armes Mantelrock *m*; Überwurf *m*; ～ de hérault d'armes Heroldsrock *m*; Tappert *m*; ～ de mailles Kettenhemd *n*, -panzer *m*; **2.** ～ (de toile bleue) (*Arbeits*)Latzhose *f*

cotut|elle [kɔtytɛl] *f jur* Mitvormundschaft *f*; ～eur *m jur* Mitvormund *m*

cotyle [kɔtil] *f* Gelenkpfanne *f* (*bes* des Oberschenkelknochens)

cotylédon [kɔtiledõ] *m* **1.** *bot* Keimblatt *n*; Kotyle'done *f*; **2.** *anat* Kotyle'done *f*; Zotte *f* (der Embryohülle)

cotyloïde [kɔtilɔid] *adj anat* cavité *f* ～ Gelenkpfanne *f* des Oberschenkelknochens

cou [ku] *m* **1.** *e-s Menschen, Tiers* Hals *m*; *fig*: ～ de cygne Schwanenhals *m*; ～ de taureau Stiernacken *m*; tour *m* de ～ anliegendes Halsband; *loc/adv*: au ～ am *bzw* um den Hals; autour du ～ um den Hals (geschlungen); jusqu'au ～ bis zum Hals (*auch fig*); être empêtré dans le mensonges jusqu'au ～ sich tief in sein Lügengewebe verstrickt haben; être endetté jusqu'au ～ bis über die Ohren verschuldet sein; bis zum Hals in Schulden stecken; se casser, se rompre le ～ sich den Hals, das Genick brechen (*auch fig*); couper le ～ à qn j-m die Kehle, den Hals 'durchschneiden; se jeter, sauter au ～ de qn j-m um den Hals fallen; se pendre au ～ de qn sich an j-s Hals (*acc*) hängen; j-n um'halsen; **2.** *e-r Flasche* Hals *m*

couac [kwak] *m* **a)** falscher Ton; **b)** Gickser *m*; faire des ～s a) falsch singen *bzw* spielen; b) gicksen

couard [kwar] **I** *adj* feig(e); *fig Idealismus etc auch* bequem; **II** *m* Feigling *m*; Memme *f*

couardise [kwardiz] *f* Feigheit *f*

couchage [kuʃaʒ] *m* **1.** *von Truppen, Pfadfinder etc* 'Unterbringung *f*, -kunft *f*; Über'nachtung *f*; matériel *m* de ～ Schlafausrüstung *f* für Camping *etc*; sac *m* de ～ Schlafsack *m*; **2.** *jard* Absenken *n*

couchant [kuʃã] **I** *adj* **1.** soleil ～ 'untergehende Sonne; **2.** chien ～ a) *ch* (*Art*) Vorstehhund *m*; b) *fig u st/s* Liebediener *m*; **II** *m* **1.** *st/s* Abend *m* (*Himmelsrichtung*); **2.** 'untergehende Sonne

couche [kuʃ] *f* **1.** Schicht *f* (*auch géol, bot, tech*); Lage *f*; *mines auch* Flöz *n*; *tech* Belag *m*; 'Überzug *m*; Decke *f*; *peint* Schicht *f*; Anstrich *m*; *bei Holz* ～s concentriques Zuwachsschichten *f/pl*; *par ext* Jahresringe *m/pl*; *peint* ～ primaire *od* d'apprêt Grun'dierschicht *f*; Grundanstrich *m*; ～ protectrice Schutzschicht *f*; *géol* ～ sédimentaire, d'argile Ablagerungs-, Tonschicht *f*; ～ de finition, de peinture Deck-, Farbschicht *f*; ～ de neige Schneedecke *f*; *fig* il en a, tient une ～ F der ist ganz schön dumm, blöd, dämlich, vernagelt; der hat ja ein Brett vor dem Kopf; **2.** *fig* ～s sociales Gesellschaftsschichten *f/pl*; soziale Schichten *f/pl*; **3.** *jard* Mistbeet *n*; ～ chaude, froide Warm-, Kaltbeet *n*; **4.** *anat* ～ optique Sehhügel *m*; **5.** *für Säuglinge* Windel *f*; **6. a)** fausse ～ Fehlgeburt *f*; *sc* Ab'ort *m*; avoir, faire une fausse ～ e-e Fehlgeburt haben; **b)** *st/s* ～s *pl* Kind-, Wochenbett *n*; *auch* Entbindung *f*; Niederkunft *f*; *physiol* retour *m* de ～s erste Menstrua'tion nach der Entbindung; *physiol* suite *f* de ～s Zeitraum *m* von der Entbindung bis zur ersten Menstruation; *st/s*: être en ～s im Wochenbett liegen; mourir en ～s im Wochen-, Kindbett *bzw* bei der Geburt, Niederkunft sterben; relever de ～s

vom Wochen-, Kindbett aufstehen; **7.** *litt* Lager *n* (*Bett*); ～ nuptiale Hochzeits-, Brautlager *n*; partager la ～ de qn mit j-m das Lager teilen

couché [kuʃe] *adj* **1.** liegend; être ～ a) liegen; b) im Bett sein; il est déjà ～ *auch* er schläft schon *bzw* ist schon schlafen gegangen; rester ～ liegenbleiben; **2.** *Schrift* schräg; pli ～ *cout* einfache Falte; *géol* liegende Falte; **3.** papier ～ Kunstdruckpapier *n*; gestrichenes Papier

couche-culotte [kuʃkylɔt] *f* ‹*pl* couches-culottes› Höschenwindel *f*; (*Art*) Wickelhöschen *n*

coucher¹ [kuʃe] **I** *v/t* **1.** ～ qn a) j-n (hin)legen (sur auf + *acc*), Kind, Kranken ins Bett legen, Kind auch zu Bett bringen; b) j-n (für die Nacht) beherbergen, bei sich 'unterbringen; j-n bei sich aufnehmen, über'nachten lassen; je ne peux les ～ *auch* sie können bei mir nicht übernachten, schlafen; **2.** *Gegenstand* (waagrecht) legen; hinlegen; *Wind, Sturm; Schiff* auf die Seite legen; *Getreide etc* 'umlegen; **3.** *Schicht* auftragen; *peint Farben* nebenein'ander auftragen; *Buchbinderei: Blattgold* auftragen; **4.** ～ qc (par écrit) etw schriftlich niederlegen; etw niederschreiben, zu Pa'pier bringen; ～ qn sur une liste j-n in e-e Liste eintragen; ～ qn sur son testament j-n in s-m Testament bedenken; **5.** ～ en joue *cf* joue 1.; **II** *v/i* **6.** schlafen; über'nachten; nächtigen; à ～ à l''hôtel, à Paris im Hotel, in Paris übernachten; ～ avec qn mit j-m zu'sammen (in e-m Zimmer *bzw* Bett) schlafen; *cf auch* 7.; ～ sous les ponts unter den Brücken schlafen; *fig* nom *m* à ～ dehors unaussprechlicher, schwer auszusprechender Name; Name, den man sich nicht merken kann; **7.** F ～ avec qn F mit j-m schlafen (*geschlechtlich verkehren*); **III** *v/pr* se ～ **8. a)** sich schlafen legen, niederlegen; schlafen gehen; ins, zu Bett gehen; c'est l'heure de se ～ *auch* es ist Zeit zum Schlafengehen; **b)** sich hin-, nieder-, flachlegen; **9.** *par ext* se ～ sur qc sich tief beugen über etw (*acc*); **10.** *Schiff* se ～ sur le flanc sich auf die Seite legen; **11.** *Gestirn* 'untergehen; **12.** F va te ～, va! F hör doch auf mit dem Quatsch!; halt doch die Klappe!

coucher² [kuʃe] *m* **1.** *e-s Gestirns* 'Untergang *m*; (au) ～ du soleil (bei) Sonnenuntergang *m*; **2.** *st/s* le ～ et le couvert Kost *f* und Lo'gis *n*; **3.** *hist* ～ du roi Abendaudienz *f* (beim König); petit ～ (du roi) allerletzte Abendaudienz des (*zu Bett gegangenen*) Königs im allerengsten Kreise

coucherie [kuʃri] F *péj f* oft *pl* ～s Bettgeschichten *f/pl*; P Bumsen *n*

couche|-tard [kuʃtar] *m* ‹*inv*› Nachtarbeiter *m bzw* -schwärmer *m*; ～-tôt ‹*inv*› j. der immer mit den Hühnern ins Bett geht

couchette [kuʃɛt] *f* **1.** *ch de fer* Platz *m* im Liegewagen; Liegeplatz *m*; ～s *pl* Liegewagen *m*; **2.** *mar* Ka'binenbett *n*; Koje *f*

couch|eur [kuʃœr] *m* mauvais ～ Meckerer *m*; Nörgler *m*; Streithahn *m*, -hammel *m*; *südd* -hans(e)l *m*; c'est un mauvais ～ *auch* mit ihm ist nicht gut Kirschen essen; ～euse *f od adit* presse *f* ～ *Papierherstellung* Gautschpresse *f*

couchis [kuʃi] *m* **1.** *des Pflasters* Sandbett(ung) *f*; **2.** *bât* Lehrgerüstschale *f*

couci-couça [kusikusa] *adv* F so'so la'la

coucou [kuku] **I** *m* **1.** *zo* Kuckuck *m*; **2.** Kuckucksuhr *f*; **3.** *bot* **a)** (Wiesen-)Schlüsselblume *f*; Himmelsschlüssel *m*; **b)** Gelbe Nar'zisse; **4.** F *fig* kleines Flugzeug; (vieux) ～ F alte Kiste, Mühle

(Flugzeug); **II** *int* kuckuck!; ~, me
voilà kuckuck *od* hallo, da bin ich!
coucoumelle [kukumɛl] *f bot* Grauer
Streifling; Scheidenstreifling *m*
coude [kud] *m* **1.** Ell(en)bogen *m*; pli *m*
du ~ Ellenbeuge *f; loc/adv:* ~ à ~ dicht
nebenein'ander, anein'andergedrängt;
Schulter an Schulter *(auch fig);* Seite an
Seite *(auch fig); fig auch* Hand in Hand;
eng zu'sammen; *subst fig u st/s* ~ à ~ *m*
(enge) Verbundenheit *(bei Zusammenle-
ben auf engem Raum);* les ~s au corps
mit an den Körper gelegten, mit angeleg-
ten Ellbogen, *Jacke, Kleid* percé aux ~s
mit durch'löcherten Ellbogen; mit Lö-
chern an den Ellbogen; **donner un
coup de** ~ à qn, pousser qn du ~ j-n
mit dem Ellbogen anstoßen; j-m e-n
Stoß geben; **jouer des** ~s die Ellbogen
gebrauchen *(auch fig);* **lever le** ~ pour
se protéger la figure den Arm schüt-
zend vor das Gesicht halten; F *fig* **lever
le** ~ F (gern) einen heben; *fig u iron* **ne
pas se moucher du** ~ zu hoch hin'aus-
wollen; **fig se serrer, se tenir les** ~s
zu'sammenhalten; **2.** *cuis* ~s *pl* stark
gekrümmte Hörnchen *m/pl (Nudeln);* **3.**
starke Krümmung, Biegung, Winkel
(-stück) *m(n); tech* Knie(stück) *n;* Kröp-
fung *f; e-r Straße* Knick *m*
coudée [kude] *f* avoir les ~s franches
Handlungs-, Bewegungs-, Ellbogenfrei-
heit haben
cou-de-pied [kudpje] *m ⟨pl cous-de-
-pied⟩ anat* Spann *m;* (Fuß)Rist *m*
couder [kude] *v/t* (zu e-m Knie, knieför-
mig) 'umbiegen; *tech auch* kröpfen; *adjt*
tuyau coudé Knierohr; Krümmer *m*
coudoiement [kudwamã] *st/s m* (enger)
Kon'takt; enge Berührung
coudou [kudu] *m zo* Kudu *m*
coudoyer [kudwaje] ⟨-oi-⟩ *v/t* **1.** ~ qn
mit j-m in Berührung, Kon'takt kom-
men; mit j-m zu'sammenkommen; **2.** *fig*
~ qc an etw *(acc)* grenzen; e-r Sache *(dat)*
sehr ähnlich sein, nahe sein
coudre [kudrə] *v/t ⟨je couds, il coud;
nous cousons; je cousais; je cousis;
je coudrai; que je couse; cousant;
cousu⟩* **1.** nähen *(auch abs); Knopf etc*
annähen *(à an + acc); Litze etc* aufnä-
hen; *zwei Teile* zu'sammennähen; *chir
Wunde, Schnitt etc* (ver-, zu)nähen; ~ à
la **machine** mit der (Näh)Maschine
nähen; **2.** *Buchbinderei* heften
coudrier [kudrije] *m bot* Haselstrauch
m, -busch *m;* **baguette** *f* de ~ Haselrute
f, -gerte *f; par ext* Wünschelrute *f*
couenne [kwan] *f* **1.** *vom Schwein*
Schwarte *f; cuis bes* Speckschwarte *f;* **2.** F
fig Dummchen *n*
couenneux [kwanø] *adj ⟨-euse⟩*
schwart(enart)ig
couette [kwɛt] *f* **1.** ~ (de plumes)
Federbett *n;* **2. a)** *seitlich mit e-m Band
etc zusammengehaltener* Haarschopf; F
Schwänzchen *n;* **b)** Rattenschwanz *m*
(dünnes Zöpfchen); **3.** *mar* Ablaufbahn *f*
(beim Stapellauf)
couffe [kuf] *f* runder flacher Spankorb
couffin [kufɛ̃] *m* **a)** strohgeflochtener
Tragkorb; **b)** strohgeflochtene Trageta-
sche *(für Babys)*
coufique [kufik] *adj* écriture *f* ~ kufi-
sche Schrift
cougouar *od* **couguar** [kugwar] *m zo*
Kuguar *m;* Puma *m*
couic [kwik] *int* **1.** *erstickter Schrei;* P *fig*
faire ~ à qn P j-n kaltmachen; **2.** F **n'y
comprendre que** ~ nichts verstehen, F
ka'pieren
couille [kuj] *f* P **1.** Hode(n) *m od* Hode *f;*
~s *pl* P *auch* Eier *n/pl;* **2.** ~ **molle**
Feigling *m;* F Waschlappen *m;* P Hosen-
scheißer *m*

couillon [kujõ] F *m* Dummkopf *m;* F
Dussel *m;* Blödmann *m;* Dämlack *m*
couillonner [kujɔne] *v/t* F ~ qn j-n
her'einlegen, F über'fahren
couinement [kwinmã] F *m* Quietschen
n; Quieken *n; e-s Hundes* Aufjaulen *n*
couiner [kwine] F *v/i* quietschen; quie-
ken; *Kind* flennen; *Hund* aufjaulen
coulage [kulaʒ] *m* **1.** *tech* Gießen *n;* Guß
m; **2.** *der Wäsche* Kochen *n;* **3.** *fig, auch*
comm Verlust *m;* Schwund *m* (durch
Nachlässigkeit *od* Verschwendung); *par
ext* Verschwendung *f; comm auch*
Lec'kage *f*
coulant [kulã] **I** *adj* **1.** *Schreibstil etc*
flüssig; *Wein* süffig; **nœud** ~ (zu'sam-
menziehbare, sich zuziehende) Schlinge;
2. F *Person* großzügig; entgegenkom-
mend; nachsichtig; F nicht pingelig; **II** *m*
1. *e-s Gürtels etc* Schlaufe *f;* ~ **d'une**
serviette Servi'ettenring *m;* **2.** *bot* Aus-
läufer *m*
coule [kul] *f* **1.** ~ (de religieux)
(Mönchs)Kutte *f;* **2.** *loc/adj* F à la ~
routi'niert; **être à la** ~ *auch* Bescheid
wissen; alle Tricks kennen
coulé [kule] *m* **1.** *mus* **a)** Binde-, Le'gato-
bogen *m;* **b)** Bindung *f;* **2.** *esc* Gleitstoß
m; **3.** *Billard* Nachläufer *m*
coulée [kule] *f* **1.** *métall* **a)** Gießen *n;* Guß
m; Abstich *m;* ~ **continue** Stranggießen
n, -guß *m;* ~ **de laitier** Schlackenabstich
m; **b)** Schmelzmasse *f;* **2.** *géol* Strom *m;* ~
boueuse Schlammstrom *m;* ~ **de lave**
Lavastrom *m;* **3.** *fig u st/s* Strom *m;* Flut
f; **4.** *ch* Wildwechsel *m*
coulemelle [kulmɛl] *f bot* Riesen-
schirm-, Para'solpilz *m*
couler [kule] **I** *v/t* **1.** *métall, tech* gießen;
allg ~ qc dans qc etw in etw *(acc)*
gießen; **2.** *Schiff* versenken; in den
Grund bohren; F *fig:* ~ qn j-n (beruflich)
erledigen, fertigmachen; ~ **la concur-
rence** die Konkurrenz ausbooten; **3.**
st/s ~ **un mot à l'oreille de qn** j-m
heimlich etwas zuflüstern, ins Ohr flü-
stern; ~ **sa pensée dans des mots** s-n
Gedanken (treffend) Ausdruck geben; ~
un regard à qn, qc verstohlen, qc
heimlich e-n Blick werfen auf j-n, etw;
j-m verstohlen, heimlich e-n Blick zuwer-
fen; **4.** *Zeit, Tage* verbringen; **5.** *Wäsche* kochen; **II** *v/i* **6.** fließen;
rinnen; *p/fort* strömen; (her')auslaufen;
Käse laufen; *fig:* l'argent lui coule des
doigts das Geld zerrinnt ihm in, unter
den Händen; cela a fait ~ de l'encre *cf*
encre 1.; **le sang a coulé** es floß Blut;
faire ~ le sang Blut vergießen; Veran-
lassung zu Blutvergießen sein; **7.** *Behäl-
ter* lecken; undicht sein; auslaufen; *Was-
serhahn, Kerze* tropfen; *Füllhalter* kleck-
sen; mon nez coule mir läuft die Nase;
meine Nase läuft; **8.** *st/s Zeit* verrinnen;
verstreichen; *Leben* ~ **doucement** ge-
mächlich verlaufen, da'hinfließen; **9.**
Schiff 'untergehen; (ver)sinken; *Person*
versinken; ertrinken; **10.** ~ **tout seul** *Stil*
flüssig sein; *Roman etc* flüssig geschrie-
ben sein; **III** *v/pr* se ~ **dans son lit** ins,
sein Bett schlüpfen; **se** ~ **dans une
pièce** sich in ein Zimmer schleichen; F
se la ~ **douce** sich ein angenehmes
Leben machen; sein Leben genießen; es
sich wohl sein lassen
couleur [kulœr] *f* **1.** Farbe *f;* ~ **compo-
sée** Mischfarbe *f;* ~s **fondamentales**
od **primaires** Grundfarben *f/pl;* ~s
héraldiques heraldische Farben; Wap-
penfarben *f/pl; égl* ~s **liturgiques** litur-
gische Farben; ~s **spectrales, du spec-
tre** Spek'tralfarben *f/pl;* ~ **adit** *⟨inv⟩* ~
(d')azur *st/s* a'zurn; a'zurblau; **télévi-
seur** *m* ~ Farbfernseher *m;* ♦ *loc/adj:* **de**
~ **farbig;** Farb...; bunt; **femme** *f,* **hom-

me *m* **de** ~ Farbige(r) *f(m);* **gens** *pl* **de** ~
Farbige(n) *m/pl;* **de plusieurs** ~s far-
big; bunt; **d'une seule** ~ einfarbig; **en**
~s Farb...; Bunt...; **photographie** *f* en
~s Farbphotographie *f;* **'haut en** ~(s)
Person mit hochrotem Gesicht; *Menge,
Schauspiel etc* farbenfroh, -freudig;
bunt; *fig Person* urwüchsig; *Sprache, Stil*
sehr bildhaft; *p/fort* deftig; ♦ **avoir de
belles** ~s e-e frische, gesunde Gesichts-
farbe, frische Farbe haben; F *fig* **en
dire de toutes les** ~s à qn F j-m alles
mögliche an den Kopf werfen; F *fig* **en
faire voir à qn de toutes les** ~s j-m
schwer zu schaffen *od* das Leben sauer
machen; *fig* **passer par toutes les** ~s
abwechselnd rot und blaß werden;
perdre ses ~s blaß werden; **prendre** ~
a) *cuis* braun werden; **b)** *fig* Gestalt
annehmen; *cuis* **faire prendre** ~ à qc
etw bräunen (lassen); F *fig* **vous n'en
verrez plus la** ~ davon werden Sie nie
mehr etwas zu sehen bekommen *(von
verliehenem Geld etc);* F das werden Sie
am Nimmerleinstag 'wiederbekommen;
2. Farbe *f;* Farbstoff *m;* **magasin** *m* **de**
~s Farbenhandlung *f; par ext* Droge'rie
f; cf auch **peinture** 2.; **3.** *peint u fig*
Farbe *f; peint auch* Farbton *m; fig*
Färbung *f;* Darstellung *f; des Stils auch*
Farbigkeit *f; fig auch* Lo'kalkolorit *n;* **sans** ~
farblos; *fig:* **sous** ~ **de** (+*inf*) unter dem
Vorwand zu (+ *inf*); **erscheinen, sehen
sous de toutes autres** ~s in ganz
anderem Licht; **schildern** *etc* **sous des
belles** ~s in rosigen Farben; in rosigem
Licht; **4.** *pl* ~s *e-s Klubs etc* Farben *f/pl;*
früher **porter les** ~s **de sa dame** die
Farben s-r Dame tragen; **5.** *pl* ~s **(natio-
nales)** Landes-, Natio'nalfarben *f/pl;
par ext* Fahne *f;* Flagge *f;* **les trois** ~s die
Triko'lore *f; mar mil* **lever les** ~s die
Hissen *n* der Flagge; **amener les** ~s die
Flagge streichen; **rentrer les** ~s die
Flagge einholen; **6.** *der Spielkarten* Far-
be *f;* **annoncer la** ~ (Trumpf)Farbe
ansagen; *fig* s-e Absichten bekanntge-
ben; *Glücksspiel* **jouer la** ~ Farbe spie-
len; auf Farbe setzen; *Kartenspiel* **jouer
dans la** ~ Farbe bedienen, bekennen; **7.**
fig pol Richtung *f;* Schat'tierung *f;* Fär-
bung *f;* Cou'leur *f;* **8.** Buntwäsche *f*
couleuvre [kulœvrə] *f zo* Natter *f;* ~ **à
collier, d'Esculape** Ringel-, Äsku'lap-
natter *f; fig:* **avaler des** ~s a) allerhand,
so manche Beleidigung einstecken, hin-
nehmen, F schlucken; **b)** sehr leicht-
gläubig sein; **faire avaler des** ~s à qn
a) j-n demütigen; j-m viel zu schlucken
geben; j-n vielen Demütigungen ausset-
zen; **b)** j-m etwas weismachen; j-m e-n
Bären aufbinden; **être paresseux com-
me une** ~ sehr faul, F stinkfaul, ein
Faulpelz sein
couleuvrine [kulœvrin] *f hist mil* Feld-
schlange *f*
coulis [kuli] **I** *adj* (petit) **vent** ~ Zug
(-luft) *m(f);* Luftzug *m;* **II** *m* **1.** *cuis* **a)**
Pü'ree *m;* ~ **d'écrevisses** Suppe aus
passiertem Krebsfleisch, zerstoßenen
Krebsschwänzen u Gewürzen; ~ **de to-
mates** To'matenpüree *n,* -mark *n;* **b)** ~
de fraises pas'sierte Erdbeeren *f/pl;* **2.**
bât Ausfugmasse *f*
coulissant [kulisã] *adj* Schiebe...;
Gleit...; **cloison, porte** ~e Schiebe-
wand *f,* -tür *f*
coulisse [kulis] *f* **1.** *thé, oft pl* ~s Seiten-
und 'Hinterbühne(n) *f(pl);* **dans les** ~s
hinter den Ku'lissen *(bes fig); fig:* il
connaît les ~s de la politique er weiß,
was sich in der Politik hinter den Kulis-
sen abspielt; **se tenir dans la** ~ nach
außen hin nicht in Erscheinung treten; **2.**

Führung(sschiene) f; Führung(sleiste) f; Falz m; Fuge f; Rinne f; tech, bes e-r Lokomotive Ku'lisse f; loc/adj à ~ Schiebe...; **pied** m à ~ Schieb-, Schublehre f; **porte** f à ~ Schiebetür f; **3.** mus Zug m; **trombone** m à ~ Zugposaune f; **4.** cout a) Zugsaum m; b) 'durchgezogenes (Gummi)Band; **5.** fig regard m en ~ verstohlener, heimlicher Blick; **6.** Börse Ku'lisse f; Freiverkehr m

coulissé [kulise] cout **I** adj mit e-m Bändchen, Gummiband gerafft; **II** m Reih-, Geradestich m

coulisseau [kuliso] m ⟨pl ~x⟩ tech Schieber m; Schlitten m; bes bei Lokomotiven Schwinge f

coulisser [kulise] **I** v/t cout in Falten zu'sammenziehen, raffen; **II** v/i in Schienen, in e-r Führung gleiten; sich (ver)schieben lassen

coulissier [kulisje] m Börse Freiverkehrsmakler m

couloir [kulwar] m **1.** Gang m (auch ch de fer); Korridor m; (langer) Flur; sports e-r Aschenbahn (Einzel)Bahn f; Parlament, thé etc ~s pl Wandelgänge m/pl; aviat ~ aérien Luftkorridor m; Flugschneise f; ch de fer ~ central, latéral Mittel-, Seitengang m; agr ~ d'alimentation Futtergang m; Straßenverkehr ~ de circulation Fahrspur f für Busse und Taxis; Raumfahrt ~ de rentrée (dans l'atmosphère) Wieder'eintrittskorridor m; agr ~ de service Stall-, Mistgang m; fig pol ce sont des bruits de ~ das wird in den Wandelgängen erzählt; das hat man in den Wandelgängen erfahren; **2.** géol Furche f; ~ rhodanien Rhone-Furche f; ~ rocheux Felsrinne f; ~ d'avalanches La'winengraben m, -gasse f; österr Lahngang m; Lahner f; **3.** mines Rutsche f; ~ oscillant Schüttelrutsche f

coulomb [kulõ] m (abr C) élect Cou'lomb n (abr C)

coulommiers [kulɔmje] m ein Weichkäse

coulpe [kulp] f fig **battre sa** ~ sich an die Brust schlagen

coulure [kulyr] f **1.** métall beim Gießen durch die Formfugen gedrungenes Me'tall; **2.** agr Blütenfall m; Aus-, Verrieseln n; **3.** bei Anstrich, Glasur etc her'untergelaufener Tropfen; F Nase f

coumarine [kumarin] f Kuma'rin od Cuma'rin n

coup [ku] m **1.** Schlag m; Hieb m (beide auch fig); Stich m; Stoß m (auch Fußball); e-r Feuerwaffe Schuß m; par ext Handlung f; Tat f; Coup m; Plan m; Vorhaben n; F Stückchen n; ♦ ~ bas sports Tiefschlag m; fig Schlag unter die Gürtellinie; ch double ~ Doppeltreffer m; Du'blette f; **faire** ~ **double** a) e-n Doppeltreffer machen; b) zwei Fliegen mit einer Klappe schlagen; ~ dur a) harter, schwerer (Schicksals)Schlag; b) Unter'nehmen n auf Leben und Tod; auch Gewaltstreich m; Fußball ~ franc Freistoß m; fig **rude** ~ harter, schwerer (Schicksals)Schlag; F fig **sale** ~ gemeiner, 'hinterhältiger Schlag, Streich m; ♦ jur ~s et blessures f/pl Körperverletzung f; ♦ ~ d'aile Flügelschlag m; ~s de bâton Stockschläge m/pl; **donner des** ~s de bâton à qn j-m Prügel geben; j-n verprügeln; ~ de bêche Spatenstich m; chir ~ de bistouri Schneiden n; Schnitt m; **donner un** ~ de bistouri schneiden; fig ~ de Bourse Börsencoup m; ~ de canon Ka'nonenschuß m; path ~ de chaleur Hitzschlag m; fig ~ de chance Glücksfall m; ~ de ciseaux Schnitt m (mit der Schere); cout **donner un** ~ de ciseaux maladroit (den Stoff) falsch

zuschneiden; **den Stoff verschneiden; on a donné des** ~s de ciseaux einige (Text)Passagen bzw Szenen (e-s Films) fielen der Schere zum Opfer; einige Szenen wurden her'ausgeschnitten; ~ de couteau Messerstich m; ~ de dé cf dé[1] 1.; **mines** ~ d'eau Wassereinbruch m; fig ~ d'essai erster Versuch; Anfang m; **pour un** ~ d'essai, c'est un ~ de maître für e-n ersten Versuch od dafür, daß es ein erster Versuch war, ist das e-e Meisterleistung; ~ de feu Schuß m; fig in e-m Restaurant, Café c'est le ~ de feu es ist, herrscht Hochbetrieb; es ist Stoßzeit; **tirer un** ~ de feu schießen; e-n Schuß abfeuern, abgeben; F ~ de fil cf fil 3.; ~ de folie Anfall m von Wahnsinn; fig plötzliche Anwandlung; pl/fort Mo'ment m der Unzurechnungsfähigkeit; ~ de force Gewaltstreich m; fig ~ de génie genialer Einfall; Ge'nie-, Geistesblitz m; F ~ de Jarnac gemeiner, 'hinterhältiger Schlag, Streich; fig ~ de langue bissige, gehässige Bemerkung; Hund **donner un** ~ de langue à qn od sur la figure de qn j-m das Gesicht (ab-) lecken; ~ du lapin Schlag ins Genick e-s Kaninchens; fig von Personen bei e-m Unfall Halswirbelbruch m (durch Peitschenffekt); Nicken n; ~ de main cf main 1.; ~ de maître Meisterleistung f; ~ de marteau Hammerschlag m; ~ de mer heftiger Wellenschlag; Sturzsee f; Brecher m; ~ d'œil cf œil 1.; fig ~ de patte kleiner Seitenhieb; ~ de pied (Fuß)Tritt m; **donner un** ~ de pied à qn, à qc j-m, etw e-n (Fuß)Tritt geben, versetzen; **recevoir un** ~ de pied au derrière, F quelque part, P au cul e-n Tritt in den Hintern, F in den Allerwertesten, P in den Arsch bekommen; ~ de pinceau Pinselstrich m; **donner un** ~ de pinceau flüchtig (über')streichen (à qc etw); ~ de pistolet Pi'stolenschuß m; ~ de poignard Dolchstich m, -stoß m; ~ de ping cf poing 1. u 2.; fig ~ de poker Poker(spiel) n; mar ~ de roulis Schlingerbewegung f; ~ de téléphone Anruf m; **donner un** ~ de téléphone à qn j-n anrufen, südd auch anläuten; F ~ de Trafalgar F Schlag m ins Kontor; weitere Zssgn cf unter den betreffenden subst; ♦ loc/adj: Gewehr à deux ~s doppelläufig; Revolver etc à six ~s sechsschüssig; ♦ loc/adv u loc/prép: **à** ~s (Hilfe von od + gén); durch (+acc); mittels (+gén); **au premier** ~ auf Anhieb; (gleich) beim ersten Mal, er'stenmal; **à** ~ sûr mit Sicherheit; ganz bestimmt, gewiß; **à tous** ~s jedesmal; bei jeder Gelegenheit; Lotterie **à tous les** ~s (l')on gagne Los gewinnt; **tout à** ~ mit einem Schlag(e); plötzlich; auf einmal; **après** ~ hinter'her; nachher; nachträglich; hinter'drein; österr auch im nachhinein; **du** ~ deshalb; darum; aus diesem Grund; **du même** ~ bei dieser Gelegenheit; **du premier** ~ cf au premier ~; **d'un** (seul) ~ mit einem Schlag; cf auch 3.; **tout d'un** ~ plötzlich; auf einmal; mit einem Schlag(e); **encore un** ~ noch einmal; wieder; **par** ~ jeweils erneut; ad hoc; **pour le** ~ (für) diesmal; F si elle sait qu'il est là, c'est pour le ~ qu'elle ne viendra pas ... (dann) kommt sie erst recht nicht; ... kommt sie gerade zum Trotz nicht; **sous le** ~ de unter der (Ein)Wirkung, dem Eindruck bzw der Drohung von (od + gén); sous le ~ d'un choc unter Schockwirkung; **sous le** ~ de l'émotion im Af'fekt; **il est sous le** ~ d'une condamnation, d'un soupçon ihm droht e-e Verurteilung; er steht unter Verdacht; **tomber sous le** ~ de la

loi ... unter die Bestimmungen des Gesetzes ..., unter das Gesetz ... fallen; abs strafbar sein; ~ **sur** ~ Schlag auf Schlag; schnell hinterein'ander; **sur le** ~ auf der Stelle; sof'fort; **bei e-m Unfall tué sur le** ~ auf der Stelle, sofort tot sein; **sur le** ~ de dix heures etwa um, gegen zehn Uhr; ♦ fig **accuser le** ~ (ungewollt) zeigen, sich anmerken lassen, daß man sehr getroffen ist; F **il a attrapé un mauvais** ~ F den hat's ganz schön erwischt; der hat ganz schön was abgekriegt; **avoir un joli** ~ de crayon gut zeichnen (können); j'ai le ~ cf j'ai pris le ~; **calculer son** ~ sich die Sache genau ausrechnen; e-n genauen Plan machen; fig **compter les** ~s nur Zuschauer sein; nicht daran (an der Schlägerei) beteiligt sein; **donner un** ~ de chiffon (à qc) (etw) flüchtig abstauben; mit dem Staubtuch dar'über (, über etw [acc]) fahren; F **donner un** ~ de gueule losbrüllen; **se donner un** ~ sich (an)stoßen, anschlagen; F **ce** ~-ci, c'est le bon F diesmal muß es klappen; **être noir, bleu de** ~s überall blaue Flecken haben; F fig **être aux cent** ~s Todesängste ausstehen; entsetzlich, furchtbar aufgeregt sein; **être dans le** ~ a) auf dem laufenden, im Bilde sein; b) in die Sache (mit) verwickelt sein; c) Sache aktu'ell, modisch, "in" sein; F **expliquer le** ~ (à qn) (j-m) die Sache erklären, ausein'andersetzen; **c'est lui qui a fait le** ~ das hat er gemacht, angerichtet, angestellt; daran ist er schuld; **faire un mauvais** ~ e-e Straftat begehen; ein Ding drehen; **faire un mauvais** ~ à qn j-m übel mitspielen; F **faire les quatre cents** ~s 'übermütige, tolle Streiche verüben; sich austoben; F **en ficher un** ~ cf en mettre un ~; **on frappa trois** ~s à la porte jemand, man, es klopfte dreimal (an die Tür); **se libérer d'un** ~ de reins sich (mit e-m Ruck) aus e-r Um'klammerung befreien; **marquer le** ~ cf marquer 7.; F **en mettre un** ~ sich ins Zeug legen; tüchtig rangehen; **mettre qn dans le** ~ a) j-n in die Sache (mit) hin'einziehen; b) j-n ins Bild setzen; **monter un** ~ e-n Coup vorbereiten, planen, F aushecken; F fig **monter le** ~ à qn j-n aufhetzen (contre gegen); **c'est un** ~ monté das ist e-e abgekartete Sache, ein abgekartetes Spiel; **se monter le** ~ a) sich hin'einsteigern; b) sich etwas vormachen; sich Illusi'onen hingeben; **porter un** ~ à qn j-m e-n Schlag versetzen (auch fig); j-m e-n Hieb versetzen; **porter un** ~ à la réputation de qn j-s gutem Ruf schaden; j-s guten Ruf beeinträchtigen; **le** ~ a porté der Schlag, Hieb hat gesessen; **j'ai pris le** ~ jetzt hab ich's her'aus (wie man es macht); F **en prendre un** (bon) ~ Person etwas dabei abbekommen; fig Eitelkeit etc ziemlich hart getroffen werden; e-n Stoß versetzt bekommen; **tenir le** ~ aus-, 'durch-, standhalten; Sache (sich) halten; 'widerstehen-, strapa'zierfähig sein; F **valoir le** ~ sich lohnen; der Mühe wert sein; **2.** fig u Uhr Schlag m; mus ~ d'archet Bogenstrich m, -führung f; ~ de cymbales Beckenschlag m; **3.** Schluck m; austrinken **d'un seul** ~ auf e-n Zug; F fig **avoir un** ~ dans le nez cf tief ins Glas geguckt haben; F: **boire un** ~ F einen trinken, heben; **boire un** ~ de trop F einen über den Durst trinken

coupable [kupabl(ə)] **I** adj schuldig; schuldhaft (beide auch jur); par ext Begierden etc sündig; sündhaft; jur non ~ nicht schuldig; **conduite** f ~ schuldhaftes, pflichtwidriges Verhalten; **être** ~ d'un crime e-s Verbrechens schuldig

sein; **être** ~ **d'indulgence** sich zu großer Nachsicht schuldig machen; **être déclaré, reconnu** ~ für schuldig befunden, *auch jur* erklärt werden *in der* ~ *Sache*); *jur* schuldig gesprochen werden; **se rendre** ~ **de qc** etw verschulden; sich etw zu'schulden kommen lassen; *Fehler, Diebstahl etc* etw begehen; **tu en** ~, **tout de même!** a) warum hast du das denn getan *bzw* nicht gemacht!; b) es ist immerhin **d e i n e** Schuld!; du hast es dir selber zuzuschreiben; **II** *m,f* Schuldige(r) *f(m)*; Täter *m*; **le grand** ~ **de qc**, **c'est** … der Hauptschuldige an etw (*dat*) ist …; die Hauptschuld an etw (*dat*) trägt …; **c'est moi le** ~ ich bin der Schuldige; **das ist meine Schuld**; ich bin schuld daran

coupage [kupaʒ] *m* **1.** Schneiden *n*; **2.** *von Weinen etc* Verschnitt *m*; Verschneiden *n*; *loc/adj* **de** ~ verschnitten; Verschnitt…; …-Verschnitt *m*

coupant [kupã] *adj* **1.** schneidend; (scharf)geschliffen; scharfkantig; **2.** *fig Ton, Stimme* schneidend; **3.** *math cf* **sécant**

coup-de-poing [kudpwɛ̃] *m* ⟨*pl* coups--de-poing⟩ **1.** ~ **(américain)** Schlagring *m*; **2.** *Vorgeschichte* Faustkeil *m*

coupe [kup] *f* **1.** Schale *f*; Schüssel *f*; Schälchen *n*; Schüsselchen *n*; *Trinkgefäß auch* Po'kal *m* (*alle auch Inhalt*); ~ **glacée** Eisbecher *m*; ~ **à champagne** Sektschale *f*; ~ **de compote** Schale, Schälchen, Schüssel (mit) Kompott; ~ **de cristal** Kri'stallschale *f*, -schüssel *f*; *fig*: **il y a loin de la** ~ **aux lèvres** ein Versprechen geben und es halten *bzw* e-n Plan machen und ihn 'durchführen ist zweierlei; **boire la** ~ **jusqu'à la lie** den Kelch bis zur Neige leeren; **2.** *sports* Po'kal *m*; *auch* Po'kalspiel *n*; Meisterschaft *f*; ~ **Davis** [-davis] Davis-Cup ['de:viskap] *m*; Davis-Pokal *m*; ~ **d'Europe** Eu'ropa-Pokal *m*; ~ **de France de football** französischer Fußball-pokal(wettbewerb) *m*; ♀ **du monde** Fußballweltmeisterschaft *f*; *Skifahren* Weltcup [-kap] *m*; **jouer la** ♀ **du monde** um die (Fußball)Weltmeisterschaft spielen; **3.** Schneiden *n*; Schnitt *m*; *cout* a) Zuschneiden *n*; Zuschnitt *m*; b) Schnitt *m*; c) Cou'pon *m*; (Stück *n*) Stoff *m*; ~ **(de cheveux)** a) (Haar)Schnitt *m*; b) Schneiden *n*; *cout* **à** ~ *haags* guter Schnitt; ~ **de visage régulière** regelmäßig geschnittenes Gesicht; **4.** *géol etc* Schnitt *m*; *géol auch* Pro'fil *n*; *allg auch* Schnittzeichnung *f*; Schnittfläche *f*; *biol* ~ **(histologique)** (Gewebs-)Schnitt *m*; ~ **longitudinale, transversale** Längs-, Querschnitt *m*; **5.** *fig* **être, tomber sous la** ~ **de qn** unter j-s Fuchtel (*dat*) sein; unter j-s Fuchtel (*acc*) fallen; völlig von j-m beherrscht werden; **6.** *Forstwesen* Fällen *n* (von Bäumen); Hieb *m*; Schlag *m* (*auch Fläche*); Einschlag *m* (*auch geschlagene Bäume*); ~ **réglée** Jahresschlag *m*; *fig* **mettre qn en** ~ **réglée** j-m (unberechtigt und) regelmäßig Geldsummen abverlangen; j-n regelmäßig schröpfen; ~ **sombre** *od* **d'ensemencement** Besamungshieb *m*; *fig* ~**s sombres** einschneidende Redu'zierungen *f/pl*, Kürzungen *f/pl* (**dans le budget, dans le personnel** des Budgets, beim Personal); **faire des** ~**s sombres dans un manuscrit** ein Manuskript stark kürzen, zu'sammenstreichen; **7.** *Kartenspiel* Abheben *n*; Coupe *f*; **8.** *tech* Abspanen *n*; **outil** *m* **de** ~ spanabhebendes Werkzeug; **vitesse** *f* **de** ~ Schnittgeschwindigkeit *f*; **9.** *métr* Zä'sur *f*; *ling* ~ **syllabique** Silbentrennung *f*

coupé [kupe] **I** *adj* **1.** geschnitten; *Haare* kurz(geschnitten); *Gelände* durch-'schnitten; *Heraldik* geteilt; **fleurs** ~**es** Schnittblumen *f/pl*; *Kleid etc* **mal** ~ schlecht (zu)geschnitten; *cf auch* **couper 1.**; **2.** *Verbindungen* abgeschnitten; unter'brochen; *Straße* unter'brochen; unpassierbar; **3.** *bât* **pan** ~ abgestumpfter Winkel; abgestumpfte Ecke; **4.** *mar* **poulie** ~**e** Fußblock *m*; **II** *m* **1.** *(Tisch-)Tennis* angeschnittener Ball; **2.** *esc* Wurfstoß *m*; **3.** *auto* Coupé *n*

coupe|-chou(x) [kupʃu] *m* ⟨*inv*⟩ mil im 19. Jh kurzer Säbel der Infante'risten; ~--**cigares** *m* ⟨*inv*⟩ Zi'garrenabschneider *m*; ~**-circuit** *m* ⟨*inv*⟩ *élect* Unter'brecher *m*; Sicherung *f*; ~**-cors** *m* ⟨*inv*⟩ Hühneraugenmesser *n*; ~**-coupe** *m* ⟨*inv*⟩ Buschmesser *n*; Machet(t)e [-'tʃe:-] *f*

coupée [kupe] *f mar* Öffnung *f* in der Bordwand für das Fallreep *bzw* den Landgang; **échelle** *f* **de** ~ Fallreep *n*

coupe-feu [kupfø] ⟨*inv*⟩ **I** *adj* **mur** ~ Brandmauer *f*; **porte** *f* ~ Feuerschutz-tür *f*; **II** *m* Brandschneise *f*

coupe-file [kupfil] *m* ⟨*inv*⟩ (von der Polizei ausgestellter) Pas'sierschein, Sonderausweis

coupe-gorge [kupɡɔrʒ] *m* ⟨*inv*⟩ **1.** Spe-'lunke *f*; Räuberhöhle *f*; *auch* üble, gefährliche, berüchtigte, verrufene Gegend; **2.** Spielhölle *f* (, in der meist falschgespielt wird)

coupe-légumes [kuplegym] *m* ⟨*inv*⟩ *cuis* Gemüseschneider *m*

coupellation [kupɛ(l)lasjõ] *f tech* Ku-pel'lieren *n*; Abtreiben *n*

coupelle [kupɛl] *f tech* Ku'pelle *od* Ka'pelle *f*

coupe|-ongles [kupõɡl(ə)] *m* ⟨*inv*⟩ (*Art*) Nagelschere *f*, -zange *f*; ~**-papier** *m* ⟨*inv*⟩ Pa'piermesser *n*; Brieföffner *m*

couper [kupe] **I** *v/t* **1.** schneiden; zer-, 'durchschneiden; kappen (*auch mar*); abschneiden; abtrennen; *Hecke etc* beschneiden; *Gras, Getreide etc* (ab-)mähen; schneiden; *Haare* schneiden; *Kleid etc* zuschneiden; *Holz, Bäume* fällen; hauen; *Holz auch* sägen *bzw* hacken; *Äste* abschlagen; abhacken; abschneiden; ~ **qn** in Stücke schneiden, zer'schneiden, verletzen; j-m e-e Schnittwunde beibringen; ~ **un angle** e-e Ecke abschlagen, abschneiden; ~ **la gorge à qn** j-m die Kehle, den Hals durchschneiden; ~ **une jambe à qn** *chir* j-m ein Bein abnehmen; *bei Verkehrsunfall* j-m ein Bein abfahren; ~ **(les feuillets, les pages d')un livre** ein Buch aufschneiden; ~ **une tranche** e-e Scheibe abschneiden; *fig Wind* ~ **le visage** ins Gesicht schneiden; ♦ *adit*: **il a eu la jambe coupée** ein Bein wurde ihm *bei e-m Unfall* abgetrennt, abgerissen, abgefahren, *chir* abgenommen; *fig* **j'ai les jambes coupées** ich kann mich kaum aufrecht halten; die Beine wollen mich nicht tragen; *fig vor Schreck* **j'en ai eu les jambes coupées** die Knie zitterten mir, wurden mir weich; ich hatte weiche Knie; **il a une oreille coupée** ihm fehlt ein Ohr; ein Ohr ist ihm abgetrennt, abgerissen, abgeschnitten worden; ♦ *loc/adj Nebel etc* **à** ~ **au couteau** undurchdringlich; dick; dick; **il y avait une fumée à** ~ **au couteau** Luft war zum Schneiden; man hätte die Luft mit dem Messer (ab)schneiden können; ♦ *mit loc/adv*: ~ **qn à la main** j-n in die Hand schneiden; j-m an der Hand e-e Schnittwunde beibringen; ~ **avec un couteau** mit e-m Messer (ab)schneiden; ~ **avec les dents** ab-, 'durchbeißen; ~ **avec une 'hache** (ab-, zer)hacken; ~ **avec une scie** (ab-, zer)sägen; ~ **en**

deux in zwei Teile schneiden; hal'bieren; ~ **une pièce en deux** ein Zimmer in zwei Räume aufteilen; ~ **en morceaux** in Stücke schneiden; entzwei-schneiden; **2.** unter'brechen; trennen; (ver)sperren; *Schnee etc: Ort, mil Rückzug* abschneiden; *Verbindungen* unter-'brechen; *Überschwemmung, Bombardement etc: Straße, Brücke, Eisenbahnlinie* unpassierbar machen; *Baum etc: Straße* versperren; *Gas, Strom, Wasser, Telefon* sperren; *Gas, Strom, Wasser auch* abstellen; *Strom auch* ausschalten; *Stromkreis* unter'brechen; *auto Gas* wegnehmen; *Fieber* her'absetzen; senken; *Strom etc* **être coupé** *auch* ausfallen; F *fig* **ça te la coupe** F da bleibt dir die Spucke weg; da biste platt; da staunst du; da staunste; **la maladie l'a coupé du reste du monde** s-e Krankheit war er völlig iso'liert; **le village a été coupé du reste du monde** … wurde von der Außenwelt abgeschnitten; ~ **la matinée d'une récréation** den Vormittag durch e-e Pause unterbrechen, teilen; *mar* ~ **la vapeur** die Maschine(n) abstellen, stoppen; ~ **le vent** den Wind abhalten; **vor dem Wind schützen**; ~ **les vivres à qn** j-m s-e finanzielle Unter'stützung entziehen; j-m den Geldhahn zudrehen; **ça coupera le voyage** das ist, wäre e-e (angenehme) Unter'brechung der Reise, Fahrt; **3.** ~ **un passage d'un texte** e-e Stelle aus e-m Text (her'aus)streichen; ~ **(une scène, quelques scènes d')un film** e-n Film kürzen; e-e Szene, einige Szenen aus e-m Film her'ausschneiden; **4.** (*Spiel)Karten* abheben; ku'pieren; **5.** *Tier* ka'strieren; verschneiden; **6.** (*Tisch-)Tennisball* (an)schneiden; **7.** *Flüssigkeit* mischen; ~ **le lait** die Milch mit Wasser verdünnen, mischen; F die Milch panschen; ~ **son vin d'eau** den Wein mit Wasser mischen; **8.** durch'queren; -'schneiden; *math Linie etc* schneiden; *Straße: e-e andere* schneiden; kreuzen; *auto Kurve* schneiden; **9.** *Satz, Vers* durch Einschnitte mar'kieren; **II** *v/t/indir* **10.** F **tu n'y couperas pas** du wirst dich dem nicht entziehen können; F da kommst du nicht drum her'um; da wirst du dran glauben müssen; **III** *v/i* **11.** *Messer etc* schneiden; scharf sein; **12.** *cout* zuschneiden; **elle sait très bien** ~ sie kann sehr gut zuschneiden; **13.** *Kartenspiel* **a)** abheben; **b)** mit (e-r) Trumpf(-karte) stechen; **14.** ~ **à travers champs** querfeld'ein gehen *bzw* laufen; ~ **par le bois** (den kürzesten Weg) quer durch den Wald gehen; **15.** *fig* ~ **court** (kurz) abbrechen; ~ **court à qc** etw (kurz) abschneiden; e-r Sache (*dat*) (auf einen Schlag) ein Ende machen; **16.** *bei Ton-, Filmaufnahmen* **coupez!** aus!; stopp!; *tél* **ne coupez pas, s.v.p.** trennen Sie bitte die Verbindung nicht (Fräulein); ich spreche noch; **17.** *esc* e-n Wurfstoß ausführen; **IV** *v/pr* **se** ~ **18.** sich schneiden; **je me suis coupé(e) au doigt** ich habe mich in den Finger geschnitten; **je me suis coupé le doigt** ich habe mir den Finger abgeschnitten; **19.** F *fig* **se** ~ **en quatre** *cf* (**se mettre en**) **quatre**; **20.** *Stoff* brüchig werden; Brüche bekommen; **21.** *Straßen* sich schneiden, kreuzen; **22.** F *fig* sich (*nach e-r Lüge*) verplappern; **23.** *fig* **se** ~ **de qn** sich j-m entfremden; *pl/loc etc* j-n lossagen

coupe-racines [kuprasin] *m* ⟨*inv*⟩ *agr* Wurzelschneider *m*; Rübenschneider *m*, -schnitzler *m*

couperet [kuprɛ] *m* **1.** Hackbeil *n*, -messer *n*; **2.** *der Guillotine* Fallbeil *n*

couperose [kuproz] *f* **1.** erweiterte *od* geplatzte Äderchen *n/pl* (in der Gesichts-

haut); *path cf* **rosacée** II 2.; **2.** *chim früher* Vitri'ol *n*; ~ **bleue, blanche, verte** blaues, weißes, grünes Vitriol

couperosé [kuproze] *adj* mit erweiterten *od* geplatzten Äderchen

coupette [kupɛt] *f* Spezi'almesser *n* für Li'noleum, PVC, Teppichböden

coup|eur [kupœr] *m* **1.** *cout* Zuschneider *m*; **2.** ~ **de têtes** Kopfjäger *m*; **3.** *fig* ~ **de cheveux en quatre** Haarspalter *m*; ~**euse** *f* Schneidemaschine *f*

coupe|-verre [kupvɛr] *m* ⟨*inv*⟩ Glasschneider *m*; ~**-volailles** *m* ⟨*inv*⟩ Geflügelschere *f*

couplage [kuplaʒ] *m* Kopplung *f* (*auch phys, élect, rad*); *élect, von Motoren* Schaltung *f*; *tech cf* **accouplement** 2.; *élect*: ~ **réactif** Rückkopplung *f*; ~ **en parallèle, en série** Paral'lel-, Reihenschaltung *f*; **facteur** *m* **de** ~ Kopplungsfaktor *m*

couple[1] [kupl(ə)] *m* **1. a)** *von Personen* Paar *n*; *Pärchen n; bes* Ehepaar *n; par ext* Ehe *f*; ~ **d'amis** befreundetes (Ehe)Paar *n*; ~ **d'amoureux** Liebespaar *n*, -pärchen *n*; **b)** *von Tieren* Paar *n* (*Männchen u Weibchen*); *von Kleintieren* Pärchen *n*; *von aneinandergebundenen Tieren* Paar *n*; **un** ~ **de bœufs** ein Paar Ochsen; **2.** *fig u st/s* (fast) immer gemeinsam auftretende Gefühle *n/pl od* Dinge *n/pl*; **ce** ~ **classique, la misère et l'alcoolisme** Armut und Alkoholismus, die immer Hand in Hand gehen; **3.** *phys* Kräftepaar *n*; *tech* (Dreh)Mo'ment *n*; *élect* Ele'ment *n*; *tech* ~ **conique** Kegelradpaar *n*; *tech* ~ **moteur** Ener'gie *f*; *aviat* ~ **de rendement** der Drehrichtung des Rotors *bzw* Propellers entgegengesetztes Drehmoment; **4.** *mar, aviat* Spant *n*, *aviat auch m; mar auch* Rippe *f*; **5.** *Mengenlehre* Paar *n*

couple[2] [kupl(ə)] *f litt* **une** ~ **de zwei; une** ~ **d'heures** zwei Stunden *f/pl*

couplé [kuple] **I** *adj* **1.** *tech, phot* Entfernungsmesser gekoppelt; **2.** *Pferderennen* **pari** ~ Zwillingswette *f*; **II** *m phot* ~ **stéréoscopique** Stereobildpaar *n*

coupler [kuple] *v/t* **1.** *tech* (ver)koppeln; (ver)kuppeln; *élect* schalten; ~ **en série** hintere'inanderschalten; **2.** *Hunde, Pferde* koppeln

couplet [kuplɛ] *m* **1.** *e-s Lieds* Strophe *f*; ~**s** *pl* Lied *n*; ~**s satiriques** Cou'plet *n*; F *fig* **il nous a ressorti son** ~ **sur ...** F er hat wieder mit der alten Leier über (+*acc*) angefangen; **2.** *thé cf* **tirade** a)

coupleur [kuplœr] *m* **1.** *tech* Kupplung *f* (*auch ch de fer*); **2.** *élect* Schalter *m*

coupoir [kupwar] *m tech* Schneidegerät *n*, -werkzeug *n* (*für hartes Material*)

coupole [kupɔl] *f* **1.** *arch* Kuppel *f* (*auch e-r Sternwarte*); **2.** *par ext* **la** ♀ das Institut de France *u bes* die Académie française; **être reçu sous la** ♀ Mitglied *n* der Académie française *bzw* des Institut de France werden

coupon [kupɔ̃] *m* **1.** Stoffrest *m*; Cou'pon *od* Ku'pon *m*; **2.** *fin* Cou'pon *od* Ku'pon *m*; Zinsschein *m*; **3.** Abschnitt *m*; Gutschein *m*; Cou'pon *od* Ku'pon *m*; ~**-réponse** *m* ⟨*pl* coupons-réponse⟩ *Post* ~ **international** internationaler Antwortschein

coupure [kupyr] *f* **1.** Schnitt(wunde, -verletzung) *m(f)* (**au doigt, au visage** am Finger, im Gesicht); **2.** *im Gelände u fig* Einschnitt *m*; *fig auch* einschneidendes Erlebnis; **3.** *von Gas, Wasser* Absperren *n*, -ung *f*; Abstellen *n*; *télécomm* Unter'brechung *f*; ~ **de courant** Stromsperre *f bzw* -ausfall *m*; **il y aura une** ~ **d'eau** das Wasser wird abgestellt, (ab)gesperrt; **4.** ~ **dans un film** Kürzung *f* e-s Films; Her'ausschneiden *n*

---

aus, Schnitte *m/pl* in e-m Film; ~ **dans un texte** Kürzung *f* e-s Textes; Streichen *n* von Passagen in e-m Text; **faire des** ~**s dans un texte** e-n Text kürzen, zu'sammenstreichen; **5.** ~ **de journal** Zeitungsausschnitt *m*; **6.** Banknote *f*; (Geld-) Schein *m*; ~ **de dix francs** Zehnfrancschein *m*; **10-Franc-Schein** *m*; **numéros** *m/pl* **des** ~**s** (Serien)Nummern *f/pl* der Geldscheine; **7.** *agr* Abzugsgraben *m*

couque [kuk] *f ein flämisches Gebäck*

cour [kur] *f* **1.** Hof *m*; Hofraum *m*; ~ **anglaise** (*Art*) Lichtschacht *m*, Böschung *f* vor Kellerfenstern; ~ **intérieure** Innenhof *m*; ~ **des adieux** Schloßhof *m* von Fontainebleau (*wo Napoleon von s-r Garde Abschied nahm*); ~ **de ferme** Hof e-s Bauernhauses; ~ **d'honneur** Ehrenhof *m*; ♀ **des Miracles** *cf* **miracle** 5.; ~ **(de récréation)** Schulhof *m*; Pausenhof *m*; ♦ *thé* **côté** ~ (auf der) linke(n) Seite der Bühne (*vom Schauspieler aus gesehen*); **2.** (Königs-, Fürsten-) Hof *m*; *par ext* Hofstaat *m* (*auch fig*); *fig* ~ **d'admirateurs** Schwarm *m*, Kreis *m* von Verehrern; Hofstaat *m*; **Cour** *f*; ~ **de France** französischer (Königs)Hof; *fig* ~ **du roi Pétaud** F Saftladen *m*; *cf auch* **pétaudière**; **charge** *f* **à la** ~ Hofamt *m*; **abbé** *m* **de** ~ *hist* Hofgeistliche(r) *m*; *heute* (allzu) weltgewandter, weltlicher Geistlicher; **habit** *m* **de** ~ Hoftracht *f*; *fig* **homme** *m* **de** ~ über'triebenen zeremoni'eller, höflicher Mensch; **noblesse** *f* **de** ~ Hofadel *m*; ♦ *loc/adv* **à la** ~ bei Hofe; **à la** ~ **d'Henri IV** am Hofe Heinrichs IV.; **aller à** ~ sich zum (Königs)Hof begeben; ♦ **avoir sa** ~ Hof halten; **être bien (mal) en** ~ *hist* bei Hofe in Gnade (Ungnade), in Gunst stehen; *fig* (nicht) sehr angesehen sein; *fig* **il lui faut une** ~ *bzw* sie muß immer im Mittelpunkt stehen; *hist* **faire sa** ~ sich bei Hofe zeigen; sich dem König präsen'tieren; *fig* **faire sa** ~ **à qn** j-n ho'fieren, j-s Gunst zu gewinnen; **faire la** ~ **à une femme** e-r Frau den Hof machen, die Cour machen, schneiden; **3.** ~ **(de justice)** Gericht(shof) *n(m)*; höheres Gericht; *par ext* Richter *m/pl*; *in Frankreich* **Haute** ♀ **(de justice)** Sondergericht *n* (*zur Aburteilung politischer Verbrechen*); *der UNO* ♀ **internationale de justice** Internationale de justice Internationaler Gerichtshof; *früher* ~ **laye** weltliche Gerichtsbarkeit; ~ **martiale** Standgericht *n*; ♀ **permanente d'arbitrage** Ständiger Schiedshof; Haager Schiedshof; Ständiger Internationaler Schiedsgerichtshof; ~ **d'appel** Berufungsgericht *n*; ~ **d'assises** Schwurgericht *n*; ♀ **de cassation** Kassati'onshof *m*, -gericht *n*; ♀ **des comptes** Rechnungshof *m*; **mettre les parties 'hors de** ~ **et de procès** das Verfahren einstellen; **4.** *hist Literatur* ~ **d'amour** vom 12.–15. Jh *Art literarischer* (*höfischer*) *Zirkel, der die Regeln der Minne u des Minnedienstes festlegte*

courable [kurabl(ə)] *adj ch* jagdbar (*bei Hetzjagd*)

courage [kuraʒ] *m* **1.** (Wage)Mut *m*; Tapferkeit *f*; Unerschrockenheit *f*; Beherztheit *f*; Cou'rage *f*; ~ **héroïque** Heldenmut *m*; **avec** ~ (wage)mutig; tapfer; unerschrocken; beherzt; **avoir du** ~ Mut haben, besitzen; mutig sein; **n'écouter que son** ~ nicht an die Gefahr denken; *st/s* die Gefahr nicht achten; **manquer de** ~ keinen Mut haben; **prendre son** ~ **à deux mains, rassembler tout son** ~ s-n ganzen Mut zusammennehmen; sich ein Herz fassen; sein Herz in die Hand nehmen; **2.** Mut *m*; Entschlossenheit *f*; Beherztheit *f*;

Einsatz *m*; Eifer *m*; *auch* Zi'vilcourage *f*; ~**! nur Mut!; Kopf hoch!; bon** ~**! mach's** *bzw* machen Sie's gut!; laß dich *bzw* lassen Sie sich nicht 'unterkriegen; **avoir le** ~ **de ses opinions** für s-e Meinung, Ansichten, Anschauungen, Auffassungen eintreten; zu s-r Meinung *etc* stehen; **(re)donner** ~ (wieder) Mut machen, geben; **reprendre** ~ wieder Mut fassen, schöpfen; **3.** Härte *f*; Gefühllosigkeit *f*; *oft in negativen Sätzen* Herz *n*; Mut *m*; **je n'ai pas eu le** ~ **de refuser** ich hatte nicht das Herz *od* ich brachte es nicht übers Herz abzulehnen; **il a eu le** ~ **de me dire cela** er hatte die Stirn, mir das zu sagen

courageux [kuraʒø] *adj* ⟨-**euse**⟩ **1.** mutig; tapfer; unerschrocken; beherzt; coura'giert; *subst* **ce n'est pas un** ~ er ist nicht sehr mutig, tapfer; **2.** beherzt; entschlossen; einsatzfreudig; eifrig

couramment [kuramã] *adv* **1.** *sprechen, lesen* fließend; geläufig; **2.** häufig; oft; üblicherweise

courant [kurã] **I** *adj* **1.** üblich; gebräuchlich; alltäglich; Alltags-; *Ausgaben, Geschäfte* laufend; *comm Artikel, Ware* gängig; **compte** ~ laufendes Konto; Girokonto ['ʒi:-] *n*; Kontokor'rent *n*; laufende Rechnung; **langage** ~, **langue** ~**e** (All)Gemeinsprache *f*; Nor'malsprache *f*; *comm* **main** ~ **e** Kladde *f*; *cf auch* **4.**; **monnaie** ~**e** gültige, gangbare Währung; *fig* **c'est monnaie** ~**e** das ist gang und gäbe; das ist so üblich; **mot** ~ übliches, gebräuchliches, gängiges Wort; **prix** ~ (handels)üblicher, marktgängiger Preis; **problème** ~ häufig vorkommendes, häufiges, alltägliches Problem; **c'est** ~ das gibt es, ist häufig; das kommt häufig, alle Tage vor; das ist e-e alltägliche Sache; **c'est (de pratique)** ~**(e)** das ist (allgemein) so üblich; **2.** fließend; **eau** ~**e** a) fließendes Gewässer; Wasserlauf *m*; b) *in Hotels etc* fließendes Wasser; *österr* Fließwasser *n*; **3.** *zeitlich* diese(r, -s); **l'année** ~**e** dieses, in diesem Jahr; **le dix** ~ (*abr* ct.) der Zehnte *bzw* am Zehnten dieses Monats (*abr* d.M.); **le mois** ~ diesen, in diesem Monat; **4. main** ~**e** a) *el* Handlauf *m*; *mar* der Reling Handläufer *m*; **5.** *mar* **manœuvres** ~**es** laufendes Tauwerk, Gut; **6.** *ch* **chien** ~ Hetzhund *m*; **II** **1.** *élect* Strom *m*; ~ **alternatif, continu** Wechsel-, Gleichstrom; *télécomm* ~ **porteur** Trägerstrom *m*; ~ **de conduction** Leitungsstrom *m*; *phys, météo* ~ **de convection** Konvekti'onsstrom *m*; ~ **de déplacement** Verschiebungsstrom *m*; ~**s de Foucault** Wirbelströme *m/pl*; Fou'cault-Ströme *m/pl*; ~ **de retour** Rückstrom *m*; ~ **de traction** Fahrstrom *m*; *bei Unterbrechung des Stromkreises* **le** ~ **ne passe plus** der Strom fließt nicht mehr; *fig* **le** ~ **(ne) passe (pas)** sie finden (keinen) Kon'takt zuein'ander; der Funke ist (nicht) 'übergesprungen; **2.** *in Flüssen, im Meer, in der Luft* Strömung *f*; ~**s aériens,** atmosphériques Luftströmungen *f/pl*; ~ **ascendant, descendant** Auf-, Abwind *m*; ~ **marin** Meeresströmung *f*, -strom *m*; ~ **rapide** starke Strömung; ~ **d'air** Zug (-luft) *m(f)*; Luftzug *m*; *fig* **nom** *m* **à** ~ **d'air** ellenlanger Name mit (meist gekauften) Adelsprädikaten; **il y a un** ~ **d'air ici** hier zieht es; **faire un** ~ **d'air pour aérer** 'Durchzug machen (, um zu lüften); *géogr* **le Labrador** Labra'dorstrom *m*; **il y a du** ~ hier gibt es, herrscht e-e ziemlich starke Strömung; **remonter le** ~ strom-, fluß'aufwärts fahren *bzw* schwimmen; *fig* **il remonte**

le ~ es geht wieder aufwärts mit ihm;
suivre le ~ strom-, fluß'abwärts fahren
bzw schwimmen; *fig* mit dem Strom
schwimmen; **3.** *zeitlich* **dans le ~ de la
semaine** im Laufe der, dieser Woche;
comm **(à) fin (du) ~** Ende des laufenden,
per Ende dieses Monats; **4.** *comm, pol* **~
des affaires** laufende Geschäfte *n/pl*;
comm **~ du marché** aktu'elle Lebens-
mittelpreise *m/pl*; **5.** *von Personen* Strom
m; **~ d'immigration, de population**
Einwanderer-, Bevölkerungsstrom *m*; **6.**
fig von Meinungen etc Richtung *f*; Strö-
mung *f*; **~s de pensée** (philosophische)
Richtungen; **un ~ de scepticisme se
fait sentir** *dans le parti …* macht sich
einige Skepsis breit; *…* wird einige
Skepsis fühlbar; **un ~ de sympathie se
fait sentir** ein Strom von, e-e Welle der
Zuneigung wird spürbar; **7.** *loc/adv* **au
~:** im Bild sein; **être au ~** im Bild sein,
infor'miert sein (**de** über + *acc*); **mettre
au ~** infor'mieren, unter'richten, ins Bild
setzen (**de** über + *acc*); in Kenntnis
setzen (von); *Neuling* einarbeiten, ein-
führen (in +*acc*); **se mettre au ~** sich
informieren, sich unterrichten, sich
orien'tieren (**de** über + *acc*); **(se) tenir
au ~** (sich) auf dem laufenden halten;
(sich) laufend unter'richten; **8.** *st/s* **écri-
re au ~ de la plume** s-r Feder freien
Lauf lassen; mit fliegender Feder schrei-
ben; schreiben, wie es einem in die Feder
fließt
courante [kurɑ̃t] *f* **1.** F (*diarrhée*)
'Durchfall *m*; F 'Durchmarsch *m*; **2.** *mus*
Cou'rante *f* (*Teil der Suite u Tanz*)
courantographe [kurɑ̃tɔgraf] *m*
Strommesser *m* (*für Meeresströmungen*)
courbaril [kurbaril] *m bot* Hyme'naea
courbaril *f*
courbatu [kurbaty] *adj* wie zerschlagen,
gerädert; **les reins ~s** lenden-, kreuz-
lahm; mit heftigen Kreuzschmerzen;
avoir les reins ~s heftige Kreuzschmer-
zen haben; lenden-, kreuzlahm sein
courbature [kurbatyr] *f* Glieder-
schmerzen *m/pl*; Muskelkater *m*; Kreuz-
schmerzen *m/pl*; **avoir, ressentir des
~s** *auch* sich wie zerschlagen fühlen
courbatur|é [kurbatyre] *adj* **être ~** sich
wie zerschlagen fühlen; wie gerädert
sein; **~er** *v/t* Muskelkater verursachen
(+*dat*); **cette randonnée m'a courba-
turé** nach diesem Ausflug fühle ich mich
wie zerschlagen
courbe [kurb] **I** *adj* gebogen; gekrümmt;
geschwungen; geschweift; krumm; **li-
gne ~** gebogene, gekrümmte Linie;
Kurve *f* (*auch math*); **II** *f* **1.** Kurve *f* (*auch
e-r Straße*); Krümmung *f*; Biegung *f*;
Bogen *m*; Wölbung *f*; *der Augenbrauen*
Bogen *m*; Wölbung *f*; *der Schultern*
Wölbung *f*; *poét* **~ douce des 'hanches**
poét sanfter Schwung der Hüften; **2.**
math Kurve *f*; **~ fermée, plane** ge-
schlossene, ebene Kurve; **~ simple con-
tinue** *od* **~ de Jordan** einfache, ge-
schlossene Kurve; **3.** *géogr* **~s de niveau**
Ni'veau-, Höhen-, Schichtlinien *f/pl*;
Horizon'tal-, Ni'veaukurven *f/pl*; **4.** *méd*
~ de température Fieberkurve *f*; **5.**
Statistik Kurve *f*; **~ de fréquence, des
prix, des salaires** Häufigkeits-, Preis-,
Lohnkurve *f*; **6.** *mar* **~ de déplacement**
Spantenskala *f*; Spantflächen-, Verdrän-
gungskurve *f*
courbé [kurbe] *adj* **~ en S** S-förmig
gekrümmt; **~ par l'âge, par les ans**
altersgebeugt; vom Alter gebeugt; **~
sous le poids** unter der Last gebeugt;
~ sur qc über etw (*acc*) gebeugt, ge-
bückt

courber [kurbe] **I** *v/t* biegen; krümmen;
beugen; *Wind* **~ les arbres** die Bäume
schief wachsen lassen, krümmen; **~ le
dos (sous les coups)** sich zu'sammen-
krümmen (unter den Schlägen); **~ le
front sur un livre** sich über ein Buch
beugen; den Kopf über ein Buch neigen;
fig **~ le front** sich fügen, beugen, unter-
'werfen, 'unterordnen; *fig u st/s* **~ qn
sous sa volonté** j-n unter'drücken,
unter'jochen; **II** *v/pr* **se ~** sich biegen;
sich krümmen *nur Person* sich bücken;
sich (nieder)beugen; *st/s Person* sich
verbeugen; sich (ver)neigen
courbette [kurbɛt] *f* **1.** tiefe Verneigung;
Bückling *m*; *fig* **faire des ~s à, devant
qn** vor j-m katzbuckeln; vor j-m Ko'tau
machen; **2.** *des Pferdes* Kur'bette *od*
Cour'bette *f*; Bogensprung *m*
courbure [kurbyr] *f* Krümmung *f*; Bie-
gung *f*; Bogen *m*; Wölbung *f*; **~ des
reins** Krümmung der Lendenwirbel-
säule
courcaillet [kurkajɛ] *m* Wachtel-
schlag *m*
courçon *cf* courson
courette [kurɛt] *f* kleiner Hof; Höf-
chen *n*
coureur [kurœr] *m* **1.** Läufer *m*; *sports
auch* Rennfahrer *m*; *sports:* **~ (à pied)**
Läufer *m*; **~ automobile, cycliste, mo-
tocycliste** Auto(mo'bil)renn-, Rad-
renn-, Motorradrennfahrer *m*; **~ de
demi-fond, de fond** Mittelstrecken-,
Langstreckenläufer *m*; **~ de 110 mètres
'haies** 110-m-Hürdenläufer *m*; **2.** *par ext*
~ de bals häufiger Besucher von Bällen;
~ de dot(s) Mitgiftjäger *m*; **3.** **~ (de
jupons)** Schürzenjäger *m*; Casa'nova *m*;
Frauen-, Weiberheld *m*; *adj* **il est ~** er
ist ein Schürzenjäger *etc*; **4.** Rennpferd *n*
coureuse [kurøz] *f* **1.** Läuferin *f* (*auch
sports*); **2.** *fig u péj* (**petite**) **~** leichtes
Mädchen; Flittchen *n*; *adj* **elle est ~** sie
ist ein Flittchen, leichtes Mädchen
courge [kurʒ] *f* **1.** *bot* Kürbis *m* (*Pflanze
u Frucht*); **2.** F *fig* **quelle ~!** was für e-e
Gans!; die dumme Gans!; was für ein
Gänschen!
courgette [kurʒɛt] *f bot* Zucchino
[-ki:-] *m*; *pl* **~s** Zucchini *m/pl*
courir [kurir] ‹je cours, il court, nous
courons; je courais; je courus; je
courrai; que je coure; courant; cou-
ru›
I *v/t* **1.** **~ sa chance** *cf* chance 1.; **~ un
danger, un risque** *cf* danger *u* ris-
que; **2.** **~ qc** etw häufig besuchen; an e-r
Stelle häufig sein *bzw* her'umstreifen; **~
les bals** auf allen Bällen anzutreffen
sein; **~ les bois** die Wälder durch'strei-
fen; im Wald, in den Wäldern um'her-
streifen; **~ les mers** die Meere befahren;
fig in der Welt her'umkommen; sich in
der Welt her'umtreiben; **~ les rues** *cf*
rue 1.; **~ les théâtres** ständig ins Theater
anzutreffen sein; ein Theaternarr, -fan
[-fɛn] sein; dauernd ins Theater rennen; **~
les ventes** häufig bei Versteigerungen
sein; von e-r Versteigerung zur andern
laufen *bzw* fahren; **~ la ville** in der
ganzen Stadt her'umlaufen; **3.** **~ qc** F
sehr auf etw (*acc*) aussein; *Schauspieler
etc* **~ le cachet** sich ständig um Engage-
ments bemühen; **~ les femmes, le
jupon** hinter den Frauen her sein; ein
Schürzenjäger, Frauenheld sein; den
Frauen nachlaufen; **~ les honneurs**
sehr auf Ehrungen aus, erpicht sein; **4.**
sports Läufer **~ le cent mètres** am
100-m-Lauf teilnehmen; **~ le grand
prix** am großen Preis teilnehmen; **5.** *ch*
durch Hetzjagd jagen;
II *v/i* **6.** laufen; rennen; eilen; *par ext*
her'um-, um'herlaufen, -streifen; ♦ *mit*

prép: **~ à la maison** nach Hause laufen;
fig **~ à sa perte, ruine** *cf* perte 2.,
ruine 4.; **~ à la porte** zur Tür laufen; *fig*
~ à un spectacle sich in Massen zu e-r
Vorstellung drängen; sich darum drän-
gen, e-e Vorstellung zu sehen; **toute la
ville court à ce spectacle** *auch* die
ganze Stadt will (unbedingt) diese Vor-
stellung sehen; **~ après qc, qn** hinter
etw, j-m herlaufen; e-r Sache, j-m nach-
laufen; hinter e-r Sache, j-m her sein; *fig*
~ après l'argent (sehr) hinter dem Geld
her sein; *fig* **~ après son argent** hinter
s-m Geld herlaufen; s-m Geld nachren-
nen; unbedingt sein Geld wieder zu-
'rückbekommen wollen; *fig* **~ après**
bonheur hinter dem Glück herjagen;
fig **~ après la gloire** dem Ruhm nachja-
gen; F **il lui court après** er läuft hinter
ihm *bzw* ihr her; er läuft ihm *bzw* ihr
nach (*auch fig*); *fig* **~ après son ombre**
Hirngespinsten, e-r Schi'märe nachja-
gen; **~ au-devant de qn** auf j-n losren-
nen; *fig* **~ d'aventure en aventure**
sich von einem Abenteuer ins andere
stürzen; **~ sur qn** sich auf j-n stürzen; *fig*
~ sur ses cinquante ans bald fünfzig
Jahre (alt) sein; sich den Fünfzigern
nähern; **~ vers qn, qc** auf j-n, etw
zulaufen; ♦ *mit adv:* **il court encore** a)
von e-m Verbrecher er ist noch flüchtig;
er konnte noch nicht gefaßt werden;
man hat ihn noch immer nicht erwischt;
b) *der Schreck sitzt ihm immer noch in
den Gliedern*; **j'y cours** ich gehe so'fort
hin *bzw* ich komme so'fort; F ich fliege;
♦ *loc/adv* **en courant** eilig; hastig; in
(aller) Eile; im Eiltempo; **arriver en
courant** an-, her'beigelaufen, -gerannt
kommen; **entrer en courant** her'ein-
bzw hin'einlaufen, -rennen; **passer en
courant** vor'bei-, vor'überlaufen; **sortir
en courant** her'aus- *bzw* hin'auslaufen;
♦ *mit Verben:* **~ chercher le médecin**
schnell den Arzt holen; **faire ~ qn** j-n
her'umhetzen (**pour rien** für nichts und
wieder nichts); *artiste qui fait* **~ toute la
ville** *…* den zu hören *bzw* zu sehen sich
die ganze Stadt drängt; *cf auch* 7. *u* 8.; F
laisser ~ die Dinge laufen lassen; nichts
unter'nehmen; **laisser ~ qn** j-m volle
Freiheit, j-n ohne Aufsicht lassen; j-n
sich selbst über'lassen; **laisser ~ son
imagination** s-r Phantasie freien Lauf,
s-e Phantasie schweifen lassen; **laisser ~
sa plume** s-r Feder freien Lauf lassen; F
fig **tu peux toujours ~** da kannst du
lange warten; das kommt nicht in Frage.
F in die Tüte; P du kannst mich mal; *prov*
rien ne sert de ~, il faut partir à point
man muß rechtzeitig anfangen, durch
Hetzen schafft man es (dann) nicht; **7.**
Gerücht, Neuigkeit sich verbreiten; *Ge-
rücht auch* 'umlaufen; 'umgehen; in 'Um-
lauf sein; **c'est un bruit qui court** das
ist (so) ein Gerücht; *unpersönlich* **il
court un bruit** es geht ein Gerücht; **les
ragots qui courent sur son compte**
der Klatsch, der über ihn *bzw* sie verbrei-
tet wird; **faire ~** in Umlauf setzen;
verbreiten; ausstreuen; **8.** *sports Läufer,
Pferd, Jockey* **~ (dans une compéti-
tion, course)** an e-m (Wett)Rennen,
e-m Lauf teilnehmen; **faire ~ un cheval**
ein Pferd laufen haben; **9.** *Wasser*
fließen; **~ autour de qc** sich etw (*dat*)
entlangziehen; um etw her'umführen,
-laufen; *Bank etc* **~ autour d'une salle**
sich an den Wänden e-s Saales entlang-
ziehen; **un volant court autour de la
jupe** ein Volant schließt den Rocksaum
ab; *Wolken* **~ dans le ciel** am Himmel
entlangziehen; über den Himmel ziehen;
**une écriture fine courait dans la
marge de la page** der Rand der Seite

war mit e-r feinen Handschrift bedeckt; ~ le long de qc *Weg etc* an etw (*dat*) entlanglaufen, -führen; ~ sur qc *Schatten* über etw (*acc*) hinfliehen, (-)gleiten, (-)huschen; *Wind* über etw (*acc*) hin'wegstreichen, wehen; *Efeu* ~ sur le mur sich an der Mauer entlangziehen; *les doigts du pianiste* courent sur les touches … gleiten über die Tasten; **10.** *mar Schiff* fahren; Fahrt machen; *Segelschiff* segeln; ~ au large aufs offene Meer hin'ausfahren, -segeln; ~ à terre landwärts fahren, segeln; ~ **vent arrière** vor dem Winde segeln; **11.** *Frist* laufen (à partir de … von … an); le mois qui court der laufende Monat; les intérêts courent à partir de … die Verzinsung beginnt …; die Zinsen laufen von … an

courlis [kurli] *m zo* Brachvogel *m*; grand ~ *od* ~ **cendré** Großer Brachvogel

couronne [kurɔn] *f* **1.** *e-s Königs etc* Krone *f* (*auch Heraldik u fig*); *fig* König-, Kaisertum *n*; *Königs-, Kaiserwürde f; in Zssgn auch* Thron…; ~ **fermée** (*mit Bügeln*) geschlossene Krone (*der Könige u Kaiser*); ~ **impériale** Kaiserkrone *f* (*auch fig*); fig la ~ **impériale** était élective das Kaisertum war ein Wahlkaisertum; die Kaiserwürde wurde durch Wahl verliehen; **triple** ~ dreifache Krone (*des Papstes*); fig la ~ d'Angleterre die Krone von England, die englische Krone (*als Monarchie*); rel ~ d'épines Dornenkrone *f; hist* ~ de fer Eiserne Krone; *rel* ~ **du martyre** Märtyrerkrone *f; fig* discours m de la ~ Thronrede *f;* **2.** Kranz *m (als Schmuck, Ehrenzeichen); in Frankreich* ~ **académique** *Preis für besondere künstlerische Leistungen bei Wettbewerben; hist in Rom* ~ **civique** Co'rona civica *f;* ~ **funéraire, mortuaire** Trauer-, Grabkranz *m;* ~ de fleurs d'oranger (Braut)Kranz aus Orangenblüten; ~ de laurier Lorbeerkranz *m;* ~ **de mariée** Brautkranz *m;* **3.** *anat u méd des Zahns, vét des Hufs* Krone *f; bot* Nebenkrone *f;* **4.** *astr* ~ **solaire** Ko'rona *f;* **5.** *tech* Kranz *m;* Rad *n; auto des Ausgleichsgetriebes* (grande) ~ Tellerrad *n;* ~ dentée Zahnkranz *m; Bohrtechnik* ~ de sondage Bohrkrone *f;* **6.** *élect* décharge *f* en ~ Ko'ronaentladung *f;* **7.** *par ext* Kranz *m;* Gegenstand *m* in Kranzform; ~ de lumière Rad-, Kronleuchter *m (in Kirchen);* ~ de pain Brot *n* in Kranzform; *loc/adj* en ~ Kranz…; *auch loc/adv* kranzförmig; *anat* veines *f/pl* en ~ Kranzvenen *f/pl;* **8.** ~ **cléricale** kleine Ton'sur; **9.** *Währung einiger Länder* Krone *f;* **10.** *impr* (Pa'pier)For'mat *n* 37×47 cm; **11.** *arch cf* larmier 2.; **12.** *fortif* Kronwerk *n*

couronné [kurɔne] *adj* **1.** gekrönt; tête ~e gekröntes Haupt (*König etc*); **2.** *Werk* preisgekrönt; mit e-m Preis ausgezeichnet (*auch Person*); lauréat ~ par le jury du prix Preisträger *m;* **3.** *par ext* gekrönt (de von); bedeckt (mit); colline ~e de verdure mit Grün bedeckter Hügel; *fig* ~ de succès von Erfolg gekrönt; *Kind* avoir les genoux ~s ab-, aufgeschürfte Knie haben; **4.** cheval ~ Pferd, das sich bei e-m Sturz die Fußwurzel verletzt hat; **5.** cerf ~ Hirsch *m* mit Kronen am Geweih

couronnement [kurɔnmɑ̃] *m* **1.** Krönung *f* (d'un roi *etc*); *Kunst* ~ d'épines, de la Vierge Dornen-, Ma'rienkrönung *f;* **2.** *fig e-r Laufbahn, e-s (Lebens)Werks* Krönung *f;* Voll'endung *f;* **3.** *arch* Bekrönung *f; bât auch* Abschluß *m;* **4.** *e-s Pferdes* Verletzung *f* der Fußwurzel bei e-m Sturz

couronner [kurɔne] **I** *v/t* **1.** krönen; *par ext* zum König, zur Königin *etc* machen; **2.** *Werk, Person* mit e-m Preis auszeichnen; e-n Preis zuerkennen (+*dat*); on a couronné le lauréat der Preis wurde dem Preisträger über'reicht; **3.** *Person* bekränzen (de mit); ~ qn de fleurs j-m e-n Blumenkranz aufsetzen; j-n mit Blumen bekränzen; ~ qn de laurier j-n mit Lorbeer bekränzen; ~ j-m e-n Lorbeerkranz aufs Haupt setzen; **4.** *fig* ~ qc etw krönen; die Krönung e-r Sache sein; etw voll'enden, voll'endet machen; *iron* pour ~ le tout um allem die Krone aufzusetzen; und was der Gipfel ist; **5.** *par ext* krönen; bekrönen (*auch arch*); bedecken; den Abschluß bilden von; un petit chapeau couronnait sa grosse tête auf s-m dicken Kopf thronte ein kleiner Hut; **6.** *méd* ~ une dent e-e Krone auf e-n Zahn setzen; **7.** *Pferd* an der Fußwurzel verletzen; **II** *v/pr* se ~ **8.** sich bedecken (de mit); **9.** sich (selbst) krönen; **10.** *Pferd* sich (bei e-m Sturz) an der Fußwurzel verletzen

courre [kur] *v/t* ⟨*nur inf*⟩ *litt Tier* jagen; chasse *f* à ~ Hetzjagd *f;* Par'forcejagd *f;* chasser à ~ Hetzjagden veranstalten *bzw* mitmachen

courrier [kurje] *m* **1.** Post *f;* Postsachen *f/pl;* Korrespon'denz *f;* machine *f* à ~ Brieföffner *m (Büromaschine) bzw* Briefschließmaschine *f;* par le même ~ mit gleicher Post; écrire son ~ s-e Briefe schreiben; faire son ~ s-e Korrespondenz erledigen; porter le ~ die Post bringen, austragen; **2.** *in Zeitungen, Zeitschriften* Ru'brik *f;* (regelmäßig erscheinender) Bericht; ~ de la Bourse Börsenbericht *m;* ~ du cœur Briefkastenecke *f;* Kummerkasten *m;* ~ des lecteurs Leserzuschriften *f/pl,* -briefe *m/pl;* **3.** Postflugzeug *n,* -schiff *n,* -wagen *m; par ext* Flugzeug *n,* Schiff *n* im Liniendienst; **4.** Ku'rier *m (auch hist); litt (messager)* Bote *m;* ~ **ambulant** Bahnpostbedienstete(r) *m;* ~ **diplomatique, de cabinet, d'ambassade** diplomatischer Kurier

courriériste [kurjerist] *m,f cf* chroniqueur 2.; ~ **du cœur** Briefkastentante *f,* -onkel *m*

courroie [kurwa] *f* Riemen *m;* Gurt *m; auto* Keilriemen *m;* ~ de cuir Lederriemen *m,* -gurt *m; tech* ~ de transmission Treibriemen *m*

courroucer [kuruse] ⟨-ç-⟩ *st/s* **I** *v/t* (heftig) erzürnen; in Harnisch bringen; *adj* courroucé erzürnt; *fig* ~ se sich (heftig) erzürnen; *poét Elemente* wüten; toben

courroux [kuru] *st/s m* Zorn *m;* Grimm *m; poét der Elemente* Toben *n;* Wüten *n; Elemente* en ~ wütend; tobend

cours [kur] *m* **1.** Kurs *m;* Lehrgang *m; in der höheren Schule* 'Unterrichtsstunde *f; an der Universität* Vorlesung *f; in der Grundschule* Klasse *f; früher* ~ **complémentaire** *etwa* Mittel-, Re'alschule *f;* ~ **élémentaire** a) (*abr* CE₁, CE₂) 2. und 3. Grundschulklasse *f;* 2. und 3. Grundschuljahr *n;* b) Anfangskurs *m;* ~ **élémentaire de français** Französisch *n* für Anfänger; Französisch *n* Grundstufe; ~ **moyen** (*abr* CM₁, CM₂) 4. und 5. Grundschulklasse *f;* 4. und 5. Grundschuljahr *n;* b) Mittelstufe *f* e-s Lehrgangs; *cf auch* 3.; ~ **préparatoire** (*abr* CP) erste Grundschulklasse; erstes Grundschuljahr; ~ **privé** Pri'vatschule *f;* ~ **supérieur** Oberstufe *f* e-s Lehrgangs; *cf auch* 3.; ~ **d'histoire** Geschichtsstunde *f,* -unterricht *m;* ~ du soir Abendschule *f,* -lehrgang *m,* -kurs *m,* -unterricht *m;* ~ **de vacances** Ferien-

kurs *m,* -lehrgang *m;* ~ **par correspondance** Fernkurs *m,* -unterricht *m;* **donner des** ~ Unterricht geben; Vorlesungen halten; Kurse abhalten; *Lehrer* faire un ~ e-e Stunde geben, halten; e-n Kurs abhalten; suivre un ~ *cf* suivre 9.; **2.** Lehrbuch *n;* ~ de langue espagnole Spanischlehrbuch *n;* Lehrbuch für Spanisch; ~ de physique Phy'siklehrbuch *n;* Lehrbuch der Physik; **3.** *e-s Flusses* a) Strömung *f;* ~ **inférieur, moyen** 'Unter-, Mittellauf *m;* ~ **rapide** starke Strömung; ~ **supérieur** Oberlauf *m;* ~ d'eau Wasserlauf *m;* **4.** *mar* au long ~ auf großer Fahrt; capitaine *m* au long ~ Kapitän *m* auf großer Fahrt; navigation *f,* voyage *m* au long ~ große Fahrt; **5.** *der Zeit* (Ab)Lauf *m; der Ereignisse* Gang *m;* Lauf *m; der Gestirne* ('Um)Lauf *m; der Jahreszeiten* Ablauf *m; e-r Angelegenheit* Verlauf *m;* ~ **naturel des choses** natürlicher Lauf der Dinge; ~ **des études** Studiengang *m,* -verlauf *m; loc/prép* au ~ de im Laufe (+*gén*); während (+*gén*); *loc/adj:* en ~ laufend; l'année en ~ das laufende, im laufenden Jahr; en ~ **de construction** im Bau (befindlich); en ~ **d'élaboration** in Ausarbeitung begriffen; *loc/adv* en ~ de route unter'wegs; être en ~ *Angelegenheit, Arbeiten, Untersuchung* im Gange sein; laufen (*auch Antrag*); suivre son ~ *Angelegenheit* ihren (gewohnten) Gang nehmen; normal verlaufen; *Gerechtigkeit* ihren Lauf nehmen; **6.** donner libre ~ à sa colère, à sa joie, à ses larmes s-m Zorn freien Lauf lassen; s-r Freude Ausdruck geben; s-e Tränen ungehemmt fließen lassen; **7.** *fin* Kurs *m;* No'tierung *f; par ext* Preis *m; Börse* dernier ~ *od* ~ de clôture Schlußkurs *m;* premier ~ *od* ~ d'ouverture Anfangskurs *m;* ~ du change Wechselkurs *m;* ~ du jour Tageskurs *m;* ~ de l'or Goldpreis *m;* au ~ de zum Kurs von; au ~ du marché mondial zum Weltmarktpreis; avoir ~ gültig sein; *fig* cet usage n'a plus ~ dieser Brauch ist nicht mehr üblich; diesen Brauch gibt es nicht mehr; **8.** *in Straßennamen* Ave'nue *f*

course [kurs] *f* **1.** Lauf *m;* Laufen *n;* Rennen *n;* en pleine ~ mitten im Lauf; *fig* être à bout de ~ völlig erschöpft sein; prendre sa ~ zu laufen beginnen; **2.** *sports* Lauf *m;* Wettbewerb *m;* Wettkampf *m; von Booten etc* Rennen *n;* ~ **(d')automobile(s)** Auto(mo'bil)rennen *n;* ~ **cycliste** *od* **de bicyclettes** Radrennen *n;* ~ **pédestre** Lauf *m; fig* ~ **aux armements** Wettrüsten *n;* Rüstungswettlauf *m;* ~ **au galop** Ga'lopprennen *n; fig* ~ **au pouvoir** Kampf *m* um die Macht; Machtkampf *m;* ~ **au** *od* **de trot attelé** Trabrennen *n;* ~ **contre la montre** (Einzel-) Zeitfahren *n; fig* Wettlauf *m* mit der Zeit; ~s **(de chevaux)** Pferderennen *n(pl);* ~ de fond *Leichtathletik* Langstreckenlauf *m; Skisport* (Ski)Langlauf (-wettbewerb) *m;* ~ de haies *Leichtathletik* Hürdenlauf *m; Reiten* Hürdenrennen *n;* ~ de motos Motorradrennen *n;* ~ de natation Schwimmwettkampf *m,* -wettbewerb *m;* ~ de relais Staffellauf *m;* ~ de taureaux Stierkampf *m;* ~ de vitesse Kurzstreckenlauf *m;* ~ de yachts Fahrwettbewerb *m* von Jachten; ~ en sac Sackhüpfen *n;* ~ par étapes E'tappenrennen *n; Radsport* ~ sur piste Bahnrennen *n;* ~ sur route *Radsport* Straßenrennen *n; Leichtathletik* Straßenlauf *m;* ~ **bateau** *m* **de** ~ Rennboot *n; fig* être dans la ~ mit der Zeit Schritt halten (können); *Kinder* faire la

~ e-n Wettlauf machen; um die Wette laufen; **3.** ~ **en montagne** Bergbesteigung *f*, -begehung *f*, -tour *f*; **4.** *e-s Wagens* Fahrt *f*; ~ **en taxi** Taxifahrt *f*; **l'auto acheva sa** ~ **folle dans un champ, contre un arbre** der Wagen raste in ein Feld, gegen e-n Baum; **5.** Besorgung *f*; Gang *m*; ~**s** *pl par ext* Einkäufe *m/pl (auch gekaufte Sachen); Bote, Ausfahrer* **être en** ~**s** unter'wegs, auf s-r Route sein; **faire des** ~**s** Besorgungen machen. erledigen; *par ext* Einkäufe machen; *Laufbursche etc* Botengänge machen; **6.** *st/s e-s Gestirns* Bahn *f*; Lauf *m; der Wolken* Ziehen *n; der Zeit* Verrinnen *f*; **7.** *st/s (carrière)* Laufbahn *f*; Karri're *f*; **en fin de** ~ am Ende s-r *bzw* ihrer Karriere; **8.** *tech* Lauf *m*; Hub *m; auto* ~ **du piston** Kolbenhub *m*; **9.** *hist mar* Kape'rei *f*; **armer en** ~ Schiff als Kaper ausrüsten; für die Kaperei 'umrüsten; **faire la** ~ Kaperei betreiben

course-croisière [kursəkrwazjɛr] *f* <*pl* courses-croisières> *mar* Hochseerennen *n*

cours|ier [kursje] *m* **1.** *litt* Tur'nierpferd *n bzw* Streitroß *n*; **2.** Laufbursche *m*; **~ière** *f* **1.** *arch* Laufgang *m* (im Innern e-r Kirche); Tri'forium *n*; **2.** *st/s (sentier)* Abkürzungspfad *m* ~**ive** *f* **1.** *mar* Gang *m*; **2.** *arch* Außengalerie *f*

courson [kursõ] *m* **a)** *Obstbau* Fruchtholz *n*; **b)** *vit* Rebzapfen *m*

court¹ [kur] **I** *adj* <**courte** [kurt]> **1. a)** räumlich kurz; *Gras etc auch* niedrig; **le chemin le plus** ~ der kürzeste Weg; *anat* **muscle** ~ kurzer Muskel; **nez** ~ kurze Nase; **robe** ~**e** kurzes Kleid; **avoir les jambes** ~**es** od **être** ~ **sur,** de jambes kurze Beine haben; kurzbeinig sein; **avoir la vue** ~**e** kurzsichtig sein *(auch fig); fig* **être** ~ **de vues** beschränkt. engstirnig sein; **b)** *Zeit. Dauer. Geschichte. Begegnung etc* kurz; **à** ~ **terme** kurzfristig; **avoir la mémoire** ~**e** ein kurzes Gedächtnis haben; **avoir la respiration** ~**e, le souffle** ~ kurzatmig sein; **le temps me sembla** ~ die Zeit verging mir sehr schnell; **2.** *Mittel. Weg etc* einfach; schnell; leicht; **II** *adv* kurz; *par ext* plötzlich; schnell; **tout** ~ kurz; *(ganz)* einfach; **s'arrêter** ~ plötzlich stillstehen, halten, stehenbleiben; *in e-r Tätigkeit* innehalten; *fig* **couper** ~ **(à)** *cf* **couper 15.; cheveux coupés** ~ kurzgeschnittene, kurze Haare *n/pl*; **se faire couper les cheveux** ~ sich die Haare kurz schneiden lassen; *fig* **elle demeura, resta, se trouva** ~ sie wußte, fand nichts mehr zu sagen; es verschlug ihr die Sprache; *fig* **prendre qn de** ~ j-n über'rumpeln; *fig* **tourner** ~ fehlschlagen; scheitern; **III** *loc/prép* **à** ~ **de** ohne; **être à** ~ **d'argent** kein Geld (mehr) haben; F knapp bei Kasse sein; **être à** ~ **d'arguments** keine Argumente mehr haben. finden; um Argumente verlegen sein

court² [kur] *m* ~ **(de tennis)** Tennisplatz *m*

courtage [kurtaʒ] *m* **a)** Maklergeschäft *n*; **faire du** ~ Makler sein; **b)** Maklergebühr *f*; *jur auch* Mäklerlohn *m*; Cour'tage *f*

courtaud [kurto] *adj* gedrungen; unter'setzt; stämmig

courtauder [kurtode] *v/t Pferd* den Schwanz. *Hund* den Schwanz. die Ohren ku'pieren (*+dat*)

court-bouillon [kurbujõ] *m* <*pl* courts-bouillons> *cuis* Sud *m* (für Fischgerichte); ~ **au vinaigre** Essigsud *m*; **écrevisses** *f/pl* **au** ~ gekochte Krebse *m/pl*

court-circuit [kursirkɥi] *m* <*pl* courts-circuits> **1.** *élect* Kurzschluß *m*; **2.** *fig* Panne *f*

court-circuiter [kursirkɥite] *v/t* **1.** *élect* kurzschließen; **2.** *fig* ~ **qn, qc** j-n, etw um'gehen, über'gehen, ausschalten; e-n Bogen um etw machen

courtepointe [kurtəpwɛ̃t] *f* Steppdecke *f* (als Tagesdecke)

courtier [kurtje] *m* Makler *m*; Mäkler *m*; ~ **assermenté** *od* **inscrit** vereidigter Makler (an Warenbörsen); ~ **libre** unvereidigter Makler (*bes* an Warenbörsen); ~ **interprète et conducteur de navires** *od* ~ **maritime** Schiffsmakler *m*; ~ **d'assurances maritimes** Seeversicherungsmakler *m*; ~ **de campagne** Vermittler *m* zwischen Herstellern von Wein und Spiritu'osen und deren Käufern; ~ **en valeurs mobilières** Börsenmakler *m* (an Wertpapierbörsen)

courtilière [kurtiljɛr] *f zo* Maulwurfsgrille *f*; Werre *f*

courtine [kurtin] *f* **1.** *arch* Fas'sade *f* mit zwei Eckpavillons; **2.** *früher* Bett- *bzw* Fenstervorhang *m*; **3.** *fortif* Kur'tine *f*

courtis|an [kurtizɑ̃] **I** *m* **1.** *früher* Höfling *m*; Hofmann *m*, -herr *m*; *péj* Hofschranze *f*; **2.** *fig u péj* **c'est un** ~ er ist ein Katzbuckler, Liebediener; **II** *adj* *péj* liebedienerisch; katzbuckelnd; **manières** ~**es** Liebedie'nerei *f*; ~**ane** *f* Kurti'sane *f*

courtisanerie [kurtizanri] *f st/s u péj* Liebedie'nerei *f*; Katzbuckeln *n*

courtiser [kurtize] *v/t* **1.** ~ **une femme** e-r Frau den Hof. die Cour machen; **2.** *péj* ~ **qn** j-n ho'fieren, um'schmeicheln; F j-n her'umscharwenzeln; **3.** *fig u st/s* ~ **la gloire** nach Ruhm streben, haschen; ~ **les muses** den Musen (*der Dichtkunst*) huldigen

court-jointé [kurʒwɛ̃te] *adj* <*pl* court-jointés> *Pferd* mit kurzen Fesseln

courtois [kurtwa] *adj* **1.** takt-, rücksichtsvoll; voll'endet *od* ausgesucht höflich; vornehm; **2.** *hist. Literatur* höfisch; **amour** ~ Minne *f*; **poésie** ~**e** höfische Dichtung; **roman** ~ höfisches Epos

courtoisie [kurtwazi] *f* (ausgesuchte) Höflichkeit; Vornehmheit *f*

court-vêtu [kurvety] *adj* <*f* court-vêtue, *pl* court-vêtu(e)s> in. mit kurzem, in e-m kurzen Kleid

couru [kury] *adj* **1.** *Vorstellung etc* vielbesucht; **être** ~ großen Zulauf haben; immer ausverkauft sein; **2.** F **c'est** ~ F das ist todsicher

couscous [kuskus] *m cuis* Kuskus *m*

couscoussier [kuskusje] *m cuis* Kuskustopf *m*

cousette [kuzɛt] F *f* Nähmädchen *n*

couseuse [kuzøz] *f* **1.** *Buchbinderei* **a)** Fadenheftmaschine *f*; **b)** Hefterin *f*; **2.** *text* **a)** Näherin *f* (*in e-r Textilfabrik*); **b)** ~ **(mécanique)** Nähmaschine *f*

cous|in [kuzɛ̃] *m*, ~**ine** *f* **1.** Vetter *m*; Cou'sin *m*; Cou'sine *od* Ku'sine *f*; Base *f*; **cousin (éloigné)** entfernter Vetter *bzw* Onkel; **cousin(e)** *m(f)* **germain(e)** Vetter. Cousine (ersten Grades); **nous sommes un peu cousins** wir sind entfernte Verwandte, weitläufig miteinander verwandt, F um ein paar Ecken herum verwandt; **2.** *hist* **mon cousin** *ehrende Anrede des Königs an e-n Fürsten od e-n anderen König*; **3.** *fig* **être cousin de qn, qc** j-m, e-r Sache sehr ähnlich sein; *(geistig)* mit j-m verwandt sein; **4.** *m zo* Stechmücke *f*

cousinage [kuzinaʒ] *m* Verwandtschaft *f* zwischen Vettern *bzw* Cou'sinen

cousiner [kuzine] *v/t st/s* ~ **avec qn** mit j-m auf vertraulichem Fuß stehen

cousoir [kuzwar] *m* *Buchbinderei* Heftlade *f*

coussin [kusɛ̃] *m* **1.** Kissen *n*; Polster *n*; *e-s Wagens* (Vorder- *bzw* Rück)Sitz *m*; *chir bei Frakturen* Polster(ung) *n(f)* an der Schiene; ~ **à plate-bande** loses (Sessel-*bzw* Sofa)Kissen *n*; *méd* ~ **de siège** Luftring *m (gegen Aufliegen)*; **2.** *Buchbinderei etc* Vergolderkissen *n*; **3.** *tech* ~ **d'air** Luftkissen *n*

coussinet [kusinɛ] *m* **1.** kleines Kissen; **2.** *tech* Lager *n*; ~ **à billes** Kugellager *n*; *ch de fer* ~ **de rail** Schienenlager *n*; **3.** *arch* Kämpfer *m*; **4.** *der Katzen* ~ **plantaire** Sohlenballen *m*; **5.** *früher bei Damenkleidern* Wulst *m*; *heute in Büstenhaltern* (Schaumgummi)Einlage *f*

cousu [kuzy] *p/p von* **coudre** *u adj* **1.** genäht; ~ **à la main,** *comm* ~ **main** handgenäht; *auf Waren oft* Handarbeit; F **c'est du** ~ **main** F das ist toll, ganz große Klasse; das paßt haargenau; *fig* ~ **de fil blanc** zu 'durchsichtig; leicht zu durch'schauen; fadenscheinig; *fig* **être (tout)** ~ **d'or** steinreich sein; im Geld schwimmen; **2.** *fig* ~ **de citations** voller Zitate; mit Zitaten gespickt

coût [ku] *m* **1.** Kosten *pl*; Preis *m*; Ausgabe *f*; ~**s comparatifs, comparés, relatifs** komparative Kosten; ~ **de la distribution** Vertriebskosten *pl*; ~ **de fabrication, de production** Herstellungs-, Produkti'onskosten *pl*; ~ **de la vie** Lebenshaltungskosten *pl*; **indice** *m* **du** ~ **de la vie** Lebenshaltungsindex *m*; **2.** *fig* Preis *m* (**de** für *od* + *gén*)

coûtant [kutɑ̃] *adj* **prix** ~ Selbstkostenpreis *m*; **au prix** ~ zum Selbstkostenpreis

couteau [kuto] *m* <*pl* ~**x**> **1.** Messer *n*; ~ **fermant** Klapp-. Schnappmesser *n*; ~ **non fermant** feststehendes Messer; ~ **à beurre** Buttermesser *n*; ~ **à cran d'arrêt** Springmesser *n*; ~ **à découper** Tran'chiermesser *n*; ~ **à fromage** Käsemesser *n*; ~ **à huîtres** Austernbrecher *m*; ~ **à légumes** Kartoffelschäler *m*; ~ **à poisson** Fischmesser *n*; ~ **de boucher, de bourrelier** Fleischer-. Sattlermesser *n*; ~ **de chasse** Jagdmesser *n*; Hirschfänger *m*; ~ **de chirurgie** chirurgisches Messer; ~ **de cuisine, de poche, de table** Küchen-. Taschen-. Tafelmesser *n*; *fig* **être à** ~**x tirés** einander spinnefeind sein; sich. einander nicht ausstehen können; **enfoncer, planter, plonger le** ~ **dans le ventre de qn** j-m das Messer tief in den Bauch stoßen; *fig:* **jouer du** ~ das Messer locker sitzen haben; schnell mit dem Messer bei der Hand sein; **mettre le** ~ **sous** *od* **sur la gorge à qn** j-m die Pistole auf die Brust. das Messer an die Kehle setzen; **remuer, retourner le** ~ **dans la plaie** *cf* **plaie 1.;** **2.** *peint* ~ **à palette** Spachtel *m od f*; **3.** *e-r Waage* Schneide *f*; **4.** *zo* Gerade Messerscheide

couteau|-couperet [kutokuprɛ] *m* <*pl* couteaux-couperets> Kochmesser *n*; ~**-scie** *m* <*pl* couteaux-scies> Messer *n* mit Wellenschliff

coutelas [kutla] *m* **a)** großes Küchenmesser; **b)** einschneidiger kurzer Säbel

coutelier [kutəlje] **I** *adj* <-**ière**> Schneidwaren...; Messer...; **ouvrier** ~ Messerschmied *m*; **II** *m* Schneidwaren-, Messerfabrikant *m*

coutellerie [kutɛlri] *f* **a)** Schneidwarenindustrie *f* (*od* Schneidwaren *f/pl*; **c)** Schneidwaren-. Messerfabrik *f*

coûter [kute] **I** *v/t Mühe, Anstrengung. Tränen etc* kosten (**à qn** j-n, *auch* j-m); *Ruhe auch* rauben (j-m); ~ **sa situation à** **qn** j-n die, s-e Stellung kosten; ~ **la vie à** **qn** j-n das Leben kosten; *unpersönlich* **il lui en coûta la vie** das hat ihn das Leben gekostet; **II** *v/i* kosten; F **ça coûte** das kostet viel Geld; das ist teuer; ~ **cher,** F **gros** teuer sein; viel (Geld)

kosten; *fig* ~ cher à qn j-n teuer zu stehen kommen; *fig* une habitude qui coûte cher e-e kostspielige Gewohnheit; ça coûtera ce que ça coûtera Kosten spielen da keine Rolle; das mag kosten, was es will; combien cela coûte-t-il *od* qu'est-ce que cela coûte? wieviel *od* F was kostet das?; *fig* coûte que coûte koste es, was es wolle; um jeden Preis; unbedingt; ça ne coûte rien das kostet nichts (*auch fig*); *unpersönlich, fig* il m'en coûte de (+*inf*) es fällt mir schwer zu (+*inf*); es kostet mich große Überwindung zu (+*inf*)

coûteux [kutø] *adj* ‹-euse› **1.** teuer; kostspielig; aufwendig; **2.** *fig u st/s* Sieg teuer erkauft; *bataille* coûteuse en vies humaines ... die viele Menschenleben gekostet, gefordert hat

coutil [kuti] *m* Drell *m*; Zwillich *m*; Drillich *m*; *für Miederwaren* ~ de soie Jacquarddrell *m*

coutre [kutr(ə)] *m agr* Sech *n*

coutume [kutym] *f* **1.** Brauch *m*; Sitte *f*; Gewohnheit *f*; *loc/adv* de ~ gewöhnlich; gewöhntermaßen; gewohnheitsmäßig; comme de ~ wie üblich; wie gewöhnlich; selon la ~ wie es der Brauch ist *bzw* war; selon la ~ orthodoxe nach orthodoxer Sitte; in orthodoxem Brauch; selon sa ~ wie gewohnt; wie üblich; avoir ~ de (+*inf*) die Gewohnheit haben zu (+*inf*); pflegen zu (+*inf*); *st/s* prendre ~ de (+*inf*) (es) sich angewöhnen zu (+*inf*); die Gewohnheit annehmen zu (+*inf*); la ~ veut que ... es ist Sitte, daß ...; *loc/prov* une fois n'est pas ~ einmal ist keinmal (*loc/prov*); **2.** *jur* ~s *pl* Gewohnheitsrecht *n*; *hist* ~ de Paris Sammlung *f* niedergeschriebener Gewohnheitsrechte in Paris; *Völkerrecht* certificat *m* de ~ Bescheinigung *f* (*s Juristen od Sachverständigen*) über ein im Ausland geltendes Recht; **3.** *féod* droit *m* de ~ Zinspflicht der Bauern an den Herrn bei Verkauf von Weizen, Wein, Vieh

coutumier [kutymje] **I** *adj* ‹-ière› **1.** gewohnt; gewöhnlich; **2.** *litt* être ~ de (+*inf*) pflegen zu (+*inf*); *meist péj* il est ~ du fait er macht das nicht zum erstenmal; er ist dafür bekannt; **3.** *jur* droit ~ Gewohnheitsrecht *n*; *hist* pays *m* (de droit) ~ Gebiet *n*, in dem das Gewohnheitsrecht galt; **II** *m* Sammlung *f* von schriftlich niedergelegten Gewohnheitsrechten

couture [kutyr] *f* **1.** Nähen *n*; Schneidern *n*; Nähe'rei *f*; Näharbeit *f*; 'haute ~ Haute Couture *f*; maison *f* de ~ Modesalon *m*; travaux *m/pl* de ~ Näharbeiten *f/pl*; apprendre la ~ schneidern lernen; faire de la ~ nähen; schneidern; travailler, être dans la ~ Schneiderin, Näherin sein; ♦ *adit* (façon) ~ maßgeschneidert; *cout* Naht *f*; ~ anglaise *od* double Rechts-Links-Naht *f*; *in Leder* ~ sellier (Zier)Steppnaht *f*; ~ simple einfache Naht; à la machine Ma'schinennaht *f*; ~ des bas Strumpfnaht *f*; *Strümpfe*: à ~ mit Naht; sans ~ nahtlos; *fig*: battre qn à plate(s) ~(s) j-m e-e vernichtende Niederlage bereiten; j-n haushoch schlagen, *Armee auch* völlig aufreiben; F j-n in die Pfanne hauen; examiner sous toutes les ~s genauestens prüfen (*durch Ansehen und Betasten*); **3.** *Buchbinderei* Heften *n*; **4.** *métall* Naht *f*

couturé [kutyre] *adj bes Gesicht* von Narben zerfurcht

couturier [kutyrje] *m* **1.** Modeschöpfer *m*; grand ~ Couturi'er *m*; berühmter Modeschöpfer; **2.** *anat* ~ *od adit* muscle *m* ~ Schneidermuskel *m*

couturière [kutyrjɛr] *f* **1.** Schneiderin *f*; Näherin *f*; **2.** *thé* (répétition *f* des) ~(s) Ko'stümprobe *f*

couvage [kuvaʒ] *m cf* **couvaison**

couvain [kuvɛ̃] *m der Bienen, Insekten* Brut *f*; *par ext* Brutwabe *f*

couvaison [kuvɛzõ] *f der Vögel* Brutzeit *f*

couvée [kuve] *f* **1.** bebrütete Eier *n/pl*; Brut *f*; **2.** ausgeschlüpfte Küken *n/pl*; Brut *f*; **3.** F *fig* Brut *f* (*Kinder*)

couvent [kuvã] *m* **1.** Kloster *n*; ~ de franciscains Franzis'kanerkloster *n*; entrer au ~ ins Kloster gehen, eintreten; **2.** *par ext* Mönche *m/pl bzw* Nonnen *f/pl* (*e-s Klosters*); **3.** Klosterschule *f*

couventine [kuvãtin] *f* **1.** Nonne *f*; Klosterfrau *f*; **2.** Klosterschülerin *f*

couver [kuve] **I** *v/t* **1.** Eier aus-, bebrüten; **2.** *fig* ~ qn j-n verhätscheln, verzärteln, in Watte packen; ~ qn des yeux, du regard j-n mit zärtlichen *bzw* begehrlichen Blicken verfolgen; j-n zärtlich *bzw* begehrlich anblicken; **3.** *fig* Rache brüten; *ehrgeizige Pläne etc* heimlich hegen; F *Krankheit* ausbrüten; **II** *v/i* **4.** Henne brüten; **5.** Feuer schwelen; glimmen; *fig* Komplott heimlich geschmiedet werden; *fig* ~ sous la cendre *Gefühle etc* unter der Oberfläche schwelen

couvercle [kuvɛrkl(ə)] *m* Deckel *m*; *e-s Topfs nordd auch* Stürze *f*; *tech* Deckel *m*; Haube *f*; Kappe *f*

couvert [kuvɛr] **I** *p/p von* **couvrir** *u adj* **1.** zugedeckt; bedeckt; *Markt, Bahnsteig* über'dacht; *Himmel* bedeckt; verhangen; *Wetter* trüb; *mil* Gelände nicht einsehbar; unübersichtlich; marché ~ *auch* Markthalle *f*; piscine ~e Hallen(schwimm)bad *n*; ~ de poussière, de sang mit Staub, Blut bedeckt; staubbedeckt; blutbedeckt, -befleckt; la tête ~e mit bedecktem Kopf; être (bien, très) ~ a) (sehr) warm angezogen sein; b) (gut) zugedeckt sein; den Hut aufbehalten, auf dem Kopf behalten, F auflassen; **2.** *fig loc/adv* dire qc à mots ~s à qn j-m etw durch die Blume sagen, zu verstehen geben; parler à mots ~s durch die Blume sprechen; **3.** *fig* être ~ par qn von j-m gedeckt werden; Rückendeckung erhalten; **II** *m* **1.** Gedeck *n*; Ku'vert *n*; *hist des Königs* grand ~ Tafel *f* in großem Kreis; petit ~ Tafel im Familienkreis; table *f* de douze ~s Tisch *m* mit zwölf Gedecken; für zwölf Personen gedeckter Tisch; *fig* avoir son ~ mis chez qn bei j-m ein oft und gern gesehener Gast sein; mettre un ~ ein Gedeck auflegen; mettre le ~ den Tisch decken; **2.** Besteck *n*; ~ d'argent Silberbesteck *n*; **3.** a) Baumgruppe *f*; b) (schattenspendendes) Blätterdach; s'abriter sous le ~ des pins unter den Kiefern Schutz suchen; **4.** *loc/adv* à ~ geschützt; sicher; *comm* gedeckt; gesichert; *loc/prép* à ~ de geschützt, sicher vor (+*dat*); mettre à ~ schützen; sichern; in Sicherheit bringen; *fig* mettre sa responsabilité à ~ sich von der Verantwortung befreien; se mettre à ~ sich 'unterstellen; Schutz suchen; *Börse* vendre à ~ mit Deckung verkaufen; **5.** *loc/prép* sous le ~ de unter dem über (+*acc*); ♦ sous (le) ~ de unter dem Vorwand, Anschein, Deckmantel von (*od* + *gén*); sous le ~ de l'anonymat im Schutze der Anonymität; **6.** *mil* Deckung *f*

couverte [kuvɛrt] *f* **1.** Keramik Gla'sur *f*; **2.** F *mil* faire sauter, danser la ~ (à qn) a) (j-n) mit der (gestrafften) Decke hochschnellen; (j-n) prellen; b) *fig* (j-n) betrügen, prellen

couverture [kuvɛrtyr] *f* **1.** Decke *f*; chauffante Heizdecke *f*; ~ de laine, de lit, de voyage Woll-, Bett-. Reisedecke *f*; *fig* tirer la ~ à soi alles für sich beanspruchen; **2.** *e-s Buches* **a)** Einband *m*; Deckel *m*; **b)** 'Umschlag *m*; *e-r Zeitschrift* Titelseite *f*; **3.** *bât* Bedachung *f*; Dach *n*; **4.** Bedeckung *f*; 'Überzug *m*; **5.** *mil* Deckung *f*; Sicherung *f*; ~ aérienne Luftsicherung *f*, -abschirmung *f*; troupes *f/pl* de ~ a) Deckungs-, Sicherungstruppen *f/pl*; b) Grenzschutztruppen *f/pl*; **6.** *comm* Deckung *f*; Sicherheit *f*; ~ or Golddeckung *f*; **7.** *bei Versicherungsleistungen* (Pro'zentsatz *m* der Kosten)Deckung *f*; cette assurance présente une ~ à 80% ... deckt 80% (der Kosten); **8.** *bei öffentlichen Dienstleistungen* Versorgung(sgrad) *f(m)* (der Bevölkerung); **9.** *e-s Spions etc* Tarnung *f*; **10.** *agr* Mulch *m*; *Forstwesen* obere Schicht des Waldbodens

couveuse [kuvøz] *f* **1.** *méd* Brutkasten *m*; **2.** Bruthenne *f*; Glucke *f*; **3.** ~ artificielle Brutapparat *m*, -ofen *m*; **4.** *adit phys atom* pile ~ Brutreaktor *m*; Brüter *m*

couvi [kuvi] *adj regional* œuf ~ angebrütetes Ei

couvoir [kuvwar] *m agr* **a)** Brutraum *m*, -stätte *f*; **b)** Brutanstalt *f*

couvrant [kuvrã] *adj* deckend; Deck...: fond *m* de teint ~ deckendes Make-up; peinture ~e Deckfarbe *f*

couvre-chef [kuvrəʃɛf] *plais m* ‹*pl* couvre-chefs› Kopfbedeckung *f*

couvre-feu [kuvrəfø] *m* ‹*pl* couvre-feux› Ausgangssperre *f*; décréter le ~ e-e Ausgangssperre verhängen

couvre-|joint [kuvrəʒwɛ̃] *m* ‹*pl* couvre-joints› *Tischlerei* Fugenleiste *f*; *bât* Ausfugmasse *f*; **~-lit** *m* ‹*pl* couvre-lits› Tagesdecke *f*; **~-livre** *m* ‹*pl* couvre-livres› Buchhülle *f*; **~-nuque** *m* ‹*pl* couvre-nuques› Nackenschutz *m*; **~-pied(s)** *m* ‹*pl* couvre-pieds› (gesteppte) Tagesdecke *f*; **~-plat** *m* ‹*pl* couvre-plats› Schüsseldeckel *m*

couvreur [kuvrœr] *m* Dachdecker *m*; ~ plombier-zingueur Bauklempner *m*

couvrir [kuvrir] ‹je couvre, il couvre, nous couvrons; je couvrais; je couvris; je couvrirai; que je couvre; couvrant; couvert› **I** *v/t* **1.** zu-, bedecken (de mit); *Person auch* warm anziehen; *Dach* decken; ~ un livre de remarques die Seiten e-s Buches mit Bemerkungen 'vollschreiben, bedecken; ~ une table d'une nappe (auf e-n Tisch) ein Tischtuch auflegen; ~ un toit de tuiles ein Dach mit Ziegeln decken; des décorations lui couvrent la poitrine s-e Brust ist mit Orden bedeckt; des nuages couvrent le ciel der Himmel ist bewölkt, verhangen. (von Wolken) bedeckt; **2.** *fig* über'schütten, über'häufen (de mit); ~ de baisers mit Küssen bedecken; ~ qn de caresses j-n mit Zärtlichkeiten überschütten; ~ qn d'éloges j-n mit Lob überschütten; j-n 'überschwenglich loben; sich über j-n in Lobreden ergehen; ~ qn d'honneurs j-n mit Ehren überhäufen; ~ qn de honte über j-n Schande bringen; ~ qn d'injures j-n beschimpfen; *p/fort* j-n mit Schimpfworten überschütten, überhäufen; **3.** sichern; decken (*beide auch mil*); schützen; *fig* ~ qn j-n decken; j-m Rückendeckung geben; ~ qn de son corps j-n mit s-m Körper decken; *fig* ~ ses arrières für (s-e eigene) Rückendeckung sorgen; dafür sorgen, daß einem niemand in den Rücken fällt; ~ une faute e-n Fehler bemänteln, beschönigen; **4.** *Entfernung* zu'rücklegen; Zeit-

231   **covalence — crâne**

raum um'fassen; **l'émetteur couvre cette région** der Sender strahlt in dieses Gebiet aus; der Sender kann in diesem Gebiet empfangen werden; **5.** *Stimme, Rede etc* über'tönen; **les applaudissements ont couvert la fin de son discours** *auch* das Ende s-r Rede ging im Applaus unter; ~ **la voix de qn** *auch* j-n über'schreien; **6.** (*Un*)*Kosten* ersetzen; vergüten; *Anleihe* (voll) zeichnen; *Versicherung: Risiko etc* (ab)decken; absichern; *Kosten für etw* mit einschließen; ~ **qn par chèque** j-m zur Bezahlung e-n Scheck geben, senden; ~ **une enchère** ein höheres Angebot machen; ein Angebot über'bieten; ~ **les frais** die Unkosten wieder her'einbekommen; *Film* die Kosten wieder einspielen; *Einnahmen* die Kosten decken; *Person* **être couvert par une assurance** versichert sein; **7.** F *Journalist* ~ **un événement** ausführlich über ein Ereignis berichten; **8.** *Kartenspiel* ~ **une carte** a) e-e Karte zudecken; b) Geld auf e-e Karte setzen; *fig* ~ **son jeu** auf verdeckten Karten spielen; sich nicht in die Karten sehen, gucken lassen; **II** *v/i* **9.** *bei Flut: Meer* e-e Sandbank, ein Riff bedecken; *Riff* unter Wasser sein; **III** *v/pr* **se** ~ **10.** sich warm anziehen; **11.** den Hut aufsetzen; sich bedecken; **se** ~ **la tête de qc** sich den Kopf mit etw bedecken; etw (*ein Kopftuch etc*) 'umbinden; **12.** *fig* **se** ~ **de gloire** sich mit Ruhm bedecken; Ruhm ernten, erwerben; **se** ~ **de lauriers** Lorbeeren ernten; **se** ~ **de ridicule** sich zum Gespött der Leute, sich lächerlich machen; sich bla'mieren; **13. le ciel, le temps se couvre** der Himmel bedeckt sich (mit Wolken), bewölkt sich; bezieht sich; es, das Wetter wird trüb; es trübt sich ein

covalence [kɔvalɑ̃s] *f chim* Kovalenz *f*

covendeur [kɔvɑ̃dœr] *m jur* Mitverkäufer *m*

cover-girl [kɔvœrgœrl] *f* ⟨*pl* **cover-girls**⟩ Covergirl ['kavərgøːrl] *n*

cow-boy [kɔbɔj] *m* Cowboy ['kaubɔi] *m*

cowper [kawpœr] *m métall* Cowper ['kaupər] *m;* Winderhitzer *m*

cow-pox [kɔpɔks] *m vét* Kuhpocken *pl*

coxal [kɔksal] *adj* ⟨-**aux**⟩ *anat* Hüft...; **os** ~ Hüftbein *n; sc* Os coxae *n*

coxalg|ie [kɔksalʒi] *f path* Hüftgelenkstuberkulose *f;* ~**ique** *adj* von Hüftgelenkstuberkulose befallen

coxarthrie [kɔksartri] *f path* Koxar-'throse *f*

coxo-fémoral [kɔksofemɔral] *adj* ⟨-**aux**⟩ *anat* **articulation** ~**e** Hüftgelenk *n; sc* Articu'latio coxae *f*

coyau [kɔjo] *m* ⟨*pl* ~**x**⟩ *bât* Aufschiebling *m*

coyote [kɔjɔt] *m zo* Ko'jote *m;* Co'yote *m;* Prä'riewolf *m*

crabe [krab] *m* **1.** *zo* Krebs *m; auch* Krabbe *f; fig* **panier** *m* **de** ~**s** Gruppe *f,* Fa'milie *f,* in der es immer wieder zu Streitigkeiten kommt; **marcher en** ~ seitwärts gehen; **2.** *mil* geländegängiges Am'phibienfahrzeug

crabier [krabje] *m zo* Krebsfresser *m*

crabot [krabo] *m tech* Schaltklaue *f*

crac [krak] *int* krach!; knack(s)!

crachat [kraʃa] *m* Auswurf *m;* Spuk-ke *f;* Speichel *m; F fig* **se noyer dans un** ~ bei der geringsten Schwierigkeit versagen, sich nicht zu helfen wissen

craché [kraʃe] *adj* **c'est lui tout** ~ das sieht ihm wieder mal ähnlich; das ist (wieder mal) typisch für ihn; das ist er, wie er leibt und lebt; **c'est son père tout** ~ er ist s-m Vater wie aus dem Gesicht geschnitten

crachement [kraʃmɑ̃] *m* **1.** Ausspucken *n,* -speien *n,* -werfen *n;* ~ **de sang** Blutspucken *n;* **2.** *par ext* ~ **de flammes** Ausspeien *n,* Auswerfen *n* von Flammen; Flammenspeien *n;* **3.** *e-s Maschinengewehrs* Knattern *n;* Geknatter *n;* F Bellen *n; e-s Lautsprechers, Radios* Knattern *n*

cracher [kraʃe] **I** *v/t* **1.** ausspucken, -speien; *Blut* spucken; **2.** *par ext Vulkan: Lava* auswerfen; (aus)spucken; ausspeien; *Feuer, Flammen* (aus)speien; **3.** F *fig* ~ (**de l'argent, des sous**) F Geld, Mo'neten ausspucken; **faire** ~ **des sous à qn** F j-m Geld aus der Nase ziehen; *fig* ~ **des injures** Beleidigungen, Beschimpfungen ausstoßen (**à qn** j-m gegen'über); **II** *v/i* **5.** (aus)spucken; (aus)speien; ~ **à la figure de qn** j-m ins Gesicht spucken; ~ **par terre** auf den Boden spucken; ~ **sur qn, qc** j-n, etw anspucken; **défense de** ~ Ausspucken verboten; es ist verboten, auf den Boden zu spucken; *fig* **c'est comme si je crachais en l'air** das ist in den Wind gesprochen; es ist, als ob ich gegen e-e Wand spräche; **6.** *fig* ~ **sur qn, qc** s-n Haß, s-e Verachtung an j-m, etw auslassen; F *fig* **ne pas** ~ **sur qc** etw nicht verachten; kein Kostverächter (von etw) sein; **7.** *Füllhalter* klecksen *bzw* spritzen; **8.** *Lautsprecher, Radio* knattern

crachin [kraʃɛ̃] *m* Sprüh-, Nieselregen *m*

crachiner [kraʃine] *v/imp* nieseln

crachoir [kraʃwar] *m* Spucknapf *m; F fig:* **tenir le** ~ keinen andern zu Wort kommen lassen; **tenir le** ~ **à qn** j-m zuhören müssen, ohne selber zu Wort zu kommen

crachotement [kraʃɔtmɑ̃] *m* **1.** häufiges Ausspucken (von Speichel *od* Auswurf); **2.** *e-s Motors* Knattern *n;* Geknatter *n*

crachoter [kraʃɔte] *v/i* **1.** häufig (aus)spucken; **2.** *Motor* knattern; **3.** *Füllfeder* klecksen

crack [krak] *m* **1.** F Ka'none *f;* (*Sport*) As *n;* **un** ~ **en math** e-e Kanone, ein As in Mathe; **2.** *Pferderennen* Crack [krɛk] *m;* Renner *m;* ausgezeichnetes Rennpferd

cracking [krakiŋ] *m pétr cf* **craquage**

cra-cra [krakra] F *od* **crado** [krado] F *adj* ⟨*inv*⟩ schmuddelig

craie [krɛ] *f* Kreide *f* (*auch Gesteinsart*); Kreidestift *m;* ~ **de tailleur** Schneiderkreide *f*

crailler [kraje] *v/i* krächzen

craindre [krɛ̃dr(ə)] *v/t* ⟨**je crains, il craint, nous craignons; je craignais; je craignis; je craindrai; que je craigne; craignant; craint**⟩ **1.** ~ **qn** j-n fürchten; vor j-m Angst, Furcht haben; ~ **qc** etw fürchten; sich vor etw (*dat*) fürchten; vor etw (*dat*) Angst haben; ~ **Dieu** Gott fürchten; **il ne craint pas le ridicule** er fürchtet sich nicht davor, sich lächerlich zu machen; ~ **de** (+*inf*) sich fürchten, befürchten, sich scheuen zu (+*inf*); ~ **que** (**ne**) (+*subj*) (be)fürchten, daß ...; **tu ne crains pas qu'il (ne) vienne?** fürchtest du nicht, hast du nicht Angst (davor), daß er kommt?; *abs* ~ **pour qn** um j-n, um j-s Leben fürchten; bangen; **se faire** ~ sich Respekt verschaffen (**de qn bei** j-m); **2.** *Sache: la chaleur, la gelée* hitze-, frostempfindlich sein; *Hitze, Frost* nicht vertragen; **ce tissu craint l'eau** dieser Stoff verträgt kein Wasser, ist gegen Wasser empfindlich; **3.** F **ça ne craint rien** da besteht keine Gefahr; da kann gar nichts pas'sieren; **4. ne pas** ~ **sa peine** vor keiner Anstrengung zu'rückschrecken; keine Anstrengung scheuen; **5.** F **un peu d'oignon dans la salade je ne**

crains pas ... (das) macht mir nichts aus; ... da habe ich nichts da'gegen

crainte [krɛ̃t] *f* Furcht *f;* Befürchtung *f;* Scheu *f;* Angst *f;* Bangen *n;* ~ **de Dieu** Gottesfurcht *f;* ~ **du gendarme** Angst vor der Polizei; **avec** ~ angstvoll; **dans la** ~ **de** *od* **de** ~ **de** *od* F ~ **de** (+*inf od* +*subst*) aus Angst, Furcht (zu + *inf od* vor + *dat*); **de** ~ **de manquer le train, j'ai pris un taxi** da ich befürchtete, den Zug zu verpassen, ...; **il a eu un mouvement de** ~ er machte e-e Abwehrbewegung; **n'ayez** ~ keine Sorge; **soyez sans** ~ seien Sie ohne Sorge; (be)fürchten Sie nichts; *st/s* **n'était la** ~ **de vous déplaire, je dirais que** ... *st/s* müßte ich nicht fürchten, Ihnen zu miß'fallen, so würde ich sagen, daß ...

craintif [krɛ̃tif] *adj* ⟨-**ive**⟩ furchtsam; ängstlich; schüchtern; **être d'un naturel** ~ von Natur aus ängstlich sein; ein furchtsames Wesen haben

crambe [krɑ̃b] *f bot* Meerkohl *m*

cramer [krame] **I** *v/t* an-, versengen; **II** *v/i* Milch, Speise anbrennen; F **la baraque a cramé** F die Bude ist abgebrannt

cramoisi [kramwazi] **I** *adj* hoch-, knallrot; *Stoff, Faden auch* leuchtend rot; **karme'sinrot; II** *m* leuchtend rote Farbe (*von Stoffen*)

crampe [krɑ̃p] *f path* Krampf *m;* ~ **des écrivains** Schreibkrampf *m;* ~ **d'estomac** Magenkrampf *m*

crampillon [krɑ̃pijɔ̃] *m tech* Krampe *f;* Krampen *m*

crampon [krɑ̃pɔ̃] *m* **1.** *tech* Klammer *f;* der Fußballschuhe Stollen *m; Bergsteigen* ~**s à glace** Steigeisen *n/pl; ch de fer* ~ **de rail** Schienennagel *m,* -klammer *f;* **2.** F *fig* **quel** ~ ! F so e-e Klette!; *adit* **elle est** ~ sie ist e-e richtige Klette; man wird sie nicht los; **3.** *bot* ~**s** *pl* Haftwurzeln *f/pl*

cramponner [krɑ̃pɔne] **I** *v/t* **1.** *tech* durch Haken, Klammern mitein'ander verbinden; verklammern; **2.** F *fig* ~ **qn** F sich wie e-e Klette an j-n hängen; **II** *v/pr* **3. se** ~ **à qc** sich an etw (*acc*) klammern; **se** ~ **au bras, au cou de qn** sich an j-s Arm klammern; j-s Hals um'klammern; *fig* **se** ~ **à un espoir, à la vie** sich an e-e Hoffnung, ans Leben klammern; **4.** F **se** ~ F sich wie e-e Klette sein

cran [krɑ̃] *m* **1.** Einschnitt *m;* Kerbe *f;* Einkerbung *f;* Raste *f;* Stufe *f* (*auch fig*); *fig* Grad *m;* in e-m Gürtel, Riemen Loch *n; tech* ~ **d'arrêt** Sperrklinke *f;* (**couteau** *m* **à**) ~ **d'arrêt** Springmesser *n;* **mettre le** ~ **d'arrêt** are'tieren; feststellen; *ch de fer* ~ **de marche** Fahrstufe *f;* ~ **de mire** Kimme *f* (*e-r Handfeuerwaffe*); ~ **de sûreté** Sicherung *f* (*e-r Handfeuerwaffe*); *Brett in e-m Regal* **baisser, 'hausser d'un** ~ um ein Loch, e-e Stufe niedriger, höher einlegen, einhängen; *fig* **baisser d'un** ~ **dans l'estime de qn** ein wenig in j-s Achtung sinken; *fig* **monter d'un** ~ **dans son métier** in s-m Beruf um e-e Stufe höher kommen; **ouvrir sa ceinture d'un** ~ s-n Gürtel um ein Loch weiter machen; **2.** F **il a du** ~ er ist sehr kaltblütig; er bewahrt immer ruhig Blut; **3.** F *fig* **il est à** ~ er ist äußerst gereizt; F er explo'diert gleich; er ist auf hundert; **4.** *Frisur* ~**s** *pl* scharf mar-'kierte Wellen *f/pl;* **5.** *Schriftgießerei* Signa'tur *f*

crâne [krɑn] **I** *m anat* Schädel *m* (*auch allg Kopf*); Hirnschale *f;* ~ **chauve, pelé** kahler Schädel; Glatzkopf *m;* F Platte *f;* F **j'ai mal au** ~ F mir tut der Schädel weh; F *fig* **se mettre qc dans le** ~ sich etw in den Kopf, F Schädel setzen; **II** *adj* Aussehen, Haltung etc angeberisch; prahlerisch; großspurig, -artig

crân|er [krɑne] v/i F angeben; aufschneiden; **~erie** f Großspreche'rei f; **~eur** m, **~euse** f F Angeber(in) m(f); Aufschneider(in) m(f); Großsprecher(in) m(f); Prahlhans m; **faire le crâneur**, **la crâneuse** od adjt **être ~** F angeben; aufschneiden; ein Angeber, e-e Angeberin sein

crân|ien [krɑnjɛ̃] adj ⟨~ne⟩ anat Schädel…; **boîte ~ne** Gehirnschädel m; Hirnschale f

cranio|logie [kranjɔlɔʒi] f méd Kraniolo'gie f; Schädellehre f; **~mètre** m Kranio'meter n; Schädelmesser m; **~plastie** [-plasti] f chir Schädelplastik f

cranter [krɑ̃te] v/t Messer mit Wellenschliff versehen; Haare in stark mar-'kierte Wellen legen

crapahuter cf crapaüter

crapaud [krapo] m 1. zo Kröte f; **laid comme un ~** häßlich wie die Nacht; F mordshäßlich; 2. adjt **fauteuil** m ~ kleiner Lehnsessel; **(piano** m) ~ kleiner Stutzflügel; 3. in e-m Diamanten kleine Unreinheit; kleiner Mangel; 4. mar Bojenstein m

crapaudine [krapodin] f 1. minér Krötenstein m; 2. bât, an e-r Badewanne Einlauf-, Auslaufsieb n; 3. Mechanik Spurlager n; 4. cuis **poulet** m, **pigeon** m **à la ~** Hühnchen od Taube, das bzw die am Rücken od am Bauch aufgeschnitten, etwas plattgedrückt, in Butter gedünstet, dann gegrillt und mit Soße angerichtet wird

crapaüter [krapayte] v/i in schwierigem Gelände mar'schieren (oft mit schwerem Gepäck bzw mil mit voller Marschausrüstung)

crapul|e [krapyl] f 1. Lump m; übler Kunde, Pa'tron; zwielichtige Gestalt, Fi'gur; 2. litt coll (Lumpen)Gesindel n; Lumpenpack n; Gelichter n; Pöbel m; **~erie** f Lumpe'rei f (auch Eigenschaft); dunkle, krumme Geschäfte n/pl; **~eux** adj ⟨-euse⟩ Verbrechen schändlich; gemein; Kneipe berüchtigt; übel be'leumdet; verdächtig; st/s Leben dunkel; zwielichtig

craquage [kraka ʒ] m pétr Kracken od Cracken ['krɛ-] n

craque [krak] F f Lüge(nmärchen) f(n)

craquelage [krakla ʒ] m Keramik Craque'léherstellung f; peint Craque'lureherstellung f

craquelé [krakle] I adj mit feinen Rissen; rissig; peint mit Craque'luren; porcelaine ~e Craque'léporzellan n; **verre** ~ Craque'lée, Krake'lée-, Eisglas n; II m Craque'lé n; Haarrisse m/pl in der Gla-'sur von Porzel'lan

craquel|er [krakle] ⟨-ll-⟩ I v/t rissig machen; ~ **de la porcelaine** in der Glasur von Porzellan Haarrisse erzeugen; II v/pr **se ~** rissig werden; (feine) Risse bekommen; **~ure** f feine Risse m/pl; Haarrisse m/pl; in Glas, Porzellan Craque'lé n; peint Craque'lure od Krake'lüre f

craquement [krakmɑ̃] m 1. Knacken n; Knarren n; Knistern n; Knirschen n; poét u a p/fort Krachen auch Ächzen n; Stöhnen n; 2. p/fort Krachen n; Bersten n; 3. fig Riß m (Uneinigkeit)

craquer [krake] I v/t 1. Streichholz anstreichen; anreiben; anreißen; 2. pétr kracken; adjt **essence craquée** Krackbenzin n; II v/i 3. knacken; knarren; knistern; knirschen; **faire ~ ses doigts** od **ses jointures** mit den Finger(gelenke)n knacken; 4. p/fort krachen; brechen; bersten; Naht platzen; **faire ~** j-n über'fahren; sprengen; zum Bersten bringen; fig **plein à ~** zum Bersten, Brechen voll; brechend voll; 5. fig Regierung, Einheit,

Welt(bild) ins Wanken geraten; il a craqué od **ses nerfs ont craqué** er ist zu'sammengebrochen

craquètement [krakɛtmɑ̃] m 1. Knistern n; 2. des Storchs Klappern n

craqueter [krakte] ⟨-tt-⟩ v/i 1. knistern; 2. Storch klappern

craquettement cf craquètement

crase [kraz] f 1. gr Krasis f; Krase f; 2. physiol des Blutes Gerinnungsfähigkeit f

crash [kraʃ] m aviat Bauchlandung f

crassane [krasan] f cf passe-crassane

crasse[1] [kras] adj Faulheit unerhört; ex'trem; Geiz unglaublich; **ignorance** f ~ krasse Unwissenheit

crasse[2] [kras] f 1. Schmutz m; F Dreck m; **couvert de ~** schmutzig; F dreckig; schmutzstarrend; **vivre dans la ~** im Schmutz, F Dreck verkommen, ersticken; 2. métall ~s pl Gekrätz n; Krätze f; 3. F fig **faire une ~ à qn** j-m gegenüber e-e Gemeinheit begehen, gemein handeln; 4. path ~ **sénile** Kera'toma se'nile n; Hyperkera'tosis se'nilis f

crass|eux [krasø] adj ⟨-euse⟩ verschmutzt; F verdreckt; dreckig; p/fort schmutzstarrend; **~ier** m métall Schlakkenhalde f

crassulacées [krasylase] f/pl bot Dickblattgewächse n/pl

crassule [krasyl] f bot Dickblatt n

cratère [krater] m 1. géogr Krater m; **~ central, latéral, lunaire, volcanique** Haupt-, Seiten-, Mond-, Vul'kankrater m; **lac** m **de ~** Kratersee m; 2. par ext kraterähnliche Vertiefung; Krater m; 3. Antike Kra'ter m

craterelle [kratrɛl] f bot Herbst-, Totentrompete f

cratériforme [krateriform] adj kraterförmig

craticulation [kratikylasjɔ̃] f Kratiku'lieren n

crau [kro] f géogr steiniges Gelände

cravach|e [kravaʃ] f Reitpeitsche f, -gerte f; fig **mener à la ~** mit rücksichtsloser Strenge, Härte behandeln; **~er** I v/t Pferd mit der Peitsche antreiben; auch Person peitschen; mit der Peitsche schlagen; einhauen od einschlagen auf (+acc); II v/i F sich ranhalten

cravate [kravat] f 1. Kra'watte f; Schlips m; (Selbst)Binder m; früher Halstuch n; fig ~ **de chanvre** Strick m des Henkers; ~ **de commandeur de la Légion d'honneur** als Krawatte geschlungenes Ordensband der Kommandeure der Ehrenlegion; ~ **de fourrure** Pelzkragen m; F fig **s'en jeter un derrière la ~** F (sich) einen hinter die Binde gießen; einen heben; 2. hist mil ~ **d'un drapeau** Fahnenband n; 3. Ringen (Art) Würgegriff m

cravater [kravate] v/t 1. ~ **qn** j-m e-e Kra'watte 'umbinden; 2. p/p **drapeau cravaté de crêpe** Fahne f mit Trauerschleife; 3. ~ **qn** j-n in den Würgegriff nehmen; 4. F fig ~ **qn** j-n her'einlegen; F j-n über'fahren

crave [krav] f zo (e-e) Racke

craw-craw [krɔkrɔ] m path (Afri'kanische) Onchozer'kose

crawl [krol] m sports Kraul(stil) n(m); Kraulen n; Kraulschwimmen n

crawler [krole] v/i sports kraulen; adjt **dos crawlé** Rückenkraulschwimmen n

crayeux [krɛjø] adj ⟨-euse⟩ kreidig; kreidehaltig, -artig; **blanc** ~ gelbliches, kreidiges Weiß; **marne, terre crayeuse** Kreidemergel m, -boden m·

crayon [krɛjɔ̃] m (Blei-, Farb-, Zeichen)Stift m; ~ **céramique** Pa'stellstift m (für Zeichnungen auf Glas, Porzellan etc); méd ~ **hémostatique** blutstil-

lender Stift; ~ **lithographique** Fettkreide f (für Lithographien); ~ **noir** Bleistift m; ~ **rouge** Rotstift m; peint Rötelstift m; ~ (**à**) **bille** Kugelschreiber m; ~ **à lèvres** Kon'turenstift m (für die Lippen); ~ **à sourcils** Augenbrauenstift m; ~ **de couleur** Farb-, Buntstift m; méd ~ **de nitrate d'argent** Höllenstein(stift) m; **dessin** m **au ~** Bleistiftzeichnung f; **écrire au ~** mit (dem) Bleistift schreiben; 2. peint **a)** Bleistift-, Kreide-, Pa-'stellzeichnung f; ~ **dur** Skizze f für ein Gemälde; **b)** Zeichenmanier f, -stil m; **c)** Zeichnen n

crayon-feutre [krɛjɔ̃føtr(ə)] m ⟨pl **crayons-feutres**⟩ Filzschreiber m, -stift m

crayonnage [krɛjɔnaʒ] m 1. (Bleistift-, Kreide-, Pa'stell)Zeichnung f; 2. Kritzeln n; Skiz'zieren n (auch fig)

crayonner [krɛjɔne] v/t 1. kritzeln; skiz'zieren; Wand etc bekritzeln; 2. fig u st/s skiz'zieren

crayonn|eur [krɛjɔnœr] m, **~euse** f schlechter Zeichner, schlechte Zeichnerin; Sudler(in) m(f)

cré [kre] adj ~ **nom de Dieu!** sapper-'lot!; sacker'lot!

créance [kreɑ̃s] f 1. jur (Schuld)Forderung f; ~s pl auch Außenstände m/pl; ~ **hypothécaire** hypothekarisch gesicherte Forderung; Hypo'thekenforderung f; ~ **privilégiée** bevorrechtigte, privilegierte Forderung; 2. in Wendungen Glauben m; dipl **lettres** f/pl **de ~** Beglaubigungsschreiben n; **donner ~ à** a) Glauben schenken (+dat); b) glaubhaft, glaubwürdig machen; **mériter ~** glaubwürdig sein; **trouver ~** Glauben finden

créanc|ier [kreɑ̃sje] **~ière** I m,f fin, jur Gläubiger(in) m(f); **créancier privilégié** bevorrechtigter Gläubiger; Vorzugsgläubiger m; II adj Gläubiger…

créateur [kreatœr] I adj ⟨-trice⟩ schöpferisch; krea'tiv; erfinderisch; **esprit** ~ schöpferischer Geist; Schöpfergeist m; II subst 1. m ♀ Schöpfer m (Gott); 2. ~, **créatrice** m,f Schöpfer(in) m(f); Begründer(in) m(f); Erfinder(in) m(f); **thé créateur d'un rôle** erster Darsteller e-r Rolle

créatif [kreatif] adj ⟨-ive⟩ **a)** krea'tiv; erfinderisch; **b)** die Kreativi'tät fördernd

créatin|e [kreatin] f physiol Krea'tin n; **~ine** f physiol Krea'tinin n

création [kreasjɔ̃] f 1. rel **a)** Schöpfung f (Vorgang); Erschaffung f; philos ~ **continuée** fortdauernde Schöpfung; ~ **du monde** Erschaffung der Welt; bibl **récit** m **de la ~** Schöpfungsgeschichte f; **b)** Schöpfung f (Geschaffenes); 2. allg Schaffung f; (Be)Gründung f; Errichtung f; Erfindung f; comm ~ **de capitaux** Kapi'talschöpfung f; ~ **de nouveaux emplois** Schaffung neuer Arbeitsplätze; ~ **d'une nouvelle entreprise** (Be)Gründung, Errichtung e-s neuen Unter'nehmens; 3. Kunst Schöpfung f; Schaffen n; ~ **artistique, littéraire** künstlerisches, literarisches Schaffen; 4. **thé** e-r Rolle Kre'ieren n; e-s Stückes Erstinszenierung f; 5. der Haute Couture Kreati'on f

créativité [kreativite] f Kreativi'tät f

créature [kreatyr] f 1. Geschöpf n; Krea'tur f; 2. ~ (**humaine**) Mensch m; (Menschen)Wesen n; 3. mit adj f Frau f; péi Per'son f; Frauenzimmer n; **quelle sotte ~!** so e-e dumme Person!; 4. fig u péi e-s Ministers etc Krea'tur f

crécelle [kresel] f 1. Klapper f; Rassel f; Schnarre f; **bruit** m **de ~** Kreischen n; Gellen n; Schrillen n; Klappern n; Ras-

seln n; Schnarren n; fig **voix** f de ~
kreischende. schrille. gellende Stimme;
2. fig Klatschbase f (mit schriller Stim-
me)
crécerelle [krɛsrɛl] f zo Turmfalke m
crèche [krɛʃ] f **1.** bibl Krippe f; ~ de
Noël Weihnachtskrippe f; **2.** Kinder-
krippe f; **3.** F (maison, chambre) Woh-
nung f; F Bude f; **4.** agr Krippe f;
(Futter)Raufe f
crécher [kreʃe] F v/i ⟨-è-⟩ wohnen;
hausen; über'nachten
crédence [kredɑ̃s] f **1.** égl cath Kre'denz
f; Seitentischchen n am Altar; **2.** früheres
Möbelstück Kre'denz f
créd|ibilité [kredibilite] f Glaubwürdig-
keit f. -haftigkeit f; Über'zeugungskraft
f; **~ible** adj glaubwürdig, -haft; über-
'zeugend
crédirentier [kredirɑ̃tje] m jur Renten-
gläubiger m
crédit [kredi] m **1.** comm Kre'dit m;
Haben(seite) n(f); ~ **agricole** A'grar-
kredit m; cf auch **2.**; ~ **artisanal** Hand-
werkskredit m; ~ **confirmé** od docu-
mentaire Doku'menten-, Warenakkre-
ditiv n; ~ **foncier** cf foncier **1.**; ~
imaginaire fik'tiver Kredit; ~ **immobi-
lier** Kredit für den Erwerb von Grund-
stücken bzw für den Bau von Sozi'al-
wohnungen; ~ **industriel et commer-
cial** gewerblicher Kredit; ~ **d'ac-
ception** Ak'zeptkredit m; ~ **de
campagne** Betriebskredit m (zur Be-
schaffung von Rohstoffen); ~ **de con-
sommation** Konsu'menten-, Verbrau-
cher-, Konsump'tivkredit m; **restric-
tion** f **du** ~ Kre'ditbeschränkung f.
-restriktion f; ♦ loc/adj u loc/adv à ~
Kre'dit...; auf Kredit, Borg, F Pump;
achat m à ~ Kreditkauf m; Kauf m auf
Kredit, auf Borg; **acheter à** ~ auf Kredit
kaufen; (beim Kaufmann anschreiben las-
sen; F (acheter à tempérament) auf
Raten(zahlung), F auf Stottern kaufen;
♦ **accorder du** ~ à qn j-m Kredit
gewähren, bewilligen; cf auch **4.**; **avoir
du** ~ Kredit haben (chez bei); cf auch **3.**;
avoir trois mois de ~ drei Monate
Kredit, Zahlungsfrist haben; **faire** ~ à
qn j-m Kredit geben, gewähren, einräu-
men; **obtenir un** ~ e-n Kredit erhalten;
porter une somme au ~ **de qn** j-m
e-e Summe gutschreiben, kredi'tieren;
prendre un ~ e-n Kredit aufnehmen; **2.**
Kre'ditanstalt f, -institut n; ♀ **agricole**
ländliche Kre'ditgenossenschaft; in der
BRD etwa Raiffeisenbank f; ~ **munici-
pal** etwa Städtisches Leihamt; ♀ **natio-
nal** Kreditinstitut für den 'Wiederauf-
bau (Kriegsschäden); **3.** e-r Person Anse-
hen n; Kredit m; Reputati'on f; **acqué-
rir du** ~ (an) Ansehen gewinnen; **avoir
du** ~ (auprès de qn) Ansehen genießen
(bei j-m); angesehen sein (bei j-m); **jouir
de beaucoup de** ~ sehr angesehen sein;
4. in Wendungen Glauben m; **accorder
du** ~ à qn j-m Glauben schenken;
trouver du ~ (auprès de qn) (bei j-m)
Glauben finden; **5.** pol meist pl ~**s**
(Haushalts-, Ausgabe)Mittel n/pl; Kre-
'dite m/pl
crédit-bail [kredibaj] m Leasing ['li:-
ziŋ] n
crédité [kredite] m Kre'ditnehmer m
créditer [kredite] v/t ~ **un compte, qn
d'une somme** e-m Konto, j-m e-n
Betrag gutschreiben, kredi'tieren
créditeur [kreditœr] **I** adj ⟨-trice⟩
compte ~ Ak'tiv-, Vermögenskonto n;
par ext (Gut)Haben n; **intérêts** ~**s**
Habenzinsen m/pl; **II** m Buchhaltung
Kreditor m
credo [kredo] m **1.** égl ♀ Glaubensbe-
kenntnis n; Credo n (auch Teil der

Messe); **2.** par ext Glaubensbekenntnis
n; Credo n od Kredo n; Prin'zipien n/pl
crédul|e [kredyl] adj leichtgläubig; Ver-
trauen gläubig; **~ité** f Leichtgläubig-
keit f
créer [kree] **I** v/t **1.** rel (er)schaffen; **2.**
Kunst schaffen; Mode, Modell, thé Rolle
kre'ieren; thé Stück zum ersten Mal
insze'nieren; ♦ abs schöpferisch tätig
sein; **joie** f **de** ~ Schaffensfreude f;
schöpferische Freude; **3.** allg (be)grün-
den; errichten; erfinden; ersinnen; ins
Leben rufen; Arbeitsplätze, Bedürfnisse
schaffen; Märkte erschließen; **4.** ~ **des
ennuis à qn** j-m Unannehmlichkeiten,
Ärger (ein)bringen, verursachen, berei-
ten; **II** v/pr **5. se** ~ **qc** sich etw aufbauen;
se ~ **une clientèle** Kaufmann, Hand-
werker Kunden, Kundschaft, e-n Kun-
denkreis gewinnen; Gastwirt Gäste ge-
winnen; Rechtsanwalt, Arzt (sich) e-e
Praxis aufbauen; Rechtsanwalt auch
Kli'enten gewinnen; **6. se** ~ **des be-
soins** sich (artisanal) Bedürfnisse schaf-
fen; **se** ~ **des ennuis** sich Ärger einhan-
deln; Ärger bekommen
crémaillère [kremajɛr] f **1.** Kesselha-
ken m; fig **pendre la** ~ die neue
Wohnung einweihen; s-n Einzug in die
neue Wohnung, in das neue Haus feiern;
2. Lochschiene f; bât Zahnschiene f; tech
Zahnstange f; ch de fer **chemin de fer** m
à ~ Zahnradbahn f
crémant [kremɑ̃] m Cré'mant m
(Schaumwein mit e-m Kohlensäuredruck
von weniger als 3 atü)
crémation [kremasjɔ̃] f Kremati'on f;
(Leichen)Verbrennung f; Einäscherung f
crématiste [krematist] m,f Befür-
worter(in) m(f) der Leichenverbrennung
crématoire [krematwar] adj u subst
(**four** m) ~ Verbrennungsofen m (im
KZ); Feuerbestattungsofen m; F auch
Krema'torium n
crématorium [krematɔrjɔm] m Kre-
ma'torium n
crème [krɛm] **I** f **1.** cuis **a)** Sahne f; südd
Rahm m; ~ **Chantilly** od ~ **fouettée**
Schlagsahne f, südd -rahm m, österr
-obers n; ~ **fraîche** (dicke) süße Sahne;
südd (dicker) süßer Rahm; adjt **café** m ~
od allg ~ Kaffee m mit Sahne bzw
Milchkaffee m; **b)** Creme f, Krem f od F
m; ~ **anglaise** Eier-Milch-Creme f (nur
mit Eigelb); ~ **glacée** Eiscreme f; ~
renversée gestürzter Pudding mit Ka-
ramelüberzug; ~ **au beurre** (Art) But-
tercreme f; **c)** Schmelz-, Streichkäse m; ~
de gruyère Schmelzkäse aus Emmen-
taler Käse; **d)** sämige Suppe; ~
d'asperges, de volailles Spargel-, Ge-
flügelcremesuppe f; **2.** Kosmetik (Haut-)
Creme f; ~ **grasse** fettige Salbe; Fett-
creme f; ~ **solaire** Sonnen(schutz)creme
f; ~ **à raser, de beauté, de jour, de
nuit** Ra'sier-, Schönheits-, Tages-,
Nachtcreme f; **en** ~ als Creme; **3.** Li'kör
m; ~ **de banane, de cacao** Ba'nanen-,
Ka'kaolikör m; **4.** F fig Creme f (der
Gesellschaft); **la** ~ **de la** ~ die (aller)fein-
sten Leute pl; **II** adj ⟨inv⟩ cremefarben
crémé [kreme] adj cremefarben
crémer [kreme] v/i ⟨-è-⟩ Milch Sahne
bilden, ansetzen
crémerie [kremri] f Milchgeschäft n; F
fig **changer de** ~ a) 'umziehen; b) das
Lo'kal wechseln
crémeux [kremø] adj ⟨-euse⟩ sahnig;
kremig; sämig
crém|ier [kremje] m, **~ière** f **1.** Milch-
händler(in) m(f); **2.** (nur f) péj **c'est une
grosse crémière** das ist e-e dicke, fette
Neureiche
crémone [kremɔn] f für Fenster Treib-
riegelverschluß m

créneau [kreno] m ⟨pl ~x⟩ **1.** fortif **a)**
Zinne f; **b)** Schießscharte f; **2.** tech
Einkerbung f, Kerbe f für e-n Splint; **3.**
Straßenverkehr **a)** Lücke f zum Einfä-
deln; **b)** Parklücke f; **faire un** ~ einpar-
ken; in e-e Parklücke hin'einfahren; **c)** ~
de dépassement Über'holstrecke f; **4.**
télév, rad Sendezeit f (für pol Parteien
etc); **5.** écon Marktlücke f
crénelage [krɛnlaʒ] m Zähnen n; von
Münzen Rändeln n; Rändelung f (auch
Ergebnis)
crénelé [krɛnle] adj **1.** Turm etc zinnen-
bewehrt; mit Zinnen versehen; **2.** bot
Blatt gekerbt; gezähnt
créneler [krɛnle] v/t ⟨-ll-⟩ **1.** Mauer mit
Zinnen bewehren, versehen; krene'lie-
ren; **2.** par ext auszacken; zähnen; mit
Einkerbungen, Kerben versehen; Münze
rändeln
crénelure [krɛnlyr] f **1.** Zinnen f/pl; **2.**
bot (Ein)Kerbung f; **3.** Zacken f/pl
créner [krene] v/t ⟨-è-⟩ impr Letter
einkerben
crénothérapie [krenɔterapi] f méd Mi-
ne'ral-, Heilquellentherapie f
créole [kreɔl] **I** adj kre'olisch; **parlers**
m/pl ~**s** Kre'olensprachen f/pl; **II** subst **1.**
m,f Kre'ole m, Kre'olin f; **2.** ling **le** ~
Kre'olisch n; das Kre'olische
créosot|e [kreɔzɔt] f Kreo'sot n; **~er** v/t
Holz (mit Kreo'sot) imprä'gnieren, trän-
ken
crêpage [krɛpaʒ] m **1.** der Haare Tou-
'pieren n; **2.** F fig ~ **de chignon** Zank m;
Streit m; Gezänk n; **3.** text Kreppen n
crêpe[1] [krɛp] m **1.** text Krepp m; ~
georgette Crêpe Geor'gette m; ~ **de
Chine** Crêpe de Chine m; ~ **de laine, de
soie** Woll-, Seidenkrepp m; **2.** Trauer-
flor m, -band n, -schleife f; (**voile** m **de**)
~ Trauerschleier m; **3.** **semelles** f/pl
(**de**) ~ Kreppsohlen f/pl
crêpe[2] [krɛp] f (dünner) Pfann-, Eierku-
chen m; auch Crêpe f; österr Pala'tschin-
ke f; ~**s Suzette** mit Likörcreme ange-
richtete u flambierte Eierkuchen; ~ **à la
confiture** Marme'ladenpfannkuchen
m; F fig **retourner qn comme une** ~ j-n
im Handumdrehen 'umstimmen, F her-
'umkriegen
crêpel|é [krɛple] adj st/s cf crépu; **~ure**
f st/s der Haare Krause f
crêper [krɛpe] **I** v/t **1.** Haare tou'pieren;
2. Stoff kreppen; **II** v/pr F **se** ~ **le
chignon** cf chignon
crêperie [krɛpri] f Lo'kal n, Ca'fé n, in
dem „crêpes" serviert werden
crépi [krepi] m bât (rauher) (Ver)Putz;
Rauhputz m; Bewurf m
crép|ier [krepje] m, **~ière** f **a)** Crêpes-
Verkäufer(in) m(f); **b)** Besitzer(in) m(f)
e-r „crêperie"
crépin|e [krepin] f **1.** an e-m Rohr
Saugkorb m; Sieb n; **2.** vom Schwein
Netz n; **~ette** f cuis Netzkotelett n (von
Netz umhülltes Hackfleisch in Fri-
kadellenform)
crép|ir [krepir] v/t Mauer verputzen;
bewerfen; berappen; **~issage** m
(Rauh)Verputzen n
crépitant [krepitɑ̃] adj path râle ~
Knistern n; Knisterrasseln n
crépit|ation [krepitasjɔ̃] f **1.** Knistern n;
Prasseln n; path Krepitati'on f; Kni-
stern n; der Lungen Knistern n; Knister-
rasseln n; ~ **neigeuse** Krepitation (bei
Luft od geronnenem Blut im Gewebe); ~
osseuse Knistern n, Krepitation (der
Knochenbruchenden); **~ement** m des
Feuers Knistern n; Prasseln n; von Schüs-
sen, Waffen Knattern n; von Waffen auch
Rattern n
crépiter [krepite] v/i bes Feuer knistern;
prasseln; Beifall aufbranden; aufbrau-

sen; *Schüsse, Waffen* knattern; *Waffen auch* rattern

crépon [krepõ] **I** *adj* papier *m* ~ Krepppapier *n*; **II** *m text* dicker, grober Krepp

crépu [krepy] *adj* kraus; **cheveux** ~s Kraushaar *n*

crépusculaire [krepyskylɛr] *adj* dämmerig; dämmerhaft; Dämmer…; *zo* animaux ~s Dämmerungstiere *n/pl*; *path* état *m* ~ Dämmerzustand *m*; jour *m*, lueur *f*, lumière *f* ~ Dämmerlicht *n*; *zo* papillon *m* ~ Nachtfalter *m*

crépuscule [krepyskyl] *m* **1.** (Abend-)Dämmerung *f*; Dämmerlicht *n*; ~ astronomique, civil, nautique astronomische, bürgerliche, nautische Dämmerung; au ~ *od* à l'heure du ~ in der Abenddämmerung; **2.** *fig u litt* Vergehen *n*; 'Untergang *m*; *mus Wagner* Le ⚥ des dieux Die Götterdämmerung

crescendo [kreʃɛndo] **I** *adv mus* crescendo [-'ʃɛn-]; **II** *m mus u fig* Crescendo [-'ʃɛn-] *n*; *loc/adv* en ~ anschwellend; aller, s'élever, monter en ~ anschwellen; (an Lautstärke) zunehmen

crésol [krezɔl] *m chim* Kre'sol *n*

cresson [krəsõ, krɛ-] *m bot* Kresse *f*; ~ de fontaine *od* d'eau Brunnenkresse *f*; ~ des prés Wiesenschaumkraut *n*; F *fig* n'avoir plus de ~ sur le caillou 'vollständig kahl sein; F e-e Platte haben

cressonn|ette [krɛsɔnɛt] *f bot* Wiesenschaumkraut *n*; ~ière *f* Anpflanzung *f* von Brunnenkresse

crésyl [krezil] *m* (*nom déposé*) Mischung *f* drei Kre'sole (*Desinfektionsmittel*)

crêt [krɛ] *m* (Fels)Grat *m*

crétacé [kretase] *géol* **I** *adj* Kreide…; kreidig; **période** ~e Kreide(zeitalter) *f(n)*; **système** ~ Kreideformation *f*; **terrain** ~ Kreideboden *m*; **II** *m* Kreide(-zeitalter) *f(n)*

crête [krɛt] *f* **1.** *zo des Hahns, einiger Reptilien, Fische* Kamm *m*; *einiger Vögel* Schopf *m*; **2.** *e-s Berges* Kamm *m*; **3.** ~ des vagues Wellenkamm *m*, -berg *m*; **4.** *bât: des Daches* First *m*; *e-r Mauer* Krone *f*; *arch* ~ d'un comble Firstbekrönung *f*; **5.** *e-s Helms* Zier *f*; *Heraldik* Kamm *m*; **6.** *anat* ~ iliaque Darmbeinkamm *m*; **7.** *des Meeresbodens* Rücken *m*; **8.** *élect* puissance *f* de ~ Spitzenleistung *f*

crêté [krete] *adj zo* mit Kamm *bzw* Schopf

crête-de-coq [krɛtdəkɔk] *f* ‹*pl* crêtes--de-coq› **1.** *bot* **a)** Hahnenkamm-Esparsette *f*; **b)** Klappertopf *m*; **2.** *pl path* spitze Kondy'lome *n/pl*; Feigwarzen *f/pl*

crétin [kretɛ̃] **I** *adj* dumm; dämlich; blöd; **II** *subst* ~(e) *m(f)* **1.** Dummkopf *m*; Idi'ot *m*; dumme, blöde Gans; **2.** *méd* Kre'tin *m*

crétin|erie [kretinri] *f* Dummheit *f*; Blödsinn *m*; ~iser *v/t* dumm machen; verdummen; ~isme *m* **1.** *path* Kreti'nismus *m*; **2.** *allg* Dummheit *f*; Blödsinn *m*; Idio'tie *f*

crétois [kretwa] **I** *adj* kretisch; **II** *subst* ⚥(e) *m(f)* Kreter(in) *m(f)*; **2.** *ling* le ~ das Kretische; Kretisch *n*

cretonne [krətɔn] *f text* Cre'tonne *od* Kre'tonne *f*; *österr* Kre'ton *m*

creus|age [krøzaʒ] *m od* ~ement *m* Graben *n*; Aushöhlen *n*

creuser [krøze] **I** *v/t* **1.** *Loch etc* graben; (aus)bohren; *Brunnen* graben; *Tunnel* bohren; graben; *Kanal* bauen; *Schacht* abteufen; *Graben, Grab etc* ausheben; *Graben auch, Furche* ziehen; *mines Stollen, Strecke* vortreiben; auffahren; *Felsen* aushöhlen; *Zahn* ausbohren; *fig* ~ un abîme e-n Abgrund aufreißen (**entre** zwischen + *dat*); ~ la terre die Erde

aufgraben; in der Erde graben; *fig* ~ sa tombe, sa fosse sich sein eigenes Grab schaufeln, graben; ~ un trou dans qc *auch* etw aushöhlen; **2.** hohl machen; *Wangen* aushöhlen; *Augen* einsinken lassen; ~ l'estomac hungrig machen; ~ les reins ein hohles Kreuz machen; visage creusé de rides verrunzeltes, von Runzeln durch'zogenes Gesicht; **3.** *fig Frage, Problem* gründlich prüfen; **II** *v/i* **4.** graben; ~ dans une sablière *auch* e-e Sandgrube ausbaggern; **5.** *Wunde* in tiefes Loch bilden; **6.** *frische Luft etc* hungrig machen; **III** *v/pr* se ~ **7.** hohl werden; *Gesicht* hohl(wangig) werden; *Augen* einsinken; *Brust* einfallen; **8.** sich (geistig) anstrengen; se ~ la cervelle, le cerveau, la tête sich den Kopf zerbrechen; sich den Kopf, das Hirn zermartern

creuset [krøzɛ] *m* **1.** (Schmelz)Tiegel *m*; acier *m* au ~ Tiegelstahl *m*; **2.** *métall e-s Hochofens* Gestell *n*; **3.** *fig* Schmelztiegel *m*; **4.** *fig u litt* s'épurer au ~ de la souffrance durch Leid geläutert werden

creux [krø] **I** *adj* ‹creuse [krøz]› **1.** hohl (*auch Zahn*); Hohl…; *fig: Augen* eingesunken; tiefliegend; *Wangen* hohl; eingefallen; *Gesicht* hohl(wangig); assiette creuse tiefer Teller; Suppenteller *m*; chemin ~ Hohlweg *m*; *mar* mer creuse hohle See; *anat* pied ~ Hohlfuß *m*; *cout* pli ~ Kellerfalte *f*; verre ~ Hohlglas *n*; *fig* j'ai le ventre, l'estomac ~ ich habe e-n leeren Magen, nichts im Magen; mir knurrt der Magen; **2.** *par ext*: classes creuses geburtenschwache *bzw* durch den Krieg dezi'mierte Jahrgänge *m/pl*; heure creuse a) Zeit *f* des geringsten Stromverbrauchs; b) *in der Schule* Spring-, Hohlstunde *f*; ~ heures creuses im Straßenverkehr verkehrsschwache Zeiten *f/pl*; *im Geschäftsleben* Zeiten, in denen wenig Betrieb ist; temps ~ stille Zeit; Flaute *f*; **3.** *Klang, Stimme* hohl; *fig Sätze, Rede etc* leer; hohl; inhalts-, gehaltlos; **5.** viande creuse kärgliche Nahrung; *fig* magere geistige Kost; **6.** *text Gewebe* lappig; *Leder* dünn; lappig; **II** *adv* sonner ~ hohl klingen (*auch fig*); **III** *m* **1.** Vertiefung *f*; (Aus)Höhlung *f*; Grube *f*; Mulde *f*; *nordd* Kuhle *f*; ~ de l'estomac Magen-, Herzgrube *f*; *fig* j'ai un ~ dans l'estomac ich habe Hunger; ich bin hungrig; mir knurrt der Magen; ~ du genou Kniekehle *f*; ~ de la main hohle Hand; ~ d'une vague Wellental *n*; *fig* être dans le ~ de la vague an e-m Tiefpunkt angelangt sein; *Person* F *auch* weg vom Fenster sein; *mar* mer *f* de deux mètres de ~ zwei Meter hohe Wellen *f/pl*; *Kunst* relief *m* en ~ versenktes Relief; **2.** *mus* avoir un bon ~, du ~ e-e so'nore, tragende Baßstimme haben; **3.** *bes écon, pol* Tief(punkt) *n(m)*; Talsohle *f*

crevaison [krəvɛzõ] *f* **1.** Platzen *n*; Bersten *n*; **2.** *auto, Fahrrad* Reifenpanne *f*; geplatzter Reifen; F Platte(r) *m*; Plattfuß *m*; *österr* Patschen *m*

crevant [krəvã] *adj* F **1.** ermüdend; c'est ~ das macht einen fertig, F ka'putt; **2.** F zum Totlachen, Schreien, Schießen; irrsinnig komisch

crevasse [krəvas] *f* **1.** (tiefer *od* klaffender) Riß; *fig: in der Haut meist pl* ~s Schrunden *f/pl*; Risse *m/pl*; ~s des lèvres aufgerissene, rissige Lippen *f/pl*; ~s des mains Risse, Schrunden an den Händen; ~s du sein Schrunden (an) der Brustwarze; **3.** Gletscherspalte *f*

crevasser [krəvase] **I** *v/t* aufreißen; aufspringen lassen; rissig machen; werden

lassen; le froid crevasse les mains durch die Kälte werden die Hände rissig, schrundig; **II** *v/pr* se ~ Risse bekommen; rissig werden; aufreißen, -springen

crève [krɛv] *f* F: attraper la ~ F sich e-e Mordserkältung, *übertrieben* sich den Tod holen; avoir la ~ F mordsmäßig erkältet, *p/fort* P kurz vor dem Abkratzen sein

crevé [krəve] *adj* **1.** ge-, zerplatzt; ge-, zersprungen; geborsten; pneu ~ geplatzter Reifen; F Platte(r) *m*; Plattfuß *m*; *österr* Patschen *m*; **2.** *Pflanze, Tier* eingegangen; *Tier auch* tot; verendet; P *auch Mensch* kre'piert; verreckt; **3.** F être ~ F vollkommen fertig, erledigt, ka'putt, völlig erschossen sein

crève-cœur [krɛvkœr] *m* ‹*inv*› Herzeleid *n*; Jammer *m*; c'est un vrai ~ de voir ça das ist ein herzzerreißender Anblick

crève-la-faim [krɛvlafɛ̃] *m* ‹*inv*› F Hungerleider *m*

crever [krəve] ‹-è-› **I** *v/t* **1.** platzen lassen; zum Platzen, Bersten bringen; zersprengen; *Reifen auch* zerstechen; durch'bohren; aufschlitzen; *Abszeß, Geschwür* aufschneiden, -stechen; öffnen; *Papier, Tüte etc* durch'bohren; ein Loch bohren, machen in (+*acc*); *fig* ~ l'abcès *cf* abcès; *fig* ~ le cœur à qn j-m das Herz zerreißen, brechen; ça vous crève le cœur *auch* das ist herzzerreißend; *fig cin, télév* ~ l'écran große Begeisterung auslösen; Fu'rore machen; ~ un œil ein Auge ausschlagen, -stechen; *fig* ça crève les yeux das springt in die Augen; das ist sonnenklar; F das sieht doch ein Blinder; il (*gesuchter Gegenstand*) te crève les yeux *liegt* direkt vor deiner Nase; F er wird dich gleich beißen; *fig* ~ le plafond *cf* plafond 3.; **2.** F ~ qn j-n ka'puttmachen, fertigmachen, erledigen; ~ un cheval ein Pferd zu'schanden reiten; **II** *v/i* **3.** bersten; (auf-, zer)platzen; *Abszeß, Geschwür* aufgehen; aufbrechen; *Wolke* sich entladen; *Reifen* platzen; *par ext* nous avons crevé wir haben e-e Reifenpanne, F e-n Platten, e-n Plattfuß, *österr* e-n Patschen (gehabt); *fig*: ~ de jalousie vor Neid platzen; ~ d'orgueil äußerst hochmütig sein; ~ de rire vor Lachen platzen, bersten; F sich totlachen; c'est à ~ de rire F es ist zum Totlachen, Schießen; **4.** *Tier, Pflanze* eingehen; *Tier auch* verenden; P *auch Person* P kre'pieren; verrecken; F *fig* ~ de chaleur F vor Hitze 'umkommen, vergehen; *fig* ~ de faim *cf* faim 1.; *fig* ~ de peur vor Angst (fast) sterben; F chaleur f à ~ F Bullen-, Affen-, Bruthitze *f*; F il fait une chaleur à ~ F es ist wahnsinnig heiß; ça fait ~ les plantes davon gehen die Pflanzen ein; **III** *v/pr* **5.** F se ~ (au travail) F sich zu Tode arbeiten, schinden, schuften; sich abschinden; **6.** se ~ les yeux sich die Augen verderben

crevette [krəvɛt] *f zo* Gar'nele *f*; Krabbe *f*; ~ (grise) Sandgarnele *f*; Gra'nat *m*; Krabbe *f*; ~ rose Rosa Garnele

crevettier [krəvetje] *m* **1.** Gar'nelen-, Krabbenfangboot *n*; Krabbenkutter *m*; **2.** Gar'nelen-, Krabbennetz *n*

crevettine [krəvetin] *f zo* Bachflohkrebs *m*

cri [kri] *m* **1.** Schrei *m*; *auch von Tieren* Ruf *m*; Schreien *n*; ~s *pl auch* Geschrei *n*; ~ inarticulé unartikulierter Laut *bzw* Schrei; long ~ langgezogener Schrei; ~ d'alarme Warnruf *m*; *hist* ~ d'armes Feldgeschrei *m*; ~ de détresse, de douleur, de fureur Not-, Schmerzens-, Wutschrei *m*; ~ de guerre Schlachtruf *m*; ~ d'indignation Schrei der Entrü-

stung; ~ de joie Freudenschrei m; ~s de joie Freudengeschrei n, -gebrüll n; Jubel m; Jauchzen n; **pousser des ~s de joie** in (ein) Freudengeschrei ausbrechen; jubeln; jauchzen; ~ **du nouveau-né** erster Schrei des Neugeborenen; *früher* ~s de Paris Rufe der Straßenhändler in Paris; ~s **des vendeurs de journaux** Rufe der Zeitungsverkäufer; *jur* ~s et **chants séditieux** aufrührerische Rufe und Lieder n/pl; **au(x)** ~(s) de «...» mit dem Ruf, Schrei „....“; *loc/adv* à **grands** ~s mit lautem Geschrei; *cf auch* 2.; 2. *fig:* **dernier** ~ letzter Schrei; Dernier cri m; ~s **des opprimés** Schreie m/pl, Schreien n der Unter'drückten; *loc/adv* à **grands** ~s nachdrücklich; eindringlich; **c'est le** ~ **du cœur** das ist ganz echt, ganz spon'tan, nicht gespielt; das ist nun *(bzw* dir *etc)* (wider Willen) entschlüpft; 3. *ch* ~s *pl* Zurufe m/pl *(des Jägers an den Jagdhund);* 4. *der Seide* Knistern n; Rascheln n
criaillement [krijɑjmɑ̃] *m meist pl* ~s Kreischen n; Zetern n; Keifen n; Zetergeschrei n
criaill|er [krijɑje] *v/i* 1. kreischen; zetern; keifen; 2. *Feldhuhn* rufen; *Gans* schnattern; *Pfau* kreischen; ~**erie** *f* Gezänk n; Gezeter n; Gekeife n
criant [krijɑ̃] *adj* 1. *Ungerechtigkeit etc* (himmel)schreiend; 2. eindeutig; ganz klar; *Beweis auch* schlagend
criard [krijar] *adj* 1. *Stimme, Menschen (-menge)* kreischend; *Lautsprecher* plärrend; 2. *Farbe* grell; schreiend; *Kleidung* grell; in, mit grellen Farben; 3. **dettes** ~**es** drückende, längst fällige hohe Schulden f/pl
criblage [kriblaʒ] *m* (Aus)Sieben n
crible [kriblə] *m* 1. (grobes) Sieb; ~ **mécanique** Siebmaschine f; ~ **vibrant** Vibrati'onssieb n; ~ **à tambour** Trommelsieb n; ~ **de mine** Setzmaschine f; **passer au** ~ a) ('durch)sieben; b) *fig* genau prüfen; unter die Lupe nehmen; 2. *math* ~ **d'Ératosthène** Sieb n des Era'thosthenes
criblé [krible] *adj* 1. durch'löchert; durch'bohrt; *von Kugeln* durch'siebt; *par ext* ~ **de bleus** mit blauen Flecken über'sät; ~ **de taches** fleckenübersät; *fig* **être** ~ **de dettes** völlig verschuldet sein; F bis über beide Ohren, bis zu den Ohren, bis an den Hals in Schulden stecken; 2. *anat* **lame** ~ Siebbeinplatte f; *bot* **tube** ~ Siebröhre f, -zelle f
cribler [krible] *v/t* 1. durch'bohren, -'löchern; *de balles* mit Kugeln durch-'sieben; ~ **de flèches** mit Pfeilen durchbohren; *par ext* il a été criblé de boutons *er bzw* sein Gesicht, sein Körper war mit Pickeln über'sät; 2. ('durch-, aus)sieben; *Erz* rättern; 3. *Früchte etc* sor'tieren
cribl|eur [kriblœr] *m* 1. Siebmaschine f; 2. Sieber m; ~**ure** *f* Ausgesiebte(s) n
cric [krik] *m tech* **a)** Zahnstangenwinde f; **b)** ~ **(d'automobile)** Wagenheber m
cricket [kriket] *m sports* Kricket(spiel) n
cricoïde [krikɔid] *adj u subst m anat* (**cartilage** m) ~ Ringknorpel m *(des Kehlkopfs)*
cri-cri [krikri] *m ⟨inv⟩* 1. *zo* Grille f; 2. *Spielzeug* Frosch m
criée [krije] *f (vente f à la)* ~ öffentliche Versteigerung; Aukti'on f
crier [krije] **I** *v/t* 1. rufen; schreien; qc à qn j-m etw zu- *bzw* nachschreien; ~ **rufen;** ~ **à qn de** (+*inf*) j-m zurufen zu (+*inf*); ~ **famine** *cf* famine; ~ **grâce** um Gnade flehen; *übertrieben fig* je crie grâce verschon mich bitte damit; ~ **misère** s-e Not, sein Elend klagen; jammern; *fig* ~ **la vengeance** nach Rache schreien; ~ **la**

vérité die Wahrheit hin'ausschreien; 2. *Nachricht, Ware, Zeitungen* ausrufen; *jur Güter* versteigern; **II** *v/i* 3. schreien; rufen *(beides auch Tiere);* ~ **au chef-d'œuvre** „wunderbar“ *od* „herrlich“ *od* „großartig“ rufen; ~ **au meurtre** „(Hilfe,) Mörder!“ rufen, schreien; ~ **au miracle** von e-m Wunder sprechen; es als Wunder ansehen, für ein Wunder halten; *cf auch* miracle 1.; ~ **au scandale** es als Skandal bezeichnen; es e-n Skandal nennen; ~ **au secours** um Hilfe rufen, schreien; ~ **à la trahison** „Verrat“ schreien; es als Verrat bezeichnen; von Verrat sprechen; ~ **au voleur** „haltet den Dieb!“ *od* „Hilfe, Diebe!“ schreien; ~ **après qn** j-n anschreien; mit j-m (her'um)schimpfen; il lui crie après er schreit ihn an *etc;* ~ **comme un enragé** wie ein Verrückter schreien; ~ **de douleur, de peur** vor Schmerzen, vor Angst schreien; 4. *Kies* knirschen; *Feder* kratzen **(sur le papier auf dem Papier);** *Stoff* knistern; rascheln
crieur [krijœr] *m* Straßenverkäufer m, -händler m; fliegender Händler; Ausrufer m; ~ **de journaux** *(Straßen)*Zeitungsverkäufer m
crime [krim] *m* 1. *jur* Verbrechen n *(auch im engeren Sinne);* abus Mord m; ~ **parfait** perfektes Verbrechen; ~ **politique** politisches Verbrechen; Staatsverbrechen n; ~ **contre l'humanité, contre la paix** Verbrechen gegen die Menschlichkeit, gegen den Frieden; ~ **de guerre** Kriegsverbrechen n; *Dostojewski* ♀ **et Châtiment** Schuld und Sühne; ~s **et délits** m/pl **contre la sûreté de l'État** Verbrechen n/pl und Vergehen n/pl gegen die Sicherheit des Staates; ~s **et délits envers l'enfant** an Kindern begangene Verbrechen und Vergehen; *arme* f **du** ~ Tatwaffe f; **victime** f **d'un** ~ Opfer n e-s Verbrechens; *fig* Verbrechen n; *litt* Frevel m; **ce n'est pas un** ~ **de** (+*inf*) es ist doch kein Verbrechen zu (+*inf*); *st/s* **on lui fait un** ~ **de sa franchise** man rechnet ihm s-e Offenheit als Verbrechen an; man betrachtet s-e Offenheit als Verbrechen
criminaliser [kriminalize] *v/t jur Sache* als Verbrechen einstufen *bzw* zur Strafsache machen
criminalist|e [kriminalist] *m* Krimina'list m; ~**ique** *f* Krimina'listik f
criminalité [kriminalite] *f* Kriminali'tät f
criminel [kriminel] **I** *adj* ⟨~**le**⟩ *jur u allg* krimi'nell; verbrecherisch; *jur* krimi'nal...; *jur auch* Straf...; *allg st/s* frevelhaft; frevlerisch; **action** ~**le** verbrecherische, kriminelle Handlung; Verbrechen n; *im weiteren Sinn* Straftat f; **affaire** ~**le** Krimi'nalfall m; Strafsache f; **desseins** ~s verbrecherische Absichten f/pl; **droit** ~ Strafrecht n; **juridiction** ~**le** Strafgerichtsbarkeit f; *übertrieben* **c'est** ~ **de** (+*inf*) es ist verbrecherisch, ein Verbrechen zu (+*inf*); **II** *adj u allg* Verbrecher m; *allg auch* Schuft m; ~ **de guerre** Kriegsverbrecher m; ~ **d'habitude** Gewohnheitsverbrecher m; 2. Strafgericht n *bzw* -verfahren n *bzw* -gerichtsbarkeit f; *loc/adv* **au** ~ a) strafrechtlich; b) beim Strafgericht
criminellement [kriminelmɑ̃] *adv* 1. verbrecherisch; krimi'nell; 2. *jur* strafrechtlich; gerichtlich
crimino|logie [kriminɔlɔʒi] *f* Kriminolo'gie f; Krimi'nalwissenschaft f; ~**logiste** *od* ~**logue** m,f Krimino'loge, -'login m,f
crin [krɛ̃] *m* Mähnen- und Schwanzhaar(e) n(pl) *(bes der Pferde);* Roßhaar n; ~s *pl* e-s Pferdes Mähne f

und Schwanz m; *e-s Geigenbogens etc* Haar(e) n(pl); *bot* ~ **végétal** vegetabilisches, pflanzliches Roßhaar; **matelas** m **de** ~ Roßhaarmatratze f; *loc/adj fig* à **tous** ~s *od* à **tout** ~ leidenschaftlich; mit Leib und Seele; reinsten Wassers; F *fig* il **est comme un** ~ *od* il **est à** ~ er ist sehr gereizt; F der wird gleich explo'dieren
crincrin [krɛ̃krɛ̃] *m* **a)** schlechte Geige, Fiedel; **b)** Gekratze n, Kratzen n auf der Geige
crinière [krinjɛr] *f* 1. *des Pferdes, Löwen,* F *auch* e-s *Menschen* Mähne f; 2. ~ **d'un casque** Helmbusch m aus Roßhaar
crinoïdes [krinɔid] *m/pl zo* Seelilien f/pl
crinoline [krinɔlin] *f früher* Krino'line f; Reifrock m
criocère [krijɔsɛr] *m zo* ~ **de l'asperge** Spargelhähnchen n
crique [krik] *f* 1. kleine Bucht (an e-r Felsküste); 2. *métall* Riß m
criquet [krikɛ] *m zo* Feldheuschrecke f; ~ **migrateur** Wanderheuschrecke f
crise [kriz] *f* 1. *path u psychisch* Anfall m; Krise f; ~ **cardiaque** a) Herzanfall m; b) *zum Tod führend* Herzschlag m; ~ **morale** seelische Krise; ~ **d'appendicite** a'kute Blinddarmentzündung; ~ **d'asthme** Asthmaanfall m; ~ **d'épilepsie** epileptischer Anfall; ~ **de foie** (a'kute) Leberbeschwerden f/pl; ~ **de larmes** Weinkrampf m; ~ **de nerfs** Nervenzusammenbruch m, -krise f; *ellip etwas iron* **quelle** ~! was für ein Drama!; **avoir une,** **passer par une** ~ **de conscience** mit s-m Gewissen ringen; F *fig* **avoir sa** ~ F wieder mal s-n Koller haben; F **piquer une** ~ F e-n Tobsuchtsanfall kriegen; 2. *bes im Verlauf e-r Krankheit* Krise f; Krisis f; 3. *allg* Krise f; ~ **économique, gouvernementale, ministérielle, monétaire, politique** Wirtschafts-, Re'gierungs-, Kabi'netts-, Währungs-, Staatskrise f; **économie** f **en** ~ kritische Wirtschaftslage; 4. Mangel m; Not f; ~ **du logement** Wohnungsnot f; Wohnraummangel m
crispant [krispɑ̃] *adj* unerträglich; auf die Nerven gehend
crispation [krispasjɔ̃] *f* 1. *path* Verkrampfung f; ~ **nerveuse** Verkrampfung auf nervöser Grundlage; 2. *des Leders* (Zu'sammen)Schrumpfen n; Schrumpfung f
crispé [krispe] *adj* verkrampft; verzerrt; **le visage** ~ **par la douleur** mit vor Schmerzen verzerrtem, mit schmerzverzerrtem Gesicht
crisper [krispe] **I** *v/t* 1. verkrampfen; verzerren; krampfhaft zu'sammenziehen; **la douleur crispait son visage** sein *bzw* ihr Gesicht verzerrte, verkrampfte sich vor Schmerz; 2. kräuseln; kraus machen; 3. F *fig* wütend machen; F auf die Palme bringen; **II** *v/pr* **se** ~ sich verkrampfen; sich (krampfhaft) verzerren, verziehen
crispin [krispɛ̃] *m* 1. *früher* thé Cris'pin m *(Dienerrolle);* 2. *an Handschuhen* (Leder)Stulpe f
criss [kris] *m* Kris m *(Dolch der Malaien)*
crissement [krismɑ̃] *m von Schritten auf Kies etc* Knirschen n; *auf trockenem Laub* Rascheln n
crisser [krise] *v/i Kies, Schnee etc* knirschen; *trockenes Laub* rascheln
cristal [kristal] *m* ⟨*pl* -**aux**⟩ 1. Kri'stall (-glas) n; **cristaux** pl Kristallgeschirr n, -gläser n/pl, -vasen f/pl, -schalen f/pl, *comm* -waren f/pl; ~ **de Baccarat** Kristallglas aus Baccarat; ~ **de Bohême** böhmisches Kristall(glas); *der Wahrsagerinnen* **boule** f **de** ~ Kristallkugel f; **son** m **du** ~ Kristallklang m; **en** ~ aus

Kristall: Kristall…; kri'stallen; **2.** *chim,*
phys, minér Kri'stall *m; comm* **cristaux**
(de soude) Kristallsoda *f;* **cristaux de**
neige Schneekristalle *m/pl;* ~ **de roche**
Bergkristall *m;* **en cristaux** in Kristall-
form

cristallerie [kristalri] *f* **a)** Kri'stall(glas)-
herstellung *f;* **b)** Kri'stallglasfabrik *f;* **c)**
Kri'stallglas *n (coll)*

cristallin [kristalɛ̃] **I** *adj* **1.** *Wasser, Ton,*
Klang, Stimme kri'stallklar; *Wasser*
d'une transparence ~e kristallklar; **2.**
minér kristal'lin(isch); **schiste** ~ kristall-
liner Schiefer; **roche** ~e kristalline
Gestein; **3.** *phys, chim* Kri'stall…; **sys-**
tème ~ **cubique, hexagonal** kubi-
sches, hexagonales Kristallsystem; **II** *m*
anat des Auges Linse *f*

cristallis|able [kristalizabl(ə)] *adj* kristal-
li'sierbar; ~**ant** *adj* kristalli'sierend

cristallisation [kristalizasjɔ̃] *f* **1.** *chim*
Kri'stallbildung *f;* Kristallisati'on *f;* Kri-
stalli'sierung *f;* ~ **fractionnée** fraktio-
nierte Kristallisation; ~ **par subli-ma-**
tion Kristallisation durch Sublima-
tion; **eau** *f* **de** ~ Kristallwasser *n;* **2.** ~**s** *pl*
Kri'stalle *m/pl;* Kri'stallformen *f/pl,*
-bildungen *f/pl;* **3.** *fig* Kristallisati'on *f*
(nach Stendhal); **4.** *fig* Zielpunkt *m;* **cet**
enfant est la ~ **de tous ses espoirs** alle
ihre *bzw* s-e Hoffnungen konzentrieren
sich auf dieses Kind

cristallisé [kristalize] *adj* kristalli'siert;
Kri'stall…; **sucre** ~ (grober) Kristall-
zucker

cristalliser [kristalize] **I** *v/t* **1.** *chim*
kristalli'sieren lassen; in Kri'stalle 'um-
wandeln; **2.** *fig u st/s* deutlich machen;
(auf ein Ziel) fi'xieren; **II** *v/i (u v/pr* **se)** ~
3. *chim* Substanz (sich) kristalli'sieren;
Kri'stalle bilden; *aus Lösungen* auskri-
stallisieren; **4.** *fig Gefühle, Gedanken*
deutlich werden; Gestalt annehmen;
sich fi'xieren, fi'xiert sein **(autour de** auf
+ *acc);* kreisen (um)

cristallisoir [kristalizwar] *m* Kristall-
li'sierschale *f; in Labors* flache Glas-
schale

cristallo|génie [kristaloʒeni] *f* Lehre *f*
von der Kri'stallbildung; ~**graphie** *f*
Kristallogra'phie *f*

cristalloïde [kristaloid] **1.** *m chim* Kri-
stallo'id *n;* **2.** *f anat* Kapsel *f* der (Au-
gen)Linse; Linsenkapsel *f;* **3.** *m bot* kri-
stal'liner Eiweißkörper

cristallomancie [kristalomãsi] *f* Kri-
stalloman'tie *f*

cristallophyllien [kristalofiljɛ̃] *adj*
(~ne) *géol* **terrain** ~ kristal'liner Schie-
ferboden; *minér* **roches** ~**nes** kri-
stal'line Schiefer *m/pl*

criste-marine [kristəmarin] *f* ⟨*pl*
cristes-marines⟩ *cf* **crithme**

critère [kritɛr] *m* Kri'terium *n;* Merkmal
n; Maßstab *m*

critérium [kriterjɔm] *m* **1.** *Radsport*
Kri'terium *n;* **2.** *Pferderennen* ~ **des**
deux ans klassisches Rennen der Zwei-
jährigen; **3.** *früher u philos* Kri'terium *n*

crithme [kritm(ə)] *m bot* Strandfen-
chel *m*

criticailler [kritikaje] *v/i* F (her'um-)
kritteln, (-)nörgeln

criticisme [kritisism(ə)] *m philos* Kriti-
'zismus *m*

critiquable [kritikabl(ə)] *adj* tadelns-
wert; zu kriti'sieren(d)

critique [kritik] **I** *adj* **1.** *phys, méd, par*
ext Lage etc kritisch; **âge** *m* ~ kritisches
Alter; kritische Jahre *n/pl;* **e-r** *Frau auch*
Wechseljahre *n/pl;* **jours** *m/pl* ~**s** kriti-
sche Tage *m/pl (auch* **e-r** *Frau);* *phys* **atom**
masse *f* ~ kritische Masse; **phase** *f* ~
kritische Phase; kritisches Stadium
(auch **e-r** *Krankheit); phys* **point** *m* ~

kritischer Zustand, Punkt; **2.** *Urteil,*
Prüfung, Bemerkung etc kritisch; **édi-**
tion *f* ~ kritische Ausgabe; **esprit** *m* ~
kritischer Geist, Verstand; **avoir**
l'esprit ~ kritisch sein; **e-n** kritischen
Verstand, e-e kritische Ader haben;
c'est un esprit ~ er ist ein kritischer
Mensch; **er hat e-n** kritischen Verstand;
II *subst* **1.** *f* **a)** Kri'tik *f;* **e-s** *Buches*
Besprechung *f;* Rezensi'on *f;* ~ **dramati-**
que The'aterkritik *f;* ~ **historique** Kri-
tik der Geschichtsquellen; ~ **littéraire,**
musicale Litera'tur-, Mu'sikkritik *f;* ~
d'art, de cinéma Kunst-, Filmkritik
f; philos **Kant** ~ **de la raison pure,**
pratique Kritik der reinen, praktischen
Vernunft; ~ **des textes** Textkritik *f;*
avoir une bonne, mauvaise ~ e-e gute,
schlechte Kritik bekommen; **faire la** ~
d'un livre ein Buch besprechen, rezen-
'sieren; **faire la** ~ **d'une œuvre** e-e
Kritik zu e-m Werk schreiben; ein Werk
kritisch durch'leuchten; **b)** ~**s** *f/pl od*
ensemble *m* **de la** ~ Kri'tik *f;* Kritiker
m/pl; **c)** Kri'tik *f;* Kriti'sieren *n;* **formu-**
ler des ~**s** Kritik üben; **il a formulé**
deux ou trois ~**s** er kriti'sierte zwei oder
drei Punkte; **ne pas supporter la** ~ *od*
les ~**s** keine Kritik vertragen; *loc/prov* **la**
~ **est aisée, et l'art est difficile** Kriti-
sieren ist leicht, Selbermachen ist
schwer; **2.** *m* Kritiker(in) *m(f);* ~ **drama-**
tique, littéraire, d'art, de cinéma
The'ater-, Litera'tur-, Kunst-, Filmkriti-
ker(in) *m(f)*

critiquer [kritike] *v/t* kriti'sieren; Kri-
'tik üben an (+*dat);* *abs* **il faut toujours**
qu'il critique er muß immer kritisieren,
kritteln

critiqueur [kritikœr] *adj* ⟨-euse⟩ krit-
telnd; **esprit** ~ *od subst* ~ *m* Krittler *m;*
Kriti'kaster *m;* Nörgler *m*

croass|ement [krɔasmã] *m der Raben,*
Krähen Krächzen *f;* ~**er** *v/i* krächzen

croate [krɔat] **I** *adj* kro'atisch; **II** *m,f* ♀
Kro'ate *m,* Kro'atin *f*

croc [kro] *m* **1.** Haken-, Fangzahn *m;*
montrer les ~**s** *Hund* die Zähne flet-
schen, blecken; *fig* die Zähne zeigen; **2.**
Haken *m;* Hakenstange *f;* ~ **à fumier**
Mistgabel *f;* ~ **à viande** Fleischerhaken
m; ~ **de cultivateur** (zweizinkige) Hak-
ke; ~ **de marinier** Bootshaken *m; mar* ~
de palan, de remorque Taljen-,
Schlepphaken *m; fig* **moustaches** *f/pl*
en ~**s** aufgezwirbelter Schnurrbart

croc-en-jambe [krɔkãʒãb] *m* ⟨*pl*
crocs-en-jambe [krɔkãʒãb]⟩ Beinstel-
len; **faire un** ~ **à qn** j-m ein Bein stellen
(auch fig)

croche [krɔʃ] *f mus* Achtel(note) *n(f);*
double ~ Sechzehntel(note) *n(f);* **triple**
~ Zweiunddreißigstel(note) *n(f);* **qua-**
druple ~ Vierundsechzigstel(note) *n(f)*

croche|-patte [krɔʃpat] F *m* ⟨*pl* **cro-**
che-pattes⟩ *od* ~**-pied** F *m* ⟨*pl* **croche-**
-pieds⟩ *cf* **croc-en-jambe**

crocher [krɔʃe] **I** *v/t mar* mit e-m Haken
greifen, packen; anhaken; **II** *v/i mar*
Anker greifen

crochet [krɔʃɛ] *m* **1.** Haken *m;* Häkchen
n; Schraubhaken *m;* Fensterhaken *m;*
Wandhaken *m; agr* kleine, zwei- bis
vierzinkige Hacke; *an Zahnprothesen* ~**s**
Klammern *f/pl;* **X** X-Haken *m;* **ch de**
fer **d'attelage** Zughaken *m;* ~ **de fer**
Eisenhaken *m;* ~ **de fermeture** Türha-
ken *m;* ~ **de remorque** Schlepp-, *auto*
Abschlepphaken *m;* ~ **de serrurier**
Dietrich *m;* **2.** Häkelnadel *f;* **travail** *m*
au ~ Häkelarbeit *f;* **faire du** ~ häkeln; **3.**
Boxen Haken *m;* ~ **du droit, du gauche**
rechter, linker Haken; **porter à qn un** ~
à la mâchoire j-m e-n Kinnhaken
versetzen; **4.** **e-r** *Straße* Bogen *m;* **faire**

un ~ **a)** *Straße* e-n Bogen machen; **b)**
Person e-n Abstecher machen; **e-n** 'Um-
weg fahren (**par** über + *acc);* **5.** *fig* **vivre**
aux ~**s de qn** auf j-s Kosten (*acc*) leben;
j-m auf der Tasche liegen; **6.** ~ **radio-**
phonique *vom Rundfunk veranstalteter*
Amateurwettbewerb für Sänger, bei dem
das Publikum durch Applaus den Sieger
bestimmt; **7.** *impr* ~**s** *pl* eckige Klam-
mern *f/pl;* **mettre entre** ~**s** in eckige
Klammern setzen; **8.** *mus* Fähnchen *n;* **9.**
Graphologie gekrümmte Ar'kade; **10.**
der Schlangen Giftzahn *m;* **11.** *arch*
Kriechblume *f;* Krabbe *f*

crochet|able [krɔʃtabl(ə)] *adj* mit e-m
Dietrich zu öffnen(d); ~**age** *m* **e-s**
Schlosses Öffnen *n* mit e-m Dietrich

crochet|er [krɔʃte] *v/t* ⟨-è-⟩ **1.** *Schloß*
mit e-m Dietrich öffnen; **2.** mit e-m
Haken her'ausholen, -fischen; ~**eur** *m*
Dieb, der mit e-m Dietrich arbeitet

crochu [krɔʃy] *adj* krumm; gebogen;
hakenförmig; Haken…; *Pferd* kuhhes-
sig; *philos* **atomes** ~**s** hakenförmige
Atome *n/pl; fig* **avoir des atomes** ~**s**
avec qn j-m innerlich verwandt sein;
doigts ~**s** krumme, verkrümmte Finger
m/pl; fig **avoir les mains** ~**es** habgierig
sein

croco [krɔko] *m Kurzwort für* **croco-**
dile 2.

crocodile [krɔkɔdil] *m* **1.** *zo* Kroko'dil *n;*
fig **larmes** *f/pl* **de** ~ Krokodilstränen
f/pl; **2.** Kroko'dilleder *n;* **sac** *m* **en** ~
Krokotasche *f;* Kroko'dilleder(hand)-
tasche *f*

crocodiliens [krɔkɔdiljɛ̃] *m/pl* Kroko-
'dile *n/pl;* Panzerechsen *f/pl*

crocus [krɔkys] *m bot* Krokus *m*

croire [krwar] ⟨je crois, il croit, nous
croyons; je croyais; je crus; je croi-
rai; que je croie; croyant; cru⟩ **I** *v/t*
qc etw glauben; etw annehmen; etw
vermuten; (sich) etw denken; sich etw
vorstellen; ~ **qc de qn** etw von j-m
glauben; ~ **qn** j-m glauben; j-m Glauben
schenken; *par ext* j-m trauen; **je le crois**
a) ich glaube es; **b)** ich glaube (es) ihm;
je vous crois ich glaube (es) Ihnen; F **je te**
crois ! *od* **je vous crois! a)** das will ich
meinen!; ganz meine Meinung!; **b)**
selbstverständlich!; freilich!; F na klar!;
le croira qui voudra das soll einer
glauben; wer's glaubt, wird selig; **me**
croira qui voudra od man mir glaubt
crois capable de (+*inf)* ich halte Sie für
fähig zu (+*inf);* **on le croyait médecin**
man hielt ihn für e-n Arzt; man glaubte,
er sei Arzt; **on le croyait ailleurs** man
glaubte, er sei anderswo; *st/s* man wähn-
te ihn anderswo; ♦ *mit inf:* **elle croyait**
être guérie sie hielt sich für geheilt; sie
glaubte, sie sei geheilt; **il ne croit pas si**
bien dire er weiß nicht, wie wahr er
spricht; ~ **bien faire** es gut meinen;
glauben, richtig zu handeln; **j'ai cru**
mourir ich glaubte, ich würde sterben;
je crois mourir ich glaube zu sterben; ♦ ~ **que**
… **glauben, daß** …; **je crois que non,**
que oui ich glaube nein, ja; **je crois**
qu'il est compétent ich glaube, er ist
kompetent; ich halte ihn für kompetent;
je ne crois pas qu'il est compétent ich
halte ihn nicht für kompetent; **je ne**
crois pas qu'il soit compétent ich
glaube nicht (recht), daß er zuständig
ist; **crois-tu qu'il est malade?** glaubst
du, daß er krank ist? *(es könnte sein);*
crois-tu qu'il soit malade? glaubst du
(denn wirklich), daß er krank ist? *(er ist*
es sicher nicht); **on croirait que** …, **c'est**

à ~ que … man könnte meinen, (daß) …; je vous prie de ~ que… Sie können sich darauf verlassen, daß …; ich versichere Ihnen, daß …; ♦ en ~ qn j-m glauben; sich auf j-n verlassen; à l'en ~ nach dem, was er sagt; wenn man ihm glauben soll; si j'en crois ce qu'on raconte wenn ich dem, was man erzählt, glauben kann, Glauben schenken kann; si vous m'en croyez wenn Sie auf mich hören; croyez-en mon expérience verlassen Sie sich, vertrauen Sie auf meine Erfahrung; ne pas en ~ ses oreilles, ses yeux s-n Ohren, s-n Augen nicht trauen; ♦ faire ~ qc à qn j-m etw weismachen; faire ~ à qn que … j-m im Glauben an etw machen; il lui fait ~ tous ses mensonges er bringt ihn dazu, alle s-e Lügen zu schlucken; laisser ~ qc à qn j-m im Glauben an etw (acc) lassen; II v/t/indir ~ à qc an etw (acc) glauben; etw für wahr, richtig bzw möglich halten; ~ au diable, à l'enfer an den Teufel, an die Hölle glauben; croyez-vous à l'éventualité du retour de X? glauben Sie, halten Sie es für möglich, daß X 'wiederkommt?; ~ à la guerre glauben, daß es zum Krieg kommt; ~ à la médecine an die Medizin glauben; zur Medizin Vertrauen haben; il crut à une pneumonie er hielt es für (e-e) Lungenentzündung; er glaubte, es sei (e-e) Lungenentzündung; c'est à ne pas y ~ od c'est à n'y pas ~ man sollte es nicht für möglich halten; als Briefschluß je vous prie de od veuillez ~, Monsieur, à l'expression de mes sentiments distingués od les meilleurs mit vorzüglicher Hochachtung; ♦ ~ en qn an j-n glauben; ~ en Dieu an Gott glauben; ~ en soi an sich selbst glauben; Selbstvertrauen haben; III v/i glauben; bes rel gläubig sein; Glauben haben; F je crois bien! a) das will ich meinen!; ganz meine Meinung!; b) freilich!; natürlich!; F na klar!; IV v/r se ~ od s'en ~ eingebildet sein; sehr von sich selbst über'zeugt sein; se ~ qn sich für etwas Besonderes halten; qu'est-ce qu'il se croit? was bildet der sich eigentlich ein?; für wen hält er sich eigentlich?; ♦ mit prädikativer Ergänzung: se ~ aimé glauben, geliebt zu werden; glauben, daß man geliebt wird; il se croit intelligent er hält sich für intelligent; er glaubt, er sei intelligent; il se croit obligé de (+inf) er hält es für s-e Pflicht zu (+inf); er fühlt sich verpflichtet zu (+inf); on se croyait à la veille d'un accord man glaubte, man stünde kurz vor dem Abschluß e-s Abkommens; il se croit en sécurité er glaubt, st/s wähnt sich in Sicherheit; er meint, er sei in Sicherheit

croisade [krwazad] f hist u fig Kreuzzug m; fig partir en ~ contre e-n Kreuzzug starten gegen

croisé [krwaze] I adj gekreuzt; Kreuz…; über Kreuz liegend; Beine überein'andergeschlagen; loc/adv les bras ~s mit verschränkten, gekreuzten Armen; fig rester les bras ~s die Hände in den Schoß legen; untätig sein, her'umsitzen, -stehen; mil feu(x) ~(s) Kreuzfeuer n; fig sous le feu ~ des critiques im Kreuzfeuer der Kritik; anat ligament ~ Kreuzband n; mots ~s Kreuzworträtsel n(pl); faire des mots ~s (ein) Kreuzworträtsel lösen; race ~e gekreuzte Rasse; Kreuzung f; tissu ~ Croi'sé n; Gewebe n in Croi'sébindung; veste ~e zweireihige Jacke; II m 1. hist Kreuzfahrer m, -ritter m; 2. text Croi'sé n; Gewebe n in Croi'sébindung; 3. zo Kreuzung f

croisée [krwaze] f 1. Kreuzung(sstelle) f; zweier Straßen Kreuzung f; fig être, se trouver à la ~ des chemins am Kreuzweg, am Scheideweg stehen; 2. Fensterkreuz n; par ext Fenster n; 3. arch ~ d'ogives Kreuzrippe f; ~ de transept Vierung f

croisement [krwazmã] m 1. Kreuzen n, -ung f; von Linien auch Über'schneiden n; der Arme Verschränken n; Kreuzen n; der Beine Überein'anderschlagen n; 2. von Verkehrswegen Kreuzung(sstelle) f; 3. zweier Fahrzeuge Begegnen n, -ung f; Anein'ander-Vor'beifahren n; 4. von Pflanzen u Tieren Kreuzen n, -ung f; ~ de, entre races Rassenkreuzung f; bei Menschen Rassenmischung f; 5. esc ~ du fer Bindung f (der Degen); 6. ling Wortkreuzung f

croiser [krwaze] I v/t 1. zwei Sachen kreuzen; über Kreuz legen; kreuzweise legen, setzen, stellen; Beine überein'anderschlagen; kreuzen; Jacke, Mantel vorne überein'anderschlagen; ~ les bras die Arme verschränken, kreuzen; fig cf 10.; 2. ~ qn j-m begegnen; Fahrzeug ~ un véhicule ein (andern) Fahrzeug begegnen; fig son chemin croisa le mien unsere Wege begegneten sich; ma lettre a croisé la vôtre unsere Briefe haben sich gekreuzt; son regard croisa le mien sein Blick begegnete dem meinen; unsere Blicke begegneten sich; 3. Straße etc: Eisenbahnlinie etc kreuzen; sich kreuzen mit; über'queren; la route en croise une autre die Straße kreuzt e-e andere; 4. biol zwei Rassen kreuzen; ~ une race avec une autre e-e Rasse mit e-r anderen kreuzen; 5. esc ~ le fer a) die Klinge binden; b) die Klingen, Degen kreuzen; sich schlagen, duel'lieren; 6. mil Bajonett fällen; II v/i 7. Jacke, Mantel etc ~ bien vorne weit 'überschlagen; 8. Schiff, Flotte kreuzen; III v/pr 9. se ~ Wege, Straßen, Briefe sich, ein'ander begegnen; Blicke, Züge, Personen sich, ein'ander begegnen; 10. se ~ les bras die Arme verschränken, kreuzen; fig müßig sein; untätig her'umsitzen, -stehen; se ~ les jambes die Beine überein'anderschlagen, kreuzen

croisette [krwazet] f 1. Kreuzchen n; 2. bot a) Kreuzenzian m; b) Kreuzlabkraut n

croiseur [krwazœr] m mar Kreuzer m; ~ antiaérien Flakkreuzer m; ~ auxiliaire Hilfskreuzer m; ~ léger od de 2e classe, lourd od de 1re classe leichter, schwerer Kreuzer; ~ de bataille Schlachtkreuzer m

croisière [krwazjɛr] f 1. mar Kreuzfahrt f (auch Vergnügungsfahrt) (en Grèce, aux Caraïbes nach Griechenland, in die Ka'ribik); ~ océanographique ozeanographische Forschungsreise f; vitesse f de ~ mar, aviat, e-s Fahrzeugs Reisegeschwindigkeit f; fig fester Rhythmus; mar yacht m de ~ Kreuzerjacht f; 2. mar Kreuzen n; en ~ kreuzend; être en ~ kreuzen

croisillon [krwazijõ] m 1. e-s Fensters a) (Fenster)Sprosse f; b) Querholz n; Kämpfer m; 2. e-s Kreuzes Querbalken m; 3. charp An'dreaskreuz n; 4. arch e-s Querhauses Kreuzarm m, -flügel m

croissance [krwasãs] f Wachstum n; von Personen, Tieren, Pflanzen auch Wachsen n; von Pflanzen auch Wuchs m; e-r Stadt Wachstum n; Anwachsen n; ~ démographique, économique Bevölkerungs-, Wirtschaftswachstum n; écon ~ zéro Nullwachstum n; biol hormone f de ~ Wachstumshormon n

croissant [krwasã] I adj wachsend; steigend; zunehmend; größer bzw stärker werdend; II m 1. cuis Hörnchen n; 2. ~ (de lune) Mondsichel f; en ~ sichelförmig; 3. Emblem des Islams Halbmond m; 4. Heraldik Mond m

Croissant-Rouge [krwasãruʒ] m in islamischen Ländern Roter Halbmond

croît [krwa] m agr des Viehbestandes Zuwachs m

croître [krwatr(ə)] v/i ⟨je croîs, il croît, nous croissons; je croissais; je crûs; crû, crue⟩ 1. Pflanzen, Tiere, Gefühle etc, st/s Personen wachsen; Pflanzen, Tiere, Gefühle auch größer werden; Pflanzen auch höher werden; Gefühle auch sich steigern; junges Mädchen ~ en beauté (mit zunehmendem Alter) immer schöner werden; ~ en étendue sich ausdehnen; ~ en nombre an Zahl zunehmen; mehr werden; ~ en sagesse an Weisheit zunehmen; bibl croissez et multipliez-vous seid fruchtbar und mehret euch; ne faire que ~ et embellir zusehends, täglich größer und schöner werden; iron sa bêtise ne fait que ~ et embellir er wird immer dümmer; 2. Pflanzen wachsen; gedeihen

croix [krwa] f 1. rel, Schmuck, Zeichen, Auszeichnung, Heraldik, Gegenstand ~, Symbol für Christenheit u Kreuz Christi ♀ Kreuz n; ~ ancrée, 'huguenote Anker-, Huge'nottenkreuz n; ~ papale päpstliches Kreuz; ~ processionnelle Prozessi'onskreuz n; ~ de bois Holzkreuz n; mil ~ de guerre Kriegsverdienstkreuz n; Schule ~ (d'honneur) Kreuz (als Auszeichnung für Fleiß und gutes Betragen); ~ de la Légion d'honneur Kreuz der Ehrenlegion; ~ de Lorraine Lothringer Kreuz; ~ de Malte Malteser Kreuz; cf auch 3.; ~ de Saint-André od de Bourgogne An'dreas-, Schrägkreuz n; burgundisches Kreuz; Schragen m; ~ de Saint-Antoine od en tau An'toniuskreuz n; Tau n; chemin m de (la) ~ cf chemin 1.; mystère m, sacrifice m de la ♀ Opfertod m am Kreuz; supplice m de la ~ Kreuzestod; Tod m am Kreuz; ♦ loc/adj u loc/adv en ~ kreuzförmig, -weise; über Kreuz; in Kreuzform; gekreuzt; les bras m/pl en ~ mit ausgebreiteten Armen; disposer en ~ kreuzförmig anordnen; kreuzen; über Kreuz legen; ♦ fig: pour le faire manger, sortir, etc c'est la ~ et la bannière … muß man s-e ganze Über'redungskunst aufbieten; F … ist das (immer) ein furchtbares The'ater, ein Riesentheater; faire une ~ ein Kreuz machen (auch statt e-r Unterschrift), malen, zeichnen; fig faire une ~ à la cheminée es im Ka'lender rot anstreichen (müssen); fig tu peux faire une ~ dessus das siehst du nie wieder; das kannst du abschreiben, in den Ka'min schreiben; mettre en ~, attacher, clouer sur la ~ ans Kreuz heften, schlagen, kreuzigen; mourir sur la ~ am Kreuz sterben; den Kreuzestod erleiden; fig porter, avoir sa ~ sein Kreuz tragen (müssen); 2. astr ♀ du Sud Kreuz n des Südens; Südliches Kreuz; 3. bot ~ de Jérusalem, de Malte Brennende Liebe

Croix-Rouge [krwaruʒ] f Rotes Kreuz; brassard m de la ~ Rot-Kreuz-Binde f

cromlech [krɔmlɛk] m Vorgeschichte Kromlech m

cromorne [krɔmɔrn] m mus Krummhorn n (Instrument u Orgelregister)

crooner [krunœr] m Crooner [-u:-] m (amerikanischer sentimentaler Schlagersänger)

croquant [krɔkã] I adj knusp(e)rig; krachig; II m 1. (Art) Kleingebäck n; 2. litt u péj Bauer m

croque au sel [krɔkosɛl] *loc/adv* à la ~ nur mit Salz (gewürzt)

croque-en-bouche *od* **croquembouche** [krɔkãbuʃ] *m* ⟨*inv*⟩ ⟨*Art*⟩ „pièce montée" (*cf* pièce 11.)

croque|-mitaine [krɔkmitɛn] *m* ⟨*pl* croque-mitaines⟩ Schwarzer Mann; Kinderschreck *m*; F Buhmann *m*; c'est un vrai ~ er ist ein, sieht aus wie ein richtiges Schreckgespenst; **~-monsieur** *m* ⟨*inv*⟩ Schinkentoast *m* mit Käse *bzw* in Butter geröstetes Toastbrot mit Schinken und Käse

croque-mort [krɔkmɔr] F *m* ⟨*pl* croque-morts⟩ **1.** Sargträger *m*; **2.** *fig* c'est un vrai ~ er ist ein unheimlicher Mensch, e-e ma'kabre Fi'gur

croque|-noisette [krɔknwazɛt] *m od* **~-noix** *m* ⟨*inv*⟩ *zo* Haselmaus *f*

croquenots [krɔkno] *m/pl* F Treter *m/pl* (*Schuhe*)

croquer [krɔke] **I** *v/t* **1.** Bonbon etc zerbeißen; *Kekse, Nüsse* knabbern; knuspern; *Apfel* mit großen Bissen essen; *Katze: Maus* fressen; *v/t/indir* ~ dans une pomme herzhaft in e-n Apfel beißen; F *fig* (joli, mignon) à ~ zum Anbeißen (hübsch); knusp(e)rig; **2.** *fig* Geld, Erbschaft verprassen; vergeuden; verschleudern; 'durchbringen; ~ un million dans une affaire … bei e-m Geschäft lassen; **3.** *peint, Literatur etc* skiz'zieren; mit wenigen Strichen entwerfen, um'reißen; **4.** *Krocket* kroc'kieren; **II** *v/i im Mund. zwischen den Zähnen* knacken; krachen; knirschen

croquet [krɔke] *m* **1.** *Spiel* Kroc'ket *od* 'Krocket *n*; **2.** *cout* Zackenlitze *f*

croquette [krɔkɛt] *f cuis* Kro'kette *f*; ~s de pommes de terre Kar'toffelkroketten *f/pl*

croqueuse [krɔkøz] *f* ~ de diamants kostspielige Ko'kotte, Mä'tresse

croquignolet [krɔkiɲɔlɛ] *adj* ⟨~te⟩ F, *auch iron* reizend; F süß; goldig

croquis [krɔki] *m* **1.** *peint u allg* Skizze *f*; *tech* Kro'ki *n*; *e-s Werkes* Entwurf *m*; ~ coté mit Maßzahlen versehene Skizze; ~ à la plume Federskizze *f*; *fig* faire un rapide ~ de la situation die Lage kurz um'reißen

croskill [krɔskil] *m agr* Croskillwalze *f*

crosne [kron] *m bot* Knollenziest *m*

cross [krɔs] *m Boxen* Cross *m*

cross(-country) [krɔs(kuntri)] *m* ⟨*pl* cross-countries⟩ *sports* Geländelauf *m*; Cross-Country [-'kantri] *n*

crosse [krɔs] *f* **1.** ~ d'un fusil, d'un pistolet Gewehr-, Pi'stolenkolben *m*; à coups de ~ mit Kolbenhieben; F *fig* autant pour les ~s jetzt können wir von vorn anfangen; F das war alles für die Katz; *fig mil* mettre la ~ en l'air a) sich (kampflos) ergeben; b) sich weigern zu kämpfen; **2.** *égl* Bischofs-, Krummstab *m*; **3.** *sports* ~ de criquet, de hockey Kricket-, Hockeyschläger *m*; **4.** *par ext: e-s Stocks etc* Griff *m*; Krücke *f*; *mil e-r Lafette* Sporn *m*; *aviat* ~ d'appontage Fanghaken *m*; *tech* ~ de tige du piston Kreuzkopf *m*; **5.** *e-r Geige* Schnecke *f*; **6.** *anat* ~ de l'aorte A'ortenbogen *m*; **7.** *Fleischerei* unterer Teil der Hesse (*vom Rind*); **8.** F chercher des ~s à qn mit j-m Streit, Händel suchen

crossé [krɔse] *adj* abbé ~ Abt, der berechtigt ist, den Krummstab zu führen

crossette [krɔsɛt] *f bes des Weinstocks, Feigenbaums* Schößling (, der als Ableger genommen wird)

crossing-over [krɔsiɲɔvœr] *m* ⟨*inv*⟩ *biol* Cross(ing)-'over *n*

crossoptérygiens [krɔsɔpteriʒjɛ̃] *m/pl zo* Quastenflosser *m/pl*

---

crotale [krɔtal] *m* **1.** *zo* Klapperschlange *f*; **2.** *mus* ~s *pl* Kasta'gnetten *f/pl* (*in Altägypten*)

croton [krɔtõ] *m bot* Kroton *m*; *phm* huile *f* de ~ Krotonöl *n*

crotonique [krɔtɔnik] *adj chim* acide *m* ~ Crotonsäure *f*

crotte [krɔt] *f* **1.** *der Ziegen, Kaninchen etc* Kotkugel *f*; F Bohne *f*; Wurst *f* (*auch Menschenkot*); *par ext* F (Nasen)Popel *m*; ~s *pl auch* (kugeliger) Kot; ~ de chien Hundekot *m*; **2.** F *fig* ~ de bique Plunder *m*; Ramsch *m*; F Tinnef *m*; **3.** ~ de, en chocolat Pra'line *f*; **4.** F *fig* ma (petite) ~ mein (kleiner) Liebling; mein Schätzchen; **II** *int* F verflixt!; verdammt!

crott|é [krɔte] *adj Schuhe* kotig; tout ~ *od* ~ des pieds à la tête von oben bis unten mit Schmutz, Kot bespritzt; völlig verschmutzt; **~er** *v/pr* se ~ sich schmutzig machen

crottin [krɔtɛ̃] *m* **1.** Pferdeapfel *m bzw* -äpfel *m/pl*, -mist *m*; *auch* Maultiermist *m*; **2.** ~ de Chavignol kleiner Ziegenkäse

croulant [krulã] **I** *adj* baufällig; altersschwach; *pfort* verfallen; **II** *m/pl* ~s F die Alten *m/pl* (*Eltern bzw* ältere *Generation*)

croule [krul] *f ch* Schnepfenjagd *f*

crouler [krule] *v/i* **1.** *Haus etc* zu'sammen-, einstürzen; einfallen; verfallen; menacer de ~ baufällig sein; **2.** *fig* ~ sous la charge, sous les cadeaux *Person* fast zu'sammenbrechen unter der Last, unter den Geschenken; *Tisch* sich biegen unter der Last, unter den Geschenken; la salle croulait sous les applaudissements dröhnender Beifall erfüllte den Saal; **3.** *Person* se laisser ~ sur une chaise, etc sich auf (+*acc*) fallen lassen; **4.** *Projekt etc* scheitern; **5.** *ch Schnepfe* quorren

croup [krup] *m path* Krupp *m*; Kehlkopfdiphtherie *f*; faux ~ falscher Krupp

croupe [krup] *f* **1.** *e-s Pferdes* Kruppe *f*; Kreuz *n*; en ~ hinter dem Reiter, hinten sitzend; monter en ~ hinter dem Reiter, hinten aufsitzen; prendre qn en ~ hinten aufsitzen lassen; **2.** F (breiter) Hintern (*bes e-r Frau*); **3.** *e-s Hügels* Kuppe *f*; **4.** *bât* Walm *m*; comble *m* en ~ Walmdach *n*

croupetons [kruptõ] *loc/adv* à ~ (auf den Fersen) hockend, kauernd; se tenir à ~ auf den Fersen hocken, kauern

croupeux [krupø] *adj* ⟨-euse⟩ *path* krup'pös

croupi [krupi] *adj Wasser* faul(ig); brackig

croupier [krupje] *m* Croupi'er *m*

croupière [krupjɛr] *m* **1.** *beim Pferd* Schwanzriemen *m*; **2.** *fig u st/s* tailler des ~s à qn j-m Schwierigkeiten bereiten

croupion [krupjõ] *m* **1.** *der Vögel* Bürzel *n*; Schwanzwurzel *f*; Sterz *m*; Steiß *m*; **2.** *hist* Parlement *m* ~ Rumpfparlament *n*

croupir [krupir] *v/i* **1.** *Wasser* stehen und faulig sein *bzw* werden; **2.** *Person* ~ dans l'ignorance in Unwissenheit da'hinvegetieren; ~ dans la paresse in stumpfer Trägheit verharren; ~ dans la saleté im Schmutz verkommen

croupissant [krupisã] *adj Gewässer* faulig

croupon [krupõ] *m* Rückenteil *m* der gegerbten Rindshaut; Kernleder *n*

croustade [krustad] *f cuis* Mürb(e)teigtörtchen *n* (aux champignons mit Pilzen)

croustill|ant [krustijã] *adj* **1.** *Gebäck* knusp(e)rig; *nordd auch* kroß; **2.** *fig Einzelheiten, Geschichte etc* pi'kant; **~er** *v/i Gebäck* knusp(e)rig sein

---

croûte [krut] *f* **1.** *von Gebackenem, Gebratenem* Kruste *f*; *von Käse* Rinde *f*; ~ du pain Brotrinde *f*, -kruste *f*; *meist pl* ~s de pain trockene (Weiß)Brotscheiben *f/pl*, Brotreste *m/pl*; F *fig* casser une (petite) ~, la ~ e-n kleinen Imbiß zu sich nehmen; e-e Kleinigkeit essen; *cf auch* casser 1. F *fig* gagner sa ~ s-n Lebensunterhalt, F s-e Brötchen verdienen; **2.** *cuis* **a)** ~ aux champignons, au fromage de pain Pfanne geröstete Brotscheibe mit Pilzsoße, mit Käse; **b)** Blätterteigpastete *f*; **3.** *e-r Wunde, e-s Pickels etc* Schorf *m*; F Kruste *f*; *nordd* Borke *f*; *path* ~s de lait Milchschorf *m*; ~ d'une plaie Wundschorf *m*; **4.** *von Kesselstein etc* Schicht *f*; Belag *m*; ~ de rouille Rostschicht *f*; **5.** *géol* ~s calcaires Kalkkrusten *f/pl*; ~ terrestre Erdkruste *f*, -rinde *f*; **6.** F *fig* schlechtes Bild; F Schinken *m*; **7.** *Leder* Spaltleder *n*; **8.** F *fig* quelle ~! F was für ein bor'nierter Kerl!; vieille ~ bor'nierte(r), verknöcherte(r) Alte(r)

croûter [krute] *v/i* F futtern; schnabu'lieren

croûton [krutõ] *m* **1.** (Brot)Kanten *m*; Ränftchen *n*; *nordd* Knust *m*; *österr* Scherzel *n*; **2.** *cuis* gerösteter Brotwürfel *m*; geröstete Brotscheibe; ~s à l'ail ein Knoblauch eingeriebene, geröstete Brotwürfel *m/pl*; **3.** *fig* vieux ~ verknöcherte(r) Alte(r)

crown-glass [krawnglas] *m* Kronglas *n*; Crownglas ['kraun-] *n*

croyable [krwajabl(ə)] *adj meist negativ od eingeschränkt* à peine ~ kaum zu glauben; événement *m* à peine ~ Geschehen, das man kaum glauben kann

croyance [krwajãs] *f* Glaube(n) *m* (à un + *acc*); ~(s) populaire(s) Volksglaube *m*; ~s religieuses Glaubensüberzeugungen *f/pl*, -lehren *f/pl*; religi'öse Über'zeugungen *f/pl*; ~(s) superstitieuse(s) Aberglaube *m*; ~ au progrès Fortschrittsglaube *m*; ~ en Dieu Gottesglaube *m*; Glaube an Gott

croyant [krwajã] *rel* **I** *adj* gläubig; religi'ös; très ~ tiefgläubig, -religiös; **II** *m* Gläubige(r) *m* (*auch im Islam*); *früher im Islam* commandeur *m* des ~s Beherrscher *m* der Gläubigen (*Kalif*); Christentum Père *m* des ~s Erzvater *m* (*Abraham*)

cru[1] [kry] *p/p von* croire

cru[2] [kry] **I** *adj* **1.** *Fleisch, Gemüse, Milch etc* roh; ungekocht; *Ziegel* ungebrannt; (*Werk*)*Stoff* unverarbeitet; Roh…; cuir ~, soie ~e Rohleder *n*, -seide *f*; F *fig*: il ne va pas te manger tout ~ F er wird dich schon nicht *od* nicht gleich fressen; il l'aurait mangé, avalé tout ~ F er wäre ihm am liebsten ins Gesicht gesprungen; **2.** *Licht, Farbe* grell; hart; **3.** *Worte* bru'tal; roh; derb; grob; schonungslos; hart; *Beschreibung* ungeschminkt; **4.** *loc/adv* à ~: monter à ~ ohne Sattel reiten; *bât* porter à ~ kein Funda'ment haben; di'rekt auf dem Erdboden ruhen; **II** *adv* je vous le dis tout ~ ich sage es Ihnen ganz ohne 'Umschweife, ganz bru'tal; **III** *m cuis* du ~ et le cuit Rohes *n* und Gekochtes *n*

cru[3] [kry] *m* **1.** (Wein)Gebiet *n*; Weinberg *m*; *par ext* Wein *m*; (vin *m* de) grand ~ berühmter Wein; les grands ~s die besten, berühmtesten Weine *m/pl*; **2.** *loc/adj* du ~ einheimisch; aus der Gegend (*in der man sich befindet*); vin *m* du ~ Wein *m* aus der Gegend; Landwein *m*; **3.** *fig* de mon, ton, etc erfunden; comme de son ~ F *auch* als wäre es auf seinem Mist gewachsen

crû [kry] *p/p von* croître

cruauté [kryote] *f* **1.** *e-r Person, e-s Tieres, e-r Handlung* Grausamkeit *f* (*auch Handlung selbst*); *des Schicksals, e-r Bemerkung auch* Härte *f*; **avec ~** grausam; **2.** *litt* Unerbittlichkeit *f*; Grausamkeit *f* (*e-r Frau e-m Mann gegenüber*)

cruche [kryʃ] *f* **1.** (*bes Ton*)Krug *m*; ~ à eau Wasserkrug *m*; ~ de vin Krug (voll) Wein; *prov* tant va la ~ à l'eau (qu'à la fin elle se casse) *etwa* wer sich oft mutwillig in Gefahr begibt, kommt darin um; der Krug geht so lange zum Brunnen, bis er bricht (*prov*); **2.** F *von e-r Frau, e-m Mädchen* c'est une vraie ~ sie ist e-e dumme Gans, F e-e dämliche Ziege; *adj* avoir l'air ~ F ganz schön dumm, dämlich aussehen

cruchon [kryʃõ] *m* kleiner Krug; Krüglein *n* (*auch Inhalt*)

crucial [krysjal] *adj* <-aux> *Augenblick, Problem, Punkt etc* entscheidend

cruciféracées [krysiferase] *f/pl cf* crucifères

crucifère [krysifɛr] **I** *adj arch, Kunst* mit e-m Kreuz versehen; von e-m Kreuz gekrönt; *rel Kunst* nimbe *m* ~ Kreuznimbus *m*; **II** *f/pl* ~s *bot* Kreuzblüt(l)er *m/pl*; Kruzi'feren *f/pl*

crucifié [krysifje] **I** *adj* **1.** *Miene etc* gepeinigt; schmerzgequält; **2.** gekreuzigt; ans Kreuz geschlagen; **II** *m rel* le ♋ der Gekreuzigte

cruci|fiement [krysifimã] *m* Kreuzigung *f* (*als Todesstrafe*); *auch* Kreuzestod *m*; **~fier** *v/t* kreuzigen (*auch rel*)

crucifix [krysifi] *m rel* Kruzi'fix *n*

crucifixion [krysifiksjõ] *f Kunst* Kreuzigung *f* (Christi)

cruciforme [krysifɔrm] *adj* kreuzförmig; *bot* kreuzständig

cruciverbiste [krysivɛrbist] *m,f* Kreuzworträtselfreund(in) *m(f)*

crude ammoniac [krudamɔnjak] *m* (*bei der Leuchtgasgewinnung anfallende*) Ammoni'akrückstände *m/pl* (*als Dünger verwendet*)

crudité [krydite] *f* **1.** ~s *pl* roher Sa'lat und rohes Gemüse; Rohkost *f*; assiette *f* de ~s *etwa* Sa'latplatte *f*; **2.** *von Farben, Licht* Grelle *f*; Grellheit *f*; *von Licht auch* blendende Helle; **3.** *e-r Erzählung, der Ausdrucksweise* Brutali'tät *f*; Schonungslosigkeit *f*; *auch von Worten* Grobheit *f*; Derbheit *f*; Roheit *f*; *von Worten auch* Härte *f*; **4.** *von Gemüse etc* roher Zustand

crue [kry] *f* Hochwasser *n*; *Fluß* en ~ hochwasserführend; être en ~ Hochwasser führen

cruel [kryɛl] *adj* <~le> **1.** *Person, Tier, Handlung, Krieg, Schicksal, Wort* grausam; *Person, Handlung auch* unmenschlich; (*Schicksals*)Prüfung, Verlust schmerzlich; schwer; hart; *Verlust auch* bitter; *Bemerkung auch* (*u'tiefst*) verletzend; être ~ avec qn zu j-m grausam sein; **2.** <*vorangestellt*> ärgerlich; ~ embarras tödliche Verlegenheit; **nous sommes dans la ~le nécessité de** nous séparer de lui zu unserem tiefsten, schmerzlichen Bedauern müssen wir ...; **3.** *litt Frau* unerbittlich; grausam (*e-m Mann gegenüber*)

cruellement [kryɛlmã] *adv* **1.** grausam; hart; **2.** *leiden etc* sehr; se faire ~ sentir sich sehr stark bemerkbar machen

cruenté [kryãte] *adj Wunde* blutend

crûment [krymã] *adv* **1.** *sagen* schonungslos; unverblümt; grob; bru'tal; **2.** *be-, erleuchten* grell

cruor [kryɔr] *m physiol* Blutkuchen *m*; *sc* Cruor *m*

crural [kryral] *adj* <-aux> *anat* Oberschenkel...; arcade ~e Leistenband *n*; Pou'partsches Band

crustacés [krystase] *m/pl zo, cuis* Krusten-, Krebstiere *n/pl*; Krebse *m/pl*

cruzeiro [kruseiro, kryzero] *m brasilianische Währung* Cruzeiro [-'zeiru] *m*

cryo|chirurgie [krijoʃiryrʒi] *f* Gefrier-, Kryochirurgie *f*; **~gène** *m phys* Kältemischung *f*; **~génie** *f phys* Kryo'genik *f*

cryo|lit(h)e [krijolit] *f minér* Kryo'lith *m*; **~scopie** *f phys* Kryosko'pie *f*; **~scopique** *adj phys* kryo'skopisch

cryo|stat [krijosta] *m tech* Kryo'stat *m*; **~thérapie** *f méd* Gefrierverfahren *n*; Kryothera'pie *f*; **~tron** [-trõ] *m tech* Kryo'tron *m*; **~turbation** *f géol* Kryoturbati'on *f*

crypte [kript] *f* **1.** *arch* Krypta *f*; **2.** *anat* Krypte *f*

crypto|calviniste [kriptokalvinist] *m hist rel* Kryptokalvinist *m*; **~communiste** *m,f pol* verkappter Kommu'nist, verkappte Kommu'nistin

cryptogam|e [kriptɔgam] *bot* **I** *adj* blütenlos; **II** *f/pl* ~s Krypto'gamen *f/pl*; **~ique** *adj der Pflanzen* maladies *f/pl* ~s Pilzkrankheiten *f/pl*

crypto|génétique [kriptɔʒenetik] *adj méd Krankheit* krypto'gen; kryptoge'netisch; **~gramme** *m* Geheimtext *m*; Krypto'gramm *n*; **~graphie** *f* Geheimschrift *f*; Kryptogra'phie *f*; **~graphique** *adj* in Geheimschrift; caractères *m/pl* ~s Geheimschrift *f*

csardas [ksardas] *m mus* Csárdás ['tʃardas] *m*

cténaires [ktenɛr] *m/pl zo* Rippenquallen *f/pl*; *sc* Kteno'phoren *pl*

cubage [kybaʒ] *m* **1.** Raum-, Ku'bikinhalt *m*; **2.** Rauminhaltsberechnung *f*; ~ des bois Raum- *bzw* Festgehaltsmessung *f* und -berechnung *f*

cubain [kybɛ̃] **I** *adj* ku'banisch; **II** *subst* ♋(e) *m(f)* Ku'baner(in) *m(f)*

cubature [kybatyr] *f math* 'Umwandlung *f* in e-n Würfel gleichen Vo'lumens; Kuba'tur *f*

cube [kyb] *m* **1.** *math* Würfel *m* (*auch allg*); Kubus *m*; ~ de bois Holzwürfel *m*; *Haus* ~ de ciment Be'tonwürfel *m*; *Kinderspielzeug* jeu de ~s Bauklötzchen *n/pl*, -klötze *m/pl*; **2.** *math adit* Ku'bik...; centimètre *m* ~ (*abr* cm³) Kubikzentimeter *m* (*abr* cm³ *od* ccm); mètre *m* ~ (*abr* m³) Kubikmeter *m* (*abr* m³ *od* cbm); **3.** *math* Ku'bikzahl *f*; Kubus *m*; le ~ de 2 est 8 die Kubikzahl von 2 ist 8; élever un nombre au ~ e-e Zahl in die dritte Po'tenz erheben; **4.** Rauminhalt *m* (**d'air** an Luft); **5.** *cuis* Suppenwürfel *m*; Fleischbrühwürfel *m*

cubèbe [kybɛb] *m bot* Ku'bebenpfeffer *m*

cuber [kybe] **I** *v/t* **1.** den Rauminhalt messen *bzw* berechnen (qc von etw *od* gén) ku'bieren; **2.** *math* Zahl in die dritte Po'tenz erheben; ku'bieren; **II** *v/i* **3.** *Behälter* ~ 500 litres e-n Rauminhalt von 500 Litern haben; 500 Liter fassen; **4.** F ça cube F das geht ganz schön ins Geld; das läppert sich ganz schön zu'sammen

cubilot [kybilo] *m métall* Ku'polofen *m*

cubique [kybik] **I** *adj* **1.** würfelförmig; kubisch (*auch math*); *minér Kristall* kubisch; système *m* ~ kubisches System; **2.** *math* kubisch; in dritter Po'tenz; racine *f* ~ Ku'bikwurzel *f*; dritte Wurzel; **II** *f math* Ku'bik *f*

cub|isme [kybism(ə)] *m Kunst* Ku'bismus *m*; **~iste** *Kunst* **I** *adj* ku'bistisch; **II** *m* Ku'bist *m*

cubit|al [kybital] *adj* <-aux> *anat* kubi'tal; Kubi'tal...; Ell(en)bogen...; **~ière** *f hist des Harnischs* Arm-, Ellenbogenkachel *f*

cubitus [kybitys] *m anat* Elle *f*; *sc* Ulna *f*

cucul [kyky] *adj* <inv> F ~ (la praline) *Person, Film, Geschichte etc* einfältig;

simpel; albern; läppisch; (allzu) bieder; F treudoof

cuculidés [kykylide] *m/pl zo* Kuckucke *m/pl*

cucurbitacées [kykyrbitase] *f/pl bot* Kürbisgewächse *n/pl*

cucurbitain [kykyrbitɛ̃] *m zo* Endglied *n* des Bandwurms

cucurbite [kykyrbit] *f* Destillati'onsgefäß *n*

cucurbitin *cf* cucurbitain

cueillette [kœjɛt] *f* **1.** *von Obst* Pflücken *n*; Ernten *n*; *par ext* Erne(zeit) *f*; ~ des fruits Obsternte *f*; **2.** *primitive Kulturstufe* Sammeln *n* (*von Früchten etc*); Sammlerkultur *f*

cueill|eur [kœjœr] *m*, **~euse** *f* Obstpflücker(in) *m(f)*

cueillir [kœjir] *v/t* <je cueille, il cueille, nous cueillons; je cueillais; je cueillis; je cueillerai; que je cueille; cueillant; cueilli> **1.** *Blumen, Obst* pflücken; (ab)brechen; *Obst auch* ernten; *auf primitiver Kulturstufe* Früchte *etc* sammeln; ~ un bouquet de marguerites e-n Strauß Margeriten pflücken; *fig* ~ des lauriers Lorbeeren ernten; **2.** *st/s Freude etc* auskosten; *Kuß* rauben; cueillez la jeunesse nützet die Jugend; **3.** F ~ qn j-n abholen; *Polizei* F j-n schnappen; **4.** *Fisch* ~ la mouche nach der Fliege schnappen

cueilloir [kœjwar] *m* Obstpflücker *m* (*Gerät*)

cuesta [kwɛsta] *f géol* Stufenland *n*

cuiller *od* **cuillère** [kɥijɛr] *f* Löffel *m* (*auch Inhalt*); ~ à café *od* petite ~ Kaffee-, Teelöffel *m*; ~ à dessert, à moka Des'sert-, Mokkalöffel *m*; ~ à soupe *od* de table Suppen-, Eßlöffel *m*; ~ d'argent Silberlöffel *m*; ~ de bois Holz-, *par ext* Kochlöffel *m*; *loc/adv* F en deux *od* trois coups de ~ à pot im Handumdrehen; im Nu; in Windeseile; F *fig als Warnung vor Tollkühnheit*: si tu ..., on pourra te ramasser à la petite ~ ... F kann man dich (e-s Tages) auf der Kehrichtschaufel wegbringen; **2.** *chir, tech* Löffel *m*; *tech auch* Kelle *f*; **3.** F *fig* serrer la ~ à qn j-m die Hand, F Flosse drücken; **4.** *Angeln* Spinner *m*

cuillerée [kɥij(e)re] *f* Löffelvoll *m*

cuilleron [kɥijrõ] *m* Löffelschale *f*

cuir [kɥir] *m* **1.** Leder *n*; ~ artificiel Kunstleder *n*; ~ brut *od* vert Rohhaut *f*; schlachtfrische Haut; ~ de Russie Juchten(leder) *n*; *loc/adj* de, en ~ aus Leder; Leder...; ledern; **2.** *zo der Dickhäuter, fig u plais des Menschen* Haut *f*; *des Menschen* ~ chevelu Kopfhaut *f*; *fig u plais* entre ~ et chair heimlich; im stillen; in sich hin'ein; **3.** ~ à rasoir Streichriemen *m*, -leder *n*; **4.** F *fig* falsche Bindung (*in der Aussprache, durch Einschiebung e-s Konsonanten*); faire un ~ falsch binden

cuirasse [kɥiras] *f* **1.** *hist* (Brust- und Rücken)Harnisch *m*; Küraß *m*; défaut *m* de la ~ ungeschützte Stelle im Harnisch; *fig* schwacher Punkt; schwache Stelle; Schwäche *f*; **2.** *fig* Panzer *m*; ~ d'indifférence Panzer aus Gleichgültigkeit; **3.** *mar mil* Panzer(ung) *m(f)*; **4.** *zo mancher Tiere* Panzer *m*

cuirass|é [kɥirase] *adj* **1.** *mil* Panzer...; gepanzert; croiseur ~, division ~e, navire ~ Panzerkreuzer *m*, -division *f*, -schiff *n*; *fig* ~ contre gefeit, abgehärtet, im'mun gegen; **II** *m mar* Schlachtschiff *n*; Panzerkreuzer *m*; **~ement** *m mil* Panzerung *f*

cuirasser [kɥirase] **I** *v/t Schiff etc* panzern; mit Panzerung versehen; **II** *v/pr fig* se ~ contre sich panzern, abhärten gegen

cuirassier [kɥirasje] *m mil* **a)** *hist* Küras'sier *m*; **b)** ~s *pl heute Name einiger Panzereinheiten*; **c)** *par ext* le troisième ~ das dritte Küras'sierregiment

cuire [kɥir] ‹ je cuis, il cuit, nous cuisons; je cuisais; je cuisis; je cuirai; que je cuise; cuisant; cuit› **I** *v/t* **1.** kochen; *Brot* backen; *Fleisch* kochen *bzw* braten; garen; ~ à l'eau (in Wasser) kochen; sieden; ~ au four im Backofen backen *bzw* braten; *Früchte etc* à ~ zum Kochen; chocolat *m* à ~ Koch-, Blockschokolade *f*; **2.** *Ziegel, Ton, Porzellan etc* brennen; *Glas* schmelzen; **II** *v/i* **3.** *Fleisch etc* kochen; backen; braten; *Person* faire *od* laisser ~ qc etw kochen, backen, braten; les pommes de terre cuisent mal dans cette poêle diese Pfanne eignet sich nicht zum Braten von Kartoffeln; **4.** *Körperstelle* ça (me) cuit das brennt; **5.** *fig* on cuit ici das ist hier heiß wie in e-m Backofen; F hier ist e-e Bruthitze; j'ai cuit deux semaines à ... F zwei Wochen lang war ich in der Bruthitze von ...; **III** *v/imp fig* il lui en cuira das wird er bereuen; das wird ihm noch leid tun

cuisant [kɥizã] *adj Schmerz* brennend; quälend (*auch Gewissensbisse*); *Enttäuschung* tief; *Niederlage* schmählich

cuisinage [kɥizinaʒ] F *m* Verhör *n*; F Ausquetschen *n*

cuisine [kɥizin] *f* **1.** Küche *f*; *mar* Kom'büse *f*; *mil* ~ roulante Feldküche *f*; *plais* Gulaschkanone *f*; ~ de poupée Puppenküche *f*; **2.** Küche *f*; Kost *f*; Essen *n*; bonne ~, ~ épicée gute, (gut) gewürzte Küche. Kost; ~ fine, française, soignée feine. französische, gepflegte Küche; *péj* ~ de gargote mieses Essen; F *péj* Schlangenfraß *m*; ~ de restaurant Essen *n* im Restaurant; *Restaurant* faire de la bonne, grande ~ e-e gute, exquisite Küche haben; **3.** Kochen *n*; ~ au beurre, à l'huile Kochen mit Butter, mit Öl; faire la ~ au beurre mit Butter kochen; faire la ~ kochen; das Essen (zu)bereiten; **4.** Küche(npersonal) *f(n)*; **5.** *fig u péj* Praktiken *f/pl*; Manipulati'onen *f/pl*; F krumme Touren *f/pl*

cuisiné [kɥizine] *adj* plat ~ Fertiggericht *n*

cuisin|er [kɥizine] **I** *v/t* **1.** Essen (zu)bereiten; kochen; **2.** F *fig* ~ qn j-n verhören, F ausquetschen, ausholen; j-n bearbeiten; **II** *v/i* kochen (können); elle cuisine bien sie kann gut kochen; ~ette *f* Kochnische *f*; kleine Küche; Kleinküche *f*; ~ier *m* Koch *m*

cuisinière [kɥizinjɛr] *f* **1.** Köchin *f*; **2.** Küchenherd *m*; ~ électrique E'lektroherd *m*; ~ à gaz Gasherd *m*

cuissage [kɥisaʒ] *m féod* droit *m* de ~ Ius primae noctis *n*

cuissard [kɥisar] *m* **1.** *méd* Schaft *m* e-r Oberschenkelprothese; **2.** *hist des Harnischs* Diechling *m*

cuissardes [kɥisard] *f/pl* Anglerstiefel *m/pl*

cuisse [kɥis] *f anat* (Ober)Schenkel *m*; *cuis von Geflügel* Keule *f*; *südd* Schlegel *m*; *cuis*: ~ de grenouille Froschschenkel *m*; ~ de poulet Hühnerkeule *f*, *südd* -schlegel *m*; F *fig von e-r Frau* avoir la ~ légère sehr leichtlebig sein; F mit jedem schlafen; se croire sorti de la ~ de Jupiter sich für etwas Besonderes, Besseres, F wer weiß was halten; furchtbar von sich eingenommen sein

cuisseau [kɥiso] *m ‹pl ~x›* Kalbskeule *f*, *südd auch* -schlegel *m*

cuisson [kɥisõ] *f* **1.** *cuis* Kochen *n*; Sieden *n*; Garen *n*; Backen *n*; Braten *n*; ~ lente Kochen, Braten auf kleiner Flam-

me; Backen, Braten bei niedriger Temperatur; ~ du pain Brotbacken *n*; **2.** *von Keramik, Ziegeln* Brennen *n*; Brand *m*

cuissot [kɥiso] *m vom Wildschwein, Reh etc* Keule *f*; *südd auch* Schlegel *m*

cuistance [kɥistãs] F *f* Kochen *n*; faire la, s'occuper de la ~ kochen

cuistot [kɥisto] F *m* Koch *m*; *mil* F Küchenbulle *m*

cuistre [kɥistr(ə)] *m* **a)** Lümmel *m*; Flegel *m*; *fig* Schulmeister *m* (*fig*); *adj* il est ~ a) er ist ein Lümmel, Flegel; b) er muß immer schulmeistern

cuistrerie [kɥistrəri] *f* **a)** Flege'lei *f*; Flegelhaftigkeit *f*; **b)** Schulmeiste'rei *f*

cuit [kɥi] *p/p von* cuire *u adj* **1.** cuis gekocht; gesotten; gebacken; gebraten; (assez) ~ gar; trop ~ *Gemüse, Fleisch etc* zerkocht; *Kuchen etc* zu trocken; zu hart; *Steak* zu sehr, ganz 'durchgebraten; ~ à beurre mit Butter gekocht; in Butter gebraten; vin ~ Wein *m* aus eingedampftem Most; **2.** *Ton etc* gebrannt; soie ~e Cuite-Seide *f*; **3.** *fig Gewebe* fadenscheinig; brüchig; **4.** F *fig Person* il est ~ jetzt hat man ihn erwischt; jetzt gibt's für ihn kein Entrinnen; jetzt ist er erledigt; ♦ c'est ~ da ist nichts mehr dran zu ändern; c'est du tout ~ das ist nun mal sicher; das kann gar nicht schiefgehen

cuite [kɥit] *f* **1.** F (*ivresse*) Rausch *m*; avoir sa ~ F wieder mal besoffen sein; prendre une (~) ~ F sich einen ansaufen; sich 'vollaufen lassen; tenir une bonne ~ F e-n Mordsrausch haben; **2.** *von Porzellan etc* Brennen *n*; Brand *m*; *von Seife* Kochen *n*; *von Zucker* Auskristallisieren *n* (durch Eindampfen)

cuiter [kɥite] *v/pr* F se ~ F sich besaufen; sich 'vollaufen lassen

cuivre [kɥivr(ə)] *m* **1.** Kupfer *n*; ~ jaune Gelbguß *m*; ~ noir Schwarzkupfer *n*; ~ rouge reines Kupfer; de, en ~ Kupfer-, Kupfer...; *chim* sel *m* de ~ Kupfersalz *n*; ustensiles *m/pl* en ~ Kupfergeräte *n/pl*; ~s *pl* Kupfergeschirr *n*, ustensiles *n/pl*; faire les ~s das Kupfergeschirr putzen; **3.** *mus e-s Orchesters* ~s *pl* Blech(blas)-, Trom'peteninstrumente *n/pl*; **4.** Kupferstich *m*; Kupfer *n*

cuivré [kɥivre] *adj* **1.** kupferfarbig; *Haut* rötlichbraun; reflet ~ rötlicher Schimmer; **2.** *Stimme* 'volltönend, -klingend; klangvoll

cuivrer [kɥivre] *v/t* **1.** verkupfern; **2.** *Haut* rötlichbraun färben; e-e rötlichbraune Farbe geben (+*dat*)

cuivreux [kɥivrø] *adj* ‹-euse› **1.** *chim* Kupfer(I)-...; oxyde ~ Kupfer(I)-oxid *n*; Rotkupfererz *n*; **2.** *früher* kupferhaltig

cuivrique [kɥivrik] *adj chim* Kupfer(II)-...; oxyde ~ Kupfer(II)-oxid *n*

cul [ky] *m* **1.** P (*derrière*) P Arsch *m*; F *fig* gros ~ schwerer Lkw; F dicker Brummer; *loc/adv* ~ par-dessus tête kopfüber; tomber ~ par-dessus tête kopfüber hinunterpurzeln; (ungewollt) e-n Purzelbaum schlagen; F aller le ~ (tout) nu *Kind* kein Höschen anhaben; F mit nacktem Po'po herumlaufen; *fig* in Lumpen gehen; F en avoir plein le ~ F die Nase, P die Schnauze voll haben; P l'ai au *od* dans le ~ P der kann mich am Arsch lecken; F der kann mir im Mondschein begegnen; F être comme ~ et chemise unzertrennlich sein; P *fig*: se taper le ~ par terre F sich totlachen; sich vor Lachen wälzen, den Bauch halten; tirer au ~ sich (vor der Arbeit) drücken; en tomber sur le ~ *vor Erstaunen* P platt sein; *vor Schreck* F 'umfallen; **2.** F *fig von e-r Person* P Blödmann *m*; Blödhammel *m*; dumme Ziege; quel ~ ! so ein Blödmann *etc*!; *adj* ce qu'il est ~ F ist der blöd,

dämlich; **3.** *cout früher* faux ~ Tour'nüre *f*; **4.** *e-r Flasche, e-s Topfs, e-s Fasses etc* Boden *m*; *e-s Karrens etc* rückwärtiger Teil; F *fig* faire ~ sec ex trinken; das Glas (mit e i n e m Zuge) leeren; **5.** *mar* Gatt *n*; ~ rond Rundgatt *n*

culasse [kylas] *f* **1.** *am Gewehr, Geschütz* Verschluß *m*; ~ semi-automatique halbautomatischer Verschluß; arme *f* se chargeant par la ~ 'Hinterlader *m*; **2.** *e-s Motors* Zy'linderkopf *m*

cul|-blanc [kyblã] *m ‹pl culs-blancs›* zo **a)** Eissturmvogel *m*; **b)** Steinschmätzer *m*; ~-brun *m ‹pl culs-bruns›* zo Goldafter *m*

culbute [kylbyt] *f* **1.** Sich-Über'schlagen *n*; Purzelbaum *m* (*auch unbeabsichtigt*); *beim Schwimmen* Wende *f*; faire une ~ e-n Purzelbaum machen, schlagen, schießen; faire une, la ~, des ~s dans l'escalier die Treppe (kopf'über) hin'unterstürzen, -kollern; **2.** F *fig* Bank'rott *m*; Pleite *f*; *e-r Regierung* Sturz *m*; faire la ~ Bankrott, Pleite machen; *Regierung* stürzen; **3.** *fig comm* faire la ~ e-n Gewinn, F e-n Schnitt, e-n Rebbach von 100 Prozent machen

culbuter [kylbyte] **I** *v/t* **1.** 'umwerfen; 'umstürzen; *Person* 'umwerfen; F über den Haufen rennen; F *Frau* 'umlegen; aufs Kreuz legen; **2.** *fig u mil Feind* über'rennen; *pol Regierung* stürzen; **II** *v/i Wagen* sich über'schlagen; *Schiff* kentern; 'umkippen

culbuteur [kylbytœr] *m* **1.** *e-s Motors* Kipphebel *m*; **2.** *cf* basculeur 1.

cul-de-basse-fosse [kydbasfos] *m ‹pl culs-de-basse-fosse›* 'unterirdisches Verlies

cul-de-bouteille [kydbutɛj] **I** *adj ‹inv›* flaschengrün; **II** *m/pl* culs-de--bouteille Glasscherben *f/pl* (auf e-r Mauer)

cul-de-four [kydfur] *m ‹pl culs-de--four›* arch Halbkuppel *f*

cul-de-jatte [kydʒat] *m ‹pl culs-de--jatte›* Krüppel *m* ohne Beine

cul-de-lampe [kydlãp] *m ‹pl culs-de--lampe›* **1.** *arch* **a)** *e-s Gewölbes* Anhängling *m*; **b)** (*Art*) Kon'sole *f*; **2.** *impr* ornamen'tierte Schlußvignette (*meist in Form e-s auf die Spitze gestellten Dreiecks*)

cul-de-porc [kydpɔr] *m ‹pl culs-de--porc›* mar Schauermannsknoten *m*

cul-de-poule [kydpul] *loc/adj* bouche *f* en ~ kleiner, runder Schmollmund

cul-de-sac [kydsak] *m ‹pl culs-de--sac›* **1.** Sackgasse *f* (*auch fig*); **2.** *anat* Bucht *f*; ~ de Douglas Douglasscher Raum

culée [kyle] *f arch, e-r Brücke* 'Widerlager *n*

culer [kyle] *v/i mar* **a)** *Schiff* über Steuer gehen; **b)** *Wind* nach achtern drehen *bzw* gedreht haben

culeron [kylrõ] *m beim Pferd* runder, gepolsterter Teil des Schwanzriemens

culex [kylɛks] *m zo* Stechmücke *f*

culinaire [kylinɛr] *adj* kuli'narisch; Koch...; art *m* ~ Kochkunst *f*; talents *m/pl* ~s Begabung *f* für die Kochkunst; avoir des talents ~s ausgezeichnet kochen (können)

culmin|ant [kylminã] *adj* point ~ *astr* Kulminati'onspunkt *m*; *e-s Berges etc* höchster Punkt; *fig* Höhepunkt *m*; ~ation *f astr* Kulminati'on *f*

culminer [kylmine] *v/i* s-n höchsten Punkt, *Berg etc* s-n höchsten Gipfel haben (à in + *dat*, bei); *Person* sein Höchst-, Maxi'malgehalt erreichen (à von, mit); *fig* s-n Höhepunkt erreichen

cul-nu [kyny] *m ‹pl culs-nus›* Bettler *m*; culs-nus bettelarme Leute *pl*

culot [kylo] *m* **1.** F (*effronterie*) Frechheit *f*; Unverfrorenheit *f*; Dreistigkeit *f*; Unverschämtheit *f*; Chuzpe ['xutspə] *f*; **en voilà du** ～! F ganz schön frech, unverschämt!; **y aller au** ～! F e-e ganz gehörige Portion Frechheit an den Tag legen; **avoir du, se payer de** ～ F ganz schön frech, unverschämt sein; **2.** *e-r Glühlampe* Sockel *m*; *e-r Zündkerze* Gehäuse *n*; *e-s Geschosses* Bodenstück *n*; **3.** ～ **d'une pipe** Kruste *f* im Pfeifenkopf; **4.** *géol* ～ **volcanique** Neck *m*

culottage [kylɔtaʒ] *m* **1.** *der Pfeife* Einrauchen *n*; **2.** Schwärzen *n*

culotte [kylɔt] *f* **1.** (kurze) Hose; *für Frauen* Schlüpfer *m*; *hist* Kniehose *f*; Cu'lotte *f*; *oft pl* ～s **courtes, longues** kurze, lange Hose(n); *früher* ～ **de bain** Badehose *f*; ～ **de cheval** a) Reithose *f*; Breeches ['britʃis] *pl*; b) *fig* Fettpolster *n/pl* an den Oberschenkeln und am Gesäß; ～ **de golf** Golfhose *f*; Knickerbocker(s) *pl*; *fig u péj* (**vieille**) ～ **de peau** *pej* Kom'mißhengst *m*; F *fig Ehefrau* **porter la** ～ F die Hosen anhaben; F *fig vor Schreck, Angst* **trembler, faire dans sa** ～ F die Hosen (P gestrichen) voll haben; in die Hosen machen; **2.** *beim Glücksspiel* **prendre, ramasser, se flanquer une** ～ große Verluste. F ein Mordspech haben; **3.** *Fleischerei bei Kalb, Rind* oberer Teil der Keule; Schwanzstück *n*

culott|é [kylɔte] *adj* **1.** F (*effronté*) frech; unverfroren; dreist; unverschämt; **2.** *pipe* **bien** ～**e** gut eingerauchte Pfeife; **3.** geschwärzt; ～ *v/t* die Hand(schuhe) anziehen (qn j-m); ～**ier** *m* Hosenschneider *m*

culpabilis|ation [kylpabilizasjõ] *f psych* Erwecken *n* von Schuldgefühlen; ～**er** *v/t* Schuldgefühle erwecken, erzeugen (qn bei j-m); *adjt* **être, se sentir culpabilisé** Schuldgefühle haben

culpabilité [kylpabilite] *f* Schuld *f* (*auch jur*); *psych* **sentiment** *m* **de** ～ Schuldgefühl *n*; **établir la** ～ die Schuld feststellen

culte [kylt] *m* **1.** *rel* Kult(us) ...; ～ **des idoles** Götzendienst *m*, -kult *m*; Abgötte'rei *f*; ～ **des morts** Totenkult *m*; *hist* ～ **de la Raison** Kult der Vernunft; *égl cath* ～ **des reliques** Re'liquienkult *m*; **rendre un** ～ **à une divinité** e-e Gottheit verehren; *cf auch* **4.**; **2.** Reli'gi'on *f bzw* Konfessi'on *f*; ～ **catholique, protestant** katholische, protestantische Konfession; ～ **musulman** islamische Religion; **3.** *égl prot* Gottesdienst *m*; **4.** *fig* Kult *m*; große Verehrung; ～ **de la personnalité** Per'sonenkult *m*; **avoir un** ～ **pour qn** j-n sehr verehren; *péj* mit j-m Kult treiben; **avoir le** ～ **de qc** vor etw (*dat*) die größte Hochachtung, Ehrfurcht haben; *péj* mit etw Kult treiben; **rendre, vouer un** ～ **à qn** tiefe Ehrfurcht vor j-m haben; **rendre un** ～ **à la mémoire de qn** j-s Andenken heilig halten

cul-terreux [kytɛrø] *m* ⟨*pl* culs--terreux⟩ *péj* Mist-, Dreckbauer *m*

cultisme [kyltism(ə)] *m spanische Literatur* Cultera'nismo *od* Cul'tismo *m*

cultivable [kyltivabl(ə)] *adj agr* bebaubar; kul'tur-, anbaufähig

cultiva|teur [kyltivatœr] *m agr* **1.** Landwirt *m*; *Gerät* Kulti'vator *m*; Grubber *m*; ～**trice** *f* Landwirtin *f*

cultivé [kyltive] *adj* **1.** *agr* bebaut; bestellt; Acker...; Kul'tur...; *Gebiet auch* landwirtschaftlich genutzt; **fruits** ～**s** Gartenfrüchte *f/pl*; **plante** ～**e** Kulturpflanze *f*; **surface** ～**e** Anbaufläche *f*; **terres** ～**s** bebaute, bestelltes Land; **2.** *fig* **esprit** ～ gebildeter Mensch

cultiver [kyltive] **I** *v/t* **1.** *agr Feld, Land* bebauen; bestellen; *Getreide etc* anbauen; *Blumen etc* züchten; **2.** *fig Stimme, Begabung etc* pflegen; weiterentwickeln; ～ **sa mémoire** sein Gedächtnis üben, trai'nieren; *péj* ～ **le paradoxe** sich in 'Widersprüchen gefallen; **3.** *Freundschaften* pflegen; ～ **qn** den Kon'takt mit j-m aufrechterhalten; F sich j-n warmhalten; **II** *v/pr* **se** ～ sich, s-n Geist weiterbilden, -entwickeln; an sich arbeiten

cultuel [kyltɥɛl] *adj* ⟨～**le**⟩ *rel* Kult(us)...; kultisch; *in Frankreich* **associations** ～**les** *etwa* Religi'onsgemeinden *f/pl*; **édifice** ～ Kultgebäude *n*; Sa'kralbau *m*

cultural [kyltyral] *adj* ⟨-aux⟩ *agr* Anbau...

culture [kyltyr] *f* **1.** *agr* **a)** *des Bodens* Bebauen *n*, -ung *f*; Bestellung *f*; Kul'tur *f*; *von Pflanzen* Anbau *m*; Züchten *n*; Zucht *f*; ～ **forcée** Treibe'rei *f*; Treibkultur *f*; ～ **fourragère** Futterbau *m*; ～ **du blé** Getreideanbau *m*; Anbau von Getreide; ～ **de la vigne** Weinbau *m*; **faire la** ～ **de qc** etw anbauen; **b)** bebautes, bestelltes Land; Kul'turland *n*; **c)** ～**s** *pl* angebaute Pflanzen *f/pl*; Pflanzung *f*; ～**s industrielles** Gewerbepflanzen *f/pl*; **2.** *biol* Kul'tur *f*; ～ **microbienne, de tissus** Bak'terien-, Gewebekultur *f*; **3.** *e-r Person* Bildung *f*; Kul'tur *f*; ～ **classique** klassische, huma'nistische Bildung; ～ **générale** Allge'meinbildung *f*; **grande** *od* **vaste, solide** ～ um'fassende, gediegene Bildung; **4.** *e-s Volkes* Kul'tur *f*; ～ **gréco-latine** Kultur der An'tike; **5.** ～ **physique** Leibesübungen *f/pl*; Körperkultur *f*

culturel [kyltyrɛl] *adj* ⟨～**le**⟩ **1.** kultu'rell; Kul'tur...; **convention** ～**le** Kulturabkommen *n*; **mission** ～**le** kulturelle Aufgabe *f*; **relations** ～**les** kulturelle Beziehungen *f/pl*; **2.** Bildungs...; **voyage** ～ Bildungsreise *f*

cumin [kymɛ̃] *m bot, cuis* Kümmel *m*

cumul [kymyl] *m jur* ～ **d'actions** Klagenhäufung *f*; *jur, adm* ～ **de charges, de fonctions** Ämterhäufung *f*; Kumulati'on *f*; ～ **de plusieurs emplois** Innehaben *n* mehrerer Stellungen; *jur* ～ **d'infractions** Zu'sammentreffen *n* mehrerer Straftaten; *jur* ～ **du possessoire et du pétitoire** Verbindung *f* von Besitzklage und petitorischer Klage; ～ **de traitements** gleichzeitiger Bezug mehrerer Gehälter

cumulard [kymylar] F *péj m* Doppelverdiener *m*

cumulatif [kymylatif] *adj* ⟨-ive⟩ kumula'tiv

cumuler [kymyle] *v/t bes jur, adm Ämter etc* auf sich vereinigen; ～ (plusieurs fonctions) *auch* mehrere Ämter bekleiden; ～ **des assurances** mehrfach versichert sein; sich mehrfach versichern; ～ **des droits** über mehrere Rechte verfügen; mehrfachen Anspruch haben; ～ (plusieurs traitements) mehrere Gehälter beziehen; ～ **deux traitements** Doppelverdiener sein

cumulo|-nimbus [kymylonɛ̃bys] *m* ⟨*inv*⟩ *météo* Gewitterwolke *f*; Kumulo-'nimbus *m*; ～**-stratus** *m* ⟨*inv*⟩ *météo* Haufenschichtwolke *f*; Strato'kumulus *m*; ～**-volcan** *m* ⟨*pl* cumulo-volcans⟩ *géol* Vulkan *m* mit Lavanadel

cumulus [kymylys] *m météo* Haufenwolke *f*; Kumulus *m*

cunéiforme [kyneiform] **I** *adj* keilförmig; Keil...; **caractère** *m* ～ Keilschriftzeichen *n*; **écriture** *f* ～ Keilschrift *f*; *anat* **os** *m* ～ Keilbein *n* (*des Fußes*); **II** *m* Keilschriftzeichen *n*

cupid|e [kypid] *adj* habgierig, -süchtig; *Blick etc auch* gierig; ～**ité** *f* Habgier *f*, -sucht *f*; Geldgier *f*; Gier *f*

cuprifère [kyprifɛr] *adj* **1.** kupferhaltig, -führend; Kupfer...; **2.** *Börse* **valeurs** *f/pl* ～**s** Kupferwerte *m/pl*, -papiere *n/pl*, -aktien *f/pl*

cupr|ique [kyprik] *adj* Kupfer...; kupferhaltig; *agr* **bouillie** *f* ～ kupferhaltige Brühe; ～**ite** *f minér* Rotkupfererz *n*; Cu'prit *m*

cupro|-aluminium [kyproalyminjom] *m* Kupfer-Aluminium-Legierung *f*; ～**-ammoniacal** *adj* ⟨-aux⟩ liqueur, solution ～**e** Kupfertetramminhydroxid *n*; ～**-nickel** *m* Kupfer-Nickel-Legierung *f*

cupule [kypyl] *f bot* Fruchtbecher *m*; Cupula *f*

cupuliféracées [kypyliferase] *f/pl bot* Becherfrüchtler *m/pl*; *sc* Cupuli'ferae *pl*

cur|abilité [kyrabilite] *f* Heilbarkeit *f*; ～**able** *adj* heilbar

curaçao [kyraso] *m* Curaçao [kyra-'sao] *m*

curage [kyraʒ] *m von Gräben, Teichen etc* Reinigen *n*; Säubern *n*; Ausräumen *n*; Ausschlämmen *n*; *e-r Pfeife* Reinigen *n*

curaillon [kyrajõ] *m* F *péj* Pfaffe *m*

curare [kyrar] *m* Ku'rare *od* Cu'rare *n*

curarisant [kyrarizã] *méd* **I** *adj* Mittel muskelerschlaffend; **II** *m* Muskelrelaxans *n*

curatelle [kyratɛl] *f jur* Pflegschaft *f*

cura|teur [kyratœr] *m*, ～**trice** *f jur* Pfleger *m*; weiblicher Pfleger

curatif [kyratif] *adj* ⟨-ive⟩ Heil...; **méthode curative** Heilmethode *f*

curculionidés [kyrkyljonide] *m/pl zo* Rüsselkäfer *m/pl*; Echte Rüßler *m/pl*

curcuma [kyrkyma] *m bot* Kurkuma *od* Curcuma *f*; Gelbwurzel *f*

cure¹ [kyr] *f* **1.** *méd* Kur *f*; Heilverfahren *n*; ～ **psychanalytique** psychoanalytische Behandlung; ～ **d'air** Klimakur *f*; ～ **de désintoxication** Entziehungskur *f*; ～ **de raisin** Traubenkur *f*; ～ **de repos** Erholungskur *f*; *bei Tuberkulose* Liegekur *f*; ～ **de sommeil** Schlafkur *f*; ～ **de vitamines** Vita'minkur *f*; Behandlung *f* mit Vitaminen; **faire une** ～ e-e Kur machen; sich e-r Kur, Behandlung (*dat*) unter'ziehen; **2.** **n'avoir** ～ **de qc** sich um etw nicht kümmern; sich aus etw nichts machen; **il n'en a** ～ *auch* das ist ihm gleich

cure² [kyr] *f égl cath* **1.** Pfarrstelle *f*; Amt *n* e-s Pfarrers; **2.** Pfarrhaus *n*

curé [kyre] *m égl cath* **1.** Pfarrer *m*; **2.** F, *etwas péj* (*prêtre*) Priester *m*; Geistliche(r) *m*; *péj* Pfaffe *m*; F *fig* **bouffer du** ～ F die Pfaffen gefressen haben

cure-dent [kyrdã] *m* ⟨*pl* cure-dents⟩ Zahnstocher *m*

curée [kyre] *f* **1.** *ch* Happen *m* (*vom erlegten Wild, mit dem man den Hund belohnt*); *par ext* Genossenmachen *n*; **donner la** ～ **aux chiens** die Hunde genossen machen; **sonner la** ～ zum Genossenmachen blasen; **2.** *fig* Jagd *f* (*nach Stellungen, Ehren etc*)

cure|-ongles [kyrõgl(ə)] *m* ⟨*inv*⟩ Nagelreiniger *m*; ～**-oreille** *m* ⟨*pl* cure-oreilles⟩ Ohrenreiniger *m*

curer [kyre] **I** *v/t Graben, Teich etc* reinigen; säubern; ausräumen; ausschlämmen; *Pfeife* reinigen; **II** *v/pr* **se** ～ **les dents** sich die Zähne reinigen; (sich) in den Zähnen (her'um)stochern; **se** ～ **les ongles** sich die Nägel reinigen, saubermachen; **se** ～ **les oreilles** sich die Ohren reinigen

curet|age [kyrtaʒ] *m chir* Ausschaben *n*, -kratzen *n*; ～ (**utérin**) Ausschabung *f*, -kratzung *f*; *sc* Ab'rasio

f; **~er** *v/t* ‹-tt-› *chir* ausschaben, -kratzen

cureton [kyrtõ] *m péj* Pfaffe *m*

curette [kyrɛt] *f* **1.** *chir* scharfer Löffel; *Gynäkologie* Kü'rette *f*; **2.** *tech* Schaber *m*; Schab-, Kratzeisen *n*

curi|al [kyrjal] *adj* ‹-aux› **1.** *im alten Rom* der Kurie; **2.** *égl cath* Pfarr...; des Pfarrers; **~ate** *adj im alten Rom* Kuri'at...; der Kurien; **comices** *m/pl* **~s** Kuriatkomitien *f/pl*

curie[1] [kyri] *f* **1.** *égl cath* Kurie *f*; ~ diocésaine, épiscopale Diöze'sankurie *f*; ~ romaine Römische Kurie; **2.** *im alten Rom* Kurie *f* (*auch Versammlungsraum*); *par ext* Se'nat *m*

curie[2] [kyri] *m* (*abr* Ci) *phys atom* Curie *n* (*abr* Ci)

curiethérapie [kyriterapi] *f méd* Radiumbehandlung *f*, -therapie *f*

curieusement [kyrjøzmã] *adv* seltsam(-), merkwürdig(-), sonderbar(erweise)

curieux [kyrjø] **I** *adj* ‹-euse› **1.** neugierig; *Kind auch* vorwitzig; être ~ de connaître, savoir qc auf etw (*acc*) neugierig, gespannt sein; je suis ~ de savoir si ... ich bin neugierig, gespannt, ob ...; **2.** wißbegierig; wissensdurstig; interes'siert; esprit ~ wißbegieriger, interessierter Mensch; ~ de tout an allem interessiert; être ~ de tout *auch* sich für alles interes'sieren; il est ~ de physique er ist an Physik (sehr) interessiert; ihn interessiert Physik (sehr); être ~ de (+*inf*) daran interessiert sein zu (+*inf*); **3.** seltsam; eigenartig; merkwürdig; sonderbar; wunderlich; kuri'os; *par une* curieuse coïncidence durch ein seltsames *etc* Zu'sammentreffen; **II** *subst* **1.** ~, curieuse *m,f* Neugierige(r) *f(m)*; les ~ die Neugierigen *m/pl*, Schaulustigen *m/pl*, Gaffer *m/pl*; F petit ~! *etwa* F schau an, so neugierig!; c'est un ~ er ist neugierig; **2.** le ~ de la chose, c'est que ... das Seltsame, Sonderbare, Merkwürdige daran *od* an der Sache ist, daß ...

curiosité [kyrjozite] *f* **1.** Neugier(de) *f*; *e-s Kindes auch* Vorwitz *m*; *loc* la ~ est un vilain défaut *etwa* sei(d) *bzw* seien Sie doch nicht so neugierig!; man soll nicht so neugierig sein; **2.** ~ (d'esprit) Wißbegier *f*; Wissensdurst *m*, -drang *m*; Inter-'esse *n*; **3.** ~s *pl* Sehenswürdigkeiten *f/pl*; **4.** ~s *pl* Kuriosi'täten *f/pl*; Rari'täten *f/pl*

curiste [kyrist] *m,f* Kurgast *m* (*auch von e-r Frau*)

curium [kyrjɔm] *m chim* Curium *n*

curling [kœrliŋ] *m sports* Curling ['kø:r-] *n*; Eis(stock)schießen *n*

curriculum vitae [kyrikylɔmvite] *m* (*abr* C. V.) Lebenslauf *m*

curry [kyri] *m cf* cari

curseur [kyrsœr] *m an Meßgeräten* Schieber *m*; Läufer *m* (*auch e-s Rechenschiebers*)

cursif [kyrsif] *adj* ‹-ive› **1.** écriture cursive *od subst* cursive *f* Kur'rentschrift *f*; **2.** *fig Stil, Lesen* flüchtig

curule [kyryl] *adj im alten Rom* chaise *f* ~ ku'rulischer Stuhl; **magistrat** *m* ~ kurulische(r) Beamte(r) *m*

curvi|ligne [kyrviliɲ] *adj* krummlinig; **triangle** *m* ~ Kreisbogendreieck *n*; **~mètre** *m* Kurvenmesser *m*

cuscute [kyskyt] *f bot* Seide *f*; *sc* Cus'cuta *f*

cuspide [kyspid] *f der Zahnkrone* Höcker *m*; *des Herzens* Cuspis *f*

custode [kystɔd] *f* **1.** *auto* **a)** kleines hinteres Seitenfenster (*bei Viertürern*); **b)** Teil *m* der Seitenwand über dem 'Hinterrad; **c)** Seitenlehne *f* im Fond; **2.** *égl cath* **a)** kleines Zi'borium; **b)** des

---

Ziboriums Vorhang *m*; **c)** Al'tarvorhang *m*

cutané [kytane] *adj* Haut...; **greffe ~e** Hauttransplantation *f*, -verpflanzung *f bzw* -transplantat *n*

cuti [kyti] *f Kurzwort für* cuti-réaction

cuticule [kytikyl] *f bot, anat* Häutchen *n*; *sc* Cu'ticula *f*

cutine [kytin] *f bot* Cu'tin *n*

cuti-réaction [kytireaksjõ] *f* ‹*pl* cuti--réactions› *méd* **a)** Tuberku'linprobe *f bzw* -reaktion *f*; Pir'quetsche Reakti'on; ~ négative, positive negative, positive Tuberkulinprobe; **b)** *bei Diphtherie* Empfänglichkeitsprobe *f*; **c)** *bei Allergie* Hauttest *m*

cuv|age [kyvaʒ] *m od* **~aison** *f des Weins* Gärenlassen *n*

cuve [kyv] *f* **1.** *bei Weinherstellung* Gärbehälter *m*; **2.** *allg* Wanne *f*; Schale *f*; Bottich *m*; Bütte *f*; Kufe *f*; Zuber *m*; *Bierbrauerei* ~ matière Maischbottich *m*; *phot* ~ à développement Entwicklertank *m*; ~ à mazout (Heiz)Öltank *m*; ~ de teinturier Färberbottich *m*; **3.** *métall* Schacht *m*; **four** *m* à ~ Schachtofen *m*; **4.** *Vergaser* Schwimmergehäuse *n*

cuveau [kyvo] *m* ‹*pl* ~x› kleiner Bottich, Zuber

cuvée [kyve] *f* **1.** Inhalt *m* e-s Gärbehälters; **2.** Weinsorte *f*; **3.** *fig* Geschichten, Witze *etc* être de la même ~ gleicher Art, von der gleichen Sorte sein

cuvel|age [kyvlaʒ] *m mines* **a)** (Schacht-) Ausbau *m*; **b)** Tübbings *m/pl*; **~er** *v/t* ‹-ll-› *mines* Schacht ausbauen

cuver [kyve] **I** *v/t* ~ sa colère s-n Zorn verrauchen lassen; *dans trois jours il* aura cuvé sa colère ... in drei Tagen ist sein Zorn verraucht; ~ son vin s-n Rausch ausschlafen; **II** *v/i* Wein in der Kelle'rei gären

cuvette [kyvɛt] *f* **1.** (Wasch)Schüssel *f*; *im Bad etc* Waschbecken *n*; *im Abort* Sitzbecken *n*; **2.** *e-s Quecksilberbarometers* Gefäß *n*; *phot* Entwicklerschale *f*; *mar* ~ d'un compas Kompaßkessel *m*; **3.** *géogr* Kessel *m*

cuvier [kyvje] *m* (Wasch)Zuber *m*

cyanamide [sjanamid] *f chim* Cyana'mid *n*; ~ calcique Kalkstickstoff *m*; Calciumcyanamid *n*

cyanhydrique [sjanidrik] *adj chim* Cy'anwasserstoff...; **acide** *m* ~ Blausäure *f*; Cyanwasserstoffsäure *f*

cyanogène [sjanɔʒɛn] *m chim* Dicyan *n*

cyanophycées [sjanɔfise] *f/pl bot* Spalt-, Blaualgen *f/pl*; *sc* Cyanophy'ceae *pl*

cyanose [sjanoz] *f path* Blausucht *f*; Zya'nose *f*

cyanuration [sjanyrasjõ] *f* **1.** *chim* Cya-'nidlaugung *f*, -laugerei *f*; **2.** *métall* Zy'anbadhärten *n*, -ung *f*

cyanure [sjanyr] *m* Cya'nid *od* Zya'nid *n*; ~ de potassium Kaliumcyanid *n*; Zyan'kali *n*

cybernétic|ien [sibɛrnetisjɛ̃] *m*, **~ienne** *f* Kyber'netiker(in) *m(f)*

cybernétique [sibɛrnetik] *f* Kyber'netik *f*

cycas [sikas] *m bot* Palmfarn *m*

cyclable [siklabl(ə)] *adj* piste *f* ~ Rad-(fahr)weg *m*

cyclamate [siklamat] *m chim* Zykla-'mat *n*

cyclamen [siklamɛn] *m* **1.** *bot* Alpenveilchen *n*; Zy'klamen *od* Cy'clamen *n*; **2.** *adjt* ‹*inv*› (couleur) ~ cy'clamenfarben, -farbig

cyclane [siklan] *m chim* Cyclo- *od* Zyklo-al'kan *n*

cycle[1] [sikl(ə)] *m* **1.** *allg, astr, écon etc* Zyklus *m*; Kreis *m*; *astr auch* Zirkel *m*; ~ (économique) Konjunk'turzyklus *m*;

---

zyklische Bewegung; *astr*: ~ lunaire Mondzirkel *m*; Me'tonischer Zyklus; ~ solaire Sonnenzirkel *m*, -zyklus *m*; *Soziologie* ~ de culture Kul'turzyklus *m*; *écon* ~ de longue durée lange Welle der zyklischen Bewegung; *géol* ~ d'érosion Erosi'onszyklus *m*; geo'graphischer Zyklus; ~ des saisons stete 'Wiederkehr der Jahreszeiten; **2.** *Literatur, Musik* Zyklus *m*; *Literatur auch* (Sagen)Kreis *m*; ~ épique Epenzyklus *m*; ~ troyen Troischer Kreis; d'Arthur Artussagenkreis *m*; **3.** *biol* Zyklus *m*; ~ cardiaque Herzperiode *f*; ~ menstruel (Geni'tal)Zyklus *m*; **4.** *chim, phys* Zyklus *m*; Kreisprozeß *m*; *e-s Verbrennungsmotors* Arbeitsspiel *n*; *in der Natur* Kreislauf *m*; *Verbrennungsmotor* ~ à deux, à quatre temps Zwei-, Viertaktverfahren *n*; *in der Natur* ~ de l'azote Stickstoffkreislauf *m*; *phys atom* ~ de Bethe Bethe-Weizsäcker-Zyklus *m*; *in der Natur* ~ du carbone Kohlenstoffkreislauf *m*; *phys* ~ de Carnot Car'notscher Kreisprozeß; *in der Natur* ~ de l'eau Wasserkreislauf *m*; **5.** *Schule* ~ élémentaire 1.–5. Volksschulklasse *f*; ~ premier a) 1.–4. Gymnasi'alklasse *f*; b) *an der Universität* 1. und 2. Studienjahr *n*; second ~ a) 5.–7. Gymnasi'alklasse *f* (*Abschluß* „baccalauréat"); b) *an der Universität* 3. Studienjahr (*Abschluß* „licence") und 4. Studienjahr (*Abschluß* „maîtrise"); troisième ~ Studienzeit *f* nach der „licence" *bzw* „maîtrise" mit dem Abschluß „doctorat"

cycle[2] [sikl(ə)] *m meist pl* ~s Fahr- und Dreiräder *n/pl*

cyclique [siklik] *adj* zyklisch; Zyklen...; *mus* œuvre *f* ~ zyklisches Werk; poète *m* ~ zyklischer Dichter; Kykliker *m*; roman *m* ~ Zyklenroman *m*; Ro'manzyklus *m*; *chim* série *f* ~ zyklische Verbindungen *f/pl*; Cycloverbindungen *f/pl*

cyclisme [siklism(ə)] *m* Radsport *m*

cycliste [siklist] **I** *adj* (Fahr)Rad...; coureur *m* ~ Radrennfahrer *m*; course *f*, sport *m* ~ Radrennen *n*, -sport *m*; **II** *m,f* Radfahrer(in) *m(f)*; F Radler(in) *m(f)*

cyclocéphalie [siklosefali] *f biol* Zyklozepha'lie *f*; Zyklo'pie *f*

cyclo-cross [siklokrɔs] *m* ‹*inv*› *sports* Querfeld'einrennen *n*

cycloïdal [siklɔidal] *adj* ‹-aux› *math* zyklo'id; Zyklo'iden...; courbe ~e *cf* cycloïde; pendule ~ Zykloidenpendel *n*

cycloïde [siklɔid] *f math* Zyklo'ide *f*; Radkurve *f*, -linie *f*

cyclomoteur [siklomɔtœr] *m* Motorfahrrad *n*; *Kurzwort* Mofa *n*

cyclomotoriste [siklomɔtɔrist] *m,f* Mofafahrer(in) *m(f)*

cyclonal [siklɔnal] *adj* ‹-aux› *météo* zyklo'nal; aire ~e Tiefdruckgebiet *n*

cyclone [siklon] *m météo* **a)** Tief(druckgebiet) *n*; Zy'klone *f*; **b)** Zy'klon *m*; Luftwirbel *m*; Wirbelsturm *m*; ~ tropical tropischer Wirbelsturm; *fig Person* arriver comme un ~ wie ein Wirbelwind her'angestürmt kommen

cyclonique [siklɔnik] *adj* mit Wirbelsturm (ein'hergehend)

cyclope [siklɔp] *m* **1.** *myth* Zy'klop *od* Ky'klop *m*; *fig* travail *m* de ~ Mammut-, Herkulesarbeit *f*; **2.** Einäugige(r) *m*; **3.** *zo* Hüpferling *m*; Cyclops *m*

cyclopéen [siklɔpeɛ̃] *adj* ‹~ne› Zy'klopen...; zy'klopisch; riesenhaft; **effort** ~ Riesenanstrengung *f*; **mur** ~ Zyklopenmauer *f*; **proportions** ~nes riesenhafte, zyklopische, gi'gantische Ausmaße *n/pl*

cyclostomes [siklɔstɔm] *m/pl zo* Rundmäuler *n/pl*; *sc* Zyklo'stomen *pl*

cyclothym|ie [siklɔtimi] *f psych, path* Zyklothy'mie *f*; **~ique** *psych, path* **I** *adj* zyklo'thym; **II** *m,f* Zyklo'thyme(r) *f(m)*

cyclotour|isme [siklɔturism(ə)] *m* Radwandern *n*; **~iste** *m,f* j. der Radtouren macht; Radwanderer *m*

cyclotron [siklɔtrɔ̃] *m phys atom* Zyklo'tron *n*

cygne [siɲ] *m* **1.** *zo* Schwan *m*; **~ muet** *od* tuberculé Höckerschwan *m*; **~ noir, sauvage** Trauer-, Singschwan *m*; *fig*: chant *m* du **~** Schwanengesang *m*; cou *m* de **~** Schwanenhals *m*; **d'une blancheur de ~** schwanenweiß; **2.** Schwanenflaum *m*, -pelz *m*; **3.** *poét* le ♀ de **Cambrai** *bzw* de Mantoue Féne'lon *bzw* Ver'gil

cylindrage [silɛ̃draʒ] *m Straßenbau* Walzen *n*; *text* Ka'landern *n*

cylindraxe [silɛ̃draks] *m anat* A'xon *n*; Neu'rit *m*

cylindre [silɛ̃dr(ə)] *m* **1.** *math* Zy'linder *m*; **~ droit, oblique** gerader, schiefer Zylinder; **~ de révolution** Kreiszylinder *m*; **2.** *tech, Straßenbau, text, auch* e-s Phonographen *etc* Walze *f*; *text auch* Zy'linder *m*; *Straßenbau* **~ à vapeur** Dampfwalze *f*; *Walztechnik* **~ de laminoir** Walze (der Walzstraße); **3. a)** *auto, Dampfmaschine* Zy'linder *m*; **b)** *ellip f auto* **une quatre, six ~s** ein Vier-, Sechszylinder(wagen) *m*; **4.** *path* **~s urinaires** Harnzylinder *m/pl*

cylindrée [silɛ̃dre] *f auto* **a)** Hubraum *m*; **b)** *par ext* **grosse, petite ~** großer, kleiner Wagen; Wagen *m* mit großem, kleinem Hubraum

cylindrer [silɛ̃dre] *v/t Straße, Papier, Werkstück* walzen

cylindre-sceau [silɛ̃drəso] *m* ‹*pl* cylindres-sceaux› *Archäologie* Rollsiegel *n*; Siegelzylinder *m*

cylindr|eur [silɛ̃drœr] *m*, **~euse** *f* Arbeiter(in) *m(f)* an e-r Walze

cylindrique [silɛ̃drik] *adj* zy'lindrisch; Zy'linder...; Walzen...; Rund...; *math* **surface** *f* **~** Zylinderfläche *f*

cymaise *cf* cimaise

cymbalaire [sɛ̃balɛr] *f bot* Zymbelkraut *n*; Efeublättriges Leinkraut

cymbal|e [sɛ̃bal] *f mus* **a)** Becken *n*; coup *m* de **~** Beckenschlag *m*; **b)** Zimbel *f* (*Orgelregister*); **~ier** *m* Beckenschläger *m*

cymbalum [sɛ̃balɔm] *m mus* Zimbal *n* (*Hackbrett*)

cyme [sim] *f bot* geschlossener Blütenstand

cynégétique [sineʒetik] **I** *adj* Jagd...; weidmännisch; **II** *f* Jagdkunst *f*; Weidwerk *n*

cynipidés [sinipide] *m/pl zo* Gallwespen *f/pl*

cynips [sinips] *m zo* (e-e) Eichengallwespe

cynique [sinik] **I** *adj* **1.** zynisch; **2.** *philos* kynisch; **II** *m* **1.** Zyniker *m*; **2.** *philos* Kyniker *m*

cynisme [sinism(ə)] *m* **1.** Zy'nismus *m*; **2.** *philos* Ky'nismus *m*

cynocéphale [sinɔsefal] *m zo* Hundskopfaffe *m*

cynodrome [sinɔdrom] *m* Windhundrennbahn *f*

cynoglosse [sinɔglɔs] *m bot* Gemeine Hundszunge

cypéracées [siperase] *f/pl bot* Ried-, Sauergräser *n/pl*; *sc* Zypera'zeen *pl*

cypho-scoliose [sifoskɔljoz] *f path* Kyphoskoli'ose *f*

cyphose [sifoz] *f path* Ky'phose *f*

cyprès [siprɛ] *m bot* Zy'presse *f*

cyprin [siprɛ̃] *m zo* **~s** *pl* Karpfenfische *m/pl*; **~ doré** Giebel *m*; Silber-, Goldkarausche *f*

cyprinidés [siprinide] *m/pl zo* Karpfenfische *m/pl*

cypriote [siprijɔt] **I** *adj* zyprisch; zypri'otisch; **II** *m,f* ♀ Zypr(i)er(in) *m(f)*; Zypri'ot(in) *m(f)*

cyrillique [sirilik] *adj* ky'rillisch; **écriture** *f* **~** kyrillische Schrift

cystéine [sistein] *f chim* Zyste'in *n*

cysticercose [sistisɛrkoz] *f path* Finnenkrankheit *f*; *sc* Zystizer'kose *f*

cysticerque [sistisɛrk] *m zo* Finne *f*; Cysti'cercus *od* Zysti'zerkus *m*

cyst|ique [sistik] *adj anat* Gallenblasen...; **canal** *m* **~** Gallenblasengang *m*; **~ite** *f path* Blasenentzündung *f*, -katarrh *m*; *sc* Zy'stitis *f*

cysto|graphie [sistɔgrafi] *f méd* Zysto'gramm *n*; **~scope** *m méd* Blasenspiegel *m*; *sc* Zysto'skop *n*; **~scopie** *f méd* Blasenspiegelung *f*; *sc* Zystosko'pie *f*; **~tomie** [-tɔmi] *f* Zysto'tomie *f*

cytise [sitiz] *m bot* Goldregen *m*

cyto|génétique [sitɔʒenetik] *f biol* Zytoge'netik *f*; **~logie** *f biol* Zytolo'gie *f*; **~lyse** *f biol* Zyto'lyse *f*; **~plasme** *m* Zyto-, Cyto'plasma *n*; Zellplasma *n*; **~statique** *m phm* Zyto'statikum *n*

czar, *etc cf* tsar, *etc*

czardas *cf* csardas

D

D, d [de] *m* ⟨*inv*⟩ D. d *n*; F système *m* D
Kniffe *m/pl*, Schliche *m/pl*, F Drehs *m/pl*
(. um sich aus der Affäre zu ziehen);
Wendigkeit *f*; Improvisati'onskunst *f*
dab(e) [dab] *arg m* Vater *m*; F Alte(r) *m*
d'abord [dabɔr] *loc/adv cf* abord 4.
d'acc(ord) [dak(ɔr)] *loc/adv cf* accord 1.
Daces [das] *m/pl hist* Dazier *od* Daker
m/pl
dacique [dasik] *adj hist* dazisch *od* da-
kisch
dacquois[dakwa] *adj* (*u subst* ♀ Einwoh-
ner) von Dax
dacron [dakrõ] *m* (*nom déposé*) Kunstfa-
ser Da'cron *n* (*Wz*)
dactyl|e [daktil] *m* 1. *métr* Daktylus *m*;
2. *bot* Knäuelgras *n*; **~ique** *adj métr*
dak'tylisch
dactylo [daktilo] *f* 1. Schreibkraft *f*;
Ma'schine(n)schreiberin *f*; F Tippfräu-
lein *n*; *schweiz* Daktylo *f*; F *péj* Tippse *f*;
bureau *m* (**de**) **~** Schreibmaschinen-
tisch *m*; 2. Ma'schine(n)schreiben *n*; **ap-
prendre la ~** Maschine(n)schreiben
lernen
dactylogramme [daktilɔgram] *m*
Daktylo'gramm *n*; Fingerabdruck *m*
dactylograph|e [daktilɔgraf] *m,f* Ma-
'schine(n)schreiber(in) *m(f)*; **~ie** *f* Ma-
'schine(n)schreiben *n*; **~ier** *v/t* mit, auf
der Ma'schine schreiben; (ab)tippen; *abs*
ma'schineschreiben; *adit* **dactylogra-
phié** ma'schinenschriftlich; ma'schine-
geschrieben; in Ma'schinenschrift (ge-
schrieben); getippt; **~ique** *adj* Schreib-
maschinen...; ma'schinenschriftlich
dactylo|ptère [daktilɔptɛr] *m zo* Flug-
hahn *m*; **~scopie** *f* Daktylosko'pie *f*;
Fingerabdruckverfahren *n*
dada[dada] *m* 1. *enf* (*cheval*) Pferd(chen)
n; *enf* Hottepferd *n*; Hotte'hü *n*; **à ~ zu**
Pferd; reitend; 2. F *fig* Lieblingsidee *f*,
-thema *n*; *par ext* -beschäftigung *f*; Stek-
kenpferd *n*; **enfourcher son ~** sein
Steckenpferd reiten; 3. *Kunst adit* **mou-
vement** *m* **~** Dada-Bewegung *f*; Dada-
'ismus *m*
dadais[dadɛ] *m* (**grand**) **~** Tolpatsch *m*;
Tölpel *m*; Dummerjan *m*
dadaïsme [dadaism(ə)] *m Kunst* Dada-
'ismus *m*
dadaïste [dadaist] *Kunst* **I** *adj* dada'i-
stisch; **II** *m* Dada'ist *m*
dague [dag] *f* 1. *früher* langer Dolch; **2.**
ch **a)** vom *Hirsch* Spieß *m*; **b)** *vom*
Wildschwein Hauer *m*
daguerréotyp|e [dagɛrɔtip] *m phot*
Daguerreo'tip *m*; **~ie** *f phot* Daguerreo-
ty'pie *f*
daguet [dagɛ] *m ch* (Schmal)Spießer *m*
dahlia [dalja] *m bot* Dahlie *f*
dahoméen [daɔmeɛ̃] *bis 1975* **I** *adj*
(**~ne**) daho'meisch; **II** *subst* ♀(**ne**) *m(f)*
Daho'meer(in) *m(f)*
daigner [deɲe] *v/t st/s* **~** (+*inf*) die Güte

haben zu (+*inf*); *iron* geruhen zu (+*inf*);
st/s **daignez nous excuser** würden Sie
die Güte haben, uns zu entschuldigen;
iron **il n'a pas daigné répondre** er
geruhte nicht zu antworten; er ließ sich
zu keiner Antwort herbei; er hat uns
(*bzw* ihn *etc*) keiner Antwort gewürdigt
d'ailleurs [dajœr] *loc/adv cf* ailleurs
daim [dɛ̃] *m* 1. *zo* Damhirsch *m*; Dam-
wild *n* (*coll*); 2. Wildleder *n*; **veste** *f* **de**
~ Wildlederjacke *f*
daine [dɛn] *f zo* Damhirschkuh *f*
dais [dɛ] *m* 1. Baldachin *m* (*auch arch*
über Statuen); *über e-m* Thron Thron-
himmel *m*; *bei Prozessionen etc* Trag-
himmel *m*; 2. *poét* **~ de feuillage**
Laub-, Blätterdach *n*
dalaï-lama [dalailama] *m rel* Dalai-
Lama *m*
dallage [dalaʒ] *m bât* 1. Plattenbelag *m*;
Steinplatten *f/pl*; **~ de marbre** Mar-
morplattenbelag *m*; 2. Belegen *n*, Ab-
decken *n* mit (Stein)Platten
dalle [dal] *f* 1. *bât* Steinplatte *f*; *auch*
Fliese *f*; **~ funéraire** Grabplatte *f*; **~ de**
béton, de granit, de marbre Be'ton-,
Gra'nit-, Marmorplatte *f*; 2. P *loc*: **avoir**
la ~ en pente F gern einen heben; **e-n**
guten Zug haben; **se rincer la ~** F sich
einen hinter die Binde gießen; einen
heben, kippen, verkümmeln, verlöten,
zischen; sich einen genehmigen; sich die
Kehle schmieren; 3. P **que ~** nichts; **j'y**
comprends que ~, j'entrave que ~ ich
verstehe, F kapiere nichts; F *auch* ich
verstehe immer nur Bahnhof
dall|er [dale] *v/t bât* mit (Stein)Platten
belegen, abdecken; **~eur** *m* Platten-
leger *m*
dalmat|e [dalmat] **I** *adj* dalma'tinisch;
dal'matisch; **II** *subst* 1. ♀ *m,f* Dalma-
'tiner(in) *m(f)*; 2. *ling* **le ~** das Dal-
ma'tinische; Dalma'tinisch *n*; **~ique** *f*
liturgisches Gewand Dal'matika *f*
dalot [dalo] *m mar* Speigat(t) *n*
dalton|ien [daltɔnjɛ̃] **I** *adj* ⟨**~ne**⟩ rot-
'grünblind; *par ext* farbenblind; *sc* far-
benfehlsichtig; **II** *m* Rot'grünblinde(r)
m; Farbenblinde(r) *m*; Farbenfehl-
sichtige(r) *m*; **~isme** *m* Rot'grün-
blindheit *f*; *par ext* Farbenblindheit *f*; *sc*
Farbenfehlsichtigkeit *f*
dam¹ [dam, dã] *loc/prép* **au grand ~ de**
zur großen Entrüstung, zum großen
'Mißfallen, Unwillen (+*gén*)
dam² [dam, dã] *m rel* **peine** *f* **du ~ ewige**
Verdammnis
damage [damaʒ] *m tech* (Fest)Stamp-
fen *n*
daman [damã] *m zo* Klippschliefer *m*
damas [dama] *m* 1. *text* Seidendamast
m; *par ext* Da'mast *m*; 2. *métall* **a)**
Damas'zenerstahl *m*; **b)** Damas'zener-
klinge *f*; 3. *Obstbau* Damas'zener-
pflaume *f*

damascène [damasɛn] **I** *adj* Damas-
'zener; damas'zenisch; von, aus Da'mas-
kus; **II** ♀ *m,f* Damas'zener(in) *m(f)*
damasquin|age [damaskinaʒ] *m* Me-
talleinlegearbeit Tau'schierung *f* (*auch*
Ergebnis, Aussehen); Tau'schierarbeit *f*;
~er *v/t* tau'schieren
damassé [damase] **I** *adj* 1. *text* Da-
'mast...; da'masten; **nappe ~e** Damast-
tischtuch *n*; **tissu ~** Damaststoff *m*; **2.**
métall **acier ~** Damas'zenerstahl *m* **II** *m*
text (Leinen-, Baumwoll)Da'mast *m*
damass|er [damase] *v/t* 1. *text* da'mast-
artig weben; 2. *Stahl* damas'zieren;
~ure *f text* Da'mastmuster *n*
dame¹ [dam] *f* 1. Dame *f*; Frau *f*; F **les**
belles ~s die vornehmen Damen; **gran-
de ~** vornehme, feine, große Dame;
jouer à, faire la grande ~ die vorneh-
me, große, feine Dame spielen; F *Anrede*
ma petite ~, ma bonne ~! liebe Frau!;
F *in Geschäften auch* die Dame!; **la**
première ~ de France die erste Dame
Frankreichs; **une vieille ~** e-e alte
Dame; *fig* **Justice** Frau Ju'stitia;
Dumas **La ♀ aux camélias** Die Ka'me-
liendame; *Wandteppich* **La ♀ à la licor-
ne** Die Dame mit dem Einhorn; **~ de**
compagnie Gesellschafterin *f*; **~** Gesell-
schaftsdame *f*; *hist* **~s de France**
Titel der königlichen Prinzessinnen; **~**
d'honneur, de la cour Hofdame *f*; **~**
d'œuvres, de charité in e-m Wohltä-
tigkeitsverein tätige Dame; *plais* **la ~ de**
ses pensées die Dame s-s Herzens; s-e
Angebetete; *sports* **100 mètres ~s** 100
Meter Damen; *Tennis* **double ~s, sim-
ple ~s** Damendoppel *n*, -einzel *n*;
liqueur *f* **pour ~s** Likör *m* für Damen;
süßer, milder Likör; *zu e-m Kind* dis
merci à la ~! sag der Dame, F der Tante
danke schön!; 2. (verheiratete, Ehe-)
Frau *f*; *jur* **la ~ X** Frau X; P **comment va**
votre ~? wie geht's Ihrer Frau?; **est-ce**
une ~ ou une demoiselle? ist sie
verheiratet oder ledig?; F ist sie e-e Frau
oder ein Fräulein?; 3. *rel* Ordensfrau *f*;
les ~s du Sacré-Cœur die Ordens-
frauen vom Heiligsten Herzen Jesu; **4. a)**
beim *Damespiel, Schach* Dame *f*; **jeu**
de ~s Damespiel *n*; **aller à ~** e-e Dame
bekommen; **jouer aux ~s** Dame spie-
len; **b)** *beim Kartenspiel* Dame *f*;
deutsche Spielkarte Ober *m*; **~ de cœur,**
de pique Herz-, Pikdame *f*; 5. *tech*
Stampfer *m*; Stampfe *f*; (Hand)Ramme
f; 6. *mar* **~ (de nage)** Rundsel *f*;
Rojepforte *f*; Dolle *f*; Zepter *n*
dame² [dam] *int* allerdings!; na'türlich!;
bei Erstaunen Donnerwetter!; **~ oui,**
non! aber ja, nein!
dame-d'onze-heures [damdõzœr] *f*
⟨*pl* dames-d'onze-heures⟩ *bot* Dol-
denmilchstern *m*
dame-jeanne [damʒan] *f* ⟨*pl* dames-

-jeannes⟩ Bal'lon(flasche) *m(f)*; große Korbflasche

damer [dame] *v/t* **1.** *Damestein, Bauer* zur Dame machen *pl*; *fig*: ~ **le pion à qn** *cf* **pion 3.**; **2.** *tech* (fest)stampfen

damier [damje] *m* **1.** Damebrett *n*; **2.** *par ext* schachbrettartige Fläche; Schach-brett-, Würfelmuster *n*; *Stoff* **en** ~ ge-würfelt; **3.** *zo* ~ **du Cap** Kaptaube *f*; Taubensturmvogel *m*

damnable [danabl(ə)] *adj rel* verdam-menswert

damnation [danasjõ] *f* Verdammung *f*; *Zustand* Verdammnis *f*; ~ **éternelle** ewige Verdammnis

damné [dane] **I** *m rel meist pl* **les** ~**s** die Verdammten *m*; *fig*: **souffrir comme un** ~ Höllenqualen leiden, ausstehen; **travailler comme un** ~ arbeiten, schuf-ten wie ein Besessener; **II** *adj* **1.** *rel* verdammt; *fig* **être l'âme** ~**e de qn** j-s böser Geist sein; **2.** ⟨*vorangestellt*⟩ *fig* verdammt; verteufelt

damner [dane] **I** *v/t* **1.** *rel* verdammen; *litt Fluch* **Dieu me damne!** Gott ver-damm' mich!; **2.** *fig* **faire** ~ **qn** j-n rasend machen, zur Verzweiflung bringen; **II** *v/pr rel* **se** ~ s-e Verdammung bewirken

damois|eau [damwazo] *m* ⟨*pl* ~**x**⟩ **1.** *Rittertum* Knappe *m*; **2.** *plais* Stutzer *m*; Geck *m*; Zierbengel *m*; ~**elle** *f* *im Mittelalter* Edelfräulein *n*

dan [dan] *m* *Judo* Meistergrad *m*; Dan-grad *m*

danaïde [danaid] *f* *zo* Dana'ide *f*

dancing [dãsiŋ] *m* Tanzlokal *n*, -diele *f*

dandinement [dãdinmã] *m* Schwan-ken *n*, Schaukeln *n* (*mit dem Körper*); *beim Gehen* Watscheln *n* (*auch von En-ten*)

dandiner [dãdine] *v/pr* **se** ~ sich (*lin-kisch*) hin und her bewegen; hin und her schwanken, schaukeln; mit dem Körper wackeln; *beim Gehen* watscheln (*auch Enten*); **se** ~ **sur sa chaise** *auch* nicht ruhig sitzen können; *adit* **démarche dandinante** watschelnder Gang

dandy [dãdi] *m* Dandy ['dɛndi] *m*

dandysme [dãdism(ə)] *m* Dandytum ['dɛndi-] *n*

danger [dãʒe] *m* Gefahr *f*; ~ **de conta-gion, d'infection** Ansteckungs-, Infek-ti'onsgefahr *f*; ~ **de crise économique** Gefahr e-r Wirtschaftskrise; ~ **de guer-re, d'incendie** Kriegs-, Brand- *od* Feuergefahr *f*; ~ **de mort** Lebens-, Todesgefahr *f*; *loc/adj*: **plein de** ~**s** gefahrvoll; voller Gefahren; **sans** ~ ungefährlich; gefahrlos; **aimer le** ~ die Gefahr lieben; **il y a du** ~ **à** (+*inf*) es ist gefährlich zu (+*inf*); **il n'y a aucun** ~ **à** (+*inf*) es ist völlig ungefährlich zu (+*inf*); F **il n'y a pas de** ~ **qu'il vienne** es ist ganz unwahrscheinlich *od* völlig ausge-schlossen, daß er kommt; *ellip* F **pas de** ~! F ausgeschlossen!; keine Spur!; das fällt mir *bzw* ihm nicht ein!; ich denke *bzw* er denkt nicht dran!; F **quel** ~ **y a-t--il?** was ist dabei gefährlich?; **courir un** ~ sich in Gefahr begeben; sich e-r Gefahr (*dat*) aussetzen; **courir le** ~ **de** (+*inf*) Gefahr laufen zu (+*inf*); **être en** ~ in Gefahr sein, schweben; gefährdet sein; **sa vie est en** ~ er schwebt in Lebensge-fahr; **être 'hors de** ~ außer Gefahr sein; **mettre en** ~ in Gefahr bringen; gefähr-den

dangereux [dãʒrø] *adj* ⟨-**euse**⟩ gefähr-lich; *Unternehmen auch* gefahrvoll; ~ **criminel** gefährlicher Verbrecher; *meist fig* **jeu** ~ gefährliches Spiel; **zone dan-gereuse** Gefahrenzone *f*; **il est** ~ **de** (+*inf*) es ist gefährlich zu (+*inf*)

danois [danwa] **I** *adj* dänisch; **II** *subst* **1.** ♀**(e)** *m(f)* Däne *m*, Dänin *f*; **2.** *ling* **le** ~

das Dänische; Dänisch *n*; **3.** *zo m* (**grand**) ~ Deutsche Dogge

dans [dã] *prép* **1.** *räumlich*: **a)** *Ort* (*auf die Frage wo?*): in (+*dat*); ♦ ~ **les Alpes, le Massif central**, *etc* (*bei Gebirgen*) in den Alpen, im Zentralmassiv *etc*; ~ **le Cantal, le Haut-Rhin, la Sarthe**, *etc* (*bei den meisten Departementsnamen*) im Departement Cantal, Haut-Rhin, Sar-the *etc*; ~ **le Dauphiné, le Roussillon**, *etc* (*bei männlichen Provinznamen*) in der Dauphiné, im Roussillon *etc*; ~ **Paris**, *etc* (*bei Städten*) in (der Stadt) Paris *etc*; innerhalb (der Stadtgrenzen von) Paris *etc*; ~ **toute la France**, ~ **le Paris de demain**, *etc* (*bei Länder-, Provinz-, Städtenamen mit unfestem Attribut*) in ganz Frankreich, im Paris von morgen *etc*; ~ **le Midi** in Südfrankreich; ~ **le Nord de l'Europe** im Norden Europas; in Nordeuropa; ♦ ~ **un endroit enso-leillé** an e-m sonnigen Ort; ~ **la foule** in der Menge; ~ **le journal** in der Zeitung; ~ **la rue** auf der Straße; **habiter** ~ **une rue parallèle** in e-r Parallelstraße woh-nen; *in Paris* ~ **le vingtième** in den zwan-zigsten Arrondissement; **être** ~ **l'armoire,** ~ **la maison,** ~ **la valise**, *etc* im Schrank, im Haus, im Koffer *etc* sein; **il est** ~ **sa chambre** er ist in, auf s-m Zimmer; **lire** ~ **un livre** in e-m Buch lesen; **marcher** ~ **l'herbe,** ~ **la neige** im Gras, im Schnee gehen; ♦ **boire** ~ **une tasse, un verre**, *etc* aus e-r Tasse, e-m Glas *etc* trinken; **découper un article** ~ **le journal** e-n Artikel aus der Zeitung ausschneiden; **manger** ~ **une assiette, une gamelle**, *etc* aus e-m Teller, e-m Kochgeschirr *etc* essen; **prendre un livre** ~ **sa bibliothèque** ein Buch aus s-m Bücherschrank nehmen; ♦ *bei Autoren u Werken*: ~ **Molière, Sartre** bei Molière, Sartre; ~ **le Cid de Cor-neille** in Corneilles Cid; ♦ *par ext*: ~ **le fond de son cœur** im Grunde s-s Herzens; ~ **tout ce qu'il fait** bei allem, was er tut; **c'est** ~ **ses habitudes, principes** (**de** +*inf*) es gehört zu. es entspricht s-n Gewohnheiten, Grund-sätzen (zu +*inf*); *Branchenangabe*: **il est** ~ **l'automobile, le commerce, l'enseignement, la recherche** er ist in der Autoindustrie, im Handel, im Schulwesen, in der Forschung tätig; *cf auch* **être 4.**; **b)** *Richtung* (*auf die Frage wohin?*): in (+*acc*); in ... hin'ein; **aller, envoyer**, *etc* ~ **les Alpes, le Puy-de-Dôme,** ~ **le Dauphiné, le Péri-gord**, *etc* in die Alpen, in das Departe-ment Puy-de-Dôme, in die Dauphiné, ins Périgord *etc* gehen *bzw* fahren, schik-ken *etc*; **s'asseoir** ~ **un fauteuil** sich in e-n Sessel setzen; **entrer** ~ **la maison, la pièce** ins Haus, ins Zimmer (hinein-) gehen; **se mettre qc** ~ **la tête** sich etw in den Kopf setzen; **monter** ~ **une voiture** in ein Auto (ein)steigen; *cf auch unter den betreffenden Substantiven u Verben*; **2.** *zeitlich*: **a)** *von jetzt an* in (+*dat*); ~ **trois jours, une semaine, quatre mois, deux ans** in drei Tagen, e-r Woche, vier Monaten, zwei Jahren; ~ **un instant, une minute** augenblicklich; gleich; sofort; ~ **combien de temps reviendrez-vous?** wann kommen Sie wieder?; **b)** *innerhalb von* (*od* +*gén*); binnen (+*dat*); *im Laufe von* (*od* +*gén*); während (+*gén*); in (+*dat*); *comm* ~ **les trois jours après réception** innerhalb von drei Tagen nach Emp-fang; ~ **les 24 heures** innerhalb von, binnen 24 Stunden; ~ **l'année, la jour-née, la soirée** im Laufe des Jahres, Tages, Abends; ~ **les délais convenus** frist-, ter'mingemäß; ~ **son enfance** in,

während s-r Kindheit; ~ **les siècles passés** in früheren Jahrhunderten; ~ **le temps** früher; **être** ~ **sa trentième année** im dreißigsten Lebensjahr ste-hen; **3.** *Art u Weise*: ~ **un accident** bei e-m Unfall; ~ **l'attente de** in Erwartung (+*gén*); ~ **ces circonstances, condi-tions** unter diesen 'Umständen, Ver-hältnissen; ~ **sa colère** in s-m Zorn; ~ **l'ensemble** insgesamt; im ganzen; alles in allem; ~ **l'espoir de** (+*inf*) in der Hoffnung zu (+*inf*); ~ **le 'fond** im Grunde (genommen); ~ **les règles** vor-schriftsmäßig; ordnungsgemäß; ~ **le style roman** im romanischen Stil; **être** ~ **l'abattement le plus complet** völlig niedergeschlagen sein; **être** ~ **le plus grand désordre** in größter Unord-nung sein; **persister** ~ **son opinion** auf s-r Meinung beharren; **tomber** ~ **la misère** ins Elend, in Not kommen; **vivre** ~ **l'oisiveté** dem Müßiggang leben; *cf auch unter den betreffenden Substantiven u Verben*; **4.** *ungefähre Zahlenangabe* ~ **les ...** etwa; ungefähr; um die ...; um (... her'um); **avoir** ~ **les cinquante ans** etwa fünfzig (Jahre alt) sein; um die Fünfzig sein; **cela coûte** ~ **les dix francs** das kostet etwa *etc* zehn Franc

dansant [dãsã] *adj* **1.** Tanz...; **réunion** ~**e** Tanzparty *f*; Hausball *m*; **soirée** ~**e** Tanzabend *m*; **thé** ~ Tanztee *m*; **2.** tanzend; *fig*: *Lichtreflexe etc* tanzend; *Flammen* züngelnd

danse [dãs] *f* **1.** Tanz *m* (*auch mus*); **la** ~ *auch* das Tanzen; **la** ~ **classique** das klassische Bal'lett; **une** ~ **espagnole** ein spanischer Tanz; ~ **folklorique, régio-nale** Volkstanz *m*; *Kunst* ♀ **macabre, des morts** Totentanz *m*; ~ **rythmique** tänzerische Gymnastik; ~ **de salon** Gesellschaftstanz *m*; ~ **du ventre** Bauchtanz *m*; ~ **sur glace** Eistanz *m*; **art** *m* **de la** ~ Tanzkunst *f*; **chaussons** *m/pl* **de** ~ Bal'lettschuhe *m/pl*; **cours** *m* **de** ~ Tanzstunde *f*, -kurs *m*; Bal'lettunterricht *m*; **pas** *m* **de** ~ Tanzschritt *m*; **entrer dans la** ~ **a)** mittanzen; **b)** *fig* eingreifen; sich einschalten; tätig werden; mit-mischen; F loslegen; **exécuter une** ~ e-n Tanz aufführen; *fig u péj* **mener la** ~ der Anführer. Rädelsführer sein; **ouvrir la** ~ den Tanz eröffnen; **2.** *path* ~ **de Saint-Guy** Veitstanz *m*; **3.** P **donner une** ~ **à qn** j-n verprügeln; F verhauen; **prendre, recevoir une** ~ F Haue, Keile, Senge kriegen, beziehen

danser [dãse] **I** *v/t* tanzen; ~ **la polka** Polka tanzen; ~ **une valse** e-n Walzer tanzen; **II** *v/i* **1.** tanzen; *par ext* ~ **de joie** vor Freude tanzen; ~ **en mesure, sur un air** im Takt, nach e-r Melodie tanzen; *früher* **maître** *m* **à** ~ Tanzmeister *m*, -lehrer *m*; *von e-m Herrn gesagt* **faire** ~ **qn** mit j-m tanzen; **2.** *fig Boot auf den Wellen* tanzen; *Flammen* züngeln; **III** *v/pr Tanz* **se** ~ getanzt werden; **se** ~ **bien** sich gut tanzen lassen

dans|eur [dãsœr] *m*, ~**euse** *f* Tänzer(in) *m(f)*; **danseurs** *pl auch* Tanzende *pl*; **Tanzlustige** *pl*; ~ **classique** Bal'lett-tänzer(in) *m(f)*; **danseur mondain** Ein-tänzer *m*; *Gigolo* ['ʒi:-] *m*; *par ext* ~ **de corde** Seiltänzer(in) *m(f)*; ~ **de music--hall** Varie'tétänzer(in) *m(f)*; **couple** *m* **de danseurs** Tanzpaar *n*; *fig Radsport* **en danseuse** im Wiegetritt; in den Pedalen stehend; *adit* **être bon dan-seur** ein guter Tänzer sein

dantesque [dãtɛsk] *adj* dantisch

danubien [danybjɛ̃] *adj* ⟨~**ne**⟩ Donau...

daphné [dafne] *m bot* Seidelbast *m*

daphnie [dafni] *f zo* Daphnie *f* (*auch als Fischfutter*); Wasserfloh *m*

d'après [dapʀɛ] *prép cf* après I 3.

daraise [darɛz] *f* Ab-, Ausfluß *m* (*e-s Teiches*)

darce *cf* darse

dard [dar] *m* 1. *e-r* Biene, Wespe, *e-s Skorpions* Stachel *m*; 2. *hist* Wurfspieß *m*; 3. *mar* kleine Har'pune; 4. *arch* lan'zett-, pfeilförmige Verzierung; 5. *vom Apfel-*, Birnbaum Fruchtholz *n*

darder [darde] *v/t* 1. *litt Pfeil* (ab-) schießen; *Speer, Lanze etc* schleudern; 2. *fig u st/s* le soleil darde ses rayons die Sonne sendet ihre glühenden Strahlen aus, brennt unbarmherzig, sengt; ~ un regard sur qn j-n mit e-m Blick durch-'bohren; *par ext*: le cactus darde ses épines ... starrt von Stacheln

dare-dare [dardar] F *loc/adv* in aller Eile; eiligst; unverzüglich; schnurstracks

darne [darn] *f cuis* (Fisch)Fi'let *n*, (-)Scheibe *f*

darse [dars] *f am Mittelmeer* (geschütz-tes) Hafenbecken

dartois [dartwa] *m cuis* (*Art*) gefüllter Blätterteigkuchen

dartre [dartr(ə)] *f path oft pl* ~s laienhaft (Haut)Flechten *f/pl*

dartreux [dartrø] *adj* ⟨-euse⟩ *path* **a**) flechtenartig; **b**) *Person* mit (Haut-) Flechten behaftet

darwin|ien [darwinjɛ̃] *adj* ⟨~ne⟩ Dar-winsche(r, -s); ~**isme** *m biol* Darwi'nis-mus *m*; ~**iste I** *adj* darwi'nistisch; **II** *m* Darwi'nist *m*

dasyure [dazjyr] *m zo* Beutelmarder *m*

dat|able [databl(ə)] *adj* da'tierbar; ~**age** *m* Da'tierung *f*

datation [datasjɔ̃] *f* 1. *e-s* Briefes, Doku-mentes Da'tierung *f*; Datumsangabe *f*; 2. *Archäologie, géol etc* Da'tierung *f*; Al-tersbestimmung *f*; méthode *f* de ~ Datierungsmethode *f*; Methode *f* der Altersbestimmung

date [dat] *f* 1. Datum *n*; ~ de l'émission Ausstellungsdatum *n*; ~ de naissance Geburtsdatum *n*; Brief etc en ~, à la ~ du dix mai (unter dem Datum) vom zehnten Mai; sans ~ ohne Datum(s-angabe); undatiert; indiquer, mettre la ~ das Datum angeben, einsetzen; porter la ~ du ... das Datum vom ... tragen; 2. *par ext* Zeitpunkt *m; bes comm u adm* Ter'min *m; adm auch* Stichtag *m*; ~ fixe fester Termin; ~ limite Schlußtermin *m;* letzter, äußer-ster Termin; ~ de (la) livraison, paru-tion Liefer-, Erscheinungstermin *m;* ~ de la réunion Versammlungstermin *m; loc/adv u loc/adj:* à cette ~ zu diesem Zeitpunkt; à la ~ convenue zum verein-barten Zeitpunkt, Termin; (zum Ter-mingerecht); à quelle ~? an welchem Tag?; zu welchem Zeitpunkt?; à une ~ ultérieure zu e-m späteren Zeitpunkt, Termin; Bekanntschaft, Anschaffung etc de fraîche ~ neu; neueren Datums; de longue ~ *loc/adv* seit langem; seit langer Zeit; *loc/adj* seit langem, seit lange bestehend; *Freundschaft etc* de vieille ~ alt; langjährig; jusqu'à cette ~ bis zu diesem Zeitpunkt, Tag; *comm* bis dato; passé cette ~ nach diesem Zeitpunkt, Termin; *fig* être le premier, dernier en ~ der erste, letzte sein; zuerst, zuletzt kommen; fixer une ~ e-n Termin anbe-raumen, festsetzen; prendre ~ e-n Zeit-punkt, Termin vereinbaren, verabreden, ausmachen; 3. *in der Geschichte* Datum *n;* Jahreszahl *f; par ext* mar'kantes Ereig-nis; wichtiger Einschnitt; ~ historique historisches Datum; ~ d'histoire Ge-schichtszahl *f;* faire ~ e-n bedeutenden Einschnitt darstellen; Epoche machen

dater [date] **I** *v/t* 1. *Brief, Dokument* da'tieren; mit dem Datum versehen; *adjt*

(non) daté (un)datiert; une lettre da-tée du deux mai ein vom zweiten Mai datierter Brief; 2. *Kunstwerk, geschicht-lichen Fund etc* da'tieren; **II** *v/i* 3. ~ de stammen, da'tieren aus; ~ du 17ᵉ siècle aus dem 17. Jahrhundert stammen; ~ de 1950 von 1950 datieren; ~ de vingt ans vor zwanzig Jahren entstanden *bzw* ge-schehen sein; *fig* ne pas ~ d'hier *cf* hier 2.; *loc/prép* à ~ de ab ...; von ... an, ab; à ~ d'aujourd'hui ab heute; von heute ab, an; 4. *e-n* bedeutenden Einschnitt dar-stellen; 5. veralten; aus der Mode kom-men; ne pas ~ *auch* zeitlos sein

daterie [datri] *f égl cath* (Apo'stolische) Data'rie

dateur [datœr] *adj u subst m* (timbre *m*) ~ Datumstempel *m*

datif [datif] **I** *adj* ⟨-ive⟩ *jur* tuteur ~ vom Familienrat bestellter, eingesetzter Vormund; **II** *m gr* Dativ *m;* Wemfall *m;* dritter Fall; ~ éthique Da'tivus ethicus *m*

dation [dasjɔ̃] *f jur* 1. *e-s* Vormundes, Pflegers, *e-r* Vormundschaft Bestellung *f;* 2. ~ en paiement Leistung *f* an Erfüllungs Statt

datt|e [dat] *f bot* Dattel *f;* ~**ier** *m bot* ~ *od adjt* palmier *m* ~ Dattelpalme *f*

datura [datyra] *m bot* Stech-, Dorn-apfel *m*

daube [dob] *f cuis* Schmoren *n; par ext* Schmorbraten *m;* bœuf *m* en ~ Rinder-schmorbraten *m*

daub|er [dobe] *v/t cuis* schmoren; ~**ière** *f cuis* Schmortopf *m*

dauph|in [dofɛ̃] *m* 1. *zo* Del'phin *m;* 2. *hist* ♀ Dau'phin *m;* französischer Thron-folger; le Grand ♀ der Sohn Ludwigs XIV.; 3. *fig u plais* Kronprinz *m;* Thron-folger *m;* Nachfolger *m;* 4. *tech* gebo-genes Ende des Fallrohrs; ♀**ine** *f hist* Gemahlin *f* des Dau'phins

dauphinelle [dofinɛl] *f bot* Ritter-sporn *m*

dauphinois [dofinwa] **I** *adj* (aus) der Dauphi'né; **II** *subst* 1. ♀(e) *m(f)* Be-wohner(in) *m(f)* der Dauphi'né; 2. *ling* le ~ die Mundarten *f/pl* der Dauphi'né

daurade [dorad] *f zo* **a**) *im Mittelmeer* Goldbrassen *m;* Echte Do'rade; **b**) *im Atlantik* (*Arten von*) Meerbrassen *m; bes* Rotbrassen *m bzw* Scharfzähner *m*

d'autant [dotɑ̃] *loc/adv cf* autant 1. e)

davantage [davɑ̃taʒ] *adv* 1. (noch) mehr; je n'en dirai pas ~ mehr sage ich nicht; ich will nichts weiter sagen; son frère est intelligent, mais elle l'est encore ~ ... aber sie ist noch intelligen-ter; si vous voulez en savoir ~ ... wenn Sie mehr darüber wissen wollen ...; ♦ ~ que mehr als; *ce paquet pèse* ~ que les autres ... mehr als die anderen; ♦ *mit subst:* ~ de mehr; il y a chaque année ~ de voitures ... noch mehr Autos; 2. *zeitlich* (noch) länger; je ne m'attarderai pas ~ sur ce sujet ich will mich mit diesem Thema nicht länger aufhalten

davier [davje] *m* 1. *Zahnmedizin* Extrak-ti'onszange *f;* 2. *mar* (Seil)Scheibe *f; e-s* Kabelzuges (Kabel)Rolle *f*

Dayak(s) [dajak] *m/pl* Dajak *m/pl*

de [d(ə)] ⟨*vor Vokal u stummem h* d'; „de le" *wird zu* du, „de les" *zu* des *zusam-mengezogen*⟩

I *prép* 1. *räumlich:* **a**) *Ausgangspunkt, Herkunft* von; aus; von ... her; von ... aus; ~ arriver, venir ~ Bordeaux, du Havre, du Roussillon, ~ Savoie, du Danemark, ~ France von *od* aus Bor-deaux, Le Havre, von *od* aus dem Roussillon, von *od* aus Savoyen, Däne-mark, Frankreich kommen; échapper des mains ~ aus den Händen gleiten; s'éloigner ~ la côte sich von der Küste

entfernen; sortir d'une maison, pièce aus e-m Haus, Zimmer (heraus-) kommen; tirer qc ~ sa poche etw aus der Tasche ziehen; tomber du toit vom Dach (herab-, herunter)fallen; venir ~ l'école, ~ l'étranger, ~ la gare aus der Schule, aus dem Ausland, vom Bahnhof kommen; ♦ ~ Paris il y a 300 km von Paris (aus) ...; du haut ~ la tour Eiffel, du sommet ~ la montagne on aperçoit ... von der Spitze des Eiffelturms aus, vom Berggipfel aus ...; ♦ ~ ... à von ... nach, (bis) zu; aller ~ Paris à Marseille von Paris nach Marseille fahren; ~ gauche à droite von links nach rechts; du nord au sud von Nord(en) nach Süd(en); ~ la porte à la fenêtre von der Tür zum Fenster; *par ext* du premier au dernier vom ersten bis zum letzten; ~ la tête aux pieds von Kopf bis Fuß; ♦ ~ ... en *cf* en I 6.; ♦ ~ côté von der Seite; ~ dessous, dessus, derrière, devant von unten, oben, hinten, vorn; ~ face von vorn; d'ici von hier aus; ~ là von da, dort aus; ~ loin von weitem; aus der Ferne; von fern(e); von weit her; d'où? woher?; d'où vient-il? wo kommt er her?; woher kommt er?; ~ près aus der Nähe; ♦ sortir ~ derrière la haie hinter der Hecke hervorkom-men; venir ~ chez le dentiste vom Zahnarzt kommen; ♦ bière *f* d'Alsace elsässisches Bier; ~ le consul d'Allemagne, du Danemark der deutsche, dänische Konsul; fromage *m* ~ Hollande holländischer Käse; Hol-länder Käse; vent *m* du nord Nord-wind *m;* vins *m/pl* ~ France französi-sche Weine *m/pl;* Weine aus Frankreich; ♦ *Adelsprädikat* von; le duc d'Enghien der Herzog von Enghien; Alfred ~ Vigny Alfred de Vigny; ♦ *par ext:* une lettre ~ Paul ein Brief von Paul; ~ source sûre aus sicherer Quelle; vous n'en êtes que là ~ votre travail! Sie sind erst so weit mit Ihrer Arbeit!; être né ~ parents pauvres von armen Eltern kommen, abstammen; das Kind armer Eltern sein; je n'ai rien reçu ~ lui ich habe von ihm nichts bekommen; revenir ~ vacances aus den Ferien zurückkehren; séparer la mère ~ ses enfants die Mutter von ihren Kindern trennen; venir ~ faire qc soeben etw getan haben; **b**) *auch Ort, Richtung:* ♦ ~ ce côté-ci venir von dieser Seite; se trouver auf dieser Seite; partir auf diese, nach dieser Seite; *cf auch* côté; ♦ la bataille ~ Waterloo die Schlacht bei, von Waterloo; le passage du Rhin der 'Übergang über den Rhein; der Rhein-übergang; le train ~ Paris der Zug von *bzw* nach Paris; prendre la route ~ Reims die Straße nach Reims einschla-gen; 2. *zeitlich:* ~ bonne heure früh (-zeitig); ~ jour bei, am Tag(e); tagsüber; ~ nos jours heutzutage; ~ mémoire d'homme seit Menschengedenken; ~ nuit in der, bei Nacht; nachts; ~ son vivant zu, bei s-n Lebzeiten; ♦ *in negativen Sätzen:* ne rien faire, etc ~ (toute) la journée, ~ tout le mois, ~ toute sa vie den ganzen Tag, den ganzen Monat, in s-m ganzen Leben *od* F s-r Lebtag ...; ♦ ~ ... an ... bis; du début à la fin von Anfang bis Ende; vom Anfang bis zum Ende; ~ janvier à mars von Januar bis März; ~ lundi à jeudi von Montag bis Donnerstag; du matin au soir vom Morgen bis zum Abend; ~ matin von morgens bis abends; du premier au quinze mai vom ersten bis (zum) fünfzehnten Mai; ~ trois à cinq (heures) von drei bis fünf (Uhr); ♦ ~ ... en von ... zu; ~ jour en jour von Tag zu

Tag; *cf auch* en I 6.; ◆ **enfant** *m,f* ~ **trois ans** dreijähriges Kind; Kind von, mit drei Jahren; Dreijährige(r) *f(m)*; **un mort** ~ **quatre jours** e-e vier Tage alte Leiche; **travail** *m* ~ **dix ans** Arbeit *f* von zehn Jahren; zehnjährige Arbeit; **3.** *Zugehörigkeit*: *meist mit gén zu übersetzen*; ◆ **l'aéroport du Bourget** der Flughafen von Le Bourget; **l'amour** ~ **Dieu** (envers les hommes) die Liebe Gottes (zu den Menschen); *cf auch* 9.; **la cathédrale** ~ **Cologne** der Kölner Dom; **la cathédrale** ~ **Chartres** die Kathedrale von Chartres; **la conviction** ~ **tous** die Überzeugung aller; **la couleur du ciel** die Farbe des Himmels; **crise** *f* ~ **la puberté** Puber'tätskrise *f*; **la famille** ~ **notre ami** die Familie unseres Freundes; **un fils du patron** ein Sohn des Chefs, vom Chef; **le livre** ~ **Jean,** ~ **Pierre** Hansens, Peters Buch; das Buch von Hans, von Peter; **la maison** ~ **mon père** das Haus meines Vaters; (meines) Vaters Haus; **membre** *m* **du comité** Ausschußmitglied *n*; Mitglied *n* des Ausschusses; **les œuvres** *f/pl* **du Bernin, du Gréco, Le Corbusier,** ~ **Molière** die Werke *n/pl* Berninis, El Grecos, Le Corbusiers, Molières; Berninis *etc* die Werke von Bernini, von El Greco, von Le Corbusier, von Molière; **le prix du pain** der Brotpreis; **la reine d'Angleterre** die Königin von England; die englische Königin; **le sens d'un mot** der Sinn e-s Wortes; ◆ **le plus grand, le meilleur** ~ **tous** der Größte, der Beste von allen; **le seul** ~ **ses amis** der einzige s-r Freunde; (l')**un** ~ **nous** einer von uns; **le fin du fin** *cf* fin III 1.; ◆ **c'est un,** *st/s* **il est** ~ **mes amis** er ist ein Freund von mir; **il est** ~ **mon devoir** ~ (+*inf*) es ist meine Pflicht zu (+*inf*); **pour ce qui est** ~ **lui** was ihn betrifft, anbelangt; *cf auch* être 4. **d)** *u die betreffende Substantive*; **4.** *Grund, Ursache* (+*gén*): wegen; an (+*dat*); über (+*acc*); ◆ **rouge** ~ **colère, honte** ~ vor Zorn, Scham; **trembler** ~ **froid** ... vor Kälte; **pleurer, sauter** ~ **joie** ... vor Freude; *blanc* ~ **peur** ... vor Angst; ◆ **dommages** *m/pl* ~ **guerre** Kriegsschäden *m/pl*; **joie** *f* ~ **vivre** Lebensfreude *f*; **peur** *f* ~ **la mort** Angst *f* vor dem Tod; Todesfurcht *f*, -angst *f*; ◆ **loc/conj:** ~ **ce que: je m'étonne** ~ **ce qu'il n'est** *od* **ne soit pas venu** ich wundere mich darüber, daß er nicht gekommen ist; ~ **crainte, peur que** ... (ne) (+*subj*) aus Furcht *od* Angst, daß ...; ◆ **être atteint d'une maladie** an e-r Krankheit leiden; **être étonné, surpris** ~ **qc** über etw (*acc*) erstaunt, über'rascht sein; **mourir d'un cancer** an Krebs sterben; **se plaindre** ~ **qn, qc** sich über j-n, etw *od* wegen j-m, etw beklagen; ◆ *Urheber beim Passiv* von; **accompagné** ~ **sa femme** in Begleitung s-r Frau; **aimé** ~ **ses parents** von s-n Eltern geliebt; **être estimé, se faire détester** ~ **tout le monde** von jedermann geachtet, verabscheut werden; **sans être vu** ~ **personne** ohne von j-m gesehen zu werden; **5.** *Material, Stoff* von; aus; ◆ **barre** *f* ~ **fer** Eisenstange *f*; *fig* **cœur** *m* ~ **pierre** Herz *n* von Stein; **plaque** *f* ~ **marbre** Marmorplatte *f*; Platte *f* aus Marmor; marmorne Platte; **robe** *f* ~ **coton** Baumwollkleid *n*; **table** *f* ~ **bois** Holztisch *m*; hölzerner Tisch; ◆ **faire qc** ~ **rien** aus nichts etw machen; **6.** *Inhalt*: *unübersetzt*; ◆ **un paquet** ~ **cigarettes** e-e Schachtel, Packung Zigaretten; **un sac** ~ **noix** ein Sack Nüsse; **un seau d'eau** ein Eimer Wasser; **trois tasses** ~ **thé, verres** ~ **vin** drei Tassen Tee, Glas

Wein; ◆ *par ext:* **billet** *m* ~ **cent francs** Hundert-'Franc-Schein *m*; **collection** *f* ~ **timbres** Briefmarkensammlung *f*; **comité** *m* ~ **cinq membres** fünfköpfiger Ausschuß; **tas** *m* ~ **sable** Sandhaufen *m*; **troupeau** *m* ~ **moutons** Schafherde *f*; Herde *f* Schafe; **7.** *Werkzeug, Mittel* mit; ◆ **coup** *m* ~ **matraque** Schlag *m* mit dem Gummiknüppel; **coup** *m* ~ **pied** Fußtritt *m*; **coup** *m* ~ **revolver** Re'volverschuß *m*; ◆ **chercher des yeux** mit den Augen suchen; **frapper** ~ **la main** mit der Hand schlagen; **montrer qn du doigt** mit dem Finger auf j-n zeigen; **taper du pied** mit dem Fuß stampfen; ◆ **jouer du piano, du violon,** *etc* Klavier, Geige *etc* spielen; ◆ **accabler** ~ **reproches** mit Vorwürfen über'schütten; **armé d'un couteau** mit e-m Messer bewaffnet; **se nourrir** ~ **riz** sich von Reis ernähren; **orner** ~ **fleurs** mit Blumen schmücken; **8.** *Thema, Gegenstand* über (+*acc*): von; *bei Kapitelüberschriften oft weggelassen*; **Mme de Staël** ♀ **l'Allemagne** Über Deutschland; **parler** ~ **qn, qc** von j-m, etw, über j-n, etw sprechen; **que pensez-vous** ~ **lui?** was denken, halten Sie von ihm?; **rêver** ~ träumen von; **traiter** ~ handeln von; **9.** *Art u Weise:* ◆ **manger** ~ **bon appétit** mit gutem Appetit ...; ~ **beaucoup** weitaus; bei weitem; **d'un bond** mit e-m Sprung; ~ **force** mit Gewalt; ~ **cette manière** auf diese Weise; ~ **mémoire** aus dem Gedächtnis; ~ **son mieux** so gut er *bzw* sie kann; **d'un pas ferme** mit festem Schritt; festen Schrittes; ~ **soi-même** (*bzw* ~ **lui-même, d'elle-même**) von selbst; von sich aus; aus sich selbst heraus; **vider le verre d'un** (seul) **trait** ... in einem Zug; ~ **vive voix** mündlich; ~ **plus en plus grand, joli,** *etc* immer größer, hübscher *etc*; *cf auch* en I 6.; ◆ **abus** *m* ~ **confiance** Vertrauensmißbrauch *m*; **amour** ~ **Dieu** Liebe *f* zu Gott; **amour** *m* ~ **la patrie, du prochain** Vaterlands-, Nächstenliebe *f*; **couteau** *m* ~ **cuisine** Küchenmesser *n*; **danger** *m* ~ **mort** Lebensgefahr *f*; **homme** *m* ~ **génie** genialer Mensch; **livres** *m/pl* **d'enfants** Kinderbücher *n/pl*; **maison** *f* ~ **campagne** Landhaus *n*; **manque** *m* **d'argent** Geldmangel *m*; Mangel *m* an Geld; **objet** *m* ~ **luxe** Luxusgegenstand *m*; **regard** *m* ~ **pitié** mitleidiger Blick; **robe** *f* ~ **bal** Ballkleid *n*; ◆ **loc/adj:** **père** *m* ~ **cinq enfants** Vater *m* von fünf Kindern; **projet** *m* ~ **grande envergure** großangelegtes Projekt; ~ **grand format** großformatig; ~ **forme cubique** würfelförmig; ~ **première qualité** erstklassig; ◆ **être d'une bêtise incroyable** von e-r unglaublichen Dummheit, unglaublich dumm sein; **le ciel est d'un bleu!** F der Himmel ist unwahrscheinlich, sagenhaft blau!; **être** ~ **bonne humeur** (bei) guter Laune sein; **être vêtu** ~ **noir** schwarz gekleidet sein; ◆ **qualifier un journal** ~ **tendancieux** e-e Zeitung als tendenziös bezeichnen; **traiter qn** ~ **menteur** j-n e-n Lügner nennen;

10. *überwiegend syntaktische Funktion:* **a)** *nach subst:* **une chienne** ~ **vie** ein Hundeleben *n*; **une espèce** ~ **singe** e-e Art Affe; **un fripon d'enfant** ein Schelm von e-m Kind; **le mois** ~ **mai** der Monat Mai; **le mot** (~) **liberté** das Wort Freiheit; **la principauté** ~ **Monaco** das Fürstentum Monaco; **la profession** ~ **médecin** der Arztberuf; der Beruf e-s Arztes; **le royaume** ~ **Belgique** das Königreich Belgien; **cette sorte** ~ **vin** diese Sorte Wein; diese Wein-

sorte; **le titre** ~ **comte, docteur, général** der Grafen-, Doktor-, Gene'ralstitel; **la ville** ~ **Paris** die Stadt Paris; **b)** *nach adj:* **amoureux** ~ verliebt in (+*acc*); **avide** ~ gierig auf (+*acc*), nach; **avide d'argent** geldgierig; **capable d'un crime** zu e-m Verbrechen, *st/s* e-s Verbrechens fähig; **content, fier** ~ **son succès** zufrieden mit s-m, stolz auf s-n Erfolg; **étroit d'esprit** engstirnig; **large d'épaules** breitschult(e)rig; breit in den Schultern; **plein** ~ **contradictions** voller 'Widersprüche; ◆ **une drôle** ~ **voiture** ein komisches Auto; **pauvre** ~ **moi!** ich Arme(r)!; **c)** *nach Verben:* **avoir besoin** ~ **qn, qc** j-n, etw brauchen; **changer** ~ **chemise** das Hemd wechseln; **jouir du repos** die Ruhe genießen; **manquer d'argent** kein Geld haben; **répondre** ~ **qn** für j-n einstehen, bürgen; **se souvenir** ~ **qn, qc** sich an j-n, etw erinnern; *st/s* sich j-s, e-r Sache erinnern; **d)** *nach loc/prép:* **autour, à cause** ~, **en dépit** ~, *etc cf unter den betreffenden Stichwörtern;* **e)** *bei Maß- u Zahlenangaben:* **âgé** ~ **dix ans** zehn Jahre alt; **un mur** ~ **un** *od* **d'un mètre** ~ **haut** e-e ein(en) Meter hohe Mauer; e-e Mauer von einem Meter Höhe; **une planche** ~ **20 cm** ~ **large** ein 20 cm breites Brett; **avoir deux mètres** ~ **haut,** ~ **large,** ~ **long,** ~ **profondeur** *od* ~ **'haut, large, long, profond** ~ **deux mètres** zwei Meter hoch, breit, lang, tief sein; **avancer d'un pas** e-n Schritt vortreten; **diminuer** ~ **moitié** um die Hälfte abnehmen; **la hauteur est** ~ **trois mètres** die Höhe beträgt drei Meter; **raccourcir, rallonger** ~ **dix centimètres** (um) zehn Zentimeter verkürzen, verlängern; **Uhr retarder** ~ **cinq minutes** fünf Minuten nachgehen; ◆ **gagner dix francs** ~ **l'heure** zehn Franc pro, in der Stunde verdienen; ◆ **moins** ~ **la moitié** weniger als die Hälfte; **plus** ~ **dix minutes** mehr als zehn Minuten; ◆ **F et** ~ **deux!** das wären zwei!; **f)** *vor inf* zu; ◆ **cesser** ~ **parler** aufhören zu sprechen; **demander à qn** ~ **partir** j-n bitten zu gehen; **je m'efforce** ~ **le convaincre** ich bemühe mich, ihn zu 'überzeugen; ◆ *inf als Subjekt:* **comme si** (~) **pleurer servait à qc** als ob Weinen etwas nützen würde; **il est difficile, ennuyeux, 'honteux** ~ ... es ist schwierig, langweilig, e-e Schande zu ...; ◆ *historischer inf* **et les enfants** ~ **sauter et** ~ **crier** und nun fingen die Kinder an zu hüpfen und zu schreien; ◆ **plutôt mourir que** (*st/s* **~**) **céder** lieber sterben als nachgeben; **g)** *vor adj, p/p u adv:* ◆ **encore un carreau** (~) **cassé** noch e-e Scheibe kaputt; **en voici une** ~ **terminée** hier ist e-e fertig; **il y en a deux** ~ **déchirés** zwei sind zerrissen; **il y eut trois hommes** (~) **blessés** es wurden drei Mann verletzt; **avoir deux jours** (~) **libres** zwei Tage freihaben; zwei freie Tage haben; ◆ **personne d'autre** niemand anders; sonst niemand; **qc** ~ **beau** etwas Schönes; **qn** ~ **résolu** jemand Entschlossenes; **qui d'autre** wer sonst; **quoi** ~ **neuf?** was gibt es Neues?; **rien** ~ **grave** nichts Ernstes; ◆ **cinq minutes** ~ **moins,** ~ **plus** fünf Minuten weniger, mehr; **h)** **si j'étais** (que) ~ **vous** ich an Ihrer Stelle; wenn ich Sie wäre;

II *Teilungsartikel: meist unübersetzt:* **1.** **du bois, du bruit,** ~ **l'eau, des épinards, du pain,** ~ **la salade** Holz *m*, Lärm *m*, Wasser *n*, Spinat *m*, Brot *n*, Salat *m*; **du bœuf, du lapin, du mouton, du porc, du veau** Rind-, Ka-'ninchen-, Hammel-, Schweine-, Kalb-

fleisch *n*; F **du solide** etwas Solides; ♦ **il y a du révolutionnaire en lui** es steckt etwas von e-m Revolutionär in ihm; **chausser du quarante** Schuhgröße vierzig haben; **écouter du Mozart** Mozart hören; **éprouver ~ la répulsion** 'Widerwillen empfinden; **c'est ~ la folie** das ist Wahnsinn; **faire du cent** (mit) hundert fahren; **manger ~ tout** alles essen; alles mögen; **montrer du courage** Mut zeigen; **penser du bien ~ qn** Gutes, gut von j-m denken; ♦ **~ la bonne soupe, du très bon travail** gute Suppe, sehr gute Arbeit; **~ od** F **des belles fleurs** schöne Blumen *f/pl*; **des petits pains** Brötchen *n/pl*; ♦ **écrire sur du papier blanc** auf weißes Papier schreiben; **travailler pour ~ l'argent** für Geld arbeiten; **2.** *nur de:* **a)** *nach Mengenbezeichnungen:* **assez, beaucoup, pas, peu, plus, tant, trop d'argent** genug, viel, kein, wenig, mehr, soviel, zuviel Geld; **combien ~ personnes?** wieviel *od* wie viele Personen?; **une foule ~ questions** e-e Menge (von) Fragen; **cent grammes ~ beurre** hundert Gramm Butter; **un litre ~ lait** ein Liter Milch; **une paire ~ gants** ein Paar Handschuhe; ♦ *Ausnahme:* **bien des gens** (sehr) viele Leute; **se faire bien du souci** sich große Sorgen machen; *aber:* **bien d'autres** (sehr) viele andere; **b)** *in negativen Sätzen:* **il n'a jamais eu ~ succès** er hat nie Erfolg gehabt; **sans faire ~ bruit** ohne Lärm zu machen; ♦ *Ausnahme nach* **être**: **ce n'est pas ~ la laine** das ist keine Wolle

dé¹ [de] *m* **1.** (Spiel)Würfel *m*; **cornet** *m* à **~s** Würfelbecher *m*; **coup** *m* **de ~(s)** a) Wurf *m* (beim Würfeln); b) *fig* Lotte'riespiel *n*; Glückssache *f*; **jeu** *m* **de ~s** Würfelspiel *n*; **jeter le(s) ~(s)** würfeln; *fig* **les ~s sont jetés** die Würfel sind gefallen; **jouer aux ~s** Würfel spielen; würfeln; knobeln; **2.** *cuis* Würfel *m*; **couper en ~s** in Würfel schneiden; **3.** *bât* Quader *m*; Steinblock *m*; *e-s Pfostens etc* Sockel *m*; Posta'ment *n*

dé² [de] *m* **1.** **~** (à coudre) Fingerhut *m*; **2.** *Menge* **un ~ à coudre** ein Fingerhut voll

dé... [de] *in Zssgn* ⟨*vor Vokal* **dés...**, *vor s meist* **des...**⟩ *oft* ent...; Ent...; *cf die nachfolgenden Stichwörter*

dead-heat [dɛdit] *m sports* totes Rennen
déambulatoire [deãbylatwar] *m arch* Chorumgang *m*
déambuler [deãbyle] *v/i* um'hergehen, -schlendern (**dans la ville**, *etc* in der Stadt *etc*)
débâcle [debakl(ə)] *f* **1.** *auf e-m Fluß* Eisaufbruch *m*; Eisgang *m*; **2.** *fig* **a)** *mil* wilde Flucht; Auflösung *f*; Zu'sammenbruch *m*; **b)** *e-s Unternehmens, Reiches* Zu'sammenbruch *m*; De'bakel *n*; **~** *financière* finanzieller Zusammenbruch
débâcler [debakle] *v/i* (zugefrorener) Fluß aufbrechen; Eis führen
débagouler [debagule] *v/t* F *dumme Bemerkungen etc* von sich geben; F verzapfen
déballage [debalaʒ] *m* **1.** Auspacken *n*; **2.** *par ext* Warenauslage *f*; **3.** F *fig* (rückhaltloses) Geständnis; Beichte *f*; (Herzens)Erguß *m*
déballé [debale] F *adj* entmutigt; niedergeschlagen
déball|er [debale] *v/t* **1.** *Paket, Ware etc* auspacken; **2.** F *fig: Kenntnisse etc* von sich geben; anbringen; F auspacken; loswerden; *Beschwerden* F abladen; **~eur** *m*, **~euse** *f* Auspacker(in) *m(f)*
débalourder [debalurde] *v/t tech* auswuchten
débandade [debãdad] *f* Ausein'ander-

rennen *n*, -laufen *n*; *auch mil* wilde, regellose Flucht; Auflösung *f*; **ce fut la ~ générale** alles lief auseinander, davon; *mil* alles war in Auflösung begriffen; *loc/adv* **à la ~** drunter und drüber; wild durcheinander; **tout va à la ~** alles geht drunter und drüber
débander [debãde] **I** *v/t* **1.** die Binde, den Verband abnehmen (**une plaie** von e-r Wunde); **~ les yeux à qn** j-m die Binde von den Augen abnehmen; **2.** *Feder, Bogen* lockern; **II** *v/pr* **se ~ 3.** *Truppe* sich auflösen; **4.** *Feder, Bogen* sich lockern; erschlaffen
débaptiser [debatize] *v/t Straße etc* 'umbenennen; 'umtaufen
débarbouillage [debarbujaʒ] *m* (rasche) Gesichtswäsche
débarbouiller [debarbuje] **I** *v/t* **~ un enfant** e-m Kind das Gesicht (und die Hände) waschen, säubern, saubermachen; **II** *v/pr* **se ~** sich (rasch) das Gesicht waschen
débarcadère [debarkadɛr] *m mar* Landungsbrücke *f*, -steg *m*; Anlege-, Landeplatz *m*, -stelle *f*; Pier *m od f*
débardage [debardaʒ] *m* **1.** *mar* Ausladen *n*; Löschen *n*; **2.** *von Holz, Steinen* Abtransport *m*; Abfuhr *f*
débard|er [debarde] *v/t* **1.** *mar bes Holz* ausladen; löschen; debar'dieren; **2.** *Holz, Steine* abtransportieren; abfahren; **~eur** *m* **1.** Entlader *m*; Trans'portarbeiter *m*; *in Häfen* Hafenarbeiter *m*; Schauermann *m*; **2.** *Mode* Pull'under *m*
débarqué [debarke] *m* Ankömmling *m*
débarquement [debarkəmã] *m* **1.** *von Schiffspassagieren* An'landgehen *n*; *auch von Flugpassagieren* Von'bordgehen *n*; Aussteigen *n*; *mar von Ladung, Gütern* Löschen *n*, -ung *f*; Anlanden *n*, -ung *f*; *auch mil Ausladen n*, -ung *f*; *auch von Passagieren, Ladung auch* Ausschiffen *n*, -ung *f*; **2.** *mil* Landung *f*; *hist* **le ~** (américain en 1944) die Invasi'on; **navire** *m* **de ~** Landungsfahrzeug *n*; **3.** *e-s Matrosen* Abmusterung *f*
débarquer [debarke] **I** *v/t* **1.** *mar Ladung, Güter* löschen; anlanden; *auch allg* ausladen; *Passagiere, Güter auch* ausschiffen; *Passagiere* an Land setzen; *auch allg* absetzen; **2.** *mil Truppen* landen; **3.** F *fig* **~ qn** F j-n ausbooten; **II** *v/i* **4.** *Schiffspassagiere* an Land gehen; sich ausschiffen; *auch Flugpassagiere von* Bord gehen; *auch allg* aussteigen (de aus); **~ d'un avion** von Bord e-s Flugzeuges gehen; ein Flugzeug verlassen; **5.** *mil* landen; **6.** F *fig* **~ chez qn** F bei j-m her'eingeschneit kommen, aufkreuzen; **7.** F *fig* **il débarque** man sieht, daß er neu ist *bzw* daß er nicht auf dem laufenden ist; **8.** *Matrose* abmustern
débarras [debara] *m* **1.** F **bon ~!** F e-e wahre Erlösung!; **den** *bzw* **die** *etc* **das wären wir los, hätten wir vom Hals!**; **2.** Abstellraum *m*; Rumpelkammer *f*
débarrasser [debarase] **I** *v/t* **1.** befreien (**de** von); *Platz* frei machen; räumen; *Zimmer auch* ausräumen; **~ le grenier** den Speicher frei machen, ausräumen, entrümpeln; *auf dem Speicher Platz schaffen*; **~ la table** a) den Tisch abräumen; b) (*auch abs*) nach dem Essen (den Tisch) abdecken; ♦ **~ qn de qc** j-n von etw befreien; *plais* **~ qn de son argent** j-m sein Geld abnehmen, F abknöpfen; **~ un enfant d'une mauvaise habitude** e-m Kind e-e Unart abgewöhnen, e-e schlechte Angewohnheit austreiben; **puis-je vous ~ de votre pardessus, de votre valise?** darf ich Ihnen den 'Überzieher, den Koffer abnehmen?; **~ qn d'un souci** j-m e-e Sorge abnehmen; j-n e-r Sorge (*gén*) entheben; ♦ **~ qn de**

qn j-m j-n vom Halse schaffen; **débarrasse-moi de ce raseur!** schaff mir diese Nervensäge vom Halse!; ♦ *Person* **être débarrassé de qn, qc** j-n, etw los sein, vom Halse haben; **II** *v/pr* **se ~ de qc, de qn** sich e-r Sache, j-s entledigen; sich etw, j-n vom Halse schaffen; etw, j-n loswerden, beseitigen, *Fehler, Vorurteil* ablegen, *Aktienpaket* abstoßen
débat [deba] *m* **1.** De'batte *f*; Erörterung *f*; Aussprache *f*; Diskussi'on *f*; Streitgespräch *n*; Wortgefecht *n*; **~ télévisé** Fernsehdebatte *f*; **conférence suivie d'un ~** Vortrag *m* mit anschließender Diskussion, Aussprache; **2.** **~s** *pl* **a)** *im Parlament* De'batte *f*; **~s parlementaires** Parla'mentsdebatte *f*; **compte rendu des ~s** Parla'mentsbericht *m*; **b)** *jur* (Haupt)Verhandlung *f*; **~s judiciaires** Gerichtsverhandlung *f*; **3.** *fig* **~ intérieur** innerer Kon'flikt, Kampf; 'Widerstreit *m* der Gefühle
débâter [debate] *v/t* den Packsattel abnehmen (**une bête de somme** e-m Lasttier)
débâtir [debatir] *v/t cout* die Heftfäden her'ausziehen (**qc aus etw**)
débattement [debatmã] *m tech e-r Radachse* Ausschlag *m*
débattre [debatr(ə)] ⟨*cf* **battre**⟩ **I** *v/t* debat'tieren, disku'tieren über (+*acc*); erörtern; *Frage auch* besprechen; 'durchsprechen; *Preis, Bedingungen* aushandeln; verhandeln über (+*acc*); **II** *v/pr* **se ~ 1.** um sich schlagen; sich wehren; sich sträuben; **se ~ comme un beau diable** wie wild um sich schlagen; **se ~ contre le courant** gegen die Strömung ankämpfen; **2.** *fig* sich her'umschlagen, sich abmühen, kämpfen, ringen (**contre** mit)
débauchage [deboʃaʒ] *m* **1.** *bes von Arbeitern* Abspenstigmachen *n*; *auch* Abwerben *n*, -ung *f*; **2.** *von Arbeitskräften* Entlassung *f*
débauche [deboʃ] *f* **1.** Ausschweifung *f*; *jur* **excitation** *f* **de mineurs à la ~** Verführung *f*, Anstiftung *f* Minderjähriger zur Unzucht; **actes** *m/pl* **de ~** Ausschweifungen *f/pl*; **lieu** *m* **de ~** Ort *m* der Ausschweifung; **vie** *f* **de ~** ausschweifender, unsolider, liederlicher Lebenswandel; **mener une vie de ~, vivre dans la ~** ein ausschweifendes, liederliches Leben führen; **2.** *fig* **une ~ de** e-e verschwenderische Fülle von
débauché [deboʃe] **I** *adj* ausschweifend lebend; lasterhaft; liederlich; **être ~** *auch* ausschweifend leben; **II** *subst* **~(e)** *m(f)* Wüstling *m*; der Ausschweifung ergebene Frau; *péj* liederliches Frauenzimmer
débauch|er [deboʃe] *v/t* **1.** *bes Arbeiter* (der Arbeit [*dat*]) abspenstig machen; von der Arbeit abbringen; *auch* abwerben; **2.** *Arbeitskräfte* entlassen; *Personal auch* abbauen; **3.** **a)** zur Ausschweifung verleiten, verführen; **b)** F *zu harmlosen Dingen* verführen; verleiten; **~eur** *m*, **~euse** *f* *meist* harmlos Verführer(in) *m(f)*
débecqueter [debɛkte] *v/t* P **~ qn** j-n anwidern, anekeln; P ankotzen; **ça me débecquete** [debɛkt] das widert, P kotzt mich an
débenzol|age [debɛ̃zɔlaʒ] *m tech, chim* Ben'zolabscheidung *f*, -extraktion *f*; **~er** *v/t* (das) Ben'zol entziehen (**le gaz** dem Gas)
débet [debɛ] *m bei den öffentlichen Finanzen* Passivsaldo *m*; Fehlbetrag *m*; Rückstand *m*; *Urkunde* **enregistré en ~** unter Stundung der Gebühr eingetragen
débile [debil] **I** *adj* **1.** *bes Kind* schwächlich; körperlich zu'rückgeblieben; *Greis*

altersschwach; hinfällig; *Gesundheit* schwach; **2.** *fig* schwach; kraftlos; ohnmächtig; **II** *m* ~ **mental** (leicht) Schwachsinnige(r) *m*; *sc* De'bile(r) *m*

débilitation [debilitasjõ] *f path* Schwächung *f*; Entkräftung *f*; Geschwächtsein *n*; Schwächezustand *m*

débilité [debilite] *f* **1.** Schwäche *f*; Schwächlichkeit *f*; Hinfälligkeit *f*; ~ **sénile** Altersschwäche *f*; **2.** ~ **mentale** (leichter) Schwachsinn; Geistesschwäche *f*; *sc* Debili'tät *f*

débiliter [debilite] *v/t* **1.** körperlich *od* geistig schwächen; entkräften; **2.** *fig* entmutigen; demorali'sieren

débillarder [debijarde] *v/t tech Holz* geschweift zuschneiden

débine [debin] P *f* Not *f*; Elend *n*; **il est dans la** ~ F es geht ihm dreckig; er ist auf den Hund gekommen

débin|er [debine] **I** *v/t* schlechtmachen; her'absetzen; anschwärzen; F in den Dreck ziehen; lästern über (+*acc*); **II** *v/pr* **se** ~ F abhauen; verduften; sich dünnmachen; stiftengehen; **~eur** F *m*, **~euse** F *f* F Lästerzunge *f*, -maul *n*

débirentier [debirãtje] *m jur* Rentenschuldner *m*

débit [debi] *m* **1.** *von Waren* Absatz *m*; Vertrieb *m*; Verkauf *m*; Abgang *m*; 'Umsatz *m*; *loc/adj*: Artikel **d'un bon** ~ gut gehend, absetzbar; gängig; absatzfähig; **à un faible** ~ schlecht gehend, absetzbar; schlechten Absatz findend; **2.** *par ext* ~ **de boissons** (Getränke)Ausschank *m*; Verkauf *m*; **~ de tabac** Tabakladen *m* (*Verkaufsstelle der frz Tabakregie*); *österr* (Ta'bak)Tra'fik *f*; **3.** *Sprech-*, Redeweise *f*; Vortrag(sart) *m*(*f*); **4. a)** *e-s Flusses* Wasserführung *f*; Abflußmenge *f* (*auch e-s Reservoirs*); *e-r Quelle* Schüttung *f*; Ergiebigkeit *f*; **b)** *tech bei Flüssigkeiten u Gasen* 'Durchfluß(menge *f*, -strom *m*) *m*; *e-r Pumpe* Förderstrom *m*; *e-r Stromquelle* (Strom-, Leistungs)Abgabe *f*; **c)** *par ext*: *e-s Betriebes*, *e-r Maschine* Ausstoß *m*; Mengenleistung *f*; 'Durchsatz *m*; *e-r Straße*, *Bahnlinie* (Verkehrs)Leistung *f*; Kapazi'tät *f*; *e-r Schußwaffe* Schießleistung *f*; **5.** *von Holz cf* **débitage**; **6.** *comm* Soll *n*; Debet *n*; **le** ~ **le crédit** Soll und Haben *n*; **avis** *m* **de** ~ Lastschriftanzeige *f*; **écriture passée au** ~ Lastschrift *f*; *Betrag* **inscrire**, **porter au** ~ ins Soll, Debet stellen, eintragen, buchen; *par ext* **mettre une dépense au** ~ **de qn** j-n mit e-r Ausgabe belasten

débitage [debita3] *m bes von Holz* Zuschneiden *n*; Zuschnitt *m*

débitant [debitã] *m* ~ **de boissons** Inhaber *m e-s* Ausschanks; Schankwirt *m*; ~ **de tabac** Inhaber *m e-s* Tabakladens; Tabakwaren(einzel)händler *m*; *österr* (Ta'bak)Trafi'kant *m*

débiter [debite] *v/t* **1.** *Waren* absetzen; vertreiben; 'umsetzen; F an den Mann bringen; *Getränke*, *Erfrischungen* verkaufen; abgeben; *Getränke auch* ausschenken; **2.** *péj*: *dummes Zeug*, *Gemeinplätze* von sich geben; F verzapfen; *Auswendiggelerntes* her-, aufsagen; *péj* her('unter)leiern; herbeten; *Lügen* erzählen; vorbringen; auftischen; **3.** *Quelle etc*: *Wasser* liefern (**dix litres à la seconde** zehn Liter in der, pro Sekunde); *Pumpe*, *Leitung*: *Flüssigkeit*, *Gas* fördern; *Energiequelle*: *Strom etc* abgeben; *Betrieb*, *Maschine*: *Fertigprodukte* ausstoßen (**mille voitures par jour** tausend Wagen pro Tag, täglich); **4.** *Holz etc* zuschneiden; zu'rechtschneiden; *Schlachttier* zerlegen; **5.** *comm* ~ **qn**, **un compte d'une somme** j-n, ein Konto mit e-m Betrag belasten

débit|eur[1] [debitœr] **I** *m*,*f* **1.** *fin* Schuldner(in) *m*(*f*); *auch* Leistungspflichtige(r) *m*; *Buchhaltung* Debitor *m*; **débiteur hypothécaire**, **principal** Hypo'theken-, Hauptschuldner *m*; **compte** *m* **des débiteurs** Debi'torenkonto *n*; *fig* Schuldner(in) *m*(*f*); **je suis votre débiteur** ich bin Ihr Schuldner; ich stehe, bin in Ihrer Schuld; **II** *adj* **a)** Schuldner...; **pays débiteur**, **société débitrice** Schuldnerland *n*, -firma *f*; **b)** *Buchhaltung*: **compte débiteur** Debetkonto *n*; **solde débiteur** Passiv-, Debet-, Sollsaldo *m*

débit|eur[2] [debitœr] *m* **1.** Arbeiter, der Holz *etc* zuschneidet; **2.** *e-r Filmkamera* Abwickelspule *f*; **~euse** *f tech* Steintrennmaschine *f*

débitmètre [debimεtr(ə)] *m tech* Durchflußmesser *m*, -zähler *m*

déblai [deblε] *m Tiefbau* **1.** *des Geländes* Abtragen *n*, -ung *f*; Abtrag *m*; Abgraben *n*, -ung *f*; *von Erde* Aushub *m*, -ung *f*; Aushub *m*; *beim Tunnelbau* Abbau *m*; **2.** *oft pl* ~**s** abgetragene, ausgehobene Erde; Aushub *m*; Abraum *m*; **3.** *ch de fer*, Straßenbau Einschnitt *m*

déblaiement [deblεmã] *m* **1. a)** *e-r Straße etc* Freimachen *n*; Aufräumen *n*, -ung *f*; *auch* Aufräumungsarbeiten *f*/*pl*; **b)** *von Erdmassen*, *Trümmern etc* Beseitigung *f*; Wegschaffung *f*; **2.** *Tiefbau cf* **déblai** 1.

déblatérer [deblatere] *v/t/indir* ⟨-è-⟩ ~ **contre qn**, **qc** über j-n, etw los-, herziehen; auf j-n, etw schimpfen

déblayage[debleja3] *m cf* **déblaiement**

déblayer [debleje] *v/t* ⟨-ay- *od* -ai-⟩ **1. a)** *Straße*, *Gleis*, *Eingang* frei machen; *nach Unfall*, *Erdrutsch auch* aufräumen; *zerstörtes Stadtviertel auch* enttrümmern; *Raum* frei machen; ausräumen; **b)** *Erd-*, *Schneemassen*, *Trümmer* beseitigen; wegschaffen; weg-, ab-, aufräumen; **2.** *Tiefbau*: *Gelände* abtragen; abgraben; *Erde* ausheben; *beim Tunnelbau* abbauen; **3.** *fig* ~ **le terrain** den Weg, die Bahn frei machen; die Anfangsschwierigkeiten beseitigen; die ersten Hindernisse aus dem Weg räumen; die Vorfragen klären; ~ **un travail** die Vorarbeiten machen; ~ **leisten**

déblocage [debloka3] *m* **1.** *tech* Lösen *n*; Entriegeln *n*, -ung *f*; **2.** *écon der Preise*, *Kredite etc* Freigabe *f*; ~ **des prix**, **des salaires** *auch* Aufhebung *f* des Preis-, Lohnstopps

débloquer[debloke] **I** *v/t* **1.** *tech* Bremse, Schraube lösen; *Maschinenteil* entriegeln; die Arre'tierung lösen (+*gén*); **2.** *écon Preise*, *Löhne*, *Kredite etc* freigeben; *Lebensmittel*(*vorräte*) (zum Verkauf) freigeben; ~ **un compte** die Sperre *e-s* Kontos aufheben; ~ **les prix**, **les salaires** *auch* den Preis-, Lohnstopp aufheben; **3.** *ch de fer* entblocken; freigeben; **4.** *mpr* 'kie'kieren; **II** F *v/i* Unsinn, Blödsinn, F Quatsch, Blech, Käse, Stuß reden; **tu débloques?** red keinen Unsinn *etc*!; F quatsch nicht so dämlich, blöd!

débobiner [debobine] *v/t* abwickeln; abspulen

déboires [debwar] *m*/*pl* **1.** (bittere) Enttäuschungen *f*/*pl*; **2.** *par ext* Verdruß *m*; Ärger *m*

débois|age [debwaza3] *m mines* Rauben *n* (der Zimmerung); **~ement** *m* Abholzen *n*, -ung *f* (des Waldes); Entwaldung *f* (*auch Zustand*)

déboiser [debwaze] *v/t* **1.** (den Wald) abholzen; abforsten; entwalden; *adit Landschaft* **déboisé** entwaldet; **2.** *mines* (die Zimmerung) rauben

déboîtement [debwatmã] *m* **1.** *path* Aus-, Verrenkung *f*; **2.** *e-s Fahrzeugs* Ausscheren *n*

déboîter [debwate] **I** *v/t* **1.** *path* aus-, verrenken; auskugeln; **se** ~ **l'épaule** sich die Schulter ver-, ausrenken, auskugeln; **2.** *tech* her'aus-, ausein'andernehmen; ausbauen; **II** *v/i Fahrzeug* ausscheren

débonder [debõde] *v/t* den Spund her'ausziehen (**un tonneau** *us e-m* Faß)

débonnaire [debonεr] *adj Person*, *Miene* gutmütig; *Eltern* zu nachsichtig; *hist* **Louis le ♀** Ludwig der Fromme

débonnaireté [debonεrte] *litt f* Gutmütigkeit *f*

débord [debor] *m* **1.** *cout* Vorstoß *m*; **2.** *ch de fer* **voie f de** ~ Freiladegleis *n*

débordant [debordã] *adj* **1.** *Freude*, *Begeisterung etc* 'überströmend, -quellend, -sprudelnd, -schäumend; 'überschwenglich; **activité** ~**e** rastlose, fieberhafte Tätigkeit; **imagination** ~**e** blühende Phantasie; *Person* **être** ~ **d'activité**, **d'éloges**, **de prévenances** rastlos tätig, des Lobes voll, voller Zuvorkommenheit sein; *cf auch* **déborder** 8.; **3.** *mil* **mouvement** ~ Um-'gehungs-, Um'fassungsbewegung *f*

débordé [deborde] *adj* **1.** **être** ~ (**de travail**) (mit Arbeit) über'lastet sein; **être** ~ **de demandes**, **de visites** mit Anträgen über'häuft, von Besuchern über'laufen sein; **2.** *Bettuch* her'ausgezogen; *Bett* in Unordnung geraten; *Person im Bett* halb aufgedeckt

débordement [debordəmã] *m* **1.** *e-s Flusses* 'Übertreten *n*; Über-'schwemmung *f*; *e-r Talsperre etc* 'Überlaufen *n*, -fließen *n*; **2.** *fig* ~ **d'enthousiasme** Woge *f*, Welle *f* der Begeisterung; Begeisterungsausbruch *m*; ~ **d'injures**, **de paroles** Flut *f* von Beleidigungen, Worten; ~ **de joie**, **de tendresse** 'Überschwang *m* der Freude, der Zärtlichkeit; ~ **de vie** 'überschäumende Lebenslust; **3.** ~**s** *pl* Ex-'zesse *m*/*pl*; Ausschweifungen *f*/*pl*; **4.** *mil* Um'gehung *f*; Um'fassung *f*; **manœuvre f de** ~ Umgehungs-, Umfassungsmanöver *n*

déborder [deborde] **I** *v/t* **1.** *Sache* ~ **qc** über (den Rand von) etw hinausgehen, -stehen, -ragen; ~ **le cadre du sujet** den Rahmen des Themas sprengen; **2.** *mil* um'gehen; um'fassen; **3.** *Bettuch*, *Bettdecke* her'ausziehen, -reißen; losstrampeln; *Bett* in Unordnung bringen; *Kind*, *Kranken* (halb) aufdecken; **4.** *mar Boot* (vom Ufer) abstoßen; **5.** *cout* den Besatz ab-, lostrennen (**une robe** von e-m Kleid); **II** *v/i* **6.** *Fluß* über die Ufer treten; 'übertreten; 'überfluten; *Flüssigkeit*, *Gefäß* 'überlaufen, -fließen; F 'überschwappen; **l'eau a débordé du vase** die Vase ist übergelaufen; *Glas etc* **plein à** ~ randvoll; **zum Überlaufen voll**; *Zucker* **faire** ~ **le café** den Kaffee zum Überlaufen bringen; *Regen* **faire** ~ **la rivière** den Fluß über die Ufer treten lassen; *fig* **faire** ~ **le vase** das Maß 'vollmachen; das Faß zum Überlaufen bringen; **7.** *par ext Menschenmenge* ~ **sur la place** bis auf den Platz hinaus stehen; *Wäsche* ~ **du tiroir** aus der Schublade quellen; **8.** *fig* ~ **d'enthousiasme**, **de joie**, **de reconnaissance** *od* **de tendresse** *od* von Begeisterung, Freude, Dankbarkeit, Zärtlichkeit 'überströmen, 'überfließen; ~ **d'esprit** vor Geist sprühen, 'übersprudeln; ~ **de santé** *od* von Gesundheit strotzen; ~ **de vie** vor od von Lebenslust, Temperament 'übersprudeln, 'überschäumen, sprühen; *cf auch* **débordant** 2.; **III** *v/pr* **se** ~ **en**

dormant sich beim Schlafen aufdecken, *Kind* freistrampeln

débosseler [debosle] *v/t* <-ll-> Kupferkessel *etc* ausbeulen

débotté *od* **débotter**[1] [debote] *m litt loc/adv* **au ~** a) gleich bei der Ankunft; b) *fig* unversehens

débotter[2] [debote] **I** *v/t* **~ qn** j-m die Stiefel ausziehen; **II** *v/pr* **se ~** (sich [*dat*]) die Stiefel ausziehen

débouchage [debuʃaʒ] *m* e-r Flasche Öffnen *n*; Aufmachen *n*; Entkorken *n*

débouché [debuʃe] *m* **1.** e-r Straße Einmündung *f*; e-s Tales Ausgang *m*; Mündung *f*; **au ~ de la rue X** an der Einmündung, am Ende der X-Straße; **2.** *écon* Absatzmarkt *m*, -gebiet *n*; **créer, ouvrir de nouveaux ~s** neue Absatzmärkte erschließen; **3.** *oft pl* **~s** Berufsmöglichkeiten *f/pl*; *Ausbildung* **offrir des ~s variés** vielfältige Berufsmöglichkeiten eröffnen; **4.** e-r Brücke 'Durchflußöffnung *f*; **5.** *mil* Vorbrechen *n*

débouchement [debuʃmɑ̃] *m* e-s Rohres *etc* Beseitigung *f* der Verstopfung; Freimachen *n*; Reinigung *f*

déboucher [debuʃe] **I** *v/t* **1.** *Flasche* aufmachen; öffnen; entkorken; **2.** *Rohr, Leitung* die Verstopfung beseitigen (+*gén*); frei machen; reinigen; **II** *v/i* **3.** *~ de* (her'aus)kommen, *Fahrzeug auch* (-)fahren, *mil* vorbrechen aus; **~ d'une rue transversale dans une grande artère** aus e-r Querstraße in e-e Hauptverkehrsader kommen *bzw* fahren; *Tier* **~ de son terrier** *ch auch* dem Bau fahren; **4.** *Verkehrsweg* **~ dans** (ein)münden in (+*acc*); **~ sur une place** auf e-n *od* e-m Platz münden; **5.** *fig* **~ sur** einmünden in (+*acc*); führen zu; anlangen bei; *Gespräche* **~ sur des négociations** in Verhandlungen einmünden; **III** *v/pr* **se ~** *Rohr etc* frei werden; aufgehen

débouchoir [debuʃwar] *m* Rohrreinigungsgerät *n*; **~ à ventouse** Stampfer *m*

déboucler [debukle] *v/t* **1.** *Gürtel* aufschnallen; **2.** *meist adjt* **elle est toute débouclée** ihre ganzen Locken sind verschwunden, weg

déboulé [debule] *m* **1.** *sports* (Da'her-) Stürmen *n*; voller Lauf; **2.** *Ballett* Déboulé *n* (*Folge von halben Körperdrehungen auf den Zehenspitzen*)

débouler [debule] *v/i* **1.** (*auch v/t*) **~** (l'escalier die Treppe) hin'unter-, hin'ab- *bzw* her'unter-, her'abkullern, -purzeln; **2.** *ch Hase, Kaninchen* aufspringen und da'vonrennen; **~ du terrier** aus dem Bau fahren

déboulonnage [debulɔnaʒ] *m tech* Los-, Abschrauben *n*

déboulonner [debulɔne] *v/t* **1.** *tech* los-, abschrauben; **2.** *fig* **~ qn** a) j-s Pre'stige unter'graben, zerstören; b) j-n aus s-r Stellung drängen; F j-n absägen

débouqu|ement [debukmɑ̃] *m mar* Ausfahrt *f* (*auch Stelle*), Auslaufen *n* (aus e-m Kanal *etc*); **~er** *v/i mar* (aus e-m Kanal, e-r Pas'sage *etc*) her'ausfahren, auslaufen

débourbage [deburbaʒ] *m* **1.** *Erzaufbereitung* Läutern *n*, -ung *f*; **2.** *Weißweinbereitung* Vorklären *n* (*des Mostes*)

débourb|er [deburbe] *v/t* **1.** *Teich etc* vom Schlamm reinigen; den Schlamm entfernen aus; entschlammen; (aus-) schlämmen; **2.** *tech Erz* läutern; **3.** *Weißweinbereitung: Most* vorklären; **4.** *cuis Fisch* in klares Wasser setzen, damit er den Schlammgeschmack verliert; **~eur** *m tech* Läuterwerk *n*

débourr|age [deburaʒ] *m* **1.** *Gerberei:* von Tierhäuten Enthaaren *n*, -ung *f*; **2.** *text* e-r Krempel Putzen *n*; Reinigen *n*;

-ung *f*; **3.** e-s Reitpferdes Grundausbildung *f*; Zureiten *n*; **~ement** *m bes vit* Aufbrechen *n* der (Reben)Knospen

débourrer [debure] **I** *v/t* **1.** *Pfeife* reinigen; ausklopfen; **2.** *aus Polstern* (den) Füllstoff entfernen (**qc aus etw**); **3.** *Gerberei:* Häute, Felle enthaaren; **4.** *text* Krempel putzen; reinigen; **5.** *ch de fer* Schwellen freilegen; **6.** *Pferd* zureiten; **II** *v/i Knospen* aufbrechen; **la vigne débourre** die Rebknospen brechen auf

débourr|eur [deburœr] *m text* e-r Krempel Wendewalze *f*; Wender *m*; **~ure** *f* e-r Krempel Ausputz *m*; Ausstoß *m*

débours [debur] *m* Auslage *f*; Ausgabe *f*; Aufwendung *f*; *pl auch* Spesen *pl*; **rentrer dans ses ~** s-e Auslagen zurückerstattet bekommen

débourser [deburse] *v/t Geld*(summe) ausgeben; aufwenden; **sans rien ~, sans ~ un sou** ohne etwas, ohne e-n Pfennig auszugeben

déboussoler [debusɔle] F *v/t* **~ qn** j-n aus der *od* außer Fassung, aus dem Geleise bringen; *adjt* **déboussolé** völlig außer Fassung; rat-, hilflos

debout [d(ə)bu] *adv u adj* <*inv*> **1.** stehend; aufrecht (stehend); *tech auch* hochkant; **place f ~** Stehplatz *m*; **les spectateurs ~** die stehenden Zuschauer; *int* **~ (là-dedans)!** (alles) aufstehen, aufgestanden!; auf!; *Lebewesen, Gegenstand* **être ~** stehen (*nicht sitzen bzw nicht liegen*); *cf auch* **2.** *u* **3.**; **laisser qn ~** j-n stehen lassen (*keinen Platz anbieten*); **manger ~** im Stehen essen; **mettre qc ~** etw (aufrecht) stellen; etw aufstellen; *tech auch* etw hochkant stellen; *cf auch* **3.**; **se mettre ~** aufstehen; sich erheben; sich aufrecht hinstellen; **rester ~** stehen bleiben (*sich nicht setzen bzw nicht umfallen*); *cf auch* **2.**; *Person:* **ne plus tenir ~** sich nicht mehr auf den Beinen halten können; *cf auch* **3.**; **se tenir ~** (da)stehen; **2.** auf; aufgestanden; **être ~ à six heures du matin** ... aufsein, auf den Beinen sein; *Kranker* **il est déjà ~** er ist schon wieder auf; er kann schon wieder aufstehen; **rester ~** aufbleiben; **3.** *par ext u fig: tech* **bois m ~** Hirnholz *n*; *jur* **magistrature f ~** Staatsanwaltschaft *f*; Staatsanwälte *m/pl*; *mar* **vent m ~** Gegenwind *m*; schiefer, scheeber Wind; **dormir ~** im Stehen schlafen; zum 'Umfallen müde sein; *Geschichte* **à dormir ~** ganz unwahrscheinlich; **être encore, toujours ~** *Häuser nach Bombenangriff etc* noch stehen; *Institution, Theorie* noch Bestand haben; **mettre une affaire ~** ein Geschäft auf die Beine stellen; *Argument etc* **tenir ~** Hand und Fuß haben; **ne pas tenir ~** weder Hand noch Fuß haben; keinen Sinn haben

débouté [debute] *m jur* **1.** (*jugement m de*) **~** Abweisung *f* der Klage; **2.** abgewiesener Kläger; **~ement** *m jur* Abweisung *f* (e-r Klage); **~er** *v/t jur* **~ qn de sa demande** j-s Klage abweisen

déboutonner [debutɔne] **I** *v/t* aufknöpfen; **II** *v/pr* **se ~ 1.** s-e Jacke *bzw* s-n Mantel *etc* aufknöpfen; **2.** *fig* sein Herz ausschütten; sich offen aussprechen; *zugeknöpftes Kleidungsstück* aufgehen; **~é** *zugeknöpftes Kleidungsstück* aufgehen; F halb nackt her'umlaufen

débraill|é [debraje] **I** *adj* **1.** *Person* nachlässig, schlampig, (allzu) sa'lopp gekleidet; nicht ganz angezogen; F halbnackt; *Kleidung* nachlässig; schlampig; (allzu) sa'lopp; nicht sehr schicklich; *Aussehen, Haltung* sa'lopp; lässig; **2.** *fig Manieren* locker; lose; zu frei (*auch Gespräch*); **II** *m* nachlässige, allzu sa'loppe (Art der) Kleidung; **~er** *v/pr* F **se ~** sich entblößen; F halb nackt her'umlaufen

débranchement [debrɑ̃ʃmɑ̃] *m* **1.** *élect* Ab-, Ausschalten *n*, -ung *f*; **2.** *ch de fer* von Waggons Ran'gieren *n*; e-s Zuges Auflösung *f*; Zerlegung *f*

débrancher [debrɑ̃ʃe] *v/t* **1.** *élect* den Stecker her'ausziehen (**la télévision** vom Fernseher); *Teil des Stromnetzes etc* ab-, ausschalten; *Batterie etc* abklemmen; **2.** *ch de fer Waggons* ran'gieren; *Zug* auflösen; zerlegen

débrayage [debrɛjaʒ] *m* **1.** *auto* Auskuppeln *n*; *allg tech* Ausrücken *n*; Aus-, Entkuppeln *n*; *auto* **double ~** Schalten *n* mit Zwischengas; **2.** *fig* Arbeitsniederlegung *f*, -einstellung *f*; Ausstand *m*

débrayer [debrɛje] <-ay- *od* -ai-> **I** *v/t tech* aus-, entkuppeln; ausrücken; **II** *v/i* **1.** *auto* auskuppeln; (auf) die Kupplung treten; **2.** F *fig* die Arbeit niederlegen; in den Ausstand treten; **3.** P *fig* in e-m *Betrieb etc* F Feierabend machen

débrid|é [debride] *adj Phantasie, Leidenschaft* zügellos; ungezügelt; hemmungslos; entfesselt; *Phantasie auch* blühend; **~ement** *m* **1.** *chir* Einschneiden *n*, Einschnitt *m* (zwecks Erweiterung); **2.** *der Leidenschaft etc* Entfesselung *f*; *Zustand* Zügellosigkeit *f*

débrider [debride] *v/t* **1.** *Pferd, Zugtier* abzäumen; *fig* **sans ~** ohne Unter'brechung; pausenlos; in e-m fort; **2.** *chir* einschneiden; durch Einschnitt erweitern; **3.** *cuis* die Fäden entfernen von (*zugenähtem Geflügel*)

débris [debri] *m* <*meist pl*> **1.** e-s Gefäßes, e-r Scheibe Scherben *f/pl*; e-r Statue, Säule, e-s Flugzeugs Trümmer *pl*; **~ pl de verre** Glasscherben *f/pl*; **2.** *fig* 'Überreste *m/pl*; 'Überbleibsel *n/pl*; e-r Armee, e-s Reiches auch Trümmer *pl*

débroch|age [debrɔʃaʒ] *m Buchbinderei* Entfernen *n* der Bro'schur; **~er** *v/t* **1.** *cuis* vom Spieß nehmen; **2.** *Buchbinderei* die Bro'schur entfernen (**qc von etw**)

débronzer [debrɔ̃ze] *v/i* die (Haut-) Bräune verlieren; wieder blaß werden

débrouillage [debrujaʒ] *m* Entwirren *n*, -ung *f* (*auch fig*)

débrouillard [debrujar] **I** *adj* pfiffig; findig; schlau; geschickt; wendig; F gewieft; **un garçon ~** *auch* ein Bursche, der sich zu helfen weiß; **II** *m* e-r, der sich zu helfen weiß; Schlaukopf *m*; findiger, wendiger, F gewiefter Bursche; F Pfiffikus *m*

débrouill|ardise [debrujardiz] *f* Pfiffigkeit *f*; Findigkeit *f*; Schlauheit *f*; Wendigkeit *f*; Improvisati'onskunst *f*; F Gewieftheit *f*; **~ement** *m cf* débrouillage

débrouiller [debruje] *v/t* **1.** *Fäden etc* entwirren; **2.** *fig komplizierten Sachverhalt* entwirren; Ordnung, Klarheit, Licht bringen in (+*acc*); aufklären; **3.** F **~ qn** j-m die elemen'taren Kenntnisse, die Grundbegriffe beibringen; *auch* j-n einarbeiten; *adjt* **il est déjà bien dé'brouillé** *Kind* es ist schon sehr selbständig; *Schüler* er beherrscht schon gut die Grundbegriffe; **II** *v/pr* **se ~** sich (*dat*) zu helfen wissen; zu'rechtkommen; e-n Ausweg finden; zu Rande kommen; sich aus der Af'färe ziehen; F sich durchwursteln; **débrouillez-vous!** schauen Sie, wie Sie zurechtkommen!; **qu'il se débrouille!** soll er sehen, wie er zurechtkommt *od* wo er bleibt!; **se ~ bien, tout seul** sich gut, allein zu helfen wissen; gut, allein zurechtkommen; **se ~ avec ce qu'on a** sich mit dem behelfen, was man hat; **se ~ avec ses difficultés** mit s-n Schwierigkeiten zurechtkommen; zu Rande kommen, fertig werden; **savoir se ~** sich zu helfen wissen

débroussailler [debrusaje] *v/t* **1.** das Gestrüpp entfernen (**qc von, aus, in etw**

[*dat*]); **2.** *fig in ein Problem etc* Klarheit, Licht bringen in (+*acc*)

débuché *od* **débucher**[1] [debyʃe] *m ch vom Wild* Austreten *n* (aus dem Wald, Dickicht)

débucher[2] [debyʃe] *ch* **I** *v/t Wild* ins Freie treiben; aufscheuchen, -jagen, -stöbern; **II** *v/i Wild* (aus dem Wald, Dickicht) austreten

débudgétis|ation [debydʒetizasjõ] *f fin* Streichung *f* im Haushalt(s)plan; Her'ausnahme *f* aus dem Haushalt; **~er** *v/t fin* Posten im Haushalt(s)plan streichen; aus dem Haushalt her'ausnehmen

débureaucratiser [debyrokratize] *v/t* entbürokrati'sieren

débusquer [debyske] **I** *v/t* **1.** *Wild* aufscheuchen, -jagen, -stöbern; **2.** *fig ~* qn j-n (*aus s-r Stellung*) vertreiben, verdrängen (*auch mil*); j-n (*in s-m Schlupfwinkel*) aufstöbern; **II** *v/i Wild* (aus dem Wald) austreten

début [deby] *m* **1.** Anfang *m*; Beginn *m*; ~ de l'année, du mois Jahres-, Monatsbeginn *m*; appointements *m/pl* de ~ Anfangsgehalt *n*; *loc/adv*: au ~ anfangs; anfänglich; am, zu Anfang; zu Beginn; zu'erst; tout au ~, *st/s* au tout ~ gleich zu Beginn, am *od* zu Anfang; dès le ~ von Anfang an; du ~ à la fin von Anfang bis Ende; vom Anfang bis zum Ende; *loc/prép*: ~ mai Anfang Mai; au ~ de am Anfang, zu am *od* am Beginn (+*gén*); au ~ de l'année, du mois (am) Anfang des Jahres, des Monats; au ~ du livre am Anfang des Buches; au ~ de la semaine prochaine Anfang nächster Woche; au ~ du spectacle zu, bei Beginn der Vorstellung; en ~ d'année, de semaine (am) Anfang, zu Beginn des Jahres, der Woche; en ~ d'après-midi, de matinée am frühen Nach-, Vormittag; **2.** *pl* ~s *e-s* Schauspielers *etc*, *auch par ext in der Politik etc* De'büt *n*; erstes Auftreten (in der Öffentlichkeit); faire ses ~s sein Debüt geben (*auch iron*), debü'tieren; zum ersten Mal (öffentlich) auftreten; faire ses ~s dans le monde in die Gesellschaft eingeführt werden; **3.** *pl* ~s Anfänge *m/pl*; Anfang *m*; erste Schritte *m/pl*; les ~s de la photographie die Anfänge der Photographie; n'en être qu'à ses ~s *Person* noch am Anfang stehen; die ersten Schritte tun; *Sache* noch in den Kinderschuhen stecken

débutant [debytã] **I** *adj Künstler, Ingenieur etc* angehend; pianiste ~ angehender Pianist; **II** *subst* ~(e) *m(f)* im Beruf, bei e-r Ausbildung Anfänger(in) *m(f)*; Neuling *m*; *als Künstler auch* Debü-'tant(in); cours *m* pour ~s Anfängerkurs *m*; *péj* comme un ~ wie ein Anfänger; **2.** ~e *f* Debü'tantin *f*; bal *m* des ~es Debütantinnenball *m*

débuter [debyte] **I** *v/t* beginnen; anfangen; *par ext* ~ un élève en anglais, *etc* e-m Schüler die Anfangsgründe des Englischen *etc* beibringen; **II** *v/i* **1.** im Beruf, mit e-r Ausbildung anfangen; beginnen; ~ à mille francs, chez X, comme sténodactylo wie mit mille Francs, bei X, als Stenotypistin anfangen; ~ dans la vie ins Leben treten; **2.** *bes als Künstler* debü'tieren; zum ersten Mal auftreten; sein De'büt geben; **3.** *allg Person, Sache* anfangen, beginnen (par mit)

deçà [dəsa] **I** *adv litt* ~ (et) delà bald hier(hin), bald da(hin); **II** *loc/prép* en ~ de [ãdsadə] diesseits (+*gén*); *st/s* en ~ du Rhin diesseits des Rheins; *fig* rester en ~ de la vérité nicht zur Wahrheit gelangen; nicht bis zur Wahrheit vordringen

décabosser [dekabɔse] *v/t Kotflügel etc* ausbeulen

décabristes [dekabrist] *m/pl hist in Rußland* Deka'bristen *m/pl*

décacheter [dekaʃte] *v/t* <-tt-> **1.** *Brief, Umschlag* öffnen; aufmachen; aufreißen; aufschlitzen; *par ext* ~ une bouteille e-r Flasche den Hals brechen; **2.** *im engeren Sinn* entsiegeln

décadaire [dekadɛr] *adj im frz Revolutionskalender* De'kaden...

décade [dekad] *f* **1.** De'kade *f* (*auch in der Frz Revolution*); Zeitraum *m* von zehn Tagen; **2.** Jahr'zehnt *n*; **3.** *Literatur* Einheit *f* von zehn Büchern, Kapiteln; De'kade *f*

décadence [dekadãs] *f* **1.** Deka'denz *f*; Kul'turverfall *m*; *auch e-s Reiches, der Sitten* Niedergang *m*; Verfall *m*; tomber en ~ in Verfall geraten; verfallen; **2.** *bes in der Literatur* spätrömische Zeit

décadent [dekadã] **I** *adj* deka'dent (*auch in der Kunst*); dem Niedergang, Verfall preisgegeben; angekränkelt; **II** *m/pl* les ~s die Deka'denzdichter *m/pl* (*des ausgehenden 19. Jahrhunderts*)

décaèdre [dekaɛdrə] *math* **I** *adj* zehnflächig; **II** *m* Deka'eder *n*; Zehnflächner *m*; Zehnflach *n*

décaféin|é [dekafeine] *adj Kaffee* koffe'infrei; *subst m* du ~ koffeinfreier Kaffee; **~er** *v/t* das Koffe'in entziehen (+*dat*)

décagonal [dekagɔnal] *adj* <-aux> *math* zehneckig; *Prisma* zehnseitig

décagone [dekagon, -gɔn] **I** *m math* Zehneck *n*; Deka'gon *n*; **II** *adj* zehneckig

décagramme [dekagram] *m* (*abr* dag) selten Deka'gramm *n* (*abr* Dg, *österr* dkg); *österr auch* Deka *n*

décaissement [dekɛsmã] *m fin* Auszahlung *f*

décaisser [dekese] *v/t* **1.** *Waren aus der* Kiste nehmen, auspacken; **2.** *Geldsumme* auszahlen; *der Kasse entnehmen*

décalage [dekalaʒ] *m* **1.** Verschiebung *f*; *räumlich auch* Versetzen *n*, -ung *f*; Verstellen *n*; *zeitlich auch* Verlegung *f*; *als Ergebnis auch* Abstand *m*; **2.** *fig* Diskre'panz *f*, 'Unterschied *m*, 'Mißverhältnis *n*, Kluft *f*, Spanne *f* (entre ... et zwischen [+*dat*] ... und); **3.** Phasenverschiebung *f*; **4.** *fig in e-r Entwicklung* Phasenverschiebung *f*; **5.** *astr im Spektrum* ~ vers le rouge Rotverschiebung *f*; **6.** *sports* Kurvenvorgabe *f*; **7.** Entfernung *f*, Wegnehmen *n*, Abziehen *n*, Lösen *n* der 'Unterlegklötze

décalamin|age [dekalaminaʒ] *m tech* Entrußen *n*; Entfernen *n* der Ölkohle; **~er** *v/t auto* Zündkerzen, Zylinder, Kolben entrußen; die Ölkohle entfernen von

décalci|fiant [dekalsifjã] *adj physiol* Kalkmangel her'vorrufend; **~fication** *f path* Kalk-, Kalziummangel *m*; *Zustand* Kalkmangel *m*; **~fier** *v/t* Kalk, Kalzium entziehen (l'organisme dem Organismus); **II** *v/pr* se ~ *Organismus* Kalk, Kalzium verlieren

décalcomanie [dekalkɔmani] *f* **1.** Abziehbild *n*; **2.** Abziehbildverfahren *n*

décaler [dekale] *v/t* **1.** verschieben; *räumlich auch* versetzen; verstellen; *zeitlich auch* verlegen; ~ le repas d'une heure das Essen um e-e Stunde verschieben, verlegen; **2.** den 'Unterlegklotz *bzw* die 'Unterlegklötze entfernen, wegnehmen, abziehen, lösen (un meuble, une voiture unter e-m Möbelstück, Auto)

décalitre [dekalitrə] *m* **1.** Deka'liter *n od m*; **2.** *par ext* Zehn'literbehälter *m*

décalogue [dekalɔg] *m rel* le ~ der Deka'log; die Zehn Gebote *n/pl*

décalquage [dekalkaʒ] *m* (Ab-, 'Durch-) Pausen *n*

décalque [dekalk] *m* **1.** *e-r Zeichnung etc* Pause *f*; **2.** *comm* comptabilité *f* par ~ 'Durchschreibebuchführung *f*; **3.** *fig* Nachahmung *f*; *péj* Abklatsch *m*

décalquer [dekalke] *v/t* Zeichnung, Bild (ab-, 'durch)pausen

Décaméron [dekamerõ] *Boccaccio* le ~ das Dek'ameron *od* Decame'rone

décamètre [dekamɛtrə] *m* **1.** Deka-'meter *n od m*; **2.** *arp* 10-m-Bandmaß *n*

décamper [dekãpe] *v/i* F sich aus dem Staube machen; Reiß'aus nehmen; abhauen; sich verziehen

décan [dekã] *m Astrologie* De'kade *f*

décanal [dekanal] *adj* <-aux> *Universität* De'kanats...; De'kans...

décanat [dekana] *n égl, Universität* Deka'nat *n*; De'kanswürde *f*; Amt(szeit) *n(f)* e-s De'kans

décaniller [dekanije] *v/i* F abhauen; verduften; sich verkrümeln; abzischen

décantage [dekãtaʒ] *m cf* décantation

décantation [dekãtasjõ] *f* Abklären *n*; (Klären *n* durch) Absetzenlassen *n*; Dekan'tieren *n*; bassin *m* de ~ Absetz-, Absitz-, Klärbecken *n*

décant|er [dekãte] **I** *v/t* **1.** *Flüssigkeit* abklären; klären (durch Absetzenlassen); dekan'tieren; **2.** *fig* Gedanken *etc* sich abklären lassen; **II** *v/i u v/pr* (se) ~ **3.** *Flüssigkeit* sich abklären; laisser ~ absetzen, sich abklären lassen; **4.** *fig* Meinungen *etc* sich abklären; **~eur** *m tech* Klärapparat *m*; De'kanter *m*; *e-r* Kläranlage Klär-, Absetzbecken *n*

décapage [dekapaʒ] *m* **1.** *métall* ~ chimique Beizen *n*; Deka'pieren *n*; ~ électrolytique elektrolytisches Beizen; ~ mécanique mechanisches Entzundern, Entrosten; **2.** *von alten Farbanstrichen* Abbeizen *n*

décapant [dekapã] *m* **1.** *métall* Beizmittel *n*; Beize *f*; **2.** *beim Löten* Flußmittel *n*; Lötwasser *n*; **3.** *zur Entfernung alter Farbanstriche* Abbeizmittel *n*

décap|er [dekape] *v/t* **1.** Metallgegenstand (ab)beizen; deka'pieren; *mit mechanischen Verfahren* entzundern; entrosten; **2.** *alte Farbschichten* abbeizen; ~ au chalumeau abbrennen; **3.** *par ext* den Schmutzbelag entfernen (qc von etw); blank scheuern; putzen; **~eur** *m Arbeiter* (Me'tall)Beizer *m*; Entroster *m*; **~euse** *f Tiefbau* Schrapper *m*

décapitation [dekapitasjõ] *f* Enthauptung *f*

décapiter [dekapite] *v/t* **1.** enthaupten; köpfen; **2.** *par ext Baum* köpfen; kappen; entwipfeln; **3.** *fig Gruppe* führerlos machen; das Haupt ausschalten (une bande e-r Bande)

décapodes [dekapɔd] *m/pl zo* **1.** Zehnfußkrebse *m/pl*; Zehnfüßer *m/pl*; Deka-'poden *m/pl*; **2.** *bei den Kopffüßern* Zehnfüßer *m/pl*; Deka'poden *m/pl*

décapot|able [dekapɔtablə] *adj Auto* mit zu'rückklappbarem Verdeck; voiture *f* ~ Kabrio'lett *n*; **~er** *v/t* das Verdeck zu'rückklappen (une voiture e-s Wagens)

décapsulation [dekapsylasjõ] *f chir* Dekapsulati'on *f*

décapsul|er [dekapsyle] *v/t* Flasche mit Kronenverschluß öffnen; aufmachen; **~eur** *m* Flaschenöffner *m*

décapuchonner [dekapyʃɔne] *v/t* die Schutzkappe abnehmen (un stylo von e-m Füller)

décarbonater [dekarbɔnate] *v/t chim* die Kohlensäure entziehen (+*dat*)

décarbur|ation [dekarbyrasjõ] *f tech*

Entkohlen *n*, -ung *f*; **~er** *v/t tech* Roheisen *etc* entkohlen

décarcasser [dekarkase] *v/pr* F **se ~** sich anstrengen, sich ins Zeug legen, F sich abrackern, sich abplacken, sich abstrampeln (**pour** + *inf* um zu + *inf*)

décarreler [dekarle] *v/t* <-ll-> die Fliesen entfernen, her'ausreißen (**la cuisine aus der Küche**)

décartellisation [dekartelizasjõ] *f écon* Dekartelli'sierung *f*; Entflechtung *f*

décasyllab|e [dekasi(l)lab] *métr* **I** *adj* zehnsilbig; **II** *m* zehnsilbiger Vers; Zehnsilb(n)er *m*; **~ique** *adj métr* zehnsilbig

décathlon [dekatlõ] *m sports* Zehnkampf *m*

décathlonien [dekatlɔnjɛ̃] *m sports* Zehnkämpfer *m*

décati [dekati] *adj* F Person verblüht; gealtert; abgelebt; verlebt

décat|ir [dekatir] **I** *v/t text* deka'tieren; krumpfen; **II** *v/pr* **se ~** *fig* Person s-e Frische verlieren; altern; **~issage** *m text* Deka'tieren *n*; Deka'tur *f*; Krumpfen *n*; **~isseur** *m text* Arbeiter Deka'teur *m*

decauville [dəkovil] *m tech* Feldbahn *f*

décav|é [dekave] *adj* F **1.** finanziell rui'niert; F pleite; blank; **2.** *gesundheitlich* angegriffen; mitgenommen; **~er** *v/t* **~ qn** j-m im Spiel alles abnehmen

décéder [desede] *v/i* <-è-; être> *adm, jur* (ver)sterben; verscheiden; **décédé à Paris le dix mai** verstorben am zehnten Mai in Paris

décelable [deslabl(ə)] *adj* nachweisbar; feststellbar; erkennbar

décèlement [deselmã] *m* Nachweis *m*; Feststellung *f*; Aufdeckung *f*

déceler [desle] *v/t* <-è-> **1.** Spuren, Leck, *par ext* Einfluß *etc* nachweisen; feststellen; Intrige, Verbrechen *auch* aufdecken; **2.** Sache *~* qc etw erkennen lassen; auf etw (*acc*) schließen lassen; etw verraten

décélération [deselerasjõ] *f* **1.** *phys, tech* Verzögerung *f*; negative Beschleunigung; Geschwindigkeitsabnahme *f*, -verringerung *f*; *bei Fahrzeugen bes* Bremsverzögerung *f*; *fig* Verlangsamung *f*; **~ des prix** Verlangsamung der Preissteigerung

décéléromètre [deselerɔmɛtr(ə)] *m tech* (Brems)Verzögerungsmesser *m*

décembre [desãbr(ə)] *m* De'zember *m*

décemment [desamã] *adv* **1.** anständig; schicklich; geziemend; **s'exprimer ~** sich anständig *etc* ausdrücken; **2.** *par ext* **~ on ne peut pas lui reprocher ...** vernünftigerweise ...; **3.** annehmbar; **vivre ~** sein Auskommen haben

décence [desãs] *f* **1.** Anstand *m*; Schicklichkeit *f*; **blesser, choquer** la **~** den Anstand verletzen; **c'est contraire à la ~** das ist gegen *od* allen Anstand; **être vêtu avec ~** anständig, schicklich gekleidet sein; **2.** *par ext* Zu'rückhaltung *f*; Diskreti'on *f*; Takt *m*; **avoir la ~ de se taire** so taktvoll sein und schweigen

décennal [desenal] *adj* <-aux> **a)** zehnjährig; zehn Jahre dauernd; **b)** alle zehn Jahre 'wiederkehrend; zehnjährlich

décennie [deseni] *f* Jahr'zehnt *n*; De'zennium *n*

décent [desã] *adj* **1.** Kleidung, Ausdrucksweise *etc* (wohl)anständig; schicklich; geziemend; Person anständig; gesittet; untadelig; **2.** *par ext* zu'rückhaltend; dis'kret; taktvoll; **3.** Bedingungen *etc* annehmbar; akzep'tabel; brauchbar

décentrage [desãtraʒ] *m opt, phot* Dezen'trierung *f*; ex'zentrische Verstellung

décentralis|ateur [desãtralizatœr] **I** *adj* <-trice> dezentrali'sierend; Dezentralisati'ons...; **II** *m* Anhänger *m*

der Dezentralisati'on; **~ation** *f pol. adm, écon* Dezentralisati'on *f*; Dezentrali'sierung *f*

décentraliser [desãtralize] *v/t* Verwaltung, Industrie dezentrali'sieren; *bes mit Bezug auf Frankreich*: Betrieb *etc* in die Pro'vinz verlegen; Personal in die Pro'vinz schicken

décentrement [desãtrəmã] *m cf* **décentrage**

décentrer [desãtre] *v/t opt, phot* dezen'trieren; ex'zentrisch verstellen

déception [desɛpsjõ] *f* Enttäuschung *f*; **cruelle ~** bittere Enttäuschung; **causer, réserver une ~ à qn** j-m eine Enttäuschung bereiten; **éprouver une ~** Enttäuschung erleben; enttäuscht werden

décercler [deserkle] *v/t* die Reifen abmachen (**un tonneau** von e-m Faß)

décérébration [deserebrasjõ] *f im Tierversuch* Dezere'brierung *f*; Ausschaltung *f* des Großhirns

décernement [desernəmã] *m e-s* Preises Zuerkennung *f*; Verleihung *f*

décerner [deserne] *v/t* **1.** Preis, Belohnung zuerkennen; Preis *auch* verleihen; *fig* **~ la palme à qn** j-m den Sieg zuerkennen; **2.** *jur* **~ un mandat d'arrêt** Haftbefehl erlassen

décès [dese] *m adm, jur* Ableben *n*; Tod *m*; *par ext* Todesfall *m*; *bes statistisch* Sterbefall *m*; **~ en ~** Sterbeurkunde *f*; **cause** *f* **de ~** Todesursache *f*; **date** *f* **du ~** Sterbe-, Todesdatum *n*; **en cas de ~** im Todesfall; **assurance** *f* **en cas de ~** Todesfallversicherung *f*; *bes in der Sozialversicherung* Sterbegeldversicherung *f*; **fermé pour cause de ~** wegen Todesfall(s) geschlossen; *adjt* **capital** *m* **~** Sterbegeld *n*

décevant [des(ə)vã] *adj* enttäuschend

décevoir [des(ə)vwar] *v/t* <*cf* **recevoir**> **~ qn** j-n enttäuschen; **cet élève, ce livre, cette ville m'a déçu** dieser Schüler, dieses Buch, diese Stadt hat mich enttäuscht; **~ l'attente, la confiance, les espérances de qn** j-s Erwartung, Vertrauen, Hoffnungen enttäuschen

déchaîné [deʃene] *adj* **1.** Naturgewalten, Leidenschaften entfesselt; Meer, Leidenschaften *auch* aufgewühlt; Eifer wild; **2.** Person **a)** außer Rand und Band; nicht zu bändigen; **b)** **~ contre** aufgebracht gegen; wütend auf (+*acc*)

déchaînement [deʃɛnmã] *m* des Sturms Losbrechen *n*; der Leidenschaften, Instinkte Entfesselung *f*; Ausbruch *m*; *anhaltend allg* Toben *n*; Wüten *n*; **~ des éléments** Aufruhr *m* der Elemente; **~s de haine** Haßausbrüche *m/pl*

déchaîner [deʃene] **I** *v/t* **1.** Hund, Boot losketten; **2.** Naturgewalten, Leidenschaften, Krieg, Begeisterung, Wut entfesseln; Sturm: die See aufwühlen; Heiterkeit her'vorrufen; Wut, Begeisterung *auch* auslösen; entfachen; **~ l'opinion contre qn** die öffentliche Meinung gegen j-n aufbringen; **II** *v/pr* **se ~ 3.** Sturm: losbrechen; Leidenschaften, Triebe, Begeisterung, Wut ausbrechen; *anhaltend allg* toben; wüten; **4.** Person toben, F losziehen, loswettern (**contre** gegen)

déchant [deʃã] *m hist mus* Dis'kant *m*

déchanter [deʃãte] *v/i* zu'rückstecken; klein beigeben

déchaperonner [deʃaprɔne] *v/t ch* **~ le faucon** dem Falken die Haube abnehmen

décharge [deʃarʒ] *f* **1.** *élect* Entladung *f*; **~ disruptive** 'Durchschlag *m*; **~ à arc, à étincelle, à lueur** Bogen-, Funken-, Glimmentladung *f*; **~ dans les gaz**

Gasentladung *f*; **~ de Townsend** Dunkelentladung *f*; **~ en aigrette, en couronne** Büschel-, Ko'ronaentladung *f*; **tension** *f* **de ~** 'Durchschlagspannung *f*; **recevoir une ~ (électrique)** e-n elektrischen Schlag bekommen; sich elektrisieren; **2. ~ publique** Müll-, Schuttabladeplatz *m*; Müllkippe *f*; Depo'nie *f*; **3.** *e-r* Schußwaffe Abfeuern *n*; Abschießen *n*; *par ext* Schuß *m*; Schüsse *m/pl*; Salve *f*; **~ de plombs** Ladung *f* Schrot; Schrotladung *f*; **4.** *jur* Entlastung *f*; **témoin** *m* **à ~** Entlastungszeuge *m*; *auch allg* **à sa ~** zu s-r Entlastung; *bes comm* Entlastung *f*; *par ext* Entlastungsbescheinigung *f*; Quittung *f*; **porter une somme en ~** e-n Betrag als bezahlt, empfangen buchen; **6.** *arch* **arc** *m* **de ~** Entlastungsbogen *m*; **7.** *tech* **tuyau** *m* **de ~** Abfluß-, 'Überlaufrohr *n*

décharge|ment [deʃarʒ(ə)mã] *m* **1.** *e-s* Fahrzeugs, von Gütern Entladen *n*, -ung *f*; Aus-, Abladen *n*; *e-r* Schiffsladung *auch* Löschen *n*; **lieu** *m*, **port** *m* **de ~** Entladeort *m*, -hafen *m*; **2.** *e-r* Schußwaffe Entladen *n*; **~oir** *m tech* Abfluß(leitung) *m*(*f*)

décharger [deʃarʒe] <-geons> **I** *v/t* **1.** Fahrzeug, Güter entladen; aus e-m Fahrzeug ausladen; von e-m Fahrzeug herunter abladen; Schiffsladung *auch* löschen; Menschen, Lasttieren s-e Last abnehmen (+*dat*); **~ les bagages de la voiture** das Gepäck aus dem Auto ausladen; **~ qn d'une valise** j-m e-n Koffer abnehmen; **2.** Schußwaffe **a)** entladen; **b)** abfeuern, abschießen (**sur** auf +*acc*); **3.** *élect* Batterie *etc* entladen; **4.** *arch* Balken *etc* entlasten; **5.** *fig* **~ qn (d'un travail)** j-n (in s-r Arbeit) entlasten; j-m Arbeit abnehmen (**sie selber machen**); **~ qn de ses engagements** j-n von s-n Verpflichtungen entlasten; **6.** *fig* **a)** sein Herz erleichtern; sein Gewissen entlasten; erleichtern; **b)** s-e schlechte Laune, s-n Zorn, Ärger **~ sur** an j-m auslassen; **7.** *jur u allg* Beschuldigten entlasten; **8.** *comm* Konto entlasten; Lieferschein quit'tieren; **II** *v/i* **9.** *text* Stoff abfärben; **III** *v/pr* **10. se ~ d'un travail,** *etc* **sur qn** e-e Arbeit *etc* an j-n abgeben; **11.** *élect* Batterie *etc* sich entladen

déchargeur [deʃarʒœr] *m tech* Entladegerät *n*; Entlader *m*

décharné [deʃarne] *adj* Gesicht abgezehrt; Gliedmaßen mager; dürr; Person (zum Ske'lett) abgemagert

déchaul|age [deʃolaʒ] *m* Gerberei Entkälken *n*; **~er** *v/t* Gerberei: Häute entkälken

déchaum|age [deʃomaʒ] *m agr* Stoppelstürzen *n*; **~er** *v/t agr* die Stoppeln stürzen, 'umpflügen (**un champ** auf e-m Feld); **~euse** *f agr* Schälpflug *m*; **~ à disques** Scheibenschälpflug *m*

déchaussage [deʃosaʒ] *m bei* Pflanzen, Bäumen Bloßlegen *n*, -ung *f* der Wurzeln

déchaussé [deʃose] *adj* **1.** Person, Füße ohne Schuhe; Karmeliter(in) unbeschuht; Person **être ~** keine Schuhe anhaben; **2.** Zahn mit bloßliegendem Zahnhals; freigelegt; Mauer mit bloßliegendem Funda'ment

déchaussement [deʃosmã] *m* **1.** Bloß-, Freilegen *n*; Zustand Bloß-, Freiliegen *n* (der Wurzeln *bzw* der Funda'mente); **2.** *path* Bloß-, Freiliegen *n* der Zahnhälse und Zahnwurzeln; Vorgang Zu'rückweichen *n* des Zahnfleisches; Zahnbettschwund *m*

déchauss|er [deʃose] **I** *v/t* **1. ~ qn** j-m die Schuhe ausziehen; *par ext* **~ ses skis** s-e Skier abschnallen; **2.** bloß-, freilegen (**un arbre** die Wurzeln e-s Baumes; **un mur** das Fundament e-r Mauer); **II** *v/pr*

se ~ **3.** (sich [dat]) die Schuhe ausziehen; **4.** *Zahn* locker, lose werden; **~euse** f vit Weinbergpflug m (zum Freilegen der Rebstöcke)

déchaux [deʃo] adi ⟨nur m⟩ égl cath **carmes** m/pl ~ unbeschuhte Karmeliter m/pl

dèche [dɛʃ] F f Geldverlegenheit f; F (Geld)Klemme f; par ext Not(lage) f; il est dans la ~ er ist in Not, F in der Klemme; F es geht ihm dreckig

déchéance [deʃeãs] f **1.** Verfall m; Niedergang m; Zerrüttung f; ~ **intellectuelle, physique** geistiger, körperlicher Verfall; **2.** jur von Rechten Verlust m; Verwirkung f; Aberkennung f; ~ **de la puissance paternelle** Aberkennung, Verwirkung der elterlichen Gewalt; **3.** e-s Herrschers Absetzung f; **4.** fin ~ **quadriennale** Verjährung f von Ansprüchen gegenüber dem Staat in vier Jahren

déchet [deʃɛ] m **1.** meist pl ~**s** Abfälle m/pl; Abfall m; ~**s métalliques** Me'tallabfälle m/pl; ~**s radioactifs** radioaktive Abfälle; A'tommüll m; ~**s de bois** Holzabfälle m/pl; Abfallholz n; ~**s de viande** Fleischabfälle m/pl; **2.** physiol ~**s** pl Schlacken f/pl; **3.** comm Abgang m; Verlust m; Schwund n; ~ **de route** Abgang etc beim Transport; il y a beaucoup de ~ es geht viel dabei verloren; **4.** fig von e-r Person un ~ de l'humanité ein her'untergekommenes Sub'jekt

déchiffr|able [deʃifrabl(ə)] adi entzifferbar; ~**age** m mus Vom-Blatt-Spielen n bzw Vom-Blatt-Singen n

déchiffrement [deʃifrəmã] m Entzifferung f; Entschlüsselung f; Dechif'frierung f

déchiffr|er [deʃifre] v/t **1.** Text, (In-, Hand)Schrift entziffern; Geheimmeldung etc entschlüsseln; dechif'frieren; **2.** mus vom Blatt spielen bzw singen; **3.** fig j-s Absichten etc durch'schauen; erraten; enträtseln; Rätsel lösen; ~**eur** m Entzifferer m

déchiquetage [deʃiktaʒ] m **1.** Zerreißen n; Zerfetzen n; **2.** Auszacken n, -ung f

déchiqueter [deʃikte] v/t ⟨-tt-⟩ **1.** in Stücke, Fetzen reißen; zerreißen; zerfetzen; zerstückeln; Raubtier: Beute auch zerfleischen; **2.** Papier-, Stoffrand auszacken; adjt **déchiqueté** bot Blatt (aus)gezackt; Gebirgsmassiv gezackt; zackig; Küste zerklüftet; Foto mit Büttenrand

déchiquet|eur [deʃiktœr] m od ~**euse** f tech Zerkleinerer m; ~**ure** f **1.** (zerrissenes, ab-, ausgerissenes) Stück; Fetzen m; **2.** Auszackung f; Zacke f; (Ein)Schnitt m

déchirant [deʃirã] adi Anblick, Abschied herzzerreißend; Schrei markerschütternd

déchiré [deʃire] adi **1.** Kleidung etc zerrissen; Muskel gerissen; **2.** fig Person être ~ tiefen Schmerz empfinden; **3.** fig Land etc (innerlich) zerrissen; entzweit

déchirement [deʃirmã] m **1.** von Stoff etc Zerreißen n; e-s Muskels Zerreißung f; **2.** fig tiefer (seelischer) Schmerz; Trennung etc causer un ~ à qn j-m das Herz zerreißen; **3.** fig e-s Landes etc, oft pl ~**s** (innere) Zerrissenheit; Zwist m; Zwietracht f; Uneinigkeit f

déchirer [deʃire] I v/t **1.** zerreißen; p/fort zerfetzen; am Rand einreißen; ~ **en deux** entzwei-, ausein'ander-, 'durchreißen; ~ **en morceaux** in Stücke reißen; elle a été **déchirée à l'accouchement** sie ist bei der Entbindung eingerissen; **2.** fig Schuß etc ~ **le silence** die Stille zerreißen; Lärm ~ **le tympan** das Trommelfell zerreißen; ~ **le voile** die Wahr-

heit an den Tag bringen; den Sch'leier zerreißen; **3.** fig ~ **(le cœur de)** qn j-m das Herz zerreißen; j-m e-n Riß geben; **ce spectacle vous déchire le cœur** auch bei diesem Anblick blutet einem das Herz; **4.** Konflikt: ein Volk etc entzweien; Zwietracht, Uneinigkeit bringen über (+acc); trennen; spalten; **5.** fig ~ **qn à belles dents** j-n schlechtmachen, her'absetzen, F her'untermachen, verreißen; kein gutes Haar, keinen guten Faden an j-m lassen; **II** v/pr **6.** se ~ Kleid, Vorhang, poét Wolken zerreißen; Seil, Tüte, path Muskel reißen; Naht aufreißen; am Rand einreißen; in der Mitte 'durchreißen; ausein'anderreißen; **7.** se ~ **les mains** sich an den Händen reißen; sich die Hände blutig reißen; se ~ **un muscle** sich e-n Muskelriß zuziehen

déchirure [deʃiryr] f **1.** in Kleidern etc Riß m; **2.** path Riß m; bes Dammriß m; ~ **d'un muscle** Muskelriß m; **3.** (Zer-) Reißen n; **résistance** f à la ~ Reißfestigkeit f; am Freiballon **panneau** m **de** ~ Reißbahn f

déchlorurer [deklɔryre] v/t chim, méd (das) (Natrium)Chlo'rid entziehen (l'organisme dem Organismus); adit **régime déchloruré** (koch)salzlose Diät

déchoir [deʃwar] v/i ⟨déf: je déchois, il déchoit, nous déchoyons; je déchus; je déchoirai; que je déchoie; déchu; avoir u être⟩ **1.** sozial, moralisch (ab-) sinken; körperlich, geistig verfallen; Ansehen etc schwinden; ~ **de son rang** s-n Rang einbüßen, verlieren; st/s s-s Ranges verlustig gehen; **ce serait** ~ d'accepter es hieße tief sinken ...

déchristianis|ation [dekristjanizasjõ] f Entchristlichung f; ~**er** v/t entchristlichen; dem Christentum entfremden

déchu [deʃy] p/p von déchoir u adi **1.** rangmäßig abgesunken; her'untergekommen; st/s s-s Ranges, s-r Stellung verlustig gegangen; Herrscher gestürzt; abgesetzt; entthront; **2.** rel gefallen; **ange** ~ gefallener Engel; **3.** ~ **d'un droit** e-s Rechtes verlustig gegangen; **déclarer** qn ~ **d'un droit** j-m ein Recht aberkennen

de-ci [dəsi] loc/adv ~ **de-là** hier und da

décibel [desibɛl] m phys Dezi'bel n

décidé [deside] adi **1.** Person, Miene, Haltung entschlossen; Haltung auch, Antwort, Ton entschieden; (sehr) bestimmt; ♦ **être** ~ **à** qc, **à faire** qc (fest) entschlossen sein zu etw, etw zu tun; ~ **à tout** zu allem entschlossen; **j'y suis** ~ ich bin (fest) dazu entschlossen; **je suis** ~ **à ce qu'il parte** ich werde entschieden darauf hinarbeiten, daß er geht; **2.** Angelegenheit entschieden; beschlossen; **c'est (une) chose** ~**e** das ist beschlossene Sache

décidément [desidemã] adv **1.** (also) wirklich; wahrhaftig; wahrlich; es steht fest; soviel ist sicher; ~, **il n'a pas de chance!** (also) wirklich od wahrhaftig, er hat doch gar kein Glück!; **2.** entschieden; ~ **trop cher, vieux,** etc entschieden zu teuer, alt etc

décider [deside] I v/t **1.** ~ qc etw beschließen; adm, jur auch etw verfügen; ~ **de** (+inf) od **que** ... (meist + fut) beschließen zu (+inf) od daß ...; ~ **l'envoi de secours** od **d'envoyer des secours** die Entsendung von Hilfsmannschaften beschließen od beschließen, Hilfsmannschaften zu entsenden; ~ **que les rations seront diminuées** beschließen, daß die Rationen herabgesetzt werden; **sans rien** ~ ohne e-n Beschluß zu fassen; **2.** ~ qn **à** qc j-n zu etw bestimmen, veranlassen, be-

wegen, drängen; ~ qn **à un voyage** j-n zu e-r Reise veranlassen; ~ qn **à acheter** j-n zum Kauf bestimmen, veranlassen; ~ qn **à quitter** qn j-n dazu bestimmen etc, j-n zu verlassen; **II** v/t/indir **3.** Person, Sache ~ **de** qc über etw (acc) entscheiden; etw bestimmen; st/s, adm über etw (acc) befinden; ~ **de la paix et de la guerre** über Krieg und Frieden entscheiden; **le sort en a décidé autrement** das Schicksal hat anders entschieden; **ohne «de»:** ~ **qui a raison** entscheiden, wer recht hat; **III** v/i **4.** entscheiden; bestimmen; **c'est moi qui décide** hier entscheide, bestimme ich; **à vous de** ~ die Entscheidung liegt bei Ihnen; **IV** v/pr se ~ **5.** sich entschließen (à qc zu etw; à faire qc etw zu tun); **décidez-vous!** entschließen Sie sich!; se ~ **à une opération** sich zu e-r Operation entschließen; se ~ **à partir** sich entschließen zu gehen; **être prompt à se** ~ von schnellem Entschluß sein; **6.** bei mehreren Möglichkeiten sich entscheiden (pour für); se ~ **pour le moindre mal** sich für das geringere Übel entscheiden; **7.** Frage, Kriegsausgang etc sich entscheiden; **son avenir se décide aujourd'hui** s-e Zukunft entscheidet sich heute

décigramme [desigram] m (abr dg) Dezigramm n (abr dg)

décile [desil] m Statistik De'zil n; Zehntelwert m

décilitre [desilitr(ə)] m (abr dl) Deziliter m od n (abr dl)

décimal [desimal] adi ⟨-aux⟩ Dezi'mal...; Zehner...; de'kadisch; **calcul** ~ Dezimalrechnung f; Bibliothekswesen **classification** ~ **e** Dezimalklassifikation f; **logarithme** ~ cf logarithme; **nombre** ~ Dezimalzahl f; **(système** m **de) numération** ~**e** Dezimal-, Zehnersystem n; dekadisches System; **système** ~ metrisches System der Maße und Gewichte

décimale [desimal] f math Dezi'male f; Dezi'malstelle f

décimalis|ation [desimalizasjõ] f Dezimali'sierung f; 'Umstellung f auf das Dezi'malsystem; ~**er** v/t dezimali'sieren; auf das Dezi'malsystem 'umstellen

décimation [desimasjõ] f hist Dezimati'on f; par ext Dezi'mierung f

décime [desim] **1.** f hist Décime f (Abgabe des Klerus an die Krone); **2.** m Steuerrecht zehnprozentiger Steuerzuschlag

décimer [desime] v/t dezi'mieren (auch hist)

déci|mètre [desimɛtr(ə)] m **1.** (abr dm) Dezimeter m od n; **2.** double ~ Line'al n von 20 cm Länge; ~**métrique** adi rad **ondes** f/pl ~**s** Dezi'meterwellen f/pl

décintr|age [desɛ̃traʒ] m od **décintr|ement** [desɛ̃trəmã] m bât Abbau m des Lehrgerüstes; Ausrüsten n, -ung f; ~**er** v/t bât das Lehrgerüst abbauen (**une voûte** von e-m Gewölbe); ausrüsten

décisif [desizif] adi ⟨-ive⟩ **1.** entscheidend; ausschlaggebend; maßgeblich; maßgebend; **l'argument** ~ das ausschlaggebende Argument; **bataille décisive** Entscheidungsschlacht f; **influence décisive** maßgeblicher Einfluß; **au moment** ~ im entscheidenden Augenblick; **être** ~ entscheidend sein; den Ausschlag geben; **2.** **ton** ~ entschiedener, bestimmter Ton

décision [desizjõ] f **1.** Vorgang Entscheidung f; e-s Gremiums auch Beschlußfas-

sung f; la ~ appartient à ... die Entscheidung liegt bei ...; **avoir pouvoir de** ~ die Entscheidungsbefugnis haben; **se réserver la** ~ sich die Entscheidung vorbehalten; **soumettre une question à la** ~ **de qn** j-m e-e Frage zur Entscheidung vorlegen; **2.** *Ergebnis* Entscheidung f; *e-s Gremiums auch* Beschluß m; *adm, jur auch* Entscheid m; *adm auch* Bescheid m; ~ **administrative, judiciaire** behördliche, gerichtliche Entscheidung; **prendre une** ~ e-e Entscheidung treffen; e-n Beschluß fassen; *cf auch* 3.; **3.** Entschluß m; ~ **irrévocable** unwiderruflicher Entschluß; **forcer une** ~ e-n Entschluß erzwingen; **prendre une** ~ e-n Entschluß fassen; **4.** Entschiedenheit f; Bestimmtheit f; Entschlossenheit f; **esprit** m **de** ~ Entschlußkraft f; **agir avec** ~ mit aller Entschiedenheit, entschlossen handeln; **5.** *psych, math, Kybernetik* Entscheidung f

décisoire [desizwar] *adj jur* **serment** m ~ zugeschobener Eid

déclam|ateur [deklamatœr] **I** m Dekla-'mator m *(auch péj)*; **II** *adj* ‹-trice› deklama'torisch *(auch péj)*, ~**ation** f Deklamati'on f; Dekla'mieren n *(beide auch péj)*; **tomber dans la** ~ ins Deklamieren verfallen

déclam|atoire [deklamatwar] *adj péj* Ton, Stil deklama'torisch; schwülstig; em'phatisch; pa'thetisch; ~**er** *v/t* Gedicht etc dekla'mieren *(auch abs u péj)*

déclar|able [deklarabl(ə)] *adj* dekla'rierbar; zu dekla'rieren(d); anzumelden(d); *auch* zu verzollen(d); **revenu** m ~ anzugebendes Einkommen; ~**ant** m *adm* Anmeldende(r) m; Anmelder m *(auch Zoll)*

déclaratif [deklaratif] *adj* ‹-ive› **1.** *jur* feststellend; dekla'ratorisch; **acte** ~ Rechtsakt m mit deklaratorischer Wirkung; **jugement** ~ Feststellungsurteil n; **2.** *gr* **verbe** ~ Verb n des Sagens und Denkens

déclaration [deklarasjõ] f **1.** Erklärung f; Aussage f; Feststellung f; Deklarati'on f; ~ **ministérielle** Re'gierungserklärung f; ~ **à la presse** Presseerklärung f; *jur* (jugement m de) ~ **d'absence** *etwa* Todeserklärung f; ~ **de guerre** Kriegserklärung f; **à la** ~ **de la guerre** bei Kriegsausbruch; **la** 2 **des droits de l'homme** die Erklärung der Menschenrechte; ~ **de principe** Grundsatzerklärung f; ~ **d'utilité publique** Feststellung, daß etw im öffentlichen Interesse liegt; *jur* ~ **de volonté** Willenserklärung f; **sur la** ~ **de deux témoins** auf die Aussage zweier Zeugen hin; **faire une** ~ e-e Erklärung abgeben; **2.** ~ (**d'amour**) Liebeserklärung f; **faire sa** ~ **à qn** j-m e-e Liebeserklärung machen; **3.** *bei der Behörde* Anmeldung f; Angabe f; Anzeige f; Erklärung f; Deklarati'on f; ~ **d'état-civil** Erklärung vor dem, Anmeldung beim Standesamt; ~ **de faillite** Kon'kursanmeldung f; ~ **d'impôts** Steuererklärung f; ~ **des maladies contagieuses** Meldung f von ansteckenden Krankheiten; ~ **de naissance** Anmeldung e-r Geburt beim Standesamt; ~ **de perte** Verlustanzeige f; ~ **de (la) valeur** Wertangabe f; ~ **en douane** Zollerklärung f, -anmeldung f, -deklaration f

déclaratoire [deklaratwar] *adj jur cf* **déclaratif** 1.

déclaré [deklare] *adj* **1.** *bes Gegner* erklärt; **être l'ennemi** ~ **de qn, de qc** ein erklärter Gegner j-s, e-r Sache sein; **2.** *Postsendung* **avec valeur** ~**e** mit Wertangabe; **Wert** ...; **colis** m **avec valeur** ~**e** Wertpaket n

déclarer [deklare] **I** *v/t* **1.** *förmlich* erklären; ~ **son amour** s-e Liebe erklären; ~ **la guerre** *cf* **guerre**; ~ **ses intentions** s-e Absichten aussprechen, äußern, bekanntgeben; ~ **que** ... erklären, daß ...; ♦ ~ **qn coupable** j-n für schuldig erklären; j-n schuldig sprechen; ~ **la séance ouverte** die Sitzung für eröffnet erklären; **2.** *bei der Behörde* (an)melden; angeben; anzeigen; *comm auch* dekla'rieren; ~ **un décès, une naissance** e-n Todesfall, e-e Geburt anmelden; ~ **un employé à la Sécurité sociale** e-n Angestellten bei der Sozialversicherung anmelden; ~ **des marchandises à la douane** Waren beim Zoll deklarieren, anmelden, angeben; **avez-vous qc à** ~ ? haben Sie etwas zu verzollen?; ~ **ses revenus** s-e Einkünfte (dem Finanzamt) angeben; **II** *v/pr* **se** ~ **3.** *Person* sich äußern, Stellung nehmen (**sur un point** zu e-m Punkt); **se** ~ **contre, pour qn, qc** sich gegen, für j-n, etw erklären; ♦ **se** ~ **coupable, lésé,** *etc* sich für schuldig, benachteiligt *etc* erklären; **4.** sich erklären; s-e Liebe erklären; **5.** *Brand, Krankheit* ausbrechen; *Krankheit auch* zum Ausbruch kommen

déclassé [deklase] **I** *adj* sozial deklas-'siert; abgesunken; zu'rückgesetzt; **s'estimer** ~ sich deklassiert vorkommen; **II** m Deklas'sierte(r) m

déclassement [deklasmã] m **1.** sozial Deklas'sierung f; Absinken n; Abstieg m; Zu'rücksetzung f; Schlechterstellung f; **2.** *von Personal, e-s Hotels etc* niedrigere Einstufung; Zu'rückstufung f; *von Personal auch* Zu'rückversetzung f; **3.** *ch de fer* **billet** m **de** ~ *l'*Übergangskarte f

déclasser [deklase] *v/t* **1.** sozial deklas-'sieren; sozi'al erniedrigen, zu'rück-, her-'absetzen; **2.** *par ext Personal, Hotel etc* niedriger einstufen; zu'rück-, her'abstufen; *Personal, Beamte, sports auch* zu'rückversetzen; **3.** *geordnete Gegenstände* in Unordnung bringen; **II** *v/pr* **se** ~ sich deklas'sieren; sich sozi'al erniedrigen, her'absetzen

déclaveter [deklavte] *v/t* ‹-tt-› *tech* loskeilen

déclenche [deklãʃ] f *tech* Auslöse-, Ausrück-, Trennvorrichtung f

déclenchement [deklãʃmã] m **1.** *tech e-s Mechanismus* Auslösen n, -ung f; *von Maschinenteilen* Ausrücken n; Ausklinken n; **2.** *par ext e-s Vorgangs, e-r Krise etc* Auslösung f

déclencher [deklãʃe] **I** *v/t* **1.** *tech Mechanismus, Warnanlage etc* auslösen; *Maschinenteil* ausrücken; ausklinken; **2.** *par ext Vorgang, Entwicklung, Krise, Streik etc* auslösen; *Entwicklung, Expansion auch* in Gang bringen; **II** *v/pr* **se** ~ *tech u par ext Vorgang, Entwicklung* ausgelöst werden; in Gang kommen; *Krise, Krieg* ausbrechen

déclencheur [deklãʃœr] m *tech, phot* Auslöser m; *phot* ~ **automatique** Selbstauslöser m

déclérical|isation [deklerikalizasjõ] f Entklerikali'sierung f; ~**er** *v/t* entklerikali'sieren

déclic [deklik] m **1.** Auslöse-, Ausklinkvorrichtung f, -hebel m, -knopf m; Klinke f; **chronomètre** m à ~ Stoppuhr f; **appuyer sur le** ~ auf den Knopf drücken; **2.** *Geräusch* Klicken n

déclin [deklɛ̃] m **1.** *e-r Kultur, Institution, e-s Künstlers* Niedergang m; *der Kräfte, der Popularität* Schwinden n; Nachlassen n; *der Kräfte auch* Abnehmen n; Verfall m; *écon* ~ **de la demande** Nachfrageabschwächung f, -rückgang m; **être sur son** ~ im Niedergang

begriffen sein; **2.** *st/s des Mondes, Tages* Abnehmen n; *der Sonne* Sinken n; **le** ~ **de la vie** der Lebensabend

déclin|able [deklinabl(ə)] *adj gr* dekli-'nierbar; dekli'nabel; beugbar; ~**aison** f **1.** *gr* Deklinati'on f; **2.** *astr* Deklinati'on f; **3.** *der Kompaßnadel* ~ (**magnétique**) Deklinati'on f; 'Mißweisung f; ~**ant** *adj Kräfte, Ruhm etc* schwindend; nachlassend

déclinatoire [deklinatwar] **I** *adj jur* (ein Gericht wegen Unzuständigkeit) ablehnend; **II** m *jur* ~ (**de compétence**) Einrede f der Unzuständigkeit

décliner [dekline] **I** *v/t* **1.** *Einladung, Ehrung, Angebot, jur Gericht* ablehnen; *jur* ~ **la compétence d'un tribunal** ein Gericht wegen Unzuständigkeit ablehnen; ~ **toute responsabilité** jede Verantwortung ablehnen; *adm* keine Haftung über'nehmen; **2.** *Namen etc* angeben; ~ **ses nom, prénoms, titres et qualités** s-e Perso'nalien angeben; *vor Gericht* Angaben zur Person machen; **3.** *gr* dekli'nieren; beugen; abwandeln; **II** *v/i* **4.** *Kräfte* nachlassen; abnehmen; schwinden; verfallen; *Kranker* schwächer werden; *Ansehen* sinken; schwinden; *st/s Tag* sich neigen; **5.** *Magnetnadel, astr* abweichen; **III** *v/pr* **se** ~ dekli'niert werden (können)

décliqueter [deklikte] *v/t* ‹-tt-› *tech* die Sperrklinke lösen (+*gén*); ausklinken

déclive [dekliv] *adj* (*od loc/adj* **en** ~) geneigt

déclivité [deklivite] f Neigung f; Gefälle n

décloisonn|ement [deklwazɔnmã] m *fig* Beseitigung f der Trennwände; ~**er** *v/t fig in der Wissenschaft, Wirtschaft etc* (die) Trennwände beseitigen, abbauen

déclouer [deklue] *v/t Brett* los-, abmachen, *Kiste* aufmachen (durch Ausziehen der Nägel)

décocher [dekɔʃe] *v/t* **1.** *Pfeil* abschießen; abschnellen; **2.** *fig satirische Bemerkung etc* fallen-, F loslassen; *Blick* zuwerfen (**à qn** j-m)

décoconner [dekɔkɔne] *v/i Seidenraupenzucht* die Ko'kons ab-, einsammeln

décocté [dekɔkte] m *od* **décoction** [dekɔksjõ] f *phm, tech* Absud m; De'kokt n; Abkochung f

décod|age [dekɔdaʒ] m *Informatik* Deko'dieren n, -ung f; ~**er** *v/t Information* deko'dieren; *fachspr auch* deco'dieren; *par ext* entschlüsseln; entziffern

décoffr|age [dekɔfraʒ] m *bât* Ausschalen n, -ung f; ~**er** *v/t bât* ausschalen

décoiffer [dekwafe] **I** *v/t* **1.** ~ **qn** j-s Fri'sur, Haare in Unordnung bringen; *bes Wind* j-s Haare zerzausen; **être décoiffé** zerzaust sein; zerzaustes Haar haben; **2.** *mil* ~ **une fusée** e-e Zünderkappe abschrauben; **II** *v/pr* **se** ~ **3.** s-e Fri'sur, s-e Haare in Unordnung bringen; **4.** *selten* die Kopfbedeckung, den Hut abnehmen

décoincer [dekwɛ̃se] *v/t* ‹-ç-› *Fest-, Eingeklemmtes* losmachen; frei machen; die Verklemmung beseitigen (+*gén*)

décolérer [dekɔlere] *v/i* ‹-è-› **il ne décolère pas** sein Zorn verraucht nicht; er ist immer noch wütend

décollage [dekɔlaʒ] m **1.** *aviat* Start m; Abheben n; ~ **assisté** Start mit Starthilfe; ~ **vertical** Senkrechtstart m; **fusée** f **de** ~ Start(hilfs)rakete f; **piste** f **de** ~ Startbahn f; **au** ~ beim Start, Abheben; **2.** *von auf-, festgeklebten Dingen* Ablösen n; Abmachen n; **3.** *fig* ~ **économique** wirtschaftlicher Aufschwung

décollation [dekɔlasjõ] *st/s* f Enthauptung f; *peint* **la** 2 **de saint Jean-Baptiste**

die Enthauptung Johannes' des Täufers

décollé [dekɔle] *adj Ohren* abstehend

décollement [dekɔlmɑ̃] *m* **1.** *von Auf-, Festgeklebtem* Abgehen *n*; Ab-, Loslösung *f*; *von Zugeklebtem* Aufgehen *n*; **2.** *path* Ablösung *f*; ~ **de la rétine** Netzhautablösung *f*; **3.** *Strömungslehre, aviat* Grenzschichtablösung *f*; Abreißen *n* (*der Strömung*)

décoller [dekɔle] **I** *v/t* Briefmarke, Tapete etc ablösen; abmachen; *Briefumschlag* aufmachen, öffnen (à la **vapeur** mit Dampf); **II** *v/i* **1.** *Flugzeug* starten; abheben (du sol vom Boden); **2.** F *Person* ne pas ~ (d'ici, d'un endroit) nicht von der Stelle weichen; **pas moyen de le faire** ~ es ist unmöglich, ihn loszuwerden; **3.** *Radsport* sich lösen (du peloton vom Feld); *beim Steherrennen* (hinter dem Schrittmacher) zu-'rückbleiben; **4.** *écon* e-n Aufschwung nehmen; **5.** F (*maigrir*) abmagern; F vom Fleisch fallen; **III** *v/pr* se ~ Plakat, Tapete etc sich ablösen (*auch path Netzhaut etc*); abgehen; *Briefumschlag* aufgehen; *Möbel, Buch* F aus dem Leim gehen

décolletage [dekɔltaʒ] *m* **1.** *cout* Dekolle'tieren *n*; **2.** *tech* Abstechen *n*; Abstech-, *par ext* Auto'matenarbeit *f* (*am Drehautomaten*); **alliage** *m* **de** ~ Auto'matenlegierung *f*; **3.** *agr* Rübenköpfen *n*

décolleté [dekɔlte] **I** *adj* **a)** *Kleid* (tief) ausgeschnitten; mit e-m Dekolleté; **b)** *Frau* dekolle'tiert; **très** ~**e** tief dekolletiert; **II** *m cout* Dekolle'té *n*; (tiefer) Ausschnitt; ~ **profond** tiefes Dekolleté; ~ **dans le dos** Rückenausschnitt *m*; *par ext Frau* **avoir un beau** ~ ein gutes Dekolleté haben; **être en grand** ~ in großem Dekolleté erscheinen

décolleter [dekɔlte] <-tt-> **I** *v/t* **1.** *cout* dekolle'tieren; *Kleid auch* mit e-m Dekolle'té versehen; tief ausschneiden; **2.** *tech* abstechen; *par ext* auf dem Drehautomaten abstechen; **tour** *m* **à** ~ *cf* décolleteuse 1.; **3.** *agr* Rüben köpfen; **II** *v/pr* se ~ ein Dekolleté tragen

décolleteuse [dekɔltøz] *f* **1.** *tech* (Abstech-, Form)Drehautomat *m*; auto'matische Drehbank *f*; **2.** *agr* Rübenköpfer *m*

décolonis|ation [dekɔlɔnizasjɔ̃] *f* Entkoloniali'sierung *f*; ~**er** *v/t* entkoloniali-'sieren

décolorant [dekɔlɔrɑ̃] **I** *adj* bleichend; Bleich...; **II** *m* Bleichmittel *n*

décoloration [dekɔlɔrasjɔ̃] *f* **a)** *der Haare, von Stoffen* Bleichen *n*; *tech auch* Entfärben *n*; **se faire faire une** ~ sich das Haar bleichen lassen; **b)** *von Tapeten, Vorhängen etc* Aus-, Verbleichen *n*; Verschießen *n*; Verblassen *n*

décoloré [dekɔlɔre] *adj* **a)** *Haar* gebleicht; *Frau* **être** ~**e** gebleichtes Haar haben; **b)** *Stoff, Tapete etc* ausgeblichen; verblichen; verschossen; verblaßt; **c)** *par ext Lippen* farblos; blutleer

décolorer [dekɔlɔre] **I** *v/t Haare, Stoff* bleichen; *tech auch* entfärben; **se faire** ~ (**les cheveux**) sich das Haar bleichen lassen; **II** *v/pr* **1.** *Frau* se ~ (**les cheveux**) sich das Haar bleichen; **2.** se ~ *Haar* bleichen; *Stoff, Tapete etc* (aus-, ver)bleichen; verschießen; verblassen

décombres [dekɔ̃br(ə)] *m/pl* **1.** *von Gebäuden* Trümmer *pl*; Schutt *m*; **2.** *bei Steinbrüchen etc* Abraum *m*

décommander [dekɔmɑ̃de] **I** *v/t* Waren, Handwerker abbestellen; *Empfang, Vortrag* absagen; *Gästen* absagen (qn j-m); F ausladen; ~ **qn** *auch* j-m abschreiben; **II** *v/pr* se ~ absagen; *schriftlich auch* abschreiben

décommettre [dekɔmɛtr(ə)] *v/t* <cf

mettre> *mar Tau* aufdrehen

décompensation [dekɔ̃pɑ̃sasjɔ̃] *f path* Dekompensati'on *f*; ~ **cardiaque** Herzdekompensation *f*

décomplex|é [dekɔ̃plɛkse] *adj* frei von Kom'plexen; **être** ~ keine Komplexe haben; ~**er** *v/t* ~ **qn** j-n von s-n Kom'plexen befreien

décomposable [dekɔ̃pozabl(ə)] *adj* zerlegbar

décomposer [dekɔ̃poze] **I** *v/t* **1.** *chim, phys etc* (in s-e Bestandteile) zerlegen; *chim auch* zersetzen; *math* ~ **un nombre en facteurs premiers** e-e Zahl in Primfaktoren zerlegen; *gr* ~ **une phrase** e-n Satz zerlegen; **2.** *organische Substanz* zersetzen; **3.** *fig Problem etc* zergliedern; **4.** *adjt Person* décomposé bleich und mitgenommen aussehend; **II** *v/pr* se ~ **5.** *organische Stoffe* sich zersetzen; verwesen; **6.** *Gesicht(szüge)* sich entstellen; sich verzerren

décomposition [dekɔ̃pozisjɔ̃] *f* **1.** *chim, phys, math etc* Zerlegung *f* (en in + *acc*); *chim auch* Zersetzung *f*; **2.** *von Organischem* Zersetzung *f*; Verwesung *f*; *Leiche* **en** ~ in Verwesung befindlich, 'übergegangen; **3.** *fig e-s Problems etc* Zergliederung *f*

décompression [dekɔ̃prɛsjɔ̃] *f* **a)** *tech, physiol* Dekompressi'on *f*; Druckabfall *m*; **b)** *tech* Druck-, Kompressi'onsverminderung *f*

décomprimer [dekɔ̃prime] *v/t tech* den Druck vermindern, wegnehmen (+*gén*); die Kompressi'on, Verdichtung vermindern (+*gén*)

décompte [dekɔ̃t] *m* **1.** *von e-r Summe* Abzug *m*; **faire le** ~ **de qc** etw in Abzug bringen; etw abrechnen; **2.** *über e-e Gesamtsumme* Abrechnung *f*; Aufschlüsselung *f*

décompter [dekɔ̃te] *v/t von e-r Summe* abziehen; abrechnen

déconcentration [dekɔ̃sɑ̃trasjɔ̃] *f adm* Dekonzentrati'on *f*; Verlagerung *f* von Zuständigkeiten auf 'untergeordnete Stellen

déconcert|ant [dekɔ̃sɛrtɑ̃] *adj* verwirrend; beunruhigend; *Person* il est ~ bei ihm weiß man nicht, woran man ist; ~**é** *adj* verwirrt; verunsichert; *außer* Fassung; ~**er** *v/t* ~ **qn** j-n verwirren, verwirrt machen, in Verwirrung stürzen; durchein'anderbringen, verunsichern; j-n aus der Fassung bringen

déconditionner [dekɔ̃disjɔne] *v/t psych* von Beeinflussung, Zwängen befreien

déconfessionnalis|ation [dekɔ̃fesjɔnalizasjɔ̃] *f* Entkonfessionali'sierung *f*; ~**er** *v/t* entkonfessionali'sieren

déconfit [dekɔ̃fi] *adj Miene, Person* betreten; enttäuscht

déconfiture [dekɔ̃fityr] *f* **1.** Scheitern *n*; 'Mißerfolg *m*; Zu'sammenbruch *m*; Ru'in *m*; F Pleite *f*; **2.** *finanziell* Pleite *f*; Bank'rott *m*; Ru'in *m*; **être, tomber en** ~ pleite sein, Pleite machen; *jur* Zahlungsunfähigkeit *f* (*von Nichtkaufleuten*)

décongélation [dekɔ̃ʒelasjɔ̃] *f von Tiefgekühltem* (Wieder')Auftauen *n*

décongeler [dekɔ̃ʒle] *v/t* <-è-> *Tiefgekühltes* (wieder) auftauen

décongestion [dekɔ̃ʒɛstjɔ̃] *f* (Verkehrs)Entlastung *f*

décongestionner [dekɔ̃ʒɛstjɔne] *v/t* **1.** *physiol* den Blutandrang her'abmindern (un organe in e-m Organ); **2.** *Straße, Flughafen etc* entlasten; *Verkehr auch* verdünnen

déconnecter [dekɔnɛkte] *v/t* **1.** *tech* trennen; unter'brechen; *élect auch* abschalten; abklemmen; **2.** trennen (de von)

déconner [dekɔne] P *v/i* **a)** F Mist, Stuß, Käse, P Scheiße reden, quatschen; **b)** Blödsinn, F Mist machen; P Scheiße bauen

déconnexion [dekɔnɛksjɔ̃] *f tech* Trennung *f*; Unter'brechung *f*; *élect auch* Abschaltung *f*

déconseiller [dekɔseje] *v/t* ~ **qc à qn** j-m von etw abraten; ~ **à qn de faire qc** j-m davon abraten, etw zu tun; **il me l'a déconseillé** er hat mir davon abgeraten; **c'est déconseillé** davon ist abzuraten; **das ist nicht ratsam**

déconsidération [dekɔsiderasjɔ̃] *st/s f* Verruf *m*; 'Mißkredit *m*

déconsidérer [dekɔsidere] <-è-> **I** *v/t* in Verruf, 'Mißkredit bringen; **II** *v/pr* se ~ sich in Verruf bringen; in Verruf kommen

déconsigner [dekɔsiɲe] *v/t* **1.** *mil* das Ausgangsverbot aufheben (**les troupes** für die Truppen); **2.** *Koffer* von der Gepäckaufbewahrung abholen; **3.** das Flaschenpfand zu'rückerstatten (**une bouteille** für e-e Flasche)

décontamin|ation [dekɔtaminasjɔ̃] *f phys atom* Dekontaminati'on *f*; Entseuchung *f*; Entgiftung *f*; ~**er** *v/t phys atom* dekontami'nieren; entseuchen; entgiften

décontenancer [dekɔtnɑse] <-ç-> **I** *v/t* ~ **qn** j-n aus der, außer Fassung bringen; **se laisser** ~ sich aus der Fassung bringen lassen; *adjt* **être tout décontenancé** ganz aus der, außer Fassung sein; fassungslos sein; **II** *v/pr* se ~ die Fassung verlieren

décontract|é [dekɔtrakte] *adj* **1.** *Muskel, Gesicht, Körper* entspannt; **2.** *fig Person* unbekümmert; selbstsicher; *auch péj* ohne Hemmungen; lässig; *Party, Ton, Kleidung* zwanglos; ~**er I** *v/t Muskel* entspannen; **II** *v/pr* se ~ *Muskel, Gesicht, Person* sich entspannen

décontraction [dekɔtraksjɔ̃] *f* **1.** *e-s Muskels, des Körpers* Entspannung *f*; **2.** *fig* Unbekümmertheit *f*; Zwanglosigkeit *f*; *auch péj* Lässigkeit *f*

déconvenue [dekɔvny] *f* Enttäuschung *f* (*über e-n Mißerfolg*)

décor [dekɔr] *m* **1.** Ausstattung *f*; Schmuck *m*; Zierat *m*; De'kor *m od n*; ~ **mural** Wandschmuck *m*; **2.** *oft pl* ~**s** Bühnenbild *n*; (Bühnen)Ausstattung *f*; Bühnendekoration *f*; Ku'lisse(n) *f(pl)*; Szene'rie *f*; *cin* Bauten *m/pl*; **3.** *fig* Um'gebung *f*; Rahmen *m*; 'Hintergrund *m*; Szene'rie *f*; ~ **de montagnes** Gebirgslandschaft *f*; F *Auto(fahrer)* **aller, (r)entrer dans le(s)** ~ **(s)** von der Fahrbahn abkommen; F im Graben landen

décorateur [dekɔratœr] *m* **1.** Dekora'teur *m*; *adjt*: **peintre** ~ Dekorati'onsmaler *m*; **tapissier** ~ Tape'zierer *m* (*im engeren Sinne*); **2.** ~ **(de théâtre)** Bühnenbildner *m*

décoratif [dekɔratif] *adj* <-ive> **1.** schmückend; Schmuck...; Dekorati'ons...; Ausstattungs...; der Ausschmückung, Dekrati'on dienend; **arts** ~**s** Kunstgewerbe *n*; **2.** *Bild, Ausstattungsgegenstand* dekora'tiv; *Person* etwas darstellend; repräsen'tabel

décoration [dekɔrasjɔ̃] *f* **1.** Ausschmükkung *f*; Verzierung *f*; Dekorati'on *f*; Ausstattung *f*; *als Werk auch* Schmuck *m*; Zierat *m*; ~ **intérieure** Innenausstattung *f*, -architektur *f*; Raumkunst *f*; **2.** Auszeichnung *f*; Orden *m*; Ehrenzeichen *n*; Dekorati'on *f*; **remise** *f* **de** ~**s** Verleihung *f* von Auszeichnungen; **poitrine couverte de** ~**s** ordengeschmückte Brust

décorder [dekɔrde] *v/t* **1.** *Seil* aufdre-

hen; aufdröseln; **2.** *Tier etc* losbinden

décoré [dekɔre] **I** *adj Person* (mit e-m Orden) ausgezeichnet. deko'riert; **II** *subst* ~(e) *m(f)* Ordensträger(in) *m(f)*

décorer [dekɔre] *v/t* **1. a)** (aus-) schmücken, verzieren (*auch cuis*), *Schaufenster* deko'rieren, *Wohnung* ausstatten (*alle de qc mit etw*); **b)** *Sache* qc etw zieren, schmücken; **2.** auszeichnen, deko'rieren (**d'une médaille** mit e-r Medaille); ~ qn *auch* j-m e-e Auszeichnung verleihen; ~ qn de qc *auch* j-m etw verleihen

décorner [dekɔrne] *v/t* **1.** die Hörner entfernen (**un animal** e-m Tier); **il fait un vent à ~ les bœufs** es stürmt fürchterlich; **2.** die Eselsohren entfernen (**une page d'un livre** aus, von e-r Buchseite)

décortic|age [dekɔrtikaʒ] *m von Reis etc* Schälen *n*; Enthülsen *n*; *von Bäumen* Entrinden *n*; (Ab)Schälen *n*; ~ation *f* **1.** *bei Bäumen* Abkratzen *n* der Rinde; **2.** *chir* Dekortikati'on *f*

décortiqu|er [dekɔrtike] *v/t* **1.** *Erdnüsse, Reis etc* schälen; enthülsen; *Getreide auch* entspelzen; *Bäume* entrinden; (ab-) schälen; **2.** *fig Text* zerpflücken; ~euse *f tech* Schälmaschine *f*

décorum [dekɔrɔm] *m* Eti'kette *f*; Zeremoni'ell *n*; De'korum *n*; Schicklichkeit *f*

décote [dekɔt] *f écon, fin* (Kurs)Abschlag *m*; *Steuerwesen* (Steuer)Her'absetzung *f*, * Ermäßigung f*

découcher [dekuʃe] *v/i* **1.** auswärts, nicht zu Hause schlafen; **2.** *bes Ehepartner* F (nachts) fremdgehen

découdre [dekudr(ə)] <*cf* coudre> **I** *v/t* **1.** *cout* Naht, Kleid auftrennen; *Futter* her'austrennen; *Besatz, Knopf* abtrennen; **2.** *ch* den Bauch aufschlitzen (**un chien** e-m Hund); **II** *v/i fig* **en ~** sich schlagen; kämpfen; **III** *v/pr* **se ~** *Naht etc* aufgehen; aufplatzen; *Knopf etc* abgehen

découler [dekule] *v/i* ~ **de** herkommen, herrühren von; sich ab-, herleiten (lassen) aus, von; sich ergeben aus

découpage [dekupaʒ] *m* **1.** Zerschneiden *n*; *von Geflügel* Tran'chieren *n*; Zerlegen *n*; *von Fleisch, Kuchen* Aufschneiden *n*; **2.** ~s *pl* **a)** Ausschneidebogen *m*; **b)** Ausschneidebilder *n/pl*; *Kinder* **faire des ~s** Bilder ausschneiden; **3.** *tech* (Zu-, Aus)Schneiden *n*; ~ **au chalumeau** Brennschneiden *n*; ~ **à la presse** (Aus)Stanzen *n*; **4.** *adm* Einteilung *f*; Abgrenzung *f*; ~ **électoral** Wahlkreiseinteilung *f*; **5.** *cin* (kurbelfertiges) Drehbuch; Aufnahmeplan *m*

découpe [dekup] *f cout* Passe *f*; Einsatz *m*

découpé [dekupe] *adj* ausgeschnitten; *bot Blatt* gesägt; gezähnt; *Küste* zerklüftet

découper [dekupe] **I** *v/t* **1.** (in Stücke) schneiden; zerschneiden; zerlegen; *Fleisch, Kuchen* aufschneiden; *Geflügel* tran'chieren; zerlegen; **couteau** *m* à ~ Tran'chiermesser *n*; **2.** ausschneiden (**dans** aus); *tech auch* (zu)schneiden; ~ **à la scie** aussägen; ~ **à la presse** (aus)stanzen; **presse** *f* à ~ Stanzpresse *f*; **scie** *f* à ~ Deku'pier-, Laubsäge *f*; ~ **une photo dans le journal** ein Bild aus der Zeitung ausschneiden; **II** *v/pr fig* **se ~ sur** sich abheben von, gegen; abstechen von; sich abzeichnen gegen

découp|eur [dekupœr] *m* Kunsttischler (, der Pro'filteile aussägt); ~euse *f tech* Zuschneidemaschine *f*

découplage [dekuplaʒ] *m élect, rad* Entkopp(e)lung *f*

découplé [dekuple] *adj* junger Mann **bien ~** gut gebaut

découpler [dekuple] *v/t* **1.** *ch Hund* loskoppeln; **2.** *ch de fer* abkuppeln; **3.** *élect, rad* entkoppeln

découpoir [dekupwar] *m tech* **1.** (kleines) Schneidewerkzeug; **2.** e-r Schneidemaschine Schneide *f*

découpure [dekupyr] *f* **1.** (Aus-, Zu-) Schneiden *n*; **2.** ausgeschnittenes Teil; **3.** Kerbe *f*; Einschnitt *m*; ~s *pl par ext auch* gezackter *od* gebogter *od* gestanzter Rand; **4.** ~s *pl an Möbeln* Schnitzwerk *n*

décourageant [dekuraʒã] *adj* **a)** entmutigend; lähmend; depri'mierend; **b)** *von Personen* **tu es ~** du nimmst mir allen Mut, Schwung

découragement [dekuraʒmã] *m* Mutlosigkeit *f*; Niedergeschlagenheit *f*; **crise** *f* **de ~** Anfall *m* von Mutlosigkeit; **se laisser aller au ~** sich e-r depressiven Stimmung hingeben

décourager [dekuraʒe] <-geons> **I** *v/t* ~ qn j-n entmutigen; j-m den Mut, die Lust nehmen (**de qc** zu etw; **de faire qc** etw zu tun); j-n abbringen (**de qc** von etw; **de faire qc** etw zu tun); j-n abschrecken; *par ext*: ~ **la bonne volonté** den guten Willen lähmen; **il décourage la familiarité** er läßt keine Vertrautheit aufkommen; ◆ *adit* **être découragé** entmutigt, mutlos, niedergeschlagen sein; keinen Mut mehr haben; **II** *v/pr* **se ~** den Mut verlieren; den Mut sinken lassen; mutlos werden; **ne te décourage pas si vite!** gib nicht so schnell auf!; F Kopf hoch!

découronner [dekurɔne] *v/t* **1.** entthronen; der Krone berauben; **2.** *fig* **arbre découronné** Baum *m*, dessen Krone, Wipfel abgebrochen ist

décours [dekur] *m* **1.** *astr des Mondes* Abnehmen *n*; **2.** *méd* e-r Krankheit Abklingen *n*; Nachlassen *n*

décousu [dekuzy] **I** *adj* **1.** *cout* aufgetrennt; aufgeplatzt; **2.** *fig* unzusammenhängend; zu'sammenhanglos; abgerissen; wirr; kon'fus; **II** *m* Zu'sammenhanglosigkeit *f*

décousure [dekuzyr] *f ch* Wunde *f* (*die e-m Hund von e-m Eber od Hirsch beigebracht wird*)

découvert [dekuvɛr] **I** *adj* **1.** unbedeckt; bloß; *Gelände* frei; offen; *Güterwagen* offen; **2.** *fig* **à visage ~** offen; ohne Verstellung; **combattre, se montrer à visage ~** mit offenem Vi'sier, ehrlich, fair [fɛːr] kämpfen; **II** *loc/adj u loc/adv* **à ~ 1.** ungedeckt; ungeschützt; offen; *mil* ohne Deckung; **2.** *fig* offen, unverhohlen; **parler à ~** offen sprechen; **3.** *fin* ungedeckt; ohne Deckung; Blanko...; *Konto* über'zogen; **vente** *f* **à ~** *comm* Blankoverkauf *m*; *Börse* Leerverkauf *m*; *Konto* **mettre à ~** über'ziehen; **III** *m* **1.** *comm* Defizit *n*; Fehlbetrag *m*; ungedeckter Betrag; **e-s Kontos** Über'ziehung *f*; ~ **de caisse** Kassendefizit *n*; Fehlbetrag *m*, -manko *n*; **combler un ~** ein Defizit ausgleichen; **2.** *fin* ~s *pl du Trésor* ungedeckte Staatsausgaben *f/pl*; **3.** *Versicherung* (bei) 'Unterversicherung *f* (nicht gedeckter Wert)

découverte [dekuvɛrt] *f* Entdeckung *f*; Auffindung *f*; e-s Komplotts etc Aufdeckung *f*; **les ~s scientifiques** die wissenschaftlichen Entdeckungen, Errungenschaften *f/pl*; **la ~ de l'Amérique** die Entdeckung Amerikas; **la ~ de la radioactivité** die Entdeckung der Radioaktivität; **aller, partir à la ~** auf Entdeckungs-, Erkundungsreise gehen (*auch fig*); *fig* **aller à la ~ de qc** sich nach etw 'umsehen; **aller à la ~ de la préhistoire** *st/s* auf den Spuren der Vorgeschichte wandeln

découverture [dekuvɛrtyr] *f mines beim Tagebau* Abtragen *n*, -ung *f* der Deckschichten, des Abraums; Aufschluß *m* (im Tagebau)

découvr|eur [dekuvrœr] *m*, ~euse *f* Entdecker(in) *m(f)*

découvrir [dekuvrir] <*cf* couvrir> **I** *v/t* **1.** *Topf, Korb* aufdecken; öffnen; *Kranken, Kind* aufdecken; *Schultern etc* entblößen; enthüllen; **2.** entdecken (*auch in der Wissenschaft*); auffinden; her'ausfinden; ausfindig machen; *Intrige, Komplott* aufdecken; *Code* F knacken; *Christophe Colomb* **a découvert l'Amérique** ... hat Amerika entdeckt; ~ **la cause de qc** den Grund, die Ursache von etw erkennen, herausfinden; ~ **une qualité à qn** e-e gute Eigenschaft entdecken; ~ **un trésor** e-n Schatz entdecken; ~ **un virus** ein Virus entdecken; ~ **un visage dans la foule** ein Gesicht in der Menge entdecken, erblicken; *Übeltäter* **craindre d'être découvert** fürchten, entdeckt zu werden; **3.** *Gedanken, Absicht* offen'baren; enthüllen; verraten; *fig* ~ **son jeu** s-e Karten aufdecken, (offen) auf den Tisch legen; **4.** *mil, Schach* die Deckung abziehen; (qc von etw); ungedeckt lassen; **II** *v/i* **5.** *Meer bei Ebbe* zu'rückgehen, -weichen; *Felsen etc bei Ebbe* auftauchen; sichtbar werden; **III** *v/pr* **se ~ 6.** den Hut abnehmen, ziehen; **7.** *beim Schlafen* sich aufdecken, entblößen; **8.** *mil* die Deckung verlassen; *Boxen, Fechten* sich e-e Blöße geben; **9.** **le ciel se découvre** es klart auf; es klärt sich auf; der Himmel hellt sich auf

décrass|age [dekrasaʒ] *m od* ~ement *m* Reinigung *f*; Säuberung *f*; *tech* Entschlackung *f*

décrass|er [dekrase] **I** *v/t* **1.** reinigen; säubern; vom groben Schmutz befreien; **2.** *fig* ~ qn j-m Ma'nieren *bzw* Bildung *bzw* das Nötigste beibringen; j-m Schliff geben; **II** *v/i tech* entschlacken; **III** *v/pr fig* **se ~** bessere Ma'nieren annehmen; ~oir *m* Staubkamm *m*

décrément [dekremã] *m phys, math* Dekre'ment *n*

décrêper [dekrepe] *v/t* Kraushaar entkräuseln

décrépir [dekrepir] **I** *v/t* (den) Putz entfernen, abschlagen, abkratzen (qc von etw); **II** *v/pr* **le mur s'est décrépi** von der Mauer ist der Putz abgefallen

décrépit [dekrepi] *adj* altersschwach; gebrechlich; hinfällig

décrépitation [dekrepitasjɔ̃] *f chim* Dekrepi'tieren *n*

décrépitude [dekrepityd] *f* völliger Verfall (*auch fig*); Altersschwäche *f*; Gebrechlichkeit *f*

decrescendo [dekreʃendo] *mus* **I** *adv* decrescendo [-'ʃendo]; **II** *m* Decre'scendo *u* Dekre'scendo *n*

décret [dekrɛ] *m* **1.** *jur* Verordnung *f*; Erlaß *m*; De'kret *n*; **zu e-m Gesetz ~** (**d'application**) Ausführungsbestimmung *f*, -verordnung *f*; 'Durchführungsbestimmung *f*; **2.** *égl cath* De'kret *n*; **le ♀ de Gratien** das De'cretum Grati'ani; **3.** *fig u st/s* **les ~s de la mode** die Vorschriften *f/pl* der Mode

décrétales [dekretal] *f/pl égl cath* Dekre'tal(i)en *n/pl*

décréter [dekrete] *v/t* <-è-> **1.** anordnen; verfügen; dekre'tieren; verordnen; *Ausnahmezustand, Blockade* verhängen; **2.** *par ext* bestimmen; beschließen; mit Bestimmtheit erklären

décret-loi [dekrɛlwa] *m* <*pl* décrets-lois> *jur* Verordnung *f* mit Gesetzeskraft; gesetz(es)vertretende Verordnung *f*; Notverordnung *f*

décreus|age [dekrøzaʒ] *m* der Rohseide Degum'mieren *n*; Entbasten *n*; Entschälen *n*; **~er** *v/t* Rohseide degum'mieren; entbasten; entschälen

décri [dekri] *m hist* Münzverrufung *f*

décrier [dekrije] *v/t* être décrié in Verruf stehen; verschrie(e)n sein; *litt* ~ qn, qc j-n, etw in Verruf bringen, diffa'mieren, verunglimpfen

décrire [dekrir] *v/t* ⟨*cf* écrire⟩ **1.** beschreiben; schildern; ~ un animal, une plante ein Tier, e-e Pflanze beschreiben; ~ un événement ein Ereignis schildern, darstellen; ~ ses impressions s-e Eindrücke beschreiben, schildern, 'wiedergeben; **2.** *math* Kreis *etc* beschreiben; *par ext* Flugzeug, Vogel ~ des cercles kreisen; Kreise beschreiben, ziehen; ~ une courbe Straße e-e Kurve machen; Flugzeug e-e Kurve beschreiben, ziehen

décroch|age [dekrɔʃaʒ] *m* **1.** *von Vorhängen, Wäsche etc* Abnehmen *n*; *von Festgehaktem, tech* Los-, Aushaken *n*; *von Wagen* Abhängen *n*; Abkuppeln *n*; **2.** *mil* Absetzen *n*; Absetzbewegung *f* (*auch fig*); **3.** *aviat* Über'ziehen *n*; **~ement** *m* **1.** e-r Mauer *etc* zu'rückversetzter Teil; **2.** *géol* Horizon'talverschiebung *f*

décrocher [dekrɔʃe] **I** *v/t* **1.** *Kleidung etc* vom Haken nehmen; *Bild, Wäsche, Vorhänge* abnehmen; *Festgehaktes, tech* los-, aushaken; *Wagen, Anhänger* abhängen; abkuppeln; ~ le téléphone, le récepteur den (Telefon)Hörer abnehmen, abheben; **2.** *F fig Preis, Belohnung etc* erlangen; erringen; F sich holen; *gute Stellung* F ergattern; sich (*dat*) angeln; **II** *v/i* **3.** *mil* sich absetzen; **4.** F *fig auf e-m Posten, bei e-m Vorhaben etc* aufhören; aufgeben; nicht 'durchhalten; F aufstecken; **5.** *aviat* über'ziehen; **6.** *élect* außer Tritt fallen; kippen

décrochez-moi-ça [dekrɔʃemwasa] *m* ⟨*inv*⟩ Trödelladen *m*

décroiser [dekrwaze] *v/t* übereinandergeschlagene Beine nebenein'anderstellen; *verschränkte Arme* aus der Verschränkung lösen; wieder fallen lassen

décroiss|ance [dekrwasãs] *f* Abnahme *f*; Abnehmen *n*; Rückgang *m*; Nachlassen *n*; **~ant** *adj* abnehmend; *Tendenz auch* rückläufig; *Abschreibung* degres-'siv; **~ement** *m* Abnehmen *n* (*auch der Tage, des Mondes*)

décroît [dekrwa, -krwɑ] *m astr* Abnehmen *n* des Mondes (*beim Eintritt ins letzte Viertel*)

décroître [dekrwatr(ə)] *v/i* ⟨*cf* accroître⟩ abnehmen; *Hochwasser* zu'rückgehen; fallen; *Kräfte, Fieber, Lärm auch* nachlassen; *schwächer werden*; *Kräfte, Ton auch* schwinden; *Tage auch* kürzer werden

décrottage [dekrɔtaʒ] *m* der Schuhe *etc* Reinigen *n*; Säubern *n*; Abkratzen *n*

décrott|er [dekrɔte] *v/t* **1.** *Schuhe etc* reinigen; von grobem Schmutz säubern; den Schmutz abkratzen (qc von etw); *fig* ~ qn j-m gute Ma'nieren beibringen; **3.** *bât* den Mörtel abkratzen (une brique von e-m Ziegelstein); **~eur** *m* **1.** Schuhputzer *m*; **2.** *agr* Wurzelwaschmaschine *f*; Wurzelreiniger *m*; **~oir** *m* Kratzeisen *n*

décru(s)age [dekry(z)aʒ] *m cf* décreusage

décrue [dekry] *f* des Hochwassers, e-s Flusses Sinken *n*; Fallen *n*; Abnahme *f* (d'un mètre um e-n Meter)

décru(s)er [dekry(z)e] *v/t cf* décreuser

décrypter [dekripte] *v/t* Geheimschrift entziffern, entschlüsseln (*, ohne den Schlüssel zu kennen*)

déçu [desy] *p/p von* décevoir *u adj* enttäuscht

---

décubitus [dekybitys] *m physiol bei Menschen, Tieren* Horizon'tallagerung *f*, -lage *f*

décuivrer [dekɥivre] *v/t tech Oberfläche* entkupfern; von Kupfer befreien

de cujus [dekyʒys] *m jur* Erblasser *m*

déculasser [dekylase] *v/t bei Feuerwaffen* den Verschluß, das Schloß her'ausnehmen (qc aus etw)

déculotter [dekylɔte] *v/t* (*u v/pr se* ~) (sich) die Hose(n) ausziehen (qn j-m)

déculpabiliser [dekylpabilize] *v/t* ~ qn j-m das Schuldgefühl nehmen

décuple [dekypl(ə)] **I** *adj* zehnfach; **II** *subst* le ~ das Zehnfache; le ~ de la somme die zehnfache Summe; das Zehnfache der Summe

décuplement [dekypləmã] *m* Verzehnfachung *f*

décupler [dekyple] **I** *v/t* **1.** verzehnfachen; **2.** *par ext* beträchtlich steigern, vergrößern; **II** *v/i* sich verzehnfachen; um das Zehnfache steigen

décurrent [dekyrã] *adj bot Blatt* (am Stengel) her'ablaufend; *sc* de'currens

décussé [dekyse] *adj bot Blätter* kreuzgegenständig; dekus'siert

décuv|age [dekyvaʒ] *m od* **~aison** *f vit* Ablassen *n* (aus dem Gärbottich); Abstechen *n*; Abstich *m*; **~er** *v/t vit* (aus dem Gärbottich) ablassen; abstechen

dédaignable [dedɛnabl(ə)] *adj* verachtenswert; *meist verneint* ne pas être ~ nicht zu verachten sein

dédaigner [dedɛne] *v/t* **1.** *Person, Sache* verachten; geringschätzen; *Frau, Liebhaber, auch Sachen* verschmähen; *par ext Drohungen, Beleidigungen* nicht beachten; gleichgültig sein gegen 'über (+*dat*); ce n'est pas à ~ das ist nicht zu verachten; **2.** ~ de (+*inf*) es nicht der Mühe (für) wert halten zu (+*inf*); es für unter seiner Würde halten zu (+*inf*)

dédaigneusement [dedɛnøzmã] *adv* her'ablassend; geringschätzig; veräcbtlich; traiter ~ qn j-n von oben herab behandeln

dédaigneux [dedɛnø] *adj* ⟨-euse⟩ **1.** *Blick, Miene, Antwort etc* her'ablassend; veräcbtlich; geringschätzig; **lèvres dédaigneuses** verächtlich gekräuselte Lippen *f/pl*; sich faire le ~ veräcbtlich, erhaben tun; die Nase rümpfen; **2.** *st/s* être ~ de qc etw verachten, geringschätzen; être ~ des honneurs keinen Wert auf Ehrungen legen

dédain [dedɛ̃] *m* Verachtung *f*, Geringschätzung *f* (pour, à für, gegenüber); un sourire de ~ ein her'ablassendes Lächeln; répondre avec ~ von oben herab antworten

dédal|e [dedal] *m* **1.** Laby'rinth *n*; Irrgarten *m*; Gewirr *n*; un ~ de ruelles ein Gewirr von Gäßchen; **2.** *par ext* Wirrwarr *m*; Durcheinander *n*; **~éen** [litt *adj* ⟨~ne⟩ laby'rinthisch; unentwirrbar

dedans [d(ə)dã] **I** *adv* **1.** da'rin; F drin; *in e-m Raum* drinnen; *bei Bewegung* hin'ein *bzw* her'ein; F rein; être ~ darin, F drin sein; jeter ~ hinein-, F reinwerfen; F *fig* mettre, foutre, fiche(r) qn ~ j-n betrügen, F reinlegen; F *fig* se mettre, se foutre, se fiche(r) ~ sich gewaltig täuschen, irren; F reinfallen; une voiture m'est rentrée ~ F ein Auto ist mir reingefahren; *fig* il va lui rentrer ~ er wird gleich auf ihn losgehen; **2.** *loc/adv* de ~ von drinnen; von innen; de ~, on ne peut rien voir von (dr)innen kann man nichts sehen; ♦ en ~ nach innen; marcher les pieds en ~ F über den großen Onkel gehen; plier en ~ nach innen falten, ('um)biegen; **II** *loc/prép litt* en ~ de innerhalb von (*od* +*gén*); in

---

(+*dat*); **III** *m* Innere(s) *n*

dédicac|e [dedikas] *f* **1.** *bes e-s Buches* Widmung *f*; Zueignung *f*; Dedikati'on *f*; **2.** *rel* Einweihung *f*; Weihe *f*; Kirchweih (-fest) *f(n)*; **~er** *v/t* ⟨-ç-⟩ Buch mit e-r Widmung versehen; widmen (à qn j-m)

dédicat|aire [dedikatɛr] *m,f* Person, der etw gewidmet ist; **~oire** *adj* Widmungs...

dédier [dedje] *v/t* **1.** *rel* Kirche, Altar ~ à qn j-m weihen; **2.** *Kunstwerk etc* ~ à qn j-m widmen; *par ext st/s* ~ une pensée à qn j-m e-n Gedanken widmen

dédifférenciation [dediferãsjasjõ] *f biol* Ent-, Dedifferen'zierung *f*

dédire [dedir] *v/t* ⟨*cf* dire, *aber* vous dédisez⟩ *v/pr* se ~ sein Wort, das Gesagte zu'rücknehmen; se ~ (d'une invitation) (e-e Einladung) absagen; se ~ de Versprechen, Verpflichtung nicht einhalten, erfüllen; *Behauptung* wider'rufen

dédit [dedi] *m jur* **a)** Summe, die bei Nichterfüllung e-r Verpflichtung zu zahlen ist; Abstandsgeld *n*; Konventio'nalstrafe *f*; Reugeld *n*; **b)** *par ext* en cas de ~ im Falle des Rücktritts

dédommagement [dedɔmaʒmã] *m* Entschädigung *f*; Ersatzleistung *f*; *par ext* un ~ à *od* pour tes peines e-e Entschädigung für deine Mühen; en ~ de als Entschädigung für; à titre de ~ als Entschädigung

dédommager [dedɔmaʒe] ⟨-geons⟩ **I** *v/t* entschädigen (qn de qc j-n für etw); **II** *v/pr* se ~ sich schadlos halten (de für)

dédorer [dedɔre] *v/t* die Vergoldung entfernen (qc von etw); **II** *v/pr* se ~ die Vergoldung verlieren

dédouan|ement [dedwanmã] *m* Verzollung *f*; zollamtliche Abfertigung; **~er** *v/t* **1.** verzollen; zollamtlich abfertigen; **2.** *fig* ~ qn j-n rein-, weißwaschen; j-n rehabili'tieren

dédoublage [dedublaʒ] *m* des Alkohols Verdünnen *n* (mit Wasser)

dédoublement [dedubləmã] *m* **1.** Zweiteilung *f*; Hal'bierung *f*; ~ d'une classe Teilung *f* e-r Klasse; ~ d'un train Einsatz *m* e-s Vorzuges; **2.** *psych* ~ de la personnalité Per'sönlichkeitsspaltung *f*; Doppel-Ich *n*

dédoubler [deduble] **I** *v/t* **1.** hal'bieren; teilen; ~ un groupe e-e Gruppe teilen; ~ un train e-n Vorzug einsetzen; **2.** ~ un manteau das Futter aus e-m Mantel her'austrennen; **II** *v/pr psych* se ~ an Per'sönlichkeitsspaltung leiden

dédramatiser [dedramatize] *v/t* entdramati'sieren

déduct|ible [dedyktibl(ə)] *adj* Kosten abzugsfähig, absetzbar (de von); anrechenbar (auf +*acc*); **~if** *adj* ⟨-ive⟩ *philos* deduk'tiv; ableitend

déduction [dedyksjõ] *f* **1.** *comm* Abzug *m*; ~ faite des frais nach, unter Abzug der Kosten; abzüglich der Kosten; toutes ~s faites nach Berücksichtigung aller Abzüge; **2.** *bei Steuern* Abzug *m*; Absetzung *f*; Freibetrag *m*; ~ pour frais professionnels *etwa* Freibetrag für Werbungskosten; **3.** *philos* Dedukti'on *f*; *par ext* Ableitung *f*; Schluß *m*; (Schluß)Folgerung *f*

déduire [dedɥir] *v/t* ⟨*cf* conduire⟩ **I** *v/t* **1.** *comm* abziehen (de von); in Abzug bringen; *von der Steuer* absetzen; **2.** *philos* dedu'zieren; *par ext* her-, ableiten (de von); **II** *v/pr* se ~ de sich ab-, herleiten (lassen) aus, von

déesse [deɛs] *f* Göttin *f* (*auch fig*); la ~ (de la) Raison die Göttin der Vernunft

de facto [defakto] *jur loc/adv* de facto; *loc/adj* De-'facto-...

défaillance [defajãs] *f* **1.** Schwäche (-anfall) *f(m)*; avoir une ~ e-n Schwä-

cheanfall erleiden; **2.** *fig* Schwäche *f; der Staatsgewalt etc* Ohnmacht *f;* ~ de mémoire Gedächtnisschwäche *f; Gedächtnis etc* sans ~ zuverlässig; **3.** *tech* e-r Maschine Versagen *n;* De'fekt *m;* Ausfall *m;* **4.** *jur e-r* Bedingung, Vertragsklausel Nichterfüllung *f,* Nichteinhaltung *f* (bei Fälligkeit)

défaillant [defajã] *adj* **1.** schwach; *Person auch* geschwächt; kraftlos; *Gedächtnis* schwach; lückenhaft; voix ~e d'émotion vor Erregung versagende Stimme; **2.** *Prüfling, Zeuge* nicht erschienen; ausgeblieben; *jur auch* säumig; **3.** *Linie, Dynastie* aussterbend

défaillir [defajir] ⟨*cf* **assaillir,** *auch* je **défaillerai**⟩ *v/i* **1.** e-n Schwächeanfall erleiden; schwach werden; elle était sur le point de ~ sie wurde fast ohnmächtig; sie war e-r Ohnmacht nahe; il défaillait die Kräfte verließen ihn; *par ext* ~ de joie vor Freude fast ohnmächtig werden; **2.** *fig* schwach werden; versagen; **3.** *Gedächtnis* nachlassen; *Kräfte, Wille* schwinden; nachlassen

défaire [defɛr] ⟨*cf* **faire**⟩ **I** *v/t* **1.** ab-, weg-, aufmachen; ausein'andernehmen; lösen; *Krawatte, Vorhänge, Kette* abnehmen; *Koffer* auspacken; *Knoten* lösen; aufbinden, -machen; *Paket* aufmachen; aufschnüren; *Schuhe* aufschnüren; ausziehen; *Naht, Saum etc* auftrennen; *Gestricktes* aufziehen; *Heftfäden* her'ausziehen; *Bett* abziehen; *Tisch* abräumen; abdecken; *Frisur* in Unordnung bringen; *fig* faire et ~ les gouvernements die Regierungen ein- und absetzen; **2.** *st/s* ~ qn de j-n befreien von; **défaites-moi de ce gêneur!** *auch* schaff mir diesen lästigen Menschen vom Halse!; on a eu du mal à le ~ de cette habitude ... ihm diese Angewohnheit auszutreiben, ihm dies(es) abzugewöhnen; **3.** *mil* besiegen; schlagen; **II** *v/pr* se ~ **4.** (*Haar*)*Knoten, Zopf, Naht etc* aufgehen; sich (auf)lösen; *Frisur* in Unordnung geraten; *Paket* aufgehen; *fig* les amitiés se font et se défont ... werden geschlossen und wieder gelöst; **5.** se ~ de sich befreien von; sich entledigen (+*gén*); loswerden (+*acc*); *Gewohnheit* ablegen; *Haus, Auto, altes Möbelstück* abstoßen; se ~ de qn *auch* sich j-n vom Halse schaffen; se ~ d'un employé sich von e-m Angestellten trennen

défait [defɛ] *adj* ⟨**défaite** [defɛt]⟩ **1.** *Knoten etc* aufgegangen; aufgelöst; *Haare* unordentlich; ungekämmt; *Bett* nicht gemacht; ungemacht; *Bett, Frisur* être ~ in Unordnung sein; **2.** avoir la mine ~e, le visage ~ mitgenommen aussehen; **3.** *mil* geschlagen; besiegt

défaite [defɛt] *f mil u fig* Niederlage *f;* ~ électorale Wahlniederlage *f;* subir une ~ e-e Niederlage hinnehmen müssen, erleiden; unter'liegen

défait|isme [defetism(ə)] *m* Defä'tismus *m;* F Miesmache'rei *f;* **~iste I** *adj* defä'tistisch; **II** *m,f* Defä'tist(in) *m(f);* F Miesmacher *m*

défalcation [defalkasjõ] *f comm* Abzug *m*

défalquer [defalke] *v/t comm* abziehen, absetzen, in Abzug bringen (de von)

défaufiler [defofile] *v/t cout* die Heftfäden ziehen (qc aus etw)

défausser [defose] **I** *v/t* **1.** *Verbogenes* (wieder) geradebiegen; **2.** *Spielkarte* abwerfen; **II** *v/pr* se ~ d'une carte e-e (Spiel)Karte abwerfen

défaut [defo] *m* **1.** Mangel *m;* Fehlen *n;* ~ de main-d'œuvre Mangel an Arbeitskräften; ~ d'organisation fehlende, mangelnde Organisation⟩ *loc/prép* à ~

de in Ermangelung von (*od* +*gén*); mangels (+*gén*); F à ~ de quoi statt dessen; dafür; *loc/adv* à ~ in Ermangelung e-s Besseren; notfalls; *math* par ~ abgerundet; faire ~ fehlen; le temps m'a fait ~ die Zeit hat mir gefehlt; **2.** Fehler *m;* Mangel *m; e-s Gesichtes, Körpers* Schönheitsfehler *m;* ~ de fabrication, de prononciation, de tissage Fabrikati'ons-, Aussprache- *bzw* Sprach-, Webfehler *m;* **3.** Fehler *m;* Laster *n;* ~ de caractère Cha'rakterfehler *m;* sans ~ ohne Laster; fehlerlos, -frei; makel-, tadellos; être en ~ im Unrecht sein; prendre qn en ~ j-n bei e-m Fehler, Verstoß, bei e-r Verfehlung ertappen; **4.** *e-r Theorie, e-s Systems, Kunstwerks* Schwäche *f* (*auch e-s Künstlers*); Unzulänglichkeit *f;* Unvollkommenheit *f;* **5.** *phys* ~ de masse Massendefekt *m;* **6.** *jur* Nichterscheinen *n;* jugement *m* par ~ Versäumnisurteil *n;* condamner par ~ in Abwesenheit verurteilen; **7.** *anat* ~ des côtes Weichen *f/pl; fig e-s Gegners* ~ de la cuirasse, de l'armure schwacher Punkt; schwache Stelle; **8.** *ch* mettre en ~ von der Fährte abbringen; tomber en ~ die Spur, Fährte verlieren

défaveur [defavœr] *f* Ungunst *f;* Ungnade *f;* être en ~ auprès du public beim Publikum in Ungnade stehen, schlecht angeschrieben sein

défavorable [defavɔrabl(ə)] *adj* ungünstig; *Wetter* unfreundlich; *Person* être ~ à qn j-m nicht wohl, schlecht gesonnen sein; j-m nicht gewogen sein; F auf j-n nicht gut, schlecht zu sprechen sein; être ~ à un projet *Person* e-m Vorhaben ablehnend gegenüberstehen; *Maßnahme etc* e-m Vorhaben abträglich sein, zu'widerlaufen

défavoriser [defavɔrize] *v/t* benachteiligen; schlechterstellen

défécation [defekasjõ] *f* **1.** *chim* Klären *n;* Defäkati'on *f;* **2.** *physiol* Darmentleerung *f;* Stuhlgang *m; sc* Defäkati'on *f*

défectif [defektif] *adj* ⟨*-ive*⟩ *gr* verbe ~ defek'tives, unvollständiges Verb; Defek'tivum *n*

défection [defeksjõ] *f* **1.** *mil, pol* Abfall *m;* Abtrünnigwerden *n; aus e-r Partei etc auch* Austritt *m* (de aus); **2.** *e-r Versammlung etc* Fernbleiben *n;* Nichterscheinen *n;* le nombre des ~s die Zahl der Nichterschienenen, Abwesenden; faire ~ fernbleiben; nicht erscheinen

défectueux [defektɥø] *adj* ⟨*-euse*⟩ **1.** fehler-, mangelhaft; *Maschine* de'fekt; *Verpackung* unzulänglich; mangelhaft; *Ware* fehler-, schadhaft; *fig Organisation etc* unvollkommen; **2.** *jur* jugement *m* ~ Urteil *n* mit Formfehlern

défectuosité [defektɥozite] *f* **a)** Fehler-, Mangelhaftigkeit *f;* Unzulänglichkeit *f;* Unvollkommenheit *f;* **b)** ~s *pl* Fehler *m/pl;* Mängel *m/pl*

défendable [defãdabl(ə)] *adj* **1.** Meinung, Sache vertretbar; cette thèse n'est pas ~ ... ist nicht haltbar; **2.** *mil* être ~ verteidigt werden können; zu halten sein

défendeur [defãdœr] *m,* **défenderesse** [defãdrɛs] *f jur* Beklagte(r) *f(m)*

défendre [defãdr(ə)] ⟨*cf* **rendre**⟩ **I** *v/t* **1.** verteidigen (*auch jur u sports: Titel*) (contre gegen); gerechte Sache, Meinung, Theorie, These verfechten; vertreten; eintreten für; sich einsetzen für; ~ un client e-n Klienten verteidigen, vertreten; ~ les faibles die Schwachen verteidigen, beschützen; sich für die Schwachen einsetzen; F sa peau sich s-r Haut wehren; ~ chèrement sa vie sein Leben bis zum letzten Atemzug verteidigen; sein Leben teuer verkaufen;

2. verbieten, unter'sagen (qc à qn j-m etw; à qn de faire qc j-m, etw zu tun); c'est défendu! das ist verboten!; **3.** *loc/adv* à son corps défendant ¹widerwillig; ungern; **4.** *st/s* ~ du *od* contre le vent, froid vor Wind, Kälte schützen; **II** *v/pr* se ~ **5.** sich verteidigen, wehren (contre gegen); se ~ à coups de poing sich mit Faustschlägen verteidigen, wehren; *fig* se ~ contre une accusation sich gegen e-e Anschuldigung wehren; e-e Anschuldigung zu'rückweisen; **6.** F *im Geschäftsleben, in e-r Fremdsprache etc* sich tapfer 'durchschlagen; ganz gut zu'rechtkommen; ca va? – on se défend ... man schlägt sich so durch; **7.** se ~ de conclure, de critiquer, etc sich der Schlußfolgerung, der Kritik *etc* enthalten; il ne peut se ~ d'un sentiment de joie er kann sich e-s Gefühls der Freude nicht erwehren, nicht enthalten; ne pouvoir se ~ de (+*inf*) nicht um'hinkönnen zu (+*inf*); **8.** *passivisch:* ça se défend das läßt sich vertreten; F das hat etwas für sich; cette opinion peut se ~ diese Meinung läßt sich vertreten

défends *of* **défens**

défenestration [defənɛstrasjõ] *f hist* la ~ de Prague der Prager Fenstersturz

défens [defã] *m bois m* en ~ Schonung *f*

défense [defãs] *f* **1.** Verteidigung *f;* Abwehr *f* (*beide auch mil, sports*); e-r gerechten Sache, e-s Ideals etc Verfechtung *f;* Verteidigung *f;* Eintreten *n* (de für); *mil* ~s *pl* Verteidigungsstellungen *f/pl,* -anlagen *f/pl;* Befestigungen *f/pl; jur* légitime ~ Notwehr *f;* en état de légitime ~ in Notwehr; in Frankreich ♀ nationale Landesverteidigung *f;* ministère *m* de la ♀ nationale Verteidigungsministerium *n;* ~ passive (ziviler) Luftschutz; *mil* ~ contre avions (*abr* D.C.A.) Flug-, Flieger-, Luftabwehr *f;* Flak *f; physiol* la ~ de l'organisme die Abwehrkräfte *f/pl* des Organismus, des Körpers; la ~ d'une théorie das Eintreten für e-e Theorie; *Basketball* ~ de zone Zonenverteidigung *f;* arme *f* de ~ Verteidigungswaffe *f;* mil ligne *f* de ~ Verteidigungslinie *f; Psychoanalyse* mécanismes *m/pl* de ~ Abwehrmechanismen *m/pl; psych* réflexe *m* de ~ Abwehrreflex *m;* courir à la ~ de qn j-m zu Hilfe eilen; j-n verteidigen; être sans ~ schutzlos sein; *par ext* ausgeliefert sein (contre *dat*); prendre la ~ d'un enfant, des faibles ein Kind, die Schwachen verteidigen, beschützen; **2.** *jur* Verteidigung *f;* assurer la ~ de qn j-s Verteidigung über'nehmen; j-n verteidigen; la parole est à la ~ das Wort hat die Verteidigung; **3.** Verbot *n;* ~ absolue, expresse absolutes, ausdrückliches Verbot; ~ d'afficher, d'entrer, de fumer Plakatankleben, Ein- *od* Zutritt, Rauchen verboten!; ~ de doubler Über'holverbot *n;* **4.** *zo* Stoßzahn *m;* beim Keiler Hauer *m;* **5.** *mar* Fender *m*

défens|eur [defãsœr] *m* ⟨*auch für e-e Frau*⟩ **1.** Verteidiger(in) *m(f); fig e-r Idee, Theorie etc* Verfechter(in) *m(f);* Anhänger(in) *m(f);* Vertreter(in) *m(f); sports* ~ du titre Titelverteidiger(in) *m(f);* **2.** *jur* Verteidiger(in) *m(f);* ~ d'office Offizi'al-, Pflichtverteidiger(in) *m(f);* **~if** *adj* ⟨*-ive*⟩ Verteidigungs...; defen'siv; Defen'siv...; Abwehr...; alliance défensive Schutz-, Verteidigungsbündnis *n;* armes défensives Verteidigungs-, Defensiv-, Schutzwaffen *f/pl;* **~ive** *f* Defen'sive *f;* Verteidigungs-, Abwehrstellung *f;* être, se tenir sur la ~ in der Defensive, in Verteidigungsstellung sein (*auch fig*)

déféquer [defeke] ⟨*-è-*⟩ **I** *v/t chim* klä-

ren; **II** v/i *physiol* Stuhlgang haben

défér|ence [deferãs] f Achtung f; Ehrerbietung f; faire qc par ~ pour qn etw aus Achtung vor j-m tun; **~ent** adj **1.** ehrerbietig; re'spektvoll; **être, se montrer ~ envers** qn, **à l'égard de** qn sich j-m gegenüber respektvoll verhalten; **2.** *anat* canal ~ Samenleiter m

déférer [defere] ⟨-è-⟩ **I** v/t jur **1.** ~ qn à la justice j-n vor Gericht bringen, dem Gericht über'antworten; ~ **une affaire à un tribunal** e-e Sache vor Gericht bringen; **2.** ~ **le serment à** qn j-m den Eid zuschieben; **II** v/t/indir **3.** st/s ~ à qn j-m willfahren, willfährig sein, (aus Achtung) beipflichten; ~ **à la décision de** qn sich j-s Entscheidung (aus Respekt) unter'werfen, fügen, beugen; **4.** jur ~ à une convocation e-r Vorladung Folge leisten

déferl|age [defɛrlaʒ] m mar e-s Segels Setzen n; e-r Flagge Hissen n; **~ant** adj **1.** vague ~e Brandungswelle f; sich brechende Welle; **2.** fig armée ~e einbrechende Armee

déferlement [defɛrləmã] m **1.** *bei Wellen* Brechen n; Brandung f; **2.** fig **a)** er Armee, der Barbaren Einfall m; Einbruch m; **b)** *von Gefühlen, Leidenschaften* Auflodern n; Aufbranden n; ~ de l'enthousiasme Welle, Woge f der Begeisterung; aufbrandende Begeisterung

déferler [defɛrle] **I** v/t mar Segel setzen; *Flagge* hissen; **II** v/i **1.** *Wellen* sich brechen; *Meer* branden; **2.** fig **a)** la foule déferle sur la place ... strömt auf den Platz; **b)** *Begeisterung, Haß* aufbranden; auflodern

déferrer [defere] v/t **a)** (die) Eisenbeschläge entfernen, lösen (une caisse von e-r Kiste); **b)** ~ un cheval e-m Pferd ein bzw die Hufeisen abmachen; **c)** ~ un prisonnier e-m Gefangenen die Ketten abnehmen

déferrisation [defɛrizasjõ] f chim von *Wasser* Enteisenung f

défervescence [defɛrvesãs] f méd Entfieberung f

défet [defɛ] m impr 'überzähliger Bogen

défeuillaison [defœjezõ] f Laub-, Blattfall m

défeuiller [defœje] **I** v/t Baum entlauben; entblättern; adjt défeuillé entlaubt; ohne Blätter; **II** v/pr se ~ das Laub, die Blätter verlieren

défi [defi] m **1.** Her'ausforderung f; d'un air de ~ mit herausfordernder Miene; accepter, relever un ~ e-e Herausforderung annehmen; lancer un ~ à qn j-n herausfordern; **2.** fig ~ au danger Her'ausforderung f der Gefahr; Spiel n mit der Gefahr; ~ au bon sens Herausforderung f des gesunden Menschenverstandes; ~ à l'autorité de qn Angriff m auf j-s Autorität (acc); **3.** mettre qn au ~ de faire qc wetten, daß j etw nicht tun kann bzw wird

défi|ance [defjãs] f Argwohn m, 'Mißtrauen n (de gegen); mettre qn en ~ j-n 'mißtrauisch machen; **~ant** adj argwöhnisch; 'mißtrauisch

défibr|age [defibraʒ] m tech **a)** von Holz Zerfasern n; zur Papierherstellung Zerschleifen n; **b)** von Zuckerrohr Zermahlen n; **~er** v/t tech **a)** Holz zerfasern; zur Papierherstellung zerschleifen; **b)** Zuckerrohr zermahlen; **~eur** m **1.** tech für Holz Defi'brator m; zur Papierherstellung Holzschleifmaschine f; **2.** Arbeiter m am Defi'brator

défibrill|ateur [defibrijatœr, -bri(l)la-] m méd Defibril'lator m; **~ation** f méd Defibrillati'on f

déficeler [defisle] v/t ⟨-ll-⟩ aufschnü-

---

ren; die Verschnürung, Schnur auf-, losmachen, lösen (qc von etw)

déficience [defisjãs] f Schwäche f

déficient [defisjã] **I** adj **1.** *Organismus, Intelligenz* schwach; *Kind* zu'rückgeblieben; lernbehindert; **2.** fig Argumentation schwach; **II** m ~ auditif, de la vue Hör-, Sehbehinderte(r) m

déficit [defisit] m Defizit n, Fehlbetrag m (de deux millions von zwei Millionen); combler un ~ ein Defizit ausgleichen; être en ~ ein Defizit aufweisen, haben; defizi'tär sein; se solder par un ~ mit e-m Defizit (ab)schließen

déficitaire [defisitɛr] adj mit Verlust abschließend; defizi'tär; *Handelsbilanz* passiv; par ext Verlust...; année f ~ Verlustjahr m; bilan m ~ auch 'Unterbilanz f; entreprise f ~ Verlustunternehmen n

défier [defje] **I** v/t **1.** ~ qn j-n her'ausfordern (à qc zu etw); **2.** fig ~ le danger, la mort der Gefahr, dem Tod(e) trotzen; mit der Gefahr, dem Leben spielen; ~ l'avenir der Zukunft die Stirn bieten; **3.** ~ qn de faire qc wetten, daß j etw nicht tun kann bzw wird; **4.** Sache ~ toute comparaison jeglichen Vergleich verbieten; Preise ~ toute concurrence außer jeder Konkurrenz stehen; ~ toute description jeglicher Beschreibung spotten; **II** v/pr st/s se ~ de qn, qc gegen j-n, etw Argwohn haben, hegen; j-m, e-r Sache miß'trauen

défigur|ation [defigyrasjõ] f od **~ement** m Entstellung f; e-s Textes, Gedankens auch Verzerrung f; verzerrte, entstellte 'Wiedergabe; **~er** v/t **1.** Person, Gesicht entstellen; verunstalten; **2.** Tatsachen, Wahrheit, Gedanken etc entstellen; verzerren; entstellt, verzerrt 'wiedergeben

défilage [defilaʒ] m Papierherstellung Lumpenzerkleinerung f

défilé [defile] m **1.** Aufmarsch m, Pa'rade f (devant vor + dat); vor'beimarsch m (an + dat); le ~ du 14 Juillet die Parade am 14. Juli; **2.** par ext von Menschen Andrang m; Zustrom m; von Autos endlose Reihe; **3.** géogr Engpaß m; 'Durchbruch m; **4.** Papierherstellung zerkleinerte Lumpen m/pl; Halbzeug n

défilement [defilmã] m mil Deckung f

défiler [defile] **I** v/t **1.** Papierherstellung: Lumpen zerkleinern; **2.** mil in Deckung bringen; decken; **II** v/i **3.** defi'lieren (abs); vor'beimarschieren, -ziehen, -fahren, -defilieren (devant an + dat); aufmarschieren (vor +dat); **4.** par ext Besucher, Kunden sich die Tür in die Hand geben; Tage da'hingehen, -ziehen; Bilder ~ devant les yeux de qn vor j-s Augen (dat) vor'bei-, vor'überziehen; **III** v/pr se ~ **5.** mil in Deckung gehen; Deckung nehmen; **6.** F fig **a)** F sich drücken; chacun se défile et se déclare irresponsable jeder drückt sich ...; **b)** sich fortstehlen; F sich verdrücken; sich verziehen

défileuse [defiløz] f Papierherstellung ~ od adjt pile f ~ Halbzeugholländer m

défini [defini] **I** adj **1.** bestimmt; une tâche bien ~e e-e ganz bestimmte, genau abgegrenzte Aufgabe; **2.** Wort, Begriff bien, mal ~ gut, schlecht definiert; **3.** gr article ~ bestimmter Artikel; passé ~ Passé simple n; hi'storisches Perfekt; **II** m philos ~ das Defi'nierte; der defi'nierte Begriff

définir [definir] v/t **1.** Begriff, Wort defi'nieren; **2.** par ext bestimmen; abgrenzen; Bedingungen, Einzelheiten etc festlegen, -setzen; ~ la politique die Richtlinien der Politik bestimmen; **3.** par ext Person charakteri'sieren; Gefühl,

---

Idee genau beschreiben; s-n Standpunkt erläutern

défini|ssable [definisabl(ə)] adj defi-'nier-, bestimmbar; **~teur** m égl cath Defi'nitor m

définitif [definitif] adj ⟨-ive⟩ **1.** endgültig; defini'tiv; Sieg entscheidend; jugement ~ rechtskräftiges Urteil; Endurteil n; subst faire du ~ etwas Endgültiges machen, schaffen; **2.** loc/adv en définitive schließlich; letzten Endes; letztlich

définition [definisjõ] f **1.** Begriffsbestimmung f; Definiti'on f (auch math, Logik); loc/adv par ~ definitionsgemäß; wie das Wort schon sagt; per definiti'onem; par ext zwangsläufig; logischerweise; **2.** par ext Bestimmung f; Charakteri'sierung f; genaue Beschreibung; **3.** télév Zahl f der Zeilen und Bildpunkte; Fernsehnorm f; **4.** égl cath (dog'matische) Definiti'on

définitivement [definitivmã] adv endgültig; defini'tiv

déflagr|ateur [deflagratœr] m tech Zünder m; Zündgerät n; **~ation** f **1.** chim Deflagrati'on f; Verpuffen n; explosi'onsartiges Verbrennen; **2.** allg Explosi'on f; **~er** v/i chim, tech explosi'onsartig verbrennen; verpuffen

déflation [deflasjõ] f **1.** écon Deflati'on f; **2.** géol Deflati'on f; Abtragung f durch Wind

déflationniste [deflasjonist] adj écon deflatio'när; deflatio'nistisch; defla-'torisch

déflecteur [deflɛktœr] m **1.** auto Ausstellfenster n; **2.** tech Ablenkplatte f, -vorrichtung f; **3.** phys atom De'flektor m

défleurir [deflœrir] **I** v/t **1.** der Blüten berauben; **2.** par ext e-r Frucht etc den Hauch der Frische nehmen (+dat); **II** v/i die Blüten verlieren; ver-, abblühen

déflexion [deflɛksjõ] f phys Ablenkung f

défloraison [deflorɛzõ] f Abfallen n der Blüten; Verblühen n

déflor|ation [deflorasjõ] f Deflorati'on f; Entjungferung f; **~er** v/t **1.** entjungfern; deflo'rieren; **2.** fig e-m Thema etc den Reiz (der Neuheit), die Originali'tät nehmen (+dat)

défluviation [deflyvjasjõ] f e-s Flusses (na'türliche) Laufverlegung

défoli|ant [defoljã] adj u subst m (produit m chimique) ~ (chemisches) Entlaubungsmittel; **~ation** f **1.** bot Laub-, Blattfall m; **2.** Entlaubung f (durch Chemikalien) (auch mil); **~er** v/t entlauben

défonçage [defõsaʒ] m od **défoncement** [defõsmã] m **1.** Ausschlagen n des Bodens; e-r Wand etc Einschlagen, -drücken n; **2.** agr Tiefpflügen n; Ri'golen n

défonc|er [defõse] ⟨-ç-⟩ **I** v/t **1.** den Boden aus-, einschlagen (une caisse e-r Kiste); par ext Wand etc eindrücken, -schlagen; Straße tief ausfahren; stark beschädigen; adjt Straße défoncé ausgefahren; beschädigt; voller Schlaglöcher; **2.** agr tief pflügen; ri'golen; ra'jolen; **II** v/pr F se ~ F fixen; sich auf e-n Trip begeben; **~euse** f agr Ri'golpflug m

déform|able [deformabl(ə)] adj defor-'mierbar; leicht verformbar; nachgiebig; auto zone f ~ Knautschzone f; **~ant** adj miroir ~, glace ~e Zerr-, Ve'xierspiegel m

déformation [deformasjõ] f **1.** Verformung f (auch tech); Deformati'on f (auch tech, path); Defor'mierung f; Formveränderung f; path auch Deformi'tät f; 'Mißbildung f; ch de fer ~ de voie Gleisverformung f; **2.** fig von Tatsachen, Gedanken etc Verzerrung f; Entstellung f; des Geschmacks Verbildung f; ~ pro-

fessionnelle Abfärben *n* des Berufs auf das Privatleben, auf den Menschen; **c'est une ~ professionnelle** der Beruf färbt eben aufs Privatleben ab; das sind die Folgen des Berufs
déformer [defɔrme] **I** *v/t* **1.** verformen; defor'mieren; *Schuhe* austreten; *Gesicht* verunstalten; *Körper, Beine* unförmig machen; *opt Bilder* verzerren; *adjt* **chaussée déformée** unebene Fahrbahn; **2.** *Tatsache, Nachricht, Gedanken* verzerren; entstellen; *Geschmack, e-n Menschen* verbilden; **II** *v/pr* **se ~** sich verformen; die Form verlieren; *Holz* sich verziehen; *Kleidung* die Form, die Fas'son verlieren
défoul|ement [defulmã] *m psych* 'Abreaktion *f*; *par ext* Sich'abreagieren *n*; **~er** *v/pr* **se ~ 1.** *psych* sich abreagieren; **2.** *Kinder* sich austoben
défourn|age [defurnaʒ] *m od* **défourn|ement** [defurnəmã] *m tech* Her'ausnehmen *n* aus dem Ofen; **~er** *v/t allg, tech* aus dem Ofen nehmen
défraîch|i [defreʃi] *adj* nicht mehr neu; **robe ~e** getragenes Kleid; **~ir** *v/pr* **se ~** *Stoff, Kleidungsstück* das neue Aussehen verlieren; nicht mehr neu aussehen; *Farben* verblassen
défrayer [defreje] *v/t* ⟨-ay- *od* -ai-⟩ **1.** die Kosten über'nehmen (**qn** für j-n); **être défrayé de tout** alles freihaben; **2.** *fig Romane, Klatschspalten* füllen; **~ la chronique** von sich reden machen; Anlaß zu Gerede geben; im Mittelpunkt des Klatsches stehen
défrich|age [defriʃaʒ] *m od* **~ement** [defriʃmã] *m* **1.** Urbarmachung *f*; Roden *n*, -ung *f*; **2.** urbar gemachtes Land; Rodung *f*; Neuland *n*; **3.** *fig* Beseitigung *f* der Anfangsschwierigkeiten
défrich|er [defriʃe] *v/t* **1.** *(Brach)Land, Wald* urbar machen; roden; **2.** *fig* die Anfangsschwierigkeiten beseitigen, die Vorarbeit leisten (**un terrain, domaine** auf e-m Gebiet); *Frage, Thema* aufbereiten; in Angriff nehmen; **~eur** *m fig* Wegbereiter *m*
défringuer [defrɛ̃ge] *v/pr* P **se ~** F sich auspellen
défriper [defripe] *v/t Kleidung* glätten; glattstreichen; wieder glattmachen
défriser [defrize] *v/t* **1.** *Haare beim Friseur* entkrausen; **le temps humide défrise les cheveux** das feuchte Wetter zerstört die Locken, die Frisur; durch das feuchte Wetter hängen die Haare glatt, strähnig herunter; **2.** F *fig Sache ~ qn* j-n (ver)ärgern; **ça te défrise?** (ver)ärgert dich das?
défroiss|able [defrwasabl(ə)] *adj* knitterarm; **~er** *v/t Kleidung, Papier etc* glätten; glattstreichen; wieder glattmachen
défroncer [defrɔ̃se] *v/t* ⟨-ç-⟩ die Kräuselfalten, -fältchen wieder glattmachen (**une jupe e-s** Rocks)
défroque [defrɔk] *f* **1.** *rel e-s* Mönchs, *e-r* Nonne Hinter'lassenschaft *f*; **2.** abgelegte, alte Kleidungsstücke *n/pl*
défroqu|é(e) [defrɔke] *m(f) rel* aus dem Orden ausgetretener Mönch, ausgetretene Nonne; ehemaliger Priester; **~er** *v/i u v/pr* **(se)** *~ rel* die Mönchskutte, das Nonnengewand, das Priestergewand ablegen; *Mönch, Nonne auch* aus dem Orden austreten
défruiter [defrɥite] *v/t tech* den Fruchtgeschmack nehmen (**l'huile d'olive** dem Olivenöl)
défrusquer [defryske] *v/pr* P **se ~** F sich auspellen
défunt [defɛ̃, -fœ̃] **défunte** [defɛ̃t, -fœ̃t] **I** *m,f* Verstorbene(r) *f(m)*; *st/s* Verblichene(r) *f(m)*; **II** *adj* **1.** verstorben; verschie-

den; selig; **2.** *fig u st/s* vergangen; verflossen
dégagé [degaʒe] *adj* **1.** *Platz, Nacken, Stirn, Sicht* frei; *Himmel* klar; wolkenlos; **2.** *Gang, Haltung, Ton* ungezwungen; ungeniert [-ʒ-]; leger [-'ʒɛːr]
dégagement [degaʒmã] *m* **1.** *von eingezwängten Verunglückten, Gegenständen* Befreiung *f*; Her'ausholen *n*, -ziehen *n*, -bringen *n*; *von Menschen auch* Bergung *f*; *mil* Entsatz *m*; *mil* **armée** *f*, **attaque** *f* **de ~** Entsatzheer *n*, -angriff *m*; **2.** *e-s Platzes, e-r Straße etc* Freimachen *n*; Räumung *f*; **route** *f*, **voie** *f* **de ~** Um'gehungs-, Entlastungsstraße *f*; **3.** *arch* Gang *m*; Flur *m*; *par ext* freier Platz; **4.** *von Gas, Energie, Wärme* Freiwerden *n*; Entwicklung *f*; Abgabe *f*; Freisetzung *f*; *von Gas auch* Ausströmen *n*; Entweichen *n*; *mines* **~ instantané** Gasausbruch *m*; **~ de chaleur** Wärmeabgabe *f*, -entwicklung *f*; **~ de fumée, de vapeur** Rauch-, Dampfentwicklung *f*; **5.** *esc* Dega'gieren *n*; Um'gehen *n* (der gegnerischen Klinge; *Fußball* befreiender Schlag; Klären *n*; **6.** *e-s Pfandes* Ein-, Auslösen *n*, -ung *f*; **7.** *fig* Befreiung *f*, Entbindung *f* (**d'une promesse, etc** von e-m Versprechen *etc*); Lösung *f* (aus); **8.** *mil, adm* **~ des cadres** Abbau *m*, Verringerung *f* der Führungskräfte; **9.** *mil, pol cf* **désengagement**
dégager [degaʒe] ⟨-geons⟩ **I** *v/t* **1.** *Verunglückte, Eingeklemmtes befreien;* her'vor-, her'ausziehen; her'ausholen, -bringen; *Leichen, Verunglückte auch* bergen (**des décombres** aus den Trümmern); *mil* entsetzen; **~ sa main de celle d'un autre** s-e Hand aus der e-s andern ziehen; **2.** *Straße, Einfahrt* frei machen; räumen; *Tisch* frei machen; abräumen; **allons, dégagez!** gehen *bzw* fahren Sie weiter!; **3.** *Kleidung: Hals, Rücken* frei lassen; *par ext* **~ la taille** die Figur besser zur Geltung kommen lassen; **4.** *Gas, Energie, Wärme* entwickeln; abgeben; freisetzen; *Hitze auch* ausstrahlen; *Duft* verströmen; verbreiten; entwickeln; **5.** *Geld, Kredit* bereitstellen; **6.** *esc* dega'gieren (*abs*); um'gehen; *Fußball* **~ la balle** klären; **7.** *fig Grundgedanken, Moral von etw* her'ausstellen, -arbeiten; *Schlüsse* ziehen; **8.** *Pfand* ein-, auslösen; **9.** *fig Verantwortung* ablehnen; **~ sa parole** sein Wort wieder zu'rücknehmen; **10.** **~ qn de qc** j-n von etw (*Verpflichtung etc*) befreien, entbinden; j-n e-r Sache (*gén*) entheben; **~ qn de toute responsabilité** j-n aus der Verantwortung entlassen; **être dégagé de tout souci** jeder Sorge enthoben sein; frei von jeglicher Sorge sein; **II** *v/pr* **se ~ 11.** *Person* sich befreien (**de aus**); **12.** *Platz, Straße etc* frei, leer werden; *Nase* wieder frei werden; **le ciel, le temps se dégage** es klärt sich auf; es klart auf; der Himmel hellt sich auf; **13.** *Gas, Wärme etc* sich entwickeln; frei werden; *Gas, Dampf auch* ausströmen, entweichen (**de aus**); *Geruch* ausströmen (**aus**); *Rauch* aufsteigen (**aus**); **14.** *fig Ergebnis, Wahrheit* sich abzeichnen; her'vortreten (**de aus**); sich zeigen; zu'tage treten; *unpersönlich* **il se dégage (des faits) que …** es zeigt sich, daß …; die Tatsachen zeigen, daß …; **15.** *Person* sich lösen (**d'une contrainte, obligation** aus e-m Zwang, e-r Verpflichtung); sich frei machen (**von**)
dégaine [degen] *f péj* lächerliche Haltung; komischer Gang
dégainer [degene] *v/t Waffe* blankziehen; *abs auch* sein Schwert *bzw* s-n Re'volver ziehen
déganter [degãte] *v/pr* **se ~** s-e Hand-

schuhe abstreifen, ablegen, ausziehen
dégarnir [degarnir] **I** *v/t* **1.** *Schaufenster etc* ausräumen; *Tisch* abräumen; *vom Weihnachtsbaum etc* den Schmuck entfernen, abnehmen (**qc** von etw); *Kühlschrank, Weinkeller, Bankkonto* plündern; *adjt* **front dégarni** Stirnglatze *f*; **2.** *mil Grenze, Front* entblößen; ungedeckt lassen; **II** *v/pr* **se ~** *Kopf, Bäume* kahl werden; *Reihen im Theater, Kino* sich lichten; **il se dégarnit** sein Haar wird lichter; er bekommt schütteres Haar; **s-e Haares fallen aus**; er wird kahl
dégarnisseuse [degarnisøz] *f ch de fer* Bettungsräumungsmaschine *f*
dégât [degɑ] *m* Schaden *m*; Verwüstung *f*; **~s matériels** Sachschaden *m*; *mines* **~s de surface** Bergschäden *m/pl*; **~s causés par le gel** Frostschäden *m/pl*; **faire, causer de grands ~s** großen Schaden anrichten (*auch fig*); große Schäden verursachen; große Verwüstungen anrichten; **limiter les ~s** größere Schäden verhindern; *auch fig* möglichst wenig Schaden anrichten; das Schlimmste verhüten
dégauchir [degoʃir] *v/t tech* **1.** *verformtes Werkstück* (wieder) geraderichten; **2.** *(Holz)Fläche* glätten; ebnen; *Holz auch* abrichten
dégauchiss|age [degoʃisaʒ] *m tech des Holzes* Abrichten *n*; **~euse** *f tech* (Abricht)Hobelmaschine *f*
dégazage [degazaʒ] *m* **1.** *tech* Gasentzug *m*; Entgasen *n*; **2.** *mar e-s Tankers* Reinigung *f* von Ölrückständen
dégazonn|age [degazonaʒ] *m od* **~ement** *m* Abnehmen *n* der Rasendekke (*um sie wieder zu verwenden*)
dégel [deʒel] *m* **1.** (Auf)Tauen *n*; *par ext* Tauwetter *n*; **c'est le ~** es taut; **2.** *fig, bes pol* Tauwetter *n* (**des relations politiques** in den politischen Beziehungen); *écon* Belebung *f*; 'Wiederaufschwung *m*
dégelée [deʒle] F *f* Tracht *f* Prügel; F Keile *f*; Dresche *f*
dégeler [deʒle] ⟨-è-⟩ **I** *v/t* **1.** auftauen; F **se ~ les pieds** sich die Füße aufwärmen; **2.** *fig e-n Menschen* aus s-r Re'serve her'auslocken; *Publikum* mitreißen; *Beziehungen, Situation* entspannen; **3.** *Konto, Kredite* freigeben; **II** *v/i* auftauen; **le lac a dégelé** der See ist aufgetaut; **faire ~ un produit congelé** Tiefkühlkost auftauen (lassen); **III** *v/imp* **il dégèle** es taut; **IV** *v/pr* **se ~** *fig Person* auftauen; warm werden
dégénéré [deʒenere] *adj* degene'riert
dégénérer [deʒenere] ⟨-é-⟩ *v/i* **1.** *biol* degene'rieren; entarten; sich zu'rückbilden; sich verschlechtern; **2.** *fig* ausarten (**en in +** *acc*); **~ en orgie** in e-e Orgie ausarten; **~ en bronchite** sich zu e-r Bronchitis entwickeln
dégénérescence [deʒeneresãs] *f biol, méd* Degenerati'on *f*; Entartung *f*
dégermer [deʒerme] *v/t Braugerste, Kartoffeln* entkeimen; die Keime entfernen von
dégingandé [degɛ̃gɑ̃de, deʒɛ̃-] *adj Person, Bewegungen* F schlaksig
dégivr|age [deʒivraʒ] *m* Abtauen *n*; Enteisung *f* (*auch aviat*); Entfrostung *f*; **~ant** *adj auto* **glace arrière ~e** (be)heizbare Heckscheibe
dégivr|er [deʒivre] *v/t Kühlschrank, Windschutzscheibe* abtauen; *aviat* enteisen; *tech* entfrosten; **~eur** *m* Enteisungsanlage *f* (*auch aviat*); Entfrostungsanlage *f*; *auto auch* Entfroster(-). De'froster(anlage) *m(f)*; *bei e-m Kühlschrank* **~ automatique** Abtau-Automatik *f*
déglaçage [deglasaʒ] *m tech des Papiers*

Entfernen *n* des Glanzes
déglacer [deglase] *v/t* <-ç-> **1.** *cuis, meist abs* den Bratensatz mit etwas Flüssigkeit vom Boden lösen; **2.** *tech* den Glanz entfernen (**du papier** von Papier)
déglaciation [deglasjasjõ] *f géol* Rückgang *m* der Gletscher, der Vergletscherung
déglinguer [deglẽge] F **I** *v/t* ka'puttmachen; *adjt* **déglingué** klapp(e)rig; **II** *v/pr* **se ~** ka'puttgehen; klapp(e)rig werden
déglutination [deglytinasjõ] *f ling* Deglutinati'on *f*
déglut|ir [deglytir] *v/t* (hin'unter-) schlucken; **~ition** *f physiol* Deglutiti'on *f*; Schluckakt *m*
dégobiller [degɔbije] *v/t u v/i* P kotzen
dégoiser [degwaze] F *péj* **I** *v/t* dummes Geschwätz von sich geben; F verzapfen; *lange Reden* schwingen; **II** *v/i* schwatzen; F quatschen
dégommage [degɔmaʒ] *m* **1.** *text* Entschlichten *n*; *der Seide* Degum'mieren *n*; Entbasten *n*; Abziehen *n*; **2.** F *fig von Personal etc* Entlassung *f*; F Rausschmiß *m*
dégommer [degɔme] *v/t* **1.** die Gum'mierung entfernen (**qc** von etw); **2.** *text* entschlichten; *Seide* degum'mieren; entbasten; abziehen; **3.** F *fig Personal etc* hin'auswerfen; F feuern
dégonflage [degõflaʒ] F *fig m* Feigheit *f* (*im Moment, wo gehandelt werden soll*); F feiger Rückzieher
dégonflé [degõfle] **I** *adj* nicht aufgepumpt; nicht aufgeblasen; **le pneu est ~** *auch* im Reifen ist keine Luft; der Reifen hat Luft verloren; **avoir un pneu ~** F e-n Platten haben; **II** F *m* Feigling *m*; F Hasenfuß *m*; Schlappschwanz *m*; Waschlappen *m*
dégonflement [degõfləmã] *m* Verlieren *n*, Ablassen *n* der Luft; *auto auch* ungenügender Reifendruck
dégonfler [degõfle] **I** *v/t* **1.** Luft ab-, her'auslassen (**qc** aus etw); **2.** *fig Preise* senken; **II** *v/pr* **se ~ 3.** *Reifen etc* (die) Luft verlieren; **4.** F *fig* e-n feigen Rückzieher machen; F Bammel, Schiß bekommen; **ne te dégonfle pas!** sei kein Feigling, F Schlappschwanz!
dégorgement [degɔrʒəmã] *m* **1.** *méd* Entleerung *f*; **~ de la bile** Entleerung der Galle; **2.** *der Abwässerkanäle* Entleerung *f*; **3.** *tech der Häute, Wolle* Waschen *n*; **4.** *cuis von Fisch, Hirn etc* (Aus-) Wässern *n*; *der Schnecken* Ausschwemmen *n*; **5.** *vit* Degor'gieren *n*
dégorgeoir [degɔrʒwar] *m* **1.** Abflußrohr *n*, -rinne *f*; Ablaufrinne *f*; **2.** *beim Angeln* Hakenlöser *m*; **3.** *text* Waschmaschine *f*
dégorger [degɔrʒe] <-geons> **I** *v/t* **1.** *Rohr, Abfluß* die Verstopfung beseitigen (+*gén*); frei machen; reinigen; *Abwasserkanal* entleeren; (aus)spülen; **2.** *Abwässer, Abfallstoffe* fortspülen; wegschwemmen; **3.** *tech Häute, Wolle* waschen; **4.** *vit* degor'gieren; **II** *v/i* **5.** *cuis* **faire ~, mettre à ~** *Fleisch, Fisch* wässern (lassen); *Schnecken* ausschwemmen (lassen); *Gurken, Auberginen* Wasser ziehen lassen; entwässern; **6.** *auch v/pr* (**se**) **~** sich ergießen; (ab)fließen; sich entleeren
dégot(t)er [degɔte] **I** *v/t* F auftreiben, -gabeln; ergattern; angeln; **II** P *v/i* F toll aussehen (*auch péj*)
dégoulin|ade [degulinad] *f* an e-r Mauer, e-m Kochtopf (länglicher) Tropfen; **~ement** *m* Tröpfeln *n*; Rieseln *n*; Tropfen *n*; **~er** *v/i* (her'ab)tropfen, (-)tröpfeln, (-)rieseln; *Haare* triefen
dégoupiller [degupije] *v/t Handgranate* entsichern

dégourdi [degurdi] **I** *adj* aufgeweckt; gewandt; geschickt; gewitzt; pfiffig; wendig; **II** *subst* **~(e)** *m(f)* aufgeweckter, gewitzter, geschickter Bursche; aufgewecktes, *etc* junges Mädchen
dégourdir [degurdir] **I** *v/t* **1.** *steif gewordene Glieder* bewegen; lockern; *par ext* wärmen; **2.** *Flüssigkeit* schwach erhitzen; leicht erwärmen; **3.** *fig* **~ qn** j-n gewandter, gewitzter, aufgeweckter machen; **II** *v/pr* **4.** **se ~ les jambes** sich die Beine vertreten; **5.** *fig* **se ~** gewandter, gewitzter, aufgeweckter werden
dégoût [degu] *m* **1.** Ekel *m*, Abscheu *m* (**pour** vor + *dat*); 'Widerwille *m*, Abneigung *f* (**gegen**); **j'ai un ~ pour les huîtres** ich habe e-n Ekel vor Austern; mir *od* mich ekelt, ich ekle mich vor Austern; **avoir, ressentir du ~ pour qn, qc** j-n, etw verabscheuen; Widerwillen, e-e Abneigung gegen j-n, etw haben, empfinden; **inspirer du ~ à qn** j-n anekeln, anwidern; **2.** 'Überdruß *m*; **~ de la vie** Lebensüberdruß *m*
dégoûtant [degutã] *adj* **1.** *Speise, Tier, Zimmer, Arbeit etc* ekelerregend; ekelhaft; ek(e)lig; widerlich; ab'scheulich; **2.** *Person, Handlung* ab'scheulich; *Person auch* widerlich; ekelhaft; F **type ~** *od subst* **~** *m* widerlicher Kerl; Scheusal *n*; Ekel *n*; **c'est ~!** das ist abscheulich, empörend!; **c'est ~ de** (+*inf*) es ist abscheulich etc zu (+*inf*); **3.** *Geschichten* ob'szön; schmutzig
dégoûtation [degutasjõ] *f* F **quelle ~!** *od* **c'est une ~!** wie ek(e)lig, ekelhaft, ab'scheulich!; *von e-r Person* was für ein Ekel (ist das)!
dégoûté [degute] *adj* **1.** angeekelt; angewidert; **2.** *par ext* **n'être pas ~** nicht gerade wählerisch sein; *fig* nicht gerade zimperlich sein (*bei der Wahl s-r Mittel*); *subst* **faire le ~** den Wählerischen spielen; wählerisch tun; **3.** **~ de qn, de qc** j-s, e-r Sache 'überdrüssig; von etw über'sättigt; **~ de la vie** des Lebens 'überdrüssig; lebensüberdrüssig, *par ext* -müde; **être ~ de qn, de qc** *auch* F j-n, etw satt haben
dégoûter [degute] **I 1.** *v/t* **~ qn** j-n anekeln, anwidern (*auch fig*); **ce plat me dégoûte** *auch od* mich ekelt vor dieser Speise; ich ekle mich vor dieser Speise; **cette hypocrisie me dégoûte** diese Heuchelei ekelt, widert mich an, *par ext* empört mich; **2.** **~ qn de qc** j-m etw verleiden; (**si vous n'aimez pas ça,**) **n'en dégoûtez pas les autres!** (wenn es Ihnen schon nicht schmeckt,) verderben Sie nicht noch den anderen den Appetit!; **c'est à vous ~ de ce travail** das verleidet einem ganz die Arbeit; das nimmt einem jede Lust an der Arbeit; **c'est à vous ~ de lui faire plaisir** das nimmt einem jede Lust, ihm e-e Freude zu machen; **II** *v/pr* **3.** **se ~ d'un plat** sich (*dat*) e-e Speise 'überessen; **4.** **se ~ de qc, de qn** e-r Sache, j-s 'überdrüssig werden; F etw, j-n satt bekommen
dégoutter [degute] *v/i* (her'ab)tropfen
dégrad|ant [degradã] *adj* erniedrigend; entwürdigend; degra'dierend; **~ateur** *m phot* Abschattierer *m*
dégradation [degradasjõ] *f* **1.** Degra'dierung *f* (*auch mil*); Rangverlust *m*; **~ civique** Verlust *m*, Aberkennung *f* der bürgerlichen Ehrenrechte; **2.** *moralisch* Erniedrigung *f*; Ent-, Her'abwürdigung *f*; Verfall *m*; **3.** *e-s Gebäudes, e-r Mauer etc* Beschädigung *f*; Verfall *m* (*auch e-s Besitzes*); Verwitterung *f*; **~s** *pl auch* Schäden *m/pl*; *jur* **~ de monuments** Beschädigung von Denkmälern; **4.** *fig der sozialen etc Verhältnisse, der Konjunktur* Verschlechterung *f*; **5.** *phys* **~ de**

l'énergie Degradati'on *f* der Ener'gie; **6.** *e-r Farbe, des Lichtes* Abstufung *f*; (Ab)Schat'tierung *f*; Abtönung *f*; Abschattung *f*
dégradé [degrade] *m* **1.** *e-r Farbe, des Lichtes* Abstufung *f*; (Ab)Schat'tierung *f*; Abtönung *f*; Abschattung *f*; **2.** *cin* Verlaufblende *f*
dégrader [degrade] **I** *v/t* **1.** degra'dieren (*bes mil*); **~ qn civiquement** j-m die bürgerlichen Ehrenrechte aberkennen; **2.** *moralisch* erniedrigen; ent-, her'abwürdigen; mo'ralisch sinken lassen; **3.** *Gebäude, Mauer etc* beschädigen; adit **chaussée dégradée** Fahrbahnschäden *m/pl*; **4.** *Farben, Licht* abstufen; abtönen; (ab)schat'tieren; abschatten; *par ext adit* **coupe dégradée** Stufenschnitt *m* (*Haarschnitt*); **II** *v/pr* **se ~ 5.** *Person* sich erniedrigen; mo'ralisch sinken; **6.** *fig politische etc Lage, Beziehungen* sich verschlechtern; **7.** *Gebäude, Mauer etc* verfallen; verkommen; verwittern; **8.** *phys Energie* degra'diert werden; **9.** *Farben* blasser werden; *Licht* schwächer werden
dégrafer [degrafe] *v/t* los-, aufhaken
dégraiss|age [degrɛsaʒ] *m* **1.** *e-r Soße* Abschöpfen *n* des Fett(e)s; Degrais'sieren *n*; *bei Fleisch* Entfernen *n*, Abschneiden *n* des Fett(e)s; **2.** *tech der Wolle, Metallreinigung* Entfettung *f*; **~ant** *adj u subst m* (**produit** *m*) **~** Entfettungsmittel *n*; Fettlöser *m*
dégraisser [degrɛse] *v/t* **1.** *von Bouillon, Soße* das Fett abschöpfen (**qc** von etw); entfetten; degrais'sieren; **~ la viande** vom Fleisch das Fett abschneiden, entfernen, abtrennen; **2.** *tech Wolle, Metalle* entfetten; **3.** (die) Fettflecken entfernen (**un tissu** aus e-m Stoff); *Haare* entfetten; **4.** *Holz* zu'rechtschneiden
dégras [degrɑ] *m tech* Gerberfett *n*; De'gras *n*
dégravoiement [degravwamã] *m* **1.** *e-r Mauer etc* Unter'spülen *n*, -'höhlen *n*; **2.** Fortspülen *n* des Kieses (**d'une rivière** in e-m Fluß)
dégravoyer [degravwaje] *v/t* <-oi-> **1.** *Wasser: Mauer etc* unter'spülen, -'höhlen; **2.** **~ une rivière** den Kies in e-m Fluß fortspülen
degré [dəgre] *m* **1.** *allg* Grad *m*; Stufe *f*; Sprosse *f*; Maß *n*; Stadium *n*; **le dernier ~ d'une maladie** das letzte Stadium, das Endstadium ...; **le plus 'haut, bas ~ de l'échelle sociale** die höchste, tiefste *od* niedrigste Stufe, Sprosse ...; **le plus 'haut ~ de la gloire** die höchste Stufe, der Gipfel des Ruhm(e)s; **~ de difficulté** Schwierigkeitsgrad *m* (*auch in der Alpinistik*); **les ~s de la hiérarchie militaire** die Stufen der militärischen Hierarchie; **~ de perfection** Grad der Vollkommenheit; *loc/adv:* (**jusqu'**)**à un certain ~** in e-m gewissen Maße, Grade; bis zu e-m gewissen, bestimmten Maße, Grade; **par ~(s)** stufenweise; schrittweise; nach und nach; **arriver à un 'haut ~ de science** ein hohes Maß an Wissen erreichen; **être avare, modeste etc au plus 'haut ~** im höchsten Maße, Grade, äußerst geizig, bescheiden *etc* sein; **être du même ~ de difficulté** den gleichen Schwierigkeitsgrad haben; **2.** *Temperatur* Grad *m*; **vingt ~s** (20°) au-dessus de zéro zwanzig Grad (20°) über Null, über dem Nullpunkt; zwanzig Grad Wärme; **32 ~s centigrades** *od* **Celsius, Fahrenheit, Kelvin, Réaumur** 32 Grad Celsius, Fahrenheit, Kelvin, Réaumur; **la fièvre a baissé d'un ~** das Fieber ist um ein Grad gefallen; **3.** *géogr, Geometrie* Grad *m*; **~ de latitude, de longitude** Breiten-, Längengrad *m*;

être à cinquante ~s de latitude nord auf dem fünfzigsten Grad nördlicher Breite liegen; **angle** m **de trente ~s** (30°) Winkel m von dreißig Grad (30°); **4.** *beim Alkohol* (Vo'lum)Pro'zent n; ~ **alcoolique** Alkoholgehalt m; **alcool** m **à quatre-vingt-dix ~s** (90°) neunzigprozentiger (90%iger) Alkohol; **ce vin a 12 ~s** dieser Wein hat 12 Prozent; **5. ~ de parenté** Verwandtschaftsgrad m; **être parents au deuxième ~** im zweiten Grad miteinander verwandt sein; **6.** *méd* **brûlure** f **du premier, second, troisième ~** Verbrennung f ersten, zweiten, dritten Grades; **7.** *Schulwesen* **enseignement** m **du premier ~** Grundschulwesen n; Volks-, Grund-, Hauptschulen f/pl; **enseignement** m **du second ~** höheres Schulwesen n; höhere Schulen f/pl; Gym'nasium n/pl; **8.** *mus* Stufe f; **9.** *math* Grad m; **équation** f **du premier, second ~** Gleichung f ersten, zweiten Grades; **10.** *gr* **~s de signification, comparaison** Steigerung f; **~ de signification, comparaison** Steigerungsstufe f; **11.** *jur* **~ de juridiction** In'stanz f; Rechtszug m; **12.** *st/s* **e-r Treppe** Stufe f; **~ de marbre** Marmorstufe f

dégréer [degree] *v/t mar Schiff* abtakeln

dégressif [degresif] *adj* ⟨-ive⟩ *Tarif, Steuer* degres'siv; abfallend; sich konti-nu'ierlich verringernd

dégrèvement [degrevmɑ̃] m Steuersenkung f, -herabsetzung f, -ermäßigung f, -nachlaß m, -befreiung f

dégrever [degrəve] *v/t* ⟨-è-⟩ **1.** die Steuern ermäßigen, senken, her'absetzen, nachlassen (qn j-m); Steuerfreiheit gewähren (qn j-m); von der Steuer befreien (qn j-n); **~ une marchandise** die auf e-r Ware liegende Steuer senken, her'absetzen; **2.** *Grundstück* von Hypo-'theken, von e-r Hypo'thek entlasten

dégringolade [degrẽgolad] F f **1.** *auf der Treppe etc* Sturz m; **2.** *fig der Aktien* Kurssturz m; Baisse f; *e-s Unternehmens* Niedergang m; Zu'sammenbruch m; F Talfahrt f

dégringoler [degrẽgole] F **I** *v/t Treppe, Abhang* hin'unter- bzw her'unter-, F run-terstürzen, F -rasen, -sausen; **II** *v/i* ⟨être od avoir⟩ **1.** hin'unter- bzw her'unter-, F runterpurzeln (**d'une échelle** von e-r Leiter); **2.** *fig Aktien* jäh, stark fallen; F purzeln; *bei e-m Unternehmen* **ça dé-gringole** es geht abwärts mit ihm; es steht kurz vor der Pleite

dégrisement [degrizmɑ̃] m Nüchternwerden n; Ernüchterung f (*auch fig*)

dégriser [degrize] **I** *v/t* nüchtern machen; ernüchtern (*auch fig*); *adjt* **être dégrisé** ernüchtert sein; **II** *v/pr* **se ~** nüchtern werden

dégrosser [degrose] *v/t tech* strecken

dégrossir [degrosir] **I** *v/t* **1.** *tech* grob bearbeiten; *Holz, Metall auch* schruppen; *Metall auch* vorwalzen, -schmieden; strecken; *Marmor, Stein* grob behauen; **2.** *fig* **~ le travail, la besogne** die Vorarbeit leisten; die Vorfragen klären; die Anfangsschwierigkeiten beseitigen; den Rohentwurf anfertigen, erstellen; die Arbeit aufbereiten; **3.** ~ j-m Schliff beibringen; *par ext* j-m die Anfangsgründe, die Elemen'tarkenntnisse beibringen; *adjt* **mal dégrossi** ungehobelt; grob; **II** *v/pr* **se ~** *Person* Schliff bekommen

dégrossissage [degrosisaʒ] m *tech* Grobbearbeiten n, -ung f; *von Holz, Metall auch* Schruppen n; *von Metall auch* Vorwalzen n, -schmieden n; Strecken n; *von Steinen, Marmor* Grobbehauen n

dégrouiller [degruje] *v/pr* F **se ~** sich beeilen; F sich tummeln; sich ranhalten; schnell machen

déguenillé [deg(ə)nije] *adj* zerlumpt

déguerp|ir [degɛrpir] *v/i* da'von-, weglaufen; F sich aus dem Staube machen; sich da'vonmachen; abhauen; verduften; türmen; **faire ~ qn** j-n vertreiben, verjagen; F j-m Beine machen; **~issement** m *jur cf* **délaissement 2. a)**

dégueulasse [degœlas] F *adj* ekelhaft; widerlich; ab'scheulich; **pas ~** F große Klasse; ganz toll; **c'est ~!** P *auch* das ist zum Kotzen!; **c'est un type ~** F das ist ein 'widerwärtiger Kerl; P dieser Typ ist zum Kotzen

dégueuler [degœle] *v/t u v/i* P kotzen

déguis|é [degize] *adj* **1.** verkleidet; **2.** verschleiert; verstellt; versteckt; **3.** *fruits* **~s** (*Art*) gla'sierte Früchte f/pl; **~ement** m **1.** Verkleidung f; **sous ce ~** in dieser Verkleidung; **2.** *fig u st/s* **sans ~** ohne Verstellung; offen; unverhohlen

déguiser [degize] **I** *v/t* **1.** verkleiden (**en** als); **2.** *par ext Stimme, Schrift* verstellen; **3.** *fig Gedanken, Absicht* verschleiern; verhüllen; verbergen; *Handlung* verschleiern; bemänteln; *Gefühl, Ehrgeiz* verbergen (**sous** hinter + dat); *Wahrheit, Tatsachen* verschleiern; vernebeln; **sans ~ sa pensée** *auch* ohne aus s-r Meinung ein Hehl zu machen; **II** *v/pr* **se ~** sich verkleiden (**en** als); *fig* **se ~ en courant d'air** sich in Luft auflösen

dégustateur [degystatœr] m Weinprüfer m

dégustation [degystasjɔ̃] f Kosten n; Pro'bieren n; **~ gratuite** Ausgabe f von Gratisproben; *von Getränken* kostenloser Probeausschank; *Aufschrift* **d'huîtres** *etwa* probieren Sie unsere Austern!; **~ de vins** Weinprobe f

déguster [degyste] *v/t* **1.** kosten; pro-'bieren; *Wein auch* beißen; *par ext* genießen; **il faut ~ ce vin tranquillement** diesen Wein muß man in aller Ruhe genießen; **2.** F *fig Schläge, Beleidigungen* ertragen; *Schläge auch* F abkriegen; **qu'est-ce qu'il a dégusté!** was hat er alles 'durchgemacht!

déhaler [deale] *v/t mar* verholen; mit Hilfe *e-s Ankers* warpen

déhanch|ement [deɑ̃ʃmɑ̃] m Wiegen n in den Hüften; Schwingen n der Hüften; **~er se ~** sich in den Hüften wiegen; die Hüften schwingen

déhisc|ence [deisɑ̃s] f *bot* Dehis'zenz f; **~ent** *adj bot fruit* **~** Streu-, Springfrucht f

dehors [dəor] **I** *adv* **1.** draußen; *bei Bewegung* hin'aus bzw her'aus; nach draußen; F raus; **aller ~** hin'ausgehen; nach draußen gehen; F rausgehen; **rester ~** draußen bleiben; **viens ~!** komm heraus!; F komm raus!; *fig* **mettre, jeter** qn **~** j-n hin'auswerfen, F rauswerfen, rausschmeißen, raussetzen, feuern; **2.** *loc/adv* **de ~** von draußen; **il appelle de ~** er ruft von draußen; **en ~** nach außen; **marcher les pieds en ~** mit nach außen, auswärts gerichteten Füßen gehen; *Tür* **s'ouvrir en ~** sich nach außen öffnen (lassen); *fig* **rester en ~** sich nicht einmischen; F sich her'aus-, F raushalten; **II** *loc/prép* **en ~ de 1.** außerhalb (+gén); **il habite en ~ de la ville** er wohnt außerhalb der Stadt; **mettre la tête en ~ de la portière** den Kopf zur Tür hinausstrecken; *fig:* **être en ~ de la question, du sujet** nicht zum Thema, zur Sache gehören; **se tenir en ~ d'une discussion** sich nicht an e-r Diskussion beteiligen; sich bei e-r Diskussion her-'aushalten, F raushalten; **2.** außer

(+dat); **en ~ de cela, il y a encore …** außerdem gibt es noch …; da'neben gibt es noch …; **III** m Äußere(s) n; *par ext meist* **les ~** *pl* das Äußere (e-s Menschen); **avoir des ~ agréables** ein angenehmes Äußeres haben; **juger** qn **sur les ~** j-n nach dem Äußeren, Aussehen beurteilen; **venir du ~** von außen kommen

déhouiller [deuje] *v/t Steinkohlenflöz* abbauen

déi|cide [deisid] **I** m **1.** Gottesmord m; **2.** Gottesmörder m; **II** *adj* gottesmörderisch; **~fication** f Vergottung f; Erhebung f zum Gott; Deifikati'on f; **~fier** *v/t* vergotten; zum Gott erheben, machen; deifi'zieren

déisme [deism(ə)] m *rel. philos* De'ismus m; **~iste I** m De'ist m; **II** *adj* de'istisch

déité [deite] *st/s* f Gottheit f

déjà [deʒa] *adv* **1.** schon; bereits; **il est ~ parti** er ist schon, bereits abgefahren *od* weg(gegangen); **c'est ~ beaucoup** das ist schon viel; **2.** *bei Fragen* schon; noch (gleich); **comment s'appelle-t-il, ~?** wie heißt er doch gleich, noch (gleich)?

déjanter [deʒɑ̃te] *v/t Reifen* von der Felge ziehen; abmontieren

déjauger [deʒoʒe] *v/i* ⟨-geait⟩ *mar* über die Wasserlinie hochkommen

déjection [deʒɛksjɔ̃] f **1.** *méd* **a)** Darmentleerung f; Stuhlgang m; *sc* De-jekti'on f; **b)** **~s** *pl* Exkre'mente n/pl; Stuhl m; *sc* De'jekte n/pl; **2.** *géol* **~s** *pl* **a)** *e-s Vulkans* Auswurfmassen f/pl; **b)** *e-s Wildbachs* cône m de **~s** Schwemmkegel m

déjeter [deʒte, deʃte] ⟨-tt-⟩ **I** *v/t Holz etc* krümmen; krumm machen; *adjt* **déjeté** verzogen; krumm; **II** *v/pr* **se ~** sich verziehen; sich werfen; sich krümmen

déjeuner [deʒøne, -ʒœ-] **I** *v/i* **1.** zu Mittag essen; das Mittagessen einnehmen; **j'ai déjeuné d'un sandwich** mein Mittagessen bestand aus e-m Sandwich; ein Sandwich war mein Mittagessen; **2.** frühstücken; das Frühstück einnehmen; **j'ai déjeuné d'un peu de café** zum Frühstück habe ich ein wenig Kaffee getrunken, zu mir genommen; mein Frühstück bestand aus ein wenig Kaffee; **II** m **1.** Mittagessen n; **~ froid** kaltes Mittagessen; **~ d'affaires** Geschäfts-, *pol* Arbeitsessen n; **2.** (**petit**) **~** Frühstück n; **à la fourchette** Gabelfrühstück n (mit Wein); **3.** Frühstücksgedeck n (bestehend aus Tasse und Untertasse); **4.** **~ de soleil** nicht lichtechter Stoff; *fig* **être un ~ de soleil** Sachen kurzlebig sein; *Gefühle* ein Strohfeuer sein; *Entschluß, Unternehmung* nicht von langer Dauer sein; **~-débat** m ⟨pl **déjeuners--débats**⟩ Essen n mit De'batte; Arbeitsessen n

déjouer [deʒwe] *v/t Intrigen, Pläne* vereiteln; durch'kreuzen

déjucher [deʒyʃe] *v/t* **1.** *Hühner* von der Stange (auf)jagen; **2.** F *fig* **~** qn j-n aufstöbern; **II** *v/i Hühner* von der Stange her'unterkommen, -fliegen

déjuger [deʒyʒe] *v/pr* ⟨-geons⟩ **se ~** Meinung, s-n Entschluß, sein Urteil ändern; sich anders entscheiden; sich anders, eines anderen besinnen

de jure [deʒyre] *jur loc/adv* de jure; *loc/adj* De-'jure-...

delà [dəla] *loc/adv* **en ~** ⟨ɑ̃dla⟩ da'rüber hin'aus; *cf auch* **deçà**

délabré [delabre] *adj* **1.** *Haus* verfallen; baufällig; verkommen; *Fassade auch* verwittert; mit abgeblättertem Verputz; **2.** *fig Gesundheit etc* rui'niert; zerrüttet

délabrement [delabrəmɑ̃] m **1.** Baufälligkeit f; **2.** *fig* Zerrüttung f

délabrer [delabre] **I** *v/t* **1.** *Haus* verfal-

len, verkommen lassen; **2.** *fig* ~ **sa santé** *od* **se** ~ **la santé** s-e Gesundheit ruiˈnieren, zerstören; **II** *v/pr* **se** ~ **3.** *Gebäude* verfallen; verkommen; **4.** *fig Gesundheit* sich verschlechtern; *Geschäfte* immer schlechter gehen

délacer [delase] ⟨-ç-⟩ *v/t Schuhe, Korsett* aufschnüren, -binden

délai [delɛ] *m* **1.** Frist *f*; Terˈmin *m*; Zeit *f*; Zeitraum *m*; *jur* ~ **d'ajournement** Ladungsfrist *f*; *jur* ~ **d'appel** Berufungs-, Beschwerdefrist *f*; ~ **de grâce** *cf* **grâce** I **2.**; ~ **d'inscription** Anmeldefrist *f*; ~ **de livraison** Lieferfrist *f*, -termin *m*, -zeit *f*; ~ **de paiement** Zahlungsfrist *f*, -termin *m*; *cf auch* **2.**; ~ **de préavis** Kündigungsfrist *f*; ~ **de réflexion** Bedenkzeit *f*; **à bref** ~ bald; kurzfristig; **dans un** ~ **de dix jours** innerhalb (von) zehn Tagen; binnen zehn Tagen; in(nerhalb) e-r Frist von zehn Tagen; **dans les** ~**s** fristgeˈmäß; termingerecht; **dans les plus brefs** ~**s** in kürzester Frist, Zeit; **dans le** ~ **fixé** in der festgelegten Frist, Zeit; **fixer un** ~ **à qn** j-m e-e Frist setzen; **observer, proroger un** ~ e-e Frist einhalten, verlängern; **passé ce** ~, nach Ablauf dieser Frist, Zeit ...; **wenn diese Frist verstrichen ist, ...; 2.** Aufschub *m*; *jur* Dilatiˈon *f*; ~ **de paiement** Zahlungsaufschub *m*; Stundung *f*; **accorder un** ~ **de paiement de qc** etw stunden; **sans** ~ unverzüglich; soˈfort; soˈgleich; auf der Stelle; **accorder un** ~ e-n Aufschub gewähren

délai-congé [delekɔ̃ʒe] *m* ⟨*pl* **délais-congés**⟩ Kündigungsfrist *f*

délainage [delɛnaʒ] *m* Lösen *n* der Wolle (vom abgezogenen Schaffell)

délainer [delene] *v/t* die Wolle (vom abgezogenen Schaffell) lösen

délaissé [delese] *adj Ehefrau, Liebhaber* verlassen; F sitzengelassen; *Kind* vernachlässigt

délaissement [delɛsmɑ̃] *m* **1.** Verlassenheit *f*; **2.** *jur* **a)** *von Sachen, Rechten* Aufgabe *f*; Abtretung *f*; Verzicht *m* ⟨de auf +*acc*⟩; *Seefrachtsrecht* Abanˈdon *m*; ~ **d'un héritage** Erbverzicht *m*; ~ **par hypothèque** Aufgabe des Besitzes an e-m mit e-r Hypothek belasteten Grundstück; **b)** ~ **d'enfant** vorsätzliches Verlassen e-s Kindes in hilfloser Lage

délaisser [delese] *v/t* **1.** *Person* verlassen, im Stich lassen (**pour qn d'autre** wegen j-s anderen); F sitzenlassen; *jur Kind* in hilfloser Lage vorsätzlich verlassen; **2.** *Arbeit, Studium* aufgeben (**pour faire qc d'autre** um etw anderes zu tun); ~ **les sciences pour les lettres** von den Naturwissenschaften zu den Geisteswissenschaften überˈwechseln; **3.** *Person, Arbeit, Garten etc* vernachlässigen; **4.** *jur Rechte* abtreten; *auf ein Erbe* verzichten auf (+*acc*); *Strafverfolgung* aufgeben

délaiter [delete] *v/t* ~ **le beurre** den Wassergehalt der Butter verringern

délardage [delardaʒ] *m* **1.** Lösen *n*, Abtrennen *n* des Specks (*vom Schweinefleisch*); **2.** *tech* Abkanten *n*; *der Steine* Behauen *n*

délarder [delarde] *v/t* **1.** den Speck abtrennen, ⟨herˈaus⟩lösen (**le porc vom** Schweineˈfleisch); *cuis* die Speckstreifen abnehmen (**qc von etw**); **2.** *tech* abkanten; *Steine* behauen

délass|ant [delasɑ̃] *adj* erholsam; entspannend; ~**ement** *m* Erholung *f*; Entspannung *f*; **être un** ~ **pour qn** e-e Erholung, Entspannung für j-n sein

délasser [delase] **I** *v/t* entspannen; erquicken; *abs Musik, Lektüre, Spiel* entspannen; der Entspannung dienen; **II** *v/pr* **se** ~ sich erholen, entspannen (**en** jouant **beim** Spielen)

déla|teur [delatœr] *m*, ~**trice** *f* Denunziˈant(in) *m(f)*; Spitzel *m*

délation [delasjɔ̃] *f* **1.** Denunziatiˈon *f*; Denunˈzieren *n*; *par ext* Denunziˈantentum *n*; **2.** *jur* ~ **du serment** Eideszuschiebung *f*

délavé [delave] *adj* **1.** *Farbe, Stoff* verwaschen; *Farbe auch* wässerig; **2.** *Boden, Weg* aufgeweicht

délaver [delave] *v/t* **1.** *Farben* (durch Wasser) aus-, verwischen; **2.** *Boden, Weg* aufweichen

délayage [delɛjaʒ] *m* **1.** *in e-r Flüssigkeit* Anrühren *n*; **2.** *fig des Stils* Weitschweiˈfigkeit *f*; Langatmigkeit *f*; *par ext* weitschweifige, ˈumständliche, langatmige Ausführung, Darlegung; **il n'y a que du** ~ **dans cet exposé** ... besteht nur aus langatmigen, weitschweifigen Phrasen; **faire du** ~ sich in weitschweifigen, langatmigen, umständlichen Ausführungen ergehen

délayé [deleje] *m cf* **délayage 2.**

délayer [deleje] ⟨-ay- *od* -ai-⟩ *v/t* **1.** anrühren (**qc dans qc** etw in etw [*dat*]); ~ **à chaud**, ~ **à froid** warm, kalt anrühren; **2.** *fig Gedanken* weitschweifig, ˈumständlich, langatmig darlegen; verwässern; ~ **un discours** e-e langatmige, weitschweifige Rede halten

delco [delko] *m* ⟨*nom déposé*⟩ *auto* Batteˈriezündanlage *f*

deleatur [deleatyr] *m impr* Deleˈatur *n*; Tilgungszeichen *n*

délect|able [delɛktabl(ə)] *adj st/s Speise, Wein, Geschichte* köstlich; ~**ation** *f* **1.** Genuß *m*; *boire, manger, lire* **avec** ~ mit Genuß ...; **2.** ~ **morose** *cf* **morose 2.**

délecter [delɛkte] **I** *v/t st/s* erfreuen, ergötzen (**de** mit, durch); **II** *v/pr* **se** ~ **à** *od* **de qc** sich an etw (*dat*) erfreuen, ergötzen, *st/s* delekˈtieren; etw genießen; **an etw** (*dat*) **Gefallen finden; se** ~ **à écouter parler qn** sich daran erfreuen, j-n sprechen zu hören

délég|ant [delegɑ̃] *m*, ~**ante** *f jur, comm* Anweisende(r) *f(m)*

délégataire [delegatɛr] *m,f jur, comm* Anweisungsempfänger(in) *m(f)*

délégation [delegasjɔ̃] *f* **1.** Delegatiˈon *f*; Abordnung *f*; Vertretung *f*; ~ **commerciale** Handelsdelegation *f*; ~ **syndicale** Gewerkschaftsdelegation *f*; ~ **des ouvriers** Abordnung, Vertretung der Arbeiter(schaft); **envoyer, recevoir une** ~ e-e Delegation, Abordnung entsenden, empfangen; **faire partie d'une** ~ e-r Delegation angehören; **venir en** ~ als Abordnung erscheinen, kommen; **2.** *Vorgang* Entsendung *f*, Deleˈgierung *f* (**d'un observateur à un congrès** e-s Beobachters zu e-m Kongreß); **3.** *Vorgang* Überˈtragung *f*, Deleˈgierung *f*, Delegatiˈon *f* (**de pouvoirs à qn** von Macht-, Amtsbefugnissen auf j-n); **4.** Auftrag *m*; ˈVollmacht *f*; **par** ~ im Auftrag (*abr* i.A.); kraft Vollmacht; **agir en vertu d'une** ~ im Auftrag, kraft e-r Vollmacht handeln; **5.** *jur, comm* Anweisung *f*; **6.** ~ **municipale** *od* **spéciale** anˈstelle des Stadt- *od* Gemeinderates proviˈsorisch eingesetztes Verwaltungsgremium

délégué(e) [delege] *m(f)* **1.** Deleˈgierte(r) *f(m)*; Delegatiˈonsmitglied *n*; Abgeordnete(r) *f(m)*; Vertreter(in) *m(f)*; Beauftragte(r) *f(m)*; ~ **permanent** ständiger Delegierter, Vertreter; **délégué syndical** Gewerkschaftsvertreter *m*; **les délégués ouvriers aux commissions paritaires** die Arbeitervertreter *m/pl* in den paritätisch zusammengesetzten Kommissionen; **délégué du personnel** Persoˈnal-, Arbeit-

ˈnehmervertreter *m*; ~ **du peuple** Volksvertreter(in) *m(f)*; **2.** *jur, comm* Angewiesene(r) *f(m)*

déléguer [delege] *v/t* ⟨-è-⟩ **1.** *Person* entsenden; abordnen; deleˈgieren; ~ **un représentant à un congrès** e-n Vertreter zu e-m Kongreß entsenden *etc*; **2.** *Zuständigkeiten* überˈtragen; deleˈgieren; ~ **ses pouvoirs à qn** j-m s-e (Macht-, Amts)Befugnisse überˈtragen; **3.** *jur, comm* anweisen (**qn** j-n)

délestage [delɛstaʒ] *m* **1.** *mar, aviat* Abwerfen *n*, Abwurf *m* von Ballast; **2.** *élect* Stromabschaltung *f* (*in e-m Teil des Netzes*); **3.** *Straßenverkehr* **itinéraire** *m* **de** ~ Ausweich-, Entlastungsstrecke *f*, -route *f*

délester [delɛste] *v/t* **1.** *mar, aviat* Ballast abwerfen (**qc aus etw**); **2.** *fig* ~ **qn d'un travail** j-n von e-r Arbeit entlasten; j-m e-e Arbeit abnehmen; **3.** *fig u iron* ~ **qn de son argent, de sa fortune** j-n um sein Geld, um sein Vermögen erleichtern

délétère [deletɛr] *adj* **1.** Gas, Ausdünstungen (lebens)gefährlich; schädlich; **2.** *fig u st/s Einfluß, Theorie* schädlich; zerstörerisch; verderblich

délibérant [deliberɑ̃] *adj pol* beschlußfassend; Beschluß...; **assemblée** ~**e** beschlußfassende Versammlung; Beschlußorgan *n*

délibératif [deliberatif] *adj* ⟨-ive⟩ **voix délibérative** beschließende Stimme

délibération [deliberasjɔ̃] *f* **1.** *e-r Versammlung, Jury etc* Beratung *f*; *jur* **salle** *f* **des** ~**s** Beratungszimmer *n*; **mettre une question en** ~ e-e Frage zur Beratung stellen; **2.** *par ext* Beschluß *m*; **par** ~ durch Beschluß (+*gén*); **3.** Überˈlegung *f*; **après mûre** ~ nach reiflicher Überlegung

délibéré [delibere] **I** *adj* **1.** fest; entschlossen; entschieden; *d'un air* ~ mit entschlossener Miene; **avoir l'intention** ~**e de** (+*inf*) die feste Absicht haben zu (+*inf*); *loc/adv* **de propos** ~ absichtlich; mit Absicht; bewußt; willentlich; **II** *m jur* Beratung *f* (*vor der Urteilsverkündung*)

délibérément [deliberemɑ̃] *adv* **1.** wohlüberlegt; bewußt; willentlich; absichtlich; **2.** entschlossen

délibérer [delibere] *v/i* ⟨-è-⟩ **1.** *Versammlung, Gericht, Jury* beraten, *allg auch* beratschlagen (**sur qc** etw *od* über etw [*acc*]); **se retirer pour** ~ sich zur Beratung zurückziehen; **2.** *st/s* mit sich zu Rate gehen; überˈlegen

délicat [delika] *adj* **1.** *Gesichtszüge, Hände, Spitzen, Ziselierarbeiten, fig Gaumen, Gehör, Pinselführung, litt Speise, Duft* fein; *Speise auch* deliˈkat; **2.** *Haut, Blume* zart (*auch Farbe*); empfindlich (*auch Stoff*); *Gesundheit* zart; anfällig; schwach; *Kind* zart; schwächlich; *subst* **faire le** ~ zimperlich sein; *cf auch* **5.**; **3.** *fig Problem, Angelegenheit, Situation, Arbeit, Operation* heikel; deliˈkat; schwierig; *Lage auch* ˈmißlich; *la broderie* **est un travail** ~ ... ist e-e Arbeit, die Geschicklichkeit verlangt; **4.** *Person, Verhalten* feinfühlig (*auch Gewissen*); zartfühlend; deliˈkat; rücksichts-, taktvoll; **choquer des oreilles** ~**es** zarte Ohren schockieren; **il est peu** ~ **en affaires** er ist wenig rücksichtsvoll im Geschäftsleben; **5.** *par ext Person* wählerisch; anspruchsvoll; *subst* **faire le** ~ sich allzu wählerisch, anspruchsvoll zeigen; den Wählerischen spielen

délicatement [delikatmɑ̃] *adv* **1.** ~ **travaillé, ciselé** fein gearbeitet, ziseliert; **2.** behutsam; vorsichtig; *par ext* taktvoll

délicatesse [delikatɛs] *f* **1.** *der Gesichtszüge, von Spitzen, fig des Geschmacks,*

der Manieren, der Pinselführung, litt e-r Speise Feinheit *f;* **2.** *der Haut etc* Zartheit *f;* Empfindlichkeit *f;* **3.** *e-r Person* Fein-, Zartgefühl *n;* Feinfühligkeit *f* (*auch des Verhaltens*); Rücksichtnahme *f;* Takt(gefühl) *m(n);* **manque** *m* de ~ Mangel *m* an Taktgefühl; Taktlosigkeit *f*
délice [delis] **1.** *f/pl* ~s *der Liebe, des Landlebens etc* Wonnen *f/pl;* Freuden *f/pl; des Lebens* Genüsse *m/pl;* **lieu** *m* de ~s herrliches Fleckchen Erde; Para'dies *n;* **faire ses** ~**s de qc** sich an etw (*dat*) erfreuen; etw genießen; **faire les** ~**s du public** dem Publikum große Freude bereiten; das Publikum erfreuen; **2.** *m* Wonne *f;* Genuß *m;* Freude *f;* **quel** ~ **de vivre ici!** welche, was für e-e Wonne, hier zu leben!; **ces oranges, quel** ~**!** diese Orangen, welch ein, was für ein Genuß!; **avec** ~ mit Wonne, Genuß; **ce rôti est un vrai** ~ dieser Braten ist ein wahrer Genuß, F ein wahres Gedicht; **remplir qn de** ~ j-n mit Wonne erfüllen, *st/s* wonnetrunken machen
délicieusement [delisjøzmɑ̃] *adv* köstlich; sehr angenehm; **être** ~ **ému** freudig bewegt sein; **il fait** ~ **bon** es ist sehr angenehmes Wetter
délicieux [delisjø] *adj* <-euse> **1.** *Speise, Frucht* köstlich; lecker; wohlschmeckend; deli'kat; delizi'ös; *Duft* lieblich; **2.** *Eindruck, Empfindung* sehr angenehm; freudig; *Kühle* wohltuend; *par ext Frau, Kleid, Geschichte* entzückend; reizend; **3.** *iron* **c'est vraiment** ~**!** das ist wirklich köstlich, lieblich!; **il est** ~**!** er ist köstlich!
délictueux [deliktɥø] *adj* <-euse> *jur* strafbar; **fait, acte** ~ strafbare, *im Zivilrecht* unerlaubte Handlung; Straftat *f;* De'likt *n*
délié [delje] **I** *adj* **1.** **avoir la langue** ~**e** ein flinkes, gutes Mundwerk haben; **2.** *st/s Faden, Taille* fein; dünn; **3.** *fig u st/s Verstand* scharf; klar; **II** *m beim Schreiben* Haar-, Aufstrich *m*
délier [delje] **I** *v/t* **1.** *Garben, Strauß* aufbinden; *Band auch* losbinden; lösen; *e-m Gefangenen die Hände* losbinden; *fig:* **sans bourse** ~ *cf* **bourse 1.;** ~ **la langue à qn** *cf* **langue 2.;** ~ **qn d'un engagement, d'une promesse** j-n von e-r Verpflichtung, von e-m Versprechen entbinden; **II** *v/pr* **se** ~ **Band, Beutel** aufgehen
délimitation [delimitasjɔ̃] *f* **1.** *e-s Gebietes, Besitzes* Ab-, Begrenzung *f;* ~ **des frontières** Grenzziehung *f;* Festlegung *f,* -setzung *f* der Grenzen; **2.** *fig e-s Themas, der Aufgabenbereiche etc* Abgrenzung *f*
délimiter [delimite] *v/t* **1.** *Spielfeld, Gebiet, Besitz* ab-, begrenzen; Grenzen ziehen (**qc** um etw); *Grenzen* festlegen, -setzen; ziehen; **2.** *fig Thema etc* abgrenzen; *Aufgabenbereiche etc* (vonein'ander) abgrenzen
déliné|ament [delineamɑ̃] *sc m* 'Umriß *m;* ~**er** *sc v/t* den 'Umriß zeichnen (**qc** von etw); um'reißen
délinquance [delɛ̃kɑ̃s] *f* Kriminali'tät *f;* ~ **juvénile** Jugendkriminalität *f;* ~ **en col blanc** Weiße-Kragen-Kriminalität *f*
délinqu|ant [delɛ̃kɑ̃], ~**ante** **I** *m,f jur* Straffällige(r) *f(m); allg auch* Delinqu'ent(in) *m(f);* ~ **primaire** erstmalig Straffällige(r) *f(m);* **II** *adj jur* **enfance délinquante** straffällige Jugend(liche) *f(pl)*
déliquesc|ence [delikesɑ̃s] *f* **1.** *chim* Zerfließlichkeit *f;* starke Hygroskopizi'tät; **2.** *fig* völliger Verfall; Auflösung *f;* Deka'denz *f;* ~**ent** *adj* **1.** *chim* zerfließlich; stark hygro'skopisch; **2.** *fig Schriftsteller, Sitten, Land* deka'dent; *Pläne*

Vorhaben sich nach und nach in Luft auflösend
délirant [delirɑ̃] *adj* **1.** *path* **a) fièvre** ~**e** Fieberdelirium *n;* **idées** ~**es** Wahnideen *f/pl;* **b)** *par ext Kranker* im De'lirium phanta'sierend; **2.** *fig Freude, Vorstellungskraft etc* toll; 'übermäßig; ungeheuer; *Freude auch* wahnsinnig; unbändig; **enthousiasme** ~ Taumel *m* der Begeisterung; tobende Begeisterung; **joie** ~**e** *auch* Freudenrausch *m,* -taumel *m*
délire [delir] *m* **1.** *path* De'lirium *n;* (Fieber)Wahn *m;* ~ **de grandeur** Größenwahn *m; sc* De'lirium manicum *n;* ~ **de (la) persécution** Verfolgungswahn *m; sc* Persekuti'onsdelirium *m;* **avoir le** ~ im Delirium sein; **2.** *fig* Toben *n;* Rase'rei *f;* **foule** *f* **en** ~ tobende, rasende Menge; **ce fut du** ~ das war ein Toben; **3.** F *fig* Wahnsinn; **c'est du** ~**!** das ist Wahnsinn!; **c'est du** ~ **de** (+*inf*) es ist Wahnsinn zu (+*inf*)
délirer [delire] *v/i* **1.** *path* im De'lirium sein; sich im De'lirium befinden; deli'rieren; phanta'sieren; **2.** *fig* ~ **de joie, d'enthousiasme** vor Freude, Begeisterung rasen, toben, außer Rand und Band sein; **3.** F *fig* **il délire!** er redet Unsinn, dummes Zeug; F er spinnt
delirium tremens [delirjɔmtremɛ̃s] *m path* De'lirium tremens *n;* Säuferwahnsinn *m*
délit[1] [deli] *m* De'likt *n;* Vergehen *n;* ~ **civil** zivilrechtliches Delikt; ~ **forestier** Forst-, Waldfrevel *m;* ~ (**pénal**) strafrechtliches Delikt; Straftat *f;* ~ **politique** politisches Verbrechen *n;* ~ **de chasse** Jagdfrevel *m,* -vergehen *n;* ~ **de presse** Pressedelikt *n,* -vergehen *n;* **corps** *m* **du** ~ Corpus de'licti *n;* Beweisstück *n;* **commettre un** ~ ein Delikt begehen
délit[2] [deli] *m* **1.** *bât e-s Steins* der geo'logischen Schichtung entgegengesetzte Seite *bzw* Lage; **2.** *géol* Schichtfuge *f*
déliter [delite] **I** *v/t* **1.** *bât Baustein* entgegen der geo'logischen Schichtung legen; *Stein* paral'lel zur Schichtung schneiden *bzw* spalten; **3.** *Seidenraupenzucht* die Maulbeerblätterstreu erneuern (**les vers à soie** der Seidenraupen); **II** *v/pr* **se** ~ **4.** *chim* durch Aufnahme von Wasser zerfallen; **5.** *Steine, Schiefer* zer-, absplittern; **6.** *fig u litt* sich auflösen; zerfallen
délivrance [delivrɑ̃s] *f* **1.** *e-s Gefangenen, e-r Geisel* Befreiung *f;* **2.** *fig* Erleichterung *f;* Erlösung *f* (*auch im Sinne von Tod*); **sentiment** *m* **de** ~ Gefühl *n* der Erleichterung; **ce serait une** ~ **pour lui** das wäre e-e Erlösung für ihn; **3.** *méd* Ausstoßen *n* der Nachgeburt; *par ext* Entbindung *f;* **4.** *e-s Passes, Zeugnisses etc* Ausstellung *f;* Ausfertigung *f; e-s Patentes* Erteilung *f;* **5.** *jur* 'Über-, Her'ausgabe *f;* Aushändigung *f; österr* Ausfolgung *f*
délivre [delivr(ə)] *m méd* Nachgeburt *f*
délivrer [delivre] *v/t* **1.** *Gefangene, Geiseln* befreien; **2.** *fig* ~ **qn de qc** j-n von etw (*Sorge, Furcht, Zwang*) befreien, erlösen; **la mort a délivré de ses souffrances** der Tod hat ihn von s-n Leiden erlöst; ~ **qn d'un importun** j-n von e-m lästigen Menschen befreien; j-m e-n lästigen Menschen vom Halse schaffen; **3.** *Paß, Ausweis, Zeugnis etc* ausstellen; ausfertigen; *Fahrkarten* ausgeben; *Patent* erteilen; *Arzt: Rezept* ausstellen; **4.** *jur* über'geben; her'ausgeben; aushändigen; *österr* ausfolgen
déloger [delɔʒe] <-geons> **I** *v/t* ausquartieren; *par ext* verjagen, -treiben; **II** F *v/i* ausziehen; F abhauen

délot [delo] *m* lederner Fingerling
déloyal [delwajal] *adj* <-aux> *Gegner* unfair [-ɛ:-]; unehrenhaft; *Freund* treulos; unaufrichtig; unzuverlässig; *Verhalten* unehrenhaft; unfair [-ɛ:-]; unkorrekt; *Kaufmann* unredlich; unkorrekt; unreell; **concurrence** ~**e** unlauterer Wettbewerb
déloyauté [delwajote] *f* Unkorrektheit *f,* Unredlichkeit *f* (*beide auch als Handlung*); Unehrenhaftigkeit *f;* Unaufrichtigkeit *f;* Treulosigkeit *f;* **faire acte, preuve de** ~ sich unfair [-ɛ:-], unkorrekt, unehrenhaft verhalten
delphinidés [dɛlfinide] *m/pl zo* Del'phine *m/pl*
delta [dɛlta] *m* **1.** *e-s Flusses* Delta *n;* ~ **du Nil, du Rhône** Nil-, Rhonedelta *n;* **2.** *griechischer Buchstabe* Delta *n;* **en (forme de)** ~ deltaförmig; Delta...; *aviat* **aile** *f* **(en)** ~ Deltaflügel *m*
deltaïque [dɛltaik] *adj géogr* Delta...
deltaplane [dɛltaplan] *m* Drachenflieger *m*
deltoïde [dɛltɔid] *adj u subst m* (**muscle** *m*) ~ Deltamuskel *m*
déluge [delyʒ] *m* **1.** *bibl* ♀ Sintflut *f; auch* Sündflut *f; fig* **remonter au** ~ **a)** *in s-n Ausführungen* bei Adam und Eva anfangen; sehr weit ausholen; **b)** *Sachen* weit zu'rückliegen; uralt sein; *loc/prov* **après moi le** ~**!** nach mir die Sintflut! (*loc/prov*); **2.** *par ext* sintflutartiger Regen; **3.** *fig von Tränen, Blut* Strom *m; von Worten, Komplimenten* Flut *f; von Schimpfwörtern, Protesten, Beschwerden* Hagel *m*
déluré [delyre] *adj Kind, Jugendlicher* **a)** gewitzt; pfiffig; **il a l'air** ~ er sieht pfiffig aus; **b)** *par ext* ungeniert; ungehemmt; keß
délustrer [delystre] *v/t von blank-, glänzend gewordenem Stoff* den Glanz beseitigen (**qc** von etw); wieder matt machen; *Kleider auch* wieder auffrischen
délut|age [delytaʒ] *m tech* Koksausdrükken *n;* ~**er** *v/t tech* **1.** den Kitt entfernen (**qc** von etw); **2.** den Koks ausdrücken (**qc** aus etw); ~**euse** *f tech* Koksausdrückmaschine *f*
démagnétis|ation [demaɲetizasjɔ̃] *f* Entmagneti'sierung *f;* ~**er** *v/t* entmagneti'sieren
démagog|ie [demagɔʒi] *f pol* **1.** Demago'gie *f;* **2.** Herrschaft *f* der Menge; ~**ique** *adj Politik, Rede etc* dema'gogisch; volksverführerisch
démagogue [demagɔg] **I** *m* Dema'goge *m;* Volksverführer *m;* **II** *adj Politiker, Redner etc* dema'gogisch; mit dema'gogischen Eigenschaften
démaigrir [demegrir] *v/t tech* dünner machen
démailler [demaje] *v/t* **1.** *Gestricktes, Maschen* aufziehen; **2.** *mar Kette* losschäkeln
démailloter [demajɔte] *v/t Säugling* auswickeln
demain [d(ə)mɛ̃] *adv* **1.** morgen; ~ **matin, soir, (à) midi** morgen früh *od* vormittag, abend, mittag; *als Abschiedsgruß* **à** ~**!** bis, auf morgen!; **d'ici (à)** ~ *tout peut s'arranger* bis morgen ...; **la journée de** ~ der morgige Tag; **avoir tout** ~ **pour faire qc** den ganzen morgigen Tag (Zeit) haben, um etw zu tun; F **ce n'est pas pour** ~ *od* **ce n'est pas** ~ **la veille** so schnell geht das nicht; das kann noch einige Zeit dauern; F so schnell schießen die Preußen nicht; **2.** *par ext* **le monde de** ~ die Welt von morgen; *nous ne savons pas de quoi* ~ *sera fait* ..., wie das Morgen aussehen wird, was uns das Morgen bringen wird
démanché [demɑ̃ʃe] *m mus* auf dem

Griffbrett e-s Streichinstruments Lagen-
wechsel *m* der linken Hand
démancher [demɑ̃ʃe] **I** *v/t* **1.** *bei Werk-
zeugen* den Stiel, den Griff, das Heft
abmachen (qc von etw); *adit* **déman-
ché** *Stuhl etc* aus dem Leim, in die
Brüche gegangen; **2.** F *Arm, Schulter*
ver-, ausrenken, auskugeln; **II** *v/i* **3.** *mus
bei Streichinstrumenten* die Lage der
linken Hand wechseln; **III** *v/pr* se ~ **4.**
Werkzeug den Stiel, den Griff, das Heft
verlieren; **5.** F se ~ **le bras** sich den Arm
ver-, ausrenken, auskugeln; **6.** F *fig um
etw zu erreichen etc* alles nur Mögliche
tun; F sich die Beine ausreißen
demande [d(ə)mɑ̃d] *f* **1.** Ersuchen *n*;
Bitte *f*; Anfrage *f*; Anforderung *f*; *in
Schriftform, bes bei Behörden* Antrag *m*;
Gesuch *n*; Eingabe *f*; ~ **d'admission**
Zulassungsantrag *m*, -gesuch *n*; ~
d'autorisation, de permis Antrag auf
Genehmigung; Gesuch um, auf Geneh-
migung; ~ **de brevet** Pa'tentan-
meldung *f*; ~ **d'emploi** Stellengesuch *n*;
~ **de renseignements** Bitte, Ersuchen
um Auskunft; Einholung *f* von Aus-
künften; à sur la ~ **de qn** auf j-s Bitte,
Ersuchen, Verlangen (hin); à la ~ **géné-
rale** auf allgemeinen Wunsch, allgemei-
ne Bitte, allgemeines Verlangen (hin);
sur ~ auf Anfrage; auf Wunsch; auf
Anforderung; **accorder une** ~ **à qn** j-m
e-e Bitte gewähren; **faire une** ~ e-n
Antrag stellen, ein Gesuch einreichen,
e-e Eingabe machen (à bei); **2.** ~ **en
mariage** Heiratsantrag *m*; **faire sa,
une** ~ **en mariage** e-n Heiratsantrag
machen; **3.** *écon* Nachfrage *f* (**de** qc
nach etw); **4.** *comm* transport aérien à
la ~ Charterverkehr ['ʃ-]; **livrer sur** ~
auf Bestellung liefern; **5.** *jur* ~ (**en
justice, judiciaire**) Klage *f*; (Klage-)
Antrag *m*; ~ **principale** Hauptantrag
m; ~ **subsidiaire** Hilfs-, Eventu'alan-
trag *m*; ~ **en divorce** Scheidungsklage
f; ~ **en, de dommages-intérêts** Klage
auf Schadensersatz; Schadensersatz-
klage *f*; ~ **en, de renvoi** Verweisungs-
antrag *m*; **former une** ~ e-e Klage
erheben, einreichen, anstrengen; **6.** *beim
Kartenspiel* Bieten *n*; Reizen *n*; **7.** Frage
f; F **belle** ~**!** dumme Frage!; was soll
diese Frage!; das ist doch selbstverständ-
lich!; *Lektion, Lehrbuch* par ~s et ré-
ponses (eingeteilt) in Fragen und Ant-
worten; **faire les** ~s et les réponses
Fragen stellen und sie gleich selbst
beantworten
demandé [d(ə)mɑ̃de] *adj* **1.** *Ware* ge-
fragt; begehrt; **2.** *plais Person* gefragt;
begehrt; beliebt
demander [d(ə)mɑ̃de] **I** *v/t* **1.** bitten (qc
à qn j-n um etw); erbitten (etw von j-m);
ersuchen (j-n um etw); ♦ ~ **aide, assis-
tance à qn** j-n um Hilfe, Beistand
bitten; ~ **une augmentation de salaire**
um (e-e) Gehaltserhöhung bitten, nach-
suchen; ~ **l'aumône, la charité** um ein
Almosen bitten; betteln; ~ **l'autorisation,
la permission** (à qn) (de faire qc) (j-n)
um die Erlaubnis bitten, *adm* (bei j-m)
die Genehmigung einholen, um die
Genehmigung nachsuchen, einkommen
(, etw tun zu dürfen); ~ **une faveur, un
service à qn** j-n um e-e Gefälligkeit,
um e-n Gefallen bitten; ~ **pardon**
cf pardon 1, 2.; ~ **la parole** ums
Wort bitten; sich zu Wort melden; ~
des renseignements à qn j-n um
Auskunft bitten, ersuchen; bei j-m Aus-
künfte einholen; ♦ **il me l'a demandé**
er hat mich darum gebeten; ♦ ~ **à qn de
faire** qc j-n (darum) bitten, etw zu tun;
je lui ai demandé de venir ich habe
ihn (darum) gebeten zu kommen; je ne

lui ai pas demandé de le faire ich
habe ihn nicht darum gebeten; ♦ ~ à
(+*inf*) bitten zu (+*inf*); ~ **à réfléchir** um
Zeit zum Nachdenken, um Bedenkzeit
bitten; **il a demandé à partir** er hat
(darum) gebeten, gehen zu dürfen; ♦ ~
que ... (+*subj*) (darum) bitten, daß ...;
j'ai demandé qu'il vienne ich habe
(darum) gebeten, daß er kommt *od*
kommen möge; **2.** verlangen, wünschen,
(an)fordern, begehren, erwarten (qc à
qn etw von j-m); abverlangen (j-m etw);
♦ *im Restaurant* ~ **l'addition**, la note
die Rechnung verlangen; *im Geschäft* ~
un article e-n Artikel verlangen; *tél* ~
une communication ein (Telefon-)
Gespräch anmelden; ~ **dix francs** zehn
Franc verlangen (**pour** qc für etw); *Tier*
~ **sa nourriture** sein Futter, Fressen
verlangen; ~ **un prix trop élevé** e-n zu
hohen Preis verlangen, fordern; ♦ F **il
ne demande que ça** darauf wartet er
nur; das will er ja gerade; ♦ ~ **beaucoup
à qn** viel von j-m verlangen; j-m viel
abverlangen, zumuten; ~ **beaucoup à la
médecine** viel von der Medizin erwar-
ten; hohe Erwartungen in die Medizin
setzen; **je ne demande pas mieux!**
herzlich gern!; mit dem größten Vergnü-
gen!; **je ne demande pas mieux que
de l'aider** ich wünsche mir nichts mehr,
als ihm zu helfen; ich bin gerne bereit,
ihm zu helfen; *auch iron* **qu'il parte, je
ne demande pas mieux** daß er abfährt
ist mein sehnlichster Wunsch; nichts
wünsche ich mir sehnlicher, als daß er
abfährt; ~ **trop à qn** zuviel von j-m
verlangen; j-m zuviel abverlangen, zu-
muten; j-n über'fordern; *iron* F **il ne faut
pas lui en** ~ **trop** für ihn ist das schon
viel; für ihn bedeutet das schon e-e
Menge; *bei Preisen* ~ **trop cher** zuviel
verlangen, fordern; **c'est tout ce que je
demande** *od* **je n'en demande pas
plus** mehr verlange ich (gar) nicht; ♦ ~ **à**
(+*inf*) verlangen, wünschen zu (+*inf*); **je
ne demande qu'à le croire** ich möchte
es gern glauben; ~ **à être présenté à qn**
wünschen, j-m vorgestellt zu werden; ~ **à
voir qc** verlangen, wünschen, etw zu
sehen; ♦ ~ **que ...** (+*subj*) verlangen,
wünschen, daß ...; ~ **que tous fassent
un effort** verlangen, wünschen, alle
sollen sich anstrengen *od* daß sich alle
anstrengen (mögen); **3.** *Sache* ~ qc etw
verlangen, erfordern, benötigen, brau-
chen, in Anspruch nehmen; e-r Sache
(*gén*) bedürfen; ♦ **cela demande une
explication** das verlangt e-r Erklärung,
bedarf e-r Erklärung; *Reise, Arbeit* ~
deux jours zwei Tage in Anspruch
nehmen; *Angelegenheit* ~ **réflexion** Be-
denkzeit erfordern; zum Nachdenken
nötigen; *Zustand e-s Kranken* ~ **un
repos complet** 'vollständige Ruhe er-
fordern, verlangen; *Unternehmen* ~ **du
sang-froid** Kaltblütigkeit, Beherrscht-
heit verlangen, erfordern; *Tier, Pflanze,
Kranker* ~ **beaucoup de soins** viel
Pflege brauchen, benötigen; sorgfältiger
Pflege bedürfen; ♦ ~ **à être** (+*p/p*) ...
werden müssen; *Pflanze* ~ **à être arrosé
chaque jour** täglich gegossen werden
müssen; *Arbeit* ~ **à être vérifié** geprüft
werden müssen; **4.** ~ qn verlangen;
un médecin, un prêtre e-n *od* nach
e-m Arzt, Priester verlangen; *Stellenan-
gebot* **on demande une secrétaire**
Sekretärin gesucht; **on vous demande**
Sie werden verlangt; man wünscht Sie zu
sprechen; ~ **qn au téléphone** j-n am
Telefon verlangen; **5.** fragen (qc à qn
nach etw); ♦ ~ **son avis à qn** j-n um s-e,
nach s-r Meinung fragen; ~ **son chemin**
(à qn) (j-n) nach dem Weg fragen; **il a**

demandé de vos nouvelles er hat
nach Ihnen gefragt; er hat sich nach
Ihnen, nach Ihrem Befinden erkundigt
(à qn bei j-m); ~ **à qn la raison de son
retard** j-n nach dem Grund s-r Verspä-
tung, s-s Zuspätkommens fragen; ♦ **il
me l'a demandé** er hat mich danach
gefragt; F **je vous le demande** *od* **je
vous demande** (un peu)! muß das
sein!; ist das nötig!; ♦ ~ **comment,
quand, pourquoi, si ...** fragen, wie,
wann, warum, ob ...; **il ne faut pas** ~
pourquoi! man braucht (gar) nicht zu
fragen warum!; **6.** *jur* klagen (qc auf etw [*acc*]);
e-e Klage einreichen; ~ **des dommages-
-intérêts** auf Schadenersatz klagen; ~ **le
divorce** die Scheidung beantragen;
Scheidungsklage einreichen; **7.** ~ **un
emploi** sich um e-e Stellung bewerben;
8. ~ **qn en mariage**, *a* ~ **la main de qn**
um j-n, um j-s Hand anhalten; **II** *v/t indir*
F ~ **après qn** nach j-m fragen; **III** *v/pr*
se ~ sich fragen; **je me demande la
raison de ces mesures** ich frage mich
nach dem Grund dieser Maßnahmen; je
me demande **qu'il va dire** ich frage
mich, was er sagen wird; **je me
demande** *od* **c'est ce que je me
demande** das frage ich mich auch,
möchte ich auch wissen; **se** ~ **si**, pour-
quoi ... sich fragen, ob, warum ...; **je
suis encore à me** ~ **si ...** ich frage mich
immer noch, ob ...; F **c'est à se** ~ **si ...**
man fragt sich, ob ...
demandeur [d(ə)mɑ̃dœr] *m*, **deman-
deresse** [d(ə)mɑ̃drɛs] *f* **1.** *jur* Kläger(in)
m(f); **2.** ⟨*nur m*⟩ demandeur d'emploi
Arbeit-, Stellungssuchende(r) *m*
demangeaison [demɑ̃ʒɛzɔ̃] *f* **1.** Jucken
n; Juckreiz *m*; **j'ai une** ~, **des** ~**s** es juckt
mich; *cf auch* **2.**; **causer des** ~**s** Juckreiz
verursachen; **2.** *fig* avoir une ~, **des** ~**s
de faire** qc unbändige Lust verspüren,
etw zu tun; **il a une** ~, **des** ~**s de faire**
qc *auch* F es juckt ihn, etw zu tun
démanger [demɑ̃ʒe] *v/t u v/i* ⟨-geait⟩ **1.**
Arm, Haut, Narbe jucken (qn, *seltener* à
qn j-n); **ça me démange dans le dos**,
au genou es juckt mich am Rücken, am
Knie; **2.** *fig* **la langue lui démange de
tout dire** es brennt ihm auf der Zunge,
er hat unbändige Lust, alles zu sagen; **la
main me démange** es juckt mir *od*
mich in den Fingern; **cela le démange**
(**de** +*inf*) F es kribbelt ihm in den
Finger(spitze)n (zu + *inf*)
démantèlement [demɑ̃tɛlmɑ̃] *m* **1.** e-r
Festung Schleifen *n*; Niederreißen *n*; **2.**
fig e-r *Organisation*, e-s *Spionagenetzes
etc* Zerschlagung *f*
démanteler [demɑ̃t(ə)le] *v/t* ⟨-è-⟩ **1.**
Festung, Stadtmauer schleifen; nieder-
reißen; **2.** *fig Organisation, Spionagenetz
etc* zerschlagen
démantibuler [demɑ̃tibyle] F **I** *v/t*
ka'puttmachen, -schlagen; *adit* **déman-
tibulé** ka'putt; in die Brüche gegangen;
entzwei (*nur prädikativ*); **II** *v/pr* **se** ~
ka'puttgehen; in die Brüche gehen; ent-
zweigehen
démaquill\|age [demakijaʒ] *m* Ab-
schminken *n*; ~**ant I** *adj* Abschmink...;
Reinigungs...; **crème** ~**e, lait** ~ Reini-
gungscreme *f*, -milch *f*; **II** *m* Abschmin-
ke *f*; Abschminkmittel *n*; Reinigungs-
präparat *n*
démaquiller [demakije] **I** *v/t Schau-
spieler, Gesicht, Augen* abschminken; **II**
v/pr **se** ~ sich abschminken
démarcage *m cf* démarquage
démarcation [demarkasjɔ̃] *f* **1.** Grenz-
ziehung *f*; Abgrenzung *f*; **ligne** *f* **de** ~
Demarkati'ons-, Grenzlinie *f* (*bes in
Frankreich 1940–1942*); **2.** *fig* (**ligne** *f*

de) ‿ Grenze *f*; Abgrenzung *f*; Trennung *f*; **tracer la ligne de** ‿ die Grenze, Trennungslinie ziehen

démarchage [demarʃaʒ] *m -s* Vertreters Hausbesuch *m*; Akquisiti'on *f*

démarche [demarʃ] *f* **1.** *e-r Person* Gang *m*; Art *f* des Gehens, zu gehen; **avoir une** ‿ **souple** e-n gelösten Gang haben; **2.** *fig* Vorstoß *m*; *meist pl* ‿**s** Schritte *m/pl*; **faire des** ‿**s** Schritte unter'nehmen (**pour** + *inf* um zu + *inf*); **faire une** ‿ **auprès de qn** bei j-m vorsprechen; **tenter une** ‿ (**auprès de qn**) e-n Vorstoß (bei j-m) wagen; **3.** *der Gedanken, e-r Argumentation* Aufbau *m*; Weg *m*; Entwicklung *f*; Me'thode *f*; **par des** ‿**s différentes**, *ils arrivent à des conclusions analogues* auf 'unterschiedlichen Wegen ...

démarch|eur [demarʃœr] *m*, ‿**euse** *f* Vertreter(in) *m(f)*; Akquisi'teur *m*

démarier [demarje] *v/t agr* Rüben verziehen

démarquage [demarkaʒ] *m* **1.** *e-s Originals* Nachahmung *f*; Ko'pierung *f*; *Ergebnis* Plagi'at *n*; Ko'pie *f*; ‿ **servile** Abklatsch *m*; **2.** *sports* Freilaufen *n*, -spielen *n*

démarque [demark] *f comm* Entfernung *f* des Markenzeichens, der Mar'kierung (**d'un article** an e-m Artikel); *par ext* Preisherabsetzung *f*, -senkung *f*

démarqu|er [demarke] **I** *v/t* **1.** *comm* das Markenzeichen, die Mar'kierung entfernen, abmachen (**qc** von etw); *par ext* Waren für den Ausverkauf im Preis her'absetzen; **2.** *Autor, Werk* nachahmen; ko'pieren; plagi'ieren; **3.** *sports Spieler* freispielen; **II** *v/i* **4.** *Pferd* die Kennung verlieren; **III** *v/pr* **se** ‿ **5.** *sports* sich freilaufen; sich freispielen; **6.** *fig* sich profi'lieren

démarrage [demaraʒ] *m* **1.** *tech e-s Fahrzeugs* Anfahren *n*; Starten *n* (*auch aviat*); *e-s Motors, e-r Maschine* Anlassen *n*; Anwerfen *n*; Starten *n*; Anspringen *n*; Start *m*; ‿ **en côte** Anfahren am Berg; ‿ **en trombe** Blitzstart *m*; **2.** *fig* Start *m*; Anfang *m*; Beginn *m*; Ankurbelung *f*; Einleitung *f*; *par ext* Aufschwung *m*; ‿ **d'une campagne** Start, Einleitung, Beginn e-r Kampagne; ‿ **de la pétrochimie** Aufschwung der Petrochemie; ‿ **de la production industrielle** Ankurbelung der industriellen Produktion; ‿ **d'une réforme** Einleitung e-r Reform; **3.** *sports* Start *m*; *auch* Spurt *m*; **avoir un bon** ‿ e-n guten Start haben; **4.** *mar* Losmachen *n* von den Tauen; Ablegen *n*

démarrer [demare] **I** *v/t* **1.** F *fig Geschäft, Produktion* ankurbeln; in Gang bringen; *Arbeit* beginnen; in die Wege leiten; *Wahlkampagne* starten; einleiten; *Fernsehreihe* starten; *Prozeß* in die Wege leiten; **2.** *mar Schiff, Boot* von den Tauen losmachen; **II** *v/i* **3.** *Fahrzeug* anfahren; starten; sich in Bewegung setzen; *Schiff* ablegen; *Motor, Maschine* anspringen; in Gang kommen; **faire** ‿ *Motor, Maschine* anlassen; anwerfen; starten (*auch Fahrzeug*); **4.** *fig Geschäft, Arbeit* anlaufen; in Gang kommen; *Gespräch* in Gang kommen; *Wirtschaft, Unternehmen* in Aufschwung nehmen; *Fernsehserie, Ausstellung etc* anlaufen; beginnen; **5.** *sports* (los)spurten

démarreur [demarœr] *m auto* Anlasser *m* (*auch e-s Elektromotors*); Starter *m*; **appuyer sur le** ‿ den Anlasser betätigen

démascler [demaskle] *v/t von Korkeichen* die Jungfernrinde, den männlichen Kork abschälen (**qc** von etw)

démasquer [demaske] **I** *v/t* **1.** demas-'kieren; die Maske abnehmen (**qn** j-m); **2.** *fig Verbrecher, Verräter* entlarven; demas'kieren; *Spion auch* enttarnen; *Absichten, Heuchelei etc* entlarven; enthüllen; ‿ **les intentions de qn** *auch* hinter j-s Absichten (*acc*) kommen; **3.** *par ext* ‿ **son plan** s-n Plan enthüllen, aufdecken; **II** *v/pr* **se** ‿ **4.** sich demas'kieren; s-e Maske abnehmen; **5.** sich entlarven, demas'kieren; s-e Maske fallen lassen

démastiquer [demastike] *v/t* den Kitt entfernen (**qc** von etw)

démâtage [demataʒ] *m mar* Entmasten *n*; Verlust *m* der Masten

démâter [demate] *mar* **I** *v/t* entmasten; **II** *v/i* entmastet werden; die Masten verlieren

dématérialisation [dematerjalizasjõ] *f phys atom* De-, Entmateriali'on *f*; Zerstrahlung *f*

d'emblée [dãble] *loc/adv* cf **emblée**

dème [dɛm] *m in Griechenland* Demos *m*

démêlage [demelaʒ] *m* **1.** Entwirren *n*; **2.** *text* Wollkämmen *n*; Paralleli'sieren *n* von Fasern

démêlé [demele] *m* Streit *m*; Auseinandersetzung *f*; **avoir des** ‿**s** **avec qn** mit j-m Streit haben, in Streit liegen; **avoir des** ‿**s** **avec la justice** vor Gericht erscheinen müssen; mit dem Gericht zu tun haben

démêler [demele] *v/t* **1.** *Haare* auskämmen, -bürsten; *Fäden* entwirren; *Durcheinandergebrachtes* in Ordnung bringen; **2.** *fig komplizierten Sachverhalt etc* entwirren; aufklären; Licht bringen in (+*acc*); **3.** *par ext* ausein'anderhalten; unter'scheiden; ‿ **le vrai du faux** das Wahre vom Falschen unter'scheiden

démêloir [demelwar] *m* grob-, weitzinkiger Kamm

démêlure [demelyr] *f meist pl* ‿**s** ausgekämmte Haare *n/pl*

démembrement [demãbrəmã] *m* **1.** *e-s Staates, Besitztums* (Auf)Teilung *f*; Zerstückelung *f*; **2.** *jur* ‿ **de la propriété** Über'tragung *f* beschränkter dinglicher Rechte an e-m Grundstück

démembrer [demãbre] *v/t Staat, Besitztum* (auf)teilen; zerstückeln; zersplittern

déménagement [demenaʒmã] *m* 'Umzug *m*; 'Um-, Ausziehen *n*; **camion** *m* **de** ‿ Möbelwagen *m*; **entreprise** *f* **de** ‿ 'Umzugsfirma *f*; Möbelspedition *f*; *loc/prov* **trois** ‿**s** **valent un incendie** dreimal 'umgezogen ist so gut wie einmal abgebrannt

déménager [demenaʒe] ⟨-geons⟩ **I** *v/t Möbel, Bücher etc* (aus e-r Wohnung in die andere) transpor'tieren, schaffen; **II** *v/i* **1.** 'um-, ausziehen; **2.** F *fig* **tu déménages!** du hast wohl den Verstand verloren!; F **du spinnst!**; *cf auch* **cinglé**

déménageur [demenaʒœr] *m* **a)** Möbelpacker *m*; **b)** Möbeltransporteur *m*, -spediteur *m*

démence [demãs] *f* **1.** *path, jur* De'menz *f*; Verblödung *f*; erworbene Geistesschwäche *f*; *sc* De'mentia *f*; ‿ **paralytique** para'lytische Demenz; **progres'sive** Para'lyse *f*; ‿ **précoce** Dementia praecox *f*; Hebephre'nie *f*; Jugendirresein *n*; ‿ **sénile** Dementia se'nilis *f*; Altersblödsinn *m*; ‿ **traumatique** traumatische Demenz; **2.** *fig* Blödsinn *m*; Verrücktheit *f*; **c'est de la** ‿! das ist Irrsinn, Blödsinn, blödsinnig!

démener [demne] *v/pr* ⟨-è-⟩ **se** ‿ **1.** (her'um)toben; **2.** *fig* sich plagen; sich abmühen; sich abrackern

dément [demã] **I** *adj* **1.** *path, jur* geistesschwach; schwachsinnig; verblödet; **2.** *fig* irrsinnig; verrückt; blöd; **II** *subst* ‿(**e**) *m(f)* path, jur Geistesschwache(r) *f(m)*; Schwachsinnige(r) *f(m)*

démenti [demãti] *m* De'menti *n*; **donner, opposer un** ‿ ein Dementi geben

démentiel [demãsjɛl] *adj* ⟨‿**le**⟩ **1.** Plan, Idee etc unsinnig; verrückt; **2.** *path* De'menz...

démentir [demãtir] ⟨cf **partir**⟩ **I** *v/t* **1.** ‿ **qn** j-n (offizi'ell) wider'legen; j-m (offizi'ell) wider'sprechen; **2.** *Nachricht, Behauptung etc* demen'tieren; offizi'ell wider'rufen, -'legen; für falsch erklären; *Sache* ‿ **qc** etw wider'legen, entkräften; Lügen strafen; **les résultats ont démenti les pronostics** die Ergebnisse haben die Voraussagen widerlegt, entkräftet; **II** *v/pr Freundschaft, Interesse etc* **ne pas se** ‿ nicht nachlassen, abflauen, aufhören

démerdard [demɛrdar] P *m u adj* cf **débrouillard**

démerder [demɛrde] *v/pr* **se** ‿ **1.** sich 'durchschlagen; F sich hochrappeln; sich auf die 'Hinterbeine stellen; *cf auch* **se débrouiller** *u* **se dépatouiller**; **2.** sich beeilen; F sich tummeln; sich ranhalten

démérite [demerit] *litt m* Verfehlung *f*; Fehler *m*; *par ext* Schuldhaftigkeit *f*

démériter [demerite] *v/i* ‿ **auprès de qn, aux yeux de qn** sich in j-s Augen (*dat*) vergehen, schuldig machen; ‿ **de son pays** sich s-s Landes unwürdig erweisen; *abs* **en quoi a-t-il démérité?** worin besteht sein Vergehen, s-e Schuld?; *st/s* wo'gegen hat er gefehlt?

démesure [deməzyr] *f* Maßlosigkeit *f*

démesuré [deməzyre] *adj* **1.** im'mens; riesig; unendlich groß; **d'une longueur** ‿**e** unendlich lang; **2.** *fig Stolz, Ehrgeiz, Anspruch, Appetit* maßlos; *Verlangen, Forderung auch* unmäßig; über'zogen; *Bedeutung* 'übermäßig

démesurément [deməzyremã] *adv* maßlos; 'übermäßig; unendlich

démettre [demɛtr(ə)] ⟨cf **mettre**⟩ **I** *v/t* **1.** Fuß, Arm etc ver-, ausrenken; Arm, Schulter auch auskugeln; **2.** ‿ **qn de son emploi** j-n aus s-r Stellung entfernen; j-n entlassen; ‿ **qn de ses fonctions** j-n s-s Amtes entheben; j-n absetzen; **3.** *jur cf* **débouter**; **II** *v/pr* **4. se** ‿ **le bras** sich den Arm ver-, ausrenken, auskugeln; **5. se** ‿ **de son emploi** s-e Stellung, Beschäftigung aufgeben; **se** ‿ (**de ses fonctions, de sa charge**) sein Amt niederlegen; (von s-m Amt) zu'rücktreten; *Minister, Diplomat auch* demissio'nieren

démeubler [demøble, -mœ-] *v/t Wohnung, Zimmer* ausräumen

demeurant [dəmœrã] *loc/adv* st/s **au** ‿ im übrigen; an'sonsten; übrigens; **il avait bien quelques manies, mais c'était, au** ‿, **le meilleur homme du monde** ... aber im übrigen, an'sonsten war er der beste Mensch der Welt

demeure [dəmœr] *f* **1.** *st/s* (*habitation*) Wohnung *f*; Wohnsitz *m*; *fig* **dernière** ‿ letzte Ruhestätte, Ruhestatt; **2.** *loc/adv* **à** ‿ auf (die) Dauer; ständig; **s'installer à** ‿ **en Italie** sich auf Dauer in Italien niederlassen; **3.** *jur* Verzug *m*; ‿ **du créancier, du débiteur** Gläubiger-, Schuldnerverzug *m*; ♦ *allg* **mise** *f* **en** ‿ Mahnung *f*, Aufforderung *f* (, s-n Verpflichtungen nachzukommen); **mettre qn en** ‿ **de** (+*inf*) j-n auffordern, mahnen zu (+*inf*); **il** (**n'**)**y a** (**pas**) **péril en la** ‿ es ist (keine) Gefahr im Verzug

demeuré [dəmœre] F **I** *adj Person* (geistig) zu'rückgeblieben; begriffsstutzig; schwachköpfig; F geistig minderbemittelt; 'unterbelichtet; **II** *subst* ‿(**e**) *m(f)* Schwachkopf *m*; Idi'ot(in) *m(f)*; F Depp *m*; Trottel *m*

demeurer [dəmœre] *v/i* **1.** wohnen; il demeure à Paris, à l'hôtel, rue de la gare er wohnt in Paris, im Hotel, in der Bahnhofstraße; *adm* demeurant à Nice wohnhaft in Nizza; **2.** ⟨être⟩ *Person, Sache* bleiben; *Absicht etc* fortbestehen; ~ étranger à qc bei, an etw (*dat*) unbeteiligt bleiben; ~ à la disposition de qn j-m zur Verfügung bleiben; ~ au fond de la mémoire tief im Gedächtnis bleiben; ~ en arrière zu'rückbleiben; ne pas ~ en place, en repos nicht ruhig bleiben, sitzen, stehen (können); nicht still sitzen, stehen (können); ♦ en ~ là a) *Person* die Sache nicht weiterverfolgen; es dabei bewenden lassen; nicht mehr davon, darüber sprechen; b) *Sache* nicht fortgesetzt werden; keine weiteren Folgen haben; demeurons-en là! sprechen wir nicht weiter davon, darüber!

demi [d(ə)mi] **I** *loc/adj* ... et ~(e) [ɛdmi] ...(ein)halb; un jour et ~ anderthalb *od* ein(und)einhalb Tage *m/pl*; deux litres et ~ zweieinhalb Liter *m/pl*; trois heures et ~e dreieinhalb Stunden *f/pl*; à trois heures et ~e um halb vier; il est trois heures et ~e es ist halb vier; à midi, minuit et ~(e) um halb eins (mittags, nachts); **II** *loc/adv* à ~ halb; zur Hälfte; à ~ convaincu halb, zur Hälfte über'zeugt; à ~ nu halbnackt; à ~ plein halbvoll; zur Hälfte voll; ouvrir qc à ~ etw halb, zur Hälfte öffnen; **III** *subst* **1.** ~(e) *m(f)* halbe(r, -s) *f(m, n)*; un pain entier c'est trop, donnez-m'en un ~ ... geben Sie mir ein halbes; *prendrez-vous une bouteille de vin?* – Une ~e suffira – E-e halbe wird reichen; **2.** *m* math Halbe(s) *n*; deux ~s valent un entier zwei Halbe ergeben ein Ganzes; **3.** un ~ (de bière) ein (kleines) Glas Bier; **4.** *m* Fußball, Hockey Läufer *m*; Mittelfeldspieler *m*; *Rugby* ~ de mêlée, d'ouverture Gedränge-, Flügelhalbspieler *m*; **5.** *f* *Uhrzeit*: à la ~e halb; la ~e de sept heures vient de sonner es hat soeben halb acht geschlagen

demi-... [d(ə)mi] *in Zssgn* ⟨*f u pl inv, z B* demi-barrières⟩ halb...; Halb...; *cf die nachfolgenden Stichwörter*

demi|-barrière [d(ə)mibarjɛr] *f* *ch de fer* Halbschranke *f*; ~**-bosse** *f* *sculp* Halbrelief *n*

demi-botte [d(ə)mibɔt] *f* **1.** Halbstiefel *m*; **2.** *esc* kurzer Stoß

demi|-brigade [d(ə)mibrigad] *f* *mil* Halbbrigade *f*; Regi'ment *n*; *aviat* Geschwader *n*; ~**cercle** *m* Halbkreis *m*; en ~ halbkreisförmig; im Halbkreis; ~**-circulaire** *adj* halbkreisförmig; halbrund; ~**clef** *f* *mar* halber Schlag, Stek

demi-colonne [d(ə)mikɔlɔn] *f* **1.** e-r Zeitung, e-s Buches halbe Spalte; **2.** *arch* Wand-, Halbsäule *f*

demi|-deuil [d(ə)midœj] *m* Halbtrauer *f*; ~**dieu** *m* Halbgott *m*; ~**douzaine** *f* halbes Dutzend (*auch als ungefähre Angabe*); une ~ d'amis ein halbes Dutzend Freunde; ~**droite** *f* math Strahl *m*; Halbgerade *f*

démieller [demjele] *v/t* aus den Waben den Honig her'ausnehmen (qc aus etw)

demi-entier [d(ə)miɑ̃tje] *adj* ⟨-ière⟩ *phys atom* halbzahlig

demi-fin [d(ə)mifɛ̃] *adj* **1.** halbfein; **2.** *Schmuckwaren etwa* aus Farb- *bzw* Weißgold, Juwe'liersilber

demi-final|e [d(ə)mifinal] *f* *sports* Halb-, Semifinale *n*; Vorentscheidung *f*; ~**iste** *m* *sports* Teilnehmer *m* am Halb-, Semifinale; Semifinalist *m*

demi|-fond [d(ə)mifɔ̃] *m* *sports* Mittelstrecke *f*; coureur *m*, course *f* de ~

Mittelstreckenläufer *m*, -lauf *m*; ~**-frère** *m* Halb-, Stiefbruder *m*; ~**gros** *m* comm Einzelhandel *m* im großen; ~**-heure** *f* halbe Stunde; ~**-jour** *m* Dämmer-, Zwielicht *n*; Halbdunkel *n*; ~**-journée** *f* halber Tag; faire des ~s à domicile halbtags zu Hause arbeiten; halbtägige Heimarbeit machen

démilitaris|ation [demilitarizasjɔ̃] *f* Ent-, Demilitari'sierung *f*; ~**er** *v/t* ent-, demilitari'sieren

demi|-litre [d(ə)militr(ə)] *m* halber Liter; ~**-longueur** *f* sports halbe Länge; gagner d'une ~ mit e-r halben Länge (Vorsprung) gewinnen

demi-lune [d(ə)milyn] *f* **1.** *fortif* Außenwerk *n* (vor e-r Bastion); **2.** *vor e-m Gebäude, Eingang* halbkreisförmiger, halbrunder Platz; **3.** *adjt* ⟨*inv*⟩ Möbel halbkreisförmig; halbrund

demi-mal [d(ə)mimal] *m* il n'y a que ~ es ist nur halb so schlimm

demi-mesure [d(ə)mimzyr] *f* **1.** halbe Maßeinheit; **2.** *fig* halbe Sache; Halbheit *f*; se contenter de ~s sich mit halben Sachen, Halbheiten zufriedengeben

demi|-mondaine [d(ə)mimɔ̃dɛn] *f* Halbweltdame *f*; ~**-monde** *m* Halbwelt *f*; ~**-mort** *litt adj* halbtot

demi-mot [d(ə)mimo] *loc/adv* à ~ [admimo] ohne viel Worte; auf Grund, mit Hilfe von Andeutungen; comprendre une lettre *etc* à ~ *auch* zwischen den Zeilen lesen (können)

démin|age [deminaʒ] *m* mil Minenräumung *f*; Entminung *f*; ~**er** *v/t* mil entminen; Minen räumen (un terrain in e-m Gebiet)

déminéralis|ation [demineralizasjɔ̃] *f* *méd* des Organismus Demineralisati'on *f*; Verarmung *f* an Mine'ralien; ~**er I** *v/t* (die) Mine'ralien entziehen (+*dat*); deminerali'sieren; *abs* zur Demineralisati'on führen; **II** *v/pr* se ~ *Organismus* (die) Mine'ralien verlieren; an Mine'ralien verarmen

démineur [deminœr] *m* mil Minenräumer *m*

demi|-onde [d(ə)miɔ̃d] *f* *phys* Halbwelle *f*; ~**-pâte** *f* *Papierherstellung* Halbstoff *m*, -zeug *n*; ~**pause** *f* mus halbe Pause

demi|-pension [d(ə)mipɑ̃sjɔ̃] *f* **1.** in e-m Hotel Halbpension *f*; **2.** in Schulen in Frankreich (System *n* der) Ganztagsschule *f* (mit gemeinsamem Mittagessen); ~**-pensionnaire** *m* in Frankreich Ganztagsschüler *m*

demi|-place [d(ə)miplas] *f* (um die Hälfte) ermäßigte (Fahr-, Eintritts-) Karte; ~**plan** *m* math Halbebene *f*; ~**-portion** *f* u *péj vor e-r Person* F halbe Porti'on; ~**-produit** *m* écon Halbfabrikat *n*, -erzeugnis *n*, -produkt *n*, -zeug *n*; ~**-quart** *m* Achtel *n*; un ~ de beurre ein Achtel Butter; ~**queue** *adj* u *subst* *m* ⟨*inv*⟩ (piano *m*) ~ etwa Stutzflügel *m*; ~**reliure** *f* Halbleder-, Halbfranzband *m*; ~**ronde** *f* tech halbrunde Feile; Halbrundfeile *f*

démis [demi] *p/p von* démettre u *adj* Gelenk verrenkt; ausgerenkt; *Arm, Schulter auch* ausgekugelt

demi|-saison [d(ə)misɛzɔ̃] *f* 'Übergangszeit *f*; manteau *m* de ~ 'Übergangsmantel *m*; ~**-sang** *m* ⟨*inv*⟩ Pferderasse Halbblut *n*; ~**sec** *adj* Champagner halbsüß

demi-sel [d(ə)misɛl] **I** *adj Butter, Käse* leicht gesalzen; **II** *m* ⟨*inv*⟩ (ein) leicht gesalzener Frischkäse

demi|-siècle [d(ə)misjɛkl(ə)] *m* halbes Jahr'hundert; ~**-sœur** *f* Halb-, Stiefschwester *f*; ~**-solde** *mil* **1.** *f* halber Sold; **2.** *m* auf halben Sold gesetzter

---

Offi'zier der Napole'onischen Ar'mee; ~**sommeil** *m* Halbschlaf *m*, -schlummer *m*; ~**soupir** *m* mus Achtelpause *f*

démission [demisjɔ̃] *f* **1.** Rücktritt *m*; *e-s Ministers, Diplomaten, e-r Regierung auch* Demissi'on *f*; lettre *f* de ~ Rücktrittsgesuch *n*; donner sa ~ den Rücktritt einreichen, erklären; s-e Entlassung einreichen; s-n Abschied nehmen; **2.** *fig* Verzicht *m*; Aufgabe *f*; *der Eltern, Erzieher* Versagen *n*; donner sa ~ de qc auf etw (*acc*) verzichten; etw aufgeben

démissionnaire [demisjɔnɛr] *adj* zu-'rückgetreten; demissio'niert

démissionner [demisjɔne] *v/i* **1.** zu-'rücktreten; demissio'nieren; *aus e-m Amt, aus der Armee* ausscheiden (de aus); ♦ *iron als v/t* on l'a démissionné er ist gegangen worden; **2.** F *fig abs* (es, alles, das Ganze) aufgeben; *si je ne réussis pas du premier coup, je démissionne* ... gebe ich (es) auf

demi-tarif [d(ə)mitarif] *loc/adj* (à) ~ zum halben Preis; place *f*, billet *m* à ~ (um die Hälfte) ermäßigte Eintritts-, Fahrkarte; Karte *f* zum halben Preis

demi|-teinte [d(ə)mitɛ̃t] *f* peint Halbton *m*; ~**-tige** *f* bei Obstbäumen Halbstamm *m*; ~**-ton** *m* mus Halbton *m*

demi-tour [d(ə)mitur] *m* Kehrtwendung *f*; mil ~ (à) droite! rechtsum kehrt!; par ext faire ~ kehrtmachen; 'umkehren

démiurge [demjyrʒ] *m* philos Demi'urg *m*; Weltschöpfer *m*

demi-victoire [d(ə)mimiktwar] *f* halber Sieg

démobilis|ation [demɔbilizasjɔ̃] *f* mil Demobilisati'on *f*; Demobili'sierung *f*; Demo'bilmachung *f*; ~**er** *v/t* mil demobili'sieren (*auch abs*); entlassen

démocrate [demɔkrat] **I** *m,f* Demo'krat(in) *m(f)*; **II** *adj Person, Partei* demo'kratisch; *in USA* Parti ~ Demokratische Partei

démocrate-chrétien [demɔkratkretjɛ̃] *adj* ⟨~ne⟩ *pol* christlich-demokratisch; *in Italien* Parti ~ Democra'zia cristi'ana *f*

démocratie [demɔkrasi] *f* Demokra'tie *f*; ~ directe unmittelbare Demokratie *f*; industrielle Wirtschaftsdemokratie *f*; ~ parlementaire, représentative parlamentarische, repräsentative Demokratie; ~ populaire, présidentielle Volks-, Präsidi'aldemokratie *f*; être en ~ in e-r Demokratie leben

démocratique [demɔkratik] *adj* Verfassung, Grundsatz, Maßnahme *etc* demo'kratisch; ~**ment** *adv* auf demo-'kratische Weise; auf demo'kratischem Wege

démocratisation [demɔkratizasjɔ̃] *f* **1.** e-s Landes, e-r Institution *etc* Demokrati'sierung *f*; Gestaltung *f* nach demo'kratischen Grundsätzen; ~ d'un pays *auch* Einführung *f* der Demokra'tie in e-m Land; **2.** *der Kunst, Wissenschaft* Populari'sierung *f*; ~ de l'enseignement Schaffung *f* gleicher Bildungschancen, -möglichkeiten für alle

démocratiser [demɔkratize] **I** *v/t* **1.** Land, Regime, Institution *etc* demokrati-'sieren; nach demo'kratischen Grundsätzen gestalten; ~ un pays *auch* die Demokra'tie in e-m Land einführen; **2.** Kunst, Wissenschaften populari'sieren; allen Bevölkerungsschichten zugänglich machen; ~ l'enseignement gleiche Bildungschancen, -möglichkeiten für alle schaffen; **II** *v/pr* se ~ **3.** demo'kratisch werden; **4.** popu'lär, allge'meinverständlich werden; allen Bevölkerungsschichten zugänglich werden

démodé [demɔde] *adj Kleidungsstück*,

Möbel, Ansichten altmodisch; unmodern; *par ext Theorie, Verfahren* veraltet; über'holt

démoder [demɔde] *v/pr* se ~ *Kleidung etc* unmodern, altmodisch werden; aus der Mode kommen; *par ext Theorie etc* veralten

demodex [demɔdɛks] *m zo* Haarbalgmilbe *f*

démograph|e [demɔgraf] *m* Bevölkerungsstatistiker *m*; ~ie *f* Demogra'phie *f*; Bevölkerungsstatistik *f*, -wissenschaft *f*; *par ext* ~ galopante sprunghafte Bevölkerungszunahme; ~ique *adj* demo'graphisch; bevölkerungsstatistisch; Bevölkerungs...; politique *f* ~ Bevölkerungspolitik *f*

demoiselle [d(ə)mwazɛl] *f* 1. (altes) Fräulein; (unverheiratete) ältere Dame; 2. *st/s od iron* junges Mädchen; junge Dame; ces ~s die jungen Damen; 3. ~ d'honneur Brautjungfer *f*; *früher auch* Ehrendame *f*; 4. ~ du téléphone Tele'fonfräulein *n*; 5. *zo* a) Wasserjungfer *f*; b) ~ de Numidie Jungfernkranich *m*; 6. *tech* a) Stampfer *m*; Stampfe *f*; (Hand-) Ramme *f*; b) Handschuhweiter *m*

démolir [demɔlir] *v/t* 1. *Haus, Mauer etc* ein-, ab-, niederreißen; abbrechen; 2. *Gerät, Spielzeug etc* ka'puttmachen; demo'lieren; 3. *fig Doktrin, Argumentation* zerstören; zu'nichte machen (*auch Plan*); wider'legen; *Autorität* unter'graben; 4. F ~ qn j-n nieder-, F zu'sammenschlagen; se faire ~ zu'sammen-, niedergeschlagen werden; 5. *fig* ~ qn j-n diffa'mieren, in Verruf bringen; 6. *Exzeß, Alkohol etc* ~ qn j-n (physisch) zu'grunde richten; 7. *Erlebnisse eic* ~ qn j-n niedergeschlagen machen; *p/fort* F j-n fertigmachen

démoliss|age [demɔlisaʒ] *m* -es *Autors, Theaterstücks* Verriß *m*; vernichtende Kri'tik (*an* + *dat*); ~eur *m* 1. *bât* Abbrucharbeiter *m*; 2. *fig* Zerstörer *m*; Vernichter *m*

démolition [demɔlisjɔ̃] *f* 1. *e-s Hauses etc* Abbruch *m*; Nieder-, Ein-, Abreißen *n*; chantier *m*, entreprise *f* de ~ Abbruchfirma *f*, -unternehmen *n*; 2. *fig* Zerstörung *f*; 3. ~s *pl* (Bau)Trümmer *pl*

démon [demɔ̃] *m* 1. *rel* Dämon *m*; Teufel *m*; être possédé du ~ vom Teufel, von e-m Dämon, von e-m bösen Geist besessen sein; 2. *fig von e-r Person* Teufel *m*; cette femme est un ~ diese Frau ist ein Teufel; 3. *par ext* le ~ de l'alcool, de la jalousie, *etc* der Dämon Alkohol, Eifersucht *etc*; le ~ du jeu der Spielteufel; 4. *myth, philos* Dämon *m*; *des Sokrates* Dai'monion *n*; *par ext*: ~ intérieur innere Stimme; *st/s* le ~ de la poésie die Inspirati'on

démonétisation [demonetizasjɔ̃] *f von Geld* Außer'kurssetzung *f*; Einziehung *f*; Demoneti'sierung *f*

démonétiser [demonetize] *v/t* 1. *Geld* außer Kurs, 'Umlauf setzen; aus dem Verkehr ziehen; einziehen; demoneti-'sieren; 2. *fig meist adit* démonétisé *Person, Idee etc* in Verruf, 'Mißkredit geraten; ministre démonétisé *auch* in Ungnade gefallener Minister

démoniaque [demɔnjak] *adj* dä'monisch; teuflisch

démonisme [demɔnism(ə)] *m* Dämo-'nismus *m*

démonologie [demonɔlɔʒi] *f* Dämono-lo'gie *f*

démonstra|teur [demɔ̃stratœr] *m*, ~trice *f* Vorführer(in) *m(f)*; Vorführdame *f*; Demon'strator *m*; Werbeverkäufer(in) *m(f)*; Propagan'dist(in) *m(f)*

démonstratif [demɔ̃stratif] I *adj* <-ive> 1. *Person* mitteilsam; 'über-

schwenglich; peu ~ zu'rückhaltend; verschlossen; d'une façon démonstrative demonstra'tiv; 2. *gr* hinweisend; demonstra'tiv; Demonstra'tiv...; adjectif ~ attributives Demonstrativpronomen; pronom ~ (alleinstehendes) Demonstrativpronomen; hinweisendes Fürwort; Demonstra'tiv(pronomen) *n*; hinweisendes Fürwort

démonstration [demɔ̃strasjɔ̃] *f* 1. Beweisführung *f*; *par ext* Beweis *m*; *Logik auch* Demonstrati'on *f*; les faits en sont la meilleure ~ die Tatsachen sind der beste Beweis dafür; faire la ~ de qc etw beweisen, demon'strieren; 2. *e-s Gerätes etc* Vorführung *f*; Demonstrati'on *f*; faire une ~ das Gerät, den Artikel *etc* vorführen; ~ faite par un vendeur Vorführung durch e-n Verkäufer; 3. *von Gefühlen* Bekundung *f*; Bezeigung *f*; Äußerung *f*; Beweis *m*; *par ext* ~ de force Demonstrati'on *f* der Stärke (*auch mil*); ~ de joie Freudenbezeigung *f*; 4. *mil* Scheinmanöver *n*

démontable [demɔ̃tabl(ə)] *adj* auseinan-'ander-, abnehmbar; zerlegbar

démontage [demɔ̃taʒ] *m* 1. *e-r Maschine etc* Zerlegen *n*, -ung *f*; Ausein'andernehmen *n*; Demon'tage *f*; *e-s Zeltes* Abbrechen *n*; *e-s Gerüsts etc* Abbau(en) *m(n)*; 2. *e-s Einzelteils, Rades etc* Abmontieren *n*; *e-r Tür* Aushängen *n*; *der Vorhänge* Abnehmen *n*

démonté [demɔ̃te] *adj Meer* aufgewühlt

démonte-pneu [demɔ̃tpnø] *m* <*pl* démonte-pneus> *tech für Reifen* Mon-'tierhebel *m*

démonter [demɔ̃te] I *v/t* 1. *Maschine, Schrank, Uhr, Gewehr etc* zerlegen; ausein'andernehmen; demon'tieren; *Zelt* abbrechen; *Gerüst* abbauen; *Gestricktes* aufziehen; 2. *Einzelteil, Rad, Reifen etc* abmontieren; *Einzelteil auch* ausbauen; *Tür aushängen; Vorhänge* abnehmen; 3. *Pferd: Reiter* abwerfen; 4. *fig* ~ qn j-n aus der Fassung bringen, verwirren, in Verwirrung stürzen, verunsichern; II *v/pr* se ~ 5. *Gerät etc* a) sich zerlegen, ausein'andernehmen, abmontieren lassen; b) *von selber* zerfallen; ausein-'anderfallen; 6. *Person* die Fassung verlieren; sich aus der Fassung bringen lassen; unsicher werden; il se démonte pour un rien jede Kleinigkeit bringt ihn aus der Fassung

démontrable [demɔ̃trabl(ə)] *adj* beweisbar

démontrer [demɔ̃tre] I *v/t* 1. *Lehrsatz, Wahrheit, Schuld etc* beweisen; 2. *par ext* demon'strieren; aufzeigen; beweisen; hinweisen auf (+*acc*); vor Augen führen; ~ la nécessité de qc die Notwendigkeit e-r Sache aufzeigen, beweisen, deutlich machen; II *v/pr* se ~ sich beweisen lassen

démoralis|ant [demɔralizɑ̃] *adj* Mißerfolg, Nachricht entmutigend; depri'mierend; demorali'sierend; ~ateur *adj* <-trice> *Propaganda, Einfluß* demorali-'sierend; zersetzend

démoralisation [demɔralizasjɔ̃] *f* 1. a) Demorali'sierung *f*; Entmutigung *f*; b) *Zustand* Mutlosigkeit *f*; Depri'miertheit *f*; 2. *litt in e-r Gesellschaft* Unter'grabung *f*, Zersetzung *f* der Mo-'ral; Demorali'sierung *f*; Sittenverfall *m*

démoraliser [demɔralize] I *v/t Person, Armee* demorali'sieren; entmutigen; die Zuversicht nehmen (*qn* j-m); II *v/pr* se ~ den Mut, die Zuversicht verlieren

démordre [demɔrdr(ə)] *v/t/ind* <*cf* rendre> ne pas ~ d'une opinion von e-r Meinung nicht abgehen; e-e Meinung nicht aufgeben; auf e-r Meinung beharren; il n'en démord pas er läßt sich nicht davon abbringen; er beharrt dar-

auf; er läßt nicht locker

démotique [demɔtik] *adj hist* écriture *f* ~ de'motische Schrift

démoucheter [demuʃte] *v/t* <-tt-> *esc* den Lederknopf abnehmen (le fleuret vom Florett)

démoul|age [demulaʒ] *m* Her'ausnehmen *n* aus der Form; ~er *v/t Kuchen, Statue etc* aus der Form nehmen

démoustication [demustikasjɔ̃] *f* Mückenvernichtung *f* (d'une région in e-m Gebiet)

démoustiquer [demustike] *v/t* von Mücken befreien; die Mücken vernichten (un lieu an e-m Ort)

démultiplic|ateur [demyltiplikatœr] *tech* I *adj* <-trice> Unter'setzungs...; II *m* Unter'setzungsgetriebe *n*; ~ation *f tech* Über'setzung *f*; genauer, aber selten gebraucht Unter'setzung *f*

démultiplier [demyltiplije] *v/t tech* über-, genauer unter'setzen

démunir [demynir] I *v/t* ~ qn de qc j-m etw wegnehmen, j-n um etw bringen; qc/s j-n e-r Sache (*gén*) berauben; être démuni (d'argent) ohne Geld, mittellos sein, dastehen; kein Geld mehr haben; être démuni de tout nichts mehr haben, besitzen; *st/s* bar jeder Habe sein; se laisser ~ qc etw (weg-) nehmen lassen; II *v/pr* se ~ de qc etw weg-, abgeben; sich e-r Sache (*gén*) entledigen

démuseler [demyzle] *v/t* <-ll-> ~ un chien e-m Hund den Maulkorb abnehmen

démysti|fication [demistifikasjɔ̃] *f* von Personen Aufklärung *f*; Desillusio-'nierung *f*; ~fier *v/t* 1. *Person* aufklären; desillusio'nieren; 2. *e-r Sache* das Geheimnisvolle nehmen (+*dat*); kritisch betrachten

démythi|fication [demitifikasjɔ̃] *f* Entmythi'sierung *f*; ~fier *v/t* entmythi-'sieren; *par ext* rea'listisch, kritisch betrachten

dénasalis|ation [denazalizasjɔ̃] *f phon* Entnasa'lierung *f*; ~er *v/t phon* entnasa-'lieren

dénatalité [denatalite] *f* Geburtenrückgang *m*

dénationalis|ation [denasjɔnalizasjɔ̃] *f verstaatlichter Unternehmen, Industriezweige* Reprivati'sierung *f*; Rückführung *f* in Pri'vathand; ~er *v/t écon, pol* reprivati'sieren; in Pri'vathand zu'rückführen

dénatter [denate] *v/t Haare, Zöpfe* aufflechten

dénaturalis|ation [denatyralizasjɔ̃] *f* Denaturalisati'on *f*; Ausbürgerung *f*; ~er *v/t* denaturali'sieren; ausbürgern

dénatur|ant [denatyrɑ̃] *adj u subst m* (produit *m*) ~ Denatu'rierungsmittel *n*; ~ation *f tech von Alkohol, Getreide etc* Denatu'rierung *f*; *von Alkohol auch* Vergällung *f*

dénaturé [denatyre] *adj* 1. *Person, Sitte, Geschmack* entartet; mère ~e, père ~, parents ~s *auch* Rabenmutter *f*, -vater *m*, -eltern *pl*; 2. *tech Alkohol, Getreide etc* denatu'riert; *Alkohol auch* vergällt

dénaturer [denatyre] *v/t* 1. *Tatsache, Ereignis, Worte* entstellen; verfälschen; entstellt, falsch 'wiedergeben; 2. *Sache: Geschmack, Duft etc* verändern; verfälschen; 3. *tech Alkohol, Salz etc* denatu-'rieren; *Alkohol auch* vergällen

dénazi|fication [denazifikasjɔ̃] *f* Entnazifi'zierung *f*; ~fier *v/t* entnazifi-'zieren

dendrite [dãdrit] *f géol, anat* Den-'drit *m*

dendromètre [dãdrɔmɛtr(ə)] *m* Dendro'meter *n*; Baummesser *m*

dénébul(is)|ation [denebyl(iz)asjõ] *f* Entnebelung *f*; **~er** entnebeln

dénégation [denegasjõ] *f* **1.** Ablehnung *f*; Verneinung *f*; Ab-, Bestreiten *n*; Leugnen *n*; **geste** *m*, **signe** *m* **de ~** Geste *f*, Zeichen *n* der Verneinung, Ablehnung; **malgré ses ~s** trotz s-s Leugnens, Ab-, Bestreitens; **2.** *jur* **~ d'écriture** Bestreiten *n* der Echtheit e-s Doku'ments

dengue [dɛ̃g] *f path* Dengue-, Dandyfieber *n*

déni [deni] *m jur* **~ de justice** Rechts-, Ju'stizverweigerung *f*

déniaiser [denjeze] *v/t jungen Menschen* aufklären

dénicher [denife] **1.** *Eier, Vögel* aus dem Nest nehmen; **2.** *seltenen Gegenstand* aufstöbern *(auch Dieb)*; ausfindig machen; *auch Hausgehilfin etc* auftreiben; F ergattern; aufgabeln

dénich|eur [denifœr] *m*, **~euse** *f* **1.** j, der Nester ausnimmt; **2.** *fig* **~ d'antiquités,** *etc* j, der Antiquitäten *etc* aufstöbert, ausfindig macht, zu ergattern versteht, aufzutreiben weiß

dénickeler [denikle] *v/t* ⟨-ll-⟩ die Vernickelung entfernen **(qc von etw)**

dénicotinis|ation [denikotinizasjõ] *f* Niko'tinentzug *m*; **~er** *v/t* das Niko'tin entziehen **(le tabac dem Tabak)**; *adjt* **cigarette dénicotinisée** niko'tinarme *bzw* -freie Ziga'rette

denier [dɔnje] *m* **1.** *im alten Rom* De-'nar *m*; *fig nach der Bibel* **vendre pour trente ~s** für e-n Judaslohn, für dreißig Silberlinge verkaufen; **2.** *alte frz Münze* Deni'er *n*; *etwa* Pfennig *m*; Heller *m*; **3.** *par ext* **~s publics** öffentliche Gelder *n/pl*, Mittel *n/pl*; **de ses ~s** mit s-m eigenen Geld; aus eigener Tasche; **4.** *égl cath* **~ du culte, du clergé** *in Frankreich* freiwillige Abgabe an die Kirche; *etwa* Kirchgeld *n*; **~ de saint Pierre** Peterspfennig *m*; **5.** *text* Deni'er *n*

dénier [denje] *v/t* **1. ~ à qn le droit de** **(+inf)** j-m das Recht verweigern, absprechen zu **(+inf)**; **2.** *st/s* Schuld, Verantwortung *etc* ableugnen; leugnen; **3.** *jur* e-r Unterschrift die Echtheit **(+gén)** bestreiten

dénigrant [denigrã] *adj* Worte, Ton *etc* her'abwürdigend

dénigrement [denigrɔmã] *m* Her'abwürdigung *f*; Verunglimpfung *f*; *auch* kleinliche, boshafte Kri'tik; **par ~** im negativen, pejorativen Sinne

dénigrer [denigre] *v/t Person* anschwärzen; *Person, Sache* her'abwürdigen, -setzen; schlechtmachen; in den Schmutz ziehen; verunglimpfen

dénitri|fication [denitrifikasjõ] *f chim, agr* Denitrifikati'on *f*; **~fier** *v/t chim, agr* denitrifi'zieren

dénivel|ée [denivle] *f* Höhenunterschied *m (auch beim Schießen)*; **~er** *v/t* ⟨-ll-⟩ *Boden, Straße* uneben machen; senken

dénivell|ation [denive(l)lasjõ] *f* **1.** Höhen-, Niveauunterschied *m*; **2.** *~s pl* Unebenheiten *f/pl*; **~ement** *m cf* dénivellation 1.

dénombrable [denõbrabl(ɔ)] *adj* zählbar

dénombrement [denõbrɔmã] *m von Lebewesen, Dingen* Zählung *f*

dénombrer [denõbre] *v/t* **1.** *Einwohner, Autos etc* zählen; **2.** *par ext* Gründe, Erfolge *etc* aufzählen

dénominat|eur [denominatœr] *m math* Nenner *m*; **~ commun** gemeinsamer Nenner *(auch fig)*; **réduire au même ~** auf den gleichen Nenner bringen; gleichnamig machen; **~if** *adj u subst m* **(mot** *m*, **verbe** *m)* **~** Denomina'tiv(um) *n*

dénomination [denominasjõ] *f* Be-

---

zeichnung *f*; Benennung *f*

dénommer [denome] *v/t* **1.** *jur* **~ qn** j-n (be)nennen, namentlich aufführen; *adjt, auch iron* **le dénommé Deschamps** der besagte, bewußte Deschamps; **2.** *allg* benennen; bezeichnen; e-n Namen geben **(+dat)**

dénoncer [denõse] *v/t* ⟨-ç-⟩ **1.** *Person* anzeigen (**à la police** bei der Polizei); *aus niedrigen Beweggründen* denun-'zieren; **2.** *fig Mißstände etc* anprangern; an, vor die Öffentlichkeit bringen; **3.** *Vertrag etc* (auf)kündigen

dénoncia|teur [denõsjatœr] *m*, **~trice** *f* **1.** j, der Anzeige erstattet; *péj* Denunzi'ant(in) *m(f)*; **2. ~ des abus,** *etc* j, der Mißstände *etc* anprangert; *adjt* **lettre dénonciatrice** schriftliche Anzeige; *péj* Denun'zierungsschreiben *n*, -brief *m*

dénonciation [denõsjasjõ] *f* **1.** Anzeige *f*; *péj* Denunziati'on *f*; Denun'zierung *f*; **~ anonyme** anonyme Anzeige; *jur* **~ calomnieuse** falsche Anschuldigung; **2.** *von Mißständen etc* Anprangerung *f*; **3.** *e-s Vertrages etc* (Auf)Kündigung *f*

dénotation [denotasjõ] *f Logik, ling* Denotati'on *f*

dénoter [denote] *v/t* **~ qc** von etw zeugen; auf etw *(acc)* hindeuten; auf etw *(acc)* schließen lassen

dénouement [denumã] *m e-s Theaterstücks* Ausgang *m*; *e-r Verwicklung etc auch* Lösung *f*; *Angelegenheit* **avoir un heureux ~** ein glückliches Ende, e-e glückliche Lösung finden; e-n glücklichen Ausgang nehmen

dénouer [denwe] **I** *v/t* **1.** *Knoten, Band, Haare etc* aufbinden, -machen; lösen; auf-, entknoten; **2.** *fig Situation, Verwicklung* entwirren; lösen; *Schwierigkeit, Krise* lösen; beheben; ein Ende machen, bereiten **(+dat)**; **II** *v/pr* **se ~ 3.** *Haare, Schuhband etc* aufgehen; sich lösen; **4.** *Schwierigkeiten, Verwicklung* sich lösen *(auch thé)*

dénoyaut|er [denwajote] *v/t Obst, Oliven* entsteinen, -kernen; **~eur** *m* Entkerner *m*

dénoyer [denwaje] *v/t* ⟨-oi-⟩ *mines* entwässern; *abs* sümpfen

denrée [dãre] *f* **1.** *(Eß)Ware f; meist pl* **~s** *für Menschen* Lebensmittel *n/pl; meist pl* **~s** *für Tiere* Futtermittel *n/pl;* **~s alimentaires** Nahrungsmittel *n/pl;* **~s périssables** leicht verderbliche Lebensmittel; **2.** *fig* **une ~ rare** e-e Seltenheit, Rari'tät; etwas Seltenes

dense [dãs] *adj* **1.** *Nebel, Wald, Bevölkerung, Verkehr etc* dicht *(auch phys)*; *Menschenmenge* dichtgedrängt; **2.** *fig Stil, Text* gedrängt; verdichtet; kompri-'miert

densimètre [dãsimɛtr(ɔ)] *m phys* Densi-'meter *n*

densité [dãsite] *f* **1.** *des Nebels, Verkehrs etc* Dichte *f*; **~ de construction** Bebauungsdichte *f*; **~ de la population** Bevölkerungsdichte *f*; **2.** *phys* (Massen-) Dichte *f*; Dichtezahl *f*; Dichtigkeit *f*; **3.** *opt, phot* **~ (optique)** (optische) Dichte; *phot auch* Densi'tät *f*; Schwärzung *f*; **4.** *élect* **~ de courant** Stromdichte *f*

densitomètre [dãsitomɛtr(ɔ)] *m phot* Densito'meter *n*

dent [dã] *f* **1.** Zahn *m*; **~ artificielle, fausse ~** künstlicher, falscher Zahn; **~ à, sur pivot** Stiftzahn *m*; **les ~s du bas, du haut** die unteren, oberen Zähne; **~ de lait, de sagesse** Milch-, Weisheitszahn *m*; **brosse** *f* **à ~s** Zahnbürste *f*; **coup** *m* **de ~** a) Biß *m*; b) *fig* Seitenhieb *m*; **donner un coup de ~ à qn** j-m e-n Seitenhieb versetzen; **mal** *m* **de ~s** Zahnschmerzen *m/pl*, -weh *n*; **avoir mal aux ~s** Zahnschmerzen, -weh haben;

---

loc/adv: **à belles ~s** mit gesundem, großem Appe'tit; **dévorer, manger à belles ~s** mit gesundem Appetit essen; F tüchtig reinhauen; **mordre qc à belles ~s** kräftig, herzhaft in etw *(acc)* hineinbeißen; *fig* **déchirer qn à belles ~s** *cf* déchirer **5.**; **entre les ~s mit** *Verben des Sagens* undeutlich; vor sich hin; **grommeler, marmotter, murmurer entre ses ~s** in s-n Bart brummen, murmeln; **armé jusqu'aux ~s** bis an die Zähne bewaffnet; **se faire arracher une ~** sich e-n Zahn ziehen lassen; F *fig* **avoir la ~** F e-n Mordshunger haben; *fig* **avoir la ~ dure** e-e spitze *od* böse Zunge haben; *schriftlich* e-e spitze Feder führen; *fig* **avoir les ~s longues** geldgierig *bzw* ehrgeizig *bzw* anspruchsvoll sein; *fig* **avoir, garder une ~ contre qn** e-n Groll gegen j-n hegen; F e-n Pik auf j-n haben; **il y en a de quoi remplir une ~ creuse** *od* il y en a juste **pour une ~ creuse** es reicht gerade für e-n hohlen Zahn; **se casser les ~s sur qc** mit etw nicht zu'rechtkommen, fertig werden; an etw **(+dat)** scheitern; **(ne pas) desserrer les ~s** *cf* desserrer **2.**; *fig* **être sur les ~s** in äußerster Anspannung, *Feuerwehr etc* im Großeinsatz sein; *Kind* **faire, percer ses ~s** e-s Zähne bekommen; zahnen; **manger du bout des ~s** ohne Appetit, F mit langen Zähnen essen; *die Zähne heben;* il **mange tout ce qui lui tombe sous la ~** er ißt alles, was er bekommen kann *bzw* was ihm vorgesetzt wird; **n'avoir rien à se mettre sous la ~** nichts zum Beißen haben; **2.** *e-r Gabel, Egge, Harke, e-s Kamms* Zinke *f*; *e-s Kamms, Zahnrads, e-r Briefmarke* Zahn *m*; *e-r Säge* Zahn *m*; Zacke *f*; *südd auch* Zacken *m*; **en ~s de scie** gezackt, gezahnt, gezähnt *(wie e-e Säge)*; sägeförmig; *fig* in e-m ständigen Auf und Ab; **3.** *géol bei Bergen* Zacke *f*; Horn *n*

dentaire [dãtɛr] **I** *adj* **a)** Zahn...; *formule* *f* **~** Zahnformel *f*; **prothèse** *f* **~** Zahnprothese *f*; **b)** zahnärztlich; **cabinet** *m* **~** Zahnarztpraxis *f*; **soins** *m/pl* **~** zahnärztliche Behandlung; **II** *f bot* Zahnwurz *f*

dental [dãtal] *adj* ⟨-aux⟩ *u subst f phon* **(consonne** *f)* **~e** Den'tal(laut) *m*; Zahnlaut *m*

dent-de-lion [dãdɔljõ] *m* ⟨*pl* dents-de-lion⟩ *bot* Löwenzahn *m*

denté [dãte] *adj* gezahnt; gezähnt; gezackt; *tech* **roue ~e** Zahnrad *n*

dentée [dãte] *f ch* **a)** Biß *m* (, den ein Jagdhund dem Wild zufügt); **b)** *e-s Keilers* Stoß *m* mit den Hauern

dentelaire [dãtlɛr] *f bot* Bleiwurz *f*

dentelé [dãtle] *adj* **1.** (ungleichmäßig) gezahnt, gezähnt, gezackt; **2.** *anat* **muscle ~** Sägemuskel *m; sc* Musculus ser'ratus *m; subst* **le grand ~** der vordere Sägemuskel

denteler [dãtle] *v/t* ⟨-ll-⟩ zähnen; mit Zähnen *bzw* Zacken versehen; auszakken, -zahnen; dente'lieren

dentelle [dãtɛl] *f* **1.** Spitze *f*; **~ mécanique, à la machine** Ma'schinenspitze *f*; **~ à l'aiguille, au crochet, aux fuseaux** Nadel-, Häkel-, Klöppelspitze *f*; **~ à la main** handgearbeitete Spitze; **~ de coton, de nylon** Baumwoll-, Nylonspitze *f*; **col** *m*, **corsage** *m* **de ~** Spitzenkragen *m*, -bluse *f*; **fond** *m* **d'une ~** Spitzengrund *m*; **2.** *par ext* **~ de papier** Spitzenpapier *n*; **3.** *adjt cuis* **crêpes** *f/pl* **~** hauchdünne Pfannkuchen *m/pl*; **4.** *impr von Buchseiten* Randverzierung *f*; *von Titeln* Verzierung *f*

dentellier [dãtɔlje, -tɛlje] **I** *adj* ⟨-ière⟩ Spitzen...; **industrie dentellière** Spit-

zenindustrie *f*; **II** *f* **dentellière** (Spitzen)Klöpplerin *f*

dentelure [dãtlyr] *f* **1.** Auszackung *f*, -zahnung *f*; faire des ~s à qc etw auszacken, -zahnen; **2.** *arch* ~s *pl* Kälberzähne *m/pl*

denticul|é [dãtikyle] *adj arch* gezahnt; mit Zahnschnitt; ~es *m/pl arch* Zahnschnitt *m*

dentier [dãtje] *m* (künstliches) Gebiß; (Zahn)Pro'these *f*

dentifrice [dãtifris] **I** *m* Zahnpflegemittel *n*; *bes* Zahncreme *f*, -pasta *f*; un tube de ~ e-e Tube Zahnpasta, -creme; **II** *adj* eau *f* ~ Mundwasser *n*; pâte *f*, poudre *f* ~ Zahncreme *f od* -pasta *f*, -pulver *n*

dentinaire [dãtinɛr] *adj anat* canalicules *m/pl* ~s Den'tinröhrchen *n/pl*

dentine [dãtin] *f anat* Zahnbein *n*; Den'tin *n*

dentiste [dãtist] *m,f*; Zahnarzt, -ärztin *m,f*; aller chez le ~ zum Zahnarzt gehen

dentisterie [dãtistəri] *f* Zahnmedizin *f*, -heilkunde *f*

dentition [dãtisjõ] *f* **1.** (na'türliches) Gebiß; **2.** Dentiti'on *f*; Zahnung *f*; première ~ erste Dentition; Zahnen *n*; 'Durchbruch *m* der Milchzähne; seconde ~ zweite Dentition; Zahnwechsel *m*

denture [dãtyr] *f tech* e-r Säge, e-s Zahnrades etc Zahnung *f*

dénucléaris|ation [denyklearizasjõ] *f* e-s Landes etc Erklärung *f* zur kern-, a'tomwaffenfreien Zone; Schaffung *f* e-r kern-, a'tomwaffenfreien Zone; ~er *v/t* Land, Meeresboden etc zur kern-, a'tomwaffenfreien Zone erklären, machen; *adjt* zone dénucléarisée kern-, a'tomwaffenfreie Zone

dénudation [denydasjõ] *f méd* Denudati'on *f*; Bloßlegen *n*; Entblößung *f*

dénudé [denyde] *adj Arm, Rücken etc* nackt; entblößt; *Boden, Landschaft* kahl (*auch Schädel*); vegetati'onslos; unbewachsen; *Kabel, Leitung* blank

dénuder [denyde] *v/t Arm, Rücken etc* entblößen; *Knochen* bloß-, freilegen; *Baum* entrinden; *Kabel, Leitung* bloß-, freilegen; die Iso'lierung entfernen (qc von etw)

dénué [denye] *adj* ~ de qc ohne etw; ...los; ~ d'esprit geistlos; ~ de fondement unbegründet; grundlos; ~ d'intérêt uninteressant; ohne Interesse; ~ de sens sinnlos; ~ de tout ohne alles; mittellos; *st/s* bar jeder Habe; être ~ de tout fondement *auch* jeglicher Grundlage entbehren

dénuement [denymã] *m* Mittellosigkeit *f*; Ärmlichkeit *f*; Not *f*

dénuer [denye] *v/pr* se ~ de tout pour qn sich für j-n aufopfern; das Letzte für j-n hingeben

dénutrition [denytrisjõ] *f* **1.** *path* mangelhafte Nahrungsverwertung; **2.** Mangelernährung *f*

déodatien [deɔdasjɛ̃] *adj* ~ne) (*u subst* ♀ Einwohner) von Saint-Dié

déodorant [deɔdɔrã] *m* Deodo'rant *n*; körpergeruchtilgendes Mittel

déontologie [deõtɔlɔʒi] *f* Deontolo'gie *f*; (Kodex *m* der) Berufs-, Standespflichten *f/pl*; ~ médicale Deontologie des Arztes

dépailler [depaje] **I** *v/t* den Strohsitz her'ausnehmen, -machen (une chaise aus e-m Stuhl); **II** *v/pr* cette chaise se dépaille der Strohsitz dieses Stuhls geht ka'putt

dépannage [depanaʒ] *m* **1. a)** e-s Fahrzeugs, Gerätes Repara'tur *f*; In'standsetzung *f*; *allg auch* Pannenhilfe *f*; **b)** e-s Autos auch Abschleppen *n* (zur Repara'turwerkstatt); service *m* de ~

Abschleppdienst *m*; **2.** F *fig* Hilfe (-leistung) *f*

dépanner [depane] *v/t* **1. a)** an e-m Fahrzeug, Gerät die Panne beheben (la voiture am Auto); repa'rieren; in'stand setzen; **b)** Auto auch abschleppen; **2.** F *fig* ~ qn j-m aus der Verlegenheit, F aus der Patsche helfen; j-m aus-, weiterhelfen; F j-m unter die Arme greifen

dépann|eur [depanœr] *m* Me'chaniker, Mon'teur (, der Pannen behebt, Reparaturen macht); ~euse *f* Abschleppwagen *m*

dépaqueter [depakte] *v/t* <-tt-> auspacken

déparaffinage [deparafinaʒ] *m pétr* Entparaffi'nierung *f*

dépareill|é [depareje] *adj* **1.** *Eßservice, Sammlung etc* **a)** unvollständig; **b)** nicht mehr 'vollständig, kom'plett; **2.** <*nur pl*> *Servietten, Tassen etc* ~(e)s nicht zu'sammenpassend, zu'sammengehörend; **3.** *Strumpf, Handschuh etc* einzeln; *livre* ~ Einzelband *m*; ~er *v/t* Zusammengehörendes unvollständig machen

déparer [depare] *v/t Gegend, Fassade etc* verunstalten; entstellen; verschandeln; verunzieren; ce tableau ne dépare pas sa collection dieses Gemälde ist e-e Zierde s-r Sammlung, ist ein Gewinn für s-e Sammlung, paßt gut in s-e Sammlung

déparier [deparje] *v/t* **1.** *bei Tieren: ein Paar* auseinander'reißen; (vom Männchen *bzw* Weibchen) trennen; **2.** *ein Paar Strümpfe etc* ausein'anderreißen

déparquement [deparkəmã] *m* Her'ausnehmen *n* (der Austern) aus dem Austernpark

départ [depar] *m* **1.** *von Personen* Abreise *f*; Aufbruch *m*; Abmarsch *m*; e-s Zuges, Schiffes Abfahrt *f*; Abgang *m*; e-s Schiffes auch Auslaufen *n*; e-s Flugzeugs Abflug *m*; der Post Abgang *m*; *ch de fer* ... arrivée ab ... an ...; ~ des grandes lignes Abfahrt der Fernzüge; heure *f* du ~ Abfahrtszeit *f*; préparatifs *m/pl* de ~ Reisevorbereitungen *f/pl*; être sur le ~ im Begriff sein abzureisen; reisefertig sein; **2.** *sports* Start *m*; faux ~ Fehlstart *m*; ligne *f* de ~ Startlinie *f*; donner le ~ das Startzeichen geben (*auch fig*) (à für); prendre le ~ starten; prendre un bon ~ gut starten; e-n guten Start haben (*auch fig*); *fig* prendre un nouveau ~ neu beginnen; **3.** Anfang *m*; Beginn *m*; Ausgang *m*; point *m* de ~ Ausgangspunkt *m*; *fig auch* Ansatzpunkt *m*; *loc/adv:* au ~ am, zu Anfang; zu Beginn; anfangs; anfänglich; dès le ~ von Anfang an; **4.** e-s Beamten etc Abgang *m*; Rücktritt *m*; Ausscheiden *n*; Abtritt *m*; **5.** *prép comm* ab ...; prix *m* ~ usine Preis *m* ab Werk; **6.** faire le ~ entre qc et qc etw klar von etw trennen, scheiden; etw und etw ausein'anderhalten

départager [departaʒe] *v/t* <-geons> die Gleichheit aufheben (qn, qc bei j-m, etw); ~ deux candidats ex æquo zwischen zwei gleichstehenden Kandidaten die Entscheidung her'beiführen; ~ les jurés bei der Abstimmung der Geschworenen den Ausschlag geben; ~ les votes die Stimmengleichheit aufheben

département [departamã] *m* **1.** *Verwaltungsbezirk in Frankreich* Departe'ment *n*; le ~ de la Seine das Departement Seine; **2.** e-r Behörde, e-s Unternehmens Ab'teilung *f*; der Staatsverwaltung Verwaltungszweig *m*; *in den USA* ♀ d'État State Department [stet; di'pɑːtmənt] *m*; Außenministerium *n*; **3.** *par ext* e-s Beamten, Angestellten Res'sort *n*; Ge-

schäfts-, Amtsbereich *m*; *fig* ce n'est pas de mon ~ das fällt nicht in meinen (Aufgaben-, Amts-, Geschäfts)Bereich

départemental [departəmãtal] *adj* <-aux> Departe'ments...; élections ~es Departementswahlen *f/pl*; route ~e *etwa* Landstraße *f* (erster Ordnung); ~isation *f* 'Umwandlung *f* in ein Departe'ment

départir [departir] <*cf* partir> **I** *v/t st/s* Aufgabe, Funktion anvertrauen, über'tragen (à qn j-m); Gunst erweisen (à qn j-m); **II** *v/pr* se ~ de qc etw aufgeben; sans se ~ de son calme ohne s-e Ruhe zu verlieren, aufzugeben; se ~ de son projet von s-m Vorhaben ablassen; sein Vorhaben aufgeben

dépassant [depasã] *m cout* Vorstoß *m*

dépassé [depase] *adj* Theorie, Vorstellung etc über'holt; veraltet

dépassement [depasmã] *m* **1.** *im Straßenverkehr* Über'holen *n*; Über'holvorgang *m*; ~ dangereux, irrégulier gefährliches, regelwidriges Überholen; **2.** *von Krediten*, e-r Frist etc Über'schreitung *f*; **3.** *fig* ~ (de soi-même) Über-sich-'selbst-Hinauswachsen *n*

dépasser [depase] **I** *v/t* **1.** Person, Fahrzeug über'holen (*auch abs*); *sports auch* ~ qn an j-m vor'beiziehen; **2.** über ein(e) Ziel(linie) etc hin'ausgehen bzw -fahren über (+*acc*); Markierung, Stadt etc auch hinter sich lassen; *Kap* um'fahren; **3.** Person, Gebäude etc über'ragen; hin'ausragen über (+*acc*); ~ qn d'une tête j-n um Haupteslänge überragen; **4.** *par ext* Summe, Zeit, bestimmte Menge über'schreiten; über'steigen; über'ziehen; l'entretien ne dépassera pas dix minutes das Gespräch wird nicht länger als zehn Minuten dauern; *comm* l'offre dépasse la demande das Angebot übersteigt die Nachfrage; **5.** *fig* Hoffnungen, Vorhersagen über'treffen; Vorstellungskraft über'steigen; *über Anweisungen* hin'ausgehen über (+*acc*); Befugnisse, Vollmachten über'schreiten; ~ les bornes *cf* borne 3.; cela dépasse mes forces, possibilités das übersteigt meine Kräfte, Möglichkeiten; das geht über meine Kräfte, Möglichkeiten; ~ la mesure das Maß überschreiten; über das Maß hinausgehen; mais, cette fois, elle dépasse la mesure aber diesmal ist das Maß voll!; les mots ont dépassé sa pensée a) er *bzw* sie hat mehr gesagt, als er *bzw* sie wollte; b) die Worte waren heftiger als beabsichtigt; **6.** *fig* Sache ~ qn j-m nicht in den Kopf hin'eingehen; j-m unbegreiflich sein; cela le dépasse a) das über'steigt s-e Fähigkeiten; da ist er über'fordert; b) das geht ihm nicht in den Kopf hinein; er kann es nicht fassen; ♦ être dépassé (par les événements) den Geschehnissen nicht mehr gewachsen sein; der Dinge nicht mehr Herr werden; il est dépassé par les événements *auch* die Dinge wachsen ihm über den Kopf; **II** *v/i* **7.** ~ de qc über etw (*acc*) hin'ausragen; aus etw her'ausragen; ~stehen; Kleid ~ du *od* sous le manteau unter dem Mantel her'vorschauen, F -gucken; **III** *v/pr* **8.** se ~ ein'ander über'holen; anein'ander vor'beigehen *bzw* -fahren; **9.** *fig* se ~ (soi-même) sich selbst hin'auswachsen; sich selbst über'treffen

dépassionner [depasjɔne] *v/t* Debatte, Problem etc entschärfen

dépatouiller [depatuje] *v/pr* F se ~ sich aus der Af'färe ziehen; zu'rechtkommen; F sich selbst aus der Patsche helfen; sich aus dem Schla'massel ziehen

dépav|age [depavaʒ] *m* Aufreißen *n* des

Pflasters; **~er** v/t ~ **une rue** das Pflaster e-r Straße aufreißen

dépaysement [depeizmã] *m* **1.** Fremdsein *n*; Unvertrautsein *n*; Verloren-, Verlassenheit *f*; **2.** *positiv* Orts-, F Ta-'petenwechsel *m*

dépayser [depeize] v/t ein Gefühl der Fremdheit geben (**qn** j-m); *adjt* **se sentir dépaysé** sich fremd, verloren, verlassen vorkommen; sich nicht zu Hause fühlen

dépeçage [depǝsaʒ] *m* der Beute Zerreißen *n*; *e-s Rinds etc* Zerlegen *n*; Ausein'andernehmen *n*

dépècement [depɛsmã] *m* *e-s Landes* Zerstückelung *f*

dépecer [depǝse] v/t <-è-, -ç-> **1.** *Beute* zerreißen; in Stücke reißen; *Rind etc* ausein'andernehmen; zerlegen; **2.** *fig Land* zerstückeln

dépêche [depɛʃ] *f* De'pesche *f*; ~ (**télégraphique**) Tele'gramm *n*; **expédier une ~** ein Telegramm aufgeben

dépêcher [depeʃe] **I** v/t ~ **qn auprès de qn** j-n schnell zu j-m schicken; **II** v/pr **se ~** sich beeilen (**de faire qc** etw zu tun, mit etw); sich sputen; F sich eilen; **dépêche-toi!** beeil, spute dich!; **mach schnell!**; F *ellip* **dépêchons!** schnell!; **rasch!**; **dépêchez-vous de partir avant la pluie!** beeilt euch, sputet euch, damit ihr noch vor dem Regen wegkommt!

dépeigner [depeɲe] v/t ~ **qn** j-s Haare, Fri'sur zerzausen, in Unordnung bringen; *adjt* **dépeigné** zerzaust; mit zerzausten Haaren

dépeindre [depɛ̃dr(ǝ)] v/t <cf peindre> *Person, Situation etc* beschreiben; schildern

dépenaillé [dep(ǝ)naje] *adj Mensch, Kleidung* zerlumpt; *Kleidung auch* zerlöchert; zerfetzt; zerschlissen

dépendance [depãdãs] *f* **1.** *bei Personen* Abhängigkeit *f*; **être sous la ~ de qn** in Abhängigkeit von j-m sein; sich in Abhängigkeit von j-m befinden; **2.** *zwischen Dingen* Abhängigkeit *f*; Zu'sammenhang *m*; enge Verbindung; **3.** *fig* ~**s** Nebengebäude *n/pl*; da'zugehörende Lände'reien *f/pl*; *sg e-s Hotels* Depen-'dance *f*

dépendant [depãdã] *adj Person, Stellung etc* abhängig; **être ~ de qn** von j-m abhängig sein

dépendeur [depãdœr] *m* F **grand ~ d'andouilles** F langer Lulatsch

dépendre [depãdr(ǝ)] <cf rendre> **I** v/t *Bild etc* abhängen; abnehmen; **II** v/i *indir* **1.** *Sache* ~ **de qc, de qn** von etw, von j-m abhängen; ~ **de l'issue des pourparlers** vom Ausgang der Verhandlungen abhängen; **si cela ne dépendait que de moi!** (ja,) wenn das nur von mir abhinge, nur an mir läge!; *abs* **ça dépend** das kommt d(a)rauf an; je nach-'dem; *unpersönlich* **il dépend de lui que ...** (+*subj*) **od** (+*inf*) es hängt von ihm ab, es liegt an ihm, ob ... *od* zu (+*inf*); **2.** *Person* ~ **de qn** von j-m abhängig sein; von j-m abhängen; auf j-n angewiesen sein; *par ext Land* ~ **économiquement d'un autre** wirtschaftlich von e-m anderen abhängig, auf ein anderes angewiesen sein; **3.** *Sache* ~ **de qc** zu etw gehören; *Territorium* ~ **administrativement de la France** verwaltungsmäßig zu Frankreich gehören; **ce jardin dépend du château** dieser Garten gehört zum Schloß

dépens [depã] *m/pl* **1.** *loc/prép* **aux ~ de qn, de qc** auf j-s Kosten, auf Kosten e-r Sache (*gén*); **à mes ~** auf meine Kosten; *fig* **s'amuser aux ~ de qn** sich auf j-s Kosten amüsieren; **je l'ai appris à mes** ~ ich bin durch Schaden klug geworden; ich habe dafür (mein) Lehrgeld bezahlt; **vivre aux ~ d'autrui** auf Kosten anderer leben; **2.** *jur* Gerichtskosten *pl*; **être condamné aux ~** zur Zahlung der Kosten verurteilt werden

dépense [depãs] *f* **1.** Ausgabe *f*; Auslage *f*; Aufwendung *f*; **folle, grosse ~** unvernünftige, große Ausgabe; **faire une grosse ~, de grosses ~s** viel Geld ausgeben; **menues ~s** kleine Ausgaben *f/pl*; ~**s publiques** öffentliche Ausgaben *f/pl*; Staatsausgaben *f/pl*; **une ~ de mille francs** e-e Ausgabe von tausend Franc; ~**s du ménage** Haushaltsausgaben *f/pl*; **(ne pas) regarder à la ~** *cf* regarder 5.; **2.** *fig* Aufwand *m*; ~ **nerveuse** nervliche Belastung; ~ **physique** physische Anstrengung, Belastung; ~ **de forces, de temps** Aufwand an Kraft, Zeit; Kraft-, Zeitaufwand *m*; **3.** *tech* Verbrauch *m*; ~ **d'essence** Ben'zinverbrauch *m*

dépenser [depãse] **I** v/t **1.** *Geld* ausgeben; aufwenden; verausgaben; ~ **beaucoup** viel ausgeben; **ne pas ~ un sou** keinen Pfennig ausgeben; **2.** *fig Zeit, Energie, Kräfte etc* aufwenden; **II** v/pr **se** ~ **3.** sich (physisch) verausgaben; **se ~ trop** sich zu sehr verausgaben; **4.** *fig* sich anstrengen; **se ~ en vains efforts** sich vergeblich abmühen

dépensier [depãsje] **I** *adj* <-ière> verschwenderisch; ausgabenfreudig; **II** *subst* ~, **dépensière** *m,f* Verschwender(in) *m(f)*

déperdition [depɛrdisjõ] *f* Verlust *m*; Schwund *m*; ~ **de chaleur, d'énergie** Wärme-, Ener'gieverlust *m*; ~ **de forces** Kräfteschwund *m*

dépérir [deperir] v/i **1.** *Kranker* da'hinsiechen; *Pflanze* verkümmern; eingehen; **il dépérit** er siecht dahin; mit ihm geht es berg'ab; **2.** *fig Industriezweig, Kultur etc* all'mählich zu'grunde gehen, zu'sammenbrechen; *Kultur auch dem* 'Untergang entgegengehen; *Geschäfte* all-'mählich zum Stillstand, Erliegen kommen; *auch* **qc dépérit** es geht berg'ab mit etw

dépérissement [deperismã] *m* **1.** *e-s Kranken* Da'hinsiechen *n*; *e-r Pflanze* Verkümmern *n*; Eingehen *n*; **2.** *fig* Nieder-, 'Untergang *m*; Verfall *m*

dépersonnalisation [depɛrsonalizasjõ] *f psych* Depersonalisati'on *f*; Entper-'sönlichung *f*

dépersonnaliser [depɛrsonalize] **I** v/t **1.** *Stadt, Gebäude etc* unpersönlich machen; *adjt* **bureau dépersonnalisé** unpersönliches Büro; ~ **qn** j-m die Per-'sönlichkeit nehmen; j-n entper-'sönlichen; **2.** *Macht, Führung* nicht in die Hände e-s einzelnen legen; den Händen e-s einzelnen entziehen; **II** v/pr **se** ~ *Person* s-e Per'sönlichkeit aufgeben, verlieren; *Sache* unpersönlich werden

dépêtrer [depetre] **I** v/t **1.** befreien, her'ausziehen, -holen (**de** aus); **2.** *fig* ~ **qn** j-n befreien, j-m her'aushelfen (**de** aus); **II** v/pr **se** ~ **3.** sich befreien (**de qc** aus etw); **4.** *fig* loskommen (**de qn, qc** von j-m, etw); *aus e-r schwierigen Situation* sich freimachen (**de** aus)

dépeuplement [depœplǝmã] *m* **1.** *e-r Gegend etc* Entvölkerung *f*; **2.** *par ext* Vernichtung *f bzw* Verringerung *f* des Fisch- *bzw* Viehbestandes; *e-s Sees auch* Ausfischen *n bzw* Über'fischen *n*; **3.** *e-s Waldes* Abholzung *f*

dépeupler [depœple] **I** v/t **1.** *Gebiet etc* entvölkern; *région* **dépeuplée** entvölkerte Gegend; **2.** *par ext* den Fisch- *bzw* Viehbestand vernichten *bzw* verringern (+*gén od in* + *dat*); *See auch* ausfischen

bzw über'fischen; **3.** *Wald* abholzen; **II** v/pr **se** ~ sich entvölkern

déphasage [defazaʒ] *m* **1.** *phys* Phasenverschiebung *f*; **2.** *fig* mangelnde Anpassung; Nachhinken *n*; Rückständigkeit *f*

déphasé [defaze] *adj* **1.** *phys* phasenverschoben; **2.** *fig* nicht angepaßt; rückständig; **être ~** im Rückstand sein; nachhinken

déphosphor|ation [defɔsfɔrasjõ] *f métall* Entphosphorung *f*; **~er** v/t *métall* den Phosphor entziehen (+*dat*)

dépiauter [depjote] F v/t **1.** *Hasen, Kaninchen* das Fell abziehen (+*dat*); *Fisch* ab-, enthäuten; die Haut abziehen (+*dat*); **2.** *par ext* **qc** die Hülle von etw abreißen

dépicage *cf* dépiquage

dépilage [depilaʒ] *m Gerberei:* der Tierfelle Enthaaren *n*, -ung *f*

dépilation [depilasjõ] *f* **1.** *méd* Haarschwund *m*; Haarausfall *m* (*auch bei* Tieren); **2.** *cf* épilation

dépilatoire [depilatwar] **I** *adj* Enthaarungs...; **II** *m* Enthaarungsmittel *n*

dépiler [depile] v/t **1.** *sa maladie l'a dépilé* durch die Krankheit sind ihm die Haare ausgefallen, ausgegangen; **2.** *Gerberei: Tierfelle* enthaaren; **3.** *mines* Pfeiler abbauen

dépiquage [depikaʒ] *m agr des Getreides* Aus-, Entkörnen *n*

dépiquer [depike] v/t **1.** *cout Naht* auftrennen; **2.** *Pflanze* auspflanzen; **3.** *agr Getreide* aus-, entkörnen

dépistage [depistaʒ] *m* **1.** *e-r Krankheit* Erkennung *f*; Nachweis *m*; Feststellung *f*; ~ **précoce** Früherkennung *f*; **2.** *von Verbrechern etc* Aufspüren *n*

dépister [depiste] v/t **1.** *Krankheit, Einfluß etc* nachweisen; feststellen; erkennen; her'ausfinden; *unlauteren Methoden auf die Spur kommen* (+*dat*); **2.** *Verbrecher etc* auf die Spur kommen (**qn** j-m); aufspüren; ausfindig machen; *Wild* aufspüren; **3.** *Polizei, Journalisten etc* von der Fährte abbringen; irreleiten

dépit [depi] *m* **1.** Verdruß *m*; Verstimmung *f*; 'Mißmut *m*; Unwille *m*; Enttäuschung *f*; **avoir, éprouver du** ~ verdrossen, verstimmt, 'mißmutig, unwillig, enttäuscht sein; **causer du** ~ **à qn** j-m Verdruß bereiten; j-n verdrießen, verstimmen, verärgern; **concevoir du** ~ **de qc** über etw (*acc*) verärgert sein; **faire qc par** ~ etw aus Trotz, aus verletzter Eitelkeit tun; **2.** *loc/prép* **en** ~ **de** trotz (+*gén, selten* +*dat*); ungeachtet (+*gén*); **en** ~ **de mes conseils** trotz meiner Ratschläge; meinen Ratschlägen zum Trotz; **en** ~ **du bon sens** völlig planlos, unsystematisch; *Reparatur etc* **fait en** ~ **du bon sens** unsorgfältig, ganz liederlich, F schlampig gemacht

dépit|é [depite] *adj* verstimmt; verdrossen; 'mißmutig; enttäuscht; **~er** v/t verstimmen; verdrießen; verärgern

déplacé [deplase] *adj* **1.** *Frage, Vorschlag, Geste etc* unpassend; unangebracht; fehl am Platz; depla'ciert; depla'ziert; *par ext* taktlos; **2.** *pol personne* ~**e** Verschleppte(r) *f(m)*; (Zwangs)'Umsiedler(in) *m(f)*; Vertriebene(r) *f(m)*; Displaced Person [dis'ple:st 'pœ:sn] *f* (*abr* D.P.)

déplacement [deplasmã] *m* **1.** *von Gegenständen* 'Umstellen *n*, -ung *f*; Verrücken *n*; Verschieben *n*, -ung *f*; *von Luft etc* Bewegung *f*; **2.** *e-s Beamten* Versetzung *f*; ~ **d'office** Strafversetzung *f*; **3.** Reise *f*; Fahrt *f*; **frais** *m/pl* **de** ~ Reise-, Fahrtkosten *pl*, -spesen *pl*; **indemnité** *f*, **prime** *f* **de** ~ Reisekostenvergütung *f*; **bât** Auslösung *f*; **être en** ~ auf Reisen sein; *Arbeitnehmer* auswärts *bzw* im Außendienst arbeiten; *sports* auswärts

spielen; **cela vaut le** ~ das ist e-e Reise wert; **4.** *mar e-s Schiffes* Wasserverdrängung *f;* Deplace'ment *n*
déplacer [deplase] <-ç-> **I** *v/t* **1.** *Möbel, Vase etc* 'umstellen; verrücken; verschieben; *Komma* versetzen; *Schüler* 'umsetzen; *Beamten* versetzen; *Betrieb* verlagern; verlegen; **2.** *fig Problem, Schwierigkeit* verlagern; ~ **la question** vom Thema abkommen, abweichen; **3.** *Tagung etc zeitlich* verlegen; **4.** *mar Schiff* ~ **2000 tonnes** 2000 Tonnen verdrängen; e-e Wasserverdrängung von 2000 Tonnen haben; **5.** *Bevölkerungsgruppe* verschleppen; (zwangsweise) 'umsiedeln; vertreiben; **II** *v/pr* **6. se** ~ *Lebewesen, Dinge* sich (fort)bewegen; *Person auch* sich verschieben; *Person auch* (ver-)reisen; **7. il s'est déplacé une vertèbre** bei ihm hat sich ein Wirbel verschoben
déplaire [deplɛr] <*cf* plaire> **I** *v/t/indir* **à qn** j-m miß'fallen, nicht gefallen, nicht zusagen; j-s 'Mißfallen erregen; **il ne me déplaît pas** er mißfällt mir nicht; er ist mir gar nicht so unsympathisch; **II** *v/imp* **il me déplaît de** (+*inf*) es miß'fällt mir zu (+*inf*); *loc* **ne vous en déplaise** ob es Ihnen gefällt, paßt oder nicht; was Sie auch davon halten mögen; **n'en déplaise aux critiques** was die Kritiker auch dazu sagen mögen; **III** *v/pr* **se** ~ sich nicht wohl fühlen; **je me déplais à la campagne** *auch* es gefällt mir nicht auf dem Lande
déplaisant [deplɛzɑ̃] *adj* **1.** *Person* unsympathisch; 'widerwärtig; **2.** *Geräusch etc* unangenehm; störend; *Bemerkung* unfreundlich; verletzend
déplaisir [deplɛzir] *m* 'Mißfallen *n;* **à mon grand** ~ zu meinem großen Mißfallen; **c'est avec** ~ **que j'ai appris ...** mit Mißfallen habe ich vernommen ...
déplant|age [deplɑ̃taʒ] *m od* ~**ation** *f jard* 'Um-, Verpflanzen *n*
déplant|er [deplɑ̃te] *v/t* **1.** *Baum, Pflanze* 'um-, verpflanzen; 'um-, versetzen; **2.** die Bepflanzung entfernen (**qc** von etw); **3.** *Pflock, Zeltstange* aus dem Boden ziehen; her'ausziehen; ~**oir** *m jard* Pflanzenkelle *f*
déplâtrer [deplɑtre] *v/t* **1.** *chir* den Gipsverband, F den Gips abnehmen (**un membre** von e-m Glied); ~ **qn** j-m den Gipsverband, F den Gips abnehmen; **2.** *bât* den Gips entfernen (**un mur** von e-r Wand)
dépliage [deplijaʒ] *m* Ausein'ander-, Entfalten *n*
dépliant [deplijɑ̃] *m* **1.** Faltprospekt *m,* -blatt *n;* **2.** *e-s Sachbuchs* Falttafel *f,* -blatt *n*
déplier [deplije] **I** *v/t Serviette, Landkarte, Zeitung etc* ausein'ander-, entfalten; **II** *v/pr* **se** ~ sich ausein'anderfalten lassen
déplissage [deplisaʒ] *m* Beseitigen *n,* -ung *f* der Falten (**de aus**)
déplisser [deplise] **I** *v/t* die Falten entfernen (**un vêtement** aus e-m Kleidungsstück); **II** *v/pr* **se** ~ die Falten verlieren; wieder glatt werden
déploiement [deplwamɑ̃] *m* **1.** Ausein'ander-, Entfalten *n; der Flügel* Ausbreiten *n;* **2.** *fig von Eifer, Mut, Kraft etc* Entfaltung *f;* Aufbietung *f; von Macht, Luxus etc* Entfaltung *f;* Zur'schaustellung *f;* Demonstrati'on *f;* **3.** *mil* Aufmarsch *m;* Entfaltung *f;* Entwicklung *f*
déplombage [deplɔ̃baʒ] *m* **1.** *aus e-m Zahn* Her'ausnahme *n,* Entfernen *n* der Plombe; **2.** *tech* Lösen *n* der Plombe
déplomber [deplɔ̃be] *v/t* **1.** *méd* die Plombe her'ausnehmen, entfernen (**une dent** aus e-m Zahn); **2.** *tech* die Plombe

lösen (**un compteur** an e-m Zähler)
déplorable [deplɔrabl(ə)] *adj* **1.** beklagens-, bedauernswert; bedauerlich; *incident m* ~ bedauerlicher Zwischenfall; *état m* ~ beklagenswerter, jämmerlicher Zustand; **2.** *par ext* Stil, Geschmack, *Verhalten etc* mise'rabel; erbärmlich
déploration [deplɔrasjɔ̃] *f peint* ♀ du Christ Beweinung *f* Christi
déplorer [deplɔre] *v/t j-s Verlust, Opfer etc* beklagen; *Vorkommnis, j-s Abwesenheit etc* bedauern
déployer [deplwaje] <-oi-> **I** *v/t* **1.** *Zeitung, Landkarte, Segel, Fahne, Taschentuch etc* (ganz) ausein'ander-, entfalten; ausbreiten; *Flügel* ausbreiten, -spannen; *Netz* auslegen, -spannen; *fig* **à gorge déployée** *cf* **gorge** 1.; **2.** *fig* Eifer, *Aktivität, Mut, Kraft, Energie, Beredsamkeit etc* entfalten; entwickeln; aufbieten; *Macht, Reichtum, Luxus etc* entfalten; zur Schau stellen; demon'strieren; **3.** *mil Truppen* aufmarschieren lassen; entfalten; entwickeln; **II** *v/pr* **se** ~ *mil Truppen* aufmarschieren; sich entfalten, entwickeln
déplumé [deplyme] *adj* **1.** F *Mensch* (fast) kahl (*auch Schädel*); kahl-, glatzköpfig; mit stark gelichtetem Haar; **2.** *oiseau* ~ Vogel, der s-e Federn verloren hat
déplumer [deplyme] *v/pr* **se** ~ **1.** F *Person* e-e Glatze, F Platte bekommen; kahl werden; **il se déplume** *auch* sein Haar lichtet sich; **2.** *Vogel* s-e Federn verlieren
dépoétiser [depoetize] *v/t* rea'listisch sehen; entzaubern
dépoitraillé [depwatraje] *adj* Frau sehr tief dekolle'tiert; F sehr offenherzig; *Mann* halbnackt; mit weit offenstehendem Hemd
dépolaris|ant [depolarizɑ̃] *m élect* Depolari'sator *m;* ~**ation** *f élect, opt* Depolarisati'on *f;* ~**er** *v/t élect, opt* depolari-'sieren
dépol|i [depoli] *adj* **verre** ~ Mattglas *n;* ~**ir** *v/t tech* mat'tieren; matt schleifen; ~**issage** *m tech* Mattschleifen *n;* Mat-'tieren *n*
dépolitis|ation [depolitizasjɔ̃] *f* Entpoliti'sierung *f;* ~**er** *v/t* entpoliti'sieren
dépollution [depo(l)lysjɔ̃] *f* Beseitigung *f* der 'Umweltverschmutzung; Reinigung *f;* Entgiftung *f*
dépolyméris|ation [depolimerizasjɔ̃] *f chim* Depolymerisati'on *f*
déponent [deponɑ̃] *adj u subst m gr* (verbe *m*) ~ De'ponens *n*
dépopulation [depopylasjɔ̃] *f (durch Geburtenrückgang bedingte)* Entvölkerung; Bevölkerungsrückgang *m*
déport [depor] *m* **1.** *Börse, fin* De'port *m;* **2.** *jur e-s Schiedsrichters* Rücktritt *m*
déport|ation [deportasjɔ̃] *f* **1.** *pol bes im 2. Weltkrieg* Deportati'on *f;* Verschleppung *f* (in ein Konzentrati'onslager); **2.** *jur als Strafe* Verbannung *f;* ~**é(e)** *m(f)* Depor'tierte(r) *f(m)*
déportement [deportəmɑ̃] *m* **1.** *e-s Autos* Zur-'Seite-Gedrücktwerden *n;* Ausscheren *n; aus der Kurve* Hin'ausgetragenwerden *n;* **2.** *litt* ~**s** *pl* lockerer, loser Lebenswandel *m*
déporter [deporte] **I** *v/t* **1.** *Wind etc: Auto* abdrängen; aus der Fahrtrichtung, zur Seite drücken; hin'austragen (**dans un virage** aus e-r Kurve; **sur, vers la droite** nach rechts); *Wind: Flugzeug, Schiff* abtreiben; **2. a)** *Widerstandskämpfer etc* depor'tieren; (in ein Konzentrati'onslager) verschleppen; **b)** *jur Verurteilten* depor'tieren; verbannen; **II** *v/pr* **se** ~ **3.** *Auto* von der Fahrtrichtung abkommen; abgedrängt werden; aus-

scheren; **4.** *jur Richter* sich für befangen erklären
dépos|ant [depozɑ̃] *m,* ~**ante** *f* **1.** *comm von Wertpapieren* Depo'nent(in) *m(f);* Hinter'leger(in) *m(f); von Geld* Einzahler(in) *m(f);* **2.** *jur* Per'son, die (vor Gericht) e-e Aussage macht; Zeuge *m,* Zeugin *f*
dépose [depoz] *f tech* Ausbau(en) *m(n);* Abmontieren *n*
déposé [depoze] *adj comm, jur* **marque** ~**e, nom** ~ eingetragenes Warenzeichen; Schutzmarke *f;* **modèle** ~ Gebrauchsmuster *n*
déposer [depoze] **I** *v/t* **1.** *Gegenstand, Last* ab-, nieder-, hin-, wegstellen, -legen; *Kranz* niederlegen; *mitfahrende Person* absetzen; ~ **qn à la gare** j-n am Bahnhof absetzen; *par ext* ~ **qc chez qn** etw bei j-m abgeben; ~ **les armes** die Waffen strecken, niederlegen; **défense de** ~ **des ordures!** Schutt-, Müllabladen verboten!; **2.** *Wertpapier etc* depo-'nieren; hinter'legen; in Verwahrung geben; *Geld* einzahlen; *Gepäck* depo-'nieren; abgeben; *Postsendung* einliefern; **3.** *Gesetzesentwurf* einbringen; *Patent* anmelden; *Warenzeichen* eintragen lassen; ~ **son bilan** Konkurs anmelden, beantragen; ~ **une plainte** Strafantrag stellen, (Straf)Anzeige erstatten (**contre qn gegen** j-n); **4.** *tech* ausbauen; abmontieren; **5.** *Herrscher, Bischof etc* absetzen; **6.** *Fluß: Schlamm etc* ablagern; *Wein:* Hefe bilden; **7.** ~ **un baiser sur le front de qn** j-m ein Kuß auf die Stirn drücken; **II** *v/i* **8.** *vor Gericht, bei der Polizei* aussagen; **9.** *Flüssigkeit* e-n (Boden)Satz, Niederschlag bilden; **III** *v/pr* **se** ~ *Staub* sich legen; *Stoff in e-r Flüssigkeit* sich absetzen; *chim auch* sich niederschlagen; *Schlamm etc in e-m Fluß* sich ablagern
dépositaire [depozitɛr] *m* **1.** *von übergebenen Sachen* Verwahrer *m; fin* Deposi-'tar *m;* Deposi'tär *m;* **2.** *par ext* ~ **de l'autorité publique** Inhaber *m,* Träger *m* der öffentlichen Gewalt; Hoheitsträger *m;* **faire de qn le** ~ **d'un secret** j-n zum Mitwisser (e-s Geheimnisses) machen; **3.** *comm* Auslieferer *m;* **seul** ~ Al'leinauslieferer *m*
déposition [depozisjɔ̃] *f* **1.** *jur* Aussage *f;* ~ **des témoins** Zeugenaussage *f;* **2.** *e-s Monarchen etc* Absetzung *f;* **3.** *peint* ♀ **de Croix** Kreuzabnahme *f*
déposséder [deposede] *v/t* <-è-> ~ **qn (de ses biens)** j-n enteignen; ~ **qn de qc** j-m das Besitzrecht an etw (*dat*) entziehen; j-m etw entziehen; j-n e-r Sache (*gén*) berauben
dépossession [deposesjɔ̃] *f* Enteignung *f;* Entzug *m*
dépôt [depo] *m* **1.** *e-s Kranzes* Niederlegung *f; e-s Testaments, e-r Summe etc* Hinter'legung *f; von Postsendungen* Einlieferung *f; von Druckwerken* ~ **légal** Ablieferung *f* der Pflichtexemplare; ~ **de bilan** Kon'kursanmeldung *f,* -antrag *m;* ~ **de brevet** Pa'tentanmeldung *f;* ~ **du budget** Vorlage *f* des Haushaltsplans; ~ **de la demande** Antragstellung *f;* ~ **de marque** Eintragung *f* e-s Warenzeichens, e-r Schutzmarke; ~ **des ordures** Müll-, Schutt-abladen *n;* ~ **de titres** Wertpapierdepot *n,* -verwahrung *f;* **2.** *fin* ~ **(bancaire)** Einlage *f;* Spareinlage *f;* ~**s** *auch* Depo-'siten *pl;* ~ **à terme** Ter'mingeld *n;* ~ **à vue** Sichteinlage *f;* **banque** *f* **de** ~**s** Depositenbank *f;* **3.** De'pot *n;* aufbewahrter *bzw* hinter'legter Gegenstand *m;* **4.** De'pot *n* (*auch mil*); Aufbewahrungsort *m;* Niederlage *f;* Lager *n; für öffentliche Verkehrsmittel auch* Betriebs-

hof *m*; ~ **d'autobus** Omnibusdepot *n*; ~ **de locomotives** Lokomo'tivbetriebswerk *n*, -schuppen *m*, -depot *n*; ~ **de munitions** Muniti'onsdepot *n*, -lager *n*; ~ **d'ordures** Schuttablade-, Müllabladeplatz *m*; Müllkippe *f*; Depo'nie *f*; ~ **de pain** Brotverkauf(sstelle) *m(f)*; *cette épicière tient un ~ de pain* ... verkauft auch Brot; **5.** *jur* Verwahrung *f*; **mandat** *m* **de ~** Haftbefehl *m*; **conduire qn au ~** j-n in Poli'zeigewahrsam nehmen; j-n in die Ar'restzelle bringen; **6.** *in e-r Flüssigkeit* Bodensatz *m*; Rückstand *m*; *im Wein auch* De'pot *n*; Ausscheidung *f*; *chim* Niederschlag *m*; *géol* Ablagerung *f*; *von Kesselstein etc* Ansatz *m*; Ablagerung *f*; *phys atom* ~ **actif** radioaktiver Niederschlag; *métall* ~ **de protection** Schutzschicht *f*; **7.** *st/s* ~ **sacré** heiliges Vermächtnis

dépot|age [depotaʒ] *m od* ~**ement** *m* Aus-, 'Umtopfen *n*; ~**er** *v/t* aus-, 'umtopfen

dépotoir [depotwar] *m* **1.** Schutt-, Müllabladeplatz *m*; Müllkippe *f*; Depo'nie *f*; **2.** *tech* Fä'kalienverwertungsanlage *f*; **3.** F *fig von e-m Raum* (schmutzige) Rumpelkammer; *cette pièce est un vrai ~* F in diesem Zimmer sieht es wie in e-m Schweinestall aus

dépouille [depuj] *f* **1.** *e-s Tieres* abgezogene Haut; abgezogenes Fell; Balg *m*; *bei Reptilien, Insekten* abgestreifte Haut; abgestreifter Panzer; **2.** *st/s* ~ **(mortelle)** sterbliche Hülle; sterbliche 'Überreste *pl*; **3.** ~**s** *pl* Beute *f*; **4.** *tech e-s Schneidewerkzeugs* (**angle** *m* **de**) Freiwinkel *m*; **face** *f* **en** ~ Freifläche *f*

dépouillé [depuje] *adj* **1.** *Stil in der Kunst* streng; schmucklos; nüchtern; *in der Literatur auch* knapp; **2.** ~ **de qc** frei von etw; ohne etw; ...los

dépouillement [depujmɑ̃] *m* **1.** *von Dokumenten, Berichten etc* genaue 'Durchsicht; Prüfung *f*; *von Fragebogen etc* Auswertung *f*; ~ **des votes** Auszählung *f* der Stimmen; **procéder au** ~ **du scrutin** die Auszählung der Stimmen vornehmen; ~ **des Stils** Strenge *f*; Schmucklosigkeit *f*; Knappheit *f*

dépouiller [depuje] **I** *v/t* **1.** *e-m Tier* das Fell abziehen (+*dat*); *e-m Fisch* die Haut abziehen (+*dat*); ab-, enthäuten; *Baum:* ~ **(de ses feuilles)** entblättern; entlauben; ~ **(de son écorce)** entrinden; ~ **qn de qc** j-m etw wegnehmen; j-n e-r Sache (*gén*) berauben; *abs* ~ **qn** j-n be-, ausrauben; **3.** Akten, Dokumente etc (genau) 'durchsehen (*auch Post*); prüfen; *Fragebogen etc* auswerten; *aus e-m Buch* Auszüge machen (**qc** aus etw); ~ **un scrutin** die Stimmen auszählen; **4.** *st/s Kleidung, Scham, Stolz etc* ablegen; **II** *v/pr* **5.** *Baum* **se** ~ **de ses feuilles** s-e Blätter, sein Laub verlieren; **6.** **se** ~ **(de ses biens) en faveur de qn** alles, sein ganzes Hab und Gut für j-n hingeben

dépourvu [depurvy] *adj* **1.** ~ **de qc** ohne etw; ...los; ~ **(d'argent, de ressources)** mittellos; ~ **d'intérêt** uninteressant; **être** ~ **de sens** sinnlos sein; keinen Sinn haben; **2.** *loc/adv* **prendre qn au** ~ j-n (völlig) über'raschen; j-n unvorbereitet treffen, finden; **être pris au** ~ über'rascht werden; unvorbereitet sein

dépoussiér|age [depusjeraʒ] *m* Entstaubung *f*; *tech auch* Staubentfernung *f*, -abscheidung *f*; ~**er** *v/t* <-è-> **1.** abstauben; entstauben (*auch tech*); ~ **le tapis** den Teppich (ab)saugen; *2 fig* wieder auffrischen; ~**eur** *m tech* Entstauber *m*; *bei Gas auch* Abscheider *m*

dépravation [depravasjɔ̃] *f* Verderbtheit *f*; Verderbnis *f*; ~ **des mœurs** Verderbtheit der Sitten; Sittenverderb-

nis *f*, -verfall *m*

dépravé [deprave] **I** *adj* **1.** *Person* verdorben; lasterhaft; *Sitten* verderbt; **2.** *Geschmack* abwegig; **II** *subst* ~**(e)** *m(f)* mo'ralisch verdorbener Mensch

dépraver [deprave] *v/t* **1.** *jungen Menschen* verderben; **2.** *par ext st/s Geschmack* verderben; irreleiten

déprécation [deprekasjɔ̃] *f* inständiges Bitten, *rel* Gebet (*um Schutz, Vergebung*)

déprécia|teur [depresjatœr] *m*, ~**trice** *f* j, der etw verächtlich macht, abwertet, her'absetzt

dépréciatif [depresjatif] *adj* <-ive> ling pejora'tiv; abwertend

dépréciation [depresjasjɔ̃] *f von Grundstücken, Waren etc* Wertminderung *f*; *von Geld* Entwertung *f*

déprécier [depresje] **I** *v/t* **1.** den Wert mindern (+*gén*); *Geld* entwerten; **2.** *fig Hilfe, Werk, Verdienste* abwerten; geringschätzen; her'absetzen, -würdigen; *Verdienste auch* schmälern; ~ **qn** j-n geringschätzen; **II** *v/pr* **3. se** ~ *Geld, Grundstück etc* an Wert verlieren; *Geld auch* entwertet werden; **4. se** ~ **soi--même** sich selbst her'absetzen, -würdigen

déprédateur [depredatœr] *m* **1.** Plünderer *m*; **2.** j, der Gelder veruntreut; *adjt* **ministre** ~ Minister, der Gelder veruntreut

déprédation [depredasjɔ̃] *f* **1.** ~**s** *pl* Plünderungen *f/pl; par ext* Schaden *m*; **2.** *von öffentlichen Geldern etc* Veruntreuung *f*; **3.** *in der Natur* Raubbau *m*

déprendre [deprɑ̃dr(ə)] *v/pr* <*cf* prendre> *litt* **se** ~ **de qn, qc** sich von j-m, etw lösen

dépressif [depresif] *adj* <-ive> *psych* depres'siv

dépression [depresjɔ̃] *f* **1.** *im Gelände* Senkung *f*; Vertiefung *f*; *géogr* Senke *f*; *unter dem Meeresspiegel* Depressi'on *f*; **2.** *météo* ~ **(atmosphérique)** Fallen *n* des Luftdrucks; *par ext* Tief *n*; Depressi'on *f*; ~ **barométrique** Fallen *n* des Baro'meters; **3.** *psych, path* Depressi'on *f*; ~ **nerveuse** ner'vöse Erschöpfung; Depressionen *f/pl*; depres'siver Zustand; ner'vöse Störungen *f/pl*; **4.** *écon* Depressi'on *f*; Niedergangsphase *f* (*in der Konjunk'tur*); Rezessi'on *f*; Flaute *f*; Konjunk'turtief *n*; **5.** *tech* 'Unterdruck *m*

dépressionnaire [depresjɔnɛr] *adj* météo Tiefdruck...

dépressurisation [depresyrizasjɔ̃] *f aviat, Raumfahrt* (Luft)Druckabfall *m*

déprimant [deprimɑ̃] *adj* depri'mierend; bedrückend

déprimer [deprime] *v/t* psychisch depri'mieren; bedrückt, niedergeschlagen machen; *physisch* schwächen; *adjt* **déprimé** depri'miert; bedrückt; *physisch* geschwächt

dépuceler [depysle] P *v/t* <-ll-> entjungfern

depuis [d(ə)pɥi] **I** *prép* **1.** *zeitlich* seit (+*dat*); *von* (+*dat*) *an*; ~ **le quinze mai** seit dem fünfzehnten Mai; ~ **un mois** seit einem Monat; ~ **ce moment-là** von da an; von diesem Augenblick an; ~ **sa mort** seit s-m Tode; ~ **vendredi** seit Freitag; ~ **lors** seit'dem; seit'her; seit der Zeit; von da an; ~ **peu** seit kurzem; ~ **quand?** seit wann?; ~ **toujours** schon immer; seit jeher; **2.** *räumlich* **a)** von ... ab; il a plu ~ Paris von Paris ab hat es geregnet; **b)** von ... aus; ~ **ma chambre**, *je peux tout entendre* von meinem Zimmer aus ...; **nous transmettons** ~ **la salle** *Pleyel* wir über'tragen aus dem ...; **3.** ~ ... **jusqu'à**, **en** ... von ... bis (zu) ...; ~

l'Atlantique jusqu'à la Méditerranée vom Atlantik bis zum Mittelmeer; ~ **le début jusqu'à la fin** von Anfang bis Ende; vom Anfang bis zum Ende; ~ **le haut jusqu'en bas** von oben bis unten; ~ **le matin jusqu'au soir** vom Morgen bis zum Abend; ~ **le premier jusqu'au dernier** vom ersten bis zum letzten; **II** *adv* seit'dem; seit'her; **il n'est pas rentré** ~ er ist seitdem, seither nicht (mehr) heimgekommen; **III** *loc/conj* ~ **que** seit (-'dem); ~ **qu'il est parti,** ... seit(dem) er abgereist ist, ...; ♦ ~ **le jour où** ... seit dem Tage, da *od* an dem ...; ♦ ~ **le temps** *qu'il a commencé ses études!* es ist ewig lang her, daß ...; ~ **le temps que je le connais** (, je devine sa réaction) ich kenne ihn schon seit langem (und errate s-e Reaktion)

dépur|atif [depyratif] *phm* **I** *adj* <-ive> blutreinigend; entschlackend; **II** *m* blutreinigendes, entschlackendes Mittel; ~**ation** *f des Blutes* Reinigung *f*

dépurer [depyre] *v/t Blut* reinigen; *Flüssigkeit, Metall* läutern

députation [depytasjɔ̃] *f* **1.** *von Bevollmächtigten etc* Entsendung *f*; **2.** *coll* Abordnung *f*; Deputati'on *f*; **3.** *pol* Abgeordnetenamt *n*, -würde *f*; **candidat** *m* **à la** ~ Abgeordnetenkandidat *m*

député [depyte] *m pol* Abgeordnete(r) *m*; **une femme** ~ e-e Abgeordnete; **chambre** *f* **des** ~**s** Abgeordnetenkammer *f*, -haus *n*; ~**-maire** *m* <*pl* députés--maires> Abgeordnete(r) und Bürgermeister *m*

députer [depyte] *v/t* (als Abgeordneten) entsenden; abordnen; depu'tieren

der [dɛr] P (*dernier*) **1.** la ~ **des** ~**s** der Erste Weltkrieg; **le, la** ~ **des** ~**s** der, die, das allerletzte

déraciné [derasine] **I** *adj Person* entwurzelt; **II** *subst* ~**(e)** *m(f)* Entwurzelte(r) *f(m)*

déracinement [derasinmɑ̃] *m* **1.** *e-s Baumes* Entwurzelung *f*; (Her')Ausreißen *n* (mit der Wurzel); **2.** *fig von Vorurteilen, Lastern etc* Ausrottung *f*; **3.** *e-r Person* Entwurzeltsein *n*

déraciner [derasine] *v/t* **1.** *Bäume* entwurzeln; mit der Wurzel (her')ausreißen; **2.** *fig Vorurteil, Laster etc* (mit der Wurzel) ausrotten; mit Stumpf und Stiel ausrotten; **3.** *Person* entwurzeln

dérader [derade] *v/i mar bei Sturm* von der Reede ablegen, die Reede verlassen (müssen)

déraillement [derɑjmɑ̃] *m ch de fer* Entgleisung *f*

dérailler [deraje] *v/i* **1.** *ch de fer* entgleisen; aus den Gleisen springen; **faire** ~ zum Entgleisen bringen; **2.** F *fig* **a)** *Person* Unsinn reden; F (dummes Zeug) faseln; spinnen; Blech reden; dumm da'herreden; **b)** *Mechanismus, Meßgerät* F spinnen; verrückt spielen

dérailleur [derajœr] *m e-s Fahrrades* Gangschaltung *f*; **à trois, quatre vitesses** Dreigang-, Viergangschaltung *f*

déraison [derɛzɔ̃] *st/s f* Unvernunft *f*; Unverstand *m*

déraisonn|able [derɛzɔnabl(ə)] *adj* Verhalten, Vorschlag etc unvernünftig; unsinnig; ~**er** *v/i* Unsinn reden; unvernünftig da'herreden; F (dummes Zeug) faseln

dérangement [derɑ̃ʒmɑ̃] *m* **1.** Unordnung *f*; **causer du** ~ **dans qc** etw in Unordnung bringen, durchein'anderbringen; **trouver du** ~ **dans qc** etw in Unordnung vorfinden; **2.** *tél* Störung *f*; **être en** ~ gestört, nicht in Ordnung sein; **3.** *path* ~ **intestinal** 'Durchfall *m*; **4.** *e-r Person* Störung *f*; **causer du** ~ **à qn** j-n

stören; *par ext* j-m Ungelegenheiten, 'Umstände machen; **5.** Weg (, *den man zu machen hat*); **épargner un ⁓ à qn** j-m e-n Weg ersparen; **occasionner de nombreux ⁓s** zahlreiche Laufe'reien verursachen; **ce film vaut le ⁓** für diesen Film nimmt man e-n langen *od* 'umständlichen Weg gern in Kauf

déranger [derãʒe] ‹-geons› **I** *v/t* **1.** *Bücher, Papiere etc* in Unordnung bringen; durchein'anderbringen; **2.** *par ext Programm, Pläne etc* durchein'anderbringen; 'umwerfen; **ce repas lui a dérangé l'estomac** an, mit diesem Essen hat er sich den Magen verdorben, F verkorkst; **avoir l'esprit, le cerveau dérangé** *od* F **être dérangé** nicht ganz richtig im Kopf, geistesgestört sein; F plem'plem, geistig 'unterbelichtet sein; *cf auch* cinglé; être dérangé *od* F das Wetter spielt verrückt; **3.** F **être dérangé** 'Durchfall, F 'Durchmarsch haben; **4. ⁓ qn** j-n stören; **cela ne me dérange pas** das stört mich nicht; **je vous dérange?** störe ich (Sie)?; komme ich ungelegen?; **excusez-moi de vous ⁓** entschuldigen Sie die Störung; **je ne voudrais pas vous ⁓** ich möchte (Sie) nicht stören; **II** *v/pr* **se ⁓** s-n Platz verlassen; sich persönlich bemühen; **ne vous dérangez pas !** bemühen Sie sich nicht (**pour moi** meinetwegen, um meinetwillen)!; lassen Sie sich nicht stören!; *il lui suffit d'étendre le bras pour téléphoner, sans se ⁓* ... ohne aufstehen zu müssen; **je ne me suis pas dérangé pour de l'argent** diesen Weg habe ich nicht des Geldes wegen gemacht; **les parents se sont dérangés** *pour aller voir leurs enfants* die Eltern haben die(se) Reise auf sich genommen, ...

dérapage [derapaʒ] *m* **1.** *von Autos* Schleudern *n*; Rutschen *n*; Ausbrechen *n*; **faire un ⁓ sur une route mouillée** auf e-r nassen Straße ins Schleudern kommen, geraten; **2.** *aviat in e-r Kurve* seitliches Abrutschen, F Abschmieren nach außen; **3.** *mar des Ankers* (Aus-dem-'Grund-)Brechen *n*; **4.** *Skisport* Seitrutschen *n*; **5.** *fig* Außer-Kon'trolle-Geraten *n*; Abgleiten *n*

déraper [derape] *v/i* **1.** *Auto, Fahrrad* schleudern; rutschen; *Auto auch* ausbrechen; **2.** *aviat in e-r Kurve* nach außen seitlich abrutschen, F abschmieren; **3.** *mar Anker* (aus)brechen; **4.** *fig* außer Kon'trolle geraten; ins Rutschen kommen; abgleiten

déraser [deraze] *v/t tech Mauer, Damm* niedriger machen

dératé [derate] *m nur loc* **courir comme un ⁓** laufen *od* rennen wie der Wind, wie ein Wiesel; laufen *od* rennen, was die Beine hergeben

dérati|sation [deratizasjõ] *f* Rattenvertilgung *f*, -vernichtung *f* (**d'un quartier** in e-m Stadtviertel); **⁓er** *v/t* die Ratten vernichten, vertilgen (**un immeuble** in e-m Gebäude; **un navire** auf e-m Schiff)

déray|er [dereje] *v/t* ‹-ay- *od* -ai-› *agr* die Grenzfurche ziehen; **⁓ure** *f agr* Grenzfurche *f*

derby [dɛrbi] *m* **1.** *Reitsport* Derby (-Rennen) *n*; **2.** *Fußball* Derby *n*

derechef [dərəʃɛf] *litt adv* nochmals; abermals; 'wiederum

déréglé [deregle] *adj Maschine* gestört; unregelmäßig laufend, funktio'nierend; *Waage* falsch anzeigend; *Uhr* falsch, unregelmäßig gehend; *Appetit* unregelmäßig; gestört; **j'ai l'estomac ⁓** mein Magen ist nicht in Ordnung; **le temps est ⁓** das Wetter ist unbeständig; *par ext* **mener une vie ⁓** ein unstetes, unregelmäßiges, *p/fort* ausschweifendes Leben

führen

dérèglement [dereglǝmã] *m* **1.** *von Maschinen, Mechanismen* unregelmäßiges Funktio'nieren; unregelmäßiger Lauf; **2.** *litt* **⁓ de conduite** lockerer, ausschweifender Lebenswandel

dérégler [deregle] ‹-è-› **I** *v/t Mechanismus* in Unordnung bringen; stören; **une machine** den regelmäßigen Lauf e-r Maschine stören; *par ext* **l'orage a déréglé le temps** nach dem Gewitter ist das Wetter schlecht geworden, 'umgeschlagen; **II** *v/pr* **se ⁓** *Maschine, Uhr* unregelmäßig laufen; *Maschine auch* schlecht funktio'nieren; *Uhr auch* falsch gehen; *Maschine, Uhr* **se ⁓ facilement** empfindlich sein; **mon estomac se dérègle facilement** ich habe e-n empfindlichen, anfälligen Magen

déréliction [dereliksjõ] *f litt e-s Menschen* Verlassenheit *f*

dérider [deride] **I** *v/t* **⁓ qn** j-n aufheitern, heiter stimmen; **II** *v/pr* **se ⁓** heiter werden

dérision [derizjõ] *f* **1.** Spott *m*; Verspottung *f*; *p/fort* Hohn *m*; Verhöhnung *f*; **par ⁓** aus Spott; spöttisch; **tourner qc en ⁓** etw verspotten; über etw (*acc*) spotten; etw lächerlich machen; **2. c'est une ⁓!** das ist ja lachhaft!; das ist der reine Hohn!; das ist (ja) zum Lachen!

dérisoire [derizwar] *adj* lächerlich; **prix** *m* **⁓** Spottpreis *m*; **à un prix ⁓** spottbillig; zu e-m Spottpreis; für ein Spottgeld; **résultats** *m/pl*, **arguments** *m/pl* **⁓s** lächerliche Ergebnisse *n/pl*, Argumente *n/pl*

dérivatif [derivatif] **I** *adj* ‹-ive› *ling* Ableitungs...; **II** *m* Ablenkung *f*; **être un ⁓ à la douleur** e-e Ablenkung vom Schmerz sein, bilden

dérivation [derivasjõ] *f* **1.** *e-s Wasserlaufs* Ableitung *f*; (**canal** *m* **de**) Seitenkanal *m*; **2.** *ling e-s Wortes* Ableitung *f*; Derivati'on *f*; **3.** *math e-r Funktion* Ableitung *f*; **4.** *élect* Abzweigung *f*; Nebenschluß *m*; Zweigleitung *f*; **en ⁓** Nebenschluß...; nebeneinander-, paral'lelgeschaltet; **5.** *mar, aviat* Abtreiben *n*; **6.** *e-s Geschosses* Derivati'on *f*

dérive [deriv] *f* **1.** *mar, aviat* Abtrift *f*; (Ab)Drift *f*; **en ⁓** treibend; aller à la ⁓ a) *Schiff* treiben; driften; b) *fig Person* sich treiben lassen; *Plan* zerplatzen; zu'nichte werden; **cette entreprise va à la ⁓ mit diesem Unter'nehmen geht es berg'ab**; **2.** *mar e-s Segelboots* Schwert *n*; *aviat* Seitenflosse *f*; **3. des continents** Kontinen'talverschiebung *f*; **4.** *Ballistik* Vi'siereinstellung *f* zum Ausgleich der Derivati'on

dérivé [derive] **I** *adj* **1.** *ling* abgeleitet; deriva'tiv; **2.** *chim* **produit, corps ⁓** Deri'vat *n*; **II** *subst* **1.** *m ling* Deriva'tiv *n*; Deri'vat *n*; abgeleitetes Wort; Ableitung *f*; **2.** *m chim* Deri'vat *n*; **3. ⁓e** *f math* Ableitung *f*; Differenti'alquotient *m*

dériver [derive] **I** *v/t* **1.** *Wasserlauf* ableiten; **2.** *math Funktion* ableiten; **3.** *tech* entnieten; **II** *v/t/indir* **4. ⁓ de** *Wort etc* stammen, kommen aus; zu'rückgehen auf (+*acc*); **III** *v/i* **5.** *mar, aviat* abtreiben; abgetrieben werden; **6.** *fig* (vom Thema) abschweifen

dériveter [derivte] *v/t* ‹-tt-› *tech* entnieten

dériveur [derivœr] *m mar* Schwertboot *n*

dérivomètre [derivɔmɛtr(ǝ)] *m aviat* Abdrift-, Abtriftmessr *m*

dermatite [dɛrmatit] *f path* Derma'titis *f*; Hautentzündung *f*

dermato|logie [dɛrmatɔlɔʒi] *f* Dermatolo'gie *f*; **⁓logiste** *od* **⁓logue** *m,f* Hautarzt, -ärztin *m,f*; *sc* Dermato'loge, -'login *m,f*

dermatose [dɛrmatoz] *f path* Derma'tose *f*; Hautkrankheit *f*

derme [dɛrm] *m anat* Lederhaut *f*

dermeste [dɛrmɛst] *m zo* Speckkäfer *m*

derm|ique [dɛrmik] *adj anat* Lederhaut...; **⁓ite** *f cf* dermatite

dermograph|ie [dɛrmɔgrafi] *f od* **⁓isme** *m méd* Dermogra'phie *f*; Dermogra'phismus *m*; Hautschrift *f*

dernier [dɛrnje] **I** *adj* ‹-ière› **1.** *in der Reihenfolge* letzte(r, -s); **dernière édition** letzte Ausgabe; **⁓ étage** oberste Etage; *rel* **Jugement ⁓** Jüngstes, Letztes Gericht; **le ⁓ jour du mois** der letzte Tag des Monats; **le ⁓ mois de l'année** der letzte Monat des Jahres; **⁓ train** letzter Zug; **les dernières volontés** der Letzte Wille; *loc/adv*: **en ⁓ (lieu)** an letzter Stelle; zu'letzt; schließlich; **pour la dernière fois** zum letzten Mal *od* letztenmal; **2.** äußerste(r, -s); höchste(r, -s); letzte(r, -s); *loc/adv*: **au ⁓ degré** im äußersten, höchsten Maße, Grade; äußerst; **avec la dernière énergie** mit äußerster, letzter Ener'gie; **être du ⁓ bien avec qn** sich bestens verstehen mit j-m; **être de la dernière importance** von höchster, äußerster Bedeutung sein; **être du ⁓ ridicule** äußerst lächerlich sein; **3.** *in der Rangfolge:* **Problem etc de ⁓ ordre** völlig, ganz unbedeutend, unwichtig; *Ware* **être de dernière qualité, de ⁓ choix** von äußerst schlechter Quali'tät sein; qualitativ sehr schlecht sein; minderwertig sein; **4.** letzte(r, -s); jüngste(r, -s); vorige(r, -s); **l'an ⁓, l'année dernière** a) das letzte, vorige, vergangene Jahr; b) *loc/adv* letztes, voriges, vergangenen Jahr; im letzten, vorigen, vergangenen Jahr; **le ⁓ cri** der letzte Schrei; der Dernier cri; **⁓s événements** jüngste, letzte Ereignisse *n/pl*; **dernière mode** letzte, neueste Mode; *loc/adv*: **à la dernière guerre** im letzten Krieg (*bes im 2. Weltkrieg*); **aux dernières nouvelles** nach den neuesten, letzten Meldungen; den neuesten, letzten Nachrichten zufolge; **information** *f* **de dernière minute** letzte, allerneueste Meldung; *ellip* **connaissez-vous la dernière?** wissen Sie schon das Neueste?; **II** *subst* **1. le ⁓, la dernière** der, die, das Letzte (*der Reihe nach*) *bzw* der, die, das Letzte (*der Leistung od dem Rang nach*); **petit ⁓** *in e-r Familie* Nesthäkchen *n*, -küken *n*; **le ⁓ des imbéciles** der größte Dummkopf; **le ⁓ du mois** der Monatsletzte *bzw* am Monatsletzten; *comm auch* Ultimo *m*; *adv* (per) ultimo; **être le ⁓ de sa classe** Klassenletzter sein; **Jean est son ⁓** Jean ist sein letzter; **être classé ⁓ a la composition** die schlechteste (Klassen-)Arbeit geschrieben haben; F **c'est le ⁓ des ⁓s** er ist der gemeinste Schuft, Schurke; **marcher le ⁓** als letzter gehen; F **traiter qn comme le ⁓ des ⁓s** F j-n wie den letzten Dreck behandeln; ◆ **c'est le ⁓ sur qui on puisse compter** er ist der letzte, auf den man sich verlassen kann; **c'est le ⁓ à pouvoir se plaindre** er ist der letzte, der sich beklagen kann; **ce serait le ⁓ à faire cela** er wäre der letzte, der das tun würde; **2. ce ⁓, cette dernière** letzterer, letztere; **oui, répondit ce ⁓** ja, antwortete letzterer

dernièrement [dɛrnjɛrmã] *adv* kürzlich; vor kurzem; letzthin; neulich; un'längst

dernier-né [dɛrnjene] *m* ‹*pl* derniers-nés›, **dernière-née** [dɛrnjɛrne] *f* ‹*pl* dernières-nées› **1.** Letztgeborene(r, -s) *f(m, n)*; **2.** *fig* **dernier-né des avions** letztes, neuestes Flugzeugmodell; letzter, neuester Flugzeugtyp

dérobade [derɔbad] *f* **1.** *e-s Pferdes*

Ausbrechen n; **2.** fig Ausweichen n; Sich-
Entziehen n
dérobé [derobe] adj **1.** versteckt; verbor-
gen; Geheim...; **porte** ~e versteckte Tür;
Geheim-, auch Ta'petentür f; ♦ loc/adv à
la ~e heimlich; versteckt; verstohlen;
regarder qn à la ~e verstohlene Blicke
auf j-n werfen; j-n verstohlen ansehen,
mustern; **2.** agr culture ~e Zwischen-
fruchtbau m
dérober [derobe] **I** v/t **1.** st/s entwenden,
stehlen (**qc à qn** j-m etw); **2.** fig (weg-)
nehmen; entziehen; Geheimnis entlok-
ken; Kuß stehlen; rauben; ~ **le specta-
cle de** qc den Blick, die Sicht auf etw
nehmen; ~ **qc aux regards, à la vue** etw
den Blicken entziehen; etw verbergen; **3.**
st/s nehmen; entziehen; **II** v/pr **4. a)** se ~
à qc sich e-r Sache (dat)
entziehen; **se** ~ **aux regards, à la vue
de** qn j-s Blicken entziehen; **par ext**
se ~ **à son devoir** sich s-r Pflicht
entziehen; **se** ~ **à une question** sich der
Beantwortung e-r Frage (dat); die
Beantwortung e-r Frage um'gehen; **b)**
abs **se** ~ e-r Antwort ausweichen; e-r
Aufgabe sich entziehen; **5.** Boden etc **se** ~
sous nachgeben, p/fort zu'sammen-
brechen unter (+dat); **mes jambes se
dérobent sous moi** die Beine versagen
mir den Dienst, lassen mich im Stich; **6.**
Pferd **se** ~ ausbrechen
déroch|age [derɔʃaʒ] m métall Beizen n;
Brennen n; ~**ement** m tech Entfernen n
von Felsblöcken (**de** aus)
dérocher [derɔʃe] **I** v/t **1.** métall beizen;
brennen; **2.** tech (die) Felsblöcke entfer-
nen, beseitigen (**qc** aus etw); **II** v/i im
Gebirge abstürzen
déroder [derɔde] v/t absterbende Bäume
ausroden
dérogation [derɔgasjɔ̃] f **1.** jur von
Gesetzen, Verträgen etc Abweichung f (**à**
von); **par** ~ in Abweichung von;
abweichend von; **2.** positiv Ausnahme f;
permettre quelques ~s einige Aus-
nahmen zulassen
dérogatoire [derɔgatwar] adj jur Ab-
weichungs...; abweichend; **acte** m ~
Abweichung f
déroger [derɔʒe] <-geons> **I** v/t/indir **1.**
abweichen (**à** von); zu'widerhandeln
(+dat); **2.** positiv e-e Ausnahme bilden,
sein (**à** zu); **3.** st/s ~ **à son rang, à sa
naissance** s-m Stand, s-r Herkunft
zu'widerhandeln; **II** st/s v/i sich ernie-
drigen
dérouillage [derujaʒ] m tech Ent-
rosten n
dérouill|ée [deruje] F f (Tracht f) Prügel
m/pl; F Dresche f; Senge pl; Keile f;
~**ement** m Entrosten n
dérouiller [deruje] **I** v/t **1.** entrosten; **2.**
fig Beine etc wieder gelenkig, beweglich
machen; **3.** F ~ qn F j-n verdreschen,
versohlen, verbimsen, vertrimmen; ver-
wichsen; **II** v/i verdroschen, versohlt
etc werden; e-e Abreibung bekommen
(auch fig); **II** v/pr **se** ~ **les jambes** sich
die Beine vertreten
déroulage [derulaʒ] m tech Herstellung f
von Schälfurnieren
déroulement [derulmã] m **1.** von Aufge-
rolltem Abrollen n; e-r Papierrolle, e-s
Teppichs auch Auf-, Entrollen n; von
Garn, Wolle etc auch Abwickeln n; **2.** fig
e-s Geschehens Ver-, Ablauf m; ~ **d'une
maladie** Krankheitsverlauf m; ~ **du
travail** Arbeitsablauf m
dérouler [derule] **I** v/t **1.** Aufgerolltes
abrollen; Teppich, Papierrolle auch auf-,
entrollen; Garn, Wolle etc auch abwik-
keln; **2.** Geschehen, Erinnerungen etc
ablaufen, abrollen, an sich vor'beizie-
hen lassen; **II** v/pr **se** ~ **3.** Garn, Band etc sich

abwickeln; sich aufrollen; **4.** fig Ereig-
nisse, Leben, Feier, Krankheit etc ver-
laufen; Drama sich abspielen; Ereignis
etc **se** ~ **devant** qn vor j-m ablaufen,
abrollen; **voir se** ~ qc etw an sich
vor'beiziehen, vor sich ablaufen sehen;
5. st/s Fluß, Gebirge sich hinziehen
dérouleuse [deruløz] f tech Fur'nier-
schälmaschine f
déroutant [derutã] adj verwirrend
déroute [derut] f **1.** mil wilde Flucht;
mettre en ~ in die Flucht schlagen; **2.**
fig e-r Firma (völliger) Zu'sammen-
bruch; Ru'in m; e-s Menschen Ru'in m;
e-r Partei Desorganisati'on f; innere
Auflösung
dérouté [derute] adj verwirrt; verunsi-
chert; **être** ~ auch außer Fassung, F ganz
durchein'ander sein
déroutement [derutmã] m mar, aviat
Kursänderung f
dérouter [derute] v/t **1.** ~ qn j-n verwir-
ren, verunsichern, durchein'ander-
bringen; **2.** den Kurs ändern (**un navire**
e-s Schiffes); 'umleiten
derrick [derik] m tech Bohrturm m
derrière [dɛrjɛr] **I** prép **1.** örtlich u
Reihenfolge hinter (+dat auf die Frage
wo?; +acc auf die Frage wohin?); **aller** ~
la maison hinter das Haus gehen; **être**
~ **la maison** hinter dem Haus sein;
marcher l'un ~ **l'autre** hinterein-
'andergehen; ♦ loc/prép **de** ~ hinter
(+dat) her'vor; **il vient de** ~ **la maison**
er kommt hinter dem Haus hervor; par
ext **idée** f **de** ~ **la tête** 'Hintergedanke
m; **2.** fig hinter (+dat); ~ **les apparen-
ces** hinter dem äußeren Schein; ~ **sa
cordialité on devine** ... hinter s-r Herz-
lichkeit ...; **il a** qn ~ **lui** er hat j-n hinter
sich; j steht hinter ihm; j deckt ihn; **avoir
une idée** ~ **la tête** e-n 'Hintergedanken
haben; **il faut toujours être** ~ **lui** man
muß immer hinter ihm her sein; man
muß immer auf ihn aufpassen; **laisser**
qn **loin** ~ **soi** j-n weit hinter sich
(zu'rück)lassen; viel vor j-m vor-
'aushaben; **II** adv hinten; mit Verben der
Bewegung hinter'her...; **loin** ~ weit hin-
ten; **être** ~ hinten sein; **regarder** ~ nach
hinten schauen; **rester** ~ hinten bleiben;
venir, nager, courir ~ hinterherkom-
men, -schwimmen, -laufen; ♦ zu e-m
Hund ~! (bei) Fuß!; **III** m **1.** e-s Gebäudes
'Hinterfront f; Rückseite f; **être logé
sur le** ~ **de la maison** nach hinten
hinaus wohnen; **2.** bei Menschen u Tieren
'Hinterteil n; bei Menschen auch F Hin-
tern m; **s'asseoir sur le** ~ sich auf sein
Hinterteil setzen; **botter le** ~ à qn j-n in
den Hintern treten; F fig **il y a de quoi
se taper le** ~ **par terre** F das ist zum
Piepen, Schießen, Kugeln!; **3.** loc/adi ...
de ~ 'Hinter...; hintere(r, -s); **patte** f **de**
~ Hinterpfote f; **poche** f **de** ~ Gesäßta-
sche f; hintere Hosentasche; **porte** f **de**
~ Hintertür f; auch Hoftür f; Hinter-
eingang m
derviche [dɛrviʃ] m rel Derwisch m
des [de] **I** art défini <zusammengezogen
aus „de les"> der (gén pl); **la mère** ~
enfants die Mutter der Kinder; **parler**
~ **détails** über die Einzelheiten reden; **II**
art indéfini **1.** unübersetzt ~ **amis** Freun-
de m/pl; ~ **livres** Bücher n/pl; ~ **pluies**
Regenfälle m/pl; ~ **F comme ça**, ~ **qui**
solche; **pour** ~ **enfants** für Kinder; **il y**
en a ~ **grands et** ~ **petits** es gibt davon
große und kleine; **il mange** ~ **pommes**
er ißt Äpfel; **2.** zeitlich ~ **mois entiers**
monatelang; **il reste** ~ **semaines sans
écrire** er schreibt wochenlang nicht; **3.**
vor Eigennamen ~ **Napoléon** ein Na-
'poleon; j wie Napoleon; **4.** F vor Zahlen
se coucher à ~ **deux heures du matin**

nicht vor zwei in der Frühe schlafen
gehen; **il soulève** ~ **cinquante kilos
comme un rien** F er hebt dir glatte od
s-e fünfzig Kilo wie nichts
dès [de] **I** prép **1.** zeitlich schon, gleich in
bzw an (+dat); schon von ... an; schon
seit; ~ **l'aube** schon in der Morgendäm-
merung; gleich mit Tagesanbruch; ~ **son
enfance** von Kindheit an; von klein auf;
~ **cette époque** schon von dieser Zeit
an; schon seit dieser Zeit; ~ **ce moment**
schon, gleich von diesem Augenblick
an; schon seit diesem Augenblick; ~
mon retour gleich bei meiner Rück-
kehr; ♦ ~ **aujourd'hui** schon, gleich
heute; schon von heute an; ~ **lors** cf lors
1.; ~ **maintenant, à présent** schon,
gleich jetzt; schon von jetzt an; je vous
recommande d'aller le voir ~ **mainte-
nant** ... schon jetzt; ♦ loc/prép ~ **avant**
schon vor (+dat); loc/conj ~ **avant de**
(+inf) schon ehe, be'vor; **2.** örtlich schon
in, an, auf (+dat); ~ **l'entrée** schon am
Eingang; ~ **le seuil** schon auf der
Schwelle; ~ **Strasbourg** schon in Straß-
burg; **3.** fig (schon) ab; ~ **le deuxième
échelon** (schon) ab der zweiten (Ge-
halts- etc)Stufe; **II** conj ~ **que** so'bald,
so'wie; ~ **qu'il sera arrivé** ... sobald,
sowie er angekommen ist, ...; ♦ ~ **lors
que** cf lors 3.
des... od **dés...** in Zssgn cf dé...
désabonn|ement [dezabɔnmã] m Ab-
bestellung f, Auflösung f des Abonne-
'ments; ~**er I** v/t ~ qn j-s Abonne'ment
abbestellen, lösen; **II** v/pr **se** ~ sein
Abonne'ment abbestellen, lösen
désabus|é [dezabyze] adj desillusio-
'niert; enttäuscht; ernüchtert; ~**er** v/t ~
qn j-n ernüchtern; ... die Augen öffnen
désacclimater [dezaklimate] **I** v/t **1.**
Pflanze, Tier aus dem gewohnten Kli-
mabereich nehmen; **2.** fig ~ qn j-n aus s-r
gewohnten Um'gebung reißen; **II** v/pr
se ~ s-e gewohnte Um'gebung verlieren
bzw verlassen
désaccord [dezakɔr] m **1.** zwischen
Personen Meinungsverschiedenheit f;
Zerwürfnis n; 'Mißklang m; Uneinigkeit
f; Unstimmigkeit f; 'Mißhelligkeit f; lé-
ger, sérieux, grave ~ leichte, ernste,
schwerwiegende Meinungsverschieden-
heit; **il y a (un)** ~ **entre** ... es besteht
Uneinigkeit, Unstimmigkeit, ein Miß-
klang, e-e Mißhelligkeit zwischen ...;
être en ~ **avec** qn mit j-m nicht einig,
uneinig, uneins sein (**sur** + dat od über
+'acc); mit j-m nicht e-r Meinung sein
(über +acc); mit j-m nicht über'ein-
stimmen (in +dat); **être en** ~ **avec son
temps** nicht in s-e Zeit passen; **2.**
zwischen Sachen 'Mißverhältnis n; Dis-
kre'panz f; Unstimmigkeit f
désaccorder [dezakɔrde] v/t Musikin-
strument verstimmen; adit **désaccordé**
verstimmt
désaccoupler [dezakuple] v/t **1.** Tiere cf
déparier 1.; **2.** tech cf **découpler** 2. u 3.
désaccoutumant [dezakutymã] adj ~
du tabac Mittel n, um sich das Rauchen
abzugewöhnen
désaccoutumer [dezakutyme] **I** v/t ab-
gewöhnen; **il faut le** ~ **de mentir** man
muß ihm das Lügen abgewöhnen; man
muß ihm das Lügen abgewöhnen; man
muß ihn abgewöhnen zu lügen; **II** v/pr
se ~ **de** (+inf) sich (dat) etw abgewöh-
nen; je me suis **désaccoutumé de
fumer** ich habe mir das Rauchen abge-
wöhnt
désacidifier [dezasidifje] v/t chim ent-
säuern
désacralis|ation [dezakralizasjɔ̃] f Ver-
lust m des sa'kralen Cha'rakters; ~**er I**
v/t den sa'kralen Cha'rakter, par ext s-n
Nimbus nehmen (**qc** e-r Sache [dat]); **II**

v/pr **se** ~ den sa'kralen Cha'rakter verlieren

désactivation [dezaktivasjõ] *f phys atom* Abklingen(lassen) *n* (der Aktivi-'tät)

désadapt|ation [dezadaptasjõ] *f biol* Verlust *m* der Anpassung, Adap(ta)ti'on; **~é** *adj biol* nicht (mehr) angepaßt; unangepaßt; **~er** *v/pr* se ~ d'un milieu s-e Anpassung, Adap(ta)ti'on an ein Mili'eu verlieren

désaéré [dezaere] *adj tech* entlüftet

désaffectation [dezafɛktasjõ] *f e-s Gebäudes* a) Zweckentfremdung *f*; b) Nicht-mehr-Benutzen *n*; *e-r Bahnlinie etc* Stillegung *f*

désaffect|é [dezafɛkte] *adj Gebäude* a) zweckentfremdet; b) nicht mehr benutzt; leerstehend; *Bahnlinie, Bergwerk etc* stillgelegt; **~er** *v/t Gebäude* nicht mehr (für den vorgesehenen Zweck) benutzen; *Bahnlinie etc* stillegen

désaffection [dezafɛksjõ] *f* Nachlassen *n*, Verlust *m* der Zuneigung (**pour qn** zu j-m); Nachlassen *n* der Vorliebe (**pour qc** für etw)

désagréable [dezagreabl(ə)] *adj* 1. *Sache, Person* unangenehm; *Sache auch* unerfreulich; unliebsam; *Lage, Frage auch* peinlich; **odeur** *f* ~ unangenehmer Geruch; **il est** ~ **de** (+*inf*) es ist unangenehm zu (+*inf*); 2. *Person* être ~ **avec qn** unfreundlich zu j-m sein

désagrégation [dezagregasjõ] *f* 1. *e-r Substanz* Zerfall *m*; Zerstörung *f*; *von Gestein auch* Verwitterung *f*; 2. *fig e-r Gruppe etc* Auflösung *f*; Zerfall *m*

désagréger [dezagreʒe] ⟨-è-, -geons⟩ I *v/t Substanz* zersetzen; II *v/pr* se ~ 1. *Substanz* sich zersetzen; zerfallen; *Gestein auch* verwittern; 2. *fig Personengruppe* sich auflösen; *System, Reich* zerfallen

désagrément [dezagremã] *m* Unannehmlichkeit *f*; **causer du** ~ **à qn** j-m Unannehmlichkeiten bereiten; **éviter les** ~**s** Unannehmlichkeiten vermeiden

désaimant|ation [dezεmãtasjõ] *f* Entmagneti'sierung *f*; **~er** *v/t* entmagneti-'sieren

désaisonnaliser [desεzɔnalize] *v/t écon* von Sai'sonschwankungen bereinigen

désaliéner [dezaljene] *v/t* ⟨-è-⟩ (von Zwängen) befreien, freimachen

désaltérant [dezalterã] *adj* durststillend, -löschend

désaltérer [dezaltere] ⟨-è-⟩ I *v/t* 1. *abs* den Durst stillen, löschen; ~ **un malade** den Durst e-s Kranken stillen, löschen; *un verre d'eau suffit* à me ~ ... meinen Durst zu stillen, löschen; 2. *fig* befriedigen; stillen; ~ **la soif de vérité** den Durst nach Wahrheit stillen, befriedigen; II *v/pr* se ~ s-n Durst stillen, löschen

désamidonn|age [dezamidonaʒ] *m text* Entschlichten *n*; **~er** *v/t* die Stärke entfernen (**qc** aus etw); *text* entschlichten

désamination [dezaminasjõ] *f chim* Desami'nierung *f*

désamorçage [dezamɔrsaʒ] *m* 1. *von Munition* Entschärfung *f* (*auch fig*); 2. *élect* Entregung *f*

désamorcer [dezamɔrse] *v/t* ⟨-ç-⟩ 1. *Munition* entschärfen (*auch fig Konflikte etc*); 2. *Pumpe* leerlaufen lassen

désapparier [dezaparje] *v/t cf* dépa-rier 1.

désappoint|é [dezapwɛte] *adj* enttäuscht; niedergeschlagen; **~ement** *m* Enttäuschung *f*; **~er** *v/t* enttäuschen

désapprendre [dezaprãdr(ə)] *v/t* ⟨*cf* prendre⟩ verlernen

désapprob|ateur [dezaprɔbatœr] *adj*

⟨-trice⟩ *Miene, Ton etc* miß'billigend; tadelnd; **~ation** *f* 'Mißbilligung *f*

désapprouver [dezapruve] *v/t* ~ **qc** etw miß'billigen; etw nicht billigen; **je vous désapprouve** ich muß Sie tadeln; ich mißbillige Ihr Verhalten

désapprovisionner [dezaprovizjone] *v/t* 1. der Vorräte berauben; **être désapprovisionné** ohne Vorräte sein; keine Vorräte mehr haben; 2. *Feuerwaffe* entladen

désarçonner [dezarsone] *v/t* 1. *Reiter* abwerfen; aus dem Sattel heben, werfen; 2. *fig* aus dem Kon'zept, aus der Fassung bringen

désargenté [dezarʒãte] *adj* F *Person* ohne Geld; mittellos; F abgebrannt; blank; *Kasse* leer

désargenter [dezarʒãte] I *v/t* 1. die Versilberung entfernen (**qc** von etw); 2. *tech* (das) Silber abtreiben, abtrennen (**qc** von etw); II *v/pr* se ~ die Versilberung verlieren

désarmant [dezarmã] *adj Naivität etc* entwaffnend

désarmement [dezarməmã] *m* 1. *pol, mil* Abrüstung *f*; ~ **progressif** stufenweise Abrüstung *f*; 2. *von Gefangenen, e-r Garnison* Entwaffnung *f*; 3. *e-s Schiffes* Auflegen *n*

désarmer [dezarme] I *v/t* 1. *Gefangene, Verbrecher etc* entwaffnen; die Waffen abnehmen (**qn** j-m); *Land* abrüsten; 2. *Feuerwaffe* entladen *bzw* sichern; *Mine* entschärfen; 4. *fig* entwaffnen; die Waffe aus der Hand nehmen (**qn** j-m); **son rire me désarme** sein Lachen entwaffnet mich; *adj* être **désarmé devant qc**, *an etw*, j-m gegenüber hilflos, machtlos sein; *esc* desar'mieren; die Klinge aus der Hand schlagen (**qn** j-m); II *v/i* 6. *pol, mil* abrüsten; 7. *fig* **ne pas** ~ *Haß, Zorn* nicht nachlassen; andauern; *Person* nicht nach-, aufgeben; sich nicht geschlagen geben

désarrim|age [dezarimaʒ] *m mar* Verschiebung *f*, Verrutschen *n* der Schiffsladung; **~er** *v/t verstaute Schiffsladung* verschieben

désarroi [dezarwa] *m* Verwirrung *f*; Bestürzung *f*; **être en plein**, **grand** ~ in großer Verwirrung, Bestürzung sein; völlig verwirrt, bestürzt sein

désarticulation [dezartikylasjõ] *f chir* Exartikulati'on *f*

désarticuler [dezartikyle] I *v/t* 1. *Glied* ausrenken; *adj* **pantin désarticulé** Hampelmann *m* (*mit verrenkten Gliedern*); 2. *chir* exartiku'lieren; II *v/pr* se ~ *Artist* sich nach allen Seiten verrenken

désassembl|age [dezasãblaʒ] *m tech* Ausein'andernehmen *n*; **~er** *v/t tech* ausein'andernehmen

désassimilation [dezasimilasjõ] *f physiol* Katabo'lismus *m*

désassort|i [dezasɔrti] *adj* 1. *Eßservice etc* nicht mehr 'vollständig, kom'plett; 2. **boutique** ~**e** Laden, der keine große Auswahl mehr bietet; Laden *m* mit lückenhaftem Sortiment; **~ir** *v/t* 1. *Zusammengehöriges* unvollständig machen; 2. ~ **une boutique** in das Sorti'ment e-s Ladens Lücken reißen

désastre [dezastr(ə)] *m* Kata'strophe *f*; großes Unglück; De'saster *n*; Unheil *n*; *fin, pol, mil auch* Zu'sammenbruch *m*; **ils ont péri dans le** ~ sie sind bei der Katastrophe 'umgekommen; *abgeschwächt:* **cette pièce de théâtre a été un vrai** ~ ... war e-e wahre Kata'strophe, ein echtes Fi'asko

désastreux [dezastrø] *adj* ⟨-euse⟩ *Wetter, Ergebnis etc* katastro'phal; verheerend; *Ergebnis auch* vernichtend; *Idee,*

Plan etc verhängnis-, unheilvoll

désavantage [dezavãtaʒ] *m* Nachteil *m*; **à son** ~ zu s-m Nachteil; **se montrer à son** ~ von s-r schlechten Seite zeigen; **qc tourne à mon** ~ etw gereicht mir zum Nachteil

désavantag|er [dezavãtaʒe] *v/t* ⟨-geons⟩ benachteiligen; **~eux** *adj* ⟨-euse⟩ nachteilig; unvorteilhaft; ungünstig

désaveu [dezavø] *m* 1. *e-s Geständnisses, e-r Doktrin etc* Wider'rufung *f*; 'Widerruf *m*; 2. *e-s Werkes, e-r Tat* (Ab)Leugnung *f*; Nichtanerkennung *f*; *jur* ~ **de paternité** Anfechtung *f* der Ehelichkeit (e-s Kindes); 3. *fig* 'Mißbilligung *f*; **encourir le** ~ **de son chef** sich der Mißbilligung s-s Chefs aussetzen

désavouer [dezavwe] *v/t* 1. *Geständnis, Versprechen, Äußerung etc* wider'rufen; 2. *Werk, Tat* (ab)leugnen; in Abrede stellen; nicht als den seinen *bzw* die, das seinige anerkennen; *jur* ~ (**la paternité d')un enfant** die Ehelichkeit e-s Kindes anfechten; 3. *fig* j-s *Verhalten, Worte etc* miß'billigen; nicht billigen; 4. *Minister etc* desavou'ieren; für unbefugt erklären; *par ext* ~ **un ami** e-n Freund desavou'ieren, im Stich lassen

désaxé [dezakse] *adj u subst cf* déséquilibré

désaxer [dezakse] *v/t tech* die Achse verlagern (**qc** von etw)

descellement [desεlmã] *m* 1. *e-s Schriftstücks etc* Entsiegeln *n*; Entfernen *n* des Siegels; 2. *tech aus e-r Zementierung* Her'ausreißen *n*, -nehmen *n*, -lösen *n*

desceller [desele] I *v/t* 1. *Schriftstück etc* entsiegeln; das Siegel entfernen (**qc** von etw); 2. *aus e-r Zementierung etc* her'ausreißen, -nehmen, -lösen; II *v/pr* se ~ *Türangel etc* her'ausbrechen

descendance [desãdãs] *f* 1. Nachkommenschaft *f*; 2. *st/s* être de ~ **noble**, **française**, *etc* adliger, französischer *etc* Herkunft *od* Abstammung sein; 3. *biol* **théorie** *f* **de la** ~ Abstammungslehre *f*; Deszen'denzlehre *f*, -theorie *f*; 4. *phys atom* ~ **radioactive** radioaktive Zerfallsreihe

descendant [desãdã] I *adj* absteigend; *mus Tonleiter auch* abwärts gehend; *Intervall* fallend; *mil* **garde** ~**e** abziehende Wache; *Genealogie* **ligne** ~**e** absteigende Linie; **marée** ~**e** Ebbe *f*; **mouvement** ~ Abwärtsbewegung *f*; **route** ~**e** berg'ab gehende, *p/fort* abschüssige Straße; Straße *f* mit Gefälle; Gefällstrecke *f*; II *subst* ~(**e**) *m(f)* Nachkomme *m*; Abkömmling *m*; Deszen'dent *m*

descenderie [desãdri] *f mines* tonnlägiger Stollen

descend|eur [desãdœr] *m*, ~**euse** *f Skisport* Abfahrtsläufer(in) *m(f)*

descendre [desãdr(ə)] ⟨*cf* rendre⟩ I *v/t* 1. *Berg, Straße, Treppe, Stufen* hin-'unter- *bzw* her'unter-, hin'ab- *bzw* her'ab-, F runtergehen, -steigen, -kommen; (*Person in e-m*) *Fahrzeug: Berg, Straße, Fluß* hin'unter- *bzw* her'unter-, hin'ab- *bzw* her'ab-, F runterfahren; ~ **un fleuve** *auch* strom'ab(wärts), flußabwärts fahren *bzw Person auch* schwimmen; *Person auch* e-n Fluß hin'unter-, hin'abschwimmen; *par ext* ~ **la gamme** die Tonleiter abwärts singen *bzw* spielen; *Wasser* ~ **le mur** an der Wand her'unter-, her'ablaufen, -fließen; 2. *Gegenstand* hin'unter- *bzw* her'unter-, hin'ab- *bzw* her'ab-, F runterbringen, -tragen, -schaffen; her'unter-, F runterholen; *aus dem Gepäcknetz, vom Schrank* her'unter-, F runternehmen, -holen; *Bild* tiefer, niedriger hängen; ~ **la table à la cave** den

Tisch in den Keller bringen, schaffen, tragen; ~ **la valise du grenier** den Koffer vom Speicher holen; **3.** *Flugzeug, Vogel* abschießen; F her'unterholen; *par ext* F *Person* F ab-, niederknallen; **II** *v/i* <**être**> **4.** her'unter- *bzw* hin'unter-, her-'ab- *bzw* hin'ab-, F runtergehen, -steigen, -kommen; *von e-m Berggipfel auch* ab-steigen (**de** von); (*Person in e-m*) *Fahr-zeug* her'unter- *bzw* hin'unter-, her'ab-*bzw* hin'ab-, F runterfahren; *aus e-m Fahrzeug* aussteigen (**de** aus); *in e-m Hotel* absteigen (**à** in + *dat*); *in e-e südlicher gelegene Stadt od Gegend* fah-ren *bzw* fliegen; *mines* einfahren (**dans la mine** in die Grube); ~ **à la cave** in den Keller (hinunter-, F runter) gehen, (-) steigen; ~ **à cheval** her'unter- *bzw* hin-'unter-, her'ab- *bzw* hin'ab-, F runterrei-ten; *rel* **il est descendu aux enfers** er ist niedergefahren zur Hölle; ~ **à pied, en marchant** (zu Fuß) herunter- *bzw* hinunter-, herab- *bzw* hinab-, F runterge-hen; **vous descendez à la prochaine?** steigen Sie bei der nächsten Station aus?; *mar* ~ **à terre** an Land gehen; ~ **chez des amis** bei Freunden absteigen, zu Gast sein; *fig* ~ **dans la rue** auf die Straße gehen; öffentlich demon'strieren; ~ **de cheval** vom Pferd steigen; absit-zen; ~ **d'une estrade** von e-m Podium (her'unter-, her'ab)treten; ~ **d'une voi-ture** aus e-m Auto (aus)steigen; ~ **en courant** her'unter- *bzw* hin'unter-, her-'ab- *bzw* hin'ab-, F runterlaufen, -rennen; ~ **en parachute** mit dem Fall-schirm abspringen; ~ **en voiture** (mit dem Auto) herunter- *bzw* hinunter-, herab- *bzw* hinab-, F runterfahren; ~ **par l'ascenseur** mit dem Aufzug her-unter- *bzw* hinunter-, F runterfahren, -kommen, abwärts fahren; ~ **par l'escalier** (über) die Treppe herunter-*bzw* hinunter-, herab- *bzw* hinab-, F runtergehen; (über) die Treppe herun-ter-, F runterkommen; *jur* ~ **sur les lieux** e-n Lokaltermin abhalten; **5.** ab-stammen; ~ **en ligne directe de qn** in direkter, gerader Linie von j-m abstam-men; **6.** *bei e-r Schwangeren* **l'enfant descend** das Kind senkt sich; **7.** *Gelän-de* abfallen; *Straße, Weg* berg'ab, ab-wärts gehen, führen; *Flugzeug* tiefer gehen; *Fallschirm etc* zur Erde fallen; her'unterkommen; *Kolben etc* abwärts, nach unten gehen; niedergehen; *Ther-mometer, Barometer, Wasserstand, fig Preise* fallen; **la marée, la mer des-cend** das Wasser geht zu'rück; es ist Ebbe; *poét* **la nuit descend** die Nacht fällt ein, bricht her'ein, zieht her'auf, *poét* fällt her'nieder; *par ext* **ma voix ne peut, je ne peux pas ~ plus bas** ich kann nicht tiefer singen; F ich komme nicht tiefer; *Fluß:* ~ **de la montagne** aus den Bergen kommen; ~ **vers la mer** zum Meer fließen; *Straße* ~ **vers la plaine** in die Ebene hin'unterführen; **8.** ~ **(jusqu'à)** (hin'unter-, hin'ab)reichen bis zu, bis an *od* in (+*acc*); **le puits des-cend à 40 mètres** der Brunnen reicht, geht bis in e-e Tiefe von 40 Metern; **9.** *mar Wind* nach Süden drehen

descenseur [desɑ̃sœr] *m tech* Abwärts-förderer *m*; ~ **hélicoïdal** Wendel-rutsche *f*

descente [desɑ̃t] *f* **1.** Abstieg *m*; Her'un-ter- *bzw* Hin'unter-, F Runtergehen *n*, -steigen *n*, -kommen *n*; *in e-m Fahrzeug, Fahrstuhl* Abwärts-fahrt *f*; Her'unter- *bzw* Hin'unter-, Her-'ab- *bzw* Hin'ab-, F Runterfahren *n*; (mit) *der Seilbahn* Talfahrt *f* (*auch e-s Flußschiffes*); Ab(wärts)fahrt *f*; *in ein Bergwerk* Einfahrt *f*; *e-s Flugzeugs* Sin-

ken *n* (beim Landeanflug); *e-s Kolbens etc* Abwärtsbewegung *f*; *path e-s Organs* Senkung *f*; *peint* ♀ **aux enfers** Höllen-fahrt *f* Christi; *jur* ~ **de justice**, *nur Zivilrecht* ~ **sur les lieux** Lo'kaltermin *m*; Augenscheinseinnahme *f*; *jur* ~ **de police** (Poli'zei)Razzia *f*; *rel* ~ **du Saint-Esprit** Ausgießung *f* des Heiligen Geis-tes; *path* ~ **de l'utérus, de la matrice** Gebärmuttersenkung *f*; ~ **en parachute** Fallschirm(ab)sprung *m*; **accueillir qn à la ~ de l'avion, du bateau, du train** j-n beim Aussteigen aus dem Flugzeug, Dampfer, Zug begrüßen; j-n an der Gangway ['gɑ̃gve:], an der (Dampfer-) Anlegestelle, auf dem Bahnsteig be-grüßen; F *fig* **avoir une bonne ~** viel (Alkohol) vertragen können; F e-n or-dentlichen Stiefel vertragen; e-e ausge-pichte Kehle haben; F **faire une ~ dans une boîte de nuit etc** a) *Polizei* Razzia machen ...; b) *Personengruppe* (lärmend) gehen, F ziehen ...; **2.** *peint* ♀ **de Croix** Kreuzabnahme *f*; **3.** Gefällstrecke *f*; Abfahrt *f*; abschüssiger Weg; abschüssi-ge Strecke, Straße; ~ **raide** steile Ab-fahrt; **au bas de la ~** am Ende der Gefällstrecke; **4.** *Skisport* Abfahrtslauf *m*; **5.** ~ **de lit** Bettvorleger *m*, -vorlage *f*; **6.** *rad* ~ **d'antenne** (An'tennen)Nieder-führung *f*; **7.** *bât* (**tuyau** *m* **de**) ~ Fallrohr *n*; **8.** *arch* Treppengeländer *n*

descript|eur [dɛskriptœr] *m* Schilderer *m*; ~**ible** *adj* beschreibbar

descriptif [dɛskriptif] **I** *adj* <-**ive**> be-schreibend; schildernd; darstellend; des-krip'tiv; **anatomie descriptive** de-skriptive Anatomie; **géométrie des-criptive** darstellende Geometrie; **musi-que descriptive** tonmalerische Musik (*Vorläuferin der Programmusik*); **style** ~ beschreibender Stil; **II** *m bât* Baube-schreibung *f*

description [dɛskripsjõ] *f* Beschreibung *f*; Schilderung *f*; Darstellung *f*; *par ext* Verzeichnis *n* (*bes jur*); **faire ~ de qc** e-e Beschreibung von etw geben; etw beschreiben

déséchouer [dezeʃwe] *v/t mar* wieder flottmachen

déségrégation [desegregasjõ] *f* Aufhe-bung *f* der Rassentrennung

désembourber [dezɑ̃burbe] *v/t Wagen etc* aus dem Schlamm, Dreck ziehen

désembourgeoiser [dezɑ̃burʒwaze] *v/t* den bour'geoisen Cha'rakter nehmen (+*dat*)

désembouteiller [dezɑ̃buteje] *v/t Ver-kehrswege, Stadtteile* (vom Verkehr) entlasten; Verkehrsstauungen beseiti-gen (**l'autoroute** auf der Autobahn; **le centre** im Zentrum)

désemparé [dezɑ̃pare] *adj* **1.** *Person* hilf-, ratlos; **2.** *mar* manö'vrierunfähig

désemparer [dezɑ̃pare] **I** *v/t mar* manö-'vrierunfähig machen; **II** *v/i nur loc/adv* **sans ~** unablässig; ununterbro-chen

désemplir [dezɑ̃plir] **I** *v/i* **ne pas ~** *Restaurant, Geschäft etc* nicht leer wer-den; immer voll sein; **II** *v/pr* **se ~** *Saal, Flasche, Geldbörse* sich leeren

désencadrer [dezɑ̃kadre] *v/t Bild etc* aus dem Rahmen nehmen

désenchaîner [dezɑ̃ʃene] *v/t* e-m Gefan-genen etc die Ketten abnehmen (**qn** j-m)

désenchanté [dezɑ̃ʃɑ̃te] *adj* des-illusio'niert; ernüchtert; enttäuscht

désenchant|ement [dezɑ̃ʃɑ̃tmɑ̃] *m* Desillusi'on *f*; Ernüchterung *f*; Enttäu-schung *f*; ~**er** *st/s v/t* desillusio'nieren; ernüchtern; enttäuschen

désenclaver [dezɑ̃klave] *v/t Stadt, Ge-biet* an den Verkehr anschließen; die Ver-kehrsverbindungen (+*gén*) verbessern

désencombrer [dezɑ̃kõbre] *v/t Platz, Speicher etc* frei machen (**de qc** von etw); *Straße auch* (vom Verkehr) entla-sten; *Université* entlasten; ~ **une pro-fession** den Ansturm zu e-m über-'füllten Beruf bremsen, in andere Bah-nen leiten

désencrasser [dezɑ̃krase] *v/t Räder, Maschine etc* (vom Schmutz) säubern, reinigen

désendettement [dezɑ̃dɛtmɑ̃] *m* Ent-schuldung *f*

désendetter [dezɑ̃dete] *v/pr* **se ~** s-e Schulden bezahlen, abtragen

désénerver [dezenɛrve] *v/t* die Nervosi-'tät, ner'vöse Spannung nehmen (**qn** j-m); entspannen

désenfler [dezɑ̃fle] *v/i* <*Vorgang* **avoir**, *Ergebnis* **être**> *méd* abschwellen

désengagement [dezɑ̃gaʒmɑ̃] *m pol, mil* Disengagement [-'geːdʒ] *n*; Ausein-'anderrücken *n*; Abrücken *n*; (Truppen-) Entflechtung *f*

désengager [dezɑ̃gaʒe] <-**geons**> **I** *v/t* ~ **qn** (**d'une obligation, promesse**) j-n von e-r Verpflichtung, von e-m Verspre-chen befreien, entbinden; **II** *v/pr* **se ~** (**d'une obligation**) sich von e-r Ver-pflichtung frei machen; sich aus e-r Verpflichtung lösen; **se ~** (**d'une pro-messe**) sein Versprechen zu-'rücknehmen

désengorger [dezɑ̃gorʒe] *v/t* <-**geons**> verstopftes Rohr etc wieder frei machen

désengrener [dezɑ̃grəne] *v/t* <-**è**-> *tech* Zahnräder etc ausrücken

désenneiger [dezɑ̃neʒe] *v/t* <-**geons**> von Schnee räumen, befreien

désennuyer [dezɑ̃nɥije] <-**ui**-> **I** *v/t* die Langeweile vertreiben (**qn** j-m *od abs*); **II** *v/pr* **se ~** sich (*dat*) die Langeweile, Zeit vertreiben

désenray|er [dezɑ̃reje] *v/t* <-**ay**- *od* -**ai**-> die Ladehemmung beseitigen (**une arme à feu** bei einer Feuerwaffe); ~**eur** *m ch de fer* Bremsschlupfregler *m*; Gleit-schutzregler *m*

désensabler [dezɑ̃sable] *v/t Kanal, Weg etc* vom Sand säubern; versandetes Schiff aus dem Sand befreien, her'aus-holen

désensibilis|ant [desɑ̃sibilizɑ̃] *m phm* Desensibili'sierungsmittel *n*; ~**ateur** *m phot* Desensibili'sator *m*; ~**ation** *f méd, phot* Desensibili'sierung *f*; Desensibili-sati'on *f*; ~**er** *v/t méd, phot* desensibili-'sieren

désensorceler [dezɑ̃sorsəle] *v/t* <-**ll**-> aus der Verhexung, Verzauberung, von e-m Zauber befreien; entzaubern; *fig auch* aus der Verzauberung her'aus-reißen

désentoiler [dezɑ̃twale] *v/t peint* die Leinwand entfernen (**un tableau** von e-m Gemälde)

désentortiller [dezɑ̃tortije] *v/t Apfelsi-ne, Bonbon* auswickeln; *Taschentuch* (von e-m verletzten Finger) abwickeln

désentraver [dezɑ̃trave] *v/t* die (Fuß-) Fesseln abnehmen (**un taureau** e-m Stier); von den Fesseln befreien (*auch fig*)

désenvaser [dezɑ̃vaze] *v/t Kanal etc* entschlammen; vom Schlamm säubern; *Schiff* aus dem Schlamm (her'aus)ziehen

désépaissir [dezepesir] *v/t Soße* verdün-nen; *Haare* ausschneiden; ausdünnen; effi'lieren

déséquilibre [dezekilibr(ə)] *m* **1.** *psych* ~ (**psychique, mental**) seelische Störungen *f/pl*; **2.** *der Kräfte, von Ange-bot u Nachfrage etc* Unausgewogenheit *f*; Ungleichgewicht *n*; mangelndes, feh-lendes Gleichgewicht; **3.** ungleichmäßi-ge Gewichtsverteilung

déséquilibré [dezekilibre] **I** *adj Person* seelisch gestört; **II** *subst* ~(e) *m(f)* seelisch Gestörte(r) *f(m)*; Psycho-'path(in) *m(f)*; Neu'rotiker(in) *m(f)*

déséquilibrer [dezekilibre] *v/t* **1.** *Gegenstand* aus dem Gleichgewicht bringen; **2.** *Person* aus dem (seelischen) Gleichgewicht reißen, bringen

déséquiper [dezekipe] *v/t* **1.** *mar* auflegen; **2.** *mil* die Ausrüstung abnehmen (un soldat e-m Soldaten)

désert [dezer] **I** *adj* <-**erte** [-ɛrt]> **1.** *Insel, Gegend etc* unbewohnt; einsam; verlassen; *Gegend* öde; **2.** *Straße, Strand etc* menschenleer; **être** ~ *auch* wie ausgestorben sein; **II** *m* **1.** Wüste *f*; ~ **de Gobi, du Sahara** Wüste Gobi, Sahara; ~ **de pierres, de sable** Stein-, Sandwüste *f*; **2.** *par ext* Einöde *f*; Wüste'nei *f*; Wildnis *f*; *fig* **prêcher dans le** ~ tauben Ohren predigen

désert|er [dezerte] **I** *v/t* **1.** *Ort, Haus* (für immer) verlassen; *s-n Posten* verlassen; *von einem Ort auch* wegziehen (**son village** von s-m Dorf); **2.** *e-r Organisation etc* abtrünnig werden (**un parti** e-r Partei [*dat*]); abfallen (**une cause** e-r Partei); im Stich lassen; ~ **une cause** e-e Sache aufgeben, im Stich lassen, verraten; **II** *v/i mil* deser'tieren; fahnenflüchtig werden; *par ext* zum Feind 'überlaufen; ~**eur** *m* **1.** *mil* Deser'teur *m*; Fahnenflüchtige(r) *m*; *par ext* 'Überläufer *m*; **2.** *fig u litt* Abtrünnige(r) *m*

désertification [dezɛrtifikasjõ] *f géogr* Versteppung *f*

désertion [dezɛrsjõ] *f* **1.** *mil* Deserti'on *f*; Fahnenflucht *f*; ~ **à l'ennemi** 'Überlaufen *n* zum Feind; **2.** *von e-r Partei etc* Abfall *m*; Abtrünnigwerden *n*; *par ext* **enregistrer quelques** ~**s** einige Abtrünnige, Austritte verzeichnen

désertique [dezɛrtik] *adj* **1.** Wüsten...; **climat** *m* ~ Wüstenklima *n*; **2.** *Landschaft* wüstenartig; öde

désescalade [dezɛskalad] *f pol, mil* Deeskalati'on *f*

désespérance [dezɛsperãs] *litt f* Hoffnungslosigkeit *f*

désespérant [dezɛsperã] *adj* **1.** *Nachsicht etc* entmutigend; *Verzweiflung* her'vorrufend; *Wetter* trostlos; **cet enfant est** ~ dieses Kind ist ein hoffnungsloser Fall; **la route est d'une longueur** ~**e** die Straße ist hoffnungslos, unendlich lang; **c'est** ~! das ist zum Verzweifeln!; man könnte verzweifeln!; **2.** *par ext Perfektion etc* unnachahmlich; jeglichen Mut zur Nachahmung nehmend

désespéré [dezɛspere] **I** *adj* **1.** *Person, Blick, Schrei etc* verzweifelt; *par ext st/s* **je suis** ~ **de vous avoir fait attendre** ich bin untröstlich, daß ich Sie habe warten lassen; **2.** *Anstrengung, Versuch, Kampf etc* verzweifelt; **acte** ~ Verzweiflungstat *f*; **3.** *Lage* hoffnungslos; verzweifelt; **cas** ~ *cf* **cas 2.**; **II** *subst* ~(e) *m(f)* Verzweifelte(r) *f(m)*

désespérément [dezɛsperemã] *adv* **1.** hoffnungs-, trostlos; ~ **vide** trostlos leer; **se sentir** ~ **seul** sich hoffnungslos allein, einsam fühlen; **2.** verzweifelt; **s'efforcer** ~ **de** (+*inf*) sich verzweifelt anstrengen, bemühen zu (+*inf*)

désespérer [dezɛspere] <-**è**-> **I** *v/t* **1.** ~ **qn** j-n zur Verzweiflung bringen; verzweifeln lassen; **2.** *Gegner, Neider etc* entmutigen; den Mut nehmen (**qn** j-m); **II** *v/t/indir* **3.** ~ **de qc** die Hoffnung auf etw (*acc*) aufgeben, verlieren; ~ **de la guérison de qn** die Hoffnung auf j-s Heilung aufgeben, verlieren; ~ **de revoir qn** die Hoffnung aufgeben *od*

verlieren, j-n 'wiederzusehen; **4.** ~ **du monde, de la vie** an der Welt, am Leben verzweifeln; **III** *v/i* verzweifeln; *von der Verzweiflung* aufgeben, verlieren; **IV** *v/pr* **se** ~ verzweifeln; sich der Verzweiflung über'lassen; sich grämen

désespoir [dezɛspwar] *m* Verzweiflung *f*; Hoffnungslosigkeit *f*; *loc/adv*: **en** ~ **de cause** als (aller)letztes Mittel; als letzten Ausweg; **avec l'énergie du** ~ mit dem Mut der Verzweiflung; **s'abandonner au** ~ sich der Verzweiflung über'lassen; *par ext Person, Sache* **être, faire le** ~ **de qn** j-n zur Verzweiflung bringen; **cet enfant est, fait mon** ~ dieses Kind bringt mich zur Verzweiflung; *Sache auch* **être le** ~ **de qn** für j-n ein unerreichbares Vorbild sein; *Person* **être au** ~ untröstlich sein (**de** + *inf* daß ...)

désespoir-des-peintres [dezɛspwardəpɛ̃tr(ə)] *m* <*pl* **désespoirs-des-peintres**> *bot* Je'hovablümchen *n*

déshabill|age [dezabijaʒ] *m* Entkleiden *n*, -ung *f*; Ausziehen *n*; ~**é** *m* Negli'gé *n*

déshabiller [dezabije] **I** *v/t* ~ **qn** j-n ausziehen, aus-, entkleiden; ~ **qn du regard** j-n mit (den) Blicken ausziehen; **II** *v/pr* **se** ~ sich ausziehen, aus-, entkleiden

déshabituer [dezabitɥe] **I** *v/t* ~ **qn de qc** j-m etw abgewöhnen; j-n e-r Sache (*gén*) entwöhnen; ~ **qn de fumer** j-m das Rauchen abgewöhnen; **II** *v/pr* **se** ~ **de qc** sich (*dat*) etw abgewöhnen; sich e-r Sache (*gén*) entwöhnen; **se** ~ **de l'alcool** sich den Alkohol abgewöhnen

désherbage [dezɛrbaʒ] *m* (Unkraut-) Jäten *n*, Unkrautvertilgung *f*, -bekämpfung *f* (**de qc** in *bzw* auf etw [*dat*])

désherbant [dezɛrbã] **I** *adj* Unkrautvernichtungs..., -bekämpfungs...; **campagne** ~**e** Unkrautvernichtungs-, Unkrautbekämpfungskampagne *f*; **II** *m* Unkrautvernichtungsmittel *n*; ~ **sélectif, total** selektiv, total wirkendes Unkrautvernichtungsmittel

désherber [dezɛrbe] *v/t* (Unkraut) jäten, Unkraut vernichten, bekämpfen, beseitigen (**abs** *od* **les allées** in den Alleen; **les chemins** auf den Wegen; **un champ** auf e-m Feld)

déshérence [dezerãs] *f jur* Erbenlosigkeit *f*; *par ext* An'heimfallen *n* an den Fiskus; **succession** *f* **en** ~ erbenloser Nachlaß; **tomber en** ~ dem Fiskus an'heimfallen

déshérité [dezerite] **I** *adj* **1.** enterbt; **2.** *fig Person, Gegend etc* benachteiligt; *Person auch* zu'rückgesetzt; **II** *subst* ~(e) *m(f)* **1.** Enterbte(r) *f(m)*; **2.** *fig* Benachteiligte(r) *m(f)*; Bedürftige(r) *f(m)*; Besitzlose(r) *f(m)*

déshériter [dezerite] *v/t* **1.** enterben; **2.** *fig Person, Gegend etc* benachteiligen; stiefmütterlich behandeln

déshonnête [dezɔnɛt] *adj Geste, Rede etc* unanständig; unschicklich; unziemlich; anstößig

déshonneur [dezɔnœr] *m* Unehre *f*; Schande *f*; *st/s* Schimpf *m*; **il n'y a pas de** ~ **à** (+*inf*) es ist keine Schande zu (+*inf*); **échapper au** ~ der Schande entgehen; **ne pas survivre à un tel** ~ e-e solche Schande nicht über'leben; **tomber dans le** ~ s-e Ehre verlieren; Schande, *st/s* Schimpf auf sich ziehen

déshonorant [dezɔnɔrã] *adj* unehrenhaft; entehrend; schimpflich; schändlich

déshonorer [dezɔnɔre] *v/t* **1.** *e-r Person, Familie, e-m Dorf etc* Schande, Unehre machen (+*dat*); *st/s* Schimpf antun (+*dat*); *j-s Andenken* entehren; *Berufsstand* in 'Mißkredit bringen; **2.** *par ext Mädchen, Frau* entehren; die

Ehre nehmen (+*dat*); **3.** *Verhalten, Fähigkeit etc* ~ **qn** j-m zur Unehre gereichen; *Verleumdung etc* j-s Ehre angreifen; **se croire déshonoré de** (+*inf*) es für unter s-r Würde halten zu (+*inf*); **4.** *Fassade, Gebäude etc* verunstalten; verunzieren; **II** *v/pr* **se** ~ sich mit Schande bedecken; s-e Ehre verlieren

déshuil|age [dezɥilaʒ] *m tech* Entölen *n*, -ung *f*; Ab-, Ausscheidung *f* des Öls (**de qc** aus etw); ~**er** *v/t tech* entölen; das Öl ab-, ausscheiden (**la vapeur** aus dem Dampf); ~**eur** *m tech* Ölabscheider *m*

déshumanis|ation [dezymanizasjõ] *f* Entmenschlichung *f*; Enthumani'sierung *f*; ~**er** *v/t* entmenschlichen; enthumani'sieren

déshumidi|fication [dezymidifikasjõ] *f tech* Entfeuchten *n*, -ung *f*; ~**fier** *v/t tech* entfeuchten

déshydratation [dezidratasjõ] *f* **1.** *chim, tech* Entzug *m*, Entziehen *n* von Wasser; Wasserentzug *m*; Entwässerung *f*; Dehydrati'sieren *n*; Dehydrati'on *f*; **2.** *physiol, méd* Wasserverlust *m*, -verarmung *f*

déshydraté [dezidrate] *adj* **1.** wasserarm (*auch Organismus*); wasserfrei; ausgetrocknet; **gypse** ~ wasserfreier Gips; **légumes** ~**s** Trockengemüse *n*; **2.** **F être complètement** ~ e-e ganz ausgedörrte Kehle, F e-n Mordsdurst, e-n Brand haben

déshydrater [dezidrate] **I** *v/t chim, tech* Wasser entziehen (+*dat*); entwässern; austrocknen; dehydrati'sieren; **II** *v/pr* **se** ~ *Organismus* wasserarm werden

déshydrogén|ation [dezidrɔʒenasjõ] *f chim* Dehy'drierung *f*; Dehydrati'on *f*; **er** *v/t* Entzug *m* von Wasserstoff; ~**er** *v/t* <-**è**-> *chim* dehy'drieren; Wasserstoff entziehen (+*dat*)

désidérabilité [deziderabilite] *f écon* wirtschaftlicher Nutzen

desiderata [dezid erata] *m/pl* Wünsche *m/pl*; *par ext* Anliegen *n/pl*

design [dizajn] *m* -**s** Gebrauchsgegenstandes Design [di'zain] *n*; zweckmäßige und zugleich äs'thetische Formgebung

désignatif [dezinatif] *adj* <-**ive**> kennzeichnend; spezifi'zierend; Spezifi'zierungs...

désignation [dezinasjõ] *f* **1.** *e-r Sache, Pflanze, Person etc* Bezeichnung *f*; Benennung *f*; ~ **des marchandises** Warenbezeichnung *f*; **2.** *e-s Nachfolgers, Ministers etc* Designati'on *f*; Desi-'gnierung *f*; Bestimmung *f*; Bestellung *f*

designer [dizajnœr] *m* Designer [di-'zainor] *m*

désigner [dezine] *v/t* **1.** *Sache, Pflanze, Person etc* bezeichnen; benennen; ~ **qn par son nom** j-n beim, bei s-m Namen nennen; ~ **une chose par un mot** e-e Sache mit e-m Wort um'reißen, kennzeichnen; **2.** *Gegenstand* ~ (**de la main**) (mit der Hand) zeigen, (hin)weisen auf (+*acc*); mit der Hand bezeichnen; **3.** *Nachfolger, Minister etc* desi'gnieren; bestimmen; bestellen; ~ **qn pour qc** j-n für etw bestimmen, zu etw ausersehen; *adjt* **être tout désigné pour faire qc** für etw besonders geeignet sein; **4.** ~ **qn à l'admiration, l'attention de qn** j-s Bewunderung, Aufmerksamkeit auf j-n lenken

désillusion [dezi(l)lyzjõ] *f* Desillusi'on *f*; Enttäuschung *f*; **éprouver des** ~**s** Enttäuschungen erleben

désillusionner [dezi(l)lyzjɔne] *v/t* desillusio'nieren; der Illusi'on(en) nehmen (**qn** j-m); der Illusi'on(en) berauben; enttäuschen; **la vie l'a bien désillusionné** das Leben hat ihm all s-e Illusionen genommen, hat ihm die Au-

gen geöffnet; *adit* **être complètement désillusionné** keine Illusionen mehr haben; völlig desillusioniert, enttäuscht sein

désincarn|é [dezɛ̃karne] *adj* **1.** *Seele st/s* dem Körper entflohen; **2.** *oft iron Moral, Liebe etc* wirklichkeitsfremd; **~er** *v/pr* **se ~** den Boden der Reali'tät verlassen

désincrustant [dezɛ̃krystã] **I** *adj* **1.** *tech* den Kesselstein lösend *bzw* die Kessel-steinbildung verhindernd; **2.** *Kosmetik* tiefenreinigend; **II** *m* **1.** *tech* Kesselstein-lösemittel *n bzw* die Kesselsteinbildung verhinderndes Mittel; **2.** *Kosmetik* Tie-fenreinigungsmittel *n*

désincrust|ation [dezɛ̃krystasjɔ̃] *f* **1.** *tech* Lösen *n*, -ung *f* des Kesselsteins; **2.** *Kosmetik: der Haut* Tiefenreinigung *f* (mit Hilfe galvanischen Stroms); Desin-krustati'on *f*; **~er** *v/t* **1.** *tech* den Kessel-stein lösen; **2.** *Kosmetik: Haut* bis in die Tiefe reinigen; porentief reinigen

désinence [dezinãs] *f* ling Endung *f*

désinentiel [dezinãsjɛl] *adj* **<~le>** *ling* Endungs...; **langue ~le** Sprache *f* mit Endungen

désinfect|ant [dezɛ̃fɛktã] **I** *adj* desinfi-'zierend; Desinfekti'ons...; **II** *m* Des-infekti'onsmittel *n*; **~er** *v/t* *Raum, Wun-de etc* desinfi'zieren; **~eur** *adj u subst m* (appareil) ~ Desinfekti'onsapparat *m*

désinfection [dezɛ̃fɛksjɔ̃] *f* Desinfek-ti'on *f*; Entseuchung *f*

désinflation [dezɛ̃flasjɔ̃] *f* écon Rück-gang *m* der Inflati'on

désinsectisation [dezɛ̃sɛktizasjɔ̃] *f* Entwesung *f*; Desinsekti'on *f*

désintégration [dezɛ̃tegrasjɔ̃] *f* **1.** *e-r Partei, e-s Systems, der Gesellschaft etc* Auflösung *f*; Zerfall *m*; Desintegrati'on *f*; **2.** *phys atom* A'tomzerfall *m*, -zer-trümmerung *f*, -spaltung *f*; **3.** *géol der Felsen* Verwitterung *f*

désintégrer [dezɛ̃tegre] **<-è-> I** *v/t* **1.** *Partei etc* auflösen; ausein'anderfallen, zerfallen lassen; **2.** *phys atom* zertrüm-mern; spalten; **II** *v/pr* **se ~ 3.** *Partei, Gesellschaft etc* sich auflösen; ausein-'anderfallen; zerfallen; **4.** *phys atom* zerfallen

désintéressé [dezɛ̃terese] *adj* **1.** *Person, Verhalten, Rat etc* uneigennützig; selbst-los; **2.** *Urteil, Untersuchung etc* unpar-teiisch; objek'tiv

désintéressement [dezɛ̃terɛsmã] *m* **1.** Uneigennützigkeit *f*; Selbstlosigkeit *f*; **avec ~** uneigennützig; selbstlos; **2.** *e-s Urteils etc* Unparteilichkeit *f*; **3.** *e-s Gläubigers etc* Abfindung *f*

désintéresser [dezɛ̃terese] **I** *v/t Gläubi-ger etc* abfinden; **II** *v/pr* **se ~ de qc, qn** das Inter'esse an etw, j-m verlieren; kein Inter'esse mehr für etw, j-n haben

désintérêt [dezɛ̃tere] *m* Uninteressiert-heit *f*, Desinteresse *n* (**de** an + *dat*)

désintoxication [dezɛ̃tɔksikasjɔ̃] *f* **1.** *méd* Entgiftung *f*; *von Süchtigen* Ent-wöhnung *f*; *par ext* cure *f* de ~ Entzie-hungs-, Entwöhnungskur *f*; **2.** *fig der Presse etc* Entgiftung *f*

désintoxiquer [dezɛ̃tɔksike] *v/t* **1.** *méd* entgiften; *par ext* Süchtige entwöhnen; **2.** *fig Propaganda, öffentliche Meinung etc* entgiften

désinvestissement [dezɛ̃vɛstismã] *m* écon Abnehmen *n*, Rückgang *m bzw* Einstellen *n* der Investiti'onstätigkeit; Investiti'onsstopp *m*

désinvolt|e [dezɛ̃vɔlt] *adj* ungezwungen; *meist péj* lässig; (zu) frei; ungeniert; **~ure** *f péj* (betonte *od* verletzende) Lässigkeit; Ungeniertheit *f*; **avec ~** be-tont lässig; mit e-r gewissen Ungeniert-heit

désir [dezir] *m* **1.** Wunsch *m* (**de qc** nach etw *od* **de** + *inf* zu + *inf*); *p/fort* Verlangen *n*, Sehnsucht *f* (**de qc** nach etw); **~ de silence** Wunsch, *p/fort* Verlangen nach Ruhe; **~ de paix** Wunsch, *p/fort* Sehnsucht nach Frieden; **~ de plaire** Wunsch zu gefallen; **éprou-ver un ~** e-n Wunsch haben, hegen, verspüren; *p/fort* ein Verlangen haben, spüren; Sehnsucht haben; *plais* **vos ~s sont des ordres** Ihr Wunsch ist, sei mir Befehl; **exprimer, formuler un ~** e-n Wunsch äußern, aussprechen, *st/s* zu erkennen geben, laut werden lassen; **prendre ses ~s pour des réalités** s-e Wunschvorstellungen für Tatsachen halten; sich etw vormachen; e-r Selbsttäuschung hingeben; **il prend ses ~s pour des réalités** *auch* da war der Wunsch der Vater des Gedankens; Wunsch und Wirklichkeit vermischen sich bei ihm; **tous ses ~s se réalisent** alle s-e Wünsche erfüllen sich, gehen in Erfüllung, werden Wirklichkeit; **2.** (sinnliche) Begierde, Lust

désirable [dezirabl(ə)] *adj* **1.** *Eigen-schaft, Fortschritt etc* wünschenswert; **2.** *Frau* begehrenswert

désiré [dezire] *adj* erwünscht; **enfant ~** Wunschkind *n*; **enfant non ~** ungewoll-tes, unerwünschtes Kind; **Tag, Gelegen-heit etc** **tant ~** ersehnt

désirer [dezire] *v/t* **1.** (sich [*dat*]) wün-schen; *p/fort* ersehnen; *st/s* begehren; **~ un fils** sich e-n Sohn wünschen; **~ la paix** (sich) den Frieden wünschen; *p/fort* den Frieden ersehnen; **si vous le désirez** wenn Sie (es) wünschen; *im Geschäft, Restaurant etc* **que désirez--vous?** was wünschen Sie?; *im Geschäft auch* womit kann ich (Ihnen) dienen?; was darf es sein?; **il ne désire rien de plus** das ist alles, was er sich wünscht; das ist sein sehnlichster, größter Wunsch; ♦ **~ (+inf)**, *litt* **~ de (+inf)** wünschen, *p/fort u st/s* begehren zu (+*inf*); gern(e) mögen (+*inf*); **il désire entrer** er wünscht einzutreten, einzutreten zu dürfen; er begehrt einzutreten, einzutre-ten zu dürfen; er begehrt Einlaß; er möchte gern(e) eintreten, hereinkom-men; **~ que ... (+subj)** (sich) wünschen *od* gern(e) mögen, daß ...; **je désire qu'il vienne me voir** ich wünsche (mir), daß er mich besucht; ♦ **n'avoir plus rien à ~ a)** keine Wünsche mehr haben; völlig wunschlos sein; wunschlos glücklich sein; **b)** alles, was man sich wünschen kann *od* könnte, haben; **se faire ~** auf sich warten lassen; **ne te fais pas trop ~!** laß dich nicht so selten sehen!; F mach dich nicht so rar!; **laisser à ~** zu wünschen übriglassen; **ses manières laissent à ~** s-e 'Um-gangsformen lassen zu wünschen übrig; **2.** *Frau* begehren

désireux [dezirø] *adj* **<-euse> ~ de** (+*inf*) bestrebt, in dem Bestreben, *p/fort* begierig zu (+*inf*); **être ~ de** (+*inf*) *auch* den Wunsch haben zu (+*inf*); **je suis ~ d'apprendre le résultat** ich bin begie-rig, das Ergebnis zu erfahren; **il parais-sait ~ d'engager la conversation** er schien bestrebt, ein Gespräch anzu-knüpfen

désistement [dezistəmã] *m* **1.** *pol* Rück-tritt *m*, Verzicht *m* (**d'un candidat en faveur de qn** e-s Kandidaten zugun-sten von j-m); **2.** *jur* Verzicht *m* (**de auf** +*acc*); Rücktritt *m* (**von**); **~ d'action** (Zu')Rücknahme *f*, Zu'rückziehung *f* der Klage

désister [deziste] *v/pr* **se ~ 1.** *pol* **se ~ en faveur de qn** zu'gunsten von j-m zu-'rücktreten (**von der Kandidatur**), ver-

zichten (auf die Kandidatur); **2.** *jur* **se ~** verzichten (**de auf** + *acc*); zu'rücktreten (**von**); **se ~ de l'action** die Klage zu-'rücknehmen, -ziehen

desman [dɛsmã] *m zo* Bisamrüßler *m*, -spitzmaus *f*; **~ musqué, de Moscovie** Desman *m*

désobéir [dezɔbeir] *v/t/indir* **~ à qn** j-m nicht gehorchen; *abs auch* ungehorsam sein; **~ aux parents** den Eltern nicht gehorchen, folgen; ♦ *par ext* **~ à la loi** das Gesetz über'treten, verletzen; **~ à un ordre** sich e-m Befehl wider'setzen; e-n Befehl verweigern

désobéiss|ance [dezɔbeisãs] *f* Ungehor-sam *m* (**à qn gegenüber** j-m); *par ext* Verletzung *f*, Über'tretung *f* (**à la loi** des Gesetzes); **~ant** *adj* ungehorsam; *Kind auch* unfolgsam; unartig; *Hund auch* unfolgsam

désoblig|eance [dezɔbliʒãs] *st/s f* Unge-fälligkeit *f*; **~ant** *adj Person* ungefällig; unfreundlich; *Bemerkung, Antwort* un-freundlich; *p/fort* verletzend

désobliger [dezɔbliʒe] *v/t* **<-geons> ~ qn** j-n kränken; zu j-m unfreundlich sein; *p/fort* j-n vor den Kopf stoßen; **vous me désobligeriez en n'acceptant pas mon invitation** Sie würden mich krän-ken, wenn Sie ... nicht annähmen, an-nehmen würden

désobstru|ction [dezɔpstryksjɔ̃] *f von verstopften Leitungen etc* Freimachen *n*; *méd* Behebung *f* der Verstopfung; **~er** *v/t verstopfte Leitungen etc* frei machen; *méd* die Verstopfung beheben (**l'intes-tin** des Darms)

désodoris|ant [dezɔdɔrizã] *adj u subst m* (produit *m*) ~ Deso'dorans *n*; deso-do'rierendes *od* geruchtilgendes Mittel; **~er 1.** *tech Öl etc* desodo'rieren; den Geruch nehmen (+*dat*); **2.** *Raum* des-odo'rieren; den unangenehmen Geruch beseitigen (**une pièce** in e-m Raum)

désœuvré [dezœvre] **I** *adj* untätig; unbe-schäftigt; beschäftigungslos; müßig; **II** *subst* **~(e)** *m(f)* Untätige(r) *f(m)*; Müßig-gänger(in) *m(f)*

désœuvrement [dezœvrəmã] *m* Untä-tigkeit *f*; Unbeschäftigtsein *n*; Nichtstun *n*; Müßiggang *m*; **faire qc par ~** etw tun, um die Zeit totzuschlagen *od* um be-schäftigt zu sein

désol|ant [dezɔlã] *adj* **1.** *Nachricht, Er-eignis etc* (tief) betrüblich; traurig; **2.** *Wetter, Anblick etc* trostlos; **~ation** *f* **1.** tiefe Betrübnis; großer Jammer; *p/fort* Verzweiflung *f*; **plonger, jeter qn dans la ~** j-n tief betrüben, sehr traurig machen; **2.** *bibl cf* **abomination**

désolé [dezɔle] *adj* **1.** tief betrübt, un-tröstlich (**de über** + *acc*); **je suis ~ de ce qui t'arrive** ich bin tief betrübt über das, was du mitmachst; ♦ *Höflichkeits-formel:* **je suis ~ de vous avoir fait attendre** es tut mir leid, daß ich Sie habe warten lassen; **je suis ~ de vous contredire** es tut mir leid, daß ich Ihnen wider'sprechen muß *od* Ihnen wider'sprechen zu müssen; *ellip* **~, je ne peux vous renseigner** leider kann ich Ihnen keine Auskunft geben; F tut mir leid, ich kann Ihnen keine Auskunft geben; **2.** *Gegend etc* trostlos

désoler [dezɔle] **I** *v/t* **1.** *Mißerfolg, Tod etc* ~ **qn** j-n tief betrüben; j-n traurig machen, stimmen; **2.** *Zwischenfall, Ver-spätung etc* ~ **qn** j-n bekümmern, ver-drießen; j-m leid tun; **II** *v/pr* **se ~** traurig, betrübt sein; *st/s* **je me désole de ne pouvoir vous aider** *auch* es macht mich traurig *od* es betrübt mich, Ihnen nicht helfen zu können *od* daß ich Ihnen nicht helfen kann

désolidariser [desɔlidarize] **I** *v/t* tech

Antriebswelle trennen (**du moteur** vom Motor); **II** *v/pr* se ~ **de qn** sich mit j-m nicht mehr soli'darisch erklären; mit j-m nicht mehr soli'darisch sein: sich von j-m distan'zieren; **se** ~ **de qc** mit etw nicht mehr über'einstimmen; sich von etw distan'zieren

désoperculer [dezɔpɛrkyle] *v/t* Bienenzucht den Wachsdeckel entfernen (**un rayon** von e-r Wabe)

désopil|ant [dezɔpilɑ̃] *adj* lustig; herzhaftes, lautes Lachen her'vorrufend; *p/fort* zwerchfellerschütternd; ~**er I** *v/i* herzhaftes, lautes Lachen her'vorrufen; zum Lachen reizen; **II** *v/pr* **se** ~ herzhaft lachen

désordonné [dezɔrdɔne] **I** *adj* **1.** *Schüler, Haus, Verwaltung etc* unordentlich; F schlampig; *Flucht, Lauf etc* wild; *Bewegung* unkontrolliert; **2.** *Leben, Betragen etc* unordentlich; zügellos; ungezügelt; *Leben auch p/fort* ausschweifend; *Phantasie* ungezügelt; blühend; *par ext Ausgaben* maßlos; **II** *subst* ~(e) *m(f)* unordentlicher Mensch

désordre [dezɔrdr] *m* **1.** Unordnung *f*; Durcheinander *n*; ~ **pittoresque** malerische Unordnung; malerisches Durcheinander; **quel** ~! was für ein, welch e-e Unordnung!; was für ein, welch ein Durcheinander!; *loc/adj* **en** ~ in Unordnung; ungeordnet; *Zimmer* nicht aufgeräumt; unaufgeräumt; **mettre en** ~ in Unordnung bringen; durchein'anderbringen; *Gegenstände* **traîner en** ~ unordentlich herumliegen; *litt* **réparer le** ~ **de sa toilette** s-e Toilette wieder in Ordnung bringen; **2.** *fig der Gedanken* Ungeordnetheit *f*; Durcheinander *n*; *der Finanzen* Unordnung *f*; ~ **dans l'administration** Unordnung in der Verwaltung; **3.** Unruhe *f*; Unfriede(n) *m*; Verwirrung *f*; **causer du** ~ Unruhe, Unfrieden, Verwirrung stiften; **semer le** ~ Unruhe verbreiten; **4.** *par ext* (öffentliche) Unruhe; Aufruhr *m*; *meist pl* ~**s** Unruhen *f/pl*; **de graves** ~**s ont éclaté** schwere Unruhen sind ausgebrochen; **5.** **vivre dans le** ~ zügellos, ausschweifend leben; **6.** *Gewinnzahlen beim "Tiercé"* **dans le** ~ in beliebiger Reihenfolge

désorganis|ateur [dezɔrganizatœr] *adj* <-trice> Unordnung, Verwirrung stiftend; auflösend; zersetzend; ~**ation** *f* Desorganisati'on *f*; Desorgani'sierung *f*; *der Verwaltung, Armee etc auch* Auflösung *f*; *der Finanzen* ~ **complète** Zerrüttung *f*

désorganiser [dezɔrganize] **I** *v/t* desorgani'sieren; in Unordnung bringen; auflösen; zersetzen; zerrütten; *Pläne* durch'kreuzen; **II** *v/pr* **se** ~ in Unordnung geraten; sich auflösen

désorient|ation [dezɔrjɑ̃tasjɔ̃] *f psych* Desorien'tierung *f*; ~**é** *adj* verwirrt; verunsichert; **être** ~ *auch* sich nicht mehr zu'rechtfinden

désorienter [dezɔrjɑ̃te] *v/t* **1.** ~ **qn** j-n verwirren, verunsichern; **2.** *Kompaßnadel* ablenken; *Fernglas etc* aus der eingestellten Richtung verschieben

désormais [dezɔrmɛ] *adv* von nun an *od* ab; von jetzt an *od* ab; hin'fort; fort'an; künftig(hin)

désorption [desɔrpsjɔ̃, -zɔ-] *f phys, chim* Desorpti'on *f*

désoss|é [dezɔse] *adj Fleisch, Geflügel* von den Knochen gelöst; ohne Knochen; entbeint; *südd* ausgelöst; *Fisch* entgrätet; ~**ement** *m* von *Fleisch, Geflügel* Lösen *n* von den Knochen; Entbeinen *n*; *südd* Auslösen *n*, -beinen *n*; von *Fischen* Entgräten *n*; ~**er** *v/t Fleisch, Geflügel* von den Knochen lösen; entbei-

nen; *südd* auslösen, -beinen; *Fisch* entgräten

désoxyd|ant [dezɔksidɑ̃] *chim, tech* **I** *adj* Desoxydati'ons...; **II** *m* Desoxydati'onsmittel *n*; ~**ation** *f chim, tech* Desoxydati'on *f*; ~**er** *v/t chim, tech* desoxy'dieren

désoxyribonucléique [dezɔksiribɔnykleik] *adj biol* **acide** ~ (*abr* A.D.N.) Desoxyribonukle'insäure *f* (*abr* DNS)

despot|e [dɛspɔt] *m* **1.** *pol* Des'pot *m*; Al'leinherrscher *m*; *péj* Gewaltherrscher *m*; *hist* ~ **éclairé** Vertreter *m* des aufgeklärten Absolu'tismus; **2.** *fig* Des'pot *m*; Ty'rann *m*; *adit* **mari** ~ des'potischer Ehemann; ~**ique** *adj* des'potisch (*auch fig*)

despotisme [dɛspɔtism(ə)] *m* **1.** *pol* Despo'tismus *m*; Al'leinherrschaft *f*; *péj* Despo'tie *f*; Gewaltherrschaft *f*; *hist* ~ **éclairé** aufgeklärter Absolu'tismus; **2.** *fig* Tyran'nei *f*

desquam|ation [dɛskwamasjɔ̃] *f* **1.** *path der Haut* Abschuppung *f*; Abschilferung *f*; Desquamati'on *f*; **2.** *géol e-s Felsens* Abschuppung *f*; Desquamati'on *f*; ~**er** *v/i* (*u v/pr* **se**) ~ *path Haut* sich (ab)schuppen; abschilfern

desquels, desquelles [dɛkɛl] *pr/rel u pr/i lequel*

dessabler [desɑble] *v/t Allee, Brunnen etc* vom Sand säubern

dessais|ir [desɛzir] **I** *v/t jur* ~ **un tribunal d'une affaire** e-e Sache der Gerichtsbarkeit e-s Gerichtes entziehen; ein Gericht in e-r Sache für nicht zuständig erklären; **II** *v/pr* **se** ~ **de qc** etw auf-, ab-, her'ausgeben, abtreten; ~**issement** *m* **1.** *e-r Sache* Auf-, Her'ausgabe *f*; Abtretung *f*; **2.** *jur e-s Gerichts* Unzuständigkeitserklärung *f*

dessal|age [desalaʒ] *m od* ~**aison** *f od* ~**ement** *m* Entsalzen *n*, -ung *f*

dessaler [desale] **I** *v/t* **1.** *Wasser etc* entsalzen; *cuis Schinken etc* weniger salzig *od* milder machen; *Salzhering* wässern; **2.** *fig* ~ **qn** j-m s-e Naivi'tät *bzw* Schüchternheit nehmen; *p/fort* j-n abgebrühter machen; *adit* **être bien dessalé** recht keck, *p/fort* abgebrüht, mit allen Wassern gewaschen sein; **II** *v/i cuis Hering* wässern; **III** *v/pr* **se** ~ *fig* s-e Naivi'tät *bzw* Schüchternheit ablegen, verlieren; *p/fort* abgebrühter werden

dessangler [desɑ̃gle] *v/t den Sattelgurt* lockern *bzw* lösen (**un cheval** e-s Pferdes)

desséchant [deseʃɑ̃] *adj* **1.** *Wind, Klima* trocken; der *bzw* das alles verdorren läßt; **2.** *fig* **a)** *Doktrin, exakte Wissenschaft etc* trocken; die geistige Beweglichkeit lähmend; **b)** *Egoismus etc* abstumpfend; die Herzen verhärtend

dessèche|ment [deseʃmɑ̃] *m* **1.** *des Bodens, Holzes, der Haut etc* Austrocknen *n*; *Zustand* Trockenheit *f*; *der Vegetation* Vertrocknen *n*; *Zustand* Vertrocknetsein *n*; **degré m de** ~ Trockenheitsgrad *m*; **2.** *fig* ~ **du cœur** Verhärtung *f*, Abstumpfung *f* der Gefühle; ~ **de l'esprit** Lähmung *f* der geistigen Beweglichkeit; geistige Unbeweglichkeit; Verknöcherung *f*

dessécher [deseʃe] <-è-> **I** *v/t* **1.** *Boden, Haut, Kehle etc* austrocknen; *Holz, Blumen zum Aufheben* trocknen (lassen); *Vegetation* vertrocknen lassen; *Gemüse, Obst* dörren; **2.** *fig* abstumpfen; ~ **le cœur de qn** j-s Herz verhärten; j-n gefühllos *od* hart machen; ~ **l'esprit de qn** j-s geistige Beweglichkeit lähmen; j-n verknöchern lassen; **II** *v/pr* **se** ~ **3.** *Boden, Haut, Kehle etc* austrocknen; trocken werden; *Vegetation* vertrocknen; verdorren; **4.** *fig* **a)** abstumpfen;

hart *od* gefühlskalt werden; verhärten; **b)** die geistige Beweglichkeit verlieren; verknöchern; **5.** *alter Mensch* zu'sammenfallen; hager und faltig werden; verschrumpeln

dessein [desɛ̃] *st/s m* Absicht *f*; Plan *m*; Vorhaben *n*; *loc/adv* **à** ~ absichtlich; mit Absicht; vorsätzlich; mit Fleiß; **dans le** ~ **de** (+*inf*) in der Absicht zu (+*inf*); *litt* **avoir le** ~ **de** (+*inf*) die Absicht hegen, sich mit der Absicht tragen zu (+*inf*); **avoir des** ~**s secrets** geheime Pläne haben; etwas im Schilde führen; **son** ~ **est de** (+*inf*) s-e Absicht, sein Plan ist es zu (+*inf*); **former le** ~ **de** (+*inf*) planen, den Plan fassen *od* schmieden zu (+*inf*); **nourrir de noirs** ~**s** dunkle Absichten hegen; etwas Böses im Schilde führen

desseller [desele] *v/t Pferd* absatteln

desserr|age [desɛraʒ] *m tech e-r Schraube etc* Lockern *n*; *p/fort* Lösen *n*; *e-r Bremse* Lösen *n*; ~**ement** *m* **1.** *e-s Griffs, e-r Umklammerung* Lockerung *f*; **2.** *fig* Auflockerung *f*; Dezentrali'sierung *f*

desserrer [desere] *v/t* **1.** *Gürtel, Krawatte, Knoten, Schraube, Griff etc* lockern; *Gürtel auch* weiter machen; schnallen; *Schraube p/fort* lösen; *Bremse* lösen; **2.** ~ **les dents** den Mund auftun, -machen; *meist negativ* **ne pas** ~ **les dents, les lèvres** den Mund nicht auftun, -machen; **kein Wort** *od* F Sterbenswörtchen sagen, von sich geben; **II** *v/pr* **se** ~ **3.** *Knoten, Schraube etc* sich lockern; **4.** *fig Druck* nachlassen

dessert [desɛr] *m* Des'sert *n*; Nachtisch *m*, -speise *f*; **au** ~ beim Dessert *etc*; **vin** *m* **de** ~ Dessertwein *m*

desserte [desɛrt] *f* **1.** Abstell-, Beistell-, Ser'viertisch *m*; **mit Rädern** Ser'vierwagen *m*; Teewagen *m*; **2.** Verkehrsverbindung *f* (**des villages zu den Dörfern**); ~ (*Flug*)*Hafens* ~ (**par voie**) **ferrée** Eisenbahnanschluß *m*, -verbindung *f* (**de gén** *bzw* **zu**); **chemin** *m* **de** ~ Stichstraße *f*; **3.** *égl* Ausübung *f* der seelsorgerischen Tätigkeit, Seelsorge *f* (**d'une cure** in e-r Pfarrei); **d'une chapelle** Abhaltung *f* des Gottesdienstes *bzw* der Messe in e-r Kapelle

dessert|ir [desɛrtir] *v/t Edelstein* aus s-r Fassung nehmen; ~**issage** *m* Her'ausnehmen *n* aus der Fassung

desservant [desɛrvɑ̃] *m égl etwa* Pfarrverweser *m*

desservir [desɛrvir] <*cf* servir> **I** *v/t* **1.** *Omnibus, Zug* (regelmäßig) verkehren, fahren (**un village zu e-m Dorf**); bedienen; halten (**une gare** an e-m Bahnhof; **le village** in dem Dorf); *Schiff: Insel, Hafen* (regelmäßig) anlaufen, anfahren; *Flugzeug: Flughafen* anfliegen; *adit Ort, Stadtteil etc* **bien desservi** verkehrsmäßig gut erschlossen *od* günstig gelegen; **2.** *égl Gemeinde, Pfarrei* versehen; seelsorgerisch betreuen; ~ **une chapelle** in e-r Kapelle regelmäßig den Gottesdienst *bzw* die Messe abhalten; **3.** ~ (**la table**) (**den Tisch**) abdecken, abräumen; **4.** ~ **qn** e-n schlechten Dienst, e-n Bärendienst erweisen; j-m schaden; **II** *v/pr* **se** ~ sich (selbst) e-n schlechten Dienst, e-n Bärendienst erweisen; sich (selbst) schaden

dessicc|atif [desikatif] *tech, chim* **I** *adj* <-ive> trocknend; Trocken...; **II** *m* Trockenmittel *n*; ~**ation** *f* **a)** *chim, tech* Trocknen *n*, -ung *f*; Trockenvorgang *m*; *von Obst, Gemüse auch* Dörren *n*; *der Milch* Eintrocknen *n*; **b)** *des Bodens etc* Austrocknen *n*

dessiller [desije] **I** *v/t* **1.** *st/s* ~ **les yeux** die Augen öffnen, *st/s* aufschließen; **2.** *fig* ~ **les yeux à qn** j-m die Augen öffnen,

den Star stechen; **II** *v/pr fig* **alors mes yeux se dessillèrent** da fiel es mir wie Schuppen von den Augen

dessin [desɛ̃] *m* **1.** Zeichnung *f*; ~(s) **animé(s)** Zeichentrickfilm *m*; ~ **géométrique** geometrische Zeichnung; ~ **humoristique** humoristische Zeichnung; *tech* ~ **industriel** technische Zeichnung; *cf auch* **2.**; ~ **linéaire** Li'ne'arzeichnung *f*; ~ **à la craie, au fusain, à la plume** Kreide-, Kohle-, Federzeichnung *f*; ~ **à main levée** *cf* main 1.; ~ **d'architecture** Bauzeichnung *f*, -plan *m*; ~ **de face, de profil** Vorder-, Seitenansicht *f*; *tech* **en élévation** Aufriß *m*; F *iron*: **il faut te faire un** ~? F ka'pierst du denn nicht?; **muß ich es dir denn erst lang und breit erklären?; je ne vais pas te faire un** ~ das brauche ich dir wohl nicht zu erklären; **2.** Zeichnen *n*; *tech* ~ **industriel** technisches Zeichnen; ~ **publicitaire** Werbegraphik *f*; *par ext* Gebrauchsgraphik *f*; **planche** *f*, **table** *f* **à** ~ Zeichenpapier *n*, -brett *n*, -tisch *m*; **bureau** *m*, **cours** *m* *od* **leçon** *f*, **professeur** *m* **de** ~ Zeichenbüro *m*, -unterricht *m* *od* -stunde *f*, -lehrer *m*; **doué pour le** ~ zeichnerisch, für das Zeichnen begabt; **apprendre le** ~ zeichnen lernen; **3.** *peint* Zeichnung *f*; Zeichnerische(s) *n*; Zeichenkunst *f*; **4.** *text, e-r* Tapete Muster *n*; Des'sin *n*; **5.** *par ext* Zeichnung *f*; Züge *m/pl*; *des Holzes* Maserung *f*

dessina|teur [desinatœr] *m* Zeichner *m*; *text* Dessina'teur *m*; Musterzeichner *m*; ~ **industriel** technischer Zeichner; ~ **publicitaire, de publicité** Werbegraphiker *m*; *par ext* Gebrauchsgraphiker *m*; ~ **d'études** Konstrukti'onszeichner *m*; ~**trice** *f* Zeichnerin *f*; ~ **de mode** Modezeichnerin *f*

dessiné [desine] *adj* **bande(s)** ~**e(s)** Comic strips *pl*; Comics *pl*

dessiner [desine] **I** *v/t* **1.** zeichnen (*auch tech*); ~ **au crayon, pinceau** mit dem Bleistift, Pinsel zeichnen; **2.** *Umrisse, Formen* her'vortreten lassen; unter-'streichen; her'vorheben; ~ **les formes du corps** die Figur betonen, unterstreichen; **3.** *Straße* ~ **une courbe** e-e Kurve machen, beschreiben; **4.** *fig Schriftsteller* ~ **le caractère de qn** j-s Charakter zeichnen; **II** *v/pr* **se** ~ **5.** sich abzeichnen (**sur, à** l'horizon am Horizont; **sur le mur** an der Wand) (*auch fig*); **6.** *Pläne* Gestalt annehmen, gewinnen

dessolement [desɔlmã] *m agr* Änderung *f* der Fruchtfolge

dessoler [desɔle] *v/t* **1.** *agr* die Fruchtfolge ändern (**les terres** auf den Feldern); **2.** ~ **un cheval** bei e-m Pferd die Hornsohle entfernen

dessouder [desude] **I** *v/t tech* die Schweiß- *bzw* Lötnaht, -stelle lösen *od* auftrennen; **II** *v/pr* **se** ~ *Geschweißtes, Gelötetes* aufgehen; sich lösen

dessoûler [desule] **I** *v/t* ~ **qn** j-n nüchtern machen, ernüchtern; **II** *v/i* nüchtern werden; ausnüchtern; *meist negativ* **il ne dessoûle pas depuis trois jours** er ist seit drei Tagen nicht mehr nüchtern geworden; er ist seit drei Tagen betrunken

dessous [d(ə)su] **I** *adv* **1.** dar'unter *od* F (unten) drunter; an der 'Unterseite; *regardez cette pierre,* **il y a une vipère** ~... es ist e-e Viper darunter, F drunter; **le prix du vase est marqué** ~ der Preis der Vase steht an der Unterseite, F unten drunter; **le balcon fait saillie, mettez-vous** ~... stellen Sie sich darunter, F drunter; **2.** *loc/adv* **en** ~ dar'unter *od* F drunter; unten; **en** ~... **et en dessus** ...

unten ... und oben, F oben'drauf ...; *cet oiseau est* **blanc en** ~ **et noir en dessus** ... ist unten weiß und oben, F obendrauf schwarz; *soulevez ce livre,* **le billet est en** ~... die Karte liegt darunter, F drunter; *par ext* **il est en** ~ er ist ein Stockwerk tiefer; ♦ F **par en** ~ von unten her; **le manteau s'use par en** ~ der Mantel nützt sich von unten her ab; ♦ *fig*: **agir** (F **par**) **en** ~ nicht mit offenen Karten spielen; **regarder** (**qn**) (F **par**) **en** ~ j-m nicht offen in die Augen sehen; *abs* keinen offenen Blick haben; **rire** (F **par**) **en** ~ versteckt *od* in sich hin'ein lachen; **II** *loc/prép* **de** ~ unter (+dat) her'vor; **retirer qc de** ~ **les décombres** etw unter den Trümmern her'vorziehen; **III** *m* **1.** *von Gegenständen* 'Unterseite *f*; untere Seite; **2.** *par ext* (**étage** *m* **du**) ~ untere E'tage; unteres Stockwerk; **les gens du** ~ die Leute vom unteren Stockwerk; die Leute, die e-e Etage *od* ein Stockwerk tiefer wohnen; **3.** *thé* 'Unterbühne *f*; *fig* **être dans le troisième, trente-sixième** ~ in e-r verzweifelten Lage sein; **4.** ~ **des cartes** Vorderseite *f* der Karten; **connaître, voir le** ~ **des cartes** die 'Hintergründe (der Angelegenheit) kennen; wissen, was da'hinter steckt; **5.** *fig* ~ **de table** Schmier-, Draufgeld *n*; **6.** ~ **de bouteille,** *etc cf* **dessous-de-bouteille** *etc*; **7.** *loc* **avoir le** ~ im Kampf, in der Diskussion *etc* unter'legen sein; **8.** ~ *pl* Des'sous *n/pl*; (Damen)'Unterwäsche *f*; ~ **en dentelle** Spitzenunterwäsche *f*; **9.** *fig* ~ *pl* e-r Politik *etc* 'Hintergründe *m/pl*

dessous-de-|bouteille [d(ə)sudbutɛj] *m* ⟨*inv*⟩ Flaschenuntersatz *m*, -untersetzer *m*; ~**bras** *m* ⟨*inv*⟩ cout Arm-, Schweißblatt *n*; ~**plat** *m* ⟨*inv*⟩ Schüsseluntersatz *m*, -untersetzer *m*; ~**table** *m* ⟨*inv*⟩ *cf* **dessous 5.**; ~**verre** *m* ⟨*inv*⟩ Gläseruntersatz *m*, -untersetzer *m*

dessuint|age [desɥɛ̃taʒ] *m text der* Wolle Entschweißen *n*; ~**er** *v/t text* Wolle entschweißen

dessus [d(ə)sy] **I** *adv* **1.** dar'auf; F drauf; **bras** ~, **bras dessous** *cf* bras 1.; **sens** ~ **dessous** *cf* sens **4.**; **tu peux t'asseoir** ~ du kannst dich darauf setzen, F draufsetzen; *fig* **ne comptez pas sur cet appartement,** **quelqu'un est déjà** ~ ... es speku'liert schon jemand darauf; **marcher** ~ bei e-m Teppich *etc* da'rübergehen; bei e-m Stein *etc* darauf treten; F drauftreten; *fig* **mettre la main** ~ *Polizei* zugreifen; *par ext* finden; **il lui a tapé, tiré** ~ er hat auf ihn eingeschlagen, geschossen; **il lui est tombé** ~ er hat sich auf ihn gestürzt; **2.** *loc/adv* **en** ~ oben; auf der oberen Seite; F oben'drauf; **II** *loc/prép* **de** ~ von ... hoch; **enlever qc de** ~ **la table** etw vom Tisch hochnehmen; **ne pas lever les yeux de** ~ **son livre** nicht vom Buch aufblicken; **III** *m* **1.** *von Gegenständen* Oberseite *f*; obere Seite; **2.** *par ext* (**étage** *m* **du**) ~ oberes E'tage; oberes Stockwerk; **les gens du** ~ die Leute vom oberen Stockwerk; die Leute, die ein Stockwerk *od* e-e Etage höher wohnen; **3.** *thé* Schnürboden *m*; **4.** *mus* Dis'kant *m*; ~ **de flûte** Diskant-Flöte *f*; **5.** *fig* **le** ~ **du panier** der obere Zehn'tausend; die Hautevo'lee; die Creme der Gesellschaft; die High-Society [hai sə'saiəti]; **6.** *loc* **avoir,** (**re**)**prendre le** ~ im Kampf, in der Diskussion *etc* über'legen sein; die Oberhand gewinnen; (**re**)**prendre le** ~ *auch nach e-r Krankheit,* e-m seelischen Schmerz wieder genesen; F wieder auf die Beine kommen

dessus-de-|lit [d(ə)sydli] *m* ⟨*inv*⟩ Ta-

gesdecke *f*; ~**porte** *m* ⟨*inv*⟩ arch Sopra-'porte *f*

déstalinis|ation [destalinizasjɔ̃] *f pol* Entstalini'sierung *f*; ~**er** *v/t* entstalini-'sieren

destin [dɛstɛ̃] *m* **1.** Schicksal *n*; Geschick *n*; Los *n*; **arrêt** *m* **du** ~ Schicksalsfügung *f*; Schickung *f*; **tournant** *m* **du** ~ Schicksalswende *f*; **accuser le** ~ das Schicksal anklagen; *loc* **on n'échappe pas à son** ~ s-m Schicksal kann man nicht entgehen; **prendre son** ~ **en main** sein Geschick selbst in die Hand nehmen; **2.** *par ext* *e-s Reiches, Theaterstücks etc* Schicksal *n*

destinataire [dɛstinatɛr] *m* *e-s Briefes etc* Empfänger *m*; Adres'sat *m*

destination [dɛstinasjɔ̃] *f* **1.** *von Gebäuden, Geld, Geräten etc* Bestimmung *f*; Verwendungszweck *m*; **donner à une somme d'argent sa** ~ **convenue** e-e Summe Geld der vereinbarten Bestimmung zuführen; **rendre une école à sa** ~ **première** e-e Schule wieder ihrer ursprünglichen Bestimmung zuführen, über'geben; **2.** Bestimmungsort *m*; Ziel *n*; **gare** *f* **de** ~ Bestimmungs-, Zielbahnhof *m*; *Zug, Flugzeug* **à** ~ **de Paris** nach Paris; **arriver à** ~ am Bestimmungsort, Ziel ankommen; **partir pour une** ~ **inconnue** mit unbekanntem Ziel aufbrechen

destinée [dɛstine] *f* *e-s Menschen* Schicksal *n*; Los *n*; Geschick *n*; ~ **heureuse** glückliches Schicksal, Los, Geschick; **être promis aux plus 'hautes** ~**s** zu Höherem, zu Großem bestimmt, berufen, ausersehen sein; **tenir entre ses mains la** ~ **de qn** j-s Schicksal, Geschick(e) in der Hand haben, halten; *st/s* **unir sa** ~ **à celle de qn** mit j-m den Bund fürs Leben schließen, den Bund der Ehe eingehen

destiner [dɛstine] **I** *v/t* **1.** ~ **qn à une carrière militaire, au commerce** j-n zu e-r militärischen Laufbahn, zu e-m kaufmännischen Beruf bestimmen, ausersehen; **2.** ~ **qc à qn** etw für j-n bestimmen, ausersehen; *litt* j-m etw zugedenken; **je vous destine ce poste, cette maison** dieser Posten, dieses Haus ist für Sie bestimmt, ausersehen; *adit* **être destiné à qn** für j-n bestimmt sein; j-m zugedacht sein; **cette remarque vous était destinée** diese Bemerkung galt Ihnen, war für Sie bestimmt, war Ihnen zugedacht; **3.** ~ **qc à qc** etw für etw bestimmen; **je destine cette somme à l'achat d'un manteau** diese Summe ist für den Kauf e-s Mantels bestimmt; **être destiné à** bestimmt sein zu (+*inf*); sollen (+*inf*); *un titre destiné à éveiller la curiosité*, der die Neugier wecken soll; **II** *v/pr* **se** ~ **à l'enseignement, au commerce** den Lehrberuf, e-n kaufmännischen Beruf wählen

destituer [dɛstitɥe] *v/t* Beamten, Herrscher etc absetzen; ~ **qn de ses fonctions** j-n aus s-m Amt entlassen; j-n s-s Amtes entheben

destitution [dɛstitysjɔ̃] *f* Absetzung *f*; Dienstentlassung *f*; Amtsenthebung *f*; *jur* ~ **de la tutelle** Entlassung *f* des Vormundes (*durch den Familienrat*)

déstockage [destɔkaʒ] *m comm* Lagerabbau *m*

destrier [dɛstrije] *m hist* Streitroß *n*

destroyer [dɛstrwaje, dɛstrɔjœr] *m mar* Zerstörer *m*

destruct|eur [dɛstryktœr] **I** *adj* ⟨-trice⟩ **1.** zerstörerisch; zerstörend; vernichtend; verheerend; **2.** *fig* destruk'tiv; zerstörend; **II** *subst* ~, **destructrice** *m,f* Zerstörer(in) *m(f)*; Vernichter(in) *m(f)*;

..ible *adj* zerstörbar; vernichtbar; **..if** *adj* <-ive> zerstörerisch; zerstörend; *fig auch* destruk'tiv

destruction [dɛstryksjõ] *f* **1.** *e-r Stadt, Brücke etc* Zerstörung *f (auch fig)*; **moyen** *m* de ~ **massive** Massenvernichtungsmittel *n*; **2.** *von Schädlingen, Geheimpapieren etc* Vernichtung *f*; *von Schädlingen auch* Vertilgung *f*; **3.** *chim vom Gewebe* Zerstörung *f*

destructurer [destryktyre] *v/t* die Struk'tur auflösen (+*gén*)

désuet [dezyɛ, des-] *adj* <-ète [-ɛt]> ungebräuchlich; nicht mehr üblich; über'holt; aus der Mode gekommen; altmodisch; veraltet

désuétude [dezyetyd, des-] *f* **tomber en** ~ außer Gebrauch, aus der Mode kommen; ungebräuchlich, unüblich werden; veralten

désulfit|age [desylfitaʒ] *m od* **..ation** *f* *vit* Entfernung *f* des Schwefeldioxids (du vin aus dem Wein)

désulfur|ation [desylfyrasjõ] *f* *chim, tech* Entschwefelung *f*; **..er** *v/t* entschwefeln

désun|i [dezyni] *adj* **1.** entzweit; zerstritten; **2.** *sports* galop ~ Kreuzgalopp *m*; **..ion** *f* Zwietracht *f*; Zwist(igkeit) *m(f)*; **mettre la** ~ Zwietracht säen, stiften; **..ir** *v/t* Familie, Freunde etc entzweien

détachable [detaʃabl(ə)] *adj* abreißbar; Abreiß...; **calendrier** *m* à feuilles ~s Abreißkalender *m*

détachage¹ [detaʃaʒ] *m* Lösen *n*; Los-, Abmachen *n*; Los-, Abreißen *n*; Abtrennen *n*

détach|age² [detaʃaʒ] *m* *text* (chemische) Fleck(en)entfernung; Entfernen *n* von Flecken (de qc aus etw); **..ant I** *adj* Fleck(en)entfernungs...; **II** *m* Fleck(en)entfernungsmittel *n*, -entferner *m*; Fleckenwasser *n*

détaché [detaʃe] **I** *adj* **1.** pièce ~e Einzelteil *n*; *par ext* Ersatzteil *n*; **2.** Miene, Blick *etc* gleichgültig; unbeteiligt; uninteressiert; **être détaché de** qc an etw (*dat*) nicht mehr interes'siert sein; **3.** *Beamter* vor'übergehend e-r anderen Dienststelle zugeteilt; **II** *m* *mus* Déta'ché *n*

détachement [detaʃmã] *m* **1.** erloschenes Inter'esse ([à l'égard] de qc an etw [*dat*]); *par ext* Gleichgültigkeit *f*; **avec** ~ gleichgültig; **2.** *mil* (Sonder-)Trupp *m*, (-)Ab'teilung *f*, (-)Kom'mando *n*; **3.** *mil* Abkommandieren *n*, -ung *f*; *par ext* Abstellen *n*; Abordnung *f*; **être en** ~ *mil* abkommandiert sein; *par ext* abgestellt, abgeordnet sein; *Beamter auch* vor'übergehend e-r anderen Dienststelle zugeteilt sein; **4.** *gr* abso'lute, losgelöste, iso'lierte Stellung (e-s Satzteils)

détacher¹ [detaʃe] **I** *v/t* **1.** *Befestigtes* lösen; los-, abmachen; los-, abreißen; abtrennen; *Hund, Gefangenen* losbinden; *Sicherheitsgurt* abnehmen; *Schnürsenkel* aufbinden; lösen; *Plakat, Kalenderblatt* abreißen (**de** von); *Briefmarke* ablösen; *Kesselstein* lösen; abmachen; *Boot* losmachen, -binden; *Kette, Anhänger etc* losmachen (**de** von); *abhängen; Wagen auch* abhängen; **auf Formularen** *etc* (à) ~ **suivant le pointillé** hier abtrennen!; **(ne pas) arriver à** ~ qc etw (nicht) los-, abbekommen, F -kriegen; **2.** *Worte, Silben* nicht verbunden, vonein'ander getrennt aussprechen; *Buchstaben* nicht mitein'ander verbinden; vonein'ander getrennt schreiben; *mus Noten* vonein'ander abgesetzt *od* abgehackt, staccato spielen; *peint Gegenstand* deutlich her'vorheben; **3.** ~ qn *mil* j-n abkommandieren; *par ext* j-n abstellen, abordnen; *Beamten* vor'übergehend e-r

anderen Dienststelle zuteilen; **4.** *fig* ~ qn de qn j-n von j-m lösen, trennen; j-n j-m entfremden; *son égoïsme* **détache de lui ses amis** ... trennt ihn von s-n Freunden, entfremdet ihn s-n Freunden; **5.** ne pas pouvoir ~ ses yeux, le regard de qc s-e Augen, s-n Blick nicht von etw losreißen, abwenden, lösen können; **II** *v/pr* **6.** se ~ *Felsbrocken, Kesselstein etc* sich lösen; abgehen; *Hund* sich losmachen, -reißen; *Blatt, Obst* abfallen (de l'arbre vom Baum); *Radrennfahrer* se ~ du peloton sich vom Hauptfeld lösen; das Hauptfeld hinter sich lassen; **7.** *fig* se ~ de qc gleichgültig werden gegen'über etw; sich nicht mehr für etw interes'sieren; sein Inter'esse an etw (*dat*) verlieren; *fig* se ~ de qn sich (gefühlsmäßig) von j-m lösen; **8.** se ~ sur qc sich scharf abzeichnen, abheben gegen etw

détacher² [detaʃe] *v/t aus e-m Kleidungsstück* die Flecken entfernen (qc aus etw); ~ à l'essence mit Benzin die Flecken entfernen; donner, porter à ~ von Flecken reinigen lassen

détach|eur [detaʃœr] *m*, **..euse** *f* Spezia'list(in) *m(f)* für Fleck(en)entfernung; *adj* flacon détacheur Fleckenwasserflasche *f* mit Vorrichtung zum di'rekten Auftragen

détail [detaj] *m* **1.** *comm* (commerce *m* de) ~ Einzel-, Klein-, De'tailhandel *m*; **marchand** *m* au ~ Einzel-, Kleinhändler *m*; **vente** *f* au ~ a) Einzelhandel-, Kleinhandelverkauf *m*; Verkauf *m* im Einzel-, Kleinhandel; b) Einzel-, De'tail-, Kleinverkauf *m*; Verkauf *m* in kleinen Mengen; **magasin** *m* de ~ Einzelhandelsgeschäft *n*; **prix** *m* de ~ Einzelhandelspreis *m*; **faire le** ~ Einzelhandel betreiben; **2.** Einzelheit *f*; De'tail *n*; **en** ~ im einzelnen; ausführlich; en détail; **raconter** qc **en** ~, **dans le** ~ etw im einzelnen, in allen Einzelheiten, ganz ausführlich, lang und breit erzählen; **entrer dans les** ~s auf (die) Einzelheiten, Details eingehen; ins Detail gehen; **se perdre dans les** ~s sich in (den) Einzelheiten verlieren; sich verzetteln; **pour plus amples** ~s, **voir** ... *od* **adressez-vous à** ... Näheres siehe ... *od* zwecks näherer Angaben wenden Sie sich an ...; **3.** ausführliche, detail'lierte Aufstellung; ~ des dépenses detaillierte Kostenaufstellung; **faire le** ~ **d'un compte, d'un inventaire** e-e detaillierte Rechnung, Inven'tarliste aufstellen; **4.** Kleinigkeit *f*; *par ext* Feinheit *f*; Besonderheit *f*; loc/adj de ~ unwichtig; nebensächlich; unwesentlich; **question** *f* de ~ unwichtige, nebensächliche Frage; **c'est un** ~ das ist e-e Kleinigkeit; das ist ganz ohne Bedeutung; **travailler les** ~s alle Feinheiten genau ausarbeiten; **5.** *peint* Ausschnitt *m*; **6.** *mil* **revue** *f* de ~ Sachenappell *m*

détaill|ant [detajã] *m*, **..ante** *f* *comm* Einzel-, Klein-, De'tailhändler(in) *m(f)*; *adj* épicier détaillant Lebensmitteleinzelhändler *m*

détaillé [detaje] *adj* detail'liert; ausführlich; ins einzelne gehend

détailler [detaje] *v/t* **1.** *comm Ware* a) im, über den Einzelhandel verkaufen, vertreiben; in kleineren Mengen *bzw* einzeln, stückweise verkaufen; detail'lieren; **2.** ~ qn des pieds à la tête j-n von Kopf bis Fuß eingehend mustern; **3.** *st/s* ~ qc etw im einzelnen erörtern, ausführen, aufführen; etw detail'lieren; auf die Einzelheiten e-r Sache (*gén*) eingehen

détaler [detale] *v/i* F abhauen; Reiß'aus nehmen; verduften

détalonner [detalɔne] *v/t tech* hinter-

'drehen; **tour** *m* à ~ Hinter'drehbank *f*

détartr|age [detartraʒ] *m* a) Entfernung *f* des Kesselsteins; Entkalkung *f*; b) Entfernung *f* des Zahnsteins; **..ant** *m* Kesselsteinentferner *m*, -entfernungsmittel *n*; Entkalker *m*

détartr|er [detartre] *v/t* a) den Kesselstein entfernen (qc von *od* aus etw); entkalken; b) den Zahnstein entfernen (les dents von den Zähnen); **..eur** *m* cf détartrant

détaxation [detaksasjõ] *f od* **détaxe** [detaks] *f* Steuer-, Gebührenermäßigung *f*, -nachlaß *m bzw* -befreiung *f*, -erlaß *m*

détaxer [detakse] *v/t* ~ qc die Steuer, mit der etw belegt ist, senken *bzw* aufheben; die Gebühren für etw her'absetzen, ermäßigen *bzw* aufheben, abschaffen

détecter [detɛkte] *v/t* **1.** Radiowellen feststellen; regi'strieren; *par ext* Minen, undichte Stelle in e-r Gasleitung etc auffinden; ausfindig machen; **2.** *fig* Spionagering, Geheimnis etc aufspüren, -decken

détecteur [detɛktœr] *m tech* De'tektor *m* (*auch rad*); Nachweis-, Anzeigegerät *n*; **rad** ~ à cristaux Kri'stalldetektor *m*; ~ de gaz Gasspürgerät *n*; ~ d'incendie auto'matischer Feuermelder; ~ de mensonge Lügendetektor *m*; *mil* ~ de mines Minensuchgerät *n*; *phys atom* ~ de particules Teilchendetektor *m*

détection [detɛksjõ] *f* **1.** *rad* Feststellung *f* (von Radiowellen); **2.** *mil* von Flugzeugen, U-Booten, Minen Auffindung *f*; Ortung *f*; **3.** *fig* Aufspürung *f*, -deckung *f*

détective [detɛktiv] *m* ~ (privé) (Pri'vat)Detek'tiv *m*; **agence** *f* de ~ privés Detek'tei *f*

déteindre [detɛ̃dr(ə)] *v/i <cf* peindre> **1.** *Stoff* aus-, verbleichen; verschießen; die Farbe verlieren; **2.** ~ sur abfärben auf (+*acc*) (*auch fig*)

dételage [detlaʒ] *m* **1.** *e-s Zugtiers* Aus-, Abspannen *n*; Aus-, Abschirren *n*; **2.** *ch de fer* Abkuppeln *n*

dételer [detle] <-ll-> **I** *v/t* **1.** *Zugtier* aus-, abspannen; aus-, abschirren; *par ext* ~ une voiture e-n Wagen ab-, ausspannen; **2.** *ch de fer* abkuppeln; **II** *v/i loc/adv fig* sans ~ ohne aufzuhören; ununterbrochen

détendeur [detãdœr] *m tech* Druckminder(ungs)-, Redu'zierventil *n*; Druckminderer *m*; *e-r Kältemaschine* Drosselventil *n*

détendre [detãdr(ə)] <*cf* rendre> **I** *v/t* **1.** *gespanntes Seil, Bogen, Feder etc* entspannen; die Spannung vermindern, lockern (qc *gén od* bei etw); **2.** *phys Gas, Flüssigkeit* entspannen; ausdehnen; **3.** *fig Geist, Beziehungen, internationale Lage etc* entspannen; **II** *v/pr* se ~ **4.** *Feder, Seil etc* die Spannung verlieren; erschlaffen; nachgeben; **5.** *phys Gas, Flüssigkeit* entspannt werden; expan'dieren; sich ausdehnen; **6.** *fig Person, internationale Lage etc* sich entspannen

détendu [detãdy] *adj* **1.** Feder, Seil, Muskel etc entspannt; Seil auch locker; schlaff; *Gummiband* ausgeleiert; **2.** *fig* Miene, Atmosphäre, Beziehungen etc entspannt; il est parfaitement ~ er ist völlig entspannt

détenir [detnir] *v/t <cf* venir> **1.** *Gegenstände* behalten; bewahren; besitzen; qc en gage etw als Pfand behalten; ~ un document ein Dokument besitzen; im Besitz e-s Dokumentes sein; **2.** *fig Rekord* halten; *Macht* besitzen; *Amt etc, sports Titel* innehaben; *Geheimnis* bewahren; *Mittel, Schlüssel zu etw in der Hand* haben; **3.** ~ qn j-n festhalten, gefangenhalten, in Haft halten

détente [detãt] *f* **1.** *e-r Feuerwaffe* Abzug

m; **appuyer sur la** ~ auf den Abzug drücken; F *fig* **être dur à la** ~ a) geizig, F knickrig sein; b) stur sein; c) schwer von Begriff, F Ka'pee sein; F e-e lange Leitung haben; **2.** *e-r Feder, e-e Seils, Muskels etc* Entspannung *f*; Lockerung *f*; *auch* Erschlaffung *f*; **3.** *fig e-r Person, der politischen Lage etc* Entspannung *f*; **politique** *f* **de** ~ Entspannungspolitik *f*; **4.** *sports* Wurf- *bzw* Sprungvermögen *n*; **5.** *phys* Entspannung *f*; Expansi'on *f*, Ausdehnung *f* (*nach vorangegangener Kompression*); ~ **de Joule-Thomson** Joule-'Thomson-Effekt *m*; Drosseleffekt *m*

déten|teur [detɑ̃tœr], ~**trice** I *m,f* **1.** *e-s Gegenstandes* Besitzer(in) *m(f)*; **détenteur illégal** unrechtmäßiger Besitzer; **détenteur d'armes** Waffenbesitzer *m*; **2.** *fig e-s Amtes etc* Inhaber(in) *m(f)*; *e-s Geheimnisses* Bewahrer(in) *m(f)*; *bes sports* ~ **d'un record, d'un titre** Re'kord-, Titelhalter(in) *m(f)*; **3.** *jur* **détenteur précaire** Fremdbesitzer *m*; unmittelbarer Besitzer; II *adj pol, jur* **puissance détentrice** Gewahrsamsmacht *f*

détention [detɑ̃sjɔ̃] *f* **1.** von Gegenständen Besitz *m*; ~ **d'armes** Waffenbesitz *m*; **2.** Haft *f*; In'hafthaltung *f*; ~ **arbitraire** willkürliche Inhafthaltung; ~ **préventive** Unter'suchungshaft *f*; **3.** *jur* Fremdbesitz *m*; unmittelbarer Besitz

détenu [detny] I *adj* inhaf'tiert; II *subst* ~(e) *m(f)* Inhaf'tierte(r) *f(m)*; Häftling *m*

détergence [detɛrʒɑ̃s] *f* **a)** Reinigung *f*; Waschvorgang *m*; **b)** Reinigungs-, Waschkraft *f*; Waschaktivität *f*

déterg|ent [detɛrʒɑ̃] I *adj* reinigend; Reinigungs-...; waschaktiv; II *m* Reinigungs-, Wasch-, Spülmittel *n*; ~**s** *pl auch* Deter'genzien *pl*; Netzmittel *n/pl*; ~**er** *v/t* ⟨-geons⟩ reinigen; waschen; spülen

détérioration [deterjorasjɔ̃] *f* **1.** *e-s Gegenstandes etc* Beschädigung *f*; **2.** *fig e-r Situation etc* Verschlechterung *f*; Verschlimmerung *f*

détériorer [deterjore] I *v/t* **1.** *Gegenstand* beschädigen; **2.** *fig Situation, Beziehungen* verschlechtern; verschlimmern; ~ **la santé** der Gesundheit (*dat*) schaden; II *v/pr se* ~ **3.** *Tapeten, Möbelstücke etc* sich beschädigt, schadhaft werden; leiden; verlottern; verkommen; **4.** *fig Lage, Beziehungen* sich verschlechtern; *Lage auch* sich verschlimmern

déterminable [detɛrminabl(ə)] *adj* bestimmbar; festlegbar

déterminant [detɛrminɑ̃] I *adj* bestimmend; entscheidend; ausschlaggebend; II *m* **1.** *ling* (zu'sammenfassende Bezeichnung für) Ar'tikel *m*, bestimmtes Pro'nomen und Zahlwort *n* (*Gegensatz zu ,,adjectif qualificatif''*); Begleiter *m* des Substantivs; **2.** *math* Determi'nante *f*

déterminatif [detɛrminatif] *adj* ⟨-ive⟩ *ling* **adjectif** ~ *od subst* ~ *m cf* **déterminant** II 1.; **complément** ~ nähere Bestimmung; **attri'but** *n* (*mit Ausnahme des Adjektivs als Attribut*); **proposition relative déterminative** restrik'tiver, notwendiger Rela'tivsatz

détermination [detɛrminasjɔ̃] *f* **1.** *e-r Entfernung, e-s Breitengrades etc* Bestimmung *f*; Festlegung *f*, -stellung *f*; Ermittlung *f*; *mar, aviat* ~ **de la position** Standortbestimmung *f*; **2.** *ling e-s Wortes, Begriffs* nähere Bestimmung; **3.** *philos* **a)** Determi'niertheit *f*; **b)** *Logik* Determinati'on *f*; **4. a)** Entschluß *m*; Entscheidung *f*; **prendre une** ~ e-n Entschluß fassen; e-e Entscheidung treffen; **b)** Entschlossenheit *f*; **agir avec** ~ entschlossen handeln

déterminé [detɛrmine] *adj* **1.** *Menge,*

Zeit, Ort etc bestimmt; **2.** *ling* **substantif** ~ *od subst* ~ *m* näher bestimmtes Substantiv; **3.** *philos* determi'niert; **4.** *Person, Miene etc* entschlossen

déterminer [detɛrmine] I *v/t* **1.** *Entfernung, Pflanze, Unbekannte in e-r Gleichung etc* bestimmen; *Ort, Datum auch* festlegen; *Ursache, Einzelheit etc* feststellen; ermitteln; *gemeinsames Vorgehen etc* beschließen (*qc* über etw [*acc*]); festlegen; **2.** *ling Wort, Begriff* näher bestimmen; **3.** ~ **qn à** (+*inf*) j-n bestimmen, bewegen, veranlassen zu (+*inf*); **4.** *Reaktion, Folge etc* bewirken; her'vorrufen; **5.** *philos* determi'nieren; II *v/pr se* ~ (**à** *qc od* **à** +*inf*) sich entschließen, sich 'durchringen (zu etw *od* zu +*inf*); sich entscheiden (für etw)

détermin|isme [detɛrminism(ə)] *m philos* Determi'nismus *m*; ~**iste** *philos* I *adj* determi'nistisch; II *m* Determi'nist *m*

déterrage [detɛraʒ] *m ch* Baujagd *f*

déterré [detere] *m nur loc* **avoir une mine, tête de** ~ leichen-, totenblaß aussehen, sein

déterrement [detɛrmɑ̃] *m* Ausgraben *n*; *fig auch* Ausgrabung *f*

déterrer [detere] *v/t* **1.** *Schatz, Blumenzwiebel etc* ausgraben; **2.** *fig Manuskript etc* ausgraben; ausfindig machen; aus der Vergessenheit her'vorziehen

déterreur [detɛrœr] *m* **1.** Ausgräber *m* (*auch fig*); **2.** *ch* Baujäger *m*

déters|if [detɛrsif] *adj* ⟨-ive⟩ *u subst m cf* **détergent**; ~**ion** *f cf* **détergence**

détestable [detɛstabl(ə)] *adj* verabscheuungswürdig; ab'scheulich; scheußlich (*auch Wetter*)

détestation [detɛstasjɔ̃] *litt f* Abscheu *m* (**de** vor + *dat*); Verabscheuung *f*

détester [detɛste] *v/t* **1.** *Person, Lüge, Lärm, Speise, Musik etc* verabscheuen; hassen; nicht ausstehen können; ~ (~ *qc* **de**) **faire** *qc* es hassen, etw tun zu müssen; **il se fait** ~ **de tout le monde** er macht sich bei jedermann verhaßt; **2.** **ne pas** ~ *qn* j-n ganz gern(e) mögen; **ne pas** ~ **boire, danser,** *etc* ganz gern(e) einmal etwas trinken, tanzen *etc*

détirer [detire] *v/t* ausein'anderziehen

déton|ant [detɔnɑ̃] *adj* explo'siv; Detonati'ons...; **explosif** ~ bri'santer Sprengstoff; **mélange** ~ explosives Gasgemisch; ~**ateur** *m* **1.** Initi'alzünder *m*; Zündmittel *n*; Deto'nator *m*; **2.** *fig* auslösendes Ele'ment

détonation [detɔnasjɔ̃] *f* **1.** Detonati'on *f*; *par ext e-r Feuerwaffe* Knall *m*; **2.** *e-s Motors* Klopfen *n*

détoner [detɔne] *v/i* deto'nieren

détonner [detɔne] *v/i* **1.** *mus* deto'nieren; unsauber, falsch singen *bzw* spielen; **2.** *fig in ein Milieu, e-n Rahmen* nicht passen (**dans** in + *acc*; **avec** zu); *abs auch* aus dem Rahmen fallen

détordre [detɔrdr(ə)] *v/t* ⟨*cf* rendre⟩ *Verbogenes* wieder gerademachen; *Gedrehtes* ausein'ander-, aufdrehen; *Strick etc* aufdröseln

détors [detɔr] *adj* ⟨-orse [-ɔrs]⟩ aufgedreht; *Strick etc* aufgedröselt

détortiller [detɔrtije] *v/t Bonbonpapier* aufwickeln; *Zusammengedrehtes* aufdrehen

détour [detur] *m* **1.** *e-s Weges, Flusses* Biegung *f*; Krümmung *f*; Windung *f*; **au** ~ **du chemin** hinter, in der Wegbiegung, -krümmung; **2.** 'Umweg *m*; **éviter, faire un** ~ e-n Umweg vermeiden, machen; **3.** *fig* 'Umweg *m*; Winkelzug *m*; *par ext* Ausflucht *f*; **sans** ~(**s**) ohne 'Umschweife; **personne** *f* **sans** ~ offene und ehrliche, biedere Person; **parler sans** ~(**s**) ohne Umschweife, freiher'aus, geradeher'aus, frei von der Leber

weg reden; **4.** *st/s* **les** ~**s du cœur humain** die geheimsten, tiefsten, verborgensten Winkel *m/pl* des menschlichen Herzens

détourné [deturne] *adj* **d'une façon** ~**e** auf indirekte Weise; indirekt; nicht geradeher'aus; **par des moyens** ~**s**, **par des voies** ~**es** auf 'Umwegen; **prendre des moyens** ~**s pour parvenir à ses fins** auf 'Umwegen zu s-m Ziel zu gelangen suchen

détournement [deturnəmɑ̃] *m* **1.** *e-s Wasserlaufs etc* 'Umleitung *f*; **2.** ~ **d'avion** Flugzeugentführung *f*; **3.** *jur* **a)** *in e-m Konkursverfahren* ~ **d'actif** Bei'seiteschaffung *f* von Vermögenswerten (*durch den Gemeinschuldner*); ~ **de fonds** Unter'schlagung *f*, Veruntreuung *f* von Geldern; **b)** ~ **de mineurs** Entführung *f*, *par ext* Verführung *f* Minderjähriger; **c)** ~ **de pouvoir** Ermessensmißbrauch *m*

détourner [deturne] I *v/t* **1.** *Wasserlauf, Verkehr* 'umleiten; **2.** *Flugzeug* entführen; **3.** *Kopf, Blick, Augen* ab-, wegwenden; **4.** *fig* ~ *qn* **de** *qc* j-n von etw abbringen; **5.** *fig j-s Verdacht* zerstreuen; ~ **sur** *qn* auf j-n lenken, wälzen; ~ **la conversation** vom Thema ablenken; **6.** *jur* **a)** ~ **des fonds** Gelder unter'schlagen, veruntreuen; **b)** ~ **un mineur** e-n Minderjährigen entführen, *par ext* verführen; II *v/pr se* ~ sich abwenden

détoxication [detɔksikasjɔ̃] *f physiol des Organismus* Entgiftung *f*

détrac|ter [detrakte] *v/t litt j-s Verdienste etc* schmähen; ~**teur** *m*, ~**trice** *f* Verleumder(in) *m(f)*; ~**tion** *litt f* Schmähung *f*

détraqu|é [detrake] I *adj* **1.** *Mechanismus, Maschine etc* gestört; F ka'putt; **2.** F *par ext Gesundheit* sehr angegriffen; *Magen* verdorben; F verkorkst; *Nerven* zerrüttet; *Wetter* schlecht; F mies; **avoir le cerveau** ~, **être** ~ verrückt, F 'übergeschnappt sein; *cf auch* **cinglé**; II *subst* ~(**e**) *m(f)* Verrückte(r) *f(m)*; F 'Übergeschnappte(r) *f(m)*; ~**ement** *m e-s Mechanismus* Störung *f*; Aussetzen *n*

détraquer [detrake] I *v/t* **1.** *Motor, Radio etc* F ka'puttmachen; **2.** F *par ext Gesundheit* stark angreifen; *Magen* verderben; F verkorksen; *Nerven* zerrütten; **cela lui a détraqué le cerveau** F das hat ihn um den Verstand gebracht; **3.** F *Sache* ~ j-m nicht gut bekommen; F j-n fertigmachen; II *v/pr* **4.** *Mechanismus etc se* ~ F ka'puttgehen; **5.** F *par ext se* ~ **l'estomac** sich den Magen verderben, F verkorksen; **6.** F *fig* **le temps s'est détraqué** das Wetter ist schlecht, F mies geworden

détrempe [detrɑ̃p] *f* **1.** *peint* Temperafarbe *f*; *par ext* Temperamalerei *f*; **peindre en, à la** ~ mit Temperafarbe malen; **2.** *métall* Weichglühen *f*

détrempé [detrɑ̃pe] *adj Weg, Boden etc* aufgeweicht

détremper [detrɑ̃pe] *v/t* **1.** *Farben, Mörtel etc* anrühren; **2.** *Regen: Weg, Boden* aufweichen; **3.** *métall* weichglühen

détresse [detrɛs] *f* **1.** Verlorenheit *f*; Verzweiflung *f*; äußerste Not; **cri** *m* **de** ~ Notschrei *m*; **sentiment** *m* **de** ~ Gefühl *n* der Verlorenheit, Verlassenheit; **2.** Not (-lage) *f*; Elend *n*; Bedrängnis *f*; **être dans la** ~ in Not, Bedrängnis, im Elend sein; **secourir une famille dans la** ~ ... in ihrer Notlage; **3.** *bes mar* Seenot *f*; *auto* **feux** *m/pl* **de** ~ Warnblinkanlage *f*, -blinklicht *n*; **signal** *m* **de** ~ Notsignal *n*; *loc/adj* **en** ~ *Schiff* in Seenot; *Flugzeug* in e-r Notsituation; in Luftnot; *Zug* (auf der Strecke) liegengeblieben

détriment[detrimã] *m nur loc/prép* au ~ de zum Schaden, Nachteil von (*od* +*gén*); auf Kosten (+*gén*); à mon ~ zu meinem Nachteil; auf meine Kosten; au ~ de la qualité auf Kosten der Qualität

détritique [detritik] *adj géol* Trümmer...; **calcaire** *m* ~ Kalkbreccie [-brɛtʃe] *f od* -brekzie *f*

détritus [detritys] *m* (Fabrikati'ons-) Abfall *m; par ext* Müll *m;* Abfall *m*

détroit [detrwa] *m* **1.** Meerenge *f;* Straße *f;* ~ **de Béring** Beringstraße *f;* ~ **des Dardanelles** Dardanellen *pl;* ~ **de Gibraltar** Straße, Meerenge von (Gibraltar; **2.** *anat* ~ **inférieur, supérieur** Beckenausgang *m,* -eingang *m*

détromper [detrõpe] **I** *v/t* ~ **qn** j-n von s-m Irrtum befreien, e-s Besseren belehren; j-n über s-n Irrtum aufklären; **II** *v/pr* **se** ~ sich e-s Besseren belehren lassen; s-n Irrtum einsehen; **détrompez-vous!** glauben Sie das nicht!

détrôner [detrone] *v/t* **1.** *Herrscher* entthronen; **2.** *fig* entthronen; aus s-r Vorrangstellung verdrängen

détroquage [detrɔkaʒ] *m der Austern* 'Umsetzen *n* in den Mastpark

détrouss|er [detruse] *v/t früher Reisenden etc* über'fallen und ausplündern; **~eur** *m* Straßenräuber *m*

détruire [detrɥir] (*cf* **conduire**) **I** *v/t* **1.** *Stadt, Brücke etc* zerstören; ~ **de fond en comble** völlig zerstören; dem Erdboden gleichmachen; **2.** *Schädlinge, Dokumente etc* vernichten; *Schädlinge auch* vertilgen; *par ext Bevölkerung etc* vernichten; auslöschen; ~ **par le feu** durch Feuer vernichten; niederbrennen (*auch Gebäude, Stadt*); **3.** *Säure:* Gewebe zerstören; **4.** *fig Schönheit, Gesundheit, Hoffnungen etc* zerstören; *Gesundheit auch* rui'nieren; zerrütten; *Hoffnungen, Pläne, Theorie etc auch* zu'nichte machen; **II** *v/pr* **se** ~ **5.** *Wirkungen, Argumente etc* sich auflösen, -heben; **6.** *st/s* s-m Leben ein Ende setzen

dette [dɛt] *f* **1.** *comm* Schuld *f;* ~ **extérieure, hypothécaire, intérieure, publique, viagère** Ausland(s)-, Hypo-'theken-, Inland(s)-, Staats-, Leibrentenschuld *f;* ~ **d'honneur** Ehrenschuld *f;* ~**s de jeu** Spielschulden *f/pl;* **contracter, faire des** ~**s** Schulden machen; **être criblé de** ~**s** völlig verschuldet sein; F bis über beide Ohren, bis zu den Ohren, bis an den Hals in Schulden stecken; **payer ses** ~**s** s-e Schulden bezahlen, begleichen; **rembourser une** ~ e-e Schuld zurückzahlen; *prov* **qui paie ses** ~**s s'enrichit** wer s-e Schulden bezahlt, wird reich; **2.** *fig* Schuld *f;* (mo'ralische) Verpflichtung; **acquitter une** ~ **de reconnaissance** e-e Dankesschuld abtragen; **avoir une** ~ **envers qn** in j-s Schuld stehen; *par ext* (gegenüber) verpflichtet sein; sich j-m verpflichtet fühlen; **contracter une** ~ **envers qn** e-e moralische Verpflichtung gegenüber j-m eingehen; **payer sa** ~ **à la société** s-e Strafe verbüßen

détumescence [detymesãs] *f méd* Abschwellen *n*

deuil [dœj] *m* **1.** Trauer *f;* ~ **national** Staatstrauer *f;* nationale Trauer; **jour** *m* **de** ~ Trauertag *m;* **sa mort fut un** ~ **pour tout le monde** sein Tod erfüllte alle mit Trauer; *Land, Familie etc* **plonger dans le** ~ in Trauer versetzen; ♦ *fig u st/s* **j'ai le cœur en** ~ mir ist das Herz schwer; **la nature est en** ~ die Natur ist abgestorben, trauert; ♦ F *fig* **faire son** ~ **de qc** etw abschreiben, in den Mond, in den Schornstein schreiben; **2.** (**vêtement** *m* **de**) ~ Trauerkleidung *f;* **être en** ~ in Trauer sein; **être en grand**

~ 'Volltrauer, tiefe Trauer haben, tragen; **porter le** ~ Trauer(kleider) tragen; **porter le** ~ **de qn** um j-n trauern; **prendre le** ~ Trauer(kleidung) anlegen; ♦ F *fig* **avoir les ongles en** ~ F Hoftrauer haben; Trauerränder an den Fingernägeln haben; **3.** Trauerfall *m;* **avoir un** ~ **dans la famille** ... e-n Trauerfall haben; **4.** Trauerzeit *f;* **le** ~ **est fini** die Trauerzeit ist zu Ende; **5.** Trauerzug *m;* **mener le** ~ an der Spitze des Trauerzuges gehen; den Trauerzug, das Trauergefolge anführen

deus ex machina [deysɛksmakina] *m thé u fig* Deus ex machina *m*

deutérium [døterjɔm] *m chim* Deu-'terium *n;* schwerer Wasserstoff

deutérocanonique [døterɔkanɔnik] *adj bibl* deuteroka'nonisch

deutéron [døterõ] *m od* **deuton** [døtõ] *m phys atom* Deuteron *n*

deux [dø] **I** *adj/num/c* **1.** zwei; **les** ~ *auch* beide; **die beiden; tous (les)** ~ alle beide, zwei; ♦ ~ **côtés** *m/pl* zwei Seiten *f/pl;* **les** ~ **côtés** *m/pl* beide, die beiden, die zwei Seiten *f/pl;* **Élisabeth II** Elisabeth II. (**die Zweite**); **le** ~ **mai** der zweite *bzw* am zweiten Mai; *gr* **les** ~ **points** der Doppelpunkt; **tome** *m* ~ Band *m* zwei; ♦ *loc/adj:* **Haus etc** **à** ~ **étages** zweigeschossig, -stöckig; mit zwei Stockwerken, Etagen; **moteur** *m* **à** ~ **temps** Zweitakter *m;* Zweitaktmotor *m;* **enfant** *m* **de** ~ **ans** zweijähriges Kind; **Kind** *n* von zwei Jahren; **mère** *f* **de** ~ **enfants** Mutter *f* zweier Kinder *od* von zwei Kindern; **voyage** *m* **de** ~ **jours** zweitägige Reise; **séjour** *m* **de** ~ **mois** zweimonatiger Aufenthalt; Aufenthalt *m* von zwei Monaten; **mot** *m* **de** ~ **syllabes** zweisilbiges Wort; ♦ *loc/adv:* **à** ~ zu zweit; zu zweien; **ils l'ont fait à eux** ~ sie haben es beide allein gemacht; **à nous** ~ ! a) (und nun) an uns beiden; b) ich habe mit dir *bzw* Ihnen ein Wörtchen zu reden, F ein Hühnchen zu rupfen; **dans** ~ **ou trois mois** in zwei bis drei *od* in zwei, drei Monaten; **en** ~ in zwei Teile; **casser, couper en** ~ in zwei Teile brechen, schneiden; **partager en** ~ hal'bieren; **(c'est) entre les** ~ (es *bzw* das ist) halb so, halb so; (es *bzw* das ist) so ein Zwischen-, Mittelding; **par od à** ~ **je zwei** *und* zwei; immer zwei; paarweise; **se mettre** ~ **par** ~ sich paarweise aufstellen; ♦ **il est** ~ **heures** es ist zwei (Uhr); **cela fait** ~, **c'est** ~ das ist zweierlei; *fig* **c'est clair comme** ~ **et** ~ **font quatre** F das ist doch sonnenklar; das ist klar wie dicke Tinte, wie Kloßbrühe; ♦ *prov:* **jamais** ~ **sans trois** aller guten Dinge sind drei (*prov*); **un tiens vaut mieux que** ~ **tu l'auras** *cf* **tenir 1;** **2.** *par ext:* **à** ~ **pas d'ici** ein paar Schritte von hier (fort, weg); F **en moins de** ~ F in Null Komma nichts; **vous y serez en** ~ **secondes** in ein paar, in wenigen Sekunden ...; **j'ai** ~ **mots à vous dire** ich habe ein Wörtchen mit Ihnen zu reden; **expliquer en** ~ **mots** etw in, mit wenigen Worten *od* in, mit ein paar Worten erklären; **II** *m* Zwei *f* (*auch bei Spielkarten, Domino, Würfeln*); **spiel** *auch* Zweier *m; Spielkarte* ~ **de cœur** Herzzwei *f;* **barrer le** ~ die Zwei streichen; **écrire un** ~ e-e Zwei schreiben; *beim Würfeln* **faire un** ~ e-e Zwei, zwei Augen würfeln; ♦ **le** ~ (**du mois**) der Zweite *bzw* am Zweiten (des Monats); **la lettre du** ~ der Brief vom Zweiten; ♦ *ellip: sports* **le** ~ **est bien placé** die Nummer zwei ...; **le monsieur du** ~ *est sorti* der Herr von Zimmer zwei ...; **habiter au** ~ Hausnummer zwei wohnen; **prendre le** ~ den Zweier(bus) *bzw* die Zwei (*Trambahn*) nehmen

deux|-deux [dødø] *loc/adj mus* **mesure** *f* **à** ~ Alla-'breve-Takt *m;* 2/2-Takt *m;* ~-**'huit** *m* ⟨*inv*⟩ *u loc/adj mus* (**mesure** *f* **à**) ~ Zwei'achteltakt *m;* 2/8-Takt *m*

deuxième [døzjɛm] **I** *adj/num/c* zweite(r, -s); ~ **chapitre** *m* zweites Kapitel; **occuper la** ~ **place** den zweiten Platz belegen; **II** *subst* **1.** **le, la** ~ der, die, das zweite (*der Reihe nach*) *bzw* der, die, das Zweite (*der Leistung od dem Rang nach*); **arriver le** ~ als zweiter ankommen; **2.** *m* zweiter Stock; zweite E'tage; **habiter au** ~ im zweiten Stock, F zwei Treppen hoch wohnen; **3.** *in Paris* **le** ~ das zweite Arrondisse'ment; ~**ment** *adv* zweitens

deux|-mâts [døma] *m* ⟨*inv*⟩ *mar* Zweimaster *m;* ~-**pièces** *m* ⟨*inv*⟩ **1.** zweiteiliger Badeanzug; **2.** Jackenkleid *n;* Deux-pièces *n;* **3.** Zwei'zimmerwohnung *f;* ~-**places** *m* ⟨*inv*⟩ *auto* Zweisitzer *m;* ~-**points** *m* ⟨*inv*⟩ *gr* Doppelpunkt *m;* ~-**ponts** *m* ⟨*inv*⟩ *aviat* Trans'portflugzeug *m* mit zweistöckigem Laderaum; ~-**roues** *m* ⟨*inv*⟩ Zweirad *n;* ~-**seize** *m* ⟨*inv*⟩ *u loc/adj mus* (**mesure** *f* **à**) ~ Zwei'sechzehnteltakt *m;* 2/16-Takt *m;* ~-**temps** *m* ⟨*inv*⟩ *u adj* (**moteur** *m*) ~ Zweitakter *m;* Zweitaktmotor *m*

dévaler [devale] **I** *v/t Person: Treppe etc* hin'unter- *bzw* her'unter-, hin'ab- *bzw* her'abeilen, -stürzen; *Fahrzeug: Hang etc* sehr schnell hin'unter- *bzw* her'unter-, hin'ab- *bzw* her'abfahren, -kommen; **II** *v/i Felsen, Gebirgsbach von den Bergen* her'unter- *bzw* hin'unter-, her'ab- *bzw* hin'abstürzen, -kommen; *Gelände, Weg* abfallen

dévaliser [devalize] *v/t* **1.** ~ **qn** j-n ausplündern, -rauben; **2.** *fig Geschäft* plündern; leer kaufen

dévalorisation [devalɔrizasjõ] *f comm, fin* Entwertung *f;* Wertverlust *m,* -minderung *f*

dévaloriser [devalɔrize] **I** *v/t* **1.** *Geld* entwerten; *Kollektion, Ware etc* wertlos machen; *adjt* **monnaie dévalorisée** entwertetes, wertlos gewordenes Geld; **2.** *fig Doktrin etc* schmälern, her'absetzen (+*gén*); **II** *v/pr* **se** ~ den Wert verlieren; wertlos werden

déval|uation [devalɥasjõ] *f e-r Währung* Abwertung *f;* *fachspr auch* Devaluati'on *f;* ~**er** *v/t fin Währung* abwerten

dévanâgari [devanagari] *m od f* Dewa-'nagari(-Schrift) *f*

devancement [dəvãsmã] *m* **1.** Zu'vorkommen *n;* **2.** *mil* ~ **d'appel** vorzeitige Ableitung des (Grund)Wehrdienstes

devancer [d(ə)vãse] *v/t* ⟨-ç-⟩ **1.** *zeitlich* ~ **qn, qc** vor j-m, e-r Sache kommen; j-m, e-r Sache vor'angehen; *in der Ausführung von etw* j-m, e-r Sache zu'vorkommen; ~ **qn à un rendez-vous** bei e-r Verabredung vor j-m ankommen, eintreffen; *im Wettkampf* ~ **qn de quelques pas** j-m um einige Schritte vor'aus sein; **les générations qui nous ont devancés** ... die uns vor'angegangen sind; ~ **une objection, une question** e-m Einwand, e-r Frage zuvorkommen; **2.** *fig Rivalen etc* über'treffen; über'flügeln; vor'aus, über'legen sein (qn j-m); **3.** *par ext s-m Alter, Jahrhundert etc* vor'aus sein (+*dat*); **4.** *mil* ~ **l'appel** den (Grund)Wehrdienst vorzeitig ableisten

devanc|ier [dəvãsje] *m,* ~**ière** *f* Vorgänger(in) *m(f)*

devant [d(ə)vã] **I** *prép* **1.** *örtlich u Reihenfolge* vor (+*dat auf die Frage wo?;* +*acc auf die Frage wohin?*); **aller** ~ **la maison** vor das Haus gehen; **être** ~ **la maison** vor dem Haus sein; **passer** ~ **qn, qc** vor, an j-m, etw vor'beigehen, -fahren, -kommen; etw pas'sieren; *cf auch* **pas-**

ser 20. d); regarde ~ toi! schau vor dich!; ◆ *loc/prép* retirez-vous de ~ la porte! gehen Sie von dem Platz vor der Tür fort!; 2. *fig* vor (+*dat*); angesichts (+*gén*); gegen'über (+*dat*); ~ le danger angesichts der Gefahr; ~ la loi vor dem Gesetz; malaise *m* ~ la misère Unbehagen *n* angesichts des Elends; l'avenir est ~ nous die Zukunft liegt vor uns; faire qc ~ qn etw vor j-m *od* in j-s Gegenwart machen; ◆ aller droit ~ soi gerade'zu gehen; *fig* s-n Weg unbeirrt gehen; avoir de l'argent ~ soi e-e finanzielle Rücklage haben; Geld auf der hohen Kante haben; avoir du temps ~ soi genügend Zeit vor sich haben; II *adv* vorn(e); *mit Verben der Bewegung* vor'aus...; vor'an...; loin ~ weit vorn(e); aller, courir ~ voraus-, vorangehen, -laufen; la robe se boutonne ~ das Kleid wird vorn(e) geknöpft; être ~ vorn(e) sein; passez ~! gehen Sie voran, voraus!; *cf auch* passer 20. d); regarder ~ nach vorn(e) schauen; III *m* 1. *bes e-s Gebäudes* Vorderfront *f*, -seite *f*; vorderer Teil; loger sur le ~ zur Straße, nach der Straße hin'aus, nach vorn(e) (hin'aus) wohnen; 2. *loc* prendre le(s) ~(s) vor'aus-, vor'angehen, -eilen; *fig* j-m zu'vorkommen; schneller als der andere sein; 3. *loc/adj* ... de ~ Vorder...; vordere(r, -s); patte *f* de ~ Vorderpfote *f*; *cout* point *m* de ~ Vorstich *m*; poche *f* de ~ vordere Tasche

devanture [d(ə)vãtyr] *f* Schaufenster (-front) *n(f)*; *par ext* Auslage *f*; regarder les ~s des magasins e-n Schaufensterbummel machen

dévast|ateur [devastatœr] *adj* <-trice> 1. *Hochwasser, Sturm etc* verheerend; 2. *fig* zerstörerisch; unheilvoll; ~ation *f* Verwüstung *f*; Verheerung *f*

dévaster [devaste] *v/t* 1. *Gegend, Felder etc* verwüsten; verheeren; *Ernte* vernichten; 2. *fig Leidenschaften: Seele, Herz* zu'grunde richten; *st/s* verwüsten

déveine [deven] F *f* Pech *n*; avoir de la ~ Pech haben

développ|able [devlɔpabl(ə)] *adj math* surface *f* ~ abwickelbare Fläche; ~ante *f math* Evol'vente *f*; ~ de cercle Kreisevolvente *f*

développ|é [devlɔpe] *m Gewichtheben* Drücken *n*; ~ée *f math* Evo'lute *f*

développement [devlɔpmã] *m* 1. *biol* e-r *Pflanze, e-s Kindes, Keims etc* Entwicklung *f*; Entfaltung *f*; *par ext der Muskeln* Kräftigung *f*; Ertüchtigung *f*; ~ embryonnaire Embryo'nalentwicklung *f*; ~ intellectuel geistige Entwicklung; être gêné dans son ~ in s-r Entwicklung gestört, gehemmt sein; 2. *fig bes écon* (Aufwärts)Entwicklung *f*; Aufschwung *m*; Entfaltung *f*; *der Produktion auch* Steigerung *f*; Erweiterung *f*; *e-s Unternehmens auch* Expansi'on *f*; *der Wissenschaften* (Weiter)Entwicklung *f*; *e-r Religion* Ausbreitung *f*; *e-r Partei, Stadt* Wachstum *n*; *von Beziehungen* Ausbau *m*; Entwicklung *f*; ~ économique wirtschaftliche Entwicklung; ~ d'une industrie Aufschwung e-s Industriezweiges; ~ d'une maladie Fortschreiten *n* e-r Krankheit; pays *m* en voie de ~ Entwicklungsland *n*; *Land, Wirtschaft* être en plein ~ e-n großen, bedeutenden Aufschwung nehmen, erleben; 3. *zu e-m Thema, Problem etc* Ausführung *f*; Erläuterung *f*; *e-s Schüleraufsatzes* Ausführung *f*; Hauptteil *m*; consacrer tout un ~ à une question e-r Frage e-e ganze Abhandlung widmen; 4. *mus e-s Themas* 'Durchführung *f*; 5. ~s *pl* e-s Zwischen-

falls *etc* Folgen *f/pl*; 6. *phot* Entwicklung *f*; Entwickeln *n*; appareil *m* photo à ~ instantané So'fortbildkamera *f*; 7. *e-s Fahrrads* bei einer Pe'dalumdrehung zu'rückgelegte Strecke; Über'setzung *f*; 8. *math* a) *e-r Regelfläche* Abwicklung *f* (sur un plan auf e-e Ebene); b) *e-r Funktion etc* Entwicklung *f*; ~ en série Reihenentwicklung *f*

développer [devlɔpe] I *v/t* 1. *biol Wärme: Keime, Pflanzen etc* sich entwickeln lassen; wachsen lassen; *par ext Muskeln* ausbilden; kräftigen; stählen; *Körper* stählen; ertüchtigen; *adjt:* être bien développé *Muskeln, Körper* gut entwickelt sein; *Muskeln auch* gut ausgebildet sein; *Brust* être très développé stark entwickelt sein; 2. *fig Talent, Eigenschaft etc* entwickeln; entfalten; zur Entfaltung bringen; *écon Produktion, Handel etc* entwickeln; steigern; erweitern; *Geschäft, Industrie etc* entwickeln; e-n Aufschwung geben (+*dat*); zum Aufschwung bringen; *Beziehungen* ausbauen; entwickeln; 3. *Plan, Gedanken, Argument etc* näher ausführen; erläutern; *Plan, Gedanken auch* entwickeln; 4. *phot Film* entwickeln; donner à ~ zum Entwickeln geben; 5. *Fahrrad* ~ sept mètres bei e-r Pe'dalumdrehung sieben Meter zu'rücklegen; 6. *Motor: Leistung* entwickeln; 7. *math* a) *Kegel, Zylinder* abwickeln; b) *Funktion, Determinante etc* entwickeln; 8. *Paket* auspacken; II *v/pr se* 9. *biol Kind, Pflanze, Intelligenz etc* sich entwickeln; 10. *fig Talent, Eigenschaft etc* sich entwickeln, entfalten; *écon Geschäft, Industrie, Land etc* sich aufwärts entwickeln; e-n Aufschwung nehmen

devenir [dəvnir, dvənir] I *v/i* <*cf* venir> 1. werden; ~ célèbre berühmt werden; ~ actrice Schauspielerin werden; ~ la femme de qn j-s Frau werden; 2. *in Fragesätzen:* que deviendrais-je sans lui? was würde aus mir ohne ihn?; qu'allons-nous ~? was wird aus uns werden?; qu'est-il devenu? was ist aus ihm geworden?; qu'est devenu votre projet? was ist aus Ihrem Plan geworden?; ◆ *par ext* qu'étiez-vous donc devenu? wo haben Sie denn gesteckt?; que sont devenues mes lunettes? wo steckt denn meine Brille?; ◆ F que devenez-vous?, qu'est-ce que vous devenez? was machen, F treiben Sie denn (so)?; II *m philos* Werden *n*; ~ perpétuel ~ ewiges Werden

dévergondage [devergõdaʒ] *m* 1. *e-r Frau, der Jugend* Zügellosigkeit *f*; Schamlosigkeit *f*; Ausschweifungen *f/pl*; zügel-, schamloses Verhalten; vivre dans le ~ ausschweifend leben; ein zu freies Leben führen; *Frau auch* ein fri'voles Leben führen; 2. *fig u st/s der Phantasie etc* Ausschweifung *f*; ~ romantique ro'mantischer 'Überschwang

dévergond|é [devergõde] I *adj Jugend, Frau, Leben etc* zügellos; ausschweifend; *Frau auch* schamlos; fri'vol; *par ext Reden, Gespräch etc* fri'vol; schlüpfrig; des propos ~s *auch* Frivoli'täten *f/pl*; II *subst* ~(e) *m(f)* j, der ein ausschweifendes, zu freies Leben führt; schamlose, fri'vole Frau; ~er *v/pr se* ~ ein ausschweifendes, zu freies Leben führen; *Frau auch* ein fri'voles Leben führen; *p/pl auch* alle Scham verlieren

déverguer [deverge] *v/t mar Segel* von der Rah nehmen

dévernir [devernir] I *v/t* den Lack *bzw* die Poli'tur entfernen (qc an, von etw [*dat*]); II *v/pr se* ~ den Lack *bzw* die Poli'tur verlieren

déverrouill|age [deverujaʒ] *m* Ent-,

Aufriegeln *n*; ~er *v/t Tür etc* ent-, aufriegeln

devers [dəvɛr] *prép cf* par-devers

dévers [devɛr] *m* Schräge *f*; Schräg-, Schiefheit *f*; *ch de fer,* Straßenbau: in den Kurven Über'höhung *f*

déversement [deversəmã] *m* 1. *von Wasser etc* Abfließen *n*; Ableiten *n*; Entleeren *n*; taxe *f* de ~ à l'égout Entwässerungsgebühr *f*; 2. *e-r Mauer, Säule etc* Schiefheit *f*

dévers|er [deverse] I *v/t* 1. *Wasser etc* (ab)fließen lassen; ablassen; ableiten; entleeren; *st/s See: Wasser* ergießen; *par ext Sand* ausschütten, -kippen; *Bomben* abwerfen; 2. *fig Zug: Menschenmassen* entlassen; F ausspucken; *Waren* ~ sur le marché auf den Markt werfen; 3. *fig Groll, Zorn etc* entladen; II *v/pr se* ~ sich ergießen; abfließen; ~oir *m* 'Überlauf(vorrichtung) *m(f)*; *e-s Wehrs* 'Überfall *m*

dévêtir [devetir] <*cf* vêtir> I *v/t Kind, Kranken etc* aus-, entkleiden; ausziehen; II *v/pr se* ~ sich aus-, entkleiden, ausziehen

dévi|ance [devjãs] *f Soziologie* normabweichendes Verhalten; Devi'anz *f*; ~ant *adj* von der Norm, vom Üblichen abweichend; devi'ant

déviateur [devjatœr] I *adj* <-trice> ablenkend; Ablenkungs...; II *m aviat* (de jet) Strahlumkehrvorrichtung *f*; Strahlbremse *f*

déviation [devjasjõ] *f* 1. *des Verkehrs* 'Umleitung *f*; *par ext* 'Umleitung(s-strecke) *f*; prendre une ~ e-e Umleitung fahren; 2. *phys von Strahlen* Ablenkung *f*; *télév* bobinage *m* de ~ Ablenkspule *f*; 3. *e-s Geschosses* Deviati'on *f*; Abweichung *f*; 4. *e-s Meßinstruments* Ausschlag *m*; 5. *mar der Kompaßnadel* Deviati'on *f*; 6. *path* ~ de la colonne vertébrale Rückgratverkrümmung *f*; ~ de l'utérus Gebärmutterverlagerung *f*; 7. *fig bes pol, philos* Abweichung *f*; 8. *moralisch* Verirrung *f*; ~ sexuelle sexuelle Verirrung

déviationn|isme [devjasjɔnism(ə)] *m pol* mangelnde Linientreue; Abweichung *f* von der par'teipolitischen Linie; ~iste *pol* I *adj Verhalten, Strömung etc* nicht linientreu; abweichlerisch; II *m,f* Abweichler *m*

dévid|age [devidaʒ] *m von Garn* Abhaspeln *n*; Abwickeln *n*; ~er *v/t Garn etc* (ab)haspeln; abwickeln (auch Knäuel, Spule); ~oir *m* 1. *bes text* Haspel *f*; 2. *par ext* a) Schlauchrolle *f*; *der Feuerwehr* Schlauchwagen *m*; b) Kabelrolle *f*

dévié [devje] *adj* gekrümmt; verbogen

dévier [devje] I *v/t* 1. *Verkehr* 'umleiten; 2. *phys Strahlen* (faire) ~ ablenken; II *v/i* 3. *Geschoß etc* (von s-r Richtung) abweichen; s-e Richtung verlieren; *Zeiger e-s Meßinstruments* ausschlagen; 4. *fig Gespräch* e-e andere Richtung nehmen; vom Thema abschweifen; *Doktrin etc* sich in anderer Richtung weiterentwickeln; vom ursprünglichen Ziel abweichen; *Person* ~ de ses principes, *etc* von s-n Prinzipien *etc* abweichen, abgehen

devin [dəvɛ̃] *m,* **devineresse** [dəvinrɛs] *f* 1. Wahrsager(in) *m(f)*; Hellseher(in) *m(f)*; *im Altertum* Seher(in) *m(f)*; F *fig* je ne suis pas devin ich bin (doch) kein Hellseher; 2. <*nur m*> *zo* Abgottschlange *f*

devinable [d(ə)vinabl(ə)] *adj* erratbar; vor'hersehbar

deviner [d(ə)vine] *v/t* 1. Rätsel raten; lösen; *Gedanken, Absicht, Geheimnis etc* erraten; *Zukünftiges auch* ahnen; *abs:* devinez! raten Sie!; vous ne devinerez jamais! Sie (er)raten es nie!; Sie werden

nie darauf kommen; **j'avais deviné juste** ich hatte richtig geraten, F getippt; ich hatte die richtige Ahnung; **vous ne devinez pas ce qui m'amène?** Sie ahnen, erraten nicht, was mich herführt?; **je ne pouvais pas ~ qu'il viendrait** ich konnte nicht ahnen, daß er kommt od kommen würde; **2.** *st/s* ~ **qn** j-n durch'schauen; **3.** *verborgene Personen, Gegenstände* erahnen

devineresse *cf* devin

devinette [d(ə)vinɛt] *f* **a)** Rätsel *n*; Rateaufgabe *f*; Scherzfrage *f*; **poser une ~** ein Rätsel aufgeben; **b)** ~*s pl* Ratespiel *n*; **jouer aux ~s** ein Ratespiel spielen, machen

dévirer [devire] *v/t mar* ~ **le cabestan** die Winde abwickeln

devis [d(ə)vi] *m comm* Kosten(vor)anschlag *m*; **établir un ~** e-n Kostenvoranschlag machen, aufstellen

dévisager [devizaʒe] *v/t* anstarren; mit s-n Blicken durch'bohren; F anstieren

devise [d(ə)viz] *f* **1.** *Heraldik* Wappenspruch *m*; *par ext e-s Herrschers* De'vise *f*; Sinnbild *n*; **2.** De'vise *f*; Wahlspruch *m*; Motto *n*; *simplicité*, **c'est ma ~** ... ist, lautet meine Devise; **3.** *fin* ausländisches Zahlungsmittel; fremde Geldsorte; ~*s pl* De'visen *f/pl*; ~ **forte** harte Währung; **cours officiel des ~s** offizieller Devisenkurs

deviser [dəvize] *st/s v/i* plaudern

dévissage [devisaʒ] *m* Ab-, Aufschrauben *n*

dévisser [devise] **I** *v/t Verschluß* ab- *bzw* aufschrauben; *Tube* aufschrauben; *angeschraubtes Teil* ab-, losschrauben; **II** *v/i Bergsteiger* abstürzen

de visu [devizy] *loc/adv* durch per'sönlichen Augenschein; aus eigener Anschauung

dévitalis|ation [devitalizasjõ] *f Zahnmedizin* Entfernung *f* der Zahnpulpa; *sc* Devitalisati'on *f*; **~er** *v/t* die Zahnpulpa entfernen (**une dent** e-s Zahnes); *sc* devitali'sieren

dévitaminé [devitamine] *adj* **aliments ~s** Nahrungsmittel, die keine Vita'mine mehr haben

dévitri|fication [devitrifikasjõ] *f* **1.** *tech von Glas* Entglasen *n*, -ung *f*; **2.** *bei Parkett* Entfernen *n* der Versiegelung; **~fier** *v/t* **1.** *tech Glas* entglasen; **2.** *Parkett* die Versiegelung entfernen (**qc** von etw)

dévoiement [devwamã] *m bât e-s Rauchabzugs-, Fallrohrs* Neigung *f*

dévoilement [devwalmã] *m* **1.** Enthüllen *n*, -ung *f*; Entschleiern *n*; Entschleierung *f*; **2.** *fig* Enthüllung *f*; Offen'barung *f*

dévoiler [devwale] **I** *v/t* **1.** *Frau* entschleiern; *Statue etc* enthüllen; **2.** *fig Geheimnis, Absichten, Namen etc* verraten; enthüllen; offen'baren; kundgeben; *Geheimnis auch* lüften; **3.** *tech* den Achter her'ausmachen (**une roue** aus e-m Rad); **II** *v/pr* **se** ~ **4.** *Frau* sich entschleiern; den Schleier ablegen; **5.** *fig* sich enthüllen; offen'bar werden

devoir¹ [d(ə)vwar] *v/t* ⟨je dois, il doit, nous devons, ils doivent; je devais; je dus; je devrai; que je doive; devant; dû, due⟩ *v/t* **1.** *Geld, Betrag* schulden; schuldig sein; **vous me devez dix francs** Sie schulden mir zehn Franc; Sie sind mir zehn Franc schuldig; bekomme von Ihnen zehn Franc; **qu'est-ce que je vous dois?** was bin ich (Ihnen) schuldig?; **2.** *fig Antwort, Erklärung, Respekt, Gehorsam etc* ~ **à qn** j-m schulden, schuldig sein; **on doit assistance aux personnes en danger** Menschen in Gefahr muß man helfen; **je**

lui dois bien cela das bin ich ihm wohl schuldig; *cf auch* **dû**; **3.** *Stellung, Spitznamen, Leben, Erfindung etc* ~ **à qn** j-m (zu) verdanken (haben); ~ **beaucoup à qn** j-m viel verdanken; **ne** ~ **rien à personne** gegenüber niemandem verpflichtet sein; niemandem Dank schulden, schuldig sein; ♦ ~ **à qn, à qc** (+*inf*) es j-m, e-r Sache (zu) verdanken (haben), daß ... *od* zu (+*inf*); **je lui dois d'avoir obtenu ce poste** ich verdanke es ihm, diesen Posten erhalten zu haben *od* daß ich diesen Posten erhalten habe; **il doit à sa connaissance des lieux d'avoir échappé** er verdankt es s-r Ortskenntnis, daß er entkommen ist; **II** *v/aux mit inf* **4. a)** *Notwendigkeit* müssen; **cela devait arriver!** das mußte (ja) kommen, passieren!; **tous les hommes doivent mourir** alle Menschen müssen sterben; *si je veux prendre ce train*, **je dois partir maintenant** ... muß ich jetzt aufbrechen; **b)** *Verpflichtung* müssen; sollen; haben zu; **verneint ne pas** ~ nicht dürfen, sollen; **il devrait (le) lui dire** er sollte, müßte es ihm sagen; **que devons-nous faire?** was sollen wir tun?; **le soldat doit obéir** *sans discuter les ordres* der Soldat hat zu, muß gehorchen ...; **vous auriez dû me prévenir** Sie hätten mich warnen müssen, sollen; **il a cru** ~ **refuser** er hat geglaubt, ablehnen zu müssen; **les choses ne doivent pas en rester là** man darf es nicht dabei bewenden lassen; **5.** *Wahrscheinlichkeit* müssen; wohl werden; **il a dû avoir une panne** er muß, wird wohl e-e Panne gehabt haben; **il doit être deux heures** es muß, wird wohl zwei Uhr sein; **vous devez vous tromper** Sie müssen sich irren; **6.** *Absicht* vorhaben; willens sein; **je lui ai téléphoné, il doit passer vous voir demain** ... er hat vor, Sie morgen zu besuchen; **7.** *Zukunft in der Vergangenheit* sollen; **il devait mourir deux jours plus tard** zwei Tage später starb er, sollte er sterben; *litt* **dussé-je m'y ruiner**, *je ne renoncerai pas* sollte ich mich auch dabei ruinieren, ...; **III** *v/pr* **9.** *unpersönlich* **comme il se doit** wie es sich gehört, gebührt, geziemt; **10. se** ~ **à qn, à sa patrie** gegenüber j-m, dem Vaterland e-e Pflicht zu erfüllen haben; **11. se** ~ **faire qc** es sich schuldig sein, etw zu tun

devoir² [d(ə)vwar] *m* **1.** Pflicht *f*; (**sentiment** *m* **du)** ~ Pflichtgefühl *n*, -bewußtsein *n*; **homme** *m* **de** ~ Pflichtmensch *m*; **pflichtbewußter Mensch**; **agir par** ~ aus Pflichtgefühl, -bewußtsein handeln; **2.** Pflicht *f* (**envers qn** gegenüber j-m); Schuldigkeit *f*; ~ **conjugal** eheliche Pflichten *f/pl*; ~**s d'une charge** Amtspflichten *f/pl*; ~ **du citoyen** Bürgerpflicht *f*; ~ **d'éducation** Erziehungspflicht *f*; **accomplir, faire, remplir son** ~ s-e Pflicht erfüllen, tun; s-e Schuldigkeit tun; **assumer un** ~ e-e Pflicht auf sich nehmen, über'nehmen; **avoir le** ~ **de** (+*inf*) die Pflicht haben zu (+*inf*); **croire de son** ~ **de** (+*inf*) es für s-e Pflicht halten zu (+*inf*); **il est de mon** ~ **de** (+*inf*) es ist meine Pflicht zu (+*inf*); **se faire un** ~ **de** (+*inf*) es als s-e Pflicht ansehen, betrachten, es sich zur Pflicht machen zu (+*inf*); **manquer à son** ~ s-e Pflicht versäumen, verletzen, nicht erfüllen; **se mettre en** ~ **de** (+*inf*) sich anschicken zu (+*inf*); *par ext*: *litt* **aller rendre ses** ~**s à qn** j-m s-e Aufwartung machen; **rendre à qn les derniers** ~**s** j-m die letzte Ehre erweisen; **3.** (Schul)Aufgabe *f*; ~ **d'anglais** Englischaufgabe *f*; ~**s du soir** Hausaufgaben *f/pl*; *in Frankreich* ~**s de vacan-**

ces *von Verlagen herausgegebene Aufgabensammlungen für Schularbeiten während der Ferien*; **faire ses** ~**s** s-e Aufgaben machen

dévolt|age [devɔltaʒ] *m élect* Her'absetzung *f*, Erniedrigung *f* der Spannung; **~er** *v/t élect* die Spannung her'absetzen, erniedrigen (**un circuit** in e-m Stromkreis)

dévolu [devɔly] **I** *adj bes jur* 'übergegangen (**à an** +*acc*); über'tragen (+*dat*); zugefallen (+*dat*); **II** *m* **jeter son** ~ **sur qc, qn** sein Auge auf etw, j-n werfen; j-n auserwählen

dévolutif [devɔlytif] *adj* ⟨**-ive**⟩ *jur* Devolu'tiv...

dévolution [devɔlysjõ] *f jur* **e-s Rechts, e-r Sache** 'Übergang *m*; Heimfall *m*; Devoluti'on *f*; ~ **de la succession** Erbanfall *m*; *hist* **guerre** *f* **de** ♀ Devoluti'onskrieg *m*

devon [dəvõ] *m Angelsport* Devon *m*

dévonien [devɔnjɛ̃] *géol* **I** *adj* ⟨**~ne**⟩ de'vonisch; De'von...; **II** *m* De'von *n*

dévorant [devɔrã] *adj Feuer, Flamme* verheerend; *par ext Leidenschaft etc* verzehrend; *Neugier* unersättlich; **faim ~e** F Bären-, Mordshunger *m*

dévorer [devɔre] *v/t* **1.** *Tier: Beute* verschlingen; gierig (auf)fressen; *Blätter* abfressen; *par ext* **être dévoré par les moustiques** von den Mücken ganz zerstochen werden *bzw* sein; **2.** *Mensch: Speisen* ver-, hin'unterschlingen; *abs* schlingen; **il ne mange pas, il dévore** er ißt nicht, er schlingt; **3.** *fig Buch etc* verschlingen; *Kilometer* fressen; *Vermögen* 'durchbringen; *Unternehmen: große Summen* verschlingen; ~ **des yeux, du regard** mit den Augen, Blicken verschlingen; **4.** *Feuer: Wald etc* vernichten; **5.** *fig Leidenschaft, Sorge etc* ~ **qn** j-n verzehren; **être dévoré de remords, par le chagrin** von Gewissensbissen, vom Kummer verzehrt werden

dévot [devo] **I** *adj* fromm; *péj* frömmelnd; **II** *subst* ~(**e**) *m(f)* Fromme(r) *f(m)*; *péj* Frömmler(in) *m(f)*

dévotement [devɔtmã] *adv* fromm; andächtig

dévotion [devɔsjõ] *f* **1.** Frömmigkeit *f*; Andacht *f*; Gottergebenheit *f*; Devoti'on *f*; livre *m* de ~ Andachtsbuch *n*; **objets** *m/pl* **de** ~ Devotio'nalien *pl*; **2.** *péj* **fausse** ~ Frömme'lei *f*; **3.** ~**s** *pl* Andachtsübungen *f/pl*; **faire ses** ~**s** s-n religiösen Pflichten nachkommen; **4.** *par ext* ~ **à un saint** Verehrung *f* e-s Heiligen; **5.** *fig* **être à la** ~ **de qn** j-m völlig ergeben sein

dévoué [devwe] *adj* ergeben; **être tout** ~ **à qn** j-m ganz ergeben sein; ♦ *am Briefschluß* **(croyez-moi) votre (tout)** ~ ... Ihr sehr ergebener ...

dévouement [devumã] *m* Ergebenheit *f*; *p/fort* Hingabe *f*; Aufopferung *f*; *par ext* Opferbereitschaft *f*, -sinn *m*; *auch* Einsatzbereitschaft *f*; ~ **à une noble cause** Hingabe an, Aufopferung für e-e edle Sache; ~ **d'un employé en patron** Ergebenheit e-s Angestellten s-m Chef gegenüber; **le** ~ **des soldats** *a* **sauvé la patrie** die Opferbereitschaft der Soldaten ...; **soigner qn avec** ~ j-n aufopfernd, hingebungsvoll, mit Aufopferung, mit Hingabe pflegen

dévouer [devwe] *v/pr* **se** ~ **1.** sich aufopfern; **prêt à se** ~ bereit sich aufzuopfern; aufopferungsbereit; opferbereit; **elle s'est dévouée pour soigner le malade** sie hat sich für die Pflege des Kranken aufgeopfert; **2.** sich opfern (**pour faire qc** und etw tun); **F allons, dévoue-toi!** los, opfere dich!; **il s'est dévoué pour aller chercher du**

pain er hat sich geopfert und Brot geholt; **3.** se ~ à une noble cause sich e-r edlen Sache (*dat*) ganz hingeben, widmen

dévoyé(e) [devwaje] *m(f)* auf die schiefe Bahn geratener Mensch; **jeune** ~ junger Mensch, der auf die schiefe Bahn geraten ist

dévoyer [devwaje] <-oi-> **I** *v/t* **1.** *ch de fer* Waggon fehlleiten; **2.** *bât* e-m Rauchabzugs-, Fallrohr e-e Neigung geben (+*dat*); **II** *v/pr* se ~ auf die schiefe Bahn geraten

dextérité [dɛksterite] *f* Fingerfertigkeit *f*; Geschicklichkeit *f*, Gewandtheit *f* (*auch fig*)

dextralité [dɛkstralite] *f* Rechtshändigkeit *f*

dextre [dɛkstr(ə)] *f plais* Rechte *f* (*Hand*)

dextrine [dɛkstrin] *f chim* Dex'trin *n*

dextrocardie [dɛkstrɔkardi] *f path* Dextrokar'die *f*

dextrogyre [dɛkstrɔʒir] *adj chim* rechtsdrehend

dextrorsum [dɛkstrɔrsɔm] *sc adj* <inv> *u adv* im Uhrzeigersinn; von links nach rechts

dextrose [dɛkstroz] *m chim* Dex'trose *f*; Traubenzucker *m*

dia [dja] *int bei Zugtieren* hü! (links!)

diabète [djabɛt] *m path* **a)** ~ (sucré) Zuckerkrankheit *f*; *sc* Dia'betes *m* (mel-'litus); **b)** ~ **insipide** Wasserharnruhr *f*; *sc* Dia'betes in'sipidus *m*; ~ **rénal** Nierendiabetes *m*; *sc* Dia'betes re'nalis *m*

diabétique [djabetik] **I** *adj* dia-'betisch; **coma** *m* ~ Zuckerkoma *n*; **II** *m,f* Dia'betiker(in) *m(f)*; Zuckerkranke(r) *f(m)*

diabétologue [djabetɔlɔg] *m méd* Diabeto'loge *m*

diable [djabl(ə)] **I** *m* **1.** *rel*, *myth* Teufel *m*; ♦ *in fig Wendungen u Verwünschungen:* ~ **de temps** F Hundewetter *n*; **bruit** *m* **du** ~ F Höllen-, Heidenlärm *m*; **faim** *f* **de tous les** ~**s** F Bären-, Mordshunger *m*; **froid** *m*, **vent** *m* **du** ~ fürchterliche Kälte, fürchterlicher Wind; F Hundekälte *f*, *loc/adv* à la ~ flüchtig; oberflächlich; **au** ~ *la* **prudence!** zum Teufel mit ... !; **allez au** ~! F scheren Sie sich, gehen Sie zum Teufel!; **envoyer qn au** ~, **à tous les** ~**s** j-n zum Teufel jagen, schicken; **au** ~ **(vauvert)** *cf* **vauvert**; **s'agiter, se démener comme un (beau)** ~ ... wie ein Verrückter, Wilder; **.. wie wild, toll; du** ~ **si** ... ich will des Teufels sein, wenn ...; **paresseux, têtu,** *etc* **en** ~ schrecklich, F verdammt faul, bockig *etc*; ♦ **avoir le** ~ **au corps** den Teufel im Leib haben; **le** ~ **m'emporte si ...** der Teufel soll mich holen oder hol mich der Teufel, wenn ...; **que le** ~ **l'emporte!** der Teufel soll ihn holen!; **c'est bien le** ~ **si** je ne trouve pas un café es müßte mit dem Teufel zugehen, wenn ich kein Café fände; **ce n'est pas le** ~ das ist nicht schwer; F das ist nicht die Welt; **faire le** ~ **à quatre** (wild, lärmend) her-'umtollen, (-)toben; **le** ~ **s'en mêle** hier hat der Teufel s-e Hand im Spiel; **tirer le** ~ **par la queue** in dürftigen Verhältnissen leben; kaum sein Auskommen haben; *p/fort* am Hungertuch nagen; **vendre son âme au** ~ dem Teufel s-e Seele verschreiben; **2.** *als int:* ~! erstaunt ei der Teufel!; *bewundernd* Teufel auch!; **que** ~! zum Teufel (auch)!; **où, pourquoi, qui,** *etc* ~ ...? wo, warum, wer *etc* zum Teufel ...?; **où** ~ **s'est-il caché?** wo zum Teufel hat er sich versteckt?; **3.** *fig von e-r Person* **a)** *péj* Teufel *m*; **cet enfant est un vrai** ~ dieses Kind ist ein richtiger Teufel; **b)** *par ext* **bon** ~ braver Kerl; F gute Haut; **grand** ~ langer Kerl, F

Lulatsch, Laban; **pauvre** ~ F armer Teufel, Schlucker; ~ **d'homme** F Teufelskerl *m*; **4.** *Spielzeug* Springteufel *m*; **5.** Sack-, Stechkarre *f*; **II** *adj Kind* wild

diablement [djablǝmã] *adv* F verteufelt; verdammt; verflucht

diablerie [djablǝri] *f* **1.** Streich *m*; Schelmenstück *n*; Schelme'rei *f*; **2.** Schalkhaftigkeit *f*; Verschmitztheit *f*

diablesse [djablɛs] *f* **1.** *myth* Teufelin *f*; weiblicher Teufel; **2.** *fig* **a)** **c'est une (vraie)** ~ F das ist ein Teufelsweib; **b)** **elle est une pauvre** ~ F sie ist ein armer Teufel, ein armes Wurm

diablotin [djablɔtɛ̃, dja-] *m* **1.** *myth* kleiner Teufel; Teufelchen *n*; **2.** *fig von e-m Kind* kleiner Teufel; Schlingel *m*; Schelm *m*; **3.** Knallbonbon *m od n*

diabolique [djabɔlik, dja-] *adj* **1.** teuflisch; dia'bolisch; **pouvoir** *m* ~ diabolische Macht; **2.** des Teufels; **tentation** *f* ~ Versuchung *f* des Teufels

diabolo [djabɔlo] *m* **1.** *Spiel* Di'abolo *n*; **2.** *Getränk* ~ **menthe, fraise,** *etc* Mischung *f* aus Limo'nade mit Pfefferminz-, Erdbeersirup *etc*

diachronie [djakrɔni] *f ling* Diachro-'nie *f*; ~**ique** *adj ling* dia'chronisch

diachylon [djakilɔ̃] *m od* **diachylum** [djakilɔm] *m phm* Di'achylon *n*; *par ext* Di'achylon-Pflaster *n*

diacide [djasid] *m chim* zweibasige Säure

diaclase [djaklaz] *f géol* Dia'klase *f*

diacode [djakɔd] *m phm* Mohnsirup *m*

diaconal [djakɔnal] *adj* <-aux> *rel* dia'konisch; Dia'kons...; ~**at** *m égl cath* **1.** Diako'natsweihe *f*; **2.** Diako'nat *n*; ~**esse** *f égl prot* Diako'nisse *f od* Diako-'nissin *f*

diacoustique [djakustik] *f phys* Schallbrechungslehre *f*

diacre [djakr(ə)] *m égl* Dia'kon *m*

diacritique [djakritik] *adj ling* **signe** *m* ~ dia'kritisches Zeichen

diadème [djadɛm] *m* **1.** Dia'dem *n*; *par ext* Kaiser- *bzw* Königswürde *f*; **2.** *Schmuck* Dia'dem *n*; Stirnreif *m*

diadoque [djadɔk] *m* **1.** *hist* Dia'doche *m*; **2.** *in Griechenland* Thronfolger *m*; Kronprinz *m*

diagenèse [djaʒǝnɛz] *f géol* Diage'nese *f*

diagnose [djagnoz] *f* **1.** *méd* Dia'gnostik *f*; **2.** *biol* Dia'gnose *f*

diagnostic [djagnɔstik] *m* **1.** *méd* Dia-'gnose *f*; ~ **biologique de la grossesse** biologischer Schwangerschaftsnachweis; ~ **précoce** Frühdiagnose *f*; **erreur** *f* **de** ~ Fehldiagnose *f*; **émettre un** ~ e-e Diagnose stellen; **2.** *par ext pol, écon* Dia'gnose *f*; Beurteilung *f*

diagnosticien [djagnɔstisjɛ̃] *m méd* Dia'gnostiker *m*; ~**ique** *adj méd* dia-'gnostisch

diagnostiquer [djagnɔstike] *v/t* **1.** *méd* Krankheit dia'gnostizieren; **2.** *par ext* Krise *etc* diagnosti'zieren; feststellen; ~**eur** *m cf* **diagnosticien**

diagonal [djagɔnal] *adj* <-aux> *math* diago'nal; ~**ale** *f* **1.** *math* Diago'nale *f*; **2.** *loc/adv* **en** ~ diago'nal; schräg (-laufend); **traverser une rue en** ~ e-e Straße schräg über'queren; F *fig* **lire en** ~ diagonal lesen

diagramme [djagram] *m bes Statistik, tech, ch de fer* Dia'gramm *n*; *bot* ~ **d'une fleur** Blütendiagramm *n*

dialectal [djalɛktal] *adj* <-aux> mundartlich; Dia'lekt...; dia'lektisch; **terme** *m* ~ Dialektausdruck *m*

dialecte [djalɛkt] *m* Dia'lekt *m*; Mundart *f*

dialecticien [djalɛktisjɛ̃] *m*, ~**ienne** *f philos u allg* Dia'lektiker(in) *m(f)*

dialectique [djalɛktik] *philos u allg* **I** *adj* dia'lektisch; **matérialisme** *m* ~ dialekti-

scher Materialismus; *Kurzwort* Dia'mat *m*; **méthode** *f* ~ dialektische Methode; **II** *f* Dia'lektik *f*

dialectologie [djalɛktɔlɔʒi] *f ling* Dialektolo'gie *f*; Mundartenforschung *f*; ~**logue** *m* Dialekto'loge *m*

dialogique [djalɔʒik] *adj* dia'logisch; in Dia'logform

dialogue [djalɔg] *m* Dia'log *m* (*auch thé, cin*); Zwiegespräch *n*; *philos* **les** ~**s de Platon** die Dialoge Platons; *par ext bes pol* **le** ~ **entre** *les syndicats et le ministre* der Dialog zwischen ...; **établir le** ~ den Dialog eröffnen

dialoguer [djalɔge] **I** *v/t Roman etc* dialogi'sieren; in Dia'logform bringen, gestalten; **II** *v/i* ~ **avec qn** mit j-m e-n Dia'log, ein Zwiegespräch führen; ~**iste** *m cin* Dia'logautor *m*

dialypétale [djalipetal] *bot* **I** *adj* mit getrennten Kronblättern; choripé'tal; **II** *f/pl* ~**s** Choripe'talen *pl*; Getrenntblumenblättrige(n) *pl*

dialyse [djaliz] *f chim, méd* Dia'lyse *f*; ~**er** *v/t chim* dialy'sieren; ~**eur** *m chim* Dialy'sator *m*

diamagnétique [djamaɲetik] *adj phys* diama'gnetisch; ~**isme** *m phys* Diamagne'tismus *m*

diamant [djamã] *m* **1.** Dia'mant *m*; ~ **en rose** Ro'sette *f*; **éclat** *m* **de** ~ Diamantsplitter *m*; **2.** *par ext* Dia'mantring *m bzw* -nadel *f*; **3.** *tech* ~ **(du vitrier)** Glaserdiamant *m*; *par ext* Glasschneider *m*; **4.** *arch* **en pointes de** ~ wie ein geschliffener Dia'mant bearbeitet

diamantaire [djamãtɛr] *m* **a)** Dia-'mantschleifer *m*; **b)** Dia'mantenhändler *m*

diamanté [djamãte] *adj* **1.** dia'manten; mit Dia'manten besetzt; Dia'mant...; *Füllfeder* à **pointe** ~**e** mit Diamantspitze; **2.** *fig* wie ein Dia'mant funkelnd; ~**ifère** *adj* dia'mantenhaltig

diamétral [djametral] *adj* <-aux> *math* dia'metrisch; 'Durchmesser...; ~**ement** *adv* **1.** *math* dia'metrisch; **2.** *fig* ~ **opposé** diame'tral entgegengesetzt

diamètre [djamɛtr(ə)] *m* **1.** *math u allg* 'Durchmesser *m*; **2.** *astr* ~ **apparent** scheinbarer 'Durchmesser

diamine [djamin] *f chim* Di'amin *n*

diaminophénol [djaminɔfenɔl] *m chim, phot* Diaminophe'nol *n*

diantre [djãtr(ə)] *litt int* zum Teufel!; **comment** ~ **a-t-il fait?** wie zum Teufel hat er das gemacht?

diapason [djapazõ] *m* **1.** *mus* Stimmgabel *f*; Stimmpfeife *f*; Dia'pason *m od n*; **2.** *mus* Nor'malstimm-, Kammerton *m*; Dia'pason *m od n*; **3.** *fig* **être au** ~ **de qn** auf j-n eingestellt sein; **ne plus être au** ~ nicht mehr in der gleichen Stimmung sein; nicht mehr eingestellt sein (**de qc** auf etw [*acc*]); **se mettre au** ~ **de qn** sich auf j-n einstellen

diapause [djapoz] *f zo* Dia'pause *f*

diapédèse [djapedɛz] *f physiol* Diape-'dese *f*

diaphane [djafan] *adj* **1.** *Mattglas etc* dia'phan; 'durchscheinend; **2.** *fig u litt Hände* 'durchscheinend

diaphanéité [djafaneite] *litt f* 'Durchsichtigkeit *f*

diaphanoscopie [djafanɔskɔpi] *f méd* Diaphanosko'pie *f*

diaphonie [djafɔni] *f tél* Nebensprechen *n*; 'Übersprechen *n*

diaphorèse [djafɔrɛz] *f méd* Diapho-'rese *f*

diaphorétique [djafɔretik] *méd* **I** *adj* dipho'retisch; schweißtreibend; **II** *m* Diapho'retikum *n*; schweißtreibendes Mittel

diaphragmatique [djafragmatik] *adj*

anat Zwerchfell...; **¹hernie** *f* ~ Zwerchfellbruch *m*

diaphragme [djafragm(ə)] *m* **1.** *anat* Zwerchfell *n*; *sc* Dia'phragma *n*; **2.** *bot* Quer-, Scheidewand *f*; **3.** *phot* Blende *f*; ~ (à) **iris** Irisblende *f*; **4.** *tél*, *rad* Mem'bran *f*; **5.** *mechanisches Empfängnisverhütungsmittel* Dia'phragma *n*

diaphragmer [djafragme] *phot* **I** *v/t* mit e-r Blende versehen; **II** *v/i* abblenden; *par ext* die Blende einstellen

diaphyse [djafiz] *f anat* Dia'physe *f*

diapo [djapo] *f* F *Kurzwort für* **diapositive**

diaporama [djaporama] *m* Tonbildschau *f*

diapositive [djapozitiv] *f phot* Diaposi'tiv *n*; *Kurzwort* Dia *n*

diapré [djapre] *adj st/s Schmetterling etc* bunt schillernd

diarrhé|e [djare] *f path* 'Durchfall *m*; *sc* Diar'rhö(e) *f*; **avoir la** ~ Durchfall haben; **~ique** *adj* 'durchfallartig; 'Durchfall...; *sc* diar'rhöisch

diarthrose [djartroz] *f anat* Diar'throse *f*

diascope [djaskɔp] *m opt* Dia'skop *n*

diaspora [djaspora] *f* **1.** *der Juden* Di'aspora *f*; **2.** *par ext* Di'aspora *f*; völkische, ethnische Minderheit

diastase [djastɑz] *f Biochemie* Dia'stase *f*

diastème [djastem] *f zo* Dia'stema *n*

diastol|e [djastɔl] *f physiol* Dia'stole *od* Di'astole *f*; **~ique** *adj physiol* dia'stolisch

diathermane [djatɛrman] *adj phys* diather'man; 'durchlässig für Wärmestrahlen

diathermanéité [djatɛrmaneite] *f phys* Diathermani'tät *f*; 'Durchlässigkeit *f* für Wärmestrahlen

diathermie [djatɛrmi] *f méd* Diather'mie *f*

diathèse [djatɛz] *f path* Dia'these *f*

diatomée [djatɔme] *f bot* Diato'mee *f*; Kieselalge *f*

diatomique [djatɔmik] *adj chim* zweiatomig

diatonique [djatɔnik] *adj mus* Tonleiter dia'tonisch

diatribe [djatrib] *f* heftige, beißende Kri'tik (**contre** qn an j-m); *auch* Schmähschrift *f*, -rede *f* (gegen j-n); Dia'tribe *f*; **se lancer dans une longue** ~ **contre** qn gegen j-n heftig zu Feld ziehen

diazoïque [djazɔik] *adj chim* Di'azo...; Dia'zonium...

dichotome [dikɔtɔm] *adj* **1.** *bot* dicho'tom(isch); gegabelt; **2.** *astr* Halbmond...

dichotom|ie [dikɔtɔmi] *f* **1.** *bot* Dichoto'mie *f*; **2.** *philos* Dichoto'mie *f*; Diä'rese *f*; **3.** *astr* Halbmond *m*; **4.** *méd* unerlaubte Teilung des Hono'rars zwischen dem über'weisenden Arzt und dem Spezia'listen; **~ique** *adj philos* *Methode* dicho'tomisch

dichroïsme [dikrɔism(ə)] *m phys* Dichro'ismus *m*

dichromatique [dikrɔmatik] *adj phys* dichro'matisch; zweifarbig

dicline [diklin] *adj bot* di'klin; eingeschlechtig

dico [diko] *m Schülersprache cf* **dictionnaire**

dicotylédone [dikɔtiledɔn] *bot* **I** *adj* zweikeimblättrig; diko'tyl; **II** *f/pl* ~s Zweikeimblättrige(n) *pl*; Dikotyle'donen *f/pl*; Diko'tylen *f/pl*

dicrote [dikrɔt] *adj méd Puls* di'krot; zweigipflig

dictame [diktam] *m bot* Diptam *m*

dictaphone [diktafɔn] *m* (*nom déposé*) Dikta'phon *n*; Dik'tiergerät *n*

dictateur [diktatœr] *m* Dik'tator *m*

(*auch im alten Rom u fig*); *fig* **allure** *f*, **ton** *m* **de** ~ Gehaben *n*, Ton *m* e-s Diktators; **faire le** ~ den Diktator spielen

dictatorial [diktatɔrjal] *adj* ⟨-aux⟩ dikta'torisch (*auch fig*)

dictature [diktatyr] *f* Dikta'tur *f* (*auch fig*); ~ **militaire** Mili'tärdiktatur *f*; ~ **du prolétariat** Diktatur des Proletariats

dictée [dikte] *f* **1.** Dik'tieren *n*; Dik'tat *n*; **écrire sous la** ~ nach Diktat schreiben; *fig* **sous la** ~ **des circonstances, des événements** unter dem Zwang...; **2.** *in der Schule* Dik'tat *n*; *par ext* ~ **musicale** Mu'sikdiktat *n*

dicter [dikte] *v/t* **1.** *Brief, Testament etc* dik'tieren; ~ **une lettre à sa secrétaire** s-r Sekretärin e-n Brief diktieren; **2.** *fig Person, Situation etc: Worte* ~ **à** qn j-m eingeben, in den Mund legen; *Verhalten* vorschreiben (**à** qn j-m); bestimmen; **3.** *Bedingungen, Frieden etc* dik'tieren; aufzwingen

diction [diksjɔ̃] *f* Vortrags-, Sprechweise *f*; Dikti'on *f*; ~ **nette** klare Vortragsweise; **prendre des leçons de** ~ 'Unterricht in Sprecherziehung, Sprechunterricht nehmen

dictionnaire [diksjɔnɛr] *m* Wörterbuch *n*; Lexikon *n*; ~ **bilingue** zweisprachiges Wörterbuch; ~ **encyclopédique** Lexikon *n*; Enzyklopä'die *f*; ~ **étymologique** etymologisches Wörterbuch; ~ **français-anglais** französisch-englisches Wörterbuch; ~ **de la musique** Mu'siklexikon *n*; Wörterbuch *n* der Musik; **consulter un** ~ in e-m Wörterbuch nachschlagen; *fig von e-r Person* c'est un vrai ~ er *bzw* sie ist das reinste, ein wandelndes Lexikon

dicton [diktɔ̃] *m* sprichwörtliche Redensart; volkstümliche Weisheit; volkstümlicher Spruch

didactique [didaktik] *adj* di'daktisch; belehrend; lehrhaft; *Literatur* **genre** *m* ~ Lehrdichtung *f*

didactyle [didaktil] *adj zo* mit zwei Zehen *bzw* Fingern

didyme [didim] *m chim* Di'dym *n*

dièdre [djɛdr(ə)] *m* **1.** *math* Di'eder *n*; **2.** *aviat der Tragflügel* V-Stellung *f*; V-Form *f*; **en** ~ V-förmig abgewinkelt

diélectrique [djelɛktrik] *phys* **I** *adj* die'lektrisch; **II** *m* Die'lektrikum *n*

diencéphale [djɑ̃sefal] *m anat* Zwischenhirn *n*; *sc* Dien'cephalon *n*

diérèse [djerez] *f phon* Diä'rese *f*

dièse [djɛz] *m mus* Kreuz *n*; Erhöhungszeichen *n*; **double** ~ Doppelkreuz *n*; **il y a deux** ~**s à la clef en ré majeur** bei D-Dur stehen nach dem Notenschlüssel zwei Kreuze; ♦ *adj* **do** ~ **cis** (-*Moll*) *bzw* **Cis**(-*Dur*); **ré** ~, *etc cf* **ré** *etc*

diesel [djezɛl] *m tech* **1.** Dieselmotor *m*; F Diesel *m*; ~ **à deux, quatre temps** Zweitakt-, Viertakt-Dieselmotor *m*; **2.** Dieselfahrzeug *n*; F Diesel *m*; **3.** *adjt* **moteur** *m*, **camion** *m* ~ Dieselmotor *m*, -lastwagen *m*; **~-électrique** *adj tech* dieselelektrisch; **~-hydraulique** *adj tech* dieselhydraulisch

diésélisation [djezelizasjɔ̃] *f ch de fer* 'Umstellung *f* auf Dieselbetrieb

diéser [djeze] *v/t* ⟨-è-⟩ *mus Note* durch ein Kreuz erhöhen

diète¹ [djɛt] *f méd u allg* Di'ät *f*; Schonkost *f*; ~ **absolue** absolutes Fasten; ~ **lactée** Milchkur *f*, -diät *f*; **être à la** ~ di'ät leben (müssen); **mettre à la** ~ auf Diät setzen

diète² [djɛt] *f oft* ♀ *hist im Deutschen Reich bis 1806, in Polen, Ungarn, Schweden, Dänemark* Reichstag *m*; *in der Schweiz bis 1848* Tagsatzung *f*; *in den heutigen Bundesländern der BRD* Land-

---

tag *m*; **la** ~ **de Worms** der Reichstag von Worms; **la** ~ **de Francfort** die Bundesversammlung, der Bundestag in Frankfurt (*1815–1866*)

diététic|ien [djetetisjɛ̃] *m*, **~ienne** *f* Di'ätspezialist(in) *m(f)*; Di'ätassistent(in) *m(f)*

diététique [djetetik] **I** *adj* diä'tetisch; Di'ät...; **II** *f* Diä'tetik *f*; Ernährungslehre *f*

Dieu [djø] *m* **1.** *rel* Gott *m*; ♦ *Ausruf* ~! (o) Gott!; **le bon** ~ der liebe Gott; *fig* **on lui donnerait le bon** ~ **sans confession** er sieht aus, als ob er kein Wässerchen trüben könnte; **prier le bon** ~ zum lieben Gott beten; *Fluch* P **bon** ~ (**de bon** ~)!, **nom de** ~! F Herrgott nochmal!; *p/fort* P Herrgottsackerment!; **Himmel, Arsch und Zwirn!**; *Ausrufe*: **grand** ~! F großer *od* all'mächtiger Gott!; **du lieber Gott!** All'mächtiger!; **mon** ~!mein Gott!; ach Gott!; ~ **merci!**, **grâce à** ~! Gott sei (Lob und) Dank!; F **Gott sei's gedankt!; le** ~ **des chrétiens** der Gott der Christen; *Ausruf* ~ **du ciel!** **Gott im Himmel!; devant** ~ **et devant les hommes je jure** ... vor Gott und den Menschen schwöre ich ...; ♦ ~ **vous aide!** Gott helfe Ihnen!; **Gott mit Ihnen!; (que)** ~ **ait son âme!** Gott hab' ihn selig!; ~ **vous bénisse!** Gott segne Sie!; **Gottes Segen (sei) mit Ihnen!;** *zu j-m, der geniest hat* **Gesundheit!;** *fig* **ne craindre ni** ~ **ni diable** weder Gott noch den Teufel fürchten; vor nichts zurückschrecken; ~ **vous entende!** Gott gebe es!; ~ **m'est témoin que** ... Gott ist mein Zeuge, daß ...; **tous les jours que** ~ **fait** *st/s* alle Tage, die Gott werden läßt; ~ **vous garde!** Gott schütze Sie!; ~ **m'en garde!** F Gott bewahre, behüte!; ~ **soit loué!** gott'lob!; **Gott sei (Lob und) Dank!; paraître devant** ~ vor Gott treten; sterben; *litt* ~ **me pardonne!** Gott verzeih's!; Gott verzeih' mir!; **(que)** ~ **vous le rende!** **vergelt's Gott!;** ~ **vous le rendra au centuple** Gott wird es Ihnen hundertfach lohnen; ~ **seul le sait** F das wissen die Götter; **das weiß der liebe Gott;** ~ **sait pourquoi, quand, où,** *etc* Gott weiß warum, wann, wo(hin) *etc*; weiß Gott, warum, wann wo(hin) *etc*; **ils reviendront** ~ **sait quand!** sie werden Gott weiß wann zurückkommen; ~ **sait pourquoi il l'a fait** weiß Gott, warum er das getan hat; ~ **sait si, que** ... weiß Gott; ~ **sait si je l'avais prévenu** ich hatte ihn weiß Gott gewarnt; ~ **sait qu'il n'est pas pauvre** er ist weiß Gott kein armer Mann; ~ **le veuille!** wollte Gott!; **Gott gebe es!; si** ~ **le veut** so Gott will; **2.** *myth* ♀ Gott *m*; **les** ♀**x de la Grèce** die Götter Griechenlands; **Mars,** ♀ **de la guerre** Mars, der Gott des Krieges; *fig*: **festin** *m* **des** ♀**x** F Göttermahl *n*; göttliches Mahl; **chanter comme un** ♀ *Frau* wie e-e Nachtigall singen; *Mann* wunderbar singen; **être beau comme un (jeune)** ♀ schön sein wie ein junger Gott; *ce poète est son* ♀ ... ist sein Abgott; **jurer ses grands** ♀**x** Stein und Bein schwören

diffamant [difamɑ̃] *adj* diffa'mierend; ehrenrührig; verleumderisch

diffama|teur [difamatœr] *m*, **~trice** *f* Verleumder(in) *m(f)*; **~tion** *f* Diffa'mierung *f*; Verleumdung *f*; *jur* üble Nachrede; **~toire** *adj* diffa'mierend; diffama'torisch; ehrenrührig; verleumderisch

diffamer [difame] *v/t Gegner etc* diffa'mieren; verleumden; in schlechten, üblen Ruf bringen

différé [difere] **I** *adj* **1.** *ch de fer* **arrêt** ~

Halt *m* am Gefahrenpunkt (, für welchen das Signal vorgezogen ist); **2.** **assurance** *f* **de capital** ~, **de rente** ~**e** *cf* assurance 5.; **II** *m rad, télév* **émission** *f* **en** ~ (Fernseh- *bzw* Rundfunk)Aufzeichnung *f*; **diffuser en** ~ als Aufzeichnung, in e-r Aufzeichnung senden

différemment [diferamã] *adv* anders; ~ **des autres** anders als die anderen

différence [diferãs] *f* **1.** 'Unterschied *m*; Verschiedenheit *f*; ♦ ~ **d'âge** Altersunterschied *m*, -abstand *m*; ~ **de caractère** Unterschied im Charakter; ~ **d'interprétation** Interpretationsunterschied *m*; Unterschied in der Interpretation; ~ **d'opinions** Unterschied in den Meinungen; ♦ *loc/prép* **à la** ~ **de qn, qc** im Unterschied zu j-m, etw; zum Unterschied von j-m, etw; anders als j; *loc/conj* **à la** ~ **que** ... *od* **à cette** ~ **près que** ... mit dem Unterschied, daß ...; ♦ **il y a une** ~ **entre** ... es besteht ein Unterschied zwischen (+*dat*); **il y a deux ans de** ~ **entre eux** zwischen ihnen besteht ein Altersunterschied von zwei Jahren; sie liegen altersmäßig zwei Jahre auseinander; **faire, sentir, voir la** ~ e-n Unterschied feststellen, merken, sehen; **ne pas faire la** ~ keinen Unterschied feststellen; nicht unter'scheiden können; **ne pas faire de** ~ keinen Unterschied machen; nicht unter'scheiden; **faire des** ~**s entre ses enfants** e-n Unterschied zwischen s-n Kindern machen; s-e Kinder 'unterschiedlich behandeln; **cela fait une** ~ das ist ein Unterschied; **2.** *math* Diffe'renz *f*; **la** ~ **entre cinq et trois** *od* **cinq et deux** die Differenz zwischen ...; **3.** *zwischen zwei Meßwerten etc* Diffe'renz *f*; 'Unterschied *m*; ~ **de longueur, de poids** Längen-, Gewichtsunterschied *m*; *phys* ~ **de potentiel** Potenti'aldifferenz *f*; ~ **de prix** Preisdifferenz *f*, -unterschied *m*, -gefälle *n*; ~ **de température** Tempera'turunterschied *m*; **4.** *Börse* Diffe'renz *f*; **5.** *philos* **(spécifique)** Diffe'rentia spe'cifica *f*; artbildender 'Unterschied

différenciation [diferãsjasjõ] *f* **1.** Differen'zieren *n*, -ung *f*; Unter'scheidung *f*; **2.** Differen'zierung *f*; Ausein'anderentwicklung *f*; *biol* ~ **cellulaire** Differenzierung der Zellen

différencier [diferãsje] **I** *v/t* **1.** differen'zieren; unter'scheiden; **2.** *math cf* **différentier**; **II** *v/pr* **se** ~ *bes biol* sich differen'zieren; *adjt* **différencié** differen'ziert

différend [diferã] *m* Diffe'renz *f*; Meinungsverschiedenheit *f*; Unstimmigkeit *f*; **régler un** ~ **e-e** Differenz *etc* beilegen, schlichten

différent [diferã] *adj* **1.** verschieden; 'unterschiedlich; anders(artig); **espèce** ~**e** abweichende Art; **des opinions** ~**es** unterschiedliche Meinungen *f/pl*; **des quantités** ~**es** unterschiedliche, ungleiche Mengen *f/pl*; **dans des conditions** ~**es** unter anderen, andersartigen Bedingungen; **arriver au même but par des méthodes** ~**es** ... mit verschiedenen, unterschiedlichen Methoden; ~ **de** ... verschieden von ...; anders als ...; **être, paraître** ~ **des autres** anders sein, erscheinen als die anderen; **c'est (tout)** ~ das ist etwas (ganz) and(e)res; **2.** ⟨*nur pl u vorangestellt*⟩ ~**s** verschiedene; mehrere; ~**es opinions** verschiedene Meinungen *f/pl*; ~**es personnes** *l'ont vu* verschiedene Leute ...; **pour** ~**es raisons** aus verschiedenen Gründen

différentiation [diferãsjasjõ] *f math* Differen'zieren *n*, -ung *f*; Differentiati'on *f*

différentiel [diferãsjɛl] **I** *adj* ⟨~**le**⟩ **1.** *math* **calcul** ~ Differenti'alrechnung *f*; **équation** ~**le** Differenti'algleichung *f*; **2.** *auto* **engrenage** ~ *cf* II 1.; **3.** *psych psychologie* ~**le** differenti'elle Psychologie; **seuil** ~ 'Unterschiedsschwelle *f*; **4.** *écon* **droit** ~ Differenti'alzoll *m*; *ch de fer* **tarif** ~ Staffeltarif *m*; **II** *subst* **1.** *m auto* Ausgleichs-, Differenti'algetriebe *n*; Differenti'al *n*; **2.** *math* ~**le** *f* Differenti'al *n*

différentier [diferãsje] *v/t math* differen'zieren

différer [difere] ⟨-è-⟩ **I** *v/t* **a)** *Termin etc* auf-, ver-, hin'ausschieben; *Zahlungen auch* anstehen lassen; **b)** *abs* zögern; säumen; **II** *v/i* **a)** ~ **de qc** von etw abweichen; sich von etw unter'scheiden (**par** durch); anders sein als etw; **b)** *abs* vonein'ander abweichen; sich unter'scheiden; *Ansichten auch* diffe'rieren; ausein'andergehen; ~ **du tout au tout** völlig verschieden, grundverschieden sein

difficile [difisil] *adj* **1.** *Arbeit, Aufgabe, Problem, Text, Moment etc* schwierig; schwer; *Arbeit, Aufgabe in der Ausführung auch* mühsam; *Weg(strecke)* schwierig (*auch fig*); *Charakter* schwierig; *Person* schwierig; diffi'zil; schwer zu behandeln(d); *Kind auch* schwer erziehbar; **c'est (très)** ~ das ist (sehr) schwierig, schwer; **cela m'est** ~ das ist schwierig, schwer für mich; das fällt mir schwer; ♦ ~ **à dire** schwierig, schwer zu sagen; schwer sagbar; **un problème** ~ **à résoudre** ein schwer lösbares, schwer *od* schwierig zu lösendes Problem; **ce problème est** ~ **à résoudre** dieses Problem ist schwer, schwierig zu lösen, schwer lösbar; **il est** ~ **à contenter, satisfaire** er ist schwer zufriedenzustellen; **il est** ~ **à vivre** mit ihm kann man schwer, schlecht, *p/fort* nicht auskommen; mit ihm ist schwer, schlecht, *p/fort* nicht auszukommen; **c'est** ~ **à comprendre** das ist schwer zu verstehen, schwer verständlich; ♦ **il est** ~ **de** (+*inf*) es ist schwer, schwierig zu (+*inf*); **il m'est** ~ **d'en parler** es ist schwer, schwierig für mich *od* es fällt mir schwer, davon zu sprechen; **c'est le (plus)** ~, **c'est de** (+*inf*) die (größte) Schwierigkeit dabei ist zu (+*inf*); **le plus** ~ **est fait** das Schwerste, Schwierigste ist geschafft, liegt hinter mir *bzw* uns; **2.** *Person* heikel, wählerisch, diffi'zil (**sur la nourriture** was das Essen angeht); *subst* **faire le, la** ~ wählerisch sein; große Ansprüche stellen

difficilement [difisilmã] *adv* schwer; mit Mühe

difficulté [difikylte] *f* **1.** *e-r Arbeit, e-s Problems, Textes, Weges etc* Schwierigkeit *f*; **sans** ~ ohne Schwierigkeit, Mühe; mühe-, reibungslos; **aimer la** ~ immer den schwierigsten Weg vorziehen; **avoir, éprouver de la** ~ **à comprendre qc** Schwierigkeiten haben, etw zu verstehen; **2.** *oft pl* ~**s** Schwierigkeiten *f/pl*; ~**s financières, matérielles, etc** finanzielle, materielle *etc* Schwierigkeiten; ~**s de logement** Wohnungsprobleme *n/pl*; ~**s de paiement** Zahlungsschwierigkeiten *f/pl*; **avoir des** ~**s avec qn** mit j-m Schwierigkeiten, *par ext* Diffe'renzen haben; **toute la** ~ **consiste à** (+*inf*) die entscheidende, große Schwierigkeit liegt, besteht darin zu (+*inf*); **être en** ~ in Schwierigkeiten sein, stecken; **faire des** ~**s** Schwierigkeiten machen, bereiten; *par ext* **faire des** ~**s pour venir, pour accepter qc** nur ungern kommen, etw annehmen; **cela ne fait aucune** ~ das macht,

bedeutet (gar) keine Schwierigkeit; **se heurter à de grosses** ~**s** auf große Schwierigkeiten stoßen; **surmonter les** ~**s** die Schwierigkeiten über'winden

diffluence [diflyãs] *f géogr* Difflu'enz *f* (*bes e-s Gletschers*)

difform|e [diform] *adj* dif'form; 'mißgestaltet; *par ext* unförmig; häßlich; ~**ité** *f* Difformi'tät *f*; 'Mißbildung *f bzw* 'Mißgestalt *f*; *par ext* Unförmigkeit *f*

diffracter [difrakte] *v/t phys Wellen* beugen

diffraction [difraksjõ] *f phys* Beugung *f*; Diffrakti'on *f*

diffringent [difrɛ̃ʒã] *adj phys* beugungsverursachend

diffus [dify] *adj* ⟨-**use** [-yz]⟩ **1.** dif'fus; zerstreut (*beide auch opt*); nicht scharf abgegrenzt; **lumière** ~**e** diffuses Licht; **2.** *fig Stil* dif'fus; verschwommen

diffuser [difyze] **I** *v/t* **1.** *opt* (zer)streuen; **2.** *rad Programm, Konzert etc* ausstrahlen; senden; über'tragen; **3.** *fig Ideen etc* verbreiten; **II** *v/i phys* diffun'dieren; **III** *v/pr* **se** ~ *Gerücht etc* sich verbreiten

diffuseur [difyzœr] *m* **1.** *Zuckerrübenverarbeitung* Diffu'seur *m*; Diffusi'onsapparat *m*; **2.** *auto des Vergasers* Lufttrichter *m*; **3.** *Strömungslehre* Dif'fusor *m*; **4.** *e-r Lampe* Licht(verteilungs)schirm *m*; Blendschutz *m*; Abdeckung *f*; **5.** *rad* Lautsprecher *m*

diffusible [difyzibl(ə)] *adj* **1.** *phys* diffun'dierend; **2.** *fig* sich (schnell) verbreitend

diffusion [difyzjõ] *f* **1.** *phys, opt* Diffusi'on *f*; *opt auch* (Zer)Streuung *f*; *phys* ~ **thermique** Thermodiffusion *f*; ~ **des gaz** Gasdiffusion *f*; **2.** *rad, télév* Ausstrahlung *f*; Über'tragung *f*; ~ **en direct** Live- [laif-], Di'rektübertragung *f*; ~ **en différé** Übertragung *f* in e-r, als Aufzeichnung; **3.** *fig von Ideen, Erkenntnissen etc* Verbreitung *f*; *in der Werbung auch* Streuung *f*

digérer [diʒere] *v/t* ⟨-è-⟩ **1.** *physiol* verdauen; *par ext* vertragen; **ne pas** ~ **la graisse** Fett nicht vertragen können; **il digère mal** ihm ist das nicht bekommen; ihm liegt das schwer im Magen; **difficile à** ~ schwer verdaulich, zu verdauen(d); **2.** *fig Buch, Gedanken etc* geistig verarbeiten; F verdauen; **3.** F ~ **qc** etw ertragen, hinnehmen, F einstecken, schlucken

digest [diʒɛst, daj(d)ʒɛst] *m* Digest ['daidʒɛst] *m od n*; Sammlung *f* von Zu'sammenfassungen interes'santer Publikati'onen

digeste [diʒɛst] **I** *adj* leicht verdaulich; gut verträglich; **II** *subst* **le** ♀ *jur* die Di'gesten *pl*

digesteur [diʒɛstœr] *m* **1.** *chim* Di'gestor *m*; **2.** *e-r Kläranlage* Faulbehälter *m*

digest|ibilité [diʒɛstibilite] *f* leichte Verdaulichkeit; gute Verträglichkeit; ~**ible** *adj cf* digeste I

digestif [diʒɛstif] **I** *adj* ⟨-**ive**⟩ **1.** *physiol* Verdauungs...; **appareil** ~ Verdauungsapparat *m*; **sucs** ~**s** Verdauungssäfte *m/pl*; **2.** *Tee, Likör etc* verdauungsfördernd; **II** *m* Dige'stif *m*; Verdauungstrank *m*

digestion [diʒɛstjõ] *f* **1.** *physiol* Verdauung *f*; *sc* Digesti'on *f*; **2.** *chim, phm* Dige'rieren *n*; Digesti'on *f*

digital [diʒital] *adj* ⟨-**aux**⟩ **1.** Finger...; **empreinte** ~**e** Fingerabdruck *m*; **2.** *EDV* digi'tal; Digi'tal...

digital|e [diʒital] *f bot* Fingerhut *m*; *sc* Digi'talis *f*; ~ **pourprée** Roter Fingerhut; ~**ine** *f phm* Digito'xin *n*

digité [diʒite] *adj bot Blatt* gefingert

digiti|forme [diʒitiform] *sc adj* fingerförmig; ~**grade** *zo* **I** *adj* auf den Zehen

gehend; **II** *m/pl* ⌣**s** Zehengänger *m/pl*

digne [diɲ] *adj* **1.** wert; würdig (**de qc** e-r Sache [*gén*] *od* **de faire qc** etw zu tun); ⌣ **d'admiration** bewundernswert, -würdig; bewunderungswürdig; ⌣ **de confiance** vertrauenswürdig; Vertrauen verdienend; ⌣ **d'estime** achtens-, -schätzenswert; ⌣ **de foi** glaubwürdig; ⌣ **d'intérêt** Interesse verdienend; ⌣ **de mépris** verachtenswert; Verachtung verdienend; **être** ⌣ **de ce nom** dieses Namens wert, würdig sein; diesen Namen verdienen; **ne pas être** ⌣ **du pardon de qn** j-s Verzeihung nicht wert, würdig sein; **être jugé** ⌣ **de représenter son pays** für wert, würdig befunden, erachtet werden, sein Land zu vertreten; **2.** ⌣ **de qn, de qc** j-s, e-r Sache würdig, wert; e-r Sache (*dat*) angemessen; *Rolle* ⌣ **d'un** tel acteur der e-s solchen Schauspielers würdig, wert ist; *il a un adversaire* ⌣ **de lui** ... der seiner würdig, wert ist; **ce fils est** ⌣ **de son père** dieser Sohn ist s-s Vaters würdig, wert; **3.** (*Verhalten e-r*) *Person* würdig; würdevoll; **d'un air** ⌣ mit würdevoller Miene; **rester** ⌣ **dans son malheur** im Unglück Würde bewahren; **4.** *iron* (ehren)wert; **son** ⌣ **père** *était scandalisé* sein (ehren)werter Vater ...

dignement [diɲmɑ̃] *adv* würdig; würdevoll (*auch iron*)

dignitaire [diɲitɛr] *m des Staates, der Kirche* Würdenträger *m*

dignité [diɲite] *f* **1.** Würde *f*; Amt *n*; ⌣ **de président** Präsi'dentenwürde *f*; **installer dans une** ⌣ in e-e Würde einsetzen; **être revêtu d'une** ⌣ mit e-r Würde bekleidet sein; **2.** *des Menschen, der Arbeit etc* Würde *f*; **avoir de la** ⌣ Würde haben; **manquer de** ⌣ es an Würde fehlen lassen

digon [digɔ̃] *m Fischerei* (*Art*) Har'pune *f*

digraphie [digrafi] *f comm* doppelte Buchführung

digression [digrɛsjɔ̃] *f* **1.** Abschweifung *f*; Ex'kurs *m*; **faire une** ⌣ e-n Exkurs machen; **2.** *astr* Digressi'on *f*

digue [dig] *f* **1.** Deich *m*; Damm *m*; ⌣ **fluviale** Flußdeich *m*; ⌣ **de retenue** Staudamm *m*; **2.** *fig* Damm *m*; Schranke *f*; Hindernis *n* (**à qc** für etw)

diktat [diktat] *m pol* Dik'tat *n*; aufgezwungener Vertrag

dilacér|ation [dilaserasjɔ̃] *sc f* (gewaltsame) Zerreißung (*auch méd*); ⌣**er** *v/t* ⟨-è-⟩ (gewaltsam) zerreißen

dilapid|ateur [dilapidatœr] **I** *adj* ⟨-trice⟩ verschwenderisch; **II** *subst* ⌣, **dilapidatrice** *m,f* Verschwender(in) *m(f)*; Vergeuder(in) *m(f)*; ⌣**ation** *f* Verschwendung *f*; Vergeudung *f*

dilapider [dilapide] *v/t* Geld etc verschwenden; vergeuden

dilat|abilité [dilatabilite] *f phys* (Aus)Dehnbarkeit *f*; ⌣**able** *adj* **1.** *phys* (aus)dehnbar; dila'tabel; **2.** *Pupille etc* **être** ⌣ sich erweitern können; ⌣**ant** **I** *adj* (aus)dehnend; erweiternd; **II** *m cf* dilatateur 2.; ⌣**ateur** *m* **1.** *anat* ⌣ *od adit* muscle *m* ⌣ Dila'tator *m*; **2.** *chir* Dila'tator *m*

dilatation [dilatasjɔ̃] *f* **1.** *phys* (Aus-)Dehnung *f*; Dilatati'on *f*; **2.** *physiol der Pupille, von Gefäßen* Erweiterung *f*; **3.** *path* (krankhafte) Erweiterung; Dilatati'on *f*; ⌣ **d'estomac** Magenerweiterung *f*; **4.** *chir* ⌣ (**thérapeutique**) (künstliche) Erweiterung; Dilatati'on *f*

dilater [dilate] **I** *v/t* **1.** *Wärme: Körper* (aus)dehnen; **2.** *physiol Pupille* erweitern; *par ext* **ses narines** die Nüstern blähen; die Nasenflügel weiten; **3.** *chir* erweitern; dila'tieren; **4.** *fig* ⌣ **le cœur** das Herz weit machen, weit öffnen; **II**

v/pr **se** ⌣ **5.** *phys* sich (aus)dehnen; **6.** *physiol, path* sich erweitern; dila'tieren; **7.** *fig* **son cœur se dilata de joie** das Herz wurde ihm weit, *st/s* schwoll ihm vor Freude; sein Herz weitete sich vor Freude

dilatoire [dilatwar] *adj* **1.** hin'aus-, aufschiebend; verzögernd; **réponse** *f* ⌣ hinhaltende Antwort; **2.** *jur* **exception** *f* ⌣ dila'torische, aufschiebende Einrede

dilatomètre [dilatɔmɛtr(ə)] *m phys* Dilato'meter *n*

dilection [dilɛksjɔ̃] *litt f* (religi'öse, mitfühlende) Liebe

dilemme [dilɛm] *m* Di'lemma *n* (*auch philos*); **être devant un** ⌣ in e-m Dilemma sein

dilettant|e [dilɛ(t)tɑ̃t] *m,f* Dilet'tant(in) *m(f)* (*bes péj*); **faire qc en** ⌣ etw dilet'tantisch, dilet'tantenhaft machen; ⌣**isme** *m* Dilettan'tismus *m*, Dilet'tantentum *n* (*bes péj*); *péj auch* Oberflächlichkeit *f*; **avec** ⌣ dilet-'tantisch; dilet'tantenhaft

diligence [diliʒɑ̃s] *f* **1.** *früher* Postkutsche *f*; Dili'gence *f*; **2.** *st/s* (*zèle*) Eifer *m*; Beflissenheit *f*; Flinkheit *f*; Emsigkeit *f*; **faire** ⌣ sich beeilen; nicht säumen; **3.** *jur* **à la** ⌣ **de qn** auf j-s Betreiben (*acc*)

diligent [diliʒɑ̃] *adj* **1.** *st/s* eifrig; beflissen; flink; emsig; **2.** *jur* **la partie la plus** ⌣**e** die betreibende Partei

diluant [dilɥɑ̃] *m* Verdünnungsmittel *n*

diluer [dilɥe] *v/t* **1.** Flüssigkeit verdünnen (**avec de l'eau mit Wasser**) (*auch méd, chim*); **2.** Medikament, Salz etc in e-r Flüssigkeit auflösen

dilution [dilysjɔ̃] *f* **1.** Verdünnen *n*; Verdünnung *f* (*auch Ergebnis*); **2.** Auflösen *n*; Lösung *f* (*Ergebnis*)

diluvien [dilyvjɛ̃] *adj* ⟨⌣**ne**⟩ **1.** der Sintflut; **2.** *par ext Regen(fälle)* sintflutartig

diluvium [dilyvjɔm] *m géol* Flußablagerungen *f/pl* (*des Diluviums u Alluviums*)

dimanche [dimɑ̃ʃ] *m* **1.** Sonntag *m*; **les** ⌣**s de l'Avent, du Carême** die Ad'vents-, Fastensonntage *m/pl*; ⌣ **de Pâques, de (la) Pentecôte, des Rameaux** Oster-, Pfingst-, Palm'sonntag *m*; **ch de fer les** ⌣**s et jours fériés** an Sonn- und Feiertagen; **habits** *m/pl*, **toilette** *f* **du** ⌣ Sonntagskleider *n/pl*, -staat *m*; **s'habiller en** ⌣ sich sonntäglich, s-n Sonntagsstaat anziehen; **passer le** ⌣ **en famille** den Sonntag in der Familie verbringen; *cf auch* **jeudi**; **2.** *F fig* **chasseur** *m*, **chauffeur** *m*, **peintre** *m* **du** ⌣ Sonntagsjäger *m*, -fahrer *m*, -maler *m*

dîme [dim] *f hist* Zehnt(er) *m*; Zehent *m*

dimension [dimɑ̃sjɔ̃] *f* **1.** Abmessung *f*; Dimensi'on *f*; Maß *n*; ⌣**s** *pl bei Flächen auch* Größe *f*; Ausdehnung *f*; **à la** ⌣ **de qc** nach dem Maß von etw; **prendre les** ⌣**s de qc** das Maß von etw nehmen; etw ab-, aus-, vermessen; **2.** *math, phys* Dimensi'on *f*; **la quatrième** ⌣ die vierte Dimension; **à une** ⌣, **à deux, trois** ⌣**s** ein-, zwei-, dreidimensional; **3.** *fig* Ausmaß *n*; Dimensi'on *f*; Bedeutung *f*; 'Umfang *m*; Größe *f*; **une faute de cette** ⌣ ein Fehler von diesem Ausmaß; **donner une** ⌣ **à qc** e-r Sache (*dat*) e-e Bedeutung geben; **être à la** ⌣ **de qc** e-r Sache (*dat*) angemessen sein; **prendre la** ⌣ **de qc** das Ausmaß von etw annehmen; zu etw werden; **4.** *fig* Dimensi'on *f*; As'pekt *m*; ⌣ **historique, humaine** historische, menschliche Dimension

dimensionnel [dimɑ̃sjɔnɛl] *adj* ⟨⌣**le**⟩ *phys* Dimensi'ons...; **analyse** ⌣**le** Dimensionsanalyse *f*

diminué [diminɥe] *adj* **1.** *Person* (körperlich und geistig) geschwächt, gezeich-

net; **2.** *arch Säule* sich verjüngend; **3.** *mus* Oktave, Intervall etc vermindert

diminuer [diminɥe] **I** *v/t* **1.** Kosten, Geschwindigkeit, Druck, Leistung etc vermindern; verringern; redu'zieren; Kosten, Preis etc auch her'absetzen, senken, ermäßigen (**de um**); Ausgaben, Produktion auch einschränken; Arbeitszeit verkürzen; **2.** *fig* Interesse, Begeisterung, Verdienste, Leiden verringern; Begeisterung auch dämpfen; Verdienste auch schmälern; verkleinern; Leiden auch mildern; Kräfte schwächen; **3.** ⌣ **qn** j-n her'abwürdigen, -setzen, schlechtmachen; **4.** ⌣ **qn** j-s Gehalt *bzw* Lohn kürzen, her'absetzen; **II** *v/i* **5.** Preise, Kosten, Vorräte etc sich vermindern, verringern; Preise auch her'untergehen, sinken, fallen (**de dix francs um zehn Franc**); Vorräte, Schulden etc auch kleiner werden; abnehmen; Produktion zu-'rückgehen; Hitze, Regen etc nachlassen; schwächer werden; Luftdruck fallen; *Tage* abnehmen; kürzer werden; Bevölkerung abnehmen; zu'rückgehen; *par ext* Ware ⌣ (**de prix**) billiger werden; **la circulation a diminué de beaucoup** der Verkehr ist stark zurückgegangen, ist viel schwächer geworden; Preise, Produktion aller en diminuant rückläufig sein; **6.** *fig* Kräfte nachlassen; abnehmen; Zorn, Begeisterung, Nachfrage etc nachlassen; schwächer werden; Nachfrage auch zu'rückgehen; Lärm, Schrei aller en diminuant allmählich leiser werden; verhallen; **7.** Kranker abbauen; **8.** beim Stricken, Häkeln abnehmen

diminutif [diminytif] *ling* **I** *adj* ⟨-ive⟩ Diminu'tiv...; Verkleinerungs...; diminu'tiv; verkleinernd; **suffixe** ⌣ Diminutivsuffix *n*; **II** *m* Diminu'tiv(um) *n*; Verkleinerungswort *n*; e-s Namens Koseform *f*

diminution [diminysjɔ̃] *f* **1.** *allg* Verminderung *f*; Verringerung *f*; von Preisen, Kosten, Steuern auch Her'absetzung *f*; Ermäßigung *f*; Senkung *f*; der Ausgaben, Produktion auch Einschränkung *f*; der Arbeitszeit Verkürzung *f*; spontan: der Preise, Produktion, Einnahmen, Bevölkerung, Unfälle etc Rückgang *m*; der Preise auch Fallen *n*; Sinken *n*; der Bevölkerung, Vorräte etc auch Abnahme *f*; ⌣ **de prix** Preisermäßigung *f*; -senkung *f*; -nachlaß *m*, -rückgang *m*; ⌣ **de valeur** Wertminderung *f*, -verlust *m*; **2.** *fig der Kräfte, Energie etc* Abnahme *f*; Nachlassen *n*; Verminderung *f*; der Leistung Abfall *m*; **3.** beim Stricken, Häkeln Abnehmen *n*; **4.** *arch* e-r Säule Verjüngung *f*; **5.** *mus* Diminuti'on *f*

dimorphe [dimɔrf] *adj biol, chim* di-'morph

dimorphisme [dimɔrfism(ə)] *m* **1.** *biol* Dimor'phismus *m*; ⌣ **saisonnier** Sai'sondimorphismus *m*; ⌣ **sexuel** sexueller Dimorphismus *m*; **2.** *chim* Dimor'phie *f*

dinanderie [dinɑ̃dri] *f* Messinggeschirr *n*, -töpfe *m/pl*

dinar [dinar] *m Währungseinheit* Di-'nar *m*

dînatoire [dinatwar] *adj litt* **goûter** *m* ⌣ vorgezogene Abendmahlzeit

dinde [dɛ̃d] *f* **1.** *zo* Truthenne *f*; Pute *f*; *cuis auch* Truthahn *m*; Puter *m*; ⌣ **rôtie** gebratener Truthahn, Puter; gebratene Pute; **2.** *F fig Mädchen, Frau* F dumme Pute, Gans

dindon [dɛ̃dɔ̃] *m* **1.** *zo* **a)** Truthahn *m*; Puter *m*; **b)** ⌣**s** *pl* Truthühner *n/pl* (*Art*); Puten *f/pl*; **2.** *fig* **être le** ⌣ **de la farce** der Dumme, Geprellte, F Gelackmeierte sein; das Nachsehen haben

dindonneau [dɛ̃dɔno] *m* ⟨*pl* ~**x**⟩ *zo* kleiner, junger Truthahn, Puter *bzw* kleine, junge Truthenne, Pute; *cuis* Baby-Puter *m*

dindonner [dɛ̃dɔne] *v/t* zum Narren halten

dîner [dine] **I** *v/i* zu Abend essen; die Abendmahlzeit, das Abendessen einnehmen; *in feierlichem Rahmen* zu Abend speisen; di'nieren; ~ **légèrement** ein leichtes Abendessen einnehmen, zu sich nehmen; ~ **d'une salade** am Abend (nur) e-n Salat essen, zu sich nehmen; **avoir qn à** ~ j-n als Gast zum Abendessen haben; *st/s* **donner à** ~ (großes) (Abend)Essen, Diner geben; **inviter qn à** ~ j-n zum Abendessen einladen; **II** *m* Abendessen *n*, -mahlzeit *f*, -brot *n*; *feierlich* Di'ner *n*; ~ **de gala** Galadiner *n*; Ban'kett *n*; **donner un** ~ ein Essen geben; **faire un bon** ~ gut zu Abend essen, speisen; ~**-débat** *m* ⟨*pl* dîners-débats⟩ Arbeitsessen *n*

dînette [dinɛt] *f* ~ **de poupée** Puppengeschirr *n*; **jouer à la** ~ für sich *bzw* für die Puppen kochen; mit der Puppenküche spielen

dîn|eur [dinœr] *m*, ~**euse** *f* bei e-m *Abendessen* Gast *m*

dinghy [dingi] *m* **1.** *mar* Ding(h)i *n*; **2.** *aviat* aufblasbares Schlauchboot

dingo [dɛ̃go] **I** *m zo* Dingo *m*; **II** F *adj u subst* ⟨*f inv*⟩ *cf* **cinglé**

dingue [dɛ̃g] F *adj u subst cf* **cinglé**

dinguer [dɛ̃ge] F *v/i* **aller** ~ (auf)prallen; F fliegen; **envoyer** ~ **qc** etw wegwerfen, F-schmeißen; etw auf den Boden, in die Ecke *etc* schleudern, F feuern, pfeffern, schmeißen; *fig* **envoyer** ~ **qn** j-n fortjagen, F zum Teufel jagen

dinornis [dinɔrnis] *m Paläontologie* Di'nornis *m*; Moa *m*

dino|saure [dinɔzɔr] *m Paläontologie* Dino'saurus *m*, -'saurier *m*; ~**sauriens** [-zɔrjɛ̃] *m/pl Paläontologie* Dino'saurier *m/pl*; ~**thérium** [-terjɔm] *m Paläontologie* Dino'therium *n*

diocésain [djɔsezɛ̃] *égl cath* **I** *adj* Diöze'san...; **évêque** ~ Diözesanbischof *m*; **II** *m* Diöze'san *m*

diocèse [djɔsɛz] *m égl cath* Diö'zese *f*

diode [djɔd] *f rad* Di'ode *f*

dioïque [djɔik] *adj bot* zweihäusig; di'özisch

dionée [djɔne] *f bot* Venusfliegenfalle *f*; *sc* Dion'aea *f*

dionysiaque [djɔnizjak] *adj* Di'onysos...; dio'nysisch (*auch fig*); **culte** *m* ~ Dionysoskult *m*

dionysien [djɔnizjɛ̃] *adj* ⟨~**ne**⟩ (*u subst* ♀) Einwohner(in) von Saint-Denis

dionysies [djɔnizi] *f/pl* im alten Griechenland Dionysien *pl*

dioptr|e [djɔptr(ə)] *m opt* Grenzfläche *f* zweier Medien; ~**ie** *f opt* Diop'trie *f*; ~**ique** *opt* **I** *f* Di'optrik *f*; **II** *adj* di'optrisch

diorama [djɔrama] *m* Dio'rama *n*

diorite [djɔrit] *f minér* Dio'rit *m*

dioscoréacées [djɔskɔrease] *f/pl bot* Jamswurzelgewächse *n/pl*; *sc* Dioskorea'zeen *f/pl*

diphasé [difaze] *adj élect* Zwei'phasen...; zweiphasig; **courant** ~ Zweiphasenstrom *m*

diphtér|ie [difteri] *f path* Diphthe'rie *f*; ~**ique** *path* **I** *adj* Diphthe'rie...; diph-'therisch; **angine** *f* ~ Rachendiphtherie *f*; **II** *m,f* an Diphthe'rie Erkrankte(r) *f(m)*

diphtongaison [diftõgɛzɔ̃] *f phon* Diphthon'gierung *f*

diphtongu|e [diftõg] *f phon* Di'phthong *m*; Doppellaut *m*; ~**er** *v/t* (*u v/pr se*) *phon* diphthon'gieren

diplo|coque [diplɔkɔk] *m biol* Diplo-'kokkus *m*, ~**docus** [-dɔkys] *m Paläontologie* Diplo'dokus *m*

diploé [diplɔe] *m anat* Di'ploe *f*

diploïde [diplɔid] *adj biol* diplo'id

diplomate [diplɔmat] **I** *m* **1.** Diplo'mat *m*; **femme** *f* ~ Diplo'matin *f*; ~ **de carrière** Berufsdiplomat *m*; **2.** *fig* Diplo'mat *m*; **c'est un habile** ~ er ist ein geschickter Diplomat; **3.** *cuis:* Süßspeise aus mit Rum getränkten Biskuits, Aprikosenkonfitüre u crème anglaise; **II** *adj fig Person* diplo'matisch

diplomatie [diplɔmasi] *f* **1.** Diploma'tie *f*(*auch coll*); *par ext* **entrer dans la** ~ die Diplo'matenlaufbahn, diplo'matische Laufbahn einschlagen; **in den** diplo'matischen Dienst treten; **2.** *fig* Diplo-'matisches Geschick; Diploma'tie *f*; **agir avec** ~ diplo'matisch handeln

diplomatique [diplɔmatik] **I** *adj* **1.** diplo'matisch; **corps** *m* ~ diplomatisches Korps; **par la voie** ~ auf diplomatischem Wege; **rompre les relations** ~**s** die diplomatischen Beziehungen abbrechen; **2.** *fig Verhalten etc* diplo'matisch; **3.** F *fig* **maladie** *f* ~ Scheinkrankheit *f*; vorgeschobene, *pol* po'litische Krankheit; **4.** *Urkunden*...; urkundlich; **II** *f* Diplo'matik *f*; Urkundenlehre *f*

diplôme [diplom] *m* Di'plom *n* (*bes der Hochschulen*); Zeugnis *n*; ~ **de bachelier** Abi'tur-, Reifezeugnis *n*; ~ **d'études supérieures** Diplom zwischen „Licence" und „Agrégation"; ~ **d'études universitaires générales** (*abr* D.E.U.G.) Abschlußprüfung *f* des „premier cycle" (*nach 2 Studienjahren*); ~ **d'infirmière, d'ingénieur** Krankenschwester-, Ingeni'eurdiplom *n*; **2.** Urkunde *f*; Di'plom *n*

diplôm|é [diplome] **I** *adj* diplo'miert; Di'plom... (*abr* Dipl.); staatlich geprüft; **dentiste** ~ **de la Faculté de médecine de Paris** Zahnarzt, der die Hochschulabschlußprüfung an der medizinischen Fakultät der Universität Paris bestanden hat; **infirmière** ~**e** staatlich geprüfte, exami'nierte Krankenschwester; **II** *subst* ~(**e**) *m(f)* Inhaber(in) *m(f)* e-s Di'ploms; ~**er** *v/t* das Di'plom verleihen (**qn** j-m); diplo'mieren

diplopie [diplɔpi] *f path* Doppeltsehen *n*; *sc* Diplo'pie *f*

dipneustes [dipnøst] *m/pl zo* Lungenfische *m/pl*; *sc* Dipnoi *pl*

dipolaire [dipɔlɛr] *adj phys* **moment** *m* ~ Dipolmoment *n*

dipôle [dipol] *m phys* Dipol *m*

dipsacées [dipsase] *f/pl bot* Kardengewächse *n/pl*; *sc* Dipsaka'zeen *f/pl*

dipsoman|e [dipsɔman] *m,f path* Dipso-'mane *m,f*; Quar'talssäufer(in) *m(f)*; ~**ie** *f path* Dipsoma'nie *f*

diptère [dipter] **I** *adj* **1.** *arch* **temple** *m* ~ Dipteros *m*; **2.** *zo* zweiflüg(e)lig; **II** *m/pl* ~**s** *zo* Zweiflügler *pl*; *sc* Di'pteren *pl*

diptyque [diptik] *m* **1.** im Altertum Diptychon *n*; **2.** *peint* Diptychon *n*; zweiflüg⟨e⟩liges Al'tarbild; **3.** *Literatur* Werk *n* in zwei Teilen

dire[1] [dir] ⟨je dis, il dit, nous disons, vous dites, ils disent; je disais; je dirai; que je dise; disant; dit⟩ **I** *v/t* **1.** sagen; nennen; (aus)sprechen; *Namen, Grund* nennen; sagen; *Meinung, Dummheiten etc* sagen; *Geheimnis* sagen; nennen; verraten; *Hergang von Ereignissen* erzählen; *Gedicht* vortragen; *Kinder: Gedicht auch* aufsagen; *Schauspieler: Text* sprechen; vortragen;

Wendungen: **a)** *mit subst:* ~ **l'avenir** die Zukunft vor'aussagen; ~ **la bonne aventure** wahrsagen; ~ **du bien, du**

mal de qn j-m Gutes, Schlechtes *od* Böses nachsagen; Gutes, Schlechtes über j-n sagen; ~ **son chapelet** den Rosenkranz beten; **dites-lui bien des choses de ma part** richten Sie ihm *bzw* ihr (bitte) viele Grüße von mir aus; grüßen Sie ihn *bzw* sie vielmals (von mir); ~ **sa leçon** s-e Lektion auf-, hersagen; ~ **la messe** die Messe lesen; ~ **ses prières** s-e Gebete sprechen; (laut) beten; ~ **la vérité** *cf* **vérité** 1.; **b)** *mit Objektsatz:* **il dit qu'il est malade** er sagt, daß er krank sei *od* wäre *od* ist; er sagt, er sei *od* wäre *od* krank; **il a dit qu'il viendrait** er hat gesagt, er würde kommen *od* er käme *od* daß er kommen würde; **je ne dis pas qu'il l'ait fait** ich sage nicht, daß er es getan hätte *od* er hätte es getan; **dites-lui qu'il vienne me voir** sagen Sie ihm, er soll(e) zu mir kommen *od* daß er zu mir kommen soll(e); ♦ ~ **que ...** wenn man bedenkt, daß ...; ~ **qu'il a pu faire une chose pareille!** wer hätte gedacht, daß er so etwas tun würde!; ♦ ~ **que oui, que non** ja sagen *od* so ist, daß es nicht so ist; ja, nein sagen; **je vous dis que non** ich sage Ihnen doch – nein; **les uns disent que oui, les autres disent que non** die e-n sagen ja, die anderen nein; ♦ ~ **à qn de faire qc** j-m sagen, daß er etw tun soll; **il nous a dit de rester ici** er hat uns gesagt, daß wir hier bleiben sollen *od* wir sollen hier bleiben; **c)** *mit pr:* F **je ne te dis que ça!** weiter brauche ich nichts zu sagen!; **il dit ce qu'il pense** er sagt, was er denkt; er nimmt kein Blatt vor den Mund; **à ce qu'il dit** nach dem *od* dem zufolge, was er sagt; s-n Worten nach; **il sait ce qu'il dit** er weiß, was er sagt; **si le cœur vous en dit** wenn Sie wollen; wenn Sie Lust dazu haben; **tu l'as dit!** du sagst es!; so ist es!; **vous l'avez dit!** Sie sagen es!; ganz Ihrer Meinung!; **disons-le, ...** sprechen wir es (ruhig) aus, seien wir offen, ...; **à qui le dis-tu!** wem sagst du das!; **c'est moi qui vous le dis** wenn ich Ihnen das sage (, können Sie es glauben); das können Sie mir ruhig glauben; **c'est toi qui le dis** das sagst du so; das glaube ich nicht; **qui l'eût dit?** wer hätte das gedacht?; **que dites-vous?, qu'est-ce que vous dites?** **a)** wie bitte?; **b)** was sagen Sie (da)!; **que diriez-vous d'une promenade?** was würden Sie zu e-m Spaziergang sagen?; was würden Sie zu e-m Spaziergang halten?; F **que tu dis!** was du nicht sagst!; ob das auch stimmt?; *sich verbessernd* **que dis-je, pas même ...** was sage ich da, nicht einmal ...; **dites-moi qui vous êtes** sagen Sie mir, wer Sie sind; **qui dit Anglais dit flegmatique** wer ... sagt, meint auch ...; **d)** *mit adj bzw adv:* **pour ainsi** ~, **autant** ~ sozusagen; gewissermaßen; ~ **qc tout bas, tout 'haut** etw leise, laut sagen; **c'est beaucoup** ~ das ist *od* wäre zu'viel gesagt; über'trieben; *cet acteur* **dit bien, juste** trägt gut vor, trifft genau den Ton; ~ **bonjour, au revoir** guten Tag, auf Wiedersehen sagen; F **comme dit l'autre** wie man (so schön) sagt; wie es heißt; F **comme qui dirait** sozusagen; in gewisser Weise; so etwas wie; (so) e-e Art; praktisch; fast wie; beinahe wie; **il est comme qui dirait le chef** er ist praktisch der Chef; **elle a dit cela comme elle aurait dit autre chose** sie hat das nur so dahingesagt; sie hat das gesagt, ohne sich dabei etwas zu denken; *eingeschoben* **comment dirais-je?** wie soll ich sagen, mich ausdrücken; **comment dites-vous cela en anglais?** wie sagen Sie dazu auf englisch?; wie heißt

das auf englisch?; **dites-moi comment vous vous appelez** sagen Sie mir, wie Sie heißen; F **dis, dites donc!** F a) sag (doch) mal, sagen Sie (doch) mal!; b) he du, Sie!; du, Sie da!; F **dites donc, vous!** he Sie, sagen Sie mal!; F *erstaunt* **eh ben, dis donc!** na *od* nein so was!; **pour mieux ~, disons mieux** besser, richtiger gesagt; **qui dit mieux?** wer bietet mehr?; **~ oui, non** ja, nein sagen; **ne ~ ni oui ni non** weder ja noch nein sagen; **je ne dis pas non** ich sage nicht nein (dazu); **il ne sait pas ~ non** er kann nicht nein sagen; **dites-moi où vous allez** sagen Sie mir, wohin Sie gehen; **ce n'est pas peu ~** das will nicht wenig heißen; **c'est trop peu ~** das ist noch gelinde ausgedrückt; mehr noch; F **vous m'en direz tant!** nein *od* na so was!; ja, gibt's denn so was!; F da biste platt!; **c'est tout ~** das (be)sagt alles; damit ist alles gesagt; **pour tout ~** kurz (und gut); der langen Rede kurzer Sinn; **à vrai ~, à ~ vrai** *cf* vrai II; e) *mit Verb*: **cela va sans ~** (das) versteht sich (von selbst); das ist selbstverständlich; **j'irais jusqu'à ~ que** ... ich würde, möchte so weit gehen zu behaupten, sagen, daß ...; **je n'ai rien à ~ à cela** dagegen habe ich nichts einzuwenden, ist nichts zu sagen; ich bin damit einverstanden; **il n'y a pas à ~** man muß (es) zugeben, sagen; es ist ganz klar; **il y a beaucoup à ~ là--dessus** a) dazu läßt sich noch viel sagen; b) daran ist noch viel auszusetzen; dagegen ist noch viel einzuwenden; **il ne croit pas si bien ~** er weiß gar nicht, wie wahr er spricht, wie recht er hat; **entendu ~** *cf* entendre 1.; **c'est plus facile à ~ qu'à faire** das ist leichter gesagt als getan; **c'est ~ si** ... das besagt, daß ...; **est-ce à ~ que** ...? heißt, bedeutet das, daß ...?; **qu'est-ce à ~ ?** das heißt, bedeutet?; F **ce n'est pas pour ~, mais** ... verstehen Sie mich recht, aber ...; ich will ja nichts gesagt haben, aber ...; F **ce n'est rien de le ~!** das muß man gesehen haben!; dafür gibt es keine Worte!; *beim Kartenspiel* **c'est à vous de ~** Sie müssen jetzt reizen, bieten; F Sie sind (mit dem Reizen, Bieten) dran; **être dit** *cf* dit; **ne pas se le faire ~ deux fois** es sich nicht zweimal sagen lassen; **je ne vous le fais pas ~** das haben Sie gesagt!; das haben Sie von allein gesagt!; **il me fait ~ que** ... a) er läßt ausrichten, daß ...; b) er behauptet, ich hätte gesagt, daß ...; **il faut vous ~ que** ... dazu müssen Sie wissen, daß...; *cf auch* 6.; **il faut le ~ vite** wenn man es nicht so genau nimmt; **je me suis laissé ~ que** ich habe mir sagen lassen, daß ...; **laisse-le ~!** laß ihn reden!; *loc/prov* **bien faire et laisser ~** tue recht und scheue niemand (*loc/prov*); *eingeschoben* **si j'ose (le) ~** wenn ich so sagen darf; *p/fort* ich wage zu behaupten; **vouloir ~** *cf* 5.; f) **on dit que** ... man sagt, behauptet, es heißt, es wird gesagt, es wird behauptet, daß ...; **on dit qu'il est déjà parti** *auch* man sagt *etc*, er sei *od* ist schon abgereist; er soll schon abgereist sein; *eingeschoben* **dit-on** sagt man; **comme on dit** wie man so sagt; wie es heißt; **quoi qu'on dise** was man auch immer sagen mag; trotz allem; ♦ **on dirait** man möchte meinen, sagen; **on aurait dit qu'il allait pleuvoir** man hätte meinen können, es würde regnen *od* daß es regnen würde; **on dirait un gangster** man könnte ihn für e-n Gangster halten; **on dirait de la salade** man könnte es für Salat halten, ansehen; das könnte Salat sein; g) *alleinstehend*:

dis, dites sag, sagen Sie; *zur Verstärkung e-r Frage* nicht wahr; P **non, mais, dis!** F he du da!; he sag mal!; *eingeschoben* **dit-il** sagt er; **disons** (na,) sagen wir; **ça coûte, disons, trois francs** das kostet, sagen wir, drei Franc; *se promener débraillé à la campagne, je ne dis pas, mais en ville* ... da sage ich ja nichts, aber ...; **2.** *par ext Zeitung, Schriftsteller etc* sagen; schreiben; **la loi dit que** ... in dem Gesetz heißt es, steht, daß ...; **je vous ai dit dans ma lettre** ich habe Ihnen in meinem Brief gesagt, geschrieben; **comme dit le poète** wie der Dichter sagt; **3.** *Gesicht, Name etc* **~ qc** à qn j-m etw sagen; j-m bekannt vorkommen; **ne rien ~** à qn j-m nichts sagen, unbekannt sein; *Kunstwerk* **ne rien ~** keine Aussage haben; *st/s les traits de son visage* **disaient sa lassitude** ... verrieten s-e Erschöpfung, ließen s-e Erschöpfung erkennen; **cela ne me dit rien** das sagt mir nichts; das ist mir unbekannt; *cf auch* 4.; **4.** *Reise, Plan etc* **~ à qn** j-m zusagen, gefallen; **est-ce que cela vous dit?** haben Sie dazu Lust?; würde es Ihnen gefallen?; **si cela vous dit** wenn es Ihnen gefällt; wenn Sie Lust haben; **cela ne me dit rien** das reizt, lockt mich nicht; **cela ne me dit rien de sortir** ich habe keine Lust auszugehen; **cela ne me dit rien qui vaille** *cf* valoir 3.; **5. vouloir ~** a) *Person* sagen wollen; meinen; **je veux ~ que** ... ich meine damit, ich will damit sagen, daß ...; **que voulez-vous ~ par là?** was meinen Sie damit?; was wollen Sie damit sagen?; **ce n'est pas ce que je veux ~** so ist es, habe ich es nicht gemeint; das wollte ich damit nicht sagen; b) *Sachen* heißen; bedeuten; **ça ne veut rien ~** das hat gar nichts zu (be)sagen; das will gar nichts besagen, heißen; das heißt, bedeutet gar nichts; **qu'est-ce que cela veut ~?** was bedeutet das?; was soll das heißen, bedeuten?; **cela dit bien ce que cela veut ~** das drückt das gut aus, was gemeint ist; **II** *v/pr* **6. se ~** (zu) sich sagen; **je me suis dit que ce n'était pas si grave** ich habe mir gesagt, daß es nicht so schlimm sei, *abus* ist; *eingeschoben* **se dit-il** sagte er (zu) sich; **~-toi bien que** ... denk daran, daß ...; **il faut vous ~ que** ... dabei müssen Sie berücksichtigen, sich sagen, daß ...; *cf auch* 1.; **7.** *Ausdruck etc* **cela ne se dit plus** das sagt man nicht mehr; das wird nicht mehr gesagt; F **comment ça se dit en français?** wie heißt das, wie sagt man dazu auf französisch?

dire² [dir] *m* **1.** Aussage *f*; Sagen *n*; Reden *n*; *péj* Gerede *n*; **d'après les ~s, selon le ~, au(x) ~(s) de qn** nach j-s Aussage, Worten; j-s Aussagen zu'folge; **2.** *jur* Vorbringen *n*; (Par'teien)Vortrag *m*; **au ~ des experts, à ~ d'experts** nach (der) Aussage, dem Urteil der Experten

direct [dirɛkt] **I** *adj* **1.** *Weg, Richtung etc* di'rekt; gerade; *Genealogie* **en ligne ~e** in direkter, gerader Linie; **2.** *Frage, Anschuldigung etc* di'rekt; offen; **d'une façon ~e** gerade'zu, -her'aus; **3.** *Kontakt, Verantwortung, Ursache, Vorgesetzter etc* di'rekt; unmittelbar; *fin* **im-pôt ~** di'rekte Steuer; *Sprachunterricht* **méthode ~e** di'rekte Methode; **prendre une part ~e dans qc** sich unmittelbar, direkt an etw (*dat*) beteiligen; *gram* **complément ~** di'rektes Objekt; Akkusativobjekt *n*; **style, discours ~** di'rekte, wörtliche Rede; **5.** *ch de fer* **train ~** *od subst* **~** *m* etwa Eilzug *m*; **voiture ~e** Kurswagen *m*; 'durchgehender Wagen; **6.** *astr der Planeten* **mouvement ~**

rechtläufige, di'rekte Bewegung; **II *m* **1.** *Boxen* Gerade *f*; **~ du droit, du gauche** rechte, linke Gerade; **2.** *rad, télév* **émission *f* en ~** Live-Sendung ['laif-] *f*; Di'rektsendung *f*; Origi'nalübertragung *f*; **diffuser en ~** live [laif] senden; di'rekt übertragen

directement [dirɛktəmɑ̃] *adv* **1.** di'rekt; gerade'wegs; auf di'rektem Wege; **2.** *fig* di'rekt; unmittelbar; **3.** *math* **proportionnel à ~** di'rekt proportional zu

directeur [dirɛktœr] **I** *m* **1.** *allg, bes comm* Di'rektor *m*; Leiter *m*; **~ artistique** künstlerischer Leiter; **~ commercial** kaufmännischer Direktor, Leiter; **~ général** Gene'raldirektor *m*; leitender Direktor; *cf auch* 3.; **~ technique** technischer Direktor, Leiter; *e-r Zeitung, Zeitschrift* **~ de la publication** Her'ausgeber *m*; **~ de théâtre** Inten'dant *m*; The'aterdirektor *m*; **~ d'usine** Betriebsleiter *m*, -direktor *m*; **2.** *e-r Volksschule* (**d'école**) Rektor *m*; Schulleiter *m*; **3.** *adm in e-m Ministerium* **~** (**général**) *etwa* Ministeri'aldirektor *m*, -dirigent *m*; *in Frankreich* **~ de cabinet** Kabi'nettsdirektor *m*; **4.** *égl cath* **~** (**spirituel, de conscience**) Spiritu'al *m*; Beichtvater *m*; **II** *adj* ⟨**-trice**⟩ **1.** leitend; **comité ~** Vorstand *m*; Lenkungsausschuß *m*; leitendes Gremium; **2.** *fig Idee, Prinzip etc* Leit...; *Städtebau* **plan ~** vorbereitender Bauleitplan; Flächennutzungsplan *m*; **3.** *tech bei Fahrzeugen* **roue directrice** lenkbares Rad; **4.** *math* Leit...; **cercle ~** *e-r Ellipse, Hyperbel* Leitkreis *m*; **plan ~ d'un** conoïde feste Ebene e-s Konoids

directif [dirɛktif] *adj* ⟨**-ive**⟩ *péd, psych* autori'tär

direction [dirɛksjɔ̃] *f* **1.** *der Geschäfte, e-r Firma, Arbeitsgruppe etc* Führung *f*; Leitung *f*; **être chargé de la ~ d'un hôpital** mit der Führung, Leitung e-s Krankenhauses betraut sein; **2.** *als Gremium, Organ* Direkti'on *f*; Geschäftsführung *f*, -leitung *f*; Betriebsleitung *f*; Direk'torium *n*; *par ext* a) Direkti'onsbüro *n*; b) Stelle *f* des Di'rektors; **~ du théâtre** The'aterdirektion *f*; **s'adresser à la ~** sich an die Direktion, Geschäftsleitung wenden; **être candidat à la ~** sich um die Stelle des Direktors bewerben; **3.** *adm e-s Ministeriums* **~** (**générale**) *etwa* Abteilung *f*; **~ générale du tourisme français** *etwa* Hauptabteilung *f* für Fremdenverkehr (*staatliche Zentralstelle*); *mil ♀* **~ du personnel** militaire de l'armée de terre Heerespersonalamt *n*; **4.** *mus* Diri'gieren *n*; **sous la ~ de qn** unter der (musi'kalischen) Leitung von; unter der Direkti'on, Stabführung von; **5.** *tech* Lenkung *f*, Steuerung *f* (*Vorgang u Vorrichtung*); **~ à crémaillère** Zahnstangenlenkung *f*; **~ à vis et secteur** Schneckenlenkung *f*; **perdre la ~ de sa voiture** die Herrschaft, Gewalt über s-n Wagen verlieren; **6.** *Richtung f*; *auf Verkehrsschildern* **toutes ~s** *etwa* Fernverkehr *m*; Gesamt(durchgangs)verkehr *m*; **~ du vent** Windrichtung *f*; **changement *m* de ~** Richtungsänderung *f*; **dans toutes les ~s** in alle Richtungen; nach allen Seiten; überall'hin; **le train va de Nice** der Zug nach Nizza; **il marche dans la ~ de la gare** er geht in Richtung Bahnhof; **prendre une ~** eine Richtung einschlagen, nehmen; **il a pris la ~ de l'hôtel** er hat die Richtung zum Hotel eingeschlagen; *Flugzeug, Auto, Schiff* **prendre la ~ du sud** in Richtung, nach Süden fliegen *bzw* fahren; **7.** *fig* Richtung *f*; **donner une nouvelle ~ à qc** e-r Sache

(dat) e-e neue Richtung geben; **8.** *Astrologie* Direkti'on *f*

directionnel [dirɛksjɔnɛl] *adj* ⟨~le⟩ Richtungs...; Leit...; *télécomm* Richt...; **antenne** ~le Richt(strahl)antenne *f*; Richtstrahler *m*; **diagramme** ~ Richtdiagramm *n*, -charakteristik *f*

directive [dirɛktiv] *f meist pl* ~s Direk-'tiven *f/pl*; Richtlinien *f/pl*; Weisungen *f/pl*; **donner des** ~s Direktiven geben; Weisungen erteilen

directivité [dirɛktivite] *f télécomm* Richtwirkung *f*

directoire [dirɛktwar] *m* **1.** *hist* ♀ Direc'toire *n*; Direk'torium *n*; *par ext* (Zeit *f* des) Direc'toire; **2.** *Kunst* **style** *m* ♀ Directoire(stil) *n(m)*; *adit* **commode** *f* ♀ Directoire-Kommode *f*; **3.** *e-r AG* Vorstand *m*

directorial [dirɛktɔrjal] *adj* ⟨-aux⟩ **1.** des Di'rektors, Leiters; Direkti'ons...; **2.** *hist* des Direc'toire, Direk'toriums

directrice [dirɛktris] **I** *f* **1.** Direk'torin *f*; Leiterin *f*; *e-r Volksschule* Rek'torin *f*; *e-s Gymnasiums* Direk'torin *f*; *allg auch* Schulleiterin *f*; **2.** *math* **a)** Leitgerade *f*, -linie *f*; Di'rektrix *f*; **b)** Leitkurve *f*; Di'rektrix *f*; **II** *adj cf* **directeur II**

dirigé [diriʒe] *adj* **1.** *Unternehmen etc* bien, mal ~ gut, schlecht geleitet, geführt; **2.** *écon* **économie** ~e (staatlich) gelenkte Wirtschaft

dirigeable [diriʒabl(ə)] **I** *adj* lenkbar; **II** *m* Luftschiff *n*; Zeppelin *m*

dirigeant [diriʒɑ̃] **I** *adj* führend; leitend; herrschend; **les classes** ~es die herrschenden Klassen *f/pl*; die führende Schicht; **II** *subst* ~(e) *m(f)* Führer(in) *m(f)*; Leiter(in) *m(f)*; *par ext e-s Landes* Machthaber *m (auch péj)*; *Industrie* ~s *pl* Führungskräfte *f/pl*; **un** ~ **communiste** ein führender Kommunist; **d'un mouvement féminin** Führerin e-r Frauenbewegung, ~s **du parti, du syndicat** Par'tei-, Gewerkschaftsführer *m/pl*, -führung *f*; Führungsspitze *f* der Partei, Gewerkschaft

diriger [diriʒe] ⟨-geons⟩ **I** *v/t* **1.** *Arbeiten, Debatte etc* leiten; *Unternehmen, Schule, Theater, Orchester* leiten; an der Spitze stehen (+*gén*); *Orchester auch* diri'gieren; *Personen* führen; leiten; lenken; *par ext Land* lenken; re'gieren; *abs* **savoir** ~ Führungsqualitäten besitzen; führen können; **2.** *Fahrzeug* lenken; steuern; *Pferd* lenken; *Truppen* diri-'gieren, führen, schicken (**vers la frontière** zur Grenze); ~ **contre l'ennemi** gegen den Feind führen; **4.** *Fracht etc* schicken (**sur, vers** nach); **5.** *Lampe, Fernglas etc* ~ **vers, sur qn, qc** auf j-n, etw richten; ~ **ses regards, yeux vers qn, qc** s-e Blicke, Augen auf j-n, etw richten; **6.** *fig Anklage, Worte etc* richten (**contre qn/qc**); **II** *v/pr* **7. se** ~ **vers qc** *Person, Auto* auf etw *(acc)* zugehen *bzw* zufahren; *Flugzeug, Schiff* etw ansteuern; *auf etw (acc)* zusteuern; *Auto, Schiff, Flugzeug* **se** ~ **vers le sud** in Richtung, nach Süden fahren *bzw* fliegen; **8. se** ~ **dans l'obscurité** sich ... zu'rechtfinden

dirig|isme [diriʒism(ə)] *m écon* Diri-'gismus *m*; staatliche Lenkung der Wirtschaft; Planwirtschaft *f* (*im weiteren Sinne*); **~iste** *écon* **I** *adj* diri'gistisch; **II** *m* Anhänger des Diri'gismus

dirimant [dirimɑ̃] *adj* **1.** *jur* **empêchement** ~ eheauflösendes Hindernis; trennendes Ehehindernis, -verbot; **2.** *par ext* ein unumstößliches Hindernis bildend

dirlo [dirlo] *m,f Schülersprache* Di'rektor *m*, Direk'torin *f*

disaccharide [disakarid] *m chim* Di-saccha'rid *n*

---

discaire *cf* **disquaire**

disc|al [diskal] *adj* ⟨-aux⟩ *path* Bandscheiben...; '**hernie** ~e Bandscheibenvorfall *m*; *sc* Diskushernie *f*; ~**ale** *f comm* Gewichtsschwund *m*, -verlust *m*

discernable [disɛrnabl(ə)] *adj* wahrnehmbar; erkennbar; unter'scheidbar

discernement [disɛrnəmɑ̃] *m* **1.** Unter'scheidungsfähigkeit *f*, -kraft *f*, -vermögen *n*; Einsicht *f*; Urteils-, *p/fort* Zurechnungsfähigkeit *f*; **manque de** ~ mangelnde Einsicht, Urteilsfähigkeit; *p/fort* Unzurechnungsfähigkeit *f*; **agir sans** ~ sich der Tragweite s-r Handlungen nicht bewußt sein; **il manque de** ~ es fehlt ihm an Einsicht, Unterscheidungsvermögen; *p/fort* er ist unzurechnungsfähig; **2.** *optisch, akustisch* Wahrnehmung *f*; Unter'scheidung *f*; ~ **des couleurs** Farbwahrnehmung *f*; **3.** *fig u st/s* Unter'scheidung *f* (**entre qc et qc** *od* **de qc d'avec qc** zwischen etw *[dat]* und etw *[dat]*)

discerner [disɛrne] *v/t* **1.** *optisch, akustisch* wahrnehmen; erkennen; unter-'scheiden; **2.** *fig* unter'scheiden (**qc de qc od d'avec qc** etw von etw); *Wahrheit, Grund etc* erkennen (*auch abs*)

disciple [disipl(ə)] *m* **1.** Schüler *m*; Jünger *m*; **de Jésus-Christ** die Jünger Jesu Christi; ~ **de Platon** Schüler Platons; **2.** *par ext* Anhänger *m*; Jünger *m*

disciplinable [disiplinabl(ə)] *adj* an Diszi'plin gewöhnbar; **être** ~ an Disziplin zu gewöhnen sein

disciplinaire [disiplinɛr] **I** *adj* diszipli-'narisch; Diszipli'nar...; *mil* **bataillon** *m* ~ Strafbataillon *n*; **mesure** *f* ~ disziplinarische Maßnahme; **sanction** *f* ~ Disziplinarstrafe *f* (*auch mil*); **II** *m mil* Strafgefangene(r) *m*; Sträfling *m*; Angehörige(r) *m* e-s Strafbataillons *bzw* e-r Strafkompanie

discipline [disiplin] *f* **1.** Diszi'plin *f*; Zucht *f*; ~ **claustrale** Klosterzucht *f*; ~ **militaire** militärische Diszi'plin; ~ **de parti** Par'teidisziplin *f*; *mil* **compagnie** *f* **de** ~ Strafkompanie *f*; **conseil** *m* **de** ~ a) *adm* Diszipli'nargericht *n*; b) *an Schulen* Gremium, das über Diszipli'narstrafen gegen Schüler verfügt; **2.** *an Schulen, Hochschulen* Lehr-, 'Unterrichtsfach *n*; Diszi'plin *f*; Fachrichtung *f*; *les* ~ *littéraires, scientifiques* die geisteswissenschaftlichen, naturwissenschaftlichen Fächer, Disziplinen; **3.** *sports* Diszi'plin *f*; Sportart *f*; ~s **olympiques** olympische Disziplinen

discipliné [disipline] *adj* diszipli'niert; an Zucht gewöhnt

discipliner [disipline] *v/t* **1.** *Schüler, Truppen etc* an Diszi'plin, Zucht gewöhnen; Diszi'plin beibringen (**qn** j-m); **2.** *par ext Gefühle, Instinkte* im Zaum halten; diszipli'nieren; **3.** *fig Haare* bändigen

disc-jockey [diskʒɔkɛ] *m* ⟨*pl* disc--jockeys⟩ Disk- *od* Discjockey [-dʒ-] *m*; Plattenjockey *m*

discobole [diskɔbɔl] *m im Altertum* Diskuswerfer *m*

discographique [diskɔgrafik] *adj* Schallplatten...

discoïde [diskɔid] *sc adj* scheibenförmig

discomycètes [diskɔmisɛt] *m/pl bot* Scheibenpilze *m/pl*; *sc* Diskomy'zeten *m/pl*

discontinu [diskɔ̃tiny] **I** *adj* **1.** *Linie* unter'brochen; gestrichelt; **2.** *fig Bewegung, Arbeit* diskontinu'ierlich; zeitweilig unter'brochen; nicht kontinu'ierlich; *Redefluß* unzusammenhängend; **3.** *math Funktion* unstetig; **II** *m philos* Diskontinu'ierliche(s) *n*

---

discontinuer [diskɔ̃tinye] *v/i nur loc/adv* **sans** ~ ohne 'Unterlaß; unablässig; ununterbrochen

discontinuité [diskɔ̃tinyite] *f* **1.** *e-r Linie etc* unter'brochene Anordnung; **2.** *e-r Arbeit, ärztlichen Behandlung etc* fehlende Kontinui'tät; zeitweilige Unter'brechung; Diskontinui'tät *f*; **3.** *math e-r Funktion* Unstetigkeit *f*

disconvenir [diskɔ̃vnir] *v/t/indir* ⟨*cf* **venir**⟩ *nur negativ* **ne pas** ~ **de** qc etw nicht in Abrede stellen, nicht leugnen

discophil|e [diskɔfil] *m,f* Schallplattenliebhaber(in) *m(f)*, -freund(in) *m(f)*, -fan [fɛn] *m*, -sammler(in) *m(f)*; ~**ie** *f* großes Inter'esse für, Freude *f* an Schallplatten

discordance [diskɔrdɑ̃s] *f* **1.** *der Meinungen, Charaktere etc* Nichtübereinstimmung *f*; Nichtzusammenpassen *n* (*auch der Farben*); Diskor'danz *f*; ~ **entre** *auch* Diskre'panz *f*, fehlende Über'einstimmung zwischen (+*dat*); **2.** *mus* Diskor'danz *f*; Disharmo'nie *f*; 'Mißklang *m*; *e-s Instruments* Verstimmtheit *f*; **3.** *géol* Diskor'danz *f*

discordant [diskɔrdɑ̃] *adj* **1.** nicht über-'einstimmend; nicht zu'sammenpassend (*auch Farben*); **2.** *mus* diskor'dant; disharʹmonisch; *Instrument* verstimmt; **notes** ~es 'Mißtöne *m/pl*; **3.** *par ext Stimme, Schrei* 'mißtönend; **4.** *géol* diskorʹdant

discorde [diskɔrd] *f* Zwietracht *f*; Uneinigkeit *f*; Unfriede(n) *m*; Zank *m*; *myth* la ♀ die Göttin der Zwietracht; *st/s* **pomme** *f* **de** ~ Zankapfel *m*; **semer la** ~ Zwietracht säen

discothèque [diskɔtɛk] *f* **1.** Schallplattensammlung *f*, -schrank *m*; Disko'thek *f*; **2.** *Lokal* Disko'thek *f*

discount [diskawnt] *m comm* Discount [-'kaunt] *m*; **magasin** *m*, **prix** *m* ~ Discountladen *m od* -geschäft *n*, -preis *m*

discour|eur [diskurœr] *m*, ~**euse** *f* Schwätzer(in) *m(f)*; Schwadro'neur *m*

discourir [diskurir] *v/i* ⟨*cf* **courir**⟩ schwatzen, lang und breit reden, schwadro'nieren (**sur** über + *acc*)

discours [diskur] *m* **1.** Rede *f*; Ansprache *f*; ~ **inaugural, d'ouverture** Eröffnungsrede *f*, -ansprache *f*; ~ **d'une campagne électorale** Wahlrede *f*; ~ **de clôture** Schlußrede *f*, -ansprache *f*; *e-s neuen Akademiemitglieds* ~ **de réception** Antrittsrede *f*; *e-s Herrschers* ~ **du trône** Thronrede *f*; **faire, prononcer un** ~ e-e Rede halten; **2.** *péj* Geschwätz *n*; Gerede *n*; lange Reden *f/pl*; **assez de** ~! genug der Worte!; **que de** ~! welch, was für ein Geschwätz!; **was soll das lange Reden!**; **perdre son temps en** ~ s-e Zeit mit Geschwätz, mit langen Reden verlieren; **3.** *gr* ~ **direct, indirect** di'rekte *od* wörtliche, indirekte *od* abhängige Rede; **parties** *f/pl* **du** ~ *cf* **partie 1.**; **4.** *schriftliche* (theo'retische) Abhandlung; **5.** *philos* diskur'sives Denken

discourtois [diskurtwa] *adj* unhöflich

discrédit [diskredi] *m* 'Mißkredit *m*; **jeter le** ~ **sur qn** j-n in Mißkredit, Verruf bringen; **tomber dans le** ~ in Mißkredit, Verruf geraten

discréditer [diskredite] **I** *v/t* in 'Mißkredit, Verruf bringen; diskredi'tieren; verleumden; *adit* **théorie discréditée** Theorie, die kein Ansehen mehr hat; in Mißkredit geratene Theorie; **II** *v/pr* **se** ~ sich in Mißkredit bringen; sich diskredi'tieren; in Mißkredit, Verruf geraten

discret [diskrɛ] *adj* ⟨-ète [-ɛt]⟩ **1.** *Person* taktvoll; dis'kret; rücksichtsvoll; *par ext Kompliment, Blick, Kleid, Farbe etc* dis'kret; unauffällig, unaufdringlich;

Kleid, Farbe etc auch de'zent; **2.** *Person* dis'kret; verschwiegen; **3.** *math* dis'kret; **4.** *path* **variole discrète** Pocken *pl* mit iso'liert stehenden Pusteln

discrètement [diskrɛtmɑ̃] *adv* dis'kret; unauffällig; unaufdringlich

discrétion [diskresjɔ̃] *f* **1.** *e-r Person* Takt *m*; Diskreti'on *f*; Rücksichtnahme *f*; *der Kleidung etc* Unauffälligkeit *f*; Unaufdringlichkeit *f*; De'zenz *f*; *mus* la ~ **de l'accompagnement** die zu'rückhaltende Begleitung; *loc/adv:* **avec** ~ *sich zurückziehen* dis'kret; taktvoll; rücksichtsvoll; *sich kleiden* de'zent; unauffällig; dis'kret; *essen* mit Zu'rückhaltung; maßvoll; **par** ~ aus Taktgefühl, Rücksichtnahme; **manquer de** ~ es an Takt fehlen lassen; **2.** Diskreti'on *f*; Verschwiegenheit *f*; ~ **assurée** Diskretion zugesichert; **je m'en remets à votre** ~ ich verlasse mich auf Ihre Diskretion; **3.** *loc/adv* **à** ~ nach Belieben; soviel Sie mögen *bzw* man mag *etc*; **4.** **être à la** ~ **de qn** j-m auf Gnade und Ungnade ausgeliefert sein

discrétionnaire [diskresjɔnɛr] *adj jur* **pouvoir** *m* ~ (freies) Ermessen; Ermessensfreiheit *f*

discrimin|ant [diskriminɑ̃] *m math* Diskrimi'nante *f*; **~ateur** *m élect, rad* Diskrimi'nator *m*

discrimina|tion [diskriminasjɔ̃] *f* **1.** Unter'scheidung *f* (*auch psych*); 'Unterschied *m*; **2.** *von sozialen Gruppen* Diskrimi'nierung *f*; Diskriminati'on *f*; 'unterschiedliche, ungleiche Behandlung; Ungleichbehandlung *f*; ~ **raciale** Rassendiskriminierung *f*; **~toire** *adj* *Maßnahme etc* diskrimi'nierend

discriminer [diskrimine] *sc v/t* unter'scheiden

disculper [diskylpe] **I** *v/t* ~ **qn** j-n (von s-r Schuld) reinwaschen; j-n entlasten; **II** *v/pr* **se** ~ s-e Unschuld beweisen (**auprès de**, **aux yeux de qn** gegenüber j-m); sich (von Schuld) reinwaschen; sich rechtfertigen (vor j-m)

discursif [diskyrsif] *adj* ⟨-ive⟩ *philos* diskur'siv

discussion [diskysjɔ̃] *f* **1.** Diskussi'on *f*, Aussprache *f* (**de** über + *acc*); Erörterung *f*, Besprechung *f* (+*gén*); *pol auch* De'batte *f* (über + *acc*); *Wahr-, Echtheit* donner matière à ~, être sujet à ~ um'stritten, nicht bewiesen sein; **entamer, ouvrir une** ~ e-e Diskussion, Aussprache einleiten, eröffnen; **soulever une** ~ e-e Diskussion auslösen, hervorrufen; *loc/prov* **de la** ~ **jaillit la lumière** *etwa* erst durch das Gespräch gewinnt man Klarheit; **2.** 'Widerrede *f*; **pas de** ~! keine Widerrede!; **3.** Ausein'andersetzung *f*; Wortwechsel *m*, -streit *m*, -gefecht *n*; **avoir une** ~ **orageuse avec qn** mit j-m e-e stürmische Auseinandersetzung haben (**à propos de** über + *acc*); **4.** F (*conversation*) Gespräch *n*; Unter'haltung *f*; **5.** *math* Unter'suchung *f*; Diskussi'on *f*; **6.** *jur* bénéfice *m* **de** ~ *cf* bénéfice **3.**

discutable [diskytabl(ə)] *adj Theorie, Standpunkt etc* anfechtbar; bestreitbar; **c'est très** ~ das ist sehr fragwürdig; *Film etc* **être d'un intérêt** ~ von fragwürdigem, zweifelhaftem Interesse, Wert sein

discutailler [diskytaje] *v/i* F *péj* pa'lavern

discuté [diskyte] *adj* **très** ~ viel, lebhaft disku'tiert; um'stritten; **il, ce projet est très** ~ *auch* an ihm, an diesem Projekt scheiden sich die Geister, gehen die Meinungen auseinander

discuter [diskyte] **I** *v/t* **1.** *Frage etc* ('durch)disku'tieren; erörtern; beraten; *Frage, Angelegenheit auch* besprechen;

Preis aushandeln; *Gesetzesentwurf im Parlament* behandeln; ~ **affaires, politique**, *etc* über Geschäfte, Politik *etc* diskutieren, reden, sprechen; **2.** *Echtheit, Existenz von etw, j-s Autorität, Befehle* in Zweifel ziehen, stellen; in Frage stellen; anzweifeln; **3.** F ~ (**le coup**) sich unter'halten; F e-n kleinen Schwatz halten; **4.** *jur* ~ (**les biens d'**)**un débiteur** in das Vermögen e-s Schuldners voll'strecken; **II** *v/t/indir* **5.** ~ **de qc, sur qc, à propos de qc** über etw (*acc*) disku'tieren, sprechen, reden, debat'tieren, beraten; ~ **de politique**, *etc* über Politik *etc* diskutieren, sprechen, reden; ~ **sur les détails** über die Einzelheiten diskutieren, beraten; **III** *v/i* **6.** disku'tieren (**avec qn** mit j-m); *par ext* **avec qn pour obtenir qc** mit j-m (hin und her) verhandeln, um etw zu erreichen; **7.** Einspruch erheben; wider'sprechen; **obéir sans** ~ 'widerspruchslos, wortlos gehorchen; **IV** *v/pr Thema, Angelegenheit* **se** ~ disku'tiert, erörtert werden; **cela peut se** ~ darüber läßt sich disku'tieren, reden, beraten; das ist disku'tabel

disert [dizɛr] *litt adj* ⟨-erte [-ɛrt]⟩ redegewandt; beredt

disette [dizɛt] *f* **1.** Hunger(snot) *m(f)*; **année** *f* **de** ~ Hungerjahr *n*; **2.** Mangel *m*, Knappheit *f* (**de** an + *dat*); ~ **d'eau** Wassermangel *m*, -knappheit *f*

dis|eur [dizœr] *m* ⟨**~euse** *f*⟩ *thé* **excellent diseur** j, der ausgezeichnet vorzutragen versteht; Vortragskünstler *m*; **diseuse de bonne aventure** Wahrsagerin *f*; **diseur de bons mots** j, der gut Witze erzählen kann; Witzbold *m*

disgrâce [disgrɑs, dis-] *f* **1.** Ungnade *f*; **mettre qn en** ~ j-m s-e Gunst entziehen; **tomber en** ~ in Ungnade fallen; **2.** *litt* Anmutlosigkeit *f*; Häßlichkeit *f*; Plumpheit *f*

disgraci|é [disgrasje, dis-] *adj* **1.** in Ungnade gefallen; **2.** *fig* ~ **u** *st/s Gesicht etc* unschön; *Person* ~ **par la nature** von der Natur stiefmütterlich behandelt; **~er** *v/t* ~ **qn** j-m s-e Gunst entziehen

disgracieux [disgrasjø, dis-] *adj* ⟨-euse⟩ *Gang, Geste etc* anmutlos; ohne Anmut; ungraziös; *Gesicht* unschön; häßlich; *Proportionen* unharmonisch; plump (*auch Körper*)

disjoindre [disʒwɛ̃dr(ə), diz-] ⟨*cf* joindre⟩ **I** *v/t* **1.** *Teile e-r Maschine etc* (vonein'ander) trennen; ausein'andernehmen; **2.** *fig zwei Probleme etc* vonein'ander trennen; gesondert behandeln (*auch jur zwei Rechtsfälle*); **II** *v/pr* **se** ~ aus den Fugen gehen, geraten; ausein'andergehen

disjoint [disʒwɛ̃] *adj* ⟨-jointe [-ʒwɛ̃t]⟩ *Treppenstufen etc* aus den Fugen gegangen, geraten; *Steinplatten etc* mit weiten Fugen

disjoncteur [disʒɔ̃ktœr] *m élect* Sicherungsautomat *m*; (Sicherungs)Schutzschalter *m*

disjonctif [disʒɔ̃ktif] *adj* ⟨-ive⟩ **1.** *gr* **particule, conjonction disjonctive** disjunk'tive, ausschließende Konjunktion; **2.** *philos Urteil etc* disjunk'tiv

disjonction [disʒɔ̃ksjɔ̃] *f* **1.** Trennung *f*; Ausein'andernehmen *n*, -fallen *n* (*von zwei Teilen*); **2.** *fig* Trennung *f* (*auch jur*); **3.** *pol* e-s Artikels aus e-r Gesetzesvorlage Ausklammerung *f*

dislocation [dislɔkasjɔ̃] *f* **1.** Ausein-'anderbrechen *n*, -reißen *n*, -fallen *n*; Her'ausbrechen *n*, -reißen *n*, -fallen *n* (**de** aus); **2.** *e-s Knochens* Aus-, Verrenkung *f*; **3.** *fig e-s Demonstrationszuges etc* Auflösung *f*; *e-s Reiches etc* Ausein-'anderfallen *n*, -brechen *n*; Zerschlagung *f*; **4.** *géol* Dislokati'on *f*

disloquer [dislɔke] **I** *v/t* **1.** *Teile e-s Ganzen* her'ausbrechen, -reißen (**de** aus); *Maschine, Schrank etc* ausein'anderbrechen, *Kette etc* -reißen; **2.** *Arm, Schulter etc* aus-, verrenken; auskugeln; *adjt* **disloqué** verrenkt; ausgerenkt; ausgekugelt; **3.** *fig Demonstrationszug* auflösen; *Reich* ausein'anderreißen; zerschlagen; **II** *v/pr* **se** ~ **4.** *Teile e-s Ganzen* her'ausbrechen, -fallen; *Maschine etc* ausein'anderbrechen, -fallen; **5. a)** **se** ~ **le bras**, *etc* sich den Arm *etc* ver-, ausrenken, auskugeln; **b)** *Clown* sich verrenken; **6.** *fig Umzug etc* sich auflösen; *Reich* ausein'anderfallen, -brechen

dispach|e [dispaʃ] *f mar* Dis'pache [-ʃ-] *f*; **~eur** *m mar* Dispacheur [-'ʃør] *m*

disparaître [disparɛtr(ə)] *v/i* ⟨*cf* connaître; avoir, selten être disparu⟩ **1.** *Sonne hinter den Wolken, Fahrzeug in e-r Kurve etc* verschwinden; *st/s* entschwinden; *Haus hinter Bäumen etc* (ganz) verschwinden; nicht mehr zu sehen sein; *Person* verschwinden; *in der Menge etc auch* 'untertauchen; *Handschuhe, Brille etc* verschwinden; ab'handen kommen; verlorengehen; *von Gegenständen* **ils n'ont tout de même pas disparu tout seuls** F sie haben doch keine Beine bekommen; *Person* ~ **sans laisser de traces** spurlos verschwinden; **2.** *Fleck* verschwinden; weggehen; *Schmerzen, Sorgen* vergehen; *Mode, Sitte, Dialekt, Tierart etc* aussterben; *Kultur* 'untergehen; **avoir disparu** *Fleck, Schmerzen auch* weg sein; **3.** *Person* da'hingehen; sterben; 'umkommen; ~ **en mer** auf See, auf dem Meer umkommen; **4.** *Person, Schiff, Flugzeug* **avoir disparu** vermißt werden; **le bateau a disparu lors de la tempête** das Schiff wird seit dem Sturm vermißt; **5.** **faire** ~ *Person* beseitigen; aus dem Weg(e) räumen, schaffen; *Dokument etc* verschwinden lassen; *Sorgen, Zweifel* zerstreuen; beseitigen; *Hindernis* aus dem Weg(e) räumen; beseitigen; *Medikament: Schmerzen* beseitigen; *Zeit, Regen etc: Inschrift* verwischen; verschwinden lassen; *Mittel: Flecke* entfernen; beseitigen; **faire** ~ **qc dans sa poche** etw in s-r Tasche verschwinden lassen

dispar|ate [disparat] *adj Möbelstücke etc* nicht zu'sammenpassend; *Farbzusammenstellung* nicht aufein'ander abgestimmt; *Einrichtung* uneinheitlich; *Ehepaar* ungleich; *Gruppe von Menschen* sehr gemischt; uneinheitlich; *allg auch* dispa'rat; **~ité** *f* Ungleichheit *f*, Diskre'panz *f*, Dispari'tät *f* (**entre** zwischen + *dat*); ~ **d'âge** Altersunterschied *m*; ~ **des caractères** Ungleichheit *f*, 'Unterschiedlichkeit *f* der Charaktere

disparition [disparisjɔ̃] *f* **1.** Verschwinden *n*; *e-r Person in der Menge auch* 'Untertauchen *n*; *e-r Person auch* Verschollenheit *f*; **constater la** ~ **des bijoux** das Verschwinden des Schmuckes feststellen; **signaler la** ~ **de qn** e-e Vermißtenanzeige aufgeben; j-s Verschwinden melden; **2.** *von Flecken* Verschwinden *n*; Weggehen *n*; *von Schmerzen* Verschwinden *n*; Vergehen *n*; *e-r Mode, Sitte, Tierart, e-s Dialekts etc* Aussterben *n*; *e-r Kultur* 'Untergang *m*; **Tier-, Pflanzenart: en voie de** ~ im Aussterben begriffen; aussterbend; **être menacé de** ~ vom Aussterben bedroht sein; **3.** *e-r Person* Hinscheiden *n*

disparu [dispary] *p/p u adj Person* vermißt (*bes im Krieg*); verschollen (*auch Schiff, Flugzeug*); *Seemann etc* ~ **en mer** auf See verschollen; *Soldat etc* **être porté** ~ als vermißt gelten, gemeldet sein; **II** *subst* **~(e)** *m(f)*

1. Vermißte(r) *f(m)* (*bes im Krieg*); Verschollene(r) *f(m)*; **2.** Da'hingegangene(r) *f(m)*; Verstorbene(r) *f(m)*; **honorer la mémoire des ~s** das Andenken der Verstorbenen in Ehren halten

dispatcher [dispatʃœr] *m* ch de fer, aviat, Energieversorgung *etc* Dispatcher [-'pɛtʃər] *m*

dispatching [dispatʃiŋ] *m in Verkehrs-u Versorgungsbetrieben* Über'wachungszentrale *f*

dispendieux [dispãdjø] *adj* ⟨**-euse**⟩ kostspielig; aufwendig; **avoir des goûts ~** e-n teuren Geschmack haben

dispensaire [dispãsɛr] *m* (*Art*) Ambu-'lanz *f*; Ambula'torium *n* (*zur kostenlosen Behandlung*); *für Schutzimpfungen u Vorsorgeuntersuchungen etwa* Gesundheitsamt *n*

dispensa|teur [dispãsatœr] *m*, **~trice** *f litt von Wissen, Licht etc* Spender(in) *m(f)*

dispense [dispãs] *f* Dis'pens *m od f* (*auch égl*); Dispensati'on *f*; Dispen'sierung *f*; Befreiung *f* (**de** von); *par ext* Ausnahmebewilligung *f*; **~ d'âge** Zulassung *f*, obwohl das vorgeschriebene Alter noch nicht erreicht ist; **~ d'éducation physique, du service militaire** Befreiung, Dispensierung vom Turnunterricht, vom Militärdienst

dispenser [dispãse] **I** *v/t* **1. ~ qn de qc** j-n von etw befreien, entbinden, dispen'sieren; j-m etw erlassen; **~ qn de faire qc** *auch* es j-m ersparen, etw tun zu müssen *od* etw zu tun; **être dispensé de qc** von etw befreit, dispensiert sein; zu etw nicht verpflichtet sein; ♦ *par ext*: **je vous dispense de vos commentaires, réflexions** auf Ihren Kommentar kann ich verzichten; Ihren Kommentar können Sie sich schenken, sparen; **dispensez-moi de vos réflexions!** verschonen Sie mich mit Ihrem Kommentar!; **2.** *Wohltaten, Gunst* erweisen; zu'teil werden lassen; *Pflege* zukommen lassen; *Lehren etc* erteilen; *Wissen* vermitteln; *Sonne: Licht* spenden; **~ des paroles d'encouragement à qn** j-m Mut zusprechen; **II** *v/pr* **se ~ d'une obligation** sich e-r Verpflichtung (*dat*) entziehen; e-r Verpflichtung (*dat*) nicht nachkommen; **se ~ de travailler** s-r Pflicht zur Arbeit nicht nachkommen; **je me dispenserais bien d'y aller** ich würde am liebsten nicht hingehen

dispersé [dispɛrse] *adj* **1.** *Siedlungen, Familienmitglieder etc* weit verstreut; **2.** *mil* **ordre ~** offene Gefechtsordnung

disperser [dispɛrse] **I** *v/t* **1.** zerstreuen; *Wind: Wolken, Blätter etc auch* verwehen; *Polizei, Regen: Menschenmenge auch* ausein'andertreiben; *mil feindliche Einheit* zersprengen; *par ext Kunstsammlung etc* zersplittern; aufteilen; **2.** *fig s-e Aufmerksamkeit, Kräfte etc* verzetteln; **II** *v/pr* **se ~ 3.** *Menschenmenge* sich zerstreuen; ausein'andergehen; sich verlaufen; (*eilig, erschrocken*) ausein-'anderstieben; **4.** *Person* sich verzetteln

dispersif [dispɛrsif] *adj* ⟨**-ive**⟩ *phys* zerstreuend

dispersion [dispɛrsjõ] *f* **1.** Zerstreuen *n*, -ung *f*; *Ergebnis auch* Verstreutsein *n*; e-r *Menschenmenge auch* Ausein'andertreiben *n*, -ung *f*; *mil des Feindes* Zersprengung *f*; *par ext e-r Kunstsammlung etc* Zersplitterung *f*; Aufteilung *f*; **2.** *fig der Kräfte etc* Verzettelung *f*; **3.** *phys des Lichts etc* Streuung *f*; Dispersi'on *f*; **4.** *chim* Dispersi'on *f*; *~perses* Gebilde, Sy'stem; **5.** *Ballistik* **~ du tir** Streuung *f*; **rectangle *m* de ~** Streuungsbild *n*; **6.** *Statistik* Streuung *f*; Dispersi'on *f*

disponibilité [disponibilite] *f* **1.** e-r Per-

---

son **a)** Verfügbarkeit *f*; Disponibili'tät *f*; **b)** innere Bereitschaft; Offensein *n*; **2.** *jur von Gütern* Verfügbarkeit *f*; **3.** *fin* **~s** *pl* verfügbare, flüssige Mittel *n/pl*, Gelder *n/pl*; **4.** *von Beamten, Offizieren* Beurlaubung *f*; **être en ~** beurlaubt sein; **mettre en ~** beurlauben

disponible [disponibl(ə)] **I** *adj* **1.** *Person* **a)** frei; abkömmlich; verfügbar; **être ~ auch** nichts vorhaben; Zeit haben; **ne pas être ~ auch** etwas vorhaben; keine Zeit haben; **b)** *geistig u seelisch* bereit; offen; wach; **2.** *Hotelbett, Sitzplatz etc* verfügbar; frei; **3.** *fin Kapital, Ware etc* verfügbar; dispo'nibel; *Geld auch* flüssig; *Ware auch* greifbar; vorrätig; **4.** *Beamter, Offizier* beurlaubt; **5.** *jur* (frei) verfügbar; **II** *m comm* verfügbare, greifbare Ware *f bzw* verfügbare, flüssige Mittel *n/pl*

dispos [dispo] *adj* ⟨*meist m*⟩ **frais et ~** frisch und munter; ausgeruht; *par ext* **avoir l'esprit ~** e-n ausgeruhten Kopf haben

dispos|ant [dispozã] *m*, **~ante** *f jur* Verfügende(r) *m(f)*

disposé [dispoze] *adj* **1.** *Gegenstände, Blumen etc* **~ symétriquement, avec art, etc** symmetrisch, kunstvoll *etc* angeordnet, arran'giert; **2.** *Person* **être bien, mal ~** gut, schlecht aufgelegt *od* gelaunt sein; **être bien ~ à l'égard de qn, envers qn** j-m wohlgesinnt, wohlgeneigt, gewogen sein; **être mal ~ à l'égard de qn, envers qn** j-m schlecht, übel gesinnt sein; schlecht, nicht gut auf j-n zu sprechen sein; **être ~ à l'indulgence** nachsichtig gestimmt sein; **3. être ~ à faire qc** bereit sein, etw zu tun; **je suis tout ~ à** (*+inf*) ich bin gern bereit zu (*+inf*)

disposer [dispoze] **I** *v/t* **1.** *Gegenstände, Blumen etc* anordnen, arran'gieren; *Gegenstände auch* aufstellen (**sur la table** auf dem Tisch; **dans une pièce** in e-m Raum); **~ symétriquement, en cercle, en croix, en ligne** symmetrisch, kreis-, kreuzförmig, in e-r Reihe anordnen, aufstellen; **~ avec art, avec goût** kunst-, geschmackvoll anordnen, arrangieren; **2.** *Truppen im Gelände* aufstellen; **II** *v/t/indir* **3. ~ de qc über** etw (*acc*) verfügen; etw haben; **~ de peu de temps** über wenig Zeit verfügen; wenig Zeit haben; **si vous disposez d'une voiture** ... wenn Sie über ein Auto verfügen, ein Auto haben ...; **j'ai terminé le livre, vous pouvez en ~** Sie können es haben; **4. ~ de qn, de qc** über j-n, etw verfügen; **~ de son argent de poche** über sein Taschengeld (frei) verfügen; **disposez de moi comme vous voudrez** (bitte) verfügen Sie über mich (, wie es Ihnen beliebt)!; **5.** *jur* (frei) verfügen (**de** über *+ acc*); **6.** *comm* **~ Wechsel ~ sur qn** auf j-n tras'sieren; ziehen; **III** *v/i zu e-m Untergebenen* **vous pouvez ~** Sie können jetzt gehen!; **IV** *v/pr* **se ~ à faire qc a)** sich anschicken, etw zu tun; **je me disposais à partir quand** ... ich schickte mich gerade zur Abreise an, als ...; **b)** beabsichtigen, etw zu tun; **il se dispose à vendre sa maison** er beabsichtigt, sein Haus zu verkaufen

dispositif [dispozitif] *m* **1.** *tech* Vorrichtung *f*; Anlage *f*; **~ d'alarme** A'larmanlage *f*; **~ de commande, de protection, de sûreté** Steuerungs-, Schutz-, Sicherheitsvorrichtung *f*; **2.** *jur* **a)** **~ d'un jugement** Urteilstenor *m*, -formel *f*; **b)** *e-s Gesetzes etc* verfügender Teil; **3.** *mil* Aufstellung *f*; Gliederung *f*; **4.** *par ext* Appa'rat *m*; **~ policier** Poli'zeiaufgebot *n*; **~ de contrôle** Kon'trollsystem *n*,

---

-apparat *m*; **~ de sécurité** Sicherheitsapparat *m*, -vorkehrungen *f/pl*

disposition [dispozisjõ] *f* **1.** *von Gegenständen* Anordnung *f* (*auch von Zimmern in e-r Wohnung*); **2.** Verfügung *f*; **avoir qc à sa ~** etw zu s-r Verfügung haben; **être à la ~ de qn** j-m zur Verfügung stehen; *ce document* **est à ma ~** ... steht mir zur Verfügung; **je suis à votre entière ~** ich stehe ganz zu Ihrer Verfügung; **laisser qc à la ~ de qn** j-m etw zu s-r Verfügung über'lassen; **mettre qc à la ~ de qn** j-m etw zur Verfügung stellen; **je le mets à sa ~** ich stelle es ihm zur Verfügung; **se mettre à la ~ de qn** sich j-m zur Verfügung stellen; **tenir qc à la ~ de qn** etw für j-n zur Verfügung halten; **se tenir à la ~ de qn** sich j-m zur Verfügung, zu j-s Verfügung halten; **3.** *jur* **avoir le ~ de ~** Verfügung(sgeschäft) *f(n)*; **avoir la libre ~ d'un bien** die freie Verfügung über ein Gut haben; **4.** *e-s Gesetzes, Urteils etc* Bestimmung *f*; Verfügung *f*; Anordnung *f*; Vorschrift *f*; **~s tarifaires** Ta'rifbestimmungen *f/pl*; **~s protocolaires** protokollarische Bestimmungen *f/pl*; **5.** **~s** *pl* Vorbereitungen *f/pl*; *bei Gefahren* Vorkehrungen *f/pl*; *gegenüber Dritten* Anordnungen *f/pl*; **prendre toutes les ~s nécessaires** alle notwendigen Vorbereitungen *bzw* Vorkehrungen *bzw* Anordnungen treffen; **prendre ses ~s pour partir** Anstalten, Vorbereitungen zur Abreise treffen; **6.** *meist pl* **~s** Stimmung *f*; Laune *f*; **être dans de bonnes, mauvaises ~s** gut, schlecht gelaunt sein; **être toujours dans les mêmes ~s envers qn** j-m gegenüber immer in der gleichen Stimmung sein; **7.** *meist pl* **~s** Anlagen *f/pl*; Begabung *f*; **avoir des ~s** gute Anlagen haben, zeigen; **avoir des ~s pour la musique** für Musik begabt sein; e-e Begabung für Musik haben; gute musikalische Anlagen haben; **il n'a aucune ~ pour les mathématiques** er hat, zeigt keinerlei Begabung für Mathematik; **8.** Neigung *f* (**à s'enrhumer**, *etc* zu Erkältungen *etc*)

disproportion [disproporsjõ] *f* 'Mißverhältnis *n*, Diskre'panz *f*; Disproporti'on *f* (**d'âge, de taille**, *etc* im Alter, in der Größe *etc*; **entre deux choses** zwischen zwei Dingen)

disproportionné [disproporsjone] *adj* **1. ~ avec, à qc** der, die, das in keinem Verhältnis, in e-m 'Mißverhältnis zu etw steht; **2.** *Gliedmaßen etc* unproportioniert; 'übergroß; *Größe* ungeheuer

dispute [dispyt] *f* Streit *m*; Ausein'andersetzung *f*; Wortwechsel *m*; Dis'put *m*; **~ d'amoureux** Streit zwischen Verliebten; **avoir une ~ avec qn** mit j-m e-n Streit *etc* haben

disputer [dispyte] **I** *v/t* **1. ~ qc à qn** j-m etw streitig machen; **2.** *sports Wettkampf, Spiel, Lauf etc* austragen; **~ un titre, la victoire** um e-n Titel, um den Sieg kämpfen; **3.** F **~ un enfant** ein Kind ausschimpfen, -schelten; F **se faire ~** ausgeschimpft werden; Schelte, Schimpfe bekommen; **4.** *litt* **le ~ à qn en beauté**, *etc* es mit j-m an Schönheit *etc* aufnehmen können; **II** *v/t/indir* **5.** *litt* **~ de, sur qc** etw erörtern, disku'tieren; **III** *v/pr* **6. a) se ~** (sich, mitein'ander) streiten; *bes Kinder* sich zanken; **b) se ~ avec qn** (sich) mit j-m streiten; sich mit j-m zanken; **7. se ~ qc** sich um etw streiten, *bes Kinder* zanken; ein'ander etw streitig machen (*auch fig*); **8.** *sports Wettkampf* **se ~** ausgetragen werden

disquaire [diskɛr] *m,f* Schallplattenhändler(in) *m(f)*, -verkäufer(in) *m(f)*

disquali|fication [diskalifikasjõ] *f*

sports Disqualifi'zierung f; Disqualifikati'on f; **~fier I** v/t sports Person, Pferd disqualifi'zieren; **II** v/pr se ~ fig in 'Mißkredit geraten; in Ungnade fallen

disque [disk] m **1.** Schallplatte f; oft kurz Platte f; **~ microsillon de longue durée,** à rotation lente Langspielplatte f; **~ de jazz** Jazz(schall)platte f; **~ de musique classique** (Schall)Platte mit klassischer Musik; **changer de ~** e-e andere, neue Platte auflegen; F fig **changer de ~!** F leg 'ne andere Platte auf!; **mettre, passer un ~** e-e (Schall)Platte auflegen, laufen lassen, (ab)spielen; **2.** tech u allg (runde) Scheibe; auto **~ d'embrayage** Kupplungsscheibe f; embrayage m à ~s (Mehr)Scheiben-, La'mellenkupplung f; **frein** m à ~ Scheibenbremse f; **3.** sports Diskus m; Wurfscheibe f; **lancer le ~** den Diskus werfen; **4.** anat **~ intervertébral** Bandscheibe f; Zwischenwirbelscheibe f; **5.** biol **~ germinatif** Keimscheibe f; **6.** auto **~ de stationnement** Parkscheibe f; **7.** ch de fer Si'gnalscheibe f; **8.** fig **~ de la Lune, du Soleil** Mond-, Sonnenscheibe f; **9.** EDV Platte f

disruption [disrypsjõ] f élect 'Durchschlag m

dissecteur [disɛktœr] m anat j, der se'ziert

dissection [disɛksjõ] f anat e-r Leiche Se'zieren n (auch zo); Sekti'on f; bot e-r Pflanze Zerlegung f, Unter'suchung f (zu wissenschaftlichen Zwecken); **salle** f **de ~** Seziersaal m

dissembl|able [disãblabl(ə)] adj unähnlich; ungleich; **~ance** f **a)** Unähnlichkeit f; Ungleichheit f; Verschiedenartigkeit f; **b)** par ext **~s** pl 'Unterschiede m/pl; Abweichungen f/pl

dissémination [diseminasjõ] f **1.** des Samens Ausstreuung f; (na'türliche) Verbreitung; **2.** par ext von Truppen, Bewohnern etc Verstreutsein n; Streuung f; **3.** der Atomwaffen Verbreitung f; Weitergabe f

disséminer [disemine] **I** v/t **1.** Wind; Samen aus-, verstreuen; verbreiten; **2.** par ext Truppen, Personen zerstreuen; hierhin und dahin stellen; Minen etc (ver)streuen; adjt être disséminé verstreut sein; **3.** Atomwaffen verbreiten; weitergeben; **II** v/pr se ~ sich aus-, verbreiten; sich zerstreuen

dissension [disãsjõ] f meist pl ~s Streitigkeiten f/pl; Zwistigkeiten f/pl; Diffe'renzen f/pl; **~s familiales** Fa'milienstreitigkeiten f/pl

dissentiment [disãtimã] m Meinungsverschiedenheit f; Unstimmigkeit f

disséquer [diseke] v/t **1.** anat se'zieren (auch zo); bot Pflanze zerlegen, unter'suchen (zu wissenschaftlichen Zwecken); **2.** fig Rede etc se'zieren; genau unter'suchen; ausein'andernehmen

dissert [disɛrt] f Schülersprache Kurzwort für dissertation

dissert|ation [disɛrtasjõ] f in der Oberstufe e-s Gymnasiums Besinnungsaufsatz m; an der Philosophischen Fakultät Semi'nar-, Prüfungs-, Hausarbeit f; **~er** v/t/indir **~ sur, de** qc etw abhandeln, (ausführlich) behandeln, erörtern (schriftlich od mündlich)

dissid|ence [disidãs] f **1.** e-r Partei etc Spaltung f; **être en ~** gespalten sein; **2.** litt Meinungsverschiedenheit f; **~ent I** adj Splittergruppe etc abtrünnig; abgefallen; **II** subst **~(e)** m(f) Abtrünnige(r) f(m); Abgefallene(r) f(m); Dissi'dent m

dissimilation [disimilasjõ] f phon Dissimilati'on f

dissimilitude [disimilityd] sc f Unähn-

lichkeit f; 'Unterschiedlichkeit f

dissimula|teur [disimylatœr] m, **~trice** f Heuchler(in) m(f); st/s Gleisner(in) m(f)

dissimulation [disimylasjõ] f **1.** e-r Person Verstellung(skunst) f; Heuche'lei f; on lit la ~ sur son visage man kann ihm vom Gesicht ablesen, daß er ein Heuchler ist; **2.** von Dingen Verheimlichung f; von Gewinnen in e-r Steuererklärung etc Verschleierung f; jur beim Konkurs **~ d'actif** Verheimlichung f von Vermögenswerten

dissimulé [disimyle] adj Person heuchlerisch; falsch; unaufrichtig

dissimuler [disimyle] **I** v/t **1.** Gefühle, Gedanken, Absichten, Information verheimlichen, -hehlen, -bergen, -schleiern (à qn j-m); ne pas ~ à qn que ... j-m nicht verheimlichen, j-m gegenüber offen zugeben, kein(en) Hehl daraus machen, daß ...; ♦ abs sich verstellen; **savoir ~** sich verstellen können; **2.** konkrete Dinge verbergen; **~ les défauts de la peau en se fardant** durch Schminken s-e Hautfehler verbergen; cette question dissimule un piège in dieser Frage steckt, liegt e-e Falle; **3.** Gewinne in e-r Steuererklärung etc verschleiern; **II** v/pr se ~ **4.** ne pas se ~ qc sich über etw (acc) klar, im klaren sein; sich keine falschen Vorstellungen über etw (acc) machen; sich keinen Illusi'onen über etw (acc) hingeben; **5.** Gefühl etc ne pas se ~ sich nicht verbergen, verheimlichen, verhehlen lassen; **6.** Person, Sache se ~ sich verbergen (derrière hinter + dat)

dissipa|teur [disipatœr], **~trice I** m,f Verschwender(in) m(f); **II** adj verschwenderisch

dissipation [disipasjõ] f **1.** des Vermögens etc Verschwendung f; Vergeudung f; **2.** e-s Schülers Unaufmerksamkeit f; Undiszipliniertheit f; **3.** st/s mener une vie de ~ ein lockeres, unsolides, ausschweifendes Leben führen

dissipé [disipe] adj **1.** Schüler, Klasse unaufmerksam; undiszipliniert; **2.** st/s Leben locker; unsolide; ausschweifend

dissiper [disipe] **I** v/t **1.** Wolken, Nebel, Finsternis etc vertreiben; Wolken auch zerstreuen; fig **~ les fumées de l'alcool** den Kopf wieder klar machen; den Rausch vertreiben; **2.** fig Sorgen, Zweifel, Angst etc zerstreuen; Mißverständnis beseitigen; ausräumen; aufklären; F aus der Welt schaffen; Langeweile vertreiben; **3.** Vermögen etc verschwenden, vergeuden; verschleudern; fig **~ sa jeunesse** s-e Jugend vergeuden, sinnlos vertun; **4.** Mitschüler etc ablenken; von der Arbeit abhalten; **II** v/pr se ~ **5.** Wolken, Nebel etc sich auflösen; all'mählich verschwinden; **6.** fig Sorgen, Ängste etc verfliegen, -schwinden; sich auflösen; Hoffnungen, Träume, Pläne etc se ~ in Rauch aufgehen; in Rauch auflösen; se ~ en fumée sich in Rauch auflösen; in Rauch aufgehen; **7.** Schüler nicht mehr aufpassen; unaufmerksam werden

dissociable [disosjabl(ə)] adj voneinander trennbar; les deux problèmes ne sont pas ~s ... sind nicht voneinander zu trennen; auch ... sind untrennbar miteinander verbunden

dissociation [disosjasjõ] f **1.** chim, psych Dissociati'on f; **2.** fig Trennung f

dissocier [disosje] **I** v/t **1.** chim dissozi'ieren; **2.** fig Probleme etc vonein'ander trennen; getrennt behandeln; **II** v/pr se ~ chim dissozi'ieren

dissolu [disoly] adj Leben(swandel) etc, auch Person ausschweifend; lasterhaft; liederlich

dissolubilité [disolybilite] f pol des Parlaments etc Auflösbarkeit f

dissoluble [disolybl(ə)] adj pol Parlament etc auflösbar

dissolution [disolysjõ] f **1.** in e-r Flüssigkeit Auflösen n, -ung f; Dissoluti'on f; **2.** par ext Lösung f; bes Gummilösung f; **3.** fig e-s Reiches, Systems etc Auflösung f; Zerfall m; **4.** jur der Ehe, e-s Vereins etc, pol des Parlaments etc Auflösung f; **5.** st/s der Sitten Zügellosigkeit f

dissolvant [disolvã] **I** adj **1.** chim auflösend; zersetzend (auch fig); **2.** fig u st/s Klima entnervend; **II** m **1.** chim Lösungsmittel n; **2.** Nagellackentferner m

disson|ance [disonãs] f mus Disso'nanz f; **résoudre une ~** e-e Dissonanz auflösen; **~ant** adj mus disso'nant; disso'nierend; 'mißtönend (auch fig)

dissoudre [disudr(ə)] ⟨cf absoudre⟩ v/t **1.** Substanz in e-r Flüssigkeit auflösen; Wasser: Felsen zersetzen; **2.** jur Ehe, Verein etc, pol Parlament, Partei etc auflösen; **II** v/pr se ~ sich auflösen (auch fig); ellip faire ~ qc etw (sich) auflösen (lassen)

dissous [disu], **dissoute** [disut] p/p von **dissoudre**

dissuader [disɥade] v/t **1.** **~ qn de qc** j-m etw ausreden; j-n von etw abbringen; **~ qn de faire qc** j-m ausreden, j-n davon abbringen, etw zu tun; **2.** pol **~ l'ennemi** den Feind abschrecken

dissuasif [disɥazif] adj ⟨-ive⟩ pol abschreckend; Abschreckungs...

dissuasion [disɥazjõ] f **1.** Ausreden n; **puissance** f **de ~** Über'zeugungskraft f (um j-n von etw abzubringen); **2.** pol Abschreckung f; **arme** f, **force** f **de ~** Abschreckungswaffe f, -streitmacht f

dissyllab|e [disi(l)lab] **I** adj zweisilbig; **II** m zweisilbiges Wort; **~ique** adj zweisilbig; Vers auch aus zweisilbigen Wortgruppen bestehend

dissymétr|ie [disimetri] f **1.** fehlende Symme'trie; Mangel m an Symme'trie; **~ique** adj unsymmetrisch

distance [distãs] f **1.** räumlich Entfernung f; Abstand m (auch fig); Di'stanz f (auch fig); Strecke f; opt **~ focale** Brennweite f; **~ parcourue** zurückgelegte Strecke, Entfernung; auto **~ d'arrêt, de freinage** Bremsweg m; sports **~ des coureurs entre eux** Abstand der Läufer zueinander; Entfernung der Läufer voneinander; math **~ d'un point à une droite, à un plan** Abstand von e-m Punkt zu e-r Geraden, zu e-r Ebene; auto **~ de visibilité** Sichtweite f; **~ entre Paris et Lyon** Entfernung zwischen Paris und Lyon; **~ entre deux voitures qui se suivent** Abstand zwischen zwei aufeinanderfolgenden Autos; ♦ loc/adv **à ~** aus der Ferne; loc/adj Fern...; **commande** f **à ~** Fernsteuerung f; **à cette ~** auf diese Entfernung; bei od aus dieser Entfernung; von dieser Entfernung aus; **à une faible, grande ~** in geringer, großer od weiter Entfernung (de qn, qc von j-m, etw); in geringem, weitem od großem Abstand (zu j-m, etw); **à égales ~s** in gleichen Abständen; **à égale ~ de** gleich weit entfernt, weg von; ♦ **la ~ est de deux mètres** die Entfernung, der Abstand beträgt zwei Meter; **être à quelques mètres de ~** l'un de l'autre einige Meter voneinander entfernt sein; fig **garder, conserver, tenir ses ~s** Distanz, den nötigen Abstand wahren; **prendre ses ~s** mil, gym Abstand nehmen; fig sich von j-m, von etw distan'zieren; **tenir qn à ~** j-n auf Distanz halten, sich j-n vom Leibe halten (auch fig); **se tenir à ~** sich auf Distanz halten (auch fig); **tenez-vous à**

⌣! kommen Sie mir nicht zu nahe!; **2.** *zeitlich loc/adv* à ⌣ einige Zeit da'nach, hinter'her; im nachhinein; **à quelques années de** ⌣ einige Jahre da'nach, später; im Abstand von einigen Jahren; **3.** *sports* Di'stanz *f*; **il est meilleur sur cette** ⌣ er ist über diese Distanz besser; **4.** *fig* (großer, beträchtlicher) 'Unterschied (**entre** zwischen + *dat*)

distancer [distɑ̃se] ⟨-ç-⟩ **I** *v/t* **1.** *sports* distan'zieren; **2.** *par ext* Verfolger *etc* hinter sich lassen; abschütteln; F abhängen; **être distancé** *auch* den Anschluß verlieren; **se laisser** ⌣ *auch* sich über'holen lassen; **II** *v/pr fig* **se** ⌣ **de qn, de qc** sich von j-m, von etw distan'zieren

distanciation [distɑ̃sjasjɔ̃] *f* thé (effet m de) ⌣ Verfremdungseffekt *m*

distant [distɑ̃] *adj* **1.** entfernt; *zwei Städte etc* **être** ⌣ (**e**)**s de cent kilomètres** hundert Kilometer vonein'ander entfernt sein *od* liegen, ausein'ander liegen; **2.** *fig Person, Verhalten, Miene* distan'ziert; reser'viert; kühl; *Person* **se montrer** ⌣ **avec qn** sich j-m gegenüber distanziert zeigen

distendre [distɑ̃dr(ə)] ⟨*cf* rendre⟩ **I** *v/t* (stark) (aus)dehnen; über'dehnen; *Muskel, Sehne auch* zerren; *Magen* blähen; *adjt Muskel etc* **distendu** gezerrt; **II** *v/pr* **se** ⌣ **1.** sich (über')dehnen; *Haut etc* schlaff werden; **2.** *fig Bindungen* sich lockern

distension [distɑ̃sjɔ̃] *f* (Über')Dehnung *f*; *e-s Muskels, Bandes* Zerrung *f*

disthène [distɛn] *m* minér Di'sthen *m*

distill|at [distila] *m chim* Destil'lat *n*; ⌣**ateur** *m* **1.** Destilla'teur *m*; Branntweinbrenner *m*; **2.** *in der Industrie* Destil'latbrenner *m*

distillation [distilasjɔ̃] *f* Destillati'on *f*; Destil'lieren *n*; *von Wein etc auch* Brennen *n*; *pétr* ⌣ **atmosphérique** Toppen *n*; ⌣ **du bois** Holzdestillation *f*; ⌣ **de la houille** Verkokung *f*; trockene Destillation der Steinkohle; ⌣ **du pétrole** Erdöldestillation *f*; *loc/adj* **de** ⌣ Destillati'ons...; **produit** *m* **de** ⌣ *auch* Destil'lat *n*

distillatoire [distilatwar] *adj* Destil'lier...; Destillati'ons...

distill|er [distile] *v/t* **1.** *Erdöl, Wasser etc* destil'lieren; *Steinkohle* verkoken; ⌣ **des betteraves, du blé,** *etc* Schnaps *od* Branntwein aus Rüben, Getreide *etc* brennen; *adjt* **eau distillée** destilliertes Wasser; **2.** *bot, zo* tropfenweise ausscheiden; ⌣**erie** *f* **1.** Brenne'reigewerbe *n*; **2.** (Branntwein)Brenne'rei *f*

distinct [distɛ̃] *adj* ⟨-incte [-ɛ̃kt]⟩ **1.** *Stimme, Spur etc* deutlich (*zu hören bzw zu sehen*); **2.** 'unterschiedlich; verschieden (**de** von); **être** ⌣ **de qc** sich von etw unter'scheiden; **3.** *philos* di'stinkt; deutlich (begrenzt); **4.** *bot* getrennt

distinctement [distɛ̃ktəmɑ̃] *adv* deutlich

distinctif [distɛ̃ktif] *adj* ⟨-ive⟩ Unter'scheidungs...; **caractère** ⌣ Unterscheidungsmerkmal *n*; **marque distinctive, signe** ⌣ Kennzeichen *n*

distinction [distɛ̃ksjɔ̃] *f* **1.** Unter'scheidung *f*, -en *n* (**entre** zwischen [+*dat*]; **du bien et du mal** von gut und böse, des Guten und des Bösen); 'Unterschied *m*; **sans** ⌣ 'unterschiedslos; ohne Unterschied; ⌣ **d'origine,** ohne Unterschiede hinsichtlich der Herkunft *etc* zu machen; ohne Unterschied der Herkunft *etc*; ohne Rücksicht auf die Herkunft *etc*; **faire des** ⌣**s subtiles** feine Unterschiede machen; **2.** 'Unterschied *m*; ⌣**s sociales** soziale Unterschiede; ⌣**s entre les classes** Klassenunterschiede *m/pl*; **3.** Auszeichnung *f*;

décerner, obtenir une ⌣ **e-e Auszeichnung verleihen, erhalten; **être promis aux plus grandes** ⌣**s** für die höchsten Würden prädestiniert sein; **4.** Vornehmheit *f*; **distin'guiertes Benehmen; *litt* Distinkti'on *f*; **avoir de la** ⌣ ein vornehmes, distinguiertes Benehmen haben; **5.** *philos* Distinkti'on *f*

distingué [distɛ̃ge] *adj* **1.** *Person, Benehmen, Aussehen, Einrichtung etc* vornehm; distin'guiert; F **ça fait** ⌣ das wirkt vornehm; F das sieht nach was aus; **2.** *Persönlichkeit* bedeutend; berühmt; her'vorragend; ausgezeichnet; **3.** *Briefschluß* **veuillez agréer l'expression de mes sentiments** ⌣**s, de ma considération** ⌣**e** hochachtungsvoll; mit vorzüglicher Hochachtung; *an Gleichgestellte oft* mit freundlichen Grüßen

distinguer [distɛ̃ge] *v/t* **1.** unter'scheiden; erkennen; wahrnehmen; ⌣ **qn dans la foule** j-n in der Menge erkennen; **2.** unter'scheiden (**qc de qc d'avec qc** etw von etw; **entre** zwischen [+*dat*]); **on ne peut** ⌣ **les jumeaux l'un de l'autre** man kann die Zwillinge nicht voneinander unterscheiden, nicht ausein'anderhalten; **3.** ⌣ **qn** j-n auszeichnen (**par qc** mit, durch etw); **4.** *Sache* ⌣ **qn, qc** für j-n, etw kennzeichnend sein; j-n, etw verraten; ⌣ **qn, qc de qn, de qc** j-n, etw von j-m, von etw unter'scheiden; *sa démarche* **le distingue** immédiate-ment ... verrät ihn sofort; **la raison distingue l'homme de l'animal** die Vernunft unterscheidet den Menschen vom Tier; **II** *v/pr* **5. se** ⌣ sich unter'scheiden (**par qc** durch etw; **de** von); **6.** *Person, Sache* **se** ⌣ sich auszeichnen (**par durch**); **7. se** ⌣ **à l'horizon,** *etc* sich am Horizont *etc* abzeichnen; am Horizont *etc* auftauchen

distinguo [distɛ̃go] *m* (feiner) 'Unterschied; (feine) Unter'scheidung; Nu'ance *f*

distique [distik] *m métr* Distichon *n*

distomatose [distɔmatoz] *f vét, path* Leberegelkrankheit *f*; *sc* Faszio'lose *f*

distorsion [distɔrsjɔ̃] *f* **1.** *opt* Verzeichnung *f*; Distorsi'on *f*; **2.** *télécomm* Verzerrung *f*; **3.** *path* ⌣ **de la face** krankhafte Verzerrung des Gesichts; *fig bes écon* Verzerrung *f*; *fig auch* Kluft *f*

distractif [distraktif] *adj* ⟨-ive⟩ unter'haltend; der Abwechslung dienend

distraction [distraksjɔ̃] *f* **1.** Zerstreutheit *f*; Geistesabwesenheit *f*; Unaufmerksamkeit *f*; *p/fort* Gedankenlosigkeit *f*; *par ext* **avoir des** ⌣**s** F abschalten; geistig weggetreten sein; **2.** Zerstreuung *f*; Ablenkung *f*; Abwechslung *f*; **donner de la** ⌣ Abwechslung, Zerstreuung bieten; **3.** Abwechslung *f*; Unter'haltung *f*; Vergnügung *f*; *le cinéma, la lecture* **sont ses principales** ⌣**s** ... sind s-e Hauptabwechslungen, -unterhaltung, -vergnügungen; **4.** *jur* ⌣ **des dépens** Zusprechung *f* des Rechts an den Anwalt der obsiegenden Partei, die Anwaltskosten von der unter'liegenden Partei zu verlangen

distraire [distrɛr] ⟨*cf* traire⟩ **I** *v/t* **1.** ⌣ **qn** j-n ablenken (**de ses soucis, de son travail** von s-n Sorgen, von s-r Arbeit); **2.** *Gäste, Touristen etc* unter'halten; Abwechslung bieten (**qn** j-m); **II** *v/pr* **se** ⌣ **3.** sich ablenken; auf andere Gedanken kommen; **se** ⌣ **de ses soucis** s-e Sorgen vergessen; **4.** sich zerstreuen

distrait [distrɛ] *adj* ⟨-aite [-ɛt]⟩ *Person* zerstreut; geistesabwesend; zerfahren; F geistig weggetreten; *Schüler auch* unaufmerksam; *Blick* zerstreut; **écouter d'une oreille** ⌣**e** mit halbem Ohr zu-,

hinhören; **regarder qn, qc d'un œil** ⌣ j-n, etw zerstreut anschauen

distrayant [distrɛjɑ̃] *adj Lektüre, Film etc* unter'haltsam; unter'haltend; Unter'haltungs...

distribué [distribue] *adj Wohnung* **bien** ⌣ gut aufgeteilt, geschnitten

distribuer [distribue] *v/t* **1.** *Lebensmittel, Kleider, Prospekte, Spielkarten etc* ver-, austeilen, ausgeben (**à qn** an j-n); **2.** *Post: Briefe, Zeitungen etc* zustellen; *Briefträger bzw Bote: Briefe, Zeitungen etc* austragen; **3.** *Gas, Strom, Wasser* verteilen; weiterleiten; liefern; ⌣ **des coups de chapeau** (*zum Begrüßen*) dauernd den Hut lüften; ⌣ **des poignées de main** viele Hände schütteln; ⌣ **des sourires** nach allen Seiten hin lächeln; **5.** *thé Rollen* verteilen; *par ext* ⌣ **un film, une pièce** e-n Film, ein Stück besetzen; **6.** *Befehle, Vorschriften* erlassen; ausgeben; ⌣ **des instructions** Weisungen erteilen; **7.** *comm* vertreiben; verkaufen; verteilen; **8.** *impr Lettern* ablegen

distributeur [distribytœr] *m* **1.** *von Prospekten etc* Verteiler *m*; **2.** ⌣ **de films** Filmverleiher *m*; **3.** *comm* Verkäufer *m*; Händler *m*; **4.** ⌣ **(automatique)** Auto'mat *m*; ⌣ **d'essence** Zapf-, Tanksäule *f*; ⌣ **de gare** Bahnhofsautomat *m*; ⌣ **de savon** Seifenspender *m*; ⌣ **de timbres** Briefmarkenautomat *m*; **5.** *auto* (Zünd)Verteiler *m*; **6.** *tech* e-r Kraftmaschine Steuer(ungs)organ *n*; **7.** *agr* ⌣ **d'engrais** Düngerstreuer *m*

distributif [distribytif] *adj* ⟨-ive⟩ **1.** *ling, Logik* distribu'tiv; Distribu'tiv...; **adjectif numéral** ⌣ Distribu'tivum *n*; Distributiv-, Verteilungszahlwort *n*; **2.** *justice* **distributive** austeilende Gerechtigkeit

distribution [distribysjɔ̃] *f* **1.** *von Essen, Kleidung, Prospekten, Werkzeug etc* Ver-, Austeilung *f*, Ausgabe *f*; *in Frankreich* ⌣ **des prix** Preisverteilung *f* (*am Ende des Schuljahres*); **2.** *der Post* Austragen *n*; Zustellen *n*, -ung *f*; **il n'y a pas de** ⌣ **le dimanche** sonntags wird keine Post zugestellt, ausgetragen; **3.** ⌣ **des eaux, de l'électricité, du gaz** Wasser-, Strom-, Gasversorgung *f*; **lignes** *f/pl* **de** ⌣ Versorgungsleitungen *f/pl*; **usine** *f* **de** ⌣ **des eaux** Wasserwerk *n*; **4.** *thé der Rollen* Verteilung *f*; *par ext* e-s *Theaterstücks, Films* Besetzung *f*; **5.** *cin* ⌣ **des films** Filmverleih *m*; **société** *f* **de** ⌣ **des films** Filmverleih(gesellschaft) *m(f)*; **6.** *écon* Distributi'on *f*; Waren- *bzw* Einkommensverteilung *f*; *auch* Vertrieb *m*; Absatz *m*; Handel *m*; **7.** *tech* e-r *Kraftmaschine* Steuerung *f*; ⌣ **par soupapes** Ven'tilsteuerung *f*; **8.** *jur* ⌣ **par contribution** anteilmäßige Verteilung (*an die Gläubiger*); **9.** *ling* Distributi'on *f*; **10.** *impr der Lettern* Ablegen *n*; **11.** e-r *Wohnung* Aufteilung *f*; Schnitt *m*

distributionn|alisme [distribysjɔnalism(ə)] *m ling* Distributiona'lismus *m*; ⌣**el** *adj* ⟨-⌣le⟩ *ling* Distributi'ons...; **analyse** ⌣**le** Distributionsanalyse *f*

distributrice [distribytris] *f* **1.** Verteilerin *f*; **2.** Verkäuferin *f* (*in e-m* Großraumladen)

district [distrikt] *m* Di'strikt *m*; (Verwaltungs)Bezirk *m*; Gebiet *n*

distyle [distil] *adj arch* mit zwei Säulen

dit [di] *p/p von* dire *u adj* ⟨dite [dit]⟩ **1.** gesagt; genannt; festgesetzt; **à l'heure** ⌣**e** zur festgesetzten Zeit, Stunde; **2.** genannt; mit Beinamen; *Robert,* ⌣ **le Pieux** ... genannt, mit Beinamen der Fromme; **3.** *feste Wendungen:* **aussitôt** ⌣**, aussitôt fait** gesagt, getan; **autre-**

ment ~ anders gesagt, ausgedrückt; mit anderen Worten; **bien** ~! gut gesagt!; richtig!; **cela,** F **ceci** ~ nach diesen Worten; *auch* nachdem ich dies vor'ausgeschickt, gesagt habe; *loc/adj* **proprement** ~ eigentlich; im engeren Sinne; **c'est** ~ **une fois pour toutes** das gilt ein für allemal; **tout est** ~ damit ist, wäre alles gesagt; **c'est vite** ~ das ist schnell gesagt; **soit** ~ **en passant** beiläufig gesagt; **entre nous soit** ~ unter uns (gesagt); im Vertrauen gesagt; **il ne sera pas** ~ **que** ... man soll nicht sagen können, daß ...; **tenez-vous-le** *od* **tenez-le-vous pour** ~ lassen Sie sich das gesagt sein; schreiben Sie sich das hinter die Ohren

dithyramb|e [ditirᾰb] *m* Antike u fig Dithy'rambe *f*; Dithy'rambus *m*; **~ique** *adj* dithy'rambisch; *fig auch* 'überschwenglich (*auch péj*)

dito [dito] *adv comm* dito; des'gleichen

diurèse [djyrez] *f méd* Harnausscheidung *f*; *sc* Diu'rese *f*

diurétique [djyretik] *phm* I *adj* harntreibend; *sc* diu'retisch; II *m* harntreibendes Mittel; *sc* Diu'retikum *n*

diurnal [djyrnal] *m* ⟨*pl* -aux⟩ *égl cath* Diur'nal(e) *n*

diurne [djyrn] I *adj* **1.** *Schlaf, Arbeit* am Tage; *bot Blume* tagsblühend; *zo* papil'lon *m,* **rapace** *m* ~ Tagfalter *m,* -raubvogel *m*; **2.** *astr* mouvement *m* ~ tägliche Um'drehung des Himmels; *météo* **moyenne** *f* ~ Tagesmittel *n*; II *m/pl* ~**s** *zo* Tagfalter *m/pl*

diva [diva] *f* gefeierte Sängerin; Diva *f* (*auch péj*)

divagation [divagasjɔ̃] *f* **1.** ~**s** *pl* **a)** *e-s Kranken, Betrunkenen* unzusammenhängende Worte *n/pl*; wirres Gerede; Phantasie'reien *f/pl*; **b)** *par ext* Hirngespinste *n/pl*; F Spinne'reien *f/pl*; **2.** *jur* von Tieren, Geisteskranken freies Um-'herlaufen(lassen); **3.** *e-s Flusses* Flußbettverlagerung *f*

divaguer [divage] *v/i* **1.** *Kranker etc* irrereden; phanta'sieren; **2.** *fig* ungereimtes, dummes Zeug (da'her)reden; F spinnen; **3.** *jur Tiere* frei um'herlaufen; **4.** *Fluß* sich ein anderes Bett suchen

divan [divᾱ] *m* **1.** Liege(sofa) *f(n)*; Diwan *m*; Chaise'longue *f*; **2.** *hist* in der Türkei Staatsrat *m*; Diwan *m*; **3.** orien'talische Gedichtsammlung; Diwan *m*

dive [div] *adj f nur st/s od plais* la ~ bouteille der Wein, *poét* Rebensaft

divergence [divɛrʒᾱs] *f* **1.** *von Lichtstrahlen etc* Ausein'anderlaufen *n,* -gehen *n*; Diver'genz *f*; **2.** *fig* ~ (de vues, d'opinions) Meinungsverschiedenheit *f*; Diver'genz *f*; 'unterschiedliche Auffassung; *par ext der Interessen* Ausein-'anderlaufen *n*; *p/fort* Gegensätzlichkeit *f*; **3.** *math, météo* Diver'genz *f*; **4.** *phys atom* **entrer en** ~ *cf* diverger 3.

divergent [divɛrʒᾱ] *adj* **1.** *Lichtstrahlen, Linien etc* ausein'anderlaufend, -gehend; diver'gierend; diver'gent; *opt* lentille ~**e** Zerstreuungslinse *f*; **2.** *fig Meinungen, Interessen etc* ausein'andergehend, -laufend; diver'gierend; abweichend; *p/fort* gegensätzlich; **3.** *math Reihe* diver'gent; diver'gierend

diverger [divɛrʒe] *v/i* ⟨-geons⟩ **1.** *Lichtstrahlen, Linien, Straßen etc* ausein-'anderlaufen, -gehen; **2.** *fig Meinungen, Interessen, Auslegungen etc* diver'gieren; vonein'ander abweichen; *Meinungen auch* ausein'andergehen; **3.** *phys atom Reaktor* kritisch werden; die kritische Masse erreichen

divers [divɛr] *adj* ⟨-erse [-ɛrs]⟩ **1.** ⟨*meist pl*⟩ verschieden(artig); 'unterschiedlich; di'vers; mannigfaltig; **de couleurs très**

~**es** in den verschiedensten, in mannigfaltigen Farben; *in der Zeitung* fait ~ Meldung *f* aus dem Poli'zeibericht; Lo-'kalnachricht *f*; *pl* **faits** ~ *auch* Verschiedenes *n*; Lo'kales *n*; vermischte Nachrichten *f/pl*; **frais** ~ *od subst* ~ *m/pl* diverse Kosten *pl*; Di'verses *n*; Sonstiges *n*; **Fragen** *etc* **d'intérêt** ~ von unterschiedlichem Interesse; **des régions aussi** ~**es que** ... so unterschiedliche Gegenden wie ...; **les** ~ **sens d'un mot** die verschiedenen, diversen Bedeutungen e-s Wortes; **2.** ⟨*nur pl u voran-gestellt*⟩ verschiedene; mehrere; di'verse; **en** ~**es occasions** bei verschiedenen, mehreren Gelegenheiten; ~**es personnes** verschiedene, mehrere, diverse Personen *f/pl*, Leute *pl*; **à** ~**es reprises** mehrmals; zu wieder'holten Malen

diversement [divɛrsəmᾱ] *adv* auf verschiedene Weise; verschieden; 'unterschiedlich

diversification [divɛrsifikasjɔ̃] *f bes écon* Diversifikati'on *f*; Diversifi-'zierung *f*

diversifié [divɛrsifje] *adj* mannigfaltig, vielfältig, -seitig, -gestaltig

diversifier [divɛrsifje] I *v/t* vielseitig(er) machen, gestalten; *rad, télév* ~ **les programmes** *auch* die Programme abwechslungsreicher gestalten; II *v/pr* **se** ~ vielseitiger, abwechslungsreicher werden

diversion [divɛrsjɔ̃] *f* **1.** *mil* Ablenkung(sangriff) *f(m)*; **2.** *fig* Ablenkung *f*; Zerstreuung *f*; Abwechslung *f*; **faire** ~ **à qc** von etw ablenken; etw vergessen lassen; *abs* (e-e) Abwechslung, Zerstreuung bieten; **pour faire** ~ zur Abwechslung

diversité [divɛrsite] *f* Verschiedenheit *f*; Verschiedenartigkeit *f*; Mannigfaltigkeit *f*; Vielfalt *f*; Vielseitigkeit *f*; Vielgestaltigkeit *f*; **ce magasin offre une grande** ~ **de prix** in diesem Geschäft werden Waren in den verschiedensten Preislagen angeboten, gibt es Waren in den verschiedensten Preiskategorien

diverticule [divɛrtikyl] *m path* Diver-'tikel *n*

divertir [divɛrtir] I *v/t* **1.** ~ **qn** j-n unter'halten, belustigen, zerstreuen, *st/s* ergötzen; j-m Spaß, Vergnügen machen, bereiten; **2.** *jur Erbgut* unter'schlagen; II *v/pr* **se** ~ sich unter'halten, belustigen, vergnügen, zerstreuen, *st/s* ergötzen

divertissant [divɛrtisᾱ] *adj* unter-'haltsam; unter'haltend; vergnüglich; belustigend; *st/s* ergötzlich

divertissement [divɛrtismᾱ] *m* **1.** Unter'haltung *f*; Vergnügen *n,* -ung *f*; Belustigung *f*; Zerstreuung *f*; ~ **coûteux** kostspieliges Vergnügen; ~ **favori** Lieblingsbeschäftigung *f*; Hauptvergnügen *n*; **les** ~**s lors d'une fête** die lustigen Einlagen *f/pl* bei e-m Fest; **2.** *jur von Erbgut* Unter'schlagung *f*; **3.** *mus* Diverti'mento *n*

dividende [dividᾱd] *m* **1.** *math* Divi-'dend *m*; **2.** *fin* bes bei e-r AG, bei e-m Konkurs Divi'dende *f*

divin [divɛ̃] I *adj* **1.** göttlich; Gottes...; **l'amour** ~ die göttliche Liebe; *Dante* La ⟨?⟩ **Comédie** Die Göttliche Komödie; **culte** ~ Gottesverehrung *f*; *hist* **de droit** ~ **von Gottes Gnaden; le** ~ **enfant** [lədivinᾱfᾱ] das Jesus-, Christkind; **grâce, justice** ~**e** göttliche Gnade, Gerechtigkeit; **les personnes** ~**es** die göttlichen Personen *f/pl* (*der Trinität*); **service** ~ Gottesdienst *m*; **volonté** ~**e** göttlicher Wille; **2.** *fig Musik, Frau etc* göttlich; himmlisch (*auch plais*); **c'était** ~! das war himmlisch!; II *subst* **le** ~ das Göttliche

divina|teur [divinatœr] *adj* ⟨-trice⟩ (hell)seherisch; ~**tion** *f* Wahrsagen *n,* -ung *f*; Weissagen *n,* -ung *f*; Wahrsage'rei *f*; Divinati'on *f*; ~**toire** *adj* Wahrsage...; Weissage...; **divina'torisch; art** *m* ~ Wahrsagekunst *f*; **baguette** *f* ~ Wünschelrute *f*

divinement [divinmᾱ] *adv* ~ **bien** göttlich; himmlisch

divinis|ation [divinizasjɔ̃] *f* Erhebung *f* zum Gott; göttliche Verehrung; Vergottung *f* (*meist péj*); ~**er** *v/t* zum Gott erheben; als Gott verehren; vergotten (*meist péj*)

divinité [divinite] *f* **1.** Göttlichkeit *f*; ~ **de Jésus-Christ** Göttlichkeit, Divinität *f* Jesu Christi; **2.** Gottheit *f*; la ⟨?⟩ *auch* Gott *m*

divis [divi] *adj jur* geteilt

diviser [divize] I *v/t* **1.** (ein)teilen (en in +*acc*); *Grundstück, Reich etc* teilen; ~ **en deux** *auch* spalten; ~ **un livre en chapitres** ein Buch in Kapitel einteilen, gliedern; **l'année est divisée en mois** das Jahr wird, ist in Monate eingeteilt; **2.** *math* divi'dieren; teilen; **six divisé par deux fait trois** sechs dividiert, geteilt durch zwei ist drei; **3.** *fig (Gruppe von) Personen* trennen; spalten; entzweien; *adit* **divisé** uneinig; gespalten; **être divisé** *auch* geteilter Meinung, uneinig sein (**sur** über + *acc*); *loc/prov* **pour régner** divide et impera!; teile und herrsche! (*beide loc/prov*); II *v/pr* **4.** **se** ~ sich teilen (en in + *acc*); le **roman se divise en trois parties** ... gliedert sich in drei Teile; **5.** *fig* **se** ~ **en deux camps,** *etc* sich in zwei Lager *etc* spalten

diviseur [divizœr] *m math* Di'visor *m*; Teiler *m*; **plus grand commun** ~ größter gemeinsamer Divisor, Teiler

divis|ibilité [divizibilite] *f* Teilbarkeit *f* (*bes math*); ~**ible** *adj* teilbar, divi'sibel (*bes math*)

division [divizjɔ̃] *f* **1.** (Ein)Teilung *f*; Gliederung *f*; *fig* Spaltung *f*; *adm* ~ **administrative** verwaltungsmäßige Gliederung, Einteilung; *cf auch* **5. a)**; *biol* ~ **cellulaire, de la cellule** Zellteilung *f*; ~ **d'un livre en deux parties** Einteilung, Gliederung e-s Buches in zwei Teile; *fig* ~ **d'un parti en deux camps** Spaltung e-r Partei in zwei Lager; *écon* ~ **du travail** Arbeitsteilung *f*; *pol* **scrutin** *m* ~ getrennte Abstimmung (*über die einzelnen Punkte der Tagesordnung, e-s Gesetzentwurfs etc*); **b)** *in England, der BRD etc* Hammelsprung *m*; **2.** *math* Divi'dieren *n*; Teilen *n,* -ung *f*; Divisi'on *f*; **3.** *e-s Thermometers etc* (Grad)Einteilung *f*; *e-s Lineals etc* (Maß)Einteilung *f*; ~ **décimale** Dezi'maleinteilung *f*; **4.** *mil* Divisi'on *f*; ~ **blindée** Panzerdivision *f*; ~ **d'infanterie** Infante'riedivision *f*; **5.** *adm* **a)** ~ **administrative** Verwaltungseinheit *f,* -bezirk *m*; ~ **ecclésiastique** kirchliche Jurisdikti'ons- und Verwaltungseinheit *f*; **b)** *e-r Behörde* Ab'teilung *f*; **chef** *m* **de** ~ Abteilungsleiter *m*; **6.** *Fußball* Divisi'on *f*; Liga *f*; Spielklasse *f*; **7.** *fig* Uneinigkeit *f*; Zwietracht *f*; ~**s** *pl* Unstimmigkeiten *f/pl*; **semer la** ~ Zwietracht säen (**dans** in + *dat*); **8.** *impr* Di'vis *n*; Trennungszeichen *n,* -strich *m*

divisionnaire [divizjɔnɛr] I *adj* **1.** *mil* Divisi'ons...; **2. monnaie** *f* ~ Scheidemünze *f*; **3.** *adm* Ab'teilungs...; II *m mil etwa* Gene'ralmajor *m*; *Schweiz* Oberstdivisionär *m*

divisionnisme [divizjɔnism(ə)] *m peint* Divisio'nismus *m*

divorce [divɔrs] *m* **1.** (Ehe)Scheidung *f* (**d'avec qn** von j-m); **être en** (**instan-**

ce de)~ in Scheidung leben, liegen; **2.** *fig* Bruch *m*, Kluft *f* (**entre** zwischen +*dat*)

divorc|é [divɔrse] **I** *adj* geschieden; **II** *subst* ~é(e) *m(f)* Geschiedene(r) *f(m)*; ~**er** *v/i* <-ç-> sich scheiden lassen (**d'avec qn** von j-m)

divulga|teur [divylgatœr] *m*, ~**trice** *f* e-r vertraulichen *Information etc* Verbreiter(in) *m(f)*; ~**tion** *f* e-s Geheimnisses Verbreitung *f*; Bekanntmachung *f*

divulguer [divylge] *v/t* Geheimnis, Nachricht etc verbreiten; bekanntmachen; unter die Leute bringen

divulsion [divylsjõ] *f path* Divulsi'on *f*; Zerreißung *f*

dix[dis, *vor Konsonant* di, *vor Vokal* diz] **I** *adj/num/c* zehn; **Charles X** Karl X. (der Zehnte); *bibl* les ~ **commandements** *m/pl* die Zehn Gebote *n/pl*; le ~ **mars** der zehnte *bzw* am zehnten März; **page** ~ Seite zehn; *loc/adv* à ~ zu zehnt; *loc/adj* à ~ **étages** zehnstöckig, -geschossig; mit zehn Stockwerken, Etagen; **enfant** *m* de ~ **ans** zehnjähriges Kind; Kind *n* von zehn Jahren; **congé** *m* de ~ **jours** zehntägiger Urlaub; **absence** *f* de ~ **mois** zehnmonatige Abwesenheit; Abwesenheit *f* von zehn Monaten; **il est** ~ **heures** es ist zehn (Uhr); **il est deux heures** ~ es ist zwei Uhr zehn, es ist zehn (Minuten) nach zwei; **F il est** ~ F es ist zehn nach; **F il est moins** ~ F es ist zehn vor; *par ext* **cela tient en** ~ **lignes** das hätte man auch kürzer ausdrücken können; **F** *fig* **ça vaut** ~ F das ist (ja) zum Kugeln, Schießen, Totlachen, Piepen; **II** *m* **1.** Zahl Zehn *f*; *südd auch* Zehner *m*; *beim Kartenspiel* F ~ **de** der zehn Pluspunkte für den letzten Stich; **le** ~ (**du mois**) der Zehnte *bzw* am Zehnten (des Monats); *cf auch* **deux** II; **2.** *Schulnote* **a)** in der Volksschule: *beste Note etwa* Eins *f*; *südd* Einser *m*; **il a eu (un)** ~ er hat e-e Eins bekommen; **b)** *im Gymnasium* **il a eu** ~ (**sur vingt**) *etwa* er hat e-e Vier, *südd* e-n Vierer bekommen

dix-cors [dikɔr] *m ch* ~ *od adjt* **cerf** *m* ~ Zehnender *m*

dix-huit [dizɥit] **I** *adj/num/c* achtzehn; **II** *m* Achtzehn *f*; *cf auch* **deux** II

dix-huitième [dizɥitjem] **I** *adj/num/o* achtzehnte(r, -s); **II** *subst* **1.** le ~ der, die, das achtzehnte; **2.** *m math* Achtzehntel *n*; **3.** *in Paris* le ~ das achtzehnte Arrondisse'ment; **4.** le ~ das achtzehnte Jahrhundert

dixième [dizjem] **I** *adj/num/o* zehnte(r, -s) **1.** la ~ **partie** der zehnte Teil; **II 1.** le ~ der, die, das zehnte (*der Reihe nach*) *bzw* der, die, das Zehnte (*der Leistung od dem Rang nach*); **2.** *m math* Zehntel *n*; *fig* les neufs ~s des gens, livres, *etc* fast alle Leute, Bücher *etc*; **3.** *m* zehnter Stock; zehnte E'tage; **4.** *in Paris* le ~ das zehnte Arrondisse'ment; **5.** *f* zweite Grundschulklasse; **6.** *m* Lotterie Zehntellos *n*; **7.** *f mus* De'zime *f*; ~**ment** *adv* zehntens

dix-neuf [diznœf] **I** *adj/num/c* neunzehn; **II** *m* Neunzehn *f*; *cf auch* **deux** II

dix-neuvième [diznœvjem] **I** *adj/num/o* neunzehnte(r, -s); le ~ **siècle** das neunzehnte Jahrhundert; **II** *subst* **1.** le, la ~ der, die, das neunzehnte; **2.** *m math* Neunzehntel *n*; **3.** *in Paris* le ~ das neunzehnte Arrondisse'ment; **4.** le ~ das neunzehnte Jahrhundert

dix-sept [di(s)sɛt] **I** *adj/num/c* siebzehn; **II** *m* Siebzehn *f*; *cf auch* **deux** II

dix-septième [di(s)sɛtjem] **I** *adj/num/o* siebzehnte(r, -s); **II** *subst* **1.** le, la ~ der, die, das siebzehnte; **2.** *m math* Siebzehntel *n*; **3.** *in Paris* le ~ das siebzehnte Arrondisse'ment; **4.** le ~ das siebzehnte Jahrhundert

dizain [dizɛ̃] *m métr* Zehnzeiler *m*

dizaine [dizɛn] *f* **1. a)** (Gruppe *f*, Anzahl *f* von) zehn; **la première** ~ **de kilomètres** die ersten zehn Kilometer; **b) une** ~ **de personnes, livres**, *etc* etwa zehn, ungefähr zehn, an die zehn Personen, Bücher *etc*; **2.** *in mehrstelligen Zahlen* Zehner *m*; **3.** *rel* ~ **de chapelet** Rosenkranzgesätz *n*; **dire une** ~ **de chapelet** ein Gesätz beten

djebel [dʒebɛl] *m géogr* Dschebel *m*

djellaba [dʒelaba] *f langes Gewand der Araber mit Kapuze* Dschellaba *f*

djinn [dʒin] *m myth* Dschinn *m*

do [do] *m* <*inv*> *mus* c *bzw* C *n*; ~ **bémol** ces *bzw* Ces *n*; ~ **dièse** cis *bzw* Cis *n*

docil|e [dɔsil] *adj* **1.** Person, Tier folgsam; fügsam; gefügig; willig; Charakter gefügig; fügsam; *par ext* Haare schmiegsam; leicht fri'sierbar; esprit *m* ~ gelehriger Mensch; ~**ement** *adv* willig; ~**ité** *f* Folgsam-, Fügsam-, Gefügig-, Willigkeit *f*; avec ~ willig

docimasie [dɔsimazi] *f* **1.** *chim* Doki'mastik *f*; Dokima'sie *f*; **2.** *méd* Prüfung *f* (*von Organen zur Feststellung der Todesumstände*); ~ **pulmonaire** Lungenschwimmprobe *f*

docimologie [dɔsimɔlɔʒi] *f* Unter'suchung *f* des Wertes von Prüfungsmethoden

dock [dɔk] *m* **1.** Hafenbecken *n*; *par ext* Dock *n*; ~ **flottant** Schwimmdock *n*; **2.** e-s Hafens Lagerhäuser *n/pl*; Maga'zine *n/pl*

docker [dɔker] *m* Hafenarbeiter *m*; Dokker *m*; ~**s** *pl auch* Schauerleute *pl*

docte [dɔkt] *adj péj* Person hochgelehrt; Ton, Art schulmeisterlich(-gehoben)

docteur [dɔktœr] *m* **1.** ~ **en droit, en médecine, ès lettres, ès sciences** *etwa* (habili'tierter) Doktor der Rechte, der Medizin, der Philosophie, der Naturwissenschaft; **elle est** ~ **en droit** sie ist (habilitierter) Doktor der Rechte; sie hat sich an der juristischen Fakultät habilitiert; **2.** Doktor *m*; Arzt *m bzw* Ärztin *f*; **appeler le** ~ den Doktor rufen; *als Anrede*: **bonjour**, ~ ... Herr *bzw* Frau Doktor; **3.** *rel* ~ **de l'Église** Kirchenlehrer *m*; *in der jüdischen Religion* ~ **de la Loi** Schriftgelehrte(r) *m*

doctoral [dɔktɔral] *adj* <-aux> **1.** *péj* Ton, Gehaben *etc* gelehrtenhaft; professo'ral; schulmeisterlich; **2.** Doktor...; **dignité** ~**e** Doktorwürde *f*

doctorat [dɔktɔra] *m* **a)** ~ **d'État** *etwa* Habilitati'on *f*; ~ **en droit, en médecine, ès lettres, ès sciences** Habilitation an der juristischen, medizinischen, philosophischen Fakultät, für ein naturwissenschaftliches Fach; **thèse** *f* **de** ~ *etwa* Habilitationsschrift *f*; **b)** ~ **d'université** *etwa* Dokto'rat *n*; Doktorwürde *f*, -grad *m*; **c)** *in der Philosophischen Fakultät* ~ **de troisième cycle** Grad, der nach der „licence" und „maîtrise" erworben wird und zur Forschungsarbeit berechtigt

doctoresse [dɔktɔrɛs] F *f* Ärztin *f*

doctrin|aire [dɔktrinɛr] **I** *adj* **1.** doktri'när (*auch péj*); **2.** *hist* **école** *f* ~ Partei *f* der Doktrinäre; **II** *m* Doktri'när *m* (*auch péj u hist*); Ideo'loge *m*; ~**al** *adj* <-aux> die *bzw* e-e Dok'trin, Lehre betreffend; *Streit, Debatte* über die *bzw* e-e Doktrin, Lehre

doctrine [dɔktrin] *f* **1.** Dok'trin *f*; Lehre *f*; Lehrmeinung *f*; ~ **politique** politische Doktrin; **la** ~ **de l'immortalité de l'âme** die Lehre von der Unsterblichkeit der Seele; **2.** *jur* Rechtslehre *f*; Lehrmeinung *f*

document [dɔkymã] *m* **1.** Doku'ment *n*; Urkunde *f*; Schriftstück *n*; *im Parlament*

Drucksache *f*; ~**s** *pl auch* 'Unterlagen *f/pl*; **2.** *par ext* Doku'ment *n*; Beweis-, Belegstück *n*; **cette lettre est un** ~ **précieux** ... ein wertvolles Beweisstück; **3.** *comm* ~**s** *pl* (Waren)Pa'piere *n/pl*

documentaire [dɔkymãter] **I** *adj* **1.** dokumen'tarisch; Dokumen'tar...; *Film, Buch etc* **d'un intérêt** ~ von dokumentarischem Wert; *loc/adv* **à titre** ~ zu j-s Informati'on *f*; **à titre** ~, **je vous signale** ... zu Ihrer Information teile ich Ihnen mit ...; **2.** *comm* Doku'menten...; **crédit** *m* ~ Dokumenten-, Warenakkreditiv *n*; **II** *m* cin Dokumen'tar-, Kul'turfilm *m*

documentaliste [dɔkymãtalist] *m.f* Dokumenta'list(in) *m(f)*

documentariste [dɔkymãtarist] *m cin* Dokumen'tarfilmer *m*; Dokumenta'rist *m*

documentation [dɔkymãtasjõ] *f* Dokumentati'on *f* (*Vorgang u Ergebnis*); 'Unterlagen(sammlung) *f/pl(f)*; Informati'onsmaterial *n*; **service** *m* **de** ~ (Abteilung *f*) Dokumentation *f*; Dokumentati'onsabteilung *f*, -stelle *f*; **réunir une** ~ e-e Dokumentation zusammenstellen

documenté [dɔkymãte] *adj* **1.** Person **bien** ~ gut infor'miert; **2.** Sache **bien, solidement** ~ gut, so'lide dokumen'tiert *od* dokumen'tarisch belegt

documenter [dɔkymãte] **I** *v/t* **1.** ~ **qn sur qc** j-n über etw (*acc*) infor'mieren; **2.** These, Buch etc dokumen'tarisch, durch Doku'mente belegen; dokumen'tieren; **II** *v/pr* **se** ~ Doku'mente sammeln; sich 'Unterlagen beschaffen; auch sich infor'mieren

dodécaèdre [dodekaɛdr(ə)] *m math* Dodeka'eder *n*; Zwölfflächner *m*, -flach *n*; ~ **régulier** Pentagondodekaeder *n*

dodéca|gonal [dodekagonal] *adj* <-aux> zwölfeckig; *geometrischer Körper* zwölfseitig; ~**gone** [-gon, -gɔn] *m math* Zwölfeck *n*

dodécaphon|ique [dodekafonik] *adj* *mus* der Zwölftonmusik; Zwölfton...; **musique** *f* ~ Zwölftonmusik *f*; Dodekapho'nie *f*; ~**isme** *m mus* Zwölftontechnik *f*; Dodekapho'nie *f*

dodelin|ement [dɔdlinmã] *m* des Kopfes Hin- und Herwiegen *n*; ~**er** *v/i* ~ **de la tête** den Kopf hin und her wiegen, bewegen

dodo [dodo] *m enf* **1.** Schlaf *m*; **heure** *f* **du** ~ Schlafenszeit *f*; faire ~ schlafen; *enf* heia machen; ♦ *int* ~! du mußt jetzt heia machen!; *Wiegenlied* ~, **l'enfant do, l'enfant dormira bientôt** *etwa* schlaf, Kindchen, schlaf; **2.** *enf* Heia(bettchen) *f(n)*; **aller au** ~ in die Heia, ins Heiabettchen gehen

dodu [dɔdy] *adj* Tier fleischig; dick; *Baby, Arme etc* rundlich; *Arme etc auch* drall; **joues** ~**es** auch Pausbacken *f/pl*

dog-cart [dɔgkar(t)] *m* <*pl* dog-carts> *ch* Dogcart *m*

doge [dɔʒ] *m hist* in Venedig Doge ['do:ʒə] *m*

dogmatique [dɔgmatik] **I** *adj* **1.** *rel*, *philos* dog'matisch; **2.** *fig* Person dog'matisch; stur; Ton etc dog'matisch; lehrhaft; esprit *m* ~ sturer, dogmatischer Mensch; **II** *subst* **1.** *m.f philos* Dog'matiker(in) *m(f)*; **2.** *f rel* Dog'matik *f*; Glaubenslehre *f*

dogmat|iser [dɔgmatize] *v/i* sich in e-m dog'matischen, entschiedenen, apo'diktischen Ton äußern; sich in e-m Ton, der keinen 'Widerspruch duldet, äußern (**sur** über +*acc*); ~**isme** *m* Dogma'tismus *m* (*auch fig*)

dogme [dɔgm(ə)] *m* **1.** *rel* **a)** Dogma *n*; Glaubenssatz *m*; ~ **de l'infaillibilité pontificale** Dogma von der Unfehlbarkeit des Papstes; **b)** *par ext* le ~ **chré**-

tien das christliche Dogma; die christliche Glaubenslehre; **2.** *fig* Dogma *n*; Lehrsatz *m*; ~s **politiques** politische Dogmen

dogue [dɔg] *m zo* Dogge *f*; *fig* **être d'une humeur de** ~ bärbeißig, grimmig sein

doigt [dwa] *m* **1.** *der Hand* Finger *m*; *zo bei manchen Tieren* ~s *pl* Zehen *f/pl od m/pl*; ♦ **petit** ~ kleiner Finger; *soldat au garde-à-vous le petit* ~ *sur la couture du pantalon* ... Hände an der Hosennaht; *zu Kindern* **mon petit** ~ **me l'a dit** Mutti *bzw* Vati *etc* sieht eben alles; das sagt mir mein kleiner Finger; *fig* **ne pas remuer, ne pas lever,** F **ne pas bouger le petit** ~ nicht den kleinen Finger rühren; keinen Finger rühren, **krumm machen;** ♦ *fig u litt* ~ **de Dieu** Fingerzeig *m* Gottes; ♦ ~ **de pied** Zehe *f od* Zeh *m*; **gros** ~ **de pied** große Zehe *od* großer Zeh; **bout** *m* **du** ~ *cf* bout 1.; ♦ *loc/adv fig* **au** ~ **et à l'œil: conduire** qn, **mener** qn, **faire marcher** qn **au** ~ **et à l'œil** j-n an der Kan'dare haben, halten; **obéir, marcher au** ~ **et à l'œil** aufs Wort gehorchen, F parieren; ♦ **compter sur ses** ~s **mit Hilfe der** Finger zählen; *fig* **Freunde,** *seltene Gegenstände* **on peut les compter sur les** ~s **man kann sie an den fünf** Fingern (s-r Hand) abzählen; **être comme les deux** ~s **de la main** ein Herz und e-e Seele sein; wie die Kletten zusammenhängen; unzertrennlich sein; **elle n'a jamais rien fait de ses dix** ~s sie hat nie in ihrem Leben gearbeitet, arbeiten müssen; F *fig* **se ficher, se fourrer, se mettre le** ~ **dans l'œil (jusqu'au coude)** sich gewaltig irren, täuschen; sich verrechnen; auf dem Holzweg sein; F **sich in den Finger schneiden;** sich verhauen; da'nebenhauen; schiefgewickelt sein; F *fig* **gagner les** ~s **dans le nez** spielend, mit Leichtigkeit, mühelos siegen; **glisser, filer entre les** ~s **a)** *Person* durch die Finger schlüpfen; entschlüpfen; entkommen; entwischen; **b)** *Geld, Zeit* zwischen, unter den Fingern zerrinnen; **se lécher les** ~s *cf* lécher II; *in der Schule* **lever le** ~ den Finger heben; sich melden; aufzeigen; **manger avec ses** ~s mit den Fingern essen; *fig* **mettre le** ~ **dans l'engrenage** ins Räderwerk geraten; *fig* **mettre le** ~ **sur** qc den Kern, das Wesentliche e-r Sache *(gén)* treffen; **tu as mis le** ~ **dessus** *auch* du hast den Nagel auf den Kopf getroffen; das ist des Pudels Kern; *fig* **mettre le** ~ **sur la plaie** die wunde Stelle berühren; den wunden Punkt aufdecken; den Finger auf die Wunde legen; **montrer** qn, qc **du** ~ auf j-n, etw mit dem Finger zeigen, weisen; *fig* **montrer** qn **du** ~ mit (den) Fingern auf j-n zeigen; j-n bloßstellen; *fig* **se mordre les** ~s **de** qc, **d'avoir fait** qc etw bitter bereuen; es bitter bereuen, etw getan zu haben; **taper sur les** ~s **à** qn j-m auf die Finger klopfen; *fig auch* j-n zu'rechtweisen; **2.** ~ **de gant** (Handschuh-) Finger *m*, (-)Fingerling *m*; *für den Daumen auch* Däumling *m*; **3. a)** *Menge* **un** ~ ein Fingerhut voll; **un** ~ **de vin** ein Fingerhut voll Wein; ein ganz klein wenig Wein; **b)** *Abstand* Fingerbreit *m*, -breite *f; rallonger une robe* **de trois** ~s ... um drei Fingerbreit(en); *loc/prép* **à deux** ~s, **à un** ~ **de** qc *auch* etw *(dat)*; *fig*: **être à deux** ~s **du succès** *auch* dem Erfolg ganz nahe sein; kurz vor dem Erfolg stehen; **être à deux** ~s **de la mort** mit e-m Fuß im Grabe stehen; *Geschoß* **passer à deux** ~s **de** qc *auch* um Haaresbreite an etw *(dat)* vorbeigehen; **4.** *tech* Bolzen *m*; Zapfen

m; Stift *m*; **5.** *astr* Zoll *m*

doigté [dwate] *m* **1.** *fig* Fingerspitzengefühl *n* (**dans** qc bei etw; **avec** qn gegenüber j-m); **2.** *mus* Fingersatz *m*

doigter [dwate] *mus* **I** *v/t Musikstück* **a)** mit dem Fingersatz bezeichnen; **b)** mit dem richtigen Fingersatz spielen; **II** *v/i* die Finger richtig setzen

doigtier [dwatje] *m* Fingerling *m*; ~ **de cuir** Lederfingerling *m*

doit [dwa] *m comm* Soll *n*; Debet *n*; **le** ~ **et l'avoir** das Soll und Haben

dol [dɔl] *m jur* Arglist *f*; arglistige Täuschung; Dolus *m*

doléances [dɔleɑ̃s] *f/pl* Beschwerden *f/pl*; Klagen *f/pl*; Jammern *n*; Gejammer *n*

dolent [dɔlɑ̃] *adj litt u péj Person, Stimme, Ausdruck etc* wehleidig; Mitleid heischend; jammernd; *Stimme auch* (weh)klagend

doler [dɔle] *v/t* **1.** *tech (mit e-m Beil etc)* glätten, behauen; **2.** *Leder* do'l(l)ieren; abschaben

dolic *cf* dolique

dolichocéphale [dɔlikɔsefal] *Anthropologie* **I** *adj* langköpfig; dolichoke'phal, -ze'phal; **II** *m* Langköpfige(r) *f(m)*; Dolichoze'phale *m,f*

doline [dɔlin] *f géogr* Do'line *f*

dolique [dɔlik] *m bot* Heil-, Helmbohne *f*; *sc* Dolichos *m*

dollar [dɔlar] *m Währung* Dollar *m*; ~ **canadien** kanadischer Dollar; *écon* **zone** *f* ~ Dollarraum, -block *m*

dolman [dɔlmɑ̃] *m hist der Husaren* Dolman *m*

dolmen [dɔlmɛn] *m hist* Dolmen *m*

doloire [dɔlwar] *f tech (Art)* Breitbeil *n*; Böttcherbeil *m*

dolomie [dɔlɔmi] *f od* **dolomite** [dɔlɔmit] *f minér, géol* Dolo'mit *m*

dolomitique [dɔlɔmitik] *adj* **1.** *minér* Dolo'mit...; *calcaire* *m* ~ Dolomitkalk *m*; **2.** *géogr* Alpes *f/pl* ~s Dolo'miten *pl*

dolosif [dɔlɔzif, -lo-] *adj* <-ive> *jur* arglistig; do'los

dom [dɔ̃] *m* **1.** *Titel für Benediktiner-, Karthäuser-, Trappistenmönche etwa* Pater *m*; **2.** *portugiesischer Titel* Dom *m*

domaine [dɔmɛn] *m* **1.** (Land-)Gut *n*; ~s *pl auch* Lände'reien *f/pl*; *hist* ~ **royal, de la couronne** Krondomäne *f*; **2.** *jur, adm* ♀ **(de l'État)** Staatsvermögen *n*, -besitz *m*; *par ext* **le** ♀ die Staatsvermögensverwaltung; *Völkerrecht* ~ **aérien** Luftraum *m*; ~ **privé** *etwa* Fi'nanzvermögen *n*; ~ **public** *etwa* öffentliche Sachen *f/pl (Sachen in Gemeingebrauch u Verwaltungsvermögen); geistiges Eigentum* **tomber dans le** ~ **public** frei werden; **3.** *fig* Bereich *m*; Gebiet *n*; Do'mäne *f*; Sparte *f*; *d'application* Geltungs-, Anwendungsbereich *m*; **dans tous les** ~s auf allen Gebieten; **dans le** ~ **de la politique** auf dem Gebiet, im Bereich der Politik; **être du** ~ **de** qn in j-s Bereich, Kompe'tenz *(acc)* fallen; **zu** j-s Bereich, Kompe'tenz gehören

domanial [dɔmanjal] *adj* <-aux> **1.** zum Gut gehörig; Guts...; **2.** Staats...; staatlich; **forêt** *f* ~**e** Staatsforst *m*

dôme [dom] *m* **1.** *arch* Kuppel *f*; Kuppeldach *n*; **2.** *in Italien, Deutschland* Dom *m*; **le** ~ **de Milan** der Mailänder Dom; **3.** *litt u fig* ~ **de feuillage** Blätterdom *m*, -dach *n*; ~ **de verdure** Laubdach *n*; **4.** *géogr* Kuppe *f*; **5.** *géol* ~ **de sel** Salzstock *m*, -dom *m*, -horst *m*; **6.** *tech* ~ (**de prise**) **de vapeur** Dampfdom *m*

domestication [dɔmɛstikasjɔ̃] *f* **1.** *wilder Tiere* Zähmung *f*; Domestikati'on *f*; **2.** *fig der Atomenergie etc* Bändigung *f*

domesticité [dɔmɛstisite] *litt f* Gesinde *n*; Dienerschaft *f*

domestique [dɔmɛstik] **I** *adj* **1.** Haus...;

m; Stift *m*; **5.** *astr* Zoll *m* — häuslich; **économie** *f* ~ Hauswirtschaft *f*; *e-r Hausfrau* **travaux** *m/pl* ~s Hausarbeit *f*; **2.** *zo* Haus...; **animal** *m* ~ Haustier *m*; **chat** *m* ~ Hauskatze *f*; **II** *m,f* **1.** Dienstbote *m (auch von e-r Frau)*; Diener(in) *m(f selten)*; *früher* Bediente(r) *m*; Bedienerin *f (noch österr); auch* Magd *f*; *péj* Dome'stik(e) *m*; ~s **d'un hôtel, d'une maison** Ho'tel-, Hauspersonal *n*

domestiquer [dɔmɛstike] *v/t* **1.** *wilde Tiere* zähmen; zu Haustieren machen; domesti'zieren; **2.** *fig Atomenergie etc* bändigen; sich 'untertan machen

domicile [dɔmisil] *m* Wohnsitz *m*, -ort *m*; Wohnung *f*; Domi'zil *n*; ~ **légal** fester, gesetzlicher Wohnsitz; *jur* **violation** *f* **de** ~ Hausfriedensbruch *m*; *loc/adv* **à** ~ ins Haus; nach Hause; zu Hause; **livrer à** ~ ins Haus liefern; **travailler à** ~ Heimarbeit machen, verrichten; zu Hause arbeiten; **travail** *m* **à** ~ Heimarbeit *f*; **abandonner, quitter le** ~ **conjugal** die eheliche Wohnung verlassen; **changer de** ~ den Wohnsitz, -ort wechseln; **élire** ~ **a)** s-n Wohnsitz nehmen, aufschlagen; sich niederlassen; **b)** *jur* e-n Zustellungsbevollmächtigten benennen

domiciliaire [dɔmisiljɛr] *adj jur* **visite** *f*, **perquisition** *f* ~ Haussuchung *f*

domicili|ataire [dɔmisiljatɛr] *m fin* Domizili'ant *m*; ~**ation** *f fin e-s Wechsels* **a)** Domizi'lierung *f*; **b)** *par ext* Domi'zil *n*; Zahlstelle *f*

domicilié [dɔmisilje] *adj* **1.** ~ **à** ansässig, wohnhaft, mit Wohnsitz in; **être** ~ **à Paris** *auch* s-n Wohnsitz in Paris haben; **2.** *fin* **traite** ~**e** Domi'zilwechsel *m*

domicilier [dɔmisilje] *v/t* **1. se faire** ~ **à** ... s-n Wohnsitz anmelden in (+*dat*); **2.** *fin Wechsel* domizi'lieren

dominance [dɔminɑ̃s] *f biol* Domi'nanz *f*

domin|ant [dɔminɑ̃] *adj* **1.** *Rolle, Idee etc* vor-, beherrschend; domi'nierend; Haupt...; *opinion* ~**e** herrschende Meinung; **raison** ~**e** Hauptgrund *m*; **trait** ~ dominierender, beherrschender Zug; Hauptmerkmal *n*; **vents** ~s vorherrschende Winde *m/pl*; **2.** *biol* domi'nant; **3.** *jur* **fonds** ~ herrschendes Grundstück; ~**ante** *f* **1.** domi'nierendes Merkmal *n*; domi'nierender Zug; Domi'nante *f*; *auch* domi'nierende Farbe; **2.** *mus* Domi'nante *f*; ~**ateur I** *adj* <-**trice**> *Person, Charakter, Geste etc* herrisch; gebieterisch; *p/fort Person, Charakter* herrschsüchtig; **se montrer** ~ herrisch, gebieterisch auftreten; **II** *subst st/s* ~, **dominatrice** *m,f* Beherrscher(in) *m(f)*

domination [dɔminasjɔ̃] *f* Herrschaft *f* (**sur** über + *acc*) *(auch fig)*; ~ **étrangère** Fremdherrschaft *f*; *fig* **besoin** *m* **de** ~ Herrschsucht *f*, -begierde *f*; **être sous la** ~ **de** qn unter j-s Herrschaft *(dat)* stehen; **exercer une** ~ **sur** qn über j-n e-e Herrschaft, Macht ausüben *(auch fig)*; **passer sous la** ~ **de** qn unter j-s Herrschaft, Gewalt *(acc)* geraten

dominer [dɔmine] **I** *v/t* **1.** *Land, Volk, Markt etc* beherrschen; ~ **un pays, un peuple** *auch* über ein Land, Volk herrschen; **2.** *Leidenschaften, Instinkte etc* beherrschen; zügeln; im Zaum halten; *Situation* beherrschen; meistern; bewältigen; fertig werden mit; *Stoff, Thema* beherrschen; **être dominé par ses passions** von s-n Leidenschaften beherrscht werden; **se laisser** ~ **par ses passions** sich von s-n Leidenschaften beherrschen lassen; **3.** *Mitschülern, Konkurrenten, e-m Freund etc* über'legen sein (qn j-m); *Konkurrenten im Wettkampf auch* über'treffen; beherrschen; **4.** *Bau-*

werk: Stadt, Person: Menge beherr-
schen; über'ragen; *par ext: Geräusch:
anderes Geräusch* über'tönen; über'la-
gern; *Problem: e-e Konferenz, Ange-
legenheit* beherrschen; *Werk: die Lite-
ratur e-r Epoche* beherrschen; entschei-
dend beeinflussen; **cette préoccupation
domine toutes les autres** diese Sorge
beherrscht alle anderen, ist größer als
alle anderen; **II** *v/i* **5.** *litt Herrscher,
Macht etc* herrschen; *sports Mann-
schaft* domi'nieren; **7.** *bestimmte Perso-
nen in e-r Versammlung etc, Eigenschaft,
Farbe etc* über'wiegen; vorherrschen;
domi'nieren; vorherrschend sein; *Perso-
nen auch* den über'wiegenden Teil bil-
den; *Eigenschaft, Farbe auch* domi'nie-
rend sein; **III** *v/pr se* sich beherrschen;
sich in der Gewalt haben
dominic|ain[dɔminikɛ̃], **~aine I** *m,f* **1.**
égl cath Domini'kaner(in) *m(f)*; **2.** ♀
Domini'kaner(in) *m(f)*; Einwohner(in)
m(f) der Domini'kanischen Republik; **II**
adj **1.** *égl cath* Domini'kaner...; **2.** *géogr*
domini'kanisch
dominical[dɔminikal] *adj* <-aux> **1.** *rel*
oraison ~e Vater'unser *n*; *st/s* Gebet *n*
des Herrn; **2.** sonntäglich; Sonntags...;
repos ~ Sonntagsruhe *f*
dominion[dɔminjɔ̃, -jɔn] *m* *(britisches)*
Do'minion
domino[dɔmino] *m* **1. a)** Domino
(-kostüm) *m(n)*; **b)** *Träger dieses Ko-
stüms* Domino *m*; **2. a)** Dominostein *m*;
b) **~s** *pl* Domino(spiel) *n*; **jouer aux ~s**
Domino spielen
dommage[dɔmaʒ] *m* **1.** *allg, jur* Scha-
den *m*; *auch* Nachteil *m*; **~s causés aux
récoltes** Ernteschäden *m/pl*; **~s causés
par la grêle** Hagelschäden *m/pl*; **~
corporel** Per'sonenschaden *m*; **~ maté-
riel** materieller Schaden; Vermögens-
schaden *m*; *bei Unfällen, Katastrophen
auch* Sachschaden *m*; **~ moral** immate-
rieller, ideeller Schaden; **~s de guerre
a)** Kriegsschäden *m/pl*; **b)** *par ext* F
Entschädigung *f* für Kriegsschäden; **~s
et intérêts** Schadenersatz *m*; Entschädi-
gung *f*; **causer, réparer un ~** e-n
Schaden verursachen *od* anrichten,
wieder'gutmachen *od* ersetzen; **2. c'est ~**
das ist schade; **c'est bien ~** das ist sehr
schade; F **~!** schade!; **quel ~!** wie scha-
de!; **c'est ~, quel ~,** F **~ que ... (+subj)**
bzw **de (+inf)** es ist schade, wie schade,
schade, daß ... *bzw* zu (+inf); F **~ qu'il ne
vienne pas** schade, daß er nicht kommt;
quel ~ de devoir partir si tôt wie
schade, so früh aufbrechen zu müssen
dommageable[dɔmaʒabl(ə)] *adj* **~ à qn,
à qc** schädlich, nachteilig für j-n, für etw;
être ~ à schädlich, von Nachteil sein für
dommages-intérêts[dɔmaʒɛteʀ] *m/pl
allg, jur* Schaden-, *jur auch* Schadenser-
satz *m*; Entschädigung *f*
domptable[dɔ̃tabl(ə)] *adj* bezähmbar
dompt|er[dɔ̃te] *v/t* **1.** *wilde Tiere* bändi-
gen; bezähmen; bezwingen; **2.** *Rebellen*
bezwingen; unter'werfen; **3.** *fig Leiden-
schaften etc* bezähmen; bezwingen; im
Zaum halten; **~eur** *m,* **~euse** *f von wilden
Tieren* Domp'teur *m*; Domp'teuse *f*;
Tierbändiger(in) *m(f)*; **dompteur de
lions** Löwendompteur *m*, -bändiger *m*
don¹[dɔ̃] *m* **1.** *Handlung* Schenkung *f*
(jur); *für wohltätige Zwecke* Spende *f*; *jur*
~ manuel Handschenkung *f*; *fig* **~ de
soi** Selbstaufopferung *f*; Selbstlosigkeit
f; **faire ~ de qc à qn** j-m etw schenken
bzw spenden; **2.** Schenkung *f (jur)*;
Zuwendung *f*; Spende *f*; Gabe *f*; **~ en
argent, en nature** Geld-, Sachspende *f*;
faire un ~ à qn j-m e-e Schenkung
machen; j-m e-e Spende zukommen
lassen; **recevoir des ~s** Spenden,

Gaben empfangen; **3.** *fig* Gabe *f*; Ge-
schenk *n*; **~ de Dieu** Gottesgabe *f*,
-geschenk *n*; **4.** Gabe *f*; Begabung *f*;
Ta'lent *n*; Fähigkeit *f*; **~ de l'éloquence,
de prophétie** Redner-, Seher- *od* Pro-
'phetengabe *f*; **~ des langues** Sprach-
begabung *f*; **avoir un ~ od des ~s pour
qc** für etw begabt sein; **avoir le ~ de
(+inf) a)** *Sache* geeignet, dazu angetan
sein zu (+inf); **b)** *Person iron* die Gabe
haben, es gut verstehen zu (+inf)
don²[dɔ̃] *m spanischer Titel* Don *m*
doña[dɔna, -na] *f spanischer Titel* Doña *f*
donacie[dɔnasi] *f zo* Schilf-, Rohrkäfer *m*
donataire [dɔnatɛʀ] *m,f jur* Be-
schenkte(r) *f(m)*
dona|teur [dɔnatœʀ] *m,* **~trice** *f* **1.**
Spender(in) *m(f)*; Stifter(in) *m(f)*; **2.**
Kunst Stifter *m*; **3.** *jur* Schenker *m*
donation[dɔnasjɔ̃] *f jur* **1.** Schenkung *f*;
~ entre vifs Schenkung unter Leben-
den; **faire une ~** e-e Schenkung machen;
2. Schenkungsurkunde *f*, -brief *m*; **~-
-partage** *f jur* Teilung *f* des Nachlasses
im Wege der Schenkung (bei Lebzeiten)
donc[dɔ̃k *(immer am Satzanfang u vor
Vokalen)*, dɔ̃] *conj* **1.** *folgernd* also;
folglich; demnach; demzufolge; **~!** nun
also!; **je pense, ~ je suis** ich denke, also
bin ich; **j'ai fini, tu peux ~ partir** ich
kannst also gehen; **2.** *zum Thema zurück-
führend* also; **il affirmait ~ que ... er
behauptete also, daß ...; **3.** *in Fragen*
denn; also; **que fait-il ~ là?** was macht er
denn dort?; **tu habites ~ là?** du wohnst
also dort?; wohnst du denn dort?; **pour-
quoi, qui,** *etc* **~?** warum, wer *etc* denn?;
4. *beim imp* doch; **taisez-vous ~!**
schweigen Sie doch!; halten Sie doch den
Mund!; ♦ **allons ~!** was denn!; na!; *cf
auch* **aller 1. a)**; F **dites ~** F Sagen Sie
(doch) mal!; *cf auch* **dire¹ 1. d)**; **5. et
moi ~!** und ich erst!
dondaine[dɔ̃dɛn] *f Bestandteil e-s in
Volksliedern vorkommenden Refrains*
dondon[dɔ̃dɔ̃] *f* F **grosse ~** dicke Frau;
F Ma'schine *f*; Dampfwalze *f*; Tonne *f*
donjon[dɔ̃ʒɔ̃] *m* **1.** *e-r Burg* Bergfried *m*;
befestigter Hauptturm; **2.** *mar mil*
Turmmast *m*
don Juan[dɔ̃ʒɥã] *m fig* Casa'nova *m*;
Verführer *m*; Frauenheld *m*; Don Ju'an *m*
donjuanesque[dɔ̃ʒɥanɛsk] *adj* Typ,
Charakter, Gebaren etc e-s Casa'nova,
Frauenhelden
donnant[dɔnã] *adj* **1.** *meist negativ* il
n'est pas très ~ er gibt nicht gerne; er ist
nicht sehr freigebig; **2.** *loc/adv* **~, ~** nichts
ohne Gegenleistung; do ut des *(loc/prov)*
donne[dɔn] *f beim Kartenspiel* Geben *m*;
à qui la ~? wer gibt?; **à vous la ~** Sie
geben; **il y a fausse ~** es ist falsch
gegeben worden
donné[dɔne] *adj* **1.** gegeben; *math* gran-
deur **~e** gegebene Größe; **2.** bestimmt; **à
un moment ~ a)** zu e-m bestimmten
Zeitpunkt; **b)** plötzlich; **en un lieu ~** an
e-m bestimmten Ort; **3. c'est ~** das ist ja
geschenkt, spottbillig; **4.** *loc/prép* **étant
~ qc** in Anbetracht, wegen e-r Sache
(gén); mit Rücksicht auf etw *(acc)*; **étant
~ la situation financière** in Anbe-
tracht, wegen der finanziellen Lage; ♦
loc/conj **étant ~ que** da (ja); in Anbe-
tracht der Tatsache, daß
donnée[dɔne] *f* **1.** *tech, Wissenschaft,
EDV* **~s** *pl* Daten *n/pl*; *auch* Angaben
f/pl; Ausgangsmaterial *n*; Gegebenhei-
ten *f/pl*; **~s numériques** *cf* numérique
1.; **~s statistiques** statistische Daten,
Angaben; **~s d'une expérience** Aus-
gangsmaterial *n* e-s Experiments; **2.** *math*
gegebene, bekannte Größe; **3.** *e-s litera-
rischen Werks* **~s** *pl* Grundidee *f*; Vor-
wurf *m*

donner[dɔne] **I** *v/t* **1.** geben; **~ qc à qn**
j-m etw geben;
Wendungen: **a)** *alleinstehend: loc/prov* **la
façon de ~ vaut mieux que ce qu'on
donne** wie man gibt *od* schenkt, ist
mehr wert, als was man gibt *od* schenkt;
son plaisir c'est de ~ Schenken, Geben
macht ihm Freude; *beim Kartenspiel*
c'est à vous de ~ Sie geben; **b)** *mit
subst:* **~ son adresse** s-e Adresse
(an)geben; **~ de l'appétit** Appetit ma-
chen; den Appetit anregen; **~ son appui
à qn** j-m s-e Hilfe, Unter'stützung ge-
währen; **~ de l'argent à qn** j-m Geld
geben; **~ un baiser à qn** e-n Kuß geben; **~ le
bras à qn** j-m den Arm geben, bieten,
reichen; **~ des caresses à qn** j-n
streicheln, liebkosen; **~ la chasse à qn**
auf j-n Jagd machen; **~ un concert** ein
Konzert geben; **~ bonne, mauvaise
conscience** ein gutes, schlechtes Ge-
wissen verursachen; **~ un conseil** e-n
Rat geben; raten; **~ des consolations**
Trost geben; trösten; **~ une constitu-
tion à un pays** e-m Land e-e Verfassung
geben; **~ un devoir** e-e Aufgabe stellen;
~ de l'élan Schwung geben, verleihen; **~
des encouragements à qn** j-n fördern,
ermutigen; **~ de l'espoir** Hoffnung
machen, *Sache auch* geben; **~ l'essor**
Auftrieb geben, verleihen; **~ des expli-
cations** Erklärungen geben; **~ un film**
e-n Film geben, spielen; **~ un fils à son
mari** ihrem Mann e-n Sohn schenken,
gebären; **~ de la force** Kraft geben,
schenken; **~ six francs de l'heure à un
ouvrier** e-m Arbeiter sechs Franc die
Stunde *od* pro Stunde (be)zahlen, geben;
Baum **~ des fruits** Früchte tragen; **~ le
goût de qc à qn** j-n an etw *(dat)*
Geschmack finden lassen; *Uhr:* **~
l'heure** die Zeit angeben, anzeigen; **~
l'heure exacte** genau angeben; **pourriez-
-vous me ~ l'heure?** könnten Sie mir die
Uhrzeit sagen?; könnten Sie mir sagen,
wie spät es ist?; *litt* **~ de l'humeur à qn**
j-n verstimmen; **~ des instructions**
Instruktionen erteilen, geben; **~ de la
joie** Freude bereiten, machen; **donnez-
-moi un kilo de pommes** geben Sie mir
ein Kilo Äpfel; **~ lieu, matière, sujet à
qc** Anlaß, Veranlassung zu etw geben,
bieten; *Lampe* **~ une lumière douce**
ein mildes Licht spenden, geben; **cela
me donne mal à la tête** davon bekom-
me ich Kopfschmerzen; **~ sa maladie à
qn** j-n (mit s-r Krankheit) anstecken; **~
son manteau au vestiaire** s-n Mantel
an der Garderobe abgeben; **~ dix minu-
tes, mois à qn pour faire qc** j-m zehn
Minuten, Monate geben, um etw zu tun;
~ la mort den Tod geben, bringen;
töten; **~ un mot d'ordre** e-e Losung
ausgeben; *Radio* **~ des nouvelles**
Nachrichten bringen; **~ de ses nouvel-
les** von sich hören lassen; **~ l'occasion**
die Gelegenheit bieten, geben; **~ de
l'ombre** Schatten spenden, geben; **~
une permission** e-e Erlaubnis erteilen;
~ une pièce de théâtre ein Theater-
stück bringen, geben; **~ des preuves**
Beweise liefern, er-, beibringen; **~ sa
protection à qn** j-m s-n Schutz gewäh-
ren, bieten, (ver)leihen; **~ raison** recht
geben; **~ des raisons** Gründe angeben;
~ un résultat ein Ergebnis bringen,
zeitigen; **~ un peu de temps à qn** j-m
etwas Zeit lassen; **~ un vin excel-
lent** e-n vorzüglichen Wein geben; *cf
auch unter den betreffenden Substanti-
ven;* **c)** *mit adv bzw pr:* **je donnerais
beaucoup, n'importe quoi, tout au
monde pour (+inf)** ich gäbe viel, wer
weiß was, alles in der Welt darum *od* ich
würde viel *etc* darum geben, wenn ich

(+*cond*); *Boden* ~ **beaucoup, peu** sehr, wenig ertragreich sein; *abs* **le blé a bien donné cette année** die Getreideernte war in diesem Jahr sehr gut, sehr ertragreich; **je me demande ce que ça va** ~ ich frage mich, was daraus wird *od* werden soll, was dabei her'auskommen wird, wohin das führt, welche Folgen das haben wird; **combien m'en donnez-vous?** wieviel geben, zahlen Sie mir dafür?; **je vous en donne un franc** dafür gebe, zahle ich Ihnen e-n Franc; *les recherches* **n'ont rien donné** ... haben nichts, kein Ergebnis gebracht *od* erbracht; **d)** *mit prép:* ~ **sa fille en mariage à qn** j-m s-e Tochter zur Frau geben; **je vous le donne en mille** ich wette hundert zu eins, daß Sie es nicht erraten (werden); ~ **qc en récompense** etw als, zur Belohnung geben; **je vous le donne pour ce que ça vaut** ich gebe es weiter, wie ich es gehört habe; **e)** *mit* à +*inf:* ~ **à entendre à qn** j-m zu verstehen, erkennen geben; j-m an-, bedeuten; il m'a donné cela à faire er hat mir das zu tun gegeben; ~ **à manger à qn, à un animal** j-n an Tier füttern; j-m zu essen, e-m Tier zu fressen geben; ~ **à penser, à réfléchir à qn** j-m zu denken geben; j-n bedenklich, nachdenklich machen, stimmen; **cela donne à penser** *auch* das macht, stimmt einen nach-, bedenklich; ~ **qc à réparer** etw zum Reparieren, zur Reparatur bringen; **f)** *unpersönlich u st/s:* **il m'a été donné de** (+*inf*) es war mir (die Möglichkeit) gegeben zu (+*inf*); **il n'est pas donné à tout le monde de** (+*inf*) es ist nicht allen (die Möglichkeit) gegeben zu (+*inf*); **2.** ~ **trente ans à qn** j-n auf dreißig Jahre schätzen; F j-m dreißig Jahre geben; **quel âge me donnez-vous?** wie alt schätzen Sie mich?; **3.** ~ **du directeur,** *etc* **à qn** j-n (mit) Herr Direktor *etc* titu'lieren; j-n mit Herr Direktor *etc* anreden, ansprechen; j-n Herr Direktor *etc* nennen; **4.** F ~ **un complice** e-n Komplizen verraten, F verpfeifen; **II** *v/i* **5.** schlagen; stoßen; *mil* angreifen; zuschlagen; *par ext Sonne* brennen; ~ **à plein** *Radio* mit voller Lautstärke laufen, spielen; *Reklame etc* auf vollen Touren laufen; *Sonne, Licht* ~ **dans la pièce** ins Zimmer scheinen, fallen; ~ **de la tête contre le mur** mit dem Kopf gegen die Wand schlagen, rennen; *fig* **ne plus savoir où** ~ **de la tête** nicht mehr wissen, wo einem der Kopf steht; **6.** *Person(en)* ~ **dans qc** in etw (*acc*) geraten, fallen; *fig* e-r Sache (*dat*) verfallen; sich e-r Sache (*dat*) er-, hingeben; ~ **dans une embuscade** in e-n 'Hinterhalt fallen, geraten; F *fig* ~ **dans le panneau** j-m ins Garn, F auf den Leim gehen; ~ **dans un piège** in e-e Falle gehen, tappen; ~ **dans le ridicule** sich lächerlich machen; zum Gespött der Leute werden; ~ **dans le snobisme** dem Snobismus verfallen; zum Snob werden; ~ (F **en plein, à fond) dans un** *vice* e-m Laster (ganz und gar) verfallen; **7.** ~ **sur la cour, sur la rue** *Fenster, Zimmer* auf den Hof *od* nach dem Hof (hin), auf die Straße *od* nach der Straße (hin) gehen; zum Hof (hin) *od* auf der Hofseite, zur Straße (hin) *od* auf der Straßenseite liegen; *Tür* zum Hof, zur Straße führen, gehen; **III** *v/pr* **8. se** ~ *mit subst* **a)** *reflexiv:* **se** ~ **du mal, de la peine** sich Mühe geben; sich bemühen, anstrengen; **donnez-vous la peine de vous asseoir** würden *od* wollen Sie, bitte, Platz nehmen; **se** ~ **du temps pour faire qc** sich (dabei) Zeit lassen, etw zu tun; **se** ~ **du bon temps** sich

schöne Tage machen; sich's gutgehen, sich's wohl sein lassen; **se** ~ **des torts dans qc** sich für Fehler, die bei etw gemacht wurden, die Schuld geben; Fehler, die bei etw gemacht wurden, auf sich nehmen; **◆** F **s'en** ~ **a)** sich anstrengen, verausgaben; **b)** sich amü'sieren; **s'en** ~ **à cœur joie** mit Leib und Seele dabei sein; **b)** *reziprok:* **se** ~ **des baisers** sich küssen, Küsse geben; **se** ~ **le bras** 'unterfassen, -haken; *auch* 'untergehakt gehen; **se** ~ **des coups** sich schlagen; sich Schläge geben, versetzen; *cf auch unter den betreffenden Substantiven;* **9.** *reflexiv* **a) se** ~ **à qc** sich e-r Sache (*dat*) hingeben, widmen; **b) se** ~ **en spectacle** den Leuten ein Schauspiel geben, bieten; sich zur Schau stellen; **c)** *Frau* **se** ~ **à qn** sich j-m hingeben; **10.** *passivisch* **a) se** ~ *Film, Theaterstück* gegeben werden; *Film auch* laufen; **b) cela ne se vend pas, cela se donne** das, so etwas verkauft man nicht, das schenkt man *bzw* das gibt man kostenlos ab

donn|eur [dɔnœr] *m,* ~**euse** *f* **1.** Geber(in) *m(f); comm* **donneur d'aval** Ava'list *m; péj* ~ **de conseils** (*unerwünschte[r]*) Ratgeber(in) *m(f); comm* ~ **d'ordre** Auftrag-, Ordergeber(in) *m,f;* **2.** (*nur m*) *méd* **bei** Bluttransfusionen, *Organverpflanzungen* Spender *m;* **donneur universel** Univer'salspender *m;* **donneur de sang** Blutspender *m;* **3.** (*nur m*) *beim Kartenspiel* (Karten-) Geber *m;* **qui est le donneur pour cette partie?** wer gibt diese Partie, dieses Spiel?

dont [dõ] *pr/rel* (*vertritt Konstruktionen mit de*) **1.** *attributiv* dessen (*Bezugswort m od n*); deren (*Bezugswort f od pl*); *bei partitivem Sinn* von dem *bzw* von der *bzw* von denen; **◆** **un chanteur** ~ **les disques** *connaissent un grand succès* ein Sänger, dessen Platten ...; **les plantes** ~ **les fleurs** *durent un jour* die Pflanzen, deren Blüten ...; **◆** **monsieur X** ~ **je connais la fille** Herr X, dessen Tochter ich kenne; **◆** **des livres** ~ **trois sont** *reliés* Bücher, von denen drei gebunden sind; **2.** *alleinstehend* von dem, von welchem *bzw* von der, von welcher *bzw* von denen, von welchen; *je nach der vom Verb abhängigen Konstruktion auch* an dem, an den, über den *etc; auch* dessen *bzw* deren; *in bezug auf ein neutrales Pronomen* wo'von, wo'ran, wo'rüber *etc;* **◆** **l'accident** ~ **on parle** der Unfall, von dem *od* über den man spricht; **c'est un ami** ~ **je suis sûr** das ist ein Freund, dessen ich sicher bin; **la famille** ~ **je sors** die Familie, aus der ich stamme; **l'homme** ~ **je sais que** ... der Mann, von dem ich weiß, daß ...; **la maison** ~ **il a hérité** das Haus, das er geerbt hat; **la maladie** ~ **il est mort** die Krankheit, an der er gestorben ist; **les moyens** ~ **il se sert** die Mittel, deren er sich bedient; **◆** **ce** ~ **je parle** (das,) wovon *od* worüber ich spreche; **voilà ce** ~ **il s'agit** eben darum handelt es sich; **rien ne se produit** ~ **on puisse se réjouir** es geschieht nichts, worüber man sich freuen könnte; **◆** **la manière** ~ **il est habillé** die Art, wie er gekleidet ist; **3.** *ohne Verb* unter ihnen; dar'unter *od* 'darunter; **quelques-uns étaient là,** ~ **votre père** einige waren da, darunter *od* unter ihnen Ihr Vater; *il avait six enfants,* ~ **cinq filles** ... davon *od* darunter fünf Mädchen

donzelle [dõzɛl] *f* F *von e-m jungen Mädchen od e-r Frau* F launisches Ding

dop|age [dɔpaʒ] *m bes sports* Dopen *n;* Doping *n;* ~**ant** *m* Aufputschmittel *n*

doper [dɔpe] *bes sports* **I** *v/t* dopen; **II**

v/pr **se** ~ sich dopen

doping [dɔpiŋ] *m* **1.** *bes sports* Dopen *n;* Doping *n;* **2.** Aufputschmittel *n*

dorade *f cf* **daurade**

dorage [dɔraʒ] *m* Vergolden *n;* Vergoldung *f* (*auch Ergebnis*)

doré [dɔre] **I** *adj* **1.** Gold...; golden; vergoldet; **bouton** ~ Goldknopf *m;* vergoldeter Knopf; *Buchbinderei* ~ **sur tranche(s)** mit Goldschnitt; **2.** *par ext* goldfarben; golden; Gold...; goldbraun; **des cheveux blond** ~ goldblondes Haar; *zo* **faisan** ~ Goldfasan *m;* **3.** *cuis Braten etc* goldbraun (gebraten *bzw* gebacken); **II** *subst* **1.** *m* Vergoldung *f;* goldene Farbe; goldener 'Überzug; **2.** *zo* Heringskönig *m;* Peters-, Christusfisch *m*

dorénavant [dɔrenavã] *adv* von nun *od* jetzt an, ab; künftig(hin); fort'an; in Zukunft

dorer [dɔre] **I** *v/t* **1.** vergolden; *par ext* ~ **au cuivre** mit Kupfer über'ziehen; **faire** ~ **un cadre** e-n Rahmen vergolden lassen; **2.** *cuis* mit Eigelb, Eidotter bestreichen *od* bepinseln; **3.** *fig* ~ **la pilule à qn** j-m die bittere Pille versüßen; j-m etwas Unangenehmes schmackhaft, annehmbar machen; **II** *v/i cuis* goldbraun werden; **faire** ~ **au four** über'backen; **III** *v/pr* **se** ~ **au soleil** sich von der Sonne bräunen lassen; in der Sonne bräunen

d'ores et déjà [dɔrzedeʒa] *loc/adv* schon jetzt; jetzt schon

dor|eur [dɔrœr] *m,* ~**euse** *f* Vergolder(in) *m(f)*

dorien [dɔrjɛ̃] **I** *adj* (~**ne**) **1.** *hist* dorisch; **2.** *mus* **mode** ~ dorischer Modus; dorische Tonart; **II** *subst* **1.** *s m/pl* Dor(i)er *m/pl;* **2.** *hist* **le** ~ das Dorische; Dorisch *n;* **3.** *m mus* ~ **ecclésiastique** dorische *od* erste Kirchentonart

dorique [dɔrik] *adj u subst m arch* (**ordre** *m*) ~ dorische Säulenordnung; dorischer Stil

dorloter [dɔrlɔte] **I** *v/t* *Kind etc* verhätscheln; verzärteln; **se faire** ~ sich verhätscheln lassen; **II** *v/pr* **se** ~ sich das Leben angenehm machen; sich im Leben nicht über'anstrengen

dormant [dɔrmã] **I** *adj* *eau* ~**e** stehendes, ruhiges Wasser, Gewässer; *bât* **châssis** ~ nicht zu öffnendes Fenster; *Angelsport* **ligne** ~**e** Legangel *f; mar* **manœuvres** ~**es** stehendes Tauwerk, Gut; **pont** ~ *cf* **ponceau** 1.; **II** *m* **1.** *bât* **a)** Fenstereinfassung *f,* -stock *m;* Zarge *f;* **b)** *über Türen u Fenstern* Oberlicht (-fenster) *n;* **2.** *mar* ~ **e-s Taus** stehender Teil; stehende Part

dorm|eur [dɔrmœr] *m,* ~**euse** *f* **1.** Schlafende(r) *f(m);* Schläfer(in) *m(f);* **2.** *par ext* **grand dormeur, grande dormeuse** Schlafratte *f,* F Schlafratz(e) *m(f)* (*alle für e-n Mann u e-e Frau*); **3.** *m zo* Taschenkrebs *m*

dormir [dɔrmir] *v/i* (*cf* **partir**) **1.** schlafen; **ne pas** ~ **de la nuit** die ganze Nacht nicht schlafen; **ne** ~ **que d'un œil** nicht tief, fest schlafen; unruhig schlafen; *fig u st/s* ~ **de son dernier sommeil** den ewigen Schlaf schlafen; ~ **d'un sommeil léger** nicht tief schlafen; unruhig schlafen; *auch* F dösen; ~ **d'un sommeil profond,** ~ **profondément** tief und fest schlafen; *fig* **il n'en dort plus** er findet (deshalb) keinen (ruhigen) Schlaf mehr; *prov* **qui dort dîne** wer beim Schlafen schläft, braucht nicht zu essen; Schlaf erspart die Mahlzeit; wer früh aufsteht, sein Brot verzehrt, wer lange schläft, den Gott ernährt (*prov*); **2.** *par ext Natur. Stadt* ruhen; schlafen; *un trésor* **dormait sous la terre** ... ruhte, lag unter der Erde; **3.**

fig Angelegenheit ruhen; *Kapital* nicht arbeiten; **c'est de l'argent qui dort** das ist totes Kapital; **laisser** ~ **qc** etw ruhen lassen; **laisser** ~ **des capitaux** Gelder nicht arbeiten lassen

dorsal [dɔrsal] ⟨*m/pl* -aux⟩ **I** *adj* **1.** Rücken...; *anat* **épine** ~ e Rückgrat *n*; *zo* **nageoire** ~ e Rückenflosse *f*; *anat* **vertèbre** ~ e Brustwirbel *m*; **2.** *der Hand, des Fußes* **face, région** ~ e obere Seite; **3.** *phon* **mit dem Zungenrücken gebildet**; dor'sal; **II** *subst* **1.** *anat* **le grand, long** ~ der breite, lange Rückenmuskel; **2.** *phon* ~ **e** *f* Dor'sal *m*; dor'saler Laut; **3.** *météo* ~ **e** *f* **barométrique** Hochdruckrücken *m*; **4.** *géogr* ~ **e** *f auf dem Meeresboden* Tiefseerücken *m*

dortoir [dɔrtwar] *m* **1.** Schlafsaal *m*; **2.** *adjt* **ville** *f* ~ Schlafstadt *f*

dorure [dɔryr] *f* **1.** Vergoldung *f*; Goldschicht *f*; goldener 'Überzug; **2.** ~ s *pl* Goldverzierung(en) *f(pl)*; **3.** *Vorgang* Vergolden *n*, -ung *f*; *par ext* Vergoldungskunst *f*, -technik *f*; *Buchbinderei* ~ **sur tranches** Anbringen *n* von Goldschnitt; **4.** *cuis* (verrührtes) Eigelb, Eidotter *m* (*zum Bestreichen von Backwerk*)

doryphore [dɔrifɔr] *m zo* Kar'toffelkäfer *m*

dos [do] *m* **1.** *e-s Menschen, Tieres* Rücken *m*; ~ **voûté** gebeugter, krummer Rücken; ~ **d'âne** *cf* **âne** **1.**; ♦ *loc/adv*: ~ **à** ~ [dozado] Rücken an Rücken; *fig* **renvoyer deux personnes** ~ **à** ~ keinem der beiden Personen recht geben; den Streit zwischen den beiden Personen schlichten; *transporter qc à* ~ **de chameau** auf Ka'melrücken, auf Kamelen ...; **robe décolletée dans le** ~ im Rücken ausgeschnittenes Kleid; rückenfreies Kleid; **de** ~ von hinten; **vu de** ~ von hinten gesehen; ♦ *fig* **avoir bon** ~ *Person* e-n breiten Rücken, F Buckel haben; *Sache* ein bequemer Vorwand sein; F *fig* **en avoir plein le** ~ F es gründlich satt, die Nase voll haben; *fig* **avoir qn sur le** ~ ständig j-n hinter sich spüren, F auf der Pelle haben; **dormir sur le** ~ auf dem Rücken schlafen; *fig* **être toujours sur le** ~ **de qn** j-m ständig auf die Finger sehen, gucken; **faire le gros** ~ *Katze* e-n Buckel machen; *fig* **bei** *Schelte etc* sich ducken; *fig* **faire qc dans, derrière le** ~ **de qn** etw hinter j-s Rücken tun; *fig* **mettre qc sur le** ~ **de qn** j-m etw in die Schuhe schieben; j-n für etw verantwortlich machen; *fig* **se mettre qn à** ~ j-n gegen sich aufbringen; sich j-n zum Feind machen; **porter les cheveux dans le** ~ die Haare im Rücken offen tragen; **sentir qn dans son** ~ j-n spüren, j-n hinter sich, hinter s-m Rücken spüren; **tomber sur le** ~ **à qn** über j-n herfallen; j-n über'fallen, -'raschen; **tourner le** ~ **à qn, à qc** a) j-m, e-r Sache den Rücken (zu)kehren; mit dem Rücken zu j-m, zu etw stehen *bzw* sitzen; b) *fig* j-m, e-r Sache den Rücken kehren; *la rue S ...?* – **vous lui tournez le** ~ ... sie liegt, ist hinter Ihnen; Sie kehren ihr den Rücken zu; **dès qu'il eut le** ~ **tourné** ... kaum hatte er den Rücken gekehrt, gewandt, da ...; **2.** *par ext des Kleidungsstücks* Rücken(partie) *m(f)*; *Mantel* **à** ~ **ample** mit weitem Rücken; mit weiter Rückenpartie; der im Rücken weit ist; **3.** *fig von Dingen* Rücken *m*; *e-s Blatts, Briefumschlags, Schecks etc* Rückseite *f*; *e-s Stuhls* Rückenlehne *f*; ~ **d'une chaise** *auch* Stuhlrücken *m*; ~ **de la cuiller** 'Unterseite *f* des Löffels; F *fig* **ne pas y aller avec le** ~ **de la cuiller** nicht gerade zimperlich sein, vorgehen; ~ **de** la langue, de la main, du pied Zungen-, Hand-, Fußrücken *m*; ~ **d'un livre** Buchrücken *m*; **signer au** ~ **d'un chèque** auf der Rückseite e-s Schecks unter'schreiben

dosable [dozabl(ə)] *adj* do'sierbar; quantitativ bestimmbar

dosage [dozaʒ] *m* **1.** *méd, phm* a) Do'sierung *f*; b) *e-s Medikaments* Zu'sammenstellung *f*; **2.** *fig von Ironie, Komplimenten etc* (maßvolle) Do'sierung

dose [doz] *f* **1.** *méd, phm* Dosis *f*; ~ **mortelle d'un poison** tödliche Dosis e-s Giftes; **à 'haute, faible** ~ in hohen, schwachen Dosen; **in starker, schwacher** Do'sierung; **augmenter, diminuer les** ~ **s** die Dosen erhöhen, herabsetzen; **prendre double, triple** ~ **de qc** die doppelte, die dreifache Dosis von etw nehmen; **2.** *par ext* Dosis *f*; Menge *f*; **une bonne** ~ **de sucre** e-e ganze, gutbemessene Menge Zucker; reichlich Zucker; **3.** *fig* **une forte, fameuse** ~ **de courage, de paresse,** *etc* ein gerüttelt Maß, F e-e gehörige, ganz schöne Porti'on *od* Dosis Mut, Faulheit *etc*; **forcer la** ~ a) zu'viel (von etw) nehmen; b) *fig* zu'viel des Guten tun; F **en avoir une bonne** ~ F geistig 'unterbelichtet, minderbemittelt sein

doser [doze] *v/t* **1.** *méd, phm Medikament* a) do'sieren; b) zu'sammenstellen; **2.** *fig Ironie, Komplimente u Vorwürfe etc* (maßvoll) do'sieren; im richtigen Maß, Verhältnis zumessen

doseur [dozœr] *m* Do'sier-, Abmeßvorrichtung *f*; *adjt* **bouchon** *m* ~ Ausgießer *m*

dosi|mètre [dozimɛtr(ə)] *m* Strahlenmessung Dosi'meter *n*; ~ **métrie** *f* Dosime'trie *f*

dossard [dosar] *m sports* Start-, Rückennummer *f*

dosse [dos] *f bât* Schwarte *f*; Schalbrett *n*

dosseret [dosrɛ] *m* **1.** *arch* Wandpfeiler *m*; Pi'laster *m*; **2.** *tech* e-r Säge Rückenverstärkung *f*

dossier [dosje] *m* **1.** *e-s Stuhls, Sofas etc* Rückenlehne *f*; *e-s Stuhls etc* Akt *m*; Vorgang *m*; 'Unterlagen *f/pl*; Schriftstücke *n/pl*; *auch* Aktenbündel *n*, -deckel *m*, -ordner *m*; ~ **médical** Krankenblatt *n*; ~ **numéro X** Aktenzeichen *n* X; ~ **de candidature** Bewerbungsunterlagen *f/pl*; **constituer, établir un** ~ e-e Akte anlegen; Unterlagen zu'sammentragen; **examiner le** ~ die Akten, Unterlagen prüfen, 'durchsehen

dossière [dosjɛr] *f* **1.** *zum Tragen e-r Gabeldeichsel* (Träger)Riemen *m*; **2.** *e-s Harnischs* Rückenteil *n od m*

dot [dɔt] *f* **1.** *e-r Frau* Mitgift *f* (*auch e-r Nonne*); Aussteuer *f* **2.** *jur* Heiratsgut *n*

dotal [dɔtal] *adj* ⟨-aux⟩ *jur* zur Mitgift gehörend; Do'tal...; **régime** ~ Dotalsystem *n*

dotation [dɔtasjõ] *f* **1.** *jur e-s Staatsmannes, e-r Stiftung etc* Dotati'on *f*; Do'tierung *f*; **2.** *allg* Ausstattung *f* (**en** mit)

doter [dɔte] *v/t* **1.** *e-r Tochter* e-e Aussteuer mitgeben, e-e Mitgift geben (**qn** j-m); **2.** *jur, adm* do'tieren; mit Einkünften versehen; **3.** *allg* ausrüsten, -statten (**de qc** mit etw); **4.** *fig qn* **de qc** j-n mit etw ausstatten, versehen, bedenken; *adjt*: *Wettkampf etc* **doté de prix** mit Preisverleihung; bei dem *etc* Preise vergeben werden; **femme bien dotée par la nature** von der Natur wohl bedachte Frau

douairière [dwɛrjɛr] *f* ältere Dame der feinen Gesellschaft; F *péj* reiche alte Schachtel

douane [dwan] *f* **1.** a) Zoll(behörde)

m(f); **formalités** *f/pl* **de** ~ Zollformalitäten *f/pl*; b) Zoll(stelle) *m(f)*; **passer à la** ~ den Zoll passieren; durch den Zoll gehen; **2.** (**droit** *m* **de**) ~ Zoll(gebühr) *m(f)*

douanier [dwanje] **I** *m* Zollbeamte(r) *m*; Zöllner *m*; **II** *adj* ⟨-ière⟩ Zoll...; **tarif** ~ Zolltarif *m*

douar [dwar] *m der Nomaden* Zeltdorf *n*

doublage [dublaʒ] *m* **1.** *cin* Synchroni'sierung *f*; Synchronisati'on *f*; **2.** *cout* Füttern *n*; **3.** *text* D(o)u'blieren *n*; **4.** *Gemälderestaurierung* Dou'blieren *n*; **5.** *mar des Schiffsbodens* Beschlag *m*

double [dubl(ə)] **I** *adj* doppelt; Doppel...; zweifach; ~ **consonne** *f* Doppelkonsonant *m*; *mus* ~ **croche** *f* Sechzehntelnote *f*; ~ **emploi** *cf* **emploi 3.**; *astr* **étoiles** *f/pl* ~ **s** Doppelsterne *m/pl*; *bot* **fleur** *f* ~ gefüllte, doppelte Blüte; ~ **mètre** *m* Zenti'metermaß *n* (von zwei Metern Länge); ~ **nœud** *m* doppelter Knoten; Doppelknoten *m*; ~ **whisky** *m* doppelter, zweifacher Whisky; ♦ **voiture** *f* **à** ~ **commande** Fahrschulauto *n*; Auto *n* mit doppelter Bremse und Kupplung; *Koffer etc* **à** ~ **fond** mit doppeltem Boden; *Wort, Satz* **à** ~ **sens** doppeldeutig, -sinnig; zweideutig; **en** ~ **exemplaire** in doppelter, zweifacher Ausfertigung; ♦ *le chiffre d'affaires est* ~ **de ce qu'il était** ... ist doppelt so hoch wie früher, hat sich gegenüber früher verdoppelt; **l'avantage de cette solution est** ~ diese Lösung hat zwei Vorteile; **faire coup** ~ a) *ch* e-n Doppeltreffer machen; b) *fig* zwei Fliegen mit einer Klappe schlagen; **fermer à** ~ **tour** *cf* **tour**² **3.**; *fig* **jouer (un)** ~ **jeu** ein doppeltes Spiel spielen, treiben; **mener une vie** ~ ein Doppelleben führen; **II** *adv* doppelt; **compter** ~ doppelt zählen; **voir** ~ doppelt sehen (*auch fig*); **III** *m* **1.** **le** ~ das Doppelte; doppelt, zweimal soviel *bzw* so groß; **le** ~ **du prix** der doppelte Preis; das Doppelte des Preises; **le** ~ **du travail** das Doppelte an Arbeit; doppelt soviel Arbeit; *il gagne le* ~ **de ce qu'il a gagné chez X** ... das Doppelte von dem, was er bei X verdient hat; **augmenter du** ~ auf das Doppelte steigen; sich verdoppeln; **jouer (à) quitte ou** ~ *cf* **quitte 4.**; *il a mis le* ~ **de temps pour** (+*inf*) er hat die doppelte Zeit, doppelt soviel Zeit gebraucht, um zu (+*inf*); **2.** *in e-r Sammlung etc* Du'blette *f*; Doppelstück *n*; genau gleiches Stück; **avoir qc en** ~ etw doppelt haben; *e-s Schriftstücks* Doppel *n*; Dupli'kat *n*; Zweitausfertigung *f*, -schrift *f*; *auch* Ko'pie *f*; 'Durchschlag *m*; **taper en** ~ mit (e-m) Durchschlag schreiben; e-n Durchschlag machen; **4.** *Tennis* Doppel *n*; ~ **dames, messieurs** Damen-, Herrendoppel *n*; ~ **mixte** gemischtes Doppel; Mixed [mikst] *n*; **5.** *fig Person* Geistes-, Seelenverwandte(r) *f(m)*

doublé [duble] **I** *adj* **1.** *Kräfte etc* verdoppelt; **2.** *Kleidungsstück, Briefumschlag* gefüttert; **3.** *cin* synchroni'siert; **4.** *fig* ~ **de** und zu'gleich, gleichzeitig; *c'est un médecin* ~ **d'un poète** ... und zugleich (ein) Dichter; **II** *m* **1.** *Schmuckindustrie* Dou'blé *n*; Du'blee *n*; **bracelet** *m* **en** ~ Doublé-Armband *n*; **2.** *sports* Doppelerfolg *m*, -sieg *m*; *fig* **réussir un beau** ~, **faire un** ~ e-n Doppelerfolg erringen, verbuchen

double-as [dubl(ə)as] *m* ⟨*pl* **doubles-as**⟩ *Domino* Einerpasch *m*

doubleau [dublo] *adj* ⟨*nur m; pl* ~ x⟩ *arch* **arc** ~ Gurtbogen *m*

double|-blanc [dubləblã] *m* ⟨*pl* **doubles-blancs**⟩ *Domino* Nullpasch *m*; ~ -

-cinq m ⟨pl doubles-cinq⟩ Domino Fünferpasch m; **~-commande** f ⟨pl doubles-commandes⟩ auto doppelte Bremse und Kupplung; Doppelsteuer(ung) n(f); **~-crème** m ⟨pl doubles-crèmes⟩ Doppelrahmfrischkäse m; **~-croche** f ⟨pl doubles-croches⟩ mus Sechzehntelnote f; **~-deux** m ⟨pl doubles-deux⟩ Domino Zweierpasch m; **~-face** f ⟨pl doubles-faces⟩ text Doubleface m od n; **~-flux** m aviat turboréacteur m à ~ Zweistromtriebwerk n; **~-fond** m ⟨pl doubles-fonds⟩ mar Doppelboden m

doublement [dubləmɑ̃] **I** adv doppelt; zwei-, zwiefach; **II** m Verdopp(e)lung f

double-quatre [dubləkatr(ə)] m ⟨pl doubles-quatre⟩ Domino Viererpasch m

doubler [duble] **I** v/t **1.** Menge, Kapital, Einsatz etc verdoppeln; fig ~ le pas s-n Schritt, sein Tempo beschleunigen; e-n Schritt zulegen; **2.** Kleidungsstück (ab)füttern; **3.** thé ~ un acteur für e-n Schauspieler einspringen; an Stelle e-s Schauspielers spielen; e-n Schauspieler ersetzen; **4.** Film synchroni'sieren; **5.** Fahrzeug, Fußgänger über'holen (auch abs); sports über'runden; mar, fig ~ le cap cf cap 1.; **6.** impr (versehentlich) doppelt setzen; **7.** Garnherstellung d(o)u'blieren; **8.** F ~ qn j-n hinter'gehen, F anschmieren; **II** v/i Zahl, Umsatz etc sich verdoppeln; auf das Doppelte anwachsen, ansteigen; ~ de valeur cf valeur 1.; **III** v/pr se ~ de qc von etw begleitet sein; mit etw verbunden sein

double-six [dublsis] m ⟨pl doubles-six⟩ Domino Sechserpasch m

doublet [duble] m **1.** Schmuckindustrie **a)** falscher (Edel)Stein; **b)** Du'blette f; **2.** ling Du'blette f; **3.** élect, rad Dipol m

double|-toit [dubłatwa] m ⟨pl doubles-toits⟩ e-s Zelts Doppeldach n; **~-trois** m ⟨pl doubles-trois⟩ Domino Dreierpasch m

doubl|eur [dublœr] m élect Verdoppler m; ~ de fréquence Frequenzverdoppler m; **~euse** f text Du'bliermaschine f; **~ier** m agr Doppelraufe f; **~on** m **1.** impr Hochzeit f; **2.** früher spanische Goldmünze Du'blone f

doublure [dublyr] f **1.** e-s Kleidungsstücks, e-r Tasche Futter n; ~ de soie Seidenfutter n; **2. a)** thé ~ d'un acteur j, der für e-n Schauspieler einspringt; Ersatz m für e-n Schauspieler; les ~s pl auch die Zweitbesetzung; die zweite Garni'tur; **b)** cin Double n

douce [dus] cf doux

douce-amère [dusamɛr] f bot Bittersüß n; Bittersüßer Nachtschatten

douceâtre [dusatr(ə)] adj Geschmack, Frucht etc süßlich-fad(e)

doucement [dusmɑ̃] adv **1.** sanft; sacht(e); behutsam; leise; bercer ~ un enfant ... sanft wiegen; marcher ~ sanft, sacht, etc auftreten; leise gehen; parler ~ leise sprechen; poser ~ qc etw behutsam hinlegen, -stellen, -setzen; **2.** meist tout ~ langsam; Feuer s'éteindre tout ~ langsam, all'mählich verlöschen; **3.** mittelmäßig; leidlich; comment allez-vous? — tout ~ ... so leidlich; so'so la'la; es könnte besser gehen; sa santé va tout ~ es geht ihm so leidlich, so einiger'maßen; s-e Genesung geht nur langsam voran; Geschäfte aller tout ~ mittelmäßig, (so) leidlich gehen; **4.** F s'amuser ~ sich im stillen, bei sich, heimlich amüsieren; **5.** int ~ ! ~ ! immer sachte ! (nur immer) langsam!; F immer mit der Ruhe!

doucereux [dusrø] adj ⟨-euse⟩ Worte, Stimme zuckersüß; süßlich; Person über'trieben freundlich; scheinheilig-liebenswürdig

doucette [dusɛt] f bot Ra'punze(l) f; Feld-, Ackersalat m

doucettement [dusɛtmɑ̃] F adv in aller Ruhe; gemächlich; ganz langsam

douceur [dusœr] f **1.** e-r Frucht, des Honigs etc Süße f; Süßigkeit f; **2.** par ext ~s pl Lecke'reien f/pl; Schlecke'reien f/pl; Näsche'reien f/pl; **3.** der Musik, Stimme, des Lichts Sanftheit f; des Lichts auch Milde f; der Haut Zartheit f; Weichheit f; des Klimas, Abends Milde f; **4.** fig Annehmlichkeit f; angenehme Seite; les ~s de l'oisiveté das süße Nichtstun; c'était la ~ de vivre das war ein angenehmes und friedliches Leben; **5.** e-r Person ~ de caractère Sanftmut f, -heit f; elle est d'une ~ angélique sie ist sanft wie ein Engel; von e-r Frau c'est la ~ même ist sie die Sanftmut selbst; **6.** par ext Milde f; employer la ~ milde, nachsichtig sein; es mit Milde, auf gütlichem Wege versuchen; prendre qn par la ~ j-n milde, sanft anfassen; La Fontaine plus fait ~ que violence mit Milde erreicht man mehr als mit Gewalt; **7.** loc/adv ~ a) in aller Ruhe; sanft; aviat, Raumfahrt: atterrissage m en ~ weiche Landung; atterrir en ~ weich landen; Auto démarrer en ~ sanft anfahren

douche [duʃ] f **1.** Vorgang Dusche f; Duschen n; Dusch-, Brausebad n; prendre une ~ chaude, froide e-e warme, kalte Dusche nehmen; (sich) warm, kalt duschen; **2.** Vorrichtung Dusche f; Brause f; ~s pl auch Duschraum m; chambre f avec ~ Zimmer n mit Dusche; im Schwimmbad etc passer à, sous la ~ (vorher) duschen; **3.** fig ~ froide kalte Dusche; F quelle ~ pour lui! das ist bzw war e-e kalte Dusche, F ein Schlag ins Kontor für ihn; c'est la ~ écossaise das ist das reinste Wechselbad; heute so, morgen so; prendre, recevoir une ~ e-e (Regen)Dusche abbekommen, abkriegen; naß werden; par ext F recevoir une (bonne) ~ e-e scharfe Zu'rechtweisung, e-e (tüchtige) Abreibung, e-e Zi'garre bekommen

doucher [duʃe] **I** v/t **1.** ~ qn j-n (ab)duschen; **2.** fig j-s Begeisterung abkühlen; dämpfen; F cet accueil l'a douché, il a été douché par cet accueil dieser Empfang war für ihn e-e kalte Dusche, wirkte auf ihn wie e-e kalte Dusche; se faire ~ (par la pluie) e-e (Regen)Dusche abbekommen, abkriegen; naß werden; par ext F il s'est fait ~ par son chef er hat von s-m Chef e-e scharfe Zu'rechtweisung, F e-e (tüchtige) Abreibung, e-e Zi'garre bekommen; **II** v/pr se ~ (sich) duschen; unter die Dusche gehen

douch|eur [duʃœr] m, **~euse** f Bademeister od -wärter bzw -frau, der bzw die die Duschbäder verabreicht

doucin [dusɛ̃] m bot Dou'cin-Apfel (-baum) m; Splittapfel(baum) m

doucine [dusin] f **1.** arch Kar'nies n; **2.** tech Kar'nieshobel m

douc|ir [dusir] v/t tech Glas schleifen; Metall schlichten; **~issage** m tech des Glases Schleifen n; des Metalls Schlichten n

doué [dwe] adj **1.** ~ de qc ausgestattet, versehen mit etw; être ~ de raison Verstand, Vernunft haben; mit Vernunft begabt sein; être heureusement ~ par la nature von der Natur großzügig bedacht (worden) sein; **2.** begabt (pour qc für etw)

douelle [dwɛl] f **1.** arch Sichtseite f e-s Gewölbesteins; **2.** Böttcherei kleine Daube

douer [dwe] v/t Natur etc ~ qn de qc j-n mit etw versehen, ausstatten; j-m etw mitgeben

douille [duj] f **1.** Tülle f; **2.** élect e-r Glühbirne, Röhre Fassung f; **3.** (Pa'tronen)Hülse f

douillet [duje] adj ⟨~te⟩ **1.** Bett, Stoff etc mollig (weich); F kuschelig; **2.** par ext Komfort, Stimmung, Umgebung behaglich; gemütlich; wohlig; **3.** Person in bezug auf Schmerzen 'überempfindlich; zimperlich

douillette [dujɛt] f wat'tierter Morgenmantel; e-s Kindes wat'tiertes Mäntelchen

douillettement [dujɛtmɑ̃] adv **1.** coucher ~ mollig-weich betten; **2.** Kind élever ~ verweichlichen

douleur [dulœr] f **1.** Schmerz m; cri m de ~ Schmerzensschrei m; hurler etc de ~ vor Schmerz(en); **2.** ~s pl (Geburts)Wehen f/pl; **3.** (seelischer) Schmerz; Weh n; stls Pein f; il a eu la ~ de perdre son fils ihm ist das tiefe Leid, Weh wider'fahren ...; confier sa ~ à qn j-m sein Leid, s-n Schmerz anvertrauen

douloureusement [dulurøzmɑ̃] adv schmerzlich; ils ont été ~ éprouvés sie sind schmerzlich getroffen worden

douloureux [dulurø] **I** adj ⟨-euse⟩ **1.** Verletzung, Behandlung etc schmerzhaft; Körperteil schmerzend; point ~ auch Schmerzstelle f; c'est ~ auch das tut weh; **2.** Blick, Aussehen etc schmerzvoll, -erfüllt, -bewegt; leiderfüllt; **3.** fig Verlust, Erinnerung etc schmerzlich; il m'est ~ de (+inf) es ist mir schmerzlich, es schmerzt mich, es tut mir weh zu (+inf); **4.** par ext Frage, Problem etc peinigend; quälend; **II** subst F la douloureuse die Rechnung

doum [dum] m bot (Ä'gyptische) Dumpalme

dourine [durin] f vét Beschälseuche f, -krankheit f; Zuchtlähme f; sc Dou'rine f

doute [dut] m Zweifel m (auch philos, rel); Bedenken n; path maladie f, folie f du ~ (krankhafte) Zweifelsucht; ♦ loc/adv: sans ~ sicher(lich); gewiß; doch wohl; wahrscheinlich; il est sans ~ trop tard pour faire qc es ist sicherlich etc zu spät ...; tu es sans ~ très intelligent, mais ... du bist gewiß, zwar sehr intelligent, aber ...; sans aucun ~ sans nul ~ zweifellos; ohne (jeden) Zweifel; ganz bestimmt; zweifels'ohne; ♦ loc/conj: nul ~ que ... ([ne] +subj) (es besteht) kein Zweifel, es steht ganz fest, daß ...; nul ~ qu'il (ne) vienne (es besteht) kein Zweifel etc, daß er kommt; nul ~ qu'il ne viendrait, si ... kein Zweifel, daß er kommen würde, wenn ...; sans ~ qu'il a oublié, sans ~ a-t-il oublié sicher(lich), gewiß, wahrscheinlich hat er es vergessen; ♦ avoir des ~s Zweifel, Bedenken haben, stls hegen; avoir des ~s au sujet de qn, qc, sur qn, qc an etw, etw zweifeln; j-m gegenüber, an etw (dat) Zweifel haben; etw bezweifeln; il n'y a pas de ~ es besteht kein Zweifel (daran); il n'y a pas de ~ qu'il (ne) soit arrivé, qu'il viendra es besteht kein Zweifel, daß er angekommen ist, daß er kommen wird; être dans le ~ im Zweifel sein (au sujet de qc über etw [acc]); cela est 'hors de ~ das steht, ist außer Zweifel; cela ne fait aucun ~ es besteht (gar) kein Zweifel (daran); laisser qn dans le ~ j-n im Zweifel lassen (au sujet de qc, sur qc über etw [acc]); mettre qc en ~ etw in Zweifel ziehen; je ne mets pas en ~ qu'il (n')ait dit od qu'il a dit la vérité ich ziehe nicht in Zweifel, daß er die Wahrheit gesagt hat; loc/prov dans

le ~ abstiens-toi im Zweifelsfall die Finger davon lassen

douter [dute] **I** v/i u v/t/indir ~ de qc an etw zweifeln; etw be-, anzweifeln; ~ de qn an j-m zweifeln; j-m miß'trauen; ~ du succès am Erfolg zweifeln; den Erfolg bezweifeln; je doute de ce qu'il affirme ich zweifle an dem, was er behauptet; ich zweifle an s-r Behauptung; ich zweifle s-e Behauptung an; iron ne ~ de rien sich zu'viel zutrauen; sich über'schätzen; blind drauf'losgehen; ~ de tout an allem zweifeln; alles bezweifeln, in Frage stellen; n'en doutez pas zweifeln Sie nicht daran; seien Sie dessen ganz sicher; j'en doute fort ich zweifle sehr daran; ich zweifle stark bezweifeln; loc/adv à n'en pas ~ ohne jeden Zweifel; zweifellos; ganz bestimmt; zweifels'ohne; ♦ ~ que ... (+subj) daran zweifeln, daß od ob ...; bezweifeln, daß ...; je doute qu'il vienne ich zweifle (daran), ob od daß er kommt; ich bezweifle, daß er kommt; je ne doute pas qu'il (n')ait raison ich zweifle nicht daran, ich bezweifle nicht, daß er recht hat; je ne doute pas qu'il viendra od qu'il (ne) vienne ich zweifle nicht daran, ich bezweifle nicht, daß er kommt; je ne doute pas qu'il accepterait, si ... ich zweifle nicht daran, ich bezweifle nicht, daß er zustimmen würde, wenn ...; ♦ abs ~ pour ~ zweifeln um des Zweifelns willen; convaincre ceux qui doutent die Zweifler über'zeugen; **II** v/pr se ~ de qc etw ahnen, vermuten; je m'en doute das kann ich mir denken; je ne m'en serais jamais douté das hätte ich nie vermutet, gedacht; F das hätte ich mir nie träumen lassen; je ne me doutais de rien ich ahnte, vermutete nichts; ich hatte nicht die geringste Ahnung; ♦ se ~ que ... ahnen, vermuten, sich denken können, daß ...; je me doute que c'est difficile ich kann mir denken, daß das schwierig ist; il se doutait que cela arriverait ich ahnte, daß es so kommen würde

douteux [dutø] adj ⟨-euse⟩ **1.** Ergebnis, Erfolg, Tatbestand etc zweifelhaft; unge-wiß; Sinn nicht eindeutig; c'est ~ das ist zweifelhaft, fraglich; il est ~ que ... (+subj) es ist zweifelhaft, fraglich ob ...; il n'est pas ~ que ... (+ind od [ne] +subj) es steht fest, daß ...; **2.** péj Ruf, Sitten, Geschmack etc (etwas) zweifel-haft; dubi'os; fragwürdig; Fleisch, Ge-müse etc nicht ganz einwandfrei, frisch; Kleidung, Geschirr etc nicht ganz sauber; Wäsche d'un blanc ~, d'une propreté douteuse nicht ganz weiß, sauber

douvain [duvɛ̃] m Böttcherei Dauben-holz n

douve [duv] f **1.** Böttcherei Daube f; **2. a)** (mit Wasser gefüllter) (Schloß-, Burg)Graben m; **b)** zwischen Feldern Wassergraben m; **c)** beim Hindernis-rennen Wassergraben m (mit vor'an-gehender Hürde); **3.** zo, vet Leberegel m; grande ~ Großer Leberegel; petite ~ Lan'zettegel m

douvelle [duvɛl] f Böttcherei kleine Daube

doux [du] **I** adj ⟨douce [dus]⟩ **1.** Honig, Obst etc süß; eau douce Süßwasser n; piment ~ süßer Paprika; vin ~ a) süßer, milder, lieblicher Wein b) Most m; vin ~ (naturel) Süßwein m; **2.** Musik, Mur-meln, Geplätscher etc sanft; Licht mild; sanft; weich; Stimme a) leise; b) sanft; Klima, Jahreszeit, Temperatur, Abend etc mild; Nacht, Abend auch lau; Seife mild; Parfum leicht; Haut weich; zart; Bett weich; phon consonne douce wei-cher Konsonant; Lenis f; tech fer ~

Weicheisen n; weiches Eisen; lime dou-ce Schlichtfeile f; cuis à feu ~ cf feu[1] l.; en pente douce cf pente l. u 2.; Stoff être ~ au toucher sich weich anfühlen; Wetter il fait ~ es ist mild; **3.** fig Hoffnung, Erinnerung, Gemütsbewe-gung angenehm; freudig; F se la couler douce sich ein angenehmes Leben ma-chen; sein Leben genießen; es sich wohl sein lassen; faire une douce folie e-e süße Torheit begehen; **4.** Person, Aus-druck, Blick etc sanft(mütig); Geste ru-hig; Pferd fromm; il est ~ comme un agneau, comme un mouton er ist sanft, geduldig wie ein Lamm; er ist lammfromm; **5.** par ext billet ~ Billet-'doux n; Liebesbriefchen n; faire les yeux ~ à qn j-m schöne, verliebte Augen machen; j-m verliebte Blicke zuwerfen; **II** adv **1.** F en douce heimlich; unauffäl-lig; partir en douce auch F sang- und klanglos verschwinden; **2.** F tout ~ ! nicht so hastig!; F immer mit der Ruhe!; **3.** F filer ~ cf filer 13.; **III** subst ~, douce m,f Sanftmütige(r) f(m); sanft-mütiger Mensch

doux-amer [duzamɛr] adj ⟨douce-amère [dusamɛr]⟩ bittersüß (auch fig)

douzain [duzɛ̃] m métr Zwölfzeiler m

douzaine [duzɛn] f **1.** Dutzend n; une ~ d'œufs ein Dutzend Eier; zwölf Eier; vendre qc à la ~ dutzendweise, im Dutzend, zu je zwölf Stück ...; **2.** par ext une ~ etwa, ungefähr, an die zwölf; ein Dutzend; enfant m d'une ~ d'années Kind n von etwa zwölf Jahren; une ~ de personnes ein Dutzend Leute; etwa zwölf Personen

douze [duz] **I** adj/num/c zwölf; ~ heures trente zwölf Uhr dreißig; le ~ mai der zwölfte bzw am zwölften Mai; page ~ Seite zwölf; Pie XII Pius XII. (der Zwölfte); enfant m de ~ ans zwölfjähri-ges Kind; Kind n von zwölf Jahren; voyage m de ~ jours zwölftägige Reise; **II** m ⟨inv⟩ **1.** Zwölf f; südd auch Zwölfer m; le ~ (du mois) der Zwölfte bzw am Zwölften (des Monats); cf auch deux II; **2.** impr zwölf Punkt (ohne art)

douze-huit [duzɥit] m ⟨inv⟩ u loc/adj mus (mesure f à) ~ Zwölf'achteltakt m; 12/8-Takt m

douzième [duzjɛm] **I** adj/num/o zwölfte(r, -s); le ~ mois der zwölfte Monat; **II** subst **1.** le, la ~ der, die, das Zwölfte (der Reihe nach) bzw der, die, das Zwölfte (der Leistung od dem Rang nach); **2.** m math Zwölftel n; **3.** in Paris le ~ das zwölfte Arrondisse'ment; **4.** m jur ~ provisoire Bud'getzwölftel n, über das die Regierung bei nicht rechtzeitiger Verabschiedung des Haushalts durch das Parlament verfügen kann; **~ment** adv zwölftens

doxologie [dɔksɔlɔʒi] f égl cath Doxolo-'gie f

doyen [dwajɛ̃] m, **doyenne** [dwajɛn] f **1.** ⟨nur m⟩ égl De'kan m; De'chant m; **2.** e-r Fakultät De'kan m; **3.** e-s Gremiums Rang-, Dienstälteste(r) f(m); e-s diplo-matischen Korps Doy'en m; le doyen de l'Académie française das rangälteste Mitglied der Académie française; **4.** par ext e-r Gruppe, e-s Dorfes etc Älteste(r) f(m); e-s Gremiums doyen d'âge Alters-präsident m

doyenné [dwajene] m **1.** égl e-s Dekans **a)** Amt(sbezirk) Deka'nat n; Decha'nat n; **b)** Wohnung Deka'nei f; Decha'nei f; **2.** bot poire f de ~ od ellip ~ f Butter-birne f

dracena [drasena] m bot Drachenbaum m; sc Dra'zäne f

drachme [drakm(ə)] f griechische Wäh-

---

rungseinheit Drachme f

draconien [drakɔnjɛ̃] adj ⟨~ne⟩ Maß-nahme, Gesetz etc dra'konisch

dragage [dragaʒ] m **1.** e-r Fahrrinne etc (Aus)Baggern n; **2.** mar mil ~ de mines Minenräumen n

dragée [draʒe] f **1.** (Zucker)Dra'gee n; meist pl ~s Wiener Mandeln f/pl; ~s de baptême Wiener Mandeln, die anläß-lich e-r Taufe verteilt werden; fig tenir la ~ 'haute à qn a) j-n lange hinhalten; F j-n zappeln lassen; b) j-n teuer bezahlen lassen; c) j-m 'Widerstand entgegenset-zen; **2.** phm Dra'gee n; (Arz'nei)Pille f; **3.** ch Schrot m od n; Schrotkorn n; **4.** agr Mengfutter n

dragéifier [draʒeifje] v/t Mandel, Pille dra'gieren [-ʒ-]; mit e-r Zuckerschicht über'ziehen

drageon [draʒɔ̃] m bot Wurzelschößling m, -trieb m, -ausläufer m, -sproß m

drageonn|age [draʒɔnaʒ] m od **~ement** m bot Treiben n von Wurzel-schößlingen; **~er** v/i bot Wurzelschöß-linge treiben

dragline [draglajn] f tech Schürfkübel-, Schleppschaufelbagger m

dragon [dragɔ̃] m **1.** myth, Kunst Drache(n) m; Lindwurm m; Heraldik Drache(n) m (mit vier Beinen); Lind-wurm m (mit zwei Beinen); **2.** fig sehr herrisch auftretender Mensch; F Feld-webel m (auch Frau); Dra'goner m (bes Frau); **3.** zo ~ volant Flugdrachen m; **4.** hist mil Dra'goner m; **5.** Segelsport ♀ Drachen m

dragonnade [dragɔnad] f hist Drago-'nade f

dragonne [dragɔn] f **a)** e-s Degens, Säbels Quaste f; Porte'pee n; **b)** e-s Schirms, Skistocks etc (Halte)Schlaufe f

dragonnier [dragɔnje] m bot Echter Drachenbaum

drague [drag] f **1.** tech (Schwimm-) Bagger m; ~ suceuse Saugbagger m; ~ à godets Eimerkettenbagger m; **2.** Fischerei kleines Schleppnetz; Dredge [drɛdʒ] f; Dredsche f; pêcher à la ~ cf draguer 3.; **3.** mar mil Minenräumgerät n

draguer [drage] v/t **1.** Fahrrinne etc (aus)baggern; **2.** Gegenstände vom Mee-res- od Flußgrund heben; Minen räumen; Gewässer entminen; **3.** Fischerei mit dem Schleppnetz, mit der Dredge fangen; **4.** mar Anker ~ (le fond) nicht (Grund) fassen; **5.** F fig Person auf der Straße etc F anquatschen; anhauen; abs Frauen-bzw Männerbekanntschaften, F An-schluß suchen; F auf Liebesabenteuer aussein; ~ une fille auch F ein Mädchen aufreißen

dragueur [dragœr] m **1.** tech Bagger-schiff n; **2.** Baggerführer m (e-s Schwimmbaggers); **3.** mil ~ de mines Minensucher m; Minensuch-, Minen-räumboot n; **4.** F fig auch dragueuse f F j, der Anschluß sucht, der auf Liebes-abenteuer aus ist

draille [draj] f mar e-s Segels Leiter m

drain [drɛ̃] m **1.** agr Drän(röhre) m(f); 'unterirdische Entwässerungsröhre; **2.** méd Drain m

drainage [drɛnaʒ] m **1.** agr Dränung f; Drä'nierung f; Drai'nage f; Entwässe-rung f; **2.** méd Drainage od Drä'nage f; **3.** fig von Kapital etc Zu'sammen-ziehung f

draine [drɛn] f zo Misteldrossel f

drain|er [drene] v/t **1.** agr dränen; drä'nieren; entwässern; **2.** méd drai-'nieren od Drä'nage anlegen; **3.** fig Kapital, Arbeitskräfte an sich ziehen; um sich zu'sammenziehen; **~euse** f od adit charrue f ~ Drän-, Maulwurfspflug m

draisine [drezin] f ch de fer Drai'sine f

drakkar [drakar] *m der Wikinger* Drache(n) *m (ein Schiff)*

dramatique [dramatik] **I** *adj* **1.** *thé* dra'matisch; Schauspiel...; Bühnen...; The'ater...; **art** *m* ~ dramatische Kunst; Schauspielkunst *f*; **auteur** ~ *cf* dramaturge; **critique** *f(m)* ~ Theaterkritik(er) *f(m)*; **émission** *f* ~ *cf* II **2.**; **genre** *m* ~ Drama *n (als Gattung)*; Dra'matik *f*; **musique** *f* ~ dramatische Musik; **2.** *Konflikt, Stoff, Ausgang, Vorlage* dra-'matisch; *des Dramas*; **3.** *fig Situation, Kampf etc* dra'matisch; aufregend; **de façon** ~ auf dramatische Weise; dra-matisch; **II** *subst* **1.** **le** ~ das Dra'matische; **2.** *f télév* a) im Fernsehen über'tragene The'ateraufführung; b) Fernsehspiel *n*

dramatis|ation [dramatizazjõ] *f* **1.** *bes fig* Dramati'sierung *f*; **2.** *psych im Traum* dra'matische Darstellung; **~er** *v/t bes fig* dramati'sieren

dramaturg|e [dramatyrʒ] *m thé* Dra-'matiker *m*; Bühnenautor *m*, -schrift-steller *m*; The'aterdichter *m*; **~ie** *f* Dramatur'gie *f*

drame [dram] *m* **1.** *thé* Drama *n*; Schauspiel *n*; ~ **liturgique** geistliches Schauspiel; liturgisches Drama; ~ **lyrique** dra'matische Darstellung mit Mu-'sik; Oper *f*; ~ **musical** Mu'sikdrama *n*; ~ **satyrique** Satyrspiel *n*; **2.** *fig* Drama *n*; ~ **sanglant** blutiges Drama; ~ **de famille, de jalousie** Fa'milien-, Eifersuchtsdra-ma *n*; **cela fera des** ~**s** das wird böse Folgen haben; **faire un** ~ **de qc** etw dramati'sieren; aus etw ein Drama ma-chen; **il en a fait tout un** ~ er hat daraus ein Drama gemacht

drap [dra] *m* **1.** *text* Tuch *n*; **gros** ~ grobes Tuch; **2.** ~ **(de lit)** Bettuch *n*; (Bett)Laken *n*; ~**s** *pl* Bettwäsche *f*, -zeug *n (ohne Kopfkissenbezug)*; ~ **de dessous** (Bett)Laken *n*; Bettuch *n*; ~ **de dessus** Oberlaken *n*; *fig:* **être dans de beaux** ~**s** in der Klemme, F Patsche sitzen; **le voilà dans de beaux** ~**s** da sitzt, ist er schön in der Klemme, F Patsche; **mettre qn dans de beaux** ~**s** j-n in die Klemme bringen; F j-n (ganz schön) hin'einreiten; **se mettre dans de beaux** ~**s** F sich in die Tinte setzen; sich selbst hin'einreiten

drapé [drape] *m* Dra'pierung *f*; Falten-wurf *m*; Fältelung *f*

drapeau [drapo] *m* ⟨*pl* ~**x**⟩ Fahne *f*; Flagge *f*; **petit** ~ Fähnchen *n*; ~ **rouge** rote Fahne; ~ **tricolore** Triko'lore *f*; **agiter le** ~ die Flagge, (Signal)Fahne schwenken; *par ext:* **combattre sous les** ~**x de qn** unter j-s Fahnen *(dat)* fechten; **être sous les** ~**x** unter der Fahne stehen; Soldat sein

draper [drape] **I** *v/t* **1.** **a)** *Person, Figur etc* mit Stoff um'hüllen, behängen; dra'pieren; *adjt* drapé dans une cape in e-n 'Umhang (ein)gehüllt; **b)** *Stoff, Umhang* ~ **qn** j-n um'hüllen; **2.** *Stoff, Gewand etc* dra'pieren, in Falten legen *(sur qn an j-m)*; **3.** *Portal, Fenster etc* mit (schwarzem) Tuch ausschlagen *(zum Zeichen der Trauer)*; **4.** *text* tuchartig zurichten; **II** *v/pr* **se** ~ **5.** sich (ein)hüllen *(dans in + acc)*; **6.** *fig* **se** ~ **dans sa dignité** sich in beleidigtes Schweigen hüllen

draperie [drapri] *f* **1.** *bes peint, sculp* Drape'rie *f*; Faltenwurf *m*; **2.** Stoffde-koration *f*, -draperie *f*; **3.** *comm* ~**s** *pl* Tuchwaren *f/pl*; Tuche *n/pl*; **4. a)** Tuch-fabrikation *f*; **b)** Tuchhandel *m*; **c)** Tuchfabrik *f*

drap-'housse [draus] *m* ⟨*pl* draps--'housses⟩ Spannbettuch *n*

drap|ier [drapje] *m*, **~ière** [drapjɛr] **a)** Tuch-fabrikant(in) *m(f)*, -macher *m*; **b)** Tuch-händler(in) *m(f)*; *adjt* **marchand dra-pier** Tuchhändler *m*

drastique [drastik] **I** *adj* **1.** *Abführmittel* sehr wirksam; stark; **2.** *Maßnahmen etc* drastisch; e'nergisch; **II** *m phm* Drasti-kum *n*; starkes Abführmittel

drave [drav] *f bot* Hungerblümchen *n*

dravidien [dravidjɛ̃] *adj* ⟨~**ne**⟩ dra'wi-disch; **langues** ~**nes** *od subst* ~ *m* drawidische Sprachen *f/pl*; Dra'wida-Sprachen *f/pl*

drawback [drobak] *m comm* Rückzoll *m*; Zollrückvergütung *f*

dray|age [drɛjaʒ] *m Gerberei* Falzen *n*; **~er** *v/t* ⟨-ay- *od* -ai-⟩ *Häute* falzen; **~euse** *f* Falzmaschine *f*

drêche [drɛʃ] *f Bierbrauerei* Treber *pl*

drège [drɛʒ] *f* **1.** *Flachsbearbeitung* Riffel(kamm) *f(m)*; Flachskamm *m*; **2.** *Fischerei* großes Grundschleppnetz

drelin [drəlɛ̃] *int* ~ ~ ! kling'ling!

drenne [drɛn] *f cf* draine

dressage [drɛsaʒ] *m* **1.** *von Tieren* Dres'sur *f*; Dres'sur *f (auch Pferde-sport)*; Abrichten *n (bes von Hunden)*; *der Pferde auch* Zureiten *n*; ~ **savant** Dres'sur *f (für Zirkusnummern)*; **2.** *fig u péj der Kinder, Soldaten* Drill *m*; **3.** *tech* Richten *n*; *von Blechen auch* Dres-'sieren *n*

dresser [drese] **I** *v/t* **1.** *Leiter, Mast etc* aufstellen; *Denkmal etc* errichten *(à qn j-m)*; *Zelt* aufschlagen; *Kopf* aufrichten; heben; *Tiere: Ohren* spitzen; aufrichten; hochstellen; *fig Person* ~ **l'oreille** die Ohren spitzen; *fig* **faire** ~ **les cheveux sur la tête à qn** j-m die Haare zu Berge stehen lassen; **2.** *fig Plan, Bilanz, Rech-nung, Liste, Statistik* aufstellen; *Plan auch* entwerfen; *Liste auch* anlegen; anfertigen; *Protokoll, Inventar* aufneh-men; *Vertrag* aufsetzen; *Urkunde aus-stellen (auch Rechnung)*; ausfertigen; **3.** ~ **qn contre qn** j-n gegen j-n aufbringen, aufhetzen; **4.** *Tiere* dres'sieren; abrich-ten *(bes Hunde)*; *Pferde auch* zureiten; **5.** *fig u péj Soldaten, Kinder* drillen; *Kinder auch* dres'sieren; F **ça le dresse-ra** das wird ihm e-e Lehre sein; F **je vais te** ~ ich werde dir e-e Lehre erteilen; **6.** *tech* richten; zurichten; *Blech auch* dres'sieren; **7.** *cuis Speise* anrichten; *Tier* se ~ **sur ses pattes de derrière** sich auf die Hinterpfoten, -beine stellen; sich auf den Hinterpfo-ten, -beinen aufrichten; **se** ~ **sur la pointe des pieds** sich auf die Zehen-spitzen stellen; **se** ~ **sur son séant** sich aufrecht setzen; sich aufrichten, aufset-zen; **9.** *Gebirge, Turm, Baum* emporra-gen; sich erheben *(à l'horizon am Horizont)*; **10.** *fig Hindernis, Schwie-rigkeit* **se** ~ **sur la route de qn** sich j-m entgegenstellen, in den Weg stellen; *sich vor* j-m aufbauen; **11.** *fig* **se** ~ **contre qn, qc** sich gegen j-n, etw auflehnen, empören; **12.** *Tiere* sich abrichten, dres'sieren lassen; dres'sierbar sein

dress|eur [drɛsœr] *m*, **~euse** *f* Dres'seur *m*, Dres'seuse *f*; Abrichter(in) *m(f)*; **~oir** *m* Geschirrbord *n*

dreyfus|ard [drɛfyzar] *m*, **~arde** *f hist* Dreyfus-Anhänger(in) *m(f)*

dribble [dribl(ə)] *m Fußball* Dribbling *n*

dribbl|er [drible] *v/t u v/i Fußball* ~ **(le ballon)** dribbeln; ~ **l'adversaire** den Gegner um'spielen; **~eur** *m* Dribbler *m*

dribbling [driblin] *m Fußball* Dribb-ling *n*

drift [drift] *m géol* (Gesteinsschutt *m* e-r) Grundmoräne

drill [dril, drij] *m zo* Drill *m*

drille[1] [drij] *m* **joyeux** ~ lustiger, fi'deler Kerl, Geselle; F **fi'deles Haus**

drill|e[2] [drij] *f tech* Drillbohrer *m*; **~er** *v/t* mit dem Drillbohrer bohren; drillen

dring [driŋ] *int Telefon, elektrische Klin-gel* drr!

drink [drink] *m* Drink *m*; **prendre un** ~ e-n Drink nehmen

drisse [dris] *f mar* Fall *n*

drive [drajv] *m Tennis, Golf* Drive [-ai-] *m*; Treibschlag *m*

drogu|e [drɔg] *f* **1.** *bes péj* Arz'nei *f*; Droge *f*; F (Heil)Mittelchen *n*; **se bour-rer de** ~**s** sich mit allen möglichen Arzneien 'vollstopfen; **2.** Droge(n) *f(pl)*; Rauschgift *n*; **trafic** *m* **de (la)** ~ Drogen-, Rauschgifthandel *m*; **3.** *fig* Betäubungs-mittel *n*; ~**é(e)** *m(f)* Drogen-, Rausch-giftsüchtige(r) *f(m)*

droguer [drɔge] **I** *v/t* ~ **qn** j-m (zu) viele Arz'neien verabreichen; **II** *v/pr* **se** ~ **1.** (zu) viele Arz'neien nehmen; **2.** Drogen, Rauschgift nehmen

drogu|erie [drɔgri] *f* **1.** Droge'rie *f*; **2.** Handel *m* mit Droge'riewaren; **~iste** *m,f* Dro'gist(in) *m(f)*

droit[1] [drwa] *m* **1.** ⟨*ohne pl*⟩ *im objekti-ven Sinn* Recht *n*; ♦ ~ **administratif** Verwaltungsrecht *n*; *hist in Frankreich* **ancien** ~ Recht bis zur Revolution von 1789; ~ **canon** *od* **canonique** kanoni-sches Recht; ~ **civil** bürgerliches Recht; Zi'vilrecht *n*; ~ **commercial** Handels-recht *n*; ~ **commun** gemeines Recht; **prisonnier** *m* **de** ~ **commun** Strafge-fangene(r) *m*; *im Gegensatz zum politi-schen Gefangenen* Krimi'nelle(r) *m*; **tri-bunal** *m* **de** ~ **commun** ordentliches Gericht; ~ **constitutionnel** Verfas-sungsrecht *n*; Staatsrecht *n (im engeren Sinn)*; ~ **divin** Gottes'gnadentum *n*; **de** ~ **divin** von Gottes Gnaden; ~ **écrit** geschriebenes Recht; ~ **électoral** *(ob-jektives)* Wahlrecht; ~ **international privé** internationales Pri'vatrecht; ~ **in-ternational public** Völkerrecht *n*; *auch* internationales Recht; ~ **maritime** See-, Na'turrecht *n*; ~ **objectif** objektives Recht; ~ **pénal** *od* **criminel** Strafrecht *n*; ~ **positif** positives Recht; ~ **privé** Pri'vatrecht *n*; ~ **public, romain, subjectif** öffentliches, römisches, sub-jektives Recht; ♦ ~ **de la guerre, de la procédure, de propriété, du travail** Kriegs-, Pro'zeß-, Eigentums-, Arbeits-recht *n*; ~ **du plus fort** Recht des Stärkeren; Faustrecht *n*; ♦ *loc/adv:* **à bon** ~ mit vollem, gutem Recht; **zu Recht; de** ~ rechtmäßig; zu Recht; **de plein** ~ völlig rechtmäßig; zu Recht; *par ext* ganz selbstverständlich; ohne weite-res; ♦ **s'adresser à qui de** ~ sich an die zuständige Stelle, Person wenden; **avoir le** ~ **pour soi** das Recht auf s-r Seite haben; **faire** ~ **à une demande** e-m Antrag, e-r Bitte stattgeben; e-m Gesuch entsprechen; **2.** Rechtswissenschaft *f*; Jura *n/pl*; Rechte *n/pl*; *bes österr* Jus *n*; **faculté** *f* **de** ~ rechtswissenschaftliche, ju'ristische, *österr* ju'ridische Fakultät; **faire son** ~ Jura, Rechtswissenschaft, *österr* Jus studieren; **3.** *im subjektiven Sinn* Recht *n*; Berechtigung *f*; Befugnis *f*; Anrecht *n*; Anspruch *m*; ♦ ~**s acquis** erworbene Rechte *n/pl*, Ansprüche *m/pl*; ~**s civils** *cf* civil **2.**; ~**s civiques** bürger-liche Ehrenrechte *n/pl*; ~**s féodaux** Feu'dalrechte *n/pl*; ~ **réel** dingliches Recht; ♦ ~ **à l'existence** Exi'stenz-, Daseinsberechtigung *f*; ~ **aux presta-tions** Leistungsanspruch *m*; ~ **au tra-vail** Recht auf Arbeit; ~ **d'aînesse, d'asile, d'auteur, de chasse, de gar-de, de grève** Erstgeburts-, A'syl-, Ur-heber-, Jagd-, Sorge-, Streikrecht *n*; ~**s de l'homme** Menschenrechte *n/pl*;

des peuples à disposer d'eux-mêmes Recht der Völker auf Selbstbestimmung; Selbstbestimmungsrecht *n* der Völker; ~ de reproduction Vervielfältigungsrecht *n; cf auch* réservé 3.; ~ de visite *cf* visite 1. *u* 3.; ~ de vote (aktives) Wahlrecht; Stimmrecht *n*; ♦ de quel ~ *faites-vous cela?* mit welchem Recht ...?; ♦ avoir le ~, être en ~ de faire qc das Recht haben, berechtigt sein, befugt sein, etw zu tun; etw tun dürfen; on a bien le ~ de téléphoner! man wird doch noch telefonieren dürfen!; ne pas avoir le ~ de faire qc kein Recht haben, nicht das Recht haben, nicht berechtigt sein, nicht befugt sein, etw zu tun; etw nicht tun dürfen; avoir ~ à qc ein (An)Recht, e-n Anspruch auf etw (*acc*) haben; avoir des ~s sur qc Ansprüche auf etw (*acc*) haben; cela lui donne, confère le ~ de (+*inf*) gibt ihm das Recht, berechtigt ihn zu (+*inf*); être dans son (bon) ~ (völlig) im Recht sein; c'est ton ~ das ist dein (gutes) Recht; faire valoir des ~s sur qc Ansprüche auf etw (*acc*) geltend machen, anmelden; 4. Gebühr *f*; Abgabe *f; auch* Zoll *m*; ~s d'auteur Vergütung *f* aus dem Urheberrecht; Tanti'emen *f/pl* (e-s Autors); ~ de douane Zoll(gebühr) *m/f*; ~ d'entrée, de sortie Einfuhr-, Ausfuhrzoll *m*; ~ d'inscription Einschreibungs-, Anmeldegebühr *f*; ~s de mutation *cf* mutation 4. a)

droit² [drwa] **I** *adj* **1.** rechte(r, -s); *sports* ailier ~ Rechts'außen *m; pol* centre ~ gemäßigte Rechte; rechte Mitte; côté ~ rechte Seite; main ~e rechte Hand; *loc/adv* à main ~e rechter Hand; zur rechten Hand; *st/s* zur Rechten; e-s Flusses rive ~e rechtes Ufer; *fig* être le bras ~ de qn j-s rechte Hand sein; *cf auch* (à) droite; **2.** *Wand, Turm, Schrift, Lineal, Linie, Strich, Strecke, Straße, Nase etc* gerade; *Schrift auch* steil; math angle ~ *od subst* ~ *m* rechter Winkel; *astr* ascension ~e Rektaszension *f*; gerade Aufsteigung; chapeau bien ~ sur la tête geradesitzender Hut; *fig* le ~ chemin der rechte Weg; s'écarter du ~ chemin vom rechten Weg abweichen; rester dans le ~ chemin auf dem rechten Weg bleiben; *math* cône, cylindre ~ gerader Kegel, Zylinder; *Tennis* coup ~ Vorhandschlag *m; cout* ~ fil *cf* fil 1.; *cout* manteau ~ geradegeschnittener Mantel; *anat* muscle ~ *cf* III 2.; *géol* pli ~ stehende Falte; *math* prisme ~ gerades Prisma; *cout* veston ~ einreihiges Jackett; *loc/adv* en ligne ~e in gerader Linie; in Luftlinie; geradlinig; *Person* ~ comme un I kerzengerade; gerade wie e-e Eins; se tenir ~ sich geradehalten; geradestehen *bzw* -sitzen; **3.** *fig Person* aufrecht; gerade; rechtschaffen; redlich; **II** *adv* aller, regarder *etc* ~ devant soi gerade'aus; *fig* aller ~ au but geradewegs aufs Ziel losgehen; *Unternehmen* aller ~ à la faillite geradewegs dem Konkurs zusteuern, entgegengehen; aller ~ au fait ohne 'Umschweife, sofort zur Sache kommen; écrire ~ steil, gerade schreiben; (c'est) tout ~ (es geht) immer gerade'aus; marcher ~ a) geradegehen; aufrecht gehen; b) *fig* aufs Wort gehorchen; F spuren; **III** *m* **1.** *Boxen* **a)** Rechte *f*; rechte Faust; crochet *m* du ~ rechter Haken; **b)** *Schlag* Rechte *f*; **2.** *anat* gerader Muskel; *sc* Rectus *m*

droite [drwat] *f* **1.** Rechte *f*; rechte Seite; ♦ *loc/adv* à ~ rechts *bzw* nach rechts; *mil*

à ~, ~ ! rechts'um!; *fig* à ~ et à gauche überall *bzw* überallhin; la deuxième rue à ~ die zweite Straße rechts; regarder à ~ nach rechts schauen; rouler à ~ rechts, auf der rechten Seite fahren; tourner à ~ rechts einbiegen; de la ~ von rechts; *fig* de ~ et de gauche (von) überallher; von allen Seiten; *Autofahrer* unter sich et votre ~ ! können Sie sich rechts fahren!; ♦ *loc/prép* à ~ de rechts von (*od* + *gén*); à ~ de la gare rechts vom Bahnhof; à la ~ de qn rechts von j-m; zu j-s Rechten; j-m zur Rechten; à ~ *od* sur votre ~ rechts von Ihnen; zu Ihrer Rechten; *rel* assis à la ~ de Dieu sitzend zur Rechten Gottes; *bei Tisch* placer qn à sa ~ j-n zu s-r Rechten setzen; ♦ prendre sur la ~ rechts einbiegen; tenir sa ~ sich rechts halten; rechts fahren; **2.** *pol* la ~ die Rechte *f*; l'extrême ~ die äußerste Rechte; *loc/adj* de ~ Rechts...; rechtsstehend; journal *m* de ~ rechtsstehende Zeitung; parti *m* de ~ Rechtspartei *f*; politique *f* de ~ rechtsgerichtete Politik; il est de ~ er steht rechts; F être (très) à ~ (stark) rechts eingestellt sein; F voter à ~ rechts wählen; **3.** *Boxen: Schlag* Rechte *f*; **4.** *math* Gerade *f*

droit|ier [drwatje], ~**ière I** *m,f* **1.** Rechtshänder(in *f*); **2.** *pol* Rechtsstehende(r) *f(m)*; **II** *adj* **1.** rechtshändig; être ~ Rechtshänder(in) sein; **2.** *pol* rechtsstehend; ~**isme** *m pol* Rechtstendenz *f*

droiture [drwatyr] *f* e-r *Person* Geradheit *f*; Aufrichtigkeit *f*; Rechtschaffenheit *f*; Redlichkeit *f*; ~ des intentions Redlichkeit der Absichten; avec ~ redlich; rechtschaffen

drolatique [drɔlatik, dro-] *adj Balzac* Contes *m/pl* ~ s Tolldreiste Geschichten *f/pl*

drôle [drol] **I** *adj* **1.** lustig; spaßig; ulkig; drollig; *Situation* ne pas être ~ nicht rosig sein; ce n'est pas ~ das ist nicht gerade lustig; das macht nicht gerade Spaß; elle est ~, *avec ce chapeau* sie sieht lustig, ulkig aus ...; F *iron* vous êtes ~ ! Sie sind aber gut!; Sie sind lustig!; Sie machen mir Spaß!; vous trouvez cela ~ ? finden Sie das (etwa) lustig, komisch, zum Lachen?; **2.** komisch; seltsam; sonderbar; merkwürdig; ♦ *attributiv immer* ~ de: la ~ de guerre *cf* guerre; une ~ d'idée e-e komische, seltsame Idee, Vorstellung; une ~ d'odeur ein sonderbarer Geruch; un ~ de type ein komischer *etc* Kauz; avoir un ~ d'air seltsam, sonderbar aussehen; c'est une ~ de manière de (+*inf*) das ist e-e komische Art zu (+*inf*); faire une ~ de tête das Gesicht verziehen; ein komisches Gesicht machen; ♦ *prädikativ*: cela me fait ~ das berührt mich sonderbar, seltsam; dabei habe ich ein sonderbares, seltsames Gefühl, Empfinden; cela me paraît ~ das kommt mir seltsam, merkwürdig vor; je me sens tout ~ mir ist so komisch (zumute); ich fühle mich nicht ganz wohl; trouver ~ que ... (+*subj*) komisch *etc* finden, daß ...; nous l'avons trouvé ~ er kam uns merkwürdig, seltsam, sonderbar vor (, als wir ihn sahen); **3.** F ~ de ungeheuer; e'norm; F unheimlich; un ~ de courage ein ungeheurer *etc* Mut; **II** *m* un ~ F e-e komische Type, Nummer; un mauvais ~ ein übler Bursche; F ein sauberes Früchtchen

drôlement [drolmã] *adv* **1.** komisch; seltsam; sonderbar; merkwürdig; regarder qn ~ j-n (so) komisch *etc* ansehen; **2.** F *(beaucoup, très)* e'norm; ungeheuer; F unheimlich; il a ~ changé er hat sich enorm *etc* verändert

drôlerie [drolri] *f* e-r *Situation etc* Komik *f*; Lustig-, Spaßhaftig-, Spaßigkeit *f*

dromadaire [drɔmadɛr] *m zo* Drome'dar *n*

drome [drom] *f mar* **a)** Re'servemastwerk *n*; Re'serverundhölzer *n/pl*; **b)** Beiboote *n/pl*

dronte [drõt] *m zo* Dronte *f*

drop(-goal) [drɔp(gol)] *m* ⟨*pl* drop-goals⟩ *Rugby* Sprungtritt *m*

drosera [drɔzera] *m bot* Sonnentau *m; sc* Drosera *f*

drosophile [drɔzɔfil, dro-] *f zo* Dro'sophila *f*; ~ melanogaster Kleine Essigfliege

drosophilidés [drɔzɔfilide] *m/pl zo* Taufliegen *f/pl*

drosse [drɔs] *f mar* Ruderleitung *f*

drosser [drɔse] *v/t mar* abtreiben

drouais [druɛ] *adj (u subst ♀ Einwohner)* von Dreux

dru [dry] **I** *adj Gras, Getreide, Haare, Regen etc* dicht; **II** *adv Regen* tomber ~ in dichten Tropfen fallen

drugstore [drœgstɔr] *m* Drugstore ['dragstɔr] *m*

druid|e [drɥid] *m*, ~**esse** *f hist rel* Dru'ide *m*, Dru'idin *f*; *adj* ~**ique** *adj* dru'idisch; Dru'iden...; pierre *f* ~ Druidenstein *m*; ~**isme** *m* Dru'identum *n*

drumlin [drœmlɛ̃] *m géogr* Drumlin *m*

drummer [drœmœr] *m Jazz* Drummer [-a-] *m*

drupe [dryp] *f sc bot* Steinfrucht *f*

Druses *od* **Druzes** [dryz] *m/pl* islamische *Sekte* Drusen *m/pl*

dry [draj] *adj Getränk* dry [draj]; trocken

dryade [drijad] *f* **1.** *myth* Dry'ade *f*; **2.** *bot* Silberwurz *f; sc* Dryas *f*

dry-farming [drajfarmiŋ] *m agr* Dry-farming ['drai-] *n*

du [dy] *art défini u art partitif* ⟨*zusammengezogen aus ,,de le``*⟩ *cf* de I *u* II

dû [dy] *p/p von* devoir *u* ⟨*due*⟩ **1.** *Geldsumme* schuldig; geschuldet; en port ~ unfrei; unfrankiert; **2.** *jur* en bonne et due forme in gehöriger Form; formgerecht; vorschriftsmäßig; ordnungsgemäß; **3.** *Ereignis, Phänomen* être ~ à qc e-r *Sache* (*dat*) zuzuschreiben, zu verdanken sein; auf etw (*acc*) zu'rückzuführen sein; durch etw her'vorgerufen (worden) sein; auf etw (*dat*) beruhen; von etw abhängig sein; être ~ au hasard dem *od* e-m Zufall zu verdanken sein; **4.** *Ehre, Rang etc* gebührend, zukommend (à qn j-m); les honneurs dus à son rang die s-m Rang gebührenden Ehren; être ~ à qn j-m gebühren, zukommen; cela lui est ~ das ist, was ihm gebührt; das kommt ihm zu; das hat er verdient; le respect qui lui est ~ der Respekt, der ihm gebührt, zukommt; der ihm gebührende Respekt; **II** *subst* le ~ das Zukommende, Gebührende; mon ~ das mir Zukommende, Gebührende; das, was mir zukommt, gebührt; à chacun son ~ jedem das Seine

dual|isme [dɥalism(ə), dya-] *m philos, rel, dro* par Dua'lismus *m*; ~**iste I** *adj* dua'listisch; **II** *m* Dua'list *m*; ~**ité** *f* Duali'tät *f*; Zweiheit *f*

dubit|atif [dybitatif] *adj* ⟨*-ive*⟩ *Antwort, Ton etc* Zweifel ausdrückend; zweifelnd; dubita'tiv; ~**ation** *f rhét* (*vom Redner zum Schein erhobener*) Zweifel; Dubi'tatio *f*

duc [dyk] *m* **1.** Herzog *m*; **2.** *zo* grand ~ Uhu *m*; moyen, petit ~ Waldohr-, Zwergohreule *f*; ~**al** *adj* ⟨*-aux*⟩ **1.** Herzogs...; herzoglich; couronne ~e Herzogskrone *f*; **2.** *hist in Venedig* Dogen...; ~'do:ʒən]

ducasse [dykas] *f in Belgien u Nordfrankreich* Volksfest *n*; Kirmes *f*

ducat [dyka] *m alte Goldmünze* Du'katen *m*; *adit* or *m* ~ Dukatengold *n*

duché [dyʃe] *m* Herzogtum *n*; *hist* le ~ de Bourgogne das Herzogtum Burgund; **~pairie** *m* ‹*pl* duchés-pairies› *hist in Frankreich* Herzogtum *n* (*e-s Herzogs, der zugleich Pair ist*)

duchesse [dyʃɛs] *f* 1. Herzogin *f*; 2. ~ *od adit* ‹*inv*› poire *f* ~ Birnensorte *f*; 3. *adit text* satin *m* ~ Du'chesse *f*

ducroire [dykrwar] *m comm* Del'kredere(provision) *n(f)*

ductil|e [dyktil] *adj tech* duk'til; dehn-, streck-, verformbar; **~ité** *f tech* Duktibili'tät *f*; Dehnbar-, Streckbar-, Verformbarkeit *f*

duègne [dyɛɲ] *f* (ältere) Anstandsdame

duel [dyɛl] *m* 1. Herzogin *f*... 1. Du'ell *n*; Zweikampf *m*; ~ au pistolet Duell auf Pistolen; Pi'stolenduell *n*; se battre en ~ sich duel'lieren; provoquer qn en ~ j-n zum Duell (heraus)fordern; tuer qn en ~ j-n im Duell töten; 2. *fig* ~ oratoire Rededuell *n*; Wortgefecht *n*; ~ d'artillerie Artille'rieduell *n*; 3. *gr* Du'al(is) *m*

duelliste [dyelist] *m* Duel'lant *m*

duettiste [dyetist] *m,f mus* a) Du'ettsänger(in) *m(f)*; b) Duospieler(in) *m(f)*

duetto [dyɛ(t)to] *m mus* a) Du'ett *n*; b) Duo *n*

duffle-coat [dœfœlkot] *m* Dufflecoat ['dafəlko:t] *m*

dugon [dygõ] *m od* **dugong** [dygõ(g)] *m zo* Dugong *m*

duit [dɥi] *m* 1. *Fischerei* (*Art*) Fischwehr *n*, -zaun *m*; 2. *e-s Wasserlaufs* künstliches Bett

duite [dɥit] *f text* Schußfaden(länge) *m(f)*

dulci|fication [dylsifikasjõ] *f tech des Bleis* Vorraffination *f*; **~fier** *v/t tech Blei* vorraffinieren

dulcinée [dylsine] *f plais* Dulzi'nea *f*; Angebetete *f*

dulcite [dylsit] *f chim* Dul'cit *m*

dum-dum [dumdum, dɔmdɔm] *f mil* ~ *od adit* balle ~ Dum'dumgeschoß *n*

dûment [dymã] *adv* 1. *jur* vorschriftsmäßig; ordnungsgemäß; 2. gebührend; wie es sich gebührt

dumping [dœmpiŋ] *m comm* Dumping [-a] *n*

dundee [dœndi] *m mar* Ketsch *f*

dune [dyn] *f* Düne *f*

dunette [dynɛt] *f mar* Poop *f*; Hütte *f*; Kam'panje *f*

dunois [dynwa] *adj* (*u subst* ♀ Einwohner) von Châteaudun

duo [dyo] *m* 1. *mus* a) ~ (vocal) Du'ett *n*; chanter en ~ im Duett singen; b) ~ (instrumental) Duo *n*; 2. *métall* Duowalzwerk *n*

duodécimal [dyɔdesimal] *adj* ‹-aux› Duodezi'mal...; duodezi'mal; système *m* de numération ~e Duodezi'mal-, Zwölfersystem *n*

duodén|al [dyɔdenal] *adj* ‹-aux› *anat* Zwölf'fingerdarm...; *sc* Duode'nal...; **~ite** *f path* Zwölf'fingerdarmentzündung *f*; *sc* Duode'nitis *f*

duodénum [dyɔdenɔm] *m anat* Zwölf'fingerdarm *m*; *sc* Duo'denum *n*

duopole [dyɔpɔl] *m écon* Duo'pol *n*

dupe [dyp] **I** *f* être la ~ de qn von j-m betrogen, geprellt, übers Ohr gehauen, an der Nase her'umgeführt, zum Narren gehalten werden; der Geprellte, Dumme sein; c'est un marché de ~s das ist Betrug; das ist ein schlechter Handel; l'inflation a fait de nombreuses ~s durch die Inflation sind viele geprellt worden, um ihr Geld gebracht worden; **II** *adj* être ~ de qc auf etw (*acc*) her'einfallen; sich von etw täuschen lassen; je ne suis pas ~ darauf falle ich nicht herein; ich durch'schaue die Sache

dup|er [dype] **I** *v/t* betrügen; prellen; übers Ohr hauen; an der Nase her'umführen; zum Narren halten; **II** *v/pr* se ~ (soi-même) sich selbst betrügen, etwas vormachen; **~erie** *f* Betrüge'rei *f*; Schwindel *m*; Gaune'rei *f*; Betrug *m*

duplex [dyplɛks] *m* 1. *télécomm* Duplexbetrieb *m*; Gegensprech- *bzw* Gegenschreibverkehr *m*; 2. *rad, télév* Konfe'renzschaltung *f* (*mit zwei Teilnehmern*); 3. *métall* Duplexverfahren *n*; 4. Maison-'nettewohnung *f*; zweigeschossiges Apparte'ment

duplica|ta [dyplikata] *m* ‹*inv*› Dupli-'kat *n*; Zweitschrift *f*, -ausfertigung *f*; **~teur** *m* Vervielfältigungsapparat *m*; Vervielfältiger *m*

duplication [dyplikasjõ] *f* 1. *math* ~ du cube Würfelverdopplung *f*; 2. *biol* ~ (chromosomique) Duplikati'on *f*; Verdopplung *f* von Chromo'somenstückchen

duplicité [dyplisite] *f e-r Person* Doppelzüngigkeit *f*; Falschheit *f*

duquel [dykɛl] *pr/rel u pr/i cf* lequel

dur [dyr] **I** *adj* 1. *Material, Boden, Bett, Sitz, Bürste, Bleistift, Brot, Fleisch etc* hart; *Fleisch auch* zäh; *Ei* hart(gekocht); *Wasser* hart; blé *m* ~ Hartweizen *m*; comme du bois steinhart; 2. *par ext Kämpfe* hart; *Schlaf* fest; *Drogen* hart; avoir la tête ~e eigensinnig sein; ein Dickkopf, F -schädel sein; avoir la vie ~e *cf* vie 1.; être ~ à la tâche ein unermüdlicher Arbeiter sein; 3. *fig Problem, Arbeit etc* schwer; schwierig; *Arbeit etc auch* hart; *Kind* schwierig; 'widerspenstig; eigensinnig; *Zeiten* hart; schlecht; côte ~e schwer zu bewältigende Straßensteigung; F coup ~ a) harter, schwerer (Schicksals)Schlag; b) Unter'nehmen *n* auf Leben und Tod; ein Gewaltstreich *m*; F ~ à la détente *cf* détente 1.; ~ à digérer schwer zu verkraften; *Tür, Abzug e-r Pistole etc* être ~ schwer gehen; être ~ d'oreille, de la feuille schwerhörig sein; schwer hören; ce n'est pas ~ das ist nicht schwer, schwierig; das fällt mir nicht schwer zu (+*inf*); il m'est ~ de (+*inf*) es fällt mir schwer zu (+*inf*); mener, faire la vie ~e à qn j-m das Leben schwer, sauer machen; 4. *Stimme, Ton, Gesichtszüge etc* hart; *Person a*) hart; streng; b) hart(herzig); *par ext Gesetz, Behandlung, Prüfung, Kritik* hart; streng; être ~ pour qn, avec qn j-m gegenüber, gegen j-n, zu j-m hart sein; **II** *adv* 1. F cogner, frapper ~ hart, fest, kräftig (zu)schlagen; travailler ~ hart arbeiten; *par ext Sonne* F taper ~ heiß brennen; 2. *fig* croire à qc ~ comme fer (an) etw (*acc*) felsenfest glauben; von etw felsenfest über'zeugt sein; **III** *subst* 1. *Person a*) F un ~ ein abgebrühter, F hartgesottener Bursche; *Jugendliche* jouer les ~s sich als harte, abgebrühte Männer geben; als harte Männer auftreten; b) F un ~, une ~e à cuire j, mit dem *bzw* mit der man schlecht fertig wird, dem *bzw* der man schlecht beikommt, der ~s *bzw* die ihren eigenen Kopf hat; c) *bes pol, comm* un ~ ein harter, unnachgiebiger, kompro'mißloser Mensch; les ~s d'un parti die Unnachgiebigen *m/pl*, Kompromißlosen *m/pl*, Falken *m/pl* in e-r Partei; 2. *m bât* construction *f* en ~ Mas'sivbau *m*; 3. *loc/adv* à la ~e hart; streng; être élevé à la ~e hart, streng, spar'tanisch erzogen werden *bzw* sein; 4. coucher sur la ~e auf der harten *od* bloßen *od* blanken Erde, auf dem harten *od* bloßen *od* blanken Boden schlafen

dur|abilité [dyrabilite] *f* Dauerhaftigkeit *f*; Beständigkeit *f*; Nachhaltigkeit *f*; **~able** *adj Werk, Gefühl etc* dauerhaft; beständig; *Einfluß, Wirkung* nachhaltig

duralumin [dyralymɛ̃] *m tech* Duralumin(ium) *n*; Du'ral *n*

duramen [dyramɛn] *m bot* Kernholz *n*

durant [dyrã] *prép* 1. während (+*gén*, *auch* + *dat*); ~ l'été während des Sommers; den Sommer über; im Verlauf des Sommers; ~ trois jours drei Tage (lang); während dreier Tage; ~ longtemps lange Zeit (hindurch, über); ~ la nuit während, in der Nacht; die Nacht über; ~ tout ce temps während; in dieser ganzen Zeit; 2. ‹*nachgestellt*› une heure ~ e-e (ganze) Stunde lang; e-e geschlagene Stunde; des heures ~ stundenlang; ganze Stunden lang; des mois ~ monatelang; sa vie ~ sein Leben lang

duratif [dyratif] *adj* ‹-ive› *ling* durativ; die Dauer ausdrückend; aspect ~ durative Aktionsart

durcir [dyrsir] **I** *v/t* 1. *Material, Boden etc* hart machen; hart werden lassen; *Material auch* (er)härten; 2. *par ext*: la fatigue lui durcit le visage ... macht ihr *bzw* sein Gesicht hart, läßt ihr *bzw* sein Gesicht hart erscheinen; il a durci sa voix s-e Stimme wurde hart; 3. *fig* sa position e-e unnachgiebigere Position einnehmen; ~ la résistance den 'Widerstand verstärken, härter werden lassen; **II** *v/i* 4. hart werden; erhärten; faire ~ des œufs Eier hart kochen; **III** *v/pr* se ~ 5. hart werden (*auch par ext Gesichtszüge etc*); *Material auch* erhärten; 6. *fig* Positionen, Fronten sich verhärten; *Person* hart(herzig) werden

durciss|ement [dyrsismã] *m* 1. Hartwerden *n*, -sein *n*; Erhärtung *f*; 2. *fig der Positionen, des Widerstands* Härterwerden *n*; Verhärtung *f*; **~eur** *m für Kunststoffe* Härter *m*; Härtungsmittel *n*

durée [dyre] *f* 1. Dauer *f* (*auch philos*) Zeit(dauer) *f*; *auch* Länge *f*; ~ de construction, de cuisson Bau-, Kochzeit *f*; *phot* ~ d'exposition Belichtungsdauer *f*; ~ légale de la journée gesetzliche Arbeitszeit; ~ du travail a) Arbeitszeit *f*; b) Arbeitsdauer *f*; c) Dauer des Arbeitsverhältnisses; réduire la ~ du travail die Arbeitszeit verkürzen; ~ de validité Gültigkeitsdauer *f*; *loc/adj* de courte ~ von kurzer Dauer; *Erscheinung auch* kurzlebig; disque *m* microsillon de longue ~ Langspielplatte *f*; *loc/prép* pendant la ~ während (der Dauer) (+*gén*); pendant la ~ des travaux während der Bauarbeiten; pour la ~ de für die Dauer von (*od* + *gén*); pour la ~ de deux mois für die Dauer von zwei Monaten; für zwei Monate; pour la ~ des vacances für die Dauer der Ferien; für die ganze Ferienzeit; pour une ~ illimitée auf unbegrenzte Zeit; 2. *mus* Ton- *bzw* Pausendauer *f*

durement [dyrmã] *adv* 1. être ~ touché, éprouvé hart, schwer mitgenommen, getroffen, geprüft werden; Schweres 'durchmachen; 2. antworten, reden *etc* hart; in hartem Ton

dure-mère [dyrmɛr] *f anat* harte (Ge)Hirnhaut; *sc* Dura mater *f*

durer [dyre] *v/i* 1. dauern; an-, fortdauern; anhalten; *st/s* währen; le beau temps durera ... wird anhalten, wird sich halten; cette mode, son œuvre durera ... wird sich halten, wird bleiben, wird Bestand haben; la conversation dure encore, dure deux heures ... dauert noch an, dauert zwei Stunden; la tempête dure depuis deux jours der

Sturm dauert schon zwei Tage; es stürmt schon seit zwei Tagen; **la fête dure depuis midi** *auch* seit Mittag wird gefeiert; ◆ **faire ~ ça** es hin'ausziehen, in die Länge ziehen, länger dauern lassen, verlängern; *iron* **tu fais ~ le plaisir** du könntest dich etwas beeilen; ◆ *par ext*: **cette minute a duré une heure** diese Minute wurde zur Stunde; **cela a assez duré, cela n'a que trop duré** das dauert nun lange genug; das hat nur, schon allzulange gedauert; das ist zu'viel; **cela ne peut ~** das kann nicht so bleiben, weitergehen; **pourvu que cela dure!** wenn es doch nur so bliebe!; hoffentlich bleibt es so!; **2.** *Gegenstände, Material* halten; *cette robe* **a duré dix ans** ... hat zehn Jahre gehalten; **faire ~ ses affaires** s-e Sachen schonen, damit sie länger halten; *von Geräten* F **ça durera ce que ça durera** das hält eben, solange es hält

dureté [dyrte] *f* **1.** *e-s Materials, e-s Bettes, des Wassers etc* Härte *f*; *phys* **échelle** *f* **de ~** Härteskala *f*; **2.** *fig der Gesichtszüge, der Stimme etc* Härte *f*; *e-r Person* a) Härte *f*; Strenge *f*; b) Hartherzigkeit *f*; Härte *f*; *des Gesetzes, der Kritik etc* Härte *f*; Strenge *f*; **traiter qn avec ~** j-n mit Härte, hart behandeln

durillon [dyrijõ] *m* Schwiele *f*

durio [dyrjo] *m od* **durion** [dyrjõ] *m bot* **a)** Durian(baum) *m*; Zibethbaum *m*; **b)** Stinkfrucht *f*

Durit [dyrit] *f (nom déposé) auto* Kühlwasser-, Ben'zin-, Zufuhrschlauch *m*

dussé-je [dysɛʒ] *cf* devoir[1] 8.

duvet [dyvɛ] *m* **1.** Daunen *f/pl*; Flaumfedern *f/pl*; *Kopfkissen* **garni de ~** mit Daùnenfüllung; **2.** *par ext* (Daunen-)

Schlafsack *m*; **3.** *des Menschen, zo, bot* Flaum(haare) *m(n/pl)*; **4.** *e-s jungen Mannes* Flaum(bart) *m*

duvet|er [dyvte] *v/pr* <-tt-> **se ~** Flaumhaare, e-n Flaum bekommen; **~eux** *adj* <-euse> flaumig; mit Flaum besetzt, bedeckt; *par ext Stoff etc* flauschig

dynam|ique [dinamik] **I** *adj* **1.** dy'namisch *(auch phys)*; **2.** *fig Person* dy'namisch; ener'giegeladen; tatkräftig; **II** *f* **1.** *phys, mus* Dy'namik *f*; **2.** *fig* Dy'namik *f*; **3.** *psych* **~ de(s) groupe(s)** Gruppendynamik *f*; **~iser** *v/t* dynami'sieren

dynam|isme [dinamism(ə)] *m* **1.** *e-r Person, Entwicklung etc* Dy'namik *f*; **2.** *philos* Dyna'mismus *m*; **~iste** *philos* **I** *adj* dyna'mistisch; **II** *m* Anhänger *m* des Dyna'mismus

dynamitage [dinamitaʒ] *m* Sprengen *n*, -ung *f* mit Dyna'mit

dynamit|e [dinamit] *f* **1.** Dyna'mit *n*; **attentat** *m* **à la ~** Sprengstoffattentat *n*; **faire sauter à la ~** mit Dynamit sprengen; **2.** F *fig von e-r Person* **c'est de la ~** F der *bzw* die hat aber (ein) Temperament!; **~er** *v/t* mit Dyna'mit sprengen; **~erie** *f* Dyna'mitfabrik *f*; **~eur** *m* Sprengstoffattentäter *m*

dynamo [dinamo] *f élect* Dy'namo(maschine) *m(f)*; *auto* Lichtmaschine *f*; **~-électrique** *adj* machine *f* **~** Dy'namomaschine *f*

dynamo|gène [dinamoʒɛn] *adj od* **~génique** [-ʒenik] *adj physiol* ener'gieerzeugend; **~mètre** *m tech, physiol* Dynamo'meter *n*; Kraftmesser *m*; **~métrique** *adj tech* frein *m* **~** Bremsdynamometer *n*

dynast|ie [dinasti] *f* Dyna'stie *f (auch*

fig); Herrscherhaus *n*, -geschlecht *n*; **~ique** *adj* dy'nastisch

dyne [din] *f phys* Dyn *n (Zeichen* dyn)

dys|chromie [diskrɔmi] *f path* Chroma'tose *f*; Dyschro'mie *f*; **~crasie** [-krazi] *f path* Dyskra'sie *f*; **~endocrinie** [-ãdɔkrini] *f path* innersekretorische Störung

dys|enterie [disãtri] *f path* Ruhr *f*; *sc* Dysente'rie *f*; **~ amibienne** A'möbenruhr *f*; **~entérique** *adj path* ruhrartig; *sc* dysen'terisch; **~fonctionnement** *m path* Funktionsstörung *f*; *sc* Dysfunktion *f*; **~(h)idrose** [-idroz] *f path* Dyshi'drose *f*; **~lexie** *f path* Legasthe'nie *f*; Dysle'xie *f*; **~lexique** *path* **I** *adj* legas'thenisch; **II** *m,f* Legas'theniker(in) *m(f)*; **~ménorrhée** [-menɔre] *f path* Menstruati'onsbeschwerden *f/pl*; *sc* Dysmenor'rhöe *f*

dys|pepsie [dispɛpsi] *f path* Verdauungsstörung *f*; *sc* Dyspep'sie *f*; **~pepsique** [-pɛpsik] *od* **~peptique** [-pɛptik] **I** *adj* dys'peptisch; **II** *m,f* an Dyspep'sie Leidende(r) *f(m)*

dysphagie [disfaʒi] *f path* Schluckstörung *f*; *sc* Dyspha'gie *f*

dyspnée [dispne] *f* Atemnot *f*; Kurzatmigkeit *f*; *sc* Dys'pnoe *f*

dysprosium [disprozjɔm] *m chim* Dys'prosium *n*

dys|tonie [distɔni] *f path* Dysto'nie *f*; **~ neuro-végétative** vegetative Dystonie; **~trophie** [-trɔfi] *f path* Ernährungsstörung *f*; *sc* Dystro'phie *f*

dysurie [dizyri] *f path* erschwertes Harnlassen; Harnzwang *m*, -strenge *f*; *sc* Dysu'rie *f*

dytique [ditik] *m zo* Schwimmkäfer *m*; *bes* Gelbrand(käfer) *m*

E

E, e [ə] m ⟨inv⟩ E, e [e] n; **l'e** [lə ə, lə] das E
eau [o] f ⟨pl ~x⟩ **1.** Wasser n; pl ~x auch a)
Gewässer n/pl; b) Heilquellen f/pl; Wäs-
ser n/pl; c) mar e-s Schiffes Kielwasser n;
◆ **basses ~x** Niedrigwasser n; niedriger
Wasserstand; phm ~ **blanche** Bleiwas-
ser n; basische Bleiazetatlösung; ~ **chau-
de** warmes, heißes Wasser; Warmwas-
ser n; **chauffage** m **à ~ chaude**
Warm'wasserheizung f; ~ **douce** Süß-
wasser n; ~ **ferrugineuse** eisenhaltiges
Wasser; Eisenquelle f; ~ **fraîche** frisches
Wasser; Frischwasser n; ~ **froide** kaltes
Wasser; Kaltwasser n; **robinet** m **d'~
froide** Kalt'wasserhahn m; **se laver à
l'~ froide** sich mit kaltem Wasser wa-
schen; **les grandes ~x de Versailles**
die Wasserkünste f/pl von Versailles; F
fig **c'est les grandes ~x** F er bzw sie
heult wie ein Schloßhund; '**hautes ~x**
Hochwasser n; hoher Wasserstand; chim
~(x) **mère(s)** a) Mutterlauge f; b)
Na'tursalzsole f; ~ **minérale** Mine-
'ralwasser n; Brunnen m; Tafelwasser
n; ~x **polluées** verunreinigte Gewässer
n/pl; ~ **salée** Salzwasser n; Sole f; auch
Kochsalzlösung f; chim ~ **seconde** ver-
dünntes Scheidewasser; verdünnte
Sal'petersäure f; ~(x) **souterraine(s)**
Grundwasser n; ~x **territoriales** Ho-
heitsgewässer n/pl; ~x **thermales** war-
me Quellen f/pl; Ther'malquellen f/pl;
tech ~ **à souder** Lötwasser n; ◆ phm ~
de chaux Kalkwasser n; chim ~ **de
chlore** Chlorwasser n; tech ~ **de circu-
lation** 'Umwälzwasser n; ~ **de Colo-
gne** Kölnisch Wasser; minér ~ **de
cristallisation** Kri'stallwasser n; ~ **de
cuisson** Kochwasser n; ~x **d'égout**
Abwasser n; Schmutzwasser n; ~x **de
fonte** Schmelzwasser n; ~ **de glacier**
Gletscherwasser n; ~ **d'infiltration** Sik-
kerwasser n; ~ **de Javel** cf Javel; ~ **de
lessive** Waschbrühe f, -lauge f; ~ **de
mélisse** Me'lissengeist m; ~ **de mer,
de pluie, de puits** Meer-, Regen-,
Brunnenwasser n; ~ **du radiateur**
Kühl(er)wasser n; ~x **de creuse** Stau-
wasser n; ~ **de riz** Reisschleim m; ~ **du
robinet** Leitungswasser n; ~ **de roche**
cf roche 1.; ~ **de rose** cf rose[1]; ~ **de
Seltz** Selters-, Sodawasser n; ~ **de sour-
ce** Quellwasser n; ~ **de toilette** Eau de
toi'lette n od f; ~ **de vaisselle** a)
Abwasch-, Spülwasser n; st/s Spülicht n;
b) F fig von e-r Suppe Brühe f; ◆ loc/adv:
mar **les canots à l'~!** Rettungsboote
klar!; **au bord de l'~** am Ufer; am
Wasser; **en ~ profonde** in großer
(Wasser)Tiefe; **entre deux ~x** in e-r
gewissen Wassertiefe; fig **nager entre
deux ~x** es mit keinem verderben wol-
len; geschickt la'vieren; **par voie d'~** auf
dem Wasserweg; loc/adj: **cuit à l'~** (in
Wasser) gekocht; **imperméable à l'~**

wasserundurchlässig, -dicht; **soluble
dans l'~** wasserlöslich; ◆ **aller aux ~x**
e-e Badekur machen; ins Bad reisen;
aller sur l'~ auf dem Wasser fahren; fig
**amener, apporter, faire venir de l'~
au moulin de qn** Wasser auf j-s Mühle
(acc) sein; F fig **il y a de l'~ dans le gaz**
es kriselt; da ist Sand im Getriebe; fig
battre l'~ avec un bâton leeres Stroh
dreschen; Nägel ohne Köpfe machen;
craindre l'~ Person wasserscheu sein;
Sache wasserunverträglich sein; **le
temps est à l'~** es sieht nach Regen aus;
fig **les ~x sont basses** F es ist Ebbe (in
meiner Kasse); mar **faire de l'~** Wasser
einnehmen; mar **faire ~** leck sein; lek-
ken; ein Leck haben; **se jeter à l'~** a)
sich ins Wasser stürzen; ins Wasser
springen; b) sich ertränken; ins Wasser
gehen; c) fig den Stier bei den Hörnern
packen; sich ein Herz fassen (und…); **il
y a de quoi se jeter à l'~!** das ist zum
Verzweifeln!; fig **laisser couler l'~**
warten, bis der Sturm sich gelegt hat;
laver à grande ~ mit viel od reichlich
Wasser, gründlich waschen; **mettre à
l'~** (Rettungs)Boot aussetzen; zu Wasser
lassen, bringen; Schiff auch vom Stapel
lassen; fig **mettre de l'~ dans son vin**
zu'rückstecken; fig **d'ici là il passera,
coulera beaucoup d'~ sous les ponts**
bis dahin wird noch viel Wasser den
Rhein (bzw die Donau etc) hinunter-
fließen; **passer à l'~** cuis abschrecken;
Geschirr etc (kurz) abspülen; **se passer
les mains à l'~** sich (kurz) die Hände
waschen; fig **pêcher en ~ trouble** im
trüben fischen; fig **porter de l'~ à la
rivière** Eulen nach Athen tragen; **pren-
dre les ~x** e-e Trinkkur machen; Brun-
nen trinken; **tenir l'~** Gefäß wasser-
dicht sein; Boot schwimmfähig sein;
tomber à l'~ ins Wasser fallen (auch fig);
il tombe de l'~ es regnet; **cela me fait
venir, me met l'~ à la bouche** od j'en
ai l'~ à la bouche das Wasser läuft mir
im Munde zusammen; das macht mir
den Mund wässerig; ◆ prov: **l'~ va
toujours à la rivière** Geld kommt
immer zu Geld (loc/prov); wo viel ist,
kommt noch mehr hin (loc/prov); **il n'est
pire ~ que l'~ qui dort** stille Wasser
sind, gründen tief (prov). **2.** ♀x **et
Forêts** f/pl Forstwesen n; **administra-
tion** f des **♀x et Forêts** Forstverwal-
tung f; **ingénieur** m des **♀x et Forêts**
Di'plomforstwirt m; **3.** méd **~x** pl
Fruchtwasser n; **perte** f des **~x** Frucht-
wasserabgang m; **poche** f des **~x**
Fruchtblase f; **4.** **Diamant de la plus
belle** ~ von erstem, reinstem Wasser; fig
un escroc, etc de la plus belle ~ ein
Schurke etc reinsten Wassers
eau-de-vie [odvi] f ⟨pl eaux-de-vie⟩
Branntwein m; Schnaps m; phm ~ **alle-**

mande Ja'lapenknollentinktur f (drasti-
sches Abführmittel); ~ **non rectifiée**
Rauhbrand m; Lutter m; ~ **de cidre**
Apfelbranntwein m, -schnaps m; ~ **de
fruit(s)** Obstbranntwein m. -schnaps m;
~ **de vin** Weinbrand m; **cerises** f/pl **à l'~**
in Branntwein eingelegte Kirschen f/pl
eau-forte [ofort] f ⟨pl eaux-fortes⟩ **1.**
Ra'dierung f (Technik u Abzug); **2.** chim
Scheidewasser n
eaux-vannes [ovan] f/pl Abwässer n/pl;
Klärwasser n
ébah|ir [ebair] **I** v/t verblüffen; in Erstau-
nen setzen; über'wältigen; adjt **être tout
ébahi** ganz verdutzt, baß erstaunt,
sprachlos, F platt, per'plex sein; **II** v/pr
litt **s'~** sich (ver)wundern; erstaunt, ver-
blüfft, fassungslos sein (de über + acc);
s-n Augen nicht trauen; es nicht fassen
können; **~issement** m Verwunderung
f; (höchstes) Erstaunen; Verblüffung f
ébarb|age [ebarbaʒ] m tech Ab-, Ent-
graten n; Ausputzen n; Gußputzen n;
~er v/t tech ab-, entgraten; métall
(guß)putzen; Kanten glätten; brechen;
Federn reißen; schleißen; Gerste ent-
grannen; Hecke stutzen; (ver-, be-)
schneiden; Münzen beschroten; Papier
beschneiden; Wunde ausschneiden; cuis
~ **un poisson** e-m Fisch die Flossen
abschneiden; **~eur** m métall Gußputzer
m; **~euse** f tech Abgratmaschine f,
-presse f; métall Gußputzmaschine f;
~oir m vierschneidiger Schaber; Ab-
gratwerkzeug n; in e-r Schmiede Schrot-
eisen n; Schröter m; **~ure** f tech **1.** Grat
m; **2.** Späne m/pl; Abgratschrott m
ébats [eba] st/s u plais m/pl Her'umtollen
n; Ausgelassensein n; (muntere) Spiele
n/pl; **~ amoureux** Liebesspiele n/pl;
prendre ses ~ cf s'ébattre
ébattre [ebatr(ə)] v/pr ⟨cf battre⟩ st/s
s'~ sich her'umtummeln; her'umtollen;
ausgelassen sein
ébaubi [ebobi] litt adj sprachlos, ver-
dutzt; verblüfft; per'plex
ébauchage [eboʃaʒ] m **1.** Entwerfen n;
flüchtiges Skiz'zieren; **2.** tech Zurichten
n, -ung f; Behauen n; Vorwalzen n
ébauche [eboʃ] f **1.** peint, e-s Romans etc
(erster) Entwurf; Skizze f; Ansatz m;
'Umriß m; Anlage f; Vorstufe f; Rohfas-
sung f; **2.** fig (schwacher) Versuch;
Andeutung f; Keim m; ~ **d'un sourire**
Andeutung, Spur f e-s Lächelns; **3.** tech
Rohform f; Rohling m; roh bearbeitetes
Stück; roh bearbeiteter Teil; métall auch
Vorprofil n; Vorguß m; Vorsturz m;
Steinbearbeitung roh behauener Stein;
Keramik Formling m; e-r Uhr Roh-
werk n
ébauch|er [eboʃe] **I** v/t **1.** peint, Roman
etc entwerfen; skiz'zieren; anlegen; um-
'reißen; sculp aus dem rohen, groben
arbeiten; **2.** fig Projekt entwerfen; Lä-

cheln, *Gruß* andeuten; **3.** *tech* vorarbeiten; roh bearbeiten; zurichten; vorwalzen; schruppen; *Brillanten* ebau'chieren; run'dieren; **II** *v/pr* **s'~** sich andeuten; sich abzeichnen; all'mählich Gestalt annehmen; **~eur** *m* Steinbrucharbeiter *m*; *tech* Zurichter *m*; **~oir** *m charp* Stemmeisen *n*; Stechbeitel *m*; *Keramik* Bos'sierholz *n*, -griffel *m*; *sculp* Model'lierstab *m*

ébaudir [ebodir] *v/pr litt* **s'~** sich ergötzen, belustigen, erfreuen

ébavur|age [ebavyraʒ] *m tech* Ent-, Abgraten *n*; **~er** *v/t* ent-, abgraten

ébénacées [ebenase] *f/pl bot* Ebenholzgewächse *n/pl*; Ebena'zeen *f/pl*

ébène [eben] *f* Ebenholz *n*; *fig* **cheveux** *m/pl* **d'~**, **noirs comme l'~** Haare *n/pl*, schwarz wie Ebenholz; **meubles** *m/pl* **d'~** Möbel *n/pl* aus Ebenholz; **noir d'~** tief-, pechschwarz

ébénier [ebenje] *m bot* Ebenholzbaum *m*; **faux ~** Goldregen *m*

ébénist|e [ebenist] *m* (Kunst)Tischler *m*; Mo'dell-, Möbeltischler *m*; **~erie** *f* **1. a)** Tischlerhandwerk *n*; (Kunst-, Möbel-) Tische'rei *f*; **bois** *m* **d'~** Edelholz *n*; **b)** **(ouvrage** *m* **d'~** (Kunst)Tischlerarbeit *f*; **2.** *Teil e-s Geräts* Gehäuse *n*; Verkleidung *f*

éberlué [ebɛrlɥe] F *adj* verdutzt; F baff; platt

éblou|ir [ebluir] *v/t* **1.** *Sonne, Scheinwerfer, Schnee* **~ qn** j-n blenden; **2.** *fig* **a)** sehr beeindrucken; begeistern; hinreißen; *une jeune fille* **dont la grâce éblouit**... von bezaubernder Anmut; **b)** blenden; bluffen; täuschen; **c)** *Erfolge, Ehrgeiz* **~ qn** j-n verblenden, über'heblich machen; **~issant** *adj* **1.** *Licht, Helle* blendend; **neige ~e** blendend heller, weißer Schnee; **2.** *fig* blendend; *Fest* glanzvoll; *Formulierung* glänzend; *Teint* schimmernd; strahlend; **verve ~e** sprühender Witz; **être d'une beauté ~e** strahlend, betörend, hinreißend schön sein; **~issement** *m* **1.** Blenden *n*, -ung *f*; **2.** *path* **j'ai des ~s** es wird mir schwarz, es flimmert mir vor den Augen; **3.** *fig* bewunderndes Staunen; **ce fut un ~** es war wunderbar, herrlich

ébonite [ebɔnit] *f* Hartgummi *n od m*; Ebo'nit *n*

éborgnage [ebɔrɲaʒ] *m bei Obstbäumen* Entfernen *n*, Ausbrechen *n* von Augen, Knospen

éborgner [ebɔrɲe] **I** *v/t* **1. ~ qn** j-m ein Auge ausstechen, -schlagen, -stoßen; **2.** *agr* ('überzählige) Augen, Knospen entfernen, ausbrechen **(un arbre bei e-m** Baum); **II** *v/pr* **s'~** sich ein Auge ausstechen, -schlagen, -stoßen; **j'ai failli m'~** *auch* das wäre mir fast ins Auge gegangen

éboueur [ebwœr] *m* **1.** *adm* Arbeiter *m* bei der Müllabfuhr; **~s** *pl* Müllabfuhrpersonal *n*; **2.** *agr Maschine* Rübenreiniger *m*

ébouillanter [ebujɑ̃te] **I** *v/t* abbrühen; über'brühen; *cuis auch* kurz in kochendes Wasser legen; *Teekanne* heiß ausspülen; vorwärmen; **~ le pied de qn** j-m den Fuß verbrühen; **II** *v/pr* **s'~** sich verbrühen

éboulement [ebulmɑ̃] *m* **1.** Erdrutsch *m*; Bergrutsch *m*, -sturz *m*; Felssturz *m*; *mines* Verschüttung *f*; Verbruch *m*; Zu-'bruchgehen *n*; Her'einbrechen *n*; **~ d'une falaise** Einsturz *m* e-r Steilküste; **~ de terrain, de terre** Erdrutsch *m*; **2.** *cf* **éboulis**

éboul|er [ebule] *v/i* (*u v/pr*) **(s')~** einstürzen; einfallen; zu'sammenfallen; abrutschen; *mines* her'einbrechen; zu Bruch gehen; *Stollen* verbrechen; **faire (s')~**

---

zum Einsturz bringen; **~eux** *adj* ⟨**-euse**⟩ brüchig; bröckelig; *Sand* rollig; *mines* gebräch; gebrech

éboulis [ebuli] *m* Geröll *n*; Schutt *m*; *mines* Nachfall *m*; *par ext* Schutthalde *f*; *bes géol* Geröllablagerung *f*; **~ rocheux, de roches** Felsgeröll *n*, -trümmer *pl*; Gesteinsschutt *m*

ébourgeonn|age [eburʒɔnaʒ] *m od* **~ement** *m agr* Ausschneiden *n*, Ausbrechen *n* 'überflüssiger Triebe, Knospen, Augen; **~er** *v/t* ('überflüssige) Triebe, Knospen, Augen ausschneiden, ausbrechen (**un arbre fruitier bei e-m** Obstbaum)

ébouriffant [eburifɑ̃] F *adj* haarsträubend; verblüffend; unglaublich; *Erfolg* 'durchschlagend

ébouriff|é [eburife] **I** *adj Person, Haare* zerzaust; zerrauft; F strubbelig *od* struwwelig; verstrubbelt *od* verstruwwelt; *Haare auch* wirr; *Spatz* aufgeplustert; **tête ~e** Strubbelkopf *m*; **II** *m* Struwwelpeter *m*; Strubbelkopf *od* Struwwelkopf *m*; **~er** *v/t* **1. ~ les cheveux de qn** j-m das Haar, die Haare zerzausen, zerraufen, F verstrubbeln *od* verstruwweln; **2.** F *fig* verblüffen; verdutzen; aus der Fassung bringen; frap'pieren

ébourr|age [eburaʒ] *m Gerberei* Enthaaren *n*, -ung *f*; **~er** *v/t Häute, Felle* enthaaren; **~euse** *f* Enthaarmaschine *f*

ébout|age [ebutaʒ] *m* **1.** Abschneiden *n*; Verkürzen *n*; **2.** *bei Bohnen* (maschi'nelles) Putzen; **~er** *v/t* (die Spitze, das Ende) abschneiden; kappen; verkürzen; *tech* (ab)schopfen

ébranch|age [ebrɑ̃ʃaʒ] *m od* **~ement** *m* **1.** *agr* Aus-, Abästen *n*; Ausputzen *n*; Auslichten *n*; **2.** *jur* Baumfrevel *m*; **~er** *v/t* aus-, abästen; ausputzen; auslichten; beschneiden; stutzen; **~oir** *m agr* (langstielige) Baumhippe

ébranlement [ebrɑ̃lmɑ̃] *m* **1.** Erschütterung *f*; (heftiger) Stoß; Vi'brieren *n*; Erzittern *n*; *mines* **tir** *m* **d'~** Erschütterungsschuß *m*; **2.** *fig des Glaubens, Vertrauens, der Macht* Erschütterung *f*; *der Gesundheit* Zerrüttung *f*; *des Thrones* Wanken *n*; Schwanken *n*; **3.** *psychisch* Erschütterung *f*; Erregung *f*; Schock *m*; **4.** *des Zuges* Anfahren *n*; *e-s Umzuges, Trauerzuges* Aufbrechen *n*

ébranler [ebrɑ̃le] **I** *v/t* **1.** erschüttern; erzittern, erbeben lassen; ins Wanken bringen; rütteln; *Schreie* **~ l'air durch** die Luft hallen; **un gros rire l'ébranla tout entier** er schüttelte sich vor Lachen; er tadernte erschfellerschütternd; *beim Boxen* **être ébranlé** (schwer) angeschlagen werden *bzw* sein; **2.** *fig* **a)** *Vertrauen, Staat, Macht* erschüttern; **~ les convictions, la foi de qn** j-n in s-r Über'zeugung, in s-m Glauben wankend machen; j-s Überzeugung, Glauben erschüttern; *ces arguments* **l'ont ébranlé** ... haben ihn unsicher gemacht; *adit* **être profondément ébranlé** tief, zutiefst erschüttert, bewegt, betroffen sein; **b)** *Verstand* trüben; verwirren; *Nerven, Gesundheit* zerrütten; *adit* **avoir les nerfs ébranlés** angegriffene, über'anstrengte, zerrüttete Nerven haben; F mit den Nerven runter sein; **3.** *litt Herz* rühren; *Phantasie* anregen; **4.** *Reitkunst* **~ son cheval au galop** angaloppieren; in Ga'lopp 'übergehen; **II** *v/pr* **s'~ 5.** (*Eisenbahn*)*Zug* sich in Bewegung setzen; anfahren; *Trauerzug, Umzug* sich in Bewegung setzen; *Armee* sich in Marsch setzen; **6.** *Glocken* zu läuten beginnen, anheben

ébras|ement [ebrazmɑ̃] *m arch* **1.** Ausschrägen *n*, -ung *f*; **2. a)** (innere) Leibungsschräge; **b)** innere Leibung (*auch*

Laibung); innere Leibungstiefe; Gewände *n*; **~er** *v/t arch* ausschrägen

ébréché [ebreʃe] *adj* **1.** *Messer* schartig; *Teller, Glas* angeschlagen; *Zahn* ab-, ausgebrochen; **2.** F *fig Vermögen* stark angegriffen; *Ruf* angeschlagen

ébréch|er [ebreʃe] ⟨**-è-**⟩ **I** *v/t* **1.** *Messer* schartig machen; *Teller, Tongefäße, Glas* anschlagen; **2.** F *fig Ersparnisse, Erbe* angreifen; *Ruf, Ansehen* schaden (+*dat*); schädigen; beeinträchtigen; lä'dieren; **II** *v/pr* **s'~** schartig werden; **s'~ une dent** sich ein Stück von e-m Zahn ausbrechen; **~ure** *f bei e-m Messer* Scharte *f*; *bei e-m Teller etc* angeschlagene Stelle; Beschädigung *f*

ébri|été [ebrijete] *f* Trunkenheit *f*; Rausch *m*; *adm* **en état d'~** in betrunkenem Zustand; **~eux** *adj* ⟨**-euse**⟩ *path* **démarche ébrieuse** schwankender, unsicherer Gang

ébroïcien [ebrɔisjɛ̃] *adj* ⟨**~ne**⟩ (*u subst* ♀ Einwohner) von Évreux

ébrouement [ebrumɑ̃] *m bes von Pferden* Schnauben *n*; Prusten *n*; Niesen *n*

ébrouer [ebrue] *v/pr* **s'~ 1.** *Tiere, Menschen* sich schütteln; *Vögel im Sand, in e-r Pfütze* (sich) baden; **s'~ sous la douche** (sich) prustend und sich schüttelnd duschen; **2.** *Pferde* schnauben; prusten; niesen

ébruitement [ebrɥitmɑ̃] *m* Ruchbarwerden *n*; Ausschwatzen *n*; Verbreitung *f*

ébruiter [ebrɥite] **I** *v/t Geheimnis, Neuigkeit* verbreiten; laut werden, verlauten lassen; unter die Leute bringen; ausplaudern; ausschwatzen; **II** *v/pr* **s'~** bekannt, laut, ruchbar werden; sich her'umsprechen; unter die Leute kommen; her'auskommen; an den Tag kommen

ébullio|mètre [ebyljɔmɛtr(ə)] *m phys cf* **ébullioscope**; **~métrie** *f phys cf* **ébullioscopie**; **~scope** *m phys* Siedepunktmesser *m*; *zur Bestimmung des Molekulargewichts* Ebullio'skop *m*; **~scopie** *f phys* Bestimmung *f* des Siedepunktes; *par ext* Ebulliosko'pie *f*

ébullition [ebylisjɔ̃] *f* **1.** (Auf)Kochen *n*; Sieden *n*; Aufwallen *n*; *phys* **point** *m*, **température** *f* **d'~** Siedepunkt *m*, -temperatur *f*; **entrer en ~** zu sieden, kochen beginnen; aufwallen; **porter à ~** zum Sieden bringen; **2.** *fig loc/adj* **en ~** erregt; aufgeregt; in Aufregung; in Wallung; *toute la ville* **était en ~** ... befand sich in heller Aufregung, war in Aufruhr

ébourn|é [ebyrne] *adj* elfenbeinfarben, -artig; *path* **os ~** elfenbeinähnlich verdichteter Knochen; *anat* **substance ~e** Zahnbein *n*; Den'tin *n*; **~éen** *adj* ⟨**~ne**⟩ *cf* **éburné**

écaillage [ekajaʒ, -kɑ-] *m* **1.** *von Fischen* (Ab)Schuppen *n*; **2.** *von Austern* Aufmachen *n*; Öffnen *n*; **3.** *von Glasur, Farbe* Abblättern *n*; Abspringen *n*; *von Marmor, Steinen* Absplittern *n*

écaille [ekaj] *f* **1. a)** *zo, bot* Schuppe *f*; *bei Schmetterlingen* **~s à parfum** Duftschuppen *f/pl*; **~ de poisson** Fischschuppe *f*; **b)** *anat* **~ de l'occipital** 'Hinterhauptsschuppe *f*; **~ du temporal** Schuppenteil *m od n* des Schläfenbeins; **c)** *géol* Schuppe *f*; **d)** **~s** *pl e-r Ritterrüstung* Schuppen *f/pl*; **e)** *arch* Schuppenornament *n*; **2.** *par ext* **a)** *bei Marmor, Schiefer* Plättchen *n*; **~s du mica** Glimmerplättchen *n/pl*; **b)** *métall* Splitter *m*; Span *m*; Hammerschlag *m*; Sinter *m*; **c)** *fig* **~s lui sont tombées des yeux** es fiel ihm wie Schuppen von den Augen; **3.** *von Schildkröten* Schildpatt *n*; *österr auch* Schildkrot *n*; **lunettes** *f/pl* **d'~**, **en ~** Schildpattbrille *f*; *par ext* Hornbrille *f*;

peigne *m* en ~ Schildpattkamm *m*

écailler[1] [ekɑje, -ka-] **I** *v/t* **1.** *Fisch*
(ab)schuppen; **2.** *Austern* aufmachen,
-brechen; öffnen; **3.** *Farbschicht, Lack*
abblättern lassen; *adit* **écaillé** abgeblättert; **II** *v/pr* **s'**~ *Farbe, Lack, (Ver)Putz*
abblättern; abspringen; abplatzen; absplittern

écaill|er[2] [ekɑje, -ka-] *m,* **~ère** *f*
Austernhändler(in) *m(f)*

écaill|eux [ekɑjø, -kajø-] *adj* ⟨-euse⟩
Haut schuppig; *minér* blättrig; *bot* bulbe ~ Schuppenzwiebel *f; zo* poisson ~
Schuppenfisch *m; anat* suture écailleuse Schuppennaht *f;* **~ure** *f von*
Lack, Farbe etc (abgefallenes) dünnes
Blättchen

écal|e [ekal] *f von Nüssen etc* (grüne)
Schale; **~er** *v/t Nüsse, Eier* schälen;
~ure *f bei Kaffeebohnen etc* Stein-,
Hornschale *f*

écang [ekɑ̃] *m* (Flachs-, Hanf)Schwinge
f; Schwingbeil *n*

écanguer [ekɑ̃ge] *v/t Flachs, Hanf*
schwingen

écarlate [ekarlat] **I** *adj* scharlachrot,
-farben; *path:* Gesicht hochrot; stark
gerötet; *fig* devenir ~ feuerrot, puterrot
werden (de vor); **II** *f* **1.** Scharlachrot *n,*
-farbe *f;* Scharlach *m;* **2.** scharlachroter
Stoff

écarquiller [ekarkije] *v/t* ~ les yeux die
Augen (weit) aufreißen, aufsperren

écart [ekar] *m* **1.** Abstand *m;* 'Unterschied *m;* Abweichung *f;* Spanne *f;*
Spielraum *m;* Diffe'renz *f;* Diskre'panz
f; Börse E'kart *m;* ~ des branches d'un
compas Zirkelabstand *m;* ~s des cours
Kursabweichungen *f/pl,* -spanne *f,*
-schwankungen *f/pl;* un ~ de dix jours
ein Spielraum, e-e Spanne von zehn
Tagen; ~ de(s) prix Preisspanne *f,*
-unterschied *m;* ~s des prix Preisabweichungen *f/pl,* -gefälle *n;* ~s de salaires
Lohn-, Gehaltsunterschiede *m/pl;*
Lohngefälle *n,* -streuung *f;* ~ de température Tempera'turunterschiede
m/pl, -gefälle *n;* ~ de temps Zeitspanne
f, -unterschied *m;* zeitlicher Abstand; ~
entre le prix d'achat et le prix de
vente Spanne zwischen Einkaufs- und
Verkaufspreis; **2.** *fig* Abweichung *f;*
Verfehlung *f;* Verirrung *f;* Verstoß *m;*
Entgleisung *f;* Ausfall *m;* F Ausrutscher
m; ~s (de conduite) Seitensprünge
m/pl; ~ de jeunesse Jugendverfehlung
f, -sünde *f;* ~ de langage sprachliche
Entgleisung; se permettre des ~s de
langage sich im Ton vergreifen; ~ de
régime Di'ätfehler *m;* **3.** Sprung *m,*
Schritt *m,* Wendung *f* zur Seite; *sports*
Seitenwendung *f;* faire un ~ auf die
Seite, zur Seite springen; **4.** *gym* grand ~
Spa'gat *m od n;* faire le grand ~ Spagat
machen; **5.** *math, Statistik, tech* Abweichung *f; tech, bât* Abmaß *n; Mechanik*
(Maß)Abweichung *f;* Tole'ranz *f;* ~ type,
~ étalon, ~ quadratique moyen Standardabweichung *f,* Streuung *f,* mittlere
quadratische Abweichung; *Ballistik* ~
en direction Seitenabweichung *f;* ~ en
longueur, en portée Längenabweichung *f;* **6.** *beim Kartenspiel* **a)** Ablegen *n*
(der Karten); **b)** abgelegte Karten *f/pl;*
7. *adm u litt* Weiler *m;* abgelegene
Häusergruppe; abgelegenes Gehöft; **8.**
vét Verrenkung *f;* ~ d'épaule Schulterverrenkung *f;* **9.** *Gerberei* ~s *pl* Schußhäute *f/pl;* **10. a)** *loc/adv* à l'~ bei'seite;
abseits; fern; s'asseoir à l'~ sich abseits,
auf die Seite setzen; demeurer, rester
à l'~ abseits, beiseite, auf der Seite
bleiben; *fig* tenir qn à l'~ j-n fernhalten
(de von); j-n über'gehen; se tenir à l'~
beiseite stehen; sich abseits halten; *fig*

sich fernhalten (de von); wegbleiben;
vivre à l'~ zurückgezogen leben (de
von); **b)** *loc/prép* à l'~ de la route abseits
der Straße; weit weg von der Straße

écarté [ekarte] **I** *adj* **1.** Augen, Zähne
(weit) ausein'anderstehend; *gym:* bras
~s! Arme seitlich heben!; jambes ~es!
breitbeinig; position *f* jambes ~es
Grätschstellung *f;* saut *m* jambes ~es
Grätsche *f; Ballett* pose ~ Ekar'té *n;* **2.**
litt Dorf etc abgelegen; entlegen; **II** *m*
Kartenspiel Ekar'té *n*

écartèlement [ekartɛlmɑ̃] *m* **1.** *hist*
Strafe Vierteilen *n;* **2.** *fig* Zerrissensein *n,*
Hin- und Hergerissensein *n* (entre zwischen + *dat*)

écartel|er [ekartəle] *v/t* ⟨-è-⟩ **1.** *hist*
qn j-n vierteilen; **2.** *fig* être écartelé
hin- und hergerissen werden *bzw* sein
(entre zwischen + *dat*); **3.** *adjt Wappen-*
schild écartelé in vier Felder geteilt;
~ure *f Heraldik* Geviert *n*

écartement [ekartəmɑ̃] *m* **1.** *der Beine,*
Finger Spreizen *n; der Hände* Ausein'andernehmen *n; von Sachen* Ausein
'andergehen *n,* -ziehen *n; von Maschinen-*
teilen Ausein'anderfahren *n;* **2.** Abstand
m; Entfernung *f;* Zwischenraum *m;* lichte Weite; *Maul-, Spannweite f;* ~ des
essieux Achsstand *m;* ~ des roues
Spurweite *f;* ~ des yeux Augenabstand
m; **3.** *ch de fer* Spurweite *f;* ~ normal
Nor'mal-, Regelspur *f*

écarter [ekarte] **I** *v/t* **1.** *Hände, Arme,*
Beine ausein'andernehmen, -machen;
Arme ausbreiten; *Finger, Beine* spreizen;
gym Beine grätschen; *Vorhang* (e-n
Spalt) öffnen; zur Seite, bei'seite schieben; *Zweige, Gebüsch* ausein'anderbiegen; zur Seite biegen; *Wundränder* ausein'anderhalten; ~ les branches d'un
compas e-n Zirkel öffnen; ~ la foule die
Leute zur Seite schieben; **2.** wegrücken,
-schieben, -räumen, -nehmen; zur Seite
rücken, schieben; entfernen; *Haarsträh-*
ne zu'rückstreichen; *Hindernis* aus dem
Weg räumen; wegräumen; *Neugierige*
zu'rückdrängen; zur Seite drängen; ~
une table du mur e-n Tisch von der
Wand rücken; ~ qn d'un geste de la
main j-m abwinken; **3.** *fig* Einwand,
Vorwurf, Beanstandung zu'rückweisen;
Frage, Problem zu'rückstellen; ausklammern; *Gedanken* verwerfen; zur Seite
schieben; ausschließen; fallenlassen; *Lö-*
sung ablehnen; verwerfen; *Gefahr* abwenden; beheben; vorbeugen (+*dat*);
Gegner kaltstellen; ausschalten; *Hinder-*
nis beseitigen; wegräumen; *Verdacht*
zerstreuen; *Vorschlag* ablehnen; *Gesuch*
abweisen; unbeachtet lassen; von e-m
Wettbewerb ausschließen; ~ la candidature de qn j-s Bewerbung ablehnen; ~
qn d'un emploi j-n aus e-r Stellung
entfernen; ~ de qn les ennuis Unannehmlichkeiten j-m vom Leibe halten,
von j-m fernhalten; **4.** *vom Weg etc*
entfernen; abbringen; *fig:* ~ qn du droit
chemin j-n vom rechten Weg abbringen; ~ qn de son devoir j-n von s-r
Pflicht abhalten; **5.** *beim Kartenspiel*
ablegen; **6.** *beim Stierkampf* ~ (le taureau) (dem Stier) ausweichen; pa'rieren;
7. *abs (Jagd)Gewehr* streuen; **II** *v/pr* **s'**~
8. sich entfernen (de von); auf die Seite,
zur Seite, bei'seite gehen, treten; weg-,
abrücken (de von); zur Seite rücken;
Menschenmenge sich teilen; zu'rückweichen; *Linien* ausein'anderlaufen; sich
öffnen; *Wolken* aufreißen; **9.** vom Weg
abkommen; sich verlaufen; *fig* abweichen; abkommen; s'~ du but vom Ziel
abweichen; s'~ du (bon) chemin vom
Weg abkommen; sich verlaufen; *fig* s'~

du droit chemin vom rechten Weg
abkommen; auf Abwege geraten; s'~
d'une ligne politique von e-m politischen Kurs abgehen; s'~ du sujet vom
Thema abkommen, abschweifen; nicht
bei der Sache bleiben

écarteur [ekartœr] *m* **1.** *méd* **a)** Wund-,
Spreizhaken *m;* **b)** Mundöffner *m;* **2.**
Stierkampf Capea'dor *m*

ecballium [ɛkbaljɔm] *m bot* Spritzgurke *f*

ecce homo [ɛkseɔmo] *m* ⟨*inv*⟩ *Kunst*
Ecce-Homo *n;* Darstellung *f* Christi mit
der Dornenkrone

eccéité [ɛkseite] *f philos* **a)** Scholastik
Diesheit *f;* **b)** *Existenzialismus* Dasein *n*

ecchymose [ɛkimoz] *f* blutunterlaufene
Stelle; blauer Fleck; blaues Mal; *sc*
Ekchy'mose *f*

ecclésial [ɛklezjal] *adj* ⟨-aux⟩ kirchlich;
Kirchen...

Ecclésiaste [ɛklezjast] *m bibl* (le livre
de) l'~ das Buch des Predigers Salomo;
der Prediger Salomo; der Ekklesi'astes

ecclésiastique [ɛklezjastik] **I** *adj* kirchlich; geistlich; Kirchen...; costume *m,*
habit *m* ~ Kleidung *f* der Geistlichen;
état *m* ~ geistlicher Stand; fonctions
f/pl ~s, charge *f* ~ geistliches Amt; *adm*
province *f* ~ Kirchenprovinz *f;* tribunal *m* ~ geistliches Gericht; **II** *m* **1.**
Geistliche(r) *m;* Kleriker *m;* **2.** *bibl, égl*
cath (le livre de) l'~ das Buch Jesus
Sirach; der Ekklesi'astikus

eccremocarpus [ɛkremɔkarpys] *m bot*
Schönranke *f*

ecdysis [ɛkdizis] *f zo* Häutung *f*

écervelé [esɛrvəle] **I** *adj* leichtsinnig;
unbesonnen; gedankenlos; kopflos;
töricht; **II** *subst* ~(e) *m(f)* leichtsinniger,
gedankenloser Mensch; leichtsinnige,
gedankenlose, kopflose Per'son; une
jeune ~e ein leichtsinniges Mädchen

échafaud [eʃafo] *m* **1.** *hist* Scha'fott *n;*
Blutgerüst *n; par ext* Todesstrafe *f;* finir
sur l'~ auf dem Schafott, unterm Beil
enden; **2.** *mar* Stell'lage *f;* Stelling *f*

échafaudage [eʃafodaʒ] *m* **1.** *bât*
(Bau)Gerüst *n;* Einrüstung *f* (*auch Vor-*
gang); Arbeitsbühne *f;* ~ de maçon
Maurergerüst *n;* ~ en bois Holzgerüst *n;*
~ en tubes d'acier *od* ~ tubulaire
Stahlrohrgerüst *n;* dresser un ~ ein
Gerüst aufstellen, aufschlagen; (ein-)
rüsten; **2.** F *par ext* Haufen *m;* Stapel
m; Stoß *m;* un ~ de livres ein Stapel,
Stoß Bücher; **3.** *fig* Aufbau *m* (*auch*
der Haare); Gebäude *n;* e-s Vermögens
Erwerb *m;* ~ de réflexions Gedankengebäude *n,* -komplex *m*

échafauder [eʃafode] **I** *v/t* **1.** *Bücher,*
Kisten etc aufschichten; (auf)stapeln;
aufein'andersetzen, -stellen, -legen; **2.**
fig Gedankengebäude errichten; *Projek-*
te, Pläne entwerfen; arbeiten an (+*dat*);
System aufbauen; *Theorie* aufstellen;
Vermögen erwerben; zu'sammenbringen; *Unternehmen* aufbauen; **II** *v/i*
bât ein Gerüst aufstellen, aufschlagen;
(ein)rüsten

échalas [eʃala] *m* **1.** *vit* (Reben-,
Wein)Pfahl *m; jard* Pfahl *m;* Stange *f;* **2.**
F *fig von e-r Person* un grand ~ F e-e
lange Stange, Latte; e-e Hopfen-, Bohnenstange

échalasser [eʃalase] *v/t vit, jard* (an-)
pfählen

échalier [eʃalje] *m* **1.** 'Überstieg *m;* **2.**
Lattenzaun *m*

échalote [eʃalɔt] *f bot, cuis* Scha'lotte *f*

échancr|é [eʃɑ̃kre] *adj* **1.** *cout* ausgeschnitten; halsfern; **2.** *Küste* buchtenreich; zerrissen; zerklüftet; **3.** *bot Blatt*
gebuchtet; gezähnt; *Blütenblatt* fransig;
ausgefranst; gefiedert; **~er** *v/t* (aus-)

schweifen; ausbogen; *cout* ausschneiden; ~ l'encolure d'une robe ein Kleid am Hals ausschneiden

échancrure [eʃɑ̃kryr] *f* **1.** *cout* Ausschnitt *m; par ext* Dekolle'té *n;* **2.** *par ext* Schweifung *f; e-r* Küste ~s *pl* Einbuchtungen *f/pl;* **3.** *anat* grande, petite ~ sciatique *f* Inci'sura ischi'adica *f* major, minor (*größere Einbuchtung am Darmbein bzw kleinere Einbuchtung am Sitzbein*)

échange [eʃɑ̃ʒ] *m* **1.** Austausch *m;* Tausch *m;* Wechsel *m;* ~s *pl comm* Warenaustausch *m,* -verkehr *m;* Handelsverkehr *m,* -beziehungen *f/pl;* Handel *m;* ♦ ~ avantageux günstiger, vorteilhafter Tausch; *biol* ~s cellulaires Stoffwechsel *m* der Zelle; Zellstoffwechsel *m;* ~s commerciaux Warenaustausch *m;* Handelsverkehr *m;* ~s culturels Kul'turaustausch *m;* ~s économiques Wirtschaftsverkehr *m,* -austausch *m;* ~s extérieurs Außenhandel *m,* -wirtschaft *f; biol* ~s gazeux Gasaustausch *m;* ♦ *jur* ~ avec soulte Tausch mit Zahlung des Wertunterschieds; ~ d'appartements Wohnungstausch *m; phys* ~ de chaleur Wärmeaustausch *m;* ~ de coups Schläge'rei *f;* ~ d'élèves, d'étudiants Schüler-, Stu'dentenaustausch *m; phys* ~ d'énergie Ener'gieaustausch *m;* ~ de lettres Brief-, Schriftwechsel *m,* -verkehr *m;* ~ de notes diplomatiques diplomatischer Notenwechsel; ~ de poignées de main gegenseitiges Händeschütteln; gegenseitiger Händedruck; ~ de politesses Austausch von Höflichkeiten; ~ de prisonniers Gefangenenaustausch *m;* ~ de professeurs Lehreraustausch *m;* vif ~ de propos heftiger Wortwechsel; ~ de télégrammes Tele'grammwechsel *m; jur* ~ de territoires Gebietsaustausch *m;* ~ de vues, d'idées Meinungs-, Gedankenaustausch *m;* ~ entre collectionneurs Tausch unter Sammlern; ♦ *phys* forces *f/pl* d'~ Austauschkräfte *f/pl;* valeur *f* d'~ Tauschwert *m;* volume *m* des ~s (commerciaux) Handelsvolumen *n;* ♦ faire un ~ tauschen (avec qn mit j-m); e-n Tausch machen; **2.** *comm* 'Umtausch *m;* pour un ~ zwecks Umtausch; **3.** *beim Schachspiel* Abtausch *m;* faire un ~ abtauschen; gagner, perdre un ~ e-e Qualität gewinnen, verlieren; **4. a)** *loc/adv* en ~ als Gegenleistung; als Ersatz; dafür; donner, prendre en ~ in Tausch, dafür geben, nehmen; **b)** *loc/prép* en ~ de für; statt (+gén) als Ersatz für; en ~ de son silence, on lui avait promis … für sein Schweigen …; ~ de quoi? was bieten Sie *bzw* bietest du dafür?

échangeable [eʃɑ̃ʒabl(ə)] *adj* ver-, austauschbar; article *m* non ~ vom 'Umtausch ausgeschlossene Ware

échanger [eʃɑ̃ʒe] *v/t* ‹-geons› **1.** Briefmarken, Murmeln, Stelle, Wohnung etc tauschen; Erinnerungen, Höflichkeiten, Gedanken, Gefangene, Meinungen etc austauschen; Blicke, Briefe, diplomatische Noten, Ringe, Worte etc wechseln; ~ des billes contre des bonbons Murmeln gegen Bonbons tauschen; Murmeln für, gegen, in Bonbons eintauschen; ~ des cadeaux einander, sich (gegenseitig) beschenken; ~ des coups sich schlagen; aufeinander einschlagen; ~ des promesses einander, sich (gegenseitig) Versprechungen machen; ~ un salut sich grüßen; e-n Gruß wechseln; ~ avec qn un regard rapide e-n kurzen Blick mit j-m wechseln; ~ avec qn un sourire einander, sich (gegenseitig) zu-

lächeln; **2.** *Waren* 'umtauschen; *adjt* ni échangé ni repris kein 'Umtausch

échang|eur [eʃɑ̃ʒœr] *m* **1.** (kreuzungsfreier) Verkehrsknoten; Verkehrskreuz *n;* **2.** *phys* ~ de chaleur, de température Wärmeaustauscher *m; chim* ~ d'ions Ionenaustauscher *m;* **~iste** *m jur* Tauschpartner *m;* Tauschende(r) *m*

échanson [eʃɑ̃sɔ̃] *m* **1.** *hist* Mundschenk *m;* **2.** *plais* notre grand ~ unser Getränkemeister *m;* unser Obermundschenk *m*

échantillon [eʃɑ̃tijɔ̃] *m* **1.** *comm* (Waren)Probe *f;* (Waren)Muster *n;* Probestück *n;* ~ de parfum Probe Parfüm; ~ de tissu Stoffmuster *n,* -probe *f;* vente *f* à l'~ Kauf *m* nach Muster, Probe; cahier *m,* carnet *m* d'~s Musterheft *n,* -buch *n;* carte *f* d'~s Musterkarte *f;* acheter qc sur ~ etw nach Muster, Probe kaufen; **2.** *bei der Post* ~ (de marchandises) Warensendung *f; bei Auslandssendungen* Warenprobe *f;* **3.** *par ext* Probe *f;* prélever des ~s d'eau, du sol Wasser-, Bodenproben entnehmen; **4.** *fig* Kostprobe *f;* donner un ~ de son talent *m e-e* (Kost)Probe *s-s* Talents geben; **5.** *Statistik* Stichprobe *f;* repräsenta'tive Auswahl; Sample [-pəl] *n;* **6.** *Graphologie* (Schrift)Probe *f;* **7.** *bât* briques *f/pl,* pavés *m/pl* d'~ normgerechte, genormte Ziegel-, Pflastersteine *m/pl;* **8.** *Uhrmachersprache* feine Gangfeile

échantillonnage [eʃɑ̃tijɔnaʒ] *m* **1.** *comm* Mustersammlung *f,* -kollektion *f; fig* un ~ de types humains *e-e* Auswahl menschlicher Typen; **2.** Probeauswahl *f;* Zu'sammenstellen *n* von Mustern, Proben; **3.** *Statistik* Stichprobenerhebung *f;* Auswahl-, Stichprobenverfahren *n;* Erhebungsauswahl *f;* Repräsenta'tiverhebung *f;* **4.** *tech* Entnahme *f* von Proben; Probeentnahme *f;* **5.** *mar* Mate-ri'alstärke *f* des Schiffskörpers

échantillonn|er [eʃɑ̃tijɔne] *v/t* **1.** *comm* e-e Probe anfertigen (qc von etw); ~ des tissus Stoffproben zu'sammenstellen, (zu'recht)schneiden; ~ des vins Probeflaschen mit Wein abfüllen, zu'sammenstellen; **2.** *Arbeit* vormachen; ~ une broderie (ein Stück, etwas) vorsticken; **3.** *Statistik* e-e Auswahl treffen; **4.** *tech* Proben *bzw* e-e Probe entnehmen (+*dat*); **5.** *Lederbearbeitung* (Häute) beschneiden; **~eur** *m,* **~euse** *f* Probenehmer(in) *m(f)*

échappatoire [eʃapatwar] *f* Ausflucht *f;* Ausrede *f; par ext* Ausweg *m;* Zuflucht *f*

échappé [eʃape] **I** *adj* Tier entlaufen; *Schlange* entwichen; *Vogel* entflogen; **II** *m* **1.** F *fig* un ~ (de l'asile) ein Verrückter *m;* **2.** *Ballett* Echap'pé *n*

échappée [eʃape] *f* **1.** *Radsport* Ausreißversuch *m;* Ausreißen *n;* **2.** (schmaler) 'Durchblick (sur auf + *acc*); *peint* ~ de lumière Streiflicht *n; litt* ~ de soleil kurzer Sonnenblick; **3.** *litt* Ausfahrt *f;* kleiner Ausflug; kurzer Streifzug; **4.** *fig* Augenblick *m;* kurzer Ausblick; **5.** *arch* 'Durchfahrt *f;* Ein-, Ausfahrt *f;* freier Platz zum Wenden; *e-r* Treppe 'Durchgangshöhe *f;* **6.** *mus* Nebennote *f*

échappement [eʃapmɑ̃] *m* **1.** *auto* Auspuff *m;* ~ libre ungedämpfter Auspuff; pot *m* d'~ Auspufftopf *m;* **2. a)** *bei Dampfmaschinen* (Dampf)Austritt *m,* -stoß *m;* (Dampf)Ablaß *m;* **b)** *beim Viertaktmotor* Ausschieben *n;* Ausstoßen *n;* **3.** *bei Uhren* Hemmung *f;* ~ à ancre, à cylindre Anker-, Zy'linderhemmung *f;* roue *f* d'~ Anker-, Steig-, Hemmungsrad *n;* **4.** *arch cf* échappée 5.; **5.** *mar* croc *m* à ~ Sliphaken *m;* **6.** *mus* Auslösung *f*

échapper [eʃape] **I** *v/t* l'~ belle noch einmal (so *od* gut) da'vonkommen; mit dem Schrecken, mit heiler Haut da'vonkommen; il l'a échappé belle er ist noch einmal (gut) davongekommen; **II** *v/t/indir, v/i u v/imp* ‹avoir; *litt auch* être› **1.** entkommen, entgehen, entfliehen, entrinnen, entwischen (à *dat*); ~ à sa condition, à son milieu aus s-n Verhältnissen, s-m Milieu her'auskommen; ~ à un danger e-r Gefahr entkommen, entgehen, entrinnen; ~ à ses gardiens s-n Wächtern entkommen, entwischen; laisser ~ un prisonnier e-n Gefangenen laufen, entwischen, entkommen lassen; **2.** *Wort, Fluch etc* entfahren, entschlüpfen, her'ausfahren (à qn j-m); ce mot m'a échappé dieses Wort ist mir entschlüpft; un gémissement, un soupir lui échappa er stöhnte, seufzte auf; il lui échappa un cri er stieß e-n Schrei aus; er tat e-n Schrei; il lui échappa de le tutoyer en public er duzte sie aus Versehen in der Öffentlichkeit; laisser ~ Fluch, Seufzer, Schrei ausstoßen; *Protest* nicht unter'drücken können; laut werden lassen; *Bemerkung* nicht unter'lassen können; **3.** *Wort, Name etc* entfallen (sein) (à qn j-m); son nom m'échappe sein Name ist mir entfallen, fällt mir nicht ein; **4.** *Fehler, Ironie, Komik, Einzelheit, Erbschaft* entgehen (à qn j-m); cela m'a échappé das ist mir entgangen; das habe ich über-'sehen, über'hört; rien ne lui échappe ihm entgeht nichts; laisser ~ une occasion sich e-e Gelegenheit entgehen lassen; e-e Gelegenheit versäumen, verpassen; il ne lui a pas échappé que *vous étiez mécontent* es ist ihm nicht entgangen, daß …; **5.** *e-m Einfluß, den Nachforschungen, Blicken, Verpflichtungen* sich entziehen (à *dat*); elle sentait que son fils lui échappait sie merkte, daß ihr Sohn sich ihrem Einfluß entzog, daß ihr Sohn ihr entglitt; il sent que son autorité va lui ~ er merkt, daß er s-e Autorität verliert; la raison de son acte m'échappe die Gründe s-s Handelns entziehen sich mir; ~ à une corvée sich e-r undankbaren Arbeit entziehen; nul n'échappe à la critique keiner, niemand entgeht der Kritik, kann sich der Kritik entziehen; l'auteur a échappé à ce lieu commun der Autor hat diesen Gemeinplatz vermieden; ~ à la règle von der Regel abweichen; e-e Ausnahme bilden; **6.** *Gegenstand* ~ des mains aus den Händen fallen, gleiten; entgleiten; laisser ~ une assiette e-n Teller fallen lassen; **7.** *st/s* Geduld ausgehen, reißen (à qn j-m); **III** *v/pr* s'~ **8.** *Häftling etc* entkommen; entfliehen; entspringen; entweichen; entwischen; *Tier* entlaufen; *Schlange* entweichen; *Vogel* entfliegen; *Pferd* ausbrechen; *par ext Person* sich da'vonmachen; verschwinden; weggehen; *beim Radsport* s'~ du peloton das Hauptfeld hinter sich lassen; **9.** *Blut, Tränen* rinnen, strömen (de aus); *Dampf, Gas, Rauch, Wasser* entweichen, aus-, entströmen; dringen (de aus); *Duft, Parfüm* ausströmen; *Laut, Ton* (her'aus)kommen (de aus); *Seufzer* sich entringen (de *dat*); *beim Stricken:* Masche sich lösen; *Gegenstand* s'~ des mains aus den Händen fallen, gleiten; entgleiten

écharde [eʃard] *f* Splitter *m* (*den man sich eingezogen hat*); *südd* Spreißel *m;* Schiefer *m*

échardonn|age [eʃardɔnaʒ] *m* **1.** *agr* Jäten *n,* Ausroden *n* der Disteln; **2.** *text* Entkletten *n;* **~er** *v/t* **1.** *agr* Disteln stechen; von Disteln säubern; **2.** *text* **a)**

entkletten; **b)** (auf)rauhen; **~eur** *m od* **~euse** *f text* Klettenwolf *m*

écharn|age [eʃarnaʒ] *m Gerberei* Ab-, Entfleischen *n*; **~er** *v/t Häute* ab-, entfleischen; abschaben; **~euse** *f* Entfleischmaschine *f*; **~oir** *m* Abfleisch-, Ausfleischeisen *n*, -messer *n*

écharpe [eʃarp] *f* **1.** Schal *m*; Halstuch *n*; **~ de laine, de soie** Woll-, Seidenschal *m*; **2.** *Teil e-r Amtstracht, Uniform* Schärpe *f*; **~ tricolore** Schärpe *f* in den Farben der Trikolore; **3.** *méd* Schlinge *f*; (Arm)Binde *f*; **porter le** *od* **un bras en ~** den *od* e-n Arm in der Binde, Schlinge tragen; **4.** *Schreinerei* Strebe-, Diago-'nalleiste *f*; Strebeholz *n*; **5.** *beim Seilrollenaufzug* Seil *n*; *beim Kran* Tragseil *n*; **6.** *poét* l'**~ d'iris** der Regenbogen; **7.** *loc/adv* **en ~** quer; schräg; *Fahrzeug* **prendre en ~** in die Seite fahren (+*dat*); (seitlich) rammen; *mil* **tir ~ en ~** *od* **d'~** Schrägfeuer *n*

écharper [eʃarpe] *v/t* **1.** schwer verwunden; verstümmeln; zerhauen; zerschrammen; *par ext* niedermetzeln, -machen; zerstückeln; **2.** F *fig* **~ qn** F j-n fertigmachen, in der Luft zerreißen, (fast) lynchen

échasse [eʃas, eʃas] *f* **1.** Stelze *f*; **marcher avec des ~s** auf Stelzen gehen; *Kinder* **monter sur des ~s** Stelzen laufen; *fig u péj* **se jucher, être juché** *od* **monté sur des ~s** auf Stelzen gehen, schreiten, daherkommen; **2.** F *fig* **~s** *pl* lange, dünne Beine *n/pl*; F Storch(en)-beine *n/pl*; **3.** *zo* Stelzenläufer *m*; **4.** *bât* Gerüststange *f*, -träger *m* Rüstbaum *m*

échassier [eʃasje, -ʃɑ-] *m zo* Stelzvogel *m*; **~s** *pl* Stelzvögel *m/pl*

échauboulure [eʃobulyr] *f vét* Nesselsucht *f*

échaudé [eʃode] **I** *m* Gebäck (*Art*) Windbeutel *m*; **II** *adj Getreide* brandig

échaud|er [eʃode] **I** *v/t* **1. a)** mit heißem Wasser über'gießen, abspülen; *Teekanne etc* heiß ausspülen; ausbrühen; **b)** *cuis* brühen; abbrühen; über'brühen; **2.** verbrühen; verbrennen (*mit heißer Flüssigkeit*); **3.** *fig* **~ qn** j-m e-e Lehre erteilen; **se faire ~, être échaudé** Schaden erleiden; e-e Enttäuschung erleben; sich die Finger verbrennen; unangenehm über'rascht werden; her'einfallen; **II** *v/pr* **s'~** sich verbrühen, verbrennen; **~oir** *m* **1.** Brühkessel *m*, -trog *m*; **2.** Brühanlage *f*, -haus *n*

échauffant [eʃofã] *adj Getränke, Speise* (ver)stopfend

échauffe [eʃof] *f Lederherstellung* Enthaaren *n* durch Gärung; (Ab)Schwitzen *n*; Abdämpfen *f*

échauffement [eʃofmã] *m* **1. a)** Erwärmung *f*; *p/p fort* Erhitzung *f*; Aufheizung *f*; **~ du sol** Bodenerwärmung *f*; **b)** *tech* e-r Achse *etc* Warm-, Heißlaufen *n*; **c)** *von Getreide, Holz, Kohle* Selbsterhitzung *f*; **2.** F *méd* **a)** leichte Verstopfung; **b)** Entzündung *f*; **3.** *fig* Erregung *f*; Erregtsein *n*

échauffer [eʃofe] **I** *v/t* **1.** *Lebewesen, Sache* erwärmen; warm machen; *p/p fort* erhitzen; **être échauffé par une course rapide** vom schnellen Laufen erhitzt sein; **2.** F *méd* (ver)stopfen; **3.** *fig* **~ la bile, les oreilles à qn** j-n aufbringen, erbosen; j-n wütend machen; j-n in Harnisch, F auf die Palme bringen; **4.** *fig Gemüter* erhitzen; erregen; in Wallung bringen; *Phantasie* reizen, anregen; *Debatte* hitziger, heftiger werden lassen; *adit* **esprits échauffés** erhitzte, erregte Gemüter *n/pl*; **II** *v/pr* **s'~ 5.** *sports* warm laufen; **6.** *fig Person* sich erregen, erhitzen; in Feuer, Hitze, Leidenschaft, Wallung geraten; sich eifern, aufre-

gen; *Gemüter* sich erhitzen, erregen; *Diskussion etc* heftig, hitzig werden

échauffourée [eʃofure] *f* **1.** Zu'sammenstoß *m*; Schläge'rei *f*; Kra'wall *m*; **2.** *mil hist* Schar'mützel *n*; Geplänkel *n*

échauguette [eʃogɛt] *f fortif* (Burg-)Warte *f*

èche [ɛʃ] *f beim Angeln* Köder *m*

échéance [eʃeãs] *f* **1.** *comm, jur* Fälligkeit *f*; Fälligkeitsdatum *n*, -termin *m*, -tag *m*; Verfall *m*; Verfalltag *m*; Verfall(s)datum *n*, -termin *m*; Laufzeit *f*; **~ moyenne** mittlerer Verfalltag; mittlere Verfall(s)zeit; **~ fin courant, de fin du mois** Ultimofälligkeit *f*; **~ à présentation, à vue** Fälligkeit bei Vorlage, bei Sicht; **paiement** *m* **à l'~** Zahlung *f* bei Verfall; **payer une traite avant l'~ ...** vor Verfall; **arriver, venir à ~** fällig werden; verfallen; **l'~ du loyer est le premier du mois** die Miete ist am Ersten des Monats fällig; **2.** fällige Zahlung; **3.** *loc/adv u loc/adj*: **à brève, longue ~** auf kurze, lange Sicht; kurz-, langfristig; **à plus ou moins longue ~** über kurz oder lang; **effet** *m* **à longue ~** langfristiger Wechsel; Wechsel *m* auf lange Sicht; *l'issue de cette affaire* **est à longue, à lointaine ~ ...** ist nicht abzusehen, wird sich lange hinziehen; **obtenir des résultats à brève ~** in, binnen kurzer Zeit ...; **4.** *fig* **~ fatale, inéluctable** unausweichliches Schicksal; bitteres Ende

échéancier [eʃeãsje] *m comm* Verfallbuch *n*; Fälligkeitsverzeichnis *n*, -plan *m*

échéant [eʃeã] *adj* fällig; *loc/adv* **le cas ~** gegebenenfalls; falls erforderlich; wenn nötig; wenn es sich so ergibt; möglicherweise; *adm* vorkommendenfalls; eintretendenfalls

échec [eʃɛk] *m* **1.** 'Mißerfolg *m*; Miß-'lingen *n*; *beim Examen* 'Durchfallen *n*; F 'Durchfall *m*; *e-s Theaterstückes* 'Durchfall *m*; *e-s Planes, von Verhandlungen* Scheitern *n*; *beim Sport etc* Niederlage *f*; Schlappe *f*; *e-s Unternehmens* Fehlschlag *m*; *von Personen* **aller au-devant d'un ~**, *auch von Sachen* **courir à un ~** certain keine Aussicht auf Erfolg haben; scheitern werden; e-r Niederlage entgegengehen; **essuyer, subir un ~** e-e Niederlage, Schlappe erleiden; e-n Fehlschlag hinnehmen müssen; **faire ~ aux projets de qn** j-s Pläne vereiteln, zum Scheitern bringen, zu'nichte machen; **~s** *pl od* **jeu** *m* **d'~s** Schachspiel *n*; **joueur** *m* **d'~s** Schachspieler *m*; **problème** *m* **d'~s** Schachaufgabe *f*, -problem *n*; **battre qn aux ~s** j-n beim Schachspiel besiegen; **jouer aux ~s, une partie d'~s** Schach, e-e Partie Schach spielen; **3.** *par ext* **~s** *pl* Schachfiguren *f/pl*; **4.** *beim Schachspiel* Schach *n*; **~ à la découverte** Schach durch Abzug; **~ à la reine!** gardez!; **~ au roi!** Schach (dem König)!; **~ et mat!** Schach (und) matt!; **faire être ~ et mat** (schach)matt sein; **être en ~** *od adit* **être ~** im Schach stehen; **couvrir l'~** das Schach decken; **faire ~ à qn** j-m Schach bieten; **faire ~ et mat en dix coups** in zehn Zügen matt setzen; **mettre qn en ~** j-m Schach bieten; **mettre ~ et mat** (schach)matt setzen; *fig* **tenir, mettre qn en ~** j-n in *od* im Schach, unter Druck halten

échelette [eʃlɛt] *f* **1.** *früher* kleine Leiter (*am Saumsattel*); **2.** Wagenleiter *f*; **3.** *mus hist* **~s** *pl* Strohfiedel *f*

échelier [eʃəlje] *m* Stangenleiter *f*

échelle [eʃɛl] *f* **1.** Leiter *f*; ♦ **~ coulissante, à coulisse** Auszieh-, Schiebeleiter *f*; **~ double** Steh-, Bockleiter *f*; **~ escamotable** Falltreppe *f*; **la grande ~** (**des pompiers**) die Feuerwehrleiter; **~**

pliante Klappleiter *f*; zusammenklappbare Leiter; ♦ **~ à crochets** Hakenleiter *f*; **~ à incendie, d'incendie** Feuer-, Brandleiter *f*; **~ à poissons** Fischleiter *f*, -treppe *f*, -weg *m*; *fortif* **~ d'assaut** Sturmleiter *f*; **~ de corde** Strickleiter *f*; *mar* **~ de coupée** Fallreep *f*; **~ de fer** Eisenleiter *f*; -treppe *f*; *bibl* **~ de Jacob** Jakobs-, Himmelsleiter *f*; **~ de meunier** (kurze) Treppe; Treppenleiter *f*; *mar* **~ de pilote** Lotsenleiter *f*, -treppe *f*; Seefallreep *n*; ♦ **faire la courte ~ à qn a)** j-m Hilfestellung geben beim Klettern; j-m hin'aufhelfen; j-m den Steigbügel halten; j-m Hilfestellung leisten; j-n unter'stützen; *fig* **faire monter qn à l'~** j-n hochnehmen; j-n auf den Arm nehmen; *fig* **il n'y a plus qu'à tirer l'~ a)** das ist nicht mehr zu über'bieten; **b)** *iron* (das ist) verlorene Liebesmühe; **2.** *fig* **a)** *bei Strümpfen* Laufmasche *f*; **b)** *Friseur* **faire des ~s** Treppen *f/pl*; Stufen *f/pl* (ins Haar) schneiden; **3.** *impr* Korrek'turzeichen *n* für e-n Absatz; Absatzzeichen *n*; **3.** Skala *f*; Gradeinteilung *f*; Abstufung *f*; ♦ **~ mobile** Rechenschieber *m*; logarithmique logarithmische Skala; *écon* **~ mobile gleitende Skala**; *mus* **~ musicale** Tonumfang *m*; **~ stratigraphique** Schichtenfolge *f* der Gesteinsarten; ♦ *Statistik* **~ des âges** Altersaufbau *m*, -gliederung *f*; *météo* **~ de Beaufort** Beau'fortskala *f*; Windstärkenskala *f*; *mar* **~ de charge, de déplacement** Verdrängungsskala *f*; *peint* **~ des couleurs** Farbskala *f*; **~ des eaux, des marées** Flutmesser *m*; **~ de hauteur d'eau** (Latten)Pegel *m*; *météo* **~** (de) **Fahrenheit, Réaumur** Fahrenheit-, Réaumurskala *f*; *minér* **~ de Mohs** Mohssche Skala *f*; *Bank u Börse* **~ de primes** Prämienstaffel *f*; *écon* **~ des salaires** Lohnskala *f*, -tabelle *f*; *mus* **~ des sons** Tonskala *f*; *mar* **~ de tirant d'eau** Ahmings *f/pl*; Skala der Tiefgangmarken; **~ des valeurs** Wertskala *f*; **4.** Rangordnung *f*; Stufenleiter *f*; **~ sociale** soziale Stufenleiter, Staffelung; gesellschaftliche Rangordnung; *biol* **~ des êtres** Rangordnung der Lebewesen; *loc/adv* **à l'~ communale, nationale** auf kommunaler, nationaler Ebene; **être en bas, en 'haut de l'~** zur unteren, oberen Gesellschaftsschicht gehören; zu den unteren, oberen Klassen der Gesellschaft gehören; **être arrivé au sommet de l'~** an der Spitze der Gesellschaft stehen; **5.** Maßstab *m*; **~ graphique** Maßstab (*auf Karten*); **~ numérique, d'une carte** Maßstab e-r Karte; **carte** *f* **à l'~ de 1/10 000** (**un dix-millième**) Karte *f* im Maßstab 1 : 10 000 (eins zu zehntausend); **carte** *f* **à grande ~** Karte *f* in kleinem, stark verkleinertem Maßstab; **à l'~** maßstab(s)gerecht, -getreu; im richtigen Maßstab; *fig* **être à l'~ de** entsprechen (+*dat*); angemessen sein (+*dat*); im (richtigen) Verhältnis stehen zu; *fig* **sur une grande, vaste ~** in großem Maßstab, Stil; in großem *od* größerem 'Umfang; **6.** *hist* **~s du Levant, de Barbarie** Handelshäfen *m/pl* in der Le'vante, in Nordafrika

échelon [eʃlõ] *m* **1.** *an e-r Leiter* Sprosse *f*; *an Schornsteinen, Mauern etc* Eisensprosse *f*, -bügel *m*; **2.** *fig* Stufe *f*; Ebene *f*; *loc/adv* **à l'~ communal, national** auf kommunaler, nationaler Ebene; *pol* **à l'~** le plus élevé auf höchster Ebene; *mil* **à l'~ de la division** auf Divisionsebene; **être au dernier ~** auf der höchsten *bzw* untersten Stufe stehen; **gravir les ~s du succès** die Stufenleiter des Erfolgs em-

porklettern; **3.** *adm* Rang(stufe) *m(f)*; Dienstgrad *m*; *par ext* Dienstaltersstufe *f*; Gehalts-, Besoldungsgruppe *f*; **s'élever par** ~**s, d'**~ **en** ~ stufenweise aufsteigen, weiterkommen; **gravir les** ~**s de la hiérarchie** auf der Stufenleiter der Hierarchie emporsteigen, -klettern; **passer à un** ~ **supérieur** in e-e höhere Gehaltsstufe, Besoldungsgruppe kommen; höher eingestuft werden; **4.** *mil* (Gefechts)Staffel *f*; Staffel(stellung) *f*; stufenförmige Aufstellung; ~ **débordant** seitwärts gestaffelter Teil; ~ **d'attaque** Angriffswelle *f*; ~ **de commandement** Dienst-, Befehls-, Kom'mandostelle *f*; **disposer par** ~**s** staffeln; **marcher en premier** ~ in vorderster Linie marschieren; **5.** *opt* **lentille** *f* **à** ~**s** Ring-, Gürtel-, Zonenlinse *f*

échelonnement [eʃlɔnmɑ̃] *m* **1.** *von Zahlungen etc* Staffelung *f*; Verteilung *f* (**sur trois ans** auf drei Jahre); ~ **des congés** Staffelung der Urlaubszeit; **2.** *von Truppen* Staffelung *f*; Stufung *f*; *von Polizisten etc* Aufstellung *f* in bestimmten Abständen; **3.** *von Farben* Abstufung *f*

échelonner [eʃlɔne] **I** *v/t* **1.** staffeln; abstufen; *Zahlungen, Arbeit etc* verteilen (**sur un an** auf, über ein Jahr); **des livraisons** in mehreren Lieferungen zustellen; zeitlich abgestuft, sukzessive liefern; *adjt* **versements échelonnés** Ratenzahlungen *f/pl*; **2.** *mil* staffeln; staffelweise, stufenförmig aufstellen; *Polizisten* in bestimmten Abständen aufstellen; **II** *v/pr* **s'**~ *Zahlungen etc* sich verteilen, erstrecken (**sur** auf, über + *acc*); sich hinziehen (über + *acc*); *Polizisten, Häuser etc* in bestimmten Abständen stehen, aufgestellt sein; *Farben etc* abgestuft sein

écheneau [eʃno] *m* ⟨*pl* ~**x**⟩ *métall* Gußrinne *f*

échenill|age [eʃnijaʒ] *m* Ablesen *n* der Raupen; ~**er** *v/t* **1.** (die) Raupen ablesen (**un arbre** von e-m Baum); **2.** *fig u litt* säubern (*von fremden Elementen*); ~**eur** *m* *zo* Raupenfresser *m*

écheveau [eʃvo] *m* ⟨*pl* ~**x**⟩ **1.** Strang *m*; Docke *f*; Strähne *f*; ~ **de coton, de laine** Strang Baumwollgarn, Wolle; **2.** *fig* Durcheinander *n*; Wirrwarr *m*; verwickelte Angelegenheit; **l'**~ **d'une intrigue** e-e verwickelte Intrige

échevelé [eʃəvle] *adj* **1.** mit zerzaustem, fliegendem Haar; **2.** *fig* *Bäume* zerzaust; *Tanz* wild; hemmungslos; *Leidenschaft* glühend; heftig; zügellos; *Stil* wirr

echeveria [eʃverja] *m* *bot* Eche'verie *f*; Nabelkraut *n*

échevette [eʃvɛt] *f* *text frz Garnmaß etwa* Gebind *n*

échevin [eʃ(ə)vɛ̃] *m* **1.** *in den Niederlanden u in Belgien* Beigeordnete(r) *m*, Stellvertreter *m* des Bürgermeisters; **2.** *hist* Magi'stratsbeamte(r) *m*; Schöffe *m*

échevinage [eʃ(ə)vinaʒ] *m* *hist* **a)** Schöffenamt *n*; **b)** *coll* Schöffen *m/pl*

échidné [ekidne] *m* *zo* Au'stralischer Ameisenigel

échiffre [eʃifr(ə)] *f* *od m* **1.** *bât* (**mur** *m* **d'**)~ Laufplatte *f* (*bei e-r Treppe*); *par ext* Treppengebälk *n*, -gerüst *f*; **2.** *hist* (hölzernes) Wachthäuschen (*auf e-r Stadtmauer*)

échimys [ekimis] *m* *zo* Stachelratte *f*

échine [eʃin] *f* **1.** *anat* Rückgrat *n*; Wirbelsäule *f*; Rücken *m*; *fig:* **avoir l'**~ **souple, flexible** kein Rückgrat haben; unter'würfig, kriecherisch, ein Kriecher sein; F **caresser, frotter l'**~ **à qn** j-n ver'durchprügeln, F ver-, 'durchbleuen, verdreschen; **courber, plier l'**~ sich beugen; sich 'unterordnen; katzbuckeln;

---

2. *cuis* ~ **de porc** Schweinekamm *m*; **3.** *arch* **a)** E'chinus *m*; Wulst *m* am Kapi'tell e-r dorischen Säule; **b)** Eierstab *m*; ionisches Kyma

échiner [eʃine] *v/pr* F **s'**~ sich abrackern, abplagen, abschinden

échino|cactus [ekinɔkaktys] *m* *bot* E'chino-, Igelkaktus *m*; ~**coque** *m* *zo* *méd* Echino'kokkus *m*; Blasen-, Hülsenwurm *m*; *adjt* **ténia** *m* ~ Hundebandwurm *m*; ~**dermes** *m/pl* *zo* Stachelhäuter *m/pl*; *sc* Echino'dermen *m/pl*

échinops [ekinɔps] *m* *bot* Kugeldistel *f*

échiquéen [eʃikeɛ̃] *adj* ⟨~**ne**⟩ Schach…

échiqueté [eʃikte] *adj u subst m* Heraldik (**écu** *m*) ~ Geschacht *n*

échiquier [eʃikje] *m* **1.** Schachbrett *n*; *loc/adv* **en** ~ schachbrettartig; **arbres plantés en** ~ im Geviert gepflanzte Bäume *m/pl*; Schachbrett *n*; **l'**~ **européen, parlementaire** das europäische, parlamentarische Kräftespiel; **3.** *in England* **chancelier** *m* **de l'**≈ Schatzkanzler *m*; Fi'nanzminister *m*; **4.** *beim Fischen* viereckiges Senknetz; **5.** *math* ~ **arithmétique** Rechentafel *f*, -tabelle *f*

écho [eko] *m* **1.** *Akustik* Echo *n*; 'Widerhall *m*; *Radar* Schattenbild *n*; (Ra'dar-) Echo *n*; *télév* Geisterbild *n*; *métr* Echo *n*; ~ **flottant** Nachhall *m*; ~ **multiple** mehrfaches Echo; ~ **radioélectrique** Echo im Funkverkehr; ~ **simple** einfaches Echo; *beim Funkverkehr* ~ **des antipodes** Interfe'renzerscheinungen *f/pl* zwischen Antipoden; *e-r Orgel* **clavier** *m* **d'**~ Echoregister *n*, -zug *m*; **note** *f* **en** ~ Echonote *f*; *métr* **vers** *m* **en** ~ Echovers *m*; *par ext* **à tous les** ~**s in allen Richtungen; überall; **il y a de l'**~ *od* **ça fait (de l')**~ es gibt ein Echo; es hallt wider; **2.** *fig* **a)** Echo *n*; 'Widerhall *m*; Nachklang *m*; An-, Nachklang *m*; ~ **dans le monde, dans la presse** Welt-, Presseecho *n*; Echo, Reaktion *f* in der Welt, bei der Presse; ~**s** *m/pl* Pressestimmen *f/pl*; *Vorschlag etc* **éveiller, trouver un vif** ~ ein lebhaftes Echo finden, auslösen; lebhafte Zustimmung, großen Anklang finden; **se faire l'**~ **de qn** nachsagen, -beten, -plappern, was j sagt; **se faire, être l'**~ **de certains bruits** Gerüchte weitererzählen, -tragen, verbreiten; **rester sans** ~ kein Echo finden; ohne Echo bleiben; **b)** Neuigkeit *f*; Gerede *n*; **avez-vous eu quelques** ~**s de cette affaire?** haben Sie (etwas) davon gehört?; ist Ihnen etwas zu Ohren gekommen?; **c)** *bei e-r Zeitung* ~**s** *pl* Spalte *f*, Seite *f* mit Gesellschaftsnachrichten, -klatsch

échoir [eʃwar] *v/i* ⟨*déf:* il échoit, ils échoient; il échut; il échoira; échéant; échu; être *od* avoir⟩ **I** *v/t/indir* ~ **à qn** zufallen, zu'teil werden, an'heimfallen; j-s Eigentum werden; *Schicksal* j-m bestimmt sein; ~ **en héritage, par succession** durch, als Erbschaft zufallen; **II** *v/i* *comm* fällig werden *od* sein; verfallen; anfallen; *Frist* ablaufen; **le terme échoit demain** die Frist läuft morgen ab; die Zahlung ist, wird morgen fällig; **intérêts** *m/pl* **à** ~ anfallende Zinsen *m/pl*; **à terme échu** nach dem Fälligkeitstag, -termin; nachträglich

écho|localisation [ekɔlɔkalizasjɔ̃] *f od m* ~**location** *f* Ortung *f* durch, mit Hilfe von Schallwellen; Echoortung *f*

échoppe[1] [eʃɔp] *f* (Bretter)Bude *f*; (Verkaufs)Stand *m*; kleiner (Kram-) Laden; Bu'dike *f*

échopp|e[2] [eʃɔp] *f* *beim Gravieren* Ra'dier-, Stahlnadel *f*; (Grab-, Stahl-) Stichel *m*; ~**er** *v/t* mit der Ra'diernadel,

---

mit dem (Grab)Stichel bearbeiten

écho-sondeur [ekosɔ̃dœr] *m* ⟨*pl* **écho-sondeurs**⟩ Echolot *n*

échotier [ekɔtje] *m* für die Gesellschaftsnachrichten verantwortlicher Redak'teur

échouage [eʃwaʒ] *m* Stranden *n*, -ung *f*; Auflaufen *n*; *par ext* Strandungsstelle *f*, -platz *m*; **cale** *f* **d'**~ (*Art*) Trockendock *n*; **port** *m* **d'**~ Vorhafen *m* e-s Fluthafens

échouement [eʃumɑ̃] *m* *cf* **échouage**

échouer [eʃwe] **I** *v/t* *Schiff* auf Strand, auf Grund setzen; auflaufen, auf Grund laufen lassen; *Fisch* (**ohne Netz und Haken**) an Land ziehen; **II** *v/i* **1. a)** *Schiff* auflaufen; auf Grund laufen, geraten, stoßen, sitzen; stranden; auf Strand laufen, geraten; **b)** *fig* in e-m *Restaurant etc* landen; **2.** *Person* scheitern; Schiffbruch erleiden; nicht zum Ziel gelangen; *beim Examen* 'durchfallen; *Plan etc* scheitern; fehlschlagen; miß'lingen; F schiefgehen; ~ **à un examen** in, bei e-r Prüfung durchfallen; durch e-e Prüfung fallen; e-e Prüfung nicht bestehen; ~ **dans son projet** mit s-m Vorhaben scheitern, Schiffbruch erleiden; **faire** ~ **qc** etw vereiteln, zum Scheitern bringen; hinter'treiben; **III** *v/pr* **s'**~ *Schiff cf* **II 1.**

échu [eʃy] *cf* **échoir**

écidie [esidi] *f* *bot bei Rostpilzen* Ä'zidie *f*

écidiole [esidjɔl] *f* *bot* Ba'sidie *f*

écim|age [esimaʒ] *m* *von Bäumen, Pflanzen* Verschneiden *n*; Köpfen *n*; ~**er** *v/t* *Bäume, Pflanzen* verschneiden; kappen; köpfen

éclaboussement [eklabusmɑ̃] *m* (Be-) Spritzen *n* (*mit Schmutz od e-r Flüssigkeit*); **dans un** ~ **d'écume** im aufsprühenden Schaum; in e-r Schaumfontäne

éclabousser [eklabuse] **I** *v/t* **1.** *mit Schmutz, Dreck etc* bespritzen; 'vollspritzen; beschmutzen; ~ **de sauce** les **vêtements de qn** j-m Soße auf die Kleider spritzen; *adjt* **être éclaboussé de sang** mit Blut bespritzt sein; **2.** *fig* **a)** ~ **qn** j-s Namen, Ehre beschmutzen, beflecken; j-n in Mitleidenschaft ziehen; **b)** ~ **qn par son luxe** s-n Luxus vor j-m aufdringlich zur Schau stellen; **II** *v/pr* **s'**~ sich bespritzen, 'vollspritzen, beschmutzen

éclaboussure [eklabusyr] *f* **1.** Spritzer *m*; (Schmutz)Fleck(en) *m*; ~**s d'encre, de sang** Tinten-, Blutspritzer *m*; **manteau couvert d'**~**s** mit Schmutz bespritzter Mantel; **recevoir des** ~**s** angespritzt, bespritzt werden; *cf auch* **2.** b); **2.** *fig* **a)** Fleck(en) *m*; Makel *m*; **b)** *bei e-r Schlägerei etc* **recevoir quelques** ~**s** etwas abbekommen, F abkriegen

éclair [eklɛr] *m* **1.** *bei e-m Gewitter* Blitz *m*; ~**(s) de chaleur** Wetterleuchten *n*; ~ **en boule, en chapelet, en nappes, en zigzag** Kugel-, Perlschnur-, Flächen-, Zickzackblitz *m*; *loc/adv:* **avec la rapidité de l'**~ mit Blitzesschnelle; **comme un** ~ *od* **prompt, rapide comme l'**~ blitzschnell, -artig; wie der *od* ein Blitz; F **wie ein geölter Blitz**; **il y a** *od* **il fait un** ~, **des** ~**s** es blitzt; **2.** *par ext* ~ Blitzlicht *n*; ~ **électronique** Elek'tronen-, Röhrenblitz *m*; ~ **de magnésium** Ma'gnesiumblitz *m*; *adit:* **lampe** *f* ~ Blitzlichtbirne *f*; **poudre** *f* ~ Blitz(licht)pulver *n*; **b)** *mar, aviat* **feu** *m* **à** ~**s** Blitzfeuer *n*; **c)** *phys* **point** *m* **d'**~ Flammpunkt *m*; **3.** *fig* Aufleuchten *n*; Aufblitzen *n*; *chim* (Silber)Blick *m*; ~ **de génie** Geistesblitz *m*; *chim* **faire l'**~ blicken; blinken; *Diamant* **jeter des** ~**s** blitzen; **ses yeux lançaient des** ~**s** s-e Augen blitzten, funkelten, sprühten vor Zorn; **4.** *fig* (kurzer) Augenblick; ~ **de lucidité, de bon sens**

Augenblick der Klarheit, des gesunden Menschenverstandes; *tout comprendre en un ~* blitzartig ...; ♦ *adit* Blitz...; **fermeture** f ~ *(nom déposé)* Reißverschluß m; **guerre** f ~ Blitzkrieg m; **voyage** m ~ kurze, über'raschende Reise; faire une visite ~ e-n Blitzbesuch, F e-e Stippvisite machen; **5.** *Gebäck* E'clair n; Liebesknochen m; ~ **au café, au chocolat** Eclair mit Mokkacreme-, Schokoladencremefüllung

éclairage [eklɛraʒ] m **1.** Beleuchtung f; Licht n; *mar* Befeuerung f; *peint* Lichtverteilung f, -verhältnisse n/pl; ~ **direct, faible, indirect** direkte, schwache, indirekte Beleuchtung; ~ **blanc, doux** weißes, mildes Licht; ~ **au gaz, au néon** Gas-, Neonbeleuchtung f; ~ **des côtes** Küstenbefeuerung f; ~ **de fortune** behelfsmäßige Beleuchtung; ~ **la scène** Bühnenbeleuchtung f; *ch de fer* ~ **des signaux** Si'gnalbeleuchtung f; ~ **des vitrines** Schaufensterbeleuchtung f; ~ **des voies publiques** Straßenbeleuchtung f; **frais** m/pl d'~ Beleuchtungs-, Lichtkosten pl; **modes** m/pl d'~ Beleuchtungsarten f/pl; **y compris chauffage et** ~ Licht und Heizung inbegriffen; **le tableau est dans un bon** ~ das Bild hängt in e-m günstigen Licht, ist gut beleuchtet; **2.** *fig* Beleuchtung f; Licht n; **sous cet** ~ in dieser Beleuchtung; in diesem Licht

éclairag|isme [eklɛraʒism(ə)] m Beleuchtungstechnik f; **~iste** m Beleuchtungstechniker m

éclairant [eklɛrã] adj **1.** leuchtend; Leucht...; **bombe** ~**e** Leuchtbombe f; **pouvoir** ~ Leuchtkraft f; **2.** *fig* einleuchtend; über'zeugend

éclaircie [eklɛrsi] f **1.** *vom Wetter* (vor-'übergehende) Aufheiterung; Aufhellung f; **temps pluvieux avec** ~**s** regnerisch mit zeitweiligen Aufheiterungen; **2.** *fig* Lichtblick m; Silberstreifen m am Hori'zont; **3.** *jard* Verziehen n; Vereinzeln n *(von Rüben etc)*; Forstwirtschaft Lichten n; Durch'forsten n; Ausholzen n

éclairc|ir [eklɛrsir] **I** v/t **1.** *Stoff, Farbe* aufhellen; *Stimme* klar machen; *Haare* ausschneiden; *Wein, Sauce etc* verdünnen; strecken; *Wald* lichten; ausholzen; durch'forsten; *Pflanzen* vereinzeln; verziehen; *(Menschen)Reihen lichten; suivre un régime pour* ~ le teint ... um e-n klaren, frischen Teint zu bekommen; **2.** *fig Punkt, Sache* (auf)klären; klarstellen; Licht, Klarheit bringen in (+acc); *Mißverständnis, Frage* (auf)klären; *Zweifel* beseitigen; *Standpunkt* klarmachen; *Problem, Rätsel* lösen; *Beispiel, Wortsinn* erläutern; erklären; F **cela vous éclaircira les idées** davon bekommen Sie e-n klaren Kopf; **II** v/pr **s'~ 3.** *Himmel* sich aufhellen, -heitern, -klären; *Wetter* aufklaren; *Nebel* sich lichten; *Farbe* sich aufhellen; heller werden; *Teint* klar werden; *Stimme* hell(er), klar(er) werden; *Haare* a) sich lichten; dünner werden; b) hell(er) werden; *(Menschen)Reihen* sich lichten; **(tousser pour) s'~ la voix,** F **la gorge** sich räuspern; **4.** *fig Schwierigkeiten* sich klären; *Lage* sich bessern; **5.** *jard von Pflanzen* Vereinzeln n; Verziehen n

éclaircissement [eklɛrsismã] m Auf-, Erklärung f; Klarstellung f; Klärung f; Aufschluß m; Erläuterung f; *e-s Zweifels, Verdachtes* Beseitigung f; **demander des** ~ Aufschluß verlangen (à qn sur von j-m über + acc); **donner des** ~**s** Aufschluß geben

éclaire [eklɛr] f *bot* Schell-, Schöllkraut n
éclairé [eklere] adj **1.** be-, erleuchtet;

erhellt; ~ **au néon** mit Neonbeleuchtung; *Landschaft* ~ **par la lune** vom Mond erhellt; **2.** *fig* aufgeklärt; freisinnig; aufgeschlossen; ohne Vorurteile; *hist* **despotisme** ~ aufgeklärter Absolu'tismus

éclairement [eklɛrmã] m **1. a)** *phys* Beleuchtung f; Beleuchtungsstärke f; ~ **d'une surface** Flächenhelligkeit f; **b)** *bot* Lichteinwirkung f; **2.** *litt* Sich'aufklären n

éclairer [eklere] **I** v/t **1.** *qc etw* be-, erleuchten; etw erhellen; *litt* etw bescheinen; **éclairez cette pièce!** machen Sie in diesem Zimmer Licht!; **deux larges baies éclairent la pièce** zwei große Fenster erhellen den Raum; **la pièce était éclairée par une bougie** das Zimmer war mit, von e-r Kerze erleuchtet; *peint* ~ **un tableau** auf e-m Gemälde die Lichter aufsetzen; *bei Geldspielen* ~ **le tapis** setzen; ~ **faiblement, mal** schwach, schlecht er-, beleuchten; ~ **à l'électricité** elektrisch beleuchten; *fig* **de grands yeux noirs éclairaient son visage** große, schwarze Augen belebten sein Gesicht; **2.** ~ **qn** j-m leuchten; ~ **qn pour descendre, entrer, monter, sortir** j-m hin'unter-, her'ein-, hin'auf-, hin'ausleuchten; **3.** *fig* ~ **qn** j-n aufklären, unter'richten, j-m Aufschluß, e-e Erklärung geben (*sur* über + *acc*); ~ **qc** etw aufklären *(auch mil)*, erklären, klarlegen; ~ **un côté de sa vie** e-e Seite s-s Lebens beleuchten; **II** v/i **4.** *Licht, Augen, Glühwürmer etc* leuchten; **cette lampe éclaire mal** das Licht (dieser Lampe) ist zu schwach; die Lampe gibt ein schlechtes Licht; **III** v/pr **s'~ 5.** *Raum etc* hell werden; *Fenster etc* sich erhellen, erleuchtet werden; *fig Gesicht* aufleuchten; sich aufhellen; sich erhellen; **Lichtquelle s'~ et s'éteindre alternativement** an- und ausgehen; aufleuchten und erlöschen; **6.** *fig Frage, Punkt* klar, verständlich werden; **7.** **s'~ à la bougie, au gaz, à l'électricité** Kerzen-, Gasbeleuchtung, e'lektrische Beleuchtung haben; ~ **avec une lampe de poche** mit e-r Taschenlampe leuchten

éclair|eur [eklɛrœr] m **1.** *mil* Soldat Aufklärer m; Kundschafter m; *fig* **envoyer qn en** ~ (zur Erkundung) j-n vor'(aus)schicken; **2.** Pfadfinder m; **~euse** f Pfadfinderin f

éclampsie [eklãpsi] f *path* Eklamp'sie f
éclat [ekla] m **1.** Splitter m; abgesprungenes Stück; ~ **de bois, de bombe, d'obus, d'os** Holz-, Bomben-, Gra'nat-, Knochensplitter m; ~**s de pierre, de roches** Steinsplitter m/pl; ~ **de silex** Feuersteinscherbe f; ~ **de verre** Glassplitter m; **voler en** ~**s** zersplittern; zerspringen; zerschellen; in Stücke fliegen; bersten; **faire voler en** ~**s** zersplittern; zerschmettern; *mil* **à l'abri des** ~**s** splittersicher; **2.** plötzlich ausbrechender Lärm; **de grands** ~**s de joie** Freudenausbrüche m/pl; unbändige Freude; ~ **de rire** lautes Auflachen; **de grands** ~**s de rire** schallendes Gelächter, Lachen; *litt* ~ **de tonnerre** Donnerschlag m; *litt* ~ **de trompette** Trom'petenstoß m; **des** ~**s de voix** heftige, erregte Stimmen f/pl; Stimmenlärm m; **rire aux** ~**s** schallend, aus vollem Halse, hellauf lachen; **3.** Aufsehen n; Auftritt m; Skan'dal m; E'klat m; F Krach m; **faire un grand** ~ Aufsehen erregen; **intervenir avec** ~ **dans le débat** lautstark in die Debatte eingreifen; **provoquer un** ~ e-n Skandal hervorrufen, verursachen; **4.** *der Sonne, von Gestirnen, Flammen, Licht etc* Helligkeit

f; *von Metallen, Mineralien* Glanz m; *von Edelsteinen, Augen* Feuer n; Glanz m; Funkeln n; *par ext bei Reflexion von Licht* Aufblitzen n; Aufleuchten n; *von Farben* Leuchtkraft f; Pracht f; strahlender Glanz; *st/s* Schmelz m *(auch fig der Jugend); astr* ~ **apparent** scheinbare Helligkeit; *minér* ~ **gras** Fettglanz m; fettiger Glanz; *minér* ~ **métallique** Me'tallglanz m; metallischer Glanz; ~ **soyeux** Seidenglanz m; seidiger Glanz; **l'~ des fleurs** die Blumenpracht; die leuchtenden Farben f/pl der Blumen; **l'~ de son teint** die Frische ihres Teints; ihr frischer, strahlender Teint; *mar, aviat* **phare** m, **feu** à ~**s** Blink-, Blickfeuer n; **sans** ~ glanzlos; **une femme qui a de l'~** e-e Frau mit frischem, jugendlichem Aussehen; **briller avec** od **d'un vif** ~ in vollem Glanz erstrahlen *(auch fig);* blitzen; funkeln; **être dans tout l'~ de sa beauté** im vollen Glanz der Schönheit stehen; **donner de l'~ (à** a) *Sachen* auf Glanz bringen (+*acc*); po'lieren (+*acc*); Glanz geben (+*dat*); *fig* Glanz verleihen (+*dat*); **perdre son** ~ a) *Sachen* glanzlos, matt werden; b) *fig* s-n Glanz verlieren, einbüßen; **5.** *von Titeln, Namen, Epochen* Glanz m; Gepränge n; Berühmtheit f; **l'~ des fêtes** der Festglanz; der Glanz der Feste; **action** f **d'~** glänzende, hervorragende Leistung, Tat; Glanzleistung f; **coup** m **d'~** Ge'niestreich m; Glanzstück n; **aimer l'~** Pomp m, Prunk m lieben; **6.** *jard* Ableger m

éclatant [eklatã] adj **1.** *Stimme, Lachen* (laut) schallend; *Lärm, Ton* 'durchdringend; *Fanfare* schmetternd; *Schrei* gellend; **2.** *Farbe, Sonne* (blendend) hell; strahlend; *Farbe* leuchtend; strahlend; *Teint* frisch; strahlend; *Zähne* blendend weiß; *Schönheit, Freude* strahlend; *Gesundheit* blühend; **3.** *Erfolg* großartig; *Sieg* glänzend; *Begabung* glänzend; auffallend; her'vorragend; *Wahrheit* augenfällig; offenkundig; deutlich; ekla'tant; *Ruf* ausgezeichnet

éclatement [eklatmã] m **1.** *von Sprengkörpern* Kre'pieren n; (Zer)Platzen n; *von Fensterscheiben* Bersten n; Zersplittern n; Zerspringen n; *von Rohren, Reifen* Platzen n; Zerreißen n; **2.** *fig e-r Partei, Gruppe* (rasche) Auflösung; Aufspaltung f; Zersplitterung f; *ch de fer* **gare** f **d'~** Zugauflösebahnhof m; *mar* **port** m **d'~** 'Umschlaghafen m für Großschiffe

éclater [eklate] **I** v/t *jard Pflanzen* durch Wurzelteilung vermehren; **II** v/i **1.** *Sprengkörper* kre'pieren; bersten; (zer)platzen; explo'dieren; *Kessel etc* in Stücke fliegen; platzen; *Rohre, Reifen* platzen; zerreißen; *Knospen* aufspringen; platzen; *Glas* (zer)springen; *fig Person* **il finira par** ~ bald platzt ihm der Kragen; *fig:* **sa tête bourdonnante était près d'**~ ... schien zu zerspringen; *Frost* **faire** ~ **les roches** das Gestein sprengen; **heißes Wasser faire** ~ **les verres** die Gläser zerspringen, zerplatzen lassen; *adit:* **projectile non éclaté, qui n'a pas éclaté** Blindgänger m; *fig u tech* **vue éclatée** Darstellung f in ausein'andergezogener Anordnung; **2.** *fig Gruppe, Partei etc* sich auflösen, aufspalten; zersplittern; **3.** *Schüsse* knallen; *Blitz* einschlagen; *Gewitter* losbrechen, sich entladen *(beide auch fig);* niedergehen; *Sturm* losbrechen; *Holz, Kastanien etc im Feuer* krachen; knacken; platzen; *Lachen, Schreie* erschallen; ertönen; *Trompeten etc* (los)schmettern; *Beifall* einsetzen; aufbrausen, -branden; *Beifallssturm* los-

brechen; **sa colère éclata** er brach in Zorn aus; sein Zorn brach aus ihm hervor; **colère** *f*, **joie** *f* **qui éclate** Zorn(es)-, Freudenausbruch *m*; **sanglot** *m* **qui éclate** Aufschluchzen *n*; ~ **(de rire) en** Gelächter, Lachen ausbrechen; schallend lachen; platzen vor Lachen; laut auflachen; ~ **en applaudissements, en injures, en menaces, en reproches, en sanglots** in Beifall, Schmähungen, Drohungen, Vorwürfe, Schluchzen ausbrechen; ~ **en sanglots** *auch* aufschluchzen; **4.** *Krankheit, Krieg, Brand, Revolution, Streit* ausbrechen; zum Ausbruch kommen; *Unruhen* aufflackern; **le scandale a éclaté** es gab e-n Skandal; **5.** strahlen; glänzen; sprühen; funkeln; **la joie éclatait dans ses yeux, sur son visage** s-e Augen strahlten, sein Gesicht strahlte vor Freude; er strahlte vor Freude; **6.** sich zeigen; zum Ausdruck kommen; sprechen (dans aus); **laisser** ~ **sa joie, sa haine** s-e Freude, s-n Haß zeigen

éclateur [eklatœr] *m* **1.** *élect* Funkeninduktor *m*; Funkenstrecke *f*; ~ **de mesure, de protection** Meß-, Schutzfunkenstrecke *f*; **2.** *agr* ~ **de fourrage** Hochdrucksammelpresse *f*

éclectique [eklektik] **I** *adj* **1.** *philos* ek'lektisch; **2.** *par ext Person* wählerisch; anspruchsvoll; *Sache* erlesen; ausgesucht; ausgewählt; **II** *m philos* Ek'lektiker *m*

éclectisme [eklɛktism(ə)] *m* **1.** *philos* Eklekti'zismus *m*; **2.** *par ext e-r Person* erlesener Geschmack; anspruchsvolle, wählerische Art

éclimètre [eklimɛtr(ə)] *m arp* Gradbogen *m*; **règle** *f* **à** ~ Kippregel *f*

éclipse [eklips] *f* **1.** *astr* Sonnen- bzw Mondfinsternis *f*; *sc* Ek'lipse *f*; ~ **annulaire** ringförmige Sonnenfinsternis; ~ **partielle, totale** partielle, totale Mond- bzw Sonnenfinsternis; ~ **de Lune, de Soleil** Mond-, Sonnenfinsternis *f*; **2.** *fig von e-r berühmten Persönlichkeit* (zeitweiliges) Verschwinden; Abwesenheit *f*; *vom Ruhm* (zeitweilige) Verdunkelung; Verblassen *n*; *von Popularität* Schwinden *n*; Nachlassen *n*; **avoir des** ~**s de mémoire** Gedächtnisstörungen haben; an Gedächtnisschwäche leiden; **sa popularité connaît une** ~ er ist zur Zeit nicht populär; s-e Popularität hat nachgelassen

éclipser [eklipse] **I** *v/t* **1.** *Sonne, Mond* verdunkeln; verfinstern; **2.** *fig* in den Schatten stellen; den Rang ablaufen (qn j-m); über'treffen; ausstechen; (j-s Ruhm) über'strahlen; **II** *v/pr* s'~ **3.** *Sonne, Landschaft im Nebel etc* verschwinden; sich verstecken; sich verbergen; sich den Blicken entziehen; **4.** F *Person* verschwinden; F sich verziehen; sich verdrücken; *Sache* sich auflösen; sich selbständig machen; verschwinden; *Hoffnungen* sich in nichts auflösen; schwinden

écliptique [ekliptik] *astr* **I** *m* Ek'liptik *f*; **axe** *m* **de l'**~ Achse *f* der Ekliptik; **II** *adj* ek'liptisch

éclissage [eklisaʒ] *m ch de fer* **a)** Verlaschen *n*, -ung *f*; **b)** Laschenverband *m*, -verbindung *f*

éclisse [eklis] *f* **1.** *chir* Schiene *f*; **2.** *Käseherstellung* Abtropfgitter *n* (aus grobem Geflecht); **3.** *ch de fer* Lasche *f*; **4.** *bei Saiteninstrumenten* Zarge *f*; **5.** (Holz)Keil *m*; Holzsplitter *m*; ~**er** *v/t* **1.** *chir* schienen; **2.** *ch de fer* verlaschen

éclopé [eklope] **I** *adj* gehbehindert; schlecht zu Fuß; marschunfähig; fußkrank; **II** *m* Marschunfähige(r) *m*; Fußkranke(r) *m* (*auch iron*); *plais* Hinkebein

n; Hinkefuß *m*

éclore [eklɔr] *v/i* ⟨*déf*: **il éclôt** *od* **éclot, ils éclosent; éclos, être,** *manchmal* **avoir**⟩ **1.** *Küken etc* ausschlüpfen, -kriechen; aus dem Ei schlüpfen, kriechen; **faire** ~ **des œufs** Eier ausbrüten; **les œufs éclosent** die Küken, die jungen Vögel schlüpfen aus; die Eier sind ausgebrütet; **2.** *Blumen* auf-, erblühen; zur Blüte kommen; *Knospen* aufgehen, -brechen; *fig Tag* anbrechen; *Leben, Freiheit* erwachen; entstehen; *Begabung, Talente* sich entfalten; **faire** ~ zum Leben erwecken; zur Entfaltung, zur Reife bringen; her'vorbringen

éclosion [eklozjõ] *f* **1.** *von Küken etc* ~ (**des œufs**) Ausschlüpfen *n*; Auskriechen *n*; **2.** *von Blumen* Aufblühen *n*; *von Knospen* Aufbrechen *n*; **3.** *fig vom Tag* Anbruch *m*; Anbrechen *n*; *von Ideen, Talenten* Entfaltung *f*; Entstehen *n*, -ung *f*; *von Plänen* Entstehen *n*; Werden *n*; *von Künstlern* Werden *n*; Geburt *f*

éclusage [eklyzaʒ] *m* (¹Durch)Schleusen *n*; Schleusung *f*

écluse [eklyz] *f* Schleuse *f*; ~ **à sas** Kammerschleuse *f*; **échelle** *f* **d'**~**s** Kuppelschleuse *f*; Schleusentreppe *f*; **faire passer un bateau par l'**~ ein Schiff ¹durchschleusen

éclusée [eklyze] *f* Schleusen-, Schleusungs-, Stauwasser *n*; **une** ~ **e-e** Schleusenfüllung

éclus|er [eklyze] *v/t* **1. a)** mit Schleusen versehen; mit e-r Schleuse absperren; **b)** *Schiffe* (¹durch)schleusen; **2.** P saufen; **en** ~ **un** P einen zischen, zwitschern, ¹hintergießen, gurgeln; ~**ier** *m*, ~**ière** *f* Schleusenmeister(in) *m(f)*, -wärter(in) *m(f)*

écobuer [ekɔbɥe] *v/t agr zur Düngung* abbrennen; absengen; abschwenden

écœur|ant [ekœrɑ̃] *adj* **1.** *Geruch* widerlich; übel; ekelhaft; *zu süße, zu fette Speisen* widerlich süß, fett; **gâteau** ~ Kuchen, der einem leicht zu'wider ist *od* wider'steht, F den man leicht 'überkriegt; **2.** *fig Schmeichelei, Arbeit, Benehmen, Person, Anblick, Lektüre* widerlich; ¹widerwärtig; unangenehm; ekelhaft; ek(e)lig; *Ergebnisse* niederschmetternd; entmutigend; *Vorgehen* empörend; ~**ement** *m* **1.** Übelkeit *f*; Ekel *m*; **2.** *fig* **a)** Ekel *m*; Abscheu *m*; ¹Widerwillen *m*; ¹Überdruß *m*; **b)** Niedergeschlagenheit *f*

écœurer [ekœre] *v/t* **1.** ~ **qn** *Speisen, Geruch bei j-m* Übelkeit erregen; j-n anekeln, anwidern; *Süßigkeiten etc* j-m (leicht) wider¹stehen, zu'wider sein, F ¹überwerden; **vous allez vous** ~ es wird euch schlecht, übel davon werden; **2.** *fig* ~ **qn** *Schmeicheleien, Benehmen etc* j-n anekeln, anwidern; j-m zu¹wider sein; *Niederlagen, Ergebnisse* j-n entmutigen, mutlos machen; *Vorgehen* j-n empören

écoinçon [ekwɛ̃sõ] *m* **a)** *Schreiner-, Maurerarbeit* Eckverblendung *f*; **meuble** *m* **en** ~ Eckmöbel *n*; *Eckschrank* *m*; **b)** Eckstein *m*; **c)** *arch* (Eck)Zwickel *m*

écolage [ekɔlaʒ] *m aviat etc* Schulung *f*

école [ekɔl] *f* **1.** Schule *f* (*auch im Sinne von* „*Schulhaus*" *u* „*Gesamtheit der Schüler und Lehrer*"); ♦ ~ **commerciale** Handelsschule *f*; ~ **communale** Gemeinde-, Volksschule *f*; **grande** ~ bedeutende, elitäre Hochschule für e-e bestimmte Fachrichtung; ~ **maternelle** cf **maternel** 3.; ~ **militaire** Mili'tärakademie *f*, -schule *f*; ♀ **nationale supérieure de chimie** Hochschule für Chemie in Paris; ~ **normale** cf **normal** 2.; ♀ **polytechnique** cf **polytechnique**; ~ **primaire** Volks-, Grundschule *f*; ~ **professionnelle, technique** *etwa*

Berufs(fach)-, Gewerbeschule *f*; ~ **secondaire** höhere Schule; Gym¹nasium *n*; ♀ **supérieure d'électricité** Hochschule für Elektrotechnik in Paris; ♦ ~ **d'agriculture** Landwirtschaftsschule *f*; ♀ **de l'Air** Luftwaffenakademie *f*; ~ **d'architecture** *etwa* Bauakademie *f*; **Hochschule** *f* **für Baukunst**; ~ **d'art dramatique** Schauspielschule *f*; ♀ **des arts décoratifs** Hochschule für Kunstgewerbe in Paris; ♀ **des arts et métiers** *etwa* Technische Hochschule; ~ **des aveugles** Blindenschule *f*; ♀ **des beaux- -arts** cf **beaux-arts**; ♀ **des chartes** cf **charte**; ~ **de danse** Bal¹lettschule *f*; *égl prot* ~ **du dimanche** Kindergottesdienst *m*; Sonntagsschule *f*; ♀ **des eaux et forêts** *etwa* Forstwissenschaftliche Hochschule; Forstakademie *f*; ~ **d'État** staatliche Schule; Staatsschule *f*; ~ **des 'hautes études commerciales** (*abr* H.E.C.) Hochschule für Wirtschaftswissenschaften in Paris; ~ **de filles** Mädchenschule *f*; ~ **de garçons** Jungen-, Knabenschule *f*; ~ **d'horlogerie** Uhrmacherschule *f*; ~ **des mousses** Schiffsjungenschule *f*; ~ **de musique** Musikschule *f*; ~ **de pilotage** Pi¹lotenschule *f*; ♀ **de Saint-Cyr** *etwa* Heeresakademie *f*; ~ **de secrétariat** Sekre'tärinnenschule *f*; ~ **de ski** Skischule *f*; ~ **des sourds- -muets** Taubstummenschule *f*; ~ **de village** Dorfschule *f*; ~ **de voile** Segelschule *f*; ~ **de vol à voile** Segelfliegerschule *f*; ♦ **années** *f/pl* **d'**~ Schulzeit *f*; **fréquentation** *f* **de l'**~ Schulbesuch *m*; **jeunesse** *f* **des** ~**s** Schuljugend *f*; **Quartier** *m* **des** ♀**s** cf **Quartier** (*latin*); **travail** *m* **d'**~ Arbeit *f* e-s Kunststudenten; ♦ **aller à l'**~ in die Schule gehen; **F enf aller à la grande** ~ in die Schule kommen, gehen; *Schulanfänger* **être en âge d'aller à l'**~ im schulpflichtigen Alter, schulpflichtig sein; in die Schule kommen; **fréquenter une** ~ e-e Schule besuchen; *Kind* **mettre à l'**~ einschulen; in die Schule geben; **plais il faudrait le renvoyer à l'**~, **il faudrait lui conseiller de retourner à l'**~ er sollte sich sein Schulgeld ¹wiedergeben lassen; **sentir l'**~ Schulweisheiten von sich geben; schulmeisterlich sein; **2. a)** *mil* Ausbildung *f*; ~ **de pièce** Ausbildung am Geschütz; ~ **du soldat** *etwa* For¹malausbildung *f*; **b)** *Reitkunst* **'haute** ~ Hohe Schule; **pas** *m* **d'**~ Schulschritt *m*; **3.** *fig* Schule *f*; Lehre *f*; *Molière* L¹♀ **des femmes** Die Schule der Frauen; l'~ **du monde** die Schule des Lebens; **être à bonne** ~ in e-r guten Schule, Lehre sein (*auch iron*); **être à dure, à rude** ~ in e-r harten Schule, Lehre sein; **être un homme de la vieille** ~ ein Kavalier der alten Schule sein; **se former à l'**~ **des grands savants** bei großen Gelehrten in die Schule gehen; **passer par la dure** ~ **de la pauvreté** durch die harte Schule der Armut gehen; *Philos, peint, Literatur etc* Schule *f*; l'♀ die Scho¹lastikern *m/pl*; l'~ **flamande** die flämische Schule; l'~ **romantique** die romantische Schule; *écon* l'~ **historique** die historische Schule; l'~ **impressionniste** die Gruppe der Impressionisten; l'~ **stoïcienne** die Stoa; die Stoiker *m/pl*; l'~ **d'Aristote** die Schule des Aristoteles; **chef** *m* **d'**~ *peint* Meister *m* (der Schule); *philos* Lehrer *m* (der Schule); *par ext* **faire** ~ Schule machen; Nachahmer finden; sich ¹durchsetzen

écol|ier [ekɔlje] *m* **1.** Schüler *m*; **comportement** *m* **d'**~ schülerhaftes Benehmen; **2.** F *fig* Anfänger *m*; Neuling *m*; **faute** *f* **d'**~ elementarer Fehler; Fehler *m*

e-s Anfängers. Neulings; **3.** *hist* Scho'lar *m*; **ière** *f* Schülerin *f*

écolog|ie [ekɔlɔʒi] *f* Ökolo'gie *f*; **ique** *adj* öko'logisch; **iste** *m,f* **1.** Öko'loge. -'login *m,f*; **2.** *par ext* 'Umweltschützer(in) *m(f)*

éconduire [ekɔ̃dɥir] *v/t* ⟨*cf* conduire⟩ *Bittsteller etc* abweisen; wegschicken; die Tür weisen (qn j-m); hin'auskomplimentieren; *Verehrer* e-n Korb geben (qn j-m); F abblitzen lassen

économat [ekɔnɔma] *m* **1. a)** Verwalterstelle *f*; **b)** Verwaltung *f*; Verwaltungsstelle *f*, -büro *n*; **2.** betriebseigene Einkaufs-, Verkaufsstelle; *mil* heereseigene Verkaufsstelle

économe [ekɔnɔm] **I** *adj* sparsam; haushälterisch; wirtschaftlich; öko'nomisch; être ~ *Person* sparsam, haushälterisch sein; gut wirtschaften, haushalten (können); *fig* être ~ de ses louanges, de ses paroles mit s-n Worten. s-r Zeit geizen, sparsam sein *od* 'umgehen; **II** *m,f* Verwaltungsdirektor(in) *m(f)*; Verwalter(in) *m(f)*

économétrie [ekɔnɔmetri] *f* écon Ökonome'trie *f*; Wirtschaftsstatistik *f*

économie [ekɔnɔmi] *f* **1.** Wirtschaft *f*; *auch* Wirtschaftswissenschaft *f*; ~ agricole A'grarwirtschaft *f*; Landwirtschaftswissenschaft *f*; ~ alimentaire Ernährungswirtschaft *f*; ~ capitaliste kapitalistisches Wirtschaftssystem; ~ collectivisée, collectiviste Kollek'tivwirtschaft *f*; ~ commerciale *etwa* Handelsbetriebslehre *f*; ~ concertée *etwa* soziale Marktwirtschaft; ~ industrielle *etwa* Indu'striebetriebslehre *f*; ~ libérale freie (Markt)Wirtschaft; ~ mixte gemischtwirtschaftliches System; société *f* d'~ mixte gemischtwirtschaftlicher Betrieb; Gesellschaft *f* mit staatlicher Beteiligung; ~ mondiale Weltwirtschaft *f*; ~ nationale einheimische Wirtschaft; Volkswirtschaft *f* (*als Wirtschaft e-s Landes od Staates*); ~ politique (F *abr* éco po) Volkswirtschaft(slehre) *f* (*als Wissenschaft*); Natio'nalökonomie *f*; ~ primitive primitive Wirtschaftsform; ~ privée Pri'vatwirtschaft *f*; ~ sociale soziales Wirtschaftssystem; ~ d'entreprise Betriebswirtschaft(slehre) *f*; ~ de marché (freie) Marktwirtschaft; ministère *m* de l'Ɛ̃ et des Finances Wirtschafts- und Fi'nanzministerium *n*; vivre en ~ fermée ein in sich geschlossenes Wirtschaftssystem haben; **2.** Sparsamkeit *f*; Wirtschaftlichkeit *f*; Ökono-'mie *f*; son esprit d'~ s-e Sparsamkeit; *loc/adv*: avec ~ sparsam; par ~ aus Sparsamkeit(sgründen); **3.** *von Geld* Ersparnis *f*; Sparsumme *f*; ~s *pl* Ersparnisse *f/pl*; Ersparte(s) *n*; F petites ~s Sparpfennig *m*, -groschen *m*; faire, réaliser des ~s Ersparnisse machen; sparen; vivre sur ses ~s von s-n Ersparnissen leben; *loc/prov* il n'y a pas de petites ~s wer den Pfennig nicht ehrt, ist des Talers nicht wert (*prov*); viele Wenig geben *od* machen ein Viel (*loc/prov*); **4.** *von Platz. Strom etc* Einsparung *f*; Ersparnis *f*; ~ de combustible, de carburant Brennstoff-, Treibstoffeinsparung *f*; ~ d'essence Ben'zinersparnis *f*; ~ de temps Zeitersparnis *f*, -gewinn *m*; faire l'~ de qc etw vermeiden; sich etw sparen; *fig* faire des ~s de bouts de chandelle an lächerlichen Kleinigkeiten sparen; knick(e)rig, knaus(e)rig sein; ce sont des ~s de bouts de chandelle das ist reine Knickerei, Knauserei; **5.** e-s literarischen Werkes etc (zweckmäßiger) Aufbau; sinnvolle (An)Ordnung, Gliederung, Einrichtung

économique [ekɔnɔmik] **I** *adj* **1.** Wirt-

schafts...; wirtschaftlich; öko'nomisch; crise *f* ~ Wirtschaftskrise *f*; évolution *f* ~ wirtschaftliche Entwicklung; secteur *m* ~ Wirtschaftsbereich *m*; ökonomischer Sektor; dans le domaine ~ auf wirtschaftlichem Gebiet; auf dem Gebiet der Wirtschaft; **2.** *Heizung, Auto etc* wirtschaftlich; sparsam (im Verbrauch); *Methode etc auch* öko'nomisch; *aviat* classe *f* ~ E'conomyklasse *f*; **II** *subst* **1.** *m* l'~ der Bereich der Wirtschaft; die Wirtschaft; das Wirtschaftliche; **2.** *f selten* Wirtschaftswissenschaften *f/pl*; Öko'nomik *f*

économiquement [ekɔnɔmikmɑ̃] *adv* **1.** wirtschaftlich; öko'nomisch; les ~ faibles *m/pl* die wirtschaftlich Schwachen (*pl*); **2.** sparsam; billig; öko'nomisch; vivre ~ sparsam leben

économis|er [ekɔnɔmize] *v/t* **1.** *Geld* (er)sparen; *Benzin, Licht etc* sparen; *Material, Arbeitskräfte* einsparen; ~ l'eau Wasser sparen; mit Wasser sparen *od* sparsam 'umgehen; ~ sur qc an etw (*dat*) sparen; ~ sur la nourriture am Essen sparen; ~ pour (faire) qc auf, für etw sparen; ~ pour ses vieux jours für s-e alten Tage. für das Alter sparen *od* (etwas) zurücklegen; **2.** *fig* sparsam sein *od* 'umgehen (qc mit etw); ~ une démarche sich e-n Gang (er)sparen; ~ les louanges mit Lob sparsam sein, sparen; ~ son temps, ses forces mit s-r Zeit, s-n Kräften haushalten *od* sparsam umgehen; **eur** *m tech* Vorwärmer *m*; *bei Dampfanlagen* E'konomiser [-mai-] *f*

économ|isme [ekɔnɔmism(ə)] *m* Ökono'mismus *m*; **iste** *m,f* Wirtschaftswissenschaftler(in) *m(f)*; Volkswirt (-schaftler) *m*; Natio'nalökonom *m*; *par ext* Wirtschaftsexperte *m*

écope [ekɔp] *f mar* Wasserschöpfer *m*, -schaufel *f*

écoper [ekɔpe] *v/t* **1.** *Schiff, Wasser* ausschöpfen; *Schiff auch* leerschöpfen; **2.** F *fig Strafe etc* F aufgebrummt *od* aufgeknallt kriegen; il a écopé (de) cent francs d'amende man hat ihm hundert Franc Strafe aufgebrummt; *abs* F ~ (pour les autres) es ausbaden müssen; die Zeche bezahlen müssen; qu'est-ce qu'il a écopé! was hat er nicht alles einstecken müssen!

écoperche [ekɔperʃ] *f bât* Rüstbaum *m*, -balken *m*, -stange *f*

écorçage [ekɔrsaʒ] *m von Bäumen* Entrinden *n*; Abschälen *n*; Abrinden *n*; Ablösen *n* der Rinde

écorce [ekɔrs] *f* **1.** *bot* (Baum)Rinde *f*; Borke *f*; ~ de chêne Eichenrinde *f*; ~ von Orangen etc Schale *f*; ~ de citron, de melon Zi'tronen-, Me'lonenschale *f*; **3.** *anat* ~ cérébrale Großhirnrinde *f*; **4.** *géol* ~ terrestre Erdrinde *f*, -kruste *f*; **5.** *fig* Schale *f* (*Äußeres*) *n*; Oberfläche *f*

écorc|er [ekɔrse] *v/t* ⟨-ç-⟩ **1.** *Bäume* entrinden; abschälen; abrinden; **2.** *Orangen, Reis* schälen; **euse** *f tech* Entrindungsmaschine *f*

écorché [ekɔrʃe] *m* **1.** *peint, sculp* Muskelmann *m*; **2.** *tech* Darstellung *f*, Abbildung *f* e-r Maschine. Abbildung; Blick *m* ins Innere (*e-r Maschine, e-s Geräts*)

écorchement [ekɔrʃəmɑ̃] *m von Tieren, hist auch von Menschen* Enthäuten *n*; (Ab)Häuten *n*

écorcher [ekɔrʃe] **I** *v/t* **1.** *Hasen etc* das Fell abziehen (+*dat*); enthäuten; *Aal* (ab)häuten; die Haut abziehen (+*dat*) (*hist auch e-m Menschen*); ♦ *fig*: il a une sensibilité d'écorché vif er ist empfindlich wie e-e Mimose; er ist von mimosenhafter Empfindlichkeit; er ist

zartbesaitet, dünnhäutig; F *von Kindern* il crie avant qu'on l'écorche er schreit schon vor den Schlägen, bevor er (die) Schläge bekommt; F il crie comme si on l'écorchait er schreit wie am Spieß; **2.** *Haut, Hand, Knie* aufschürfen; (ab)schürfen; aufscheuern; wund reiben; *adit*: avoir les genoux, les pieds écorchés aufgeschürfte, wunde Knie, wunde Füße haben; le bébé est écorché das Kind hat sich wundgelegen, ist ganz wund; ♦ *fig*: *Töne* ~ les oreilles in den Ohren wehtun; *saurer Wein* ~ le gosier in der Kehle kratzen; **3.** *Wort, Namen* entstellen; falsch aussprechen; F verhunzen; *Sprache* fehlerhaft, schlecht sprechen; radebrechen; **4.** *Saiteninstrument* jämmerlich spielen; ~ un violon auf e-r Geige her'umkratzen; **5.** F *fig Touristen etc* ausnehmen; das Fell über die Ohren ziehen (qn j-m); **II** *v/pr* s'~ sich auf-, abschürfen, aufscheuern, wund reiben; s'~ les pieds sich (die) Füße) wund laufen

écorch|eur [ekɔrʃœr] *m* **1.** Arbeiter, der die Tiere enthäutet; **2.** F *fig von e-m Wirt*, *Wucherer* Halsabschneider *m*; **3.** *zo* Neuntöter *m*; Rotrückenwürger *m*; **ure** *f* (kleine) Schürfwunde; Hautabschürfung *f*; Schramme *f*

écorner [ekɔrne] *v/t* **1.** *an Möbeln, Steinstufen etc* die Ecken, Kanten abstoßen, ab-, anschlagen (qc an etw [*dat*]); in ein Buch, an (Buch)Seiten Eselsohren *n/pl* machen; die Ecken 'umknicken *od* beschädigen (un livre e-s Buches); **2.** *fig Rücklagen, Vorräte* angreifen; *Vorräte auch* anbrechen; *Pension* her'absetzen; kürzen

écornifl|er [ekɔrnifle] *litt v/t* schma-'rotzen; F nassauern; schnorren; **eur** *m*, **euse** *f* Schma'rotzer *m*; F Nassauer *m*; Schnorrer *m*

écornure [ekɔrnyr] *f an Möbeln, Steinen etc* abgestoßene Ecke *od* Kante; abgestoßenes, abgesprungenes Stück; Scharte *f*

écossais [ekɔsɛ] **I** *adj* schottisch; *fig* douche ~e Wechselbad *n*; jupe ~e Schottenrock *m*; *zo* lévrier ~ Schottischer Hirschhund; Deerhound ['diəhaund] *m*; manteau ~ Mantel *m* mit Schottenkaro; *zo* setter ~ Irish Setter ['airiʃ] *m*; tissu ~ Schotten(stoff) *m*; **II** *subst* **1.** Ɛ̃(e) *m(f)* Schotte *m*, Schottin *f*; **2.** *ling* l'~ *m* das Schottische; Schottisch *n*; **3.** *m text* **a)** Schotten(stoff) *m*; **b)** Schottenkaro *n*, -muster *n*; **4.** ~e *f Tanz* Ecos'saise *od* Ekos'saise *f*

écoss|er [ekɔse] *v/t* **1.** *Hülsenfrüchte* aus-, enthülsen; ausschoten; *nordd* auspalen; **2.** P sein Geld F verjubeln; verpulvern; **euse** *f* Enthülsungs-, Schälmaschine *f*

écosystème [ekɔsistɛm] *m* Ökosystem *n*

écot [eko] *m* **1.** Anteil *m* (*an der Zeche*); **2.** Forstwirtschaft Baumstamm *m*, Ast *m* mit den Enden der abgehauenen Zweige; **3.** *Heraldik* Astpfahl *m*

écôter [ekote] *v/t Tabakblätter* ent-, ausrippen; entstielen

écoulement [ekulmɑ̃] *m* **1.** *von Wasser, Flüssigkeiten* Abfluß *m*; Abfließen *n*; Ab-, Auslaufen *n*; Rinnen *n*; *phys* Ausfluß *m*; *physiol* Ausfluß *m*; Absonderung *f*; Fluor *m*; *Strömungslehre* Strömung *f*; canal *m* d'~ Abflußkanal *m*; *Hydrologie*: coefficient *m* d'~ Abflußbeiwert *m*, -koeffizient *m*, -faktor *m*; déficit *m* d'~ Verdunstungshöhe *f*; indice *m* d'~ Abflußspende *f*; orifice *m* d'~ Abflußloch *n*; Ausfluß *m*; Abfluß *m*; Abzug *m*; *jur* servitude *f* d'~ des eaux Grunddienstbarkeit, die sich auf Ableitung von Abwässern bezieht; tuyau *m* d'~ Abflußrohr *n*; Abfluß *m*; *phys* vitesse *f*

d'~ Ausflußgeschwindigkeit f; **2.** e-r *Menschenmenge* Hin'ausströmen *n*, -gehen *n*; *des Verkehrs* Abwicklung f; Fluß *m*; *der Zeit* Ablauf *m*; Fluß *m*; Verfließen *n*; Da'hinfließen *n*; *mil* durée f d'~ des troupes 'Durchmarsch- *bzw* 'Durchfahrtzeit f der Truppen; **3.** *von Waren* Absatz *m*; Vertrieb *m*; 'Unterbringung f; 'Umsetzen *n*; *von Falschgeld* Verbreitung f; In-'Umlauf-Setzen *n*

écouler [ekule] **I** *v/t Waren* absetzen; vertreiben; verkaufen; 'unterbringen; 'umsetzen; *Falschgeld* in 'Umlauf setzen *od* bringen; verbreiten; **II** *v/pr* s'~ **1.** *Flüssigkeit* ab-, auslaufen; abfließen; laisser, faire (s')~ l'eau das Wasser abfließen, ablaufen lassen; **2.** *Menschenmenge* sich verlaufen; abziehen; strömen (de aus); *Zeit* vergehen; verrinnen; verfließen; da'hinfließen; *litt Glück, Reichtum* vergehen; (da'hin)schwinden; deux jours se sont écoulés *depuis cet incident* … sind zwei Tage vergangen; laisser s'~ un délai e-e Frist verstreichen lassen; ♦ *adjt* l'année écoulée a) das abgelaufene Jahr; b) im abgelaufenen Jahr; **3.** *Waren* Absatz finden; gehen; s'~ facilement gut gehen; gängig sein

écoumène [ekumɛn] *m géogr* Öku'mene f; bewohnter Teil der Erde

écourgeon [ekurʒɔ̃] *m cf* escourgeon

écourter [ekurte] *v/t Text, Rede, Zitat* kürzen; *Text, Rede auch* zu'sammenstreichen; *par ext* sinnentstellend kürzen; verstümmeln; verfälschen; *Reise, Besuch* abkürzen; *Kleidungsstücke* kürzen; kürzer machen; *Haare* kürzer schneiden; *bei Hunden, Pferden, Katzen: Schwanz bzw Ohren* stutzen; ku'pieren

écoute[1] [ekut] f **1.** *rad* Hören *n*; *tél, mil etc* Ab-, Mithören *n*; Abhorchen *n*; *mil* ~ sous-marine Unter'wasserhorchen *n*; *rad, télév* heure f de grande ~ günstige, beliebte Sendezeit; Sendezeit, in der die meisten Hörer *bzw* Zuschauer angesprochen werden; poste *m* d'~ Abhörstelle f; *mil auch* Horchposten *m*; service *m* d'~ Abhördienst *m*; table f d'~ Abhörgerät *n*; *tél* mise f sur table d'~ Anzapfen *n*; être à l'~ *rad* hören; *télécomm:* Gerät auf Empfang stehen; *Person:* nous vous êtes à l'~ de … hier ist …; Sie hören …; être aux ~s auf der Lauer sein, liegen; lauschen; *télécomm:* se mettre à l'~ auf Empfang stellen; passer l'~ à qn an j-n über-'geben; prendre l'~ auf Empfang gehen; rester à l'~ hörbereit, in Hörbereitschaft bleiben; *tél* restez à l'~! bleiben Sie am Apparat!; **2.** *ch vom Wildschwein* ~s *pl* Gehöre *n/pl*; Ohren *n/pl*

écoute[2] [ekut] f *mar* Schot(e) f; Segelleine f; nœud *m* d'~ Schotstek *m*; point *m* d'~ Schothorn f

écouter [ekute] **I** *v/t* **1.** *Konzert, Vortrag, Nachrichten etc* hören; sich anhören; *an der Tür, auf ein Geräusch* horchen (*abs od auf* + *acc*); *e-r Person, e-m Vortrag, j-s Worten* zuhören, lauschen (+*dat*); *télécomm, mil etc* ab-, mithören; mithorchen; *méd: Herztöne etc* abhören; *ab-* horchen; ~ qn j-m zuhören; j-m lauschen; *par ext* j-n belauschen; j-n hören; *abs* écoute bien! höre! *bzw* hören Sie (doch) (ein)mal!; hör *bzw* hören Sie zu!; paß *bzw* passen Sie mal auf!; *vorwurfsvoll* na hör *bzw* hören Sie mal!; *tél* allô, j'écoute ja bitte?; écoutez-moi bien! hören Sie (mir) gut zu!; vous ne m'écoutez pas! Sie hören (mir) ja gar nicht zu!; ~ attentivement aufmerksam zuhören; gespannt lauschen; aufpassen; ~ le chant des oiseaux dem Gesang der Vögel lauschen; ~ un concert à la radio

im Radio ein Konzert hören; am Radio ein Konzert mithören; ~ la radio Radio hören; ~ aux portes an der Tür, an den Türen lauschen, horchen; savoir ~ zuhören können; ♦ *adjt Reitsport* allure écoutée aufmerksamer Gang; **2.** ~ qn j-n anhören; j-m Gehör schenken; ~ les doléances de qn (sich) j-s Klagen anhören; gehorchen; ~ les conseils de qn auf j-s Rat(schläge) hören; j-s Rat (-schläge) befolgen; n'écoutez pas ce qu'il dit! hören Sie nicht auf ihn!; n'~ que soi-même nicht auf andere hören; il n'écoute pas ses parents er hört nicht auf s-e Eltern; ne vouloir ~ personne sich nichts sagen lassen; auf keinen hören; ♦ *par ext:* ~ sa conscience s-m Gewissen folgen; auf sein Gewissen hören; n'~ que son courage nicht an die Gefahr denken; *st/s* die Gefahr nicht achten; **II** *v/pr* **4.** s'~ parler sich (selbst) gern reden hören; **5.** si je m'écoutais, *je n'irais pas à ce rendez-vous* wenn es nach mir ginge *od* wenn ich könnte, wie ich wollte *od* wenn ich meiner ersten Eingebung folgen würde …; **6.** s'~ (trop) in über'triebener Weise auf s-e Gesundheit achten; sich verweichlichen; sich gehenlassen

écout|eur [ekutœr] *m tél* (Tele'fon-) Hörer *m*; ~s *pl* Kopfhörer *m/pl*; ~ interne Ohrhörer *m*; ~eux *adj* ⟨-euse⟩ *Reitsport* cheval ~ unaufmerksames, stutziges Pferd

écoutille [ekutij] f *mar* Luke f; Luk *n*; *abus* Ladeluke f; ~ arrière, avant 'Hinterdeck-, Vorderdeckluke f

écouvillon [ekuvijɔ̃] *m* a) *Bäckerei* (Ofen)Wischer *m*; b) Flaschenbürste f, -reiniger *m*; c) *mil* (Rohr-, Ka'nonen-) Wischer *m*; d) *méd* Stieltupfer *m*

écouvillonner [ekuvijɔne] *v/t Backofen, Kanonenrohr* auswischen; *Flaschen etc* reinigen; putzen; *méd* e-n Abstrich machen; *chir* ausräumen

écrabouill|age [ekrabujaʒ] F *m od* ~ement F *m* Zerquetschen *n*; Zermalmen *n*; ~er F *v/t* zerquetschen; zermalmen; F zermatschen; *Schnecke* zertreten

écran [ekrɑ̃] *m* **1.** a) (Ka'min-, Wand-) Schirm *m*; ~ de cheminée Kaminschirm *m*; b) *par ext* Schirm *m*; (Sicht-) Blende f (*Schutz*)Wand f; ~ de fumée Rauchschleier *m*; *mil auch* Nebelwand f; ~ de verdure grüner Wall; grüne Wand; se faire un ~ avec sa main mit der Hand die Augen abschirmen; c) *tech* Schutzvorrichtung f; Abschirmung f; Schirm *m*; ~ anti-éblouissant Blendschutz *m*; ~ de protection Schutzschild *m*; **2.** a) *cin* Leinwand f; grand ~ *od* ~ panoramique Breitwand f; ~ de projection Projekti'onsfläche f; Bildwand f (*bei Projektionsapparaten*); b) *par ext* Film *m*; vedette f de l'~ Filmstar *m*; porter à l'~ *Roman etc* verfilmen; auf die Leinwand bringen; c) *fig* le petit ~ das Fernsehen; **3.** *Elektronik, télév* Bildschirm *m*; *méd auch* Röntgenschirm *m*; ~ radar Ra'darschirm *m*; **4.** *impr, phot* Filter *m od* *n*; ~ coloré Farbfilter *m*; filtre de sélection Selekti'onsfilter *m*; **5.** *arch in e-r Kirche* Schranke f; Gitter *n*; Chor-, Al'tarschranke(n) f(pl); **6.** *bei Kesselanlagen* ~ d'eau (Wasser)Rohrsystem *n*

écrasant [ekrazɑ̃] *adj* **1.** *Gewicht etc* e'norm; gewaltig; riesig; ungeheuer groß, schwer; **2.** *fig Übermacht, Beweis-*

material, Mehrheit erdrückend; über-'wältigend; *Kräfte* weit über'legen; ungeheuer; *Überlegenheit* haushoch; *Erfolg* über'wältigend; 'durchschlagend; *Niederlage* vernichtend; *Hitze* (er-) drückend

écrasement [ekrazmɑ̃] *m* **1.** a) *allg* Zerdrücken *n*; Zermalmen *n*; Zerreiben *n*; *von Trauben etc* Zerquetschen *n*; *von Körnern* Zermahlen *n*; b) *von Nieten* Stauchen *n*; *-ung cf* Quetschung f; **2.** *fig e-r Revolte* Niederschlagung f, -werfung f; *von Streitkräften* Vernichtung f; Zerschlagung f; *sports* vernichtende Niederlage; **3.** *écon* ~ de la hiérarchie Verkleinerung f des 'Unterschiedes zwischen Spitzen- und Mindestlöhnen

écraser [ekraze] **I** *v/t* **1.** zerdrücken; zerquetschen; zerreiben; *Steine etc* zermalmen; *Körner etc* zermahlen; zerkleinern; *tech* schroten; *e-n Wurm etc: absichtlich* zertreten; *versehentlich* treten auf (+*acc*); *Gras* zer-, niedertreten; *Nüsse mit den Zähnen* zer-, aufbeißen; *Zug, Auto: Menschen etc* über'fahren; *Gas-, Bremspedal* ganz 'durchtreten; ~ l'accélérateur *auch* 'Vollgas geben; *übertreibend* ~ le pied de qn j-m auf den Fuß treten; ~ qc *avec un marteau* etw mit dem Hammer zer-, aufschlagen, zer-, aufklopfen; écrasé par un éboulement de rochers von herabstürzenden Steinen erschlagen, zerschmettert werden; se faire ~ par une voiture von e-m Auto überfahren werden; ♦ *adjt:* F rubrique f des chiens écrasés vermischte (Lo'kal)Nachrichten f/pl; nez écrasé platte, plattgedrückte Nase; F Boxernase f; **2.** *fig Aufstand, Revolte* niederschlagen, -werfen; *mil* vernichten; zerschlagen; *sports* vernichtend schlagen; *Unternehmen* zu'grunde richten; *Gegner, Rivalen* weit, haushoch über'legen sein (+*dat*); über'ragen; ausstechen; an die Wand drücken; zermalmen (*durch s-e Überlegenheit*); elle écrase de luxe tout son entourage sie sticht mit ihrem Luxus alle aus; sie protzt mit ihrem Luxus; ~ qn de son mépris j-n mit Verachtung strafen; ♦ ~ qn *Sorgen, Unglück etc* j-n (be-, er-, nieder)drücken, nieder-, zerschmettern; *Arbeit* j-n (fast) erdrücken; *Verantwortung* schwer auf j-m lasten; cet immeuble écrase tous ceux qui l'entourent dieses Gebäude erdrückt alle anderen in der Nähe; **3.** P a) écrase! P Schnauze!; quatsch nicht!; halt die Klappe!; b) en ~ für sich im Sack, Ratz schlafen; **II** *v/pr* s'~ **4.** *herabfallende Früchte etc* zer-, aufplatzen; *Wogen* sich brechen; *Flugzeug:* s'~ (au sol) abstürzen; am Boden zerschellen; s'~ contre une montagne an e-m Berg zerschellen; *Auto* s'~ contre un mur gegen e-e Mauer prallen, fahren; **5.** F *Menschen* sich drängen; **6.** P *Person* P die Klappe, die Schnauze halten; F ganz klein und häßlich werden

écraseur [ekrazœr] *m* **1.** *tech* Quetsche f; Presse f; **2.** F *cf* chauffard

écrémage [ekremaʒ] *m* **1.** *von Milch* Ent-, Abrahmen *n*; Absahnen *n*; **2.** *fig* a) *Abwasserreinigung* Entfernung f von Schwimmstoffen; b) *ch de fer* ~ du trafic Verlagerung f hochwertiger Transportgüter von der Schiene auf die Straße; c) *Glasherstellung* Abschäumen *n*

écrém|er [ekreme] *v/t* ⟨-è-⟩ **1.** *Milch* entrahmen; abrahmen; absahnen; *adjt* lait écrémé entrahmte Milch; Magermilch f; lait à demi écrémé Halbmilch f; Trockenmilch f mit geringerem Fettgehalt (*für Säuglinge*); **2.** *fig* den Rahm, das Fett abschöpfen, (sich) das Beste

nehmen (qc von etw); **3.** *bei der Glasherstellung* abschäumen; **~euse** *f* Milchzentrifuge *f*
écrêter [ekrete] *v/t* **1.** *agr* Mais schröpfen; **2.** *rad* Amplitude begrenzen
écrevisse [ekravis] *f* **1.** *zo, cuis* (Fluß)Krebs *m*; *fig*: **être rouge comme une ~** krebsrot sein; rot sein wie ein gekochter Krebs; **marcher, aller comme une ~** im Krebsgang gehen; krebsen; **2.** *e-r Ritterrüstung* Plattenharnisch *m*
écrier [ekrije] *v/pr* **s'~** ausrufen; ... **s'écria-t-il** ... rief er (aus)
écrin [ekrɛ̃] *m* (Schmuck)Kästchen *n*, (-)Kasten *m*; Etu'i *n*; Scha'tulle *f*; **~ à bijoux** Schmuckkästchen *n*
écrire [ekrir] ⟨j'écris, il écrit, nous écrivons; j'écrivais; j'écrivis; j'écrirai; que j'écrive; écrivant; écrit⟩ **I** *v/t* schreiben; auf-, niederschreiben; schriftlich mitteilen; *abs* Schriftsteller schreiben; schriftstellern; **~ qc à qn** j-m etw schreiben; an j-n etw schreiben; **être écrit** *cf* écrit I 2.; ♦ *Wendungen mit subst*: **~ un article de journal, un livre, une pièce de théâtre, un roman** e-n Zeitungsartikel, ein Buch, ein Theaterstück, e-n Roman schreiben; **faire ~ une lettre à une secrétaire** e-e Sekretärin e-n Brief schreiben lassen; **comment écrivez-vous ce mot?** wie schreiben Sie dieses Wort?; **~ des notes de musique** Noten schreiben; **~ un opéra, une sonate** e-e Oper, e-e Sonate schreiben; ♦ *mit adv*: **~ beaucoup, fin, gros, lisiblement, lourdement, mal, petit, peu viel, fein, groß, leserlich, unbeholfen, schlecht, klein, wenig** schreiben; ♦ *mit prép u loc/adv*: **~ au brouillon, au propre** ins Konzept, ins reine schreiben; **~ à la craie, au crayon, à l'encre** mit Kreide, mit Bleistift, mit Tinte schreiben; **~ à la machine, à la main** mit der Maschine, mit der Hand schreiben; **~ au tableau** an die (Wand)Tafel schreiben; **~ avec concision, élégance** e-n knappen, gewandten Stil schreiben; **~ avec une plume** mit e-r Feder schreiben; **~ dans les journaux** für, in Zeitungen schreiben; **~ dans le sable** in den Sand schreiben; **~ d'une manière illisible** unleserlich schreiben; **~ de Paris** aus Paris schreiben; **~ en caractères romains** in lateinischen Buchstaben schreiben; **~ en prose, en vers** in Prosa, in Versen schreiben; **~ sur** *od* **dans un cahier** in ein Heft schreiben; **~ sur une feuille de papier** auf ein Blatt Papier schreiben; **~ sur ses genoux** auf den Knien schreiben; ♦ *mit Verb*: **apprendre à ~** schreiben lernen; **effacer, gommer ce que l'on a écrit** das Geschriebene auslöschen *od* -wischen, ausradieren; **il ne sait pas ~** er kann nicht schreiben (*auch Schriftsteller*); **savoir lire et ~** lesen und schreiben können; **II** *v/pr* **s'~ a)** *passivisch* geschrieben werden; sich schreiben; **comment est-ce que ça s'écrit?** wie schreibt man das?; wie wird das geschrieben?; **cela se dit, mais ne s'écrit pas** das kann man sagen, aber nicht schreiben; **son nom s'écrit avec ck** er schreibt sich mit ck; **b)** *reziprok* sich (*Briefe*) schreiben; mitein'ander in Briefwechsel stehen
écrit [ekri] **I** *p/p von* écrire *u adj* **1.** schriftlich; geschrieben; *Papier* beschrieben; **autorisation ~e** schriftliche Genehmigung; **droit ~** geschriebenes Recht; **une feuille ~e des deux côtés** ein zweiseitig, auf beiden Seiten beschriebenes Blatt; **le français ~** das Schriftfranzösische; Schriftfranzösisch

n; die französische Schriftsprache; **langue ~e** geschriebene Sprache; Schriftsprache *f*; **~ à la machine, à la main** ma'schine-, handgeschrieben; **2.** **être ~ in e-m Buch etc** stehen; **qu'est-ce qui était ~ od qu'est-ce qu'il y avait d'~ sur cette feuille?** was stand auf diesem Blatt?; *bibl* **il est ~** ... es steht geschrieben ...; *fig*: **c'était ~** es mußte so kommen; das war Schicksal; **il était ~ qu'il ne réussirait pas** es stand fest *od* es stand ihm auf der Stirn geschrieben ...; **la colère, la douleur était ~e sur son visage** Zorn, Schmerz war in s-m Gesicht zu lesen, stand ihm auf der Stirn geschrieben; **II** *m* **1.** Schrift *f*; politique, satirique politische, satirische Schrift; **2.** *jur* Schriftstück *n*; **3.** schriftliche Prüfung; Schriftliche(s) *n*; schriftlicher Teil (e-r Prüfung) **échouer à l'~** im Schriftlichen 'durchfallen; **4.** *loc/adv* **par ~** schriftlich; **offre faite par ~** schriftliches Angebot; **ordre m par ~** schriftlicher Befehl; **confirmer qc par ~** etw schriftlich bestätigen; **mettre qc par ~** etw niederschreiben, zu Papier bringen
écrit|eau [ekrito] *m* ⟨*pl* **~x**⟩ (Hinweis-)Schild *n*; **mettre un ~ sur une porte** ein Schild an e-r Tür anbringen; **~oire** *m* früher Schreibzeug *n*, -garnitur *f*
écriture [ekrityr] *f* **1.** Schrift *f*; *als Handlung, Schulfach* Schreiben *n*; **~ arabe, grecque, romaine** arabische, griechische, lateinische Schrift; *Schule* **une page d'~** e-e Seite Schönschrift, Schönschreiben *n*; **2.** (Hand)Schrift *f*; **grosse, petite ~** große, kleine Schrift; **avoir une belle ~** e-e schöne (Hand)Schrift haben; **3.** *comm* Buchung *f*; Eintragung *f*; **~s** *pl* Geschäftsbücher *n/pl*; Konten *n/pl*; geschäftliche Aufzeichnungen *f/pl*; **~ de clôture** Abschlußbuchung *f*; **~ passée au débit, au crédit** Last-, Gutschrift *f*; **employé aux ~s** (Kanz'lei)Schreiber *m*; **passer une ~** e-e Buchung vornehmen; **e-e Eintragung machen; tenir les ~s** die Buchführung machen; die Bücher führen; **4.** *jur* Schriftstück *n*; Urkunde *f*; Doku'ment *n*; Schrift *f*; **~ privée** Pri'vaturkunde *f*; **~ publique** öffentliche Urkunde; **5.** *rel* **l'~ (sainte), les (Saintes) ~s** die (Heilige) Schrift; **passage m de l'~** Bibel-, Schriftstelle *f*
écrivaill|er [ekrivaje, -vɑ-] *v/t u v/i péj* viel zu'sammenschreiben; sich e-n Stiefel zu'sammenschreiben; sich qc etw hin-, zu'sammenschmieren; **~eur** *m* Schreiberling *m*; Skri'bent *m*; Vielschreiber *m*; Federfuchser *m*; **~on** *cf* écrivailleur
écrivain [ekrivɛ̃] *m* **1.** Schriftsteller *m*; *auch* Schriftstellerin *f*; **un grand ~** ein großer Schriftsteller; **2.** *mar* Rechnungsführer *m* (*auf Schiffen*); *égl cath* **~ apostolique** Schreiber *m* der apostolischen Kanzlei; *in Ländern mit vielen Analphabeten* **~ public** Schreibkundige(r) *m*; öffentlicher Schreiber
écrivass|er [ekrivase] *v/t cf* écrivailler; **~ier** *m cf* écrivailleur
écrou [ekru] *m* **1.** *tech* (Schrauben)Mutter *f*; **~ carré, hexagonal** Vierkant-, Sechskantmutter *f*; **~ à chapeau** 'Überwurf-, Hutmutter *f*; **~ à embase** Scheibenmutter *f*; **serrer un ~** e-e Mutter anziehen; **2.** *jur* Inhaf'tierung *f*; In'haftnahme *f*; **levée f d'~** Haftaufhebung *f*, -entlassung *f*; **registre m d'~** Haftregister *n*; **lever l'~ de qn** j-n aus der Haft entlassen
écrouelles [ekruɛl] *f/pl path* früher Skrofeln *f/pl*
écrouer [ekrue] *v/t* **a)** ins Haftregister

eintragen; **b)** *par ext* inhaf'tieren; einsperren; ins Gefängnis einliefern
écrou|ir [ekruir] *v/t métall* kalthämmern, -verformen, -schmieden; **~issage** *m métall* Kalthämmern *n*, -verformung *f*, -schmieden *n*
écroulement [ekrulmɑ̃] *m* **1.** *e-s Gebäudes etc* Einsturz *m*; Einstürzen *n*; Zu'sammenbrechen *n*; **danger m d'~** Einsturzgefahr *f*; **2.** *fig e-s Reichs, Unternehmens etc* Zu'sammenbruch *m*
écrouler [ekrule] *v/pr* **s'~ 1.** *Gebäude, Brücke, Gerüst etc* einstürzen; zu'sammenbrechen; *Gebäude auch* in sich zu'sammenstürzen; *Tribüne* zu'sammenstürzen; *Balken, Decke* zu'sammenbrechen; *Mauern, Turm* einfallen; 'umstürzen; **faire ~** zum Einsturz bringen; **le plafond s'écroula sur les occupants** die Decke stürzte, kam auf die Bewohner her'unter; **2.** *fig Reich, Macht, Unternehmen* zu'sammenbrechen; *Pläne, Hoffnungen* sich zerschlagen; zu'nichte, F zu Wasser werden; *Theorie, These* in sich zu'sammenstürzen, -brechen; **3.** *fig Person* zu'sammenbrechen; **s'~ en sanglots** schluchzend zusammenbrechen; *sports Läufer* **s'~ sur la ligne d'arrivée** auf der Ziellinie zusammenbrechen; *durch ein Unglück etc* **être écroulé** zutiefst betroffen sein; **4.** F *fig* sich fallen lassen (**sur son lit, dans un fauteuil** auf ein Bett, in e-n Sessel); **5.** F *fig* **être écroulé** F sich e-n Ast. halb'tot, krumm und bucklig lachen; sich ka'puttlachen; sich kugeln vor Lachen
écroût|er [ekrute] *v/t* **1.** Brot entrinden; abrinden; **2.** *agr oberste Erdschicht* lockern; krümeln; **~euse** *f agr (Art)* Scheibenegge *f*
écru [ekry] *adj* **a)** ungebleicht; ungefärbt; roh; e'krü; **coton ~** ungebleichte Baumwolle; **fil ~** Rohgarn *n*; **soie ~e** Ekrüseide *f*; Rohseide *f*; **toile ~e** ungebleichtes Leinen; **b)** **cuir ~** ungeweichtes Leder
ectasie [ɛktazi] *f path* Ekta'sie *f*
ecthyma [ɛktima] *m path* Ek'thym(a) *n*
ecto|derme [ɛktɔdɛrm] *m biol* Ekto'derm *n*; **~parasite** *m zo, méd* Ekto-para'sit *m*; Ekto'sit *m*
ectop|ie [ɛktɔpi] *f path* Ekto'pie *f*; **~ testiculaire** angeborene Verlagerung des Hodens; **~ique** *adj path* ek'topisch
ectoplasme [ɛktɔplasm(ə)] *m* **1.** *biol* Ekto'plasma *n*; **2.** *Okkultismus* Tele-, Ekto'plasma *n*
ectropion [ɛktrɔpjɔ̃] *m path* **1.** Ek'tropium *n*; Ek'tropion *n*; **2.** 'Umgestülptsein *n* der Muttermundslippen nach außen
écu [eky] *m* **1.** *hist mil* Schild *m*; **2.** *Heraldik* (Wappen)Schild *m od n*; **3.** *alte Münzeinheit*, etwa Taler *m*
écubier [ekybje] *m mar* (Anker)Klüse *f*; **~ d'amarrage** Vertauklüse *f*
écueil [ekœj] *m* **1.** Riff *n*; Klippe *f*; Felsenriff *m*, -klippe *f*; Bank *f*; **banc m d'~** Fels(en)bank *f*; **côte bordée d'~s** klippenreiche Küste; **Schiff se briser sur** *od* **contre un ~** an e-r Klippe zerschellen; **2.** *fig* Klippe *f*; Hindernis *n*; gefährliche, heikle Stelle; **éviter un ~** e-e Klippe um'schiffen
écuelle [ekuɛl] *f* **1.** *für Tiere od litt* **a)** Napf *m*; Schale *f*; **~ de fer-blanc** Blechnapf *m*; **~ en bois, en terre** Holz-, Tonschüssel *f*, -schale *f*; **b)** Napfvoll *m*; (e-e) Schale voll; **une ~ de lait** e-e Schale, Schüssel (voll) Milch; **2.** *bot* **~ d'eau** Wassernabel *m*
écuisser [ekɥise] *v/t* Baum beim Fällen zersplittern
éculé [ekyle] *adj* **1.** *Schuhe, Absätze*

abgelaufen; schiefgelaufen, -getreten; **2.** *fig Witz etc* abgedroschen; abgegriffen; abgeleiert; platt; *Trick* billig

écumage [ekyma3] *m* **1.** Abschäumen *n*; Abschöpfen *n*; **2. a)** *métall* Abstrich *m*; Abstreichen *n*; **b)** *Abwasserreinigung* Abschöpfen *n* (*von Öl u Fett*)

écume [ekym] *f* **1.** *allg* Schaum *m*; *auf Wellen auch* Gischt *m*; *bei Tieren* Geifer *m*; *bei Pferden* Schaum *m*; Schweiß *m*; **l'épileptique avait l'~ aux lèvres** dem Epileptiker stand der Schaum auf den Lippen, vor dem Mund; **2.** *fig der Gesellschaft etc* Abschaum *m*; Auswurf *m*; Abhub *m*; **3.** *zo* **~ printanière** Kuckucksspeichel *m*; **4.** *minér* **~ de mer** Meerschaum *m*; **pipe f en ~ de mer** Meerschaumpfeife *f*; **~ de terre** Schaumerde *f*; **5. a)** *Zuckerherstellung* Schlamm *m*; **b)** *métall* Schlacke *f*; Gekrätz *n*

écuménique [ekymenik] *adj cf* **œcuménique**

écumer [ekyme] **I** *v/t* **1.** *Fleischbrühe, Obstsaft, Sirup etc* abschäumen; den Schaum abschöpfen (**qc** von etw); **2.** *fig* **a)** *Seeräuber* **~ les mers, les côtes** freibeutern; Seeräuberei betreiben; **b)** *par ext* ausrauben; plündern; das Beste mitnehmen (**qc**); **II** *v/i* **3.** schäumen; sich mit Schaum bedecken; *Meer* Schaum bilden; Gischt aufwerfen, sprühen; **cheval** *m* **qui écume a)** schweißbedecktes, schweißnasses Pferd; **b)** Pferd, dem Schaum ums Maul fliegt; **4.** *fig* **~ (de colère, de rage)** vor Zorn, vor Wut schäumen

écum|eur [ekymœr] *m* **~ des mers** Seeräuber *m*; Freibeuter *m* (*auch fig Plagiator etc*); **~eux** *adj* ⟨**-euse**⟩ schaumbedeckt; schäumend; Schaum bildend; **~oire** *f cuis, tech* Schaumlöffel *m*, -kelle *f*; *fig* **troué comme une ~** durch'löchert wie ein Sieb

écurement [ekyrmã] *m agr* Wasserfurche *f*

écureuil [ekyrœj] *m* **1.** *zo* **a)** Eichhörnchen *n*; **~** gris Grauhörnchen *n*; **~** **jappant** Prä'riehund *m*; **~ volant** Flughörnchen *n*; **~ de terre** Erdhörnchen *n*; *fig Person* **être vif, agile comme un ~** flink wie ein Wiesel, wieselflink sein; **b)** Gabel-Buchenspinner *m*; **2.** *élect* **cage f d'~** Käfiganker *m*, -wicklung *f*

écurie [ekyri] *f* **1.** (Pferde)Stall *m*; *hist* Marstall *m*; *myth* **les ~s d'Augias** der Au'giasstall; **nettoyer les ~s d'Augias** den Augiasstall ausmisten; *Pferd, fig Person* **sentir l'~** den Stall wittern; merken, daß es nach Hause, heimwärts geht; **2. a)** *beim Pferderennen* (Renn)Stall *m*; **b)** *par ext beim Motor- u Radrennsport* Rennstall *m*; **c)** *fig* Gruppe *f* um e-n Po'litiker; Mannschaft *f*; **3.** *fig von e-m Zimmer etc* (Schweine-) Stall *m*

écusson [ekysõ] *m* **1.** *Heraldik* Wappenschild *m od n*; (Mittel-, Herz)Schild *m od n*; **2.** *mil* **a)** (Kragen)Spiegel *m*; **b)** Abzeichen *n* (*am Ärmel zur Unterscheidung der Waffengattungen etc*); **3.** *agr* Schild(chen) *n*; Oku'lierschild *n*; schildförmiges Edelauge; **4.** *bot* **a)** Samenkapsel *f e-r Flechte*; **b)** *bei Gräsern* Schildchen *n*; *sc* Scu'tellum *n*; **5.** *zo* **a)** *bei Insekten* (Rücken)Schild *n*; **b)** *bei Fischen* Schild *m*; knöcherne Platte; **c)** *bei Vögeln* Hornschild *m*; **6.** *arch* Kar'tusche *f mit Wappenschmuck*; **7.** Beschlag an Schlüsselloch und Türschnalle Schild *n*; **8.** *mar* Schild *n*

écusonn|age [ekysɔna3] *m* Oku'lieren *n*; Okulati'on *f*; Äugeln *n*; **~er** *v/t* **1.** mit e-m Abzeichen versehen; ein Abzeichen an-, aufnähen; **2.** *Bäume, Rosenstöcke*

---

etc oku'lieren; äugeln; veredeln; **~oir** ⟩ Oku'liermesser *n*

écuy|er [ekɥije] *m* **1.** *Reitsport* **a)** guter Reiter; **b)** **~ (du cirque)** Kunstreiter *m*; **c)** Zureiter *m*; Bereiter *m*; **d)** Reitlehrer *m*; **2.** *hist* **a)** (Schild)Knappe *m*; **~ tranchant, de cuisine** Truchseß *m*; Küchenmeister *m*; **b)** *etwa* (junger) Edelmann; **c)** Stallmeister *m*; **~ère** *f* **a)** Reiterin *f*; **b)** **~ (du cirque)** Kunstreiterin *f*; **bottes** *f/pl* **à l'~** Reitstiefel *m/pl* mit Knieschutz; **monter à l'~** im Herrensitz reiten

eczéma [ɛgzema] *m path* Ek'zem *n*

eczémateux [ɛgzematø] **I** *adj* ⟨**-euse**⟩ *path* ekze'matisch; ekzema'tös; ek'zemartig; **II** *m* Ekze'matiker *m*

édam [edam] *m cuis* Edamer (Käse) *m*

edelweiss [edɛlvajs, -vɛs] *m bot* Edelweiß *n*

Éden [edɛn] *m* **1.** *bibl* Eden *n*; Para'dies *n*; **le jardin d'~** der Garten Eden; **2.** *fig ⓔ* Para'dies *n*; herrlicher Ort

édénique [edenik] *adj* para'diesisch; Para'dies…

édent|é [edɑ̃te] **I** *adj* zahnlos; zahnlückig; *Kamm* mit abgebrochenen Zähnen; Zinken; **II** *m/pl* **~s** *zo* Zahnarme(n) *m/pl*; Eden'taten *m/pl*; **II** *v/t bei e-m Kamm, e-r Säge* Zähne abbrechen

édicter [edikte] *v/t* verordnen; anordnen; verfügen; *Strafen* festsetzen; *Gesetze* erlassen; verkünden; *Verhaltensmaßregeln* vorschreiben

édicule [edikyl] *m* **1.** Häuschen *n*; kleines Gebäude; **2.** *hist, arch* Ä'dikula *f*

édifiant [edifjɑ̃] *adj* **1.** *Predigt, Gespräch etc* erbaulich; **lecture ~e** Erbauungslektüre *f*; **2.** lehrreich; belehrend; aufschlußreich

édification [edifikasjõ] *f* **1.** *e-s Gebäudes, Denkmals etc* Errichtung *f*; Erbauung *f*; Bau *m*; Erstellung *f*; **2.** *fig* Erbauung *f* (*der Gläubigen etc*); *par ext* Belehrung *f*; **3.** *fig e-s Reichs, e-r Wissenschaft etc* Aufbau *m*; Bau *m*; Schaffung *f*

édifice [edifis] *m* **1.** Gebäude *n*; Bauwerk *n*; Bau *m*; *jur* bauliche Anlage; **~s publics** öffentliche Gebäude *n/pl*; **~ sompteux** prunkvolles Gebäude; Prachtbau *m*; **~ surmonté d'une coupole** Kuppelbau *m*; **2.** *fig* Aufbau *m*; Bau *m*; Gebäude *n*; Struk'tur *f*; Gefüge *n*; **~ social** Gesellschaftsordnung *f*; soziale Struktur; **~ d'une chevelure** (kunstvoller) Bau e-r Frisur

édifier [edifje] *v/t* **1.** *Kathedrale, Palast etc* erbauen; errichten; erstellen; **2.** *Reich, Gesellschaft* begründen; aufbauen; stiften; *Theorie, Lehre* aufstellen; *sein Leben etc* **~ sur qc** auf etw (*dat*) aufbauen; **3.** *fig Predigt: die Gläubigen etc* erbauen; andächtig, besinnlich stimmen; **4.** *iron* belehren; aufklären; **je suis édifié sur son compte** ich weiß über ihn Bescheid; ich bin über ihn im Bild(e)

édil|e [edil] *m* **1.** *im alten Rom* Ä'dil *m*; **2.** *in e-r Großstadt* **~s** *pl* Stadtverwaltung *f*; Magi'strat *m*; Stadtväter *m/pl* (*auch iron*); **~ité** *f* **1.** *im alten Rom* Ädili'tät *f*; Amt *n* und Würde *f* e-s Ä'dilen; **2.** *in e-r Großstadt* Stadtverwaltung *f*; Magi'strat *m*; Stadtrat *m*

édit [edi] *m hist* E'dikt *n*; Erlaß *m*, Anordnung *f*, Verordnung *f* (*e-s Herrschers*); **l'~ de Nantes** das Edikt von Nantes

éditer [edite] *v/t Roman, Werk* her'ausgeben; veröffentlichen; verlegen; her'ausbringen; e'dieren; *Schallplatten, Partituren, Postkarten* her'ausbringen; verlegen; *Kupferstiche* her'ausgeben; drucken

édi|teur [editœr] *m*, **~trice** *f* Verleger (-in) *m(f)*; Her'ausgeber(in) *m(f)*; *auch*

Verlag *m*; *bei Zeitungen u Zeitschriften* **éditeur responsable** Herausgeber *m*; Verleger *m*; *par ext* éditeur de cartes postales, de disques, d'œuvres d'art Postkarten-, Schallplatten-, Kunstverleger *m*; *adj* **société éditrice** Verlag(sgesellschaft) *m(f)*

édition [edisjõ] *f* **1.** *von Büchern* Ausgabe *f* (*nur Werk*); Editi'on *f*; *als Vorgang* Her'ausgabe *f* (*auch von Schallplatten*); Veröffentlichung *f*; **~ brochée, reliée** broschierte, gebundene Ausgabe; **~ critique** kritische Ausgabe; **~ à tirage restreint**, **limité** Ausgabe mit beschränkter, begrenzter Auflage(nziffer); **~ de disque** Schallplattenausgabe *f*; **~ de luxe** Luxus-, Prachtausgabe *f*; **~ des œuvres de Victor Hugo** Ausgabe der Werke Victor Hugos, von Victor Hugos Schriften; **contrat ~ d'~** Verlags-, Au'torenvertrag *m*; **maison f, société f d'~** Verlag *m*; Verlagshaus *n*, -gesellschaft *f*; *auch* Verlagsbuchhandlung *f*; **papier** *m* **d'~** imprägniertes Druckpapier; **travailler dans l'~** im Verlag(swesen) tätig sein; **2.** *von Zeitungen* Ausgabe *f*; Her'ausgabe *f*; **dernière ~** neueste *od* letzte Ausgabe; **~ spéciale** Extrablatt *n*; Sonderausgabe *f*; **~ de midi, du soir** Mittags-, Abendausgabe *f*; **~ de Paris, de province** Pariser Ausgabe *f*, Regio'nalausgabe *f*; **3.** *bei Büchern* Auflage *f*; **~ augmentée** ergänzte, erweiterte Auflage; **nouvelle ~** Neuauflage *f*; neue Auflage; **~ revue et corrigée** 'durchgesehene und verbesserte Auflage; **4.** **~s** *pl* Verlag *m*; *ce livre est paru aux ~s X* ist im Verlag X, bei X erschienen, herausgekommen; **5.** *fig e-r Begebenheit, Aussage etc* **nouvelle, deuxième ~** Neuauflage *f*; Wieder'holung *f*

éditionner [edisjɔne] *v/t* mit e-m Vermerk über Auflage und Auflagenhöhe versehen

éditorial [editɔrjal] *m* ⟨*pl* **-aux**⟩ Leitartikel *m*; **~iste** *m* Leitartikler *m*

édredon [edrǝdõ] *m* Daunenbett *n*; *mit Daunen gefülltes* Deckbett; Federbett *n*; Plu'meau *n*; **~ américain** (Daunen-) Steppdecke *f*

éduc|abilité [edykabilite] *f* Bildungsfähigkeit *f*; Bildbarkeit *f* (*e-s Charakters*); Erziehbarkeit *f*; **~able** *adj* erziehungs-, bildungs-, entwicklungsfähig; erziehbar; bildsam; bildbar

éduca|teur [edykatœr], **~trice** **I** *m,f* Erzieher(in) *m(f)*; **II** *adj* erzieherisch; erziehlich; päda'gogisch; Erziehungs…; Erzieher…

éducatif [edykatif] **I** *adj* ⟨**-ive**⟩ erzieherisch; bildend; erziehlich; päda'gogisch (*wertvoll*); belehrend; Erziehungs…; Erzieher…; *jur* **assistance éducative** Erziehungsbeistandschaft *f*; **film ~** Lehrfilm *m*; **jeux ~s** erzieherische, pädagogisch wertvolle Spiele *n/pl*; *sports* **mouvements ~s** spezielle Übungen *f/pl*; **II** *m sports* Zweckgymnastik *f*; spezi'elle Übungen *f/pl für die einzelnen Disziplinen*); **~ de la course, du saut** Lauf-, Sprungübungen *f/pl*

éducation [edykasjõ] *f* **1.** Erziehung *f*; Bildung *f*; **~ religieuse** religiöse Erziehung; **~ mixte** Koedukation *f*; **~ permanente** ständige Fort-, Weiterbildung; **~ physique** körperliche Ertüchtigung; *als Schulfach* Leibeserziehung *f*; Turnen *n*; **professeur d'~ physique** Turnlehrer *m*; **~ politique** politische Bildung; **~ sexuelle** Sexu'alerziehung *f*, -pädagogik *f*; **droit m d'~** Erziehungsrecht *n*; **méthode f, système m d'~** Erziehungsmethode *f*, -system *n*; **ministère** *m* **de l'~** *in Frankreich* Erzie-

hungs-, 'Unterrichtsministerium *n*; *in Deutschland etwa* Kultusministerium *n*; avoir de l'~ gut erzogen sein; **ne pas avoir d'~**, **être sans ~** kein (gutes) Benehmen, F überhaupt keine, nicht die geringste Bildung haben; schlecht erzogen sein; **donner à qn une bonne ~** j-m e-e gute Erziehung zuteil werden lassen; **elle manque d'~** ihr fehlt die nötige Erziehung; ihr fehlt es an der nötigen Erziehung; **recevoir une bonne ~** e-e gute Erziehung genießen; **2.** Schulung *f*; Übung *f*; Ausbildung *f*; **~ de la mémoire** Gedächtnisschulung *f*; **~ de l'œil, de l'oreille** Schulung des Auges, des Gehörs

édulcor|ant [edylkɔrɑ̃] *m* *phm* Süßstoff *m*; **~ation** *f* **1.** *phm* Hin'zufügen *n* von Süßstoff; **2.** *fig* Milderung *f*; Entschärfung *f*; Abschwächung *f*; **~er** *v/t* **1.** *phm* Süßstoff hin'zufügen (**qc** zu etw); **2.** *fig Text etc* mildern; entschärfen; abschwächen

éduquer [edyke] *v/t* **1.** erziehen; bilden; *adjt* **bien, mal éduqué** wohl- *od* guterzogen, schlechterzogen; **2.** *Gedächtnis etc* schulen; üben; ausbilden

éfaufiler [efofile] *v/t* die Fäden ausziehen, auszupfen (**un tissu** aus e-m Gewebe)

effaçable [efasabl(ə)] *adj* (aus)löschbar

effacé [efase] *adj* **1.** *Person* unauffällig; unscheinbar; unbedeutend; *Benehmen, Haltung* zu'rückhaltend; bescheiden; **2.** *ch de fer Signal* in Fahrtstellung

effacement [efasmɑ̃] *m* **1. a)** *von Buchstaben, Zeilen* (Aus)Löschen *n*; (Aus)Streichen *n*; Ausradieren *n*; Tilgung *f*; Streichung *f*; Entfernen *n*; **b)** *e-r Tonbandaufzeichnung* Löschen *n*, *-ung f*; *bei Tonbandgeräten* **tête** *f* **d'~** Löschkopf *m*; **2.** *fig* **a)** *von Eindrücken, Erinnerungen etc* Verblassen *n*; Entschwinden *n*; Zu'rücktreten *n*; Tilgung *f*; **b)** *e-r Person* Zu'rücktreten *n* (**de soi-même**) (bescheidenes) Zu'rücktreten; (bescheidene, bewußte) Zu'rückhaltung *f*

effacer [efase] **<-ç-> I** *v/t* **1. a)** *Geschriebenes* (aus)löschen; aus-, ab-, weg-, verwischen; aus-, wegradieren; *Fleck* entfernen; *Falten* glätten; *Spuren, Abdrücke* verwischen; löschen; tilgen; beseitigen; *Tonbandaufzeichnung* löschen; *abs* **cette gomme efface bien** mit diesem Radiergummi kann man, läßt sich gut radieren; *ellip* **~ le tableau** die Tafel abwischen; **b)** *par ext Namen auf e-r Liste* (aus-, 'durch-, weg)streichen; *Vertragsklausel, Paragraph* streichen; tilgen; wegfallen lassen; **2.** *fig* **a)** *Erinnerung etc* (aus)löschen; (aus)tilgen; *Unterschiede* ausmerzen; beseitigen; verschwinden lassen; **le temps efface tout** etwa alles ist vergänglich; **de sa mémoire** aus s-m Gedächtnis streichen; **b)** ausstechen; (bei weitem) über'treffen; in den Schatten stellen; *j-s Ruhm* verdunkeln; **3.** *Körper, Schulter* zu'rücknehmen; **II** *v/pr* **s'~ 4.** *Geschriebenes* sich aus-, ab-, wegwischen, (aus)ra'dieren, entfernen lassen; verwischen; *Farben, Tinte* verblassen; *Inschriften etc* verblassen; verschwinden; vergehen; ausgelöscht werden; **5.** *fig Erinnerung* verblassen; zu'rücktreten; *Gefühle, Empfindungen* erlöschen; nachlassen; **6.** *Person* zur Seite treten; zu'rücktreten (**um** j-n vorbeizulassen); *par ext* zu'rücktreten, -stehen (**devant qn** vor j-m); sich (bescheiden) zu'rückziehen, -halten; sich im 'Hintergrund halten

effarant [efarɑ̃] *adj Nachricht, Dummheit, Preis etc* unglaublich; erschreckend; verblüffend; *Preis auch* erschreckend hoch; hor'rend

effar|é [efare] *adj* **1.** *Person, Miene* verwirrt; fassungslos; kopflos; verstört; bestürzt; **2.** *Heraldik* steigend; springend; **~ement** *m* Bestürzung *f*; Verwirrung *f*; Fassungslosigkeit *f*; Betroffenheit *f*; Schrecken *m*; **~er** *I* *v/t* verwirren; aus der Fassung bringen; verblüffen; **II** *v/pr* **s'~** in Aufregung geraten; verwirrt werden *bzw* sein

effarouchement [efaruʃmɑ̃] *m* Aufscheuchen *n*; *Zustand* Verschüchterung *f*

effaroucher [efaruʃe] **I** *v/t* **1.** *Wild, Vögel* auf-, verscheuchen; verjagen; vertreiben; auf-, erschrecken; **2.** *fig* einschüchtern; ab-, erschrecken; *adjt* **être effarouché** verschüchtert, eingeschüchtert sein; **II** *v/pr* **s'~ 3.** *Pferd* scheuen; scheu werden; **4.** *fig* erschrecken, sich entsetzen (**de** über + *acc*)

effarvatte [efarvat] *f zo* Teichrohrsänger *m*

effecteur [efɛktœr] *m physiol* Ef'fektor *m*; Nervenendorgan *n*

effectif [efɛktif] **I** *adj* **<-ive>** wirklich; tatsächlich (vor'handen); wirksam; echt; effek'tiv; re'al; greifbar; sicher; zuverlässig; **dépense, recette effective** Ist-Ausgabe *f*, Ist-Einnahme *f*; *e-r Währung* **valeur effective** tatsächlicher Wert; **II** *m od* **~s** *pl* Perso'nalbestand *m*; Bestand *m* an Perso'nal; *e-r Firma* (gesamte) Belegschaft(sstärke); *e-r Partei, Gewerkschaft* Mitgliederzahl *f*; *e-r Schule* Schülerzahl *f*; *e-r Schulklasse* Stärke *f*; Frequ'enz *f*; *e-s Jahrgangs* Stärke *f*; *mil* (Truppen)Stärke *f*; *Statistik* sta'tistische Masse; Bestandsmasse *f*; *mil*: **~s budgétaires** E'tatstärke *f*; **les ~s engagés** die Stärke der eingesetzten Truppen; **~s réalisés** Ist-Stärke *f*; **~ d'un régiment** Stärke e-s Regimentes; Regi'mentsstärke *f*; **~s en temps de guerre, en temps de paix** Kriegs-, Friedensstärke *f*, -stand *m*

effectivement [efɛktivmɑ̃] *adv* wirklich; tatsächlich; wahrhaftig; in der Tat

effectuer [efɛktɥe] **I** *v/t Arbeiten* aus-, 'durchführen; vornehmen; *comm* effektu'ieren; ausführen; zahlen; abwickeln; *Zahlungen* leisten; *Überweisung* vornehmen; *Ausgabe* machen; tätigen; *Reise, Ausflug, Schritte* unter'nehmen; *Reformen* 'durchführen; *Strecke* zu'rücklegen; *Manöver* 'durchführen; *mil* **~ un vol de reconnaissance** e-n Aufklärungseinsatz fliegen; **II** *v/pr* **s'~** erfolgen; sich voll'ziehen; sich abwickeln; vor sich gehen; 'durchgeführt werden

effémin|é [efemine] *adj Mann, Charakter, Benehmen etc* weibisch; unmännlich; femi'nin; weichlich; **~er** *v/t* weibisch, unmännlich machen; verweichlichen

efférent [eferɑ̃] *adj anat* effe'rent; **vaisseaux ~s** ausführende, von e-m Organ herkommende Gefäße *n/pl*; *sc* Vasa effe'rentia *pl*

effervesc|ence [efɛrvesɑ̃s] *f* **1.** *chim* Aufbrausen *n*, -schäumen *n*, -wallen *n*; **entrer en ~** aufbrausen, -wallen; **2.** *fig* Erregung *f*; Wallung *f*; Gärung *f*; Unruhe *f*; **tout le pays était en ~** das ganze Land war in Wallung, Aufruhr, Gärung geraten; im ganzen Land gärte es; **~ent** *adj* **1.** *chim Stoffe, Flüssigkeit* (auf)brausend; (auf)schäumend; **2.** *fig Menschenmenge* gärend; brodelnd; unruhig; erregt

effet [efɛ] *m* **1.** Wirkung *f*; Ef'fekt *m*; Ergebnis *n*; Erfolg *m*; Folge *f*; Auswirkung *f*; Reakti'on *f*; Einfluß *m*; Mo'ment *n*; Eindruck *m*; *tech auch* (Arbeits-) Leistung *f*; *thé* Beleuchtungseffekt *m*; ♦ *phys* **~ coròna** *od* **de couronne** Ko'ronaeffekt *m*; *méd* **~ curatif** Heilwirkung *f*; *jur*: **~ déclaratif** deklaratorische Wirkung (*e-s Rechtsaktes*); **~ dévolutif** Devolu'tiveffekt *m*; *phys*: **~ Doppler-Fizeau** Doppler-Effekt *m*; **~ Edison** Edison-Effekt *m*; **~ gyroscopique** Kreiselwirkung *f*; **~ Joule** Joule-Thomson-Effekt *m*; *élect* **~ Kelvin** *od* **pelliculaire** *od* **de peau** Skineffekt *m*; Hauteffekt *m*, -wirkung *f*; **~ oratoire, théâtral** ein rednerischer, theatralischer Effekt; *Elektronik* **~ photovoltaïque** photovoltaischer Photoeffekt *m*; *jur* **~ rétroactif** rückwirkende Kraft; *phys* **~ thermique** Wärmewirkung *f*; *Mechanik* **~ utile** Nutzeffekt *m*; Nutzleistung *f*; Wirkungsgrad *m*; ♦ *Elektroakustik* **~ d'empreinte magnétique** *od* **d'écho** Ko'piereffekt *m*; **~ du hasard** Zufallswirkung *f*, -effekt *m*; **~s de lumière** Lichteffekte *m/pl*; *écon* **~ de revenu** Einkommenseffekt *m*; *Elektronik* **~ de scintillation** Funkeleffekt *m*; *aviat* **~ de sol** Bodeneffekt *m*; *mil* **~ de souffle** Luftdruckwirkung *f*; *écon* **~ de substitution** Substituti'onseffekt *m*; **~ de surprise** Über'raschungseffekt *m*, -moment *n*; ♦ *text* **satin** *m* **à ~ de chaîne** Kettsatin *m*; *Mechanik* **machine** *f* **à double, à simple ~** doppeltwirkende, einfachwirkende Maschine; ♦ *loc/adv* *od* *loc/prép*: **à cet ~** zu diesem Zweck(e); dazu; *jur* **à l'~ de** (+*inf*) zum Zwecke (+*gén*); in der Absicht zu (+*inf*); **en ~ a)** tatsächlich; in der Tat; *théâtre*, il est, en ~, fortement enrhumé... denn er ist *od* er ist nämlich stark erkältet; **b)** wirklich; tatsächlich; in der Tat; allerdings; freilich; *vous souvenez-vous l'avoir vu sortir? –* **oui, en ~** ... ja, tatsächlich; ja, freilich; **sans ~** unwirksam; wirkungslos; ohne Wirkung; **rester sans ~** wirkungslos bleiben; **sous l'~ de** unter der Wirkung von (*od* + *gén*); **être sous l'~ de la morphine** unter der Wirkung von Morphium stehen; **(agir) sous l'~ de la colère, de la passion** im Zorn, im Affekt (handeln); ♦ **avoir, produire un ~ salutaire** e-e heilsame Wirkung haben; heilsam, wohltuend wirken; **couper ses ~s à qn** j-n um s-e Wirkung bringen; *st/s u iron* **si c'était un ~ de votre bonté** wenn Sie die Güte haben wollen; **faire l'~ de** den Eindruck (+*gén*) machen; scheinen; wirken wie; **il me fait l'~ d'un imbécile** er wirkt auf mich wie ein Dummkopf; er scheint mir ein Dummkopf zu sein; er macht auf mich den Eindruck e-s Dummkopfes; **cela m'a fait l'~ d'un reproche** das habe ich als Vorwurf aufgefaßt; das sah mir nach e-m Vorwurf aus; **cette nouvelle a fait l'~ d'une bombe** diese Nachricht hat wie e-e Bombe eingeschlagen; **cette robe me fait l'~ d'être trop longue** das Kleid scheint mir zu lang; **tu ne peux pas savoir l'~ que ça m'a fait du** kannst dir nicht vorstellen, wie das auf mich gewirkt hat; **faire son ~** s-e Wirkung tun; wirken; **ce médicament me fait un drôle d'~** das Medikament wirkt bei mir (ganz) eigenartig, komisch; mir ist ganz komisch von diesem Medikament; **faire un bon, mauvais ~** e-n guten, schlechten Eindruck machen; e-e günstige, schlechte Wirkung haben; **cela fit très mauvais ~ sur l'auditoire** das machte e-n sehr schlechten Eindruck bei den Zuhörern, auf die Zuhörer; **c'est tout l'~ que cela te fait?** das scheint dich nicht sehr, sonderlich zu beeindrucken; ist das alles (was du dazu zu sagen hast)?; **faire de l'~** wirken; wirksam sein; s-e Wirkung tun; *thé* **faire**

un ~ e-n Effekt hin'einbringen; e-e Pointe hin'zufügen; **l'acteur a manqué**, F **raté son ~** die Pointe (des Schauspielers) hat ihre Wirkung verfehlt, F ist nicht angekommen, hat nicht gesessen; **ménager ses ~s** s-e Pointen wirksam dosieren; s-e Wirkung wohl berechnen; jur Gesetz etc **prendre ~** in Kraft treten; wirksam werden; **rechercher l'~, viser (à) l'~** auf Effekt aussein; Sache auf Effekt berechnet sein; il a **réussi son ~** s-e Pointe ist zur Wirkung gekommen, hat gewirkt, F hat gesessen, ist angekommen; **tirer des ~s comiques d'une situation** die Komik e-r Situation ausspielen; **2.** comm Wertpapier n (im weiteren Sinn); bes Wechsel m; **~s** pl Ef'fekten pl; Stücke n/pl; **~s publics** Staatspapiere n/pl; **~ à ordre** Orderpapier n; **~s à payer** Wechselverbindlichkeiten f/pl; **~ (de commerce)** (Handels-, Waren)Wechsel m; **~ de complaisance** Gefälligkeitsakzept n; **~s en portefeuille** od **à recevoir** Wechselbestand m; Wechsel-, Effektenportefeuille n; **3.** jur **~s** pl Sachen f/pl; Gegenstände m/pl (e-r Erbschaft etc); Güter n/pl; **4. ~s** pl Kleider n/pl; Kleidungsstücke n/pl; Sachen f/pl; Habseligkeiten f/pl; **5.** beim Billard' Effet m od n; **~ de bande** Effet(stoß) m mit Bandenberührung; **donner de l'~** Effet geben; **6.** Reitsport Zügelhilfe f

effeuill|age [efœɛʒ] m **1.** von Obstbäumen Abblatten n; Entlauben n; **2.** gelegentlich fig Striptease [-tiːz] m od n; **~aison** f Laubfall m; Entlaubung f; Abfallen n der Blätter; **~ement** m von Bäumen a) Laubfall m; Entlaubung f; b) Entlaubt-, Kahlsein n; von Blüten Abfallen n, Kahlsein n; Abfallen n (der Blütenblätter)

effeuill|er [efœeje] **I** v/t Pflanzen entblättern; abblatten; Zweige entlauben; Blätter entfernen (qc von etw); Blütenblätter auszupfen; **II** v/pr **s'~** Bäume sich entlauben; das Laub verlieren; die Blätter abwerfen; Blüten abblättern; die Blätter verlieren; **~euse** plais f F Stripperin f

efficace [efikas] adj wirksam; wirkungsvoll; effizi'ent; Hilfe tatkräftig; Slogan zugkräftig; Personen fähig; tüchtig; kompe'tent; erfolgreich; leistungsfähig; phys atom **section f ~** Wirkungsquerschnitt m; élect **tension f ~** effektive Spannung; **valeur ~** Effek'tivwert m; **~ment** adv wirksam; wirkungsvoll; **aider qn ~** j-m tatkräftig helfen; **intervenir ~ auprès de qn** bei j-m erfolgreich intervenieren

efficacité [efikasite] f allg Wirksamkeit f; Wirkungskraft f, -vermögen n; Wirkung f; Effizi'enz f; Effektivi'tät f; von Personen (Leistungs)Fähigkeit f; Tüchtigkeit f; e-s Unternehmens Leistungsfähigkeit f; tech Wirkungsgrad m; (Arbeits)Leistung f; Nutzeffekt m; phys atom **~ biologique relative** (abr E.B.R.) relative biologische Wirksamkeit (abr RBW); opt **~ lumineuse** Lichtausbeute f; **~ publicitaire** Werbewirkung f; mil **~ du tir** Feuerwirkung f

effici|ence [efisjɑ̃s] f allg Wirksamkeit f; Wirkungskraft f; Effizi'enz f; Ergiebigkeit f; tech Wirkungsgrad m; Nutzeffekt m; (Arbeits)Leistung f; von Personen (Leistungs)Fähigkeit f; **~ent** adj **1.** Mittel etc wirksam; philos **cause ~e** wirkende Ursache; Wirkursache f; **2.** Person (leistungs)fähig; tüchtig

effigie [efiʒi] f **1.** Bild n; Bildnis n; bildliche Darstellung; **~ funéraire** Nachbildung f e-s Verstorbenen; **~ en cire** Wachsnachbildung f; Nachbildung f in Wachs; Wachsbüste f; Bildnisbüste f

in Wachs; **brûler, pendre qn en ~** j-n in ef'figie verbrennen, hängen; **2.** Kopfbild(nis) n (auf dem Avers e-r Münze od Medaille)

effil|é [efile] **I** adj schmal; dünn; zugespitzt; spitz (zulaufend); spitzig; Pferd mit einem langen, schlanken Hals; ch **chien ~** über'laufener Hund; **couteau ~** langes spitzes Messer; **II** m text Franse f; **~ement** m spitz zulaufende, sich verjüngende Form; Verjüngung f (auch aviat e-s Tragflügels)

effiler [efile] **I** v/t **1.** an der Stoffkante Fäden auszupfen, ausziehen (qc aus etw); Haare effi'lieren; gleichmäßig ausschneiden, ausdünnen; **2.** ch Hunde abhetzen; matt hetzen; **II** v/pr **s'~ 3.** Stoff, Gewebe ausfransen, ab-, ausfasern; aufgehen; fransen; am Rand sich auflösen; Wollfaden sich auflösen; sich spalten; **4.** Gegenstand spitz zulaufen; spitz werden; sich verjüngen

effilochage [efilɔʃaʒ] m text, Papierherstellung Reißen n; Zerkleinern n; Zerfasern n

effiloch|e [efilɔʃ] f **1.** text Flockseide f; **2.** an der Stoffkante Seidenfaser f, -franse f; **3. ~s** pl ungezwirnte Seiden f/pl; **~é** m text Reißwolle f

effiloch|er [efilɔʃe] **I** v/t Gewebe, Lumpen tech (zer)reißen; zerfasern (auch fig Wind: Wolken); zerkleinern; mit den Fingern zerzupfen; Faden, Schnur aufdröseln; **II** v/pr **s'~** abgetragene Stoffe ausfransen (auch fig Wolken); fransig werden; adit **effiloché** ausgefranst; fransig geworden; **~eur** m Arbeiter m am Reißwolf; **~euse** f text Reiß-, Lumpenwolf m

efflanqué [eflɑ̃ke] adj dürr; mager; ab-, ausgemergelt; hager; abgezehrt; spindel-, klapperdürr

effleur|age [eflœraʒ] m **1.** Lederbearbeitung Abschleifen n, Abschmirgeln n (oberflächlicher Schäden); **2.** méd Streichmassage f; **~ement** m Streifen n; leichte Berührung

effleurer [eflœre] v/t **1.** streifen; leicht, flüchtig berühren; mit der Hand streichen über (+acc); **la balle ne fit que l'~** die Kugel hat ihn nur gestreift; **2.** fig Thema, Frage streifen; antippen; anreißen; **3.** Gedanke etc **~ qn** j-m kommen; **4.** tech Häute abschmirgeln; abschleifen

effleurir [eflœrir] v/i chim, minér ausblühen; auswittern

effloresc|ence [eflɔresɑ̃s] f **1.** chim, minér Ausblühen n, -ung f; Auswittern n, -ung f; Efflores'zenz f; bât auch Mauerfraß m; **2.** méd Efflores'zenz f (Hautblüte); **3.** litt u fig Aufblühen n; **~ent** adj **1.** chim, minér ausblühend; auswitternd; **2.** litt u fig aufblühend

effluent [eflyɑ̃] **I** adj Flüssigkeiten ausströmend; aus-, abfließend; **II** m **~ pluvial** (an der Erdoberfläche) abfließendes Regenwasser; **~ radioactif** radioaktive Abwässer n/pl; **~ urbain** städtische Abwässer n/pl; Klo'akenwasser n

effluve [eflyv] m **1.** Ausdünstung f; Ausdunstung f; Dunst m; Dunstabsonderung f; Ausströmung f; Geruch m; poét Duft m; Par'füm n; A'roma m; Okkultismus Fluidum m; Ausstrahlung f (e-s Mediums); **2.** fig Ausstrahlung f; Reiz m; Anziehungskraft f; **3.** élect **~ électrique** Glimmentladung f

effondrement [efɔ̃drəmɑ̃] m **1.** e-r Brücke, e-s Hauses, Daches etc Einsturz m; Einfallen n; Zu'sammenbrechen n, -fallen n, -stürzen n; **2.** fig e-s Reiches, e-r Macht, e-s Unternehmens etc Zu'sammenbruch m (auch physisch u moralisch

e-r Person); Zerstörung f; Vernichtung f; 'Untergang m; Ende n; rascher Zerfall; von Börsenkursen, Preisen Sturz m; Einbruch m; e-s Kabinetts (völlige) Auflösung; von Plänen Scheitern n; Fehlschlagen n; e-s Vermögens (plötzlicher) Verlust; Vernichtung f; **~ des cours de la Bourse** Kurssturz m, -einbruch m an der Börse; **~ de la monnaie** Währungszusammenbruch m, -zerfall m; **~ de la résistance ennemie** Zusammenbrechen n des feindlichen Widerstand(e)s; **~ des valeurs** a) comm Ef'fektensturz m; b) 'Umsturz m der (moralischen) Werte; Person **être dans un état d'~ total** e-m. dem Zusammenbruch nahe sein; völlig erschöpft sein; **3.** géol Bruch m; (Ab-)Senkung f; Einbruch m; **cratère m**, lac m, **vallée f d'~** Einsturz-, Einbruchkrater m od Cal'dera f, Einsturzsee m, Einbruchstal n; **fossé m d'~** Graben(bruch) m; **4.** agr 'Umpflügen n, 'Umgraben n (e-r tiefen Schicht)

effondrer [efɔ̃dre] **I** v/t agr tief 'umgraben, 'umpflügen; **II** v/pr **s'~ 1.** Fußboden, Dach, Brücke etc einstürzen; einbrechen; einfallen; zu'sammenbrechen; Tribüne, Haus auch (in sich) zu'sammenstürzen; **2.** fig Reich etc, comm Kurse, Preise etc zu'sammenbrechen; (rasch) zerfallen; Hoffnungen, Pläne zu'nichte werden; sich zerschlagen; **3.** fig Person physisch od moralisch zu'sammenbrechen (auch Angeklagter), F -klappen; **s'~ dans un fauteuil** sich in e-n Sessel fallen lassen; Läufer **s'~ sur la ligne d'arrivée** auf der Ziellinie zusammenbrechen; adit **être effondré** völlig gebrochen, niedergeschlagen sein

efforcer [eforse] v/pr ⟨-ç-⟩ **s'~** sich anstrengen; sich (sehr) bemühen; sich abmühen; sich Mühe geben; Anstrengungen machen; sich befleißigen; s-e ganze Kraft einsetzen; alle Kräfte darauf verwenden (in allen Fällen: **de +** inf **zu +** inf); **s'~ de convaincre qn** sich alle Mühe geben, j-n zu über'zeugen; **s'~ de parvenir à un compromis** e-n Kompromiß anstreben; sich um e-n Kompromiß bemühen; **s'~ de sourire** sich bemühen zu lächeln; sich zum Lächeln zwingen

effort [efɔr] m **1. ~ (physique)** körperliche Anstrengung; Kraftaufwand m, -anstrengung f, -anspannung f; **~ exagéré, excessif** 'Überbeanspruchung f; Über'anstrengung f; **~ musculaire** Muskelanstrengung f; **soulever un fardeau sans ~** apparent, sans le moindre **~** ... scheinbar mühelos, ohne sich im geringsten anzustrengen; **faire un ~** e-e Anstrengung machen; sich anstrengen; cf auch **2.**; **2.** geistig Anstrengung f; Bemühung f; Mühe f; Anspannung f; (Be)Streben n; ♦ **un ~ commun** gemeinsame Bemühungen f/pl, Anstrengungen f/pl; gemeinsames Vorgehen; **~ intellectuel** geistige Anstrengung, Anspannung; **~ de volonté** Willensanstrengung f; **faire un ~ de volonté** sich über'winden, zu'sammennehmen, aufraffen; **loc/adv: après ~** bien des **~s** nach vieler Mühe; **dans un suprême ~** mit äußerster, letzter Kraft, Anstrengung; **sans ~** mühelos; ♦ **demander des ~s à qn** j-n Mühe kosten; **demander un ~ de réflexion** zum Nachdenken zwingen; fig **être un partisan, pratiquer la politique du moindre ~** sich kein Bein ausreißen; immer die bequeme, faule Lösung suchen; den Weg der geringsten 'Widerstandes gehen; **faire un ~** a) sich anstrengen; es versuchen; b) F große Summen (aus)geben, aufwenden; **faites un ~**

pour venir me voir sehen Sie (doch) zu, daß Sie zu mir kommen können; *beim Handeln* allez, faites encore un ~! F los, geben Sie sich noch e-n Ruck *od* legen Sie noch etwas drauf!; faire un ~ sur soi-même sich (selbst) über'winden; sich zu'sammennehmen, F -reißen; faire tous ses ~ pour obtenir qc sich jede erdenkliche Mühe geben *od* s-e ganze Kraft einsetzen, um etw zu erreichen; *Schüler etc* ne faire aucun ~ sich gar keine Mühe geben; sich überhaupt nicht anstrengen; keinerlei Anstrengungen machen; faire un ~ d'adaptation sich (große) Mühe geben *od* versuchen, sich anzupassen; faire un ~ d'imagination, d'intelligence, de mémoire s-e Phantasie, s-n Geist, sein Gedächtnis anstrengen; ne reculer devant aucun ~ keine Anstrengung, Mühe scheuen; **3.** *phys, Mechanik* Beanspruchung *f*; Belastung *f*; Spannung *f*; *auch* 'Widerstandskraft *f*; Kraft *f*; ~ de cisaillement Beanspruchung auf Scheren; Scherbeanspruchung *f*; ~ de compression Druckbeanspruchung *f*, -spannung *f*; ~ de flexion Biege-, Biegungsbeanspruchung *f*; Beanspruchung auf Biegung; ~ de torsion Torsi'ons-, Drehbeanspruchung *f*; ~ de traction a) *phys* Zug-, Dehnungsbeanspruchung *f*; Zugspannung *f*; b) *ch de fer* Zugkraft *f*; **4.** *mil* (point *m* d')~ principal (Angriffs)Schwerpunkt *m*; ~s de guerre Kriegsanstrengungen *f/pl*; **5.** *vét* Verrenkung *f*; Verstauchung *f*; ~ de tendon Sehnenzerrung *f*

effraction [efraksjõ] *f jur* Einbruch *m*; vol *m* avec ~ Einbruch(s)diebstahl *m*; pénétrer par ~ dans une maison in ein *od* e-m Haus einbrechen; e-n Einbruch in ein Haus verüben

effraie [efrɛ] *f zo* Schleiereule *f*

effrang|é [efrãʒe] *adj Kleidungsstück* ausgefranst; fransig; ~er <-geons> I *v/t* ausfransen; mit Fransen versehen; II *v/pr* s'~ (aus)fransen; ausfasern; fransig sein *bzw* werden

effrayant [efrɛjã] *adj* **1.** *Anblick* schrecklich; erschreckend; fürchterlich; furchtbar; *Traum, Schrei* fürchterlich; schrecklich; *Stille* beängstigend; unheimlich; *Blässe* erschreckend; *Preis* erschreckend hoch; hor'rend; **2.** F gewaltig; ungeheuer; fürchterlich; unglaublich; sa capacité de travail est ~e er ist e'norm leistungsfähig; être d'une paresse ~e beängstigend, erschreckend faul sein; il faisait une chaleur ~e es war fürchterlich heiß

effrayer [efreje] <-ay- *od* -ai-> I *v/t* erschrecken; in Schrecken, Angst versetzen; Angst machen (qn j-m); ängstigen; (ab)schrecken; ce silence nous effrayait die Stille war uns unheimlich; être effrayé par qc vor etw (*dat*) Angst haben *bzw* bekommen; von *od* durch etw abgeschreckt werden; *adit* Heraldik cheval effrayé steigendes, springendes Pferd; II *v/pr* s'~ (sich) erschrecken (de über + *acc*); e-n Schreck bekommen; *Pferd* scheuen; scheu werden

effréné [efrene] *adj Leidenschaft etc* zügellos; hemmungslos; wild; entfesselt; *Freude* unbändig; ungestüm; wild; maßlos; toll; *Eifersucht* wild; rasend; *Stolz* unbändig; maßlos; *Ehrgeiz* brennend; maßlos; über'trieben

effritement [efritmã] *m* **1.** *von Gestein* Verwittern *n*, -ung *f*; *von Mauerwerk* Abbröckeln *n*; **2.** *fig* Zerfall *m*; Zersetzung *f*; Auflösung *f*; Schwund *m*; *der Börsenkurse* Abbröckeln *n*; *der Mehrheit* langsamer Rückgang; ~ des voix Stimmenschwund *m* (*e-r Partei etc*)

effriter [efrite] I *v/t Gestein* zersetzen; brüchig machen; *Mauerwerk* abbrök-keln; *Brot, Keks* ausein'ander-, ab-, zerbröckeln; zerkrümeln; II *v/pr* s'~ **1.** *Gestein* verwittern; ab-, zerbröckeln; *Holz* zerfallen; ab-, zerbröckeln; **2.** *fig Börsenkurse* abbröckeln; *Partei, Gruppe* sich allmählich auflösen; *Mehrheit etc* langsam zu'rückgehen, schwinden

effroi [efrwɑ, efrwɑ] *st/s m* Entsetzen *n*; Schreck(en) *m*; (große) Furcht; Grauen *n*; Grausen *n*

effronté [efrõte] I *adj Person, Antwort, Benehmen, Blick* frech; unverschämt; unverfroren; dreist; *Wünsche* unverschämt; II *subst von Kindern* petit ~! frecher Kerl!; (kleiner) Frechdachs!; petite ~e! freches Ding!; ~ment *adv* von effronté

effronterie [efrõtri] *f* Frechheit *f*; Dreistigkeit *f*; Unverfrorenheit *f*; Unverschämtheit *f*; *par ext* ses ~s s-e Frechheiten, Unverschämtheiten; nier avec ~ frech, unverfroren, dreist leugnen

effroyable [efrwajabl(ə)] *adj Anblick, Lärm, Ereignis* entsetzlich; fürchterlich; schrecklich; furchtbar; gräßlich; abscheulich (*alle auch* F *zur Verstärkung*); *Verbrechen, Essen auch* schauderhaft; *Gesicht* abstoßend häßlich; s'exprimer dans un français ~ ein schauderhaftes Französisch sprechen

effroyablement [efrwajabləmã] *adv von* effroyable; chanter ~ mal entsetzlich schlecht singen; ~ mutilé gräßlich verstümmelt

effusif [efyzif] *adj* <-ive> *géol* roche effusive Effu'siv-, Ergußgestein *n*; Vulka'nit *m*

effusion [efyzjõ] *f* **1.** ~ de sang Blutvergießen *n*; sans ~ de sang ohne Blutvergießen; **2.** *oft pl* ~s Gefühlsäußerungen *f/pl*, -ausbrüche *m/pl*; accueillir qn avec ~ j-n auf das herzlichste, mit großer Herzlichkeit, 'überschwenglich empfangen; **3.** *phys* Diffusi'onstrennung *f (durch poröse Wände)*

égailler [egaje, -gɑ-] *v/pr* s'~ *Menschenmenge, Gruppe* sich zerstreuen; ausein-'andergehen, -laufen; sich verlaufen; ausein'ander-, zerstieben

égal [egal] <*m/pl* égaux> I *adj* **1.** gleich; *math auch* (deckungs)gleich; ◆ chances ~es Chancengleichheit *f*; avoir des chances ~es gleiche Chancen haben; *mil des forces ~es* Streitkräfte *f/pl* gleicher Stärke; deux poids à peu près égaux zwei ungefähr gleich schwere Gewichte *n/pl*; *répartition ~e des impôts* gerechte Verteilung der Steuern; *mil troupes ~es en nombre* zahlenmäßig gleich starke Truppen *f/pl*; ◆ *loc/adv u loc/adj:* à intervalles égaux in gleichen Abständen; im gleichen Abstand; à parts ~es zu gleichen Teilen; *mus chœur m à voix ~es* gleichstimmiger Chor; deux récipients de capacité ~e zwei Gefäße mit gleichem Fassungsvermögen; ◆ des cercles égaux ont leurs diamètres égaux gleiche Kreise haben den gleichen 'Durchmesser; combattre à armes ~es mit (den) gleichen Waffen kämpfen (*auch fig*); diviser un tout en parties ~es ein Ganzes in gleiche Teile teilen; la partie est ~e die Gegner, Mannschaften sind gleich stark, einander ebenbürtig; *meist math* être ~ à qc e-r Sache (*dat*) gleich sein; être ~ à zéro gleich Null sein (*auch fig*); un diamètre est ~ à deux rayons ein 'Durchmesser ist gleich zwei Halbmessern; deux quantités ~es à une même troisième sont ~es entre elles zwei Größen, die e-r dritten gleich sind, sind unter sich gleich; tous les citoyens

sont égaux devant la loi alle Bürger sind vor dem Gesetz gleich; être égaux en droits gleichberechtigt sein; être de force ~e gleich stark sein; être de valeur ~e gleichwertig sein; **2.** *Bewegung* gleichförmig; *Stimmung* gleichbleibend; *Ton* gleichbleibend, -mäßig; *Puls, Atmung* regelmäßig; aller d'un pas ~ in gleichmäßigem Tempo gehen; il est toujours ~ à lui-même er ist immer der gleiche, F *auch* derselbe; er bleibt sich immer gleich; être toujours d'une humeur ~e immer gleich aufgelegt sein; ausgeglichen sein; **3.** *Gelände* flach; eben; platt; **4.** gleich(gültig); einerlei; e'gal; cela m'est (parfaitement) ~ das ist mir (ganz, völlig) gleich(gültig), egal, einerlei; tout lui est ~ ihm ist alles gleich, egal, einerlei; la chose est ~e das kommt aufs gleiche heraus; *loc/conj* F c'est ~ trotzdem; jedenfalls; immerhin; c'est ~, j'aimerais mieux être ailleurs trotzdem wäre ich lieber woanders; II *subst* n'avoir d'~ que … <*meist inv*> nur zu vergleichen sein mit …; son talent n'a d'~ que sa modestie er ist so bescheiden wie begabt; n'avoir point d'~ nicht seinesgleichen haben; il n'est poli qu'avec ses égaux er ist nur zu seinesgleichen höflich; être l'~ de qn j-m gleich, ebenbürtig, gewachsen sein; il est mon ~ er ist meinesgleichen, mir ebenbürtig *od* gewachsen; être l'~ de qn en mérite die gleichen Verdienste haben wie j; être l'~ de qn par l'intelligence j-m geistig gewachsen sein; ebenso intelligent sein wie j; j-m an Intelligenz gleichkommen, nicht nachstehen; il n'est rien d'~ à … es geht nichts über (+*acc*); es gibt nichts Besseres als …; il ne peut souffrir d'~ er duldet niemand neben sich; trouver son ~ e-n ebenbürtigen Gegner finden; e-n Gegner finden, der einem gewachsen ist; ◆ *loc/prép* à l'~ de ebenso(sehr) wie; (so) wie; aimer qn à l'~ de soi-même j-n wie sich selbst lieben; ◆ *loc/adv:* d'~ à ~ <*inv*> wie (mit) seinesgleichen; traiter qn d'~ à ~ j-n wie seinesgleichen, als gleichstehend, wie e-n Gleichgestellten behandeln; sans ~ ohnegleichen; unvergleichlich; einzigartig; être sans ~ nicht seinesgleichen haben; il est d'une bravoure sans ~(e) s-e Tapferkeit ist ohnegleichen

égalable [egalabl(ə)] *adj* dem *bzw* der man gleichkommen kann

également [egalmã] *adv* **1.** gleich; gleichermaßen; in gleicher Weise; deux hypothèses ~ angoissantes zwei gleichermaßen beängstigende Hypothesen; aimer ~ tous ses enfants (alle) s-e Kinder gleich gern haben; **2.** auch; ebenfalls; gleichfalls; on peut ~ y aller en prenant l'autoroute man kann auch auf der Autobahn dorthin fahren

égaler [egale] *v/t* **1.** ~ qc, qn e-r Sache, j-m gleichkommen, gleich sein; gleich, ebenso, genauso gut sein wie etw, j; sa prudence égale son courage er ist ebenso vorsichtig wie mutig; il n'est rien qui égale *ce plaisir etc* es geht nichts über (+*acc*); es gibt nichts Schöneres, Besseres als …; ~ qn en beauté, en intelligence, *etc* j-m an Schönheit, Intelligenz *etc* gleichkommen, nicht nachstehen; ebenso schön, intelligent *etc* sein wie j; **2.** *math* 2 plus 3 égale(nt) 5 2 und *od* plus 3 ist 5; 2 multiplié par 3 égale 6 2 mal 3 ist (gleich) 6; **3.** *sports* Rekord einstellen; egali'sieren

égalis|ateur [egalizatœr] *adj* <-trice> ausgleichend; Ausgleichs…; *sports* but ~ Ausgleichstor *n*, -treffer *m*; ~ation *f*

Ausgleich *m*; Ausgleichen *n*; Anpassung *f*; Angleichung *f*; *sports* **obtenir l'~** den Ausgleich erzielen

égaliser [egalize] **I** *v/t* **1.** *Gelände, Boden* aus-, angleichen; (ein)ebnen; pla'nieren; flach-, gleich-, planmachen; *Haare* gleich lang schneiden; geradeschneiden; **2.** *fig* ausgleichen; *einander* angleichen, anpassen; gleichmäßig verteilen; gleichmachen; **~ les chances des concurrents** allen Teilnehmern die gleichen Chancen geben; **II** *v/i sports* ausgleichen; den Ausgleich erzielen; gleichziehen; egali'sieren

égalitaire [egaliter] *adj pol* egali'tär; auf (po'litische, bürgerliche, sozi'ale) Gleichheit aller gerichtet

égalit|isme [egalitarism(ə)] *m pol* Egalita'rismus *m*; **~iste** *m pol* Vertreter *m*, Anhänger *m* des Egalita'rismus

égalité [egalite] *f* **1.** Gleichheit *f*; (völlige) Über'einstimmung; 'Unterschiedslosigkeit *f*; *philos auch* Identi'tät *f*; *math* (Deckungs)Gleichheit *f*; Kongru'enz *f*; *math* **~ algébrique** algebraische Gleichung; **~ civile** Rechtsgleichheit *f*; *philos* **~ logique** logische Identität; **~ matérielle ou réelle** tatsächliche Gleichheit; **~ naturelle** natürliche, angeborene Gleichheit; **~ politique** politische Gleichheit; **~ d'âge** Gleichalt(e)rigkeit *f*; **~ des droits** Gleichberechtigung *f*; **~ des salaires** Lohngleichheit *f*; *écon* **~ devant l'impôt** Steuergleichheit *f*; *jur* **~ devant la loi** Gleichheit vor dem Gesetz; *math* **cas** *m/pl* **d'~ des triangles** Kongru'enzsätze *m/pl*; *gr* **comparatif** *m* **d'~** Vergleichsform *f* im Positiv; *loc/prép* **à ~ de** bei Gleichheit (+*gén*); bei gleichem, gleichen, gleichen ...; **à ~ de prix** bei gleichem Preis; *sports*: **être à ~** gleichstehen; punktgleich stehen; **jouer à ~** unter gleichen Bedingungen spielen, antreten; **être sur un pied d'~ avec qn** mit j-m auf gleichem Fuße stehen; **traiter qn sur un pied d'~** j-n wie seinesgleichen behandeln; **2.** Regelmäßigkeit *f*; Gleichmäßigkeit *f*; Gleichförmigkeit *f*; **~ d'âme** Gleichmut *m*; Beherrschtheit *f*; Gelassenheit *f*; **~ d'humeur, de caractère** Ausgeglichenheit *f*; **3.** *des Geländes* Ebenheit *f*; Ebensein *n*; Flachheit *f*; **4.** *Tennis* Einstand *m*; „40 beide"; **5.** *impr* Gleichheitszeichen *n*; **~ renversée** 'umgekehrtes Gleichheitszeichen (*als Blockade*)

égard [egar] *m* **1.** *in Wendungen* Hinsicht *f*; Beziehung *f*; ♦ *loc/adv*: **à cet ~** in dieser Hinsicht; was das (an)betrifft, an(be)langt; diesbezüglich; **à beaucoup d'~s, à certains, maints ~s** in vieler, gewisser, mancher Hinsicht, Beziehung; **à plus d'un ~** in mehrfacher Hinsicht, Beziehung, Weise; **à tous ~s** [atuzegar] *od* **à tous les ~s** in jeder Hinsicht, Beziehung; ♦ *loc/prép*: **à l'~ de** was (+*acc*) betrifft; gegen'über (qn j-m); zu (qn j-m); **il est très aimable à l'~ de ses clients** er ist s-n Kunden gegenüber, zu s-n Kunden sehr höflich; **il a été injuste à votre ~** er war Ihnen gegenüber, zu Ihnen ungerecht; **on a fait une exception à son ~** man hat für ihn, bei ihm, mit ihm, seinetwegen, zu s-n Gunsten, mit Rücksicht auf ihn e-e Ausnahme gemacht; **eu ~ à** im Hinblick auf (+*acc*); mit Rücksicht auf (+*acc*); in Anbetracht (+*gén*); unter Berücksichtigung (+*gén*); **il a été dispensé de venir, eu ~ à son âge** mit Rücksicht auf sein Alter, in Anbetracht s-s (hohen) Alters ...; *adm* **eu ~ au fait que** ... unter Berücksichtigung des 'Umstandes, daß ...; in Anbetracht dessen, daß ...; **par ~ à. pour** mit Rücksicht auf

(+*acc*); **par ~ pour sa famille,** *on a étouffé l'affaire* mit Rücksicht auf s-e Familie ...; **sans ~ pour** ohne Rücksicht auf (+*acc*); **sans aucun, sans le moindre ~ (pour ...)** ohne (irgendwelche) Rücksicht, ohne auch nur im geringsten Rücksicht zu nehmen (auf ...); **2. ~s** *pl* Rücksicht(nahme) *f*; Achtung *f*; Aufmerksamkeit *f*; **un manque d'~s** e-e Rücksichtslosigkeit; **avoir de grands ~s, être plein d'~s pour qn** j-m gegenüber sehr, äußerst rücksichtsvoll sein; (viel) Rücksicht auf j-n nehmen; j-m mit großer Hochachtung begegnen; **manquer d'~s envers qn** j-n rücksichtslos behandeln; keine Rücksicht auf j-n nehmen; es an Rücksicht gegenüber j-m fehlen lassen

égaré [egare] **I** *adj* **1.** *Mensch, Tier* verirrt; *Gegenstand* verlegt; ab'handen gekommen; *Postsache* verloren(gegangen); *Soldat* versprengt; *Autofahrer* der sich verfahren hat; *bibl* **brebis ~e** verirrtes, verlorenes Schaf; **2.** *Mensch, Aussehen* verwirrt; verstört; irr(e); **II** *m* **1.** *rel* Verirrte(r) *m*; Verlorene(r) *m*; **2. un (pauvre) ~** ein (armer) Irrer

égarement [egarmã] *m* **1.** *litt* Verfehlung *f*; Verirrung *f*; Ausschweifung *f*; **2.** Irresein *n*; Geistesgestörtheit *f*; Verwirrung *f*

égarer [egare] **I** *v/t* **1.** *Person* fehlleiten; den falschen Weg führen, zeigen (+*dat*), weisen (+*dat*); *Waren etc* fehl-, irreleiten; **2.** *fig* irreführen; in die Irre führen; zu Irrtümern verleiten; verwirren; *den Verstand, Geist* verwirren; trüben; **3.** *Gegenstände* verlegen; **II** *v/pr* **s'~ 4.** *Personen* sich verirren; sich verlaufen; fehlgehen; e-n falschen Weg gehen; vom richtigen, rechten Weg abkommen; *mit dem Auto* sich verfahren; *mit dem Flugzeug* sich verfliegen; *Tier* sich verlaufen; *Gegenstände* ab'handen kommen; *Postsachen* fehlgeleitet werden; verlorengehen; *par ext* Wahlstimmen verzettelt werden; **5.** *Redner etc* abschweifen; vom Thema abkommen; sich in Einzelheiten, De'tails verlieren

égayer [egeje] <-ay- *od* -ai-> **I** *v/t* **1.** *Kranken, Gäste etc* auf-, erheitern; aufmuntern; heiter, froh stimmen; zum Lachen bringen; **2.** aufhellen; angenehm, freundlich machen, gestalten; beleben; *Erzählung, Bericht* auflockern; *Aufenthalt* verschöne(r)n; **II** *v/pr litt* **s'~** sich lustig machen, amü'sieren, belustigen (**de** über + *acc*; **aux dépens de qn** auf j-s Kosten [*acc*])

égéen [eʒeɛ̃] *adj* <**~ne**> ä'gäisch

égérie [eʒeri] *f* Ratgeberin *f*; guter Geist; *bei Künstlern* Muse *f*

égide [eʒid] *f nur loc* **sous l'~ de** unter der Ä'gide, dem Schutz, der Leitung, der Schirmherrschaft von (*od* + *gén*)

églant|ier [eglãtje] *m bot* wilder Rosenstrauch; **~ine** *f bot* Hecken-, Hundsrose *f*; wilde Rose; Eglan'tine *f*

églefin [egləfɛ̃] *m cf* **aiglefin**

église [egliz] *f* **1.** ♀ Kirche *f* (*als Gemeinschaft u Institution*) *abs* l'♀ (römisch-)katholische Kirche; l'♀ **catholique, chrétienne, invisible, visible** die katholische, christliche, unsichtbare, sichtbare Kirche; l'♀ **protestante** die protestantische, *in Deutschland meist* evangelische Kirche; ♀ **universelle** Weltkirche *f*; l'♀ **de France** die Kirche Frankreichs; l'♀ **de Rome** die römische Kirche; l'♀ **du silence** die Kirche des Schweigens; **appartenir à l'♀** zur katholischen Kirche gehören; katholisch sein; **entrer dans l'♀** Geistlicher werden; *loc/prov* **'hors de l'♀, point de salut**

außer der Kirche (ist) kein Heil; **2.** Kirche *f* (*als Gebäude*); Kirchenbau *m*; Gotteshaus *n*; **~ gothique, romane** gotische, romanische Kirche; **chant** *m* **d'~** Kirchenlied *n*; **aller à l'~** in die, zur Kirche gehen; **se marier à l'~** sich kirchlich trauen lassen

églogue [eglɔg] *f* Ek'loge *f*; Hirtengedicht *n*

églomis|ation [eglɔmizasjõ] *f bei Hinterglasmalerei* Eglomi'sieren *n*; **~er** *v/t* eglomi'sieren

ego [ego] *m philos, psych* Ego *n*; Ich *n*

égocentr|ique [egosãtrik] **I** *adj* ego'zentrisch; -ichbezogen; **II** *m* Ego'zentriker *m*; **~isme** *m* Ego'zentrik *f*; Egozentrizi'tät *f*; (über'triebene) Ichbezogenheit *f*

égoïne [egoin] *f Säge* Fuchsschwanz *m*; **~ à guichet** Loch-Stichsäge *f*

égoïsme [egoism(ə)] *m* Ego'ismus *m*; Ichbezogenheit *f*; Selbstsucht *f*; Eigennutz *m*; **~ de classe** Klassenegoismus *m*; **agir par ~** aus Egoismus, egoistisch handeln; **faire preuve d'~** sich als Egoist erweisen

égoïste [egoist] **I** *adj* ego'istisch; selbstsüchtig; eigennützig; **II** *m* Ego'ist *m*; **se conduire en ~** sich wie ein Egoist verhalten; egoistisch handeln; **vivre en ~** nur für sich selber leben; egoistisch eingestellt sein

égorg|er [egorʒe] *v/t* <-geons> **1.** die Kehle 'durchschneiden (qn j-m); *Tiere bes rituell* durch Halsschnitt töten; opfern; **2.** *fig* Touristen, Gäste übers Ohr hauen; schröpfen; **~eur** **1.** Mörder *m*; **2.** *fig* Halsabschneider *m* (*Betrüger*)

égosiller [egozije] *v/pr* **s'~** sich heiser schreien

égot|ique [egotik] *adj* Gefühle *etc* ego'tistisch; **~isme** *m* Ego'tismus *m*; **~iste** **I** *adj* ego'tistisch; **II** *m* Ego'tist *m*

égout [egu] *m* **1.** *allg* (Abwasser-, Abzugs)Ka'nal *m*; Klo'ake *f* (*auch fig*); *agr* Abzugsgraben *m*, -rinne *f*; **~s** *pl* Kanalisati'on *f*; Kanalisati'onssystem *n*, -netz *n*; **bouche** *f* **d'~** Gully *m od* n; **réseau** *m* **d'~s** Kanalnetz *n*; **2.** *an e-m Dach* Traufe *f*; **3.** *bei der Zuckerherstellung* Zuckersaft *m*

égoutier [egutje] *m* Ka'nalreiniger *m*; Kanalisati'onsarbeiter *m*

égoutt|age [eguta3] *m od* **~ement** **1.** *von Wäsche etc* Abtropfen(lassen) *n*; **2.** *agr* Entwässern *n*, -ung *f*

égoutt|er [egute] **I** *v/t* **1.** *Gemüse, Geschirr etc* (faire) **~** abtropfen lassen; **2.** *agr* entwässern; **II** *v/pr* **s'~** *Wäsche, Geschirr, Regenwasser* abtropfen; **laisser** (s')**~ du linge** Wäsche abtropfen lassen; **~eur** *adj Papierherstellung* rouleaux *m/pl* **~s** Egoutt'teur *m*; Dandyroller *m*; Vorprägewalze *f*; **~oir** *m für Geschirr, Bestecke* Abtropfgestell *n*, -ständer *m*, -körbchen *n*; (Ab)Tropfbrett *n*, -platte *f*; *für Flaschen, phot* Trockenständer *m*

égrain [egrɛ̃] *m* Obstbaumzucht Apfel-, Birnensämling *m* (*zum Pfropfen*)

égrainer [egrene] *v/t cf* **égrener**

égrapp|age [egrapa3] *m vit* Abbeeren *n*, Entrappen *n*; **~er** *v/t Weintrauben* abbeeren; entrappen; **~oir** *m vit* Abbeermaschine *f*

égratigner [egratiɲe] *v/t* **1.** *Haut, Beine etc* zerkratzen; (auf)kratzen; zerschrammen; *Möbel, Karosserie etc* zerkratzen; e-e Schramme, e-n Kratzer machen in (+*acc*); leicht beschädigen; **2.** *fig* **~ qn** j-n aufs Korn nehmen; gegen j-n sticheln; j-n kränken; **3.** *Seide* aufrauhen, -ranken; **4.** *Schabkunst* Stahlplatte aufrauhen; **II** *v/pr* **s'~** sich (auf)kratzen, zerkratzen

égratignure [egratiɲyr] *f* **1.** *bei Menschen* Kratzwunde *f*; *bei Menschen u*

Sachen Schramme *f*; Kratzer *m*; se faire des ~s sich zer-, aufkratzen; zerkratzt werden; **recevoir des ~s** Kratzer, Schrammen bekommen; **s'en tirer sans une** ~ nicht einmal e-e Schramme, e-n Kratzer abbekommen; mit heiler Haut davonkommen; **2.** *fig* (leichte) Kränkung

égrefin [egrəfɛ̃] *m cf* **aiglefin**

égrenage [egrənaʒ] *m von Mais, Getreide* Entkörnen *n*, -ung *f*; *von Trauben, Johannisbeeren* Abbeeren *n*; Rebeln *n*; *von Baumwolle* Egre'nieren *n*; *von Flachs* Riffeln *n*

égrènement [egrɛnmɑ̃] *m* **1.** ~ **d'un chapelet** Her-, Abbeten *n* e-s Rosenkranzes; **2.** *cf* **égrenage**

égren|er [egrəne] <-è-> **I** *v/t* **1.** *Mais, Getreide* aus-, entkörnen; *Trauben, Johannisbeeren* abbeeren; rebeln; *Baumwolle* egre'nieren; *Flachs* riffeln; kämmen; **2.** *tech* po'lieren; glattschleifen; **3.** *fig* ~ **son chapelet** den Rosenkranz her-, abbeten; **l'horloge égrena les douze coups de minuit** die Turmuhr schlug zwölfmal hintereinander, es war Mitternacht; **II** *v/pr* **s'~ 4.** *Körner, Getreide* aus-, abfallen; **5.** *fig Gruppen* ausein'andergehen; sich auflösen; **~euse** *f für Flachs* Riffelmaschine *f*; *für Baumwolle* Egre'niermaschine *f*

égrillard [egrijar] *adj Geschichten, Chansons etc* frech; frei; gewagt; schlüpfrig; anzüglich

égrin [egrɛ̃] *m cf* **égrain**

égris|é(e) [egrize] *m(f) Edelsteinschleiferei* Dia'mantpulver *n*; **~er** *v/t Edelsteine, Marmor, Spiegelglas* (ab-)schleifen

égrotant [egrɔtɑ̃] *litt adj* kränklich; kränkelnd

égyptien [eʒipsjɛ̃] **I** *adj* <~ne> ä'gyptisch; **II 1.** ♀(ne) *m(f)* Ä'gypter(in) *m(f)*; **2.** *ling* l'~ *m* das Ä'gyptische; Ä'gyptisch *n*; l'~ **ancien** das Altägyptische; Altägyptisch *n*; **3.** ♀s *m/pl* früher *für* Zi'geuner *m/pl*; **4.** *impr* **~ne** *f Schriftart* Egypti'enne *f*

égypto|logie [eʒiptɔlɔʒi] *f* Ägypto'logie *f*; **~logique** *adj* ägypto'logisch; **~logue** *m* Ägypto'loge *m*

eh [e] *int Anruf* he!; heda!; hallo!; *Erstaunen* ah!; ah!; *Schmerz* au!; ~! **attendez un peu** halt *od* ach, warten Sie mal!; ~! **que dites-vous?** wie, was sag(t)en Sie?; ~! **vous me faites mal!** au! Sie tun mir weh!; ~! **faites donc un peu attention!** (he,) passen Sie doch auf!; können Sie nicht aufpassen!; ~! **doucement!** *je nach Situation* immer mit der Ruhe!; immer sachte!; langsam, langsam!; was fällt Ihnen ein!; passen Sie doch auf!; ~! (vous) **là-bas!** venez par ici he *od* hallo, (Sie da!) kommen Sie mal her!; ~ **bien** *cf* **bien I 7.**

éhonté [eɔ̃te] *adj Person, Lüge* schamlos; unverschämt; frech; dreist; **action ~e** schändliche Tat

eider [ɛdɛr] *m zo* Eiderente *f*

eidétique [ɛjdetik] **I** *adj philos, psych* ei'detisch; **image** *f* ~ eidetisches Anschauungsbild; **réduction** *f* ~ eidetische Reduktion; **II** *m psych* Ei'detiker *m*

eidophore [ɛjdɔfɔr] *m télév* Eido'phor *n*

éjacul|ation [eʒakylasjɔ̃] *f physiol* Ejakulati'on *f*; Samenerguß *m*; **~er** *v/t physiol* ejaku'lieren; *abs auch* Samen ausspritzen

éjectable [eʒɛktabl(ə)] *adj aviat* **siège** *m* ~ Schleudersitz *m*

éject|er [eʒɛkte] *v/t* **1.** *tech aus e-r Maschine* auswerfen (*auch mil Patronenhülsen*); ausstoßen; *par ext Person bei e-m Unfall* être éjecté (de la voiture) her'ausgeschleudert werden; aus dem

Auto geschleudert werden; *aviat* le pilote réussit à s'~ der Pilot konnte sich mit dem Schleudersitz retten; **2.** *F fig* hin'auswerfen; an die Luft setzen; **se faire** ~ *aus, von der Schule, aus e-r Stellung* hinaus-, *F* rausgeworfen werden; *F* fliegen; **~eur** *m tech* **1.** Auswerfer *m* (*auch mil*); Auswerfvorrichtung *f* (*an e-r Maschine*); **2.** E'jektor *m*; *absaugende* Strahlpumpe; ~ **hydraulique, de vapeur** Wasserstrahl-, Dampfstrahlpumpe *f*

éjection [eʒɛksjɔ̃] *f* **1.** *tech* Ausstoß *m*; Auswerfen *n*; Ausstoßen *n*; Auswerfen *n*; *mil* Auswerfen *n*; (Hülsen)Auswurf *m*; *e-s Piloten* Her'ausschleudern *n*; Ausstoß *m*; *Kältetechnik* **machine** *f* à ~ Dampfstrahlkältemaschine *f*; **2.** *géol* Auswurf *m*; Ejekti'on *f*; **3.** *physiol* Entleerung *f*; Ausscheidung *f*

ékavien [ekavjɛ̃] *m ling* l'~ das E'kavische; E'kavisch *n*

élaboration [elabɔrasjɔ̃] *f* **1.** *e-s Plans etc* Ausarbeitung *f*; Erarbeitung *f*; *e-s Buchs* Erstellung *f*; *e-s Etats* Aufstellung *f*; **2.** *physiol von Speisen durch den Organismus* Verarbeitung *f*; *von Galle in der Leber* Absonderung *f*; Bildung *f*; **3.** *métall von Stahl etc* Gewinnung *f*; Erzeugung *f*; **4.** *EDV* Aufbereitung *f*

élaborer [elabɔre] **I** *v/t* **1.** *Plan, Rede etc* ausarbeiten; erarbeiten; 'durcharbeiten; fertigstellen; festlegen; (genau) ausführen; (ausführlich) abfassen; verfassen; *Manuskript, Projekt auch* erstellen; **2.** *physiol Speisen* verarbeiten; *Galle etc* bilden; *Antitoxine* bilden; **3.** *métall Stahl etc* gewinnen; erzeugen; **II** *v/pr* **s'~** Gestalt, Form annehmen; entstehen

élagage [elagaʒ] *m* **1.** *von Bäumen* Auslichten *n*, -schneiden *n*; **2.** *fig* Kürzung *f*; Streichung *f*

élaguer [elage] *v/t* **1.** *Bäume* ausschneiden, -lichten; **2.** *fig Überflüssiges* streichen; wegfallen lassen; *Rede, Bericht* kürzen; *Text* zu'sammenstreichen; Streichungen vornehmen (**un texte** in e-m Text)

élaïdique [elaidik] *adj chim* **acide** *m* ~ Elai'dinsäure *f*

élamite [elamit] *hist* **I** *adj* e'lamisch; **II** *m/pl* ♀s E'lamier *m/pl*; Ela'miter *m/pl*

élan¹ [elɑ̃] *m* **1.** *allg* Schwung *m*; *bes sports bei Sprungübungen* Anlauf *m*; *mil* Stoßkraft *f*; Wucht *f*; *sports:* **avec** ~ mit Anlauf; **sans** ~ ohne Anlauf; **aus dem Stand**; **perdre son** ~ den Schwung verlieren; **prendre du** ~, **son** ~ (e-n) Anlauf nehmen *bzw* Schwung holen; **reprendre de l'~** wieder in Schwung, Fahrt kommen; **2.** *fig* Schwung *f*; E'lan *m*; Feuer *n*; Eifer *m*; Begeisterung *f*; Aufwallung *f*; Anwandlung *f*; ~ **patriotique** patriotische Begeisterung; *philos Bergson* ~ **vital** E'lan vi'tal *m*; Lebensdrang *m*; ~ **d'affection** Aufwallung von Zärtlichkeit (**vers qn** für j-n); ~ **de générosité** Anwandlung von Großzügigkeit; **briser l'~ de qn** j-m allen Schwung nehmen; **l'~ est donné** der Anfang ist gemacht; die Sache ist angelaufen

élan² [elɑ̃] *m zo* Elch *m*; *litt* Elen *m*

élanc|é [elɑ̃se] *adj Gestalt etc* schlank; hochaufgeschossen; rank; *von schlankem Wuchs*; *Hals* schlank; lang; *Säulen, Turm, Baum* schlank; *Pferd* mager; dürr; **~ement** *m* **1.** *path* heftiger, stechender Schmerz; schmerzhafter Stich; **2.** *mar* 'Überhang *m*; ~ **arrière, avant** hinterer, vorderer Überhang

élancer [elɑ̃se] <-ç-> **I** *v/i path* stechende Schmerzen verursachen; heftig stechen; **II** *v/pr* **s'~ 1.** *Personen* sich stürzen (**sur**

qn auf j-n); *abs* los-, her'vorstürzen; (her')vorstürmen; **s'~ à la poursuite de qn** j-m nachstürzen; j-s Verfolgung aufnehmen; **s'~ au secours de qn** j-m zu Hilfe eilen; **s'~ vers la sortie** dem Ausgang zustürzen; zum Ausgang stürzen, stürmen; **2.** *fig* sich emporschwingen; **3.** *Turm etc* **s'~ vers le ciel, du sol, etc** (steil) em'porragen; in die Höhe, in den Himmel ragen; hoch aufragen

éland [elɑ̃] *m zo* Spießbock *m*; ~ **du Cap** Elenantilope *f*

élargir [elarʒir] **I** *v/t* **1. a)** *Straße, Türöffnung etc* verbreitern; breiter machen; *Öffnung* (aus)weiten; erweitern; weiter, größer machen; *Rohr* aufweiten; *Kleider* weiter machen; erweitern; *Schuhe* (aus)weiten; weiter machen; dehnen; **b)** *von Kleidern, Stoffen* dick(er) machen; auftragen (*abs*); *Frisur: Gesicht* breiter, voller erscheinen lassen; **c)** *Besitz* vergrößern; *Gebiet* erweitern; ausdehnen; **d)** *chir* to'talexstirpieren; **hystérectomie élargie** totale erweiterte Hysterektomie; **2.** *fig Kenntnisse, Blickfeld, Wissen* erweitern; vergrößern; (auf neue Gebiete) ausdehnen; *Problem* weiter fassen; ~ **son horizon** s-n Horizont erweitern; *pol* **majorité élargie** breite Mehrheit; **3.** *jur Gefangenen* (aus der Haft) entlassen; freilassen; auf freien Fuß setzen; **II** *v/i F Person* breiter, dicker werden; **III** *v/pr* **s'~** *Fluß, Straße* breiter werden; sich verbreitern; *Kleider, Schuhe* sich ausweiten, ausdehnen; weiter werden; **mon pullover s'est élargi** (F *auch* **a élargi**) mein Pullover ist weiter geworden, hat sich ausgeweitet

élargissement [elarʒismɑ̃] *m* **1.** *e-r Straße, Türöffnung etc* Verbreitern *n*, -ung *f*; *e-r Öffnung* Erweitern *n*, -ung *f*; *e-s Rohrs* Aufweiten *n*, -ung *f*; *von Kleidern* Weitermachen *n*; Ausweiten *n*; **2.** *fig* Ausdehnung *f*; Erweiterung *f*; Vergrößerung *f*; **3.** *jur* Freilassung *f*; Entlassung *f*

élasticité [elastisite] *f* **1.** *phys* Elastizi'tät *f*; Dehnbarkeit *f*; *e-r Feder* e'lastische Verformbarkeit; Elastizi'tät *f*; *e-r Matratze* Federkraft *f*; *physiol von der Haut, von Muskeln, Arterien* Elastizi'tät *f*; Dehnbarkeit *f*; *von Stoffen, Geweben* Dehnbarkeit *f*; *phys* ~ **de flexion, de torsion, de traction** Biege-, Torsi'ons-, Zugelastizität *f*; **2.** *par ext des Körpers, von Schritten, Bewegungen* Elastizi'tät *f*; Spannkraft *f*; Federn *n*; **3.** *fig von Begriffen, Worten, Gesetzen, Moralbegriffen* Dehnbarkeit *f*; *e-r Politik, e-s Regimes* Elastizi'tät *f*; Beweglichkeit *f*; Flexibili'tät *f*; *écon* **coefficient** *m* **d'~** Elastizitätskoeffizient *m*

élastine [elastin] *f Biochemie* Ela'stin *n*

élastique [elastik] **I** *adj* **1.** *phys* e'lastisch; dehnbar; *physiol* dehnbar; e'lastisch; *Hosenträger, Strumpfband* e'lastisch; dehnbar; **2.** *par ext Schritte, Bewegungen* e'lastisch; federnd; geschmeidig; **3.** *fig Begriffe, Bestimmungen etc* dehnbar; e'lastisch; fle'xibel; *mil Verteidigung* e'lastisch; beweglich; **avoir une conscience** ~ ein weites Gewissen haben; **II** *m* **1.** Gummi *n*; Gummiband *n*, -ring *m*, -zug *m*; *F fig* **les lâcher avec un** ~ *F* sich jeden Pfennig einzeln aus der Tasche ziehen lassen; knick(e)rig, knaus(e)rig, filzig sein; **2.** *text* E'lastik *n*

élastomères [elastɔmɛr] *m/pl chim* Elasto'mere *pl*; Ela'tide *pl*

élatéridés [elateride] *m/pl zo* Schnellkäfer *m/pl*; Elate'riden *pl*

élatine [elatin] *f bot* Ela'tine *f*; Tännel *n*

eldorado [ɛldɔrado] *m* Eldo'rado *n*; Traum-, Wunschland *n*

élec|teur [elɛktœr] *m*, **~trice** *f* **1.** Wähler(in) *m(f)*; **électeur inscrit** Wahl-

berechtigte(r) *m*; **2.** ⟨*nur m*⟩ *hist* Élec-
teur Kurfürst *m*; **l'Électeur de Bran-
debourg, le Grand Électeur** der Kur-
fürst von Brandenburg, der Große Kur-
fürst
électif [elɛktif] *adj* ⟨**-ive**⟩ **1.** Wahl…;
durch Wahl (bestimmt); gewählt; *Amt*
durch Wahl zu vergeben(d); **couronne
élective** Wahlkaiser- *bzw* Wahlkönig-
tum *n*; Wahlmonarchie *f*; **le pape est
~** der Papst wird gewählt, durch Wahl
bestimmt; **2.** *chim hist* **affinité élective**
Wahlverwandtschaft *f (auch fig); Goethe*
Les Affinités électives Die Wahlver-
wandtschaften; *psych, path* **amnésie
élective** parti'elle Amnesie
élection [elɛksjõ] *f* **1.** *pol* Wahl *f*; **~s
administratives** *frz Begriff für Depar-
tements- u Kommunalwahlen*; **~s géné-
rales** allgemeine Wahlen *f/pl*; **~s (légis-
latives)** Parla'mentswahlen *f/pl*; **~s mu-
nicipales** Gemeinde-, Kommu-
'nalwahlen *f/pl*; **~s politiques** *frz Be-
griff für Parlaments- u Senatswahlen*; **~ à
plusieurs tours** *ou* **de scrutin** Wahl mit
mehreren Wahlgängen; **résultats** *m/pl*
des ~s Wahlergebnis(se) *n(pl)*; **être
candidat à une ~, se présenter aux ~s**
(bei e-r Wahl) kandi'dieren; **2.** *jur* **~ de
domicile** a) Wahl *f* des Wohnsitzes; b)
Benennung *f* e-s Zustellungsbevoll-
mächtigten; **3.** *fig* **d'~** auserwählt; er-
wählt (*beide auch rel*); s-r Wahl; **terre** *f*
d'~ bevorzugtes Gebiet; *l'Italie fut pour
Stendhal* **la patrie d'~** … das Vaterland
s-r Wahl
électivité [elɛktivite] *f* Wählbarkeit *f*
(*e-s Präsidenten etc*)
électoral [elɛktɔral] *adj* ⟨**-aux**⟩ **1.**
Wahl…; **campagne ~e** Wahlkampf *m*;
loi ~e Wahlgesetz *n*; **manœuvres ~es**
Wahlmanöver *n/pl*; **réunion ~e** Wahl-
versammlung *f*; **2.** *hist* kurfürstlich;
Kur…; **prince ~** Kurprinz *m*; **~isme** *m*
pol Wahltaktik *f*; wahltaktisches Ver-
halten; **~iste** *adj* wahltaktisch
électorat [elɛktɔra] *m* **1.** Wählerschaft *f*;
(alle) Wähler *m/pl*; **2.** Wahlrecht *n*;
Wahlberechtigung *f*; **3.** *hist* **a)** Kurfür-
stenwürde *f*; Amt *n* e-s Kurfürsten; **b)**
Kurfürstentum *n*; **l'~ de Bavière** das
Kurfürstentum Bayern
électret [elɛktra] *m élect* Elek'tret *m*
électricien [elɛktrisjɛ̃] *m* **1.** E'lektriker
m; E'lektromonteur *m*, -installateur *m*,
-techniker *m*; **~ auto** Autoelektriker *m*;
adjt **ingénieur, ouvrier ~** Elektro-
ingenieur *m*, -monteur *m*; **2.** *thé* Beleuch-
ter *m*
électricité [elɛktrisite] *f* Elektrizi'tät *f*;
e'lektrischer Strom; *physiol* **~ cérébrale**
Hirnströme *m/pl*; **conducteur** *m* **d'~**
elektrischer Leiter; *par ext* **allumer,
éteindre l'~** das Licht an-, ausmachen;
avoir l'~ elektrischen Strom haben; F
fig **il y a de l'~ dans l'air** es herrscht e-e
gespannte Atmosphäre; F hier ist dicke
Luft; **couper l'~** den Strom abschalten;
faire installer, poser l'~ elektrische
Leitungen legen lassen; sich auf Elektri-
zität 'umstellen; **fonctionner, marcher
à l'~** elektrisch, mit Elektrizität be-
trieben werden; F elektrisch gehen,
laufen; F **payer son ~** s-e Stromrech-
nung zahlen
électri|fication [elɛktrifikasjõ] *f ch de
fer* Elektrifi'zierung *f*; *schweiz* Elektrifi-
kati'on *f*; **~fier** *v/t Bahnlinie etc* elektri-
fi'zieren; auf e'lektrischen Betrieb ein-,
'umstellen; *Dorf etc* an die Stromversor-
gung, an das Stromnetz anschließen
électrique [elɛktrik] *adj* e'lektrisch;
E'lektro…; **appareil** *m* **~** elektrisches
Gerät; E'lektrogerät *n*; *méd* **bain** *m* **~**
elektrisches Bad; **charge** *f* **~** elektrische

Ladung; **conducteur** *m* **~** elektrischer
Leiter; **courant** *m* **~** elektrischer Strom;
cuisinière *f* **~** E'lektroherd *m*; **déchar-
ge** *f* **~** elektrische Entladung; elektri-
scher Schlag; **éclairage** *m* **~** elektrische
Beleuchtung; **énergie** *f* **~** elektrische
Energie; **génératrice** *f* **~** elektrischer
Generator; **locomotive** *f* **~** elektrische
Lokomotive; E-Lok *f*; **moteur** *m* **~**
E'lektromotor *m*; *zo* **poissons** *m/pl* **~s**
elektrische Fische *m/pl*; **puissance** *f* **~**
elektrische Leistung; **soudure** *f* **~** *tech*
E'lektroschweißen *n*, -ung *f*; **tension** *f* **~**
elektrische Spannung; **~ment** *adv*
e'lektrisch; *Gerät* **fonctionner ~** elek-
trisch betrieben werden; F elektrisch
gehen
électris|able [elɛktrizabl(ə)] *adj* elektri-
'sierbar; **~ant** *adj* **1.** *Atmosphäre etc*
e'lektrisch geladen; **2.** *fig Worte, Bered-
samkeit* elektri'sierend; mitreißend; auf-
rüttelnd; begeisternd; **~ation** *f* Elektri-
'sieren *n*, -ung *f*; *auch* Ladung *f*
électriser [elɛktrize] **I** *v/t* **1.** **~ qc, qn**
etw, j-n elektri'sieren, der Wirkung des
e'lektrischen Stromes aussetzen; *adjt*
électrisé elektrisch geladen; **2.** *fig
Zuhörer, Publikum* elektri'sieren; auf-
rütteln; begeistern; mitreißen; elektri-
'sierend wirken auf (+*acc*); **II** *v/pr* **s'~**
sich elektrisch aufladen
électro|-acoustique [elɛktroakustik] **I**
f E'lektroakustik *f*; **II** *adj* e'lektroaku-
stisch; **~-aimant** *m* E'lektromagnet *m*;
~biogenèse *f phys, biol* Bioelektrizität
f; **~biologie** *f* E'lektrobiologie *f*
électrocardio|gramme [elɛktro-
kardjɔgram] *m méd* Elektrokardio-
'gramm *n (abr* EKG); **~graphe** *m méd*
Elektrokardio'graph *m*; **~graphie** *f
méd* Elektrokardiogra'phie *f*; **~scope** *m
méd* Elektrokardio'skop *n*
électro|cautère [elɛktrokotɛr, -ko-] *m*
méd E'lektrokauter *m*; **~chimie** *f* E'lek-
trochemie *f*; **~chimique** *adj* e'lektro-
chemisch; **~chirurgie** *f* E'lektrochirur-
gie *f* **~choc** *m méd* E'lektro-
schock *m*; **~coagulation** *f chir*
E'lektrokoagulation *f*; **~cortico-
gramme** *m méd* Elektrokortiko-
'gramm *n*
électrocuter [elɛktrokyte] **I** *v/t* durch
e'lektrischen Strom töten; **II** *v/pr* **s'~**
sich e-e Starkstromverletzung zuziehen;
e-n (tödlichen) e'lektrischen Schlag be-
kommen; *subst* **électrocuté** *m* Stark-
stromverletzte(r) *m*; j. der e-n (töd-
lichen) elektrischen Schlag bekommen
hat
électrocution [elɛktrokysjõ] *f* **1.** tödli-
cher e'lektrischer Schlag; tödliche Stark-
stromverletzung; **2.** Tötung *f*, Hinrich-
tung *f* durch e'lektrischen Strom
électrode [elɛktrɔd] *f* Elek'trode *f*; **~
métallique** Me'tallelektrode *f*; **~ de
charbon, de carbone** Kohlenelektro-
de *f*; **~ de soudure** Schweißelektrode *f*
électro|déposition [elɛktrodepozisjõ] *f
tech* E'lektroplattieren *n*; Galvanostegie
f; **~diagnostic** *m méd* E'lektrodia-
gnose *f*, -diagnostik *f*; **~dialyse** *f chim*
E'lektrodialyse *f*; **~dynamique I** *f*
E'lektrodynamik *f*; **II** *adj* e'lektrodyna-
misch; **~dynamomètre** *m* E'lektro-
dynamometer *n*
électro-encéphalo|gramme [elɛk-
troũsefalɔgram] *m méd* Elektroenze-
phalo'gramm *n (abr* EEG); **~graphie** *f
méd* Elektroenzephalogra'phie *f*
électro|-érosion [elɛktroerozjõ] *f tech*
E'lektroerosion *f*; **~filtre** *m tech* E'lek-
trofilter *m od n*; **~formage** *m tech*
E'lektroformung *f*; **~galvanique** *adj*
e'lektrogalvanisch; **~galvanisme** *m*
E'lektrogalvanismus *m*

électro|gène [elɛktroʒɛn] *adj* stromer-
zeugend; **groupe** *m* **~** Strom(er-
zeugungs)aggregat *n*; **~luminescence**
f phys E'lektrolumineszenz *f*
électrolys|e [elɛktroliz] *f chim* Elektro-
'lyse *f*; **~ ignée** Schmelzflußelektrolyse
f; **~er** *v/t chemische Verbindungen* elek-
troly'sieren; **~eur** *m* Elektroly'seur *m*;
électrolyt|e [elɛktrolit] *m* Elektro'lyt *m*;
~ique *adj* elektro'lytisch; Elektro-
'lyt…; **dissociation** *f* **~** elektrolytische
Dissoziation
électro|magnétique [elɛktromaɲetik]
adj phys e'lektromagnetisch; **déclen-
cheur** *m* **~** elektromagnetisches Relais;
induction *f* **~** elektromagnetische In-
duktion; **ondes** *f/pl* **~s** elektromagne-
tische Wellen *f/pl*; **~magnétisme** *m*
E'lektromagnetismus *m*; **~mécani-
cien** *m* E'lektromechaniker *m*; **~mé-
canique I** *f* E'lektromechanik *f*; **II** *adj*
e'lektromechanisch; **~ménager** *adj*
appareils *m/pl* **~s** E'lektrogeräte *n/pl*
(für den Haushalt); e'lektrische Haus-
haltsgeräte *n/pl*; **~métallurgie** *f tech*
E'lektrometallurgie *f*; **~mètre** *m* Elek-
tro'meter *n*; **~ à corde, à quadrants**
Faden-, Qua'drantenelektrometer *n*;
~métrie *f* Elektrome'trie *f*; elektro-
'metrische Maßanalyse; **~métrique**
adj elektro'metrisch; **~moteur I** *adj*
⟨**-trice**⟩ elektromo'torisch; **force élec-
tromotrice** (*abr* f.é.m.) elektromotori-
sche Kraft (*abr* EMK); **II** *m* E'lektro-
motor *m*; **~musculaire** *adj physiol*
e'lektromuskulär
électron [elɛktrõ] *m phys* 'Elektron *od*
E'lektron *n*; **~ négatif, positif** negatives,
positives Elektron; **~s secondaires** Se-
kun'därelektronen *n/pl*; **canon** *m* **à ~s**
Elek'tronenkanone *f*
électro|négatif [elɛktronegatif] *adj*
⟨**-ive**⟩ *chim* elektro'negativ; **~néga-
tivité** *f* Elektronegativi'tät *f*
électron-gramme [elɛktrõgram] *m*
⟨*pl* **électrons-grammes**⟩ Elek'tronen-
gramm *n*
électronic|ien [elɛktronisjɛ̃] *m*, **~ienne**
f Elek'troniker(in) *m(f)*
électronique [elɛktronik] **I** *adj* elek'tro-
nisch; Elek'tronen…; **calculateur** *m*,
calculatrice *f* **~** Elektronenrechner *m*;
couche *f* **~** Elektronenschale *f*; **équipe-
ment** *m* **~** elektronische Ausrüstung;
flux *m* **~** Elektronenstrom; **gaz** *m* **~**
Elektronengas *n*; **industrie** *f* **~** Industrie
f für elektronische Geräte; **instrument**
m **de musique ~** elektronisches Musik-
instrument; **rayon** *m* **~** Elektronen-
strahl *m*; **redresseur** *m* **~** Elektronen-
gleichrichter *m*; **II** *f* Elek'tronik *f*
électron|-trou [elɛktrõtru] *m* ⟨*pl* **élec-
trons-trous**⟩ *phys* Elek'tronenloch *n*,
-defektstelle *f*; **~-volt** ⟨*pl* **électrons-
-volts**⟩ Elek'tronenvolt *n*
électro|-optique [elɛktrooptik] *adj*
e'lektrooptisch; **~osmose** *f* E'lek-
tro(end)osmose *f*
électrophone [elɛktrofɔn] *m* Phonokof-
fer *m*
électro|phore [elɛktrofɔr] *m phys* Elek-
tro'phor *m*; **~phorèse** *f* Elektropho'rese
f; **~phorétique** [-foretik] *adj* elektro-
pho'retisch; **séparation** *f* **~** elektro-
phoretische Trennung; **~photomètre**
m E'lektrophotometer *m*; **~physiolo-
gie** *f* E'lektrophysiologie *f*; **~poncture**
f od **~puncture** [-põktyr] *f méd* E'lek-
tropunktur *f*; **~positif** *adj* ⟨**-ive**⟩ elek-
tro'positiv; **~pyrexie** *f méd* Elektro-
pyre'xie *f*; **~radiologie** *f méd cf* radio-
logie; **~raffinage** *m métall* E'lektro-
raffination *f*; **~scope** *m phys* Elektro-
'skop *n*; **~soudure** *f tech* E'lektro-
schweißen *n*, -ung *f*; **~statique** *phys* **I**

adj elektro'statisch; **machine** *f* ~ Elektri'siermaschine *f*; **unités** *f/pl* ~s elektrostatische Einheiten *f/pl*; **II** *f* Elektro-'statik *f*; **~striction** *f phys* Elektrostrikti'on *f*; **~technicien** *m* E'lektrotechniker *m*; **~technique I** *adj* e'lektrotechnisch; **industrie** *f* ~ E'lektroindustrie *f*; elektrotechnische Industrie; **II** *f* E'lektrotechnik *f*; **~thérapie** *f méd* E'lektrotherapie *f*; **~thermie** *f phys* Elektrother'mie *f*; **~tonique** *adj méd* elektro'tonisch; **~tonus** *m méd* Elektro-'tonus *m*; **~train** *m* e'lektrische Bahn; **~valve** *f tech* e'lektrisch gesteuertes Ven'til

élégamment [elegamɑ̃] *adv von* **élégant**

élégance [elegɑ̃s] *f* **1.** *von Personen* Ele'ganz *f*; *der Kleidung, Einrichtung etc* Ele'ganz *f*; Geschmack *m*; *e-s Möbels etc auch* ele'gante Form; Formschönheit *f*; *e-s Körpers, e-r Bewegung, Haltung etc* Ele'ganz *f*; Anmut *f*; Grazie *f*; *e-s Satzes, e-r Rede, e-r Sprache etc* Ele'ganz *f*; Kulti'viertheit *f*; **être à l'arbitre des** ~ tonangebend auf dem Gebiet der Mode sein; **s'exprimer avec** ~ sich elegant, gewandt ausdrücken; **s'habiller avec** ~ sich elegant, geschmackvoll kleiden, anziehen; **2.** *par ext* Takt *m*; kor'rekte Haltung; **savoir perdre avec** ~ mit Haltung verlieren können

élégant [elegɑ̃] **I** *adj* **1.** *Frau, Publikum, Einrichtung, Kleid* ele'gant; *Formen, Hände etc* anmutig; ele'gant; *Benehmen, Haltung* tadellos; gewandt; kulti'viert; *Lokal* ele'gant; fein; *Dialog, Rede* ele-'gant; gewandt; **2.** *par ext Verfahren, Vorgehen etc* ele'gant; gewandt; geschickt; kor'rekt; **une façon ~e de se débarrasser de qn** e-e elegante, geschickte Art, j-n loszuwerden; **un procédé peu** ~ ein nicht sehr korrektes Verfahren; **une solution** ~ e-e elegante Lösung; **II** *subst* ~(e) *m(f)* Elegant [-'gɑ̃] *m*; Stutzer *m*; Geck *m*; Modenarr *m*; Modepuppe *f*

élég|iaque [eleʒjak] **I** *adj* e'legisch; wehmütig; **II** *m* E'legiker *m*; **~ie** *f métr u par ext* Ele'gie *f*

élément [elemɑ̃] *m* **1.** *von e-m Ganzen, e-r Verbindung etc* Teil *m od n*; Bestand-, Einzelteil *m*; Ele'ment *n*; *fig* Einzelheit *f*; Punkt *m*; Mo'ment *n*; Faktor *m*; Kompo'nente *f*; *math, astr e-r Bahn* Ele'ment *n*; Bestimmungsstück *n*; *mil* (Truppen)Teil *m*; Einheit *f*; *Buchhaltung* Posten *m*; *von Möbeln* Anbauteil *m od n*; **les ~s** *auch* das verschiedenen *od* einzelnen Teile; **bât ~s fonctionnels** Konstrukti'ons-, Bauteile *m/pl*; *mil* **~s motorisés** motorisierte Truppenteile *m/pl*; *bât* **~ préfabriqué** Fertigteil *n*; *Buchhaltung* **~ de l'actif** Ak'tivposten *m*; **~ de base** Grundbestandteil *m*, -element *n*; grundlegender Bestandteil; **~s d'un radiateur** Heizkörperrippen *f/pl*; **meubles** *m/pl* **à ~s** Anbaumöbel *n/pl*; **l'enquête n'a apporté aucun ~ nouveau** die Unter'suchung hat keine neuen Einzelheiten, kein neues Moment erbracht; **nous manquons d'~s d'appréciation** es fehlen uns die Informationen, um die Sache beurteilen zu können; **2.** **~s** *pl e-r Wissenschaft, e-s Fachgebietes etc* Ele'mente *n/pl*; Grundzüge *m/pl*; Anfangsgründe *m/pl*; Grundlagen *f/pl*; Grundbegriffe *m/pl*; *für ein Thema etc* 'Unterlagen *f/pl*; **~s d'algèbre, de géométrie** elementare Algebra, Geometrie; *mil* **~s de tir** Schießgrundlagen *f/pl*; **3.** *meist pl* **~s** *von Personen* Ele'mente *n/pl*; *auch* Mitarbeiter *m/pl*; Kräfte *f/pl*; **les ~s actifs d'un parti, etc** die aktiven Elemente ...; **~s**

asociaux, douteux asoziale, zweifelhafte *od* fragwürdige Elemente; **bons, mauvais ~s** gute, schlechte *od* üble Elemente; **l'~ féminin** das weibliche Element; **4.** *chim* Ele'ment *n*; **5.** *élect e-r Batterie* Ele'ment *n*; *e-s Akkumulators* Zelle *f*; **6.** Ele'ment *n*; Na'turgewalt *f*; *philos* **les quatre ~s** die vier Elemente; **lutter contre les ~s déchaînés** gegen die entfesselten Elemente kämpfen; **7.** (Lebens)Ele'ment *n*; **être dans son ~** in s-m Ele'ment sein; **remettre un poisson dans son ~** e-n Fisch wieder in sein Element bringen

élémentaire [elemɑ̃tɛr] *adj* **1.** elementar; grundlegend; Elemen'tar...; Grund...; Anfangs...; *par ext* einfach(st); primi'tiv; mindest; **cours m ~** *cf* **cours 1.**; **devoir m ~** elementare Pflicht; **une installation ~** e-e ganz einfache Ausstattung; **manuel m ~** Elementarbuch *n*; **mathématiques** *f/pl* **~s** *cf* **mathématique 2.**; **notions** *f/pl* **~s** Grund-, Elementarkenntnisse *f/pl*; elementare Kenntnisse *f/pl*; **précaution** *f* **~** einfach(st)e Vorsichtsmaßnahme; **c'est ~** das weiß jeder, jedes Kind; **la plus ~ des politesses veut que ... die einfachste, primitivste Anstandsregel erfordert, daß ...; **2.** *chim, phys* Elemen-'tar...; *chim* **analyse** *f* ~ Elementar-, Verbrennungsanalyse *f*; *phys* **particule** *f* ~ Elementarteilchen *n*; **3.** *Okkultismus* **esprits** *m/pl* **~s** Elemen'targeister *m/pl*

élémi [elemi] *m Harz* E'lemi *n*

éléotrague [eleotrag] *m zo* Hirschziegenantilope *f*

éléphant [elefɑ̃] *m zo* Ele'fant *m*; Ele-'fantenbulle *m*; **~ d'Afrique, d'Asie** Afrikanischer, Indischer Elefant; **~ de guerre** Kriegselefant *m*; **~ de mer** See-Elefant *m*; *von e-r Person:* **il a l'air d'un ~, c'est un ~** er ist ein richtiger Elefant; **avoir une mémoire d'~** ein phänome-'nales Gedächtnis haben; sich alles merken; *auch* nachtragend sein

éléphant|e [elefɑ̃t] *f zo* Ele'fantenkuh *f*; weiblicher Ele'fant; **~eau** *m* ⟨*pl* ~x⟩ *zo* junger Ele'fant; **~esque** *adj* ungeheuer; riesig; mächtig

éléphant|iasis [elefɑ̃tjazis] *m path, vét* Elephan'tiasis *od* Elefan'tiasis *f*; **~in** *adj* ele'fantenähnlich, -artig

élevage [elvaʒ] *m* **1.** *von Tieren* Aufzucht *f*; Zucht *f*; Aufziehen *n*; Züchten *n*, -ung *f*; Haltung *f*; *abs* Viehzucht *f*; Viehwirtschaft *f*; *par ext* Farm *f*; Hof *m*; **petit ~** Kleintierzucht *f*; Kleinviehhaltung *f*; **~ des bovins, des chevaux, des moutons, des porcs** Rinder-, Pferde-, Schaf-, Schweinezucht *f*; **~ de poulets** *auch* Hühnerfarm *f*; **~ de sélection** Auslese-, Selekti'onszüchtung *f*; *von Hühnern:* **~ en batterie** Batte'riehaltung *f*; **faire de l'~** Tiere züchten; Tierzüchter sein; e-e Tierzucht haben; Viehzucht treiben; **faire l'~ des poulets, des visons** Hühner, Nerze züchten; **2.** **~ du vin** Weinpflege *f*

élévateur [elevatœr] **I** *adj* ⟨*-trice*⟩ **1.** *tech* **appareil** ~ *cf* **II**; **chariot ~** Hubkarren *m*; *auto* **pont ~** Hebebühne *f*; **2.** *anat* **muscle ~** Hebemuskel *m*; Le'vator *m*; **II** *m tech* Lastenaufzug *m*; Ele'vator *m*; Hebewerk *n*, -zeug *n*; Hebe-, Fördergerät *n*; *Zahnmedizin* **~ dentaire** Geißfuß *m*; *mar* **~ à bateaux** Schiffshebewerk *n*; **~ à godets** Becherwerk *n*; Ele'vator *m*; **~ d'eau** Wasserhebewerk *n*; **~ de grains** Getreideheber *m*, -förderer *m*

élévation [elevasjɔ̃] *f* **1.** *e-s Armes, e-r Last* (An)Heben *n*; *tech auch* Hub *m*; *rel cath* Elevati'on *f*; Emporheben *n* der Hostie und des Kelches (*nach der Wandlung*); **2.** *fig* Erhebung *f*; Erhöhung *f*; **~ à**

une dignité Erhebung in e-e Würde; **~ de l'âme vers Dieu** Erhebung der Seele zu Gott; **une grande ~ des idées, de pensée** ein hoher Gedankenflug; **3.** *e-r Mauer, e-s Hauses, Staudammes* Bau *m*; Erbauung *f*; Errichtung *f* (*auch e-s Denkmals*); *Rubens* ♀ **de la Croix** Kreuzaufrichtung *f*; **4.** *des Wasserspiegels* Erhöhung *f*; Anstieg *m*; *e-s Ballons* ~ **dans les airs** Aufsteigen *n*; Aufstieg *m*; **5.** *fig der Preise etc* Erhöhung *f*; Steigerung *f*; *der Temperatur* Anstieg *m bzw* künstlich Erhöhung *f*; *der Stimme* Erheben *n*; *des Pulses* Beschleunigung *f*; **6.** *math* ~ **au carré**, à la **puissance deux, trois** Erheben *n*, -ung *f* ins Qua'drat, in die zweite, dritte Po'tenz; **7.** *arch, tech e-r Maschine* Aufriß *m*; **8.** (Boden)Erhebung *f*; Erhöhung *f*; Anhöhe *f*; **9.** *e-r Feuerwaffe* Erhöhung *f*; Elevati'on *f*; **10.** *e-s Charakters* Vornehmheit *f*; Erhabenheit *f*; Größe *f*; Adel *m*; *des Stils* Gehobenheit *f*; Erhabenheit *f*

élévatoire [elevatwar] *adj cf* **élévateur**

élève [elɛv] **1.** *m,f* Schüler(in) *m(f)* (*auch es Meisters*); *e-s Internates auch* Zögling *m*; *e-r Grande École* Stu'dent(in) *m(f)*; **bon, mauvais ~** guter, schlechter Schüler; ~ **maître, maîtresse** *etwa* Student(in) an der, e-r Pädagogischen Hochschule; ~ **officier** a) *mar* Schüler (an) e-r Seefahrtschule (*der Kapitän werden will*); b) *mil* Offi'ziersanwärter *m* (*abr* OA); ~ **officier d'active** (*abr* E.O.A.) Berufsoffiziersanwärter *m*; ~ **officier de réserve** (*abr* E.O.R.) Re'serveoffiziersanwärter *m* (*abr* ROA); ~ **pilote** Flugschüler *m*; ~ **professeur** *etwa* Student(in), der (die) Lehrer(in) an höheren Schulen werden will; *mil* ~ **sous-officier** 'Unteroffiziersanwärter *m* (*abr* UA); ~ **du Conservatoire** Schüler(in) *m(f)* am Konservatorium; Mu'sikstudent(in) *m(f)*; ~ **s des écoles primaires** Volksschüler *m/pl*; Schüler *m/pl* der Grundschule; **2.** *m Pflanzen-, Tierzucht* Pflänzling *m*; Sämling *m*; Tierzucht Jungtier *n*

élevé [elve] *adj* **1.** *Preis, Tarif, Zinssatz, Rang, (Zimmer)Decke etc* hoch; *Gestalt* groß; hoch; *Temperatur* hoch; erhöht; *Gebiet* hochgelegen; *Gedanken* edel; hoch; *Stil* gehoben; erhaben; *Puls* beschleunigt; *Atmung* rasch; **peu ~** niedrig; *mar* **latitudes ~es** höhere Breiten *f/pl*; **poste ~** hoher, leitender Posten; **terrain ~** Anhöhe *f*; **2. bien ~** wohlerzogen; gut erzogen; **mal ~** schlecht erzogen; unerzogen; ungezogen; *subst* F **c'est un mal ~** (d)er ist schlecht erzogen, *p/fort* ein Flegel

élever [elve] ⟨-è-⟩ **I** *v/t* **1.** *Mauer* auffüh:ren; errichten; in die Höhe führen; aufmauern; höher machen; aufhöhen; *Wand* hochziehen; aufrichten; *Haus* aufstocken (**d'un étage** um e-e Etage); *Denkmal* errichten; aufstellen; *Damm* aufschütten; *fig:* ~ **sa fortune sur la ruine d'autrui** sein Vermögen auf dem Ruin anderer aufbauen, gründen; ~ **un rempart contre** ein Bollwerk errichten gegen; **2.** *rel cath* Hostie, Kelch emporheben; **3.** *Temperatur* erhöhen; *Bildungsniveau, Lebensstandard* (an-)heben; erhöhen; her'aufsetzen; *im Rang* erhöhen; heben; *in e-n höheren Rang* erheben; *auf e-e höhere Stufe* heben; **aux plus 'hautes dignités** zu den höchsten Würden erheben; ~ **qn au rang de ...** j-n in den Rang e-s ... erheben; ~ **son âme vers Dieu** s-e Seele zu Gott erheben; **4.** *Protest* erheben; *Einwand* vorbringen; *Zweifel* äußern; anmelden; ~ **la voix** die Stimme erheben; **en élevant la voix**

mit erhobener Stimme; **5.** *math Zahl* ~ à la puissance deux, trois, *etc* in die zweite, dritte *etc* Po'tenz erheben; ~ au carré qua'drieren; ins Qua'drat erheben; ~ une perpendiculaire e-e Senkrechte errichten; *mus* ~ d'un demi-ton um e-n halben Ton erhöhen; ~ le ton d'un morceau ein Musikstück in e-e höhere Tonart setzen, transpo'nieren; **6.** *Kinder* großziehen; aufziehen; erziehen; ils ont été élevés ensemble sie sind zusammen aufgezogen worden, groß geworden; ~ un enfant au biberon ein Kind mit der Flasche groß-, aufziehen; être élevé dans un esprit libéral, *etc* in e-m liberalen Geist *etc* erzogen werden; **7.** *Tiere* auf-, großziehen; züchten; **II** *v/pr* s'~ **8.** *Flugzeug* (auf)steigen; sich vom Boden erheben; *Staub* sich erheben; *Rauch* auf-, hochsteigen; in die Höhe steigen; *Flammen* auf-, emporlodern; hoch aufschlagen; *Temperatur, Quecksilbersäule* (an)steigen; *Berg, Turm* sich erheben; (hoch) aufragen; *Häuser* stehen; sich erheben; *Vogel* s'~ dans le ciel hoch aufsteigen; *Staub* s'~ en tourbillon aufwirbeln; *Berg* s'~ en pente douce sanft ansteigen; le clocher s'élève à une 'hauteur de vingt mètres der Turm erreicht e-e Höhe von zwanzig Metern; **9.** *fig Person* s'~ au- -dessus de qc sich über etw (*acc*) erheben; über etw (*acc*) hin'auswachsen; s'~ au-dessus des préjugés sich über Vorurteile hin'wegsetzen; *Seele* s'~ par la prière sich im Gebet erheben; *bibl* quiconque s'élèvera sera abaissé wer sich selbst erhöht, der wird erniedrigt; **10.** *Stimme, Streit, Lärm, Schreie, Gemurmel* sich erheben; *Streit auch* ausbrechen; *Ton e-r Diskussion etc* heftiger werden; sich verschärfen; **11.** s'~ contre qn gegen j-n auftreten; sich gegen j-n erklären; s'~ contre les abus sich gegen 'Mißstände wenden; gegen Mißstände protestieren; **12.** hoch-, vorwärtskommen; s'~ aux premières charges d'État es (bis) zu den höchsten Staatsämtern bringen; s'~ au rang des grandes puissances zu e-r Großmacht werden; den Rang e-r Großmacht einnehmen; s'~ au-dessus de sa condition sociale aus s-n sozialen Verhältnissen her'auskommen; **13.** *Summe, Rechnung* s'~ à betragen (+*acc*); sich belaufen auf (+*acc*); la foule s'éleva à dix mille personnes es waren zehntausend Menschen

éleveur [elvœr] *m*, **~euse** *f* **1.** Züchter(in) *m(f)*; éleveur de bétail *od* de bestiaux, de bovins, de chevaux, de porcs Vieh-, Rinder-, Pferde-, Schweinezüchter *m*; **2.** *Hühnerzucht* **éleveuse** (artificielle) künstliche Glucke; Schirmglucke *f*

elfe [ɛlf] *m myth* Elf(e) *m(f)*; Alb *m*

élider [elide] **I** *v/t Vokal am Wortende* eli'dieren; ausstoßen; weglassen; *adit* article élidé bestimmter Artikel mit elidiertem e *bzw* a; **II** *v/pr* s'~ eli'diert werden

élig|ibilité [eliʒibilite] *f pol* Wählbarkeit *f*; passives Wahlrecht; **~ible** *adj* wählbar; être ~ *auch* das passive Wahlrecht besitzen; *subst* les ~s *m/pl* die wählbaren Bürger *m/pl*

élimé [elime] *adj Kleider, Stoff* 'durchgescheuert; abgewetzt; fadenscheinig; abgetragen

éliminateur [eliminatœr] *adj* <-trice> Ausscheidungs...

élimination [eliminasjɔ̃] *f* **1.** *von Irrtümern, Fehlern* Beseitigung *f*; Ausmerzung *f*; Ausschaltung *f*; Elimi'nierung *f*; Eliminati'on *f*; *bei e-m Wettbewerb, e-s*

Kandidaten, e-r Mannschaft Ausscheiden *n*, -ung *f*; Ausschluß *m*; Ausschalten *n*, -ung *f*; *von Fremdkörpern* Entfernen *n*, -ung *f*; Beseitigen *n*, -ung *f*; *von Untauglichem,* Überflüssigem Aussondern *n*, -ung *f*; Ausscheiden *n*, -ung *f*; Elimi'nieren *n*, -ung *f*; **procéder par** ~**s successives** nacheinander die verschiedenen Möglichkeiten ausschließen; **2.** *math* Eliminati'on *f*; **3.** *physiol von Krankheitserregern etc* Ausscheidung *f*; **4.** *biol* Eliminati'on *f*

éliminatoire [eliminatwar] **I** *adj* den Ausschluß bedingend; Ausscheidungs...; *sports* épreuve *f*, match *m* ~ Ausscheidungs(wett)kampf *m*, -spiel *n*; *bei Prüfungen* note *f* ~ den Ausschluß bedingende Note; zéro est une note ~ in Deutschland entsprechend mit e-r Sechs fällt man durch; *physiol* organes *m/pl* ~s Ausscheidungsorgane *n/pl* (*Leber, Niere etc*); **II** *f/pl* ~s Ausscheidungs- (wett)kämpfe *m/pl*, -spiele *n/pl*

éliminer [elimine] *v/t Zweifel, Gedanken, Gegner* ausschalten; ausschließen; *politische Gegner auch* kaltstellen; *Hindernis* beseitigen; entfernen; wegräumen; aus dem Weg räumen; wegschaffen; *Irrtümer, Fehler* beseitigen; ausmerzen; ausschalten; elimi'nieren; *Mißverständnisse, Schwierigkeiten* beseitigen; ausräumen; *Überflüssiges* ausscheiden; aussondern; *math* elimi'nieren; wegschaffen; *biol* elimi'nieren; *physiol Fremdkörper, Krankheitserreger, Zukker* ausscheiden; *Namen von e-r Liste* streichen; *Pläne* verwerfen; *Prüfungskandidat* être éliminé nicht bestehen (müssen); être éliminé d'un comité aus e-m Komitee ausgeschlossen werden

élinde [elɛ̃d] *f e-s Eimerkettenbaggers* Eimerleiter *m*

élingu|e [elɛ̃g] *f mar* Stropp *m*; Tauschling *f*; *tech* Schlinge *f* (*um e-e hochzuhebende Last*); **~er** *v/t* e-e Schlinge legen, schlagen (qc um etw); anschlagen

élinvar [elɛ̃var] *m tech* Elin'var *n*

élire [elir] *v/t <cf lire> Abgeordnete, Präsidenten etc* wählen; *rel* (aus)erwählen; ~ qn président j-n zum Präsidenten wählen; ~ domicile *cf* domicile; ~ à la majorité absolue mit absoluter Mehrheit wählen; être élu au premier tour im ersten Wahlgang gewählt werden

élisabéthain [elizabetɛ̃] *adj* Elisabe'thanisch; période ~e Elisabethanisches Zeitalter; Zeitalter Elisabeths I.; *arch* style ~ E'lisabethstil *m*; théâtre ~ Elisabethanisches Theater

élision [elizjɔ̃] *f e-s Vokals* Elisi'on *f*

élit|e [elit] *f e-r Gesellschaft, Gruppe* E'lite *f*; Auslese *f*; *von Wissenschaftlern, Schauspielern, Sportlern* les ~ de l' Elite; die Auslese; die Besten *pl*; formation *f* des ~s Elitebildung *f*; sujet *m* d'~ hervorragender, glänzender Schüler; *mil*: tireur *m* d'~ Scharfschütze *m*; troupes *f/pl* d'~ Elite-, Kerntruppen *f/pl*; **~isme** *m* eli'täres Sy'stem; **~iste** *adj* eli'tär

élixir [eliksir] *m phm* Eli'xier *n*; Heiltrank *m*; ~ pectoral Brustelixier *m*; Likör ~ de la Grande-Chartreuse Char'treuse *m*; ~ de longue vie Lebenselixier *n*; *auch* Verjüngungsmittel *n*; *par ext* F c'est un véritable ~ das ist ein köstliches Getränk

elle [ɛl] *pr/pers der 3. pers sg f* <*pl* elles [ɛl]> **1.** als Subjekt mit e-m Verbum verbunden u unbetont sie (*sg u pl*); in bezug auf ein im Deutschen maskulines od neutrales Substantiv er *bzw* es; *pl* sie; ~(s) arrive(nt) sie kommt *bzw* kommen; la maison, ~ est neuve es ist neu; **2.** unverbunden u meist betont **a)** als Subjekt

---

od obj/dir sie (*sg u pl*); ~ non plus sie auch nicht; ~ et sa sœur sie und ihre Schwester; je n'aime qu'~ ich liebe nur sie; je veux la voir, ~ sie möchte ich sehen; ich möchte sie, sie selbst sehen; ~ n'a rien dit sie hat nichts gesagt; **b)** *mit prép* sie (*acc sg u pl*); ihr (*dat sg*); ihnen (*dat pl*); *bei reflexiver Beziehung* sich; je songe à ~ ich denke an sie; ~ ne pense qu'à ~ sie denkt nur an sich selbst; je suis content d'~(s) ich bin mit ihr (ihnen) zufrieden; F des sœurs à ~ ihre Schwestern; F Schwestern von ihr; ces gants sont à ~ das sind ihre Handschuhe; die(se) Handschuhe gehören ihr; dites-le-lui, à ~ sagen Sie es ihr, ihr selbst; c'est à ~ que vous devez parler da müssen Sie ihr, ihr selbst sprechen; **3.** F (*histoire, fait*) ~ est bien bonne! das ist ja gut!; ~ est raide, celle-là! das ist (ja) ein starkes Stück!

ellébore [elebɔr] *m bot* Nieswurz *f*; ~ blanc Weißer Germer; ~ fétide, noir Stinkende, Schwarze Nieswurz

elle-même [ɛlmɛm] *pr/pers* <*pl* elles- -mêmes> **1.** *betont* (sie) selbst; elle l'a dit ~ sie hat es selbst gesagt; ~ l'a déclaré sie selbst hat es erklärt; ~ (selbst) elle est toujours maîtresse d'~ sie kann sich immer beherrschen; d'~ von sich aus; von selbst; spontan; aus eigenem Antrieb

elles [ɛl] *pr/pers der 3. pers pl f cf* elle

ellipse [elips] *f* **1.** *math, astr* El'lipse *f*; **2.** *gr, rhét* El'lipse *f*

ellipsographe [elipsɔgraf] *m* El'lipsenzirkel *m*

ellips|oïdal [elipsɔidal] *adj* <-aux> *math* Ellipso'id...; ellipso'idförmig; **~oïde** *m math* Ellipso'id *n*; ~ de révolution Rotati'onsellipsoid *n*

elliptique [eliptik] *adj* **1.** *math, astr* el'liptisch; el'lipsenförmig; El'lipsen...; *arch* arc *m* ~ Ellipsenbogen *m*; *compas* *m* ~ Ellipsenzirkel *m*; *math* fonction *f* ~ elliptische Funktion; *astr* orbite *f* ~ elliptische Bahn; **2.** **a)** *gr, rhét* el'liptisch; unvollständig; **b)** *fig* Anspielungen etc rätselhaft; unverständlich; undeutlich

élocution [elɔkysjɔ̃] *f* Sprech-, Rede-, Ausdrucksweise *f*; Dikti'on *f*; Vortrag *m*; ~ aisée, facile *od* facilité *f* d'~ Rede-, Sprachgewandtheit *f*; ~ confuse wirre Rede(weise); défaut *m* d'~ Sprachfehler *m*

élodée [elɔde] *f bot* Ka'nadische Wasserpest; E'lodea *f*

éloge [elɔʒ] *m* **1.** Lobrede *f*, -spruch *m*; E'logium *n*; ~ académique Rede *f* auf ein verstorbenes Akademiemitglied; ~ funèbre Grabrede *f*; Nachruf *m*; **2.** *par ext* Lob *n*; digne d'~s lobenswert; löblich; faire l'~ de qc, qn etw, j-n (sehr) loben; des Lobes voll sein über etw, j-n; ein Loblied auf etw, j-n anstimmen, singen; sich in Lobreden über etw, j-n ergehen; ne pas tarir d'~s sur qc, qn etw, j-n nicht genug loben können; F etw, j-n über den grünen Klee loben

élogieux [elɔʒjø] *adj* <-euse> lobend; anerkennend; schmeichelhaft; begeistert; en termes ~ mit lobenden Worten; lobend

éloigné [elwaɲe] *adj* **1. a)** räumlich fern; (weit) entfernt; abgelegen; entlegen; **b)** *zeitlich Zukunft, Vergangenheit* fern; *Epoche* weit zu'rückliegend; (längst) vergangen; früh; **2.** *Verwandte* entfernt; weitläufig; ils sont parents ~s sie sind entfernt, weitläufig verwandt; **3.** *fig* être ~ de qc e-r Sache (*dat*) fernstehen; weit entfernt sein von etw; il n'était plus très ~ de croire que ... er war nahe daran zu glauben, daß ...

éloignement [elwaɲmɑ̃] *m* **1. a)** *räum-*

lich Entfernung *f*; Abstand *m*; Di'stanz *f*; **b)** *zeitlich* Abstand *m*; **2.** *fig* Abwesenheit *f*, Fernsein *n* (**de** von); **souffrir de l'~ de qn** unter der Trennung von j-m leiden; **3.** *Handlung* Entfernen *n*, -ung *f*
éloigner [elwaɲe] **I** *v/t* **1. a)** *räumlich Stuhl, Lampe etc* zur Seite rücken, schieben; wegrücken, (weiter) wegstellen, wegnehmen (**de** von), fort-, wegräumen; bei'seite räumen; *Personen* wegbringen (**de** aus, von); weg-, fortschaffen, entfernen, fernhalten (**von**); **~ de la zone dangereuse** aus der Gefahrenzone bringen; **b)** *zeitlich* entfernen (**qn de qc** j-n von etw); in die Ferne, ferner rücken (**qn de qc** j-m etw); *drohendes Ereignis* auf-, hin'ausschieben; hin'auszögern; aufhalten; **chaque jour nous éloigne de cette date mémorable** mit jedem Tag rückt uns dieses denkwürdige Datum ferner; **2.** *fig Person* entfremden (**de** *dat*); entfernen, abbringen (**von**); abspenstig, abtrünnig machen (**de** *dat*); *Gedanken* von sich weisen; verwerfen; ablehnen; **~ les enfants de leur mère** die Kinder ihrer Mutter entziehen, entfremden, *auch* wegnehmen; **II** *v/pr* **s'~ 3.** *Person* sich entfernen (**du groupe** von der Gruppe); weg-, fortgehen (**de la ville** aus der Stadt; **de qn** von j-m); weg-, fortfahren; *vom Weg* abkommen; abgehen; abweichen; *Gewitter* abziehen; *Geräusch* sich in der Ferne verlieren; **éloignez-vous** treten Sie zurück; gehen Sie hier weg; **4.** *fig vom Thema* abkommen; abweichen; abschweifen; *Möglichkeiten* schwinden; *Erinnerungen* verblassen; in die Ferne rücken; *Theorie* abweichen
élongation [elõgasjõ] *f* **1. a)** *path* Zerrung *f*; **~ musculaire** Muskelzerrung *f*; **b)** *chir* Dehnung *f*; **~ vertébrale** Dehnung der Wirbelsäule; **2.** *astr* Elongati'on *f*; **3.** *phys* Elongati'on *f*; *Auslenkung f; e-s Pendels auch* Ausschlag *m*; **4.** *bot* Streckungswachstum *n*
élonger [elõʒe] *v/t* ‹-geons› *mar* **a)** *Tau, Kette* auslegen; **b)** *die Küste, am Ufer* entlangfahren, -segeln
élongis [elõʒi] *m mar* Sa(a)ling *f*
éloquemment [elɔkamɑ̃] *adv* von **éloquent**
éloquence [elɔkɑ̃s] *f* **1.** Beredsamkeit *f*; Redegabe *f*; Redekunst *f*; Beredtheit *f*; Eloqu'enz *f*; **~ de la chaire** Kanzelberedsamkeit *f*; **~ de la tribune** *od* **politique** po'litische Rhe'torik; **parlamen'tarische** Beredsamkeit; **parler avec ~** beredt, mit großer Beredsamkeit sprechen; **2.** *fig der Blicke, Gesten etc* Beredtheit *f*; **~ des chiffres** deutliche Sprache der Zahlen
éloquent [elɔkɑ̃] *adj* **1.** *Person* beredt; rede-, wort-, sprachgewandt; beredsam; wortreich; eloqu'ent; wortgewaltig; *par ext* über'zeugend; **en termes ~s** mit beredten Worten; **2.** *fig Miene, Blicke, Gesten, Schweigen* beredt; vielsagend; ausdrucksvoll; *Blicke auch* sprechend; *Zahlen, Vergleich* **être ~** für sich sprechen; **e-e deutliche Sprache reden**
élu [ely] **I** *p/p von* **élire** *u adj* **1.** *Präsident etc* gewählt; **2.** *fig* auserwählt (*auch rel*); *poét* auserkoren; *rel* **le peuple ~** das auserwählte Volk; **II** *subst* **1.** **~(e)** *m(f)* *fig, rel* Auserwählte(r) *f(m)*; *poét, plais* Auserkorene(r) *f(m)*; *plais* **l'~e de son cœur** die Auserwählte s-s Herzens; s-e Auserkorene; das Mädchen s-r Wahl; **2.** *pol* **les ~s** *m/pl* die gewählten Vertreter *m/pl*
élucid|ation [elysidasjõ] *f* *e-s Rätsels, Geheimnisses* Aufklärung *f*; Erklärung *f*; *e-s Textes auch* Erläuterung *f*; Erhellung *f*; **~er** *v/t* Rätsel, Geheimnis (auf)klären;

aufhellen; *Text, Problem* erläutern; erklären; erhellen; **~ une affaire** Licht in e-e Sache bringen; **e-e Angelegenheit** klären
élucubration [elykybrasjõ] *f meist pl* **~s** *péj* Hirngespinste *n/pl*; *von e-m Werk* Elabo'rat *n*
éluder [elyde] *v/t e-r Schwierigkeit, Frage* (geschickt) ausweichen, sich entziehen, aus dem Weg gehen (+*dat*)
éluer [elɥe] *v/t chim* auswaschen; elu'ieren
élusif [elyzif] *adj* ‹-ive› *Antwort etc* ausweichend
élution [elysjõ] *f chim* Auswaschen *n*, -ung *f*
éluv|ial [elyvjal] *adj* ‹-aux› *géol* eluvi'al; Eluvi'al...; **horizon ~** Eluvialhorizont *m*; **~ion** *f géol* E'luvium *n*
elymus [elimys] *m bot* Strandgerste *f*; Strandroggen *m*
Élysée [elize] **I** *m* **l'~ 1.** Sitz des Präsidenten der Republik in Paris das Ely'see; **le palais de l'~** der Elyseepalast; **2.** *myth* das E'lysium; **II** *adj myth* **les champs ~** die e'lysischen, ely'säischen Gefilde *n/pl*; *cf auch* **Champs-Élysées**
élyséen [elizeɛ̃] *adj* ‹~ne› **1.** *myth* ely'säisch; e'lysisch; *Glück, Ruhe* para'diesisch; himmlisch; **2.** *pol* des Ely'sees; des Ely'seepalastes
élytre [elitr(ə)] *m zo bei Insekten* Flügeldecke *f*; *bei Käfern* Deckflügel *m*
elzévir [elzevir] *m* **a)** Elzevirdruck *m*, -ausgabe *f*; **b)** *impr* Elzevir(schrift) *f*; **~ien** *adj* ‹~ne› Elzevir...; **format ~** Elzevirformat *n*
émaciation [emasjasjõ] *litt f* Abgezehrtsein *n*; Ausmergelung *f*
émaci|é [emasje] *adj* Gesicht, Gestalt abgezehrt; ausgemergelt; **~er** *v/pr* **s'~** sich abzehren
émail [emaj] *m* ‹*pl* -aux› **1. a)** E'mail *n*; E'maille *f*; Schmelz *m*; *Keramik* Gla'sur *f*; **~ translucide** *od* **en basse taille** Silberrelief-, Tiefschnittschmelz *m*; *Autotypie* **procédé ~** Emailverfahren *n*; **couleur** *f* **d'~** Email-, Schmelzfarbe *f*; **peinture** *f* **sur ~** Email-, Schmelzmalerei *f*; **b)** E'mailschmuck *m*; email'liertes Schmuckstück; *Gautier* **Émaux et camées** Emaillen und Kameen; **c)** email'liertes Gußeisen, Blech; **baignoire** *f*, **fourneau** *m* **en ~** Emailwanne *f*, -herd *m*; emaillierte (Bade)Wanne, emaillierter Herd; **2.** ‹*pl* ~s› Lackfarbe *f*; E'maillack *m*; **3.** *anat* **~ (des dents)** (Zahn)Schmelz *m*; **4.** *Heraldik* (he'raldische) Farbe
émaillage [emajaʒ] *m* **a)** *Vorgang* Email'lieren *n*; *Keramik* Gla'sieren *n*; **b)** *Ergebnis* Email'lierung *f*; *Keramik* Gla'sur *f*
émaill|er [emaje] *v/t* **1.** *Schmuckstücke, Gebrauchsgegenstände* email'lieren; mit E'mail, Schmelz über'ziehen; *Keramiken, Porzellan* gla'sieren; mit e-r Gla'sur versehen; *adjt* **émaillé a)** emailliert; **b)** glasiert; **2.** *fig Text, Rede* (aus-)schmücken, verzieren (**de citations** mit Zitaten); *iron* **émaillé de fautes** mit Fehlern gespickt; **~erie** *f* Email'lierkunst *f*; Schmelzarbeit *f*; **~eur** *m*, **~euse** *f* Email'leur *m*; Email'lierer(in) *m(f)*; Schmelzarbeiter(in) *m(f)*; **~ure** *f* E'mail-, Schmelzarbeit *f*
émanation [emanasjõ] *f* **1.** *philos, phys, chim, Okkultismus* Emanati'on *f*; *chim* **~ de l'actinium, du radium, du thorium** Ac'tinium-, Radium-, Thoriumemanation *f*; **2.** *e-s Teiches, e-r Fabrik* Ausdünstung *f*; *von Gasen, Dämpfen* Ausströmen *n*, -ung *f*; Aufsteigen *n*; *von Motoren, Autos* **~s** *pl* Abgase *n/pl*; **3.** *fig von* Autorität, Macht etc Ausstrahlung *f*;

Auswirkung *f*; Ausdruck *m*; Sichtbarwerden *n*; Bekundung *f*
émancipateur [emɑ̃sipatœr] **I** *adj* ‹-trice› emanzipa'torisch; Emanzipati'ons...; **tendances émancipatrices** Emanzipationsbestrebungen *f/pl*; **II** *m* Befreier *m*
émancipation [emɑ̃sipasjõ] *f* **1.** Emanzipati'on *f*; Emanzi'pierung *f*; Befreiung *f* (*aus Abhängigkeit u Bevormundung*); Gleichstellung *f*; Gleichberechtigung *f*; **2.** *jur* Volljährigkeitserklärung *f*; Mündigsprechung *f*
émanciper [emɑ̃sipe] **I** *v/t* **1.** emanzi'pieren; befreien; selbständig, unabhängig, frei machen; *Frauen auch* (recht-lich) gleichstellen; *adjt* **une femme émancipée** e-e emanzipierte, sehr selbständige, unabhängige Frau; **2.** *jur* für volljährig, mündig erklären; mündigsprechen; **II** *v/pr* **s'~** sich emanzi'pieren, befreien, frei machen; unabhängig, selbständig sein *bzw* werden
émaner [emane] *v/i* **1.** *Dampf, Gase, Wärme, Gerüche* ausströmen (**de** aus); (her)kommen, ausgehen (**von**); *Licht, Wärme* ausgestrahlt werden; **la chaleur qui émane du four** die Hitze, die der Ofen ausstrahlt *od* die vom Ofen ausgeht; die vom Ofen verbreitete Hitze; **2.** *fig Macht etc* ausgehen (*auch Zauber, Ausstrahlung, Würde*), kommen, herrühren, sich ableiten (**de** von); **un décret émanant du chef de gouvernement** ein vom Regierungschef her'ausgegebener Erlaß, erlassenes Dekret; **tout pouvoir émane du peuple** alle Gewalt geht vom Volk aus
émanothérapie [emanoterapi] *f méd* Emanati'onstherapie *f*
émargement [emarʒəmɑ̃] *m* (Ab-)Zeichnen *n*, Unter'schreiben *n* (*am, auf dem Rande e-s Schriftstücks*); **feuille** *f* **d'~** Gehalts-, Lohnquittungsliste *f*
émarger [emarʒe] ‹-geons› **I** *v/t Akten, Rechnungen etc* (am, auf dem Rande) abzeichnen; unter'schreiben; **II** *v/i* sein Gehalt, Geld empfangen, beziehen (**à un budget** aus e-m Etat)
émascul|ation [emaskylasjõ] *f* **1.** Entmannung *f*; Kastrati'on *f*; **2.** *litt u fig* (Ab)Schwächung *f*; Verweichlichung *f*; Verstümmelung *f*; Verwässerung *f*; **~er** *v/t* **1.** *Mann* entmannen; *männliches Tier* ka'strieren; **2.** *litt u fig* abschwächen; verwässern; verstümmeln
embâcle [ɑ̃bɑkl(ə)] *m* Stau *m*, Barri'ere *f* aus Eisschollen (*in e-m Flußlauf*)
emballage [ɑ̃balaʒ] *m* **1.** *Handlung* Ver-, Einpacken *n*; Packen *n*; Verpackung *f*; **2.** (Ver)Packung *f*; Verpackungsmaterial *n*; Um'hüllung *f*; Embal'lage *f*; *comm* Leergut *m*; **~ commercial** Handelspak-kung *f*; **~ d'origine** Origi'nal(ver)packung *f*; **~ en caisses, en carton** Kisten-, Schachtelverpackung *f*; **~ en fer-blanc** Blechemballage *f*; **caisse** *f* **d'~** Kiste *f* zum Verpacken; Verpak-kungskiste *f*; **frais** *m/pl* **de port et d'~** Porto- und Verpackungskosten *pl*; **sans ~** unverpackt; ohne Verpackung; offen
emball|é [ɑ̃bale] *adj* **1.** *Pferd* scheu, wild geworden; scheuend; **2.** F *Zuschauer etc* **être ~** hingerissen sein; F (ganz) hin, weg sein; **~ement** *m* **1.** *e-s Pferdes* Scheuen *n*; 'Durchgehen *n*; **2.** *von Personen* vorschnelle Begeisterung; heftiges Gefühl; **3.** *e-s Motors* Aufheulen *n*; *e-r Maschine* 'Durchgehen *n*, -drehen *n*
emballer [ɑ̃bale] **I** *v/t* **1.** *Waren, Möbel etc* verpacken, (ein)packen; *Waren auch* einschlagen; *Kleider, Sachen* (ein-)packen; **2.** *Maschine* 'durchdrehen, -gehen lassen; *Motor* aufheulen lassen; hochjagen; **3.** F *Zuschauer, Hörer etc*

hin-, mitreißen; begeistern; **son dis-cours nous a emballés** wir waren ganz hingerissen, F ganz hin, ganz weg von s-r Rede; **ça ne m'emballe pas** das reizt, lockt mich nicht; **4.** F *Kriminelle etc* F schnappen; hochgehen lassen; **5.** P ~ **une fille** F ein Mädchen aufgabeln; **6.** F ~ **qn** F j-n abkanzeln, anpfeifen; **se faire** ~ abgekanzelt werden; e-n Anpfiff bekommen; **II** *v/pr* **s'~ 7.** *Pferd* scheuen; 'durchgehen; scheu, wild werden; **8.** *Motor* aufheulen; *Maschine* 'durchdrehen, -gehen; **9.** F *Person* **a)** sich rasch begeistern; gleich Feuer und Flamme sein; schnell, rasch Feuer fangen; **b)** aufbrausen, -fahren; sich hinreißen lassen; heftig werden; sich ereifern; F hochgehen; **ne t'emballe pas,** *ce n'est pas sûr!* reg dich nicht auf, F mach keine Wellen, ...! *bzw* freu dich nicht zu früh, keine voreilige Begeisterung ...!

emball|eur [ābalœr] *m,* ~**euse** *f* Packer(in) *m(f)*

embarcadère [ābarkadɛr] *m mar* Landungs-, Landesteg *m*; Landungsbrücke *f*; Pier *m od f*; Lande-, Anlegeplatz *m*, -stelle *f; für Waren auch* Verladeplatz *m*

embarcation [ābarkasjõ] *f* (kleines) (Segel-, Ruder-, Dampf-, Motor)Boot; Wasserfahrzeug *n*; Beiboot *n; mil* ~ **d'assaut** Sturmboot *n;* ~ **de sauvetage** Rettungsboot *n*

embard|ée [ābarde] *f* **1.** *auto* faire une ~ plötzlich seitlich, nach der Seite ausweichen; plötzlich (kurz) nach rechts *bzw* links geraten, F rüberkommen; e-e plötzliche Ausweichbewegung, e-e plötzliche Lenkbewegung, F e-n Schlenker machen; **2.** *mar* Gieren *n*; Gierschlag *m;* ~**er** *v/i mar* gieren; hin- und hergehen; ausscheren

embargo [ābargo] *m* **1.** *für Waren* Em'bargo *n*; Handelssperre *f;* ~ **sur les exportations, sur les importations** Ausfuhr-, Einfuhrverbot *n*, -sperre *f;* ~ **sur les livraisons d'armes** Waffenembargo *n*; **frapper d'~** mit e-m Embargo belegen; **lever l'~** das Embargo aufheben; **mettre l'~ sur** ein Embargo verhängen über (+*acc*); **2.** *für Schiffe* Em'bargo *n;* ~ **civil** Auslaufverbot *n* für eigene Schiffe; **3.** *par ext für die Presse* Veröffentlichungssperre *f*

embarqué [ābarke] *adj mil* aviation ~**e** Ma'rineluftstreitkräfte *pl;* **avion** ~ Bordflugzeug *n*

embarquement [ābarkəmã] *m* **1.** *von Schiffsreisenden, Truppen, Waren* Einschiffen *n*, -ung *f; von Truppen, Waren* Verschiffen *n*, -ung *f; von Truppen, Waren beim Transport mit Schiff, Bahn, Flugzeug* Verladen *n*, -ung *f; von Schiffsreisenden, Fluggästen* An'bordgehen *n; von Reisenden allg* Einsteigen *n; jur* ~ **clandestin** unerlaubte, heimliche Einschiffung *f; Watteau* **L'~ pour Cythère** Einschiffung nach Kythera; **frais** *m/pl* **d'~** Verschiffungskosten *pl;* **gare** *f* **d'~** Verladebahnhof *m;* **port** *m* **d'~** Verschiffungs-, Verladehafen *m;* **2.** *von Matrosen* Anmusterung *f*

embarquer [ābarke] **I** *v/t* **1.** *Schiffsreisende, Truppen, Waren* einschiffen; an Bord nehmen *od* bringen; *Truppen, Waren auch* verschiffen; verladen; *Waren auch* über'nehmen; *par ext Waren, Truppen allg* ver-, einladen; laden; *Waren auch* verfrachten; F *Personen* einladen; einsteigen lassen; ~ **qn dans sa voiture** j-n im, in s-m Auto mitnehmen; j-n in sein Auto einsteigen lassen; F j-n in sein Auto packen, verfrachten; **2.** F ~ **qc** F etw mitgehen lassen; **3.** ~ **qn** F j-n schnappen, einlochen, einkasteln; **4.** F ~ **qn dans une affaire** j-n in e-e Angele-

genheit verstricken, verwickeln, hin'einziehen; **5.** *Matrosen* anmustern; **II** *v/i* **6.** sich einschiffen; an Bord gehen; **7.** *mar* Wasser 'übernehmen, 'überbekommen; **III** *v/pr* **s'~ 8.** sich einschiffen; an Bord gehen (*auch bei e-m Flugzeug*); **s'~ pour** l'Angleterre sich nach England einschiffen; **s'~ sur un paquebot** sich auf e-m Dampfer einschiffen; **9.** F **s'~ dans** sich verwickeln in (+*acc*); sich einlassen in *od* auf (+*acc*); verwickelt, verstrickt werden in (+*acc*)

embarras [ābara] *m* **1.** unangenehme, schwierige, peinliche Lage *od* Situati'on; Notlage *f*; Bedrängnis *f*; F Klemme *f*; *par ext* ~ **(d'argent)** (Geld)Verlegenheit *f*; Geldnot *f*, -schwierigkeiten *f/pl*; **être dans l'~** in e-r unangenehmen *od* schwierigen Lage, Situation sein; in e-r Notlage, in e-r Zwickmühle sein; sich in (e-r) Bedrängnis befinden; **mettre qn dans l'~** j-n in e-e unangenehme *od* schwierige Lage, in Bedrängnis bringen; **tirer qn d'~** j-m aus e-r schwierigen Situation, aus der Verlegenheit, aus e-r Notlage, aus der Bedrängnis, F aus der Klemme helfen; **se tirer d'~** aus e-r schwierigen Situation *bzw* Verlegenheit sich aus e-r Notlage befreien; *fig* **n'avoir que l'~ du choix** nur zu wählen brauchen; die Wahl, aber auch die Qual haben; wer die Wahl hat, hat die Qual (*prov*); **2.** Verlegenheit *f*; Verwirrung *f*; Befangenheit *f*; Unsicherheit *f*; Beschämung *f*; **3. faire des** ~ Ungelegenheiten, 'Umstände machen; sich zieren; *auch* sich aufspielen; **4.** ~ **path** ~ **gastrique** Magenverstimmung *f*, -beschwerden *f/pl*; **5.** *jur* ~ **de la voie publique** Behinderung *f* des öffentlichen Verkehrs; **6.** *litt* **les** ~ **de Paris** das Pariser Verkehrsgewühl

embarrassant [ābarasã] *adj* **1.** *Frage, Lage, Fall etc* schwierig; peinlich; unangenehm; verzwickt; unbequem; lästig; heikel; *Frage, Situation auch* verfänglich; mißlich; **c'est** ~ das ist unangenehm, peinlich, lästig; **2.** *Gepäck etc* hinderlich

embarrassé [ābarase] *adj* **1.** *Gesicht, Lächeln etc* verlegen; betreten; befangen; *Erklärung* wirr; verworren; *Person* **être** ~ verlegen, verwirrt, peinlich berührt, beschämt, betreten sein; verlegen, verwirrt werden; in Verlegenheit kommen; **être bien** ~ **pour répondre** um e-e Antwort verlegen sein; **je serais bien** ~ **pour vous le dire** das kann ich Ihnen beim besten Willen nicht sagen; **être** ~ **dans un long manteau**, *etc* durch e-n langen Mantel *etc* behindert sein

embarrasser [ābarase] **I** *v/t* **1.** *Kleider, Pakete etc* ~ **qn** j-n behindern, stören; j-m hinderlich, lästig sein; **2.** ~ **qn** *Person, Frage* j-n in Verlegenheit bringen, verlegen machen, verwirren; *Situation* für j-n peinlich, unangenehm sein; **3.** ~ **qn** j-n in e-e schwierige, unangenehme Situation bringen; j-m Ungelegenheiten machen; j-m lästig sein; *Situation* für j-n schwierig sein; *Angelegenheit* j-m zu schaffen machen; **II** *v/pr* **s'~ 4.** sich belasten (**de** mit); **5.** *fig* il ne **s'embarrasse pas pour si peu** das stört ihn nicht, wenig; dadurch läßt er sich nicht abhalten; das kümmert ihn wenig; dadurch läßt er sich nicht aus der Fassung bringen; **ne pas s'~ de scrupules** sich keine Skrupel machen; keine Skrupel haben, kennen; **ne pas s'~ de subtilités** sich nicht mit Einzelheiten abgeben

embarrer [ābare, -bɑ-] *v/i* e-n Hebel ansetzen (*um e-e Last zu heben*)

embase [ābɑz] *f tech* 'Untersatz *m*, -teil *m od n*; Sockel *m;* ~**ment** *m bât* (vorspringender) Sockel; Sockelvorsprung *m*

embastiller [ābastije] *v/t* **1.** *hist* in die Ba'stille sperren; **2.** *Andersdenkende, politische Gegner* festnehmen; inhaf'tieren; einsperren

embattage [ābataʒ] *m bei e-m Rad* Aufziehen *n* e-s Eisenreifens

embattre [ābatr(ə)] *v/t* <*cf* battre> *Eisenreifen auf ein Wagenrad, ch de fer Radreifen* warm aufziehen; aufschrumpfen

embauchage [āboʃaʒ] *m von Arbeitern* Ein-, Anstellung *f;* **visite** *f* **d'~** (ärztliche) Pflichtuntersuchung vor der Einstellung

embauche [āboʃ] *f* **a)** Ein-, Anstellung *f;* **b)** Stelle *f*; Arbeit *f*; *Arbeiter* **chercher de l'~** Arbeit, e-e Stelle suchen

embauch|er [āboʃe] *v/t* **1.** *Arbeiter* ein-, anstellen; in Arbeit nehmen; *abs* **ici on embauche** Stelle(n) frei; wir stellen ein ...; **se faire** ~ e-e Beschäftigung annehmen; **2.** F ~ **qn** j-n anstellen, einspannen (**pour essuyer la vaisselle** zum Geschirrabtrocknen); **viens, je t'embauche** komm, ich hab' (e-e) Arbeit für dich; ~**oir** *m* Schuhspanner *m*; Leisten *m*

embaumement [ābommã] *m* **1.** Einbalsamierung *f*; **2.** *anat* (Leichen)Konser'vierung *f*

embaum|er [ābome] **I** *v/t* **1.** *Leiche* einbalsamieren; **2. a)** *Raum, Garten etc* durch'duften; mit Wohlgeruch, (angenehmem) Duft erfüllen; **b)** ~ **la violette,** *etc* Veilchenduft *etc* ver-, ausströmen; verbreiten; nach Veilchen duften; **II** *v/i* (angenehm) duften; e-n angenehmen Duft verbreiten, *Blumen* aus-, verströmen; ~**eur** *m* Einbalsamierer *m*

embellie [ābeli] *f mar* **a)** (vor'übergehende) Windstille; Nachlassen *n* des Windes (*zwischen zwei Böen*); **b)** ruhige See (*nach e-r großen Welle*)

embell|ir [ābelir] **I** *v/t* **1.** schön(er) machen; *Person, Gesicht auch* verschönen; *Sache auch* verschönern; *Zimmer etc auch* (aus)schmücken; **2.** *fig Erzählung, Bericht, Wirklichkeit* ausschmükken; beschönigen; fri'sieren; schönfärben; in e-m besseren Licht erscheinen lassen; *Dasein, Leben* Glanz bringen in (+*acc*); schöner erscheinen lassen; bereichern; reicher machen; **II** *v/i* <*Vorgang* avoir, *Ergebnis* être> schön(er), hübsch(er) werden; sich her'ausmachen; ~**issement** *m e-s Zimmers, e-r Stadt etc* Verschönerung *f; e-s Textes, Berichtes* Ausschmückung *f*; Beschönigung *f; e-s Helden etc* Ideali'sierung *f*

emberlificoter [āberlifikote] F **I** *v/t* **1.** **être emberlificoté dans une corde,** *etc* sich in e-m Seil verwickeln, verwirrt haben; **2.** ~ **qn** j-n einseifen, beschwatzen, F her'umkriegen, einwikkeln; **se laisser** ~ sich herumkriegen lassen; **II** *v/pr* **s'~** sich verheddern, verhaspeln

embêt|ant [ābɛtã] F *adj Film, Kurs etc* langweilig; fad; F blöd; doof; *Vorfall* ärgerlich; unangenehm; F blöd; *Person, Sache* **être** ~ einem auf die Nerven gehen *od* fallen; einem lästig werden *od* fallen; **ça, c'est** ~! so was Dummes, Blödes!; das ist dumm, unangenehm, ärgerlich, blöd; **ce qu'il peut être** ~ *avec ces histoires de guerre!* der kann einem auf die Nerven gehen, F einem auf den Wecker fallen, einem anöden ...; *subst* **l'~ (dans cette histoire) c'est que ...** das Dumme daran *od* an der Sache ist, daß ...; ~**ement** F *m* Ärger *m*; Unan-

nehmlichkeit f; F Schere'rei f

embêter [ãbete] F **I** v/t **1.** Sache, Person ~ qn j-n langweilen; j-m auf die Nerven gehen od fallen; j-m lästig fallen od werden; F j-n anöden; j-m auf den Wecker fallen; **ce film m'embête** auch ich finde den Film langweilig, fad, F blöd, doof; **2.** Sache ~ qn j-m Ärger, F Schere'reien machen; j-m zu schaffen machen; j-n wurmen; **ça m'embête drôlement, rudement, vachement** das paßt mir ganz und gar nicht!; F das stinkt mir!; **3.** Person ~ qn j-n ärgern, belästigen, reizen; **ne l'embête pas!** laß ihn in Ruhe, zufrieden!; **ne m'embête pas avec ça!** bleib mir damit vom Hals!; laß mich damit in Ruhe!; komm mir nicht damit!; ~ **les gens** die Leute ärgern; stänkern; **II** v/pr **s'~** sich langweilen; Langeweile haben; F sich mopsen; **ne pas s'~** sich gut amü'sieren

emblav|age [ãblavaʒ] m agr Saatbestellung f; Aus-, Einsaat f, Saat f (bes von Weizen); **~er** v/t Feld (mit Weizen, Getreide etc) besäen; **~ure** f Saatfeld n; frisch (mit Weizen, Korn) besätes Feld; (Weizen)Anbaufläche f

emblée [ãble] loc/adv **d'~** so'fort; gleich; ohne weiteres; (gleich) beim ersten Versuch, Mal; auf Anhieb; **conquérir son public d'~** sein Publikum im Sturm erobern; **marquer un but d'~** gleich bei Spielbeginn ein Tor schießen

emblématique [ãblematik] adj emble'matisch; sinnbildlich

emblème [ãblɛm] m Em'blem n; Sinnbild n; Wahrzeichen n; Attri'but n; Zeichen n; e-s Herrschers **~s** pl In'signien pl

embobiner [ãbɔbine] v/t **1.** Faden aufwickeln, -spulen; **2.** F fig ~ qn j-n beschwatzen, F einwickeln

emboire [ãbwar] v/pr **s'~** ⟨cf boire⟩ peint Farben nachdunkeln; matt, dunkel werden

emboîtage [ãbwataʒ] m **1.** e-s Buches Schuber m; Schutzkarton m; Kas'sette f; **2.** Buchbinderei ~ **d'un livre** Einhängen n des Buchblocks in die Decke

emboîtement [ãbwatmã] m **1.** Zu'sammenfügung f; Inein'andergreifen n; tech (Holz-, Me'tall)Verbindung f; Verband m; Verbund m; charp Verzapfung f; bât tuile f à ~ Falzziegel m; anat articulation f par ~ réciproque Kugel-, Pfannengelenk n; **2.** biol hist Einschachtelung f; **théorie f d'~** Einschachtelungslehre f

emboîter [ãbwate] **I** v/t **1.** einfügen, -passen (**dans** in + acc); zwei u mehr Dinge zu'sammensetzen, -fügen; inein'anderstecken, -schachteln; Dachziegel verfalzen; charp auch zapfen; einzapfen; ~ **un manche dans un outil** e-n Stiel in ein Werkzeug einpassen; ~ **des tuyaux** Rohre verbinden, ineinanderstecken; **2.** ~ **le pas à qn** a) j-m auf dem Fuße folgen; hinter j-m hergehen; b) fig in j-s Fuß(s)tapfen (acc) treten; j-s Beispiel (dat) folgen; j-m nacheifern; **3.** Buchbinderei ~ **un livre** e-n Buchblock in den Buchdeckel einhängen; **II** v/pr **s'~** sich einfügen, -passen (**dans** in + acc); (ein)greifen (in + acc); zwei u mehr Dinge inein'anderpassen, -greifen, -stecken; inein'anderschachtelt sein; sich über-ein'ander-, inein'anderschieben

emboîture [ãbwatyr] f **1.** Verbindung f; Verband m; Verbund m; Zu'gangs-, Verbindungs-, Berührungsstelle f; Ansatz m

embol|ie [ãbɔli] f path Embo'lie f; ~ **cérébrale, gazeuse, pulmonaire** Gehirn-, Luft-, Lungenembolie f; **~isa-tion** f path Bildung f von Blutgerinn-

seln; **~isme** m Embo'lismus m; Einschaltung f e-s Monats in den Kalender

embonpoint [ãbɔpwɛ̃] m Korpu'lenz f; Körperfülle f; (Wohl)Beleibtheit f; Embonpo'int m; **avoir de l'~** korpu'lent, beleibt, füllig, dick sein; **prendre de l'~** korpulent, dick, füllig werden

emboss|age [ãbɔsaʒ] m mar **a)** Querlegen n vor Anker; **b)** Querlage f vor Anker; **~er I** v/t mar Schiff längsseits vertäuen; quer vor Anker legen; schräg zum Strom bzw Wind legen; auf Spring legen; **II** v/pr **s'~** quer vor Anker gehen; **~ure** f mar Spring f; Querlegetau n

embouche [ãbuʃ] f agr **a)** Weidemast f; Mast f auf der Weide; **b)** (pré m d')~ Mastweide f

embouché [ãbuʃe] adj F **être mal ~** kurz angebunden sein; patzig, ausfällig sein; gereizt, bissig antworten

embouch|er [ãbuʃe] v/t **1.** mus Blasinstrument ansetzen; **2.** agr Tiere zur Mast auf die Weide bringen; **3.** ~ **un cheval** e-m Pferd das Gebiß, die Gebißstange anpassen; **~eur** m (Rinder-, Vieh-) Mäster m; **~oir** m **1.** mus cf embouchure **2.** am Gewehr Oberring m

embouchure [ãbuʃyr] f **1.** e-s Flusses Mündung f; l'~ **de la Loire** die Loiremündung; **2.** mus Mundstück n; Ansatz m; e-r Querflöte auch Anblaseloch n; **3.** beim Pferd **a)** Mundstück n, Gebiß n (e-r Trense); **b)** Stelle f, wo das Mundstück aufliegt; **cheval délicat d'~** Pferd, das weich, empfindlich im Maul ist; **4.** tech Düse f; sich verengerndes Rohrende; Verengungsformstück n

embouqu|ement [ãbukmã] m mar Einfahrt f (in e-n Kanal, e-e Meerenge); **~er** v/i mar (in e-e Meerenge, e-n Kanal) einfahren, -laufen

embourber [ãburbe] **I** v/t Wagen, Auto in den Schlamm, Dreck, Mo'rast fahren; **être embourbé** (mit dem Wagen, Auto) im Schlamm, Dreck, Morast feststecken, steckengeblieben sein, festgefahren sein; **II** v/pr **s'~ 1.** im Schlamm, Dreck, Mo'rast steckenbleiben; sich im Schlamm, Dreck, Morast festfahren; **2.** fig sich verwickeln, verstricken (**dans** in + acc)

embourgeois|ement [ãburʒwazmã] m Verbürgerlichung f; **~er** v/pr **s'~** Partei, Künstler, Revolutionär verbürgerlichen; bürgerlich werden

embourrure [ãburyr] f text (kräftige) Polsterleinwand; Polsterleinen n

embout [ãbu] m **1.** e-s Stockes, Schirms Zwinge f; Spitze f; **2.** élect Endteile f; **3.** méd **a)** e-s Stethoskops Hörmuschel f; Mem'brankapsel f; **b)** e-r Spritze Aufsatz m

embouteillage [ãbutɛjaʒ] m **1.** Verkehrsstockung f, -stauung f; Verstopfung f; **être pris dans un ~** in e-e Verkehrsstockung geraten; **2.** par ext Über'füllung f; Über'laufensein n; tél Über'lastung f; **3.** mar mil Einschließung f, Bloc'kade f durch Versenken von Schiffen vor e-m Hafen bzw e-r Reede

embouteiller [ãbuteje] v/t **1.** Straße, Kreuzung, Durchgang verstopfen; adjt **embouteillé** Straße etc verstopft; par ext Telefonleitungen über'lastet; Beruf über'füllt; über'laufen; **2.** mar mil Schiffe durch Versenken von Schiffen vor dem Hafen bzw der Reede einschließen, bloc'kieren

embouti [ãbuti] m tech **1.** Tiefziehteil n od m; **2.** e-r Pumpe, Presse Man'schette f; Dichtungsring m (aus Leder)

emboutir [ãbutir] **I** v/t **1.** tech ziehen; tiefziehen; ausbauchen; kümpeln; **presse f à ~** Tiefzieh-, Kümpelpresse f; **2.** F

Kotflügel, Schaufenster etc eindrücken; Auto, Kotflügel auch zerbeulen; demo'lieren; **j'ai embouti ma voiture** auch an meinem Wagen ist der Kotflügel etc eingedrückt; ~ **une voiture** auch auf e-n Wagen auffahren; **je me suis fait ~** (l'arrière de ma voiture) F mir ist einer (hinten) rein-, draufgefahren; **3.** Gesims mit Metall verkleiden; **II** v/pr F **s'~** zu'sammenstoßen, -prallen; **s'~ contre un camion** mit e-m Lastwagen zusammenstoßen; auf e-n Lastwagen auffahren, F drauffahren

emboutiss|abilité [ãbutisabilite] f tech Tiefziehfähigkeit f; **~able** adj zum Tiefziehen geeignet; **~age** m **1.** tech Ziehen n; Tiefziehen n; Kümpeln n; auch Streckziehen n; **2.** text Präge-, Reli'efdruck m; **~eur** m Arbeiter m an der Tiefziehmaschine; **~euse** f tech Tiefziehmaschine f, -presse f; Kümpelpresse f; **~oir** m Treibhammer m

embranchement [ãbrãʃmã] m **1.** von Straßen Abzweigung f; Gabelung f; von Röhren Verzweigung f; **2.** ch de fer Abzweigung f; Zweig-, Nebenlinie f, -gleis n; Zweigbahn f; ~ **particulier** privater Gleisanschluß; **3.** biol Stamm m

embrancher [ãbrãʃe] **I** v/t Straße, Gleis verbinden (à od sur la voie principale mit der Hauptstraße bzw dem Hauptgleis); anschließen (an + acc); **II** v/pr **s'~** verbunden sein (sur mit); angeschlossen sein (an + acc)

embraquer [ãbrake] v/t mar 'durchholen; ('über)reppen; Rigg ausholen

embrasement [ãbrazmã] m litt **1.** Feuersbrunst f; **2.** fig Glut f; Feuer n

embraser [ãbraze] litt u fig **I** v/t Sonne: Abendhimmel in (rote) Glut tauchen; Sonne: Felder etc versengen; brennen auf (+acc); adjt **embrasé** in Glut getaucht; glutrot; Person **embrasé de passion** von glühender Leidenschaft erfüllt; zu wilder Glut entfacht; **II** v/pr **s'~** Himmel sich rot färben; in Glut getaucht sein

embrassade [ãbrasad] f (stürmische) Um'armung; heftige, stürmische (Begrüßungs)Küsse m/pl

embrasse [ãbras] f Band n, Kordel f (mit dem bzw der Vorhänge gerafft werden); Raffhalter m

embrass|é [ãbrase] adj métr Reime um'armend; um'schließend; **~ement** litt m Um'armung f (auch fig geschlechtliche Vereinigung)

embrasser [ãbrase] **I** v/t **1.** küssen; um'armen (und küssen); Kinder auch herzen; ~ qn **tendrement** j-n zärtlich umarmen, küssen; ~ qn **sur la bouche, sur le front** j-n auf den Mund, auf die Stirn küssen; **se tenir embrassés** sich um'schlungen halten; Briefschluß je **t'embrasse bien fort** herzliche Grüße und Küsse; **2.** fig u st/s Beruf ergreifen; Laufbahn einschlagen; ~ **une cause** für e-e Sache eintreten; sich für e-e Sache einsetzen; ~ **le christianisme** sich dem Christentum zuwenden; den christlichen Glauben annehmen; ~ **la vie religieuse** ins Kloster eintreten, gehen; prov **qui trop embrasse mal étreint** wer zuviel anfängt, führt nichts richtig durch; **3.** Zeitraum, Sachgebiet etc um'fassen; um'schließen; einschließen; sich erstrecken über od auf (+acc); **4.** Gegend, Tal etc ~ **du regard** über'schauen, -'blicken; e-n weiten Blick, e-e weite Sicht haben über (+acc); ~ **d'un coup d'œil** mit e-m Blick um'fassen; **II** v/pr **s'~ 5.** sich küssen; **6.** F fig Autos zu'sammenstoßen

embrassure [ãbrasyr] f arch Vierpaß m

embrasure [ãbrazyr] f **1.** bât Fenster-

bzw Türöffnung *f*; Leibung *od* Laibung *f*; **se tenir dans l'~ de la porte** in der Tür stehen; **2.** *fortif* Schießscharte *f*; **3.** *e-s* Hochofens Stichloch *n*

embrayage [ãbrɛjaʒ] *m* **1.** *Vorgang auto* (Ein)Kuppeln *n*; *tech e-s Maschinenteils* Einrücken *n*, -schalten *n*; **levier** *m* **d'~** Kupplungs-, Schalt-, Einrückhebel *m*; **2.** *tech, bes auto* Kupplung *f*; **~ automatique, électromagnétique** automatische, elektromagnetische Kupplung; **~ hydraulique** Flüssigkeits-, Föttinger-kupplung *f*; **~ à disques, à friction, à griffes, à manchons** (Mehr)Scheiben- *od* La'mellen-, Reibungs-, Klauen-, Muffen- *od* Hülsenkupplung *f*; **ressort** *m* **d'~** Kupplungsfeder *f*; **3.** *e-r* Stoppuhr Stopphebel *m*

embrayer [ãbreje] <-ay- *od* -ai-> **I** *v/t* *tech* einrücken, -kuppeln, -schalten; **II** *v/i* **1.** *auto* (ein)kuppeln; die Kupplung kommen lassen; **2.** *fig* anfangen; beginnen

embrèvement [ãbrɛvmã] *m charp* Versatz *m*

embrever [ãbrəve] *v/t* <-è-> *charp* mit e-m Versatz verbinden; versetzen

embrigad|ement [ãbrigadmã] *m von Parteimitgliedern etc* Einteilung *f*; Einreihung *f*; Zuweisung *f*; Unter'stellung *f*; **~er** *v/t* einreihen; eingliedern, einteilen, einsetzen (**pour faire qc** zu etw); **~ dans une organisation** e-r Organisation unter'stellen; in e-e Organisation einreihen, -gliedern

embringuer [ãbrɛ̃ge] F **I** *v/t* **~ qn dans une affaire** j-n in e-e Affäre hin'einziehen, verwickeln; **se laisser, se faire ~ dans qc** sich in etw (*acc*) hin'einziehen lassen; **II** *v/pr* **s'~ dans qc** in etw (*acc*) hin'eingeraten, F hin'einschliddern *od* -schlittern

embrocation [ãbrɔkasjõ] *f phm früher* Salbe *f*; Öl *n* (*für Einreibungen*)

embroch|age [ãbrɔʃaʒ] *m chir* Knochennagelung *f*; **~ement** *m* Durch-'bohren *n*; Aufspießen *n*; **~er** *v/t* **1.** *Hähnchen etc* an e-n, den (Brat)Spieß stecken; **2.** F *Gegner* mit dem Schwert etc durch'bohren; F aufspießen; **3.** *chir Knochen* nageln

embroncher [ãbrõʃe] *v/t Dachziegel* verfalzen

embrouillamini [ãbrujamini] F *m* Durchein'ander *n*; Wirrwarr *m*

embrouille [ãbruj] F *f* Verwirrung *f*; verworrene Situati'on

embrouill|é [ãbruje] *adj Rede, Erklärungen etc* wirr; kon'fus; verworren; unklar; **~ement** *m selten* Verwirrung *f*; Verworrenheit *f*; Verwicklung *f*

embrouiller [ãbruje] **I** *v/t* **1.** *Fäden* verwirren; *Fäden, Zettel etc* durchein'anderbringen; in Unordnung bringen; **2.** *fig Situation, Frage* kompli'zieren; verwickelt machen; erschweren; *Tatsachen* vernebeln; verschleiern; **3.** **~ qn** j-n verwirren, durchein'anderbringen, in Verwirrung bringen, aus dem Kon'zept bringen; **II** *v/pr* **s'~** sich nicht mehr zu'rechtfinden, auskennen (**dans ses calculs** in s-n Rechnungen); *beim Reden* den Faden verlieren; aus dem Kon'zept kommen; F sich verheddern, verhaspeln; **s'~ dans ses explications** sich in s-n Aussagen verstricken; wirre Erklärungen vorbringen

embroussaillé [ãbrusaje, -sɑ-] *adj Grundstück etc* voller Gestrüpp; von Gebüsch, Gestrüpp über'wuchert; verwildert; *Haare, Bart* struppig; verfilzt

embrumer [ãbryme] **I** *v/t* **1.** in Nebel, Dunst hüllen; **2.** *fig* **~ le cerveau** das Gehirn vernebeln; **II** *v/pr* **s'~** *fig Blick* sich verschleiern

embruns [ãbrɛ̃, ãbrœ̃] *m/pl mar* Gischt *m*; aufsprühendes Wasser; Sprühwasser *n*

embryo|genèse [ãbrijɔʒənez] *f od* **~génie** *f physiol* Embryoge'nese *f*, -ge'nie *f*; **~logie** *f biol* Embryolo'gie *f*; **~logiste** *m* Embryo'loge *m*

embryon [ãbrijõ] *m* **1.** *physiol* Embryo *m*; (Leibes)Frucht *f*; *biol* Embryo *m*; Keimling *m*; **2.** *fig* Kern *m*; Ansatz *m*; Keim(zelle) *m(f)*; Ausgangspunkt *m*

embryonnaire [ãbrijɔnɛr] *adj* **1.** *physiol* embryo'nal; Embryo'nal...; Embryo...; *bot* sac *m* ~ Embryosack *m*; **vie** *f* **~** embryonales Leben; **2.** *fig* **(en) être à l'état, au stade ~** im Ansatz, Keim vor'handen sein; im Werden, Entstehen, Anfangs-, Entwicklungsstadium sein; noch in den Kinderschuhen stecken; am Beginn stehen

embryo|pathie [ãbrijɔpati] *f path* Embryopa'thie *f*; **~tomie** [-tɔmi] *f chir* Embryoto'mie *f*

embu [ãby] *peint* **I** *adj Farben, Bild* nachgedunkelt; dunkel; matt; **II** *m* dunkler, matter, schwarzer Ton

embûches [ãbyʃ] *f/pl fig* Fallen *f/pl*; Fallstricke *m/pl*; **plein d'~s** *auch* voller Tücken *f/pl*; **tendre des ~s à qn** j-m Fallstricke legen

embuer [ãbɥe] *v/t Fensterscheibe etc* anlaufen lassen; *adjt* **vitre embuée** beschlagene, angelaufene Fensterscheibe; *par ext Augen* **embués de larmes** voller Tränen; tränendunkel, -feucht

embuscade [ãbyskad] *f mil* 'Hinterhalt *m*; **dresser, tendre une ~ à qn** j-m auflauern; j-m e-n Hinterhalt legen; **être, se tenir en ~** im Hinterhalt liegen, lauern; **tomber dans une ~** in e-n Hinterhalt fallen, geraten

embusqu|é [ãbyske] *m mil* E'tappen-hase *m*, -schwein *n*; Drückeberger *m*; **~er** *v/pr* **s'~ 1.** sich in den 'Hinterhalt legen; **se tenir embusqué** sich versteckt halten; sich verstecken; **2.** *mil* sich drücken; **se faire ~** sich e-n Druckposten verschaffen

embuvage [ãbyvaʒ] *m text* Verkürzung *f* der Kettfäden (*beim Weben*)

éméché [emeʃe] *adj* F beschwipst; angeheitert; angesäuselt; beduselt; benebelt

émender [emãde] *v/t jur* erstinstanzliches Urteil abändern

émeraude[1] [emrod] *f* Sma'ragd *m*; **~ orientale** orientalischer Smaragd; **bracelet** *m* **d'~** Smaragdarmband *n*

émeraude[2] [emrod] **I** *adj* (**vert**) **~** <*inv*> sma'ragdgrün; sma'ragden; **II** *m* Sma-'ragdgrün *n*; *géogr* **la Côte d'~** die Küste bei St. Malo; *poét* **l'Ile** *f* **d'~** die Grüne Insel (*Irland*)

émerg|ement [emɛrʒəmã] *m géol e-s Kontinents* Emporkommen *n*, Auftauchen *n* aus dem Wasser; **~ence** *f* **1.** *opt e-s Lichtstrahls, auch e-r Flüssigkeit, e-s Geysirs etc* Austritt *m*; Austreten *n*; *e-r Quelle auch* Zu'tagetreten *n*; Her'vorkommen *n*, -sprudeln *n*; **point** *m* **d'~** Austrittsstelle *f*; **2.** *biol* Auftauchen *n* neuer Or'gane (*bei e-m Tierstamm*); *bot* Emer'genz *f*; **3.** *philos* Emer'genz *f*; **~ent** *adj* **1.** *géol Felsen, Inseln* (*aus dem Wasser bzw bei Ebbe*) auftauchend; her'vordringend; her'ausragend; **2.** *opt Strahlen* austretend; **3.** *fig* **année ~e** Jahr, das den Beginn e-r neuen Ära einleitet, mar'kiert

émerger [emɛrʒe] *v/i* <-geait> **1.** *Inseln, Felsen etc* auftauchen; her'vorkommen; dauernd aus dem Wasser; *par ext* **a)** auftauchen; her'aus-, her'vorkommen; sich zeigen; *Schiff* **~ de la brume** aus dem Nebel auftauchen; **b)** *Wahrheit* zum Vorschein kommen; zu'tage treten; sich zeigen; **c)** *Arbeit, Bauwerk etc* her'aus-, her'vorragen; sich her'aus-heben; abstechen, sich abheben (**dans le lot** gegen die Menge); abstechen, sich unter'scheiden (**von**)

émeri [emri] *m* **1.** *minér, tech* Schmirgel *m*; **bouchon** *m* **(à l')~** eingeschliffener Stöpsel; Schliffstopfen *m*; **papier** *m* **(d')~** Schmirgel-, Schleifpapier *n*; **toile** *f* **(d')~** Schmirgel-, Schleifleinen *n*; **frotter, passer, polir à l'~** (ab)schmirgeln; **2.** F *fig* **être bouché à l'~** strohdumm, F vernagelt sein; ein Brett vor dem Kopf haben

émerillon [emrijõ] *m* **1.** *zo* Merlin *m*; Zwergfalke *m*; **2.** *tech* **a)** Drehring *m*; Kettenwirbel *m*; **b)** *mar* Wirbel *m*, Warbel *m*; **~ d'affourche** Muringswirbel *m*; Mooringsschäkel *m*; **croc** *m* **à ~** Wirbelhaken *m*; **c)** *text* Läufer *m*

émeriser [emrize] *v/t* mit Schmirgel präpa'rieren; Schmirgel aufleimen, festkleben auf (*+acc*)

émérite [emerit] *adj* bedeutend; her'vorragend; erfahren; verdient; verdienstvoll

émersion [emɛrsjõ] *f* **1.** *e-r Insel etc* Auftauchen *n*; Empor-, Her'vorkommen *n*; *des Landes aus dem Meer auch* Emersi'on *f*; *von Strahlen* Austritt *m*; Austreten *n*; **2.** *astr* Emersi'on *f*

émerveillement [emɛrvɛjmã] *m* (höchste) Verwunderung; (Er)Staunen *n*; Entzücken *n*; Hingerissensein *n*

émerveiller [emɛrveje] **I** *v/t* **~ qn** j-n in (Er)Staunen, Verwunderung setzen; j-s Bewunderung erregen; *adjt* **émerveillé** staunend; voll Bewunderung; entzückt; **II** *v/pr* **s'~** staunen; in Entzücken geraten; verwundert, entzückt sein

émét|ine [emetin] *f phm* Eme'tin *n*; **~ique** *méd* **I** *adj* Erbrechen erregend; e'metisch; Brech...; **II** *m* E'metikum *n*; Brechmittel *n*

émetteur [emɛtœr] **I** *m* **1.** *rad, télév* Sender *m*; Sendeanlage *f*; **~ de télévision** Fernsehsender *m*; **2.** *fin* Emit'tent *m*; **II** *adj* <-trice> **1.** *rad, télév* Sende...; **antenne, station émettrice** Sendeantenne *f*, -station *f*; **poste ~** Sendegerät *n*; Sender *m*; **2.** *fin* **banque émettrice des effets de commerce,** *etc* Bank, die Handelspapiere *etc* ausgibt; **~-récepteur** *m* <*pl* émetteurs-récepteurs> Sender-Empfänger *m*; Sende- und Empfangsgerät *n*; Funkgerät *n*

émettre [emɛtr(ə)] *v/t* <*cf* mettre> **1.** *télécomm Funksignale, Impulse* ausstrahlen; senden; *abs: Sender* **~ de(puis) Paris** von Paris aus senden; **~ sur ondes courtes** auf Kurzwelle senden, arbeiten; **2.** *fin Wertpapiere, Aktien etc* ausgeben; begeben; auflegen; ausschreiben; emit'tieren; *Wechsel auch* ausstellen; **3.** *phys Strahlen, Partikeln etc* aussenden; *Licht* ausstrahlen; *Töne* von sich geben; *phon Laut* aussprechen; *Flüssigkeit* ausspritzen; *Gas* abblasen; auslassen; **4.** *fig Meinung, Hypothese* äußern; aussprechen; von sich geben; vorbringen; *Urteil* abgeben; *abs* **~ sur** sich verbreiten über (*+acc*); sich äußern zu

émeu [emø] *m zo* Emu *m*

émeut|e [emøt] *f* Aufruhr *m*; Kra'wall *m*; Tu'mult *m*; Empörung *f*; **~s** *f/pl* Unruhen *f/pl*; **atmosphère** *f* **d'~** äußerst gespannte Atmosphäre; **déclencher, provoquer une ~** e-n Aufruhr auslösen; *Person auch* Aufruhr stiften; **~ier** *m* Aufrührer *m*; Re'bell *m*; Unruhestifter *m*

émiettement [emjɛtmã] *m* **1.** *von Brot, Kuchen* Zerbröckeln *n*; Zerkrümeln *n*; **2.** *fig* Zerstückelung *f*; Zersplitterung *f*

émietter [emjete] **I** *v/t* **1.** *Brot, Kuchen* zerbröckeln; zerkrümeln; **2.** *fig* zersplit-

tern; zerstückeln; **II** v/pr s'~ fig (all'mählich) da'hinschwinden, nachlassen; abbröckeln

émigrant [emigrã] m Auswanderer m

émigration [emigrasjõ] f **1.** Auswanderung f; Abwanderung f; aus pol od rel Gründen Emigrati'on f; ~ nette Auswanderungsüberschuß m; Wanderungsverlust m; **pays** m **à forte ~** Land n mit e-r hohen Auswanderungsquote; **2.** hist Emigrati'on f während der Fran'zösischen Revoluti'on

émigré [emigre] m **1.** pol Emi'grant m; **2.** hist Emi'grant, der während der Französischen Revolution auswanderte

émigrer [emigre] v/i **1.** auswandern, pol emi'grieren (**en Amérique** nach Amerika); in die Emigrati'on gehen; abwandern (**vers la ville** in die Stadt); **2.** Zugvögel nach Süden ziehen; wegziehen

émilien [emiljẽ] adj (~ne) géogr der E'milia

émincer [emẽse] v/t (-ç-) Speck, Zwiebeln etc in dünne Scheiben schneiden; Speck auch dünn aufschneiden

éminemment [eminamã] adv höchst; außerordentlich; ganz besonders; in her'vorragender Weise

éminence [eminãs] f **1.** (Boden)Erhebung f; Erhöhung f; Anhöhe f; Hügel m; **2.** anat Erhebung f; Vorsprung m; Höcker m; sc Emi'nentia f; **3.** égl türk ♀ Emi'nenz f (Titel bzw Person e-s Kardinals); son ♀ s-e Eminenz; hist u fig l'♀ grise die Graue Eminenz

éminent [eminã] adj Person bedeutend; her'vorragend; verdienstvoll; vor'züglich; außerordentlich (tüchtig); Gunst, Verdienst etc außerordentlich; Eigenschaft her'vor-, her'ausragend; her'vorstechend

émir [emir] m Emir m; ~at m Emi'rat m

émissaire [emiser] **I** m **1.** Abgesandte(r) m mit geheimem Auftrag; Geheimbote m; Emis'sär m; **2.** géogr Fluß, der in e-m See entspringt; **3.** Tiefbau Ableitungs-, Abzugskanal m (für e-n See, ein Bassin); Vorfluter m; ~ d'évacuation Abwasservorfluter m; Abflußkanal m; **II** adj **1.** rel u fig **bouc** m ~ Sündenbock m; **2.** anat **canal** m ~ Ausführungsgang m (e-r Drüse)

émissif [emisif] adj (-ive) phys Emissi'ons...; Strahlungs...; **pouvoir** ~ Emissi'onsvermögen n

émission [emisjõ] f **1.** rad, télév, télécomm Sendung f; ~ **dirigée** Richtstrahlung f; ~s **enfantines** Kinderfunk m; ~ **publique** öffentliche Veranstaltung des Rundfunks; ~ **radiophonique** Rundfunksendung f; ~s **scolaires** Schulfunk m; ~ **télévisée, de télévision** Fernsehsendung f; ~ **théâtrale** etwa Hörspielprogramm n; ~ **en couleurs** Farbensendung f; Sendung in Farbe; ~ **en noir et blanc** Schwarz'weißsendung f; ~s **pour la jeunesse** Jugendfunk m; nos ~s **sont terminées** unser Programm ist beendet; **2.** fin von Wertpapieren, Aktien etc Ausgabe f; Begebung f; Emis'sion f; e-s Wechsels Ausstellung f; von Briefmarken (Her')Ausgabe f; ~ **d'emprunt** Anleihebegebung f; **opération** f **à ~** Emissionsgeschäft n; **banque** f **d'~** Notenbank f; **3.** phys Emissi'on f; Aussendung f; Ausstrahlung f; ~ **électronique** Elek'tronenemission f od stimu'lée induzierte (Strahlungs)Emission f; ~ **secondaire** Sekun'däremission f, -effekt m; ~ **spontanée** spontane (Strahlungs)Emission, ~ **de bruit** Geräuschemission f; **4.** fig von Gerüchten Verbreitung f; e-s Gelübdes Ablegung f; **5.** physiol Ausscheidung f; Entleerung f; Emissi'on f; **6.** tech e-r Gasmenge Abga-

be f; ~ **horaire** stündlich abgegebene Gasmenge

émissionnaire [emisjoner] fin **I** adj Emissi'ons...; Ausgabe...; **II** m Emit'tent m

émissole [emisɔl] f zo Schweins-, Hunde-, Glatthai m

emmagasin|age [ãmagazinaʒ] m **1.** von Waren, Möbeln etc (Ein)Lagern n; Stapeln n; Speichern n; Lagerung f; **2.** Lagergebühr f, -kosten pl, -geld n; ~er v/t **1.** Waren, Lebensmittel etc (ein-) lagern; stapeln; speichern; Kunstwerke sammeln; par ext (elektrische) Energie, Hitze, Licht speichern; **2.** fig Kenntnisse sich erwerben; Ideen, Erinnerungen sammeln

emmaillot|ement [ãmajɔtmã] m e-s Kleinkinds Wickeln n; ~er v/t Kleinkind wickeln; par ext verletzten Finger etc um'wickeln; verbinden; adjt zo **nymphe emmaillotée** Mumienpuppe f

emmanchement [ãmãʃmã] m **1.** e-s Werkzeugs Bestielen n; **2.** par ext Einpassen n; Einsetzen n

emmancher [ãmãʃe] **I** v/t **1.** bestielen; mit e-m Stiel versehen; e-n Stiel einpassen (**un balai** in e-n Besen); **2.** par ext einpassen, -setzen, -lassen; **3.** F fig Verhandlungen etc anfangen; einfädeln; einleiten; beginnen; adjt **l'affaire est bien, mal emmanchée** die Sache läßt sich gut, schlecht an; **II** v/pr F fig **Affäre** s'~ **bien, mal** sich gut, schlecht anlassen; gut, schlecht anfangen

emmanchure [ãmãʃyr] f cout Ärmel-, Armausschnitt m; Armloch n; ~ **raglan** Raglanschnitt m

emmarchement [ãmarʃmã] m **a)** Treppensteigung f; **ligne** f **d'~** Lauf-, Gehlinie f; **b)** Treppenbreite f; **c)** Nut f in der Wange für Auftritt und Steigung

emmêlement [ãmɛlmã] m von Fäden etc Verwirren n; Verwickeln n; Wirrwarr m; Knäuel n; von Fäden, Zetteln Durchein'ander n

emmêler [ãmele] v/t **1.** Fäden etc verwirren; verwickeln; durchein'anderbringen; F verfitzen; **2.** fig Angelegenheit, Geschichte durchein'anderbringen; kompli'zieren; unklar, verzwickt, kompli'ziert machen

emménag|ement [ãmenaʒmã] m **1.** Einzug m, Einziehen n (in e-e andere Wohnung); **2.** mar ~s pl Raumaufteilung f, -einteilung f e-s Schiffes; ~er v/i (-geons) einziehen (**dans** in + acc)

emménagogue [ãmenagɔg] méd **I** adj menstruati'onsfördernd; **II** Emmena'gogum n

emmener [ãmne] v/t (-è-) **1.** Personen, Tiere, Sachen mitnehmen; Personen auch wegbringen; Verbrecher abführen; ~ **un livre avec soi** sich ein Buch mitnehmen; ~ **qn à la campagne** j-n mit aufs Land nehmen; ~ **qn au cinéma** mit j-m ins Kino gehen; j-n ins Kino einladen, mitnehmen; ~ **qn chez soi** j-n mit nach Hause nehmen; j-n mit zu sich nehmen; ~ **qn en promenade**, ~ **qn promener** j-n zu e-m, auf e-n Spaziergang mitnehmen; ~ **qn en voiture** j-n im Auto mitnehmen; **2.** fig, sports, mil mitreißen

emmenthal [emẽtal] m Emmentaler (Käse) m

emmerdant [ãmɛrdã] P adj Angelegenheit etc P beschissen; saublöd; Person lästig; unausstehlich; **ça, c'est** ~ das ist beschissen, saublöd; Person, Sache **être** ~ auch F einem auf den Wecker fallen

emmerdement [ãmɛrdəmã] P m F Schere'rei f; Mordsärger m; **quel** ~! P verdammte Scheiße!

emmerd|er [ãmɛrde] P **I** v/t **1.** ~ **qn**

Angelegenheit, Arbeit etc F j-m zum Halse her'aushängen; j-m stinken; P j-n ankotzen; Person F j-m auf den Wecker fallen; j-n anöden; **ça m'emmerde d'y aller** F das stinkt mir, daß ich das hingehen soll od muß; **il vient nous ~ tout le temps** F dauernd kommt er angeschissen; **2.** **je t'emmerde!** P leck mich am Arsch!; euphemistisch du kannst mich mal (am Abend besuchen)!; **je l'emmerde** P (d)er kann mich am Arsch lecken!; euphemistisch (d)er kann mich mal (am Abend besuchen)!; **3.** adjt **être emmerdé** F in der Patsche, in der Tinte, P in der Scheiße sitzen; **je suis drôlement emmerdé, j'ai perdu mon portefeuille** P so 'ne Scheiße ...; **II** v/pr s'~ sich zu Tode langweilen; F sich mopsen; **ce qu'on s'emmerde ici!** F hier ist's stinkfad, -langweilig!; ~eur P m, ~euse P flästige Person; F Nervensäge f; ausgewachsenes Ekel; **emmerdeur public** F e-r, der allen auf den Wecker fällt

emmétrer [ãmetre] v/t (-è-) zum Abmessen in Metern bereitlegen

emmétrop|e [ãmetrɔp] **I** adj physiol Auge nor'malsichtig; **II** m Nor'malsichtige(r) m; ~ie f Nor'malsichtigkeit f; sc Emmetro'pie f

emmieller [ãmjele] v/t euphemistisch für emmerder

emmitoufler [ãmitufle] v/t (u v/pr) (s')~ (sich) einmummen, einmummeln; (sich) warm, dick einhüllen, anziehen; adjt **emmitouflé jusqu'au cou** bis zur Nasenspitze eingemummt

emmouscailler [ãmuskaje] v/t P ~ **qn** F j-m auf den Wecker fallen; cf auch **embêter** u **emmerder**

emmurer [ãmyre] v/t **1.** hist Verurteilten einmauern; **2.** par ext Bergleute etc bei e-m Unfall **être emmuré** eingeschlossen werden bzw sein

émodine [emɔdin] f chim Anthra'chinoabkömmling m; ~s pl Emmo'dine pl

émoi [emwa] m litt **1.** Aufregung f; Unruhe f; **être, mettre en ~** in Aufregung, Unruhe sein, versetzen; **2.** Erregung f; beglückendes Gefühl; Verwirrung f; Bewegung f

émollient [emɔljã] phm **I** adj erweichend; **II** m E'molliens n

émolument [emɔlymã] m **1.** ~s pl (Dienst)Bezüge pl; Einkünfte pl; Gehalt n; Verdienst m; für e-e Amtshandlung Gebühren f/pl; Vergütung f; **2.** jur **a)** Erbteil m; **b)** Gesamtgutsanteil m (des Ehegatten); **bénéfice** m **d'~** beschränkte Haftung der Ehefrau bis zur Höhe des Anteils am Gesamtgut

émonc|tion [emõksjõ] f physiol Ausscheidung f; ~toire m physiol Ausscheidungsorgan n; für Eiter etc ~ **artificiel** künstlicher Ausscheidungs-, Ausführungsgang

émondage [emõdaʒ] m von Bäumen Ausschneiden n; Ausputzen n

émonde [emõd] f **1.** Baum m ohne Seitentriebe; **2.** ~s pl abgeschnittene Zweige, Äste m/pl; Reisholz n; Reisig n

émond|er [emõde] v/t **1.** Bäume ausschneiden, -putzen; **2.** Körner verlesen und reinigen; **3.** fig Artikel, Rede zu'sammenstreichen; straffen; kürzen; ~oir m Baum-, Astschere f; Astschneider m

émorfil|age [emɔrfilaʒ] m tech Abgraten n; Abfasen n; ~er v/t Werkstücke abgraten; abfasen

émotif [emɔtif] **I** adj (-ive) **1.** Gefühls...; affek'tiv; **choc** ~ affektiver Schock; **troubles** ~s starke, heftige Gefühlsverwirrung; **2.** Person 'überempfindlich; feinfühlig; empfindsam;

avoir un caractère, un tempérament ~ überempfindlich sein; être très ~ auch sich alles sehr zu Herzen nehmen; sich alles sehr nahegehen lassen; **II** subst ~, **émotive** m.f empfindsamer, affek'tiver Mensch

émotion [emosjõ] f **1.** Rührung f; (Gemüts)Bewegung f; Ergriffenheit f; **sans ~** (apparente) ohne (sichtbare) Bewegung, Rührung; (scheinbar) unbewegt, ungerührt; **parler avec ~** bewegt, gerührt, mit bewegter Stimme sprechen; **ne pouvoir cacher son ~** s-e Rührung, Bewegung nicht verbergen können; **ne ressentir aucune ~** keinerlei Rührung verspüren; nichts empfinden; **2.** Aufregung f; Erregung f; Erschütterung f; F **aimer les ~s fortes** den Nervenkitzel lieben; **causer une vive ~** e-e heftige Erschütterung auslösen; e-n Schock versetzen; F **ça m'a donné des ~s** ich hab' Ängste ausgestanden; **l'~ a été trop forte pour lui** die Aufregung war zu groß für ihn

émotionn|able [emosjɔnabl(ə)] adj empfindlich; empfindsam; zartbesaitet; weich; **~el** adj **<~le>** Gefühls...; emotio'nal; emotio'nell; gefühlsmäßig; **réaction ~le** Gefühlsreaktion f; emotionale Reaktion f; **~er** v/t (be)rühren; bewegen

émotivité [emotivite] f bes psych Emotivi'tät f; erhöhte (Gemüts)Erregbarkeit f

émott|age [emotaʒ] m od **~ement** m agr Zerkleinern n der Schollen; **~er** v/t agr beim Pflügen entstandene Schollen zerkleinern (**un champ** auf e-m Feld); **~eur** m agr Ackerwalze f, träge (Art) Scheibenegge f

émou [emu] m zo cf **émeu**

émouch|et [emuʃɛ] m zo Turmfalke m; **~ette** f Fliegennetz n für Pferde; **~oir** m Fliegenwedel m

émoulu [emuly] adj être **frais ~** **<f fraîche ~e>** de l'université, de l'École polytechnique, etc gerade, frisch von der Universität, von der École Polytechnique etc kommen; gerade sein Examen an der Universität, an der École Polytechnique etc gemacht haben

émoussement [emusmã] m **1.** e-r Klinge etc Abstumpfen n, -ung f; Stumpfwerden n; **2.** fig der Leidenschaften etc Abstumpfen n, -ung f; Nachlassen n

émousser [emuse] **I** v/t **1.** Messer, Klinge etc abstumpfen; stumpf machen; adit **émoussé** stumpf; **2.** Gefühle, Sinne etc abstumpfen; unempfindlich, träge, gleichgültig machen; **II** v/pr **s'~ 3.** Messer, Klinge etc abstumpfen; stumpf werden; **4.** Verlangen, Leidenschaften etc abstumpfen; nachlassen; schwächer werden

émoustill|ant [emustijã] adj Wein, Witz etc anregend; pi'kant; Gegenwart e-r Frau etc erregend; **~er** v/t Wein: Gäste etc anregen; in Stimmung bringen; in angeregte, gute Stimmung versetzen; adit **émoustillé** in angeregter Stimmung

émouvant [emuvã] adj Szene, Anblick etc ergreifend; bewegend; rührend; p/fort erschütternd

émouvoir [emuvwar] **<cf mouvoir; aber p/p ému> I** v/t ~ **qn** Redner, Worte etc j-n rühren, ergreifen, erschüttern; j-s Gemüt bewegen; Worte auch j-m zu Herzen gehen; j-n bewegen; **rien ne peut l'~** ihn rührt, erschüttert nichts; **ihm geht nichts nahe; être facile à ~** ein weiches Herz haben; leicht gerührt, péj rührselig sein; **se laisser ~** sich rühren lassen; **II** v/pr **s'~** sich auf-, erregen; gerührt, aufgeregt, erschüttert sein od werden; **sans s'~** ruhig; gelassen; ohne

ein Zeichen der Rührung, Bewegung

empaillage [ãpajaʒ, -pa-] m **1.** von Stühlen Bespannen n mit Stroh; **2.** von Tieren Ausstopfen n (mit Stroh); **3.** von Pflanzen Abdecken n mit Stroh

empaillé [ãpaje, -pa-] F **I** adj Person unbeholfen; schwerfällig; linkisch; F täppisch; **II** m unbeholfener Mensch; F Taps m

empaill|er [ãpaje, -pa-] v/t **1.** Stühle mit Stroh, mit e-m Strohgeflecht bespannen; **2.** Flaschen, Porzellan in Stroh ein-, verpacken; Wasserleitung etc mit Stroh um'wickeln; Bäume, Pflanzen mit Stroh abdecken, um'wickeln; **3.** Tiere ausstopfen; **~eur** m **1.** Präpa'rator m; Tierausstopfer m; **2.** cf **rempailleur**

empalement [ãpalmã] m **1.** Aufspießen n; **2.** hist e-s Verbrechers Pfählen n

empaler [ãpale] **I** v/t **1.** aufspießen; **2.** hist Verbrecher pfählen; **II** v/pr **s'~** aufgespießt werden; **s'~ sur une fourche en tombant** in e-e Gabel fallen

empan [ãpã] m **1.** psych (Gedächtnisetc)Spanne f; **2.** altes Längenmaß lange Spanne

empanacher [ãpanaʃe] v/t **1.** Helm, Hut mit e-m Federbusch schmücken, verzieren; **2.** fig Rede (aus)schmücken; aufputzen

empanner [ãpane] v/i Segelschiff backkommen; über Steuer treiben

empannon [ãpanõ] m charp Dachsparren m e-s Walmdaches

empaquet|age [ãpaktaʒ] m Einpacken n; Verpacken n, -ung f; **~er** v/t **<-tt->** ein-, verpacken; **~eur** m, **~euse** f Packer(in) m(f)

emparer [ãpare] v/pr **1.** mit Gewalt **s'~ de qc** sich e-r Sache (gén) bemächtigen; etw in Besitz nehmen; in s-e Gewalt bekommen od bringen; von etw Besitz ergreifen; e-r Sache (gén) habhaft werden; **s'~ de qn** j-n in s-e Gewalt bekommen; sich j-s bemächtigen; j-s habhaft werden; **2.** auf nicht ganz legale Weise **s'~ de qc** sich etw ('widerrechtlich) aneignen; etw an sich bringen, nehmen; sich etw verschaffen; etw an sich reißen; **s'~ d'un secret** hinter ein Geheimnis kommen; in ein Geheimnis eindringen; **3.** konkret **s'~ de qc** sich auf etw (acc) stürzen; etw an sich reißen; Torhüter **s'~ du ballon** den Ball an sich reißen; **4.** fig **s'~ du cœur de qn** j-s Herz erobern; **s'~ de la confiance de qn** sich j-s Vertrauen erschleichen; sich in j-s Vertrauen (acc) schleichen; **5.** Gefühl, Schlaf etc **s'~ de qn** j-n über'kommen; sich j-s bemächtigen; Empfindung, Schlaf auch j-n über'mannen; Gedanke auch sich j-m aufdrängen; Schlaf auch j-n über'fallen, über'wältigen

empâtage [ãpataʒ] m **1.** Brauerei Vormaischen n; **2.** Seifenherstellung 'Umsetzen n von Fetten und Al'kalien zu Seifenleim

empâté [ãpate] adj Gesicht dicklich; aufgedunsen; mit schlaffen Kon'turen

empâtement [ãpatmã] m **1.** des Gesichts Dicker-, Rundlich-, Schlaffwerden n; path ~ de la langue teigige Anschwellung der Zunge; **2.** der Schrift Teigigwerden n, -sein n; **3.** peint pa'sto-ser Farbenauftrag; **peindre par ~** pastos malen; die Farbe dick auftragen; **4.** der Gänse etc Nudeln n; Stopfen n

empâter [ãpate] **I** v/t **1.** Mund, Zunge klebrig, pappig machen; **2.** peint pa'stos, dick auftragen; **3.** Gänse etc nudeln; stopfen; **II** v/pr **s'~ 4.** alternde Person in die Breite gehen; ausein'andergehen; dicker werden; Gesicht dick, teigig,

weich, schlaff werden; **5.** avoir la langue qui s'empâte e-e schwere Zunge bekommen

empathie [ãpati] f psych Empa'thie f

empattement [ãpatmã] m **1.** auto, ch de fer Achsstand m; Radstand m; Achsen(ab)stand m; **2.** bât e-r Mauer unterer (vorspringender) Absatz; e-r Grundmauer Ban'kett n; **b)** e-s Möbels Sockel m; Untersatz m; **3.** impr Se'rife f

empaum|er [ãpome] v/t F **se faire**, **laisser ~** F reingelegt werden; sich übers Ohr hauen lassen; **~ure** f **1.** innerer Teil e-s Handschuhs; **2.** ch des Hirschs Krone f

empêché [ãpeʃe] adj (am Erscheinen) verhindert

empêchement [ãpeʃmã] m **1.** Hindernis n; Hinderungsgrund m; adm **en cas d'~** im Verhinderungsfalle; **il a eu un ~** er war verhindert; es ist ihm etwas dazwischengekommen; **c'est un ~** das ist ein Hinderungsgrund; **être retenu par un ~** verhindert sein; **2.** jur (au mariage) Ehehindernis n

empêcher [ãpeʃe] v/t **a)** ~ **qc** etw verhindern, unter'binden, abwehren, abwenden, vermeiden, verhüten; **b)** ~ **qn de faire qc** j-n an etw (dat) hindern; j-n (daran) hindern, etw zu tun; j-n etw nicht tun lassen; j-n von etw abhalten; j-m etw verwehren; verhindern, daß j etw tut; ~ **qn de dormir, de travailler** j-n am Schlafen, Arbeiten hindern; j-n nicht schlafen, arbeiten lassen; ~ **qn de s'enfuir** j-s Flucht verhindern, vereiteln; **ces difficultés ne l'ont pas empêché de réussir** diese Schwierigkeiten konnten s-n Erfolg nicht verhindern; **c)** ~ **que ... (st/s ne) (+subj)** verhindern, daß ...; **d)** loc/conj (il) **n'empêche que ... od cela n'empêche pas que ...** trotz allem; trotzdem; dennoch; immerhin; jedenfalls; **n'empêche, sans lui, tu serais mort** immerhin wäre ohne ihn jetzt nicht mehr am Leben; **il était soi-disant malade, cela n'empêche pas qu'il est allé au cinéma** ... dennoch ist er ins Kino gegangen; ... was ihn jedoch nicht daran hinderte, ins Kino zu gehen; **II** v/pr **je ne peux pas m'~ de (+inf)** ich kann nicht anders, ich muß (einfach) (+inf); ich kann nicht um'hin zu (+inf); **je ne peux m'~ de penser que** ... ich werde den Gedanken nicht los, daß ...

empêcheur [ãpeʃœr] m ~ **de danser en rond** Spielverderber m

empeigne [ãpɛɲ] f **1.** e-s Schuhs Oberleder n; **2.** P fig **avoir une gueule d'~** P e-e blöde Fresse, dreckige Vi'sage haben

empennage [ãpe(n)naʒ] m **1.** aviat Leitwerk n; Stabili'sierungsflächen f/pl; ~ **papillon** od en V Schmetterlingsleitwerk n; **2.** mil e-r Bombe etc (Führungs-)Flügel m/pl; Stabili'sierungsflächen f/pl; **3.** e-s Pfeils (Be)Fiederung f

empenne [ãpɛn] f e-s Pfeils Fiederung f

empennel|age [ãpɛnlaʒ] m mar Verkatten n, -ung f; **ancre f d'~** Kattanker m; **~er** v/t **<-ll->** mar Anker verkatten; beiankern

empenner [ãpe(n)ne] v/t Pfeil befiedern

empereur [ãprœr] m Kaiser m; abs l'~ Napoléon I. bzw III.; hist l'~ d'Allemagne der Deutsche Kaiser; hist l'~ des Français der Kaiser der Franzosen; l'~ du Japon der Kaiser von Japan

emperler [ãpɛrle] v/t **1.** st/s mit Perlen verzieren, schmücken, besetzen; **2.** fig la **sueur commençait à ~ son front** Schweißperlen traten ihm auf die Stirn

empes|age [ãpəzaʒ] m der Wäsche Stärken n; Steifen n; **~er** v/t **<-è->** Wäsche

stärken; steifen; *adjt* **empesé** gestärkt; steif

empester [ɑ̃pɛste] *v/t* **1.** *Gegend, Zimmer etc* verpesten; mit Gestank erfüllen; F verstänkern; **2.** stinken, riechen (**qc** nach etw); *abs* stinken

empêtrer [ɑ̃petre] *v/pr* **s'~ 1.** sich verwickeln (**dans** in + *acc*); sich verfangen (in + *dat*); **être empêtré dans un long manteau** in e-m langen Mantel stecken; durch e-n langen Mantel behindert sein; **2.** *fig* sich verstricken (**dans** in + *acc*)

empetrum [ɑ̃petrɔm] *m bot* Krähenbeere *f*

emphase [ɑ̃faz] *f* Em'phase *f* (*auch rhét, ling*)

emphatique [ɑ̃fatik] *adj* Rede, Geste, Ton em'phatisch

emphysémateux [ɑ̃fizematø] *adj* ⟨-euse⟩ *path* emphysema'tös

emphysème [ɑ̃fizɛm] *m path* Emphy-'sem *n*; **~ pulmonaire** Lungenemphysem *n*

emphytéose [ɑ̃fiteoz] *f jur* Erbpacht *f*; Erbzinsleihe *f*

emphytéot|e [ɑ̃fiteɔt] *m jur* Erbpächter *m*; **~ique** *adj* erbzinslich; Erb(pacht)...; **bail** *m* **~** Erbpachtvertrag *m*

empiècement [ɑ̃pjɛsmɑ̃] *m e-s Kleides, Hemdes* Einsatz *m*; Passe *f*

empierr|ement [ɑ̃pjɛrmɑ̃] *m Tiefbau* Beschottern *n*, -ung *f*; Steinschüttung *f*; Packlage *f*; **~er** *v/t Weg, Straße* beschottern; e-e Steinschüttung aufbringen (**un chemin** auf e-n Weg)

empiétement [ɑ̃pjetmɑ̃] *m* **1.** Vordringen *n* (**sur** in + *acc*) (*auch géol des Meeres*); 'Übergriff *m* (auf + *acc*); **2.** *fig u jur* ('widerrechtlicher) Eingriff (**sur** in + *acc*); 'Übergriff *m* (auf + *acc*)

empiéter [ɑ̃pjete] *v/t/indir* ⟨-è-⟩ **~ sur 1.** vordringen in (+*acc*); 'übergreifen auf (+*acc*); *Gebiet etc* sich (nach und nach) 'widerrechtlich aneignen (+*acc*); 'widerrechtlich an sich bringen (+*acc*); *Meer* **~ sur les terres** ins Land vordringen; **2.** *in bezug auf Rechte etc* ('widerrechtlich) eingreifen (+*acc*); 'übergreifen auf (+*acc*); beeinträchtigen (+*acc*); **~ sur les attributions de qn** in j-s Kompetenzbereich eingreifen

empiffrer [ɑ̃pifre] *v/pr* F **s'~** F sich 'vollstopfen, sich den Bauch 'vollschlagen, P sich 'vollfressen (**de** mit)

empilage [ɑ̃pilaʒ] *m* (Auf)Stapeln *n*; Auftürmen *n*; (Auf)Schichten *n*; Stapelung *f*

empile [ɑ̃pil] *f e-r Angelrute* Vorfach *n*

empilement [ɑ̃pilmɑ̃] *m* **a)** *cf* empilage; **b)** Stapel *m*; **un ~ de livres** ein Stapel Bücher; ein Bücherstapel *m*

empiler [ɑ̃pile] **I** *v/t Teller, Holz, Bücher etc* (auf)stapeln; auftürmen; (auf-) schichten; **II** *v/pr* **s'~** sich stapeln, anhäufen, türmen

empire [ɑ̃pir] *m* **1.** Kaiserreich *n*; *par ext* Weltreich *n*; Im'perium *n*; Reich *n*; **l'~ britannique** das Empire ['ɛmpaiə]; das Britische Weltreich; **~ colonial** Kolonialreich *n*; *bis 1946* l'~ (**colonial**) **français** das französische Kolonialreich; *fig:* **~ commercial** Handelsmacht *f*; **~ industriel** weltweites Unter'nehmen; *hist:* **le premier, le second** l'~ das Erste, das Zweite Kaiserreich; l'~ ro-**main** das Römische Reich; das Im'perium Ro'manum; **le Saint** l'~ **romain germanique** das Heilige Römische Reich Deutscher Nation; **l'~ d'Alexandre** das Weltreich Alexanders des Großen; l'~ **du Milieu** das Reich der Mitte (*China*); l'~ **du Soleil Levant** das Land der aufgehenden Sonne (*Japan*); *fig* **pas pour un ~!** nicht um alles in der Welt!; **bâtir, fonder un ~** ein

(Welt)Reich begründen; **2.** *hist, abs* l'~ das Erste Kaiserreich; ♦ *adjt* Empire... [ɑ̃'pi:r]; **meuble** *m*, **salon** *m* l'~ Möbel *n*, Salon *m* im Empirestil; Empiremöbel *n*, -salon *m*; **style** *m* l'~ Empire *n*; Empirestil *m*; l'~ **Macht** *f*; Wirkung *f*; Gewalt *f*; **(agir) sous** l'~ **de la boisson, de la colère** unter dem Einfluß *od* der Wirkung des Alkohols, im Zorn (handeln); **avoir** l'~ **sur qn** j-n beherrschen, in der Hand, in der Gewalt haben; **détenir** l'~ **des mers** die Meere beherrschen

empirer [ɑ̃pire] **I** *v/t Übel, Zustand* verschlimmern; verschlechtern; schlimmer machen; **II** *v/i Lage, Zustand* sich verschlimmern; sich verschlechtern; schlechter, schlimmer werden; e-e Wendung zum Schlechteren nehmen; **ne faire qu'~** immer schlimmer, nur noch schlimmer werden

empiriocriticisme [ɑ̃pirjɔkritisism(ə)] *m philos* Empiriokriti'zismus *m*; Wirklichkeitsphilosophie *f*

empir|ique [ɑ̃pirik] **I** *adj Wissen, Erkenntnis, Methode* em'pirisch; auf (der) Erfahrung beruhend, begründet; aus der Erfahrung gewonnen; *péj auch* unwissenschaftlich; nicht wissenschaftlich fun'diert; **II** *m* Em'piriker *m*; **~isme** *m* **a)** *philos* Empi'rismus *m*; **b)** *par ext* Erfahrungswissenschaft *f*; Empi'rie *f*; auf der Erfahrung beruhende Me'thode; **~iste I** *m philos* Empi'rist *m*; **II** *adj Theorie, Philosophie* empi'ristisch

emplacement [ɑ̃plasmɑ̃] *m* Stelle *f*; Platz *m*; (Stand)Ort *m*; *e-s Grundstücks, Platzes* Lage *f*; *e-s Geschützes* Stand *m*; Stellung *f*; **~ de mitrailleuse** MG-Stand *m*; **sur** l'~ **de l'ancien théâtre** an der Stelle, wo das alte Theater stand

emplage [ɑ̃plaʒ] *m bât* Füllmauerwerk *n*, Füllung *f* (*zwischen zwei Mauern*)

emplanture [ɑ̃plɑ̃tyr] *f* **1.** *aviat* Flügelwurzel *f*; **2.** *mar* Mastspur *f*, -loch *n*

emplâtre [ɑ̃plɑ̃tr(ə)] *m* **1.** *méd* (Wund-) Pflaster *n*; Salbenverband *m*; **2.** *agr* Baumwachs *m*

emplette [ɑ̃plɛt] *f* Einkauf *m*; Kauf *m*; **faire des ~s** Einkäufe *m/pl*, Besorgungen *f/pl* machen; einkaufen

empl|ir [ɑ̃plir] *st/s v/t* (*u v/pr*) (**s'**)~ (sich) füllen; *cf auch* remplir; **~issage** *m* **1.** Füllen *n*, -ung *f*; **2.** *pétr* dépôt *m* d'~ Verladestation *f*

emploi [ɑ̃plwa] *m* **1.** *e-s Wortes, e-r List, von Materialien etc* Gebrauch *m*; Anwendung *f*; Verwendung *f*; Benutzung *f*; *von Geld auch* Anlage *f*; *e-s Gerätes, mil auch* Einsatz *m*; **~ du temps** Zeitplan *m*; *in der Schule* Stundenplan *m*; **avoir un ~ du temps très chargé** e-n vollen Ter'minkalender haben; viele Dinge zu erledigen haben; **~ de la violence** Gewaltanwendung *f*; **faire un bon** (**mauvais**) **~ de son argent, de ses connaissances, de son temps** sein Geld gut (schlecht) anlegen; s-e Kenntnisse sinnvoll (schlecht) anwenden *od* von s-n Kenntnissen sinnvollen (schlechten) Gebrauch machen; s-e Zeit gut (schlecht) nützen; F **j'en ai pas** l'~ ich habe keine Verwendung dafür; **2.** *écon* Beschäftigung *f*; Anstellung *f*; Stelle *f*; Arbeitsplatz *m*; Arbeitsverhältnis *n*; *par ext* Beschäftigtenstand *m*; Beschäftigungslage *f*; **plein ~** 'Vollbeschäftigung *f*; **~s réservés** bestimmten Personengruppen (*längerdienenden Soldaten, Kriegsbeschädigten etc*) vorbehaltene Arbeitsplätze *m/pl*; **~ à temps partiel, à plein temps** Teilzeit-, 'Vollzeitbeschäftigung *f*; **demande** *f* **d'~** Stellengesuch *n*; **politique** *f* **de** l'~ Beschäftigungspolitik *f*; **sécurité** *f* **de** l'~ Sicherheit *f* des

Arbeitsplatzes; **situation** *f* **de** l'~ Lage *f* auf dem Arbeitsmarkt; **avoir, occuper un ~** e-e Stelle (inne)haben; Arbeit haben; **chercher un ~** Arbeit, e-e Stelle, e-e Anstellung, e-e Beschäftigung suchen; **être sans ~** arbeitslos, stellenlos sein; keine Arbeit, Anstellung haben; **3.** *Buchhaltung* Eintrag *m*; Verbuchung *f*; **double ~** a) doppelte Verbuchung, Aufführung; b) fig unnötige Wieder'holung; *fig* **faire double ~** unnötig, 'überflüssig, doppelt, F doppelt gemoppelt sein; **faux ~** falscher Eintrag; Falschbuchung *f*; **4.** *thé* Rollenfach *n*

employable [ɑ̃plwajabl(ə)] *adj* verwendbar; geeignet; in Frage kommend

employé(e) [ɑ̃plwaje] *m(f)* Angestellte(r) *f(m)*; **employé aux écritures** (Kanz'lei)Schreiber *m*; **~ de banque** Bankangestellte(r) *f(m)*; **~ de bureau** Bü'roangestellte(r) *f(m)*; Bü'rokraft *f*; Konto'rist(in) *m(f)*; **~ de commerce** kaufmännische(r) Angestellte(r) *f(m)*; **employé du gaz** Gasmann *m*; **employée de maison** Hausangestellte *f*; **~ des postes** Postbeamte(r), -beamtin *f*

employer [ɑ̃plwaje] ⟨-oi-⟩ **I** *v/t* **1.** *Worte, List, Werkzeug etc* gebrauchen; benützen; anwenden; verwenden; *Mittel* anwenden; einsetzen; aufbieten; *Material, Geldsumme* verwenden; *Gewalt* anwenden; **~ un(e) après-midi à faire qc** e-n Nachmittag darauf verwenden *od* dazu (be)nützen, etw zu tun; **2.** *écon Arbeitskräfte* beschäftigen; Arbeit geben (**qn** j-m); **~ qn à** (**faire**) **qc** j-n zu etw anstellen; **être employé** im Angestelltenverhältnis stehen; angestellt sein (**chez** bei); **3.** *Buchhaltung* Posten eintragen; verbuchen; **II** *v/pr* **s'~ 4.** *Wort, Ausdruck* gebraucht werden; *Mittel* angewendet, angewandt, verwendet werden; **5. s'~ à** (**faire**) **qc** sich für etw einsetzen; sich um etw bemühen; **il s'y emploie de son mieux** er tut sein möglichstes, Bestes

employ|eur [ɑ̃plwajœr] *m*, **~euse** *f* Arbeitgeber(in) *m(f)*

emplumer [ɑ̃plyme] *v/t* mit Federn versehen, verzieren

empocher [ɑ̃pɔʃe] *v/t* F **1.** Geld einnehmen; F einstecken; einstreichen; **2.** *Gewinne etc* in s-e eigene Tasche stecken; für sich behalten; F einstecken

empoignade [ɑ̃pwaɲad] F *f* heftige Ausein'andersetzung; heftiger Wortwechsel; Wortgefecht *n*; Dis'put *m*

empoigne [ɑ̃pwaɲ] F *f* **c'est une foire d'~** hier geht alles drunter und drüber

empoigner [ɑ̃pwaɲe] **I** *v/t* **1.** *Gegenstand* (an)packen; (kräftig) anfassen; ergreifen; **~ qn** j-n packen (**par le bras** am Arm); **2.** *fig Zuschauer, Publikum* ergreifen; packen; bewegen; erschüttern; **II** *v/pr* **s'~** anein'andergeraten; Streit bekommen; F sich, ein'ander in die Haare, in die Wolle geraten, kriegen

empointure [ɑ̃pwɛ̃tyr] *f mar* Winkel *m* am oberen Ende e-s Kreuz-, Rahsegels

empois [ɑ̃pwa] *m* (Wäsche)Stärke *f*; *text* Schlichte *f*

empoise [ɑ̃pwaz] *f e-r Walzstraße* Einbaustück *n*

empoisonnant [ɑ̃pwazɔnɑ̃] *adj* F *Arbeit etc. Person* lästig; unangenehm; F blöd; *cf auch* embêtant

empoisonnement [ɑ̃pwazɔnmɑ̃] *m* **1.** Vergiftung *f*; *jur auch* Giftbeibringung *f*; Beibringung *n* von Gift; *par ext* Giftmord *m*; **~ dû à des champignons vénéneux** Pilzvergiftung *f*; **~ du sang** Blutvergiftung *f*; **2.** F *fig meist pl* **~s** Ärger *m*; Unannehmlichkeiten *f/pl*; F Schere'reien *f/pl*; **c'est un ~!** das ist ärgerlich!

empoisonner [ɑ̃pwazɔne] **I** v/t **1.** Menschen, Tiere, Speisen, Brunnen vergiften; Menschen, Tieren auch Gift geben (**qn** j-m); adit **flèche empoisonnée** Giftpfeil m; vergifteter Pfeil; **il est mort empoisonné** er ist vergiftet worden; **2.** Raum, Gegend, Atmosphäre verpesten; mit Gestank erfüllen; abs stinken; schlecht, übel riechen; **3.** fig Leben, Glück vergiften; verderben; zerstören; Leben, Freude auch vergällen; Betriebsklima vergiften; **4.** F ~ **qn a)** j-n belästigen, stören; **b)** F j-n anöden; j-m auf den Wecker fallen; **c)** **être empoisonné** F in der Klemme, Patsche, Tinte sitzen; **II** v/pr s'~ **5.** sich vergiften; Gift nehmen; **6.** F fig sich schrecklich, zu Tode langweilen; F sich mopsen.

empoisonn|eur [ɑ̃pwazɔnœr] m, **~euse** f **1.** Giftmischer(in) m(f); Giftmörder(in) m(f); **2.** F fig lästiger Mensch; F Nervensäge f; **quel empoisonneur!** F der fällt einem auf den Wecker, geht einem auf die Nerven!

empoissonn|ement [ɑ̃pwasɔnmɑ̃] m Besetzen mit Fischbrut; **~er** v/t Teich, Fluß mit Fischbrut besetzen.

emporétique [ɑ̃pɔretik] adj papier m ~ Filter-, Fil'trierpapier n.

emport [ɑ̃pɔr] m aviat **capacité f d'~** Nutzlast f.

emporté [ɑ̃pɔrte] **I** adj Person, Charakter (leicht) aufbrausend; heftig; hitzig; jähzornig; **II** m Hitzkopf m; rasch aufbrausender, jähzorniger Mensch.

emportement [ɑ̃pɔrtəmɑ̃] m Heftigkeit f; heftige, zornige Erregung; Hitze f; Zornesausbruch m; Aufwallung f des Zorns; (Gemüts)Aufwallung f; heftige Gemütsbewegung.

emporte-pièce [ɑ̃pɔrtəpjɛs] m <inv> **1.** tech Locheisen n, -zange f; (Loch)Stanze f; **2.** fig loc/adj **à l'~** Wort, Satz (sehr) deutlich; treffend; klar; offen; beißend; derb; hart; Charakter einfach; gerade; offen.

emporter [ɑ̃pɔrte] **I** v/t **1.** Gegenstände mitnehmen; Geheimnis ~ **dans la tombe** mit ins Grab nehmen; **donner qc à** ~ **à qn** j-m etw mitgeben; **2.** Verwundete, Ohnmächtige etc wegtragen, -schaffen, -bringen; **3.** ~ **qn** Krankheit j-n da'hin-, hin'wegraffen; Strömung j-n fort-, mitreißen, abtreiben; Zug etc j-n bringen (vers l'Italie nach Italien); st/s j-n tragen (**vers une destination inconnue** e-m unbekannten Ziel entgegen); ~ **qc** Überschwemmung etc etw fortschwemmen, wegspülen, -schwemmen, -reißen; Wind etw verwehen, weg-, fortwehen; Sturm etw mit sich (fort)reißen, ab-, wegreißen; **mil** ~ **d'assaut** im Sturm nehmen; (er)stürmen; **il a été emporté en quelques heures** der Tod hat ihn in wenigen Stunden hinweggerafft; **être emporté par le courant, par l'eau** auch fort-, weggeschwemmt, -gespült werden; **4. a)** l'~ **den Sieg da'vontragen**; siegen; sich 'durchsetzen; l'~ **dans une compétition** siegreich, erfolgreich aus e-m Wettkampf her'vorgehen; l'~ **dans une discussion** e-e Diskussion für sich entscheiden; sich in e-r Diskussion durchsetzen; in e-r Diskussion recht bekommen od behalten; l'~ **sur qn, qc** über j-n, etw siegen; stärker sein als j-, etw; den Sieg davontragen, die Oberhand gewinnen, behalten über j-n, etw; j-n, etw über'treffen, in den Schatten stellen; j-n ausstechen; **cette opinion l'emporta** diese Meinung drang durch, setzte sich durch; **b)** ~ **l'affaire** das Geschäft machen; den Auftrag bekommen; ~ **la conviction de qn** schließlich j-n über'zeugen (können); ~ **la décision**

s-n Entschluß, s-e Entscheidung 'durchsetzen; jur **la forme emporte le fond** Formfehler schaden dem Rechtsanspruch; **II se laisser** ~ **à faire qc** sich zu etw hinreißen lassen; **se laisser** ~ **par la colère** sich in s-m Zorn hinreißen lassen (**à faire qc** zu etw); **se laisser** ~ **par l'enthousiasme général** sich von der allgemeinen Begeisterung mitreißen lassen; **II** v/pr s'~ (zornig) aufbrausen, -fahren, hochfahren; sich ereifern, erregen; in Zorn geraten; s'~ **contre qn, qc** gegen j-n, etw loswettern; sich über j-n, etw ereifern.

empoté [ɑ̃pɔte] F **I** adj ungeschickt; linkisch; schwerfällig; F dämlich; **II** subst ~(**e**) m(f) unbeholfener, schwerfälliger Mensch; F auch Flasche f; F **ne reste pas planté là comme un** ~, **aide-moi!** steh nicht so dumm, F dämlich, doof herum, hilf mir lieber!

empourprer [ɑ̃purpre] **I** v/t **1.** Sonne: Himmel purpurn, purpurrot färben; **2.** fig Gesicht röten; adit **visage empourpré** gerötetes, puterrotes, rotglühendes Gesicht; **II** v/pr s'~ **3.** Himmel sich purpurn, purpurrot färben; **4.** fig Gesicht sich röten; rot anlaufen; ganz rot werden; s'~ **de honte** vor Scham erglühen.

empreindre [ɑ̃prɛ̃dr(ə)] <cf peindre> **I** v/t **1.** Siegel etc (ab-, ein)drücken (**dans de la cire** in Wachs [acc]); impr prägen; **2.** fig prägen; p/p: **empreint de** geprägt von; **un accueil empreint de la plus franche cordialité** ein 'überaus, ausgesprochen herzlicher Empfang; **II** v/pr st/s s'~ **de** geprägt sein bzw werden von.

empreinte [ɑ̃prɛ̃t] f **1.** aus, in Gips, Wachs etc, e-s Siegels, Türschlosses, e-s Fingers, Fußes etc, géol Abdruck m; e-s Fußes auch Fußspur f, -abdruck m; auf der Haut, auf e-m Kissen etc auch Eindruck m; Druckspur f; bei Tieren auch Tritt(siegel) m(n); Spur f; ~ **digitale** Fingerabdruck m; **prendre les** ~s **digitales de qn** j-m die Fingerabdrücke abnehmen; von j-m Fingerabdrücke machen; ~ **des pas dans la neige** die Fußspuren, -abdrücke im Schnee; ~ **sur cire** Wachsabdruck m; **laisser des** ~s **partout** überall Fingerabdrücke. Spuren hinter'lassen, zurücklassen; **prendre l'**~ **de qc** etw in Gips, Wachs etc abdrücken; **2.** fig allg Gepräge m; Stempel m; Merkmal n; Prägung f; e-r Krankheit, e-s Schmerzes Spuren f/pl; Zeichen n/pl; **marquer une époque**, etc de son ~ e-r Epoche etc das Gepräge geben, verleihen; e-e Epoche etc prägen; p/p **marqué de l'**~ **de qc** von etw geprägt; **3.** psych Prägung f.

empressé [ɑ̃prese] adj **1.** Bewunderer, Verehrer eifrig; **il paraît fort** ~ **auprès d'elle** od **à son égard** er scheint sich sehr um sie zu bemühen; **2.** e-m Vorgesetzten, Kunden gegenüber (dienst)beflissen; dienstfertig, -fertig; eilfertig; geschäftig; subst **faire l'**~ bei den Eifrigen spielen; geschäftig tun; sich her'vortun wollen.

empressement [ɑ̃prɛsmɑ̃] m Dienstbeflissenheit f, -fertigkeit f, -eifer m; Bereitwilligkeit f; Eilfertigkeit f; Eifer m; Geschäftigkeit f; Emsigkeit f; **avec** ~ dienstbeflissen etc; **manifester, marquer, témoigner de l'**~ **à, envers qn** j-m gegenüber großen Diensteifer bezeigen, an den Tag legen; **montrer peu d'**~ **pour qc** wenig Interesse, Begeisterung für etw zeigen; **empresser** [ɑ̃prese] v/pr s'~ **auprès de qn a)** sich um j-s Gunst bemühen; F um j-n her'umscharwenzeln; **b)** sich eifrig um j-n bemühen; s'~ **autour de qn**

sich um j-n drängen, scharen; j-n um'drängen; **2.** s'~ **de faire qc** sich beeilen, etw zu tun; schleunigst etw tun; **il s'empressa d'ajouter que** ... er beeilte sich, hinzuzufügen, daß ...; s'~ **d'avertir qn** j-n sofort, unverzüglich, schleunigst warnen.

emprésur|age [ɑ̃prezyraʒ] m Labzusatz m; Zusetzen n, Zusatz m von Lab; ~**er** v/t Lab zusetzen (**le lait** der Milch [dat]).

emprise [ɑ̃priz] f **1.** (entscheidender) Einfluß; Wirkung f; Macht f; **sous l'**~ **de** unter dem Einfluß, unter der Wirkung von (od + gén); im Banne (+gén); **être sous l'**~ **de qn** unter j-s Einfluß stehen; **avoir de l'**~ **sur qn** großen Einfluß auf j-n haben; j-n beherrschen; **2.** jur Landenteignung f bzw -erwerb m für öffentliche Zwecke.

emprisonnement [ɑ̃prizɔnmɑ̃] m Gefängnisstrafe f; Haft(strafe) f; Inhaf'tierung f; ~ **cellulaire** Einzelhaft f; ~ **correctionnel** Gefängnisstrafe f (von mindestens zwei Monaten und höchstens fünf Jahren); ~ **de (simple) police** Haftstrafe f (in Frankreich bis zu zwei Monaten); ~ **en commun** Gemeinschaftshaft f; **il a été condamné à six mois d'**~ er ist zu sechs Monaten Gefängnis verurteilt worden.

emprisonner [ɑ̃prizɔne] v/t **1.** einsperren; ins Gefängnis stecken, schicken; inhaf'tieren; gefangensetzen; **2.** fig einschließen; um'schließen.

emprunt [ɑ̃prɛ̃, ɑ̃prœ̃] m **1.** Anleihe f; Kre'ditaufnahme f; (aufgenommenes) Darlehen; geborgtes Geld; auch Staatsanleihe f; ~ **amortissable** Amortisati'onsanleihe f; ~ **communal** Kommu'nalanleihe f; ~ **forcé** Zwangsanleihe f; ~ **indexé** Indexanleihe f; indexgebundene Anleihe f; ~ **national, public, d'État** Staatsanleihe f; ~ **or** Goldanleihe f; ~ **à prime** Prämienanleihe f; ~ **à 5%** 5%ige Anleihe; ~ **de guerre** Kriegsanleihe f; **contracter, faire, réaliser un** ~ e-e Anleihe aufnehmen, machen; ein Darlehen aufnehmen; Kredit aufnehmen; **émettre, lancer, ouvrir un** ~ e-e Anleihe auflegen, ausgeben; **rembourser, restituer un** ~ e-e Anleihe, ein Darlehen, geliehenes od geborgtes Geld zurückzahlen; **vivre d'**~s von geborgtem Geld, auf Borg, F auf Pump leben; **2.** loc/adj **d'**~ geliehen; geborgt; **meubles** m/pl **d'**~ geliehene Möbel n/pl; **b)** fig fremd; Schein...; **érudition f d'**~ Scheingelehrsamkeit f; Wissen n aus zweiter Hand; **nom m d'**~ Deckname m; angenommener Name; **3.** ling Entlehnung f; Lehnwort n; **mot m d'**~ Lehnwort n; ~ **de (auch à) l'espagnol** Lehnwort aus dem Spanischen; **4.** fig e-s Dichters etc Anleihe f (**à qn** bei j-m).

emprunté [ɑ̃prɛ̃te, -prœ̃-] adj Person, Verhalten linkisch; verlegen; ungeschickt; gehemmt; unbeholfen.

emprunter [ɑ̃prɛ̃te, -prœ̃-] v/t **1.** ~ **qc à qn** sich etw von j-m (aus)leihen, borgen, entleihen, F pumpen; Bücher auch entlehnen (**à la bibliothèque** in der Bibliothek); ~ **de l'argent** sich Geld leihen; Geld aufnehmen; **je vous emprunte votre crayon cinq minutes!** ich nehme kurz Ihren Bleistift!; **rendre, restituer ce qu'on a emprunté** das Geliehene, Geborgte wieder zurückgeben bzw -zahlen; ♦ abs: Anleihen, e-e Anleihe aufnehmen; **il emprunte de tous les côtés** er leiht sich überall Geld; sich überall Geld; **2.** fig **a)** ~ **qc à qn** etw von j-m über'nehmen, ling entlehnen; ~ **des mots à une langue étrangère** Wörter aus e-r anderen Sprache entleh-

nen, übernehmen; ~ un motif à une légende e-r Sage (dat) ein Motiv entnehmen; aus e-r Sage ein Motiv übernehmen; **b)** ~ l'allure, la démarche, etc de qn j-s Benehmen, Gang etc annehmen, nachahmen; **3.** Weg, Straße etc benutzen; (be)fahren; gehen; empruntez le passage souterrain! Fußgänger bitte Unter'führung benützen!

emprunteur [ãprœ̃tœr, -prœ̃-] **I** m Entleiher m; Kre'dit-, Darlehensnehmer m, -empfänger m; **II** adj ‹-euse› personne f très emprunteuse j. der überall, ständig borgt, (sich Geld) leiht

empuantir [ãpɥãtir] v/t verpesten; mit schlechtem, üblem Geruch erfüllen

empyème [ãpjɛm] m path **a)** Empy'em n (Eiteransammlung in natürlichen Körperhöhlen); **b)** eitrige Pleu'ritis

empyreumatique [ãpirømatik] adj empyreu'matisch; brenzlig; durch Verkohlung entstanden

empyreume [ãpirøm] m chim Brandgeruch m, -geschmack m

ému [emy] p/p von **émouvoir** u adj bewegt; gerührt; ergriffen; **être très ~** tief bewegt, sehr gerührt, ganz ergriffen sein

émulateur [emylatœr] m EDV Emu'lator m

émulation [emylasjõ] f Wetteifer m; Wettstreit m; Nacheifern n, -ung f

émule [emyl] m,f Nacheiferer m; être l'~ de qn auch j-m nacheifern; mit j-m wetteifern

émuls|eur [emylsœr] m Emul'gier-, Emulsion'niermaschine f; Molkerei Emulsi'onsapparat m; **~if** adj ‹-ive› emul'gierend

émulsifi|able [emylsifjabl(ə)] adj emul'gierbar, -fähig; **~ant I** adj emul'gierend; **II** m Emul'gator m

émuls|ification [emylsifikasjõ] f Emul'gieren n; **~fier** v/t emul'gieren

émulsine [emylsin] f chim Emul'sin n

émulsion [emylsjõ] f chim, phm, phot, phys atom Emulsi'on f; Tiefbau Bi'tumenemulsion f; ~ eau dans l'huile, huile dans l'eau Wasser-in-Öl-Emulsion f (abr WO-E), Öl-in-Wasser-Emulsion f (abr OW-E); ~ nucléaire Kernemulsion f; ~ photographique photographische Emulsion

émulsionner [emylsjɔne] v/t emul'gieren; phot machine f à ~ Emulsio'niermaschine f

en [ã, vor Vokal u stummem h ãn]

I prép **1.** räumlich **a)** Ort (auf die Frage wo?) in (+dat); ◆ être, passer ses vacances, etc ~ Allemagne, Amérique du Nord, France, Grande-Bretagne, Turquie, Union Soviétique, etc (bei weiblichen Ländernamen) in Deutschland, in Nordamerika, in Frankreich, in Großbritannien, in der Türkei, in der Sowjetunion etc ...; ~ Iran, Uruguay, etc (bei männlichen Ländernamen, die mit Vokal beginnen) im Iran, in Uruguay etc; ~ Normandie, Rhénanie, etc (bei weiblichen Provinznamen) in der Normandie, im Rheinland etc; ~ Seine-et-Marne, etc (bei Departementsnamen dieses Typs) im Departement Seine-et-Marne etc; ~ Corse, Crète, Sardaigne, Sicile (bei manchen Inseln) auf Korsika, Kreta, Sardinien, Sizilien; abus od litt ~ Avignon in Avignon; ◆ ~ classe in der Schule; st/s ~ l'église de la Madeleine in der Madeleinekirche; ~ mer auf dem Meer; ~ montagne im Gebirge; compte m ~ banque Bankkonto n; de la viande ~ boîte Büchsenfleisch n; être ~ bonnes mains in guten Händen sein; habiter, travailler ~ ville in der Stadt wohnen, arbeiten; cf

auch unter den betreffenden Substantiven; ◆ par ext: ~ moi(-même), etc in mir etc; il y a ~ lui qc de mystérieux er hat etw Geheimnisvolles an sich; ~ moi--même, je pensais ... ich dachte bei mir ...; ~ elle-même, la chose a ... an und für sich hat die Sache ...; **b)** Richtung (auf die Frage wohin?) nach; in (+acc); aller, envoyer, venir, etc ~ Allemagne, Amérique du Nord, France, Grande-Bretagne, Normandie, Seine-et-Marne, Sicile, Turquie, Union Soviétique, etc nach Deutschland, nach Nordamerika, nach Frankreich, in die Normandie, in das Departement Seine-et-Marne, nach Sizilien, in die Türkei, in die Sowjetunion etc ...; aller ~ ville in die Stadt gehen; mettre ~ bouteilles in Flaschen (ab)füllen; **2.** zeitlich **a)** Zeitpunkt in (+dat); vor Jahreszahlen im Jahre od unübersetzt; ~ 1945 (im Jahre) 1945; ~ l'an mille (bei herausragenden Jahreszahlen) im Jahr(e) tausend; ~ quelle année? in welchem Jahr?; ~ janvier, etc im Januar etc; ~ été, automne, hiver im Sommer, Herbst, Winter; ~ plein jour am hellichten Tage; **b)** Zeitdauer in (+dat); innerhalb von (od + gén); ~ deux heures in zwei Stunden; innerhalb von zwei Stunden; ~ une journée an e-m Tag; innerhalb e-s Tages; ~ deux jours innerhalb von zwei Tagen; an zwei Tagen; **3.** fig in bezug auf Sachgebiete in (+dat bzw acc); ~ allemand, français, etc a) im Deutschen, Französischen etc; b) auf deutsch, französisch etc; traduire ~ allemand, etc ins Deutsche etc über'setzen; ~ chimie, géographie, mathématiques, politique, etc in der Chemie, Geographie, Mathematik, Politik etc; étudiant m ~ lettres Philolo'giestudent m; docteur m ~ médecine Doktor m der Medizin; spécialiste m ~ la matière Fachmann m auf dem Gebiet; c'est ~ cela qu'il se distingue des autres darin, hierin ...; **4.** Art u Weise ◆ agir ~ ami als Freund handeln; ~ bon père als guter Vater; ◆ aller ~ voiture mit dem Auto od Wagen fahren; être ~ blanc, noir weiß, schwarz gekleidet sein; être ~ fleurs in Blüte stehen; blühen; cela fait ~ francs français ... das macht in französischen Francs ...; manger les carottes ~ salade die Möhren als Salat essen; peindre, teindre qc ~ rouge, bleu, etc etw rot, blau etc anstreichen, färben; ◆ chambre f ~ désordre unaufgeräumtes Zimmer; paiement m ~ espèces Barzahlung f; roman m ~ trois volumes Roman m in drei Bänden; dreibändiger Roman; promenade f, randonnée f ~ vélo, skis Radtour f, Schiwanderung f; télévision f ~ couleurs Farbfernsehen n; voyage m ~ avion, car Flug-, Busreise f; ◆ Form: ~ cercle im Kreise; kreisförmig; ~ croix gekreuzt; über Kreuz; ~ pyramide pyramidenförmig; ◆ Umwandlung: changer, transformer qc ~ qc etw in etw (acc) verwandeln; 'umwandeln; se déguiser ~ pirate sich als Pirat verkleiden; ◆ loc/adv u loc/prép: ~ arrière, ~ général, ~ un mot, F ~ vitesse, etc, ~ l'honneur de, etc cf unter den betreffenden Stichwörtern; **5.** Stoff, Material aus; ~ fer, matière plastique, etc aus Eisen, Kunststoff etc; montre f ~ or goldene Uhr; table f ~ bois hölzerner Tisch; Holztisch m; **6.** nach zur Bezeichnung des Fortschreitens von ... zu ...: d'année ~ année von Jahr zu Jahr; d'est ~ ouest von Ost(en) nach West(en); de fleur ~ fleur von Blume zu Blume;

d'heure ~ heure von Stunde zu Stunde; de plus ~ plus immer mehr; de plus ~ plus bête immer dümmer; de ville ~ ville von Stadt zu Stadt; **7.** nach Verben, Adjektiven, Substantiven zur Einführung von Ergänzungen: approvisionner qn, qc ~ qc j-n, etw mit etw versorgen; croire ~ Dieu an Gott glauben; pauvre, riche ~ qc arm, reich an etw (dat); un pays pauvre ~ matières premières res auch ein rohstoffarmes Land; besoins m/pl ~ énergie Ener'giebedarf m; Bedarf m an Energie; confiance f ~ qn Vertrauen n zu j-m; teneur f ~ alcool, uranium Alkohol-, U'rangehalt m; **8.** mit p/pr zur Bildung des Gérondif **a)** Gleichzeitigkeit: parler ~ mangeant beim Essen, während des Essens sprechen; je l'ai vu ~ sortant de la maison ich habe ihn gesehen, als ich aus dem Haus ging; ~ passant par là, vous éviterez de traverser la ville wenn Sie so od diese Strecke nehmen, ...; **b)** konzessiv: tout ~ l'admirant, il ne lui ménageait pas ses critiques obwohl er ihn bewunderte ...; **c)** Art u Weise: arriver ~ courant angelaufen kommen; répondre ~ souriant lächelnd antworten; **d)** Mittel: s'en tirer ~ mentant sich durch Lügen aus der Affäre ziehen;

II adv u pr der 3. pers ‹vertritt Konstruktionen mit de› **1.** örtlich von dort; von da; daher; vous allez à Paris? j'~ reviens ... ich komme von dort; da komme ich gerade her; une voiture s'arrêta et un homme ~ descendit ... und ein Mann stieg aus; st/s ..., dem ein Mann entstieg; s'~ aller (weg-, fort-) gehen; **2.** fig in bezug auf Sachen u Sachverhalte davon (bzw darüber, daran etc je nach der Konstruktion im Deutschen); in bezug auf Lebewesen von ihm bzw ihr bzw ihnen; vous avez vu ce film? tout le monde ~ parle ... alle sprechen davon; il a réussi et il ~ est fier ... und er ist stolz darauf; qu'~ dites-vous? was sagen Sie dazu?; tu t'~ repentiras du wirst es bereuen; vous pouvez ~ être sûr da od dessen können Sie sicher sein; F on s'~ souviendra, de ce voyage an diese Reise werden wir noch lange denken; cet élève est excellent, j'~ suis très content ... ich bin sehr zufrieden mit ihm; st/s aimer qn et ~ être aimé j-n lieben und von ihm geliebt werden; **3.** als partitiver Genitiv welchen, welche, welches, pl welche; davon; in Verbindung mit Zahlen u Mengenbezeichnungen meist unübersetzt od davon; pl st/s auch deren; ihrer; avez-vous besoin de sucre? j'~ ai ... ich habe welchen; j'ai des bonbons, est-ce que tu ~ veux? ... willst du welche od davon?; prenez des gâteaux, il y ~ a encore ... es sind noch (welche) da; il n'y ~ a plus es sind keine mehr da; avez-vous des frères? j'~ ai deux ... ja, zwei; vous avez de belles fleurs, donnez-m'~ quelques-unes ... geben Sie mir einige (davon); ... les journaux ~ sont pleins ... die Zeitungen sind voll davon; connaissez-vous des philatélistes? moi, j'~ connais beaucoup ... ich kenne viele (st/s od iron deren) viele; ◆ ohne Beziehungswort: j'~ connais qui ... ich kenne welche od Leute, die ...; il y ~ a od il ~ est qui disent ... es gibt welche od es gibt Leute, die sagen ...; manche sagen ...; elle ~ aime un autre liebt e-n anderen; **4.** possessiv in bezug auf Sachen sein(e) bzw ihr(e); dessen bzw deren; cette maison, qui ~ est le propriétaire? ... wer ist sein od der Besitzer?; cette entreprise ne me tente guère, le succès m'~ paraît trop douteux ... sein Erfolg erscheint

mir zu ungewiß; **5.** *kausal* deswegen; deshalb; darum; *j'étais si pressé* **que j'~ ai oublié** *de réclamer ma monnaie ...* daß ich darüber vergessen habe ...; je **n'~ suis pas plus heureux** ich bin darum, deshalb nicht glücklicher; **son succès n'~ est que plus impressionnant** sein Erfolg ist deshalb um so *od* desto eindrucksvoller; **6.** *in festen verbalen Wendungen meist unübersetzt;* **ne pas ~ croire ses oreilles** s-n Ohren nicht trauen; **~ vouloir à qn** auf j-n böse sein; *cf auch unter den betreffenden Verben*

énamourer [enamure] *od* **enamourer** [ãnamure] *v/pr litt od iron* **s'~ de qn** in Liebe zu j-m entflammen, entbrennen

énanthème [enãtɛm] *m path* Enan'them *n*; Schleimhautausschlag *m*

énantiotrope [enãtjɔtrɔp] *adj chim* enantio'trop

énarque [enark] *m* ehemaliger Schüler der E.N.A. *(École nationale d'Administration)*

énarthrose [enartroz] *f anat* Nuß-, Pfannengelenk *n*; *sc* Enar'throse *f*

en-avant [ãnavã] *m ⟨inv⟩ Rugby* Vorwurf *m*

en-but [ãbyt] *m ⟨inv⟩ Rugby* Malfeld *n*

encablure [ãkablyr] *f mar altes Längenmaß* Kabel-, Taulänge *f (zwischen 185 u 200 m)*

encadré [ãkadre, -ka-] *m in e-r Zeitschrift etc* Kasten *m*

encadrement [ãkadrəmã, -ka-] *m* **1.** *e-s Spiegels, Bildes* (Ein)Rahmen *n*; Einrahmung *f*; Um'rahmen *n*, *-ung f*; **2. a)** *bât e-r Tür, e-s Fensters* Einfassung *f*; Rahmen *m*; **apparaître brusquement dans l'~ de la porte** plötzlich in der Tür stehen, auftauchen; **b)** *impr* **~ en filets** Kasten *m*; Kästchen *n*; **3.** *mil* **a)** Unter'stellung *f* (unter e-n Kader *bzw* **par qn** unter j-n); **b)** *par ext* Kader *m*; Kern-, Stammtruppe *f*; Stammpersonal *n*; **4.** *par ext* Betreuungspersonal *n*; Betreuer *m/pl*; **5.** *Artillerie* tir *m* d'~ Eingabelungsschießen *n*; **6.** *écon* **~ du crédit** Kre'ditrestriktion *f*, -beschränkung *f*

encadrer [ãkadre, -ka-] *v/t* **1. a)** *Bild, Spiegel* (ein)rahmen; um'rahmen; **faire ~ rahmen** lassen; *F fig* **c'est à ~** das müßte festgehalten werden; **b)** *Annonce, Artikel* um'randen; einkästeln; **~ de** *od* **en noir, rouge** schwarz, rot umranden, einkästeln; *adit* **encadré de noir** *auch* mit Trauerrand; **2.** *fig Haare: Gesicht, Girlande: Plakat, Berge: Landschaft* einrahmen; um'rahmen; einfassen; **~ qn** j-n flan'kieren, einrahmen; **3.** *mil* **a)** *Soldaten, Rekruten* e-n Kader unter'stellen; e-n Kader geben (**qn** j-m); **~ une unité par des officiers éprouvés** e-e Einheit bewährten Offizieren unterstellen; **être encadré par qn** j-m unterstellt sein; *adit* **des soldats bien encadrés** Soldaten *m/pl* mit gutem Kader; gut geführte Soldaten; **b)** *erfahrene Truppen, Offiziere* den Kader, den Kern, den Stamm bilden (**qn** *gén*); **4.** *par ext Jugendliche, Besucher etc* betreuen; **5.** *Artillerie: Ziel* eingabeln; **6.** *F fig cf* encaisser 3.

encadreur [ãkadrœr, -ka-] *m j,* der Bilder *etc* (ein)rahmt; *auch* Einrahmungsgeschäft *n*

encagement [ãkaʒmã] *m* Einsperren *n*, *auch* Eingesperrtsein *n* in e-n Käfig; **~er** *v/t* ⟨*-geons*⟩ *Vögel etc* in e-n Käfig sperren

encaissable [ãkɛsabl(ə)] *adj Geldbetrag* einziehbar; einzuziehen(d); *Scheck etc* einlösbar

encaissage [ãkɛsaʒ] *m* **1.** Ein-, Verpacken *n*, Verpackung *f* in Kisten; Kisten-

verpackung *f*; **2.** *jard* Einpflanzen *n* in Kästen, Kübel

encaisse [ãkɛs] *f comm, fin* Kassenbestand *m*; **~ métallique** Bestand *m* an Währungsmetall; **~ or** Goldbestand *m*, *-vorrat m*

encaissé [ãkɛse] *adj Fluß, Straße* tief (ins Gestein) eingeschnitten; **gorge ~e** tiefe *od* enge Felsschlucht; **rue ~e** Straßenschlucht *f*; **vallée ~e** tief eingeschnittenes Tal; Engtal *n*

encaissement [ãkɛsmã] *m* **1.** *comm, fin* von Geldern Einkassierung *f*; (Ein)Kas'sieren *n*; Eintreiben *n*, *-ung f*; Einziehung *f*; Einzug *m*; Vereinnahmung *f*; In'kasso *n*; *e-s Schecks, Gutscheins* Einlösung *f*; **sauf ~** Eingang vorbehalten (*abr E.v.*); **présenter, remettre un chèque, une traite à l'~** e-n Scheck, Wechsel zum Inkasso vorlegen, über'geben; **2.** *e-s Tales etc* Einengung *f*; **3.** *Tiefbau* **a)** *e-s Flusses* Eindeichung *f*; Eindämmung *f*; **b)** *Deichbau* Sinkstück *n*; **4.** *cf* encaissage

encaisser [ãkɛse] **I** *v/t* **1.** *comm, fin* Gelder einziehen; (ein)kas'sieren; eintreiben; vereinnahmen; *Scheck, Wechsel* einlösen; *Miete* einziehen; **2.** *F fig sports,* Schläge, Ohrfeigen, Beleidigungen, Niederlage, Vorwürfe einstecken, hinnehmen (müssen); *Schläge, Kinnhaken* kas'sieren; **~ tout** *auch* sich alles gefallen lassen; *abs: Boxer* **~ bien** hart im Nehmen sein; *allg* **savoir ~** einiges einstecken, hinnehmen können; F hart im Nehmen sein; **3.** F *fig* **ne pas pouvoir ~ qn** j-n nicht ausstehen, riechen können; **4.** *Berge: Tal, Wälder: Straße* einengen; von zwei Seiten einschließen; **5.** *Fluß* eindämmen; **~ une route** die 'Unterbausohle e-r Straße herrichten; **6. a)** *Waren etc* in Kisten (ver)packen, einpacken; **b)** *jard* in Kübel, Kästen (ein)pflanzen; **II** *v/pr* **s'~** *Tal, Straße* eng werden; *Fluß* sich (tief) einschneiden

encaisseur [ãkɛsœr] *m* In'kassobeauftragte(r) *m*; Kas'sier(er) *m*; Einkassierer *m*; Kassenbote *m*

encan [ãkã] *loc/adv* **vendre qc à l'~** *etw* versteigern; *fig* **mettre à l'~** meistbietend verkaufen

encanailler [ãkanaje, -ka-] *v/pr* **s'~** vul'gär werden; sich mit der 'Unterwelt, mit den unteren Schichten des Volkes gemein machen; *par ext* die Sitten, die Ausdrucksweise *etc* der 'Unterwelt, der unteren Schichten annehmen, nachahmen

encapuchonné [ãkapyʃɔne] *adj* (ein)gewickelt, (ein)gehüllt, eingemummt (**dans une couverture** in e-e Decke)

encaquer [ãkake] *v/t Heringe* in Tonnen packen

encarpe [ãkarp] *m arch* Gir'lande *f* aus Laub, Blumen, Früchten; Fe'ston *m*

encart [ãkar] *m impr* (eingeheftete) Beilage; Beiheftung *f*; **~ publicitaire** eingeheftete Werbebeilage *f/pl*; Werbebeilage *f*; **~ volant** (lose) Beilage

encartage [ãkartaʒ] *m* **1.** *impr* Einheften *n*, Einlegen *n* von Beilagen; **2.** *text* Bindungslehre *f*; Pa'trone *f*

encarter [ãkarte] *v/t* **1.** *impr* Prospekt *etc* einheften; *par ext* einlegen; beilegen (**dans un journal** e-r Zeitung [*dat*]); **2.** *Stecknadeln* einbriefen; *Knöpfe* auf Kar'ton befestigen

en-cas *od* **encas** [ãka] *m cuis* kalter Imbiß; kleine, kalte Mahlzeit; kalte Platte

encastrement [ãkastrəmã] *m charp, tech* Einbau *m*; Einfügen *n*; Einspannen *n*; Einlassen *n*

encastrer [ãkastre] **I** *v/t charp, tech*

einbauen; einzapfen; *Balken, Rahmen etc* einpassen, genau *od* maßgerecht einfügen, einlassen. *Balken auch* einspannen (**dans** in + *acc*); *adit* **encastré dans un mur** in e-r Mauer, Wand eingelassen; **II** *v/pr* **s'~ 1.** sich einfügen; (genau) passen; eingelassen sein; **2.** *fig Auto* **s'~ sous un camion** sich unter e-n Lastwagen schieben

encaustiquage [ãkostikaʒ] *m e-s Parkettbodens* (Ein)Wachsen *n*; Bohnern *n*; *e-s Möbels* Po'lieren *n*

encaustiqu|e [ãkɔstik] *f* **1.** (Bohner-) Wachs *n*; (Möbel)Poli'tur *f*; **passer un meuble à l'~** ein Möbel mit Politur behandeln, polieren; **2.** *peint* Wachsfarbe *f*; (**peinture à l'~**) Wachsmalerei *f*; En'kaustik *f*; **~er** *v/t Parkettboden etc* (ein)wachsen; bohnern; wichsen; *Möbel* po'lieren

encav|ement [ãkavmã] *m* Einkellern *n*, *-ung f*; Lagerung *f* im Keller; **~er** *v/t bes Wein* einkellern; im Keller lagern, stapeln

enceindre [ãsɛ̃dr(ə)] *litt v/t ⟨cf* peindre⟩ um'geben, um'schließen (**de** mit); einschließen

enceinte[1] [ãsɛ̃t] *adj ⟨f⟩* schwanger; in anderen 'Umständen; **être ~ de quatre mois** im fünften Monat (schwanger) sein; **mettre ~** schwängern

enceinte[2] [ãsɛ̃t] *f* **1. a)** *fortif* Ringmauer *f*; Um'fassung(smauer) *f*; *auch* Um'wallung *f*; Stadtmauer *f*; Zwinger *m*; **~ fortifiée** Festungs-, Befestigungsgürtel *m*; **~ de fossés** Wallgraben *m*; **~ de murailles** Ringmauern *f/pl*; **b)** Um'fried(ig)ung *f*; Einfried(ig)ung *f*; **entourer d'une ~** einfried(ig)en; um'fried(ig)en; **2.** abgeschlossener Bereich, Raum; *e-r Stadt* Stadtgebiet *n*; *für Tiere* Gehege *n*; um'zäunter Bereich; *ch* Kessel *m*; **~ de la foire** Ausstellungsgelände *n*; *Reitsport* **~ du pesage** Sattelplatz *m*; **~ d'un tribunal** Gerichtssaal *m*; **3.** *tech* Mantel *m*; Schutzgehäuse *n*, *-behälter m*; **4.** **~ (acoustique)** (Lautsprecher)Box *f*; Lautsprechergruppe *f (für Stereoempfang)*

encens [ãsã] *m* Weihrauch *m*; **brûler de l'~** Weihrauch ver-, abbrennen; **bâtons** *m/pl* **d'~** Räucherstäbchen *n/pl*

encensement [ãsãsmã] *m rel* Beräucherung *f*; Inzensati'on *f*

encens|er [ãsãse] *v/t* **1.** *rel Altar, Sarg etc* (mit Weihrauch) beräuchern; **2.** *fig* **~ qn** j-m Weihrauch streuen; j-n beweihräuchern; **~oir** *m* (Weih)Rauchfaß *n*; Räucherfaß *n*, *-gefäß n*; *F fig* **manier l'~, donner des coups d'~** Weihrauch streuen; lobhudeln

encépagement [ãsepaʒmã] *m vit* Bepflanzung *f*, Bestockung *f*, (Reb)Sortenbestand *m* (*e-s Weinbergs*)

encephalartos [ãsefalartos] *m bot* Brotpalmfarn *m*

encéphal|e [ãsefal] *m anat* Gehirn *n* (*Großhirn u Kleinhirn*); *sc* En'cephalon *n*; **~ique** *adj anat* Hirn...; des Gehirns; **masse** *f* **~** Hirnmasse *f*; **~ite** *f path* Gehirnentzündung *f*; *sc* Enzepha'litis *f*

encéphalo|gramme [ãsefalogram] *m méd* Enzephalo'gramm *n*; **~graphie** *f méd* Enzephalogra'phie *f*; **~pathie** [-pati] *f path* Enzephalopa'thie *f*

encerclement [ãsɛrkləmã] *m mil, durch die Polizei etc* Einkreisung *f* (*auch pol*); Um'zingelung *f*; *nur mil* Einschließung *f*; Einkesselung *f*; Um'klammerung *f*; Um'fassung *f*; **politique** *f* **d'~** Einkreisungspolitik *f*

encercler [ãsɛrkle] *v/t* **1.** *mil* Feind, Armee, Stadt etc, par ext Polizei: Verbrecher etc einkreisen (*auch pol*); um'zingeln; *nur mil* einschließen; einkesseln;

um'klammern; um'fassen; **2.** *Zeichnung, Namen* um'randen; e-n Kreis zeichnen, machen (**qc** um etw)

enchaîné [ãʃene] *m* **1.** *cin* ~ *od adit* fondu ~ Über'blenden *n*, -ung *f*; **2.** an e-r Kette befestigtes Buch (*das zur Ansicht, zum allgemeinen Gebrauch ausliegt*)

enchaînement [ãʃenmã] *m* **1.** *von einzelnen* (*Rede*)*Teilen, Gedanken, Sätzen* Verbindung *f*; Verknüpfung *f*; Zu'sammenhang *m*; *von Umständen, Ereignissen* Verkettung *f*; *von Stunden, Jahren* Aufein'anderfolge *f*; Abfolge *f*; *mus von Akkorden* Verbindung *f*; Aufein'anderfolge *f*; *anat von Wirbeln* Inein'andergreifen *n*; ~ **des idées** Gedankenverbindung *f*, -kette *f*; **par un** ~ **de circonstances malheureuses** durch e-e Verkettung unglücklicher 'Umstände; **2.** *bei e-r Show etc* 'Überleitung *f*; Zwischennummer *f*, -text *m*; verbindender Text (*zwischen zwei Darbietungen*)

enchaîner [ãʃene] **I** *v/t* **1.** *Gefangene, Sträflinge in Ketten legen*; anketten; fesseln; Fesseln anlegen (**qn** j-m); *Hund an die Kette legen*; anketten; ~ **les uns aux autres** anein'anderketten, -reihen; **2.** *fig* **a)** **qn à qc** j-n an etw (*acc*) binden, ketten; **b)** *Volk etc in Ketten legen*; unter'jochen; unter'drücken; *Presse an die Kan'dare nehmen*; gleichschalten; **3.** *Gedanken, Sätze, Teile e-r Rede etc* verbinden; verknüpfen; anein'anderreihen; *abs* rasch fortfahren; *die Gesprächspause über'brücken*; *thé* den Dia'log wieder'aufnehmen; *adit métr* **rimes enchaînées** Kettenreime *m/pl*; **4.** *cin* über'blenden (*auch abs*) **II** *v/pr* **s'**~ *Episoden, Teile e-r Rede etc* inein'andergreifen; sich inein'anderfügen; sich verknüpfen; mitein'ander verknüpft, verbunden, verkettet sein

enchanté [ãʃãte] *adj* **1.** verzaubert; Zauber...; *Mozart* **La Flûte** ~**e** Die Zauberflöte; **monde** ~ Zauber-, Wunderwelt *f*; **2.** *fig* **a) être** ~ begeistert, entzückt sein (**de qc, qn** von etw, j-m); hocherfreut, sehr froh sein (**de voir que** ... daß ...); **b)** *Formel beim Vorstellen* ~ **de vous connaître, de faire votre connaissance** sehr erfreut, Sie kennenzulernen; ich freue mich, Ihre Bekanntschaft zu machen; *ellip* ~ ! sehr erfreut!; (sehr) angenehm!

enchantement [ãʃãtmã] *m* Zauber *m*; Ver-, Bezauberung *f* (*alle auch fig*); *fig auch* Entzücken *n*; Wonne *f*; *loc/adv* **comme par** ~ wie durch e-n Zauberschlag; wie durch ein Wunder; urplötzlich; **les douleurs ont disparu comme par** ~ die Schmerzen sind wie weggeblasen; *par ext* **ce spectacle est un véritable** ~ das ist ein bezaubernder, zauberhafter, entzückender Anblick

enchanter [ãʃãte] *v/t meist fig* ver-, bezaubern; *fig auch* entzücken; begeistern; **cela ne m'enchante guère** ich bin nicht sehr, nicht so begeistert, angetan davon

enchanteur [ãʃãtœr], **enchanteresse** [ãʃãtrɛs] **I** *m,f* **1.** Zauberer *m*, Zauberin *f*; **2.** ⟨*nur m*⟩ *fig* Char'meur *m*; **II** *adj Landschaft, Musik etc* zauberhaft; bezaubernd; entzückend; berückend

enchâssement [ãʃasmã] *m* **a)** *von Edelsteinen* Fassen *n*; Fassung *f* (*auch Ergebnis*); **b)** *par ext* Einlassen *n*, -fügen *n*, -setzen *n*, -passen *n*

enchâss|er [ãʃase] *v/t* **a)** *Edelsteine* fassen (**dans l'or** in Gold); **b)** *par ext* einlassen, -fügen, -setzen, -passen (**dans** in + *acc*); **c)** *Reliquien in ein Reliqui'ar, e-n Re'liquienschrein aufnehmen*; ~**ure** *f* **a)** *von Edelsteinen* Fassung *f*; **b)** ~ **de, en bois, marbre** Holz-, Marmor(ein)-

---

fassung *f*

enchatonn|é [ãʃatɔne] *adj path Uretersteine* eingewachsen; ~**ement** *m von Edelsteinen* Fassen *n*, -ung *f*; ~**er** *v/t Edelsteine* fassen

enchère [ãʃɛr] *f* **1.** *bei Versteigerungen* (Mehr)Gebot *n*; (höheres) Angebot; **la plus forte** ~ das Höchst-, Meistgebot; **minimum** Mindestgebot *n*; **couvrir une** ~ ein Angebot über'bieten; ein höheres Angebot machen; **faire une** ~ bieten; ein (An)Gebot machen; **porter l'**~ **la plus élevée** am meisten bieten; **2. vente** *f bei Versteigerungen f*; *bes im Kunsthandel* Aukti'on *f*; **acheter qc à une vente aux** ~**s** etw bei *od* auf e-r Versteigerung, auf e-r Auktion erstehen, kaufen; etw ersteigern; **mettre qc aux** ~**s** etw versteigern (lassen); etw zur Versteigerung bringen; **vendre qc aux** ~**s** etw versteigern, meistbietend verkaufen; etw verauktio'nieren; *zwangsweise auch* etw unter den Hammer bringen; **être vendu aux** ~**s** zur Versteigerung kommen; *zwangsweise auch* unter den Hammer kommen; **3.** *beim Bridge* Bieten *n*; Reizen *n*; Lizitati'on *f*

enchér|ir [ãʃerir] *v/t/indir* ~ **sur qn, sur une offre** j-n, ein (An)Gebot über'bieten; mehr bieten als j; *abs* ein höheres Angebot abgeben, machen; ~**isseur** *m* Bieter *m*; Steigerer *m*; **adjuger qc au plus offrant et dernier** ~ etw dem Meistbietenden zuschlagen

enchevalement [ãʃ(ə)valmã] *m bât* Abstützarbeiten *f/pl*

enchevauch|er [ãʃ(ə)voʃe] *v/t Hölzer, Bretter* ver-, über'blatten; ~**ure** *f* Über'blattung *f*; Verblattung *f*

enchevêtrement [ãʃ(ə)vɛtrəmã] *m* **1.** *von Pflanzen, Fäden, Gassen, Gängen etc* Gewirr *n*; *von Fäden auch* Wirrwarr *m*; (wirres) Durchein'ander; **2.** *fig* Knäuel *m od n*; Durchein'ander *n*; *e-r Situation etc* Verwicklung *f*; Verwirrung *f*; Komplikati'on *f*; *e-r Intrige auch* Verflechtung *f*

enchevêtr|er [ãʃ(ə)vetre] **I** *v/t* **1.** *Fäden, Wollknäuel etc, fig* verwirren; verwickeln; durchein'anderbringen; *Fäden auch* verschlingen; *F* verfitzen; *Blechteile* inein'ander verkeilen; *Intrige auch* kompli'zieren; verschachteln; **2.** *bât* ~ **des solives** Balken *m/pl* auswechseln; e-n Balkenwechsel herstellen; **II** *v/pr* **s'**~ *Zweige, Dornranken etc* wild durchein'anderwachsen; ein dichtes Gewirr bilden; *Schnüre etc, fig* sich verwirren, verwickeln, verfangen; durchein'andergeraten; *Person* **s'**~ **dans qc** sich in etw (*dat*) verwickeln, verfangen; ~**ure** *f bât* (Balken)Auswechslung *f*; Balkenwechsel *m*

enchevill|ement [ãʃ(ə)vijmã] *m chir* Verspanung *f*; ~**er** *v/t chir* verspanen

enchifrené [ãʃifrəne] *adj* **être** ~ e-n Stockschnupfen haben; stark verschnupft sein

enchondrome [ãkõdrom] *m path* Enchon'drom *n*; Knorpelgeschwulst *f*

enclave [ãklav] *f* **1.** *jur, pol* En'klave *f*; **2.** *von fremdem Gebiet* um'schlossenes Grundstück; **3.** *géol* eingesprengtes Gestein; Einsprengsel *n*; Einschluß *m*

enclav|ement [ãklavmã] *m* Einschluß *m*; Eingeschlossensein *n*; ~**er** *v/t* **1.** *fremdes Gebiet etc* einschließen; um-'schließen; **être enclavé dans** ce e-e Enklave bilden, sein in (+*dat*); **2.** *par ext* einpassen, -fügen

enclenche [ãklãʃ] *f tech* Ringnut *f*

enclenchement [ãklãʃmã] *m* **1.** *tech* Einrücken *n*, -ung *f*; Einklinken *n*; Einrasten *n*; Einschalten *n* (*des Antriebs*); **2.** *ch de fer von Weichen, Signalen* Verriegeln

---

n, -ung *f*; Verschließen *n*

enclencher [ãklãʃe] **I** *v/t* **1. a)** *tech* einklinken; *Maschinenteile* einrücken; Antrieb einschalten; **b)** *ch de fer Weiche, Signal* verriegeln; verschließen; **2.** *fig* in Gang bringen; **une fois l'affaire enclenchée** ... wenn die Sache einmal angelaufen, in Gang gekommen ist ...; **II** *v/pr* **s'**~ *tech* sich einhaken; einklinken; einrasten (*alle* **dans, sur** in + *acc*)

enclin [ãklɛ̃] *adj* ~ **à qc** zu etw neigend; mit e-m Hang zu etw; **être** ~ **à l'exagération** zu Über'treibungen neigen; e-n Hang, e-e Neigung zu Über'treibungen haben; **être** ~ **à pardonner qc** geneigt sein, willens sein, dazu neigen, etw zu verzeihen

encliquet|age [ãkliktaʒ] *m tech* Sperrwerk *n*; Gesperre *n*; Sperrgetriebe *n*; Sperrtrieb *m*; Ratsche *f*; ~ **à frottement** Reibungssperre *f*; ~**er** *v/i* ⟨-tt-⟩ *tech* einrasten, -schnappen, -greifen

enclise [ãkliz] *f ling* En'klise *f*

enclitique [ãklitik] *ling* **I** *adj* en'klitisch; **II** *m* En'klitikon *n*

enclore [ãklɔr] *v/t* ⟨*cf* clore⟩ *Grundstück* einzäunen; um'zäunen; einfried(ig)en; um'fried(ig)en

enclos [ãklo] *m* **1.** eingezäuntes, eingefriedetes Grundstück, Stück Land; *für Tiere* eingezäunte Weide; Koppel *f*; **2.** Einfried(ig)ung *f*; Um'fried(ig)ung *f*; Zaun *m*; Um'zäunung *f*

enclou|age [ãkluaʒ] *m chir* (Knochen-)Nagelung *f*; ~**er** *v/t* **1.** *chir Knochen* nageln; **2.** *hist mil Geschütz* vernageln

enclume [ãklym] *f tech* Amboß *m* (*auch anat*); *fig* **être, se trouver entre l'**~ **et le marteau** zwischen Hammer und Amboß geraten (sein)

encoche [ãkɔʃ] *f* **1.** Kerbe *f*; Ein-, Auskerbung *f*; Einschnitt *m* (*auch bei e-m Buch mit Daumenregister*); **2.** *tech* Raste *f*; Nut *f* (*auch élect*)

encocher [ãkɔʃe] *v/t* **1.** kerben; ein-, auskerben; e-e Kerbe machen in (+*acc*); **2.** ~ **une flèche** die (Bogen)Sehne in die Kerbe e-s Pfeils legen; e-n Pfeil auf den Bogen legen

encod|age [ãkɔdaʒ] *m Informatik* Ko-'dieren *n*, -ung *f*; ~**er** *v/t Informatik* ko'dieren; *linkspr auch* co'dieren; ~**eur** *m EDV* Ko'dierer *m*

encoignure [ãkɔɲyr, -kwa-] *f* **1.** *e-s Raumes* Ecke *f*; Winkel *m*; **2.** Eckmöbel *n*; Eckschrank *m*

encollage [ãkɔlaʒ] *m* **a)** Leimen *n*, -ung *f* (*auch Papierherstellung*); Gum'mieren *n*, -ung *f*; **b)** *text* Schlichten *n*

encoll|er [ãkɔle] *v/t* **a)** *bei der Papierherstellung, Buchrücken* leimen; *Briefumschläge etc* gum'mieren; mit Gummi-, Klebmasse bestreichen, über'ziehen; **b)** *text* schlichten; **c)** *Sperrholz etc* verleimen; ~**euse** *f* **a)** Leim-, Klebemaschine *f*; **b)** *text* Schlichtmaschine *f*

encolure [ãkɔlyr] *f* **1. a)** *bes bei Pferden* Hals *m*; ~ **de cerf, de cygne** Hirsch-, Schwanenhals *m*; **b)** *bei Pferderennen* Halslänge *f*; **gagner d'une** ~ mit e-r Halslänge Vorsprung gewinnen; **2.** *cout* **a)** Hals-, Kragenweite *f*; **b)** (Hals)Ausschnitt *m*

encombrant [ãkõbrã] *adj* **1.** *Pakete, Gepäck* sperrig; unhandlich; *Möbel* sperrig; platzraubend; **peu** ~ handlich; **marchandises** ~**es** Sperrgut *n*; sperrige Güter *n/pl*; **2.** *fig Person, Anwesenheit* störend; lästig; *Vergangenheit* belastend

encombre [ãkõbr(ə)] *loc/adv* **sans** ~ unbehindert; glatt; ohne Zwischenfälle; Schwierigkeiten

encombrement [ãkõbrəmã] *m* **1.** Verkehrsstauung *f*, -stockung *f*, -gewühl *n*, -getriebe *n*; (Menschen)Gewühl *n*; Ge-

dränge n; **2.** fig von Waren, Arbeitskräften etc 'Überangebot n; e-s Berufes Über'füllung f; ~ du marché Marktüberfüllung f, -schwemme f; **3.** tech e-r Maschine, e-s Fahrzeugs etc Abmessungen f/pl; **4.** path der Nasenhöhle Verstopfung f

encombrer [ãkõbre] **I** v/t **1.** Durchgang, Straße, Flur versperren; Straße auch verstopfen; Tisch mit Büchern, Zeitschriften etc über'häufen; des livres encombraient le bureau der Schreibtisch war mit Büchern überhäuft; Bücher nahmen den ganzen Schreibtisch ein, nahmen allen Platz auf dem Schreibtisch weg; ~ le passage auch im Weg sein, stehen; adit rue encombrée verstopfte Straße; **2.** par ext Waren den Markt etc über'füllen; trop de candidats encombrent cette profession der Beruf ist von Bewerbern über'laufen; adit profession encombrée über'laufener, über'füllter Beruf; **II** v/pr s'~ **3.** sich belasten (de qc, qn mit etw, j-m); s'~ de bagages auch sich mit Gepäck abschleppen; Gepäck her'umschleppen; **4.** fig sich belasten (de scrupules, etc mit Skrupeln etc); s'~ la mémoire de détails inutiles sein Gedächtnis mit unnötigen Einzelheiten belasten

encontre [ãkõtr(ə)] loc/prép à l'~ de a) im Gegensatz zu; entgegen (+dat); b) abus gegen (+acc); aller à l'~ de qc im Gegensatz zu etw stehen; e-r Sache (dat) zu'widerlaufen

encor [ãkɔr] adv poét cf encore

encorbellement [ãkɔrbɛlmã] m arch Auskragung f; 'Überhang m; Vorbau m; Vorsprung m; Ausladung f; Erker m; balcon m en ~ ausgekragter Balkon; maison f en ~ Haus n mit vorspringenden Stockwerken; poutre f en ~ Kragträger m; être en ~ aus-, vorkragen; vorspringen; mettre en ~ auskragen; her'vorragen lassen

encord|ement [ãkɔrdəmã] m Bergsteigen Anseilen n; ~er v/pr s'~ sich anseilen

encore [ãkɔr] **I** adv **1.** zeitlich noch; immer noch; êtes-vous prêt? – pas ~! ... noch nicht!; c'est ~ l'hiver es ist (immer) noch Winter; ce n'est ~ qu'un enfant er ist doch noch ein Kind; on en parlera ~ dans dix ans man wird noch in zehn Jahren davon sprechen; on en rit ~ man lacht noch heute od heute noch darüber; je ne l'avais ~ jamais vu ich hatte ihn noch nie gesehen; **2.** wieder; nochmals; F nochmal; int ~! schon wieder!; ~ vous? Sie sind's schon wieder, nochmal?; ~ une fois cf fois a); qu'est-ce qui se passe ~? was ist denn jetzt wieder los?; was gibt's denn jetzt wieder?; prenez ~ du gâteau! nehmen Sie doch noch Kuchen!; vous vous êtes ~ trompé Sie haben sich (schon) wieder, nochmal(s) getäuscht; **3.** verstärkend a) vor Komparativ noch; parlez ~ plus bas sprechen Sie noch leiser; b) noch; über'dies; obendrein; non seulement ... mais ~ ... nicht nur ... sondern auch, über'dies, obendrein, außerdem (auch) noch ...; il nous met en retard, et ~, c'est lui qui rouspète ... und dann meckert er auch noch; **4.** einschränkend a) si ~, ~ si ... wenn wenigstens ...; si ~ il s'était excusé! wenn er sich wenigstens entschuldigt hätte!; b) on vous en donnera tout juste cent francs, et ~! ... höchstens!; ... und vielleicht (noch) nicht mal da, so viel!; c) mit Inversion allerdings; freilich; ce n'est pas loin, ~ faut-il connaître le chemin ... man muß allerdings, freilich den Weg kennen; **5.** noch (mehr); noch da'zu; et puis quoi ~? (und) was denn noch alles?;

qu'est-ce qu'il y a ~? was gibt's denn jetzt noch?; cette coiffure accentue ~ son type diese Frisur unter'streicht noch ihren Typ; nous vous donnerons certains avantages – mais ~? ... (und) darf ich fragen welche?; **II** loc/conj litt ~ que (+subj) ob'schon; ob'gleich; ob'wohl

encorner [ãkɔrne] v/t auf die Hörner nehmen, spießen; mit den Hörnern verletzen, verwunden

encornet [ãkɔrnɛ] m zo Gemeiner Kalmar; Lo'ligo m

encourageant [ãkuraʒã] adj ermutigend; er-, aufmunternd

encouragement [ãkuraʒmã] m **1.** Ermutigung f; Er-, Aufmunterung f; Zuspruch m; cris m/pl d'~ aufmunternde Rufe m/pl; parole f d'~ Wort n der Ermutigung; aufmunterndes Wort; **2.** von Projekten, Talenten etc Förderung f; Unter'stützung f; société f d'~ de ... Verein m, Gesellschaft f zur Förderung (+gén); Projekt etc mériter des ~s förderungswürdig sein

encourager [ãkuraʒe] v/t <-geons> **1.** ~ qn j-n ermutigen; j-m Mut machen, zusprechen; Truppen, sports j-n anfeuern; ~ qn à (faire) qc j-n zu etw ermutigen, ermuntern, auffordern; j-n zu etw zureden, Mut machen; j-n in etw (dat) bestärken, unter'stützen; zu Negativem j-n zu etw verleiten, aufstacheln; ~ qn à partir j-m zureden zu gehen; ~ qn à persévérer j-n darin bestärken auszuharren; ~ qn dans ses mauvaises habitudes j-n in s-n schlechten Gewohnheiten (noch) bestärken; ~ qn d'un clin d'œil j-m ermutigend, aufmunternd zuzwinkern; **2.** Künstler, Talente, Industrie, Handel, Projekt etc fördern; unter'stützen; Wirtschaft, Produktion auch ankurbeln; anregen

encourir [ãkurir] v/t <cf courir> ~ qc mit etw rechnen müssen; etw zu gewärtigen haben; sich e-r Sache (dat) aussetzen; Tadel, Strafe auch sich etw zuziehen (auch j-s Zorn); ~ la critique, des reproches sich der Kritik, Vorwürfen aussetzen; ~ la disgrâce de qn sich j-s Ungnade zuziehen; sich j-s Gunst verscherzen; ~ une peine auch sich strafbar machen

en-cours [ãkur] m comm Ob'ligo n; Wechselverbindlichkeiten f/pl

encrage [ãkraʒ] m impr **1.** Einfärben n; Schwärzen n; **2.** Farbwerk n; Farbwalzen f/pl

encrassement [ãkrasmã] m Verschmutzung f; Verunreinigung f; durch Ruß Verrußen n

encrasser [ãkrase] **I** v/t verschmutzen; dreckig, schmutzig machen; verunreinigen; F verdrecken; adit: encrassé Zündkerze verrußt; Kamin encrassé (par la suie) verrußt; **II** v/pr s'~ Motor, Kolben, Waffe verschmutzen; dreckig, schmutzig werden; F verdrecken; Zündkerze

encre [ãkr(ə)] f **1.** Tinte f; ~ bleue, noire, rouge blaue, schwarze, rote Tinte; ~ à stylo Füllfeder-, Füllhaltertinte f; Schreibtinte f; ~ à tampon Stempelfarbe f; crayon m (à) ~ Tinten-, Ko'pierstift m; gomme f à ~ Tintenradiergummi m, F -radierer m; écrire à l'~ mit Tinte schreiben; fig cette affaire a fait couler beaucoup, des flots d'~ darüber ist (schon) viel Tinte versprützt worden, geflossen; darüber ist (schon) viel geschrieben worden; das wurde in der Presse ausführlich behandelt; die Zeitungen waren voll davon; fig il faisait une nuit d'~ es war e-e rabenschwarze, pechschwarze Nacht; **2.** impr

~ d'imprimerie Druckerschwärze f; Druck(er)farbe f; **3.** ~ de Chine Tusche f; ~ autographique od à report litho'graphische Tusche; **4.** bot ~ du châtaignier Tintenkrankheit f

encr|er [ãkre] **I** v/t impr einfärben; schwärzen; Druckerschwärze auftragen auf (+acc); **II** v/i Lettern, Typen Farbe annehmen; ~eur adi <nur m> impr rouleau ~ Farbzylinder m; Auftragwalze f; tampon ~ Stempelkissen n; ~ier m **1.** Tintenfaß n; **2.** impr Farbkasten m; Tiefdruck Farbtrog m

encrine [ãkrin] m od f zo Seelilie f; Haarstern m; fossil auch En'crinus m

encroût|é [ãkrute] adi **1.** krustig; verkrustet; mit e-r Kruste bedeckt; **2.** fig être (complètement) ~ (völlig) verknöchert, verkalkt, stumpfsinnig sein; être ~ dans ses préjugés in s-n Vorurteilen festgefahren sein; ~ement m **1.** Verkrustung f; **2.** fig Verknöcherung f; Verkalkung f; Festgefahrensein n (dans in + dat)

encroûter [ãkrute] **I** v/t **1.** mit e-r Kruste, Schicht über'ziehen; sich festsetzen, e-e Kruste bilden auf (+dat); **2.** fig verdummen; gleichgültig, stumpfsinnig machen; **3.** bât Wand verputzen; mit Mörtel bewerfen; **II** v/pr s'~ fig abstumpfen; träge, gleichgültig werden; festgefahren sein (dans in + dat)

enculeur [ãkylœr] m P ~ de mouches P Ko'rinthenkacker m

encuver [ãkyve] v/t bes Weinernte in Bottiche, Bütten, Kufen füllen

encyclique [ãsiklik] f égl cath En'zyklika f

encyclopéd|ie [ãsiklɔpedi] f **1.** Enzyklopä'die f; Konversati'onslexikon n; e-s bestimmten Gebietes Re'alenzyklopädie f, -lexikon n; Sachwörterbuch n; auch Handbuch n; l'²E die große französische Enzyklopädie von Diderot und d'Alembert; fig von e-r Person c'est une ~ vivante er, sie ist ein wandelndes (Konversations)Lexikon, F ein gelehrtes Haus; **2.** zu e-m Stichwort in e-m Nachschlagewerk enzyklo'pädischer Teil; ausführliche Erläuterungen f/pl; ~ique adi enzyklo'pädisch; dictionnaire m ~ Lexikon n; Enzyklopä'die f; partie f ~ cf encyclopédie **2.**; par ext avoir des connaissances ~s ein enzyklopädisches, um'fassendes Wissen haben; ~iste **1.** im 18. Jh les ~s die Enzyklopä'disten m/pl; **2.** Mitarbeiter an e-r Enzyklopädie Enzyklo'pädiker m

endartère [ãdartɛr] f anat sc Endar'terium n

endém|ie [ãdemi] f méd Ende'mie f; ~ique adi **1.** méd en'demisch; maladie f ~ endemische Krankheit; **2.** fig ständig; dauernd; chômage m ~ ständige Arbeitslosigkeit; **3.** biol, bot en'demisch; einheimisch; ~isme m biol, bot Ende'mismus m

endenter [ãdãte] v/t tech a) mit Zähnen, Zacken versehen; b) Holz verzahnen

endettement [ãdɛtmã] m Verschuldung f

endetter [ãdete] **I** v/t meist adit endetté verschuldet (de dix mille francs mit zehntausend Franc); **II** v/pr s'~ in Schulden geraten; Schulden machen

endeuiller [ãdœje] v/t Trauer auslösen, her'vorrufen (la famille bei der Familie; tout le pays im ganzen Land); in Trauer versetzen, hüllen; Veranstaltung etc être endeuillé par qc über'schattet sein od werden von etw

endiablé [ãdjable] adi **1.** enfant ~ kleiner Teufel; Wildfang m; **2.** Rennen wild; F verteufelt schnell; Rhythmus wild; toll; leidenschaftlich

endiguement [ãdigmã] *m e-s Flusses etc* Eindämmen *n*, -ung *f*; Eindeichen *n*, -ung *f* (*auch von Land*)

endiguer [ãdige] *v/t* **1.** *Fluß etc* eindämmen; zu'rückdämmen; eindeichen; *Land* eindeichen; **2.** *fig Fortschritt etc* hemmen; aufhalten; *Revolution, Verbreitung e-r Lehre etc* in Grenzen halten; eindämmen; beschränken; *Demonstranten* aufhalten; zu'rückdrängen

endimanch|é [ãdimãʃe] *adj* festlich, sonntäglich gekleidet; im (in) Sonntagskleid(ern); im Sonntagsstaat; **avoir l'air** ~ feiertäglich, sonntäglich wirken; **être** ~ *auch* s-e Sonntagskleider anhaben; F in vollem Wichs sein; **~er** *v/pr* s'~ sein (s-e) Sonntagskleid(er), s-n Sonntagsanzug anziehen; sich festlich kleiden

endive [ãdiv] *f bot, cuis* Chicorée *f*; F *fig* **être blanc comme une** ~ kreideweiß, -bleich, weiß wie e-e Wand sein

endivisionner [ãdivizjɔne] *v/t mil* in Divisi'onen einteilen, grup'pieren

endocard|e [ãdɔkard] *m anat* Endo-'kard *n*; **~ite** *f* Endokar'ditis *f*

endocarpe [ãdɔkarp] *m bot* Endo'karp *n*; innere Schicht der Fruchtwand

endocrin|e [ãdɔkrin] *adj* ⟨*nur f*⟩ *physiol* **glandes** *f/pl* **~s** endo'krine, innersekretorische Drüsen *f/pl*; **~ien** *adj* ⟨**~ne**⟩ endo'krin; der innersekretorischen Drüsen

endocrinologie [ãdɔkrinɔlɔʒi] *f méd* Endokrinolo'gie *f*

endoctrin|ement [ãdɔktrinmã] *m* Indoktri'nierung *f*; Indoktrinati'on *f*; ideo'logische Beeinflussung; **~er** *v/t Jugend, Masse etc* indoktri'nieren; ideo'logisch beeinflussen

endo|derme [ãdɔdɛrm] *m* **1.** *bot* Endo-'dermis *f*; **2.** *biol* Ento'derm *n*; **~gamie** [-gami] *f Soziologie* Endoga'mie *f*; **~gène** *adj bot, physiol, géol* endo'gen; *géol auch* innenbürtig; *path* **intoxication** *f* ~ endogene Vergiftung

endolor|i [ãdɔlɔri] *adj* **1.** schmerzend; **j'ai le bras** ~ der Arm tut mir weh; ich habe Schmerzen im Arm; **2.** *fig u litt* schmerzlich betrübt; **~issement** *m* Schmerzen *f*

endo|mètre [ãdɔmɛtr(ə)] *m anat* Endo-'metrium *n*; Gebärmutterschleimhaut *f*; **~métrite** *f path* Endome'tritis *f*

endommagement [ãdɔmaʒmã] *m* Beschädigen *n*, -ung *f*

endommager [ãdɔmaʒe] *v/t* ⟨-geons⟩ *Fahrzeug, Dach etc* beschädigen; *fig Ruf* schädigen; schaden (+*dat*); *Hagel etc* ~ **les récoltes** der Ernte schaden

endo|parasite [ãdɔparazit] *m biol* Endo-, Entopara'sit *m*; Innen-, Binnenschmarotzer *m*; Ento'zoon *n*; **~plasme** [-plasm(ə)] *m biol* Endo- *od* Ento'plasma *n*

endormant [ãdɔrmã] *adj Worte, Geräusch* einschläfernd; *par ext Rede, Buch, Redner* zum Einschlafen langweilig

endormi [ãdɔrmi] **I** *adj* **1.** *Person, Tier* schlafend; **être encore tout** ~ noch ganz schlaftrunken, schläfrig, verschlafen sein; **être à moitié** ~ fast, (schon) halb schlafen; halb eingeschlafen sein; **2.** *fig Person* verschlafen; schläfrig; lahm; träge; F schlafmützig; *Geist, Verstand* träge; **il est toujours** ~ er schläft ständig; **II** *subst* F **~(e)** *m(f)* F Schlafmütze *f*

endormir [ãdɔrmir] ⟨*cf partir*⟩ **I** *v/t* **1.** *Kinder* einschläfern; zum Schlafen bringen; *auch* einlullen; ~ **un enfant** (**en le berçant, en lui chantant une chanson**) ein Kind in den Schlaf wiegen, singen; *Hitze, Getränk etc* ~ **qn** j-n müde, schläfrig machen; auf j-n ein-

schläfernd wirken; *Geräusche, Musik auch* j-n einschläfern; **2.** *Kranke* betäuben; e-e Nar'kose geben (**qn** j-m); **on m'a endormi** ich habe e-e Narkose bekommen; ich bin betäubt worden; **3.** *fig Buch, Film etc* ~ **qn** auf j-n einschläfernd wirken, e-e einschläfernde Wirkung haben; **ce livre, ce film m'endort** *auch* bei diesem Buch, Film schlafe ich ein; **4.** *j-s Mißtrauen, Vorsicht, Verdacht etc* einschläfern; einlullen; *j-s Skrupel* zum Schweigen bringen; **II** *v/pr* s'~ **5.** einschlafen; in Schlaf versinken (*auch litt Natur, Stadt*); *Kinder auch* einschlummern; s'~ **au volant** am Steuer einschlafen; s'~ **d'un sommeil lourd** in e-n schweren Schlaf fallen, sinken; **avant de** s'~ vor dem Einschlafen; **6.** *fig*: F **ce n'est pas le moment de** s'~! das ist nicht der richtige Augenblick, um zu schlafen!; s'~ **sur une affaire** in e-r Sache nichts unter'nehmen; s'~ **sur ses lauriers, ses succès** (sich) auf s-n Lorbeeren, s-n Erfolgen ausruhen; s'~ **sur son travail** über s-r Arbeit einschlafen; träge, nachlässig werden; **7.** *st/s* (*mourir*) s'~ **de son, du dernier sommeil** *st/s* entschlafen; s'~ **paisiblement** sanft entschlafen; F **hin'überschlummern**; *rel* s'~ **dans le Seigneur im Herrn entschlafen

endormissement [ãdɔrmismã] *m psych* Einschlafen *n*

endos [ãdo] *m fin* Indossa'ment *n*; Über'tragungsvermerk *m*; Giro ['ʒ-] *n*; In'dosso *n*; **commission** *f* **d'**~ Indossamentprovision *f*

endoscop|e [ãdɔskɔp] *m méd* Endo-'skop *n*; **~ie** *f méd* Endosko'pie *f*

endosmose [ãdɔsmoz] *f phys* Endos-'mose *f*; Katapho'rese *f*

endossable [ãdosabl(ə)] *adj fin* indos-'sierbar; indos'sabel; über'tragbar; gi'rierbar [ʒ-]

endoss|ataire [ãdosatɛr] *m fin* Indos-'sat *m*; Indossa'tar *m*; Gi'rat [ʒ-] *m*; Gira'tar [ʒ-] *m*; **~ement** *m fin* Indossa'ment *n*; Indos'sierung *f*; Giro [ʒ-] *n*; Über'tragungsvermerk *m*; In'dosso *n*; **en blanc** Blankoindossament *n*, -giro *n*

endosser [ãdose] *v/t* **1.** *Kleid, Mantel, Uniform etc* anziehen; anlegen; über'ziehen; *fig* ~ **la soutane** Geistlicher werden; **2.** *fig* ~ **qc** etw auf sich nehmen, auf s-e Kappe nehmen; für etw einstehen, geradestehen; **faire** ~ **qc à qn** j-n für etw einstehen, geradestehen lassen; j-n für etw büßen lassen; j-m etw aufbürden, F aufhalsen; **3.** *fin Orderpapiere* indos'sieren; gi'rieren [ʒ-]; durch Indossa'ment über'tragen; **4.** *Buchbinderei* ~ **un livre** e-n Buchblock runden, ausbiegen

endoss|eur [ãdosœr] *m fin* Indos'sant *m*; Gi'rant [ʒ-] *m*; **~ure** *f Buchbinderei* Runden *n* e-s Buchblocks

endo|thélium [ãdoteljɔm] *m anat* Endo'thel(ium) *n*; **~thermique** *adj chim* endo'therm; **~toxine** *f physiol* Endoto'xin *n*

endroit [ãdrwa] *m* **1.** Stelle *f* (*auch in e-m Buch, am Körper etc*); Ort *m*; Platz *m*; *par ext* Ortschaft *f*; Gegend *f*; **~ pittoresque** malerischer Ort; malerisches Plätzchen; **les paysans de l'**~ die hiesigen *bzw* dortigen Bauern; die Bauern (in) dieser Gegend; *loc/adv*: **à l'**~ **où** an der Stelle, wo; **à quel** ~ **?** an welcher Stelle?; *rire* **au bon** ~ an der richtigen Stelle ...; *par* ~**s** stellenweise; an manchen, einigen Stellen; *loc/prep* **st/s à** ~ **de qn** j-m gegenüber; *son attitude* **à mon** ~ s-e Haltung mir gegenüber; *fig* **toucher qn à l'**~ **sensible** bei j-m den empfindlichen Punkt treffen; j-n an s-r schwachen,

empfindlichen Stelle treffen; **2.** *e-s Stoffes, Teppichs* rechte Seite; Oberseite *f*; *e-s Bildes* Vorderseite *f*; *loc/adv* **à l'**~ auf der rechten Seite; rechts; **mettre sa chemise à l'**~ sein Hemd auf die rechte Seite, nach rechts drehen; **poser un livre à l'**~ ein Buch richtig, mit dem Titel nach oben hinlegen

endromis [ãdrɔmis] *m zo* Birkenspinner *m*

enduire [ãdɥir] ⟨*cf conduire*⟩ **I** *v/t* bestreichen, über'streichen (**qc de qc** etw mit etw); e-e Schicht aufbringen, auftragen auf (+*acc*); *bât Mauer* bewerfen, verputzen (**de ciment**, *etc* mit Zement *etc*); *cuis* ~ **de beurre** mit Butter bestreichen; ~ **de crème** eincremen; ~ **de graisse** *auch* (ein)schmieren; (ein)fetten; ~ **un tableau de vernis** Firnis auftragen auf ein Bild; ein Bild mit Lack über'ziehen; **II** *v/pr* s'~ (**le corps, la peau**) **de qc** sich (den Körper, die Haut) mit etw einreiben

enduit [ãdɥi] *m* **1.** *bât* Putz *m*; Verputz *m*; Mauerbewurf *m*; Anstrich *m*; *Tiefbau* ~ **superficiel** Streudecke *f*; ~ **à la, de chaux** Kalkputz *m*; **2.** Schicht *f*; Belag *m* (*auch path*); 'Überzug *m*

endurable [ãdɥrabl(ə)] *adj* erträglich

endur|ance [ãdɥrãs] *f* Ausdauer *f* (*auch sports*); 'Widerstandskraft *f*; 'Widerstandsfähigkeit *f*; Zähigkeit *f*; 'Durchhaltevermögen *n*; ~ **à la douleur** Fähigkeit *f*, Schmerz(en) zu ertragen; *Autosport* **épreuve** *f* **d'**~ Zuverlässigkeitsfahrt *f*; **~ant** *adj* ausdauernd; zäh; 'widerstandsfähig

endurci [ãdɥrsi] *adj* **1.** körperlich abgehärtet; gestählt; ~ **à la fatigue** gegen Strapazen abgehärtet; an Strapazen gewöhnt; **2.** *fig Herz* verhärtet; *Sünder* verstockt; *Junggeselle* eingefleischt; *criminel* ~ abgebrühter, hartgesottener Verbrecher; *auch* Gewohnheitsverbrecher *m*; **égoïste** ~ krasser, alter Egoist

endurcir [ãdɥrsir] **I** *v/t* **1.** *Klima etc* ~ **qn** j-n abhärten, 'widerstandsfähig, unempfindlich machen (**à, contre qc** gegen etw); ~ **son corps** s-n Körper abhärten, stählen; **2.** *fig Beruf etc* ~ **qn** j-n hart, abgebrüht machen; *auch* j-n abstumpfen; *abs* **la misère endurcit** (das) Elend macht hart *bzw* stumpft ab; ~ **son cœur** sein Herz verhärten; **II** *v/pr* s'~ **3.** sich abhärten, sich 'widerstandsfähig machen (**au froid**, *etc* gegen Kälte *etc*); sich gewöhnen (**an** + *acc*); *abs auch* sich an Stra'pazen gewöhnen; s-n Körper abhärten, stählen; **4.** *fig* hart *od* gleichgültig werden, abstumpfen (**à la misère** gegenüber dem Elend)

endurcissement [ãdɥrsismã] *m* **1.** Abhärten *n*, -ung *f* (**à la douleur, à la fatigue** gegen den Schmerz, gegen Strapazen); **2.** *fig* **a)** (**au malheur**) Abstumpfen *n* (gegen das Unglück); **b)** (**du cœur**) Verhärtung *f*, Verstocktheit *f* (des Herzens)

endurer [ãdɥre] *v/t Hunger, Kälte, Leiden etc* ertragen; *Strapazen, Schmerzen, Lärm, Kälte auch* aushalten; *Entbehrungen, Strapazen* auf sich nehmen; *Beleidigungen, Schläge auch* einstecken; hinnehmen; sich gefallen lassen; *Leiden, Martyrium auch* erdulden; **il endure tout de son fils** er läßt s-m Sohn alles durchgehen

endymion [ãdimjõ] *m bot* Wilde Hya-'zinthe

énergét|ique [enɛrʒetik] **I** *adj* **a)** ener-'getisch; Ener'gie...; **ressources** *f/pl* ~**s** Energiequellen *f/pl* (*e-s Landes*); **b)** *physiol* **valeur** *f* ~ Nährwert *m*; **II** *f phys, philos* Ener'getik *f*; **~isme** *m philos*

Energe'tismus *m*

énergie [enɛrʒi] *f* **1.** *phys* Ener'gie *f*; ~ atomique, nucléaire A'tom-, Kernenergie *f*, -kraft *f*; ~ chimique chemische Energie; ~ électrique elektrische Energie; ~ géothermique geothermische Energie; ~ hydraulique Wasserkraft *f*; ~ primaire Pri'märenergie *f*; ~ solaire Sonnenenergie *f*; ~ thermique Wärmeenergie *f*; thermische Energie; source *f* d'~ Energiequelle *f*; ~ transport *m* de l'~ Energieübertragung *f*, -transport *m*; **2.** *e-s Menschen* Ener'gie *f* (*auch philos*) ~ plein d'~ energiegeladen, voll Energie sein; être sans ~ energielos, ohne Energie sein; manquer d'~ Mangel an Energie zeigen; keine Energie haben; ~ protester avec ~ energisch, nachdrücklich, mit Nachdruck protestieren

énergique [enɛrʒik] *adj Person* e'nergisch; tatkräftig; entschlossen; *Gesicht, Vorgehen, Widerstand etc* e'nergisch; *Protest, Aufforderung auch* nachdrücklich; *Händedruck auch* kraftvoll; kräftig; *Stil* kraftvoll; *Medikament* wirksam, drastisch; **prendre une décision ~** rasch e-e klare Entscheidung treffen; **prendre des mesures ~s** energische Maßnahmen ergreifen; energisch 'durchgreifen

énergumène [enɛrgymɛn] *m* Rasende(r) *m*; verrückter Kerl; Irre(r) *m*; Wahnsinnige(r) *m*; *auch* Fa'natiker *m*

énerv|ant [enɛrvɑ̃] *adj* entnervend; nervenaufreibend; zermürbend; **manie** ~e Manie, die auf die Nerven geht *od* ner'vös macht; **ce qu'il peut être ~!** er, F der kann einen auf die Nerven gehen! ~**ation** *f* **1.** *chir* Ener'vierung *f*; Dener'vierung *f*; Enervati'on *f*; **2.** *beim Schlachten* Nicken *n*; Genickstich *m*

énervé [enɛrve] *adj* aufgeregt; ner'vös; erregt

énervement [enɛrvəmɑ̃] *m* Erregung *f*; Erregtheit *f*; Aufregung *f*; Nervosi'tät *f*

énerver [enɛrve] **I** *v/t* **1.** *Wartezeit, Geräusch etc* ~ qn j-n ner'vös, F wahnsinnig machen; j-m auf die Nerven gehen; j-n entnerven (*auch litt im Sinne von ,,schwächen*“); F j-m den Nerv töten; *Wartezeit auch* j-n zermürben; **2.** *chir* ener'vieren; **II** *v/pr* s'~ **3.** sich aufserregen; ner'vös werden; **4.** F sich beeilen, sputen; **II** F aufdrehen

enfaît|eau [ɑ̃fɛto] *m* ⟨*pl* ~x⟩ *bât* Firstziegel *m*; ~**ement** *m* *bât* First-, Gratblech *n*; ~**er** *v/t bât* den First eindecken (**un toit e-s Daches**)

enfance [ɑ̃fɑ̃s] *f* **1.** Kindheit *f*; Kinderzeit *f*; Kinderjahre *n/pl*; Kinderalter *n*; **petite** ~ frühe Kindheit; frühes Kindesalter; **souvenirs** *m/pl* **d'~** Kindheitserinnerungen *f/pl*; **dans mon** ~ in, während meiner Kindheit; **dès l'~** von Klein an *od* auf; von Kindheit an; von klein auf; von Kindesbeinen an; **avoir eu une** ~ **heureuse** e-e glückliche Kindheit gehabt haben; *Greis* **retomber en** ~ (wieder) kindisch werden; **être sorti de l'~** den Kinderschuhen entwachsen sein; **2.** *coll* Kinder *n/pl*; *jur* ~ **délinquante** straffällige Jugend *f*, Jugendliche *m/pl*; **protection** *f* **de l'~** Kinder-, Jugendschutz *m*; **3.** *fig* Anfänge *m/pl*; **être encore dans l'~** noch in den Kinderschuhen stecken; noch in der Entwicklung begriffen sein; am Beginn stehen; F **c'est l'~ de l'art** das ist kinderleicht; das gehört zu den einfachsten Dingen; *auch* F das sind kleine Fische

enfant [ɑ̃fɑ̃] **I** *m* **1.** Kind *n*; ♦ ~ **adoptif** Adop'tivkind *n*; *path* ~ **bleu** Blue baby [blu: 'beːbi] *n*; *jur* ~ **conçu** Leibesfrucht

f; ~ **espiègle** Schelm *m*; ~ **insupportable** unausstehliches Kind; ~ **mâle** Kind männlichen Geschlechts; männlicher Nachkomme, Erbe; **petit** ~ kleines Kind; Klein(st)kind *n*; Kindchen *n*; *bibl* **laissez venir à moi les petits ~s** lasset die Kindlein zu mir kommen; ♦ ~ **au biberon, au sein** Flaschen-, Brustkind *n*; ~**s à charge** Kinder, für deren 'Unterhalt man aufkommen muß; 'unterhaltsberechtigte Kinder; ~ **en nourrice** Pflegekind *n*; **jardin** *m* **d'~s** Kindergarten *m*; **lit** *m* **d'~** Kinderbett *n*; *jur* **juge** *m*, **tribunal** *m* **pour** ~ Jugendrichter *m*, -gericht *n*; **couple** *m* **sans ~s** kinderloses Ehepaar; ♦ *Anrede*: **alors, les ~, vous êtes prêts?** seid ihr fertig, Kinder?; **mon** ~ mein Kind; **mes chers ~s** meine lieben Kinder; ♦ **abandonner un** ~ ein Kind aussetzen; F *fig von Erwachsenen* **les ~s s'amusent!** wie die Kinder!; **attendre un** ~ ein Kind erwarten; F **il n'y a plus d'~s!** diese Jugend!; **elle va avoir un** ~ sie bekommt; **il a** **krieg** ein Kind; *fig* **c'est un (grand)** ~ er *bzw* sie ist ein (großes) Kind, *péj* ein (großer) Kindskopf; F **faire un** ~ **à une femme** F e-r Frau ein Kind machen; *péj* **faire des** ~s Kinder in die Welt setzen; *fig* **faire comme l'~** sich wie ein Kind, kindisch, albern aufführen, anstellen, gebärden; **ne fais pas l'~!** sei nicht kindisch!; **mettre un** ~ **au monde de** ein Kind zur Welt bringen; **prendre qn pour un** ~ j-n für naiv halten; **traiter qn comme l'~ de la maison** j-n wie s(e)in eigenes Kind behandeln; **traiter qn en** ~ j-n wie ein Kind behandeln; **2.** *st/s e-s Landes etc* Sohn *m* *bzw* Tochter *f*; **un** ~ **du Midi** Südfranzose *m*, -französin *f*; **3.** *hist* ~**s** *pl* **de France** Enfants de France *pl*; Kinder *n/pl* und Enkelkinder *n/pl* der französischen Könige; **II** *f* kleines, junges Mädchen; **une** ~ **affectueuse, charmante, malheureuse** ein zärtliches, reizendes, unglückliches kleines Mädchen, Kind; **ma chère** ~! mein liebes Kind!; **pauvre** ~! arme Kleine!; ~ **de Marie** a) *égl cath* (junges) Mädchen, das Mitglied e-r Marianischen Jungfrauenkongregation ist; b) *fig* Unschuldslamm *n*; **III** *adit* **1. bon** ~ ⟨*inv*⟩ gutmütig; gutartig; **avoir l'air bon** ~ gutmütig aussehen; **être bon** ~ *auch* ein guter Kerl sein; **2. étant** ~ *od* **tout** ~ Lorsque j'étais ~ als ich ein Kind war; als ich klein war; in meiner Kindheit, Kinderzeit

enfant|ement [ɑ̃fɑ̃tmɑ̃] *m* **1.** *litt* (*accouchement*) Geburt *f*; Gebären *n*; *litt* Niederkunft *f*; **2.** *fig* Geburt *f*; Entstehung *f*; Schöpfung *f*; Her'vorbringen *n*; ~**er** *v/t* *u* *v/i* **1.** (*accoucher*) gebären; *litt* niederkommen; *bibl* **tu enfanteras dans la douleur** unter Mühen, Schmerzen sollst du Kinder gebären; **2.** *fig* gebären; her'vorbringen; (er)zeugen

enfantillage [ɑ̃fɑ̃tijaʒ] *m* Kinde'rei *f*; Albe'rei *f*; ~s *pl auch* kindisches, albernes Zeug

enfantin [ɑ̃fɑ̃tɛ̃] *adj* **1.** kindlich; Kinder...; kindhaft; **âme** ~e kindliches Gemüt; **chanson** ~e Kinderlied *n*; **classe** ~e *in Frankreich* Vorschulklasse *f* (*für Vier- bis Sechsjährige an e-r Volksschule*); **langage** ~ Kindersprache *f*; **logique** ~e kindliche Logik; **visage** ~ Kindergesicht *n*; kindliches Gesicht; **2.** *Problem etc* kinderleicht; **c'est d'une**

f; ~ **simplicité** ~e das ist kinderleicht; **3.** *péj* *Bemerkung, Überlegung etc* kindisch

enfant-loup [ɑ̃falu] *m* ⟨*pl* **enfants-loups**⟩ Wolfskind *n*

enfariné [ɑ̃farine] *adj* *thé* Gesicht des *Pierrot* (weiß)gepudert; F *fig* **arriver, P se pointer le bec** ~, **la gueule** ~**e ohne Grund, naiv** siegessicher, siegesgewiß ankommen, auftreten, F aufkreuzen

enfer [ɑ̃fɛr] *m* **1.** *rel u fig* Hölle *f*; *litt Fluch* ~ **et damnation!** Tod und Teufel!; hol's der Teufel!; **crainte** *f* **de l'~** Furcht *f*, Angst *f* vor der Hölle; *fig* **feu** *m* **d'~** Höllenfeuer *n*; **tourments** *m/pl* **de l'~** Höllenpein *f*, -qualen *f/pl*; **en** ~ in der Hölle; **aller en** ~ in die Hölle kommen; F **faire son** ~ **sur terre** die Hölle auf Erden haben; F *fig* **mener un, aller, rouler à un train d'~** mit e-m Höllentempo fahren, mit e-m höllischen Tempo fahren, (dahin)rasen; F ein Höllentempo draufhaben; *prov* **l'~ est pavé de bonnes intentions** der Weg zur Hölle ist mit guten Vorsätzen gepflastert (*prov*); **2.** *myth* ~**s** *pl* 'Unterwelt *f*; *Offenbach* **Orphée aux ~s** Orpheus in der Unterwelt; **3.** *e-r Bibliothek* Giftschrank *m*

enfermer [ɑ̃fɛrme] **I** *v/t* **1.** ~ **qn** j-n einschließen, einsperren (**dans une pièce** in ein Zimmer); ~ **qc** etw einschließen (**dans un bureau** in e-n Schreibtisch); etw wegschließen, verschließen; ~ **la volaille dans le poulailler** das Geflügel in den Stall sperren; **faire** ~ **qn** j-n in e-e (Heil-, Pflege)Anstalt bringen, sperren; F *abs* **il est bon à** ~! er gehört in e-e Anstalt, ins Irrenhaus; F **der ist reif fürs Irrenhaus; 2.** *sports* Gegner abdrängen; **II** *v/pr* s'~ **3.** sich einschließen; **4.** *fig* s'~ **dans le silence** sich in Schweigen hüllen; sich darüber ausschweigen

enferrer [ɑ̃fere] **I** *v/t* **1.** Gegner durch'bohren, -'stechen; **2.** *Angeln Köder* am Angelhaken befestigen; **II** *v/pr* s'~ **3.** sich in die Waffe s-s Gegners stürzen; **4.** *fig* sich (immer mehr) in 'Widersprüche verstricken, verwickeln; s'~ **dans ses mensonges** sich in s-m eigenen Lügengewebe verfangen

enfeu [ɑ̃fø] *m* ⟨*pl* ~x⟩ *arch* (*Art*) Bogennische *f*

enfiévrer [ɑ̃fjevre] ⟨-è-⟩ **I** *v/t* **1.** ~ **qn** Fieber auslösen, verursachen bei j-m; **2.** *fig* (leidenschaftlich) erregen, erhitzen; fiebern lassen; **II** *v/pr* s'~ sich erhitzen, erregen; sich begeistern, ereifern (**pour qc** für etw)

enfilade [ɑ̃filad] *f* **1.** lange, gerade Reihe, Linie; *von Häusern, Zimmern, Straßen, Sälen Flucht f; von Häusern auch* Zeile *f*; Aufein'anderfolge *f*; ~ **de colonnes** lange Säulenreihe, Reihe von Säulen; ~ **de maisons** Häuserflucht *f*, -zeile *f*; **en** ~ in e-r langen, geraden Reihe, Linie; **2.** *mil tir* ~ **m d'~** Längsbeschuß *m*, -feuer *n*, -bestreichung *f*; **prendre en** ~ in, unter Längsbeschuß nehmen; der Länge nach beschießen, bestreichen

enfile-aiguilles [ɑ̃fileguij] *m* ⟨*inv*⟩ *cout* Nadeleinfädler *m*

enfiler [ɑ̃file] **I** *v/t* **1.** *Perlen etc* auffädeln; auf-, anreihen; aufziehen; auf e-n Faden ziehen, reihen, fädeln; ~ **une aiguille** e-e Nadel, den Faden einfädeln; ~ **des anneaux sur une tringle** Ringe auf e-e Stange schieben; *fig* **ne pas être là pour** ~ **des perles** nicht da sein, um Händchen zu halten; **2.** *par ext* hin'einzwängen, -stecken (**dans** in + *acc*); **3.** *Kleidungsstücke* (sich) rasch 'überziehen, 'überstreifen; hin'einschlüpfen in (+*acc*); ~ **une jupe** *auch* rasch in e-n Rock schlüpfen, fahren; **II**

v/pr **s'~ 4.** F **a)** *Getränk, Glas Wasser etc* hin'unter-, F runterkippen, -gießen, -stürzen; *Mahlzeit etc* verschlingen; sich einverleiben; F verputzen; in sich hin'ein-, reinstopfen; **b) s'~ tout le chemin à pied** F den ganzen Weg tippeln (müssen); **s'~ tout le travail** (wohl oder übel) die ganze Arbeit allein machen; alles allein wegschaffen (müssen); **5. s'~ dans une rue** rasch in e-e Straße einbiegen

enfin [ãfẽ] *adv* **1. a)** endlich; schließlich; zu'letzt; **~!** endlich!; **~ seuls!** endlich allein!; **il a ~ fini par trouver un appartement** endlich, schließlich, zuletzt hat er doch noch e-e Wohnung gefunden; **b)** schließlich; *c'était à vous de décider,* **car ~, vous êtes son père!** ... schließlich sind Sie ja der, sein Vater!; **2.** kurz; kurz'um; kurz gesagt; mit einem Wort; *il y avait les oncles, les tantes, les cousins,* **~ toute la famille** ... kurz *etc,* die ganze Familie; **3.** nun (ja); sei es darum; F sei's drum; **~, s'il est heureux, c'est l'essentiel** nun ja. Hauptsache, er ist glücklich; **wenn er nur glücklich ist; ~, nous verrons** nun, wir werden ja sehen; nun ja, wir werden sehen; **4.** das heißt; *il n'a pas d'enfants,* **~, pas que je sache** ... wenigstens soviel ich weiß; *elle est rousse,* **~ presque rousse** ... das heißt, fast rothaarig

enflammé [ãflame] *adj* **1.** *Fackel, Holzscheit etc* brennend; *Holzscheit auch* glühend; **2.** *path* entzündet; **3.** *fig Rede etc* zündend; flammend; feurig; leidenschaftlich; mitreißend; *Blicke* feurig; glühend; flammend; **lettre ~e** glühender Liebesbrief

enflammer [ãflame] **I** *v/t* **1.** *Holzstoß, Papier, Gebäude etc* anzünden; in Brand setzen, stecken; anbrennen; anstecken; *Gebäude auch* in Flammen setzen; **2.** *path* **~ une blessure, la peau,** *etc* e-e Entzündung, Reizung verursachen, hervorrufen; **3.** *fig Blut* erhitzen; *Gesicht, Wangen* röten; **~ qn** *Redner etc* j-n hin-, mitreißen, begeistern; j-s Leidenschaft entzünden, entfachen; j-s Herz entflammen; *Leidenschaft, Haß* j-n durch'glühen; in j-m brennen, lodern; *st/s* **~ les cœurs** die Herzen entflammen; **la haine enflammait ses yeux** Haß flammte, loderte, glomm in s-n Augen; **II** *v/pr* **s'~ 4.** *Holz, Papier etc* sich entzünden; in Flammen aufgehen; in Brand geraten; Feuer fangen; **5.** *fig* in Feuer, Leidenschaft geraten; Feuer fangen; entflammen, sich begeistern (**pour qc** für etw); *Blick* feurig, leidenschaftlich werden; *st/s* **s'~ d'amour** in Liebe entflammen, entbrennen

enflé [ãfle] **I** *adj Füße, Hände, Augenlid etc* (an)geschwollen; dick; *Gesicht auch* aufgeschwollen; **avoir les pieds ~s** (an)geschwollene Füße haben; **II** F *m* Dummkopf *m;* F blöder Kerl; Trottel *m*

enfléch|er [ãfleʃe] *v/t* <-è-> *mar* ausweben; **~ure** *f mar* Webeleine *f*

enfler [ãfle] **I** *v/t Füße, Hände etc, fig Stimme* anschwellen lassen; **II** *v/i* <*Vorgang* avoir, *Ergebnis* être> (an)schwellen; dick werden; *Beule, Gesicht auch* aufschwellen; auflaufen; **III** *v/pr* **s'~** *Stimme* anschwellen; stärker, lauter werden

enfleurage [ãflœraʒ] *m Parfümherstellung* Enfleu'rage *f*

enflure [ãflyr] *f* Schwellung *f;* An-, Aufschwellung *f*

enfoncement [ãfõsmã] *m* **1.** *e-s Nagels* Einschlagen *n; e-s Pfahls* Einrammen *n;* **2.** *e-r Tür, Mauer etc* Eindrücken *n;* Einstoßen *n;* Durch'stoßen *n; mil*

'Durch-, Einbruch *m;* **3.** *cf* renfoncement 1.; **4.** *bât* Tiefe *f* der Funda'mente; Funda'menttiefe *f;* **5.** *mar* Eintauchtiefe *f;* **6.** *chir* Impressi'onsfraktur *f*

enfoncer [ãfõse] <-ç-> **I** *v/t* **1.** *Nagel etc* (hin')einschlagen, -treiben, -klopfen; *Schraube* versenken; hin'eindrehen; *Reißzwecke* hin'eindrücken; *Flaschenkorken* hin'eindrücken, -stoßen; *Pfahl* einrammen; (hin')eintreiben; *Nadel* (hin')einstechen; **~ son béret jusqu'aux deux oreilles** s-e Mütze, sich die Mütze bis zu den Ohren, über die Ohren her'unterziehen; **~ son chapeau sur les yeux, sur sa tête** (sich) den Hut (tief) ins Gesicht drücken, ziehen; (sich) den Hut auf den Kopf stülpen; **~ un clou dans le mur** e-n Nagel in die Wand schlagen; **~ son coude dans les côtes à qn** j-n in die Rippen stoßen; j-m den Ellbogen in die Rippen stoßen; **~ ses mains dans ses poches** die Hände (tief) in die Taschen stecken, in den Taschen vergraben; *Baum* **~ ses racines dans le sol** s-e Wurzeln in den Boden einsenken; F *fig:* **~ qc dans le crâne, dans la tête de qn** j-m etw einhämmern, F einbleuen, eintrichtern; **enfoncez-vous bien ça dans la tête!** merken Sie sich das (genau, gut)!; *adit:* *Nagel* **être bien enfoncé** fest *bzw* gerade sitzen; **avoir les yeux enfoncés (dans leurs orbites)** tiefliegende Augen haben; **2. a)** *Tür etc* eindrücken, -stoßen, -schlagen; *Tür auch* aufbrechen; einrennen; **il a eu la cage thoracique enfoncée** ihm wurde der Brustkorb eingedrückt; **b)** *mil* **~ une armée, une troupe** die feindliche Front eindrücken, aufbrechen, durch'stoßen, -brechen; **l'ennemi a été enfoncé** die feindliche Front wurde durch'brochen; **c)** F *fig* **~ qn** j-n (haushoch) schlagen; j-n ausstechen, über'treffen; **II** *v/i* **3.** *Schiff* eintauchen (**dans l'eau** in das, ins Wasser); *auch* (ver)sinken; 'untergehen; *Person* einsinken; *p/p* **enfoncé jusqu'aux genoux dans la neige, dans l'eau** bis zu den Knien im Schnee steckend, im Wasser stehend; **III** *v/pr* **4. s'~ une épine (dans la peau)** sich e-n Dorn einziehen; **s'~ une épine dans le pied** sich e-n Dorn eintreten; **5.** *Schiff* **s'~ dans les flots** (im Wasser, in den Fluten) versinken; sinken; 'untergehen; *Person* **s'~ dans la neige** im Schnee ein-, versinken; *fig* **s'~ dans les dettes** immer tiefer in Schulden geraten; *poét Sonne* **s'~ dans la mer** im Meer versinken; **6.** *par ext* **s'~ dans un fauteuil** in e-m Sessel versinken; **7. s'~** (tief, weit) hin'eingehen, vor-, eindringen (**dans une forêt** in e-n Wald)

enfonceur [ãfõsœr] *m* **~ de porte(s) ouverte(s),** j-d. der offene Türen einrennt

enfouir [ãfwir] **I** *v/t* **1. a)** *Kadaver, Schatz etc* ver-, eingraben; *Kadaver auch* ver-, einscharren; *im Sand auch* einbuddeln; **b)** *par ext Bücher etc* vergraben, verbergen (**au fond de l'armoire** ganz unten, hinten im Schrank); **c)** *fig* **~ dans son cœur** in s-m Herzen begraben, verbergen, verschließen; **2.** *agr* Dung 'unterpflügen, -graben; *Körner, Samen* (in den Boden) stecken; **II** *v/pr* **s'~ sous les couvertures** sich unter den Decken verstecken, verkriechen, vergraben

enfouis|sement [ãfwismã] *m* **1.** *e-s Kadavers, Schatzes etc* Ver-, Eingraben *n; e-s Kadavers auch* Ver-, Einscharren *n;* **2.** *agr von Dung* 'Unterpflügen *n,* -graben *n; von Körnern* Stecken *n;* **3.** *chir* Einstülpen *n,* -ung *f* (*e-r Wunde nach seroseröse Naht);* **~eur** *m agr* **~ de fumier** Düngereinleger *m*

enfourchement [ãfurʃəmã] *m charp* Scherzapfen *m*

enfourcher [ãfurʃe] *v/t* **~ un cheval, une bicyclette** ein Pferd, ein Fahrrad besteigen; auf ein Pferd, Fahrrad steigen; sich in den Sattel, auf ein Fahrrad schwingen; *fig* **~ son dada** sein Steckenpferd reiten

enfournage [ãfurnaʒ] *m od* **enfournement** [ãfurnəmã] *m* **a)** *von Brot* Einschieben *n;* **b)** *von Keramiken* Einbau *m;* Einsetzen *n;* **c)** *bei e-m Koksofen* Beschickung *f* (mit Kohle)

enfourn|er [ãfurne] *v/t* **1. a)** *Brot etc* einschießen; in den Ofen schieben; **b)** *Rohziegel, Keramiken* einsetzen; *Keramiken auch* einbauen; **2.** F *fig* **a)** *Kuchen etc* verschlingen; F in sich hin'ein-, reinstopfen; verputzen; **b)** **~ qn dans un taxi,** *etc* j-n in ein Taxi *etc* verfrachten; **~euse** *f tech* für Koksöfen Beschickungsvorrichtung *f*

enfreindre [ãfrẽdr(ə)] *v/t* <*cf* peindre> *Verbot, Gesetz, Befehl etc* entgegen-, zu'widerhandeln (+*dat*); *Gesetz, Vorschrift auch* über'treten; verletzen; *Gesetz auch* über'schreiten; brechen; verstoßen, fehlen gegen

enfuir [ãfyir] *v/pr* <*cf* fuir> **s'~ 1.** fliehen; flüchten; die Flucht ergreifen; entfliehen; da'von-, weg-, fortlaufen; *litt* enteilen; *Hund etc* entlaufen; **s'~ à l'étranger** ins Ausland fliehen; sich ins Ausland absetzen; **s'~ de chez soi** von zu Hause fort-, weglaufen; F ausreißen; **2.** *fig Glück* da'hinschwinden; entschwinden; *Zeit* entschwinden; enteilen; verfliegen; verrinnen; da'hingehen

enfumage [ãfymaʒ] *m Imkerei* Ausräuchern *n,* -ung *f*

enfumé [ãfyme] *adj Zimmer etc* verräuchert; verqualmt; voller Rauch, Qualm; rauchig; raucherfüllt; *Zimmerdecke etc* rauchgeschwärzt

enfum|er [ãfyme] *v/t* **1.** *Raum etc* verräuchern; verqualmen; einräuchern; mit Rauch, Qualm erfüllen; *Zimmerdecke* schwärzen; **~ qn** j-n einräuchern, durch Rauch belästigen; *plais auch* j-n ausräuchern; **2.** *Bienen, Wespen, Füchse* ausräuchern; **~oir** *m Imkerei* Bienen-, Imker-, Räucher-, Dathepfeife *f*

enfutailler [ãfytaje, -ta-] *od* **enfûter** [ãfyte] *v/t* in Fässer (ab)füllen

engagé [ãgaʒe] **I** *adj* **1.** *Schriftsteller, Literatur* enga'giert; **2.** *arch* **colonne ~e** Wandsäule *f;* **3.** *mar* **navire ~** überliegendes, 'übergeholtes Schiff; Schiff, das 'überliegt *od* gekrängt ist; **4.** *mil Einheit* im Einsatz (stehend); kämpfend; in ein Gefecht verwickelt; **II** *m mil* Freiwillige(r) *m;* **~ volontaire par devancement d'appel** (*abr* E.V.D.A.) Soldat, der s-n Wehrdienst (freiwillig) vorzeitig ableistet; **~ (volontaire) pour la durée de la guerre** Kriegsfreiwillige(r) *m*

engageant [ãgaʒã] *adj Lächeln etc* gewinnend; reizvoll; verführerisch; verlockend; *Wetter, Vorschlag etc* **pas très ~** nicht sehr verlockend; **avoir des manières ~es** ein einnehmendes Wesen haben

engagement [ãgaʒmã] *m* **1.** Verpflichtung *f* (**envers qn** gegenüber j-m); bindende Zusage; *vertragliche, eidliche* Bindung; *comm auch* Verbindlichkeit *f;* Ob'ligo *n;* **~s** *pl* Verbindlichkeiten *f/pl;* (Zahlungs)Verpflichtungen *f/pl;* **~ contractuel** vertragliche Verpflichtung, Bindung; **~ formel** bindende Zusage; **~ moral** moralische Verpflichtung; **~ tacite** stillschweigendes Eingehen e-r Verpflichtung; *comm* **~s en vue** Sichtverbindlichkeiten *f/pl;* **sans ~** unverbindlich; *comm auch* freibleibend; **ohne Obli-**

go; être lié, tenu par ses ~s an s-e Zusagen gebunden sein; **prendre un ~** e-e Verpflichtung, Verbindlichkeit eingehen; e-e Verpflichtung über'nehmen; **prendre l'~ de faire qc** sich verpflichten, die Verpflichtung über'nehmen, etw zu tun; **2.** *von Arbeitskräften* Ein-, Anstellung *f; thé* Engage'ment *n; mar* Anheuerung *f;* Anmusterung *f; mil* Verpflichtung *f;* Meldung *f; mil ~* **par devancement d'appel** (freiwillige) vorzeitige Ableistung des (Grund)Wehrdienstes; **se trouver sans ~** stellungslos, ohne Stellung sein; **thé** kein Engagement haben; **3.** *e-s Schriftstellers etc* Engage'ment *n;* Einsatz *m;* **4.** *von (Wert-) Gegenständen* Verpfänden *n,* -ung *f;* Versetzen *n;* **reconnaissance** *f,* **reçu** *m* **d'~** Pfand-, Leihschein *m;* **5.** *sports* (An)Meldung *f; Turf auch* Einschreibung *f;* **6.** *in e-n Engpaß etc* Hin'einfahren *n,* -fahren *n,* -manövrieren *n;* **7.** *mil* **a)** *von größeren Einheiten* Einsatz *m;* **b)** Gefecht(sberührung) *n(f);* Treffen *n;* Schar'mützel *n;* Kampf'handlung *f;* **8.** *sports* Anstoß *m*
engager [ãɡaʒe] ⟨-geons⟩ **I** *v/t* **1. a)** *(Wert)Gegenstände* verpfänden; versetzen; **b)** *fig Wort* verpfänden; *Verantwortung* über'nehmen; *Sache ~* **l'avenir** sich auf die Zukunft auswirken; über die Zukunft entscheiden; die Weichen für die Zukunft stellen; **2. a) ~** **qn (à qc)** j-n (zu etw) verpflichten; j-n (an eine [*acc*]) binden; **~ qn par contrat** j-n vertraglich verpflichten, binden; **ce contrat vous engage** Sie verpflichten sich, legen sich fest, gehen Verpflichtungen ein mit diesem Vertrag; Sie sind an diesen Vertrag gebunden; **~ des dépenses** Ausgabenverbindlichkeiten eingehen; **cela n'engage à rien** das verpflichtet zu nichts; **b)** *par ext ~* **qn à qc** j-n zu etw anhalten, auffordern, ermahnen, bewegen, veranlassen; j-m zu etw raten; **cela devrait t'~ à réfléchir** das sollte dich nachdenklich stimmen; das sollte für dich ein Grund sein nachzudenken; **3.** *Arbeitskräfte* an-, einstellen; in Dienst nehmen; anwerben; *Dienstboten, Mörder auch* dingen; *thé* enga'gieren, verpflichten (**à un théâtre, à Paris** an ein Theater, nach Paris); *mar* anheuern; anmustern; *Soldaten, Söldner* (an)werben; **~ qn dans un parti, une association** j-n für e-e Partei, in e-n Verein werben, gewinnen; j-n in e-e Partei, e-n Verein aufnehmen; **4.** *tech ~* **qc dans qc** etw in etw (*acc*) eingreifen lassen, einpassen, einführen, einfügen, einlegen, hin'einstecken; **~ la clef dans une serrure** den Schlüssel in ein Schloß stecken; **5.** *Auto, Schiff etc* hin'einfahren (lassen); hin'einsteuern, -manövrieren; **mal ~ sa voiture (pour se garer)** schlecht einparken; **6.** *Geld* hin'einstecken (**dans** in + *acc*); inve'stieren (**in** + *acc od dat*); *finanzielle Mittel, Kapital auch* einsetzen; **7. ~ qn dans qc** j-n in etw (*acc*) hin'einziehen, verwickeln; **~ qn dans une entreprise** j-n an e-m Unter'nehmen beteiligen; j-n für ein Unternehmen gewinnen; **8.** *mil Truppen, Einheiten etc* einsetzen; **9.** *mil Kampf, Gefecht* einleiten (*beide auch fig*); *jur Prozeß, Verfahren* einleiten; *Verhandlungen* einleiten; aufnehmen; eintreten in (+*acc*); *Gespräch* anknüpfen; beginnen; anfangen; *Unterredung* beginnen; einleiten; *Diskussion* eröffnen; eintreten in (+*acc*); *fig ~* **la bataille, le combat** den Kampf aufnehmen; **10.** *esc ~* **le fer** die Klinge binden, berühren; **11.** *Turf Pferde* einschreiben; (schriftlich) anmelden; **II** *v/i* **12.** *sports* den Anstoß ausfüh-

ren; **III** *v/pr* **s'~ 13. a) s'~ à (faire) qc** sich zu etw verpflichten; **ne pas s'~** sich nicht festlegen; sich nicht binden; keine bindende Zusage machen; **b)** *abs Schriftsteller, Politiker etc* sich enga'gieren; **14. a) s'~ (dans l'armée)** sich freiwillig melden; **s'~ dans l'aviation** sich zur Luftwaffe, F zu den Fliegern melden; zur Luftwaffe gehen; **b)** sich einstellen lassen; e-e Stelle annehmen (**comme chauffeur** als Chauffeur); *Dienstboten auch* sich verdingen; **15. a) s'~ dans qc** einbiegen, *Fahrzeug auch* hin'einfahren in ein (*acc*); *Zug* **s'~ dans un tunnel** in e-n Tunnel fahren; **b)** *tech* **s'~ dans qc** eingreifen, sich einfügen in etw (*acc*); eingepaßt, eingelassen sein in etw (*acc*); **16.** *fig* **s'~ dans qc** sich auf etw (*acc*) einlassen; in etw (*acc*) hin'eingeraten; auf etw (*acc*) eingehen; **17.** *Kampf, Gefecht, Spiel etc* beginnen; anfangen; *Kampf, Diskussion auch* sich entspinnen; *Streit auch* ausbrechen; **18.** *bei e-r Geburt: Fetus* ins Becken eintreten
engainer [ãɡene] *v/t bot* mit e-r Blattscheide um'fassen
engazonn|ement [ãɡazɔnmã, -ga-] *m* Bepflanzen *n,* Einsäen *n* mit Rasen; Berasung *f;* Begrünung *f;* **~er** *v/t* mit Rasen bepflanzen, einsäen; berasen; (mit Rasen) begrünen
engeance [ãʒãs] *f* Sippschaft *f;* Gesindel *n;* Gelichter *n;* Klüngel *m;* Brut *f*
engelure [ãʒlyr] *f* Frostbeule *f*
engendrement [ãʒãdrəmã] *m* (Er-)Zeugen *n,* -ung *f*
engendrer [ãʒãdre] *v/t* **1.** *Kind* zeugen (*auch bibl*); erzeugen; **2.** *fig* erzeugen; her'vorbringen; verursachen; *Streit, Haß auch* auslösen; *Folgen* zeitigen; nach sich ziehen; **3.** *math* erzeugen; **être engendré** entstehen
engerber [ãʒɛrbe] *v/t cf* gerber
engin [ãʒɛ̃] *m* **1. a)** Gerät *n;* Vorrichtung *f;* Ma'schine *f;* **~ spatial** Raumfahrzeug *n;* **~s de forage** Bohrvorrichtungen *f/pl,* -geräte *n/pl,* -maschinen *f/pl;* **~s de levage** Hebezeuge *n/pl,* -vorrichtungen *f/pl;* **~s de travaux publics** Straßenbau-, Tiefbaumaschinen *f/pl;* **b)** **~s de chasse, de pêche** Jagd-, Fische'reigeräte *n/pl;* **~s prohibés** verbotene Jagd- und Fischereigeräte *n/pl;* **c)** F, *süd péi* Ding *n;* Appa'rat *m;* **quel drôle d'~!** was für ein komisches Ding!; **2.** *mil* **a)** **~s blindés** Panzer *m/pl;* **~ blindé de reconnaissance** (*abr* E.B.R.) Spähpanzer *m;* **~s fumigènes** Rauchentwickler *m/pl;* Nebelgeräte *n/pl;* **~ léger de combat** (*abr* E.L.C.) Panzerspähwagen *m;* **~ à tir courbe** Steilfeuergeschütz *n;* **~s de guerre** Kriegsmaterial *n; hist* Kriegsmaschinen *f/pl;* **b)** **~** (spé'cial) Flugkörper *m;* Ra'kete *f;* **~ sol-air** Boden-Luft-Flugkörper *m;* Boden-Luft-Rakete *f;* **~ mer-air** Wasser-Luft-Flugkörper *m;* Wasser-Luft-Rakete *f;* **~s tactiques** taktische Raketenwaffen *f/pl;* **~s téléguidés** Fernlenkwaffen *f/pl;* ferngelenkte Waffen *f/pl;* Lenkflugkörper *m/pl,* -raketen *f/pl;* **~ téléguidé antichar** Panzerabwehr-Lenkrakete *f;* **~-cible** *m* ⟨*pl* engins-cibles⟩ *mil* Ziel-Flugkörper *m*
engineering [ɛndʒinəriŋ] *m e-s Projektes* technische und finanzi'elle Planung; Entwurf *m* und Planung *f;* Engineering [ɛndʒi'ni:riŋ] *n*
englaciation [ãɡlasjasjõ] *f géol* Vereisung *f;* Vergletscherung *f*
englober [ãɡlɔbe] *v/t* **1.** um'fassen; einschließen, einbeziehen (**dans** in + *acc*); gelten für; sich erstrecken auf (+*acc*); **2.** *Gebiet etc* eingliedern, einschließen, aufnehmen (**dans** in + *acc*); einverleiben

(**dans** *dat*); *Rechnungsposten etc* (mit) hin'ein-, her'ein-, da'zunehmen
englout|ir [ãɡlutir] *v/t* **1.** *Essen* (gierig) verschlingen, hin'unterschlingen; in sich hin'einschlingen; *abs* schlingen; **2.** *fig Person: Ersparnisse, Erbe etc* verschwenden; verprassen; vergeuden; 'durchbringen; vertun; *Projekt: Geld* verschlingen; F fressen; *Ersparnisse* **être englouti** verlorengehen; F draufgehen; **3.** *Meer: Schiff etc* verschlingen, in die Tiefe, in den Abgrund reißen; *Naturkatastrophe: Stadt etc* völlig zerstören, vernichten; *Staat: Gebiet etc* sich einverleiben; schlucken; **~issement** *m* Verschlingen *n;* Verschwinden *n;* 'Untergehen *n;* Versinken *n*
englu|age [ãɡlyaʒ] *m od* **~ement** *m* **a)** Bestreichen *n* mit Leim; **b)** Verschmieren *n,* Bestreichen *n* mit Baumwachs
engluer [ãɡlye] *v/t* **a)** *Zweig etc* mit (Vogel)Leim bestreichen; (Vogel)Leim streichen auf (+*acc*); **b)** *Vögel* mit (Vogel)Leim fangen; **c)** *Baum(stamm)* mit Baumwachs verschmieren, bestreichen; **d)** *Finger etc* klebrig machen; verkleben
engobage [ãɡɔbaʒ] *m Keramik* Engo'bieren *n,* -ung *f*
engob|e [ãɡɔb] *m Keramik* En'gobe *f;* Beguß *m;* **~er** *v/t Keramik* engo'bieren
engomm|age [ãɡɔmaʒ] *m von Stoffen* Gum'mieren *n;* Beschichten *n* mit Kautschuk; **~er** *v/t Stoffe* gum'mieren; mit Kautschuk beschichten
engoncer [ãɡõse] *v/t* ⟨-ç-⟩ *Jacke etc* j-n unförmig, plump machen; *p/p:* **engoncé dans une canadienne,** *etc* in e-r Lammfelljacke *etc* steckend; **il a le cou engoncé dans les épaules** sein Kopf sitzt unmittelbar auf den Schultern; er hat keinen Hals; er zieht den Kopf ständig ein
engorgement [ãɡɔrʒəmã] *m* **1.** *e-s Rohres, Abflusses etc* Verstopfung *f;* Verstopftsein *n;* **2.** *path der Leber, Milz etc* (An)Schwellung *f; der Lungen, Nieren etc* Stauung *f; der Lungen auch* Verschleimung *f; der Bronchien* Verstopfung *f;* **3.** *écon e-s Marktes* Über'füllung *f; auf Verkehrswegen* Verstopfung *f;* Stau(ung) *m(f)*
engorger [ãɡɔrʒe] ⟨-geons⟩ **I** *v/t* **1.** *Rohr, Abfluß* verstopfen; *adit* **tuyau engorgé** verstopftes Rohr; **2.** *path Atemwege* verschleimen; verstopfen; *adit:* **glandes engorgées** geschwollene Drüsen *f/pl;* **tissus engorgés** Gewebsschwellung *f;* **3.** *Profil:este* dick mit Farbe verschmieren; **II** *v/pr* **s'~ 4.** *Rohr etc* verstopft sein *bzw* werden; **5.** *path Atemwege* sich mit Schleim füllen
engouement [ãɡumã] *m* (rasch aufflammende, flüchtige) Begeisterung, Bewunderung; (über'triebene) Vorliebe; Schwärme'rei *f;* Enthusi'asmus *m;* **passager** Strohfeuer *n;* flüchtige Begeisterung
engouer [ãɡwe] *v/pr* **s'~ pour qn, qc** schwärmen, sich begeistern, Feuer und Flamme sein für j-n, etw
engouffrer [ãɡufre] **I** *v/t* **1.** F *Eßbares* verschlingen; hin'unterschlingen; F verdrücken; verputzen; *abs* schlingen; **2.** *Geld etc* (in großen Mengen) hin'einstecken (**dans** in + *acc*); **II** *v/pr* **s'~ 3.** *Wasser* sich ergießen, eindringen (**dans** in + *acc*); *Flut* einbrechen; sich stürzen (**dans** in + *acc*); *Wind:* **s'~ (dans une cheminée)** sich (in e-m Kamin) verfangen; **s'~ dans une rue** durch e-e Straße fegen, pfeifen; **4.** *Menschenmenge* strömen, sich ergießen, sich hin'eindrängen (**dans** in + *acc*); *einzelne* verschwinden (**dans** in + *dat*); **s'~ dans un taxi** sich in

ein Taxi werfen

engoujure [ãguʒyr] *f mar* Keep *f*

engoulevent [ãgulvã] *m zo* ~ (**d'Europe**) Ziegenmelker *m*; Nachtschwalbe *f*

engourdi [ãgurdi] *adj Gliedmaßen* gefühllos; taub; eingeschlafen; erstarrt; *vor Kälte* klamm; starr; steif; *vor* **Kälte klamm**; starr; steif; *Person* **tout** ~ **par la chaleur** ganz schläfrig, träge, benommen von der Hitze; **avoir les doigts** ~**s** *auch* abgestorbene Finger haben; kein Gefühl (mehr) in den Fingern haben; **j'ai la jambe** ~**e** mein Bein ist eingeschlafen

engourd|ir [ãgurdir] **I** *v/t* **1.** *Gliedmaßen* gefühllos, taub machen; *vor Kälte* klamm, steif, starr werden lassen; **2.** *fig* träge, schlaff, benommen machen; erschlaffen lassen; abstumpfen; **II** *v/pr* **s'**~ *Gliedmaßen* taub, gefühllos, steif werden; *vor Kälte* erstarren; abstumpfen; klamm, steif, starr werden; ~**issement** *m* **1.** *von Gliedmaßen* Betäubung *f*; Einschlafen *n*; Gefühllosigkeit *f*; *vor Kälte* Erstarren *n*, -ung *f*; Starre *f*; Steifwerden *n*; **2.** *zo* Winterschlaf *m*; **3.** *fig* Betäubung *f*; Abstumpfung *f*; Erschlaffung *f*; Benommenheit *f*; *auch* Erstarrung *f* in der Rou'tine

engrain [ãgrɛ̃] *m agr* Einkorn *n*

engrais [ãgrɛ] *m* **1.** Dünger *m*; Düngemittel *n*; Dung *m*; ~ **chimique(s)** Kunstdünger *m(pl)*; ~ **complet** 'Volldünger *m*; ~ **composé** Mehrnährstoffdünger *m*; ~ **humain** Fä'kaldünger *m*; ~ **minéraux** mineralische, anorganische Düngemittel *n/pl*; Mine'raldünger *m(pl)*; ~ **organiques** organische Düngemittel *n/pl*; Na'turdünger *m(pl)*; ~ **potassiques** Kalidünger *m(pl)*; ~ **simple** Einzeldünger *m*; ~ **verts** Gründünger *m(pl)*; **2.** *loc/adv u loc/adj* à l'~, d'~ Mast...; **bétail** *m*, **cochon** *m* à l'~, d'~ Mastvieh *n*, -schwein *n*; **être** à l'~ gemästet werden; **mettre** à l'~ mästen

engraiss|age [ãgrɛsaʒ] *m od* ~**ement** *m* Mast *f*; Mästen *n*; à l'herbage, en stabulation Weide-, Stallmast *f*

engraiss|er [ãgrese] **I** *v/t* **1.** mästen; **2.** düngen; **II** *v/i Menschen, Tiere* dick, fett werden; Fett ansetzen; **III** *v/pr fig* **s'**~ **de la sueur du peuple** *cf* sueur; ~**eur** *m* Viehmäster *m*; ~ **de porcs** Schweinemäster *m*

engramme [ãgram] *m psych* En'gramm *n*

engrang|ement [ãgrãʒmã] *m der Ernte etc* Einfahren *n*; Einbringen *n*; ~**er** *v/t* <-**geons**> *Ernte etc* einfahren; einbringen

engraver [ãgrave] *v/t Schiff* auf Sand, auf Kies fahren, steuern, laufen lassen

engrenage [ãgrənaʒ] *m* **1.** *tech* (Zahnrad-, Räder)Getriebe *n*; Räder-, Triebwerk *n*; Verzahnung *f*; (Zahnrad)Über'setzung *f*; ~ **conique**, **cylindrique** Kegelrad-, Stirnradgetriebe *n*; ~ **planétaire** Pla'neten-, 'Umlaufgetriebe *n*; ~ **à chaîne** Kettengetriebe *n*; ~ **à crémaillère** Zahnstangengetriebe *n*, -triebwerk *n*; ~ **à lanterne** La'ternengetriebe *n*; ~ **à vis sans fin** Schnecken(rad)getriebe *n*; ~ **Schneckentrieb** *m*; **commande** *f*, **entraînement** *m* à *od* par ~**s** Zahnradantrieb *m*; **2.** *fig* Räderwerk *n*; Maschine'rie *f*; Verkettung *f*; **être pris**, **entraîné dans un** ~ von e-m Räderwerk, von e-r Maschinerie erfaßt werden; in ein Räderwerk, in e-e Maschinerie geraten

engrènement [ãgrɛnmã] *m* **1.** *tech* Inein'andergreifen *n*; Eingreifen *n*; Verzahnung *f*; **2.** *e-r Dreschmaschine* Beschicken *n* mit Garben; Zuführen *n*; Einlegen *n* von Garben; *e-s Fülltrichters* Aufschütten *n* mit Korn; **3.** *chir von*

Frakturfragmenten Verkeilung *f*; **fracture** *f* **avec** ~ eingekeilte Fraktur

engren|er [ãgrəne] <-**è**-> **I** *v/t* **1.** *Zahnräder* eingreifen lassen (**dans** in + *acc*); verzahnen (mit); einrücken; **2.** *Dreschmaschine* (mit Garben) beschicken; Garben zuführen (+*dat*), einlegen in (+ *acc*); *Fülltrichter* (mit Korn) füllen; *Steinbrecher* beschicken; **II** *v/pr* **s'**~ *Zahnräder* inein'andergreifen; sich (ineinander) verzahnen; **s'**~ **sur**, **dans** *qc* eingreifen in etw (*acc*); ~**euse** *f e-r Dreschmaschine* Beschickungsvorrichtung *f*; Einleger *m*; Zuführung *f*; ~**ure** *f* **1.** *tech von Zahnrädern* Eingriff *m*; Verzahnung *f*; **2.** *anat* gezackte Verbindungsnaht

engrois [ãgrwa, -wɑ] *m tech* kleiner Keil (*zum Befestigen e-s Hammerkopfes etc im Stiel*)

engrosser [ãgrose] P *v/t* schwängern; P **ein Kind anhängen** (**qn** j-m)

engueulade [ãgœlad] P *f* **1.** F Anschnauzer *m*; Anranzer *m*; Anpfiff *m*; Rüffel *m*; Abreibung *f*; P Anschiß *m*; **passer une** ~ **à qn** *cf* engueuler I; **recevoir une (bonne)** ~ *cf* (se faire) engueuler; **2.** heftige Ausein'andersetzung; F (Heiden-) Krach *m*

engueuler [ãgœle] P **I** *v/t* ~ **qn** j-n anfahren, p/fort anschreien, anbrüllen, F zu'sammenputzen, zu'sammenstauchen, runtermachen, abkanzeln, rüffeln, anpfeifen, anschnauzen, anranzen, zur Schnecke machen; j-m e-e Zigarre verpassen, e-e Abreibung geben *od* verabreichen, eins auf den Hut *od* Deckel geben, den Kopf zu'rechtsetzen, den Marsch blasen; ~ **qn (comme du poisson pourri)** P j-n anscheißen, zur Sau machen; **se faire** ~ F e-n Anschnauzer *etc* einstecken müssen, kriegen; eine (Zigarre) verpaßt bekommen, kriegen; eins aufs Dach, auf den Hut, auf den Deckel kriegen; **II** *v/pr* **s'**~ sich anschreien, anbrüllen, F anschnauzen; sich Grobheiten an den Kopf werfen

enguirlander [ãgirlãde] *v/t* **1.** mit Gir-'landen schmücken; **2.** F *euphemistisch für* engueuler

enhardir [ãardir] **I** *v/t* kühn, mutig machen; ermutigen; p/fort dreist machen; p/p **enhardi par cette victoire**... kühn, mutig geworden durch diesen Sieg ...; **II** *v/pr* **s'**~ Mut, sich ein Herz fassen; kühner, mutiger werden; *auch* sich erkühnen (*meist iron*)

enharmon|ie [ãnarmɔni] *f mus* Enhar-'monik *f*; ~**ique** *adj mus* enhar'monisch

enherber [ãnɛrbe] *v/t* mit Gras besäen; Gras einsäen (**qc** auf etw [*dat*])

enhydre [ɛnidr(ə)] *m minér* En'hydros *m*

énième [enjɛm] *adj* n'ième

énigmatique [enigmatik] *adj Geste, Lächeln, Blick etc* rätselhaft; rätselvoll; *Frage, Worte auch* unklar; unverständlich; dunkel; *Mensch auch* nicht durch-'schaubar; *Lächeln auch* unergründlich; geheimnisvoll; **caractère** *m*, **sens** *m* ~ Rätselhaftigkeit *f*

énigme [enigm(ə)] *f* **1.** Rätsel *n*; **poser une** ~ **à qn** j-m ein Rätsel aufgeben; **résoudre une** ~ ein Rätsel lösen, raten; **2.** *fig* Rätsel *n*; Geheimnis *n*; **l'**~ **de sa disparition** sein rätselhaftes Verschwinden; **être une** ~ **pour qn** j-m ein Rätsel sein; **cet homme est une** ~ aus diesem Menschen wird man nicht klug; **parler par** ~**s** in Rätseln sprechen; **se trouver devant une** ~ vor e-m Rätsel stehen

enivrant [ãnivrã] *adj Getränke, Duft* berauschend; zu Kopf steigend; *Duft auch* betäubend; *Schönheit* hinreißend; betörend; berückend; *Beifall* rauschend

enivrement [ãnivrəmã] *m fig* Rausch

m; Berauschung *f*; Berauschtheit *f*; Trunkenheit *f*; Taumel *m*; *der Sinne* Betäubung *f*; ~ **du pouvoir**, **de la vitesse** Macht-, Geschwindigkeitsrausch *m*

enivrer [ãnivre] **I** *v/t* **1.** *Getränke* st/s ~ **qn** j-n berauschen, in e-n Rausch versetzen; berauschend wirken auf j-n; st/s j-n trunken machen; **2.** *fig* berauschen; betören; zu Kopf steigen (+*dat*); st/s trunken machen; p/p **enivré de joie** freudetrunken; **II** *v/pr* **3.** **s'**~ st/s sich berauschen; **4.** *fig* **s'**~ **de qc** sich an etw (*dat*) schwelgen; trunken sein in etw (*dat*) schwelgen

enjambée [ãʒãbe] *f* (großer, langer) Schritt; **à grandes** ~**s** mit großen, langen, weitausgreifenden Schritten; **d'une seule** ~ mit einem Schritt; *auch* mit einem Satz; **faire de grandes** ~**s** große, lange Schritte machen; rasch, F tüchtig, kräftig ausschreiten; F stiefeln

enjambement [ãʒãbmã] *m* **1.** *métr* Enjambe'ment *n*; Zeilensprung *m*; Versbrechung *f*; **2.** *biol cf* **crossing-over**; **3.** *chir* gestielte Transplantati'on

enjamber [ãʒãbe] **I** *v/t* **a)** ~ **qn**, **qc** über j-n, etw hin'weggehen, -steigen, -schreiten, -springen; *Graben, Bach* mit e-m Schritt über'queren; über'schreiten, -'springen; ~ **une marche** e-e Stufe auslassen; zwei Stufen auf einmal nehmen; **b)** *Viadukt: Tal* über'spannen, -'brücken; *Brücke* ~ **une rivière** über e-n Fluß gehen, führen; **II** *v/i métr Vers* 'übergreifen (**sur le vers suivant** auf den nächsten Vers); durch (ein) Enjambe'ment verbunden sein (mit)

enjeu [ãʒø] *m* <*pl* ~**x**> **1.** *beim Spiel* Einsatz *m*; **2.** *fig* was auf dem Spiel steht; **l'**~ **de cette compétition c'est l'obtention d'une commande importante** bei diesem Wettbewerb geht es um e-n wichtigen Auftrag, steht ein wichtiger Auftrag auf dem Spiel; **cette invention est déjà l'**~ **d'une bataille commerciale** diese Erfindung ist bereits zu e-m kommerziellen Streitobjekt geworden

enjoindre [ãʒwɛ̃dr(ə)] *v/t* <*cf* joindre> *litt od adm* ~ **qc à qn** j-m etw vorschreiben, einschärfen, befehlen, auferlegen, zur Pflicht machen; ~ **à qn de** (+*inf*) j-m Anweisung geben, erteilen, j-n anweisen zu (+*inf*)

enjôl|ement [ãʒolmã] *m* Beschwatzen *n*; Schöntun *n*; Schmeicheln *n*; ~**er** ~ **qn** j-n um'schmeicheln, einwickeln; j-m schöntun, um den Bart gehen; ~**eur**, ~**euse** *f m* Schönredner *m*; Schöntuer *m*; Schmeichler(in) *m(f)*; Betörer(in) *m(f)*; **II** *adj Lächeln etc* verführerisch; betörend; verlockend

enjoliv|ement [ãʒolivmã] *m* **1.** Verzierung *f*; Zierat *m*; **2.** *fig* Ausschmückung *f*; Schnörkel *m*; ~**er** *v/t* **1.** *Gegenstände* (ver)zieren; schmücken; **2.** *fig* Bericht, Erzählung* ausschmücken; etwas hin'zudichten (**qc** zu etw); ~**eur** *m auto* Radkappe *f*; ~**ure** *f* (kleine) Verzierung; Zierat *m*; *an Möbeln, Schriftzügen* Schnörkel *m*

enjoncer [ãʒõse] *v/t* <-**ç**-> *agr* mit Schilfrohr, Binsen bepflanzen

enjoué [ãʒwe] *adj Lächeln, Stimme, Kind* heiter; fröhlich; liebenswürdig; munter; lustig; *Stimmung* heiter; gelöst; munter; *Gespräch* zwanglos; scherzhaft; **caractère** ~ *auch* sonniges Gemüt

enjouement [ãʒumã] *m* Heiterkeit *f*; Unbeschwertheit *f*; Gelöstheit *f*; Frohsinn *m*; Frohmut *m*

enkysté [ãkiste] *adj path* Tumor, Gallenstein etc* ab-, eingekapselt

enkyst|ement [ãkistəmã] *m path* Ein-, Abkapselung *f*; ~**er** *v/pr* **s'**~ sich ein-,

abkapseln

enlacement [ãlasmã, -lɑ-] *m* **1.** *von Bändern etc* **a)** Geflecht *n*; Flechtwerk *n*; Verflechtung *f*; **b)** *Vorgang* Verflechten *n*; Inein'anderflechten *n*, -schlingen *n*; Verschlingen *n*; **2.** *von Personen* Um'armung *f*; Um'schlingung *f*

enlacer [ãlase, -lɑ-] ⟨-ç-⟩ **I** *v/t* **1.** *Efeu*: Mauer etc um'ranken; um'winden; um-'schlingen; **~** le tronc d'un arbre *auch* sich um e-n Baumstamm schlingen, winden, ranken; **2.** *Person* um'armen; um'schlingen; *Körper* um'fassen; **~** qn dans ses bras j-n in die Arme schließen; j-n mit beiden Armen umschlingen, umfassen (*auch von Gegnern*); *adjt:* étroitement, tendrement enla-cés eng, zärtlich umschlungen; des amoureux enlacés ein Liebespaar, das sich umschlungen hält; **3.** *cf* entrela-cer; **II** *v/pr* s'**~ 4.** *Liebespaar etc* sich um'armen, um'schlingen; *auch* sich um'schlungen halten; *Ringkämpfer* sich um'klammern; **5.** *Bänder* sich in-ein'anderschlingen; *Efeu, Lianen* sich schlingen, winden, ranken (**autour d'un** *od* **sur un arbre** um e-n Baum)

enlaid|ir [ãledir] **I** *v/t* entstellen; verun-stalten; häßlich, unansehnlich machen; *Landschaft* verschandeln; verunstalten; **II** *v/i* häßlich, unansehnlich werden; **~issement** *m* Entstellung *f*; Ent-stelltsein *n*; Verunstaltung *f*; Verschan-delung *f*

enlevage [ãlvaʒ] *m Rudersport* Erhö-hung *f* der Schlagfrequenz

enlevé [ãlve] *adj Musikstück* lebhaft, schwungvoll, kühn gespielt *od* vorgetra-gen; *par ext* c'est **~** das ist glänzend gelungen

enlèvement [ãlɛvmã] *m* **1.** *von Gepäck, Möbeln, Waren etc* Abholen *n*, -ung *f*; Mitnahme *f*; Mitnehmen *n*; Abtransport *m*; Abtransportieren *n*; Wegfahren *n*; Wegräumen *n*; *von Verletzten, Kadavern etc* Wegschaffen *n*; Wegbringen *n*; *von Schutt, Müll etc* Abfuhr *f*; Beseitigung *f*; Entfernung *f*; **~** des ordures (**ménagè-res**) Müllabfuhr *f*; **~** à domicile Abho-lung vom Hause, in der Wohnung; **2. a)** *jur* Entführung *f*; Raub *m*; **~** d'enfant Kindesentführung *f*, -raub *m*; **~** de mineur Entführung e-s Minderjähri-gen; **~** de pièces Beseitigen *n* von Urkunden; **b)** *hist* **~** des Sabines Raub *m* der Sa'binerinnen; *Mozart* L'**◯** au sérail Die Entführung aus dem Serail; **3.** *mil* e-r Stellung Einnahme *f*; Erobe-rung *f*; *mar* e-s Schiffes Kaperung *f*; Erbeutung *f*; **4.** *peint* e-s Gemäldes Ablö-sung *f*

enlever [ãlve] ⟨-è-⟩ **I** *v/t* **1.** *Gepäck, Möbel, Waren etc* abholen; mitnehmen; abtransportieren, wegschaffen, -tragen, -fahren; fortbringen; *Tote, Verletzte* ab-transportieren; wegschaffen, -bringen, -tragen; *störende Gegenstände* wegschaf-fen, -nehmen, -räumen, -schieben, -fahren, -stellen; *Müll, Schutt* abfahren; faire **~** qc par camion etw mit dem Lkw abholen, abtransportieren lassen; **2.** *Etikett, Preisschild etc* abmachen; entfernen; F wegmachen; *Fleck etc* ent-fernen; beseitigen; F weg-, her'aus-machen; *Stuhl etc* wegnehmen; *Gegen-stände: von oben* her'unternehmen; *räumlich* her'ausnehmen; *Bilder etc von der Wand* ab-, wegnehmen; abhängen; F wegmachen; *Schmutz etc* auf-, wegput-zen, -kehren, -wischen; *Kalenderblatt etc* abreißen; *Heftseite etc* her'ausreißen; *Kleider etc* ausziehen; *Hut* abnehmen, ziehen; *Krawatte* ablegen; abbinden; *Handschu-he* abstreifen; ausziehen; *Helm* absetzen; *Geschwulst* abtragen; *Mandeln* her'aus-

nehmen, F -machen; *Lunge, Niere etc* entfernen; her'ausnehmen; *Warze* weg-machen; *Kugel* her'ausoperieren, F -machen; *Arm, Bein* abnehmen; ampu-'tieren; *Satz, Wort* streichen; weglassen; *Absatz auch* her'ausnehmen; *Schraube, Glühbirne* her'ausdrehen, F -machen; *Nägel etc* her'ausziehen, F -machen; *Dach* abdecken; *Erde* abräumen; *Zahl* abziehen; *Haut* abziehen; abschälen; *Rinde* abschälen; F wegmachen; **~** la couverture das Bett abdecken; **~** la poussière Staub wischen; abstauben; *bei e-r Waffe* **~** la sûreté entsichern (**de** qc etw); **~** au burin abmeißeln; **~** à coups de marteau mit dem Hammer wegschlagen; **~** avec un décapant ab-beizen; **~** qc avec les dents etw mit den Zähnen her'ausziehen; **~** d'un coup de dents abbeißen; **~** qc d'une étagère etw aus e-m Regal nehmen, von e-m Regal her'unternehmen; *Tür* **~** de ses gonds ausheben; aushängen; aus den Angeln **~** qc de la table etw vom Tisch (her'unter-, weg)nehmen; **enlève ta main!** nimm deine Hand weg!; **enlè-ve tes jambes de (sur) la table!** nimm deine Beine vom Tisch (herunter)!; **3. a)** *jur Kind, Frau* entführen; rauben; **~** un mineur e-n Minderjährigen entführen; *plais* je vous enlève votre fils pour ce soir ich entführe Ihnen für heute abend Ihren Sohn; **b)** *Wertgegenstände etc* mit-, wegnehmen; stehlen; F mitgehen las-sen; *Kindern Spielzeug etc* wegnehmen; entziehen; **c)** *mil Fahne* erbeuten; rauben; *Stellung* erobern; (er)stürmen; (ein)nehmen; *Sieg* da'vontragen; er-kämpfen; *comm* **~** l'affaire das Geschäft machen; das Geschäft sichern; *sports* **~** la première place den ersten Platz erringen; sich den ersten Platz erkämpfen; *bei e-r Wahl* **~** un Sitz erringen, gewinnen; **d)** *Krankheit, Tod* **~** qn j-n da'hin-, hin'wegraffen; la mort nous l'a enlevé der Tod hat ihn uns genommen, entrissen; **4.** *fig Mut, Hoffnung, Illusionen* nehmen, rauben (**à** qn j-m); **~** un poste, un titre à qn e-e Stelle, e-s Amtes entheben, j-m e-n Titel aberkennen, absprechen, entziehen; **ce-la n'enlève rien à l'amitié que je te porte** das tut unserer Freundschaft keinen Abbruch; **cela n'enlève rien à ses mérites** das schmälert s-e Verdien-ste nicht; **5.** *Reitsport Pferd* antreiben; **~** au galop** in Galopp versetzen; **6.** *Musik-stück* mit Feuer, Schwung, tem-pera'mentvoll spielen, vortragen; **II** *v/pr* s'**~** *Möbel etc* beweglich sein; *Farbe* abgehen; sich ablösen; *Rinde* sich ablö-sen; *Fleck* her'aus-, weggehen; *Waren* reißenden Absatz finden; reißend weg-gehen

enlevure [ãlvyr] *f sculp* Reli'ef *n*

enlier [ãlje] *v/t bât* im Block- *od* Kreuz-verband mauern

enlign|ement [ãliɲmã] *m bât* Ausrich-ten *n*, -ung *f*; **~er** *v/t* aus-, geraderichten

enlisement [ãlizmã] *m* **1.** *im Sand etc* Ein-, Versinken *n*; Steckenbleiben *n*; **2.** *fig* Stocken *n*; Erlahmen *n*; Lähmung *f*; Unbeweglichkeit *f*; Starre *f* Stillstand *m*

enliser [ãlize] **I** *v/t im Sand, Schlamm etc* versinken lassen; **~** sa voiture mit dem Wagen einsinken, steckenbleiben; **II** *v/pr* s'**~ 1.** *im Sand, Schlamm etc* ein-, versinken; *Auto auch* steckenbleiben; **2.** *fig Untersuchung etc* steckenbleiben; nicht vorwärtskommen; stocken; ver-sanden

enlumin|er [ãlymine] *v/t* **1.** *Stunden-buch, Manuskript etc* (mit Farbe) ausma-len; illumi'nieren; kolo'rieren; **2.** *Ge-sicht* röten; F avoir la trogne enlumi-

née ein gerötetes Gesicht, F e-e Schnaps-nase haben; **~eur** *m*, **~euse** *f* Buchma-ler(in) *m(f)*; Minia'turmaler(in) *m(f)*; Illumi'nator *m*; **~ure** *f* **1.** *Kunst* Buch-malerei *f*; Minia'turmalerei *f*; **2.** *Werk* Minia'tur *f*; (Buch)Male'rei *f*

ennéa|gonal [ɛ(n)neagɔnal, ãne-] *adj* ⟨-aux⟩ *math* neuneckig; *Prisma* neun-seitig; **~gone** [-gon, -gɔn] *math* **I** *m* Neuneck *n*; **II** *adj cf* ennéagonal; **~llabe** *métr* **I** *adj* neunsilbig; **II** *m* Neunsilber *m*

enneigé [ãneʒe] *adj* schneebedeckt; mit Schnee bedeckt; verschneit; einge-schneit

enneigement [ãneʒmã] *m* Schneehöhe *f*; Schneeverhältnisse *n/pl*; **bulletin** *m* **d'~** Schneebericht *m*

ennemi(e) [enmi] **I** *m(f)* Feind(in) *m(f)*; Gegner(in) *m(f)*; 'Widersacher(in) *m(f)*; **ennemi public numéro un** Staatsfeind *m* Nummer eins; **ennemi de l'alcool** Feind des Alkohols; Alkoholgegner *m*; **attaquer, battre, vaincre l'ennemi** den Feind angreifen, schlagen, besiegen; **c'est son pire ennemi** das ist sein ärgster, schlimmster Feind, sein Haupt-feind; **se faire des ennemis** sich Fein-de machen, schaffen; **se faire un enne-mi de** qn sich j-n zum Feind machen; **passer à l'ennemi** (zum Feind) 'über-laufen; **tomber aux, entre les mains de l'ennemi** in Feindeshand fallen; dem Feind in die Hände fallen; *fig* **c'est toujours ça de pris sur l'ennemi** das wäre erst, schon einmal gewonnen; das ist immerhin etwas; **II** *adj* feindlich; gegnerisch; verfeindet; Feind…; **frères ennemis** feindliche Brüder *m/pl*; **posi-tions ennemies** feindliche Stellungen *f/pl*; **en pays, territoire ennemi** im, in Feindesland; **être ~ de** qn, qc j-m, e-r Sache feind sein; **être ~ du tabac** ein Feind des Nikotins sein; ein Nikotin-gegner sein; **être ~ de toute violence** ein Gegner, Feind jeglicher Gewalt sein

ennième [enjɛm] *adj cf* **nième**

ennoblir [ãnɔblir] *v/t fig* adeln; aus-zeichnen; ehren

ennuag|ement [ãnɥaʒmã] *m météo* Be-wölkungsmenge *f*; **~er** *v/pr* ⟨-geait⟩ s'~ *Himmel* sich bewölken; sich (mit Wol-ken) bedecken; sich beziehen; sich trüben; *adjt* ciel ennuagé bewölkter Himmel

ennui [ãnɥi] *m* **1.** *meist pl* **~s** Ärger *m*; Unannehmlichkeiten *f/pl*; Schwierigkei-ten *f/pl*; Ungelegenheiten *f/pl*; 'Wider-wärtigkeiten *f/pl*; Verdruß *m*; F Sche-'reien *f/pl*; **attirer, causer, faire des ~s à** qn j-m Ärger *etc* machen, bereiten; **avoir toutes sortes d'~s** e-e Menge Ärger *etc* haben *bzw* bekommen, F kriegen; **avoir des ~s d'argent** in Geldschwierigkeiten, in Geldverlegen-heit sein; **l'~, c'est que …** das Dumme, Ärgerliche (an der Sache) ist, daß …; die Schwierigkeit liegt darin, daß …; **2.** Lange'weile *f* (*auch* Langweile *f*); 'Über-druß *m*; **mourir, F crever d'~** F vor Langeweile sterben, 'umkommen, ver-gehen, eingehen; sich zu Tode langwei-len; **faire mourir** qn **d'~** F j-n zu Tode langweilen

ennuyant [ãnɥijã] *adj selten cf* **ennuyeux**

ennuyé [ãnɥije] *adj* **1.** verstimmt; ärger-lich; verärgert; **je suis très ~** *auch* es ist mir unangenehm, ich bin in e-r unange-nehmen, schwierigen Lage; **2.** besorgt; beunruhigt; bekümmert

ennuyer [ãnɥije] ⟨-ui-⟩ **I** *v/t* **1. ~** qn j-n stören, belästigen, ärgern, verdrießen; j-m lästig sein, werden, fallen; j-m auf die Nerven gehen, F auf den Wecker fallen;

si cela vous ennuie, n'y allez pas
wenn es Ihnen nicht paßt *od* lästig ist,
gehen Sie nicht hin; **il m'ennuie avec
ses questions perpétuelles** er fällt
mir lästig mit s-n ewigen Fragen; F er
geht mir auf die Nerven mit s-r (ewigen)
Fragerei; **cela m'ennuierait d'arriver
en retard** es wäre mir unangenehm *od*
nicht recht, wenn ich zu spät kommen
würde; **cela vous ennuierait-il
d'attendre un moment?** würde es
Ihnen etwas ausmachen, e-n Augenblick
zu warten?; **2.** ~ **qn** j-n langweilen; j-m
Lange'weile verursachen; j-m 'Überdruß
bereiten; F j-n anöden; ~ **qn à mourir** F
j-n zu Tode langweilen; **3.** ~ **qn** j-n beun-
ruhigen, stören; j-m Sorgen, Kummer
machen, keine Ruhe lassen; **II** *v/pr* **s'** ~ **4.**
sich langweilen; Lange'weile haben, ver-
spüren, empfinden; **s'** ~ **avec qn**, **en la
compagnie de qn** sich mit j-m, in j-s
Gesellschaft (*dat*) langweilen; **5. s'** ~ **de
qn** j-n vermissen; sich nach j-m sehnen;
s' ~ **de Paris** sich nach Paris sehnen
ennuyeux [ɑ̃nɥijø] *adj* ⟨**-euse**⟩ **1.** *Situa-
tion, Frage etc* ärgerlich; lästig; peinlich;
unangenehm; unerquicklich; leidig; ver-
drießlich; fa'tal; **c'est bien** ~ das ist sehr
ärgerlich; **c'est** ~ **à dire** es ist unange-
nehm, ihm (*bzw* ihr *etc*) das sagen zu
müssen; **2.** *Gespräch, Buch, Mensch etc*
langweilig; fad; *Buch, Leben, Gegend
auch* öde
énol [enɔl] *m chim* E'nol *n*; ~**ique** *adj*
e'nolisch; ~**isation** *f* Enoli'sierung *f*
énoncé [enɔ̃se] *m* Ausdruck *m*; Äuße-
rung *f*; Darlegung *f*; *ling* Aussage *f*; *e-s
Urteils, e-r Urkunde* Wortlaut *m*; Text *m*;
math Bedingungen *f/pl*; Gegebenheiten
f/pl; Vor'aussetzungen *f/pl*; Angaben
f/pl; *jur* ~ **des faits** Tatbestand *m*;
Sachverhalt *m*; *math* ~ **du problème**
Aufgabenstellung *f*
énoncer [enɔ̃se] ⟨**-ç-**⟩ *v/t Gedanken etc*
ausdrücken, -sprechen; formu'lieren;
zum Ausdruck bringen; darlegen;
Grundsatz aufstellen; *Sachverhalt* darle-
gen, -stellen; angeben; *Tatsachen* berich-
ten; *Zahl* lesen; *Mathematikaufgaben*
geben; stellen
énonci|atif [enɔ̃sjatif] *adj* ⟨**-ive**⟩ *gr*
proposition énonciative Aussagesatz
m; ~**ation** *f* **1.** Erklärung *f*; Darlegung *f*;
Formu'lierung *f*; Aussage *f*; **2.** *jur* Anga-
be *f*; Vermerk *m*; Eintrag *m*
enorgueillir [ɑ̃nɔrɡœjir] **I** *v/t* stolz, *péj*
über'heblich machen; **II** *v/pr* **s'** ~ **de qc**
stolz sein *bzw* werden auf etw (*acc*); *péj*
sich etwas einbilden, zu'gute halten auf
etw (*acc*)
énorme [enɔrm] *adj* e'norm; ungeheuer
(groß); gewaltig; mächtig; riesig; riesen-
groß; Riesen...; *Reichtümer auch* uner-
meßlich; *Ungerechtigkeit auch* maßlos;
Fehler auch kraß; *Dummheit auch* bo-
denlos; *Preis auch* unerschwinglich; *Ver-
brechen, Anschuldigung* ungeheuerlich;
Unterschied auch himmelweit; *Erfolg,
Mehrheit auch* über'wältigend; **masse** *f*,
quantité *f*, **somme** *f* ~ *auch* Unmasse *f*,
Unmenge *f*, Unsumme *f*; **c'est** ~ **!** das ist
enorm, erstaunlich, ungeheuer, aller-
hand!
énormément [enɔrmemɑ̃] *adv* **1.**
e'norm; ungeheuer; gewaltig; mächtig;
riesig; **cela me fait** ~ **plaisir** das freut
mich riesig; **2.** ~ **de** außerordentlich,
sehr, F ungeheuer, unwahrscheinlich,
schrecklich viel(e); **je me suis donné** ~
de mal F ich habe mich ungeheuer
angestrengt, mir schrecklich viel Mühe
gegeben
énormité [enɔrmite] *f* **1.** *e-s Verbre-
chens, e-r Beleidigung etc* Ungeheuer-
lichkeit *f*; *e-s Körpers* Riesenhaftigkeit *f*;

gewaltige, erstaunliche Größe; *e-r Auf-
gabe* gewaltiger 'Umfang; Größe *f*; **2.**
Ungeheuerlichkeit *f*; bodenlose, bei-
spiellose Dummheit; Riesendummheit
f, F -quatsch *m*, -blödsinn *m*
énostose [enɔstoz] *f path* Enos'tose *f*
énou|age [enwaʒ] *m text* Noppen *n*; ~**er**
v/t noppen
enquérir [ɑ̃kerir] *v/pr* ⟨*cf* **acquérir**⟩ *st/s*
s' ~ **de qc** sich nach etw erkundigen, sich
über etw (*acc*) infor'mieren, *st/s* etw
erfragen (**auprès de qn** bei j-m)
enquête [ɑ̃kɛt] *f* **1.** *statistische, wissen-
schaftliche etc* Unter'suchung *f*; *Statistik
auch* Erhebung *f*; 'Umfrage *f*; Befragung
f; Rundfrage *f*; *pol, écon auch* En'quete *f*;
e-r Zeitschrift etc (ausführlicher) Be-
richt; Dokumentati'on *f*; Re'port *m*;
Befragung *f*; 'Umfrage *f*; *par ext* Erkun-
digung *f*; Nachforschung *f*; ~ **d'opinion**,
par sondage Meinungsumfrage *f*,
-befragung *f*; **faire sa petite** ~ **auprès
des gens** sich bei den Leuten 'umhören;
mener, effectuer, conduire une ~ e-e
Untersuchung *etc* 'durchführen; Erhe-
bungen anstellen; **2.** *jur* Ermittlungen
f/pl; Unter'suchung *f*; Beweisaufnahme
f, -erhebung *f*; ~ **administrative** be-
hördliche Ermittlungen; ~ **judiciaire**,
parlementaire gerichtliche, parlamen-
tarische Untersuchung; ~ **préliminaire**
Voruntersuchung *f*; *mar mil* ~ **du pavil-
lon** Flaggenkontrolle *f*; **ouvrir une** ~ e-e
Untersuchung einleiten; Ermittlungen
aufnehmen
enquêt|er [ɑ̃kete] *v/t/indir* ~ **sur qc** e-e
Unter'suchung, Erhebung 'durchfüh-
ren, anstellen in e-r, über e-e Sache; in e-r
Sache ermitteln; etw unter'suchen;
~**eur** *m* **1.** Unter'suchungsbeamte(r) *m*;
2. *Statistik* Meinungsforscher *m*
enquiquin|ant [ɑ̃kikinɑ̃] F *adj Arbeit,
Nachbar etc* lästig; langweilig; F blöd(e);
~**ement** F *m meist pl* ~**s** Ärger *m*; F
Schere'reien *f/pl*; ~**er** F **I** *v/t* ~ **qn** j-m
lästig fallen, F auf die Nerven gehen, auf
den Wecker fallen; F j-n anöden; **II** *v/pr*
ne pas s' ~ **à faire qc** nicht so blöd,
dumm sein *od* sein, ~ **eur** *m*, ~**euse** F *f* lästiger Mensch; lästige Per-
son; F Nervensäge *f*
enracinement [ɑ̃rasinmɑ̃] *m* **1.** *von
Pflanzen* An-, Ein-, Verwurzeln *n*; An-
wachsen *n*; Wurzelschlagen *n*; **2.** *fig*
Verwurzelung *f*; Zustand Verwurzelt-,
Verwachsensein *n*
enraciner [ɑ̃rasine] **I** *v/t* **1.** *Bäume etc*
einpflanzen; *adit* **plantes enracinées
dans le sable** im Sand wurzelnde
Pflanzen *f/pl*; **2.** *fig* ~ **qn dans un pays**
j-n in e-m Land Wurzel(n) fassen, hei-
misch werden lassen; ~ **qc dans l'esprit
de qn** j-m etw anerziehen; etw in j-n
hin'einlegen; *adit:* **profondément en-
raciné** *Menschen* fest verwurzelt, ver-
bunden, verwachsen (**dans** mit); *Ge-
wohnheiten, Gefühle, Vorurteile* tief ein-
gewurzelt; **être enraciné dans ses
habitudes** feste Gewohnheiten haben;
in s-n Gewohnheiten festgefahren sein;
II *v/pr* **s'** ~ **3.** *Pflanzen* (sich) einwurzeln;
Wurzel(n) fassen; anwurzeln; fest-, an-
wachsen; **4.** *fig Menschen* Wurzel(n)
fassen; *Fehler, schlechte Gewohnheit etc*
sich festsetzen; sich einbürgern; *schlech-
te Gewohnheit auch* einreißen
enragé [ɑ̃raʒe] **I** *adj* **1.** *vét* tollwütig; **2.** *fig
Jäger etc* leidenschaftlich; beses-
sen; fa'natisch; **II** *m fig* Rasende(r) *m*;
Fan [fɛn] *m*; Fa'natiker *m*; Verrückte(r)
m; ~ **du football** Fußballfan *m*
enrager [ɑ̃raʒe] *v/i* ⟨**-geons**⟩ *st/s*
j'enrage de (+*inf*) es macht mich ra-
send, ich könnte mich schwarz ärgern,
daß ich ...; **faire** ~ **qn** j-n ärgern, reizen;

j-n wütend machen; F j-n auf die Palme,
auf Touren bringen
enraiement [ɑ̃rɛmɑ̃] *m cf* **enrayement**
enray|age [ɑ̃rɛjaʒ] *m* **1.** *früher von Rä-
dern* Sperren *n*; Hemmen *n*; **sabot** *m* **d'**~
Hemm-, Brems-, Radschuh *m*; Brems-
keil *m*, -klotz *m*; **2.** *e-r Feuerwaffe*
Ladehemmung *f*; ~**ement** *m e-r Epide-
mie, Wirtschaftskrise etc* Eindämmung *f*
enray|er [ɑ̃rɛje] ⟨**-ay-** *od* **-ai-**⟩ **I** *v/t* **1.** *Rad*
sperren; hemmen; **2.** Ladehemmung ver-
ursachen (**une arme à feu bei** e-r
Feuerwaffe); **3.** *fig Krise, gefährliche
Entwicklung* aufhalten; (ab)bremsen;
Einhalt gebieten (+*dat*); *Entwicklung
auch* hemmen; *Kriseneinbruch, Preisstei-
gerung* auffangen; *Epidemie etc* eindäm-
men; unter Kon'trolle bringen; *mil An-
griff* abschlagen; auffangen; **4.** *Stellma-
cherei Rad* verspeichen; Speichen einset-
zen in (+*acc*); **5.** *agr* ~ **un champ** die
erste Furche auf e-m Feld ziehen; **II** *v/pr*
s' ~ *Feuerwaffe* Ladehemmung haben;
~**ure** *f agr* erste Furche
enrégimenter [ɑ̃reʒimɑ̃te] *v/t* in e-e
Partei etc eingliedern; einreihen
enregistrable [ɑ̃r(ə)ʒistrabl(ə)] *adj Fak-
ten, Ereignisse* regi'strierbar; *Tonwerk*
einspielbar
enregistrement [ɑ̃r(ə)ʒistrəmɑ̃] *m* **1.**
*auf Tonband, Schallplatte, Filmstreifen
etc* Aufnahme *f* (*auch Ergebnis*); Auf-
zeichnung *f*; *von Schallplatten auch* Ein-
spielen *n*, -ung *f*; mit e-m Meßgerät
Aufzeichnen *n*, -ung *f*; Regi'strieren *n*,
-ung *f*; ~ **magnétique** Ma'gnetaufzeich-
nung *f*; magnetische Aufzeichnung *f*;
~ **d'une image** Bildspeicherung *f*, -auf-
zeichnung *f*; ~ **des variations de tem-
pérature** Aufzeichnung der Tempera-
turschwankungen; ~ **sur bande ma-
gnétique, sur** *od* **au magnétophone**
(Ton)Bandaufnahme *f*, -aufzeichnung *f*;
~ **sur disque** (Schall)Plattenaufnahme
f; **cabine** *f*, **studio** *m* **d'**~ Aufnahme-
kabine *f*, -raum *m*, -studio *m*; **2.** *jur*
Eintragung *f*; Regi'strierung *f*; (**bureau**
m **de l'**)~ Eintragungs-, Registrier(ungs)-
behörde *f*, -stelle *f* (*in Frankreich Behör-
de, bei der rechtlich wichtige Verhältnisse
verzeichnet werden müssen*); **droit** *m* **d'**~
Eintragungs-, Einschreibungs-, Regi-
striergebühr *f*; **3.** *von Fakten, Beobach-
tungen etc* Verzeichnen *n*, -ung *f*; Auf-
zeichnen *n*, -ung *f*; Regi'strieren *n*, -ung *f*;
Vermerken *n*; Erfassen *n*, -ung *f*; Verbu-
chen *n*, -ung *f*; *e-r Bestellung* Aufnahme
f; ~ **dans un procès-verbal** Protokol-
'lierung *f*; **4.** ~ **des bagages** Ge-
päckabfertigung *f*; Gepäckaufgabe
(-stelle) *f*; Gepäckannahme(stelle) *f*;
bulletin *m* **d'**~ Gepäckschein *m*; **5.**
EDV Satz *m*
enregistrer [ɑ̃r(ə)ʒistre] *v/t* **1.** *auf Ton-
band etc* aufnehmen; aufzeichnen;
Schallplatten auch einspielen; mit
Meßinstrumenten regi'strieren; (selbst-
tätig) aufzeichnen; verzeichnen; schrei-
ben; *Bild* aufzeichnen; speichern; ~ **de la
musique sur bande, sur disque** Mu-
sik auf Band, auf (e-e) (Schall)Platte
aufnehmen; ~ **les pulsations du cœur,
les séismes** die Herzschläge, die Erdbe-
ben aufzeichnen, registrieren; **faire** ~ **sa
voix** s-e Stimme aufnehmen lassen; **ce
pianiste n'a encore rien enregistré**
dieser Pianist hat noch keine (Schall-)
Plattenaufnahmen gemacht, noch nichts
eingespielt; *abs* ~ **pour une marque de
disques** für e-e (Schall)Plattenfirma
Aufnahmen machen; **2.** *Fakten, Beob-
achtungen, Ereignisse* ver-, aufzeichnen;
regi'strieren; festhalten; vermerken; zur
Kenntnis nehmen; *Daten etc auch* erfas-
sen; *Wort in ein Wörterbuch, Bestellung*

aufnehmen; *Reklamationen* entgegennehmen; *Fortschritte, Tendenzen* verzeichnen; ⁓ qc dans sa mémoire sich etw merken, einprägen; etw registrieren, verbuchen; **on enregistre actuellement une tendance à la hausse** zur Zeit ist e-e Auftriebstendenz zu verzeichnen; *abs* c'est enregistré ich denke bestimmt daran; ich habe es mir gemerkt; **3. a)** *jur* (in ein Re¹gister) eintragen; regi¹strieren; einschreiben; **b)** *Buchführung* buchen; in ein Re¹gister eintragen; **4.** *Gepäck* abfertigen; faire ⁓ aufgeben

enregistreur [ãr(ə)ʒistrœr] **I** *adj* ⟨-euse⟩ aufnehmend; regi¹strierend; selbstschreibend; Regi¹strier...; **appareil** ⁓ Registrier-, Aufnahmegerät *n*; **baromètre** ⁓ Baro¹graph *m*; **caisse enregistreuse** Registrierkasse *f*; **thermomètre** ⁓ Thermo¹graph *m*; **II** *m* **1.** ⁓ **de pression, de temps** Druck-, Zeitschreiber *m*; **2.** *in Belgien* Tonbandgerät *n*

enrhum|é [ãryme] *adj* erkältet; verschnupft; être ⁓ *auch* e-e Erkältung, e-n Schnupfen haben; **⁓er I** *v/t* e-e Erkältung, e-n Schnupfen verursachen, auslösen (qn [bei] j-m); **le moindre courant d'air suffit à l'⁓** beim geringsten Luftzug erkältet er sich, bekommt er Schnupfen; **II** *v/pr* s'⁓ sich erkälten; sich e-e Erkältung, e-n Schnupfen holen, zuziehen; e-e Erkältung, e-n Schnupfen bekommen

enrichir [ãriʃir] **I** *v/t* **1.** ⁓ qn j-n reich, wohlhabend machen; j-m Geld, Reichtümer einbringen; *adit* enrichi reich geworden; **2.** *Sammlung* bereichern, vergrößern (de qc um etw); *Wissen, Kenntnisse* bereichern; erweitern; vertiefen; *Wortschatz* erweitern; *Sprache, Erzählung* bereichern; **son esprit** s-n Horizont erweitern; *p/p Armreif etc* enrichi de diamants (reich) mit Diamanten besetzt, geschmückt; **3.** *tech Erz* anreichern; *adit* uranium enrichi angereichertes Uran; **II** *v/pr* s'⁓ reich, wohlhabend werden; zu Geld, Reichtümern kommen; *péj* sich bereichern

enrichiss|ant [ãriʃisã] *adj* *Lektüre* gewinn-, nutzbringend; lohnend; **⁓ement** *m* **1.** e-r *Person, Klasse,* e-s *Landes* Reichwerden *n*; *péj* Bereicherung *f* (*auch jur*); ⁓ **sans cause** ungerechtfertigte Bereicherung; **2.** e-r *Sprache, Sammlung etc,* von *Kenntnissen* Bereicherung *f*; Erweiterung *f*; von *Kenntnissen auch* Vertiefung *f*; **3.** *tech von Erz, Uran* Anreicherung *f*; procédé *m* d'⁓ Anreicherungsverfahren *n*

enrob|age [ãrɔbaʒ] *m od subst* ⁓**ement** *m* **a)** *tech, allg* Um¹hüllen *n*, -ung *f*; Um¹manteln *n*, -ung *f*; *cuis, phm* Über¹ziehen *n*; *von Zigarren* Um¹rollen *n* mit dem Deckblatt; Decken *n*; *Kaffeerösterei* Zugabe *f* von Gla¹surmitteln; *bei der Konservierung von Früchten, Eiern etc* Um¹geben *n* mit e-m luftdichten ¹Überzug; *Straßenbau* installation *f* d'⁓ Mischanlage *f*; **b)** *Ergebnis* ¹Überzug *m*; Hülle *f*

enrob|er [ãrɔbe] *v/t* **1.** *allg* um¹hüllen; um¹manteln; um¹kleiden; mit e-r (Schutz)Hülle um¹geben; *Lebensmittel* luftdicht verpacken; mit e-m luftdichten ¹Überzug um¹geben; *Früchte* kan¹dieren; *phm Tabletten* mit Zuckermasse über¹ziehen; *bât Baustoffe* mit e-m Bindemittel vermischen; *p/p* glace enrobée de chocolat Eis mit Schokoladenüberzug; **2.** *fig Vorwürfe etc* einkleiden, verpacken (de in + *acc*); verbrämen (mit); **⁓euse** *f* für Bonbons *etc* Über¹ziehmaschine *f*

---

enrochement [ãrɔʃmã] *m Tiefbau* Steinschüttung *f*, -packung *f* (*bei Brückenpfeilern etc*)

enrôlement [ãrolmã] *m* **1.** *hist mil* Anwerbung *f*; Rekru¹tierung *f*; *mar* Anheuerung *f*; Anmusterung *f*; **2.** *fig in e-e Partei etc* Ein-, Beitritt *m*

enrôler [ãrole] **I** *v/t* **1.** *hist mil Soldaten* anwerben; *mar* anheuern; anmustern; **2.** *fig in e-e Partei, Mannschaft* aufnehmen; **II** *v/pr* s'⁓ **3.** *hist mil* Sol¹dat werden; zu den Fahnen eilen; **4.** *fig* s'⁓ dans un parti in e-e Partei eintreten; e-r Partei beitreten; sich e-r Partei anschließen

enrouement [ãrumã] *m* Heiserkeit *f*

enrouer [ãrwe] **I** *v/t Stimme* heiser, rauh machen; *adit Stimme, Person* enroué heiser; être enroué heiser sein; **II** *v/pr* s'⁓ heiser werden; s'⁓ à force de crier sich heiser schreien

enroulement [ãrulmã] *m* **1.** Her¹umwickeln *n*, -schlingen *n*; *von Pflanzen* Her¹umwinden *n*, -ranken *n*; *von Bändern etc* Aufrollen *n*; Aufwickeln *n*; **2.** *élect* Wicklung *f*; ⁓ **de commutation, de compensation, en tambour** Wendepol-, Kompensati¹ons-, Trommelwicklung *f*; **3.** *arch* Rollwerk *n*; *als Einzelteil* Spi¹ralornament *n*; Schnekkenwindung *f*; Schnörkel *m*; **4.** *bei Kartoffeln* Blattrollkrankheit *f*

enrouler [ãrule] **I** *v/t Landkarte, Teppich etc* ein-, auf-, zu¹sammenrollen; *Faden, Garn, Seil* (auf)wickeln; ⁓ **qc autour de qc** etw um etw (her¹um-)wickeln; *Pflanzen etc* schlingen; ⁓ **qc dans qc** etw in etw (*acc*) (ein)wickeln, einschlagen; ⁓ **du fil sur une bobine** Faden aufspulen, auf e-e Rolle, Spule wickeln; *adit* serpent enroulé sur lui--même zusammengerollte Schlange; papier d'emballage enroulé Packpapier *n* auf Rollen; **II** *v/pr* s'⁓ sich ein-, auf-, zu¹sammenrollen; sich aufwickeln; *Späne etc* sich ringeln; s'⁓ **autour de qc** sich um etw (her¹um)wickeln, schlingen, winden, schlängeln; *Pflanzen auch* ranken; s'⁓ **dans qc** sich in etw (*acc*) (ein)wickeln

enrouleur [ãrulœr] *adj* ⟨-euse⟩ *tech* cylindre ⁓ *od subst* ⁓ *m* Wickeltrommel *f*; galet ⁓ *od subst* ⁓ *m* (Riemen)Spannrolle *f*

enrubanner [ãrybane] *v/t* mit e-m Band, mit Bändern, mit e-r Schleife schmücken, verzieren

ensablement [ãsabləmã] *m* Versanden *n*, *auch* Sandverwehung *f*

ensabler [ãsable] **I** *v/t* **1.** mit Sand bedecken; Sand ablagern auf (+*dat*); *adit* estuaire ensablé versandende, versandete Mündung; **2.** *Boot* auf Sand laufen, treiben lassen; **II** *v/pr* s'⁓ **3.** *Hafen etc* versanden; **4.** *Schiff* auf (e-e) Sand(bank) laufen, treiben, geraten; *Auto* im Sand einsinken, steckenbleiben; *Meerestiere* sich im Sand eingraben

ensach|age [ãsaʃaʒ] *m* Abfüllen *n*, Abpacken *n* in Säcke *bzw* in Tüten; Absakken *n*; **⁓er** *v/t Zement, Korn etc* in Säcke (ab)füllen, (ab)packen; absacken; *Bonbons etc* in Tüten (ab)füllen, (ab)packen; **⁓euse** *f* Sackabfüllanlage *f*, -maschine *f*

ensanglanter [ãsãglãte] *v/t Kleider, Gesicht etc* mit Blut verschmieren, beflecken, besudeln (*auch fig*); *adit* ensanglanté blutverschmiert, -befleckt, -besudelt; blutig; voll(er) Blut; *Land* mit Krieg, mit blutigen Wirren über¹zogen

enseignant [ãsɛɲã] **I** *adj* corps ⁓ Lehrerschaft *f*; Lehrer *m/pl*; Erzieher *m/pl*; *e-r Schule* personnel ⁓ Lehrkörper *m*; Lehrkräfte *f/pl*; Lehrerkollegium *n*; **II** *m* meist pl ⁓s Lehrkräfte *f/pl*; Lehrende(n) *m/pl*

---

enseigne¹ [ãsɛɲ] *f* **1.** (Aushänge-, Laden-, Firmen)Schild *n*; ⁓ (commerciale) Firmenschild *n*; ⁓ publicitaire Re¹klameschild *n*; ⁓ au néon Neonschild *n*, -leuchtzeichen *n*, -reklame *f*; ⁓ d'une auberge Gasthaus-, Wirtshausschild *n*; *fig* être logé à la même ⁓ in der gleichen Lage sein; im gleichen Boot sitzen; **2.** *hist mil* Feldzeichen *n*; **3.** *loc/conj litt* à telle(s) ⁓(s) que der Beweis hierfür ist; so daß so¹gar

enseigne² [ãsɛɲ] *m mar mil* ⁓ **de vaisseau de 1ʳᵉ, 2ᵉ classe** Oberleutnant *m*, Leutnant *m* zur See

enseignement [ãsɛɲmã] *m* **1.** ¹Unterricht *m*; *als Tätigkeit auch* Unterrichten *n*; *als Institution* Schul-, ¹Unterrichtswesen *n*; ⁓ **commercial** a) Handelsunterricht *m*; b) Handelsschulwesen *n*; ⁓ général der Allgemeinbildung dienender Unterricht; ⁓ libre *od* privé (*bes* katholisches) Pri¹vatschulwesen *n*; ⁓ obligatoire Schulpflicht *f*; ⁓ primaire, secondaire, supérieur *cf* primaire 1., secondaire 2., supérieur **I 2. a)**; ⁓ public staatliches Schulwesen *n*; ⁓ religieux Religi¹onsunterricht *m*; ⁓ technique, professionnel a) Fach-, Berufsschulunterricht *m*; b) Fach-, Berufsschulwesen *n*; ⁓ théorique, pratique, clinique theoretischer, praktischer, klinischer Unterricht; ⁓ du dessin, de la grammaire, des langues Zeichen-, Gram¹matik-, Sprachunterricht *m*; ⁓ des langues vivantes Unterricht in den lebenden Sprachen; ⁓ par correspondance Fernunterricht *m*; établissement *m* d'⁓ Unterrichtsanstalt *f*; Lehrstätte *f*; matière *f* d'⁓ Lehr-, Unterrichtsfach *n*; programme *m* d'⁓ Lehrplan *m*; Unterrichtsprogramm *n*; Lehrstoff *m*; **2.** *par ext* Lehrberuf *m*; Lehrfach *n*; Schuldienst *m*; être dans l'⁓ im Schuldienst, Lehrfach sein; **3.** ⟨*meist pl*⟩ Lehre(n) *f(pl)*; tirer des ⁓s de qc aus etw die Lehre ziehen

enseigner [ãsɛɲe] *v/t* ⁓ qc à qn j-n etw lehren; j-n in etw (*dat*) unter¹richten, unter¹weisen; F j-m etw beibringen; ⁓ l'anglais, le dessin, les mathématiques Englisch, Zeichnen, Mathematik unterrichten, geben; *an der Universität* la médecine légale Gerichtsmedizin lehren, lesen; Vorlesungen in der Gerichtsmedizin halten; ⁓ avec la méthode X nach der Methode X unterrichten; *abs* ⁓ à la Sorbonne an der Sorbonne lehren, lesen, Vorlesungen halten; *adit* matière enseignée Lehr-, ¹Unterrichtsfach *n*

ensellure [ãselyr] *f anat* Lor¹dose *f*

ensemble [ãsãbl(ə)] **I** *adv* **1.** mitein¹ander; zu¹sammen; bei¹sammen; beiein¹ander; gemeinsam; tous ⁓ alle miteinander *etc*; *Personen, Dinge* aller ⁓ zusammenpassen; zueinander passen; *auch* zusammengehören; *Personen* être bien, mal ⁓ sich gut, schlecht verstehen, vertragen; gut, schlecht miteinander, zusammen leben; faire qc ⁓ etw zusammen, miteinander, gemeinsam tun; mettre qc ⁓ etw zusammenlegen, -setzen, -stellen, -tun; *Bücher etc* être rangé ⁓ beieinander-, beisammenstehen; ce meuble est plus cher que tous les autres ⁓... als alle andern zusammen; **2.** gleichzeitig; zur gleichen Zeit; zu¹gleich; ne parlez pas tous ⁓! redet nicht alle gleichzeitig, zugleich, auf einmal!; **II** *m* **1.** Ganze(s) *n*; Gesamtheit *f*; Ganzheit *f*; *von Fragen etc* Kom¹plex *m*; zu¹sammenhängende Gruppe; ⁓ compact kompaktes Ganzes; dichtgedrängter Komplex; *Statistik* ⁓ statistique statistische Masse; Kollek¹tiv *n*; Popula-

ti'on f; l'~ des faits die Gesamtheit der Fakten; un ~ de faits e-e Gruppe zusammenhängender Fakten; ein Komplex von Fakten; l'~ des professeurs das Lehrerkollegium; die Lehrerschaft; l'~ du territoire national das gesamte Staatsgebiet; impression f d'~ Gesamteindruck m; plan m d'~ Gesamt-, 'Übersichtsplan m; vue f d'~ Gesamtansicht f; 'Überblick m, -sicht f; loc/adv dans l'~ insgesamt; im (großen und) ganzen; alles in allem; im allgemeinen; dans son ~ in s-r Gesamtheit; 2. Zu-'sammenspiel n, -wirken n, -klang m; Über'einstimmung f; von e-m Gemälde etc manquer d'~ nicht ausgewogen, einheitlich, harmonisch sein; 3. mus En'semble n; ~ instrumental, vocal Instrumen'tal-, Vo'kalensemble n; 4. a) von Bauwerken Kom'plex m; Gruppe f; grand ~ Groß-, Wohnsiedlung f; Tra-'bantenstadt f; ~ industriel Indu'strieanlage f, -komplex m; b) von Möbeln etc Garni'tur f; Gruppe f; ~ décoratif geschmackvolle (Wohnzimmer- etc) Einrichtung f; in Werbeanzeigen l'~ 3000 F (Wohnzimmer etc) komplett 3000 frs; c) cout En'semble n; Kom'plet n; ~ de plage Strandensemble n; 5. math Menge f; théorie f des ~s Mengenlehre f

ensembl|ier [ãsãblije] m 1. Innenarchitekt m; 2. cin Ausstatter m; ~iste adj math zur Mengenlehre gehörend

ensemenc|ement [ãsmãsmã] m 1. Aus-, Einsaat f; Aus-, Einsäen n; 2. e-s Nährbodens Beimpfen n; ~er v/t <-ç-> 1. agr aus-, einsäen; säen; Feld besäen; 2. Teich, Fluß mit Fischbrut besetzen; Fische einsetzen in (+acc); 3. Nährlösung, Nährboden (mit Bak'terien etc) beimpfen

enserrer [ãsere] v/t (eng) um'schlingen, um'schließen; Taille etc einzwängen; einschnüren; ~ le cou am Hals einschneiden; den Hals einschnüren

enseuillement [ãsœjmã] m bât Fensterbretthöhe f

ensevel|ir [ãsəv(ə)lir] I v/t 1. litt (enterrer) begraben; bestatten; auch in ein Leichentuch hüllen; 2. ~ qn, qc Lawine etc j-n, etw unter sich begraben; j-n, etw verschütten; Wellen j-n, etw verschlingen; Menschen bei e-m Unglück être enseveli (sous les décombres) (unter den Trümmern) verschüttet, begraben werden bzw sein; 3. fig Vorfall etc verbergen; begraben; II v/pr fig s'~ dans la solitude sich (ganz) von der Welt zu'rückziehen; ~issement m 1. litt (enterrement) Begräbnis n; Bestattung f; auch Einhüllen n in ein Leichentuch; peint ♀ du Christ Caravaggio Grablegung f Christi; Massys Beweinung f Christi; 2. e-r Stadt etc Begraben-, Verschüttetwerden n; Zerstörung f; e-s Schatzes etc Vergraben n

ensiforme [ãsifɔrm] adj bot Blätter schwertförmig; Pflanze schwertblätt(e)rig

ensil|age [ãsilaʒ] m agr a) Einlagern n, -ung f im Silo; Si'lieren n; Einsauern n, bes Einsäuern n, -ung f; Gärfutterkonservierung f, -bereitung f; b) Gärfutter n; (En)Si'lage f; ~er v/t agr in e-n Silo einlagern, einbringen; einmieten; einsäuern; si'lieren; adjt fourrages ensilés Silofutter n

ensim|age [ãsimaʒ] m text Schmälzen n; ~er v/t text schmälzen

en-soi [ãswa] m philos An'sichsein n

ensoleillement [ãsɔlejmã] m Sonnenbestrahlung f, -einstrahlung f; Sonnenschein m; durée f d'~ Sonnenscheindauer f; journées f/pl d'~ Sonnentage m/pl

ensoleiller [ãsɔleje] v/t 1. sonnig machen; adjt: ensoleillé sonnig; sonnenbeschienen, -durchflutet; côté ensoleillé Sonnenseite f; être ensoleillé sonnig sein; Sonne haben; in der Sonne liegen; von der Sonne beschienen werden; 2. fig Gesicht, Leben erhellen; Leben Glanz bringen in (+acc); verschönern; peint aufhellen

ensommeillé [ãsɔmeje] adj schläfrig (auch Augen); verschlafen; schlaftrunken

ensorcelant [ãsɔrsəlã] adj verführerisch; verlockend; bezaubernd; betörend; faszi'nierend; st/s berückend

ensorcel|er [ãsɔrsəle] v/t <-ll-> 1. Märchengestalt verzaubern; verwünschen; ver-, behexen; adjt ensorcelé verhext; verzaubert; verwunschen; 2. fig bezaubern; betören; verführen; faszi-'nieren; bestricken; in s-n Bann ziehen; e-n Zauber ausüben (qn auf j-n); st/s berücken; ~eur m, ~euse f 1. Zauberer m, Zauberin f; Hexenmeister m, Hexe f; 2. fig Verführer(in) m(f)

ensorcellement [ãsɔrsɛlmã] m 1. Zaube'rei f; Zustand Verzauberung f; Behexung f; fig Zauber m; Reiz m; Bezauberung f

ensouple [ãsupl(ə)] f text Kett(en)baum m

ensuite [ãsɥit] adv 1. zeitlich dann; danach; darauf; nachher; her'nach; hinterher; anschließend; st/s so'dann; als-'dann; et ~ ? und (was) dann?; was weiter?; 2. räumlich dann; dahinter; hinterher; 3. fig ferner; außerdem; zweitens

ensuivre [ãsɥivr(ə)] <cf suivre; déf: nur inf u 3. pers sg u pl; in zusammengesetzten Zeiten wird en abgetrennt> v/pr s'~ sich daraus ergeben; daraus resul'tieren; her-'vorgehen; auch darauf folgen; Diskussion sich anschließen; jur: être condamné à être pendu haut et court jusqu'à ce que mort s'ensuive ... bis der Tod eintritt; et tout ce qui s'ensuit und alles Folgende; und alles, was damit verbunden ist od was das nach sich zieht; unpersönlich il s'ensuit (de là) que ... (verneint u fragend +subj) daraus, hieraus ergibt sich od folgt od geht hervor, daß ...; das hat zur Folge, daß ...

entabl|ement [ãtabləmã] m arch Haupt-, Dachgesims n; e-s Säulentempels Gebälk n; ~er v/t tech über'blatten; ~ure f 1. e-r Schere Schar'nier n; Gelenk n; Drehpunkt m; 2. tech Stoß m

entacher [ãtaʃe] v/t st/s Ansehen, Ruf etc beflecken; besudeln; beschmutzen; entaché d'erreur mit Fehlern behaftet; fehlerhaft; jur entaché de nullité mit e-m Nichtigkeitsmangel behaftet

entaille [ãtaj, -ta-] f 1. Einschnitt m; Kerbe f; Ein-, Auskerbung f; Raste f; Schlitz m; faire, pratiquer une ~ dans, à e-e Kerbe machen in (+acc); 2. (tiefe) Schnittwunde; se faire une ~ dans le doigt sich e-e (tiefe) Schnittwunde am Finger beibringen

entailler [ãtaje, -ta-] I v/t 1. tech einschneiden; einkerben; (aus)kerben; einkehlen; einblatten; einschlitzen; ritzen; Baum auch anritzen; 2. par ext Gesicht etc zerschneiden; II v/pr s'~ le doigt sich tief in den Finger schneiden, mit e-m Beil hacken

entame [ãtam] f cuis e-s Bratens, Brotes etc Anschnitt m; erstes Stück

entamer [ãtame] v/t 1. Vorräte, Schachtel Zigaretten, Flasche Wein etc anbrechen; anfangen; Brot, Braten etc anschneiden; Apfel etc anbeißen; Schachtel Pralinen etc auch anreißen; Geldschein anbrechen; anfangen; Kapital, Erbe an-

greifen; adjt entamé Braten, Brot angeschnitten; Flasche angebrochen; angefangen; Brötchen angebissen; fig la journée est déjà bien entamée es ist nicht mehr früh am Tag; 2. chim angreifen; Diamant: Glas etc ritzen; Rost: Eisen etc angreifen; zer-, anfressen; mil feindliche Linie eindrücken; einbrechen; e-e Bresche schlagen in (+acc); 3. Überzeugung, Glaubwürdigkeit erschüttern; beeinträchtigen; Abbruch tun (+dat); Ehre, Würde, Ruf antasten; angreifen; 4. allg beginnen, anfangen (qc etw od mit etw); Diskussion einleiten; eröffnen; Verhandlungen einleiten; aufnehmen; Gespräch anknüpfen; Geschäft einfädeln; Frage, Problem anschneiden; Werk in Angriff nehmen; ~ la lecture d'un livre ein Buch anfangen, auch anlesen

entartr|age [ãtartraʒ] m Ansatz m, Ablagerung f von Kesselstein; ~er I v/t e-e Ablagerung von Kesselstein bilden in, auf (+dat); adjt radiateur entartré Heizkörper, der Kesselstein angesetzt hat, mit e-m Ansatz von Kesselstein; II v/pr s'~ Kesselstein ansetzen

entasis [ãtazis] f arch Entasis f; En'tase f

entassement [ãtasmã] m 1. Auf-, Anhäufen n, -ung f; (Auf)Stapeln n; Auftürmen n; von Erde, Kartoffeln etc Aufschütten n, -ung f; als Ergebnis auch Haufen m; Berg m; péj Wust m; Durchein'ander n; ~ de papiers Haufen, Wust von Papieren; 2. von Menschen u Tieren Zu'sammenpferchen n, -gepferchtsein n; Zu'sammengedrängtsein n; von Menschenmassen Zu'sammenballung f

entasser [ãtase] I v/t 1. auf-, anhäufen; (auf)stapeln; auftürmen; aufschichten; überein'anderschichten; Erde, Kartoffeln etc aufschütten; Vorräte auch horten; speichern; hamstern; 2. Gefangene etc zu'sammenpferchen (dans in +dat); hin'einpferchen, -zwängen (in +acc); II v/pr s'~ 3. Waren, Post etc sich stapeln, türmen, (an)häufen, ansammeln; 4. Menschenmassen sich zu'sammenballen; sich (dicht zu'sammen)drängen; zu-'sammengepfercht sein; dicht gedrängt stehen

ente [ãt] f e-s Pinsels Griff m; Stiel m

entéléchie [ãteleʃi] f philos Entele'chie f

entendement [ãtãdmã] m 1. Verständnis n; Begriffs-, Erkenntnis-, Fassungsvermögen n; Fassungskraft f; dépasser l'~ unbegreiflich, unverständlich sein; 2. Verstand m (auch philos); Urteilskraft f

entendeur [ãtãdœr] m nur loc à bon ~ salut! Sie wissen bzw du weißt jetzt Bescheid!; Sie sind bzw du bist gewarnt!

entendre [ãtãdr(ə)] <cf rendre> I v/t 1. hören (auch abs); vernehmen; verstehen; ♦ ~ mal a) schlecht, schwer hören; b) e-n Redner etc schlecht verstehen; j'ai mal entendu ich habe mich verhört; ich habe falsch gehört; ne pas ~ qc etw über'hören, nicht hören; ♦ ~ un bruit, un coup de fusil, des cris en Geräusch, e-n Schuß, Schreie hören; on entend souvent cette locution man kann diese Wendung oft hören; ♦ avez--vous entendu ce qu'il a dit ? haben Sie gehört, was er gesagt hat?; à l'~ wenn man ihn (F so) hört; s-n Reden nach; qu'est-ce que j'entends ? was höre ich da?; was muß ich da hören?; ne rien ~ nichts hören; ♦ ~ que ... hören, daß ...; j'entends qu'on marche dans le jardin ich höre Schritte im Garten; ich höre, daß j im Garten geht; j'entends qu'on parle dans l'escalier ich höre Stimmen im Treppenhaus; ♦ ~ chanter, crier, parler, etc singen, schreien, sprechen etc hören; ~ dire qc etw hören;

j'ai entendu dire que ... ich habe gehört, daß ...; ~ qn dire qc j-n etw sagen hören; hören, wie j etw sagt; etw von j-m hören; ~ parler de qn, de qc von j-m, von etw hören, *auch* sprechen, reden hören; j'en ai entendu parler ich habe davon gehört; il ne veut pas en ~ parler er will nichts davon hören; je n'ai plus entendu parler de lui depuis longtemps ich habe schon lange nichts mehr von ihm gehört; j'aime ~ parler français ich höre gern Französisch; je ne l'ai jamais entendu parler de cela ich habe ihn nie davon, darüber sprechen hören; ♦ F il va en ~! F der kriegt was zu hören!; faire celui qui n'a pas entendu *absichtlich* überˈhören; faire ~ *Geräusch, Laut* hören lassen; von sich geben; se faire ~ zu hören sein; *Person* sich Gehör verschaffen; mit s-r Stimme ˈdurchdringen; *Geräusch* hörbar, vernehmbar werden; erschallen; ertönen; F qu'est--ce qu'il ne faut pas ~! F was man da so alles hört!; was muß man da nicht alles so hören!; il ˈrépète partout à qui veut l'~ que ... er erzählt jedem, der es hören will, daß ...; **2. a)** (an)hören; Gehör schenken (+*dat*); *Zeugen, Angeklagte* hören; vernehmen; aller ~ une conférence sich e-n Vortrag anhören; in e-n Vortrag gehen; *st/s* ~ la messe die Messe hören; der Messe beiwohnen; il faut ~ les deux parties man muß beide Parteien hören; après avoir entendu les parties ... nach Anhörung der Parteien ...; ~ raison *cf* raison 1.; être entendu séparément getrennt vernommen werden; il ne veut rien ~ er will nicht hören; *bibl* que celui qui a des oreilles pour ~ entende wer Ohren hat zu hören, der höre; *St Gebete, Klagen etc* erhören; que Dieu vous entende! Gott gebe es!; **3. a)** verstehen; begreifen; ne rien ~ à qc von etw nichts verstehen; für etw keinen Sinn, kein Verständnis haben; ne pas ~ la plaisanterie keinen Spaß verstehen; j'entends bien ich verstehe gut; ich begreife; *auch* ich weiß wohl; es ist mir klar; donner à, laisser ~ qc (à qn) (j-m) etw zu verstehen, erkennen geben; (j-m) etw beˌandeuten; (j-n) etw merken lassen; etw ˈdurchblicken lassen; *je te défends de sortir,* tu entends? ... verstanden?! **b)** verstehen (par unter +*dat*); meinen (mit); qu'entendez-vous par là? was verstehen Sie darunter?; was meinen Sie damit?; was wollen Sie damit sagen?; je l'entends ainsi ich verstehe. meine das so; **4.** *st/s* **a)** beabsichtigen; wollen; qu'entendez-vous faire maintenant? *st/s* was gedenken Sie jetzt zu tun?; faites comme vous l'entendez *st/s* machen Sie es, wies es Ihnen beliebt; **b)** wünschen; erwarten; verlangen; j'entends qu'on m'obéisse, j'entends être obéi ich verlange, erwarte Gehorsam; **II** *v/pr* s'~ **5. a)** s'~ (bien, mal, à merveille) avec qn sich mit j-m (gut, schlecht, wunderbar) verstehen, vertragen; mit j-m (gut, schlecht, wunderbar) auskommen; *reziprok* s'~ sich verstehen, vertragen; miteinˈander auskommen; entendons-nous bien! wohlverstanden!; daß wir uns recht verstehen!; **b)** s'~ avec qn, sur qc sich mit j-m, über etw (*acc*) einigen, verständigen; mit j-m, über etw (*acc*) einig werden; s'~ *auch* zu e-r Verständigung kommen; avec lui il y a moyen de s'~ mit ihm kann man reden; er läßt mit sich reden; **c)** s'~ à qc, s'y ~ pour faire qc sich (gut) auf etw (*acc*) verstehen; etw gut verstehen, kön-

nen; F etw raus haben; F il s'y entend ˈdrôlement en physique F er ist große Klasse, unwahrscheinlich gut in Physik; *abs* il s'y entend er versteht sich darauf; **d)** verstanden werden: (cela) s'entend versteht sich; selbstverständlich; natürlich; ce mot peut s'~ de diverses manières das Wort kann man verschieden auffassen, auslegen; nos prix s'entendent tous frais compris unsere Preise verstehen sich einschließlich aller Unkosten; *quand je dis jamais,* je m'entends: *à moins d'un événement imprévu* ... dann verstehe ich das darunter, dann heißt das ...; **6. a)** gehört werden; zu hören sein; ce mot s'entend encore dies Wort kann man noch hören, hört man noch; cela s'entend tout de suite das hört man gleich; **b)** sich verstehen; die eigene Stimme hören; F tu ne t'entends pas du merkst gar nicht, wie laut du bist; F on ne s'entend plus ici hier hört, versteht man ja sein eigenes Wort nicht mehr; aimer s'~ parler sich gern reden hören; **c)** s'~ dire, répondre que ... die Antwort erhalten, daß ...; s'~ condamner à ... verurteilt werden zu ...

entendu [ãtãdy] *adj* **1.** *Sache* abgemacht; beschlossen; entschieden; (c'est) ~! einverstanden!; abgemacht!; gut!; klar!; geht in Ordnung!; es bleibt dabei!; étant ~ que ... wobei als vereinbart gilt, daß ...; *loc/adv* bien ~ natürlich; selbstverständlich; selbstredend; das versteht sich; *einschränkend* wohlverstanden; wohlgemerkt; allerdings; F comme de bien ~ F versteht sich!; na klar!; **2.** *Miene, Lächeln, Augenzwinkern* verständnisvoll; des Einverständnisses; e-s Komˈplizen

entente [ãtãt] *f* **1.** *Vorgang* Verständigung *f*; Einigung *f*; *Ergebnis* Überˈeinkommen *n*; Überˈeinkunft *f*; Vereinbarung *f*; Abkommen *n*; Abmachung *f*; Absprache *f*; terrain d'~ Gebiet *n*, auf dem man sich verständigen kann; arriver, parvenir à une ~ Einigung erzielen; zu e-m Übereinkommen gelangen; sich verständigen, einigen; **2.** *pol* Enˈtente *f*; Bündnis *n*; Abkommen *n*; *hist* l'♀ (cordiale) die Entente cordiˈale; ~ régionale Regioˈnalabkommen *n*; regionales Abkommen; **3.** *écon* Karˈtell *n*; Zuˈsammenschluß *m*; **4.** Überˈeinstimmung *f*; Einverständnis *n*; Einvernehmen *n*; Eintracht *f*; Einigkeit *f*; gegenseitiges Verstehen; vivre en bonne ~ in gutem Einvernehmen leben; **5.** *loc/adj* à double ~ *Wort, Satz* doppeldeutig

enter [ãte] *v/t tech* ver-, überˈblatten

entéralgie [ãteralʒi] *f path* Enteralˈgie *f*; Leibschmerz *m*; Kolik *f*

entérin|ement [ãterinmã] *m jur e-s Gutachtens etc* Bestätigung *f* (durch das Gericht); ~er *v/t* **1.** *jur* (gerichtlich) bestätigen; **2.** bestätigen; billigen; gutheißen; annehmen

entérˈique [ãterik] *adj méd* enteˈral; douleurs *f/pl* ~s Intesti|nalschmerzen *m/pl*; ~ite *f path* Enteˈritis *f*; Entzündung *f* des Dünndarms

entéro|coque [ãterɔkɔk] *m biol* Enteroˈkokkus *m*; ~kinase *f Biochemie* Enteroˈkinase *f*; ~ptôse *f path* Enteroˈptose *f*; Darmsenkung *f*

enterrement [ãtɛrmã] *m* **1.** *e-s Toten* Beerdigung *f*; Begraben *n*; Bestattung *f*; Beisetzung *f*; *e-s Schatzes etc* Ver-, Eingraben *n*; *von Kadavern, Tieren auch* Verscharren *n*; **2.** *Zeremonie* Beerdigung *f*; Begräbnis *n*; Bestattung *f*; Beisetzung *f*; ~ religieux kirchliches Begräbnis; F *fig* air *m*, mine *f*, tête *f* d'~ Leichenbit-

termiene *f*; Trauermiene *f*; **3.** Trauer-, Leichenzug *m*; Trauergefolge *n*, -geleit *n*; *auch* Trauergemeinde *f*; **4.** *fig von Plänen, Hoffnungen etc* Ende *n*; Aufgabe *f*; Begraben *n*

enterrer [ãtere] **I** *v/t* **1.** *Toten* beerdigen; begraben; bestatten; beisetzen; zu Grabe tragen; être enterré au cimetière de ... auf dem Friedhof von ... begraben sein, liegen; nous l'avons enterré hier wir haben ihn gestern zu Grabe getragen; il est mort et enterré er ist längst tot, unter der Erde; **2.** *par ext* ~ qn j-n überˈleben; noch älter werden als j; **3. a)** *Kadaver, Tiere* vergraben; verscharren; *Schatz, Waffen etc* ver-, eingraben; *Blumenzwiebel etc* eingraben; in die Erde stecken; *fig* ~ la hache de guerre F das Kriegsbeil begraben; **b)** *tech Leitungen* unter die Erde, ˈunterirdisch verlegen; *mil Fabriken etc* unter die Erde (ver-)legen; **4.** être enterré sous les décombres unter den Trümmern verschüttet, begraben werden *bzw* sein, (begraben) liegen; **5.** *fig Geheimnis* begraben, ein-, verschließen (dans son cœur in s-m Herzen); *Streit* begraben; beilegen; *Affäre, Angelegenheit* begraben; vergessen; *Hoffnungen, Pläne, Forderungen* begraben; aufgeben; *Hoffnungen auch* zu Grabe tragen; ~ sa vie de garçon den Abschied von s-m Junggesellenleben feiern; **II** *v/pr* s'~ **6.** *fig* sich zuˈrückziehen (en province in die Provinz); F *auch* sich vergraben (in der Provinz); **7.** *mil* sich eingraben

entêtant [ãtɛtã] *adj Parfüm etc* betäubend; schwer; zu Kopfe steigend

en-tête [ãtɛt] *m <pl* en-têtes> *e-r Zeitung etc* Kopf *m*; Titel *m*; *e-s Briefbogens* (gedruckter) Briefkopf

entêté [ãtete] **I** *adj* eigensinnig; hartnäckig; starrköpfig, -sinnig; halsstarrig; störrisch; *auch* eigenwillig; *Kind auch* trotzig; F stur; dickköpfig, -schädig; **II** *m* Starrkopf *m*; eigensinniger *etc* Mensch; F Dickkopf *m*; Dickschädel *m*; *von Kindern* Trotzkopf *m*

entêtement [ãtetmã] *m* Eigensinn(igkeit) *m(f)*; Starrsinn *m*; Starrköpfigkeit *f*; Hartnäckigkeit *f*; Halsstarrigkeit *f*; F Sturheit *f*; Dickköpfigkeit *f*; Dickschädligkeit *f*

entêter [ãtete] *v/pr* s'~ eigensinnig, starrköpfig, halsstarrig werden; s-n Dickkopf aufsetzen; s'~ dans qc sich auf etw (*acc*) versteifen; (eigensinnig, hartnäckig) auf etw (*dat*) beharren, bestehen, bei etw bleiben, an etw (*dat*) festhalten; sich auf etw (*acc*) kapriˈzieren; s'~ à faire qc sich darauf versteifen, etw zu tun; hartnäckig etw tun; s'~ dans une idée *auch* sich in e-e Idee verrennen; s'~ dans son refus *auch* sich hartnäckig weigern

enthalpie [ãtalpi] *f phys* Enthalˈpie *f*

enthousiasmant [ãtuzjasmã] *adj* begeisternd; hinreißend

enthousiasme [ãtuzjasm(ə)] *m* Begeisterung *f*; Enthusiˈasmus *m*; Entzücken *n*; Leidenschaftlichkeit *f*; Schwung *m*; *Antike* Verzückung *f*; heilige Ergriffenheit; *auch péj* Schwärmeˈrei *f*; ~ aveugle, patriotique blinde, patriotische Begeisterung; avec ~ begeistert; mit Begeisterung; dans l'~ général in der allgemeinen Begeisterung; fête célébrée dans l'~ begeistert, ˈüberschwenglich gefeiertes Fest; faire qc par ~ etw aus Begeisterung tun

enthousiasmer [ãtuzjasme] **I** *v/t* begeistern; in Begeisterung versetzen; entzücken; enthusiasˈmieren; cette lecture m'enthousiasme *auch* ich bin begei-

stert von dieser Lektüre; *p/p* **être en-
thousiasmé par** qc, qn von etw. j-m
begeistert sein; **II** *v/pr* **s'~** sich begeistern
(**pour** für); in Begeisterung geraten
(**über** + *acc*)

enthousiaste [ãtuzjast] **I** *adj* begeistert;
enthusi'astisch; *auch péj* 'über-
schwenglich; schwärmerisch; **applau-
dissements** *m/pl* **~s** begeisterter Bei-
fall; **jeunesse** *f* **~** enthusiastische Ju-
gend; **partisan ~** begeisterter Anhän-
ger; **II** *m* Enthusi'ast *m*; begeisterter,
leidenschaftlicher Bewunderer; *auch péj*
Schwärmer *m*

enthymème [ãtimɛm] *m Logik* Enthy-
'mem *n*; Wahr'scheinlichkeitsschluß *m*

entich|ement [ãtiʃmã] *m* Schwärme'rei
f; Vorliebe *f*; Neigung *f*; **~er** *v/pr* **s'~ de**
qn, qc für j-n, etw schwärmen; sich für
j-n, etw begeistern; sich in j-n vernarren;
être entiché de qn in j-n vernarrt sein

entier [ãtje] **I** *adj* <-ière> **1. a)** ganz;
(durant) une année entière, des an-
nées entières ein ganzes, volles Jahr
(lang), jahrelang; *zo* **cheval ~** Hengst *m*;
le corps ~ der ganze Körper; *bot*
feuilles entières Blätter mit ganzem
Rand; ungezackte Blätter *n/pl*; **lait ~**
'Vollmilch *f*; *math* **nombre ~** ganze
Zahl; **un pain ~** ein ganzes Brot; **des
pays ~s** ganze Länder *n/pl*; **payer place
entière** den vollen Preis bezahlen; **b)**
advt **tout ~** <*inv*> ganz; völlig; 'vollstän-
dig; ganz und gar; über und über; **tout ~
à son travail** ganz in s-r Arbeit vertieft;
avaler qc **tout ~** etw ganz (ver-)
schlucken; **boire une bouteille tout
entière** e-e ganze Flasche (aus)trinken;
se donner tout ~ à une tâche sich e-r
Aufgabe voll und ganz widmen; **2.**
loc/adv **en ~** ganz; *jur* **restitution** *f* **en
~** Resti'tutio in in'tegrum *f*; Wieder-
'einsetzung *f* in den vorigen (Rechts-)
Stand; **écrire son nom en ~** s-n Namen
(ganz) ausschreiben; **lire un article en
~** e-n Artikel ganz lesen; **2. a)** <*meist
vorangestellt*> Vertrauen, Freiheit unein-
geschränkt; unbegrenzt; völlig; abso-
'lut; Vertrauen auch unbedingt; Freiheit
auch vollkommen; Unabhängigkeit, Un-
wissenheit völlig; **avoir une entière
confiance dans** ... uneingeschränktes
etc Vertrauen haben zu ...; **donner
entière satisfaction à** qn j-n voll und
ganz, restlos zufriedenstellen; **b)** *Ruf,
Ansehen* unangetastet; **rester ~** *Pro-
blem, Geheimnis* ungelöst bleiben; *Frage*
offenbleiben; **3.** *Charakter, Mensch* ge-
rade; unbeugsam; di'rekt; *péj auch*
eigensinnig; *Charakter auch* fest; *péj*
starr; **être ~ dans ses opinions** feste
Ansichten haben; **II** *m* **1.** *math* Ganze(s)
n; *beim Bruchrechnen auch* Eintel *n*; **2.**
loc/adv **dans, en son ~** ganz; als Gan-
zes; **3.** *Philatelie* Ganzsache *f*

entièrement [ãtjɛrmã] *adv* ganz; völ-
lig; 'vollständig; voll und ganz; ganz und
gar; gänzlich; zur Gänze

entité [ãtite] *f* **1.** *philos* Enti'tät *f*; Seins-
haftigkeit *f*; Wesenheit *f*; **2.** Wesen *n*;
Gebilde *n*; **~ économique, juridique**
Wirtschafts-, Rechtsgebilde *n*

entoilage [ãtwalaʒ] *m* **1. a)** *von Land-
karten, Bildern* Aufziehen *n* auf Lein-
wand; **b)** *von Segelflugzeugen etc* Be-
spannen *n* (mit Leinwand); **c)** *cout*
Versteifen *n*, -ung *f*; **2. a)** Leinwand
(-bespannung) *f*; **b)** *von Büchern*
(Leinen)Einband *m*; **c)** *cout* Steif-
Schneiderleinen *n*; (Stoff)Einlage *f*;
(Zwischen)Futter *n*

entoiler [ãtwale] *v/t* **a)** *Bilder, Landkar-
ten* auf Leinwand aufziehen; **b)** *Segel-
flugzeug etc* (mit Leinwand) bespannen;
c) *cout* mit Leinen, mit e-r Einlage

versteifen; **d)** *Bücher* in Leinen binden

entôl|age [ãtolaʒ] **F** *m* F Her'einlegen *n*;
Anschmieren *n*; *von e-r Dirne* Bestehlen
n e-s Kunden; **~er** F *v/t* F her'einlegen;
anschmieren; übers Ohr hauen; *Dirne:
Kunden* bestehlen; **se faire ~** F her'einge-
legt, angeschmiert, übers Ohr gehauen
werden; (von e-r Dirne) bestohlen wer-
den; **~eur** F *m* Betrüger *m*; Gauner *m*;
~euse F *f* Dirne, die ihre Kunden
bestiehlt

entolome [ãtɔlɔm] *m bot* Rötling *m*; **~
livide** Riesenrötling *m*

entomo|logie [ãtɔmɔlɔʒi] *f* In'sekten-
kunde *f*; *sc* Entomolo'gie *f*; **~logique**
adj entomo'logisch; **~logiste** *m* In-
'sektenforscher *m*; *sc* Entomo'loge *m*;
~phage [-faʒ] *adj* in'sektenfressend;
~phile [-fil] *adj bot* in'sektenblütig; *sc*
entomo'gam; **plantes** *f/pl* **~s** *auch* In-
'sektenblütler *m/pl*

entonner¹ [ãtɔne] *v/t Wein etc* in Fässer
(ab)füllen

entonner² [ãtɔne] *v/t Melodie* anstim-
men; into'nieren; *fig* **~ l'éloge, les
louanges de** qn ein Loblied auf j-n
anstimmen

entonnoir [ãtɔnwar] *m Gerät, e-r Bombe
etc* Trichter *m*; *géol auch* trichterförmige
Vertiefung; **en (forme d')~** trichterför-
mig

ent|oparasite [ãtɔparazit] *m cf* endo-
parasite; **~optique** *adj physiol* ent-
'optisch; **lueurs** *f/pl* **~s** entoptische
Wahrnehmungen *f/pl*

entorse [ãtɔrs] *f* **1.** *path* Verstauchung *f*;
se faire une ~ au pied sich den Fuß
verstauchen; **2.** *fig* **faire une ~ à** *Gesetz,
Recht, Wahrheit* verdrehen; *Gesetz auch,
Vorschrift, Regel* miß'achten; sich hin-
'wegsetzen über (+*acc*); verletzen; ver-
stoßen gegen; *Recht auch* beugen; **faire
une ~ à ses habitudes** (einmal) von s-n
Gewohnheiten abgehen, gegen s-e Ge-
wohnheiten verstoßen

entortiller [ãtɔrtije] **I** *v/t* **1.** *Apfelsinen,
Bonbons* (ein)wickeln (*und dabei die En-
den zusammendrehen*) (**dans** in +*acc*);
Taschentuch etc (her'um)wickeln (**au-
tour de son doigt** um den Finger); **2.**
fig Stil über'laden; *Sätze* kompli'zieren;
adj **entortillé** überladen; wirr; verwor-
ren; kon'fus; **3.** F *fig* **~** qn j-n beschwat-
zen, für sich einnehmen, F einwickeln; **II**
v/pr **s'~.** *Pflanzen* sich winden, ranken,
Pflanzen, Tiere sich schlingen, wickeln;
Schlange auch sich ringeln (**autour de**
um); **5. a)** F **s'~ dans ses draps** sich in
s-e Decken (ver)wickeln; **b)** *fig* sich
verfangen, verwickeln, verheddern
(**dans** in +*dat*)

entourage [ãturaʒ] *m* **1.** *von Dingen*
Einfassung *f*; Um'randung *f*; Um-
'rahmung *f*; **2.** *e-r Person* Um'gebung *f*;
Umwelt *f*; Gesellschaft *f*; Kreis *m*; *e-s
Herrschers auch* Gefolge *n*; **l'~ prési-
dentiel, du président** die Umgebung
des, der Kreis um den Präsidenten

entouré [ãture] *adj* **a)** um'geben, um-
'säumt (**de** qc von etw); eingesäumt;
eingefaßt (mit etw); **entouré d'amis,
d'ennemis** von Freunden, Feinden um-
geben; **~ de brouillard** in Nebel ge-
hüllt; **~ de légendes** sagenumwoben; **~
de suspicion** von allen Seiten verdäch-
tigt; **b)** *Person* (**très**) **~** viel, sehr um-
'schwärmt; viel bewundert; **être mal ~**
Machthaber schlechte Ratgeber haben;
allg nicht die richtigen Mitarbeiter, Be-
rater haben

entourer [ãture] **I** *v/t* **1. a) ~** qc **de** qc
etw mit etw um'geben, einfassen, um-
'schließen; **~ d'une ficelle** ver-, zu-
schnüren; mit e-r Schnur um'wickeln; **~
de ses flots** um'spülen; um'fluten; **~ de**

murailles mit Mauern um'geben;
Mauern her'umführen um; **~ de mystè-
re** *cf* mystère 1.; **~ de, en rouge** rot
um'randen; **b) ~** qc etw um'geben;
Bäume: Haus auch um'stehen; *Felder:
Hof auch* (rings) her'umliegen um; *Ber-
ge: Tal auch* einschließen; begrenzen;
Personen um etw her'umstehen; sich um
etw versammeln; **2. a) ~** qn **de** qn, qc j-n
mit j-m, etw um'geben; **~** qn **d'égards**
j-n rücksichtsvoll behandeln; **~** qn
d'espions j-n mit Spionen umgeben; **~**
qn **de prévenances** j-m Aufmerksam-
keiten erweisen; j-n mit Aufmerksam-
keiten über'häufen; **b) ~** qn j-n um-
'geben; um j-n her'um sein; *Zuhörer,
Freunde, Schmeichler, Bewunderer* um
j-n her'umstehen; j-n um'ringen, um-
'stehen; sich um j-n drängen, versam-
meln, scharen; F j-n belagern; *Freunde
etc* j-m beistehen, zur Seite stehen (**dans
son malheur** im Unglück); sich um j-n
kümmern; *Gefahren, Verführungen* auf
j-n lauern; *Vergnügungen* j-m geboten
werden; sich j-m bieten; *Soldaten, Polizi-
sten* **~** qn, qc j-n, etw einkreisen, um-
'zingeln; **les gens qui nous entourent**
die Leute, mit denen wir zusammen
sind; **II** *v/pr* **3. s'~ de** qn, qc sich mit
j-m, etw um'geben; sich mit j-m scharen,
(ver)sammeln; **4.** *fig* **s'~ de précautions**
cf précaution

entourloupette [ãturlupɛt] F *f* (übler)
Streich; **faire une ~ à** qn j-m übel
mitspielen; j-m e-n Streich spielen

entournure [ãturnyr] *f* je suis gêné
aux ~s das Kleid *etc* ist mir an den
Schultern, am, unterm Arm zu eng;
spannt über den Schultern, am, unterm
Arm; *fig* **être (un peu) gêné aux ~s** in
e-r schwierigen Situati'on sein; in
(Geld)Schwierigkeiten sein; F knapp bei
Kasse sein

entozoaire [ãtɔzɔɛr] *m zo* Ento'zoon *n*;
Innen-, Binnenschmarotzer *m*

entracte [ãtrakt] *m* **1.** *thé, Kino etc*
Pause *f*; **2.** *mus* Entre'akt *m*; Zwischen-
aktmusik *f*; **3.** *fig* Atempause *f*; kurze
Ruhepause

entraide [ãtrɛd] *f* (gegenseitige) Hilfe,
Unter'stützung; (gegenseitiger) Bei-
stand; **~ judiciaire** Rechtshilfe *f*; **comi-
té d'~** Hilfskomitee *n*

entraider [ãtrede] *v/pr* **s'~** ein'ander,
sich (gegenseitig) helfen, unter'stützen,
beistehen

entrailles [ãtraj] *f/pl* **1.** Eingeweide *pl*;
Gedärme *pl*; **2.** *rel* im *Ave-Maria* **et le
fruit de vos ~** est *béni* und gebene'deit
ist die Frucht Deines Leibes; **3.** *fig* **a)** *der
Erde* Innere(s) *n*; *litt* Schoß *m*; *e-r Stadt
auch* Herz *n*; *e-s Schiffes* Bauch *m*; **b)**
Person **sans ~** gefühl-, herzlos; kalt;
Buch, Theaterstück etc **prendre** qn **aux
~** in tief, bis ins Innerste aufwühlen; j-n
erschüttern

entrain [ãtrɛ̃] *m* Schwung *m*; Tempera-
'ment *n*; Feuer *n*; Begeisterung *f*; Le'ben-
digkeit *f*; **plein d'~** *Mensch* tempera-
mentvoll; aufgeräumt; glänzender Lau-
ne; vor Lebenslust sprühend; unter-
'nehmungslustig; F aufgeredt; *Musik*
schwungvoll; mitreißend; **avec ~** mit
Schwung, Lust, Begeisterung; **sans ~**
lust-, schwunglos; ohne Schwung; **man-
quer d'~** *Mensch* keinen Schwung, kein
Temperament, nichts Mitreißendes (an
sich) haben; *auch Unterhaltung etc*
schwunglos, lustlos, träge sein; *Fest etc*
ça manque d'~ da ist kein Leben, kein
Schwung drin; **mettre de l'~** Leben,
Schwung hineinbringen

entraînant [ãtrɛnã] *adj Melodie* be-
schwingt; packend; mitreißend;
schwungvoll; zündend; *Marschmusik*

auch schmissig; flott

entraînement [ãtrɛnmã] *m* **1.** *sports* Training ['trɛ- *od* 'trɛ:-] *n; allg* Ausbildung *f* (*auch mil*); Schulung *f*; Übung *f*; *des Körpers* Ertüchtigung *f; von Fachkräften* Einarbeitung *f;* Anlernen *n; von Tieren auch* Abrichtung *f;* Dres'sur *f; mil* ~ **sévère** *auch* Drill *m;* Schliff *m; mil* ~ **à la marche, au tir** Marsch-, Schießausbildung *f;* **manque** *m* d'~ Ungeübtheit *f;* mangelnde Übung; *mil* **marche** *f* d'~ Übungsmarsch *m; sports* **match** *m,* **partie** *f* d'~ Trainings-, Übungsspiel *n;* **méthode** *f* d'~ Trainingsmethode *f;* **à l'**~ beim Training; **avoir de l'**~ Übung haben; geschult, eingearbeitet, *sports* trainiert sein; **manquer** d'~ keine Übung, kein Training haben; nicht geübt, trainiert sein; *aus der Übung* sein. **2.** *tech* Antrieb *m;* ~ **par courroies, par engrenages** Riemen-, Zahnradantrieb *m;* **arbre** *m* d'~ Antriebswelle *f;* **3.** *fig* **a)** *der Leidenschaften, Gewohnheiten etc* Kraft *f;* Stärke *f;* Gewalt *f;* Macht *f;* **b)** Trieb *m;* Hang *m;* Neigung *f;* Regung *f*

entraîner [ãtre'ne] **I** *v/t* **1. a)** ~ **qc** *Strömung, Lawine, Sturm etc* etw (mit sich) fortreißen; etw mitnehmen, mit-, wegreißen; *Wasser auch* etw fort-, wegschwemmen, wegführen, wegspülen, mit sich führen, abtreiben; *Gewicht etc* ~ **qn, qc au fond de l'eau** j-n, etw auf den Grund ziehen, in die Tiefe reißen; **b)** *tech Motor: Maschine* antreiben; *Kolben: Pleuel etc auch* mitnehmen; **2.** ~ **qn** j-n mitnehmen, -führen, -ziehen; *bei e-m Sturz* mitreißen, *mit Gewalt od* F mitschleppen; ~ **sa cavalière** s-e Tänzerin führen; ~ **qn dans un coin, vers le buffet** j-n in e-e Ecke ziehen, zum Buffet mitnehmen, führen, F schleppen; **3.** *fig* **a)** *Musik etc* ~ **qn** j-n mit-, hinreißen, begeistern; **b)** ~ **qn dans qc** j-n in etw (*acc*) (mit) hin'einziehen, in etw (*acc*) verwickeln; j-n zu etw veranlassen, verleiten, über'reden; ~ **qn à faire qc** j-n dazu bringen, treiben, veranlassen, bewegen, etw zu tun; **il cherchait à m'**~ **avec lui** er versuchte, mich zum Mitmachen zu überreden, verleiten; **se laisser** ~ **dans une aventure** sich in ein Abenteuer hineinziehen, zu e-m Abenteuer verleiten lassen; **il a été entraîné sur une mauvaise pente** er ist auf die schiefe Ebene geraten; **cela nous entraînerait trop loin** das würde (uns) zu weit führen; **4.** ~ **qc** etw nach sich ziehen, zur Folge, im Gefolge haben, mit sich bringen; ~ **la mort** den Tod zur Folge haben, her'beiführen; **5.** *sports* trai'nieren [trɛ- *od* trɛ:-] (*auch Pferde*); ausbilden; schulen; üben; *Körper* ertüchtigen; *Fachkräfte* einarbeiten; anlernen; *Radsport* als Schrittmacher an'fahren (**qn** j-m); *adjt* **nageur bien entraîné** geübter, gut ('durch)trainierter Schwimmer; **II** *v/pr sports* trai'nieren [trɛ- *od* trɛ:-]; *allg* sich üben (**à** [**faire**] **qc** in etw [*dat*]); *Autofahrer auch* sich einfahren; *Sänger auch* sich einsingen; **s'**~ **à la discussion** sich im Diskutieren *od* in der Diskussion üben

entraîn|eur [ãtrɛnœr] *m* **1.** *sports* **a)** *allg* Trainer ['trɛ- *od* 'trɛː-] *m* (*auch von Pferden*); **b)** *Radsport* Schrittmacher *m;* **2.** *fig* ~ **d'hommes** j. der andere begeistern, mitreißen kann; **3.** *tech* Mitnehmer *m;* **4.** *chim* Träger *m;* ~**euse** *f* **1.** Ani'mierdame *f;* **2.** *sports* Trainerin ['trɛ:- *od* 'trɛ:-] *f*

entrait [ãtrɛ] *m bât* Dach-, Binder-, Bundbalken *m;* **faux** ~ Hahnenbalken *m;* ~ **retroussé** Kehlbalken *m*

entrant [ãtrã] **I** *adj Schüler etc* neu eintretend, hin'zukommend; **II** *m meist*

pl **les** ~**s et les sortants** die Ein- und Ausgehenden *m/pl*

entrave [ãtrav] *f* **1.** *bei Tieren* (Fuß-) Fessel *f* (*auch bei Gefangenen*); **2.** *fig* Fessel *f;* Hemmnis *n;* Hindernis *n;* Behinderung *f,* Störung *f* (*beide auch jur*); *jur:* ~ **à la circulation** Verkehrsbehinderung *f;* ~ **à la liberté des enchères** Störung, Behinderung des freien Ablaufs e-r Versteigerung; ~ **à la liberté du travail** Behinderung von Arbeitswilligen

entraver[1] [ãtrave] *v/t* **1.** *Tiere* (am Fuß) fesseln; *e-e* (Fuß)Fessel anlegen (+*dat*); **2.** *fig Verkehr etc* behindern; beeinträchtigen; hemmen; erschweren; *Pläne etc auch* durch'kreuzen; stören; entgegenhandeln, -wirken (+*dat*); *enger Rock etc* ~ **la marche** beim Gehen (be)hindern, stören, hinderlich sein; *adjt:* **jupe entravée** Humpelrock *m; phon* **voyelle entravée** *m* in geschlossener Silbe; gedeckter Vokal

entraver[2] [ãtrave] *v/t arg* (*comprendre*) verstehen; F ka'pieren

entre [ãtr(ə)] *prép* **1.** **a)** räumlich zwischen (+ *dat bzw acc*); ~ **cela, ces objets, etc** *auch* da'zwischen; **j'étais assis** ~ **lui et sa femme** ich saß zwischen ihm und s-r Frau; **il s'est assis** ~ **ses deux amis** er setzte sich zwischen s-e zwei Freunde; **être** ~ **les mains de qn** in j-s Händen sein; **se faufiler** ~ **les obstacles** sich zwischen den Hindernissen 'durchschlängeln; **laisser de la place** ~ **chaque mot** nach jedem Wort Platz lassen; **b)** *zeitlich* zwischen; ~ **dix et onze heures** zwischen zehn und elf Uhr; **c)** *Beziehung zwischen zwei Personen, Ereignissen, Fakten etc* zwischen; **match** *m* ~ **deux équipes** Spiel *n* zwischen zwei Mannschaften; **couleur** *f* ~ **le gris et le bleu** Farbe *f* zwischen Grau und Blau; **je vous assure qu'il n'y a rien** ~ **nous** ... wir haben nichts miteinander, es ist nichts zwischen uns; **il n'y a rien de commun** ~ **vous et moi** wir haben nichts gemeinsam; uns verbindet nichts; **2.** *bei mehreren Personen, Sachen* unter (+*dat*); von; ♦ **lequel d'**~ **vous?** wer von euch *bzw* Ihnen?; **le meilleur d'**~ **nous** der Beste von uns; **la plupart d'**~ **eux, elles** die meisten von ihnen; *auf Sachen bezogen* die meisten davon; **quelqu'un d'**~ **vous** e-r von euch *bzw* Ihnen; ♦ **amitié** *f* ~ **frères et sœurs** Freundschaft *f* unter Geschwistern; ~ **autres** unter anderem; (**soit dit**) ~ **nous** unter uns, im Vertrauen (gesagt); **dîner** ~ **amis** im Freundeskreis essen; **cousins** *m/pl* **qui se marient** ~ **eux** Geschwisterkinder *n/pl,* die unterein'ander heiraten; **personnes qui parlent** ~ **elles** Menschen, die miteinander sprechen; **l'affaire doit rester** ~ **nous** die Sache muß unter uns bleiben; **ils veulent rester** ~ **eux** sie wollen unter sich bleiben

entrebâillement [ãtrəbajmã] *m* **1.** *e-r Tür, e-s Fensters* Spalt *m;* **dans l'**~ **de la porte** im Türspalt; **2.** *ch de fer* ~ **d'aiguille** Klaffen *n* der Weichenzunge; Halblage *f* der Weiche

entrebâiller [ãtrəbaje] **I** *v/t Tür, Fenster* e-n Spalt (weit), ein wenig, *auch* halb öffnen, aufmachen; anlehnen; *adjt* **fenêtre entrebâillée** angelehntes Fenster; Fenster, das e-n Spalt offensteht; **II** *v/pr* **s'**~ *Fenster, Tür* sich e-n Spalt (weit), ein wenig (herein)öffnen, e-n Spalt (weit) aufgehen

entre-bande [ãtrəbãd] *f* ⟨*pl* **entre--bandes**⟩ *text* Salleiste *f,* -kante *f,* -band *n*

entrechat [ãtrəʃa] *m Ballett* Entre'chat *m;* Kreuzsprung *m; fig* **faire des** ~**s vor**

Freude Luftsprünge *m/pl* machen

entrechoquement [ãtrəʃɔkmã] *m von Geschirr etc* Anein'ander-, Gegenein-'anderstoßen *n,* -schlagen *n;* Klappern *n;* Klirren *n; von Gläsern auch* Klingen *n*

entrechoquer [ãtrəʃɔke] **I** *v/t Geschirr etc* anein'ander-, gegenein'anderstoßen, -schlagen; *Gläser beim Anstoßen* klingen lassen; ~ **la vaisselle** *auch* mit dem Geschirr klappern; **II** *v/pr* **s'**~ *Geschirr etc* anein'ander-, gegenein'anderstoßen, -schlagen; klappern; klirren; *Gläser beim Anstoßen auch* klingen; *Waggons beim Rangieren* zu'sammenstoßen

entrecolonnement [ãtrəkɔlɔnmã] *m arch* Säulenabstand *m,* -weite *f*

entrecôte [ãtrəkot] *f cuis meist vom Rind* Rippenstück *n;* Entre'cote *n*

entrecouper [ãtrəkupe] **I** *v/t* unter-'brechen (**qc de qc** etw durch etw); *adjt* **récit entrecoupé de silences** (ab und zu) durch Schweigen unterbrochener Bericht; **II** *v/pr* **s'**~ *Linien etc* sich (über')schneiden

entrecrois|ement [ãtrəkrwazmã] *m* **1.** *von Balken etc* Kreuzung *f;* **2.** *biol cf* **crossing-over;** ~**er I** *v/t Linien* sich kreuzen, (über')schneiden lassen; *Bänder, Fäden* verflechten; inein'anderschlingen, -flechten; verschlingen; **II** *v/pr* **s'**~ *Linien, Straßen etc* sich kreuzen; sich (über')schneiden

entre-déchirer [ãtrədeʃire] *v/pr litt u fig* **s'**~ ein'ander bekriegen, *p/fort* zerfleischen; *Kritiker* sich gegenseitig her-'untermachen

entre-deux [ãtrədø] *m* ⟨*inv*⟩ **1.** *cout* Einsatz *m;* eingesetzter Teil; Mittelstück *n;* **2.** *cuis e-s Fisches* Mittelstück *n* (*zwischen Kopf u Schwanz*); **3.** Möbel, das zwischen zwei Fenster gestellt wird; **4.** *Basketball vom Schiedsrichter ausgeführter* Sprungball

entre-deux-guerres [ãtrədøgɛr] *m* ⟨*inv*⟩ Zeit *f* zwischen den zwei Weltkriegen

entre-dévorer [ãtrədevore] *v/pr litt* **s'**~ ein'ander verschlingen; sich gegenseitig auffressen

entrée [ãtre] *f* **1.** *von Personen* Eintritt *m;* Eintreten *n;* Her'einkommen *n; von Schauspielern* Auftritt *m;* Auftreten *n; von Reisenden* Einreise *f; von Fahrzeugen* Einfahren *n;* Einfahrt *f; von Schiffen* Einlaufen *n* (**dans un port** in e-n Hafen); *mil von Truppen etc* Einmarsch *m;* Einzug *m;* Einrücken *n; mus e-r Stimme, e-s Instrumentes* Einsatz *m;* Einsetzen *n;* ♦ ~ **interdite!** Eintritt, Zutritt, Eingang verboten!; kein Zugang, Eintritt, Eingang!; ~ **réservée au service!** Eintritt nur dienstlich!; *fig* ~ **dans le monde, dans la vie** Geburt *f;* Geborenwerden *n; e-s Planeten* ~ **dans un signe du zodiaque** Eintritt, Eintreten in ein Tierkreiszeichen; ~ **en action** Tätigwerden *n;* Eingreifen *n; mil* Einsatz *m; mil* ~ **en campagne** Eröffnung *f* des Feldzuges; ~ **en charge, en fonctions** Amtsantritt *m,* -übernahme *f; e-s Zuges* ~ **en gare** Einfahrt *f;* ~ **en guerre** Kriegseintritt *m;* ~ **en jeu de l'aviation** Eingreifen *n* der Luftwaffe; *mil* ~ **en ligne** Einsatz *m; en matière* Einleitung *f,* Einführung *f* (*in ein Gebiet*); *jur* ~ **en possession** Besitzübernahme *f; jur e-s Gesetzes etc* ~ **en vigueur** In'kraftreten *n; ch de fer* **signal** *m* d'~ Einfahrtsignal *n;* **à son** ~ bei s-m Ein- *bzw* Auftreten; als er eintrat, (herein)kam, auftrat; ♦ *fig* **avoir ses (petites et ses grandes)** ~**s chez qn** bei j-m ein und aus gehen; **thé** *m;* **avoir son** ~ beim ersten Auftritt, Auftreten Szenenapplaus bekommen; **faire son** ~ s-n Einzug halten; **faire une** ~

bruyante, discrète lärmend *od* polternd, unauffällig *od* diskret hereinkommen; faire une ~ remarquée bei s-m Kommen viel beachtet werden, Aufsehen erregen; *thé* e-n vielbeachteten Auftritt haben; faire son ~ dans une assemblée e-e Versammlung betreten; in e-e Versammlung kommen; *fig* faire son ~ dans le monde zum erstenmal in der Gesellschaft erscheinen; in die Gesellschaft eingeführt werden; debü-'tieren; *sports* faire son ~ dans le stade ins Stadion einziehen, einlaufen, einfahren; *thé* faire son ~ en scène s-n Auftritt haben; auftreten; *thé* manquer son ~ s-n Auftritt, Einsatz verpfuschen, F verpatzen *bzw* verpassen, versäumen; **2. a)** Eingang *m*; *bei Autobussen* Einstieg *m*; *für Fahrzeuge* Einfahrt *f*; *mil* Zugang *m* (*zu e-r Festung, Brücke etc*); (*kleine Pforte*) Einlaß *m*; *an e-m Bienenkorb* Fluglooch *n*; cour f d'~ Vorhof *m*; porte f d'~ Eingangstür *f*; **b)** *e-s Ärmels etc* Öffnung *f*; Loch *n*; *e-s Kabels etc* Ein-, Zuführung *f*; *aviat* ~ d'air Lufteintritt *m*, -zuführung *f*, -einlaß *m*; ~ de poste An'tenneneinführung *f*, -zuführung *f*; **3.** *in e-e Partei etc* Eintritt *m*; Beitritt *m*; Aufnahme *f*; ~ au lycée Eintritt, Aufnahme ins Gymnasium; ~ d'un pays dans le marché commun Beitritt e-s Landes zum Gemeinsamen Markt; examen *m* d'~ Aufnahmeprüfung *f*; obtenir l'~ dans un club in e-n Klub aufgenommen werden; **4.** *Gebühr* Eintritt *m*; Eintrittsgeld *n*; *auch* Eintrittskarte *f*; *beim Pferderennen* Nennungsgeld *n*; ~ 100 F Eintritt 100 frs; ~ de faveur Freikarte *f*; cette exposition a enregistré 2000~s bei der Ausstellung wurden 2000 Besucher gezählt; **5.** *comm* **a)** ~(s) (*pl*) Einfuhr *f*; port *m* d'~ Einfuhrhafen *m*; **b)** *von Waren, Geld* Eingang *m*; *meist pl* ~s Eingänge *m/pl*; Eingang *m*; ~s de commandes, de marchandises Auftrags-, Wareneingang *m*, -eingänge *m/pl*; **6.** Diele *f*; Vorraum *m*; Flur *m*; **7.** *cuis* erster Gang; Vorspeise *f*; **8.** *EDV* Eingabe *f*; **9.** *in e-m Nachschlagewerk* Stichwort *n*; **10.** *loc/adv* d'~ (de jeu) von Anfang an; gleich zu Beginn, am Anfang; von vornherein

entrefaite [ãtrəfɛt] *f nur loc/adv* sur ces ~s unter'dessen; in'zwischen; mittler-'weile; in diesem Augenblick

entrefer [ãtrəfɛr] *m Magnetismus* Luftspalt *m*

entrefilet [ãtrəfilɛ] *m in e-r Zeitung* kurze No'tiz, Meldung; Pressenotiz *f*, -meldung *f*

entregent [ãtrəʒã] *m* Gewandtheit *f*; gewandtes Benehmen; avoir de l'~ sehr gewandt, kon'taktfreudig sein; mit den Leuten 'umgehen können; leicht Kon-'takt finden

entrejambe [ãtrəʒãb] *m* **1.** *cout e-r Hose* Schritt *m*; **2.** *Schreinerei* Abstand *m* zwischen Tischbeinen, Stuhlbeinen *etc*

entrelacement [ãtrəlasmã] *n von Fäden, Zweigen, Girlanden* Inein'ander-flechten *n*, -schlingen *n*; *Ergebnis* (Inein-'ander)Verflochtensein *n*; *par ext* Knäuel *n od* ~ *m*; *von Linien, Buchstaben* Inein'anderverschlingen *n*; *Ergebnis*

(Inein'ander)Verschlungensein *n*

entrelacer [ãtrəlase] <-ç-> **I** *v/t* Fäden, Bänder *etc* verschlingen; inein'ander-, umein'anderschlingen; (mitein'ander) verflechten; ~ qc avec qc etw in etw (*acc*) einflechten; etw mit etw durch-'wirken; *adit* entrelacé ineinander verschlungen; (ineinander) verflochten; *té-lév* analyse (de l'image par lignes) entrelacée(s) Zeilensprungverfahren *n*; **II** *v/pr* s'~ *Pflanzen, Zweige* sich verflechten; *auch Linien, Bänder* inein-'ander verschlungen, verflochten sein

entrelacs [ãtrəla, -la] *m* **a)** *arch* Flechtdekoration *f*; Flechtwerk *n*; **b)** *e-r Schrift* Verzierung *f*; Schnörkel *m*

entrelarder [ãtrəlarde] *v/t cuis* **a)** Braten *etc* spicken; **b)** *adit* Fleisch entrelardé durch'wachsen

entremêler [ãtrəmele] *v/t* **1.** (ver-) mischen; vermengen; **2.** *fig* ~ qc de qc etw mit etw vermischen; *Bericht etc* entremêlé de citations mit Zitaten vermischt

entremets [ãtrəmɛ] *m cuis* Süßspeise *f* (*nach dem Käse u vor dem Obst*)

entre|metteuse [ãtrəmɛtøz] *f péj* Kupplerin *f*; ~mettre *v/pr <cf* mettre> st/s s'~ vermitteln; sich ins Mittel legen; vermittelnd eingreifen; ~mise *f* **1.** Vermittlung *f*; Fürsprache *f*; *loc/prép* par l'~ de durch die Vermittlung, Fürsprache (+*gén*) **2.** *mar* Genickstag *m*; Knickstag *n*; Schlinge *f*

entre-nœud [ãtrənø] *m* <*pl* entre-nœuds> *bot* Abstand *m* zwischen zwei Knoten; Inter'nodium *n*

entrepont [ãtrəpõ] *m mar* Zwischendeck *n*

entrepos|age [ãtrəpozaʒ] *m* (Ein-) Lagern *n*, -ung *f*; Speichern *n*, -ung *f*; Stapeln *n*, -ung *f*; Lagerhaltung *f*; ~er *v/t* Waren, Kisten *etc* (ein)lagern; speichern; stapeln; *Möbel etc* 'unter-, einstellen; ~eur *m* **1.** Lagerverwalter *m*, -halter *m*, -aufseher *m*; Maga'zinverwalter *m*; **2.** ~ des tabacs staatlicher Gros'sist für den Vertrieb von Tabakwaren

entrepositaire [ãtrəpoziter] *m* **a)** Einlagerer *m*; **b)** Lagerhalter *m*

entrepôt [ãtrəpo] *m* **1.** Lager *n*; Lagerhaus *n*, -halle *f*, -raum *m*; Warenlager *n*; De'pot *n*; Niederlage *f*; Vorratshaus *n*; (*großer*) Speicher; *ch de fer* Güterhalle *f*, -speicher *m*; *par ext* Stapel-, 'Umschlagplatz *m*; 'Umschlag-, Zwischenhafen *m*; ~ frigorifique Kühlhaus *n*, -halle *f*; ~ de carburants, de coton Treibstoff-, Baumwollager *n*; **2.** ~ (de douane) Zollager *n*; Zollniederlage *f*; ~ fictif Zolleigenlager *n*; privates Zollager; ~ réel öffentliches Zollager; öffentliche Zollniederlage *f*; en ~ unter Zollverschluß; unverzollt

entreprenant [ãtrəprənã] *adj* **1.** unter-'nehmend; unter'nehmungslustig; tatkräftig; tätig; einsatzfreudig; rührig; **2.** *gegenüber Frauen* draufgängerisch; *auch* auf-, zudringlich

entreprendre [ãtrəprãdr(ə)] *v/t <cf* prendre> **1. a)** ~ qc etw unter'nehmen, anfangen, beginnen, tun, in Angriff nehmen, F anpacken; sich an etw (*acc*) machen; *Schritt(e)* unter'nehmen; *Nachforschungen* anstellen; aufnehmen; *Arbeit* in Angriff nehmen; ~ la construction d'un immeuble mit dem Bau e-s Hauses anfangen, beginnen; qu'allez-vous ~ maintenant? was werden Sie jetzt tun, unternehmen?; **b)** ~ de faire qc versuchen, es unter'nehmen, es über-'nehmen, sich zum Ziel, zur Aufgabe machen, etw zu tun; **2.** ~ qn *in zu* beeinflussen, zu über'reden (ver)suchen; F sich an j-n her'anmachen; j-m in den

Ohren liegen; ~ qn sur un sujet anfangen, (mit j-m) über ein Thema zu sprechen; F von e-m Thema anfangen

entrepren|eur [ãtrəprənœr] *m* Unter-'nehmer *m*; ~ (de bâtiment) Bauunternehmer *m*; ~ de maçonnerie, de menuiserie, de peinture, de plomberie selbständiger Maurer(meister), Tischler(-), Maler(-), Klempner(-); ~ de transports Trans'port-, Rollfuhrunternehmer *m*; Spedi'teur *m*; ~ de travaux publics (Tief)Bauunternehmer *m*; ~euse *f* Unter'nehmerin *f*

entreprise [ãtrəpriz] *f* **1.** Unter'nehmen *n*, -ung *f*; Vorhaben *n*; ~ audacieuse, téméraire *auch* (kühnes) Unter'fangen; ~ colossale, difficile gewaltiges, schwieriges Unternehmen; avoir l'esprit d'~ unternehmungslustig sein; **2.** *écon* Unter'nehmen *n*; Betrieb *m*; Werk *n*; Firma *f*; Geschäft *n*; ~ artisanale Handwerksbetrieb *m*; handwerklicher Betrieb; ~ commerciale Handelsunternehmen *n*; kaufmännischer Betrieb; ~ coopérative Genossenschaft *f*; genossenschaftlicher Betrieb; ~ familiale Fa-'milienbetrieb *m*, -unternehmen *n*; grande ~ Großunternehmen *n*, -betrieb *m*; ~ industrielle Indu'striebetrieb *m*; ~ individuelle Einzelunternehmen *n*; *par ext* la libre ~ das freie Unternehmertum; petite ~ Kleinbetrieb *m*; kleiner Betrieb; kleines Unternehmen; ~ privée Pri'vatbetrieb *m*, -unternehmen *n*; ~ publique öffentliches Unternehmen; ~ sociétaire Gesellschaftsunternehmen *n*; ~ de production Produkti'onsbetrieb *m*; ~ de services Dienstleistungsbetrieb *m*; ~ de transports Trans'port-, Verkehrsunternehmen *n*; Spediti'onsfirma *f*; direction *f* de l'~ Betriebsführung *f*, -leitung *f*; **3.** contrat *m* d'~ Werks(lieferungs)vertrag *m*; obtenir l'~ d'un chantier e-n Bauauftrag bekommen

entrer [ãtre] **I** *v/t Schiff* einlotsen; in den Hafen fahren; **II** *v/i* <être> **1.** *Personen* eintreten; her'ein- *bzw* hin'ein- *bzw* F reinkommen; hin'eingehen; betreten (dans un restaurant, etc = ein Lokal *etc*); kommen, gehen (dans un restaurant, *etc* in ein Lokal *etc*); *Touristen* einreisen (dans un pays in ein Land); *Armee* einziehen; einrücken; einmarschieren; *Sieger, Eroberer* einziehen; Einzug halten; *Fahrzeuge* hin'ein- *bzw* her'ein- *bzw* F reinfahren; *Schiffe* einfahren; einlaufen; *Wasser* eindringen; her'einlaufen; hin'ein-, her'ein-, 'durchkommen; *Licht, Sonne* her'einkommen, -scheinen, -dringen, -fallen; *Vogel* hin-'ein- *bzw* her'einfliegen; *Schlange* hin-'ein- *bzw* her'einkriechen; ◆ alleinstehend: entrez! herein!; treten Sie ein!; qu'il entre er soll herein-, F reinkommen!; défense f d'~ Eintritt, Zutritt, Eingang, Einfahrt verboten; kein Eintritt, Zutritt, Zugang; frappez, sonnez avant d'~ bitte (an)klopfen, klingeln; à droite en entrant rechts vom, beim Eingang; wenn man hereinkommt, rechts; rechter Hand vom Eingang; ◆ *mit adv:* ~ furtivement (sich) her'ein- *bzw* hin'einschleichen; ~ précipitamment her'einstürmen, -stürzen; ◆ *mit prép u loc/adv:* ~ au garage in die Garage fahren, gehen, kommen; ~ à l'improviste her'einplatzen, F -schneien; ~ chez un commerçant in ein Geschäft gehen; *fig u litt* le malheur est entré chez lui Unglück ist über ihn gekommen; er ist vom Unglück verfolgt; ~ dans la baignoire in die Badewanne steigen; *Geld* ~ dans la caisse herein-

kommen; ~ **dans la chair** ins Fleisch (ein)schneiden, (ein)dringen; ~ **dans la foule** sich unter die Menge, unters Volk mischen; *Waren* ~ **dans un pays** in ein Land eingeführt werden; *Licht* ~ **dans une pièce** in ein Zimmer dringen, fallen; ~ **en chantant** singend hereinkommen; ~ **en courant, en rampant, en foule** her'ein- *bzw* hin'einlaufen, -kriechen, -strömen *od* -drängen; ~ **en France** nach Frankreich einreisen, kommen; französischen Boden betreten; *Ware* **entré en fraude, en contrebande** eingeschmuggelt; ~ **en prison** ins Gefängnis gehen; e-e Gefängnisstrafe antreten; *thé* ~ **en scène** auftreten; ~ **par la fenêtre** zum Fenster hin'ein- *bzw* her'einsteigen, -kommen; ♦ *mit Verben:* **aider qn à** ~ j-m hin'ein- *bzw* her'einhelfen; *st/s* **donnez-vous la peine d'~** wollen Sie sich bitte her'einbemühen; **empêchez-le d'~** lassen Sie ihn nicht herein, F hin'ein; **faire, laisser ~ qn** j-n her'ein- *bzw* hin'ein-, F reinlassen; **faire ~** *Personen* her'einholen; (mit) hin'ein- *bzw* her'einbringen; *Fahrzeuge* hin'ein- *bzw* her'einfahren; *Möbel etc* hin'ein- *bzw* her'einschaffen, -transportieren, -befördern; **faites ~** ich lasse bitten; bitten Sie ihn *etc* herein; **je ne fais qu'~ et sortir** ich schaue nur kurz vorbei, herein; ich gehe gleich wieder; **faire signe à qn d'~** j-n her'einwinken; **2.** *Gegenstände* (hin'ein)passen, (-)gehen (**dans** in + *acc*); **ces bottes entrent facilement** diese Stiefel ziehen sich leicht an; F in diese Stiefel kommt man leicht, gut rein; **la clef n'entre pas dans la serrure** der Schlüssel paßt nicht; **cela n'entre pas dans votre poche** das geht, paßt nicht in Ihre Tasche; **faire ~ qc etw in qc** (*acc*) hin'einbringen, -drükken, -stecken, -pressen, -zwängen; *Nägel* einschlagen, *Schrauben* einschrauben, hin'eindrehen; **arriver, réussir à faire ~ tous ses vêtements dans sa valise** alle Kleider in s-m Koffer 'unterbringen, F in s-n Koffer reinkriegen; **3.** *in e-e Firma, Schule, e-n Klub, e-e Partei etc* eintreten; *e-r Partei, e-m Klub auch* beitreten; *in e-e Schule auch* kommen; ~ **au collège** ins, aufs Gymnasium kommen, gehen; ~ **à l'école** in die, zur Schule kommen; ~ **au parti** in die Partei eintreten; *der Partei* beitreten; Parteimitglied werden; ~ **chez Renault**, *etc* zu Renault *etc* gehen; bei Renault *etc* anfangen; **faire ~ qn chez Renault** j-m e-e Stelle bei Renault vermitteln, verschaffen; j-n bei Renault 'unterbringen; **on entre dans cette école par examen** man wird nach e-m Examen in diese Schule aufgenommen; ~ **dans l'enseignement** in den Schuldienst, ins Lehrfach gehen; ~ **dans une famille** in e-e Familie einheiraten; ~ **dans un métier** sich e-m Beruf zuwenden; ~ **dans le monde** débütieren; in die Gesellschaft eingeführt werden; ~ **dans la police** zur Polizei gehen; Polizist werden; **4.** *par ext in andere Verhältnisse* (ein)treten, kommen (**dans, en** in + *acc*); ~ **dans l'âge mûr** ins reif(er)e Alter kommen; ~ **dans un complot** sich an e-r Verschwörung beteiligen; an e-r Verschwörung teilnehmen; ~ **dans les habitudes de qn** j-m zur Gewohnheit werden; ~ **dans l'histoire** in die Geschichte eingehen; ~ **dans la plaisanterie** auf den Scherz eingehen; den Scherz mitmachen; ~ **dans la mauvaise saison** in die kalte Jahreszeit kommen; ~ **dans le sommeil** zu schlafen beginnen; ~ **dans l'usage** üblich werden; sich einbürgern, 'durch-

setzen; *tél* ~ **en communication** Verbindung bekommen; ~ **en communication avec qn** mit j-m Verbindung aufnehmen; mit j-m in Verbindung treten; sich mit j-m in Verbindung setzen; ~ **en conversation avec qn** mit j-m ein Gespräch beginnen, ins Gespräch kommen; ~ **en correspondance avec qn** mit j-m in Briefwechsel treten; ~ **en guerre** in den Krieg eintreten; ~ **en lutte avec qn** mit j-m den Kampf aufnehmen; ~ **en possession d'un héritage** e-e Erbschaft antreten; ~ **en putréfaction** in Fäulnis, Verwesung 'übergehen; ~ **en rivalité avec qn** mit j-m rivalisieren, in Wettbewerb treten; *Maschine* ~ **en service** in Betrieb genommen werden; **5.** ein Bestandteil sein, e-n Bestandteil bilden (**dans** von *od* + *gén*); verwendet werden (**bei, zu**); e-e Rolle spielen (**bei**); ~ **dans une catégorie** zu e-r Kategorie gehören; ~ **dans la confection, fabrication de qc** zur Herstellung e-r Sache verwendet werden, dienen; **cela entre pour beaucoup dans ma décision** das wird meine Entscheidung stark beeinflussen; das spielt e-e große Rolle bei meiner Entscheidung; ~ **dans le prix de revient** im Selbstkostenpreis (mit) enthalten, einkalkuliert sein; ~ **en ligne de compte** in Betracht kommen; **faire ~ en ligne de compte** in Betracht ziehen; in Rechnung stellen; in Anrechnung, Anschlag bringen; berücksichtigen; *cf auch unter den betreffenden Substantiven*

entre-rail(s) [ãtrəraj, -raj] *m ch de fer* Spurweite *f*

entresol [ãtrəsɔl] *m* Zwischen-, Halbgeschoß *n*; Zwischenstock *m*; Entre'sol *n*

entretaille [ãtrətaj] *f Kupferstich* schwach eindringende Furche

entre-temps [ãtrətã] *adv* in'zwischen; in der Zwischenzeit; unter'dessen

entretenir [ãtrətnir] ⟨*cf* venir⟩ **I** *v/t* **1.** *Temperatur, Druck, Feuchtigkeit etc* kon'stant, unverändert, gleich, auf dem gleichen Stand halten; *Feuer, Bakterienkultur* unter'halten; *Feuer auch* nicht ausgehen lassen; *Beziehungen, Briefwechsel* unter'halten; aufrechterhalten; *Beziehungen auch* pflegen; *Legende etc* pflegen; erhalten; bewahren; konser-'vieren; *politische Unruhe* (noch) unter-'stützen, schüren; ~ **qn dans l'illusion** in die, s-e Illusion lassen; ~ **une atmosphère de gaieté** für e-e fröhliche Atmosphäre sorgen; ~ **une conversation** ein Gespräch in Fluß halten; *auch* Konversation machen; ~ **une correspondance avec qn** *auch* mit j-m im Briefwechsel stehen; ~ **les idées fixes de qn** j-s fixe Ideen (noch) unter'stützen; j-n in s-n fixen Ideen (noch) bestärken; ~ **des rapports de bon voisinage avec qn** mit j-m gute Nachbarschaft halten; **2.** *Gebäude, Straßen, Kleider etc* in'stand, in Ordnung, in gutem Zustand halten; *Gebäude auch* unter'halten; *Gebäude, Sportanlage auch* unter'halten; *tech Maschine etc* warten; *Auto auch* pflegen; *Werkzeuge etc auch* pfleglich behandeln; sorgsam 'umgehen mit; *Gesundheit* erhalten; *Schönheit* pflegen; bewahren, erhalten; *Gedächtnis, Sprachkenntnisse* üben; *Gedächtnis auch* trai'nieren; ~ **sa forme (physique)** sich (körperlich) in Form halten; **3.** *Familie, Kinder* unter'halten; ernähren; für den 'Unterhalt aufkommen (+ *gén*); *Armee, Truppen* unter'halten; sich halten; *Tiere, Zwinger etc* (sich) halten; *péj Frau* aushalten; **4.** *st/s* ~ **qn de qc** (zu) j-m von etw sprechen; mit j-m über etw (*acc*) sprechen, reden, etw bereden, besprechen; ~ **qn de ses sentiments** zu j-m von s-n Gefühlen spre-

chen; **II** *v/pr* **s'~ avec qn de qc** sich mit j-m über etw (*acc*) unter'halten; mit j-m etw besprechen; *reziprok* **s'~** sich unter-'halten, 'mitein'ander sprechen

entretenu [ãtrətny] *adj* **1. bien (mal) ~** *Park, Wohnung, Auto* (nicht) gepflegt, in gutem (schlechtem) Zustand; *Auto, Gebäude* (nicht) gut erhalten; **2.** *péj Frau* ausgehalten; **3.** *phys Wellen* ungedämpft; kontinu'ierlich

entretien [ãtrətjɛ̃] *m* **1.** *von Gebäuden, Straßen, Autos etc* Unter'haltung *f*; 'Unterhalt *m*; In'standhaltung *f*; Pflege *f*; *tech von Maschinen etc* Wartung *f*; *von Gebäuden auch* Erhaltung *f*; **frais** *m/pl* **d'~** Unterhalts-, Unterhaltungs-, Instandhaltungskosten *pl*; **service** *m* **d'~** Wartungsdienst *m*; **exiger trop d'~** im Unterhalt viel zu teuer sein; **2.** *von Personen* (Lebens)'Unterhalt *m*; *e-r Armee, der Polizei etc* 'Unterhalt *m*; *von Tieren* Halten *n*, -ung *f*; 'Unterhalt *m*; **devoir assurer l'~ de qn** für j-s Unterhalt aufkommen, sorgen müssen; **3.** Unter'haltung *f*; Unter'redung *f*; Besprechung *f*; Gespräch *n*; *par ext* Gesprächsgegenstand *m*; ~ **cordial, fructueux** herzliches, fruchtbares Gespräch; **accorder un ~ à qn** j-m e-e Unterredung gewähren; **avoir un ~ avec qn** mit j-m ein Gespräch, e-e Unterredung haben; führen

entretoile [ãtrətwal] *f cout* Spitzeneinsatz *m*

entretoise [ãtrətwaz] *f* **a)** *bât* Zwischenträger *m*, -riegel *m*; Spannriegel *m*; Querstrebe *f*, -riegel *m*; Spreizholz *n*; **b)** *tech* Zwischenstück *n*; Di'stanzring *m*

entretoise|ement [ãtrətwazmã] *m bât, tech* Abspreizen *n*, -ung *f*; Verstreben *n*, -ung *f*; **~er** *v/t bât, tech* abspreizen; verstreben; *adj* **pièce entretoisée** Spreizholz *n*; Zwischenstück *n*

entre-tuer [ãtrətɥe] *v/pr* **s'~** ein'ander, sich gegenseitig 'umbringen, töten

entrevoie [ãtrəvwa] *f ch de fer* Gleisabstand *m*, -zwischenraum *m*

entrevoir [ãtrəvwar] ⟨*cf* voir⟩ *v/t* **1.** flüchtig, undeutlich, (nur) kurz sehen; **laisser ~ qc** etw ahnen lassen, andeuten; **2.** *par ext* ~ **qc** etw ahnen, erraten, vermuten, durch'schauen, erkennen; *Schwierigkeiten* vor'aus-, vor'hersehen; *Lösung* im Kopf haben; **laisser ~ qc à qn** j-m etw in Aussicht stellen, andeuten; j-n auf etw (*acc*) hinweisen; bei j-m etw 'durchblicken lassen

entrevous [ãtrəvu] *m bât* **a)** Abstand *m*, Zwischenraum *m* zwischen Balken; **b)** (Mauer)Füllung *f* (zwischen Balken)

entrevue [ãtrəvy] *f* Unter'redung *f*; Begegnung *f*; Zu'sammenkunft *f*; Treffen *n*; Rücksprache *f*; **avoir une longue ~ avec qn** mit j-m e-e lange Unterredung haben

entrisme [ãtrism(ə)] *m pol* Unter-'wanderung *f*

entropie [ãtrɔpi] *f phys* Entro'pie *f*

entropion [ãtrɔpjɔ̃] *m path* En'tropium *n*

entropique [ãtrɔpik] *adj phys* Entro-'pie...; **diagramme** *m* ~ Entropiediagramm *n*

entrouvrir [ãtruvrir] ⟨*cf* couvrir⟩ **I** *v/t* *Fenster, Tür, Augen etc* halb, ein wenig, e-n Spalt (weit, breit) öffnen, aufmachen; *Fenster, Tür auch* anlehnen; *Kleidungsstück* ein Stück weit aufknöpfen, aufmachen; *adit* **porte entrouverte** halboffene Tür; **dormir la bouche entrouverte** mit halboffenem Mund schlafen; **la porte était entrouverte** die Tür stand, war halb offen, war angelehnt; **II** *v/pr* **s'~** *Tür etc* halb, ein wenig, e-n Spalt (weit, breit) aufgehen; sich halb *etc* öffnen

entub|age [ɑ̃tybaʒ] P *m* F Beschummeln *n*; P Beschiß *m*; **~er** P *v/t* F übers Ohr hauen; reinlegen; beschummeln; begaunern; anschmieren; P bescheißen

enturbanné [ɑ̃tyrbane] *adj* mit e-m Turban (auf dem Kopf)

enture [ɑ̃tyr] *f tech* Holzverbindung zum *Verlängern* Über'blattung *f*; Blattstoß *m*; ~ **à mi-bois, en sifflet** gerader, schräger Blattstoß

énuclé|ation [enykleasjɔ̃] *f chir* Ausschälung *f* e-r Geschwulst *bzw* des Augapfels; *sc* Enukleati'on *f*; **~er** *v/t chir* enukle'ieren

énumér|atif [enymeratif] *adj* ⟨-ive⟩ aufzählend; e-e Aufzählung enthaltend; **~ation** *f* Aufzählung *f*; Herzählen *n*; *von Gründen auch* Anführung *f*; *schriftlich* Aufstellung *f*; **faire l'~** **de** aufzählen; e-e Aufstellung machen von; **~er** ⟨-è-⟩ *v/t Fakten etc* aufzählen; herzählen; hersagen; vorrechnen; *Gründe, Beispiele auch* an-, aufführen

énuré|sie [enyrezi] *f path* Bettnässen *n*; *sc* Enur'ese *f*; **~tique** *adj* enfant *m* ~ *od* subst ~ *m* Bettnässer *m*

envah|ir [ɑ̃vair] *v/t* **1.** einfallen, eindringen, einmarschieren (**un pays** in ein Land); über'fallen; **2.** *par ext von Ungeziefer* herfallen, sich hermachen über (+*acc*); heimsuchen; *von Unkraut* über'wuchern; hin'wegwachsen über (+*acc*); *Fluß: Land* über'schwemmen; über'fluten; unter Wasser setzen; *von Wasser* eindringen in (+*acc*); sich ergießen über (+*acc*); *von Feuer* erfassen; über'greifen auf (+*acc*); *Produkt: Markt* über'schwemmen; über'ziehen; *von e-r Menschenmenge* strömen (**la salle** in den Saal; **la place publique** auf den Platz); über'fluten; sich ergießen (**le stade** in das Stadion; *vom Staat* sich einmischen in (+*acc*); 'übergreifen auf (+*acc*); ~ **le domaine privé** den privaten Bereich übergreifen; *Zimmer* être envahi **par la fumée** voll Rauch, F verqualmt sein; **3.** *Gefühl* ~ **qn** j-n erfüllen, über'kommen, über'wältigen, ergreifen; über j-n kommen; in j-m aufwallen, aufsteigen; **il est envahi par le doute** er ist, steckt voller Zweifel; **~issant** *adj* **1.** *Nachbarn etc* zu-, aufdringlich; **2.** *Unkraut, Ehrgeiz etc* über'handnehmend; alles über'wuchernd

envahiss|ement [ɑ̃vaismɑ̃] *m* **1.** 'Überfall *m* (**d'un pays** in ein Land); Einfall *m*; Einfallen *n*, Einmarsch *m*, Einmarschieren *n*, Eindringen *n* (in ein Land); **2.** *fig* Über'handnahme *f*; Über'handnehmen *n*; *des Feuers* Übergreifen *n*; *von Unkraut* Über'wucherung *f*; *von Wasser* Über'flutung *f*; *des Meeres* Vordringen *n*; *des Staates* 'Übergreifen *n*; Einmischung *f*; ~ **de la paperasse** Pa'pierkrieg *m*; **~eur** *m* **1.** Angreifer *m*; Ag'gressor *m*; Eindringling *m*; **2.** *fig* Eindringling *m*; Fremdkörper *m*; *adit* **virus** ~s eindringende Viren *m/pl*, *fachspr n/pl*

envas|ement [ɑ̃vazmɑ̃] *m* **1.** *e-s Kanals etc* Verschlammen *n*, -ung *f*; **2.** *e-s Schiffes* Versinken *n* im Schlamm; **~er** *v/pr* **s'~ 1.** *Kanal etc* verschlammen; **2.** *Schiff* im Schlamm versinken, steckenbleiben; **être envasé** im Schlamm stekken

enveloppant [ɑ̃vlɔpɑ̃] *adj* **1.** einhüllend, um'hüllend (*auch math*); um'fassend; *mil* **mouvement** ~ Um'fassungs-, Zangenbewegung *f*; **2.** *fig* einschmeichelnd; bestrickend; verführerisch

enveloppe [ɑ̃vlɔp] *f* **1.** (Brief)'Umschlag *m*; Ku'vert *n*; ~ **à fenêtre** Fensterbriefumschlag *m*; **mettre dans une ~, sous** ~ in e-n Umschlag stecken; kuver'tieren; **2.** Hülle *f*; Um'hüllung *f*; 'Überzug *m*; Decke *f*; Gehäuse *n*; Verkleidung *f*; Um'kleidung *f*; Um'wicklung *f*; *tech auch* Mantel *m*; Um'mantelung *f*; *e-s Reifens* (Lauf)Mantel *m*; Decke *f*; ~ **calorifuge** Wärmeschutz *m*; wärmeisolierende Umkleidung; ~ **isolante** Iso-'lierhülle *f*, -mantel *m*; ~ **protectrice** Schutzhülle *f*, -mantel *m*, -gehäuse *n*; ~ **de coussin** Kissenbezug *m*, -überzug *m*; **3.** *math* Enve'loppe *f*; einhüllende Kurve *bzw* Fläche; Hüllkurve *f*; Um'hüllende *f*; **4.** *fig* Hülle *f*; Schale *f*; **5.** *fin* ~ **budgétaire** Gesamtbetrag *m* des Haushalts; **6.** *bot* Hülle *f*; ~**s florales** Blütenhülle *f*, -hüllblätter *n/pl*

enveloppé [ɑ̃vlɔpe] *adj* F **bien** ~ 'vollschlank; dicklich

enveloppement [ɑ̃vlɔpmɑ̃] *m* **1.** Einwickeln *n*, -hüllen *n*, -packen *n*, -schlagen *n*; Verpacken *n*, -ung *f*; **2.** *méd* 'Umschlag *m*; Wickel *m*; ~ **humide** feuchter Umschlag; ~ **sinapisé** Senfumschlag *m*, -packung *f*; **3.** *mil* Um'fassung *f*; Einkreisung *f*; Einschließung *f*; **manœuvre** *f* **d'~** Umfassungsmanöver *n*

envelopper [ɑ̃vlɔpe] **I** *v/t* **1.** **a)** einwickeln, einhüllen, ein-, verpacken, einschlagen, einrollen (**dans** in +*acc*); *Rohre etc* um'wickeln, um'kleiden, verkleiden, um'hüllen (**dans qc** mit etw); ~ **qn dans une couverture** j-n in e-e Decke hüllen, wickeln, F packen; **b)** *Verpackung, Umhüllung* ~ **qc** etw um-'hüllen, um'geben; **2.** *fig* **a)** *Wahrheit, Gedanken* verpacken, (ver)kleiden (**sous une forme agréable** in e-e angenehme Form); *Nebel: Berge etc* verhüllen; um'hüllen; *p/p:* **enveloppé de mystère** von e-m Geheimnis um-'geben, um'weht, um'wittert; **enveloppé de silence** in Schweigen gehüllt; **b)** *st/s* ~ **qn, qc du regard** j-n, etw mit e-m zärtlichen, liebevollen Blick um'fassen, um'fangen; **3.** *mil* um'fassen; **II** *v/pr* **4.** **s'~** sich hüllen, wickeln (**dans une couverture** in e-e Decke); **5.** *fig* **s'~ dans une certaine réserve,** *etc* sich e-e gewisse Reserve *etc* auferlegen

envenimement [ɑ̃vnimmɑ̃] *m path* **1.** *e-r Wunde* Reizung *f*; Entzündung *f*; **2.** Vergiftung *f* (*durch Biß od Stich giftiger Tiere*)

envenimer [ɑ̃vnime] **I** *v/t* **1.** *path* infi-'zieren; e-e Entzündung her'vorrufen (**qc** bei etw); **2.** *fig Atmosphäre* vergiften; *Streit* anheizen; schüren; *Streit auch, Lage* verschärfen; *Lage auch* verschlimmern; verschlechtern; *Diskussion* böse, bösartig werden lassen; **II** *v/pr* **s'~ 3.** *path* sich entzünden; **4.** *fig Diskussion, Streit etc* sich verschärfen; böse, bösartig, gehässig werden

enverguer [ɑ̃vɛrge] *v/t mar Segel* an e-r Rah aufhängen, befestigen, festmachen

envergure [ɑ̃vɛrgyr] *f* **1.** *aviat, e-s Vogels* (Spann)weite *f*; *e-s Vogels auch* Flügel(spann)weite *f*; **2.** *fig* **a)** *von Persönlichkeiten* For'mat *n*; (geistige) Spannweite *f*; Größe *f*; Bedeutung *f*; **homme** *m* **politique d'~** Politiker *m* von Format; **avoir de l'~, manquer d'~** Format, kein Format haben; **b)** *e-s Unternehmens etc* Ausmaß *n*; 'Umfang *m*; Zuschnitt *m*; *loc/adj:* **de grande** ~ großen Umfangs; großangelegt; Groß...; *Werk, Film etc sans* ~ mittelmäßig; **prendre de l'~** größeren Umfang annehmen; (an) Bedeutung gewinnen; Bedeutung gewinnen

enverrai, *etc* [ɑ̃vε(r)rε] *cf* **envoyer**

envers[1] [ɑ̃vɛr] *prép* **1.** gegen'über (+*dat*); gegen (+*acc*); **être aimable** ~ **qn** freundlich, liebenswürdig zu j-m sein; **être ingrat** ~ **qn** sich j-m gegenüber undankbar erweisen, zeigen; **être juste** ~ **tous** gerecht sein gegen alle; **2.** *nur loc:* ~ **et contre tous** *od* **tout** allen 'Widersachern, Gegnern, 'Widerständen, Schwierigkeiten zum Trotz; gegen jeden, jedermann, alle anderen

envers[2] [ɑ̃vɛr] *m* **1.** *von Stoffen, Tapeten etc* Rückseite *f*; *von Stoffen auch* linke Seite; *Abseite f*; *e-s Bildes, Schrankes etc auch* 'Hinterseite *f*; hintere Seite; *bot e-s Blattes* 'Unterseite *f*; untere Seite; ◆ *loc/adv* **à l'~** 'umgekehrt; verkehrt (her-'um); *text* links; *Bild auch* auf dem Kopf; *Bild* **accrocher à l'~** umgekehrt aufhängen; **ton gilet est à l'~** du hast die Weste verkehrt (herum) an; *iron* **faire des progrès à l'~** den Krebsgang gehen; **mettre une chemise à l'~** ein Hemd verkehrt (herum) anziehen; **passer à l'~** (von) links bügeln; **2.** *fig* Kehrseite *f*; Schattenseite *f*; andere Seite; Rückseite *f*; **découvrir l'~ du décor** hinter die Ku'lisse, Fas'sade sehen

envi [ɑ̃vi] *loc/adv st/s* **à l'~** um die Wette

enviable [ɑ̃vjabl] *adj* beneidenswert

envid|age [ɑ̃vidaʒ] *m text* Aufspulen *n*; **~er** *v/t text* aufspulen

envie [ɑ̃vi] *f* **1.** Neid *m*; 'Mißgunst *f*; Scheelsucht *f*; **avec** ~ neidisch; 'mißgünstig; **il est dévoré, rongé d'~** er ist *bzw* wird grün, gelb, blaß vor Neid; **der Neid frißt, nagt, zehrt an ihm**; **regarder qn, qc d'un œil d'~** j-n, etw mißgünstig, neidisch, mit e-m neidischen, scheelen Blick betrachten, ansehen; **c'est l'~ qui le fait parler** aus ihm spricht (doch nur) der Neid; *prov* **il vaut mieux faire ~ que pitié** besser beneidet als bemitleidet; **2.** Lust *f* (**de** auf +*acc*, **zu**); Verlangen *n* (**nach**); *auch* Appe'tit *m*, Hunger *m* (**auf** +*acc*); *bes von Schwangeren* Gelüst *n*; ~ **de rire** Lachlust *f*; **avoir** ~ (**faire**) **qc** Lust haben auf etw (*acc*), zu etw, etw zu tun; (etw tun, haben) wollen; **avoir** ~ **d'un bifteck** Appetit, Hunger auf ein Beefsteak haben; **avoir** ~ **d'une femme** e-e Frau begehren; F **avoir des** ~**s de** femme enceinte Gelüste wie e-e Schwangere haben; **avoir bien, très** ~ **de gifler qn** gute, große Lust haben, j-n zu ohrfeigen; **il a** ~ **de pleurer** er möchte am liebsten weinen; **avoir une grande** ~**, une** ~ **folle de** qc große, F wahnsinnig(e) Lust auf etw (*acc*) haben; **je n'en ai pas** ~ ich habe keine Lust dazu, darauf, kein Verlangen danach; **j'en avais** ~ **depuis longtemps** das wollte ich schon lange einmal tun *bzw* haben; das war schon seit langem mein Wunsch; **je m'en irai quand j'en aurai** ~ ich gehe, wenn ich will, wenn es mir paßt; **avoir** ~ **que ...** (+*subj*) gerne wollen, daß ...; **es gerne sehen, sich freuen, wenn** ...; **brûler, mourir,** F **crever d'~ de faire qc** etw für sein Leben gern tun wollen; darauf brennen, etw zu tun; brennend, F furchtbar gern etw tun wollen; **cela me donne** ~ **d'y aller** da(bei) bekomme ich Lust, dort hinzugehen, -fahren; **éprouver l'~ de faire qc** Lust, das Verlangen verspüren, etw zu tun; **faire** ~ **à qn** *Person* j-m Lust auf etw (*acc*) machen; *Sache* ~ **à qn** reizen; **cette voiture me fait** ~ *auch* den Wagen hätte ich gerne; **ce voyage me fait** ~ *auch* da würde ich gerne hingehen, hinfahren; **ôter à qn l'**~ **de recommencer** j-m die Lust nehmen, es noch einmal zu tun; **es** j-m **austreiben; passer son** ~, s-e Gelüste befriedigen; s-n Gelüsten nachgeben; **sich s-n Wunsch erfüllen; l'~ lui en a passé, est passée** ihm ist die Lust dazu, daran vergangen; **faire passer l'~ de qc**

à qn j-m die Lust an etw (dat), zu etw nehmen; j-m etw austreiben; **je te ferai passer l'~ de mentir!** ich werde dir das Lügen austreiben!; **si l'~ lui en prend** st/s wenn ihn das Verlangen ankommt; wenn es ihn danach verlangt, gelüstet; **3.** (na'türliches) Bedürfnis; Drang m; **avoir ~ d'aller aux cabinets,** F de faire **pipi** auf die Toilette, austreten müssen; F (mal) müssen; **avoir ~ de dormir** (gerne) schlafen wollen; **avoir ~ de vomir** brechen, sich über'geben müssen; Brechreiz verspüren; **4.** path Nied-, Neidnagel m; **5.** Muttermal n

envier [ãvje] v/t ~ **qn** j-n beneiden; neidisch sein auf j-n; ~ **le sort, le sang- -froid,** etc **de qn** j-n um sein Schicksal, um s-e Gelassenheit etc beneiden; st/s ~ **qc à qn** j-n um etw beneiden; j-m etw neiden, miß'gönnen, nicht gönnen; **je l'envie d'être si peu frileux** ich beneide ihn darum, daß er so wenig kälteempfindlich ist; **n'avoir rien à ~ à qn, qc** j-n nicht zu beneiden brauchen; nicht neidisch zu sein brauchen auf j-n, etw; j-m, e-r Sache in nichts nachstehen, ebenbürtig sein; adit **envié** Posten, Stelle etc begehrt

envieux [ãvjø] **I** adj ‹-euse› neidisch (**de** auf +acc); 'mißgünstig; Blick auch scheel; **II** m Neider m; F Neidhammel m; **faire des ~** beneidet werden; sich Neider machen, schaffen

enviné [ãvine] adj Faß etc nach Wein riechend

environ [ãvirõ] adv ungefähr; rund; etwa; zirka; bei Preis- u Altersangaben auch so so um die; um ... her'um; **il y a ~ deux ans** od **deux ans ~** vor ungefähr zwei Jahren

environn|ant [ãvirɔnã] adj 'umliegend; in der Um'gebung; nahe; in der Nähe; **la campagne ~e** die ländliche Umgebung; **~ement** m **1.** biol, Ökologie 'Umwelt f; **protection f de l'~** Umweltschutz m; **2.** par ext Um'gebung f

environner [ãvirɔne] **I** v/t um'geben (auch fig); um'schließen; um'ringen; **environné de** umgeben von; **II** v/pr s'~ sich um'geben (**de qn** mit j-m); s'~ **de fidèles amis** auch treue Freunde um sich (ver)sammeln

environs [ãvirõ] m/pl **1.** e-r Stadt etc Um'gebung f; 'Umgebung f; 'Umland n; Nähe f; Nachbarschaft f; **les bois des ~** die Wälder in der Umgebung; **dans les ~ de** in der Umgebung etc; in dieser Gegend; **2.** loc/prép **aux ~ de a)** zeitlich um; gegen; **aux ~ de Noël** um Weihnachten (herum); **b)** örtlich in der Nähe, Um'gebung von; **aux** (auch **dans les**) **~ de Bordeaux** in der Nähe von Bordeaux; bei Bordeaux; **c)** par ext **aux ~ de mille francs,** etc ungefähr, etwa, so um die, rund tausend Franc etc

envisageable [ãvizaʒabl(ə)] adj in Betracht zu ziehen(d); denkbar

envisager [ãvizaʒe] v/t ‹-geons› **a)** ~ **qc** etw im Auge haben, ins Auge fassen, in Aussicht nehmen; 'Möglichkeiten, Schwierigkeiten in Betracht ziehen; berücksichtigen; vor'hersehen; Maßnahmen, Hilfsmittel, Folgen auch erwägen; in Erwägung ziehen; Sache auch anvisieren; e-r Situation, e-r Gefahr, dem Tod ins Auge schauen, sehen (+dat); begegnen (+dat); ~ **l'avenir avec optimisme** zuversichtlich in die Zukunft blicken, sehen, schauen; der Zukunft zuversichtlich entgegensehen; ~ **le pire** mit dem Schlimmsten rechnen; **l'angle sous lequel il faut ~ la question** der Gesichtspunkt, unter dem man die Frage sehen muß; **ce cas n'a pas été envisagé par la loi** dieser Fall ist im Gesetz nicht

vorgesehen; adit **la solution actuellement envisagée** auch die Lösung, an die man zur Zeit denkt; **être envisagé** auch in Frage kommen; **b)** ~ **de faire qc** den Plan haben, die Absicht haben, beabsichtigen, vorhaben, daran denken, sich mit dem Gedanken tragen, etw zu tun

envoi [ãvwa] m **1.** von Briefen, Waren etc Absenden n, -ung f; Abschicken n; Zuschicken n; Zusenden n, -ung f; Über- 'senden n, -ung f; Wegschicken n; Aufgeben n; Aufgabe f; comm Versand m; mil von Truppen etc Entsendung f; von Briefen etc für ein Preisausschreiben, von Waren zur Reklamation Einsendung f; Einschikken n; ~ **par avion, par bateau, par chemin de fer** Versand mit dem, per Flugzeug, Schiff, mit der, per Bahn od Bahnversand m; **lettre f d'~** Begleitbrief m; -**schreiben** n; **contre l'~ de** gegen Einsendung von; **2.** Sendung f; Ein-, Zusendung f; ~ **forcé** unbestellte Zusendung; ~ **avec valeur déclarée** Wertsendung f; Sendung mit Wertangabe; ~ **contre remboursement** Nachnahmesendung f; ~ **sous bande** Streifbandsendung f; **j'ai reçu votre ~ le, du 15 septembre** ich habe Ihre Sendung am, vom 15. September erhalten; **3.** sports **coup m d'~** Anstoß m; **donner le coup d'~** den Anstoß ausführen; fig donner le coup d'~ **à qc** etw eröffnen, einleiten; **4.** jur ~ **en possession** Besitzeinweisung f; Einweisung f in den Besitz (e-r Erbschaft); **5.** Lyrik Zueignungsstrophe f; **6.** mil ~ **des couleurs** (Zeremoni'ell n der) Flaggenhissung f

envoill|er [ãvwale] v/pr s'~ Stahl, Eisen beim Härten sich verziehen, werfen, verbiegen, krümmen; krumm werden; **~ure** f von Stahl, Eisen (Sich')Werfen n; Verziehen n; Verzug m

envol [ãvɔl] m **1.** e-s Vogels Auf-, Weg-, Da'von-, Ab-, Fort-, Aus-, Entfliegen n; Aufflattern n; e-s Flugzeugs Abflug m; Start m; Abfliegen n; Aufsteigen n

envolée [ãvɔle] f **1.** **faire des ~s de manches** ausladende Gesten machen; **2.** fig Aufschwung m (auch der Preise); Gedankenflug m

envoler [ãvɔle] v/pr s'~ **1.** Vögel auf-, weg-, da'von-, fort-, ab-, aus-, her'aus-, hin'ausfliegen; aufflattern; auf und da'von fliegen; st/s sich in die Luft, Lüfte erheben, schwingen; F fig **l'oiseau s'est envolé** der Vogel ist ausgeflogen; ♦ ohne Reflexiv **faire ~** vertreiben; verscheuchen; verjagen; **laisser ~ un oiseau** e-n Vogel ent-, fort-, weg-, davonfliegen, entkommen lassen; **2.** Blätter etc im Wind da'von-, wegfliegen; Rauch abziehen; verfliegen; sich verziehen; Staub aufsteigen; sich erheben; **3.** Flugzeug abfliegen; starten; aufsteigen; st/s sich in die Luft erheben; **4.** F plais Gegenstände verschwinden; F Beine kriegen; **5.** fig u litt Zeit, Hoffnungen entschwinden; da'hinschwinden; vergehen; Zeit auch entfliehen; enteilen

envoût|ant [ãvutã] adj bezaubernd; verführerisch; **~ement** m **1.** Ver-, Behexung f; Verzauberung f; Zauber m; **2.** fig Zauber m; Reiz m; Bann m; Verzauberung f; **~er** v/t **1.** verzaubern; ver-, behexen; **2.** fig be-, verzaubern; behexen; in s-n Bann ziehen, schlagen; bannen; e-n Zauber ausüben (**qn** auf j-n)

envoyé [ãvwaje] **I** m **1.** e-r Zeitung ~ **spécial** Sonderberichterstatter m, -korrespondent m; **2.** allg Abgesandte(r) m; pol Gesandte(r) m; dipl ~ **extraordinaire** (außerordentlicher) Gesandter; **II** adi F **ça c'est ~!** gut gesagt, geantwortet,

gemacht!

envoyer [ãvwaje] ‹-oi-; fut u cond **j'enverrai(s)**› **I** v/t **1.** Personen schikken; aus-, vor-, weg-, F vor'beischicken; Botschafter etc entsenden, abordnen (**à une conférence** zu e-r Konferenz; **à Rome** nach Rom); Abgeordnete schikken, entsenden, wählen (**à l'Assemblée nationale** in die Nationalversammlung); Truppen entsenden, schicken (**au front** an die Front); ♦ ~ **un enfant à l'école,** au lit ein Kind in die Schule, ins Bett schicken; ~ **des soldats à la mort** Soldaten in den Tod schicken; ~ **qn aux nouvelles** j-n (aus)schicken, um zu erfahren, was es Neues gibt; ~ **qn à la rencontre, au-devant de qn** j-n j-m entgegenschicken; ~ **qn chez le boulanger** j-n zum Bäcker schicken; ~ **qn en prison** j-n ins Gefängnis schicken; ♦ ~ **(qn) chercher qn, qc** (j-n) nach j-m, etw schicken; (j-n) j-n, etw holen lassen; **il a envoyé son fils demander ...** er hat durch s-n Sohn fragen lassen ...; er hat s-n Sohn (F vorbei)geschickt und fragen lassen ...; **ma mère m'envoie dire que ...** meine Mutter läßt (Ihnen) sagen, ausrichten, daß ...; meine Mutter schickt mich, ich soll Ihnen sagen, daß ...; **il ne le lui a pas envoyé dire** er hat es ihm ins Gesicht gesagt; er hat (vor ihm) kein Blatt vor den Mund genommen; ~ **qn faire une course a)** j-n einkaufen schicken; **b)** j-n mit e-m Auftrag schicken; F ~ **promener** cf promener **4.**; **2.** Sachen (ab-, weg-, ver-, ein)schicken, (-)senden; Brief, Paket auch absenden; comm Waren verfrachten; ~ **qc à qn** auch j-m etw zuschicken, zusenden, über'senden; j-m etw zukommen lassen; **M.** Untel **vous envoie le bonjour** Herr Soundso läßt Sie grüßen; ~ **un bateau de guerre à X** ein Kriegsschiff nach X beordern; ~ **des condoléances, des félicitations à qn** j-m ein Beileidsschreiben, Glückwünsche schicken, senden; ~ **une invitation à qn** j-m e-e Einladung schicken; ~ **des invitations** Einladungen verschicken; ~ **des vivres par avion en Turquie** Lebensmittel in die Türkei fliegen; ~ **qc par chemin de fer, par la poste** etw mit der Bahn, mit der Post schicken; ~ **de l'argent par mandat** Geld durch die Post über'weisen; ~ **un message par radio** e-e Nachricht funken; **3.** Schuß abfeuern; Ohrfeige geben; verabreichen; Schlag, Fausthieb, Tritt versetzen; F verpassen; Ball werfen; mit dem Fuß treten; schießen (auch Geschoß); Kußhand zuwerfen; Konfetti werfen; ~ **qc à, dans la figure de qn** j-m etw ins Gesicht schleudern, werfen; ~ **je t'envoie cette bouteille dans la figure** auch ... fliegt dir diese Flasche ins Gesicht; **il m'envoie sa fumée dans la figure** er bläst mir s-n Rauch ins Gesicht; der Rauch s-r Zigarette, s-r Zigarre steigt mir in die Nase; **le cœur envoie le sang dans les artères** das Herz pumpt das Blut in die Arterien; F ~ **dinguer qc** cf dinguer; **4.** jur ~ **en possession** in den Besitz einweisen; **5.** mil ~ **les couleurs** die Flagge hissen und salu'tieren; **II** v/pr s'~ **6.** Briefe etc sich schreiben, schicken; wechseln; **7. a)** F Glas Wein etc trinken; F sich genehmigen; runterkippen; Essen sich gönnen, einverleiben, F genehmigen; P Mädchen F vernaschen; P 'umlegen; **qu'est-ce qu'il s'est envoyé!** F dem hat's aber geschmeckt!; der hat 'ne ganze Menge verdrückt!; **b)** F Arbeit auf sich nehmen (müssen); F s'~ **tout le chemin à pied** den ganzen Weg tippeln

(müssen); **je me suis envoyé tout le travail** *auch* die ganze Arbeit ist an mir hängengeblieben

envoyeur [ãvwajœr] *m* Absender *m*; **retour à l'~** zurück an Absender

enzootie [ãzɔɔti] *f vét* Enzoo'tie *f*

enzyme [ãzim] *m od f Biochemie* En-'zym *n*

enzymologie [ãzimɔlɔʒi] *f* Enzymolo-'gie *f*

éocène [eɔsɛn] *géol* **I** *adj* eo'zän; **II** *m* Eo'zän *n*

éolien[1] [eɔljɛ̃] **I** *adj* ‹~ne› ä'olisch; **II** *subst* ♀(**ne**) *m(f)* Ä'olier(in) *m(f)*

éolien[2] [eɔljɛ̃] **I** *adj* ‹~ne› ä'olisch; *Wind...*; *Äols...*; *géol* **actions ~nes** Windwirkungen *f/pl*; **centrale ~ne** Windkraftwerk *n*; **énergie ~ne** Windkraft *f*; **'harpe ~ne** Äols-, Wind-, Geisterharfe *f*; **II** *f* ~**ne 1.** *tech* Windkraftanlage *f*; Windmotor *m*, -rad *n*, -pumpe *f*; **2.** *text* Eoli'enne *f*; Äoli'enne *f*

éolipile *od* **éolipyle** [eɔlipil] *m phys* Äolusball *m*

éon [eɔ̃] *m philos* Ä'on *n*

éosine [eɔzin] *f chim* Eo'sin *n*

éosinophile [eɔzinɔfil] *adj u subst physiol* (**leucocytes**) **~s** *m/pl* eosino'phile Leuko'zyten *m/pl*

épacte [epakt] *f astr* E'pakte *f*

épagneul [epaɲœl] *m zo* Spaniel *m*; Wachtelhund *m*; **~ nain** Zwergspaniel *m*

épaill|age [epɑjaʒ] *m text* Entkletten *n*; **~er** *v/t* **1.** *text* entkletten; **2.** *Gold* von Schmelzrückständen reinigen

épais [epɛ] *adj* ‹**épaisse** [epɛs]› **1.** *Mauer, Papier, Brotschnitte, Schicht etc* dick; *Finger, Hände* dick(lich); *Person* dick; beleibt; stark; gedrungen; unter-'setzt; *Figur* kräftig; stark; mächtig; *Lippen* dick; wulstig; *Schneedecke* hoch; **une planche ~se de 2 cm** ein 2 cm dickes, starkes Brett; **2.** *Nebel, Qualm* dicht; dick; stark; *Haar, Wald, Vegetation etc* dicht; *Augenbrauen* dicht; buschig; *Finsternis* dicht; *Dunkelheit* undurchdringlich; *Nacht* tief; dunkel; (stock)finster; **au feuillage ~** dichtbelaubt; *subst* **au plus ~ de la forêt** im dichtesten Wald; **3.** *Flüssigkeiten* dick (-flüssig); zäh; *Suppe etc* dick; *Sahne* steif; **4.** *fig Scherz etc* plump; grob

épaisseur [epɛsœr] *f* **1.** *e-s Brettes etc* Dicke *f*; *Stärke f*; *tech auch* Dicke *f*; *e-s Gewebes* Dicke *f*; *des Schnees* Höhe *f*; **un mur de 30 cm d'~** e-e 30 cm dicke, starke Mauer; **2.** *des Nebels, Qualms* Dichte *f*; Dicke *f*; *des Haars, Waldes etc* Dichte *f*; *der Nacht* Tiefe *f*; Dunkelheit *f*; **3.** *e-r Soße, Creme* Dicke *f*

épaiss|ir [epesir] **I** *v/t Mauer etc* verstärken; dicker machen; *Soße etc* ein-, verdicken; dicker machen; einkochen; **II** *v/i Farbe, Soße etc* dick(er), dickflüssig werden; *Sahne* steif werden; *Soße auch* sämig werden; **sa taille a épaissi** er, sie ist dicker geworden; **III** *v/pr* **s'~** *Soße etc* dick(er), dickflüssig werden; sich verdikken; einkochen; *Person* dick(er), stärker werden; zunehmen; *Nebel* dichter, dikker, stärker werden; sich verdichten; *Nacht* dunkler, finsterer werden; *Dunkelheit, Geheimnis* (immer) undurchdringlicher werden; **~issant** *m* Verdikkungsstoff *m*; **~issement** *m des Nebels etc* Dichter-, Dicker-; Stärkerwerden *n*; *der Haut etc* Verdickung *f*; *e-r Mauer* Verstärkung *f*; *von Farbe etc* Eindickung *f*; **~isseur** *m Gerät* Eindicker *m*

épampr|age [epɑpraʒ] *m* Ablauben *n*; Abranken *n*; Ausgeizen *n*; **~er** *v/t Weinstöcke* ablauben; abranken; ausgeizen

épanchement [epɑ̃ʃmɑ̃] *m* **1.** *path* Erguß *m*; **2.** *fig* Geständnis *n*; Bekenntnis *n*; Erguß *m*; Herzensergießung *f*

épancher [epɑ̃ʃe] **I** *v/t st/s ~* **son cœur** sein Herz ausschütten, erleichtern; sich aussprechen; **II** *v/pr* **s'~ 1.** *path Blut etc* sich ergießen; **2.** *st/s* **s'~ (auprès de qn)** (j-m) sein Herz ausschütten; sich j-m anvertrauen, mitteilen; sich (bei j-m) aussprechen

épand|age [epɑ̃daʒ] *m* **1.** *agr* (Aus-) Breiten *n*, Verteilen *n* (des Düngers); **2.** **champ** *m* **d'~** Rieselfeld *n*; **~eur** *m od* **~euse** *f tech* Streu- bzw Spritzgerät *n*; Streuer *m*; Verteiler *m*; *agr* ~ **de fumier** Dung-, Miststreuer *m*, -verteiler *m*

épandre [epɑ̃dr(ə)] *v/t* ‹*cf* **rendre**› *Mist, Dünger* (aus)breiten; verteilen

épannel|age [epanlaʒ] *m* Vorprofilierung *f* (*e-s Werksteins*); **~er** *v/t* ‹-ll-› *Werksteine* vorprofilieren

épanoui [epanwi] *adj* **1.** *Blume* aufgeblüht; erblüht; aufgegangen; *Blüte auch* entfaltet; offen; geöffnet; **2.** *Gesicht, Lächeln* (freude)strahlend; vergnügt; freudig; **3.** *Körper, Formen* (gut, voll) entwickelt

épanou|ir [epanwir] **I** *v/t* **1.** *Blumen* auf-, erblühen lassen; zum Aufblühen bringen; **2.** *fig Gesicht* erhellen; aufheitern; (er)strahlen, aufleuchten lassen; *st/s* ~ **le cœur** das Herz erfreuen, mit Freude, Glück erfüllen; **3.** ~ **qn** j-n in s-r Entwicklung s-r Per'sönlichkeit verhelfen; **II** *v/pr* **s'~ 4.** *Blüte, Blume* sich entfalten, öffnen; auf-, erblühen; aufgehen; **5.** *fig Schönheit, Kultur etc* sich entfalten; *auch Person* auf-, *st/s* erblühen; *Kind* sich entfalten, entwickeln; **6.** *Gesicht* (auf-) leuchten, strahlen; sich aufhellen, aufheitern; *Person* (vor Freude) strahlen; **~issement** *m* **1.** *von Blumen, Knospen* Auf-, Erblühen *n*; Aufgehen *n*; **2.** *fig e-s Körpers, Talents etc* (volle) Entfaltung, Entwicklung; *e-r Kultur* Auf-, *st/s* Erblühen *n*; (höchste) Entfaltung; *Blüte f*; Höhepunkt *m*; **3.** *e-s Gesichtes* (Er-) Strahlen *n*; Aufheiterung *f*

épar [epar] *m* Querholz *n*, -riegel *m*

épargnant [eparɲɑ̃] *m* Sparer *m*; **les petits ~s** die kleinen Sparer; die Kleinsparer *m/pl*

épargne [eparɲ] *f* **1.** Sparen *n*; Sparwesen *n*, -tätigkeit *f*; **caisse** *f* **d'~** Sparkasse *f*; **encourager l'~** die Spartätigkeit fördern; **2.** Ersparnis *f*; Sparbetrag *m*; *meist pl* **~s** Ersparnisse; Spargelder *n/pl*; Erspartes(n) *n*; **~ nationale** Spargelder e-s Landes; volkswirtschaftliche Ersparnisse; **~-logement** *f* Bausparen *n*

épargner [eparɲe] **I** *v/t* **1.** *Geld* sparen; zu'rücklegen; **2.** *fig Zeit, Kräfte etc* sparen; sparsam 'umgehen mit; haushalten mit; (gut) einteilen; **n'~ aucun effort** keine Mühe scheuen; **3.** ~ **qc à qn** j-m etw ersparen; j-n mit etw verschonen; j-n vor etw (*dat*) bewahren; j-m etw erlassen; ~ **qc** *auch* etw unnötig, 'überflüssig machen; **rien ne lui a été épargné** ihm ist nichts erspart geblieben; **épargnez-moi vos explications** verschonen Sie mich mit Ihren Erklärungen; **4.** *Personen, Sachen* verschonen; *Gegner, Feind auch* schonend, mild behandeln; **ne pas ~ qn** *auch* j-n heftig, scharf kritisieren; **la maladie ne l'a pas épargné** er ist von der Krankheit nicht verschont geblieben; **immeuble épargné par l'incendie** Gebäude, das bei, von dem Brand verschont geblieben ist; **5.** *peint* ~ **des blancs** weiße Stellen aussparen, stehenlassen; freilassen; Stellen weiß lassen; **II** *v/pr* **s'~** *des ennuis, etc* sich Ärger *etc* (er)sparen

éparpillement [eparpijmɑ̃] *m* **1.** *von Papieren, Blättern etc* Verstreutsein *n*;

éparpill|er [eparpije] **I** *v/t Papiere, Sachen etc* (unordentlich) verstreuen; her-'umstreuen; wahllos um'herstreuen; ausbreiten; *vom Wind* verwehen; **être éparpillé** her'umliegen; verstreut sein, liegen; **2.** *Personen, Truppen* (unregelmäßig, da und dort, an mehreren Stellen, Orten) verteilen, aufstellen; zerstreuen; *adjt* **colons éparpillés sur un vaste territoire** über ein großes Gebiet verstreute, verteilte Siedler; **3.** *fig s-e Kräfte etc* verzetteln; zersplittern; **II** *v/pr* **s'~ 4.** *Dinge* verstreut, um'hergestreut werden; *Zustand* her'umliegen; *vom Wind* verweht, aufgewirbelt, in alle Richtungen geweht werden; *Menschenmenge* sich verteilen, verlaufen; *Menschen* sich zerstreuen; ausein'andergehen; **6.** *fig* sich verzetteln; **~eur** *m agr* Mist-, Dungverteiler *m*, -streuer *m*

épars [epar] *adj* ‹**éparse** [epars]› **1.** (weit) verstreut; vereinzelt (auftretend, nachweisbar); *Reste, Trümmer etc auch* her'umliegend; *Haare* aufgelöst; wirr; unordentlich; fliegend; **pluies ~es** strichweise Regen *m*; **2.** *fig Erinnerung, Wissen* lückenhaft; *Fragmente* zu'sammenhangslos; unzusammenhängend

épart *cf* **épar**

éparvin [eparvɛ̃] *m vét* Spat *m*

épatant [epatɑ̃] *adj* F toll; Klasse (*inv*); prima (*inv*); dufte; phan'tastisch; ~! (einfach) Klasse, toll!; **ne pas être ~** F nicht besonders sein

épate [epat] *f* F **faire de l'~** Eindruck machen, F schinden (wollen); sich (groß) aufspielen

épat|é [epate] *adj* **1.** *Nase* platt (-gedrückt); stumpf; **nez ~** *auch* Stumpfnase *f*; **2.** F **être ~** verblüfft, F platt, baff sein; nur so staunen; **~ement** *m der Nase* Plattheit *f*

épater [epate] F *v/t* verblüffen; impo-'nieren (**qn** j-m); Eindruck machen (auf j-n), F schinden (bei j-m); sich (groß) aufspielen (vor j-m); **ça t'épate, hein?** *auch* F da bist du baff *od* platt, was?

épaulard [epolar] *m zo* Schwertwal *m*; Butskopf *m*; **~ à tête ronde** Grind-, Schwarzwal *m*

épaule [epol] *f* Schulter *f* (*auch beim Pferd*); *bei Pferd, Rind, Hochwild* Bug *m*; *cuis auch* Schulterstück *n*; *ch* Blatt *n*; *des Menschen auch* Achsel *f*; **largeur** *f* **d'~s** Schulterbreite *f*; *mil* **l'arme sur l'~ droite!** das Gewehr – über!; F *fig* **avoir la tête sur les ~s** vernünftige Ansichten haben; vernünftig, ausgeglichen sein; *fig* **donner un coup d'~ à qn** j-m unter die Arme greifen; j-m helfen; j-n unter-'stützen; **enfoncer une porte à coups d'~** e-e Tür mit der Schulter eindrücken; **être carré, large d'~s** breite Schultern haben; breitschult(e)rig sein; *Ringen* **faire toucher les ~s** auf die Schultern legen, zwingen; **pencher sa tête sur l'~** den Kopf schief legen, auf die Schulter legen; *Verantwortung* **peser, reposer sur les ~s de qn** auf j-s Schultern (*dat*) lasten, ruhen; **porter un fusil, une pelle sur l'~** ein Gewehr geschultert haben; e-e Schaufel auf der Schulter tragen

épaulé [epole] *m Gewichtheben* 'Umsetzen *n*; **~-jeté** *m Gewichtheben* Stoßen *n*

épaulement [epolmɑ̃] *m* **1.** *bât* Stütz-, Futtermauer *f*; **2.** *mil* Schulterwehr *f*; **3.** *géol* (na'türliche) Böschung; **4.** *tech* Vorsprung *m*; Ansatz *m*

épauler [epole] *v/t* **1.** *Gewehr etc* anlegen (*auch abs*); in Anschlag bringen; an-

schlagen; **2.** *fig* ~ qn j-n unter'stützen; j-m helfen; sich für j-n einsetzen, für j-n eintreten (auprès de qn bei j-m); **3.** *bât* Mauer etc (ab)stützen; **4.** *Gewichtheben* ~ le poids das Gewicht 'umsetzen (*vom Boden bis zur Brust heben*)

épaul|ette [epolɛt] *f mil* Schulterstück *n*; Epau'lette *f*; **~ière** *f* **1.** *e-r Rüstung* Schulterstück *n*; **2.** *e-s MGs* Schulterstütze *f*

épave [epav] *f* **1.** *mar* **a)** (Schiffs)Wrack *n*; **b)** Strandgut *n*; treibendes, seetriftiges Gut; gestrandetes, strandtriftiges Gut; droit *m* d'~s Strand-, Bergerecht *n*; **2.** *par ext von e-m Auto, Flugzeug* Wrack *n*; **3.** *fig von e-m Menschen* Wrack *n*; n'être plus qu'une ~ nur noch ein Wrack sein; **4.** *jur* herrenloses (bewegliches) Gut

épeautre [epotr(ə)] *m agr* Dinkel *m*; Spelz *m*; Spelt *m*

épée [epe] *f* **1.** Schwert *n*; Degen *m*; Klinge *f*; ~ de Damoclès Damoklesschwert *n*; coup *m* d'~ Schwertstreich *m*, -hieb *m*; Degenstich *m*; *fig* un coup d'~ dans l'eau ein Schlag ins Wasser; croiser l'~ die Klingen kreuzen; *par ext* c'est une bonne ~ er führt e-e gute Klinge; *fig* jeter son ~ dans la balance sein Schwert in die Waagschale werfen; *fig* mettre à qn l'~ dans les reins j-m die Pistole auf die Brust setzen; j-n zu e-r Entscheidung drängen; remettre l'~ au fourreau das Schwert (wieder) in die Scheide stecken; *fig auch* den Krieg beenden; **2.** *zo* ~ de mer Schwertfisch *m*

épeich|e [epɛʃ] *f zo* Buntspecht *m*; **~ette** *f zo* Kleinspecht *m*

épeire [epɛr] *f zo* Kreuzspinne *f*

épeirogenèse [epɛrɔʒənɛz] *cf* épirogenèse

épé|isme [epeism(ə)] *m sports* Degenfechten *n*; **~iste** *m* Degenfechter *m*

épeler [eple] *v/t* ⟨-ll-⟩ **1.** *Worte* buchsta'bieren; **2.** *fig Text* buchsta'bieren; schülerhaft, stotternd, mühsam, langsam lesen

épellation [epɛ(l)lasjõ] *f* Buchsta'bieren *n*; code *m*, table *f* d'~ Buchstabieralphabet *n*

épendyme [epãdim] *m anat* Epen'dym *n*

épenthèse [epãtɛz] *f phon* Epen'these *f*; Einschaltung *f* von Lauten

épenthétique [epãtetik] *adj phon* epen'thetisch; eingeschoben

épépiner [epepine] *v/t* entkernen

éperdu [epɛrdy] *adj* **1.** außer sich; wie toll; tief bewegt; bestürzt; ~ 'überglücklich; ~ de joie außer sich vor Freude; ~ de reconnaissance 'überaus, unendlich dankbar; **2.** *Liebe, Verlangen etc* leidenschaftlich; heftig; **3.** *Blick, Augen, Gesten* verzweifelt; *par ext* fuite ~e über'stürzte Flucht; **~ment** *adv* ~ amoureux sterblich, bis über die Ohren verliebt; je m'en moque ~ das ist mir völlig gleichgültig; das läßt mich völlig kalt; das interessiert mich überhaupt nicht; daraus mache ich mir überhaupt nichts

éperlan [epɛrlã] *m zo* Stint *m*

éperon [eprõ] *m* **1.** *e-s Reiters* Sporn *m*; piquer des ~s s-m Pferd die Sporen geben; **2.** *bot* Sporn *m*; **3.** *zo* Sporn *m*; *e-s Hundes* Afterklaue *f*; **4.** *mar hist* Sporn *m*; Ramme *f*; Rammsporn *m*; *auch* Schiffsschnabel *m*; **5.** *géol e-s Gebirges* Vorsprung *m*

éperonner [eprɔne] *v/t* **1.** ~ son cheval s-m Pferd die Sporen geben; sein Pferd (an)spornen; **2.** *fig* (être) éperonné par l'ambition, *etc* vom Ehrgeiz *etc* angespornt, angestachelt (sein); von Ehrgeiz *etc* getrieben (sein); **3.** *adit* être botté et éperonné gestiefelt und gespornt sein; **4.** *mar hist Schiff* rammen

---

5. *bot adit* éperonné mit e-m Sporn versehen

éperv|ier [epɛrvje] *m* **1.** *zo* Sperber *m*; **2.** *fig u pol* Falke *m*; **3.** *Fischfang* (konisches, bleibeschwertes) Wurfnetz; **~ière** *f bot* Habichtskraut *n*

épervin [epɛrvɛ̃] *cf* éparvin

éphèbe [efɛb] *m* **1.** *im Altertum* E'phebe *m*; **2.** *iron od péj* schöner Jüngling

éphédrine [efedrin] *f phm* Ephe'drin *n*

éphélides [efelid] *f/pl* Ephe'liden *pl* (*Sommersprossen*)

éphémère [efemɛr] **I** *adj* **1.** *zo* eintägig; e-n Tag dauernd *bzw* lebend; **2.** *Ruhm, Glück, Macht etc* vergänglich; vor'übergehend; nur kurze Zeit dauernd; kurzlebig; ephe'mer; caractère *m* ~ Vergänglichkeit *f*; Vergängliche(s) *n*; **II** *m* **1.** *zo* Eintagsfliege *f*; **2.** *bot* ~ de Virginie Gottesauge *n*; Dreimasterblume *f*

éphéméride [efemerid] *f* **1.** Tages-, Abreißkalender *m*; **2.** Epheme'ride *f*; Veröffentlichung *f* mit den Ereignissen e-s Tages in verschiedenen Jahren; **3.** *pl* ~s *astr* Epheme'riden *f/pl*; *mar* ~s nautiques nautische Ephemeriden; **4.** *pl* ~s *hist* Epheme'riden *f/pl*; Tagebücher *n/pl*; Tageblätter *n/pl*

éphésien [efezjɛ̃] **I** *adj* ⟨~ne⟩ ephesisch; **II** *subst* ♀(ne) *m(f)* Epheser(in) *m(f)*

ephestia [efɛstja] *f zo* Mehlmotte *f*

éphore [efɔr] *m hist* E'phor *m*

épi [epi] *m* **1.** Ähre *f*; *von Mais* Kolben *m*; ~ de blé, d'orge, de seigle Korn- *od* Weizen-, Gersten-, Roggenähre *f*; **2.** *bot Blütenstand* Ähre *f*; **3.** *par ext* **a)** (de cheveux) (Haar)Wirbel *m*; **b)** ~ de diamants ährenförmig, in Form e-r Ähre angeordnete Dia'manten *m/pl*; **c)** *arch e-s Turmes, Giebels* Ähre *f*; **d)** *chir* Kornährenverband *m*; **e)** *zum Uferschutz* Buhne *f*; **f)** *loc/adv* en ~ ährenförmig; *bât* appareil *m* en ~ Ährenwerk *n*, -verband *m*; *auto* stationnement *m* en ~ Schrägparken *n*

épiage [epjaʒ] *m od* **épiaison** [epjezõ] *f* Ährenbildung *f*

épi|canthus [epikɑtys] *m path* Mon'golenfalte *f*; *sc* Epi'kanthus *m*; **~carpe** *m bot* Epi'karp *n*, Exo'karp *n*

épice [epis] *f cuis* Gewürz *n*; Würze *f*; ~s *auch* Speze'reien *f/pl*; Gewürzwaren *f/pl*; pain *m* d'~ Honig-, Pfeffer-, Lebkuchen *m*

épicé [epise] *adj* **1.** *cuis* gewürzt; würzig; pi'kant; scharf; trop ~ zu scharf; zu sehr, zu stark gewürzt; **2.** *fig Geschichte* pi'kant; schlüpfrig; prickelnd

épicéa [episea] *m bot* Fichte *f*; Rottanne *f*

épicène [episɛn] *adj gr* nom ~ Epi'cönum *n*; beide Geschlechter (e-s Tieres) bezeichnendes Substantiv

épicentre [episɑtr(ə)] *m e-s Erdbebens* Epi'zentrum *n*

épicer [epise] *v/t* ⟨-ç-⟩ *cuis* würzen (*auch fig*)

épic|erie [episri] **1.** Lebensmittelgeschäft *n*, -handlung *f*; *früher* Koloni'alwarengeschäft *n*, -handlung *f*; ~ fine Feinkost-, Delika'tessengeschäft *n*; **2.** Lebensmittel-, *früher* Koloni'alwarenhandel *m*; **3.** Lebensmittel *pl*; *früher* Koloni'alwaren *pl*; **~ier**, **~ière** *f früher* Lebensmittel-, *früher* Koloni'alwarenhändler(in) *m(f)*; Krämer *m*; épicier au détail, en gros Lebensmitteleinzelhändler *m*, -großhändler *m*

épi|condyle [epikõdil] *m anat* Epi'kondylus *m*, *anat* Schädelhaut *f*; **~crise** *f méd* Epi'krise *f*

épicur|ien [epikyrjɛ̃] *philos* **I** *adj* ⟨~ne⟩ epiku'reisch, epi'kurisch (*auch fig*); **II** *m* Epiku'reer *m* (*auch fig*); **~isme** *m philos* Epikure'ismus *m* (*auch fig*)

épicycl|e [episikl(ə)] *m astr* Epi'zykel *m*; **~oïde** *f math* Epizyklo'ide *f*; *auch* Epi'zykel *m*

épidémicité [epidemisite] *f* epi'demischer Cha'rakter (*e-r Krankheit*)

épidémie [epidemi] *f* **1.** Epide'mie *f*; ~ de grippe Grippeepidemie *f*; **2.** *fig von Selbstmorden etc* Serie *f*; Reihe *f*; Kette *f*; Welle *f*

épidémiologie [epidemjɔlɔʒi] *f* Epidemiolo'gie *f*; Seuchenlehre *f*

épidémique [epidemik] *adj* **1.** *Krankheit* epi'demisch; seuchenartig; **2.** *fig Gefühle etc* ansteckend; c'est ~ das wirkt, ist ansteckend; das über'trägt sich

épiderm|e [epidɛrm] *m anat* Epi'dermis *f* (*auch bot*); Oberhaut *f*; *fig*: avoir l'~ chatouilleux (sehr) empfindlich sein; chatouiller l'~ à qn j-m schmeicheln; **~ique** *adj* **1.** der Epi'dermis; Oberhaut...; epider'mal; epidermoi'dal; **2.** *fig* oberflächlich

épidiascope [epidjaskɔp] *m* Epidia'skop *n*

épididym|e [epididim] *m anat* Nebenhoden *m*; *sc* Epi'didymis *f*; **~ite** *path* Nebenhodenentzündung *f*; *sc* Epididy'mitis *f*

épidural [epidyral] *adj* ⟨-aux⟩ *anat* epidu'ral; *méd* anesthésie ~e Epidu'ralanästhesie *f*

épier [epje] *v/t* **1.** *Person, j-s Tun* (heimlich, aus dem 'Hinterhalt) beobachten, belauschen, belauern, über'wachen; *Geräusche, Töne* horchen auf (+*acc*); lauschen (+*dat*); *Gelegenheit* abpassen; abwarten; ~ qn *auch* j-m nachspionieren; ~ sa proie s-r Beute auflauern; auf s-e Beute lauern

épierr|age [epjɛraʒ] *m od* **~ement** *m agr e-s Feldes* Säubern *n* von Steinen; **~er** *v/t* Feld von Steinen säubern

épieu [epjø] *m* ⟨*pl* ~x⟩ *hist Waffe* Spieß *m*; ~ de chasse Jagdspieß *m*

épigastr|e [epigastr(ə)] *m anat* Oberbauch *m*; *sc* Epi'gastrium *n*; **~ique** *adj* epi'gastrisch; Oberbauch...

épigé [epiʒe] *adj bot* epi'gäisch; oberirdisch

épigén|èse [epiʒenɛz] *f biol* Epige'nese *f*; **~ie** *f géol* Epige'nese *f*

épiglotte [epiglɔt] *f anat* Kehldeckel *m*; *sc* Epi'glottis *f*

épigone [epigon] *m* Epi'gone *m*

épigrammat|ique [epigra(m)matik] *adj Stil etc* epigram'matisch; kurz; treffend; witzig; **~iste** *m* Epigram'matiker *m*

épigramme [epigram] *f* Epi'gramm *n*; *fig auch* Spott *m*; Spötte'rei *f*

épigraph|e [epigraf] *f* **1.** Epi'graph *n*; Inschrift *f*; **2.** Motto *n*; **~ie** *f* Epi'graphik *f*; Inschriftenkunde *f*; **~ique** *adj* epi'graphisch; **~iste** *m* Epi'graphiker *m*

épigyne [epiʒin] *adj bot* epi'gyn

épila|ge [epilaʒ] *m Gerberei* Enthaaren *n*; **~tion** *f Kosmetik* Enthaaren *n*, -ung *f*; Haarentfernung *f*; *sc* Epilati'on *f*; Depilati'on *f*; **~toire** *adj* enthaarend; Enthaarungs...; crème ~ Enthaarungs-, Haarentfernungscreme *f*

épilepsie [epilɛpsi] *f path* Epilep'sie *f*; avoir, F faire une attaque, crise d'~ e-n epileptischen Anfall haben *bzw* bekommen

épileptique [epilɛptik] **I** *adj* **1.** *path* epi'leptisch; **2.** *fig Gesten* heftig; irr; **II** *m,f path* Epi'leptiker(in) *m(f)*

épiler [epile] *v/t* enthaaren; die Haare entfernen (qn j-m); *sc* epi'lieren; *Augenbrauen* auszupfen; se faire ~ les jambes sich die Beinhaare entfernen, F wegmachen lassen; **II** *v/pr* s'~ les aisselles, les jambes sich die Achsel-,

Beinhaare entfernen, F wegmachen; **s'~ les sourcils** sich die Augenbrauen auszupfen

épillet [epijɛ] *m bot* e-r Ähre Ährchen *n*

épilobe [epilɔb] *m bot* Weidenröschen *n*

épilogu|e [epilɔg] *m* **1.** Epi'log *m*; Schlußwort *n*; *thé auch* Nachspiel *n*; e-s *Romans auch* Nachwort *n*; **2.** *litt* (*dénouement*) Ende *n*; Ausgang *m*; (*Auf-*)Lösung *f*; **~er** *v/t/indir* ~ **sur qc** (hinterher) lange über etw (*acc*) disku'tieren, reden, sprechen; lange Kommen'tare abgeben über etw (*acc*)

epimedium [epimedjɔm] *m bot* Elfen-, Sockenblume *f*

épinard [epinar] *m* **1.** *bot* Spi'nat *m*; *adjt* **vert** ~ ⟨*inv*⟩ spinatgrün; **2.** *cuis* **~s** *pl* Spi'nat *m*; **manger des ~s** Spinat essen

épincer [epɛ̃se] *v/t* ⟨-ç-⟩ *cf* épinceter

épincet|age [epɛ̃staʒ] *m text* Noppen *f*; **~er** *v/t* ⟨-tt-⟩ *text* noppen

épine [epin] *f* **1.** *bot* Dorn *m*; Stachel *m* (*auch zo* e-s *Igels, Stichlings etc meist pl*); *bot* ~ **blanche** Weiß-, Hagedorn *m*; *bot* ~ **noire** Schleh-, Schwarzdorn *m*; Schlehe *f*; *zo* ~ **vierge** *cf* **épinoche**; *bot* ~ **du Christ** Christ(us)dorn *m*; *zo* ~ **de Judas** (Kleiner) Petermann; **'haie** *f* **d'~s** Dornenhecke *f*; *fig* **enlever, ôter, tirer à qn une** ~ **du pied** j-m aus, in e-r schwierigen Lage, Notlage helfen; F j-m aus der Klemme, Patsche helfen; **2.** *anat* Stachel *m*; Dorn *m*; *sc* Spina *f*; ~ **dorsale** Rückgrat *n*; **3.** *géogr* (Gebirgs)Grat *m*

épiner [epine] *v/t agr* Bäume zum Schutz vor *Tieren* mit Dornen um'geben

épinette [epinɛt] *f* **1.** *mus* Spi'nett *n*; ~ **des Vosges** Zither *f* mit fünf Saiten; **2.** *agr* Mastkäfig *m* (für Geflügel); **3.** *bot in Kanada* Fichte *f*; Rottanne *f*

épineux [epinø] *adj* ⟨-euse⟩ **1.** *bot* dornig; stach(e)lig (*auch zo von Igeln etc*); **2.** *fig* Angelegenheit, Problem, Lage heikel; kniff(e)lig; mißlich; schwierig; unangenehm; **3.** *anat* spi'nal; dornartig; **apophyse épineuse** Dornfortsatz *m*

épine-vinette [epinvinɛt] *f bot* ⟨*pl* épines-vinettes⟩ Berbe'ritze *f*; Sauerdorn *m*

épinglage [epɛ̃glaʒ] *m* **1.** Befestigen *n* mit Nadeln; Feststecken *n*; **2.** *cout* Abstecken *n*

épingle [epɛ̃gl(ə)] *f* (Steck)Nadel *f*; *e-r Brosche, e-s Schmuckstücks* Nadel *f*; Verschluß *m*; ~ **anglaise** große Sicherheitsnadel *f*; ~ **à chapeau** Hutnadel *f*; ~ **à cheveux** Haarnadel *f*; **virage** *m* **en** ~ **à cheveux** Haarnadelkurve *f*; ~ **à linge** Wäscheklammer *f*; ~ **de cravate** Kra'wattennadel *f*; ~ **de nourrice, de sûreté** Sicherheitsnadel *f*; *fig* **coup** *m* **d'~** Nadelstich *m*; Stiche'lei *f*; **attacher, fixer qc avec des ~s** etw feststecken, mit Nadeln befestigen; *fig* **monter qc en** ~ etw hochspielen, aufbauschen, groß her'ausstellen; **se piquer avec une** ~ sich (an e-r Nadel) stechen; *cout* **poser des ~s** *Ärmel, Saum etc* abstecken; *fig* **tirer son** ~ **du jeu** sich geschickt aus der Affäre ziehen; sich rechtzeitig zurückziehen; rechtzeitig abspringen, aussteigen; *fig* **être tiré à quatre ~s** geschniegelt und gebügelt, F wie aus dem Ei gepellt, piekfein sein; F sich in Schale geworfen haben

épinglé [epɛ̃gle] *text* **I** *adj* taffetas ~ Ripsgewebe *n*; Epin'glé *m*; **velours** ~ Epinglé(-Velours) *m*; Kräusel-, Fri'sésamt *m*; **II** *m* Epin'glé *m*

épingler [epɛ̃gle] *v/t* an-, feststecken; mit e-r Nadel, mit Nadeln feststecken, -machen, -halten, befestigen; *Saum* (auf-ab-, hoch)stecken; *Blätter etc* ensemble zu'sammenstecken; ~ **qc sur la poitrine de qn** j-m etw anstecken, an

die Brust stecken; **2.** F *fig* ~ **qn** F j-n (am Tatort) erwischen, schnappen; **se faire** ~ F sich erwischen lassen; erwischt, geschnappt werden

épinglerie [epɛ̃glǝri] *f* **1.** Nadelindustrie *f*; **2.** Nadelfabrik *f*

épinière [epinjɛr] *adj* ⟨*nur f*⟩ *anat* moelle *f* ~ Rückenmark *n*

épinoche [epinɔʃ] *f* Stichling *m*; ~ **à trois épines dorsales** Großer, Dreistacheliger Stichling *m*; ~ **de mer** Seestichling *m*

épipactis [epipaktis] *f bot* Sumpfwurz *f*; Sumpforche *f*; *sc* Epi'pactis *f*

Épiphanie [epifani] *f rel* (Fest *n* der) Erscheinung *f* des Herrn; Epi'phanias *n*

épiphénomène [epifenɔmɛn] *m psych* Epiphäno'men *n*; Begleiterscheinung *f*

épiphylle [epifil] *bot* **I** *adj* auf Blättern wachsend; **II** *m* Glieder-, Phyllokaktus *m*; Epi'phyllum *n*

épiphyse [epifiz] *f anat* **1.** Gelenkende *n* e-s langen Röhrenknochens; *sc* Epi'physe *f*; **2.** Zirbeldrüse *f*; *sc* Epi'physe *f*

épiphyte [epifit] *adj u subst m bot* (plante *f*) ~ Epi'phyt *m*

épiploon [epiplɔ̃] *m anat* Netz *n*; *sc* E'piploon *n*; O'mentum *n*

épique [epik] *adj* **1.** episch; Helden...; **genre** *m*, **poésie** *f* ~ Epik *f*; **poème** *m* ~ Epos *n*; **poète** *m* ~ Epiker *m*; **2.** F *Rettung etc* abenteuerlich; *Szene, Diskussion* thea'tralisch

épirogenèse [epirɔʒǝnɛz] *f géol* Epiroge'nese *f*

épiscopal [episkɔpal] *égl* **I** *adj* ⟨-aux⟩ bischöflich; Bischofs...; episco'pal; Episco'pal...; **Église ~e** Episkopalkirche *f* (*auch im engeren Sinne* Anglikanische Kirche); **palais** ~ bischöfliches Palais; **II** *m/pl* **les épiscopaux** die Episko'palen *m/pl*; ~**isme** *m égl* Episkopa'lismus *m*; Episko'palsystem *n*

épiscopat [episkɔpa] *m égl* **1.** Episko'pat *m od n*; Bischofswürde *f*, -amt *n*; **2.** Amtszeit *f* als Bischof; **3.** Episko'pat *m od n*; Gesamtheit *f* der Bischöfe

épiscope [episkɔp] *m* **1.** *opt* Epi'skop *n*; **2.** e-s *Panzers* Winkelspiegel *m*

épisode [epizɔd] *m* **1. a)** e-s *Romans, Dramas* Neben-, Zwischenhandlung *f*; e-s *Romans etc auch* Epi'sode *f*; Zwischenstück *n*; *in der griechischen Tragödie* Epi'sode *f*; eingeschalteter Dia'logteil; *mus* Nebenmotiv *n*; e-r *Fuge* Epi'sode *f*; Diverti'mento *n*; Divertisse'ment *n*; freies Zwischenspiel; *peint* Nebengruppe *f*, -thema *n*; **b)** *par ext* e-s *Romans, Films* Abschnitt *m*; Teil *m*; **film** *m* **à ~s** Epi'sodenfilm *m*; **film** *m* **en cinq ~s** Film *m* mit fünf Abschnitten, Episoden; **2.** Epi'sode *f*; vor'übergehendes Erlebnis; vor'übergehende Angelegenheit; Zwischenspiel *n*

épisodique [epizɔdik] *adj* **1.** Neben...; epi'sodisch; eingeschaltet; **action** *f*, **personnage** *m*, **rôle** *m* ~ Nebenhandlung *f*, -figur *f od* -gestalt *f*, -rolle *f*; **2.** *Ereignis etc* nebensächlich; unbedeutend; vor'übergehend; 'untergeordnet; **il n'a fait dans la région que des séjours ~s** er ist nur ab und zu kurz in der Gegend gewesen

épiss|er [epise] *v/t mar* spleißen; splissen; **~oir** *m mar* Marlspieker *m*, -pfriem *m*; **~ure** *f mar, tech* Spleißung *f*; Splissung *f*; Spleiß *m*; Spliß *m*; ~ **à œillet** Augspleiß *m*

épistasie [epistazi] *f Genetik* Epista'sie *f*

épistaxis [epistaksis] *f path* Nasenbluten *n*; *sc* Epi'staxis *f*

épistémologie [epistemɔlɔʒi] *f philos* Epistemolo'gie *f*; Erkenntnislehre *f*

épistolaire [epistɔlɛr] *adj* Brief..., brieflich; **littérature** *f* ~ Briefliteratur *f*; **être en relations ~s avec qn** mit j-m in

brieflicher Verbindung, in Briefwechsel stehen

épistyle [epistil] *m arch* Epi'styl *n*; Archi'trav *m*

épitaphe [epitaf] *f* Epi'taph(ium) *n*; Grabinschrift *f*; Gedenktafel *f* für e-n Verstorbenen

épite [epit] *f mar* konischer Holzdübel

épithalame [epitalam] *m* Epitha'lamium *n*; Hochzeitslied *n*

épithélial [epiteljal] *adj* ⟨-aux⟩ *biol* Epi'thel...; **cellule ~e** Epithelzelle *f*; **tissu** ~ Epithelgewebe *n*

épithélium [epiteljɔm] *m biol* Epi'thel(ium) *n*; Epithelgewebe *n*

épithète [epitɛt] *f* **1.** E'pitheton *n*; Beiwort *n*; **~s injurieuses** Schimpfnamen *m/pl*, -wörter *n/pl*; **2.** *gr* *od adjt* adjectif *m* ~ attribu'tives Adjektiv

épitoge [epitɔʒ] *f in Frankreich* seidener Schulterstreifen *der Amtstracht der Rechtsanwälte, Professoren etc*

épitomé [epitɔme] *m* E'pitome *f*; Auszug *m* (aus e-m größeren Werk); Abriß *m*

épître [epitr(ə)] *f* **1.** *bibl* (A'postel)Brief *m*; E'pistel *f*; ⟨ **aux Romains** Römerbrief *m*; ⟨**s de saint Paul** Paulusbriefe *m/pl*; Pau'linische Briefe *m/pl*; **2.** *iron* (*lettre*) Brief *m*; E'pistel *f*; **3.** *égl cath* Teil *m* *der Messe* E'pistel *f*; **côté** *m* **de l'~** Epistelseite *f*; **4.** *Literatur* Versepistel *f*

épizoot|ie [epizɔɔti] *f vét* (Tier-, Vieh-)Seuche *f*; *sc* Epizoo'tie *f*; **~ique** *adj vét* seuchenartig

éploré [eplɔre] *adj* **a)** *Gesicht* tränenüberströmt; verweint; *Person* in Tränen aufgelöst; *Stimme* tränenerstickt; **b)** *par ext* untröstlich; tief betrübt; verzweifelt; schmerzerfüllt; **veuve ~e** trauernde Witwe

épluchage [eplyʃaʒ] *m* **1.** *von Kartoffeln, Obst etc* Schälen *n*; *von Salat, Gemüse* Putzen *n*; Verlesen *n*; **2.** *text* Noppen *n*; *von Wolle* Zupfen *m*; **3.** *fig* strenge Kon'trolle; genaue Prüfung, 'Durchsicht

épluch|er [eplyʃe] *v/t* **1.** *Kartoffeln, Zwiebeln, Obst etc* schälen; *Kartoffeln auch* pellen; *Radieschen, Bohnen, Salat, Gemüse* putzen; *Salat, Gemüse auch* verlesen; **couteau** *m*, **machine** *f* **à** ~ Schälmesser *n*, -maschine *f*; **2.** *text* noppen; *Wolle* zupfen; **3.** *fig* Rechnung *etc* genau prüfen, kontrol'lieren; Punkt für Punkt 'durchgehen; *Text etc* unter die Lupe nehmen; zerpflücken; Fehler her'ausklauben (qc aus etw); **~eur** *m* **a)** ~ *od adjt* couteau ~ Schälmesser *n*; **b)** Schälmaschine *f*; **~ure** *f* meist *pl* **~s** (Obst-, Kar'toffel)Schalen *f/pl*; von *Gemüse etc* Abfälle *m/pl*

épode [epɔd] *f Lyrik* Ep'ode *f*

époint|age [epwɛ̃taʒ] *m od* **~ement** *m von Messern etc* Abstumpfen *n*; Stumpfwerden *n bzw* -sein *n*; Abbrechen *n* der Spitze; **~er** *v/t Nadel, Messer, Schere* abstumpfen; stumpf machen; die Spitze abbrechen (+*gén*); *Bleistift* stumpf schreiben; abschreiben

éponge [epɔ̃ʒ] *f* **1.** *zo* Schwamm *m*; **pêcheur** *m* **d'~s** Schwammfischer *m*; **2.** Schwamm *m*; *cuis* ~ **métallique** Topfkratzer *m*; ~ **naturelle, synthétique, végétale** Na'tur-, Kunststoff-, Luffaschwamm *m*; ~ **de toilette** Badeschwamm *m*; *beim Boxen* jeter l'~ das Handtuch werfen; *fig* **passer l'~ sur qc** großzügig über etw (*acc*) hin'wegsehen; nicht mehr über etw (*acc*) sprechen; etw vergessen, verzeihen; **passons l'~!** Schwamm drüber!; **passer un coup d'~ sur la table** den Tisch (mit e-m Schwamm) abwischen; **3.** *adjt* **serviette** *f* ~ Frot'tee-, Frot'tier(hand)tuch *n*;

tissu m ~ Frot'tee n od m; Frot'tierstoff m, -gewebe n; 4. a) vét Schwamm m; b) e-s Hufeisens äußerer Tragrand

épongeage [epõʒaʒ] m Ab- bzw Aufwischen n

éponger [epõʒe] <-geons> I v/t 1. Tisch, Tafel etc (mit e-m Schwamm, Tuch) abwischen; Fleck, Pfütze (mit e-m Schwamm, Tuch) aufwischen; abs **éponge vite!** wisch das rasch, schnell auf, weg!; 2. écon Kaufkraft abschöpfen; II v/pr s'~ sich abwischen, (ab)trocknen (la figure, le front das Gesicht, die Stirn)

éponte [epõt] f mines Salband n; Nebengestein n; Dach- bzw Sohlfläche f e-r Schicht

épontill|e [epõtij] f mar (Deck)Stütze f; ~er v/t mar Deck etc (ab)stützen

épopée [epope] f Epos n; Heldendichtung f; Götter-, Heldenepos n

époque [epɔk] f 1. E'poche f (auch astr); Zeit(alter) f(n) (auch géol); **la Belle É** die Belle É'poque; géol ~ **carbonifère** Kar-'bon n; Steinkohlenformation f; ~ **classique** Klassik f; **les grandes ~s** de l'histoire die großen Geschichtsepochen f/pl; ~ **industrielle** Indu'striezeitalter n; ~ **romane** Ro'manik f; l'~ **des grandes découvertes** das Zeitalter der großen Entdeckungen; l'~ **des grandes invasions** die Zeit der Völkerwanderung; loc/adj d'~: **costume** m d'~ Kostüm n der Zeit; Origi'nalkostüm n; thé auch historisierendes Kostüm; **meuble** m d'~ (echtes) Stilmöbel; **être d'~** Möbel etc echt sein (aus e-r bestimmten Epoche stammen); loc/adv à l'~ de zur Zeit, im Zeitalter (+gén); **à notre** ~ auch in der heutigen Zeit; heutzutage; **être de son** ~, **vivre avec son** ~ mit der Zeit gehen, fortschreiten; in, mit s-r Zeit leben; **faire** ~ Epoche machen; e-e neue Zeit einleiten; **événement m qui fera** ~ epochemachendes, epo'chales, bahnbrechendes Ereignis; 2. Zeit f; Zeitpunkt m; Zeitabschnitt m; Jahreszeit f; ~ **de la puberté** Puber'tät(szeit) f; ~ **des vacances** Ferienzeit f; ~ **des vendanges** Zeit der Weinlese; **à cette** ~ (de l'année) zu dieser, um diese (Jahres-) Zeit; damals; **l'an dernier à pareille** ~, **à la même** ~ letztes Jahr um diese Zeit; **à** l'~ **de notre mariage** (damals) als wir heirateten; zur Zeit unserer Heirat

épouill|age [epujaʒ] m Entlausen n, -ung f; Lausen n; ~**er** I v/t (ent)lausen; II v/pr s'~ sich lausen

époumoner [epumɔne] v/pr s'~ F sich die Seele aus dem Leib reden; sich den Mund fusselig reden; s'~ **à force de crier** F sich die Lunge aus dem Halse schreien

épousailles [epuzaj, -zɑj] f/pl plais, iron od litt (mariage) Hochzeit(sfeierlichkeiten) f(pl); Vermählung f; Verehelichung f (auch iron)

épouse [epuz] f cf époux

épouser [epuze] v/t 1. ~ **qn** j-n heiraten, ehelichen; par ext ~ **une grosse dot** e-e reiche Frau heiraten; **avoir épousé qn** auch j-n zur Frau, zum Mann haben; **chercher à se faire** ~ **par qn** es darauf anlegen, von j-m geheiratet zu werden; 2. fig Gedanken, Meinungen etc annehmen; akzep'tieren; sich aneignen; sich zu eigen machen; Sache sich einsetzen für; vertreten; zu der seinen machen; ~ **la querelle de qn** sich bei e-m Streit für j-n Partei ergreifen; 3. Dinge sich eng anschmiegen (qc dat); ~ **la forme d'un objet** die Form e-s Gegenstandes haben; sich e-m Gegenstand anpassen; ~ **les formes du corps** Kleid sich dem Körper anpassen, anschmiegen; (eng)

anliegen; Rückenlehne körpergerecht, dem Körper angepaßt sein; Schuhe ~ **la forme du pied** fußgerecht, dem Fuß angepaßt sein

époussetage [epusta ʒ] m Abstauben n; Staubwischen n

épousseter [epuste] v/t <-tt-> Möbel etc abstauben; Kleider aus-, abbürsten; ausklopfen; Pferd (mit e-m Lappen) abreiben; ~ **ses chaussures** den Staub von s-n Schuhen wischen; ~ **des meubles** auch Staub wischen

époussette [epusɛt] f a) Staubbesen m; b) Staublappen m (zum Abreiben der Pferde nach dem Striegeln)

époustoufl|ant [epustuflã] F adj verblüffend; höchst über'raschend, erstaunlich; ~**er** F v/t in Erstaunen versetzen; über'raschen; verblüffen; verdutzen; **être époustouflé** F platt, baff sein

épout|ier [eputje] od ~**ir** v/t text noppen

épouvantable [epuvãtabl(ə)] adj schrecklich; entsetzlich; furchtbar; fürchterlich; grauenhaft, -voll, -erregend; grausig; F gräßlich; Wetter scheußlich; Zorn schrecklich; furchtbar; **avoir une mine** ~ erschreckend od entsetzlich schlecht, fürchterlich aussehen

épouvantail [epuvãtaj] m 1. Vogelscheuche f; 2. fig von e-r Person ~ (à moineaux) Vogelscheuche f; 3. fig von e-r Sache Schreckgespenst n; Schreckbild n; Popanz m

épouvante [epuvãt] f Entsetzen n; Grauen n; Grausen n; (Er)Schrecken m(n); cris m/pl, 'hurlements m/pl d'~ Entsetzensschreie m/pl; film m d'~ Horrorfilm m; vision f d'~ Schreckensvision f, -bild n; avec ~ mit Entsetzen; saisi d'~ von Entsetzen gepackt; jeter, semer l'~ Schrecken verbreiten (parmi la population unter der Bevölkerung)

épouvanter [epuvãte] I v/t ~ **qn** 1. j-m Schrecken, Furcht, Angst einjagen; j-m Angst, Furcht einflößen; j-n in Schrecken, Angst versetzen; j-n (fürchterlich, zu Tode) erschrecken; **il recula épouvanté** er wich, fuhr (zu Tode) erschrocken, voll Entsetzen, entsetzt zurück; 2. j-n ängstigen, beunruhigen, erschrecken; j-m Angst machen; II v/pr F **elle s'épouvante du déménagement**, etc es graut ihr, ihr graut vor dem 'Umzug etc

époux [epu] m, **épouse** [epuz] f 1. (Ehe)Mann m, (Ehe)Frau f; jur Ehegatte m; st/s Gatte m, Gattin f; Gemahl(in) m(f); **époux** pl Ehegatten pl; Ehepaar n; Eheleute pl; **Mᵐᵉ Y, épouse X** Frau X, geborene Y; jur **époux communs (en biens)**, **séparés en biens** in Gütergemeinschaft, in Gütertrennung lebende Ehegatten; **les futurs époux** die zukünftigen Ehegatten, -leute; das zukünftige (Ehe)Paar; jur die Verlobten pl; **les jeunes époux** die Jungverheirateten pl; das junge, neuvermählte Paar; st/s die Neuvermählten pl; F plais **le bonjour à votre épouse** F plais grüßen Sie die od Ihre Frau Gemahlin; **an die Frau Gemahlin; prendre pour** ~ ehelichen; zum Mann bzw zur Frau nehmen; 2. rel **le céleste époux** der himmlische Bräutigam (Christus); **épouse de Jésus-Christ** Braut f Christi (Nonne, Kirche)

époxy [epɔksi] adj <inv> chim Epoxy..., Epoxid...; **résines** f/pl ~ Epoxy-, Epoxidharze n/pl

époxyde [epɔksid] m chim Epoxyd n; fachspr Epoxid m

épreintes [eprɛ̃t] f/pl path Stuhldrang m

éprendre [eprãdr(ə)] v/pr <cf prendre> st/s **s'~** sich verlieben (de qn in j-n)

épreuve [eprœv] f 1. Probe f, Versuch m, Test m, Prüfung f (alle auch tech); (Aus-)

Pro'bieren n; Testen n; ~ **d'aptitude** Eignungsprüfung f; ~ **du feu** a) tech Feuerprobe f; b) hist Feuerprobe f (als Gottesurteil); ~ **de force** Kraft-, Machtprobe f; ~ **d'intelligence** Intelli'genzprüfung f; mil ~ **de tir** Probeschießen n; jur **mise** f **à l'**~ Bewährung f; ◆ loc/adj: **à toute** ~ unbedingt, abso'lut (zuverlässig); sicher; bewährt; erprobt; Gesundheit, Nerven eisern; Gesundheit auch ro'bust; **à l'**~ **de** 'widerstandsfähig gegen; **à l'**~ **des balles, des bombes, du feu** kugel-, bomben-, feuersicher, -fest; **beauté** f **à l'**~ **du temps** zeitlose, unvergängliche Schönheit; **mettre à l'**~ auf die Probe stellen; erproben; prüfen; e-r Belastungsprobe aussetzen; **mettre à l'**~ **des réalités** mit der Wirklichkeit konfrontieren; **mettre à la patience de qn à rude** ~ j-s Geduld auf e-e harte Probe stellen; j-n auf e-e harte Geduldsprobe stellen; **résister aux** ~s den Prüfungen standhalten; 2. (Schicksals-) Prüfung f; Heimsuchung f; **passer par de dures, rudes** ~s schwere Prüfungen 'durchmachen; durch e-e schwere, harte Schule gehen; 3. Prüfung(sarbeit) f; ~s **écrites, orales** schriftliche, mündliche Prüfungen; schriftlicher, mündlicher Teil (e-r Prüfung); ~s **de mathématiques** Prüfungen, Prüfungsarbeiten in Mathematik; 4. sports Wettkampf m; auch Prüfung f; ~s **d'athlétisme** Leichtathletikwettkämpfe m/pl; ~ **de descente** Abfahrtslauf m; 5. a) impr Fahne f; Korrek'tur-, Probeabzug m; Probeabdruck m; Andruck m; Abzugsbogen m; ~ **à la brosse** Bürstenabzug m; **corriger, revoir les** ~s Korrektur lesen; **tirer une** ~ e-e Fahne, Probeseite abziehen; e-n Abzug herstellen; **b)** Kupferstich etc ~ Probedruck m, -abzug m; Abzug m; ~ **avant, avec la lettre** Probedruck avant-la-lettre, Druck m avec-la-lettre; **c)** von Plastiken Gipsabdruck m, -abguß m; **d)** phot Abzug m; Bild n; **faire tirer des** ~s Abzüge machen lassen

épris [epri] p/p von **s'éprendre** u adj 1. **être** ~ **de qn** verliebt, p/fort vernarrt sein in j-n; 2. **être** ~ **de qc** begeistert, ganz besessen sein von etw; etw eingenommen sein für etw; etw über alles lieben, stellen; für etw schwärmen

éprouvant [epruvã] adj Klima hart; Hitze schwer zu ertragen(d); Arbeit strapazi'ös; strapa'pazenreich; anstrengend; beschwerlich

éprouvé [epruve] adj 1. Material erprobt; bewährt; geprüft; Gerät betriebssicher; zuverlässig; 2. Freund bewährt; erprobt; abso'lut zuverlässig; sicher; Treue, Tugend abso'lut; unbedingt; 3. Mensch leid-, schwergeprüft; (vom Schicksal) geschlagen; **avoir l'air très** ~ sehr mitgenommen aussehen

éprouver [epruve] v/t 1. Eigenschaften etc prüfen; testen; erproben; (aus)pro-'bieren; Gedächtnis, Wissen prüfen; Mut, Kraft erproben; testen; Ehrlichkeit, Treue, Glauben auf die Probe stellen; ~ **la résistance de matériaux** Werkstoffe auf ihre 'Widerstandsfähigkeit prüfen; 2. Verlust, Krankheit etc ~ **qn** j-n (sehr) mitnehmen, schwer treffen; Krieg, Epidemie ~ **un pays** auch ein Land heimsuchen; **sa santé en a été très éprouvée** s-e Gesundheit hat dadurch schwer gelitten; 3. Überraschung, Freude, Enttäuschung erleben; Freude, Verachtung, Furcht, Reue, Ekel, Liebe, Mitleid, Schmerz empfinden; Schmerz, Freude, Liebe fühlen; spüren; Erleichterung, Neugier, Lust verspüren; Bedürfnis, Wunsch verspüren; fühlen; haben; Ärger, Angst, Eindrücke haben; ~ **du**

bien-être sich wohl fühlen; Wohlbehagen verspüren; ~ des difficultés Schwierigkeiten haben; auf Schwierigkeiten (acc) stoßen

éprouvette [epruvɛt] f 1. chim Rea-'genzglas n; ~ graduée, à pied Meßzylinder m, Stand-, Stehkolben m; 2. tech Probe-, Prüfkörper m; Probestab m; Probe f; Prüfling m; ~ de traction Zerreiß-, Zugstab m; 3. adjt u fig bébé m ~ Re'tortenbaby [-be:bi] n

epsilon [ɛpsilɔn] m griechischer Buchstabe Epsilon n

epsomite [ɛpsɔmit] f minér Epso'mit m; Bittersalz n

épucer [epyse] ⟨-ç-⟩ I v/t flöhen; II v/pr s'~ sich flöhen

épuisant [epɥizɑ̃] adj 1. Pflanzen (den Boden) auslaugend, ausmergelnd, ermüdend, auszehrend; 2. Arbeit etc kräftezehrend; anstrengend; ermüdend

épuisé [epɥize] adj 1. Quelle versiegt; Ader, Gang (völlig) abgebaut; ausgebeutet; Boden ausgelaugt; ausgesaugt; ausgemergelt; erschöpft; Auflage vergriffen; Vorrat verbraucht; erschöpft; Waren ausverkauft; Thema erschöpfend behandelt; être ~ F auch alle, aus sein; 2. Mensch (völlig) erschöpft; entkräftet; kraftlos; ermattet; matt; abgespannt; abgekämpft; mitgenommen; ausgemergelt; ausgelaugt

épuisement [epɥizmɑ̃] m 1. mines Wasserhaltung f; Auspumpen n; mar Lenzen n; Aus-, Leerpumpen n; Absaugen n des Wassers; mar pompe f d'~ Lenzpumpe f; 2. des Bodens Müdigkeit f; Ausmergelung f: Auslaugung f: Auszehrung f; e-s Ganges, e-r Ader ('vollständiger) Abbau; Ausbeutung f; von Vorräten, Finanzen, Mitteln Erschöpfung f; von Vorräten auch Ausgehen n; Abnehmen n; Verbrauch m; e-r Quelle Versiegen n; jusqu'à l'~ des stocks solange der Vorrat reicht; exploiter un filon jusqu'à ~ e-n Gang völlig abbauen; 3. e-s Menschen (völlige) Erschöpfung; Er-, Über'müdung f; Entkräftung f; Ermattung f; Abgearbeitetsein n; par ext e-s Landes Ausgezehrt-, Entkräftetsein n; Erschöpfung f; courir jusqu'à ~ complet bis zur völligen Erschöpfung laufen; être dans un état d'~ extrême in e-m, im Zustand äußerster Erschöpfung sein

épuiser [epɥize] I v/t 1. Becken, Teich aus-, leerpumpen; Brunnen auch ausschöpfen; mar lenzen; 2. Gang, Ader, Steinbruch (völlig) abbauen; ausbeuten; Boden ermüden; aussaugen; ausmergeln; auslaugen; Kräfte entziehen (+dat); Waren etc ausverkaufen; restlos verkaufen; Reserven, Vorräte, Mittel erschöpfen; ver-, aufbrauchen; Reserven, Thema ausschöpfen; Thema auch erschöpfen; erschöpfend behandeln; Munition verschießen; verfeuern; le stock est épuisé auch wir sind ausverkauft; 3. Krankheit etc: Person erschöpfen; schwächen; entkräften; mitnehmen; Kräfte aufzehren; verbrauchen; Gesundheit zerrütten; unter'graben; par ext Kriege etc: Land auszehren; erschöpfen; mitnehmen; entkräften; II v/pr s'~. 4. Quelle versiegen; Boden müde werden; Vorräte, Mittel etc zu Ende, zur Neige gehen; ausgehen; da'hinschwinden; zu-'sammenschrumpfen; F alle werden; 5. Kranker schwächer werden; Kräfte verlieren; ermatten; Kräfte nachlassen; schwinden; schwächer werden; zu Ende gehen; s'~ en efforts inutiles sich vergeblich abmühen, anstrengen; s'~ à faire qc sich mit etw abmühen, abrakkern; ma patience commence à s'~

meine Geduld geht allmählich zu Ende, ist allmählich erschöpft

épuisette [epɥizɛt] f 1. Fischfang Kescher m; Fangnetz n; 2. mar Wasserschaufel f, -schöpfer m

épulide [epylid] f od **épulie** [epyli] f path Zahnfleischgeschwulst f; sc Ep'ulis f

épurateur [epyratœr] I m tech Reiniger m; Reinigungsapparat m, -vorrichtung f; ~ d'air, de butane, de gaz Luft-, Bu'tangas-, Gasreiniger m; II adj ⟨-trice⟩ reinigend; Reinigungs...

épuration [epyrasjɔ̃] f 1. tech, méd Reinigen n, -ung f; von Flüssigkeiten auch Klären n, -ung f; von Flüssigkeiten, Metallen auch Läutern n, -ung f; ~ des eaux d'égout, des gaz, des huiles, des pétroles Abwasser-, Gas-, Öl-, Erdölreinigung f: station f d'~ Kläranlage f; 2. fig Reinigung f; Läuterung f; des Geschmacks, der Sprache Verfeinerung f; 3. a) pol Säuberung f; b) in Frankreich Ausschaltung f der Kollabora'teure 1944

épure [epyr] f 1. Aufriß m; Skizze f; (Fertigungs-, Werk)Zeichnung f; 2. math Plan m; geo'metrische Zeichnung

épurement [epyrmɑ̃] m fig Verfeinerung f; Veredelung f; Reinigung f

épurer [epyre] I v/t 1. tech reinigen; Flüssigkeiten auch (ab)klären; Flüssigkeiten, Metalle auch läutern; 2. fig reinigen; läutern; veredeln; Geschmack, Sprache verfeinern; 3. pol säubern; II v/pr s'~ Sprache etc sich verfeinern

épurge [epyrʒ] f bot Springkraut n; Kreuzblättrige Wolfsmilch

équanimité [ekwanimite] litt f Gleichmut m; Unerschütterlichkeit f

équarrir [ekarir] v/t 1. vierkantig, rechtwinklig (zu)schneiden, behauen; Holz auch abvieren; adjt bois équarri Kantholz n; 2. Tierkadaver abdecken

équarrissage [ekarisaʒ] m 1. Zuschneiden n; Behauen n; von Holz auch Abvieren n; 2. von Tierkadavern Abdecken n; ~eur Abdecker m; Schinder m; ~oir m 1. Reibahle f; Aufreiber m; 2. Abdeckmesser n; 3. Abdecke'rei f

équateur [ekwatœr] m géogr Äqu'ator m; par ext Äqu'atorzone f; astr ~ céleste Himmelsäquator m; phys ~ magnétique magnetischer Äquator; météo ~ thermique thermischer Äquator

équation [ekwasjɔ̃] f math Gleichung f; ~ algébrique algebraische Gleichung; chim ~ chimique chemische Gleichung; psych ~ personnelle persönliche Gleichung; ~ à une inconnue, à plusieurs inconnues Gleichung mit einer Unbekannten, mit mehreren Unbekannten; télécomm ~ du télégraphiste Tele-'graphengleichung f; astr ~ du temps, de lumière Zeit-, Lichtgleichung f; poser, résoudre une ~ e-e Gleichung aufstellen, (auf)lösen

équatorial [ekwatɔrjal] ⟨m/pl -aux⟩ I adj äquatori'al; Äquatori'al...; Äqu'ator...; l'Afrique ~e Äquatorialafrika n; climat ~ äquatoriales Klima; astr coordonnées ~es äquatoriale Koordinaten f/pl; courants équatoriaux Äquatorialströme m/pl; zone ~e Äquatorialzone f; II m astr Fernrohr Äquatore'al od Äquatori'al n

équatorien [ekwatɔrjɛ̃] I adj ⟨~ne⟩ ecuadori'anisch; II subst ♀(ne) m(f) Ecuadori'aner(in) m(f)

équerrage [ekɛraʒ] m Winkelöffnung f

équerre [ekɛr] f 1. Winkel(dreieck) m(n); Anlegewinkel m; double ~ od ~ en T Reißschiene f; fausse ~ Schmiege f; ~ à centrer Zen'trierwinkel m; ~ à chapeau Anschlagwinkel

m; ~ à dessiner Zeichenwinkel m, -dreieck n; ~ à onglet Gehrmaß n; Gehrungswinkel m; 2. loc/adv: à fausse ~ nicht rechtwinklig; schiefwink(e)lig; d'~ winkelrecht; im rechten Winkel; rechtwinklig; ne pas être d'~ auch schiefwink(e)lig sein; mettre d'~ in den rechten Winkel bringen; rechtwinklig (zu)schneiden, stellen; en ~ im rechten Winkel; rechtwinklig; gym monter à la corde lisse les jambes en ~ ... mit waagrecht ausgestreckten Beinen; 3. tech Winkelband n, -eisen n, -stahl m; Eckschiene f

équerrer [ekere] v/t in den Winkel bringen; winkelrecht zuschneiden

équestre [ekɛstr(ə)] adj 1. statue f ~ Reiterstandbild n, -statue f; 2. Reit...; exercices m/pl ~s Reitübungen f/pl; promenade f, randonnée f ~ Spa'zier-, Ausritt m

équeutage [ekøtaʒ] m 1. von Früchten Entstielen n; 2. pétr Abtrennen n des schwersten Bestandteils; ~er v/t 1. Früchte entstielen; 2. pétr den schwersten Bestandteil abtrennen (+gén)

équiangle [ekɥiɑ̃gl(ə)] adj math gleichwinklig

équidés [ekide, -kɥi-] m/pl zo Gattung Pferde n/pl; Einhufer m/pl; Equ'idae pl

équidistant [ekɥidistɑ̃] adj abstandsgleich; im gleichen Abstand; gleich weit entfernt; ~latéral adj ⟨-aux⟩ math gleichseitig

équilibrage [ekilibraʒ] m 1. Ausbalancieren n, -ung f; Ausgleichen n; Ausgleich m; 2. tech Auswuchten n; ~ation f physiol Herstellen n des Gleichgewichts

équilibre [ekilibr(ə)] m 1. Gleichgewicht n (auch phys etc); Ba'lance f; e-s Schiffes Gleichlastigkeit f; ~ chimique chemisches Gleichgewicht; biol ~ naturel biologisches Gleichgewicht; ~ des forces Gleichgewicht der Kräfte; Kräftegleichgewicht n; exercice m d'~ Gleichgewichtsübung f; tour m d'~ Balanceakt m; physiol sens m de l'~ Gleichgewichtssinn m; statischer Sinn; path troubles m/pl d'~ Gleichgewichtsstörungen f/pl; loc/adv en ~ im Gleichgewicht; ausbalanciert; ausgeglichen; forces f/pl en ~ sich das Gleichgewicht haltende Kräfte f/pl; être en ~ instable a) phys im labilen Gleichgewicht sein; b) Gegenstände auf der Kippe stehen; unsicher, wack(e)lig, nicht gut stehen; marcher en ~ sur une poutre über e-n Balken balan'cieren; mettre qc en ~ etw ausbalancieren, ins Gleichgewicht bringen; tenir qc en ~ etw balan'cieren; se tenir en ~ sur un pied auf e-m Bein balan'cieren; garder l'~ die Balance, das Gleichgewicht halten; perdre l'~ die Balance, das Gleichgewicht verlieren; aus der Balance, dem Gleichgewicht kommen; ('um)kippen; 2. fig Gleichgewicht n; Stabili'tät f; e-s Menschen (seelisches) Gleichgewicht; Ausgeglichenheit f; e-s Kunstwerks Ausgewogenheit f; Harmo'nie f; écon ~ budgétaire Haushaltsausgleich m; ausgeglichener Haushalt; écologique, économique, politique ökologisches, wirtschaftliches, politisches Gleichgewicht; pol ~ européen europäisches Gleichgewicht; pol ~ de la terreur Gleichgewicht des Schreckens; ~ entre la production et la consommation Gleichgewicht zwischen Produktion und Konsum; déranger, rompre, troubler l'~ das Gleichgewicht stören; aus dem Gleichgewicht bringen (de qc, de qn etw, j-n); manquer d'~ unausgeglichen sein; perdre, retrouver son ~ sein (inneres) Gleichgewicht verlieren, 'wiederfinden, -erlangen, -gewinnen

équilibré [ekilibre] adj Person ausgeglichen; Charakter auch ausgewogen; **caractère ~** Ausgeglichenheit f
équilibr|er [ekilibre] **I** v/t **1.** ausbalancieren; ins Gleichgewicht bringen; Gewicht gut, geschickt verteilen (auch peint Massen); Schiff, Flugzeug trimmen; **2.** tech auswuchten; **3.** par ext Budget etc ausgleichen; Ausgaben und Einnahmen in Über'einstimmung bringen; **II** v/pr **s'~** Gewichte, Kräfte, Mächte sich ausgleichen; sich im Gleichgewicht befinden; im Gleichgewicht sein; sich, ein'ander aufheben; fig auch sich die Waage halten; **~eur** f adj <-euse> Gleichgewichts...; Ausgleichs...; **II** m aviat, Artillerie Ausgleichsvorrichtung f; **~iste** m Ba'lancekünstler m; Äquili'brist od Equili'brist m
équille [ekij] f zo Sandaal m
équi|moléculaire [ekɥimɔlekylɛr] adj chim äquimoleku'lar; **~multiple** adj math **nombres** m/pl **~s** od subst **~s** m/pl Zahlen f/pl mit e-m gemeinsamen Faktor
équin [ekɛ̃] adj Pferde...; path **pied ~** Pferde-, Spitzfuß m; **sérum ~** Pferdeserum n; **variole ~** Pferdepocken pl
équinoxe [ekinɔks] m astr Tagund'nachtgleiche f; Äqui'noktium n; **~ d'automne,** de printemps Herbst-, Frühlings-Tagundnachtgleiche f; **ligne** f **des ~s** Äquinokti'allinie f; **tempêtes** f/pl **d'~** Äquinokti'alstürme m/pl
équinoxial [ekinɔksjal] adj <-aux> äquinokti'al; Äquinokti'al...; **cadran ~** Äquatori'aluhr f; **points équinoxiaux** Äquinoktialpunkte m/pl
équipage [ekipaʒ] m **1.** e-s Schiffes, Flugzeugs, Panzers Besatzung f (auch e-s Autos bei e-r Rallye); Bemannung f; Schiffes auch Mannschaft f; Crew [kru:] f; Equi'page f; **2.** tech Gerät n (coll)
équipartition [ekɥipartisjɔ̃] f phys Äquipartiti'on f
équipe [ekip] f allg, bes sports Mannschaft f; von Arbeitern Ko'lonne f; Trupp m; Rotte f; Gruppe f; bei Schichtarbeit Schicht f; von Wissenschaftlern etc Team [tiːm] m; Gruppe f; von Filmleuten etc Stab m; Team [tiːm] m; mil Trupp m; Reitsport E'quipe f; von Turnern Riege f; hist Troß m; **joyeuse ~** lustige, fröhliche Gesellschaft, Gruppe; **ministérielle** Re'gierungsmannschaft f; **~ d'amateurs,** de professionnels Ama'teur-, Profimannschaft f; **~ de chercheurs** Forscherteam n, -gruppe f; **~ de collaborateurs** Mitarbeiterstab m; **~ de bons copains** Gruppe guter Freunde; **~ de France** französische Natio'nalmannschaft; **~ de football, hockey, rugby** Fußball-, Hockey-, Rugbymannschaft f; **~ de jour, de nuit** Tag-, Nachtschicht f; **~ de secours** Hilfs-, Rettungsmannschaft f; sports **capitaine** m **de l'~** Mannschaftskapitän m; **chef** m **d'~** Vorarbeiter m; Kolonnenführer m; Teamleiter m; bei Maurern, Zimmerleuten Po'lier m; **faire ~ avec qn** mit j-m zusammen, im Team arbeiten; **jouer en, par ~** in e-r Mannschaft spielen; **travailler en ~** in e-r Gruppe, e-m Team arbeiten
équipée [ekipe] f Abenteuer n; Coup m; Unter'fangen n
équipement [ekipmɑ̃] m e-s Schiffes, e-r Armee, e-s Betriebs, e-r Expedition, e-r Person, tech, agr Ausrüsten n, -ung f; Ausrüstungsgegenstände m/pl, -material n; e-r Schule, e-s Krankenhauses, e-s Lokals Ausstattung f; Ausstattungsgegenstände m/pl; e-s Lokals etc auch Einrichtung f; tech auch (technische) Einrichtung; Anlage(n) f(pl); Gerät n; Zubehör n; für Maschinen, Kesselanla-

gen Arma'tur(en) f(pl); **~ agricole,** électrique landwirtschaftliche, elektrische Ausrüstung, Anlagen; **~ industriel** Indu'strieanlagen f/pl, -ausrüstung f; **~ ménager** Haus(halts)- und Küchengeräte n/pl; **~ radar** Radaranlagen f/pl, -ausrüstung f; **~ sanitaire** sanitäre Anlagen, Einrichtung; **~ de chasse, de pêche, de ski** Jagd-, Angel-, Skiausrüstung f; **~ d'un pays** Einrichtungen, Anlagen e-s Landes; **~ d'une voie ferrée** Streckenausrüstung f; **biens** m/pl **d'~** Ausrüstungsgüter n/pl
équiper [ekipe] **I** v/t Schiff, Armee, Auto, Person, tech ausrüsten; Schule, Lokal ausstatten; einrichten; tech auch bestücken; allg versehen (**de qc** mit etw); **~ une voiture d'une galerie** ein Auto mit e-m Dachgepäckträger ausrüsten, versehen; **~ une voiture d'un nouveau train de pneus** e-n Wagen neu bereifen; **~ d'un réseau routier** mit e-m Straßennetz über'ziehen, versehen; **~ en véhicules** mit Fahrzeugen ausrüsten, ausstatten; adit **être bien, mal équipé** gut, schlecht ausgerüstet sein; **II** v/pr **s'~** sich ausrüsten, ausstatten, versehen (**de qc** mit etw); **s'~ industriellement, en industrie** sich e-e Industrie aufbauen; sich industriell entwickeln
équipier [ekipje] m sports Mannschaftsmitglied n, -angehörige(r) m; Spieler m
équi|pollé [ekɥipɔle] adj Wappenschild à **points ~s** neungeschacht; **~pollent** [-pɔlɑ̃] adj math äquipol'lent; **~potentiel** adj <-le> élect **surface ~le** Äquipotenti'alfläche f
équisétales [ekɥisetal] f/pl bot Schachtelhalme m/pl
équitable [ekitabl(ə)] adj Person gerecht; rechtschaffen; Urteil, Lösung, Entscheidung gerecht; angemessen; berechtigt; vernünftig; billig
équitation [ekitasjɔ̃] f Reiten n; Reitsport m; Reitkunst f; **école** f, **équipement** m **d'~** Reitschule f, -zeug n od -ausrüstung f; **professeur** m **d'~** Reitlehrer m
équité [ekite] f e-r Person Gerechtigkeit f; Rechtschaffenheit f; e-s Urteils, Gesetzes etc Berechtigung f; Angemessenheit f; Rechtlichkeit f; Billigkeit f; **avec ~, en toute ~** gerecht; angemessen; billigerweise, -maßen; **pour des raisons d'~** aus Billigkeitsgründen; **juger selon l'~** gerecht urteilen; nach Billigkeit entscheiden
équivalence [ekivalɑ̃s] f math, Logik Äquiva'lenz f; allg Gleichwertigkeit f; gleicher Wert; Gleichheit f; phys **principe** m **de l'~** Äquivalenzprinzip n; math **relation** f **d'~** Äquivalenzrelation f
équivalent [ekivalɑ̃] **I** adj Teil, Münzen, Ersatz etc gleichwertig (**à** mit); entsprechend (+dat); Preise, math Flächen, Rauminhalte gleich; Wendungen gleichbedeutend; bedeutungsgleich; math **figures ~es** flächengleiche Figuren f/pl; **indemnité ~e au dommage** gleichwertiger Schadenersatz; **être ~ à** entsprechen (+dat); **II** m Äquiva'lent n (auch phys); Entsprechung f (auch ling); Entsprechende(s) n; Ausgleich m; (gleichwertiger) Ersatz; gleicher Wert; Gegenwert m; abtr Äquiva'lent(gewicht) n; Grammäquivalent n; **~ électrochimique** elektrochemisches Äquivalent; agr **~ fourrager** Futtereinheit f; phys **~ mécanique de la chaleur** mechanisches Wärmeäquivalent; **c'est sans ~** das ist ohnegleichen; es gibt nichts Gleichwertiges; **offrir l'~ à qn** j-m e-n gleichwertigen Ersatz, etw Gleichwertiges anbieten

équivaloir [ekivalwar] v/t/indir <cf valoir> **~ à** entsprechen, gleichkommen (+dat); bedeuten (+acc); soviel bedeuten, heißen wie; (eben)so gut sein wie; gleichwertig sein mit; **cela équivaudrait à tout abandonner** das hieße, würde bedeuten od heißen, alles aufgeben
équivoque [ekivɔk] **I** adj Wort, Sprache, Bemerkung zweideutig (auch = schlüpfrig); doppel-, vieldeutig; doppelsinnig; Begriff mehrdeutig; 'mißverständlich; Rolle, Gestalt, Milieu zweifelhaft; Erscheinung, Person zwielichtig; verdächtig; dubi'os; su'spekt; Benehmen, Vergangenheit zwielichtig; su'spekt; Lächeln 'hintergründig; Krankheitszeichen unsicher; par ext Bettwäsche nicht (ganz) einwandfrei, sauber, frisch; méd **signes** m/pl **non ~s** sichere (Krankheits)Zeichen n/pl; **II** f Doppelsinn m; Zweideutigkeit f; par ext Unklarheit f; Unsicherheit f; **sans ~** eindeutig; unzweideutig; klar; unmißverständlich; **pour éviter toute ~** damit keine Unklarheiten entstehen; um 'Mißverständnissen vorzubeugen
érable [erabl(ə)] m bot Ahorn m (auch Holz); **~ champêtre, du Canada** od **à sucre** Feld-, Zuckerahorn m; **sucre** m **d'~** Ahornzucker m
éradication [eradikasjɔ̃] f chir Ausschälung f; Entfernen n
érafl|er [erɑfle] **I** v/t Haut zer-, aufkratzen; (auf)ritzen; (zer)schrammen; (auf)schürfen; Holz, Leder, Putz, Lack zerschrammen; zerkratzen; e-n Kratzer, e-e Schramme machen in (+acc); **~ la jambe à qn** j-n streifen; **II** v/pr **s'~** sich (die Haut) zer-, aufkratzen, (auf)ritzen, zerschrammen; **s'~ le genou en tombant** sich das Knie aufschlagen; **~ure** f Kratzer m; Schramme f; Ritz m; von e-r Kugel Streifschuß m
éragrostis [eragrɔstis] f bot Liebesgras n
éraill|é [erɑje] adj **1.** Stimme heiser; krächzend; rauh; **2.** Gewebe fadenscheinig; zerschlissen; abgenutzt; **~ement 1.** der Stimme Heiser-, Krächzend-, Rauhwerden n, -sein n; **2.** path der Augenlider Ek'tropium n; **~er** v/pr **s'~ la voix** e-e heisere, krächzende, rauhe Stimme bekommen
éranthis [erɑ̃tis] m bot Winterling m
erbium [ɛrbjɔm] m chim Erbium n
ère [ɛr] f Ära f; Zeitalter n, -abschnitt m, -rechnung f; par ext Zeit f; E'poche f; géol Erdzeitalter n; Ära f; Formati'onsgruppe f; **~ archéenne,** etc cf **archéen** etc; **~ atomique** A'tomzeitalter n; **~ chrétienne** christliche Ära, Zeitrechnung; **~ nouvelle** neues Zeitalter; neue Ära; **~ républicaine** Ära der französischen Republik; **l'an 800 avant, de notre ~** das Jahr 800 vor, nach unserer Zeitrechnung od vor, nach der Zeitenwende
érébia [erebja] f zo Mohrenfalter m; Schwärzling m
érecteur [erɛktœr] adj <-trice> physiol eri'gierend; Erekti'ons...
érectile [erɛktil] adj physiol erek'til; eri'gibel; **organe ~** erektiles Organ
érection [erɛksjɔ̃] f **1.** e-s Bauwerks etc Errichtung f; Erstellung f; e-r Statue auch Aufstellung f; **2.** fig in e-n höheren Stand Erhebung f (en zu); **3.** physiol Erekti'on f; **être en ~** eri'giert, im Zustand der Erektion sein
éreint|age [erɛtaʒ] m cf éreintement **2.**; **~ant** adj Arbeit etc sehr anstrengend; ermüdend; aufreibend; kräftezehrend
éreint|é [erɛte] adj Person tod-, F hundemüde; schlapp; ma'rode; F ka'putt; **être ~** auch (ganz) abgespannt, abgeschlagen,

er-, zerschlagen, F erschossen, völlig fertig, k.o., erledigt sein; **~ement** m **1.** völlige Erschöpfung; Über'müdung f; Abgespanntheit f; Entkräftung f; **2.** unerbittliche, scharfe, boshafte, harte Kri'tik; F Verriß m

éreint|er [erɛ̃te] **I** v/t **1.** Person über'anstrengen; ermüden; erschöpfen; müde machen; Pferd abreiten; über'anstrengen; **2.** scharf, hart, abfällig kriti-'sieren, beurteilen; F verreißen; her'untermachen, -reißen; **II** v/pr s'~ sich abrackern, abmühen, F abschuften, abplacken, abplagen, abschinden; **~eur** m od adj critique m ~ scharfer, harter, unerbittlicher, boshafter Kritiker

érémitique [eremitik] adj einsiedlerisch; ere'mitenhaft; Einsiedler...; Ere-'miten...

érémophile [eremɔfil] m zo Ohrenlerche f

eremurus [eremyrys] m bot Steppenkerze f; Wüstenlilie f; Lilienschweif m

érepsine [erɛpsin] f Biochemie Erep'sin n

érésipèle [erezipɛl] cf **érysipèle**

éréthisme [eretism(ə)] m **1.** path Ere-'thismus m; **2.** fig u litt äußerste, leidenschaftliche Erregung; über'steigerte Empfindung

erg¹ [ɛrg] m géogr Erg m; Staubwüste f

erg² [ɛrg] m phys Erg n (Zeichen erg)

ergate [ɛrgat] m zo ~ **forgeron** Zimmermanns-, Mulmbock m

ergo|graphe [ɛrgɔgraf] m physiol Ergo-'graph m; **~mètre** m physiol Ergo-'meter n; **~nomie** [-nɔmi] f écon Ergono'mie f; **~stérol** m chim Ergoste'rin n

ergot [ɛrgo] m **1.** bei Hühnervögeln Sporn m; bei Huftieren, Hunden Afterklaue f; fig **monter, se dresser sur ses ~s** aggres'siv werden; sich aufbäumen; sich auf die 'Hinterbeine stellen; die Krallen zeigen; F patzig, pampig werden; **2.** agr Mutterkorn (auch phm); **3.** anat ~ **de Morand** Vogelsporn m; sc Calcar avis m; **4.** tech Nase f; Vorsprung m; Dorn m; Haltestift m

ergotage [ɛrgɔtaʒ] m Nörge'lei f; Nörgeln n; Mäke'lei f; Mäkeln n; F Gemecker n; Meckern n

ergoté [ɛrgɔte] adj Korn vom Mutterkorn(pilz) befallen

ergot|er [ɛrgɔte] v/i nörgeln; kritteln; mäkeln; F meckern; ~ **sur tout** an allem her'umnörgeln, -mäkeln; alles bekritteln; **~eur I** adj <-euse> nörglerisch; mäkelig; **II** m Nörgler m; Mäkler m; F Krittler m; Kriti'kaster m; Meckerer m

ergothérap|eute [ɛrgɔterapøt] m psych Beschäftigungstherapeut m; **~ie** f psych Beschäftigungs-, Arbeitstherapie f

ergot|ine [ɛrgɔtin] f phm Ergo'tin n; **~isme** m path Mutterkornvergiftung f; sc Ergo'tismus m

ericacées [erikase] f/pl Erika-, Heidekrautgewächse n/pl; Erika'zeen f/pl

ériger [eriʒe] <-geons> **I** v/t **1.** Denkmal, Bauwerk errichten; erstellen; Denkmal auch aufstellen; **2.** Kommission, Gericht einsetzen; **3.** ~ **en** erheben, machen zu; hist ~ **en duché** zum Herzogtum erheben; ~ **qc en principe** etw zum Prinzip erheben; ~ **qc en système** ein System aus etw machen; **II** v/pr s'~ **en** Person sich aufwerfen zu; sich aufspielen als

érigéron [eriʒerɔ̃] m bot Beruf(s)kraut m

érigne [eriɲ] f chir Wundhaken m

érinacéa [erinasea] f bot Igelginster m

éristale [eristal] m zo Schlamm-, Stallfliege f

éristique [eristik] rhét **I** adj streitbar; Streit...; **II** subst **1.** m E'ristiker m; **2.** f E'ristik f; Kunst f des Streitgesprächs

ermitage [ɛrmitaʒ] m **1.** Einsiede'lei f (auch fig: einsamer Ort); **2.** einsames

---

Landhaus Eremi'tage f

ermite [ɛrmit] m **1.** Einsiedler m; Ere'mit m; Klausner m; fig **vivre comme un ~, en ~** zurückgezogen, wie ein Einsiedler leben; ein Einsiedlerleben, -dasein führen; **2.** zo Einsiedlerkrebs m

éroder [erɔde] v/t géol vom Wasser auswaschen; aushöhlen; vom Wind etc abtragen; sc ero'dieren

erodium [erɔdjɔm] m bot Reiherschnabel m

érogène [erɔʒɛn] adj psych ero'gen; **zone** f ~ erogene Zone

érophila [erɔfila] m bot Hungerblümchen n

éros [erɔs] m psych Eros m

érosif [erozif] adj <-ive> géol ero'siv; Erosi'ons...

érosion [erozjɔ̃] f **1.** géol Erosi'on f; ~ **éolienne, fluviale, latérale, verticale** Wind-, Fluß-, Seiten-, Tiefenerosion f; ~ **marine** Abrasi'on f; Brandungserosion f; ~ **du sol** Bodenerosion f; **2.** path Erosi'on f; oberflächlicher Hautdefekt; ~ **dentaire** Erosion des Zahnschmelzes; **3.** auto an Zündkerzen Abbrand m; mil von Geschützrohren Ausbrennung f; **4.** fig Abnutzung f; langsamer Zerfall; ~ **monétaire** schleichende Geldentwertung

érot|ique [erɔtik] adj e'rotisch; Liebes...; **~isation** f Eroti'sierung f; **~iser** v/t eroti'sieren; **~isme** m E'rotik f

éroto|mane [erɔtoman] path **I** adj eroto'man; **II** m/f Eroto'mane m,f; **~ie** f path Erotoma'nie f; Liebeswahn m

erpétologie cf **herpétologie**

errance [ɛrɑ̃s] litt f Irrfahrt f; Um'herirren n, -schweifen n; Ruhelosigkeit f

errant [ɛrɑ̃] adj Stämme, Völker wandernd; um'herziehend; no'madisch; Wander...; No'maden...; Mensch um-'herziehend, -irrend, -schweifend; unstet; Hund streunend; Schiff (auf dem Wasser) (da'hin)treibend; fig Lächeln flüchtig; verloren; abwesend; angedeutet; Blick schweifend; unstet; irrend; hist **chevalier** ~ fahrender Ritter; **le Juif** ~ der Ewige Jude; **vie** ~**e** unstetes, ruheloses Leben; Wander-, Nomadenleben n

errata [ɛrata] m ⟨inv⟩ Er'rata n/pl; Druckfehler(verzeichnis) m/pl(n)

erratique [ɛratik] adj **1.** litt Person unstet; ruhelos; unbeständig; par ext fremd-, andersartig; **2.** path Schmerz nicht lokali'sierbar; **3.** géol **bloc** m ~ er'ratischer Block; Findling m

erratum [ɛratɔm] m Druckfehler m; Er'ratum n

erre [ɛr] f **1.** mar auslaufende Fahrgeschwindigkeit (nach Abstellen der Motoren); Lauf m; Anlauf m; **2.** ch ~**s** pl Fährte f; Spuren f/pl

errements [ɛrmɑ̃] litt m/pl Fehler m/pl; Irrtümer m/pl; Schwächen f/pl; Irrwege m/pl

errer [ɛ(r)re] v/i **1.** um'herirren, -laufen, -wandern, -schweifen, -schlendern, -ziehen; F her'umirren, -ziehen; Stämme auch nomadi'sieren; Tiere streunen; ~ **à travers le monde** durch die Welt ziehen; ~ **dans les rues** durch die Straßen irren; **2.** par ext Schiff treiben (sur les flots auf den Wellen); Wolken da'hinziehen (dans le ciel am Himmel); **3.** fig Blick (um'her)schweifen; irren; un sourire errait sur ses lèvres... spielte, huschte um s-e Lippen, um s-n Mund; **laisser** ~ **son imagination** s-r Phantasie freien Lauf lassen

erreur [ɛrœr, e-] f Irrtum m; Fehler m (auch math, phys, psych); Versehen n; Verwechslung f; abs ~! (Sie sind im) Irrtum!; das stimmt nicht!; ♦ math ~ **absolue, accidentelle** absoluter, zu-

---

fälliger Fehler; jur ~ **commune** Irrtum beider Parteien; ~ **judiciaire** Ju'stizirrtum m; ~ **matérielle** Versehen n; math ~ **relative, systématique** relativer, systematischer Fehler; ♦ ~ **d'appréciation** Fehleinschätzung f; Schätzungsfehler m; Irrtum in der (Ein-) Schätzung; ~ **de calcul** Rechenfehler m; jur ~ **de droit** Rechtsirrtum m; jur ~ **de fait** Tat(sachen)irrtum m; ~ **de jeunesse** Jugendsünde f; ~ **de jugement** falsche Beurteilung; falsches Urteil; falsche Meinung; mil ~ **de pointage** Zielfehler m; ~ **de prononciation** Aussprachefehler m; ~ **des sens** Sinnestäuschung f; ~ **de tactique** taktischer Fehler; jur ~ **sur la personne** Irrtum in der Person; ♦ loc/adv: **par** ~ irrtümlich (-erweise); fälschlich(erweise); versehentlich; aus Versehen; **par suite d'une** ~ **durch ein** Versehen, e-n Fehler, e-n Irrtum, e-e Verwechslung; **sauf** ~ wenn ich (mich) nicht irre; wenn ich mich nicht täusche; comm Irrtum vorbehalten; ♦ **il y a** ~ das muß ein Irrtum sein; da liegt ein Irrtum, 'Mißverständnis vor; F da stimmt (et)was nicht; **il n'y a pas d'**~ da ist jeder Irrtum ausgeschlossen; ganz ohne jeden Zweifel; (ich bin) ganz sicher; **commettre, faire une** ~ e-n Fehler, Irrtum begehen; e-n Fehler machen; **j'ai commis une** ~ auch mir ist ein Fehler, Irrtum unter'laufen; **être dans l'**~ im Irrtum sein; sich im Irrtum befinden; **c'est une** ~ **de croire que ...** es ist ein Irrtum anzunehmen od zu glauben, daß ...; **vous faites** ~ Sie irren, täuschen sich; **faire une** ~ e-n Fehler machen; auch sich verrechnen, verschreiben etc; **laisser dans l'**~ im Irrtum, im falschen Glauben lassen; **tomber dans l'**~ in e-n falschen Fehler verfallen; sich irren; loc/prov **l'**~ **est humaine** Irren ist menschlich (loc/prov)

erroné [erɔne, ɛ-] adj fehlerhaft; falsch; irrtümlich; irrig; unrichtig; **adresse** ~**e** falsche Adresse; **conclusion** ~**e** Trugschluß m; falscher Schluß; **croyance** ~**e** Irrglaube m; **décision** ~**e** Fehlentscheidung f; **doctrine** ~**e** Irrlehre f; **interprétation** ~**e** 'Mißdeutung f; falsche, verfehlte Interpretation; **jugement** ~ Fehlurteil n; **nouvelle** ~**e** Falschmeldung f; **renseignement** ~ falsche, irreführende Auskunft

ers [ɛr] m bot Erve f; Linsenwicke f

ersatz [ɛrzats] m Ersatz m; ~ **de café, de savon** Kaffee-, Seifenersatz m

erse [ɛrs] f mar Stropp m; Legel m; Lögel m

erseau [ɛrso] m ⟨pl ~x⟩ mar Grummetstropp m; Taukranz m

érubesc|ence [erybesɑ̃s] f Erröten n; **~ent** adj errötend; rot werdend; Früchte sich rot färbend

éruciforme [erysifɔrm] adj zo raupenartig

éruct|ation [eryktasjɔ̃] f Aufstoßen n; **~er I** v/t fig Beleidigungen etc her'vorstoßen; **II** v/i aufstoßen

érudit [erydi] **I** adj Person gelehrt; gebildet; Werk gelehrt; wissenschaftlich fun-'diert; très ~ auch hochgelehrt; **II** m Gelehrte(r) m

érudition [erydisjɔ̃] f Gelehrsamkeit f; Gelehrtheit f; **ouvrage m d'**~ gelehrtes Werk; **avoir de l'**~ gelehrt sein

érugineux [eryʒinø] adj <-euse> grünspanig; kupfergrün

éruptif [eryptif] adj <-ive> **1.** path erup'tiv; mit e-m Ausschlag verbunden, ein'hergehend; **2.** géol erup'tiv; Erup-'tiv...; **roche éruptive** Eruptiv-, Erstarrungsgestein n

éruption [erypsjɔ̃] f **1.** path Ausschlag

m; sc Erupti'on *f;* ~ **cutanée, vaccinale** Haut-, Impfausschlag *m;* **2.** *géol e-s* *Vulkans* Ausbruch *m;* Erupti'on *f; von* *Lava* Austreten *n;* Austritt *m;* **volcan** *m* **en** ~ tätiger Vulkan; *Vulkan* **entrer en** ~ ausbrechen; tätig, aktiv werden; **3.** *fig* ~ **de colère, de joie** Zornes-, Freudenausbruch *m*

érysipèle [eriziʼpɛl] *m path* (Wund)Rose *f; sc* Erysiʼpel *n*

érysiphe [eriziʼf] *m bot* Mehltaupilz *m*

éry|thémateux [eritematø] *adj* ⟨-euse⟩ *path* lupus ~ Erythema'todes *m;* ~**thème** *m path* Ery'them *n*

érythréen [eritreʼẽ] **I** *adj* ⟨~ne⟩ eritreisch [-'tre:iʃ]; **II** *subst* ♀(ne) *m(f)* Einwohner(in) *m(f)* von Eri'trea; Eri'treer(in) *m(f)*

érythrine [eritrin] *f* **1.** *bot* Ko'rallenstrauch *m,* -baum *m;* **2.** *minér* Ery'thrin *m;* Kobaltblüte *f*

érythroblast|e [eritrɔblast] *m biol* Erythro'blast *m;* ~**ose** *f path* Erythrobla'stose *f*

érythro|cyte [eritrɔsit] *m biol* Erythro'zyt *m;* ~**mycine** [-misin] *f phm* Erythromy'cin *n;* ~**sine** [-zin] *f chim* Erythro'sin *n*

éryx [eriks] *m zo* Sandboa *f*

es [ɛs] *cf* être

ès [ɛs] *prép* docteur *m,* licence *f,* licencié *m* ~ lettres, ~ sciences *cf* docteur **1.,** licence **1.,** licencié **1.;** *jur* agir ~ qualités in amtlicher Eigenschaft handeln

esbigner [ɛsbiɲe] *v/pr litt, früher* F **s'**~ F sich da'vonmachen; sich aus dem Staube machen; Reiß'aus nehmen

esbrouf|e [ɛsbruf] F *f* Wichtigtue'rei *f;* F Angebe'rei *f;* **à l'**~ durch Bluff, Blendung; **faire de l'**~ sich wichtig machen; (sich) wichtig tun; bluffen; blenden; F Eindruck schinden; ~**er** F *v/t* blenden; bluffen; ~**eur** F *m* Blender *m*

escabeau [ɛskabo] *m ⟨pl ~x⟩* **1.** Schemel *m;* Hocker *m;* Fußbank *f,* -schemel *m;* **2.** Tritthocker *m;* (kleine) Bockleiter

escadre [ɛskadr(ə)] *f mar, aviat* Geschwader *n; aviat* ~ **aérienne, de bombardement, de chasse, de reconnaissance, de transport** Luft- *od* Flieger-, Bomben-, Jagd(flieger)-, Aufklärungs-, Trans'portgeschwader *n*

escadrille [ɛskadrij] *f* **1.** *aviat* Staffel *f;* ~ **de chasse** Jagdstaffel *f;* **2.** *mar* leichtes Geschwader

escadron [ɛskadrõ] *m* **1.** *mil der Kavallerie* Schwa'dron *f;* Eska'dron *f; der Panzer* Kompa'nie *f; aviat* Staffel *f;* **2.** *fig* Gruppe *f;* Schar *f;* Menge *f*

escalade [ɛskalad] *f* **1.** *e-r Mauer, e-s* *Zaunes* Über'steigen *n; e-s Berges* Besteigung *f;* Ersteigen *n;* Erklettern *n;* Erklimmen *n; sports* Klettern *n; in ein Haus* *etc* Einsteigen *n;* **faire l'**~ **d'une montagne** e-n Berg besteigen; **pénétrer par** ~ **dans un appartement** in e-e Wohnung einsteigen; **2.** *mil u fig* Eskalati'on *f; fig* *auch* Zuspitzung *f;* Verschärfung *f*

escalader [ɛskalade] *v/t Mauer, Tor* über'steigen; (hin'über)klettern, klettern über (+*acc*); *Berg* be-, ersteigen; erklettern; erklimmen; *von Pflanzen* hin'aufklettern an (+*dat*)

escalator [ɛskalatɔr] *m (nom déposé)* Rolltreppe *f*

escale [ɛskal] *f* **1.** *mar* Anlegeplatz *m;* *aviat* Landeplatz *m,* -stelle *f; mar, aviat* Zwischenstation *f;* **2.** *mar, aviat* Zwischenlandung *f;* ~ **de quelques heures** mehrstündiger Aufenthalt; **droit** *m* **d'**~ Landeerlaubnis *f,* -recht *n;* **vol** *m* **sans** ~ Di'rekt-, Non'stopflug *m;* Flug *m* ohne Zwischenlandung; *aviat* **faire** ~ **à Londres** London anfliegen; in London

---

zwischenlanden; **faire** ~ **dans un port** e-n Hafen anlaufen

escalier [ɛskalje] *m* Treppe *f;* ~ **étroit** Stiege *f;* enge Treppe; **grand, petit** ~ Haupt-, Nebentreppe *f;* ~ **roulant, mécanique** Rolltreppe *f;* ~ **de la cave** Kellertreppe *f;* ~ **d'honneur, de parade** Ehrentreppe *f;* ~ **de secours** Nottreppe *f;* ~ **de service** Dienstboten-, Liefe'rantenaufgang *m;* **dans l'**~, **les** ~**s** auf der Treppe; *fig* **avoir l'esprit de l'**~ nicht schlagfertig sein; langsam rea'gieren; F **descendre, monter les** ~**s** quatre à quatre *cf* quatre **I; tomber** **en descendant l'**~ die Treppe hinunter-, herunterfallen

escalope [ɛskalɔp] *f cuis* ~ **(de veau)** (Kalbs)Schnitzel *n*

escamotable [ɛskamɔtabl(ə)] *adj Fahrgestell* einziehbar; *Nähmaschine, Griff* versenkbar; *Antenne* ausziehbar; *Möbel* zu'sammenklappbar; **échelle** *f* ~ Falltreppe *f;* **lit** *m* ~ Klapp-, Schrankbett *n*

escamotage [ɛskamɔtaʒ] *m* **1.** *e-s Gegenstandes* Verschwindenlassen *n;* Wegzaubern *n;* **2.** *aviat des Fahrgestells* Einfahren *n;* Einziehen *n;* **3.** *fig e-r* *Frage, e-s Problems* Um'gehen *n;* (geschicktes) Ausweichen

escamot|er [ɛskamɔte] *v/t* **1.** *Karte,* *Taschentuch etc* verschwinden lassen; wegzaubern; *par ext Dokumente* verschwinden lassen; (heimlich) bei'seite schaffen, wegschaffen; **2.** *aviat Fahrgestell* einfahren; einziehen; **3.** *fig* **a)** ~ **qc** etw um'gehen; e-r Sache (*dat*) geschickt ausweichen; rasch über etw (*acc*) hin'weggehen; F sich vor etw (*dat*), um etw drücken; **b)** *Wort, Frage, Note* über'springen; auslassen; unter'schlagen; ~**eur** *m* Taschenspieler *m*

escampette [ɛskãpɛt] *f* F *nur loc* **prendre la poudre d'**~ da'vonlaufen; F das Hasenpanier ergreifen; ausreißen

escapade [ɛskapad] *f* Eska'pade *f;* Ausreißen *n;* Seitensprung *m;* (unüberlegter) Streich; **faire une** ~ sich e-e Eskapade leisten

escape [ɛskap] *f arch* **a)** (Säulen)Schaft *m;* **b)** Teil *m* des Schaftes über der Basis

escarbille [ɛskarbij] *f* Flugasche *f*

escarboucle [ɛskarbukl(ə)] *f minér* Kar'funkel(stein) *m;* **ses yeux brillaient comme des** ~**s** s-e Augen glänzten wie Karfunkelsteine

escarcelle [ɛskarsɛl] *f früher* Geldkatze *f*

escargot [ɛskargo] *m* Schnecke *f* (**mit Haus**); ~ **de Bourgogne** Weinbergschnecke *f; fig* **aller, avancer, marcher comme un** ~, **à une allure d'**~ im Schneckentempo gehen; kriechen wie e-e Schnecke

escargotière [ɛskargɔtjɛr] *f* **1.** Schnekkengarten *m,* -zucht *f;* **2.** *cuis* Schneckenplatte *f,* -teller *m*

escarmouche [ɛskarmuʃ] *f* **1.** *mil* Schar'mützel *n;* Geplänkel *n;* kleines Gefecht; **2.** *fig* (Wort)Geplänkel *n;* Plänke'lei *f;* Wortgefecht *n*

escarole [ɛskarɔl] *cf* scarole

escarpe [ɛskarp] *f fortif* innere Grabenböschung; Es'karpe *f*

escarpé [ɛskarpe] *adj Felsen* schroff; steil (aufragend); jäh abfallend; *Hang* steil; steil ansteigend, abfallend; *Weg* abschüssig; **pente** ~**e** Steilhang *m*

escarpement [ɛskarpəmã] *m* **1.** Steilhang *m;* steile Böschung; **2.** Steilheit *f;* Schroffheit *f*

escarpin [ɛskarpẽ] *m* **a)** Pumps [pœmps] *m;* **b)** *hist* Eskar'pin *m;* leichter Tanzschuh

escarpolette [ɛskarpɔlɛt] *f* Schaukel *f*

escarre [ɛskar] *f path* Schorf *m*

escarri|fication [ɛskarifikasjõ] *f méd*

Verschorfung *f;* Schorfbildung *f;* ~**fier** *v/t Wunde* verschorfen

eschatolog|ie [ɛskatɔlɔʒi] *f rel* Eschatolo'gie [-sc-] *f;* ~**ique** *adj* eschato'logisch [-sc-]

esche [ɛʃ] *f cf* èche

escient [ɛsjã] *m nur loc* **à bon** ~ nach reiflicher Über'legung; ganz bewußt; aus gutem Grund; zu Recht; mit vollem Recht

esclaffer [ɛsklafe] *v/pr* **s'**~ (plötzlich) schallend, laut, hellauf lachen; laut auf-, loslachen; in schallendes, lautes Gelächter ausbrechen; losprusten, -platzen

esclandre [ɛsklãdr(ə)] *m* Szene *f;* Auftritt *m;* Skan'dal *m;* **causer, faire un** ~ e-e Szene, e-n Skandal machen

esclavage [ɛsklavaʒ] *m* **1.** Sklave'rei *f;* Sklaventum *n;* Knechtschaft *f;* Sklavendienst *m;* **emmener en** ~ in die Sklaverei führen; **réduire en** ~ versklaven; **2.** *fig* Sklave'rei *f;* Knechtschaft *f;* Versklavung *f;* ~ **de la femme** Versklavung, Versklavtsein *n* der Frau; ~ **des habitudes** Zwang *m* der Gewohnheiten; ~ **des passions** Beherrschtsein *n,* (völlige) Abhängigkeit von den Leidenschaften; **tenir dans l'**~ in Knechtschaft, in völliger Abhängigkeit halten

esclavag|isme [ɛsklavaʒism(ə)] *m* Sklave'rei *f* (*als Doktrin, System*); ~**iste** *m* Verteidiger *m,* Anhänger *m* der (Neger-) Sklave'rei; *adit* États *m/pl* ~**s** Sklavenstaaten *m/pl*

esclave [ɛsklav] **I** *m,f* **1.** Sklave *m,* Sklavin *f;* **révolte** *f* **des** ~**s** Sklavenaufstand *m;* **être vendu comme** ~ als Sklave verkauft werden; **2.** *fig* Sklave *m,* Sklavin *f;* **être l'**~ **d'une femme** der Sklave e-r Frau sein; **traiter qn en** ~ j-n wie e-n Sklaven behandeln; **II** *adj* **être** ~ **de qc** völlig abhängig sein von etw; **être** ~ **de l'alcool** dem Alkohol verfallen sein; **être** ~ **des convenances** sich sklavisch an Anstandsregeln halten; **être** ~ **de son travail** Sklave s-r Arbeit sein

escogriffe [ɛskɔgrif] *m* F **un grand** ~ ein großer, schlaksiger Kerl; F ein langer Lulatsch

escomptable [ɛskõtabl(ə)] *adj fin* diskon'tierbar; dis'kontfähig

escompte [ɛskõt] *m* **1.** *fin* Dis'kont *m;* *als Geschäft* Diskon'tieren *n,* -ung *f;* ~ **en dedans, en dehors** nach dem Tageswert, nach dem Nomi'nalwert berechneter Diskont; **banque** *f* **d'**~ Diskontbank *f;* **marché** *m* **de l'**~ Diskontmarkt *m;* **taux** *m* **d'**~ Diskontsatz *m;* **présenter une traite à l'**~ e-n Wechsel zum Diskont vorlegen; **2.** *comm* Skon'to *m od* *n;* **accorder, faire un** ~ **de 2%** **en cas de paiement au comptant** bei Barzahlung 2 % Skonto gewähren, geben

escompt|er [ɛskõte] *v/t* **1.** *fin Wechsel* *etc* diskon'tieren; **faire** ~ **un effet** e-n Wechsel in Diskont geben; **2.** *fig* ~ **qc** etw erwarten, erhoffen; sich etw erhoffen; auf etw (*acc*) hoffen, speku'lieren; mit etw rechnen; ~**eur** *m* Dis'kontgeber *m;* Diskon'teur *m*

escorte [ɛskɔrt] *f* Es'korte *f* (*auch mar*); Begleitung *f;* Geleit *n;* Begleitmannschaft *f; mil auch* Bedeckung *f; auch* Bewachung *f;* Bewachungstrupp *m,* -mannschaft *f;* ~ **d'honneur** Ehrengeleit *n,* -eskorte *f;* ~ **de motocyclistes** motorisierte Eskorte: Motorradeskorte *f;* **navire** *m* **d'**~ Geleit-, Begleitschiff *n;* **sous bonne** ~ unter scharfer, strenger Bewachung; unter starkem Geleitschutz; **faire** ~ **à qn** j-m das Geleit geben; *cf auch* escorter

escort|er [ɛskɔrte] *v/t* eskor'tieren; begleiten; geleiten; (mili'tärisches) Geleit,

Bedeckung geben (+*dat*); *Gefangene etc auch* bewachen; *par ext* ～ qn, qc j-n, etw begleiten; mit j-m, etw mitgehen, -laufen; **～eur** *m mar mil* Begleit-, Geleitschiff *n*

escouade [ɛskwad] *f* **1.** Gruppe *f*; Schar *f*; Schwarm *m*; Trupp *m*; **2.** *hist mil* Korpo'ralschaft *f*

escourgeon [ɛskurʒõ] *m agr* Wintergerste *f*

escrime [ɛskrim] *f sports* Fechten *n*; Fechtkunst *f*, -sport *m*; ～ à l'épée, au fleuret, au sabre Degen-, Flo'rett-, Säbelfechten *n*; **tournoi** *m* d'～ Fechtturnier *n*; faire de l'～ fechten; den Fechtsport betreiben

escrim|er [ɛskrime] *v/pr* s'～ à faire qc, sur qc sich abmühen, abquälen, abplagen, F her'umschlagen, -quälen mit etw; **～eur** *m*, **～euse** *f sports* Fechter(in) *m(f)*; Fechtsportler(in) *m(f)*

escroc [ɛskro] *m* Betrüger *m*; Gauner *m*; Hochstapler *m*; Schwindler *m*; ～ au mariage Heiratsschwindler *m*

escroquer [ɛskrɔke] *v/t* **a)** ～ qc etw erschwindeln, stehlen; (sich) etw ergaunern; ～ qc à qn j-n um etw betrügen, bringen, prellen; **une signature à qn** j-m e-e 'Unterschrift ablisten; durch List von j-m e-e Unterschrift erlangen; **b)** ～ qn j-n betrügen, begaunern

escroquerie [ɛskrɔkri] *f* **1.** Betrug *m*; Gaune'rei *f*; Schwindel *m*; Hochstape'lei *f*; **～s** *pl auch* Betrüge'reien *f/pl*; ～ à l'assurance Versicherungsbetrug *m*; ～ au mariage Heiratsschwindel *m*; **tentative** *f* d'～ versuchter Betrug *m*; **2.** *par ext* (bewußte) Täuschung; Irreführung *f*

escudo [ɛskydo] *m Währungseinheit* Es'cudo *od* Es'kudo *m*

esculine [ɛskylin] *f chim* Äsku'lin *n*

ésérine [ezerin] *f phm* Ese'rin *n*

esgourde [ɛsgurd] *f F* Ohr *n*; F Löffel *m*; **ouvre tes ～s!** *mach.* sperr (doch) deine Löffel auf!

eskuara [ɛskwara] *m ling Eigenbezeichnung für Baskisch* Esku'ara *n*; Euskara *n*

ésotér|ique [ezɔterik] *adj philos* eso'terisch (*auch fig*); **～isme** *m philos* Eso'terik *f* (*auch fig*)

espace[1] [ɛspas] *m* **1.** *phys, math, philos, psych, anat* Raum *m*; ～ *aviat* ～ **aérien** Luftraum *m*; **creux** Hohlraum *m*; ～ **économique** Wirtschaftsraum *m*; *anat* ～ **épidural** Epidu'ralraum *m*; ～ **infini** unendlicher Raum; *astr* ～ **interstellaire** interstellarer Raum; Interstel'larraum *m*; *math* ～ **métrique** metrischer Raum; *tech, mil* ～ **mort** toter Raum; *tech* ～ **nuisible** schädlicher Raum; *psych* ～ **tactile** Greifraum *m*; *math* ～ **topologique** topologischer Raum; *psych* ～ **visuel** Sehraum *m*; *pol* ～ **vital** Lebensraum *m*; **2.** Weltraum *m*; **conquête** *f*, **exploration** *f* **de l'～** Eroberung *f*, Erforschung *f* des Weltraums; **lancer une fusée dans l'～** e-e Rakete in den Weltraum schicken, schießen; **3.** Raum *m*; Platz *m*; Stelle *f*; ～ **libre, vide** freier, leerer Platz, Raum; *Städtebau* **～s verts** Grünflächen *f/pl*, -anlagen *f/pl*; **occuper un grand** ～ viel Raum, Platz einnehmen; **4.** Zwischenraum *m* (*auch zwischen Notenlinien*); Abstand *m*; Platz *m*; **laisser, ménager un** ～ Platz, Abstand, e-n Zwischenraum lassen; **5.** ～ **(de temps)** Zeitraum *m*, -spanne *f*; **l'～ d'un an de** Zeitraum, die Zeitspanne von e-m Jahr; **en l'～ d'une heure** in, innerhalb, binnen, im Lauf(e) e-r Stunde

espace[2] [ɛspas] *f impr* Spatium *m*; 'Durchschuß *m*; Ausschluß(stück) *m(n)*

espacement [ɛspasmã] *m* **1.** Ausein'anderrücken *n*; *Ergebnis* Zwischenraum *m*; Abstand *m*; ～ **des colonnes** Säulenweite *f*, -abstand *m*; Zwischenraum zwischen den Säulen; *ch de fer* ～ **des trains** Zugabstand *m*, -folge *f*; **2.** *impr* Durch'schießen *n*; Spatio'nieren *n*; Sperren *m*; *Ergebnis* 'Durchschuß *m*; Spatio'nierung *f*; **3.** *von Besuchen, Zahlungen etc* Seltenerwerden *n*; all'mähliche Einstellung *f*

espacer [ɛspase] ‹-ç-› **I** *v/t* **1.** Zwischenräume, Platz, Abstand lassen zwischen (+*dat*); ausein'anderrücken; *adit, Bäume, Häuser etc* **ne pas être assez espacé(e)s** nicht weit genug auseinander stehen *bzw* liegen; **bornes régulièrement espacées** in regelmäßigen Abständen stehende Kilometersteine *m/pl*; **2.** *impr* durch'schießen; spatio'nieren; sperren; gesperrt drucken; **3.** *Besuche, Zahlungen etc* auf längere Zeiträume verteilen; einschränken; immer seltener werden lassen; in immer größeren Abständen vornehmen; *adit* **visites espacées** Besuche *m/pl* in großen Abständen; **II** *v/pr* s'～ **4.** *Häuser etc* in immer größeren Abständen stehen; immer weiter ausein'ander liegen; **5.** *Briefe etc* in immer größeren Abständen, immer seltener kommen; immer seltener werden

espace-temps [ɛspastã] *m phys* Raum-Zeit-Welt *f*; Raum-Zeit-Kontinuum *n*

espadon [ɛspadõ] *m* **1.** *hist* Zwei-, Beidhänder *m*; beidhändig zu führendes Schwert; **2.** *zo* Schwertfisch *m*

espadrille [ɛspadrij] *f* Leinenschuh *m* (mit geflochtener Sohle)

espagnol [ɛspaɲɔl] **I** *adj* spanisch; **II** *subst* **1.** Ꝺ(e) *m(f)* Spanier(in) *m(f)*; **2.** *m ling* l'～ das Spanische; Spanisch *n*

espagnolette [ɛspaɲɔlɛt] *f bât* Espagno'lette(verschluß) *f(m)*; Drehriegel *m*; drehbarer Fensterverschluß

espagnol|iser [ɛspaɲɔlize] *v/t* hispani'sieren; **～isme** *m* Spaniertum *n*

espalier [ɛspalje] *m agr* Spa'lier *n*; Spa'lierbäume *m/pl*

espar [ɛspar] *m mar* Rundholz *n*; Spiere *f*

espargoute [ɛspargut] *f cf* spergule

espèce [ɛspɛs] *f* **1.** *von Gegenständen* Sorte *f*; Art *f*; Gattung *f*; *péj von Personen* Sorte *f*; Art *f*; Schlag *m*; Spezies *f*; **des gens de cette** ～ solches Gesindel, Gelichter; **je ne discute pas avec des gens de votre** ～ ... mit Ihresgleichen, Leuten Ihres Schlags, F Leuten wie Sie; *math* **grandeurs** *f/pl* **de même** ～ gleichartige Größen *f/pl*; **cela n'a aucune** ～ **d'importance** das hat keinerlei Bedeutung; **être le seul, la seule de son** ～ einzigartig sein; der, die das einzige in s-r, ihrer Art sein; **2. a)** **une** ～ **de** ... ‹F *abus oft mit dem Genus des nachfolgendes Substantivs* **un** ～ **de** ...› (so) e-e Art (von) ...; etwas wie ...; **une** ～ **d'agent secret** e-e Art Geheimagent; F **un** ～ **de chapeau** e-e Art Hut; *iron auch* ein hutähnliches Gebilde; **éprouver une** ～ **de répulsion** e-e Art, etwas wie Abneigung empfinden; **b)** *Schimpfwörter verstärkend:* ～ **d'imbécile, de mufle!** (Sie *bzw* du) Dummkopf, Lümmel!; **regardez-moi cette** ～ **d'abruti!** schauen Sie mal diesen blöden Kerl an!; **3.** *biol* Art *f*; Spezies *f*; ～ **animale, végétale** Tier-, Pflanzenart *f*; ～ **humaine** Menschengeschlecht *n*; ～ **rare** seltene Art; **conservation** *f* **de l'～** Arterhaltung *f*; **disparition** *f* **de l'～** Aussterben *n* der Art; **4.** *jur* **cas** *m* **d'～** Sonderfall *m*; besonderer Fall; *allg* **c'est un cas d'～** das ist ein (ganz) besonderer, spezi'eller Fall; **en l'～** im vorliegenden, in diesem Fall(e); **5.** *égl beim Abendmahl* Gestalt *f*; **communier sous les deux ～s** das Abendmahl in beiderlei Gestalt nehmen; **6.** *comm* **en ～s (in) bar**; **paie-**

ment *m* **en ～s** Barzahlung *f*; **payer, régler en ～s** bar zahlen

espérance [ɛsperãs] *f* Hoffnung *f* (*auch rel*); Erwartung *f*; Aussicht *f*; ～ **mathématique** *math.* Statistik Erwartungswert *m*; *Statistik auch* mathematische Erwartung; **～s trompeuses** trügerische, falsche Hoffnungen; *Demographie* ～ **de vie** Lebenserwartung *f*; **anéantir, briser, détruire les ～s de qn** j-s Hoffnungen zunichte machen, zerstören; **avoir des ～s** schwanger, *st/s* guter Hoffnung sein; **dépasser toutes les ～s** alle Erwartungen über'treffen; **le vert est la couleur de l'～** Grün ist die Farbe der Hoffnung

espérantiste [ɛsperãtist] **I** *adj* Espe'ranto...; **mouvement** *m* ～ Esperanto-Bewegung *f*; **II** *m,f* Esperan'tist(in) *m(f)*; Anhänger(in) *m(f) bzw* Kenner(in) *m(f)* des Espe'ranto

espéranto [ɛsperãto] *m ling* Espe'ranto *n*

espérer [ɛspere] *v/t u v/i* ‹-è-› ～ qc hoffen, sich Hoffnung machen auf etw (*acc*); (sich) etw erhoffen; etw erwarten; mit etw rechnen; *st/s* ～ **en qn, qc** auf j-n, etw hoffen, vertrauen; ♦ **n'espère de lui aucune aide** erwarte von ihm keine Hilfe; ～ **un miracle** auf ein Wunder hoffen; **espérons-le!, je l'espère** hoffentlich!; hoffen wir es!; ich hoffe es!; **je n'en espérais pas tant** mit so viel habe ich (gar) nicht gerechnet; **je n'ai plus rien à ～** ich habe nichts mehr zu erwarten, erhoffen; **on lui a laissé** ～ **une réponse favorable** man machte ihm Hoffnung auf e-n günstigen Bescheid; **on n'osait plus l'～** man wagte es nicht mehr zu hoffen; ♦ *abs:* **il est en bonne santé, j'espère** er ist doch hoffentlich gesund; **j'espère bien das** will ich hoffen; **F il faut ～** F hoffen wir's; ♦ **j'espère, espérons, il faut ～ que** ... ich hoffe, hoffen wir, daß ...; hoffentlich ...; **j'espère qu'il viendra** hoffentlich kommt er; ich hoffe, (daß) er kommt; **j'espère, espérons que non!** hoffentlich nicht!; **j'espère (bien) que oui (que non)** ich hoffe (nicht); **on est en droit d'～ que** ... man darf (wohl) annehmen, damit rechnen, daß ...; *p/fort* man kann erwarten, verlangen, daß ...; ♦ *mit inf:* **j'espère y arriver** ich hoffe, daß ich es schaffe; **j'espère avoir fait ce qu'il fallait** ich hoffe, das Nötige getan zu haben *od* daß ich das Nötige getan habe; **il espérait vous voir** er hoffte, Sie zu sehen

espiègle [ɛspjɛgl(ə)] **I** *adj Kind, Blick, Antwort* schalkhaft; schelmisch; neckisch; mutwillig; **II** *m von Kindern* Schelm *m*; Schalk *m*

espièglerie [ɛspjɛgləri] *f* **1.** Schalkhaftigkeit *f*; Schelme'rei *f*; Mutwille *m*; **2.** Schelmenstreich *m*, -stück *n*; Eulenspiege'lei *f*

espion [ɛspjõ] *m*, **espionne** [ɛspjɔn] *f* **1.** Spi'on(in) *m(f)*; Späher(in) *m(f)*; Kundschafter *m*; **espion industriel** Werkspion *m*; *adit* **avion** *m*, **navire** *m* **espion** Spio'nageflugzeug *n*, -schiff *n*; **2.** *Spiegel am Fenster* Spi'on *m*

espionnage [ɛspjɔnaʒ] *m* Spio'nage *f*; Spio'nieren *n*; **affaire** *f* **d'～** Spionageaffäre *f*, -fall *m*; **service** *m* **d'～** Spionage-, A'gentendienst *m*; **faire de l'～, se livrer à l'～** Spionage treiben; spio'nieren

espionn|er [ɛspjɔne] *v/t* ～ qn j-n bespitzeln; j-m nachspionieren, -spüren; ～ **les allées et venues de qn** j-m ständig nachspionieren; **～ite** *f* Spio'nagekomplex *m*; Angst *f* vor Spi'onen; Spi'onenfurcht *f*

esplanade [ɛsplanad] *f* Espla'nade *f* (*auch fortif*); großer freier Platz

espoir [ɛspwar] *m* **1.** Hoffnung *f*; Hoffen *n*; ~ d'une récompense, d'une victoire Hoffnung auf e-e Belohnung, auf e-n Sieg; **amour** *m* **sans** ~ hoffnungslose, aussichtslose Liebe; **dans l'**~ **de** (+*inf*) in der Hoffnung zu (+*inf*) (*auch als Briefschluß*) **abandonner tout** ~ **de** (+*inf*) jede, alle Hoffnung aufgeben, daß ... *od* zu (+*inf*); **j'ai bon** ~ ich bin zuversichtlich; ich hoffe schon; **j'ai l'**~ **de réussir** ich hoffe, daß ich Erfolg habe, 'durchkomme, bestehe; **il y a encore de l'**~ es besteht noch Hoffnung; **je n'ai plus d'**~ ich habe keine Hoffnung mehr; **je n'ai plus d'**~ **qu'en vous** Sie sind meine einzige od letzte Hoffnung; **caresser un** ~ Hoffnung hegen; **conserver, garder un** ~ noch Hoffnung haben; immer noch hoffen; **être riche d'**~ hoffnungsvoll, zuversichtlich, voll Hoffnung sein; **c'est sans** ~ das ist hoffnungslos, aussichtslos; **éveiller, faire naître, susciter des** ~s Hoffnungen (er)wecken, machen; **mettre tout son** ~ **en qc, qn** s-e ganze Hoffnung auf etw, j-n setzen; **ruiner tous les** ~s alle Hoffnungen zerstören, zunichte machen; **il ne vit que dans l'**~ **que** ... er lebt ganz in der Hoffnung, daß ...; *prov* **l'**~ **fait vivre** der Mensch lebt von der Hoffnung; **2.** *Person, auch Sache* Hoffnung *f*; **c'est, vous êtes mon dernier** ~ das ist, Sie sind meine letzte Hoffnung; **être l'**~ **du pays,** *etc* die Hoffnung des Landes *etc* sein

esponton [ɛspɔtɔ̃] *m hist mil* Spon'ton *m*

esprit [ɛspri] *m* **1.** *e-s Menschen, Werkes, e-r Zeit, philos* Geist *m*; *e-s Menschen auch* Verstand *m*; Witz *m*; *e-s Menschen, Werkes auch* Geisteshaltung *f*; Gesinnung *f*; Sinn *m*; ♦ ~ **conciliant** Konzili'anz *f*; ~ **humain** menschlicher Geist; ~ **mordant** scharfer, 'durchdringender Verstand; ~ **prévoyant** Weitblick *m*; ♦ ~ **d'à-propos, de repartie** Schlagfertigkeit *f*; ~ **de clocher** Lo'kalpatriotismus *m*; Engstirnigkeit *f*; ~ **de compétition** Kampfgeist *m*; Wetteifer *m*; ~ **d'une constitution** Geist e-r Verfassung; ~ **de contradiction** 'Widerspruchsgeist *m*; *cf auch* contradic**ti**on; ~ **de corps** Korpsgeist *m*; ~ **d'équipe** Gruppen-, Team-, Mannschaftsgeist *m*; ~ **de famille** Fa'miliensinn *m*; *Montesquieu* **De l'**~ **des lois** Vom Geist der Gesetze; ~ **d'observation** Beobachtungsgabe *f*; **avoir l'**~ **d'observation** e-e gute Beobachtungsgabe haben; ~ **de sacrifice** Opferbereitschaft *f*, -mut *m*; ~ **de suite** Beharrlichkeit *f*; ~ **du temps** Geist der Zeit; Zeitgeist *m*; ~ **de vengeance** Geist der Rache; **bassesse** *f* **d'**~ niedrige Gesinnung; Gemeinheit *f*; **création** *f* **de l'**~ Schöpfung *f* des Geistes; **homme** *m* **d'**~ Mann von Geist; geistvoller, -reicher Mann; **mot** *m* **d'**~ Witz(wort) *m*(*n*); witziger Einfall; **paresse** *f* **de l'**~ geistige Trägheit; Denkfaulheit *f*; **pauvreté** *f* **d'**~ geistige Armut; ♦ *loc/adj* **plein d'**~ geistreich, -voll; witzig; *loc/adv* **dans cet** ~ in diesem Sinn(e); **dans un** ~ **de conciliation** im Geist(e) der Versöhnung; in e-m versöhnlichen Geist(e); **dans l'**~ **de la loi** im Sinne des Gesetzes; **dans mon** ~ meiner Ansicht nach; in meinen Augen; **en** ~, **par l'**~ im Geiste; in Gedanken; ♦ **abrutir l'**~ geistig, den Geist abstumpfen; **absorber, occuper l'**~ **de qn** j-n ganz beschäftigen, beanspruchen; **avoir de l'**~ geistreich, -voll sein; Geist haben; **avoir de l'**~ **jusqu'au bout des doigts, des ongles** höchst, äußerst geistreich, -voll sein; vor Geist sprühen; **ne pas avoir tous ses** ~s nicht ganz richtig im Kopf, nicht ganz normal sein; **ne pas avoir l'**~ **à** ... keine Lust haben zu ...; nicht aufgelegt sein zu ...; keinen Kopf haben für ...; **je n'ai pas l'**~ **au jeu en ce moment** *auch* mir ist jetzt nicht nach Spielen zu'mute; **avoir l'**~, **le bon** ~ **de faire qc** klug genug sein, die gute Idee haben, etw zu tun; **où avais-je l'**~ ? wo hatte ich nur meinen Verstand?; wo war ich nur mit meinen Gedanken?; **avoir l'**~ **ailleurs** geistesabwesend sein; mit s-n Gedanken anderswo, ganz woanders sein; **avoir l'**~ **critique** kritisch sein; e-e kritische Ader, e-n kritischen Verstand haben; **avoir l'**~ **curieux** neugierig, naseweis sein; **avoir l'**~ **équilibré** ausgeglichen, ein ausgeglichener Mensch sein; **avoir l'**~ **libre de toute préoccupation** sorglos, ohne Probleme sein; **avoir l'**~ **logique** logisch denken können; **avoir mauvais** ~, **faire preuve de mauvais** ~ es am guten Willen fehlen lassen; aufsässig, 'widerspenstig sein; **avoir l'**~ **préoccupé** vieles im Kopf haben; Probleme, Sorgen haben; **avoir l'**~ **pénétrant, perspicace** e-n klaren, scharfen Verstand haben; **avoir l'**~ **mal tourné** *cf* **tourné** 2.; **avoir l'**~ **d'analyse** analytisch denken können; **cultiver son** ~ s-n Geist bilden; *péj* **faire de l'**~ geistreich tun; den Geistreichen spielen; **perdre l'**~ den Verstand verlieren; **perdre ses** ~s den Kopf verlieren; **rendre l'**~ den Geist aufgeben; **reprendre, retrouver ses** ~s a) sich wieder fassen; b) wieder zu sich kommen; das Bewußtsein 'wiedererlangen; son ~ **répugne à une telle éventualité** e-e solche Möglichkeit wider'strebt s-m Denken; **(re)tourner qc dans son** ~ etw über'denken, bedenken; **cela m'était (complètement) sorti de l'**~ das hatte ich (völlig) vergessen; daran hatte ich (überhaupt) nicht mehr gedacht; das war mir entfallen; **traverser l'**~ durch den Kopf, Sinn gehen; **venir, se présenter à l'**~ in den Sinn kommen; einfallen; **cela ne me serait même pas venu à l'**~ das wäre mir nicht einmal im Traum eingefallen; ♦ *bibl* **l'**~ **souffle où il veut** der Geist weht, wo er will; **l'**~ **est prompt, mais la chair est faible** der Geist ist willig, aber das Fleisch ist schwach; **2.** *Person* Geist *m*; Mensch *m*; Kopf *m*; ~s *pl* Gemüter *n/pl*; ♦ *bel* ~ Schöngeist *m*; ~ **biscornu** Kauz *m*; wunderlicher, verschrobener Mensch; ~ **brillant** glänzender Geist, Denker; ~ **fertile, ingénieux, inventif** schöpferischer, erfinderischer Geist, Mensch; einfallsreicher Mensch; ~ **hypocrite** Heuchler *m*; ~ **lent** langsamer Mensch, Denker; ~ **lucide, lumineux** heller Kopf; ~ **noble, généreux** edler Geist; ~ **remuant, turbulent** unruhiger Geist; ~ **romanesque** Schwärmer *m*; Ro'mantiker *m*; ~ **rusé** Schlaukopf *m*; schlauer Mensch; ~ **supérieur** über'legener Geist; ~ **terre à terre** pro'saischer Mensch; Ba'nause *m*; ♦ **calmer les** ~s die Gemüter beruhigen, besänftigen; **les** ~s **sont montés contre lui** die Stimmung ist gegen ihn; *plais* **les grands** ~s **se rencontrent** zwei Seelen und ein Gedanke; große Geister finden sich immer; **3.** *rel, myth, Spiritismus* Geist *m*; ~s **célestes** himmlische Geister *m/pl* (*Engel*); ~ **divin** Geist Gottes; göttlicher Geist; ~ **frappeur** Klopf-, Poltergeist *m*; ~ **pur** ~ reiner Geist; F *fig* **c'est un pur** ~ er schwebt immer in höheren Sphären, in den Wolken; ♀ **saint** *cf*

Saint-Esprit; **croire aux** ~s an Geister glauben; **4.** *im Altgriechischen* Spiritus *m*; ~ **doux, rude** Spiritus lenis, asper

esprit|-de-bois [ɛspridbwa] *m chim* Holzgeist *m*; ~**-de-vin** *m chim* Spiritus *m*; Weingeist *m*

esquif [ɛskif] *litt m* Boot *n*; Kahn *m*; *poét* Nachen *m*

esquill|e [ɛskij] *f path* Knochensplitter *m*; ~**eux** *adj* ‹-euse› *path* fracture esquilleuse Splitterbruch *m*

esquimau [ɛskimo] **I** *adj* ‹-aude; *m/pl* -aux› Eskimo...; eski'moisch; **chien** ~ Eskimohund *m*; **femme** ~**de** Eskimofrau *f*; **II** *subst* **1.** ♀(*de*) *m*(*f*) Eskimo (-frau) *m*; **2. l'**~ *m* die Eskimosprache; das Eski'moische; Eski'moisch *n*; **3.** *m* Eis *n* am Stiel mit Schoko'ladenüberzug

esquintant [ɛskɛ̃tɑ̃] *adj* F *Arbeit, Lauf etc* sehr anstrengend; ermüdend; aufreibend; kräftezehrend

esquinter [ɛskɛ̃te] F **I** *v/t* **1.** *Person* über'anstrengen; ermüden; erschöpfen; müde machen; F fertigmachen; erledigen; **2.** *Gegenstände* abnützen; beschädigen; F ka'puttmachen; rampo'nieren; *Person* F übel, bös zurichten; *adit* esquinté *f auch* ziemlich mitgenommen; **II** *v/pr* **3.** s'~ **(au travail)** sich abrakkern, abschinden, abplagen, abmühen; **4.** *Gegenstände* s'~ F ka'puttgehen; **5.** s'~ **la santé** s-r Gesundheit schaden; s'~ **la vue** sich die Augen verderben, F ka'puttmachen

esquisse [ɛskis] *f* **1.** *peint* Skizze *f*; Entwurf *m*; flüchtig hingeworfene Zeichnung; ~ **au crayon** Bleistiftskizze *f*; **faire une** ~ e-e Skizze machen, anfertigen; **2.** *par ext e-s Romans etc* Skizze *f*; Entwurf *m*; Plan *m*; **3.** Abriß *m*; kurze Darstellung; **4.** *fig e-s Lächelns* Ansatz *m*; Andeutung *f*; Anflug *m*; Spur *f*

esquisser [ɛskise] **I** *v/t* **1.** *peint* skiz'zieren; flüchtig hinwerfen; in e-r Skizze festhalten, andeuten, darstellen; **2.** *par ext Roman, Zeitbild* skiz'zieren; entwerfen; **3.** *Lächeln, Geste, Gruß* andeuten; ~ **un mouvement de recul** leicht, kurz zu'rückschrecken, -zucken; ~ **un salut, un sourire** *auch* flüchtig grüßen, lächeln; **II** *v/pr* s'~ *Lösung etc* sich abzeichnen, andeuten; Gestalt annehmen

esquive [ɛskiv] *f sports* Ausweichbewegung *f*; Ausweichen *n*

esquiver [ɛskive] **I** *v/t* **1.** (geschickt) ausweichen (un coup, une voiture e-m Schlag, e-m Auto); **2.** *fig Schwierigkeiten etc* (geschickt) ausweichen, aus dem Wege gehen, sich entziehen (+*dat*); um'gehen; **II** *v/pr* s'~ (unauffällig) weggehen; verschwinden; sich da'von-, wegschleichen; sich fortstehlen

essai [ese] *m* **1.** Versuch *m* (*auch Leichtathletik, Rugby*); Probe *f*; Erprobung *f*; Ausprobieren *n*; Prüfung *f*; Test *m*; Experi'ment *n*; Unter'suchung *f*; *chim* kurze Ana'lyse; *auto* Probe-, Testfahrt *f*; *Autorennen* Trainingsrunde *f*; ♦ **Werkstoffprüfung** ~ **destructif, non destructif** zerstörendes, zerstörungsfreies Prüfverfahren; ~ **nucléaire** A'tom-, Kernwaffenversuch *m*; ~s **souterrains** 'unterirdische A'tomversuche *m/pl*; ~ **timide** schüchterner Versuch, Ansatz; ♦ ~ **au banc** Prüfstanderprobung *f*; ~ **à chaud, à froid** Warm-, Kaltprobe *f*; ~ **au point fixe** Pfahlprobe *f*; ~ **au sol** Bodentest *m*; Erprobung am Boden; *bei Beton* ~ **d'Abrams, d'affaissement, de fluidité** Ausbreitprobe *f*, -prüfung *f*, -versuch *m*; ~ **d'une arme** Erprobung, Prüfung, Ausprobieren e-r Waffe; ~ **de compression** Kompressi'ons-, Druckversuch *m*, -probe *f*; ~ **de contrôle**

Gegenprüfung *f*, -versuch *m*, -probe *f*; *biol* ~ de croisement Kreuzungsversuch *m*; ~ de dureté, d'éclatement, d'étanchéité Härte-, Berst-, Leckprüfung *f*, -versuch *m*, -probe *f*; ~ d'homologation Zulassungsprüfung *f*; Abnahmeprüfung *f* (für amtliche Zulassungen); ~ de laboratoire La'borversuch *m*, -test *m*; ~ de machines Erprobung, Prüfung, Test von Maschinen; ~ des matériaux Materi'al-, Werkstoffprüfung *f*; ~ des monnaies Münzprobe *f*; *Rugby* ~ de pénalisation Strafversuch *m*; ~ de réception Abnahmeprüfung *f*, -probe *f*; ~ d'un remède Erprobung, Ausprobieren e-s Medikaments; Versuch mit e-m Medikament; ~ de résistance Festigkeitsprüfung *f*; *agr* ~ de semences Saatversuch *m*; *mar* ~ de stabilité Stabili'täts-, Krängungsversuch *m*; ~ de torsion Verdrehungsversuch *m*; Verwindungsprobe *f*; ~ de traction Zug-, Zerreißversuch *m*, -probe *f*, -prüfung *f*; ~ d'usure Verschleißprüfung *f*, -probe *f*; *mar* ~ de vitesse sur la base Meilenfahrt *f*; *mar* ~ en route libre Probefahrt *f*; ~ en vol Flugerprobung *f*, -versuch *m*; ~ en soufflerie Windkanalversuch *m*; ~ sur maquette, sur modèle réduit Mo'dellversuch *m*; ◆ ballon *m* d'~ Versuchsballon *m* (*auch fig*); *fig* coup *m* d'~ (erster) Versuch; Anfang *m*; *psych* méthode *f* des ~s et des erreurs Lernmethode *f* durch Versuch und Irrtum; période *f* d'~ Probezeit *f*; pilote *m* d'~ Testpilot *m*; théâtre *m* d'~ Studiobühne *f*; Experimen'tiertheater *n*, -bühne *f*; vol *m* d'~ Probeflug *m*; ◆ loc/adv à l'~, à titre d'~ auf, zur Probe, probe-, versuchsweise; *comm* vente *f* à l'~ Kauf *m* auf Probe; embaucher, prendre qn à l'~ jn auf Probe einstellen, nehmen; e-n Versuch mit j-m machen; ◆ faire un ~, des ~s (de qc) e-e Probe, e-n Versuch, Proben, Versuche machen (mit etw); faire l'~ de qc etw erproben, ausprobieren, prüfen; faire faire à ~ à un candidat e-n Bewerber e-e Probe s-s Könnens ablegen lassen; 2. *Literatur* Essay ['ɛse, ɛ'se:] *m od n*; ~ historique, philosophique, politique historischer, philosophischer, politischer Essay

essaim [esɛ̃] *m von Bienen, Mücken* Schwarm *m* (*auch fig von Kindern etc*); *von Bienen* ~ primaire, secondaire Vor-, Nachschwarm *m*; ~ d'abeilles Bienenschwarm *m*

essaimage [esɛmaʒ] *m von Bienen* **a)** Schwärmen *n*; **b)** Schwarmzeit *f*

essaimer [eseme] *v/i* 1. Bienen schwärmen; 2. *fig* sich niederlassen, zerstreuen; Niederlassungen gründen

essanger [esɑ̃ʒe] *v/t* <-geons> *Wäsche* einweichen

essart [esar] *m agr* Rodeland *n*; gerodetes Land

essart|age [esartaʒ] *m od* **essart|ement** [esartəmɑ̃] *m* Roden *n* (*bes entlang von Straßen als Grunddienstbarkeit*); ~er *v/t agr* roden

essayage [esɛjaʒ] *m cout* Anprobe *f*; Anprobieren *n*; cabine *f*, salon *m* d'~ Anprobe-, 'Umkleidekabine *f*, -raum *m*

essayer [eseje] <-ay- *od* -ai-> I *v/t* **a)** ~ qc etw versuchen; e-n Versuch mit etw machen; es mit etw versuchen; *tech Gerät, Werkstoff etc* erproben; prüfen; testen; ausprobieren; *auto* testen; e-e Probefahrt machen (qc mit etw); *Kleider, Schuhe etc* (an)pro'bieren; *Frisur, Kochrezept, Marken, Modelle* (aus-)pro'bieren; *Hüte* (auf)pro'bieren; *Krawatten* pro'bieren; *Getränk, Speise, Methode, Medikament* (aus)pro'bieren; ver-

suchen; ~ les petites annonces es mit e-r Kleinanzeige versuchen; avez-vous essayé les chemises en nylon? haben Sie die Nylonhemden (aus)probiert?; ~ les coups, la douceur, les larmes es mit Schlägen, Güte, Tränen versuchen; ~ sa force s-e Kraft, Kräfte erproben; ~ plusieurs fournisseurs es mit verschiedenen Lieferanten probieren; verschiedene Lieferanten ausprobieren; ~ l'un après l'autre tous les restaurants alle Restaurants aus-, 'durchprobieren; il a tout essayé, rien n'y fait er hat alles (mögliche) versucht, (aus)probiert ...; l'~, c'est l'adopter wer es probiert hat, bleibt dabei; **b)** *abs* es versuchen, pro'bieren; essayez donc, toujours, tout de même versuchen Sie es, F Sie's doch, nur, trotzdem; *abwehrend, zu e-m Kind* essaye un peu! versuch's, probier's nur!; das versuch, probier nur!; je vais ~ ich werde es versuchen, probieren, F ich versuch's, probier's; il n'en coûte rien d'~ probieren, versuchen, ein Versuch kostet nichts; **c)** ~ de faire qc etw zu tun versuchen; versuchen, etw zu tun; ~ de dormir versuchen zu schlafen; zu schlafen versuchen; ~ de s'enfuir *auch* e-n Fluchtversuch machen, unter'nehmen; II *v/pr* s'~ à (faire) qc sich in, an etw (*dat*) versuchen; s'~ à la peinture sich im Malen versuchen

essay|eur [esɛjœr] *m* 1. Münzprüfer *m*; Münzwardein *m*; 2. ~ de voitures Testfahrer *m*; ~euse *f cout* Absteckerin *f*; ~iste *m Literatur* Essay'ist *m*

esse [ɛs] *f* 1. s-förmiger Haken; S-Haken *m*; 2. *mus* e-r Geige etc Schalloch *n*; 3. *an e-r Radachse* Achsnagel *m*; Vorstecker *m*; Lünse *f*

essence [esɑ̃s] *f* 1. Ben'zin *n*; F Sprit *m*; ~ deux-temps Zweitaktmischung *f*; ~ ordinaire, spéciale Nor'mal-, Spezi'albenzin *n*; ~ synthétique synthetisches Benzin; ~ à briquet, à détacher Feuerzeug-, Waschbenzin *n*; ~ d'avion, de voiture Flug-, (Kraft)Fahrbenzin *n*; *mil* service *m* des ~s Betriebsstoffdienst *m*; faire le plein d'~ 'voll-, auftanken; prendre de l'~ tanken; 2. *chim* Es'senz *f*; ä'therisches Öl; *cuis auch* Ex'trakt *m*; ~s artificielles, naturelles synthetische, natürliche Öle; ~ d'anis, de lavande, de roses, de térébenthine Anis-, La'vendel-, Rosen-, Terpen'tinöl *n*; 3. *philos* Es'senz *f*; Wesen(heit) *n(f)*; Sosein *n*; Sub'stanz *f*; *sc* Es'sentia *f*; *loc/adv* par ~ wesensmäßig; s-m Wesen, s-r Natur nach; il se croit d'une ~ supérieure à tout le monde er hält sich für etwas Besseres; 4. *bot* (Baum)Art *f*

esséniens [esenjɛ̃] *m/pl rel* Es'sener *m/pl*

essentialisme [esɑ̃sjalism(ə)] *m philos* Es'senzphilosophie *f*

essentiel [esɑ̃sjɛl] I *adj* <~le> 1. wesentlich; wichtig; grundlegend; bedeutsam; unab'dingbar; *philos* wesensmäßig; essenti'ell; essenti'ell; caractère ~ Hauptmerkmal *n*; idée ~le Grund-, Hauptgedanke *m*; wesentlicher, wichtigster Gedanke; *path* maladie ~le essentielle Krankheit; point ~ Kernpunkt *m*; wesentlicher, wichtigster Punkt; être ~ à la vie lebenswichtig, -notwendig sein; oublier qc d'~ etw Wesentliches, Wichtiges, Grundlegendes vergessen; 2. *chim* huiles ~les les ä'therischen Öle *n/pl*; II *m* Wesentliche(s) *n*; Hauptsache *f*; Kern *m* der Sache; arriver à l'~ zum Kern der Sache, zum Wesentlichen kommen; l'~ est de réussir wichtig, wesentlich, entscheidend ist der Erfolg; tu es sain et sauf, c'est l'~! Hauptsache, dir ist nichts passiert!; oublier l'~ die Hauptsache, das Wesentliche, Wichtigste vergessen

essentiellement [esɑ̃sjɛlmɑ̃] *adv* 1. im wesentlichen; in der Hauptsache; 2. dem, s-m Wesen nach; s-r Natur nach; wesensmäßig

esseulé [esœle] *litt adj* einsam; vereinsamt; verlassen; (mutterseelen)al'lein

essieu [esjø] *m* <*pl* ~x> *tech* (Wagen-, Rad)Achse *f*; ~ arrière, avant 'Hinter-, Vorderachse *f*; ~ fixe, mobile feststehende, bewegliche Achse; ~ monté Radsatz *m*; *ch de fer* ~ moteur, porteur Treib-, Laufachse *f*; ~ rigide Starrachse *f*

essor [esɔr] *m* 1. *bes écon* Aufschwung *m*; Auftrieb *m*; Aufstieg *m*; Aufblühen *n*; ~ économique wirtschaftlicher Aufschwung; Wirtschaftsaufschwung *m*; ~ de la production Produkti'onsaufschwung *m*; en plein ~ *Stadt, Industrie* aufstrebend; in vollem Aufschwung; in voller Blüte; prendre un ~ e-n Aufschwung nehmen, erfahren; aufblühen; 2. *poét e-s Vogels* Sich-'aufschwingen *n*; Emporfliegen *n*, -schwingen *n*; prendre son ~ *poét* sich in die Lüfte schwingen; sich emporschwingen

essor|age [esɔraʒ] *m der Wäsche* Schleudern *n*; *von Hand* Auswringen *n*; ~er *v/t Wäsche* schleudern; *von Hand* auswringen, -winden; ~euse *f* 1. (Wäsche-, Trocken)Schleuder *f*; ~ centrifuge Trommelschleuder *f*; ~ à rouleaux Wringmaschine *f*; passer le linge à l'~ Wäsche schleudern; 2. *Zuckerherstellung* Schleuder(maschine) *f*; Zentri'fuge *f*; Trennschleuder *f*

essorill|ement [esɔrijmɑ̃] *m* 1. *bei Tieren* Stutzen *n* der Ohren; 2. *hist Strafe* Abschneiden *n* der Ohren; ~er *v/t un chien* e-m Hund die Ohren stutzen

essouch|age [esuʃaʒ] *m od* ~ement *m* Ausreißen *n*, Entfernen *n* von Baumstümpfen, Wurzelstöcken; Roden *n*; ~er *v/t* Baumstümpfe, Wurzelstöcke ausreißen, entfernen (un terrain auf e-m Gelände); roden

essoufflement [esufləmɑ̃] *m* Atemlosigkeit *f*; Kurzatmigkeit *f*; Keuchen *n*

essouffler [esufle] I *v/t* außer Atem kommen lassen; cette course m'a essoufflé ich bin ganz außer Atem von dem Lauf; *adjt* essoufflé außer Atem; atemlos; abgehetzt; je suis essoufflé auch mir ist der Atem ausgegangen; II *v/pr* s'~ 1. außer Atem kommen, geraten; anfangen zu keuchen; 2. *fig* nicht mehr, nur schwer mithalten können, mitkommen; nachlassen; am Ende sein; qn s'essouffle *auch* j-m geht der Atem aus

essuie|-glace [esɥiglas] *m* <*pl* essuie--glaces> *auto* Scheibenwischer *m*; ~-mains *m* <*inv*> Handtuch *n*; ~-verres *m* <*inv*> Gläsertuch *n*

essuyage [esɥijaʒ] *m von Gläsern, Geschirr* Abtrocknen *n*; *von Möbeln* Abstauben *n*; Abwischen *n*; *von Schmutz* Auf-, Wegwischen *n*

essuyer [esɥije] <-ui-> I *v/t* 1. *Geschirr, Hände* abtrocknen; *Schweiß, Blut, Staub, Tisch, Scheibe, Tafel* abwischen; *Fleck, Fußboden* aufwischen; *Fleck auch* wegwischen; *Möbel* abstauben; abwischen; *Brille* putzen; *Tränen* abwischen; trocknen; ~ la poussière abstauben; Staub wischen; *im Treppenhaus* prière d'~ ses pieds bitte Füße abtreten; 2. *fig Gewitter, Sturm, Platzregen* abbekommen; kommen in (+*acc*); mitmachen; F abkriegen; *Niederlage, Vorwürfe, Beleidigung etc* einstecken, hinnehmen müssen; *Vorwürfe etc auch* schlucken müssen; *Verluste* erleiden; ~ un refus *cf* refus 1.; II *v/pr* s'~ sich abtrocknen; s'~

la bouche, le front sich den Mund, die Stirn abwischen; **s'~ les mains** sich die Hände abtrocknen

est[1] [ɛst] **I** m **1.** *Himmelsrichtung (abr* E.) Ost(en) m *(abr* O); **vent** m **d'~** Ostwind m; *poét* Ost m; *loc/adv* **à l'~** im Osten, östlich (**de** von *od* +*gén);* **plus à l'~** weiter *od* mehr im Osten, östlich; **en direction (de l')~, vers l'~** in östlicher Richtung; ostwärts; nach Osten; **2.** *e-s Landes, e-r Stadt* l'~ der Osten; *géogr* **de** l'~ Ost...; *pol* **l'Allemagne** f **de l'~** Ost-, Mitteldeutschland n; die DDR; **dans l'~ de Paris** im Osten von Paris; im Pariser Osten; in Ostparis; **3.** *im engeren Sinn* l'~ Ostfrankreich n; **der Osten** (Frankreichs); **le canal de l'~** der Ostkanal; **4.** *pol* l'~ **der Osten; les pays** m/pl **de l'~** die Ostblockstaaten m/pl; **rapports** m/pl **entre l'~ et l'Ouest** Ost-West-Beziehungen f/pl; **II** adj ⟨inv⟩ östlich; Ost...; **la banlieue ~ de Paris** die östlichen Vororte m/pl von Paris; **côte** f **~** Ostküste f; *géogr* **longitude** f **~** östliche Länge

est[2] [ɛ] *cf* **être**

establishment [ɛstabliʃmɛnt] m Establishment [is'tɛbliʃ-] n

estacade [ɛstakad] f mar Hafenwehr n, -damm m; Wellenbrecher m

estafette [ɛstafɛt] f *hist* Sta'fette f; Meldereiter m; reitender Bote; *mil* **~ moto-cycliste** Kradmelder m; *adit* **chien** m **~** Meldehund m

estafilade [ɛstafilad] f Schnittwunde f; Schmarre f; Schmiß m

est-allemand [ɛstalmã] adj pol DDR-...; der DDR; ost-, mitteldeutsch

estaminet [ɛstaminɛ] m Kneipe f; Wirtshaus m; Schenke f; Schankwirtschaft f; Lo'kal n

estampage [ɛstãpaʒ] m **1.** tech Prägen n, -ung f; Stanzen n; Gesenkschmieden n, -drücken n; *von Metall auch* Pressen n; **~ à chaud, à froid** Warmprägung f, -schmieden n, -pressen n (im Gesenk), Kaltprägung f, -pressen n; **2.** impr Präge-, Reli'efdruck m; **3.** F *fig* Her'einlegen n; Gaune'rei f

estampe [ɛstãp] f **1.** tech Prägestempel m, -form f; Stanzstempel m; Gesenk n; Stanze f; **2.** *Kunst* Graphik f; (Kupfer-) Stich m; *auch* Holzschnitt m; Lithogra'phie f; **les ~s japonaises** japanische Graphiken; **les ~ de Dürer** Dürers graphische Blätter n/pl, Graphiken, Kupfersti che; **cabinet** m **des ~s** Kupferstichkabinett n; graphisches Kabinett

estamp|er [ɛstãpe] v/t **1.** tech prägen (*auch Münzen);* stanzen; gesenkschmieden, -drücken; *Metall auch* pressen; **machine à ~** *cf* **estampeuse; 2.** impr prägen; **3.** F **~ qn** F j-n reinlegen, übers Ohr hauen, begaunern; **~eur** m **1.** *Arbeiter* Stanzer m; Presser m; **2.** *cf* **estampe** l.; *adit* **balancier ~ für Münzen** Prägestempel m, -eisen n, -stock m; **3.** F *(escroc)* Gauner m; **~euse** f tech Prägemaschine f, -presse f; Stanze f

estampillage [ɛstãpijaʒ] m Versehen n mit e-m Güte-, Echtheitszeichen, e-m (Zoll)Stempel; Abstempelung f

estampill|e [ɛstãpij] f **a)** Güte-, Echtheits-, Herkunfts-, Schutzzeichen n; Marke f; **b)** Zollstempel m; **~er** v/t mit einem Güte-, Echtheitszeichen, (Zoll-) Stempel versehen; abstempeln

estarie [ɛstari] f mar Löschzeit f; Liegetage m/pl

ester[1] [ɛstɛr] m chim Ester m

ester[2] [ɛste] v/i *nur loc jur* **~ en justice** vor Gericht auftreten; e-n Prozeß führen; klagen *bzw* verklagt werden; *cf auch* **capacité** 6.

estérase [ɛsteraz] f *Biochemie* Este'rase f

estéri|fication [ɛsterifikasjõ] f chim Veresterung f; **~fier** v/t chim verestern

esthésiologie [ɛstezjɔlɔʒi] f physiol Äs thesiolo'gie f

esthète [ɛstɛt] m Äs'thet m *(auch péj);* Schöngeist m

esthétic|ien [ɛstetisjẽ] m **1.** Äs'thetiker m; **2.** industriel Designer [di'zainər] m; Formgestalter m; **~ienne** f Kos 'metikerin f

esthétique [ɛstetik] **I** f **1.** Äs'thetik f; Äs'thetische(s) n; **2.** *e-s Kunstwerks, Gesichts etc* Schönheit f; äs'thetischer Cha'rakter; **3.** industrielle Design [di'zain] n; Formgebung f, -gestaltung f; **II** adj **1.** äs'thetisch; schön; geschmackvoll; **sens** m **~** *cf* **sens** 2. **a); 2.** chirur gie f **~** kos'metische Chirur'gie; Schönheitschirurgie f

esthétisme [ɛstetism(ə)] m Ästheti 'zismus m

estimable [ɛstimabl(ə)] adj schätzenswert; achtbar

estimatif [ɛstimatif] adj ⟨-ive⟩ auf Schätzung beruhend; geschätzt; veranschlagt; **devis ~** Kostenvoranschlag m; **valeur estimative** Schätz(ungs)wert m; Taxwert m

estimation [ɛstimasjõ] f **1.** (Ab-, Ein-) Schätzen n, -ung f; Bewertung f; Veranschlagung f; 'Überschlag m; Über 'schlagen n; Ta'xierung f; **~ des dégâts** Schätzung, Bewertung des Schadens; **faire une ~ de qc** etw (ab-, ein-) schätzen, bewerten, ta'xieren; *Kosten* über'schlagen; **2.** *bes bei Wahlen* Hochrechnung f

estime [ɛstim] f **1.** (Hoch)Achtung f; Ansehen n; Wert-, Hochschätzung f; **~ de soi-même** Selbstachtung f; **avoir l'~ de qn** von j-m geachtet, geschätzt werden; bei j-m Ansehen genießen, angesehen sein; **avoir de l'~ pour qn** j-n achten, (hoch)schätzen; vor j-m Achtung haben; j-m Achtung entgegenbringen; **j'ai de l'~ pour sa conduite** ich achte, respektiere sein Verhalten; **avoir, tenir qn en grande, 'haute ~** Hochachtung, große Achtung vor j-m haben; j-n hochachten, sehr schätzen; viel von j-m halten; **cela l'a fait baisser dans mon ~** das hat ihn in meiner Achtung sinken lassen; **forcer l'~ de qn** j-m Achtung abnötigen; **inspirer de l'~** Achtung einflößen; **remonter dans l'~ de qn** in j-s Achtung (dat) steigen; **2.** mar Gissung f; Koppelkurs m; **navigation** f **à l'~** Koppelnavigation f

estimer [ɛstime] **I** v/t **1.** *Wertgegenstände, Schaden etc* (ab-, ein)schätzen; bewerten; ta'xieren; den Wert ermitteln (+*gén); Kosten* über'schlagen; ungefähr, im voraus berechnen; veranschlagen; *fig Person, Werk* einschätzen; beurteilen; **~ qc à un million** etw auf e-e Million schätzen; **être encore difficile à ~** noch schwierig abzuschätzen, noch nicht abzusehen sein; **faire ~ qc** etw schätzen lassen; **2.** *Personen* (hoch-) achten; schätzen; respek'tieren; *j-s Eigenschaften* schätzen; **nous ne l'en estimons pas moins** wir schätzen, achten ihn deshalb nicht weniger; **se faire ~** sich Achtung erwerben; *p/p u adjt: Person, Werk* **être très estimé de, par qn** hochgeachtet, sehr geschätzt, geachtet werden von j-m; sehr beliebt, angesehen sein bei j-m; **notre très estimé collègue** unser hochgeschätzter, allseits beliebter Kollege; **ouvrage très estimé par le public** beim Publikum sehr beliebtes, vom Publikum sehr geschätztes Werk; **3. a) ~ que ...** (verneint *od* fragend +*subj)* der Ansicht sein, daß ...; meinen, glauben, F schätzen, daß

...; **j'estime avoir fait mon devoir** ich bin der Ansicht etc, meine Pflicht getan zu haben; **b) ~ qc convenable,** *etc* etw für angemessen etc halten, erachten; **~ qn digne de qc** j-n e-r Sache *(gén)* würdigen, j-n für würdig, wert halten, erachten, befinden, daß ... *od* zu (+*inf); ~* **indispensable de faire qc** es für unerläßlich halten, etw zu tun; **4.** mar gissen; koppeln; **II** v/pr **s'~ heureux de** (+*inf) od* **que ...** (+*subj)* sich glücklich schätzen, von Glück sagen können, zu (+*inf) od* daß ...; **s'~ très honoré** sich sehr geehrt fühlen; **s'~ satisfait** zufrieden sein

estivage [ɛstivaʒ] m agr Sömmerung *od* Sommerung f

estiv|al [ɛstival] adj ⟨-aux⟩ sommerlich; Sommer...; **station ~e** Sommerfrische f, -ferienort m, -urlaubsort m; **température ~e** sommerliche Temperatur; **~ant** m, **~ante** f Sommergast m; (Sommer-) Feriengast m; Sommerfrischler(in) m(f); **~ation** f **1.** bot Ästivati'on f; **2.** zo Sommerschlaf m; **~er** v/t Viehherden zur Sömmerung auftreiben; auf die Sommerweide treiben

est-nord-est [ɛstnɔrɛst] m *(abr* E.-N.-E.) Ostnord'ost(en) m *(abr* ONO)

estoc [ɛstɔk] m *hist* Stoßdegen m; **d'~ et de taille** auf Hieb und Stoß

estocade [ɛstɔkad] f **1.** esc Stoß m mit der Klingenspitze; **2.** *Stierkampf* Todesstoß m *(des Matadors)*

estomac [ɛstɔma] m Magen m; **maux** m/pl **d'~** Magenschmerzen m/pl, -beschwerden f/pl, -leiden n; F *fig* **avoir de l'~** dreist, ungeniert, unverfroren sein; F **il a l'~ bien accroché** ihm wird nicht so schnell schlecht; **avoir un bon, mauvais ~** e-n guten, schwachen Magen haben; **avoir l'~ plein** e-n vollen Magen haben; **avoir un ~ d'autruche** alles vertragen können; F e-n Pferde-, *südd* Saumagen haben; **avoir mal à l'~** Magenweh haben; F **avoir l'~ dans les talons** F e-n Bären-, Mordshunger haben; Kohldampf haben, schieben; F *fig* **faire qc à l'~** etw ganz kühn, dreist, unverfroren machen; **mettre l'~ à rude épreuve** s-m Magen allerhand zumuten; s-m Magen strapa'zieren; *fig Angst etc* **prendre qn à l'~, serrer l'~ à qn** sich j-m auf den Magen schlagen; **rester sur l'~** schwer im Magen liegen *(auch fig);* **travailler son adversaire à l'~** s-m Gegner Schläge in die Magengegend versetzen

estomaquer [ɛstɔmake] F v/t verblüffen; verdutzen; **être estomaqué de tant d'insolence** ganz verblüfft, verdutzt, F platt, baff sein über so viel Unverschämtheit

estompage [ɛstõpaʒ] m peint Wischmanier f; Wischen n

estompe [ɛstõp] f peint **1.** Wischer m; **2.** **(dessin** m **à l')~** gewischte Zeichnung

estomper [ɛstõpe] **I** v/t **1.** peint (ver-) wischen; **2.** par ext Falten, scharfe Züge verwischen; mildern; **II** v/pr **s'~** Umrisse verschwimmen; *Erinnerung* verblassen

estonien [ɛstɔnjẽ] adj ⟨~ne⟩ estnisch; estländisch; **II** subst **1. ~(ne)** m(f) Este m, Estin f; Estländer(in) m(f); **2.** m ling l'~ das Estnische; Estnisch n

estoquer [ɛstɔke] v/t *Stierkampf* den Todesstoß versetzen (**le taureau** dem Stier)

estourbir [ɛsturbir] F v/t bewußtlos schlagen; niederschlagen; **être tout estourbi (par le choc)** (von dem Schock) ganz betäubt, benommen sein

estrade [ɛstrad] f Podium n; Po'dest n; Bühne f; Estrade [-'tra:-] f; erhöhter Platz

estragon [ɛstragõ] *m bot, cuis* Estragon *m*; **moutarde** *f* **à l'~** Estragonsenf *m*; **salade** *f* **à l'~** mit Estragon gewürzter, angemachter Salat

estran [ɛstrã] *m* Watt(enmeer) *n*

estrapade [ɛstrapad] *f* **1.** *hist* **a)** *Strafe* Wippen *n*; **b)** Wippgalgen *m*; Wippe *f*; **2.** *gym* Seitstreckhang *m*; Kreuzhang *m*; **3.** *Reiten* Bocken *n*; Bocksprünge *m/pl*

estrapasser [ɛstrapase] *v/t Pferd* 'übermäßig anstrengen

estrope [ɛstrɔp] *f mar* Stropp *m*

estropié [ɛstrɔpje] **I** *adj* verstümmelt; verkrüppelt; versehrt; **II** *su* Körperbehinderte(r) *m*, -beschädigte(r) *m*; Versehrte(r) *m*; Krüppel *m*

estropier [ɛstrɔpje] **I** *v/t* **1.** zum Krüppel machen; **2.** *fig Text, Zitat* verstümmeln; entstellen; F verhunzen; **II** *v/pr* **s'~** zum Krüppel werden

est-sud-est [ɛstsydɛst] *m* (*abr* E.-S.-E.) Ostsüd'ost(en) *m* (*abr* OSO)

estuaire [ɛstɥɛr] *m* Trichter-, Schlauchmündung *f*; trichterförmige Flußmündung

estudiantin [ɛstydjãtɛ̃] *adj* stu'dentisch; Stu'denten...; **vie ~e** Studentenleben *n*

esturgeon [ɛstyrʒõ] *m zo* Stör *m*

et [e] *conj* **1.** und; **a)** *beiordnend u anknüpfend:* lui ~ son fils er und sein Sohn; **taisez-vous ~ écoutez** seid still und hört zu; **deux ~ trois font cinq** zwei und drei ist fünf; **vingt ~ un** einundzwanzig; **~ voici comment** und zwar so; ♦ **il y a mensonge ~ mensonge** Lügen und Lügen ist zweierlei; es gibt solche und solche Lügen; **il y a parfum ~ parfum** Parfüm ist nicht gleich Parfüm; ♦ *st/s* ~ ... ~ ... so'wohl ... als auch ...; **b)** *am Satzanfang emphatisch u verstärkend:* **~ moi?** *vous m'oubliez!* und (wo bleibe) ich?...; *vous êtes content?* **– ~ comment!** ... und wie!; **~ d'un, ~ de deux das wär'** einer, wären zwei; (das war) Nummer eins, Nummer zwei; **2.** *nicht übersetzt:* **climat sec ~ froid** trockenes, kaltes Klima; **voici un livre nouveau ~ qui te plaira certainement** hier ist ein neues Buch, das dir sicher gefallen wird; **plus j'écoute ~ moins je comprends** je mehr ich hinhöre, desto weniger verstehe ich; **deux heures ~ demie** zweieinhalb Stunden; *Uhrzeit* halb drei (Uhr)

étable [etabl(ə)] *f* Stall *m*; **~s** *pl auch* Stallungen *f/pl*; **~ à cochons, à vaches** Schweine-, Kuhstall *m*

établi [etabli] *m* Werkbank *f*, -tisch *m*; Arbeitstisch *m*; **~ (de menuisier)** Hobelbank *f*

établir [etablir] **I** *v/t* **1.** *Fabrik etc* einrichten; (be)gründen; eröffnen; erstellen; *Wohnsitz, mil Hauptquartier* aufschlagen; *mil Abwehrfront* aufbauen; *Telefonverbindung* einrichten; **~ son domicile, sa résidence à Paris** s-n Wohnsitz in Paris aufschlagen; sich in Paris niederlassen, ansässig machen; **2.** *Zusammenhang, Beziehung* herstellen; *Richtlinien, Vorschriften* aufstellen; erlassen; geben; *Kurs, Grenze, Richtlinien* festlegen; *Preise, Löhne, Frist* festsetzen; *Rekord, Plan, Programm* aufstellen; *Liste* auf-, zu'sammenstellen; *Rechnung, Quittung, Urkunde* ausstellen; *Vertrag* abfassen; machen; *Kostenvoranschlag* aufstellen; machen; *Gutachten* erstellen; **~ l'assiette de l'impôt (de qn)** (j-n) steuerlich veranlagen; *tél* **~ la communication** die Verbindung herstellen; verbinden; **~ le contact a)** den Kontakt herstellen; *élect auch* einschalten; **b)** *fig* Kontakt, Verbindung aufnehmen; **~ solidement son influence** sich großen Einfluß sichern; *fig* **~ un parallèle** e-e Parallele ziehen (**entre** zwischen + *dat*);

~ des relations avec qn mit j-m in Verbindung treten; **zu j-m Beziehungen aufnehmen**; **~ sa réputation sur qc** s-n Ruf auf etw (*acc*) gründen; ♦ *adjt* **établi** *Brauch etc* bestehend; herrschend; **ordre établi** bestehende, herrschende Ordnung; **avoir une réputation bien établie de** ... bekannt sein als ...; im Ruf(e) e-s ... stehen; **3.** *Tatsachen, Ursache etc durch Prüfung* feststellen; ermitteln; **l'expertise a établi que** ... das Gutachten hat ergeben, daß ...; **il est établi que** ... es steht fest, es ist sicher, es ist bewiesen, daß ...; **ne pas pouvoir ~ qc** etw nicht (mit Sicherheit) feststellen, nachweisen, beweisen können; **II** *v/pr* **s'~** sich niederlassen, sich ansässig machen (**à Paris** in Paris); *Völker auch* seßhaft werden; sich ansiedeln; *mil Gegner* sich festsetzen; *comm* **s'~ à son compte** sich selbständig machen

établissement [etablismã] *m* **1.** *e-s Reiches, Regimes etc* (Be)Gründung *f*; Errichtung *f*; *e-s Wohnsitzes* Einrichtung *f*; **2.** *e-s Volkes, von Siedlern* Niederlassung *f*; Ansied(e)lung *f*; Seßhaftwerden *n*; *par ext hist* **les ~s français dans l'Inde** die französischen Niederlassungen in Indien; *comm* **droit** *m*, **liberté** *f* **d'~** Niederlassungsrecht *n*, -freiheit *f*; **3.** (Werks-, Betriebs)Anlage *f*; *meist in Zssgn* Anstalt *f*; Insti'tut *n*; Niederlassung *f*; Werk *n*; Betrieb *m*; **~s** *pl* Betrieb *m*; **~ bancaire** Bankinstitut *n*; **~ commercial** Handelsunternehmen *n*; kaufmännischer Betrieb; *jur* **~s dangereux, insalubres ou incommodes** gewerbliche Anlagen, die erhebliche Nachteile, Gefahren oder Belästigungen für die Öffentlichkeit oder die Nachbarn mit sich bringen; **~ hospitalier** Krankenanstalt *f*, -haus *n*; **~ industriel** Indu'striebetrieb *m*, -anlage *f*; **~ public** öffentlich-rechtliche Anstalt; Anstalt des öffentlichen Rechts; **~ public à caractère industriel et commercial** Wirtschaftsbetrieb *m* der öffentlichen Hand; **~ scolaire** Lehr-, 'Unterrichts-, Bildungsanstalt *f*; *st/s* Lehrstätte *f*; **~ thermal** Kuranstalt *f*, -haus *n*; Ther'malbad *n*; **~ de bains** Badeanstalt *f*; **~ de crédit** Kre'ditinstitut *n*, -anstalt *f*; **~ d'utilité publique** gemeinnützige Einrichtung, Stiftung; gemeinnütziger Verein; **chef** *m* **d'~** (Schul)Di'rektor *m*; **comité** *m* **d'~** (Einzel)Betriebsrat *m* (*e-s Unternehmens mit mehreren Betrieben*); **4.** *e-s Programms, Kostenvoranschlags, von Plänen* Aufstellung *f*; *e-s Gutachtens* Erstellung *f*; *e-s Protokolls, e-r Inventur* Aufnahme *f*; *e-r Rechnung, Quittung, Urkunde* Ausstellung *f*; *e-s Vertrags* Abfassung *f*; *von Preisen etc* Festsetzung *f*; *von Richtlinien* Festlegung *f*; **~ du budget** Budge'tierung *f*; Aufstellung *f* des Budgets, Haushaltsplans; **frais** *m/pl* **d'~ de dossier** Bearbeitungsgebühr *f*; **5.** *von Fakten, der Ursache* Feststellung *f*; Ermittlung *f*; **6.** *mar* **~ d'un port** Hafenzeit *f*

étage [etaʒ] *m* **1.** Stock(werk) *m(n)*; E'tage *f*; (Ober)Geschoß *n*; *e-s Turms* Plattform *f*; E'tage *f*; **~ dernier ~** oberstes Stockwerk; **immeuble** *m* **à, de quatre ~s** vierstöckiges, -geschossiges Wohnhaus; **Wohnhaus** *m* mit vier Stockwerken, Etagen; **habiter au troisième ~** im dritten Stock wohnen; F drei Treppen hoch wohnen; **habiter à l'~ au-dessus, en dessous** ein Stock, F e-e Treppe höher, tiefer wohnen; **2. a)** *bei Raketen, Turbinen, Pumpwerken* Stufe *f*; *de pression* Druckstufe *f*; *loc/adj* **à plusieurs, trois ~s** mehr-, dreistufig; Mehrstufen..., Drei'stufen...; **fusée** *f* **à (plusieurs) ~s** (Mehr)Stufenrakete *f*;

mehrstufige Rakete; **b)** *télécomm* Stufe *f*; **~ mélangeur, d'amplification** Misch-, Verstärkerstufe *f*; **3. a)** *im Gelände* Stufe *f*; Absatz *m*; **b)** *géol* Stufe *f*; Ab'teilung *f*; **4.** *e-s Schrankes etc* Fach *n*; **5.** *mines* **a)** Sohle *f*; **~ d'exploitation** Fördersohle *f*; **b)** *e-s Förderkorbs* E'tage *f*; **6.** *loc/adj* **de bas ~** niedrigstehend; minderwertig

étag|ement [etaʒmã] *m* Abstufung *f*; Abgestuftsein *n*; *géol* Überein'anderschichtung *f*; **~er ⟨-geons⟩ I** *v/t* stufenförmig, ter'rassenförmig anlegen; terras'sieren; **II** *v/pr* **s'~** stufenförmig ansteigen

étagère [etaʒɛr] *f* **a)** *für Bücher, Waren* Re'gal *n*; Gestell *n*; **à livres** Bücherregal *n*; **b)** Bücher-, Wandbrett *n*; (Bücher-, Wand)Bord *n od* (-)Bort *n*; Eta'gere *f*; **c)** *in e-m Regal* (Fach)Brett *n*

étai[1] [etɛ] *m mar* Stag *m*; **voiles** *f/pl* **d'~** Stagsegel *n/pl*

étai[2] [etɛ] *m* **1.** *bât* Stützbalken *m*, -holz *n*; Stütze *f*; Versteifung *f*; Steife *f*; Sprieße *f*; Spreize *f*; **2.** *mines* Stempel *m*

étaiement [etɛmã] *m cf* **étayage**

étain [etɛ̃] *m* **1.** Zinn *n*; **bioxyde de ~** Zinndioxid *n*; Stannioxid *n*; **feuille** *f*, **papier** *m* **d'~** Stanni'ol(papier) *n*; Zinnfolie *f*; **maladie** *f* **de l'~** Zinnpest *f*; **vaisselle** *f* **en ~** Zinngeschirr *n*; **2.** Zinnfigur *f*, -gerät *n*

étais, était [etɛ] *cf* **être**

étal [etal] *m* ⟨*pl* **-als**⟩ **1.** *e-s Händlers* (Markt)Stand *m*; **2.** *Metzgerei* Hack-, Fleischbank *f*

étalage [etalaʒ] *m* **1.** *von Waren* Ausstellen *n*, -ung *f*; Auslegen *n*; Ausbreiten *n*; **droit** *m* **d'~** Standgeld *n*, -gebühr *f*; *adm* **payer l'~** das Standgeld bezahlen; **2.** Schaufenster *n*; Auslage *f*; **concours** *m* **d'~** Schaufensterwettbewerb *m*; **être à l'~** ausgestellt, im Schaufenster, in der Auslage sein; **mettre à l'~** (im Schaufenster) ausstellen, auslegen; **refaire son ~** neu dekorieren, ausstellen; **j'ai vu un bel ~ de fruits** ich habe schöne Früchte ausgestellt gesehen; **3.** *fig* Zur'schaustellung *f*; **faire ~ de** qc etw zur Schau stellen; mit etw prahlen; **faire ~ de puissance** Macht demon'strieren; **4.** **~s** *pl e-s Hochofens* Rast *f*; **5.** *text* Ausbreiten *n* der Fasern zu e-m gleichmäßigen Flor

étalag|er [etalaʒe] *v/t* ⟨-geons⟩ *comm* (im Schaufenster) ausstellen, auslegen; **~iste** *m* Schaufensterdekorateur *m*, -gestalter *m*

étale [etal] **I** *adj* **a)** *bei Flut bzw Ebbe* **la mer est ~** das Wasser hat s-n höchsten *bzw* niedrigsten Stand erreicht, steigt *bzw* fällt nicht mehr; **b)** *mar* **navire** *m* **~** stillstehendes Schiff; **vent ~** gleichmäßiger Wind; **II** *m mar* **~ (de la marée)** Scheitel *m* (der Gezeitenwelle); Hochwasser *n bzw* Niedrigwasser *n*, Hollebbe *f*

étalement [etalmã] *m* **1.** *zeitlich von Zahlungen etc* Ver-, Aufteilung *f*; Staffelung *f*; **~ des vacances** zeitliche Staffelung der Ferien, Urlaubszeit; **2.** *von Papieren etc* Ausbreiten *n*; Verteilen *n*; *agr von Mist auch* Breiten *n*; **3.** *fig von Luxus etc* Zur'schaustellung *f*

étaler[1] [etale] **I** *v/t* **1.** *Waren* ausstellen; auslegen; ausbreiten; *Tascheninhalt* ausbreiten; *Karte, Zeitung* ausbreiten; auseinanderfalten; entfalten; *Spielkarten* aufdecken; (offen) auf den Tisch legen; *Farbe, Creme* verteilen; verstreichen; verreiben; **~ qc à la devanture** etw im Schaufenster ausstellen; **~ qc sur la table** etw auf dem Tisch ausbreiten; **~ du beurre sur le pain** Butter aufs Brot streichen; **~ du gravier sur la route**

Kies auf der Straße verteilen, auf die Straße streuen; **2.** *zeitlich Zahlungen, Ausgaben, Ferien* ver-, aufteilen; staffeln; **être étalé sur plusieurs années** sich über mehrere Jahre verteilen, erstrecken, hinziehen; über mehrere Jahre verteilt sein; **3.** *fig Luxus, Reichtümer, Wissen zur Schau stellen*; entfalten; prahlen (**qc** mit etw); *Schwäche, Unfähigkeit* (offen) zeigen; enthüllen; aufdekken; **4.** F ∼ **qn** j-n niederstrecken, zu Boden strecken; **II** *v/pr* s'∼ **5.** *Stadt etc* sich erstrecken, hinziehen (**dans la plaine** über die Ebene); sich ausdehnen, ausbreiten (**dans la plaine** in der Ebene); *Farbe, Creme etc* s'∼ **bien, mal** sich gut, schlecht verteilen, verstreichen, verreiben lassen; **6.** *Zahlungen, Ausgaben, Ferien* sich verteilen; gestaffelt, aufgeteilt, verteilt sein; s'∼ **sur trois mois** über drei Monate verteilt sein; sich über drei Monate verteilen, hinziehen, erstrecken; **7.** *fig Luxus, Reichtümer* sich entfalten, ausbreiten; zur Schau gestellt, entfaltet werden; **8.** F **a)** sich breitmachen (*auch fig*); **b)** s'∼ **de tout son long** der Länge nach, lang hinfallen, -schlagen

étaler[2] [etale] *mar* **I** *v/t Schiff* ∼ **le courant, le vent** gegen die Strömung, den Wind an-, aufkommen; **II** *v/i Meer* auf dem Scheitel (der Gezeiten) sein

étaling|uer [etalẽge] *v/t mar* am Ankerring festmachen, -binden; ∼ **une chaîne** (den Anker an die Kette) ein-, anschäkeln; ∼**ure** *f mar* Kabelstich *m*; Klinsch *m*

étalon[1] [etalõ] *m* **1.** (Zucht)Hengst *m*; Deckhengst *m*; Beschäler *m*; ∼ **arabe** Araberhengst *m*; ∼ **demi-sang, pur-sang** Halbblut-, Vollbluthengst *m*; **2.** *par ext adjt* **âne** *m* ∼ Zuchtesel *m*; Eselshengst *m*; **bélier** *m* ∼ Schafbock *m*; **taureau** *m* ∼ Zuchtbulle *m*, -stier *m*

étalon[2] [etalõ] *m* **1.** Urmaß *n*; ∼ **de longueur, de masse, de temps** Urmaß der Länge, der Masse, der Zeit; **2.** Eich-, Nor'mal-, Prüfmaß *n*; Standard *m*; ♦ *adjt* Eich...; Nor'mal...; **fréquence** *f* ∼ Normalfrequenz *f*; **instrument** *m* ∼ Eichgerät *n*, -instrument *n*; **mètre** *m* ∼ Normal-, Urmeter *n*; **poids** *m* ∼ Eichgewicht *n*; **3.** *écon* ∼ **monétaire** Währung *f*; Währungsmetall *n*

étalonn|age [etalɔnaʒ] *m od* ∼**ement** *m* Eichen, *n*, -ung *f*

étalonner [etalɔne] *v/t Maß, Meßinstrument* eichen; *par ext* ∼ **son pas** s-e Schrittlänge feststellen

étalon-or [etalõɔr] *m écon* Goldstandard *m*, -währung *f*

étamage [etamaʒ] *m* **1.** Verzinnen *f*, Verzinnung *f* (*auch Ergebnis*); **2.** *bei Spiegeln* Aufdampfen *n* e-r Schicht, Folie; ∼ (**des glaces**) Spiegelbelegung *f*, -belag *m*

étambot [etãbo] *m mar* 'Hinter-, Achter-, Rudersteven *m*

étambrai [etãbrɛ] *m mar* Befestigungs-, Stützstück *m*; Fisch *m*

étam|er [etame] *v/t* **1.** verzinnen; *adjt* **cuivre étamé** verzinntes Kupfer; **2.** *Spiegel* belegen; foli'ieren; e-e Folie aufbringen, e-e Schicht aufdampfen auf (+*acc*); ∼**eur** *m* Verzinner *m*

étamine[1] [etamin] *f bot* Staubgefäß *n*, -beutel *m*, -blatt *n*

étamine[2] [etamin] *f* **1.** *text* E(s)ta'min *n*; Eta'mine *f*; **2.** Beutel-, Siebtuch *n*; **passer qc à l'**∼ etw 'durchseihen, filtern, durch ein Tuch seihen

étampe [etãp] *f cf estampe* 1.; ∼**er** *v/t cf estamper* 1.; ∼**ure** *f* **1.** *tech* (konische) Lochaufweitung *f*; **2.** *e-s Hufeisens* (Nagel)Loch *n*

étamure [etamyr] *f* **1.** Verzinnungsmaterial *n*; **2.** Zinnschicht *f*, -belag *m*

étanche [etãʃ] *adj tech, mar* (wasser-)dicht; *tech* (luft)dicht; undurchlässig (*auch fig*); *fig* her'metisch abgeschlossen; **cloison** *f* **a)** *mar* Schott *n*; **b)** *fig* unüberwindliche Schranke; **porte** *f* ∼ Stahltür *f*; feuersichere Tür; ∼ **à l'air, à l'eau, au(x) gaz** luft-, wasserdicht, gasundurchlässig *od* -dicht; **rendre** ∼ abdichten; dicht, undurchlässig machen

étanch|éité [etãʃeite] *f* Dichtheit *f*; Dichtigkeit *f*; Undurchlässigkeit *f*; Abdichtung *f*; ∼**ement** *m litt des Durstes* Löschen *n*; Stillen *n*

étancher [etãʃe] *v/t* **1.** *tech* (ab)dichten; dicht, undurchlässig machen; *Leck* (ab-)dichten; (ver)stopfen; *Schiffsraum* (ab-)dichten; aus-, leerpumpen; **2.** *litt Durst* löschen; *auch Blut* stillen

étançon [etãsõ] *m* **1.** *bât* Stützholz *n*, -balken *m*; Stütze *f*; Versteifung *f*; Steife *f*; Strebe *f*; Sprieße *f*; **2.** *mines* Stempel *m*; **3.** *e-s Pflugs* Rumpf *m*

étançonn|ement [etãsɔnmã] *m* **1.** *bât* (Ab)Stützen *n*, -ung *f*; Ab-, Versteifen *n*, -ung *f*; Verstreben *n*, -ung *f*; **2.** *mines* Ausbau *m* mit Stempeln; ∼**er** *v/t* **1.** *Mauer etc* (ab)stützen; ab-, versteifen; verstreben; abspreizen; sprießen; **2.** *mines* mit Stempeln ausbauen

étang [etã] *m* Teich *m*; Weiher *m*; ∼ **salé** Salzwasserteich *m*

étant [etã] *p/pr von* **être**; ∼ **donné** *cf* **donné 4.**

étape [etap] *f* **1.** (Weg-, Teil)Strecke *f*; E'tappe *f* (*auch sports*); *Radsport*: ∼ **contre la montre** Zeitfahren *n* über e-e Etappe; ∼ **de montagne** Bergetappe *f*; **vainqueur** *m* **de l'**∼ Etappensieger *m*; **classement** *m*, **course** *f* **par** ∼**s** Etappenwertung *f*, -rennen *n*; *allg*: **parcourir une longue** ∼ e-e große, weite Strecke zurücklegen; **voyager par petites** ∼**s** in kleinen Etappen reisen; **2.** (Zwischen-)Stati'on *f*; Aufenthalt *m*; *von Truppen* Quar'tier *n*; *hist* **mil zone** *f* **des** ∼**s** E'tappe *f*; **3.** *fig* Abschnitt *m*; Phase *f*; Stufe *f*; Stati'on *f*; E'tappe *f*; Schritt *m*; **par** ∼**s** schritt-, stufen-, etappenweise; in Etappen; **brûler les** ∼**s** (einige) Stufen, Etappen über'springen; F *auch* gleich aufs Ganze gehen

étarquer [etarke] *v/t mar Segel* hissen und straffen

état [eta] *m* **1.** Zustand *m*; Stand *m*; Lage *f*; (Geistes-, Gemüts)Verfassung *f*; Status *m*; Verhältnisse *n/pl*; Beschaffenheit *f*; ♦ ∼ **actuel** derzeitiger, heutiger, jetziger, gegenwärtiger (Zu)Stand; **dans l'**∼ **actuel de la science** beim gegenwärtigen Stand der Wissenschaft; ∼ **civil** Fa'milien-, Per'sonenstand *m*; (**bureau** *m* **de l'**)∼ **civil** Standesamt *m*; *phys* ∼ **critique** kritischer Zustand; ∼ **durable, permanent** Dauerzustand *m*; *phys* ∼ **gazeux** gasförmiger (Aggre'gat-)Zustand; ∼ **général** Allge'meinzustand *m*, -befinden *n*; *phys* ∼ **liquide** flüssiger (Aggre'gat)Zustand; ∼ **naturel, de nature** natürlicher Zustand; Na'turzustand *m*; ∼ **originel** Urzustand *m*; ursprünglicher Zustand; *psych* ∼ **second** Bewußtseinstrübung *f*; *allg* **être dans un second** ∼ in e-r Art Schwebezustand sein; das Gefühl haben, (nur) zu träumen; e-n Traum zu erleben; *phys* ∼ **solide** fester (Aggre'gat)Zustand; ∼ **stable** fester Zustand; ∼ **d'alerte** A'larmbereitschaft *f*; ∼ **d'âme** Gemütsverfassung *f*; seelische Verfassung; Stimmung *f*; Seelenzustand *m*; ∼ **d'anxiété** Angstzustand *m*; **l'**∼ **de sa bourse, de ses finances** *ne lui permet pas une telle dépense* sein Geldbeutel, s-e Finanzen,

s-e finanzielle Lage ...; ∼ **de choses** Sachlage *f*; Lage, Stand der Dinge; **dans cet** ∼ **de choses** bei dieser Sachlage; so wie die Dinge liegen; *psych* ∼ **de conscience** Bewußtseinslage *f*; ∼ **de délabrement** Verfallszustand *m*; Baufälligkeit *f*; ∼ **d'esprit** **a)** Einstellung *f*; Denkweise *f*; Geisteshaltung *f*; **b)** Geistesverfassung *f*; geistige Verfassung; ∼ **d'excitation** Erregungszustand *m*; Zustand der Erregung; ∼ **de fait** Sachlage *f*; Sachverhalt *m*; Tatbestand *m*; ∼ **de fortune** Vermögenslage *f*, -verhältnisse *n/pl*; *rel* ∼ **de grâce** Stand der Gnade; ∼ **de guerre** Kriegszustand *m*; ∼ **de la mer** Seegang *m*; ∼ **de la route** Straßenzustand *m*, -beschaffenheit *f*; ∼ **de santé** Gesundheitszustand *m*; Befinden *n*; ∼ **de siège** Belagerungszustand *m*; ∼ **de transition** 'Übergangszustand *m*; vorübergehender Zustand; ∼ **d'urgence** Notstand *m*; Ausnahmezustand *m*; *ling* **verbe d'**∼ Zustandsverb *n*; ♦ *loc/adv*: **à l'**∼ **brut** im Rohzustand; roh; unverarbeitet; **à l'**∼ **latent** latent (vorhanden); **dans un** ∼ **de ...** in e-m Zustand, im Zustand (+*gén*); **dans un parfait** ∼ **de conservation** tadellos erhalten; *iron* **dans un bel** ∼! in e-m schönen Zustand!; in e-m Zustand!; **être dans un fichu** ∼, ∼ **lamentable, pitoyable** in einem jämmerlichen, kläglichen, beklagenswerten, mitleiderregenden Zustand sein; **être dans tous ses** ∼ in heller Aufregung, ganz aufgeregt, F ganz aus dem Häuschen sein; **laisser les choses dans l'**∼ **où elles sont** die Dinge so lassen, wie sie sind; **en** ∼ **de ...** im Zustand (+*gén*); **en bon, mauvais** ∼ in gutem Zustand *od* gut erhalten, in schlechtem Zustand; **être en bon** ∼ *auch* gut im Stande, F gut im Schuß sein; **en tout** ∼ **de cause** auf jeden Fall; in jedem Fall; **en** ∼, ∼ **de marche** *Maschine* in betriebsfähigem Zustand; betriebsfähig, -bereit; *Fahrzeug auch* fahrbereit; *jur* **affaire** *f*, **cause** *f* **en** ∼ spruch-, verhandlungsreifer Fall; **remise** *f* **en** ∼ (Wieder)In'standsetzung *f*; **être en pitoyable** ∼ in e-m mitleiderregenden Zustand sein; *jur* **être en** ∼ **d'arrestation** verhaftet, inhaftiert, in Haft sein; **être en** ∼ **de faire qc** im'stande sein, in der Lage sein, etw zu tun; *je suis hors d'*∼ *de ...* auch ich fühle, sehe mich außerstande, zu ...; **mettre qn hors d'**∼ **de nuire** j-n unschädlich machen; ♦ **son** ∼ **s'aggrave, s'améliore, est satisfaisant** sein Zustand verschlechtert *od* verschlimmert sich, bessert sich, ist zufriedenstellend; **être mécontent, satisfait de son** ∼ mit s-r Situation, Lage unzufrieden, zufrieden sein; **2.** ♀ Staat *m*; ♦ ♀ **agricole** A'grarstaat *m*; ♀ **capitaliste, démocratique** kapitalistischer, demokratischer Staat; **grands** ♀**s** große Staaten; ♀ **indépendant** unabhängiger Staat; ♀ **limitrophe** Grenz-, Randstaat *m*; ♀ **membre** Mitgliedstaat *m*; ♀ **neutre** neutraler Staat; **l'**♀ **patron** der Staat als Arbeitgeber; **petits** ♀**s** kleine Staaten; Kleinstaaten *m/pl*; *hist* ♀**s** **pontificaux, de l'Église** Kirchenstaat *m*; ♀ **satellite, signataire**

Satel'liten-, Unter'zeichnerstaat m; ⚥ socialiste sozialistischer Staat; ⚥ de la cité du Vatican Vati'kanstaat m; in den USA l'⚥ de Californie, etc der Bundesstaat Kalifornien etc; ⚥ de droit Rechtsstaat m; ⚥ d'origine Heimatstaat m; ♦ administration f de l'⚥ staatliche Verwaltung, Behörde; Staatsverwaltung f; affaire f d'⚥ a) wichtige Staatsangelegenheit; b) fig Staatsaffäre f, -aktion f; coup m d'⚥ Staatsstreich m; diplôme m d'⚥ staatliches Diplom; Staatsdiplom n, -examen n; enseignement m d'⚥ staatliches Schulwesen; homme m d'⚥ Staatsmann m; intervention f de l'⚥ staatlicher Eingriff; staatliche Intervention; secret m d'⚥ Staatsgeheimnis n; ♦ appartenant à l'⚥ staatseigen; diplomé d'⚥ staatlich geprüft; hist l'⚥, c'est moi der Staat bin ich; former un ⚥ dans l'⚥ e-n Staat im Staate bilden; 3. Auf-, Zu'sammenstellung f; Liste f; Verzeichnis n; ~ comparatif vergleichender Bericht; vergleichende Zusammenstellung; ~ descriptif Beschreibung f; ~ mensuel monatliche Aufstellung; ~ nominatif Namensliste f; mil ~ signalétique et des services (Bescheinigung f über die) Dienstlaufbahn; ~ de comptes Kontenstand m; ~ de dettes Schuldenaufstellung f; ~ de frais Kostenaufstellung f, -berechnung f, -verzeichnis n; Spesenaufstellung f; ~ des lieux von Wohnungen Ortsbefund m; Zustandsfeststellung f; ~ de marchandises Warenverzeichnis n, -liste f; ~ des pertes Verlustliste f; mil ~s de services Dienstzeitbescheinigung f; dresser un ~ e-e Liste, ein Verzeichnis aufstellen; e-e Aufstellung machen; faire ~ de qc sich auf etw (acc) berufen; auf etw (acc) Bezug nehmen; etw anführen; 4. hist Stand m; les ~s pl die Stände m/pl; die Ständevertretung, -versammlung; ~s généraux a) hist Gene'ralstände m/pl; b) in Holland Gene'ralstaaten m/pl; ~s provinciaux Provinzi'al-, Landstände m/pl; le tiers ~ der dritte Stand; les trois ~s die drei Stände; 5. de son ~ von Beruf; s-s Zeichens; il est notaire de son ~ er ist Notar von Beruf, s-s Zeichens Notar

état'ique [etatik] adj staatlich; Staats...; **~isation** f Verstaatlichung f; **~iser** v/t Unternehmen etc verstaatlichen; adjt étatisé verstaatlicht; staatlich; Staats...; **~isme** m pol Eta'tismus m; Staatssozialismus m; **~iste I** adj eta'tistisch; **II** m Anhänger m, Vertreter m des Eta'tismus

état-major [etamaʒɔr] m ⟨pl états-majors⟩ 1. mil Stab m; bes von Teilstreitkräften Führungsstab m; (Gene'ral)Kom'mando n; mar e-s Schiffes Offi'ziere m/pl; ~ (général des armées) Gene'ralstab m; mar ~ général de la Marine Führungsstab der Marine; Admi'ralstab m; ~ de l'armée de l'air, de terre Führungsstab der Luftwaffe, des Heeres; ~ d'un bataillon, d'un régiment Batail'lons-, Regi'mentsstab m; carte f d'~ Gene'ralstabskarte f; officier m d'~ Gene'ralstabsoffizier m; Gene'ralstäbler m; 2. fig a) e-s Ministers, Direktors (Mitarbeiter)Stab m; engste Mitarbeiter m/pl; b) e-r Partei, e-s Unternehmens Führungsspitze f; Führung f; Leitung f

État-providence [etaprɔvidãs] m Wohlfahrtsstaat m

étau [eto] m ⟨pl ~x⟩ tech Schraubstock m; ~ limeur Kurzhobelmaschine f; Shapingmaschine [ˈʃe-] f; ~ à main Feil-, Handschraubkloben m; fig être pris, serré comme dans un ~ eingeklemmt, eingezwängt sein (wie in e-m Schraubstock)

étay|age [etɛjaʒ] m od **~ement** m e-r Mauer etc (Ab)Stützen n, -ung f; Ab-, Versteifen n, -ung f; Ab-, Verstreben n, -ung f; mines Ab-, Verspreizen n, -ung f

étayer [eteje] v/t ⟨-ay- od -ai-⟩ 1. Mauer etc (ab)stützen; ab-, versteifen; Decke (ab)stützen; mines ab-, verspreizen; 2. fig Überlegung etc stützen (sur auf +acc; mit); unter'mauern (mit)

et cætera od **et cetera** [etsetera, etse-] loc/adv (abr etc.) und so weiter (abr usw.); et cetera (abr etc.); und so fort (abr usf.); du matériel de camping: tente, matelas pneumatique, etc. e-e Campingausrüstung: Zelt, Luftmatratze usw.

été¹ [ete] m Sommer m; poét Sommerszeit f; ~ de la Saint-Martin Nach-, Spät-, Alt'weibersommer m; heure f d'~ Sommerzeit f; tenue f d'~ Sommerkleidung f, -kleider n/pl, mil -uniform f; vacances f/pl d'~ Sommerferien pl; en ~ im Sommer

été² [ete] p/p von être

éteignoir [etɛɲwar] m Löschhorn n, -hütchen n

éteindre [etɛdr(ə)] ⟨cf peindre⟩ I v/t 1. Brand, Feuer, Flammen löschen; Feuer auch auslöschen, -machen, -treten; Licht, Lampe ausmachen; aus-, abschalten; aus-, abdrehen; (aus)löschen; F ausknipsen; Gas, Heizung ausmachen; aus-, abdrehen; élect ausschalten, -machen; Kerze ausmachen, -löschen, -blasen; Hochofen, Streichholz ausblasen; Radio, Fernseher ausmachen; aus-, abschalten; aus-, abdrehen; abstellen; Scheinwerfer ausmachen; Zigarette ausmachen, -drücken, -treten; éteins le bureau! mach das Licht im Büro aus!; ♦ abs das Licht ausmachen; oublier d'~ vergessen, das Licht auszumachen; 2. tech Kalk löschen; Eisen abschrecken; 3. fig Durst löschen; stillen; Gefühl erlöschen, erkalten lassen; Schuld löschen; tilgen; Anspruch, Recht zum Erlöschen bringen; II v/pr s'~ 4. Feuer, Licht, Heizung ausgehen; laisser le feu s'~, laisser ~ le feu das Feuer ausgehen lassen; 5. fig Gefühl erlöschen; erkalten; absterben; Geräusch verstummen; Erinnerung vergehen; verblassen; schwinden; 6. Person entschlummern; entschlafen; verscheiden; Rasse, Familie aussterben

éteint [etɛ] adj ⟨éteinte [etɛt]⟩ 1. Feuer, Flamme, Kerze erloschen; ausgegangen; Heizung ausgegangen; abgestellt; Radio, Fernsehen ausgeschaltet; abgestellt; Vulkan erloschen; tech chaux ~e gelöschter Kalk; Auto circuler tous feux ~s ohne Licht fahren; être éteint Feuer, Licht, Heizung auch aus sein; 2. fig Gefühl erloschen; erkaltet; erstorben; Augen erloschen; glanzlos; Stimme erloschen; ton-, klanglos; e-s Sterbenden erlöschend; ersterbend

étendage [etãdaʒ] m 1. der Wäsche Aufhängen n; 2. als Trockenvorrichtung Wäscheleine f

étendard [etãdar] m 1. mil Stan'darte f; (Reiter)Fahne f; fig brandir, lever l'~ de la révolte das Zeichen zum Aufstand geben; 2. bot der Schmetterlingsblütler Fahne f

étendoir [etãdwar] m 1. Trockenvorrichtung f, -leine f; 2. Trockenplatz m, -boden m, -raum m

étendre [etãdr(ə)] ⟨cf rendre⟩ I v/t 1. Arme, Beine (aus)strecken; Arme auch ausbreiten; zur Seite strecken; Flügel ausbreiten; spannen; Seil (aus)spannen; Wäsche aufhängen; ausbreiten; Teppich ausbreiten; ausein'anderrollen; ausrollen, -legen; Teig ausrollen; Farbe etc verteilen, -streichen, -reiben, -schmie-

ren; auftragen, -streichen; ~ qc par terre etw auf der Erde, auf den Boden ausbreiten; ~ qc sur qn etw über j-n (aus)breiten; ~ du beurre sur du pain Butter auf(s) Brot streichen; 2. Metall etc (aus)ziehen; strecken; Wein etc verdünnen; strecken; p/p du vin étendu d'un peu d'eau mit etwas Wasser verdünnter, gestreckter Wein; 3. ~ qn sur un lit, etc j-n auf ein Bett etc legen; F ~ qn (d'un coup de poing) j-n (mit e-m Fausthieb) niederstrecken, zu Boden strecken; F fig ~ un candidat e-n Prüfungskandidaten 'durchfallen, F -rasseln, -segeln lassen; F se faire ~ à un examen (bei e-m Examen) 'durchfallen, F -rasseln, -segeln; 4. Gebiet, Reich, Einfluß, Macht ausdehnen; vergrößern; erweitern; ~ qc à qc etw auf etw (acc) ausdehnen; II v/pr s'~ 5. Kleidungsstücke, Gewebe sich (aus)dehnen; Kleidungsstücke auch sich weiten, weiter werden (au lavage beim Waschen); 6. Epidemie sich aus-, verbreiten; um sich greifen; Nebel, Schweigen sich ausbreiten; sich senken (sur la campagne über das Land); Nebel auch sich verbreiten (sur la vallée im Tal); Schatten sich ausbreiten; sich legen (sur über +acc); Nacht her'niedersinken; her'aufziehen; 7. Wald, Ebene, Herrschaftsbereich sich erstrecken, ausdehnen (à auf +acc); s'~ sur des kilomètres sich kilometerweit, über Kilometer erstrecken; mes connaissances ne s'étendent pas jusque-là meine Kenntnisse gehen, reichen nicht so weit; 8. Person sich ausstrecken (sur un lit, etc auf e-m Bett etc); sich hinlegen; F sich langlegen; 9. s'~ sur un sujet sich über ein Thema auslassen, verbreiten; sich ausführlich zu e-m Thema äußern

étendu [etãdy] adj 1. Arme, Beine ausgestreckt; Flügel ausgebreitet; ~ par terre Mensch auf dem Boden hin-, ausgestreckt; Decke etc ausgebreitet; 2. Besitz, Wälder ausgedehnt; Garten etc weitläufig; großzügig angelegt; Fläche weit; 3. Kenntnisse, Wortschatz etc um'fassend; umfangreich; groß; reich; Stimme 'umfangreich

étendue [etãdy] f 1. e-s Gebiets Ausdehnung f; Größe f; 'Umfang m; Raum m; e-s Landes Gebiet n; von Land, Wasser Fläche f; Weite f; e-s Gerichts etc Bezirk m; Bereich m; 2. e-r Katastrophe etc Ausmaß n; 'Umfang m (auch von Kenntnissen, Bildung); ~ des dégâts Schadensumfang m; mus ~ d'une voix Stimmumfang m; la littérature française dans toute son ~ die gesamte französische Literatur

éternel [etɛrnɛl] I adj ⟨~le⟩ 1. ewig (auch rel); unvergänglich; zeit-, endlos; l'~ féminin das Ewig'weibliche; neiges ~les ewiger Schnee; auf Grabsteinen etc regrets ~s in tiefer Trauer; rel salut ~, vie ~le ewiges Heil, Leben; la Ville ~le die Ewige Stadt (Rom); cette situation ne sera pas ~le das wird nicht ewig so sein, ewig dauern; la vie est un ~ recommencement das Leben ist ein ständiger Neubeginn; je lui en garderai une reconnaissance ~le ich werde ihm dafür immer, ewig dankbar sein; 2. ⟨vorangestellt⟩ ewig; ständig; unaufhörlich; dauernd; son ~le cigarette à la bouche die unvermeidliche, obli'gate Zigarette im Mund; c'est un ~ mécontent er ist ständig, dauernd, ewig unzufrieden; vêtu de son ~ manteau gris wie immer in s-n grauen Mantel gekleidet; F in s-m ewigen grauen Mantel; **II** m l'⚥ der Ewige (Gott); c'est un grand chasseur, etc devant l'⚥ er ist ein großer

Jäger *etc* vor dem Herrn

éterniser [etɛrnize] **I** *v/t Diskussion, Prozeß etc* ausdehnen; in die Länge ziehen; **II** *v/pr* **s'~ 1.** *Krieg, Krise, Diskussion* sich in die Länge ziehen; sich ausdehnen; andauern; F ewig dauern; **2.** F *Person* sich festsetzen; lange, F ewig bleiben; (überhaupt) nicht wieder gehen

éternité [etɛrnite] *f* **1.** Ewigkeit *f* (*auch rel*); **2.** F *übertreibend* Ewigkeit *f*; **il y a une ~ que je ne l'ai pas vu** F ich habe ihn e-e Ewigkeit, ewig nicht gesehen; es ist schon e-e Ewigkeit her, daß ich ihn gesehen habe; **cela a duré une ~** F das hat ja e-e Ewigkeit, ewig gedauert; **3.** *Eigenschaft* Ewigkeit *f*; Unvergänglichkeit *f*; Unveränderlichkeit *f*

éternuement [etɛrnymɑ̃] *m* Niesen *n*

éternuer [etɛrnɥe] *v/i* niesen; **faire ~** zum Niesen reizen; e-n Niesreiz auslösen

êtes [ɛt] *cf* **être**

étésien [etezjɛ̃] *adj m* météo **vents ~s** E'tesien *pl*

étêt|age [etetaʒ] *m od* **~ement** *m* von *Bäumen* Köpfen *n*; Kappen *n*; Verschneiden *n*

étêter [etete] *v/t* **a)** *Baum* köpfen; kappen; verschneiden; **b)** *Nagel, Nadel* den Kopf abzwicken (+*dat*); **c)** *Fisch* den Kopf abschneiden (+*dat*)

éteule [etœl] *f agr* Stoppel *f*

éthane [etan] *m chim* Ä'than *n*

éthanol [etanɔl] *m chim* Ätha'nol *n*; Ä'thylalkohol *m*

éther [etɛr] *m* **1.** *philos, poét* Äther *m*; **2.** *phys hist* (Licht)Äther *m*; Äther *m*; **~ sulfurique** Schwefel-, (Di)Ä'thyläther *m*; **endormir qn à l'~** j-n mit Äther betäuben; j-m e-e Äthernarkose geben

éthéré [etere] *adj* **1.** *chim* ätherartig; Äther...; **2.** *litt Wesen etc* ä'therisch; zart; 'überirdisch; vergeistigt

éthéris|ation [eterizasjɔ̃] *f méd* Äthernarkose *f*; **~er** *v/t méd* mit Äther betäuben, narkoti'sieren

éthéroman|e [eterɔman] *m,f path* Äthersüchtige(r) *f(m)*; **~ie** *f path* Ätheroma'nie *f*; Äthersucht *f*

éther-sel [etɛrsɛl] *m* ⟨*pl* **éthers-sels**⟩ *chim* Ester *m*

éthiopien [etjɔpjɛ̃] **I** *adj* ⟨**~ne**⟩ äthi'opisch; **II** *subst* ♀(ne) *m(f)* Äthi'opier(in) *m(f)*

éthique [etik] **I** *adj* ethisch; sittlich; mo'ralisch; **II** *f philos* Ethik *f*; **~ professionnelle** Berufsethos *n*

ethmoïdal [ɛtmɔidal] *adj* ⟨-aux⟩ *anat* zum Siebbein gehörig; *sc* ethmoi'dalis

ethmoïde [ɛtmɔid] *m anat ~ od adit os m* **~** Siebbein *n*

ethn|ie [ɛtni] *f* Sprach-, Kul'turgemeinschaft *f*; Eth'nie *f*; **~ique** *adj* ethnisch; Volks...

ethno|graphe [ɛtnɔɡraf] *m* Ethno'graph *m*; **~graphie** *f* Ethnogra'phie *f*; (beschreibende) Völkerkunde; **~graphique** *adj* ethno'graphisch; **~logie** *f* Ethno'logie *f*; (allgemeine) Völkerkunde; **~logique** *adj* ethno'logisch; völkerkundlich; **~logue** *m,f* Ethno'loge, -'login *m,f*; Völkerkundler(in) *m(f)*

étholog|ie [etɔlɔʒi] *f biol* Etholo'gie *f*; **~ique** *adj* etho'logisch

éthuse [etyz] *f æthuse*

éthylamine [etilamin] *f chim* Ä'thylamin *n*

éthyle [etil] *m chim* Ä'thyl *n*

éthylène [etilɛn] *m chim* Äthy'len *n*; Ä'then *n*

éthylénique [etilenik] *adj* Äthy'len...; **carbures** *m/pl* **~s** ungesättigte azyklische Kohlenwasserstoffe *m/pl* mit Doppelbindung

éthyl|ique [etilik] **I** *adj* **1.** *chim* Ä'thyl...;

---

alcool *m* **~** Äthylalkohol *m*; Ätha'nol *n*; *abus* Weingeist *m*; **2.** *méd* alko'holisch; **intoxication** *f* **~** Alkoholvergiftung *f*; **II** *m,f path* Alko'holiker(in) *m(f)*; **~isme** *m path* Äthy'lismus *m*; Alkoholvergiftung *f*

étiage [etjaʒ] *m* niedrigster Wasserstand; Niedrigwasser *n*; **échelle** *f* **d'~** Pegel *m*

étier [etje] *m* **1.** kleiner Ka'nal zwischen Salzgarten und Meer; **2.** kleiner Küstenkanal

étincelant [etɛ̃slɑ̃] *adj* glitzernd; funkelnd; blitzend; glänzend; schimmernd; leuchtend; strahlend; *poét* gleißend; **d'une verve ~e** geistsprühend; **des yeux ~s de joie** freudestrahlende Augen *n/pl*

étinceler [etɛ̃sle] *v/i* ⟨-ll-⟩ *Sterne, Augen, Schmuck etc* funkeln; glitzern; glänzen; blitzen; *Augen, Sterne auch* strahlen; leuchten; *Gold etc* schimmern; *Metall in der Sonne, Lichter* (auf)blitzen; *Sonne, Schmuck etc poét* gleißen; **~ au soleil** in der Sonne (er)glänzen, glitzern, funkeln, (auf)blitzen; **Augen ~ de haine** vor Haß, haßerfüllt blitzen, funkeln

étincelle [etɛ̃sɛl] *f* Funke(n) *m* (*auch fig*); **~ électrique** elektrischer Funke; *fig* **~ de courage, de génie, de raison** Funke(n) Mut, Talent, Verstand; *fig* **c'est l'~ qui a mis le feu aux poudres** das war der Funke ins Pulverfaß; **faire des ~** Funken geben, sprühen; funken, F *fig* bril'lieren; glänzen; **~ment** *m* Funkeln *n*; Glitzern *n*; Blitzen *n*; Glänzen *n*; Glanz *m*; Strahlen *n*; Leuchten *n*; Schimmern *n*

étiol|é [etjɔle] *adj* **1.** *Pflanzen* blaß; schlaff; bleich; verkümmert; **2.** *fig Kind* ausgezehrt; verkümmert; bleich; schwächlich; *Intelligenz* verkümmert; **~ement** *m* von *Pflanzen* Vergeilen *n*, -ung *f*; Verspillern *n*; Aufhellung *f*; Ausbleichen *n*; Etiole'ment *n*; **2.** *fig e-s Kindes* Auszehrung *f*; Ausgezehrtsein *n*; *der Intelligenz* Verkümmern *n*

étioler [etjɔle] **I** *v/t* **1.** *Pflanzen* vergeilen lassen; bleichen; etio'lieren; **2.** *fig Kind* verkümmern lassen; auszehren; **II** *v/pr* **s'~ 3.** *Pflanzen* vergeilen; verspillern; ausbleichen; verkümmern; **4.** *fig Kind, Geist* verkümmern; *Gedächtnis* nachlassen; *Geist auch* sich zu'rückbilden; *Kranker auch* da'hinsiechen; immer schwächer werden

étiologie [etjɔlɔʒi] *f biol, méd* Ätiolo'gie *f*

étique [etik] *adj* abgezehrt; dürr; mager; *Pflanzen* kümmerlich; dürftig; ärmlich

étiquetage [etiktaʒ] *m* Etiket'tieren *n*; Bezettelung *f*; *von Waren* Auszeichnen *n*, -ung *f*

étiquet|er [etikte] *v/t* ⟨-tt-⟩ **1.** mit e-m Eti'kett, e-r Aufschrift, e-m Schild versehen, bekleben; etiket'tieren; beschildern; bezetteln; *Waren auch* auszeichnen; **machine** *f* **à ~** Etiket'tiermaschine *f*; **2.** *fig* **~ qn** j-n einstufen, einordnen, *péj* etiket'tieren (comme als); *péj auch* j-n abstempeln (als, zum *bzw* zur); **~euse** *f* Etiket'tiermaschine *f*

étiquette [etikɛt] *f* **1.** Eti'kett *n*; (Preis)Schild *n*; (Preis)Zettel *m*; Aufschrift *f*; **~ gommée** gummiertes Etikett; Klebezettel *m*; Aufkleber *m*; *für Gepäckstücke* Aufklebeadresse *f*; **à bagages** Anhänger *m*; **mettre une ~ sur qc** etw mit e-m Etikett, Preisschild *etc* versehen; **2.** *fig* Bezeichnung *f*; Name *m*; Benennung *f*; Aushängeschild *n*; *pol* **sans ~** par'teilos; **3.** *gesellschaftliche Umgangsformen* Eti-'kette *f*; **manquer à l'~** gegen die Etikette verstoßen; die Etikette verletzen; *par ext* **supprimer toute espèce d'~** auf Förmlichkeiten verzichten

étir|able [etirabl(ə)] *adj* dehn-, streck-

---

bar; **~age** *m métall* Strecken *n*; (Aus-)Ziehen *n*; Ausrecken *n*; *von Tafelglas* Ziehen *n*; *text* Verzug *m*; Ziehen *n*; *métall* **~ à chaud, à froid** Warmziehen *n*, Kaltrecken *n*; **~ement** *m* Ausdehnen *n*, -ung *f*; Strecken *n*, -ung *f*; *von Stoffen* Verziehen *n*

étir|er [etire] **I** *v/t métall* strecken; ziehen; (aus)recken; ausschmieden; *Glas* ziehen; *Häute* ausrecken; **banc** *m* **à ~** Reck-, Ziehbank *f*; **II** *v/pr* **s'~ 1.** *Stoff* sich dehnen, ziehen; dehnbar sein; *beim Waschen etc* sich verziehen; weiter werden; **2.** *Person* sich strecken, räkeln, rekeln, recken; **3.** *par ext Feld der Radsportler, Wolken etc* sich ausein'anderziehen; **~euse** *f tech* Band-, Ziehmaschine *f*; Strangpresse *f*; Ausreckmaschine *f*

étoc [etɔk] *m mar* Klippe *f*

étoffe [etɔf] *f* **1.** *cout* Stoff *m*; Gewebe *n*; **~ brodée, chaude, claire, épaisse, fine, mince** bestickter, warmer, heller, dicker, feiner, dünner Stoff; **~ à fleurs, à rayures** geblümter, gestreifter Stoff; **~ de coton** Baumwollstoff *m*; **~ de fibres synthétiques** synthetisches Gewebe; Stoff, Gewebe aus Kunstfasern; **~ de laine, de soie** Woll-, Seidenstoff *m*; **2.** *fig* Stoff *m*; Zeug *n*; Fähigkeit *f*; **l'~ dont sont faits les 'héros** der Stoff, aus dem die Helden gemacht sind; **avoir l'~ d'un chef**, *etc* das Zeug zu e-m zum Chef *etc* haben; *abs* **il a de l'~** das ist ein fähiger Kopf, Mensch; aus ihm wird etwas; er wird es zu etwas bringen; er ist begabt, tüchtig; er kann etwas; er hat Fähigkeiten; F in ihm steckt etwas; **3.** Zinn-Blei-Legierung *f* (*zur Herstellung von Orgelpfeifen*)

étoff|é [etɔfe] *adj Arbeit* stoff-, gedanken-, 'umfangreich; gehaltvoll; inhaltsreich; *Stimme* 'volltönend; klangvoll; kräftig; 'umfangreich; **~er I** *v/t Bericht, Artikel* farbiger gestalten; ausbauen; ergänzen; vervollständigen; vertiefen; erweitern; *Erzählung auch* ausschmücken; *Romangestalt etc* her'ausarbeiten; Farbe geben (+*dat*); **II** *v/pr* **s'~** *durch Sport etc* kräftiger werden; Muskeln bekommen

étoile [etwal] *f* **1.** *astr* Stern *m*; Gestirn *n*; **~ filante** Sternschnuppe *f*; **~ fixe** Fixstern *m*; **~ polaire** Po'larstern *m*; **~ radioélectrique** Radiostern *m*; **~s variables** veränderliche Sterne; **~ du berger** Abendstern *m*; **~ de première, deuxième grandeur** Stern erster, zweiter Größe; **~ du matin, du soir** Morgen-, Abendstern *m*; *par ext bei Feuerwerkskörpern etc* **gerbe** *f* **d'~s** Sternenregen *m*; *loc/adv* **à la belle ~** im Freien; unter freiem Himmel; **coucher, dormir, loger, passer la nuit à la belle ~** im Freien, unter freiem Himmel, F bei Mutter Grün schlafen, nächtigen; die Nacht im Freien, unter freiem Himmel verbringen; *loc/adj* **criblé, (par)semé d'~s** mit Sternen besät, über'sät; sternenbesät, -übersät; *poét auch fig*: **avoir confiance, foi dans, en son ~** an s-n Stern glauben; **être né sous une bonne, mauvaise ~** unter e-m günstigen, ungünstigen Stern *od* Unstern geboren sein; **2.** *par ext* **a)** sternförmiger *Gegenstand als Schmuck, Rangabzeichen etc* Stern *m*; *mil* **~ mobile** Ka'liberlehre *f*; **~ à quatre, cinq branches** Stern mit vier, fünf Zacken; fünfzackiger Stern; *zo* **~ de mer** Seestern *m*; *in Reiseführern* **un hôtel** *m* **trois ~s** *od ellip* **un trois ~s** ein Hotel *n* mit drei Sternen; *général* **à quatre ~s** Vier-'Sterne-General *m*; *loc/adj* **en ~** sternförmig; *élect* **montage** *m* **en ~** Sternschaltung *f*; *aviat* **moteur** *m* **en ~** Sternmotor *m*; **b)** *in Glas* sternförmiger Bruch, sternförmi-

ge Risse *m/pl* (**sur un pare-brise** in e-r Windschutzscheibe); **c)** *Kreuzung von mehr als zwei Straßen* Stern *m*; *in Paris* la **place de l'≈** die Place de l'Étoile; **d)** *bei Pferden* Blesse *f*; Stern *m*; **3.** *thé*, *cin* Stern *m*; Star *m*; ~ **montante** (**du théâtre français**) aufsteigender Stern (am französischen Theaterhimmel); *adit* **danseur** *m*, **danseuse** *f* ~ a) *an der Pariser Oper* erster (Solo)Tänzer, Primaballe'rina *f od* erste (Solo)Tänzerin; b) *allg* berühmter Tänzer, berühmte Tänzerin

étoil|é [etwale] *adj* **1.** *Himmel* sternenbesät, -übersät; mit Sternen besät, über'sät; *poét* be-, gestirnt; *Nacht* sternklar, -hell; *ciel* ~ *auch* Stern(en)himmel *m*; **nuit** ~e *auch* Sternennacht *f*; *poét* **voûte** ~e *poét* Sternenzelt *n*; **2.** *Gegenstand* mit Sternen besetzt, geschmückt, verziert; **bannière** ~e Sternenbanner *n*; **3.** sternförmig; *Glas* sternförmig gesprungen; **mit sternförmigem Bruch;** ~**ement** *m* **1.** *litt* ~ **du ciel** Auftauchen *n*, Erscheinen *n* der Sterne am Himmel; **2.** sternförmige Anlage, Anordnung

étoiler [etwale] **I** *v/t* **1.** *Sterne* ~ **le ciel** am Himmel stehen, sein; **2.** ~ **une vitre** sternförmige Risse, e-n sternförmigen Bruch in e-r Scheibe verursachen; **II** *v/pr* **s'**~ **3.** *Himmel* sich mit Sternen bedekken; **4.** *Glas* sternförmig springen

étole [etɔl] *f cout, égl cath* Stola *f*; ~ **de vison** Nerzstola *f*

étonnamment [etɔnamɑ̃] *adv von* **étonnant**

étonnant [etɔnɑ̃] *adj* erstaunlich; über'raschend; erstaunens-, bewunderns-wert; verwunderlich; merkwürdig; **une femme** ~e e-e erstaunliche Frau; **ce n'est pas** ~ das ist kein Wunder; das ist nicht erstaunlich, verwunderlich; **il serait pas** ~ **que** ... (+*subj*) es wäre nicht verwunderlich, wenn ...; **je trouve** ~ **que** ... (+*subj*) ich finde es erstaunlich, merkwürdig, daß ...; **cela n'a rien d'**~, il **n'y a rien d'**~ **à cela** das wundert mich nicht; das ist nicht (weiter) verwunderlich, erstaunlich; das nimmt mich nicht wunder; *subst* **l'**~ *m* **est que** ... (+*subj*) das Erstaunliche, Verwunderliche, Über'raschende, Merkwürdige ist, daß ...

étonné [etɔne] *adj* erstaunt, verwundert, über'rascht (**de** über +*acc*); **être** ~ *auch* sich wundern, staunen; **je suis** ~ **qu'il ne m'en ait rien dit** es wundert mich, ich bin überrascht, erstaunt, daß er mir nichts davon gesagt hat; **ne soyez pas** ~ **si** ... wundern Sie sich nicht, wenn ...; **être** ~ **par la beauté d'un pays** erstaunt, überrascht sein über die Schönheit e-s Landes; erstaunt sein, staunen, wie schön ein Land ist

étonnement [etɔnmɑ̃] *m* Erstaunen *n*; Verwunderung *f*; Über'raschung *f*; Befremden *n*; **profond** ~ tiefes Erstaunen; **à mon grand** ~ zu meinem großen Erstaunen; zu meiner großen Verwunderung; **causer de l'**~ Erstaunen, Verwunderung hervorrufen, auslösen; **frapper, remplir d'**~ in (Er)Staunen, Verwunderung versetzen; erstaunen

étonner [etɔne] **I** *v/t* erstaunen; (ver)wundern; in (Er)Staunen, Verwunderung versetzen; verblüffen; über'raschen; **cela m'étonne beaucoup** das wundert, erstaunt, überrascht mich sehr; **cela ne m'étonne pas** das wundert, erstaunt, überrascht mich nicht; **ça m'étonnerait** das würde mich wundern; *abs* ~ **par sa beauté, sa grandeur** durch s-e Schönheit, Größe beeindrukken, überraschen; **II** *v/pr* **s'**~ (er-)staunen, sich wundern (**de** über +*acc*); **je m'étonne qu'il ne soit pas venu**

ich wundere mich, es wundert mich, daß er nicht gekommen ist; **ne t'étonne pas si** ... (+*ind*) wundere dich nicht, du brauchst dich nicht zu wundern, wenn ...

étouffage [etufaʒ] *m von Seidenraupen* Ersticken *n*; *von Bienen* Betäuben *n*

étouffant [etufɑ̃] *adj Luft* stickig; zum Ersticken; *Wetter* schwül; drückend; *Hitze* erstickend; zum Ersticken; (be-)drückend; *fig Atmosphäre* be-, erdrükkend; **chaleur** ~e *auch* Schwüle *f*; **il fait une chaleur** ~e es ist zum Ersticken heiß, schwül

étouffé [etufe] *adj* **1.** erstickt; **mourir** ~ ersticken; **2.** *fig Geräusche* gedämpft; schwach; *Lachen, Schrei* unter'drückt; erstickt; gedämpft; **d'une voix** ~**e** (**par les larmes**) mit (tränen)erstickter Stimme

étouffe-chrétien [etufkretjɛ̃] F *m* ‹*inv*› Speise, die stopft (*bes Kuchen, Mehlspeise*)

étouffée [etufe] *loc/adv cuis* **à l'**~ geschmort; gedämpft; gedünstet; **cuire à l'**~ schmoren; dämpfen; dünsten

étouffement [etufmɑ̃] *m* **1.** Ersticken *n*, -ung *f*; Erstickungsanfall *m*, -tod *m*; Atemnot *f*; Beklemmung *f*; **crise** *f* **d'**~ Erstickungsanfall *m*; **éprouver une sensation d'**~ das Gefühl haben zu ersticken, keine Luft (mehr) zu bekommen; **mourir d'**~ den Erstickungstod sterben; **provoquer des** ~s Erstickungsanfälle, Atemnot, -beklemmung verursachen, hervorrufen; **2.** *von Geräuschen* Dämpfen *n*, -ung *f*; *von Feuer* Ersticken *n*; Löschen *n*; *e-s Skandals* Vertuschung *f*; *e-r Revolution, e-s Widerstandes* Ersticken *n*; Unter'drückung *f*

étouffer [etufe] **I** *v/t* **1.** ~ **qn** a) j-n ersticken (*töten*); b) j-n ersticken; j-m den Atem nehmen; **la chaleur m'étouffe** ich ersticke vor Hitze, in dieser Hitze; *fig* es kommt um vor Hitze; **les sanglots l'étouffaient** Schluchzen erstickte ihre Stimme; *Bäume etc* ~ **les autres plantes** die anderen Pflanzen ersticken; ~ **qn de baisers, de caresses** j-n mit (s-n) Küssen, Zärtlichkeiten (fast) ersticken; **ce ne sont pas les scrupules qui l'étouffent** F er wird nicht gerade von Gewissensbissen gequält; **2.** *fig Brandherd, Feuer* ersticken; löschen; *Geräusche* dämpfen; schlucken; *Widerstand, Meinungen, Seufzer, Gähnen, Schrei, Gefühle* unter'drücken; *Revolte, Widerstand, Gefühle auch* ersticken; *Skandal* vertuschen; **II** *v/i* ersticken (*auch fig*); keine Luft bekommen; ~ **de chaleur** vor Hitze umkommen, ersticken; ~ **de rage** vor Wut, Zorn ersticken, platzen; **on étouffe ici** es ist zum Ersticken hier; hier erstickt man ja; **III** *v/pr* **s'**~ ersticken; **s'**~ **en avalant de travers** sich verschlucken und ersticken

étouffoir [etufwar] *m mus beim Klavier* Dämpfer *m*

étoupe [etup] *f* Werg *n*; Hede *f*; ~ **de chanvre, de lin** Hanf-, Flachswerg *n*; ~**r** *v/t* mit Werg zu-, verstopfen, abdichten, um'wickeln

étoupille [etupij] *f* Zünder *m*; Zünd-, Sprengkapsel *f*

étourderie [eturdəri] *f* **1.** Unbesonnenheit *f*; Unüberlegtheit *f*; Gedankenlosigkeit *f*; Leichtfertigkeit *f*; Leichtsinn *m*; Unaufmerksamkeit *f*; Zerstreutheit *f*; Vergeßlichkeit *f*; **agir avec, par** ~ unüberlegt, gedankenlos, leichtsinnig handeln; **2.** (unüberlegter) Streich; Unfug *m*; Dummheit *f*; **commettre une** ~ etwas Unüberlegtes tun, sagen

étourdi [eturdi] **I** *adj* **1.** *Person* gedan-

kenlos; unbesonnen; leichtsinnig; leichtfertig; kopflos; vergeßlich; zerstreut; *Antwort* unbesonnen; vor-, vorschnell; **2.** *cf* **étourdir** I; **II** *subst* ~**(e)** *m(f)* gedankenloser, unbesonnener, leichtsinniger Mensch; Leichtfuß *m*; ~**ment** *adv von* **étourdi** 1.

étourd|ir [eturdir] **I** *v/t durch Schlag etc* betäuben; (vor'übergehend) das Bewußtsein trüben (**qn** j-m); *Lärm, Geräusch* ~ **qn** j-n benommen machen, betäuben, verwirren; *adit* **être tout étourdi** ganz betäubt, benommen sein; **II** *v/pr* **s'**~ *fig* sich betäuben; Ablenkung, Zerstreuung suchen; ~**issant** *adj* **1.** *Lärm* (ohren)betäubend; **2.** *Erfolg etc* über'wältigend; außerordentlich; erstaunlich; über'raschend; *Aufmachung, Toilette* großartig; prächtig; pom'pös; prunkvoll; ~**issement** *m* Betäubung *f*; Schwindel(gefühl *n*, -anfall *m*) *m*; Benommenheit *f*, -sein *n*; Taumel *m*; **avoir un** ~, **des** ~ schwindlig werden; benommen, taumelig sein; e-n Schwindelanfall, Schwindelanfälle haben; **j'ai un** ~ *auch* mir ist, wird ganz schwindlig

étourneau [eturno] *m* ‹*pl* ~**x**› **1.** *zo* Star *m*; **2.** leichtsinniger, unbesonnener Mensch; Leichtfuß *m*; Springinsfeld *m*

étrange [etrɑ̃ʒ] *adj* seltsam; sonderbar; eigenartig; komisch; wunderlich; befremdend; befremdlich; fremdartig; be-'sonderlich; ungewöhnlich; **ce qu'il y a d'**~ **dans sa conduite, c'est que** ... erstaunlich, sonderbar an s-m Verhalten ist, daß ...; **il trouve** ~ **que** ... (+*subj*) er findet es komisch *etc*, daß ...

étranger [etrɑ̃ʒe] **I** *adj* ‹-**ère**› **1.** ausländisch; fremdländisch; Fremd...; Auslands...; **accent** ~ ausländischer Akzent; *dipl* **affaires étrangères** auswärtige Angelegenheiten *f/pl*; *cf auch* **affaire** I; **langues étrangères** Fremdsprachen *f/pl*; **Légion étrangère** Fremdenlegion *f*; **politique étrangère** Außenpolitik *f*; **puissances étrangères** fremde Mächte *f/pl*; **ressortissant** ~ ausländische(r) Staatsangehörige(r); **travailleur** ~ Gast-, Fremdarbeiter *m*; ausländischer Arbeitnehmer; **il a l'air** ~ er sieht wie ein Ausländer, Fremder aus; **2.** fremd; ortsfremd; auswärtig; außenstehend; *Gesicht etc* fremd; unbekannt; *Sachen* ohne Beziehung, nicht zugehörig (**à qc** zu etw); **considérations étrangères au sujet** sachfremde Erwägungen *f/pl*; *méd u fig* **corps** ~ Fremdkörper *m*; **élément** ~ fremdes Element; Fremdkörper *m*; **pays** ~s fremde Länder *n/pl*; **confier qn, qc à des mains étrangères** j-n, etw fremden Händen anvertrauen; *Personen:* **être** ~ **à qn, qc** j-m, e-r Sache fremd gegenüberstehen; mit j-m, etw nichts zu tun, zu schaffen haben; **être** ~ **à qc** *auch* nicht beteiligt, unbeteiligt sein an etw (*dat*), bei etw; nichts wissen, keine Ahnung haben von etw; **il est** ~ **à tout sentiment de pitié** er kennt kein Mitgefühl; Mitgefühl ist ihm fremd; *Sachen:* **être** ~ **à qn** j-m fremd, unbekannt sein; **être** ~ **au caractère de qn** nicht zu j-m passen; **être** ~ **au cœur de qn** j-s Herzen fremd sein; **ne se sentir** ~ **nulle part** überall zu Hause sein; **II** *subst* **1.** ~, **étrangère** *m,f* Ausländer(in) *m(f)*; **épouser une étrangère** e-e Ausländerin heiraten; *par ext coll* **pays envahi par l'**~ vom Feind über'fallenes Land; **2.** ~, **étrangère** *m,f* Fremde(r) *f(m)*; **se vouvoyer devant les** ~ sich vor Fremden siezen; **3.** **l'**~ *m* das Ausland; die Fremde; *loc/adj u loc/adv:* **à l'**~ im *bzw* ins Ausland; Auslands...; **avoirs** *m/pl* **à l'**~ Auslandsguthaben *n/pl*; Vermögen *n* im Ausland; **correspondant** *m*, repré-

sentation f, voyage m à l'~ Auslandskorrespondent m, -vertretung f, -reise f; livraison destinée à l'~ Auslandslieferung f; envoyer qc à l'~ etw ins Ausland schicken; aller vivre à l'~ sich im Ausland niederlassen; auswandern; voyager à l'~ im Ausland reisen; relations f/pl avec l'~ Auslandsbeziehungen f/pl; nouvelles f/pl de l'~ Auslandsnachrichten f/pl; Nachrichten f/pl aus dem Ausland; marchandise f provenant de l'~ Auslandsware f; ausländische Ware; faire venir qc de l'~ etw aus dem Ausland kommen lassen; partir pour l'~ ins Ausland fahren, reisen

étrangeté [etrãʒte] f **1.** Seltsamkeit f; Sonderbarkeit f; Fremdartigkeit f; Eigenartigkeit f; Ab'sonderlichkeit f; Wunderlichkeit f; **2.** litt oft ~s seltsame, sonderbare Dinge n/pl; Ab'sonderlichkeiten f/pl

étranglé [etrãgle] adj **1.** Stimme erstickt; **2.** Taille eingeschnürt; eingeengt; tech gedrosselt; path 'hernie ~e eingeklemmter Bruch

étranglement [etrãgləmã] m **1.** Erdrosseln n; Erwürgen n; Strangu'lieren n; ohne zu töten Würgen n; **2. a)** e-r Straße, e-s Tales, Rohres etc Verengung f; par ext Enge f; verengte Stelle; Engpaß m; **b)** tech Drosselung f; soupape f d'~ Drosselventil n, -klappe f; **c)** path e-s Organs Ein-, Abschnürung f; e-s Bruchs Einklemmung f; **3.** fig von Freiheiten etc Unter'drückung f; Einschränkung f; von Kritik etc Abwürgen n

étrangl|er [etrãgle] **I** v/t **1.** Lebewesen erdrosseln; erwürgen; strangu'lieren; ohne zu töten würgen; die Luft abschnüren, die Kehle zuschnüren (qn j-m); par ext Gefühle ~ qn j-m die Kehle zuschnüren; **2. a)** tech drosseln; **b)** Taille einschnüren; einengen; Schlauch etc zu'sammenpressen; **3.** fig Presse, Freiheit unter'drücken; einschränken; einengen; Kritik etc abwürgen; **II** v/pr s'~ **4.** sich erdrosseln; **5.** keine Luft mehr bekommen; ersticken; s'~ avec une arête sich an e-r Gräte verschlucken; par ext s'~ de colère vor Zorn ersticken, kein Wort her'ausbringen; **6.** Stimme versagen; **~eur** m Würger m; avoir des mains d'~ grobe, brutale Hände haben; **~oir** m mar Kettenkniefer m, -stopper m

étrave [etrav] f mar Vordersteven m; Bug m

être¹ [ɛtr(ə)] ⟨je suis, tu es, il est, nous sommes, vous êtes, ils sont; j'étais; je fus; je serai; que je sois, qu'il soit, que nous soyons; sois, soyons, soyez; étant; avoir été⟩

I v/aux **1.** zur Bildung der zusammengesetzten Zeiten einiger v/i sein; elle est arrivée sie ist (an)gekommen; **2.** zur Bildung der zusammengesetzten Zeiten aller v/pr meist haben; **a)** reflexiv: elle s'est promenée sie ist spazierengegangen; ils se sont acheté des livres sie haben sich Bücher gekauft; je me suis fait couper les cheveux ich habe mir die Haare schneiden lassen; **b)** reziprok: nous nous sommes battus wir haben uns geschlagen; ils se sont serré la main sie haben sich die Hand gegeben; **c)** passivisch: cet article s'est bien vendu dieser Artikel hat sich gut verkaufen lassen; il est vendu er wird verkauft worden; ça s'est dit, mais ça ne se dit plus das hat man einmal gesagt, ...; **3.** zur Bildung des Passivs werden; il a été critiqué er ist kritisiert worden;

II v/i **4.** sein; dasein; bestehen; exi'stieren; *Wendungen*: **a)** alleinstehend: soit!

[swat] meinetwegen, -halben!; (also) gut!; st/s es sei!; bibl que la lumière soit es werde Licht; math soit un triangle ABC gegeben ein Dreieck ABC; cela étant bei dieser Sachlage; da dem so ist; comme si de rien n'était als ob nichts vorgefallen, gewesen wäre; litt il n'est plus (il est mort) er ist nicht mehr; Hamlet ~ ou ne pas ~, voilà la question Sein oder Nichtsein, das ist hier die Frage; Descartes je pense, donc je suis ich denke, also bin ich; **b)** als Kopula: ~ aimable, bête, jeune liebenswürdig, dumm, jung sein; soyons francs seien wir offen; ~ Français (ein) Franzose sein; il n'est pas Français er ist kein Franzose; st/s serait-il malade? sollte er etwa krank sein?; le vol est un délit Diebstahl ist ein Vergehen; ~ père de quatre enfants Vater von vier Kindern sein; il n'est plus lui-même od le même er ist gar nicht mehr er selbst; er ist nicht mehr derselbe; ~ tout, rien pour qn j-m alles, nichts bedeuten; si j'étais (de) vous wenn ich Sie wäre; prendre les gens comme ils sont die Leute nehmen, wie sie sind; **c)** mit adv: en ~ mit da'beisein; mitmachen; da'zugehören; daran beteiligt sein; j'en suis ich mache mit; où en êtes-vous (dans votre travail)? wie weit sind Sie (mit Ihrer Arbeit)?; où en est-il de son procès? wie steht es mit s-m Prozeß?; voilà où j'en suis a) soweit bin ich; b) das ist meine augenblickliche Lage; je n'en suis pas encore là soweit bin ich noch nicht; ne plus savoir où l'on en est nicht mehr wissen, woran man ist; sich nicht mehr zurechtfinden; avec lui, on ne sait jamais où l'on en est bei ihm weiß man nie, woran man ist; on en est à se demander, à croire man muß sich fragen, man muß annehmen; man fragt sich, möchte meinen; en ~ pour ses frais um'sonst bemüht haben; **♦** je n'y suis pour personne ich bin für niemand(en) zu sprechen, zu Hause; iron vas voir dehors si j'y suis! F mach gefälligst die Tür von draußen zu!; verschwinde hier!; pendant que vous y êtes wenn Sie gerade dabei sind; fig j'y suis jetzt hab' ich's; vous n'y êtes pas du tout Sie liegen völlig falsch; nous y sommes? sind wir soweit?; alles bereit, fertig?; je n'y suis pour rien ich habe nichts damit zu tun, zu schaffen; ich kann nichts dafür; il y est pour beaucoup cf beaucoup f); sports F y est! Tor!; **d)** mit prép: il est à son travail er ist bei der Arbeit; il n'est pas à ce qu'il fait er ist nicht bei der Sache; vous n'êtes pas à ce que je vous dis Sie achten nicht auf das, was ich Ihnen sage; math a est à x ce que b est à c a verhält sich zu x wie b zu c; F vous êtes là à causer, mais vous ne faites rien Sie stehen da und reden ...; ~ toujours à crier andauernd, fortwährend schreien; ~ à louer, à vendre zu vermieten, zu verkaufen sein; tout est à refaire alles muß noch einmal gemacht werden; man kann wieder von vorn anfangen; cf auch 9.; ~ après qn hinter j-m her sein; j-m (scharf) auf die Finger sein; ~ au--dessus des calomnies über den Verleumdungen stehen; ~ avec qn a) bei j-m sein; mit j-m (zusammen) sein; b) zu j-m halten; mit j-m halten; ~ bien avec qn (sich) mit j-m gut stehen; ~ contre qn, qc gegen j-n, etw sein; abs ~ contre dagegen sein; ~ dans sa cinquantième année im fünfzigsten Lebensjahr stehen; F il est dans les assurances er ist bei e-r Versicherung; F ~ dans les paras, dans la police bei den Fallschirmjä-

gern, bei der Polizei sein; F il est dans les voitures d'occasion er handelt mit, F macht in Gebrauchtwagen; ~ pour qc dans une affaire mit e-r Sache zu tun, zu schaffen haben; bei e-r Sache mitwirken, péj s-e Hand im Spiel haben; an e-r Sache (dat) beteiligt sein, mitschuldig sein; il est de Paris (meist bei Städten) er ist aus od von Paris; cet enfant est de lui dieses Kind ist von ihm; il est de mes amis er ist ein Freund von mir; ~ de toutes les réunions, de tous les congrès bei allen Versammlungen, Tagungen sein; alle Versammlungen, Tagungen mitmachen; le prix est de 300 francs der Preis beträgt 300 Franc; ~ d'une curiosité maladive von e-r krankhaften Neugier sein; krankhaft neugierig sein; ~ de service Dienst haben; ~ en argent, en fer aus Silber, aus Eisen sein; ~ en bras de chemise, en maillot de bain in Hemdsärmeln, im Badeanzug sein; ~ en promenade auf e-m Spaziergang sein; ~ en route unter'wegs sein; Schule ~ en troisième in der Tertia sein; ~ en ville in die Stadt gegangen sein; ~ pour qn, qc für j-n, etw sein; abs ~ pour dafür sein; Sache ~ pour qc zu etw dienen; j'étais pour partir quand ... ich war gerade dabei, im Begriff zu gehen, als ...; vous n'êtes pas sans savoir que ... Sie wissen sicherlich od sehr wohl, daß ...; ~ sur une enquête an e-r Unter'suchung arbeiten, sein; **5.** sein; sich befinden; liegen; sitzen; Gegenstand auch hängen; Person auch sich aufhalten; Person, größeres Tier ~ allongé, couché liegen; ~ assis sitzen; ~ debout stehen; Vogel ~ perché sitzen; Auto ~ au garage in der Garage stehen, sein; Bild ~ au mur an der Wand hängen; il est chez lui, en prison er ist, F sitzt zu Hause, im Gefängnis; il est en Allemagne er ist, befindet sich in Deutschland; er hält sich in Deutschland auf; où étiez-vous hier soir? oft wo haben Sie sich gestern abend aufgehalten?; ~ sur le bureau auf dem Schreibtisch Lampe stehen, Zeitung liegen; la mouche est sur le fromage die Fliege sitzt auf dem Käse; Schlüssel ~ sur la porte stecken (abs); **6.** im passé composé auch gehen; il a été à Paris er ist nach Paris gegangen, gefahren; nous avons été l'accompagner wir haben ihn begleitet; j'ai été le trouver ich bin zu ihm hingegangen; j'ai été le voir Freund ich habe ihn besucht; Vorgesetzten ich habe bei ihm vorgesprochen; Film ich habe ihn mir angesehen; **7.** sich fühlen; sich befinden; je suis bien ici ich fühle mich wohl hier; on est mal dans cette voiture man sitzt nicht bequem in diesem Wagen; on était bien à X pendant les vacances in X war es schön od gut; il est mieux aujourd'hui es geht ihm heute besser; **8.** bei manchen Zeitangaben haben; quel jour sommes-nous aujourd'hui? was für e-n Tag bzw den Wievielten haben wir heute?; nous sommes lundi wir haben Montag; le combien sommes-nous aujourd'hui? den Wievielten haben wir heute?; nous sommes le deux mars wir haben den zweiten März; heute ist der zweite März; nous sommes en hiver, en mai od au mois de mai, en 1970 wir haben Winter, Mai, das Jahr 1970; **9.** ~ à gehören (+dat); ce livre est à moi dieses Buch gehört mir; je suis à vous tout de suite ich stehe Ihnen sofort zu Diensten;

III v/imp **10.** il est **a)** st/s (il y a) es gibt; il est des gens qui ... es gibt Leute, die

...; il **n'est rien d'aussi beau** es gibt nichts, das so schön wäre; **il n'est que de s'entendre** man braucht sich nur zu verständigen; es ist am besten, zu e-r Verständigung zu kommen; **un coquin s'il en est** bzw **s'il en fut** ein wahrer Schurke; **b)** als Kopula: **il est difficile de** (+inf) es ist schwierig zu (+inf); **toujours est-il que** cf toujours 3.; **il en est des hommes comme des animaux** es verhält sich mit den Menschen wie mit den Tieren; **c)** zur Angabe der (Uhr)Zeit: **il est dix heures, midi** es ist zehn (Uhr), zwölf (Uhr); **quelle heure est-il?** wieviel Uhr ist es?; wie spät ist es?; **il est temps de partir** es ist Zeit zu gehen; **11. c'est a)** Präsentierpartikel es ist; betont od F das ist; mit Bezug auf e-e Person meist er bzw sie ist; **c'est exagéré, faux, trop** das ist über'trieben, falsch, zuviel; **c'est difficile à dire** es bzw das ist schwer zu sagen; **c'est dur de** (+inf) es ist schwer zu (+inf); **c'est mon ami** das ist mein Freund; **ce sont, F c'est mes livres** das sind meine Bücher; **c'est moi** ich bin es; ich bin ich; **c'est une personne aimable** er bzw sie ist e-e liebenswürdige Person; **c'est le printemps** es ist Frühling; ♦ Wendungen: F **c'est ça!** cf ça 1.; **c'est une bonne chose que de** (+inf) es ist sehr gut, wenn man ...; **c'est combien?** was kostet das?; **c'est trois francs** das kostet drei Franc; ... **n'est-ce pas?** ... nicht wahr?; F ... nicht?; **n'est-ce pas que j'ai raison?** habe ich nicht recht?; **c'est que** ... dann ...; weil ...; (s')**il n'est pas venu, c'est qu'il est malade** ... dann od so ist er krank; ... weil er krank ist; **ce n'est pas que** ... (+subj) nicht etwa, daß ...; **laissez-le-moi ne serait-ce** od ne **fût-ce qu'un moment** lassen Sie es mir, und sei es auch nur für e-n Augenblick; **qui est-ce?, F qui c'est?** wer ist das?; **ce n'est rien** cf rien I 1.; **c'était à mourir de rire** es war zum Totlachen; **c'était à qui parlerait le plus fort** jeder wollte am lautesten reden; **c'est bien de lui** das sieht ihm ähnlich; das ist typisch für ihn; **pour ce qui est de** ... was (+acc) (an)betrifft, an(be)langt; **je sais ce que c'est** ich weiß, was das bedeutet, heißt; **voilà ce que c'est (que) de** (+inf) so geht es od das kommt davon, wenn man ...; **b)** zur Hervorhebung **c'est** ... **qui** bzw **que** ... im Deutschen meist unübersetzt u durch entsprechende Betonung wiedergegeben; **c'est mon frère qui l'a fait** mein Bruder hat es getan; **ce sont, F c'est mes lunettes que je cherche** meine Brille suche ich; **c'est à Paris que je voudrais habiter** in Paris möchte ich wohnen; **ce sont eux** od F **c'est eux les coupables** sie sind schuldig; **c'est à vous de décider** es ist an Ihnen zu entscheiden; jetzt müssen Sie entscheiden; Sie haben zu entscheiden; **Die Entscheidung liegt bei Ihnen; c'est à vous** Sie sind dran; **c)** Fragepartikel **est-ce que** im Deutschen durch Inversion wiedergegeben; **est-ce que tu viens?** kommst du?; **qu'est-ce que** cf que II u III

être² [etr(ə)] m **1.** (Lebe)Wesen n; **~ fabuleux** Fabelwesen n; **~ humain** Mensch m; **l'Ȇ suprême** das höchste Wesen; **~ vivant** Lebewesen n; **2.** Mensch m; **~ aimé, cher** geliebter Mensch; **un ~ bizarre** ein komischer Mensch; péj **qui est cet ~-là?** was ist das für ein Kerl, e-e Person?; **3.** être bouleversé **au plus profond de son ~** im Innersten ...; **désirer de tout son ~** von ganzem Herzen, aus tiefster Seele ...; **4.** philos Sein n; Sartre **L'Ȇ et le néant** Das

Sein und das Nichts

étreindre [etrɛ̃dr(ə)] ⟨cf peindre⟩ **I** v/t **1. ~ qn** j-n in die Arme schließen, (mit beiden Armen) um'schließen, um'schlingen, um'armen, um'fangen, um'fassen; Ringkämpfer: Gegner um'schlingen; um'klammern; **~ qc** etw um'klammern; sich an etw (acc) klammern; **~ qn sur son cœur, sa poitrine** j-n an sein Herz, s-e Brust drücken; **2.** Gefühl **~ qn** j-n bedrücken, beklemmen, über'wältigen, ergreifen, über'kommen; sich j-s bemächtigen; Angst, Trauer **~ le cœur, l'âme de qn** j-s Herz bedrücken, zu'sammenschnüren; **II** v/pr **s'~** sich, ein'ander um'armen, um'schlingen

étreinte [etrɛ̃t] f **1.** Um'armung f; Um-'klammerung f; e-r Hand Druck m; mil Um'fassung f; Ring m; **2.** fig Beklemmung f; Druck m

étrenne [etren] f **1. ~s** pl **a)** Neujahrsgeschenk(e) n(pl); **recevoir qc pour ses ~s** etw zu Neujahr (geschenkt) bekommen; **b)** für Briefträger etc Weihnachtsgeld n; **2. avoir l'~ de qc** cf étrenner I

étrenner [etrene] v/t **~ qc** etw zum erstenmal, als erster benutzen, in Gebrauch nehmen; F etw einweihen; Kleider zum erstenmal tragen, anziehen, F anhaben; **II** v/i es ausbaden müssen; den Kopf hinhalten müssen; alles als erster abbekommen

êtres [etr(ə)] m/pl e-s Gebäudes Räumlichkeiten f/pl; Lokali'täten f/pl; fast nur loc **connaître les ~ d'une maison** in e-m Haus Bescheid wissen; sich in e-m Haus auskennen; ein Haus (genau) kennen

étrésillon [etrezijɔ̃] m bât Stütze f; Steife f; Strebe f; Sprieße f

étrésillonn|ement [etrezijɔnmɑ̃] m bât (Ab)Stützen n, -ung f; Ab-, Versteifen n, -ung f; Verstreben n, -ung f; **~er** v/t bât (ab)stützen; ab-, versteifen; verstreben; abspreizen

étrier [etrije] m **1.** Steigbügel m; **pied m de l'~** linker Fuß des Reiters; fig **avoir le pied à l'~** auf dem richtigen, besten Weg (zum Erfolg) sein; e-e gute Ausgangsbasis, ein Sprungbrett haben; fig **boire le coup de l'~** e-n Schluck zum Abschied trinken; **se dresser sur ses ~s** sich in den Steigbügeln aufrichten; **mettre le pied à l'~** den Fuß in den Steigbügel setzen; fig **mettre le pied à l'~ à qn** j-m in den Sattel helfen; j-m den Steigbügel halten; **perdre les ~s** aus den Steigbügeln kommen; **tenir l'~ à qn** j-m den Steigbügel halten; **vider les ~s** abgeworfen werden; **2. a)** tech Bügel m; Klammer f; (Eisen)Lasche f; für Rohre Schelle f; Haltering m; **~ de sûreté** Sicherheitsbügel m; **b)** zum Erklettern von Leitungsmasten etc Steigeisen n; **c)** chir Drahtspannbügel m; **3.** anat Steigbügel m

étrille [etrij] f **1.** Striegel m; **2.** zo Samtkrabbe f

étriller [etrije] v/t **1.** Pferde etc striegeln; **2.** fig **~ qn a)** j-n hart anfassen; F j-n striegeln; **b)** j-n kriti'sieren, F verreißen, her'untermachen

étripage [etripaʒ] m **1.** von Tieren Ausweiden n; Ausnehmen n; **2.** F fig Mord m und Totschlag m

étriper [etripe] **I** v/t Tiere ausweiden; ausnehmen; auch den Bauch aufschlitzen (+dat); **II** v/pr F fig **s'~** sich, ein'ander massa'krieren

étriqu|é [etrike] adj **1.** Kleidungsstück zu eng; zu knapp; Person **être ~ dans un complet** in e-m zu engen Anzug stecken; in e-n Anzug gezwängt sein; **2.** fig Leben kümmerlich; armselig; dürftig; **esprit ~** engstirniger, F kleinkarierter

Mensch; **~er** v/t von Kleidungsstücken beengen; einengen; Taille einschnüren

étrivière [etrivjɛr] f Steigbügelriemen m

étroit [etrwa] adj ⟨étroite [etrwat]⟩ **1.** Streifen, Schultern, Durchgang, Weg, Fenster schmal; Flur, Straße, Schuhe schmal; eng; Raum, Öffnung eng; schmal; klein; Kleider eng; knapp; anliegend; Taille schlank; schmal; par ext **d'~es limites** enge Grenzen f/pl; ch de fer **voie ~e** Schmalspur f; **Wort au sens ~ im engeren Sinn; 2.** fig Geist kleinlich; bor'niert; beschränkt; klein; Gedanken kleinlich; Ansichten engstirnig; bor-'niert; **~ d'esprit** engstirnig; kleinlich; F kleinkariert; **3.** Verbindung, Zusammenarbeit eng; les liens **~s** du mariage die engen, festen Bande n/pl der Ehe; **rester en rapports ~s avec qn** mit j-m in enger, fester Verbindung bleiben; **4.** loc/adv **à l'~** (räumlich) beengt; gedrängt; **être à l'~** eng sitzen, stehen; (räumlich) beengt sein; **je suis à l'~ dans ce costume** dieser Anzug beengt mich; **loger bien à l'~** sehr beengt wohnen; auf engem Raum wohnen, leben; fig **vivre à l'~** in beschränkten Verhältnissen, eingeschränkt leben; sich einschränken müssen

étroitement [etrwatmɑ̃] adv eng; fest; Probleme etc être **~ liés** eng verbunden, verknüpft sein; eng miteinander zusammenhängen; in engem Zusammenhang stehen; Person être lié **~ à, avec qn** mit j-m eng, fest verbunden sein; **surveiller qn ~** j-n scharf, streng, genau über-'wachen

étroitesse [etrwates] f **1.** e-r Straße, Öffnung, e-s Raumes Enge f; Schmalheit f; e-s Raumes auch Beschränktheit f; **2.** fig **~ d'esprit** Engstirnigkeit f; Bor-'niertheit f; Beschränktheit f; geistige Enge; F Kleinkariertheit f

étron [etrɔ̃] m Kothaufen m

étrusque [etrysk] **I** adj e'truskisch; **II** subst **1. Ȇs** m/pl E'trusker m/pl; **2.** ling **l'~** m das E'truskische; E'truskisch n

étude [etyd] f **1. a)** abs Lernen n; Stu'dieren n; ardeur **à l'~** Lerneifer m; **aimer l'~** (lern)eifrig, strebsam, fleißig sein; **b)** e-r Sprache, des Schachspiels etc Erlernen n, -ung f; e-s Musikstücks Einüben n; e-s Wissensgebietes, Textes, Autors Studium n; e-r Naturerscheinung, e-s Problems Studium n; Erforschung f; Unter-'suchung f; Ergründung f; Beobachtung f; **s'adonner, se consacrer à l'~ de qc** sich dem Studium e-r Sache widmen, hingeben; **abandonner l'~ du piano** den Klavierunterricht, das Klavierspielen aufgeben; **c)** als Ausbildung **~s** pl Studium n; Studienzeit f; Ausbildung f; **~s primaires** (Volks)Schulzeit f; **~s secondaires** Schulzeit f im Gymnasium; Gymnasi'alzeit f; **avoir fait des ~s secondaires** die höhere Schule besucht haben; **~s supérieures** Studium n; **~s de droit, de médecine** Jura-, Medi'zinstudium n; **faire des ~s de médecine** Medizin studieren; **bourse f d'~s** Sti'pendium n; **durée f des ~s** Studiendauer f; **examen m, diplôme m de fin d'~s** Abschlußprüfung f, -diplom n; **abandonner ses ~s** das, sein Studium aufgeben, abbrechen; **achever** od termi'ner, **commencer ses ~s** sein Studium beenden od abschließen, beginnen; **faire ses ~s** studieren; **avoir fait de bonnes ~s** e-e gute Ausbildung, Schulbildung haben; **2.** von Projekten Planung f; Vorbereitung f; Entwurf m; auch von Vorschlägen Prüfung f; Studium n; Unter'suchung f; auch von Akten Bearbeitung f; **~s préliminaires** Vorarbeiten

f/pl; ~ du marché Marktforschung
f, -beobachtung f; auch Marktstudie f;
bureau m d'~(s) cf bureau 4.; com-
mission f d'~ Fach-, Studienkommis-
sion f; voyage m d'~s Studienreise f;
loc/adv à l'~ zur Prüfung; in Bearbei-
tung, Vorbereitung; Projekt etc être à
l'~ geprüft werden; in Vorbereitung sein;
mettre à l'~ Akten bearbeiten; Projekt
(eingehend) prüfen; als Werk Studie f
(auch peint); Abhandlung f; Unter-
'suchung f; Versuch m; Arbeit f; peint
~s de main Handstudien f/pl; consa-
crer une ~ à un sujet e-m Thema e-e
Studie widmen; 4. mus E'tüde f; Übungs-
stück n; 5. für Schüler **a)** Arbeitsraum m,
-saal m, -zimmer n; **b)** Selbstbeschäfti-
gung f; 6. e-s Notars, Anwalts Kanz'lei f;
Bü'ro n; par ext Praxis f; ~ de notaire
auch Notari'at n

étudi|ant [etydjã], **~ante** **I** m,f
Stu'dent(in) m(f); Stu'dierende(r) f(m); F
Studiker m; iron Studi'osus m; e-r Fach-
schule, der Oberklassen e-s Gymnasiums
Schüler(in) m(f); ~ **en droit** Jura-
student(in) m(f), österr Jusstudent(in)
m(f) (abr stud. jur.); Ju'rist(in) m(f); ~ **en
lettres** Philolo'giestudent(in) m(f) (abr
stud. phil.); Philo'loge m, Philo'login f; ~
en médecine Medi'zinstudent(in) m(f)
(abr stud. med.); Medi'ziner(in) m(f); ~
en sciences Student(in) der Naturwis-
senschaft (abr stud. rer. nat.);
Na'turwissenschaftler(in) m(f); **associa-
tion** f **d'étudiants** Studentenvereini-
gung f; **foyer** m, **maison** f **d'étudiants**
Studenten(wohn)heim n; **vie** f
d'étudiant Studentenleben n; **être en-
core** ~ noch studieren, noch Student(in)
sein; **II** adj stu'dentisch; Stu'denten...;
jeunesse étudiante studentische, stu-
dierende Jugend

étudié [etydje] adj **1.** (wohl) durch'dacht;
ausgearbeitet; ausgefeilt; Preis scharf,
knapp kalku'liert; **2.** Stil, Sprache, Ge-
sten gekünstelt; gesucht; berechnet; un-
natürlich; gezwungen

étudier [etydje] **I** v/t **1.** Fach an der
Universität stu'dieren; Lektion, Voka-
beln lernen; Sprachen (er)lernen; thé
Rolle (ein)stu'dieren; Musikinstrument
spielen lernen; Musikstück (ein)üben; ~
l'anglais, l'histoire, la musique Eng-
lisch, Geschichte, Musik studieren; ~
les échecs, le piano, le tennis Schach
(-spielen), Klavier-, Tennisspielen ler-
nen; **2.** Naturerscheinung, Problem stu-
'dieren; erforschen; unter'suchen; (zu)
ergründen (suchen); Naturerscheinung
auch genau beobachten; Text, Autor
stu'dieren; genau beobachten; Per-
son, j-s Charakter, Gesichtszüge etc stu-
'dieren; genau beobachten; ~ **un pro-
blème, une question** auch sich (gründ-
lich, eingehend) mit e-m Problem, e-r
Frage befassen, beschäftigen; **3.** Vor-
schlag, Plan etc prüfen; stu'dieren; Ak-
ten, Projekt bearbeiten; Projekt auch
vorbereiten; **II** v/pr s'~ sich mit sich
selbst beschäftigen, befassen; sich selbst
beobachten; par ext sich zu sehr, zu viel
mit sich selbst beschäftigen, befassen;
sich ständig selbst beobachten; Schau-
spieler s-e Wirkung genau beobachten

étui [etui] m Etu'i n; Futte'ral n; Tasche f;
Hülle f; Köcher m; Behälter m; für
Nadeln etc Büchse f; mar Per'senning f; ~
à cigares, cigarettes Zi'garrentasche f,
Ziga'rettenetui n; ~ **à ciseaux, à lunet-
tes** Scheren-, Brillenetui n, Brillenfutte-
ral n; ~ **à peigne** Kammhülle f; ~ **à
revolver** Re'volvertasche f; ~ **à violon**
Geigenkasten m; ~ **de cartouche** Pa-
'tronenhülse f; **für Tennisschläger** ~ **de
protection** Schlägerhülle f; ~ **pour**

---

permis de conduire Hülle für Führer-
schein

étuvage [etyvaʒ] m tech Trocknen n
(durch Wärmeeinwirkung); von Betonwa-
ren Warmbehandlung f

étuve [etyv] f **1.** Schwitzbad n; Schwitz-
kasten m; fig quelle ~! hier ist es wie im
Brutofen, -kasten!; **chaleur** f d'~ Brut-
hitze f; **2.** tech Trockenofen m, -apparat
m, -kammer f; ~ **à désinfection, à
stérilisation** Desinfekti'onsschrank m,
Sterili'siergerät n, -apparat m

étuv|ée [etyve] f loc/adv cuis **à l'~** ge-
dämpft; gedünstet; geschmort; **cuire à
l'~** dämpfen; dünsten; schmoren; **~er** v/t
1. tech (durch Wärmeeinwirkung) trock-
nen; dörren; **2.** cuis Fleisch, Gemüse
dämpfen; dünsten; Fleisch auch
schmoren; **~eur** m od **~euse** f cf
étuve 2.

étymologie [etimɔlɔʒi] f als Wissen-
schaft, e-s Wortes Etymolo'gie f; ~ **po-
pulaire** Volksetymologie f

étymolog|ique [etimɔlɔʒik] adj etymo-
'logisch; **dictionnaire** m ~ etymologi-
sches Wörterbuch; **orthographe** f, **gra-
phie** f ~ etymologische Schreibweise;
~iste m Etymo'loge m

étymon [etimɔ̃] m ling Etymon n

eu [y] p/p von avoir

eucalyptol [økaliptɔl] m phm Euka-
'lyptusöl n

eucalyptus [økaliptys] m bot Euka-
'lyptus m; **odeur** f d'~ Eukalyptusge-
ruch m

eucharist|ie [økaristi] f égl cath Eucha-
ri'stie f; **sacrement** m **de l'2** Al'tar-
sakrament n; **~ique** adj eucha'ristisch;
congrès m ~ Eucharistischer Kongreß

euclidien [øklidjɛ̃] adj <~ne> math
eu'klidisch; **géométrie (non)** ~ne
(nicht)euklidische Geometrie

eudémis [ødemis] m zo Bekreuzter
Traubenwickler

eudémonisme [ødemɔnism(ə)] m phi-
los Eudämo'nismus m

eudiomètre [ødjɔmɛtr(ə)] m phys Eu-
dio'meter n

eugén|ique [øʒenik] **I** f Eu'genik f;
Erbgesundheitslehre f; **II** adj eu'genisch;
~isme m cf eugénique I; **~iste** m
Anhänger m, Vertreter m der Eu'genik

euglène [øglɛn] f zo Eu'glena f

euh [ø] int **1.** nach Worten suchend äh ...;
2. verwirrt, zweifelnd, staunend, zögernd
oh!; ach!; so?; c'est lui le coupable – ~ !
vous êtes sûr? ... ach (was)? od so? Sind
Sie sicher?; **3.** unentschieden hm!; alors,
cela vous plaît? – ~ ! ~ ! ... hm!

eunecte [ønɛkt] m zo Ana'konda f

eunuque [ønyk] m Eu'nuch m (auch F
fig)

eupatoire [øpatwar] f bot Wasserdost
m, -hanf m

euphém|ique [øfemik] adj euphe-
'mistisch; beschönigend; verhüllend;
~isme m Euphe'mismus m; beschöni-
gender, verhüllender Ausdruck

euphon|ie [øfɔni] f mus, ling Eupho'nie f;
Wohlklang m; ling auch Wohllaut m;
~ique adj eu'phonisch

euphorbe [øfɔrb] f bot Wolfsmilch f; sc
Eu'phorbia f

euphorbiacées [øfɔrbjase] f/pl bot
Wolfsmilchgewächse n/pl; Euphor-
bia'zeen f/pl

euphorie [øfɔri] f Eupho'rie f (auch
méd); Hochstimmung f; Glücksgefühl n;
dans l'~ de son succès im Hochgefühl
s-s Erfolgs; **être en pleine** ~ in Hoch-
stimmung sein

euphorique [øfɔrik] adj **a)** eu'phorisch;
être dans un état ~ in e-m euphorischen
Zustand sein; **b)** Alkohol **être** ~ in e-n
eu'phorischen Zustand versetzen

---

euphoris|ant [øfɔrizã] **I** adj in e-n eu-
'phorischen Zustand versetzend; eu-
phori'sierend; **II** m phm Eu'phorikum n;
~er v/t in e-n eu'phorischen Zustand
versetzen

euphuisme [øfyism(ə)] m Literaturge-
schichte Euphu'ismus m

eurafricain [ørafrikɛ̃] adj eurafri'ka-
nisch

euras|iatique [ørazjatik] adj géogr eu-
'rasisch; **~ien I** adj <~ne> eu'rasisch; **II**
subst ~(ne) m(f) Eu'rasier(in) m(f)

Euratom [øratɔm] f Eura'tom f

eurêka [øreka] int ich hab's!; litt heure-
ka!

eurent [yr] cf avoir

euristique cf heuristique

eurocommun|isme [ørɔkɔmynism(ə)]
m pol Eurokommunismus m; **~iste I** adj
eurokommunistisch; **II** m,f Euro-
kommunist(in) m(f)

eurodollars [ørɔdɔlar] m/pl Eurodollars
m/pl

europé|an|iser [ørɔpeanize] **I** v/t euro-
päi'sieren; **II** v/pr s'~ sich europäi'sieren;
euro'päisch werden; **~isme** m Euro-
'päertum n; euro'päischer Cha'rakter;
euro'päisches Denken

européen [ørɔpeɛ̃] **I** adj <~ne> euro-
'päisch; Eu'ropa...; **civilisation** ~ne
europäische Kultur; **Communautés**
~nes Europäische Gemeinschaften f/pl;
économie ~ne europäische Wirtschaft;
Parlement ~ Europäisches Parlament;
idéal ~ Ideal n e-s vereinten Europa; **II**
subst ~(ne) m(f) Euro'päer(in) m(f)

europium [ørɔpjɔm] m chim Eu'ro-
pium n

eurovision [ørɔvizjɔ̃] f télév Eurovisi'on
f; **émission** f **en** ~ Eurovisionssendung f

eurythm|ie [øritmi] f Kunst, méd Eu-
rhyth'mie f; Kunst auch Ausgewogenheit
f; Harmo'nie f; Ebenmaß n; **~ique** adj
Plastik etc ausgewogen; har'monisch

eus [y] cf avoir

euscarien od **euskarien** [øskarjɛ̃] adj
<~ne> ling Eigenbezeichnung für bas-
kisch; cf auch eskuara

eustat|ique [østatik] adj géol mouve-
ments m/pl ~s eu'statische (Meeres-)
Bewegungen f/pl; **~isme** m géol Eusta-
'sie f; Meeresspiegelschwankung f

eut, eût [y] cf avoir

eutectique [øtɛktik] adj phys eu-
'tektisch; **alliage** m, **mélange** m ~
Eu'tektikum n

eutexie [øtɛksi] f phys point m, tempé-
rature f ~ eu'tektischer Punkt, eu'tek-
tische Tempera'tur

euthanas|ie [øtanazi] f Euthana'sie f;
Gnadentod m; Sterbehilfe f; **~ique** adj
Euthana'sie...

eutrophisation [øtrɔfizasjɔ̃] f e-s
Gewässers Eutro'phierung f

eux [ø] pr/pers der 3. pers pl m **1.** meist
unverbunden u betont sie (nom u acc); ~
n'ont rien dit sie haben nichts gesagt;
ils n'oublient pas, ~ sie vergessen
nicht; il court aussi vite qu'~ er läuft so
schnell wie sie; **2.** mit prép sie (acc); ihnen
(dat); bei reflexivischer Beziehung sich;
nous pensons à ~ wir denken an sie; ils
ne pensent qu'à ~ sie denken nur an
sich; il est arrivé avant ~ er ist vor
ihnen angekommen; **l'un d'**~ od **d'entre**
~ einer von ihnen

eux-mêmes [ømɛm] pr/pers **1.** betont
(sie) selbst; ils l'ont promis ~ sie selbst
haben es versprochen; sie haben es selbst
versprochen; **2.** reflexiv sich selbst

évacuateur [evakɥatœr] **I** adj <-trice>
ableitend; abführend; **canal** ~ Abfluß-,
Ableitungs-, Abführkanal m; **II** m
Hochwasserentlastungsanlage f; 'Über-
lauf m; Vorfluter m

évacuation [evakɥasjɔ̃] *f* **1. a)** *von Stoffen aus dem Körper* Ausscheidung *f*; Ausstoßung *f*; Entleerung *f*; Abführung *f*; ~ **des excréments** Stuhlentleerung *f*; **b)** ausgeschiedene Stoffe *m/pl*; Ausscheidungen *f/pl*; **2.** *von Flüssigkeiten* Abfließen *n*; Abfluß *m*; Ablaufen *n*; Ablauf *m*; Ableitung *f*; Ablassen *n*; *von Gas, Wärme* Ableitung *f*; Abführung *f*; *tech* (Ent)Leerung *f*; ~ **d'air** Entlüftung *f*; ~ **de chaleur** Wärmeabfuhr *f*, -ableitung *f*; ~ **des gaz** Gasabzug *m*; **orifice** *m* **d'~** Abflußöffnung *f*; 'Überlauf *m*; **tuyau** *m* **d'~** Ableitungs-, Abflußrohr *n*; **3.** *mil e-s Gebietes, e-r Stadt, Festung* Räumung *f*; Evaku'ierung *f*; *der Bevölkerung* Evaku'ierung *f*; *von Verwundeten, Gefangenen* Abtransport *m*; *par ext e-s Saales, Stadions* Räumung *f*

évacué [evakɥe] *m* Evaku'ierte(r) *m*

évacuer [evakɥe] *v/t* **1.** *Stoffe aus dem Körper* ausscheiden; ausstoßen; abführen; *Darm* entleeren; **2.** *Flüssigkeiten, Wärme, Gas* ableiten; ab-, wegführen; *Flüssigkeiten* abfließen, ablaufen lassen; ablassen; *tech* (ent)leeren; **3.** *mil Gebiet, Stadt, Festung* räumen; evaku'ieren; *Bevölkerung* evaku'ieren; *Truppen* verlegen; *Kunstgegenstände* auslagern; *Kranke, Verwundete* abtransportieren; verlegen; *par ext Saal, Stadion* räumen; *Verwundete etc* ~ **par avion** ausfliegen; ~ **un navire** e-n Schiff verlassen; **faire** ~ **une salle** e-n Saal räumen lassen

évadé [evade] **I** *adj* Gefangener *etc* entflohen; flüchtig; **II** *m* Ausbrecher *m*; Entflohene(r) *m*; Entkommene(r) *m*

évader [evade] *v/pr* **s'~ 1. a)** *Gefangener etc* ausbrechen, (ent)fliehen, entkommen, entweichen (**d'une prison** aus e-m Gefängnis); **b)** *par ext* sich heimlich da'vonmachen; sich wegstehlen; heimlich die Flucht ergreifen; **2.** *fig s-n Sorgen, dem Alltag, der Wirklichkeit* entfliehen (+*dat*); **s'~ à la campagne** sich aufs Land zurückziehen, flüchten; **s'~ de ses soucis** s-n Sorgen entfliehen; **s'~ du réel par l'imagination** (sich) vor der Wirklichkeit in die Phantasie flüchten

évaluable [evalɥabl(ə)] *adj* abschätzbar; berechenbar; **difficilement** ~ schwer zu schätzen(d)

évaluation [evalɥasjɔ̃] *f von Werten, Sachen* (Ab-, Ein)Schätzen *n*, -ung *f*; Bewertung *f*; Ta'xierung *f*; Wertbestimmung *f*; *von Entfernungen* (Ab)Schätzen *n*, -ung *f*; *von Kosten, Preisen* Berechnung *f*; Ermittlung *f*; Über'schlagen *n*; 'Überschlag *m*; (Vor)Anschlag *m*; Veranschlagung *f*; Ansatz *m*; ~ **approximative** ungefähre Schätzung; Näherungswert *m*; ~ **de biens** Vermögensbewertung *f*, -schätzung *f*; ~ **de l'impôt** Steuervoranschlag *m*, -festsetzung *f*; **erreur** *f* **d'~** Schätzungsfehler *m*

évaluer [evalɥe] *v/t Werte, Sachen* (ab-, ein)schätzen; bewerten; ta'xieren; den Wert ermitteln (+*gén*); *Entfernung, Umfang* (ab)schätzen; *Kosten, Preise* über-'schlagen; ungefähr, im voraus berechnen; veranschlagen; ansetzen; ermitteln; *Schaden* schätzen; beurteilen; ermitteln; **faire** ~ **qc** etw schätzen lassen; **la maison est évaluée (à) un million** das Haus ist auf e-e Million geschätzt worden, ist mit e-r Million veranschlagt; *p/p* **assistance évaluée à mille personnes environ** auf ungefähr tausend Personen geschätztes Publikum

évanesc|ence [evanesɑ̃s] *f litt* **a)** *e-s Traumes etc* Verblassen *n*; Verschwinden *n*; Vergehen *n*; **b)** Verschwommenheit *f*; ~**ent** *adj litt* Erinnerung, Eindruck verblassend; verschwimmend; schwindend

évangéliaire [evɑ̃ʒeljɛr] *m égl cath* Evan'gelienbuch *n*; Evangeli'ar *n*

évangélique [evɑ̃ʒelik] *adj* **1.** des Evan'geliums; dem Evan'gelium gemäß; evan'gelisch; **2.** evan'gelisch; prote-'stantisch; **Église luthérienne** ~ evangelisch-lutherische Kirche; *subst* **les ~s** *m/pl* die Evangelischen *m/pl*

évangél|isateur [evɑ̃ʒelizatœr] **I** *adj* ‹-trice› evangeli'sierend; das Evan'gelium verkündend; **II** *m* Verkünder *m* des Evan'geliums; ~**isation** *f* Evangelisati'on *f*; ~**iser** *v/t* evangeli'sieren; zum Evan'gelium bekehren; das Evan-'gelium verkünden (**qn** j-m); ~**isme** *m* evan'gelische Lehre; ~**iste** *m* Evange'list *m* (*auch égl prot*); **les quatre** ~**s** die vier Evangelisten

évangile [evɑ̃ʒil] *m* **1. a)** ♀ Botschaft *Jesu, Schrift des Neuen Testaments* Evan-'gelium *n*; **b)** *Teil der Messe* Evan-'gelium *n*; **2.** *fig* Evan'gelium *n*; **son ~ politique** sein politisches Evangelium; **ce n'est pas parole d'~** das ist kein Evangelium

évanoui [evanwi] *adj* **1.** *Person* ohnmächtig; bewußtlos; ohne Bewußtsein; **personne** ~**e** Ohnmächtige(r) *f(m)*; Bewußtlose(r) *f(m)*; **2.** *Traum, Glück* vergangen; ent-, verschwunden

évanouir [evanwir] *v/pr* **s'~ 1.** *Person* ohnmächtig, bewußtlos werden; in Ohnmacht fallen; das Bewußtsein verlieren; **s'~ de douleur** vor Schmerz(en) ohnmächtig werden, in Ohnmacht fallen; **2.** *Erscheinung, Bild etc* sich (in nichts) auflösen; (in nichts) zerrinnen; (spurlos) verschwinden; sich verflüchtigen; verblassen; *Ansehen, Ruhm, Illusionen* vergehen; schwinden; *Ruhm auch* verblassen; *Furcht, Sorge* vergehen; verschwinden; sich zerstreuen; *Gefühl, Empfindung* vergehen; *Erinnerung* verblassen; schwinden; *Töne* ab-, verklingen; *par ext Personen* verschwinden; entfliehen

évanouissement [evanwismɑ̃] *m* **1.** Ohnmacht *f*; Bewußtlosigkeit *f*; **avoir un** ~ in Ohnmacht fallen; e-n Ohnmachtsanfall haben; ohnmächtig, bewußtlos werden; **2.** *von Erscheinungen, Bildern etc* (Ver)Schwinden *n*; Verblassen *n*; Vergehen *n*; *von Träumen, Hoffnungen auch* Ende *n*; *von Tönen* Ab-, Verklingen *n*; **3.** *rad* Schwund(erscheinung) *m(f)*

évapor|able [evaporabl(ə)] *adj chim* flüchtig; leicht verdunstend, verdampfend; verdampfbar; ~**ateur** *m tech* Verdampfer *m* (*auch bei Kältemaschinen*); Evapo'rator *m*; Eindampfapparat *m*

évapora|tion [evaporasjɔ̃] *f* Verdunstung *f*; Verdampfung *f*; Evaporati'on *f*; Verflüchtigung *f*; *par ext* Eindampfen *n*, -ung *f*; **réfrigération** *f* **par** ~ Verdunstungs-, Verdampfungskühlung *f*; ~**toire** *adj* Verdunstungs...; Verdampfungs...

évaporé [evapore] **I** *adj* **1.** *Flüssigkeit* verdunstet; verdampft; **2.** F *fig Person* leichtfertig, -sinnig; flatterhaft; kopflos; windig; **II** *subst* ~**(e)** *m(f)* leichtsinniger, -fertiger Mensch; Leichtfuß *m*; F Luftikus *m*; *von e-m Mädchen* leichtsinniges, -fertiges Geschöpf, F Ding

évapor|er [evapore] *v/pr* **s'~ 1.** *Flüssigkeit* verdunsten; verdampfen; sich verflüchtigen; **faire** ~ **qc** etw verdunsten, verdampfen lassen; *par ext* etw eindampfen; **2.** F *fig Person* F sich verdrücken, verdünni'sieren; verflüchtigen; *Sache* F sich verflüchtigen, in Luft auflösen; ~**ite** *f minér* Evapo'rit *m*

évas|é [evaze, -va-] *adj Trichter, Gefäß* nach oben breiter werdend; sich verbreiternd; *Rock* ausgestellt; ~**ement** *m der* Öffnung *e-s Rohres etc* Erweiterung *f*; (Auf)Weitung *f*; Ausweitung *f*; Breiter-werden *n*

évaser [evaze, -va-] **I** *v/t* Öffnung erweitern; auf-, ausweiten; weiter machen; *Rohre* weiten; **II** *v/pr* **s'~** Öffnung sich weiten; weiter, breiter, größer werden; *Ärmel, Kleid* weiter werden; glockig fallen; *Kleid* ausgestellt sein

évasif [evazif] *adj* ‹-ive› Antwort ausweichend; *Geste* vage; unbestimmt; **rester** ~ ausweichend antworten; sich nicht festlegen

évasion [evazjɔ̃] *f* **1.** *aus e-m Gefängnis etc* Ausbruch *m*; Flucht *f*; Ausbrechen *n*; Entkommen *n*; Entfliehen *n*; Entweichen *n*; **2.** *fig aus dem Alltag etc* Flucht *f*; Entrinnen *n*; Entfliehen *n*; ~ **'hors de la réalité par le rêve** Flucht aus, vor der Wirklichkeit in den Traum; **besoin** *m* **d'~** Bedürfnis *n* nach Ablenkung, Abwechslung; **3.** *écon* Flucht *f*; ~ **fiscale** Steuerflucht *f*; ~ **des capitaux** Kapi-'talflucht *f*, -abwanderung *f*

évasure [evazyr, -va-] *f* ausgeweitete Stelle; (Auf-, Aus)Weitung *f*

évêché [eveʃe] *m* **1.** Bistum *n*; **2.** Bischofswürde *f*; **3.** Bischofssitz *m*; bischöfliches Pa'lais

évection [evɛksjɔ̃] *f astr* Evekti'on *f*

éveil [evɛj] *m* **1.** geistiges, der Sinne etc Erwachen *n*; Wachwerden *n*; **2. a)** loc/adj wach (auch/sam); aufmerksam; **être, rester, se tenir en** ~ aufmerksam, wachsam, auf der Hut sein *bzw* bleiben; aufpassen; sich vorsehen; **son esprit est toujours en** ~ er ist immer aufnahmebereit; **mettre en** ~ wecken; wachrufen; *Neugier etc* auch erregen; reizen; anstacheln; **tenir en** ~ wachhalten; **b)** **donner l'~ à qn** j-n warnen, aufmerksam machen, aufhorchen lassen; j-m e-n Wink geben; **3.** physiol Wachzustand *m*; Wachsein *n*

éveillé [eveje] *adj* **1.** wach; schlaflos; *par ext* rêve, songe ~ Wachtraum *m*; Tagtraum *m*; **2.** *fig* aufgeweckt; (hell)wach; lebhaft; munter; regsam; flink; quicklebendig; **enfant** ~ aufgewecktes Kind; **esprit** ~ wacher, aufgeschlossener Geist; heller Kopf

éveiller [eveje] **I** *v/t* **1.** litt ~ **qn** j-n (auf)wecken; *cf auch* réveiller; **2.** Wünsche, Verlangen, Gefühle wachrufen; wecken; Verdacht, Eifersucht, Mißtrauen, Sympathie, Aufmerksamkeit erwecken; erregen; Neugier wecken; erregen; reizen; anstacheln; Intelligenz, Verstand anregen; entwickeln; fördern; ~ **qc en qn** in j-m etw wachrufen; **II** *v/pr* **s'~ 3. a)** litt Person aufwachen; wach werden; st/s erwachen; **b)** poét Natur, Stadt (aus dem Schlaf) erwachen; **4. a)** Gedanken, Gefühle, Erinnerungen, Intelligenz erwachen; sich regen; geweckt werden; **b)** **s'~ à l'amour** zur Liebe erwachen

événement [evɛnmɑ̃] *m* **a)** Ereignis *n*; Erlebnis *n*; Geschehnis *n*; Vorkommnis *n*; Begebenheit *f*; Vorfall *m*; **le grand** ~ **de l'année** das große, das Ereignis des Jahres; **heureux** ~ freudiges Ereignis (*Geburt*); ~ **imprévu** unvorhergesehenes Ereignis; **les principaux** ~**s de la journée** die wichtigsten Tagesereignisse *n/pl*; **triste** ~ trauriges Ereignis *etc*; **être au courant des** ~**s** über das Geschehen auf dem laufenden sein; **il était dépassé par les** ~**s** die Dinge sind ihm über den Kopf gewachsen; **ce fut pour lui un grand** ~ das war ein großes Erlebnis für ihn; F **lorsqu'il part en voyage, c'est un** ~ **!** ... so ist das ein Ereignis (für ihn)!; **b)** ~**s** *pl* besondere Ereignisse *n/pl*, 'Umstände *m/pl*; besondere Lage; **en raison des** ~**s** auf Grund der besonderen Ereig-

nisse; *je ne l'avais pas revu* **depuis les** ~**s** seitdem ...; **c)** *in Frankreich* **les** ~**s de mai 68** die politischen Unruhen im Mai 1968
événementiel [evɛnɑ̃sjɛl] *adj* ⟨~le⟩ **histoire** ~**le** lediglich die Ereignisse schildernde Geschichtsschreibung
évent [evɑ̃] *m* **1.** *e-s Wals* Spritzloch *n*; **2.** *tech* Luftkanal *m*, -loch *n*, -schacht *m*; *für Gase, Luft* Abzug *m*; *e-s Ofens etc* Zugloch *n*; *e-s Hochofens* Windfang *m*
éventail [evɑ̃taj] *m* **1.** Fächer *m*; ~ **de papier**, **de soie** Pa'pier-, Seidenfächer *m*; **agiter un** ~ e-n Fächer (hin und her) bewegen; **2.** *loc/adj u loc/adv* **en** ~ fächerförmig, -artig; fächerig; wie ein ausgebreiteter Fächer; F *fig* **doigts** *m/pl* **en** ~ **pied en** ~ F alle viere von sich gestreckt; *arch* **voûte** *f* **en** ~ Fächergewölbe *n*; **disposer en** ~ fächerförmig anordnen; (auf)fächern; **tenir ses cartes en** ~ s-e Karten wie e-n Fächer halten; **3.** *fig* 'Umfang *m*; Bereich *m*; Spektrum *n*; Skala *f*; *von Waren* Angebot *n*; Auswahl *f*; ~ **des prix** Preisstaffelung *f*, -spanne *f*; ~ **des salaires** Lohnspanne *f*, -skala *f*; Staffelung *f* der Lohnsätze
éventailliste [evɑ̃tajist] *m* Fächerfabrikant *m*, -händler *m*, -maler *m*
éventaire [evɑ̃tɛr] *m* **1.** Bauchladen *m*; **2.** Auslage *f* (*im Freien*)
éventé [evɑ̃te] *adj* **1.** *Getränk* schal; abgestanden; *Parfüm* verduftet; **2.** *Geheimnis* bekannt; offen; **c'est un truc** ~ das ist ein alter Trick; den Trick kennt jeder; **3.** *Ort* windig
éventer [evɑ̃te] **I** *v/t* **1.** ~ **qn** j-n fächeln; j-m Luft, Kühlung zufächeln; **2.** *fig* Komplott, Geheimnis auf-, entdecken; enthüllen; *Geheimnis auch* lüften; *Verrat* wittern; ~ **la mèche** Lunte, den Braten riechen; **3.** *agr* Korn 'umschaufeln; **4.** *ch* wittern; **II** *v/pr* **s'**~ **5.** sich Luft, Kühlung zufächeln; **6.** *Getränk* schal werden; abstehen; *Parfüm* verduften; s-n Duft verlieren
éventration [evɑ̃trasjɔ̃] *f* **1.** *path* Bauchwandbruch *m*; **2.** Aufgeschlitzt-, Aufgerissensein *n*
éventr|er [evɑ̃tre] **I** *v/t* **1.** ~ **qn**, **un animal** j-m, e-m Tier den Bauch aufschlitzen; **2.** *Gegenstände* (gewaltsam) aufreißen, -schlitzen, -schneiden, -brechen; zerfetzen; *Erde, Boden* aufwühlen; *Sack etc* (auf)platzen lassen; ~ **un tonneau** e-m Faß den Boden ausschlagen; **II** *v/pr* **s'**~ sich den Bauch aufschlitzen; ~**eur** *m* (Bauch)Aufschlitzer *m*; **Jack l'**~ Jack the Ripper
éventualité [evɑ̃tɥalite] *f* Eventuali'tät *f*; Möglichkeit *f*; möglicher Fall; Eventu'alfall *m*; **dans l'**~ **de** im Fall(e) (+*gén*); **envisager l'**~ **d'une guerre** mit der Möglichkeit e-s Krieges rechnen; **être prêt à toute** ~ auf alle Eventualitäten vorbereitet sein; **examiner toutes les** ~**s** alle Möglichkeiten prüfen
éventuel [evɑ̃tɥɛl] **I** *adj* ⟨~le⟩ eventu'ell; etwaige(r, -s); möglich; Eventu'al...; **bénéfices** ~**s** etwaiger Gewinn; **successeur** ~ möglicher Nachfolger; **II** *m* l'~ *philos* das Mögliche, Bedingte
éventuellement [evɑ̃tɥɛlmɑ̃] *adv* eventu'ell; möglicherweise; möglichenfalls; unter 'Umständen; viel'leicht; etwa
évêque [evɛk] *m* **1.** *égl* Bischof *m*; **2.** *adjt* **violet** ~ ⟨*inv*⟩ bischofslila
évertuer [evɛrtɥe] *v/pr* **s'**~ sich alle, große Mühe geben, sich bemühen, anstrengen, *p/fort* abmühen, abquälen (à **faire qc** etw zu tun, mit etw); **s'**~ à **faire une traduction** sich mit e-r Übersetzung abmühen
évhémérisme [evemerism(ə)] *m philos* Euheme'rismus *m*

éviction [eviksjɔ̃] *f* **1.** *jur* Evikti'on *f*; Entwehrung *f*; **2.** *aus e-r Partei, Gesellschaft etc* Ausschluß *m*; Verdrängung *f*; Ausstoßung *f*; *e-s Rivalen etc* Ausschaltung *f*; Verdrängung *f*; **3.** ~ **scolaire** Verbot *n* des Schulbesuchs (*für e-n Schüler mit ansteckender Krankheit*)
évidage [evidaʒ] *m* **a)** Aushöhlen *n*, -bohren *n*, -kehlen *n*, -schneiden *n*; **b)** Hohlraum *m*; Höhlung *f*; Ausschnitt *m*
évid|é [evide] *adj* hohl; ausgehöhlt; vertieft; ~**ement** *m cf* **évidage**
évidemment [evidamɑ̃] *adv* **1.** (ganz) offensichtlich; offenbar; augenscheinlich; **il s'est** ~ **trompé d'adresse** er hat sich offensichtlich in der Adresse geirrt; **2.** affirmativ, meist am Satzanfang selbstverständlich; na'türlich; *vous acceptez? —* ~! ... selbstverständlich!; ... aber natürlich!
évidence [evidɑ̃s] *f* **1.** Augenscheinlichkeit *f*; Offenkundigkeit *f*; Evi'denz *f*; Deutlichkeit *f*; Gewißheit *f*; Eindeutigkeit *f*; **l'**~ **d'un axiome** *auch* das Einleuchtende e-s Axioms; **force** *f* **de l'**~ Kraft *f* des Evidenten; **c'est l'**~ **même** das ist doch ganz klar, eindeutig, offenbar, offensichtlich; **nier l'**~ die Tatsachen leugnen; leugnen, was klar zu'tage liegt, ganz offenbar ist; **se rendre à l'**~ die Tatsachen anerkennen; sich den Tatsachen beugen; **refuser de se rendre à l'**~ sich der Wahrheit verschließen; die Sache nicht wahrhaben wollen; ♦ *loc/adv* **à l'**~, **de toute** ~ (ganz) offensichtlich; offenbar; **apparaître à l'**~ offensichtlich, evident, ganz klar, deutlich sein *bzw* werden; ganz klar zu'tage treten; **démontrer à l'**~ **que ...** schlüssig, eindeutig, klar beweisen, daß ...; **2.** *par ext* augenscheinliche, offenkundige, offensichtliche, klare Tatsache; Selbstverständlichkeit *f*; **c'est une** ~ das ist e-e Selbstverständlichkeit; **une** ~ **qui saute aux yeux** etwas ganz Augenfälliges; **3.** *loc/adv* **en** ~ gut, deutlich sichtbar; **être en** ~ klar zu'tage treten; ins Auge fallen; **mettre en** ~ **a)** zur Schau stellen; zeigen; *Gegenstand auch* auffällig, gut sichtbar hinlegen; **b)** *fig* unter'streichen; klar, deutlich her'vorheben, her'ausstellen; betonen; auf etw aufmerksam machen auf (+*acc*); her'ausstreichen; **se mettre en** ~ die Aufmerksamkeit auf sich lenken, ziehen; sich in Szene setzen; sich vordrängen; sich in den Vordergrund drängen
évident [evidɑ̃] *adj* augenscheinlich; offenkundig; offensichtlich; offenbar; evi'dent; klar (erkennbar); deutlich (sichtbar); einleuchtend; sinnfällig; **preuve** ~**e** klarer, eindeutiger, schlüssiger Beweis; **c'est** ~, **c'est une chose** ~**e** das ist ganz klar; das liegt klar auf der Hand; **il est** ~ **qu'il a menti** es ist ganz klar, daß er gelogen hat; er hat eindeutig, offensichtlich gelogen
évid|er [evide] *v/t* **1.** aushöhlen, -bohren, -kehlen; **2.** *cout* (bogenförmig) ausschneiden; **3.** *agr* Baum in der Mitte ausästen; ~**oir** *m tech* Hohlbohrer *m*; ~**ure** *f* Aushöhlung *f*; Auskehlung *f*; Hohlraum *m*
évier [evje] *m* Spülbecken *n*, -tisch *m*, -stein *m*; Spüle *f*; Ausguß(becken) *m*(*n*)
évincement [evɛ̃smɑ̃] *m selten cf* **éviction**
évincer [evɛ̃se] *v/t* ⟨-ç-⟩ **1.** *jur* evin'zieren; (auf ju'ristischem Wege) den Besitz entziehen (**qn** j-m); aus dem Besitz vertreiben; **2.** *aus e-r Partei, Stellung etc* ausschließen; ausstoßen; *von e-m Platz* verdrängen; vertreiben; *Rivalen etc* ausschalten; verdrängen
évitable [evitabl(ə)] *adj* vermeidbar

évit|age [evitaʒ] *m mar* Schwojen *n*; Schwoien *n*; ~**ement** *m ch de fer* **voie** *f* **d'**~ Ausweich-, Über'holgleis *n*
éviter [evite] **I** *v/t* **1.** Fehler, Zusammentreffen, Streik, Unfall etc vermeiden; abwenden; *Speise, Getränk, Ort* meiden; *Hindernis, Schwierigkeit etc* ausweichen, aus dem Weg(e) gehen (+*dat*); um'gehen; *Verpflichtung, Arbeit* sich entziehen, aus dem Weg(e) gehen (+*dat*); ~ **une catastrophe** e-e Katastrophe vermeiden, verhindern, verhüten; ~ **la guerre** *auch* es nicht zu e-m Krieg kommen lassen; ~ **le regard de qn** j-s Blick ausweichen; ~ **une voiture de justesse** e-m Wagen gerade noch ausweichen (können); **on ne peut pas** ~ **sa destinée** man kann s-m Schicksal nicht entgehen; **réussir à** ~ **une corvée** um e-e lästige Arbeit her'umkommen; **s'**~ **de faire qc** es vermeiden, sich hüten, etw zu tun; **évitez de céder** geben Sie möglichst nicht nach; vermeiden Sie es nachzugeben; ♦ ~ **que ...** (ne) (+*subj*) vermeiden, sich vorsehen, sich hüten, daß ...; **évite qu'on ne t'y voie** sieh dich vor, sieh zu, daß man dich hier nicht sieht; **2.** ~ **qn** j-n meiden; j-m ausweichen, aus dem Weg(e) gehen; sich von j-m fernhalten; F j-n schneiden; **3.** ~ **qc à qn** j-m etw ersparen; **II** *v/i* **4.** *mar* schwojen; schwoien; **III** *v/pr* **s'**~ **5.** *Personen* sich, ein'ander meiden, aus dem Wege gehen; **6.** *passivisch* sich vermeiden lassen; vermieden werden; **7.** **s'**~ **qc** sich etw ersparen
évocateur [evɔkatœr] **I** *adj* ⟨-trice⟩ **1.** Geister beschwörend; **2.** *Bild, Eindruck, Geruch* Erinnerungen wachrufend, auslösend; *Geste* bedeutsam; bedeutungsvoll; vielsagend; *Name, Titel* bezeichnend; beziehungsreich; *Film, Stil* anschaulich; über'zeugend
évocation [evɔkasjɔ̃] *f* **a)** (Geister-)Beschwörung *f*; **b)** (Geister)Erscheinung *f*; Geist *m*; **2.** *e-r Erinnerung, Vorstellung* Wachrufen *n*; Her'aufbeschwören *n*; Her'vorrufen *n*; Auslösen *n*; *e-s Ereignisses* Zu'rückrufen *n* in die Erinnerung; Erinnerung *f*, Zu'rückdenken *n* (**de** an +*acc*); **pouvoir** *m* **d'**~ Aussage-, Sugge'stivkraft *f*; **3.** *jur* Evokati'on *f*; 'Übernahme *f* e-s Verfahrens durch ein höheres Gericht; **droit** *m* **d'**~ Evokationsrecht *n*
évolué [evɔlɥe] *adj* **1.** *Volk, Land* hochentwickelt; zivili'siert; *Persönlichkeit* kulti'viert; hochstehend; sehr gebildet; *auch* großzügig; **esprit** ~ liberaler, offener, aufgeklärter Mensch; **2.** *EDV* **langage** ~ pro'blemorientierte (Program-'mierungs)Sprache
évoluer [evɔlɥe] *v/i* **1.** Bewegungen ausführen; *Personen* sich bewegen; hin und her gehen; kommen und gehen; *Truppen* schwenken; die Stellung, Lage wechseln, ändern; *Schiff* manö'vrieren; *Flugzeuge* ~ **dans le ciel** am Himmel um'herfliegen, ihre Kreise ziehen; **2.** *Wissenschaft, Vorstellung etc* sich (weiter-, fort-)entwickeln; *Wissenschaft auch* Fortschritte machen; *Einstellung* sich (ver-)ändern, wandeln; *Krankheit* fortschreiten; **il a beaucoup évolué** s-e Einstellung hat sich grundlegend geändert; er hat sich zu s-m Vorteil entwickelt; **la situation évolue en faveur de ...** die Lage (ver)ändert, entwickelt sich zugunsten (+*gén*)
évolutif [evɔlytif] *adj* ⟨-ive⟩ sich entwickelnd, verändernd, wandelnd; entwicklungs-, wandlungsfähig; Entwicklungs...; *Krankheit* fortschreitend
évolution [evɔlysjɔ̃] *f* **1. a)** ~**s** *pl* Bewegungen *f/pl*; Vorführungen *f/pl*; *e-r Tän-*

zerin auch Schritte *m/pl*; **b)** *von Truppen* Schwenkung *f*; Bewegung *f*; Lage-, Stellungswechsel *m*; *mar* Schwenkung *f*; Ma'növer *n*; Wendung *f*; **~s** *pl auch* Manö'vrieren *n*; **2.** *e-r Wissenschaft, Theorie etc* (Weiter-, Fort)Entwicklung *f*; Fortschritt *m*; Fortschreiten *n*; *von Ideen, Vorstellungen, des Geschmacks* Entwicklung *f*; Entfaltung *f*; Wandlung *f*; Änderung *f*; *e-s Menschen auch* Werdegang *m*; *biol, e-r Sprache* Entwicklung *f*; *biol auch* Evolutio'n *f*; stammesgeschichtliche Entwicklung; *e-r Krankheit* Verlauf *m*; **~ ascendante** Aufwärtsentwicklung *f*; **~ continue** kontinuierliche, stetige Entwicklung; **~ démographique** Bevölkerungsentwicklung *f*; **~ structurelle** Struk'turwandel *m*; **~ de la conjoncture** Konjunk'turentwicklung *f*, -verlauf *m*; **~ des événements** Gang *m* der Ereignisse; **~ des prix** Preisentwicklung *f*, -kurve *f*; **~ de la situation** Entwicklung, Änderung der Lage; **civilisation *f* en pleine ~** in der Entwicklung begriffene Kultur; *biol* **doctrine *f*, théorie *f* de l'~** Entwicklungslehre *f*, -theorie *f*; Evolutionstheorie *f*

évolutionn|isme [evɔlysjɔnism(ə)] *m philos* Evolutio'nismus *m*; **~iste I** *adj* evolutio'nistisch; **II** *m* Evolutio'nist *m*
évoquer [evɔke] *v/t* **1.** *Geister* beschwören; **2.** *Geschehnis, Person* in Erinnerung, ins Gedächtnis rufen; erinnern, die Erinnerung wachrufen an (+*acc*); hinweisen auf (+*acc*); *Erinnerungen, Vorstellungen* wachrufen; (er-) wecken; her'aufbeschwören; auslösen; *Worte* **~ des idées** Vorstellungen auslösen, her'vorrufen; *Gebilde* **~ une tête humaine** an e-n menschlichen Kopf denken lassen, erinnern; *cela* **n'évoquait rien pour lui** das sagte ihm nichts; er konnte nichts damit verbinden; **3.** *par ext* Land *etc* vor Augen führen; darstellen; beschreiben; schildern; e-e Vorstellung geben von; *Frage, Problem* erwähnen; streifen; anschneiden; **4.** *jur Gericht: Fall* an sich ziehen; über'nehmen
evzone [evzon] *m mil in Griechenland* Eu'zone *m*; Ev'zone *m*
ex [εks] F *m,f* früherer (Ehe)Mann, frühere (Ehe)Frau; F Exgatte *m*, -gattin *f*; Verflossene(r) *f(m)* (*auch Freund*[in])
ex-… [εks] *in Zssgn* Ex-…; ehemalige(r, -s); frühere(r, -s); F gewesene(r, -s); *z B:* **ex-ami** früherer Freund; F Verflossene(r) *m*; Ehemalige(r) *m*; **ex-député, ex-directeur** ehemaliger, früherer Abgeordnete(r), Direktor; **ex-mari** früherer Mann; F Exgatte *m*; Verflossene(r) *m*
exacerbation [εgzasεrbasjɔ̃] *f* **1.** *path e-r Krankheit* Exazerbati'on *f*; **2.** *fig e-r Leidenschaft* Aufflackern *n*; Steigerung *f*
exacerb|é [εgzasεrbe] *adj* Empfindlichkeit, Gefühl über'steigert; *Verlangen* heftig; *Stolz* ex'akt; gereizt; **~er I** *v/t Schmerzen* schlimmer machen; verschlimmern; *Verlangen, Zorn* steigern; *Zorn auch* reizen; *Leidenschaften* aufstacheln; (stark) erregen; **II** *v/pr* **s'~** *Schmerzen* sich verschlimmern; stärker, schlimmer werden; *Gefühle* sich steigern; immer heftiger werden; wachsen
exact [εgza(kt)] *adj* ⟨**exacte** [εgzakt]⟩ **1.** *Berechnung, Messung, Methode, Pläne, Nachweis* genau; ex'akt; zuverlässig; *Überlegung, Festtellung* richtig; zutreffend; wahr; *Antwort* richtig; kor'rekt; *Ausdruck, Wort* treffend; *Prüfung* genau; sorgfältig; eingehend; kor'rekt; streng; **copie, reproduction ~e** genaue Kopie; '*Wiedergabe*; **description ~e** genaue Beschreibung; **heure ~e** genaue Uhrzeit; **les sciences ~es** die exakten

Wissenschaften *f/pl*; **c'est ~** das ist richtig; das stimmt; **se faire une idée ~e de qc** sich e-e genaue Vorstellung von etw machen; **2.** pünktlich; **être ~ au rendez-vous** pünktlich bei der Verabredung sein
exactement [εgzaktəmɑ̃] *adv* genau; **calculer ~** exakt, richtig rechnen; **il est ~ dix heures** es ist genau zehn Uhr
exaction [εgzaksjɔ̃] *f* **1.** 'übermäßige Forderung; unrechtmäßige Eintreibung von Geldern; **2.** *par ext* Machtmißbrauch *m*
exactitude [εgzaktityd] *f* **1.** *e-r Berechnung, Messung, Methode* Genauigkeit *f*; Ex'aktheit *f*; *e-r Überlegung, Feststellung* Richtigkeit *f*; Kor'rektheit *f*; *e-s Berichts auch* Zuverlässigkeit *f*; Wahr'haftigkeit *f*; *e-r Untersuchung auch* Sorgfältigkeit *f*; Sorgfalt *f*; **~ historique** historische Genauigkeit; **avec ~** genau; exakt; richtig; korrekt; (sehr) zuverlässig; sorgfältig; **2.** Pünktlichkeit *f*; **~ militaire** militärische Pünktlichkeit; **être d'une parfaite ~** ganz, sehr pünktlich sein; *F* die Pünktlichkeit in Person sein; *loc/prov* **l'~ est la politesse des rois** Pünktlichkeit ist die Höflichkeit der Könige (*loc/prov*)
ex æquo [εgzeko] *loc/adv u loc/adj* gleich(rangig, -wertig); gleichstehend; **trois candidats ~** *m/pl* drei gleichstehende Kandidaten *m/pl*; *Schüler* **être premier ~** *avec qn* zusammen mit j-m Klassenbester sein; **être classé ~** *avec qn* gleich eingestuft, bewertet werden wie; gleichstehen mit; die gleiche Punktzahl, die gleichen Noten bekommen wie
exagérateur [εgzaʒeratœr] **I** *adj* ⟨-trice⟩ über'treibend; **II** *m* Über'treiber *m*
exagération [εgzaʒerasjɔ̃] *f* Über'treibung *f*; Über'steigerung *f*; Aufbauschung *f*; **sans ~**, *on peut affirmer que* … ohne Übertreibung …; **il est économe, sans ~** er ist sparsam, ohne zu über'treiben *od* aber nicht über'trieben; **il y a beaucoup d'~ dans ce qu'il raconte** es ist vieles über'trieben, was er erzählt
exagéré [εgzaʒere] *adj* über'trieben; über'zogen; *Gefühle auch* über'trieben; *Preise* 'übermäßig, unverhältnismäßig hoch; zu hoch; unangemessen; *Forderung auch* unmäßig; maßlos; über'steigert; über'spitzt; *Anstrengung* 'übermäßig; *Reiseweg* unverhältnismäßig lang; zu lang; **plaisanterie un peu ~e** etwas gewagter, kühner Scherz; **il n'est pas ~ de dire que** … man kann ohne Über'treibung, ohne zu über'treiben sagen, daß …; **~ment** *adv* über'trieben; 'übermäßig; unangemessen
exagérer [εgzaʒere] ⟨-è-⟩ **I** *v/t* über'treiben; aufbauschen; *Rolle* 'überbewerten; über'schätzen; **il ne faut rien ~** man soll nichts übertreiben; **II** *v/i* **1.** über'treiben; *F* dick auftragen; **sans ~** ohne zu übertreiben; ohne Über'treibung; tatsächlich; F ungelogen; **2.** zu weit gehen; es zu weit treiben; das Maß über'schreiten; *F* (il ne) faut, faudrait **pas ~**! F das geht zu weit!; jetzt reicht's mir aber!; jetzt ist es mir zu dumm!; **III** *v/pr* **s'~** *qc* etw über'schätzen, 'überbewerten
exaltant [εgzaltɑ̃] *adj Musik, Lektüre etc* erhebend; begeisternd; ergreifend; mitreißend
exaltation [εgzaltasjɔ̃] *f* **1.** leidenschaftliche Erregung, Begeisterung; *oft péi* 'Überschwenglichkeit *f*; 'Überschwang *m*; Über'spanntheit *f*; Schwärmen *n*; Schwärme'rei *f*; Exal'tiertheit *f*; Exaltati'on *f* (*auch psych*); **~ intellectuelle** geistige Überspanntheit; **~ mystique**

mystische Schwärmerei; **2.** *litt* Verherrlichung *f*; **3.** *méd der Virulenz* Steigerung *f*; **4.** *égl cath* ♀ **de la sainte Croix** Kreuzerhöhung *f*
exalté [εgzalte] **I** *adj* Person, Gefühle, *oft péi* 'überschwenglich; über'spannt; schwärmerisch; *Gefühle auch, Phantasie* über'steigert; *Person auch* exal'tiert; (über'trieben) begeistert; **II** *subst* **~(e)** *m(f)* Schwärmer(in) *m(f)*; Phan'tast(in) *m(f)*; über'spannter Mensch; Fa'natiker(in) *m(f)*
exalter [εgzalte] **I** *v/t* **1.** *Person* leidenschaftlich erregen; begeistern; mit-, hinreißen; **2.** *litt Person, Tat, Verdienst* preisen; rühmen; verherrlichen; ('überschwenglich) loben; *Person auch* verehren; bewundern; **3.** *Gefühle, Sinneseindrücke etc* steigern; verstärken; *Eifer, Opferbereitschaft* erhöhen; *méd Virulenz* steigern; **~ l'homme** den Menschen über sich selbst erheben; ihn 'auswachsen lassen; **II** *v/pr* **s'~** *Person* sich begeistern; sich leidenschaftlich erregen; in Schwärme'rei, Erregung geraten; *péi* sich exal'tieren
examen [εgzamɛ̃] *m* **1.** Prüfung *f*; Ex'amen *n*; **~ écrit, oral** schriftliche, mündliche Prüfung; **~ préalable, préliminaire** Vorprüfung *f*; **~ d'admission** Zulassungs-, Aufnahmeprüfung *f*; **~ d'aptitude** Eignungsprüfung *f*; **~ d'entrée** Aufnahmeprüfung *f*; **~ de fin d'études, de sortie** Abschluß-, Abgangsprüfung *f*; **~ de passage** *cf* passage **4.**; **~ du permis de conduire** Fahrprüfung *f*; **admettre qn à un ~** j-n zu e-r Prüfung zulassen; **échouer, être refusé**, F **blackboulé, collé, recalé à l'~** durchs Examen fallen; im, beim Examen, in, bei der Prüfung 'durchfallen, F 'durchrasseln, -fliegen, -segeln; das Examen, die Prüfung nicht bestehen; **passer, subir un ~** e-e Prüfung, ein Examen machen, ablegen; **réussir à l'~, être reçu à l'~** die Prüfung bestehen; 'durchkommen; **2.** Prüfung *f*; Über'prüfung *f*; Unter'suchung *f*; Studium *n*; Mustern *n*, -ung *f*; 'Durchsicht *f*; Einsicht(nahme) *f* (**de** in +*acc*); *phys* **~ spectroscopique** spektroskopische Untersuchung; **~ de documents anciens** Studium alter Urkunden; **~ des empreintes digitales** Überprüfung der Fingerabdrücke; **~ des faits** (Über)Prüfung der Fakten; **~ des lieux** Ortsbesichtigung *f*; *comm* **~ des livres** Einsicht in die Bücher; Überprüfung der Bücher; Bücherrevision *f*; à l'~ bei (der) Durchsicht, (Über-) Prüfung; **après ~** nach Einsichtnahme; **après ~ approfondi, après plus ample ~** bei näherer Prüfung; **pour ~** mit der Bitte um Prüfung; zur (Über-) Prüfung, Einsichtnahme; **faire l'~ de qc** etw unter'suchen, (über')prüfen; **ne pas résister à l'~** e-r Prüfung nicht standhalten; **3.** **~** (médical) (ärztliche) Unter'suchung; **~ radioscopique** Röntgenuntersuchung *f*; Durch'leuchtung *f*; **~ sérologique** serologische Untersuchung *f*, -bild *n*; **4.** **~ de conscience** Gewissenserforschung *f* (*auch rel*); **faire son ~ de conscience** sein Gewissen erforschen
examina|teur [εgzaminatœr] *m*, **~trice** *f* Prüfer(in) *m(f)*; Prüfende(r) *f(m)*; Exami'nator *m*
examiner [εgzamine] **I** *v/t* **1.** prüfen; unter'suchen (*auch méd*); über'prüfen; erforschen; stu'dieren; e-r Prüfung, Unter'suchung unter'ziehen; *comm Bücher* einsehen; *Akten etc* 'durchsehen, -gehen; *Papiere, Beweismaterial* sichten;

Vorschläge erwägen; ~ **les défauts de qc** die Mängel, Fehler e-r Sache prüfen; etw auf s-e Mängel, Fehler prüfen; ~ **un malade** e-n Kranken, Patienten untersuchen; ~ **comment, pourquoi, si** ... prüfen, wie, warum, ob ...; **2.** *Person, Sache* mustern; genau, prüfend betrachten, anschauen, ansehen; beobachten; *Sache* auch in Augenschein nehmen; *Ort etc* besichtigen; **3.** ~ **qn** j-n prüfen, exami'nieren, e-r Prüfung unter'ziehen; **II** *v/pr* **s' (dans la glace)** sich (im Spiegel) genau betrachten

exanthémat|eux [ɛgzãtematø] *adj* ⟨**-euse**⟩ *path* exanthe'matisch; mit e-m Hautausschlag verbunden; **~ique** *adj cf* **exanthémateux; typhus** *m* ~ Fleckfieber *n*, -typhus *m*

exanthème [ɛgzãtɛm] *m path* Exan-'them *n*

exarchat [ɛgzarka] *m hist, égl* Exar'chat *n*

exarque [ɛgzark] *m hist, égl* Ex'arch *m*

exaspérant [ɛgzasperã] *adj* ärgerlich; lästig; auf die Nerven gehend, fallend; **être** ~ *p/fort auch* einen wütend, rasend machen; einen zur Rase'rei bringen

exaspération [ɛgzasperasjõ] *f* **1.** Verärgerung *f*; Ärger *m*; Gereiztheit *f*; Erregung *f*; Erbitterung *f*; Zorn *m*; Entrüstung *f*; **2. a)** *méd* des Schmerzes Steigerung *f*; Verschlimmerung *f*; **b)** *litt* des *Verlangens*, e-s *Gefühls* Steigerung *f*; Anwachsen *n*

exaspérer [ɛgzaspere] ⟨**-è-**⟩ **I** *v/t* **1.** aufs äußerste reizen; aufbringen; rasend machen; in Wut bringen; erbittern; erbosen; aus der Fassung bringen; irri'tieren; aufregen; *adjt* **exaspéré** wütend; gereizt; aufgebracht; erbittert; erbost; erregt; außer sich; **2.** *Schmerz* verschlimmern; schlimmer machen; *Gefühle, Wünsche* (bis zum Ex'zeß, aufs höchste) steigern; *Zorn* reizen; **II** *v/pr* **s'** rasend, wütend, zornig werden; sich erbosen

exaucement [ɛgzosmã] *m* e-s *Gebets* Erhörung *f*; e-s *Wunsches* Erfüllung *f*; e-r *Bitte* Gewährung *f*

exaucer [ɛgzose] *v/t* ⟨**-ç-**⟩ **a)** *Gott: Gebet* erhören; ~ **qn** j-n erhören; **b)** *Wunsch* erfüllen; *Bitte* gewähren

ex cathedra [ɛkskatedra] *loc/adv égl* **cath** ex cathedra (*auch fig*); **parler** ~ ex cathedra sprechen

excavateur [ɛkskavatœr] *m tech* (großer Stetig)Bagger; *Trockenbagger m;* ~ **à chaîne à godets** Eimerkettenbagger *m;* ~ **en butte, en fouille** Hoch-, Tiefbagger *m*

excavation [ɛkskavasjõ] *f* **1.** Vertiefung *f*; (Aus)Höhlung *f*; Einbuchtung *f*; Loch *n*; *im Boden auch* Mulde *f*; Senke *f*; ~ **naturelle** natürliche Vertiefung; **2.** (Aus)Baggern *n*; Ausheben *n*; Aushub *m*; Ausschachten *n*, -ung *f*

excavatrice [ɛkskavatris] *f* (kleinerer *meist* Raupen)Bagger; ~ **hydraulique** Hy'draulikbagger *m;* ~ **à benne preneuse** Greifbagger *m*

excaver [ɛkskave] *v/t Erde, Baugrube* ausbaggern; ausheben; ausschachten

excédant [ɛksedã] *adj s-s Anwesenheit etc* lästig; ärgerlich; unerträglich

excédent [ɛksedã] *m* 'Überschuß *m;* Mehrbetrag *m;* 'Überhang *m;* 'überschüssige Summe; *auch* 'Überlänge *f;* 'Übermaß *n;* ~ **annuel** Jahresüberschuß *m;* ~ **de bagages** Gepäckübergewicht *n*, -mehrgewicht *n; ellip* **payer cent francs d'**~ hundert Franc für Gepäckübergewicht bezahlen; ~ **des exportations** Ex'port-, Ausfuhrüberschuß *m;* ~ **de(s) frais** Mehrkosten *pl;* ~ **de naissances** Geburtenüberschuß *m;*

~ **de poids** Mehr-, 'Übergewicht *n;* 'Überfracht *f;* ~ **de pouvoir d'achat** Kaufkraftüberhang *m;* überschüssige Kaufkraft; ~ **de la production** Produkti'onsüberschuß *m; loc/adj* **en** ~ 'überschüssig; 'überzählig; **balance** *f* **en** ~ aktive Bilanz; **somme** *f* **en** ~ Mehrbetrag *m;* **être en** ~ überzählig sein

excédentaire [ɛksedãtɛr] *adj* 'überschüssig; 'überzählig; **balance commerciale** ~ aktive Handelsbilanz; **pouvoir** *m* **d'achat** ~ überschüssige Kaufkraft; **production** *f* ~ Produkti'onsüberschuß *m*

excéder [ɛksede] *v/t* ⟨**-è-**⟩ **1.** *Anzahl, Menge* über'schreiten; *Preis, Kosten, Niveau* über'steigen; hin'ausgehen über (+*acc*); liegen über (+*dat*); höher sein (qc als etw); *Nachteile: Vorteile* über-'wiegen; größer sein als; *Vertrag* ~ **la durée de cinq ans** länger als fünf Jahre laufen; e-e Laufzeit von mehr als fünf Jahren haben; **2.** *par ext Befugnisse* über'schreiten; *Mittel, Erwartungen, Kräfte* über'steigen; **3.** ~ **qn** j-m lästig sein, fallen; j-n ärgern, belästigen, reizen; j-m auf die Nerven gehen, fallen; *p/p* **je suis excédé par qc** etw geht mir auf die Nerven

excellemment [ɛksɛlamã] *adv von* **excellent**

excellence [ɛksɛlãs] *f* **1.** e-s *Weines etc* Vor'trefflichkeit *f;* her'vorragende Quali'tät *f; in der Schule* **prix** *m* **d'**~ Preis *m* für den Klassenbesten; **2.** *Titel* ♀ Exzel-'lenz *f;* **Son, Votre** ♀ Seine, Eure Exzellenz (*abr* Se *od* ♀, Ew. Exz.); **Son** ♀ **l'ambassadeur, l'archevêque** Seine Exzellenz der Botschafter, der Erzbischof; **3.** *loc/adv* **par** ~ ganz besonders; vorzugsweise; schlechthin; **par excel-'lence; un écrivain romantique par** ~ ein romantischer Schriftsteller par excellence; **s'intéresser par** ~ **aux langues** sich vorzugsweise, ganz besonders für Sprachen interessieren

excellent [ɛksɛlã] *adj* her'vorragend; (ganz) ausgezeichnet; vor'trefflich; vorzüglich; exzel'lent; F prima (*inv*); *Getränk, Speise auch* köstlich; *Idee auch* prächtig

excellentissime [ɛksɛlãtisim] *adj* ganz her'vorragend, ausgezeichnet, exzel'lent

exceller [ɛksele] *v/i* ~ **dans, en** *qc* sich auszeichnen, sich her'vortun, glänzen, bril'lieren, her'vorragend sein, ausgezeichnet sein in etw (*dat*); ~ **dans sa profession** in s-m Beruf, Fach Hervorragendes leisten; ~ **en mathématiques** (ganz) ausgezeichnet, hervorragend sein in Mathematik; in Mathematik glänzen; ♦ ~ **à faire** qc etw ganz ausgezeichnet, hervorragend machen; **il excelle à danser** er tanzt ausgezeichnet; er ist ein hervorragender Tänzer

excentr|ation [ɛksãtrasjõ] *f phys, tech* Verlagerung *f* des Mittelpunkts; Mittenverlagerung *f;* **~er** *v/t tech* ex'zentrisch verstellen

excentricité [ɛksãtrisite] *f* **1.** Abweichen *n*, Abstand *m* vom Mittelpunkt; *math, astr* Exzentrizi'tät *f; tech* ex'zentrische Verstellung; Außermittigkeit *f;* e-s *Rades etc* Schlag *m;* **2.** e-s *Stadtviertels* Abgelegenheit *f;* **3.** e-r *Person* ex-'zentrisches Wesen; Ex'zentrik *f;* Ex'zentrizi'tät *f;* e-s *Hutes, Kleides etc* Extrava'ganz *f;* **faire des** ~**s** sich Extravaganzen leisten

excentrique [ɛksãtrik] **I** *adj* **1.** *math, tech* ex'zentrisch; *tech auch* aus-, außermittig; **cercles** *m/pl* ~**s** exzentrische Kreise *m/pl;* **2.** *Stadtviertel* abgelegen; weit vom Zentrum entfernt; **3.** *Person, Ideen* ex'zentrisch; über'spannt; *Klei-*

dung extrava'gant; ausgefallen; auffallend; **II** *subst* **1.** *m tech, phys* Ex'zenter *m;* **2.** *m, f* ex'zentrischer, über'spannter Mensch; ex'zentrische, extrava'gante Per'son

excepté [ɛksɛpte] *prép* ⟨ *bei Nachstellung veränderlich* ⟩ ausgenommen (+ *Kasus beim übergeordneten Verb*); mit Ausnahme von (*od* +*gén*); bis auf (+*acc*); abgesehen von (+*dat*); außer (+*dat*); **il avait tout prévu,** ~ **ce cas** ... ausgenommen diesen Fall, bis auf diesen Fall, nur nicht diesen Fall; **eux** ~**s,** personne n'a entendu parler de cela außer ihnen, bis auf sie, sie ausgenommen ...; ♦ *loc/conj:* ~ **que** ... davon abgesehen *od* abgesehen davon, daß ...; außer *od* nur daß ...; sieht man davon ab, daß ...; ~ **si** ... außer (wenn) ...; es sei denn, daß ...; wenn nicht ...

excepter [ɛksɛpte] *v/t* ~ **qn, qc** j-n, etw ausnehmen, bei'seite lassen; von j-m, etw absehen; *Kosten* abziehen; **sans** ~ **personne** ohne Ausnahme; ohne j-n auszunehmen

exception [ɛksɛpsjõ] *f* **1.** Ausnahme *f* (à qc von etw); Ausnahme-, Sonderfall *m;* ♦ *loc/adj* **d'**~ Ausnahme-...; Sonder...; **loi** *f* **d'**~ Ausnahmegesetz *n;* **mesure** *f* **d'**~ Sondermaßnahme *f;* außergewöhnliche Maßnahme *f;* **traitement** *m* **d'**~ Sonderbehandlung *f; loc/prép* **à l'**~ **de,** ~ **faite de** ausgenommen (+ *Kasus beim übergeordneten Verb*); mit Ausnahme von (*od* +*gén*); bis auf (+*acc*); abgesehen von (+*dat*); außer (+*dat*); *loc/adv:* **à une** ~ **près** bis auf e-e, mit e-r Ausnahme; von e-r Ausnahme abgesehen; **par** ~ ausnahmsweise; **sans (aucune)** ~ ohne (jede) Ausnahme; (ganz) ausnahmslos; **sans** ~ **d'âge ni de sexe** ohne Rücksicht auf Alter und Geschlecht; ♦ **constituer, être une** ~, **faire** ~ e-e Ausnahme bilden, sein; **c'est une** ~ *auch* das ist selten; **faire une** ~ **pour qn, en faveur de** qn bei j-m e-e Ausnahme machen; **cette règle ne souffre, comporte pas d'**~ diese Regel läßt keine Ausnahme zu, hat keine Ausnahme; *loc/prov* **c'est l'**~ **qui confirme la règle** Ausnahmen bestätigen die Regel (*loc/prov*); **2.** *jur* Einrede *f;* Einwand *m;* Einwendung *f;* ~ **de nullité** Nichtigkeitseinrede *f,* Einwendung der Nichtigkeit; ~ **de prescription** Einrede der Verjährung

exceptionnel [ɛksɛpsjonɛl] *adj* ⟨~**le**⟩ **1.** Ausnahme...; Sonder...; **des circonstances** ~**les** besondere, außergewöhnliche 'Umstände *m/pl;* **congé** ~ Sonderurlaub *m;* **mesure** ~**le** Sondermaßnahme *f;* außergewöhnliche Maßnahme *f;* **2.** *Person, Erfolg* außerordentlich; außergewöhnlich; *Gelegenheit* einmalig

exceptionnellement [ɛksɛpsjonɛlmã] *adv* **1.** ausnahmsweise; **2.** außerordentlich; außer-, ungewöhnlich

excès [ɛksɛ] *m* **1.** 'Übermaß *n;* Unmaß *n;* Unmäßigkeit *f* (*bes* im Essen u Trinken); Maßlosigkeit *f;* Ausschweifung *f;* Ex-'zeß *m;* ~ *pl* Ausschreitungen *f/pl;* Gewalttätigkeiten *f/pl;* Ausschweifungen *f/pl;* Ex'zesse *m/pl;* **un** ~ **de** ... **ein** ein 'Übermaß an (+*dat*); ~ **de précaution, de prudence** 'übermäßige, über'triebene Vorsicht; ~ **de table** Unmäßigkeit beim Essen; **Schlemme'rei** *f;* ~ **de travail** Arbeitsüberlastung *f;* ~ **de zèle** 'Übereifer *m;* **pécher par** ~ **de zèle** 'übereifrig, (all)zu eifrig sein; *loc/adv:* **à l'**~, **avec** ~ unmäßig; 'übermäßig; maßlos; im Übermaß; ohne Maß; über alle Maßen; über'trieben; **boire, manger à l'**~ un-'mäßig (viel) trinken, essen; **être méticuleux à l'**~ 'übergenau, über'trieben genau sein; **jusqu'à l'**~ bis zum Exzeß;

pousser qc jusqu'à l'~ etw bis zum Letzten, Äußersten treiben; **faire des ~** unmäßig sein im Essen und Trinken; **ne faites pas d'~** leben Sie mäßig; **tomber dans l'~** über'treiben; **tomber dans l'~ inverse** ins andere Extrem fallen; **2.** Über'schreitung f; jur **~ de pouvoir** Überschreitung der Amtsgewalt, der Dienstbefugnisse; Amts-, Zuständigkeitsüberschreitung f; **~ de vitesse** Geschwindigkeitsüberschreitung f; **3.** 'Überschuß m; Mehrbetrag m; Plus (-differenz) n(f); math **~ sphérique** sphärischer Ex'zeß; **d'urée dans le sang** erhöhter Harnstoffgehalt im Blut; math par **~** aufgerundet

excessif [ɛksesif] adj <-ive> **1.** 'übermäßig; unmäßig; maßlos; über'trieben; über'zogen; exzes'siv; Preis, Miete über'höht; Ansicht über'trieben; ex'trem; discours m d'une longueur excessive extrem, übertrieben lange Rede; froid **~** bittere, beißende, strenge Kälte; gaieté, joie excessive übertriebene, ausgelassene, maßlose, unbändige Fröhlichkeit, Freude; écon liquidité, production excessive 'Überliquidität f, -produktion f; il fait une chaleur excessive es ist unerträglich heiß; **2.** <vorangestellt> außerordentlich; außergewöhnlich; excessive bonté außerordentliche Güte

excessivement [ɛksesivmã] adv **1.** 'übermäßig, unmäßig, maßlos viel; **2.** außerordentlich; außergewöhnlich

exciper [ɛksipe] v/t/indir **~ de 1.** jur (e-e) Einrede, Einwendungen erheben wegen; sich berufen, stützen auf (+acc); **2.** litt zu s-r Verteidigung anführen; **~ de sa bonne foi** in guten Glauben beteuern

excipient [ɛksipjã] m phm Grundmasse f

excis|er [ɛksize] v/t chir Tumor etc (her')ausschneiden; sc exzi'dieren; **~ion** f chir Ausschneiden n; sc Exzisi'on f

excit|abilité [ɛksitabilite] f Erregbarkeit f, Reizbarkeit f (auch physiol); **~able** adj reizbar, erregbar (auch physiol); empfindlich; **~ant I** adj erregend, aufreizend (auch sexuell); Lektüre etc aufregend (auch Schönheit); Getränk etc anregend; stimu'lierend; **II** m Reiz-, Anregungsmittel n; Stimulans n (auch fig); **~ateur** élect I adj <-trice> Erreger...; **II** subst **1.** m Erreger m; **2.** excitatrice f Erregermaschine f, -dynamo m, -generator m

excitation [ɛksitasjã] f **1.** des Appetits, der Phantasie Anregung f; der Sinne Reiz(e) m(n); zum Widerstand etc Aufstachelung f; Aufwiegelung f; Aufreizung f; Verleitung f; Anstiftung f; jur **~ (de mineurs) à la débauche** Verführung f, Anstiftung (Minderjähriger) zur Unzucht; **~ à la désobéissance** Anstiftung zum Ungehorsam; **~ à la haine** Verhetzung f; **2.** Zustand Erregung f (auch physiol); Erregtheit f; Aufregung f; **~ sexuelle** sexuelle Erregung; **être dans un état d'extrême ~** sich im, in e-m Zustand äußerster Erregung befinden; **3.** élect Erregung f; phys atom Anregung f; élect: **~ indépendante**, **séparée** Fremderregung f; **~ en dérivation, en série** Nebenschluß-, Hauptschluß- od Reihenschlußerregung f

excité [ɛksite] **I** adj erregt; aufgeregt; **II** subst **~(e)** m(f) Hitzkopf m; Heißsporn m

exciter [ɛksite] **I** v/t **1.** Wut, Eifersucht, Leidenschaft etc erregen; aufstacheln; Appetit, Phantasie anregen; Eifer, Mut anspornen; anstacheln; Schmerz verstärken; **2.** Person erregen, aufreizen (auch sexuell); in Wallung bringen; Person auch, Tier reizen; **~ qn à qc** j-n zu etw

aufstacheln, anstiften; abs **~ à la révolte zum Aufruhr** hetzen; **~ qn contre qn** j-n gegen j-n aufhetzen; **~ son chien contre qn** s-n Hund auf j-n hetzen; **3.** physiol Nerv etc reizen; erregen; élect erregen; **II** v/pr s'**~** erregt werden (auch sexuell); in Wallung geraten; F in Fahrt kommen

exclamatif [ɛksklamatif] adj <-ive> gr Ausrufe...; Ausrufungs...; **proposition exclamative** Ausrufesatz m

exclamation [ɛksklamasjã] f Ausruf m; **~ de surprise** Ausruf der Über'raschung; Satzzeichen point m d'~ Ausrufe-, Ausrufungszeichen n; **pousser des ~s de joie** in Freuden-, Jubelrufe ausbrechen

exclamer [ɛksklame] v/pr s'**~** ausrufen; ... s'exclama-t-il ... rief er (aus)

exclu [ɛkskly] p/p von **exclure** u adj ausgeschlossen; **c'est ~** das ist ausgeschlossen; das scheidet aus; **il est ~ qu'il vienne avec nous** es ist ausgeschlossen, daß er mitkommt; subst les **~s** die ausgeschlossenen Mitglieder n/pl; die Ausgeschlossenen pl

exclure [ɛksklyr] <cf conclure> **I** v/t **1. ~ qn** j-n ausschließen; **~ du nombre des candidats** von der Liste der Kandidaten streichen; **~ qn d'un parti** j-n aus e-r Partei ausschließen, p/fort ausstoßen; **2.** Möglichkeit etc ausschließen; nicht in Betracht ziehen; nicht ins Auge fassen; **l'un n'exclut pas l'autre** das eine schließt das andere nicht aus; bei e-r Diät **~ les sucreries** Süßigkeiten weglassen, meiden; **II** v/pr s'**~** (l'un l'autre, mutuellement) sich (gegenseitig), ein'ander ausschließen

exclusif [ɛksklyzif] adj <-ive> ausschließlich; Al'lein...; exklu'siv; Exklu'siv...; **modèle ~** Exklusivmodell n; **privilège ~** ausschließliches Vorrecht; **représentant ~** Alleinvertreter m; **il est trop ~** a) er ist zu einseitig; b) er beansprucht die Zuneigung, die Liebe (der bzw des ihm nahe stehenden Menschen) ausschließlich für sich; er verlangt (die) ungeteilte Zuneigung

exclusion [ɛksklyzjã] f Ausschluß m (d'un parti aus e-r Partei); Ausschließung f; e-s Schülers Verweisung f (von der Schule); jur **~ de la succession** Erbausschluß m; loc/prép **à l'~ de** mit Ausnahme, litt mit Ausschluß von (od +gén); außer (+dat)

exclusive [ɛksklyziv] f Ausschluß m; Ausschließungsmaßnahme f; Veto n; **~ment** adv ausschließlich; **jusqu'au 20 ~** bis zum 20. ausschließlich, exklu'sive

exclusivité [ɛksklyzivite] f comm Al'leinverkauf(srecht) m(n); Al'leinvertrieb m, -auslieferung f; Al'lein-, Exklu'sivvertretung f; Al'leinherstellungsrecht f(n); Al'leinveröffentlichungsrecht n, -aufführungsrecht n; cinéma m d'~ Erstaufführungskino m; contrat m d'~ Exklu'sivvertrag m; loc/adv en **~** ausschließlich; **ce film passe en ~ au «Royal»** dieser Film läuft exklusiv im "Royal"; **avoir l'~ d'une marque** e-e Marke im Alleinvertrieb haben; Werbung **c'est une ~ X** ein X-Produkt; Alleinhersteller bzw Alleinvertrieb X

excommun|ication [ɛkskɔmynikasjã] f égl cath Exkommunikati'on f; Exkommuni'zierung f; Kirchenbann m; **être frappé d'~** exkommuniziert werden; **~ier** v/t égl cath exkommuni'zieren

excori|ation [ɛkskɔrjasjã] f path Hautabschürfung f; sc Exkoriati'on f; **~er** v/t path Haut abschürfen

excrément [ɛkskremã] m physiol Exkre'ment n; Ausscheidung f; bes Kot m

excrémentiel [ɛkskremãsjɛl] adj <-le> Exkre'ment...; Kot...

excré|ter [ɛkskrete] v/t <-è-> physiol ausscheiden; absondern; **~teur** adj <-trice> physiol exkre'torisch; Ausscheidungs...; **conduit ~** Ausführungsgang m; **~tion** f physiol **1.** Exkreti'on f; Ausscheidung f; bes e-r Drüse Absonderung f; **2. ~s** pl Ex'krete n/pl; Ausscheidungen f/pl; **~toire** cf excréteur

excroissance [ɛkskrwasãs] f path Auswuchs m; Wucherung f (auch bot); Gewächs n

excursion [ɛkskyrsjã] f **1.** Ausflug m; Ausflugsfahrt f; **~ (scientifique)** Exkursi'on f; **~ à dos de chameau** Kamelritt m; **~ en montagne** Ausflug ins Gebirge; **~ en voiture** Autoausflug m, -fahrt f, -tour f; **faire une ~** e-n Ausflug machen; **2.** rad **~ de fréquence** Frequenzhub m

excursionn|er [ɛkskyrsjɔne] v/i Ausflüge machen; **~iste** m Ausflügler m

excusable [ɛkskyzabl(ə)] adj entschuldbar; zu entschuldigen(d); verzeihlich; il est **~** man kann ihm verzeihen

excuse [ɛkskyz] f **1.** Entschuldigung f; Entschuldigungsgrund m; Ausrede f; **mauvaise ~** faule Ausrede; Schule mot m d'~ Entschuldigungszettel m, -brief m; **pour toute ~ il a prétendu que ...** als einzige Entschuldigung ...; **avoir toujours une ~ prête** immer e-e Entschuldigung zur Hand haben; **nie um e-e Ausrede** verlegen sein; **ce n'est pas une ~** das ist keine Entschuldigung; Fehler etc **être sans ~** unentschuldbar, unverzeihlich, nicht zu entschuldigen sein; **exiger des ~s de qn** von j-m e-e Entschuldigung verlangen; **faire ses od des ~s à qn** sich bei j-m entschuldigen, j-n um Entschuldigung bitten (pour für, wegen); **je vous fais toutes mes ~s** ich möchte mich bei Ihnen entschuldigen; P **faites ~!** entschuldigen Sie!; **fournir une ~** e-e Entschuldigung vorbringen; **prendre qc pour ~** etw vorschützen; **présenter ses ~s à qn** sich bei j-m (in aller Form) entschuldigen; **2.** jur **~ absolutoire** Strafausschließungsgrund m; **~ atténuante** Strafmilderungsgrund m

excuser [ɛkskyze] **I** v/t **a)** Verhalten, Fehler etc entschuldigen; **rien n'excuse une telle conduite** nichts entschuldigt ein solches Verhalten; **excusez ma mauvaise écriture** entschuldigen Sie meine schlechte Schrift; **b) ~ qn** j-n entschuldigen (auch wegen Nichterscheinens); mit j-m Nachsicht haben; **excusez-moi!**, auch **vous m'excuserez!** entschuldigen, verzeihen Sie (bitte)!; **Entschuldigung!; Verzeihung!; se faire ~** sich entschuldigen (lassen); (s-n Besuch) absagen; **veuillez m'~ auprès de ...** entschuldigen Sie mich bitte bei ...; **II** v/pr s'**~** sich entschuldigen (de qc auprès de qn bei j-m für od wegen etw); je **m'excuse** entschuldigen Sie (bitte) (de vous déranger die Störung); je **m'excuse de mon retard** ich möchte mich für mein Zuspätkommen entschuldigen; **ma femme s'excuse**, elle ne peut pas venir meine Frau läßt sich entschuldigen, ...; prov **qui s'excuse s'accuse** wer sich entschuldigt, klagt sich an

exeat [ɛgzeat] m <inv> égl cath Exeat n

exécr|able [ɛksekrabl(ə)], egze-] adj scheußlich; abscheulich; **~ation** f Abscheu m; **avoir en ~** verabscheuen; **~er** v/t <-è-> verabscheuen

exécut|able [ɛgzekytabl(ə)] adj **1.** aus-, 'durchführbar; **2.** mus spielbar; **~ant** m **1.** ausführendes Or'gan (Person); un simple **~** auch ein einfacher Befehlsempfänger; **2.** mus Mitwirkende(r) m; Ausführende(r) m; Vortragende(r) m;

Künstler *m*; **un orchestre de cinquan-te** ~s ein Orchester *n* mit fünfzig Mit-wirkenden

exécuter [egzekyte] **I** *v/t* **1.** *Auftrag, Befehl, Bewegung, Bestellung etc* ausführen; *Vorhaben, Arbeiten* 'durch-, ausführen; *Kunstwerk* aus|führen; *abs* ausführendes Or'gan sein; ~ **une statue en marbre** e-e Statue in Marmor ausführen; ~ **un virage** *auto* e-e Kurve fahren, *aviat* fliegen, nehmen; ~ **les dernières volontés de qn** j-s Letzten Willen erfüllen; **2.** *jur Urteil, Testament etc* voll'strecken; *Urteil auch* voll'ziehen; *Vertrag* erfüllen; ~ **un débiteur** die Zwangsvollstreckung in das bewegliche Vermögen e-s Schuldners vornehmen; **3.** *mus* vortragen; spielen; auf|führen; **4.** **qn** j-n hinrichten, exeku'tieren; *par ext auch* j-n 'umbringen; **II** *v/pr* **s'**~ der Aufforderung *bzw* dem Befehl *bzw* s-n Verpflichtungen *etc* nachkommen; sich fügen

exécuteur [egzekytœr] *m* **1.** *jur* ~ **testamentaire** Testa'mentsvollstrecker *m*; **2.** ~ **des 'hautes œuvres** Scharfrichter *m*; Henker *m*

exécutif [egzekytif] *adj* ⟨**-ive**⟩ Exeku-'tiv...; **comité** ~ Exekutivausschuß *m*, -komitee *n*; **le pouvoir** ~ *od subst* **l'**~ *m* die Exeku'tive; die Exekutivgewalt; die voll'ziehende *od* ausübende (Staats-) Gewalt

exécution [egzekysjõ] *f* **1.** *e-s Auftrags, Befehls, e-r Bewegung etc* Ausführung *f*; *e-s Vorhabens, von Arbeiten* 'Durch-, Ausführung *f*; *e-s Kunstwerks* Ausführung *f*; F ~! los, los!; schnell!; **mettre à** ~ aus-, 'durchführen; *Drohung* wahr machen; **passer à l'**~ an die Ausführung gehen; **2.** *jur e-s Urteils, Testamentes etc* Voll'streckung *f*; *e-s Vertrages* Erfüllung *f*; ~ **forcée** Zwangsvollstreckung *f*; **acte** *m* **d'**~ Vollstreckungsmaßnahme *f*; **3.** *mus* Vortrag *m*; Spiel *n*; Aufführung *f*; **4.** ~ **(capitale)** Hinrichtung *f*; Exekuti'on *f*; *mil* Erschießung *f*

exécutoire [egzekytwar] *adj jur* voll-'streckbar; rechtskräftig; Voll-'streckungs...; **force** *f* ~ Vollstreckbar-keit *f*; **avoir force** ~ vollstreckbar sein; **formule** *f* ~ Vollstreckungsklausel *f*; **titre** *m* ~ Vollstreckungstitel *m*

exèdre [egzedr(ə)] *f arch hist* Exedra *f*

exégèse [egzezez] *f* Exe'gese *f* (*bes bibl*) ; Auslegung *f*, -deutung *f*; (Text-) Erklärung *f*; **faire l'**~ **de qc** etw aus|legen, -deuten

exégète [egzezɛt] *m* Exe'get *m*; Ausdeu-ter *m*; Erklärer *m*

exégétique [egzezetik] *adj* exe'getisch; ausdeutend, -legend; erklärend; (*Buch-*) *Ausgabe* kommen'tiert

exemplaire [egzãplɛr] **I** *adj Verhalten etc* mustergültig; musterhaft; vorbildlich; beispielhaft; *Strafe* exem'plarisch; **une mère** ~ e-e vorbildliche Mutter; **II** *m e-s Buches, e-r Zeitschrift etc* Exem-'plar *n* (*auch e-r Pflanze etc*); Stück *n*; ~ **gratuit** Freiexemplar *n*; **taper une lettre en deux, trois** ~**s** *od* **en double**, **triple** ~ e-n Brief in zweifacher *od* doppelter, dreifacher Ausfertigung tip-pen

exemplarité [egzãplarite] *f des Verhal-tens etc* Mustergültigkeit *f*; Vorbildlich-keit *f*; Beispielhaftigkeit *f*; *e-r Strafe* exem'plarischer Cha'rakter *m*

exemple [egzãpl(ə)] *m* Beispiel *n*; *meist als Warnung* Ex'empel *n*; *von e-r Person auch* Vorbild *n*; Muster *n*; **un bel** ~ **de style gothique** ein schönes Beispiel für den gotischen Stil; **un** ~ **de ce qu'il ne faut pas faire** ein abschreckendes Bei-spiel; **un cas sans** ~ ein beispielloser,

noch nie dagewesener Fall; *loc/prép* **à l'**~ **de** nach dem Beispiel, Vorbild von (*od* +*gén*); *loc/adv*: **par** ~ a) zum Beispiel (*abr z. B.*); beispielsweise; b) F (*pourtant*) allerdings; (je')doch; c) *int* F (na) so was!; nicht möglich!; Donnerwetter!; **pour l'**~ um ein Exempel zu statu'ieren; **citer**, **donner un** ~ ein Beispiel geben, anfüh-ren (**de qc** für etw); **citer qn, qc en** ~ j-n als Vorbild, etw als vorbildlich, muster-gültig, beispielhaft hinstellen; **donner l'**~ mit gutem Beispiel vor'angehen; ein gutes Beispiel geben; **donner le mau-vais** ~ ein schlechtes Beispiel geben; **faire un** ~ ein Exempel statu'ieren; **prêcher d'**~ mit gutem Beispiel vor'an-gehen; **prendre** ~ **sur qn** sich an j-m ein Beispiel nehmen; **servir d'**~ als Beispiel dienen; **suivre l'**~ **de qn** j-s Beispiel (*dat*) folgen

exempt [egzã] **I** *adj* ⟨**exempte** [egzãt]⟩ frei, *Person auch* befreit, dispen'siert (**de** von); ~ **de droits de douane** zollfrei; ~ **d'erreurs** fehlerrei, -los; ~ **d'impôt(s)** *Sache* steuerfrei; *Person* von der Steuer befreit; ~ **d'intérêts** zinslos; ~ **de tout reproche** einwandfrei; ~ **de risques** risikofrei, -los; ohne Risiko; ~ **du servi-ce militaire** vom Militärdienst befreit; ~ **de taxe** abgaben- *bzw* steuerfrei; **II** *m* Befreite(r) *m*; Dispen'sierte(r) *m*

exempter [egzãte] **I** *v/t* befreien, aus-nehmen, *Person auch* freistellen, dispen-'sieren (**de** von); *adj* u *subst* **exempté** *cf* **exempt**; **II** *v/pr* **s'**~ **de qc** etw unter-'lassen, vermeiden

exemption [egzãpsjõ] *f* **1.** Befreiung *f*, Dis'pens *m*, Dispensati'on *f* (**de** von); ~ **d'impôt(s)** Befreiung von der Steuer (von Steuern); Steuerfreiheit *f*; ~ **du service militaire** Befreiung vom Mili-tärdienst; **2.** *égl cath* Exempti'on *f*

exequatur [egzekwatyr] *m* **1.** *dipl* Exe-qu'atur *n*; **2.** *jur* Voll'streckbarkeits-erklärung *f*; Voll'streckungsurteil *n*

exercé [egzerse] *adj Ohr, Auge etc* geübt

exercer [egzerse] ⟨**-ç-**⟩ **I** *v/t* **1.** *Macht, Einfluß, Kontrolle, Tätigkeit, Beruf etc* ausüben; *Amt auch* bekleiden; innehaben; verwalten; *Recht auch* geltend ma-chen; Gebrauch machen von; ~ **un contrôle**, **une influence sur qn, qc** e-e Kontrolle über j-n, etw, Einfluß auf j-n, etw ausüben; ~ **un métier** *auch* ein Gewerbe betreiben; ~ **une pression sur qn**, *tech* **sur qc** auf j-n Druck auf j-n, auf etw ausüben; ~ **son talent** sein Talent ausüben, entfalten; ~ **sa verve contre qn** s-n Witz gegen j-n richten; **2.** *Ge-dächtnis etc* üben; schulen; **II** *v/i* **3.** *bes Arzt* prakti'zieren; **il n'exerce plus** *Arzt* er praktiziert nicht mehr; *Anwalt* er ist nicht mehr als Anwalt tätig; er hat s-e Anwaltspraxis aufgegeben; **III** *v/pr* **s'**~ **4.** *sich üben; auch* trai'nieren [trɛ-]; *sports* ~ **au violon** Geige üben; **s'**~ **à faire qc** sich in etw (*dat*) üben; **5.** *Einfluß, Macht etc* ausgeübt werden (**sur qn** auf j-n); *Bosheit etc* sich richten (**contre gegen**); **la pression qui s'exerce sur qn, qc** der Druck auf j-n, etw; *auch* der Druck, unter dem j steht

exercice [egzersis] *m* **1.** *der Macht, e-s Rechts, e-s Berufes etc* Ausübung *f*; *e-s Rechtes auch* Geltendmachung *f*; ~ **illé-gal de la médecine** unbefugte, illegale Ausübung der Medizin; **libre** ~ **des cultes** freie Religi'onsausübung; ~ **du droit de vote** Ausübung des Stimm-, Wahlrechts; **le président en** ~ der am'tierende Präsident; **dans l'**~ **de ses fonctions** in Ausübung s-s Amtes; **2.** *gym, Schule, mus etc* Übung *f*; **gym** ~ **imposé, libre** Pflicht-, Kürübung *f*; ~**s libres** *auch* Kür *f*; *rel* ~**s spirituels**

geistliche Übungen; Exer'zitien *pl*; **gym** ~ **aux anneaux, à la barre fixe** Übung an den Ringen, am Reck; ~**s au sol** Bodenturnen *n*, -übungen *f/pl*; ~ **d'alerte** Probealarm *m*; ~**s d'assouplissement** Lockerungsübun-gen *f/pl*; ~ **de calcul, de grammaire** Rechen-, Gram'matikübung *f*; ~ **de force** Kraftakt *m*; ~**s de gymnastique** Turn- *bzw* Gym'nastikübungen *f/pl*; ~ **de tir** Schießübung *f*; ~ **de traduction** Über'setzungsübung *f*; **faire des** ~**s** Übungen machen; *Musiker, Sänger* üben; **3.** ~ **(physique)** (körperliche) Bewegung; *auch* Gym'nastik *f*; Freiübungen *f/pl*; **faire de l'**~ sich Bewegung machen, verschaffen; *auch* Gymnastik treiben; **manquer d'**~ nicht genügend Bewegung haben; **4.** *comm, fin* Geschäfts-, Rechnungs-, Wirt-schaftsjahr *n*; ~ **budgétaire** Haushalts-jahr *n*; ~ **social** Geschäftsjahr e-r Firma; **5.** *mil* Exer'zieren *n*

exérèse [ekserez, egze-] *f chir* Exhä'rese *od* Ex(h)ai'rese *f*

exergue [egzerg] *m* **1.** *auf e-r Münze etc* Inschrift *f*; **2.** *par ext e-s Buches, Kapitels* Motto *n*; **mettre en** ~ als Motto vor'an-stellen

exfoliation [eksfɔljasjõ] *f von Rinde etc* Abblättern *n*, -ung *f*; *méd* Exfoliati'on *f*; ~**er** *v/pr* **s'**~ abblättern; sich ablösen

exhalaison [egzalezõ] *f* Dunst *m*; Aus-dünstung *f*; *auch* Duft *m*; ~**ation** *f* Ausdünstung *f* (*auch physiol*)

exhaler [egzale] **I** *v/t* **1.** *Geruch, Duft etc* ausströmen; *st/s* aushauchen; ausatmen; *unangenehmen Geruch auch* ausdünsten (*auch physiol*); *litt* ~ **le dernier soupir** s-n letzten Seufzer aushauchen, tun; **2.** *fig u litt Ärger, Freude etc* äußern; bekunden; **II** *v/pr* **s'**~ *litt Geruch etc* ausströmen; ausdünsten; aufsteigen; dringen (**de** aus)

exhaure [egzɔr] *f mines* Wasserhaltung *f*, -hebung *f* (*auch Anlage*)

exhaussement [egzosmã] *m bât* Erhö-hung *f*; ~**er** *v/t Mauer, Gebäude etc* höher machen; erhöhen; *Haus* ~ **d'un étage** *auch* aufstocken

exhausteur [egzostœr] *m tech* Ex-'haustor *m*; Absaugvorrichtung *f*

exhaustif [egzostif] *adj* ⟨**-ive**⟩ *Aufzäh-lung, Studie etc* erschöpfend

exhaustion [egzostjõ] *f math* méthode *f* **d'**~ Exhausti'onsmethode *f*

exhérédation [egzeredasjõ] *f jur* Enter-bung *f*; ~**er** *v/t* ⟨**-è-**⟩ *jur* enterben

exhiber [egzibe] *v/t* **1.** *Ausweis etc* vorzeigen; vorweisen; *Zirkustiere* vor-führen; **2.** *Orden, Kleidung etc* zur Schau tragen; *Wissen, Reichtum etc* zur Schau stellen; vorführen; prunken mit; **II** *v/pr* **s'**~ *péj* sich zeigen; sich sehen lassen; sich zur Schau stellen

exhibition [egzibisjõ] *f* **1.** Vorzeigen *n*, -ung *f*; Vorweisen *n*, -ung *f*; *von Zirkustie-ren* Vorführung *f*; **2.** *von Reichtum etc* Zur'schaustellung *f*; Zur'schautragen *n*; Vorführung *f*

exhibitionnisme [egzibisjɔnism(ə)] *m* **1.** *path* Exhibitio'nismus *m*; **2.** *fig* Zur-'schaustellung *f* s-r In'timsphäre, s-s Pri'vatlebens; ~**iste** *m* **1.** *path* Exhibitio-'nist *m*; **2.** *adj par ext* **elle est un peu** ~ a) sie ist ziemlich freigiebig mit ihren Reizen; b) *fig* sie stellt gern ihr Pri'vatle-ben zur Schau

exhortation [egzɔrtasjõ] *st/s f* Ermah-nung *f* (**à qc** zu etw); ~**s** *pl auch* Zureden *n*; ~**er** *v/t st/s* ~ **qn** j-n ermahnen, ansporren, ermuntern, drängen (**à faire qc** etw zu tun); ~ **qn à la patience** j-n zur Geduld mahnen

exhumation [egzymasjõ] *f* **1.** *e-r Leiche*

Exhu'mierung f; Exhumati'on f; **2.** *Archäologie* Ausgrabung f; Freilegung f; **3.** *fig von Dokumenten etc* Ausgraben n

exhumer [ɛgzyme] v/t **1.** exhu'mieren (**un corps** e-e Leiche); **2.** *antike Überreste etc* ausgraben; **3.** *fig alte Dokumente etc* ausgraben; ~ **de ses cartons** aus der Vergessenheit her'vorziehen

exigeant [ɛgziʒɑ̃] *adj Person, Charakter* anspruchsvoll; *Chef* der viel verlangt; *Beruf* bei dem viel verlangt wird; der hohe Anforderungen stellt; **être très, trop ~ avec qn** j-m gegenüber sehr, zu anspruchsvoll sein

exigence [ɛgziʒɑ̃s] f **1.** Forderung f; Anspruch m; Erfordernis n; Anforderung f; **les ~s de la nature, de l'instinct** das Verlangen der Natur, des Instinktes; **les ~s de la situation** die Erfordernisse der Lage; **ses ~s n'ont plus de limite** s-e Forderungen, s-e Ansprüche kennen keine Grenzen mehr; **ne pas répondre aux ~s** den Anforderungen nicht genügen, *Person auch* nicht gewachsen sein; **2.** *e-r Person* anspruchsvolles Wesen; **il est d'une ~ incroyable** er ist unglaublich anspruchsvoll

exiger [ɛgziʒe] v/t <-geons> **1.** fordern, verlangen (**qc de qn** etw von j-m); *Entschädigung auch* beanspruchen; **qualités qu'on exige d'un ingénieur** Eigenschaften, die von e-m Ingenieur verlangt werden; ~ **une rançon** Lösegeld fordern; **être en droit d'~ qc** ein Anrecht, e-n Anspruch auf etw (*acc*) haben; ~ **que ...** (+*subj*) fordern, verlangen, daß ...; **on ne peut ~ de lui qu'il ...** (+*subj*) *auch* man kann ihm nicht zumuten, daß er ...; *adjt* **diplômes exigés** erforderliche Diplome n/pl; **2.** *Sache* ~ **qc** etw erfordern, erforderlich machen; *Pflanze* ~ **beaucoup d'eau, de soins** viel Wasser, Pflege brauchen; **ce bâtiment exige des réparations** an diesem Gebäude sind Reparaturen erforderlich; *Arbeit* ~ **beaucoup de temps** viel Zeit erfordern, beanspruchen, in Anspruch nehmen

exig|ibilité [ɛgziʒibilite] f *e-r Schuld* Eintreib-, Einklagbarkeit f; *e-r Zahlung* Fälligkeit f; **~ible** *adj Schuld* eintreibbar; beitreibbar; einklagbar; *Zahlung, Steuer etc* fällig

exigu [ɛgzigy] *adj* <-guë [-gy]> *Raum, Wohnung etc* sehr klein; winzig; eng

exiguïté [ɛgziguite] f Kleinheit f; Winzigkeit f; Enge f

exil [ɛgzil] m **1.** E'xil n; Verbannung f (*auch im Altertum*); *auch* Emigrati'on f; ~ **volontaire** freiwillige Verbannung; selbstgewähltes Exil; **lieu** m **d'~** Exil n; Verbannungsort m; **gouvernement en ~** Exilregierung f; **aller en ~** ins Exil gehen; **condamner qn à l'~** j-n verbannen; **envoyer qn en ~** j-n in die Verbannung, ins Exil schicken; **être, vivre en ~** im Exil sein, leben; **2.** *fig* Getrenntsein n, Trennung f von der Heimat, von zu Hause

exilé [ɛgzile] **I** *adj* im E'xil, in der Verbannung lebend; verbannt; **II** *subst* ~(**e**) m(f) im E'xil Lebende(r) f(m); Verbannte(r) f(m); *auch* Emi'grant(in) m(f)

exiler [ɛgzile] **I** v/t **1.** verbannen; ins E'xil, in die Verbannung schicken; **2.** *par ext* ~ **qn en province**, *etc* j-n in die Provinz *etc* schicken, verbannen; **II** v/pr **s'~ 3.** ins E'xil gehen; emi'grieren; **4.** *fig* **s'~ au Canada** ins ferne Kanada gehen

existant [ɛgzistɑ̃] **I** *adj* bestehend; vor'handen; exi'stierend; exi'stent; **II** m *comm* Bestand m; ~ **en caisse** Kassenbestand m

existence [ɛgzistɑ̃s] f **1.** Vor'handensein n; Bestehen n; Exi'stenz f; **l'~ de Dieu** die Existenz Gottes; **l'~ d'un droit** das Bestehen e-s Rechts; **elle avait oublié jusqu'à son ~** sie hatte ihn völlig vergessen; sie hatte sogar vergessen, daß er existierte; **2.** Dasein n; Leben n; Exi'stenz f; **conditions** f/pl **d'~** Daseins-, Lebensbedingungen f/pl; **moyens** m/pl **d'~** Existenzmittel n/pl; Mittel n/pl zur Bestreitung des Lebensunterhalts; **il n'a pas de moyens d'~ connus** man weiß nicht, wovon er s-n Lebensunterhalt bestreitet; **être las de l'~** keinen Lebensmut mehr haben; **mener une ~ misérable** ein kümmerliches Leben führen; ein elendes Dasein fristen; **3.** *comm* ~ **en magasin** Lagerbestände m/pl

existential|isme [ɛgzistɑ̃sjalism(ə)] m *philos* Existentia'lismus m; Exi'stenzphilosophie f; **~iste** *philos* **I** *adj* existentia'listisch; **cave** f ~ in Saint--Germain-des-Prés Existentia'listenkeller m; **II** m,f Existentia'list(in) m(f)

existentiel [ɛgzistɑ̃sjɛl] *adj* <~le> existenti'ell; **philosophie** ~**le** Exi'stenzphilosophie f

exister [ɛgziste] **I** v/t bestehen; exi'stieren; vor'handen sein; dasein; *Gebäude* ~ **depuis deux ans** *auch* seit zwei Jahren stehen; *comm* **marchandises** f/pl **existant en magasin** im Lager vorhandene Waren f/pl; **rien n'existe pour lui lorsqu'il travaille** wenn er arbeitet, gibt es *od* existiert für ihn sonst nichts; **II** v/imp **il existe** es gibt; es exi'stiert; **il en existe de plusieurs sortes** es gibt, es existieren mehrere Sorten davon

exit [ɛgzit] *szenische Anweisung* geht ab

ex-libris [ɛkslibris] m <*inv*> Ex'libris n

exocet [ɛgzɔsɛ] m *zo* Fleder-, Schwalbenfisch m

exocrine [ɛgzɔkrin] *adj* <*nur* f> *physiol* **glandes** f/pl ~**s** Drüsen f/pl mit äußerer Sekreti'on

exode [ɛgzɔd] m **1.** l'E a) *hist* der Exodus; der Auszug (der Juden) aus Ä'gypten; b) *bibl* das zweite Buch Mose; **2.** Massenauswanderung f; Abwanderung f; ~ **rural** Landflucht f; *écon* ~ **des capitaux** Kapi'talabwanderung f, -flucht f; ~ **des cerveaux** Abwanderung von Intelligenz; **l'~ des Parisiens** *au mois d'août* der Beginn der Reise-, Urlauberwelle von Paris aus ...; **l'~ de 1940** die Massenflucht (der französischen Zivilbevölkerung) im Jahre 1940

exogamie [ɛgzɔgami] f *Soziologie* Exoga'mie f

exogène [ɛgzɔʒɛn] *adj* exo'gen (*bes méd u bot*); von außen kommend; *géol auch* außenbürtig

exonération [ɛgzɔnerasjɔ̃] f Befreiung f; Erlaß m; ~ **fiscale**, **d'impôts** Befreiung von der Steuer; ~ **de taxe** Gebührenerlaß m

exonérer [ɛgzɔnere] v/t <-è-> von Steuern, Gebühren *etc* befreien; ~ **qn de qc** *auch* j-m etw erlassen; *adjt* **marchandises exonérées** (**de droits de douane**) zollfreie Waren f/pl

exophtalm|ie [ɛgzɔftalmi] f *path* Glotzauge n; *sc* Exoph'thalmus m; **~ique** *adj* exoph'thalmisch

exorbitant [ɛgzɔrbitɑ̃] *adj* **1.** *Preis, Miete, Summe etc* 'übermäßig hoch; über'höht; hor'rend; *Ansprüche* 'übermäßig; maßlos; *Privilegien* zu weitgehend; **loyers** ~**s** *auch* Mietwucher m; **2.** *jur* ~ **du droit commun** vom gemeinen Recht abweichend

exorbité [ɛgzɔrbite] *adj* **yeux** ~**s** vorstehende Augen n/pl; Glotzaugen n/pl; *vor Staunen* weit aufgerissene, *vor Ent-* setzen starre Augen n/pl

exorcis|er [ɛgzɔrsize] v/t **1.** *rel* die bösen Geister, den Teufel austreiben (**qn** aus j-m); ~ **un démon** e-n Dämon austreiben, beschwören; **2.** *fig Übelstand* beschwören; bannen; **~eur** m Teufels-, Geisterbeschwörer m; Teufelsaustreiber m

exorc|isme [ɛgzɔrsism(ə)] m *rel* Exor'zismus m; Teufels-, Geisterbeschwörung f; Teufelsaustreibung f; **~iste** m Exor'zist m (*auch égl cath*)

exorde [ɛgzɔrd] m *réth* Ex'ordium n; Einleitung f (*e-r Rede*)

exosmose [ɛgzɔsmoz] f *phys* Exos'mose f

exosphère [ɛgzɔsfɛr] f *der Atmosphäre* Exo'sphäre f

exostose [ɛgzɔstoz] f *path* Exostose [-'to:-] f

exotérique [ɛgzɔterik] *adj* exo'terisch; (all)gemeinverständlich

exothermique [ɛgzɔtɛrmik] *adj chim* exo'therm

exotique [ɛgzɔtik] *adj* e'xotisch; fremdländisch

exotisme [ɛgzɔtism(ə)] m **1.** E'xotik f; e'xotisches Wesen; e'xotischer Charme; **2.** Vorliebe f für das E'xotische

expansé [ɛkspɑ̃se] *adj* a) *Kunststoff* geschäumt; **polystyrène** ~ Styro'por n (*Wz*); b) *bât* **argile** ~ Blähton m

expans|ibilité [ɛkspɑ̃sibilite] f *phys von Gasen u Flüssigkeit* (*Aus*)Dehnbarkeit f; **~ible** *adj phys* ausdehnbar

expansif [ɛkspɑ̃sif] *adj* <-ive> **1.** mitteilsam; offenherzig; **un homme peu ~** ein ziemlich verschlossener Mensch; **2.** *phys* Ausdehnungs...; Expansi'ons...; **force expansive** Expansionskraft f

expansion [ɛkspɑ̃sjɔ̃] f **1.** Ausdehnung f; Expansi'on f (*bes pol u écon*); Ausweitung f; Ausbreitung f; ~ **économique** wirtschaftliche Expansion; wirtschaftliches Wachstum; Wirtschaftswachstum n; ~ **d'une doctrine** Ausbreitung e-r Lehre; ~ **de la production** Produkti'onsausweitung f; *astr* **l'~ de l'Univers** die Ausdehnung des Weltalls; ~ **d'une ville** Ausdehnung e-r Stadt; **une industrie en pleine ~** e-e expan'sive Industrie; **2.** *phys von Gasen u Flüssigkeiten* Ausdehnung f; Expansi'on f; **3.** *von Kunststoffen* Schäumen n; Treiben n; *von Ton* Blähen n; **4.** *e-r Person* **besoin** m **d'~** Mitteilungsbedürfnis n

expansionniste [ɛkspɑ̃sjɔnist] *pol* **I** *adj* expansio'nistisch; expan'siv; **II** m Anhänger m e-r expansio'nistischen Poli'tik

expansivité [ɛkspɑ̃sivite] f *e-r Person* Mitteilsamkeit f; Offenherzigkeit f; Mitteilungsbedürfnis n

expatriation [ɛkspatrijasjɔ̃] f Verlassen n s-s Vaterlandes; Emigrati'on f; Auswanderung f

expatrier [ɛkspatrije] **I** v/t *Kapital* im Ausland anlegen; **II** v/pr **s'~** sein (Vater-)Land verlassen; emi'grieren; auswandern

expectative [ɛkspɛktativ] f **1.** abwartende Haltung f; **être, rester dans l'~** sich abwartend verhalten; abwarten; **2.** *litt* Erwartung f

expector|ant [ɛkspɛktɔrɑ̃] *phm* **I** *adj* schleimlösend; **II** m schleimlösendes Mittel; **~ation** f Ausspucken n, -husten n, -werfen n (*von Schleim*); **~er** v/t ausspucken, -husten, -werfen; *abs* Schleim ausspucken, -husten

expédient [ɛkspedjɑ̃] m Ausweg m; Notlösung f; Notbehelf m; **ce n'est qu'un ~** das ist nur ein Notbehelf, e-e Notlösung; **recourir à des ~s** zu allerlei Tricks greifen (, um zu Geld zu kommen); **vivre d'~s** sich so 'durchlavieren, -schlagen, -bringen, -mogeln

expédier [ɛkspedje] v/t **1.** *Arbeit, Angelegenheit* rasch, zügig erledigen; *die laufenden Geschäfte* erledigen; *péj:* Schüler s-e Aufgaben hinschludern; *Essen* hin-'unterschlingen; **2.** ~ qn j-n rasch abfertigen; **3.** *Waren, Pakete, Drucksachen etc* versenden; verschicken; *Brief, einzelne Postsendung* ab-, wegschicken; absenden; aufgeben (*auch Telegramm*); *par ext* befördern; ~ par avion, par camion, par chemin de fer, par la poste mit dem *od* per Flugzeug, mit (dem) *od* per Lkw, mit der *od* per Bahn, Post versenden; ~ par bateau *auch* verschiffen; **4.** F *Person(en)* schicken, (weg-, fort)schaffen, F abschieben (**ses enfants chez leurs grands-parents** s-e Kinder zu den Großeltern); *fig* ~ qn dans l'autre monde j-n ins Jenseits befördern; **5.** *jur* ~ un acte die Ausfertigung e-r Urkunde erteilen

expédi|teur [ɛkspeditœr], **~trice** I *m,f* Absender(in) *m(f); auch* Adres'sant *m;* retour à l'expéditeur zurück an Absender; **II** *adj* gare expéditrice Versand-, Abgangsbahnhof *m;* société expéditrice Absenderfirma *f*

expéditif [ɛkspeditif] *adj* <-ive> *Person* flink; fix; zügig, flott arbeitend; *Methode, Lösung etc* rasch zum Ziel führend; *Arbeitsweise* zügig; flott

expédition [ɛkspedisjõ] *f* **1.** *wissenschaftliche* Expediti'on *f;* Forschungsreise *f;* ~ polaire, dans les Andes Po'lar-, Andenexpedition *f;* F *fig* c'est une véritable ~! das ist e-e wahre Expedition!; **2.** *mil* Expediti'on *f;* Feldzug *m; hist* l'~ d'Égypte die Ä'gyptische Expedition; **3.** *von Geschäften* Erledigung *f; bes pol* être chargé de l'~ des affaires courantes mit der Erledigung, Führung der laufenden Geschäfte beauftragt sein; **4.** *von Waren, Paketen, Drucksachen etc* Versand *m;* Versenden *n,* -ung *f;* Verschicken *n,* -ung *f; e-s Briefes etc* Absenden *n,* -ung *f; e-s Telegramms* Aufgabe *f; par ext* Beförderung *f;* ~ par avion Versand mit dem, per Flugzeug; ~ par chemin de fer Bahnversand *m;* ~ par bateau *auch* Verschiffung *f;* avis *m* d'~ Versandanzeige *f;* bordereau *m* d'~ Begleitschein *m,* -zettel *m;* gare *f* d'~ Abgangs-, Versandbahnhof *m;* service *m* des ~s Versandabteilung *f;* Expediti'on *f;* **5.** *comm* ~s *pl* versandte, verschickte Waren *f/pl;* Versandvolumen *n;* **6.** *jur* e-r Urkunde, e-s Urteils *etc* Ausfertigung *f*

expéditionnaire [ɛkspedisjɔnɛr] I *adj mil* corps *m* ~ Expediti'onskorps *n;* **II** *m,f comm* Expedi'ent(in) *m(f);* Angestellte(r) *f(m)* der Versandabteilung

expérience [ɛksperjãs] *f* **1.** Erfahrung *f; als Eigenschaft auch* Erfahrenheit *f;* ~ amoureuse, sentimentale (Liebes-)Erlebnis *n;* ~ professionnelle Berufserfahrung *f,* -praxis *f;* de longues années d'~ langjährige Erfahrung; *connaître, savoir* par ~ aus Erfahrung ...; acquérir de l'~ Erfahrungen sammeln; avoir de l'~ Erfahrung haben; über Erfahrung verfügen; avoir l'~ des affaires Geschäftserfahrung haben; geschäftserfahren sein; avoir l'~ des hommes Erfahrung im 'Umgang mit Menschen haben; avoir l'~ du monde Weltkenntnis haben; welterfahren sein; avoir une certaine ~ de la vie e-e gewisse Lebenserfahrung haben; faire l'~ de qc Erfahrungen mit etw machen; etw ausprobieren, kennenlernen, erleben; j'en ai fait maintes fois l'~ diese Erfahrung habe ich häufig gemacht; l'~ prouve, démontre que ... die Erfahrung zeigt, daß ...; l'~ l'a rendu sage er ist durch Erfahrung klug geworden; **2.** Experi'ment *n;* Versuch *m; par ext* ~ malheureuse Fehlschlag *m;* ~ nucléaire A'tomversuch *m;* ~ de chimie, de physique chemischer, physikalischer Versuch; ~ sur maquette Mo'dellversuch *m;* à titre d'~ versuchsweise; faire une ~ e-n Versuch, ein Experiment machen, anstellen; faire des ~s (sur des animaux vivants) Experimente (an lebenden Tieren) machen; (mit lebenden Tieren) experimen'tieren; tenter l'~ den Versuch wagen, machen

expériment|al [ɛksperimãtal] *adj* <-aux> a) experimen'tell; Experimen-'tal...; méthode ~e experimentelle Methode; sciences ~es *cf* science 1.; b) Versuchs...; fusée ~e Versuchsrakete *f;* à titre ~ versuchsweise; **~ateur** *m* Experimen'tator *m;* **~ation** *f* Experimen'tieren *n*

expériment|é [ɛksperimãte] *adj* erfahren; routi'niert; erprobt; beschlagen; **~er** v/t erproben, ausprobieren (**qc sur qn** etw an j-m)

expert [ɛkspɛr] I *adj* <-erte [-ɛrt]> sachverständig; sach-, fachkundig; être ~ en la matière Fachmann auf dem Gebiet sein; **II** *m* (*auch für e-e Frau*) a) Sachverständige(r) *f(m);* Gutachter(in) *m(f);* ~ agréé près les tribunaux gerichtlicher Sachverständiger; ~ en écriture(s) Schriftsachverständige(r) *m;* ~ en matière d'art Kunstsachverständige(r) *m;* comité *m,* commission *f* d'~s Sachverständigenausschuß *m;* Gutachterkommission *f;* Fachausschuß *m;* avoir recours à, faire appel à, consulter un ~ e-n Gutachter, Sachverständigen hin'zuziehen; *adit* médecin *m* ~ ärztlicher Gutachter, Sachverständiger; b) *allg* Fachmann *m;* Ex'perte *m;* **~-comptable** *m* <*pl* experts-comptables> Wirtschafts-, Buch-, Rechnungsprüfer *m;* Bücherrevisor *m*

expertise [ɛkspɛrtiz] *f* (Sachverständigen)Gutachten *n;* Exper'tise *f;* *Vorgang* Begutachtung *f,* Unter-'suchung *f* durch e-n Sachverständigen; rapport *m* d'~ Sachverständigenbericht *m,* -gutachten *n;* établir, faire une ~ ein Gutachten erstellen

expertiser [ɛkspɛrtize] v/t (als Sachverständiger) begutachten, unter'suchen, prüfen; ein Gutachten abgeben über (+acc); faire ~ qc etw (durch e-n Sachverständigen) begutachten lassen

expiable [ɛkspjabl(ə)] *adj* sühnbar

expia|tion [ɛkspjasjõ] *f* Sühne *f; rel auch* Buße *f; bei den Juden* la fête des ~s der Versöhnungstag; en ~ de als Sühne für; **~toire** *adj* Sühne...

expier [ɛkspje] v/t **1.** *Schuld, Verbrechen, rel* sühnen; (ab)büßen; **2.** *par ext* ~ qc (für) etw büßen müssen

expir|ant [ɛkspirã] *adj* **1.** *Person* sterbend; **2.** *fig* sterbend; d'une voix ~e mit verlöschender Stimme; **~ateur** *adj* <-trice> *anat* muscles *m/pl* ~s der Ausatmung dienende Muskeln *m/pl*

expiration [ɛkspirasjõ] *f* **1.** *physiol* Ausatmung *f;* **2.** *e-r Frist, e-s Vertrages, e-r Garantie etc* Ablauf *m;* Erlöschen *n;* ~ de la peine Ablauf der Strafzeit; ~ de la validité d'un billet, d'un passeport Ende *n* der Geltungsdauer e-r Fahrkarte, e-s Passes; date *f* d'~ Ablauf-, Verfallsdatum *n;* à l'~ de cette date nach Ablauf dieser Frist; nach diesem Datum

expirer [ɛkspire] I *v/t* ausatmen; *abs* inspirez, expirez lentement! langsam einatmen, ausatmen!; **II** *v/i* **1.** verscheiden; sterben; *stil/s* sein Leben aushauchen; **2.** *fig* Geräusch, Ton verhal-

len; **3.** <*Ergebnis* être> *Frist, Vertrag, Garantie etc* ablaufen; zu Ende gehen; erlöschen; *Frist auch* verstreichen; *Paß etc* ungültig werden; verfallen; laisser ~ un délai e-e Frist verstreichen lassen; versäumen

explétif [ɛkspletif] *gr* I *adj* <-ive> Füll...; «ne» est ~ dans: partons avant qu'il ne pleuve „ne" ist ein Füllwort in ...; **II** *m* Füll-, Flickwort *n;* Exple'tiv *n*

explicable [ɛksplikabl(ə)] *adj* erklärlich; erklärbar

explicatif [ɛksplikatif] *adj* <-ive> erklärend; erläuternd; note explicative Erläuterung *f;* erläuternde Notiz; *gr* proposition relative explicative erläuternder, nicht notwendiger Relativsatz

explication [ɛksplikasjõ] *f* **1.** Erklärung *f;* Erläuterung *f;* ~ de texte *od* ~ française Textinterpretation *f;* F pas d'~s: obéis! keine 'Widerrede, gehorch!; voilà l'~ das ist des Rätsels Lösung; demander des ~s à qn a) j-n um e-e Erklärung bitten; b) j-n zur Rede stellen (sur qc wegen etw); je n'ai pas d'~ à vous donner ich bin Ihnen keine Erklärung, Rechenschaft schuldig; donner, fournir des ~s *auch* Aufschluß geben; **2.** Ausein'andersetzung *f;* avoir une ~ avec qn e-e Auseinandersetzung mit j-m haben

explicit|e [ɛksplisit] *adj* **1.** *Gesetzestext, Erklärung etc* eindeutig; klar; deutlich; unzweideutig; *Person* être ~ sich eindeutig *etc* ausdrücken; **2.** *gr Beziehung etc* expli'zit; ausgedrückt; **3.** *rel* foi *f* ~ ausdrücklicher Glaube; **~ement** *adv* eindeutig; unzweideutig; (klipp und) klar; **~er** v/t eindeutig, klar formu-'lieren, ausdrücken

expliquer [ɛksplike] I *v/t* erklären, erläutern (qc à qn j-m etw); *Autor, Text* interpre'tieren; ~ qc à qn en détail *auch* j-m etw ausein'andersetzen; cela explique pourquoi ... das macht verständlich, warum ...; expliquez-lui que nous comptons sur lui machen Sie ihm klar, daß wir uns auf ihn verlassen; *adit* lecture expliquée kommen'tierte Schullektüre (*die auch Fragen zum Stoff enthält*); **II** *v/pr* s'~ **1.** sich äußern, auslassen; aussprechen, ausdrücken (sur über +acc); je m'explique: ... lassen Sie mich das näher erklären, ausführen; ~ je ne sais pas si je me suis bien expliqué ich weiß nicht, ob ich mich deutlich genug ausgedrückt habe; **2.** a) s'~ avec qn sich mit j-m ausein'andersetzen, aussprechen; *reziprok* s'~ sich aussprechen; b) F sich prügeln; **3.** s'~ qc sich etw erklären (können); **4.** *passivisch* sich erklären lassen; zu erklären sein

exploit [ɛksplwa] *m* **1.** (her'vorragende) Leistung; Glanzleistung *f;* Großtat *f;* Heldentat *f* (*meist iron*); **2.** *jur* ~ (d'huissier) vom Gerichtsvollzieher zugestelltes Schriftstück

exploitable [ɛksplwatabl(ə)] *adj* verwertbar; *Kohle-, Erzvorkommen* abbauwürdig, -fähig; *Öl-, Erdgasvorkommen* auszubeuten(d); nutzbar; erschließbar; *Boden, Wald* nutzbar; *EDV* ~ par la machine ma'schinenlesbar

exploitant [ɛksplwatã] I *m* **1.** (*agricole*) Landwirt *m;* petit, gros ~ Klein-, Großlandwirt *m;* **2.** ~ d'un fonds de commerce Geschäftsinhaber *m;* ~ d'une salle de cinéma Filmtheater-, Kinobesitzer *m;* **II** *adj* propriétaire ~ Gutsbesitzer, der sein Gut selbst bewirtschaftet; société ~e Betriebsgesellschaft *f*

exploitation [ɛksplwatasjõ] *f* **1.** *e-s Bauernhofs, des Bodens etc* Bewirtschaftung *f; e-s Waldes* Nutzung *f; e-s Berg-*

werks Ausbeutung *f; von Kohle-, Erzvorkommen* Abbau *m; von Öl-, Erdgasvorkommen* Ausbeutung *f;* Nutzung *f;* Erschließung *f; e-r Bahn-, Bus-, Fluglinie, télécomm* Betrieb *m; e-r Fluglinie auch* Befliegen *n; e-s Patents, von statistischen Angaben etc* Aus-, Verwertung *f; e-s Patents auch* Nutzung *f; mines* ~ souterraine, à ciel ouvert Unter'tage-, Tagebau *m;* être en ~ in Betrieb sein; **2.** Betrieb *m;* ~ agricole, rurale landwirtschaftlicher Betrieb; ~ commerciale kaufmännischer Betrieb; Handelsunternehmen *n;* ~ familiale (bäuerlicher) Fa'milienbetrieb; ~ industrielle Indu-'strie-, Gewerbebetrieb *m;* ~ minière Grubenbetrieb *m;* **3.** *e-r Situation, e-s Vorteils etc* Ausnützung *od* Ausnutzung *f (auch mil);* **4.** *péj von Arbeitskräften* Ausbeutung *f;* l'~ de l'homme par l'homme die Ausbeutung des Menschen durch den Menschen

exploiter [ɛksplwate] *v/t* **1.** *Bauernhof, Felder* bewirtschaften; *Wald* nutzen; *Bergwerk* ausbeuten; *Kohle-, Erzvorkommen* abbauen; *Öl-, Erdgasvorkommen* ausbeuten; nutzen; erschließen; *Unternehmen, Geschäft, Bahn-, Buslinie* betreiben; *Bahn-, Buslinie auch* befahren; *Fluglinie* befliegen; *Patent, Lizenz, statistische Angaben* aus-, verwerten; **2.** *Situation, Vorteil, Begabung, péj j-s Unwissenheit etc* ausnützen; (aus)nutzen; sich zu'nutze machen; **3.** *péj Arbeitskräfte* ausbeuten; aussaugen

exploit|eur [ɛksplwatœr] *m,* ~euse *f péj* Ausbeuter(in) *m(f)*

explorateur [ɛksplɔratœr] **I** *m* **1.** Forschungsreisende(r) *m; e-s Erdteils etc* Erforscher *m;* **2.** *méd* Unter-'suchungssonde *f;* **II** *adj* <-trice> *méd* Unter'suchungs...

explora|tion [ɛksplɔrasjõ] *f* **1.** *e-s Gebietes, von Problemen etc* Erforschung *f;* partir en ~ e-e Forschungsreise unter-'nehmen; **2.** *méd* Unter'suchung *f (der inneren Or'gane);* **3.** *télév, von Lochkarten etc* Abtasten *n,* -ung *f;* ~toire *adj pol* son'dierend; Son'dierungs...; entretiens *m/pl* ~s Sondierungsgespräche *n/pl*

explorer [ɛksplɔre] *v/t* **1.** *Erdteil, Meeresgrund, Problem, Unterbewußtsein etc* erforschen; **2.** *Haus etc* gründlich ansehen; besichtigen; *Gelände, Horizont* absuchen; **3.** *méd* unter'suchen; **4.** *télév, Lochkarten etc* abtasten

explos|er [ɛksploze] *v/i* **1.** *Bombe, Sprengstoff, Gas etc* explo'dieren; *Feuerwerkskörper auch* zerplatzen; zerknallen; faire ~ zur Explosi'on bringen; zünden; **2.** *fig Zorn* aus-, her'vorbrechen; sich Luft machen; zum Ausbruch kommen; F il a explosé F er explo'dierte; er ging in die Luft; ihm platzte der Kragen; ~eur *m mines* Zündmaschine *f;* ~ible *adj* explo'siv; leicht explo'dierend; *auch* explo'sibel

explosif [ɛksplozif] **I** *adj* <-ive> **1.** explo'siv; Spreng...; engin ~ Sprengkörper *m;* mélange ~ explosives Gemisch; **2.** Explosi'ons...; onde explosive Explosionswelle *f;* **3.** *fig Situation* spannungsgeladen; bri'sant; *Temperament* explo'siv; Lage devenir ~ sich zuspitzen, verschärfen; **4.** *phon* consonne explosive *od subst* explosive *f* Verschluß*f;* **II** *m* Spreng... Explo'sivstoff *m;* ~s thermonucléaires, atomiques nukleare, atomare Sprengstoffe; ~s d'amorçage Zündstoffe *m/pl*

explosion [ɛksplozjõ] *f* **1.** Explosi'on *f; auch* Knall *m;* ~ de gaz Gasexplosion *f;* moteur *m* à ~ Explosions-, Verbren-

nungsmotor *m;* entendre une ~ oft e-n Knall hören; *Kessel etc* faire ~ explo-'dieren; **2.** *fig* Ausbruch *m;* ~ raciale Ausbruch von Rassenhaß; ~ d'enthousiasme Ausbruch der Begeisterung; ~ de joie Freudenausbruch *m;* une ~ de rire e-e Lachsalve; schallendes Gelächter; **3.** *fig* ra'pides Ansteigen, Anwachsen; Explosi'on *f;* ~ démographique Bevölkerungsexplosion *f*

exponentiel [ɛkspɔnãsjɛl] *adj* <~le> *math* Exponenti'al...; fonction ~le *od subst* ~le *f* Exponentialfunktion *f*

exportable [ɛkspɔrtabl(ə)] *adj comm* ausführbar; expor'tierbar; ausfuhr-, ex-'portfähig

exportateur [ɛkspɔrtatœr] **I** *adj* <-trice> Ausfuhr...; Ex'port...; expor'tierend; pays ~ de céréales Getreideausfuhrland *n;* **II** *m* Expor'teur *m;* Ex'port-, Ausfuhrhändler *m;* ~ de céréales Getreideexporteur *m*

exportation [ɛkspɔrtasjõ] *f* **a)** Ausfuhr *f;* Ex'port *m;* ~ temporaire passiver Veredelungsverkehr; ~ de capitaux Kapi'talexport *m;* ~ de matières premières Ausfuhr von Rohstoffen; maison *f* d'~ Exportfirma *f;* encourager, favoriser l'~ den Export fördern; **b)** ~s *pl* Ausfuhr(en) *f(pl);* Ex'port(e) *m(pl);* Ausfuhr-, Ex'portgüter *n/pl,* -artikel *m/pl;* ~s invisibles unsichtbare Ausfuhr; volume *m* des ~s Exportvolumen *n*

exporter [ɛkspɔrte] *v/t* **1.** *comm* ausführen; expor'tieren; **2.** *fig Doktrin, Mode etc* ins Ausland verbreiten

export-import [ɛkspɔrɛpɔr] *m comm* Ex'port-Import *m*

exposant [ɛkspozã] *m* **1.** *comm* Aussteller *m;* **2.** *math* Expo'nent *m;* Hochzahl *f*

exposé [ɛkspoze] *m* Darlegung *f;* Darstellung *f;* Bericht *m;* 'Überblick *m;* Expo'sé *n; bes Schule, Uni, Kongreß* Refe'rat *n;* ~ des faits Darstellung *f,* Darlegung des Sachverhaltes, Tatbestandes; *jur* ~ des motifs Begründung *f;* ~ de la situation Lagebericht *m;* faire l'~ d'un problème ein Problem darlegen; e-e Darstellung von e-m Problem, e-n Überblick über ein Problem geben

exposer [ɛkspoze] **I** *v/t* **1.** *Waren, Kunstgegenstände* ausstellen; abs il expose au salon d'automne er stellt auf der Herbstmesse aus; être exposé à la vue, aux regards de tous offen zur Schau gestellt sein; den Blicken der Leute ausgesetzt sein; **2.** *Leiche* aufbahren; son corps fut exposé ... er wurde ... aufgebahrt; **3.** aussetzen (à *dat);* ~ à l'air, à la flamme mit Luft, mit offenem Feuer in Berührung bringen; ~ à la chaleur der Hitze aussetzen; ~ qn (au danger) j-n der Gefahr aussetzen; *adjt:* exposé au vent dem Wind ausgesetzt; windig; être à un poste exposé an expo'nierter Stelle stehen; **4.** *Gebäude* ~ au sud nach Süden richten; in Südlage bauen; être exposé au sud *od Gebäude, Garten etc* nach Süden liegen; *Zimmer auch* nach Süden gehen; auf der Südseite liegen; façade exposée à l'ouest nach Westen gelegene Front; maison bien exposée Haus *n* in sonniger Lage; **5.** *phot* belichten; pellicule exposée belichteter Film; **6.** *Sachverhalt, Problem, Gründe, Programm etc* darlegen, -stellen; vortragen; *Plan, Gedanken auch* entwickeln; ausein'andersetzen; ~ la situation e-n Lagebericht geben; **II** *v/pr* s'~ sich aussetzen (à *dat);* abs sich expo'nieren; s'~ à la critique, à un danger sich der Kritik, e-r Gefahr aussetzen

exposition [ɛkspozisjõ] *f* **1.** *von Waren, Kunstwerken* Ausstellen *n,* -ung *f; hist e-s*

Verbrechers ~ publique öffentliche Zur-'schaustellung; *égl cath* ~ du saint sacrement Aussetzung *f* des Allerheiligsten; **2.** Ausstellung *f;* Messe *f;* Schau *f;* ~ agricole landwirtschaftliche Ausstellung; ~ industrielle Indu'strieausstellung *f.* -messe *f;* ~ (des œuvres de) Picasso Ausstellung der Werke Picassos; Pi'casso-Ausstellung *f;* ~ de peinture Gemäldeausstellung *f;* parc *m* des ~s Ausstellungs-, Messegelände *n;* **3.** *e-s Toten* Aufbahrung *f;* **4.** ~ aux rayons ultraviolets, au soleil Ultraviolett-, Sonnenbestrahlung *f;* évitez les longues ~s au soleil setzen Sie sich nicht zu lange der Sonne aus; **5.** *e-s Gebäudes* Lage *f;* bonne ~ meist sonnige Lage; ~ au sud Südlage *f;* Lage nach Süden; **6.** *phot* Belichtung *f;* **7.** *e-s Sachverhaltes etc* Darlegung *f;* Darstellung *f;* **8.** *mus, e-s Dramas* Expositi'on *f;* **9.** *jur e-s Kindes* Aussetzung *f;* ~-vente *f ‹pl* expositions-ventes› Verkaufsausstellung *f*

exprès[1] [ɛkspre] *adv* **1.** absichtlich; mit Absicht; bewußt; extra; pardon, je ne l'ai pas fait ~ Entschuldigung, ich habe es nicht absichtlich getan; il fait ~ de vous contredire er wider'spricht Ihnen absichtlich; c'est fait ~ das ist absichtlich, extra, ganz bewußt so gemacht; comme par un fait ~ ausgerechnet; es ist wie verhext; **b)** extra; eigens; ~ pour lui eigens, extra für ihn; il est venu ~ pour vous voir er ist extra, eigens zu Ihnen gekommen

exprès[2] [ɛkspre(s)] *adj* **1.** ‹expresse [ɛkspres]› ausdrücklich; défense expresse de (+inf) ausdrückliches Verbot zu (+inf); **2.** [ɛkspres] ‹ inv› als Aufschrift ~ Eilzustellung *f;* colis *m* ~ Schnellpaket *n;* lettre *f* ~ Eilbrief *m; subst* un ~ e-e Eilsendung

express [ɛkspres] *adj* ‹inv› **1.** *ch de fer* métro *m* ~ S-Bahn *f;* train *m* ~ *od subst* ~ *m* Schnellzug *m;* D-Zug *m;* **2.** voie *f* ~ Schnellstraße *f;* **3.** café ~ *od subst* ~ *m* Es'presso *m*

expressément [ɛkspresemã] *adv* verbieten *etc* ausdrücklich; empfehlen dringend

expressif [ɛkspresif] *adj* ‹-ive› *Sprache, Gesicht etc* ausdrucksvoll

expression [ɛkspresjõ] *f* **1.** Ausdruck *m* (*auch mus, Kunst etc*); liberté *f* d'~ (Recht *n* auf) freie Meinungsäußerung; Meinungsfreiheit *f;* les pays *m/pl* d'~ française die französischsprechenden Länder *n/pl;* au-delà de toute ~ unbeschreiblich; über alle Maßen; avec une ~ de désespoir mit dem Ausdruck der Verzweiflung; plein d'~ ausdrucksvoll; sans ~ ausdruckslos; *Briefschluß* veuillez agréer l'~ de mes sentiments distingués hochachtungsvoll; mit vorzüglicher Hochachtung; la faim est l'~ d'un besoin der Hunger ist die Äußerung, der Ausdruck e-s Bedürfnisses; **2.** *in der Sprache* Ausdruck *m;* (Rede)Wendung *f;* Redensart *f;* ~ argotique Ar'gotausdruck *m;* ~ imagée, populaire bildhafter, volkstümlicher Ausdruck; ~ toute faite feste Wendung, stehende Redensart; Kli'schee *n;* **3.** *math* Ausdruck *m;* ~ algébrique algebraischer Ausdruck; réduire à sa plus simple ~ a) *Bruch, Gleichung etc* auf die einfachste Form bringen; kürzen; b) *fig* auf ein Minimum reduzieren; *Sachverhalt* auf die einfachste Formel bringen

expressionn|isme [ɛkspresjonism(ə)] *m Kunst* Expressio'nismus *m;* ~iste **I** *adj* expressio'nistisch; **II** *m* Expressio-'nist *m*

expressivité [ɛkspresivite] *f* Ausdruckskraft *f;* Expressivi'tät *f*

exprimable [ɛksprimabl(ə)] *adj* ausdrückbar

exprimer [ɛksprime] **I** *v/t* **1.** ausdrücken; zum Ausdruck bringen; *bes e-m Gefühl* Ausdruck geben, verleihen (+*dat*); *Ansicht, Meinung, Wunsch auch* äußern; artiku'lieren; *Blick* ~ l'admiration Bewunderung ausdrücken; *Künstler* ~ son époque s-e Zeit ausdrücken; ~ l'espoir que ... der Hoffnung Ausdruck geben, daß ...; ~ ses remerciements s-n Dank aussprechen, abstatten; **2.** *adjt pol* suffrages exprimés abgegebene Stimmen *f/pl*; **3.** *Saft e-r Zitrone etc* ausdrücken, -pressen; **II** *v/pr* s'~ **4.** sich ausdrücken; sich artiku'lieren; si je peux m'~ ainsi wenn ich so sagen darf; s'~ clairement, correctement sich klar, korrekt ausdrücken; il s'exprime difficilement en anglais er hat Mühe, sich im Englischen auszudrücken; s'~ en bon français (ein) gutes Französisch sprechen; s'~ par gestes sich durch Gesten verständlich machen; **5.** *passivisch* ausgedrückt werden (können)

expropri|ant [ɛksprɔprijɑ̃] *jur* **I** *adj administration* ~e enteignende Behörde; **II** *m* Enteigner *m*; **~ateur** *m cf* expropriant II

expropri|ation [ɛksprɔprijɑsjɔ̃] *f jur e-r Person, e-s Besitzes* Enteignung *f*; ~ pour cause d'utilité publique Enteignung im öffentlichen Interesse; procédure *f* d'~ Enteignungsverfahren *n*; **~er** *v/t jur* enteignen

expulsé [ɛkspylse] *m* Ausgewiesene(r) *m*; Vertriebene(r) *m*

expulser [ɛkspylse] *v/t* **1.** *Person(en)* vertreiben, ausweisen, verweisen, entfernen (de aus); *aus e-r Partei* ausstoßen; ausschließen; *unerwünschte Ausländer* ausweisen; abschieben; ~ les agitateurs de la salle die Unruhestifter aus dem Saal verweisen, entfernen; ~ un élève du lycée e-n Schüler vom Gymnasium verweisen; **2.** *physiol* ausstoßen

expulsion [ɛkspylsjɔ̃] *f* **1.** Ausweisung *f*; Vertreibung *f* (de son pays aus s-r Heimat); Ausstoßung *f*, Ausschluß *m* (d'un parti aus e-r Partei); *aus e-m Saal* Entfernung *f*; *e-s Schülers* Verweisung *f* von der Schule; *abs auch* Zwangsräumung *f*; *von unerwünschten Ausländern* Ausweisung *f*; Abschiebung *f*; arrêté *m* d'~ Ausweisungsverfügung *f bzw* Räumungsbefehl *m*; **2.** *physiol* Ausstoßung *f*; *bei e-r Geburt* période *f* d'~ Austreibungsphase *f*

expurgation [ɛkspyrgɑsjɔ̃] *f* Streichung *f*, Ausmerzung *f* anstößiger Stellen

expurger [ɛkspyrʒe] *v/t* ‹-geons› die anstößigen Stellen (her'aus)streichen, ausmerzen (un livre aus e-m Buch); *von anstößigen Stellen* säubern; édition expurgée *etwa* zen'sierte Ausgabe

exquis [ɛkski] *adj* **1.** auserlesen; ausgesucht; her'vorragend; ausgezeichnet; exqui'sit; *Speise auch* köstlich; wohlschmeckend; vins *m/pl* ~ (aus)erlesene Weine *m/pl*; être d'une politesse ~e von ausgesuchter Höflichkeit sein; ausgesucht höflich sein; **2.** anmutig; char'mant; köstlich

exsangue [ɛgzɑ̃g, ɛksɑ̃g] *adj* **1.** *Lippen etc* blutleer, -los; *Verletzter* ausgeblutet; **2.** *fig Kunstrichtung* kraftlos; *Land* ausgeblutet

exsanguino-transfusion [ɛksɑ̃g(ɥ)inotrɑ̃sfyzjɔ̃] *f méd* Blutaustausch *m*; Austauschtransfusion *f*

exstrophie [ɛkstrɔfi] *f path* Ekstro'phie *f*

exsud|at [ɛksyda] *m méd* Exsu'dat *n*; entzündliche Ausschwitzung; **~ation** *f*

physiol Exsudati'on *f*; Ausschwitzung *f*; **~er I** *v/t méd, bot* ausschwitzen; **II** *v/i* ausgeschwitzt werden

extase [ɛkstaz, -tɑz] *f rel u fig* Ek'stase *f*; Verzückung *f*; être en ~ devant qn, qc ganz hingerissen von j-m, etw sein; tomber en ~ in Ekstase, Verzückung geraten

extasier [ɛkstazje, -tɑ-] *v/pr* s'~ vor Entzücken außer sich geraten; in Entzücken ausbrechen (sur über +*acc*); s-e Bewunderung, sein Entzücken äußern (über +*acc*); hell begeistert sein (von); *adjt* extasié verzückt; entzückt; hingerissen

extatique [ɛkstatik] *adj* ek'statisch; verzückt

extemporané [ɛkstɑ̃pɔrane] *adj phm médicament* ~ Medika'ment, das erst auf Vorlage e-s Re'zepts zubereitet wird

extenseur [ɛkstɑ̃sœr] *m* **1.** *anat* ~ *od adjt* muscle ~ Streckmuskel *m*; Strecker *m*; *sc* Ex'tensor *m*; **2.** *gym* Ex'pander *m*

extens|ibilité [ɛkstɑ̃sibilite] *f* Dehnbar-, Streckbarkeit *f*; **~ible** *adj* dehn-, streckbar

extensif [ɛkstɑ̃sif] *adj* ‹-ive› **1.** Dehn...; Streck...; **2.** *agr* culture extensive exten'sive Wirtschaft, Bodenbewirtschaftung; **3.** *Wortbedeutung* erweitert

extension [ɛkstɑ̃sjɔ̃] *f* **1.** *des Volumens, tech* (Aus)Dehnung *f*; **2.** *gym der Arme, Beine* Strecken *n*; *chir* Strecken *n*, -ung *f*; Extensi'on *f*; Zug *m*; *chir* ~ continue permanente Extension; Dauerzug *m*; mouvement *m* d'~ Streckbewegung *f*; **3.** *von Einfluß, Macht* Ausdehnung *f*; *von Befugnissen* Erweiterung *f*; *des Handels, e-r Vertragsklausel etc* Ausweitung *f*; Ausdehnung *f*; *e-r Feuersbrunst, Epidemie* Ausbreitung *f*; l'Umsichgreifen *n*; ~ du français dans le monde die Verbreitung des Französischen in der Welt; avoir une ~ considérable e-n beträchtlichen l'Umfang besitzen; prendre de l'~ sich ausweiten; sich vergrößern; um sich greifen; **4.** *ling* Bedeutungserweiterung *f*; par ~ im weiteren Sinne; **5.** *Logik: e-s Begriffs* l'Umfang *m*; **6.** *philos* Ausdehnung *f*

extensomètre [ɛkstɑ̃sɔmɛtr(ə)] *m tech* Dehnungsmesser *m*, -meßgerät *n*

exténu|ant [ɛkstenɥɑ̃] *adj* sehr anstrengend, ermüdend; aufreibend; beschwerlich; **~ation** *f* Ermattung *f*; Entkräftung *f*

exténuer [ɛkstenɥe] **I** *v/t Arbeit etc* ~ qn j-n sehr anstrengen; j-n aufreiben, ermatten, entkräften; *adjt* être exténué ermattet, entkräftet; **II** *v/pr* s'~ à faire qc etw bis zur Erschöpfung tun

extérieur [ɛksterjœr] **I** *adj* äußere(r, -s); Außen...; äußerlich; außerhalb befindlich, liegend; *Mitleid, Fröhlichkeit etc* tout ~ rein äußerlich; *aspect* ~ äußeres Anblick; Äußere(s) *n*; boulevards ~s (äußere) Ringstraßen *f/pl*; bruits ~s von außen kommender Lärm; commerce ~ Außenhandel *m*; considérations ~es au sujet außerhalb des Themas liegende Über'legungen *f/pl*; escalier ~ Außentreppe *f*; monde ~ Außenwelt *f*; navigation ~e Seeschiffahrt *f*; politique ~e Außenpolitik *f*; impôt *m* sur les signes ~s de richesse Aufwandsteuer *f*; surface ~e Außenfläche *f*; **II** *m* **1.** Äußere(s) *n* (auch e-r Person); Außenseite *f*; par ext Außenwelt *f*; auch Ausland *n*; de ce fruit est rouge diese Frucht ist außen rot; peindre l'~ de qc die Außenseite (+*gén*) anmalen; etw außen anmalen; ◆ *loc/prép* à l'~ de außerhalb (+*gén*); à l'~ de la ville außerhalb der Stadt; *loc/adv* à l'~ (dr)außen; acheter des matières

premières à l'~ Rohstoffe im Ausland kaufen; *sports* jouer à l'~ auswärts spielen; de l'~ von außen; juger de l'~ nach dem Äußeren (be)urteilen; regarder de l'~ (von außen) her'einschauen, -sehen; vu de l'~ von außen gesehen; *Tür* s'ouvrir vers l'~ nach außen aufgehen; **2.** *cin* ~s *pl* Außenaufnahmen *f/pl*

extérieurement [ɛksterjœrmɑ̃] *adv* **1.** äußerlich; von außen; **2.** äußerlich; nach außen hin; zum Schein

extérior|isation [ɛksterjɔrizɑsjɔ̃] *f von Gefühlen* Äußerung *f*; Ausdruck *m*; **~iser I** *v/t Gefühle, Freude etc* äußern; ausdrücken; zeigen; **II** *v/pr* s'~ *Gefühl* sich äußern; (äußerlich) sichtbar werden; *Person* aus sich her'ausgehen; **~ité** *f* Äußerlichkeit *f*

extermin|ateur [ɛksterminatœr] *adj* ‹-trice› Ausrottungs...; Vernichtungs...; *bibl* ange ~ Würgengel *m*; **~ation** *f* Ausrottung *f*; Vernichtung *f*; **~er** *v/t* ausrotten; vernichten; *Ungeziefer auch* vertilgen

externat [ɛksterna] *m* **1.** *Schule* a) Status *m* e-s Ex'ternen; b) *Lehranstalt* Exter'nat *n*; **2.** *méd* Status *m* e-s „externe des hôpitaux"

externe [ɛkstern] **I** *adj* äußere(r, -s); äußerlich; Außen...; **II** *m,f* **1.** Ex'terne(r) *f(m)*; nicht im Inter'nat wohnender Schüler, wohnende Schülerin; **2.** ~ (des hôpitaux) Medizinstudent(in), der (die) auf Grund e-r Auslese bereits vom 3. Studienjahr ab im Krankenhaus tätig ist

exterritorialité [ɛksteritɔrjalite] *f dipl* Exterritoriali'tät *f*

extincteur [ɛkstɛ̃ktœr] *m* Feuerlöscher *m*; Feuerlöschgerät *n*; ~ à main Handfeuerlöscher *m*; ~ à mousse carbonique Kohlensäureschneelöscher *m*

extinction [ɛkstɛ̃ksjɔ̃] *f* **1.** *e-s Brandes* Löschen *n*; *e-s Feuers* Auslöschen *n*; *mil* ~ des feux Zapfenstreich *m*; sonner l'~ des feux den Zapfenstreich blasen; **2.** *e-r Rasse, Familie etc, fig e-r Stilrichtung etc* Aussterben *n*; *e-s Rechts, e-r Schuld etc* Erlöschen *n*; en voie d'~ im Aussterben begriffen; aussterbend; **3.** *path* ~ de voix völlige Heiserkeit; Stimmlosigkeit *f*; avoir une ~ de voix völlig heiser, stimmlos sein; **4.** *von Kalk* Löschen *n*

extirp|able [ɛkstirpabl(ə)] *adj Vorurteil etc* ausrottbar; *chir Tumor* facilement ~ leicht zu entfernen(d); **~ateur** *m agr* Unkrautegge *f*; Exstir'pator *m*

extirpation [ɛkstirpɑsjɔ̃] *f* **1.** *von Unkraut* Ausreißen *n*; **2.** *chir* völlige Entfernung; *sc* Exstirpati'on *f*; **3.** *st/s von Vorurteilen* Ausrottung *f*; *von Mißständen* Beseitigung *f*

extirper [ɛkstirpe] **I** *v/t* **1.** *Unkraut* (mit der Wurzel) ausreißen; **2.** *chir Geschwulst etc* völlig entfernen; *sc* exstir'pieren; **3.** *st/s Vorurteil* ausrotten; *Mißstand* beseitigen; abstellen; **4.** *Information etc* ~ à qn j-m entlocken; aus j-m her'auslocken; **5.** F ~ qn de son lit j-n aus dem Bett jagen; **II** *v/pr* F s'~ de son sac de couchage, *etc* sich aus s-m Schlafsack *etc* befreien, F quälen

extorqu|er [ɛkstɔrke] *v/t Geständnis, Unterschrift, Zustimmung etc* erpressen, erzwingen (à qn von j-m); abnötigen (j-m); ~ de l'argent à qn von j-m Geld erpressen; **~eur** *m* Erpresser *m*

extorsion [ɛkstɔrsjɔ̃] *f e-s Geständnisses, e-r Unterschrift etc* Erpressung *f*; Erzwingung *f*; ~ de fonds Erpressung von Geld

extra [ɛkstra] **I** *m* ‹inv› **1.** a) un ~ etwas Außergewöhnliches, Besonderes (*meist* Speise, Getränk); faire un ~ etwas Außergewöhnliches, Besonderes machen, bie-

ten, zubereiten; **b)** *Kellner etc* faire des ~ anderswo aushelfen; **2.** Aushilfskellner *m*; **II** F *adj* ⟨*inv*⟩ vorzüglich; feinste(r, -s); ausgezeichnet; F prima (*inv*); dufte

extra|-budgétaire [ɛkstrabydʒetɛr] *adj* außeretatmäßig; außerhaushaltsplanmäßig; **~-communautaire** *adj* außerhalb der EG; **~-conjugal** *adj* ⟨-aux⟩ außerehelich; **~-courant** *m* élect ~ de fermeture, de rupture Einschalt-, Ausschaltstromstoß *m*; **~-court** *adj* besonders kurz

extract|eur [ɛkstraktœr] *m* **1.** *an Feuerwaffen* Auszieher *m*; **2.** ~ *od adit* parachute *m* ~ Hilfs(fall)schirm *m*; **3.** *chim* Extrakti'onsapparat *m*; **4.** *Imkerei* Honigschleuder *f*; **~ible** *adj* ausziehbar; extra'hierbar; **~if** *adj* ⟨-ive⟩ **1.** industrie extractive Bergbau *m*; **2.** *chim* Auszieh...; Extrakti'ons...

extraction [ɛkstraksjõ] *f* **1.** *von Kohle, Erdöl, Sand, Steinen etc* Förderung *f*; Gewinnung *f*; *mines auch* Abbau *m*; ~ journalière Tagesförderung *f*; ~ à ciel ouvert Tagebau *m*; **2.** *chir e-s Fremdkörpers* (opera'tive) Entfernung; *e-s Zahnes* Ziehen *n*; *sc* Extrakti'on *f*; **3.** *chim* Extrakti'on *f*; Extra'hieren *n*; Ausziehen *n*; **4.** *bei Feuerwaffen* Ausziehen *n* (der Hülse); **5.** *math* ~ des racines Wurzelziehen *n*; ~ de la racine carrée, cubique Ziehen *n* der Quadrat-, Kubikwurzel; **6.** *litt* être de haute, basse ~ von hoher, niederer Ab-, Herkunft sein

extrad|er [ɛkstrade] *v/t jur* ausliefern; **~ition** *f jur* Auslieferung *f*; demande *f* d'~ Auslieferungsersuchen *n*

extrados [ɛkstrado] *m* **1.** *arch* Bogen-, Gewölberücken *m*; **2.** *aviat* Tragflügeloberseite *f*

extra|-dry [ɛkstradraj] *adj* Aperitif extra dry [draj]; **~-fin** *adj comm* extrafein; **~-fort I** *adj comm* extrastark; **II** *m cout* Kanten-, Eckenband *n*; **~galactique** *adj astr* extragalaktisch

extraire [ɛkstrɛr] ⟨*cf traire*⟩ **I** *v/t* **1.** *Bodenschätze* fördern; gewinnen; *Kohle, Erz auch* abbauen; *Marmor, Schiefer* brechen; **2.** *chir Fremdkörper* entfernen; her'ausziehen; *Zahn* ziehen; *allg sc auch* extra'hieren; **3.** *Texte, Abschnitte etc* entnehmen (d'un livre e-m Buch); exzer'pieren; her'ausschreiben (aus e-m Buch); ~ des passages d'un livre aus e-m Buch Auszüge, Exzerpte machen; **4.** *chim* extra'hieren; (her')ausziehen; auslaugen; **5.** *math* **a)** *Wurzel* ziehen (d'un nombre aus e-r Zahl); **b)** ~ les entiers contenus dans un nombre fractionnaire die ganzen Zahlen aus e-m Bruch her'ausziehen; **6.** *litt* ~ la quintessence de qc die Quintessenz aus etw ziehen; **7.** *Häftling aus dem Gefängnis etc* holen; **II** *v/pr* F s'~ de sa voiture F sich aus s-m Wagen quälen

extrait [ɛkstrɛ] *m* **1.** *chim* Ex'trakt *m*; Auszug *m*; ~ de lavande La'vendelextrakt *m*; ~ de viande Fleischextrakt *m*; **2.** *aus e-m Buch, e-r Rede etc* Auszug *m*; herausgeschriebenes Ex'zerpt *n*; reproduire des ~s d'un discours e-e Rede in Auszügen, auszugsweise 'wiedergeben; **3.** *jur* Auszug *m*; ~ de baptême Taufschein *m*; ~ du casier judiciaire Auszug aus dem Strafregister; Strafregisterauszug *m*; ~ de mariage Trauschein *m*; Heiratsurkunde *f*; ~ de naissance Geburtsurkunde *f*; ~ du registre de commerce Auszug aus dem Handelsregister

extra|judiciaire [ɛkstraʒydisjɛr] *adj jur* außergerichtlich; **~-légal** *adj* ⟨-aux⟩ außerhalb der Legali'tät; gesetzwidrig; ungesetzlich; **~-léger** *adj* ⟨-ère⟩ besonders leicht; **~lucide** *adj* voyante *f* ~ Hellseherin *f*; Wahrsagerin *f*; **~-muros** [-myros] *adv* außerhalb der Stadt (-mauern)

extraordinaire [ɛkstraɔrdinɛr] *adj* **1.** außerordentlich; außerplanmäßig; Sonder...; assemblée *f* ~ außerordentliche Versammlung; budget *m* ~ außerordentlicher Haushalt; dépenses *f/pl* ~s außerordentliche Ausgaben *f/pl*; außergewöhnliche Aufwendungen *f/pl*; Sonderausgaben *f/pl*; *loc/adv* par ~ wider Erwarten; ausnahmsweise; **2.** *Ereignis, Nachricht etc* außer-, ungewöhnlich; erstaunlich; merkwürdig; *subst* l'~ *m* dans cette histoire, c'est que ... das Ungewöhnliche, Erstaunliche, Merkwürdige an dieser Geschichte ist, daß ...; **3.** *Erfolg, Schönheit, Appetit, Freude etc* außergewöhnlich; außerordentlich; *Vermögen* außergewöhnlich groß; un homme ~ ein außergewöhnlicher Mensch; F ce vin est ~ dieser Wein ist hervorragend, vorzüglich, ausgezeichnet, F prima; F ce film n'est pas ~ F dieser Film ist nicht besonders

extra|-parlementaire [ɛkstraparləmɑ̃tɛr] *adj* außerparlamentarisch; **~-plat** *adj* superflach

extrapol|ation [ɛkstrapolasjõ] *f* **1.** *math* Extrapolati'on *f*; **2.** *par ext* Schluß (-folgerung) *m(f)*; **~er** *v/i* **1.** *math* extrapo'lieren; **2.** *par ext* Schlüsse, e-n Schluß ziehen; (voreilig) auf anderes schließen

extra|-sensible [ɛkstrasɑ̃siblə] *adj sc* nicht mit den Sinnen wahrnehmbar; **~-sensoriel** *adj* ⟨-le⟩ *psych* außersinnlich; perception ~le außersinnliche Wahrnehmung; **~-systole** *f physiol* Extrasystole *f*; **~-terrestre** *adj* außerirdisch; **~-utérin** *adj path* grossesse ~e Bauchhöhlenschwangerschaft *f*; sc Extraute'ringravidität *f*

extravagance [ɛkstravagɑ̃s] *f* **1.** Über'spanntheit *f*; Verstiegenheit *f*; **2.** über'spannte I'dee. Äußerung; Narrenstreich *m*; ~s *pl auch* ungereimtes Zeug; il a encore fait quelque ~ er hat sich wieder etwas Ausgefallenes, Extravagantes geleistet; **3.** *e-r Forderung etc* Über'triebenheit *f*; *e-s Preises* 'übermäßige Höhe

extravagant [ɛkstravagɑ̃] *adj* **1.** *Person, Benehmen, Ideen* über'spannt; extrava'gant; *Ideen auch* verstiegen; *Kleidung* ausgefallen; extrava'gant; idée ~e auch Hirngespinst *n*; F Schnapsidee *f*; tenir des propos ~s ungereimtes Zeug reden; **2.** *Ansprüche* 'übermäßig; über'trieben; *Preis* 'übermäßig hoch; hor'rend

extravas|ation [ɛkstravazasjõ, -va-] *f méd* Austreten *n* von Gefäßflüssigkeit; *sc* Extravasati'on *f*; **~er** *v/pr* s'~ *méd* Blut, Lymphe (aus den Gefäßen) austreten

extraversion [ɛkstravɛrsjõ] *f psych* Extraversi'on *f*; Extraver'tiertheit *f*

extraverti [ɛkstravɛrti] *psych* **I** *adj* extraver'tiert; **II** *subst* ~(e) *m(f)* Extraver'tierte(r) *f(m)*

extrême [ɛkstrɛm] **I** *adj* äußerste(r, -s); ex'trem; *fig auch* höchste(r, -s); größte(r, -s); *pol* l'~ droite, gauche die äußerste, extreme Rechte, Linke; ~ urgence äußerste Dringlichkeit; à l'~ limite an

der äußersten *bzw* an die äußerste Grenze (*auch fig*); à l'~ pointe de la Bretagne an der äußersten Spitze der Bretagne; à l'~ rigueur im äußersten Notfall; prendre un plaisir ~ à qc größtes, sein höchstes Vergnügen an etw (*dat*) haben, finden; la plus ~ prudence est recommandée es wird äußerste, größte Vorsicht empfohlen; **II** *m* **1.** Ex'trem *n*; passer d'un ~ à l'autre von e-m Extrem ins andere fallen; *loc/prov* les ~s se touchent die Extreme berühren sich (*loc/prov*); **2.** *loc/adv* à l'~ bis zum Äußersten; pousser qc à l'~ etw bis zum Äußersten, auf die Spitze treiben; **3.** ~s *pl* **a)** *e-r Verhältnisgleichung* Außenglieder *n/pl*; **b)** *e-s Syllogismus* Außenbegriffe *m/pl*

extrêmement [ɛkstrɛmmɑ̃] *adv* äußerst; höchst; auf das äußerste; ~ intelligent äußerst intelligent; hochintelligent; ~ intéressant äußerst interessant; hochinteressant; ~ riche steinreich; ~ vexé auf das äußerste beleidigt

extrême|-onction [ɛkstrɛmõksjõ] *f égl cath* Letzte Ölung; **~-oriental** *adj* ⟨-aux⟩ fernöstlich

extrém|isme [ɛkstremism(ə)] *m pol* Radika'lismus *m*; Extre'mismus *m*; **~iste** *pol* **I** *adj* radi'kal; ex'trem; extre'mistisch; **II** *m, f* Radi'kale(r) *f* (*m*); Extre'mist(in) *m(f)*

extrémité [ɛkstremite] *f* **1.** äußerstes Ende; ~ du doigt Fingerspitze *f*; ~ du fil Drahtende *n*; à la dernière ~ im allerletzten Augenblick; d'une ~ à l'autre von e-m Ende zum andern; *Kranker* il est à la dernière ~ es geht mit ihm zu Ende; er liegt in den letzten Zügen; *par ext* pousser qn à une fâcheuse ~ j-n zum Äußersten treiben; **2.** ~s *pl* Gliedmaßen *f/pl*; Extremi'täten *f/pl*

extremum [ɛkstremɔm] *m math* Ex'tremwert *m*

extrinsèque [ɛkstrɛ̃sɛk] *adj* äußerlich; äußere(r, -s); causes *f/pl* ~s äußere Ursachen *f/pl*

extrorse [ɛkstrɔrs] *adj bot* ex'trors

extroverti [ɛkstrovɛrti] *cf* extraverti

extrudage [ɛkstrydaʒ] *m cf* extrusion

extrud|er [ɛkstryde] *v/t tech* extru'dieren; strangpressen; **~euse** *f tech* Ex'truder *m*; Extrusi'onsmaschine *f*; Strangpresse *f*

extrusion [ɛkstryzjõ] *f tech* Extrusi'on *f*; Extru'dieren *n*; Strangpressen *n*

exubér|ance [ɛgzyberɑ̃s] *f* **1.** *der Vegetation, Formen etc* Üppigkeit *f*; Fülle *f*; **2.** *e-r Person* 'Überschwenglichkeit *f*; (Gefühls)'Überschwang *m*; avec ~ 'überschwenglich; **~ant** *adj* **1.** *Vegetation* üppig (wuchernd); *Formen* üppig; **2.** *Person, Wesen, Verhalten, Freude* 'überschwenglich

exulcér|ation [ɛgzylserasjõ] *f méd* Geschwürbildung *f*; Verschwärung *f*; *sc* Exulzerati'on *f*; **~er** *v/t* ⟨-è-⟩ *méd* geschwürig verändern; *sc* exulze'rieren

exult|ation [ɛgzyltasjõ] *f* Froh'locken *n*; **~er** *v/i* froh'locken

exutoire [ɛgzytwar] *m* **1.** *méd, vét* künstliches Geschwür; **2.** *fig* Ven'til *n*; *Ärger etc* trouver un ~ auch sich Luft machen

ex-voto [ɛksvɔto] *m* ⟨*inv*⟩ *rel* Vo'tivbild *n*; *in der Antike* Weihgabe *f*, -geschenk *n*

eye-liner [ajlajnœr] *m Kosmetik* Eyeliner ['ailainər] *m*

eyra [ɛra] *m zo* Eyra *f*

F

F, f [εf] *m* ⟨inv⟩ F, f *n*
fa [fɑ,fa] *m* ⟨inv⟩ *mus* f *bzw* F *n*; ~ **bémol**
fes *bzw* Fes *n*; ~ **dièse** fis *bzw* Fis *n*; ~
majeur F-Dur *n*; ~ **mineur** f-Moll *n*;
clé *f* **de** ~ Baßschlüssel *m*; **sonate** *f* **en** ~
majeur F-Dur-Sonate *f*
fable [fɑbl(ə)] *f* **1.** Fabel *f* (*auch fig*); **les**
~**s de La Fontaine** die Fabeln von La
Fontaine; ~ **express** humoristische
Kurzfabel; **2.** **il est la** ~ **du quartier, du**
village das ganze Viertel, Dorf spottet,
lacht über ihn
fabliau [fablijo] *m* ⟨*pl* ~**x**⟩ *altfrz* Vers-
erzählung Fabli'au *n*
fablier [fablije] *m* Fabelsammlung *f*
fabricant [fabrikɑ̃] *m* **a)** Fabri'kant *m*;
Fa'brikbesitzer *m*; **b)** Hersteller *m*; Pro-
du'zent *m*
fabrication [fabrikasjɔ̃] *f* Herstellung *f*;
Fertigung *f*; An-, Verfertigung *f*; Fabri-
kati'on *f*; ~ **artisanale** handwerkliche
Fertigung; **produit** ~ **de** ~ **française**
fran'zösisches Fabri'kat; ~ **soignée**
sorgfältige Ausführung; ~ **à la chaîne**
Fließbandfertigung *f*; ~ **à la machine**
maschinelle Herstellung; ~ **à la main**
Anfertigung von Hand; Handarbeit *f*; ~
de (la) fausse monnaie Falschmünze-
'rei *f*; ~ **en série** Serienfertigung *f*; ~ **en**
grande série Massenproduktion *f*,
-erzeugung *f*; ~ **'hors série** Sonderan-
fertigung *f*; ~ **sur commande** Auftrags-
fertigung *f*; Einzel(an)fertigung *f*; **être**
en cours de ~ in der Fertigung sein; F
c'est un plat de ma ~ dieses Gericht
habe ich selber erfunden, F ist mein
eigenes Fabri'kat
fabrique [fabrik] *f* **1.** Fa'brik *f*; Fa'brik-
betrieb *m*; ~ **de bas** Strumpffabrik *f*,
-wirkerei *f*; ~ **de chaussures, de meu-**
bles Schuh-, Möbelfabrik *f*; **marque** *f*
de ~ Fabrikmarke *f*, -zeichen *n*; **prix** *m*
de ~ Fabrikpreis *m*; **2.** *égl* (**conseil** *m*
de) ~ Kirchenvorstand *m*; Gemeinde-
kirchenrat *m*; Kirchenstiftungsrat *m*; **3.**
peint auf Landschaftsgemälden Baulich-
keit *f*
fabriquer [fabrike] *v/t* **1.** herstellen;
fertigen; an-, verfertigen; erzeugen; pro-
du'zieren (*auch fig Spitzensportler etc*);
laienhaft, péj fabri'zieren; ~ **des meu-**
bles, des outils, des voitures Möbel,
Werkzeuge, Autos herstellen; ~ **de la**
fausse monnaie Falschgeld herstellen;
~ **un modèle en série** ein Modell
serienmäßig, in Serie herstellen; **2.** F
(*faire*) tun; machen; F treiben; **qu'est-ce**
que tu fabriques? was machst, tust,
treibst du denn da?; **qu'est-ce qu'il**
peut bien ~ **!**, **qu'est-ce qu'il fabrique!**
was macht, tut, treibt er bloß so lange!;
3. *fig* ~ **qc de toutes pièces** *cf* **pièce 1.**
fabul|ateur [fabylatœr] *adj* ⟨-trice⟩
psych fabu'lierend; *subst* **les enfants**
sont souvent des ~**s** Kinder fabulieren

oft, erfinden oft Geschichten; ~**ation** *f*
1. *psych* Fabu'lieren *n*; Erfinden *n* von
Geschichten; **2.** *philos* Phanta-
'sietätigkeit *f*
fabuler [fabyle] *v/i psych* fabu'lieren;
Geschichten erfinden; phanta'sievoll er-
zählen
fabul|eusement [fabyløzmɑ̃] *adv* von
fabuleux l.; ~ **riche** märchen-, sagen-
haft *etc* reich; ~**eux** *adj* ⟨-euse⟩ **1.**
Summe, Preis etc märchen-, sagenhaft;
phan'tastisch; unwahrscheinlich; **2.** *litt*
Fabel…; **animal, être** ~ Fabeltier *n*,
-wesen *n*
fabuliste [fabylist] *m* Fabeldichter *m*
Fac [fak] *f* (F *Kurzwort für* **Faculté**) F
Uni *f*; **à la** ~ an der Uni
façade [fasad] *f* **1.** *e-s Gebäudes* Fas'sade
f; Vorder-, Stirnseite *f*; (Vorder)Front *f*;
e-s Ladens Schaufensterfront *f*; **2.** *fig*
Fas'sade *f*; Äußere(s) *n*; (äußerer) An-
schein; **luxe** *m* **de** ~ äußerer Luxus;
glanzvolle Fassade; **n'avoir qu'une** ~
d'honnêteté nur den Anschein der
Ehrlichkeit besitzen; **ce n'est qu'une** ~
das ist nur, nichts als Fassade; **3.** F
(*figure*) F Fas'sade *f*; *péj* Vi'sage *f*;
démolir la ~ **à qn** F j-m die Fassade
polieren; **Frau se refaire la** ~ F sich
wieder anmalen
face [fas] *f* **1.** Gesicht *n*; *st/s* Angesicht *n*;
Antlitz *n*; *bibl* **la** ~ **de Dieu** das Ange-
sicht Gottes; P *péj* ~ **de rat** Fratze *f*;
Affengesicht *n*; ~ **contre terre** mit dem
Gesicht zur Erde; *st/s bzw iron* **se**
cacher, se voiler la ~ sein Antlitz
verbergen, verhüllen; *fig* **changer la** ~
du monde das Gesicht, das Aussehen
der Welt verändern; *fig* **perdre, sauver**
la ~ das Gesicht verlieren, wahren; **2.**
mit prép ~ **à** *loc/prép* **à la** ~ **de** vor (+*dat*);
in Gegenwart von (*od* + *gén*); **procla-**
mer à la ~ **de l'univers que …** vor der
ganzen Welt verkünden, daß …; ♦
loc/prép ~ **à** zu (+*dat*) hin; ~ **à la mer**
zum Meer hin (gelegen); **parler** ~ **au**
public zum Publikum hin(gewandt),
gewandt sprechen; ♦ *loc/adv* ~ **à** ~ Auge
in Auge; von Angesicht zu Angesicht; **les**
deux maisons sont ~ **à** ~ … liegen sich
direkt gegen'über; **se trouver** ~ **à** ~
avec qn j-m Auge in Auge, von Ange-
sicht zu Angesicht gegen'überstehen;
brusquement je me suis trouvé ~ **à** ~
avec lui *auch* plötzlich stand er vor mir;
les deux adversaires **se retrouvèrent** ~ **à**
~ … standen sich plötzlich (Auge in
Auge) gegen'über; *ch de fer* **coin** *m* (**de**) ~ Eckplatz *m*
in Fahrtrichtung; *thé* **loge** *f* **de** ~ Mittel-
loge *f*; **portrait** *m* **de** ~ En-face-Bild *m*;
Vorderansicht *f*; **vue** *f* **de** ~ Vorder-
ansicht *f*; **avoir le vent de** ~ Gegenwind
haben; **photo prise de** ~ von vorn
aufgenommenes Foto; ♦ *loc/prép* **en** ~

de gegen'über (+*dat*); vor (+*acc bzw*
dat); **en** ~ **de cela** demgegenüber; ande-
rerseits; auf der anderen Seite; **en** ~ **du**
directeur dem Direktor gegenüber; **en**
~ **de la fenêtre** gegenüber dem Fenster;
il s'est assis en ~ **de moi** er hat sich mir
gegenübergesetzt; **sa maison est en** ~
de la vôtre sein Haus liegt Ihrem
gegenüber; **se placer en** ~ **de qn** sich
vor j-n hinstellen; **ils restaient muets**
l'un en ~ **de l'autre** sie standen *bzw*
saßen sich stumm gegenüber; ♦ *loc/adj*
d'en ~ gegen'überliegend; **la maison**
d'en ~ das gegenüberliegende Haus; das
Haus gegenüber; *auch* das Gegen'über;
♦ *loc/adv* **en** ~ ins Gesicht; **avoir le**
soleil en ~ die Sonne im Gesicht haben;
il le lui a dit en ~ er hat es ihm ins
Gesicht gesagt; **regarder qn (bien) en** ~
~ j-m (direkt) ins Gesicht schauen; *fig*
regarder la mort, le danger en ~ dem
Tod, der Gefahr ins Auge sehen; **il faut**
voir les choses en ~ man muß den
Dingen ins Gesicht sehen; ♦ **faire** ~ **à la**
demande die Nachfrage befriedigen;
faire ~ **à une dépense** e-e Ausgabe
bestreiten; **faire** ~ **à des difficultés**
d'argent mit Geldschwierigkeiten fer-
tigwerden; **faire** ~ **à ses engagements**
s-n Verpflichtungen nachkommen; **fai-**
re ~ **à l'ennemi** dem Feind die Stirn, die
Spitze, Trotz bieten; **faire** ~ **à la situa-**
tion die Lage meistern; **faire** ~ **à une**
traite e-n Wechsel honorieren; *sa mai-*
son fait ~ **à la mienne** … liegt meinem
gegenüber; **3.** *e-r Münze, Medaille* (*auch*
côté *m* ~) Vorder-, Bildseite *f*; A'vers *m*;
jouer à pile ou ~ *cf* **pile¹ 5.**; **4.** *e-s*
geometrischen Körpers Fläche *f*; **à 'huit**
~**s** achtflächig; *par ext* **glace** *f* **à trois** ~**s**
dreiteiliger Spiegel; **5.** *anat, bot, des*
Mondes, e-r Schallplatte Seite *f*; *loc/adj*
étoffe *f* **double** ~ beidseitig tragbarer
Stoff; **examiner qc sous toutes ses** ~**s**
etw von allen Seiten betrachten, begut-
achten
face-à-face [fasafas] *m* ⟨inv⟩ *télév*
Fernsehduell *n*
face-à-main [fasamɛ̃] *m* ⟨*pl* **faces-à-**
-main⟩ Lor'gnette *f*; Stielbrille *f*
facétie [fasesi] *f* Posse *f*; Schnurre *f*; Spaß
m; Scherz *m*; **faire des** ~**s** Possen reißen;
Späße, Scherze machen
facétieux [fasesjø] *adj* ⟨-euse⟩ *Person*
immer zu Späßen aufgelegt; *Buch, Ge-*
schichte etc spaßig; spaß-, scherzhaft; **II**
m Spaßmacher *m*; Possenreißer *m*
facett|e [faset] *f* **1.** *e-s Diamanten etc*
Fa'cette *f*; **tailler à** ~**s** in Facetten
schleifen; **2.** *zo* **yeux** *m/pl* **à** ~**s** Fa-
'cetten-, Netzaugen *n/pl*; ~**er** facet-
'tieren; mit Fa'cetten versehen
fâché [fɑʃe] *adj* **1.** verärgert; verstimmt;
böse; gekränkt; F sauer; eingeschnappt;
avoir l'air ~ verärgert, böse, gekränkt

aussehen, dreinschauen; je ne serais pas ~ de le voir partir od **qu'il parte** ich wäre nicht böse, wenn er ginge; **être ~ contre,** F **après qn** (mit) j-m, auf j-n böse sein; **2. être ~ avec qn** mit j-m verzankt, zerstritten sein; **ils sont ~s** sie sind böse mit-, aufein'ander, (mitein'ander) verzankt, zerstritten, F verkracht; **3.** litt **j'en suis bien ~** es tut mir sehr leid

fâcher [faʃe] **I** v/t **~ qn** in j-n ärgern, verstimmen, kränken; j-n zornig, wütend machen; **II** v/pr **1. se ~ böse,** wütend, zornig werden; sich aufregen; sich ärgern; F auch sauer werden; einschnappen; **se ~ contre,** F **après qn** mit j-m bzw in dessen Abwesenheit auf j-n schimpfen; **il se fâche pour un rien** er wird wegen jeder Kleinigkeit wütend, böse; er regt sich wegen jeder Kleinigkeit auf; er ärgert sich über die Fliege an der Wand; **si tu continues, je vais me ~** wenn du nicht aufhörst, werde ich böse; **2. se ~ avec qn** sich mit j-m verzanken, zerstreiten, über'werfen, verfeinden; mit j-m Streit bekommen; **ils se sont fâchés** sie haben sich verzankt, zerstritten

fâcheusement [faʃøzmɑ̃] adv **von fâcheux; ressembler ~ à qn, qc** j-m, e-r Sache fa'tal ähneln

fâcheux [faʃø] adj <-euse> mißlich; fa'tal; unangenehm; unerfreulich; peinlich; **contretemps ~** widriger 'Umstand; **~ événement** mißliches Er eignis; **c'est ~** das ist mißlich; das kommt sehr ungelegen

facial [fasjal] adj <-aux> Gesichts...; Anthropometrie **angle ~** Gesichtswinkel m; chir chirurgie **~e** Gesichtschirurgie f; anat **nerf ~** Gesichtsnerv m; sc Fa zi'alis m

faciès [fasjɛs] m **1.** Gesicht n; Gesichtszüge m/pl, -ausdruck m; Aussehen n; méd sc Facies f; **~ mongol** mongolisches Aussehen, Gesicht; **un homme au ~ énergique** ein Mann mit energischem Gesicht(sausdruck); **2.** géol Fazies f

facile [fasil] adj Arbeit, Aufgabe, Text etc leicht; Witz, Spott, Kritik billig; Frau, Mädchen leicht her'umzukriegen; Kind leicht erziehbar; mit dem man keine Schwierigkeiten hat; Charakter, Wesen verträglich; **avoir la vie ~** ein leichtes Leben haben; **c'est (très) ~** das ist (sehr) leicht; **cela lui est ~** das ist leicht für ihn, für ihn ein leichtes; das fällt ihm leicht; **♦ ~ à laver** bequem, leicht zu waschen; leicht waschbar; **~ à manier** leicht zu handhaben; handlich; **un objet ~** à se procurer ein leicht zu beschaffender, leicht beschaffbarer Gegenstand; **une voiture ~** à conduire ein leicht zu fahrender Wagen; **cette voiture est ~** à conduire dieser Wagen ist leicht zu fahren; **il est ~ à contenter, à satisfaire** er ist leicht zufriedenzustellen; **~ à vivre** mit ihm ist gut aus(zu)kommen, kann man gut auskommen; er ist 'umgänglich, verträglich; **c'est ~ à comprendre** das ist leicht, unschwer zu verstehen, leicht verständlich; **c'est ~ à deviner** das ist leicht zu erraten, zu über'setzen; das läßt sich leicht erraten, übersetzen; **c'est plus ~ à dire qu'à faire** das ist leichter gesagt als getan; **♦ il est facile de critiquer, de refuser** es ist leicht zu kritisieren, abzulehnen

facilement [fasilmɑ̃] adv **1.** leicht; rasch; mühelos; mit Leichtigkeit; **cela s'apprend ~** das ist leicht, mühelos zu (er)lernen; **cette matière se casse ~** dieses Material bricht leicht; **il se vexe ~** er ist leicht, rasch, schnell, gleich beleidigt; **2. il mettra, il faut compter ~ deux heures ...** mindestens, gut und

gern zwei Stunden...

facilité [fasilite] f **1.** e-r Arbeit, Aufgabe etc Leichtigkeit f; e-r Person leichte Auffassungsgabe; e-s Künstlers etc ~ d'exécution Mühelosigkeit f, Gewandtheit f in der Ausführung; **solution** f de ~ bequem(st)e Lösung; Weg m des geringsten 'Widerstandes; **s'adonner à la ~** es sich leicht machen; den Weg des geringsten Widerstandes gehen; **Kind n'avoir aucune ~** keine leichte Auffassungsgabe haben; sich schwertun beim Lernen; **avoir une grande ~ pour apprendre,** avoir des ~ leicht, mühelos lernen; keinerlei Lernschwierigkeiten haben; **écrire avec ~** mühelos, gewandt, mit leichter Hand schreiben; **la ~ avec laquelle il apprend est incroyable** die Leichtigkeit, Mühelosigkeit, mit der er lernt ...; **2. ~s** pl Erleichterungen f/pl; **~s de paiement** Zahlungserleichterungen f/pl; bequeme Zahlungsbedingungen f/pl; **pour plus de ~s** bequemlichkeitshalber; **avoir toutes ~s pour passer la frontière** keinerlei Schwierigkeiten beim Über'schreiten der Grenze haben; **fournir, procurer à qn toutes ~s pour ...** j-m jegliche Hilfe gewähren, um zu ...

faciliter [fasilite] v/t erleichtern; leichter machen; Verdauung fördern; **son entêtement ne facilitera pas les choses ...** wird die Sache nicht gerade leichter machen; **~ la tâche à qn** j-m die, s-e Aufgabe erleichtern

façon [fasɔ̃] f **1.** Art f; Art und Weise f; Weise f; comm **châle ~ cachemire** kaschmirartiges Dreiecktuch; **~ d'agir,** de s'exprimer, de parler, de procéder Handlungs-, Ausdrucks-, Sprechod Rede-, Verfahrensweise f; **sa ~ de se comporter, de donner des ordres** s-e Art, sich zu benehmen, Befehle zu geben; sein Benehmen n, F sein Komman 'dieren n; **~ de voir (les choses)** Ansicht f (über die Dinge); **la ~ dont il s'est conduit** die Art, wie er sich verhalten hat; sein Verhalten n; **la ~ dont il parle de ses parents** (die Art und Weise, in der od) wie er über s-e Eltern spricht; **avoir une bizarre ~ de s'habiller** e-e merkwürdige Art haben, sich zu kleiden; **je vais lui dire ma ~ de penser** ich werde ihm meine Meinung sagen; **voilà ma ~ de penser** das ist nun mal meine Meinung, Ansicht; **♦ à ma, sa ~ auf** meine, seine Weise, Art; **à la ~ de** nach Art von (od + gén); **♦ loc/adv de cette ~** auf diese Art, Weise, Art und Weise; so; **de la même ~ que moi** auf dieselbe Art, Weise wie ich; genauso wie ich; **je vais vous montrer de quelle ~ il faut s'y prendre ...** wie man es anstellen muß; **de toute ~ od de toutes les ~s** auf alle Fälle; auf jeden Fall; jedenfalls; sowie 'so; **d'une ~ ou d'une autre** auf die e-e oder andere Art; irgend'wie; **d'une ~ (entièrement) différente (ganz)** anders; **on peut dire d'une ~ générale que ... (im)** allgemein(en) kann man sagen, daß ...; **♦ loc/conj de telle ~ que ... od de ~ à ce que ...** (+ subj bzw ind) so ..., daß ...; **s'y prendre de telle ~ que ...** es so anstellen, daß ...; **il s'arrangea de ~ à ce qu'elle pût l'entendre** er richtete es so ein, daß sie ihn hören konnte; **il se plaça de ~ à être vu** er stellte bzw setzte sich so, daß man ihn sehen konnte od daß er gesehen wurde; **en aucune ~** in keiner Weise; keineswegs; durch'aus nicht; mit'nichten; **2. ~s** pl Benehmen n; Ma'nieren f/pl; Al'lüren f/pl; Gebaren n; Gehaben n; auch Zierei f; Gehabe n; Getue n; **sans ~** zwanglos; ungezwungen; als adv auch ohne weiteres; **un petit dîner sans ~** ein

zwangloses kleines Essen; accepter sans ~ ohne weiteres annehmen; **il est sans ~** er ist natürlich, ungezwungen; **non merci, sans ~!** nein danke, bestimmt od wirklich nicht!; **sans plus de ~s** ohne weiteres; **je n'aime pas ses ~s** ich mag sein Gehabe nicht; **faire des ~s** sich nötigen lassen; sich zieren; 'Umstände machen; F sich haben; sich anstellen; **ne faites pas tant de ~s pour accepter!** lassen Sie sich nicht lange nötigen od machen Sie nicht so viel 'Umstände, (sondern) nehmen Sie an!; **ne fais pas de ~s!** zier dich nicht!; stell dich nicht so an!; hab dich nicht so!; tu doch nicht so!; **3.** cout Fas'son f; Ausführung f; **4.** écon **travail m à ~** Lohnvered(e)lung f; Arbeit f an geliefertem Materi'al; **galvanisation f à ~** Lohnverzinken n; **5.** agr Bodenbearbeitung f, -bestellung f

faconde [fakɔ̃d] f Redseligkeit f; Redetalent n

façonnage [fasɔnaʒ] m **1.** Formgebung f; Formung f; Gestaltung f; tech auch Bearbeitung f; Formarbeit f; Fasso'nieren n, -ung f; von gefällten Bäumen Ausformung f; Aushaltung f; **2.** fig von Personen Prägung f

façonné [fasɔne] adj Stoff gemustert; mit Webmuster; **~ement** m cf façonnage

façonner [fasɔne] v/t **1.** formen; gestalten; modeln; tech auch bearbeiten; fasso 'nieren; gefällte Bäume ausformen; aushalten; agr Boden bearbeiten; bestellen; **2.** fig u litt Person formen; prägen

fac-similé [faksimile] m <pl fac-similés> Fak'simile n

factage [faktaʒ] m **1.** entreprise f, service m de ~ Rollfuhrunternehmen n, -dienst m; **2.** Rollgeld n; **3.** (Post)Zustellung f

facteur [faktœr] m **1.** Briefträger m; Postbote m; **~ rural** Landbriefträger m; **2.** allg Faktor m; Mo'ment m; **~ décisif** entscheidendes Moment; **le ~ chance** das Glücksmoment; **le ~ prix** der Preisfaktor; **le ~ temps** der Zeitfaktor; der Faktor Zeit; **~ d'équilibre** ausgleichendes Moment; **~ de sécurité** Sicherheitsfaktor m; **~ de succès** Erfolgsmoment n; **la misère est un des ~s de la révolution** soziales Elend ist e-e der Ursachen der Revolution; **3.** math Faktor m; **~ premier** Primfaktor m; **~ de conversion** 'Umrechnungsfaktor m; **mise ~ en ~s** Zerlegung f in Fak'toren; **4.** biol, psych, écon, Statistik etc Faktor m; biol **~s de l'hérédité** Erbfaktoren m/pl; écon **~ de la production** Produkti'onsfaktor m; **5. ~ de pianos, d'orgues** Kla'vier-, Orgelbauer m

factice [faktis] adj **1.** nachgemacht, -gebildet; künstlich; **bouteille ~** f (Flaschen)At'trappe f; **c'est une bouteille ~** diese Flasche ist e-e Attrappe; **étalage m ~** Schaupackungen f/pl; At'trappen f/pl; **marbre m ~** Marmorimitation f; künstlicher Marmor; **2.** fig Fröhlichkeit, Freundlichkeit, Mitleid etc künstlich; ge-, erkünstelt; unecht; Schein...; **besoins m/pl ~s** künstliche, künstlich geschaffene Bedürfnisse n/pl; **~ité** f Künstlichkeit f

factieux [faksjø] pol **I** adj <-euse> aufrührerisch; 'umstürzlerisch; **II** m Aufrührer m; Aufwiegler m; 'Umstürzler m

faction [faksjɔ̃] f **1.** aufrührerische, 'umstürzlerische Par'tei, Gruppe; **2.** mil Wachestehen n; **être en** od **de ~** (Schild-)Wache stehen; fig **être en ~ Posten** bezogen haben; sich po'stiert haben; **mettre qn en ~** j-n postieren

factionnaire [faksjɔnɛr] *m früher* Schildwache *f*

factitif [faktitif] *gr* **I** *adj* ‹-ive› kausativ; fakti'tiv; **II** *m* Kausativ *n*; Fakti'tiv *n*

factori|el [faktɔrjɛl] *adj* ‹~le› Fak'toren...; *psych, Statistik* **analyse** ~le Faktorenanalyse *f*; **~elle** *f math* Fakul'tät *f*; ~ **quatre** (4 !) vier Fakultät (4!)

factoring [faktɔriŋ] *m comm* Factoring ['fɛk-] *n*

factotum [faktɔtɔm] *m* Fak'totum *n*

factrice [faktris] *f* Briefträgerin *f*; Postbotin *f*

factum [faktɔm] *litt m* Streitschrift *f*

facturation [faktyrasjɔ̃] *f comm* **1. a)** Anrechnung *f*; In'rechnungstellung *f*; (Mit)Berechnung *f*; Faktu'rierung *f*; **b)** Ausstellung *f*, Ausfertigung *f* e-r Rechnung, von Rechnungen (**de** über + *acc*); Faktu'rierung *f*; **2.** Rechnungsabteilung *f*

facture [faktyr] *f* **1.** *comm* (Waren-) Rechnung *f*; Fak'tur *f*; **dresser, établir une** ~ e-e Rechnung ausstellen, ausschreiben; **envoyer, présenter une** ~ e-e Rechnung schicken, vorlegen; **payer, régler une** ~ e-e Rechnung bezahlen, begleichen; **2.** *e-s Gedichts etc* Anlage *f*; (Auf)Bau *m*; **3.** *e-s Musikinstrumentes* Bau *m*; Herstellung *f*

factur|er [faktyre] *v/t* **a)** anrechnen; in Rechnung stellen; (mit) berechnen; (mit) auf die Rechnung setzen; faktu'rieren; **b)** e-e Rechnung ausstellen (**qc** für, über etw [*acc*]); faktu'rieren; **c)** berechnen; **article facturé dix francs** mit zehn Franc berechneter Artikel; **~ier** *m* **1.** Faktu'rist *m*; **2.** Fak'turenbuch *n*; **~ière** *f* **1.** Faktu'ristin *f*; **2.** Faktu'riermaschine *f*

facule [fakyl] *f astr* Sonnenfackel *f*

facultatif [fakyltatif] *adj* ‹-ive› fakulta'tiv; nicht obliga'torisch; *Schulfach* wahlfrei; *Trinkgeld, Anwesenheit, Arbeitsleistung* dem einzelnen über'lassen; jedem freigestellt; freiwillig; **arrêt** ~ Bedarfshaltestelle *f*; **clause facultative** Fakultativklausel *f*; **disposition facultative** Kann-Vorschrift *f*; **matière facultative** Wahlfach *n*

faculté [fakylte] *f* **1.** Fähigkeit *f*; Vermögen *n*; ~s **(intellectuelles)** geistige Fähigkeiten, Kräfte *f/pl*; ~ **d'adaptation** Anpassungsfähigkeit *f*, -vermögen *n*; **il a une grande** ~ **d'attention** er kann gut aufpassen; **il n'a plus toutes ses** ~s s-e geistigen Fähigkeiten haben nachgelassen; **ne plus jouir de toutes ses** ~s nicht mehr im 'Vollbesitz s-r geistigen Kräfte sein; nicht mehr ganz zurechnungsfähig sein; **2.** *e-r Universität* Fakul'tät *f*; **la ♀** *oft* die Universi'tät; ~ **libre** nichtstaatliche, konfessio'nelle Hochschule; ~ **de droit, des lettres et sciences humaines, de médecine, des sciences** juristische, philosophische, medizinische, naturwissenschaftliche Fakultät; **3.** *st/s* (Wahl)Freiheit *f*; Möglichkeit *f*; Recht *n*; Befugnis *f*; ~ **de rachat** 'Wiederkauf(s)-, Rückkauf(s)-möglichkeit *f*, -recht *n*; **avoir la** ~ **de faire qc** die Freiheit haben, etw zu tun; etw tun können; **laisser, accorder à qn la** ~ **de choisir** j-m die Wahl lassen; **4.** *jur mar* (Schiffs)Ladung *f*; **assurance** *f* **sur** ~s Ladungs-, Kargoversicherung *f*

fada [fada] *F in Südfrankreich* **I** *adj* ‹*f inv*› F verrückt; 'übergeschnappt; *cf auch* **cinglé; II** *m* F Verrückte(r) *m*; Irre(r) *m*

fadaise [fadɛz] *f meist pl* ~s Albernheiten *f/pl*; abgeschmacktes, fades Zeug; **dire, débiter des** ~s Albernheiten *etc* von sich geben

fadasse [fadas] F *péj adj* fad(e); *cf auch* **fade**

fade [fad] *adj* **1.** *Speise, Getränk* fad(e); geschmacklos; ohne Geschmack; schal; *Speise auch* ungesalzen; ohne Würze; **goût** *m* ~ fader Geschmack; **plat** *m* **d'un goût** ~ fadschmeckendes Gericht; **c'est** ~ **das** schmeckt fad(e), nach nichts; **2.** *fig* ~ fad(e); geist-, witzlos; abgeschmackt; schal; langweilig; *Farbe* matt; stumpf; **une beauté** ~ e-e fade, langweilige Schönheit; **compliment** *m* ~ geistloses, abgeschmacktes Kompliment

fadeur [fadœr] *f* **1.** *e-r Speise* Fadheit *f*; Geschmacklosigkeit *f*; **2.** *fig von Komplimenten etc* Fadheit *f*; Geist-, Witzlosigkeit *f*; Abgeschmacktheit *f*; Schalheit *f*; Langweiligkeit *f*

fading [fadiŋ] *m rad* Fading ['fɛː-] *n*; Schwund *m*; **il y a du** ~ es tritt Fading, Schwund auf; F das schwindet

fagne [faɲ] *f in den Ardennen* Hochmoor *n*

fagot [fago] *m* Reisigbündel *n*; *fig* **Wein de derrière les** ~s erlesen; von der besten Sorte

fagoter [fagɔte] **I** *v/t meist adjt* **mal fagoté** schlecht, geschmacklos gekleidet, angezogen; **tu ne vas pas sortir fagoté comme ça** ... in e-m solchen Aufzug; **II** *v/pr* **se** ~ sich schlecht, geschmacklos, komisch kleiden, anziehen; F sich geschmacklos, komisch ausstaffieren

Fahrenheit [farenajt, -rən-] *adjt* (*abr* F) Fahrenheit *n* (*abr* F); **trente-deux degrés** ~ (32° F) zweiunddreißig Grad Fahrenheit (32° F); **échelle** *f* (**de**) ~ Fahrenheitskala *f*

faiblard [fɛblar] F **I** *adj* (ziemlich) schwach (*auch fig*); **se sentir (assez)** ~ sich ziemlich schwach, elend fühlen; **II** *m* Schwächling *m*

faible [fɛbl(ə)] **I** *adj* **1.** schwach; *Person auch* cha'rakterschwach; ener'gielos; zu nachsichtig; *Geräusch auch* leise; *Gefälle, Steigung* leicht; sanft; *Regen, Schneefälle* leicht; **armée** *f* ~ schwaches Heer; **élève** *m* ~ schwacher Schüler; les ~s **facultés** *f/pl* **de l'homme** die schwachen Kräfte *f/pl* des Menschen; ~ **indice** *m* schwaches Anzeichen; kleiner Hinweis; **jour** *m* ~ schwaches Tageslicht; **lumière** *f* schwaches Licht; **point** *m* ~ in e-r Rede schwacher Punkt; schwache Stelle; *e-r Person* schwache Seite; Schwäche *f*; *e-s Gegners, e-r Armee* schwache Stelle; **le latin est son point** ~ Latein ist s-e schwache Seite; **prendre qn par son point** ~ j-n bei s-r schwachen Seite packen, fassen; **raisonnement** *m* ~ auf schwachen Füßen stehende Argumentation; *météo* **vent** *m* ~ **à modéré** schwacher bis mäßiger Wind; **voix** *f* ~ schwache Stimme; **avoir le cœur** ~ ein schwaches Herz haben; **n'avoir qu'une** ~ **idée de qc** nur e-e schwache Vorstellung von etw haben; **avoir la vue** ~ schwache Augen haben; **être de** ~ **constitution** von schwacher Konstitution sein; **être trop** ~ **avec ses enfants** zu nachsichtig gegen s-e Kinder sein; **cet acte est le plus** ~ **de la pièce** dieser Akt ist der schwächste des Stückes; **être** ~ **devant la tentation** der Versuchung erliegen; **être** ~ **en français, en dessin** in Französisch, im Französischen, in *od* im Zeichnen schwach sein; **se sentir** ~ sich schwach fühlen; **se sentir** ~ **devant l'adversité** sich e-m widrigen Geschick gegenüber ohnmächtig fühlen; **2.** *An zahl, Höhe, Gewicht, Kosten etc* gering; niedrig; *Währung* weich; ~ **quantité** *f* geringe Menge; ~ **rendement** *m* geringer Ertrag; ~ **taille** *f* geringe Größe; **à**

une ~ **profondeur** in geringer Tiefe; **un mur de** ~ 'hauteur e-e Mauer von geringer, niedriger Höhe; **II** *m* **1.** Schwache(r) *m*; **les économiquement** ~s die wirtschaftlich Schwachen; **un** ~ **d'esprit** ein geistig Beschränkter; **défendre les** ~s die Schwachen verteidigen; **c'est un** ~ er ist ein schwacher Charakter, F ein Schwächling; **2.** Schwäche *f*; Faible *n*; **avoir un** ~ **pour qn, qc** e-e Schwäche, ein Faible für j-n, etw haben

faiblement [fɛbləmɑ̃] *adv von* **faible**; ~ **épicé** leicht, schwach gewürzt; *Puls* **battre** ~ schwach schlagen; **critiquer** ~ vorsichtig kritisieren; *Lampe* **éclairer** ~ schwach leuchten; **protester** ~ schwach protestieren; **réclamer** ~ schüchtern reklamieren, Einspruch erheben; **résister** ~ schwachen 'Widerstand leisten

faiblesse [fɛbles] *f* **1.** Schwäche *f*; Schwachheit *f*; ~ **humaine, de l'homme** menschliche Schwäche *f*; ~ **de caractère** Cha'rakterschwäche *f*; **la** ~ **de votre raisonnement** die Schwäche Ihrer Argumentation; **la** ~ **de sa vue** die Schwäche s-r Augen; s-e Sehschwäche; **dans un moment de** ~ in e-m schwachen Augenblick; in e-r schwachen Stunde; **par** ~, **à cause de sa** ~ wenn Sie so schwach sind und ihm nachgeben ...; **être d'une grande** ~ **envers qn** sehr nachsichtig gegen j-n sein; **2.** Schwäche *f*; Schwächeanfall *m*; **une** ~ **la saisit** sie wurde von e-r Schwäche befallen; sie bekam e-n Schwächeanfall; **3.** Schwäche *f*; schwache Seite, Stelle; **chacun a ses** ~s jeder hat s-e Schwächen; *Frau* **avoir des** ~s **pour qn** j-m gegenüber schwach werden; j-m nachgeben; **sa seule** ~ **c'est la chasse** s-e einzige Schwäche ist die Jagd; **4.** *des Einkommens, Ertrags, der Kosten etc* geringe Höhe; **la** ~ **du nombre** die geringe Anzahl; die zahlenmäßige Schwäche

faiblir [fɛblir] *v/i Puls* schwächer werden; *Mut* nachlassen; *Ast, Balken* nachgeben; sich 'durchbiegen; *mil Frontlinie* nachgeben; *Börsenkurse* nachgeben; zu'rückgehen; sinken; **le vent faiblit** der Wind wird schwächer, läßt nach; **le coureur a faibli** **cent mètres avant l'arrivée** der Läufer ist ... langsamer geworden

faïenc|e [fajɑ̃s] *f* Steingut *n*; Halbporzellan *n*; *im engeren Sinn* Fay'ence *f*; ~s **de Delft** Delfter Fayencen; **poêle** *m* **de** *od* **en** ~ Kachelofen *m*; **vaisselle** *f* **de** ~ Steingutgeschirr *n*; ~**é** *adj* fay'enceartig

faïenc|erie [fajɑ̃sri] *f* **1.** Steingutindustrie *f*, -handel *m*; **2.** Steingutfabrik *f*; Fay'encemanufaktur *f*; **3.** Steingut (-ware) *n(f)*; Fay'ence *f*; ~**ier** *m* Steingutfabrikant *m*, -händler *m*; *adjt* **industrie faïencière** Steingutindustrie *f*

faignant *cf* **feignant**

faille[1] [faj, fɑj] *f* **1.** *géol* Spalte *f*; Verwerfung *f*; Bruch *m*; Sprung *m*; **ligne** *f* **de** ~ Verwerfungs-, Bruchlinie *f*; **plan** *m* **de** ~ Verwerfungsfläche *f*; **2.** *fig in e-r Beweiskette* Bruch *m*; *in e-r Freundschaft* Riß *m*; **3.** *text* Faille *f*

faille[2] [faj] *cf* **falloir**

failli [faji] *comm, jur* **I** *adj* in Kon'kurs geraten; **II** *m* Gemeinschuldner *m*

faill|ibilité [fajibilite] *f* Fehlbarkeit *f*; ~**ible** *adj* fehlbar

faillir [fajir] *v/i* ‹*déf*: j'ai failli; *p/s* je faillis› **1.** **j'ai failli tomber** ich wäre beinahe, fast, um ein Haar, F bald gefallen; es fehlte nicht viel, und ich wäre gefallen; **elle a failli acheter ce manteau** fast hätte sie diesen Mantel gekauft; **sie war nahe daran, diesen**

Mantel zu kaufen; *unpersönlich* il a failli nous arriver un accident beinahe wäre uns ein Unglück zugestoßen; **2.** *st/s* ~ à son devoir s-e Pflicht verletzen; gegen s-e Pflicht verstoßen; ~ à ses engagements s-n Verpflichtungen nicht nachkommen

faillite [fajit] *f* **1.** *comm, jur* Kon'kurs *m*; Bank'rott *m*; ~ frauduleuse, simple betrügerischer, einfacher Bankrott; actif *m* de la ~ Konkursmasse *f*; jugement déclaratif de ~ Konkurseröffnungsbeschluß *m*; personnel *m* de la ~ am Konkurs beteiligte Personen *f/pl*; syndic *m* de la ~ Konkursverwalter *m*; entreprise *f* en ~ in Konkurs geratenes Unter'nehmen; se déclarer en ~ Konkurs anmelden; être en ~ in Konkurs geraten sein; sich im Konkurs befinden; bankrott, F pleite sein; faire ~ Bankrott, F Pleite machen; bankrott, F pleite gehen; Konkurs machen; in Konkurs geraten, gehen; *cf auch* **2.**; **2.** *fig* e-r Politik, e-s Projektes etc Fehlschlag *m*; Scheitern *n*; 'Mißerfolg *m*; Zu'sammenbruch *m*; F Pleite *f*; Bank'rott *m*; c'est une ~ complète das ist e-e völlige Pleite; faire ~ scheitern

faim [fɛ̃] *f* **1.** Hunger *m*; grève *f* de la ~ Hungerstreik *m*; avoir ~ Hunger haben; hungrig sein; avoir très ~ großen Hunger haben; sehr hungrig sein; je n'ai plus ~ ich habe keinen Hunger mehr; ich bin satt; F avoir une ~ de loup F e-n Bären-, Wolfs-, Mordshunger haben; F j'ai une de ces ~s! F hab' ich e-n Hunger!; calmer ~ s-n Hunger stillen; cela donne ~ dabei *bzw* davon bekommt, F kriegt man Hunger; das macht Hunger, hungrig; manger à sa ~ sich satt essen; ne pas manger à sa ~ Hunger leiden; hungern; manger sans ~ ohne Hunger essen; *mourir*, crever de ~ a) verhungern; vor *od* an Hunger sterben; *st/s* Hungers sterben; den Hungertod sterben; b) F *fig* verhungern; am Verhungern sein; vor Hunger sterben, 'umkommen, ~ vergehen; se laisser mourir de ~ freiwillig den Hungertod sterben; rester sur sa ~ a) hungrig bleiben; nicht satt werden; b) *fig* nicht auf s-e Kosten kommen; in s-n Erwartungen enttäuscht werden; *loc/prov* la ~ chasse, fait sortir le loup du bois Not lehrt beten (*prov*); **2.** *par ext* Hunger(s-not) *m(f)*; la ~ dans le monde der Hunger in der Welt; campagne *f* contre la ~ Feldzug *m*, Aktion *f* gegen den Hunger; *Belagerte* réduire par la ~ aushungern; **3.** *fig u st/s* Hunger *m* (de nach); avoir ~ de liberté, de tendresse *st/s* nach Freiheit, Zärtlichkeit hungern, lechzen, dürsten

faine [fɛn] *f bot* Buchecker *f*

fainéant [feneɑ̃] **I** *adj* faul; träge; *hist* les rois ~s die letzten Merowinger; **II** *subst* ~(e) *m(f)* Nichtstuer *m*; Faulenzer(in) *m(f)*; Tagedieb *m*; Müßiggänger *m*; F Faulpelz *m*; Faultier *n*

fainéant|er [feneɑ̃te] *v/i* nichts tun; faulenzen; F auf der faulen Haut liegen; ~ise *f* Faulenze'rei *f*; Faulenzertum *n*; Müßiggang *m*; *auch* Faulheit *f*; il est d'une ~ incroyable *auch* F er stinkt vor Faulheit

faire [fɛr] ⟨je fais, il fait, nous faisons [f(ə)zɔ̃], vous faites, ils font; je faisais [f(ə)zɛ]; je fis; je ferai; que je fasse, que nous fassions; faisant [f(ə)zɑ̃]; fait⟩

I *v/t u v/i* **1.** machen; tun; *Wendungen:* **a)** *mit subst:* ~ une bonne action e-e gute Tat voll'bringen; ~ beaucoup d'argent viel Geld verdienen, F machen; ~ attention aufpassen; ~ des bénéfices Gewin-

ne erzielen, F machen; ~ sa chambre sein Zimmer aufräumen; ~ ses chaussures s-e Schuhe putzen; chemin faisant unter'wegs; während der Fahrt, Reise; ~ son choix s-e Wahl treffen; ~ une chute stürzen; *Weg* ~ un coude e-e Biegung machen; ~ crédit Kredit geben, einräumen, gewähren; ~ un crime ein Verbrechen begehen; ~ la cuisine kochen; ~ des dégâts Schaden anrichten; ~ un excellent déjeuner a) ausgezeichnet essen; b) *bestimmte Nahrungsmittel* ein ausgezeichnetes Mittagessen ergeben; ~ son devoir a) s-e Pflicht tun, erfüllen; s-e Schuldigkeit tun; b) *Schüler* s-e Hausaufgabe machen; ~ une farce F e-n Jux machen; ~ un gâteau e-n Kuchen backen, F machen; *Katze* ~ ses griffes die Krallen wetzen; ~ la guerre Krieg führen; ~ la paix Frieden schließen; ~ la guerre d'Algérie *od* il a fait l'Algérie *auch* er war in Algerien mit dabei; ~ du jardinage im Garten arbeiten; gärtnern; ~ dix kilomètres à pied zehn Kilometer zu Fuß machen, zurücklegen; ~ les lits die Betten machen; F ~ une maison in Haus bauen; ~ le ménage aufräumen; putzen; *Vogel* ~ son nid nisten; sein Nest bauen; ~ du pain Brot backen; ~ un pas e-n Schritt machen; *Tier* ~ des petits Junge werfen, bekommen, F kriegen; ~ du piano Klavier spielen; ~ ses preuves sich bewähren; ~ des recherches a) *Polizei etc* Nachforschungen, Ermittlungen anstellen; b) *Wissenschaft* Forschung treiben; ~ une robe ein Kleid machen, schneidern; ~ la salade den Salat anmachen; ~ son service (militaire) s-n Militär-, Wehrdienst ableisten; ~ des signes Zeichen geben; ~ du sport Sport treiben; F sporteln; ~ un tableau ein Bild malen; *Saft etc* ~ des taches sur la nappe Flecken auf dem Tischtuch machen, hinter'lassen, verursachen; ~ un tout homogène ein einheitliches Ganzes bilden, ergeben; ~ un trajet e-e Strecke zurücklegen; ~ un travail e-e Arbeit machen, tun, verrichten, erledigen; *cf auch* **2.–18.** sowie *unter den betreffenden Substantiven;* ♦ ~ qn qc j-n zu etw machen; ~ qn son héritier j-n zu s-m Erben machen; ~ qn président, roi j-n zum Präsidenten, König machen; ♦ ~ qc de qn, de qc etw aus j-m, aus etw machen; cet événement a fait de lui un autre homme dieses Ereignis hat aus ihm e-n anderen Menschen gemacht; qu'allez-vous ~ de votre fils? – nous en ferons un médecin was wollen Sie Ihren Sohn werden lassen? – wir wollen ihn Arzt werden lassen; ~ tout un drame d'une histoire banale aus e-r banalen Geschichte ein ganzes Drama machen; **b)** *mit adj* wirken; aussehen; sich ausnehmen; *Person* ~ jeune jung aussehen, wirken; ce tableau fait joli dieses Bild wirkt hübsch, nimmt sich hübsch aus; votre cravate fait sérieux Ihre Krawatte wirkt ernst, verleiht Ihnen ein ernstes Aussehen; ♦ *adit:* ces lunettes font vieille institutrice mit dieser Brille sehe ich, siehst du *etc* aus wie e-e alte Lehrerin; *Anzug, Kleid* ~ mode modisch wirken; *Wort* ~ dix-neuvième siècle nach neunzehntem Jahrhundert klingen; **c)** *mit adv:* F ça fait pas assez das ist nicht genug; das reicht nicht; F ça commence à bien ~ F jetzt reicht's dann aber; *neuer Hut, Bild in e-m Raum* ~ bien gut aussehen, wirken; sich gut ausnehmen, machen; F ça fait bien de parler anglais es macht sich gut, wenn man englisch spricht; il a bien fait er hat

richtig gehandelt, recht getan (de le lui dire es ihm zu sagen); il a cru bien ~ er glaubte, richtig zu handeln, es richtig zu machen; *Devise* bien ~ et laisser dire tue recht und scheue niemand; pour bien ~ il faudrait (+*inf*) das richtige, beste wäre zu (+*inf*); c'est bien fait das geschieht dir *bzw etc* recht; il ferait bien, F pas mal de songer à l'avenir er täte gut daran, an die Zukunft zu denken; bien ~ les choses es gut meinen; großzügig sein; F sich nicht lumpen lassen; faites comme chez vous! tun Sie, als ob Sie zu Hause wären!; machen Sie es sich bequem!; faites comme vous voulez! machen Sie es, wie Sie wollen!; comment avez-vous fait pour résoudre ce problème? wie haben Sie es angestellt, dieses Problem zu lösen?; *st/s* c'en est fait de lui, de qc es ist um ihn, um etw geschehen; es ist aus mit ihm, mit etw; vous feriez mieux de vous taire Sie täten besser daran, den Mund zu halten; ne ~ que qc nur, bloß etw tun; il ne fait que commencer er fängt ja gerade erst an; il n'a fait qu'effleurer le sujet er hat das Thema nur gestreift; ne ~ qu'entrer et sortir nur kurz herein-, vorbeischauen; gleich wieder gehen; cela y fait beaucoup das macht viel aus; das spielt e-e wichtige, wesentliche Rolle; ~ rien n'y fit nichts wollte helfen; es war zwecklos; **d)** *mit pr:* ne fais pas ça! tu, mach das nicht!; F ~ ça à l'esbroufe, à l'estomac, au chiqué es durch Bluff machen; fais ce que tu veux! mach *od* tu, was du willst!; *loc/prov* ce qui est fait est fait das Geschehene kann man nicht ungeschehen machen; geschehen ist geschehen; ce n'est ni fait ni à ~ das ist nichts Halbes und nichts Ganzes; ce faisant dabei; als ich, er *etc* das tat, machte; F on ne me la fait pas! F ich lasse mich nicht reinlegen, drankriegen!; F je le connais comme si je l'avais fait F ich kenne ihn in- und auswendig, wie meine Westentasche; que ~? was tun?; was kann man da machen?; qu'est-ce que vous faites là? was tun, machen, treiben Sie da?; mais qu'est-ce qu'ils font! was tun, machen sie bloß so lange!; qu'est-ce qu'il fait, votre mari? welchen Beruf hat Ihr Mann?; was arbeitet Ihr Mann?; qu'est-ce que vous faites dans la vie? welchen Beruf haben Sie?; was arbeiten Sie?; qu'est-ce que tu as fait de mes clefs? was hast du mit meinen Schlüsseln gemacht?; *vous êtes seuls?* qu'avez-vous fait de vos enfants? … was habt ihr mit euren Kindern gemacht?; … wo habt ihr eure Kinder gelassen?; faites quelque chose! tun Sie (doch) (et)was!; ~ qc pour qn für j-n etw tun; cela lui a fait qc das hat ihn (sehr) getroffen; das hat ihm e-n Stich gegeben; *von e-m Kind* on en fera qc aus dem kann (et)was werden; F pour quoi ~? wo'zu?; wo'für?; quoi qu'on fasse, il n'est jamais content man kann es ihm nie recht machen; il ne fait rien er tut, arbeitet nichts; il ne fait rien à l'école er leistet nichts in der Schule; je ne lui ai rien fait ich habe ihm nichts getan; cela ne fait rien das macht nichts; cela, la vue du sang ne lui fait rien das, der Anblick von Blut macht ihm nichts aus; ça ne fait rien à l'affaire das ändert nichts an der Sache; F rien à ~! nichts zu machen!; tun Sie das nicht!; *st/s* ne ~ faites rien! tun Sie das nicht!; *Höflichkeitsfloskel* je n'en ferai rien aber ich bitte Sie!; *von e-m Kind* on n'en fera jamais rien aus dem wird nie (et)was;

elle ferait tout pour lui sie würde alles
für ihn tun; *prov* ne faites pas à autrui
ce que vous ne voudriez pas que l'on
vous fasse (à vous-même) was du
nicht willst, daß man dir tu, das füg
auch keinem andern zu (*prov*); **e)** *mit
Verben:* j'ai à ~ ich habe zu tun; avoir à ~
à zu tun, zu schaffen haben mit; *si tu …*
tu auras à ~ à moi … dann bekommst
du es mit mir zu tun; le gouvernement
a fort à ~ [fɔrtafɛr] avec les extrémis-
tes die Radikalen machen der Regie-
rung viel zu schaffen; F j'en ai rien à ~
damit habe ich nichts zu tun, zu schaf-
fen; das geht mich nichts an; il n'y a
(plus) rien à ~ *od* da ist nichts (mehr)
zu machen; *st/s* n'avoir que ~ de qc für
entbehren können, nicht brauchen,
nicht nötig haben; *st/s* e-r Sache (*gén*)
nicht bedürfen; je n'ai que ~ de ses
conseils ich bedarf s-r Ratschläge
nicht; F il faut le ~! das ist gar nicht so
einfach!; das soll erst (ein)mal einer
nachmachen!; F lui, il (ne) faut jamais
qu'il fasse comme tout le monde! er
muß auch immer aus der Reihe tanzen!;
(se) laisser ~ *cf* laisser II *u* III; je ne
peux pas ~ autrement ich kann nicht
anders; qu'est-ce que ça peut bien
vous ~? was haben Sie damit zu tun?;
was macht das Ihnen aus?; was interes-
siert Sie das?; puis-je ~ qc pour vous?
kann ich etwas für Sie tun?; nous ne
pouvons rien y ~ wir können nichts
tun; on ne peut rien y ~ da kann man
nichts machen; il ne sait plus ce qu'il
fait er weiß nicht mehr, was er tut;
qu'est-ce que vous voulez que ça me
fasse? was habe ich damit zu tun?; was
interessiert mich das?; qu'est-ce que
vous voulez que j'en fasse? was soll
ich damit anfangen?; **f)** *mit conj:* ~ que
… bewirken, zur Folge haben, daß …;
sa maladie a fait qu'il n'a pas pu
travailler s-e Krankheit hatte zur Fol-
ge, daß er nicht arbeiten konnte; F ça fait
que … deshalb, deswegen, darum …;
il pleuvait à verse, ça fait qu'on est resté
à la maison … deshalb sind wir zu
Hause geblieben; *in Wunschsätzen* ~ que
… (+*subj*) geben, daß …; fasse le Ciel
qu'il revienne bientôt! gebe der
Himmel, daß er bald zurückkommt!;
st/s ~ en sorte que … (+*subj*) es so
einrichten, daß …; das Nötige veranlas-
sen, damit …; **g)** *abs* (*uriner, déféquer*)
(hin)machen; F sein Geschäft verrich-
ten; ~ partout überall hinmachen; ~
dans sa culotte, dans son lit in die
Hose, ins Bett machen; **h)** *abs* (faites,)
faites! bitte!; **i)** *zur Wiederaufnahme e-s
vorangehenden Verbs tun;* il répondit
comme jamais son frère ne l'aurait
fait er antwortete, wie es sein Bruder nie
getan hätte; **2.** *Sportart betreiben;* Ball-
spiel spielen; *mit e-m Fahrzeug fahren;* ~
de l'aviron, de la natation, de la voile
auch rudern, schwimmen, segeln; ~ (de) la
marche (à pied) wandern; (Fuß-)
Wanderungen machen; ~ du parachu-
tisme Fallschirm springen; ~ du tennis
Tennis spielen; *allg* F ~ du vélo radfah-
ren; F radeln; *cf auch unter den betref-
fenden subst;* **3.** *Lehrfach* stu'dieren;
treiben; *Schule* besuchen; durch-
'laufen; absol'vieren; ~ de l'anglais an
der *Uni* Englisch studieren; *in der Schule*
Englisch treiben, lernen; *in s-r Freizeit* Englisch
treiben, lernen, F machen; ~ son droit,
sa médecine Jura, Medizin studieren;
il fait les Beaux-arts er studiert an der
Kunstakademie; il a fait les Beaux-
-arts er hat die Kunstakademie absol-
viert, durchlaufen; **4.** *Land, Gebiet als
Tourist* bereisen; F abgrasen; *Kirche,*

Schloß, Museum besichtigen; F machen;
Geschäfte F abklappern; *Schiff* ~ tous
les ports d'Afrique alle afrikanischen
Häfen anlaufen; in allen afrikanischen
Häfen anlegen; **5.** F *Krankheit* haben;
'durchmachen; leiden an (+*dat*); ~ de
l'anémie an Blutarmut leiden; blutarm
sein; ~ de la fièvre Fieber haben; est-ce
qu'il a déjà fait sa rougeole? hat er
schon die Masern gehabt, durchge-
macht?; **6.** F *comm Artikel* führen;
haben; verkaufen; est-ce que vous
faites la chaussure d'enfants? haben,
führen, verkaufen Sie Kinderschuhe?; **7.**
F *agr* anbauen; ce paysan ne fait que
du blé dieser Bauer baut nur Weizen an;
8. F *Bank, Geschäft* ausrauben; ~ le
portefeuille à qn j-m die Brieftasche
leeren; F j-m das Geld aus der Brieftasche
klauen; **9.** abgeben; werden; il fera un
bon professeur er wird ein guter Leh-
rer werden, e-n guten Lehrer abgeben;
10. sich … (einmal) stellen; so tun, als ob …;
mar'kieren; machen; spielen; ~ le mala-
de sich krank stellen; so tun, als sei man
krank *od* als ob man krank wäre; den
Kranken markieren, spielen; **11.** F *cin,
thé Rolle* spielen; ~ Harpagon den
Harpagon spielen; **12. a)** *Zahl beim
Würfeln* werfen; würfeln; ~ un six e-e
Sechs, sechs Augen werfen, würfeln; **b)**
abs, beim Kartenspiel (die Karten mi-
schen and) geben; c'est à qui de ~? wer
gibt?; **13.** F (*vendre*) geben, verkaufen
(für); je vous le fais (à) dix francs ich
geb's, lasse es Ihnen für zehn Franc; **14.**
eingeschoben sagen; erwidern; *sans dou-
te, fit-il, vous avez raison …* erwiderte,
sagte er …; chut! fit-elle, … pst,
machte sie …; **15.** F *Kleidung, Ge-
brauchsgegenstand* halten; *Vorrat* rei-
chen; F vorhalten; son costume lui a
fait trois ans sein Anzug hat drei Jahre
gehalten; *une bouteille de whisky* me fait
six mois … reicht mir (für) sechs
Monate; **16.** *Zimmer* gleichzeitig dienen
als; salle à manger qui fait salon
Eßzimmer, das gleichzeitig als Salon
dient; **17.** *gr* bilden; «cheval» fait
«chevaux» au pluriel „cheval" bildet
den Plural auf „-aux"; der Plural von
„cheval" ist, heißt „chevaux"; **18.** *beim
Rechnen* sein; machen; *bei Maßangaben*
lang, breit, hoch, *Person* groß sein;
haben; *bei Gewichtsangaben* wiegen;
haben; wiegen; *bei Geschwindigkeitsan-
gaben* fahren mit; F drauf haben; ma-
chen; quatre et trois font sept vier und
drei sind, sind, *auch* macht, machen sie-
ben; cent centimètres font un mètre
hundert Zentimeter machen e-n Meter,
sind ein Meter; ce mur fait deux
mètres diese Mauer ist zwei Meter hoch
bzw lang, hat zwei Meter (Höhe *bzw*
Länge); ce réservoir fait cinquante
litres dieser Tank faßt fünfzig Liter;
mon frère fait quatre-vingts kilos
mein Bruder ist achtzig Kilo schwer,
wiegt, F hat (s-e) achtzig Kilo; il fait un
mètre quatre-vingt er ist eins achtzig
groß; combien fais-tu? wie groß bist
du?; quelle pointure fai-
tes-vous? welche (Schuh- *etc*)Größe ha-
ben Sie?; je fais du quarante ich habe
vierzig; *auto* ~ du cent (à l'heure) *F*
momentan mit hundert (Stundenkilome-
tern) fahren; F hundert drauf haben; **b)**
als mögliche Höchstgeschwindigkeit
hundert (Stundenkilometer) fahren, ma-
chen; ♦ *unpersönlich:* **a)** *beim Bezahlen*
ça fait mille francs das macht tausend
Franc; F combien ça fait? was macht
das (zusammen)?; **b)** *bei Zeitangaben* ça
fait quinze jours que je ne l'ai pas vu
ich habe ihn seit vierzehn Tagen nicht

gesehen; es ist *od* sind vierzehn Tage her,
daß ich ihn nicht gesehen habe; ça va ~
un an es ist bald ein Jahr her;
II *v/aux* **19.** *mit inf* lassen (+*inf*); veran-
lassen zu (+*inf*); bringen zu (+*subst*); ~
adopter une motion e-n Antrag 'durch-
bringen, zur Annahme bringen; ~ arrê-
ter qn j-n festnehmen lassen; ~ asseoir
qn j-m sagen, daß er sich setzen soll; j-n
zum Sitzen auffordern; *Kind auch* hin-
setzen; ~ changer qn d'idée j-n 'um-
stimmen; j-n veranlassen, s-e Absicht zu
ändern; ~ construire une maison ein
Haus bauen lassen; ne me faites pas ~
dire ce que je n'ai pas dit legen Sie mir
nicht Worte in den Mund, die ich nicht
gesagt habe; ~ ~ un costume e-n Anzug
machen lassen; ~ lire les élèves die
Schüler lesen lassen; ~ lire un texte aux
élèves die Schüler e-n Text lesen lassen;
~ manger *Kind, Kranken* füttern; il me
(*obj/indir*) fait penser à mon oncle er
erinnert mich an meinen Onkel; *Kind auch*
hin; ~ poser un panneau de signalisa-
tion die Aufstellung e-s Verkehrsschildes veranlas-
sen; ein Verkehrsschild aufstellen las-
sen; ~ réparer ses chaussures s-e
Schuhe reparieren lassen; ~ rire qn j-n
zum Lachen bringen, j-n lachen machen;
~ savoir (à qn) que … (j-m) mitteilen,
daß …; ~ traverser la rue à qn j-n über
die Straße bringen; ~ venir qn j-n
kommen lassen; *cf auch unter den betref-
fenden Verben;*
III *v/imp* **20.** sein; **a)** *Wetter, Tempera-
tur:* il fait beau, mauvais es ist schön(es
Wetter), schlechtes Wetter; das Wetter
ist schön, schlecht; wir haben schönes,
schlechtes Wetter; il a fait beau pen-
dant les vacances wir hatten schönes
Wetter, das Wetter war schön in den
Ferien; il fait chaud, froid, etc es ist
warm, kalt *etc;* F il ne fait pas chaud
aujourd'hui F es ist ganz schön kalt
heute; il va ~ froid es wird kalt; wir
bekommen, F kriegen kaltes Wetter; il
fait du brouillard es ist neblig; wir
haben, es herrscht Nebel; il fait une
chaleur terrible es ist furchtbar heiß;
wir haben e-e furchtbare Hitze;
aujourd'hui il fait trente degrés à
l'ombre heute sind es, haben wir dreißig
Grad im Schatten; F combien il fait
aujourd'hui? wieviel Grad haben wir
heute?; il fait (du) soleil die Sonne
scheint; quel temps fait-il? wie ist das
Wetter?; le temps qu'il fait en France
das (augenblickliche) Wetter in Frank-
reich; par le temps qu'il fait bei dem
Wetter; **b)** il fait jour, nuit es ist Tag,
Nacht; il fait clair, sombre es ist hell,
dunkel; **c)** il fait bon ici es ist ange-
nehm, gemütlich, mollig warm *bzw* an-
genehm kühl hier; hier fühlt man sich
wohl; il fait bon être ici hier ist gut sein;
il fait bon vivre à la campagne es ist
schön, angenehm, auf dem Land zu
leben; auf dem Land läßt sich's gut
leben; *cf auch* bon[1] II: *weitere unpersön-
liche Konstruktionen, bes mit* ça, *cf unter*
1. c), e), f), 18., 21. a), d), 22. b),
24. a);
IV *v/pr* se ~ **21. a)** *Heirat, Frieden*
zu'stande kommen; *Stille* eintreten; *un-
persönlich* il se fit un (grand) silence
es trat (e-e große) Stille ein; es wurde
(ganz) still; **b)** *Käse* reifen; **c)** *Person* cet
homme s'est fait seul dieser Mann hat
sich aus eigener Kraft hochgearbeitet;
d) *unpersönlich:* il pourrait bien se ~
que … (+*subj*) es könnte sehr wohl
sein, geschehen; der Fall eintreten,
pas'sieren, daß …; comment se fait-il
qu'il parte déjà? wie kommt es, wie ist
es möglich, daß er schon geht?; F com-

ment que ça se fait? wie kommt das?; wie ist das möglich?; F wie'so?; **22.** *passivisch* **a)** gemacht werden; erfolgen; le mariage se fera à Lyon die Hochzeit wird in Lyon gefeiert (werden); le montage se fait dans cet atelier die Montage erfolgt in dieser Werkhalle; *comm* se ~ en acajou, en bleu in Mahagoni, in Blau hergestellt werden, lieferbar sein; **b)** üblich, Brauch, gang und gäbe, Mode sein; *ce genre de commerce se fait beaucoup dans ce pays …* ist in diesem Land durchaus üblich; *les gilets se font beaucoup cette année …* werden dieses Jahr viel getragen; ça se faisait autrefois das machte man früher; ça ne se fait pas! das *od* so was tut man nicht!; **23.** *mit subst sich (dat) …* machen; se ~ des amis Freunde gewinnen; se ~ un peu d'argent de poche sich etwas Taschengeld verdienen; se ~ un devoir de (+*inf*) es sich zur Pflicht machen, es als s-e Pflicht ansehen, betrachten zu (+*inf*); se ~ des ennemis sich Feinde machen, schaffen; se ~ une opinion sich e-e (eigene) Meinung bilden; se ~ une situation sich e-e Position schaffen; **24.** *mit adj u subst ohne art:* **a)** werden; se ~ catholique katholisch werden; se ~ moine Mönch werden; se ~ rare selten werden; *Person* sich selten sehen lassen; F sich rar machen; *unpersönlich* il se fait tard es wird spät; se ~ vieux alt werden; altern; **b)** *Frau* se ~ belle sich fein-, schönmachen; sich hübsch machen, sich her'ausputzen; se ~ fort de (+*inf*) sich anheischig machen zu (+*inf*); **25.** *mit inf:* **a)** sich (dat) … lassen; se ~ couper les cheveux sich die Haare schneiden lassen; se ~ un costume sich e-n Anzug machen lassen; se ~ maigrir e-e Abmagerungskur machen; **b)** werden; se ~ renverser par une voiture von e-m Auto 'umgefahren werden; se ~ sentir fühlbar, spürbar werden; sich bemerkbar machen; se ~ tuer (à la guerre) (im Krieg) fallen; **26.** se ~ à sich gewöhnen an (+*acc*); se ~ à une idée sich an e-n Gedanken gewöhnen; sich mit e-m Gedanken abfinden; s'y ~ sich daran gewöhnen; **27.** F ne pas s'en ~ a) sich keine Sorgen machen; die Dinge leichtnehmen, nicht tragisch nehmen; sich nichts daraus machen; sich nicht darüber aufregen; sich keine grauen Haare wachsen lassen; b) keine Hemmungen haben; sich viel her'ausnehmen; (ne) t'en fais pas! nur keine Sorge!; celui-là, il ne s'en fait pas F der kennt da nichts, keine Hemmungen; *iron* (il ne) faut pas vous en ~! Sie nehmen sich da ein bißchen viel raus!; F Sie haben vielleicht Nerven!; **28.** F se la (le) ~ mit ihr (ihm) ins Bett gehen, schlafen; je me la suis faite *auch* F die habe ich schon gekriegt; **29.** F il faut le ~ es ist nicht so einfach, mit ihm auszukommen, ihn zu ertragen; F Das Zu'sammenleben mit ihm ist kein Zucker-, Honiglecken

faire-part [fɛrpar] *m* ⟨*inv*⟩ (Fa'milien-) Anzeige *f*; ~ de décès, de mariage, de naissance Todes- *od* Trauer-, Heirats- *od* Vermählungs-, Geburtsanzeige *f*; envoyer, faire imprimer des ~ Anzeigen verschicken, drucken lassen

faire-valoir [fɛrvalwar] *m* ⟨*inv*⟩ *agr* e-s Hofes Bewirtschaftung *f*; ~ direct Selbst-, Eigenbewirtschaftung *f*

fair-play [fɛrplɛ] **I** *m* Fairneß ['fɛːr-] *f*; faires, sportliches Verhalten; Fair play ['fɛːr'plɛ] *n*; **II** *adj* ⟨*inv*⟩ (ne pas) être ~ (nicht *od* un)fair [fɛːr] sein, spielen, kämpfen

fais [fɛ] *cf* faire

fais|abilité [fəzabilite] *f* 'Durchführbarkeit *f*; ~able *adj* ausführ-, 'durchführ-, machbar; möglich; c'est (très) ~ das läßt sich (gut) machen; das geht (gut, ohne weiteres); le trajet est-il ~ en voiture? kann man die Strecke mit dem Wagen fahren?

faisan [fəzã] *m* **1.** *zo* Fa'san *m*; ~ argenté, doré Silber-, Goldfasan *m*; **2.** *arg* Betrüger *m*; Gauner *m*

faisandage [fəzãdaʒ] *m* von Wildfleisch Abhängen *n*, bis es den Haut'gout annimmt

faisand|é [fəzãde] *adj cuis* viande ~e Fleisch *n* mit Haut'gout, mit e-m Stich; ~eau [fəzãdo] *m* ⟨*pl* ~x⟩ *zo* junger Fa'san; ~er *v/t cuis Wildfleisch* abhängen lassen, bis es den Haut'gout annimmt; ~erie *f* Fasane'rie *f*; Fa'sanengarten *m*, -gehege *n*; ~ier *m* Fa'sanenzüchter *m*

faisane [fəzan] *f od adj* poule *f* ~ Fa'sanenhenne *f*

faisceau [fɛso] *m* ⟨*pl* ~x⟩ **1.** von Reisigholz Bündel *n*; Bund *n*; ~ de branchages, de brindilles Reisigbündel *n*; **2. a)** *math* Bündel *n*; Büschel *n*; *phys* Strahl *m*; *auch opt* Bündel *n*; *phys* ~ électronique, de neutrons Elek'tronen-, Neu'tronenbündel *n*, -strahl *m*; *télécomm* ~ hertzien Richtfunkstrecke *f*; ~ laser Laserstrahl ['leː-] *m*; ~ lumineux Lichtkegel *m*; e-s Scheinwerfers Strahlenbündel *n*; *math* ~ de droites Geradenbüschel *n*, -bündel *n*; **b)** *tech* ~ tubulaire Rohrbündel *n*; **c)** *arch* colonne *f* en ~ Säulenbündel *n*; Bündelsäule *f*; **d)** *anat* Strang *m*; Bündel *n*; ~ fibreux, musculaire, nerveux Faser-, Muskel-, Nervenstrang *m*, -bündel *m*; **3.** *mil* Gewehrpyramide *f*; aux ~x! an die Gewehre!; formez les ~x! setzt die Gewehre zusammen!; mettre les fusils en ~ die Gewehre zusammensetzen; rompez les ~s! Gewehr in die Hand!; **4.** *fig* ~ de preuves Kette *f* von Beweisen; Beweiskette *f*; **5.** *hist* ~x *pl* Faszes *od* Fasces *pl*; Lik'torenbündel *n*

fais|eur [fəzœr] *m*, ~euse *f* oft plais ~ de … …macher(in) *m(f)*; faiseuse d'anges Engelmacherin *f*; faiseur d'embarras j. der anderen ständig Ungelegenheiten macht; F Stänker(er) *m*; faiseuse de mariage Ehestifterin *f*, F Kupplerin *f*; faiseur de projets Pro'jekte(n)macher *m*

faisselle [fɛsɛl] *f* zur Käseherstellung Käsesieb *n*

fait¹ [fɛ] *p/p von* faire *u adj* ⟨faite [fɛt]⟩ **1.** *Arbeit* gemacht; getan; fertig; erledigt; beendet; aus-, 'durchgeführt; *Gegenstand* beschaffen; gebildet (de qc aus etw); *Augen* geschminkt; *Nägel* lac'kiert; ♦ *jur* (ainsi) ~ à … le … (so) geschehen in, zu … am …; *Urkunde etc* ~ le … ausgefertigt, ausgestellt am …; ♦ tout ~ *Redensart* fest; stehend; stereo'typ; des idées toutes ~es über'nommene, über-'kommene Ansichten *f/pl*; Kli'scheevorstellungen *f/pl*; von e-m Anzug je l'ai acheté tout ~ ich habe ihn von der Stange gekauft; ♦ c'est ~ das ist erledigt, gemacht, getan, fertig; voilà qui est ~ das wäre erledigt, geschafft; c'est un grand pas de ~ das ist ein großer Schritt vorwärts; das hat uns ein gutes Stück weitergebracht; *Vaterunser* que ta volonté soit ~e Dein Wille geschehe; les hommes sont ainsi ~s so ist der Mensch; c'est bien ~ das geschieht dir, ihm *etc* recht; das tut dir, ihm *etc* gut; *Arbeit* être mal ~ schlecht gemacht sein; ♦ être ~ pour qn, qc für j-n, etw wie geschaffen sein; voilà un homme ~ pour vous das ist der ide'ale, genau der

richtige Mann für Sie (*auch iron*); ils sont ~s l'un pour l'autre sie sind füreinander bestimmt, (wie) geschaffen; cette vie n'est pas ~e pour moi das ist kein Leben für mich; so kann ich nicht leben; il était ~ pour ce métier er war für diesen Beruf wie geschaffen; das war der ideale, genau der richtige, der einzig richtige Beruf für ihn; il n'est pas ~ pour ce métier, pour être professeur er eignet sich nicht für diesen Beruf, zum Lehrer; **2.** *Weichkäse* reif; weich; F durch; fromage (bien) ~ reifer, weicher Käse; Käse, der (gut) durch ist; fromage ~ à point Käse, der genau richtig ist; **3.** *Person* gewachsen; gestaltet; gebaut; bien ~ gutgewachsen; gutgebaut; être mal ~ nicht gut gebaut, gewachsen sein; ♦ *par ext* un homme ~ ein ausgewachsener, erwachsener Mann *m*; **4.** F être ~ F dran; *p/fort* geliefert, verloren sein; keine Chance mehr haben; être ~ comme un rat in der Falle sitzen; **5.** *mar* vent ~ beständiger Wind

fait² [fɛ(t)] *m* **1. a)** Tatsache *f*; Faktum *n*; *jur* ~ générateur de la taxe Steuertatbestand *m*; le ~ de (+*inf*), que … (+*ind od subj*) die Tatsache, daß …; le ~ d'être absent, de parler, de rire die Abwesenheit, das Sprechen, das Lachen; le ~ de n'avoir rien répondu *équivaut à un refus de sa part* (die Tatsache,) daß er nicht geantwortet hat, sein Schweigen …; le ~ que vous soyez mon ami … (die Tatsache,) daß Sie mein Freund sind …; c'est un ~ das ist e-e Tatsache, ein Faktum; le ~ est que vous avez raison Tatsache ist, daß Sie recht haben; tatsächlich haben Sie recht; on a beau discuter; le ~ est là, il est trop tard … Tatsache ist …; **b)** ~s *pl* Sachverhalt *m*; Sachlage *f*; *jur* Tatbestand *m*; exposer les ~s den Sachverhalt darlegen; **2.** Tat *f*; Handlung *f*; *meist iron* 'hauts ~s große, denkwürdige Taten; Heldentaten *f/pl*; ~ d'armes, de guerre (kriegerische) Heldentat; *jur* ~s de guerre Kriegshandlungen *f/pl*, -einwirkungen *f/pl*; ~ du prince *cf prince* 1.; les ~s et gestes *f/pl* de qn j-s Tun *n* und Treiben *n*; surveiller les ~s et gestes de qn j-n auf Schritt und Tritt, j-s Tun und Treiben über'wachen; *jur* point *m* de ~ Tatfrage *f*; responsabilité *f* pour le ~ d'autrui, pour le ~ personnel Haftung *f* für fremdes Verschulden, für eigenes Verschulden; interrogatoire *m* sur ~s et articles Par'teivernehmung *f*; prendre qn sur le ~ j-n auf frischer Tat, in fla'granti ertappen; **3.** Ereignis *n*; Begebenheit *f*; Geschehnis *n*; Geschehen *n*; Vorfall *m*; Vorkommnis *n*; Erscheinung *f*; ~ divers *of* divers 1.; ~ nouveau Novum *n*; neue Tatsache (*auch jur*); dire, rapporter un ~ über ein Ereignis berichten; ein Ereignis schildern; **4.** Sache *f*; Fall *m*; voilà le ~ so steht die Sache; *ellip* au ~! zur Sache!; dire son ~ à qn j-m gründlich die Meinung sagen; j-m offen sagen, was man von ihm hält; j-m ordentlich Bescheid sagen; être sûr de son ~ s-r Sache (*gén*) sicher sein; prendre ~ et cause pour qn für j-n Partei ergreifen; sich für j-n einsetzen; j-m die Stange halten; (en) venir au ~ zur Sache, zum Kern der Sache kommen; **5.** *loc/adv* am Satzanfang au ~ [ofɛt] dabei fällt mir ein; au ~, j'ai oublié de vous dire que … übrigens, ich habe vergessen, Ihnen zu sagen, daß …; au ~, qu'est-ce que je risque? was riskiere ich im Grunde?; au ~, que voulez-vous de moi? was wollen Sie eigentlich von mir?; ♦ *loc/adv u loc/adj* de ~ [dəfɛt]

faktisch; tatsächlich; in der Tat; wirklich; wahr'haftig; **gouvernement** *m* de ~ De-'facto-Regierung *f*; **pouvoir** *m* de ~ tatsächliche Macht; **question** *f* de ~ praktische Frage; *il avait promis d'être à l'heure et*, de ~, ... tatsächlich, wirklich, wahrhaftig ...; **de ce** ~ aus diesem Grund; deshalb; darum; auf Grund dieser Tatsache; *loc/prép u loc/conj* **de ce** ~ (+*subst*), **que** ... (+*ind od subj*) durch (+*acc*); in'folge, als Folge, wegen (+*gén*); dadurch daß; da; weil; **du ~ de sa maladie**... durch s-e Krankheit ...; **du seul ~ de son appartenance, qu'il appartienne à un parti** allein auf Grund s-r Parteizugehörigkeit, der Tatsache, daß er e-r Partei angehört; ♦ *loc/adv* **en** ~ [ɑ̃fɛt] in Wirklichkeit; *loc/prép* **en** ~ **de** was (+*acc*) (an)betrifft, an(be)langt, angeht; in puncto (+ *subst ohne art*); hinsichtlich (+*gén*); **en fait de nourriture** ... was das Essen anbetrifft ...; ♦ *loc/adv* **tout à** ~ [tutafɛ] ganz (und gar); völlig; 'vollständig; 'vollkommen; gänzlich; **ce n'est pas tout à** ~ **fini** das ist noch nicht ganz fertig, abgeschlossen, zu Ende; **il est tout à** ~ **guéri** er ist wieder ganz gesund

faîtage [fɛtaʒ] *m bât* **1.** (Dach)First *m*; **2.** Firsteindeckung *f*; Firstblech *n*; Firstziegel *m/pl*

faît|e [fɛt] *m* **1.** *bât* e-s *Daches, Hauses* (Dach)First *m*; Dachspitze *f*; Grat *m*; *e-s Turmes* Spitze *f*; **ligne** *f* **de** ~ First *m*; Dachlinie *f*, -kante *f*; **2.** *e-s Berges* Gipfel *m*; Kamm *m*; Grat *m*; *poét* First *m*; *e-s Baumes* Wipfel *m*; Gipfel *m*; Krone *f*; **ligne** *f* **de** ~ Kammlinie *f*; **3.** *fig* Glanz-, Höhepunkt *m*; Ze'nit *m*; **être** (*parvenu*) **au** ~ **de la gloire** auf der Höhe des Ruhmes stehen; den Gipfel, Höhepunkt des Ruhmes erreicht haben; **~eau** *m* ⟨*pl* ~x⟩ Firstaufsatz *m*, -bekrönung *f*; **~ière** *f* **1.** ~ *od adj* **tuile** *f* ~ First-, Gratziegel *m*; **2.** Dachfenster *n*, -luke *f*; **3.** *e-s Zeltes* Firststab *m*, -stange *f*

fait-tout ⟨*inv*⟩ *od* **faitout** [fɛtu] *m* (schwerer) Kochtopf

faix [fɛ] *m* **1.** *bât* e-s *Neubaus* Senkung *f*; **2.** *litt* (*fardeau*) Last *f*; *st/s* Bürde *f*

fakir [fakir] *m* **1.** *rel* Fakir *m*; **2.** *auf Jahrmärkten* Fakir *m*; Gaukler *m*

falaise [falɛz] *f* Steilküste *f*; (Fels)Klippe *f*; Felswand *f*; **~s calcaires, crayeuses** Kalk-, Kreidefelsen *m/pl*

falbala [falbala] *m cout* **1.** *früher* Falbel *f*; Faltenbesatz *m*; Vo'lant *m*; **2.** **~s** *pl* (üppiger) Besatz; Putz *m*

falcinelle [falsinɛl] *m zo* Sichler *m*

falconidés [falkɔnide] *m/pl zo* Falken *m/pl* (*Gattung*)

falerne [falɛrn] *m* Fa'lerner (Wein) *m*

fallacieux [fa(l)lasjø] *adj* ⟨-euse⟩ *litt Argumente, Versprechungen etc* trügerisch; irreführend

falloir [falwar] *v/imp* ⟨il faut; il fallait; il fallut; il a fallu; il faudra; qu'il faille; qu'il fallût⟩ **1.** nötig sein, nötig sein: **a)** *mit inf*: **il me faut** (+*inf*) ich muß (+*inf*); **il faut** (+*inf*) man muß (+*inf*); **il ne faut pas** (+*inf*) man darf nicht (+*inf*), soll nicht (+*inf*); **il lui faut aller à Paris** er muß nach Paris (fahren); **il faut attendre**, F **faut attendre** man muß, das muß man (F erst mal) abwarten; **il aurait fallu l'avertir tout de suite** man hätte ihn sofort benachrichtigen müssen, sollen; er hätte sofort benachrichtigt werden müssen; **faut-il être bête tout de même!** er, sie *etc* ist, war (ganz) schön dumm!; **il va** ~ **le licencier** man wird, wir werden ihn entlassen müssen; **il ne faut pas mentir** man darf, soll nicht lügen; **il faut partir** wir müssen gehen, weg, fort; **il faut**

avoir perdu l'esprit! er, sie hat wohl den Verstand verloren!; **il faut venir nous voir** du mußt, Sie müssen *etc* uns besuchen; **il le malmène, il faut voir!** ... das muß man gesehen haben!; ... das müßten Sie *etc* (F mal) sehen!; **b)** **il faut que je** ... (+*subj*) ich muß (+*inf*); **il a fallu qu'il arrive en ce moment!** ausgerechnet in diesem Augenblick, da mußte er kommen!; **faut-il qu'il soit bête (pour aller dire que** ... **)** er ist (ganz) schön dumm, muß (ganz) schön dumm sein (, wenn er sagt, zu sagen, daß ...); **il faut que je parte** ich muß gehen, weg, fort; **encore faut-il qu'il réussisse à son examen** da, dazu muß er zuerst, F erst mal s-e Prüfung bestehen; **il faut toujours qu'elle se trouve des excuses** sie braucht immer e-e Ausrede; **c)** **il faut das, es muß sein; il faut ce qu'il faut** was sein muß, muß sein; **je démissionnerai s'il le faut** wenn es sein muß, wenn es nötig, erforderlich ist ...; **louer et blâmer quand il faut** ... wenn es angebracht ist; **d)** *loc/adv u loc/adj* **comme il faut** *adj* vorbildlich; musterhaft, -gültig; wie es sich, wie sich's gehört; **comme il faut** *adv* vorbildlich; **se conduire comme il faut** sich vorbildlich *etc* benehmen; **des gens (très) comme il faut** (sehr) anständige, ordentliche Leute *pl*; **un jeune homme comme il faut** ein junger Mann comme il faut; **2.** brauchen; benötigen; nötig haben; bedürfen; ♦ **il me faut qc** ich brauche etw; **il me faut dix mille francs** ich brauche zehntausend Franc; **qu'est-ce qu'il vous faut?** was brauchen Sie?; **combien vous faut-il?** wieviel brauchen Sie?; **il lui faut qn pour l'aider** er braucht jemand(en) zur Hilfe, der ihm hilft; **il me le faut absolument** ich brauche ihn *bzw* es unbedingt; ich muß ihn *bzw* es unbedingt haben; ♦ **il faut beaucoup de soin** es erfordert großer Sorgfalt; **il ne fallait qu'un mot** ein Wort hätte genügt; ... **plus qu'il n'en faut** ... mehr als genug; **3.** **s'en** ~ fehlen; **il s'en faut de beaucoup qu'elle soit heureuse** sie ist alles andere als glücklich; sie ist weit davon entfernt, glücklich zu sein; sie ist nichts weniger als glücklich; **il s'en faut de beaucoup qu'il soit aussi riche que son frère** er ist bei weitem, lange nicht so reich wie sein Bruder; **je n'ai pu réunir la somme, il s'en faut de la moitié** ... es fehlt die Hälfte; **il s'en faut de peu** es hat nicht viel gefehlt; es fehlte nur wenig; **il s'en est fallu de peu que les deux voitures ne se tamponnent** es hat nicht viel gefehlt, und die beiden Wagen wären zusammengestoßen; um ein Haar wären die beiden Wagen zusammengestoßen; **il s'en fallut d'un point qu'il n'ait été reçu** er ist wegen einem Punkt 'durchgefallen; *litt*: **il n'est pas bête, tant s'en faut!** ... weit gefehlt!

falot[1] [falo] *m* **1.** große (Hand)La'terne; **2.** F *mil* Mili'tärgericht *n*; **passer au** ~ vors Militärgericht kommen

falot[2] [falo] *adj Person* unscheinbar; unbedeutend; farblos; blaß; unauffällig

falsifica|teur [falsifikatœr] *m*, **~trice** *f* Fälscher(in) *m(f)*; Verfälscher(in) *m(f)*; *von Wein, Milch* Panscher(in) *m(f)*

falsification [falsifikasjɔ̃] *f von Lebensmitteln, e-s Textes, der Wahrheit* Verfälschen *n*, -ung *f*; *von Wein, Milch auch* Panschen *n*; Pansche'rei *f*; *von Geld, Urkunden, Ausweisen* Fälschen *n*, -ung *f*; ~ **du bilan** Bi'lanzfälschung *f*, -verschleierung *f*; ~ **de billets de banque, (en matière) de chèque** (Bank-) Noten-, Scheckfälschung *f*; ~ **de**

l'histoire Geschichtsfälschung *f*; ~ **de la vérité** Verfälschung, Verdrehung *f* der Wahrheit

falsifier [falsifje] *v/t Lebensmittel, Texte, Wahrheit* verfälschen; *Wein, Milch auch* panschen; *Geld, Urkunden, Ausweise, Unterschrift, Datum, Bilanz* fälschen; *Bilanz auch* verschleiern; F fri'sieren; ~ **la pensée de qn** j-s Gedanken, Ansichten verfälschen, falsch 'wiedergeben, verdrehen

falun [falœ̃, -lœ] *m géol* terti'ärer Muschelsand

falzar [falzar] *m* F (*pantalon*) F Buxe(n) *f(pl)*; Büx *f*

famé [fame] *adj Stadtviertel, Kneipe, Straße* mal ~ verrufen; verschrie(e)n; berüchtigt; übel beleumundet; in schlechtem Ruf stehend

famélique [famelik] *adj Person* ausgehungert; ausgemergelt; abgezehrt; *Tier* ausgehungert; mager; **un pauvre diable** ~ ein armer Hungerleider; *par ext* **avoir un air** ~ ausgehungert, abgezehrt aussehen

fameux [famø] *adj* ⟨-euse⟩ **1.** berühmt (**par, pour** für); bekannt (**wegen, durch**); denkwürdig; **2.** ⟨*vorangestellt*⟩ *iron* vielzitiert; vielbesprochen; oft erwähnt; **vos** ~ **principes** Ihre vielzitierten, gern, oft zitierten Grundsätze *m/pl*; **je n'ai pas pu trouver ce** ~ **village** ich konnte das Dorf, von dem man mir so viel erzählt hat *od* von dem ich so viel gehört habe, nicht finden; **3.** ⟨*vorangestellt*⟩ riesig; gewaltig; F gehörig; tüchtig; ganz schön; **une fameuse canaille** e-e Erzkanaille; **un** ~ **coup de soleil** ein schlimmer, F tüchtiger, ganz schöner Sonnenbrand; **une fameuse gaffe** e-e gewaltige Dummheit, F Riesendummheit; **4.** ausgezeichnet; her'vorragend; vor'züglich; vor'trefflich; F **pas** ~ nichts Besonderes; F **nicht berühmt; nicht besonders; ce film n'est pas** ~ der Film ist nicht berühmt, nichts Besonderes

familial [familjal] **I** *adj* ⟨-aux⟩ Fa'milien ...; famili'är; **allocations** ~**es** Kindergeld *n*; *comm* **boîte** ~**e, paquet** ~ Familienpackung *f*; **éducation** ~**e** Erziehung *f* in der Familie; **liens familiaux** Familienbande *n/pl*; **familiäre Bindungen** *f/pl*; **II** *f* ~**e** *od adit* **voiture** ~**e** sechssitziger Kombi(wagen) *m*

familiariser [familjarize] **I** *v/t* ~ **qn avec qc** j-n mit etw vertraut machen; j-n in etw (*acc*) einführen; **II** *v/pr* **se** ~ **avec qc** sich mit etw vertraut machen; mit etw vertraut werden; sich an etw (*acc*) gewöhnen; **se** ~ **avec une langue étrangère** mit e-r Fremdsprache vertraut werden; **se** ~ **avec les lieux** sich an e-m Ort einleben; sich mit den Räumlichkeiten, Örtlichkeiten vertraut machen; **se** ~ **avec sa nouvelle situation** sich in s-e neue Situation hin'einfinden

familiarité [familjarite] *f* **1.** Vertrautheit *f*, Vertrautsein *n* (*auch fig mit e-r Sprache etc*); **2.** Vertraulichkeit *f*; Zwanglosigkeit *f*; Ungezwungenheit *f*; Familiari'tät *f*; **traiter qn avec une** ~ **déplacée, excessive** j-n mit e-r unangebrachten Vertraulichkeit, über'trieben vertraulich behandeln; *prov* **la** ~ **engendre le mépris** *etwa* Vertraulichkeit macht dreist; ~**s** *pl* Vertraulichkeiten *f/pl*; Zudringlichkeit *f*; **prendre, se permettre des** ~**s avec qn** sich Freiheiten, Vertraulichkeiten herausnehmen, erlauben gegenüber j-m

familier [familje] **I** *adj* ⟨-ière⟩ **1.** (wohl-) vertraut; (wohl)bekannt; *Sprache auch* geläufig; *Geste, Haltung auch* gewohnt; üblich; **cette langue m'est familière**

auch in dieser Sprache bin ich zu Hause; **le mensonge lui est** ~ er ist es gewohnt zu lügen; Lügen ist ihm nicht fremd; **2.** *péj Verhalten etc* (allzu) vertraulich, famili'är; zudringlich; aufdringlich; **3.** *Unterhaltung etc* famili'är; ungezwungen; zwanglos; frei; **4.** *Wendung, Redensart* 'umgangssprachlich; famili'är; **langage** ~ 'Umgangssprache *f*; **mot, terme** ~ Wort *n*, Ausdruck *m* der Umgangssprache; **tournure familière** umgangssprachliche, familiäre Wendung; **c'est** ~ das ist Umgangssprache; **II** *m* häufiger Gast; Freund *m* (des Hauses); Vertraute(r) *m*

familièrement [familjɛrmã] *adv* zwanglos; ungezwungen; famili'är; **s'entretenir** ~ **avec qn** sich ungezwungen mit j-m unter'halten

familistère [familistɛr] *m Name e-r Ladenkette von Lebensmittelgeschäften*

famille [famij] *f* Fa'milie *f* (*auch bot, zo, ling, fig*); Verwandtschaft *f*; Geschlecht *n*; ~ **nombreuse** kinderreiche Familie; *bibl* **la Sainte ♀** die Heilige Familie; *fig* **la grande** ~ **des gens de lettres** die große Familie der Literaten; *fig* **les grandes** ~**s politiques** die Par'teien *f/pl* und Grup'pierungen *f/pl* der po'litischen Grundrichtungen; **la** ~ **des 'Habsbourg** das Geschlecht, die Familie der Habsburger; das Haus Habsburg; *ling* ~ **de langues, de mots** Sprach-, Wortfamilie *f*; ~ **d'ouvriers** Arbeiterfamilie *f*; **chef** *m* **de** ~ Familienoberhaupt *n*; *adm, jur* Haushaltsvorstand *m*; **fils** *m* **de** ~ Sohn *m* aus reichem, gutem Hause (*auch péj*); **médecin** *m* **de** ~ Hausarzt *m*; **situation** *f* **de** ~ Familien-, Per'sonenstand *m*; **enfant** *m* **sans** ~ Kind *n* ohne (Familien)Angehörige; *loc/adj u loc/adv*: **de bonne** ~ aus gutem Hause; aus guter Familie; **d'une vieille** ~ aus altem Geschlecht; **en** ~ im (engsten) Familienkreis; im Kreise der Familie; **unter sich; on est en** ~ die Familie ist unter sich; **fêter qc en** ~ etw im Familienkreis feiern; **ne pas avoir de** ~ keine Familie, kein Zu'hause haben; **c'est dans la** ~ das liegt in der Familie; **être de la même** ~ zur selben Familie gehören; aus derselben Familie stammen; **être chargé de** ~ Familie, Kinder haben; e-e Familie zu ernähren, zu unter'halten haben; **il fait partie de la** ~ er gehört zur Familie; F **promener sa petite** ~ s-e Familie ausführen; e-n . Familienspaziergang machen

famine [famin] *f* Hungersnot *f*; Hunger *m*; **salaire** *m* **de** ~ Hungerlohn *m*; *litt* **crier** ~ über Mangel, s-e geringen Mittel klagen; **mon estomac crie** ~ mir knurrt der Magen; mein Magen knurrt

fan [fan] *m* Fan [fɛn] *m*

fana [fana] F **I** *adj* **il en est** ~ F er ist verrückt, scharf, wild darauf; **je n'en suis pas** ~ *auch* ich mache mir nichts draus; **II** *m,f* Fan [fɛn] *m*; begeisterter Anhänger, begeisterte Anhängerin; *cf auch* **fanatique II l.**

fanage [fanaʒ] *m agr* **a)** Heuwenden *n*; **b)** Heuen *n*; Heuernte *f*; Heumachen *n*

fanal [fanal] *m* ⟨*pl* -**aux**⟩ **1.** *mar* **a)** Hafen-, Leuchtfeuer *n*; **b)** Schiffs-, Posi'tionslaterne *f*; **2.** La'terne *f*; Windlicht *n*

fanatique [fanatik] **I** *adj* fa'natisch; **II** *m,f* **1.** Fa'natiker(in) *m(f)*; begeisterter Anhänger, begeisterte Anhängerin; Fan [fɛn] *m*; (blinder) Bewunderer; **un** ~ **de Balzac** ein begeisterter Anhänger, großer Bewunderer Balzacs; ~ **du football** a) Fußballfanatiker *m*, ~**-fan** *m*; begeisterter Fußballspieler; ~ **du jazz** a) Jazzfan *m*; b) begeisterter Jazzmusiker; **2.** Fa'natiker(in) *m(f)*; Eiferer(in) *m(f)*

---

il a été assassiné par un ~ er wurde von e-m Fanatiker ermordet

fanat|iser [fanatize] *v/t* fanati'sieren; fa'natisch machen; (zum Fana'tismus) aufpeitschen, aufhetzen; Fana'tismus (er)wecken, erregen (**qn** in j-m); ~ **la foule, le peuple** die Menge, das Volk fanatisieren; ~**isme** *m* Fana'tismus *m*; Besessenheit *f*; ~ **politique, religieux** politischer, religiöser Fanatismus

fandango [fãdãgo] *m Tanz* Fan'dango *m*

fane [fan] *f meist pl* ~**s** von Kartoffeln, *Mohrrüben* Kraut *n*; *von Radieschen etc* Blätter *n/pl*; ~**s de pommes de terre** Kar'toffelkraut *n*

fané [fane] *adj* **1.** *Blume, Strauß* welk; verwelkt; verblüht; **2.** *Teint, Gesicht* welk; *Schönheit* verblüht; *Farbe* verblaßt; verblichen; abgeblaßt; *Stoff* verblichen; verschossen; ausgeblichen; **un rose** ~ ein verblichenes Rosa; ein Blaß-rosa *n*

fan|er [fane] **I** *v/t* **1.** *agr* **a)** *Heu, Klee* wenden; **b)** *abs* heuen; Heu machen; **2.** welken lassen; **la chaleur a fané les roses** die Rosen sind in der Wärme verwelkt, welk geworden; **II** *v/pr* **se** ~ **3.** *Blumen, Strauß* (ver)welken; welk werden; verblühen; **4.** *Farbe* verblassen; verbleichen; abblassen; *Stoff* ausbleichen; verbleichen; verschießen; ~**eur** *m agr* Heuer *m*; ~**euse** *f agr* **1.** Heuerin *f*; **2.** *Maschine* Heuwender *m*

fanfare [fãfar] *f* **1. a)** Blaskapelle *f* (*mit Blechblasinstrumenten*); Blechmusik (-kapelle) *f*; ~ **municipale** städtische Blaskapelle; F *fig* **c'est un sale coup pour la** ~ das durch'kreuzt alle unsere Pläne; F das ist ein Schlag ins Kon'tor; **b)** Blechbläser *m/pl*; **2. a)** *Musikstück* Fan'fare *f*; **b)** ~**s** *pl* Trom'petengeschmetter *n*; **accueillir qn en** ~**s** j-n mit e-m Tusch begrüßen; F *fig* **réveil** *m* **en** ~ Wecken *n* mit viel Lärm, Getöse; **réveiller qn en** ~ j-n mit viel Lärm, Getöse wecken, aus dem Schlaf reißen; j-n aus dem Schlaf trommeln; **3.** *Buchbinderei* Fan'farenstil *m*; **reliure** *f* **à la** ~ Einband *m* à la fanfare, im Fanfarenstil; Fanfareneinband *m*

fanfaron [fãfarõ] **I** *adj* ⟨~**ne**⟩ *Person, Wesen* großsprecherisch; prahlerisch; aufschneiderisch; F angeberisch; **des propos** ~**s** Prahle'reien *f/pl*; prahlerische Reden *f/pl*; **il est** ~ er ist ein Prahler, Prahlhans, Aufschneider; **II** *m* Aufschneider *m*; Prahler *m*; Prahlhans *m*; Wichtigtuer *m*; F Angeber *m*; **faire le** ~ aufschneiden; prahlen; großtun; sich wichtig machen; angeben

fanfaronn|ade [fãfarɔnad] *f* Prahle'rei *f*; Großspreche'rei *f*; Wichtigtue'rei *f*; F Angebe'rei *f*; Angabe *f*; ~**er** *v/i* prahlen; aufschneiden; sich wichtig machen; großtun; bramarba'sieren; F angeben; den Mund voll nehmen

fanfreluche [fãfrəlyʃ] *f an Kleidern* Kinkerlitzchen *pl*; Flitterkram *m*; F Firlefanz *m*

fange [fãʒ] *f litt* Schlamm *m*; Schmutz *m* (*auch fig*)

fangeux [fãʒø] *litt adj* ⟨-**euse**⟩ schlammig

fanion [fanjõ] *m* Wimpel *m*; Fähnchen *n*; Flagge *f*; Stander *m*; ~ **d'un club** Vereinswimpel *m*; *mil* ~ **de commandement** Kom'mandoflagge *f*

fanon [fanõ] *m* **1. a)** *der Rinder* Wamme *f*; **b)** *e-s Truthahns etc* Kehllappen *m*; **2. a)** *e-s Wals* Barte *f*; **b)** Fischbein *n*; **3.** *am Pferdefuß* Zotte *f*; **4.** *égl cath des Papstes, e-r Mitra* Fa'non(e) *m*

fantaisie [fãtezi] *f* **1.** Laune *f*; Lust *f*;

Verlangen *n*; (launischer, plötzlicher) Einfall; ~ **coûteuse** kostspielige Laune; **ses parents lui passent toutes ses** ~**s** s-e Eltern geben allen s-n Launen nach; **se plier à toutes les** ~**s de qn** j-m in allem nachgeben; sich j-s Launen beugen; j-m alle Wünsche erfüllen; **il a pris la** ~ **de** ... plötzlich kam es ihm in den Sinn, kam ihm die Idee zu ...; hatte plötzlich Lust, das Verlangen zu ...; es wandelte ihn die Lust an zu ...; **2.** Geschmack *m*; Gutdünken *n*; Belieben *n*; **agir selon sa** ~ nach eigenem Gutdünken handeln; handeln, wie es einem gefällt, in den Sinn kommt, wie man es für richtig hält; **vivre à sa** ~ auf s-e Art, nach s-m Geschmack leben; **3.** schöpferische Kraft; Schöpferkraft *f*; Phanta'sie *f*; Einfallsreichtum *m*; Erfindungsgabe *f*; origi'neller Einfall; **n'avoir aucune** ~ keinerlei originelle Einfälle, keine Phantasie haben; phantasielos sein; **donner libre cours, se laisser aller à sa** ~ s-r Phantasie, s-m schöpferischen Ta'lent freien Lauf lassen; s-e Phantasie sich frei entfalten lassen; **existence** *f*, **vie** *f* **qui manque de** ~ Dasein *n*, Leben *n* ohne Abwechslung; gleichförmiges Dasein; Leben; **4. a)** *loc/adj* **de** ~ Phanta'sie...; **bijoux** *m/pl* **de** ~ Modeschmuck *m*; **pain** *m* **de** ~ Oberbegriff für Stangenbrot *n*; **uniforme** *m* **de** ~ Phantasieuniform *f*; **b)** *adit* Stoff, Strumpf lebhaft gemustert; **fil** *m* ~ Ef'fektgarn *n*, -zwirn *m*; **tissu** *m* ~ *auch* Phanta'siedruck *m*; ♦ **kirsch** *m* ~ Schnaps *m* mit Kirschgeschmack; **5.** *mus* Fanta'sie *f*

fantaisiste [fãtezist] **I** *adj* **1.** *Sache* der Phanta'sie entstammend; aus der Luft gegriffen; **étymologie** *f* ~ frei erfundene Etymologie; **remède** *m* ~ völlig unwirksames Mittel; **2.** *Person* unkonventionell; per'unseriös; **étudiant** *m* ~ Student, der studiert, wenn es ihm gerade paßt; **historien** *m* ~ Historiker, der sich nicht an die Fakten hält; **II** *m* **1.** unkonventioneller, eigenwilliger, sprunghafter Mensch; **2.** Unter'haltungskünstler *m* im Varie'té

fantasia [fãtazja] *f* arabisches Reiterspiel Fanta'sia *f*

fantasmagor|ie [fãtasmagɔri] *f* Phantasmago'rie *f*; phan'tastische Visi'on; Trugbild *n*; ~**ique** *adj* Schauspiel, Erscheinung, Dekor phan'tastisch; bi'zarr; gespenstisch; geisterhaft; phantasma'gorisch

fantasmatique [fãtasmatik] *adj psych* phantas'matisch

fantasme [fãtasm(ə)] *m* Phanta'sie(bild, -gebilde) *f(n)*; Wahnvorstellung *f*; Einbildung *f*; Trugbild *n*; *psych* Phan'tasma *n*

fantasque [fãtask] *adj Person* wunderlich; launenhaft; seltsam; eigenwillig; kaprizi'ös; unberechenbar; schrullig; schrullenhaft

fantassin [fãtasɛ̃] *m mil* Infante'rist *m*

fantastique [fãtastik] **I** *adj* **1.** phan'tastisch; unwirklich; 'übernatürlich; Phanta'sie...; *animal* **m. être** ~ Fabeltier *n*, -wesen *n*; Phantasiegeschöpf *n*, -gestalt *f*; **conte** *m*, **histoire** *f* ~ phantastische Geschichte; **2. a)** *Naturschönheit etc* phan'tastisch; außerordentlich; großartig; **b)** F *par ext Erfolg, Reichtum, Preis* F phan'tastisch; e'norm; *Luxus auch* unglaublich; U unwahrscheinlich; **II** *m* Phan'tastische(s) *n*; Irreale(s) *n*

fantoche [fãtɔʃ] *m fig* Hampelmann *m*; Mario'nette *f*; *adit* **gouvernement** *m* ~ Marionettenregierung *f*

fantomatique [fãtomatik] *adj* gespenster-, geister-, schemenhaft; gespenstisch; gespenstig; **éclairage** *m* ~ ge-

spenstische Beleuchtung

fantôme [fãtom] *m* **1.** Gespenst *n*; Geist *m*; Phan'tom *n*; Schemen *m*; **maison 'hantée par les ~s** Haus *n*, in dem es spukt; Spukhaus *n*; **apparaître, disparaître** *od* **s'évanouir comme un ~** wie ein Gespenst erscheinen *od* auftauchen, verschwinden; **(ne pas) croire aux ~s** (nicht) an Gespenster, Geister glauben; **2.** Phanta'siegebilde *n*; Trugbild *n*, -gestalt *f*; Phan'tom *n*; Hirngespinst *n*; **3.** *méd* Phan'tom *n*; **4.** *adjt* Gespenster...; Geister...; Phan'tom...; *pol* **cabinet** *m* **~** Schattenregierung *f*; *élect* **circuit** *m* **~** Phantomleitung *f*, -kreis *m*; *méd* **membre** *m* **~** Phantomglied *n*; **train** *m* **~** Geisterbahn *f*

fanton *cf* fenton

faon [fã] *m zo* (Reh)Kitz *n*; Hirsch-, Rehkalb *n*

farad [farad] *m* (*abr* F) *phys* Fa'rad *n* (*abr* F); **~ique** *adj* élect, physiol **courants** *m/pl* **~s** fa'radische Ströme *m/pl*; **~isation** *f* méd Faradisati'on *f*

faramineux [faraminø] *adj* ⟨-euse⟩ F *Preis, Summe* e'norm; F phan'tastisch; hor'rend

farandole [farãdɔl] *f provenzalischer Tanz* Faran'dole *f*

far|aud [faro] *m,* **~aude** *f* F **faire le faraud, la faraude** sich aufspielen; F (e-e Stange) angeben

farce[1] [fars] *f* **1.** *thé* Farce *f* (*auch fig*); Posse(nspiel) *f(n)*; Schwank *m*; *fig* **cela tourne à la ~** das wird zur Farce, zu e-m abgeschmackten Schauspiel; **2.** Streich *m*; Schabernack *m*; Ulk *m*; F Jux *m*; **faire une ~ à qn** j-m e-n Streich, e-n Schabernack spielen; **faire des ~s** Unsinn, Ulk, F Jux, Fez machen; Unsinn, Schabernack treiben; **3.** **~s et attrapes** *f/pl* Scherzartikel *m/pl*; **magasin** *m* **de ~s et attrapes** Scherzartikelgeschäft *n*, -laden *m*

farce[2] [fars] *f cuis* Fülle *f*; Füllung *f*; Farce *f*

farc|eur [farsœr], **~euse I** *m,f* Spaßvogel *m*, -macher *m*; Witzbold *m*; **II** *adj* witzig; ulkig; **il est très farceur** er ist sehr witzig, ein großer Spaßvogel

farci [farsi] *adj* **1.** *cuis* gefüllt; **dindon ~ aux marrons** mit Kastanien gefüllter Truthahn; Truthahn *m* mit Kastanienfüllung; **tomates ~es** gefüllte Tomaten *f/pl*; **2.** *fig* voll(er) (**de** *gén*); 'vollgepfropft (**mit**); **avoir la tête ~e d'idioties** nur unnützes Zeug im Kopf haben; **être ~ de préjugés** voller Vorurteile stecken, sein

farcin [farsɛ̃] *m vét* der Pferde Hautrotz *m*

farcir [farsir] **I** *v/t* **1.** *cuis* füllen; far'cieren; **2.** *fig* Kopf mit unnützem Zeug etc 'vollstopfen (**de** mit); **~ un livre de citations** ein Buch mit Zitaten spicken; **II** *v/pr* **3.** **se ~ la tête de qc** sich den Kopf mit etw 'vollpfropfen, 'vollstopfen; **4.** F: **se ~ une corvée** (sich an) e-e unangenehme Arbeit machen; **se ~ une fille** mit e-m Mädchen ins Bett gehen; **se ~ 20 km à pied** 20 km zu Fuß machen; **se ~ un bon repas** F sich ein gutes Essen einverleiben; toll essen; **j'ai dû me ~ tout le travail** ich mußte die ganze Arbeit machen; F an mir blieb alles hängen; **il faut se le ~!** es ist nicht so einfach, mit ihm auszukommen, ihn zu ertragen; F das Zu'sammenleben mit ihm ist kein Zucker-, Honiglecken

fard [far] *m* **1.** Schminke *f*; **~ à paupière** Lidschatten *m*; **~ pour les cils** Wimperntusche *f*; **(se) mettre du ~** Schminke auftragen; (sich) schminken; **2.** F *Person* **piquer un ~** rot anlaufen; ganz rot, F knallrot werden; F e-n roten Kopf

kriegen; **3.** *loc/adj u loc/adv fig* **sans ~** ungeschminkt; unverblümt; offen; unmißverständlich; **parler sans ~** die ungeschminkte, unverblümte Wahrheit sagen

farde [fard] *f comm* Kaffeeballen *m* von 185 kg

fardeau [fardo] *m* ⟨*pl* **~x**⟩ Last *f*, *st/s* Bürde *f* (*beide auch fig*); *jur* **~ de la preuve** Beweislast *f*

farder[1] [farde] **I** *v/t* **1.** *Schauspieler etc* schminken; *adjt* **fardé** geschminkt; **2.** *fig Wahrheit* vertuschen; *Gedanken, Absichten etc* bemänteln; beschönigen; **II** *v/pr* **se ~** sich schminken, zu'rechtmachen; **se ~ discrètement** sich dezent schminken; **se ~ les joues** sich die Wangen schminken

farder[2] [farde] *v/i* **1.** *bât Mauer* sich (unter dem eigenen Gewicht) senken; **2.** *mar Segel* sich blähen

farfadet [farfadɛ] *m* Kobold *m*; Irrwisch *m*

farfelu [farfəly] F **I** *adj Person, Idee* komisch; sonderbar; seltsam; F spinnig; verdreht; **II** *subst* **~(e)** *m(f)* komische Per'son; F komischer Typ; Spinner(in) *m(f)*

farfouiller [farfuje] F *v/i* F her'umstöbern, -wühlen, -kramen, -schnüffeln (**dans** in + *dat*); **~ dans une commode** in e-r Kommode (herum)wühlen; e-e Kommode durch'wühlen

fargues [farg] *f/pl mar* Schäl-, Setz-, Waschbord *m*

faribole [faribɔl] F *f* Belanglosigkeit *f*; Nichtigkeit *f*; Nebensächlichkeit *f*; **~s** *pl auch* F belangloses, unwichtiges Zeug

farigoule [farigul] *f provenzalisch* **a)** Thymian *m*; **b)** Eau de Toilette *n od f* mit Thymiangeruch

farine [farin] *f* **1.** Mehl *n*; *bes* Weizenmehl *n*; **~ lactée** Kindermehl *n*; **~ d'avoine, de blé** *od* **de froment, de maïs, d'orge, de riz, de seigle** Hafer-, Weizen-, Mais-, Gersten-, Reis-, Roggenmehl *n*; **sac** *m* **de ~** Sack *m* Mehl; **2.** *pulverartige Substanz* Mehl *n*; *phm* **~ de lin** Leinschrot *m od n*; **~ de moutarde, d'os, de poisson, de soja, de viande** Senf-, Knochen-, Fisch-, Soja-, Fleischmehl *n*

farineux [farinø] **I** *adj* ⟨-euse⟩ **a)** *Nahrungsmittel, Früchte* mehlig; mehlartig; *par ext* stärkehaltig; **b)** *Kartoffeln* mehlig; **c)** *Brotkruste etc* mit Mehl bestäubt; **II** *m* stärkehaltiges Gemüse

farlouse [farluz] *f zo* Wiesenpieper *m*

farniente [farnjɛnte, -njɛt] *m* Dolcefar-ni'ente [dɔltʃe-] *n*; (süßes) Nichtstun

faro [faro] *m belgisches Bier* Faro *n*

farouch(e) [faruʃ] *m bot* Inkar'natklee *m*

farouche [faruʃ] *adj* **1.** *Kind, Tier* scheu; *Kind auch* schüchtern; ängstlich; *Person* (menschen)scheu; ungesellig; **pas ~** *auch* zutraulich; F *von e-r Frau* **elle n'est pas ~** sie ist (sehr) zugänglich, nicht unzugänglich; **2.** *Haß* heftig; wild; stark; *Wille* unbeugsam; fa'natisch; stark; zäh; *Widerstand* fa'natisch; erbittert; heftig; *Blick* wild; **avoir un air ~** wild, unnahbar, stolz aussehen; heftig, entschieden; **~ment** *adv* sehr heftig, entschieden

farrago [farago] *m agr* Mengkorn *n*; Gemenge *n*

fart [fart] *m sports* Ski-, Schiwachs *n*; **~age** *m* der Skier Wachsen *n*; **~er** *v/t Skier* wachsen

fasce [fas] *f Heraldik* Balken *m*

fascia [fasja] *m anat* Faszie *f*; **~ation** *f bot* Verbänderung *f*; *sc* Fasziati'on *f*

fascicule [fasikyl] *m* **1.** Lieferung *f*; Heft *n*; *sc* Fas'zikel *m*; **ouvrage publié par ~s** in (einzelnen) Lieferungen erscheinendes Werk; **2.** *mil* **~ de mobilisation**

im Soldbuch eingeklebte Anweisung für den Fall e-r Mo'bilmachung

fasciculé [fasikyle] *adj* bündelförmig; *arch* **colonne ~e** Bündelsäule *f*; Säulenbündel *n*; *bot* **racine ~e** Büschelwurzel *f*

fascié [fasje] *adj zo* mit Querstreifen; quergestreift

fascin|ant [fasinã] *adj* faszi'nierend; bezaubernd; reizvoll; **beauté ~e** faszinierende Schönheit; **esprit ~** faszinierender, interessanter Geist; **~ation** *f* Faszinati'on *f*; Zauber *m*; Reiz *m*; Anziehungskraft *f*

fascine [fasin] *f Wasserbau etc* Fa'schine *f*; Reisigbündel *n*

fasciner[1] [fasine] *v/t* **1.** hypnoti'sieren; bannen; **2.** faszi'nieren; in s-n Bann schlagen; e-n unwiderstehlichen Reiz ausüben (**qn** auf j-n); fesseln; bezaubern; **il est fasciné par l'argent, l'argent le fascine** Geld fasziniert ihn

fasciner[2] [fasine] *v/t Wasserbau etc* mit Fa'schinen befestigen, versehen

fascis|ant [fasizã] *adj* faschisto'id; **~er** *v/t* faschi'sieren

fasc|isme [faʃism(ə)] *m pol* Fa'schismus *m*; **~iste I** *adj* fa'schistisch; **II** *m,f* Fa'schist(in) *m(f)*

faseiller *cf* faseyer

faséole [fazeɔl] *f cf* féverole

faseyer [fazeje] *v/i* ⟨-è-⟩ *mar* killen; flappen; klappern

fasse [fas] *cf* faire

fassis [fasi] *adj* (*u subst* ♀ *Einwohner*) von Fes (*Marokko*)

faste[1] [fast] *m* Prunk *m*; Pracht(entfaltung) *f*; Gepränge *n*; prunkvolle Ausstattung *f*; **~ oriental** orientalische Pracht

faste[2] [fast] **I** *adj* **1.** *jour* **~** Glückstag *m*; günstiger Tag; **être dans un jour ~** e-n Glückstag haben; **2.** *im alten Rom* **jours ~s** Fasti *pl*; **II** *m/pl* **~s** *L der Römer* chrono'logische Ta'bellen *f/pl*, Verzeichnisse *n/pl*; **~s consulaires** Konsu'larfasten *pl*; **2.** *fig* An'nalen *f/pl*; Geschichte *f*

fastidieux [fastidjø] *adj* ⟨-euse⟩ *Arbeit, Details, Aufzählung* langweilig; langwierig; lästig; mühsam; mühselig; ermüdend; stumpfsinnig; eintönig

fastigié [fastiʒje] *adj bot* in die Höhe wachsend; gegipfelt

fastu|eusement [fastyøzmã] *adv* mit großem Prunk; mit großer Pracht; **~eux** *adj* ⟨-euse⟩ prunk-, pracht-, glanzvoll; prunk-, pomphaft; prächtig

fat [fa(t)] *litt* **I** *adj* ⟨*nur m*⟩ bla'siert; geckenhaft; über'heblich; selbstgefällig; dünkelhaft; **II** *m* Geck *m*; Laffe *m*; selbstgefälliger, bla'sierter Mensch; F eingebildeter Schnösel

fatal [fatal] *adj* ⟨-als⟩ **1.** schicksalhaft; verhängnisvoll; unheilvoll; *Irrtum, Entscheidung auch* folgenschwer; **excès ~s à, pour la santé** für die Gesundheit verhängnisvolle Exzesse *m/pl*; **femme ~e** Femme fa'tale *f*; **ça lui fut, a été ~** das wurde ihm zum Verhängnis; das war sein Verhängnis; **2.** *Schlag, Stoß, Hieb* tödlich; **porter le coup ~** den Todesstoß, den tödlichen Hieb, Schlag versetzen; **3.** unabwendbar; zwangsläufig; unvermeidlich; unausweichlich; *Produkte* unvermeidlich anfallend; **il fallait que ça arrive, c'était ~** es mußte zwangsläufig dahin kommen; **~ement** *adv* unweigerlich; zwangsläufig

fatal|isme [fatalism(ə)] *m* Fata'lismus *m*; Schicksalsglaube *m*; **~iste I** *adj* fata'listisch; schicksalsgläubig; **II** *m,f* Fata'list(in) *m(f)*

fatalité [fatalite] *f* **1.** Unabwendbarkeit *f*; Zwangsläufigkeit *f*; Unausweichlichkeit *f*; Unver'meidbarkeit *f*; **~ de la**

mort Unabwendbarkeit des Todes; **2.** Schicksal *n*; Geschick *n*; Verhängnis *n*; Fatum *n*; la **~ voulut que**... (+*subj*) das Schicksal wollte es, daß ...

fatidique [fatidik] *adj* Datum, Tag, Urteil schicksalhaft

fatig|abilité [fatigabilite] *f psych* Ermüdbarkeit *f*; **~ant** *adj* **1.** *Arbeit, Tätigkeit* ermüdend; anstrengend; strapazi'ös; *Tag* anstrengend; *Reise, Weg auch* beschwerlich; **2.** *Person* lästig; störend

fatigue [fatig] *f* **1.** Müdigkeit *f*; Ermüdung *f*; Mattigkeit *f*; Abgespanntheit *f*; Erschöpfung *f*; **~ cérébrale, intellectuelle** (geistige) Über'anstrengung, Über'arbeitung; **~ nerveuse** nervöse Erschöpfung; **~ générale** allgemeine Müdigkeit; **éprouver une ~ générale** *auch* am ganzen Körper müde sein; **éprouver une grande ~** große Müdigkeit verspüren; **être mort de ~** todmüde, zu Tode erschöpft sein; **lutter contre la ~** gegen die Müdigkeit ankämpfen; **tomber de ~** vor Müdigkeit 'umfallen, 'umsinken; zum 'Umfallen müde sein; **2.** Anstrengung *f*; Stra'paze *f*; **se reposer de la ~, des ~s du voyage** sich von den Strapazen der Reise erholen; **3.** *tech* Ermüdung(sbeanspruchung) *f*; Beanspruchung *f*; **essai** *m* **de ~** Dauerprüfung *f*; **~** -versuch *m*; Dauerschwingversuch *m*; **rupture** *f* **par ~** Dauer(schwing[ungs])bruch *m*

fatigué [fatige] *adj* müde; erschöpft; abgespannt; matt; **voix ~e** müde, matte Stimme; **avoir l'air ~** müde, angestrengt, abgespannt, mitgenommen aussehen; **avoir les nerfs ~s** an nervöser Erschöpfung leiden; **être ~** müde, erschöpft, abgespannt sein; **être ~ de conduire** müde vom Fahren sein

fatiguer [fatige] **I** *v/t* **1.** *Person* ermüden; müde machen; strapa'zieren; mitnehmen; erschöpfen; *Person, Augen, Glieder* anstrengen; *Herz, Nerven* beanspruchen; *Pferd* abreiten; müde reiten; *Boden, Felder* erschöpfen; aussaugen; 'übermäßig beanspruchen; *dem Boden, Bäumen* Kräfte entziehen (+*dat*); F *Salat* zu lange mit der Sa'latsoße vermengen; **ce bruit continuel me fatigue** der ständige Lärm macht mich müde, F (ganz) fertig; **les études le fatiguent** das Studium strengt ihn an, nimmt ihn mit; **cette longue marche m'a fatigué** *auch* ich bin müde von der langen Wanderung; **cet exercice fatigue le cœur** bei dieser Übung wird das Herz beansprucht; diese Übung strengt das Herz an; **~ l'organisme** dem Organismus Kräfte entziehen; **2. ~ qn** j-n ermüden (**par des demandes** durch Fragen); j-n belästigen, j-m lästig fallen *od* werden, j-n stören (**par des demandes** mit Fragen); **~ ses auditeurs** s-e Zuhörer ermüden, langweilen; F **tu me fatigues** *avec tes histoires* F du fällst, gehst mir auf die Nerven...; **II** *v/i* **3.** *Motor in den Steigungen* sich mühen, anstrengen müssen; es schwer haben; Mühe haben; **4.** *arch Balken* nachgeben; sich ('durch)biegen; **III** *v/pr* **se ~ 5.** ermüden; müde werden; **se ~ rapidement** schnell, leicht ermüden, müde werden; **se ~ de qc** e-r Sache (*gén*) müde, 'überdrüssig werden; etw satt bekommen; die Lust an etw (*dat*) verlieren; **7.** F *u iron*: **il ne s'est pas trop fatigué** er hat sich nicht sehr angestrengt, keine große Mühe gegeben, F nicht über'anstrengt; **(ne) te fatigue pas** (à mentir), je sais tout *od* tu n'as pas besoin; du brauchst mir nichts zu erzählen, ich weiß alles; **laisse tomber, (ne) te fatigue pas!** laß doch *od* gib's auf, das hat

(doch) keinen Sinn!

fatras [fatra] *m* **1.** Wust *m*; wüstes Durchein'ander; ungeordneter Haufen; **un ~ de vieux papiers** ein Wust von alten Papieren; **2.** alter Kram; Plunder *m*; unnötiges Zeug; Ballast *m* (*auch fig*)

fatuité [fatuite] *f* Bla'siertheit *f*; Selbstgefälligkeit *f*; Dünkel *m*; Über'heblichkeit *f*

fatum [fatɔm] *litt m* Schicksal *n*; *st/s* Fatum *n*

faubert [fobɛr] *m mar* Schwabber *m*; Dweil *od* Tweil *m*

faubourg [fobur] *m* **1.** Vorort *m*; Vorstadt *f*; **habiter (dans) les ~s** in e-m Vorort, am Stadtrand wohnen; **2.** *par ext in Paris* Stadtviertel *n*, -teil *m* (*ehemalige Vorstadt*)

faubourien [foburjɛ̃] *adj* <**~ne**> vorstädtisch; *péj* **avoir un** *od* **l'accent ~** den typischen Akzent der (Pariser) Vorstadtbewohner haben

fauch|age [foʃaʒ] *m* **1.** *agr* Mähen *n*; Mahd *f*; **2.** *mil* **tir de ~** Breitenfeuer *n*; **~aison** *f* **1.** *cf* fauchage 1.; **2.** Zeit *f* der Heumahd; **~ard** *m* **1.** *hist* Helle'barde *f* mit zweischneidiger Stoßklinge; **2.** *agr* langstielige Hippe mit zweischneidiger Klinge

fauche [foʃ] *f* **1.** F **il y a de la ~ dans ce magasin** in diesem Geschäft kommt viel weg, F wird viel geklaut; **2.** F *plus un sou*, **c'est la ~** F ... völlig blank, abgebrannt, pleite

fauché [foʃe] **I** *adj* **1.** F **être (complètement) ~**, **être ~ comme les blés** F (völlig) blank, abgebrannt sein; nicht bei Kasse sein; auf dem trockenen sitzen; **2.** *cf* faucher; **II** *m* F j, der keine Piepen, keinen Kies hat

faucher [foʃe] *v/t* **1.** *agr Gras, Getreide, Wiese, Feld* (ab)mähen; *abs* mähen; **2.** *fig Tod* Menschen hin'weg-, da'hinraffen; *mit dem Maschinengewehr* niedermähen; reihenweise töten; **3.** F **a)** stehlen; F klauen; **on m'a fauché mille francs dans mon portefeuille** man hat mir tausend Franc aus der Brieftasche geklaut; **b)** *Freundin* abspenstig machen; F ausspannen; wegschnappen

fauch|et [foʃɛ] *m agr* Heurechen *m*; **~ette** *f agr* Hippe *f*; **~eur** *m* **1.** *agr* Mäher *m*; Schnitter *m*; **2.** *zo cf* faucheux; **~euse** *f* **1.** *agr* Mäherin *f*; Schnitterin *f*; **2.** *agr* Mähmaschine *f*; **3.** *litt* Sensenmann *m*, Schnitter *m* (*der Tod*)

faucheux [foʃø] *m zo* Weberknecht *m*; Kanker *m*

fauchon [foʃɔ̃] *m agr* Getreide-, Korbsense *f*

faucill|e [fosij] *f* **1.** *agr* Sichel *f*; **couper de l'herbe à la ~** Gras absicheln, mit der Sichel mähen; **2.** *Emblem* **la ~ et le marteau** Hammer *m* und Sichel *f*; **~on** *m agr* kleine Sichel

faucon [fokɔ̃] *m* **1.** *zo* Falke *m* (*auch pol*); **~ pèlerin** Wanderfalke *m*; **chasse** *f* **au ~** Falkenjagd *f*; (Falken)Beize *f*; Falke'nei *f*; **dresser un ~** e-n Falken abrichten; **2.** *hist mil* Fal'kaune *f*; Falke *f*

fauconneau [fokono] *m* <*pl* **~x**> **1.** *zo* junger Falke; **2.** *hist mil* Falko'nett *n*

fauconn|erie [fokɔnri] *f* **1.** Falkne'rei *f*; **2.** Beizjagd *f*; Beize *f*; **~ de bas, haut vol** Jagd *f* in niedrigem, hohem Flug; **~ier** *m* Falke'nier *m*; Falkner *m*

faudra [fodra], **faudrait** [fodrɛ] *cf* falloir

faufil [fofil] *m cout* Heftfaden *m*; **~age** *m cout* Heften *n*

faufil|er [fofile] **I** *v/t cout* heften; *Teile auch* zu'sammenheften; **II** *v/pr* **se ~** sich (hin)'durchschlängeln (**dans, à travers la foule** durch die Menge); sich

(hin')einschleichen (**dans une maison** in ein Haus); sich her'ein-, hin'einschmuggeln, mit 'durchschmuggeln (**dans une réunion** in e-e Versammlung); 'durchschlüpfen, sich (hin)'durchzwängen, -drängen, -winden (**dans un passage étroit** durch e-n engen Durchgang); **~ure** *f cout* **1.** Heften *n*; **2.** Heftnaht *f*

faune[1] [fon] *m myth* Faun *m*

faune[2] [fon] *f* **1.** Fauna *f*; Tierreich *n*, -welt *f*; **~ alpestre** Alpenfauna *f*; **~ préhistorique, tropicale** prähistorische, tropische Fauna; **2.** *fig u péj* komische Leute *pl*, Typen *m/pl* (*e-s Milieus*)

faun|esque [fonɛsk] *adj* faunisch; wie ein Faun; Fauns...; **visage** *m* **~** Faunsgesicht *n*; **~esse** *f myth* weiblicher Faun

faunique [fonik] *adj* die Fauna, Tierwelt betreffend; fau'nistisch; **les grandes régions ~s de l'Asie** die großen tiergeographischen Regionen *f/pl* Asiens

faussaire [fosɛr] *m* Fälscher *m*

faussement [fosmɑ̃] *adv* **1.** fälschlich (-erweise); zu Unrecht; **accuser qn ~** j-n fälschlich anklagen; **2.** falsch; auf falsche Weise; **raisonner ~** falsche Über'legungen anstellen; **3.** *vor adj* **d'un air ~ candide, modeste** mit geheuchelter, gespielter Aufrichtigkeit, Bescheidenheit; **prendre une attitude ~ indifférente** den Gleichgültigen, Gelassenen spielen; gleichgültig, gelassen tun

fausser [fose] *v/t* **1.** *Rechnung, Ergebnis* (ver)fälschen; **2.** *fig Text, Sinn, Gedanken* verfälschen; entstellen; verdrehen; *Gedanken* irreleiten; in e-e falsche Richtung lenken; verderben; **~ l'esprit de qn** j-n verbilden; **3.** *Schlüssel, Schloß, Klinge* verbiegen; **4.** **~ compagnie à qn a)** j-n plötzlich verlassen; plötzlich von j-m weggehen; verschwinden; sich da'vonmachen; **b)** j-m entfliehen, entkommen, entwischen

fausset [fosɛ] *m* **1.** *mus* Fal'sett *n*; *allg* **voix** *f* **de ~** Fistelstimme *f*; **2.** *e-s Fasses* Spund *m*; Zapfen *m*

fausseté [foste] *f* **1.** *e-r Nachricht, Anklage etc* Falschheit *f*; Unwahrheit *f*; Unrichtigkeit *f*; **2.** *e-r Person, e-s Gefühls* Falschheit *f*; Unwahrhaftigkeit *f*; Unaufrichtigkeit *f*; Unehrlichkeit *f*; Lügenhaftigkeit *f*

faut [fo] *cf* falloir

faute [fot] *f* **1.** Fehler *m* (*auch sports*); Verstoß *m*; *sports auch* Foul [faul] *n*; *Tennis* **~!** Fehl(er)!; *Tennis* **double ~** Doppelfehler *m*; **~ grossière** grober Fehler; **~ de calcul** Rechenfehler *m*; **~ de conduite** fehlerhafte Fahrweise; **~ d'étourderie, d'inattention** Leichtsinns-, Flüchtigkeitsfehler *m*; **~ de frappe** Tippfehler *m*; **~ de grammaire** Gram'matikfehler *m*; grammat(ikal)ischer Fehler; **~ de goût** Verstoß gegen den guten Geschmack; Geschmacksverirrung *f*; **~ d'impression** Druckfehler *m*; **~ de langage** Sprachschnitzer *m*, -verstoß *m*; *Fußball* **~ de main** Hand(-spiel) *f(n)*; **~ d'orthographe** Rechtschreibfehler *m*; orthographischer Fehler; *Tennis* **~ de pied** Fußfehler *m*; **~ de prononciation** Aussprachefehler *m*; **~ de syntaxe** Verstoß gegen die Syntax; syntaktischer Fehler; **sans ~** fehlerlos, -frei; ohne Fehler; *cf auch* **4. b)**; **faire une ~** e-n Fehler machen; *auch* sich verschreiben, verrechnen *etc*; **faire cinq ~s dans une dictée** in e-m Diktat fünf Fehler machen; **von e-m Franzosen faire des ~s de français** e-r Muttersprache nicht beherrschen; nicht einmal richtig Französisch können; **2.** (*moralischer*) Fehler; Verfehlung *f*; Fehl-

tritt m; Verstoß m; Vergehen n; jur Verschulden n; Verletzung f; bes Fahrlässigkeit f; jur: ~ civile Verletzung der bürgerlich-rechtlichen Verpflichtungen; ~ commune Mitverschulden n; ~ contractuelle vertragswidriges Verhalten; ~ intentionnelle vorsätzliches Verschulden; ~ pénale Verletzung des Strafgesetzes; ~ personnelle persönliches Verschulden; ~ professionnelle in Ausübung des Berufs begangener Fehler; e-s Arztes, Apothekers, e-r Hebamme Kunstfehler m; commettre une ~ sich etwas zu'schulden kommen lassen; e-n Fehler begehen; bes Frau e-n Fehltritt begehen, tun; (sur)prendre qn en ~ j-n bei e-m Fehler, Verstoß, bei e-r Verfehlung ertappen; 3. Schuld f; Verschulden n; à qui la ~? wer ist schuld daran?; wessen Schuld ist das?; wer hat schuld, die Schuld?; wer trägt die Schuld daran?; wen trifft die Schuld?; an wem liegt das, F liegt's?; par sa ~ durch s-e Schuld, sein Verschulden; seinetwegen; wegen ihm; c'est par sa ~ que ... er ist schuld daran, es ist s-e Schuld, sein Fehler, daß ...; c'est arrivé par la ~ de son frère sein Bruder ist schuld daran, es ist die Schuld s-s Bruders, daß es dazu gekommen ist; c'est (de) sa ~ das ist s-e Schuld, sein Fehler; die Schuld liegt bei ihm; er ist schuld daran; F das geht auf sein Konto; tout est de ma ~ das ist ganz, allein meine Schuld; ich bin an allem schuld; alles ist meine Schuld; c'est la ~ de son professeur, si ... es ist die Schuld s-s Lehrers, wenn ...; sein Lehrer ist schuld daran, daß ...; être en ~ im Unrecht sein; imputer la ~ à qn j-m schuld, die Schuld geben; se sentir en ~ sich schuldig, im Unrecht fühlen; prov ~ avouée est à moitié pardonnée gebeichtet ist halb gebüßt; e-e eingestandene Schuld ist so gut wie vergeben; 4. a) loc/prép ~ de mangels (+gén); in Ermangelung (od + gén); aus Mangel an (+dat); ♦ ~ d'argent aus Mangel an Geld; aus Geldmangel; ~ de mieux in Ermangelung e-s Besseren; aus Mangel an Beweisen; mangels Beweises; ~ de quoi andernfalls; sonst; widrigenfalls; wenn nicht; falls dies nicht eintritt; sollte dies nicht der Fall sein; ♦ ~ d'y être passé, il ne peut en parler da er das nicht selbst erlebt, 'durchgemacht hat ...; ~ de savoir si ... nicht wissend, in Unkenntnis darüber, ob ...; da ich, er, sie etc nicht wußte, ob ...; b) loc/adv sans ~ ganz sicher, gewiß, bestimmt; auf jeden Fall; unbedingt; unweigerlich; unfehlbar; je serai là à midi sans ~ ich bin ganz sicher um zwölf Uhr da; c) ne pas se faire ~ de qc etw nicht versäumen; auf etw (acc) nicht verzichten; il ne s'est pas ~ d'en parler er unter'ließ es nicht, versäumte (es) nicht, verzichtete nicht darauf, versagte sich nicht, ließ es sich nicht entgehen, davon zu sprechen

fauter [fote] v/i F Frau, Mädchen e-n Fehltritt begehen, tun

fauteuil [fotœj] m Sessel m; Lehnsessel m, -stuhl m; Armsessel m, -stuhl m; ~ rembourré Polstersessel m; ~ roulant Rollstuhl m; ~ à bascule Schaukelstuhl m; fig ~ d'académicien Sitz m in der Académie Française: briguer le ~ e-n Sitz in der Académie Française anstreben; sich um e-n Sitz in der Académie Française bewerben; ~ de coiffeur Fri'seurstuhl m, -sessel m; ~ de dentiste Behandlungsstuhl m e-s Zahnarztes; Zahnarztstuhl m; ~ de jardin Gartensessel m; thé ~ d'orchestre Platz m, Sitz m im vorderen Parkett; Or'chester-

sessel m; ~ en cuir Ledersessel m; sports, bei e-m Wettbewerb F arriver dans un ~ mühelos, spielend, über'legen, mit großem Vorsprung gewinnen; avancer, offrir un ~ à qn j-m e-n Sessel zurechtrücken, anbieten; ~-couchette m ⟨pl fauteuils-couchettes⟩ im Flugzeug Liegesessel m

fauteur [fotœr] m Anstifter m; Aufwiegler m; Hetzer m; ~ de guerre Kriegstreiber m, -hetzer m; ~ de troubles Unruhestifter m

fautif [fotif] I adj ⟨-ive⟩ schuld(ig); être ~ schuld(ig) sein; se sentir ~ sich schuldig fühlen; II subst ~, fautive m,f Schuldige(r) f(m); Verantwortliche(r) f(m)

fauve [fov] I adj 1. falb; fahlgelb, -rot; cheval m ~ Falbe(r) m; 2. bêtes f/pl ~s a) Raubtiere n/pl; wilde Tiere n/pl; b) ch Rot-, Dam- und Gamswild n; 3. peint zu den Fauves gehörend; II m 1. Fahlrot n, -gelb n; 2. Raubtier n; große Raubkatze; grands ~s auch Großwild n; ~ en cage Raubtier im Käfig; cage f des ~s Raubtierkäfig m, -haus n; chasse f aux ~s, aux grands ~s Raubtier-, Großwildjagd f; odeur f de ~ Raubtiergeruch m; 3. peint les ℒs die Fauves m/pl

fauverie [fovri] f Raubtierhaus n, -gehege n

fauvette [fovɛt] f zo Grasmücke f; ~ grisette Dorngrasmücke f; ~ à tête noire Mönchsgrasmücke f; ~ des jardins Bartgrasmücke f

fauvisme [fovism(ə)] m peint Fau'vismus m

faux[1] [fo] f 1. agr Sense f; poét des Todes Hippe f; 2. anat Sichel f; sc Falx f; ~ du cerveau große Hirnsichel

faux[2] [fo] I adj ⟨fausse [fos]⟩ Vorstellung, Versprechung, Verdacht, Gerücht falsch; unrichtig; Vorstellung, Auffassung auch verkehrt; Bericht, Nachricht auch erlogen; unwahr; Rechnung etc falsch; fehlerhaft; Person falsch; unaufrichtig; Papiere, Geld, Spielkarten falsch; gefälscht; Edelsteine, Schmuck, Perlen falsch; unecht; Furcht unbegründet; Bewegung, Schritt falsch; ungeschickt; Situation schief; peinlich; Klavier verstimmt; arch Tür, Fenster blind; ♦ fausse alerte falscher, blinder Alarm; ling ~ amis Faux amis m/pl; fausse barbe falscher Bart; zo ~ bourdon Drohne f; fausse candeur falsche, gespielte Treuherzigkeit; ~ chignon falscher Knoten; fausse clef Nachschlüssel m; cout ~ col aldkopfbarer Kragen; cf auch col 3.; anat fausses côtes falsche Rippen f/pl; path fausse couche Fehlgeburt f; sc Ab'ort m; fausse date falsches Datum; fausse déclaration falsche Angabe, Erklärung; sports ~ départ Fehlstart m; jur fausse déposition falsche Aussage; Falschaussage f; ~ frais m/pl cf frais[2]; fausse 'honte falsche Scham; ~ jour cf jour 2.; ~ jumeaux zweieiige Zwillinge m/pl; une fausse maigre e-e Frau, die schlanker, dünner wirkt, als sie ist; fausse modestie falsche Bescheidenheit; fausse monnaie Falschgeld n; falsches Geld; ~ nez Pappnase f; sous un ~ nom unter falschem Namen; fausse note cf note 5.; fausse nouvelle falsche Nachricht; Falschmeldung f; ~ pas cf pas[1] 1.; arch ~ plafond, plancher Zwischendecke f, -boden m; ~ pli Knitterfalte f; Falte f an e-r falschen Stelle; ~ problème Scheinproblem n; ~ prophète falscher Prophet; fausses raisons Scheingründe m/pl; vorgeschobene Gründe m/pl; résultat ~ falsches Ergebnis; ~ savant Scheingelehrte(r) m; ~ serment vorsätz-

lich Meineid m; fahrlässig Falscheid m; fausse signature gefälschte 'Unterschrift; ~ témoin falscher Zeuge; impr ~ titre Schmutztitel m; un ~ Vermeer, Picasso, etc ein falscher Vermeer, Picasso etc; ♦ à ~ in Wendungen: être en porte à ~ cf porter[1] 18.; ♦ avoir l'air, un regard ~ falsch aussehen, e-n falschen Blick haben; avoir des idées fausses sur qc falsche Vorstellungen haben von etw; sich falsche Vorstellungen machen über etw (acc); avoir un ~ soupçon e-n falschen Verdacht haben; éprouver une fausse joie sich vergeblich, um'sonst, zu früh freuen; c'est ~! das ist falsch, nicht wahr, nicht richtig, p/fort erlogen!; il est ~ de croire, dire, prétendre que ... es ist falsch, nicht richtig zu glauben, sagen, behaupten, daß ...; il est ~ que ... (+subj) es ist falsch, nicht wahr, es stimmt nicht, daß ...; ce piano est ~ das Klavier ist verstimmt; être dans une situation fausse in e-r schiefen, unangenehmen, peinlichen Situation sein; faire fausse route cf route 2.; thé faire une fausse sortie abgehen und gleich zurückkommen; II adv falsch; nicht richtig; chanter, jouer ~ falsch singen, spielen; III m 1. Falsche(s) n; plaider le ~ pour savoir le vrai bewußt etwas Falsches behaupten, um die Wahrheit zu erfahren; 2. jur, von Kunstwerken Fälschung f; gefälschter Gegenstand auch Falsifi'kat n; jur: ~ intellectuel mittelbare Falschbeurkundung; ~ matériel Fälschung des Urkundenkörpers; ~ en écriture Urkundenfälschung f; Fälschung f e-s Schriftstücks; inscription f de od en ~ Fälschungsklage f; Bestreitung f der Echtheit e-r Urkunde; s'inscrire en ~ cf inscrire 6.; commettre, faire un ~ e-e Fälschung begehen; être condamné pour ~ et usage de ~ wegen Fälschung und Gebrauch falscher, gefälschter Urkunden verurteilt werden; c'est du ~ das ist unechter Schmuck

faux-bourdon [foburdɔ̃] m mus Fauxbour'don m

faux-filet [fofilɛ] m cuis Lende(nstück) f(n)

faux-fuyant [fofɥijɑ̃] m Ausflucht f; Ausrede f; chercher un ~ Ausflüchte machen; ausweichen; e-e Ausrede suchen

faux-monnay|age [fomɔnɛjaʒ] m Falschmünze'rei f; ~eur m Falschmünzer m

faverole [favrɔl] f cf féverole

faveur [favœr] f 1. Vergünstigung f; Gunst f; Gefallen m; Vorrecht n; thé billet m de ~ Freikarte f; tarif m de ~ Vorzugs-, Ausnahmetarif m; traitement m, régime m de ~ Bevorzugung f, bevorzugte Behandlung (accordé à qn j-s); jouir d'un traitement de ~ bevorzugt behandelt werden; accorder, faire une ~ à qn j-m e-e Vergünstigung gewähren, e-n Vorteil verschaffen; für j-n e-e Ausnahme machen; j-n bevorzugt behandeln; cf auch 2. u 3.; demander, solliciter une ~ à qn j-n um e-e Vergünstigung, e-n Gefallen bitten; faites-moi la ~ de ... tun Sie mir den Gefallen und ...; erweisen Sie mir die Gunst zu ...; ♦ loc/prép: à la ~ de begünstigt von (+dat), durch (+acc); unter dem Schutz (+gén); à la ~ de l'obscurité im Schutz(e) der Dunkelheit; en ~ de zu'gunsten von (od + gén); für (+acc); en ma, ta, etc ~ zu meinen, deinen etc Gunsten; se déclarer, se prononcer en ~ de qn, qc sich für j-n, etw aussprechen; se désister en ~ de qn zugunsten j-s zurücktreten; j-m s-n

Platz über'lassen; il se trompa en ma ~ de deux francs er verrechnete sich um zwei Franc zu meinen Gunsten; **2.** Gunst *f*; Wohlwollen *n*; Gewogenheit *f*; Gönnerschaft *f*; ~ du public Publikumsgunst *f*; **accorder une ~ à qn** j-m e-e Gunst erweisen; *cf auch* **3.**; *litt*: **être en ~ auprès de qn** bei j-m in Gunst stehen; sich j-s Gunst erfreuen; **rentrer en ~ auprès de qn** j-s Gunst 'wiedererlangen; bei j-m wieder in Gunst kommen; **3.** ~s *pl* Gunstbeweise *m/pl*, -bezeigungen *f/pl* (*bes e-r Frau*); *litt* **accorder ses ~s à un homme** e-m Mann s-e Gunst schenken; **combler qn de ~s** j-n mit Gunstbezeigungen über'häufen; *litt* **refuser les dernières ~s à un homme** e-m Mann das Letzte verweigern; **4.** (Seiden-) Band *n*

favorable [favɔrabl(ə)] *adj* **1.** *Person* geneigt, gewogen, wohlgesinnt, freundlich gesinnt (**à qn, qc** j-m, e-r Sache); *Empfang, Aufnahme* freundlich; **il a été ~ à mon projet** er hat meinen Plan günstig, wohlwollend aufgenommen; **recevoir un accueil ~** freundlich, günstig, wohlwollend aufgenommen werden; günstige Aufnahme finden; **2.** *Augenblick, Umstände, Wendung, Wetter* günstig; *Bedingungen auch* geeignet; vorteilhaft; **jour** *m* ~ Glückstag *m*; **nombre** *m* **de votes ~s à ...** Anzahl *f* der Stimmen für ...; **dans le cas le plus ~** besten-, günstigenfalls; im besten, günstigsten Fall(e); **le moment était ~ pour lui parler** es war ein günstiger Augenblick, um mit ihm zu sprechen

favori [favɔri] **I** *adj* ⟨**favorite** [favɔrit]⟩ **1.** Lieblings...; bevorzugt; am meisten geschätzt; **auteur, chanteur** ~ Lieblingsautor *m*, -sänger *m*; **lecture** ~e Lieblingslektüre *f*; bevorzugte Lektüre; **plat** ~ Leibspeise *f*, -gericht *n*; Lieblingsgericht *n*; **2.** *sports* favori'siert; **partir** ~ als Favo'rit ins Rennen gehen, starten; **II** *subst* **1.** ~(te) *m(f)* des Publikums Liebling *m* (*auch von e-r Frau*); *e-s Herrschers* Günstling *m*; *Frau* Favo'ritin *f*; bevorzugte Mä'tresse; **2.** ~(te) *m(f)* *sports* Favo'rit(in) *m(f)*; Pferderennen jouer le ~ auf den Favoriten setzen; **3.** ~s *m/pl* Backenbart *m*; **porter des ~s** e-n Backenbart tragen

favoriser [favɔrize] *v/t* begünstigen; *Entwicklung, Wirtschaft auch* fördern; unter'stützen; *dem Schmuggel, e-m Aufstand auch* Vorschub leisten (*+dat*); *Prüfungskandidaten, Partei* begünstigen; bevorzugen; e-e Be~, Vergünstigung zu'teil werden lassen (qn j-m); *écon* **clause** *f* **de la nation la plus favorisée** Meistbegünstigungsklausel *f*

favorite *cf* favori

favoritisme [favɔritism(ə)] *m* Günstlingswirtschaft *f*

favus [favys] *m path* Erbgrind *m*; *sc* Favus *m*

fayard [fajar] *m bot regional* Buche *f*

fayot [fajo] *m* F **1.** weiße Bohne; **2.** *mil* Kriecher *m*; j, der sich bei Vorgesetzten lieb Kind macht, F einkratzt

fayot(t)age [fajotaʒ] *m* F *mil* Krieche'rei *f*; ~ *v/i* F mil sich lieb Kind machen; F sich einkratzen

féal [feal] *adj* ⟨-aux⟩ *féod* (ge)treu

fébrifuge [febrifyʒ] *adj* fiebersenkend; **remède** *m* ~ *od subst* ~ *m* Fiebermittel *n*; fiebersenkendes Mittel

fébril|e [febril] *adj* **1.** fieb(e)rig; fiebernd; fieberkrank; Fieber...; **état** *n* ~ Fieberzustand *m*; fieberhafter Zustand ~; **2.** *fig Unruhe etc* fieberhaft; fieb(e)rig; hektisch; **agitation** *f* ~ Hektik *f*; ~**ité** *f fig*

Fieberhaftigkeit *f*; Betriebsamkeit *f*; Hektik *f*

fécal [fekal] *adj* ⟨-aux⟩ fä'kal; kotig; **matières** ~es Fä'kalien *pl*

fèces [fɛs] *f/pl physiol* Kot *m*; Stuhl *m*; *sc* Fäzes *pl*; Faeces *pl*

fécond [fekõ] *adj* ⟨**féconde** [fekõd]⟩ **1.** *biol* fruchtbar; *Tiere auch* sich rasch, schnell vermehrend; *par ext Felder, Boden* fruchtbar; fruchtbringend; ertragreich; **2.** *fig Geist, Idee, Autor, Arbeit* fruchtbar; fruchtbringend; produk'tiv; ~ **en** reich an (*+dat*); **crise** ~**e en rebondissements** Krise *f* mit vielen Rückschlägen

fécond|abilité [fekõdabilite] *f Statistik* Empfängniswahrscheinlichkeit *f*; ~**ation** *f biol* Befruchtung *f*; *von Pflanzen auch* Bestäubung *f*; ~ **artificielle** künstliche Befruchtung

fécond|er [fekõde] *v/t* **1.** *biol* befruchten; *Pflanzen auch* bestäuben; *Tiere auch* begatten; **2.** *par ext Fluß*: *Land etc* fruchtbar machen; *den Geist* befruchten; ~**ité** *f* **1.** *biol* Fruchtbarkeit *f* (*auch agr*); Vermehrungsfähigkeit *f*, -stärke *f*; **2.** *fig e-s Autors, der Phantasie, e-r Idee* Fruchtbarkeit *f*; *e-s Themas auch* Ergiebigkeit *f*

fécule [fekyl] *f chim*, *in Pflanzen, Lebensmitteln* Stärke *f*; *aus Pflanzenstärke* Stärkemehl *n*; *par ext* ~**s alimentaires** stärkehaltige Nahrungsmittel *n/pl*; ~ **de maïs, de pommes de terre, de riz** Mais-, Kar'toffel-, Reisstärke *f*; **être riche en** ~ viel Stärke enthalten; e-n hohen Stärkegehalt haben

féculence [fekylɑ̃s] *f* Stärkehaltigkeit *f*, -gehalt *m*

féculent [fekylɑ̃] **I** *adj* **1.** *Nahrungsmittel* stärkehaltig; mit hohem Stärkegehalt; **2.** *selten* Sedi'ment, e-n Niederschlag bildend; **II** *m* stärkehaltige Pflanze; stärkehaltiges Nahrungsmittel

fécul|er [fekyle] *v/t* Stärke gewinnen (**qc aus etw**); Stärke entziehen (*+dat*); ~**erie** *f* **1.** Stärkeindustrie *f*; **2.** Stärkefabrik *f*

fédéral [federal] **I** *adj* ⟨-aux⟩ **1.** Bundes...; bundesstaatlich; *Schweiz auch* eidgenössisch; **l'Allemagne** ~**e** die Bundesrepublik (Deutschland); **Assemblée** ~**e** Bundesversammlung *f* (*bes in der Schweiz*); **autorités** ~**es** Bundesbehörden *f/pl*; **chancelier** ~ Bundeskanzler *m*; **Conseil** ~ Bundesrat *m* (*bes in der Schweiz*); **constitution** ~**e** Bundesverfassung *f*; **district** ~ Bundesdistrikt *m* (*bes in den USA*); **État** ~ Bundesstaat *m*; *hist der Schweiz* **pacte** ~ Bundesvertrag *m*; **république** ~**e** Bundesrepublik *f*; **2.** *e-s Vereins, der Gesellschaft* **bureau** ~ oberste Leitung; Vorstand *m*; Prä'sidium *n*; **union** ~**e** Zen'tralverband *m*; **II** *m pl* **fédéraux** *im Sezessionskrieg* Anhänger *m/pl* und Sol'daten *m/pl* der Nordstaaten; ~**iser** *v/t* föderali'sieren; verbünden; zu e-r Föderati'on vereinigen; in e-n Bundesstaat 'umwandeln

fédéral|isme [federalism(ə)] *m* Födera'lismus *m*; ~**iste I** *adj* föde'ra'listisch; **II** *m* Föderalist *m*

fédératif [federatif] *adj* ⟨-ive⟩ födera'tiv

fédération [federasjõ] *f* **1.** *pol* Födera'tion *f*; Bündnis *n*; Bund *m*; **2.** *von Körperschaften, Vereinen etc* (Zen'tral-, Spitzen)Verband *m*; Dachorganisation *f*; Vereinigung *f*; Zu'sammenschluß *m*; Bund *m*; *von Berufsgruppen etc auch* Fach-, Berufsverband *m*; ~ **française de football** *frz* Fußballbund; ~ **internationale de football association** (*abr* **F.I.F.A.**) Internationaler Fußballver-

band (*abr* **FIFA** *f*); ~ **nationale des étudiants de France** Verband frz Studenten; ~ **nationale des républicains indépendants** (*abr* **F.N.R.I.**) Verband der unabhängigen Republikaner Frankreichs; ~ **nationale des syndicats d'exploitants agricoles** (*abr* **F. N.S.E.A.**) Dachorganisation der frz Landwirtschaftsverbände; ~ **protestante de France** protestantischer Kirchenbund Frankreichs; ~ **sportive** Sportverband *m*, -bund *m*; ~ **syndicale mondiale** (*abr* **F.S.M.**) Weltgewerkschaftsbund *m* (*abr* **WGB**); ~ **de la gauche démocrate et socialiste** (*abr* **F.G.D.S.**) Verband der Linksparteien in Frankreich; **3.** *hist* **fête** *f* **de la** ~ in Frankreich am 14. Juli 1790 gefeiertes Fest

fédér|é [federe] **I** *adj* föde'riert; vereinigt; verbündet; **II** *m* hist Sol'dat *m* der Kom'mune; Kommu'narde *m*; **le mur des** ~**s** auf dem Père-Lachaise: Mauer, vor der die Kommunarden erschossen wurden; ~**er** ⟨-è-⟩ **I** *v/t* in e-r Föderati'on zu'sammenschließen, vereinigen; **II** *v/pr* **se** ~ sich föde'rieren, verbünden; sich zu e-r Föderati'on, e-m Bund zu'sammenschließen

fée [fe] *f* **1.** *myth* Fee *f*; **bonne, mauvaise** ~ gute, böse Fee; **la** ~ **Carabosse** die böse Fee; **conte** *m* **de** ~**s** (Feen)Märchen *n*; **2.** *fig* guter Geist; **la** ~ **du logis** der gute Geist des Hauses, der Familie; **avoir des doigts de** ~ (mit den Händen, Fingern) sehr geschickt sein; fingerfertig sein

feed-back [fidbak] *m* ⟨*inv*⟩ Kybernetik Feedback ['fiːdbɛk] *n*; Rückmeldung *f*, -kopplung *f*

feeder [fidœr] *m tech* Speise-, Zuleitung *f*; Feeder ['fiːdər] *m*

féer|ie [feeri] *f* **1.** *thé* Fee'rie *f*; Feendrama *n*, -stück *n*; Zauber-, Märchenspiel *n*; **2.** *fig* märchen-, zauberhaftes Schauspiel; ~**ique** *adj* zauber-, märchenhaft; wunderbar (*alle auch fig*); feenhaft; **monde** *m* ~ Feen-, Märchenwelt *f*; Märchenland *n*

feignant [fɛɲɑ̃] F **I** *adj* (F mords-, stink)faul; **II** *subst* ~(e) *m(f)* Faulenzer(in) *m(f)*; F Faulpelz *m*, -tier *n*; *p/fort von e-r Frau* F faules Luder, Stück

feindre [fɛdr(ə)] *v/t* ⟨*cf* peindre⟩ Erstaunen, Freude, Trauer heucheln; vortäuschen; mimen; Krankheit, Ohnmacht *etc* vortäuschen; simu'lieren; Krankheit *auch* vorschützen; *abs litt* sich verstellen; heucheln; ♦ ~ **de** (*+inf*) (so) tun, als ob ...; ~ **de s'attendrir** Mitgefühl heucheln, vortäuschen; so tun, als ob man Mitgefühl hätte, als hätte man Mitgefühl; ~ **de ne rien comprendre** so tun, als ob man nichts verstehen würde, als verstehe man nichts; sich dumm stellen; ~ **d'être malade** sich krank stellen; vorgeben, krank zu sein; Krankheit vortäuschen, vorschützen

feint [fɛ] *adj u p/p von* feindre ⟨**feinte** [fɛt]⟩ **1.** *Gefühl, Schmerz etc* vorgetäuscht; gespielt; geheuchelt; falsch; fin'giert; *Freude etc auch* erkünstelt; **2.** *arch* Blend...; **arcade, fenêtre, porte** ~**e** Blendarkade *f od* -bogen *m*, Blendfenster *n*, -tür *f*; **3.** *livre* ~ Buchattrappe *f*

feinte [fɛt] *f sports, mil, fig* Finte *f*; Täuschung *f*; *fig, mil auch* Täuschungsmanöver *n*; *mil auch* Scheinmanöver *n*, -angriff *m*; *fig auch* List *f*; Falle *f*

feinter [fɛte] **I** *v/t* **1.** Gegner (durch e-e Finte) täuschen, ablenken; **2.** F ~ **qn** F j-n her'ein-, reinlegen, drankriegen; **II** *v/i esc* e-e Finte machen

feld-maréchal [fɛldmareʃal] *m* ⟨*pl* **feld-maréchaux**⟩ *mil in Deutschland*

etc Feldmarschall *m*

feldspath [feldspat] *m minér* Feldspat *m*; **~ique** *adj* feldspathaltig

fêle [fɛl] *f* Glasbläser-, Glasmacherpfeife *f*

fêlé [fele] *adj* **1.** *Porzellan, Ton, Geschirr* gesprungen (*auch Glas*); rissig; mit e-m Sprung; mit Sprüngen, Rissen; **2.** *par ext Stimme* brüchig; **3.** F *fig* **avoir le cerveau ~** F nicht ganz richtig im Oberstübchen sein; nicht alle Tassen im Schrank haben; e-e Macke haben; *cf auch* **cinglé**

fêler [fele] **I** *v/t* e-n Sprung machen (**une tasse** in e-e Tasse); **II** *v/pr* **se ~** *Porzellan, Glas, Ton* springen; rissig werden; e-n Sprung, Sprünge, e-n Riß, Risse bekommen; *Eis* rissig werden; e-n Riß, Risse bekommen

félibre [felibr(ə)] *m* neuprovenzalischer Dichter

félibrige [felibriʒ] *m Dichterkreis zur Pflege u Erneuerung provenzalischer Sprache u Literatur*

félicitations [felisitasjõ] *f/pl* Glückwunsch *m*, -wünsche *m/pl*; Beglückwünschung *f*; Gratulati'on *f*; *e-s Vorgesetzten etc auch* Anerkennung *f*; Lob *n*; (**mes** *bzw* **nos**) **~!** (ich) gratuliere! *bzw* wir gratulieren!; **toutes mes ~** herzlichen Glückwunsch; herzliche Glückwünsche; **lettre** *f*, **télégramme** *m* **de ~** Glückwunschschreiben *n*, -telegramm *n*; **adresser, faire, présenter des, ses ~ à qn** j-m s-n Glückwunsch, (s-e) Glückwünsche aussprechen, über-'mitteln; j-m gratu'lieren; j-n beglückwünschen

félicité [felisite] *st/s f* Glück'seligkeit *f*; reine Freude

féliciter [felisite] **I** *v/t* **~ qn a)** *zu etw Erfreulichem, e-m Fest* j-n beglückwünschen; j-m gratu'lieren; j-m s-n Glückwunsch, s-e Glückwünsche aussprechen; **~ qn pour, de son succès** j-n zu s-m Erfolg beglückwünschen etc; **b)** *zu e-r Tat, Haltung* j-m gratu'lieren, j-n beglückwünschen (**pour, de qc** zu etw); j-m s-e Anerkennung aussprechen (für etw); **~ qn pour son action courageuse** j-m zu s-r mutigen Tat gratulieren; **II** *v/pr* **se ~ de qc** froh, glücklich sein über etw (*acc*); F sich gratu'lieren (können) zu etw; **tu peux te ~ d'avoir refusé de signer** du kannst froh sein, F dir gratulieren, von Glück reden, daß du nicht unter'schrieben hast

félidés [felide] *m/pl zo* Katzen *f/pl* (*Raubtierfamilie*)

félin [felɛ̃] **I** *adj* **1.** *zo* Katzen...; katzenartig; **2.** *fig* katzenartig, -haft; **II** *m zo* Katze *f* (*im weiteren Sinn*); **grands ~s** Großkatzen *f/pl*; große Raubkatzen *f/pl*

félinité [felinite] *f litt von e-r Person* katzenhaftes Wesen

fellag(h)a [fe(l)laga] *m* al'gerischer Parti'san (*im Unabhängigkeitskrieg gegen Frankreich*)

fellah [fe(l)la] *m* ägyptischer Bauer Fel-'lache *m*

felle [fɛl] *f cf* **fêle**

félon [felõ] *féod* **I** *adj* **~ne** eid-, treubrüchig; **II** *m* Verräter *m*

félonie [feloni] *f féod* Felo'nie *f*; Treubruch *m* gegen den Lehnsherrn

felouque [fəluk] *f mar* Fe'luke *f*

fêlure [felyr] *f in Porzellan, Ton, Glas* Sprung *m*; Riß *m*

femelle [fəmɛl] **I** *f* **1.** *zo* Weibchen *n*; weibliches Tier; **2.** *péj* Weibsbild *n*, -stück *n*, -person *f*; **II** *adj* **1.** *zo*, *bot* weiblich; **éléphant** *m* **~** weiblicher Elefant; Ele'fantenkuh *f*; **palmier** *m* **~** Palme *f* mit weiblichen Blüten; **2.** *élect*

fiche *f* **~** Gerätestecker *m*; **filetage** *m* **~** Innen-, Muttergewinde *n*

féminin [feminɛ̃] **I** *adj* **1.** weiblich; fraulich; Frauen...; **charme** *m* **~** weiblicher Charme; **mode** *f* **~e** Damenmode *f*; **organisme** *m* **~** weiblicher Organismus; **revendications** *f/pl* **~es** Forderungen *f/pl* der Frau(en); **succès** *m* **~s** Erfolg *m* bei Frauen; **c'est typiquement ~** das ist echt, typisch Frau; **2.** *von e-m Mann* femi'nin; weibisch; **3.** *gr* weiblich; femi-'nin; **adjectif** *m* **~** weibliche Form des Adjektivs; **article** *m* **~** weiblicher Artikel; **genre** *m* **~** Femininum *n*; weibliches Geschlecht; **nom** *m* **~** weibliches Substantiv; Femininum *n*; *métr* **rime** *f* **~e** weiblicher, klingender Reim; **II** *m* **1.** *gr* Femininum *n*; weibliches Geschlecht; Substantiv; weibliche Form; **2. l'éternel ~** das Ewig'weibliche

féminis|ation [feminizasjõ] *f biol* Femi'nierung *f*; Verweiblichung *f*; **~er I** *v/t* **1.** *biol durch Eingriff in den Hormonhaushalt* femi'nieren; verweiblichen; **2.** *gr ein Maskulinum in ein Femininum* 'umwandeln; **II** *v/pr* **se ~** weibliche Züge annehmen; verweiblichen

fémin|isme [feminism(ə)] *m* **1.** Frauenfrage *f*, -bewegung *f*; **2.** *physiol* Femi'nismus *m*; **~iste I** *adj* frauenrechtlerisch; femi'nistisch; **II** *m,f* Frauenrechtler(in) *m(f)*; Femi'nist(in) *m(f)*; **~ité** *f* Weiblichkeit *f*; weibliches Wesen, Verhalten; Fraulichkeit *f*

femme [fam] *f* **1.** Frau *f*; *poét, bibl, péj,* F Weib *n*; **les ~s** die Frauen; die Weiblichkeit *f*; *péj* **les bonnes ~s**; F **une bonne ~** e-e Frau; F **une petite bonne ~** ein kleines Mädchen; F **une vieille bonne ~** e-e alte Frau; *péj* **sa bonne ~** F s-e Alte, Olle; *péj* **les bonnes ~s** die Weiber *n/pl*, Weibsleute *pl*, Weibsen *n/pl*; das Weibervolk; *adjt* **rideaux** *m/pl* **bonne ~** seitlich geraffte Gardinen *f/pl*, Vorhänge *m/pl*; **conte** *m* **de bonne ~** Ammenmärchen *n*; **remède** *m* **de bonne ~** Hausmittel *n*; **une faible ~** e-e schwache Frau; *iron* **~ s-e schwaches, hilfloses Weib**; **jeune ~** (verheiratete) junge Frau; **~ (encore) jeune** (noch) junge Frau; **une jolie petite ~** e-e hübsche junge Dame; *Molière* **Les ~s savantes** Die gelehrten Frauen; **~ vénale** käufliches Mädchen; **♦ ~ auteur** Au'torin *f*; Verfasserin *f*; **~ écrivain** Schriftstellerin *f*; **~ ingénieur** Ingeni'eurin *f*; **~ médecin** Ärztin *f*; Medi'zinerin *f*; **~ patron** Arbeitgeberin *f*; Unter'nehmerin *f*; **~ peintre** Malerin *f*; **~ professeur** Lehrerin *f* (*an e-r höheren Schule*); Studienrätin *f*; Profes'sorin *f* (*an der Universität*); **♦ ~ au foyer** Hausfrau *f*; **~ d'affaires** Geschäftsfrau *f*; **~ de chambre** Zimmer-, Stubenmädchen *n*; *hist* Kammerzofe *f*; **~ de couleur** Farbige *f*; **~ d'esprit** geistreiche, geistvolle Frau; **~ d'intérieur** *cf* **intérieur** II **2.**; **~ de lettres** Schriftstellerin *f*; Lite'ratin *f*; Belle'tristin *f*; **~ de ménage** Putz-, Reinemache-, Aufwarte-, Zugehfrau *f*; Raumpflegerin *f*; **~ du monde** Dame *f* von Welt; Weltdame *f*; **~ de tête** zielstrebige, zielbewußte Frau; **~ de mauvaise vie** liederliches Frauenzimmer; **~ en couches** Wöchnerin *f*; **émancipation** *f* **de la ~** Frauenemanzipation *f*; **psychologie** *f* **de la ~** Psychologie *f* der Frau; **♦ les ~s et les enfants d'abord!** Frauen und Kinder zuerst!; **devenir ~** Frau werden; **elle est bien ~** sie ist e-e typische Frau; **elle est très ~** sie ist sehr weiblich, fraulich; **c'est la ~ de ma vie** das ist die Frau meines Lebens; **être ~ à** (+*inf*)

durchaus die Frau sein, die ...; ganz der Typ sein, der ...; **ne pas être ~ à** (+*inf*) nicht die Frau sein, die ...; **elle est ~ à se venger** sie ist ganz der Typ, der sich rächt; **elle fait déjà très ~** sie ist, wirkt schon sehr weiblich, fraulich, sieht schon wie e-e Frau aus; *prov* **ce que ~ veut, Dieu le veut** *etwa* was e-e Frau sich etwas vornimmt, setzt sie es auch durch; **2.** (Ehe)Frau *f*; **c'est sa seconde ~** das, sie ist s-e zweite Frau; **prendre ~** heiraten; **prendre pour ~** zur Frau nehmen

femmelette [famlɛt] *f von e-m Mann* Schwächling *m*; F Waschlappen *m*

fémoral [femoral] *adj* **~-aux** *anat* Oberschenkel...; *sc femo'ral*: **artère** *f* **~e** Oberschenkelschlagader *f*

fémur [femyr] *m* **1.** *anat* Oberschenkelknochen *m*; **col** *m* **~** Oberschenkel(knochen)hals *m*, -kopf *m*; *path* **fracture** *f* **du col du ~** Schenkelhalsbruch *m*; **se casser le col du ~** (sich) den Oberschenkelhals brechen; **2.** *zo der Insekten* Schenkel *m*

fenaison [fənɛzõ] *f agr* (Zeit *f* der) Heuernte *f*

fend|age [fãdaʒ] *m von Holz, Diamanten, Schiefer* Spalten *n*, -ung *f*; **~ant** *m* berühmter Schweizer Weißwein

fendillement [fãdijmã] *m* **a)** Rissigwerden *n*; *der Haut auch* Aufspringen *n*; **b)** feiner Riß, Sprung

fendiller [fãdije] **I** *v/t* Risse, Sprünge her'vorrufen, verursachen in (+*dat*); rissig machen; *Haut auch* aufspringen lassen; *adjt* **fendillé** rissig; **II** *v/pr* **se ~** *Gips, trockener Boden etc* Risse bekommen; rissig werden; *Haut auch* aufspringen

fendoir [fãdwar] *m tech* Spaltklinge *f*

fendre [fãdr(ə)] <*cf* **rendre**> **I** *v/t* **1.** *Holz, Diamanten, Schiefer* spalten; *Holz auch* hacken; *Kleidungsstück* schlitzen; mit e-m Schlitz versehen; **~ qc en deux** etw 'durch-, entzweihauen; **il gèle à pierre ~** es friert Stein und Bein; **2.** *fig* **l'âme, le cœur** das Herz zerreißen; **Schrei, schreien à ~ l'âme** herzzerreißend; **3.** *fig* teilen; *litt Vogel* **~ l'air** durch die Luft, Lüfte schießen; *Schiff* **~ les flots** die Fluten teilen; *Person* **~ la foule** sich e-n Weg durch die Menge bahnen; **II** *v/pr* **se ~** **4.** *Felsen etc* sich spalten; bersten; *Mauer, Gefäß* Risse bekommen; rissig werden; *Gefäß auch* Sprünge bekommen; *Kastanien im Feuer* (auf-, zer)platzen; **se ~ le crâne** sich ein Loch in den Kopf schlagen, stoßen; *esc* e-n Ausfall machen; **6.** F **se ~ de qc** F etw her'ausrücken; **il ne s'est pas fendu** F er hat sich nicht (gerade) verausgabt, in Unkosten gestürzt; **7.** F **se ~ la gueule, la pêche, la pipe** laut(hals), schallend lachen; F wiehern vor Lachen; sich e-n Ast lachen; sich schieflachen

fendu [fãdy] *adj u p/p von* **fendre**; *Holz, Schädel, Lippe* gespalten; *Marmor, Gefäß* rissig; gesprungen; mit e-m Riß, Sprung; mit Rissen, Sprüngen; *Kleidungsstück* geschlitzt; mit Schlitz; **bouche** *f* **~e jusqu'aux oreilles** Mund *m* bis zu den Ohren; **jupe** *f* **~e par derrière, sur les côtés** Rock *m* mit (Geh)Schlitz hinten, seitlich geschlitzter Rock

fenestrage [fənɛstraʒ] *m od* **fenêtrage** [fənɛtraʒ] *m arch* **a)** Befensterung *f*; **b)** Fensteranordnung *f*

fenestration [fənɛstrasjõ] *f bât* echte *od* vorgetäuschte Wand-, Maueröffnung

fenêtre [fə'nɛtr(ə)] *f* **1.** Fenster *n* (*auch anat, e-s Briefumschlags*); **~ basculante** Kipp-, Schwingfenster *n*; **~ double**

Doppelfenster *n*; ~ **fausse** blindes Fenster; ~ **mansardée** Man'sardenfenster *n*; *anat* ~ **ovale** ovales Fenster; ~ **à la française** *Fenster mit zwei nach innen öffnenden Drehflügeln ohne Oberfenster*; ~ **à guillotine** Fall-, Hebefenster *n*; *vertikal zu verschiebendes* Schiebefenster; **à trois** ~**s** dreifenstrig; mit drei Fenstern; **jeter par la** ~ zum Fenster hinauswerfen, F -schmeißen (*auch fig: sein Geld*); **se mettre à la** ~ sich ans Fenster stellen, ins Fenster legen; *fig* **ouvrir une** ~ **sur le monde** ein Tor zur Welt öffnen; **2.** *Raumfahrt* ~ **de tir** Startfenster *n*

fenêtrer [fənetre] *v/t* **1.** *arch* befenstern; mit Fenstern versehen; **2.** *chir in e-m Gipsverband etc* Stellen aussparen in (+*dat*)

fenil [fənil] *m agr* Heuboden *m*, -schober *m*

fennec [fenɛk] *m zo* Fennek *m*; Wüstenfuchs *m*

fenouil [fənuj] *m bot* Fenchel *m*

fente [fãt] *f* **1.** Spalte *f*; Spalt *m*; *in Gestein auch* Kluft *f*; *in Holz auch* Sprung *m*; *in Holz, Eis etc auch* Riß *m*; *in Kleidungsstücken, e-s Briefkastens, Fensterladens etc* Schlitz *m*; *cout* ~ **d'une poche** Tascheneingriff *m*, -schlitz *m*; **veston** *m* **à** ~**s sur les côtés** Jacke *f* mit seitlichen Schlitzen; **2.** *tech* Spalten *n*; Schneiden *n*; **3.** *esc* Ausfall *m*

fenton [fãtõ] *m tech* Eisenklammer *f*, -anker *m*, -einlage *f*; Ankereisen *n*

fenugrec [fənygrɛk] *m bot* Bockshornklee *m*; Griechisch-Heu *n*

féodal [feɔdal] <*m/pl* -**aux**> **I** *adj* feu'dal; lehnsrechtlich; Feu'dal...; Lehns...; *auch* feuda'listisch; **château** ~ Feudalsitz *m*; **droit** ~ Lehnsrecht *f*; **époque, période** ~**e** Feudalzeit *f*; Zeit *f* des Feudalismus; **État** ~ Feudalstaat *m*; **régime** ~ Feudalsystem *n*, -wesen *n*; Lehnswesen *n*; **société** ~**e** Feudalgesellschaft *f*; **II** *m* Feu'dalherr *m*; ~**isme** *m* Feu'dalcharakter *m*, -struktur *f*; ~**ité** *f* **1.** *hist* Feu'dalherrschaft *f*, -system *n*, -wesen *n*; Feuda'lismus *m*; Lehnswesen *n*; **2.** *fig u péj* mächtige (sozi'ale, Fi'nanz-, Wirtschafts)Gruppe; Fi'nanz-, Wirtschaftsbarone *m/pl*

fer [fɛr] *m* **1.** *Metall* Eisen *n*; ~ **brut** Roheisen *n*; ~ **laminé** Walzeisen *n*; gewalztes Eisen; ~ **plat, profilé** Flacheisen *n*; ~ **pur** (chemisch) reines, Pro'fileisen *n*; gediegenes Eisen; *cf auch* **2.**; ~ **à, en (double) T, en U** (Doppel-)T-Eisen *n*, -Träger *m*, U-Eisen *n*; ~ **en barre** Stabeisen *n*; *loc/adj* **de, en** ~ Eisen...; eisern; aus Eisen; *cf auch* **2.**; **alliage** *m*, **plaque** *f*, **production** *f* **de** ~ Eisenlegierung *f*, -platte *f*, -erzeugung *f*; *comm ellip* **transport** *m* **par** ~ Bahntransport *m*; *Spinat etc* **contenir du** ~ Eisen enthalten; eisenhaltig sein; *prov* **il faut battre le** ~ **pendant qu'il est chaud** man muß das Eisen schmieden, solange es heiß ist (*prov*); **2.** *fig loc/adj* **de** ~ *Wille, Disziplin, Gesundheit* eisern; *Wille auch* stählern; *Gesundheit auch* ro'bust; **le chancelier de** ~ der Eiserne Kanzler (*Bismarck*); **avoir une main, une poigne de** ~ e-e eiserne Hand, Faust haben; **3. a)** *Werkzeuge* ~**s** *pl* (Geburts)Zange *f*; **accouchement** *m* **avec les** ~**s** Zangengeburt *f*; *agr* ~ **chaud, rouge** Brand-, Brenneisen *n*; *Buchbinderei* ~ **à dorer** Stempel *m*, Rolle *f* zum Vergolden; *tech* ~ **à équerre** Winkeleisen *n*; ~ **à friser** Locken-, Brennschere *f*; Fri'sierstab *m*; *text* ~ **à gaufrer** Gau'frierwalze *f*; *tech* ~ **à polir** Glätteisen *n*; ~ **à souder** Lötkolben *m*; ♦ ~ **à** (à

repasser) Bügel-, Plätteisen *n*; ~ **électrique** elektrisches Bügeleisen; ~ **de tailleur** Schneiderbügeleisen *n*; **donner un coup de** ~ (F über')bügeln (à *qc* etw); F mit dem Bügeleisen drübergehen, -fahren (à über + *acc*); **b)** ~ **à cheval** Hufeisen *n*; *loc/adj u loc/adv* **en** ~ **à cheval** hufeisenförmig; in Form e-s Hufeisens; Hufeisen...; *Tische* **disposer en** ~ **à cheval** in Form e-s Hufeisens aufstellen; **mettre des** ~**s à** **un cheval** e-m Pferd Hufeisen aufnageln; ein Pferd beschlagen; **tomber les quatre** ~**s en l'air** *Pferd, fig Person* auf den Rücken fallen; *Person auch* der Länge lang *od* nach hinschlagen; **c)** *e-r Schaufel* Blatt *n*; **d)** *e-s Pfeils, e-r Lanze* Spitze *f*; *fig* ~ **de lance** Speerspitze *f*; *von Personen* Stoßtrupp *m*; *e-r Armee* Angriffsspitze *f* (*aus Elitetruppen*); *Gitterstäbe* **se terminer en** ~ **de lance** in e-r Lanzenspitze enden; **en** ~ **de lance** spitz(ig); spitz zulaufend; *lan'zett-, spieß-, pfeil-, keilförmig*; **e)** *an Schuhspitze u -absatz* Eisen *n*; **4. a)** *esc* Klinge *f*; **croiser le** ~ *cf* **croiser 5.**; **b)** *poét* ~ *selten* Stahl *m*; *selten* Eisen *n*; **5.** ~**s** *pl litt* (*chaînes*) Ketten *f/pl*; Eisen *n/pl*; **être aux** ~**s** in Ketten liegen; **mettre aux** ~**s** in Ketten, Eisen legen, schließen

féra [fera] *f zo* (*Art*) (Blau)Felchen *m* (*des Genfer Sees*)

ferai [f(ə)rɛ], **fera(s)** [f(ə)ra], *etc cf* **faire**

fer-blanc [fɛrblã] *m* <*pl* **fers-blancs**> (Weiß)Blech *n*; **boîte** *f* **en** ~ Blechdose *f*

ferblant|erie [fɛrblãtri] *f* **1. a)** Blechwaren-, Klempnerwaren-, Eisenwarenherstellung *f bzw* -handel *m*; **b)** Blechwaren-, Eisenwarenhandlung *f*; Klempnergeschäft *n*, -laden *m*; **2.** Blech-, Klempner-, Eisenwaren *f/pl*; ~**ier** *m* Blechschmied *m*; Klempner *m*; Blechwaren-, Eisenwarenhändler *m*

férié [ferje] *adj* **jour** ~ Feiertag *m*

férir [ferir] *v/t nur loc* **sans coup** ~ **a)** ohne Schwertstreich; **b)** *fig* ohne Schwierigkeiten; kampf-, mühelos; ohne auf 'Widerstand zu stoßen

ferler [fɛrle] *v/t mar Segel* aufschürzen; einbinden; beschlagen

fermage [fɛrmaʒ] *m agr* **a)** Pacht(wirtschaft) *f*; Verpachtung *f*; Grund-, Landpacht *f*; **b)** Pachtzins *m*, -geld *n*, -preis *m*; **c)** Pachtfläche *f*

fermail [fɛrmaj] *m* <*pl* **fermaux** [fɛrmo]> *früher* Spange *f*; Schnalle *f*

ferme[1] [fɛrm] **I** *adj Fleisch, Boden* fest; *Brüste* straff; *Früchte* fest; hart; *Schritt, Schrift* fest; sicher; *Ton, Stimme* fest; sicher; entschieden; bestimmt; *Person* standhaft; beharrlich; bestimmt; *Regeln, Börsenkurse* fest; *Preise* fest; unveränderlich; gleichbleibend; *comm* **offre** *f* ~ Fest(an)gebot *n*; verbindliches, festes Angebot; **prison** *f* ~ *cf* **prison 2.**; **terre** *f* ~ Festland *n*; *Börse* **valeur** *f* ~ fester, gleichbleibender, unveränderter Wert; *loc/adj* **d'un pas** ~ mit festem Schritt; festen Schrittes; **avoir la** ~ **intention de** (+*inf*) die feste Absicht haben zu (+*inf*); *Person* **être** ~ standhaft, (stand)fest, beständig, unbeirrbar, beharrlich sein; *Börsenkurse* **rester** ~ sich behaupten; unverändert, fest bleiben; **II** *adv comm* **acheter, vendre** ~ fest kaufen, verkaufen; **boire** ~ F tüchtig, ordentlich, feste trinken; **discuter** ~ heftig diskutieren; **s'ennuyer** ~ F sich gewaltig langweilen; **travailler** ~ tüchtig, inten'siv, hart arbeiten

ferme[2] [fɛrm] *f* **1.** (Bauern)Hof *m*; (Bauern-, Land)Gut *n*; Bauernhaus *n*; Gehöft *n*; *bes mit Tierzucht* Farm *f*; ~ **avicole** Geflügelfarm *f*; ~ **provençale**

provenzalischer Bauernhof; ~ **d'élevage** Farm *f*; Landgut mit Tierzucht; ~ **d'État** Staatsgut *n*; **2.** *agr, jur* Pacht *f*; Verpachten *n*, -ung *f*; **bail** *m* **à** ~ Pachtvertrag *m*; **bailleur** *m* **à** ~ Verpächter *m*; **preneur** *m* **à** ~ Pächter *m*; **donner à** ~ verpachten; in Pacht geben; **prendre à** ~ pachten; in Pacht nehmen; **3.** *hist in Frankreich unter dem Ancien Régime* **a)** Steuerpacht *f*; Verpachtung *f* der Steuern; **b)** 'Finanzpachtamt *n*; ~ **des gabelles** Finanzpachtamt für die Salzsteuer

ferme[3] [fɛrm] *f* **1.** *bât* (Dach)Binder *m*; **2.** *thé* Versatzstück *n*

fermé [fɛrme] *adj Tür, Geschäft, Augen* geschlossen; zu (*nur prädikativ*); *Gesellschaft, Klub, Kreis* geschlossen; exklu'siv; *Gesicht* verschlossen; *Silbe, Vokal, math Kurve* geschlossen; *chir* **fracture** ~**e** geschlossener Bruch; **mer** ~ Binnenmeer *n*; *loc/adv* **les yeux** ~**s a)** mit geschlossenen Augen; **b)** *fig* unbesehen; ohne zu prüfen; ins blinde Vertrauen; **avoir l'esprit** ~ **à qc** keinen Zugang haben zu etw; keine Begabung, kein Verständnis, keinen Sinn haben für etw; **être** ~ **à la pitié** sich dem Mitleid verschließen; kein Mitleid empfinden; **être** ~ *Tür, Betrieb, Geschäft* geschlossen sein; zusein; *Geschäft auch* zuhaben; *Betrieb auch* stillgelegt sein; stilliegen; nicht (mehr) arbeiten; *Tür, Fenster* **être mal** ~ *auch* nicht (richtig, ganz) zusein; **être** ~ **à clef** ab-, zugeschlossen, verschlossen, ab-, zugesperrt sein

ferme-école [fɛrmekɔl] *f* <*pl* **fermes-écoles**> landwirtschaftlicher Lehrbetrieb

fermement [fɛrməmã] *adv* fest; **croire** ~ **à qc** fest an etw (*acc*) glauben; **être** ~ **décidé à** (+*inf*) fest entschlossen sein zu (+*inf*); **prier qn poliment mais** ~ (+*inf*) j-n höflich, aber bestimmt bitten zu (+*inf*); **tenir qc** ~ **dans ses mains** etw (mit beiden Händen) festhalten

ferment [fɛrmã] *m* **1.** *chim* Fer'ment *n*; *bes* Gärungserreger *m*, -mittel *n*, -stoff *m*; ~**s lactiques** Milchsäurebakterien *f/pl*; **2.** *fig u litt* Grund *m*, Ursache *f*, Anlaß *m* (**de discorde** der, zur Zwietracht)

fermentation [fɛrmãtasjõ] *f* **1.** *chim* Gärung *f*; Gärungsprozeß *m*, -vorgang *m*; Fermentati'on *f*; *der Milch* Säuerung *f*; ~ **acétique, lactique** Essigsäure-, Milchsäuregärung *f*; ~ **basse, 'haute** 'Unter-, Obergärung *f*; **entrer en** ~ in Gärung 'übergehen; **2.** *fig* Gärung *f*; Aufruhrstimmung *f*

fermenter [fɛrmãte] *v/i* **1.** *chim* gären; *Teig auch* (auf)gehen; *adjt Getränk* **(non) fermenté** (un)vergoren; **lait fermenté** vergorene Milch; **avoir cessé de** ~ ausgegoren haben, sein; **commencer à** ~ in Gärung 'übergehen; **faire** ~ zur Gärung bringen; **2.** *fig* sich in Gärung befinden; in Aufruhr(stimmung) sein

fermentescible [fɛrmãtesibl(ə)] *adj chim* gärungsfähig; vergärbar

ferme-porte [fɛrməpɔrt] *m* <*inv*> Türschließer *m*

fermer [fɛrme] **I** *v/t Tür, Fenster(läden), Schrank, Koffer* schließen; F zumachen; *Geschäft, Laden, Kirche, Museum, Schalter* schließen; F zumachen; *Schule etc* (*wegen e-r Epidemie etc*), *Polizei etc: Spielkasino* schließen; *Betrieb, Zeche* stillegen; *Augen(lider), Hand* schließen; *Augen auch* zudrücken; F zumachen; *Mund* halten; F zumachen; *Buch, Deckel* schließen; zuklappen; zuschlagen; F zumachen; *Kleider* zuknöpfen; F zumachen; *Regenschirm* zumachen; *Messer*

zuklappen; F zumachen; *Vorhänge* vor-, zuziehen; F zumachen; *Weg, Durchgang, Grenzen* sperren; *Grenzen auch* abriegeln; *Elektrogeräte* ausschalten, -machen; abschalten, -stellen; *Radio, Fernseher auch* aus-, abdrehen; *Licht* ausmachen, -knipsen, -drehen, -schalten, -löschen; abschalten, -drehen; *Wasser-, Gashahn* aus-, ab-, zudrehen; abstellen; *abs:* dépêchez-vous, on ferme ... wir schließen, wir machen zu, es wird geschlossen; P ferme-la !, la ferme ! F (halt die) Klappe, Schnauze!; halt den Schnabel!; p/fort halt's Maul!; *math* ~ un angle e-n Winkel (ein)schließen, kleiner machen; *fig* ~ la bouche à qn j-m den Mund stopfen; j-n zum Schweigen bringen; *fig* ~ la carrière à qn j-m die Laufbahn verbauen; j-s Karriere verhindern; *élect* ~ le circuit den Stromkreis schließen; den Strom einschalten; *fig* ~ son cœur à la pitié sich dem Mitleid verschließen; kein Mitleid kennen, empfinden; ~ l'entrée d'un champ den Zugang zu e-m Feld ab-, versperren; je n'ai pas fermé l'œil de (toute) la nuit ich habe die ganze Nacht kein Auge zugetan; fermez la parenthèse! Klammer zu!; *cf auch* parenthèse 2.; ferme(z) la porte, il y a des courants d'air! Tür zu, es zieht! *Schlüssel* ~ plusieurs portes zu mehreren Türen passen; *cf auch* porte[1] 1.; ~ les yeux *cf* œil 1.; ~ à clef ab-, verschließen; ab-, zusperren; ~ au trafic für den Verkehr sperren; ~ une ligne au trafic e-e Strecke sperren; *ch de fer auch* stillegen; ~ au verrou ab-, verriegeln; **II** v/i *Geschäft* schließen; geschlossen haben; zuhaben; zusein; F zumachen; *Tür, Schloß, Dose* ~ (bien, facilement, mal) (gut, leicht, schlecht *od* nicht richtig) schließen, zugehen, zuzumachen sein; sich (...) schließen lassen; *Schlüssel* schließen; cette porte ne ferme pas à clef diese Tür kann man nicht abschließen, ist nicht verschließbar; **III** v/pr se ~ **a)** *reflexiv:* Tür zugehen; ins Schloß fallen; *Augen* zufallen; *Wunde* sich schließen; zuheilen; ses yeux se ferment die Augen fallen ihm zu; ihm fallen die Augen zu; *Person* se ~ à qc sich e-r Sache (dat) verschließen; *Land* se ~ aux étrangers, aux produits étrangers keine Ausländer, keine ausländischen Erzeugnisse hereinlassen; **b)** *passivisch:* Dose etc se ~ (bien, facilement, mal) (gut, leicht, schlecht *od* nicht richtig) schließen, zugehen, zuzumachen sein; sich (...) schließen lassen; *Kleid etc* zugemacht, geschlossen werden (dans le dos auf dem Rücken, hinten)

fermeté [fɛrməte] f 1. *von Fleisch etc* Festigkeit f; 2. *des Urteils* Sicherheit f; *der Stimme* Festigkeit f; *des Tons* Bestimmtheit f; *des Stils* Sicherheit f; Kraft f; *des Charakters* Stärke f; Festigkeit f; *e-r Person* Festigkeit f; Entschlossenheit f; Bestimmtheit f; Entschiedenheit f; Standhaftigkeit f; Standfestigkeit f; Rückgrat n; ~ d'âme innere Sicherheit; *von Kunstwerken* ~ d'exécution sichere Aus-, 'Durchführung; faire preuve de ~, montrer de la ~ Festigkeit, Entschlossenheit, Rückgrat beweisen, zeigen; répondre avec ~ in festem, bestimmtem Ton, mit Bestimmtheit antworten

fermette[1] [fɛrmɛt] f (kleines) Bauern-, Landhaus (als Zweitwohnung, Wochenendhaus)

fermette[2] [fɛrmɛt] f *bât* kleiner (Dach-) Binder

fermeture [fɛrmətyr] f 1. *Vorrichtung* Verschluß m; *e-r Tür, e-s Safes* Schloß n;

~ automatique automatischer Verschluß. Türschließer; ~ à glissière, ~ éclair (*nom déposé*) Reißverschluß m; 2. *Vorgang: e-r Tür etc* Schließen n; *e-s Geschäfts, Spielkasinos etc* Schließung f; *e-s Betriebes auch* Stillegung f; *der Jagdzeit, der Angelsaison* Ende n; ~ annuelle Betriebs-, Werksferien *pl*; ~ des bureaux Bü'roschluß m; ~ de la chasse *auch* Beginn m der Schonzeit; ~ des guichets Schalterschluß m; ~ des magasins Ladenschluß(zeit) m(f); la ~ du musée a été reculée d'une heure das Museum schließt (jetzt) e-e Stunde später

ferm|ier [fɛrmje] m, **~ière** f 1. Landwirt m; Bauer m, Bäuerin f; Farmer m, Farmersfrau f; *adit:* beurre m fermier (*offen verkaufte*) Bauern-, Landbutter f; poulet m fermier auf dem Bauernhof im Freien aufgezogenes Huhn, Hähnchen; 2. *jur* (Grund-, Land)Pächter(in) m(f); *adit* société fermière Pachtgesellschaft f; 3. *hist unter dem Ancien Régime* fermier général Gene'ral(steuer)pächter m

fermion [fɛrmjɔ̃] m *phys atom* Fermi'on n

fermium [fɛrmjɔm] m *chim* Fermium n

fermoir [fɛrmwar] m 1. *e-s Schmuckstücks, Buches, Kleides, e-r Handtasche* Verschluß m; Schließe f; *e-r Handtasche auch* Schloß n; *e-s Buches auch* Spange f; 2. *tech* Stemmeisen n

féroc|e [fɛrɔs] adj *Tier* wild; reißend; *Tier, Mensch* blutgierig, -dürstig; grausam; *Mensch auch* unbarmherzig; unbittlich; mitleid(s)los; *Blick, Aussehen* wild; schrecklich; grausam; grimmig; appétit m ~ Heißhunger m; *boutade* f ~ grausamer, harter, verletzender Scherz; examinateur m ~ unerbittlicher, strenger Prüfer; **~ité** f *e-s Tieres, Menschen* Wildheit f; Grausamkeit f; *e-s Menschen, e-r Maßnahme* Härte f; Unmenschlichkeit f; Brutali'tät f; *e-s Menschen auch* Unbarmherzigkeit f; Unerbittlichkeit f; Mitleid(s)losigkeit f

ferr|ade [fɛrad] f *in der Provence* **a)** bei *Pferden, Rindern* Einbrennen n des Brandzeichens; **b)** Fest aus diesem Anlaß; **~age** m 1. *von Pferden* Beschlagen n; 2. *tech e-r Tür* Me'tallbeschlag m, -beschläge m/pl

ferraillage [fɛraja ʒ] m *tech von Stahlbeton* Ar'mierung f; Stahleinlage f; Bewehrung f

ferraille [fɛraj] f 1. (Fabrikati'ons-, Altmetall)Schrott m; Alteisen n, -metall n; Abfall-, Brucheisen n; altes Eisen; bruit m de ~ Scheppern n; Klappern n; Rattern n; Rasseln n; schepperndes, klapperndes etc Geräusch; faire un bruit de ~ von alten Fahrzeugen etc scheppern; klappern; rattern; *von Ketten etc* rasseln; foire f à la ~ Trödelmarkt m (in Paris); b) Schrottmarkt m; mise f à la ~ Verschrotten n, -ung f; commerce m de la ~ Schrotthandel m; marchand m de ~ Schrott-, Alteisen-, Altmetallhändler m; tas m de ~ Schrotthaufen m; faire la récupération de la ~ Schrott, Altmetall, Alteisen sammeln; jeter, mettre à la ~ verschrotten; être bon à jeter, mettre à la ~, bon pour la ~ schrottreif sein; nur noch Schrottwert haben; 2. F (menue monnaie) Klein-, Kupfergeld n; Münzen f/pl

ferraill|er [fɛraje] v/i 1. *alte Fahrzeuge etc* scheppern; klappern; rattern; *Ketten etc* rasseln; 2. *früher* sich mit dem Säbel schlagen; **~eur** m 1. Eisenflechter m; 2. Schrott-, Alteisen-, Altmetallhändler m

ferrate [fɛrat] m *chim* Fer'rat n

ferratier [fɛratje] m *cf* ferretier

ferré [fɛre] adj 1. (mit Eisen) beschlagen; *bâton* ~ Stock m mit Me'tallspitze; cheval ~ beschlagenes Pferd; souliers ~s Schuhe m/pl mit Eisen; *ch de fer* voie ~e (Bahn)Gleis n; Bahnlinie f; Schiene(nstrang) f(m); par voie ~e auf dem Schienenweg; per Bahn; per Schiene; mit der (Eisen)Bahn; 2. *fig* être ~ (sehr) beschlagen sein, gut Bescheid wissen (en histoire in Geschichte; sur une question über e-e Frage)

ferrédoxine [fɛredɔksin] f *Biochemie* Ferredo'xin n

ferrement [fɛrmɑ̃] m ⟨oft pl ~s⟩ *tech* (Eisen-, Me'tall)Beschlag m, (-)Beschläge m/pl

ferrer [fɛre] v/t 1. *Pferde, Räder* beschlagen; *Stock* mit e-r Me'tallspitze versehen; *Schnürsenkel* einfassen; mit e-r Einfassung versehen; *Schuhe* mit Eisen versehen; *Eisen* aufnageln auf (+acc); 2. *Angelsport:* Fisch festhaken; anreißen

ferret [fɛre] m 1. *e-s Schnürsenkels, Schnürbandes* (Me'tall-, Kunststoff-) Ende n, (-)Spitze f; 2. *minér* ~ d'Espagne roter Häma'tit; Roteisenstein m; roter Glaskopf

ferretier [fɛrtje] m *tech* (Huf)Schmiedehammer m

ferreux [fɛrø] adj ⟨nur m⟩ *chim* 1. Eisen(II)-...; Ferro...; chlorure m, oxyde m, sulfate m ~ Eisen(II)-chlorid n, -oxid n, -sulfat n; Ferrochlorid n, -oxid n, -sulfat n; 2. eisenhaltig; métaux m/pl non ~ Nichteisenmetalle n/pl; NE-Metalle n/pl

ferri|cyanure [fɛrisjanyr] m *chim* ~ de potassium rotes Blutlaugensalz; Kaliumferricyanid n; **~magnétisme** m *phys* Ferrimagnetismus m

ferrique [fɛrik] adj *chim* Eisen(III)-...; Ferri...; chlorure m, oxyde m ~ Eisen(III)-chlorid n, -oxid n; Ferrichlorid n, -oxid n

ferrite [fɛrit] 1. m *Elektronik* Fer'rit m; mémoire f à ~ Ferritkernspeicher m; 2. f *métall* Fer'rit m

ferro|-alliage [fɛroaljaʒ] m ⟨pl ferro-alliages⟩ *métall* Ferro-, Eisenlegierung f; **~aluminium** m *métall* Ferroaluminium n; **~cérium** m *chim* Cereisen n; **~chrome** m *métall* Ferrochrom n; **~cyanure** m *chim* ~ de potassium gelbes Blutlaugensalz; Kaliumferrocyanid n; **~électricité** f *phys* Ferroelektrizität f; **~électrique** *adi* ferroelektrisch; **~magnétique** *adi* ferromagnetisch; **~magnétisme** m *phys* Ferromagnetismus m; **~manganèse** m *métall* Ferromangan n; **~molybdène** m *métall* Ferromolybdän n; **~nickel** m *métall* Ferronickel n

ferronn|erie [fɛrɔnri] f 1. **a)** Kunstschlosserei f; Kunstschlosser-, Kunstschmiedehandwerk n; **b)** Kunstschmiedearbeiten f/pl; 2. *bât* Eisen-, Me'tallbauteile n/pl; **~ier** m ~ (d'art) Kunstschlosser m, -schmied m; ~ de bâtiment Bau- und Kunstschlosser m; **~ière** f Stirnband n mit e-m Schmuckstück in der Mitte

ferro|prussiate [fɛroprysjat] m *chim cf* ferrocyanure; papier m au ~ Papier n für Blaupausen; **~silicium** m *métall* Ferrosilicium n; **~titane** m *métall* Ferrotitan n; **~typie** [-tipi] f *phot* Ferroty'pie f

ferrout|age [fɛrutaʒ] m Huckepackverkehr m; **~er** v/t im Huckepackverkehr befördern

ferroviaire [fɛrɔvjɛr] adj (Eisen-) Bahn...; Schienen...; compagnie f ~ Eisenbahngesellschaft f; tarif m ~ (Eisen)Bahntarif m; trafic m ~ (Eisen-)

Bahn-, Zugverkehr *m*; **transport** *m* ~ Bahn-, Schienentransport *m*; *comm* **valeurs** *f/pl* ~s *od subst* ~s *f/pl* Eisenbahnaktien *f/pl*, -werte *m/pl*, -papiere *n/pl*

ferrugineux [fɛryʒinø] *adj* <-euse> *Gestein, Wasser etc* eisenhaltig; *Gestein auch* Eisen…; *phm* **médicament** ~ Eisenpräparat *n*; eisenhaltiges Mittel

ferrure [fɛryr] *f* **1.** *e-r Tür etc* (Eisen-, Me'tall)Beschlag *m*; Band *n*; **2.** *e-s Pferdes, Esels* Beschlagen *n*; Beschlag *m*

ferry-boat [fɛribot] *m* <*pl* ferry-boats> Eisenbahnfähre *f*; Fährschiff *n*; (große) Fähre

fertile [fɛrtil] *adj* **1.** *Boden* fruchtbar; ertragreich; ergiebig; *Ackerboden auch* fett; **2.** *fig Phantasie etc* fruchtbar; ~ **en** qc reich an etw (*dat*); *Tag, Zeit* ~ **en** **événements** ereignisreich; **3.** *phys atom* fruchtbar; brütbar

fertilis|able [fɛrtilizabl(ə)] *adj* fruchtbar zu machen(d); ~**ant I** *adj* fruchtbarmachend; bereichernd; **II** *m* ~ biologique bio'logisches Düngemittel; ~**ation** *f des Bodens* Fruchtbarmachung *f*; Düngung *f*; ~**er** *v/t Boden, Erde* fruchtbar machen; düngen

fertilité [fɛrtilite] *f* **1.** *des Bodens* **a)** Fruchtbarkeit *f*; Ergiebigkeit *f*; Ertragfähigkeit *f*; ~ **naturelle** natürliche Fruchtbarkeit; **b)** Ergiebigkeit *f*, Ertrag *m* pro Flächeneinheit; **2.** *fig des Geistes, der Phantasie* Fruchtbarkeit *f*

féru [fɛry] *adj litt* **être** ~ **de** qc begeistert sein für etw; (ganz) besessen sein von etw; **être** ~ **de numismatique** ein begeisterter Münzenkenner, leidenschaftlicher Münzensammler sein

férule [fɛryl] *f* **1.** *Schule* (Zucht)Rute *f*; Stock *m*; *fig u litt* **être sous la** ~ **de** qn unter j-s Zuchtrute, strenger Aufsicht, *F* Fuchtel (*dat*) stehen; **2.** *bot* Steckenkraut *n*

fervent [fɛrvɑ̃] **I** *adj Christ* eifrig; sehr fromm; *Gebet etc* inbrünstig; *Demokrat, Anhänger, Liebe* leidenschaftlich; glühend; *Liebe auch* heiß; **II** *m* begeisterter, leidenschaftlicher Anhänger, Verehrer

ferveur [fɛrvœr] *f e-s Gebetes, des Glaubens* Inbrunst *f*; *e-r Person* Eifer *m*; *der Gefühle* Glut *f*; Feuer *n*; Tiefe *f*; **accomplir un travail avec** ~ e-e Arbeit mit großem Eifer 'durchführen; **écouter** qn **avec** ~ j-m wie gebannt zuhören; **prier avec** ~ mit Inbrunst, inbrünstig beten; **remercier** qn **avec** ~ j-m 'überschwenglich danken

fesse [fɛs] *f* 'Hinter-, Gesäß-, *P* Arschbacke *f*; Gesäßhälfte *f*; ~**s** *pl meist* Gesäß *n*; 'Hinterteil *n*; *F* Hintern *m*; *F* **histoire** *f* **de** ~**s** Bettgeschichte *f*; *P* **il y a de la** ~ *P* da gibt's, sind Weiber; *F* **botter les** ~**s à** qn, **donner un coup de pied aux** ~**s à** qn j-m e-n Tritt in den Hintern geben; j-m in den Hintern treten; *F* **poser ses** ~**s** (*s'asseoir*) *F* sich auf s-n Hintern, Steiß setzen; *F fig* **serrer les** ~**s, avoir chaud aux** ~**s** *F* es mit der Angst kriegen; Schiß, (e-n) Bammel haben

fessée [fɛse] *f* Schläge *m/pl* auf den Hintern; **donner, administrer une** ~ **à** qn j-n übers Knie legen; j-m die Hosen strammziehen; *F* j-m den Hintern 'vollhauen, versohlen; **recevoir une (bonne)** ~ *F* den Hintern voll, ein paar auf den Hintern bekommen, kriegen

fesser [fɛse] *v/t* ~ qn *cf* (donner une) fessée (à qn)

fessier [fɛsje] **I** *F m* 'Hinter-, Gesäß-, *P* Arschbacken *f/pl*; 'Hinterteil *n*; *F* Hintern *m*; **II** *adj* <-ière> *anat* Gesäß…; **muscles** ~**s** Gesäßmuskeln *m/pl*; ~**ière** *f subst* **région fessière** Gesäßgegend *f*; *subst* **le grand, moyen, petit** ~ der große, mittlere, kleine Gesäßmuskel

fessu [fɛsy] *adj F* mit e-m breiten, dicken Hintern; mit e-m breiten, ausladenden 'Hintergestell

festin [fɛstɛ̃] *m* Festessen *n*, -mahl *n*, -schmaus *m*; Ban'kett *n*

festival [fɛstival] *m* **1.** Festspiele *n/pl*; *mus* Festival *n*; *cin* Filmfestival *n*; **le** ~ **de Cannes** das Filmfestival von Cannes; **le** ~ **de Salzbourg** die Salzburger Festspiele; **2.** *F fig sports* glänzende De'monstrati'on s-s Könnens; ~**ier I** *adj* <-ière> Festspiel…; **II** *m* Festspielteilnehmer *m*

festivités [fɛstivite] *f/pl* (Fest)Veranstaltungen *f/pl* (Fest); Festlichkeiten *f/pl*; Feste *n/pl*; Feiern *f/pl*; *plais* Festivi'täten *f/pl*

feston [fɛstõ] *m* **1.** (*Saal*)Schmuck, Bauornament Fe'ston *n*; **2.** *cout* Fe'ston *n*; **col** *m* **à** ~**s** festonierter Kragen; **point** *m* **de** ~ Lan'gettenstich *m*; **faire des** ~**s à** qc etw festonieren

festonner [fɛstone] *v/t cout* festo'nieren; *adit* **jupon festonné** festonnier 'Unterrock

festoyer [fɛstwaje] *v/i* <-oi-> **a)** an e-m Fest teilnehmen; **b)** festlich, gut essen, speisen; schlemmen

fêtard [fɛtar] *F m* Lebemann *m*; Bonvi'vant *m*; *F* Nachtschwärmer *m*

fête [fɛt] *f* **1.** Fest *n* (*auch rel*); Fest-, Feiertag *m*; festliche Veranstaltung; Feier *f*; Vergnügung *f*; Lustbarkeit *f*; *peint* ~**s galantes** galante Szenen *f/pl*; Bilder *n/pl der* höfisch-galanten Gesellschaft; **Fêtes ga'lantes** *pl*; ~ **légale** gesetzlicher Feiertag; ~ **nationale** Natio'nal-, Staatsfeiertag *m*; ~ **de bienfaisance, de charité** Wohltätigkeitsfest *n*, -veranstaltung *f*; ~**s du carnaval** Faschings-, Karnevalsveranstaltungen *f/pl*, -bälle *m/pl*; ~ **de l'Église** kirchlicher Feiertag; kirchliches Fest; ~ **de famille** Fa'milienfest(lichkeit) *n(f)*, -feier *f*; ~**s de fin d'année** Weihnachten *n* und Neujahr *n*; *abs* **où irez-vous pour les** ~**s?** wo verbringen Sie Weihnachten und Neujahr?; ~ **des mères** Muttertag *m*; ~ **de la moisson** Ernte(dank)fest *n*; ~ **de Noël** Weihnachtsfest *n*; ~ **d'obligation** (*kirchlich*) gebotener Feiertag; ~ **de Pâques** Osterfest *n*; ~ **des pères** Vatertag *m*; ~ **des Rois** Drei'königsfest *n*; ~ **du Saint-Sacrement** *cf* **Fête-Dieu**; ~ **du travail** Tag *m* der Arbeit; ~ **de la Vierge** Ma'riä Himmelfahrt *f*; ~ **de l'air** *m* **de** ~ festliches Aussehen; festliche Stimmung; Festlichkeit *f*; **jour** *m* **de** ~ (*persönlicher*) Fest-, Feiertag; *loc/adv*: **les dimanches et** ~**s an** Sonn- und Feiertagen; *fig* **en** ~ festlich; fröhlich; in festlicher Stimmung; *poét Natur etc* im Festgewand; **donner une** ~ **en l'honneur de** qn j-m (zu Ehren), für j-n ein Fest geben, veranstalten; *fig* **être à la** ~ ganz in s-m Element sein; 'überglücklich sein; *fig* **ne pas être à la** ~ sich nicht wohl fühlen in s-r Haut; etw Unangenehmes tun müssen; *fig* **il n'avait jamais été à pareille** ~ so etwas war ihm noch nie begegnet; er hatte noch nie etwas so Herrliches erlebt; **être de la** ~ beim Fest (dabei)sein; am Fest teilnehmen; mitfeiern; **faire la** ~ *F* tüchtig, ordentlich feiern; *fig* **se faire une** ~ **de** qc sich sehr auf etw (*acc*) freuen; sich viel Vergnügen von etw versprechen; *fig* **faire** ~ **à** qn j-n freudig empfangen, begrüßen; **2.** Namenstag *m*; **Tag** *m* **e-s** Schutzheiligen; **bonne** ~! alle Gute, herzlichen Glückwunsch, herzliche Glückwünsche zum Namenstag!; **la Saint-Hubert,** ~ **des chasseurs** Sankt Hu'bertus, Tag des Schutzheiligen der Jäger; *F fig* **ça va être ta** ~ *F* da(nn) kannst du was erleben!; dann setzt's

was!; *F fig* **je vais lui faire sa** ~! *F* der kann was erleben!; dem werd' ich's zeigen!; der wird sein blaues Wunder erleben!; **souhaiter à** qn **sa** ~ j-m zum Namenstag gratulieren, alles Gute zum Namenstag wünschen

Fête-Dieu [fɛtdjø] *f* <*pl* Fêtes-Dieu> Fron'leichnam(sfest) *m(n)*; **procession** *f* **de la** ~ Fronleichnamsprozession *f*

fêter [fɛte] *v/t* Fest, Geburtstag, Sieg, Erfolg, Sieger feiern; Fest auch (festlich, feierlich) begehen; Sieger auch (festlich, feierlich) empfangen; e-n festlichen, feierlichen Empfang bereiten (qn j-m); ~ **un saint** den Tag e-s Heiligen feiern; *F* **on va** ~ **ça!** das muß gefeiert werden!; das müssen wir feiern!

fétich|e [fetiʃ] *m rel u fig* Fetisch *m*; ~**isme** *m rel, fig, psych* Feti'schismus *m*; ~**iste I** *adj* feti'schistisch; **II** *m* Feti'schist *m*

fétid|e [fetid] *adj Atem, Ausdünstungen* überlriechend; stinkend; *path sc* fö'tid; *Geruch* widerlich; ekelerregend; ~**ité** *f* Gestank *m*; übler, widerlicher Geruch; *path sc* Fötor *m*

fétu [fety] *m* ~ (**de paille**) Strohhalm *m*; *Schwimmer etc* **être emporté comme un** ~ vom Strom, von den Wellen mitgerissen werden; ein Spielball der Wellen sein

fétuque [fetyk] *f od m bot* Schwingel *m*

feu[1] [fø] *m* <*pl* ~x> **1.** Feuer *n* (*auch fig e-r Person, e-s Blickes, der Liebe, von Diamanten, Pferden*); Brand *m* (*auch tech, in der Glasindustrie*); *fig e-r Person auch* Begeisterung *f*; *e-s Blickes, der Liebe, Leidenschaft* Glut *f*; *cuis* Hitze *f*; Flamme *f*; Feuerstelle *f*, -stätte *f*; *par ext* Fa'mille *f*; Haushaltung *f*; *von scharf gewürzten Speisen etc* Brennen *n*; ◆ *tech* **premier, second** ~ erster, zweiter Brand; ~ **sacré** heiliges Feuer; *fig von e-m Künstler etc* **avoir le** ~ **sacré** von s-r Arbeit, s-m Beruf besessen sein; mit Leib und Seele bei s-r Arbeit sein; **ne pas avoir le** ~ **sacré** in s-m Beruf gerade das Notwendigste machen; ◆ **Saint-Elme** Elmsfeuer *n*; Sankt-'Elms-Feuer *n*; ◆ ~ **d'artifice** Feuerwerk *n* (*auch fig*); ~ **de Bengale** bengalisches Feuer; ~ **de bivouac** Biwakfeuer *n*; ~ **de camp** Lagerfeuer *n*; ~ **de cheminée** **a)** Schornstein-, Ka'minbrand *m*; **b)** Ka'minfeuer *n*; ~ **de forge, de joie** Schmiede-, Freudenfeuer *n*; *fig* ~ **de paille** Strohfeuer *n*; ~ **du rasoir** Brennen *n* nach der Rasur; ~ **de la Saint-Jean** Jo'hannisfeuer *n*; ◆ **cuisinière** *f* **à trois** ~**x** (Gas)Herd *m* mit drei Flammen; (Elektro)Herd *m* mit drei Platten; (Kohle)Herd *m* mit drei Kochstellen; **mise** *f* **à** ~ Zünden *n*, -ung *f* (*e-r Sprengladung*); **faïence** *f* **de grand** ~ bei hohen Temperaturen gebrannte Fayence; **hameau** *m* **de cinquante** ~**x** Weiler *m* mit fünfzig Häusern, Haushaltungen, Familien; *Strawinsky* **L'oiseau** *m* **de** ~ Der Feuervogel; *géogr* **Terre** *f* **de** ♀ **Feuerland,** *n*; ◆ *int* **au** ~! Feuer!; **es brennt!**; **crier au** ~ „Feuer!" rufen; *loc/adv*: **cuis à** ~ **doux, à grand** ~, **à** ~ **vif** bei, auf kleinem *od* schwachem, starkem Feuer; bei, auf kleiner *od* schwacher, starker Flamme; bei schwacher, starker Hitze; *fig* **dans le** ~ **de l'action** im Eifer, in der Hitze des Gefechts; *loc/adj* **sans** ~ **ni lieu** obdachlos; **être sans** ~ **ni lieu** weder Haus noch Herd haben; obdachlos sein; ◆ *Schüssel etc* **aller au** ~ feuerfest sein; **plat** *m* **qui va au** ~ feuerfeste Schüssel; **allumer le** ~ Feuer anmachen, anzünden, anbrennen, entfachen; *beim Rauchen* **avez-vous du** ~? haben Sie Feuer?; **il y a le** ~ es brennt; da

brennt es; *fig* il n'y a pas le ~ kein Grund zur Eile; warum so eilig?; F *fig* avoir le ~ au derrière, P au cul F es brandeilig haben; *fig* avoir les joues en ~ glühende, brennend rote Wangen haben; *von e-r scharf gewürzten Speise, e-m scharfen Getränk* j'ai la bouche, la gorge en ~ mein Mund, meine Kehle brennt wie Feuer; *Diamanten* briller de mille ~x herrlich strahlen, funkeln; *beim Rauchen* donner du ~ à qn j-m Feuer geben; échapper au ~ *Gebäude etc* von den Flammen, dem Feuer, dem Brand verschont bleiben; *Person* vor den Flammen retten können; être en ~ in Brand, in Flammen, unter Feuer stehen; brennen; *Gericht* être sur le ~ aufgestellt sein; auf dem Feuer, Herd stehen; faire du ~ Feuer machen; *fig* faire ~ de tout bois alle Mittel einsetzen; F alle Minen springen lassen; *fig* faire ~ des quatre fers a) *Pferd* über das Pflaster galoppieren; b) *fig Person* voller Schwung, stürmisch sein; *Diamant* jeter des ~x funkeln; Feuer haben; *fig* se jeter au, dans le ~ pour qn für j-n durchs Feuer gehen; *fig* jouer avec le ~ mit dem Feuer spielen; mettre le ~ à qc etw in Brand stecken, anzünden, anstecken; *Land, Stadt* mettre à ~ et à sang mit Feuer und Schwert verwüsten, verheeren, vernichten; *fig* mettre le ~ aux poudres den Funken ins Pulverfaß schleudern; der Funke im Pulverfaß sein; *cuis* mettre sur le ~ aufstellen; aufsetzen; aufs Feuer, auf den Herd stellen; *fig* parler avec ~ mit Feuer, Begeisterung sprechen; prendre ~ Feuer fangen; in Brand geraten; (sich ent)zünden; F *fig* il n'y voit que du ~ F das merkt er gar nicht; 2. *mar* (Leucht)Feuer *n*; *e-s Schiffes* Licht *n*; La'terne *f*; *e-s Flugzeugs* Kennlicht *n*; ~x *pl poét des Firmaments*, *der Nacht* Sterne *m/pl*; *an Fahrzeugen* ~(x) Rück-, Schlußlicht(er) *n(pl)*; *an Bahnübergängen etc* ~ clignotant Blinklicht(anlage) *n(f)*; *als Schlagzeile, Überschrift, Titel e-r Sendung* pleins ~x sur... etwa im Blickpunkt...; alles über (+*acc*); *e-s Schiffes* ~x réglementaires vorschriftsmäßige, vorgeschriebene Beleuchtung; *Straßenverkehr:* ~(x) rouge(s) (Verkehrs)Ampel *f*; ~ rouge, orange *od* jaune, vert rotes, gelbes, grünes Licht; le ~ passe au rouge, à l'orange *od* au jaune, au vert die Ampel, es wird rot, gelb, grün; *fig* donner le ~ vert grünes Licht geben; *auto* ~ stop Bremslicht *n*; *mar* ~ à éclipses Blink-, Blickfeuer *n*; *mar* ~ d'alignement Richtfeuer *n*; *mar* ~ rouge de bâbord Backbordlaterne *f*, -licht *n*; *mar* ~x de côté Seitenlaternen *f/pl*, -lichter *n/pl*; *auto:* ~x de croisement Abblendlicht *n*; ~x de détresse Warnblinkanlage *f*, -licht *n*; ~x de gabarit Begrenzungsleuchten *f/pl*; *mar* ~ de mouillage Ankerlaterne *f*, -licht *n*; ~ de poupe Hecklaterne *f*, -licht *n*; ~x de position *mar* Positi'onslaternen *f/pl*, -lichter *n/pl*; *aviat* Positi'ons-, Seitenlichter *n/pl*; *auto* Standlicht *n*; ~x des projecteurs Scheinwerferlicht *n*; *thé* ~x de la rampe Rampenlicht *n*; *auto* ~x de route Fernlicht *n*; *mar* ~ de signal Si'gnalfeuer *n*; ~x de signalisation Verkehrsampel *f*; *auto* ~x de stationnement Parkleuchte *f*; *mar* ~ de tête de mât Toppfeuer *n*, -laterne *f*, -licht *n*; *mar* naviguer, auto rouler tous ~x éteints ohne Beleuchtung, ohne Licht fahren; 3. *mil* (Gewehr-, Geschütz-)Feuer *n*; *Befehl:* ~! Feuer!; ~ à volonté!

Feuer frei!; arme *f* à ~ Feuer-, Schußwaffe *f*; appui *m* de ~ Feuerschutz *m*, -unterstützung *f*; coup *m* de ~ Schuß *m*; *cf auch* coup 1.; ~-s *Panzers etc* puissance *f* de ~ Feuerkraft *f*; aller au ~ ins Feuer, in den Kampf gehen, kommen; cessez le ~! Feuer einstellen!; n'avoir pas encore été au ~, vu le ~ noch nicht im Feuer gestanden haben; noch kein Pulver gerochen haben; être sous le ~ de l'ennemi unter feindlichem Beschuß, unter Feuer stehen; faire ~ Feuer geben; feuern; *fig Projekt etc* faire long ~ scheitern; keinen Erfolg haben; zu nichts führen; *fig* ne pas faire long ~ *Zusammenschluß etc* nicht lange dauern; von kurzer Dauer sein; *Person in e-r Stellung etc* es nicht lange aushalten; nicht lange bleiben; ouvrir un ~ nourri, d'enfer sur l'ennemi auf den Feind ein starkes, heftiges, konzentriertes Feuer eröffnen; den Feind unter starken Beschuß nehmen; *fig* se trouver entre deux ~x zwischen zwei Feuern sein; 4. F (*revolver*) F Ka'none *f*; Schießeisen *n*; 5. *Obstbaumkrankheit* ~ bactérien Bak'terien-, Feuerbrand *m*

feu[2] [fø] *litt adj* ⟨*inv, vor dem art bzw pr*⟩ verstorben; selig; ~ la mère de Madame Dupont Frau Duponts verstorbene Mutter; ~ son père sein verstorbener, seliger Vater; *südd auch* sein Vater selig

feud|ataire [fødatɛːr] *m féod* Lehnsmann *m*, -träger *m*; grands ~s Lehnsträger des Königs; ~iste *m* Kenner *m* des Feu'dal-, Lehnsrechts

feuillage [fœjaːʒ] *m* 1. a) Blatt-, Blätter-, Laubwerk *n*; Laub *n*; Blätter *n/pl*; b) abgeschnittene grüne Zweige *m/pl*; abgeschnittenes Laubwerk, grünes Laub; 2. *sculp, arch* Blatt-, Blätter-, Laubwerk *n*; Feuil'lage *f*; chapiteau *m* à ~ Blattkapitell *n*

feuillagiste [fœjaʒist] *m* Verfertiger *m* von künstlichen Blättern

feuillaison [fœjɛzõ] *f der Bäume, Sträucher* Belaubung *f*; Grünwerden *n*

feuillantine [fœjɑ̃tin] *f* Gebäck *n* aus Blätterteig

feuillants [fœjɑ̃] *m/pl hist* 1. *rel* Feuil'lanten *m/pl*; 2. *pol 1791* Mitglieder *n/pl* des Klubs der Feuil'lants; gemäßigte Republi'kaner *m/pl*

feuillard [fœjaːr] *m tech* Bandeisen *n* (*auch zur Verpackung*); *adj:* acier *m*, fer *m* ~ Bandstahl *m*, -eisen *n*

feuille [fœj] *f* 1. *bot* Blatt *n*; ~s *pl auch* Laub *n*; ~s mortes welkes, dürres, trockenes Laub; welke, dürre, trockene Blätter; *aviat* descendre en ~ morte wie ein welkes Blatt niedergehen; ~ d'artichaut Arti'schockenblatt *n*; ~s de chêne Eichenlaub *n* (*auch mil*); *cuis* ~s de laurier Lorbeerblätter *n/pl*; ~ de marronnier, de menthe, de tabac Ka'stanien-, Pfefferminz-, Tabakblatt *n*; ~ de palmier Palm(en)blatt *n*, -wedel *m*, -zweig *m*; ~ de vigne Rebenblatt *n*; *in der Kunst u fig* Feigenblatt; ~ à trèfle *m* à quatre ~s vierblätt(e)riges Kleeblatt; disposition *f* des ~s sur la tige Blattstellung *f*; forme *f* des ~s Blattform *f*; *fig* trembler comme une ~ zittern wie Espenlaub; 2. a) Blatt *n* (Pa'pier); (Schreibpapier-, Packpapier)Bogen *m*; *impr* (Druck)Bogen *m*; bonnes ~s a) *impr* Aushängebogen *m/pl*; b) *in Zeitschriften* auszugsweiser Vorabdruck; ~ double Doppelblatt *n*, -bogen *m*; *impr* ~ in-quarto Quartbogen *m*; une ~ de papier ein Blatt, Bogen Papier; ~ de papier à lettres Briefbogen *m*; ~ de timbres Briefmarkenbogen *m*; livre *m* en ~s ungebundenes Buch; b) Schein *m*; Liste *f*; ~ d'impôt Steuerbescheid *m*; ~ de

déclaration d'impôt Formu'lar *n* für die Steuererklärung; ~ de maladie, de soins *etwa* Krankenschein *m*; ~ de paie Lohn-, Gehaltsstreifen *m*; ~ de présence Anwesenheits-, Prä'senzliste *f*; ~ de température Fiebertabelle *f*; c) *Zeitung* Blatt *n*; ~ locale Lo'kalblatt *n*, -zeitung *f*; F ~ de chou F Käseblatt *n*; 3. (Me'tall)Folie *f*; (Holz)Platte *f*; ~ d'aluminium Alu'miniumfolie *f*; ~ de contre-plaqué Sperrholzplatte *f*; ~ d'étain Stanni'ol *n*; Zinnfolie *f*; ~ de métal Me'tallfolie *f*; ~ de placage Fur'nier *n*; ~ de tôle Tafel *f* Blech; Blechfolie *f*; 4. F être dur de la ~ schwerhörig sein; schwer hören

feuillées [fœje] *f/pl mil* La'trinengraben *m* (*im Feld*); La'trine *f*

feuille-morte [fœjmɔrt] *adj* ⟨*inv*⟩ gelbbraun; rotbraun; couleur *f* ~ Gelbbraun *n*; helles Rotbraun; gelbbraune, rotbraune Farbe

feuiller [fœje] *v/t Tischlerei* falzen

feuilleret [fœjrɛ] *m Tischlerei* Falzhobel *m*

feuillet [fœjɛ] *m* 1. *e-s Bogens, e-s Heftes* Blatt *n*; 2. *der Wiederkäuer* Blättermagen *m*; 3. *biol* Blättchen *n*; *der Blätterpilze* La'melle *f*; ~s embryonnaires Keimblätter *n/pl*; *anat cf auch* plèvre; 4. *tech* dünne Platte; dünnes Brett

feuilletage [fœjtaʒ] *m cuis* Zubereitung *f* von Blätterteig; le ~ a réussi der Teig ist blätt(e)rig geworden

feuilleté [fœjte] *adj* blätt(e)rig; *cuis* gâteau ~ *od subst* ~ *m* Kuchen *m* aus Blätterteig; Blätterteigkuchen *m*; pâte ~e Blätterteig *m*

feuilleter [fœjte] *v/t* ⟨-tt-⟩ 1. *Buch, Zeitschrift* 'durchblättern; blättern in (+*dat*); flüchtig lesen; 2. *cuis* ~ de la pâte Blätterteig zubereiten

feuilletis [fœjti] *m* 1. *von Schiefer* günstige Spaltstelle; 2. *e-s Diamanten* scharfe Kante

feuilleton [fœjtõ] *m* 1. *in e-r Zeitung, Zeitschrift* Fortsetzungsroman *m*; *télév* Sendereihe *f*; ~ radiophonique Hörfolge *f*; Hörfunkreihe *f*; 2. dickes Pa'pier minderer Quali'tät

feuilletoniste [fœjtɔnist] *m* Autor *m*, Verfasser *m* von Fortsetzungsromanen

feuillette [fœjɛt] *f* Faß *n* von 114-136 l Inhalt

feuillu [fœjy] *adj* a) blätterreich; dichtbelaubt; mit dichtem Laub-, Blätterwerk; b) laubtragend; arbres ~s Laubbäume *m/pl*

feuillure [fœjyr] *f Tischlerei* Falz *m*; Anschlag *m*

feul|ement [følmã] *m des Tigers* Brüllen *n*; Fauchen *n*; ~er *v/i Tiger* brüllen; *Tiger, Katzen* fauchen

feutrage [føtraʒ] *m* 1. *text* Filzen *n*; Verarbeiten *n* zu Filz; 2. Unter'legen *n*, Auslegen *n*, Über'ziehen *n* mit Filz; 3. *von Kleidungsstücken* (Ver)Filzen *n*; Filzigwerden *n*

feutre [føtr(ə)] *m* 1. *text* Filz *m*; semelle *f* de ~ Filzsohle *f*; 2. *par ext* a) Filzhut *m*; F Filz *m*; b) Filzschreiber *m*, -stift *m*; c) Filzunterlage *f*; d) ~s *pl e-s Klaviers* Filzauflage *f*, -belag *m* (*der Hämmer*)

feutré [føtre] *adj* 1. *text* aus Filz; filzartig; Filz...; 2. mit Filz unter'legt, ausgelegt, über'zogen; 3. *Wolle, Kleider* verfilzt; filzig (geworden); 4. *Geräusch* gedämpft; dumpf; marcher à pas ~s auf leisen Sohlen, mit leisen Schritten, lautlos gehen; vivre dans une atmosphère ~e abgeschirmt leben

feutr|er [føtre] I *v/t* 1. *text* filzen; zu Filz verarbeiten; 2. mit Filz unter'legen, auslegen, über'ziehen; II *v/i* (*u v/pr*) (se) ~ *Wolle, Kleider* (ver)filzen; filzig wer-

den; **~ine** *f text* Wollfilz *m*

fève [fɛv] *f* **1.** *bot, cuis* **a)** Sau-, Puffbohne *f*; Dicke Bohne; **b)** ~ **de cacao** Ka'kaobohne *f*; **2.** ~ **des Rois** am Drei'königsfest in der „galette" versteckte Bohne *od* kleine Fi'gur

féverole [fevrɔl] *f bot* Ackerbohne *f*

février [fevje] *m bot* Christusdorn *m*

février [fevrije] *m* Februar *m*; *österr* Feber *m*

fez [fɛz] *m* Kopfbedeckung Fes *od* Fez *m*

fi [fi] **1.** *litt int* ~ **(donc)**! pfui!; **2.** **faire** ~ **de** verschmähen; verachten; *Ratschläge auch* in den Wind schlagen

fiabilité [fjabilite] *f* **1.** *tech* Zuverlässigkeit *f*; Betriebssicherheit *f*; **2.** *par ext* e-r Person Vertrauenswürdigkeit *f*

fiable [fjabl(ə)] *adj* **1.** *tech* Maschine *etc* zuverlässig; betriebssicher; **2.** *par ext* Person vertrauenswürdig

fiacre [fjakr(ə)] *m* (Pferde)Droschke *f*; Mietkutsche *f*; *österr* Fi'aker *m*

fiançailles [fi(j)ɑ̃saj] *f/pl* Verlobung *f*; Verlöbnis *n*; *par ext* Verlobungs-, Brautzeit *f*; **rompre ses** ~ die Verlobung (wieder) lösen; auflösen

fiancé(e) [fi(j)ɑ̃se] *m(f)* Verlobte(r) *f(m)*; Bräutigam *m*, Braut *f*; **les fiancés** die Verlobten; das Brautpaar; die Brautleute *pl*

fiancer [fi(j)ɑ̃se] ⟨-ç-⟩ **I** *v/t* ~ **sa fille à qn** s-e Tochter mit j-m verloben; **II** *v/pr* **se** ~ sich verloben (**avec qn** mit j-m)

fiasco [fjasko] *m* Fi'asko *n*; 'Mißerfolg *m*; *F* Reinfall *m*; ~ **complet** *F* glatter Reinfall; **sa pièce a été un** ~ *auch* er erlebte mit s-m Stück ein Fiasko; *Unternehmen etc* **faire** ~ scheitern; miß'lingen; ein Fiasko erleiden; *F* Fiasko machen

fiasque [fjask] *f* dickbauchige Korbflasche mit langem Hals

fibranne [fibran] *f text* Zellwolle *f*

fibre [fibr(ə)] *f* **1.** *biol, anat, text, tech, von Holz* Faser *f*; *biol, anat auch* Fiber *f*; *text auch* Faserstoff *m*; ~ **animale** tierische Faser; *anat* ~**s musculaires** Muskelfasern *f/pl*; ~ **naturelle** natürliche (Textil)Faser; *anat* ~**s nerveuses** Nervenfasern *f/pl*; ~ **synthétique** Che'mie-, Kunstfaser *f*; synthetische (Textil-) Faser; ~ **textile** Tex'tilfaser *f*; ~ **végétale** pflanzliche Faser; Pflanzenfaser *f*; ~ **de bois** Holzfaser *f*; *Verpackung* Holzwolle *f*; ~ **de verre** Glasfaser *f*; **2.** *fig* Innerste(s) *n*; Kern *m*; Ader *f*; **atteindre qn jusqu'aux** ~**s** j-n bis ins Mark, zu'tiefst, ins Innerste treffen; **avoir la** ~ **maternelle, paternelle** e-e gute Mutter, e-n guten Vater abgeben; e-e gute Mutter, ein guter Vater sein; **avoir une** ~ **poétique** e-e poetische Ader haben; **faire jouer la** ~ **patriotique** an die patriotischen Gefühle appellieren

fibreux [fibrø] *adj* ⟨-euse⟩ *biol, anat, text* faserig; *fig* Faser...; ~ **matière fibreuse** Faserstoff *m*; *tech* **panneau** ~ Faserplatte *f*; *anat* **tissu** ~ faseriges Bindegewebe

fibrillation [fibrijɑsjɔ] *f* **1.** *path* Herzflimmern *n*; ~ **auriculaire, ventriculaire** Vorhof-, Kammerflimmern *n*; **2.** *Papierherstellung* Fibril'lieren *n*

fibrille [fibrij] *f anat, bot* Fi'brille *f*; *bot auch* Fäserchen *n*

fibrine [fibrin] *f physiol* Fi'brin *n*

fibrinogène [fibrinɔʒɛn] *m physiol* Fibrino'gen *n*

fibrociment [fibrɔsimɑ̃] *m* (*nom déposé*) *tech* As'bestzement *m*; Eter'nit *n od* *m* (*Wz*)

fibrome [fibrom] *m path* Fasergeschwulst *f*; *sc* Fi'brom *n*

fibule [fibyl] *f Archäologie* Fibel *f*; Fibula *f*; Spange *f*

fic [fik] *m der Pferde, Rinder* Papil'lom *n*

---

ficaire [fikɛr] *f bot* Scharbockskraut *n*; Feigwurz *f*

ficelage [fislaʒ] *m* (Ver-, Zu)Schnüren *n*; Verschnürung *f* (*auch Ergebnis*)

ficelé [fisle] *adj* **1.** *Paket etc* verschnürt; *par ext Überfallener* gefesselt; **2.** *F* **être mal** ~ komisch, geschmacklos angezogen sein

ficeler [fisle] *v/t* ⟨-ll-⟩ *Paket etc* ver-, zuschnüren; mit (e-r) Schnur, (e-m) Bindfaden um'wickeln (*auch cuis Braten etc*); mit Schnur, Bindfaden zubinden; *F* e-e Schnur, e-n Bindfaden drummachen (**qc** um etw); ~ **qc** etw festschnüren, -binden, mit Schnur, Bindfaden befestigen; ~ **qn, qc à qc** j-n, etw an etw (*dat*) festbinden, anbinden

ficelle [fisɛl] *f* **1.** Bindfaden *m*; Schnur *f*; Kordel *f*; ~**s** *pl* e-r *Marionette* Fäden *m/pl*; *e-s Fallschirms* ~ à casser Reißschnur *f*; ~ **de coton, de chanvre, de jute, de lin, de papier** Baumwoll-, Hanf-, Jute-, Leinen-, Pa'pierschnur *f*; **attacher, lier avec de la** ~ mit Bindfaden, Schnur an-, fest-, zusammenbinden; befestigen; **défaire la** ~ *d'un colis* ein Paket aufschnüren; die Schnur an e-m Paket lösen, aufmachen; *fig* **tirer les** ~**s** die Fäden in der Hand haben; der Drahtzieher sein; **c'est lui qui tire les** ~**s** *auch* bei ihm laufen alle Fäden zusammen; **2.** dünnes, langes Weißbrot; **3.** *F mil* Tresse *f*; *Hauptmann* **attendre sa quatrième** ~ s-e Beförderung zum Major erwarten; **4.** *e-s Berufs etc* Kniff *m*; Trick *m*; Fi'nesse *f*; ~**s** *pl auch* Schliche *m/pl*; **connaître toutes les** ~**s d'un métier** alle Kniffe *etc* e-s Berufs kennen; **la** ~ **est un peu grosse** *wenn man hereingelegt werden soll* das ist zu plump, offensichtlich; *adit F* **méfiez-vous, il est drôlement** ~... er ist (ganz) gerissen, durch'trieben, mit allen Wassern gewaschen

ficellerie [fisɛlri] *f* Schnur-, Bindfadenfabrik *f*, -geschäft *n*

fiche [fiʃ] *f* **1.** *élect* ~ **(mâle, de prise de courant)** Stecker *m*; *tél* Stöpsel *m*; ~ **banane** Ba'nanenstecker *m*; ~ **femelle** Gerätestecker *m*; ~ **multiple** Mehrfachstecker *m*; **2.** (Kar'tei)Karte *f*; Schein *m*; Zettel *m*; Blatt *n*; Bogen *m*; ~ **anthropométrique** Erkennungsbogen *m*; anthropometrische Signale'mentskarte; ~ **médicale** Krankenblatt *n*; *e-s Fahrzeugs* ~ **technique** technische Daten *n/pl*; ~ **de contrôle** Kon'trollzettel *m*, -karte *f*, -schein *m*; **mettre (un ouvrage) en** ~**s** (ein Werk) verzetteln, auf einzelne Zettel schreiben; **3.** ~ **de consolation** Trost(pflästerchen) *m(n)*; **4.** *bât* Fi(t)schband *m*; Schar'nierangel *f*; **5.** *der Maurer* Fugenkelle *f*

ficher¹ [fiʃe] ⟨*inf auch* **fiche;** *p/p auch* **fichu**⟩ **I** *v/t* **1.** machen; tun; **je n'ai rien fichu aujourd'hui** ich hab' heute (überhaupt) nichts getan; **il n'en fiche pas une rame, une secousse** er tut keinen Handschlag, *F* macht keinen Finger krumm; **2.** geben; versetzen; *fig* **je te fiche mon billet** *qu'il viendra* ich mache jede Wette ...; **ça me fiche le cafard** das macht mich ganz elend, trübsinnig, krank; *auch* da bekomme ich richtig Heimweh; **fiche-moi la paix!** laß mich in Ruhe, in Frieden, zu'frieden!; **3.** werfen; *F* schmeißen; pfeffern; ~ **le camp** *cf* **camp 1.**; ~ **qn à la porte** *F* j-n an die Luft setzen, rauswerfen, -setzen, -schmeißen, feuern; **elle a été fichue, elle s'est fait fiche à la porte** *F* man hat sie rausgeworfen; sie ist (raus)geflogen; ~ **qn dedans** **a)** j-n betrügen, *F* reinlegen, übers Ohr hauen; **b)** *mil F* j-n ins Loch stecken, einlochen; ~ **qc par terre**

---

a) *F* etw runterwerfen, -schmeißen; **b)** *fig* etw zu'nichte, unmöglich machen; **va te faire fiche!** *F* mach, daß du fortkommst!; *hau* (bloß) ab!; geh, scher dich zum Teufel!; **4.** **je t'en ficherai, moi,** *des voyages à l'étranger* das würde dir so passen ...; das schlag dir nur aus dem Kopf ...; *je croyais qu'il avait fini son discours, mais* **je t'en fiche,** *il a encore parlé* ... weit gefehlt, *F* von wegen, denkste ...; **II** *v/pr* **5. se** ~ **de qc, qn** sich nicht um etw, j-n scheren; *F* auf etw, j-n pfeifen; **je m'en fiche (pas mal)** *F* das ist mir (völlig) e'gal, Wurst *od* Wurscht, schnuppe, piepe; das kümmert, schert mich e-n Dreck; **il se fiche du monde** *F* der ist gut!; der hat Nerven!; **6. se** ~ **de qn** sich über j-n lustig machen; j-n auslachen, veralbern, *F* verhohnepi(e)-peln, veräppeln; **7. se** ~ **qc dans la tête** sich etw in den Kopf setzen; *fig* **se** ~ **dedans, se** ~ **le doigt dans l'œil** *cf* **doigt 1.**; **se** ~ **en colère** wütend werden; e-e Wut bekommen; *F* kriegen; *cf auch die Wendungen unter* **foutre**

ficher² [fiʃe] *v/t* **1.** *Pfahl etc* einrammen; einschlagen; **2.** *bât* ausfugen; **3.** *kar'teimäßig erfassen*; regi'strieren; **être fiché** registriert sein; in e-r, der Kar'tei stehen

fich|ier [fiʃje] *m* **1.** Kar'tei *f*; ~ **de clients** Kundenkartei *f*; **classer des fiches dans un** ~ Karten in e-e Kartei einordnen; **constituer, établir un** ~ e-e Kartei anlegen, einrichten; **tenir un** ~ e-e Kartei führen; **2.** Kar'teikasten *m*; *auch* Zettelkasten *m*; **3.** *EDV* Da'tei *f*; ~**iste** *m,f* Kar'teiführer(in) *m(f)*

fichtre [fiʃtr(ə)] *F int bewundernd, staunend F* Donnerwetter!; so was!; du kriegst die Tür nicht zu!; ach, du kriegst die Motten!

fichtrement [fiʃtrəmɑ̃] *adv F* unwahrscheinlich; unheimlich; verdammt

fichu¹ [fiʃy] *m* Schulter-, Busen-, Brusttuch *n*; Miedertuch *n*

fichu² [fiʃy] *F* **I** *adj u p/p von* **fiche(r)** **1.** *Gegenstand F* ka'putt; futsch; hin; im Eimer; *Person* **il est** ~ *finanziell etc F* der ist erledigt, am Ende; *gesundheitlich F* der macht's nicht mehr lange; da ist nichts mehr zu machen; **2.** ⟨*vorangestellt*⟩ *F* blöd; verdammt; verflixt; **temps!** *F* Sauwetter!; **il a un** ~ **caractère** *F* der kann ganz unangenehm werden; **il y a une** ~ **différence!** da ist ein gewaltiger 'Unterschied!; da ist sehr wohl ein 'Unterschied!; **3. bien** ~ **a)** *Frau* gut gewachsen, *F* gebaut; **b)** *Mechanismus etc* gut, geschickt gemacht, ausgedacht; **être mal** ~ **a)** *Person* sich schlecht, elend, jämmerlich fühlen; *F* nicht auf dem Damm, Posten sein; nicht gut beiein'ander sein; **b)** *Mechanismus etc* schlecht, nicht gut gemacht sein; il est ~ **de (le faire)** *F* der ist im'stand(e) und (macht's, tut's); **il n'est pas** ~ **d'arriver à l'heure** *F* der ist nie pünktlich

fictif [fiktif] *adj* ⟨-ive⟩ **1.** *Romangestalten etc* (frei) erfunden; erdacht, fik'tiv; **valeur fictive** gedachter, angenommener, fiktiver Wert; **2.** *Szene* vorgetäuscht; gespielt; fin'giert; *Rechnung, Brief* fin'giert; Schein...; Pro'forma...; **contrat** ~ Scheinvertrag *m*; fingierter Vertrag; **promesse fictive** falsche, zum Schein abgegebene Versprechung; **vente fictive** Proformaverkauf *m*

fiction [fiksjɔ̃] *f* Fikti'on *f* (*auch jur*); Erdichtung *f*; Erfindung *f*; ~ **de droit, légale** juristische, gesetzliche Fiktion; **ouvrage m de** ~ Ro'man *m*; romanhafte Erzählung

fidéicommis [fideikɔmi] *m jur* Vermächtnis *n* e-s Nießbrauchsgutes

fidéicommissaire [fideikɔmisɛr] *m jur* Letztbedachte(r) *m*

fidé|isme [fideism(ə)] *m rel, philos* Fide'ismus *m*; **~iste I** *adj* fide'istisch; **II** *m* Fide'ist *m*

fidéjussion [fideʒysjõ] *f* römisches Recht Bürgschaft *f*

fidèle [fidɛl] **I** *adj Freund, Gatte, Diener* treu; zuverlässig; *Diener auch* (treu) ergeben; *Hund auch* anhänglich; *Abbild, Wiedergabe, Schilderung* genau; (ge-) treu; *Abbild, Wiedergabe auch* origi'nalgetreu; *Bericht, Übersetzung, Übersetzer* genau; zuverlässig; *Übersetzung auch* wortgetreu; *Erinnerung* deutlich; klar; genau; *Gedächtnis* zuverlässig; *Inszenierung* à la conception de l'auteur ganz im Sinne, nach der Vorstellung des Autors; **~ à son devoir** pflicht(ge)treu; **être, rester ~ à, envers qn** j-m treu sein, bleiben; j-m die Treue halten; treu zu j-m halten; **être, rester ~ à qc** e-r Sache (*dat*) treu bleiben, an etw (*dat*) festhalten; **être ~ à ses engagements** s-n Verpflichtungen nachkommen; s-e Verpflichtungen erfüllen; **être ~ à un fournisseur** e-m Lieferanten treu bleiben; **être ~ à ses habitudes** an s-n Gewohnheiten festhalten; s-n Gewohnheiten treu bleiben; sich nicht von s-n Gewohnheiten abbringen lassen; **être ~ à sa parole, à ses promesses** sein Wort, sein Versprechen halten; **il l'est resté ~ au chapeau melon** er trägt immer noch s-e Melone; **rester ~ à soi-même** sich selber, selbst treu bleiben; **être ~ dans ses amitiés** s-n Freunden s-e Zuneigung bewahren, stets zugetan bleiben; **II** *m,f* **1. a)** Getreue(r) *f(m);* **b)** Stammkunde *m,* -kundin *f;* **2.** *rel* Gläubige(r) *f(m)*

fidèlement [fidɛlmã] *adv* (ge)treu; (ge-) treulich; genau; zuverlässig; **rapporter, reproduire ~** genau, zuverlässig berichten, 'wiedergeben; **remplir ~ son devoir** s-e Pflicht getreu erfüllen; **servir ~** treu dienen; **traduire ~ un texte** e-n Text wortgetreu 'wiedergeben, über'setzen

fidélité [fidelite] *f* **1.** Treue *f* (**à, envers qn** zu j-m); Anhänglichkeit *f;* Festhalten *n* **à qc** an etw (*dat*); **~ conjugale** eheliche Treue; **~ à ses convictions, à ses habitudes** Festhalten *n* an s-r Über'zeugungen, an s-n Gewohnheiten; **~ à une promesse** (Ein)Halten *n* e-s Versprechens; **serment** *m* **de ~** Treueschwur *m,* -gelöbnis *n;* Treueid *m;* **les époux se doivent ~** die Ehegatten schulden einander Treue; **2.** e-r *Übersetzung, e-s Berichts, e-r Wiedergabe* Genauigkeit *f;* Zuverlässigkeit *f* (*auch des Gedächtnisses*); *mus* '**haute ~** höchste Origi'naltreue; High-Fi'delity [haifai-] *f* (*abr* Hi-Fi) [hai'fai]); *mus* '**haute ~** Hi-Fi-Anlage *f;* *tech* Hi-Fi-Kette *f*

fiduciaire [fidysjɛr] **I** *adj* **1.** *jur, écon* treuhänderisch; fiduzi'arisch; Treuhand...; **administrateur** *m* **~** Treuhänder *m;* treuhänderischer Verwalter; **administration** *f* **~** Treuhandverwaltung *f;* **société** *f* **~** Treuhandgesellschaft *f;* **2.** *écon* **circulation** *f* **~** Banknoten-, Bargeldumlauf *m;* **monnaie** *f* **~** Zeichengeld *n;* Pa'pier- und Hartgeld *n;* **II** *m jur* Treuhänder *m;* Erstbedachte(r) *m*

fief [fjɛf] *m* **1.** *féod* Lehen *n;* Lehnsgut *n;* **~ dominant** Lehnsherrngut *n;* **~ servant** Gut *n* des Lehnsmannes; **donner en ~ zu Lehen geben; 2.** *fig* (ureigenstes Fach-, Wirkungs)Gebiet; (Fach)Bereich *m;* Do'mäne *f;* e-s *Politikers, Kandidaten* **~** (**électoral**) Hochburg *f;* **là, je suis dans mon ~ a)** *in e-m Stadtviertel etc* da bin ich zu Hause, da kenne ich jeden Stein; **b)** *in e-m Fachgebiet* da bin ich zu Hause; da kenne ich mich aus; **c'est son ~** dafür ist er zuständig; das macht er;

das ist sein Bereich, s-e Domäne

fieffé [fjefe] *adj Lügner etc* abgefeimt; ausgemacht; Erz...

fiel [fjɛl] *m* **1.** *von Schlachttieren u Geflügel* Galle *f;* **~ de bœuf** Rinder-, Ochsengalle *f;* **2.** *Glasindustrie* **~ de verre** Glasgalle *f;* **3.** *fig* Galle *f;* Bosheit *f;* Bitterkeit *f;* **plein de ~** boshaft; gehässig

fielleux [fjɛlø] *adj* ‹-euse› *Worte, Person* gallig; gehässig; boshaft; *Worte auch* galle(n)bitter

fiente [fjãt] *f von Vögeln, Geflügel* Kot *m;* Mist *m;* Dreck *m;* **~ de pigeon, de volaille** Tauben-, Geflügeldreck *m,* -mist *m*

fienter [fjãte] *v/i Vögel, Geflügel* Kot auswerfen; misten

fier[1] [fje] *v/pr* **se ~ à qn** sich auf j-n verlassen; j-m vertrauen, Vertrauen schenken; **se ~ à qc** sich auf etw (*acc*) verlassen; mit etw rechnen; **on ne sait plus à qui se ~** man kann niemand(em) mehr trauen, sich auf niemand(en) mehr verlassen; **je me fie entièrement à vous** ich verlasse mich ganz auf Sie

fier[2] [fjɛr] *adj* ‹**fière** [fjɛr]› **1.** stolz; *péj* hochmütig; *Person auch* eingebildet; *Haltung auch* würdig; **~ comme Artaban** stolz wie ein Spanier, Pfau; **avoir fière allure** e-e stolze Haltung haben; vornehm wirken, aussehen; **être ~ de qn, qc** stolz auf j-n, etw sein; *péj* sich etwas einbilden auf j-n, etw; **il en est tout ~** er ist ganz stolz darauf; **il n'y a pas de quoi être ~** darauf brauchst du *bzw* brauchen Sie gar nicht stolz zu sein; darauf brauchst du *bzw* brauchen Sie sich gar nichts einzubilden; das ist kein Grund, stolz zu sein; **il est trop ~ pour** (+*inf*) er ist zu stolz, um zu (+*inf*); *par ext* F **ne pas être ~ F** ganz schön Angst haben; so klein sein; *subst* **faire le ~** stolz, hochmütig, eingebildet tun *bzw* sein; **2.** F ‹*vorangestellt*› F gewaltig; unwahrscheinlich; **devoir une fière chandelle à qn** *cf* chandelle 1.; **il a un ~ culot** F der ist gewaltig frech, ganz schön frech, dreist, unverfroren

fier-à-bras [fjɛrabra] *litt m* ‹*pl* **fier(s)-à-bras**› Großsprecher *m;* Prahlhans *m;* Prahler *m;* Bra'marbas *m;* F Maulheld *m;* Großmaul *n*

fiérot [fjero] *adj* dummstolz; eingebildet; **être ~ de son succès** kindisch stolz sein auf s-n Erfolg

fierté [fjerte] *f* Stolz *m;* *péj* Hochmut *m;* **par ~** aus Stolz; **c'est sa ~** das ist sein ganzer Stolz; **il en tire une juste ~** er ist mit Recht stolz darauf

fiesta [fjɛsta] F *f* Fest *n;* festliches Treiben; F Fete *f*

fieu(x) [fjø] *m in Dialekten* Sohn *m*

fièvre [fjɛvr(ə)] *f path* Fieber *n;* **~ jaune** Gelbfieber *n;* **~ des foins** Heufieber *n;* **~ de lait** Milchfieber *n;* *loc/adj:* **Augen brillant de ~** fieberglänzend; *Stirn* **brûlant de ~** fieberheiß, -glühend; **avoir de la ~** Fieber haben; fiebern; F **avoir une ~ de cheval** starkes, hohes Fieber haben; **sa fièvre est tombée**, er, sie hat kein Fieber mehr, ist fieberfrei; **2.** *fig* Fieber *n;* Erregung *f;* Aufregung *f;* Hektik *f;* **~ des élections** Wahlfieber *n;* **dans la ~ du départ** in der Aufregung der Abreise; **discuter avec ~** eifrig, lebhaft, leidenschaftlich, hitzig, heftig, erregt diskutieren; **travailler dans la ~** fieberhaft, mit Feuereifer arbeiten

fiévreusement [fjevrøzmã] *adv* fieberhaft; mit Feuereifer; in, mit Fieberhast

fiévreux [fjevrø] **I** *adj* ‹-euse› **1.** *path* fieb(e)rig; **mains fiévreuses** fieberheiße, fieb(e)rige Hände *f/pl;* **pouls ~** Fieberpuls *m;* **se sentir ~** sich fieb(e)rig fühlen; **2.** *fig Erwartung, Tätigkeit* fieberhaft; fieb(e)rig; *Betriebsamkeit auch*

hektisch; **II** *m* Fieberkranke(r) *m*

fifille [fifij] *f* F *Kosewort od iron* Töchterchen *n;* F Kleine *f;* Schätzchen *n*

fifre [fifr(ə)] *m mus* **1.** Querpfeife *f;* **2.** Querpfeifer *m*

fifty-fifty [fiftififti] *loc/adv* F **faire ~** halbpart, F halbe halbe, fifty-fifty machen

figaro [figaro] *m* F *plais* (*coiffeur*) Fri'seur *m;* *plais* Figaro *m*

figé [fiʒe] *adj* **1.** *Öl, Soße etc* fest; steif; erstarrt; **2.** *fig Blick, Haltung, Moral, Regeln* starr; *gr* **expression ~e** feste, feststehende (Rede)Wendung; **société ~e** verknöcherte Gesellschaft; **sourire ~** starres, maskenhaftes Lächeln; **être ~ dans qc** starr an etw (*dat*) festhalten; festgefahren in etw (*dat*)

figer [fiʒe] ‹-geons› **I** *v/t* **1.** *Öl, Soße* fest, steif, *Soße auch* dick werden lassen; **2.** *fig Schreck, Angst, Staunen* **~ qn** j-n erstarren lassen, lähmen; **l'épouvante le figea sur place** er erstarrte, war starr, war wie gelähmt, stand starr vor Entsetzen; **II** *v/pr* **se ~ 3.** *Öl, Soße* erstarren; fest, steif, *Soße auch* dick werden; **4.** *fig Person* erstarren; *Lächeln* gefrieren; (zur Maske) erstarren; *litt* **son sang se figea dans ses veines** das Blut erstarrte, stockte ihm in den Adern

fignolage [fiɲɔlaʒ] *m* sorgfältige Ausführung; Ausfeilen *n;* *péj* Bosse'lei *f*

fignoler [fiɲɔle] *v/t Arbeit* sorgfältig, peinlich genau, bis ins letzte ausführen; die größte Sorgfalt verwenden auf (+*acc*); ausfeilen; den letzten Schliff geben (+*dat*); *péj* (her'um)bosseln an (+*dat*)

figue [fig] *f bot* Feige *f;* **~s fraîches, sèches** frische, getrocknete Feigen; **~ de Barbarie** Kaktusfeige *f;* Frucht *f* des Feigenkaktus

figuier [figje] *m bot* Feigenbaum *m;* **~ banian** Banyanbaum *m;* **~ de Barbarie** Feigenkaktus *m;* **~ des pagodes** Pa'godenfeige *f*

figur|ant [figyrã] *m,* **~ante** *f thé, Film, fig* Sta'tist(in) *m(f);* Kom'parse *m,* Kom'parsin *f;* *fig auch* Randfigur *f;* **rôle** *m* **de ~** Statisten-, Nebenrolle *f* (*auch fig*)

figuratif [figyratif] *adj* ‹-ive› **1.** bildlich; bildhaft; fi'gürlich; **représentation figurative** bildliche Darstellung; **2.** *Kunst* gegenständlich; **peinture figurative** gegenständliche Malerei

figuration [figyrasjõ] *f* **1.** *thé, Film* **a)** Statiste'rie *f;* Komparse'rie *f;* **b)** von Sta'tisten gespielter Teil, Abschnitt, gespielte Szene; **c)** Sta'tisten-, Nebenrolle *f;* **faire de la ~** als Statist, Kom'parse tätig sein; Statisten-, Nebenrollen spielen; **2.** bildliche Darstellung

figure [figyr] *f* **1.** Gesicht *n;* **ne plus avoir ~ humaine** unkenntlich, vollkommen entstellt sein; nicht mehr menschlich, wie ein Mensch aussehen; F **casser la ~ à qn** j-n verprügeln, F verdreschen, verhauen; F **se casser la ~** hinfallen, -schlagen; stürzen; **je connais cette ~-là** das Gesicht kenne ich doch, kommt mir bekannt vor; F **faire bonne ~** e-e gute Figur machen; s-n Mann stehen; *Sportler auch* gut abschneiden; **e-n guten Platz belegen;** *fig* **faire piètre ~** e-e klägliche Figur machen; *Sportler* schlecht abschneiden; *fig* **jeter qc à la ~ de qn** j-m vorhalten, -werfen, F an den Kopf werfen, unter die Nase reiben; **2.** *Kunst, rhét, mus, math, Eislauf, Kartenspiel* Fi'gur *f;* *impr* Abbildung *f; auf e-m Gemälde auch* Gestalt *f;* Per'son *f;* **~ chorégraphique** choreographische Figur; *peint* **~ équestre** Reiter(gestalt) *m(f);* Gestalt e-s Reiters; **~ géométrique** geometrische Figur; *Eiskunstlauf:* **~s imposées** Pflicht(figuren) *f(pl);* **~s libres** Kür(lauf) *f(m);* **~ de danse**

Tanz-, Bal'lettfigur f; mus ~ de silence Pausenzeichen n; mus ~ de son Tonfigur f; ~ de style Stilfigur f; Buch etc orné de ~s illu'striert; bebildert; mit Abbildungen, Illustrati'onen; fig Sache prendre ~ Gestalt annehmen; 3. (bedeutende, große) Per'sönlichkeit, Gestalt; les grandes ~s de l'histoire die großen Gestalten der Geschichte; 4. faire ~ de qn, qc als, für j-n, etw gelten, angesehen werden; für j-n, etw gehalten werden; faire ~ de grand homme als großer Mann gelten; faire ~ de riche für reich gehalten werden

figuré [figyre] I adj 1. Sinn, rhét fi'gürlich; bildlich; über'tragen; au sens ~ im übertragenen, bildlichen Sinn(e); in übertragener Bedeutung; figürlich; subst au propre et au ~ in der eigentlichen und übertragenen Bedeutung; 2. arch, mus figu'ral; figu'riert; mit Fi'guren verziert, versehen; Stil, Sprache bilderreich; bildhaft; chapiteau ~e Figu'ralkapitell n; musique ~e Figu'ralmusik f; 3. bildlich, fi'gürlich dargestellt; prononciation ~e Aussprachebezeichnung f; Lautschrift f

figurer [figyre] I v/t (bildlich, fi'gürlich) darstellen; (ein)zeichnen; abbilden; II v/i 1. auf e-r Liste etc stehen; (aufgeführt) sein; erscheinen; vorkommen; figu'rieren; bei e-r Prüfung ~ au nombre des reçus zu denen gehören, zählen, bei denen, e-r von denen sein, die bestanden haben; ~ dans une cérémonie an e-r Zeremonie teilnehmen; bei e-r Zeremonie zu'gegen, anwesend, vertreten sein; Bewerber ~ en bonne place gute Aussichten haben; in die engere Wahl kommen; ~ parmi les dix premiers unter den ersten zehn sein; ~ sur une photo auf e-m Photo (abgebildet, zu sehen, F drauf) sein; faire ~ une bilan in der Bilanz ausweisen; faire ~ sur une liste auf e-e Liste setzen; 2. thé e-e Sta'tistenrolle spielen (auch fig); sports unter „ferner liefen" sein; III v/pr se ~ qc sich etw vorstellen; figure-toi! stell dir vor!; denk mal an!; denk nur!; figurez-vous une petite maison isolée stellen Sie sich ein kleines, einsam gelegenes Haus vor; s'il se figure que ... wenn er glaubt, meint, denkt, annimmt, sich einbildet, daß ...; tu ne peux pas te ~ comme ... du glaubst nicht, kannst dir nicht vorstellen, machst dir keine Vorstellung, wie ...

figur|ine [figyrin] f Kunst etc Fi'gürchen n; kleine Fi'gur, Statue; Figu'rine f; ~iste m Gipsfigurengießer m

fil [fil] m 1. cout, text Faden m (auch e-r Spinne u fig e-s Gesprächs etc); Garn n; e-s Seils, Stricks Faser f; e-r Perlenkette Schnur f; e-r Spinne auch Spinnwebe f; ~s pl auch Gespinst n; ~ cardé Streichgarn n; droit ~ Fadenlauf m; Webrichtung f; adit jupe f droit ~ in Webrichtung geschnittener Rock; loc/adv de droit ~ fadengerade; im, nach dem Fadenlauf; gros ~ grober, dicker Faden; Grobgarn n; ~ à bâtir Heftfaden m, -garn n; ~ à broder Stickgarn n; ~ à coudre Nähfaden m, -garn n; ~ à crocheter Häkelgarn n; ~ à plomb cf plomb 6.; ~ à tisser Webfaden m, -garn n; ~ d'araignée Spinn(en)faden m; fig ~ d'Ariane Ari'adnefaden m; ~ de canne à pêche Angelschnur f; text ~ de chaîne Kettfaden m, -garn n; ~ de chanvre Hanfgarn n; fig ~ de la conversation Gesprächsfaden m; ~ de coton, de laine, de lin Baumwoll-, Woll-, Leinenfaden m, -garn n; ~ de soie Nähseide f; Seidenfaden m, -garn n; text ~ de trame Schußfaden m, -garn n; tech

~ de verre Glasfaden m; ~s de la Vierge Alt'weibersommer m; ♦ loc/adj de ~, (pur ~) (rein)leinen; Vorwand, Intrige etc cousu de ~ blanc zu 'durchsichtig; leicht zu durch'schauen; fadenscheinig; loc/adv de ~ en aiguille on est venu à parler de ... im Lauf(e) des Gesprächs ...; wie sich eins aus dem andern ergibt ...; ♦ fig: F avoir un ~ à la patte nicht frei sein; gebunden sein; F e-n Klotz am Bein haben; donner du ~ à retordre à qn j-m viel zu schaffen machen; j-m Kummer, Sorgen bereiten, machen; perdre le ~ (de ses pensées, idées) den Faden verlieren; aus dem Kon'zept kommen; suivre le ~ de ses idées, pensées s-n Gedanken nachhängen; s-e Gedanken weiterspinnen; Leben etc ne tenir qu'à un ~ an e-m (seidenen) Faden hängen; 2. Draht m; élect Leitung(sdraht) f(m); e-r Lampe, e-s Geräts, Telephons Schnur f; Kabel n; e-s Kabels auch Ader f; ~ électrique Leitungsdraht m; (kleinere) elektrische Leitung; elektrisches Kabel; elektrische Schnur; ~ métallique Me'talldraht m; élect ~ neutre Nulleiter m; Mittelpunktsleiter m; ~ télégraphique, téléphonique Tele'graphen-, Tele'phondraht m, -leitung f; ~ à couper le beurre Draht zum Butterschneiden; fig il n'a pas inventé le ~ à couper le beurre er hat das Pulver nicht erfunden; ~ d'acier, de cuivre, de fer Stahl-, Kupfer-, Eisendraht m; clôture f en ~s de fer Drahtzaun m; ~ de sonnerie Klingeldraht m; ~ de terre Erdleiter m, -leitung f; loc/adj rad sans ~ drahtlos; Funk...; télégraphie f sans ~ (abr T.S.F.) drahtlose Telegraphie; 3. F (fil téléphonique) (Tele'fon)Leitung f; coup m de ~ Anruf m; Tele'fongespräch n; donner, passer un coup de ~ à qn j-n anrufen; avoir qn au bout du ~ mit j-m telefonieren; F j-n an der Strippe haben; il l'entendit rire au bout du ~ er hörte ihn, sie am anderen Ende lachen; 4. in Glas, Kunststoffen Schliere f; in Stein Fehlstelle f; 5. bei Fleisch etc Faserrichtung f, -verlauf m; couper dans le ~ in der Richtung der Fasern schneiden; 6. e-s Messers, Schwertes, e-r Klinge Schneide f; Schärfe f; litt passer au ~ de l'épée über die Klinge springen lassen; 7. loc/adv au ~ de l'eau mit dem Strom; litt au ~ des jours im Laufe der Zeit; mit der Zeit

filable [filabl(ə)] adj spinnbar, -fähig

fil-à-fil [filafil] m text Fil-à-Fil m

filage [filaʒ] m 1. text a) Feinspinnen n; b) Handspinnen n; 2. métall Strangpressen n; 3. mar ~ de l'huile Ölen n der See

filaire [filɛr] f zo Fadenwurm m; ~ de Médine Me'dinawurm m

filament [filamã] m a) (pflanzliche, tierische) Faser; Faden m; ~s nerveux Nervenfasern f/pl; b) von Fleisch, Gemüse (etc) Faser; c) von Speichel, Schimmel etc Faden m; 2. e-r Glühbirne Glühfaden m, -draht m; Wendel f; in Elektronenröhren Heizfaden m; ~ de charbon Kohlefaden m; ~ de tungstène Wolframfaden m, -draht m; le ~ est grillé der Glühfaden ist 'durchgebrannt

filamenteux [filamãtø] adj ⟨-euse⟩ fas(e)rig; faserförmig; matières filamenteuses Faserstoffe m/pl

filandreux [filãdrø] adj ⟨-euse⟩ 1. Fleisch, Gemüse fas(e)rig; voller Fasern; Fleisch auch zäh; sehnig; 2. fig Bericht weitschweifig; langatmig; unklar; Satz verschachtelt; endlos; wirr

filant [filã] adj 1. Flüssigkeit, Soße dick; zähflüssig; Fäden ziehend; 2. Puls sehr schwach; 3. astr étoile ~e Sternschnup-

pe f

filariose [filarjoz] f path Filari'ose f

filasse [filas] f 1. text Fasermasse f, -gut n; auch Werg n; 2. adjt cheveux ~ (blond) ~ Flachshaar(e) n(pl); flachs-, strohblonde Haare n/pl; aux cheveux ~ auch flachshaarig

filateur [filatœr] m Spinne'reibesitzer m, -direktor m

filature [filatyr] f 1. text a) Fabrik Spinne'rei f; b) Vorgang Spinnen n; Spinne'rei f; ~ du coton, de la laine, de la soie Baumwoll-, Woll-, Seidenspinnerei f; 2. durch die Polizei Beschatten n, -ung f; prendre qn en ~ j-n beschatten; j-m unauffällig folgen

fildefériste [fildəferist] m Drahtseilkünstler m, -tänzer m

file [fil] f von Personen, Dingen Reihe f (auch mil); von Personen, Wagen auch Schlange f; von Wagen auch Ko'lonne f; mil auch Linie f; ~ d'attente Schlange f (wartender Menschen, Autos); ~ de gens, de personnes (Menschen-) Schlange; ch de fer ~ de rails Schienenstrang m; ~ de voitures Autokolonne f, -schlange f; fig chef m de ~ Leiter m; Oberhaupt n; (An)Führer m; führender Kopf; mar mil ligne f de ~ Kiellinie f; naviguer en ~ in Kiellinie fahren; loc/adv: à la, en ~ hintereinander (ausgerichtet); e-r, e-s hinter dem anderen; in einer Reihe; à la, en ~ indienne im Gänsemarsch; marcher, se suivre à la ~ (in einer Reihe) hintereinander (her)gehen; e-r hinter dem anderen gehen; Personen se mettre à la, prendre la ~ sich (hinten) anstellen; numéroter à la ~ fortlaufend numerieren; auto: stationner. stationnement en double ~ ... in zweiter, in der zweiten Reihe; prendre la ~ de droite sich der rechten Kolonne anschließen; rouler dans la ~ de gauche in der linken Kolonne fahren

filé [file] m 1. Webfaden m, -garn n; 2. Me'tall-, Gold-, Silberfaden m

filer [file] I v/t 1. Baumwolle, Flachs etc (ver)spinnen; machine f, métier m à ~ Spinnmaschine f; Seidenraupe ~ son cocon sich einspinnen; F fig ~ un mauvais coton sehr od ganz übel, schlecht, schlimm dran sein; il file un mauvais coton auch es geht berg'ab mit ihm; Spinne ~ sa toile ihr Netz, ihre Fäden spinnen; adjt mus corde filée um'sponnene Saite; 2. tech a) Metalle strangpressen; presse f à ~ Strangpresse f; b) adjt verre filé Fadenglas n; 3. mar Tau (weg)fieren; ablaufen lassen; par ext Schiff ~ 30 nœuds (mit) 30 Knoten fahren; 30 Knoten laufen, F machen; 4. fig a) mus ~ le son den Ton ausströmen, sich entwickeln lassen; sc fi'lar il tu'ono; b) F ~ le parfait amour sehr glücklich sein; im siebenten Himmel sein, schweben; c) litt Metapher, Bild ausspinnen; ausmalen; lange 'durchführen; 'durchhalten; 5. ~ qn, F ~ le train à qn j-n beschatten; j-m (unauffällig) folgen; hinter j-m hergehen; 6. F Geld etc geben; F her'ausrücken (qc mit etw); Fußtritt, Ohrfeige versetzen; 7. Kartenspiel ~ la carte fi'lieren; beim Pokern ~ les cartes die Karten langsam aufdecken; II v/i 8. Sirup, Käse etc Fäden ziehen; Sirup etc auch dick-, zähflüssig sein; 9. a) Masche laufen; par ext son bas a filé ihr Strumpf hat bzw bekam e-e Laufmasche; b) mar Tau abrollen; 10. schnell laufen; rennen; (da'hin)rasen, F (-)sausen; flitzen; Pferd ~ bon train schnell (dahin)galoppieren; Vogel ~ à tire-d'aile durch die Luft schießen; Person, Auto ~ comme une

flèche wie ein Pfeil, pfeilgeschwind *od* -schnell dahinschießen; **11.** F *Person* weggehen; F sich verziehen; abziehen; abzischen; **allez file!** komm, geh jetzt!, F verschwinde!; ab mit dir!; ~ à l'anglaise F sich (auf) französisch empfehlen; sich verdrücken; **12.** F *fig Zeit* vergehen; verrinnen; verfliegen; *Dinge* zerrinnen; **le temps file à une allure!** F die Zeit vergeht unwahrscheinlich schnell; **l'argent lui file entre les doigts** das Geld zerrinnt ihm (nur so) unter den Fingern, Händen; **laisser** ~ **qc** sich etw entgehen lassen; etw verpassen; **13.** F *Person* ~ **doux (avec qn)** sich (j-m) fügen; sich (j-m gegen'über) zu-'rückhalten; F klein beigeben; kuschen

filet [filɛ] *m* **1.** *sports, ch, zum Einkaufen, für Gepäck, der Seiltänzer etc* Netz *n*; *für Fische, Wild auch* Fangnetz *n*, -garn *n*; *ch auch* Garn *n*; ~ **à bagages, à cheveux, à crevettes, à papillons, à provisions** Gepäck-, Haar-, Gar'nelen-, Schmetter-lings-, Einkaufsnetz *n*; ~ **de camouflage, de chasse, de pêche, de ping—pong, de tennis, de roue arriè-re** Tarn-, Jagd-, Fisch(er)-, Tischtennis-, Tennis-, Fahrradnetz *n*; *fig* **coup** *m* **de** ~ Fang *m*; Fischzug *m*; **la police a réussi un beau coup de** ~ die Polizei hat e-n guten Fang gemacht; *fig* **attirer, prendre qn dans ses** ~**s** j-n in s-e Netze ziehen; j-n um'garnen; *Ball* **envoyer dans le** ~ ins Netz schlagen *bzw* werfen; **mettre sa valise dans le** ~ s-n Koffer im Gepäcknetz verstauen; **travailler sans** ~ a) *Akrobat* ohne Netz arbeiten; b) *fig* ein großes Risiko eingehen; große Gefahren auf sich nehmen; **2.** *par ext für Netze* Netzstoff *m*, -gewebe *n*; *für Vorhänge etc* Fi'let *n*; *Handarbeit* Fi'letarbeit *f*; **3.** *cuis von Schlachtvieh u Wild* Fi'let *n*; Lende(nstück) *f*(*n*); Lendenbraten *m*; *vom Fisch* Fi'let *n*; **faux** ~ (Ochsen-, Rinds-, Rinder)Lende *f*; ~ **de bœuf** Rinds-, Rinderfilet *n*; ~ **de hareng** Heringsfilet *n*; ~ **de porc** Schweinefilet *n*, -lende *f*; **bifteck** *m* **dans le** ~ Filetsteak *n*; **4.** *von Flüssigkeiten feiner, dünner Strahl; als Mengenangabe* Schuß *m*; *kleine Menge; mines* schmales Flöz; ~ **d'air** schwacher Luftstrom, -zug; ~ **d'eau** Rinnsal *n*; Gerinnsel *n*; dünner Wasserstrahl; ~ **de fumée** Rauchfaden *m*; ~ **de lumière** schmaler Lichtstrahl; dünner Lichtstrahl; ~ **d'or, d'argent** feiner Gold-, Silberdraht; **un** ~ **de vinaigre** etwas, ein Schuß Essig; *fig von e-m Sänger* ~ **de voix** schwache, dünne, kleine Stimme; **5.** *tech e-s Gewindes* Schraubenlinie *f*; **6.** *bot* Staubfaden *m*; **7.** *anat der Zunge, Vorhaut* Bändchen *n*; *sc* Frenulum *n*; **8.** *arch* Stab *m*; **9. a)** *impr* (Spalten)Linie *f*; **b)** *Buchbinderei* Fi'let *n*

filetage [filtaʒ] *m* **1.** *tech* **a)** Gewindeschneiden *n*; **b)** Gewinde *n*; ~ **carré, rond, trapézoïdal, triangulaire** Flach-, Rund-, Tra'pez-, Spitzgewinde *n*; ~ **à droite, à gauche** Rechts-, Linksgewinde *n*; rechtsgängiges, linksgängiges Gewinde; **2.** *selten* Wilddiebe'rei *f* mit Netzen

fileter [filte] *v/t* ⟨-è-⟩ *tech* **1.** ein Gewinde schneiden in *od* auf (+*acc*); *adit* **fileté** mit Gewinde (versehen); **fileté à droite, à gauche** rechts-, linksgängig; **2.** *Metalle* ziehen

fil|eur [filœr] *m* **1.** Spinner *m*; Arbeiter *m* an der Spinnmaschine; **2.** Spinne'reibesitzer *m*, -direktor *m*; **3.** Beschatter *m*; Verfolger *m*; **~euse** *f* Spinnerin *f*

filial [filjal] *adi* ⟨-aux⟩ kindlich; Kindes…; *der Kinder*; **amour** ~ Kindesliebe *f*; Liebe *f* der Kinder (zu den Eltern);

---

auch Sohnesliebe *f*

filiale [filjal] *f comm* Tochtergesellschaft *f*, -firma *f*. -betrieb *m*; Tochter *f*

filiation [filjasjɔ̃] *f* **1.** *jur* Abstammung *f*; Filiati'on *f*; ~ **naturelle, paternelle** uneheliche, väterliche Abstammung; **2.** *fig von Ideen, Ereignissen* Zu'sammenhang *m*; Folge *f*; Aufein'anderfolgen *n*; Verbindung *f*; ~ **des mots** Herkunft *f*, Entwicklung *f* der Wörter; **3.** *phys atom* ~ **radioactive** radioaktive Abstammung, Verwandtschaft

filière [filjɛr] *f* **1.** *tech* ~ **(à fileter)** (Gewindeschneid)Kluppe *f*; (Gewinde)Schneideisen *n*; **2.** *tech* ~ **(d'étirage, de tréfilage)** Zieheisen *n*; *e-s Extruders* ~ **(de filage, d'extrusion)** Düse *f*; Mundstück *n*; **3.** *text für Kunstfasern* Spinndüse *f*; **4.** *zo der Spinnen, Raupen* Spinndrüse *f*; **5.** *fig* F Ochsentour *f*; **suivre la, passer par la** ~ sich mühsam, in der Ochsentour hinaufarbeiten; von der Pike auf dienen; **6.** *fig e-r Geheimorganisation* Kette *f*, Netz *n* (von Mittelspersonen, Zwischenstationen); **7.** *comm in Frankreich* indos'sabler Lieferschein; *Börse* Kette *f*; **arrêteur** *m* **de la** ~ *etwa* Endabnehmer *m*; Letztkäufer *m*; **8.** *phys atom* Re'aktortyp *m*

filiforme [filifɔrm] *adj* fadenförmig; dünn (wie ein Faden); *Person* spindeldürr; *path* **pouls** *m* ~ fadenförmiger, sehr schwacher Puls; **avoir des jambes** ~**s** ganz dürre Beine haben

filigrane [filigran] *m* **1. (ouvrage** *m* **de, en)** ~ Fili'gran(arbeit) *n*(*f*); ~ **d'or** Goldfiligran *n*; **2.** *bei Papier, Banknoten* Wasserzeichen *n*; *fig* **en** ~ im 'Hintergrund; **apparaître en** ~ deutlich werden; 'durchkommen; zu spüren sein

filigrané [filigrane] *adj* Fili'gran…; **bracelet d'argent** ~ silbernes Filigranarmband; **papier** ~ Filigranpapier *n*; Papier *n* mit Wasserzeichen; **verre** ~ Filigran-, Fadenglas *n*

filin [filɛ̃] *m mar* (Hanf)Tau *n*; Trosse *f*

filipendule [filipɑ̃dyl] *f bot* Wiesenspierstrauch *m*

fille [fij] *f* **1.** Tochter *f* (*auch fig*); *Kosewort* F **ma** ~ meine Tochter, F Liebe; ~ **adoptive** Adop'tivtochter *f*; ~ **aînée** älteste Tochter; ~ **la la France**, ~ **aînée de l'Église** Frankreich, die älteste Tochter der Kirche; ~ **cadette** jüngste Tochter; F **la** ~ **Un Tel (das)** Fräulein Sowieso, Soundso; ~ **à marier** heiratsfähige Tochter; Tochter im heiratsfähigen Alter; *plais* ~ **d'Ève** Evastochter *f*; *hist* ~ **de France** Prinzessin *f* aus dem französischen Königshaus; **Fille de France** *f*; ~ **de la maison** Tochter des Hauses; *plais* **faire la jeune** ~ **de la maison** die Rolle der Tochter des Hauses über'nehmen; *fig u poét* ~**s de la nuit** Sterne *m/pl*; *fig u litt* **la jalousie**, ~ **du soupçon** Eifersucht, die Tochter des Verdachts; **c'est la** ~ **de sa femme** das ist se Stieftochter; F *fig* **jouer la** ~ **de l'air** (heimlich) verschwinden; F sich verziehen, dünnmachen; verduften; **2.** Mädchen *n* (*auch im Sinne von Jungfrau*); Mädel *n*; **jeune** ~ junges Mädchen; ~ **mère** unverheiratete, ledige Mutter; **petite** ~ kleines Mädchen; Mädelchen *n*; **vieille** ~ alte Jungfer; **elle serait** ~ **à accepter** sie wäre im'stand(e) und würde annehmen; **c'est une chic** ~ F sie ist ein netter Kerl; *prov* **la plus belle** ~ **du monde ne peut donner que ce qu'elle a** *etwa* keiner kann mehr geben, als er hat; **3.** ~ **(publique)** Dirne *f*; Prostitu'ierte *f*; Strichmädchen *n*; Nutte *f*; ~ **repentie** *cf* repenti; ~ **de joie, des rues** Freuden-, Straßenmädchen *n*; **4.** *als Berufsbezeichnung* ~ **de**

---

cuisine Küchenhilfe *f*; ~ **de ferme** Bauernmagd *f*; *hist* ~ **d'honneur** Hoffräulein *n*; ~ **de salle** Stati'onsmädchen *n* (*in e-m Krankenhaus*); **5.** *rel* Nonne *f* (*mancher Orden*); ~**s du Carmel** Karme'literinnen *f/pl*

fillér [filer] *m ungarische Währungseinheit* Fillér *m* (*1/100 Forint*)

fillette [fijɛt] *f* kleines Mädchen; junges Mädchen (*bis etwa vierzehn Jahre*); Mädelchen *n*; *in e-m Warenhaus* **rayon** *m* ~ (Abteilung *f* für) Mädchenkleidung *f*

filleul(e) [fijœl] *m*(*f*) Patenkind *n*, -sohn *m bzw* -tochter *f*; *par ext* **filleul de guerre** Frontsoldat, für den e-e Frau die Patenschaft übernommen hat

film [film] *m* **1.** *cin, télév* (Spiel)Film *m*; *télév auch* Fernsehfilm *m*, -spiel *n*; F Streifen *m*; *par ext* Film(kunst) *m*(*f*); ~ **comique** Filmkomödie *f*; Lustspielfilm *m*; komischer Film; ~ **documentaire** Dokumen'tar-, Kul'turfilm *m*; ~ **éducatif, d'enseignement** Lehrfilm *m*; ~ **grand** ~, ~ **de long métrage** Haupt-, Spielfilm *m*; abendfüllender Film; ~ **grand écran** Breitwandfilm *m*; ~ **muet** Stummfilm *m*; ~ **parlant, sonore** Tonfilm *m*; ~ **policier** Krimi'nalfilm *m*; F Krimi *m*; ~ **publicitaire** Werbe-, Re'klamefilm *m*; ~ **scientifique** wissenschaftlicher Film; Forschungsfilm *m*; ~ **à grand spectacle** Ausstattungs-, Monumen'talfilm *m*; ~ **d'amour, d'amateur, d'aventures, de cow--boys, d'espionnage, de gangsters, de guerre** Liebes-, Ama'teur-, Abenteuer-, Wild'west-, Spio'nage-, Gangster-, Kriegsfilm *m*; ~ **de court, de moyen métrage** Kurzfilm *m*, Kurzspielfilm *m*; ~ **de propagande** Propa'gandafilm *m*; ~ **de science-fiction, d'anticipation** Science-fiction-Film *m*; ~ **en couleurs, en noir et blanc** Farb-, Schwarz'weißfilm *m*; ~ **en relief, en trois dimensions** plastischer, dreidimensionaler Film; 3-D-Film *m*; **2.** Film(streifen) *m*; ~ **fixe** Stehbildstreifen *m*; ~ **de format** réduit Schmalfilm *m*; ~ **de 35 mm de largeur** 35-mm-Film *m*; ~ **de sûreté** Sicherheitsfilm *m*; **3.** *fig in Zeitungen, im Fernsehen* ~ **des événements de la semaine** *etwa* (aktu'elle) Chronik der Woche; Wochenchronik *f*; **4.** Film *m*; dünne Schicht; dünnes Häutchen *n*; ~ **d'huile** Ölfilm *m*, -schicht *f*

filmage [filmaʒ] *m* Filmen *n*; *e-r Szene auch* (Ab)Drehen *n*

film-annonce [filmanõs] *m* ⟨*pl* films--annonces⟩ *cin* Trailer ['trɛː-] *m*; (Re'klame)Vorspann *m*

filmer [filme] *v/t* **1.** *Szene, Personen, Tiere* filmen; *Szene auch* (ab)drehen; ~ **des scènes en extérieur, en studio** Außen-, Studio-*od* Atelier-*od* Landschaftsaufnahmen drehen, machen; **2.** *tech* mit e-m (Schutz)Film über'ziehen

filmique [filmik] *adj* **1.** filmisch; Film…; **œuvre** *f* ~ Filmwerk *n*; filmisches Werk; **univers** *m* ~ Welt *f* des Films; **2.** filmreif; zum Filmen geeignet

filmo|graphie [filmɔgrafi] *f e-s Regisseurs, e-r Gattung* syste'matisches Filmverzeichnis; ~**logie** *f* Filmwissenschaft *f*; ~**thèque** [-tɛk] *f* **1.** Filmo'thek *f*; **2.** Mikrofilmarchiv *n*

film-pack [filmpak] *m* ⟨*pl* film-packs⟩ *phot* Filmpack *m*

filon [filõ] *m* **1.** *mines* Flöz *n*; Ader *f*; Gang *m*; ~ **d'argent, de cuivre** Silber-, Kupferader *f*; ~ **puissance** *f* **d'un** ~ Flözmächtigkeit *f*; **2.** F *fig* einträglicher, lukra'tiver Job [dʒɔb]; Posten; *auch* Druckposten *m*; **avoir le** ~ e-n lukrativen Job haben

filoselle [filozɛl] *f text* Flo'rett-, Flock-seide *f*

filou [filu] *m* **1.** F *meist von e-m Kind* Schelm *m*; Fi'lou *m*; Spitzbube *m*; Schlitz-ohr *n*; **2.** (gerissener) Dieb, Gauner, Betrüger

filouterie [filutri] *f* Betrüge'rei *f*; *jur* ~ d'aliments Zechprelle'rei *f*

fils [fis] *m* Sohn *m* (*auch fig*); *plais* Filius *m*; *par ext* Nachkomme *m*; *in Verbindung mit Namen* junior (*abr* jun., jr.); der Jüngere (*abr* d. J.); Alexandre Dumas ~ Alexandre Dumas der Jüngere; le ~ Durand der Sohn der Durands; Durand ~ Durand junior; *comm in Firmennamen* Durand (père) et ~ Durand und Sohn; *Kosewort* F mon ~ mein Sohn, F Lieber; ~ adoptif Adop'tivsohn *m*; aîné, cadet ältester, jüngster Sohn; *fig* ~ spirituel geistiger Erbe; Schüler *m*; *péj* à papa verwöhnter Sohn reicher Eltern; *fig* le ℓ du ciel der Himmelssohn (*Kaiser von China*); les ~ du ciel die Chi'nesen *m/pl*; *rel* le ℓ de Dieu, de l'homme Gottes, des Menschen Sohn; der Gottes-, Menschensohn (*Christus*); ~ de famille Sohn aus reichem, gutem Hause (*auch péj*); *fig* ~ pl de la France Söhne Frankreichs; *hist* ~ de France Prinz *m* aus dem französischen Königshaus; Fils de France *m*; ~ de la maison Sohn des Hauses; *plais* Junior *m*; ~ du peuple Sohn aus dem Volk; c'est le ~ de son mari das ist ihr Stiefsohn; il est ~ de ses œuvres *cf* œuvre[1] 1.; c'est bien le ~ de son père er ist (ganz) der Sohn s-s Vaters, genau wie sein Vater; *péj auch* der Apfel fällt nicht weit vom Stamm (*prov*); cet enfant est un ~ pour lui er liebt dieses Kind wie e-n Sohn, behandelt dieses Kind wie s-n eigenen Sohn

filtrable [filtrabl(ə)] *adj* fil'trierbar

filtrage [filtraʒ] *m* **1.** *von Flüssigkeiten, Lichtstrahlen, Schwingungen* Filtern *n*, -ung *f*; Filtrati'on *f*; *von Flüssigkeiten auch* (Ab)Fil'trieren *n*; Fil'trierung *f*; *phys auch* Aussieben *n*; **2.** *fig von Verdächtigen, Nachrichten* genaue Kon-'trolle; *von Nachrichten auch* Sieben *n*

filtrant [filtrɑ̃] *adj* **1.** Filter-...; Fil-'trier-...; *opt* verre ~ Filterglas *n*; **2.** *biol* virus ~ (fil'trierbares) Virus

filtrat [filtra] *m* Fil'trat *n*

filtration [filtrasjɔ̃] *f* **1.** Filtrati'on *f*; *cf* filtrage 1.; ~ lente, rapide Langsam-, Schnellfiltern *n*, -filtration *f*; ~ sous vide Vakuumfiltern *n*, -filtration *f*; **2.** Flüssigkeit, die gefiltert wird

filtre [filtr(ə)] *m chim, tech, rad, opt, Akustik, Mengenlehre* Filter *m, fachspr meist n*; *rad auch* Siebkette *f*, -schaltung *f*; ~ acoustique akustisches Filter; *rad* ~ antiparasite Entstörfilter *n*; ~ coloré, jaune Farb- *od* Licht-, Gelbfilter *n*; ~ à air Luftfilter *n*; ~ à bougies *od* (de) Chamberland Kerzenfilter *n*; ~ à essence, à huile Kraftstoff- *od* Ben-'zin-, Ölfilter *n*; ♦ *auch adit*: (bout *m*) Filter(mundstück) *n*; cigarette *f* à bout ~ Filterzigarette *f*; (café *m*) ~ Filterkaffee *m*; papier *m* ~ Filter-, Fil'trierpapier *n*

filtre-presse [filtrəprɛs] *m* ⟨*pl* filtres--presses⟩ *tech* Filterpresse *f*

filtrer [filtre] **I** *v/t* **1.** *Flüssigkeiten, Lichtstrahlen, Schwingungen* filtern; *Flüssigkeiten auch* fil'trieren; *phys auch* aussieben; **2.** *fig Personen* genau, streng kontrol'lieren, über'prüfen; e-r strengen Kon'trolle unter'ziehen; *Nachrichten* sieben; **II** *v/i* **3.** *Filterkaffee* 'durchlaufen; *Wasser etc* 'durchsickern, -dringen; versickern (à travers le sable im Sand); *Licht* ein-, 'durchdringen, 'durch-

kommen, -scheinen (à travers les volets durch die Fensterläden); *Glas etc* laisser ~ le jour Licht 'durchlassen; **4.** *fig Nachrichten, Wahrheit* 'durchdringen, -sickern

fin[1] [fɛ̃] *f* **1.** Ende *n* (*auch des Lebens*); Schluß *m*; Ausgang *m*; *e-s Jahrhunderts auch* Wende *f*; *e-s Festes auch* Ausklang *m*; *e-s Reiches etc* Ende *n*; 'Untergang *m*; ~ prématurée vorzeitiges, (all)zu frühes Ende; *e-r Person auch* (all)zu früher Tod; avoir eu une ~ prématurée ein vorzeitiges Ende gefunden haben; *Person* allzu früh verstorben sein; ~ de l'année Jahresende *n*, -(ab)schluß *m*, -ausgang *m*; Ende des Jahres; ~ de citation Ende des Zitats; Zi'tatende *f*; soweit Zitat; ~ du contrat Vertragsende *n*, -ablauf *m*; certificat *m*, diplôme *m* de ~ d'études Abschlußzeugnis *n*, -diplom *n*; ~ du mois Monatsende *n*; F avoir des ~s de mois difficiles, pénibles F am, gegen Monatsende knapp bei Kasse sein; ~ du monde Weltuntergang *m*, -ende *n*; *comm* ~ de série Restposten *m*; Artikel *m* e-r auslaufenden Serie; ~ de siècle a) Jahr'hundertwende *f*; b) *loc/adj* deka'dent; (des) Fin-de-siècle; personnage *m* ~ de siècle dekadente Gestalt; Gestalt der Jahrhundertwende, des Fin-de-siècle; *loc/adj* (faire très) ~ de race (sehr) über'feinert, deka'dent, degene'riert (wirken); *loc/adv u loc/prép: comm* ~ prochain Ende des nächsten Monats; ~ mai, juin Ende Mai, Juni; à la ~ am Ende, Schluß (de *gén*); schließlich; zum Schluß; letzten Endes; zu'letzt; zu guter Letzt; *bei Kochrezepten* à la ~ *ajouter du sucre* zum Schluß...; F j'en ai assez à la ~ F jetzt reicht's mir allmählich, dann; à la ~ de l'année am Jahresende; am Ende, Schluß des Jahres; en ~ d'après-midi am Spätnachmittag; en ~ de compte schließlich; letztlich; letzten Endes; im Endeffekt; im Grunde genommen; alles in allem; jusqu'à la ~ bis zu'letzt; bis zum Schluß, Ende; jusqu'à la ~ des temps, des siècles bis ans Ende der Zeiten; *auch loc/adj* sans ~ endlos (*auch tech*); ohne Ende; *tech* courroie *f* sans ~ Treibriemen *m*; discours *m* sans ~ endlose Rede; *tech* vis *f* sans ~ Schnecke *f*; ♦ approcher de la ~ sich dem Ende nähern; zu Ende gehen; la ~ approche das Ende rückt näher, kommt; es geht dem Ende zu; *von e-m Sterbenden* es geht zu Ende mit ihm; *Sterbender* sentir sa ~ approcher sein Ende nahen fühlen; être arrivé à la ~ d'un livre ein Buch zu Ende gelesen, ausgelesen haben; F mit e-m Buch fertig sein; ne pas avoir de ~ endlos sein; kein Ende nehmen; c'est la ~ de tout, F des 'haricots jetzt ist alles aus, F ist's ganz aus; *ling* être à la ~ du mot im Auslaut stehen; être en ~ de liste (ganz) unten auf, am Ende, Schluß der Liste stehen; mener à bonne ~ (glücklich) zu Ende führen; zu e-m (guten) Ende führen; (gut) abschließen, beenden; *Geschäft* zu'stande bringen; per'fekt machen; mettre ~ à qc e-r Sache (*dat*) ein Ende machen, bereiten, setzen; etw beenden; *fig* e-n Schlußstrich unter etw (*acc*) ziehen; mettre ~ à ses jours s-m Leben ein Ende machen; sich das Leben nehmen; prendre ~ zu Ende nehmen, haben; zu Ende gehen *bzw* sein; enden; F aussein; tirer, toucher à sa ~ Fest, Tag, Vorräte zu Ende, Tag, Vorräte auch sich zur Neige gehen; Fest auch sich dem Ende, s-m Ende zuneigen; dem Ende entgegengehen; Vorräte auch ausgehen; F alle werden. **2.** Ziel *n*; (End)Zweck *m*

(*beide auch philos*); Absicht *f*; ~s cachées, secrètes versteckte, geheime Absichten; *loc/adv:* à cette ~, à ces ~s zu diesem Zweck; hierfür; hierzu; deshalb; à toutes ~s utiles für alle Fälle; des ~s de documentation zu Dokumentationszwecken; *loc/conj:* à seule(s) ~(s) de (+*inf*) nur in der Absicht, zu dem einzigen Zweck, nur um zu (+*inf*); aux ~s de (+*inf*) zwecks (+*gén*); arriver, parvenir à ses ~s sein(e) Ziel(e), s-n Zweck erreichen; s-n Willen 'durchsetzen; zum Ziel gelangen; *loc/prov:* la ~ justifie les moyens der Zweck heiligt die Mittel (*loc/prov*); qui veut la ~ veut les moyens *etwa* wer den Zweck will, darf vor den Mitteln nicht zurückschrecken; **3.** *jur* Antrag *m*; Begehren *n*; ~ de non-recevoir *cf* non-recevoir; **4.** *rel* les ~s dernières die Letzten Dinge *n/pl*

fin[2] [fɛ̃] **I** *adj* ⟨fine [fin]⟩ *allg* fein; Fein...; *Salz, Sand, Puder, Geruch, Gesicht, Haare, Schuhe* fein; *Weine, Speisen* fein; erlesen; *Sinne* fein; scharf; ausgeprägt; *Hände, Taille* schmal; schlank; *Lippen* schmal; *Beine* schlank; *Papier, Glas* fein; dünn; *Schrift* fein; zierlich; *Nadel, Pinsel, Feder* fein; (sehr) spitz; dünn; *Unterschied* fein; klein; sub'til; *Bemerkung* geistreich; witzig; scharfsinnig; *Person* geschickt; gewandt; schlau; raffi'niert; branche ~e feiner, dünner Zweig; ~ connaisseur Spezia'list *m*; Fachmann *m*; ausgezeichneter, hervorragender, feiner Kenner; drap ~ feines Tuch; eau-de-vie ~e *cf* fine 1.; épicerie ~e Feinkost *f*; Delika-'tessen *f/pl*; *auch* Feinkost-, Delikatessengeschäft *n*; ~ gourmet, F ~e gueule Feinschmecker *m*; F Leckermaul *n*; *cuis* ~es herbes herbes Küchenkräuter *n/pl*; *cf auch* herbe 2.; lingerie ~e Feinwäsche *f*; *fig* ~e mouche F schlaues Weib; les plus ~es nuances die kleinsten, feinsten Nuancen *f/pl*; or ~ Feingold *n*; perle ~e echte Perle; pierre ~e Halbedelstein *m*; pluie ~e feiner Regen; Sprühregen *m*; pointe ~e feine Spitze; *loc/prép* au ~ fond de ganz od weit hinten in (+*dat*); tief im Innern, im tiefsten Innern, im entlegensten, fernsten Winkel (+*gén*); au ~ fond des bois, de la forêt im tiefsten Wald; mitten im Wald; au ~ fond de la Russie im tiefsten Innern, im entlegensten, fernsten Winkel Rußlands; avoir l'esprit ~ scharfsinnig, helle sein; avoir le nez ~ *cf* nez 1.; avoir l'odorat ~ e-n ausgeprägten, guten, feinen Geruchssinn haben; avoir l'oreille ~e ein gutes Gehör haben; ein feines, scharfes Ohr, Gehör haben; scharfe, gute Ohren haben; *beim Fechten* c'est une ~e lame er führt, schlägt e-e gute Klinge; il n'est pas très ~ er ist nicht sehr schlau, helle; *iron* c'est ~ ce que tu as fait! da hast du etwas, F was Schönes, Feines angerichtet!; **II** *adv* **1.** ganz (und gar); völlig; être ~ prêt ganz fertig, F fix und fertig sein; **2.** moudre ~ fein mahlen; **III** *m* **1.** le ~ du ~ das Feinste vom Feinen; das Allerfeinste, -beste, Erlesenste; **2.** jouer au plus ~ avec qn j-n zu über'listen suchen; schlauer sein wollen als j; **3.** Feingehalt *m*

final [final] *adj* ⟨-als⟩ **1.** End-...; Schluß-...; letzte(r, -s); abschließend; *mus* accord ~ Schlußakkord *m*; letzter Akkord; *but* ~ Endzweck *m*; *phys* état ~ Endzustand *m*; *mus* mesure ~e letzter Takt; point ~ Schlußpunkt *m*; *fig* mettre le, un point ~ à qc etw beenden; in

e-r Sache (*dat*) ein Machtwort sprechen; e-r Sache (*dat*) ein Ende machen; den Schlußstrich ziehen unter etw (*acc*); **résultat** ~ Endergebnis *n*; **syllabe** ~e Endsilbe *f*; **victoire** ~e Endsieg *m*; **voyelle** ~e Endvokal *m*; auslautender Vokal; Vokal *m* im Auslaut; **2.** *gr* fi'nal; zweckbestimmt; **conjonction** ~e finale Konjunktion; **proposition** ~e Final-, Zwecksatz *m*; **3.** *philos* **cause** ~e Zweckursache *f*

final(e) [final] *m mus* Fi'nale *n*; e-r Sinfonie *auch* Schlußsatz *m*; e-r Oper *auch* Aktschluß *m*

finale [final] *f* **1.** *sports* Fi'nale *n*; End-kampf *m*, -spiel *n*, -runde *f*; 'huitième *m*, quart *m* de ~ Achtel-, Viertelfinale *n*; **arriver en** ~ ins Finale kommen, einzie-hen; **remporter la** ~ das Finale ge-winnen; **2.** *gr* Endsilbe *f*; letzte Silbe; Auslaut *m*; ~ **accentuée** betonte Endsil-be; **3.** *der Quadrille* Schlußfigur *f*

finalement [finalmã] *adv* schließlich; endlich; am Ende; zu guter Letzt; letzten Endes

final|isme [finalism(e)] *m philos* Fina-'lismus *m*; ~**iste I** *adj philos* fina'listisch; **II** *m* **1.** *sports* Fina'list *m*; Endspiel-, Endrundenteilnehmer *m*; **2.** *philos* An-hänger *m* des Fina'lismus; ~**ité** *f philos* Finali'tät *f*; Zweckbestimmtheit *f*

finance [finãs] *f* **1.** *pl* ~s Fi'nanzen *f/pl*; Fi'nanz-, Geldwesen *n*; Fi'nanz-, Geld-wirtschaft *f*; Geldmittel *n/pl*; ~s **publi-ques** öffentliche Finanzen; Staatsfinan-zen *f/pl*; **administration** ~ Fi-nanzverwaltung *f*; **loi** *f* **de** ~s Finanz-gesetz *n*; F **ses** ~s **vont mal** F es steht schlecht mit s-n Finanzen; **être em-ployé aux** ♀s in der Finanzverwaltung beschäftigt, tätig sein; F **l'état de mes** ~s **ne me permet pas cet achat** meine finanzielle Lage; F meine Finanzen las-sen diesen Kauf nicht zu; **2. a)** Geldge-schäft(e) *n(/pl)*; **être dans la** ~ Geldge-schäfte machen; **b)** (monde *m* de la) ~ Fi'nanzwelt *f*; 'haute ~ Hochfinanz *f*; Finanz-, Geldaristokratie *f*; **3.** *loc/adv* **moyennant** ~ mit, mittels, mit Hilfe von (Bar)Geld

financement [finãsmã] *m* Finan'zie-rung *f*; Kapi'talbeschaffung *f*; Geldauf-bringung *f*; Bereitstellung *f* von Geld-mitteln; ~ **de la construction de loge-ments** Wohnungsbaufinanzierung *f*; **plan** *m*, **système** *m*, **type** *m* **de** ~ Finanzierungsplan *m*, -system *n*, -art *f*

financer [finãse] *v/t* <-ç-> finan'zieren

financier [finãsje] **I** *adj* <-ière> **1.** finanzi'ell; geldlich; Fi'nanz...; Geld...; **accord** ~ Finanzabkommen *n*; **aide financière, appui** ~ finanzielle Hilfe, Unter'stützung *f*; **crise financière** Fi-nanzkrise *f*; finanzielle Krise; **difficul-tés financières** finanzielle Schwierig-keiten *f/pl*; Geldschwierigkeiten *f/pl*; **économie financière** Finanz-, Geld-wirtschaft *f*; **équilibre** ~ finanzielles Gleichgewicht; Finanzstabilität *f*; **éta-blissement** ~ Geldinstitut *n*; **groupe** ~ Finanzgruppe *f*; **législation financière** Finanzgesetzgebung *f*; **marché** ~ Kapi-'talmarkt *m*; **moyens** ~s finanzielle Mittel *n/pl*; Geld-, Finanzmittel *n/pl*; **opération financière** Geldgeschäft *n*; **politique financière** Finanzpolitik *f*; **rapport** ~ Finanz-, Kassenbericht *m*; **règlement** ~ Haushaltsordnung *f*; **ser-vice** ~ Finanzabteilung *f*; **situation financière** Finanzlage *f*; Vermögensla-ge *f*; -verhältnisse *n/pl*; **2.** finanzielle Lage; **soucis** ~s Geldsorgen *f/pl*; *in e-r Zeitung* **la vie financière** (der) Börsenbericht; **2.** *cuis* **sauce financière** *od subst* finan-cière *f* Ma'deirasoße *f* mit Trüffelfond

II *m* Finanzi'er *m*; Fi'nanz-, Geldmann *m*; Banki'er *m*; ~s *pl auch* Fi'nanz-, Geldleute *pl*; **gros** ~ Finanzmagnat *m*, -gewaltige(r) *m*; F -größe *f*

financièrement [finãsjɛrmã] *adv* fi-nanzi'ell (gesehen)

finass|er [finase] F *v/i* Ausflüchte ge-brauchen; sich her'ausreden; ~**erie** F *f* Raffi'nesse *f*; Raffi'niertheit *f*; Spitzfin-digkeit *f*

finaud [fino] **I** *adj* (bauern)schlau; pfif-fig; gewitzt; listig; **II** *subst* ~(e) *m(f)* Schlaukopf *m*, F -meier *m*; F Schlauber-ger(in) *m(f)*; Pfiffikus *m*

finauderie [finodri] *f* (Bauern)Schlau-heit *f*, (-)Schläue *f*; Pfiffigkeit *f*; Ge-witztheit *f*

fine [fin] *f* **1.** fein(st)er, erstklassiger Weinbrand; **verre** *m* **de** ~ Glas *n* feiner Weinbrand; **2.** ~ **de claire** Auster *f* aus e-m Mastpark (*der Charente*)

finement [finmã] *adv* fein; genau; bis in alle Einzelheiten; sehr sorgfältig

fines [fin] *f/pl* Feinkohle *f*

finesse [fines] *f* **1.** Feinheit *f* (*auch fig*); *von Gesichtszügen, des Pinselstrichs auch* Zartheit *f*; *der Taille auch* Zierlichkeit *f*; Schmalheit *f*; *e-s Pinsels, e-r Nadel auch* Dünne *f*; *der Sinne, des Geistes auch* Schärfe *f*; *e-r Beobachtung auch* Ge-nauigkeit *f*; *des Geschmacks auch* Erle-senheit *f*; Raffi'niertheit *f*; Raffi'nesse *f*; Raffine'ment *n*; ~ **d'esprit** Scharfsinn *m*; Schärfe *f* des Verstandes; ~ **d'exécution** Feinheit, Genauigkeit, Sorgfältigkeit *f*; Sorgfalt *f* der Ausfüh-rung; ~ **de jugement** Schärfe, Klarheit *f* des Urteils; ~ **d'une poudre** Feinheit e-s Pulvers; Pascal **l'esprit** *m* **de** ~ der Geist des Subtilen, Individuellen; der intuitiv erfassende Geist; *Gedanken, Worte* **plein de** ~ scharfsinnig; geist-reich, -voll; fein; **2.** *pl* ~s *e-r Sprache, Kunst* Feinheiten *f/pl*; Fi'nessen *f/pl*; Raffi'nessen *f/pl*; *e-r Argumentation auch* Spitzfindigkeiten *f/pl*

finette [finet] *f text* Fi'nette *f*

fini [fini] **I** *adj u p/p von* finir **1.** *Arbeit* fertig; abgeschlossen; beendet; voll'en-det; *Epoche, Welt* vergangen; ver-schwunden; *Epoche auch* abgeschlossen; **produits** ~s Fertigprodukte *n/pl*, -waren *f/pl*, -fabrikate *n/pl*, -erzeugnisse *n/pl*; **c'est** ~ **entre nous** zwischen uns ist es aus; wir haben (miteinander) Schluß gemacht; ich habe mit ihm *bzw* ihr Schluß gemacht; **tout est** ~ es ist alles aus; **ses études sont** ~**es** er hat sein Studium abgeschlossen, beendet; *unwil-lig* **est-ce que c'est** ~! ist endlich Schluß damit!; hört das endlich auf!; Schluß jetzt!; **2.** *Kleider etc* **bien** ~ gut, sorgfältig gearbeitet; **merveilleu-sement** ~ ungemein sorgfältig, hervor-ragend (aus)gearbeitet, aus-, 'durchge-führt, gefertigt; **3.** *fig Person* erledigt; il **est** ~, **c'est un homme** ~ er ist erledigt, am Ende; mit ihm ist es aus, vor'bei; **4.** *Lügner etc* abgefeimt; ausgemacht; ge-rissen; ausgepicht; Erz...; **ivrogne** ~ Erzsäufer *m*; **5.** *philos, math* endlich; *philos auch* begrenzt; **un être** ~ ein endliches Wesen; **grandeur** ~**e** endliche Größe; **nombre réel** ~ reelle endliche Zahl; **II** *m* **1.** Voll'endung *f*; sorgfältige Verarbeitung, Ausführung; letzter Schliff; **2.** *philos* Endlichkeit *f*; Endliche(s) *n*

finir [finir] **I** *v/t* **1.** *Arbeit* beend(ig)en; abschließen; fertigstellen, -machen; zu Ende führen, bringen; voll'enden; zu Ende kommen (qc mit etw); *sein Leben, s-e Tage* beschließen; beenden; *Kleider, Schuhe* auftragen; *Teller* leer essen; ab-, aus-, aufessen; *Glas* leer trinken; austrin-ken; leeren; *Brot etc* aufessen; *Pfeife, Zigarette* aufrauchen; zu Ende, fertig rauchen; ~ **qc** *auch* mit etw aufhören; etw lassen; ~ **sa dernière année de droit** im letzten Jahr Jura studieren; il **a fini son apprentissage** er hat ausge-lernt, s-e Lehre beendet, abgeschlossen; **finissez ces bavardages!** hört auf zu schwatzen, mit dem Geschwätz!; laßt das Schwatzen!; ~ **son devoir** mit s-r (Schul)Aufgabe fertig sein; ~ **ses jours à la campagne** s-n Lebensabend auf dem Land verbringen; **avoir fini son service militaire** s-n Militärdienst abgeleistet, F hinter sich haben; ~ **sa vie dans la misère** im Elend enden, ster-ben; ♦ ~ **de faire qc** aufhören, mit etw zu tun; mit etw aufhören; etw abschließen, zu Ende führen; **ils finissaient de dîner** *quand je suis arrivé* sie waren gerade mit dem Essen fertig ...; **vous n'avez pas fini de vous disputer?** streitet ihr (euch) immer noch?; **finissez de faire votre travail** schließt eure Arbeit ab; **c'est fini de rire** jetzt wird es, wird's Ernst; **j'ai fini de travailler aujourd'hui** ich habe für heute genug gearbeitet; heute arbeite ich nichts mehr; **2.** den letzten Schliff geben (+*dat*); *tech* fein-, endbearbeiten; fertig-stellen; schlichten; feinen; *text* ausrü-sten; **II** *v/i* **3.** *Person* aufhören; Schluß machen; finis, voyons! hör (doch) auf!; laß das (doch)!; **finissez donc!** hören Sie (doch) endlich auf!; **avoir fini** fertig sein; **est-ce que tu as fini?** bist du fertig?; ♦ **en** ~ *etw Unangenehmem* ein Ende machen; Schluß machen damit; **en** ~ **avec qn, qc** j-n, etw loswerden; sich j-n, etw vom Halse schaffen; mit j-m, e-r Sache Schluß machen; **en** ~ **avec qn** *auch* sich j-s entledigen; j-n aus dem Weg räumen, schaffen; **en** ~ **avec qc** *auch* e-r Sache ein Ende machen; etw regeln, aus der Welt schaffen; **pour en finir** ... um zum Ende, Schluß zu kommen ...; um der Sache ein Ende zu machen ...; um das abzuschließen ...; **il faut en** ~ **avec** dem muß ein Ende haben; dem muß man ein Ende machen; *Redner etc* **il n'en finit plus** er findet kein Ende, hört überhaupt nicht mehr auf; ♦ F **en** ~ **de** (+*inf*) aufhören zu (+*inf*); **je n'en fini-rais pas de raconter mes aventures** ich könnte Bände erzählen von meinen Erlebnissen; **4.** *Veranstaltung etc* zu Ende gehen *od* sein; aufhören; enden; F aussein; *Geschichte etc* ausgehen; auf-hören; enden; *Straße* enden; zu Ende sein; aufhören; *Vertrag* ab-, auslaufen; *Unannehmlichkeiten* ein Ende haben, nehmen; *Erzähler* ein Ende finden; *Kranke, Verunglückte* enden; den Tod finden; **je me demande comment cela finira** ich frage mich, wie das enden wird; **il est temps que cela finisse** das muß (endlich) aufhören, ein Ende ha-ben; damit muß (endlich) Schluß sein; ~ **bien, mal** gut, schlimm *od* böse enden; ein gutes, schlimmes *od* böses Ende nehmen; gut, schlimm *od* übel ausgehen; **les films qui finissent bien** ... Filme mit gutem Ausgang, Ende ...; *prov* **tout est bien qui finit bien** Ende gut, alles gut (*prov*); **il finira mal** es wird ein böses, schlimmes Ende mit ihm nehmen; ~ **à l'hôpital** im Krankenhaus enden, F landen; **il a fini à l'hôpital** *auch* er ist im Krankenhaus gestorben; ~ **dans un accident** bei e-m Unfall 'umkommen; ums Leben kommen; tödlich verunglük-ken; *Straße* ~ **en cul-de-sac** als Sack-gasse enden; F ~ **en beauté** *Sportler, Schauspieler etc* s-e Karriere mit e-m Tri'umph beenden; sich e-n glänzenden

Abgang verschaffen; *Fest etc* e-n guten Abschluß finden; gegen Ende (noch) schön sein; **tout finit par des chansons** alles löst sich in Wohlgefallen auf; ♦ **n'en pas, plus ~** kein Ende haben; endlos, sehr lang, F ellenlang sein; **applaudissements** *m/pl* à **n'en plus ~** nicht enden wollender, langanhaltender Beifall; **discussions** *f/pl* à **n'en plus ~** endlose Diskussionen *f/pl*; **des bras** *m/pl* à **n'en plus ~** endlose Arme *m/pl*; **5. ~ par faire qc** am Ende, schließlich, zum Schluß, zu'letzt (doch) etw tun; **~ par accepter** am Ende *etc* doch annehmen; **ça finira par s'arranger** das wird sich einrenken, geben; da wird sich e-e Lösung finden; **il finira par avoir un accident** er wird früher oder später, e-s Tages e-n Unfall haben; es wird damit enden, daß er e-n Unfall hat; **il finira bien par payer** er wird am Ende *etc* doch, schon zahlen (müssen)

finish [finiʃ] *m sports* **1.** Finish *n*; Endspurt *m*; **manquer de ~** ein schwaches, kein gutes Finish haben; **2.** *Boxen* **match** *m* au ~ durch K. o. oder Aufgabe entschiedener Kampf; **3.** *loc/adv* F *fig* **avoir qn au ~** F j-n mit der Zeit mürbe kriegen

finiss|age [finisaʒ] *m* Fertig-, Endbearbeitung *f*; Fertigstellung *f*; *tech auch* Schlichten *n*; Feinen *n*; *text* Ausrüstung *f*; Vered(e)lung *f*; *Weberei* Finish *n*; **~ant** *adj Jahreszeit, Epoche* zu Ende gehend; sich dem Ende zuneigend; dem Ende entgegengehend; endend; *Epoche auch* ausgehend; **~eur** *m*, **~euse** *f* **1.** *sports* Sportler(in) *m(f)* mit gutem Finish, Endspurt; **2.** *Industrie* Fertigbearbeiter(in) *m(f)*, -macher(in) *m(f)*; **3.** ⟨*nur f*⟩ Tiefbaumaschine Straßen-, Deckenfertiger *m*

finition [finisjɔ̃] *f* **1.** *Vorgang* **a)** Fertig-, Endbearbeitung *f*; Fertigstellung *f*; **b)** *pl* **~s** letzte Arbeiten *f/pl*; *cout* Versäuberungsarbeiten *f/pl*; **2.** *Ergebnis* Verarbeitung *f*; Ausführung *f*

finitude [finityd] *f philos* Endlichkeit *f*

finlandais [fɛ̃lɑ̃dɛ] **I** *adj Staat, Regierung etc* finnisch; **II** *subst* ♀(e) *m(f)* Finne *m*, Finnin *f*

finnois [finwa] **I** *adj Sprache, Kultur* finnisch; **II** *subst ling* le **~** das Finnische; Finnisch *n*

finno-ougrien [finougrijɛ̃] *adj* ⟨~ne⟩ *ling* finnisch-ugrisch

fiole [fjɔl] *f* **1.** *phm* Phi'ole *f*; **2.** F *fig* (*tête*) F Birne *f*; Bal'lon *m*; **se payer la ~ de qn** F j-n durch den Ka'kao ziehen

fiord *cf* fjord

fioritures [fjɔrityr] *f/pl* **1.** *mus* Verzierung(en) *f(pl)*; *beim Kunstgesang auch* Kolora'tur(en) *f(pl)*; Fiori'turen *f/pl*; **2.** *e-r Zeichnung etc* Verzierung(en) *f(pl)*; Ausschmückung *f*; *péj* Verschnörkelung *f*; Schnörkel *m/pl*

firmament [firmamɑ̃] *m litt* Firma'ment *n*; Himmelszelt *n*; **sous le ~** unter dem Firmament

firman [firmɑ̃] *m Erlaß e-s islamischen Herrschers* Fer'man *m*

firme [firm] *f comm* Firma *f*; Geschäft *n*; Betrieb *m*; Unter'nehmen *n*

fis [fi] *cf* faire

fisc [fisk] *m* Fiskus *m*; Staatskasse *f*; Steuerbehörde *f*; **frauder le ~** (die) Steuer hinter'ziehen

fiscal [fiskal] *adj* ⟨-aux⟩ steuerlich; Steuer...; fis'kalisch; **allégement ~** Steuererleichterung *f*; **année ~e**, *exercice* **~** Steuerjahr *n*; **charges ~es** Steuerlast *f*; steuerliche Belastung(en); **conseiller, dégrèvement ~** Steuerberater *m*, -nachlaß *m*; **harmonisation,**

---

immunité, législation, politique, réforme ~e Steuerangleichung *f*, -freiheit *f*, -gesetzgebung *f*, -politik *f*, -reform *f*; **timbre ~** Steuer-, Stempel-, Gebührenmarke *f*

fiscalis|ation [fiskalizasjɔ̃] *f* Besteuerung *f*; **~er** *v/t* besteuern; e-e Steuer erheben auf (+*acc*); mit e-r Steuer belegen

fiscalité [fiskalite] *f* **1.** Steuersystem *n*, -wesen *n*; **2.** Steuergesetzgebung *f*, -recht *n*; steuerrechtliche Vorschriften *f/pl*; **réforme** *f* **de la ~** Reform *f* der Steuergesetzgebung; Steuerreform *f*; **3.** (Gesamtheit *f* der) Steuern *f/pl*; Steuerlast *f*; steuerliche Belastung; **~ excessive** 'übermäßig hohe Steuerlast

fissa [fisa] *adv* F **faire ~** F schnell, fix machen; **fais ~!** F Tempo!

fissible [fisibl(ə)] *adj phys atom* spaltbar; **matière** *f* **~** spaltbares Material

fissil|e [fisil] *adj minér, abus phys atom* spaltbar; **~ité** *f phys atom, minér* Spaltbarkeit *f*

fission [fisjɔ̃] *f phys atom* Spaltung *f*; **~ nucléaire** Kernspaltung *f*

fissionner [fisjɔne] *v/t phys atom* spalten

fissipare [fisipar] *adj biol* sich durch (Zell)Teilung fortpflanzend

fissuration [fisyrasjɔ̃] *f e-r Mauer, Zimmerdecke etc* Rissigwerden *n*

fissure [fisyr] *f* **1.** Spalt(e) *m(f)*; Riß *m*; *in e-m Gefäß* Sprung *m*; *im Fels, Gletscher auch* Schrunde *f*; *anat* Furche *f*; *sc* Fis'sur *f*; *anat* **~ de Sylvius** Sylviussche Furche; **2.** *fig in e-r Überlegung, Freundschaft* Bruch *m*; Unstimmigkeit *f*

fissurer [fisyre] **I** *v/t* Risse, Spalten her'vorrufen, verursachen in (+*dat*); *adjt* **mur fissuré** rissige, mit Rissen bedeckte, von Spalten durch'zogene Mauer; **II** *v/pr* **se ~** *Boden, Wand* rissig werden; Risse bekommen; *Porzellan, Glas* springen; Sprünge bekommen; bersten

fiston [fistɔ̃] *m* F (*fils*) F Filius *m*; Kleine(r) *m*; *par ext* **Anrede viens par ici, ~!** komm her, (mein) Kleiner!

fistot [fisto] *m arg mil* Marineoffiziersanwärter im ersten Jahr an der Marineakademie

fistulaire [fistylɛr] *adj* **1.** röhrenförmig; hohl; Röhren...; **2.** *cf* fistuleux

fistul|e [fistyl] *f path* Fistel *f*; *im engeren Sinne* Mastdarm-, Afterfistel *f*; **~ gastrique** Magenfistel *f*; **~eux** *adj* ⟨-euse⟩ *méd* fistelartig; fistelnd

fistuline [fistylin] *f bot* Leberpilz *m*, -reischling *m*

fit, fît [fi] *cf* faire

fixage [fiksaʒ] *m* **1.** *phot* Fi'xieren *n*; Fi'xage *f*; **bain** *m* **de ~** Fi'xierbad *n*; **2.** *text* Fi'xagearbeiten *f/pl*

fixateur [fiksatœr] **I** *m* **1.** *phot, biol* Fi'xiermittel *n*; **2.** Haarfestiger *m*; **3.** *peint* Fixa'teur *m* (*Zerstäuber*); **II** *adj* ⟨-trice⟩ Fi'xier...

fixatif [fiksatif] *m peint* Fixa'tiv *n*

fixation [fiksasjɔ̃] *f* **1.** Befestigen *n*, -ung *f*; Festmachen *n*; *e-s Werkstücks* Einspannen *n*; **2.** *par ext* (*dispositif* *m* **de**) **~** Befestigung(svorrichtung) *f*; Halterung *f*; *an Skiern* Bindung *f*; **~ de sécurité** Sicherheitsbindung *f*; **3.** *e-r Frist, e-s Datums, Ortes, von Preisen, Löhnen, Steuern etc* Festsetzung *f*; Festlegung *f*; Fi'xierung *f*; Bestimmung *f*; *e-s Termins auch* Anberaumung *f*; *e-r Frist auch* Bemessung *f*; **~ de la valeur** Wertbestimmung *f*; Valvati'on *f*; **4.** *schriftlich, im Gedächtnis* Festhalten *n*; Fi'xierung *f*; **5.** *chim, biol, phot, peint* Fi'xieren *n*, -ung *f*; *chim auch* Anlagerung *f*; Bindung *f*; **6.** *psych* Fi'xierung *f*; **~ au père** Vaterbindung *f*; Fixierung auf den Vater; **7.** *der Nomaden*

Seßhaftwerden *n bzw* -machen *n*; **8.** *mil* Bindung *f*

fixe [fiks] **I** *adj Zeit, Stunde, Datum* fest; bestimmt; festgesetzt, -gelegt, -stehend; *comm* fix; *Blick* starr; unverwandt; stier; *Gegenstand* unbeweglich; unveränderlich; *tech* statio'när; stand-, ortsfest; **appointements** *m/pl* **~s**, **revenu** *m* **~** festes, fixes Gehalt, Einkommen; *sports* **barre** *f* **~** Reck *n*; *astr* **étoile** *f* **~** Fixstern *m*; **fêtes** *f/pl* **~s** unbewegliche Feste *n/pl*; *mar* **feu** *m* **~** festes Feuer; **idée** *f* **~** fixe Idee; Zwangsvorstellung *f*; **point** *m* **~** Fix-, Festpunkt *m*; fester Punkt; **prix** *m* **~** Festpreis *m*; fester, verbindlicher Preis; **à prix ~** zu festem Preis; zum Festpreis; **menu** *m* **à prix ~** (Tages-) Menü *n* zu festem Preis; **restaurant** *m* **à prix ~** Restaurant *n* mit Festpreisen; **règles** *f/pl* **~s** feste Regeln *f/pl*; *loc/adv*: **à date ~** an e-m bestimmten, immer am gleichen Datum; **à heure ~** zu e-r bestimmten Stunde, Zeit; immer zur gleichen Stunde, Zeit; **sans domicile ~** ohne festen Wohnsitz; **avoir le regard ~** e-n starren, unverwandten, stieren Blick haben; ins Leere starren, stieren; **II** *m* Fixum *n*; festes, fixes Gehalt; **toucher un ~** ein Fixum bekommen; **III** *int mil* **~!** **a)** Augen gerade'aus!; **b)** stillgestanden!

fixe-chaussette [fiksʃɔsɛt] *m* ⟨*pl* fixe-chaussettes⟩ Sockenhalter *m*

fixement [fiksəmɑ̃] *adv* **regarder ~ qn, qc** j-n, etw starr, unverwandt anschauen; j-n, etw fi'xieren, anstarren, anstieren; **auf j-n, etw starren, stieren**

fixer [fikse] *v/t* **1.** befestigen; festmachen; anbringen; *Abzeichen* anstecken; befestigen; *Werkstücke* ein-, auf-, festspannen; **~ qc au mur** etw an der Wand festmachen, befestigen; **2.** *Preise, Löhne, Betrag, Frist, Datum, Zeitpunkt, Bedingungen* festsetzen, -legen; *e-n Preis etc auch* festmachen; *Termin, Datum auch* festmachen; anberaumen; *Frist auch* setzen; bemessen; *Regeln, Prinzipien* aufstellen; **~ le sens d'une expression** den Sinn e-s Ausdrucks festlegen, abgrenzen; ♦ *adjt*: **au jour fixé** am festgesetzten Tag; **limites fixées par la loi** durch das Gesetz *od* gesetzlich festgelegte, -gesetzte, gezogene Grenzen *f/pl*; **prix fixé** festgesetzter Preis; **il n'y a encore rien de fixé** es steht noch nichts fest; es ist noch nichts entschieden; **3.** *schriftlich, im Gedächtnis* festhalten; fi'xieren; **~ ses idées sur le papier** s-e Gedanken schriftlich fixieren, festhalten, zu Papier bringen; **4.** **a)** **~ qn, qc, sa vue, son regard, ses yeux sur qn, qc** j-n, etw fi'xieren, anstarren, anstieren, starr *od* unverwandt anschauen; auf j-n, etw starren, stieren; den Blick, die Augen auf j-n, etw richten, heften; j-n, etw fest ansehen, scharf ins Auge fassen; **tous les regards étaient fixés sur elle** alle starrten sie an, auf sie; **b)** **~ son attention sur qn, qc** sich auf j-n, etw konzen'trieren; s-e Aufmerksamkeit j-m, e-r Sache zuwenden; **c)** **~ son choix sur qn, qc** *cf* choix 1.; **5.** *meist adjt* **a)** **je suis fixé** (**sur son compte**) ich weiß (über ihn) (genau) Bescheid; ich weiß, woran ich (bei ihm) bin, was ich von ihm zu halten habe; **b)** **je ne suis pas encore fixé** ich habe mich noch nicht festgelegt, entschieden, entschlossen; ich bin noch nicht ganz entschlossen, sicher; **6.** *adjt psych* **fixé à** fi'xiert auf (+*acc*); **7.** *chim, biol, phot, peint* fi'xieren; *chim auch* anlagern; binden; **8.** *mil feindliche Kräfte* binden; **9.** *Kolonisten* ansiedeln; *Nomaden* seßhaft machen; **II** *v/pr* **10.** **se ~** sich niederlassen, festsetzen; s-n Wohnsitz aufschlagen; **11.** **se ~ sur**

Blick sich heften auf (+*acc*); *Wahl* fallen auf (+*acc*); **son attention a de la peine à se ~** er hat Mühe, sich zu konzentrieren; **12. se ~ une ligne de conduite** sich e-e Verhaltensweise zu'rechtlegen; sich auf e-e Verhaltensweise festlegen; **13.** *Sachen* **se ~** sich stabili'sieren; sich einpendeln

fixisme [fiksism(ə)] *m biol hist* Lehre *f* von der Kon'stanz der Arten

fixité [fiksite] *f* Unveränderlichkeit *f*; Unbeweglichkeit *f*; *e-s Blicks* Starre *f*; Starrheit *f*; *e-r Bevölkerung* Seßhaftigkeit *f*; *biol* **~ des espèces** Kon'stanz *f* der Arten

fjeld [fjɛld] *m géogr* Fjeld *od* Fjäll *m*

fjord [fjɔr(d)] *m géogr* Fjord *m*

flac [flak] *int* patsch!; klatsch!

flaccidité [flaksidite] *f des Fleisches, Gewebes* Schlaffheit *f*

flacon [flakɔ̃] *m* (kleine) Flasche; Fläschchen *n*; Fla'kon *n od m*; *chim* **~ laveur** Waschflasche *f*; **~ de liqueur, de pilules** Fläschchen Likör, Pillen; **~ de parfum** Fläschchen, Flakon Parfum

flaconn|age [flakɔnaʒ] *m od* **~erie** *f* Glasflaschenherstellung *f*; **~ier** *m* Etu'i *n*, Behälter *m*, Kar'ton *m* mit mehreren Fläschchen

fla-fla [flafla] *m* F **faire des ~s** sich großtun, wichtig machen; F angeben

flagada [flagada] *adj* ⟨*inv*⟩ F *cf* flapi

flagell|ant [flaʒɛ(l)lɑ̃] *m rel hist* Flagel'lant *m*; Geißelbruder *m*; Geißler *m*; **~ation** *f* Geißelung *f* (*bes rel*)

flagelle [flaʒɛl] *m biol* Geißel *f*; *sc* Fla'gellum *n*

flagell|é [flaʒɛ(l)le] **I** *adj biol* mit e-m Fla'gellum versehen; **II** *m/pl* **~s** *zo* Geißeltierchen *n/pl*; *sc* Flagel'laten *f/pl*; **~er** **I** *v/t* geißeln; **II** *v/pr* **se ~** sich geißeln

flageol|ant [flaʒɔlɑ̃] *adj* zitternd; (sch)wankend; *Knie, Beine* schlott(e)rig; schlotternd; zitt(e)rig; schwach; wack(e)lig; *nach e-r Krankheit* **avoir les jambes ~es, se sentir ~** schwach, wack(e)lig auf den Beinen sein; weiche Knie haben; **~er** *v/i vor Schwäche* (sch)wanken; zittern; schwach, wack(e)lig sein; **il flageolait sur ses jambes** ihm zitterten, wankten die Knie

flageolet[1] [flaʒɔlɛ] *m mus* Flageo'lett *n* (*Flöte u Orgelregister*)

flageolet[2] [flaʒɔlɛ] *m bot* kleine weiße Bohne; **gigot ~ aux ~s** Hammelkeule *f* mit kleinen weißen Bohnen

flagorner [flagɔrne] *litt v/t* liebedienern, katzbuckeln, kriechen (*vor j-m*)

flagorn|erie [flagɔrnəri] *litt f* Liebediene'rei *f*; Speichellecke'rei *f*; Krieche'rei *f*; **~eur** *m*, **~euse** *f litt* Liebediener *m*; Speichellecker *m*; Kriecher(in) *m(f)*

flagrant [flagrɑ̃] *adj* **1.** *jur* **~ délit** Vergehen *n*, bei dem der Täter auf frischer Tat ertappt wird; *loc/adv* **(prendre qn) en ~ délit** (j-n) in fla'granti, auf frischer Tat (ertappen); **2.** *Ungerechtigkeit, Widerspruch etc* offenkundig; schreiend; fla'grant; ins Auge fallend; in die Augen springend; klar zu Tage liegend; *Irrtum, Widerspruch auch* kraß

flair [flɛr] *m* **1.** *von Hunden, Wild* Witterung *f*; Geruchssinn *m*; Nase *f*; **2.** *fig* Nase *f*; Gespür *n*; Spürsinn *m*; Gefühl *n*; Flair *n*; F Riecher *m*; **avoir du ~** e-e feine, gute Nase, F die richtige Nase, den richtigen Riecher haben

flairer [flere] *v/t* **1.** *von Tieren* **a)** *Nahrung etc* beschnuppern; beschnüffeln; beriechen; schnuppern, schnüffeln an (+*dat*); **b)** *Wild* wittern; aufspüren; **2.** *von Menschen* **a)** *Gerüche etc* riechen; bemerken; wahrnehmen; **b)** *fig Verrat,*

Lüge wittern; **il flairait un piège là-dessous** er witterte e-e Falle dahinter

flamand [flamɑ̃] **I** *adj* flämisch (*auch in der Kunst*); flandrisch; **II** *subst* **1.** ♀(e) *m(f)* Flame *m*, Flamin *od* Flämin *f*; **2.** *ling* **le ~** das Flämische; Flämisch *n*

flamant [flamɑ̃] *m zo* **~ (rose)** Fla'mingo *m*

flambage [flɑ̃baʒ] *m* **1.** *von Geflügel* (Ab)Sengen *n*; Flämmen *n*; *von Nadeln etc* Ausglühen *n*; *text* Sengen *n*; **2.** *tech* (Aus)Knicken *n*, **-ung** *f*

flambant [flɑ̃bɑ̃] **I** *adj* **charbon ~** *od subst* **~** *m* Flammkohle *f*; **II** *adv* **~ neuf** ⟨*inv od* **~ neuve**⟩ ganz neu; F brandneu; (funkel)nagelneu

flambard *od* **flambart** [flɑ̃bar] *m* F **faire le ~** F angeben; große Bogen spucken; den Mund voll nehmen

flambe [flɑ̃b] *f* **1.** *bot* Schwertlilie *f*; **2.** *hist mil* Flammenschwert *n*; Flamberg *m*

flambé [flɑ̃be] *adj* **1.** *Nadel* ausgeglüht; *Geflügel* (ab)gesengt; **2.** *cuis* flam'biert; **3.** F *fig* erledigt; pleite

flambeau [flɑ̃bo] *m* ⟨*pl* **~x**⟩ **1.** Fackel *f*; **retraite** *f* **aux ~x** Fackelzug *m*; **2.** *fig des Glaubens, der Wahrheit, des Fortschritts* Fackel *f*; *der Freiheit etc auch* Fa'nal *n*; *litt* **se passer, se transmettre le ~** die Fackel weiterreichen, -geben; **3.** (Kerzen-, Arm)Leuchter *m*; Flam'beau *m*

flamb|ée [flɑ̃be] *f* **1.** (hell, hoch auf-) loderndes, lebhaftes, flackerndes Feuer; **2.** *fig von Haß, Gewalt etc* Aufflammen *n*, -lodern *n*, -flackern *n*; Ausbrechen *n*; **3.** *écon* **~ des prix** starker Preisauftrieb; **~ement** *m cf* flambage **2.**

flamber [flɑ̃be] **I** *v/t* **1.** *Geflügel* (ab)sengen; flämmen; *Haare* absengen; *Nadel etc* ausglühen; (kurz) in, über die, e-e Flamme halten; *text* sengen; **2.** *cuis* flam'bieren; **II** *v/i* **1.** *Feuer* (auf-, empor-) flammen; (hell auf)lodern; lohen; (mit heller Flamme) brennen; *trockenes Holz, Scheune* lichterloh brennen; in Flammen aufgehen; **faire ~ une allumette** ein Streichholz an'zünden, aufflammen lassen, F anmachen; **la maison a flambé comme une torche** das Haus ging in Flammen auf wie e-e Fackel; **4.** *tech* (aus)knicken; **5.** F *Spieler* sehr hoch, mit hohem Einsatz spielen; hohe Einsätze wagen

flamberge [flɑ̃bɛrʒ] *f litt nur loc* **mettre ~ au vent** das, sein Schwert aus der Scheide ziehen

flambeur [flɑ̃bœr] F *m* Spieler, der hohe Einsätze wagt

flamboiement [flɑ̃bwamɑ̃] *m e-r Feuersbrunst* Leuchten *n*; Lohen *n*; (Auf-) Lodern *n*; Aufflammen *n*; Flammenschein *m*; heller Schein; *der Sonne* heller, starker Glanz; Glühen *n*; Glut *f*

flamboyant [flɑ̃bwajɑ̃] **I** *adj* **1.** flammend; *Waffe, Rüstung* (in der Sonne) (auf)blitzend, (-)leuchtend; funkelnd; glänzend; **2.** *fig Blick etc* **~ (de colère, de haine)** flackernd, funkelnd, lodernd, glühend (vor Zorn, Haß); **3.** *arch* spätgotisch; **cathédrale ~e** spätgotische Kathedrale; Kathedrale *f* im Flamboy'antstil; **II** *m* **1.** *arch* (gothique *m*) ~ Spätgotik *f*; Flamboy'ant(stil) *n(m)*; **2.** *bot* **a)** Schön-Caesalpinie *f*; **b)** Flamboy'ant *m*

flamboyer [flɑ̃bwaje] *v/i* ⟨-oi-⟩ **1.** *Feuer* (auf-, empor)flammen; lohen; (auf)lodern; hell brennen; **2.** *Metall etc in der Sonne* (auf)blitzen, (-)leuchten; funkeln; glänzen; **3.** *fig Augen vor Haß etc* flackern; funkeln; lodern; flammen; glühen

flamenco [flamɛnko] *m mus*, *Tanz* Fla'menco *m*

flamingant [flamɛ̃gɑ̃] **I** *adj* flämischsprechend; **la Belgique ~e** der flämischsprechende Teil Belgiens; **II** *m* Anhänger *m*, Mitglied *n* der flämischen Bewegung

flamme [flam, flɑm] *f* **1.** Flamme *f*; **~s** *pl auch p/fort* Lohe *f*; **~ d'une bougie** Kerzenflamme *f*; **~ du gaz** Gasflamme *f*; **à la lueur des ~s** im Flammen-, Feuerschein; **im Schein der Flammen**; F *fig* **descendre qn en ~s** j-n scharf kriti'sieren; F j-n her'unterreißen; **être dévoré par les ~s** ver-, ab-, niederbrennen; **être en ~s** in (hellen) Flammen stehen; (lichterloh) brennen; **jeter des ~s** (auf)flammen; (auf)lodern; **passer à la ~** (kurz) in, über die Flamme halten; *Flugzeug* **tomber en ~s** brennend abstürzen; **2.** *fig* **a)** *e-s Blickes, der Begeisterung, der Jugend* Feuer *n*; Glut *f*; *der Begeisterung auch* Flamme *f*; **(parler) avec ~** feurig, mit Feuer (sprechen); *Redner etc* **plein de ~** feurig; glühend; leidenschaftlich; **être tout feu tout ~ pour qc** für etw Feuer und Flamme sein; **b)** *litt* **déclarer sa ~** e-e Liebeserklärung machen; sich erklären; **3.** *mar* Wimpel *m*; **4.** *vét* Lan'zette *f*; **5.** *auf Briefen* **~ (d'oblitération)** Ma'schinenwerbestempel *m*

flammé [flame] *adj* geflammt; flammig

flammèche [flamɛʃ] *f* brennendes, glühendes Teilchen; Funke(n) *m*; **~s** *pl auch* Funkenflug *m*

flammerole [flamrɔl] *f in Dialekten* Irrlicht *m*

flan [flɑ̃] *m* **1.** *cuis* Pudding *m* (*aus Milch, Eiern, Mehl*); **2.** *impr* Mater *f*; Ma'trize *f*; *für Schallplatten* Preßmatrize *f*; *Münzprägung* Münzplatte *f*; Schrötling *m*; **3.** F dummes Zeug; Quatsch *m*; **c'est du ~** das ist Quatsch; **4.** *loc/adv* F **au ~** auf gut Glück; *cf auch* rond III **1.**

flanc [flɑ̃] *m* **1.** *der Menschen, Tiere* Seite *f*; Weiche *f*; *der Tiere, tech, mil, fortif* Flanke *f*; *e-s Bergs* Flanke *f*; (Ab)Hang *m*; Seite *f*; (Berg)Lehne *f*; *e-s Schiffes* Seite *f*; *von Schiffen* **~ à ~** Seite an Seite; **à ~ d'un coteau** am Hang e-s Hügels; *fig* **se battre les ~s** *cf* battre **9.**; *Schiff, Tier* **se coucher sur le ~** sich auf die Seite legen; **éperonner les ~s de son cheval** s-m Pferd die Sporen in die Weichen, Flanken drücken; F *fig* **être sur le ~** erschöpft, F erschlagen, (ganz) ka'putt sein; **prêter le ~** **a)** *mil* der Flanke bieten, ungedeckt lassen; **b)** *fig* e-e Angriffsfläche, e-n Angriffspunkt bieten, sich aussetzen (**à la critique** der Kritik); F *fig* **tirer au ~** sich (von, vor der Arbeit) drücken; faulenzen; F sich auf die faule Haut legen; **2.** *litt* (Mutter-) Schoß *m*, (-)Leib *m*; **porter un enfant dans ses ~s** *litt* ein Kind unter dem Herzen tragen

flanc-garde [flɑ̃gard] *f* ⟨*pl* **flancs-gardes**⟩ *mil* Flanken-, Seitendeckung *f*

flancher [flɑ̃ʃe] *v/i* F *Person* e-n Rückzieher machen; F kneifen; 'umfallen; schwach werden; *Truppen* zu'rückweichen; *Herz* F streiken; nicht mehr mitmachen; *Moral* schwanken; nachlassen; **ce n'est pas le moment de ~!** F jetzt wird nicht gekniffen!

flanchet [flɑ̃ʃɛ] *m Fleischerei: beim Rind, Kalb* Dünnung *f*; Seitenstück *n*; **~s** *pl auch* Lappen *m/pl*

flanconade [flɑ̃kɔnad] *f esc* Flanco'nade *f*; Flankengleitstoß *m*

flandrin [flɑ̃drɛ̃] *m* **grand ~** großer, schlaksiger Bursche; F lange Latte; (langer) Lulatsch; Bohnenstange *f*

flanelle [flanɛl] *f text* Fla'nell *m*; **chemise** *f*, **pantalon** *m* **de ~** Flanellhemd *n*, -hose *f*

flân|er [flɑne] *v/i* bummeln; (um'her-) schlendern; fla'nieren; ~ le long des quais de la Seine am Seineufer entlangbummeln, -schlendern; **~erie** *f* Bummel *m*; Bummeln *n*; (Um'her-) Schlendern *n*; **~eur** *m*, **~euse** *f* Spa'ziergänger(in) *m(f)*

flanquement [flɑ̃kmɑ̃] *m* *mil* Flan'kieren *n*, -ung *f*; tir *m* de ~ flankierendes Feuer

flanquer[1] [flɑ̃ke] *v/t* **1.** *Person, Gebäude* flan'kieren; an, zu beiden Seiten gehen *bzw* stehen (+*gén*); *p/p* flanqué de ses gardes du corps von s-r Leibwache flankiert; le château était flanqué de deux tours … war von zwei Türmen flankiert; **2.** *mil* Flankenschutz, Flankendeckung geben, bieten (**qn** j-m)

flanquer[2] [flɑ̃ke] F **I** *v/t* **1.** werfen; F schmeißen; ~ qn à la porte, dehors *cf* porte[1] 1., dehors I 1.; *Geschirr etc* ~ par terre, F runterwerfen, -schmeißen; zerdeppern; *fig* ça flanque tout par terre! F das wirft, schmeißt alles über den Haufen!; **2.** *Ohrfeige, Fausthieb, Fußtritt* geben; versetzen; F verpassen; ~ la frousse à qn F j-m e-e Heidenangst einjagen; ~ une volée, F une raclée, *etc* à qn j-n verprügeln, verhauen, F verdreschen, versohlen, verbimsen, verbleuen, vertrimmen, verwichsen, verwalken, verwamsen, verklopfen, verkloppen, vermöbeln; F j-m e-e tüchtige Abreibung geben, das Fell gerben, die Hucke 'vollhauen, ein paar 'überziehen; **II** *v/pr* **a)** se ~ par terre hinschlagen, -fallen; **b)** se ~ des verres, *etc* à la figure sich, ein'ander Gläser *etc* an den Kopf werfen, F schmeißen

flapi [flapi] *adj* F ka'putt; fertig; erledigt; hunde-, todmüde

flaque [flak] *f* (Wasser)Pfütze *f*, (-)Lache *f*; marcher dans une ~ d'eau in e-e Pfütze treten

flash [flaʃ] *m* ⟨*pl* ~es [flaʃ]⟩ **1.** *phot* **a)** Blitz(licht) *m(n)*; **b)** *par ext* Blitz(licht)gerät *n*; ~ électronique Elek'tronenblitz(gerät) *m(n)*; **2.** *cin* Flash [-ɛ-] *m*; **3.** *Presse, rad* Kurznachrichten *f/pl*; kurze (wichtige) Meldung; ~ **publicitaire** Werbespot *m*

flash-back [flaʃbak] *m* ⟨*inv*⟩ *cin* Rückblende *f*

flasque[1] [flask] *adj* *Haut, Gewebe, Fleisch* schlaff

flasque[2] [flask] *f* kleine flache Flasche

flasque[3] [flask] *m* **1.** *ch* Wange *f*; Backe *f*; **2.** *mil* *e-r Kanone* (La'fetten)Wand *f*

flatter [flate] **I** *v/t* **1. a)** *Person* ~ qn j-m schmeicheln, schöntun, um den Bart gehen; j-n ho'fieren; **vous me flattez!** Sie schmeicheln (mir)!; **b)** *Sache* ~ qn j-m schmeicheln; j-s Selbstbewußtsein heben; je suis flatté, ça me flatte ich fühle mich geschmeichelt, das schmeichelt mir; cela flatte sa vanité das schmeichelt s-r Eitelkeit; être flatté dans son orgueil sich in s-m Stolz geschmeichelt fühlen; se sentir flatté sich geschmeichelt fühlen (de, par qc durch etw); **c)** *Porträt, Frisur etc* ~ qn j-m schmeicheln; **2.** *par ext* ~ les défauts, les vices de qn j-s Fehler, Untugenden (noch) unter'stützen; **3.** *par ext* angenehm, wohltuend sein (l'oreille, les yeux für das Ohr, Auge *od* für die Ohren, Augen; *Speise etc* ~ le palais den Gaumen kitzeln; etwas für den Feinschmecker sein; ~ l'oreille, les yeux *auch* ein Ohrenschmaus, e-e Augenweide sein; **4.** *Pferd, Hund* streicheln; tätscheln; **II** *v/pr* se ~ de (+*inf*) sich einbilden, über'zeugt sein, *st/s* sich schmeicheln zu (+*inf*); sans me ~ ohne mir zu schmeicheln, schmeicheln zu

wollen; *il est contre ce projet* et se flatte de l'être … und bildet sich noch etwas darauf ein, und brüstet sich noch damit; qui de nous peut se ~ de tout comprendre? wer kann sich rühmen, alles zu verstehen?

flatterie [flatri] *f* Schmeiche'lei *f*; *p/fort* Lobhude'lei *f*; **être sensible à la** ~ zugänglich, empfänglich sein für Schmeicheleien

flatt|eur [flatœr], **~euse** *f* Schmeichler(in) *m(f)*; *p/fort* Lobhudler(in) *m(f)*; *loc/prov* **tout flatteur vit aux dépens de celui qui l'écoute** jeder Schmeichler lebt auf Kosten dessen, der auf ihn hört; **II** *adj* **1.** *Person, Ton, Worte* schmeichlerisch; *Person auch* liebedienerisch; schöntuend; schöntuerisch; **paroles flatteuses** *auch* Schmeichelworte *n/pl*; Schmeiche'leien *f/pl*; **2.** *Vergleich, Bild, Kompliment, Worte* schmeichelhaft; ehrend; **3.** *Bericht, Schilderung etc* schmeichelhaft; beschönigend; zu günstig

flatul|ence [flatylɑ̃s] *f* *path* (Darm-) Blähung *f*; *sc* Flatu'lenz *f*; **~ent** *adj* blähend; mit Blähungen verbunden

flatuosité [flatɥozite] *f* Darmgas *n*, -wind *m*, -geräusch *n*

flavescent [flavesɑ̃] *litt adj* gelblich

fléau [fleo] *m* ⟨*pl* ~x⟩ **1.** *agr* (Dresch-) Flegel *m*; **2.** *fig von Krieg, Pest etc* Geißel *f*; Heimsuchung *f*; *von Ungeziefer etc* (Land)Plage *f*; F wahre Plage; *Beiname Attilas* ~ de Dieu Gottesgeißel *f*; Geißel Gottes; ~x de la nature Na'turgewalten *f/pl*, -katastrophen *f/pl*; **3.** *e-r Waage* Balken *m*; **4.** *mil hist* ~ d'armes Morgenstern *m*

fléchage [fleʃaʒ] *m* *e-r Strecke* Mar'kieren *n*, -ung *f* mit Pfeilen; Pfeilmarkierung *f*

flèche[1] [flɛʃ] *f* **1.** Pfeil *m* (*Geschoß u Richtungsweiser*); *myth* ~s de l'Amour, de Cupidon Amors, Cupidos Pfeile; *früher beim Auto* ~ de direction Richtungsanzeiger *m*; Winker *m*; *auf Landkarten* ~ d'orientation Richtungspfeil *m*; pistolet *m* à ~s Spielzeugpistole *f* mit Pfeilen (, *auf deren Spitze ein Gummipfropfen steckt*); *fig, bes sports* **démarrage** *m* en ~ Blitzstart *m*; filer, partir comme une ~ wie ein Pfeil, pfeilgeschwind, pfeilschnell …; dans le sens de la ~ in Pfeilrichtung; *fig* **décocher une** ~ **contre qn** e-e spitze Bemerkung machen über j-n, zu j-m; *fig* **faire** ~ de **tout bois** alle Mittel einsetzen; F alle Minen springen lassen; **monter en** ~ **a)** *Flugzeug* steil, im Steilflug aufsteigen, in die Höhe steigen; **b)** *Preise, Temperatur* in die Höhe schnellen; jäh ansteigen; **2.** *e-r Kathedrale* (Turm)Spitze *f*; **3.** *mar* ~s Mastes Stenge *f*; **voile** *f* de ~ *od* ~ Stenge-, Gaffeltoppsegel *n*; **4.** *math, arch* Bogen-, Pfeilhöhe *f*; *arch auch* Stich (-höhe) *m(f)*; *Ballistik* Gipfel-, Scheitelhöhe *f*; *e-s Balkens* 'Durchbiegung *f*; *e-s Kabels* 'Durchhang *m*; **5.** *tech* ~s Krans Ausleger *m*; *e-s Pflugs* Pflugbaum *m*; Grindel *m*; *mil* *e-r Lafette* Holm *m*

flèche[2] [flɛʃ] *f* *e-s Schweines* ~ (de lard) Speckseite *f*

fléch|er [fleʃe] *v/t* ⟨-è-⟩ *Strecke* mit Pfeilen mar'kieren, kennzeichnen; beschildern; **~ette** *f* *für Kinder* Wurfpfeil *m*

fléch|ir [fleʃir] **I** *v/t* **1.** *Rumpf, Knie* beugen; ~ le corps en avant, en arrière den Rumpf vor-, zu'rückbeugen, nach vorn(e), nach hinten beugen; **2.** *fig* ~ qn j-n rühren, ergreifen, erschüttern, bewegen; j-s Herz erweichen; *litt:* ~ la colère de qn j-s Zorn besänftigen; ~ la rigueur de qn j-s Härte mildern; **3.** *adj*

ling **formes fléchies** flek'tierte Formen *f/pl*; **II** *v/i* **4.** *Balken etc* sich ('durch)biegen; *Beine* weich werden; nachgeben; *mil* weichen; **5.** *fig in s-r Entschlossenheit* nachlassen; wanken; *Mut* da'hinschwinden; *in s-r Überzeugung, in s-m Entschluß* wankend werden; *j-s Bitten* nachgeben; sich beugen; sich erweichen, rühren lassen (devant qc durch etw); **6.** *Börsenkurse* sich abschwächen; nachgeben; abflauen; *Preise* fallen; zu'rückgehen, sinken; **~issant** *adj phys, tech* moment ~ Biegemoment *n*

fléchissement [fleʃismɑ̃] *m* **1.** *der Knie, des Rumpfs* Beugen *n*, -ung *f*; *e-s Balkens etc* ('Durch)Biegen *n*, -ung *f*; *e-s Kabels etc* 'Durchhängen *n*; 'Durchhang *m*; **2.** *fig in s-r Bestimmtheit* Nachlassen *n*; Wanken *n*; Wankendwerden *n*; *des Mutes* Nachlassen *n*; Schwinden *n*; **3.** *écon der Börsenkurse* Abschwächung *f*; Abflachung *f*; Abflauen *n*; Abwärtsbewegung *f*; Nachgeben *n*; *der Preise, Kurse* Rückgang *m*; Fallen *n*; ~ la conjoncture Konjunk'turrückgang *m*, -abschwächung *f*; ~ des cours *auch* nachgebende Kurse *m/pl*; ~ de la production Produkti'onsrückgang *m*; ~ accuser, marquer un ~ e-n Rückgang aufweisen, verzeichnen

fléchisseur [fleʃisœr] *adj u subst m anat* (muscle *m*) ~ Beugemuskel *m*; Beuger *m*; *sc* Flexor *m*

flegmatique [flɛgmatik] **I** *adj* gelassen; gleichmütig; beherrscht; gefaßt; *péj* phleg'matisch; **réponse** *f* ~ gelassene Antwort; **tempérament** *m* ~ ruhiges Temperament; **être** ~ *auch* nicht aus der Ruhe zu bringen sein; **II** *m* gelassener, gleichmütiger, beherrschter Mensch

flegme [flɛgm] *m* **1.** Gelassenheit *f*; Gleichmut *m*; Gefaßtheit *f*; *péj* Phlegma *n*; **avoir un** ~ **imperturbable** durch nichts aus der Fassung, Ruhe zu bringen sein; **faire perdre son** ~ à qn j-n aus der Fassung, Ruhe bringen; **réagir avec** ~ gelassen reagieren; **2.** Rohalkohol *m*

flegmon *cf* phlegmon

flein [flɛ̃] *m* (kleiner) Korb (*zur Verpackung von Früchten u Frühgemüse*)

flemmard [flemar] F **I** *adj* faul; träge; **II** *subst* ~(e) *m(f)* Faulenzer(in) *m(f)*; Faulpelz *m*; Faultier *n*

flemmarder [flemarde] F *v/i* faulenzen; faul sein; F auf der faulen Haut, der Bärenhaut liegen

flemme [flɛm] F *f* Faulheit *f*; Trägheit *f*; **avoir la, tirer sa** ~ faulenzen; keine Lust haben zum Arbeiten; F s-n faulen Tag haben; **avoir la** ~ **de faire qc** zu faul zu etw sein; zu faul sein, um etw zu tun

fléole [fleɔl] *f* *bot* Lieschgras *n*; ~ des prés Wiesenlieschgras *n*

flet [flɛ] *m* *zo* Flunder *f*

flétan [fletɑ̃] *m* *zo* Heilbutt *m*

flétri [fletri] *adj* **1.** *Blume, Pflanze* welk; verwelkt; *Blume auch* verblüht; **2.** *fig Gesicht, Haut* welk; schlaff; *Schönheit* verblüht

flétrir[1] [fletrir] **I** *v/t* **1.** *Blumen, Pflanzen* (ver)welken lassen; verdorren, vertrocknen lassen; la sécheresse a flétri les fleurs durch die Trockenheit sind die Blumen verwelkt; **2.** *fig u litt* den Glanz, die Frische nehmen (+*dat*); *Gesicht* altern lassen; l'âge a flétri son visage sein Gesicht war durch das Alter welk geworden; **II** *v/pr* se ~ **3.** *Blumen* (ver)welken; verblühen; welk werden; verdorren, vertrocknen; *Schönheit* verblühen; ihren Glanz, ihre Frische verlieren; *Gesicht* welk, schlaff werden

flétrir[2] [fletrir] *v/t* **1.** *hist Verbrecher* brandmarken; **2.** *fig j-s Namen, Andenken, Ehre, Ruf* beschmutzen; in den

Schmutz ziehen; schänden; beflecken; ~ qn, qc publiquement j-n, etw brandmarken, öffentlich anprangern, bloßstellen, verurteilen, verdammen

flétriss|ement [fletrismã] *m* der Kartoffel ~ **bactérien** Ringfäule *f*, -bakteriose *f*; ~**ure** *f* **1.** e-r Pflanze, der Haut Welken *n*; Welksein *n*; e-r Pflanze auch Verwelken *n*; e-r Blume, *fig* der Schönheit Verblühen *n*; **2.** *hist* e-s Verbrechers Brandmarken *n*, -ung *f*; **3.** *fig u litt* Schmach *f*; Schandfleck *m*; Entehrung *f*; Brandmarkung *f*

fleur¹ [flœr] *f* **1.** *bot* **a)** Blume *f*; ~s de jardin Gartenblumen *f/pl*; ~ de lis Lilie *f* (*Emblem der frz Könige*); *Baudelaire* Les ~s du Mal Die Blumen des Bösen; *fig* ~s de rhétorique poetische Bilder *n/pl*; *péj* schöne Floskeln *f/pl*; ~s de serre Gewächshaus-, Treibhausblumen *f/pl*; ~s en caisse Blumen in Kästen; ~s en pot Topfblumen *f/pl*; ♦ *adit fig* ~ bleue ⟨*inv*⟩ sentimen'tal; gefühlvoll; ro'mantisch; *loc/adj* à ~s Teller, Papier, Stoff mit Blumen(muster); Teller, Stoff auch geblümt; **chapeau** *m* à ~s blumengeschmückter Hut; **à ~s** *loc/adv* F *fig* **comme une ~** a) (spielend) leicht; mühelos; ohne Schwierigkeit; b) als ob nichts weiter dabei wäre, nichts geschehen wäre; ~ *in Todesanzeigen* ni ~s ni couronnes von Blumen- und Kranzspenden bitten wir abzusehen; *fig* couvrir de ~s j-n mit Kompli'menten über'schütten; **dites-le avec des ~s** laßt Blumen sprechen; *fig* von e-m Mädchen **être fraîche comme une ~** taufrisch, *poët* frisch wie der junge Morgen sein; F *fig* **faire une ~ à qn** j-m sehr entgegenkommen, e-n großen Dienst erweisen; etw Außergewöhnliches, Besonderes für j-n tun; **on ne lui a pas fait de ~** *auch* es ist ihm nichts geschenkt worden; *fig* **des ~s à qn** j-m Kompli'mente machen; **b)** Blüte *f*; *bot* ~ **femelle, mâle** weibliche, männliche Blüte; ~ **de cerisier, d'oranger** Kirsch-, O'rangenblüten *f/pl*; ~ **en bouton** Blütenknospe *f*; **arbre** *m* **en** ~**(s)** blühender Baum; **être en** ~**(s)** blühen; in Blüte stehen; **être tout en** ~**(s)** in voller Blüte stehen; **le jardin est tout en** ~**s** im ganzen Garten, überall im Garten blüht es; **2.** *fig* **la (fine)** ~ *der Jugend, e-r Berufsgruppe etc* die Blüte; die Besten *m/pl*; *der Gesellschaft* die Creme; *der Gesellschaft, Armee* die E'lite; **fine** ~ **de farine** Auszugsmehl *n*; feinstes Mehl; **mourir à la** ~ **de l'âge** im besten, blühendsten Alter, in der Blüte des Lebens sterben; **3.** *chim* Blume *f*; Blüte *f*; ~ **d'antimoine, d'arsenic, de soufre** Anti'mon-, Ar'sen-, Schwefelblüte *f*, -blume *f*; **4.** *pl* ~**s** *auf Wein, Essig* Kahm(haut) *m(f)*; Schimmel *m*

fleur² [flœr] **I** *loc/prép* à ~ de etwa auf gleicher Höhe, Ebene mit (+*dat*); auf der Oberfläche (+*gén*); à ~ **d'eau** an der Wasseroberfläche, dicht über *bzw* unter der Wasseroberfläche, dem Wasserspiegel; *fig* **sensibilité** *f* à ~ **de peau** 'Überempfindlichkeit *f*; **avoir les nerfs à** ~ **de peau** über'reizte, über'empfindliche Nerven haben; *Pflanzentriebe* **apparaître à** ~ **de terre** aus der Erde schauen; her'vor-, her'auskommen, -schauen; **II** *adit von Häuten* côté *m* ~ Haarseite *f*

fleur|age [flœraʒ] *m* **1.** e-r Tapete etc Blumenmuster *n*; **2.** feine Kleie (*zum Bestäuben des Brotes*); ~**aison** *cf* floraison

fleurdelisé [flœrdəlize] *adj Fahne etc* mit Lilien geschmückt, verziert

fleurer [flœre] *litt v/i* duften, riechen (**qc** nach etw)

---

fleuret [flœrɛ] *m* **1.** *esc* Flo'rett *n*; Stoßdegen *m*, -rapier *n*; ~ **électrique** Florett mit elektrischem Trefferanzeiger; **2.** *tech* Gesteins-, Erdbohrer *m*; **3.** *text* Flo'rettseide *f*

fleurette [flœrɛt] *f nur loc* **conter** ~ **à une femme** e-r Frau den Hof machen, schöntun; (bei e-r Frau) Süßholz raspeln

fleurettiste [flœretist] *m,f esc* Flo'rettfechter(in) *m(f)*

fleuri [flœri] *adj* **a)** *Baum, Zweig* blühend; *Garten, Wiese auch* mit Blumen über'sät; voll(er) Blumen; *Weg, Pfad, Balkon* blumengeschmückt; **b)** *Stoff, Porzellen, Tapete* mit Blumen(muster); geblümt; **c)** *fig Teint* blühend; frisch; rosig; *Stil* blumig; bilderreich; **l'empereur à la barbe** ~**e** Beiname Karls des Großen; **gothique** ~ *cf* flamboyant II 1.; *poét* **Pâques** ~**es** Palmsonntag *m*

fleurir [flœrir] **I** *v/t* (mit Blumen) schmücken; *Blumen* ~ **qc** etw schmücken, zieren; **II** *v/i* **1.** *Pflanzen, Blumen, Bäume* blühen; in (voller) Blüte stehen; **faire** ~ zum Blühen bringen; *fig* **un sourire fleurit sur son visage** ein Lächeln erblühte auf s-m *bzw* ihrem Gesicht; **2.** ⟨*impf meist* **florissait**; *p/pr* **florissant**⟩ *fig Künste etc* e-e Blütezeit, Glanzzeit, e-n Höhepunkt erleben; (er)blühen

fleuriste [flœrist] *m,f* **1. a)** Blumenhändler(in) *m(f)*; *par ext* Blumengeschäft *n*, -laden *m*; **acheter un bouquet de fleurs chez un** ~ im Blumengeschäft e-n Blumenstrauß kaufen; **b)** Blumenbinder(in) *m(f)*; Flo'rist(in) *m(f)*; **c)** Blumengärtner(in) *m(f)*; **2.** *peint* Blumenmaler(in) *m(f)*; **3.** ~ *od adit* **ouvrier** *m*, **ouvrière** *f* ~ Arbeiter(in), der (die) künstliche Blumen herstellt

fleuron [flœrõ] *m* **1.** *arch* Kreuzblume *f*; **2. a)** e-r *Krone* stili'sierte Blätter *n/pl* und Blumen *f/pl* am oberen Rand; **b)** *fig* e-r *Sammlung etc* **le plus beau** ~ (de la couronne) das Prunkstück; das beste, wertvollste Stück; das Kleinod; **3.** *impr* Fleu'ron *m*; Blumenornament *n*; **4.** *bot* e-s *Korbblütlers* (Einzel)Blüte *f*

fleuronné [flœrɔne] *adj arch, impr* mit Blumenornamenten, mit e-m Fleu'ron, mit e-r Kreuzblume verziert, versehen

fleuve [flœv] *m* (großer) Fluß; Strom *m* (*auch fig von Blut, Tränen, Menschen*); ~ **de boue** Schlammflut *f*; *fig* ~ **d'êtres humains** Menschenstrom *m*; ~ **de larmes, de lave** Tränen-, Lavastrom *m*; *myth* ~ **du Léthé, le** ~ **de l'oubli** Lethefluß *m od* -strom *m*, der Strom des Vergessens; *myth* ~ **du Styx** Styx *m*; **cours** *m*, **lit** *m* **d'un** ~ Flußlauf *m*, -bett *n*; **2.** *fig u adit* Artikel, Rede, Interview *etc* endlos lang; *Akte* 'umfangreich; dick; **discours** *m* ~ *auch* F Marathonrede *f*; **film** *m*, **procès** *m* ~ *auch* Mammut- *od* Monsterfilm *m*, -prozeß *m*; **roman** *m* ~ Ro'manzyklus *m*

flexibilité [flɛksibilite] *f* **1.** e-s *Zweigs etc* Biegsamkeit *f*; Geschmeidigkeit *f*; *von Material auch* Schmiegsamkeit *f*; Nachgiebigkeit *f*; *tech auch* Biegefähigkeit *f*; Biegbarkeit *f*; e-r *Feder* Spannkraft *f*; **2.** *fig der Preise etc* Flexibili'tät *f*; e-r *Stimme, des Charakters* Anpassungsfähigkeit *f*

flexible [flɛksibl(ə)] **I** *adj* **1.** *Weide, Stahlklinge etc* biegsam; geschmeidig; e'lastisch; *tech auch* biegbar; *Material* schmiegsam; nachgiebig; **taille** *f* ~ biegsame Taille; *tech* **transmission** *f* ~ Antrieb *m* durch biegsame Welle; **2.** *fig Preise etc* fle'xibel; *Charakter* lenksam, fügsam; weich; nachgiebig; anpassungsfähig; **II** *m tech* **1.** (Druck)Schlauch *m*; **2.** biegsame Welle

---

flexion [flɛksjõ] *f* **1.** *phys, tech* Biegung *f*; 'Durchfederung *f*, -biegung *f*; **résistance** *f* **à la** ~ Biegefestigkeit *f*; **essai** *m* **de** ~ Biegeversuch *m*; **2.** *des Arms, Knies etc* Beugen *n*, -ung *f*; (Ab)Biegen *n*; *gym:* ~ **des bras, des genoux** Arm-, Kniebeuge *f*; ~ **arrière, avant du tronc** Rumpfbeuge *f* rückwärts, vorwärts; **3.** *ling* Flexi'on *f*; Beugung *f*

flexionnel [flɛksjɔnɛl] *adj* ⟨~**le**⟩ *ling* Flexi'ons...; fle'xivisch; **désinences** ~**les** Flexionsendungen *f/pl*; **langues** ~**les** flek'tierende Sprachen *f/pl*

flexographie [flɛksɔgrafi] *f impr* Flexodruck *m*; (Ani'lin)Gummidruck *m*

flexueux [flɛksɥø] *litt adj* ⟨-**euse**⟩ gewunden; gewellt; wellenförmig

flexuosité [flɛksɥozite] *litt f* Gewundenheit *f*; Gebogenheit *f*; Wellenlinie *f*

flibustier [flibystje] *m hist* Freibeuter *m* (*auch fig*); Fli'bustier *m*

flic [flik] F *m* Poli'zist *m*; F Schupo *m*; ~**s** *pl auch* F Po'lente *f*; *fig* **vingt-deux, voilà les** ~**s!** Achtung, (es ist) Gefahr im Anzug!

flicaille [flikaj] *f* F *péj* Bullen *m/pl*; Po'lypen *m/pl*

flic flac [flikflak] *int* F pitsch patsch!; klitsch klatsch!

flingue [flɛ̃g] *m* F (*fusil*) F Knarre *f*; Schießprügel *m*

flinguer [flɛ̃ge] F **I** *v/t* F ab-, niederknallen; über den Haufen schießen; **II** *v/pr* **se** ~ sich erschießen

flint(-glass) [flint(glas)] *m opt* Flintglas *n*

flipot [flipo] *m Tischlerei* Füllstück *n*

flipper [flipœr] *m Spiel* Flipper *m*

flirt [flœrt] *m* **1.** Flirt [*auch* flœrt] *m* (*auch fig*); fle'leri; Tände'lei *f*; ~ **avec l'opposition** Flirt mit der Opposition; **2.** Freund(in) *m(f)*; F Schwarm *m*; Liebe *f*; Flamme *f*; **c'est son dernier** ~ *f* das ist sein, ihr neuester Schwarm; ~**er** *v/i* flirten [*auch* flœrtən] (*auch fig mit der Opposition*); *litt* tändeln; F pous'sieren; ~**eur** *adj* ⟨-**euse**⟩ **être** ~ gerne flirten

floc [flɔk] *int* plumps!

floche [flɔʃ] *adj text* wollig; flockig; **soie** *f* ~ Flocheseide *f*

flock-book [flɔkbuk] *m* ⟨*pl* **flock-books**⟩ *agr* Herdbuch *n*

flocon [flɔkõ] *m von Schnee, Wolle etc* Flocke *f*; *von Wolle auch* Faserbüschel *n*; *cuis* ~ **s d'avoine** Haferflocken *f/pl*; ~ **de laine** Wollflocke *f*; *Schnee* **tomber à gros** ~**s** in dicken Flocken fallen

floconn|er [flɔkɔne] *v/i* Flocken bilden; flocken; ~**eux** *adj* ⟨-**euse**⟩ flockig; flockenartig

flocul|ation [flɔkylasjõ] *f chim* (Aus-)Flockung *f*; Flockenbildung *f*; Koagulati'on *f*; ~**er** *v/i chim* (aus)flocken; koagu'lieren

flonflon [flõflõ] *m* e-r *Musikkapelle* Klang *m*; Dröhnen *n*; Geschmetter *n*

flopée [flɔpe] *f* F *von Personen* Menge *f*; Haufen *m*; Schwarm *m*; F Masse *f*; ~ **d'enfants** Kinderschar *f*; Haufen Kinder

floraison [flɔrɛzõ] *f* **1.** Blüte *f*; Blühen *n*; *par ext* Blüte(zeit) *f*; ~ **des arbres fruitiers** Obstbaumblüte *f*; **pommiers** *m/pl* **en pleine** ~ in voller Blüte stehende Apfelbäume *m/pl*; **avoir plusieurs** ~**s** mehrals, öfter blühen; **2.** *fig von Talenten etc* Aufblühen *n*; **la grande** ~ **du roman** die Blüte-, Glanzzeit, große Zeit des Romans

floral [flɔral] *adj* ⟨-**aux**⟩ **1.** Blumen...; **exposition** ~**e** Blumenschau *f*, -ausstellung *f*; **jeux floraux** literarischer Wettbewerb in Toulouse; **2.** *bot* Blüten...; **enveloppe** ~**e** Blütenhüllblatt *n*

floralies [flɔrali] f/pl Blumenschau f,
-ausstellung f
flore [flɔr] f Flora f; ~ alpestre Alpen-
flora f; physiol ~ intestinale Darmflora
f; ~ subtropicale subtropische Flora
floréal [flɔreal] m hist Flore'al m (8.
Monat des frz Revolutionskalenders)
florence [flɔrɑ̃s] f für Angelgeräte (crin
m de) ~ starker (Na'turseiden)Faden
florentin [flɔrɑ̃tɛ̃] I adj floren'tinisch; II
subst ♀(e) m(f) Floren'tiner(in) m(f)
florès [flɔrɛs] m litt faire ~ Erfolg haben
flori|cole [flɔrikɔl] adj Insekten Blüten
bewohnend; auf Blüten lebend; ~cul-
ture f Blumenzucht f
floridées [flɔride] f/pl bot Flori'deen f/pl
flori|fère [flɔrifɛr] adj für Angelgeräte. Zweig
blütentragend; Pflanze blütenreich; mit
vielen Blüten; ~lège m Blütenlese f;
Flori'legium n
florin [flɔrɛ̃] m 1. Währungseinheit der
Niederlande Gulden m; 2. hist Flo'rin m;
Gulden m
florissait [flɔrisɛ] cf fleurir II 2.
florissant [flɔrisɑ̃] adj Handel, Wirt-
schaft, Industrie blühend; flo'rierend;
Land, Gesundheit, Teint, Gesicht blü-
hend; Handel etc être ~ blühen; flo'rie-
ren
flosculeux [flɔskylø] adj ⟨-euse⟩ Blüte
aus Einzelblüten bestehend
flot[1] [flo] m 1. pl ~s des Meeres, e-s Sees,
Stromes Flut(en) f(pl); Wellen f/pl; Wo-
gen f/pl; abs poét Meer n; se laisser
bercer, porter au gré des ~s sich von
den Wellen wiegen, tragen, auf dem
Wasser treiben lassen; 2. Flut f (auch
mar); Strom m; ~ de boue Schlamm-
flut f; ~ de lave Lavastrom m; 3. fig von
Tränen, Menschen etc Flut f; Strom m;
von Blut Strom m; von Licht, Gedanken,
Eindrücken Flut f; Fülle f; von Worten
Flut f; Schwall m; ~s de dentelle
Spitzengeriesel n; ~ d'éloquence Rede-
schwall m, -flut f; ~ d'injures Flut von
Schimpfwörtern; ~ de voitures Fahr-
zeugstrom m; loc/adv à ~s in Strömen;
Sekt, Blut couler à ~s in Strömen
fließen; Sonne etc entrer à ~s her'einflu-
ten; le ~ des employés se déversa
dans la rue die Flut der Angestellten
ergoß sich auf die Straße; die Angestell-
ten strömten auf die Straße
flot[2] [flo] loc/adj mar à ~ flott; Schiff être
à ~ flott sein; remettre à ~ Schiff
(wieder) flottmachen (auch fig von e-m
Unternehmen etc); fig auch wieder auf
die Beine bringen
flott|abilité [flɔtabilite] f Schwimmfä-
higkeit f; ~able adj 1. Boje, Holz etc
schwimmfähig; 2. Wasserlauf flößbar;
~age m 1. Flößen n; Flöße'rei f; ~ à
bûches perdues Trift f; 2. cf flottation
flottaison [flɔtɛzɔ̃] f 1. mar ligne f de ~
Wasserlinie f; Konstrukti'onswasser-
linie f (abr KWL); Wasserpaß m; (ligne
f de) ~ lège Leichtladelinie f; (ligne f
de) ~ en charge Tiefladelinie f; Lade-
(wasser)linie f; 2. écon cf flottement 4.
flottant [flɔtɑ̃] adj 1. schwimmend; trei-
bend; Schwim...; Treib...; ancre ~e
Treib-, Seeanker m; bois ~s Treibholz n;
dock ~ Schwimmdock n; glaces ~es
Treibeis n; grue ~e Schwimmkran m;
comm marchandise ~e schwimmende,
auf See befindliche Ware; 2. fig a)
Kleider, Fahnen, Haare flatternd; we-
hend; wallend; Kleider auch fließend;
Haare auch fliegend; Wolken schwe-
bend; treibend; ziehend; brume ~e
Nebelschwaden f/pl; b) Charakter, We-
sen schwankend; wankelmütig; unsi-
cher; unstet; c) anat côtes ~es frei
endende falsche Rippen f/pl; path rein ~
Wanderniere f; d) fin capitaux ~s

fluktu'ierende Gelder n/pl; heißes Geld;
Hot money n; dette ~e schwebende,
unfundierte, flot'tierende Schuld; mon-
naie ~e floatende ['flo:-] Währung; taux
m de change ~ freier Wechselkurs; e)
math virgule ~e Fließkomma n
flottard [flɔtar] F m Stu'dent, der sich auf
die Aufnahmeprüfung an der Ma'rine-
akademie vorbereitet
flottation [flɔtasjɔ̃] f tech Flotati'on f;
Schwimmaufbereitung f
flotte [flɔt] f 1. mar, aviat Flotte f; ~
aérienne, baleinière, pétrolière
Luft-, Walfang-, Tankerflotte f; ~ de
bombardiers Bomberflotte f; ~ de
commerce Handelsflotte f; la ~ de
guerre od ~ la ♀ die Kriegsflotte; ~ de
la Méditerranée Mittelmeerflotte f; ~
de pêche Fischer-, Fische'reiflotte f; 2.
an Angeln, Netzen Schwimmer m; Flöße
f; 3. F a) Wasser n; boire de la ~ Wasser
trinken; b) Regen m; il tombe de la ~ es
regnet, p/fort gießt, F schüttet, P schifft,
pißt
flottement [flɔtmɑ̃] m 1. mil e-r mar-
schierenden Truppe wellenförmige
Schwankung f; 2. tech der Räder etc
Flattern n; 3. fig Unschlüssigkeit f;
Unentschlossenheit f; Zögern n;
schwankende Haltung; Schwanken n,
-ung f; 4. écon e-r Währung Floaten
['flo:-] n; Floating ['flo:-] n; Freigabe
f des Wechselkurses
flotter [flɔte] I v/t Holz flößen; einzelne
Stämme auch triften; adit bois flotté
Flößholz n; II v/i 1. Gegenstand schwim-
men, treiben (sur l'eau od sur dem Was-
ser); ~ à la dérive abgetrieben werden;
2. Fahne, Kleider, Haare flattern; wehen;
wallen; Haare auch fliegen; Nebel wal-
len; wogen; Wolken ziehen, treiben
(dans le ciel am Himmel); Nebel ~ au-
-dessus du port über dem Hafen hän-
gen, lagern, schweben; Parfum ~ dans la
pièce im Raum schweben, hängen;
Lächeln ~ sur ses lèvres auf s-n Lippen
schweben, liegen; um s-e Lippen spielen;
3. tech Räder etc flattern; schlagen; 4.
écon floaten ['flo:-]; laisser ~ une mon-
naie den Wechselkurs e-r Währung
freigeben; e-e Währung floaten lassen;
III v/imp F ça, il flotte es, das regnet,
p/fort gießt, F schüttet, P schifft, pißt
flotteron [flɔtrɔ̃] m e-r Angel etc kleiner
Schwimmer
flotteur [flɔtœr] m 1. tech bei Wasser-
flugzeugen, Tretbooten, Wasserspülung,
Vergaser etc Schwimmer m; an Angeln,
Netzen Schwimmer m; Flöße f; 2. an Net-
zen ~ en bois Flottholz m; 2. ~ (de bois)
(Holz)Flößer m
flottille [flɔtij] f Flot'tille f; kleine Flotte
flou [flu] I adj Photo, Bild unscharf;
verschwommen; verwaschen; Zeichnung
weich; zart; Kleid weich, locker, lose
fallend; fließend; Frisur weich fließend;
tout devint ~ autour d'elle alles ver-
schwamm ihr vor den Augen od vor
ihren Augen; 2. fig Gedanken, Vorstel-
lung unklar; ungenau; unscharf; unbe-
stimmt; verschwommen; II m phot Un-
schärfe f; Verschwommenheit f; e-r Fri-
sur, der Mode weiche, fließende Linie
flouer [flue] F v/t begaunern; F reinlegen
flouse [fluz] m od **flousse** [flus] m F cf
fric
flouve [fluv] f bot Ruch-, Riech-, Ge-
ruchgras n
fluage [flyaʒ] m tech e-s Werkstoffs
Kriechen n
fluate [flyat] m chim, bât Flu'at n
fluctuant [flyktɥɑ̃] adj 1. Person
schwankend; unsicher; unbeständig; 2.
Preise etc fluktu'ierend; Schwankungen
unter'worfen

fluctu|ation [flyktɥasjɔ̃] f Schwanken n,
-ung f; (Ver)Änderung f; Bewegung f;
Fluktuati'on f; Fluktu'ieren n; ~s sai-
sonnières jahreszeitlich bedingte
Schwankungen; Sai'sonbewegungen
f/pl, -schwankungen f/pl; ~s de la con-
joncture Konjunk'turschwankungen
f/pl; ~s de la main-d'œuvre Fluktua-
tion der Arbeitskräfte; ~s du marché
Marktbewegung f, -schwankung f,
-veränderung f; ~s des prix Preis-
schwankungen f/pl; Fluktuation der
Preise; être sujet à des ~s Schwankun-
gen (dat) unter'worfen sein, unter'liegen;
~er v/i fluktu'ieren; schwanken
fluence [flyɑ̃s] f EDV diagramme m de
~ Flußdiagramm n
fluer [flye] v/i méd ausfließen
fluet [flyɛ] adj ⟨~te⟩ Körper schwäch-
lich; schmächtig; zart; Finger schmal;
dünn; Beine dünn; dürr; par ext Stimme
zart; schwach
fluide [flɥid, flyid] I adj 1. Öl etc
(dünn)flüssig; par ext Verkehr flüssig; 2.
fig Stil flüssig; Gedanken etc schwer zu
fassen(d); verschwimmend; II m 1. phys
flüssiger bzw gasförmiger Körper; Flüs-
sigkeit f bzw Gas n; sc auch Fluid n; les
~s Flüssigkeiten und Gase; ~s frigorifi-
ques Kältemittel n/pl; mécanique f
des ~s Strömungslehre f; 2. Fluidum n;
Ausstrahlung f
fluidi|fication [flɥidifikasjɔ̃] f Verflüs-
sigen n, -ung f; par ext des Verkehrs
Flüssig(er)machen n; ~fier v/t verflüssi-
gen; par ext Straßenverkehr flüssig(er)
machen
fluidique [flɥidik] f Flu'idik f; Fluid-
technik f; strömungsmechanische
Schaltkreistechnik
fluidisé [flɥidize] adj tech lit ~ Fließ-
bett n
fluidité [flɥidite] f 1. Dünnflüssigkeit f;
par ext des Verkehrs Flüssigkeit f;
Fließen n; phys Fluidi'tät f; Fließfähig-
keit f; 2. fig des Denkens etc schwerfaßli-
cher, verschwimmender Cha'rakter
fluor [flyɔr] m 1. chim Fluor n; 2. adit
minér spath m ~ Flußspat m
fluoresc|éine [flyɔresein] f chim
Fluoresze'in n; ~ence f phys Fluo-
res'zenz f
fluor|escent [flyɔresɑ̃] adj Körper, Licht
fluores'zierend; écran ~ Leucht-, Fluo-
res'zenzschirm m; lampe ~e, tube ~
Leuchtstofflampe f, -röhre f; ~hydri-
que adj chim acide m ~ Flußsäure f;
Fluorwasserstoff(säure) m(f); ~ine f
minér Flu'orit m; Flußspat m; ~ure f
chim Fluo'rid n; ~ de sodium Natrium-
fluorid n
fluotournage [flyɔturnaʒ] m tech
Drückwalzen n; Streckdrücken n
flûte[1] [flyt] f 1. mus Flöte f; ~ traversiè-
re Querflöte f; ~ à bec Block-, Schnabel-
flöte f; ~ de Pan Panflöte f; Syrinx f;
jouer de la ~ Flöte spielen; 2. Trinkglas
Flöte f; ~ à champagne Sektkelch m,
-glas n; 3. langes dünnes Brot; F
jouer, se tirer des ~s F abhauen;
verduften; sich verziehen, verdünni'sie-
ren; türmen; stiftengehen; 5. int ~!
verflixt!; zu dumm!
flûte[2] [flyt] f mar hist Flüte f; Fleute f
flût|é [flyte] adj Ton, Stimme hoch; hell;
schrill; ~eau m ⟨pl ~x⟩ 1. mus einfache
(Hirten)Flöte f; 2. bot Froschlöffel m;
~iste m Flö'tist(in) m(f); Flötenspie-
ler(in) m(f), -bläser(in) m(f)
fluvial [flyvjal] adj ⟨-aux⟩ Fluß...;
Binnen...; géol fluvi'al: navigation ~e
Flußschiffahrt f; pêche ~ Angeln n,
Fischen n in Flüssen; port ~ Binnen-
hafen m; régime ~ Wasserführung f
e-s Flusses; trafic ~ Binnenschiff(ahrt)s-

verkehr *m*; **transport** ~ Transport *m* auf Binnenwasserstraßen; **voie** ~**e** (Binnen)Wasserweg *m*, -straße *f*
fluviatile [flyvjatil] *adj* **1.** *Tiere bzw Pflanzen* in Flüssen, an Flußufern lebend *bzw* wachsend; **2.** *géol* fluvi'al; fluvia'til; von fließendem Wasser abgetragen, abgesetzt
fluvio|-glaciaire [flyvjoglasjɛr] *adj* *géol* fluvioglazi'al; ~**graphe** *m od* ~**mètre** *m* Wasserstandsmesser *m*, -anzeiger *m*; Fluvio'graph *m*; ~**métrique** *adj* échelle *f* ~ (Latten)Pegel *m*
flux [fly] *m* **1.** *von organischen Flüssigkeiten* Absonderung *f*; Ausfluß *m*; *sc* Fluxus *m*; ~ **menstruel** Menstruati'onsblutung *f*; Monatsfluß *m*; ~ **de sang** Blutung *f*; **2.** *mar* Flut *f*; **le** ~ **et le reflux** a) Ebbe *f* und Flut; b) das Hin und Her; das Auf und Ab; **3.** *phys* Fluß *m*; ~ **acoustique** Schallfluß *m*; ~ **électrique** elektrischer Fluß; ~ **lumineux** Lichtstrom *m*; ~ **magnétique** magnetischer (Kraft)Fluß; ~ **thermique** Wärmefluß *m*, -strom *m*; ~ **de force**, **d'induction** Kraft-, Indukti'onsfluß *m*; **4.** *métall* Flußmittel *n*; **5.** *fig fluß des Verkehrs, von Kapital etc* Fluß *m*
fluxion [flyksjõ] *f* *path* **a)** Anschwellung *f*; Blutandrang *m*; Fluxi'on *f*; ~ **de poitrine** Lungen- und Rippenfellentzündung *f*; **b)** ~ **dentaire** Zahnfleischinfektion *f*
fluxmètre [flymɛtr(ə)] *m* Galvano'meter *n* zur Messung des ma'gnetischen Flusses
flysch [fliʃ] *m* *géol* Flysch *n od m*
foc [fɔk] *m* *mar* Fock(segel) *f(n)*
focal [fɔkal] *adj* ⟨-aux⟩ *opt* Brenn(punkts)...; fo'kal; Fo'kal...; **distance** ~**e** *od subst* ~**e** *f* Brennweite *f*; *phot* **obturateur** ~ Schlitzverschluß *m*; **plan** ~ Brennebene *f*; ~**isation** *f* *phys* von *Strahlen* Bündeln *n*, -ung *f*; Fokus'sierung *f*; ~**iser** *v/t* *phys* Strahlen bündeln; in e-m Punkt vereinigen; fokus'sieren
focomètre [fɔkɔmɛtr(ə)] *m* *opt* Foko-'meter *n*
fœhn [føn] *m* *météo* Föhn *m*
foène *od* **foëne** [fɔɛn] *f* Fischspeer *m*
fœtal [fetal] *adj* ⟨-aux⟩ *méd* fe'tal; fö'tal; **enveloppes**, **membranes** ~**es** Eihäute *f/pl*
fœtus [fetys] *m* *méd* Fetus *od* Fötus *m*; *beim Menschen auch* Leibesfrucht *f*; **présentation** *f* **du** ~ Kindslage *f*
fofolle [fɔfɔl] *adj cf* foufou
foi [fwa] *f* **1.** Glaube(n) *m*; Vertrauen *n*; **bonne** ~ **od** gute Glaube; Treu *f* und Glauben (*beide auch jur*); Aufrichtigkeit *f*; Ehrlichkeit *f*; **de bonne**, **en toute bonne** ~ in gutem Glauben; gutgläubig; auf Treu und Glauben; bona fide; *jur* **possesseur** *m* **de bonne** ~ gutgläubiger Besitzer *m*; **agir de bonne**, **en toute bonne** ~ in gutem Glauben, gutgläubig, auf Treu und Glauben handeln; **être de bonne** ~ gutgläubig sein; **abuser de la bonne** ~ **de qn** j-s guten Glauben, Gutgläubigkeit ausnützen, miß'brauchen; **mauvaise** ~ Böswilligkeit *f*; Unaufrichtigkeit *f*; Unehrlichkeit *f*; *jur* böser Glaube; **de mauvaise** ~ böswillig; unaufrichtig; unehrlich; *jur* bösgläubig; wider Treu und Glauben; **c'est de la mauvaise** ~ das ist unaufrichtig, unehrlich, falsch; *féod* ~ **et hommage** Lehnseid *m*; *int* **ma** ~ oui aber ja; (aber) gewiß; ja, schon; **c'est ma** ~ **vrai!** Sie haben schon recht!; ach ja, das ist wahr; ◆ *loc/adj* **Zeuge** *etc* **digne de** ~ glaubwürdig; *loc/adv*: **de la meilleure** ~ **du monde** in der besten Absicht; *jur* **en** ~ **de quoi** zu Urkund, zur Beglaubigung, urkundlich dessen; *jur* **sous la** ~ **du**

---

serment unter Eid; eidlich; **sur la** ~ **de qn**, **qc** im Vertrauen auf, im Glauben an j-n, etw; **condamner qn sur la** ~ **des témoignages** j-n auf Grund der Zeugenaussagen verurteilen; ◆ **ajouter** ~ **à qc** e-r Sache (*dat*) Glauben schenken; **avoir** ~, **une** ~ **totale en qn** zu j-m Zutrauen, Vertrauen haben; j-m voll und ganz vertrauen; **avoir** ~ **en l'avenir** an die Zukunft glauben; Vertrauen in die Zukunft haben; *Vertragstext etc* **faire** ~ maßgebend, verbindlich, au'thentisch sein; *bei Preisausschreiben* **le cachet de la poste fait** ~ es gilt das Datum des Poststempels; **mettre sa** ~ **en qn**, **qc** auf j-n, etw s-e Hoffnung setzen; **2.** *rel* Glaube(n) *m*; **la** ~, **l'espérance et la charité** Glaube, Hoffnung, Liebe; *bibl* **hommes** *m/pl* **de peu de** ~ Kleingläubige(n) *m/pl*; wenig ~ gläubig sein; **avoir une** ~ **chancelante** im Glauben schwanken; **avoir la** ~ **du charbonnier** e-n Köhlerglauben haben; **n'avoir ni** ~ **ni loi** weder Glauben noch Moral besitzen; **il n'y a que la** ~ **qui sauve** der Glaube macht selig (*auch fig*); **perdre la** ~ den Glauben verlieren (*auch fig*); *bibl u fig* **la** ~ **soulève**, **transporte les montagnes** der Glaube versetzt Berge; **3.** *opt im Kompaßgehäuse* **ligne** *f* **de** ~ Steuerstrich *m*
foie [fwa] *m* Leber *f*; ~ **de bœuf**, **de veau** Rinds-, Kalbsleber *f*; *path* **crise** *f* **de** ~ (akute) Leberbeschwerden *f/pl*; **pâté** *m* **de** ~ Leberpastete *f*; F *fig* **avoir les jambes en pâté de** ~ weiche Knie haben; F **wack(e)lig auf den Beinen**, in den Knien sein; P *fig* **avoir les** ~**s** P Schiß haben; ~-**de-bœuf** *m* ⟨*pl* foies-de-bœuf⟩ *bot* Leberpilz *m*, -reischling *m*
foin [fwɛ̃] *m* **1.** *agr* Heu *n*; *path* **rhume** *m* **des** ~ Heuschnupfen *m*; **saison** *f* **des** ~**s** Zeit *f* der Heuernte; **étaler**, **retourner le** ~ (das) Heu ausbreiten, wenden; F **il est bête à manger du** ~ F er ist dumm wie Bohnenstroh, strohdumm; **faire les** ~**s** heuen; Heu machen; **2.** ~ **d'artichaut** Arti'schockenbart *m*, -borsten *f/pl*; **3.** F **Krach** **faire du** ~, **un** ~ **du diable** F Krach machen; e-n Höllenlärm, e-n Höllenspektakel machen
foire [fwar] *f* **1.** Messe *f*; Ausstellung *f*; ~ **d'automne**, **de printemps** Herbst-, Frühjahrsmesse *f*; ~ **de Bruxelles**, **de Leipzig** Brüsseler, Leipziger Messe; **2.** (Jahr)Markt *m*; ~ **aux bestiaux** Viehmarkt *m*; **3.** Volksfest *n*; Kirmes *f*; **4.** F **a)** F Rummel *m*; **c'est la** ~ **ici** das ist ein Rummel hier; **b)** **faire la** ~ F sumpfen; **ils ont fait la** ~ **toute la nuit** sie haben die ganze Nacht 'durchgefeiert
foir|er [fware] *v/i* **1.** *Schraube* über'dreht sein; *Rakete* nicht zünden; *Granate* nicht explo'dieren; **2.** F *Unternehmen etc* schiefgehen; platzen; **ça a foiré** das ist schiefgegangen; **3.** P Dünnschiß haben; ~**eux I** *adj* ⟨-euse⟩ F *Sache* faul; **II** *m* P Hosenscheißer *m* (*auch fig: Angsthase*)
fois [fwa] *f* Mal *n*; **a)** *mit adj*: **une** ~, **deux** ~, **trois** ~ einmal, zweimal, dreimal; *bei Versteigerungen* zum ersten, zum zweiten, zum dritten; **une autre** ~ ein anderes Mal, andermal; **une bonne** ~, **une** ~ **pour toutes** ein für allemal; **une seule** ~ einmal; **une** ~ **par an**, **par semaine** einmal jährlich *od* im Jahr *od* pro Jahr, wöchentlich *od* in der Woche *od* pro Woche; **une** ~ **tous les 'huit jours** einmal alle acht Tage; **en une** ~ auf einmal; **encore une** ~ noch einmal; nochmals; **pour une** ~ (für) einmal; **c'est bon**, **ça va**, **pour une** ~ (für) einmal mag das (noch) hingehen; *Märchenanfang* **il était une** ~... es war einmal...; **une** ~ **j'étais**

---

en train de ... einmal war ich gerade dabei zu ...; **une** ~ **qu'il passait devant la porte ouverte** ... einmal, als er an der offenen Tür vorbeiging ...; ◆ F **l'autre** ~ letzthin; letztens; unlängst; **les autres** ~ sonst; **cette** ~, **cette** ~-**ci**, **cette** ~-**là** dieses (eine) Mal; diesmal; **chaque** ~ (**que**) jedesmal (wenn); **la dernière** ~ das letzte Mal *od* letztemal; voriges, das vorige Mal; **à la dernière** ~ beim letzten Mal *od* letztenmal; **pour la dernière** ~ zum letzten Mal *od* letztenmal; **la première** ~ das erste Mal *od* erstemal; **c'est la première et la dernière** ~ **que je vous le dis** ich sage es Ihnen zum ersten und zum letzten Mal; **la prochaine** ~ nächstes, das nächste Mal; **la seule et unique** ~ das erste und einzige Mal; ◆ **bien des** ~, **de nombreuses** ~ (sehr) oft; viele Male; F *x*-mal; **mainte(s)** ~ *cf* maint; **plus d'une** ~ mehr als einmal; **plusieurs** ~ *cf* plusieurs; ◆ **on n'a pas besoin de le lui dire deux** ~ man braucht ihm das nicht zweimal zu sagen; **je vous ai dit vingt** ~, **cent** ~ (**de** +*inf od* **que** ...) ich habe Ihnen schon hundertmal gesagt ..., daß ...; als Aufforderung **daß Sie** ... **sollen**); **pensez aux** ~ **où il vous a menti** denken Sie daran, wie oft er Sie belogen hat; **perdre cinq** ~ **sur dix** von zehn Spielen, Wetten *etc* fünf verlieren; *prov* **une** ~ **n'est pas coutume** einmal ist keinmal (*prov*); **b)** *Multiplikation* mal; **trois** ~ **quatre** (**font**) **douze** drei mal vier ist zwölf; **cent** ~ **pire** hundertmal schlimmer; **mille** ~ **plus avantageux** tausendmal vorteilhafter; **une quantité deux** ~ **plus grande**, **petite qu'une autre** e-e Menge, die doppelt, halb so groß ist wie e-e andere; **chêne** *m* **trois** ~ **centenaire** dreihundert Jahre alte, drei Jahrhunderte alte Eiche; **usage** *m* **plusieurs** ~ **séculaire** einige, mehrere Jahrhunderte alter Brauch; **c'est trois** ~ **rien** das ist nicht der Rede wert; das ist doch gar nichts, überhaupt nichts; **c)** *loc/adv*: **à la** ~ **zu'gleich**; gleichzeitig; auf einmal; **il est à la** ~ **aimable et distant** er ist liebenswürdig und zurückhaltend zu'gleich; **faire deux choses à la** ~ zwei Dinge gleichzeitig tun; **ne parlez pas tous à la** ~ redet nicht alle zugleich, gleichzeitig, auf einmal; **à**, **par deux** ~ zweimal; **s'y prendre à deux** ~ sich zweimal daranmachen; es nicht auf einmal machen; **y regarder à deux** ~ es sich, F sich's zweimal, genau, sehr gut über'legen; F **des** ~ **a)** manchmal; mit-'unter; **b)** zufällig; F per Zufall; F **non**, **mais des** ~! was glauben Sie eigentlich!; was bilden Sie sich eigentlich ein!; **d)** *loc/conj*: **autant de** ~ **que vous voulez** so'oft Sie wollen; (à) **chaque** ~, **toutes les** ~ **que** ... jedesmal, immer wenn ...; so'oft ...; F **des** ~ **que** ... es könnte ja sein, daß ...; vielleicht ...; **allons-y quand même**, **des** ~ **qu'il resterait encore des places** ... es könnte ja sein, daß es doch noch Karten gibt; **la première** ~ **que** ... das erste Mal, als *od* F wo ...; **la prochaine** ~ **que** ... nächstes, das nächste Mal, wenn ...; **une** ~ **que** ... wenn (erst) einmal, F mal ...; **une** ~ **qu'il s'est mis qc dans la tête** ... wenn er sich einmal, F mal etwas in den Kopf gesetzt hat ...; **pour une** ~ **que** *j'ai oublié* ... wenn ich einmal ...; **une** ~ aus das höchst seltene Mal, daß ...; ◆ *ellip*: **une** ~ **dans le train**, *vous pourrez vous reposer* wenn Sie (erst) einmal, F mal in Zug sind *od* sitzen ...; **une** ~ **lancé**, *il n'y a plus moyen de l'arrêter* wenn er (erst) einmal, F mal in Fahrt ist ...; **une** ~ **parti**, *il s'aperçut que* ... als er (schon) weg war ...

foison [fwazõ] *f loc/adv* à ~ in Hülle und Fülle; in großen, F rauhen Mengen

foisonn|ant [fwazonã] *adj* ~ de reich an (+*dat*); ...reich; *Wald* ~ de gibier wildreich; **~ement** *m* **1.** *von Pflanzen etc* Wuchern *n*; üppiges Wachstum; *der Vegetation* Üppigkeit *f*; **2.** *fig von Gedanken, Ideen* ('Über)Fülle *f*; **3.** *chim von Kalk etc* Treiben *n*; Aufquellen *n*

foisonner [fwazone] *v/i* **1.** *Pflanzen* wuchern; üppig wachsen; *Wild* über'handnehmen; im 'Überfluß vor'handen sein; sich stark vermehren; **2.** ~ de, en 'Überfluß haben an (+*dat*); ~ d'idées voller Einfälle stecken; cette forêt foisonne de lapins in dem Wald wimmelt es von Kaninchen; *Land* ~ en poètes de valeur reich sein an bedeutenden Dichtern; **3.** *feuchter Kalk etc* treiben; aufquellen; sein Vo'lumen vergrößern

fol [fɔl] *adj cf* fou

folâtre [fɔlɑtr] *adj* lustig; fröhlich; il n'était pas d'humeur ~ ihm war nicht zum Lachen, Scherzen, nach Spaß zumute

folâtrer [fɔlɑtre] *v/i* her'umtollen, -toben; sich tummeln

foli|acé [fɔljase] *adj* blattartig, -förmig; **~aire** *adj bot* Blatt...; zum Blatt gehörend; **~ation** *f bot* **1.** Blattstellung *f*; **2.** *cf* feuillaison

folichon [fɔliʃõ] *adj* <~ne> lustig; ausgelassen; fröhlich; cela n'a rien de ~ das ist überhaupt, gar nicht komisch, lustig

folie [fɔli] *f* **1.** *path* Wahn(sinn) *m*; Irrsinn *m*; Verrücktheit *f*; geistige Um'nachtung; ~ furieuse Tobsucht *f*; avoir une crise de ~ furieuse en e Tobsuchtsanfall bekommen; ~ intermittente, périodique, circulaire manisch-depressives Irresein; ~ des grandeurs Größenwahn *m*; avoir la ~ des grandeurs größenwahnsinnig sein; ~ de la persécution Verfolgungswahn *m*; accès *m*, coup *m* de ~ Anfall *m* von Wahnsinn; sombrer dans la ~ dem *od* in Wahnsinn verfallen; **2.** Torheit *f*; Narrheit *f*; Tollheit *f*; F Verrücktheit *f*; Wahnsinn *m*; Irrsinn *m*; Riesendummheit *f*; ~ de jeunesse Jugendtorheit *f*; à la ~ bis zum Wahnsinn; aimer qn, s'aimer à la ~ j-n, einander bis zum Wahnsinn, F wahnsinnig lieben; vous n'aurez pas la ~ de faire ça Sie werden nicht so töricht sein, das zu tun; c'est de la (pure) ~, de la ~ furieuse das ist ja Irrsinn, heller Wahnsinn; c'est la ~ du jour das ist große Mode, en vogue; faire une ~ a) e-e große Dummheit begehen; b) e-e unsinnige Geldausgabe machen; vous avez fait une ~ *en nous offrant ce cadeau* Sie haben sich in Unkosten gestürzt ...; il a passé l'âge des ~s er ist über dieses Alter hinaus; **3.** *mus* Fo'lia *f*; **4.** *bât hist* Lustschlößchen *n*

folié [fɔlje] *adj bot* **1.** blätt(e)rig; beblättert; mit Blättern (versehen); **2.** blattförmig

folio [fɔljo] *m* **a)** *bes bei alten Manuskripten* Blatt *n*; Folium *n*; **b)** *impr* Seitenzahl *f*

foliole [fɔljɔl] *f bot* **1.** *e-s zusammengesetzten Blattes* Blättchen *n*; (Einzel)Blatt *n*; **2.** Kelchblatt *n*

foliot|age [fɔljɔtaʒ] *m* **a)** Foli'ieren *n*, -ung *f*; Nume'rieren *n*, -ung *f* (*der* Blätter); **b)** *impr* Pagi'nieren *n*; Paginati'on *f*; **~er** *v/t* **a)** foli'ieren; mit Blattzahlen versehen; **b)** *impr* pagi'nieren; **~euse** *f impr* Nume'rierwerk *n*

folklo [fɔlklo] *adj* F Kurzwort für **folklorique 2.**

folklore [fɔlklɔr] *m* **1.** Folk'lore *f*; als Wissenschaft *auch* Volkskunde *f*; **2.** F *fig, meist péj* (Affen)The'ater *n*; ce n'est que du ~ das ist doch alles nur Theater

folklor|ique [fɔlklɔrik] *adj* **1.** folklo'ristisch; volkskundlich; Volks...; **chanson** *f* ~ Volkslied *n*; **costume** *m* ~ Tracht *f*; **danse** *f* ~ Volkstanz *m*; **2.** F *fig, meist péj* (ein bißchen) komisch, seltsam, bi'zarr, F spinnig; **~iste** *m* Volkskundler *m*; Folklo'rist *m*

folle[1] [fɔl] *adj cf* fou

folle[2] [fɔl] *f für große Fische* grobmaschiges Netz

folle-avoine [fɔlavwan] *f* ⟨*pl* folles-avoines⟩ Flug-, Windhafer *m*

follement [fɔlmã] *adv* sehr; F irrsinnig; wahnsinnig; unwahrscheinlich; **spectacle** ~ **drôle** irrsinnig komischer Anblick; il désire ~ faire qc er möchte wahnsinnig gerne etw tun; **être** ~ **amoureux** F (un)sterblich, wahnsinnig, bis über die Ohren verliebt sein

follet [fɔlɛ] *adj* ⟨~te⟩ **1.** esprit ~ *od subst* ~ *m* Kobold *m*; **feu** ~ Irrlicht *n*, -wisch *m*; **2.** poil ~ *von jungen Männern* (erster) Flaum (*auch von jungen Vögeln*); erster Bartwuchs; erste Barthaare *n/pl*; Flaumbart *m*

folliculaire [fɔlikylɛr] *m litt u péj* Schreiberling *m*

follicul|e [fɔlikyl] *m* **1.** *bot* Samenhülle *f*; **2.** *anat, physiol* Fol'likel *m*; ~ **pileux** Haarbalg *m*, -follikel *m*; ~ **ovarien**, De Graaf Graafscher Follikel; Bläschen-, Terti'ärfollikel *m*; **~ine** *f physiol* Fol'likelhormon *n*; **~ite** *f path* Follikuli'tis *f*

fomenta|teur [fɔmãtatœr] *m*, **~trice** *f* Anstifter(in) *m(f)*; Aufwiegler(in) *m(f)*; Anzettler *m*; Hetzer *m*; **fomentateur de troubles** Unruhestifter *m*

foment|ation [fɔmãtasjõ] *f* zum Streit, Haß Anstiftung *f* (de zu); *e-r Revolte* Anzett(e)lung *f*; ~ de troubles Unruhestiftung *f*; **~er** *v/t Streit, Unruhe* stiften; *Verschwörung, Revolte* anzetteln; *Haß* schüren

fonçage [fõsaʒ] *m* **1.** *bei Fässern* Einsetzen *n* des Bodens; **2.** *mines* Abteufen *n*, -ung *f*; Niederbringen *n*; *e-s Brunnens* Graben *n*; Bohren *n*; **3.** *bei Tapeten etc* Grun'dieren *n*, -ung *f*

fonc|é [fõse] *adj Farbe, Teint, Haut* dunkel; rouge ~ ⟨*inv*⟩ dunkel-, tiefrot; **~ement** *m cf* fonçage **2.**

foncer [fõse] ⟨-ç-⟩ **I** *v/t* **1.** *Faß* mit e-m Boden versehen; e-n Boden einsetzen in (+*acc*); **2.** *mines Schacht, Bohrloch* (ab)teufen; niederbringen; *Brunnen* graben; bohren; **3.** *cuis Backform* mit Teig be-, auslegen; *Topfboden* mit Speckscheiben und Gemüse bedecken, belegen; **4.** *Farbe* dunkler machen; **II** *v/i* **5.** *Gemälde, Holz, Photo* nachdunkeln; *Haare etc* dunkler werden; **6. a)** ~ sur qn sich auf j-n stürzen; über j-n herfallen; auf j-n losgehen; **b)** F drauf'losgehen; mit dem Auto F drauf'losfahren; ~ à toute allure F (da'hin)rasen, (-)sausen, (-)fegen; ~ à cent à l'heure dans les virages F mit hundert Sachen in die Kurve gehen; F *fig* tu as foncé pour lire ce livre du hast das Buch schnell ausgelesen; F du warst schnell durch mit dem Buch

fonc|eur [fõsœr] *m* Draufgänger *m*; **~euse** *f für Tapeten etc* Grun'diermaschine *f*

foncier [fõsje] *adj* ⟨-ière⟩ **1.** Grund...; Boden...; **bien** ~ Grundstück *n*; Liegenschaft *f*; **capital** ~ Grundvermögen *n*; **crédit** ~ Boden-, Grund-, Hypothe'kar-, Immobili'arkredit *m*; **Crédit** ~ **(de** *France*) *Frz* Bodenkreditanstalt; **impôt** ~ *od subst* ~ *m* Grundsteuer *f*; *im Elsaß und im Norden Lothringens* livre ~ Grundbuch *n*; **propriétaire** ~ Grund(stücks)-, Landbesitzer *m*, -eigentümer *m*; **propriété foncière** Grundeigentum *n*; Grund-, Landbesitz *m*; Grund und Boden *m*; **rente foncière** Grundrente *f*; **revenu** ~ Bodenertrag *m*; Einkommen *n*, Einkünfte *pl* aus Grund und Boden, Grundbesitz; **spéculation foncière** Bodenspekulation *f*; **2.** *Unterschied, Irrtum* grundlegend; entscheidend; wesentlich; fundamen'tal; **qualités foncières** *auch* Grundeigenschaften *f/pl*

foncièrement [fõsjɛrmã] *adv* von Grund auf; durch und durch; ~ **honnête** grundehrlich; **ne pas être** ~ **mauvais** nicht durch und durch schlecht sein

fonction [fõksjõ] *f* **1.** Funkti'on *f*; Amt *n*; Tätigkeit *f*; *par ext* (Dienst)Stellung *f*; Posten *m*; (Dienst)Obliegenheit *f*; Aufgabe *f*; Pflicht *f*; **~s** *pl auch* Amtsgeschäfte *n/pl*; ◆ ~ **électorale** Wahlamt *n*; *des Staates* ~ **législative** gesetzgebende Tätigkeit, Funktion; ~ **publique** öffentlicher Dienst (*auch coll*); Staatsdienst *m*; **Conseil supérieur de la** ~ **publique** *in Frankreich* oberster Beamtenausschuß; **employé** *m* **de la** ~ **publique** Angestellte(r) *m* im öffentlichen Dienst; ◆ ~**(s) d'une charge** Aufgabe(n), Pflicht(en) e-s Amtes; ~ **de directeur** Amt, Posten e-s Direktors; **appartement** *m*, **voiture** *f* **de** ~ Dienstwohnung *f*, -wagen *m*; ◆ **en** ~ im Amt; **demeurer, rester en** ~ im Amt bleiben; **entrer en** ~**(s)** sein Amt antreten, über'nehmen; *Gremium* s-e Tätigkeit aufnehmen; **in Funktion treten; être en** ~ im Amt sein; am'tieren; ◆ **charger qn d'une** ~, **confier une** ~ **à qn** j-m ein Amt über'tragen, anvertrauen; **exercer la** ~, **les** ~**s de** ... das Amt, die Funktion e-s ... ausüben; am'tieren als ...; **faire** ~ **de** ... a) fun'gieren, tätig sein, (stellvertretend) am'tieren als ...; b) *Sachen* dienen als ...; c) *mil* die Dienststellung e-s ... (inne)haben, bekleiden; **faire** ~ **de directeur** das Amt, den Posten e-s Direktors haben, bekleiden; **laisser qn dans ses** ~**s** j-n in s-m Amt, auf s-m Posten (be)lassen; **2.** *biol, physiol, chim, tech, ling, allg e-r Sache* Funkti'on *f*; *physiol auch* Tätigkeit *f*; *chim* Wirkung *f*; *chim* ~ **acide, alcool, base, sel** Säure-, Alkohol-, Lauge-, Salzwirkung *f*; *psych* ~**s supérieures** höhere Funktionen; *physiol* ~ **du cœur, du foie** Herz-, Leberfunktion *f*, -tätigkeit *f*; ~**s de nutrition, de reproduction** Stoffwechsel-, Fortpflanzungsfunktionen *f/pl*; **la** ~ **crée l'organe** die Funktion läßt das Organ entstehen; **3.** *math* Funkti'on *f*; ~ **algébrique, rationnelle, transcendante, univalente** algebraische, rationale, transzendente, eindeutige Funktion; **4.** *loc/prép* **en** ~ in Abhängigkeit von (+*dat*); entsprechend (+*dat*); je nach (+*dat*); auf Grund von (*od* + *gén*); in bezug auf (+*acc*); unter Berücksichtigung von (*od* + *gén*); **en** ~ **du contenu** je nach dem Inhalt; **en** ~ **du marché** marktgerecht; **agir en** ~ **de ses intérêts** in s-m (eigenen) Interesse handeln; **considérer qc en** ~ **de qc** etw im Zusammenhang mit etw sehen; **régler des jumelles en** ~ **de la distance** ein Fernglas auf die Entfernung einstellen; ◆ **être** ~ **de qc** von etw abhängen; e-e Funktion von etw sein

fonctionnaire [fõksjɔner] *m,f* Beamte(r) *m*, Beamtin *f*; ~**s** *pl auch* Beamtenschaft *f*; Beamtentum *n*; ~ **civil** Zi'vilbeamte(r) *m*; 'haut ~ hoher Beam-

ter; ~ militaire Mili'tärbeamte(r) m; être ~ Beamter bzw Beamtin sein
fonctionnalisme [fõksjɔnalism(ə)] m arch, ling Funktiona'lismus m
fonctionnar'isation [fõksjɔnarizasjõ] f **1.** Verbe'amtung f; 'Übernahme f ins Beamtenverhältnis; **2.** Bürokra'ti'sierung f; **~iser I** v/t verbe'amten; ins Beamtenverhältnis über'nehmen; den Status e-s Beamten gewähren (qn j-m); in e-m Betrieb etc e-e beamtenähnliche Stellung geben (qn j-m); adjt fonctionnarisé verbeamtet; **II** v/pr se ~ verbürokrati'sieren; **~isme** m péj Bürokra'tie f
fonctionnel [fõksjɔnɛl] adj ⟨~le⟩ **1.** funktio'nell; funktio'nal; biol assimilation ~le funktionelle Assimilation; chim groupement ~ funktionelle Gruppe; linguistique ~le funktionelle Linguistik; path troubles ~s Funkti'onsstörungen f/pl; funktionelle Erkrankungen f/pl; **2.** zweckentsprechend, -mäßig; funktio'nell; funktio'nal; architecture ~le funktionelle Architektur; subst le ~ das Zweckmäßige
fonctionnement [fõksjɔnmã] m e-r Maschine, e-s Unternehmens, e-r Institution Funktio'nieren n; Arbeiten n; e-r Maschine auch Lauf m; Gang m; e-r Institution auch Betrieb m; e-s Organs Arbeiten n; ~ d'une entreprise Betriebsablauf m; ~ d'un hôpital Krankenhausbetrieb m; (mode m de) ~ Arbeitsweise f; en état de bon ~ funkti'onsfähig, -tüchtig
fonctionner [fõksjɔne] v/i Maschine, Apparat, Unternehmen, Organisation funktio'nieren; arbeiten; Maschine, Apparat auch gehen; laufen; Organ arbeiten; s-e Funkti'on erfüllen; ~ automatiquement, bien, mal automatisch, gut, schlecht funktionieren etc; ~ sur (le) courant alternatif mit Wechselstrom betrieben werden; faire ~ in Gang setzen, bringen; bedienen; betätigen
fond [fõ] m **1.** e-s Gefäßes, e-r Geige, bot e-r Blüte Boden m; e-s Gewässers Grund m; e-s Tals, Flusses, Kanals, Grabens, mines Sohle f; e-s Raumes 'Hintergrund m; entlegenster, hinterster Teil; Innerste(s) n; e-s Hutes Kopf m; e-r Mütze Deckel m; e-s Schiffes Bauch m; Bilge f; allg Unterste(s) n; Tiefste(s) n; Tiefe f; abs Meeresboden m, -grund m; ♦ **grands** ~s Tiefsee f; **poissons** m/pl **de(s) grands** ~s Tiefseefische m/pl; ~ **d'algues** mit Algen bewachsener Grund; ~ **d'artichaut** Arti'schockenboden m; ~ **de culotte** Hosenboden m; cout au ~ **de** Gesäß(partie) n(f); **user ses** ~s **de culotte** den Hosenboden 'durchsitzen, -wetzen; **user ses** ~s **de culotte sur les bancs de l'école** die Schulbank drükken; ~ **de l'estomac** Magenausgang m; ~ **d'un fleuve** Flußsohle f; Grund e-s Flusses; le ~ **d'une grotte** das Innerste e-r Höhle; ~ **de la mer** Meeresboden m, -grund m; anat ~ **de l'œil** Augenhintergrund m; ~ **de la vallée** Talsohle f, -grund m; ~ **d'une salle** hinterer Teil e-s Saales; **chambre** f **du** ~ hinteres Zimmer; Zimmer am Ende des Flurs; **mineur** m **de** ~ Unter'tagearbeiter m; **mineur** m **qui a dix ans de** ~ Bergarbeiter, der zehn Jahre unter Tage gearbeitet hat; **travaux** m/pl **de** ~ Arbeiten f/pl unter Tage; Grubenbetrieb m; ♦ loc/adv **au** ~ hinten bzw unten; mines **unter Tag(e); être assis au** ~ in e-m Saal etc hinten, im Auto auch im Fond sitzen; mines **travailler au** ~ unter Tag(e) arbeiten; loc/prép **au** ~ **de** im Inner(ste)n, Innersten, Hintergrund (+gén) (ganz, weit) unten, hinten in (+dat); **au fin** ~ **de** cf **fin²** I; **au** ~ **de l'armoire** ganz unten,

hinten im Schrank; auf dem Boden des Schranks; **au** ~ **du bois, de l'eau** tief im Wald, im Wasser; **au** ~ **du couloir** am Ende des Ganges; hinten im Gang; **entrée** f **au** ~ **de la cour** Eingang m hinten im Hof; **au** ~ **de ma poche** ganz unten in meiner Tasche; **au** ~, **dans le** ~ **d'un récipient** auf dem Boden, Grund e-s Gefäßes; unten in e-m Gefäß; **au** ~ **de la salle** hinten im Saal; **au** ~ **de la voiture** hinten im Auto; im Fond des Wagens; **regarder qn au** ~ **des yeux** j-m prüfend, 'durchdringend in die Augen sehen; **dans le** ~ **de la gorge** hinten im Hals; Wort, Schrei **rester au** ~ **de la gorge, de la poitrine** im Hals, in der Kehle steckenbleiben; loc/adv **de** ~ **en comble** von oben bis unten; cf auch **4.**; loc/adv u loc/adj **sans** ~ boden-, grundlos; ohne Boden, Grund; ♦ **il n'y a pas assez de** ~ **pour plonger** es ist nicht tief genug zum Tauchen; Schiff **envoyer par le** ~, **précipiter au** ~ versenken; in den Grund bohren; **examiner à qn le** ~ **de la gorge** j-m in den Hals schauen; **garnir d'un** ~ mit e-m Boden versehen; e-n Boden einsetzen in (+acc); **mettre un** ~ **à un pantalon** in e-e Hose e-n Boden einsetzen; mar **perdre le** ~ keinen Grund mehr finden; fig **racler les** ~s **de tiroir** die letzten Pfennige, das letzte Geld zusammenkratzen; **toucher le** ~ Schiff Grundberührung haben; auf Grund geraten, stoßen; Person Grund haben; stehen können; **2.** par ext in e-r Flasche, e-m Glas Bodensatz m; Rest m; **il en reste un** ~ es bleibt ein Rest, etwas, ein wenig, ein bißchen (davon) übrig; **versez-moi un** ~ schenken Sie mir ein wenig, bißchen ein; **3.** beim Malen etc 'Untergrund m; text e-s gemusterten Stoffes Grund m; Fond m; e-s Gemäldes u par ext peint auch 'Hintergrund m; cin, rad, télév ~ **sonore** musi'kalische, a'kustische Unter'malung; Geräuschkulisse f; akustischer Hintergrund; peint ~ **d'or** Goldgrund m; ~ **de robe** 'Unterrock m, -kleid n; ~ **de teint** Make-up [me:k'ap] n; fig ~ **de tableau** décourageant, optimiste entmutigendes, optimistisches Bild; **bruit** m **de** ~ Geräusch n, Lärm m im Hintergrund; **vert sur** ~ **rouge** grün auf rotem Grund; **se découper, se détacher sur un** ~ **sombre** sich von e-m dunklen (Hinter)Grund abheben; F **le** ~ **de l'air est frais** die Luft selber ist kühl; **4.** fig Grund(lage) m(f); Kern m; Wesen n; Wesentliche(s) n; Eigentliche(s) n; Innerste(s) n; Tiefste(s) n; Bestand m; Fundus m; e-s Gedichts etc im Gegensatz zur Form Inhalt m; Gehalt m; ~ **historique d'une légende** historischer Kern e-r Sage; **le** ~ **du problème, de la question** der Kern, das Wesentliche des Problems, der Frage; ♦ loc/adv: **à** ~ gründlich(st); **von Grund auf**; eingehend; **connaître qc à** ~ etw sehr genau, von Grund auf, durch und durch kennen; **étudier qc à** ~ etw gründlich studieren; **pousser une enquête à** ~ gründlich recher'chieren; **pousser une idée à** ~ e-n Gedanken zu Ende denken; **respirer à** ~ tief 'durchatmen; Schraube etc **serrer à** ~ fest anziehen; **je vous soutiendrai à** ~ ich werde Sie in allem, voll und ganz unter'stützen; **visser à** ~ festschrauben; ganz hineinschrauben; **à** ~ **de train** im Eiltempo; cf auch **train 2.**; **au** ~, **dans le** ~ im Grunde (genommen); eigentlich; **au** ~, **il a raison** im Grunde (genommen), eigentlich hat er recht; **au** ~ **de son cœur** im Grunde s-s Herzens; **au** ~, **jusqu'au** ~ **du cœur, des cœurs** zu'tiefst; bis ins Innerste; être ému **jusqu'au** ~ **de l'âme, du**

cœur zutiefst gerührt, bewegt sein; **de** ~ **en comble** [-tãkõbl(ə)] grundlegend; von Grund auf od aus; ganz und gar; völlig; **changer de** ~ **en comble** sich grundlegend ändern; **détruire de** ~ **en comble** völlig zerstören; dem Erdboden gleichmachen; **du** ~ **du cœur** von (ganzem) Herzen; aus ganzem, tiefstem Herzen; aus Herzensgrund; ♦ **aller au** ~ **des choses** den Dingen auf den Grund gehen; **avoir un bon** ~ e-n guten Kern, Cha'rakter haben; **avoir un** ~ **d'honnêteté** im Grunde ein ehrlicher Mensch sein; **confier le** ~ **de sa pensée à** qn j-m s-e geheimsten Gedanken anvertrauen; **découvrir le** ~ **de son cœur** sein Innerstes offenbaren; **toucher au** ~ **du désespoir** am Rande der Verzweiflung, zu'tiefst verzweifelt sein; **toucher au** ~ **de la misère** in tiefste od bitterste Not geraten; **5.** jur (Haupt-) Sache f; **conditions** f/pl **de** ~ **et de forme** inhaltliche Erfordernisse n/pl und Formerfordernisse n/pl; **modification** f **de** ~ sachliche Änderung; **juger au** ~ in der Sache urteilen; **statuer sur le** ~ zur Sache entscheiden; **6.** sports **a)** Ausdauer f; Zähigkeit f; **avoir du** ~ Ausdauer haben; ausdauernd, zäh sein; **b)** (**course** f **de**) ~ Leichtathletik Langstreckenlauf m; Skisport (Ski)Langlauf m; **coureur** m **de** ~ Langstreckenläufer m; **ski** m **de** ~ **a)** (Ski)Langlauf m; **b)** Langlaufski m
fondamental [fõdamãtal] adj ⟨-aux⟩ **1.** grundlegend; fundamen'tal; wesentlich; Grund...; Haupt...; phys atom état ~ **d'un atome** Grundzustand m e-s Atoms; **français** ~ elemen'tares Französisch; **idée** ~e Grundgedanke m; **mépris** ~ tiefe Verachtung; **question** ~e Grundfrage f; **recherche** ~e Grundlagenforschung f; **vocabulaire** ~ Grundwortschatz m; **2.** mus Grund...; **accords fondamentaux** Grundakkorde m/pl; **basse** ~e Fundamen'tal-, Grundbaß m; **échelle, note, position** ~e Grundskala f, -note f, -stellung f; **son** ~ Grundton m; ~**ement** adv grundlegend; von Grund auf; ganz und gar; **conceptions** ~ **opposées** grundverschiedene Auffassungen f/pl; **modifier** qc ~ etw grundlegend ändern
fondant [fõdã] **I** adj **1.** Eis schmelzend; tauend; **2.** im Mund(e) zergehend; Birne auch weich und saftig; **bonbons** ~s Fon'dants m/pl, österr n/pl; **3.** fig Farbtöne inein'ander 'übergehend, verschmelzend; abgestuft; **II** m **1.** cuis Fon'dant(masse) m(f), österr n(f); **2.** métall Schmelz-, Flußmittel n; Zuschlag m
fonda|teur [fõdatœr] m, ~**trice** f e-r Stadt, e-s Reiches, Unternehmens (Be-) Gründer(in) m(f); e-s Preises, e-r Kapelle, e-r wohltätigen Einrichtung Stifter(in) m(f); adjt **membre fondateur** Gründungsmitglied n
fondation [fõdasjõ] f **1.** bât **a)** Gründung f; Grundbau m; Fundamen'tieren n, -ung f; schweiz Fundati'on f; ~ **sur pieux, sur puits** Pfahl-, Brunnengründung f; **travaux** m/pl **de** ~ Gründungsarbeiten f/pl; **b)** pl ~s Funda'ment(e) n(pl); Grundmauern f/pl; 'Unterbau m; Fundati'on f; **faire, jeter les** ~s das Fundament legen; das Fundament, die Grundmauern errichten; **2.** e-r Stadt, Partei, Gesellschaft, e-s Ordens (Be)Gründung f; **3.** e-r wohltätigen Einrichtung, e-r Kapelle, e-s Preises Stiftung f (auch Ergebnis); ~ **publique** öffentliche, private Stiftung; ~ **Curie** Curie-Stiftung f
fondé [fõde] **I** adj Vorwurf, Klage, Kritik

etc begründet; berechtigt; gerechtfertigt; fun'diert; *Meinung* begründet; **bien, mal** ~ wohlbegründet, schlecht *od* unzureichend begründet; **non** ~ nicht gerechtfertigt *etc*; ungerechtfertigt; unbegründet; unberechtigt; **II** *m jur, comm* ~ **de pouvoir** (Handlungs)Bevollmächtigte(r) *m*; Proku'rist *m*

fondement [fõdmã] *m* **1.** *des Staates, e-r Theorie etc* Grundlage *f*; Funda'ment *n*; Fun'dierung *f*; Grund *m*; ~ **juridique** Rechtsgrundlage *f*; *loc/adj* **dénué de tout** ~, **sans** ~ *Gerücht* haltlos: unhaltbar; jeder Grundlage entbehrend; unbegründet; *Behauptung auch* ungerechtfertigt; unberechtigt; **jeter, poser les** ~**s de qc** den Grund, das Fundament legen zu etw; die Grundlage(n) schaffen für etw; **2.** *anat* After *m*

fonder [fõde] **I** *v/t* **1.** *Staat, Orden, Partei, Unternehmen, Familie* (be)gründen; *Preis, Kapelle, karitative Einrichtung* stiften; *par ext literarische Schule etc* (be)gründen; ins Leben rufen; **2.** *fig* ~ **qc sur qc** etw auf etw (*acc*) gründen; ~ **ses espoirs sur qc** s-e Hoffnungen auf etw (*acc*) gründen; ~ **de grands espoirs, de grandes espérances sur qn, qc** große Hoffnungen auf j-n, etw setzen; ~ **son pouvoir sur la force** s-e Macht auf Stärke gründen; ~ **ses prétentions sur qc** s-e Ansprüche aus etw ableiten; **être fondé en droit** e-e Rechtsgrundlage haben; berechtigt sein; **être fondé sur qc** auf etw (*dat*) beruhen, ba'sieren, fußen; **ce récit est fondé sur des documents** *auch* diesem Bericht liegen Dokumente zu'grunde; **3. être fondé à** (+*inf*) Grund haben zu (+*inf*); **être fondé à croire, à prétendre qc** Grund haben, etw anzunehmen *od* zu glauben, zu behaupten; **II** *v/pr* **se** ~ **sur qc** sich auf etw (*acc*) stützen, gründen; auf etw (*dat*) fußen; **sur quoi vous fondez-vous pour affirmer cela?** worauf stützen Sie ihre Behauptung?

fond|erie [fõdri] *f* *métall* Gieße'rei *f* (*Technik u Fabrik*); ~ **d'acier, de caractères, de fonte** Stahl-, Schrift-, Eisengießerei *f*; **pièce** *f* **de** ~ Gußteil *n*; ~**eur** *m* **1.** *métall* Gießer *m*; ~ **de cloches, en caractères d'imprimerie** Glocken-, Schriftgießer *m*; **2.** *Skisport* Langläufer *m*; ~**euse** *f* *métall, impr* Gießmaschine *f*; ~**oir** *m* *tech* Schmelzkessel *m*; ~ **à bitume, à goudron** Bi'tumen-, Teerkocher *m*

fondouk [fõduk] *m im Orient* Fondaco *m*

fondre [fõdr(ə)] ⟨*cf* **rendre**⟩ **I** *v/t* **1.** *Metall, Wachs, Butter, Eis, Schnee* schmelzen; (*Alt*)*Metall auch* einschmelzen; *Erze* verhütten; *cf auch* **4.** (**faire** ~); **2.** *Gießerei: Formstück, Glocke, Statue, Lettern* gießen; **3.** *fig Werke, Elemente* verschmelzen, verbinden, zu'sammenfassen, vereinigen (**avec, dans qc** mit etw); *peint Farbtöne* abstufen; inein'ander 'übergehen, verschmelzen lassen; **II** *v/i* **4.** *Eis, Schnee* (ab-, weg)schmelzen; (weg)tauen; *Eis(decke)* auftauen; *Metall* schmelzen (**à ... degrés** bei ... Grad); *Eisstücke, Zucker* sich auflösen, zergehen; ~ **dans la bouche** auf der Zunge, im Mund(e) zergehen; *fig* ~ **en larmes, en pleurs** in Tränen zerfließen, schwimmen, ausbrechen; (ganz) in Tränen aufgelöst sein; **faire** ~ zum Schmelzen bringen; *Eis auch* auftauen; *cuis Butter etc* zerlassen; zergehen lassen; **laisser** ~ **le sucre dans son café** den Zucker im Kaffee zergehen, sich auflösen lassen; **5.** *fig Geld etc* zu'sammenschmelzen; (da'hin)schwinden; abnehmen; *F Person* abnehmen; abmagern; dünner werden; **l'argent lui fond dans les mains** das

Geld zerrinnt ihm in, unter den Händen; **6.** (los)stürzen, sich stürzen (**sur qn, qc auf** j-n, etw); *Unglück* her'einbrechen (**sur qn über** j-n); **III** *v/pr* **se** ~ **7.** *Meeresströmungen etc* zu'sammenkommen; sich vereinigen; *Unternehmen etc* **se** ~ **dans qc** in etw (*dat*) aufgehen; **8.** *Person* verschwinden, 'untertauchen (**dans la brume, dans la foule im Nebel, in der Menge**)

fondrière [fõdrijer] *f* Schlamm-, Wasserloch *n*

fonds [fõ] *m* **1.** *pl* Geld(er) *n*(*pl*); Kapi'tal *n*; *sg* Fonds *m*; ♀ **international de secours à l'enfance** (*abr* F.I.S.E.) Internationaler Kinderhilfsfonds (der Vereinten Nationen) (*abr* UNICEF *f*); ♀ **monétaire international** (*abr* F.M.I.) Internationaler Währungsfonds (*abr* IWF); ♀ **national de solidarité** (*abr* F.N.S.) staatlicher Hilfsfonds in Frankreich; ~ **publics, d'État** a) Staatsgelder *n/pl*; öffentliche Mittel *n/pl*; Gelder der öffentlichen Hand; b) Staatspapiere *n/pl*; ~ **secret** Geheim-, Rep'tilienfonds *m*; ♀ **social européen** Europäischer Sozi'alfonds; ~ **de compensation** Ausgleichs-, Verrechnungsfonds *m*; ~ **de garantie** Garan'tiefonds *m*; ~ **de placement** In'vestmentfonds *m*; ~ **de prévoyance** Versorgungs-, Unter'stützungsfonds *m*; ~ **de réserve** Re'serve-, Rücklagefonds *m*; eiserner Bestand; ~ **de roulement** Betriebskapital *n*, -fonds *m*; 'Umlaufvermögen *n*; arbeitendes, 'umlaufendes Kapital; **constitution** *f*, **création** *f* **d'un** ~ Bildung *f*, Errichtung *f* e-s Fonds; **mise** *f* **de** ~ *cf* **mise 2.**; *loc/adv* **à** ~ **perdu** ohne Aussicht auf Gegenleistung oder Rückerhalt; auf Verlustkonto; *Zuschuß* verloren; **prêter à** ~ **perdu** Geld unter Verzicht auf Rückzahlung zur Verfügung stellen; **affecter des** ~ **à qc** Geld(er) für etw bereitstellen, bestimmen; e-r Sache (*dat*) Geld(er) zuweisen; **emprunter des** ~ (Fremd)Kapital aufnehmen; *F* **être en** ~ *F* (gut) bei Kasse sein; *F* **mes** ~ **sont en baisse** *F* ich bin knapp, nicht gut bei Kasse; **placer des** ~ Geld(er), Mittel anlegen; **2.** ~ **de commerce** (Handels-)Geschäft *n*; **exploitant** *m* **d'un** ~ **de commerce** Geschäftsinhaber *m*; **3.** ~ **de terre** Grund *m* (und Boden *m*); Grundstück *n*; Liegenschaft *f*; **4.** *fig* Schatz *m*; Stoff *m*; Materi'al *n*; Ausstattung *f*; *e-r Bibliothek etc* Bestand *m*; *von Gemälden etc* Stiftung *f*

fondu [fõdy] *I adj u p/p von* **fondre 1.** *Eis etc* geschmolzen; *Zucker* aufgelöst; zergangen; *Butter, Fett* zerlassen; **fromage** ~ Schmelzkäse *m*; **graisse** ~**e** Schmalz *n*; **neige** ~**e** Schneeregen *m*; **2.** *Farben* inein'ander 'übergehend; verfließend; verschwommen; **II** *m* **1.** *cin* ~ **enchaîné** Über'blenden *n*, -ung *f*; **faire un** ~ **enchaîné** über'blenden; **fermeture** *f* **en** ~ Abblenden *n*, -ung *f*; Ausblenden *n*, -ung *f*; Ausblende *f*; **ouverture** *f* **en** ~ Aufblenden *n*, -ung *f*; **2.** *peint* Farbabstufung *f*

fondue [fõdy] *f* *cuis* (Käse)Fon'due *f od n*; ~ **bourguignonne** Fleischfondue *f od n*

fongible [fõʒibl(ə)] *adj jur* vertretbar; fun'gibel; **chose** *f* ~ vertretbare Sache

fongi|cide [fõʒisid] **I** *adj* fungi'zid; pilztötend; **II** *m* Fungi'zid *n*; ~**forme** *adj* pilzförmig

fongueux [fõgø] *adj* ⟨**-euse**⟩ *path* schwammig; *sc* fun'gös

fongus [fõgys] *m path* schwammige Geschwulst; *sc* Fungus *m*

font [fõ] *cf* **faire**

fontaine [fõtɛn] *f* (Spring)Brunnen *m*; ~

murale Wandbrunnen *m*; *phys* ~ **de Héron** Heronsball *m*; ~ **de Jouvence, de marbre, de Neptune** Jung-, Marmor-, Nep'tunsbrunnen *m*; *prov* **il ne faut jamais dire «**♀ **je ne boirai pas de ton eau»** man soll niemals „nie" sagen (*loc/prov*); **2.** *cuis bei der Teigzubereitung* Vertiefung *f*; Mulde *f*

fontanelle [fõtanɛl] *f anat* Fonta'nelle *f*

fonte[1] [fõt] *f* **1.** *von Eis, Schnee* Schmelze *f*; (Ab)Schmelzen *n*; Auftauen *n*; ~ **des neiges** Schneeschmelze *f*; **eaux** *f/pl* **de** ~ Schmelzwasser *n*; **2.** *métall von Formstücken, e-r Glocke etc* Gießen *n*; Guß *m*; *von Erzen* Verhütten *n*, -ung *f*; *Glasherstellung* Schmelze(n) *f*(*n*); **jeter une statue en** ~ e-e Statue gießen; **3.** *Guß-*, Roheisen *n*; ~ **aciérée** Gußeisen mit Stahlzusatz; ~ **blanche** Weißguß *m*; weißes Gußeisen; ~ **brute** Roheisen *n*; ~ **grise** Grauguß *m*; graues Gußeisen; ~ **hématite** Häma'titroheisen *m*; ~ **malléable** Temperguß *m*; schmiedbares Gußeisen; ~ **perlitique** perlitisches Gußeisen; ~ **spéciale, trempée** Sonder-, Hartguß *m*; ~ **à graphite lamellaire** Gußeisen mit La'mellengraphit; ~ **à graphite sphéroïdal** Sphäroguß *m*; sphäro'lithisches Gußeisen; ~ **de moulage** Gußeisen *n*; **lingot** *m* **de** ~ Gußeisenblock *m*; *loc/adj* **en** ~ gußeisern; aus Gußeisen; **cocotte** *f* **en** ~ gußeiserner Schmortopf

fonte[2] [fõt] *f hist mil* (Pi'stolen)Halfter *f*

fonts [fõ] *m/pl* ~ **baptismaux** Taufbecken *n*, -stein *m*; **tenir un enfant sur les** ~ **baptismaux** ein Kind aus der Taufe heben, über die Taufe halten

foot [fut] *m cf* **football**

football [futbol] *m sports* Fußball *m*; ~ **américain** amerikanischer Fußball; **championnat** *m*, **équipe** *f*, **match** *m*, **terrain** *m* **de** ~ Fußballmeisterschaft *f*, -mannschaft *f*, -spiel *n*, -platz *m*; **jouer au** ~, *F* **foot** Fußball spielen

football|eur [futbolœr] *m*, ~**euse** *f* Fußballspieler(in) *m*(*f*); *F* Fußballer(in) *m*(*f*)

footing [futiŋ] *m* Wandern *n*; Wanderung *f*; Fußmarsch *m*; *auch* Lauf *m*; **faire du** ~ **dans les bois** e-n Waldlauf machen

for [fɔr] *m nur loc* **en, dans mon, son** *etc* ~ **intérieur** im Innersten

forage [fɔraʒ] *m tech e-s Werkstücks etc* (Aus)Bohren *n*, -ung *f*; *e-s Bohrlochs, Schachtes* Bohrung *f*; (Tief)Bohren *n*; **rotary** Rotary-Bohrverfahren *n*; ~ **pour le pétrole** Bohrung nach Öl

forain [fɔrɛ̃] **I** *adj* **1.** Jahrmarkts...; **fête** ~**e** Volksfest *n*; Jahrmarkt *m*; Kirmes *f*; Kirchweih *f*; **marchand** ~ Jahrmarktshändler *m*; fliegender, ambu'lanter Händler; **2.** *jur* **audience** ~**e** auswärtige Gerichtssitzung; **saisie** ~**e** Pfändungsrecht *n* an beweglichen Sachen e-s auswärtigen Schuldners; **3.** *mar* **rade** ~**e** offene Reede; **II** *m* Schausteller *m*; Budenbesitzer *m*

foraminifères [fɔraminifɛr] *m/pl zo* Foramini'feren *f/pl*; Kammerlinge *m/pl*

forban [fɔrbã] *m* **1.** *hist* Freibeuter *m* (*auch fig*); **2.** *fig* Schuft *m*; Schurke *m*

forçage [fɔrsaʒ] *m* **1.** *ch* Hetzen *n*; **2.** *agr von Frühgemüse etc* Treiben *n*; Frühkultur *f*

forçat [fɔrsa] *m* **1.** *hist* Ga'leeren-, Bagnosträfling *m*; **2.** Zuchthäusler *m*; Zwangsarbeiter *m*; **3.** *fig* Sklave *m*; **travail** *m* **de** ~ Sklaven-, Fron-, Knechtsarbeit *f*; **mener une vie de** ~ wie ein Sträfling leben; **travailler comme un** ~ arbeiten wie ein Pferd; *F* schuften

force[1] [fɔrs] *f* **1.** *e-s Lebewesens, phys* Kraft *f*; *e-r Person, Partei etc* Stärke *f*;

Macht *f*; *e-r Mauer etc* Stärke *f*; 'Widerstandsfähigkeit *f*; Festigkeit *f*; *e-s Gefühls* Stärke *f*; Kraft *f*; Gewalt *f*; Heftigkeit *f*; *e-s Medikaments etc* Stärke *f*; Wirkungskraft *f*; *e-s Stils*, Arguments ('Durchschlags)Kraft *f*; Stärke *f*; *e-r Rede* Nachdruck *m*; Schärfe *f*; *e-s Stoßes*, Schlages, *e-r Explosion* Wucht *f*; Heftigkeit *f*; Gewalt *f*; ♦ *phys e-s Ballons* ∼ **ascensionnelle** Auftrieb *m*; *fig* ∼s aveugles du destin blinde Schicksalskräfte *f/pl*; *phys* ∼ **centrifuge** Zentrifu'gal-, Flieh-, Schwungkraft *f*; ∼ militaire militärische Stärke *f*; *phys* ∼ **motrice** Trieb-, Antriebskraft *f*; ∼ **musculaire** Muskelkraft *f*; ∼ **physique** Körperkraft *f*; körperliche, physische Kraft *f*; *Brücke* ∼ **portante** Tragkraft *f*, -fähigkeit *f*; *philos* ∼ **vitale** Lebenskraft *f*; ♦ ∼ **d'âme** seelische Kraft, Stärke; Seelenstärke *f*; *phys* ∼ **d'attraction** Anziehungskraft *f*; *e-s Urteils* ∼ **de chose jugée** Rechtskraft *f*; *cf auch* **juger** 1.; *impr* ∼ **du corps** Schriftgrad *m*; *Motors* ∼ **d'entraînement** Zugkraft *f*; ∼ **de l'habitude** Macht der Gewohnheit; **faire qc par la** ∼ **de l'habitude** etw aus Gewohnheit tun; ∼ **de loi** Gesetzeskraft *f*; ∼s **de la nature** Na'turkräfte *f/pl*; *fig Person* **être une** ∼ **de la nature** voller Vitalität stecken; e-e Bärennatur haben; *e-s Geschosses* ∼ **de pénétration, de perforation** 'Durchschlagskraft *f*; ∼ **du son** Laut-, Tonstärke *f*; *phys*, *tech* ∼ **de traction** Zugkraft *f*; ∼ **du vent** Windstärke *f*; **tour** *m* **de** ∼ Kunststück *n*; Glanzleistung *f*; **travail** *m*, travailleur *m* **de** ∼ Schwerarbeit *f*, -arbeiter *m*; *phys* **unité** *f* **de** ∼ Maßeinheit *f* der Kraft; ♦ *loc/adv*: **à** ∼s **égales, à égalité de** ∼ mit gleichen Kräften; in gleicher Stärke; **à la** ∼ **du poignet** aus eigener Kraft; **à bout de,** sans ∼ kraftlos; völlig erschöpft; **être à bout de** ∼ mit s-r Kraft am Ende sein; **dans la** ∼ **de l'âge** in den besten Jahren; *Mann auch* im besten Mannesalter; **dans toute la** ∼ **du mot, du terme** im wahrsten Sinne des Wortes; in des Wortes wahrster Bedeutung; im vollen Wortsinn; *auch loc/adj* **de première** ∼ erstklassig; Spitzen...; **organisateur** *m* **de première** ∼ erstklassiger Organisator; **être de première** ∼ ausgezeichnet, erstklassig, sehr fähig sein; *Spieler* **ne pas être de** ∼ unter'legen, s-m Gegner nicht gewachsen, nicht gleichwertig sein; **être de** ∼ **à faire qc** zu etw fähig, geeignet sein; **de toutes mes,** ses, *etc* ∼s aus Leibeskräften; mit aller Kraft; **en** ∼ a) mit (viel) Kraft(aufwand); b) *cf* 3.; ♦ *loc/prép* **à** ∼ **de** mit, durch viel(es) (+*subst*); **à** ∼ **de patience,** il a réussi mit viel Geduld ...; **à** ∼ **de chercher,** il finira par trouver durch vieles Suchen, wenn er lange genug sucht ...; *ellip* **à** ∼ durch ständiges Bemühen; ♦ **avoir de la** ∼ Kraft haben; kräftig, stark sein; **ne plus avoir la** ∼ **de marcher, de parler** zu kraftlos, schwach sein zum Gehen, Sprechen; **être de** ∼ **égale, être de la même** ∼ gleich stark, kräftig sein; *sports* gleich gut sein, spielen *etc*; gleichwertige, ebenbürtige Gegner sein; **ce travail est au-dessus de ses** ∼s diese Arbeit geht über s-e Kräfte, über'fordert ihn; **exiger qc avec** ∼ etw nachdrücklich, mit Nachdruck fordern; **s'exprimer avec** ∼ e-n kraftvollen Stil schreiben; sich drastisch ausdrücken; **ce qui fait sa** ∼, **c'est** ... s-e Stärke ist ...; *mar* **faire** ∼ **de rames, de voiles** aus Leibeskräften *od* mit aller Kraft rudern, mit vollen Segeln fahren; **ne pas, plus sentir sa** ∼ nicht merken, wie stark man ist; 2. Zwang *m*; Gewalt *f*; *jur* ∼ **majeure**

höhere Gewalt; **c'est un cas de** ∼ **majeure** hier liegt höhere Gewalt vor; ∼ **des choses** Zwangsläufigkeit *f*; Sachzwang *m*; **par la** ∼ **des choses** zwangsläufig; unter dem Zwang der Verhältnisse; **maison centrale de** ∼ Zuchthaus *n*; ♦ *loc/adv*: **à toute** ∼ unbedingt; mit aller Gewalt; **avec** ∼, **de** ∼, **par (la)** ∼ mit Gewalt; gewaltsam; **de, par** ∼ zwangsweise; **enlever, prendre de** ∼ **qc à qn** j-m etw mit Gewalt wegnehmen; **faire entrer de** ∼ **qc dans qc** etw in etw (*acc*) hineinzwängen; etw mit Gewalt in etw (*acc*) hineinstecken, -pressen, -drücken; **accepter par** ∼ gezwungenermaßen, notgedrungen zustimmen; **prendre qc par la** ∼ etw mit Gewalt an sich reißen; ♦ **employer la** ∼, **recourir à la** ∼ Zwang, Gewalt anwenden; *st/s* ∼ lui fut de (+*inf*) er mußte (+*inf*); *loc* **la** ∼ **prime le droit** Gewalt geht vor Recht; **3.** *meist pl* ∼s *mil* Streitmacht *f*, -kräfte *f/pl*; ∼s **aériennes** Luftwaffe *f*; Luftstreitmacht *f*, -kräfte *f/pl*; ∼s **armées** Streitmacht *f*, -kräfte *f/pl*; ∼s **armées françaises** französische Streitkräfte *f/pl*; ∼ **publique** öffentliche Gewalt; Poli'zei *f*; ∼ **de frappe** französische A'tomstreitmacht; ∼s **de l'ordre** (Ordnungs)Polizei *f*; Ordnungskräfte *f/pl*; ∼ **de police** Poli'zeikräfte *f/pl*, -einheiten *f/pl*; ∼s **de terre et de mer** Land- und Seestreitkräfte *f/pl*; **en** ∼ mit starken Kräften; **4.** *élect* Strom *m*; Elektrizi'tät *f*; **faire installer la** ∼ Strom legen lassen; **5.** ♀ **ouvrière** *sozialistisch orientierte frz Gewerkschaft*

force[2] [fɔrs] *litt adv* zahlreich; e-e Reihe von; **après** ∼ **poignées de main** ... nach vielem Händeschütteln ...

forcé [fɔrse] *adj* **1.** erzwungen; Zwangs...; **adjudication, affiliation** ∼**e** Zwangsversteigerung *f*, -mitgliedschaft *f*; *aviat* **amerrissage, atterrissage** ∼ Notwasserung *f*, -landung *f*; **faire un amerrissage, atterrissage** ∼ notwassern, -landen; *fin* **cours** ∼ Zwangskurs *m*; *jur* **expropriation** ∼**e** Zwangsenteignung *f*; *mil* **marche** ∼**e** Gewalt-, Eil-, Geschwindmarsch *m*; *Molière* **le mariage** ∼ Heirat wider Willen; **travaux** ∼**s** *cf* **travail** 4.; **vente** ∼**e** Zwangs-, Notverkauf *m*; zwangsweiser Verkauf; **prendre un bain** ∼ ein unfreiwilliges Bad nehmen; **2.** *Lächeln etc* gezwungen; erkünstelt; for'ciert; unnatürlich; steif; verkrampft; **effet** ∼ über'triebener, forcierter Effekt; **3.** *Folge* zwangsläufig; unvermeidlich; notwendig; **il perdra,** **c'est** ∼ er verliert auf jeden Fall, F garantiert, das ist ganz klar

forcement [fɔrsəmɑ̃] *m e-r Tür, e-s Schlosses* Auf-, Erbrechen *n*; Sprengen *n*; *e-s Durchgangs* Erzwingen *n*, -ung *f*; *e-s Hindernisses* Über'winden *n*, -ung *f*

forcément [fɔrsemɑ̃] *adv* zwangsläufig; gezwungenermaßen; notgedrungen; notwendigerweise

forcené [fɔrsəne] **I** *adj Jäger,* Anhänger *e-r Doktrin etc* leidenschaftlich; besessen; fa'natisch; *Arbeit* zäh; verbissen; *Arbeiter* zäh; verbissen; **être un travailleur** ∼ *auch* ein Arbeitstier sein; **II** *m* Rasende(r) *m*; Tobsüchtige(r) *m*; Wahnsinnige(r) *m*; Wüterich *m*, Wütende(r) *m*; *par ext* Besessene(r) *m*; **s'agiter comme un** ∼ sich wie ein Verrückter, wie toll gebärden; wild um sich schlagen; **crier comme un** ∼ wie verrückt, besessen, wie ein Besessener schreien; **travailler comme un** ∼ hart, wie besessen arbeiten

forceps [fɔrsɛps] *m méd* (Geburts-) Zange *f*

forcer [fɔrse] <-ç-> **I** *v/t* **1.** *Tür, Schloß* aufbrechen; sprengen; erbrechen; ge-

waltsam, mit Gewalt öffnen; *Geldschrank auch* F knacken; *Blockade,* Widerstand brechen; *Durchgang* erzwingen; *Hindernis* über'winden; ∼ **un barrage** e-e Polizeisperre durch'brechen; *par ext mil* ∼ **la consigne** gegen die Dienstvorschrift verstoßen; *fig* ∼ **la porte de qn** sich gewaltsam, mit Gewalt Zutritt verschaffen bei *od* zu j-m; den Zutritt zu j-m erzwingen; bei j-m eindringen; **2.** *Person* zwingen; nötigen; Zwang antun, auferlegen (**qn** j-m); *s-n Gefühlen* Zwang, Gewalt antun; ∼ **la main à qn** j-n zu etw zwingen, nötigen; j-m s-n Willen aufzwingen; sich gegen j-n 'durchsetzen; j-m etwas aufdrängen, aufreden, F aufschwatzen; ∼ **sa nature** gegen s-e Natur handeln; sich verleugnen; ∼ **qn à (faire) qc** j-n zu etw zwingen; j-n zwingen, etw zu tun; ∼ **un prévenu à avouer** e-n Angeklagten zu e-m Geständnis zwingen; **être forcé de faire qc** gezwungen sein, sich gezwungen sehen zu etw, etw zu tun; etw tun müssen; **il faut la** ∼ man muß ihn (dazu) zwingen; **3.** *par ext Erfolg* erzwingen; ertrotzen; *Bewunderung,* Achtung abnötigen; *Schicksal* meistern; bezwingen; **4.** *Stimme* über'fordern; über'anstrengen; *Schritte,* Gang beschleunigen; *Pferd* abreiten; müde reiten; *Wild* (zu Tode) hetzen; *Gemüse,* Blumen treiben; *fig* ∼ **la note** über'treiben; zu weit gehen; F zuviel des Guten tun; ∼ **son talent** sich das Höchste abverlangen, abfordern; ∼ **sa voix** *auch* sich über'schreien; *mus* for'cieren; **5.** *Wort, Textsinn, Wahrheit* entstellen; verfälschen; **II** *v/i* **6. a)** *allg u sports* sich (bis zum äußersten) anstrengen; sich verausgaben; **il a trop forcé** er hat sich über'anstrengt, zu sehr verausgabt; F **il n'a pas forcé** er hat sich nicht verausgabt, nicht besonders angestrengt; F **er hat sich kein Bein ausgerissen**; *sports* **arriver sans** ∼ mühelos, ohne sich besonders anzustrengen das Ziel erreichen; **b)** *mar* ∼ **de rames, sur les avirons** aus Leibeskräften, mit aller Kraft rudern; ∼ **de vapeur** mit 'Volldampf voraus fahren; ∼ **de voiles** mit vollen Segeln fahren; **7.** *Wind, Brise* stärker, heftiger werden; **III** *v/pr* **se** ∼ sich zwingen, bemühen; (sehr, bis zum äußersten) anstrengen (**à faire qc** etw zu tun)

forcerie [fɔrsəri] *f agr, jard* Treibhaus *n*

forcing [fɔrsiŋ] *m* **1.** *sports* Beschleunigen *n* des Tempos; **2.** F *fig* Ener'gieentfaltung *f*; Kraftanspannung *f*, -anstrengung *f*; Aufs-'Ganze-Gehen *n*; **faire un** ∼ *od* **du** ∼ ungeheure Anstrengungen machen; alle Energie aufbieten; alles daransetzen; aufs Ganze gehen

forcipressure [fɔrsipresyr] *f méd* Blutstillung *f* durch Abklemmen e-s Gefäßes

forcir [fɔrsir] F *v/i* dicker, kräftiger, stark werden; zunehmen

forclore [fɔrklɔr] *v/t* <*déf*: nur *inf u p/p* **forclos**> *jur* (wegen Fristversäumnis) ausschließen; präklu'dieren; **se laisser** ∼ nicht fristgemäß ausüben (und somit verwirken)

forclusion [fɔrklyzjɔ̃] *f jur* Rechtsausschluß *m*, -verwirkung *f*; Präklusi'on *f*

forer [fɔre] *v/t tech* **a)** *Gegenstand* (aus-) bohren; ein Loch bohren in (+*acc*); *Erdreich etc* anbohren; **b)** *Bohrloch, Brunnen, Gang,* Schacht bohren

forestier [fɔrɛstje] **I** *adj* <-ière> forstlich; forstwirtschaftlich; Wald...; Forst...; **chemin** ∼ Waldweg *m*; *adm* Forstweg *m*; **code** ∼ Forstrecht *n*; **garde** ∼ (Re'vier)Förster *m*; **maison forestière** Forst-, Försterhaus *n*; Förste'rei *f*; **ouvrier** ∼ Waldarbeiter *m*; **région**

forestière Waldgebiet *n*, -gegend *f*; waldreiche Gegend; **II** *m* Förster *m*; Forstbeamte(r) *m*

foret [fɔrɛ] *m tech* Bohrer *m*; ~ hélicoïdal Spi'ralbohrer *m*; ~ à centrer, à langue d'aspic Zen'trier-, Spitzbohrer *m*

forêt [fɔrɛ] *f* **1.** Wald *m*; Forst *m*; Waldung *f*; ~ domaniale Staatsforst *m*; ~ vierge Urwald *m*; ~ de haute futaie, sous futaie Hochwald *m*; ~ en taillis Niederwald *m*; incendie *m* de ~ Waldbrand *m*; **2.** *fig von Antennen, Masten etc* Wald *m*; Laby'rinth *n*; **3.** *pl* les Eaux *f/pl* et ⌐s das Forstwesen; *cf auch* eau 2.

for|eur [fɔrœr] *m Arbeiter* Bohrer *m*; ~euse *f tech* Bohrmaschine *f*, -gerät *n*

forfait [fɔrfɛ] *m* **1.** *litt* Verbrechen *n*; Missetat *f*; Untat *f*; Schandtat *f*; **2.** *comm* (Vereinbarung *f* über eine[n]) Pau'schalbetrag *m*, -preis *m*, -summe *f*; Pau'schale *f*; travail *m* à ~ zu e-m Pauschalpreis 'durchgeführte Arbeit; acheter, vendre qc à ~ etw zu e-m Pauschalpreis, in Bausch und Bogen kaufen, verkaufen; faire un ~ avec un entrepreneur mit e-m Unter'nehmer auf Pauschalbasis abschließen, e-n Pauschalpreis vereinbaren; **3.** *Pferdesport* Reugeld *n*; déclarer ~ a) *sports* s-e Meldung zurückziehen; b) F *fig* aufgeben; ausscheiden; sich zurückziehen

forfaitaire [fɔrfɛtɛr] *adj comm* pau'schal; Pau'schal...; estimation *f*, évaluation *f* ~ Pauschalbewertung *f*, -schätzung *f*; Pauscha'lierung *f*; impôt *m* ~ Pauschalsteuer *f*; montant *m* ~ Pausch(al)betrag *m*; prix *m*, somme *f* ~ Pauschalpreis *m*, -summe *f*; Pau'schale *f*

forfaiture [fɔrfɛtyr] *f* **1.** *jur* Verletzung *f* der Amtspflicht; **2.** *litt* Unredlichkeit *f*; Pflichtvergessenheit *f*; Verrat *m*

forfanterie [fɔrfɑ̃tri] *f* Prahle'rei *f*; Großspreche'rei *f*; Bramarba'sieren *n*

forficule [fɔrfikyl] *f cf* perce-oreille

forge [fɔrʒ] *f* **1.** Schmiede *f*; ~ de campagne, de maréchal-ferrant Dorf-, Hufschmiede *f*; ~ d'orfèvre Goldschmiedeatelier *n*, -werkstatt *f*; ~ de serrurier Schlosse'rei *f*; Schlosserwerkstatt *f*; *fig* ronfler comme une ~ fürchterlich schnarchen; F sägen; souffler comme une ~ schwer schnaufen, keuchen; **2.** *‹oft pl* ~s*› métall* (Eisen-)Hütte *f*; Hüttenwerk *n*; **3.** *früher* ~ à la catalane Rennfeuer *n*

forgé [fɔrʒe] *adj* **1.** *Metall* geschmiedet; fer ~ Schmiedeeisen *n*; de od en fer ~ schmiedeeisern; aus Schmiedeeisen; ~ à main handgeschmiedet; **2.** *fig Beispiel* erfunden; *Geschichte* ~ de toutes pièces frei, von A bis Z erfunden; erdichtet; völlig aus der Luft gegriffen

forge|able [fɔrʒabl(ə)] *adj* schmiedbar; ~age *m tech* Schmieden *n*

forger [fɔrʒe] ‹-geons› *v/t* **1.** *Metalle, Werkstück, Hufeisen* schmieden; machine *f*, presse *f* à ~ Schmiedemaschine *f*, -presse *f*; *prov* c'est en forgeant qu'on devient forgeron Übung macht den Meister (*prov*); **2.** *fig Wort* bilden; prägen; *Plan* schmieden; sich ausdenken; F ausdecken; *Beispiel* (er)finden

forg|eron [fɔrʒərɔ̃] *m* (Eisen-, Grob-) Schmied *m*; ~ de campagne Dorfschmied *m*; ~eur *m* Schmied *m*; Arbeiter *m* in e-r Schmiede

forint [fɔrint] *m ungarische Währungseinheit* Forint *m*

forjeter [fɔrʒəte] ‹-tt-› *bât* **I** *v/t Mauer, Gebäude* vorkragen, vorspringen lassen; **II** *v/i* vorspringen; vorkragen; aus der Mauerflucht her'vortreten

forlancer [fɔrlɑ̃se] *v/t* ‹-ç-› *ch Wild* aufstöbern

forlane [fɔrlan] *f Tanz* For'lana *f*

forlonger [fɔrlɔ̃ʒe] *v/t* ‹-geons› *ch Meute* hinter sich lassen

formage [fɔrmaʒ] *m tech* Formen *n*, -ung *f*; Formgebung *f*

formaldéhyde [fɔrmaldeid] *m chim* Formaldehyd *m*

formalisation [fɔrmalizasjɔ̃] *f* Formali'sieren *n*, -ung *f*

formaliser [fɔrmalize] **I** *v/t* formali'sieren; systemati'sieren; *adit* logique formalisée formalisierte Logik; **II** *v/pr* se ~ sich aufregen (de über + *acc*; wegen); Anstoß nehmen, sich stoßen (an + *dat*); ungehalten sein (über + *acc*); übelnehmen (+*acc*); sich beleidigt fühlen; il ne se formalise pas pour si peu er regt sich wegen e-r solchen Kleinigkeit nicht auf

formalisme [fɔrmalism(ə)] *m* **1.** *allg, jur* Forma'lismus *m* (*auch péj*); *jur auch* Formgebundenheit *f*; *péj* 'Überbetonung *f* der Form, des For'malen, der Äußerlichkeiten; ~ administratif Verwaltungsformalismus *m*; ~ juridique juristischer Formalismus; c'est du pur ~ das ist reiner, bloßer Formalismus; **2.** *philos, math, Kunst (auch péj)* Forma'lismus *m*

formaliste [fɔrmalist] **I** *adj* **1.** *Recht, Gesellschaft etc, meist péj* formalistisch; *Person* förmlich; for'mell; (zu sehr) auf Formen, Äußerlichkeiten bedacht; examinateur ~ Prüfer, der sich streng, genau an die Vorschriften hält; **2.** *philos, math, Kunst* forma'listisch; **II** *m* Forma'list *m*

formalité [fɔrmalite] *f* **1.** *jur* Formali'tät *f*; Formvorschrift *f*; Förmlichkeit *f*; ~s *pl auch* For'malien *pl*; ~s administratives Verwaltungsformalitäten *f/pl*; ~s de donations Formalitäten, Formvorschriften bei Schenkungen; ~s de douane Zollformalitäten *f/pl*; ~s d'usage übliche Formalitäten; sans autre ~ ohne weitere Formalitäten; accomplir, remplir une ~, des ~s e-e Formalität, Formalitäten erledigen, erfüllen; **2.** *par ext* Formsache *f*; Formali'tät *f*; ce n'est qu'une pure, simple ~ das ist e-e reine, bloße Formsache, Formalität

formant [fɔrmɑ̃] *m ling* Formans *n*

format [fɔrma] *m von Papier, Büchern, Anzeigen, Bildern* For'mat *n*; *von Filmen auch* Breite *f*; *von Bildern auch* Größe *f*; *e-s Koffers, e-r Maschine* Größe *f*; For'mat *n*; *e-r Maschine etc auch* Ausmaß *n*; ~ in-quarto Quart(format) *n*; ~ normalisé genormte Größe; petit ~ Kleinformat *n*; (appareil *m* photographique de) petit ~ Kleinbildkamera *f*; en petit ~ kleinformatig; im Kleinformat; ~ standard Standard-, Nor'malformat *n*; ~ à la française, à l'italienne Hoch-, Querformat *n*; ~ de poche Taschenformat *n*; ~ de papier Pa'pierformat *n*; photo *f* de ~ 6×9 (six [sur] neuf) Photo *n* im Format, in der Größe 6×9 (sechs auf od neun)

format|eur [fɔrmatœr] *adj* ‹-trice› **1.** formend; bildend; gestaltend; *ling* éléments ~s Bildungselemente *n/pl*; **2.** (aus)bildend; poste ~ Ausbildungsplatz *m*; ~if *adj* ‹-ive› forma'tiv; *cf auch* formateur 1.

formation [fɔrmasjɔ̃] *f* **1.** *von Wolken, Rauch, Worten, e-r Regierung etc* Bildung *f*; *e-r Nation, e-s Reiches, e-r Idee, e-s Planes* Entstehung *f*; *e-s Vertrages* Zu'standekommen *n*; *des Nervensystems etc* Ausbildung *f*; Entwicklung *f*; *e-s Unternehmens auch* Gründung *f*; *ling* ~ populaire, savante volkstümliche, gelehrte Bildung; ~ d'un abcès Ab'szeßbildung *f*; *biol* ~ des espèces Entstehung der Arten; ~ des mots par com-

position, dérivation Wortbildung *f* durch Zusammensetzung, Ableitung; ~ de nuages Wolkenbildung *f*; Entstehung von Wolken; ~ du pluriel Plural-, Mehrzahlbildung *f*; ~ des prix Preisbildung *f*, -gestaltung *f*; *physiol* âge *m*, époque *f* de la ~ Entwicklungsjahre *n/pl*, -alter *n*; mot *m* de ~ récente Neubildung *f*, -prägung *f*; être en cours, en voie de ~ im Entstehen, Werden sein; **2.** *berufliche* (Aus)Bildung *f*; Schulung *f*; ~ accélérée Kurzausbildung *f*; ~ permanente *od* continue Fortbildung *f*; ständige Weiterbildung; ~ professionnelle Berufs(aus)bildung *f*; berufliche (Aus)Bildung; ~ professionnelle des adultes (*abr* F.P.A.) (beschleunigte) Berufsausbildung für Erwachsene; ~ du caractère Cha'rakterbildung *f*; ~ des maîtres Lehrerbildung *f*; congé *m* de ~ Bildungsurlaub *m*; avoir reçu une solide ~ e-e gründliche Ausbildung genossen haben; **3.** *mil* a) Formati'on *f*; For'mierung *f*; Aufstellung *f*; Gliederung *f*; Ordnung *f*; *mar* ~ de bataille, de combat Schlachtordnung *f*; ~ de marche Marschordnung *f*; *aviat* ~ de vol serrée geschlossene Formation; ~ en ligne Aufstellung in Linie; en ~ serrée in geschlossener Formation; b) Verband *m*; ~ aérienne Flugzeugverband *m*; Pulk *m*; ~ blindée Panzerverband *m*; **4.** *par ext* Grup'pierung *f*; Gruppe *f*; les grandes ~s politiques die großen politischen Gruppierungen; **5.** *géol* Formati'on *f*; ~ quaternaire Quar'tärformation *f*; **6.** *bot* Formati'on *f*; ~ végétale Pflanzenformation *f*

forme [fɔrm] *f* **1.** *allg* Form *f* (*auch gr, jur, math, mus, philos*); Gestalt *f* (*auch psych, biol, e-s Menschen*); *sports* Verfassung *f*; Form *f*; ~s *pl e-r Frau* (Körper-)Formen *f/pl*; ◆ ~ aérodynamique Stromlinienform *f*; ~ déterminée, prescrite par la loi gesetzlich, durch das Gesetz vorgeschriebene Form; ~s élancées, gracieuses schlanke, anmutige Gestalt; ~ poétique dichterische Form; dichterischer Ausdruck; ~s rondes rundliche Gestalt; rundliche Formen; ◆ ~ de civilisation Kul'turform *f*; *gr* ~ du féminin feminine, weibliche Form; *phys* ~s de l'énergie Ener'gieformen *f/pl*; ~ de gouvernement Re'gierungsform *f*; *gr* ~ du singulier Singular-, Einzahlform *f*; ~ e-s Gedichts *etc* la ~ et le fond Form und Inhalt *m*; ~ beauté *f* d'une ~, des ~s Formschönheit *f*; Schönheit *f* der Form(en); *psych* théorie *f* de la ~ Gestalttheorie *f*; ◆ *loc/adv u loc/adj*: dans les ~s in aller Form; förmlich; dans les ~s prévues à l'article 16 in der in Paragraph 16 vorgesehenen Weise; de ~ constante formbeständig; de pure ~ rein for'mal; *cout* de ~ raglan im Raglanschnitt; de ~ sphérique kugelförmig; en ~ de in Form von (*od* + gén); als; ...förmig; en ~ de cœur, de cône, de poire herz-, kegel-, birnenförmig; en ~ de dialogue in Dia'logform; in Form e-s Dialogs; en bonne (et due) ~ in gehöriger Form; formgerecht; vorschriftsmäßig; ordnungsgemäß; in aller Form; pour la ~ for'mell; der Form halber, wegen; um die Form zu wahren; pro forma; zum Schein; *fig* sans autre ~ de procès kurzerhand; kurz entschlossen; mir nichts, dir nichts; F ohne lange zu fackeln; *von Personen* sous la ~ de in (der) Gestalt (+gén); *von Sachen* sous (la) ~ de in Form von; sous une différente ~ in e-r anderen Form, Gestalt, Fassung; la bêtise sous toutes ses ~s die

Dummheit in all(en) ihren Erscheinungsformen; **sous (la)** ~ **de comprimés** in Ta'blettenform; als Tabletten; ♦ **ne plus avoir** ~ **humaine** völlig unkenntlich sein; **donner sa** ~ **à qc** e-r Sache (*dat*) Form geben, verleihen; etw formen, gestalten; **donner à sa pensée une** ~ **nouvelle** s-e Gedanken in e-e neue Form kleiden; *Kleid* **épouser, mouler les** ~**s** eng anliegen; die Formen betonen; körpernah, -betont sein; *cf auch* **épouser** 3.; *sports* **être dans une** ~ **éblouissante, médiocre** in blendender, mäßiger Form sein; **être en pleine** ~ **(pour faire qc)** in Hochform, topfit sein (für etw); F *auch* **se sentir en (pleine)** ~ in (Hoch)Form sein; F **tenir la (grande)** ~ in Hochform sein; **y mettre des** ~**s** sich taktvoll ausdrücken; die Form wahren; **apprendre qc à qn en y mettant des** ~**s** j-m etw schonend beibringen, in höflicher Form, taktvoll mitteilen; **prendre** ~ (feste) Gestalt, Formen annehmen; **2.** *vorgeformtes Modell* **a)** *tech* Form *f*; ~ **à fromage** Käseform *f*; **b)** *impr* Druckform *f*; **mise** *f* **en** ~ Zu'sammenstellung *f* der Druckform; *cf auch* 3.; **c)** *Schuhmacherei* Leisten *m*; ~ **de modiste** Hutform *f*; **3.** *Tiefbau* Planum *n*; **mise en** ~ Pla'nierung *f*; **4.** *mar* Dock *n*; ~ **de radoub** Trockendock *m*; **5.** *vét* Leist *m*; **6.** *ch* **lièvre** *m* **en** ~ Hase *m* im Bau

formé [fɔrme] *adj Frucht etc* ausgebildet; ausgewachsen; entwickelt; *Mädchen* voll entwickelt; *Urteil* ausgereift; *Geschmack* ausgeprägt; **avoir l'esprit** ~ gebildet sein

formel [fɔrmɛl] *adj* <~**le**> **1.** *Erklärung, Weigerung etc* ausdrücklich; nachdrücklich; *Befehl auch* strikt; streng; *Ablehnung* entschieden; *Beweis* unwiderlegbar; eindeutig; **d'une manière** ~**le, en termes** ~**s** (ganz) entschieden, bestimmt; *mit Bestimmtheit*; **être** ~ (s-r Sache) ganz sicher sein; sehr bestimmt sein; **il a été** ~ **sur ce point** er war sich in diesem Punkt ganz sicher; **2.** *for'mell;* förmlich; (rein) äußerlich; **politesse** ~**le** formelle Höflichkeit; **3.** *for'mal* (*auch Kunst, math, philos*) *es Gedichts etc* **beauté** ~**le** formale Schönheit; *philos* **cause** ~**le** formale Ursache; **éducation, logique** ~**le** formale Bildung, Logik; *math* **système** ~ formales System

formellement [fɔrmɛlmã] *adv* **1.** aus-, nachdrücklich; auf das entschiedenste; ganz klar, deutlich; **s'engager** ~ **à faire qc** sich fest zu etw verpflichten; sich fest verpflichten, etw zu tun; **interdire qc** ~ etw strikt, strengstens, aufs strengste verbieten; **reconnaître qn** ~ j-n einwandfrei, ganz sicher erkennen; **2.** *for'mal; for'mell;* ~ **juste** formal richtig

former [fɔrme] **I** *v/t* **1.** bilden; formen; gestalten; *Truppen* for'mieren; aufstellen; *Eisenbahn-, Geleitzug* zu'sammenstellen; *Bündnis* schließen; eingehen; ~ **un angle** e-n Winkel bilden; **des badauds formaient un attroupement** Schaulustige bildeten e-n Auflauf; *Fluß* ~ **une boucle** e-e Schleife machen; **une croûte** e-e Kruste bilden; *par ext* ~ **le dessein de** (+*inf*) planen, den Plan fassen, schmieden zu (+*inf*); ~ **une équipe** e-e Mannschaft aufstellen; ein Team zu'sammenstellen; **bilden; mil** ~ **les faisceaux** die Gewehre zu'sammensetzen; ~ **un gouvernement** e-e Regierung bilden; **bien** ~ **ses lettres** s-e Buchstaben malen, sorgfältig schreiben; *par ext* ~ **un numéro de téléphone** e-e Telefonnummer wählen; ~ **une phrase, les temps d'un verbe** e-n Satz, die

Zeiten e-s Verbs bilden; **2.** bilden; darstellen; ausmachen; ~ **la base de l'alimentation** die Nahrungsgrundlage bilden; ~ **un ensemble, un tout** ein Ganzes bilden; ~ **l'élite** die Elite bilden; **3.** *Geist, Charakter* bilden; *Charakter auch* formen; *Fähigkeiten, Geschmack* ausbilden; entwickeln; *Lehrlinge, Facharbeiter, Soldaten* ausbilden; *Lehrlinge etc auch* her'anbilden; **4.** *jur Klage* einreichen; anstrengen; erheben; **II** *v/pr* **se** ~ **5.** *Wolken, Kruste etc* sich bilden; entstehen; *Erde, Lebewesen* entstehen; *Früchte* sich entwickeln, (aus)bilden; *Beziehungen, Zustand* sich her'ausbilden; *junges Mädchen* sich entwickeln; *Truppen* sich for'mieren, aufstellen; *unpersönlich* **il se forma un attroupement** es entstand, bildete sich ein Auflauf; **se** ~ **en cortège** e-n Zug bilden; sich zu e-m Zug aufstellen, formieren; **les nuages se formèrent en cumulus** es entstanden, bildeten sich Kumuluswolken; **6.** *beruflich, geistig* sich bilden

formeret [fɔrmərɛ] *m arch* Schildbogen *m*

formiate [fɔrmjat] *m chim* Formi'at *n*

formica [fɔrmika] *m* (*nom déposé*) etwa Reso'pal (*Wz*) *meubles m/pl en* ~ etwa Resopalmöbel *n/pl*

formication [fɔrmikasjõ] *f path* Ameisenlaufen *n*; Kribbeln *n*; *sc* Formi'catio *f*

formid [fɔrmid] F *adj* <*inv*> *cf* **formidable 2.**

formidable [fɔrmidabl(ə)] *adj* **1.** *Zahl, Menge* riesig; gewaltig; ungeheuer; e'norm; *Schlag, Detonation etc* gewaltig; furchtbar; fürchterlich; **2.** F *a*) *Buch, Film etc* F toll; Klasse (*inv*); prima (*inv*); dufte; e-e Wucht (*nur prädikativ*); **il est** ~ er ist Klasse *etc*; *b*) *iron* **vous êtes** ~! F Sie sind gut

formique [fɔrmik] *adj chim* **acide** *m* ~ Ameisensäure *f*; **aldéhyde** *m* ~ Formaldehyd *m*

formol [fɔrmɔl] *m chim* Forma'lin *n*; ~**er** *v/t* in Forma'lin desinfi'zieren

formulable [fɔrmylabl(ə)] *adj* formu'lierbar

formulaire [fɔrmylɛr] *m* **1.** Formu'lar *n*; Formblatt *n*; Vordruck *m*; **remplir un** ~ ein Formular ausfüllen; **2.** Formelbuch *n*, -sammlung *f*; Formu'larbuch *n*

formulation [fɔrmylasjõ] *f* **1.** Formu'lieren *n*, -ung *f*; **2.** *math etc* Aufstellung *f* e-r Formel

formule [fɔrmyl] *f* **1.** Formel *f* (*auch math, chim, biol, bei Rennwagen*); ~ **algébrique** algebraische Formel; *chim* ~ **brute** Brutto-, Summenformel *f*; *physiol* ~ **dentaire** Zahnformel *f*; *chim* ~ **développée** Struk'turformel *f*; ~ **épistolaire** Briefformel *f*; *jur* ~ **exécutoire** Voll'streckungsklausel *f*; *bot* ~ **florale** Blütenformel *f*; ~ **incantatoire, magique** Zauberformel *f*, -spruch *m*; ~ **toute faite** (*Brief-, Höflichkeits*)Floskel *f*; feste Formulierung; floskelhafte Redewendung; Kli'schee *n*; ~ **de politesse** Höflichkeitsformel *f*, -floskel *f*; **2.** *par ext* Lösung *f*; Me'thode *f*; Modus *m*; Möglichkeit *f*; Art *f*; Typ *m*; **une nouvelle** ~ **de restaurant, de spectacle** ein neuartiges Restaurant, Schauspiel; **une nouvelle** ~ **de vacances** e-e neue Art, die Ferien zu verbringen; **chercher, trouver une (bonne)** ~ **(la gute)** Lösung *etc* suchen, finden; **3.** Formu'lar *n*; Formblatt *n*; Vordruck *m*; ~ **de télégramme** Tele'grammformular *n*

formuler [fɔrmyle] *v/t* **1.** *Gedanken, Aussage* formu'lieren; in Worte fassen; *Schriftstück auch* abfassen; *Rezept* ausstellen; schreiben; **2.** *Wünsche, Befürch-*

tungen etc aussprechen; äußern; Ausdruck geben, verleihen (+*dat*); zum Ausdruck bringen; ausdrücken; laut werden lassen; *Klage, Einwand, Beschwerde* vorbringen; erheben; *Beschwerde auch* führen; einlegen; *Antrag* stellen; ~ **un avis** e-e Meinung äußern; e-e Stellungnahme abgeben; ~ **des réserves** Vorbehalte äußern, anmelden; **3.** *math etc* auf e-e Formel bringen; in e-e Formel fassen

fornica|teur [fɔrnikatœr] *m*, ~**trice** *f rel od plais* Hurer *m*, Hure *f*; ~**tion** *f rel od plais* Unzucht *f*; Hure'rei *f*

forniquer [fɔrnike] *v/i rel od plais* Unzucht treiben; huren

fors [fɔr] *prép nur loc* **tout est perdu** ~ **l'honneur** alles ist verloren, nur nicht die Ehre

forsythia [fɔrsitja] *m bot* For'sythie *f*

fort [fɔr] **I** *adj* <**forte** [fɔrt]> **1.** *Person, Regierung, Armee* stark; *Person auch* kräftig; kraftvoll; *Papier, Faden, Leder* stark; dick; haltbar; fest; kräftig; *Wind, Stoß, Schlag* stark; heftig; kräftig; *Stimme* kräftig; laut; 'volltönend; *Steigung, Gefälle* stark; *Regenfälle, Fieber, Schmerz* stark; heftig; *Fieber auch* hoch; *Eindruck, Gefühl* stark; *Licht* stark; grell; *Geruch, Geschmack, Tee, Kaffee, Zigarette, Wein* stark; *Essig, Soße, Senf* scharf; ♦ *phon* **consonne** ~**e** harter Konsonant; *fin* **devise** ~**e** harte Währung; *litt* **esprit** ~ Freigeist *m*; *fromage* ~ scharfer Käse; *pol* **l'homme** ~ der starke Mann; *mer* ~**e** hochgehende See; **place** ~**e** Festung *f*; fester Platz; befestigter Ort; **le sexe** ~ das starke Geschlecht; *agr* **terre** ~**e** schwerer Boden; ~**e tête** Re'bell *m*; aufsässiger Mensch; *lod/adj* **détachement** ~ **de 300 hommes** 300 Mann starkes Kommando; *loc/adv* **à plus** ~**e raison** um so mehr, eher; mit um so größerem Recht; *loc/prép* ~ **de l'aide, de la protection de qn** im Vertrauen auf j-s Hilfe, Unter'stützung (*acc*); ♦ **il y a de** ~**es chances pour qu'il échoue** er fällt mit großer Wahrscheinlichkeit durch; **avoir une** ~**e constitution** kräftig (gebaut) sein; e-e kräftige Konstitution haben; **avoir une** ~**e envie de gifler qn** große Lust haben, j-n zu ohrfeigen; **être** ~ **dans l'adversité** im Unglück stark sein; **ça a été plus** ~ **que moi** das war stärker als ich; ich konnte nicht anders; das über'kam mich; *Spielkarte* **être plus** ~ **que** ... mehr wert sein, gelten als ...; stechen (+*acc*); **être** ~ **de qc** sich stützen, sich verlassen, bauen können auf etw (*acc*); **faire, produire une** ~**e impression sur** *od* **à qn** (e-n) tiefen, großen, starken, nachhaltigen Eindruck auf j-n machen; j-n tief, stark beeindrucken; **se faire** <*inv*> **de** (+*inf*) sich anheischig machen zu (+*inf*); **parler avec un** ~ **accent étranger** mit e-m starken ausländischen Akzent sprechen; **2.** *Person* stark (*euphemistisch*); beleibt; korpu'lent; dick; *Busen* üppig; voll; *Taille, Hüfte* stark; breit; **personne** ~**e des 'hanches** Person mit breiten Hüften; **3.** *agr* tüchtig; fähig; F **sa dernière critique n'était pas très** ~**e** F s-e letzte Kritik war nicht berühmt, besonders, war schwach; **être** ~ **aux échecs** gut Schach spielen; ein guter Schachspieler sein; **être** ~ **à un exercice** e-e Übung gut können; **être** ~ **en anglais,** F **en maths** in Englisch, F Mathe (sehr) gut sein; **être** ~ **sur une question** gut Bescheid wissen in e-r, über e-e Frage; sich gut auskennen in e-m Gebiet; **4.** *Summe, Entschädigung etc* hoch; bedeutend; groß; ansehnlich; **payer le prix** ~ den vollen Preis, ziemlich viel bezahlen; **5.** *Ausdruck,*

Wort, Scherz stark; gewagt; **le plus ~**, **c'est que ...** *iron* das (Aller)Schönste ist, daß ...; F **elle est ~e, celle-là!, ça, c'est un peu ~!** das geht zu weit!; F das ist ja allerhand!; das ist ein starkes Stück!; das ist starker Tabak, Tobak!; **II** *adv* **1.** stark; heftig; kräftig; fest; F *fig* **y aller ~** über'treiben; zu weit gehen; *Herz* **battre ~** stark, heftig, kräftig schlagen; **le robinet coule trop ~** der Wasserhahn ist zu weit aufgedreht; der Wasserstrahl ist zu stark; **crier, parler ~** laut schreien, sprechen; **frapper ~** stark, heftig, laut klopfen; *Ball* **lancer plus ~** stärker werfen; **sentir ~** stark riechen, duften; **serrer ~** fest drücken, pressen, anziehen; **le vent souffle ~** es weht ein heftiger, starker Wind; es windet tüchtig; **2.** sehr; äußerst; **~ bien!** sehr gut!; ganz ausgezeichnet!; **fait** *m* **~ étrange** sehr, äußerst seltsame, äußerst befremdende, befremdliche Tatsache; **il aura ~ à faire** [fɔrtafɛr] **pour me convaincre** es wird schwer für ihn sein *od* es wird ihm nur schwer gelingen, mich zu über'zeugen; **j'en doute ~** ich zweifle sehr daran; das möchte ich stark bezweifeln; **j'en suis ~ aise** [fɔrtɛz] das freut mich sehr (für Sie); **je le sais ~ bien** das weiß ich sehr gut, wohl, ganz genau; **III** *m* **1.** Starke(r) *m*; *früher* **~ des 'Halles** Lastenträger *m* in den Pariser Markthallen; **un ~ en anglais** ein As *n* in Englisch; *iron od péj* **un ~ en thème** ein Musterschüler *m*; **protéger le faible contre le ~** den Schwachen vor dem Starken schützen; **2.** *e-r Person* Stärke *f*; starke Seite; *e-r Wölbung, e-s Balkens etc* stärkste, dickste Stelle; *mar* **e-s Schiffes** (**largeur** *f* **au**) größte Breite; *loc/adj* **au ~ de l'été, de l'hiver** mitten im Sommer, Winter; im Hochsommer, im tiefsten, strengsten Winter; **au plus ~ de la discussion** mitten in, auf dem Höhepunkt der Diskussion; **c'est son ~** das ist s-e Stärke, starke Seite; **la générosité n'est pas son ~** Großzügigkeit ist nicht s-e Stärke; **3.** *mil* Fort [fɔ:r] *n*

forte [fɔrte] *mus* **I** *adv* forte; **II** *m* ⟨*inv*⟩ Forte *n*

fortement [fɔrtəmɑ̃] *adv* stark; heftig; fest; sehr (*alle auch fig*); kräftig; *fig* nachdrücklich; **boiter ~** stark hinken; **espérer ~ qc** etw sehr, fest, stark hoffen; **il est ~ question de** (+*inf od* +*subst*) es wird ernstlich, ernsthaft erwogen, in Erwägung gezogen zu (+*inf*); man denkt ernsthaft an (+*acc*) *od* daran zu (+*inf*); **~ marqué** Konturen klar, scharf um'rissen; *Gesichtszüge* markant; scharf ausgeprägt; scharfgeschnitten; **serrer ~** fest zusammendrücken, -ziehen, -pressen, -schnüren

forte-piano [fɔrtepjano] *mus* **I** *adv* fortepi'ano; **II** *m* ⟨*inv*⟩ Fortepi'ano *n*

forteresse [fɔrtərɛs] *f mil* Festung *f*; *aviat* **~ volante** fliegende Festung

fortiche [fɔrtiʃ] *adj* F *Person* fähig; tüchtig; sehr gut, beschlagen, bewandert (**en** in +*dat*)

fortifiant [fɔrtifjɑ̃] **I** *adj Medikament, Nahrung* kräftigend; stärkend; **II** *m* **a)** Stärkungsmittel *n*; **b)** Kraftnahrung *f*

fortification [fɔrtifikasjɔ̃] *f mil* **a)** *e-r Stellung* Befestigen *n*, -ung *f*; **b)** *meist pl* **~s** Befestigungsanlagen *f/pl*, -bauten *m/pl*, -werke *n/pl*; Befestigung *f*; Festungswerke *n/pl*

fortifier [fɔrtifje] **I** *v/t* **1. a)** *Person, Muskeln, Körper* kräftigen; stärken; *Bauwerk* verstärken; **b)** *fig Seele, Willenskraft* stärken; **~ son âme** *auch* s-r Seele Kraft geben, verleihen; **2.** *mil* befestigen; *adjt* **ville fortifiée** befestigte Stadt; **II** *v/pr se* **~ 3.** sich kräftigen, stärken; kräftiger, stärker werden; **4.** *mil* sich verschanzen

fortin [fɔrtɛ̃] *m mil* kleines Fort [fɔ:r]

fortissimo [fɔrtisimo] *mus* **I** *adv* for'tissimo; **II** *m* ⟨*inv*⟩ For'tissimo *n*

fortran [fɔrtrɑ̃] *m Programmiersprache* FORTRAN *n*

fortuit [fɔrtɥi] *adj* zufällig; unvorhergesehen; unerwartet; *jur* **cas ~** Zufall *m*; **suite ~e d'événements** Reihe *f* unvorhergesehener Ereignisse

fortuitement [fɔrtɥitmɑ̃] *adv* zufällig(erweise); durch Zufall

fortune [fɔrtyn] *f* **1.** *litt* Schicksal *n*; Geschick *n*; *myth* ♀ For'tuna *f*; Glücks-, Schicksalsgöttin *f*; **revers** *m* **de ~** Schicksalsschlag *m*; *cf auch* **3.**: **roue** *f* **de la** ♀ Glücksrad *n* (*auch auf Jahrmärkten*); **la ~ est aveugle** das Schicksal ist blind; **être favorisé par la ~** vom Schicksal, Glück begünstigt sein; *prov* **la ~ sourit aux audacieux** wer wagt, gewinnt (*prov*); **2.** *persönliches* Schicksal *n*; Glück *n*; *e-s Buches, Kunstwerks etc* Schicksal *n*; Weg *m*; **~ des armes** Waffenglück *n*; **avoir la bonne** *od* **l'heureuse, la mauvaise ~ de** (+*inf*) das große Glück, das Unglück *od* Pech *od* 'Mißgeschick haben zu (+*inf*); **chercher, tenter ~** sein Glück suchen, machen wollen; **connaître des ~s diverses** die Höhen und Tiefen, das Auf und Ab des Lebens kennen; gute und schlechte Zeiten kennen; **faire ~ a)** sein Glück machen; *cf auch* **3.**; **b)** *Wort etc* sich 'durchsetzen; ankommen; Erfolg haben; **faire contre mauvaise ~ bon cœur** gute Miene zum bösen Spiel machen; **inviter qn à manger à la ~ du pot** j-n zum Essen einladen, ohne besondere 'Umstände zu machen; **3.** Vermögen *n*; Reichtum *m*; **inégalité** *f* **des ~s** ungleiche Vermögensverteilung; **sans ~** unvermögend; mittellos; **avoir, posséder de la ~** vermögend sein; Vermögen haben, besitzen; **avoir connu des revers de ~** sein Vermögen verloren haben; **faire ~** ein Vermögen erwerben; reich werden; **cela a fait sa ~** das hat ihm ein Vermögen eingebracht; damit hat er ein Vermögen gemacht; sein Vermögen erworben; *prov* **la ~ vient en dormant** den Seinen gibt's der Herr im Schlaf (*prov*); **4.** *loc/adj* **de ~** behelfsmäßig; Behelfs-; Not...; *mar* **gouvernail** *m* **de ~** Notruder *n*; *mar* **mât** *m* **de ~** Notmast *m*; **moyens** *m/pl* **de ~** behelfsmäßige Mittel *n/pl*; **pont** *m* **de ~** Behelfsbrücke *f*; **solution** *f* **de ~** Notlösung *f*; **5.** *jur, mar* **de mer a)** *Schiff u Ladung* Schiffsvermögen *n*; **b)** Seegefahr *f*, -risiko *n*

fortuné [fɔrtyne] *adj* vermögend; begütert; reich; wohlhabend

forum [fɔrɔm] *m* **1.** *hist* Forum *n*; **2.** Sym'posium *n*; Forum *n*; öffentliche Aussprache

forure [fɔryr] *f tech* Bohrloch *n*; Bohrung *f*

fosse [fos] *f* **1.** Grube *f*; *sports* (Sprung-)Grube *f*; *auto* (Abschmier)Grube *f*; *Gerberei* (Lohr)Grube *f*; *ch* Fall-, Fanggrube *f*; *für Bären* Zwinger *m*; **~ septique** Klärgrube *f*; **~ à fumier** Dung-, Mistgrube *f*; **aux lions** *bibl* Löwengrube *f*; *im Zoo* Löwenzwinger *m*; **~ aux ours** Bärenzwinger *m*; **~ à purin** Jauchegrube *f*; **~ d'aisances** Ab'ortgrube *f*; *thé* **~ d'orchestre** Or'chestergraben *m*, -raum *m*; **creuser, faire une ~, e-e Grube** ausheben, graben, machen; **2.** Grab *n*; **~ commune** Massen-, Sammelgrab *n*; **3.** *géol im Meer* Graben *m*; **~ (océanique)** Tiefseegraben *m*; **4.** *anat* Grube *f*; Höhle *f*; *sc* Fossa *f*; **~ canine** Kiefergrube *f*; **~ nasales** Nasenhöhle *f*; **~ orbitaire** Augenhöhle *f*; **~ temporale** Schläfengrube *f*; **5.** *sports* **~ olympique** Trap-

schießen *n*; **6.** *mines* Schachtanlage *f*

fossé [fose] *m* **1.** Graben *m*; Straßengraben *m*; *fortif* (Burg)Graben *m*; *mil* **~ antichar** Panzergraben *m*; *Auto* **aller dans le ~** in den Graben fahren; **2.** *fig* Kluft *f*; **le ~ entre les riches et les pauvres** die Kluft zwischen den Reichen und den Armen; **il y a un ~ entre nous** es besteht e-e Kluft zwischen uns; **un ~ les sépare** e-e Kluft trennt sie; **3.** *géol* Graben(bruch) *m*

fossette [fosɛt] *f* **1.** *an Wangen, Kinn* Grübchen *n*; **2.** *anat* (kleine) Grube; *sc* Fossa *f*

fossil|e [fosil] **I** *adj Pflanze, Tier* fos'sil; versteinert; urweltlich; **combustibles** *m/pl* **~s** fossile Brennstoffe *m/pl* (*Erdöl, Erdgas, Kohle*); **II** *m* **1.** Fos'sil *n*; Versteinerung *f*; **~s caractéristiques** Leitfossilien *n/pl*; **2.** *fig u péj* **un vieux ~** F *péj* ein alter Knacker, Trottel; **~ifère** *adj* fos'silienhaltig; **~isation** *f* Fos'silienbildung *f*; **~iser** *v/pr* **se ~** zu Fos'silien werden; versteinern

fossoir [foswar] *m vit* (Weinberg)Hacke *f*, (-)Pflug *m*

fossoyeur [foswajœr] *m* Totengräber *m* (*auch fig*)

fou [fu] **I** *adj* ⟨*m vor Vokal u stummem h* **fol** [fɔl]; *f* **folle** [fɔl]⟩ **1.** *path u fig* irr(e); wahnsinnig; irrsinnig; F verrückt; *path auch* geistesgestört; *Person, Idee auch* töricht; närrisch; *Versuch, Hoffnung* sinnlos; töricht; unvernünftig; abwegig; *wahnwitzig; Angst* sinnlos; unsinnig; *Lauf, Geschwindigkeit* rasend; irrsinnig; *Ritt* wild; *Person auch* rasend; wütend; ♦ **amour ~** leidenschaftliche Liebe; *jur* **fol appel** unzulässige, sachlich unbegründete Berufung; *jur* **folle enchère** leichtfertiges Angebot; **gaieté folle** ausgelassene Fröhlichkeit; Ausgelassenheit *f*; närrisches Treiben; **regard ~** irrer Blick; **tireur ~** Amokschütze *m*; ♦ **devenir ~** irre, F verrückt *etc* werden; den Verstand verlieren; **il y a de quoi devenir ~** F es ist zum Verrücktwerden; **il est complètement ~** à lier F er ist total verrückt, völlig 'übergeschnappt; er ist reif fürs Irrenhaus; F **il n'est pas ~** der weiß schon, was er tut; F der ist gewieft; *von e-r Frau* F **pas folle, la guêpe** die ist schlau, raffi'niert, F gerissen; **il est à moitié ~** er ist nicht recht bei Verstand, F nicht ganz bei Trost; **être ~ de chagrin, douleur** fast, halb verrückt, wahnsinnig sein vor Kummer, Schmerz; vor Kummer, Schmerz fast den Verstand verloren haben; **être ~ de colère** (vor Wut) rasen, außer sich sein; rasend sein vor Zorn; **être ~ de désir** F ein wahnsinniges Verlangen verspüren; **être ~ de joie** außer sich sein vor Freude; F sich wahnsinnig freuen; **ils sont ~s d'avoir accepté** sie sind verrückt, daß sie darauf eingegangen sind; **il faut être ~ pour** (+*inf*) man muß schon dumm sein, um zu (+*inf*); **il n'est pas assez ~ pour** (+*inf*) er ist nicht so verrückt *od* dumm, daß ...; **être pris d'un ~ rire** nicht mehr können vor Lachen; unbändig, furchtbar lachen müssen; **cette attente me rend ~** F diese Warterei macht mich verrückt, wahnsinnig, rasend; **2.** **être ~ de qn** in j-n vernarrt, F verschossen, verknallt sein; F nach j-m verrückt sein; an j-m e-n Narren gefressen haben; **être ~ de qc** ganz versessen, F verrückt sein auf etw (*acc*); ganz vernarrt sein in etw (*acc*); **être ~ de musique** musikbesessen sein; (ganz) versessen sein auf Musik; ein Musiknarr sein; **3.** F wahn-, irrsinnig; unsinnig; irr(e); e'norm; riesig; **argent ~** F Heidengeld *n*; irr(sinnig)es Geld; **luxe ~** irrsinniger Luxus; **prix ~** F irrsinniger, hor'render Preis; *cf auch* **prix 1.**; **succès ~** F

toller Erfolg; Bomben-, Riesenerfolg *m*; **avoir un travail** ~ F wahnsinnig viel zu tun haben; **il y avait un monde** ~ F es waren irr-, wahnsinnig viel Leute da; **c'est** ~ **ce que c'est cher** F das ist irr-, wahnsinnig teuer; **mettre un temps** ~ F irrsinnig lange brauchen; **4. a)** *tech* lose (auf e-r Achse laufend); beweglich; **pou-lie folle** lose Rolle; **b)** *Kompaßnadel* schwankend; schwimmend; *Waage* schwankend; **c)** *Pflanzen* wild(wach-send); *Haarsträhne* lose; 'widerspenstig; **d)** F **avoir une patte folle** F ein Hinke-bein, e-n Hinkefuß haben; **e)** *folle farine* in Mühlen in der Luft enthaltener Mehl-staub; **II** *subst* **1.** ~, **folle** *m,f path u fig* Irre(r) *f(m)*; Wahnsinnige(r) *f(m)*; Ver-rückte(r) *f(m)*; ~ **furieux** Tobsüchtige(r) *m*; **pauvre** ~ F armer Irrer; **vieille folle** närrische, F verrückte Alte; *als Anrede* F verrücktes Weibsbild; ~ **du volant** F verrückter Fahrer; *früher* **maison** *f* **de** ~**s** Irrenhaus *n* (*auch fig*); Irrenanstalt *f*; F **vie** *f* **de** ~ geheiztes Leben; F **courir comme un** ~ F wie ein Irrer, Wahnsinni-ger, Verrückter laufen; F **c'est une histoire de** ~**s** das ist e-e unglaub-würdige Geschichte, -pistole; *loc* **plus on est de** ~**s, plus on rit** je mehr Leute, um so lustiger wird es, um so mehr wird gelacht; F **faire le** ~ den Hanswurst, Narren spielen; F Faxen machen; *Kinder* her'um-tollen, -toben; ausgelassen sein; **2.** *m hist* (Hof)Narr *m*; **3.** *m Schachspiel* Läufer *m*; **4.** *fig* **la folle du logis** die Phanta'sie, Einbildungskraft; **5.** *m zo* Tölpel *m*; ~ **de Bassan** Baßtölpel *m*

fouace [fwas] *m cuis*: *flacher, im Ofen oder unter Asche gebackener Kuchen*

fouaille [fwaj] *f ch* Jagdanteil *m* der Hunde am erlegten Wildschwein

fouailler [fwaje] *v/t litt e-m Pferd* die Peitsche geben (+*dat*)

foucade [fukad] *litt f* Laune *f*; plötzli-cher Einfall

fouchtra [fuʃtra] *int* Fluch in der Auver-gne Donnerwetter!; verdammt!

foudre¹ [fudr(ə)] *f* **1.** Blitz(schlag) *m*; **arbre frappé par la** ~ vom Blitz getrof-fener Baum; **la** ~ **est tombée** der Blitz, es hat eingeschlagen (**sur cette maison** in dieses Haus); **être tué par la** ~ vom Blitz erschlagen werden; **2.** *fig* **coup** *m* **de** ~ Liebe *f* auf den ersten Blick; *par ext* **avoir le coup de** ~ **pour qc** sofort begeistert sein von etw; sich sofort für etw begeistern; gleich Feuer und Flam-me sein für etw; *abs* **j'ai eu tout de suite le coup de** ~ das hat mir auf den ersten Blick gefallen; **ce fut le coup de** ~ das war Liebe auf den ersten Blick; **3.** ~**s** *pl der Kirche* Bannstrahl *m*; *der Vorgesetz-ten* Zorn *m*; 'Mißbilligung *f*; **s'attirer les** ~**s de la direction** sich den Zorn der Direktion zuziehen

foudre² [fudr(ə)] *m* **1.** *myth Attribut Jupiters* Blitzstrahl *m*; **2.** *iron* ~ **de guerre** großer Kriegsheld

foudre³ [fudr(ə)] *m* großes (Lager)Faß (50–300 hl)

foudroyage [fudrwajaʒ] *m mines* Bruch-bau *m*; Zu'bruchwerfen *n*

foudroyant [fudrwajɑ̃] *adj* **1.** *Erfolg* plötzlich (und unerwartet); über'wälti-gend; 'durchschlagend; ungeheuer; *Ge-schwindigkeit* rasend; ungeheuer; **2.** *Gift* (schnell) tödlich (wirkend); *Krankheits-verlauf* foudroy'ant; **être emporté par un mal** ~ von e-r tödlichen Krankheit da-hingerafft werden; **3.** *Blick* vernichtend

foudroyer [fudrwaje] *v/t* ⟨-oi-⟩ **1.** *Tiere, Menschen* **être foudroyé** vom Blitz erschlagen werden; **2.** *bes mit e-r Schuß-waffe* töten; (tödlich) treffen; **3.** *fig* ~ **qn**

du regard j-m vernichtende Blicke zuwerfen

fouet [fwɛ] *m* **1.** Peitsche *f*; **coup** *m* **de** ~ Peitschenhieb *m* (*auch fig*); **donner un coup de** ~ e-n Peitschenhieb versetzen; *fig den Organismus* aufpeitschen; auf-peitschen; **faire avancer à coups de** ~ mit der Peitsche antreiben; **2.** *loc/adj u loc/adv* **de plein** ~ schlagen, zusammen-stoßen mit voller Wucht; *mil* **tir** *m* **de plein** ~ Flachfeuer *n*; direkter Beschuß; *mar Wind* **arriver de plein** ~ **sur la voile** von vorne, senkrecht auf das Segel auftreffen; *sports* **frapper la balle de plein** ~ den Ball mit voller Wucht schlagen; **3.** *früher* Schläge *m/pl* mit der Rute, Peitsche; **donner le** ~ mit der Rute, Peitsche züchtigen, schlagen; **4.** *cuis* Schneebesen *m*; **5.** *zo der Flügel, des Schwanzes* Spitze *f*; *des Schwanzes auch* Quaste *f*; **6.** *mar* Steert *m*; **poulie** *f* **à** ~ Steertblock *m*

Fouettard [fwɛtar] *adj* **le père** ~ a) (der) Knecht Ruprecht; *österr auch* der Krampus; b) *Kinderschreck* der schwar-ze Mann

fouetter [fwete] **I** *v/t* **1.** (aus)peitschen; mit der Peitsche, Rute schlagen; *Tiere auch* mit der Peitsche antreiben; die Peitsche geben (+*dat*); **2.** *cuis* schlagen; *adjt* **crème fouettée** Schlagsahne *f*, *südd* -rahm *m*, *österr* -obers *n*; **3.** *Regen, Wellen* klatschen, schlagen (**qc** gegen etw); *Re-gen: Bäume auch* peitschen; **la pluie me fouettait le visage** der Regen peitschte, schlug mir ins Gesicht; **4.** *fig Leidenschaf-ten* aufpeitschen; aufputschen; ansta-cheln; **II** *v/i* **5.** *Regen, Wellen* schlagen, klatschen (**contre qc** gegen etw); *Tier* ~ **de la queue** mit dem Schweif, Schwanz schlagen; **6.** *tech* leer laufen; **7.** P (*puer*) F stinken wie die Pest; miefen; **8.** P Schiß haben; die Hosen (gestrichen) voll haben

foufou [fufu] *adj* ⟨fofolle [fɔfɔl]⟩ ein bißchen verrückt, F spinnig; *par ext* leichtsinnig; kopflos

fougasse [fugas] *f cf* fouace

fouger [fuʒe] *v/i* ⟨-geait⟩ *Wildschwein* wühlen; die Erde aufreißen

fougeraie [fuʒrɛ] *f bot* Farnfeld *n*; mit Farn bewachsene Stelle

fougère [fuʒɛr] *f bot* Farn *m*; Farnkraut *n*, -pflanze *f*; ~ **femelle** Frauenfarn *m*; ~ **grand aigle** Adlerfarn *m*; ~ **mâle** Wurmfarn *m*; **branche** *f* **de** ~ Farnwe-del *m*

fougue¹ [fug] *f* Ungestüm *n*; Heftigkeit *f*; Begeisterung *f*; Feuer *n*; (mitreißender) Schwung; **avec la** ~ **de la jeunesse** mit jugendlichem Ungestüm; **plein de** ~ voll Schwung, Feuer; mitreißend

fougue² [fug] *f mar* **perroquet** *m* **de** ~ Kreuzmarssegel *n*

fougueux [fugø] *adj* ⟨-euse⟩ *Charakter, Temperament* ungestüm; heftig; auf-brausend; hitzig; *Pferd* wild; heftig; feurig; *Rede* feurig; mitreißend; begei-sternd; schwungvoll

fouille [fuj] *f* **1.** *Archäologie* ~**s** *pl* (Aus)Grabungen *f/pl*; **2.** *von Personen, Gepäck, Orten* Durch'suchung *f*; F Fil-zen *n*; *e-r Gegend auch* Absuchen *n*; ~ **corporelle**, *jur* **à corps** Leibesvisita-tion *f*; ~ **des bagages** Gepäckdurchsu-chung *f*; **3.** *bât* (Bau)Grube *f*; ~ **blindée**, **à ciel ouvert** ausgesteifte, offene Bau-grube; **4.** F (*poche*) Tasche *f*; *südd* Sack *m*

fouillé [fuje] *adj Studie etc* sorgfältig ausgearbeitet; genau; detail'liert; ex'akt

fouiller [fuje] **I** *v/t* **1.** *Archäologie* Aus-grabungen machen, (aus)graben (**un terrain** in e-m Gebiet); **2.** *Personen, Gepäck, Ort* durch'suchen; F filzen; *Gegend auch* absuchen; **3.** *Kunst* Vertie-fungen ausmeißeln in (+*dat*); **II** *v/i* **4.**

du regard [column continues] durch'suchen, durch'wühlen (**dans qc etw**); nachsuchen, (F her'um)stöbern, (-)wühlen, (-)kramen (**dans** in + *dat*); *Tiere* (im Boden) wühlen; ~ **partout** überall (F herum)wühlen *etc*; alles durch-suchen; ~ **dans sa mémoire, ses souve-nirs** Erinnerungen ausgraben; ~ **dans les poches de qn** j-s Taschen durchsuchen; ~ **dans les poubelles** in den Mülleimern (F herum)wühlen; **III** *v/pr* **se** ~ **5.** s-e Taschen durch'suchen; **6.** F **il peut tou-jours se** ~ da kann er lange warten; das kommt nicht in Frage, F in die Tüte; F das ist nicht drin; P der kann mich mal

fouilleuse [fujøz] *f* **1.** Beamtin, die Leibesvisitationen vornimmt; **2.** *agr* 'Untergrundpflug *m*

fouillis [fuji] F *m* Durchein'ander *n*; Wirrwarr *m*; F Wust *m*; Kuddelmuddel *m od n*

fouinard [fwinar] F *adj u subst cf* foui-neur

fouine [fwin] *f* **1.** *zo* Stein-, Hausmarder *m*; **2.** *fig von Personen* **avoir une tête de** ~ ein Fuchsgesicht haben; vorwitzig, neugierig aussehen; **être curieux com-me une** ~ sehr neugierig, vorwitzig sein

fouin|er [fwine] *v/i* F her'umschnüffeln; s-e Nase in alles hin'einstecken; **ils ont fouiné dans ses affaires** sie haben in s-n Sachen herumgeschnüffelt; ~**eur** F **I** *adj* ⟨-euse⟩ neugierig; zudringlich; **type** ~ F Schnüffler *m*; **II** *subst* ~, foui-neuse *m,f* F Schnüffler(in *m(f)*)

fouir [fwir] *v/t Tiere* wühlen, scharren (**le sol** im Boden)

fouisseur [fwisœr] *adj* ⟨-euse⟩ Grab...; *zo* **animaux** ~**s** *od subst* ~**s** *m/pl* Grabtie-re *n/pl*; *Völkerkunde* **bâton** ~ Grabstock *m*; *zo* **pattes fouisseuses** Grabpfoten *f/pl*; schaufelartige Gliedmaßen *f/pl*

foulage [fulaʒ] *m* **1.** *der Trauben* Zer-quetschen *n*; Mahlen *n*; Maischen *n*; Kel-tern *n*; **2.** *text, von Häuten, Leder* Walken *n*; **3.** *impr* 'durchgeschlagener Druck

foulant [fulɑ̃] *adj* **1.** *tech* Druck...; **pompe** ~**e** Druckpumpe *f*; **2.** F *Arbeit meist negativ* **pas très** ~ nicht sehr anstrengend

foulard [fular] *m* **1.** Seiden(kopf)tuch *n*; Seidenschal *m*; **2.** (leichter) Seidenstoff; Fou'lard *m*

foule [ful] *f* **1.** (Menschen)Menge *f*; Gedränge *n*; ~ **compacte** dichte Menge; ~ **grouillante** Gewühl *n*; Gewimmel *n*; ~ **immense** unübersehbare, riesige Men-ge; **il y avait** ~ es war ein Gedränge; es waren e-e Menge Leute da; F **il n'y a pas** ~ es sind nicht gerade viel Leute da; **se mêler à la** ~ sich unter die Menge, unters Volk mischen; **2.** Masse *f*; großer Haufen; Volk *n*; **jugement de la** ~ Urteil *n* der Masse; **flatter la** ~ der Masse, dem Volk schmeicheln; **3.** *von Dingen, Personen* **une** ~ **de** e-e Menge, Unzahl, Vielzahl, Masse, ein Haufe(n) *m*, e-e große Zahl; *von Personen auch* e-e Schar, ein Schwarm *m* (von); *loc/adv* **en** ~ in Massen; massenweise; *von Personen auch* in Scharen; scharen-, haufenweise; in hellen Haufen; in großer Zahl; **une** ~ **de gens pensent que** ... viele denken, daß ...; **poser une** ~ **de questions** e-e Menge Fragen stellen

foulée [fule] *f* **1.** *ch* ~**s** *pl* Fährte *f*; Spuren *f/pl*; **2.** *der Pferde* **a)** Auftreten *n* beim Trab *u* Galopp; **b)** Ga'loppsprung *m*; **3.** *sports e-s Läufers* Schritt *m*; Laufstil *m*; **allonger sa** ~ längere Schritte machen; **avoir une** ~ **magnifique** e-n herrlichen Laufstil haben; **suivre son adversaire dans sa** ~ s-m Gegner dicht folgen; **4.** *fig loc/adv* **dans la** ~ unmittelbar danach; gleich im Anschluß (daran); gleich an-schließend; **dans la** ~ **de** gleich im

fouler [fule] **I** v/t **1.** feststampfen, -treten; niederstampfen, -treten; fig ~ aux pieds mit Füßen, in den Staub treten; litt ~ le sol de son pays die Heimaterde wieder betreten; den Fuß auf Heimaterde setzen; **2.** Trauben zerquetschen; mahlen; maischen; keltern; **3.** Tuch, Häute walken; adit tissus foulés gewalkte Tuche n/pl; **II** v/pr **4.** se ~ la cheville, le pied sich den Knöchel, den Fuß verstauchen; **5.** F fig ne pas se ~ (la rate) F sich kein Bein ausreißen; sich nicht verausgaben

foul|erie [fulri] f tech **1.** Walke'rei f; **2.** Walkmaschine f; Walke f; ~eur m, ~euse f tech Walker(in) m(f)

fouling [fuliŋ] m mar Anwuchs m

fouloir [fulwar] m **1.** tech Stampfer m; Stampfe f; vit ~ à raisin Traubenmühle f; **2.** des Zahnarztes Stopfer m

foulon [fulõ] m **a)** text (moulin m à) ~ Walk-, Dickmühle f; Walke f; terre f à ~ Walkerde f; **b)** Gerberei Gerbfaß n

foulonnier [fulɔnje] m Walker m

foulque [fulk] f zo Bläßhuhn n

foultitude [fultityd] f F une ~ de e-e Menge, F e-e Masse, ein Haufen m (+ gén ohne art)

foulure [fulyr] f path des Knöchels, Fußes Verstauchung f; der Gelenkbänder Zerrung f

four [fur] m **1.** cuis, Bäckerei (Back)Ofen m (auch fig); cuis Bratofen m, -röhre f; Backröhre f; F fig c'est un ~ ici F hier ist e-e Hitze wie in e-m Backofen, e-e Affen-, Bombenhitze; gigot cuit au ~ gebratene Hammelkeule; faire dorer au ~ über'backen; F il fait noir comme dans un ~ es ist stockdunkel, -finster, pechschwarze Nacht; mettre au ~ in den (Back)Ofen schieben; F fig beim Gähnen ouvrir un (grand) ~ F den Mund (weit) aufreißen, aufsperren; sortir du ~ aus dem (Back)Ofen nehmen; prov on ne peut être à la fois au ~ et au moulin man kann nicht auf zwei Hochzeiten tanzen (prov); man kann nicht überall sein; **2.** tech Ofen m; ~ électrique E'lektroofen m; ~ Martin Siemens-Martin-Ofen m (abr SM-Ofen); ~ rotatif, solaire, tunnel Drehrohr-, Sonnen-, Tunnelofen m; ~ à brique, à chaux Ziegel-, Kalkofen m; ~ au charbon, au gaz Kohle-, Gasofen m; ~ à mazout Ölofen m; ~ à résistance, à réverbère 'Widerstands-, Flammofen m; **3.** Gebäck petits ~s pl Petits fours m/pl; **4.** thé etc Fi'asko n; 'Durchfall(en) m(n); 'Mißerfolg m; F Reinfall m; ~ complet glatter Durchfall; faire un ~ ein Fiasko erleben, erleiden; 'durchfallen

fourbe [furb] **I** adj schurkisch; betrügerisch; arglistig; **II** m Schurke m; Schuft m; Betrüger m

fourberie [furbəri] f Schurke'rei f; Schurkenstreich m; Betrüge'rei f

fourbi [furbi] F m **1.** Sachen f/pl; ~ Krempel m; Kram m; Zeug m; **2.** F Wust m; Kuddelmuddel m od n

fourb|ir [furbir] v/t Kupfer, Waffen blank putzen; po'lieren; ~issage m von Kupfer, Waffen Po'lieren; Putzen n

fourb|u [furby] adj Person, Tier müde; erschöpft; zerschlagen; ~ure f vét Rehe f

fourche [furʃ] f **1.** agr, e-s Fahr-, Motorrades, e-r Straße, e-s Gleises, Astes, Stammes Gabel f; e-r Straße, e-s Gleises, Astes, Stammes auch Gabelung f; e-s Motorrades ~ télescopique Tele'skopgabel f; ch de fer ~ à ballast Schottergabel f; agr, jard ~ à bêcher Grabegabel f; ~ à foin, à fumier Heu-, Mistgabel f, -forke f; ~ de bicyclette, de motocy-

clette Fahrrad-, Motorradgabel f; ~ de pantalon Hosenzwickel m; Weg, Gleis, Baumstamm faire une ~ sich gabeln, verzweigen; **2.** hist les ℓs Caudines die Kau'dinischen (Eng)Pässe m/pl; fig das Kaudinische Joch; fig u litt passer sous les ~s caudines litt sich unter das Joch beugen müssen

fourchée [furʃe] f agr (Heu-, Mist-) Gabelvoll f

fourcher [furʃe] **I** v/t Erde, Mist mit e-r Gabel 'umschichten, auflockern; **II** v/i la langue lui a fourché er hat sich versprochen

fourchette [furʃet] f **1.** (Eß)Gabel f; ~ à deux, à quatre dents zwei-, vierzinkige Gabel; ~ à dessert, à escargots, à gâteaux, à huîtres, à poisson Des'sert-, Schnecken-, Kuchen-, Austern-, Fischgabel f; F avoir un bon od joli coup de ~, jouer consciencieusement de la ~ kräftig, tüchtig zulangen; F (r)einhauen; spachteln; etwas verdrücken können; faire un coup de ~ à qn j-m mit zwei Fingern e-r Hand die Augen eindrükken; **2.** auto Schaltgabel f; **3.** zo **a)** der Vögel Gabelbein n; **b)** am Pferdehuf Hornstrahl m; **4.** Statistik, comm Spanne f (zwischen zwei ex'tremen Werten); comm auch Marge f; **5.** bei Handschuhen Zwickel m; **6.** Artillerie Gabel f

fourchon [furʃõ] m e-r Gabel Zinken m; Zacke(n) f(m)

fourchu [furʃy] adj gabelförmig; sich gabelnd; gespalten; menton ~ in der Mitte vertieftes Kinn; pied ~ **a)** der Wiederkäuer gespaltene Klaue; **b)** des Satyre Bocksfuß m; des Teufels Pferdefuß m

fourgon [furgõ] m **1.** auto Kastenwagen m; geschlossener Lastwagen; mil Provi'antwagen m; ~ funèbre, funéraire, mortuaire Leichenwagen m; **2.** ch de fer ~ (à bagages) Pack-, Gepäckwagen m; ~ postal, à bestiaux Post-, Viehwagen m; **3.** tech, des Bäckers Ofenkrücke f

fourgonn|er [furgɔne] v/i **1.** selten schüren; im Ofen her'umstochern; **2.** F fig (her'um)wühlen, -stöbern (dans in + dat); ~ette f Lieferwagen m; (kleiner) Kastenwagen

fourguer [furge] F v/t **1.** e-m, an e-n Hehler verkaufen; **2.** ~ qc à qn F j-m etw andrehen

fouriér|isme [furjerism(ə)] m philos, écon Fourie'rismus m; Lehre f Fouri'ers; ~iste m Anhänger m Fouri'ers

fourme [furm] f frz Käsesorte

fourmi [furmi] f **1.** zo Ameise f; ~s ailées, aptères geflügelte, flügellose Ameisen; ~s blanches Weiße Ameisen; Ter'miten f/pl; ~ noire Schwarzbraune Wegameise; ~ rouge Rote Waldameise; œufs m/pl de ~ Ameisenlarven f/pl und -puppen f/pl; fig avoir des ~s dans les jambes ein (Ameisen)Kribbeln in den Beinen haben; d'avion, on voit les gens gros comme des ~s vom Flugzeug aus gleichen die Leute Ameisen; **2.** fig Person (Arbeits)Biene f; travail m de ~ mühsame Kleinarbeit; c'est une ~ er, sie ist e-e Arbeitsbiene, bienenfleißig, fleißig wie e-e Biene

fourmil|ier [furmilje] m zo Ameisenbär m; ~ière f Ameisenhaufen m (auch fig)

fourmi-lion [furmiljõ] m ⟨pl fourmis-lions⟩ od **fourmilion** m zo Larve Ameisenlöwe m; fertiges Insekt Ameisenjungfer f

fourmillement [furmijmã] m **1.** von Lebewesen Gewimmel n; Wimmeln n; von Insekten auch Kribbeln n; **2.** fig von Ideen, Ereignissen Fülle f; **3.** in den Gliedern (Ameisen)Kribbeln n; Ameisenlaufen n; éprouver un ~, des ~s

dans les jambes ein Kribbeln in den Beinen spüren, haben; j'ai des ~s dans les jambes es kribbelt mir in den Beinen

fourmiller [furmije] v/i **1.** Lebewesen wimmeln; wuseln; Insekten auch kribbeln; Sache ~ de qc wimmeln, voll sein von etw; les fautes fourmillent dans ce texte, ce texte fourmille de fautes der Text wimmelt von Fehlern; in dem Text wimmelt es von Fehlern; **2.** les jambes, etc me fourmillent cf fourmillement 3.

fournaise [furnεz] f **1.** starkes, loderndes Feuer; Glut f; **2.** fig von e-m heißen Raum F Backofen m; Brutkasten m

fourneau [furno] m ⟨pl ~x⟩ **1.** tech (Fa'brik-, Schmelz)Ofen m; bas, 'haut ~ Niederschacht-, Hochofen; ~ de forge Schmiedeofen m, -herd m; **2.** cuis ~ (de cuisine) (Küchen)Herd m; ~ à charbon Kohle(n)herd m, -ofen m; **3.** e-r Pfeife Kopf m; **4.** mil ~ de mine Sprengkammer f

fournée [furne] f **1.** von Brot Schub m; Ofenvoll m; von Keramiken, Ziegeln Brand m; **2.** F fig von Personen Schub m; von Touristen auch F Ladung f; Fuhre f; par ~s schubweise

fourni [furni] adj **1.** bien ~ reichhaltig; gut ausgestattet; mit großer Auswahl; **2.** Haarwuchs dicht; stark; üppig; **3.** Arbeit geleistet; travail ~ auch Arbeitsaufwand m; durée f du travail ~ geleistete Arbeitszeit

fournil [furni(l)] m Backraum m, -stube f

fournir [furnir] **I** v/t **1.** Person, Geschäft, Restaurant beliefern; versorgen (en qc mit etw); **2.** Sachen liefern, besorgen (qc à qn j-m etw); Geldmittel etc beschaffen; aufbringen; zur Verfügung stellen; bereitstellen; Arbeit geben; besorgen; beschaffen; cf auch **3.**; Unterlagen, Zeugnisse (bei)bringen; vorlegen; beschaffen; Beweis, Nachweis liefern; erbringen; führen; Beweis auch anbringen; Alibi erbringen; nachweisen; Auskünfte erteilen; Gründe anführen; angeben; Vorwand liefern; Garantie leisten; über'nehmen; gewähren; geben; Kaution stellen; leisten; zahlen; Hilfe leisten; Früchte her'vorbringen; Spielkarte (aus)spielen; abs Kartenspiel Farbe bekennen; bedienen; si vous en avez, il faut ~ à trèfle ... müssen Sie Kreuz bedienen, (aus)spielen; école f qui fournit des cadres Schule, die Führungskräfte her'anbildet; ~ à qn l'occasion de (+inf) j-m Gelegenheit geben zu (+inf); **3.** par est Arbeit leisten; ~ un effort e-e Anstrengung machen; sports ~ un jeu remarquable ein beachtliches Spiel liefern; **II** v/pr se ~ chez qn s-e Einkäufe tätigen bei j-m

fournissement [furnismã] m **1.** comm Einlage(kapital) f(n); **2.** jur bei Liquidationen Festsetzung f der jeweiligen Ausein'andersetzungsguthaben

fournisseur [furnisœr] m **1.** Liefe'rant m; Lieferfirma f; ~ militaire od de l'armée, principal, de la cour, de papier Heeres-, Haupt-, Hof-, Pa'pierlieferant m; adit pays ~ Lieferland n; pays ~s de matières premières Rohstofflländer n/pl, -lieferanten m/pl; **2.** Kaufmann m; Händler m; vous trouverez ce produit chez votre ~ habituel ... bei Ihrem Kaufmann

fourniture [furnityr] f **1.** Lieferung f (auch das Gelieferte); Versorgung f; von Kapital Aufbringung f; e-r Kaution Leistung f; von Bescheinigungen, Zeugen Beibringung f; e-r Leistung Erbringen n, -ung f; ~ de courant Stromversorgung f; **2.** meist pl ~s Bedarf m; ~s scolaires

Schulbedarf m; Lernmittel n/pl; ~s de bureau Bü'robedarf m; **3.** ~s pl des Schneiders etc Zutaten f/pl; tech Zubehör n   .

fourrage [furaʒ] m (Vieh)Futter n; ~ **sec, vert** Trocken-, Grünfutter n

fourrager[1] [furaʒe] v/i ‹-geons› (her'um)wühlen, (-)stöbern (**dans** in + dat); ~ **dans un livre** hastig in e-m Buch blättern; ein Buch hastig 'durchblättern

fourrag|er[2] [furaʒe] adj ‹-ère› agr Futter...; **betterave fourragère** Futter-, Runkelrübe f; **céréales, plantes fourragères** Futtergetreide n, -pflanzen f/pl; **~ère** f **1.** agr **a)** Futteranbaufläche f; **b)** Leiterwagen m (zum Futtertransport); Heuwagen m; **2.** mil Fangschnur f

fourré[1] [fure] m Gestrüpp n; Dickicht n; ~ **de ronces** Dornengestrüpp n

fourré[2] [fure] adj **1.** Kuchen, Bonbons gefüllt (**à qc** mit etw); **bonbons** ~s **aux amandes** Bonbons m/pl mit Mandelfüllung; mit Mandeln gefüllte Bonbons; **2.** Mantel, Stiefel etc pelzgefüttert; mit Pelzfutter; mit Pelz, Fell (ab)gefüttert; **bottes** ~**es** Pelzstiefel m/pl; **3. coup** ~ **a)** esc Doppeltreffer m; **b)** f fig Tücke f; Gemeinheit f; (heim)tückische, 'hinterlistige Handlung

fourreau [furo] m ‹pl ~**x**› **1.** e-s Schirmes etc Futte'ral n; Hülle f; e-s Schwertes Scheide f; **tirer l'épée du** ~ das Schwert aus der Scheide ziehen; **2.** cout ~ od adjt **robe** f ~ Etu'i-, Futte'ralkleid n; futte'ral-, hautenges Kleid; adjt **jupe** f ~ Etu'irock m; futte'ral-, bleistiftenger Rock

fourrer [fure] **I** v/t **1.** F **a)** (hin'ein-) stecken, (-)stopfen, (-)pfropfen, (-)schieben (**qc dans qc** etw in etw [acc]); ~ **son doigt, ses doigts dans son nez** (mit dem Finger) in der Nase bohren; F popeln; fig ~ **une idée dans la tête, le crâne de qn** j-m e-n Floh ins Ohr setzen; ~ **ses mains dans ses poches** die Hände in die Tasche stecken, in den Taschen vergraben; fig ~ **son nez partout** s-e Nase in alles (hinein)stecken, F in jeden Quark, Dreck stecken; ~ **son nez dans les affaires de qn** s-e Nase in j-s Angelegenheiten stecken; ~ **une valise sous une armoire** e-n Koffer unter e-n Schrank schieben, unter e-m Schrank verstauen; ~ **qn en prison** j-n ins Gefängnis stecken; F j-n einlochen, einbuchten, einspunden; ♦ **être tout le temps fourré au bistro** F dauernd in der Kneipe hocken, rumsitzen; **être sans arrêt fourré à l'église** F dauernd in die Kirche rennen; **être fourré dans les jupes de sa mère** an Mutters Rockzipfel hängen; **b)** Gegenstand hinlegen, -stellen, F -tun; **où as-tu fourré ton crayon?** wo hast du deinen Bleistift hingelegt, hingetan?; **2.** Mantel etc mit Pelz, Fell (ab)füttern; wat'tieren; **3.** mar Tau bekleiden; **4.** Bonbons füllen; **II** v/pr F **se** ~ **5.** sich verstecken, verkriechen; fig **ne plus savoir où se** ~ (vor Verlegenheit, Scham) in der Erde, im Boden versinken mögen; F sich am liebsten in ein Mauseloch verkriechen (wollen); **se** ~ **sous les couvertures** sich unter der Decke verkriechen; Geldstück se ~ **sous le lit** unters Bett rollen; **6.** hin'eingeraten (**dans** in + acc); **se** ~ **dans le pétrin** cf pétrin 2.; **7.** fig **se** ~ **qc dans la tête** sich etw in den Kopf setzen; F **se** ~ **le doigt dans l'œil** (jusqu'au coude) cf doigt 1.

fourre-tout [furtu] F m ‹inv› große (Reise)Tasche

fourr|eur [furœr] m Kürschner m; Pelzhändler m; ~**ier** m **1.** mil Fu'rier m; **2.** fig Wegbereiter m; ~**ière** f **1.** Platz m, Verwahrungsstelle f für abgeschleppte

---

Autos; **2.** Tierasyl n, -heim n

fourrure [furyr] f **1.** Kleidungsstück Pelz m; ~**s** pl auch Pelzwerk n, -ware f; Rauchwaren pl; **bonnet** m, **col** m **de** ~ Pelzmütze f od -kappe f, -kragen m; (**manteau** m **de**) ~ **Pelz**(**mantel**) m; **doubler de** ~ mit Pelz, Fell (ab)füttern; **manteau doublé de** ~ pelzgefütterter Mantel; Mantel m mit Pelzfutter; **2.** von Pelztieren Pelz m; Fell n; **chasseur** m **de** ~**s** Pelz(tier)jäger m; **commerce** m **de** ~ Pelzhandel m; **3.** Heraldik ~**s** pl Pelzwerk n; **4.** tech Füllung f; Futter n; Einlage f; **5.** mar Maus f

fourvoiement [furvwamã] litt m Verirrung f; Abirrung f

fourvoyer [furvwaje] ‹-oi-› **I** litt v/t irreführen; in die Irre führen; **II** v/pr **se** ~ **1.** sich verirren (**dans** in + acc); **se** ~ **dans une impasse** in e-e Sackgasse geraten (auch fig); **2.** fig (sich) irren; sich täuschen; fehlgehen; auf dem Holzweg sein

fout|aise [futɛz] F f dummes Zeug, Geschwätz; F Quatsch m; Quark m; ~**oir** P m F Schla'massel m od n; P Sauwirtschaft f; Saustall m

foutre [futr(ə)] ‹je fous, il fout, nous foutons; je foutais; kein p/s; je foutrai; que je foute: foutant; foutu› P **I** v/t **1.** machen; tun; **qu'est-ce que j'ai od j'en ai à** ~?, **je n'ai od n'en ai rien à** ~ F das kümmert, schert mich e-n Dreck; **das kratzt mich wenig**; P das ist mir scheißegal; **qu'est-ce que ça fout?** was macht das (aus)?; **qu'est-ce que ça peut te** ~? was geht dich das an?; was kümmert, schert, F juckt, kratzt dich das?; das kann dir doch (P scheiß)egal sein; F das geht dich doch e-n Dreck, e-n feuchten Staub an!; **il ne fout rien de la journée** F der rührt den ganzen Tag keinen Finger, liegt den ganzen Tag auf der Bärenhaut, faulen Haut; **2.** Fußtritt, Fausthieb geben; versetzen; F verpassen; **je te fous une baffe** F ich hau' dir eine runter; ich knall', kleb', lang' dir eine; südd du wirst gleich eine fangen; ~ **son poing sur la gueule à qn** P j-m die Faust in die Fresse hauen; **3.** F schmeißen; pfeffern; ~ **le camp** cf camp 1.; ~ **qn à la porte** cf foutue à la porte, ~ **qn dedans** cf ficher[1] 3.; ~ **qc en l'air** F etw weg-, rausschmeißen; ~ **qn en colère** F j-n auf die Palme bringen; ~ **qn en tôle** F j-n einlochen, einbuchten, einspunden; ~ **qc par terre** F etw runterschmeißen; **va te faire** ~! F mach, daß du wegkommst!; hau ab!; scher dich zum Teufel!; **4.** **ça ne fout mal** F so ein Schla'massel; so was Blödes, Dummes; P so e-e verdammte Scheiße; **II** v/pr P **se** ~ **de qc, de qn** F auf etw, j-n pfeifen, P scheißen; **je m'en fous** F das ist mir e'gal, Wurst od Wurscht, schnuppe, schnurz, piepe, piepegal, P scheißegal; F ich pfeif', P scheiß' drauf; **il s'en fout complètement** auch F er schert sich e-n Dreck, den Teufel drum; il se fout du monde cf ficher[1] 5.; **6. se** ~ **de qn** sich über j-n lustig machen; j-n auslachen, veralbern, F verhohnepi(e)peln, veräppeln, auf den Arm, auf die Schippe nehmen; **7. se** ~ **dedans** sich gewaltig irren, täuschen; F reinfallen; da'nebenhauen; sich verhauen; **8. s'en** ~ **plein la lampe** F sich den Bauch 'vollschlagen; cf auch die Wendungen unter ficher[1]

foutriquet [futrikɛ] m péj von e-r Person (kleines) Würstchen

foutu [futy] P adj u p/p von foutre cf fichu[2]

fox [fɔks] m cf fox-terrier

foxé [fɔkse] adj vit des Weines goût ~, saveur ~e Fuchsgeschmack m

---

fox|-hound [fɔksawnd] m ‹pl fox-hounds› zo Foxhound [-haunt] m; ~-terrier m ‹pl fox-terriers› zo Foxterrier m; Fox m; ~-trot [-trɔt] m ‹inv› Tanz Foxtrott m

foyer [fwaje] m **1. a)** Feuerstelle f, -stätte f; Herd m; tech e-s Dampf-, Heizkessels Feuerung f; Feuer(ungs)raum m; Brennkammer f, -raum m; e-r Dampflokomotive Feuerbüchse f; ~ **à chargement automatique** Feuerung mit automatischer Beschickung; ~ **à grille** Rostfeuerung f; **b)** par ext (Herd-, Ka'min)Feuer n; **c)** par ext (Stein)Platte f (vor dem Kamin); (Holz)Einfassung f (der Platte vor dem Kamin); **2.** Haushalt(ung) m(f); Hausstand m; Heim n; häuslicher Herd; ~ **conjugal** ehelicher Haushalt; ~ **paternel** Elternhaus n; **femme** f **au** ~ Hausfrau f; **fonder un** ~ e-e Familie, e-n Hausstand, ein Heim gründen; mil Soldaten **renvoyer dans ses** ~s in die Heimat zurückschicken; **rester au** ~ Hausfrau sein; **3.** Heim n; auch Wohnheim n; ~ **d'étudiants, de jeunes filles, du marin, du soldat** Stu'denten-, Mädchen- od Töchter-, Seemanns-, Sol'datenheim n; **4.** thé etc Foy'er n; Wandelgang m. -halle f; **5. a)** opt, math Brennpunkt m; auch Fokus m; **b)** Quelle f; ~ **lumineux, d'énergie** Licht-, Ener'giequelle f; **6.** e-s Brandes, Erdbebens, méd, fig von Unruhen etc Herd m; méd auch Krankheitsherd m; sc Fokus m; fig e-r Kultur etc Zentrum n; Mittel-, Ausgangspunkt m; fig u péj Brutstätte f; méd ~ **pulmonaire** Herd in der Lunge; méd ~ **purulent** Eiterherd m; ~ **d'épidémie(s)** Brutstätte von Seuchen; ~ **d'incendie** Brandherd m; méd ~ **d'inflammation** Entzündungsherd m; pol ~ **de troubles** Gefahren-, Unruheherd m

frac [frak] m Gehrock m; Frack m

fracas [fraka] m (plötzlicher, heftiger) Krach; Krachen n; Lärm m; Getöse n; Gepolter n; Poltern n; Geklirr n; Klirren n; Gedröhn(e) n; Dröhnen n; **s'écrouler avec** ~ krachend, mit Getöse, mit lautem Krach einstürzen; fig **mettre qn à la porte avec perte et** ~ F j-n hochkant(ig), in hohem Bogen rausschmeißen

fracass|ant [frakasã] adj **1.** Geräusch krachend; polternd; dröhnend; **2.** fig verblüffend; aufsehenerregend; ~**er I** v/t zerschmettern; zertrümmern; zersplittern; **II** v/pr **se** ~ zerschellen; zerbrechen

fraction [fraksjõ] f **1.** math Bruch m; ~ **continue** Kettenbruch m; ~ **décimale** Dezi'malbruch m, -zahl f; ~ **ordinaire** gemeiner, echter Bruch; **barre** f **de** ~ Bruchstrich m; **calcul** m **des** ~s Bruchrechnen n; **convertir des** ~s **ordinaires en** ~s **décimales** gemeine Brüche in Dezimalbrüche 'umwandeln; **2.** e-s Ganzen (An)Teil m; Bruchteil m; ~ **imposable** steuerpflichtiger Anteil; **en une** ~ **de seconde** im Bruchteil e-r Sekunde; **pendant une** ~ **de seconde** e-n kurzen Augenblick, Moment lang; **3.** pétr Frakti'on f; **4.** pol e-r Partei Gruppierung f; **5.** Liturgie ~ **du pain** Brotbrechen n

fractionn|aire [fraksjɔner] adj math Bruch...; **expression** f ~ unechter Bruch; **nombre** m ~ Bruchzahl f; ~**ateur** m Frakti'onier(ungs)kolonne f; ~**el** adj ‹~**le**› Tätigkeit zersetzend

fractionnement [fraksjɔnmã] m **1.** (Auf)Teilung f; Zerlegung f; e-r Partei (Auf)Spaltung f; Auf-, Zersplitterung f; **2.** pétr Fraktio'nieren n, -ung f

fractionn|er [fraksjɔne] **I** v/t **1.** zerle-

gen; (zer)teilen; zersplittern; (auf)spalten; **2.** *pétr* fraktio'nieren; *adjt* **distillation fractionnée** fraktionierte Destillation; **II** *v/pr* **se ~ Partei** *etc* sich (auf-)spalten, **aufsplittern**, **~isme** *m pol* Bildung *f* von Splittergruppen; **~iste** *pol* **I** *adj* spalterisch; **II** *m* Spalter *m*

fracture [fraktyr] *f* **1.** *path* (Knochen-)Bruch *m*; *sc* Frak'tur *f*; **~ (in)complète**, **(in)directe** (un)vollständiger, (in-)direkter Bruch; **~ ouverte** komplizierter, offener Bruch; **~ simple** einfacher, glatter Bruch; **~ spontanée** Spon'tanfraktur *f*; **~ à fragments multiples** Splitterbruch *m*; **~ de l'avant-bras**, **d'un cartilage**, **du crâne** 'Unterarm-, Knorpel-, Schädelbruch *m*; **~ par enfoncement** Impressi'onsfraktur *f*; **réduire une ~** e-n Bruch einrichten; **2.** *e-r Tür, e-s Schlosses* Auf-, Erbrechen *n*; (Auf)Sprengen *n*; **3.** *géol* Bruch *m*; Verwerfung *f*; Sprung *m*; **plan** *m* **de ~** Verwerfungs-, Bruchfläche *f*

fracturer [fraktyre] **I** *v/t* **1.** *Knochen* brechen; **2.** *Tür, Schloß* auf-, erbrechen; (auf)sprengen; **II** *v/pr* **se ~ le bras**, *etc* sich den Arm *etc* brechen

fragile [fraʒil] *adj* **1.** zerbrechlich (*auch als Aufschrift*); brüchig; spröde; bruchempfindlich; **2.** *Gerüst etc* wack(e)lig; **3.** *Person* (sehr) zart; empfindlich; anfällig; fra'gil; *Konstitution* schwach; *Haare* dünn; empfindlich; **avoir l'estomac ~** e-n empfindlichen Magen haben; **avoir une santé ~** von zarter Gesundheit, empfindlich, anfällig sein; **4.** *fig Glück etc* vergänglich; unbeständig; zusammenbrechend; *Glück auch* zerbrechlich; *Autorität, Macht auch* schwach; *Theorie* fraglich; auf schwachen Beinen, Füßen stehend

fragiliser [fraʒilize] *v/t méd, psych* anfällig, empfindlich machen; schwächen; *seelisches Gleichgewicht* (empfindlich) stören

fragilité [fraʒilite] *f* **1.** *von Glas, Porzellan etc* Zerbrechlichkeit *f*; (Bruch-)Empfindlichkeit *f*; *von Glas, Metallen etc* Sprödigkeit *f*; Brüchigkeit *f*; **2.** *e-r Person, e-s Organs etc* Empfindlichkeit *f*; Anfälligkeit *f*; *e-r Person auch* Zartheit *f*; Zerbrechlichkeit *f*; **3.** *fig des Glücks, e-s Gefühls etc* Vergänglichkeit *f*; Unbeständigkeit *f*; Unsicherheit *f*; *des Glücks auch* Zerbrechlichkeit *f*; *e-s Gefühls auch* Schwäche *f*; *e-r Theorie* Schwäche *f*; Fraglichkeit *f*

fragment [fragmɑ̃] *m* **1.** *e-s Kunstwerks* Frag'ment *n*; Bruchstück *n*; *sculp auch* Torso *m*; **2.** *e-s Felsens etc* Brocken *m*; Splitter *m*; **~s d'os** Knochensplitter *m/pl*, -fragmente *n/pl*; **3.** *e-s Briefes, e-r Aussage* Fragment Auszug *m*; Teil *m*; *aus e-m Werk* Stelle *f*; Zi'tat *n*

fragment|aire [fragmɑ̃tɛr] *adj* Werk fragmen'tarisch; bruchstückhaft; unvollendet; *Kenntnisse* lückenhaft; **~ation** *f* **1.** Zersplitterung *f*; Zerstück(e)lung *f*; **2.** *biol* **~ chromosomique** Fragmentati'on *f*

fragmenter [fragmɑ̃te] *v/t Steinblock etc* zerkleinern; zerstückeln; zersplittern; *Land* (auf)teilen (**en plusieurs États** in mehrere Staaten); *Roman* einteilen (**en plusieurs épisodes** in mehrere Episoden); **~ la publication d'un ouvrage** ein Werk in einzelnen, mehreren Teilen, Folgen veröffentlichen

fragon [fragɔ̃] *m bot* Mäusedorn *m*

fragrance [fragrɑ̃s] *litt f* Wohlgeruch *m*; Duft *m*; Par'füm *n*

frai[1] [frɛ] *m* **1. a)** Laichen *n*; **b)** Laichzeit *f*; **c)** Laich *m*; **~ de carpe, de grenouille** Karpfen-, Froschlaich *m*; **2.** Fischbrut *f*

frai[2] [frɛ] *m der Geldstücke* Abnützung *f*

---

fraîchement [frɛʃmɑ̃] *adv* **1.** unlängst; (erst) vor kurzem; frisch; **~ débarqué à Paris** vor kurzem in Paris angekommen; **~ repassé** frisch gebügelt; **2.** kühl; frostig; unfreundlich; **accueillir qn** ~ j-n kühl empfangen

fraîcheur [frɛʃœr] *f* **1.** *der Luft, des Wassers, der Nacht* Frische *f*; Kühle *f* (*auch abs*); **~ du matin, du soir** Morgen-, Abendfrische *f*; **chercher un peu de ~** etwas Kühle, Kühlung suchen; **2.** *fig e-s Empfangs* Kühle *f*; Frostigkeit *f*; **3.** *von Lebensmitteln, Eindrücken, e-r Person, des Teints, der Jugend* Frische *f*; *von Eindrücken etc auch* Neuheit *f*; Le'bendigkeit *f*; *von Gefühlen* Reinheit *f*; Unschuld *f*; *von Kunstwerken, Kleidern* frische Farbe

fraîchin [frɛʃɛ̃] *m* Geruch *m* nach frischem Fisch

fraîchir [frɛʃir] *v/i* **1.** *mar* Brise auffrischen; stärker, kräftiger werden; **2.** *Wetter* frischer, kühler werden; **le temps fraîchit** es wird frischer, kühler

frairie [frɛri] *f in Südwestfrankreich* Kirmes *f*

frais[1] [frɛ] **I** *adj* ‹**fraîche** [frɛʃ]› **1.** *Wind, Morgen, Wasser* frisch; kühl; *Keller, Gäßchen* kühl; **petit air ~** frisches, kühles Lüftchen; **2.** *fig Empfang* kühl; frostig; unfreundlich; **3.** *Lebensmittel, Spuren, Wunde, Farbe, Kleid, Person, Teint etc* frisch; *Aussehen auch* blühend; *Kräfte auch* unverbraucht; *Eindrücke auch* neu; le'bendig; **argent ~** neues Kapital; **cassure, entaille fraîche** frische Bruchstelle, Kerbe; **'harengs** *pl* **~** grüne Heringe *m/pl*; **légumes** *pl* **~** *auch* Frischgemüse *n*; **neige fraîche** Neuschnee *m*; frisch gefallener Schnee; *Aufschrift* **attention, peinture fraîche!** Vorsicht, frisch gestrichen!; **sardines fraîches** (*nicht eingelegte*) Sardinen *f/pl*; **troupes fraîches** frische, neue, ausgeruhte Truppen *f/pl*; *loc/adj* **de fraîche date** neueren Datums; neu; *loc/adv* **de ~** frisch; **être rasé de ~** frisch rasiert sein; **l'encre est encore fraîche** die Tinte ist noch feucht; **4.** F **nous voilà ~!, nous sommes ~!** F da haben wir den Schla'massel!; jetzt sitzen wir schön im Schlamassel, in der Tinte, Patsche!; **II** *adv* **1.** frisch; kühl; **boire, servir ~** kühl, gekühlt, kalt trinken, servieren; **ce vin se boit ~** dieser Wein wird kühl getrunken; **il fait ~** es ist frisch, kühl; **2.** ‹*veränderlich*› frisch; vor kurzem; gerade; **du foin ~ coupé** frisch gemähtes Gras; **des cerises fraîches cueillies** frisch gepflückte Kirschen; **~ émoulu de l'université** *cf* émoulu; **III** *subst* **1.** *m* Kühle *f*; Frische *f*; frische, kühle Luft; *par ext* kühler Ort; *mar* **bon, grand ~** starker, steifer Wind; *Lebensmittel* **garder au ~** kühl, an e-m kühlen Ort, *par ext* im Kühlschrank aufbewahren; **mettre qc au ~** etw kalt stellen; F *fig* **on l'a mis au ~** F man hat ihn eingelocht, eingesperrt, eingespundet; **prendre le ~** frische Luft schöpfen, F schnappen; **2.** *f loc/adv* **à la fraîche** in der Morgenkühle; früh'morgens

frais[2] [frɛ] *m/pl* Kosten *pl*; Unkosten *pl*; (Kosten)Aufwand *m*; Spesen(aufwand) *pl(m)*; Aufwendungen *f/pl*; Ausgaben *f/pl*; Auslagen *pl*; ♦ **~ directs, spéciaux** Einzelkosten *pl*; **faux ~** Nebenkosten *pl*; zusätzliche Kosten, Ausgaben, Auslagen; Spesen; *e-s Betriebs* **~ généraux** allgemeine Unkosten; Gemeinkosten *pl*; **~ professionnels** Werbungskosten *pl*; ♦ **~ de chargement** Ladekosten *pl*; Verladungsgebühr *f*; **~ de chauffage** Heizungskosten *pl*; *impr* **~ de composition** Satzkosten *pl*; **~ de**

---

construction Baukosten *pl*; **~ de déplacement** Reisespesen *pl*, -auslagen *pl*, -kosten *pl*; **~ de distribution** Vertriebskosten *pl*; *jur* **~ d'enregistrement** Eintragungs- *od* Einschreibungskosten *pl*, -gebühr *f*; Regi'striergebühr *f*; **~ d'entrepôt** Lagergeld *n*, -gebühren *f/pl*, -spesen *pl*, -kosten *pl*; **~ d'entretien** 'Unterhalts-, Unter'haltungs-, In'standhaltungskosten *pl*, -spesen *pl*; **~ d'envoi** Versandkosten *pl*, -spesen *pl*; **~ d'exploitation** Betriebskosten *pl*; **~ de fabrication** Herstellungskosten *pl*; **~ d'habillement** Kosten, Aufwendungen für Kleidung; *impr* **~ d'impression** Druckkosten *pl*; *jur* **~ de jugement** Urteilsgebühr *f*; *jur* **~ de justice** Gerichtskosten *pl*, -gebühren *f/pl*; **~ de main-d'œuvre, de matières premières** Lohn- *od* Arbeits-, Rohstoffkosten *pl*; **~ de production, de publicité** Produkti'ons-, Werbekosten *pl*; **établir la note de ~** die Spesen abrechnen; die Spesenabrechnung aufstellen; ♦ *loc/adv:* **aux ~ de qn** auf j-s Kosten (*acc*); **aux ~ de l'État** auf Staatskosten; **à grands ~** mit hohen Kosten, hohem Kostenaufwand; *fig* mit großem Aufwand; mit großer Mühe, Anstrengung; **à peu de, à moindre ~** mit wenig Kosten, geringen Kosten, geringem Kostenaufwand; ohne große Unkosten; *fig* mit geringem Aufwand; mit geringer, wenig Mühe; ohne große Mühe, Anstrengung; **tous ~ compris** alle Spesen inbegriffen; einschließlich aller Unkosten; **tous ~ payés, sans ~** *fig* kostenfrei; ♦ F *fig* **arrêtez les ~!** hören Sie auf damit!; *jur* **être condamné aux ~ (et dépens)** zur Zahlung der (Prozeß)Kosten verurteilt werden; *fig* **en être pour ses ~** sich um'sonst bemüht haben; nichts erreichen; **faire des ~** *Person* (viel) Geld ausgeben; *Sache* (Un)Kosten verursachen; **faire beaucoup de ~, de grands ~ pour** (+*inf*) große Ausgaben haben, viel ausgeben, um zu (+*inf*); **faire les ~ de qc** für etw aufkommen, bezahlen müssen; *fig* **faire les ~ de la conversation** a) das Gesprächsthema bilden; den Gesprächsstoff liefern; b) die Unter'haltung allein bestreiten; **se mettre en ~** a) sich in Unkosten stürzen; b) *fig* sich anstrengen; sich Mühe geben; *fig* **se mettre en ~ d'amabilité** sich sehr freundlich zeigen; sehr freundlich tun; **prendre les ~ à sa charge** die Kosten über'nehmen, tragen; **rentrer dans ses ~** s-e Ausgaben wieder her'einbekommen; auf s-e Kosten kommen; ohne Verlust abschließen

fraisage [frɛzaʒ] *m tech* (Aus)Fräsen *n*; Fräsarbeit *f*

fraise[1] [frɛz] *f* **1.** *bot* Erdbeere *f* (*Frucht*); **~ des bois** Walderdbeere *f*; **tarte** *f* **aux ~s** Erdbeerkuchen *m*, -torte *f*; **aller aux ~s** a) in die Erdbeeren gehen; b) *plais* mit s-r Freundin in den Wald gehen; P *fig* **ramener sa ~** *cf* ramener **6.**; F *fig* **sucrer les ~s** *cf* sucrer **1.**; **2.** *adjt* ‹*inv*› erdbeerfarben, -farbig

fraise[2] [frɛz] *f* **1. a)** *tech Werkzeug* Fräser *m*; Fräse *f*; **~ à surfacer**, **~ pour rainures** Walzen-, Nutenfräser *m*; **b)** *agr, Tiefbau* (Boden)Fräse *f*; **c)** *des Zahnarztes* Bohrer *m*; **2.** *cout* Halskrause *f*; **3.** *e-s Truthahns* Hautlappen *m*; **4.** *von Kalb u Lamm* Gekröse *n*

fraiser [frɛze] *v/t tech* (aus)fräsen; **machine** *f* **à ~** Fräsmaschine *f*; *adjt* **vis** *f* **à tête fraisée** Senkkopfschraube *f*

fraiseraie [frɛzrɛ] *f* Erdbeerpflanzung *f*, -plantage *f*

frais|eur [frɛzœr] *m tech Arbeiter* Fräser *m*; **~euse** *f tech* Fräsmaschine *f*

fraisier [frezje] *m bot* Erdbeerpflanze *f*; Erdbeere *f*

fraisil [frezi(l)] *m* nicht ausgebrannte (Steinkohlen)Asche

fraisure [frezyr] *f tech* Aus-, Einfräsung *f*; ausgefräste Vertiefung

framboesia [frãbezja] *f path* Frambö-'sie *f*

framboise [frãbwaz] *f* **1.** *bot* Himbeere *f* (*Frucht*); **glace** *f* à la ~ Himbeereis *n*; **confiture** *f*, **sirop** *m* de ~s Himbeermarmelade *f*, -sirup *m*; **2.** Himbeerlikör *m bzw* -geist *m*

framboisé [frãbwaze] *adj* mit Himbeergeschmack; **~ier** *m bot* Himbeerstrauch *m*; Himbeere *f*

framée [frame] *f hist* Frame *f* (*Wurfspieß der Franken*)

framycétine [framisetin] *f phm* Framyze'tin *n*

franc[1] [frã] *m* Währung Franc *m*; *in der Schweiz* Franken *m*; **ancien** ~ alter Franc; ~ **belge, français** belgischer, französischer Franc; ~ **lourd, nouveau** ~ neuer Franc; ~ **suisse** Schweizer Franken; *écon* **zone** ~ Franc-Zone *f*; Währungsgebiet *n* des Franc

franc[2] [frã] *adj* ‹**franche** [frãʃ]› **1. a)** frei(mütig); offen(herzig); aufrichtig; gerade; geradeheraus (*nur prädikativ*); ~ **du collier** *cf* **collier** 3.; *advt* **à parler** ~ offen gesagt, gestanden; **um offen zu sein; wenn ich offen sein soll; soyons** ~s! seien wir offen, ehrlich!; **je serai** ~ **avec vous** ich werde (ganz) offen mit Ihnen reden; **être** ~ **comme l'or** sehr offen, aufrichtig, ohne Falsch, F goldecht sein; **jouer** ~ **jeu** mit offenen Karten spielen; **b)** *par ext* **franche hostilité** offene Feindseligkeit; **c)** *Farbe* klar; rein; **rouge** ~ klares Rot; **d)** **franche canaille** Erzkanaille *f*; **2.** *comm* (*zoll-, steuer-, abgaben- etc*)frei; **port** ~ Freihafen *m*; **zone franche** Freizone *f*; ~ **de port** porto-, frachtfrei; **franko**; **3.** *mar* (*auch hist im Gegensatz zu leibeigen*); *mar* **barre franche** handbediente Ruderpinne; *hist* **corps** ~ Freikorps *n*; *sports* **coup** ~ Freistoß *m*; *mil* **groupe** ~ Stoßtrupp *m*; **4.** *jur* **'huit jours** ~s volle acht Tage (*von 24 Stunden*); **5.** *agr* **a)** *Baum* ~ **de pied** wurzelecht; aufgepfropft; **b) terre franche** Mutterboden *m*, -erde *f*

franc[3] [frã] *hist* **I** *adj* ‹**franque** [frãk]› fränkisch; **tribus franques** fränkische Stämme *m/pl*; **II** *subst* ♀, **Franque** *m, f* **1.** Franke *m*, Fränkin *f*; ♀s **Ripuaires, Saliens** ripuarische, salische Franken; **2.** *in der Levante* Euro'päer(in) *m(f)*

français [frãse] **I** *adj* fran'zösisch; **grammaire, langue, littérature** ~ französische Grammatik, Sprache, Literatur; **la République** ~e die Französische Republik; *loc/adj u loc/adv* **à la** ~ französisch; auf französisch(e Art); *e-s Buches* **format** *m* **à la** ~e Hochformat *n*; **dîner à la** ~e auf französische Art, französisch essen; **cela n'est pas** ~ das sagt man im Französischen nicht; das ist kein Französisch; *jur* **être** ~ französischer Staatsbürger, -angehöriger sein; die französische Staatsangehörigkeit besitzen; **II** *subst* **1.** ♀(e) *m(f)* Fran'zose *m*, Fran'zösin *f*; ♀ **moyen** 'Durchschnittsfranzose *m*; **2.** *ling* **le** ~ das Fran'zösische; Fran'zösisch *n*; **l'ancien** ~ das Altfranzösische; Altfranzösisch *n*; **le** ~ **moderne, le moyen** ~ das Neu-, Mittelfranzösische; Neu-, Mittelfranzösisch *n*; **le** ~ **parlé** das gesprochene Französisch; gesprochenes Französisch *n*; **enseignement** *m* **du** ~ Französischunterricht *m*; **professeur** *m* **de** ~ Französischlehrer(in) *m(f)*; *loc/adv:* **en** ~

auf französisch; im Französischen; **en** ~, **cela veut dire ... auf französisch, im** Französischen heißt das ...; *Buch* **paraî-tre en** ~ in französisch erscheinen; **en** ~ **on ne prononce pas le h** im Französischen wird das h nicht (aus)gesprochen; **traduire en** ~, **du** ~ ins Französische, aus dem Französischen über'setzen; *fig* **en bon** ~ **ça veut dire** *qu'il refuse* das heißt auf gut deutsch ...; **traduire en bon** ~ in gutes, korrektes Französisch über'setzen; **apprendre le** ~ Französisch lernen; F *fig* **vous ne comprenez pas le** ~? Sie verstehen wohl kein Deutsch?; *advt:* **parlez-vous** ~? sprechen Sie Französisch?; **parler couramment (le)** ~ fließend Französisch sprechen; **on parle** ~ hier wird Französisch gesprochen; **l'orateur parlait** ~ der Redner sprach französisch; F *fig* **je parle** ~, **oui!** ich drücke mich doch deutlich genug aus!; ich rede ja immerhin deutsch!; **ne pas savoir un mot de** ~ kein *od* nicht ein Wort Französisch können

franc-alleu [frãkaløø] *m* ‹*pl* **francs-alleux** [frãkaløø]› *féod* Freigut *n*, -hof *m*; Al'lod *n*

franc-bord [frãbɔr] *m* **1.** *mar* **a)** *e-s Schiffes* Freibord *m*; **b) bordé** *m* à ~ Kra'weel- *od* Kar'weelbeplankung *f*; **2.** *e-s Flusses, Kanals* Vorland *n*

franc-comtois [frãkõtwa] *adj* (*u subst* **Franc-Comtois** Bewohner) der Franche-Comté, der Freigrafschaft Bur'gund

francfortois [frãkfɔrtwa] **I** *adj* Frank-furter; **II** *subst* ♀(e) *m(f)* Frankfurter(in) *m(f)*

franchement [frãʃmã] *adv* **1.** offen; aufrichtig; freimütig; gerade-, rundheraus; frank und frei; **(à parler)** ~, ... offen gestanden, gesagt, ...; ~, **tu exagères!** offen gesagt, F (ganz) ehrlich, du über'treibst; **dire qc** ~ etw offen, rundheraus sagen; **parler** ~ **à qn** mit j-m (ganz) offen reden; **2.** klar; eindeutig; deutlich; **c'est** ~ **mauvais** das ist (ganz) eindeutig schlecht; **3.** beherzt; entschieden; entschlossen; **sauter** ~ **un obstacle** beherzt, entschlossen über ein Hindernis springen

franchir [frãʃir] *v/t* Grenze, Schwelle über'schreiten; gehen über (+*acc*); Hindernis über'steigen, -'klettern, -'springen, -'winden; nehmen; setzen, hin-'weggehen, fahren über (+*acc*); *Meere* über'queren; *Entfernung* zu'rücklegen; ~ **le cap de la cinquantaine** die Fünfzig überschreiten; *Pferd* ~ **une 'haie** e-e Hecke nehmen, überspringen; ~ **la ligne d'arrivée** die Ziellinie pas'sieren; durchs Ziel laufen, gehen; ~ **les limites, les bornes de la décence** den Anstand verletzen; ~ **le mur du son** die Schallmauer durch'brechen; *fig* ~ **le pas** sich zu e-m Entschluß 'durchringen; *hist u fig* ~ **le Rubicon** den Rubikon über-schreiten; ~ **le seuil** *auch* den Fuß über die Schwelle setzen

franchise [frãʃiz] *f* **1.** Offenheit *f*; Freimut *m*; Freimütigkeit *f*; Aufrichtigkeit *f*; Geradheit *f*; *arch, peint etc* Kühnheit *f*; **en toute** ~ in aller Offenheit; ganz offen, ehrlich; **2.** (Abgaben-, Gebühren)Freiheit *f*; *beim Zoll* Zoll'freiheit *f*; *Versicherungswesen* Fran'chise *f*; Selbstbehalt *m*, -beteiligung *f*; ~ **douanière** Zollfreiheit *f*, -freiheit *f*; ~ **postale** Postgebührenfreiheit *f*; ~ **de bagages** Freigepäck *n*; **en** ~ zoll-, gebührenfrei, portofrei; **admettre en** ~ zollfrei zulassen; **être admis en** ~ *auch* zollfrei eingeführt werden dürfen; **3.** *hist* **charte** *f*, **lettre** *f* **de** ~ Freibrief *m*

franchiss|able [frãʃisabl(ə)] *adj* über-'schreitbar; **col** *m* ~ **en été** im Sommer befahrbarer Paß; **~ement** *m* *e-s Hindernisses* Über'steigen *n*, -'klettern *n*, -'springen *n*; Über'windung *f*; *e-r* Grenze Über'schreiten *n*, -ung *f*; *e-s Flusses* Über'queren *n*, -ung *f*

francien [frãsjɛ̃] *m ling* altfrz Dialekt le ~ das Franzische; Franzisch *n*

francique [frãsik] *ling im alten Frankreich u heutigen Deutschland* **I** *adj* fränkisch; **II** *subst* **le** ~ das Fränkische; Fränkisch *n*; *in Deutschland auch* das Mitteldeutsche; Mitteldeutsch *n*

francisation [frãsizasjõ] *f* **1.** Franzö(si)'sierung *f*; **2.** *mar* **acte** *m* **de** ~ Urkunde, die zum Führen der fran'zösischen Flagge berechtigt

franciscain [frãsiskɛ̃] *rel* **I** *adj* franzis-'kanisch; Franzis'kaner...; **II** *subst* ~(e) *m(f)* Franzis'kaner(in) *m(f)*

franciser [frãsize] *v/t* Wort etc franzö-si'sieren

francisque [frãsisk] *f* **1.** *hist* Streitaxt der Franken Fran'ziska *f*; **2.** *Emblem der Vichy-Regierung*

francium [frãsjɔm] *m chim* Francium *n*

franc-maçon [frãmasõ] **I** *m* ‹*pl* **francs-maçons**› Freimaurer *m*; **II** *adj* ‹**franc-maçonne**› freimaurerisch; Freimaurer...

franc-maçonn|erie [frãmasɔnri] *f* **1.** Freimaure'rei *f*; **2.** *fig* (Geheim)Bund *m*; **~ique** *adj* freimaurerisch

franco [frãko] *adv* **1.** *comm* franko; (porto-, kosten-, fracht)frei; ~ **à bord, à domicile, (en) gare** frei Schiff, Haus, Bahnstation; **2.** F frank und frei; gerade-, rundheraus

franco... [frãko] *adj in Zssgn* fran'zösisch-...; *z B* **franco-belge** französisch--belgisch; **franco-allemand** deutsch--französisch

francolin [frãkɔlɛ̃] *m zo* Franko'linhuhn *n*

franconien [frãkɔnjɛ̃] *géogr* **I** *adj* ‹~ne› fränkisch; von, aus Franken; **II** *subst* ♀(ne) *m(f)* Franke *m*, Fränkin *f* (*Bewohner Frankens*)

francophil|e [frãkɔfil] **I** *adj* frankreich-, fran'zosenfreundlich; franko'phil; **II** *m, f* Freund *m* Frankreichs; Fran-ko'phile(r) *f(m)*; **~ie** *f* Frankophi'lie *f*

francophob|e [frãkɔfɔb] *adj* franko-'phob; **~ie** *f* Frankopho'bie *f*

francophon|e [frãkɔfɔn] *adj* fran'zö-sischsprechend; fran'zösischsprachig; franko'phon; *subst* **les** ~s **du Canada** die Frankokanadier *m/pl*; **~ie** *f* Frankopho'nie *f*; Gemeinschaft *f* der Fran'zösischsprechenden

franco-provençal [frãkoprovãsal] *ling* **I** *adj* ‹-aux› frankoprovenzalisch; **II** *m* **le** ~ das Frankoprovenzalische; Franko-provenzalisch *n*

franc-or [frãɔr] *m* ‹*pl* **francs-or**› *fin* Goldfranc *m*, *schweiz* -franken *m*

franc-parler [frãparle] *m* Freimut *m*, Offenheit *f* im Reden; **avoir son** ~ offen reden, frei, frisch von der Leber weg reden, sprechen; sich keinen Zwang antun

franc-tireur [frãtirœr] *m* ‹*pl* **francs-tireurs**› **1. a)** Freischärler *m*; **b)** *während der Résistance* **Francs-tireurs et Partisans français** (*abr* F.T.P.F. *od* F.T.P.*) Gruppe kommunistischer Widerstandskämpfer; **2.** *fig* Einzelgänger *m*

frange [frãʒ] *f* **1.** Franse *f*; **2.** *Frisur* ~ **(de cheveux)** Pony *m*; **3.** *opt* ~ **d'interférence** Interfe'renzstreifen *m/pl*

frangeant [frãʒã] *adj géogr* **récif** ~ Saum-, Strandriff *n*

franger [frãʒe] *v/t* ‹**-geons**› (aus)fran-

sen; mit Fransen verzieren, versehen

frang|in [frãʒɛ̃] F *m* Bruder *m*; **~ine** F *f* Schwester *f*

frangipane [frãʒipan] *f cuis* Mandelkrem *f*, -creme *f*

franglais [frãglɛ] *m mit Anglizismen durchsetztes Französisch*

franquette [frãkɛt] *f nur loc/adv* F **à la bonne ~** ohne 'Umstände; ganz einfach

franqu|isme [frãkism(ə)] *m pol in Spanien* Franco-Regime *n*; **~iste I** *adj* Franco...; francofreundlich; **II** *m,f* Anhänger(in) *m(f)* Francos

frappant [frapã] *adj* auffallend; über'raschend; verblüffend; **frap'pant**; **frap'pierend**

frappe[1] [frap] *f* **1. a)** Ma'schine(n)schreiben *n*; **faute** *f* **de ~** Tippfehler *m*; **être à la ~** (gerade) geschrieben, getippt werden; **b)** *auf e-r Schreibmaschine* Anschlag *m*; **avoir une ~ régulière** *e-n* gleichmäßigen Anschlag haben; **2.** *von Münzen* Prägen *n*, -ung *f*; Ergebnis Gepräge *n*; **3.** *impr* Druck *m des* Druckzylinders auf die Form; **4.** *sports* Schlagkraft *f*; **5.** *mil* **force** *f* **de ~** französische A'tomstreitmacht

frappe[2] [frap] *f* F Halbstarke(r) *m*; Rowdy ['raudi] *m*

frappe-devant [frapdəvã] *m* ⟨*inv*⟩ *tech* Vorschlaghammer *m*

frappement [frapmã] *m* Schlagen *n*; Klopfen *n*; *der Hufe etc* Klappern *n*

frapper [frape] **I** *v/t* **1.** schlagen; *von e-m Geschoß, Hieb etc* treffen; *mus Saiten* anschlagen; *Billardkugel* stoßen; *abs* **frappe!** schlag zu!; *abs ~* **sec** kräftig zuschlagen; **~ qn au visage** j-n ins Gesicht schlagen, treffen; **~ qn d'un coup de poignard** j-m e-n Dolchstoß versetzen; *Kugel* **~ qn en pleine poitrine** j-n in die Brust treffen; *fig* **~ un coup décisif** e-n *od* entscheidenden Schlag führen (*auch mil*); *Uhr ~* **les douze coups de minuit** Mitternacht schlagen; *thé in Frankreich nur dem Öffnen des Vorhangs ~* **les trois coups** dreimal auf den Boden klopfen; *Kugel etc ~* **le mur** *od* die Mauer auftreffen; **~ le sol du pied** mit dem Fuß aufstampfen; *Regen ~* **les vitres** an, gegen die Scheiben schlagen; **la pluie lui frappait le visage** der Regen schlug ihm ins Gesicht; **2.** *fig von e-r Seuche, Katastrophe* heimsuchen; *von e-m Unglück auch* treffen; kommen (**qn** über j-n); **le grand malheur qui la frappait** das große Unglück, von dem sie betroffen wurde; **il a été frappé d'apoplexie** er hat e-n Schlaganfall erlitten; der Schlag hat ihn getroffen; **3.** *Gesetz, Maßnahme ~* **qn** j-n (be)treffen; **impôt** *m* **qui frappe certaines catégories de salariés** Steuer, mit der bestimmte Einkommensgruppen belastet werden; ◆ *mit Steuer, Strafe etc ~* **qn de qc** j-n mit etw belasten, belegen; **~ qn d'une amende** j-n mit e-r Geldstrafe belegen; j-m e-e Geldstrafe auferlegen; **~ qn, qc d'un impôt** j-m e-e Steuer auferlegen; etw mit e-r Steuer belasten, belegen; e-e Steuer erheben auf etw (*acc*); **~ d'indignité successorale** für erbunwürdig erklären; **4.** **~ qn** j-n über'raschen, verblüffen, frap'pieren, erstaunen; j-m auffallen; *abs* **cela frappe** das fällt auf, ins Auge; **cela m'a frappé** das ist mir aufgefallen; **ce qui frappe en entrant, c'est ...** wenn man hereinkommt, beim Eintreten fällt auf ...; **je fus frappé de penser que ...** plötzlich kam mir der Gedanke, daß ...; **~ de terreur** in Schrecken versetzen; mit Schrecken erfüllen; **5.** *Getränke kalt* stellen; kühlen; *adjt* **vin blanc frappé** (eis)gekühlter Weißwein; **6.** *Münzen* prägen; **7.** *Stecknadeln* anköpfen; **II** *v/i* **8. ~** (**à la porte**) (an die Tür) klopfen; anklopfen; **entrez sans ~** (bitte) nicht anklopfen; **on frappe** es klopft; *fig* **~ à la bonne, à la mauvaise porte** sich an die richtige, an die falsche *od* verkehrte Stelle, F Adresse wenden; *fig* **~ à toutes les portes** sich an alle Stellen wenden; F **von Pontius zu Pi'latus laufen, gehen**; *fig* **~ à la tête** die Verantwortlichen, Führer zur Rechenschaft ziehen, bestrafen; **~ dans ses mains** in die Hände klatschen; **III** *v/pr* **9. se ~** **le front** sich (*dat*) an die Stirn tippen; **se ~ la poitrine** sich (*dat*) an die Brust schlagen; **10.** F *fig* (**ne**) **te frappe pas** mach dir deswegen keine Gedanken; reg dich darüber nicht auf; F **laß dir deshalb keine grauen Haare wachsen**; **sans se ~** völlig gelassen

frappeur [frapœr] *adj m* **esprit ~** Klopf-, Poltergeist *m*

frasque [frask] *f* Eska'pade *f*; Streich *m*; Torheit *f*; Dummheit *f*; **~ de jeunesse** Jugendtorheit *f*, -streich *m*; **faire des ~s** *auch* über die Stränge schlagen

fraternel [fratɛrnɛl] *adj* ⟨**~le**⟩ brüderlich; Bruder...; geschwisterlich; Geschwister...; **amour ~** Bruder-, Geschwisterliebe *f*; brüderliche, geschwisterliche Liebe; **baiser ~** brüderlicher Kuß; Bruderkuß *m*; **salut ~** herzlicher Gruß; **il s'est montré très ~ avec moi** er war wie ein Bruder zu mir

fraternis|ation [fratɛrnizasjõ] *f* Verbrüderung *f*; *pol, mil* Fraterni'sierung *f*; **~er** *v/i* sich verbrüdern, gemeinsame Sache machen, fraterni'sieren (**avec qn** mit j-m)

fraternité [fratɛrnite] *f* **1.** Brüderlichkeit *f*; Brüderschaft *f*; **~ humaine** Zu'sammengehörigkeit *f* der Menschen; **~ d'armes** Waffenbrüderschaft *f*, -bruderschaft *f*; **2.** *égl cath* Bruderschaft *f*

fratricide [fratrisid] **I** *adj* brudermörderisch; **guerre ~** Bruderkrieg *m*; **II** *subst* **1.** *m jur* Bruder-, Schwestermord *m*; **2.** *m,f* Bruder-, Schwestermörder(in) *m(f)*

fraude [frod] *f* Betrug *m*; Betrüge'rei *f*; Fälschung *f*; Defraudati'on *f*; *jur, beim Examen* Täuschung *f*; **~ en Bilanz** Verschleierung *f*; **~ électorale** Wahlbetrug *m*; **~ fiscale** Steuerhinterziehung *f*; **entaché de ~** betrügerisch; gefälscht; verfälscht; **fabriquer qc en ~** etw schwarz herstellen; **passer qc en ~** etw (ein-, her'aus)schmuggeln; **prendre qn en ~** j-n bei e-r Täuschung, e-m Betrug ertappen

fraud|er [frode] **I** *v/t* betrügen; täuschen; (ver)fälschen; *Bilanz* verschleiern; **~ la douane** den Zoll betrügen; **~ le fisc** Steuern, (die) Steuer hinter'ziehen; **II** *v/i* betrügen; **~ à l'examen** bei der Prüfung täuschen, unerlaubte Hilfsmittel benutzen; **~ sur le poids** das Gewicht verschleiern; schlecht, zu knapp wiegen; **~eur** *m* Betrüger *m*; Defrau'dant *m*; Fälscher *m*; Schmuggler *m*; Steuerhinterzieher *m*

frauduleux [frodylø] *adj* ⟨**-euse**⟩ betrügerisch; irreführend; **banqueroute frauduleuse** betrügerischer Bankrott; **bilan ~** betrügerische, gefälschte, verschleierte, F fri'sierte Bilanz; **intention frauduleuse** betrügerische Absicht; **marché ~** betrügerisches Geschäft

fraxinelle [fraksinɛl] *f bot* Diptam *m*

frayage [frɛjaʒ] *m physiol* Bahnung *f*

frayement [frɛ(j)mã] *m vét* Entzündung *f* der wundgescheuerten Haut

frayer [frɛje] ⟨**-ay-** *od* **-ai-**⟩ **I** *v/t* **1. ~ un passage** e-n Weg bahnen (**à qn dans la foule** j-m durchs Gedränge); *fig* **~ la** **voie à qn, qc** j-m, e-r Sache den Weg bereiten, ebnen; **2. a)** *Geweih* (ab)fegen; **b)** *vét* wund scheuern; **II** *v/i* **3. ~ avec qn** mit j-m verkehren, 'Umgang *od* Kon'takt haben, pflegen; **4.** *Fische* laichen; **III** *v/pr* **se ~ un chemin, un passage** sich e-n Weg bahnen (**à travers, dans la foule, les fourrés** durchs Gedränge, Dickicht)

frayère [frɛjɛr] *f* Laichplatz *m*

frayeur [frɛjœr] *f* Schrecken *m*; Angst *f*; Grauen *n*; Schauder *m*; **être pris de ~** von Entsetzen gepackt werden; **trembler de ~** zittern vor Furcht, Angst

fredaine [frədɛn] *f* Eska'pade *f*; Streich *m*; Dummheit *f*; Torheit *f*; Seitensprung *m*

fredonn|ement [frədɔnmã] *m* Summen *n*; Trällern *n*; **~er** *v/t* summen; trällern

freezer [frizœr] *m im Kühlschrank* Gefrierfach *n*; Froster *m*

frégate [fregat] *f* **1.** *mar* Fre'gatte *f*; *mar mil* **capitaine** *m* **de ~** Fregattenkapitän *m*; **2.** *zo* Fre'gattvogel *m*

frein [frɛ̃] *m* **1.** *tech* Bremse *f*; **~ avant, arrière** Vorderrad-, Hinterradbremse *f*; **~ dynamométrique**, **d'essai** Bremsdynamometer *n*; **~ magnétique** Wirbelstrombremse *f*; **~ moteur** Motorbremse *f*; **faire ~ moteur** mit dem Motor bremsen; **~ à air comprimé**, **à disque**, **à frottement**, **à mâchoires**, **à main** Druckluft-, Scheiben-, Reibungs-, Backen-, Handbremse *f*; **~ à patin**, **à sabot** Klotzbremse *f*; **~ à pied**, **à ruban**, **à tambour** Fuß-, Band-, Trommelbremse *f*; *mil* **~ de bouche** Mündungsbremse *f*; **~ d'écrou** Schraubensicherung *f*; **~ de Prony** Pronyscher Zaum; *ch de fer* **~ de secours** Notbremse *f*; *ch de fer* **~ de voie** Gleisbremse *f*; **appuyer sur le ~** auf die Bremse treten; **donner un coup de ~** scharf (ab)bremsen; *fig* **coup de ~ donné à** Einschränkung *f*, Drosselung *f* (+*gén*); **coup de ~ brutal donné à la production** drastische Einschränkung der Produktion; **lâcher le ~** (**à main**) die Handbremse lösen; **les ~s ont lâché** die Bremsen haben nachgegeben; versagt; **mettre**, **serrer le**, **tirer sur le ~** die Bremse (an)ziehen; **2.** *fig* Hemmschuh *m*; Zügel *m*; **sans ~** zügel-, schranken-, grenzenlos; ungezügelt; **être un ~ à qc** etw hemmen, bremsen; ein Hemmschuh sein für etw; **mettre un ~ à qc** etw zügeln, einschränken, bezähmen, im Zaum halten; e-r Sache (*dat*) Zügel anlegen, e-n Riegel vorschieben; **ronger son ~** *cf* **ronger** 1.; **3.** *anat* Bändchen *n*; Frenulum *n*; **~ de la langue, du prépuce** Zungen-, Vorhautbändchen *n*

freinage [frɛnaʒ] *m* **1.** *tech* Bremsen *n*, -ung *f*; Abbremsen *n*; **bon, mauvais ~** guter, schlechter Bremseffekt *m*; **dispositif** *m*, **essai** *m*, **parachute** *m*, **puissance** *f*, **système** *m*, **trace** *f* **de ~** Bremsvorrichtung *f*, -probe *f*, -fallschirm *m*, -wirkung *f*, -system *n*, -spur *f*; **2.** *écon der Preise, Produktion* Drosselung *f*; Dämpfung *f*

freiner [frene] **I** *v/t* hemmen, bremsen (*auch fig*); *fig* behindern; ein Hemmschuh sein (**qc** für etw); *écon Konjunktur, Ausfuhr* bremsen; drosseln; dämpfen; **II** *v/i* (ab)bremsen; **~ brusquement**, **brutalement**, **doucement** scharf, heftig, weich bremsen; *Wagen ~* **bien** gute Bremsen haben

freinte [frɛ̃t] *f comm* Schwund *m*; Gewichtsverlust *m*; De'kalo *m od n*

frelatage [frəlataʒ] *m von Waren* (Ver-)Fälschen *n*, -ung *f*; *von Wein, Milch auch* Panschen *n*

frelater [frəlate] *v/t* Waren (ver)fäl-

schen; *Wein, Milch auch* panschen; *adjt:* *fig* la vie frelatée des grandes villes das unnatürliche Leben in den Großstädten; **vin** frelaté gepanschter Wein

frêle [frɛl] *adj* **1.** zart; zierlich; feingliedᵉrig; fra'gil; *litt* ~ **esquif** *m* schlankes, leichtes Boot; **2.** schwach; schwächlich; kraftlos; **voix** *f* ~ **de vieillard** schwache Greisenstimme; **tout reposait sur ses** ~**s épaules** alles ruhte auf ihren schwachen Schultern

frelon [frəlõ] *m zo* Hornisse *f*; **essaim** *m*, **nid** *m* **de** ~**s** Hornissenschwarm *m*, -nest *n*

freluche [frəlyʃ] *f* kleine Seidenquaste

freluquet [frəlykɛ] *m péj* Laffe *m*; Geck *m*

frémir [fremir] *v/i* **1.** *Blätter im Wind* rauschen; säuseln; zittern; *Vorhang etc* sich (leicht) bewegen; *Insekten* schwirren; *Wasser vor dem Kochen* summen; singen; **2.** *Person* (er)zittern; (er)beben; schauᵈern; ~ **de crainte, d'impatience, d'indignation** vor Furcht, Ungeduld, Empörung zittern, beben; **le froid le faisait** ~ er schauderte, bebte, F bibberte vor Kälte; *abs* **c'est à faire** ~ das ist schauderhaft, ab'scheulich

frémiss|ant [fremisã] *adj* zitternd; bebend; vi'brierend; **lèvres** ~**es** zitternde Lippen *f/pl*; **être** ~ **de crainte** vor Furcht zittern, beben, (er)schauern; ~**ement** *m* **1.** *der Blätter im Wind* Rauschen *n*; Säuseln *n*; Zittern *n*; *der Insekten* Schwirren *n*; *des Wassers vor dem Kochen* Summen *n*; Singen *n*; **2.** *von Personen* (Er)Zittern *n*; Beben *n*; Schauder(n) *m(n)*; (Er)Schauern *n*; Schauer *m*

frênaie [frɛnɛ] *f* Eschenwald *m*

frêne [frɛn] *m bot* Esche *f* (*Baum u Holz*); **manche** *m* **de** ~ Stiel *m* aus Esche(nholz)

frénésie [frenezi] *f* Rase'rei *f*; Wahnsinn *m*; **avec** ~ wie wahnsinnig, besessen; mit Leidenschaft; **applaudir avec** ~ wie rasend Beifall klatschen

frénétique [frenetik] *adj* *Beifall, Rhythmus* fre'netisch; rasend

fréquemment [frekamã] *adv* häufig; oft; **cela arrive** ~ das kommt oft, häufig vor

fréquence [frekãs] *f* **1.** Häufigkeit *f* (*auch Statistik, ling*); Statistik ~ relative relative Häufigkeit; **ch de fer** ~ **des trains** Zugdichte *f*; Statistik **courbe** *f* **de** ~**s** Häufigkeitskurve *f*; **2.** *phys* Frequ'enz *f*; Schwingungszahl *f*; ~ **acoustique, musicale** Ton-, Hörfrequenz *f*; **élect basse, 'haute, moyenne** ~ Nieder-, Hoch-, Mittelfrequenz *f*; **rad** ~ **intermédiaire, moyenne** ~ Zwischenfrequenz *f*; **télév** ~ **vidéo** Videofrequenz *f*; **télév** ~ **d'images, de lignes** Bild-, Zeilen- *od* Horizon'talfrequenz *f*; ~ **d'un son** Schwingungszahl e-s Tons; **gamme** *f* **de** ~ Frequenzbereich *m*; **modulation** *f* **de** ~ *cf* modulation 1.; **3.** *méd* ~ **du pouls** Pulsfrequenz *f*; ~**mètre** *m* *phys* Frequ'enzmesser *m*; ~ **à lames** Zungenfrequenzmesser *m*

fréquent [frekã] *adj* **1.** häufig; ständig 'wiederkehrend; **il est** ~ **de voir ...** man sieht oft, häufig ...; **ce n'est pas** ~ das kommt nicht oft vor, ist nicht üblich; **faire un usage** ~ **de qc** etw oft, häufig benützen, benutzen, anwenden; **2.** *Puls* beschleunigt; frequ'ent

fréquentable [frekãtablᵊ] *adj* indivi- du *m* peu ~ Per'son, der man aus dem Weg gehen sollte, mit der man nicht verkehren sollte

fréquentatif [frekãtatif] *ling* **I** *adj* ⟨**-ive**⟩ frequenta'tiv; **II** *m* Frequenta'tiv(um) *n*

fréquentation [frekãtasjõ] *f von Museen, Theatern etc* häufiger Besuch; *mit Leuten* 'Umgang *m*; (häufiger) Verkehr; ~ **scolaire** Schulbesuch *m*; ~ **des artistes** Umgang, Verkehr, häufiges Zu- 'sammensein mit Künstlern; *rel* ~ **des sacrements** häufige Teilnahme an den Sakramenten; häufiger Empfang der Sakramente; ~ **des théâtres** häufiger Theaterbesuch; **avoir de bonnes, mauvaises** ~**s** guten, schlechten Umgang haben; **bien choisir ses** ~**s** die Leute, mit denen man verkehrt, gut aussuchen; **ce n'est pas une** ~ **pour lui** das ist kein Umgang für ihn

fréquenté [frekãte] *adj Straße* stark, viel befahren; belebt; *Ort:* vielbesucht; **mal** ~ wo zweifelhafte Leute verkehren

fréquenter [frekãte] **I** *v/t* **1.** *Ort, Veranstaltung* häufig, regelmäßig besuchen; frequen'tieren; *rel* ~ **les sacrements** häufig die Sakramente empfangen, zu den Sakramenten gehen; **2.** ~ **qn** mit, bei j-m verkehren; mit j-m 'Umgang haben, pflegen; mit j-m oft, häufig zu'sammenkommen; ~ **une jeune fille** mit e-m Mädchen gehen; **II** *v/pr* **se** ~ mitein'ander verkehren; oft, häufig zu'sammenkommen; **ils ont cessé de se** ~ sie kommen nicht mehr zusammen

frère [frɛr] *m* **1.** Bruder *m*; ~**(s) et sœur(s)** *f(pl)* Geschwister *pl*; F **petit** ~ kleiner Bruder; Brüderchen *n*; **les** ~ **Durand** die Brüder Durand; *Firmenbezeichnung* **Durand** ~**s** Gebrüder Durand; **aimer qn comme un** ~ j-n wie e-n Bruder lieben; *La Fontaine* **si ce n'est toi, c'est donc ton** ~ wenn es du nicht warst, dann dein Bruder; **2.** *rel* Bruder *m*; **mes (bien chers)** ~**s** liebe *od* meine lieben Brüder (und Schwestern); liebe Gemeinde; ~**s mineurs** Mindere Brüder; **Mino'riten** *m/pl*; **Franzis'kaner** *m/pl*; ~**s prêcheurs** Predigerorden *m*; **Domini'kaner** *m/pl*; ~**s des Écoles chrétiennes** Christliche Schulbrüder *m/pl*; **il a été élevé chez les** ~**s** er ist in e-r Klosterschule erzogen worden; **3.** *fig* Bruder *m*; *adjt* Bruder...; **faux** ~ falscher Freund, F Fuffziger; **c'est un faux** ~ *auch* F iron das ist mir ein schöner Freund; ~**s maçons, trois-points** Freimaurer *m/pl*; F **vieux** ~ F altes Haus; ~**s d'armes, de lait** Waffen-, Milchbrüder *m/pl*; *adjt* **partis** ~**s** Schwesterparteien *f/pl*; **peuples** *m/pl* ~**s** Brudervölker *n/pl*; **c'est un** ~ **pour moi** er ist wie ein Bruder für mich; *litt* **le sommeil est le** ~ **de la mort** der Schlaf ist der Bruder des Todes; **partager en** ~**s** brüderlich teilen; **vivre comme des, en** ~**s** wie Brüder zusammenleben; **4.** *von Dingen* Pen'dant *n*; ähnliches Stück; F Zwilling *m*

frérot [frero] F *m* kleiner Bruder; Brüderchen *n*; F Bruderherz *n*

fresque [frɛsk] *f* **1.** *peint* Freske *f*; Fresko(gemälde) *n*; **peinture** *f* **à** ~ Freskomalerei *f*; **peindre à** ~ a fresco malen; **2.** *fig* (Monumen'tal)Gemälde *n*, (-)Schilderung *f*

fresquiste [frɛskist] *m peint* Freskenmaler *m*

fressure [fresyr] *f* von Schlachttieren Geschling(e) *n*

fret [frɛ] *m* **1. a)** Fracht *f*; Frachtkosten *pl*, -geld *n*, -preis *m*; ~ **aérien, maritime** Luft-, Seefrachtpreis *m*; *cf auch* 2.; **b)** *mar* Schiffsmiete *f*; Schiffsmietpreis *m*; **2.** Fracht *f*; Frachtgut *n*; Ladung *f*; ~ **aérien, ferroviaire** Luft-, Bahnfracht *f*; ~ **maritime** Schiffs-, Seefracht(gut) *f(n)*; ~ **routier** auf dem Landweg, mit Kraftfahrzeugen beförderte Ladung; ~ **d'aller, de retour** Hin-, Rückfracht *f*;

Schiff: **donner à** ~ in Fracht geben; verfrachten; verchartern [-'ʃ-]; **prendre à** ~ befrachten; chartern [-'ʃ-]; **prendre du** ~ Fracht, Ladung (ein)nehmen

frét|er [frete] *v/t* ⟨**-è-**⟩ *Schiff* in Fracht geben; verfrachten; verchartern [-'ʃ-]; ~**eur** *m* Schiffsvermieter *m*; Verfrachter *m*

frétill|ant [fretijã] *adj Fisch* zappelnd; zuckend; *Person* lebhaft; quecksilb(e)rig; quirlig; immer in Bewegung; F quicklebendig; **être tout** ~ **d'impatience** ganz zapp(e)lig sein vor Ungeduld; ~**ement** *m* Zappeln *n*; Zucken *n*

frétiller [fretije] *v/i* Fische zappeln; zukken; *Person* zappeln (**d'impatience** vor Ungeduld); *Hund* ~ **de la queue** mit dem Schwanz wedeln

fretin [frətɛ̃] *m* **1.** wertlose, kleine Fische *m/pl* (*, die wieder ins Wasser geworfen werden*); **2.** *fig* **menu** ~ F kleine Fische *m/pl*

frettage [frɛtaʒ] *m tech* Aufschrumpfen *n*, -ung *f*; Bewehren *n*, -ung *f* mit Schrumpfringen; *bât* Um'schnüren *n*, -ung *f*

frette [frɛt] *f* **1.** *tech* Schrumpfring *m*; Eisenband(bewehrung) *n(f)*; *bât* Einzelumschnürung *f*; **2.** *arch* gebrochener Zierstab (*als bandartiges Ornament*); Zickzackfries *m*

fretter [frete] *v/t tech* mit e-m Schrumpfring, Eisenband bewehren; *bât* um- 'schnüren

freud|ien [frødjɛ̃] **I** *adj* ⟨~**ne**⟩ **la doctrine** ~**ne** die Lehre Freuds, Freuds Lehre *f*; **II** *subst* ~**(ne)** *m(f)* Freudi'aner(in) *m(f)*; Anhänger(in) *m(f)* Freuds; ~**isme** *m* Lehre *f* Freuds und s-r Schüler

freux [frø] *m zo* Saatkrähe *f*

friabilité [frijabilite] *f von Gestein* Bröck(e)ligkeit *f*; Brüchigkeit *f*; *von Kreide* Zerreibbarkeit *f*

friable [frijablᵊ] *adj Gestein* bröck(e)lig; brüchig; *Teig* bröck(e)lig; krüm(e)lig; *Kreide auch* zerreibbar

friand [frijã] **I** *adj* **être** ~ **de qc** etw für sein Leben gern essen; lüstern sein nach etw; große Lust haben auf etw (*acc*); **II** *m cuis* (*Art*) kleine Blätterteigpastete

friandise [frijãdiz] *f meist pl* ~ Lecke- 'reien *f/pl*; Schlecke'reien *f/pl*; Näsche- 'reien *f/pl*; Nasch-, Zuckerwerk *n*

fric [frik] F *m* (*argent*) F Zaster *m*; Kies *m*; Mo'neten *pl*; Pinke *f*; Pinkepinke *f*; Piepen *pl*; Kröten *f/pl*; Moos *n*; Kohlen *f/pl*; Mäuse *f/pl*; Ma'rie *f*; Eier *n/pl*; **gagner du** ~ F Geld scheffeln, F machen

fricandeau [frikãdo] *m* ⟨*pl* ~**x**⟩ *cuis* Frikan'deau *n*

fricass|ée [frikase] *f* **1.** *cuis* Frikas'see *n*; ~ **de poulet** Hühnerfrikassee *n*; **2.** F *fig beim Begrüßen etc* ~ **de museaux** F endlose, allgemeine Küsse'rei; ~**er** *v/t cuis* frikas'sieren

fricative [frikativ] *adj u subst f phon* (**consonne** *f*) ~ Frika'tiv-, Reibelaut *m*

fric-frac [frikfrak] F *m* ⟨*inv*⟩ Einbruch *m*

friche [friʃ] *f agr* Brache *f*; Brachland *n*; *loc/adj* **en** ~ *Land* brachliegend (*auch fig: Kenntnisse etc*); unbestellt; unbebaut; *fig auch* ungenutzt; *Land, fig e-e* **Begabga** **être (, laisser) en** ~ brachliegen (lassen)

frichti [friʃti] F *m* Essen *n*

fricot [friko] F *m* Essen *n*; **faire le** ~ kochen; F Essen machen

fricotage [frikotaʒ] F *m* dunkles, faules Geschäft; Schiebergeschäft *n*

fricot|er [frikote] F **I** *v/t* ~ **qc** etw im Schilde führen; F etw aushecken; **II** *v/i* dunkle, faule Geschäfte machen; ~**eur** F *m* Gauner *m*; Schieber *m*

friction [friksjõ] *f* **1.** Ab-, Einreiben *n*, -ung *f*; Frot'tieren *n*; *méd* Frikti'on *f*;

Reibmassage f; beim Herrenfriseur Kopfmassage f; 2. phys, tech Reibung f; Frikti'on f; **embrayage** m à ~ Reibungs-, Friktionskupplung f; **cône** m de ~ Reibungskegel m; **forces** f/pl de ~ Reibungskräfte f/pl; **galet** m de ~ Reibrolle f; **roue** f de ~ Reib(ungs)-, Friktionsrad n; 3. fig Reibung f; Reibe-'rei f; **cause** f de ~ Anlaß m zu Reibereien; Reibungsfläche f; **point** m de ~ Reibungs-, Streitpunkt m

frictionnel [friksjɔnɛl] adj ⟨~le⟩ 1. phys, tech Reibungs…; Frikti'ons…; **pertes** ~les Reibungsverlust m; 2. écon **chômage** ~ vor'übergehende, friktio'nelle Arbeitslosigkeit

frictionner [friksjɔne] I v/t 1. ein-, abreiben, frot'tieren; F abrubbeln; ~ qn à l'eau de Cologne j-n mit Kölnisch Wasser einreiben; 2. **papier frictionné** einseitiges Glanzpapier; II v/pr se ~ sich ein-, abreiben, (ab)frot'tieren, F abrubbeln

fridolin [fridɔlɛ̃] m F cf fritz

frigidaire [friʒidɛr] m (nom déposé) Kühlschrank m; F fig Plan etc mettre au ~ auf Eis legen; einfrieren

frigid|e [friʒid] adj Frau fri'gid(e); gefühlskalt; ~**ité** f Frigidi'tät f; Gefühlskälte f

frigo [frigo] I m F (réfrigérateur) Kühlschrank m; II adj P (froid) kalt

frigorie [frigɔri] f (abr fg) frz Kältetechnik Kilokalorie f

frigorifère [frigɔrifɛr] m Luftkühler m; ~ **humide, sec** Naß-, Trockenluftkühler m

frigorifier [frigɔrifje] v/t 1. Lebensmittel einfrieren; adit viande frigorifiée Gefrierfleisch n; 2. adit F fig Person être frigorifié ganz 'durchgefroren od durch'froren sein; 3. fig ~ qn j-n einschüchtern, lähmen

frigorifique [frigɔrifik] adj Kühl…; Gefrier…; Kälte…; **armoire** f, **bateau** m, **camion** m, **chaîne** f, **chambre** f, **entrepôt** m, **installation** f ~ Kühlschrank m, -schiff n, -wagen m, -kette f, -raum m, -haus n od -halle f, -anlage f; **machine** f, **mélange** m ~ Kältemaschine f, -mischung f; **wagon** m ~ Kühlwagen m

frigori|gène [frigɔriʒɛn] adj fluide m ~ Kältemittel n; ~**mètre** m Frigori'meter n

frigoriste [frigɔrist] m Kältetechniker m

frileux [frilø] I adj ⟨-euse⟩ kälteempfindlich; leicht frierend, fröstelnd; **être** ~ leicht frieren, frösteln; II subst ~, **frileuse** m, f j, der leicht friert, kälteempfindlich ist

frimaire [frimɛr] m hist Fri'maire m (3. Monat des frz Revolutionskalenders)

frimas [frima] litt m (Rauh)Reif m

frime [frim] F f The'ater n; Mache f; **pour la** ~ (nur) zum Schein; pro forma; **c'est de la** ~ das ist doch alles nur Theater, Mache; er, sie etc tut doch nur so

frimousse [frimus] F f von Kindern Gesicht(chen) n

fringale [frɛ̃gal] F f Heißhunger m (auch fig); F Kohldampf m; **j'ai une de ces** ~s F hab' ich e-n Kohldampf; fig **avoir une** ~ **de lecture** lesehungrig sein

fringant [frɛ̃gɑ̃] adj Pferd feurig; Person lebhaft; munter; tempera'mentvoll; rege

fringillidés [frɛ̃ʒi(l)lide] m/pl zo Finken (-vögel) m/pl

fringuer [frɛ̃ge] F I v/t anziehen; adit **être bien fringué** gut angezogen, F in Schale sein; II v/pr se ~ sich anziehen, F anpellen

fringues [frɛ̃g] f/pl F Kla'motten pl; Kluft f; Kle'dage od Kle'dasche f

---

friper [fripe] v/t Stoff etc zerknittern, -knüllen, F -knautschen; adit **robe** (toute) **fripée** (ganz) zerknittertes Kleid

frip|erie [fripri] f 1. Altkleider n/pl; par ext Altwaren f/pl; Trödel(kram m, -waren f/pl) m; 2. a) Altkleider-, Altwaren-, Trödelhandel m; b) Trödelladen m; ~**ier,** ~**ière** f Trödler(in) m(f)

fripon [fripɔ̃] F I adj ⟨~ne⟩ schelmisch; schalkhaft; spitzbübisch; II subst ~(ne) m(f) von e-m Kind Schelm(in) m(f); Schalk m; Spitzbube m, -bübin f; **petit** ~ kleiner Schelm

fripouille [fripuj] F f a) Lump m; Schuft m; Schurke m; Ha'lunke m; b) coll Gesindel n; F Pack n; Gesocks n

friquet [frikɛ] m zo Feldsperling m

frire [frir] ⟨déf: je fris, il frit; je frirai; frit⟩ I v/t (in schwimmendem Fett) backen, braten; **pâte** f à ~ Ausbackteig m; **poêle** f à ~ Bratpfanne f; cf auch frit; II v/i (in schwimmendem Fett) (aus-)backen, braten; **faire** ~ **du poisson** Fisch braten, backen

fris|age [frizaʒ] m der Haare Kräuseln n; ~**ant** adj Licht flach einfallend

frise[1] [friz] f 1. a) arch Fries m; b) an Wänden, Möbeln etc (Orna'ment)Fries m; Zierstreifen m; Band n; 2. thé Bühnenhimmel m; 3. bis zu 14 cm breites Brettchen

frise[2] [friz] f text Fries m; Flaus(ch) m

frise[3] [friz] f mil cheval m de ~ ⟨pl chevaux de ~⟩ spanischer Reiter

frisé [frize] I adj Haare lockig; gekräuselt; kraus; gelockt; wellig; Person mit gelocktem Haar; lockig; kraushaarig; Blätter kraus; gekraust; **cheveux** ~s auch Kraushaar n; bot: **chicorée** ~e Winter-, Bindeendivie f; **chou** ~ a) Wirsing(kohl) m; b) Grün-, Krauskohl m; text **velours** ~ Zug-, Kräusel-, Frisésamt m; **être** ~ **comme un mouton** cf **mouton** 1.; II m 1. Person Locken-, Krauskopf m; 2. F cf fritz

friser [frize] I v/t 1. Haare wellen; in Wellen legen; locken; kräuseln; 2. ~ **l'hérésie, l'impertinence,** etc an Ketzerei, Unverschämtheit etc grenzen; **cela frise l'abus de confiance** auch das ist schon fast Vertrauensbruch; das kommt e-m Vertrauensbruch gleich; **il frise la soixantaine** er ist bald, knapp, an die sechzig (Jahre alt); II v/i Haare sich wellen, kräuseln, locken, (k)ringeln; wellig, lockig, kraus sein; Person Locken-, Kraushaar bekommen bzw haben; ~ **naturellement** Haar von Natur gelockt sein; Person von Natur gelockt sein; Person von Natur gelocktes Haar haben; Naturwellen, -locken haben

frisette [frizɛt] f Löckchen n; kleine Locke; **se faire des** ~s sich Löckchen machen, drehen

frisolée [frizɔle] f agr der Kartoffel Kräuselkrankheit f

frison[1] [frizɔ̃] m 1. (Stirn-, Schläfen-, Nacken)Löckchen n; 2. tech gerollter Span

frison[2] [frizɔ̃] I adj ⟨~ne⟩ friesisch; friesländisch; **archipel** ♀ Friesische Inseln f/pl; II subst ~(ne) m(f) Friese m, Friesin f; Friesländer(in) m(f); 2. ling **le** ~ das Friesische; Friesisch n

frisott|ant [frizɔtɑ̃] od ~**é** adj Haare wellig; lockig; kraus; sich kräuselnd; (k)ringelnd; **cheveux** ~s Locken-, Kraushaar n; gelocktes Haar; ~**er** I v/t qn j-m Löckchen machen, drehen; II v/i Haare sich kräuseln, (k)ringeln, wellen

frisou [frizu] m F cf fritz

frisquet [friskɛ] F adj ⟨~te⟩ frisch; kühl; **il fait** ~ **ce matin** es ist kühl, frisch heute morgen

frisson [frisɔ̃] m Schau(d)er m; (Er-) Schauern n; Schaudern n; vor Kälte auch

---

Frösteln n; Frieren n; Zittern n; vor Angst, Erregung auch (Er)Zittern n; (Er-) Beben n; vor Angst auch Gruseln n; path ~s pl Schüttelfrost m; ~ **de terreur** Entsetzens-, Angstschauder m; **avoir un** ~ **de terreur** vor Schrecken (er)zittern; **donner le** ~ **à qn** j-n erschauern lassen; **cela me donne le** ~, **j'en ai des** ~s es über'läuft mich kalt (dabei); es läuft mir kalt den Rücken hinunter; mich durch-'läuft, erfaßt, ergreift, über'fällt, über-'läuft ein Schauder; **cette lecture donne le** ~ bei dieser Lektüre schaudert einen od einem

frissonn|ant [frisɔnɑ̃] adj schau(d)ernd; erschauernd; (er)bebend; (er)zitternd; vor Kälte auch fröstelnd; frierend; ~**ement** m (Er)Schauern n; Schaudern n; Schau(d)er m; (Er)Zittern n; (Er)Beben n; vor Angst auch Gruseln n; von Blättern Rascheln n; Rauschen n

frissonner [frisɔne] v/i 1. vor Grauen, Angst, Ehrfurcht (er)schauern; schaudern; vor Kälte erschauern; schaudern; frösteln; vor Angst, Erregung, Kälte zittern; beben; vor Furcht sich gruseln; ~ **d'admiration** vor Bewunderung erschauern; ~ **de plaisir** vor Lust beben; **faire** ~ **qn** j-n erschauern lassen; 2. poét Schilf etc sich (leicht) bewegen, Wasser sich kräuseln (sous le vent im Wind)

frisure [frizyr] f litt der Haare Kräuselung f

frit [fri] p/p von frire u adj 1. (in schwimmendem Fett) gebacken, gebraten; **œuf** ~ in Öl gebratenes Spiegel-, Setzei; **poisson** ~ gebratener, gebackener Fisch; **pommes de terre** ~es Pommes frites pl; 2. F fig **il est** ~ F er ist erledigt; es ist aus mit ihm

frit|e [frit] f meist ~s Pommes frites pl; **bifteck** m ~s (Beef)Steak n mit Pommes frites; **cornet** m de ~ Tüte f (mit) Pommes frites; ~**erie** f 1. Pommes-frites-Stand m; 2. in e-r Konservenfabrik Fischbratküche f; ~**euse** f cuis Pommes-frites-Topf m; Fri'teuse f

fritillaire [friti(l)lɛr] f bot Kaiserkrone f; sc Fritil'laria f

frittage [fritaʒ] m 1. tech Fritten n, -ung f; 2. métall Sintern n, -ung f

fritt|e [frit] f tech Fritte f; ~**er** v/t 1. tech fritten; 2. métall sintern

friture [frityr] f 1. cuis a) Braten n, Backen n (in schwimmendem Fett); b) (heißes) Ausbackfett n; Fri'türe f; **faire frire à grande** ~ in schwimmendem Fett backen, braten; c) (kleine) gebratene, gebackene Fische m/pl; ~ **de goujons** in schwimmendem Fett gebratene Gründlinge m/pl; 2. rad, tél Störgeräusch n; Knattern n

fritz [frits] m F 1. deutscher Sol'dat; 2. Deutsche(r) m

frivol|e [frivɔl] adj 1. Person leichtfertig; leichtsinnig; oberflächlich; fri'vol; 2. Streit, Lektüre etc unbedeutend; nichtssagend; Streit auch nichtig; geringfügig; Lektüre auch leicht; oberflächlich; Schauspiel auch gehaltlos; ~**ité** f 1. e-r Person Leichtfertigkeit f; Oberflächlichkeit f; Leichtsinn m; Frivoli'tät f; 2. e-r Sache Oberflächlichkeit f; Nichtigkeit f; Eitelkeit f; 3. ~s pl Acces'soires n/pl; modisches Beiwerk

froc [frɔk] m 1. (Mönchs)Kutte f; fig **jeter le** ~ **aux orties** a) aus dem Orden austreten; b) den Priesterberuf aufgeben; 2. F (pantalon) F Büx f; Buxe f

froid [frwa, frwɑ] I adj ⟨froide [frwad, frwɑd]⟩ 1. Wetter, Wind, Wasser, Raum etc kalt; kühl; Licht, Motor, Speise kalt; **chambre** ~e Kühlraum m, -kammer f; **odeur** f de pipe ~e Geruch m nach kaltem Pfeifenrauch; **avoir les mains**

⹀es kalte Hände haben; **boire** ⹀ **kalt**, etwas Kaltes trinken; **manger** ⹀ **kalt** essen; **prendre une douche** ⹀**e**-e kalte Dusche nehmen; sich kalt duschen; **2.** *Person* (gefühls)kalt; kühl; kaltherzig; gefühllos; gleichgültig; ungerührt; *Empfang etc* kühl; frostig; unfreundlich; *Wut, Zorn* kalt; verhalten; **guerre** ⹀**e** kalter Krieg; **ton** ⹀ kühler, frostiger Ton; **garder la tête** ⹀**e** e-n kühlen Kopf, kaltes Blut bewahren; **cela me laisse** ⹀ das läßt mich kalt, berührt mich nicht; **prendre un air** ⹀ e-e eisige Miene aufsetzen, machen; **rester** ⹀ gleichgültig, ungerührt bleiben; **3.** *Kleidungsstück* dünn; luftig; leicht; **être trop** ⹀ **pour l'hiver** *auch* für den Winter viel zu kalt sein; **4.** *loc/adv* à ⹀ **a)** *tech* kalt; **étirer, forger, laminer à** ⹀ kaltziehen, -schmieden, -walzen; *auto* **démarrage** *m* **à** ⹀ Kaltstart *m*; **b)** *chir* **opérer à** ⹀ im freien Inter'vall operieren; **c)** *sports* **cueillir, prendre son adversaire à** ⹀ s-n Gegner über'fahren, über'rumpeln; *fig* **s'exciter, s'emporter à** ⹀ **sur un sujet** sich (ganz) plötzlich, unvermittelt über ein Thema ereifern; **II** *m* **1.** Kälte *f*; ⹀ **artificiel, industriel** künstliche Kälte; **les premiers** ⹀ die ersten kalten Tage *m/pl bzw* Nächte *f/pl*; **F** ⹀ **de canard, de loup** F Hunde-, P Saukälte *f*; **F il fait un** ⹀ **de canard, de loup** F *auch* es ist hunde-, P saukalt; **résistance** *f* **au** ⹀ a) *von Lebewesen* 'Widerstandsfähigkeit *f* gegen Kälte; **b)** *tech* Kältebeständigkeit *f*; **coup** *m* **de** ⹀ Erkältung *f*; **attraper un coup de** ⹀ sich e-e Erkältung holen, zuziehen; *géogr* **pôle** *m* **du** ⹀ Kältepol *m*; **saison** *f* **des grands** ⹀ kalte Jahreszeit; **vague** *f* **de** ⹀ Kälteeinbruch *m*, -welle *f*; **attraper, prendre** ⹀ sich erkälten; **F sich verkühlen; avoir** ⹀ frieren; **j'ai froid** ich friere, es friert mich, mich friert, mir ist kalt (**aux mains, pieds an** den Händen, Füßen); *fig* **avoir pas** ⹀ **aux yeux** Courage haben; *fig* **battre** ⹀ **à qn** j-m die kalte Schulter zeigen; j-n links liegenlassen; **cela me donne** ⹀ **davon** *bzw* dabei wird es mir (ganz) kalt; **cela me donne** ⹀ **dans le dos** dabei läuft es mir kalt den Rücken hinunter; F *fig* **être en** ⹀ **avec qn** auf gespanntem Fuß mit j-m stehen; **ils sont en** ⹀ sie stehen nicht gut miteinander; **il fait** ⹀ es ist kalt, kühl; *fig* **jeter un** ⹀ **dans l'assistance** wie e-e kalte Dusche, ernüchternd, peinlich auf das Publikum wirken; **mourir de** ⹀ erfrieren; *an* Unter'kühlung sterben; **F** *fig* **on meurt, crève de** ⹀ **ici** F hier ist's hunde-, P saukalt; **supporter le** ⹀ (die) Kälte (gut) ertragen; **trembler de** ⹀ vor Kälte zittern; **2.** *tech* Kältetechnik *f*

froid|ement [frwadmɑ̃] *adv* **1.** kühl; kalt; unbewegt; gleichgültig; gelassen; **accueillir qn** ⹀ j-n kühl, frostig, reser'viert empfangen; *plais:* **comment allez-vous? —** ⹀ **!** ... wie's einem so geht bei dem Wetter; **écouter** ⹀ unbewegt, gleichgültig zuhören; **remercier** ⹀ kühl danken; **2.** kaltblütig; **achever qn** ⹀ j-n kaltblütig erledigen; ⹀**eur** *f* (Gefühls)Kälte *f*; Kühle *f*; Frostigkeit *f*; Reser'viertheit *f*; **être d'une** ⹀ **incroyable** unglaublich kalt, kühl sein; ⹀**ure** *litt f* (Winter-) Kälte *f*

froissement [frwasmɑ̃] *m* **1.** *von Stoffen* (Zer)Knittern *n*; **2.** *von Papier etc* Rascheln *n*; Knistern *n*; **3.** *path* e-s Muskels Zerrung *f*; Quetschung *f*; **4.** *fig meist pl* ⹀**s** Reibe'reien *f/pl*; Zu'sammenstöße *m/pl*

froisser [frwase] **I** *v/t* **1.** *Stoffe, Papier* zerknittern; *Papier auch* zerknüllen; zu'sammenballen; *Stoffe auch* zerdrücken;

F zerknautschen; *adjt* **veste froissée** zerknitterte *etc* Jacke; **2.** *Gelenkbänder etc* zerren; quetschen; **3.** *fig* ⹀ **qn** j-n kränken, verletzen; **II** *v/pr* **se** ⹀. **4.** *Stoffe, Kleider* knittern; knüllen; F knautschen; **5. se** ⹀ **un muscle** sich e-e Muskelzerrung, -quetschung zuziehen; **6.** *fig* gekränkt, beleidigt sein

frôlement [frolmɑ̃] *m* **1.** Streifen *n*; leichte Berührung; **2.** Knistern *n*; Rascheln *n*

frôler [frole] *v/t* **1.** streifen; leicht berühren; **2.** (ganz) nahe vor'beigehen, -fahren (**qn, qc** an j-m, etw); **3.** *fig* ⹀ **l'accident** fast, um ein Haar e-n Unfall haben; ⹀ **la mort** knapp, mit knapper Not dem Tod entgehen

fromage [frɔmaʒ] *m* **1.** Käse *m*; ⹀ **blanc** Quark *m*; Weißkäse *m*; *österr* Topfen *m*; ⹀ **double crème** Doppelrahmkäse *m*; ⹀ **fondu, frais, maigre** Schmelz-, Frisch-, Magerkäse *m*; ⹀ **à la crème, aux fines herbes, à moisissures, à pâte molle, à pâte pressée** od **à pâte ferme** Rahm-, Kräuter-, Schimmel-, Weich-, Hartkäse *m*; ⹀ **de brebis, de chèvre** Schaf-, Ziegenkäse *m*; ⹀ **de Gruyère** Schweizer Käse; **biscuit** *m* **au** ⹀ Käsegebäck *n*; **macaronis** *m/pl* **au** ⹀ Makkaroni *pl* mit geriebenem Käse; **servir les** ⹀ **de** ⹀ den Käse servieren; **2.** ⹀ **de tête** Schweinskopfsülze *f*; Preßkopf *m*; **3.** F *fig* Futterkrippe *f*; **avoir un bon** ⹀ an der Futterkrippe sitzen; **il s'est trouvé un bon** ⹀ F er hat e-n bequemen Job gefunden; er schiebt e-e ruhige Kugel

fromag|er [frɔmaʒe] **I** *adj* ⟨-ère⟩ Käse...; **industrie fromagère** Käseindustrie *f*; **II** *m* **1. a)** Käsehändler *m*; **b)** Käsehersteller *m*; **2.** *bot* Kapokbaum *m*; ⹀**erie** *f* **a)** Käse'rei *f*; **b)** Käseindustrie *f*; **c)** Käsehandel *m*

fromegi [frɔmʒi] *m* F (*fromage*) Käse *m*

froment [frɔmɑ̃] *m agr* Weizen *m*; **farine** *f* **de** ⹀ Weizenmehl *n*

fromental [frɔmɑ̃tal] *m bot* Glatthafer *m*; Fran'zösisches Raygras; Fran'zosengras *n*

from(e)ton [frɔmtɔ̃] *m* F (*fromage*) Käse *m*

fronc|e [frɔ̃s] *f cout* Kräuselfalte *f*; Reihfältchen *n*; **jupe** *à* ⹀**s** (in der Taille) (an)gereihter, geriehener Rock; **faire un rang de** ⹀**s** e-e Reihe Fältchen machen; ⹀**ement** *m* ⹀ **des sourcils** Stirnrunzeln *n*

froncer [frɔ̃se] *v/t* ⟨-ç-⟩ **1.** runzeln; ⹀ **les sourcils** die Stirn, die Brauen runzeln; **2.** *cout* kräuseln; fälteln; (an)reihen; zu'sammenziehen; *adjt* **jupe froncée** (an)gereihter, geriehener Rock

froncis [frɔ̃si] *m cout* Fältelung *f*; Bausch *m*; gefältelter Stoff

frondaison [frɔ̃dɛzɔ̃] *f* **1.** *bot* Blattbildung *f*; **2.** *litt* Laub-, Blattwerk *n*

fronde[1] [frɔ̃d] *f* **1.** Schleuder *f*; **2.** *hist in Frankreich* **la** ♀ die Fronde; **3.** *par ext* **esprit** *m*, **vent** *m* **de** ⹀ 'Widerspruchsgeist *m*

fronde[2] [frɔ̃d] *f von Palmen, Farnen* Wedel *m*; ⹀ **de fougère** Farnwedel *m*

frondeur [frɔ̃dœr] **I** *m* **1.** *hist mil* Schleuderer *m*; Wurfschütze *m*; **2.** *hist in Frankreich* Fron'deur *m*; **3.** Kritiker *m* (*der Regierung etc*); Fron'deur *m*; **II** *adj* ⟨-euse⟩ aufrührerisch; aufsässig; 'widerspenstig; **esprit** ⹀ 'Widerspruchsgeist *m*; aufrührerischer Geist; **propos** ⹀**s** kritische Reden *f/pl*

front [frɔ̃] *m* **1.** *anat* Stirn *f*; *loc/adv* **le** ⹀ **baissé** gesenkten Hauptes; *st/s* **arborer un** ⹀ **serein** e-e gelassene, ruhige Miene zur Schau tragen; *st/s* **avoir le** ⹀ **de faire qc** die Stirn haben, sich erdreisten, sich unter'stehen, etw zu tun; *fig:*

---

courber le ⹀ sich fügen, beugen, 'unterordnen, unter'werfen; **faire** ⹀ **à qn, qc** j-m die Stirn bieten; j-m, e-r Sache trotzen; sich j-m, e-r Sache wider'setzen; gegen j-n, etw Front machen; **il peut marcher le** ⹀ 'haut er kann den Kopf hoch tragen; *Besiegte, Unterdrückte* **relever le** ⹀ sich wieder'aufrichten; **2.** *mil* Front *f* (*auch fig*); Frontverlauf *m*; ♀ **populaire** Volksfront *f*; ♀ **de libération nationale** (*abr* **F.L.N.**) Nationale Befreiungsfront; **combattant** *m* **du** ⹀ Frontkämpfer *m*; **guerre** *f* **sur deux, plusieurs** ⹀**s** Zwei'fronten-, Mehr frontenkrieg *m*; **sur l'ensemble du** ⹀ auf, an der ganzen Front; **aller, monter au** ⹀ an die Front gehen; **être au, sur le** ⹀ an der Front sein, stehen; *fig* **faire un** ⹀ **commun** e-e gemeinsame Front bilden (**contre** gegen); **mourir, tomber au** ⹀ an der Front fallen; **3.** e-s *Gebäudes* (Vorder-) Front *f*; Stirn-, Vorderseite *f*; **4.** *mines* **d'abattage** Abbaufront *f*; *Tiefbau* **d'attaque** Abbauwand *f*; **5.** *météo* ⹀ **chaud, froid, polaire** Warm-, Kalt-, Po'larfront *f*; **6.** ⹀ **de mer** am Meer entlangführende Straße; **7.** *math* **droite** *f* **de** ⹀ *cf* frontal 2.; **8.** *loc/adv* **de** ⹀ **a)** fron'tal; von vorn; *Autos* **se heurter de** ⹀ frontal zusammenstoßen, e-n Frontalzusammenstoß haben; *mil* **attaque** *f* **de** ⹀ Frontalangriff *m*; **b)** *fig* offen; (ganz) di'rekt; ohne 'Umschweife; **aborder un problème de** ⹀ ein Problem direkt angehen; **c)** nebenein'ander; auf gleicher Höhe; *Autos etc* **rouler de** ⹀ nebeneinander, auf gleicher Höhe fahren; **d)** *fig* **mener de** ⹀ *cf* mener 4.

frontail [frɔ̃taj] *m am: Zaumzeug* Stirnriemen *m*

frontal [frɔ̃tal] *adj* ⟨-aux⟩ **1.** *anat* Stirn...; stirnwärts, -seitig; **fosse** ⹀**e** vordere Schädelgrube; **muscle** ⹀ Stirnmuskel *m*; **os** ⹀ od *subst* ⹀ *m* Stirnbein *n*; **2.** *math* **droite** ⹀**e** zum Aufriß paral'lele Gerade

frontal|ier [frɔ̃talje] **I** *adj* ⟨-ière⟩ Grenz...; **ouvrier, travailleur** ⹀ Grenzgänger *m*; **population frontalière** Grenzbevölkerung *f*; **trafic** ⹀ (kleiner) Grenzverkehr; **ville, zone frontalière** Grenzstadt *f*, -gebiet *n* od -land *n*; **II** *m* Grenzbewohner *m*, -gänger *m*; **carte** *f* **de** ⹀ Grenzschein *m*; ⹀**ité** *f Kunst* loi *f* **de** ⹀ Gesetz *n* der Frontali'tät

fronteau [frɔ̃to] *m* ⟨*pl* ⹀**x**⟩ **1.** *arch* kleiner Tür-, Fenstergiebel; **2.** *der Nonnen* Stirnband *n*; **3.** auf der Stirn getragenes Schmuckstück

frontière [frɔ̃tjɛr] *f* **1.** Grenze *f* (*auch fig*); ⹀ **linguistique** Sprachgrenze *f*; **fermeture** *f* **des** ⹀ Schließung *f* der Grenzen; Grenzsperre *f*; **incident** *m* **de** ⹀ Grenzzwischenfall *m*; **passage** *m* **de la** ⹀ Grenzübertritt *m*, -überschreitung *f*; 'Übergang *m* über die Grenze; *loc/adv:* **à la** ⹀ an der Grenze; **au-delà des** ⹀**s** jenseits der Grenzen; **dans nos** ⹀**s** innerhalb unserer Grenzen; **franchir, passer (clandestinement) la** ⹀ (heimlich) über die Grenze gehen, die Grenze über'schreiten; **reconduire à la** ⹀ über die Grenze abschieben; **2.** *adjt* ⟨*inv*⟩ Grenz...; **garde** *m* ⹀ Grenzwache *f*, -posten *m*, -gänger *m*; Grenzer *m*; **gare** *f*, **poste** *m*, **ville** *f* ⹀ Grenzstation *f* od -bahnhof *m*, -übergang *m*, -stadt *f*; **région** *f*, **zone** *f* ⹀ Grenzgebiet *n*, -land *n*

frontignan [frɔ̃tiɲɑ̃] *m vit* **a)** Rebenart in der Gegend von Fronti'gnan; **b)** Muskateller aus diesen Reben

frontispice [frɔ̃tispis] *m impr* **1.** Titelblatt *n*; **2.** Fronti'spiz; Titelbild *n*

fronton [frɔ̃tɔ̃] *m* **1.** *arch* Giebeldreieck *n*; Frontgiebel *m*; Fronti'spiz *n*; Fron-

'ton *m*; **2.** *sports Pelota* Mauer *f*; *par ext* Pe'lotafeld *n*

frottage [frɔtaʒ] *m* Reiben *n*; Scheuern *n*; *der Wäsche etc* Bürsten *n*; *des Bodens* Bohnern *n*; Wichsen *n*; Wienern *n*; Schrubben *n*; *von Fensterscheiben etc* Blankreiben *n*

frottée [frɔte] *f* F Dresche *f*; Abreibung *f*; **mettre, flanquer une ~ à qn** F j-n verdreschen; **recevoir une ~** F Dresche, e-e tüchtige Abreibung bekommen

frottement [frɔtmã] *m* **1.** Reiben *n*; Reibung *f* (*auch phys, tech*); An-ein'ander-, Abreiben *n*; Frot'tieren *n*; *der Nadel e-s Plattenspielers* Kratzen *n*; Reiben *n*; *path* **~ pleural, bruit** *m* **de ~** pleuritisches Reibegeräusch; Knarren *n*; *phys*: **~ de glissement, de roulement** Gleit-, Rollreibung *f*; **angle** *m* **de ~** Reibungswinkel *m*; **chaleur produite par ~** Reibungswärme *f*; **usure** *f* **par ~** Reibungsabnutzung *f*; Abnutzung *f* durch Reibung; **2.** *fig* **~s** *pl* Reibe'reien *f/pl*; Schwierigkeiten *f/pl*

frotter [frɔte] **I** *v/t* **1.** (ab)reiben; frot'tieren; F (ab)rubbeln; *Streichholz* anzünden; anreißen; **~ qc à l'émeri** etw (ab)schmirgeln; **~ son doigt sur la table** mit dem Finger über den Tisch reiben; **~ qn pour le laver, le réchauffer, le sécher** j-n F abschrubben, warmreiben, trockenreiben; *adjt mus* **instrument** *m* **à cordes frottées** Streichinstrument *m*; **2.** *Boden* scheuern; schrubben; *Parkett* bohnern; wienern; wichsen; *Wäsche* bürsten; rumpeln; *Kupfer, Fensterscheiben* blank reiben, putzen; *Kupfer auch* po'lieren; **~ le couloir** den Flur bohnern *etc*; **3.** *peint abs* die Farben dünn (an) auftragen (, daß die Struktur der Leinwand 'durchkommt); **II** *v/i* **4.** (anein'ander)reiben; scheuern; **roue** *f* **qui frotte contre l'aile** am Kotflügel reibendes Rad; **III** *v/pr* **se ~ 5. a)** sich abreiben, frot'tieren; **b) se ~ les mains** sich die Hände reiben (*bes aus Freude*); **se ~ le nez** sich die Nase reiben; *beim Aufwachen* **se ~ les yeux** sich die Augen reiben; **6.** *fig* sich reiben (**à qn** an j-m); sich anlegen (mit j-m); **ne vous y frottez pas!** lassen Sie die Finger davon!; *prov* **qui s'y frotte s'y pique** etwa wer nicht hören will, muß fühlen (*prov*)

frotteur [frɔtœr] *m ch de fer, élect* Schleifkontakt *m*; Gleitschuh *m*

frottis [frɔti] *m* **1.** *peint* dünner Farbauftrag (, bei dem die Struktur der Leinwand 'durchkommt); **2.** *biol, méd* Ausstrich *m*

frottoir [frɔtwar] *m* e-r *Streichholzschachtel etc* Reibfläche *f*

frou-frou od froufrou [frufru] *m von Seidenkleidern etc* Rascheln *n*; Rauschen *n*; Knistern *n*; Frou'frou *m od n*

froufrout|ant [frufrutã] *adj Seidenkleid etc* raschelnd; knisternd; **~er** *v/i* rascheln; rauschen; knistern

froussard [frusar] F **I** *adj* ängstlich; bang(e); furchtsam; **être ~** F ein Angsthase, -meier sein; **II** *subst* **~(e)** *m(f)* F Angsthase *m*, -meier *m*; *nordd* Bangbüx(e) *f*

frousse [frus] *f* F Heidenangst *f*; Bammel *m*; Schiß *m*; **avoir la ~** F Schiß, (e-n) Bammel, (e-e) Heidenangst haben

fructidor [fryktidɔr] *m* Frukti'dor *m* (*12. Monat des frz Revolutionskalenders*)

fructifère [fryktifɛr] *adj bot* fruchttragend; Frucht...

fructification [fryktifikasjɔ̃] *f bot* **1.** Fruchtbildung *f*, -ansatz *m*; **2.** Fruchtstand *m*; **3.** *der Sporenpflanzen* Fortpflanzungsorgane *n/pl*

fructifier [fryktifje] *v/i* **1.** *agr Boden* ertragreich sein; **2.** *Bäume etc* Früchte

tragen (*auch fig*), bilden, her'vorbringen; **3.** *comm* Zinsen abwerfen, bringen, tragen; **faire ~ son argent** sein Geld verzinslich, zins-, gewinnbringend anlegen; **faire ~ les intérêts** die Zinsen anstehen lassen

fructose [fryktoz] *m Biochemie* Fruchtzucker *m*; Fruk'tose *f*

fructueux [fryktɥø] *adj* <-euse> *Geschäft etc* einträglich; gewinnbringend; vorteilhaft; ergiebig; *Zusammenarbeit, Versuch* fruchtbar; fruchtbringend; nützlich

frugal [frygal] *adj* <-aux> **1.** *Nahrung, Mahl* fru'gal; einfach; karg; kärglich; **2.** *Mensch* genügsam; mäßig; enthaltsam; anspruchslos; *Leben* einfach; karg; **~ité** *f* **1.** *e-s Mahls* Einfachheit *f*; Kargheit *f*; Kärglichkeit *f*; Frugali'tät *f*; **2.** *e-r Person* Genügsamkeit *f*; Mäßigkeit *f*; Enthaltsamkeit *f*; Anspruchslosigkeit *f*

frugivore [fryʒivɔr] *zo* **I** *adj* früchtefressend; **II** *m* Früchtefresser *m*; *sc* Frugi'vore *m*

fruit[1] [frɥi] *m* **1.** *bot, agr, cuis* Frucht *f*; *pl* **~s** *auch* Obst *n*; *bibl u fig* **le ~ défendu** die verbotene Frucht; **l'attrait** *m* **du ~ défendu** der Reiz des Verbotenen; *jur* **~s pendant par les branches, racines** noch am Baum hängende Früchte, Frucht auf dem Halm; **~s secs, séchés** Dörr-, Trocken-, Backobst *n*; **~s tropicaux** Südfrüchte *f/pl*; **~ vert** a) unreife, grüne Frucht; b) *fig* sehr junges Mädchen; **~ à noyau, à pépins** Stein-, Kernobst *n*; *litt* **~s de la terre** Früchte der Erde; **coupe** *f* **de ~s** Obstschale *f*; Schale *f* mit Obst, Früchten; *loc/prov* **c'est au ~ qu'on connaît l'arbre** an der Frucht erkennt man den Baum; *bibl* an ihren Früchten sollt ihr sie erkennen; **2.** **~s de mer** Krusten- und Schalentiere *n/pl*; Meeresfrüchte *f/pl*; **3.** *fig* Frucht *f*; Folge *f*; Ergebnis *n*; *litt* **~ d'un amour illégitime** Frucht, Kind *n* der Liebe; **~ de profondes réflexions** Ergebnis gründlicher Über'legungen; **le ~ d'une vie de travail** die Früchte e-s arbeitsreichen Lebens; **porter ses ~s** Früchte tragen; Folgen zeitigen, haben; **4.** *jur* **~s** *pl* Früchte *f/pl*; Erträgnisse *n/pl*; Ertrag *m*; Nutzen *m*; **~s industriels, naturels** erarbeitete, natürliche Früchte

fruit[2] [frɥi] *m bât e-r Mauer* (leichte) Neigung, Schräge; Anlauf *m*

fruité [frɥite] *adj* mit Fruchtgeschmack; *Wein* fruchtig; **goût ~** Fruchtgeschmack *m*

fruiterie [frɥitri] *f* Obstgeschäft *n*

fruitier [frɥitje] *adj* <-ière> Obst...; Frucht...; **arbre ~** Obstbaum *m*; **cargo ~** Fruchtschiff *n*; **culture fruitière** Obstbau *m*

fruitière [frɥitjɛr] *f im Jura u in Savoyen* **a)** Milchverwertungs-, Molke'reigenossenschaft *f*; **b)** Käse'rei *f*

fruste [fryst] *adj* **1.** *Person, Manieren* ungeschliffen; ungehobelt; grob; plump; **2.** *Marmor* grob bearbeitet; rauh; **3.** *Münze* abgegriffen; *Statue* verwittert; **4.** *méd Krankheit* abgeschwächt, unvollständig auftretend

frustrant [frystrã] *adj psych* fru'strierend

frustration [frystrasjɔ̃] *f* **1.** *psych* Frustrati'on *f*; Fru'striertheit *f*; F Frust *m*; *par ext* Enttäuschung *f*; Zu'rücksetzung *f*; **éprouver un sentiment de ~** ein Gefühl der Enttäuschung erleben; sich zurückgesetzt fühlen; **2.** *jur e-s Gläubigers* Vereit(e)lung *f* der Befriedigung; *e-s Erben* Benachteiligung *f*

frustratoire [frystratwar] *adj jur* **acte** *m*

~ unnötige Kosten verursachender Akt; **appel** *m* ~ unbegründete Berufung

frustrer [frystre] *v/t* **1.** *psych* fru'strieren; *par ext* enttäuschen; zu'rücksetzen; benachteiligen; *Hoffnungen* vereiteln; enttäuschen; **~ qn dans ses espoirs** j-n in s-n Erwartungen, j-s Erwartungen enttäuschen; *adit* **frustré** frustriert; **se sentir frustré** sich frustriert, enttäuscht, zurückgesetzt, benachteiligt fühlen; **2.** **~ qn de qc** j-n um etw bringen, betrügen; **~ un créancier** die Befriedigung e-s Gläubigers vereiteln

frutescent [frytesã] *adj bot* halbstrauchartig

fuchsia [fyʃja] *m bot* Fuchsie *f*

fuchsine [fyksin] *f chim* Fuch'sin *n*

fucus [fykys] *m bot* Ledertang *m*

fuégien [fɥeʒjɛ̃] **I** *adj* <~ne> feuerländisch; **II** *subst* **♀(ne)** *m(f)* Feuerländer(in) *m(f)*

fuel [fjul] *m od* **fuel-oil** [fjulɔjl] *m* <*pl* **fuels-oils**> Heizöl *n*

fugac|e [fygas] *adj* **1.** *litt* flüchtig; rasch vor'überziehend; von kurzer Dauer; vergänglich; **2.** *méd* rasch verlaufend; kurzdauernd; **3.** *bot* rasch abfallend; **~ité** *litt f* Flüchtigkeit *f*; kurze Dauer

fugitif [fyʒitif] **I** *adj* <-ive> **1.** *Person* flüchtig; **2.** *Gedanke, Eindruck, Berührung* flüchtig; *Glück* (von) kurz(er Dauer); *Schönheit* rasch verblühend; vergänglich; **ombres fugitives** fliehende Schatten *m/pl*; **II** *subst* **~, fugitive** *m,f* Flüchtige(r) *f(m)*; Flüchtling *m*

fugue [fyg] *f* **1.** *mus* Fuge *f*; *Bach* **L'art de la ~** Die Kunst der Fuge; **2.** *bes von Kindern, Jugendlichen* Ausreißen *n*; **faire une ~** ausreißen; weg-, fort-, da'vonlaufen; **enfant** *m* **qui fait des ~s** Ausreißer *m*; **3.** F *iron* etwa Seitensprung *m*

fugu|é [fyge] *adj mus* in der Art e-r Fuge; fu'giert; **~eur** *m*, **~euse** *f psych* Ausreißer(in) *m(f)*; *adit* **enfant fugueur** (kleiner) Ausreißer

führer [fyrœr] *m pol* Führer *m* (*Hitler*)

fuir [fɥir] <*je fuis, il fuit, nous fuyons*; *je fuyais*; *je fuis*; *je fuirai*; *que je fuie*; *fuyant*; *fui*> **I** *v/t* **~ qn, qc** j-m, e-r Sache aus dem Weg(e) gehen; j-n, etw meiden; *st/s* j-n, etw fliehen; **~ un danger** e-r Gefahr ausweichen; **~ un régime** e-m Regime entfliehen; **~ les responsabilités** die Verantwortung scheuen; *litt* **le sommeil me fuit** *litt* der Schlaf flieht mich; **II** *v/i* **1.** *Person* fliehen, flüchten (**devant qn** vor j-m; **devant le danger** vor der Gefahr); **faire ~ qn** j-n vertreiben; **2.** *fig u litt schöne Tage* da'hineilen, -schwinden; verfliegen; *litt* fliehen; **3.** *Flüssigkeit* (durch e-e undichte Stelle) rinnen, auslaufen, *Gas* ausströmen (de aus); **4.** *Behälter* leck sein; lecken; undichte Stellen, e-e undichte Stelle haben; undicht sein; *Wasserhahn* tropfen; *Gashahn* undicht sein; **5.** *Linien etc* in perspektivischer Darstellung in die Tiefe laufen; sich verjüngen

fuite [fɥit] *f* **1.** Flucht *f* (**devant** vor + *dat*); *fig* **~ en avant** Flucht nach vorn; *bibl* **la ~ en Égypte** die Flucht nach Ägypten; *jur* **délit** *m* **de ~** Fahrer-, Unfallflucht *f*; **tentative** *f* **de ~** Fluchtversuch *m*; *loc/adj* **en ~** auf der Flucht; fliehend; *Häftling* flüchtig; **soldats** *m/pl* **en ~** fliehende Soldaten *m/pl*; **être en ~** auf der Flucht *bzw* flüchtig sein; **mettre en ~** in die Flucht schlagen; **ce fut une ~ générale** alles flüchtete; **prendre la ~** die Flucht ergreifen; **2.** *par ext écon* **~ des capitaux** Kapi'talflucht *f*; *astr* **~ des galaxies** Fluchtbewegung *f* der Spiralnebel; **la ~ du temps** die da'hineilende, verfliegende Zeit; **3.** *von Flüssigkeit* Auslaufen *n*, *von Gas* Ausströmen *n* (aus e-r

undichten Stelle); il y a une ~ de gaz es strömt Gas aus; **4.** *par ext* undichte Stelle; Leck *n*; il y a une ~ dans le tuyau das Rohr ist nicht dicht; **5.** *fig* Indiskretion *f*; Geheimnisverrat *m*; Verschwinden *n* von Geheimakten; il y a eu des ~s es gab Indiskretionen; **6.** *phys* Verlust *m*; Streuung *f*; **7.** *Perspektive* ligne *f* de ~ Fluchtlinie *f*; point *m* de ~ Fluchtpunkt *m*

fulgur|ant [fylgyrã] *adj* **1.** *Blick* funkelnd; leuchtend; *Helle* gleißend; grell; **2.** *Schmerz* stechend; **3.** *Antwort* blitzschnell und scharf; *Geschwindigkeit, Fortschritt* F ra'sant; **4.** *par ext* gewaltig; über'wältigend; **~ation** *f* **1.** *phys* Wetterleuchten *n*; **2.** *méd* Fulgurati'on *f*; **3.** *fig u litt* Blitzen *n*; Funkeln *n*; Gleißen *n*; **~er** *litt v/i* blitzen; funkeln; gleißen; **~ite** *f* Blitzröhre *f*; Fulgu'rit *m*

fuligineux [fyliʒinø] *adj* ⟨-euse⟩ **1.** rußig; Ruß...; *Flamme* rußend; **2.** *méd* fuligi'nös

fuliginosité [fyliʒinozite] *f path* Fu'ligo *f od m*

full [ful] *m beim Poker* Full hand *f od* Full house *n*

fulmicoton [fylmikɔtõ] *m chim* Schießbaumwolle *f*

fulmin|ant [fylminã] *adj* **1.** *Person* wütend; tobend; *Blick* wütend; drohend; *Brief* wütend; **2.** *chim* Knall...; **argent ~** Knallsilber *n*; **~ate** *m chim* Fulmi'nat *n*; knallsaures Salz; ~ **de mercure** Knallquecksilber *n*; Quecksilberfulminat *n*; **~ation** *f égl cath* Schleudern *n* (*des Bannfluches*)

fulmin|er [fylmine] **I** *v/t* **1.** *égl cath* Bannfluch schleudern; **2.** *par ext* Verwünschungen ausstoßen; *Vorwürfe* ~ **contre** qn j-m entgegenschleudern; **II** *v/i* **3.** *Person* wettern; toben; schimpfen (**contre** auf + *acc*); F (los)donnern (**gegen**); **4.** *chim* deto'nieren; explo'dieren; **~ique** *adj chim* acide *m* ~ Knallsäure *f*

fumace [fymas] F *adj cf* **furibard**

fumage [fymaʒ] *m* **1.** *von Lebensmitteln* Räuchern *n*; **2.** *agr* Düngen *n* mit Mist; Misten *n*

fumagine [fymaʒin] *f bot* Rußtau *m*

fumaison [fymɛzõ] *f* **1.** *von Fischen* Räuchern *n*; **2.** *cf* **fumage 2.**

fumant [fymã] *adj* **1.** *Asche, Kamin etc* rauchend; *Suppe* dampfend; *chim* acide *m* nitrique, sulfurique ~ rauchende Salpeter-, Schwefelsäure; **2.** F *fig* ~ **de colère** tobend (vor Wut); kochend vor Zorn; wutschnaubend; il était ~ er tobte; **3.** F toll; **c'est** ~ das ist einfach toll; **réussir un coup** ~ e-n tollen Coup landen; *Ganoven* ein tolles Ding drehen

fumar|iacées [fymarjase] *f/pl bot* Erdrauchgewächse *n/pl*; **~ique** *adj chim* acide *m* ~ Fu'marsäure *f*

fumé [fyme] *adj* **1.** *Lebensmittel* geräuchert; Räucher...; *jambon, lard* ~ geräucherter Schinken, Speck; Räucherschinken *m*, -speck *m*; **2.** *verres* ~s dunkle Brille(ngläser) *f(n/pl)*

fumé|-cigare [fymsigar] *m* ⟨inv⟩ Zi'garrenspitze *f*; **~-cigarette** *m* ⟨inv⟩ Ziga'rettenspitze *f*

fumée [fyme] *f* **1.** Rauch *m*; ~ épaisse Qualm *m*; dicker, dichter Rauch; ~ du tabac Tabakrauch *m*; *Wand* noir de ~ rauchgeschwärzt; *fig* s'en aller, dissiper, s'évanouir en ~ *Pläne* in Rauch aufgehen; *Raucher* avaler la ~ auf Lunge rauchen; Lungenzüge machen; l'incendie dégageait une ~ noire an der Brandstelle stieg schwarzer Rauch auf; la ~ ne vous dérange pas? stört es Sie, wenn ich

rauche?; *prov* il n'y a pas de ~ sans feu wo Rauch ist, da ist auch Feuer; kein Rauch ohne Feuer (*beide prov*); **2.** *par ext*: aus e-m Gewässer etc aufsteigender Dunst; Dampf *m*; **3.** *fig* ~s *pl* zu Kopfe steigender alkoholischer Dunst, Nebel; **4.** *ch* ~s *pl* Losung *f*

fumer [fyme] **I** *v/t* **1.** *Tabak, Rauschgift* rauchen; F qualmen (*beide auch abs*); ~ une cigarette, une pipe e-e Zigarette, e-e Pfeife rauchen; ~ la cigarette, le cigare, la pipe Zigaretten, Zigarren, Pfeife rauchen; **défense de ~** Rauchen verboten!; *voulez-vous une cigarette?* – merci, je ne fume pas ... danke, ich bin Nichtraucher; **arrêter, cesser de ~** das Rauchen aufgeben; sich das Rauchen abgewöhnen; **2.** *Lebensmittel* räuchern; **3.** *agr* (mit Mist) düngen; misten; **II** *v/i* **4.** *Asche, Kamin, Herd etc* rauchen; *p/fort* qualmen; **5.** *par ext Suppe, nasse Kleider, schwitzendes Pferd* dampfen; **6.** F *Person* wütend sein; toben; rasen; schäumen, kochen vor Wut; **III** *v/pr* se ~ sich rauchen (lassen); geraucht werden (können)

fumerie [fymri] *f* Opiumhöhle *f*

fumerolle [fymrɔl] *f géol* Fuma'role *f*

fumet [fymɛ] *m* **1.** Bratenduft *m*; **2.** *par ext* Duft *m*; A'roma *n*; Geruch *m*; **3.** *ch* Witterung *f*; *Wildgeruch m*; **4.** *cuis* (Fisch-, Wildbret)Brühe *f*

fumeterre [fymtɛr] *f bot* Erdrauch *m*

fum|eur [fymœr] *m*, **~euse** *f* Raucher(in) *m(f)*; **fumeur** ~ **d'opium** Opiumraucher *m*; *path* cancer *m* des fumeurs Raucherkrebs *m*; **compartiment** *m* (non) fumeurs (Nicht-) Raucherabteil *n*; *Aufschrift* fumeurs Raucher

fumeux [fymø] *adj* ⟨-euse⟩ **1.** *Vorstellungen* verschwommen; unklar; nebu'lös; nebu'lös; *Erklärungen* verworren; kon'fus; *conférencier* ~ Redner, der sich unklar ausdrückt; esprit ~ Wirrkopf *m*; **2.** *Flamme etc* rauchend; **3.** *Himmel, Ferne* dunstig; dunsterfüllt

fumier [fymje] *m* **1.** *agr* (Stall)Mist *m*; Stalldünger *m*, -dung *m*; ~ **artificiel, pailleux** Kunst-, Strohmist *m*; ~ **de cheval, de vache** Pferde-, Kuhmist *m*; tas *m*, amas *m* de ~ Mist-, Dunghaufen *m*; épandre le ~ Mist streuen, (aus)-breiten; *fig* être comme Job sur son ~ im tiefsten Elend leben; **2.** P *Schimpfwort* P Mistvieh *n*; Miststück *n*; *für e-n Mann auch* Drecksack *m*; Saukerl *m*

fumig|ateur [fymigatœr] *m méd, agr* Räucherapparat *m*; **~ation** *f méd, agr* Räuchern *n*; *agr auch* Begasung *f*; *e-s Raumes* Ausräucherung *f*; *méd auch* Teildampfbad *n*

fumigène [fymiʒɛn] *adj* rauchentwickelnd; Rauch...; *bes mil* Nebel...; *mil* **bombe** *f* ~ Rauch-, Nebelbombe *f*; **obus** *m*, **pot** *m* ~ Nebelgranate *f*, -topf *m*

fumiste [fymist] **1.** Ofensetzer *m*; **maçon** *m* ~ Feuerfestmaurer *m*; **2.** *fig* Blender *m*; Schwindler *m*

fumisterie [fymistəri] *f* **1.** Ofensetzerhandwerk *n*; **2.** *fig* Bluff *m*; Schwindel *m*

fum|ivore [fymivɔr] **I** *adj* rauchverzehrend; **~oir** *m* **1.** für Lebensmittel Räucherkammer *f*; **2.** Rauchsalon *m*; **~ure** *f agr* Düngen *n*, -ung *f* (mit Mist)

funambule [fynãbyl] *m, f* Seiltänzer(in) *m(f)*

funambulesque [fynãbylɛsk] *adj* **1.** Seiltänzer...; **2.** *fig u litt* Pläne verstiegen; ausgefallen

funèbre [fynɛbr(ə)] *adj* **1.** Bestattungs...; Begräbnis...; Beerdigungs...; Trauer...; Leichen...; Toten...; **cérémonie** *f* ~ Bestattungs-, Beisetzungsfeier

f; **convoi** *m*, **cortège** *m* ~ Trauerzug *m*, -gefolge *n*; Leichenzug *m*; **éloge** *m* ~ Grabrede *f*; Nachruf *m*; *mus* **marche** *f* ~ Trauermarsch *m*; (**entreprise** *f* **de**) pompes *f/pl* ~s Bestattungs-, Beerdigungsinstitut *n*, -unternehmen *n*; **service** *m* ~ Trauergottesdienst *m*; **veillée** *f* ~ Totenwache *f*; **2.** *fig Miene* traurig; *Stimme* unheimlich; *Farbe, Gedanken* düster; **air** *m*, **mine** *f* ~ Trauer-, Leichenbittermiene *f*

funérailles [fyneraj] **I** *f/pl* Bestattung *f*; Beisetzung *f*; Begräbnis *n*; Leichenbegängnis *n*; Beerdigung *f*; ~ **nationales** Staatsbegräbnis *n*; faire des ~ nationales à qn j-m ein Staatsbegräbnis bereiten; **II** *int in Südfrankreich* Donnerwetter!

funéraire [fynerɛr] *adj* **1.** Grab...; colonne *f*, croix *f*, dalle *f*, pierre *f*, urne *f* ~ Grabstele *f*, -kreuz *n*, -platte *f*, -stein *m*, -urne *f*; *Archäologie* mobilier *m* ~ Grabbeigaben *f/pl*; Totengaben *f/pl*; **2.** Beerdigungs...; Bestattungs...; Begräbnis...; drap *m* ~ Bahrtuch *n*; frais *m/pl* ~s Beerdigungskosten *pl*

funeste [fynɛst] *adj Folgen, Politik, Rat* verhängnisvoll (à für); unheilvoll, -bringend; *Einfluß* verderblich; *Vorahnung* dunkel; **erreur** *f* ~ verhängnisvoller Irrtum; *son audace* lui a été ~ ... wurde ihm zum Verhängnis

funiculaire [fynikylɛr] **I** *m* (Stand)Seilbahn *f*; **II** *adj anat* funiku'lär; *path* 'hernie *f* ~ angeborener Leistenbruch im Samenstrangbereich

funicul|e [fynikyl] *m bot* Fu'niculus *m*; **~ite** *f path* Samenstrangentzündung *f*; *sc* Funiku'litis *f*

fur [fyr] **a)** *loc/adv* au ~ et à mesure nach und nach; *regarde les photos et passe-les-nous* au ~ et à mesure ... eins nach dem andern; **b)** *loc/conj* au ~ et à mesure que on macht, wie; *s'apercevoir des difficultés* au ~ et à mesure qu'on avance ... in dem Maße, wie man voranschreitet; au ~ et à mesure que l'heure avançait, elle s'inquiétait davantage je weiter die Stunde vorrückte ... **c)** *loc/prép* au ~ et à mesure de je nach

furanne [fyran] *m chim* Fu'ran *n*

furax [fyraks] *adj* ⟨inv⟩ F être ~ wütend, in Harnisch sein; F (e-e) Wut im Bauch haben

furent [fyr] *cf* **être**

furet [fyrɛ] *m* **1.** *zo* Frettchen *n*; **2.** *Gesellschaftsspiel* Taler, Taler, du mußt wandern (es muß erraten werden, in wessen Hand sich ein im Kreise weitergereichter Gegenstand befindet)

furet|er [fyrte] *v/i* ⟨-è-⟩ **1.** (her'um-) schnüffeln; in e-r Buchhandlung (her'um)schmökern; ~ **partout** überall herumschnüffeln; **2.** *ch* mit Frettchen jagen; **~eur, ~euse I** *m, f* Schnüffler(in) *m(f)*; **II** *adj* des petits yeux fureteurs neugierig blickende Äuglein *n/pl*

fureur [fyrœr] *f* **1.** Wut *f*; Rase'rei *f*; *par ext* la ~ des combats die Verbissenheit, Heftigkeit der Kämpfe; *poét* la ~ des flots das Toben der Wogen; accès *m*, crise *f* de ~ Wutanfall *m*, -ausbruch *m*; attaquer avec ~ wütend angreifen; se battre avec ~ verbissen kämpfen; il entra dans une ~ noire er geriet in, er bekam, es packte ihn e-e blinde, sinnlose Wut; er wurde maßlos wütend; er begann zu toben, rasen; être dans une ~ noire von e-r blinden, sinnlosen Wut od von maßloser, sinnloser Wut gepackt sein; maßlos wütend sein; toben; rasen; **2.** *fig* ~ du jeu, de lire Spiel-, Lesewut *f*; ~ de vivre Lebensgier *f*; *Theaterstück, Melo-*

die, Mode faire ~ großen Erfolg haben; der große Schlager sein; Fu'rore machen
furfuracé [fyrfyrase] adj path desquamation ~e kleieförmige Hautabschuppung
furfural [fyrfyral] m od **furfurol** [fyrfyrɔl] m chim Furfu'ral od Furfu'rol n
furibard [fyribar] F adj wütend; F wild; fuchtig; cf auch furibond u furax; lancer, jeter des regards ~s à qn j-m wütende, wilde Blicke zuwerfen
furibond [fyribõ] adj <-bonde [-bõd]> Person, Blick, Miene wütend; zornig; grimmig; wild; Person auch wutschnaubend; wutschäumend; wutentbrannt; p/fort rasend; tobend; Zorn heftig; hell; cf auch furieux 1.; rouler des yeux ~s wütend die Augen rollen; wütende Blicke um sich werfen; wilde Augen machen
furie [fyri] f 1. myth Furie f; 2. fig u péj wütendes Weib; Furie f; 3. (helle, unbändige) Wut; Rase'rei f; loc/adj en ~ Raubtier wütend; wildgeworden; poét Meer wütend; wild; tobend; attaquer avec ~ ungestüm, heftig, wütend angreifen
furieux [fyrjø] adj <-euse> 1. Person wütend (auch Tier); zornig; aufgebracht; erbost; erbittert; Blick, Miene, Geste wütend; zornig; Angriff wütend; heftig; erbittert; être ~ contre qn auf j-n wütend sein; il est ~ que ... (+subj) er ist wütend etc, weil ...; 2. fou ~ Tobsüchtige(r) m; (accès m de) folie furieuse Tobsucht(sanfall) f(m); Ariost Roland ~ Der rasende Roland
furoncle [fyrõkl(ə)] m path Fu'runkel m
furoncul|eux [fyrõkylø] adj <-euse> 1. fu'runkelartig; furunku'lös; 2. Person mit Fu'runkeln behaftet; an Furunku'lose leidend; ~ose f path Furunku'lose f
furtif [fyrtif] adj <-ive> 1. Blick, Geste verstohlen; heimlich; unauffällig; entrer d'un pas ~ sich herein- bzw hineinschleichen; glisser une main furtive dans qc heimlich in etw (acc) greifen; 2. Lächeln, Erscheinung flüchtig
furtivement [fyrtivmã] adv heimlich; s'en aller ~ sich davonschleichen, -stehlen; regarder ~ qn j-n verstohlen ansehen
fusain [fyzɛ̃] m 1. bot Spindelstrauch m, -baum m; ~ d'Europe Europäischer Spindelbaum; Pfaffenhütchen n; 2. (Zeichen)Kohle f; dessiner au ~ mit Kohle zeichnen; 3. par ext Kohlezeichnung f
fusainiste [fyzɛnist] m Künstler, der Kohlezeichnungen anfertigt
fusant [fyzã] adj mil: fusée ~e Brennzünder m; obus ~ od subst ~ m Brennzündergranate f
fuseau [fyzo] m <pl ~x> 1. zum Spinnen Spindel f; loc/adj en ~ spindelförmig; 2. zum Klöppeln Klöppel m; dentelle f aux ~x Klöppelspitze f; 3. ~ od adjt pantalon m ~ Keilhose f; porter un ~ od des ~x e-e Keilhose tragen; 4. biol (Kern)Spindel f; 5. math ~ cylindrique Zy'linderdurchdringung f; ~ sphérique Kugelzwieck n; 6. géogr ~ horaire Zeitzone f
fusée [fyze] f 1. Raumfahrt, mil, Feuerwerk Ra'kete f; ~ antichar Panzerabwehrrakete f; ~ éclairante Leuchtrakete f; ~ gigogne, à étages Mehrstufenrakete f; ~ porteuse Trägerrakete f; ~ téléguidée (fern)gelenkte Rakete; Lenkrakete f; ~ de signalisation Si'gnalrakete f; rampe f de lancement de ~s Raketenabschußrampe f; 2. auto Achsschenkel m; 3. e-r Granate, Bombe Zünder m; ~ instantanée, à retard Zünder ohne, mit Verzögerung; 4. mus früher

(improvi'sierter) schneller Lauf; 5. gewisser Uhrwerke Schnecke f
fusel [fyzɛl] m chim (huile f de) ~ Fuselöl n
fusel|age [fyzlaʒ] m aviat Rumpf m; ~é adj spindelförmig; Finger, Beine schlank; aviat stromlinienförmig; ~er v/t <-ll-> spindel-, tech stromlinienförmig gestalten
fuser [fyze] v/i 1. Feuerwerkskörper unter Zischen abbrennen; chemische Stoffe knisternd verbrennen; 2. fig Gelächter, Schrei erschallen; ertönen; sich erheben; aufsteigen
fusette [fyzɛt] f Garnrolle f
fus|ibilité [fyzibilite] f phys Schmelzbarkeit f; métall diagramme m de ~ Schmelzdiagramm n; ~ible I adj schmelzbar; II m élect (Schmelz)Sicherung f
fusiforme [fyzifɔrm] adj biol spindelförmig
fusil [fyzi] m 1. bes mil Gewehr n; ch für Schrot Flinte f (auch hist mil u F); ch für Kugeln Büchse f; ~ automatique automatisches Gewehr; hist ~ Chassepot Chasse'potgewehr n; ~ mitrailleur leichtes Ma'schinengewehr; ~ semi--automatique, à chargement automatique Selbstladegewehr n; Selbstlader m; halbautomatisches Gewehr; hist ~ à aiguille Zündnadelgewehr n; ~ à air comprimé Luftgewehr n; ~ à lunette Gewehr mit Zielfernrohr; hist ~ à percussion Perkussi'onsgewehr n; ~ à répétition Mehrlader m; Mehrladegewehr n; ~ de chasse Jagdgewehr n; für Schrot (Jagd)Flinte f; für Kugeln Büchse f; ~ (de chasse) à deux coups Zwilling m; Doppelflinte f bzw -büchse f; ~ de guerre Ar'mee-, Mili'tärgewehr n; coup m de ~ a) Gewehr-, Büchsenschuß m; b) F fig in e-m Restaurant, Hotel F gesalzene Rechnung; Nepp m; en-voyer, tirer un coup de ~ e-n (Gewehr-) Schuß abgeben; F fig ici, c'est le coup de ~ F hier wird man ganz schön ausgenommen, geschröpft, gerupft, geneppt; fig changer son ~ d'épaule 'umschwenken; s-e Ansicht, Pläne ändern; bei Parteiwechsel in das andere Lager 'überwechseln; bei Berufswechsel 'umsatteln; tirer au ~ mit dem Gewehr schießen; fig fig von e-r Person c'est un excellent ~ er ist ein ausgezeichneter Schütze; 3. ~ (à aiguiser, à affiler) Wetzstahl m
fusilier [fyzilje] m mil Füsi'lier m; ~ marin Ma'rineinfanterist m
fusillade [fyzijad] f Schieße'rei f; Schußwechsel m; une ~ a éclaté es kam zu e-r Schießerei, zu e-m Schußwechsel
fusiller [fyzije] v/t 1. Person erschießen; faire ~ qn j-n erschießen lassen; 2. fig ~ qn du regard j-m vernichtende Blicke zuwerfen; 3. F fig Gerät, Auto F ka'puttmachen
fusiniste [fyzinist] m cf fusainiste
fusion [fyzjõ] f 1. phys, métall Schmelzen n; Schmelzvorgang m; Schmelze f; ~ oxydante, réductrice oxydierendes, reduzierendes Schmelzen; chaleur f, point m, température f de ~ Schmelzwärme f, -punkt m, -temperatur f; e-s Hochofens lit m de ~ Möller m; loc/adj en ~ schmelzflüssig; in geschmolzenem Zustand; coulée f de matière en ~ Schmelzfluß m; métal m en ~ schmelzflüssiges Metall; entrer en ~ zu schmelzen beginnen; flüssig werden; 2. phys atom Kernfusion f, -verschmelzung f; 3. biol Verschmelzung f; Fusi'on f; 4. écon von Unternehmen Fusi'on f; Fusio'nierung f; Zu'sammenschluß m (auch pol von Parteien); 5. fig von Systemen, Rassen etc Verschmelzung f; Inein-

ander'aufgehen n
fusionn|ement [fyzjɔnmã] m écon Fusio'nierung f; Zu'sammenschluß m; ~er I v/t bes écon zu'sammenschließen, -legen; fusio'nieren; II v/i fusio'nieren; sich zu'sammenschließen; inein'ander aufgehen
fusse [fys] cf être
fustanelle [fystanɛl] f bei den Griechen Fusta'nella f; Alba'neserhemd n
fustet [fyste] m bot Pe'rückenstrauch m
fustigation [fystigasjõ] f hist Strafe Auspeitschung f
fustiger [fystiʒe] v/t <-geons> 1. hist auspeitschen; 2. fig u litt geißeln
fut, fût[1] [fy] cf être
fût[2] [fy] m 1. e-s Baumes Stamm m; 2. e-r Säule Schaft m; 3. e-s Gewehrs Schaft m; 4. e-s Hobels Kasten m; 5. Faß n; Gebinde n; sentir le ~, avoir pris un goût de ~ nach (dem) Faß schmecken
futaie [fytɛ] f ('haute) ~ Hochwald m
futaille [fytaj] f 1. Faß n; 2. coll Fässer n/pl
futaine [fytɛn] f text Barchent m
futé [fyte] I adj Person, Miene pfiffig; schlau; verschmitzt; Person auch gewitzt; gerissen; gerieben; durch'trieben; mit allen Wassern gewaschen; II subst ~(e) m(f) pfiffiger etc Bursche; schlauer Fuchs; F Schlauberger m; Schlaumeier m; un petit ~ ein pfiffiges Kerlchen
futée [fyte] f tech Holzkitt m
fûtes [fyt] cf être
futile [fytil] adj 1. Unterhaltung etc belanglos; bedeutungslos; unwichtig; unwesentlich; Worte auch nichtssagend; leer; st/s eitel; Gründe auch nichtig; distractions f/pl ~s leerer, nutz-, wertloser Zeitvertreib; prétexte m ~ nichtiger Vorwand; s'occuper de choses ~s sich mit belanglosen, unbedeutenden, nebensächlichen Dingen beschäftigen; 2. Person belanglosen, unwesentlichen Dingen zugetan; oberflächlich
futilité [fytilite] f 1. von Worten, Reden Belanglosigkeit f; Bedeutungslosigkeit f; von Gründen, Einwänden Nichtigkeit f; e-r Tätigkeit Wertlosigkeit f; Nutzlosigkeit f; e-s Lebens Inhaltslosigkeit f; e-r Person Oberflächlichkeit f; 2. oft pl ~s Belanglosigkeiten f/pl; Nichtigkeiten f/pl; dire des ~s Belanglosigkeiten, belangloses Zeug, nichtssagende Dinge reden; la journée se passa en ~s ... verging mit belanglosen, unbedeutenden, nebensächlichen Dingen
futur [fytyr] I adj zukünftig; künftig; kommend; plais in spe (nachgestellt); générations ~es künftige, kommende Generationen f/pl, Geschlechter n/pl; ~e mère werdende Mutter; temps ~s (zu-) künftige, kommende Zeiten f/pl; rel vie ~e zukünftiges Leben; II subst 1. m,f F Zukünftige(r) f(m); 2. m Zukunft f; 3. m gr Fu'turum n; Zukunft f; ~ antérieur zweites Futur; Fu'turum ex'actum n; voll'endete Zukunft; ~ prochain nahe (mit „aller“ gebildete) Zukunft; ~ simple (erstes) Futur; ~ du passé Kondi-tio'nal n als Tempus in fu'turischen Nebensätzen: être au ~ im Futur stehen
futur|isme [fytyrism(ə)] m Kunst Futu-'rismus m; ~iste I adj 1. futu'ristisch; 2. par ext e-e Zukunftsvision darstellend; futu'ristisch; II m Futu'rist m
futuro|logie [fytyrɔlɔʒi] f Futurolo'gie f; Zukunftsforschung f; ~logue m Futuro'loge m; Zukunftsforscher m
fuy|ant [fɥijã] adj Stirn, Kinn fliehend; Blick ausweichend; in perspektivischer Darstellung sich verjüngend; ~ard m Fliehende(r) m; Flüchtige(r) m; bes vor dem Feind fliehender Sol'dat
fuyons [fɥijõ] cf fuir

G

G, g [ʒe] *m* ⟨*inv*⟩ G, g [ge:] *n*
gabardine [gabardin] *f* **1.** Gabardine-
mantel *m*; **2.** *Stoff* Gabardine *m od f*
gabare [gabar] *f* **1.** *mar* Leichter *m*; **2.**
Fischerei (Art) Zug-, Schleppnetz *n*
gabari|age [gabarjaʒ] *m tech* **1.** Herstel-
lung *f* von Schaʼblonen, *mar* von Mallen;
2. (Prüfung *f*, Messung *f* durch) Ver-
gleich *m* mit e-r Schaʼblone, Formlehre;
~er *v/t* **1.** nach Schaʼblone herstellen;
mar mallen; **2.** mit e-r Schaʼblone, Form-
lehre prüfen, messen, vergleichen
gabarit [gabari] *m* **1.** *tech* Schaʼblone *f*;
Formlehre *f*; *ch de fer* **~ de chargement**
Lademaß *n*, -profil *n*; **~ de filetage**
Gewindeschablone *f*, -lehre *f*; **2.** *mar*
Mall *n*; **salle** *f* **des ~s** Schnür-, Mallbo-
den *m*; **3.** *par ext* Größe *f*; Größenord-
nung *f*; *F* e-r *Person* stattlicher Wuchs; **4.**
fig Art *f*; Sorte *f*; Schlag *m*; **ils sont du
même ~** sie sind vom selben Schlag
gabegie [gabʒi] *f* ʼMiß-, Lotterwirtschaft
f; *F* Schlampeʼrei *f*
gabelle [gabɛl] *f hist* Salzsteuer *f*
gabelou [gablu] *péj od iron m* Zöllner *m*
gabier [gabje] *m mar*: *früher* Marsgast
m; *heute* Rudergast *m*
gabion [gabjɔ̃] *m* **1.** *zur Uferbefestigung*
Steinpackung *f* in Maschendraht;
Drahtkasten *m*; Drahtschotterbehälter
m; **2.** *fortif* Schanzkorb *m*
gable *od* **gâble** [gabl(ə), gɑ-] *m arch*
Wimperg *m*; Ziergiebel *m*
gabonais [gabɔnɛ] **I** *adj* gaʼbunisch; **II**
subst ♀(e) *m(f)* Gaʼbuner(in) *m(f)*
gâchage [gaʃaʒ] *m* **1.** *bât* von Mörtel,
Gips Anmachen *n*; Anrühren *n*; **2.** *fig* e-r
Arbeit Verpfuschen *n*; *von Zeit*, *Talenten*
Vergeudung *f*
gâche [gaʃ] *f* **1.** *e-s Türschlosses* Schließ-
blech *n*; **2.** *bât* Rührkrücke *f*; **3.** *des
Konditors* Rührspatel *m*
gâcher [gaʃe] *v/t* **1.** *bât* Mörtel, *Gips*
anmachen; anrühren; mischen; **2.** *fig*
verderben; *Arbeit, Thema, Leben, Zu-
kunft* verpfuschen; *F* verbumfiedeln; *Ge-
legenheit* schlecht, miseʼrabel nutzen;
Geld, Zeit vergeuden; vertun; *F* verbum-
fiedeln; *Talente* vergeuden; **~ le métier**
die Preise verderben; zu billig, zu
schnell, zu gut arbeiten; **~ de la pellicu-
le** sehr viel Film verknipsen *bzw* abdre-
hen; **il mʼa gâché mon plaisir** er hat
mir den Spaß verdorben
gâchette [gaʃɛt, ga-] *f* **1.** *mil* e-r *Schuß-
waffe* **a)** Abzugsstollen *m*; **b)** *par ext*
Abzug *m*; **appuyer sur la ~** abdrücken;
avoir le doigt sur la ~ den Finger am
Abzug haben; **2.** *e-s Türschlosses* Zuhal-
tung *f*
gâch|eur [gaʃœr] *m*, **~euse** *f* Ver-
schwender(in) *m(f)*
gâchis [gaʃi] *m* **1.** *bât* (Gips)Mörtel *m*; **2.**
fig **a)** Durcheinʼander *n*; *F* Kuddelmud-
del *m od f*; **b)** *F* Schlaʼmassel *m*; **être en**
plein ~ mitten im Schlamassel sitzen; **c)**
schlechte Arbeit; *F* Pfusch *m*; **d)** Ver-
schwendung *f*; Vergeudung *f*
gade [gad] *m zo* Schellfisch *m*, Dorsch *m*
(*Gattung*)
gadget [gadʒɛt] *m* technische Spieleʼrei;
(raffiʼniertes, sinnreiches, praktisches)
Kleingerät; Spielzeug *n* für Erwachsene
gadidés [gadide] *m/pl zo* Schellfische
m/pl; Dorsche *m/pl*
gadin [gadɛ̃] *m F* **ramasser un ~** hinfal-
len; hinschlagen
gadolinium [gadɔlinjɔm] *m chim* Gado-
ʼlinium *n*
gadoue [gadu] *f* **1.** (Straßen)Schlamm *m*,
(-)Kot *m*, (-)Dreck *m*; **2.** *F fig* Schlaʼmas-
sel *m*; **3.** *agr* Müllkompost *m*
gadouille [gaduj] *f F cf* **gadoue** 1. *u* 2.
gaélique [gaelik] **I** *adj* gälisch; **II** *subst*
ling **le ~** das Gälische; Gälisch *n*
gaff|e [gaf] *f* **1.** *mar* Bootshaken *m*; **2.** *F*
(dummer, ungeschickter, peinlicher)
Fehler; Dummheit *f*; ʼMißgriff *m*;
Schnitzer *m*; **faire, commettre une ~**
e-n Fehler, Schnitzer, e-e Dummheit
machen, begehen; e-n Mißgriff tun;
F e-n Bock schießen; daʼnebengreifen,
-hauen; **3.** *F* **faire ~** aufpassen; sich in
acht nehmen; **~er I** *v/t mar* mit dem
Bootshaken fassen; **II** *v/i F cf* (**faire
une**) **gaffe** 2.; **~eur** *F m*, **~euse** *F f*
j. der ständig dumme Fehler macht; *F*
Dussel *m*
gag [gag] *m cin* Gag [-ɛ-] *m*
gaga [gaga] *F adj* kindisch (gewor-
den); trottelig; *F* vertrottelt; verkalkt;
devenir ~ *auch* abbauen; **il est com-
plètement ~** er ist völlig vertrottelt,
verkalkt
gage [gaʒ] *m* **1.** *jur* Pfand *n*; Pfandgegen-
stand *m*, -objekt *m*; **donner, laisser qc en ~**
etw als Pfand geben, hinterʼlassen; **mettre qc en ~**
etw verpfänden, versetzen; **prêter sur ~**
gegen Pfand leihen; **retirer un ~** ein Pfand
ein-, auslösen; **2.** *beim Pfänderspiel*
Pfand *n*; **jouer aux ~s** Pfänderspiele
bzw ein Pfänderspiel machen; **3.** *fig*
ʼUnterpfand *n*; *par ext* Beweis *m*; Zei-
chen *n*; **~ dʼamitié** Freundschaftsbeweis
m; *st/s* **~ dʼamour, de fidélité** *st/s*
Unterpfand der Liebe, der Treue; **don-
ner des ~s de sa bonne foi** e-n Beweis
für s-e Aufrichtigkeit geben; **4.** *s-e pl*
Lohn *m*, Löhnung *f* (*der Hausangestell-
ten*); *par ext*: *péj* tueur *m* **à ~s** gedunge-
ner Mörder; **être aux ~s de qn** von j-m
bezahlt werden; in j-s Diensten stehen
gager [gaʒe] *v/t* ⟨-geons⟩ **1.** *litt* **~ que...**
wetten, daß...; **2.** *jur* durch ein Pfand
sichern; e-e Sicherheit geben für; *adit*
emprunt gagé gedeckte, gesicherte An-
leihe
gageure [gaʒyr, *abus* gaʒœr] *f litt* **cʼest
une ~** das ist ein unmögliches, aussichts-

loses Unterʼfangen
gagiste [gaʒist] *m od adit* créancier *m*
~ Pfandgläubiger *m*, -nehmer *m*
gagnant [gaɲɑ̃] **I** *adj* Gewinn...; *bei
Wettbewerben auch* siegreich; *jur Partei*
obsiegend; *Lotterie* **billet ~** Gewinnlos
n; **Treffer** *m*; **numéro ~** *cf* **numéro** 1.;
Pferderennen **pari ~** Siegwette *f*; *ellip*
jouer ~ et placé Sieg und Platz wetten;
e-e Sieg- und Platzwette abschließen;
donner un cheval ~ ein Pferd als Sieger
betrachten; **les pronostics donnaient
le cheval n° 13 ~** nach den Vorhersagen
sollte das Pferd Nr. 13 gewinnen; **II**
subst **~(e)** *m(f)* Gewinner(in) *m(f)*; *bei
Wettbewerben, Preisausschreiben auch*
Sieger(in) *m(f)*; **les ~s et les perdants**
die Gewinner und die Verlierer; **vous
serez ~** Sie gewinnen etwas dabei; Sie
haben etwas davon
gagne-pain [gaɲpɛ̃] *m* ⟨*inv*⟩ **1.** Broter-
werb *m*; **perdre son ~** brotlos werden;
retirer son ~ à qn j-n brotlos machen;
2. Ernährer *m*
gagne-petit [gaɲpəti] *m* ⟨*inv*⟩ Kleinver-
diener *m*
gagner [gaɲe] **I** *v/t* **1.** *Geld, Lebensunter-
halt* verdienen; **~ de lʼargent** Geld
verdienen (**dans une affaire** bei e-m
Geschäft; **sur un article** an e-m Arti-
kel); **~ mille francs par mois** monat-
lich tausend Franc verdienen; **~ (bien,
largement) sa vie** *cf* **vie** 5.; **~ tout
juste de quoi vivre** sein knappes Aus-
kommen haben; *voilà mille francs*, **vous
les avez bien gagnés** ... Sie haben sie
ehrlich verdient; *adit* **repos bien gagné**
wohlverdiente Ruhe, Erholung; **2.** *Lot-
teriegewinn, Preis, Pokal, Schlacht,
Krieg, Wettkampf, Spiel, Partie, Ren-
nen, Prozeß, Wette* gewinnen; **~ la vic-
toire** den Sieg daʼvontragen, errin-
gen; *fig* **avoir partie gagnée** gewonne-
nes Spiel haben; *F* **cʼest toujours ça de
gagné** das ist immerhin, wenigstens
etwas; besser als nichts; **3.** *j-s Gunst,
Freundschaft, Achtung* gewinnen; erwer-
ben; *st/s Schläge, Unannehmlichkeiten*
ernten; *Partei, Sekte: Anhänger* gewin-
nen; **~ tous les cœurs** alle Herzen
gewinnen; **~ qn à une cause** j-n für e-e
Sache gewinnen; *ne vous embarquez pas
dans cette affaire*, **vous nʼy gagnerez
rien de bon** ... Sie gewinnen nichts
dabei; ... dabei kommt für Sie nichts
Gutes heraus; **tout ce que jʼy ai gagné,
cʼest un rhume** alles, was ich davon
gehabt habe, war e-e Erkältung; **4.**
Zeit, Platz, Zeilen **a)** gewinnen; **b)**
(ein)sparen; **chercher à ~ du temps**
versuchen, Zeit zu gewinnen; **cela nous
fait ~ une heure** **a)** dadurch gewinnen
wir e-e Stunde; **b)** *bei Rationalisierung
etc* dadurch sparen wir e-e Stunde ein; ◆
Person **~ plusieurs kilos** mehrere Kilo

zunehmen; ♦ ~ du terrain a) *mil* Bodengewinne erzielen; b) *fig: Feuer* sich ausbreiten; sich ausdehnen; um sich greifen; *Ideen* (an) Boden gewinnen; *sports Läufer, Rennfahrer* Boden gutmachen; aufholen (**sur son adversaire** gegenüber s-m Gegner); **5.** *Ort* erreichen; gelangen zu; *Schiff: Hafen auch* anlaufen; *Schiff* ~ **le large** auf die offene See hin'ausfahren; ~ **sa place** s-n Platz einnehmen; ~ **la porte, la sortie** zur Tür, zum Ausgang gelangen; die Tür, den Ausgang erreichen; ~ **qn de vitesse** *cf* **vitesse** 1.; **6.** *Hunger, Müdigkeit, Schlaf* ~ **qn** j-n über'kommen; *son enthousiasme* **me gagnait** ... wirkte auf mich ansteckend; **le froid commençait à me** ~ mir wurde immer kälter; *l'instruction* **gagne toutes les couches de la population** ... erfaßt allmählich alle Bevölkerungsschichten; ... breitet sich in allen Bevölkerungsschichten aus; *l'incendie* **gagne le premier étage** ... greift auf den ersten Stock über; **II** *v/i* **7.** gewinnen; *bei Wettkämpfen auch* siegen; F das Rennen machen; ~ **à la loterie** in der Lotterie gewinnen; *sports:* ~ **aux points** nach Punkten siegen; ~ **d'une longueur, d'une poitrine, d'une tête** mit e-r Länge, um Brustbreite, mit e-r Nasenlänge siegen; ~ **par 2-0 (deux à zéro)** (mit) 2:0 (zwei zu null) gewinnen; *Lotterie* **à tous les coups on gagne!** jedes Los gewinnt! **jouer à qui perd gagne** „Wer verliert, gewinnt" spielen; **8.** *par ext* **au change** einen guten Tausch machen; **chercher à** ~ **sur la propriété de son voisin** s-n Besitz auf Kosten des Nachbargrundstücks zu vergrößern suchen; *fig* ~ **sur tous les tableaux** überall Erfolge erzielen können; **vous y gagnerez** es ist vorteilhafter für Sie; **j'y ai gagné** ich habe dabei gewonnen; **vous y gagnerez d'être enfin tranquille** Sie haben *od* gewinnen dabei den Vorteil, daß Sie endlich Ihre Ruhe haben; **9.** *Person* ~ **à être connu** bei näherem Kennenlernen gewinnen; *Sache* ~ **en poids, en précision,** *etc* an Bedeutung, an Präzision *etc* gewinnen

gai [gε, ge] **I** *adj* **1.** *Person, Wesen, Stimmung, Abend* fröhlich; heiter; lustig; vergnügt; fi'del; *Gesicht* fröhlich; heiter; *Theaterstück, Lied* heiter; lustig; *Lied auch* fröhlich; *par ext: Zimmer* freundlich; *Farbe* frisch; hell; lebhaft; freundlich; **un auteur** ~ ein Autor der heiteren Muse; **un repas** ~ e-e Mahlzeit, bei der es lustig zugeht; **le** ~ **savoir** a) *Literaturgeschichte* der Minnesang (der Troubadours); b) *Nietzsche* Die fröhliche Wissenschaft; **avoir le cœur** ~ fröhlich, aufgeräumt, gut aufgelegt, guter Dinge sein; **ne pas avoir une vie bien** ~**e** kein sehr schönes Leben haben; *iron* **eh bien, c'est** ~! das ist ja heiter!; **2.** *par ext Person* **être un peu** ~ angeheitert, heiter, beschwipst sein; **II** *int cf* **gué²**

gaïac [gajak] *m bot* Gua'jakbaum *m;* Pockholzbaum *m;* **résine** *f* **de** ~ Guajakharz *n*

gaïacol [gajakɔl] *m chim* Guaja'kol *n*

gaiement [gεmã, ge-] *adv* **1.** fröhlich; lustig; **2.** *par ext* mit Schwung; F **allons-y** ~! F na, dann wollen wir mal!

gaieté [gete] *f* **1.** Fröhlichkeit *f;* Heiterkeit *f;* Lustigkeit *f;* **la** ~ **du repas** die fröhliche, heitere, lustige Stimmung beim Essen; **ce n'est pas de** ~ **de cœur que** ... nur ungern, schweren Herzens ...; **2.** *pl* **les** ~**s de** ... die heiteren, lustigen, lächerlichen Seiten (+*gén*)

gaill|ard [gajar] **I** *adj* **1.** (gesund und) munter; frisch; voller Schwung; *alter Mensch etc* etwas rüstig; **2.** *Reden etc* etwas frei; locker; **II** *m* **1. a)** (kräftiger, strammer) Kerl, Bursche; **un grand, solide** ~ ein großer, kräftiger Kerl; **b)** F *péj* Bursche *m;* Bürschchen *n;* **attends du peu, mon** ~! warte, du Bürschchen!; **2.** *mar* **a)** Back *f;* **b)** *auf Segelschiffen* ~ **d'arrière** Schanze *f;* ~ **d'avant** Back *f;* ~**arde** *f* **1.** *impr Schriftgrad* Pe'tit *f;* **2.** *bot cf* **gaillardie;** **3.** *mus hist* Gail'larde *f*

gaillard|ement [gajardəmã] *adv von* **gaillard** 1.; ~**ie** *f bot* Ko'kardenblume *f;* ~**ise** *f* etwas freie, zweideutige, schlüpfrige Äußerung

gaillet [gajε] *m bot* Labkraut *n*

gailleterie [gajεtri] *f mines* Stückkohle *f*

gailletin [gajtε̃] *m mines* Nußkohle *f*

gaillette [gajεt] *f mines* Kohlenbrocken *m*

gaiment *cf* **gaiement**

gain [gε̃] *m* **1.** Gewinn *m; par ext* Nutzen *m;* Vorteil *m; jur* ~ **de survie** Vorteil zugunsten des über'lebenden Ehegatten; ~**s sur les changes** De'visengewinne *m/pl;* **amour** *m,* **soif** *f* **du** ~ Gewinnstreben *n,* -sucht *f;* **céder à l'appât du** ~ der Verlockung des Geldes erliegen; **être âpre au** ~, **avoir la passion du** ~ gewinnsüchtig, geldgierig, F scharf aufs Geld sein; **(re)tirer un** ~ **de qc** Gewinn, Nutzen, Vorteil aus etw ziehen (*auch par ext aus e-r Lektüre etc*); **2.** **avoir, obtenir** ~ **de cause** in e-m Streitfall recht bekommen; 'obsiegen *od* ob'siegen; *bei Forderungen, Vorschlägen das* Gewünschte, Geforderte bekommen; bekommen, was man wollte; sich 'durchsetzen; gewinnen; siegen; **donner** ~ **de cause à qn** j-m recht geben; *jur auch* j-s Antrag (*dat*) stattgeben; **3.** *oft pl* ~ **accessoire** Nebenverdienst *m;* ~ **de**~**s** Verdienstausfall *m;* **4.** ~ **de temps** Zeitgewinn *m,* -ersparnis *f;* ~ **de place** Platz-, Raumgewinn *m,* -ersparnis *f; e-s Motors* ~ **de puissance** Leistungsgewinn *m,* -zunahme *f;* **5.** *télécomm e-s Verstärkers* Verstärkungsfaktor *m,* -grad *m;* ~ **d'une antenne** An'tennengewinn *m*

gainage [gεnaʒ] *m tech* Um'hüllen *n,* -ung *f*

gaine [gεn] *f* **1.** *für e-n Dolch etc* Scheide *f;* **2.** Hüfthalter *m,* -gürtel *m;* **3.** *anat* Sehnenscheide *f;* **4.** *bot* Blattscheide *f;* **5.** *tech e-s Kabels etc* (Schutz)Hülle *m;* Mantel *m; par ext* Schlauch *m;* Ka'nal *m;* ~ **de ventilation** Lüftungskanal *m;* **6.** *mar* ~ **des Segels** breiter Saum *f;* **7.** *Kunst* Hermenpfeiler *m,* -pilaster *m; par ext* Herme *f*

gaine-culotte [gεnkylɔt] *f* ⟨*pl* **gaines-culottes**⟩ Miederhose *f*

gainer [gene] *v/t* **1.** tech mit e-r Schutzhülle versehen; um'hüllen; **2.** *fig* um'hüllen; um'schließen; **des jambes gainées de bas de nylon** nylonbestrumpfte Beine *m/pl*

gainier [genje] *m bot* Judasbaum *m*

gaîté *cf* **gaieté**

gal [gal] *m phys* Gal *n*

gala [gala] *m* Fest-, Galaveranstaltung *f;* **un** ~ **à l'Opéra** e-e Galavorstellung in der Oper; ~ **de bienfaisance** Wohltätigkeitsfest *n;* **habit** *m* **de** ~ Gala-, Festanzug *m;* Gala *f;* **repas** *m,* **représentation** *f,* **soirée** *f* **de** ~ Galadiner *n,* -vorstellung *f,* -abend *m;* **organiser, donner un** ~ ein offizielles Fest veranstalten; e-e Fest-, Galavorstellung geben

galactagogue [galaktagɔg] *adj u subst m cf* **galactogène**

galactique [galaktik] *adj astr* ga'laktisch; des Milchstraßensystems; **nébuleuses** *f/pl* ~**s** galaktische Nebel *m/pl*

galacto|gène [galaktɔʒɛn] *physiol* **I** *adj* milchtreibend; **II** *m* milchtreibendes Mittel; *sc* Galakta'gogum *n;* ~**mètre** *m;* Galakto'meter *n;* Milchwaage *f;* ~**phore** [-fɔr] *adj anat* **vaisseaux** *m/pl* ~**s** (Milch)Ausführungsgänge *m/pl*

galactose [galaktoz] *m chim* Galak'tose *f*

galalithe [galalit] *f Kunststoff* Gala'lith *n* (*Wz*)

galamment [galamã] *adv* ga'lant; als Kava'lier; zu'vorkommend; ritterlich

galandage [galãdaʒ] *m bât* Wand *f* aus hochkant gesetzten Backsteinen

galanga [galãga] *m bot, phm* Gal'gant (-wurzel) *m(f)*

galant [galã] **I** *adj* **1.** *Mann* ga'lant; rücksichtsvoll, zu'vorkommend, aufmerksam (gegenüber Frauen); ritterlich; höflich; *Komplimente, Reden* ga'lant; artig; **en homme** ~, **il céda sa place à une femme** als Kava'lier...; **il (n')est (pas)** ~ **meist er ist (kein)** Kavalier; **sois** ~, **passe-moi mon manteau!** sei Kavalier und ...; **faire des compliments** ~**s à qn** *auch* j-m Artigkeiten sagen; **2.** *par ext* ga'lant; Liebes...; **aventure** ~**e** galantes, amou'röses Abenteuer; Liebesabenteuer *n; früher* **femme** ~**e** Ko'kotte *f;* **rendez-vous...** Rendez'vous *n;* **surprendre qn en** ~**e compagnie** j-n in galanter Gesellschaft, bei e-m Tête-à-tête über'raschen; **3.** *litt* ~ **homme** Mann *m* von vornehmer, taktvoller Gesinnung; **II** *m* **vert** ~ *etwa* Weiberheld *m;* Schürzenjäger *m*

galanterie [galãtri] *f* Galante'rie *f;* Zu'vorkommenheit *f,* Rücksichtnahme *f,* Aufmerksamkeit *f* (gegenüber Frauen); Ritterlichkeit *f;* Höflichkeit *f;* **la vieille** ~ **française** *etwa* Kava'lierstum *n* der alten Schule

galantine [galãtin] *f cuis* Galan'tine *f* (*ein Sülzgericht*)

Galates [galat] *m/pl hist* Galater *m/pl; bibl* **épître** *f* **aux** ~ Galaterbrief *m*

galaxie [galaksi] *f astr* **a)** ♀ Milchstraßensystem *n;* Ga'laxis *f;* **b)** *par ext* Gala'xie *f;* Sternsystem *n;* Spi'ralnebel *m*

galbe [galb] *m e-r Vase, von Stilmöbeln* anmutig geschwungene *od* geschweifte, *auch von Körperteilen* wohlgerundete Form *f,* Linie *f;* **des jambes** *f/pl* **d'un** ~ **parfait** formvollendete Beine *n/pl*

galb|é [galbe] *adj Möbelstück etc* (anmutig, gefällig) geschwungen, geschweift, gerundet; *Säule* mit Entasis; **des jambes bien** ~**es** gut-, wohlgeformte Beine *n/pl;* ~**er** *v/t* **1.** anmutig, har'monisch geschwungene, geschweifte Kon'turen verleihen (+*dat*); **2.** *tech Bleche etc* leicht ausbauchen, wölben

gale [gal] *f* **1.** *path* Krätze *f; par ext* ~ **du ciment** (Berufs)Ek'zem *n* der Zementarbeiter; F *fig:* **approche, je n'ai pas la** ~! komm ruhig näher, ich beiße nicht!; **mange, je n'ai pas la** ~! iß und sei nicht so zimperlich!; F iß, ich bin doch nicht giftig!; **être mauvais comme la** ~ sehr bösartig sein; F **e-e Giftnudel, Giftspritze sein; 2.** *vét* Räude *f;* **3.** *Kartoffelkrankheiten* ~ **commune** gewöhnlicher Kar'toffelschorf; ~ **poudreuse** Pulver-, Schwammschorf *m*

galéasse *od* **galéace** [galeas] *f mar hist* Gale'asse *f*

galega [galega] *m bot* Geißraute *f; sc* Ga'lega *f*

galéj|ade [galeʒad] *f Provence* Schwindelgeschichte *f;* Witz *m;* ~**er** *v/i* ⟨-è-⟩ schwindeln; Witze machen

galène [galɛn] *f chim, minér* Bleiglanz *m;*

Gale'nit *m*; *rad* poste *m* à ~ De'tektor-empfänger *m*

galén|ique [galenik] *adj méd, phm* ga'lenisch; **remède** *m* ~ galenisches Mittel; Ga'lenikum *n*; **~isme** *m méd* Lehre *f* Ga'lens

galéode [galeɔd] *f zo* Walzenspinne *f*

galéopithèque [galeɔpitɛk] *m zo* Gleitflieger *m*; Flattermaki *m*

galère [galɛr] *f* **1.** *mar hist* Ga'leere *f*; *litt u fig*: que diable allait-il faire dans cette ~? was hatte er denn da zu suchen?; wie konnte er sich bloß darauf einlassen?; vogue la ~! hoffen wir das Beste!; **2.** *hist* (peine *f* des) ~s Ga'leerenstrafe *f*; condamner, envoyer qn aux ~s j-n zur Galeerenstrafe verurteilen

galerie [galri] *f* **1.** *arch* Gale'rie *f*; *in Kirchen auch* Em'pore *f*; *thé*: früher Gale'rie *f*; heute ~s *pl* Rang *m*; *im Schloß von Versailles* ~ des Glaces Spiegelsaal *m*; **2.** (Kunst)Gale'rie *f*; ~ d'art, de peinture, de tableaux Kunst-, Gemälde-, Bildergalerie *f*; *par ext* ~ de médailles Münzsammlung *f*; ~ de portraits à Por'trätsammlung *f*; *auch* Ahnengalerie *f*; b) Reihe *f* literarischer Porträts; **3.** a)Kunsthandlung *f*; b) *par ext* ~s *pl in Namen von Kaufhäusern*; **4.** (Kreis *m der*) 'Umstehende(n) *pl*; Zuschauer-, Zuhörerkreis *m*; Publikum *n*; il a dit ca pour la ~ ... dem Publikum zuliebe; pour épater la ~ aus Effekthasche'rei; vouloir épater, impressionner la ~ Eindruck machen, F Eindruck schinden, imponieren wollen; parler pour la ~ in s-r Rede auf Wirkung bedacht sein, ausgehen, nach (billigen) Effekten haschen; **5.** ('unterirdischer) Gang; Stollen *m*; *mines* Strecke *f*; Stollen *m*; *von Tieren* Gang *m*; *mil* ~ de mines Minengang *m*, -stollen *m*; ~s de taupe Maulwurfsgänge *m/pl*; *mines* creuser une ~ e-n Stollen, e-e Strecke vortreiben; **6.** *auto* Dachgepäckträger *m*; **7.** *an Straßen, Bahnlinien* ~ pare-avalanche La'winengalerie *f*

galérien [galerjɛ] *m hist* a) Ga'leerensträfling *m*; b) Ga'leerensklave *m*

galerne [galɛrn] *f mar* (vent *m* de) ~ Westnordwind(wind) *m*

galet [galɛ] *m* **1.** Kiesel(stein) *m*; plage *f* de ~s Kies- *bzw* Geröllstrand *m*; **2.** *tech* (Lauf)Rolle *f*; ~ porteur Tragerolle *f (an Kettenfahrzeugen)*; ~ de guidage Führungsrolle *f*

galetas [galtɑ] *m* armselige Behausung; F Loch *n*

galette [galɛt] *f* **1.** *cuis* flacher runder Blätterteigkuchen; ~ des Rois *etwa* Drei'königskuchen *m*; tirer la ~ des Rois *Volksbrauch in Frankreich am 6. Januar*: wer beim Essen der „galette des Rois" auf die eingebackene Bohne bzw Figur stößt, wird König; *fig* plat comme une ~ platt, flach wie ein Pfannkuchen; **2.** F (argent) F Kies *od auch* fric; **3.** Militärmarsch der Offiziersschule von Saint-Cyr

galeux [galø] *adj* ⟨-euse⟩ **1.** Tier räudig; brebis galeuse a) räudiges Schaf; b) *fig* schwarzes Schaf (de la famille der Familie); F *péj* räudiger Hund; **2.** *path* krätzig; *subst* F *fig* j'en mangerais sur la tête d'un ~ das esse ich für mein Leben gern

galhauban [galobɑ̃] *m mar* Par'dun(e) *n(f)*

galibot [galibo] *m mines* Berglehrling *m*

galicien [galisjɛ̃] *géogr* **I** *adj* ⟨~ne⟩ **1.** *Spanien* ga'licisch; **2.** *Polen* ga'lizisch; **II** *subst* ♀(ne) *m(f)* **1.** *in Spanien* Ga'licier(in) *m(f)* **2.** *in Polen* Ga'lizier(in) *m(f)*

galiléen [galileɛ̃] *géogr, hist, bibl* **I** *adj* ⟨~ne⟩ gali'läisch; **II** *m* ♀ Gali'läer *m* (*auch Bezeichnung für Christus*)

galimatias [galimatja] *m* Galima'thias *m od n*; verworrenes Gerede

galion [galjɔ̃] *m mar hist* Gale'one *od* Gali'one *f*

galiote [galjɔt] *f mar* **1.** *Schiffstypen* a) Gale'ote *od* Gali'ote *od* Gal'jot *f*; b) *hist* kleine Ga'leere; **2.** Scherstock *m*; Schiebebalken *m*

galipette [galipɛt] F *f* Purzelbaum *m*; faire des ~s Purzelbäume machen, schlagen, schießen

galipot [galipo] *m* Gali'pot *m*; Harz *n der* Strandkiefer

galle [gal] *f* **1.** (Pflanzen)Galle *f*; ~ du chêne *od* noix *f* de ~ Gallapfel *m*; Knopper *f*; **2.** *agr* ~ verruqueuse de la pomme de terre Kar'toffelkrebs *m*

gallérie [ga(l)leri] *f zo* Bienen-, Wachsmotte *f*

gallican [ga(l)likɑ̃] *adj égl cath* galli'kanisch; Église ~e gallikanische Kirche; les libertés *f/pl* de l'Église ~e die gallikanischen Freiheiten *f/pl*; rite ~ gallikanische Liturgie

gallicanisme [ga(l)likanism(ə)] *m égl cath* Gallika'nismus *m*

gallicisme [ga(l)lisism(ə)] *m ling* a) fran'zösische Spracheigentümlichkeit; b) *in e-r anderen Sprache* Galli'zismus *m*

galliformes [ga(l)liform] *m/pl od* **galli-nacés** [ga(l)linase] *m/pl zo* Hühnervögel *m/pl*

gallique [ga(l)lik] *adj chim* acide *m* ~ Gallussäure *f*

gallisation [ga(l)lizasjɔ̃] *f* Weinbereitung Naßzuckerung *f*

gallium [galjɔm] *m chim* Gallium *n*

gallois [galwa] **I** *adj* wa'lisisch; von, aus Wales; **II** *subst* ♀(e) *m(f)* Wa'liser(in) *m(f)*; *ling* le ~ das Wa'lisische, Kymrische; Wa'lisisch *n*; Kymrisch *n*

gallomanie [galomani] *f* Galloma'nie *f*

gallon [galɔ̃] *m englisch-amerikanisches Hohlmaß* Gal'lone *f*

gallo|-romain [galorɔmɛ̃] *hist* **I** *adj* galloromanisch; **II** *m* ♀ Gallo-Romains Galloromanen *m/pl*; romani-'sierte Gallier *m/pl*; **~-roman** *m ling* le ~ das Galloromanische; Galloromanisch *n*

galoche [galɔʃ] *f* **1.** Holzpantine *f*, -pantoffel *m*; F *fig* menton *m* en ~ spitzes, aufwärts gekrümmtes Kinn; **2.** *mar* Scheib(e)gatt *n*

galon [galɔ̃] *m* **1.** *cout* Borte *f*; Tresse *f*; Litze *f*; **2.** *mil* Tresse *f*; *bis zum „sergent-major"* auch Winkel *m*; *bei Marine- u Luftwaffenoffizieren auch* Ärmelstreifen *m*; *allg auch* Ga'lon *m*; Ga'lone *f*; ~s de caporal Gefreitenwinkel *m/pl*; F lieutenant ~ deux ~s Oberleutnant *m*; F *mil* arroser ses ~s F s-e Beförderung begießen; *mil u par ext* gagner, prendre du ~, gagner, conquérir ses ~s befördert werden; avan'cieren; aufrükken; aufsteigen; gagner ses ~s sur le champ de bataille (sich) s-e Tressen, s-e Beförderung auf dem Schlachtfeld verdienen

galonn|é [galɔne] **I** *adj* Rockaufschlag *etc* betreßt; **II** *m* F *mil* Offi'zier *m bzw* 'Unteroffizier *m*; F ~er *v/t cout* mit Borten, Tressen *bzw* mit e-r Borte, Tresse besetzen, einfassen; betressen; galo'nieren

galop [galo] *m* **1.** Ga'lopp *m*; grand, petit ~ gestreckter, kurzer Galopp; ~ d'essai Probe-, Aufgalopp *m*; *loc/adv* au ~ im Galopp; cheval *m* au ~ galop'pierendes Pferd; lancer son cheval au ~ sein Pferd in Galopp setzen; se mettre au ~, prendre le ~ in Galopp

'übergehen, fallen; Galopp anschlagen; partir au ~ da'vongaloppieren; F *fig* da'von-, weg-, fortrennen; **2.** *mus, Tanz* Ga'lopp *m*; **3.** *path* bruit *m* de ~ Ga'lopprhythmus *m*

galop|ade [galɔpad] *f* **1.** *Pferdesport* Ga'lopp *m*; Galop'pieren *n*; *fig* Getrappel *n*; **~ant** *adj meist fig* galop'pierend; *écon* inflation ~e galoppierende Inflation; *path* phtisie ~e galoppierende Schwindsucht

galop|er [galɔpe] *v/i* **1.** *Pferd, Reiter* galop'pieren; *Reiter auch im* Ga'lopp reiten; ~ ventre à terre in gestrecktem, vollem Galopp reiten; *Pferd* laufen; **2.** F *fig von Personen* rennen; ~ derrière qn hinter j-m herrennen; passer sa journée à ~ d'un bout à l'autre de Paris den ganzen Tag in Paris her'umrennen; **~eur** *m Pferd* Ga'lopper *m*

galopin [galɔpɛ̃] *m* a) Straßen-, Gassenjunge *m*; b) Schlingel *m*; Lausbub *m*; F Bengel *m*

galoubet [galubɛ] *m mus* Galou'bet *m*; Einhandflöte *f in der Provence*

galuchat [galyʃa] *m* Haifisch- *bzw* Rochenhaut *f*; Fischleder *n*

galure [galyr] *m od* **galurin** [galyrɛ̃] *m* F (*chapeau*) F Deckel *m*

galvanique [galvanik] *adj élect, tech* gal'vanisch; pile *f* ~ galvanisches Element

galvanisation [galvanizasjɔ̃] *f* **1.** *tech* a) Verzinken *n*, -ung *f*; ~ électrolytique Gal'vanoverzinken *n*; elektrolytische, galvanische Verzinkung; ~ à chaud Feuer-, Heißverzinken *n*; b) *par ext* Galvani'sieren *n*, -ung *f*; Galvanisati'on *f*; *méd* Galvanisati'on *f*

galvaniser [galvanize] *v/t* **1.** *tech* a) verzinken; *adit* Draht, Blech galvanisé verzinkt; b) *par ext* galvani'sieren; **2.** *méd* galvani'sieren; elektri'sieren; *Muskel, Nerv* gal'vanisch erregen, reizen; **3.** *fig Redner: Menschenmenge* begeistern; in Bann schlagen; mitreißen; elektri'sieren

galvanisme [galvanism(ə)] *m* (physio-'logischer) Galva'nismus

galvano [galvano] *m impr* Gal'vano *n*

galvano|caustie [galvanɔkosti] *f chir* Galvano'kaustik *f*; **~cautère** *m chir* Galvano'kauter *m*

galvanomètre [galvanɔmɛtr(ə)] *m élect* Galvano'meter *n*; ~ balistique balistisches Galvanometer; Stoßgalvanometer *n*; ~ à cadre mobile Drehspulgalvanometer *n*

galvano|plastie [galvanɔplasti] *f tech* Galvano'plastik *f*, -'technik *f*; **~plastique** *adj* galvano'plastisch; **~type** *m impr od* galvano; **~typie** [-tipi] *f impr* Galvano'plastik *f*; Elektroty'pie *f*

galvauder [galvode] *v/t* guten Namen entwürdigen; kompromit'tieren; *Talent* vergeuden; *Wort* abnutzen; strapa'zieren

gamay [gamɛ] *m vit* Rebsorte der Côte d'Or

gambade [gɑ̃bad] *f* Luftsprung *m*

gambader [gɑ̃bade] *v/i* hüpfen, Luftsprünge machen (de joie vor Freude); Kinder ~ dans le jardin im Garten her'umhüpfen

gambe [gɑ̃b] *f mus* viole *f* de ~ Vi'ola da gamba *f*; Gambe *f*; Kniegeige *f*

gamberger [gɑ̃bɛrʒe] *F v/i* ⟨-geons⟩ über'legen; nachdenken; grübeln

gambette [gɑ̃bɛt] *f* **1.** F (*jambe*) Bein *n*; F *südd* Haxen *m*; jouer, tricoter des ~s F sich aus dem Staub(e) machen; abhauen; türmen; verduften; stiftengehen; **2.** *zo* Rotschenkel *m*

gambien [gɑ̃bjɛ̃] **I** *adj* ⟨~ne⟩ gambisch; **II** *subst* ♀(ne) *m(f)* Gambier(in) *m(f)*

gambill|e [gɑ̃bij] f F Schwof m; **~er** v/i F schwofen

gambit [gɑ̃bi] m Schach Gambit n

gambusie [gɑ̃byzi] f zo Gam'busia f

gamelle [gamɛl] f 1. Koch-, Eßgeschirr n; 2. mar mil Offi'zierstafel f; 3. F ramasser une ~ hinfallen

gamète [gamɛt] m biol Ga'met m; Keim-, Geschlechts-, Fortpflanzungszelle f

gam|in [gamɛ̃], **~ine** f/f 1. kleiner Junge, südd Bub; F Bengel m; kleines Mädchen; F Göre f; **gamins** pl auch Kinder n/pl; F Gören pl; un gamin de dix ans ein zehnjähriger Junge; une bande de gamins e-e Kinderschar; se conduire comme un gamin sich wie ein kleiner od dummer Junge benehmen; c'est encore une gamine sie ist noch ein kleines Mädchen; 2. F (fils, fille) F Kleine(r) f(m); c'est son gamin das ist sein Kleiner; II adj Aussehen, Wesen jungenhaft; lausbubenhaft; schelmisch; schalkhaft

gaminerie [gaminri] f Kinde'rei f; p/fort Dummer'jungenstreich m

gamma [ga(m)ma] m 1. griechischer Buchstabe Gamma n; 2. phys rayons m/pl ~ Gammastrahlen m/pl; 3. astr point m ~ Frühlings-, Widderpunkt m; 4. phot Gamma n; **~globuline** f physiol Gammaglobu'lin n; **~graphie** f tech Gammastrahlverfahren n; Gammagra'phie f

gammare [ga(m)mar] m zo Bachflohkrebs m

gamme [gam] f 1. mus Tonleiter f; ~ majeure, mineure Dur-, Molltonleiter f; faire des ~s Tonleitern üben; 2. fig Skala f; Pa'lette f; Reihe f; e-r Firma (Waren)Angebot n; Sorti'ment n; Kollekti'on f; Pro'gramm n; ~ des couleurs Farbskala f; ~ des prix Preisskala f; ~ de production Produkti'onspalette f; toute la ~ des vins de Bordeaux sämtliche Bor'deauxweine; avoir une vaste ~ d'utilisation vielseitig verwendbar sein; éprouver toute la ~ des sentiments, des sensations e-e ganze Gefühlsskala durch'leben; 3. rad Wellenlängen- bzw Frequ'enzbereich m; ~ des grandes ondes Langwellenbereich m; 4. Industrie ~ d'opérations Arbeitsablaufstudie f; Arbeitsplan m

gammée [game] adj ⟨nur f⟩ croix ~ Hakenkreuz n

gamo|pétale [gamopetal] bot I adj verwachsenblumenblättrig; II ~s m/pl Verwachsenblumenblättrige(n) pl; sc Sym'petalae pl; **~sépale** adj bot vereintkelchblättrig

ganache [ganaʃ] f 1. anat des Pferdes Ga'nasche f; 2. F fig (vieille) ~ (alter) Esel

ganaderia [ganaderja] f in Spanien **a)** Stierfarm f; **b)** Stierbestand m (e-r Farm)

gandin [gɑ̃dɛ̃] m Geck m; Stutzer m

gandoura [gɑ̃dura] f der Araber: Art Hemd, das unter dem Burnus getragen wird

gang [gɑ̃g] m (Verbrecher)Bande f; Gang [gɛn] f; chef m de ~ Bandenführer m; Gangsterboß ['gɛŋ-] m

ganga [gɑ̃ga] m zo Spießflughuhn n

ganglion [gɑ̃glijɔ̃] m 1. anat ~ (lymphatique) Lymphknoten m; inflammation f des ~s Lymphknotenentzündung f; F avoir des ~s geschwollene Lymphknoten haben; 2. anat ~ nerveux Ganglion n; Nervenknoten m; 3. path ~ synovial Ganglion n; 'Überbein n

ganglionnaire [gɑ̃glijɔnɛr] adj anat 1. Lymphknoten…; 2. Ganglien…

gangrène [gɑ̃grɛn] f path Brand m; Gan'grän f od n; ~ humide, sèche feuchter, trockener Brand

gangren|er [gɑ̃grəne] ⟨-è-⟩ I v/t 1. Wunde, Glied brandig werden lassen; adit gangrené brandig (geworden); 2. fig verderben; vergiften; II v/pr se ~ brandig werden; **~eux** adj ⟨-euse⟩ brandig; gangrä'nös

gangster [gɑ̃gstɛr] m 1. Gangster ['gɛn-] m; film m de ~s Gangsterfilm m; 2. fig Blutsauger m; Wucherer m; von e-m Händler c'est un vrai ~ auch F er nimmt es von den Lebenden

gangstérisme [gɑ̃gsterism(ə)] m 1. Gangstertum n, -unwesen n ['gɛn-]; 2. par ext Gangstermethoden f/pl; c'est du ~ das sind Gangstermethoden

gangue [gɑ̃g] f 1. mines Gangart f; 2. par ext 'Überzug m; Schale f; Verpackung f

ganoïde [ganɔid] zo I adj écailles f/pl ~s Gano'idschuppen f/pl; II m/pl ~s Schmelzschupper m/pl; sc Gano'iden pl

ganse [gɑ̃s] f cout Schnur f; Kordel f; par ext Besatzband n; Paspel f

gans|er [gɑ̃se] v/t cout mit Schnur, Band besetzen; einfassen; paspeln; **~ette** f kleine Schnur, Kordel; par ext kleines Besatzband

gant [gɑ̃] m 1. Handschuh m; ~s fourrés gefütterte Handschuhe; ~s tricotés Strickhandschuhe m/pl; sports ~ de boxe, d'escrime Box-, Fechthandschuh m; ~s de caoutchouc, de laine, de peau Gummi-, Woll-, Leder- bzw Glacéhandschuhe m/pl; ~ de protection Schutzhandschuh m; une paire de ~s ein Paar Handschuhe; pointure f de ~s Handschuhgröße f, -nummer f; aller à qn comme un ~ Kleidungsstück (j-m) sitzen wie angegossen; Rolle j-m auf den Leib geschrieben sein; fig se donner des ~s das Verdienst für sich in Anspruch nehmen; Person être souple comme un ~ sehr, überaus geschmeidig, wendig sein; fig jeter le ~ à qn j-m den Fehdehandschuh hinwerfen; j-n her-'ausfordern; mettre des ~s Handschuhe an-, 'überziehen; F fig prendre des ~s avec qn j-n mit Samt-, Glacéhandschuhen anfassen; F j-n wie ein rohes Ei behandeln; ne pas prendre de ~s pour dire à qn ce qu'on pense j-m unverblümt s-e Meinung sagen; sans prendre de ~s auch ohne viel Federlesens; fig ramasser, relever le ~ den Fehdehandschuh aufnehmen; die Her'ausforderung annehmen; Boxer remettre les ~s wieder boxen; wieder in den Ring steigen; retirer, enlever ses ~s sich die Handschuhe ausziehen, abstreifen; fig retourner qn comme un ~ j-n völlig 'umstimmen; 2. ~ (de toilette) Waschlappen m, -handschuh m; ~ de crin Mas'sagehandschuh m; 3. bot ~ de Notre-Dame a) Ake'lei f; b) Fingerhut m

gantelée [gɑ̃tle] f bot a) Ake'lei f; b) Fingerhut m; c) Glockenblume f

gantelet [gɑ̃tlɛ] m 1. mancher Handwerker Handleder n; 2. hist Panzerhandschuh m (der Ritterrüstung); 3. Beizjagd Handschuh m

ganteline [gɑ̃tlin] f cf gantelée

ganter [gɑ̃te] I v/t meist adit ganté Person mit Handschuhen; Hand behandschuht; II v/pr st/s se ~ sich Handschuhe 'überziehen, 'überstreifen

gant|erie [gɑ̃tri] f a) Handschuhindustrie f; b) Handschuhhandel m; c) Handschuhfabrik f; **~ier** m Handschuhmacher m

garage [garaʒ] m 1. Ga'rage f; auch Abstellplatz m in e-r (Tief)Garage; für Busse etc auch Wagenhalle f; für Flugzeuge Halle f; für Boote Bootshaus n; ~ particulier Einzelgarage f; ~ en sous-sol Tiefgarage f; Aufschrift sortie de ~! Ausfahrt freihalten!; mettre, rentrer sa voiture au ~ s-n Wagen in die Garage bringen, fahren; s-n Wagen einstellen; s-n Wagen in der Garage 'unterstellen; sortir sa voiture du ~ s-n Wagen aus der Garage holen, fahren; 2. (Autoreparatur-, Kraftfahrzeug)Werkstatt f; ~ Renault Renault-Vertretung f; aller porter sa voiture au ~ s-n Wagen in die Werkstatt bringen; F s-n Wagen wegbringen; 3. ch de fer Abstellen n; voie f de ~ Abstellgleis n; cf auch voie 2.

garagiste [garaʒist] m (selbständiger) Auto-, Kraftfahrzeugmechaniker; Inhaber m e-r Autoreparaturwerkstatt

garance [garɑ̃s] f 1. bot Färberröte f; Krapp m; 2. **a)** Krapprot n, -farbstoff m; **b)** adit ⟨inv⟩ krapprot; hist mil pantalons m/pl ~ (krapp)rote Hosen f/pl (der frz Infanterie)

garancer [garɑ̃se] v/t ⟨-ç-⟩ mit Krapp färben

gar|ant [garɑ̃] m, **~ante** f 1. jur Bürge m, Bürgin f; être ~ bürgen (de für); se rendre, se porter ~ Bürgschaft leisten (de für); cf auch 3.; 2. Völkerrecht Garan'tiemacht f. Ga'rant m (d'un traité e-s Vertrages); 3. par ext Person se porter ~ f meist inv de qc sich für etw verbürgen; die Garan'tie od Gewähr für etw über'nehmen; für etw einstehen; 4. ~ nur fig von e-r Sache Garan'tie f; 5. ⟨nur m⟩ mar Läufer m; Lauftau n

garanti [garɑ̃ti] m jur Bürgschaftsnehmer m

garantie [garɑ̃ti] f 1. comm, jur Garan'tie f; Gewährleistung f; jur ~ des vices, d'éviction Gewährleistung für Sachmängel, für Rechtsmängel; bon m, certificat m de ~ Garantieschein m; délai m de ~ Garantiefrist f; jur action f, recours m en ~ Gewährleistungsklage f; Patent délivré sans ~ du gouvernement (abr S.G.D.G.) unter Haftungsausschluß des Staates, ohne Garantie des Staates für Neuheit und Verwertbarkeit erteilt; Reparatur être couverte par la ~ unter die Garantie fallen; F auf Garantie gehen; ma montre est encore sous (la) ~ auf meine Uhr habe ich noch Garantie; auf meiner Uhr ist noch Garantie; vendre qc avec ~ etw mit Garantie verkaufen; 2. jur bei Forderungen Bürgschaft f; donner sa ~ Bürgschaft leisten; 3. Staats-, Völkerrecht Garan'tie f; ~ collective Kollek'tivgarantie f; ~s constitutionnelles verfassungsmäßige Garantien; pacte m de ~ Garantiepakt m; 4. allg Garan'tie f; Gewähr f; Sicherheit f; sans ~ ohne Gewähr; demander des ~s Garantien, Sicherheiten verlangen; offrir, présenter toutes les ~s jede Gewähr bieten; prendre des ~s sich absichern

garantir [garɑ̃tir] v/t 1. jur für e-e Forderung, Zahlung bürgen für; Rechte, Freiheiten garantieren; comm Garan'tie geben auf (+acc); ~ l'indépendance d'un pays die Unabhängigkeit e-s Landes garantieren; Gerät être garanti un an ein Jahr Garantie haben; 2. garan'tieren; gewährleisten; versichern; zusichern; zusagen; je peux vous ~ le fait ich kann Ihnen dafür garantieren; ~ la livraison pour mardi die Lieferung für Dienstag zusichern, zusagen; ~ le succès für den Erfolg garantieren; il m'a garanti que tout irait bien er hat mir versichert, daß alles gut gehen würde; qui me garantit qu'il tiendra sa parole wer garantiert mir, daß …; 3. (ab)sichern (contre un risque gegen ein Risiko); schützen (de l'humidité vor, gegen Nässe)

garbure [garbyr] *f cuis in Südwestfrankreich* (*Art*) Kohlsuppe *f mit Speck*

garce [gars] *f* F *péj* **1.** Weibsbild *n*, -stück *n*; F Biest *n*; Drachen *m*; Luder *n*; **2.** *loc/adj* cette ~ de vie F dieses verdammte, verfluchte, P beschissene Leben

garcette [garsɛt] *f mar* Beschlagzeising *m*

garçon [garsõ] *m* **1.** Junge *m*; *südd* Bub *m*; *st/s* Knabe *m*; **grand** ~ großer Junge; tu es un grand ~ maintenant! du bist jetzt schon ein großer Junge!; **jeune** ~ Halbwüchsige(r) *m*; junger Bursch(e); **mon** ~! mein Junge!; **petit** ~ kleiner Junge; *fig* **être, se sentir un petit** ~ auprès de qn sich neben j-m klein vorkommen; **traiter qn en petit** ~ j-n wie e-n kleinen *od* dummen Jungen behandeln; **ils ont trois** ~s et deux **filles** sie haben drei Jungen(s) und zwei Mädchen; **2.** junger Mann; Bursche *m*; F Bursch *m*; Kerl *m*; **un beau, joli** ~ ein hübscher Kerl, Junge; **un bon, brave** ~ ein gutmütiger, braver Kerl; **un** ~ **de vingt ans** ein junger Mann von zwanzig Jahren; ~ **d'honneur** Brautführer *m*; **3.** **mauvais** ~ Ga'nove *m*; F schwerer Junge; **4. vieux** ~ (älterer) Junggeselle *m*; *litt* Hagestolz *m*; **5.** Gehilfe *m*; Geselle *m*; ~ **boucher, boulanger** Fleischer- *od* Metzger-, Bäckergeselle *m*; ~ **coiffeur** Fri'seurgehilfe *m*; *junger auch* Liftboy *m*; ~ **d'ascenseur** Fahrstuhlführer *m*; ~ **de bureau** Bü'rodiener *m*; ~ **de courses** Laufbursche *m*, -junge *m*; Bote *m*; ~ **d'écurie** Stallbursche *m*; Pferdeknecht *m*; ~ **de ferme** Knecht *m*; ~ **de laboratoire** La'borgehilfe *m*; **6.** ~ (**de café, de restaurant**) Kellner *m*; Ober *m*; *mar* ~ **de cabine** Steward ['stjuːərt] *m*; *im Hotel* ~ **d'étage** Zimmerkellner *m*; ~, **l'addition**! Herr Ober, bitte zahlen!

garçonne [garsɔn] *f* **1.** Junggesellin *f*; **2.** **coiffure** *f* **à la** ~ Bubikopf *m*

garçonn|et [garsɔnɛ] *m* **1.** (kleiner) Junge; **2.** *adit cout* Knaben...; **taille** *f* ~ Knabengröße *f*; **~ier** *adj* (-ière) jungenhaft; **~ière** *f* Junggesellenwohnung *f*

garde[1] [gard] *f* **1.** Bewachung *f*; Beaufsichtigung *f*; Aufsicht *f* (**de** über + *acc*); *jur auch* Aufsichtspflicht *f*; **la** ~ **des frontières** die Bewachung der Grenzen; **chien** *m* **de** ~ Wachhund *m*; **faire bonne** ~ sehr wachsam sein; gut aufpassen; **mettre sous bonne** ~ unter strenge, scharfe Bewachung stellen; **2.** Aufbewahrung *f*; Verwahrung *f*; Gewahrsam *m*; ~ **judiciaire** gerichtliche Verwahrung; ~ **à vue** Poli'zeigewahrsam *m*; **confier qc à la** ~ **de qn** j-m etw in Verwahrung geben; j-m etw zur Aufbewahrung über'geben, anvertrauen; **3.** Obhut *f*; *jur* **droit** *m* **de** ~ Sorgerecht *n*; **que Dieu nous ait en** (**sa sainte**) ~! möge uns Gott behüten!; *jur* **confier la** ~ **de l'enfant à la mère** der Mutter das Sorgerecht für das Kind über'tragen; **confier un enfant à la** ~ **de qn** ein Kind in j-s Obhut geben, bei j-m in Obhut geben; **4.** *nur in loc* (**Ob**)**Acht** *f*; Aufmerksamkeit *f*; *mil* ~ **à vous!** *cf* **garde-à-vous** I; **mettre qn en** ~ j-n warnen (**contre qn, qc** vor j-m, etw); **mise** *f* **en** ~ Warnung *f*; **prendre** ~ achtgeben, achthaben, aufpassen, achten (**à** auf + *acc*); sich in acht nehmen, auf der Hut sein, sich vorsehen (**vor** + *dat*); **prenez** ~! geben Sie acht!; passen Sie auf!, sehen Sie sich vor!; **prenez** ~ **à cette personne-là!** nehmen Sie sich vor dieser Person in acht!; **prenez** ~ **aux pickpockets!** vor Taschendieben wird gewarnt!; **prenez** ~ **aux voitures** *en traversant la rue!* geben Sie auf die Autos

acht *od* passen Sie auf die Autos auf *od* achten Sie auf die Autos ...!; **prenez** ~ (**à ce**) **qu'on ne vous entende pas!** geben Sie acht *od* passen Sie auf, daß man Sie nicht hört!; **prends** ~ **de ne pas te salir!** paß auf *od* gib acht, daß du dich nicht schmutzig machst!; **sans y prendre** ~ unversehens; **sans prendre** ~ **à personne, à rien** ohne sich um irgend jemand, um irgend etwas zu kümmern; **se tenir, être sur ses** ~s auf der Hut sein; sich vorsehen; **5.** *bes mil* Wachdienst *m*; Wache *f*; *für Ärzte, Apotheken* (**service** *m* **de**) ~ Bereitschafts-, Notdienst *m*; Nacht- *bzw* Sonntagsdienst *m*; *bei e-m Kranken* ~ **de nuit** Nachtwache *f*; *bei e-m schwer leidenden Arzt*; **pharmacie** *f* **de** ~ dienstbereite Apotheke; *mil* **poste** *m* **de** ~ Wachlokal *n*; *mil* **sentinelle** *f* **de** ~ wachhabender, Wache stehender Posten; *mil* **tour** *m* **de** ~ (turnusmäßiger) Wachdienst; **être de** ~ a) *mil* Wache *od* Wachdienst haben; auf Wache sein; b) *Arzt, Apotheke* Bereitschaftsdienst haben; den Bereitschaftsdienst, Notdienst versehen; *mil* **monter la** ~ Wache halten, F schieben; Posten stehen; *mil* **prendre la** ~ die Wache über'nehmen; **6.** *mil* Wache *f*; Wachmannschaft *f*; ~ **d'honneur** Ehrenwache *f*; *hist* **corps** *m* **de** ~ Wache *f* (*Wachmannschaft u Wachlokal*); *fig* **histoire** *f*, **plaisanterie** *f* **de corps de** ~ deftiger, derber Witz; **renforcer la** ~ die Wache verstärken; **7.** *mil* Garde *f*; Gardekorps *n*; Gardetruppe *f*; *hist* ~ **impériale** Kaisergarde *f* (*unter Napoleon I.*); *hist* ~ **nationale** Natio'nalgarde *f*; Bürgerwehr *f*; *im Vatikan* ~ **noble pontificale**, ~ **suisse** Nobelgarde *f*; Schweizergarde *f*; ~ **républicaine** (**de Paris**) Republikanische Garde (*Gendarmeriekorps in Paris zur Bewachung der Regierungsgebäude u zum Ehrendienst*); *pol in China* **les** ~s **rouges** die Roten Garden; *fig* **la vieille** ~ die alte Garde; *hist* **la** ~ **meurt et ne se rend pas** die Garde stirbt und ergibt sich nicht; **8.** Boxen **a**) Box-, Grundstellung *f*; **se mettre, tomber en** ~ die Box- *bzw* Grundstellung einnehmen; **b**) Deckung *f*; **9.** *esc* **a**) Fecht-, Ausgangsstellung *f*; Auslage *f*; **être en** ~ in Fechtstellung stehen; **b**) ~s *pl* Fechthiebe *m/pl* (*Prim, Sekond etc*); **10.** *e-s Degens* Stichblatt *n*; Glocke *f*; *e-s Säbels* Pa'rierstange *f*; **il lui plongea le poignard jusqu'à la** ~ *dans la poitrine* ... bis zum Heft ...; **11.** *e-s Buches* **page** *f* **de** ~ Vorsatzblatt *n*; **12.** *auto* ~ **au sol** Bodenfreiheit *f*

garde[2] [gard] *m* **1.** Wächter *m*; Wache *f* (*Person*); Aufseher *m*; Wärter *m*; *mil* (**Wach-, Wacht**)**Posten** *m*; Wachsoldat *m*; ~ **champêtre** Feldhüter *m*; ~ **forestier** (**Re'vier**)**Förster** *m*; ~ **du corps** Leibwächter *m*; ~s **du corps** *auch* Leibwache *f*; ~ **des Sceaux** *heute* (*Titel des frz*) Ju'stizminister(s); *hist* Siegelbewahrer *m*; **2.** *mil* Gar'dist *m*; Angehörige(r) *m* *e-s* Gardekorps; ~ **mobile** *etwa* Bereitschaftspolizist *m*; ~ **national** Natio'nalgardist *m*; ~ **républicain** Angehörige(r) der „garde républicaine"

garde[3] [gard] *f* Krankenwärterin *f*

gardé [garde] *adj* **Parkplatz** bewacht; *Bahnübergang* beschrankt; **chasse** ~e (für Unbefugte verbotenes) Jagdrevier *n*; F *fig in bezug auf e-e Frau* **chasse** ~e! lassen Sie die Finger von ihr, sonst kriegen Sie es mit ihrem Mann *bzw* Freund zu tun!

garde-à-vous [gardavu] *mil* **I** Komman-do **a**) *beim Antreten* stillgestanden!; **b**)

beim Herannahen e-s Vorgesetzten Achtung!; **II** *m* (*inv*) stramme Haltung; Hab'achtstellung *f*; Strammstehen *n*; **être, se mettre, rester, se tenir au** ~ strammstehen; **se mettre au** ~ *auch* (stramme) Haltung an-, einnehmen

garde|-barrière [gardəbarjɛr] *m* (*pl* gardes-barrière(s)) *ch de fer* Schrankenwärter *m*; Bahnwärter *m*; **~-bœuf** *m* (*pl* gardes-bœuf(s)) *zo* Kuhreiher *m*; **~-boue** *m* (*inv*) **a**) *am Fahrrad* Schutzblech *n*; **b**) *auto* (*frühere Bezeichnung*) Kotflügel *m*; **~-chasse** *m* (*pl* gardes-chasse(s)) *ch* Jagdaufseher *m*; Wildhüter *m*

garde-chiourme [gardəʃjurm] *m* (*pl* gardes-chiourme) **1.** *früher* Sträflingsaufseher *m*; *bes* Aufseher *m* über die Ga'leerensträflinge; **2.** *fig u péj* unmenschlicher Aufseher; Antreiber *m*; KZ-Wächter *m*; Sklavenhalter *m*

garde-corps [gardəkɔr] *m* (*inv*) **1.** *mar* Manntau *m*; **2.** *tech* (Schutz)Geländer *n*

garde-côte [gardəkot] *m* (*pl* garde-côte(s)) *mar* **1.** *mil* Küstenwachboot *n*; *früher auch* Küstenpanzerschiff *n*; **2.** Fische'reiaufsichtsboot *n*; **3.** Zollkreuzer *m*

garde|-feu [gardəfø] *m* (*inv*) Ka'min-, Ofenschirm *m*; **~-fou** *m* (*pl* garde-fous) (Schutz)Geländer *n*; **~-française** *m* (*pl* gardes-françaises) *hist etwa* königliche Leibgardist; **~-frein** *m* (*pl* gardes-frein(s)) *ch de fer* Bremser *m*; **~-frontière** *m* (*pl* gardes-frontière(s)) Grenzwächter *m*; **~-magasin** *m* (*pl* gardes-magasin(s)) **1.** *mil* Kammerunteroffizier *m*; **2.** Lager-, Maga'zinverwalter *m*; **~-malade** *m.f* (*pl* gardes-malades) Krankenwärter(in) *m(f)*; **~-manger** *m* (*inv*) Fliegenschrank *m*; **~-meuble** *m* (*pl* garde-meuble(s)) Lagerraum *m* für Möbel; Möbelspeicher *m*; **~-mites** *arg m* (*pl* gardes-mites) F Kammerbulle *m*

gardénia [gardenja] *m bot* Gar'denie *f*

garden-party [gardɛnparti] *f* (*pl* garden-parties) Gartenfest *n*

garde|-pêche [gardəpɛʃ] *m* **1.** (*pl* gardes-pêche) Fische'reiaufseher *m*; **2.** (*inv*) *od adj* **vedette** *f* ~ Fische'reiaufsichtsboot *n*; Fische'reikreuzer *m*, -schutzboot *n*; **~-place** *m* (*pl* garde-place(s)) *ch de fer* Platzbelegungsschild *n*; **~-port** *m* (*pl* garde-port(s)) *comm* Hafenmeister *m* (*e-s Binnenhafens*)

garder [garde] **I** *v/t* **1.** *Gefangene, Gebäude, Eingang* bewachen; *Personen auch* beaufsichtigen; aufpassen auf (+ *acc*); *Vieh* hüten; *Hund* ~ **la basse-cour** den Hühnerhof bewachen; ~ **un enfant** ein Kind hüten; auf ein Kind aufpassen; *Wachtposten* ~ **un pont** e-e Brücke bewachen; *fig*: **la statue de la Liberté garde le port de New York** ... wacht über den Hafen von New York; ~ **qn à vue** j-n in Polizeigewahrsam halten; **2.** *litt* ~ **qn de qc** j-n vor etw (*dat*) behüten, bewahren; *Zitat* **Dieu me garde de mes amis! Quant à mes ennemis, je m'en charge** Gott bewahre mich vor meinen Freunden! Mit meinen Feinden werde ich allein fertig; **3.** *Lebensmittel etc* aufbewahren; aufheben; verwahren; aufspeichern; lagern; *Platz* belegen (**à** qn j-m, für j-n); *von e-r Urkunde* ~ **copie** e-e Abschrift aufbewahren; ~ **le meilleur pour la fin** das Beste bis zuletzt aufsparen; ~ **de la viande froide pour le dîner** kalten Braten für das Abendessen aufheben; **4.** *Fundgegenstand etc* behalten; zu'rückbehalten; *Kleidungsstück, Schuhe* anbehalten; F anlassen; *Hut*

aufbehalten; F auflassen; *Schal, Umhang* 'umbehalten; *Gewohnheit* beibehalten; *Gast* dabehalten; bei sich behalten; ~ son chapeau (sur la tête) s-n Hut aufbehalten; *von e-r Wunde* ~ une cicatrice e-e Narbe zurückbehalten; *comm* ~ un client e-n Kunden behalten; ~ un bon, mauvais souvenir de qn, de qc j-n, etw in guter, schlechter Erinnerung haben, behalten; ~ qn à dîner j-n zum Essen dabehalten; *fig Geheimnis, Bemerkung* ~ pour soi für sich behalten; 5. *par ext in bezug auf e-n Zustand* halten; bewahren; *Vermögen, Lebensstandard* (er)halten; bewahren; *jugendliche Frische, Humor* bewahren; ♦ ~ son *od* l'équilibre das Gleichgewicht halten, *fig* bewahren; ~ toutes ses facultés immer noch im 'Vollbesitz s-r geistigen Kräfte sein; *suivre un régime* pour ~ la ligne ... um die schlanke Linie zu bewahren; ~ la mesure maßhalten; ~ la juste mesure das richtige, rechte Maß halten; *cf auch unter den betreffenden Substantiven;* ♦ ~ les yeux baissés den Blick gesenkt halten; ~ la tête froide e-n kühlen Kopf, kaltes Blut bewahren; ~ les mains libres sich die Hände freihalten; l'affaire a été gardée secrète die Sache ist geheimgehalten worden; **II** *v/pr* 6. se ~ de qc sich vor etw (*dat*) hüten, in acht nehmen; se ~ de faire qc sich davor hüten *od* in acht nehmen, etw zu tun; je m'en garderai bien! ich werde mich hüten!; 7. *passivisch: Lebensmittel* se ~ sich halten; haltbar sein; sich aufbewahren lassen

garderie [gardəri] *f* 1. ~ (d'enfants) Kinderhort *m; in Kaufhäusern, bei Ausstellungen* Kindergarten *m; früher auch* Kinderbewahranstalt *f;* 2. *Forstwirtschaft* Re'vier *n*

garde-robe [gardərɔb] *f* ⟨*pl* garde-robes⟩ 1. Garde'robe *f* (*j-s gesamte Kleidung*); 2. Kleiderschrank *m*

gardeuse [gardøz] *f* ~ d'oies Gänsehirtin *f*

garde-voie [gardvwa] *m* ⟨*pl* garde-voie(s)⟩ *ch de fer Schweiz* Strecken-, Bahnwärter *m*

gardian [gardjã] *m in der Camargue* berittener Viehhirt

gardien [gardjẽ] *m* 1. Aufseher *m;* Wärter *m;* Wächter *m; e-s Parkplatzes* Parkwächter *m; e-s Wohngebäudes* Hauswart *m,* -meister *m; jur* judiciaire vom Gericht bestellter Verwalter; *jur* ~ d'un animal, d'une voiture Tier-, Fahrzeughalter *m; sports* ~ de but Torhüter *m,* -wart *m;* ~ de musée Mu'seumswärter *m;* ~ de nuit Nachtwächter *m;* ~ de la paix Poli'zeibeamte(r) *m;* (Verkehrs)Poli'zist *m;* Schutzmann *m;* Schupo *m;* ~ de phare Leuchtturmwärter *m;* ~ de prison Gefängnisaufseher *m,* -wärter *m;* Gefangenenwärter *m;* ~ de troupeaux Viehhirt *m;* 2. *par ext der Verfassung, der Tradition* Hüter *m;* 3. *adjt* ange ~ Schutzengel *m* (*auch fig*); 4. *égl cath* Guardi'an *m;* ~-chef *m* ⟨*pl* gardiens-chefs⟩ Oberaufseher *m*

gard|iennage [gardjenaʒ] *m* Aufseher-, Wärteramt *n,* -dienst *m;* ~**ienne** *f* Aufseherin *f;* Wärterin *f; par ext* Hüterin *f*

gardon [gardõ] *m zo* Plötze *f;* Rotauge *n;* être frais comme un ~ wie das blühende Leben aussehen

gare[1] [gar] *f* 1. *ch de fer* Bahnhof *m;* ~ centrale Hauptbahnhof *m;* ~ frontière Grenzbahnhof *m,* -station *f;* ~ maritime, tête de ligne Hafen-, Kopfbahnhof *m,* -bahnsteige *m/pl,* -halle *f;* ~ d'attache Heimatbahnhof *m;* ~ de bifurcation

Trennungs-, Abzweigbahnhof *m;* ~ de correspondance 'Umsteige-, Anschlußbahnhof *m;* ~ de départ Abgangs-, *für Güter auch* Aufgabebahnhof *m;* ~ de destination Bestimmungs-, Zielbahnhof *m;* ~ d'expédition *od* ~ expéditrice Versand-, Abgangsbahnhof *m;* ~ de marchandises, de transbordement Güter-, 'Umladebahnhof *m;* ~ de triage Verschiebe-, Ran'gierbahnhof *m;* ~ de voyageurs, en cul-de-sac Per'sonen-, Sackbahnhof *m;* chef *m* de ~ Bahnhofs-, Stati'onsvorsteher *m; comm* en ~ restante bahnlagernd; aller à la ~ zum Bahnhof gehen *bzw* fahren; *Zug* entrer en ~ einfahren; 2. ~ routière a) Omnibusbahnhof *m;* b) *für Lkw* Autohof *m;* 3. *mar in Flüssen* Liegeplatz *m; in Kanälen* Ausweichstelle *f*

gare[2] [gar] *int* 1. ~ à ...! paß auf, daß nicht ...!; Vorsicht, sonst ...!; ~ à toi si tu désobéis! paß auf *od* wehe dir *od* na warte, wenn du nicht folgst!; ~ au premier qui rira! daß mir ja keiner lacht!; 2. *loc/adv* sans crier ~ unvermutet; unerwartet; unvermittelt

garenne [garɛn] *f* Wildkaninchengehege *n,* -revier *n;* lapin *m* de ~ *od ellip* ~ *m* Wildkaninchen *n*

garer [gare] **I** *v/t Auto, Zug, Flugzeug* abstellen; *Auto auch* parken; *unter e-m Dach* 'unterstellen; *in e-r Garage* einstellen; *adjt Auto* être bien, mal garé gut, schlecht geparkt sein; je suis mal garé mein Wagen ist schlecht geparkt; **II** *v/pr* 1. F se ~ parken; s-n Wagen abstellen; se ~ en marche arrière rückwärts einparken; 2. se ~ ausweichen; (seitlich) ausbiegen; zur Seite treten *bzw* fahren

gargantuesque [gargãtɥɛsk] *adj* e-s Gar'gantua würdig; schlemmerhaft; repas *m* ~ Schlemme'rei *f;* Schlemmermahl *n;* F Freßgelage *n*

gargariser [gargarize] *v/pr* 1. se ~ gurgeln (avec de *od* à l'eau salée mit Salzwasser); 2. F *fig* se ~ de grands mots, de son succès sich an großen Worten, an s-m Erfolg berauschen

gargarisme [gargarism(ə)] *m* 1. *phm* Gurgelwasser *n,* -mittel *n;* 2. Gurgeln *n;* faire des ~s (wieder'holt, regelmäßig) gurgeln

gargote [gargɔt] *f péj* mieses Eßlokal, Restau'rant

gargouille [garguj] *f* 1. *arch* Wasserspeier *m;* 2. *par ext* Ablaufrohr *n,* -rinne *f* (für Regenwasser)

gargouillement [gargujmã] *m* 1. *von Wasser* Plätschern *n* (*auch e-s Springbrunnens*); Gurgeln *n;* Gluckern *n;* Blubbern *n;* Sprudeln *n;* 2. *bei der Verdauung* ~s *pl* Knurren *n;* Kollern *n;* ~s de l'estomac Magenknurren *n*

gargouiller [garguje] *v/i* 1. *Flüssigkeit, bes Wasser* plätschern (*auch Springbrunnen*); gurgeln; gluckern; blubbern; sprudeln; 2. *Magen, Gedärm* knurren; kollern; il a l'estomac qui gargouille ihm knurrt der Magen; es kollert in s-m Gedärm

gargouillis [garguji] *m cf* **gargouillement**

gargoulette [gargulɛt] *f* 1. po'röser Tonkrug zum Kühlhalten von Wasser; 2. F Gurgel *f*

gargousse [argus] *f mil* Kar'tusche *f;* Beutel *m* mit Treibladung

garnement [garnəmã] *m* Schlingel *m;* Lausbub *m;* Galgenstrick *m;* F Bengel *m*

garni [garni] *m früher* mö'bliertes Zimmer *bzw* mö'bliertes Haus

garnir [garnir] *v/t* 1. ausstatten, versehen, *bes tech* aus-, verkleiden, belegen, füttern, verstärken (de mit); *Bücher* ~

une bibliothèque in e-m Bücherschrank stehen; e-n Bücherschrank füllen; *adjt:* un portefeuille bien garni e-e gutgefüllte, volle, F dicke Brieftasche; une table bien garnie ein reichgedeckter Tisch; 2. (aus)schmücken, (ver)zieren (de mit); *Gegenstand* ~ de etw zieren, schmücken; une table de fleurs e-n Tisch mit Blumen schmücken; 3. *cuis* gar'nieren (de mit); *adjt:* choucroute garnie Sauerkraut *n* auf elsässische Art; plat garni Fleisch(-) *bzw* Fisch(gericht) mit Beilagen; 4. *cout* besetzen, gar'nieren, verzieren (de mit); ~ de fourrure mit Pelz verbrämen; 5. *text* rauhen

garnison [garnizõ] *f mil* a) Garni'son *f; e-r Festung* Besatzung *f;* ville *f* de ~ Garnison(s)stadt *f;* être en ~, tenir ~ in Garnison liegen; b) Garni'son(sstadt) *f;* Standort *m;* vie *f* de ~ Leben *n* in der Garnison

garnissage [garnisaʒ] *m* 1. *tech* a) *allg* Ausstatten *n;* Gar'nieren *n; auch Ergebnis* Ausstattung *f;* Gar'nierung *f; par ext* (Aus)Füllen *n,* -ung *f;* Belegen *n; Ergebnis* Belag *m;* b) *métall e-s Industrieofens* Auskleiden *n,* -ung *f; e-s Konverters auch* Futter *n;* 2. *Autosattlerei* Polsterung *f;* Polstermaterial *n;* 3. *Keramik* Angarnieren *n* der Henkel, Schnauzen *etc;* 4. *text* Rauhen *n*

garniss|eur [garnisœr] *m* ~ (en carrosserie) Autosattler *m;* Fahrzeugpolsterer *m;* ~**euse** *f text* Rauhmaschine *f*

garniture [garnityr] *f* 1. Ausstattung *f;* Ausrüstung *f;* Zubehör *n; biol* ~ chromosomique Chromo'somensatz *m;* ~ de bureau Schreibtischgarnitur *f;* ~ de foyer Ka'minbesteck *n,* -gerät *n* (*coll*); 2. Verzierung *f;* ~ de cheminée Ka'minaufsatz *m;* 3. *cuis* zu e-m Fleischgericht (Gemüse)Beilage *f; e-r Pastete* Füllung *f;* 4. *cout* Besatz *m; mit Pelz auch* Verbrämung *f;* 5. ~ périodique (Damen-, Monats)Binde *f;* 6. *auto* ~ d'embrayage, de frein Kupplungs-, Bremsbelag *m;* 7. *Autosattlerei* (Aus)Polstern *n,* -ung *f; par ext* ~s *pl* Polsterteile *n/pl od m/pl;* Sitzpolster *n/pl;* 8. *impr* Steg *m;* 9. *Keramik* angarnierte Teile *n/pl od m/pl* (Henkel, Schnauzen *etc*); 10. *tech* Dichtung *f;* Packung *f;* Liderung *f; e-s Heizkessels* Iso'lierung *f;* ~ de piston Kolbenring *m*

garou [garu] *m bot* (ein in Südfrankreich wachsender) Seidelbast

garrigue [garig] *f* immergrüne Strauchheide in Südfrankreich

garrot [garo] *m* 1. *e-r Säge* Knebel *m;* 2. *méd* Ar'terienabbinder *m;* Abschnürbinde *f;* ~ de fortune Notaderpresse *f;* poser, mettre un ~ die Arterie abbinden; 3. *in Spanien* a) Gar'rotte *f;* Würgschraube *f;* b) (supplice *m* du) ~ Hinrichtung *f,* Erdrosselung *f* durch die Garrotte; 4. *vom Pferd, Rind* 'Widerrist *m;* 5. ~ d'or Schellente *f*

garrotter [garɔte] *v/t* fesseln

gars [gɑ] F *m* Bursche *m;* F Bursch *m;* Kerl *m;* beau ~ stattlicher Bursche; brave ~ solider junger Mann; petit ~ junger Bursche; les ~ de la marine F die blauen Jungs *pl;* die Blaujacken *f/pl;* les ~s du village die Dorfburschen *m/pl;* F salut, les ~! *etwa* F (guten) Tag zusammen *od* allerseits!; *südd* grüß Gott, *österr* Servus miteinander!; eh les ~! venez voir he, ihr Burschen *od* Kerle, kommt mal her!

gascon [gaskõ] **I** *adj* ⟨~ne⟩ gas'kognisch; (aus) der Gas'kogne; **II** *subst* 1. **♀**(ne) *m(f)* Gas'kogner(in) *m(f); fig* promesse *f* de **♀** leere Versprechungen *f/pl;* 2. *ling* le ~ das Gas'kognische; Gas'kognisch *n*

gasconnade [gaskɔnad] *f* Prahle'rei *f*; Aufschneide'rei *f*

gasoil *od* **gas-oil** [gazwal, gazɔjl] *m* Dieselkraftstoff *m*; *pétr* Gasöl *n*; Dieselöl *n*

gaspillage [gaspijaʒ] *m* Verschwendung *f*; Vergeudung *f*

gaspiller [gaspije] *v/t* Geld, Vermögen, Material, Kräfte, Zeit verschwenden; vergeuden; verschwenderisch 'umgehen mit; F verbumfiedeln; *Vermögen auch* verschleudern; *Geld, Zeit auch* vertun; *Talent* vergeuden; **qu'est-ce qu'il gaspille!** so ein Verschwender!

gaspill|eur [gaspijœr], **~euse I** *m,f* Verschwender(in) *m(f)*; **II** *adj* verschwenderisch; **il est gaspilleur** er ist ein Verschwender

gastéro|mycètes [gasterɔmisɛt] *m/pl bot* Bauchpilze *m/pl*; *sc* Gastromy'zeten *m/pl*; **~podes** [-pɔd] *m/pl zo* Schnecken *f/pl*; Bauchfüßer *m/pl*; *sc* Gastro'poden *m/pl*

gastralgie [gastralʒi] *f path* Magenkrampf *m*, -schmerz *m*; *sc* Gastral'gie *f*

gastrectomie [gastrɛktɔmi] *f chir* ~ totale opera'tive Entfernung des Magens; *sc* Gastrekto'mie *f*; ~ **partielle** Magenresektion *f*

gastrine [gastrin] *f Biochemie* Ga'strin *n*

gastrique [gastrik] **I** *adj* Magen...; *sc* gastrisch; **acidité** *f* ~ Acidität *f*, Säuregrad *m* des Magensaftes; **artère** *f* ~ **suc** *m* ~ Magenschlagader *f*, -saft *m*; **II** *m* Magenkranke(r) *m*

gastrite [gastrit] *f path* Magenschleimhautentzündung *f*; *sc* Ga'stritis *f*

gastro-entérite [gastroãterit] *f path* ⟨*pl* gastro-entérites⟩ Magen-Darm-Entzündung *f*; *sc* Gastroente'ritis *f*; *vét:* ~ hémorragique du chien Stuttgarter Hundeseuche *f*; ~ infectieuse du chat Katzenstaupe *f*, -pest *f*, -typhus *m*

gastro-entéro|logie [gastroãterɔlɔʒi] *f méd* Gastroenterolo'gie *f*; **~logue** *m,f* Facharzt *m* für Magen- und Darmleiden; *sc* Gastroentero'loge *m*

gastro|-intestinal [gastroẽtɛstinal] *adj* ⟨-aux⟩ *méd* Magen-Darm-...; *sc* gastrointesti'nal; **troubles gastro-intestinaux** Magen-Darm-Beschwerden *f/pl*; **~mycètes** *cf* gastéromycètes

gastronom|e [gastrɔnɔm] *m* Kochkünstler *m*; Feinschmecker *m*; **~ie** *f* Kochkunst *f*; Gastrono'mie *f*; Eßkultur *f*; **~ique** *adj* Feinschmecker...; gastro'nomisch; **menu** *m* ~ Menü *n* für Feinschmecker; Feinschmeckermenü *n*; **relais** *m* ~ Raststätte *f* mit Feinschmeckerrestaurant

gastro|podes [gastrɔpɔd] *m/pl cf* gastéropodes; **~scope** *m méd* Gastro'skop *n*; **~scopie** *f méd* Magenspiegelung *f* (mit dem Gastro'skop); *sc* Gastrosko'pie *f*; **~tomie** [-tɔmi] *f chir* Gastroto'mie *f*

gastrula [gastryla] *f biol* Gastrula *f*; Becherkeim *m*

gâté [gate] *adj* **1.** *Obst* verdorben; *Zahn* faul; **2.** *Kind* verwöhnt; verzogen; **l'enfant** *m* ~ **de la famille** das Hätschel-, Schoßkind der Familie

gâteau [gato] *m* ⟨*pl* ~x⟩ **1.** *cuis* Kuchen *m*; *auch* (Creme)Torte *f*; **petits** ~x Kleingebäck *n*; ~ **x secs** Teegebäck *n*; ~ **aux amandes** Mandelkuchen *m bzw* -torte *f*; ~ **à la crème** Cremetorte *f*, -törtchen *n*; ~ **d'anniversaire** Geburtstagskuchen *m*, -torte *f*; ~ **de riz, de semoule** Reis-, Grießpudding *m bzw* -auflauf *m*; F *fig* **c'est du** ~ das ist kinderleicht, e-e Kleinigkeit; das schaffe ich *bzw* schafft er *etc* spielend; *fig* **partager le** ~ den Gewinn teilen; **2.** ~ **de cire, de miel** (Bienen-, Honig)Wabe *f*;

---

3. *adj* F **papa** *m* (**maman** *f*) ~ F Opa *m* (Oma *f*), der (die) gern Kinder verwöhnt; *auch* Kindernarr *m*

gâte-bois [gɑtbwa] *m* ⟨*inv*⟩ *zo* Weidenbohrer *m*

gâter [gate] **I** *v/t* **1.** ~ **qn** j-n verwöhnen; *c'était magnifique*, **vous nous avez gâtés** ... Sie haben uns wirklich verwöhnt; *quel beau temps*, **nous sommes gâtés** ... so gut ist es uns noch nie gegangen; **2.** *Kind* verwöhnen; *p/fort* verziehen; *auch* verzärteln; *sa grand-mère l'a gâté pour Noël* s-e Großmutter hat ihn zu Weihnachten mit Geschenken verwöhnt; **3.** verderben; *elle est jolie et de plus riche*, **ce qui ne gâte rien** ... was nichts schaden kann; *cf auch* gâcher 2.; **II** *v/pr* **se** ~ *Wetter*, *Lage* sich verschlechtern; *Lage auch* sich verschlimmern; **les choses se gâtent** *cf* chose 1.; **le temps se gâte** *auch* wir bekommen schlechtes Wetter; F **attention! ça va se** *p/fort* auf, sonst setzt es was ab *od* sonst passiert was *od* F sonst raucht's!

gâterie [gatri] *f meist pl* ~s Lecke'reien *f/pl*; Nasche'reien *od* Näsche'reien *f/pl*

gâte-sauce [gatsos] *m* ⟨*inv*⟩ Küchenjunge *m*

gâteux [gatø] **I** *adj* ⟨-euse⟩ kindisch (geworden), trottelig; F verkalkt; vertrottelt; *p/fort* verblödet; **devenir** ~ abbauen; kindisch werden; F verkalken; vertrotteln; *il adore cet enfant*, **il en est** ~ ... das macht ihn ganz kindisch, närrisch; **II un vieux** ~ ein kindischer Alter; F *auch* ein alter Knacker

gâtisme [gatism(ə)] *m* Altersabbau *m*; Verfall *m* der geistigen Kräfte; F Verkalkung *f*; *p/fort* Verblödung *f*

gatte [gat] *f mar* Gatt *n*; Ablaufrinne *f*

gattilier [gatilje] *m bot* Keuschbaum *m*; Abrahams-, Keuschlammstrauch *m*

gauche [goʃ] **I** *adj* **1.** linke(r, -s) (*auch pol*); *sports* ailier *m* ~ Links'außen *m*; **côté** *m* ~ linke Seite; **main** *f* ~ linke Hand; *loc/adv* **à main** ~ linker Hand; *st/s* zur Linken; **mariage de la main** ~ a) wilde Ehe; b) *hist* Ehe *f* zur linken ~ Hand; **être marié de la main** ~ in wilder Ehe leben; **pied** *m* ~ linker Fuß; *fig* **il s'est levé du pied** ~ er ist mit dem linken Fuß zuerst aufgestanden; **la rive** ~ **de la Seine** das linke Seineufer; *mil* **tête** ~! die Augen links!; ♦ *loc/adv:* **à** ~ links *bzw* nach links; *mil* **à** ~! linksum!; *mil* **à** ~ **une fois, marche!** links schwenkt, marsch!; **la première rue à** ~ die erste Straße links; **doubler à** ~ links über'holen; *pol* **être à** ~ links stehen; *fig* **mettre de l'argent à** ~ *od* **en mettre à** ~ Geld *od* etwas auf die hohe Kante legen; F *fig* **passer l'arme à** ~ P ins Gras beißen; abkratzen; **rouler à** ~ links fahren; **regarder à** ~ nach links schauen; **tourner à** ~ (nach) links abbiegen; **de** ~ **à droite** von links nach rechts; **écrire de** ~ **à droite** von links nach rechts schreiben; ♦ *loc/prép:* **à** ~ **de** links von (*od* + *gén*); **à** ~ **de l'escalier** links (von) der Treppe; **2.** *Person, Bewegung, Haltung* linkisch; unbeholfen; ungewandt; **avoir l'air** ~ linkisch, unbeholfen erscheinen; **se sentir** ~ sich dumm vorkommen; sich gehemmt fühlen; **3.** *Brett, Tisch* verzogen; verbogen; **4.** *math* **courbe** *f* ~ Raumkurve *f*; **surface** *f* ~ Fläche *f* im Raum; **II** *subst* **1.** *f* Linke *f*; linke Seite; *loc/prép u loc/adv:* **à la** ~ **de qn** links von j-m; zur Linken (+*gén*); j-m zur Linken; **à la** ~ **du président** links vom Präsidenten; zur Linken des Präsidenten; **s'asseoir à la** ~ **de qn** sich j-m zur Linken setzen; **à** *od* **sur notre** ~ links (von uns); zu unserer Linken; **de la** ~

---

von links; F *fig* **jusqu'à la** ~ bis zum letzten; **être endetté jusqu'à la** ~ F bis an den Hals in Schulden stecken; **soutenir qc jusqu'à la** ~ etw steif und fest behaupten; **tenir sa** ~ sich links halten; links fahren; **2.** *pol* **la** ~ die Linke; **l'extrême** ~ die äußerste Linke; *loc/adj* **de** ~ Links...; linksstehend; **gouvernement** *m*, **parti** *m*, **politique** *f* **de** ~ Linksregierung *f*, -partei *f*, -politik *f*; **union** *f* **des** ~s *m/pl* Zusammenschluß *m* der Linksparteien; **avoir des opinions de** ~ linksorientiert, -eingestellt sein; **3.** *m* Boxen **a)** Linke *f*; linke Faust; **crochet** *m* **du** ~ linker Haken; **b)** *Schlag* Linke *f*

gauchement [goʃmã] *adv* linkisch; unbeholfen

gauch|er [goʃe], **~ère I** *m,f* Linkshänder(in) *m(f)*; **II** *adj* linkshändig; **être** ~ Linkshänder(in) sein

gaucherie [goʃri] *f* **1.** *e-r Person* linkisches, unbeholfenes Wesen *bzw* Benehmen; linkische, unbeholfene Art; *auch von Bewegungen, der Haltung* Unbeholfenheit *f*; **2.** *psych, méd* Linkshändigkeit *f*

gauchir [goʃir] **I** *v/t Nässe: Brett etc* verziehen; verbiegen; **II** *v/i* (*u v/pr* **se**) ~ sich verziehen; sich (ver)werfen; sich verbiegen

gauch|isant [goʃizã] *adj pol* nach links ten'dierend; **~iser** *v/pr* **se** ~ *pol* sich nach links orien'tieren; **~isme** *m pol* Linksextremismus *m*, -radikalismus *m*

gauchissement [goʃismã] *m von Holz etc* Verziehen *n*; Verbiegen *n*; *auch Ergebnis* Verbiegung *f*; Verwerfung *f*; *aviat früher* Verwindung *f*; *ch de fer* ~ **de la voie** Gleisverwerfung *f*

gauchiste [goʃist] *pol* **I** *adj* linksextrem, -radikal; **II** *m,f* Linksextreme(r) *f(m)*, -radikale(r) *f(m)*

gaucho [goʃo] *m* Gaucho [-tʃ-] *m*

gaude [god] *f bot* Färberwau *m*; Gelbliche Re'seda

gaudriole [godriɔl] *f* **1.** loser, etwas freier Scherz; **2.** Sinnengenuß *m*; **ne penser qu'à la** ~ immer auf Liebesabenteuer aussein; nur Frauen im Kopf haben

gaufrage [gofraʒ] *m tech* **a)** *von Stoff, Papier* Gau'frieren *n*; Gau'frierung *f* (*auch Ergebnis*); **b)** *impr* Präge-, Reli'efdruck *m*

gaufre [gofr(ə)] *f* **1.** *cuis* Waffel *f*; **2.** (Bienen-, Honig)Wabe *f*

gaufr|er [gofre] *v/t tech* **a)** *Stoff, Papier* gau'frieren; **b)** *impr* mit e-m Präge-, Reli'efdruck versehen; prägen; **~ette** *f* **1.** *Kleingebäck* Waffel *f*; *auch* Eiswaffel *f*; **2.** *cuis* kleine Waffel; **~eur** *m* Gau'frierer *m*; **~euse** *f* **1.** Gau'friererin *f*; **2.** *Maschine* Gau'frier-, Prägekalander *m*; **~ier** *m cuis* Waffeleisen *n*; **~oir** *m* handwerkliche Gau'frierwalze *f*; **~ure** *f* (Präge)Muster *n*; Prägung *f*

gaulage [golaʒ] *m von Früchten* Ab-, Her'unterschlagen *n*

gaule [gol] *f* **1.** (lange) Stange (*zum Herunterschlagen der Früchte*); **2.** Angelrute *f*

gauler [gole] *v/t* **1.** *Früchte* her'unter-, abschlagen; *von e-m Baum* die Früchte ab-, her'unterschlagen von; **2.** *arg* **se faire** ~ F geschnappt werden

gaulis [goli] *m Forstwirtschaft* **1.** Niederwald *m*; **2.** Stangenholz *n*

gaullien [goljẽ] *adj* ⟨-ne⟩ *pol* de Gaulles; **la France** ~ne das Frankreich de Gaulles; Frankreich unter de Gaulle

gaull|isme [golism(ə)] *m pol* Gaul'lismus *m*; **~iste** *pol* **I** *adj* gaul'listisch; **II** *m,f* Gaul'list(in) *m(f)*

gaulois [golwa] **I** *adj* **1.** gallisch; *Symbol-*

tier Frankreichs le **coq** ~ der gallische Hahn; **moustache** *f* à la ~e her'abhängender Schnauzbart; **2.** *par ext Witze, Worte* derb; frech; anstößig; locker; schlüpfrig; F saftig; deftig; **esprit** ~ derbe *etc* Art, Mentali'tät; *Gespräch* **prendre un tour** ~ e-e Wendung ins Schlüpfrige nehmen; **II** *subst* **1.** 2(e)*m(f)* Gallier(in) *m(f)*; **nos ancêtres les** 2 unsere Vorfahren, die Gallier; **2.** *ling* le ~ das Gallische; Gallisch *n*; **3.** ~e *f frz Zigarettenmarke*

gauloiserie [golwazri] *f* **1.** *e-r Erzählung etc* Derbheit *f*; Schlüpfrigkeit *f*; Anstößigkeit *f*; F Deftigkeit *f*; Saftigkeit *f*; **2.** derber, schlüpfriger, anstößiger, F deftiger saftiger Witz; Zote *f*

gaulthérie [golteri] *f bot* Gaul'theria *f*

gaur [gɔr] *m* (*abr* **Gs**) *zo* Gaur *m*

gauss [gos] *m* (*abr* **Gs**) *phys* Gauß *n* (*abr* G); **II** 2 *n/pr Statistik* **la loi de** 2 das Gaußsche Fehlergesetz

gausser [gose] *v/pr litt* **se** ~ **de qn** j-n auslachen; sich über j-n lustig machen

gavage [gavaʒ] *m* **1.** *von Geflügel* Nudeln *n*; Stopfen *n*; **2.** *méd* künstliche Ernährung durch die Schlundsonde

gave [gav] *m* Gieß-, Sturzbach *m* (in den Pyre'näen)

gav|er [gave] **I** *v/t* **1.** *Gänse, Enten* nudeln; stopfen; **2.** ~ **qn** j-n 'vollstopfen, über'füttern (**de** mit); **je suis gavé** F ich bin voll, ich bin wie genudelt; **3.** *aviat Motor* aufladen; **II** *v/pr* **se** ~ sich 'vollstopfen (**de** mit) (*auch fig mit Lektüre*); **~eur** *m*, ~**euse** *f* **1.** j, der Geflügel nudelt; **2.** 〈*nur f*〉 Apparat *m* zum Nudeln des Geflügels; **3.** 〈*nur m*〉 *aviat* (Höhen)Lader *m*

gavial [gavjal] *m zo* Gavi'al *m*

gavotte [gavɔt] *f mus, Tanz* Ga'votte *f*

gavroche [gavrɔʃ] **I** *m* (witzig-frecher, aufgeweckter) Pa'riser Straßenjunge; **II** *adj* witzig-frech; aufgeweckt

gayac [gajak] *m cf* **gaïac**

gayal [gajal] *m zo* Gayal *m*

gaz [gaz] *m* **1.** *chim, tech* Gas *n*; *abs* le ~ das (Stadt-, Leucht)Gas; ♦ ~ **carbonique** Kohlen'dioxid *n*; Kohlensäure *f* (*abus*) ~ **combustible, liquéfié, mixte** Brenn-, Flüssig-, Mischgas *n*; ~ **naturel humide, sec** nasses, trockenes Erdgas; ~ **pauvre** Arm-, Schwachgas *n*; ~ **rare** Edelgas *n*; ~ **riche** Reichgas *n*; ~ **sulfureux** Schwefel'dioxid *n*; ♦ ~ **à l'air, à l'eau** Luft-, Wassergas *n*; ~ **de bois, des forêts** Holzgas *n*; ~ **de cokerie, d'éclairage, de haut fourneau** Koke'rei-, Leucht-, Gichtgas *n*; ~ **de fumier** *od* **de gadoue** Faul-, Biogas *n*; ~ **de gazogène, d'huile** Gene'rator-, Ölgas *n*; ~ **de Lacq** Erdgas *n* aus Lacq; ~ **des marais, de ville, en bouteilles** Sumpf-, Stadt-, Flaschengas *n*; ♦ **allumer, éteindre, fermer le** ~ das Gas anzünden, ausmachen, abstellen *od* abdrehen; **avez-vous le** ~ **chez vous?** haben Sie Gasanschluß?; **2.** *bes mil* ~ **asphyxiants** Giftgas(e) *n(pl)*; ~ **lacrymogène(s)** Tränengas *n*; ~ **pl de combat** Kampfgas(e) *n(pl)*; chemische Kampfstoffe *m/pl*; **alerte** *f* **aux** ~ Gasalarm *m*; **3.** *pl im Verbrennungsmotor* Gas *n*; ~ **d'échappement** Auspuffgase *n/pl*; Abgas(e) *n(pl)*; *loc/adv* F (**à**) **pleins** ~ **mit 'Vollgas; rouler à pleins** ~ mit Vollgas fahren; *bes aviat* **couper, mettre les** ~ das Gas wegnehmen, Gas geben; **4.** *pl physiol* Blähungen *f/pl*; **avoir des** ~ Blähungen haben

gazage [gazaʒ] *m text* Ga'sieren *n*; Sengen *n*

gaze [gaz] *f* **1.** *text* Gaze *f*; **2.** *phm* ~ (**à pansement**) (Verband)Mull *m*; **bande** *f* **de** ~ Mullbinde *f*

gazé [gaze] *m im 1. Weltkrieg* Gaskriegsversehrte(r) *m*

gazéi|fication [gazeifikasjɔ̃] *f tech* Vergasen *n*, -ung *f*; ~**souterraine** Unter'tagevergasung *f*; ~**fier** *v/t* **1.** *chim, tech* vergasen; in Gas 'umwandeln; **2.** *Getränk* mit Kohlensäure versetzen

gazelle [gazɛl] *f zo* Ga'zelle *f*; *fig* **yeux** *m/pl* **de** ~ Rehaugen *n/pl*; **courir comme une** ~ laufen wie ein Wiesel

gazer [gaze] **I** *v/t* **1.** *Menschen* **a)** vergasen; durch Giftgas töten; **b)** *mil im 1. Weltkrieg* durch Giftgas kampfunfähig machen; **il a été gazé** er ist in e-n Gasangriff geraten; **2.** *text* ga'sieren; sengen; **II** *v/i* **3.** F **ça gaze** F es klappt; es haut hin; **salut, ça gaze?** grüß dich, geht's gut?; **4.** F rasen; mit 'Vollgas fahren

gazette [gazɛt] *f früher* Zeitung *f*; Ga'zette *f*

gazeux [gazø] *adj* 〈**-euse**〉 **1.** gasförmig; **corps, fluide** ~ gasförmiger Körper; **état** ~ gasförmiger (Aggre'gat)Zustand; **2.** *Getränk* mit Kohlensäure versetzt; kohlensäurehaltig; **eau gazeuse** *auch* Sprudel *m*; **eau minérale non gazeuse** Mineralwasser *n* ohne Kohlensäure; F stilles Wasser; **eau gazeuse naturelle** natürliche Kohlensäure enthaltendes Mineralwasser; **3.** *path* **gangrène gazeuse** Gasbrand *m*

gazier [gazje] **I** *adj* 〈**-ière**〉 (Stadt-, Leucht)Gas…; **industrie gazière** Gasindustrie *f*; **II** *m* **1.** Arbeiter *m*, Angestellte(r) *m* e-s Gaswerks; **2.** *arg* Kerl *m*

gazo|duc [gazɔdyk] *m tech* Ferngasleitung *f*; ~**gène** *m tech* (Gas)Gene'rator *m*; **camion** *m* **à** ~ Lastwagen *m* mit Holzvergaser

gazo|line [gazɔlin] *f pétr* Gaso'lin *n*; ~**mètre** *m* Gaskessel *m*, -behälter *m*; Gaso'meter *m*; ~ **sec** Scheibengasometer *m*; ~ **à cuve d'eau** Glockengasometer *m*

gazon [gazɔ̃] *m* Rasen *m*; **pelouse** *f* **de** ~ Rasenfläche *f*; **marcher sur le** ~ den Rasen betreten; **auf dem Rasen gehen; semer du** ~ Rasen säen

gazonn|ant [gazɔnɑ̃, gɑ-] *adj* Gräser rasenbildend; ~**é, e** *adj* mit Rasen bewachsen; ~**ement** *m* Anlegen *n* von Rasen

gazonn|er [gazɔne, gɑ-] **I** *v/t* Rasen anlegen auf (+*dat*); mit Rasen bepflanzen; **II** *v/i* **1.** *Gräser* Rasen bilden; **2.** *Fläche* sich mit Rasen bedecken; ~**eux** *adj* 〈**-euse**〉 rasenartig, -bildend

gazouillement [gazujmɑ̃] *m* **1.** *von Vögeln* Zwitschern *n*; Gezwitscher *n* (*auch fig von Mädchen etc*); **2.** *e-s Bachs, e-r Quelle* Murmeln *n*; *e-s Bachs auch* Plätschern *n*; **3.** *e-s Kindes* Lallen *n*; Plappern *n*

gazouiller [gazuje] *v/i* **1.** *Vögel* zwitschern; **2.** *Bach, Quelle* murmeln; *Bach auch* plätschern; **3.** *Kind* lallen; plappern

gazouillis [gazuji] *m cf* **gazouillement**

geai [ʒɛ] *m zo* Häher *m*; ~ **d'Europe** Eichelhäher *m*; *fig nach La Fontaine* **le** ~ **paré des plumes du paon** j, der sich mit fremden Federn schmückt

gé|ant [ʒeɑ̃], ~**ante** *m,f* **1.** *myth, par ext von großen Menschen, Tieren, Pflanzen* Riese *m*, Riesin *f*; *von e-m großen Mann auch* Hüne *m*; **à pas de géant** mit Riesenschritten; **avoir une force de géant** Riesenkräfte haben; **c'est un géant** er ist ein Riese, Hüne; **2.** *fig, pol, écon* Gi'gant *m*; **II** *adj* riesig; riesengroß, -haft; Riesen… (*auch biol*); gi'gantisch; gewaltig; *Mann auch* hünenhaft; **entreprise géante** gigantisches Unter'nehmen; Riesenunternehmen *n*; *astr* **étoile géante** Riese(nstern) *m*; *comm* **paquet**

géant Großpackung *f*; *sports* **slalom géant** Riesenslalom *m*; *zo* **tortue géante** Riesenschildkröte *f*

gecko [geko, ʒe-] *m zo* Gecko *m*; ~ **de Mauritanie** Mauergecko *m*

geckonidés [gekɔnide, ʒe-] *m/pl zo* Haftzeher *m/pl*; Geckos *m/pl*

géhenne [ʒeɛn] *f bibl* Ge'henna *f*

geignard [ʒɛɲar] F **I** *adj Ton, Stimme* jammernd; wehleidig; weinerlich; *par ext Musik* klagend; **II** *subst* ~(e) *m(f)* j, der dauernd jammert; F Trauerkloß *m*

geindre [ʒɛ̃dr(ə)] *v/i* 〈*cf* **peindre**〉 **1.** stöhnen; *leise* wimmern; *Tier* klagen; **2.** F *péj* (dauernd, immerzu) jammern, klagen, lamen'tieren; **3.** *fig Wetterfahne etc* ächzen

geisha [gɛ(j)ʃa] *f in Japan* Geisha ['ge:ʃa] *f*

gel [ʒɛl] *m* **1.** Frost *m*; **période** *f* **de** ~ Frostperiode *f*; **2.** *fig der Kredite etc* Einfrieren *n*; **3.** *chim* Gel [g-] *n*

gélatin|e [ʒelatin] *f* Gela'tine *f* (*auch cuis*); Gallerte *f od* Gallert *n* (*auch biol*); ~**é** *adj* **a)** mit Gela'tine über'zogen, bestrichen; **b)** **dynamite** ~**e** Gela'tinedynamit *n*; ~**er** *v/t phot* mit Gela'tine über'ziehen, bestreichen

gélatineux [ʒelatinø] *adj* 〈**-euse**〉 **a)** gallertartig; gallertig; gelati'nös; *zo Qualle* gallertartig; **b)** *cuis* ge'leeartig; **sauce gélatineuse** *auch* Soße, die ge-'liert hat; **c)** *par ext Fleischmassen etc* (sch)wabbelig

gélatin|iforme [ʒelatinifɔrm] *adj méd* gelati'nös; gallertig; ~**iser** *v/t chim* gelati'nieren

gélatino-bromure [ʒelatinobrɔmyr] *m phot* ~ **d'argent** Bromsilbergelatine *f*

gelé [ʒ(ə)le] *adj* **1.** *Wasser, Milch* gefroren; *Fluß. See* zugefroren; *Wasserleitung* eingefroren; *Gliedmaßen, Knospen* erfroren; **il a les pieds** ~**s** ihm sind die Füße erfroren; **er hat sich die Füße erfroren; 2.** *Person* **être** ~ (schrecklich, entsetzlich, F wie ein Schneider) frieren; **je suis** ~ *auch* mich friert *od* es friert mich schrecklich; **être complètement** ~ *od* **être** ~ **jusqu'aux os** ganz 'durchgefroren *od* durch'froren sein; **avoir les mains** ~**es** eiskalte Hände haben; **avoir les pieds** ~**s** F Eisbeine haben; **3.** *fig Kredite etc* eingefroren; **4.** *arg* **être** ~ F besoffen, blau sein

gelée [ʒ(ə)le] *f* **1.** Frost *m*; ~ **blanche** Reif *m*; ~ **matinale, nocturne** Nachtfrost *m*; **les premières** ~**s** die ersten Fröste; **2.** *cuis* ~ *von Fleisch* Ge'lee *n*; As'pik *m*; Sülze *f*; **bœuf** *m*, **poulet** *m* **en** ~ Rindfleisch *n*, Huhn *n* in Gelee, in Aspik; **b)** *aus Früchten* Ge'lee *n*; ~ **de coings, de groseilles, de pommes** Quitten-, Jo'hannisbeer-, Apfelgelee *n*; **3.** *par ext* gallertartige Masse; Gallerte *f*; **4.** *der Bienen, méd* ~ **royale** Ge'lee roy'ale *n*

geler [ʒ(ə)le] 〈**-è-**〉 **I** *v/t* **1.** *Wasser, Boden* gefrieren lassen; zum Gefrieren bringen; *Gliedmaßen, Knospen* erfrieren lassen; *méd* Erfrierungen, *agr* Frostschäden verursachen an (+*dat*); **2.** *fig Gelder etc* einfrieren; **II** *v/i* **3.** *Wasser, Milch* gefrieren; *Fluß. See* zufrieren; *Wasserleitung* einfrieren; *Gliedmaßen, Knospen* erfrieren; **les blés ont gelé** das Getreide ist erfroren; **ses oreilles ont gelé** ihm sind die Ohren erfroren; **er hat sich die Ohren** erfroren; **4.** *Person* **on gèle ici** man friert hier; **es friert einen hier; hier ist es eiskalt; III** *v/imp* **il gèle** es friert; es herrscht Frost; **il gèle à pierre fendre** es friert Stein und Bein; **il a gelé blanc** es hat gereift; es ist Reif gefallen; **IV** *v/pr* F **se** ~ F (fast) erfrieren; **on se gèle ici** *auch* F man kommt hier vor Kälte um

gélif [ʒelif] *adj* ⟨-ive⟩ **a)** frostrissig; eisklüftig; **b)** frostempfindlich; dem Frost ausgesetzt

géli|fiant [ʒelifjã] *adj* Ge'lier...; *agent* ~, *substance* ~e Geliermittel *n*; **sucre** ~ Gelierzucker *m*; **~fication** *f chim* Gelbildung *f*; Gelati'nierung *f*; **~fier** *chim* **I** *v/t* gelati'nieren; zum Gelati'nieren bringen; *adjt* **essence gélifiée** geleeartig verdicktes Benzin; **II** *v/pr* **se** ~ gelati'nieren; zum Gel erstarren; ein Gel bilden; *cuis* ge'llieren

gélinotte [ʒelinɔt] *f zo* Haselhuhn *n*

géliv|ation [ʒelivasjõ] *f géol* Frostsprengung *f*, -verwitterung *f*; Gelifrakti'on *f*; **~ure** *sc* Eiskluft *f*; Frostriß *m*, -spalte *f*

gélule [ʒelyl] *f phm* Gela'tinekapsel *f*

gelure [ʒ(ə)lyr] *f méd* Erfrierung *f*

Gémeaux [ʒemo] *m/pl astr* **les** ~ die Zwillinge *m/pl*; *Astrologie* **être un gémeau** ein Zwilling sein

gémell|aire [ʒemɛ(l)lɛr] *adj méd* Zwillings...; **grossesse** *f* ~ Zwillingsschwangerschaft *f*; **~ipare** [-ipar] *adj méd* Zwillinge gebärend; **~ité** *f méd* Vorkommen *n*, Auftreten *n* von Zwillingen; **taux** *m* **de** ~ Zwillingshäufigkeit *f*

gémination [ʒeminasjõ] *f* Verdopplung *f*; doppeltes Vorkommen, Auftreten; *biol* Paarigkeit *f*; paarige Anordnung; *ling* Silbenverdoppelung *f*; *von Konsonanten* Geminati'on *f*

géminé [ʒemine] *adj* Zwillings...; Doppel...; doppelt; *arch* Säulen *etc* auch gekuppelt; *biol* paarig; *ling; phon* gemi'niert; **consonne** ~e *auch* Gemi'nate *f*

gém|ir [ʒemir] *v/i* **1.** stöhnen (**de douleur** *vor Schmerzen*); *unter e-r Last auch* ächzen; *verletztes Tier* klagen; **2.** *par ext Wind* heulen; jammern; *Tür* ächzen; knarren; **3.** *Tauben* klagend rufen; **4.** *fig bzw abgeschwächt* ~ **sous la tyrannie** unter der Tyrannei seufzen; ~ **sur son infortune** über sein 'Mißgeschick seufzen, klagen, jammern; **~issant** *adj Stimme* klagend; jammernd

gémissement [ʒemismã] *m* **1.** Stöhnen *n*; Ächzen *n*; Klagelaut *m*; ~ **de douleur** (Auf)Stöhnen *n vor Schmerz*; **la douleur lui arracha un** ~ er stöhnte auf vor Schmerz; **pousser des** ~**s** stöhnen; Klagelaute ausstoßen; **2.** *par ext Windes* Heulen *n*; Jammern *n*; *e-r Tür* Ächzen *n*; Knarren *n*; **3.** *mancher Tauben* klagender Ruf; Klagen *n*

gemm|age [ʒɛ(m)maʒ] *m agr* Anzapfen *n* (*von Nadelbäumen*); **~ation** *f* **1.** *bot* Knospenbildung *f*; Knospen *n*, -ung *f*; **2.** *zo* Knospung *f*; Sprossung *f*; **reproduction** *f* **par** ~ Fortpflanzung *f* durch Knospung, Sprossung

gemme [ʒɛm] *f* **1.** *minér* Edelstein *m*; **2.** *adjt* **sel** *m* ~ Steinsalz *n*; **3.** (*durch Anzapfen aus Nadelbäumen gewonnenes*) Harz *n*

gemm|er [ʒɛ(m)me] **I** *v/t Nadelbäume* anzapfen; **II** *v/i bot* Knospen treiben; knospen; **~eur** *m od adjt* **ouvrier** *m* ~ Arbeiter, der Nadelbäume anzapft; **~ifère** *adj* **1.** *minér* edelsteinhaltig; Edelsteine enthaltend; **2.** *bot* knospentragend; **3.** *Nadelbäume* harzliefernd

gemmiparité [ʒɛ(m)miparite] *f biol* Fortpflanzung *f* durch Knospung, Sprossung

gemmule [ʒɛ(m)myl] *f* **1.** *bot des Embryos* Sproßknospe *f*; *sc* Plumula *f*; **2.** *zo der Schwämme* Gemmula *f*

gémonies [ʒemɔni] *f/pl litt* **vouer qn aux** ~ j-n der Schmach preisgeben

génal [ʒenal] *adj* ~ *anat* Backen...

gênant [ʒɛnã] *adj* Gegenstand hinderlich; *Lärm* störend; *Angelegenheit* peinlich; *Person, j-s Gegenwart* lästig; unbequem;

---

devenir ~ (j-m) lästig fallen, werden; ... **parce qu'il était devenu** ~ *auch* ... weil er im Wege stand; **c'est** ~ das ist lästig, ärgerlich; **ce n'est pas** ~ das ist kein Problem

gencive [ʒãsiv] *f anat meist pl* ~**s** Zahnfleisch *n*; F *fig* **en prendre un coup dans les** ~**s** e-e Niederlage hinnehmen, F einstecken müssen

gendarme [ʒãdarm] *m* **1.** Gen'darm *m*; *Kinderspielzeug* chapeau *m* **de** ~ Pa'pierhelm *m*; *par ext* **la peur du** ~ die Angst vor der Poli'zei, vor (der) Strafe; *fig bes von e-r Frau* **c'est un** ~ sie ist ein Dra'goner, Feldwebel; F *fig* **faire le** ~ den Poli'zisten, den Aufpasser spielen; **jouer au(x)** ~**(s) et au(x) voleur(s)** Räuber und Gendarm spielen; **2.** *in Edelsteinen* Fehler *m*; Trübung *f*; **3.** *Alpinismus* (Berg)Zinne *f*

gendarmer [ʒãdarme] *v/pr* **se** ~ *Kindern gegenüber* e-n e'nergischen Ton anschlagen

gendarmerie [ʒãdarməri] *f* **1.** Gendarme'rie *f*; ~ **départementale** *nach Departements gegliedertes Gendarmeriekorps*; ~ **maritime** *etwa* Hafenpolizei *f*; ~ **mobile** *etwa* Bereitschaftspolizei *f*; ~ **nationale** *amtliche Bezeichnung der frz Gendarmerie*; ~ **de l'air** *etwa* Flughafenpolizei *f*; **2.** *adjt* Gendarme'rie(behörde) *f*; **aller à la** ~ zur Gendarmerie gehen; **b)** Gendarme'riekaserne *f*

gendre [ʒãdr(ə)] *m* Schwiegersohn *m*

gêne [ʒɛn] *f* **1.** Enge *f*; Beklemmung *f*; Beschwerden *f/pl*; ~ **à respirer** Atembeklemmung *f*; **une sensation de** ~ ein Gefühl der Enge; **éprouver une certaine** ~ **à avaler** Beschwerden beim Schlucken haben; **2.** (*lästiger*) Zwang; Last *f*; **je ne voudrais vous causer aucune** ~ ich möchte Ihnen nicht zur Last fallen *od* lästig fallen; *loc/prov* **où (il) y a de la** ~, **(il n')y a pas de plaisir** wo es förmlich *od* gezwungen zugeht, fühlt man sich nicht wohl; **3.** Geldverlegenheit *f*; F (Geld)Klemme *f*; **être dans la** ~ in Geldverlegenheit, in der Klemme sein; **4.** Gehemmtheit *f*, -sein *n*; Hemmungen *f/pl*; Verlegenheit *f*; Betretenheit *f*; Befangenheit *f*; **un moment de** ~ ein Augenblick der Verlegenheit; **éprouver de la** ~ sich ge'nieren, Hemmungen haben (**devant qn** vor j-m; **à raconter qc** etw zu erzählen); **j'éprouve de la** ~ **à** (+*inf*) *auch* es ist mir peinlich zu (+*inf*); ♦ *loc/adj* **sans** ~ ungeniert; *meist p/fort* frech; dreist; unverfroren; rücksichtslos; **être sans** ~ *auch* keine Hemmungen haben, kennen; *cf auch* sans-gêne

gène [ʒɛn] *m biol* Gen *n*

gêné [ʒene] *adj* **1.** *Person, Miene* verlegen; betreten; befangen; *nur Person* gehemmt; ge'niert; *auch* peinlich berührt; **sourire** ~ betretenes, verlegenes Lächeln; **avoir l'air** ~ verlegen dreinschauen; **être, se sentir** ~ verlegen *etc* sein; sich gehemmt, *auch* peinlich berührt fühlen; sich ge'nieren; **2.** in Geldverlegenheit; **je me trouve un peu** ~ ich bin, befinde mich gerade etwas in Geldverlegenheit, F in der Klemme

généalog|ie [ʒenealɔʒi] *f* **1.** Abstammung *f* (*auch bei Tieren*); Geschlechter-, Ahnenfolge *f*; **2.** Genealo'gie *f*; Geschlechterkunde *f*; Ahnenforschung *f*; **~ique** *adj* genea'logisch; **arbre** *m* ~ Stammbaum *m* (*auch bei Tieren*); Ahnentafel *f*; *Tierzucht* **livre** *m* ~ Herd(e)-, Stamm-, *für Pferde* Stutbuch *n*; **~iste** *m* Genea'loge *m*

génépi [ʒenepi] *m ein Kräuterlikör aus Beifußarten*

gêner [ʒene] **I** *v/t* **1.** *Kleidung* ~ **qn** j-n behindern, *Schuhe* drücken; **2.** behin-

---

dern; im Wege stehen (+*dat*); *Entwicklung* hemmen; stören; ~ **la circulation** den Verkehr behindern; ~ **les intérêts de qn** j-s Interessen im Wege stehen; **être gêné par le manque de temps, de place** durch Zeit-, Platzmangel gehandikapt [-'hɛndikɛpt] sein; **être gêné par le vent** vom Wind behindert werden; **3.** ~ **qn** j-m lästig fallen, werden; j-n stören, ge'nieren; **ça me gêne** das stört, geniert mich; **est-ce que la fumée vous gêne?** stört es Sie, wenn ich rauche?; *abs* **il a toujours peur de** ~ er hat immer Angst zu stören; **4.** *Blicke etc* ~ **qn** j-n in Verlegenheit bringen, verlegen machen; j-n peinlich berühren; **ça me gêne de vous demander** ça es ist mir peinlich, Sie darum zu bitten; *cf auch* **gêné 1.**; **II** *v/pr* **5.** **se** ~ sich Zwang antun, auferlegen; sich ge'nieren (**avec qn** vor j-m); **ne pas se** ~ *auch* keine Hemmungen haben, kennen (**avec qn** j-m gegenüber); *faites comme chez vous*, **ne vous gênez pas!** ... tun Sie sich keinen Zwang an!; **ne vous gênez pas!** *vorwurfsvoll* Sie haben wohl keine Hemmungen!; *iron* tun Sie Ihren Gefühlen keinen Zwang an!; **il aurait tort de se** ~! warum sollte er sich genieren?; **6. se** ~ (**mutuellement**) sich (gegenseitig) ein'ander behindern *bzw* stören, lästig fallen

général[1] [ʒeneral] *adj* ⟨-aux⟩ allgemein; gene'rell; Allge'mein...; Gesamt...; Haupt...; ♦ **agence** ~**e** Hauptagentur *f*, -geschäftsstelle *f*; **agent** ~ General-, Al'leinvertreter *m*; **amnistie** ~**e** Generalamnestie *f*; **conditions** ~**es** allgemeine Geschäfts- *bzw* Versicherungsbedingungen *f/pl*; **culture** ~**e** Allgemeinbildung *f*; *e-s Kapitels etc* **idée** ~**e** Grundidee *f*; **impression** ~**e** Gesamteindruck *m*; **médecine** ~**e** Allgemeinmedizin *f*; **moyenne** ~**e** Gesamtdurchschnitt *m*; *mil* **officiers généraux** *cf* **officier** 1.; *Logik* **proposition** ~**e** allgemeines Urteil; **thé répétition** ~**e** *od subst* ~**e** *f* Generalprobe *f* (*auch fig*); Hauptprobe *f*; **secrétaire** ~ Generalsekretär *m*; **tendance** ~**e** (allgemeiner) Trend; **vue** ~**e** Gesamtansicht *f*; ♦ *loc/adv* **à la surprise** ~**e** zur allgemeinen Über'raschung; **dans l'intérêt** ~ im allgemeinen Interesse; im Interesse der Allgemeinheit; im Gesamtinteresse; **Frage d'intérêt** ~ von allgemeinem Interesse; allgemein interessierend; **d'une manière** ~**e** allgemein; **en** ~ im allgemeinen; gewöhnlich; meist(ens); **c'est en** ~ **ce qui arrive** so geht es meist; **parler en** ~ im allgemeinen sprechen; ♦ **l'indignation était** ~**e** die Empörung war allgemein; *ce que vous dites* **est beaucoup trop** ~ ... ist viel zu allgemein; ♦ *subst* **conclure du particulier au** ~ vom Besonderen auf das Allgemeine schließen

général[2] [ʒeneral] *m* ⟨*pl* -aux⟩ **1.** *mil* Gene'ral *m*; **les généraux** *auch* die Generali'tät; ~ **d'aviation**, **d'infanterie** Luftwaffen-, Infante'riegeneral *m*; *Rangfolge* ~ **de brigade, de division, de corps d'armée, d'armée** Bri'gadegeneral *m*, Generalmajor *m*, Generalleutnant *m*, General; ~ **du cadre de réserve** General außer Dienst (*abr* a. D.); ~ **en chef** Oberbefehlshaber *m*; Oberkommandierende(r) *m*; **2.** *hist* Feldherr *m*; **3.** *égl cath* (Ordens)Gene'ral *m*; *der Heilsarmee* Gene'ral *m*; **des Jésuites** Jesu'itengeneral *m*

généralat [ʒeneralа] *m* **1.** *mil* Gene'ralsrang *m*; **2.** *rel* Gene'ralswürde *f*; **3.** Dienstzeit *f* als Gene'ral

générale [ʒeneral] *f* **1.** **la** ~ **X** die Frau

des Gene'rals X; **2.** *mil hist* **battre, sonner la** ~ den Gene'ralmarsch blasen, schlagen

généralement [ʒeneralmã] *adv* **a)** allgemein; gene'rell; ~ **parlant** allgemein gesprochen; **b)** im allgemeinen; meist(ens)

généralis|able [ʒeneralizabl(ə)] *adj* Maßnahme, Methode allgemein anwendbar; *Aussage* die sich verallgemeinern läßt; ~**ateur** *adj* ‹-trice› esprit ~ j, der gerne verallgemeinert *od* der zu Verallgemeinerungen neigt

généralisation [ʒeneralizasjõ] *f* **1.** e-r Maßnahme, Methode allgemeine Anwendung; e-r Methode auch allgemeine Verbreitung, Einführung; e-s Konfliktes Ausweitung *f*; **2.** e-r Aussage Verallgemeinerung *f* (*auch Logik*)

généraliser [ʒeneralize] **I** *v/t* **1.** Maßnahme, Methode allgemein anwenden; Methode auch allgemein verbreiten, einführen; allgemeine Geltung verschaffen (+*dat*); *adjt: path* **cancer généralisé** Krebs, der Meta'stasen gebildet hat; **crise généralisée** allgemeine Krise; **2.** *meist abs* verallgemeinern; generali'sieren; **il a tendance à** ~ er neigt zu Verallgemeinerungen; **il ne faut pas** ~ man darf nicht verallgemeinern; **II** *v/pr* **se** ~ sich allgemein verbreiten; *Übel* sich ausbreiten; *Konflikt* sich ausweiten; *Brauch, Bildung auch* (All)Gemeingut werden

généralissime [ʒeneralisim] *m mil* Oberbefehlshaber *m*; Oberkommandierende(r) *m*; Genera'lissimus *m*

généraliste [ʒeneralist] *m od adjt* **médecin** *m* ~ praktischer Arzt; Allge'meinmediziner *m*

généralité [ʒeneralite] *f* **1.** e-r Aussage allgemeiner Cha'rakter; Allge'meingültigkeit *f*; **2.** ~s *pl* allgemeine Darlegungen *f/pl*, Erläuterungen *f/pl*; Allgemeine(s) *n*

générateur [ʒeneratœr] *I adj* ‹-trice› **1.** *biol* Zeugungs…; **2.** *par ext* bewirkend; **3.** *math* **ligne génératrice** Erzeugende *f*; **II** *m* **1.** *tech* ~ **de vapeur** Dampfkessel *m*; **2.** *élect* ~ (**d'électricité**) Gene'rator *m*; ~ **d'impulsions** Im'pulsgenerator *m*, -geber *m*

génératif [ʒeneratif] *adj* ‹-ive› *ling* **grammaire générative** genera'tive Gram'matik

génération [ʒenerasjõ] *f* **1.** Generati'on *f*; *st/s* Geschlecht *n*; als Zeitmaß auch Menschenalter *n*; **la** ~ **actuelle** die heutige Generation; **les** ~**s futures** die kommenden Generationen; **la jeune, nouvelle** ~ die junge, neue Generation; **de** ~ **en** ~ von Generation zu Generation; von Geschlecht zu Geschlecht; **2.** *par ext tech* Generati'on *f*; **ordinateur** *m* **de la troisième** ~ Computer *m* der dritten Generation; **3.** *biol* Zeugung *f*; Fortpflanzung *f*; ~ (**a)sexuée** (un)geschlechtliche Fortpflanzung; ~ **spontanée** Urzeugung *f*; **alternance** *f* **des** ~**s** Generati'onswechsel *m*; **4.** *math, ling* Erzeugung *f*; *ling auch* Gene'rierung *f*; **5.** Entstehung *f*

génératrice [ʒeneratris] *f* **1.** *élect* Gene'rator *m*; **2.** *math* Erzeugende *f*

générer [ʒenere] *v/t* ‹-è-› *ling* Sätze gene'rieren; erzeugen

généreux [ʒenerø] *adj* ‹-euse› **1.** edel(mütig); hochherzig; nobel; gene'rös; *st/s* großdenkend; *Sieger* großmütig; **sentiments** ~ edle Gesinnung; **2.** großzügig; freigebig; großherzig; gene'rös; F nobel; **geste** ~ großzügige, F noble Geste; **être, se montrer** ~ großzügig, freigebig sein; *subst* **faire le** ~ (demonstrativ) den Großzügigen spie-

len; **3.** *par ext* reichlich; üppig; *Busen* üppig; *Erde* ertragreich; fruchtbar; fruchtbringend; *Wein* feurig

générique [ʒenerik] **I** *adj* Gattungs…; **terme** *m* ~ Gattungs-, Oberbegriff *m*; **II** *m cin* Vorspann *m*

générosité [ʒenerozite] *f* **1.** Edelmut *m*; Hochherzigkeit *f*; Generosi'tät *f*; e-m Besiegten gegenüber Großmut *f*; **2.** Großzügigkeit *f*; Freigebigkeit *f*; Generosi'tät *f*; **donner avec** ~ großzügig, freigebig spenden; F **être en veine de** ~ in Geberlaune sein; F **die Spen'dierhosen anhaben**

genèse [ʒənɛz] *f* **1. a)** *bibl* **la** ♀ **die** Genesis; das erste Buch Mose; die Schöpfungsgeschichte; der Schöpfungsbericht; **b)** *par ext* Weltentstehung *f*; Entstehung *f* der Welt; Kosmogo'nie *f*; **2.** Entstehung(sgeschichte) *f*; Ge'nese *f*

génés|iaque [ʒenezjak] *adj selten* **a)** der Genesis; **b)** Weltentstehungs…; ~**ique** *adj selten* Zeugungs…; Fortpflanzungs…

genestrol(l)e [ʒ(ə)nɛstrɔl] *f bot* Färberginster *m*

genêt [ʒ(ə)nɛ] *m bot* Ginster *m*; ~ **à balai(s)** Besenginster *m*; ~ **des teinturiers** Färberginster *m*

généthliaque [ʒenetljak] *adj Astrologie* Nativi'täts…

génétic|ien [ʒenetisjɛ̃] *m*, ~**ienne** *f* Ge'netiker(in) *m(f)*

génétique [ʒenetik] **I** *adj* **1.** *biol* ge'netisch; **2.** entstehungs-, entwicklungsschichtlich; ge'netisch; **psychologie** *f* ~ Entwicklungspsychologie *f*; genetische Psychologie; **II** *f* Ge'netik *f*; Vererbungslehre *f*

genette [ʒ(ə)nɛt] *f zo* Ginsterkatze *f*; Ge'nette *f*

gên|eur [ʒɛnœr] *m*, ~**euse** *f* lästiger Mensch; lästige Per'son; Störenfried *m*

genevois [ʒənvwa] **I** *adj* von, aus Genf; Genfer; **II** *subst* ♀(e) *m(f)* Genfer(in) *m(f)*

genévrier [ʒənevrije] *m bot* Wa'cholder (-strauch) *m*; ~ **commun** Gemeiner Wacholder; Heidewacholder *m*; ~ **oxycèdre** Baumwacholder *m*; ~ **de Virginie** Virginischer Wacholder

génial [ʒenjal] *adj* ‹-aux› *Idee, Erfindung, Künstler, Wissenschaftler* geni'al; **c'est** ~! einfach genial!; F das ist dufte, 'ne Wucht!; ~**ité** *f selten* Geniali'tät *f*

génie [ʒeni] *m* **1.** Geist *m*; *als künstlerische Darstellung* Genius *m*; **bon, mauvais** ~ guter, böser Geist (*auch fig von e-r Person*); ~ **tutélaire** Schutzgeist *m*; Genius *m*; **avoir le** ~ **du mal** von e-m bösen Geist besessen sein; **2.** e-s Volkes, e-r Kultur Geist *m*; Wesen *n*; **le** ~ **de la langue française** der Geist der französischen Sprache; **3.** Ge'nie *n*; Geniali'tät *f*; ~ **musical** musikalisches Genie; **le** ~ **de Shakespeare** das Genie Shakespeares; **avoir du** ~ Genie besitzen; ◆ *loc/adj* **de** ~ geni'al: **un homme, peintre de** ~ ein genialer Mensch, Maler; **une idée de** ~ e-e geni'ale (*auch iron.*) großartige, glänzende, *iron* glorreiche, glori'ose Idee; **4.** *Person* Ge'nie *n*; geni'aler Kopf; **un** ~ **méconnu** ein verkanntes Genie; **être un** ~ ein Genie sein; *iron* **c'est un petit** ~ er ist ein Neunmalkluger; **ce n'est pas un** ~ er ist keine große Leuchte. **5.** *mil* Pio'niertruppe *f*; Pio'niere *m/pl*; *schweiz* Ge'niekorps *n*, -truppe *f*; ~ **maritime** Ingeni'eurkorps *n* für (Kriegs)Schiffbau; ~ **militaire** Pio'nierwesen *n*; ~ **de l'air** Luftwaffenpersonal *m/pl*; **officier** *m* **du** ~ Pio'nieroffizier *m*; *schweiz* Ge'nieoffizier *m*; **soldat** *m* **du** ~ Pio'nier *m*; **faire son service dans le** ~ … bei den

Pionieren; **6.** *tech* Ingeni'eurwesen *n*; ~ **chimique** Verfahrenstechnik *f*; ~ **civil** Bau(ingenieur)wesen *n*; Hoch- und Tiefbau *m*; ~ **médical** medi'zinisches Appa'ratewesen; ~ **rural** A'grartechnik *f*

génien [ʒenjɛ̃] *adj* ‹~ne› *anat* Kinn…

genièvre [ʒənjɛvr(ə)] *m* **1.** *bot* Wa'cholder(strauch) *m*; **baies** *f/pl* **de** ~ Wacholderbeeren *f/pl*; **2.** Wa'cholderbeere *f*; **3.** Wa'cholder(schnaps *m*, -branntwein *m*) *m*; Ge'never *m*

genièvrerie [ʒenjɛvrəri] *f* Wa'cholderschnapsbrennerei *f*

génique [ʒenik] *adj biol* Gen…; auf die Gene bezüglich

génisse [ʒenis] *f agr* Färse *f*; Kalbe *f*; Kalbin *f*

génital [ʒenital] *adj* ‹-aux› Geschlechts…; geni'tal; Geni'tal…; **appareil** ~ Geschlechtsapparat *m*; **organes génitaux** Geschlechtsorgane *n/pl*; Geni'talien *pl*; **parties** ~**es** Geschlechtsteile *n/pl od m/pl*; Geni'talien *pl*; *psych* **stade** ~ genitale Phase

géniteur [ʒenitœr] *m* **1.** *plais* (*père*) Erzeuger *m*; **2.** *zo* männliches Zuchttier

génitif [ʒenitif] *m gr* Genitiv *m*; Wesfall *m*; zweiter Fall; ~ **objectif, possessif, subjectif, de qualité** Genitivus obiectivus, possessivus, subiectivus, quali'tatis

génito-urinaire [ʒenitoyrinɛr] *adj anat* urogeni'tal; **appareil** *m* ~ Urogeni'talsystem *n*; Harn- und Geschlechtssystem *n*

génocide [ʒenɔsid] *m* Völkermord *m*; Geno'zid *n*

génois [ʒenwa] **I** *adj* genu'esisch; Genu'eser; **II** *subst* **1.** ♀(e) *m(f)* Genu'ese *m*, Genu'esin *f*; **2.** *cuis* ~ *f* Tortenbiskuit *n*

génome [ʒenom] *m biol* Ge'nom *n*

génotype [ʒenɔtip] *m biol* Geno'typ(us) *m*

genou [ʒ(ə)nu] *m* ‹*pl* ~x› **1.** *anat* Knie *n* (*auch e-r Hose*); *beim Pferd* Fußwurzel *f*; ◆ *loc/adj* Kleid, Rock **au** ~ knielang; **au- dessous du** ~ das Knie bedeckend; **au- dessus du** ~ kniefrei; *loc/adv* **à** ~**x** kniend; auf (den) Knien; **à** ~**x**! hinknien!; *meist fig* **demander à** ~**x** kniefällig, auf Knien bitten; **être à** ~**x** vor sur les ~**x** todmüde, wie zerschlagen, wie gerädert sein; **faire du** ~ **à une femme** e-e Frau mit dem Knie anstoßen, machen (*als Annäherungsversuch*); **fléchir, plier le** ~, **les** ~**x** das, die Knie beugen (**devant** qn vor j-m); **mettre un** ~ **en terre** sich auf ein Knie niederlassen; *Kind* **prendre sur ses** ~**x** auf den Schoß nehmen; *fig* **tomber aux** ~**x de** qn e-n Kniefall vor j-m machen; vor j-m auf die Knie fallen; **Hose** usé **aux** ~**x** mit abgewetzten Knien; **2.** *tech* Kugelgelenk *n*

genouillère [ʒ(ə)nujɛr] *f* **1.** *mancher Sportler, Arbeiter* Knieschützer *m*; *beim Pferd* Kniekappe *f*; e-r Ritterrüstung Kniekachel *f*, -buckel *m*; **2.** *méd* Kniebandage *f*; **3.** *tech* **a)** e-s Rohrs Knie(stück) *n*; **b)** e-r Tür bewegliches, verschiebbares Schar'nier

genre [ʒãr] *m* **1.** Art *f* (*auch e-r Person*); ~ **de vie** (Art der) Lebensführung *f*; Lebensweise *f*; **ce** ~ **de divertissement**, **lunettes** diese Art (von) Unter'haltung, Brille; **quel** ~ **de costume** *désirez-vous?* was für e-e Art *od* welche Art von Anzug

...; *on ne fait pas mieux* dans le ~ ... in dieser, der Art; de ce ~ a) in dieser Art; b) dieser Art; derartige(r, -s); solche(r, -s); des lunettes de ce ~ e-e Brille in dieser Art; des plaisanteries de ce ~ Scherze dieser Art; derartige, solche Scherze; du même ~ von derselben Art; en, dans son ~ in s-r Art; il est unique en son ~ er ist einzig in s-r Art; en tout ~ *od* en tous ~s aller Art; allerlei; je n'aime pas son ~ ich mag s-e Art nicht; avoir le ~ artiste etwas vom Künstler an sich haben; wie ein Künstler aussehen; avoir (un) mauvais ~, un drôle de ~ e-e zweifelhafte, komische Art haben; se donner un ~, faire du ~ sich gesuchte Ma'nieren zulegen; sich affek'tiert benehmen; *il fait ca* pour se donner un ~ ... um aufzufallen, aus Angabe; ce n'est pas mon ~ a) das ist nicht nach meinem Geschmack; F das ist nicht mein Fall; b) das ist nicht meine Art; il, elle n'est pas mon ~ er, sie ist nicht mein Typ; **2.** le ~ humain *das* Menschengeschlecht; **3.** *gr* Genus *n*; Geschlecht *n*; ~ grammatical, naturel grammatisches, natürliches Geschlecht; *Adjektiv* des deux ~s gleicher Form, Endung für Maskulinum und Femininum; *Wort* varier en ~ et en nombre in Geschlecht und Zahl veränderlich sein; **4.** *biol, Literatur, Kunst* Gattung *f*; *Literatur, Kunst auch* Genre *n*; le ~ dramatique *das* Drama (als Gattung); ~ littéraire literarische Gattung; Lite-ra'turgattung *f*; le ~ (du) paysage, (du) portrait die (Gattung der) Landschafts-, Por'trätmalerei; **5.** *peint* peintre *m*, peinture *f*, tableau *m* de ~ Genremaler *m*, -malerei *f*, -bild *n*; **6.** *philos* ~ prochain Genus proximum *n*; nächsthöhere Gattung

gens [ʒã] *m/pl* ⟨*unmittelbar vorangehendes adj steht in der Form des f/pl*⟩ **1.** Leute *pl*; jeunes ~ a) junge Leute; b) junge Männer *m/pl*; les petites ~ die kleinen Leute; der kleine Mann; sales ~ übles Volk; tous les ~ alle Leute; vieilles ~ alte Leute; des ~ comme toi (*bzw* vous) et moi Menschen wie du (*bzw* Sie) und ich; ~ de la campagne Leute vom Land; ~ du Midi, du Nord Leute aus dem Süden, Norden; *des* Süd-, Nordfranzosen *m/pl*; ~ du peuple Leute aus dem Volk; les bêtes *f/pl* et les ~ Tiere *n/pl* und Menschen *m/pl*; **2.** ~ d'Église Geistliche(n) *m/pl*; Geistlichkeit *f*; ~ de lettres Lite'raten *m/pl*; Schriftsteller *m/pl*; Belle'tristen *m/pl*; Société *f* des ~ de lettres *frz Schriftstellerverband*; ~ de maison Hauspersonal *n*, -angestellte(n) *pl*; ~ de mer Seeleute *pl*, -fahrer *m/pl*; ~ de robe Richter *m/pl* und Anwälte *m/pl*; **3.** *jur* droit *m* des ~ Völkerrecht *n*

gent [ʒã] *f La Fontaine* la ~ trotte-menu *das* Mäusevolk

gentiane [ʒãsjan] *f* **1.** *bot* Enzian *m*; ~ jaune *od* grande ~ Gelber Enzian; **2.** *Schnaps* Enzian *m*

gentil[1] [ʒãti] *adj* ⟨gentille [ʒãtij]⟩ **1.** *Person, Wesen, Verhalten* nett; freundlich; liebenswürdig; lieb; *Kleid etc* nett; reizend; entzückend; niedlich; il a eu un mot ~ pour tout le monde er hatte für jeden ein freundliches Wort; *Person* être très ~ *od* ~ comme un cœur sehr, wirklich, äußerst, F furchtbar nett sein; vous êtes trop ~ Sie sind zu liebenswürdig; être ~ avec qn nett zu j-m sein; vous seriez ~ de (+*inf*) es wäre nett von Ihnen, wenn Sie ...; c'est un ~ garçon er ist ein netter, lieber Junge; c'est ~ comme tout, F ~ tout plein *das ist aber* nett, lieb!; c'est ~ à vous (d'être venu)

das ist nett von Ihnen (, daß Sie gekommen sind); j'ai recu votre ~le lettre ... Ihren lieben Brief; **2.** *Kind* lieb; artig; brav; **3.** *Geldsumme* nett; hübsch; une ~le somme *auch* ein nettes, hübsches Sümmchen; **4.** *péj* c'est ~, mais *ca n'a rien d'extraordinaire* das ist ja ganz nett, aber ...; c'est bien ~, tout ça, mais ... das ist alles gut und schön, aber ...; **5.** *bot* bois ~ Seidelbast *m*

gentil[2] [ʒãti] *m rel hist meist pl* ~s Heiden *m/pl*

gentilhomm|e [ʒãtijɔm] *m* ⟨*pl* gentilshommes [ʒãtizɔm]⟩ **1.** *früher* Edelmann *m; Molière* Le Bourgeois ~ Der Bürger als Edelmann; **2.** *litt u fig* Kava'lier *m*; Gentleman ['dʒ-] *m; litt* Edelmann *m*; ~ière *f* vornehmes, feu'dales Landhaus

gentillesse [ʒãtijes] *f* **1.** Freundlichkeit *f*; Liebenswürdigkeit *f*; Nettigkeit *f*; avoir la ~ de (+*inf*) die Freundlichkeit haben zu (+*inf*); so nett, freundlich sein zu (+*inf*); il est d'une ~! er ist von e-r Liebenswürdigkeit, Herzlichkeit!; **2.** ⟨*auch pl* ~s⟩ freundliche, nette Geste; Freundlichkeit *f*

gentillet [ʒãtije] *adj* ⟨~te⟩ ganz nett, hübsch

gentiment [ʒãtimã] *adv* **1.** nett; freundlich; liebenswürdig; artig; brav; **2.** *von Kindern* lieb; artig; brav

gentiopicrine [ʒãtjɔpikrin] *f chim* Enzianbitter *n*; Gentiopi'krin *n*

gentleman [dʒentləman] *m* ⟨*pl* gentlemen [dʒentləmɛn]⟩ Gentleman ['dʒ-] *m*; pol ~'s agreement [dʒentləmansagrimɑ̃] *m* Gentlemen's Agreement [-ə'griː-] *n*; se conduire en ~ sich wie ein, als Gentleman verhalten; ~-farmer [-farmœr] *m* ⟨*pl* gentlemen-farmers⟩ vornehmer Gutsbesitzer; ~-rider [-rajdœr] *m* ⟨*pl* gentlemen-riders⟩ Herrenreiter *m*

génuflexion [ʒenyflɛksjõ] *f rel* Kniebeuge *f*

géo [ʒeo] *f Schülersprache cf* géographie

géo|biontes [ʒeɔbjõt] *m/pl zo* Geobi'onten *pl*; ~botanique *f* Pflanzengeographie *f*; Geobo'tanik *f*

géocentrique [ʒeɔsãtrik] *adj astr* geo'zentrisch; système *m* astronomique ~ geozentrisches Weltsystem

géo|chimie [ʒeɔʃimi] *f* Geoche'mie *f*; ~chronologie *f* Geochronolo'gie *f*; geo'logische Altersbestimmung

géode [ʒeɔd] *f minér* Ge'ode *f*

géodés|ie [ʒeɔdezi] *f* Geodä'sie *f*; Vermessungskunde *f*; Erdmessung *f*; Landesvermessung *f*; ~ien *m* Geo'dät *m*; ~ique *adj* geo'dätisch; ligne ~ *od subst* ~ *f* geodätische Linie; Geodätische *f*

géo|dimètre [ʒeɔdimɛtr(ə)] *m* Geodäsie Geodi'meter *m*; ~dynamique *f* dy'namische Geolo'gie

géographe [ʒeɔgraf] *m,f* Geo'graph(in) *m(f)*

géographie [ʒeɔgrafi] *f* **1.** Geogra'phie *f; bes als Schulfach* Erdkunde *f*; ~ biologique, botanique, démographique, économique Bio-, Pflanzen-, Bevölkerungs-, Wirtschaftsgeographie *f*; ~ générale allgemeine Geographie; ~ humaine Anthropo-, Kul'turgeographie *f*; ~ linguistique Sprachgeographie *f*; ~ physique physikalische Geographie *f*; ~ régionale Länderkunde *f; par ext* la ~ de la France die Geographie Frankreichs; professeur *m* de ~ Erdkundelehrer *m*; **2.** Erdkunde-, Geogra'phiebuch *n*

géographique [ʒeɔgrafik] *adj* geo'graphisch; erdkundlich; Institut ~ national *in Frankreich* staatliches Vermessungsamt

géoïde [ʒeɔid] *m* Geo'id *n*

geôle [ʒol] *f litt* Kerker *m*

geôlier [ʒolje] *m litt* Kerkermeister *m*

géologie [ʒeɔlɔʒi] *f* **1.** Geolo'gie *f*; ~ appliquée, dynamique angewandte, dynamische Geologie; ~ historique historische Geologie; Erdgeschichte *f*; ~ régionale regionale Geologie; **2.** *e-r Landschaft* geo'logische Beschaffenheit

géologique [ʒeɔlɔʒik] *adj* geo'logisch; erdgeschichtlich; carte *f* ~ geologische Karte; coupe *f* ~ geologisches Profil; formation *f* ~ geologische Formation

géologue [ʒeɔlɔg] *m,f* Geo'loge, -'login *m,f*

géomagnétique [ʒeɔmaɲetik] *adj* geoma'gnetisch

géomancie [ʒeɔmãsi] *f* Geoman'tie *f*, -'mantik *f*

géométral [ʒeɔmetral] *adj* ⟨-aux⟩ *Plan, Zeichnung* die tatsächlichen Größenverhältnisse darstellend; geo'metrisch; unperspektivisch

géomètre [ʒeɔmɛtr(ə)] *m* **1.** ~ *od adjt* arpenteur ~ Geo'meter *m*; Feldmesser *m*; Vermessungstechniker *m*; ~ expert *etwa* Vermessungsingenieur *m*; **2.** Fachmann *m*, Kenner der Geo'metrie; auf Geome'trie speziali'sierter Mathe'matiker; **3.** *zo* (*ein*) Spanner *m*

géométridés [ʒeɔmetride] *m/pl zo* Spanner *m/pl*

géométrie [ʒeɔmetri] *f* **1.** Geome'trie *f; als Schulfach der Volksschule* Raumlehre *f*; ~ affine, analytique, cinématique, descriptive affine, analytische, kinematische, darstellende Geometrie; ~ différentielle, élémentaire Differenti'al-, Elemen'targeometrie *f*; ~ plane ebene Geometrie; Geometrie der Ebene; ~ dans od de l'espace, de situation Geometrie des Raumes, der Lage; *aviat* avion *m* à ~ variable Schwenkflügelflugzeug *n*; figure *f* de ~ geo'metrische Figur; **2.** Lehrbuch *n* der Geome'trie; Geome'triebuch *n*; **3.** *Pascal* l'esprit *m* de ~ der Geist des Mathe'matischen, Allgemeinen; der dedu'zierende Geist

géométrique [ʒeɔmetrik] *adj* **1.** geo'metrisch; figure *f*, progression *f* ~ geometrische Figur, Reihe; **2.** *Ornamente, Kunststil* geo'metrisch; **3.** *fig* mathe'tisch; avec une exactitude *od* préci'sion, rigueur ~ mit mathematischer Genauigkeit, Strenge

géo|morphologie [ʒeɔmɔrfɔlɔʒi] *f* Geomorpholo'gie *f*; ~physicien *m* Geo'physiker *m*; ~physique I *adj* geophysi'kalisch; année ~ internationale internationales geophysikalisches Jahr; II *f* Geophy'sik *f*; ~politique I *adj* geopo'litisch; II *f* Geopoli'tik *f*

géorgien [ʒeɔrʒjɛ̃] I *adj* ⟨~ ne⟩ **1.** *in der UdSSR* ge'orgisch; **2.** *in den USA des* Staates Georgia; II *subst* **1.** *in der UdSSR* 2(ne) *m(f)* ge'orgier(in) *m(f)*; **2.** *in den USA* 2(ne) *m(f)* Bewohner(in) *m(f)* von Georgia; **3.** *ling* le ~ *das* Ge'orgische; ~ *m*

géorgique [ʒeɔrʒik] *adj Dichtung* vom Landbau handelnd; *subst Vergil* les 2s *f/pl* die Ge'orgica *n/pl*

géo|stationnaire [ʒeɔstasjɔner] *adj Satellit* geostatio'när; ~synclinal *m* ⟨*pl* -aux⟩ *géol* Geosyn'kline *f od* Geosynkli'nale *f*

géotherm|ie [ʒeɔtɛrmi] *f* a) Geo'thermik *f*; b) Erdwärme *f*; ~ique I *adj* geo'thermisch; centrale *f* ~ geothermisches Kraftwerk; degré *m* ~ geothermische Tiefenstufe; II *f cf* géothermie a)

géotropisme [ʒeɔtrɔpism(ə)] *m bot* Geotro'pismus *m*

géotrupe [ʒeɔtryp] *m zo* Mist-, Roßkäfer *m*

gérance [ʒerɑ̃s] f écon 1. Geschäftsführung f; ~ appointée, salariée Geschäftsführung im Angestelltenverhältnis; ~ libre Geschäftsführung auf eigene Rechnung; Pacht f; 2. im engeren Sinne bei gewerblichen Betrieben Pacht(verhältnis) f(n); mise f en ~ Verpachtung f; exploiter une affaire en ~ e-n Pachtbetrieb führen; mettre, donner en ~ verpachten; in Pacht geben; prendre en ~ pachten; in Pacht nehmen; 3. (Dauer f der) Geschäftsführung f; Pachtdauer f, -zeit f

géraniacées [ʒeranjase] f/pl bot Storchschnabelgewächse n/pl; Geraniazeen pl

géranium [ʒeranjɔm] m bot 1. (pélargonium) Ge'ranie f; Ge'ranium n; 2. sc Storchschnabel m; Ge'ranium n

gér|ant [ʒerɑ̃] m, **~ante** f e-s gewerblichen Betriebs Geschäftsführer(in) m(f) (z B e-r GmbH) bzw Pächter(in) m(f) (z B e-r Tankstelle); von Gebäuden, Wohnungen, Warenlagern, Wertpapieren Verwalter(in) m(f); gérant appointé, salarié Geschäftsführer im Angestelltenverhältnis; gérant libre Pächter m; ~ d'immeubles Hausverwalter(in) m(f); gérant de société Geschäftsführer m; ~ d'une succursale auch Fili'alleiter(in) m(f)

gerbage [ʒerbaʒ] m 1. agr Garbenbinden n; 2. tech Stapeln n

gerbe [ʒerb] f 1. agr Garbe f; ~ de blé Weizengarbe f; mettre le blé en ~s das Getreide zu, in Garben binden; mettre les ~s en tas die Garben aufstellen; 2. Strauß m; Bu'kett n; ~ de fleurs, de glaïeuls Blumen-, Gladi'olenstrauß m; 3. par ext beim Feuerwerk Funkengarbe f, -büschel n, -regen m; ~ d'eau Fon'täne f; ~ d'écume Gischt m; 4. mil Geschoßgarbe f; ~ d'éclatement Spreng-, Streuungskegel m; 5. phys atom Schauer m; 6. math Geradenbüschel n

gerb|er [ʒerbe] v/t 1. agr in, zu Garben binden; 2. Fässer, Kisten, Säcke stapeln; **~eur** m od **~euse** f tech Stapelförderer m; Stapler m; **~ier** m agr Garbenhaufen m; **~ière** f agr Garbenkarren m

gerboise [ʒerbwaz] f zo Wüstenspringmaus f

gerce [ʒers] f 1. zo (Kleider-, Ta'peten-) Motte f; 2. im Holz Schrumpfriß m; métall Oberflächenriß m

gerc|é [ʒerse] adj Lippen, Hände, Haut aufgesprungen; Haut, Hände auch rissig; schrundig; **~er** <-ç-> I v/t rissig, Haut auch schrundig werden lassen, machen; II v/i (u v/pr se) ~ Lippen, Hände, Haut aufspringen; Haut, Hände auch rissig, schrundig werden

gerçure [ʒersyr] f 1. auf der Haut (Haut)Riß m; Schrunde f; 2. par ext Riß m; métall Oberflächenriß m

gérer [ʒere] v/t <-è-> Geschäft führen; Vermögen, Fonds, Güter verwalten; ~ une société mit der Geschäftsführung e-r Gesellschaft beauftragt sein; adit affaire bien, mal gérée gut, schlecht geführtes Geschäft

gerfaut [ʒerfo] m zo Gerfalke m

gériatr|ie [ʒerjatri] f méd Geria'trie f; Altersheilkunde f; **~ique** adj méd geri'atrisch

germain¹ [ʒermɛ̃] adj 1. cousin ~ bzw cousine ~e Vetter m, Cousin m bzw Cousine f, Base f (ersten Grades); cousins issus de ~s Vettern zweiten Grades; 2. jur frères ~s leibliche Brüder m/pl

germain² [ʒermɛ̃] hist I adj ger'manisch; II m/pl ♀s Ger'manen m/pl

germandrée [ʒermɑ̃dre] f bot Ga'mander m

germanique¹ [ʒermanik] I adj 1. ger'manisch; langues f/pl ~s germanische Sprachen f/pl; 2. deutsch; pays m/pl ~s Länder n/pl deutscher Sprache und Kultur; deutschsprachige Länder; hist le Saint Empire romain ~ das Heilige Römische Reich Deutscher Nation; subst Louis le ♀ Ludwig der Deutsche; II subst ling le ~ das Ger'manische; Ger'manisch n; le ~ occidental, oriental, septentrional das West-, Ost-, Nordgermanische

germanique² [ʒermanik] adj chim Ger'manium...

germanisant [ʒermanizɑ̃] I adj mit e-r Vorliebe für deutsche Kul'tur; II subst **~(e)** m(f) 1. Liebhaber(in) m(f) der deutschen Kul'tur; 2. cf germaniste

german|isation [ʒermanizasjɔ̃] f e-s Landes, Volkes Germani'sierung f; von Fremdwörtern Eindeutschung f; **~iser** v/t Land, Volk germani'sieren; Fremdwort, Namen eindeutschen; adit germanisé germanisiert; eingedeutscht; **~isme** m ling a) deutsche Spracheigentümlichkeit; b) in e-r anderen Sprache Germa'nismus m; **~iste** m,f Germa'nist(in) m(f)

germanium [ʒermanjɔm] m chim Ger'manium n

germano-... [ʒermano] adj in Zssgn deutsch-...; z B germano-polonais deutsch-polnisch

germano|phile [ʒermanofil] I adj deutschfreundlich; II m,f Per'son f mit deutschfreundlicher Haltung; **~phobe** [-fɔb] I adj deutschfeindlich; II m,f Deutschenhasser(in) m(f); **~phobie** f Deutschenhaß m

germe [ʒerm] m 1. biol, bot, path Keim m; ~s pathogènes Krankheitskeime m/pl; ~s de blé Weizenkeime m/pl; méd porteur m de ~s Keim-, Ba'zillenträger m; 2. fig e-r Entwicklung, Idee, Krise Keim m; contenir qc en ~ etw im Keim enthalten; den Keim von etw in sich tragen; 3. phys (Kristallisati'ons)Keim m; phot (Belichtungs)Keim m; 4. F im Ei Hahnentritt m; Keimscheibe f

germen [ʒermɛn] m biol (Gesamtheit f der) Keim-, Geschlechtszellen f/pl

germer [ʒerme] v/i 1. Samen keimen; Kartoffeln im Keller auskeimen; faire ~ zum Keimen bringen; adit pommes de terre germées ausgekeimte Kartoffeln f/pl; 2. fig Idee etc keimen

germicide [ʒermisid] adj keimtötend

germin|al [ʒerminal] I adj <-aux> biol Keim...; II m hist Ger'mi'nal m (7. Monat des frz Revolutionskalenders); **~ateur** adj <-trice> biol die Keimung bewirkend

germin|atif [ʒerminatif] adj <-ive> biol Keim...; sc germina'tiv; faculté germinative, pouvoir ~ Keimfähigkeit f; théorie f de la continuité du plasma ~ Keimplasmatheorie f; tache germinative Keimfleck m; vésicule germinative Keimbläschen n; Eikern m; **~ation** f biol Keimen m, -ung f

germoir [ʒermwar] m 1. e-r Brauerei Mälze'rei f; 2. agr Keimapparat m, -kasten m

germon [ʒermɔ̃] m zo Weißer Thunfisch m

géromé [ʒerome] m Weichkäse aus den Vogesen

gérondif [ʒerɔ̃dif] m gr Ge'rundium n; in bezug auf das Frz auch Géron'dif m

gérontisme [ʒerɔ̃tism(ə)] m path Altersschwachsinn m

géronto|cratie [ʒerɔ̃tɔkrasi] f pol Gerontokra'tie f; **~logie** f Gerontolo'gie f; Altersforschung f; **~logue** m Geronto'loge m

gésier [ʒezje] m zo a) bei Vögeln (Muskel-, Kau)Magen m; b) bei Insekten Kaumagen m

gésir [ʒezir] v/i <déf: je gis, il gît, nous gisons; je gisais; gisant> st/s: Person (da)liegen; Dinge her'umliegen; par ext c'est là que gît la difficulté da(rin) liegt die Schwierigkeit; F da liegt der Hase im Pfeffer, der Hund begraben

gesse [ʒes] f bot Platterbse f; ~ chiche cf jarosse; ~ odorante Wohlriechende Wicke

gestaltisme [gəʃtaltism(ə)] m philos, psych Gestalttheorie f, -psychologie f

gestation [ʒestasjɔ̃] f 1. bei Tieren Trächtigkeit f; beim Menschen Schwangerschaft f; durée f de la ~ bei Tieren Tragezeit f; Trächtigkeitsdauer f; beim Menschen Schwangerschaftsdauer f; 2. fig être en ~ im Entstehen begriffen sein

geste¹ [ʒest] m 1. (Hand)Bewegung f; Gebärde f; Geste f; ~ brusque plötzliche (Hand)Bewegung; ~ vif lebhafte Gebärde, Geste; ~ d'assentiment Geste, Gebärde der Zustimmung; zustimmende Handbewegung, Geste; au moindre ~ bei der geringsten Bewegung; avoir un ~ malheureux e-e unglückliche (Hand)Bewegung machen; s'exprimer, se faire comprendre par ~s sich durch Gebärden, Gesten verständlich machen; faire un ~ (de la main) e-e Handbewegung machen; faire des grands ~s lebhaft gestiku'lieren; ne pas faire un ~ sich nicht rühren (auch fig); F fig il n'a qu'un ~ à faire pour (+inf) er braucht bloß den kleinen Finger zu rühren, um zu (+inf); 2. par ext Geste f; ~ de générosité großzügige, F noble Geste; e-r Person faits m/pl et ~s Tun und Treiben n; F fig faire un ~ s-m Herzen e-n Stoß geben; F etwas springen lassen; joindre le ~ à la parole s-n Worten die Tat folgen lassen

geste² [ʒest] f 1. chanson f de ~ Heldenlied n, -epos n; 2. Literaturgeschichte Geste f; Zyklus m von Heldenliedern (um e-n bestimmten Helden)

gesticulation [ʒestikylasjɔ̃] f Gestikulati'on f; Gestiku'lieren n

gesticuler [ʒestikyle] v/i gestiku'lieren; F mit den Händen, Armen in der Luft her'umfuchteln

gestion [ʒestjɔ̃] f Geschäftsführung f; von Vermögen, Besitz, Gebäuden, Material, Wertpapieren Verwaltung f; ~ budgétaire Haushaltsführung f; ~ d'une affaire Führung e-s Geschäftes; jur d'affaires Geschäftsführung ohne Auftrag; rapport m de ~ Geschäftsbericht m

gestionnaire [ʒestjɔnɛr] I adj Geschäftsführungs...; Verwaltungs...; Person geschäftsführend; II m Verwalter m; Geschäftsführer m

gestuel [ʒestɥɛl] adj <~le> Gesten...; Gebärden...; langage ~ Gebärdensprache f

getter [gɛtɛr, ge-] m phys Getter m

geyser [ʒezɛr] m Geysir m; Geiser m

ghanéen [ganeɛ̃] I adj <~ne> ghanaisch; II subst ♀(ne) m(f) Ghanaer(in) m(f)

ghetto [geto, ge-] m G(h)etto n (auch fig)

gibbérellines [ʒiberelin] f/pl bot, chim Gibberel'line n/pl

gibbeux [ʒibø] adj <-euse> buck(e)lig; höckerig

gibbon [ʒibɔ̃] m zo Gibbon m

gibbosité [ʒibozite] f path Buckel m; Höcker m; sc Gibbus m

gibecière [ʒibsjɛr] f 1. Jagdtasche f; 2. (sportliche) 'Umhängetasche

gibelins [ʒiblɛ̃] m/pl hist G(h)ibel'line m/pl

gibelotte [ʒiblɔt] f cuis ~ de lapin etwa Ka'ninchenragout n

giberne [ʒibɛrn] f mil **a)** *früher* Pa'tro-nentasche f; **b)** *heute bei den Mitgliedern e-r Militärkapelle* 'umgehängte Noten-tasche

gibet [ʒibɛ] m Galgen m; Hochgericht n

gibier [ʒibje] m **1.** Wild n; **grand, gros ~** *etwa* Hoch-, Schalenwild n; **~ etwa** Niederwild n; **~ à fourrure** jagdbare Pelztiere n/pl; **~ à plume** Feder-, Flugwild n; **~ à poil** Haarwild n; **~ d'eau** jagdbare Wasservögel m/pl; **pièce** f **de ~** Stück n Wild; **2.** cuis Wildbret n; Wild n; **3.** fig von Personen F **un ~ facile** e-e leichte Beute; **~ de potence** Galgenvogel m, -strick m

giboulée [ʒibule] f (Regen-, Grau-pel)Schauer m; **~s de mars** A'pril-schauer m/pl, -wetter n

giboyeux [ʒibwajø] adj ⟨-euse⟩ wild-reich

gibus [ʒibys] m **~** od adit **chapeau** m **~** Klappzylinder m; Chapeau claque m

giclée [ʒikle] f Spritzen n

giclement [ʒikləmã] m (Her'aus-) Spritzen n

gicl|er [ʒikle] v/i (her'aus-, auf)spritzen; **Blut ~ de la blessure** aus der Wunde spritzen; **~eur** m auto Vergaserdüse f

gifle [ʒifl] f **1.** Ohrfeige f; Backpfeife f; F **tête** f **à ~s** F Backpfeifen-, Ohrfeigen-gesicht n; **donner** od F **flanquer, rece-voir une ~** e-e Ohrfeige geben od verab-reichen, bekommen od kriegen od be-ziehen; F **flanquer une ~ à qn** auch F j-m eine knallen, runterhauen; F **flan-quer une paire de ~s à qn** j-m rechts und links eine runterhauen; fig **Schlag** m ins Gesicht; Ohrfeige f

gifler [ʒifle] v/t **1. ~ qn** j-n ohrfeigen; **2.** fig Wind, Regen **~ le visage de qn** j-m ins Gesicht peitschen

gig [ʒig] m mar Gig f od n

gigahertz [ʒigaɛrts] m (abr GHz) phys Gigahertz n (abr GHz)

gigant|esque [ʒigãtɛsk] **I** adj **1.** Größe-, Ausmaße, Gebäude, Statue riesig; riesen-haft; gi'gantisch; Riesen...; **2.** par ext Aufgabe, Werk ri'gantisch; gewaltig; Riesen...; **II** subst **le ~** das Gi'gantische, Riesenhafte. **~isme** m **1.** path Riesen-wuchs m; sc Gigan'tismus m; **2.** fig e-r Organisation od 'übermäßiges Wachs-tum; Hypertro'phie f; Zustand Riesen-haftigkeit f

giganto|machie [ʒigãtɔmaʃi] f myth Gigantoma'chie f; **~pithèque** [-pitɛk] m Vorgeschichte Giganto'pithecus m

gigogne [ʒigɔɲ] adj **fusée** f **~** Mehrstu-fenrakete f; lit m **~** ausziehbares Doppel-bett; **poupée** f **~** russische Puppen f/pl; **table** f **~** Satztisch(e) m(pl)

gigolo [ʒigolo] m (junger ausgehaltener) Geliebte(r) m; Gigolo m

gigot [ʒigo] m **1.** cuis **~ (de mouton)** Hammelkeule f, süddt auch -schlegel m; **~ d'agneau** Lammkeule f; **2.** beim Pferd 'Hinterbein n; **3.** adit cout **manches** f/pl **~** Bal'lon-, Keulen-, Schinkenärmel m/pl

gigoter [ʒigote] F v/i zappeln; Baby strampeln

gigue [ʒig] f **1.** mus, Tanz Gigue [ʒi:k] f; **2.** F von e-m großen Mädchen **une grande ~** F e-e Hopfenstange; **3.** cuis cf **cuissot**

gilde [ʒild] f cf **guilde**

gilet [ʒilɛ] m **1.** zu e-m Herrenanzug Weste f; F fig aller bzw venir **pleurer dans le ~ de qn** j-m sein Leid klagen; **2.** par ext **~ de sauvetage** Schwimmweste f; **3.** für Frauen Strickjacke f, -weste f; **4. ~ de corps, de peau** 'Unterhemd n, -jacke f; **~ de flanelle** Fla'nellunter-hemd n

giletier [ʒiltje] m Westenhersteller m

gill [ʒil] m text Nadelstab m

gillotage [ʒilotaʒ] m tech Zinkätzung f

---

gimblette [ʒɛblɛt] f Teegebäck Krin-gel m

gin [dʒin] m Branntwein Gin [dʒ-] m

gindre [ʒɛdr(ə)] m Bäckergeselle m

gingembre [ʒɛʒãbr(ə)] m bot, cuis Ingwer m

gingiv|al [ʒɛʒival] adj ⟨-aux⟩ anat Zahnfleisch...; **~ite** f path Zahn-fleischentzündung f; sc Gingi'vitis f

ginkgo [ʒɛko] m bot Ginkgo(baum) m

ginseng [ʒɛsã] m bot, phm Ginseng m

giorno [dʒjorno] loc/adv **éclairé a ~** taghell erleuchtet

giraf|e [ʒiraf] f **1.** zo Gi'raffe f; fig u péj e-r Person **cou** m **de ~** langer, dürrer Hals; F fig **peigner la ~** e-e sinnlose Arbeit machen; **2.** F von e-r Person F lange Latte; langes Laster; Hopfen-, Bohnenstange f; **3.** cin, télév Gi'raffe f; Galgen m; **~eau** m ⟨pl ~x⟩ zo junge, kleine Gi'raffe; Gi'raffenjunge(s) n

girandole [ʒirãdɔl] f **1.** beim Feuerwerk Feuerrad n; **2.** mehrarmiger Leuchter m; **3.** Lichtgirlande f; **4.** mit Edelsteinen besetztes Ohrgehänge; **5.** Spalierbaumform Pyra'mide f

girasol [ʒirasɔl] m **1.** minér etwa milchig-weißer O'pal; **2.** bot Sonnenblume f

giration [ʒirasjɔ] f Dreh-, Kreisbewe-gung f; Drehung f; mar **cercle** m **de ~** Drehkreis m; phys **rayon** m **de ~** Träg-heitsradius m

giratoire [ʒiratwar] adj kreisend; Dreh...; Kreis...; **mouvement** m **~** Dreh-, Kreisbewegung f; **point** m **~** Drehpunkt m; im Straßenverkehr **sens** m **~** Kreisverkehr m

giraumon(t) [ʒiromõ] m bot Turban-, Türkenbundkürbis m

giravion [ʒiravjõ] m aviat Drehflügel-flugzeug n

girelle [ʒirɛl] f zo Meerjunker m

girl [gœrl] f e-r Tanztruppe Girl [gø:rl] n

girodyne [ʒirodin] m aviat Flug-schrauber m

girofle [ʒirɔfl(ə)] m bot, cuis **clou** m **de ~** (Gewürz)Nelke f; **essence** f **de ~** (Gewürz)Nelkenöl n

giroflée [ʒirofle] f **1.** bot **a) ~ (jaune)** Goldlack m; **b)** Lev'koje f; **2.** F fig **~ à cinq feuilles** (Spuren f/pl e-r) schallende(n) Ohrfeige

giroflier [ʒiroflije] m bot Gewürznelken-baum m

girolle [ʒirɔl] f bot Pfifferling m; Eier-schwamm m

giron [ʒirõ] m **1.** Schoß m; **2.** fig Schoß m; le **~ familial** der Schoß der Familie; le **~ de l'Église** der Schoß der Kirche; **3.** e-r Treppenstufe Trittbreite f; **mar-che** f **à ~ droit** rechteckige Trittstufe; **4.** Heraldik Ständer m

girond [ʒirõ] F adj ⟨-ronde [-rõd]⟩ gutaussehend; F gutgebaut

girondin [ʒirõdɛ] **I** adj **1.** (aus, von) der Gi'ronde; **2.** hist giron'distisch; **II** m/pl **2s** hist Giron'disten m/pl

gironné [ʒirone] adj **1.** bât **marche ~e** Wendelstufe f; **2.** Wappen geständert

girouette [ʒirwɛt] f **1.** Wetterfahne f; Windfahne f (auch mar); **~ en forme de coq** Wetterhahn m; **2.** fig von e-r Person Wetterfahne f; j, der sich leicht 'umstim-men läßt; **changer d'avis comme une ~** s-e Meinung wie sein Hemd wechseln; **être une ~** auch wetterwendisch sein

gisant [ʒizã] **I** adj liegend; ruhend; cf auch **gésir**; **II** m auf Grabdenkmälern liegende Fi'gur

gisement [ʒizmã] m **1.** von Bodenschät-zen Lagerstätte f; Vorkommen n; Fund-stätte f; **~ alluvionnaire** Seife f; **~ de houille, de pétrole, d'uranium** od **~ 'houiller, pétrolifère, uranifère** (Stein)Kohle(n)-, Erdöl-, U'ranvorkom-

---

men n, -lagerstätte f; **2.** von Bodenschät-zen Lagerung(sform) f; **3.** mar Winkel m (zwischen Längsachse des Schiffs u ange-peiltem Punkt)

gît [ʒi] cf **gésir**

gitan [ʒitã] **I** adj Zi'geuner...; zi'geune-risch; **II** subst **1.** ♀(e) m(f) Zi'geuner(in) m(f); **2.** ~e f frz Zigarettenmarke

gîte[1] [ʒit] m **1.** 'Unterkunft f; Quar'tier n; **~ rural** Ferienwohnung f auf dem Land; **le ~ et le couvert** Unterkunft und Verpflegung f; **2.** von Wild Lager n; des Hasen auch ch Sasse f; **3.** minér Lager-stätte f; **~ aurifère** Goldlagerstätte f, -vorkommen n; **4.** Schlachtteil vom Rind 'Hinterhesse f; **~ à la noix** etwa Ober-schale f

gîte[2] [ʒit] f mar Schlagseite f; Krängung f; **donner de la ~** Schlagseite haben; krängen; 'überliegen

gîter [ʒite] v/i **1.** litt 'unterkommen; Quar'tier finden; **2.** Wild lagern; **3.** mar Schlagseite haben

githagisme [ʒitaʒism(ə)] m vét Githa-'gismus m

givr|age [ʒivraʒ] m bes aviat Vereisen n, -ung f; **~ant** adj **brouillard ~** Rauhreif bildender Nebel

givre [ʒivr] m (Rauh)Reif m; an Fen-stern **cristaux** m/pl **de ~** Eisblumen f/pl; **enlever le ~ du pare-brise** das Eis von der Windschutzscheibe kratzen

givr|é [ʒivre] adj **1.** Bäume etc bereift; mit Rauhreif über'zogen, bedeckt; **2.** Schei-be zugefroren; vereist (auch aviat); **3.** par ext Vanille mit weißen Vanil'lin-kristallen über'zogen; **~ée** f künstlicher Schnee (zur Dekoration)

givrer [ʒivre] **I** v/t **1.** mit Rauhreif über'ziehen, bedecken; **2.** par ext mit e-m schneeähnlichen 'Überzug versehen, gar'nieren; **II** v/i (u v/pr se) **~**. Scheibe, aviat vereisen; Scheibe auch zufrieren

givr|eux [ʒivrø] adj ⟨-euse⟩ Edelstein mit Fehlern, Trübungen (die vom Schliff herrühren); **~ure** f e-s Edelsteins (durch Splittern beim Schliff entstande-ne(r)) Fehler m, Fleck m, Trübung f

glabelle [glabɛl] f anat, Anthropologie Gla'bella f

glabre [glabr(ə)] adj **a)** Kinn, Gesicht glattrasiert; bartlos; **b)** bot unbehaart

glaçage [glasaʒ] m **1.** tech **a)** allg Glänzen(dmachen) n; Glanzgeben n; Erzeugung f von Hochglanz m; Ergebnis Hochglanz m; **b)** text, von Leder Glanz-appretur f; von Papier Sati'nieren n; **2.** Keramik Gla'sieren n; **3.** cuis Gla'sieren n; Ergebnis Gla'sur f; Zuckerguß m; **4.** Glanzbügeln n; **5.** von Reis Po'lieren n; **6.** Kühlverfahren Eiskühlung f

glace [glas] f **1.** Eis n; **~s** pl Eismassen f/pl; Eis n; **~ artificielle** Kunsteis n; **~ sèche, carbonique** Trockeneis n; **~s de fond** Grundeis n; **~ de mer** Meereis n; méd **sac** m, **poche** f, **vessie** f **à ~** Eisbeutel m; **banc** m, **champ** m **de ~** Eisbank f, -feld n; **couche** f **de ~** Eisschicht f, -decke f; **cristaux** m/pl **de ~** Eiskristalle m/pl; **cube** m **de ~** Eiswür-fel m; Mer f **de ~** Gletscher im Mont-blanc-Massiv; loc/adj: **Schiff pris dans les ~s** im Eis festsitzend; eingefroren; **couvert de ~** eisbedeckt; fig **il a été, il est resté de ~** er blieb eiskalt; fig: **rompre, briser la ~** das Eis brechen, zum Schmelzen bringen; **la ~ est rom-pue** das Eis, der Bann ist gebrochen; **2.** (Speise)Eis n; österr Gefrorene(s) n; schweiz Glace f; **deux ~s** zwei (Portio-nen) Eis; **~ au café, à la fraise** od **aux fraises, à la vanille** Mokka-, Erdbeer-, Va'nilleeis n; **3.** Spiegel m; **~ de poche** Taschenspiegel m; **se regarder, se voir dans une ~** sich im Spiegel be-

trachten, sehen; **4.** *auto* Wagen-, Auto-
fenster *n*; (Auto)Scheibe *f*; ~ arrière
Heck-, Rückscheibe *f*; ~s de sécurité
Scheiben aus Sicherheitsglas; **5.** *tech*
Spiegelglas *n*; *par ext e-r Vitrine, Tür
(Glas)Scheibe f*; **fabrication** *f* des ~s
Spiegelglasherstellung *f*; **6.** *cuis* Gla'sur
f; Zuckerguß *m*; *adjt* **sucre** *m* ~ Staub-,
Puderzucker *m*; **7.** *bei Edelsteinen cf*
givrure
glacé [glase] **I** *adj* **1.** vereist; **neige** ~e
vereister Schnee; **2.** *cuis* Eis...; **bombe**
~e Eisbombe *f*; **chocolat** ~ *cf* esqui-
meau II 3.; **coupe, crème** ~e Eisbe-
cher *m*, -creme *f*; **3.** *Wasser, Regen,
Wind, Luft, Raum* eiskalt; eisig; *Getränk
auch* eisgekühlt; **eau, pluie** ~e *auch*
Eiswasser *n*, -regen *m*; **orangeade** ~e
eisgekühlte Orangeade; **avoir les
mains** ~es, **les pieds** ~s eiskalte, *pl/fort*
erstarrte Hände, Füße haben; *Person*
être ~ 'durchgefroren *od* durch'froren
sein; steif, starr vor Kälte sein; *cuis*
servir ~ eiskalt servieren; **4.** *fig Emp-
fang, Miene, Blick* eisig; frostig; **5.**
Gewebe glanzappretiert; **gants** *m/pl* en
chevreau ~ Glacéhandschuhe *m/pl*; **pa-
pier** ~ Glanzpapier *n*; **riz** ~ polierter
Reis; **6.** *cuis* **marrons** ~s kan'dierte
Kastanien *f/pl*; **II** *m tech* Glanz *m*
glacer [glase] ⟨-ç-⟩ **I** *v/t* **1.** *Fluß etc* zu
Eis erstarren, gefrieren lassen; ~ qn j-n
(vor Kälte) steif werden, erstarren las-
sen; **2.** *fig* ~ qn j-n erstarren lassen,
lähmen; **ce spectacle nous a glacés
d'horreur** bei diesem Anblick erstarr-
ten wir vor Entsetzen, durch'fuhr uns ein
eisiger *od* eiskalter Schreck, über'lief *od*
durch'fuhr es uns eiskalt; **être glacé
d'effroi, d'épouvante** vor Schreck,
Entsetzen erstarren, *Zustand* starr sein;
~ **le sang dans les veines** das Blut in
den Adern erstarren lassen; **3.** *tech*
glänzen(d machen); mit Hochglanz ver-
sehen; Glanz verleihen ⟨+dat⟩; *text*
glanzappretieren; *Papier* sati'nieren; **4.**
Keramik gla'sieren; **5.** *cuis* gla'sieren; **6.**
peint la'sieren; **II** *v/pr* **se** ~ **7.** *Fluß, See*
zu Eis erstarren; gefrieren; zufrieren; **8.**
fig **son sang se glaça dans ses veines**
das Blut erstarrte ihm in den Adern
glac|erie [glasri] *f* **1.** Spiegelglasindu-
strie *f bzw* -handel *m*; **2.** Spie-
gel(glas)fabrik *f*; ~**eur** *m für Papier*
Sati'nierer *m*; *text* Glanzappretierer *m*;
~**euse** *f phot* Trockenpresse *f*; ~**eux** *adj*
⟨-euse⟩ *Edelstein cf* **givreux**
glaciaire [glasjɛr] *adj* Eis...; Glet-
scher...; *glazi'al*; Glazi'al...; **érosion** *f*
~ Gletscher-, Glazialerosion *f*; **période**
f ~ Eiszeit *f*
glaci|al [glasjal] *adj* ⟨-aux *od* -als⟩ **1.**
Regen, Wind, Winternacht eisig; eiskalt;
2. *géogr* **l'océan** ♀ **arctique, antarcti-
que** das Nördliche, Südliche Eismeer;
das Nord-, Südpo'larmeer; **la zone** ~e
die kalte Zone; **3.** *fig: Empfang* eisig;
frostig; *Blick, Schweigen* eisig; *Person*
eiskalt; eisig; abweisend; ~**ale** *f bot*
(Weißblühendes) Eiskraut
glaciation [glasjasjõ] *f* **1.** Erstarren *n*,
-ung *f* (zu Eis); **2.** *géol* Vereisung *f*;
Periode auch Eiszeit *f*; *sc* Glazi'al(zeit)
n(*f*); *Vorgang auch* Vergletscherung *f*
glacier [glasje] *m* **1.** Gletscher *m*; **2.**
Eiskonditor *m*; Eisdieleninhaber *m*; Eis-
verkäufer *m*
glacière [glasjɛr] *f* **1.** Eisschrank *m*; ~ **de
camping** *auch* Kühltasche *f*; **2.** F *fig von*
e-m Zimmer Eiskeller *m*
glaciériste [glasjerist] *m* Alpinistik Eis-
gänger *m*; Gletschersteiger *m*, -wande-
rer *m*
glacio|logie [glasjɔlɔʒi] *f* Gletscherkunde
f; Glaziolo'gie *f*; ~**logue** *m* Glazio'loge *m*

glacis [glasi] *m* **1.** *fortif* Gla'cis *n*; **2.** *arch*
Abdachung *f*; Abschrägung *f*; **3.** *peint*
La'sur *f*
glaçon [glasõ] *m* **1.** Stück *n* Eis; Eisklum-
pen *m*; *zum Kühlen von Getränken* Eis-
würfel *m*; *in Flüssen* Eisscholle *f*; *an
Dächern* Eiszapfen *m*; *Fluß* **charrier
des** ~s Eis führen; **2.** F *fig von e-m
Menschen* Eisberg *m*
glaçure [glasyr] *f Keramik* Gla'sur *f*
gladiateur [gladjatœr] *m im alten Rom*
Gladi'ator *m*
glaïeul [glajœl] *m bot* Gladi'ole *f*; *als
Pflanze auch* Siegwurz *f*
glaire [glɛr] *f physiol* (zäher) Schleim
glaireux [glɛrø] *adj* ⟨-euse⟩ schleimig
glaise [glɛz] *f* ~ *od adjt* **terre** ~ Lehm *m*;
Ton *m*; Letten *m*; Lehm-, Tonerde *f*;
carrière *f* **de** ~ Lehmgrube *f*; **cahute** *f*
en terre ~ Lehmhütte *f*
glais|eux [glɛzø] *adj* ⟨-euse⟩ lehmig;
sol ~ Lehmboden *m*; ~**ière** *f* Lehm-
grube *f*
glaive [glɛv] *m hist u fig* Schwert *n*; *litt*
le ~ **de la justice, de la loi** das Schwert
der Gerechtigkeit
glanage [glanaʒ] *m* Ährenlesen *n*; Stop-
peln *n*
gland [glã] *m* **1.** *bot* Eichel *f*; **2.** *anat*
Eichel *f*; **3.** Troddel *f*; Quaste *f*
glande [glãd] *f* **1.** *anat* Drüse *f* (*auch
bot*); ~**s génitales, reproductrices,
sexuelles** Keim- *od* Geschlechtsdrüsen
f/pl; ~ **lacrymale** Tränendrüse *f*; ~**s
surrénales** Nebennieren *f/pl*; **2.** F **avoir
des** ~**s** geschwollene Drüsen (=*Lymph-
knoten*) haben
glander [glãde] *od* **glandouiller** [glã-
duje] *v/i* F her'umstehen, -sitzen, -lun-
gern
glandulaire [glãdylɛr] *adj anat* Drü-
sen...; ~ **troubles** *m/pl* ~**s**
Drüsensystem *n*, -störungen *f/pl*
glandul|e [glãdyl] *f anat* kleine Drüse;
~**eux** *adj* ⟨-euse⟩ Drüsen...; *bot* **poils**
~ Drüsenhaare *n/pl*
glan|er [glane] *v/t* **1. a)** ~ **quelques épis**
einige Ähren auflesen; ~ **dans un champ**
od **e-m Feld** Ähren lesen; **b)** *abs* Ähren
lesen; stoppeln; **2.** *fig* (auf)sammeln;
zu'sammentragen; ~**eur** *m*, ~**euse** *f*
Ährenleser(in) *m*(*f*)
glap|ir [glapir] *v/i* **1.** *Fuchs* bellen; *Kanin-
chen* 'durchdringend pfeifen; *kläffen;
kleiner Hund* kläffen; *große Vögel* krei-
schen; **2.** ⟨*auch v/t*⟩ *fig Person* krei-
schen; *Grammophon* jaulen; ~**issant** *adj
voix* ~ kreischende Stimme; ~**isse-
ment** *m* **1.** *des Fuchses* Bellen *n*; *der
Kaninchen* 'durchdringendes Pfeifen *n*;
Klagen *n*; *kleiner Hunde* Kläffen *n*;
Gekläff *n*; *mancher Vögel* Kreischen *n*;
2. *fig von Personen meist pl* ~**s** Kreischen
n; Gekreisch *n*
glaréole [glareɔl] *f zo* Brachschwalbe *f*
glas [glã] *m* Totengeläut(e) *n*; Totenglok-
ke *f*; **sonner le** ~ **a)** die Totenglocke
läuten; **b)** *fig e-r Hoffnung, Epoche* das
Ende ankündigen; *Hemingway* **Pour qui
sonne le** ~ Wem die Stunde schlägt
glatir [glatir] *v/i Adler* schreien
glaucome [glokom] *m path* grüner Star;
sc Glau'kom *n*
glauque [glok] *adj* Meer blau-, grau-
grün; *Wasser, Augen* meergrün
glaviot [glavjo] P *m* Auswurf *m*; F
Spucke *f*; *nordd* Qualster *m*
glavioter [glavjote] P *v/i* spucken
glèbe [glɛb] *f st/s* Scholle *f*; **attaché à la** ~
a) *féod Leibeigener* an die Scholle gebun-
den; **b)** *st/s Bauer* mit der Scholle ver-
wachsen
gléc(h)ome [glekom] *m bot* Gundelrebe
f; Gundermann *m*
glène [glɛn] *f* **1.** *anat* Gelenkpfanne *f* (*bes*

des Schultergelenks); **2.** *mar* aufgerolltes
Tau; Taurolle *f*
glénoïdale [glenɔidal] *adj* ⟨*nur f*⟩ *od*
glénoïde [glenɔid] *adj anat* **cavité** *f* ~ *od
subst* **glénoïde** *f* Gelenkpfanne *f*
gliome [gljom] *m path* Gli'om *n*
glissade [glisad] *f* **1.** (Aus)Gleiten *n*;
(Aus)Rutschen *n*; Schlittern *n*; Rutsch
m; F Rutschpartie *f*; *Kinder* **faire des** ~s
(sur la glace) (auf dem Eis) schlittern,
glitschen, *südd auch* schleifen; **faire une**
~ unabsichtlich F e-e Rutschpartie ma-
chen; **2.** *aviat in e-r Kurve* ~ **sur l'aile**
seitliches Abrutschen, F Abschmieren
nach innen; **3.** *Tanzschritt* Gleit-,
Schleifschritt *m*; Glis'sade *f*
gliss|age [glisaʒ] *m* Holztransport *m* ins
Tal über e-e Riese, Rutsche; ~**ance** *f*
Straßenverkehr (Fahrbahn)Glätte *f*
glissando [glisãdo] *m mus* Glis'sando *n*
glissant [glisã] *adj Weg, Fahrbahn, Pfla-
ster* rutschig; glatt (*auch Parkett, Gelän-
der*); schlüpfrig; F glitschig (*auch Fisch
etc in der Hand*); *Verkehrszeichen*
chaussée ~e Schleudergefahr *f*
glisse [glis] *f der Skier* Gleitfähigkeit *f*;
des Skiläufers Gleiten *n*; Gleitgeschwin-
digkeit *f*
glissé [glise] *adj u subst m beim Tanz* (**pas**
m) ~ Gleit-, Schleifschritt *m*
glissement [glismã] *m* **1.** Gleiten *n*;
Rutschen *n*; *par ext* Gleitgeräusch *n*; **2.**
géol ~ **de terrain** Erd-, Bergrutsch *m*; **3.**
fig Verschiebung *f*; Verlagerung *f*; *pol* ~
à droite, gauche *od* **vers la droite,
gauche** Rechts-, Linksruck *m*; Ruck *m*
nach rechts, links; *ling e-s Wortes* ~ **de
sens** Bedeutungsverschiebung *f*; **4.** *Me-
chanik, élect* Schlupf *m*; *frottement m*
de ~ Gleitreibung *f*; **5.** *métall* Gleitung *f*
glisser [glise] **I** *v/t* **1.** schieben; stecken; ~
une pièce à qn j-m ein Geldstück
zustecken; ~ **un pourboire dans la
main de** qn j-m ein Trinkgeld in die
Hand drücken; ~ **son portefeuille
dans sa poche** s-e Brieftasche einstek-
ken, in die Tasche stecken; ~ **le courrier
sous la porte** die Post unter die Tür
'durchschieben; **2.** *fig* ~ qc **à l'oreille de**
qn j-m etw zuflüstern; ~ **un mot dans
un discours** ein Wort in e-e Rede
einfließen lassen; **II** *v/i* **3.** gleiten (*auch
tech auf e-r Schiene etc*); *meist ungewollt*
rutschen; ins Rutschen kommen; glit-
tern; F glitschen; *Person unabsichtlich*
ausrutschen; ausgleiten; F **ça glisse** es
ist rutschig, glatt; **son pied a glissé** er
ist (mit dem Fuß) ausgerutscht; **le verre
m'a glissé des mains** das Glas ist mir
aus der Hand gerutscht, *st/s* ist meinen
Händen entglitten; F *fig* **il lui a glissé
entre les doigts** er ist ihm durch die
Finger geschlüpft; er ist ihm entwischt,
entkommen, entschlüpft; ~ **le long
d'une pente** e-n Abhang her'ab-, her'un-
ter- *bzw* hin'ab-, hin'unterrutschen; an
e-m Hang abrutschen, abgleiten; *Boot,
Schwan* ~ **sur l'eau** auf dem Wasser
da'hingleiten; *Schlittschuhläufer* ~ **sur
la glace** über das Eis gleiten; *Person* ~
sur une peau de banane auf e-r
Bananenschale ausrutschen; *Kind* **se
laisser** ~ **de sa chaise** vom Stuhl
(her'ab)rutschen; F *fig* ~ **sur un sujet**
rasch über ein Thema hin'weggehen;
laisser ~ **le regard sur** qc den Blick
über etw (*acc*) hin'gleiten lassen; **5.** *fig.
Vorwürfe, Beleidigungen* ~ **sur** qn an, von
j-m abgleiten; **6.** *pol* ~ **à droite, gauche**
od **vers la droite, gauche** e-n Rechts-,
Linksruck erfahren; **III** *v/pr* **se** ~ **7.**
Person, Tier (sich) schleichen; schlüp-
fen; *Person auch* sich stehlen; **se** ~ **dans
ses draps** ins Bett schlüpfen; **se** ~ **dans
la pièce** sich ins Zimmer schleichen.

stehlen; ins Zimmer schleichen, schlüpfen; **se ~ le long d'un mur** an e-r Wand entlangschleichen; **se ~ sous l'armoire** unter den Schrank schlüpfen; **8.** *fig Fehler, Irrtum* sich einschleichen (**dans les calculs** in die Berechnungen); *Unruhe, Verdacht* **se ~ en qn** j-n beschleichen, allmählich über'kommen

gliss|ière [glisjɛr] *f tech* Gleit-, Lauf-, Führungsschiene *f; an Straßen* **~ de sécurité** Leitplanke *f;* **fermeture** *f* **à ~** Reißverschluß *m;* **~oir** *m* Holztransport Riese *f;* Rutsche *f;* **~oire** *f auf dem Eis* Schlitter-, F Glitschbahn *f; südd auch* Schleifbahn *f*

global [glɔbal] *adj* ⟨**-aux**⟩ **1.** gesamt; Gesamt…; glo'bal; Glo'bal…; pau'schal; Pau'schal…; **somme ~e** Gesamtsumme *f;* **2.** *beim Leseunterricht* **méthode ~e** Ganzheitsmethode *f;* **~ement** *adv* glo'bal; in s-r Gesamtheit; im ganzen (genommen); **condamner qc ~** etw global, pau'schal, in Bausch und Bogen verurteilen; **~ité** *f* Gesamtheit *f;* Totali'tät *f*

globe [glɔb] *m* **1. ~ (terrestre)** Erdkugel *f,* -ball *m; par ext litt* **~ solaire** Sonnenball *m;* **2. ~ (terrestre)** Globus *m;* **~ céleste** Himmelsglobus *m;* **~ lumineux** Leuchtglobus *m;* **3.** *früher über e-r Stutzuhr etc* Glassturz *m,* -glocke *f; fig, oft iron* **mettre qn, qc sous ~** j-n, etw in Watte packen; *à e-r Lampe* Glaskugel *f,* -glocke *f; Lampenform* Kugelleuchte *f;* **5.** *anat* **~ oculaire, de l'œil** Augapfel *m;* **6.** *hist* Reichsapfel *m*

globe-trotter [glɔbtrɔtœr] *m* ⟨*pl* **globe-trotters**⟩ Weltenbummler *m;* Globetrotter *m*

globigérine [glɔbiʒerin] *f zo* Ballentierchen *n; sc* Globige'rine *f; géol* **boue** *f* **à ~s** Globigerinenschlamm *m*

globulaire [glɔbylɛr] I *adj* **1.** *méd* **numération** *f* **~** Blutkörperchen(aus)zählung *f;* (Aus)Zählung *f* der Blutkörperchen; **2.** *sc* kugelförmig; II *f bot* Kugelblume *f*

globule [glɔbyl] *m* **1.** *physiol* **~ (du sang)** Blutkörperchen *n;* **~s blancs, rouges** weiße, rote Blutkörperchen; **2.** *biol* **~ polaire** Polkörperchen *n;* **3.** *phm* Kügelchen *n; sc* Globulus *m*

globul|eux [glɔbylø] *adj* ⟨**-euse**⟩ *Augen* her'vortretend; vorquellend; vorstehend; **~in** *m physiol* Blutplättchen *n;* **~ine** *f* Biochemie Glo'bulin *n*

glockenspiel [glɔkɛnspil] *m mus* Glockenspielklavier *n;* Klavia'turglockenspiel *n*

gloire [glwar] *f* **1.** Ruhm *m;* **~ littéraire** literarischer Ruhm; **à la ~ de** zum Ruhme von (*od* + *gén*); **avide de ~** ruhmsüchtig; **sans ~** ruhmlos; **s'attribuer toute la ~ de qc** den ganzen Ruhm, das ganze Verdienst für etw in Anspruch nehmen; **avoir son heure de ~** s-e Glanz-, Blütezeit erleben; in hohem Ansehen stehen; **se couvrir de ~** Ruhm erwerben, ernten; sich mit Ruhm bedekken; **faire qc pour la ~** etw aus Idea'lismus tun; *st/s* **tirer ~ de qc** auf etw (*acc*) stolz sein; sich e-r Sache (*gén*) rühmen; **2.** *par ext von e-r Person* Berühmtheit *f; iron* **~ locale** lokale Größe; **il fut une des ~s de son pays** er zählte zu den Berühmtheiten s-s Landes; **3.** Glanz *m;* Herrlichkeit *f;* Glorie *f;* **la ~ du passé** der Glanz vergangener Zeiten; **4.** *st/s* **rendre ~ à Dieu** Gott (lob)preisen, rühmen, verherrlichen; *ellip* **~ à Dieu** Ehre sei Gott; *par ext* **rendre ~ à qn** j-n ehren; **5.** *Kunst* Glorienschein *m;* Glori'ole *f;* Aure'ole *f;* Strahlenkranz *m;* **Christ en ~** von e-m Glorienschein *etc* um'gebener Christus; **6.** *rel* Glorie *f;* himmlische Herrlichkeit; *par ext peint*

29*

Darstellung *f* des Himmels. Para'dieses
glome [glom] *m am Pferdehuf* Hornballen *m*
gloméris [glɔmeris] *m zo* Saftkugler *m*
glomérule [glɔmeryl] *m anat* Gefäßknäuel *m od n;* **~ rénal** Haargefäßknäuel *m od n* in der Niere; *sc* Glo'merulum *m*
gloria [glɔrja] *m* ⟨*inv*⟩ *égl cath* Gloria *n*
gloriette [glɔrjɛt] *f arch* Glori'ette *f*
glorieux [glɔrjø] *adj* ⟨**-euse**⟩ ruhmreich; rühmlich; rühmenswert; glorreich (*auch rel*); *Held, Feldherr* ruhmreich; ruhmbedeckt; **exploit ~** Ruhmestat *f;* **journée glorieuse** Ruhmestag *m*
glorific|ateur [glɔrifikatœr] *litt* I *adj* ⟨**-trice**⟩ verherrlichend; II *m* Verherrlicher *m;* **~ation** *f* Verherrlichung *f;* Glorifi'zierung *f*
glorifier [glɔrifje] I *v/t* **1.** verherrlichen; rühmen; preisen; glorifi'zieren; **2.** *st/s Tote, j-s Andenken* ehren; II *v/pr* **se ~ de qc** stolz sein auf etw (*acc*); sich e-r Sache (*gén*) rühmen; **se ~ d'avoir fait qc** stolz darauf sein, sich rühmen, etw getan zu haben
gloriole [glɔrjɔl] *f péj* (kleinliche, armselige) Eitelkeit, Selbstgefälligkeit; *raconter ses succès par pure ~* F … aus reiner Angebe'rei
glose [gloz] *f in alten Texten* Glosse *f*
gloser [gloze] *v/t Text* glos'sieren; mit Glossen versehen
gloss|aire [glɔsɛr] *m* Glos'sar *n;* Wörterverzeichnis *n* mit Erklärungen; **~ateur** *m* Glos'sator *m*
glossématique [glɔsematik] *f ling* Glosse'matik *f*
gloss|ine [glɔsin] *f zo (Gattung)* Tsetsefliege *f; sc* Glos'sina *f;* **~ite** *f path* Zungenentzündung *f; sc* Glos'sitis *f*
glosso|lalie [glɔsɔlali] *f bibl* Zungenreden *n; sc* Glossola'lie *f;* **~phage** [-faʒ] *m zo* Langzungenvampir *m;* **~pharyngien** *adj* ⟨**~ne**⟩ *anat* **nerf ~** Zungenschlundnerv *m; sc* Glossophary'geus *m;* **~ptôse** *f path* Glosso'ptosis *f;* **~tomie** *f chir* Glossoto'mie *f*
glottal [glɔtal] *adj* ⟨**-aux**⟩ *phon* Stimmritzen…; glot'tal
glott|e [glɔt] *f anat* Stimmritze *f; sc* Glottis *f; phon* **coup** *m* **de ~** Kehlkopf-, Stimmritzenverschlußlaut *m;* Knacklaut *m;* harter Vo'kaleinsatz; **~ique** *adj anat* Stimmritzen…
glouglou [gluglu] *m* **1.** F *von Flüssigkeiten* Gluckern *n;* Glucksen *n;* **faire ~** F gluck gluck machen; **2.** *des Truthahns* Kollern *m*
glouglouter [gluglute] *v/i* **1.** *Flüssigkeit* gluckern; glucksen; **2.** *Truthahn* kollern
gloussement [glusmã] *m* **1.** *e-r Henne* Glucken *n;* **2.** *fig* Glucksen *n;* glucksendes Lachen
glousser [gluse] *v/i* **1.** *Henne* glucken; **2.** *fig* glucksen; glucksend lachen; *adjt* **rire gloussant** glucksendes Lachen
glouteron [glutrõ] *m bot* Gemeine Spitzklette
glouton [glutõ] I *adj* ⟨**~ne**⟩ *Person* gefräßig; (freß)gierig; *Appetit* gewaltig; unbändig; II *m* **1.** gieriger Esser; Vielfraß *m;* **2.** *zo* Vielfraß *m*
gloutonn|ement [glutɔnmã] *adv* **manger (qc) ~** (etw) gierig essen; (etw) hin'unter)schlingen; **~erie** *f* Gefräßigkeit *f;* (Freß)Gier *f*
gloxinia [glɔksinja] *m bot* Glo'xinie *f*
glu [gly] *f* **a)** Vogelleim *m;* **b)** *par ext* Leim *m;* Klebstoff *m*
gluant [glyã] *adj Hände, Fläche* klebrig; pappig; *Straßenpflaster etc* schmierig
gluau [glyo] *m* ⟨*pl* **~x**⟩ *zum Vogelfang* Leimrute *f*
glucide [glysid] *m chim meist pl* **~s** Kohle(n)hydrate *n/pl*

---

glucinium [glysinjɔm] *m chim* Be'ryllium *n*
glucomètre [glykɔmɛtr(ə)] *m vit* Mostwaage *f*
glucon|ate [glykɔnat] *m chim, phm* **~ de calcium** Calciumgluconat *n;* **~ique** *adj chim* **acide** *m* **~** Glu'consäure *f*
glucose [glykoz] *m chim* Traubenzucker *m; sc* Glu'cose *f*
glucos|erie [glykozri] *f* Traubenzuckerfabrik *f;* **~ide** *m chim meist pl* **~s** a) Gluco'side *n/pl;* Glyko'side *n/pl* des Traubenzuckers; b) *par ext* Glyko'side *n/pl*
glume [glym] *f bot bei Gräsern* Hüllspelze *f*
glumell|e [glymɛl] *f bot* Blütenspelze *f;* **~ inférieure, supérieure** Deck-, Vorspelze *f;* **~ule** *f bot* Schwellkörper *m*
glumiflores [glymiflɔr] *f/pl bot* Spelzenblüter *m/pl; sc* Glumi'floren *pl*
glutam|ate [glytamat] *m chim, cuis* Gluta'mat *n;* **~ine** *f chim* Gluta'min *n;* **~ique** *adj chim* **acide** *m* **~** Gluta'minsäure *f*
gluten [glytɛn] *m chim im Mehl* Kleber *m;* Glu'ten *n*
glutineux [glytinø] *adj* ⟨**-euse**⟩ kleber-, glu'tenartig *bzw* -haltig
glycémie [glisemi] *f physiol* Blutzucker *m; sc* Glykä'mie *f;* **détermination** *f* **de la ~** Blutzuckerbestimmung *f*
glycéride [gliserid] *m chim meist pl* **~s** Glyce'ride *n/pl*
glycérie [gliseri] *f bot* Schwaden *m;* **~ flottante** Mannaschwaden *m*
glycérin|e [gliserin] *f chim* Glyze'rin *n; fachspr* Glyce'rin *n;* **~er** *v/t* mit Glyzerin einreiben
glycérol [gliserɔl] *m cf* **glycérine**
glycérophosphate [gliserɔfɔsfat] *m chim* Glycerophos'phat *n*
glycine [glisin] *f* **1.** *bot* Gly'zinie *f;* Gly'zine *f;* **2.** *phot* Gly'cin *n* (*Wz*)
glycocolle [glikɔkɔl] *m chim* Glyko'koll *n;* Gly'cin *n;* A'minoessigsäure *f;* Leimsüß *n*
glycogène [glikɔʒɛn] *m Biochemie* Glyko'gen *n;* Leberstärke *f*
glyco|genèse [glikɔʒənɛz] *f od* **~génie** *f physiol* Glykoge'nie *f*
glycol [glikɔl] *m chim* Gly'kol *n*
glyco|lyse [glikɔliz] *f Biochemie* Glyko'lyse *f;* **~mètre** *m cf* **glucomètre**
glycosurie [glikozyri] *f path* Ausscheidung *f von Zucker im* U'rin; *sc* Glykosu'rie *f*
glycyrrhizine [glisirizin] *f chim* Glyzyrrhi'zin *n;* Süßholzzucker *m*
glyoxal [gliɔksal] *m chim* Glyo'xal *n*
glyphe [glif] *m Archäologie* Glyphe *f*
glyptique [gliptik] *f* Steinschneidekunst *f;* Glyptik *f*
glypto|don(te) [gliptɔdõ(t)] *m Paläontologie* Glyptodon *n;* Riesengürteltier *m;* **~graphie** *f* Glyptogra'phie *f;* **~thèque** [-tɛk] *f* Glypto'thek *f*
gnangnan [nãnã] *f adj* ⟨*inv*⟩ ener'gie-, willenlos; schlafmützig; verschlafen; F lahm; tranig; **être ~** *auch* F e-e Tranfunzel, Schlafmütze sein
gnard [nar] *m* P *cf* **moutard**
gnaule [nol] *f cf* **gnôle**
gneiss [gnɛs] *m minér* Gneis *m;* **~ique** *adj* gneisartig
gnétacées [gnetase] *f/pl bot* Gnetumgewächse *n/pl; par ext* Mantelsamer *m/pl*
gnète [gnɛt] *f od* **gnetum** [gnetɔm] *m bot (Gattung)* Gnetum *n*
gniole [nol] *f cf* **gnôle**
gnocchi [nɔki] *m/pl cuis* Gnocchi ['njɔki] *pl;* Römische Nocken *pl*
gnognote [nɔɲɔt] *f* F **c'est de la ~** das ist wertloses Zeug; F **c'est pas de la ~** das ist schon was Besonderes; F das ist nicht

von Pappe

gnôle od **gnole** [nol] F f Schnaps m

gnome [gnom] m **1.** myth Gnom m; **2.** fig Mensch m von gnomenhaftem Aussenen; Gnom m; häßlicher, 'mißgestalteter Zwerg

gnomique [gnomik] adj gnomisch (auch ling); **poésie** f ~ Spruchdichtung f; gnomische Dichtung

gnomon [gnomõ] m astr hist Gnomon m

gnomonique [gnomonik] adj math **projection** f ~ gno'monische Projekti'on f

gnon [nõ] F m Schlag m; Hieb m; **recevoir un** ~ F eins verpaßt, versetzt kriegen

gnose [gnoz] f rel, philos Gnosis f; Gnostik f

gnost|icisme [gnostisism(ə)] m hist rel Gnosti'zismus m; **~ique** rel, philos **I** adj gnostisch; **II** m Gnostiker m

gnou [gnu] m zo Gnu n; ~ **taurin** Streifengnu n

go [go] loc/adv **tout de** ~ ohne weiteres; ohne 'Umschweife; schlankweg; rundweg; geradeheraus; F glatt

gobelet [goblɛ] m **1.** (Trink-, Plastik-, Papp)Becher m; **un** ~ **de cidre** ein Becher Apfelwein; ~ **d'étain** Zinnbecher m; **2. a)** (Würfel)Becher m; **b)** Becher m des Zauberkünstlers

gobeleterie [gobletri] f (Herstellung f von bzw Handel m mit) Wirtschaftshohlglas n

gobeletier [gobletje, -blɛ-] m Hersteller m von Wirtschaftshohlglas; Hohlglasmacher m

gobelin [goblɛ̃] m echter Gobe'lin m

gobe-mouches [gobmuʃ] m ⟨inv⟩ zo Fliegenschnäpper m; ~ **gris** Grauschnäpper m

gober [gobe] v/t **1.** rohes Ei austrinken; ausschlürfen; Auster schlürfen; Insekt schnappen; verschlingen; fig ~ **les mouches** untätig her'umsitzen, -stehen; **2.** F ~ **qc** etw (na'iv) glauben; etw für bare Münze nehmen; **3.** F **je ne le gobe pas** ich kann ihn nicht ausstehen, F nicht riechen

goberger [goberʒe] v/pr ⟨-geons⟩ **se** ~ fröhlich schmausen; sich's wohl sein lassen

gobie [gobi] m zo (Meer)Grundel f; ~ **noir** Schwarzgrundel f

gobiidés [gobiide] m/pl zo Meergrundeln f/pl

godage [godaʒ] m cout Bauschung f

godailler [godaje] v/i péj cf **goder**

godasse [godas] f F (chaussure) F Latschen m

godelureau [godlyro] m ⟨pl ~x⟩ Stutzer m; Laffe m

goder [gode] v/i cout (sich) bauschen; Falten werfen

godet [godɛ] m **1.** kleiner Napf; Näpfchen n; peint Farbnäpfchen n; **2.** tech e-s Becherwerks (Förder)Becher m; e-s Eimerkettenbaggers Eimer m; e-s Löffelbaggers Löffel m; e-s Schaufelladers Schaufel f; **chaîne** f **à** ~s Eimerkette f; **3.** cout eingesetzte Falte: Glockenfalte f; **Go'det** n; **jupe** f **à** ~s Glockenrock m; **4.** arg Glas n

godich|e [godiʃ] F **I** adj linkisch; unbeholfen; tolpatschig; täppisch; F tapsig; p/fort dämlich; doof; **II** f linkische etc Per'son; Tolpatsch m; F Taps m; **~on** F **I** adj ⟨selten ~ne⟩ cf **godiche**; **II** m linkischer etc Kerl; Tolpatsch m; F Taps m

godille [godij] f **1.** mar Wrigg-, Wrickriemen m; **naviguer à la** ~ wriggen; **2.** Skisport Wedeln n; **faire la** ~ wedeln

godiller [godije] v/i **1.** mar wriggen; wricken; **2.** Skisport wedeln

godillot [godijo] m F meist ~s derbe

Schuhe m/pl; F Treter m/pl; Qua'dratlatschen m/pl

godiveau [godivo] m ⟨pl ~x⟩ cuis (Art) Fleischklößchen n

godron [godrõ] m Ornament Eierstab m (bes arch); eiförmiges Orna'ment; Zieroval n

goéland [goelã] m zo (große) Möwe; ~ **argenté, brun, marin** Silber-, Herings-, Mantelmöwe f

goélette [goelɛt] f mar Schoner m

goémon [goemõ] m bot Tang m

goethéen [gøteɛ̃] adj ⟨~ne⟩ **a)** Goethesche(r, -s); Goethes; **b)** goethisch; nach Art Goethes

gogo[1] [gogo] loc/adv **à** ~ so'viel man will; in Hülle und Fülle; massenhaft; F jede Menge; in rauhen Mengen

gogo[2] [gogo] m F Einfaltspinsel m

goguenard [gognar] adj Miene, Lächeln, Blick, Ton spöttisch; i'ronisch

goguenardise [gognardiz] f Spott m; e-r Person auch spöttische, i'ronische Art

goguette [gogɛt] f F **être en** ~ heiter, beschwipst, angeheitert, F angesäuselt sein

goï [goj] cf **goy**

goinfre [gwɛ̃fr(ə)] péj **I** m Vielfraß m; F Freßsack m, -wanst m; Fresser m; **II** adj gefräßig; freßgierig; F verfressen

goinfrer [gwɛ̃fre] v/pr F péj **se** ~ F fressen; sich 'vollfressen; sich den Bauch 'vollschlagen; **il ne mange pas, il se goinfre** er ißt nicht, er frißt

goinfrerie [gwɛ̃frəri] f péj e-r Person Gefräßigkeit f; Freßgier f, -sucht f; F Verfressenheit f; **manger avec** ~ gierig schlingen; F fressen

goitre [gwatr(ə)] m path Kropf m

goitreux [gwatrø] path **I** adj ⟨-euse⟩ kropfartig; Person mit e-m Kropf behaftet; kropfig; **II** m mit e-m Kropf behaftete Per'son

golden [goldɛn] f ⟨inv⟩ Apfelsorte Golden Delicious [-de'liʃəs] m

gold-point [goldpoint] m ⟨pl gold--points⟩ écon Goldpunkt m

golf [golf] m sports Golf(spiel) n; ~ **miniature** Mini-, Kleingolf n; **club** m **de** ~ Golfklub m; **culotte** f, **pantalon** m **de** ~ Golfhose f; Knickerbocker(s) pl; **terrain** m **de** ~ Golfplatz m

golfe [golf] m géogr Golf m; Meerbusen m; **le** ~ **de Gascogne** der Golf von Bis'kaya

golf|eur [golfœr] m, **~euse** f sports Golfspieler(in) m(f); Golfer(in) m(f)

goliath [goljat] m zo Goliathkäfer m

golmot(t)e [golmot] f bot **a)** Perlpilz m; **b)** Riesenschirmling m

gombo [gõbo] m bot Gombo m

goménol [gomenol] m (marque déposée) phm Ni'auliöl n; Gome'nol n

gominé [gomine] adj Haare pomadi'siert

gommage [gomaʒ] m **1.** von Papier, text Gum'mieren n; Gum'mierung f (auch Ergebnis); **2.** fig **a)** Beseitigung f; Entfernung f; Tilgung f; Ausmerzung f; **b)** (Ab)Milderung f; Abschwächung f

gomme [gom] f **1.** Ra'diergummi m; Gummi m; Ra'dierer m; **2.** bot ~ (végétale) Gummi n od m; Gummiharz n; Pflanzenschleim m; ~ (**du**) **Sénégal** Senegalgummi n; Farbe **mêler de** ~ mit Gummia'rabikum, Harzbindemittel versetzen; **3.** loc/adj **à la** ~ Idee, Geschäft etc wertlos; unseriös; Schein…; Versprechungen, Worte leer; **à** ~ **un type à la** ~ F e-e Null; **4.** path Gumma n; **5.** Pflanzenkrankheit cf **gommose**

gomme-ammoniaque [gomamɔnjak] f ⟨pl **gommes-ammoniaques**⟩ Ammoni'akharz n

gomme-gutte [gomgyt] f ⟨pl gom-mes-guttes⟩ Gummigutt n

---

gomme-laque [gomlak] f ⟨pl gom-mes-laques⟩ Gummilack m; Schellack m

gommer [gome] v/t **1.** weg-, ausradieren; abs ra'dieren; ~ **un mot** ein Wort wegradieren; **2.** Briefmarken, Briefumschläge etc gum'mieren; adit papier **gommé** gummiertes Papier; **3.** text Stoffe gum'mieren; **4.** fig **a)** beseitigen; entfernen; (aus)tilgen; ausmerzen; löschen; ausradieren; Kosmetik: Runzeln, Fettwülste entfernen; beseitigen; **b)** (ab)mildern; abschwächen

gomme-résine [gomrezin] f ⟨pl gom-mes-résines⟩ Gummiharz n

gommeux [gomø] **I** adj ⟨-euse⟩ **1.** Substanz gummi(harz)artig; Baum Gummi(harz) liefernd; **2.** path gum-'mös; **II** m Geck m; Stutzer m

gommier [gomje] m bot Gummi(harz) liefernder Baum (Akazie, Balsambaum, Eukalyptus)

gommose [gomoz] f Pflanzenkrankheit Gummifluß m; sc Gum'mose f

gonade [gonad] f biol Geschlechts-, Keimdrüse f; sc Go'nade f

gonado|trope [gonadotrop] adj biol hormone f ~ gonado'tropes Hormon; **~trophine** [-trofin] f biol Gonadotro'pin n

gond [gõ] m **1.** (Tür-, Fenster)Angel f; Haspe f; **2.** fig mettre, faire sortir qn **'hors de ses** ~s j-n wütend machen, in Harnisch bringen; **sortir de ses** ~s (vor Zorn, Wut) außer sich geraten; in Harnisch geraten

gondolage [gõdolaʒ] m von Papier etc Sich'wellen n; von Holz Sich'werfen n; auch Ergebnis Wellung f; Verwerfung f

gondolant [gõdolã] adj F zum Totlachen, Kugeln, Piepen, Schießen

gondole [gõdol] f **1.** in Venedig Gondel f; **2.** in Selbstbedienungsläden Warenstand m

gondolement [gõdolmã] m cf **gondolage**

gondoler [gõdole] **I** v/i Papier, Karton, Fläche sich wellen; Brett, Holz sich (ver)werfen; adit **gondolé** wellig; **II** v/pr **se** ~ **1.** F sich biegen, kugeln vor Lachen; sich schieflachen; **2.** cf **I**

gondolier [gõdolje] m in Venedig Gondoli'ere m

gonelle [gonɛl] f zo Butterfisch m

gonfalon [gõfalõ] m od **gonfanon** [gõfanõ] m hist Banner n

gonflage [gõflaʒ] m von Reifen Aufpumpen n; e-s Luftballons Aufblasen n; e-s Freiballons Füllen n

gonflé [gõfle] adj cf **gonfler**

gonflement [gõfləmã] m **1.** cf gonflage; **2.** par ext Anschwellen n, -ung f; Aufblähen n, -ung f; (Auf)Quellen n

gonfler [gõfle] v/t **1.** Reifen, Luftmatratze aufpumpen; Luftballon, Backen aufblasen; Freiballon füllen; Wind: Segel (an)blähen; schwellen; **être gonflé à bloc a)** Reifen hart aufgepumpt sein; **b)** F fig Person ener'giegeladen, zu allem entschlossen sein; **2.** par ext anschwellen, (auf)quellen lassen; Muskeln spannen; adit: **éponge gonflée d'eau** mit Wasser 'vollgesogener Schwamm; **yeux gonflés de larmes** (vom Weinen) verquollene Augen n/pl; **torrent gonflé par la pluie** durch den Regen angeschwollener Wildbach; **avoir l'estomac gonflé** ein Völlegefühl im Magen haben; **3.** fig Bedeutung e-r Sache etc aufbauschen; über'treiben; Geldumlauf etc aufblähen; **4.** fig Gefühl ~ (**le cœur de**) qn j-n erfüllen; adit Person **être gonflé d'orgueil** aufgeblasen, hochmütig, hochnäsig, über'heblich sein; **5.** F fig

Person être **gonflé** draufgängerisch, nicht bange, *par ext* dreist, frech sein; vor nichts zu¹rückschrecken, haltmachen; **II** *v/i feuchtes Holz etc* (auf-, ver)quellen; *Fluß, Körperteil* anschwellen; *Gebäck im Ofen* aufgehen; **III** *v/pr st/s Brust, Segel* se ~ *st/s* schwellen; *Segel auch* sich (auf)blähen

gonfleur [gõflœr] *m für Luftmatratzen* Blasebalg *m*

gong [gõg] *m* Gong *m od n (auch mus)*; **coup** *m* **de** ~ Gongschlag *m*

gongorisme [gõgorism(ə)] *m Literatur* Gongo¹rismus *m*

gonio [gonjo] *m Kurzform für* **radiogoniomètre**

gonio|mètre [gonjomɛtr(ə)] *m arp, Kristallographie, Peiltechnik* Gonio¹meter *n*; Winkelmesser *m*; *Kristallographie* ~ **à réflexion** Reflexi¹onsgoniometer *n*; ~ **d'application** Anlege-, Kon¹taktgoniometer *n*; **~métrie** *f* Goniome¹trie *f*; Winkelmessung *f*; **~métrique** *adj* gonio¹metrisch; **~scopie** *f méd* Goniosko¹pie *f*

gonnelle *cf* **gonelle**

gonochorisme [gonokorism(ə)] *m biol* Getrenntgeschlechtigkeit *f*; *sc* Gonocho¹rismus *m*

gonococcie [gonokoksi] *f path* (Allgemeinerkrankungen *f/pl* bei) Gonor¹rhö *f*

gonocoque [gonokok] *m path* Gono-¹kokkus *m*

gonoptère [gonoptɛr] *f zo* Zimteule *f (ein Schmetterling)*

gonosome [gonozom] *m biol* Geschlechtschromosom *n*

gonzesse [gõzɛs] *F f péj* Weib *n*; Weibsbild *n*, -person *f*; *F* Frauenzimmer *n*

gord [gor] *m* Fischwehr *n*

gordien [gordjɛ̃] *adj* ⟨*nur m*⟩ **nœud** ~ *myth* Gordischer, *fig* gordischer Knoten; *fig* **trancher le** ~ **nœud** den gordischen Knoten ¹durchhauen

goret [gorɛ] *m* Ferkel *n (auch fig von e-m schmutzigen Kind)*

gorfou [gorfu] *m zo* Goldschopfpinguin *m*

gorge [gorʒ] *f* **1.** Kehle *f*; Hals *m*; Gurgel *f*; *nur Inneres* Schlund *m*; Rachen *m*; **mal** *m* **de** ~ Halsschmerzen *m/pl*, -weh *n*; *loc/adv* **à** ~ **déployée** lachen, schreien aus vollem Hals; aus voller Kehle; lauthals; **avoir la** ~ **prise, serrée** *cf* **pris 2., serré 2.**; **j'ai la** ~ **sèche** mir klebt die Zunge am Gaumen; **avoir mal à la** ~ Halsschmerzen, -weh haben; *fig* **faire des** ~**s chaudes de qc** über etw (*acc*) schadenfroh lachen, sich offen über etw (*acc*) lustig machen; **un cri lui monta à la** ~ ein Schrei entrang sich s-r Kehle; **un sanglot lui monta à la** ~ er bzw sie schluchzte auf; *Rauch, Geruch* **prendre qn à la** ~ sich j-m auf die Brust legen; *litt* **rendre** ~ zu Unrecht Erworbenes heraus-, zurückgeben; *fig* **faire rentrer à qn ses mots dans la** ~ j-n zwingen, s-e Worte zurückzunehmen; *fig Wort* **rester dans la** ~ **de qn** j-m in der Kehle, im Hals steckenbleiben; **saisir qn à la** ~ j-n an-, bei der Kehle, Gurgel packen; **l'angoisse le saisit à la** ~, **lui serra la** ~ (die) Angst schnürte ihm die Kehle zu; **sauter à la** ~ **de qn** j-m an die Kehle springen, fahren; **2.** *st/s e-r Frau* Busen *m*; Brust *f*; Büste *f*; **avoir une** ~ **opulente, plantureuse** e-n üppigen Busen haben; **3.** *géogr oft pl* ~ *m* Schlucht *f*; **4.** *arch* Hohlkehle *f*; **5.** *tech e-r Rolle* Rille *f*; *e-s Isolators* Halsrille *f*; **6.** *tech e-s Schlosses* Zuhaltung *f*; *tech* Kehle *f*; **7.** *fortif* Kehle *f*

gorge-blanche [gorʒəblãʃ] *f* ⟨*pl* **gorges-blanches**⟩ *zo* Dorngrasmücke *f*

gorge-bleue [gorʒəblø] *f* ⟨*pl* **gorges--bleues**⟩ *zo* Blaukehlchen *n*

gorge-de-pigeon [gorʒdəpiʒõ] *adj* ⟨*inv*⟩ taubenblau

gorgée [gorʒe] *f* Schluck *m*; **une** ~ **d'eau** ein Schluck Wasser; **boire à petites** ~**s** in kleinen Schlucken, schlückchenweise trinken

gorger [gorʒe] *litt v/t* ⟨**-geons**⟩ über¹füllen; über¹füttern; (über¹)sättigen; (durch¹)tränken; *adjt* **terre gorgée d'eau** mit Wasser durchtränkte Erde

gorget [gorʒɛ] *m* **1.** *tech* Kehlhobel *m*; **2.** schmale Hohlkehle; Rille *f*

gorgon [gorgõ] *m zo* Streifengnu *n*

gorgonaires [gorgonɛr] *m/pl zo* Hornkorallen *f/pl*

gorille [gorij] *m* **1.** *zo* Go¹rilla *m*; **2.** *F fig* Leibwächter *m*; F Go¹rilla *m*

gosier [gozje] *m anat* Schlund *m*; Rachen *m*; Kehle *f (auch als Sitz der Stimme)*; Hals *m*; *loc/adv* **à plein** ~ singen aus voller Kehle, Brust; *schreien* aus vollem Hals; aus voller Kehle; **avoir le** ~ **sec** e-e trockene, ausgetrocknete Kehle (*Durst*) haben

gosse [gos] *m,f F* **1.** Kind *n*; F Kleine(s) *n*; *oft péj* Balg *n*; *Range f*; *westdeutsch* Blag *n*; *nordd* Gör *n*; *m auch* (kleiner) Junge; *südd* Bub *m*; F Kleine(r) *m*; *oft péj* Bengel *m*; *f auch* (kleines) Mädchen; F Kleine *f*; *péj* **un sale** ~ F ein elender Lausebengel; ein Rotzbengel; **une** ~ **d'environ 'huit ans** ein kleines Mädchen, F e-e Kleine von etwa acht Jahren; **avoir des** ~**s** (kleine) Kinder haben; *adjt* **j'étais tout** ~ **quand ... ich war noch klein**, ein Kind, war so kleiner Junge, als ...; **2.** *par ext von Erwachsenen* **un beau** ~ F ein hübscher Junge; ein schmucker Bursch(e); **une belle** ~ ein hübsches Mädchen; *adjt* **être beau** ~ gut aussehen; **c'est un grand** ~ F er ist noch ein großer Junge; **c'est un vrai** ~ er ist noch ein richtiger Junge, richtig jungenhaft; **c'est une vraie** ~ sie ist noch richtig Kind

gothique [gotik] **I** *adj* **1.** gotisch; **art** *m*, **cathédrale** *f* ~ gotische Kunst, Kathedrale; **2.** **caractères** *m/pl* ~**s**, **écriture** *f* ~ gotische, deutsche, gebrochene Schrift; *impr* Frak¹tur *f*; **II** *m* Gotik *f*; gotischer Stil; gotische Kunst

Goths [go] *m/pl hist* Goten *m/pl*

gotique [gotik] *m ling* **le** ~ das Gotische; Gotisch *n*

gouache [gwaʃ] *f peint* **1.** Gu¹aschfarbe *f*; Deckfarbe *f*; deckende Wasserfarbe; **peinture** *f* **à la** ~ Guasch(malerei) *f*; Gou¹ache *f*; **2.** *Bild* Gu¹asch *od* Gou-¹ache *f*

gouacher [gwaʃe] *v/t peint* mit Gu¹aschfarbe retu¹schieren

gouaille [gwaj] *f* Spottlust *f*, derber Spott *(bes des Volkes von Paris)*

gouaill|er [gwaje] *v/i* spotten; spötteln; *sich* mo¹kieren; **~erie** *f* Spottlust *f*; **~eur** *adj* ⟨**-euse**⟩ *Miene, Lächeln, Ton* spöttisch

goual|ante [gwalãt] *arg f* (melan¹cholisches) Lied; **~euse** *arg f* (Straßen-) Sängerin *f*

gouape [gwap] *arg f* Lump *m*; Ha¹lunke *m*

goudron [gudrõ] *m* Teer *m*; ~ **animal** Knochenteer *m*; ~ **végétal, de bois** Holzteer *m*; ~ **de houille** Steinkohlenteer *m*

goudronnage [gudronaʒ] *m* Teeren *n*; Teerung *f (auch Ergebnis)*

goudronn|er [gudrone] *v/t Straße, Pappe etc* teeren; *adjt* **route goudronnée** geteerte Straße; Teerstraße *f*; **~eur** *m* Teerarbeiter *m*; **~euse** *f tech* Teer(spritz)maschine *f*; **~eux** *adj* ⟨**-euse**⟩ teerartig; teerig

gouffre [gufr(ə)] *m* **1.** Abgrund *m*; Schlund *m*; *auch* Höhle *f*; *par ext* **le** ~ **du Maelstrom** der Strudel des Malstroms; **2.** *fig* Abgrund *m*; **un** ~ **de misère** abgrundtiefes Elend; **être au bord du** ~ am Rande des Abgrundes stehen; **3.** *fig von e-r Sache, die viel Geld verschlingt* Faß *n* ohne Boden

gouge [guʒ] *f tech* Hohlmeißel *m*, -beitel *m*, -eisen *n*

gougelhof [gugɛlof] *m cf* **kouglof**

gougère [guʒɛr] *f cuis* Käsegebäck *n* aus Brandteig

gouine [gwin] *f P (lesbienne)* P Schwule *f*

goujat [guʒa] *m péj* ungalanter, taktloser, rücksichtsloser Kerl; Rüpel *m*; Flegel *m*; Rohling *m*; Grobian *m*; **manières** *f/pl* **de** ~ rüpel-, flegelhaftes Benehmen

goujaterie [guʒatri] *f* **a)** *Eigenschaft* Rüpel-, Flegelhaftigkeit *f*; **b)** *Handlung* Rüpe¹lei *f*; Flege¹lei *f*

goujon [guʒõ] *m* **1.** *zo* Gründling *m*; **2.** *tech* Stift *m*; Bolzen *m*; Dübel *m*

goujonn|er [guʒone] *v/t tech* mit Stiften, mit e-m Stift befestigen; verbolzen; verdübeln; **~ière** *adj* ⟨*nur f*⟩ *zo* **perche** ~ Kaulbarsch *m*

goulache *od* **goulasch** [gulaʃ] *f od m cuis* Gulasch *n od m*

goule [gul] *F f* Mund *m*; F Maul *n*; *par ext* Gesicht *n*; F Vi¹sage *f*

goulée [gule] *F f* großer Schluck; Mundvoll *m*; F Maulvoll *n*

goulet [gulɛ] *m* **1.** *mar* enge Hafenzufahrt; **2.** *im Gebirge* Engpaß *m*; **3.** *fig* ~ **d'étranglement** *cf* **goulot 2.**

gouleyant [gulejã] *adj Wein* ¹vollmundig

goulot [gulo] *m* **1.** (Flaschen)Hals *m*; **boire au** ~ aus der Flasche trinken; **2.** *fig* ~ **d'étranglement** **a)** *bei e-r Straße* Engstelle *f*; Engpaß *m*; **b)** *fig bes écon* Engpaß *m*; **3.** *P* **repousser du** ~ aus dem Mund riechen, stinken

goulotte [gulot] *f tech* **1.** Förderrinne *f*; Schurre *f*; Rutsche *f*; **2.** Abflußrinne *f*

goulu [guly] **I** *adj beim Essen* gierig (*auch fig Blick*); **II** *m* gieriger Esser

goulûment [gulymã] *adv* essen, trinken gierig

goum [gum] *m hist mil* Eingeborenenheit *f* (in Nordafrika); **~ier** *m hist mil* Sol¹dat *m* e-r (nordafrikanischen) Eingeboreneneinheit

goupil [gupi(l)] *m im Mittelalter* Reineke Fuchs *m*

goupille [gupij] *f tech* Stift *m*; ~ **fendue** Splint *m*

goupiller [gupije] *v/t* **1.** *tech* mit Stiften *od* Splinten, mit e-m Stift *od* Splint befestigen; versplinten; **2.** F ~ **qc** F etw deichseln, schaukeln; **qu'est-ce qu'il goupille?** was treibt er denn?; **II** *v/pr F* **comment tout ça s'est goupillé?** wie ist das alles so gekommen, so geworden?; F **ça s'est bien (mal) goupillé** F das hat (nicht) geklappt, hingehauen

goupillon [gupijõ] *m* **1.** *égl cath* Weih(wasser)wedel *m*; **2.** Flaschenbürste *f*

goura [gura] *m zo* Krontaube *f*

gourance [gurãs] *P f* Irrtum *m*; F *auch* Reinfall *m*

gourbi [gurbi] *m* **1.** primi¹tive Hütte (in Nordafrika); **2.** *par ext* elende, armselige Hütte, Behausung; F Loch *n*; Höhle *f*

gourd [gur] *adj* ⟨**gourde** [gurd]⟩ *Gliedmaßen* steif, starr vor Kälte; **j'ai les doigts** ~**s** meine Finger sind steif, starr vor Kälte, sind ganz klamm

gourde[1] **I** *f* **1.** Feldflasche *f*; **2.** *bot* Flaschenkürbis *m*; **3.** F *fig* unbeholfene Per¹son; F Dussel *m*; Flasche *f*; Trottel *m*; dumme Pute; **quelle** ~ **!** so ein Dussel

etc!; **II** F *adj* unbeholfen; schwerfällig; F doof; blöd; dusselig; dämlich

gourde² [gurd] *f Währung von Haiti* Gourde *m*

gourdin [gurdɛ̃] *m* Knüppel *m*; Knüttel *m*; Prügel *m*

gourer [gure] *v/pr* P se ~ sich irren; sich täuschen; F sich versehen; falsch liegen; sich vertun; *auch* reinfallen; se ~ de route den Weg verfehlen; *im Auto* sich verfahren; *cf auch* tromper II

gourgandine [gurgɑ̃din] *f selten* liederliches Frauenzimmer

gourmand [gurmɑ̃] **I** *adj* **1.** *Person* schlemmerhaft; genießerisch; eßlustig; *bes bei Süßigkeiten* naschhaft; F (sch)leckerig; ~ de qc gierig nach etw, auf etw (*acc*); être ~ ein Schlemmer sein; gern naschen, schlecken; **2.** *fig* hab-, geld-, pro'fitgierig; **II** *subst* **1.** ~(e) *m(f)* Schlemmer *m*; Genießer *m*; Gour'mand *m*; *bei Süßigkeiten* Nascher *m*; F Naschkatze *f*; Leckermaul *n*; Schlecker *m*; **2.** *m Baumzucht* Wasserschoß *m*, -reis *n*, -zweig *m*, -loden *m*; Räuber *m*

gourmander [gurmɑ̃de] *litt v/t* streng rügen, zu'rechtweisen

gourmandise [gurmɑ̃diz] *f* **1.** *Eigenschaft* Schlemme'rei *f*; Eßlust *f*; *bes bei Süßigkeiten* Naschhaftigkeit *f*; **manger avec ~** gierig essen; **2.** *meist pl* ~s Leckerbissen *m/pl*; *bes Süßigkeiten* Lecke'reien *f/pl*; Schlecke'reien *f/pl*; Nä-sche'reien *f/pl*; Naschwerk *n*

gourme [gurm] *f* **1.** *path früher* Eitergrind *m*; **2.** *vét* Druse *f*; **3.** *fig* jeter sa ~ sich die Hörner abstoßen, ablaufen; sich austoben

gourmé [gurme] *litt adj Person, Haltung* steif; förmlich

gourmet [gurmɛ] *m* Feinschmecker *m*; Gour'met *m*

gourmette [gurmɛt] *f* **1.** Gliederarmband *n* (mit Namensplakette); **2.** *am Zaum* Kinnkette *f*

gournable [gurnabl(ə)] *f mar* Scheidenagel *m*; Wasserpflock *m*

gousse [gus] *f* **1.** *bot der Hülsenfrüchtler* Hülse *f*; Schote *f* (*auch der Vanille*); **2.** *cuis* ~ **d'ail** Knoblauchzehe *f*

gousset [guse] *m* **1.** Westentasche *f*; *in der Hose* Uhrentasche *f*; **2.** *tech* Knagge *f*; *im Stahlbau* Knotenblech *n*

goût [gu] *m* **1.** *physiol* Geschmack(ssinn) *m*; organe *m* du ~ Geschmacksorgan *n*; avoir le ~ fin e-e feine Zunge haben; **2.** *e-r Speise* Geschmack *m*; ~ acide, sucré saurer, süßer Geschmack; ~ de citron Zi'tronengeschmack *m*; avoir un ~ merkwürdig, F komisch schmecken; ne pas avoir de ~ nach nichts schmecken; quel ~ a ce vin? wie schmeckt dieser Wein?; avoir un ~ amer e-n bitteren Geschmack haben; bitter schmecken (*beide auch fig: Erinnerung etc*); avoir bon ~ gut schmecken; schmackhaft sein; e-n guten Geschmack haben; *cf auch* **3.**; avoir un (léger) ~ de vanille e-n (leichten) Vanillegeschmack haben; (leicht) nach Vanille schmecken; prendre un mauvais ~ e-n schlechten Geschmack annehmen; **3.** *fig* Geschmack *m*; bon ~ guter Geschmack; *loc/adj* de bon ~ geschmackvoll; avoir bon ~ e-n guten Geschmack haben; mauvais ~ schlechter Geschmack; *e-r Sache auch* Geschmacklosigkeit *f*; *loc/adj* de mauvais ~ *Kleidung, Ausstattung etc* geschmacklos (*auch Witz*); *Schmuck, Souvenirs etc auch* kitschig; plaisanterie *f* de mauvais ~ schlechter, übler Scherz; avoir mauvais ~ e-n schlechten Geschmack haben; *loc/adv:* à mon ~ für meinen Geschmack; *par ext* meiner Meinung nach;

nach meinem Da'fürhalten; meines Erachtens; avec, sans ~ geschmackvoll, -los; mit, ohne Geschmack; être habillé avec ~ geschmackvoll, mit Geschmack gekleidet sein; avoir du ~ Geschmack haben; avoir le ~ délicat e-n feinen Geschmack haben; c'est (une) affaire de ~ das ist Geschmack(s)sache, e-e Frage des Geschmacks; être au *od* du ~ de qn (nach) j-s Geschmack sein; c'est, elle est à mon ~ das ist, sie ist ganz mein Geschmack, nach meinem Geschmack, F mein Fall; ce n'est pas du ~ de tout le monde das ist nicht (nach) jedermanns Geschmack, jedermanns Sache; manquer de ~ keinen Geschmack haben; trouver qn à son ~ j-n nach s-m Geschmack finden; *prov:* des ~s et des couleurs ... (on ne discute pas) über den Geschmack läßt sich (nicht) streiten (*prov*); tous les ~s sont dans la nature, chacun son ~ die Geschmäcker sind verschieden; jeder nach s-m Geschmack (*beide fig/prov*); **4.** *fig* Lust *f* (de, pour zu); Gefallen *n*, Spaß *m*, Vergnügen *n*, Freude *f* (an + *dat*); *par ext* Sinn *m*, Vorliebe *f* (für); Neigung *f* (zu); ~ de l'ordre Sinn für Ordnung; Ordnungssinn *m*, -liebe *f*; ~ des responsabilités Verantwortungsfreudigkeit *f*; ~ du risque Wagemut *m*; Risikofreudigkeit *f*, -bereitschaft *f*; avoir le ~ du risque wagemutig sein; das Risiko lieben; ~ du sensationnel Sensati'onslust *f*; avoir le ~ des langues, des livres Sinn für Sprachen, Bücher haben; n'avoir, ne prendre, ne trouver ~ à rien zu nichts Lust haben; avoir un ~ vif pour qc (ein) lebhaftes Interesse für etw haben; faire qc par ~ etw zum Vergnügen tun; faire passer, faire perdre à qn le ~ de qc j-m die Lust, den Spaß, die Freude, den Geschmack an etw (*dat*) verderben; j-m etw verleiden, verekeln; prendre ~ à qc Gefallen, Geschmack an etw (*dat*) finden; e-r Sache (*dat*) Geschmack abgewinnen; y prendre ~ *auch* auf den Geschmack kommen; prendre (du) ~ à faire qc Gefallen, Geschmack daran finden, etw zu tun; **5.** ~s *pl* Neigungen *f/pl*; avoir des ~s bizarres absonderliche Neigungen haben; **6.** *e-r Epoche* Geschmack *m*; Stil *m*; Ma'nier *f*; Art *f*; au ~ du jour im heutigen Geschmack; im Zeitgeschmack; modisch; aktu'ell; se mettre au ~ du jour mit der Zeit gehen; dans le ~ classique, du XIXe siècle im klassischen Geschmack, im Geschmack des 19. Jahrhunderts

goûter [gute] **I** *v/t u v/t/indir* **1.** ~ qc, st/s *od* de qc etw versuchen, kosten, pro'bieren, schmecken; ~ une sauce, un vin e-e Soße, e-n Wein versuchen *etc*; je n'en ai jamais goûté ich habe noch nie davon versucht *etc*; goûtez-y! versuchen, probieren, kosten Sie mal!; **2.** *fig Einsamkeit, Stille, sein Glück* genießen; *s-n Erfolg* auskosten; **3.** *fig u st/s Dichter, Werk* schätzen; lieben; mit Genuß lesen; il n'a pas goûté la plaisanterie er fand das gar nicht lustig; *adjt st/s* un auteur, peintre très goûté ein sehr geschätzter, beliebter Autor, Maler; **4.** *fig* ~ de Vergnügungen, Provinzleben *etc* kennenlernen; ausprobieren; F hin'einriechen in (+*acc*); **II** *v/i bes Kinder* (am Nachmittag) e-n Imbiß einnehmen, ein Butterbrot, *nordd* e-e Stulle essen; *südd* vespern; *österr* jausen; **III** *m bes für Kinder* (Nachmittags)Imbiß *m*; Butterbrot *n, nordd* Stulle *f* (mit Kakao *od* Milch *etc*); Nachmittagskaffee *m*; *südd* Vesper(brot) *n*; *österr* Jause *f*

goûte-vin [gutvɛ̃] *m* ‹*inv*› Stechheber *m* (für Weinproben)

goutte¹ [gut] **I** *f* **1.** Tropfen *m*; ~ d'eau

Wassertropfen *m*; *cf auch* **6.**; *fig:* c'est une ~ d'eau dans la mer das ist nur ein Tropfen auf den heißen Stein; c'est la ~ d'eau qui fait déborder le vase das bringt das Faß zum 'Überlaufen; das ist zuviel; was zuviel ist, ist zuviel; das Maß ist voll; das halte ich nicht länger aus; se ressembler comme deux ~s d'eau sich gleichen wie ein Ei dem andern; une ~ d'huile ein Tropfen Öl; ~ de pluie Regentropfen *m*; il n'est pas tombé une ~ de pluie depuis des mois seit Monaten ist kein Tropfen Regen gefallen; ~ de rosée Tautropfen *m*; ~ de sang Tropfen Blut; Blutstropfen *m*; ~ de sueur Schweißtropfen *m*; *phys* point *m* de ~ Tropfpunkt *m*; *loc/adv:* ~ à ~ tropfenweise; couler, tomber ~ à ~ tropfen; tröpfeln; verser ~ à ~ träufeln; jusqu'à la dernière ~ bis zum letzten Tropfen; il a la ~ au nez ihm tropft, läuft, trieft die Nase; il n'y en a plus une ~ es ist kein Tropfen mehr da; il sue à ~s grosses ~s der Schweiß steht ihm in dicken Tropfen auf der Stirn, bricht ihm aus allen Poren; er schwitzt stark; er trieft von Schweiß; il tombe des ~s es tröpfelt; *Regen* tomber à grosses ~s in dicken, großen Tropfen fallen; **2.** *phm* ~s *pl* Tropfen *m/pl*; ~s pour les yeux Augentropfen *m/pl*; prendre ses ~s s-e Tropfen einnehmen; **3.** *par ext* une ~ de café, *etc* ein bißchen, ein klein wenig, etwas, ein Schluck, ein Schlückchen Kaffee *etc*; voulez-vous du vin? j'en boirai juste une ~ ... aber nur ein Schlückchen; **4.** F *fig* boire la ~ ein Gläschen ~ Schnaps, e-n Schnaps trinken; **5.** *beim Keltern* mère *f od* première ~ ~ Vorlauf *m*; **7.** ~ Schmuck ~ d'eau tropfenförmiger Stein (als Anhänger); **7.** ~ de lait *etwa* Mütterberatungsstelle *f* mit (kostenloser) Milchabgabe für Kleinkinder; **8.** *météo* ~ chaude, froide Warm-, Kaltluftmasse *f*; **9.** *arch* ~s *pl* Guttae *f/pl*; **II** *adv der Verneinung litt* n'y entendre ~ überhaupt nichts, nicht das geringste, kein Wort davon verstehen; n'y voir ~ überhaupt nichts, nicht die Hand vor den Augen sehen

goutte² [gut] *f path* Gicht *f*; *litt* Zipperlein *n*; attaque *f* de ~ Gichtanfall *m*

goutte-à-goutte [gutagut] *m* ‹*inv*› *méd* a) Tropfinfusion *f*; b) Infusi'onsgerät *n*

gouttelette [gutlɛt] *f* Tröpfchen *n*

goutter [gute] *v/i Flüssigkeit, Hahn, Wäsche* tropfen

gouttereau [gutro] *adj* ‹*nur m, pl* ~x› *arch* mur ~ mit e-r Traufe gekrönte Mauer

goutteux [gutø] *path* **I** *adj* ‹-euse› **1.** *Person* gichtkrank, -leidend; gichtisch; **2.** Gicht...; **II** *m* Gichtkranke(r) *m*

gouttière [gutjɛr] *f* **1.** Dachrinne *f*; chat *m* de ~ ganz gewöhnliche Katze; F Dachhase *m*; **2.** *chir* Schiene *f*; **3.** *anat* Furche *f*; Rinne *f*; *sc* Sulcus *m*

gouvernail [guvɛrnaj] *m mar, aviat* Ruder *n*; *aviat*, U-Boot ~ de direction Seitenruder *n*; *beim U-Boot* Tiefenruder *n*; *fig:* saisir le ~ ans Ruder kommen; tenir le ~ das Steuer (fest) in der Hand halten; am Ruder sein

gouvern|ante [guvɛrnɑ̃t] *f* **1.** *für Kinder* Gouver'nante *f*; Erzieherin *f*; **2.** *e-s Pfarrers, Junggesellen* Haushälterin *f*; ~ants *m/pl pol* les ~ die Re'gierenden *m/pl*

gouverne [guvɛrn] *f* **1.** *mar* ~s Schiffs Steuern *n*, -ung *f*; **2.** *aviat* ~s *pl* Ruder *n/pl*; Steuerflächen *f/pl*; Leitwerk *n*

gouvernement [guvɛrnəmɑ̃] *m* **1.** Re'gierung *f*; ~ central Zen'tralregierung *f*; ~ fédéral Bundesregierung *f*; ~ français französische Regierung; ~ soviétique

So'wjetregierung f; jur acte m de ~ Regierungsakt m; changement m ~ Regierungswechsel m; chef m de, siège m du ~ Regierungschef m, -sitz m; constituer, former le ~ die Regierung bilden; présenter son ~ s-e Regierung vorstellen; 2. Re'gierungsform f; ~ démocratique, monarchique, parlementaire, républicain demokratische, monarchische, parlamentarische, republikanische Regierungsform; 3. Re'gieren n, -ung f; Herrschaft f; le ~ d'une classe die Herrschaft e-r Klasse; exercice m du ~ Ausübung f der Regierung; confier le ~ à qn j-m die Regierung über'tragen; 4. hist Verwaltungsregion Gouverne'ment m; 5. P fig mon ~ F meine bessere Hälfte; P meine Alte

gouvernemental [guvɛrnəmãtal] adj ‹-aux› 1. Re'gierungs...; équipe ~e, parti ~, politique ~e Regierungsmannschaft f, -partei f, -politik f; 2. Presse etc re'gierungsfreundlich; der Re'gierung nahestehend

gouverner [guvɛrne] v/t 1. Land, Volk re'gieren (auch abs); 2. fig anonyme Macht etc ~ qn j-n be'herrschen; über j-n herrschen; 3. mar Schiff steuern; lenken; appareil m à ~ Rudermaschine f, -apparat m; 4. gr Verb den Akkusativ etc re'gieren

gouverneur [guvɛrnœr] m 1. e-r Provinz, Kolonie, in den USA Gouver'neur m; hist auch Statthalter m; 2. e-r Notenbank Gouver'neur m; ~ de la Banque de France Gouverneur der Bank von Frankreich; 3. mil in Frankreich Gouver'neur m (Titel der Wehrbereichskommandeure von Paris, Lyon, Metz u Straßburg)

goy [gɔj] m ‹pl goyim od goïm [gɔjim, gɔim]› Goi m; Nichtjude m

goyave [gɔjav] f bot Gua'jave f

goyavier [gɔjavje] m bot Gua'jave(nbaum) f(m)

Graal [gral] m myth Gral m

grabat [graba] m ärmliches Bett

grabataire [grabatɛr] litt adj bettlägerig

grabuge [grabyʒ] F m Zank m und Streit m; F Krach m; Kra'wall m; il va y avoir du ~ F es wird Krach geben, absetzen

grâce [gras] I f 1. a) st/s Gnade f; Huld f; Gnaden-, Gunstbeweis m, -bezeigung f; hist Anrede Votre ♀ Euer Gnaden; à l'ich bitte Sie!; ich flehe Sie an!; être en ~ auprès de qn bei j-m in Gunst stehen; in j-s Huld stehen; faire à qn la ~ d'accepter une invitation j-m den Gefallen erweisen ...; iron die Gnade haben ...; obtenir une ~ e-n Gunst-, Gnadenbeweis erhalten; rentrer en ~ auprès de qn von j-m wieder in Gnaden an-, aufgenommen werden; solliciter une ~ e-e Gnade erbitten; trouver ~ devant qn, aux yeux de qn vor j-m, vor j-s Augen Gnade finden; b) bonnes ~s Gunst f; Wohlwollen n; Gewogenheit f; être dans les bonnes ~s de qn bei j-m in Gunst stehen; j-s Gunst, Wohlwollen genießen; F bei j-m gut angeschrieben sein; bei j-m e-n Stein im Brett haben; gagner, perdre les bonnes ~s de qn j-s Gunst, Wohlwollen gewinnen, verlieren; c) par ext bonne ~ Bereitwilligkeit f; mauvaise ~ 'Widerwillen m; faire qc de bonne (mauvaise) ~ etw gern, bereitwillig (ungern, 'widerwillig, mit Widerwillen) tun; 2. jur Begnadigung f; Gnade f; par ext coup m de ~ Gnaden-, Todesstoß m (auch fig); mit e-r Schußwaffe Gnadenschuß m; porter le coup de ~ den Gnadenstoß geben (auch fig); délai m de ~ a) für e-n Schuldner Nachfrist f (auch terme m de

~); b) fig Gnadenfrist f; des Staatsoberhauptes droit m de ~ Begnadigungs-, Gnadenrecht n; Recht n zur Begnadigung; e-s Verurteilten recours m en ~ Gnadengesuch n; int litt ~! Gnade!; demander ~ um Gnade bitten; faire ~ à qn de qc a) Schuld, Verpflichtung, Strafe j-m etw erlassen; b) fig j-m etw erlassen, ersparen, schenken; j-n mit etw verschonen; je vous fais ~ des détails die Einzelheiten möchte ich Ihnen ersparen; iron faites-moi ~ de vos observations! verschonen Sie mich mit Ihren Bemerkungen!; schenken Sie sich Ihre Bemerkungen!; refuser la ~ das Gnadengesuch ablehnen; 3. rel Gnade f; la ~ de Dieu die Gnade Gottes; fig à la ~ de Dieu! etwa hoffen wir das Beste!; hist König par la ~ de Dieu von Gottes Gnaden; Gebet: Je vous salue, Marie, pleine de ~ ... voll der Gnade; litt od iron en l'an de ~ ... im Jahre des Heils, des Herrn ...; avoir la ~ die Gnade besitzen; fig Künstler begnadet sein; être en état de ~ im Stande der Gnade sein; 4. Anmut f; Liebreiz m; Grazie f; ~ des gestes Anmut der Bewegungen; avec ~ anmutig; grazi'ös; évoluer avec ~ sich anmutig bewegen; plein de ~ voller Anmut, Liebreiz; anmut(s)voll; sans ~ ohne Anmut; avoir de la ~ Anmut besitzen; anmutig, grazi'ös, liebreizend sein; par ext u st/s il aurait mauvaise ~ à se plaindre es stünde ihm schlecht an, sich zu beklagen; faire des ~s à qn über'trieben freundlich zu j-m sein; les trois ♀s die drei Grazien f/pl; 6. in Wendungen Dank m; rel ~s pl Dank-, Tischgebet n (nach dem Essen); dire les ~s (nach dem Essen) das Dankgebet sprechen; rel action f de ~(s) Danksagung f; rel u par ext ~ à Dieu! Gott sei Dank!; gott'lob!; rel u par ext rendre ~(s) danken, danksagen od Dank sagen (à Dieu, à qn Gott, j-m); II loc/prép ~ à dank (+dat od gén); durch (+acc); auf Grund (+gén); c'est ~ à lui que j'ai réussi ihm verdanke ich ...; ~ à son aide, à ses conseils dank s-r Hilfe, s-n Ratschlägen; durch s-e Hilfe, s-e Ratschläge; ~ à ce renseignement durch diesen Hinweis; auf Grund dieses Hinweises

gracier [grasje] v/t begnadigen (un condamné à mort e-n zum Tode Verurteilten)

gracieuse|ment [grasjøzmã] adv 1. gratis; unentgeltlich; kostenlos; um'sonst; 2. anmutig; voller Anmut; grazi'ös; ~té f Liebenswürdigkeit f; Gefälligkeit f; par ext faire mille ~s à qn j-n mit Liebenswürdigkeiten über'schütten

gracieux [grasjø] adj ‹-euse› 1. Person, Bewegung etc anmutig; liebreizend; grazi'ös; poét hold(selig); 2. par ext freundlich; liebenswürdig; 3. unentgeltlich; Gratis...; à titre ~ unentgeltlich; gratis; kostenlos; 4. jur juridiction gracieuse freiwillige Gerichtsbarkeit

gracil|e [grasil] adj zierlich; zart; gra'zil; ~ité f Zierlichkeit f; Zartheit f; Grazili'tät f

gracioso [grasjozo] adv mus grazi'oso

gradation [gradasjõ] f 1. Abstufung f (auch peint); (stufenweise) Steigerung f (auch mus); Gradati'on f (auch rhét); 2. phot Gradati'on f

grade [grad] m 1. mil, bei der Polizei, bei Beamten Dienstgrad m; mil auch Rang m; Charge f; bei Beamten auch Dienst-, Amtsbezeichnung f; ~ militaire militärischer Dienstgrad; ~ de capitaine Hauptmanns-, Hauptmannsrang m; atteindre les plus 'hauts ~s zu den höchsten Rängen aufsteigen; mon-

ter en ~ aufrücken; avan'cieren; befördert werden; il est monté en ~, il est maintenant directeur auch er ist zum Direktor aufgestiegen, aufgerückt; passer par tous les ~s von der Pike auf dienen; F fig en prendre pour son ~ F gehörig eins auf den Deckel, aufs Dach kriegen; gehörig abgekanzelt werden; 2. ~ universitaire akademischer Grad; akademische Würde; ~ de docteur ès lettres Grad e-s (habilitierten) Doktors der Philosophie; 3. math (abr gr) Neugrad m; Gon n (abr ᵍ)

gradé [grade] m mil Person unterer Dienstgrad (bis zum Unteroffizier); adjt être ~ e-m der unteren Dienstgrade angehören

grader [grɛdœr] m tech Erd-, Straßenhobel m; Grader ['grɛ:-] m

gradient [gradjã] m météo, math, biol, ch de fer Gradi'ent m; météo ~ de pression Druckgradient m; ~ de température Tempera'turgradient m, -gefälle n

gradin [gradẽ] m 1. e-s Amphitheaters, Stadions meist pl ~s (ansteigende) Sitzreihen f/pl (Zuschauer)Ränge m/pl; 2. im Gelände etc Stufe f; Absatz m; mines Strosse f; en ~s stufenförmig (ansteigend)

graduateur [graduatœr] m élect Regler m; Dimmer m

graduation [graduasjõ] f 1. e-s Meßinstrumentes Skala f (auch e-s Rechenschiebers); Maßeinteilung f; Graduati'on f; Gradu'ierung f; e-s Thermometers, Winkelmessers Gradeinteilung f; e-s Lineals Zenti'meter(ein)teilung f; 2. Salzgewinnung Gra'dieren n, -ung f

gradué [gradue] adj 1. Meßgerät mit (e-r) Skala, Gradeinteilung (versehen); Skalen...; Meß...; échelle ~e Skala f; règle ~e Lineal n mit Zentimetereinteilung; 2. Übungen etc im Schwierigkeitsgrad abgestuft

graduel [graduɛl] I adj ‹~le› all'mählich; gradu'ell; stufen-, schrittweise (erfolgend); aggravation ~le allmähliche Verschlechterung; difficultés ~les zunehmender Schwierigkeitsgrad; II m égl cath Gradu'ale n (Gesang u Buch)

graduellement [graduɛlmã] adv all-'mählich; nach und nach; gradu'ell; stufen-, schrittweise

graduer [gradue] v/t 1. Schwierigkeiten, Wirkung etc abstufen; all'mählich, stufen-, schrittweise steigern; 2. Meßgerät mit e-r Skala, Gradeinteilung versehen; gradu'ieren

graffiti [grafiti] m/pl 1. Kritze'leien f/pl (an Wänden); les murs sont couverts de ~ ... sind 'vollgekritzelt; 2. Archäologie Graf'fiti pl; Wandinschriften f/pl

grailler [graje] cf crailler

graillon [grajõ] m 1. odeur f de ~ Geruch m von, nach angebranntem Fett; sentir le ~ nach angebranntem Fett riechen; 2. ~s pl angebrannte Fettreste m/pl; 3. P (crachat) (schleimiger) Auswurf

graillonner [grajone] v/i 1. nach angebranntem Fett riechen; 2. P (cracher) Schleim aushusten, -spucken

grain [grẽ] m 1. von Getreide a) Korn n; ~s pl Körner n/pl; Korn n (coll); ~ de blé, de maïs, d'orge, de riz Weizen-, Mais-, Gersten-, Reiskorn n; commerce m des ~s Kornhandel m; b) coll Korn n; alcool m, eau-de-vie f de ~ Kornbranntwein m, -schnaps m; F Korn m; jeter du ~ aux oiseaux die Vögel mit Körnern füttern; si le ~ ne meurt bibl wenn das Weizenkorn aber erstirbt; Gide Stirb und werde; fig séparer le bon ~ de l'ivraie die Spreu vom Weizen sondern, trennen; 2. e-r Weintraube, von

Johannisbeeren Beere f; *vom Kaffee* Bohne f; ~ de café Kaffeebohne f; ~ de poivre Pfefferkorn n; ~ de raisin Weinbeere f; *loc/adj* Kaffee, Pfeffer en ~s ungemahlen; 'haricots m/pl en ~s weiße Bohnen f/pl; **3.** e-r Halskette, e-s Rosenkranzes Perle f; **4.** *von Sand, Salz etc* Korn n; Körnchen n; ~ de pollen Pollenkorn n; ~ de poussière Staubkorn n, -teilchen n; Stäubchen n; ~ de sable Sandkorn n, -körnchen n; ~ de sel Salzkorn n, -körnchen n; Körnchen n Salz; *fig* mettre, F fourrer son ~ de sel F s-n Senf da'zugeben; **5.** ~ de beauté Leberfleck m; **6.** e-s Materials körnige Struk'tur, Oberfläche; *von Papier, phot* Korn n; ~ de peau Oberflächenbeschaffenheit f, Feinporigkeit f der Haut; Hautfelderung f; *loc/adj:* à ~ fin *phot etc* feinkörnig; *Leder* fein genarbt; à gros ~s grobkörnig; *Haut* großporig; *Leder* d'un beau ~ schön genarbt; **7.** *fig* n'avoir pas un ~ de bon sens keinen Funken, kein Quentchen gesunden Menschenverstand haben; avoir un (petit) ~ e-n Klaps, e-n Spleen [-i:-], F e-n Sparren (zuviel), e-n Stich haben; 'überkandidelt sein; il a un ~ F *auch* bei ihm ist e-e Schraube locker; er hat nicht alle Tassen im Schrank; **8. a)** (Regen)Schauer m; *fig* veiller au ~ auf der Hut sein; sich vorsehen; aufpassen; **b)** *mar* Bö f; ~ blanc, noir weiße, schwarze Bö

grainage [grɛnaʒ] *cf* grenage

graine [grɛn] f **1.** *bot* Samenkorn n; Samen m (*auch coll*) *agr* Samen m; Saatgut n; Saat f; ~s pl *auch* Säme'reien f/pl; ~s oléagineuses Ölsaat f; *phm* ~ de lin Leinsamen m; ~ de semence Saatgut n; ~s de tournesol Sonnenblumenkerne m/pl; F *fig* casser la ~ *cf* casser 1.; *Pflanze* donner de la ~ Samen geben; monter en ~ in Samen schießen; *fig* en prendre de la ~ sich daran ein Beispiel nehmen; semer des ~s Samen(körner) streuen; **2.** *fig u péj von Kindern* mauvaise ~ F sauberes Früchtchen; *plais* Schlingel m; Racker m; *coll* Ba'gage f; Rasselbande f; *von e-m Halbwüchsigen* c'est de la ~ de voyou aus dem wird einmal ein Strolch, Lump; **3.** Ei n *des Seidenspinners*; Raupenei n

grainer [grɛne] *cf* grener

graineterie [grɛntri] f **a)** Samenhandlung f, -geschäft n; **b)** Samenhandel m

grainet|ier [grɛntje] m, **~ière** f Samen- und Futtermittelhändler(in) m(f)

grain|ier [grɛnje] m, **~ière** [grɛnjɛr] f Samenhändler(in) m(f)

graissage [grɛsaʒ] m *tech* (Ab-) Schmieren n; Schmierung f; ~ central Zen'tralschmierung f; ~ par bague, sous pression Ring-, Druckschmierung f; huile f de ~ Schmieröl n; faire faire le ~ de sa voiture s-n Wagen abschmieren lassen

graisse [grɛs] f **1.** *physiol* Fett n; Fettansatz m; couche f de ~ Fettschicht f; être bouffi de ~, noyé dans la ~ fettleibig, dick und fett, F ein Fettkloß, Fettwanst sein; **2.** *chim, cuis* Fett n; ~ alimentaire Speisefett n; ~s animales tierische Fette; ~ fondue Schmalz n; ~s végétales pflanzliche Fette; Pflanzenfette n/pl; ~ de bœuf, de mouton Rinder-, Hammelfett n; odeur f de ~ Fettgeruch m; **3.** *tech* Schmierfett n; Schmiere f; ~s minérales Mine'ralfette n/pl; ~ au calcium kalkseifenhaltiges Schmierfett; pompe f à ~ Fettpresse f; **4.** *vom Wein* Zähwerden n; atteint de ~ zäh geworden; tourner à la, en ~ zäh werden

graisser [grɛse] **I** v/t **1.** *Backform, Stiefel etc* (ein)fetten; *tech Maschinenteil* schmieren; *auto* abschmieren; **2.** *Kleidung etc* fettig machen; Fettflecke(n) machen auf (+acc od dat); mit Fett beflecken, F bekleckern; **II** v/i *Wein* zäh werden

graisseur [grɛsœr] *tech* **I** m Schmiergerät n, -vorrichtung f; Fettbüchse f; Öler m; ~ compte-gouttes Tropf-, Nadelöler m; ~ Stauffer Staufferbüchse f; **II** adj ‹-euse› Schmier...; palier, pistolet ~ Schmierlager n, -pistole f

graisseux [grɛsø] adj ‹-euse› **1.** *Kleidung, Papier etc* fettig; schmierig; speckig; mit Fettflecken; fettfleckig; **2.** *physiol* Fett...; couche graisseuse Fettschicht f; *path* dégénérescence graisseuse fettige Degeneration

Gram [gram] *Bakteriologie loc/adj* ~ négatif, positif gram'negativ, -'positiv

graminée [gramine] f *bot* Gras n; ~s pl Gräser n/pl; *sc* Süßgräser n/pl; Echte Gräser n/pl; Grami'neen pl

grammaire [gra(m)mɛr] f **1.** Gram'matik f (*auch Buch*); Sprachlehre f; *ling* ~ descriptive, générale, historique, normative deskriptive, allgemeine, historische, normative Grammatik; faute f de ~ grammat'ik(al)ischer Fehler; Grammatikfehler m; **2.** *fig* e-r Kunst Regelwerk n

grammair|ien [gra(m)mɛrjɛ̃] m, **~ienne** f Gram'matiker(in) m(f)

grammatical [gra(m)matikal] adj ‹-aux› grammati'kalisch; gram'matisch; Gram'matik...; mot ~ Par'tikel f; **~isation** f *ling* Grammatikalisati'on f; **~iser** v/t *ling* grammatikali'sieren

gramme [gram] m **1.** (abr g) Gramm n (abr g); la lettre pèse trente ... wiegt dreißig Gramm; **2.** *fig* il n'a pas un ~ de bon sens er hat keinen Funken, kein Quentchen gesunden Menschenverstand

gramme|-force [gramfɔrs] m ‹pl grammes-force› od **~-poids** m ‹pl grammes-poids› *phys* Pond n (abr p)

grand [grɑ̃, *in der Bindung* grɑ̃t] **I** adj ‹grande [grɑ̃d]› groß; **a)** *in den Ausmaßen:* ~ et fort groß und kräftig; ~ et maigre groß und mager; hager; ♦ ~ arbre [grɑ̃tarbr] großer, hoher Baum; une ~e femme od une femme ~e e-e große Frau; ~e fille großes Mädchen; ~ fleuve großer Fluß; Strom m; ~ format Großformat n; un homme ~ ein großer, groß-, hochgewachsener Mann; *cf auch* I d); ~ immeuble [-t-] großes Gebäude; ~es jambes lange Beine n/pl; ~ nez große Nase; *rad* ~es ondes Langwelle f (*pl*); le ~ Paris Groß-Paris m; ~s pieds große Füße m/pl; ♦ *loc/adj u loc/adv:* opt objectif m à ~ angle Weitwinkelobjektiv n; à ~s carreaux großkariert; à une ~e profondeur in großer Tiefe; ~ comme la main handgroß; de ~e hauteur, largeur sehr hoch, breit; von großer Höhe, Breite; de ~ taille hochgewachsen; von hohem Wuchs; **b)** *im Alter auch* erwachsen; ausgewachsen; son ~ frère sein großer Bruder; les ~es personnes die Großen, Erwachsenen pl; quand tu seras ~ wenn du groß bist; je suis assez ~ pour (+inf) ich bin groß, alt genug, um zu (+inf); **c)** *an Intensität, Zahl, Menge:* ~ âge [-t-] hohes Alter; le ~ air [-t-] die frische Luft; au ~ air an der frischen Luft; im Freien; ~ bruit lautes Geräusch; großer Lärm; ~ buveur starker Trinker; ~ choix reiche Auswahl; ~ coupable Hauptschuldige(r) m; ~ cri lauter Schrei; ~es dépenses große Ausgaben

~e foule große Menschenmenge; ~ froid große, starke Kälte; ~ fumeur starker Raucher; deux ~es heures volle, ganze, geschlagene zwei Stunden f/pl; ~ imbécile [-t-] großer Dummkopf; Erzdummkopf m; ~ malade Schwerkranke(r) m; ~e marée Springflut f; ~s mérites große Verdienste n/pl; ~ mutilé Schwer(kriegs)beschädigte(r) m; ~ soupir schwerer, tiefer Seufzer; ♦ *loc/adj u loc/adv:* ~ teint ‹inv› farbecht; au ~ complet 'vollzählig; en ~ im großen; in großem Stil, 'Umfang, Ausmaß; ♦ avoir ~ besoin de qc etw dringend brauchen, benötigen; être de ~s amis eng miteinander befreundet sein; F dicke Freunde sein; il est ~ temps de (+inf) es ist höchste Zeit zu (+inf); faire ~ tort à qn j-m sehr schaden, großen Schaden zufügen; j-n sehr schädigen; **d)** *an Bedeutung, Berühmtheit, Wert, Rang:* ~es actions große Taten f/pl; ~e âme große, hochherzige Seele; ~ civilisation die große Kultur; Weltkultur f; *in der Schule* les ~es classes die oberen Klassen f/pl; *hist* le ~ Condé der Große Condé; ~ dignitaire hoher Würdenträger; un ~ esprit [-t-] ein großer Geist; la ~e Guerre der Erste Weltkrieg; un ~ homme [-t-] ein großer, berühmter Mann; ~e industrie Großindustrie f; *ch de fer* ~e ligne Fern-, Hauptstrecke f; *comm* ~ livre Hauptbuch n; *hist* le ~ Mog(h)ol Großmogul m; le ~ monde die große, vornehme Welt; un ~ nom ein großer Name; la ~e nouvelle die große Neuigkeit; ~ peintre großer Maler; ~ propriétaire (foncier, terrien) Großgrundbesitzer m; ~s vins die berühmte große Weine m/pl; ♦ *hist mit Eigennamen:* Alexandre le ~ Alexander der Große; Catherine la ~e Katharina die Große; Louis le ~ Ludwig XIV.; Pierre le ~ Peter der Große; ♦ *loc/adj u loc/adv:* de ~e classe hervorragend; von Format; ersten Ranges; von hohem Rang; de ~ cœur gern; cœur 2.; en ~e toilette in großer Toilette; ♦ c'est du ~ art [-t-] das ist hohe Kunst; **II** adv **a)** voir ~ etw in großem Stil verwirklichen; *péj* große, hochfliegende Pläne haben; hoch hin'auswollen; voir trop ~ *auch des Guten zuviel tun; ♦ ‹veränderlich› ~ ouvert [-t-] weit offen, geöffnet; *Fenster, Tür auch* sperrangelweit offen; *loc/adv* les yeux ~s ouverts (*seltener* ~ ouverts) mit weit aufgerissenen Augen; la porte était ~e ouverte die Tür stand (sperrangel)weit offen od auf, war weit geöffnet; ouvrir la fenêtre toute ~e das Fenster weit aufmachen, aufreißen; **III** subst **1.** *von Kindern* le ~, la ~ der, die Große; *in der Schule* les ~s die Großen; F *Anrede* mon ~! lieber Junge!; la chambre des ~s das Zimmer der Großen; **2.** m/pl les ~s die Großen, Erwachsenen pl; (les) petits et (les) ~s groß und klein; *von e-m Kind* tout seul comme un ~ ganz allein wie ein Großer; **3.** m/pl les ~s de ce monde die Großen pl dieser Welt; *pol* les quatre ~s die vier Großen, Großmächte f/pl; **4.** m ~ (d'Espagne) (spanischer) Grande; **5.** le ~ das Große; *math* l'infiniment ~ das unendlich Große; faire du ~ et du neuf Großes und Neues schaffen

grand-angulaire [grɑ̃tɑ̃gylɛr] adj *opt* objectif m ~ Weitwinkelobjektiv n

grand-chose [grɑ̃ʃoz] **I** pr/ind pas ~ nicht viel; ce n'est pas ~ das ist nicht viel bzw nichts Besonderes bzw nicht schlimm; il n'en sortira pas ~ de bon dabei kommt nicht viel Gutes heraus; cela ne vaut pas ~ das ist nicht viel wert; **II** subst F un, une pas ~ ein Nichtsnutz m

grand-croix [grãkrwa] **1.** *f* ⟨*inv*⟩ *e-s Ritterordens* Großkreuz *n*; **2.** *m* ⟨*pl* **grands-croix**⟩ Inhaber *m*, Träger *m* des Großkreuzes

grand|-duc [grãdyk] *m* ⟨*pl* **grands--ducs**⟩ **1.** Großherzog *m*; **2.** *hist in Rußland* Großfürst *m*; **3.** *zo* Uhu *m*; **~-ducal** *adj* ⟨-aux⟩ großherzoglich; **~-duché** *m* ⟨*pl* **grands-duchés**⟩ Großherzogtum *n*

grande-duchesse [grãddyʃɛs] *f* ⟨*pl* **grandes-duchesses**⟩ **1.** Großherzogin *f*; **2.** *hist in Rußland* Großfürstin *f*

Grande-Grèce [grãdgrɛs] *f hist* la ~ Großgriechenland *n*; (die) Magna Graecia

grandelet [grãdlɛ] F *adj* ⟨~te⟩ schon ziemlich, recht groß

grandement [grãdmã] *adv* **1.** in hohem Maße; sehr; il a ~ contribué au succès er hat in hohem Maße zum Erfolg beigetragen; vous vous trompez ~ Sie täuschen sich gewaltig; **2.** reichlich; il a ~ de quoi vivre er hat sein reichliches Auskommen, reichlich zum Leben; F vous en avez ~ assez comme ça so haben Sie 'übergenug, mehr als genug

grandesse [grãdɛs] *f hist in Spanien* Würde *f* e-s Granden

grandet [grãdɛ] *adj* ⟨~te⟩ *cf* grandelet

grandeur [grãdœr] *f* **1.** *e-r Persönlichkeit, e-s Staates, Kunstwerks etc* Größe *f*; Erhabenheit *f*; Hoheit *f*; Würde *f*; *e-s Opfers* Größe *f*; ~ d'âme Seelengröße *f*, -adel *m*; air *m* de ~ hoheits-, würdevolle Miene; regarder qn du haut de sa ~ j-n von oben herab, über die Schulter ansehen; **2.** *e-r Gefahr etc* Größe *f*; ordre *m* de ~ Größenordnung *f*; *loc/adj* Bild, Statue ~ nature in natürlicher, voller Größe; in Lebensgröße; lebensgroß; **3.** *phys, math* Größe *f*; **4.** *astr cf* magnitude 1.

grand-faim [grãfɛ̃] *f nur loc* avoir ~ großen Hunger haben; sehr hungrig sein

grand-guignolesque [grãgiɲɔlɛsk] *adj* (über'trieben, unwahrscheinlich) schauerlich; haarsträubend

grandiloqu|ence [grãdilɔkãs] *f* hochtrabende, hochtönende Ausdrucksweise; Bom'bast *m*; Geschwollenheit *f*; **~ent** *adj* Ausdrucksweise, Rede hochtrabend; hochtönend; hochgestochen; bom'bastisch; schwülstig; geschwollen; *Person* hochtrabende *etc* Worte, Phrasen gebrauchend

grandiose [grãdjoz] *adj* Anblick, Landschaft, Kunstwerk großartig; grandi'os; über'wältigend

grandir [grãdir] **I** *v/t* **1.** *Kleidung* ~ qn j-n größer machen, größer erscheinen lassen; **2.** *st/s* Größe verleihen (+*dat*); erhöhen; erheben; stärken; sortir grandi d'une épreuve gestärkt aus e-r Bewährungsprobe hervorgehen; **II** *v/i* ⟨*Zustand* être⟩ **3.** *Lebewesen* wachsen; größer *bzw* groß werden; ~ de dix centimètres 10 cm wachsen; (um) 10 cm größer werden; *zu e-m Kind* comme tu as grandi! bist du aber gewachsen, groß geworden!; **4.** *Unzufriedenheit etc* wachsen; zunehmen; größer werden; *Geräusch* lauter, stärker werden; *Mißstand etc* ne faire que ~ immer größer werden; immer mehr zunehmen; **5.** *fig Person* ~ en sagesse, *etc* an Weisheit *etc* zunehmen; **III** *v/pr* se ~ sich größer machen

grandiss|ant [grãdisã] *adj innere Unruhe, Interesse etc* wachsend; zunehmend; avec une impatience ~e mit wachsender Ungeduld; **~ement** *m opt* Abbildungsmaßstab *m*; ~ angulaire Winkelvergrößerung *f*, -verhältnis *n*; ~ linéaire Seitenmaßstab *m*, -verhältnis *n*

grandissime [grãdisim] F *plais adj* sehr groß; gewaltig

grand-maman [grãmamã] *f* ⟨*pl* **grand(s)-mamans**⟩ F Großmama *f*; Oma *f*

grand-mère [grãmɛr] *f* ⟨*pl* **grand(s)--mères**⟩ **1.** Großmutter *f*; du temps de nos grands-mères zu Großmutters Zeiten; als der Großvater die Großmutter nahm; devenir ~ Großmutter werden; F *fig* il ne faut pas pousser ~ dans les orties man darf nicht über'treiben; F man muß die Kirche im Dorf lassen; **2.** F (*vieille femme*) Oma *f*

grand-messe [grãmɛs] *f* ⟨*pl* **grand(s)--messes**⟩ *égl cath* Hochamt *n*

grand-oncle [grãtõkl(ə)] *m* ⟨*pl* **grands-oncles**⟩ Großonkel *m*

grand-papa [grãpapa] *m* ⟨*pl* **grands--papas**⟩ F Großpapa *m*; Opa *m*

grand-peine [grãpɛn] à ~ mit Mühe und Not; mit großer Mühe; F mit Ach und Krach

grand-père [grãpɛr] *m* ⟨*pl* **grands--pères**⟩ **1.** Großvater *m*; **2.** F (*vieillard*) F Opa *m*

grand-peur [grãpœr] *f nur loc* avoir ~ que ... ne (+*subj*) sehr fürchten, daß ...

grand-route [grãrut] *f* ⟨*pl* **grand(s)--routes**⟩ Landstraße *f*

grand-rue [grãry] *f* ⟨*pl* **grand(s)--rues**⟩ Hauptstraße *f*

grand-soif [grãswaf] *f nur loc* avoir ~ großen Durst haben; sehr durstig sein

grands-parents [grãparã] *m/pl* Großeltern *pl*

grand-tante [grãtãt] *f* ⟨*pl* **grand(s)--tantes**⟩ Großtante *f*

grand-voile [grãvwal] *f* ⟨*pl* **grand(s)--voiles**⟩ *mar* Großsegel *n*

grange [grãʒ] *f* Scheune *f*; *südd auch* Scheuer *f*

grangée [grãʒe] *f agr* une ~ de ... e-e Scheune voll ...

granit(e) [granit] *m minér* Gra'nit *m*; bloc *m* de ~ Granitblock *m*; en ~ aus Granit; gra'niten

granit|é [granite] **I** *adj Papier* körnig; gekörnt; *Stoff* kreppig; krepppartig; **II** *m text* Gra'nit *m*, Grani'té *m*; **~er** *v/t peint* gra'nitartig bemalen

granit|eux [granitø] *adj* ⟨-euse⟩ *minér* gra'nithaltig; ~ à ~ Gra'niti...; massif *m* ~ Granitmassiv *n*; **~isation** *f géol* Granitisati'on *f*; Graniti'sierung *f*; **~oïde** *adj minér* gra'nitartig, -ähnlich

granivore [granivɔr] *zo* **I** *adj* körnerfressend; **II** *m/pl* ~s Körnerfresser *m/pl*

granulaire [granylɛr] *sc adj* körnig; *sc* granu'lar *od* granu'lär

granul|arité [granylarite] *f phot* Körnigkeit *f*; **~at** *m bât* Zuschlag(stoffe) *m(pl)* (*zum Beton, Mörtel*); **~ateur** *m tech* Granu'lieranlage *f*; Granu'lator *m*

granulation [granylasjõ] *f* **1. a)** *Vorgang* Körnen *n*, -ung *f*; *passiv* Körnchenbildung *f*; **b)** *Ergebnis bes pl* ~s Körnung *f*; körnige Struk'tur; **2.** *tech von pulverförmigen Stoffen, métall* Granu'lieren *n*, -ung *f*; **3.** *path* ~s *pl* Granulati'onsgeschwülste *f/pl*; **4.** *biol e-r Zelle* Granulum *n*; ~s de Pacchioni Pacchi'onische Granulati'onen *f/pl*

granule [granyl] *m* **1.** Körnchen *n*; **2.** *phm* Granulum *n*; **3.** *chim e-r Suspension* Teilchen *n*

granulé [granyle] **I** *adj* körnig; gekörnt; **II** *m/pl* ~s *phm* Granu'lat *n*

granuler [granyle] *v/t tech* **1.** körnen; zu Körnern zermahlen, zerkleinern; **2.** *Pulver, flüssiges Metall* granu'lieren

granul|eux [granylø] *adj* ⟨-euse⟩ körnig; gekörnt; *sc bes méd* granu'lös; **~ie** *f path* Granu'lie *f*; Mili'artuberkulose *f*; **~ite** *f minér* Granu'lit *m*

granulocyte [granylɔsit] *m biol* Granulo'zyt *m*

granulome [granylom, -ɔm] *m path* Granu'lom *n*; ~ dentaire Zahngranulom *n*

granulométrie [granylɔmetri] *f tech* Granulome'trie *f*; Korngrößenbestimmung *f*; *par ext* Kornabstufung *f*; Körnung *f*

grape-fruit [grɛpfrut] *m cf* pamplemousse

graphe [graf] *m math* Graph *m*; théorie *f* des ~s Theorie *f* der Graphe

graphie [grafi] *f ling* Schreibung *f*; Schreibweise *f*; Gra'phie *f*

graphique [grafik] **I** *adj* **1.** graphisch; zeichnerisch; arts *m/pl* ~s **a)** Graphik *f*; graphische Künste *f/pl*; **b)** graphisches Gewerbe; calcul *m* ~ graphisches Rechnen; représentation *f* ~ graphische, zeichnerische Darstellung; **2.** Schrift...; signe *m* ~ Schriftzeichen *n*; **II** *m* graphische Darstellung; Schaubild *n*; Dia'gramm *n*; Graphik *f*; ~ circulaire, à barres, à colonnes Kreis-, Stab-, Säulendiagramm *n*

graph|isme [grafism(ə)] *m* Handschrift *f* (*auch fig e-s Künstlers*); Schriftzüge *m/pl*; (individu'elles) Schriftbild; Eigenart *f, e-m Künstler* der Führung des Zeichenstiftes *etc*; **~iste** *m,f* Graphiker(in) *m(f)*

graphite [grafit] *m minér* Gra'phit *m*; électrode *f* de ~ Graphitelektrode *f*

graphit|er [grafite] *v/t tech* graphi'tieren; mit Gra'phit über'ziehen *bzw* in Gra'phit 'umwandeln; *adj* lubrifiant graphité Gra'phitschmieröl *m*; **~eux** *adj* ⟨-euse⟩ gra'phithaltig; **~ique** *adj* Gra'phit...; gra'phitisch

grapho|logie [grafɔlɔʒi] *f* Grapholo'gie *f*; **~logique** *adj* grapho'logisch; **~logue** *m,f* Grapho'loge *f*, -'login *m,f*; jur expert *m* ~ Schriftsachverständige(r) *m*

grappe [grap] *f* **1.** Traube *f* (*auch bot: Blütenstand*); ~ de raisin Weintraube *f*; **2.** *fig von Insekteneiern etc* Klumpen *m*; Traube *f*; *von Kindern etc* Knäuel *m od n*; Traube *f*; ~ humaine Traube von Menschen; Menschentraube *f*

grappillage [grapijaʒ] *m* **1.** *in Weinbergen* Nachlese *f*; **2.** *fig* kleine, unlautere Gewinne *m/pl*, Vorteile *m/pl*

grappiller [grapije] **I** *v/t* **1.** *Früchte* hier und da (ab)pflücken, mitgehen lassen; **2.** *fig* kleine Gewinne, Vorteile her'ausschlagen, -schinden; *Informationen, Kenntnisse* hier und da auflesen; F zu'sammenstoppeln; **II** *v/i* **3.** *in Weinbergen* Nachlese halten; nachlesen; **4.** *fig* kleine Gewinne, Vorteile her'ausschlagen, -schinden; F Schmu machen

grappillon [grapijõ] *m* kleine Traube; Träubchen *n*

grappin [grapɛ̃] *m* **1.** *mar* **a)** *früher* Enterhaken *m*; F *fig* mettre le ~ sur qn j-n mit Beschlag belegen; **b)** Draggen *m*; Dregg(anker) *m*; **2.** *e-s Baggers, Krans* Greifer *m*; **3.** Kletter-, Steigeisen *n*

gras [grɑ] **I** *adj* ⟨grasse [grɑs]⟩ **1.** *Nahrung* fett; fetthaltig, -reich; *Lebewesen, Gesicht, Körperteil* fett; feist; *Haare, Haut* fett(ig); *Papier, Kleidung* fettig; schmierig; *Kleidung auch* speckig; col ~ speckiger Kragen; *chim manist pl* corps ~ Fette *n/pl*; fette Öle *n/pl*; crème ~se fettige Salbe; Fettcreme *f*; eaux ~ses Spül-, Abwaschwasser *n*; Spülbrühe *f*; Spülicht *n*; fromage ~ Fettkäse *m*; *in der Nahrung* matières ~ses Fett *n*; avoir les mains ~ses fettige Hände haben; *Person* être ~ comme un porc, moine dick und fett sein; F ein Fettkloß sein; **2.** *fig* Boden fett; schwer; *Weide* fett; fruchtbar; üppig; *Belohnung* hoch;

reichlich; F fett; *impr* **caractères** ~
Fettdruck *m*; **en caractères** ~ fettge-
druckt; *mines* **charbon** ~, '**houille** ~**se**
Fettkohle *f*; **crayon** ~ weicher Bleistift;
pavé ~ glitschiges, feuchtes, schlüpfri-
ges Pflaster; *bot* **plantes** ~**ses** Suk-
ku'lenten *pl*; Fettpflanzen *f/pl*; **rire** ~
lautes, ordi'näres Lachen; **toux** ~**se**
Husten *m* mit Auswurf; *vit* **vin** ~ zäh
gewordener Wein; **II** *adv rel* **faire** ~
Fleisch essen; **III** *m* **1.** *vom Fleisch* le ~
das Fett(e); **aimer le** ~ die fetten Stücke
(vom Fleisch) mögen; **2.** *loc/adj* cuis *Reis
etc* **au** ~ mit Fett und Fleischbrühe
zubereitet; **3. le** ~ **de la jambe** die
Wade; **4.** F *fig:* il n'y a pas ~ **à manger**
es gibt nicht viel zu essen; **discuter le
bout de** ~ F e-n kleinen Schwatz machen

gras-double [grɑdubl(ə)] *m* ⟨*pl* gras-
-doubles⟩ *cuis* Kal'daunen *f/pl*, Kut-
teln *f/pl* (vom Rindermagen); Rinder-,
Kalbsmagen *m*

grass|ement [grɑsmɑ̃] *adv* bezahlen *etc*
reichlich; ~**erie** *f* der Seidenraupen
Gelbsucht *f*; Poly'ederkrankheit *f*; ~**et**
m beim Pferd, *Rind* Kniescheibengegend
f; ~**ette** *f bot* Fettkraut *n*

grasseyer [grɑseje] *v/t u v/i* ~ (**les r**) das
R in der Kehle, kehlig, guttu'ral spre-
chen; *adjt* **r grasseyé** (Hals)Zäpfchen-
R *n*

grassouillet [grɑsujɛ] *adj* ⟨~**te**⟩ rund-
lich; *Frau auch* mollig

grateron *cf* **gratteron**

graticuler [gratikyle] *v/t Zeichnung* kra-
tiku'lieren

gratification [gratifikɑsjõ] *f* **1.** Grati-
fikati'on *f*; Sonderzuwendung *f*; ~ **de fin
d'année** Weihnachtsgratifikation *f*; **2.**
psych Befriedigung *f*; Erfüllung *f*

gratifier [gratifje] *v/t* **1.** ~ **qn de qc**
Geld, Geschenk j-m etw zukommen las-
sen, zuwenden; *Vergünstigung* j-m etw
zu'teil werden lassen; *Geschenk, Ehrung,
Lächeln* j-n mit etw bedenken, beehren;
~ **le garçon d'un pourboire** dem
Kellner ein Trinkgeld zukommen las-
sen; **2.** *iron* ~ **qn d'une gifle,** *etc* j-m e-e
Ohrfeige *etc* verabreichen, verpassen;
j-n mit e-r Ohrfeige *etc* bedenken; **3.**
psych ~ **qn** j-n befriedigen, erfüllen

gratin [gratẽ] *m* **1.** *cuis* **a)** Kruste *f* (*die
beim Überbacken entsteht*); *loc/adj* **au** ~
über'backen; über'krustet; grati'niert;
chou-fleur *m* **au** ~ überbackener Blu-
menkohl; **faire qc au** ~ etw überbacken;
b) über'backenes Gericht; mit Kruste
Gebacken(es) *n*; ~ **dauphinois** *Kartof-
felscheiben u Schweizer Käse in Schich-
ten übereinandergelegt u überbacken*; ~
d'écrevisses grati'nierte Krebse *m/pl*;
plat à ~ feuerfeste Form; **2.** F *fig* **le** ~
die Creme der Gesellschaft; die Haute-
volee; die oberen Zehntausend

gratin|é [gratine] *adj* **1.** *cuis* über'bak-
ken; über'krustet; grati'niert; **2.** F *fig*
außergewöhnlich; unglaublich; F toll;
e'norm; ~**ée** *f cuis* mit Käse über'backe-
ne Zwiebelsuppe *f*

gratiner [gratine] *v/t cuis* **faire** ~ über-
'backen; über'krusten; grati'nieren

gratiole [grasjɔl] *f bot* Gnadenkraut *n*

gratis [gratis] F *adv* um'sonst; gratis;
kostenlos; *adjt* Gratis...; Frei...; ko-
stenlos

gratitude [gratityd] *f* Dankbarkeit *f*;
Erkenntlichkeit *f*; *dire* **sa** ~ **à qn** j-m
Dank sagen; **témoigner sa** ~ **à qn** sich
j-m gegenüber dankbar, erkenntlich zei-
gen, erweisen; j-m s-e Dankbarkeit be-
zeigen

grattage [grataʒ] *m* **a)** (Ab-, Auf-)
Kratzen *n*; (Ab)Schaben *n*; **b)** *tech
Feinbearbeitung* Schaben *n*; **c)** *text* Rau-
hen *n*

gratte [grat] *f* **1.** *mar* Schraper *m*; Krat-
zer *m*; **2.** *agr* (*Art*) Jäthacke *f*; **3.** F **faire
de la** ~ kleine, unlautere Gewinne
her'ausschlagen, -schinden

gratte|-ciel [gratsjɛl] *m* ⟨*inv*⟩ Wolken-
kratzer *m*; ~**-cul** *m* ⟨*inv od* **gratte-
-culs**⟩ *bot* Hagebutte *f*; ~**-dos** *m* ⟨*inv*⟩
Rückenkratzer *m*

grattement [gratmɑ̃] *m* Kratzgeräusch
n; Kratzen *n*; Scharren *n*

gratte-papier [gratpapje] *m* ⟨*inv*⟩ *péj*
Federfuchser *m*; Schreiberling *m*

gratter [grate] **I** *v/t* **1.** *Fläche, Wand etc*
abkratzen; (ab)schaben; *nordd auch*
(ab)schrap(p)en; *Schuhe* abkratzen;
Möhren schaben; *Topf* auskratzen; aus-
schaben; *Wunde* aufkratzen; *Boden,
Schnee* aufscharren; *tech Fläche bei der
Feinbearbeitung* schaben; *text* rauhen;
Feder ~ (**le papier**) (auf dem Papier)
kratzen; ~ **le sable** im Sand scharren; **2.**
Farbe, Fleck, Etikett etc ab-, wegkrat-
zen; abschaben; *Inschrift* auskratzen;
Buchstaben, Wort in e-m Text aus-,
wegradieren; ~ **la boue des chaussu-
res** den Schmutz von den Schuhen
(ab)kratzen; **3.** *auf der Haut* ~ **qn** in-n
kratzen; *Rauch* ~ **la gorge** im Hals
kratzen; F **ça me gratte** es juckt mich;
mon col me gratte mein Kragen kratzt
(mich); **gratte-moi le dos** kratz mich
auf dem Rücken; **4.** F *fig bes Konkurren-
ten beim Sport* über'holen; über'runden;
über'spurten; hinter sich lassen; F **neh-
men**; **5.** ⟨*auch v/i*⟩ F *fig kleine Gewinne,
Vorteile, Ersparnisse* F her'ausholen,
-schlagen, -schinden; **une affaire où il
n'y a pas grand-chose à** ~ F ein
Geschäft, bei dem nicht viel zu holen ist;
~ **sur tout** F überall etwas abknapsen; **II**
v/i **6.** kratzen; scharren; ~ **à la porte**
Person leise an die Tür klopfen, pochen;
Hund an der Tür kratzen, scharren; ~
dans le sable im Sand scharren; **7.** F ~
de la guitare F auf der Gitarre klim-
pern; ~ **du violon** F auf der Geige
kratzen; **8.** F (*travailler*) F werke(l)n;
schaffen; *p/fort* schuften; asten; sich
abrackern; **III** *v/pr* **9. se** ~ sich kratzen;
se ~ **les mains** sich an den Händen
kratzen; *aus innerer Unsicherheit* **se** ~
l'oreille, la tête sich hinterm Ohr, am
od den Kopf kratzen; **se** ~ **jusqu'au
sang** sich blutig, wund kratzen; **ne te
gratte pas!** kratz (dich) nicht dauernd!;
laß das Kratzen!; **10.** P *fig* **tu peux
toujours te** ~ da kannst du lange
warten; F das kommt nicht in die Tüte;
denkste!; von wegen!; P du kannst mich
mal

gratteron [gratrõ] *m bot* **a)** Klebkraut *n*;
Kletterndes Labkraut; **b)** Klette *f*

grattoir [gratwar] *m* **a)** *tech* Schaber *m*;
Schab-, Kratzeisen *n*; Schab(e)messer *n*;
Kratze(r) *f(m)*; Schabe *f*; *nordd auch*
Schrappeisen *n*; Schrape *f*; Schrapper *m*;
~ **triangulaire** Dreikantschaber *m*; **b)**
Metallfeinbearbeitung Flachschaber *m*;
c) Ra'diermesser *n*

grattouiller [gratuje] *v/t* F *cf* **gratter I**
1.–3.

gratture [gratyr] *f* (Ab)Schabsel *n*;
Schrapsel *n*

gratuit [gratɥi] *adj* **1.** kostenlos; unent-
geltlich; (kosten)frei; unberechnet;
Frei...; Gratis...; *Darlehen* zinslos; un-
verzinslich; *comm* **action** ~**e** Gratisaktie
f; **assistance médicale** ~**e** kostenlose
medizinische Versorgung; **billet** ~ Frei-
karte *f*; **consultation** ~**e** kostenlose
Beratung; **échantillon** ~ Gratisprobe *f*;
enseignement ~ Schulgeldfreiheit *f*;
entrée ~**e** freier Eintritt; *Aufschrift*
Eintritt frei; **à titre** ~ kostenlos; unent-
geltlich; um'sonst; gratis; ohne Entgelt;
2. unbegründet; grundlos; unmotiviert;
willkürlich; *philos* **acte** ~ unmotivierte
Handlung; **affirmation** ~**e** willkürliche
Behauptung; **hypothèse** ~**e** unbegrün-
dete Hypothese; **imputation** ~**e** grund-
lose, unbegründete Anschuldigung

gratuité [gratɥite] *f* **1.** Unentgeltlichkeit
f; ~ **de l'enseignement** Schulgeldfrei-
heit *f*; ~ **des transports publics** Null-
tarif *m* (der öffentlichen Verkehrsmit-
tel); **2.** *e-r Behauptung etc* Unbegründet-
heit *f*; Grundlosigkeit *f*; Willkürlich-
keit *f*

gratuitement [gratɥitmɑ̃] *adv* **1.** ko-
stenlos; unentgeltlich; ohne Entgelt;
gratis; um'sonst; **2.** ohne Grund, Mo'tiv;
grundlos; willkürlich

grauwacke [grovak] *f minér* Grau-
wacke *f*

gravatier [gravatje] *m* Schuttfahrer *m*

gravats [grava] *m/pl* Bauschutt *m*

grave[1] [grav, grɑv] **I** *adj* **1.** *Miene, Ge-
sicht, Ton, Gedanken, Worte, Person*
ernst; *Haltung gemessen*; würdevoll; **de-
venir** ~ ernst werden; **parler d'un ton** ~
in ernstem Ton sprechen; *Gesicht* **pren-
dre une expression** ~ e-n ernsten
Ausdruck annehmen; **2.** *Thema, Frage,
Entscheidung, Gründe* ernst; schwer-
wiegend; *Lage, Symptom* ernst; bedenk-
lich; bedrohlich; schlimm; *Fehler*
schwer(wiegend); gra'vierend; schlimm;
Krankheit, Verletzung, Operation
schwer; **affaire** ~ ernste, schwer-
wiegende Angelegenheit; **blessé** *m*
~ Schwerverletzte(r) *m*, *im Krieg*
-verwundete(r) *m*; **de** ~**s ennuis** *m/pl*
ernste, ernstliche Schwierigkeiten *f/pl*;
erreur *f* ~ schwerer, schwerwiegender,
gravierender Irrtum; **de** ~**s nouvelles**
f/pl schlimme Nachrichten *f/pl*; **avoir
des motifs, raisons** ~**s pour** (+*inf*)
ernsthafte, ernstliche, triftige, schwer-
wiegende Gründe haben zu (+*inf*); **j'ai
des choses** ~**s à vous dire** ich habe
Ihnen ernste, schwerwiegende, wichtige
Dinge zu sagen; **ce n'est pas** ~ a) das ist
nicht schlimm; das macht nichts; b) *bei
e-r Krankheit etc* es ist nichts Schlimmes;
son état est ~ sein Zustand ist ernst,
bedenklich, besorgniserregend; **3.** *Stim-
me, Tonlage* tief; *Stimme auch* dunkel;
mus **note** *f* ~ tiefe Note; **son** *m* ~ tiefer
Ton; **4.** *gr* **accent** *m* ~ für das Frz
Accent grave *m*; für andere Sprachen,
ling Gravis *m*; **II** *m mus* **le** ~ die tiefen
Töne *m/pl*; die Tiefe

grave[2] [grav] *f tech* Kiessand *m*

graveleux [gravlø] *adj* ⟨~**euse**⟩ **1.** *Boden*
kiesig; **2.** *fig Reden* zotig; anstößig;
schlüpfrig

gravelle [gravɛl] *f path früher* Harn-
grieß *m*

gravelot [gravlo] *m zo* Fluß- *bzw* See-
regenpfeifer *m*

gravelure [gravlyr] *litt f* Zote *f*

gravement [gravmɑ̃] *adv* **1.** ernst; wür-
devoll; gemessen; *pays'tätisch*; **2.** ernst-
lich; schwer; ~ **malade** schwerkrank;
ernstlich erkrankt

graver [grave] *v/t* **1.** *Inschrift, Zeichen*
einschneiden, einritzen, *in Holz auch*
einschnitzen (**sur** *in* +*acc*); ~ **son
nom sur un arbre** s-n Namen in e-n
Baum (ein)ritzen; **2.** *handwerklich, künst-
lerisch* (ein)gra'vieren, (ein)schneiden,
(ein)graben, *in Kupfer, Stahl auch* ste-
chen (**sur** *in* +*acc*); *Prägestempel, Let-
tern* schneiden; *impr* ätzen; *adjt Bild*
gravé au burin gestochen; *e-s Künstlers*
l'œuvre gravé die Ra'diarungen *f/pl*; ~
sur bois in Holz schneiden; ~ **sur
pierre** in Stein schneiden, gravieren,
(ein)graben; *par ext* **faire** ~ **des cartes
de visite** Visitenkarten drucken lassen;

faire ~ un nom sur une bague e-n Namen in e-n Ring eingravieren lassen; *impr* **machine** *f* à ~ Gra'viermaschine *f*; Klischo'graph *m*; **3.** *tech Schallplatte* schneiden; *akustische Darbietung* eingravieren; **4.** *fig* ~ un souvenir, un nom, *etc* dans son cœur, dans sa mémoire sich e-e Erinnerung, e-n Namen *etc* ins Herz, ins Gedächtnis (ein)graben; *cette image* est restée gravée dans mon cœur, dans mon souvenir … hat sich mir tief ins Herz, ins Gedächtnis (ein)gegraben, hat sich meiner Erinnerung tief eingeprägt; *les soucis* sont gravés sur son front … stehen ihm auf der Stirn geschrieben

graves [grav, grɑv] *m Bordeauxwein* Graves *m*

graveur [gravœr] *m* **1.** Gra'veur *m*; ~ à l'eau-forte Ra'dierer *m*; ~ de musique Notenstecher *m*; ~ en taille-douce Kupferstecher *m*; ~ sur bois Holz-, Formschneider *m*; ~ sur métaux (Kupfer-, Stahl)Stecher *m*; **2.** *impr* **a)** Tief-druckätzer *m* (*Arbeiter*); **b)** ~ électronique elek'tronische Gra'viermaschine; **3.** *Schallplattenherstellung* Plattenschneider *m* (*Gerät*); *adit* **burin** *m* ~ Schneidstichel *m*; Gra'viernadel *f*

gravide [gravid] *adj sc méd* gra'vid

grav|ier [gravje] *m* **1.** Kies *m* (*auch géol*); **allée** *f* de ~ Kiesweg *m*; **2.** *par ext* (kleiner) Kiesel(stein); **~ière** *f* Kiesgrube *f*

gravillon [gravijõ] *m für Straßen* Splitt *m*; *Schild* **~s**! Rollsplitt!

gravillonn|er [gravijone] *v/t* Splitt streuen, aufbringen (une route auf e-e Straße); absplitten; **~euse** *f* Splittstreuer *m*, -streugerät *n*

gravi|mètre [gravimɛtr(ə)] *m phys* Gravi'meter *n*; **~métrie** *f phys* Gravime'trie*f*

gravir [gravir] *v/t* **1.** *Steigung, Berg* erklimmen; erklettern; ersteigen; (hin'auf)klettern auf (+*acc*); **2.** *fig Stufenleiter e-r Hierarchie etc* emporklettern, -steigen; erklimmen

gravisphère [gravisfɛr] *f* Gravi'sphäre *f*

gravitation [gravitasjõ] *f phys, astr* Gravitati'on *f*; Massenanziehung *f*; ~ **terrestre** (auf der Erde wirkende) Schwerkraft *f*; ~ **universelle** allgemeine Gravitation; **constante** *f*, **loi** *f* de la ~ **universelle** Gravitationskonstante *f*, -gesetz *n*

gravitationnel [gravitasjonɛl] *adj* ⟨~**le**⟩ *phys* Gravitati'ons…; **champ** ~ Gravitations-, Schwerefeld *n*

gravité [gravite] *f* **1.** (feierlicher) Ernst; Würde *f*; Gemessenheit *f*; Gravi'tät *f*; **2.** *der Lage* Ernst *m*; Bedrohlichkeit *f*; *e-s Problems, Themas* Gewicht *n*; Bedeutung *f*; *e-r Krankheit, Verletzung, e-s Irrtums* Schwere *f*; *Unfall, Verletzung* **sans** ~ leicht; *e-s Tons* Tiefe *f*; **4.** *phys* Schwere *f*; **centre** *m*, **force** *f* de ~ Schwerpunkt *m*, -kraft *f*; **5.** *ch de fer* **butte** *f* de ~ Ablaufberg *m*; **triage** *m* **par** ~ Ablaufrangierbetrieb *m*

graviter [gravite] *v/t/indir* **1.** *astr* ~ autour du Soleil, *etc* um die Sonne *etc* kreisen; sich um die Sonne *etc* drehen; die Sonne *etc* um'kreisen; **2.** *fig* ~ autour de qn ständig um j-n sein; ~ dans l'orbite de qn sich in j-s Machtbereich, Bannkreis (*dat*) befinden

graviton [gravitõ] *m phys* Graviton *n*

gravure [gravyr] *f* **1.** *Kunst, Technik* Graphik *f*; Gra'vierkunst *f*; ~ à l'eau-forte Ra'dieren *n*, -ung *f*; ~ à la pointe sèche Kaltnadelradieren *n*, -ung *f*; ~ à teintes Tonstich *m*; ~ en couleurs Farbholzschnitt *m bzw* Farbdruck *m*; ~ en creux Tiefdruck *m*; ~ en relief, en

taille d'épargne Hochdruck *m*; ~ en taille-douce Kupferstechkunst *f*; Kupferstich *m*; ~ sur acier Stahlstechkunst *f*; Stahlstich *m*; ~ sur bois (de fil) Holzschneidekunst *f*; Formschneidekunst *f*; Holzschnitt *m*; ~ sur bois debout Holzstich *m*; **2.** *Werk, Abzug* Graphik *f*; Gra'vüre *f*; (Kupfer-, Stahl)Stich *m bzw* Holzschnitt *m*; ~ sur acier Stahlstich *m*; ~ sur bois Holzschnitt *m*; **3.** *par ext* (Kunst)Druck *m*; Kunstblatt *n*; Stich *m* (*als Reproduktion*); ~ en couleurs Farbdruck *m*, -reproduktion *f*; **4.** *Vorgang* (Ein-) Gra'vieren *n*, -ung *f*; Schneiden *n*; **5.** *tech von Schallplatten* Schneiden *n*; ~ latérale Seiten-, Ber'linerschrift *f*; **6.** *impr* ~ **photochimique** Chemigra'phie *f*

gré [gre] *m nur in Wendungen* **1.** *loc/prép u loc/adv:* ♦ **au** ~ **de** qn nach Belieben, Wunsch, nach j-s Willen; für j-s Geschmack; nach (j-s) Gutdünken; nach eigenem Ermessen; wie es j-m gefällt; à **mon** ~ *auch* meiner Meinung nach; nach meinem Da'fürhalten; meines Erachtens; *nous ne pouvons pas changer cela* à **notre** ~ … nach Belieben, Wunsch, Gutdünken; *il trouve cela* à ~ er findet das nach s-m Geschmack; *das sagt ihm zu, gefällt ihm*; *je pars maintenant* à **votre** ~ … ganz wie es Ihnen beliebt, wie Sie wünschen; ♦ **au** ~ **de** qc in Abhängigkeit von etw; e-r Sache (*dat*) hin-, preisgegeben; **au** ~ **des circonstances, événements** je nach den 'Umständen, Ereignissen; **au** ~ **de sa fantaisie** nach Lust und Laune; **se laisser aller au** ~ **de son imagination** sich von s-r Phantasie fortreißen lassen; **flotter au** ~ **du vent** *Haare* im Wind wehen; *Schiff* im Wind treiben; ♦ **contre le** ~ **de** qn gegen, wider j-s Willen; *il a obéi* **contre son** ~ … widerwillig, wider Willen; ♦ **de bon** ~ bereitwillig; gern; **de son plein** ~ (ganz) freiwillig; aus freien Stücken; aus eigenem Antrieb; auf eigenem Wunsch; *comm Verkauf, Vergabe* **de** ~ **à** ~ freihändig; **de** ~ **ou de force** gutwillig oder gezwungen; im guten oder im bösen; so oder so; wohl oder übel; nolens volens; ♦ **bon** ~ **mal** ~ wohl oder übel; ob man will oder nicht; wohl oder übel; nolens volens; **2.** **savoir** ~ **à** qn **de** qc j-m für etw dankbar sein, verbunden sein, *st/s* Dank wissen; *in Briefen* **je vous saurais** ~ **de bien vouloir** ich wäre Ihnen dankbar, wenn Sie … (würden)

gréage [greaʒ] *m mar* (Auf-, Be)Takeln *n*, -ung *f*

grèbe [grɛb] *m zo* Steißfuß *m*, Lappentaucher *m* (*Ordnung*); ~ **huppé** Haubentaucher *m*

grébiche [grebiʃ] *f* **1.** *an Lederwaren* Beschläge *m/pl*; **2.** *impr* etwa Im'pressum *n*

grec [grɛk] **I** *adj* ⟨**grecque** [grɛk]⟩ griechisch; **croix grecque** griechisches Kreuz; *rel* **l'Église grecque** die griechische, griechisch-orthodoxe Kirche; *hist* **l'Empire** ~ das griechische Kaisertum; **i** ~ Ypsilon *n*; *géogr* **les îles grecques** die griechischen Inseln *f/pl*; *par ext* **nez** ~ griechische Nase; **II** *subst* **1.** ♀, **Grecque** *m,f* Grieche *m*, Griechin *f*; **les** ♀**s de l'Antiquité** die alten Griechen; **2.** *ling* **le** ~ das Griechische; Griechisch *n*; **le** ~ **ancien, moderne** das Alt-, Neugriechische; Alt-, Neugriechisch *n*

gréc|iser [gresize] *v/t Wort, Namen* gräzi'sieren; **~ité** *f* **1.** Gräzi'tät *f*; griechisches Wesen; **2.** *ling* **la haute** ~ das klassische Griechisch; **la basse** ~ das Griechisch der nachalexandrinischen Zeit

gréco|-bouddhique [grekobudik] *adj art* *m* ~ Gan'dhara-Kunst *f*; gräko-buddhistische Kunst; **~-latin** *adj* griechisch-lateinisch; an'tik; **~-romain** *adj* griechisch-römisch (*auch Ringen*)

grecque [grɛk] *f* **1.** *Ornament* Mä'ander *m*; **2.** *Buchbinderei* **a)** Fuchsschwanzsäge *f*; **b)** Vertiefung *f*, Einschnitt *m* (*zur Aufnahme der Heftkordel*)

Grecs-unis [grɛkyni] *m/pl rel* Griechisch-Unierte(n) *m/pl*; griechisch-unierte, griechisch-katholische Kirche

gred|in [grədẽ] *m, selten* **~ine** *f* Schurke *m*, Schurkin *f*; Schuft *m*; Lump *m*; *auch F abgeschwächt* Gauner *m*; Ha'lunke *m*; Spitzbube *m*; **petit gredin** Lausebengel *m*; Schlingel *m*

gréement [gremã] *m mar* Take'lage *f*; Takelung *f* (*auch Vorgang*); Takelwerk *n*; Rigg *n*; ~ **courant, fixe** laufendes, stehendes Gut

gré|er [gree] *v/t mar* (auf-, be)takeln; (auf)riggen; **~eur** *m mar* Takler *m*

greffage [grefaʒ] *m Obstbaumzucht* Pfropfen *n*, -ung *f*; Veredeln *n*, -ung *f*

greffe¹ [grɛf] *m jur* Geschäftsstelle *f* des Gerichts; *früher* Gerichtsschreiberei *f*

greffe² [grɛf] *f* **1.** *Obstbaumzucht* **a)** Edel-, Pfropfreis *n*; **b)** Pfropfen *n*, -ung *f*; Veredeln *n*, -ung *f*; ~ **à l'anglaise, en opposition** Kopu'lieren *n*; Schäften *n*; ~ **en couronne** Pfropfen in die Rinde; Rindenpfropfen *n*; ~ **en écusson** Oku-'lieren *n*; Äugeln *n*; ~ **en fente** Pfropfen in den Spalt; Spaltpfropfen *n*; **2.** *chir* **a)** Transplantati'on *f*; Über'tragung *f*; Ver-, Über'pflanzung *f*; ~ **nerveuse, osseuse, vasculaire** Nerven-, Knochen-, Gefäßtransplantation *f*; ~ **du cœur** Herzverpflanzung *f*; ~ **de cornée** Hornhautübertragung *f*; ~ **de peau, cutanée** Hauttransplantation *f*, -plastik *f*, -überpflanzung *f*, -verpflanzung *f*; ~ **d'un rein** Nierenverpflanzung *f*, -transplantation *f*; **b)** Transplan'tat *n*

greffer [grefe] **I** *v/t* **1.** *Baum* pfropfen; veredeln; **2.** *chir Gewebe, Organ* verpflanzen; über'tragen, -'pflanzen; *sc auch* transplan'tieren; **II** *v/pr* **se** ~ **sur** qc zu etw hin'zukommen; etw über'lagern

greffier [grefje] *m jur* Urkundsbeamte(r) *m* (*der Geschäftsstelle*); *früher* Gerichtsschreiber *m*

greff|oir [grɛfwar] *m agr* Pfropfmesser *n*; **~on** *m* **1.** *bot* Edel-, Pfropfreis *n*; **2.** *chir* Transplan'tat *n*

grégaire [greger] *adj* **1.** Herden…; herdenmäßig; **instinct** *m* ~ Herdentrieb *m* (*auch pej bei Menschen*); **2.** *biol* Tiere in der Herde lebend; **animal** *m* ~ Herdentier *n*

grégarines [gregarin] *f/pl zo* Grega'rinen *pl*

grégarisme [gregarism(ə)] *m* Herdentrieb *m*, -leben *n*; *in bezug auf Menschen auch* Herdenmenschentum *n*; Herdengeist *m*

grège [grɛʒ] *adj* **1.** *text* **fil** *m* ~ Rohseidenfaden *m*, -garn *n*; **soie** *f* ~ Roh-, Grègeseide *f*; **2.** rohseidenfarben; gelblich weiß; hellbeige

grégeois [greʒwa] *adj* ⟨*nur m*⟩ *hist mil* **feu** ~ griechisches Feuer

grégorien [gregɔrjẽ] *adj* ⟨~**ne**⟩ Gregori'anisch; **calendrier** ~ Gregorianischer Kalender; **chant** ~ Gregorianischer Gesang, Choral

grêle¹ [grɛl] *f* **1.** Hagel *m*; **ravagé par la** ~ verhagelt; **il tombe de la** ~ es hagelt; **2.** *fig* Hagel *m*; ~ **de balles, de projectiles** Kugel-, Geschoßhagel *m*; ~ **d'injures** Hagel, Flut *f von* Schimpfwörtern; ~ **de pierres** Steinhagel *m*; Hagel von Steinen; **une** ~ **de coups s'abattit sur lui** es hagelte Schläge (auf ihn)

grêle² [grɛl] *adj* **1.** dünn; schmal; zerbrechlich; *Gliedmaßen auch* dürr; mager; *Körper, Aussehen auch* schmächtig; **2.** *Stimme, Ton* dünn; *Stimme auch* F piepsig; **3.** *anat* intestin *m* ~ Dünndarm *m*

grêlé [grele] *adj* pockennarbig

grêler [grele] **I** *v/imp* hageln; il grêle es hagelt; **II** *v/t* être grêlé Hagelschaden erleiden

grelin [grəlɛ̃] *m mar* Trosse *f*

grêlon [grɛlõ] *m* Hagelkorn *n*; Schloße *f*

grelot [grəlo] *m* Schelle *f*; Glöckchen *n*

grelott|ant [grəlɔtɑ̃] *adj* (vor Kälte) zitternd, schlotternd; **~ement** *m* Zittern *n*, Schlottern *n* (vor Kälte); ~ de fièvre Fieberschauer *m*; Schüttelfrost *m*

grelotter [grəlɔte] *v/i* (vor Kälte) zittern, schlottern; ~ de fièvre vom Fieber geschüttelt werden; ~ de peur vor Angst zittern, schlottern

greluche [grəlyʃ] *arg f* Mädchen *n*; Mädel *n*; F Mieze *f*; Käfer *m*; Zahn *m*

grémial [gremjal] *m égl cath* Gremi'ale *n*

grémil [gremil] *m bot* Steinsame *m*

grémille [gremij] *f zo* Kaulbarsch *m*

grenache [grənaʃ] *m* blauschwarze Traubensorte bzw Süßwein aus dem Languedoc u dem Roussillon

grenadage [grənadaʒ] *m mar mil* Wasserbombenwerfen *n*

grenade [grənad] *f* **1.** *bot* Gra'natapfel *m*; **2.** *mil* (Hand)Gra'nate *f*; ~ sousmarine Wasserbombe *f*; ~ à fusil Gewehrgranate *f*; ~ à main Handgranate *f*; **3.** *an gewissen Uniformen* Abzeichen *n* mit der Darstellung e-r gezündeten Handgranate

grenadeur [grənadœr] *m mar mil* Wasserbombenwerfer *m* (*Gerät*)

grenadier [grənadje] *m* **1.** *bot* Gra'natapfelbaum *m*; **2.** *hist mil* Grena'dier *m*; **~-voltigeur** *m* ⟨*pl* grenadiersvoltigeurs⟩ *mil* Gewehrschütze *m*; (im Kampf stürmender) Infante'rist *m*

grenadille [grənadij] *f bot* Purpurgranadille *f*

grenadin¹ [grənadɛ̃] *m cuis* gespicktes Schnitzel aus der Kalbsnuß

grenadin² [grənadɛ̃] *adj* (*u subst* ♀ Einwohner) von Gra'nada

grenadine [grənadin] *f* **1.** Gra'natapfelsirup *m*; Grena'dine *f*; **2.** *text* Grena'dine *f*

grenage [grənaʒ] *m tech* **1.** *der Oberfläche von Druckplatten etc* Körnen *n*; Auf-, Anrauhen *n*; *beim Kupferstich* Gra'nieren *n*; *von Leder* Narben *n*; **2.** Körnen *n*; Zerkleinern *n*; Zerfallen *n*

grenaillage [grənajaʒ] *m* Oberflächenbehandlung Strahlen *n* mit Stahlkies; Strahlputzen *n*

grenaille [grənaj] *f* **1.** *métall* Gra'nalien *pl*; Me'tallkörner *n/pl*; ~ d'acier Stahlkies *m*; ~ de plomb (Blei)Schrot *m od n*; **2.** *agr* Kornabfall *m* (*für Geflügelfutter*); **3.** *Straßenbau* Feinsplitt *m*

grenailler [grənaje] *v/t tech* **1.** mit Stahlkies strahlen; strahlputzen; **2.** körnen; granu'lieren

grenaison [grənɛzõ] *f agr beim Getreide* Fruchtansatz *m*

grenat [grəna] *m* **1.** *minér* Gra'nat *m*; **2.** *adjt* ⟨*inv*⟩ gra'natfarben

grené [grəne] **I** *adj Oberfläche* körnig; gekörnt; *Kupferstichplatte* gra'niert; *Leder* genarbt; **II** *m* Körnung *f*; körniges Aussehen; *des Leders* Narbe *f*

greneler [grɛnle, grə-] *v/t* ⟨-ll-⟩ *cf* grener **I** 1.

grener [grəne] ⟨-è-⟩ **I** *v/t tech* **1.** *Oberfläche* körnen; ein körniges Aussehen verleihen (+*dat*); körnig machen, formen; auf-, anrauhen; *Kupferstichplatte* gra'nieren; *Leder* narben; **2.** körnen; zerklei-

nern; zermahlen; **II** *v/i Getreide* Frucht, Ähren ansetzen; Ähren schieben

grènetis [grɛnti] *m an Münzen* körnige Rändelung

grenier [grənje] *m* **1.** *e-s Hauses* Speicher *m*; Dachboden *m*; Bodenraum *m*; **2.** *für Vorräte* Speicher *m*; ~ à blé Getreide-, Kornspeicher *m*; ~ à foin Heuboden *m*; **3.** *fig e-s Landes* ~ (à blé) Kornkammer *f*

grenoblois [grənɔblwa] *adj* (*u subst* ♀ Einwohner) von Gre'noble

grenouillage [grənujaʒ] *m pol* unsaubere Machenschaften *f/pl*

grenouille [grənuj] *f* **1.** *zo* Frosch *m*; ~ Goliath, rousse, verte Goliath-, Gras-, Wasserfrosch *m*; **2.** *tech* Explosi'onsramme *f*, -stampfer *m*; Frosch *m* **3.** P manger la ~ Kassengelder unter'schlagen; F mit der Kasse 'durchbrennen

grenouillère [grənujɛr] *f für Babys* Strampelanzug *m*

grenouille-taureau [grənujtɔro] *m* ⟨*pl* grenouilles-taureaux⟩ *zo* Ochsenfrosch *m*

grenouillette [grənujɛt] *f* **1.** *path* Fröschleingeschwulst *f*; *sc* Ranula *f*; **2.** *bot* Wasserhahnenfuß *m*

gren|u [grəny] *adj* körnig; gekörnt; *Leder* genarbt; **~ure** *f* Körnung *f*; *von Leder* Narbe *f*; Narben *m*; *e-r Kupferstichplatte* Gra'nierung *f*

grès [grɛ] *m* **1.** Sandstein *m*; ~ argileux, bigarré, calcaire, ferrugineux, siliceux Ton-, Bunt-, Kalk-, Eisen-, Kieselsandstein *m*; **2.** ~ (céramé) Steinzeug *n*; *loc/adj* en, de ~ Stein(zeug)...; chope *f*, pot *m* en ~ Steinkrug *m*, -topf *m*; poterie(s) *f(pl)* de, en ~ Steinzeug *n*; **3.** *der Naturseide* Seidenleim *m*; Seri'cin *n*

grés|eux [grezø] *adj* ⟨-euse⟩ Sandstein...; sandsteinartig; **~ière** *f* Sandsteinbruch *m*

grésil [grezil] *m météo* Graupeln *f/pl*; il tombe du ~ es graupelt

grésillement [grezijmɑ̃] *m von heißem Fett etc* Brutzeln *n*; *par ext tél, rad etc* Knistern *n*; Rauschen *n*

grésiller [grezije] *v/i Fett etc in der Pfanne* brutzeln; *par ext tél, rad etc* knistern; rauschen

grève [grɛv] *f* **1.** Streik *m*; Ausstand *m*; Arbeitsniederlegung *f*; ~ générale, partielle Gene'ral-, Teilstreik *m*; ~ des dockers Hafenarbeiterstreik *m*; ~ de l'électricité Streik der Stromversorgungsbetriebe; ~ de la faim Hungerstreik *m*; faire la ~ de la faim in den Hungerstreik treten; im Hungerstreik sein; ~ de solidarité Sympa'thiestreik *m*; ~ des transports Streik der öffentlichen Verkehrsmittel; ~ du zèle Dienst *m* nach Vorschrift; Bummelstreik *m*; sur le tas, des bras croisés Sitzstreik *m*; *loc/adj* en ~ streikend; être en ~, faire ~ streiken; sich im Ausstand befinden; lancer un (mot d')ordre de ~ zum Streik aufrufen; se mettre en ~ in den Ausstand, Streik treten; **2.** (Sand-, Kies)Strand *m*; sandiger Uferstreifen

grever [grəve] *v/t* ⟨-è-⟩ *écon* Staatshaushalt, Besitz *etc* belasten (de mit)

gréviste [grevist] *m,f* Streikende(r) *f(m)*; *meist* les ~s die Streikenden *pl*

gribouillage [gribujaʒ] *m bes Schrift* Gekritzel *n*; Kritze'lei *f*; Gekrakel *n*; *auch Zeichnung, Malerei* F Gesudel *n*; Sude'lei *f*; Geschmier *n*; Schmiere'rei *f*

gribouille [gribuj] *m péj* Tölpel *m*; Gimpel *m*; F Einfaltspinsel *m*; Schlaumeier *m* (*iron*)

gribouill|er [gribuje] **I** *v/t* Worte, Brief, Zeichnung hinkritzeln, F -sudeln, -schmieren; **II** *v/i* kritzeln; F sudeln; schmieren; **~eur** *m*, **~euse** *f* F

Sudler(in) *m(f)*; Schmierer(in) *m(f)*; Schmierfink *m*

gribouillis [gribuji] *m cf* gribouillage

grief [grijɛf] *m* **1.** (Grund *m*, Anlaß *m* zur) Klage *f*, Beschwerde *f*; ~s (in)justifiés (un)begründete Klagen, Vorwürfe *m/pl*; avoir des ~s contre qn Anlaß, Grund zur Klage (j-m gegenüber) haben; Beschwerden gegen j-n vorzubringen haben; exposer, formuler ses ~s e-e Beschwerden vorbringen; faire ~ de qc à qn j-m etw vorwerfen, zum Vorwurf machen; **2.** *jur* ~s *pl* d'appel Berufungsgründe *m/pl*

grièvement [grijɛvmɑ̃] *adv* ~ blessé schwerverletzt, -verwundet

griffe [grif] *f* **1.** *zo* Kralle *f* (*auch par ext spitzer Fingernagel*); Klaue *f* (*auch fig*); *par ext von e-m großen Raubtier* Pranke *f*; Tatze *f*; *fig* arracher qn des ~s des gangsters, *etc* j-n den Klauen der Gangster *etc* entreißen; donner un coup de ~ à qn j-m e-n Krallen-, *großes Raubtier* Prankenhieb versetzen; *Katze etc auch* j-n kratzen; *fig* j-m e-n Seitenhieb versetzen; *fig* montrer les ~s die Krallen zeigen; rentrer ses ~s s-e, die Krallen einziehen; *fig* friedlich, versöhnlich werden; *Katze etc* sortir ses ~s s-e, die Krallen zeigen; *fig* tomber sous la ~, dans les ~s de qn j-m in die Klauen fallen, geraten; **2.** *comm, adm* 'Unterschrifts-, Namensstempel *m*; (Stempel *m* mit) Namenszug *m*, Namenszeichen *n*; Haute Couture Eti'kett *n* (*des Couturiers*); **3.** *fig e-s Künstlers etc* Stempel *m*; Gepräge *n*; Handschrift *f*; Werk porter la ~ de son auteur den Stempel s-s Verfassers tragen; **4.** *tech* Klaue *f*; Kralle *f*; Haken *m*; (Steck)Klaue *f*; embrayage à ~s Klauenkupplung *f*; **5.** ~ à musique Ra'stral *n*; **6.** *bot* gebündelter, faseriger Wurzelstock (*z B dem Hahnenfuß*)

griffer [grife] *v/t Tier, Person* ~ qn j-n kratzen; ~ qn au visage j-m das Gesicht zerkratzen

griffon [grifõ] *m* **1.** ~ (d'arrêt à poil long) Grif'fon *m* (*ein Vorstehhund*); **2.** *myth, Heraldik* Greif *m*; **3.** *zo* **a)** Gänsegeier *m*; **b)** Mauersegler *m*; **4.** Ausfluß *m* e-r Quelle

griffonn|age [grifonaʒ] *m* Gekritzel *n*; Kritze'lei *f*; Gekrakel *n*; **~ement** *m sculp* Mo'dell *n* (aus Wachs, Ton)

griffonner [grifone] **I** *v/t* Notiz etc flüchtig niederschreiben; hinwerfen; hinkritzeln; ~ son nom sur un bout de papier s-n Namen auf e-n Zettel kritzeln; **II** *v/i* kritzeln (sur des murs auf Wände); F sudeln

grif(f)ton [griftõ] *m cf* griveton

griff|u [grify] *adj* krallenbewehrt; **~ure** *f* Kratzer *m*; Kratzspur *f*; Schramme *f*

grignons [grinõ] *m/pl* O'livenpreßkuchen *m*

grignot|age [grinotaʒ] *m* **1.** *cf* grignotement; **2.** *fig e-s Vermögens* all'mähliche Aufzehrung; *von Rechten etc* schrittweiser Abbau; *~* Aushöhlung *f*; *pol* Sa'lamitaktik *f*; **~ement** *m* Knabbern *m*

grignot|er [grinote] *v/t* **1.** Zwieback etc knabbern (*auch abs*); Stück von etw abknabbern; ~ qc *auch* an etw (*dat*) (her'um)knabbern; etw anknabbern; **2.** *fig Vermögen* all'mählich aufzehren; Rechte etc schritt-, stückchenweise abbauen; aushöhlen; **3.** *tech Holz* deku'pieren; *Blech* aushauen; **~euse** *f tech für Holz* Deku'piersäge *f*; für Blech Aushaumaschine *f*

grignotis [grinoti] *m Gravierkunst* Strichelung *f*

grigou [grigu] *m* Geizhals *m*, -kragen *m*; Knauser *m*; F Knicker *m*

gri-gri [grigri] *m* ⟨*pl* gris-gris⟩ Amu'lett

n, Talisman *m* (*der Neger*)

gril [gril] *m* **1.** *cuis* Brat-, Grillrost *m*; **cuit
sur le ~** auf dem Rost gebraten; gegrillt;
F *fig* **être sur le ~** wie auf glühenden
Kohlen sitzen; **2.** *tech* Rost *m*; **3.** *thé*
Schnürboden *m*; **4.** *ch de fer* Gleis-
gruppe *f*

grillade [grijad] *f cuis* gegrilltes Stück
Fleisch, Gericht; Gril'lade *f*; **ne man-
ger que des ~s** nur Gegrilltes essen

grillage [grijaʒ] *m* **1.** (Draht)Gitter *n*;
Drahtgeflecht *n*; Maschendraht *m*; *par
ext* Drahtzaun *m*; **2.** *bât* Pfahlrost *m*; **3.**
von Kastanien, Erdnüssen etc Rösten *n*;
von Mandeln Brennen *n*; **4.** *tech* von Erz
etc Rösten *n*; **5.** *text* Sengen *n*

grillager [grijaʒe] *v/t* <-geons> vergit-
tern; *adjt* **fenêtre grillagée** vergittertes
Fenster; Gitterfenster *n*

grille [grij] *f* **1.** an Fenstern, zur Absper-
rung etc Gitter *n*; in Klöstern, Gefängnis-
sen Sprechgitter *n*; über Schächten Git-
terrost *m*; ~ **du jardin** (eisernes) Gar-
tentor; **2.** *e-s Ofens* (Feuer)Rost *m*; **3.** *e-r
Elektronenröhre* Gitter *n*; ~ **suppres-
seuse, de commande** Brems-, Steuer-
gitter *n*; **courant** *m*, **potentiel** *m* **de (la)**
~ Gitterstrom *m*, -spannung *f*; **4.** *Dechif-
frierschlüssel* gelochte Scha'blone; Pa-
'trone *f*; Felder *n/pl*; **6.** *par ext* Über'sicht *f*;
Ta'belle *f*; Schema *n*; *rad, télév* ~ **des
programmes** Pro'grammübersicht *f*;
écon ~ **des salaires** Lohn- und Gehalts-
staffel *f*, -tabelle *f*; Ta'riftabelle *f*

grille-|décrottoir [grijdekrɔtwar] *f*
<*pl* **grilles-décrottoirs**> Gitterrost *m*
(als Fußabtreter); **~-écran** *f* <*pl*
grilles-écrans> *e-r Elektronenröhre*
Schirmgitter *n*

grille-pain [grijpɛ̃] *m* <*inv*> Toaster
['to:-] *m*; Brotröster *m*

griller [grije] **I** *v/t* **1.** *Fleisch, Wurst* (auf
dem Rost) braten; grillen; *Brot, Kasta-
nien etc* rösten; *adjt* **amandes grillées**
gebrannte Mandeln *f/pl*; **marrons gril-
lés** geröstete Kastanien *f/pl*; *österr* heiße
Maroni *f/pl*; **pain grillé** geröstetes
Brot; Röstbrot *n*; Toast [to:st] *m*; **2.** *tech
Erz* rösten; **3.** *text* sengen; **4.** *par ext
Hitze*; *Gesicht etc* ausdörren; versengen;
verbrennen; *Frost*; *Knospen* vernichten;
5. F ~ **une cigarette** e-e Zigarette
rauchen, F qualmen; **en ~ une** F eine
qualmen; **6.** *élect* *Widerstand etc* 'durch-
brennen lassen; *adjt* **grillé** durchge-
brannt; **7.** *fig Signal, Verkehrszeichen*
über'fahren; ~ **un feu rouge** ein Rot-
licht über'fahren; bei Rot 'durchfahren;
Zug ~ **une station** (durch e-e Station)
'durchfahren; **8.** F *fig* ~ **qn** *bes sports* j-n
über'holen, -'runden, -'spurten; *par ext*
j-m zu'vorkommen; j-n ausstechen; **9.** F
fig **être grillé** F erledigt, geliefert, unten
durch sein; **II** *v/i* **10.** *Fleisch* (auf dem
Rost) braten; *Brot etc* geröstet werden;
11. *Glühbirne etc* 'durchbrennen; **12.** *par
ext Person* vor Hitze vergehen; F braten;
13. *fig Person* ~ **(d'envie) de** (+*inf*)
darauf brennen zu (+*inf*); ~ **d'im-
patience** vor Ungeduld brennen

grille-viande [grijvjɑ̃d] *m* <*inv*> **a)**
Pfannengrill *m*; Grillpfanne *f*; **b)** kleines
Grillgerät; kleiner Grill

grilloir [grijwar] *m* in Herden Grillvor-
richtung *f*; Herdgrill *m*

grillon [grijɔ̃] *m zo* Grille *f*; ~ **domesti-
que** Heimchen *n*; Hausgrille *f*; ~ **des
champs** Feldgrille *f*

grill-room [grilrum] *m* <*pl* **grill-
-rooms**> Grillroom [-ru:m] *m*

grimaçant [grimasɑ̃] *adj* Gesicht (frat-
zenhaft) verzerrt

grimace [grimas] *f* **1.** Gri'masse *f*; Frat-
ze *f*; ~ **de dégoût** angewiderte Miene; ~

de douleur schmerzverzerrtes Gesicht;
faire des ~s Grimassen machen, schnei-
den, ziehen; Fratzen schneiden, ziehen;
Gesichter schneiden; **faire la ~** ein
(schiefes, saures) Gesicht ziehen, ma-
chen; **2.** *fig* (unerwünschte) Falte; Run-
zel *f*; **faire des ~s** *Kleidung* Falten
werfen; *Tapete* sich kräuseln, runzeln; **3.**
par ext ~s *pl* Ziere'rei *f*; 'Umstände *m/pl*;
F Gehabe *n*; Getue *n*

grimacer [grimase] <-ç-> **I** *v/t* ~ **un
sourire** sich zu e-m Lächeln zwingen;
den Mund, das Gesicht zu e-m Lächeln
verziehen; **II** *v/i* **1.** das Gesicht (zu e-r
Grimasse, Fratze) verziehen, verzerren;
2. *cf* (faire des) grimace(s) **2.**

grimacier [grimasje] *adj* <-ière> **1.**
Gri'massen, Gesichter schneidend; en-
fant, singe, etc ~ auch Fratzen-, Gri-
'massenschneider *m*; **2.** *par ext* sich
zierend; affek'tiert

grimage [grimaʒ] *m thé* Schminken *n*

grimer [grime] *v/t* (*u v/pr*) *thé, cin* (se) ~
(sich) schminken

grimoire [grimwar] *m* **1.** Zauberbuch *n*;
2. *par ext* unverständliches, ob'skures
Werk; unleserliches Schriftstück; F Hie-
ro'glyphen *f/pl*

grimpant [grɛ̃pɑ̃] **I** *adj bot* kletternd;
Kletter...; (sich) windend; **plante ~e**
Kletter-, Schlingpflanze *f*; **rosier ~**
Kletterrose *f*; **II** *m/pl* ~**s** *arg* (*pantalon*)
F Buxe(n) *f/pl*; Büx *f*

grimpée [grɛ̃pe] *f* beschwerlicher Auf-
stieg; Kletter'rei *f*

grimper [grɛ̃pe] **I** *v/i* **1.** (hin'auf)klet-
tern, *par ext* (-)steigen (**sur, à** auf + *acc*);
Pflanze in die Höhe klettern; sich em-
porranken (**à** an + *dat*); *als v/t* ~ **les
escaliers** die Treppen hinaufsteigen,
erklimmen; ~ **à, sur un arbre** auf e-n
Baum klettern; (auf) e-n Baum, an e-n
Baum hinaufklettern; ~ **à, sur une
échelle** auf e-e Leiter klettern, steigen;
e-e Leiter hinaufklettern, -steigen; *par
ext* ~ **sur un tabouret** auf e-n Hocker
steigen; ~ **sur le toit** auf das Dach
klettern; **il ne sait pas ~** er kann nicht
klettern; **2.** *par ext Weg, Straße* steil
ansteigen; sich emporwinden; *Flugzeug*
steigen; höher gehen; F *fig Preise, Tem-
peratur* in die Höhe klettern; **II** *m gym*
Klettern *n*

grimp|ereau [grɛ̃pro] *m* <*pl* **~x**> *zo*
Baumläufer *m*; **~ette** *f* F **a)** kurzer,
steiler Weg; Steig *m*; Steilhang *m*

grimp|eur [grɛ̃pœr] *m*, **~euse** *f* **1.**
Kletterer *m*, Kletterin *f*; **2.** <*nur m*>
Radsport Fahrer, der am Berg besonders
gut ist; **3.** *zo adjt* **oiseau grimpeur**
Klettervogel *m*; **grimpeurs** *m/pl* Klet-
tervögel *m/pl*

grinçant [grɛ̃sɑ̃] *adj* **1.** *Tür, Ton etc*
knarrend; quietschend; **2.** *par ext Musik*
'mißtönend; unmelodisch; **musique ~e**
auch Katzenmusik *f*; **3.** *fig Kompliment*
falsch, unnatürlich klingend; gezwun-
gen, widerwillig gemacht; **humour ~**
galliger Humor

grincement [grɛ̃smɑ̃] *m* **1.** *e-r Tür etc*
Knarren *n*; Quietschen *n* (*auch von
Reifen, Bremsen*); **2.** ~ **de dents** Zäh-
neknirschen *n*

grincer [grɛ̃se] *v/i* <-ç-> **1.** *Tür, Wetter-
fahne, alter Wagen, Sprungfeder* knar-
ren; *Tür, Bremsen, Reifen* quietschen;
Bremsen auch kreischen; **2.** ~ **des dents**
mit den Zähnen knirschen; **bei e-m
schrillen Geräusch** cela (me) fait ~ **des
dents** das geht mir durch Mark und
Bein, durch und durch

grincheux [grɛ̃ʃø] **I** *adj* <-euse> mür-
risch; griesgrämig; verdrießlich; nörg-
lerisch; *südd auch* F grantig; *bes von*

Kindern F quengelig; **II** *subst* ~, **grin-
cheuse** *m,f* Griesgram *m*; Nörgler(in)
m(f); F Quengler(in) *m(f)*; *südd auch* F
Grantler(in) *m(f)*

gringalet [grɛ̃galɛ] *m* schmächtiges
Männchen, Kerlchen

griot[1] [grijo] *m agr* Kleienmehl *n*

griot[2] [grijo] *m in Schwarzafrika* um'her-
ziehender Sänger und Magier

griotte [grijɔt] *f* **1. a)** Sauer-, Weichsel-
kirsche *f*; **b)** Kirschpraline *f*; **2.** *minér*
rot- und braungefleckter Marmor

grippage [gripaʒ] *m tech* Festfressen *n*

grippal [gripal] *adj* <-aux> *path* Grip-
pe...; *sc* grip'pal; **virus ~** Grippevirus
od m

grippe [grip] *f* **1.** *path* Grippe *f*; ~
asiatique asiatische Grippe; ~ **espa-
gnole** spanische Krankheit; **épidémie** *f*
de ~ Grippeepidemie *f*; **attraper, pren-
dre la ~** die Grippe bekommen; sich e-e
Grippe zuziehen; F **holen**; **avoir la ~**
(die) Grippe haben; **2. prendre qn, qc
en ~** Abneigung gegen j-n, etw fassen; **je
l'ai pris en ~** ich kann ihn nicht mehr
ausstehen; F ich habe e-n Pik auf ihn

grippé [gripe] *adj* **1.** *path* an Grippe
erkrankt; grippekrank; *subst* **les ~s** *m/pl*
die Grippekranken *pl*; **être ~** (die)
Grippe haben; **je me sens un peu ~** ich
habe wohl e-e leichte Grippe; **2.** *méd*
faciès ~ verkrampftes Gesicht; **3.** *tech*
Kolben etc festgefressen

grippement [gripmɑ̃] *m* **1.** *tech cf*
grippage; **2.** *méd des Gesichts* Ver-
krampfung *f*

gripper [gripe] *v/i od v/pr* (se) ~ **1.** *tech*
sich festfressen; **2.** *fig* stocken; schlecht
funktio'nieren

grippe-sou [gripsu] *m* <*pl* **grippe-
-sou(s)**> Pfennigfuchser *m*; *adjt* **être ~**
ein Pfennigfuchser sein

gris [gri] **I** *adj* <**grise** [griz]> **1.** grau; ~
anthracite <*inv*> anthra'zitfarben; ~ **ar-
doise, bleu, cendré, clair, fer, foncé,
perle, souris** (*alle inv*) schiefer-, blau-,
asch-, hell-, stahl-, dunkel-, perl-, maus-
grau; *mil* ~ **vert** feldgrau; **cheveux ~**
graue Haare *n/pl*; **aux cheveux ~** grau-
haarig; **avoir les cheveux ~** graue
Haare, graues Haar haben; **costume ~**
grauer Anzug; *phm* **onguent ~** graue
Salbe; *impr* **page ~e** schwachbedruckte
Seite; **peau ~e** grau aussehende Haut;
poivre ~ schwarzer Pfeffer; *égl cath*
Sœurs ~es Graue Schwestern *f/pl*; **vin
~** blaßroter Wein; **yeux ~** graue Augen
n/pl; *loc/adj*: **à la barbe ~e** graubärtig; ~
de poussière mit Staub bedeckt;
staubbedeckt; staubig; **il est déjà tout ~**
er ist schon ganz grau; **2.** *Wetter* trüb;
Himmel grau; **jour ~** trüber, grauer Tag;
il fait ~ es ist trüb(es Wetter); **3.** *fig* **a)**
Dasein, Tag etc eintönig; öde; grau;
trübselig; ereignislos; uninteressant; **b)**
faire ~e mine *cf* **mine**[1] **1. a)**; **4.** *fig*
angeheitert; F beschwipst; benebelt; **II** *m*
1. *Farbe* Grau *n*; ~ **ardoise, clair** Schiefer-,
Hellgrau *n*; *par ext* **s'habiller de ~** sich
grau, in Grau kleiden; **peindre en ~**
grau anstreichen; **2.** F *fig* gewöhnlicher
Tabak (*der frz Tabakregie*); F Knaster *m*

grisaille [grizaj] *f* **1.** *des Lebens* Eintö-
nigkeit *f*; Öde *f*; **la ~ quotidienne** der
graue Alltag; **2.** *peint* Grau-in-Grau-
Malerei *f*; Malerei *f* grau in grau;
Gri'saille *f* (*auch das Gemälde*); **peindre
en ~** grau in grau malen; *par ext*
Winter-, Nebellandschaft Grautöne *m/pl*

grisant [grizɑ̃] *adj* Musik, Erfolg etc
berauschend; *fig* betäubend; *Duft auch*
berauschend

grisard [grizar] *m* **1.** *zo* **a)** Dachs *m*; **b)**
junge Möwe; **2.** *bot* Graupappel *f*

grisâtre [grizɑtr(ə)] *adj* **1.** etwas grau;
graulich; gräulich; *Himmel, Tag* grau;

trüb; **2.** *fig Dasein etc* eintönig; öde; grau
grisbi [grizbi] *m arg* (*argent*) P Moos *n*;
Kohlen *f/pl*; *cf auch* **fric**
grisé [grize] *m auf Rechnungen etc* Azu-
'reellinien *f/pl*; *auch* Schraf'fierung *f*
griser [grize] **I** *v/t* **1.** *Alkohol* ~ **qn** j-m
die Sinne benebeln; j-m zu Kopf steigen;
2. *fig* ~ **qn** *Duft, kalte Luft, Geschwindig-
keit* j-n benommen machen, betäuben;
Erfolg, schöne Worte j-n berauschen,
trunken machen; **il est grisé par son
succès** sein Erfolg hat ihn trunken
gemacht; **se laisser** ~ **par la vitesse**
dem Geschwindigkeitsrausch verfallen;
II *v/pr fig* **se** ~ sich berauschen (**de** an
+*dat*); **se** ~ **d'air pur** sich mit reiner
Luft 'vollsaugen; **se** ~ **de ses propres
paroles** sich an s-n eigenen Worten
berauschen
gris|erie [grizri] *f fig* Rausch *m*; Taumel
m; ~ **de la vitesse** Geschwindigkeits-
rausch *m*; ~**et** *m zo* **1.** junger Distelfink;
2. Grauhai *m*; ~**ette** *f* **1.** *früher* Gri'sette
f (*leichtlebige junge Putzmacherin in
Paris*); **2.** *zo* Dorngrasmücke *f*
gris-gris *cf* **gri-gri**
grisoller [grizɔle] *v/i Lerche* tiri'lieren;
trillern
grison [grizõ] **I** *adj* (~**ne**) grau'bünd-
nerisch; **II** *subst* ♀(**ne**) *m(f)* Grau'bünd-
ner(in) *m(f)*
grisonn|ant [grizɔnɑ̃] *adj Haar, Schlä-
fen* leicht ergraut (*auch Person*); graume-
liert; ~**ement** *m* Ergrauen *n*; Ergraut-
sein *n*
grisonner [grizɔne] *v/i Haare, Person*
ergrauen; grau werden; *Person auch*
graue Haare, graues Haar bekommen
grisou [grizu] *m mines* Grubengas *n*;
schlagende Wetter *n/pl*; Schlagwetter *n*;
coup *m* **de** ~ Schlagwetterexplosion *f*;
~**mètre** *m* Grubengasmesser *m*
grisouteux [grizutø] *adj* (-**euse**) *mines*
grubengashaltig; schlagwetterführend
grive [griv] *f zo* Drossel *f*; ~ **litorne** *cf*
litorne; ~ **musicienne** Singdrossel *f*; ~
de gui *od* **grosse** ~ Misteldrossel *f*; *prov*
faute de ~**s on mange des merles in**
der Not frißt der Teufel Fliegen (*prov*)
grivelé [grivle] *adj* grau und weiß ge-
sprenkelt
grivèlerie [grivɛlri] *f* Zechprelle'rei *f*
grivet [grivɛ] *m zo* Grüne Meerkatze
griveton [grivtõ] *arg mil m* Sol'dat *m*;
F Landser *m*
grivois [grivwa] *adj Witze, Lieder etc*
schlüpfrig; locker; frei; anzüglich
grivoiserie [grivwazri] *f* **a)** Schlüpfrig-
keit *f*; **b)** dire des ~**s** schlüpfrige,
lockere Reden führen
grizzli [grizli] *m zo* Grislybär *m*
groenlandais [grɔɛnlɑ̃dɛ] **I** *adj* grönlän-
disch; **II** *subst* ♀(**e**) *m(f)* Grönländer(in)
m(f)
grog [grɔg] *m Getränk* Grog *m*
groggy [grɔgi] *adj* (*f inv*) *Boxer* groggy
(*auch* F *fig*); angeschlagen
grognard [grɔɲar] *m hist* alter Hau-
degen der Napole'onischen Garde
grogne [grɔɲ] *f* Murren *n*; Unzufrieden-
heit *f*
grognement [grɔɲmɑ̃] *m* **1.** *von Men-
schen* Murren *n*; Gemurr(e) *n*; **2.** *von
Schweinen* Grunzen *n*; Gegrunze *n*; *von
Bären* Brummen *n*; Gebrumm *n*
grogner [grɔɲe] **I** *v/t Schimpfwort, Ant-
wort etc* (vor sich hin) knurren, brum-
men, murmeln; **qu'est-ce que tu gro-
gnes?** was brummst du da (in deinen
Bart)?; **II** *v/i* **1.** *Person* murren (**contre
gegen**); knurren; brummen; F maulen;
Kind F quengeln; **obéir en grognant,
sans** ~ murrend, ohne Murren gehor-
chen; **2.** *Schwein* grunzen; *Bär* brum-
men; *Hund* knurren

grognon [grɔɲõ] **I** *adj* (*f inv*) *Person,
Miene* mürrisch; *Person auch* knurrig; F
brummig; *Kind* F quengelig; **II** *m*
Brummbär *m*, -bart *m*; Murrkopf *m*;
Knurrhahn *m*; **vieux** ~ alter Brummbär
etc
groin [grwɛ̃] *m des Schweins etc* Rüssel *m*
grol(l)e [grɔl] *f arg* (*soulier*) F Latschen *m*
grommeler [grɔmle] (-**ll-**) **I** *v/t Dro-
hung, Schimpfwort* ~ (**entre ses dents**)
(vor sich hin, in s-n Bart) murmeln,
brummen; **II** *v/i* **1.** *Person* (vor sich hin,
in s-n Bart) brummen, brummeln, mur-
meln; **céder en grommelant** brum-
mend nachgeben; **2.** *Wildschwein* grun-
zen
grommellement [grɔmɛlmɑ̃] *m* Ge-
brumm *n*; Gemurmel *n*
grondement [grõdmɑ̃] *m* **1.** *des Don-
ners* Grollen *n*; Rollen *n*; *der Kanonen*
Donner *m*; *e-s Motors* Brummen *n*;
Dröhnen *n*; *e-s Wildbachs* Tosen *n*; **2.**
von Hunden etc Knurren *n*
gronder [grõde] **I** *v/t bes Kind od* j-n
freundschaftlich schelten; ausschimpfen;
auszanken; F schimpfen (**qn** mit j-m); **si
tu …, tu vas te faire** ~ **wenn du …, gibt
es** *od* **kriegst du Schelte.** F Schimpfe; **II**
v/i **1.** *Donner* grollen; rollen; *Kanonen*
donnern; *Motor* brummen; dröhnen;
Wildbach tosen; **2.** *Hund, Raubkatze*
knurren; *Bär* brummen; **3.** *fig Aufruhr*
dem Ausbrechen nahe sein; **l'émeute
gronde** *auch* es gärt im Volk; es brodelt
unter der Bevölkerung
grond|erie [grõdri] *f* Schelte *f*; F
Schimpfe *f*; ~**eur** *adj* (-**euse**) *Ton,
Stimme* scheltend; tadelnd
grondin [grõdɛ̃] *m zo* Knurrhahn *m*
(*Fisch*)
groom [grum] *m* (Ho'tel)Page *m*,
(-)Boy *m*
gros [gro] **I** *adj* (**grosse** [gros]) **1.** *in den
Ausmaßen* groß; dick; mächtig; massig;
♦ ~ **arbre** großer, mächtiger Baum; ~
bâton dicker Prügel; *agr* ~ **bétail** Groß-
vieh *n*; ~ **chat** große, dicke Katze; ~
chien großer Hund; ~**se corde** dickes,
starkes Seil; ~**ses dents** große Zähne
m/pl; *auch* Backenzähne *m/pl*; ~**se écri-
ture** große Schrift; ~**se goutte** dicker,
großer Tropfen; *cf auch* **goutte**[1] **1.**; *anat*
~ **intestin** Dickdarm *m*; ~ **livre** großes,
dickes Buch; ~ **nuage** dicke Wolke; ~ **os**
pl starke, kräftige Knochen *m/pl*; ~**se
pierre** großer Stein; ~**se tête** großer
Kopf; *cf auch* **3.**; ~**se vague** große,
mächtige Welle; ~**se valise** große Kof-
fer; ♦ *loc/adj u loc/adv*: ~ **comme le
bras** armdick; *fig* über'triebener,
schmeichelhafter *etc* geht es nicht mehr;
~ **comme une maison, comme moi
Lüge** faustdick; *Irrtum* gewaltig; ~ **com-
me le poing** faustgroß; ~ **comme une
tête d'épingle** von der Größe e-s Steck-
nadelkopfes; *cin* **en** ~ **plan** in Großauf-
nahme; **2.** *Person* dick (*auch Bauch etc*);
dickleibig; beleibt; stark; ~ **et gras** dick
und fett; ~**se** (F **bonne**) **femme** dicke
Frau; ~**se figure** dickes Gesicht; ~**ses
joues** volle, dicke, runde Backen *f/pl*;
~**ses lèvres** dicke, volle, wulstige Lip-
pen *f/pl*; ~**se poitrine** volle, üppige
Brust; **cet enfant est trop** ~ dieses Kind
ist zu dick; **3.** *in der Intensität, Bedeutung*
groß; bedeutend; beträchtlich; *Esser,
Trinker, Raucher* stark; *Regen-, Schnee-
fälle, Lärm* stark; heftig; *Schäden, Fehler*
schwer; *Summe, Ausgaben, Zinsen, Ver-
luste* hoch; *par ext Stellung, Geschäft*
gut; einträglich; lukra'tiv; ♦ ~ **capita-
liste** Großkapitalist *m*; ♦ ~ **commer-
çant** reicher, wohlhabender Kaufmann;
Großkaufmann *m*; ~ **consommateur**
Großverbraucher *m*; ~**se erreur,** faute

großer, schwerer, grober Irrtum, Fehler;
~ **fainéant** großer Faulenzer; Erzfaulen-
zer *m*; ~ **fermier** Großbauer *m*; ~**se
fièvre** starkes, heftiges, hohes Fieber;
~**se fortune** großes Vermögen; ~ **indus-
triel** Großindustrielle(r) *m*; ~**se récol-
te** reiche Ernte; ~**se réparation** große
Reparatur; Großreparatur *f*; ~ **rhume**
starker, heftiger Schnupfen; starke,
schwere Erkältung; ~ **soucis** *pl* große,
schwere Sorgen *f/pl*; ~ **soupir** großer,
tiefer Seufzer; F *fig* ~**se tête** F gelehrtes
Haus; ~ **tirage** hohe Auflage; Massen-
auflage *f*; ~**se voix** dröhnende, laute,
tiefe Stimme; *cf auch* **voix** **1.**; **4.** grob;
derb (*beide auch fig*); ~**ses chaussures**
derbe Schuhe *m/pl*; grobes Schuhwerk;
~ **drap** grobes Tuch; *fig* ~ **mensonge**
grobe Lüge; *fig* ~ **mot** unanständiges,
häßliches Wort; Schimpfwort *n*; ~ **pei-
gne** grober, weiter, grob-, weitzinkiger
Kamm; *fig* ~**se plaisanterie** derber
Scherz; ~ **rire** rauies, schallendes La-
chen; F ~**se rouge** gewöhnlicher Rotwein;
~ **sel** grobes Salz; Grobsalz *n*; ~ **bon
sens** grobschlächtiger, einfacher, gera-
der Verstand; ~**se travaux** grobe Arbeiten
f/pl; **5.** *mar* ~**se mer** hohe, schwere,
rauhe, grobe See; **la mer est** ~**se** die See
geht hoch; es herrscht hoher, starker
See-, Wellengang; ~ **temps** stürmisches
Wetter; **6.** schwanger (*auch fig*); **femme**
~**se** schwangere Frau; *loc/adj fig* ~ **de
conséquences** folgenschwer; ~ **de
promesses** hoffnungsvoll; **II** *adv* **1.**
groß; **écrire** ~ groß schreiben; e-e große
Schrift haben; **2.** viel; F groß; **je donne-
rais** ~ **pour savoir** … ich würde viel
darum geben, wenn ich wüßte …; **ga-
gner** ~ viel, gut, F groß verdienen; **jouer**
~ mit hohem Einsatz, hoch spielen;
parier ~ hoch wetten; **risquer** ~ viel
riskieren, aufs Spiel setzen; ein gewagtes
Spiel spielen; **3.** *loc/adv* **en** ~ **a)** groß;
c'est écrit en ~ das steht groß da; **b)** in
großen, groben Zügen, 'Umrissen; im
wesentlichen; in der Hauptsache; im
großen (und) ganzen; ungefähr; **voici
en** ~ **de quoi il s'agit** es handelt sich im
wesentlichen, ungefähr darum; **c)** *comm*
en gros; im großen; in großen Mengen;
loc/adj **achat** *m*, **commerçant** *m*, **com-
merçant** *m*, **commerce** *m*, **vente** *f* **en**
~ **Großeinkauf** *m*, -händler *m*, -handel
m, -vertrieb *m*; **acheter, vendre en** ~
gros, im großen ein-, verkaufen; **III**
subst **1.** ~(**se**) *m(f)* Dicke(r) *f(m)*; **les** ~
die Dicken *pl*; F *Anrede* **mon** ~! Dicker-
chen!; mein Lieber!; **un petit** ~ ein
kleiner Dicker; F **un** ~ **plein de soupe**
F ein Dick-, Fettwanst *m*, Fettkloß *m*,
Fettsack *m*; F **un** ~ Reiche(r) *m*;
Wohlhabende(r) *m*; F Geldsack *m*; **les** ~
s'en tirent toujours die Reichen kom-
men immer gut dabei weg; **2.** *m comm*
en ~ Großhandel *m*; **le** ~ **et le détail** der
Groß- und Einzelhandel; **commerçant**
m, **marchand** *m* **de** ~ Großhändler *m*;
Gros'sist *m*; **commerce** *m* **de** ~ Groß-
handel *m*, -handlung *f*; **magasin** *m* **de** ~
Großhandlung *f*; **au prix de** ~ zum
Großhandelspreis; **faire le** ~ Großhandel
treiben; **4. le** ~ **de** … der größte Teil, der
Hauptteil, die Hauptmasse, die Hauptsa-
che, das Gros (+*gén*); **le** ~ **de l'armée** das
Gros des Heeres; das Hauptheer; **le** ~ **de
l'assemblée** die große Mehrheit der
Versammlung; **le** ~ **du travail** die Haupt-
arbeit; **le plus** ~ **est fait** das Gröbste ist
geschafft; **le (plus)** ~ **de l'hiver est
passé** den größten Teil des Winters, das
Schlimmste vom Winter haben wir hinter
uns; **5.** *m/pl mines* Stückkohle *f*
gros-bec [grobɛk] *m* (*pl* **gros-becs**) *zo*
Kernbeißer *m*

groseille [grozɛj] f bot Joʼhannisbeere f; österr Ribisel f; ~ blanche, rouge weiße, rote Johannisbeere; ~ à maquereau Stachelbeere f

groseillier [grozeje] m bot ~ (à grappes) Joʼhannisbeerstrauch m; ~ épineux, à maquereau Stachelbeerstrauch m

gros-grain [grogrɛ̃] m ⟨pl gros-grains⟩ a) text Seidenrips m; b) cout Seidenripsband n

Gros-Jean [groʒɑ̃] m nur loc être ~ comme so klug sein wie zuvor; c'est ~ qui en remontre à son curé das Ei will klüger sein als die Henne (loc/prov)

gros-porteur [groportœr] m ⟨pl gros-porteurs⟩ aviat Großraumflugzeug n

grosse [gros] f 1. jur vollʼstreckbare Ausfertigung; 2. comm Gros n (zwölf Dutzend); 3. jur mar prêt à la ~ Bodmeʼrei f

grosserie [grosri] f Silbergeschirr n

grossesse [grosɛs] f Schwangerschaft f; interruption f de ~ Schwangerschaftsunterbrechung f; robe f de ~ ʼUmstandskleid n; sa ~ est avancée sie ist hochschwanger; mener une ~ à terme ein Kind austragen

grosseur [grosœr] f 1. Größe f; Dicke f; ʼUmfang m; de la ~ du poing faustgroß; 2. Geschwulst f; Schwellung f; Beule f

grossier [grosje] adj ⟨-ière⟩ 1. Gewebe, Werkzeug etc grob; derb; Arbeit, Werk plump; grob ausgeführt; Fehler, Irrtum grob; kraß; schwer; ignorance grossière krasse Unwissenheit; ruse grossière plumpe List; traits ~s grobe Gesichtszüge m/pl; je n'en ai qu'une idée grossière ich habe nur e-e grobe Vorstellung davon; 2. Person, Benehmen grob; ungeschliffen; ungehobelt; flegel-, rüpel-, lümmelhaft; ~ personnage Grobian m; Flegel m; Rüpel m; Lümmel m; F grober Klotz; être ~ avec, envers qn grob zu j-m sein; 3. Worte, Scherz, Geste grob; unanständig; gemein; vulʼgär; unflätig; nicht saʼlonfähig; Worte, Scherz auch wüst; litt plaisirs ~s grob sinnliche, niedere Vergnügungen f/pl

grossièrement [grosjɛrmɑ̃] adv 1. grob; in großen, groben Zügen, ʼUmrissen; calculer ~ grob, ungefähr berechnen; überʼschlagen; ~ emballé notdürftig verpackt; ~ esquissé grob skizziert; 2. gröblich; schwer; stark; F gewaltig; se tromper ~ sich gröblich etc täuschen; 3. grob; flegel-, rüpelhaft; répondre ~ grob antworten

grossièreté [grosjɛrte] f 1. der Machart etc Grobheit f; Plumpheit f; 2. a) e-r Person, des Benehmens Grobheit f; Ungeschliffenheit f; Flegel-, Rüpel-, Lümmelhaftigkeit f; b) Wort, Ausdruck Grobheit f; Handlung Flegeʼlei f; Rüpeʼlei f; 3. a) von Worten, Scherzen Derbheit f; Unanständigkeit f; b) derber, unanständiger, gemeiner Ausdruck; dire des ~s derbe etc Worte gebrauchen

grossir [grosir] I v/t 1. Kleidung ~ qn j-n dick(er) machen, erscheinen lassen; abs auch auftragen; abs le blanc grossit Weiß macht dick; 2. Mikroskop etc ~ qc etw vergrößern; abs ~ mille fois tausendfach vergrößern; 3. vergrößern; verstärken; vermehren; Regen: Fluß anschwellen lassen; ~ le nombre des mécontents die Zahl der Unzufriedenen vermehren, erhöhen; 4. fig Gefahr etc überʼtreiben; Zeitungen: Affäre aufbauschen; II v/i 5. Person dick(er) werden; zunehmen (d'un kilo um ein Kilo); elle a un peu grossi sie ist etwas dicker geworden; … pour ne pas …

um nicht dick zu werden; Diät etc empêcher de ~ das Dickwerden verhindern; 6. größer werden; sich vergrößern; Lärm: sich verstärken; stärker, lauter werden; Fluß anschwellen; Menschenmenge, Ersparnisse auch zunehmen; anwachsen

grossissant [grosisɑ̃] adj 1. opt miroir, verre ~ Vergrößerungsspiegel m, -glas n; 2. sich vergrößernd; zunehmend

grossissement [grosismɑ̃] m 1. e-r Lupe, e-s Fernglases etc Vergrößerung f; à fort ~ mit starker Vergrößerung; stark vergrößernd; 2. e-r Geschwulst etc Vergrößerung f; Größerwerden n; Zunahme f; Anschwellen n; 3. fig Vergröberung f; Überʼtreibung f; Überʼzeichnung f

grossiste [grosist] m,f comm Grosʼsist (-in) m(f); Großhändler(in) m(f); adj épicier m ~ Lebensmittelgroßhändler m

grosso modo [grosomodo] loc/adv in großen, groben Zügen, ʼUmrissen; in der Hauptsache; im wesentlichen; ungefähr

grossoyer [groswaje] v/t ⟨-oi-⟩ jur e-e vollʼstreckbare Ausfertigung ausstellen (un acte von e-r Urkunde)

grotesque [grotɛsk] I adj Person, Aufmachung, Situation etc groʼtesk; wunderlich; biʼzarr; F komisch; ulkig; II subst 1. e-r Situation etc le ~ das Groʼteske; c'est d'un ~! das ist wirklich grotesk!; 2. in der Kunst le ~ das Groʼteske; 3. Ornament ~s f/pl Groʼteske(n) f(pl); les ~s de Raphaël die Grotesken von Raffael

grotte [grot] f Höhle f; von geringer Tiefe, auch künstlich angelegt Grotte f

grouillant [grujɑ̃] adj wimmelnd (de von); foule ~e Gewimmel n; Gewühl n; place ~e de monde von Menschen wimmelnder Platz; Platz, auf dem es von Menschen wimmelt

grouillement [grujmɑ̃] m Wimmeln n (de la foule der Menge)

grouiller [gruje] I v/i 1. Menschen(menge) sich drängen; wogen; Kinder im Schulhof etc durcheinʼanderrennen; sich tummeln; la foule grouille sur la place auch auf dem Platz wimmelt es von Menschen; 2. Ort wimmeln (de von); Fleisch ~ d'asticots von Maden wimmeln; la rue grouille de monde die Straße wimmelt von Menschen; auf der Straße wimmelt es von Menschen; II v/pr F se ~ sich beeilen; F sich tummeln; sich ranhalten; grouille-toi! F mach schneller!; tummle dich!; (los) Beeilung!

grouillot [grujo] m Börse junger Angestellter, der Aufträge befördert; Laufbursche m

group [grup] m comm versiegelter Geldsack; Grupp m

groupage [grupaʒ] m comm (Zuʼsammenstellung f zu e-r) Sammelladung f; Sammelgut n

groupe [grup] m 1. von Menschen Gruppe f (auch Kunst, psych u Soziologie); ~ artistique, littéraire Künstler-, Literatengruppe f, -kreis m; ~ ethnique Volksgruppe f; Soziologie: ~ primaire, secondaire primäre, sekundäre Gruppe; ~ professionnel Berufsgruppe f; ~ social gesellschaftliche Gruppe; ~ de badauds Gruppe von Schaulustigen; sculp le ~ du Laocoon die Laʼokoongruppe; ~ de travail Arbeitsgruppe f, -kreis m, -gemeinschaft f; cabinet m de ~ Gemeinschaftspraxis f; discipline f de ~ Gruppendisziplin f; photo f de ~ Gruppenphoto n, -bild n, -aufnahme f; en ~ loc/adv in der, als Gruppe; loc/adj Gruppen…; ~ de ~ Gruppenarbeit f; voyage m en ~ Gesellschaftsreise f; Gruppenfahrt f, -reise f; loc/adv par,

en ~s in Gruppen; gruppenweise; par petits ~s in kleinen Gruppen; grüppchenweise; 2. pol ~ parlementaire (Parlaʼments)Fraktiʼon f; ~ de pression Interʼessengruppe f, -verband m; Lobby f; Pressure-group [ʼprɛʃər-] f; 3. écon Gruppe f; Zuʼsammenschluß m; Konʼsortium n; Konʼzern m; ~ industriel Unterʼnehmensgruppe f; ~ des Dix Zehnerklub m; 4. mil Gruppe f (bes Infanterie); Artillerie früher Abʼteilung f; heute Batailʼlon n; ~ franc Stoßtrupp m; ~ d'armées Heeresgruppe f; 5. von Dingen Gruppe f; 3. ~ scolaire Schulzentrum n; ~ d'arbres, de maisons, de rochers Baum-, Häuser-, Felsengruppe f; ling ~ de dialectes, de langues, de mots Diaʼlekt-, Sprachen-, Wortgruppe f; 6. tech Aggreʼgat n; Maʼschinensatz m; ~ électrogène Strom(erzeugungs)aggregat n; 7. biol ~ sanguin Blutgruppe f; ~ O [o] Blutgruppe 0 (null); 8. math Gruppe f; structure f de ~ Gruppenstruktur f; théorie f des ~s Gruppentheorie f; 9. chim ~ (fonctionnel) (funktionelle) Gruppe; ~ amino, nitro Aʼmino-, Nitrogruppe f

groupé [grupe] adj bes comm Sammel…; gemeinsam; achat ~, commande ~e, envoi ~ Sammeleinkauf m, -bestellung f, -sendung f

groupement [grupmɑ̃] m 1. Grupʼpierung f; Zuʼsammenschluß m; Gruppe f; par ext Organisatiʼon f; Verband m; ~ politique politische Gruppierung; ~ professionnel Berufsverband m, -vereinigung f; berufsständische Vereinigung; Fachgruppe f, -verband m; mil ~ tactique Kampfgruppe f, -verband m; ~ de jeunesse Jugendorganisation f; 2. Vorgang Zuʼsammenfassung f, -stellung f

grouper [grupe] I v/t Personen, Parteien etc zuʼsammenfassen, -schließen; vereinigen; Dinge, Fakten auch zuʼsammenstellen, -nehmen; als Zustand umʼfassen; Menschen ~ autour d'un idéal commun um ein gemeinsames Ideal scharen, grupʼpieren; ~ dans une même catégorie in dieselbe Kategorie einordnen; II v/pr se ~ Personen sich zu e-r Gruppe aufstellen; par ext auch Parteien sich zuʼsammenschließen, -tun; auch Dinge e-e Gruppe bilden; Personen se ~ autour d'un chef sich um e-n Anführer scharen, grupʼpieren; les maisons se groupent autour de l'église … grupʼpieren sich um die Kirche

groupuscule [grupyskyl] m pol Splittergruppe f

grouse [gruz] f zo (Schottisches) Moorschneehuhn

gruau [gryo] m ⟨pl ~x⟩ 1. a) Grütze f; Grobgrieß m; b) Grützbrei m; Grütze f; 2. farine f de ~ feinstes Weizenmehl; pain m de ~ feinstes Weißbrot

grue [gry] f 1. zo Kranich m; ~ cendrée Grauer Kranich; fig faire le pied de ~ lange warten (müssen); F sich die Beine in den Bauch stehen; 2. F fig Dirne f; F Nutte f; Schnalle f; péj Hure f; 3. tech Kran m; ~ électrique, flottante, pivotante Eʼlektro-, Schwimm-, Drehkran m; ~ à flèche, à tour Ausleger-, Turmkran m; ~ d'atelier, de chantier Werkstatt-, Baukran m; cin ~ de prise de vues Kamerakran m

gruger [gryʒe] v/t ⟨-geons⟩ ~ qn j-n herʼeinlegen, ausnehmen

grume [grym] f 1. vit Weinbeere f; 2. bois m de, en ~ noch nicht entrindetes (Lang)Holz

grumeau [grymo] m ⟨pl ~x⟩ cuis in der Soße etc Klumpen m; Klümpchen n; faire des ~x klumpen; Klumpen bilden

grumel|er [grymle] v/pr ‹-ll-› se ~ klumpen; Klumpen bilden; **~eux** adj ‹-euse› Soße, Brei etc klumpig; Birne etc mit steinigen Stellen; Haut uneben

grutier [grytje] m Kranführer m

gruyère [gryjɛr, gryijɛr] m Schweizer Käse m

gryphée [grife] f zo Gry'phaea f (Austernart)

guadeloupéen [gwadlupeẽ] adj ‹~ne› (u subst ♀ Bewohner m) von Guadeloupe

guai(s) [gɛ] adj ‹nur m› Fischerei 'harengs guais abgelaichte Heringe m/pl; Ihlen m/pl; Hohlheringe m/pl

guanaco [gwanako] m zo Gua'nako n od m

guan|idine [gwanidin] f chim Guani'din n; **~ine** f chim Gua'nin n

guano [gwano] m 1. Gu'ano m; 2. par ext ~ de poisson Fischdüngemehl n

guarani [gwarani] m 1. Währung Paraguays Gua'rani m; 2. Sprache Guara'ni n; 3. pl ♀(s) Guara'ni m/pl (Indianerstamm)

guatémalien [gwatemaljẽ] adj ‹~ne› u subst cf guatémaltèque

guatémaltèque [gwatemaltɛk] I adj guatemal'tekisch; II ♀ m,f Guatemal'teke, -'tekin m,f

gué¹ [ge] m Furt f; passer, traverser à ~ od un ~ e-e Furt durch-, über'queren, zu Fuß auch durch'waten; durch e-e Furt fahren bzw waten

gué² [ge] int in Liedern ô ~ juch'he; juch'heirassa

guéable [geabl(ə)] adj Fluß durch e-e Furt über'querbar

guède [gɛd] f bot (Färber)Waid m

guelfes [gɛlf] m/pl hist Gu'elfen m/pl

guelte [gɛlt] f comm Verkaufsprovision f

guenilles [gənij] f/pl Lumpen m/pl; zerrissene Kleider n/pl; Bettler etc en ~ zerlumpt; in Lumpen (gehüllt)

guenon [gənõ] f 1. zo Affenweibchen n; Äffin f; 2. F fig häßliche Frau; F Eule f; Vogelscheuche f

guépard [gepar] m zo Gepard m; Jagdleopard m

guêpe [gɛp] f zo Wespe f; nid m de ~s Wespennest n; fig taille f de ~ Wespentaille f; F fig pas folle, la ~! die ist schlau, raffi'niert, F gerissen!

guêp|ier [gepje] m 1. Wespennest n; fig tomber, se fourrer dans un ~ sich in e-e schlimme Lage bringen; sich in die Nesseln setzen; 2. zo Bienenfresser m; **~ière** f die Taille einengendes Mieder; Guêpière f

guère [gɛr] adv a) ne … ~ kaum; nicht sehr, gerade, viel, lange; fast nicht, nie; il ne va ~ mieux es geht ihm nicht viel, kaum besser; elle n'a ~ plus de soixante ans sie ist knapp (über) sechzig; vous n'êtes ~ raisonnable Sie sind nicht sehr, nicht gerade vernünftig; vous ne venez ~ nous voir Sie besuchen uns fast nie; b) ne … plus ~ kaum noch; von e-m Arzt il n'exerce plus ~ er praktiziert kaum mehr; c) ne … ~ que fast nur; höchstens; il n'y a ~ que vous qui puissiez faire ce travail höchstens Sie können …

guéret [gerɛ] m agr Brache f; Brachfeld n, -land n

guéri [geri] adj 1. Person wieder gesund; genesen; geheilt; Krankheit ausgeheilt; Wunde verheilt; zugeheilt; le voilà enfin ~ endlich ist er wieder gesund; 2. fig être ~ d'un préjugé, etc von e-m Vorurteil etc ku'riert, geheilt sein; j'en suis ~ davon bin ich ku'riert

guéridon [geridõ] m kleiner runder Tisch mit einem Bein

guérilla [gerija] f Gue'rilla(krieg) f(m);

Kleinkrieg m; Parti'sanenkrieg m

guérillero [gerijero] m Gue'rilla (-kämpfer) m; Gueril'lero m

guérir [gerir] I v/t 1. a) Kranken heilen, ku'rieren (d'une maladie von e-r Krankheit); gesund machen; b) Krankheit, Gebrechen (aus)heilen; 2. fig a) ~ qn de qc j-n von etw ku'rieren, heilen, befreien; b) e-m Übel, j-s Schüchternheit etc abhelfen (+dat); über'winden; le temps guérira sa douleur die Zeit wird s-n Schmerz heilen; II v/i 3. Kranker, Verletzter (wieder) gesund werden, gesunden; st/s genesen; 4. Wunde, Verletzung (ver-, zu)heilen; auch Ausschlag abheilen; Schnupfen, Grippe ausheilen; weggehen; verschwinden; 5. fig Leidenschaft, Schmerz abklingen; vergehen; III v/pr 6. se ~ cf II; 7. fig se ~ de qc etw ablegen, aufgeben; von etw los-, abkommen; sich etw abgewöhnen; sich von etw befreien; se ~ de ses préjugés s-e Vorurteile aufgeben; se ~ de sa timidité s-e Schüchternheit ablegen

guérison [gerizõ] f 1. e-s Kranken Genesung f; Gesundung f; Heilung f (auch bibl); 2. e-r Krankheit, Verletzung (Aus)Heilung f; 3. fig von e-m Kummer, Übel Befreiung f (von); Über'windung f

guériss|able [gerisabl(ə)] adj heilbar; **~eur** m Heilpraktiker m; Heilkundige(r) m; péj Quacksalber m

guérite [gerit] f 1. mil Schilderhaus n; 2. auf Baustellen etc Bretterbude f; Baubaracke f

guerre [gɛr] f Krieg m; fig auch Kampf m; Fehde f; Streit m; Zwist m; ♦ ~ aérienne, civile, défensive Luft-, Bürger-, Verteidigungskrieg m; la drôle de ~ der Zweite Weltkrieg vor der Invasion Frankreichs im Mai 1940; fig ~ économique Wirtschaftskrieg m; ~ froide kalter Krieg; la Grande ♀ der Erste Weltkrieg; la Première, Seconde ♀ mondiale der Erste, Zweite Weltkrieg; ~ navale, maritime Seekrieg m; ~ ouverte offener Krieg; fig offene Feindschaft; faire une ~ ouverte à qn, qc, mener une ~ ouverte contre qn, qc j-n, etw offen bekämpfen; petite ~ a) Geplänkel n; Scheinkrieg m; b) fig im Alltag Kleinkrieg m; Kinder jouer à la petite ~ Krieg spielen; ~ psychologique psychologische Kriegführung; ~ révolutionnaire Revoluti'onskrieg m; ♦ hist la ~ des Deux-Roses die Rosenkriege m/pl; la ~ de 14 der Erste Weltkrieg; der Krieg 14/18; la ~ de 70 der Siebzigerkrieg; la ~ de Trente Cent ans der Dreißigjährige, Hundertjährige Krieg; ~ d'extermination Vernichtungskrieg m; ~ d'indépendance, de libération Unabhängigkeits-, Befreiungskrieg m; ~ de mouvement Bewegungskrieg m; fig ~ des nerfs Nervenkrieg m; ~ de partisans Parti'sanenkrieg m; ~ de positions Stellungskrieg m; fig ~ de propagande Propa'gandakrieg m; ~ de religion Religi'ons-, Glaubenskrieg m; ~ d'usure Zermürbungs-, Zermürbungskrieg m; Tolstoi ♀ et Paix Krieg und Frieden; ♦ loc/adv fig à la ~ comme à la ~ das geht nun einmal nicht anders; man muß sich ins Unvermeidliche fügen; man muß auch so zu'rechtkommen; fig de ~ lasse um des lieben Friedens willen; nach langem Sträuben; loc/adj en ~ Staat, Land im Kriegszustand; im Krieg befindlich; kriegführend; Land entrer en ~ in den Krieg eintreten; être en ~ sich im Krieg befinden, im Kriegszustand sein, im Krieg stehen (avec un pays mit e-m Land); fig être, vivre en ~ avec qn mit j-m im Streit, in Fehde liegen; Streit

---

haben; en cas de ~ im Kriegsfall; pendant, durant la ~ während des Krieges; im Krieg; ♦ Kinderlied Malbrough s'en va-t-en ~ Marlborough zieht in den Krieg; Giraudoux La ~ de Troie n'aura pas lieu Der Trojanische Krieg findet nicht statt; déclarer la ~ den Krieg erklären (à un pays e-m Land); fig den Kampf ansagen (à qn, qc j-m, e-r Sache); c'est la ~ es ist eben Krieg; fig c'est de bonne ~ das ist durchaus rechtens; das ist sein bzw ihr etc gutes Recht; Land faire la ~ Krieg führen (à mit, gegen); se faire la ~ sich bekriegen (auch fig); Person avoir fait la ~ im Krieg gewesen sein; fig faire la ~ à qn (sur, à propos de qc) e-n ständigen Kampf gegen j-n führen (wegen etw); j-m hart zusetzen (wegen etw); j-m etw austreiben wollen; fig faire la ~ à qc etw (z B Mißstände, Lärm) bekämpfen, bekriegen; gegen etw kämpfen, e-n Kampf führen; gagner la ~ den Krieg gewinnen; mourir à la ~ (im Krieg) fallen; partir pour la ~ in den Krieg, Kampf ziehen; fig partir en ~ contre qc gegen etw zu Felde ziehen; perdre la ~ den Krieg verlieren

guerrier [gɛrje] I m Krieger m; II adj ‹-ière› 1. Volk etc kriegerisch; kriegslustig; 2. litt Kriegs…; kriegerisch; exploit ~ Kriegstat f

guerroyer [gɛrwaje] litt v/i ‹-oi-› Krieg führen; e-e Fehde austragen

guet [gɛ] m nur loc faire le ~ auf der Lauer liegen bzw sich auf die Lauer legen; aufpassen; F bei e-m Einbruch etc Schmiere stehen

guet-apens [gɛtapã] m ‹pl guets-apens› 'Hinterhalt m (auch fig); par ext 'Hinterlist f; attirer qn dans un ~ j-n in e-n Hinterhalt locken; tomber dans un ~ in e-n Hinterhalt geraten

guète cf guette

guêtre [gɛtr(ə)] f Ga'masche f; F fig traîner ses ~s (quelque part) sich (irgendwo) aufhalten, F her'umtreiben

guette [gɛt] f charp Strebe f

guetter [gɛte] I v/t 1. lauern (abs od qn auf j-n); auflauern (qn j-m); belauern (j-n); ~ l'ennemi, le gibier dem Feind, dem Wild auflauern; auf den Feind, das Wild lauern; 2. par ext ungeduldig, gespannt warten auf (qn, qc j-n, etw); spannen; F lauern auf (+acc); ausspähen nach; Gelegenheit, günstigen Zeitpunkt, Signal abwarten; abpassen; ~ le facteur den Briefträger abpassen; ~ la sortie de qn (ab)warten, bis j herauskommt; 3. fig Krankheit etc ~ qn j-n (unmittelbar) bedrohen; Tod, Gefahr auch auf j-n lauern; II v/pr se ~ sich, ein'ander belauern

guetteur [gɛtœr] m Beobachtungsposten m (auch mil); Späher m; Aufpasser m; früher Turmwächter m; Türmer m

gueulante [gœlãt] f Schülersprache Geschrei n; Gebrüll n; Gejohle n

gueulard [gœlar] I adj F Person wer dauernd brüllt, schreit; mit e-m lauten Or'gan; II subst 1. F ~(e) m,f Schreier(in) m(f); F Schreihals m; 2. m tech e-s Hochofens Gicht(öffnung) f; 3. m f mar Sprachrohr n; F Flüstertüte f

gueule [gœl] f 1. bes von Raubtieren, Fischen Maul n; il fait noir comme dans la ~ d'un loup cf noir I 3.; fig se fourrer, se jeter, se précipiter dans la ~ du loup sich leichtsinnig in Gefahr bringen, sich in Gefahr aussetzen; 2. F vom Menschen F Maul n; Klappe f; Schnauze f; P Fresse f; südd auch Gosche(n) f; par ext une fine ~ ein Feinschmecker m; F Leckermaul n, von Kindern auch -mäulchen n; une grande ~, un fort en ~

F ein Großmaul n; e-e Großschnauze; ein Maulheld m; **avoir une grande ~, être fort en ~** F ein großes Maul, e-e große Klappe, Schnauze haben; das Maul, die Klappe aufreißen; ein Maulheld sein; **avoir la ~ de bois** F e-n Kater haben; verkatert sein; *scharfe Soße etc* P **emporter la ~** wie Feuer auf der Zunge brennen; P **(ferme) ta ~!** P halt's Maul!; (halt die) Schnauze!; halt die Klappe, *p/fur die Fresse!*: **s'en mettre plein la ~** P sich 'vollfressen; **3.** F *(figure)* Gesicht n; F Vi'sage f; P Fresse f; *par ext* ~ **cassée** Gesichtsverletzte(r) m (*Kriegsbeschädigter*); ~**s noires** Kumpel m/pl; Bergarbeiter m/pl; ~ **d'amour** Liebling m der Frauen; Typ m des Verführers; **avoir une bonne ~** sympathisch aussehen, wirken; **avoir une jolie petite ~** reizend, süß aussehen; P **se casser la ~** a) hinfallen, -schlagen; stürzen; verunglücken; F auf die Nase fallen; b) *fig* Schiffbruch, ein Fiasko erleiden; F e-n Reinfall erleben; P **casser la ~ à qn** P j-m in die Fresse hauen, die Fresse polieren; P **se faire casser la ~** P eins in die Fresse kriegen; *par ext* P draufgehen; abschrammen; **faire la ~** schmollen (à qn mit j-m); F ein schiefes Gesicht machen, ziehen; eingeschnappt sein; **faire une ~ d'enterrement** e-e Leichenbittermiene aufsetzen; P **c'est bien fait pour la ~** das geschieht dir ganz recht; **4.** F *von e-r Sache* Aussehen n; Wirkung f; Eindruck m; **avoir de la ~** großen Eindruck machen; a'part, interes'sant wirken; F toll, nicht übel, nach etwas aussehen; **avoir une drôle de ~** F komisch aussehen; **5.** *bot vom Löwenmaul* Blüte(nschlund) f(m); **6.** *e-r Kanone* Mündung f

gueule-de-loup [gœldəlu] f <pl gueules-de-loup> **1.** *bot* Löwenmaul n, -mäulchen n; **2.** *bât* drehbarer Schornsteinaufsatz; **3.** *bât* Auskehlung f (*im aufgehenden Mittelstück es Verbundfensters*); **4.** *path* Wolfsrachen m

gueulement [gœlmã] F m *meist pl* ~s Gebrüll n; Geschrei n; F *auch* Geschimpfe n; Gepolter n

gueuler [gœle] F *péj* **I** v/t (hin-'aus)brüllen, (-)schreien; ~ **des ordres** Befehle brüllen, schnauzen; **II** v/i (F in der Gegend her'um)brüllen, (-)schreien; (laut) schimpfen; poltern; F kra'keelen; toben; ~ **contre qc** auf etw (acc) schimpfen; gegen etw losziehen, wettern; ~ **pour un rien** wegen e-r Kleinigkeit brüllen, -schreien, F toben, wettern; **ça va faire ~ les gens** F da werden die Leute schreien, schimpfen; *par ext* **faire ~ son poste de radio** sein Radio mit voller Lautstärke laufen, F grölen lassen

gueules [gœl] m Heraldik Rot n

gueuleton [gœltõ] F m (Fest)Schmaus m; Festessen n; **un bon petit ~** ein leckeres Mahl; **faire un ~** e-n Festschmaus veranstalten, halten

gueuletonner [gœltone] F v/i e-n Festschmaus halten; schmausen

gueuse[1] [gøz] f *métall* Massel f

gueux [gø] m, **gueuse**[2] [gøz] f **1.** *litt* Bettler(in) m(f); Bettelweib n; *par ext* Vaga'bund m; **mener une vie de ~** ein Bettlerdasein führen; **2.** *hist in Holland* **Gueux** m/pl Geusen m/pl

gui [gi] m **1.** *bot* Mistel f; **boules** f/pl **de ~** Früchte f/pl; Beeren f/pl der Mistel; *alter Neujahrswunsch* **au ~ l'an neuf!** etwa viel Glück im neuen Jahr!; **2.** *mar* Giekbaum m

guib [gib] m *zo* ~ **'harnaché** Schirrantilope f; Buschbock m

guibolle [gibɔl] f F *(jambe)* Bein n; F

Haxe f; **ne plus tenir sur ses ~s** sich nicht mehr auf den Beinen halten können

guibre [gibr(ə)] f *mar hist* Gali'on n

guiches [giʃ] f/pl Stirn-, Schmachtlocken f/pl

guichet [giʃɛ] m **1.** Schalter m; ~ **de la banque, des postes** Bank-, Postschalter m; ~ **des télégrammes** Tele'grammannahme f; **2.** *in Türen* kleine Öffnung; Türchen n; Klappe f; **3.** *in Paris* ~**s du Louvre** gewölbte 'Durchgänge m/pl zu den Innenhöfen des Louvre; **4.** *beim Kricket* Tor n

guichet|ier [giʃtje] m, ~**ière** [giʃtjɛr] Schalterbeamte(r) m, -beamtin f

guidage [gidaʒ] m *tech* **1.** *e-s Maschinenteils, Werkstücks, mines* Führung f (*Vorgang u Vorrichtung*); **2.** *e-s Flugkörpers* Steuerung f; Lenkung f

guide[1] [gid] m **1.** *Person* (Fremden)Führer m; ~ **de (haute) montagne** Bergführer m; ~ **d'un musée** Mu'seumsführer m; **n'oubliez pas le ~!** denken Sie an den Fremdenführer! (*Bitte um Trinkgeld*); **prendre un ~** sich e-n Führer nehmen; **servir de ~ à qn** den Fremdenführer für j-n machen; j-n führen; *cf auch* **3.** b); **2.** *Buch* (Reise)Führer m; *par ext* Ratgeber m; Wegweiser m; kleines Handbuch; Leitfaden m; Vade'mekum n; ~ **touristique** Reiseführer m; ~ **de camping** Campingführer m; ~ **du contribuable** Ratgeber für Steuerpflichtige; ~ **de l'étudiant** Studienführer m; ~ **des hôtels et des restaurants** Ho'tel- und Gaststättenführer m; ~ **de l'Italie** I'talienführer m; ~ **du Louvre** (Mu'seums)Führer durch den Louvre; ~ **de Paris** (Stadt)Führer m durch, von Paris; ~ **de poche** Taschenbuch n; kleiner Ratgeber; **3.** *fig* a) *Person* Führer m; Lenker m; Lehrmeister m; Ratgeber m; Vorbild n; b) *Sache* Richtschnur f; *st/s* Leitstern m; **servir de ~** Richtschnur dienen; **4.** *mil* a) Flügelmann m; b) *hist* ~**s** pl Guiden m/pl; **5.** *tech* a) *von Maschinenteilen etc* Führung(svorrichtung) f; b) *Elektronik* ~ **d'ondes** Wellen-, Hohlleiter m

guide[2] [gid] f **1.** Pfadfinderin f; **2.** ~**s** pl Zügel m/pl

guide-âne [gidan] m <pl guide-âne(s)> Lern-, Merk-, Gedächtnishilfe f; Gedächtnisstütze f; Eselsbrücke f

guideau [gido] m <pl ~x> **1.** *Wasserbau* Führungswand f aus Bohlen; **2.** *Fischerei* Hamen m; Sacknetz n

guide-fil [gidfil] m <inv> *text* Fadenführung f

guider [gide] **I** v/t **1.** *Touristen, e-n Blinden* führen; *Pferd* lenken; *par ext Sterne etc* ~ **qn** j-m den Weg weisen; *adit* **visite guidée** Führung f; **2.** *fig Kind* lenken; anleiten; *Prinzipien, Instinkt etc* ~ **qn** j-n leiten; **se laisser ~ par qc** sich von etw leiten lassen; **3.** *tech Maschinenteil* führen; *Flugkörper* steuern; lenken; **II** v/pr **se ~ sur** sich richten nach; folgen (+dat)

guiderope [gidrɔp] m *e-s Freiballons* Schlepptau n

guidon [gidõ] m **1.** *e-s Fahr-, Motorrades* Lenkstange f; Lenker m; **2.** *des Visiers an Feuerwaffen* Korn n; **3.** *mar* (Doppel)Stander m; **4.** *impr* ~ **de renvoi** Verweisungszeichen n

guifette [gifɛt] f *zo* Seeschwalbe f (*der Gattung Chlidonias*); ~ **noire** Trauerseeschwalbe f

guignard [giɲar] m *zo* Mor'nell(regenpfeifer) m; Mori'nell m

guigne [giɲ] f **1.** *bot, agr* kleine saftige Süßkirsche f; F *fig* **se soucier de qn, de**

qc **comme d'une ~** sich überhaupt nicht, F e-n Dreck um j-n, etw kümmern; **2.** F Pech(strähne) n(f); **avoir la ~** Pech, e-e Pechsträhne haben

guigner [giɲe] v/t *auf ein Amt, e-e Erbschaft, gute Partie* es abgesehen haben auf (+acc); speku'lieren auf (+acc); schielen nach; im Auge haben; liebäugeln mit

guignette [giɲɛt] f **1.** *mar* Kal'fateisen n; **2.** *agr* kleine Hippe; **3.** *zo* a) (Fluß)Uferläufer m; b) Strandschnecke f

guignol [giɲɔl] m **1.** ♀ Kasperle n od m; *österr* Kasperl m; **2.** Kasperle-, *österr* Kaspertheater n; **aller au ~** ins Kasperletheater gehen; *fig* **c'est du ~** das ist die reinste Farce; **3.** *fig von e-r Person* Kasper m; Hanswurst m; **faire le ~** den Hanswurst spielen; kaspern

guignolet [giɲɔlɛ] m (ein) Kirschlikör m

guilde [gild] f *hist u modern comm* Gilde f; ~ **du disque** etwa Schallplattengilde f

guili-guili [giligili] *int* killekille!; F **faire ~ à** F bei j-m killekille machen

guillaume [gijom] m *tech* Sims-, Nut-, Falz-, Kehlhobel m

guilledou [gijdu] m *nur loc* F **courir le ~** auf galante Abenteuer aussein

guillemeter [gijmete] v/t <-tt-> in Anführungszeichen setzen

guillemets [gijmɛ] m/pl Anführungszeichen n/pl, -striche m/pl; F Gänsefüßchen n/pl; **entre ~** in Anführungszeichen, -strichen (*auch fig*); **mettre qc entre ~** etw in Anführungszeichen, -striche setzen; **ouvrez** bzw **fermez les ~!** Anführungszeichen (unten bzw oben)!

guillemot [gijmo] m *zo* Lumme f

guilleret [gijrɛ] adj <~te> **1.** *Person* fröhlich (*auch Miene*); munter; fi'del; F aufgekratzt; aufgedreht; **2.** *Worte* etwas frei; lose; schlüpfrig

guillochage [gijɔʃaʒ] m Guillo'chieren n, -ung f

guilloch|e [gijɔʃ] f Guillo'chierwerkzeug n; Guil'loche f; ~**é** adj mit Guil'lochen verziert; *subst* **du ~** Guil'lochen f/pl; ~**er** v/t guillo'chieren; mit Guil'lochen verzieren; ~**eur** m Guillo'cheur m

guilloch|is [gijɔʃi] m Guil'lochen f/pl; ~**ure** f Guil'loche f

guillotine [gijɔtin] f **1.** Guillo'tine f; Fallbeil n; **envoyer qn à la ~** j-n auf die Guillotine, unter das Fallbeil schicken; **2. fenêtre** f **à ~** cf fenêtre 1.

guillotiner [gijɔtine] v/t durch die Guillo'tine, durch das Fallbeil hinrichten; guilloti'nieren

guimauve [gimov] f **1.** *bot* (Echter) Eibisch; **2.** *auf Jahrmärkten* **(pâte** f **de) ~** (e-e) weiche Zucker-, Bon'bonmasse; **3.** *fig* (süßlicher, senti'men'taler) Kitsch

guimbarde [gɛbard] f **1.** F *(vieille voiture)* F alte Karre; Kiste f; Klapperkasten m; Mühle f; **2.** *tech* Grundhobel m; **3.** *mus* Maultrommel f

guimpe [gɛp] f **1.** *e-r Nonne* Haube f; **2.** hochgeschlossene ärmellose (Ko'stüm-) Bluse; **3.** *e-s Dekolletés* Rüschen-, Spitzenumrandung f

guincher [gɛʃe] F v/i tanzen; F schwofen

guind|age [gɛdaʒ] m *mar, tech* Hieven n; Hochziehen n, -winden n; ~**ant** m *mar e-r Flagge, e-s Segels* Heiß f

guinde [gɛd] f *arg (voiture)* F Karre f; Kiste f; Schlitten m

guindé [gɛde] adj *Person, Miene, Haltung* steif; unnatürlich; gezwungen; *par ext Stil* geschraubt; **être ~** *auch* ein gekünsteltes, gespreiztes, gestelztes Wesen haben

guindeau [gɛdo] m <pl ~x> *mar* Ankerwinde f, -winsch f

guinder [gɛde] v/t *mar, tech* hieven; hochziehen, -winden

guinderesse [gɛ̃drɛs] *f mar* Stenge-
windreep *n*
guinée [gine] *f alte englische Münze*
Gui'nee *f*
guinéen [gineẽ] **I** *adj* <‿ne> gui'neisch;
II *subst* ♀(ne) *m(f)* Gui'neer(in) *m(f)*
guingois [gɛ̃gwa] *loc/adv* selten **de** ‿
schief
guinguette [gɛ̃gɛt] *f* volkstümliches
(Tanz)Lo'kal im Grünen; Ausflugslo-
kal *n*
guipage [gipaʒ] *m élect* Um'spinnung *f*;
Um'hüllung *f*; Hülle *f*
guiper [gipe] *v/t* **1.** *text* mit Seide um-
'spinnen, um'wickeln; fil **guipé** Gimpe
f; **2.** *élect Draht* um'spinnen; um'hüllen
guipure [gipyr] *f Spitzenart* Gi'püre *f*
guirlande [girlɑ̃d] *f* Gir'lande *f* (*auch
arch, peint*); ‿ **de fleurs** Blumengirlan-
de *f*
guise [giz] *f* **1.** *loc/adv* **à ma** (ta, *etc*) ‿ auf
meine (deine *etc*) Weise; nach meinem
(deinem *etc*) Geschmack; nach meiner
(deiner *etc*) Fas'son; wie es mir (dir *etc*)
paßt; **à votre** ‿ wie es Ihnen beliebt; **2.**
loc/prép **en** ‿ **de a)** als; **en** ‿ **de
récompense** als (ganze) Belohnung; **b)**
(an')statt, an'stelle *od* an Stelle (+*gén*);
un simple ruban **en** ‿ **de cravate**… statt,
anstelle e-r Krawatte
guitare [gitar] *f* **1.** *mus* Gi'tarre *f*;
Klampfe *f*; Zupfgeige *f*; ‿ **électrique**
elektrische Gitarre; ‿ **hawaïenne** Ha-
'waiigitarre *f*; **jouer de la** ‿ Gitarre
spielen; **2.** *zo* Geigen-, Gi'tarrenro-
chen *m*
guitariste [gitarist] *m,f* *mus*
Gitar'rist(in) *m(f)*; Gi'tarrespieler(in)
m(f)
guitoune [gitun] *arg mil f* Zelt *n*; Hütte *f*;
Ba'racke *f*; 'Unterstand *m*
guivre [givr(ə)] *f Heraldik* Schlange *f*
Gulf Stream [gœlfstrim] *m géogr* Golf-
strom *m*
gummifère [gymifɛr] *sc adj* gummi-
harzliefernd
gunitage [gynitaʒ] *m bât* Torkretverfah-

ren *n*
gunite [gynit] *f bât* Spritzbeton *m*
guppy [gypi] *m zo* Guppy *m* (*Zierfisch*)
gus(s) [gys] *arg m* Kerl *m*; F Knilch *m*;
Heini *m*
gustatif [gystatif] *adj* <-ive> *physiol*
Geschmacks…; **nerf** ‿ Geschmacks-
nerv *m*; **papille, sensation gustative**
Geschmackspapille *f*, -empfindung *f*;
‿ation *f physiol* Schmecken *n*;
Geschmack(ssinn) *m*
gutta-percha [gytaperka] *f* Gutta'per-
cha *f od n*
guttifères [gytifɛr] *f/pl bot* Hartheu-,
Jo'hanniskrautgewächse *n/pl*
guttural [gytyral] *adj* <-aux> **1.** *Stimme*
kehlig; guttu'ral; **2.** *phon* **consonne** ‿e
od subst ‿e *f* Guttu'ral *m*; Gaumen-,
Kehllaut *m*
guyanais [gɥijanɛ] **I** *adj* gu(a)'yanisch;
II *subst* ♀(e) *m(f)* Gu(a)'yaner(in) *m(f)*
guzla [gyzla] *f mus* Gusla *f*
gym [ʒim] *f* Schülersprache für **gymnas-
tique**
gymkhana [ʒimkana] *m* Gym'khana *n*;
Geschicklichkeitswettbewerb *m* (*bes für
Autos u Motorräder*)
gymnamœbiens [ʒimnamøbjẽ] *m/pl zo*
Nacktamöben *f/pl*; Gymnamöben *f/pl*
gymnase [ʒimnɑz] *m* **1.** Turnhalle *f*; **2.**
in der Antike Gym'nasion *n*; **3.** *in der
Schweiz* Gym'nasium *n*
gymnaste [ʒimnast] **1.** *m,f* Turner(in)
m(f); **équipe** *f* **de** ‿**s** Riege *f*; **2.** *m in der
Antike* Gym'nast *m*
gymnastique [ʒimnastik] **I** *f* **1.** Gym-
'nastik *f*; *an Geräten, am Boden, als
Schulfach* Turnen *n*; ‿ **artistique**
Kunstturnen *n*; ‿ **médicale** Heilgymna-
stik *f*; ‿ **respiratoire** Atemgymnastik *f*;
‿ **rythmique** rhythmische Gymnastik;
cours *m* **de** ‿ **a)** *in der Schule* Turnstun-
de *f*; **b)** Gymnastikkurs *m*; **professeur**
m, **moniteur** *m*, **monitrice** *f* **de** ‿ Turn-
bzw Gymnastiklehrer(in) *m(f)*; **tenue** *f*
de ‿ Turn-, Gymnastikanzug *m*; **faire
de la** ‿ **a)** Gymnastik machen, treiben;

b) turnen; **2.** *fig* turnerische Leistung; ‿
de l'esprit geistige Übung, Anstren-
gung; Geistestraining [-trɛ:-] *n*; **II** *adj*
gym'nastisch; turnerisch; **pas** *m* ‿
Laufschritt *m*
gymnosophiste [ʒimnɔsɔfist] *m in der
Antike* Gymnoso'phist *m*
gymnospermes [ʒimnɔspɛrm] *f/pl bot*
Nacktsamer *m/pl*; *sc* Gymno'spermen *pl*
gymnote [ʒimnɔt] *m zo* Zitteraal *m*
gynandrie [ʒinɑ̃dri] *f bot* Gynan'drie *f*
gynandromorphisme [ʒinɑ̃drɔ-
morfism(ə)] *m biol* Gynandromor'phis-
mus *m*
gynécée [ʒinese] *m* **1.** *bot* Gynä'zeum *n*;
Stempel *m*; **2.** *in der Antike* Gynä'keion
n; Frauengemach *n*
gynéco|logie [ʒinekɔlɔʒi] *f méd* Frauen-
heilkunde *f*; *sc* Gynäkolo'gie *f*; **‿logi-
que** *adj* gynäko'logisch; frauenärztlich;
‿logue *m,f* Frauenarzt, -ärztin *m,f*; *sc*
Gynäko'loge, -'login *m,f*
gynogenèse [ʒinɔʒənɛz] *f biol* Gynoge-
'nese *f*
gypaète [ʒipaɛt] *m zo* Bart-, Lämmer-
geier *m*
gyps|e [ʒips] *m minér* (na'türlicher) Gips;
Sele'nit *m*; **cristaux** *m/pl* **de** ‿ Gipskri-
stalle *m/pl*; **‿eux** *adj* <-euse> *minér*
gipsartig *bzw* -haltig
gypsophile [ʒipsɔfil] *f bot* Gipskraut *n*
gyrin [ʒirɛ̃] *m zo* Taumel-, Dreh-, Krei-
selkäfer *m*
gyro|bus [ʒirɔbys] *m tech* Gyrobus *m*;
‿compas *m* Kreiselkompaß *m*; **‿ma-
gnétique** *adj phys* gyroma'gnetisch;
rapport *m* ‿ gyromagnetisches Verhält-
nis; **‿mètre** *m aviat* Wendezeiger *m*
gyromitre [ʒirɔmitr(ə)] *m bot* (Speise-,
Frühjahrs)Lorchel *f*
gyropilote [ʒirɔpilɔt] *m mar* Selbststeue-
rer *m*; *aviat* Flugregler *m*; Autopilot *m*
gyroscop|e [ʒirɔskɔp] *m phys* Gyro-
'skop *n*; **‿ique** *adj* Kreisel…; **compas**
m ‿ Kreiselkompaß *m*; *aviat* **horizon** *m*
‿ Kreiselhorizont *m*
gyrostat [ʒirɔsta] *m phys* Kreisel *m*

H

H, h [aʃ] *m* ⟨*inv*⟩ **1.** H, h [ha:] *n*; ~ **aspiré**, **muet** aspiriertes, stummes H; **2.** *phys atom, mil* **bombe H** H-Bombe *f*; Wasserstoffbombe *f*; **3.** *mil u fig* **l'heure H** die Stunde X

'ha [(h)α] *int lachend* ~, ~! ha'ha!; *cf auch* **ah**

'habanera [abanera] *f mus* Haba'nera *f*

habeas corpus [abeaskɔrpys] *m* **a)** *hist* Habeas'korpusakte *f*; **b)** *pol* Habeas-'corpus-Grundsatz *m*

habile [abil] *adj* **1.** *Schneiderin etc*, *Hände, fig Politiker, Argumentation, Vorgehen etc* geschickt; *Politiker, Redner etc auch* gewandt; *péj auch* raffi'niert; **être** ~ **à faire qc** etw geschickt tun, zu tun verstehen; sehr geschickt in etw (*dat*) sein; **2.** *jur* fähig; ~ **à succéder, à tester** erb-, te'stierfähig; **~ment** *adv* geschickt

habileté [abilte] *f* *e-r Person* Geschick(lichkeit) *n(f)*; Geschicktheit *f*; *fig auch* Gewandtheit *f*; ~ **dans les rapports avec qn** Geschick im 'Umgang mit j-m; *par ext* l'~ **de sa démarche, de son raisonnement** die Geschicklichkeit s-s Vorgehens, s-e Argumentation; sein geschicktes Vorgehen, s-e geschickte Argumentation

habilitation [abilitasjɔ̃] *f jur* Ermächtigung *f*; Verleihung *f* der Fähigkeit; Erteilung *f* der Befugnis

habilité¹ [abilite] *f jur* Fähigkeit *f*; ~ **à succéder, à tester** Erb-, Te'stierfähigkeit *f*

habilit|é² [abilite] *adj jur* befugt; **non** ~ unbefugt; **personne non** ~ Unbefugte(r) *m*; Nichtberechtigte(r) *m*; **~er** *v/t jur* ~ **qn** j-n ermächtigen, j-m die Fähigkeit verleihen, j-m die Befugnis erteilen (**à faire qc** etw zu tun)

habillage [abijaʒ] *m* **1.** Anziehen *n*; Ankleiden *n*; **2.** *cuis von Geflügel, Wild, Fisch* Vorbereiten *n*; *des Schlachtviehs* Ausschlachten *n*; **3.** *jard* Beschneiden *n* (*zu verpflanzender Bäume*); **4.** *impr* Satzordnung *f* (*mit Schrift u Illustration*); **5.** *tech* **a)** *e-r Uhr* Zu'sammenfügen *n*, -montieren *n*; **b)** Verkleidung *f*

habillé [abije] **I** *v/t* **1.** angezogen, (an)gekleidet; **se coucher tout** ~ mit, in den Kleidern, ganz angezogen zu Bett gehen; **être bien, mal** ~ gut, schlecht angezogen, gekleidet sein; **être** ~ **en, de noir** schwarz gekleidet sein; **2.** *Kleid etc* festlich (wirkend); **cela fait** ~ das wirkt festlich, feierlich

habillement [abijmɑ̃] *m* **1.** *der Truppen etc* Einkleiden *n*, -ung *f*; **2.** (Be)Kleidung *f*; **dépenses** *f/pl* d'~ Ausgaben *f/pl* für Kleidung; **3.** Bekleidungsgewerbe *n*

habiller [abije] **I** *v/t* **1.** *Kind, Kranken etc* anziehen; ankleiden; *Rekruten, Polizisten etc* einkleiden; **2.** *cout* ~ **qn** für j-n arbeiten, nähen; **3.** *Kleid etc* ~ **qn bien**

j-n gut kleiden; j-m gut stehen; **un rien l'habille** ihr steht alles; sie kann alles tragen; **4.** *cuis Geflügel, Wild, Fisch* vorbereiten; *Schlachtvieh* ausschlachten; **5.** *jard zu verpflanzende Bäume* beschneiden; **6.** *tech* **a)** *Uhr* zu'sammenfügen, -montieren; **b)** verkleiden (**de** mit); **II** *v/pr* **s'~ 7.** sich anziehen, ankleiden; **s'~ à la hâte** sich in aller Eile anziehen, ankleiden; **8.** sich anziehen, kleiden; **s'~ court** kurz tragen; kurze Kleider *bzw* Röcke tragen; **s'~ à la mode** sich modisch anziehen, kleiden; mit der Mode gehen; **s'~ de noir, en noir** sich schwarz anziehen; schwarz tragen; **9.** sich festlich kleiden; **faut-il s'~ pour cette réception?** muß man sich ... festlich, feierlich anziehen?; **10.** *cout* **s'~ chez qn** bei j-m arbeiten lassen; **s'~ sur mesure** (sich) s-e Kleidung nach Maß arbeiten lassen; nur Maßanzüge *bzw* -kleider tragen

habill|eur [abijœr] *m*, **~euse** *f thé* Garderobi'er *m*, Garderobi'ere *f*

habit [abi] *m* **1.** Frack *m*; **en** ~ im Frack; **2.** Kleid *n*; Gewand *n*; *Raumfahrt* ~ **pressurisé** Druckanzug *m*; ~ **vert** Or'nat *m* der Mitglieder der Académie Française; **briguer l'~ vert** sich darum bemühen, als Mitglied in die Académie Française aufgenommen zu werden; ~ **d'ordre** Ordenstracht *f*, -gewand *n*; *égl cath* **prise** *f* **d'~** Einkleidung *f* (*der Novizen*); **prendre l'~** Mönch *bzw* Nonne werden; die Kutte nehmen; **quitter l'~ religieux** *cf* **habit** 3.; **l'~ ne fait pas le moine** der Schein trügt (*loc/prov*); das Kleid macht noch nicht den Menschen; **3.** ~**s** *pl* Kleidung *f*; Kleider *n/pl*; ~**s du dimanche** Sonntagskleidung *f*; **brosse** *f* **à** ~**s** Kleiderbürste *f*

habit|abilité [abitabilite] *f* **1.** *e-s Hauses, e-r Wohnung* Bewohnbarkeit *f*; **2.** *e-s Autos, Aufzugs etc* Geräumigkeit *f*; **~able** *adj* bewohnbar; **surface** *f* ~ Wohnfläche *f*

habitacle [abitakl(ə)] *m* **1.** *mar* Kompaßhaus *n*; Nachthaus *n*; Kompaßsäule *f*; **2.** *aviat* Pi'lotenkanzel *f*; *e-s Raumfahrzeugs* Kom'mandokapsel *f*; *auto* Fahrgastraum *m*, -zelle *f*, -kabine *f*

habit|ant [abitɑ̃] *m*, **~ante** *f* **1.** *e-s Landes, e-r Gemeinde* Einwohner(in) *m(f)*; *e-s Landes, e-r Insel, der Erde etc auch* Bewohner(in) *m(f)*; ~ **d'Europe centrale** Mitteleuropäer(in) *m(f)*; ~ **d'une grande, petite ville** Groß-, Kleinstädter(in) *m(f)*; **nombre** *m* **d'habitants** Einwohnerzahl *f*; *im Urlaub etc* **loger chez l'habitant** pri'vat wohnen; ein Pri'vatquartier haben; **2.** *e-s Hauses* Bewohner(in) *m(f)*; **les habitants des bois** die Bewohner *m/pl* der Wälder; **4.** F *fig* **habitants** *m/pl* Läuse *f/pl*, Ungeziefer *n* (*e-s Menschen*);

F Einwohner *m/pl*; (Mit)Bewohner *m/pl*

habitat [abita] *m* **1.** Siedlung(sweise *f*, -wesen *n*) *f*; Siedlungsgebiet *n*, -raum *m*; ~ **concentré** geschlossene Siedlung; ~ **dispersé** Streusiedlung *f*; ~ **rural**, urbain ländliche, städtische Siedlung; **géographie** *f* **de l'~** Siedlungsgeographie *f*; **2.** Wohnverhältnisse *n/pl*; *par ext* Wohnung *f*; **amélioration** *f* **de l'~** Verbesserung *f* der Wohnverhältnisse (*in Altbauwohnungen*); **3.** *bot, zo* Standort *m*; Heimat *f*; *sc* Habi'tat *n*

habitation [abitasjɔ̃] *f* Wohnung *f*; ~ **à loyer modéré** (*abr* **H.L.M.** *m*) Sozi'alwohnung *f*; *pl auch* sozialer Wohnungsbau; **conditions** *f/pl*, **maison** *f* **d'~** Wohnverhältnisse *n/pl*, -haus *n*; *Gebäude* **à usage d'~** zu Wohnzwecken

habité [abite] *adj* **1.** *Haus, Gegend etc* bewohnt; **2.** *Raumflugkörper, Raumflug* bemannt

habiter [abite] **I** *v/t* **1.** bewohnen; wohnen in (+*dat*); ~ **une maison** ein Haus bewohnen; in e-m Haus wohnen; ~ **Paris** in Paris wohnen; ~ **le Quartier latin** im Quartier latin wohnen; **2.** *fig Leidenschaft* ~ **qn** j-n beherrschen; *Glaube* ~ **qn** j-n nicht verlassen; *st/s* in j-m wohnen; **II** *v/i* wohnen; ~ **trois, rue de la Gare** *od* ~ **au trois de la rue de la Gare** Bahnhofstraße (Nummer) drei wohnen; ~ **à la campagne, à l'étranger, à Paris, à la ville** auf dem Lande, im Ausland, in Paris, in der Stadt wohnen; ~ **au quatrième** im vierten Stock, in der vierten Etage wohnen; ~ **dans cet immeuble** in diesem Gebäude wohnen; *in Paris* ~ **dans le seizième** im sechzehnten Arrondissement wohnen; ~ **sur la Côte d'Azur** an der Côte d'Azur wohnen; **aller** ~ **en province** in die Provinz ziehen

habitude [abityd] *f* Gewohnheit *f*; Gepflogenheit *f*; Angewohnheit *f*; **bonne, mauvaise** ~ gute, schlechte (An-)Gewohnheit; *écon* ~**s de consommation** Kon'sumgewohnheiten *f/pl*; **les** ~**s d'un pays** die Gewohnheiten, Gepflogenheiten, Bräuche *m/pl* e-s Landes; *jur* **criminel** *m* **d'~** Gewohnheitsverbrecher *m*; **question** *f* **d'~** Rou'tinefrage *f*, -angelegenheit *f*; ♦ *loc/adv* **comme à son** ~, **selon son** ~, **suivant son** ~ wie es s-e Gewohnheit ist; wie es s-r Gewohnheit entspricht; wie gewöhnlich; **d'~** gewöhnlich; nor'malerweise; sonst; **comme d'~** wie gewöhnlich, sonst, immer; F *oft iron* wie gehabt; **par** ~ aus (alter) Gewohnheit; gewohnheitsmäßig; ♦ **avoir l'~** *od* **pour** ~ **de faire qc** a) die Gewohnheit haben, etw zu tun; etw zu tun pflegen; gewöhnlich etw tun; b) (es) gewohnt *od* (daran) gewöhnt sein, etw zu tun; **il a l'~ de se lever tôt** er hat die

Gewohnheit, früh aufzustehen; er pflegt früh aufzustehen; er steht gewöhnlich früh auf; **je n'ai pas l'~ de répéter** ich pflege das, was ich sage, nicht zu wieder-'holen; **il a l'~ de parler en public** er ist es gewohnt ...; **il n'a pas l'~ de conduire** er hat keine Fahrpraxis; **cela n'est rien,** j'en ai l'~ ... ich bin daran gewöhnt, bin es gewohnt; **avoir l'~ de qc, de qn** sich mit etw, mit j-m auskennen; mit etw, mit j-m 'umzugehen verstehen; **an etw** (acc) gewöhnt sein; **cela n'est pas son ~, cela n'est pas dans ses ~s, cela sort de ses ~s** das ist nicht s-e Gewohnheit; das macht er gewöhnlich nicht; **être esclave de ses ~s** ein Sklave s-r Gewohnheiten sein; F ein Gewohnheitstier sein; **perdre l'~ de** (+inf) es sich abgewöhnen zu (+inf); **avoir perdu l'~ de** (+inf) es nicht mehr gewohnt sein zu (+inf); **perdre l'~ de fumer** sich das Rauchen abgewöhnen; **j'ai perdu l'~ d'être seul** ich bin es nicht mehr gewohnt, allein zu sein; **perdre une mauvaise ~** e-e schlechte Gewohnheit ablegen, aufgeben; **prendre l'~ de** (+inf) (es) sich angewöhnen, die Gewohnheit annehmen, es sich zur Gewohnheit machen zu (+inf); **j'ai pris l'~ de fumer** ich habe mir das Rauchen angewöhnt; **il a pris des ~s de paresse** er ist (mit der Zeit) bequem geworden; **faire prendre l'~ à qn de** (+inf) es j-m angewöhnen, j-n daran gewöhnen zu (+inf); prov **l'~ est une seconde nature** etwa Gewohnheit wird zur zweiten Natur

habitué(e) [abituɛ] m(f) in e-m Lokal Stammgast m (auch Frau); **habitué du théâtre** häufiger The'aterbesucher; The'aterfreund m; **c'est un habitué de la maison** er ist im regelmäßiger Gast in unserem Haus; er geht bei uns ein und aus; er ist bei uns wie zu Hause

habituel [abituɛl] adi (~le) üblich; gewöhnlich; gewohnt; zur Gewohnheit geworden; **client, électorat ~** Stammkunde m, -wähler m/pl; **au sens ~ du mot** im üblichen, gebräuchlichen Sinn des Wortes; in der Werbung **demandez--le à votre fournisseur ~** verlangen Sie es bei Ihrem Kaufmann; **il est ~ que ...** od de (+inf) es ist üblich, daß ... od qc (+inf); **ce n'est pas ~ chez lui** das ist ungewöhnlich bei ihm, für ihn

habituellement [abituɛlmã] adv gewöhnlich; im allgemeinen; in der Regel

habituer [abitue] I v/t ~ qn à (+inf) j-n daran gewöhnen zu (+inf); j-m angewöhnen zu (+inf); adit **être habitué à qc** od à (+inf) an etw (acc) gewöhnt sein od (daran) gewöhnt sein zu (+inf); etw gewohnt sein od (es) gewohnt sein zu (+inf); **j'y suis habitué** ich bin daran gewöhnt; ich bin es gewohnt; **II** v/pr **s'~ à qc, à qn** sich an etw, an j-n gewöhnen; **s'~ à** (+inf) sich daran gewöhnen zu (+inf)

habitus [abitys] m physiol, path Habitus m

hâbl|erie [ɑblərí] f Prahle'rei f; Aufschneide'rei f; **~eur, ~euse I** m,f Prahler(in) m(f); Prahlhans m; Aufschneider(in) m(f); F Großmaul n, -schnauze f; **II** adj prahlerisch; aufschneiderisch; F großschnäuzig, -schnauzig

'Habsbourg [apsbur] m/pl hist Habsburger m/pl

'hachage [aʃaʒ] m cuis von Fleisch, Gemüse Hacken n; Zerkleinern n; durch e-n Fleischwolf 'Durchdrehen n; agr des Strohs Häckseln n

'hache [aʃ] f Axt f; Beil n; **~ à main** (Hand)Beil n; **~ d'abattage** Fällaxt f; mar hist **~ d'abordage** Enterbeil n; hist

~ d'armes Streitaxt f; **~ de charpentier, de guerre,** hist de pierre od de silex Breit-, Kriegs-, Steinbeil n; **à coups de ~** mit Axtschlägen, Beilhieben; fig Gesicht **taillé à coups de ~** grob (geschnitten)

'haché [aʃe] adi **1.** cuis **bifteck ~** a) zu Bratlingen, Bu'letten geformtes Hackfleisch, Gehacktes; b) deutsches Beefsteak ['bi:fste:k]; Bu'lette f; (Fleisch-) Frika'delle f; **viande ~e** Hackfleisch n; Gehackte(s) n; **2.** agr **paille ~e** Häcksel m od n; Häckerling m; **3.** fig Stil, Satz abgehackt

'hache|-légumes [aʃlegym] m ‹inv› cuis Gemüseschneider m, -zerkleinerer m; **~ment** m cf hachage; **~-paille** m ‹inv› Häckselmaschine f; Futterschneidemaschine f; Häcks(e)ler m

'hacher [aʃe] v/t **1.** cuis Fleisch, Gewürzkräuter, Zwiebel, Gemüse etc zerkleinern; Fleisch durch den Fleischwolf 'durchdrehen; agr Stroh häckseln; **~ fin, menu** fein hacken; wiegen; **~ gros** grob hacken; ♦ fig: **je vais te ~ menu comme chair à pâté** F aus dir mach' ich Hackfleisch, Kleinholz; **se faire ~** a) bis zum letzten Mann kämpfen; b) sich in Stücke reißen lassen (pour für); **il se ferait plutôt ~ que de** (+inf) er ließe sich eher in Stücke reißen als zu (+inf); **2.** tech einkerben, -schneiden, -ritzen

'hach|ereau [aʃro] m ‹pl ~x› **1.** Zimmermannshammer m; **2.** e-s Holzfällers kleine Axt; **~ette** f (kleines) Beil; kleine Axt

'hache-viande [aʃvjãd] m ‹inv› cuis Fleischwolf m

'hachis [aʃi] m cuis kleingehacktes Fleisch bzw Fleischklein bzw Gemüse, kleingehackter Fisch (für Füllungen); **~ Parmentier** Hackbraten, der mit Kartoffelbrei überbacken wird od im Ofen überbacken wird

'hachisch [aʃiʃ] m Rauschgift Haschisch n

'hachoir [aʃwar] m cuis **1.** für Fleisch a) Fleischwolf m; b) Hackbeil n, -messer n; für Gemüse a) Gemüsezerkleinerer m, -schneider m; b) Wiegemesser n; **2.** Hackbrett n

'hachur|e [aʃyr] f Kartographie, e-r Zeichnung etc, meist pl ~s Schraf'fierung f; Schraf'fur f; Schraffung f; Strichelung f; **~er** v/t schraf'fieren; schraffen; stricheln

hacienda [asjenda] f in Südamerika Hazi'enda f

'haddock [adɔk] m cuis geräucherter Schellfisch

'hadjdj(i) [adʒ(i)] m Hadschi m (Mekkapilger)

'hagard [agar] adi verstört; verängstigt; **avoir l'air ~** ganz verstört aussehen

hagiograph|e [aʒjɔgraf] m Hagio'graph m; Verfasser m von Heiligenleben; **~ie** f Hagiogra'phie f; **~ique** adj hagio'graphisch

'haie [ɛ] f **1.** Hecke f; **~ morte, sèche** Reisighecke f; auch Stacheldrahtzaun m; **~ vive** (lebende) Hecke; lebender Zaun; **~ d'abri** Schutzhecke f; **2.** sports Hürde f; **course de ~s** a) Leichtathletik Hürdenlauf m; b) Reiten Hürdenrennen n; Leichtathletik **le 110 m ~s** der 110-m-Hürdenlauf; **3.** fig von Personen Spa'lier n; **~ d'honneur** Ehrenspalier n; **faire, former la ~** (ein) Spalier bilden; **4.** agr Grendel m; Pflugbalken m

'haïk [aik] m Haik m od n (mantelartiger Überwurf bes der Berberfrauen)

'haïkaï [aikai] m od **haïku** [aiky] m japanische Gedichtform Haiku n; Haikai n

'haillon [ajɔ̃] m meist pl ~s Lumpen

m/pl; Fetzen m/pl; Bettler etc **en ~s** zerlumpt; in Lumpen; **vêtu de ~s** in Lumpen gehüllt, gekleidet

'haine [ɛn] f Haß m (pour qn, auch de qn, st/s de qc gegen, auf j-n, auf etw); st/s **~ de la médiocrité** Haß auf alles Mittelmäßige; **~ pour son père** Haß gegen, auf s-n Vater; loc/prép **par ~ de qn, de qc** aus Haß gegen j-n, auf etw (acc); **avoir de la ~ pour qn** Haß gegen, auf j-n haben; j-n hassen; **éprouver de la ~ pour qn** Haß gegen j-n empfinden; **exciter les ~s entre les partis** den Haß zwischen den Parteien schüren; **nourrir une ~ contre qn, vouer une ~ à qn** Haß gegen j-n hegen

'haineux [ɛnø] adi ‹-euse› Person, Blick etc haßerfüllt; gehässig

'haïr [air] ‹je hais [ɛ], il hait [ɛ], nous haïssons, ils haïssent; je haïssais; je haïs; je haïrai; que je haïsse; haïssant; haï› **I** v/t ~ qn, qc j-n, etw hassen; **II** v/pr **se ~** ein'ander, sich hassen

'haire [ɛr] f Büßerhemd n, -kleid n

'haïssable [aisabl(ə)] adi hassenswert

'haïtien [aisjɛ̃] **I** adi ‹~ne› haiti'anisch; auch ha'itisch; **II** subst 2(ne) m(f) Haiti'aner(in) m(f); auch Ha'itier(in) m(f)

'halage [alaʒ] m mar Treideln n; **chemin m de ~** Treidelweg m, -pfad m; Leinpfad m

'halbi [albi] m Most m aus Äpfeln und Birnen

'halbran [albrã] m ch junge Wildente

'hâl|e [ɑl] m (Sonnen-, Wetter)Bräune f; **~é** adj (sonnen-, wetter)gebräunt

haleine [alɛn] f Atem m; poét Odem m; **~ fraîche** frischer Atem; loc/adv u loc/adi: **à perdre ~ :** il a couru à perdre ~ er ist so (schnell, lange) gerannt, daß er ganz außer Atem war; fig **ils ont discuté à perdre ~** sie haben endlos (lang) diskutiert; fig Arbeit, Aufgabe **de longue ~** langwierig; **'hors d'~** atemlos; außer Atem; **avoir (une) mauvaise ~, l'~ forte** e-n üblen, unangenehmen Mundgeruch haben; aus dem Munde riechen; **reprendre ~** wieder zu Atem kommen; F (sich) verschnaufen, verpusten; fig **Atem holen, schöpfen; tig tenir qn en ~** j-n in Atem halten; j-n fesseln

'haler [ale] mar **I** v/t Schiff treideln; Tau etc (ver-, auf-, an)holen; **II** v/t/indir ~ **sur qc** an etw (dat) ziehen

'hâler[ale] v/t Sonne, Luft: Haut, Gesicht bräunen

'haletant [altã] adi Person keuchend; schnaufend; nach Luft ringend; F japsend; Hund japsend; Pferd schnaubend; **par ext Atem keuchend; il arrivait, la poitrine ~e** mit keuchender Brust ...; **d'une voix ~e** mit keuchender Stimme

'halètement [alɛtmã] m Keuchen n; Schnaufen n; F Japsen n; e-s Hundes Japsen n; e-s Pferdes Schnauben n

'haleter [alte] ‹-è-› v/i keuchen; schnaufen; nach Luft ringen; F japsen; Hund japsen; Pferd schnauben

'haleur [alœr] m **1.** Treidler m; **2.** Dampfwinde f (zum Aufholen der Netze)

'half-track [a(l)ftrak] m ‹pl half--tracks› mil Halbketten-Schützenpanzer m

'halicte [alikt] m zo Schmal-, Furchenbiene f

halieutique [aljøtik] **I** adi den Fischfang betreffend; **II** f Kunst f des Fischfangs

haliotide [aljɔtid] f zo Seeohr n; sc Hali'otis f

'hall [ol] m Halle f; **~ d'exposition, de gare, d'hôtel** Ausstellungs-, Bahnhofs-, Ho'telhalle f

'hallage [alaʒ] m comm Marktgeld n, -gebühren f/pl; Standgeld n

hallali [alali] *ch* **I** *int* hala'li!; **II** *m* Hala'li *n* (*auch fig*); **sonner** l'~ das Halali blasen

'halle [al] *f* **1.** Markthalle *f*; früher ~ aux cuirs, aux vins Leder-, Weinmarkt *m*; **2.** ~s *pl* über'dachter Markt im Stadtzentrum; früher les ♀s die Pariser Markthallen *f/pl*

'hallebarde [albard] *f hist* Helle'barde *f*; *fig* il tombe, pleut des ~s es gießt in Strömen, F wie aus *od* mit Eimern *od* Kannen *od* Kübeln; F es regnet Bindfäden

'hallier [alje] *m* Dickicht *n*

'hallstattien [alstatjɛ̃] *adj* ⟨~ne⟩ *Vor-geschichte* Hallstatt…; civilisation ~ne Hallstattkultur *f*

hallucinant [a(l)lysinɑ̃] *adj* Ähnlichkeit *etc* verblüffend; *Schauspiel etc* grauenhaft; grauenerregend

hallucina|tion [a(l)lysinasjõ] *f path* Halluzinati'on *f*; ~ auditive, olfactive, visuelle akustische Halluzination, Geruchshalluzination, optische Halluzination; *par ext* avoir des ~s Halluzinationen, Wahnvorstellungen haben; an Halluzinationen leiden; *Hirngespinste* sehen; ~**toire** *adj méd* halluzina'torisch; *par ext Erscheinung, Form* halluzinati'onsartig

halluciné [a(l)lysine] **I** *adj Person* an Halluzinati'onen leidend; *par ext Blick, Ausdruck* verwirrt; geistesabwesend; *p/fort* irr(e); **II** *subst* ~(e) *m(f)* an Halluzinati'onen Leidende(r) *f(m)*; Halluzi'nant(in) *m(f)*

hallucinogène [a(l)lysinɔʒɛn] **I** *adj* Halluzinati'onen her'vorrufend; **II** *m* Halluzino'gen *n*

'halo [alo] *m* **1.** *der Sonne, des Mondes* Hof *m*; *sc* Halo *m*; **2.** *phot* Lichthof *m*; **3.** *um e-e Straßenlaterne etc* (verschwommener) Lichtkreis (de um); **4.** *fig* ~ de gloire Glori'ole *f*; Glorienschein *m*

halogénation [alɔʒenasjõ] *f chim* Haloge'nierung *f*

hal|ogène [alɔʒɛn] **I** *adj* **1.** *chim* Halo-'gen…; halo'gen; salzbildend; **2.** *auto* phare *m* ~ Halo'genscheinwerfer *m*; **II** *m chim* Halo'gen *n*; Salzbildner *m*; ~**oïde** *adj u subst m chim* (sel *m*) ~ Haloge'nid *n*; Halo'id *n*

halo|phile [alɔfil] *adj bot* halo'phil; ~**phyte** [-fit] *f bot* Salzpflanze *f*; *sc* Halo'phyt *m*

'halte [alt] *f* **1.** Halt *m*; Rast *f*; mil ~ horaire stündliche Marschpause von zehn Minuten; après une courte ~ nach e-m kurzen Halt, e-r kurzen Rast; nach kurzem Halt, kurzer Rast; faire (une) ~ haltmachen; faire une ~ de deux heures zwei Stunden haltmachen, Rast machen; la ~ est finie, il faut continuer die Rast, Pause ist beendet, ist zu Ende…; **2.** *ch de fer* kleine (Eisenbahn)Stati'on (*nur für Reisende, keine Gepäckverladung*); Haltepunkt *m*; **II** *int mil* halt!; ~-là! a) *mil* halt!; stehenbleiben!; b) *fig* halt!; genug!

haltère [altɛr] *m abus f sports* Hantel *f*; poids et ~s Gewichtheben *n*

haltérophil|e [alterɔfil] *m sports* Gewichtheber *m*; ~**ie** *f sports* Gewichtheben *n*

'halva [alva] *m orientalische Süßigkeit* Halwa *n*

'hamac [amak] *m* Hängematte *f*

'hamada [amada] *f géogr* Ha(m)'mada *f*; Felswüste *f* (in der Sahara)

hamadryade [amadrijad] *f myth* (Hama)Dry'ade *f*; Baumnymphe *f*

hamadryas [amadrijas] *m zo* Mantel-pavian *m*; *sc* Ha'madryas *m*

hamamélis [amamelis] *m bot* Hama-'melis *f*; Zaubernuß *f*

'hambourgeois [ɑ̃burʒwa] **I** *adj* Ham-

---

burger; hamburgisch; **II** *subst* ♀(e) *m(f)* Hamburger(in) *m(f)*

'hamburger [ɑ̃byrʒɛr, ɑ̃bœrgœr] *m cuis* Hamburger *m*; Frika'delle *f*

'hameau [amo] *m* ⟨*pl* ~x⟩ Weiler *m*

hameçon [amsõ] *m Angelsport* Angelha-ken *m*; *fig Person* mordre à l'~ sich ködern lassen; F anbeißen

hameçonner [amsɔne] *v/t Angel* mit e-m Angelhaken versehen

'hammam [amam] *m* Ham'mam *m*; türkische Badeanlage

'hammerless [amɛrlɛs] *m ch* Jagdge-wehr *n* mit verdecktem Schlaghammer

'hampe [ɑ̃p] *f* **1.** *e-r Lanze, Fahne etc* Schaft *m*; *e-r Fahne auch* Stange *f*; *e-s Pinsels* Stiel *m*; **2.** *bot* Schaft *m*; **3.** *e-s Buchstabens* senkrechter Hauptstrich; **4.** *ch e-s Hirschs* Vorschlag *m*

'hamster [amstɛr] *m zo* Hamster *m*

'han [(h)ɑ̃] **I** *int bei e-r körperlichen Anstrengung* haa!; **II** *m* ⟨*inv*⟩ pousser un ~ ein keuchendes Haa ausstoßen

'hanap [anap] *m* Humpen *m*

'hanche [ɑ̃ʃ] *f* **1.** *anat* Hüfte *f*; ~s étroites, larges schmale, breite Hüften *f/pl*; tour *m* de ~s Hüftumfang *m*, -weite *f*; mettre les poings sur les ~s die Arme in die Hüften, Seiten stemmen; rouler des ~s sich in den Hüften wiegen; **2.** *des Pferdes* Hüfte *f*; Hanke *f*; *e-s Insekts* Hüfte *f*

'handball [ɑ̃dbal] *m sports* Handball *m*; ~**eur** *m*, ~**euse** *f* Handballspieler(in) *m(f)*; F Handballer(in) *m(f)*

'handicap [ɑ̃dikap] *m* **1.** *sports* a) Han-dikap ['hɛndikɛp] *n*; Vorgabe *f*; b) Handikap(rennen *n*, -wettkampf *m*) *n*; *Pferdesport auch* Ausgleichsrennen, -wettkampf *n*; *fig* Handikap *n*; Nachteil; Benachteili-gung *f*; Behinderung *f*; c'était un sé-rieux ~ pour lui das war für ihn ein schweres Handikap

'handicap|é [ɑ̃dikape] ⟨*oft mit stum-mem h*⟩ **I** *adj körperlich bzw geistig* behindert; **II** *subst* ~(e) *m(f)* (*körperlich bzw geistig*) Behinderte(r) *f(m)*; ~ physique Körperbehinderter *m*; ~**er** *v/t* **1.** *sports* handikapen ['hɛndikɛpən]; **2.** *fig* handikapen; benachteiligen; behindern; *adit* être handicapé par qc durch etw gehandikapt sein; ~**eur** *adj u subst m sports* (commissaire *m*) ~ Handikapper ['hɛndikɛpər] *m*

'hangar [ɑ̃gar] *m* Schuppen *m*; *aviat* Flugzeughalle *f*, -schuppen *m*; Hangar *m*; *mar* Bootshaus *n*

'hanneton [antõ] *m zo* Maikäfer *m*; ~ des roses Rosenkäfer *m*; F *fig* ne pas être piqué des ~s *cf* piqué I 2.

'hannetonn|age [antɔnaʒ] *m agr* Mai-käferbekämpfung *f*, -vertilgung *f*, -vernichtung *f*; ~**er** *v/i agr* die Maikäfer bekämpfen, vertilgen, vernichten

'hansart [ɑ̃sar] *m regional* Fleisch-, Hackmesser *n*

'Hanse [ɑ̃s] *f hist* la ~ (teutonique, germanique) die (Deutsche) Hanse

'hanséatique [ɑ̃seatik] *adj* Hanse…; hanse'atisch; ligue *f*, ville *f* ~ Hanse-bund *m*; -stadt *f*

'hanté [ɑ̃te] *adj* Spuk…; Geister…; château ~ Spukschloß *n*; maison ~e Haus, in dem es spukt; Geisterhaus *n*

'hanter [ɑ̃te] *v/t* **1.** *Gespenst* ~ une maison in e-m Haus spuken, 'umgehen; le château est hanté im Schloß spukt es; **2.** *fig Idee, Wunsch, Hoffnung, Erin-nerung* ~ qn j-m keine Ruhe lassen; j-n beherrschen, ganz und gar erfüllen; *Idee, Erinnerung auch* j-n 'umtreiben, quälen; *Sorgen* ~ toutes ses pensées sein ganzes Denken beherrschen

'hantise [ɑ̃tiz] *f* ~ de qc (panische) Angst, (panisches) Entsetzen, Grauen

---

vor etw (*dat*); *p/fort* Zwangsvorstellung *f* (+*gén*); j'en ai la ~ mir grau(s)t davor; *p/fort* ich werde die Angst davor nicht los

hapax [apaks] *m ling* Hapaxle'gome-non *n*

haploïde [aplɔid] *adj biol* haplo'id

haplologie [aplɔlɔʒi] *f phon* Haplolo-'gie *f*

'happe [ap] *f Tischlerei* Zwinge *f*; Kram-pe *f*

'happement [apmɑ̃] *m tech* Kleben(-), Haften(bleiben) *n*

'happening [apniŋ] *m thé* Happening ['hɛ-] *n*

'happer [ape] *v/t* **1.** *Tier: Fleisch etc* schnappen; erhaschen; **2.** *fig* être hap-pé par le train, par une voiture vom Zug, von e-m Auto erfaßt, mitgerissen, F erwischt werden

'happy end [apiɛnd] *m od f* Happy-End ['hɛpi-] *n*

'haquet [akɛ] *m* Karren *m* (zur Faßbe-förderung)

'hara-kiri [arakiri] *m* Hara'kiri *n*; faire ~ Harakiri begehen, machen (*auch iron*)

'harangu|e [arɑ̃g] *f* Rede *f*; Ansprache *f*; ~**er** *v/t* e-e Rede, Ansprache halten (les soldats, la foule an die Soldaten, an die Menge)

'haras [ara, arɑ] *m* Gestüt *n*

'harassant [arasɑ̃] *adj Arbeit, Tag etc* ermüdend; aufreibend

'harasse [aras] *f* Haraß *m*; Kiste *f* zum Verpacken von Glas *bzw* Porzel'lan

'harasser [arase] *v/t nur p/p u adit* harassé sehr ermüdet; erschöpft; F ka'putt; je suis harassé par ce travail diese Arbeit hat mich erschöpft, sehr ermüdet; von dieser Arbeit bin ich erschöpft, sehr ermüdet

'harcèlement [arsɛlmɑ̃] *m* Stören *n*, -ung *f*; *mil u fig* guerre *f* de ~ Kleinkrieg *m*; tir *m* de ~ Stör(ungs)feuer *n*

'harceler [arsəle] *v/t* ⟨-è-⟩ **1.** *mil Feind* beunruhigen; **2.** *fig* ~ qn de questions, de réclamations, *etc* j-n (dauernd) mit Fragen, Reklamationen *etc* bedrängen, bestürmen, attac'kieren; j-m mit Fragen, Reklamationen *etc* zusetzen

'hard|e [ard] *f* **1.** *von Hirschen, Rehen etc* Rudel *n*; **2.** *ch* Koppel(riemen) *m*; *par ext* Koppel *f* Hunde; **3.** ~s *pl péj* abgetragene Kleidungsstücke *n/pl*, Sa-chen *f/pl*; F Kla'motten *pl*; **4.** *jur* ~s *pl* Kleidungsstücke *n/pl*; *auch* persönliche Habe; ~**er** *v/t ch Hunde* koppeln

'hardi [ardi] **I** *adj Person* kühn; uner-schrocken; beherzt; mutig; *péj* kühn; unverfroren; *Unternehmen, Plan, Dok-trin, Stellungnahme etc* kühn; mutig; *Ausdruck* gewagt; *Form e-s Bauwerks etc* kühn; *e-s Gebirgsmassivs* schroff; **II** *int* ~! nur zu, munter, Mut!; los!; F ~ petit! los, mein Freund!

'hardiesse [ardjɛs] *f e-r Person* Kühn-, Unerschrocken-, Beherztheit *f*; Mut *m*; *e-s Unternehmens, Plans etc* Kühnheit *f*

'hardiment [ardimɑ̃] *adv* kühn; uner-schrocken; beherzt; mutig; *péj* kühn; unverfroren

'hard-top [ardtɔp] *m auto* Hardtop *m od n*

'hardware [ardwɛr] *m EDV* Hardware ['ha:rdvɛ:r] *f*

'harem [arɛm] *m* Harem *m* (*Räume u coll Frauen, auch fig*)

'hareng [arɑ̃] *m zo, cuis* Hering *m*; ~ frais grüner Hering; ~ saur Bückling *m*; F *fig* être maigre, sec comme un ~ saur ein Hering, spindel-, klapperdürr sein; F *fig* être serrés comme des ~s wie die Heringe (zusammengepreßt) sit-zen *bzw* stehen

'harengaison [arɑ̃gɛzõ] *f* Herings-

fang(zeit) *m(f)*

'harengère [arãʒɛr] *f* **crier comme une** ~ wie ein Marktweib schreien

'harenguet [arãgɛ] *m zo* Sprotte *f*

'harengu|eux [arãgø] *m od* **~ier** *m mar* Heringslogger *m*

'harfang [arfã] *m zo* Schnee-Eule *f*

'hargn|e [arɲ] *f* Bissigkeit *f; p/fort* Gehässigkeit *f;* **~eux** *adj* <-euse> *Person, Ton etc* bissig; zänkisch; *p/fort* gehässig

'haricot [ariko] *m* **1.** *bot, cuis* Bohne *f;* **~s beurre** Wachsbohnen *f/pl;* **~s blancs, verts** weiße, grüne Bohnen *f/pl;* **~s mange-tout** zarte, fadenlose grüne Bohnen *f/pl;* **~s nains, à rames, d'Espagne** Busch-, Stangen-, Feuerbohnen *f/pl;* F *fig* **courir sur le** ~ **à** j-m sehr lästig fallen; F j-m auf den Wecker gehen, fallen; F *fig* **c'est la fin des** ~**s** jetzt ist alles aus; F ist's ganz aus; **2.** *cuis* ~ **de mouton** Hammelragout *n* mit Kartoffeln und weißen Bohnen

'haridelle [aridɛl] *f* Klepper *m;* Schindmähre *f*

'harki [arki] *m im Algerienkrieg: einheimischer Hilfssoldat der frz Armee*

'harle [arl] *m zo* Säger *m*

'harmattan [armatã] *m météo* Harmat-'tan *m*

harmonica [armɔnika] *m mus* **a)** Mundharmonika *f;* **b)** *bes früher* Glasharmonika *f*

harmonie [armɔni] *f* **1.** *mus* **a)** Harmo'nie *f; philos* ~ **des sphères** Sphärenharmonie *f,* -musik *f;* **b)** Harmo'nielehre *f;* Har'monik *f;* **c)** Blasinstrumente *n/pl (e-s Orchesters); par ext* Harmo'nieorchester *n;* Blaskapelle *f;* **2.** *e-s Satzes, Verses etc* Harmo'nie *f;* Wohlklang *m; Dichtkunst:* ~ **imitative** Lautmale'rei *f,* Klangnachahmung *f (bei Versen); phon* ~ **vocalique** Vo'kalharmonie *f;* **3.** *der Farben, Formen etc* Harmo'nie *f;* Zu-'sammenpassen *n;* **4.** *der Gedanken, Gefühle etc* Harmo'nie *f;* Einklang *m;* Über'einstimmung *f;* ~ **de la famille** Harmonie innerhalb der Familie; **être en** ~ **avec qc** mit etw in Einklang stehen, sein; *fig* auf Glück; **vivre en** ~ **avec qn** mit j-m in Harmonie, Einklang, Übereinstimmung leben

harmonieux [armɔnjø] *adj* <-euse> **1.** *Ton, Stimme, Instrument etc* har'monisch; wohlklingend; *Körper* gut proportio'niert; **2.** *fig* har'monisch; wohlausgewogen

harmonique [armɔnik] **I** *adj* **1.** *mus, Akustik* son *m* ~ *od subst* ~ *m* Oberton *m;* **2.** *math* har'monisch; **division** *f,* **faisceau** *m,* **série** *f* ~ harmonische Teilung *f,* Strahlen *m/pl,* Reihe *f;* **II** *subst* **1.** *m math* Har'monische *f;* **2.** *f élect* Har'monische *f;* Oberschwingung *f*

harmonisation [armɔnizasjõ] *f* **1.** *bes écon der Löhne, Zolltarife etc* Har-moni'sierung *f;* Angleichung *f;* **2.** *mus e-r Melodie* Harmoni'sieren *n;* **3.** *phon* Vo-'kalharmonie *f*

harmoniser [armɔnize] **I** *v/t* **1.** *Interessen, Aktionen etc* aufein'ander abstimmen *(auch Farben);* (ein'ander) angleichen; harmoni'sieren; **2.** *mus Melodie* harmoni'sieren; *Lied* mit e-r Begleitmusik versehen; **II** *v/pr* **s'**~ über'einstimmen, harmo'nieren *(avec* mit); *abs* mitein'ander harmo'nieren; gut zuein'ander passen

harmoniste [armɔnist] *m mus* Har'moniker *m*

harmonium [armɔnjɔm] *m mus* Har-'monium *n*

'harnach|ement [arnaʃmã] *m* **1.** *der Pferde* Anschirren *n;* **2.** (Pferde-)Geschirr *n od* Beschirrung *f,* Sattel-und Zaumzeug *n;* **3.** *fig e-r Person* Aus-

---

staffierung *f;* Aufzug *m;* **~er** *v/t* **1.** *Pferd* (an)schirren; **2.** *fig Person* être **harnaché de qc** mit etw ausstaffiert sein

'harnais [arnɛ] *m* **1.** *von Zugtieren* Geschirr *n;* **2.** *e-s Fallschirmspringers, Bergsteigers etc* Gurtwerk *n,* -zeug *n;* Gurte *m/pl;* **3.** *text am Webstuhl* Geschirr *n;* **4.** *tech* ~ **d'engrenages** Vorgelege *n*

'harnois [arnwa] *m hist* Harnisch *m; litt* **blanchi sous le** ~ im Dienst ergraut

'haro [aro] *m litt* **crier** ~ **sur qn gegen** j-n wettern; die anderen gegen j-n aufhetzen

harpagon [arpagõ] *m* Geizhals *m,* -kragen *m*

'harpail [arpaj] *m ch* Rudel *n* Hirschkühe (und Junghirsche)

'harpe [arp] *f* **1.** *mus* Harfe *f;* **2.** *bât* Zahnstein *m;* Verzahnung *f* am Mauerende; **3.** *ch e-s Hetzhundes* Kralle *f;* **4.** *zo* Harfenschnecke *f*

'harpie [arpi] *f* **1.** *myth, zo* Har'pyie *f;* **2.** *fig* Xan'thippe *f*

'harpiste [arpist] *m,f mus* Harfe'nist(in) *m(f);* Harfenspieler(in) *m(f)*

'harpon [arpõ] *m* **1.** *Fischfang* Har'pune *f;* **2.** *bât* (Me'tall)Haken *m*

'harponn|age [arpɔnaʒ] *m od* **~ement** *m Fischfang* Harpu'nieren *n;* **~er** *v/t* harpu'nieren; **~eur** *m* Harpu'nier(er) *m;* Har'punenwerfer *m*

haruspice [aryspis] *m im alten Rom* Ha'ruspex *m*

'hasard [azar] *m* Zufall *m;* **~s** *pl auch* Zufälligkeiten *f/pl;* Wechselfälle *m/pl;* **heureux** ~ glücklicher Zufall; **pur** ~ reiner, bloßer, purer Zufall; **jeu** *m* **de** ~ Glücks-, Ha'sardspiel *n;* **rencontre** *f* **de** ~ *loc/adv u loc/prép* **au** ~ aufs Geratewohl; planlos; auf gut Glück; **tirer une carte au** ~ auf gut Glück e-e Karte ziehen; **aller au** ~ **des rues** *od* **à travers les rues** aufs Geratewohl, planlos durch die Straßen gehen; **se connaître au** ~ **d'une rencontre** sich anläßlich e-r zufälligen Begegnung kennenlernen; **à tout** ~ a) für alle Fälle; b) auf gut Glück; aufs Geratewohl; **par** ~ zufällig(erweise); durch Zufall; F per Zufall; *in Fragen u Konditionalsätzen zuführend:* vielleicht; *iron* **auriez-vous par** ~ **l'intention de** (*+inf*)? haben Sie etwa, vielleicht vor zu (*+inf*)?; **si par** ~, **vous voulez m'emmener** wenn Sie mich vielleicht mitnehmen würden; **si par** ~, **vous le rencontrez** falls Sie ihn zufällig, vielleicht treffen (sollten); **par le plus grand des** ~**s** wie durch ein Wunder; **comme par** ~ wie zufällig; so, als ob es unbeabsichtigt wäre; ♦ **faire la part du** ~ **dans qc** den Zufall bei etw berücksichtigen, in Betracht ziehen, mit einbeziehen; **le** ~ **fait bien les choses** *od* Zufall fügt die Dinge wohl; **ne rien laisser au** ~ nichts dem Zufall über'lassen; **le** ~ **a voulu que** ... (*+subj*) der Zufall hat (es) gewollt, fügte es, daß ...

'hasardé [azarde] *adj* gewagt und unsicher

'hasarder [azarde] **I** *v/t* **1.** *Bemerkung, Schritt etc* wagen; ris'kieren; **2.** *Ruf etc* ris'kieren; aufs Spiel setzen; **II** *v/pr* **se** ~ sich wagen, trauen *(dans un lieu dangereux, dans la rue* an e-n gefährlichen Ort, auf die Straße); **se** ~ **à faire qc** es wagen, sich trauen, etw zu tun

'hasardeux [azardø] *adj* <-euse> *Unternehmen, Schritt etc* gewagt; ris'kant; mit unsicherem Ausgang; *Hypothese, Behauptung etc* gewagt; unsicher; willkürlich; **il est** ~ **de** (*+inf*) es ist gewagt, riskant zu (*+inf*)

'haschisch [aʃiʃ] *m cf* hachisch

'hase [ɑz, az] *f ch* Häsin *f*

hast [ast] *m* **1.** *hist* arme *f* d'~ Stangenwaffe *f;* **2.** *im alten Rom* Hasta *f;* Stoßlanze *f*

haste [ast] *f cf* hast 2.

hasté [aste] *adj bot Blatt* spießförmig

'hâte [ɑt] *f* Eile *f;* Hast(igkeit) *f;* ~ **excessive** 'übermäßige Hast, Eile; ♦ *loc/adv* **à la** ~ (zu) hastig, eilig; über-'stürzt; **travail fait à la** ~ *auch* flüchtige Arbeit; **en** ~ in Eile; sehr hastig, schnell; eilends; **boire en** ~ **qc** *auch* F auf die Schnelle etw trinken; **en toute** ~ in aller, größter Eile; schleunigst; **sans** ~ ohne Eile, Hast; ohne sich sonderlich zu beeilen; ♦ **avoir** ~ **de** (*+inf*) *bzw* **que** ... (*+subj*) es kaum erwarten können, ungeduldig darauf warten zu (*+inf*) *bzw* daß ...; **j'ai** ~ **que la journée soit terminée** ich kann es kaum erwarten, daß der Tag zu Ende geht; **je n'ai qu'une** ~, **c'est de partir** *bzw* **qu'il parte** ich habe nur das e-e Verlangen, (und das ist,) schnell wegzugehen, -fahren *bzw* daß er schnell weggeht, -fährt; **mettre de la** ~ **à faire qc** schnell, eilig, hastig etw tun

'hâter [ɑte] *v/t* **1.** *Abreise, Entwicklung etc* beschleunigen; vor'antreiben; *Tod* beschleunigen; schneller eintreten lassen; ~ **le pas** s-n Schritt beschleunigen; *cf auch* **pas**[1] 1.; **2.** *agr Pflanze* treiben; *Obst* früh zur Reife bringen; **II** *v/pr* **se** ~ sich beeilen; F sich eilen; **se** ~ **vers la sortie** zum Ausgang eilen, hasten; **se** ~ **de faire qc** sich beeilen, etw zu tun; *péj* etw zu schnell, zu hastig tun; **ne pas se** ~ **de faire qc** keine Eile haben, sich nicht beeilen, etw zu tun; *prov* **hâte-toi lentement** eile mit Weile (*prov*)

'hâtier [ɑtje] *m* Bratbock *m*

'hâtif [ɑtif, a-] *adj* <-ive> **1.** *Entwicklung, Wachstum etc* (zu) hastig; über'eilt; über'stürzt; *Arbeit* flüchtig; zu hastig gemacht; oberflächlich; *Verallgemeinerung etc* vorschnell; **2.** *agr* Früh ...; **fruits, légumes** ~**s** Frühobst *n,* -gemüse *n*

'hauban [obã] *m* **1.** *mar* Want *f;* ~**s de misaine** Fockwanten *f/pl;* **2.** *aviat* Verspannungskabel *n,* -glied *n;* **3.** *tech* **pont** *m* **à** ~**s** Schrägseilbrücke *f*

'hauban|age [obanaʒ] *m tech, aviat* Verspannung *f;* ~**er** *v/t tech, mar, aviat* verspannen

'haubert [obɛr] *m hist* Kettenpanzer *m,* -hemd *n*

'hausse [os] *f* **1.** *bes écon der Preise, Mieten, Löhne etc* Steigen *n;* Anstieg *m;* Steigerung *f;* Erhöhung *f; der Preise auch* Anziehen *n;* Auftrieb *m;* ~ **illicite** (**des prix**) Preistreibe'rei *f;* ~ **illicite des graines** Preistreiberei bei Korn; Hochtreiben *n* der Kornpreise; *Börse* ~ **des cours** Steigen der Kurse; Kursanstieg *m;* Hausse *f;* **en** ~ steigend; **être en** ~ (an)steigen; *Preise auch* anziehen; *fig* **ses actions sont en** ~ s-e Aktien steigen (**auprès de** bei); *Börse* **jouer à la** ~ auf das Steigen der Kurse, auf Hausse spekulieren; **2.** *météo* Anstieg *m;* Ansteigen *n;* ~ **de la température** Tempera'turanstieg *m;* **le baromètre est en** ~ das Barometer steigt; **3.** *e-r Feuerwaffe* Vi-'sier *n;* *e-s Geschützes auch* Aufsatz *m;* **angle** *m* **de** ~ Visier-, Aufsatzwinkel *m;* **4.** *mus e-s Streichinstruments* ~ (**d'archet**) Frosch *m;* **5.** 'Unterlage *f,* -satz *m* (*um etw zu erhöhen*)

'hausse-col [oskɔl] *m* <*pl* hausse-cols> *m hist mil* Ringkragen *m* (*auch späteres Abzeichen*)

'haussement [osmã] *m* ~ **d'épaules** Achselzucken *n*

'hausser [ose] **I** *v/t* **1.** *Ton, Stimme*

heben; **2.** ~ **les épaules** mit den Achseln, die Achseln, mit den Schultern, die Schultern zucken; **II** v/pr **se** ~ **sur la pointe des pieds** sich auf die Zehenspitzen stellen

hauss|ier [osje] m Börse Haussi'er m; **~ière** f mar Trosse f

haut [o] **I** adj ‹**haute** [ot]› **1.** räumlich hohe(r, -s) (attributiv); hoch (prädikativ); Hoch…; Ober…; menschliche Gestalt; **plus** ~ höher; ♦ **e-s Tisches le** ~ **bout** das obere Ende; **~es eaux** Hochwasser n; hoher Wasserstand; tech ~ **fourneau** Hochofen m; **front** ~ hohe Stirn; **marée** ~**e** Hochwasser n; Flut f (abus); mar ~**e mer** offene, hohe See; Hochsee f; cf auch **mer** 1.; ~ **montagne** Hochgebirge n; **montagne** ~**e** hoher Berg; ~ **plateau** Hochebene f, -plateau; **ville** ~**e** Oberstadt f; ♦ loc/adj: **chapeau** ~ **de forme** Zy'linder m; **arbre** ~ **de dix mètres** zehn Meter hoher Baum; **Baum** m von zehn **Meter(n)** Höhe; **de** ~**e taille** groß; hochgewachsen; von hohem Wuchs; loc/adv **la tête** ~**e** cf **tête** 1.; ♦ fig **avoir la** ~ **main sur** qc maßgebenden, entscheidenden Einfluß auf etw (acc) haben; **être** ~ **de deux mètres** zwei Meter hoch sein; **la rivière est** ~**e** der Fluß hat, führt Hochwasser; **le soleil est** ~ **dans le ciel** die Sonne steht hoch am Himmel; **2.** rang-, wertmäßig hohe(r, -s); Hoch…; führend; ♦ der Montanunion bis 1. 7. 1967 2e **Autorité** Hohe Behörde; ~**e bourgeoisie** Großbürgertum n; in England **Chambre** ~**e** Oberhaus n; ~ **clergé** hoher Klerus; **la** ~**e coiffure** die Häuser n/pl modeschaffender Frisierkunst; die Haute Coiffure; ~**e conception du devoir** hohe Pflichtauffassung; in Frankreich 2e **Cour (de justice)** Sondergericht n (zur Aburteilung politischer Verbrechen); **la** ~**e couture** die Haute Couture; die führenden modeschaffenden Häuser n/pl; ~**e école** Hohe Schule; meist iron ~**s faits** große, denkwürdige Taten f/pl; Heldentaten f/pl; ~**e finance** Hochfinanz f; Geld-, Fi'nanzaristokratie f; ~ **fonctionnaire** hoher Beamter; ~ **lieu** cf **lieu**[1] 1.; dipl **les** ~**es parties contractantes** die hohen vertragschließenden Teile m/pl, Seiten f/pl; die hohen Vertragsparteien f/pl; ~**e politique** hohe Politik; **la** ~**e société** die (feine, gute, vornehme) Gesellschaft; die Oberschicht; F die oberen Zehn'tausend pl; **les** ~**es sphères de la politique** die führenden politischen Kreise m/pl; pol ~**e trahison** Hochverrat m; ♦ **avoir une** ~**e, opinion de** qn, **de** qc e-e hohe Meinung von j-m, von etw haben; **avoir une** ~**e idée de sa fonction** sein Amt sehr ernst nehmen; **avoir une** ~**e idée de soi-même** e-e hohe Meinung von sich haben; von sich selbst über'zeugt sein; selbstbewußt sein (alle auch péj); ein gesundes Selbstbewußtsein besitzen; **les résultats donnent une** ~**e idée de ses possibilités** die Ergebnisse vermitteln e-n sehr positiven Eindruck von s-m Können; **3.** zahlenmäßig, Intensität: Temperatur, Lohn, Kurs, Spielkarte, Präzision, Wert etc hohe(r, -s) (attributiv); hoch (prädikativ); Hoch…; ♦ mus ~**e fidélité** cf **fidélité** 2.; élect ~**e fréquence** Hochfrequenz f; météo, tech ~**e pression** Hochdruck m; élect ~**e tension** Hochspannung f; ♦ loc/adj: Angelegenheit etc **de la plus** ~**e importance** von höchster, größter Wichtigkeit, Bedeutung; ~ **en couleur(s)** cf **couleur** 1.; loc/adv: **au plus** ~ **point** in höchstem Maße; im

höchsten Grade; **de** ~**e lutte** nach hartem Kampf, Ringen; **tenir** qn **en** ~**e estime** j-n hochschätzen, -achten, sehr schätzen; vor j-m (Hoch)Achtung haben; **4.** zeitlich **la plus** ~**e antiquité** uralte Zeiten f/pl; die graue Vorzeit; das graue Altertum; **le** ~ **Moyen Âge** das frühe Mittelalter; **5.** géogr Ober…; **la** ~**e Bretagne, Normandie** der östliche Teil der Bretagne, Normandie; **la** ~**e Seine** die obere Seine; der Oberlauf der Seine; **la** 2e-**Volta** Obervolta n; **6.** ling **le** ~ **allemand** das Ober- und Mitteldeutsche; Ober- und Mitteldeutsch n; sprachgeschichtlich auch das Hochdeutsche; Hochdeutsch n; **le moyen** bzw **vieux** ~ **allemand** das Mittel- bzw Althochdeutsche; Mittel- bzw Althochdeutsch n; **7.** akustisch: mus **note** ~**e** hoher Ton; loc/adj **à voix** ~**e** laut; mit lauter Stimme; fig: **n'avoir jamais une parole plus** ~**e que l'autre** in ruhigem Ton sprechen; im Gespräch niemals laut werden; **avoir le verbe** ~ das große Wort führen; **pousser les** ~**s cris** in großes Geschrei ausbrechen; F sich auf-regen; **II** adv **1.** räumlich, fig hoch; oben ~ **höher**; weiter oben (auch in e-m Text); ♦ plais ~ **les cœurs!** Kopf hoch!; ~ **les mains!** Hände hoch!; ~ **la main** ohne Mühe; spielend; mit Leichtigkeit; **l'emporter, gagner** ~ **la main** auch über'legen siegen; haushoch gewinnen; ♦ **être pendu** ~ **et court** (verdienter-maßen) gehängt, gehenkt, F aufgeknüpft werden; **placer** qn **très** ~ **dans son estime** vor j-m Hochachtung, große Achtung haben; j-n sehr schätzen; **personnage** ~ **placé** hochgestellte Persönlichkeit; **sauter** ~ höher springen; Gegenstand **tenir plus** ~ höher halten; **viser (trop)** ~ (zu) hoch hin'auswollen; (allzu) hochfliegende Pläne haben; Verweis **voir plus** ~ siehe oben; Flugzeug **voler** ~ hoch fliegen; **2.** zeitlich: in s-n Ausführungen **remonter plus** ~ (dans le temps) weiter ausholen; **3.** akustisch laut; mus hoch; Instrument **accorder plus** ~ höher stimmen; **chanter** ~ hoch singen; **lire tout** ~ laut lesen; mus **monter** ~ hohe Töne singen; **parler plus** ~ lauter sprechen; **penser tout** ~ laut denken; **4.** loc/adv: **de** ~ von oben (bes fig); **le prendre de** ~ von oben her'ab tun, sein; **tomber de** ~ a) aus großer Höhe fallen; b) fig (auch subst **tomber de son** ~) (wie) aus allen Wolken fallen; **voir les choses de** ~ a) die Dinge insge'samt sehen, über'blik-ken; b) péj sich nicht mit Kleinigkeiten abgeben; **de** ~ **en bas** [dəotɑ̃ba] von oben nach unten; **regarder** qn **de** ~ **en bas** j-n von oben bis unten mustern; **en** ~ oben; bei Bewegung nach oben; aufwärts; hin'auf; **tout en** ~ ganz oben Aufwärts; **tout en** ~ ganz oben auch ganz nach oben; **être en** ~ oben sein; Weg **mener en** ~ nach oben führen; aufwärts-, hinaufführen; **regarder en** ~ nach oben blicken, sehen, schauen; hinaufblicken, -sehen, -schauen; **d'en** ~ von oben (her, her'ab) (auch fig); **la lumière, l'ordre vient d'en** ~ das Licht, der Befehl kommt von oben; **par en** ~ oben entlang, her'um; F oben lang, rum; ♦ loc/prép **en** ~ **de** qc oben an (dat bzw acc); **en** ~ **de la page 10** auf Seite 10 oben; **arriver en** ~ **de la montagne** oben auf den Berg ankommen; **mettre** qc **en** ~ **de l'armoire** etw oben auf den Schrank legen; **III** m **1.** oberer Teil; mar **les** ~**s d'un navire** der oberhalb der Wasserlinie liegende Teil eines Schiffes; Aufschrift auf e-r Kiste ~ oben; **dans le** ~ **du tableau** auf dem oberen Teil des Gemäldes; oben auf dem Ge-

mälde; **dans le tiroir du** ~ in der obersten Schublade; fig **tenir le** ~ **du pavé** cf **pavé** 2.; ♦ loc/prép **du** ~ **de** qc von etw her- bzw hin'unter, her- bzw hin'ab, F runter; von etw aus; **du** ~ **du balcon**, il me salua vom Balkon herunter, herab, F runter …; **du** ~ **de l'avion**, on voit … vom Flugzeug aus …; **2.** avoir **dix mètres de** ~ zehn Meter hoch sein; **3.** fig des Lebens **les** ~**s et les bas** die Höhen f/pl und Tiefen f/pl; die Höhe- und Tiefpunkte m/pl; **il a connu dans sa vie des** ~**s et des bas** er ist in s-m Leben durch Höhen und Tiefen gegangen; in s-m Leben ist es bergauf und bergab gegangen

hautain [otɛ̃] **I** adj Person, Wesen, Blick hochmütig; stolz; **avoir un air** ~ hochmütig wirken, aussehen; **II** m cf **hautin**

hautbois [obwɑ] m mus **1.** O'boe f; **2.** Obo'ist m

hautboïste [oboist] m, f mus Obo'ist(in) m(f)

haut|-commissaire [okɔmisɛr] m ‹pl hauts-commissaires› Hochkommissar m; ~-**commissariat** m ‹pl hauts--commissariats› Hochkommissariat n; ~-**de-chausse(s)** m ‹pl hauts-de--chausse(s)› hist Oberschenkelhose f; ~-**de-forme** m ‹pl hauts-de-forme› Zy'linder m

haute [ot] f F **les gens de la** ~ die Hautevo'lee; die oberen Zehn'tausend; ~-**contre** f ‹pl hautes-contre› mus (von Männern besetzte) Altstimme

hautement [otmã] adv **1.** hoch…; überaus; ~ **civilisé, qualifié** hochzivilisiert, -qualifiziert; **2.** gerade-, freiher'aus; klar und deutlich; **professer** ~ qc etw geradeheraus etc kundtun

hauteur [otœr] f **1.** e-s Tisches, Berges etc Höhe f; ~ **absolue, relative** absolute, relative Höhe; ~ **vertigineuse** schwindelnde, schwindelerregende Höhe; tech ~ **de l'élévation** Hubhöhe f; ~ **de l'ouverture** lichte Höhe; sports **saut** m **en** ~ Hochsprung m; loc/adv: **à** ~ **d'appui** in Brüstungshöhe; **à** ~ **de la table** in halber Menschenhöhe; **à la** ~ **de la table** in Tischhöhe; **avoir une** ~ **de deux mètres** e-e Höhe von zwei Meter(n) haben; zwei Meter hoch sein; **la** ~ **est de deux mètres** die Höhe beträgt zwei Meter; aviat **prendre de la** ~ (an) Höhe gewinnen; Person **tomber de toute sa** ~ der Länge nach hinfallen; **2.** fig e-r Person Hochmut m; Arro'ganz f; **parler avec** ~ in hochmütiger Weise, von oben herab reden; **3.** math e-s Dreiecks, Zylinders etc Höhe f; **4.** astr e-s Gestirns Höhe f; ~ **apparente, vraie** scheinbare, wahre Höhe; ~ **du soleil** Sonnenhöhe f, -stand m; **prendre la** ~ **d'un astre** die Höhe e-s Gestirns bestimmen; **5.** météo ~ **barométrique** Baro'meterstand m; **6.** akustisch e-s Tons, phon Höhe f; **7.** géogr (An)Höhe f; Erhöhung f; **8.** loc/prép **à la** ~ **de** qn, **de** qc auf gleicher Höhe mit j-m, mit etw; **à ma** ~ auf gleicher Höhe mit mir; Schiff **être à la** ~ **des Açores** auf der Höhe der Azoren sein; **9.** fig: **être à la** ~ **de** qc e-r Sache (dat) gewachsen sein; abs F **il n'est pas à la** ~ er ist den an ihn gestellten Anforderungen nicht gewachsen; er ist unfähig; **se montrer à la** ~ **de la situation** sich der Lage, Situation gewachsen zeigen; die Lage, Situation meistern; loc/adj F **un type à la** ~ F ein fähiger, tüchtiger Typ, Kerl

haut-fond [ofõ] m ‹pl hauts-fonds› im Meer, Fluß Untiefe f; seichte Stelle

hautin [otɛ̃] m vit (in) Hochkultur f (gezogene Rebe)

haut|-le-cœur [olkœr] m ‹inv› **1.**

Übelkeit f; Brechreiz m; j'ai un ~ mir ist übel, schlecht; **donner des** ~ **à qn** (bei) j-m Übelkeit verursachen; **2.** fig Abscheu m, Ekel m (**devant** vor +dat); **il a eu un** ~ **devant ce spectacle** auch ihm wurde ganz übel von, bei diesem Anblick; ~**-le-corps** m ⟨inv⟩ avoir un ~ auf-, hochschrecken, -fahren; ~**-lieu** m ⟨pl **hauts-lieux**⟩ cf **lieu¹** 1.; ~**-parleur** m ⟨pl **haut-parleurs**⟩ Lautsprecher m; ~**-relief** m ⟨pl **hauts--reliefs**⟩ sculp Hochrelief n

'hauturier [otyrje] adj ⟨-ière⟩ mar Hochsee...; **navigation hauturière** Hochseeschiffahrt f

'havage [avaʒ] m mines **a)** Schrämen n; **b)** Schram(schlitz) m

'havanais [avanɛ] **I** adj von Ha'vanna; **II** subst **1.** ♀(e) m(f) Einwohner(in) m(f) von Ha'vanna; **2.** m zo ⟨Art⟩ Mal'teser m

'havane [avan] **I** m **a)** Ha'vanna(tabak) m; **b)** Ha'vanna(zigarre) f; **II** adj ⟨inv⟩ ha'vannabraun, -farben; gelbbraun

'hâve [av] adj Wangen, Gesicht fahl, bleich (auch Teint); eingefallen

'haven|eau [avno] m ⟨pl ~x⟩ od ~**et** m Fischfang (Krabben)Netz n

'hav|er [ave] v/t mines schrämen; ~**eur** m mines Schrämmaschinenführer m; ~**euse** f mines Schrämmaschine f

'havre [avr(ə)] m st/s Zufluchtsort m; Insel f; Hafen m; ~ **de bonheur, de paix** Insel des Glücks, des Friedens

'havresac [avrəsak] m hist mil Tor'nister m

hawaïen [awajɛ̃] **I** adj ⟨~ne⟩ ha'waiisch; Ha'waii...; géol **éruption** ~**ne** vulkanische Tätigkeit vom Hawaiityp; mus **guitare** ~**ne** Hawaiigitarre f; **II** subst ♀(ne) m(f) Hawaii'aner(in) m(f)

'hayon [ajɔ̃, ɛjɔ̃] m auto Hecktür f, -klappe f

'hé [(h)e] int **1.** he(da) !; ~! **vous, là-bas** he. Sie da!; **2.** ~!~! nun (ja) !; cf auch **eh**

'heaume [om] m hist Helm m (auch Heraldik)

hebdo [ebdo] m F Kurzwort für **hebdomadaire II**

hebdomadaire [ebdomadɛr] **I** adj wöchentlich; Wochen...; Publikation wöchentlich erscheinend; **marché** m ~ Wochenmarkt m; **II** m Wochenblatt n, -schrift f, -zeitschrift f

hébéphrénie [ebefreni] f path Jugendirresein n; sc Hebephre'nie f

héberge [ebɛrʒ] f jur bei e-r Grenzmauer zwischen zwei ungleich hohen Gebäuden Abschlußlinie f des gemeinschaftlichen Teils

hébergement [ebɛrʒəmɑ̃] m 'Unterbringung f; Beherbergung f; **centre** m d'~ **pour réfugiés** Flüchtlingsaufnahmezentrum n, -lager n

héberger [ebɛrʒe] v/t ⟨-geons⟩ ~ **qn** j-n beherbergen, (bei sich) 'unterbringen, aufnehmen; j-m 'Unterkunft bieten

hébété [ebete] adj **a)** Blick, Gesichtsausdruck stumpf(sinnig); **b)** Person benommen, wie betäubt (**de qc** von etw); ~ **par l'alcool** durch den, vom Alkohol stumpfsinnig geworden

hébétement [ebetmɑ̃] m **a)** des Blickes etc Stumpfheit f; **b)** e-r Person Benommenheit f; auch Stumpfsinn m

hébétude [ebetyd] f path Stumpfsinn m

hébraïque [ebraik] adj he'bräisch

hébraïs|ant [ebraizɑ̃] m, ~**ante** f Hebra'ist(in) m(f)

hébraïser [ebraize] v/i **1.** die he'bräische Sprache stu'dieren; **2.** dem He'bräischen eigentümliche Ausdrücke verwenden

hébraïsme [ebraism(ə)] m dem He'bräischen eigentümlicher Ausdruck

hébraïste [ebraist] m,f Hebra'ist(in) m(f)

hébreu [ebrø] **I** adj ⟨nur m, pl ~x⟩ he'bräisch; **II** m **1.** meist pl ♀x He'bräer m/pl; **2.** ling l'~ das He'bräische; He'bräisch n; fig **c'est de l'**~ das sind für mich böhmische Dörfer; das ist unverständlich

hécatombe [ekatɔ̃b] f **1.** im Altertum Heka'tombe f; **2.** fig Massensterben n (von Menschen bzw Tieren); Blutbad n; Gemetzel n; Heka'tombe f; **faire une** ~ ein Blutbad anrichten; **provoquer des** ~**s** ein Massensterben verursachen; **3.** par ext plais bei e-m Examen quelle ~! od **c'était une vraie** ~ da blieben viele auf der Strecke

hectare [ɛktar] m ⟨abr **ha**⟩ Hektar n od m, schweiz Hekt'are f ⟨abr **ha**⟩

hectique [ɛktik] adj path **fièvre** f ~ hektisches Fieber

hecto [ɛkto] m Kurzwort für **hectolitre**

hecto|gramme [ɛktogram] m ⟨abr **hg**⟩ Hekto'gramm n ⟨abr **hg**⟩; ~**litre** m ⟨abr **hl**⟩ Hektoliter m od n; ~**mètre** m ⟨abr **hm**⟩ Hektometer n od m ⟨abr **hm**⟩; ~**métrique** adj an Landstraßen **borne** f ~ Hundert'meter(markierungs)stein m; ~**pièze** f ⟨abr **hpz**⟩ phys Druckeinheit im frz MTS-System Bar n ⟨abr **bar**, météo b⟩

hédonisme [edɔnism(ə)] m **1.** philos Hedo'nismus m; **2.** écon maxi'male Bedürfnisbefriedigung

hédonist|e [edɔnist] philos **I** adj hedo'nistisch; **II** m Hedo'nist m; ~**ique** adj philos hedo'nistisch

hégél|ianisme [egeljanism(ə)] m philos Hegelia'nismus m; ~**ien** philos **I** adj ⟨~ne⟩ hegeli'anisch; Hegelsche(r, -s); **II** subst ~ (ne) m(f) Hegeli'aner(in) m(f); **les jeunes** ~**s** die Junghegelianer m/pl

hégémonie [eʒemɔni] f pol Hegemo'nie f (auch im Altertum); Vorherrschaft f; Vormachtstellung f

hégire [eʒir] f Islam Hedschra f; Hidschra f

'hein [ɛ̃] int F ~ ? **1.** bei Nichtverstehen F hm?; was?; **2.** Zustimmung suchend (nicht wahr)?; F hm?; **3.** Überraschung F na('nu)!; was!

'hélas [elɑs] int ach!; o weh!; leider!; ~! **non** leider nein!; ~, **trois fois** ~! leider Gottes!

'héler [ele] v/t ⟨-è-⟩ her('an)-, her'beirufen

hélianthe [eljɑ̃t] m bot (Gattung) Sonnenblume f; sc Heli'anthus m

hélianth|ème [eljɑ̃tɛm] m bot (Gattung) Sonnenröschen n; sc Heli'anthemum n; ~**ine** f chim Me'thylorange n; Helian'thin n

héliaque [eljak] adj astr **coucher** m ~ heli'akischer 'Untergang; Spätuntergang m; **lever** m ~ heli'akischer Aufgang; Frühaufgang m

hélice [elis] f **1.** aviat Pro'peller m; Luftschraube f; mar (Schiffs)Schraube f; Schiffspropeller m; **2.** tech ~ **transporteuse** Förderschnecke f; Schneckenförderer m; **3.** math Schrauben-, Schneckenlinie f; **4.** arch **a)** e-s Kapitells Schnekke f; **b)** escalier m en ~ Wendeltreppe f

héliciculture [elisikyltyr] f sc Schneckenzucht f

hélicidés [eliside] m/pl zo Schnirkelschnecken f/pl

hélic|oïdal [elikɔidal] adj ⟨-aux⟩ tech schrauben-, schneckenförmig; Schrauben...; Schnecken...; Spi'ral...; **engrenage** ~ Schrauben(rad)getriebe n; **mèche** ~**e** Wendel-, Spiralbohrer m; für Holz Schlangenbohrer m; **mouvement** ~ Schraubenbewegung f; Schraubung f; ~**oïde** math **I** adj schraubenförmig; **II** m Schraubenfläche f

hélicon [elikɔ̃] m mus Helikon n

héli|coptère [elikɔptɛr] m aviat Hubschrauber m; Heli'kopter m (bes schweiz); ~**gare** f aviat Abfertigungsgebäude n für Hubschrauberpassagiere

hélio [eljo] f Kurzwort für **héliogravure**

hélio|centrique [eljɔsɑ̃trik] adj helio'zentrisch; ~**dyne** m Sonnenofen m; ~**graphe** m télécomm früher Helio'graph m; ~**graphie** f **1.** impr (ein) Lichtpausverfahren n; **2.** astr Sonnenbeschreibung f; ~**graveur** m impr Tiefdrucker m; ~**gravure** f impr Tiefdruck m; im engeren Sinn Heliogra'vüre f (Verfahren u Ergebnis); ~ **tramée** Rakeltiefdruck m; ~**marin** adj méd **cure** ~**e** auf Sonnenstrahlung und Seeluft ba'sierende Heilkur; ~**mètre** m astr Helio'meter n

hélion [eljɔ̃] m phys atom Heliumkern m; Alphateilchen n

hélio|pile [eljɔpil] f élect **a)** Sonnen-, So'larzelle f; **b)** Sonnen-, So'larbatterie f; So'largenerator m; ~**stat** [-sta] m astr Helio'stat m; ~**technique** f Helio'technik f; So'lartechnik f; ~**thérapie** f méd Heliothera'pie f; Heilbehandlung f durch Sonnenbestrahlung

héliotrop|e [eljɔtrɔp] m **1.** bot Helio'trop n; Sonnenwende f; **2.** minér Helio'trop m; ~**ine** f chim Heliotro'pin n; ~**isme** m bot Heliotro'pismus m

héliport [elipɔr] m aviat Hubschrauberlandeplatz m; Heli'port m

héliport|age [elipɔrtaʒ] m Hubschraubertransport m, -beförderung f; ~**é** adj **a)** Truppen, Material mit Hubschrauber(n) befördert; **b)** Hubschrauber...; **opération** ~**e** Hubschrauberaktion f

hélium [eljɔm] m chim Helium n

hélix [eliks] m anat Helix f; 'umgebogener Rand der Ohrmuschel

hellène [elɛn, ɛlɛn] hist od st/s **I** adj hel'lenisch; griechisch; **II** m,f ♀ Hel'lene m, Hel'lenin f; Grieche m, Griechin f

hellén|ique [ɛ(l)lenik] hist od st/s adj hel'lenisch; griechisch; ~**isation** f hist Helleni'sierung f; ~**iser** v/t hist helleni'sieren; ~**isme** m **1.** hist **a)** Hel'lenen-, Griechentum n; **b)** ab Alexander d. Gr. Helle'nismus m; **2.** ling Grä'zismus m

hellénist|e [ɛ(l)lenist] m,f Grä'zist(in) m(f); ~**ique** adj hist helle'nistisch

helminthe [ɛlmɛ̃t] m zo, méd Eingeweidewurm m; sc Hel'minthe f

helminthiase [ɛlmɛ̃tjaz] f path Wurmkrankheit f; sc Helmin'thiasis f; Helmin'those f

helminthologie [ɛlmɛ̃tɔlɔʒi] f Helmintholo'gie f; Lehre f von den Eingeweidewürmern

helvelle [ɛlvɛl] f bot Lorchel f; sc Hel'vella f

Helvètes [ɛlvɛt] m/pl hist Hel'vetier m/pl

helvét|ique [ɛlvetik] adj Schweizer; schweizerisch; hel'vetisch; **Confédération** f ~ Schweizerische Eidgenossenschaft; ~**isme** m ling dem in der Schweiz gesprochenen Fran'zösisch eigentümlicher Ausdruck; Helve'tismus m

'hem [(h)ɛm] int Räuspern hm

hémarthrose [emartroz] f path Bluterguß m im Gelenk; sc Hämar'throse f

hémat|émèse [ematemɛz] f path Bluterbrechen n; sc Hämat'emesis f; ~**idrose** [-idroz] f path Blutschwitzen n; sc Häm(h)i'drosis f

hémat|ie [emati] f biol rotes Blutkörperchen; sc Erythro'zyt m; ~**ine** f Biochemie Häma'tin n; ~**ique** adj Blut...; ~**ite** f minér Häma'tit m

hémato|logie [ematɔlɔʒi] f Hämatolo'gie f; Lehre f vom Blut; ~**logique** adj

hémato'logisch; **~logiste** *m,f od* **~logue** *m,f méd* Hämato'loge -'login *m,f*
hématome [ematom] *m path* Bluterguß *m*; *sc* Häma'tom *n*
hémato|poïèse [ematopojez] *f physiol* Blutbildung *f*; *sc* Hämatopo'ese *f*; **~poïétique** [-pɔjetik] *adj physiol* blutbildend; *sc* hämatopo'etisch
hématose [ematoz] *f physiol* Versorgung *f* des Blutes mit Sauerstoff; *sc* Arterialisati'on *f*
hémat|ozoaire [ematozɔɛr] *m zo. méd* Blutparasit *m*; *sc* Hämato'zoon *n*; **~urie** [-yri] *f path* Blutharnen *n*; *sc* Hämatu'rie *f*
hème [ɛm] *m Biochemie* Häm *n*
héméralopie [emeralɔpi] *f path* Nachtblindheit *f*; *sc* Hemeralo'pie *f*
hémérocalle [emerɔkal] *f bot* Taglilie *f*
hémi|cycle [emisikl(ə)] *m e-s Theaters, Parlamentssaals etc* Halbrund *n*; **en ~** halbkreisförmig; im Halbrund; **~cylindrique** *adj* halbzylindrisch
hémièdre [emjɛdr(ə), emiɛdr(ə)] *adj minér* hemi'edrisch
hémièdr|ie [emjedri, emiedri] *f minér* Hemie'drie *f*; **~ique** *adj minér* hemi'edrisch
hémione [emjon] *m zo* Halbesel *m*
hémiplég|ie [emipleʒi] *f path* halbseitige Lähmung; *sc* Hemiple'gie *f*; **~ique** *m,f path* halbseitig Gelähmte(r) *f(m)*; *sc* Hemi'plegiker(in) *m(f)*
hémiptères [emiptɛr] *m/pl zo* Halbflügler *m/pl*; *sc* Hemi'pteren *pl*
hémisphère [emisfɛr] *m* 1. *géogr, astr* Halbkugel *f*; Hemi'sphäre *f*; **~ austral** *od* **sud, boréal** *od* **nord** südliche, nördliche (Erd)Halbkugel *od* Hemisphäre; Süd-, Nordhalbkugel der Erde; **~ céleste** Himmelshalbkugel *f*; 2. *anat* **~ cérébral** Großhirnhälfte *f*, -hemisphäre *f*; 3. **~phys ~s de Magdebourg** Magdeburger Halbkugeln *f/pl*
hémisphérique [emisferik] *adj* halbkugelförmig; in Form e-r Halbkugel
hémi|stiche [emistiʃ] *m métr* Halbvers *m*, Hemi'stichion *n* (*bes e-s Alexandriners*); **~tropie** [-trɔpi] *f Kristallographie* Zwillingsbildung *f*
hémo|culture [emɔkyltyr] *f biol, méd* Blutkultur *f*; **~cyanine** *f Biochemie* Hämozya'nin *n*; **~dialyse** *f méd* Hämodia'lyse *f*; **~globine** [-glɔbin] *f Biochemie* Hämoglo'bin *n*; Blutfarbstoff *m*; **~gramme** *m méd* Blutbild *n*; *sc* Hämo'gramm *n*; **~lyse** *f path* Hämo'lyse *f*; **~lysine** *f Biochemie* Hämoly'sin *n*; **~lytique** *adj physiol* hämo'lytisch; **~pathie** [-pati] *f path* Blutkrankheit *f*; *sc* Hämopa'thie *f*; **~phile** [-fil] *m,f path* Bluter(in) *m(f)*; **~philie** [-fili] *f path* Bluterkrankheit *f*; *sc* Hämophi'lie *f*; **~ptysie** [-ptizi] *f path* Bluthusten *n*, -spucken *n*; *sc* Hämo'ptoe *f*; Hämo'ptyse *f*
hémorrag|ie [emɔraʒi] *f* 1. *path* Blutung *f*; *sc* Hämorra'gie *f*; **~ artérielle, capillaire** arterielle, kapillare Blutung; **~ cérébrale** Hirnblutung *f*; **~ externe, interne** äußere, innere Blutung; **~ nasale** Nasenbluten *n*; **~ veineuse** venöse Blutung; 2. *fig* durch Verlust an Menschenleben Aderlaß *m*; von Kapital, Arbeitskräften etc Schwund *m*; Abwanderung *f*; **~ique** *adj path* Blutungs...; *sc* hämor'rhagisch
hémorroïd|aire [emɔrɔidɛr] *path* **I** *adj* Hämorrhoi'dal...; *Person* an Hämorrho'iden leidend; **II** *m,f* an Hämorrho'iden Leidende(r) *f(m)*; **~al** *adj* ‹-aux› *path* hämorrhoi'dal; Hämorrhoi'dal...
hémorroïdes [emɔrɔid] *f/pl path* Hämorrho'iden *f/pl*

---

hémo|stase [emɔstaz] *f méd* Blutstillung *f*; **~statique** *méd* **I** *adj* blutstillend; *sc* hämo'statisch; **pince f ~** Gefäßklemme *f*; **II** *m* blutstillendes Mittel; *sc* Hämo'statikum *n*
hendéca|gone [ɛ̃dekagon, -gɔn] *math* **I** *adj* elfeckig; **II** *m* Elfeck *n*; **~syllabe** *adj u subst m métr* (**vers** *m*) **~** elfsilbiger Vers; *sc* Hendeka'syllabus *m*
'henné [ene, ɛ(n)ne] *m* **a)** *bot* Hennastrauch *m*; **b)** *Farbstoff* Henna *f od n*
'hennin [enɛ̃, ɛ(n)nɛ̃] *m hist* bur'gundische Haube; Hen'nin *m*
'henn|ir [enir] *v/i Pferd* wiehern; **~issement** *m* Wiehern *n*; Gewieher *n*
'henry [ɑ̃ri] *m* (*abr* **H**) *élect* Henry *n* (*abr* H)
'hep [(h)ɛp] *int* he!; hallo!
héparine [eparin] *f méd* Hepa'rin *n*
hépatalgie [epatalʒi] *f path* Leberschmerz *m*; *sc* Hepatal'gie *f*
hépatique [epatik] **I** *adj anat, path* Leber...; *sc* he'patisch; he'paticus; **artère f**, **canal m ~** Leberarterie *f*, -gang *m*; **colique f ~** Gallenkolik *f*; **insuffisance f ~** Leberinsuffizienz *f*; **II** *subst* 1. *m,f* Leberkranke(r) *f(m)*; 2. *bot* **~s** *f/pl* Lebermoose *n/pl*
hépat|isation [epatizasjɔ̃] *f path* Hepatisati'on *f*; **~isme** *m path* Sym'ptome *n/pl* für ein Leberleiden; **~ite** *f path* Leberentzündung *f*; *sc* Hepa'titis *f*
hépatologie [epatɔlɔʒi] *f* Hepatolo'gie *f*; Lehre *f* von der Leber
hepta|corde [ɛptakɔrd] *mus* **I** *adj u subst m* (**lyre** *f*) **~** Hepta'chord *m od n*; **~èdre** [-ɛdr(ə)] *m math* Siebenflächner *m*; Hepta'eder *n*; **~gonal** [-gɔnal] *adj* ‹-aux› siebeneckig; *geometrischer Körper* siebenseitig; **~gone** [-gon, -gɔn] *m* Siebeneck *n*; Hepta'gon *n*; **~mètre** *adj u subst m* (**vers** *m*) **~** Hep'tameter *m*; siebenfüßiger Vers; **~syllabe** *adj u subst m métr* (**vers** *m*) **~** siebensilbiger Vers
heptode [ɛptɔd] *f phys* Hept'ode *f*
hérald|ique [eraldik] **I** *adj* he'raldisch; Wappen...; *sc science f* **~** Wappenkunst *f*, -kunde *f*; **II** *f* He'raldik *f*; Wappenkunde *f*; **~iste** *m,f* He'raldiker(in) *m(f)*; Wappenforscher(in) *m(f)*
'héraut [ero] *m hist* **~** (**d'armes**) Herold *m*
herbacé [ɛrbase] *adj bot* krautartig; **plante ~** Kraut *n*; krautige *od* nicht verholzende Pflanze
herbag|e [ɛrbaʒ] *m* Weide *f*; **~s** *pl auch* Weideland *n*; **~er** *v/t* ‹-geons› Vieh auf die Weide treiben
herbe [ɛrb] *f* 1. Gras *n*; **~s folles** wilde Gräser *n/pl*; **'hautes ~s** hohes Gras; **mauvaise ~** Unkraut *n*; *loc/prov* **mauvaise ~ croît toujours** Böses greift schnell um sich, pflanzt sich schnell fort; **brin m d'~** Grashalm *m*; *loc/adj Getreide* **en ~** noch grün; *fig* c'est un pianiste en **~** aus ihm könnte ein großer Pianist werden; er hat die Anlagen zu e-m großen Pianisten; *fig* **couper l'~ sous le pied de qn** j-m den Rang ablaufen; j-n ausstechen; j-m den Wind aus den Segeln nehmen; **marcher dans, sur l'~** durch das Gras gehen; 2. *bot* Kraut *n*; krautiges Gewächs; **~s aromatiques** Gewürz-, Küchen-, Duftkräuter *n/pl*; **cuis fines ~s** Küchenkräuter *n/pl*; feine (grüne) Kräuter *n/pl*; **omelette f aux fines ~s** Omelett *n* mit feinen *od* feingehackten Kräutern; Kräuteromelett *n*; *phm* **~s médicinales, officinales** Heilkräuter *n/pl*; *in Pflanzennamen*: **~ aux ânes** Nachtkerze *f*; **~ aux chats** Katzenkraut *n*; **~ aux poux** Läusekraut *n*; **~ de la Saint-Jean a)** Jo'hanniskraut *n*; **b)** Beifuß *m*; **c)** Gundermann *m*

---

herbeux [ɛrbø] *adj* ‹-euse› grasbewachsen
herbicide [ɛrbisid] **I** *adj* unkrautvertilgend; **II** *m* Unkrautvertilgungs-, Unkrautbekämpfungsmittel *n*; Herbi'zid *n*
herbier [ɛrbje] *m* 1. Her'barium *n*; 2. **~** (artificiel) Sammlung *f* von Pflanzenbildtafeln
herbivore [ɛrbivɔr] *zo* **I** *adj* pflanzenfressend; **II** *m* Pflanzenfresser *m*; *sc* Herbi'vore *m*
herbor|isation [ɛrbɔrizasjɔ̃] *f* Botani'sieren *n*; bo'tanische Exkursi'on; **~iser** *v/i* botani'sieren; Pflanzen sammeln
herboriste [ɛrbɔrist] *m,f* (Heil)Kräuterhändler(in) *m(f)*, -verkäufer(in) *m(f)*; *par ext* Dro'gist(in) *m(f)*
herboristerie [ɛrbɔristəri] *f* **a)** (Heil)Kräuterhandel *m*; **b)** (Heil)Kräuterhandlung *f*; *par ext* Droge'rie *f*
herbu [ɛrby] *adj* grasbewachsen; mit saftigem Gras (bedeckt)
herbue [ɛrby] *f agr* magerer (Weide)Boden
'hercher [ɛrʃe] *v/i mines* (die) Förderwagen schieben
hercule [ɛrkyl] *m* Mensch *m* von ungewöhnlicher Körperkraft; wahrer Herkules; **bâti, taillé en ~** wie (ein) Herkules *od* her'kulisch gebaut; **~éen** *adj* ‹~ne› her'kulisch; Riesen...; **force ~ne** Bärenkraft *f*
hercynien [ɛrsinjɛ̃] *adj* ‹~ne› *géol* plissements **~s** va'riszische, her'zynische Gebirgsbildung
'herd-book [ɛrdbuk, œrd-] *m* ‹*pl* herdbooks› *agr* Herdbuch *n*
'hère [ɛr] *m* 1. **pauvre ~** armer Kerl, Teufel, Tropf; 2. *ch* Kitzbock *m*
héréditaire [ereditɛr] *adj* 1. *biol* Erb...; erblich; erbbedingt; ererbt; **caractères** *m/pl* **~s** Erbanlagen *f/pl*; erbbedingte Merkmale *n/pl*; **maladie f ~** Erbkrankheit *f*; erbliche Krankheit; **patrimoine** *m* **~** Erbgut *n*, -masse *f*; **tare f ~** *cf* tare 3.; **transmission f ~** Vererbung *f*; 2. *jur* Erb...; erblich; Titel, Amt etc erblich; **droit m, monarchie f ~** Erbanspruch *m*, -monarchie *f*; 3. *fig* Erb...; **ennemi m, inimitié f ~** Erbfeind *m*, -feindschaft *f*
hérédité [eredite] *f* 1. *biol* Vererbung *f*; **~ et milieu** *m* Vererbung und 'Umwelt *f*; **lois** *f/pl* **de l'~** Vererbungsgesetze *n/pl*; 2. *biol e-s Menschen* Erbgut *n*, -anlagen *f/pl*; **avoir une lourde ~, une ~ chargée** erblich belastet sein; 3. *jur* **pétition f d'~** Erbschaftsklage *f*; Klage *f* auf Her'ausgabe der Erbschaft
hérédo [eredo] *m,f Kurzwort für* **hérédosyphilitique**; **~contagion** *f méd* Ansteckung *f* im Mutterleib; **~syphilis** *f path* angeborene Syphilis; **~syphilitique** *m,f path* an angeborener Syphilis Leidende(r) *f(m)*
hérésiarque [erezjark] *m rel* Häresi'arch *m*
hérésie [erezi] *f* 1. *rel* Häre'sie *f*; Ketze'rei *f*; Irrlehre *f*; 2. *fig* Irrlehre *f*; Ketze'rei *f*
hérétique [eretik] *rel* **I** *adj* hä'retisch; ketzerisch (*auch fig*); **II** *m,f* Hä're'tiker(in) *m(f)*; Ketzer(in) *m(f)* (*auch fig*)
'hérissé [erise] *adj* 1. *Gefieder, Fell, Haare* gesträubt; Haare *auch* hochstehend; 2. *par ext* **~ de** bedeckt, versehen, gespickt mit etw; *fig* **~ de difficultés** voller Schwierigkeiten; *Rennstrecke etc* **~ d'obstacles** voller Hindernisse; mit vielen Hindernissen; *Bein etc* **~ de poils** behaart
'hérissement [erismɑ̃] *m des Fells, Gefieders* Sträuben *n*; *der Stacheln* Aufrichten *n*

ʼhérisser [erise] **I** v/t **1.** Tiere: Gefieder, Fell, Haare sträuben; Stacheln aufrichten; **2.** par ext meist p/p cf **hérissé** 2.; **3.** fig ~ qn j-n zornig machen, erzürnen; **4.** bât Mauer berappen; mit grobem Putz bewerfen; rauh verputzen; **II** v/pr se ~ **5.** Haare, Fell, Gefieder sich sträuben; **6.** fig Person zornig, böse werden; e-e aggres'sive Haltung einnehmen

ʼhérisson [erisõ] m **1.** zo Igel m; ~ de mer Seeigel m; **2.** auf Mauern Eisenspitzen f/pl; **3.** des Schornsteinfegers Sonne f; **4.** agr Stachelwalze f; **5.** mil défense f en ~ Igelstellung f; **6.** für Flaschen Trockenständer m; **7.** Stacheldraht m; **8.** mar Draggen m; Vier'flunkenanker m

ʼhérissonne [erisɔn] **I** f bot Besenginster m; **II** adj ‹nur f› zo **chenille ~** Bärenraupe f

ʼhérissonner [erisɔne] v/t bât cf **hérisser** 4.

héritage [erita3] m **1.** Erbe n; Erbschaft f; ~ paternel väterliches Erbe; oncle m, tante f à ~ Erbonkel m, -tante f; faire un ~ e-e Erbschaft machen; laisser qc en ~ etw vererben; **2.** fig Erbe n; Erbteil n; Hinter'lassenschaft f (auch péj); ~ culturel kulturelles Erbe; iron triste ~! trauriges Erbe, Erbteil!

hériter [erite] v/t, v/t/indir u v/i erben (auch fig); **a)** ~ qc de qn etw von j-m erben; ~ une maison de son père ein Haus von s-m Vater erben; **b)** ~ de qc etw erben; **c)** ~ de qn j-n beerben; il a hérité de son oncle er hat s-n Onkel beerbt

hérit|ier [eritje] m **1.** jur u fig Erbe m; ~ présomptif de la couronne mutmaßlicher Thronfolger; ~ d'une grande fortune, d'un grand nom Erbe e-s großen Vermögens, e-s großen Namens; ~ du trône Thronerbe m; adit prince ~ Erbprinz m; Kronprinz m; Thronfolger m; **2.** plais (enfant) F plais Sprößling m; Sproß m; attendre un ~ e-n Sprößling erwarten; **~ière** f jur u fig Erbin f; épouser une riche ~ e-e reiche Erbin heiraten

hermaphrod|isme [ɛrmafrɔdism(ə)] m biol Zwittertum n,-bildung f; sc Hermaphro'dismus od Hermaphrodi'tismus m; **~ite I** m **1.** myth Hermaphro'dit m; **2.** biol Zwitter m; sc Hermaphro'dit m; **II** adj biol zweigeschlechtig; zwittrig; sc hermaphro'ditisch

herméneutique [ɛrmenøtik] rel, philos **I** adj herme'neutisch; **II** f Herme'neutik f

hermès [ɛrmɛs] m sculp **a)** Hermesfigur f; **b)** (buste m en) ~ Herme f

hermétique [ɛrmetik] adj **1.** Verschluß her'metisch; luft- und wasserdicht; par ext Behälter her'metisch verschlossen; tech groupe m ~ Kühlaggregat n; **2.** fig Kunstwerk schwerverständlich; undurchschaubar; geheimnisvoll; auch Stil her'metisch; Gesicht verschlossen; **3.** Alchimie her'metisch; **~ment** adv her'metisch (verschlossen, abgeriegelt etc)

hermét|isme [ɛrmetism(ə)] m **1.** Alchimie in den her'metischen Schriften enthaltene Lehre; **2.** Literatur Herme'tismus m; **~iste** m Alchimie, Literatur Her'metiker m

hermine [ɛrmin] f **1.** zo Herme'lin n; **a)** Herme'lin(pelz) m; **b)** Herme'linbesatz m; **3.** Heraldik Herme'lin n

herminette [ɛrminɛt] f des Zimmermanns, Böttchers Dechsel f; Dexel f

ʼherniaire [ɛrnjɛr] **I** adj méd Bruch...; **bandage** m, **sac** m ~ Bruchband n, -sack m; **II** f bot Bruchkraut n; sc Herni'aria f

ʼhernie [ɛrni] f path **a)** (Ein-

geweide)Bruch m; sc Hernie f; ~ inguinale, ombilicale Leisten-, Nabelbruch m; **b)** ~ discale Bandscheibenvorfall m; sc Diskushernie f

ʼherni|é [ɛrnje] adj path Eingeweide vorgefallen; her'ausgetreten; **~eux** méd **I** adj ‹-euse› Person bruchleidend; **II** subst ~ hernieuse m,f Bruchleidende(r) f(m)

héroï-comique [erɔikɔmik] adj Literatur he'roisch-komisch; **poème** m ~ komisches Epos

héroïne¹ [erɔin] f **1.** Heldin f; He'roin f; ~ nationale Natio'nalheldin f; **2.** e-s Theaterstücks, Romans etc Heldin f; Hauptfigur f, -person f; **3.** par ext e-s Festes, Prozesses etc Hauptperson f, -figur f; ~ du jour Heldin f des Tages

héroïne² [erɔin] f Rauschgift Hero'in n

héroïnoman|e [erɔinoman] **I** adj hero'insüchtig; **II** m,f Hero'insüchtige(r) f(m); **~ie** f Hero'insucht f; Heroi'nismus m

héroïque [erɔik] adj **1.** Kampf, Entschluß, Gesinnung etc he'roisch; heldenhaft, -mütig; heldisch; Soldat etc heldenhaft, -mütig; he'roisch; **2.** Zeitalter der Helden, He'roen, he'roisch; par ext der Luftfahrt, des Rundfunks etc âge m ~ Pio'nierzeit f; **3.** Literatur Helden...; he'roisch; **poème** m ~ Heldengedicht n; **vers** m ~ heroischer Vers; **~ment** adv heldenhaft, -mütig; he'roisch

héroïsme [erɔism(ə)] m e-r Person Heldenmut m, -haftigkeit f, -tum n; Hero'ismus m; par ext e-r Tat, e-s Lebens etc Hero'ismus m; Heldentum n, -haftigkeit f; **acte** m d'~ he'roische Tat; Heldentat f; iron c'est de l'~! das ist der reinste Heroismus!; das ist ja geradezu he'roisch!

ʼhéron [erõ] m zo Reiher m; ~ cendré Fisch-, Graureiher m

ʼhéros [erɔ] m **1.** Held m; Heros m; He'roe m (bes im Altertum); ~ national Natio'nalheld m; **mourir en** ~ als Held, wie ein Held sterben; **2.** e-s Theaterstücks, Romans etc Held m; Hauptfigur f, -person f; **3.** par ext e-s Ereignisses, Festes etc Hauptperson f, -figur f; ~ du jour Held m des Tages

ʼherpès [ɛrpɛs] m path Bläschenausschlag m; sc Herpes m

ʼherpétique [ɛrpetik] adj path her'petisch; **angine** f ~ Herpan'gina f

ʼherpétologie [ɛrpetɔlɔ3i] f Herpetolo'gie f; Lehre f von den Kriechtieren

ʼhersage [ɛrsa3] m agr Eggen n

ʼhercher [ɛrʃe] v/i cf **hercher**

ʼherse [ɛrs] f **1.** agr Egge f; **2.** fortif Fallgatter n; **3.** bât Zeichnung f e-s Dachstuhls in na'türlicher Größe; **4.** égl dreieckiger Kirchenleuchter; **5.** thé Bühnenbeleuchtung f im Schnürboden

ʼherser [ɛrse] v/t agr eggen

hertz [ɛrts] m (abr Hz) phys Hertz n (abr Hz); **~ien** adj ‹~ne› rad ondes ~nes Hertzsche Wellen f/pl

hésitant [ezitã] adj Person, Schritt, Stimme, Antwort etc zögernd; zaudernd; Person auch, Charakter unschlüssig; schwankend; Stimme auch stockend

hésitation [ezitasjõ] f Zögern n; Zaudern n; Unschlüssigkeit f; Schwanken n (entre zwischen + dat); après bien des ~s nach langem Zögern, Zaudern; nach langem Hin und Her; avoir une ~ au milieu du discours mitten in der Rede stocken; obéir sans ~ auf der Stelle, ohne Zögern gehorchen; gehorchen, ohne zu zögern

hésiter [ezite] v/i **1.** zögern, zaudern (à faire qc etw zu tun); il hésitait à répondre er zögerte mit der Antwort od zu antworten; **ne pas** ~ une seconde keinen Augenblick zögern, zaudern;

sans ~ ohne zu zögern, zaudern; ohne Zögern, Zaudern; n'hésitez plus! zögern Sie nicht länger!; il n'y a pas à ~ es gibt es kein Zögern; da braucht man nicht lange zu über'legen; **2.** ~ sur qc (sich [dat]) über etw (acc) unschlüssig sein; sich (dat) über etw (acc) im unklaren sein; il hésite sur la route à prendre er ist (sich) unschlüssig (darüber), welche Straße er nehmen soll; **3.** ~ entre diverses choses zwischen verschiedenen Dingen schwanken; **4.** in e-r Rede, im Satz stocken

hétaïre [etair] f im alten Griechenland He'täre f

hétairie [eteri] f im alten u modernen Griechenland Hetä'rie f

hétéro|cerque [eterɔsɛrk] adj zo Schwanzflosse hetero'zerk; **~clite** [-klit] adj verschieden-, ungleichartig; bunt zu'sammengewürfelt; **~cyclique** adj chim hetero'zyklisch

hétérodox|e [eterɔdɔks] **I** adj **1.** rel hetero'dox; **2.** par ext nonkonfor'mistisch; **II** m,f **1.** rel Hetero'doxe(r) f(m); **2.** par ext Nonkonfor'mist(in) m(f); **~ie** f rel Heterodo'xie f

hétéro|dyne [eterɔdin] f rad e-s Überlagerungsempfängers Oszil'lator m; **~gamétique** [-gametik] adj biol heteroga'metisch; **~gène** [-3ɛn] adj hetero'gen; verschieden-, ungleichartig; **~généité** [-3eneite] f Heterogeni'tät f; Verschiedenartig-, Ungleichartigkeit f

hétéromorph|e [eterɔmɔrf] adj biol, chim hetero'morph; verschiedengestaltig; **~isme** m biol, chim Heteromor'phismus m, -mor'phie f; Verschiedengestaltigkeit f

hétéronom|e [eterɔnɔm] adj philos hetero'nom; **~ie** f philos Heterono'mie f

hétéro|plastie [eterɔplasti] f chir Hetero'plastik f; **~ptères** [-ptɛr] m/pl zo Hetero'pteren pl; Ungleichflügler m/pl; Wanzen f/pl; **~sexualité** f Heterosexuali'tät f; **~sexuel** adj ‹~le› heterosexu'ell; **~sphère** f météo Hetero'sphäre f; **~trophe** [-trɔf] adj biol hetero'troph; **~zygote** adj biol heterozy'got; mischerbig

ʼhêtraie [ɛtrɛ] f Buchenhain m, -wald m

ʼhêtre [ɛtr(ə)] m **1.** bot Buche f; allée f de ~s Buchenallee f; **2.** Buche(nholz) f(n); en ~ buchen; aus Buchenholz

ʼheu [ø] int cf euh

heur [œr] m iron ne pas avoir l'~ de plaire à qn nicht das Glück haben, j-m zu gefallen; j-n nicht beeindrucken können

heure [œr] f **1.** Stunde f; ♦ une petite ~ e-e knappe Stunde; ein Stündlein, Stündchen; ~ supplémentaire 'Überstunde f; deux ~s consécutives zwei Stunden hinterein'ander; e-e Doppelstunde; deux ~s de chemin de fer, de route zwei Stunden (Eisenbahn-, Auto-) Fahrt; Autorennen les 24 ~s du Mans das 24-Stunden-Rennen von Le Mans; ~ de classe, de français 'Unterrichts-, Fran'zösischstunde f; ~s de liberté, de présence, de travail Frei-, Prä'senz-, Arbeitszeit f; journée f de huit ~s Acht'stundentag m; quart m d'~ Viertel'stunde f; cf auch quart 3.; ♦ loc/adv: deux ~s avant od plus tôt, après od plus tard zwei Stunden früher, später; revenez dans trois ~s ... in drei Stunden; en deux ~, en deux, trois etc ~s in e-r Stunde, in zwei, drei etc Stunden; innerhalb (von) e-r Stunde, innerhalb von zwei, drei etc Stunden; vingt-quatre ~s sur vingt-quatre rund um die Uhr; ♦ übertreibend il y a od voilà od ça fait une ~ qu'on t'attend wir warten schon e-e Ewigkeit auf dich;

combien coûte une ~ de mécanicien? wieviel kostet e-e Me'chanikerstunde?; **Lyon est à cinq ~s de Paris par le train, à une ~ de Paris par avion** Lyon liegt fünf Zugstunden, e-e Flugstunde von Paris entfernt; **être payé,** F **être à l'~** Stundenlohn bekommen; stundenweise bezahlt werden; **faire ses 'huit ~s** s-e acht Stunden (pro Tag) arbeiten; *auto* **faire cent kilomètres à l'~, rouler à cent à l'~** (mit) hundert (Stundenkilometern) fahren; **gagner, toucher deux francs l'~,** F **de l'~** zwei Franc die Stunde, pro Stunde verdienen; *poét* **les ~s passaient vite** die Stunden eilten dahin; **2.** (Uhr)Zeit *f; nach Zahlen* Uhr *od unübersetzt;* ♦ **exacte, juste** genaue Uhrzeit; ~ **locale** Orts-, Lo'kalzeit *f;* **deux ~s dix** zwei Uhr zehn; zehn (Minuten) nach zwei; **deux ~s et quart, deux ~s un quart** (ein) Viertel nach zwei; Viertel drei; **dix ~s et demie** halb elf; **une ~ moins le quart** Viertel vor eins; drei Viertel eins; **trois ~s moins cinq** fünf (Minuten) vor drei; **neuf ~s du matin, du soir** neun Uhr morgens *od* vormittags, abends; **deux ~s de l'après-midi** zwei Uhr nachmittags; *mar* ~ **de bord** Bordzeit *f;* ~ **d'été** Sommerzeit *f;* ~ **de l'Europe centrale** mitteleuropäische Zeit (*abr* MEZ); ♦ *loc/adv:* **à l'~** pünktlich sein; **être à l'~** a) *Person* pünktlich sein; b) *Uhr* genau gehen; *Uhr* **mettre à l'~** (richtig) stellen; **à ~ fixe** zu e-r bestimmten Stunde, Zeit; immer zur gleichen Stunde, Zeit; **à deux ~s juste** genau, pünktlich um zwei (Uhr); **à quelle ~ dînez-vous?** um wieviel Uhr, um welche Zeit ...?; **à dix ~s sonnantes** *od* **tapantes, sur le coup de dix ~s** Schlag zehn (Uhr); **après l'~** nach der vereinbarten Zeit; später; zu spät; **avant l'~** vor der Zeit; vorzeitig; F *loc* **avant l'~ c'est pas l'~, après l'~ c'est plus l'~** zu früh ist zu früh und zu spät ist zu spät; man soll nie zu früh und nie zu spät kommen; ♦ **avez-vous l'~?** haben Sie die genaue Uhrzeit?; wissen Sie, wie spät es ist?; *Säugling* **avoir ses ~s** s-e festen Zeiten haben; **ne pas avoir d'~** keine festen Zeiten kennen; sich an keine festen Zeiten halten; **demander l'~** nach der (Uhr)Zeit fragen; fragen, wieviel Uhr *od* wie spät es ist; F *fig* **je ne te demande pas l'~** qu'il est ich habe dich nicht um deine, nach deiner Meinung gefragt; misch dich nicht ein!; **quelle ~ est-il?** wie spät ist es?; wieviel Uhr ist es; **il est 'huit ~s** es ist acht (Uhr); **il est cinq ~s passées, plus de cinq ~s** es ist (etwas) nach fünf (Uhr); *fig* **être von e-r** *Person* **c'est l'~ militaire** er *bzw* sie ist die Pünktlichkeit in Person; **prendre l'~** die (Uhr)Zeit vergleichen; **l'horloge sonne les ~s, les demies et les quarts** die Uhr schlägt die vollen, halben und viertel Stunden; **3.** Zeit(punkt) *f(m);* Stunde *f;* Augenblick *m;* ♦ **les ~s agréables de la vie** die angenehmen Stunden des Lebens; **les ~s creuses** *im Geschäftsleben* die ruhigen, stillen Zeiten *f/pl; im Verkehr* die verkehrsschwachen Zeiten *f/pl;* **l'~ H** die Stunde X; **~s d'affluence** *cf* **affluence;** **l'~ de la liberté** die Stunde der Freiheit; **~s de pointe** *cf* **pointe 11.;** **~s des repas** Essens-, Tischzeiten *f/pl;* **~s de vengeance** die Stunde der Rache; **problèmes** *m/pl* **de l'~** aktu'elle, a'kute, anstehende Probleme *n/pl;* ♦ *loc/adv u loc/adj:* **à l'~** qu'il est, **à l'~ actuelle, pour l'~,** F **à cette ~** [astœr] jetzt; zu, in dieser Zeit, Stunde; zu diesem Zeitpunkt; gegenwärtig; zur Zeit; in der

heutigen Zeit; **à l'~ actuelle, la concurrence est grande** gegenwärtig, zur Zeit, in der heutigen Zeit ist die Konkurrenz groß; **à l'~ qu'il est il doit être arrivé** jetzt, zu dieser Zeit muß er angekommen sein; **à une ~ avancée (de la nuit)** zu vorgerückter Stunde; zu nachtschlafender Zeit; *int* **à la bonne ~!** (das ist aber) schön, prächtig!; *iron* nun schön!; **à une ~ indue** zu unpassender, ungehöriger Stunde, Zeit; **à la première ~** zu früher Stunde; sehr früh; **à ses ~s** zu s-r Zeit; bisweilen; wenn er *bzw* sie dazu aufgelegt, in der richtigen Stimmung ist; **à toute ~** jederzeit; zu jeder Tageszeit; *Geschäft* **ouvert à toute ~** ganztägig geöffnet; **tout à l'~** a) (so')eben; gerade; vorhin; b) (so')gleich; so'fort; **à tout à l'~!** bis gleich, nachher, später, bald!; **la conversation de tout à l'~** das Gespräch von eben, von vorhin; **d'~ en ~** von Stunde zu Stunde; mit jeder Stunde; stündlich; **d'une ~ à l'autre** von e-r Stunde zur anderen; jeden Augenblick; **de bonne ~** a) früh (am Tage); b) *allg* frühzeitig; **nouvelle** *f* **de (la) dernière ~** (nach Redaktionsschluß eingegangene) allerneueste Meldung; *ellip* **Dernière ~** Ausgabe *f bzw* Rubrik *f* mit den allerneuesten Meldungen; *iron* Mitkämpfer *etc* **de la dernière ~** der sich erst kurz vor Torschluß anschließt; *Mitarbeiter, Kämpfer* **de la première ~** der ersten Stunde; **sur l'~** auf der Stelle; so'gleich; so'fort; unverzüglich; ♦ **il a cru sa dernière ~ arrivée** er glaubte, sein letztes Stündlein habe (schon) geschlagen; **avoir son ~ de gloire** s-e Glanz-, Blütezeit erleben; in hohem Ansehen stehen; *Theater, Mode etc* **qui a eu son ~** dessen *bzw* deren Glanzzeit, große Zeit vorüber ist; *Person* **il aura son ~** s-e Zeit, Stunde wird (noch) kommen; **n'avoir pas une ~ à soi** keinen Augenblick Zeit haben; **connaître des ~s difficiles** schwierige Stunden, Zeiten, Augenblicke erleben, 'durchmachen; **l'~ est grave** die Stunde, der Augenblick ist ernst; **c'est son ~** das ist s-e *bzw* ihre Zeit, Stunde; das ist die Zeit, zu der er *od* sie gewöhnlich kommt; **c'est l'~ de** (+*inf*) es ist Zeit zu (+*inf*); **c'est la bonne, mauvaise ~ pour** (+*inf*) das ist der richtige *od* günstige, das ist ein ungünstiger Zeitpunkt *od* Augenblick, das ist die richtige, falsche Zeit, um zu (+*inf*); **sa dernière ~ a sonné** s-e letzte Stunde hat geschlagen; **sa dernière ~** *od* **son ~ est venue** s-e letzte Stunde ist gekommen; **son ~ viendra** s-e Stunde, Zeit wird (noch) kommen; **4.** *rel* ~ **s (canoniales)** Stundengebet *n;* **les petites ~s** die kleinen Tagzeiten *f/pl,* Horen *f/pl;* (**livre** *m* **d')~s** Stundenbuch *n*

heureusement [ørøzmɑ̃, œrøz-] *adv* **1.** glücklicherweise; zum Glück; ~ (**que**) **nous sommes indemnes** glücklicherweise, zum Glück sind wir unverletzt; ~ **pour lui (que) vous êtes venu** (es ist) ein Glück für ihn, daß Sie gekommen sind; **2.** glücklich; gut; **être ~ doué par la nature** von der Natur großzügig bedacht (worden) sein; von der Natur begünstigt sein; **l'affaire s'est terminée ~** die Sache hat ein glückliches Ende gefunden; *Thema* ~ **traité** gut, treffend behandelt

heureux [ørø, œrø] **I** *adj* <-euse> **1.** glücklich; **bonne et heureuse année!** glückliches neues Jahr!; ~ **caractère, heureuse nature** glückliche Natur *od* glückliches Naturell; **couple** ~ glückliches Paar; **enfance heureuse** glückli-

che, sorglose Kindheit; ~ **événement** freudiges Ereignis (*Geburt*); ~ (*st/s* celui) **qui ... glücklich (ist), wer ...; être ~ de qc** sich freuen, glücklich sein über etw (*acc*); **j'en suis ~** das freut mich; **être ~ de** (+*inf*) *bzw* **que ...** (+*subj*) sich freuen, glücklich sein, zu (+*inf*) *bzw* daß ...; **je suis ~ de vous revoir** *auch* es freut mich, Sie 'wiederzusehen; **nous sommes ~ que vous soyez venu** *auch* es freut uns, daß Sie gekommen sind; **être ~ en ménage** e-e glückliche Ehe führen; **être ~ comme un roi** 'überglücklich sein; **être ~ comme un poisson dans l'eau** sich wohl fühlen, munter sein wie ein Fisch im Wasser; **rendre qn ~** j-n glücklich machen; **se sentir ~** sich glücklich fühlen; **vivre ~** glücklich leben; **2.** glücklich; ~ **gagnant** glücklicher Gewinner; **heureuse issue** glücklicher Ausgang; ~ **résultat** gutes Ergebnis; **par un ~ 'hasard** durch e-n glücklichen Zufall; **avoir la main heureuse** e-e glückliche Hand haben; **s'estimer ~ de** (+*inf*) *bzw* **que ...** (+*subj*) sich glücklich schätzen, von Glück sagen können, zu (+*inf*) *bzw* daß ...; **il peut s'estimer ~ que ça ait marché** er kann von Glück sagen, daß das geklappt hat; **être ~ au jeu, en affaires** beim Spiel, bei s-n Geschäften Glück haben; *prov* ~ **au jeu, malheureux en amour** Glück im Spiel, Unglück in der Liebe (*prov*); **c'est ~ pour vous** das ist ein Glück für Sie; da haben Sie Glück; *ellip* **encore ~ que ...** (+*subj*) es ist noch ein Glück, daß ...; **être d'~ augure pour qc** für etw Glück bedeuten, ein gutes Vorzeichen sein; **3.** Formulierung, Antwort *etc* gut; treffend; trefflich; glücklich; gelungen; **II** *subst* ~, **heureuse** *m,f* Glückliche(r) *f(m);* **les ~ de ce monde** die Glücklichen dieser Welt (*die Reichen*); **faire un ~, des ~** j-n, die anderen glücklich machen; ihn *bzw* sie glücklich machen

heuristique [øristik] **I** *adj* heu'ristisch; **principe** *m* ~ heuristisches Prinzip; **II** *f* Heu'ristik *f*

'**heurt** [œr] *m* Reibe'rei *f;* Zu'sammenstoß *m*

'**heurté** [œrte] *adj Farben, Töne* stark kontra'stierend; *p/fort* nicht zu'sammenpassend; *Farben auch p/fort* sich beißend; *Stil* (zu) kon'trastreich; *par ext Sprechweise, Ausführung e-s Musikstücks* abgehackt; nicht fließend

'**heurter** [œrte] **I** *v/t* **1.** ~ **qc** an etw (*acc*) *od* gegen etw stoßen; an etw (*acc*) anstoßen; *nach e-m Fall* auf etw (*acc od dat*) aufschlagen; *Auto* etw streifen; gegen etw fahren; *auf* etw (*acc*) aufprallen; **sa tête a heurté l'armoire, il a heurté sa tête contre l'armoire** er ist mit dem Kopf an, gegen den Schrank gestoßen; **2.** ~ **qn** j-n (versehentlich) anstoßen; *mit dem Auto, Fahrrad etc* j-n anfahren; **il a été heurté par une voiture** er ist von e-m Auto angefahren worden; **3.** *fig Person* verletzen; vor den Kopf stoßen; brüs'kieren; *j-s Interessen, Gefühle* verletzen; *Vorurteile, Theorien etc* erschüttern; ~ **de front qn, qc** j-n, etw offen, rücksichtslos angreifen; **II** *v/t/indir* **4.** ~ **contre qc** gegen etw stoßen; ~ **à la porte** (*mit der Faust bzw dem Türklopfer*) an die Tür klopfen, schlagen; **III** *v/pr* **se ~ 6.** *reflexiv* **a) se ~ à un obstacle,** *etc* auf ein Hindernis *etc* stoßen, treffen; **se ~ contre qc** gegen *od* an etw (*acc*) stoßen; **b)** *fig* **se ~ à l'incompréhension de qn** auf j-s Un-verständnis (*acc*) stoßen; **se ~ à une forte opposition** auf starken 'Widerstand stoßen; **7.** *reziprok* **a)** *Fahrzeuge* zu'sammenstoßen; aufein'ander-,

gegenein'anderprallen; e-n Zu'sammen-
stoß haben; **b)** *fig Personen* zu'sammen-
stoßen; anein'andergeraten; **c)** *par ext*
Farben, Töne nicht zu'sammenpassen;
Farben auch sich beißen
'heurtoir [œrtwar] *m* **1.** Türklopfer *m*; **2.**
tech Anschlag *m*
hévéa [evea] *m bot* Kautschukbaum *m*;
sc Hevea *f*
hexa|coralliaires [ɛgzakɔraljɛr] *m/pl*
zo Hexako'rallier *m/pl*; **~corde** *m mus*
Hexa'chord *m od n*
hexa|èdre [ɛgzaɛdr(ə)] *m math* Sechs-
flächner *m*; Hexa'eder *n*; **~édrique**
[-edrik] *adj math* sechsflächig; hexa-
'edrisch
hexagonal [ɛgzagɔnal] **I** *adj* **<-aux>**
sechseckig; *sc* hexago'nal; *geometrischer*
Körper sechsseitig; *tech* Sechskant...; **II**
m 'umständlicher, geschraubter (Amts-,
Zeitungs)Stil
hexagone [ɛgzagon, -gɔn] *m* **1.** Sechseck
n; *sc* Hexa'gon *n*; **2.** l'∼ *Bezeichnung für*
Frankreich (*Form e-s Sechsecks auf der*
Landkarte)
hexamètre [ɛgzamɛtr(ə)] *adj u subst m*
métr (**vers** *m*) ∼ He'xameter *m*
hexane [ɛgzan] *m chim* He'xan *n*
hexapode [ɛgzapɔd] *zo sc* **I** *adj* sechs-
füßig; **II** *m/pl* **~s** Hexa'poden *m/pl*;
In'sekten *n/pl*
hexose [ɛgzoz] *m chim* He'xose *f*
'hi [(h)i] *int* **~, ~, ~!** *Lachen* hihihi!;
Weinen huhuhu!
hiatus [jatys] *m* **1.** *phon* Hi'at(us) *m*; **2.**
fig Unter'brechung *f*; Kluft *f*, Graben *m*
(**entre** zwischen + *dat*); **3.** *anat* Hi'atus
m; Öffnung *f*, Spalte *f*
hibern|al [ibɛrnal] *adj* **<-aux>** Win-
ter...; **sommeil** ∼ Winterschlaf *m*; **~ant**
adj Tier Winterschlaf haltend; **~ation** *f*
1. *biol* durch den Winter herv'vorge-
rufene Veränderungen *f/pl* (bei *Tieren*
und *Pflanzen*); *par ext zo* Winterschlaf
m; **2.** *méd* ∼ **artificielle** künstlicher
Winterschlaf; Hibernati'on *f*; Hiber-
ni'sierung *f*; **3.** *fig* Untätigkeit *f*; Passi-
vi'tät *f*; **~er** *v/i Tier* Winterschlaf halten
hibiscus [ibiskys] *m bot* Hi'biskus *m*
'hibou [ibu] *m* **<pl ~x>** *zo* Eule *f*; *fig*
avoir des yeux de ∼ große runde
Augen, F Kulleraugen haben
'hic [ik] F *m* Hauptschwierigkeit *f*; F
Haken *m*; **voilà le** ∼, **c'est là le** ∼ F das
ist, da liegt *od* sitzt der Haken; da liegt
der Hase im Pfeffer; da liegt der Hund
begraben; **le** ∼ **c'est que...** der Haken
ist, daß...
'hickory [ikɔri] *m bot* Hickory *m*
hidalgo [idalgo] *m in Spanien* Hi'dalgo *m*
'hid|eur [idœr] *litt f e-s Verbrechens etc*
Ab'scheulichkeit *f*; Scheußlichkeit *f*;
Grauenhaftigkeit *f*; **~eux** *adj* **<-euse>**
Gesicht, Monstrum, Anblick etc ab-
'scheulich; scheußlich; grauenerregend;
grauenhaft; greulich
'hie [i] *f tech* Stampfe(r) *f(m)*;
(Hand)Ramme *f*
hièble [jɛbl(ə)] *f bot* Zwergholunder *m*;
Attich *m*
hiémal [jemal] *bes litt adj* **<-aux>** Win-
ter...; winterlich
hier [ijɛr, jɛr] *adv* **1.** gestern; ∼ **matin, (à)**
midi, (au) soir gestern früh *od* morgen
od vormittag, mittag, abend; **la journée**
d'∼ der gestrige Tag; **je m'en souviens**
comme si c'était ∼ ... als wenn es
gestern gewesen wäre; **2.** *par ext* gestern;
früher; *Methode, Mode etc* **d'**∼ von
gestern; **ne pas dater d'**∼ schon alt,
nicht neu sein; **cela ne date pas d'**∼
auch das gibt es schon lange; **ne dater**
que d'∼ noch jung, noch nicht alt,
Datums sein; F **ne pas être né d'**∼ nicht
unerfahren, F nicht von gestern sein

'hiérarchie [jerarʃi] *f* **1.** *adm, mil etc*
Hierar'chie *f*; Rangordnung *f*, -folge *f*; ∼
administrative, militaire Verwal-
tungs-, Mili'tärhierarchie *f*; ∼ **sociale**
soziale Rangordnung; **2.** *égl* Hierar'chie
f; *égl ordre* ∼ **de juridiction, d'ordre**
Jurisdikti'ons-, Weihehierarchie *f*; **3.** *fig*
Rangordnung *f*; (rangmäßige) Staffe-
lung, Stufenfolge, Ab-, Einstufung; ∼
des besoins, des valeurs Rangord-
nung der Bedürfnisse, Werte; Bedürf-
nis-, Werteskala *f*
'hiérarchique [jerarʃik] *adj* hier'ar-
chisch; *adm oft* Dienst...; **ordre** *m* ∼
Rangordnung *f*; **recours** *m* ∼ Dienst-
aufsichtsbeschwerde *f*; **supérieur** *m* ∼
Dienstvorgesetzte(r) *m*; **voie** *f* ∼ Dienst-,
In'stanzenweg *m*
'hiérarchis|ation [jerarʃizasjō] *f* hier-
'archische Gliederung; Aufstellung *f* e-r
Rangordnung; (rangmäßige) Einstu-
fung; Abstufung *f*; Staffelung *f*; ∼ **des**
fonctions Abstufung der Aufgaben; ∼
des salaires Staffelung der Löhne;
~er *v/t Gemeinschaft etc* hier'archisch
gliedern, aufbauen; *Probleme, Dring-*
lichkeiten etc in e-e Rangordnung brin-
gen; nach dem Rang einstufen; *Löhne*
etc staffeln; abstufen
hiérat|ique [jeratik] *adj* **1.** *rel* hie'ra-
tisch; priesterlich; *ling* **écriture** *f* ∼
hieratische Schrift; **2.** *fig* gemessen
(-feierlich); **~isme** *m rel* hie'ratischer,
fig gemessen-feierlicher Cha'rakter
hiéroglyph|e [jerɔglif] *m* Hiero'glyphe *f*
(*auch fig*); **~ique** *adj* hiero'glyphisch
(*auch fig*); Hiero'glyphen...
'hi-fi [ifi] *f cf* (**haute**) fidéli'té **2.**
'highlander [ajlãdœr] *m* Highlander
['haiɛndɔr] *m*; Hochländer *m*; Bewoh-
ner *m* des schottischen Berglands
'hi-han [iã] **I** *int des Esels* iah!; **II** *m*
pousser des ∼**s** iah schreien
hilarant [ilarã] *adj* **1.** *chim* **gaz** ∼
Lachgas *n*; **2.** *Geschichte etc* belusti-
gend; erheiternd; vergnüglich; zum La-
chen
hilar|e [ilar] *adj Person, Gesicht* ver-
gnügt; heiter; fröhlich; **~ité** *f* Heiterkeit
f; Lachen *n*; ∼ **générale** allgemeine
Heiterkeit; allgemeines Gelächter
'hile [il] *m* **1.** *bot* Hilum *n*; Nabel *m*; **2.**
anat Hilus *m*
hiloire [ilwar] *f mar* Lukensüll *m*
hilote [ilɔt] *m im alten Sparta* He'lot(e) *m*
himalayen [imalajē] *adj* **<~ne>** *géogr*
des Hi'malaya
hindi [indi] *m ling* Hindi *n*
hindou [ēdu] *meist rel* **I** *adj* Hindu...;
hindu'istisch; *abus* indisch; **II** *subst* 2**(e)**
m(f) Hindu *m*, Hindufrau *f*; *abus*
Inder(in) *m(f)*; **~isme** *m rel* Hindu'is-
mus *m*; **~iste** *adj rel* hindu'istisch
hinterland [intɛrlãd] *m* 'Hinterland *n*
'hip [ip] *int* ∼, ∼, ∼, **hourra!** hipp hipp
hur'ra!
hipparion [iparjō] *m Paläontologie*
Hipp'arion *n*
hippiatr|ie [ipjatri] *f od* **~ique** *f* Pferde-
heilkunde *f*; Hippi'atrik *f*
'hippie [ipi] **I** *m,f* Hippie *m*; Blumenkind
n; **II** *adj* Hippie...
hipp|ique [ipik] *adj* Pferde(sport)...;
Reit...; **concours** *m* ∼ Reit- und Fahr-
turnier *n*; ∼ **sport** *m* ∼ Pferdesport *m*;
~isme *m* Pferdesport *m*
hippo|campe [ipokãp] *m* **1.** *zo* See-
pferdchen *n*; *sc* Hippo'campus *m*; **2.**
myth Hippo'kamp *m*; **~castanacées**
[-kastanase] *f/pl bot* Roßkastanienge-
wächse *n/pl*; **~cratique** [-kratik] *adj*
méd hippo'kratisch; *path* **face** *f*, **faciès**
m ∼ hippokratisches Gesicht; **~drome**
[-drom] *m* **1.** *in der Antike* Hippo'drom
m od n; **2.** (Pferde)Rennbahn *f*,

(-)Rennplatz *m*; **~griffe** *m myth* Hip-
po'gryph *m*; **~logie** *f* Pferdekunde *f*; *sc*
Hippolo'gie *f*; **~mobile** *adj* mit Pfer-
den *bzw* e-m Pferd bespannt; **véhicule**
m, **voiture** *f* ∼ Pferdefuhrwerk *n*, -wagen
m; **~phaé** [-fae] *m bot* Sanddorn *m*
hippophag|ie [ipofaʒi] *f* Essen *n* von
Pferdefleisch; **~ique** *adj* **boucher** *m* ∼
Pferdemetzger *m*; Pferde-, Roßschläch-
ter *m*, -schlachter *m*; **boucherie** *f* ∼
Pferdemetzgerei *f*; Pferde-, Roßschläch-
terei *f*, -schlachterei *f*
hippo|potame [ipopotam] *m* **1.** *zo* Nil-
Flußpferd *n*; *sc* Hippo'potamus *m*; **2.** *fig*
von e-m Menschen Ko'loß *m*; F Fleisch-
berg *m*; **~technie** *f* (Lehre *f* von
der) Pferdezucht *f* und -dressur *f*
hippurique [ipyrik] *adj chim* **acide** *m* ∼
Hip'pursäure *f*
hircin [irsē] *adj* (Ziegen)Bocks...; **odeur**
∼**e** Bocksgeruch *m*
hirondelle [irōdɛl] *f* **1.** *zo* Schwalbe *f*; ∼
rustique *od* **de cheminée** Rauch-
schwalbe *f*; ∼ **urbaine** *od* **de fenêtre**
Mehlschwalbe *f*; ∼ **de mer** Seeschwalbe
f; *cuis* **potage** *m* **aux nids d'**∼**s** Schwal-
bennestersuppe *f*; *prov* **une** ∼ **ne fait pas**
le printemps e-e Schwalbe macht noch
keinen Sommer (*prov*); **2.** P *fig* radfah-
render Poli'zist
hirsut|e [irsyt] *adj* Haar, Bart, auch alter
Mann struppig; **~isme** *m path* Hirsu'tis-
mus *m*
hirudinées [irydine] *f/pl zo* Egel *m/pl*
hispanique [ispanik] *adj* spanisch
hispanis|ant [ispanizã] *m*, **~ante** *f*
Hispa'nist(in) *m(f)*
hispan|isme [ispanism(ə)] *m* spanische
Spracheigentümlichkeit; Hispa'nismus
m; **~iste** *m,f* Hispa'nist(in) *m(f)*
hispano|-américain [ispanoamerikē]
I *adj* **1.** spanisch-ameri'kanisch; **2.**
hi'spanoamerikanisch; **II** *subst* **1.**
Hispano-Américain(e) *m(f)* Hi'spa-
noamerikaner(in) *m(f)*; **2.** *m ling*
ameri'kanisches Spanisch; **~-arabe** *od*
~-moresque *adj Kunst* spanisch-
maurisch; **faïences** *f/pl* **hispano-**
-moresques Hispanomo'resken
f/pl
hispide [ispid] *adj bot* steifhaarig
'hisse [is] *int* **oh** ∼! hau ruck!
'hisser [ise] **I** *v/t* **1.** Flagge, Segel hissen;
aufziehen; *mar auch* heißen; Segel auch
setzen; **2.** Gegenstand hoch-, her'auf-,
hin'aufziehen, -winden; in die Höhe
ziehen (*auch Person*); **II** *v/pr* **se** ∼ sich
hoch-, emporziehen, in die Höhe ziehen
histamin|e [istamin] *f* Biochemie Hist-
a'min *n*; **~ique** *adj* Hista'min...
histidine [istidin] *f* Biochemie Histi-
'din *n*
histo|genèse [istoʒənɛz] *f* biol Histo-
ge'nese *f*; Histoge'nie *f*; Entstehung *f* der
Gewebe (beim Embryo); **~gramme** *m*
Statistik Stufendiagramm *n*
histoire [istwar] *f* **1.** Geschichte *f*; *auch*
Geschichtswissenschaft *f*; ∼ **ancienne**
Alte Geschichte; ∼ **contemporaine**
Neueste Geschichte (*ab 1789*); ∼ **écono-**
mique Wirtschaftsgeschichte *f*; ∼ **mo-**
derne Neuere Geschichte; ∼ **naturelle**
Na'turgeschichte *f*; **la petite** ∼ die klei-
nen Ereignisse *n/pl* am Rande der Welt-
geschichte; ∼ **sainte** Biblische Geschich-
te; ∼ **universelle** Weltgeschichte *f*; ∼ **du**
Moyen Âge Geschichte des Mittelal-
ters; ∼ **de l'art** Kunstgeschichte *f*; ∼ **de**
l'aviation, d'un château, d'un crime
Geschichte der Luftfahrt, e-s Schlosses,
e-s Verbrechens; ∼ **de France** Geschich-
te Frankreichs; französische Geschich-
te; ∼ **des idées** I'deen-, Geistesgeschich-
te *f*; ∼ **de la littérature** Litera'tur-
geschichte *f*; ∼ **d'une personne** Lebens-

geschichte f e-r Person; ~ d'un peuple Geschichte e-s Volkes; le jugement, les leçons f/pl de l'~ das Urteil, die Lehren f/pl der Geschichte; (livre m d')~ Geschichtsbuch n; peintre m d'~ Hi'storienmaler m; professeur m d'~ Geschichtslehrer m; sens m de l'~ Sinn m der Geschichte; source f de l'~ Geschichtsquelle f; par ext s'acheter une ~ de France sich e-e Geschichte Frankreichs kaufen; 2. Geschichte f; Erzählung f; Witz m; ~ drôle lustige Geschichte; ~ humoristique Humo'reske f; ~s marseillaises Witze, die in Marseille spielen (mit den Hauptfiguren Marius u Olive); ~ vraie wahre Geschichte; ~ à dormir debout ganz unwahrscheinliche, völlig unglaubwürdige Geschichte; Räubergeschichte f, F -pistole f; ~ d'amour Liebesgeschichte f; ce sont des ~s das sind Märchen; das ist nicht wahr; inventer toute une ~ pour trouver prétexte à faire qc sich e-e lange Geschichte ausdenken, e-e lange Geschichte erfinden …; il nous raconte des ~s er erzählt uns Märchen; er tischt uns Lügen auf; 3. Geschichte f; Sache f; Angelegenheit f; par ext meist pl ~s Unannehmlichkeiten f/pl; Schere'reien f/pl; p/fort Streit m; ~ d'argent, de femmes Geld-, Frauengeschichte f; femme f à ~s Frau, die mit allen Leuten Streit hat; il m'est arrivé une drôle d'~, une ~ mir ist et-e komische, üble od unangenehme Geschichte od Sache passiert; avoir des ~s avec qn mit j-m Streit haben; mit j-m etwas haben; chercher des ~s à qn Streit, Händel mit j-m suchen; c'est une autre ~ das steht auf e-m anderen Blatt; das ist e-e ganz andere Sache, Geschichte; c'est toujours la même ~ es ist immer wieder das gleiche, die gleiche Geschichte; c'est toute une ~ a) das ist e-e lange Geschichte; b) das ist e-e Riesenaffäre; faire des ~s sich zieren; F großes Getue machen; sich haben; en faire des ~s, toute une ~ aus der Sache, daraus e-e Riesenaffäre, F Staatsaktion machen; faire des ~s à qn j-m Unannehmlichkeiten, Scherereien machen; il faut oublier cette ~ diese Sache, Geschichte muß man vergessen; je ne veux pas d'~s ich will keine Scherereien, keinen Streit (haben); 4. loc/conj F ~ de (+inf) um zu (+inf); sortir, ~ de s'amuser ausgehen, um sich zu amüsieren; ~ de rire aus, zum, im Spaß, Scherz

histo|logie [istɔlɔʒi] f Histolo'gie f; Gewebelehre f; **~logique** adj histo'logisch; **~lyse** f biol Histo'lyse f

historicité [istɔrisite] f hi'storische Wahrheit, Zuverlässigkeit

historié [istɔrje] adj Kunst mit Fi'guren bzw Szenen bzw Orna'menten geschmückt; arch **chapiteau** ~ Fi'gurenkapitell n

histor|ien [istɔrjɛ̃] m, **~ienne** f Hi'storiker(in) m(f) (auch Student); Geschichtsforscher m, -wissenschaftler m, -schreiber m

historier [istɔrje] v/t Kunst mit Fi'guren bzw Szenen bzw Orna'menten schmücken

historiette [istɔrjɛt] f Hi'störchen n; Anek'dote f

historiograph|e [istɔrjɔgraf] m (offizi'eller) Historio'graph, Geschichtsschreiber; **~ie** f (offizi'elle) Historiogra'phie, Geschichtsschreibung

historique [istɔrik] I adj hi'storisch; geschichtlich; Geschichts…; Zitat, Ausspruch denkwürdig; berühmt; critique f ~ Kritik f der Geschichtsquellen; événement m ~ historisches, denkwürdiges

Ereignis; Ereignis n von historischer Bedeutung; linguistique f ~ historische Sprachwissenschaft; philos matérialisme m ~ historischer Materialismus; monument (classé) ~ unter Denkmalschutz stehendes Bauwerk; personnage m ~ historische Persönlichkeit; gr présent m ~ historisches Präsens; roman m ~ historischer Roman; temps m/pl ~s geschichtliche, historische Zeit; II m geschichtlicher, chrono'logischer 'Überblick; e-s Wortes Geschichte f; faire l'~ de qc e-n geschichtlichen Überblick über etw (acc) geben; etw in s-m geschichtlichen Zu'sammenhang darstellen

historisme [istɔrism(ə)] m philos Histo'rismus m

histrion [istrijɔ̃] m im alten Rom Histri'one m

hitlér|ien [itlerjɛ̃] I adj ‹~ne› Hitler…; Hitlersche(r, -s); Hitlers; par ext Nazi…; na'zistisch; jeunesses ~nes Hitlerjugend f; II subst ~(ne) m(f) Hitleranhänger(in) m(f); Nazi m; **~isme** m Na'zismus m

'**hit-parade** [itparad] m Hitparade f

'**hittite** [itit] hist I adj he'thitisch; II subst 1. ℒs m/pl He'thiter m/pl; 2. ling le ~ das He'thitische; He'thitisch n

hiver [iver] m 1. Winter m; poét Winterzeit f; météo ~ astronomique astronomischer Winter; ~ doux, rude milder, strenger Winter; blé m, fruits m/pl d'~ Wintergetreide n, -obst n; une longue soirée d'~ ein langer Winterabend; sports m/pl d'~ Wintersport m; en ~ im Winter; nous sommes en ~ wir haben Winter; 2. fig u st/s l'~ de la vie der Lebensabend; compter soixante ~s sechzig (Lebens)Jahre zählen

hivern|age [ivernaʒ] m 1. mar, mil Über'winterung f, -ung f; mar par ext Winterhafen m; 2. géogr in den Tropen Regenzeit f; 3. agr Winterbestellung f; 4. des Viehs Stallaufenthalt m im Winter; **~al** adj ‹-aux› winterlich; Winter…; Alpinismus ascension ~e od subst ~e f Winterbesteigung f; froid ~ winterliche Kälte; température ~ e Wintertemperatur f; **~ant** m, **~ante** f (Winter-)Feriengast m

hiverner [iverne] I v/t agr 1. Feld für den Winter bestellen; 2. Vieh den Winter über im Stall halten; II v/i 3. mar, mil über'wintern; 4. Vieh den Winter im Stall verbringen

'**ho** [(h)o] int Anruf he(da)!; cf auch oh

'**hobby** [ɔbi] m Hobby n

'**hobereau** [ɔbro] m ‹pl ~x› 1. zo Baumfalke m; 2. fig (Land)Junker m; péj Krautjunker m

'**hocco** [ɔko] m zo Hokkohuhn n

'**hochement** [ɔʃmɑ̃] m ~ de tête Kopfschütteln n, -wiegen n; auch zögerndes Kopfnicken

'**hochequeue** [ɔʃkø] m zo Bachstelze f

'**hocher** [ɔʃe] v/t ~ la tête den Kopf schütteln, wiegen; auch zögernd mit dem Kopf nicken

'**hochet** [ɔʃɛ] m (Kinder)Klapper f

'**hockey** [ɔkɛ] m sports ~ (sur gazon) Hockey (-ke:) n; ~ sur glace Eishockey n

'**hockey|eur** [ɔkejœr] m, **~euse** f Hockeyspieler(in) m(f)

hoirie [wari] f jur avancement m d'~ Vorempfang m e-s Teils e-r Erbschaft

'**holà** [ɔla] I int holla!; Anruf auch he(da)!; Ausruf des Anhaltens auch halt!; II m mettre le ~ à qc e-r Sache (dat) Einhalt gebieten, e-n Riegel vorschieben; etw beenden

'**holding** [ɔldiŋ] m écon Holdinggesellschaft f

'**hold-up** [ɔldœp] m ‹inv› (bewaffneter)

Raubüberfall (d'une banque auf e-e Bank)

'**hollandais** [ɔlɑ̃dɛ] I adj holländisch; art ~ holländische Kunst; cuis sauce ~e holländische Soße; Rinderrasse vache ~e Holstein-Friese m; II subst 1. ℒ(e) m(f) Holländer(in) m(f); 2. ling le ~ das Holländische; Holländisch n

'**hollande** [ɔlɑ̃d] 1. m Edamer(käse) m; 2. m Luxuspapier n mit Wasserzeichen; 3. f (in Holland hergestelltes) sehr feines Leinen; 4. f Kartoffelsorte

'**hollywoodien** [ɔliwudjɛ̃] adj ‹~ne› an (den Luxus von) Hollywood erinnernd; Hollywood…

holmium [ɔlmjɔm] m chim Holmium n

holo|causte [ɔlokost] m 1. hist rel Brandopfer n; sc Holo'kaustum n; 2. fig Opfer n; **~cène** adj u subst m géol (période f) ~ Holo'zän n; Al'luvium n; **~cristallin** adj minér voll-, holokristal-'lin; **~gramme** m opt Holo'gramm n; **~graphie** f opt Hologra'phie f; **~phrastique** [-frastik] adj ling polysyn'thetisch; **~thurie** [-tyri] f zo Seegurke f, -walze f

'**homard** [ɔmar] m zo, cuis Hummer m; fig être rouge comme un ~ krebsrot sein

hombre [ɔ̃br(ə)] m Lomber(spiel) n

'**home** [om] m 1. (gemütliches) Heim, Zu'hause; 2. ~ d'enfants Kinderheim n

homélie [ɔmeli] f 1. rel Homi'lie f; erbauliche Bibelauslegung; 2. litt (langweilige) Mo'ralpredigt

homéopath|e [ɔmeɔpat] adj u subst m,f (médecin m) ~ Homöo'path(in) m(f); **~ie** f Homöopa'thie f; **~ique** adj homöo'pathisch

homéo|stasie [ɔmeɔstazi] f physiol Homöo'stase f; **~stat** m Kybernetik Homöo'stat m

homéotherm|e [ɔmeɔterm] zo I adj warmblütig; sc homöo'therm; II m Warmblüter m; **~ie** f zo Warmblütigkeit f; sc homöo'ther'mie f

homérique [ɔmerik] adj 1. Ho'merisch; Ho'mers; 2. fig Stil, Vergleich an Ho'mer erinnernd; ho'merisch; rire m ~ homerisches, schallendes Gelächter

'**homespun** [ɔmspœn] m Stoffart Homespun ['ho:mspan] m

'**home-trainer** [ɔmtrɛnœr] m ‹pl home-trainers› sports Heimtrainer [-tre:-] m

homicide [ɔmisid] I subst 1. m Tötung f; jur ~ involontaire, par imprudence fahrlässige Tötung; ~ volontaire vorsätzliche Tötung; Tötung mit Vorbedacht; 2. st/s m,f Mörder(in) m(f); II st/s adj Mord…; mörderisch; todbringend; poét fer m ~ Mordwaffe f; guerre f ~ mörderischer Krieg

hominidés [ɔminide] m/pl od **hominiens** [ɔminjɛ̃] m/pl Homi'niden m/pl; Menschenartige(n) m/pl

hommage [ɔmaʒ] m 1. Huldigung f; Ehrerbietung f; als Begrüßung mes ~s, Madame guten Tag, gnädige Frau!; auch meine Verehrung!; als Briefschluß (daignez agréer, Madame,) mes respectueux ~ Ihr sehr ergebener; daignez agréer ce cadeau en ~, comme un ~ de ma reconnaissance … als Ausdruck meiner Dankbarkeit; (présentez) mes ~s à Madame bitte empfehlen Sie mich Ihrer Frau Gemahlin; je dois présenter mes ~s à cette dame ich muß diese Dame begrüßen, auch dieser Dame meine Aufwartung machen; par ext: rendre ~ à qn j-m huldigen, Huldigungen darbringen, Ehre erweisen; j-n ehren; rendre ~ à qc etw würdigen; e-r Sache (dat) Anerkennung zollen; rendre ~ à la vérité der Wahr-

heit die Ehre geben; **2.** ~ **d'auteur, d'éditeur** Widmungsexemplar *n* (des Autors, Verlegers); **3.** *féod* Huldigung *f*; foi *f* et ~ Lehnseid *m*

hommasse [ɔmas] *adj péj* von e-r Frau masku'lin; **femme** *f* ~ Mannweib *n*

homme [ɔm] *m* **1.** Mensch *m*; *rel u fig* le vieil ~ der alte Adam, Mensch; dépouiller le vieil ~ den alten Adam, Menschen ausziehen, ablegen; *Vorgeschichte*: ~ des cavernes Höhlenmensch *m*; ~ de Néanderthal Ne'andertaler *m*; *rel* le Fils de l'~ des Menschen Sohn *m*; der Menschensohn; *philos* l'~ est un animal raisonnable der Mensch ist ein vernunftbegabtes Wesen; ce n'est qu'un ~ er ist auch nur ein Mensch; *rel* le Christ s'est fait ~ Christus ist Mensch geworden; *prov*: l'~ propose, Dieu dispose der Mensch denkt, Gott lenkt (*prov*); l'~ est un loup pour l'~ Homo homini lupus; der Mensch ist der Feind des Menschen; l'~ est la mesure de toute chose der Mensch ist das Maß aller Dinge; **2.** Mann *m*; F Mannsbild *n*, -person *f*; *bei Zahlenangaben oft pl* Mann (*z B mil* une patrouille de cinq ~s e-e Patrouille von fünf Mann); *le caporal et ses* ~s ... s-e Männer *m/pl*, Leute *pl*, *iron* Mannen *m/pl*; ♦ **galant** ~ Kava'lier *m*; ritterlicher Mann; **grand** ~ großer, berühmter Mann; ~ **grand** großer, hoch-, großgewachsener Mann; **honnête** ~ *cf* **honnête 1.**; **jeune** ~ junger Mann; *plais* Jüngling *m*; F *Anrede* eh, **jeune** ~, *vous pourriez dire merci* he, junger Mann, ...; F **votre jeune** ~ Ihr Sohn; ~ **politique** Po'litiker *m*; **saint** ~ untadeliger Mann; **vieil** ~, *vieux* alter Mann; Greis *m*; Alte(r) *m*; ♦ ~ **à femmes** Frauen-, F Weiberheld *m*; Schürzenjäger *m*; ~ **à principes** Mann mit, von Prinzipien; *péj* Prin'zipienreiter *m*; ~ **d'action** Mann der Tat, ~ **d'affaires** Geschäftsmann *m*, ~s **d'affaires** Geschäftsleute *pl*; ~ **de couleur** Farbige(r) *m*; ~ **d'Église** Kirchenmann *m*; ~ **d'équipe** Arbeiter *m* e-r Kolonne, e-r Arbeitsgruppe; *mar* ~ **d'équipage** Mitglied *n* der Schiffsmannschaft; Ma'trose *m*; *adm* Schiffsmann *m*; ~ **d'esprit** Mann von Geist; geistvoller, -reicher Mann; ~ **d'État** Staatsmann *m*, ~ **de génie** genialer Mensch, Mann; ~ **de goût** Mann mit Geschmack; ~ **d'honneur** Ehrenmann *m*; Mann von Ehre; ~ **du jour** Held *m* des Tages; ~ **de lettres** Schriftsteller *m*; Lite'rat *m*; Belle'trist *m*; ~ **de loi** Ju'rist *m*; *péj* ~ **de main** Handlanger *m*; Helfershelfer *m*; *mar* ~ **de mer** Seemann *m*; ~ **du monde** Mann von Welt; Weltmann *m*; *fig* ~ **de paille** Strohmann *m*; ~ **du peuple** Mann aus dem Volk(e); *früher* ~ **de qualité** Mann von hohem Stande; Standesperson *f*; ~ **de la rue** Mann auf der Straße; ~ **de science** Wissenschaftler *m*; **les** ~**s en blanc** *cf* **blanc II 1.**; ♦ **parole** *f* **d'**~ Manneswort *n*; *bei Verkleidungen* **vêtements** *m/pl* **d'**~ Männerkleidung *f*; **vêtements** *m/pl* **d'**~s *od* **pour** ~ Herren(be)kleidung *f*; **voix** *f* **d'**~ Männerstimme *f*; männliche Stimme; ♦ *loc/adv* **comme un seul** ~ wie ein Mann; geschlossen; **d'**~ **à** ~ von Mann zu Mann; ganz offen; **voilà mon** ~**!**, **c'est l'**~ **qu'il me faut** das ist mein Mann; das ist der richtige Mann für mich; das ist der Mann, den ich brauche; suche; *mar* **un** ~ **à la mer!** Mann über Bord!; ♦ **devenir un** ~ ein Mann werden; **être** (**un**) ~ **à** (+*inf*) im'stande, fähig sein zu (+*inf*); **il n'est pas** ~ **à faire qc** er ist nicht der Mann, der etw tut; es ist nicht s-e Art, etw zu tun; *zu e-m*

Jungen **sois un** ~! sei ein Mann!; *vas-y*, **si tu es un** ~ ... wenn du ein Mann bist; **vous êtes un** ~ **mort** Sie sind ein Kind, Mann des Todes; *fig* **c'est un** ~ **mort** er ist ein toter Mann; **je suis votre** ~ ich bin bereit, das (für Sie) zu machen; ich mache das; *von j-m, der verfolgt wird* **je tiens mon** ~ jetzt habe ich ihn; er kann mir nicht mehr entkommen; **trouver son** ~ a) s-n Meister finden; b) *für e-e bestimmte Arbeit* den richtigen Mann, s-n Mann finden; **3.** F **son** ~ der Mann, F Kerl, mit dem sie zu'sammenlebt

homme|-Dieu [ɔmdjø] *m rel* Gottmensch *m*; ~**-grenouille** *m* ⟨*pl* hommes-grenouilles⟩ Froschmann *m*; ~**-orchestre** *m* ⟨*pl* hommes-orchestres [ɔmɔrkɛstr(ə)]⟩ *mus* Ein'mannorchester *n*; ~**-sandwich** *m* ⟨*pl* hommes-sandwich(e)s⟩ Sandwichman ['zantvitʃmɛn] *m*; Pla'katträger *m*

homocentr|e [ɔmɔsɑ̃tr(ə)] *m math* gemeinsamer Mittelpunkt (mehrerer Kreise); ~**ique** *adj* **1.** *math* kon'zentrisch; *opt* homo'zentrisch

homo|cerque [ɔmɔsɛrk] *adj zo Schwanzflosse* amphi-, homo'zerk; ~**cyclique** *adj chim* homo'zyklisch

homogène [ɔmɔʒɛn] *adj* **1.** *Substanz etc* homo'gen; aus Gleichartigem zu'sammengesetzt; **pâte** *f* ~ glatter Teig; **2.** *par ext Gruppe, Mannschaft etc* homo'gen; gleichartig (zu'sammengesetzt); *Werk* einheitlich; homo'gen; **un tout** ~ ein einheitliches Ganzes; **3.** *math Funktion etc* homo'gen

homogénéis|ation [ɔmɔʒeneizasjɔ̃] *f bes der Milch* Homogenisati'on *f*; ~**er** *v/t chim, tech* homogeni'sieren; *adj* **lait** ~ **homogénéisé** homogenisierte Milch

homogénéité [ɔmɔʒeneite] *f* Homogeni'tät *f* (*auch math*); Gleichartigkeit *f*; Einheitlichkeit *f*

homo|graphe [ɔmɔgraf] *m ling* Homo'graph *n*, -'gramm *n*; ~**graphie** *f math* Kollineati'on *f*; Homogra'phie *f*; ~**greffe** *f biol, chir* Hom(ö)o'plastik *f*

homologation [ɔmɔlɔgasjɔ̃] *f* **1.** *jur* (gerichtliche, amtliche) Anerkennung, Bestätigung; **2.** *von Tarifen, Preisen* (staatliche) Genehmigung; **3.** *sports e-s Rekords* offizi'elle Anerkennung

homologie [ɔmɔlɔʒi] *f biol* Homolo'gie *f*

homologue [ɔmɔlɔg] **I** *adj* **1.** *biol, math* einander entsprechend; **2.** *par ext Dienstgrad etc* entsprechend; *Personen* in gleicher Stellung; **II** *m* (Amts)Kol'lege *m*

homologuer [ɔmɔlɔge] *v/t* **1.** *jur* (gerichtlich, amtlich) anerkennen, bestätigen; **2.** *Tarife, Preise* (staatlich) genehmigen; **3.** *sports* Rekord offizi'ell anerkennen

homoncule [ɔmɔ̃kyl] *m cf* homuncule

homonym|e [ɔmɔnim] **I** *adj ling* gleichlautend; homo'nym; **II** *m* **1.** *ling* Homo'nym *n*; **2.** Namensvetter *m*; ~**ie** *f ling* Homony'mie *f*

homophon|e [ɔmɔfɔn] *m ling* Homo'phon *n*; ~**ie** *f mus* Homopho'nie *f*

homosexu|alité [ɔmɔsɛksɥalite] *f* Homosexuali'tät *f*; ~**el I** *adj* ⟨~**le**⟩ homosexu'ell; gleichgeschlechtlich; **II** *subst* ~(**le**) *m(f)* Homosexu'elle(r) *f(m)*

homo|sphère [ɔmɔsfɛr] *f* Homo'sphäre *f*; ~**zygote** *adj biol* homozy'got; reinerbig

homuncule [ɔmɔ̃kyl] *m Alchimie* Ho'munkulus *m*

'honchets [ɔ̃ʃɛ] *m/pl cf* jonchet

'hondurien [ɔ̃dyrjɛ̃] **I** *adj* ⟨~**ne**⟩ hondu'ranisch; **II** *subst* ♀(**ne**) *m(f)* Hondu'raner(in) *m(f)*

'hongre [ɔ̃gr(ə)] *adj u subst m* (**cheval** *m*)

~ Wallach *m*

'hongrois [ɔ̃grwa] **I** *adj* ungarisch; **II** *subst* **1.** ♀(**e**) *m(f)* Ungar(in) *m(f)*; **2.** *ling* **le** ~ das Ungarische; Ungarisch *n*

'hongroyage [ɔ̃grwajaʒ] *m Gerberei* Gerbung *f* mit A'laun und Salz

honnête [ɔnɛt] *adj* **1.** *Person, Handlungsweise* ehrlich; aufrichtig; anständig; kor'rekt; rechtschaffen; redlich; bieder; *Motiv, Absicht* ehrlich; redlich; **les** ~**s gens** *m/pl* die anständigen, ehrlichen, auch biederen, rechtschaffenen Leute *pl*; ~ **homme** *m* gesellschaftliches Leitbild des 17. Jahrhunderts Honnête homme *m*; allseitig gebildeter Weltmann; **homme** *m* ~ ehrlicher, aufrichtiger Mann; **2.** *Ergebnis, Durchschnitt, Arbeit etc* recht, ganz gut; befriedigend; anständig; *Belohnung, Preis etc* angemessen; anständig; *Essen* zu'friedenstellend; pas'sabel; ganz anständig; **avoir une** ~ **fortune** ein ganz nettes, anständiges Vermögen haben; nicht ohne Vermögen sein

honnêtement [ɔnɛtmɑ̃] *adv* **1. a)** *auf* ehrliche, anständige (Art und) Weise; **gagner** ~ **sa vie** s-n Lebensunterhalt auf ehrliche, anständige Weise verdienen; **b)** anständigerweise; **il m'a** ~ **mis en garde** er hat mich anständigerweise gewarnt; er war so anständig, mich zu warnen; **c)** (ganz) ehrlich; ~, **je ne l'ai pas fait exprès** ehrlich *od* glauben Sie mir ...; ~, **qu'est-ce que vous en pensez?** ganz ehrlich *od* sagen Sie mir ehrlich ...; **2.** ganz gut, anständig; nicht schlecht

honnêteté [ɔnɛte] *f* Ehrlichkeit *f*; Aufrichtigkeit *f*; Anständigkeit *f*; Kor'rektheit *f*; Rechtschaffenheit *f*; Redlichkeit *f*; Biederkeit *f*; ~ **en affaires** Korrektheit im Geschäftsleben; **ayez l'**~ **de la reconnaître** seien Sie so ehrlich, es zuzugeben

honneur [ɔnœr] *m* **1.** Ehre *f*; ~ **national** nationale Ehre; **demoiselle** *f*, **garçon** *m* **d'**~ Brautjungfer *f*, -führer *m*; **parole** *f* **d'**~ Ehrenwort *n*; *cf auch* parole **2.**; **place** *f*, **président** *m* **d'**~ Ehrenplatz *m*, -präsident *m*; ♦ ~ **à ceux qui** ... Ehre denen, die ...; *beim Spiel*: **à vous l'**~ Sie dürfen anfangen; ~ **aux vaincus** od wer verloren hat, darf anfangen; ♦ *loc/adv*: **à son** ~ zu s-r Ehre(nrettung); **avec** ~ ehrenvoll; mit Ehren; **en tout bien** (**et**) **tout** ~ in (allen) Ehren; **pour l'**~ um der Ehre willen; nur um die Ehre; *st/s* **sauf votre** ~ mit Verlaub; bei allem Respekt Ihnen gegenüber; *jurer, attester* **sur l'**~, **sur son** ~ bei s-r Ehre; ~; *ellip* **sur mon** ~! auf Ehre!; bei meiner Ehre!; ♦ *loc/prép* **en l'**~ **de qn, d'un événement** zu j-s Ehren, zu Ehren e-s Ereignisses; **en son** ~ ihm bzw ihr zu Ehren; **iron en quel** ~? zu wessen Ehren?; warum denn nur?; aus welchem besonderen Anlaß?; ♦ *in Anzeigen* **avoir l'**~ **de faire part de qc** die Ehre haben, sich beehren, etw bekanntzugeben; **il a l'**~ **d'y participer** ihm ist die Ehre zuteil geworden, daran teilzunehmen; **je n'ai pas l'**~ **de vous connaître** ich habe nicht die Ehre, Sie zu kennen; **à qui ai-je l'**~? mit wem habe ich die Ehre?; *iron* **j'ai bien l'**~ **de vous saluer** ich empfehle mich; **c'est comme j'ai l'**~ **de vous le dire** es ist so, wie ich sage; das können Sie mir glauben; *par ext* **être l'**~ **de la famille** die Zierde der Familie sein; **c'est beaucoup, trop d'**~ **que vous me faites** Sie tun mir e-e große, Sie tun mir zu viel Ehre an (*meist iron*); *cette action* **est** (**toute**) **à son** ~ ... gereicht ihm zur Ehre; **être, rester en** ~ in Mode sein, bleiben; sich großer Beliebtheit erfreuen; (weiterhin) beliebt sein; **mon** ~ **est en jeu** meine Ehre steht auf dem

Spiel; **faire un (grand) ~ à qn** j-m e-e (große) Ehre erweisen; **c'est lui faire trop d'~** damit erweist man ihm zu viel Ehre; diese Ehre hat er nicht verdient; **faire à qn l'~ de** (+*inf*) j-m die Ehre erweisen, antun zu (+*inf*); **faire ~ à qn** j-m Ehre machen; *comm* **faire ~ à ses obligations, engagements** s-n Verpflichtungen nachkommen; s-e Verpflichtungen einhalten, erfüllen; **faire ~ à un plat** e-m Gericht fleißig, tüchtig, wacker zusprechen; sich ein Gericht gut schmekken lassen; tüchtig, kräftig zulangen (*abs*); **faire ~ à sa signature** e-e durch s-e 'Unterschrift anerkannte Verpflichtung erfüllen, einhalten; **manquer, faillir à l'~** gegen die Ehre verstoßen; **je n'ai pas mérité cet ~** diese Ehre habe ich nicht verdient; **mettre son (point d')~ à faire qc,** se **faire un point d'~ de faire qc** s-e Ehre dar'ein-, dar'ansetzen, etw zu tun; **il s'en est fait son point d'~** *auch* das war Ehrensache für ihn; **(re)mettre en ~ qc** etw (wieder) zu Ehren bringen; **sauver l'~ de la famille, du nom** die Ehre der Familie, des Namens retten; **2. ~s** *pl* Ehren *f/pl*; Ehrungen *f/pl*; Ehrenerweisung(en) *f(pl)*, -bezeigung(en) *f(pl)*; **les ~s militaires** militärische Ehren; *mil* **les ~s de la guerre** freier Abzug; *fig* **avec les ~s de la guerre** in (allen) Ehren; glimpflich; **avec tous les ~s dus à son rang** mit allen s-m Rang, s-r Stellung gebührenden Ehren; *fig* **avoir les ~s de la première page** auf der ersten Seite (e-r *Zeitung*) erscheinen; **être comblé d'~s** mit Ehren über'häuft werden; **faire les ~s de la maison à qn** a) j-n durch sein Haus führen; b) die Gäste will'kommen heißen; **die Hon'neurs [-s] machen; parvenir aux plus grands ~s** zu den höchsten Würden emporsteigen, gelangen; **rendre les ~s à qn** j-m die gebührenden Ehren erweisen; **rendre à qn les derniers ~s, les ~s funèbres, suprêmes** j-m die letzte Ehre erweisen; **3.** *hist* **Anrede Votre ♀ Euer Gnaden; 4.** *mar* **ranger qc à l'~** sehr dicht an etw (*dat*) entlangfahren; **5.** *Kartenspiel* **~s** *pl* Hon'neurs *f/pl*
'honnir [ɔniʁ] *v/t litt meist p/p* **honni de** *od* **par qn** verabscheut von j-m; *Devise des englischen Hosenbandordens* **honni soit qui mal y pense** ein Schelm, wer Arges dabei denkt
honorabilité [ɔnɔʁabilite] *f* Achtbarkeit *f*; Ehrenhaftigkeit *f*; Ehrbarkeit *f*
honorable [ɔnɔʁabl(ə)] *adj* **1.** *Person, Familie* ehren-, achtenswert; achtbar; ehrenhaft; ehrbar; *Beruf, Leben* ehrbar; ehrenhaft; achtbar; *Handlungsweise* ehrenhaft; **amende** *f* **~** *cf* amende 2.; **2.** *Höflichkeitsfloskel* **le discours de mon ~ collègue** die Rede des *od* meines verehrten Herrn Kollegen; *plais* **l'~ compagnie** *f* die erlauchte Gesellschaft; **3.** *bei e-r Ausstellung, Preisverteilung etc* **mention** *f* **~** ehrenvolle, rühmliche, lobende Erwähnung; Belobigung *f*; Auszeichnung *f*; **recevoir une mention ~** lobend, rühmlich erwähnt werden; **4.** *Resultat* achtbar; anerkennenswert; *Examensnote* ganz gut; befriedigend; *Vermögen* achtbar; ansehnlich; **5.** *Heraldik* **pièces** *f/pl* **~s** Heroldsstücke *n/pl*
honorablement [ɔnɔʁabləmɑ̃] *adv* **1.** auf ehrenhafte, -volle Weise; **~ connu** als ehrenhaft, achtbar, ehrbar bekannt; **~ mentionné** ehrenvoll, rühmlich, lobend erwähnt; **2.** ganz gut; ehrenvoll; **il s'en est tiré ~** er hat sich ganz gut, ehrenvoll aus der Affäre gezogen
honoraire [ɔnɔʁɛʁ] **I** *adj* Ehren-…;

membre *m*, **président** *m* **~** Ehrenmitglied *n*, -vorsitzende(r) *m*; **professeur** *m* **~** emeri'tierter Professor (*der s-n Professorentitel behält*); **II** *m/pl* **~s** Hono'rar *n*; *e-s Rechtsanwalts, Notars auch* Gebühren *f/pl*; **tarif** *m* **d'~s** Gebührenordnung *f* (*auch méd*); **verser des ~s pour qc** ein Honorar für etw bezahlen; etw hono'rieren
honorariat [ɔnɔʁaʁja] *m* (Beibehaltung *f* des Amtstitels als) Ehrentitel *m*
honoré [ɔnɔʁe] **I** *adj* **1. mon ~ collègue** der verehrte *od* mein verehrter Herr Kollege; **2. je suis très ~** ich fühle mich sehr geehrt (**par qc** durch etw); **II** *f* **~e** *in Geschäftsbriefen* **votre ~e du 2 mai** Ihr (sehr) geehrtes Schreiben vom 2. Mai
honorer [ɔnɔʁe] **I** *v/t* **1.** *Person* ehren; in Ehren halten; *j-s Andenken* in Ehren halten; *Heilige* verehren; **~ qn d'une 'haute distinction, de sa confiance** j-n durch e-e hohe Auszeichnung, durch sein Vertrauen ehren; **m'honore de sa confiance** *auch* ich fühle mich durch sein Vertrauen geehrt; *par ext* **votre confiance m'honore** Ihr Vertrauen ehrt mich; **2.** ehren; Ehre machen (+*dat*); **cette franchise vous honore** diese Offenheit ehrt Sie, macht Ihnen Ehre; **il honore la profession** er macht dem Beruf Ehre; **3.** *comm* **Wechsel** hono'rieren; einlösen; *Lebensmittelmarke* einlösen; **II** *v/pr* **s'~ de qc** sich durch etw geehrt fühlen; auf etw (*acc*) stolz sein; **s'~ de** (+*inf*) (darauf) stolz sein, sich rühmen (dürfen) zu (+*inf*)
honorifique [ɔnɔʁifik] *adj* Ehren-…; ehrenamtlich; **fonction** *f* **~** ehrenamtliche Tätigkeit; **titre** *m* **~** Ehrentitel *m*; **à titre ~** ehrenamtlich
honoris causa [ɔnɔʁiskoza] *loc/adj* **docteur** *m* **~** Doktor *m* ho'noris causa (*abr* h. c.); Ehrendoktor *m*
'honte [ɔ̃t] *f* **1.** Schande *f*; Schmach *f*; *st/s* Schimpf *m*; **quelle ~!** was für e-e, welche Schande, Schmach!; **~ à ceux qui …** Schande, Schmach über die, die …; **il n'y a pas de ~ à faire cela** es ist keine Schande *od* man braucht sich nicht zu schämen, das zu tun; **j'avoue à ma grande ~** zu meiner Schande muß ich gestehen, daß …; **se couvrir de ~** sich mit (Schmach *od* Schimpf und) Schande bedecken; *abgeschwächt* sich bla'mieren; **être couvert de ~** mit (Schmach *od* Schimpf und) Schande bedeckt sein; **c'est une ~!** das ist e-e Schande, Schmach!; **être la ~ de la famille** der Schandfleck der Familie sein; **faire ~ à qn** j-m Schande machen, bereiten; *abgeschwächt* j-n bla'mieren; *cf auch* 2.; **2.** Scham(gefühl) *f(n)*; **sans ~** ohne sich zu schämen; **sans fausse ~** ohne falsche Scham; **avoir ~** sich schämen (**de qn** für j-n; **de qc** e-r Sache [*gén*]); **d'avoir fait qc** etw getan zu haben); **tu n'as pas ~!** schäm dich!; schämst du dich nicht!; **vous n'avez pas ~ de dire cela!** schämen Sie sich nicht, so etwas zu sagen!; *il tentait de cacher sa ~* … zu verbergen, daß er sich schämt; … s-e Scham zu verbergen; **éprouver de la ~ sich** schämen; **être rouge de ~** schamrot, vor Scham (ganz) rot sein; **faire ~ à qn** a) j-m ins Gewissen reden; b) j-n beschämen; **fais-lui ~!** rede ihm mal ins Gewissen!; **sa générosité nous fait ~** s-e Großzügigkeit beschämt uns; **mourir de ~** sich zu Tode schämen; **avoir perdu toute ~, avoir toute ~ bue** alles, jegliches Schamgefühl, alle Scham verloren haben
'honteusement [ɔ̃tøzmɑ̃] *adv* **a)** mit (Schimpf und) Schande; **être ~ renvoyé**

du lycée mit Schimpf und Schande vom Gymnasium verwiesen werden; **b)** schändlich; auf schändliche Weise; **être ~ payé** e-n schändlichen Lohn bekommen; lächerlich niedrig bezahlt werden
'honteux [ɔ̃tø] *adj* ⟨**-euse**⟩ **1.** schändlich; schimpflich; schmählich; *Kapitulation, Frieden(svertrag)* schmachvoll; **chantage ~** schändliche Erpressung; **fuite honteuse** schmähliche Flucht; **paix honteuse** *auch* Schandfrieden *m*; **il est ~ de** (+*inf*) es ist schändlich *etc* zu (+*inf*); **2.** verschämt; schamhaft; **chrétien, communiste ~** Christ, Kommunist, der sich nicht öffentlich zu s-r Über'zeugung bekennen will; heimlicher Christ, Kommunist; **les pauvres ~** die verschämten Armen *m/pl*; **être ~ de qc** sich e-r Sache (*gén*) schämen; **3.** *anat* Scham…; **nerf** *m* **~** Schamnerv *m*; *sc* Nervus pu'dendus; *path* **maladie honteuse** Krankheit *f* der Geschlechtsorgane; *auch* Geschlechtskrankheit *f*; **parties honteuses** Schamteile *m/pl*
'hop [(h)ɔp] *int Aufforderung zum Springen, zur Beeilung* hopp!; *Aufforderung zum Springen auch* hops!; *enf* hopp!; **allez, ~!** los, los!; auf geht's!; schnell!; **~ là!** c'est mon livre hoppla, das ist mein Buch!; *bei e-r schnellen Bewegung* **~ là!** husch!; wuppdich!; schwupp(di'wupp)!
hôpital [ɔpital] *m* ⟨*pl* **-aux**⟩ Krankenhaus *n*; Klinik *f*; Hospi'tal *n*; Spi'tal *n*; **~ militaire** Laza'rett *n*; **~ pour enfants** Kinderklinik *f*, -krankenhaus *n*; **lit** *m* **d'~** Krankenhausbett *n*; **médecin** *m* **des hôpitaux** Krankenhausarzt *m*; Kliniker *m*; **médecin** *m* **des hôpitaux de Paris** Arzt *m* an e-m Pariser Krankenhaus
hoplite [ɔplit] *m* im alten Griechenland Ho'plit *m*
'hoquet [ɔkɛ] *m* **1.** Schluckauf *m*; Schlukken *m*; **avoir le ~** den Schluckauf, Schlucken haben; **2.** *meist pl* **~** lautes, kräftiges Schlucken; Schluchzer *m/pl*; **avoir un ~** einmal laut, kräftig schlukken; e-n Schluchzer tun
'hoqueter [ɔkte] *v/i* ⟨*-tt-*⟩ laut, kräftig schlucken; schluchzen
'hoqueton [ɔktɔ̃] *m hist* gestickter Waffenrock
horaire [ɔʁɛʁ] **I** *adj* **1.** Stunden-…; *astr* **angle** *m*, **cercle** *m* **~** Stundenwinkel *m*, -kreis *m*; **salaire** *m*, **vitesse** *f* **~** Stundenlohn *m*, -geschwindigkeit *f*; **2.** *géogr* **fuseau** *m* **~** Zeitzone *f*; **II** *m* **1.** *für öffentliche Verkehrsmittel* Fahrplan *m*; *aviat* Flugplan *m*; **~ des chemins de fer** Eisenbahnfahrplan *m*; **être en avance, en retard sur l'~, sur son ~** früher, später als fahrplanmäßig abfahren *bzw* ankommen; **2.** Zeitplan *m*; *in der Schule* Stundenplan *m*; *an der Hochschule* **~ des cours** (am Schwarzen Brett angeschlagener) Vorlesungsplan; **~ des cours de français** Plan *m* der Französischkurse; **avoir un ~ chargé** e-n vollen Ter'minkalender haben; viel zu erledigen haben; **il a un ~ commode** s-e Arbeitsstunden liegen günstig, sind gut eingeteilt; **3. ~ libre, mobile, variable, à la carte** gleitende Arbeitszeit; Gleitzeit *f*
'horde [ɔʁd] *f* **1.** Horde *f*; Bande *f*; **~ de gamins** Horde, Bande von Kindern; **2.** *hist, Ethnologie* Horde *f*; *hist* **♀ d'Or** Goldene Horde
hordéine [ɔʁdein] *f Biochemie* Horde'in *n*
'horion [ɔʁjɔ̃] *m meist pl* **~s** heftige Schläge *m/pl*
horizon [ɔʁizɔ̃] *m* **1.** Hori'zont *m*; *aviat* **~ artificiel** künstlicher Horizont; **ligne** *f*

d'~ Horizontlinie f; mar Kimm f; à l'~ am Horizont; **2.** par ext e-s Menschen Aussicht f; Blickfeld n; Gesichtskreis m (auch fig); fig auch Hori'zont m; **avoir pour tout** ~ **un mur** als Aussicht nur e-e Mauer vor sich haben; nur auf e-e Mauer sehen können; fig **il a un** ~ **borné** er hat e-n begrenzten Horizont, Gesichtskreis; **ne jamais changer d'**~ niemals aus der gewohnten Um'gebung herauskommen; **3.** fig Hori'zont m; Perspek'tive f: ~ **économique, politique** wirtschaftlicher, politischer Horizont; **tour** m **d'**~ 'Überblick m; **faire un tour d'**~ e-n Überblick geben, sich e-n Überblick verschaffen (de über +acc); **ouvrir des** ~**s nouveaux** neue Horizonte, Möglichkeiten, Perspektiven eröffnen; **4.** géol, Bodenkunde Hori'zont m; géol auch Zone f

horizontal [ɔrizɔ̃tal] **I** adj ⟨-aux⟩ waag(e)recht; horizon'tal; Horizon'tal...; écon **concentration** ~**e** horizontale Konzentration; **ligne** ~**e** waagerechte Linie; waagerechter Strich; math **projection** ~**e** Horizontalprojektion f; F **prendre la position** ~ e sich hinlegen, schlafen legen; **II** f ~**e** Waag(e)rechte f; Horizon'tale f; waagerechte Linie bzw Lage: **à l'**~**e** in der Horizontalen bzw in die Horizontale; ~**ement** adv waag(e)recht; horizon'tal; ~**ité** f waagerechte Lage; **vérifier l'**~ **de qc** prüfen, ob etw waagerecht ist

horloge [ɔrlɔʒ] f **1.** (öffentliche) Uhr; Turmuhr f; Nor'maluhr f; ~ **atomique** A'tomuhr f; ~ **électrique, électronique** elektrische, elektronische Uhr; ~ **murale** Wanduhr f; rad, tél ~ **parlante** Zeitansage f; ~ **à quartz** Quarzuhr f; ~ **de la gare** Bahnhofsuhr f; fig: **une heure d'**~ e-e ganze, volle, geschlagene Stunde; **avec une précision, régularité d'**~ auf die Minute pünktlich; **il est réglé comme une** ~ er führt ein pedantisch geregeltes Leben; **2.** zo ~ **de la mort** Totenuhr f

horloger [ɔrlɔʒe] **I** adj ⟨-ère⟩ Uhren...; **industrie horlogère** Uhrenindustrie f; **II** subst ~, **horlogère** m,f Uhrmacher(in) m(f)

horlogerie [ɔrlɔʒri] f **1. a)** Uhrmache'rei f; Uhrmacherkunst f; **b)** Uhrenindustrie f; **c)** Uhrenhandel m; **d)** Uhrengeschäft n; **2.** coll Uhren f/pl; **pièce** f **d'**~ Uhrteil m od n

'hormis [ɔrmi] st/s prép außer (+dat); mit Ausnahme von (od+gén); abgesehen von; ausgenommen (+Kasus beim übergeordneten Verb)

hormonal [ɔrmɔnal] adj ⟨-aux⟩ hor'mo'nal; hormo'nell; Hor'mon...; **traitement** ~ Hormonbehandlung f

hormone [ɔrmɔn] f biol Hor'mon n

hormonothérapie [ɔrmɔnɔterapi] f méd Hor'montherapie f

'hornblende [ɔrnblɛ̃d] f minér Hornblende f

horodateur [ɔrɔdatœr] m Datum- und Uhrzeitstempel(apparat) m

horokilométrique [ɔrɔkilɔmetrik] adj **compteur** m ~ Tacho'meter m, auch n

horoscope [ɔrɔskɔp] m Horo'skop n; **consulter son** ~ sein Horoskop befragen; **tirer l'**~ **de qn** j-m das Horoskop stellen

horreur [ɔrœr] f **1.** Entsetzen n; Grauen n; Grausen n; Schauder m; Abscheu m, selten f; Horror m; Schrecken m; poét Graus m; cri m, 'hurlement m **d'**~ Schrei m des Entsetzens; **frisson m d'**~ Schauder m des Entsetzens; **pâle d'**~ schreckensbleich; blaß vor Entsetzen, Schrecken; **saisi d'**~ von Entsetzen etc gepackt; ♦ **avoir** ~ **de qc, qn, avoir qc,**

qn **en** ~ etw, j-n verabscheuen, entsetzlich od schrecklich finden; **e-n Horror vor etw, j-m haben;** abgeschwächt etw, j-n nicht mögen; **j'en ai** ~ auch mir graut davor; **avoir** ~ **d'écrire** schreibfaul sein; **j'ai** ~ **de me lever tôt** ich finde es schrecklich, früh aufzustehen; **avoir une sainte** ~ **de qc** e-n ausgesprochenen Abscheu vor etw haben; Person **devenir un objet d'**~ zum Gegenstand des Abscheus werden; Sache **faire** ~ Entsetzen etc hervorrufen (à qn bei j-m); in Schrecken versetzen (j-n); **tu me fais** ~ du machst mich schaudern; mich schaudert vor dir; **inspirer à qn l'**~ **de qc** j-m Grauen vor etw (dat), Abscheu gegen etw einflößen; **prendre qn, qc en** ~ j-n, etw (von nun an) verabscheuen; Abscheu gegen j-n, etw bekommen; j-n, etw nicht mehr mögen; **2.** e-s Verbrechens etc Ab'scheulich-, Entsetzlich-, Grauenhaftigkeit f; **film** m **d'**~ Horrorfilm m; **vision** f **d'**~ Schreckensvision f; **dans toute son** ~ in all s-r Abscheulichkeit etc; **3.** von Sachen **a)** sg Ab'scheulichkeit f; Scheußlichkeit f; **(quelle)** ~ ! (wie) entsetzlich, scheußlich!; par ext von e-r Person F **c'est une** ~ sie, auch er ist ein wahres Scheusal, sehr häßlich, sehr abstoßend; **b)** ~**s** pl ab'scheuliche, entsetzliche, schreckliche Dinge n/pl; Ab'scheulichkeiten f/pl; Schrecken m/pl; **les** ~**s de la guerre** die Schrecken des Krieges; **rassembler des** ~**s** abscheuliche etc Dinge, Sachen sammeln; **c)** ~**s** pl üble Dinge n/pl; Beschimpfungen f/pl; Verleumdungen f/pl bzw ob'szöne Dinge n/pl, Zoten f/pl

horrible [ɔribl(ə)] **I** adj **1.** Verbrechen, Tod, Schrei, Schmerz etc grauenhaft, -voll; entsetzlich; ab'scheulich; fürchterlich; schauderhaft; Anblick auch grauenerregend; **c'est** ~ **de** (+inf) es ist grauenhaft etc zu (+inf); **2.** abgeschwächt: Schrift, Hut, Wetter etc scheußlich; schrecklich; fürchterlich; **3.** Hitze, Durst etc entsetzlich; fürchterlich; ungeheuer; wahnsinnig; maßlos; **II** m **l'**~ das Grauenhafte, -volle, Entsetzliche

horriblement [ɔribləmɑ̃] adv von horrible; **c'est** ~ **cher** das ist entsetzlich teuer

horrifi|ant [ɔrifjɑ̃] adj grauen-, schreckenerregend; ~**er** v/t meist p/p horrifié entsetzt (de, par über + acc)

horripil|ant [ɔripilɑ̃] adj nervenaufreibend; nervtötend; F den letzten Nerv tötend; **être** ~ F einem den (letzten) Nerv töten; ~**ateur** adj ⟨nur m⟩ anat **muscles** ~**s** Haar(balg)muskeln m/pl; sc Arrek'toren m/pl; ~**ation** f **1.** physiol Sich'aufrichten n, Sichem'porsträuben n der kleinen Hauthaare; sc Horripi-'latio f; **2.** fig Abgebracht-, Gereiztheit f; ~**er** v/t ~ **qn** j-n ner'vös, gereizt machen; F j-m den (letzten) Nerv töten

'hors [ɔr] **I** prép in einigen fester Verbin-'dungen: ~ **ligne** außergewöhnlich; her-'vorragend; ~ **pair** cf pair² **3.**; ~ **série** cf série **1.**; auto Maße ~ **tout** über alles; **être** ~ **concours** (wegen s-r Über'legenheit) außer Konkur'renz teilnehmen; par ext F phan'tastisch, toll, konkur'renzlos sein; sports **être** ~ **jeu** abseits stehen; **mettre qn** ~ **la loi** j-n für vogelfrei erklären; **II** loc/prép ~ **de** außerhalb (+gén); aus (+dat) her'aus bzw hin'aus; außer (+dat) (auch fig); ~ **d'atteinte** außer Reichweite; unerreichbar; cf auch atteinte **1.**; ~ **de danger** außer Gefahr; ~ **d'haleine** außer Atem; atemlos; ~ **de prix** 'übermäßig teuer; unerschwinglich; ~ **d'ici** hinaus!; F raus!; st/s ~ **de là** im übrigen; **s'élancer** ~ **de sa**

chambre aus s-m Zimmer hinausstürzen; **être** ~ **de doute** außer Zweifel stehen; **c'est** ~ **du sujet** das gehört nicht zum Thema; **être** ~ **de soi** außer sich sein; außer Fassung, empört sein; **mettre qn** ~ **de soi** j-n aufbringen, wütend machen, empören, aus der Fassung bringen; **vivre** ~ **de son pays, de son milieu habituel** außerhalb s-s Landes, s-r gewohnten Um'gebung leben; cf auch unter den entsprechenden Substantiven

'hors-bord [ɔrbɔr] m ⟨inv⟩ (Boot n mit) Außenbordmotor m

'hors-d'œuvre [ɔrdœvr(ə)] m ⟨inv⟩ **1.** cuis (kalte appe'titanregende) Vorspeise: Horsd'œuvre n; ~ **variés** verschiedene Vorspeisen f/pl; **2.** Literatur Beiwerk n; **3.** arch vorspringender Teil

'horse-pox [ɔrspɔks] m vét Pferdepocken pl

'hors-jeu [ɔrʒø] m ⟨inv⟩ sports Abseits n

'hors-la-loi [ɔrlalwa] m ⟨inv⟩ **1.** hist für vogelfrei Erklärte(r) m; **2.** par ext Gesetzlose(r) m; Ban'dit m

'horst [ɔrst] m géol Horst m

'hors-texte [ɔrtɛkst] m ⟨inv⟩ impr Einschaltbild n

hortensia [ɔrtɑ̃sja] m bot Hor'tensie f

horticole [ɔrtikɔl] adj Gartenbau...; **exposition** f ~ Gartenbauausstellung f; Gartenschau f

horticult|eur [ɔrtikyltœr] m Gärtner m; ~**ure** f Gartenbau m; Gärtne'rei f; Gartenkunst f; Horti'kul'tur f

hortillonnage [ɔrtijɔnaʒ] m in der Picardie (Gemüseanbau m auf) Sumpfboden, der von Ka'nälen durch'zogen ist

hosanna [ɔzana] rel **I** int hosi'anna!; **II** m Hosi'anna n

hospice [ɔspis] m **1.** für Alte, Invalide etc (Pflege)Heim n; ~ **de vieillards** Altersheim n; par ext **finir dans un**, **à l'**~ im Armenhaus enden; ~ **de Mönchen** geführte Herberge; Hos'piz n

hospitalier [ɔspitalje] **I** adj ⟨-ière⟩ **1.** Person, Haus, Land gastfreundlich; gastlich; gastfrei; **2.** Krankenhaus...; Pflege...; **centre** ~ **universitaire** (abr C.H.U.) Klinikum n; Universi'tätskliniken f/pl; **établissements** ~**s** Kranken- und Pflege)anstalten f/pl; **personnel** ~ Krankenhaus-, Pflegepersonal n; **II** subst ~, **hospitalière** m,f rel Hospita'liter(in) m(f)

hospitalisation [ɔspitalizasjɔ̃] f **a)** Einweisung f, Einlieferung f in ein Krankenhaus bzw (Pflege)Heim; **b)** Aufnahme f in ein Krankenhaus bzw Heim; **c)** Krankenhausaufenthalt m; **frais** m/pl **d'**~ Krankenhauskosten pl

hospitaliser [ɔspitalize] v/t in ein Krankenhaus bzw (Pflege)Heim einweisen, einliefern; **l'accident a fait trois blessés, dont deux (ont été) hospitalisés ...** von denen zwei ins Krankenhaus eingeliefert werden mußten

hospitalisme [ɔspitalism(ə)] m path, psych Hospita'lismus m

hospitalité [ɔspitalite] f Gastfreundschaft f; Gastlichkeit f; Gastfreiheit f; **donner l'**~ **à qn** j-m Gastfreundschaft gewähren, bieten

hospodar [ɔspɔdar] m hist Hospo'dar m

hostellerie [ɔstɛlri] f (gutes) Ho'tel bzw Restau'rant (mit erstklassiger Küche) (oft in rustikalem Stil)

hostie [ɔsti] f rel Hostie f

hostile [ɔstil] adj Volksmenge, Haltung, Blick, Schweigen, fig Natur, Kräfte etc feindlich; feindselig; **être** ~ **à qn, qc** j-m, etw feindlich, feindselig gegen'überstehen

hostilité [ɔstilite] f **1.** Feindseligkeit f, Feindlichkeit f, feindliche Gesinnung (envers, contre, à l'égard de qn

gegenüber j-m); ~ **à qc** feindliche, feindselige Einstellung gegenüber e-r Sache (*dat*); **2.** *mil* ~**s** *pl* Feindseligkeiten *f/pl*; Kampfhandlungen *f/pl*; **pendant la durée des** ~**s** während der Dauer der Feindseligkeiten

hosto [ɔsto] *m* P (*hôpital*) Krankenhaus *n*

'**hot** [ɔt] *adj u subst m mus* (jazz *m*) ~ Hot (Jazz) [-dʒes] *m*

'**hot dog** [ɔtdɔg] *m* ⟨*pl* hot dogs⟩ *cuis* Hot dog *n*

hôte [ot] *m* **1.** Gastgeber *m*; **remercier ses** ~**s** den, s-n Gastgebern danken; sich bei den, s-n Gastgebern bedanken; **2.** Gast *m* (*auch Frau*); **payant** zahlender Gast; ~ **de marque** hoher Gast; ~ **de passage** auf der 'Durchreise befindlicher Gast; **3. table** *f* **d'**~ Stammtisch *m* (,an dem die Stammgäste regelmäßig ihr Essen einnehmen); **4.** *biol* **e-s** Parasiten Wirt *m*

hôtel [otɛl] *m* **1.** Ho'tel *n*; Gasthof *m*, -haus *n*; **chambre** *f* **d'**~ Hotelzimmer *n*; **maître** *m* **d'**~ *in e-m Restaurant* Oberkellner *m*; *in reichen Häusern* Butler ['bat-] *m*; **2.** ~ (**particulier**) herrschaftliches Stadthaus; **3.** *öffentliche Gebäude*: ~ **des Monnaies** Münze *f*; Münzstätte *f*, -anstalt *f*; ~ **des ventes** Versteigerungs-, Auktionsgebäude *n*; ~ **de ville** Rathaus *n*; ~**-Dieu** *m* ⟨*pl* hôtels-Dieu⟩ (Zen'tral)Krankenhaus *n*

hôtel|ier [otəlje] **I** *adj* ⟨**-ière**⟩ Ho'tel...; **école hôtelière** Hotelfachschule *f*; **industrie hôtelière** *cf* **hôtellerie** 1.; **II** *subst* ~, **hôtelière** *m,f* Ho'telbesitzer(in) *m(f)*; Hoteli'er *m*; Gastwirt(in) *m(f)*

hôtellerie [otɛlri] *f* **1.** Ho'tel(- und Gaststätten)gewerbe *n*; Beherbergungs(- und Gaststätten)gewerbe *n*; Hotel'le'rie *f*; **2.** *cf* **hostellerie**; **3.** *arch* **e-s** Klosters Gästetrakt *m*

hôtesse [otɛs] *f* **1.** Gastgeberin *f*; **2.** ~ (**d'accueil**) Ho'stess *od* Ho'steß *f*; *aviat* ~ (**de l'air**) Stewardeß ['stju:ərdɛs] *f*

'**hotte** [ɔt] *f* **1.** *jard, vit* Tragkorb *m*; Bütte *f*; Butte *f*; Kiepe *f*; Hotte *f*; *par ext* ~ **du père Noël** Sack *m* des Weihnachtsmanns; **2.** *bât* ~ (**de cheminée**) Rauchfang *m*; ~ (**filtrante**) Dunstabzugshaube *f*

'**hottentot** [ɔtɑ̃to] **I** *adj* hotten'tottisch; **II** *subst* ⟨**2**(**e**)⟩ *m(f)* Hotten'totte *m*, Hotten'tottin *f*

'**hou** [(h)u] *int Angst einjagend* hu!; *j-n beschämend* pfui!

'**houblon** [ublɔ] *m bot* Hopfen *m*

'**houblonn|age** [ublɔnaʒ] *m Brauerei* Hopfen *n*; ~**er** *v/t* ~ **la bière** das Bier hopfen; dem Bier Hopfen zusetzen; ~**ier I** *adj* ⟨**-ière**⟩ Hopfen(an)bau...; **II** *m* Hopfenbauer *m*; ~**ière** *f* Hopfengarten *m*

'**houdan** [udɑ̃] *f frz* Hühnerrasse

'**houe** [u] *f agr* Hacke *f*; Karst *m*; *südd* Haue *f*

'**houille** [uj] *f* Steinkohle *f*; *fig* ~ **blanche** weiße Kohle (*Wasserkraft*); ~ **grasse, maigre** Fett-, Magerkohle *f*; **gisement** *m* **de** (Stein)Kohle(n)lagerstätte *f*, -vorkommen *n*

'**houill|er** [uje] *adj* ⟨**-ère**⟩ Steinkohlen...; steinkohlenhaltig; **bassin** ~ Steinkohlenbecken *n*, -revier *n*; ~**ère** *f* (Stein)Kohlenbergwerk *n*, -zeche *f*, -grube *f*

'**houka** [uka] *m* Huka *f* (*Wasserpfeife*)

'**houle** [ul] *f* **1.** *mar* Dünung *f*; Seegang *m*; Schwell *m*; Swell *m*; **il y a de la** ~ es herrscht Seegang; **2.** *fig* wogende Bewegung; Wogen *n*; ~ **humaine** wogende Menschenmenge

'**houlette** [ulɛt] *f* **1.** **e-s** Schäfers Hirtenstab *m*; **2.** *fig u litt* Hirten-, Bischofsstab *m*

'**houleux** [ulø] *adj* ⟨**-euse**⟩ **1.** *mar* **mer houleuse** mäßig bewegte See; **mer très houleuse** grobe, unruhige See; **la mer est houleuse** es herrscht Seegang; **2.** *fig Sitzung, Versammlung* sehr lebhaft, erregt, bewegt verlaufend; **la salle était houleuse** der Saal war in Bewegung

'**houlque** [ulk] *f bot* Honiggras *n*

'**houp** [(h)up] *int cf* hop

'**houppe** [up] *f* **1.** (Puder)Quaste *f*; **2.** Haarbüschel *n*; Tolle *f*; **Riquet à la** ⟨**2**⟩ *Märchenfigur von Perrault*

'**houppelande** [uplɑ̃d] *f hist* Houppe'lande *f* (*mantelartiger Überwurf*)

'**houpper** [upe] *v/t Wolle* kämmen

'**houppette** [upɛt] *f* (kleine) Puderquaste *f*

'**houppier** [upje] *m* **a)** bis auf die Krone abgeästeter Baum; **b)** Krone *f* e-s abgeästeten Baumes

'**houque** [uk] *f cf* houlque

'**hourd** [ur] *m hist* Zuschauertribüne *f* (*bei Turnieren*)

'**hourdage** [urdaʒ] *m bât* **a)** Fachwerkausriegelung *f*; Ausmauerung *f*; *nur Vorgang* Ausmauern *n*; **b) des Lattenwerks** **e-s** Fußbodens Bewerfen *n*, Bewurf *m* mit Putz

'**hourdis** [urdi] *m bât* **1.** *cf* hourdage; **2.** Deckenhohlkörper *m*; Hour'disstein *m*, -platte *f*; Hour'di *m*

'**houri** [uri] *f Islam* Huri *f*

'**hourra** [ura] **I** *int* hur'ra!; **II** *m* Hur'ra *n*; ~**s** *pl* Hurrarufe *m/pl*; **un triple** ~ ein dreifaches Hurra

'**hourvari** [urvari] *m ch* **1.** *List des Wildes, um den verfolgenden Hund von der Fährte abzulenken*; **2.** *Jagdruf* such hier!

'**houseaux** [uzo] *m/pl* Ga'maschen *f/pl* (*die wie ein Stiefelschaft aussehen*)

'**houspiller** [uspije] *v/t* ausschimpfen; ausschelten; **se faire** ~ ausgeschimpft, ausgescholten werden (**par qn** von j-m)

'**houssaie** [usɛ] *f* mit Stechpalmen, Ilex bewachsener Ort

'**housse** [us] *f* **1.** (Schutz)Hülle *f*; *für Möbel* Schoner *m*; Schonbezug *m* (*auch für Autositze*); ~ **à vêtements** Schutzhülle für Kleidung; **2.** Satteldecke *f*; Scha'bracke *f*

'**houx** [u] *m bot* Stechpalme *f*; Ilex *f*

'**hovercraft** [ɔvœrkraft] *m mar* Luftkissenfahrzeug *n*; Luftkissenschiff *n*; Hovercraft *n*

'**hoyau** [ɔjo, wajo] *m agr, jard* kleine Hacke *f*

'**hublot** [yblo] *m* **1.** *mar* Bullauge *n*; **2.** *aviat* (kleines rundes) Fenster; **3.** **e-r** Waschmaschine, **e-s** Herdes Schauglas *n*; Sichtfenster *n*

'**huche** [yʃ] *f früher* Brotkasten *m*, -schrank *m*

'**huchet** [yʃɛ] *m ch hist* Hifthorn *n*

'**hue** [y] *int bei Zugtieren* **a)** hü!; **b)** hott! (*rechts!*); *fig* **tirer à** ~ **et à dia** nicht am gleichen Strang ziehen; **l'un tire à** ~ **et l'autre à dia** der eine sagt, will hü und der andere hott

'**huée** [ɥe, ye] *f* **1.** *meist pl* ~**s** Buhrufe *m/pl*; Pro'testgeschrei *n*; 'Mißfallenskundgebungen *f/pl*; *auch* Hohngelächter *n*, -geschrei *n*; **2.** *ch Rufe der Jäger*, **a)** *um das Wild aufzuscheuchen*, **b)** *um anzuzeigen, daß das Wildschwein gefangen ist*

'**huer** [ɥe, ye] *v/t abs* durch Buhrufe buhen; *Redner, Schauspieler, Stück etc* durch Buhrufe ablehnen, 'durchfallen lassen; auspfeifen; *auch* laut verhöhnen; **II** *v/i Eule* schreien

'**huguenot** [ygno] **I** *adj* huge'nottisch; **II** *subst* ⟨**2**(**e**)⟩ *m(f)* Huge'notte *m*, Huge'nottin *f*

'**huhau** [yo] *int cf* hue

huilage [ɥilaʒ] *m tech* Ölen *n*, -ung *f*; Schmieren *n*, -ung *f*

huile [ɥil] *f* **1.** Öl *n*; *von Fischen* Tran *m*; ♦ ~ **alimentaire** Speiseöl *n*; ~ **animale, essentielle** tierisches, ätherisches Öl; ~ **légère, lourde, lubrifiante, minérale** Leicht-, Schwer-, Schmier-, Mine'ralöl *n*; ~ **moteur** Mo'torenöl *n*; *rel* ~ **sainte** geweihtes Öl; Salböl *n*; **les saintes** ~**s** die heiligen, geweihten Öle *n/pl*; ~ **solaire** Sonnenöl *n*; ~ **végétale** Pflanzenöl *n*; pflanzliches Öl; ~ **vierge** Jungfernöl *n*; ♦ ~ **d'arachide** Erdnußöl *n*; ~ **de baleine** Walfischtran *m*; ~ **de colza** Raps-, Rüböl *n*; ~ **de foie de morue** Lebertran *m*; ~ **de graissage** Schmieröl *n*; ~ **de lin, d'olive, de paraffine** Lein-, O'liven-, Paraf'finöl *n*; ~ **de pétrole** Mine'ral-, Schmieröl *n*; ~ **de phoque** Robbentran *m*; ~ **de ricin, de table** Rizinus-, Tafelöl *n*; ♦ **couleur** *f* **à l'**~ Ölfarbe *f*; **peinture** *f* **à l'**~ a) Ölfarbe *f*; b) Ölanstrich *m*; *cf auch* **2.**; **sardines** *f/pl* **à l'**~ Ölsardinen *f/pl*; **faire la cuisine à l'**~ mit Öl kochen; **2.** *peint* (**peinture** *f* **à l'**~) a) Ölfarbe *f*; b) Ölgemälde *n*; Ölbild *n*; **3.** *fig*: **mer** *f* **d'**~ spiegelglatte See; spiegelglattes Meer; **faire tache d'**~ *cf* **tache**; **jeter, mettre, verser de l'**~ **sur le feu** Öl ins Feuer gießen; F **mettre de l'**~ **de coude** Energie, (körperliche) Kraft aufwenden (**dans qc** bei etw); **mettre de l'**~ **dans les rouages** wieder für e-n reibungslosen Ablauf sorgen; den Apparat wieder funktionsfähiger machen; **4.** F *fig* **une** ~ e-e wichtige Persönlichkeit; F ein hohes, großes Tier; **être dans les** ~**s** einflußreich, F ein hohes, großes Tier (geworden) sein; F am Drücker sitzen

huilé [ɥile] *adj* **1.** durch Eintauchen in Öl imprä'gniert; ölgetränkt; **papier** ~ Ölpapier *n*; **2.** *cuis* **salade trop** ~**e** Salat, der mit zuviel Öl angemacht ist

huil|er [ɥile] *v/t* (ein)ölen; (mit Öl) schmieren; ~**erie** *f* **1.** Ölmühle *f*; **2.** Ölhandel *m*; ~**eux** *adj* ⟨**-euse**⟩ ölig; ölhaltig; *par ext Haut, Haare* fettig

huilier [ɥilje] **I** *adj* ⟨**-ière**⟩ Öl...; **industrie huilière** Ölindustrie *f*; **II** *m* **1.** Ölmüller *m* bzw Ölhändler *m*; **2.** Me'nage *f*; Ständer *m* mit Gefäßen für Essig und Öl *bzw* für Essig, Öl, Salz, Pfeffer und Senf

'**huis clos** [ɥiklo] **I** *loc/adv u loc/adj* **à** ~ hinter verschlossenen Türen; geheim; *jur* unter Ausschluß der Öffentlichkeit; **II** *m* **1.** jur unter Ausschluß der Öffentlichkeit; **demander le** ~ (den) Antrag auf Ausschluß der Öffentlichkeit stellen; **2.** *Sartre* **Huis clos** Geschlossene Gesellschaft

huisserie [ɥisri] *f bât* Tür-, Fenstereinfassung *f*, -rahmen *m*, -zarge *f*

huissier [ɥisje] *m* **1.** *jur* ~ (**de justice**) Gerichtsvollzieher *m*; **2.** *bei Behörden* Amtsdiener *m*; *bei Gericht* ~ (**audiencier**) Gerichtsdiener *m*

'**huit** [ɥit, *vor Konsonant* ɥi] **I** *adj/num/c* acht; **le** ~ **avril** der achte *bzw* am achten April; **chapitre** ~ Kapitel acht; **Henri VIII** Heinrich VIII. (der Achte); ♦ ~ **jours** acht Tage; e-e Woche; **arriver dans** ~ **jours** in acht Tagen ...; *ellip* (**d'**)**aujourd'hui, demain, mardi en** ~ heute, morgen, Dienstag in acht Tagen; *fig* **donner ses** ~ **jours à qn** j-n entlassen, j-m kündigen (und ihm noch den Lohn für acht Tage auszahlen); ♦ *loc/adv* **à** ~ zu acht; *loc/adj*: **à** ~ **étages** achtstöckig, -geschossig; mit acht Stockwerken, Etagen; **fille** *f* **de** ~ **ans** achtjähriges Mädchen; Mädchen *n* von acht Jahren; **journée** *f* **de** ~ **heures** Achtstundentag *m*; **voyage** *m* **de** ~ **jours, mois de** ~ **jours, de** ~ **heures** achttägige, -monatige Reise; **il est** ~ **heures** es ist acht (Uhr); **II** *m* ⟨*inv*⟩ **1.**

Zahl Acht *f*; *südd auch* Achter *m*; le ~ (du mois) der Achte *bzw* am Achten (des Monats); faire des ~ a) Achten beschreiben, machen; b) *Betrunkener etc* Schlangenlinien beschreiben; *weitere Wendungen cf* deux II; **2.** *beim Volksfest* grand ~ Achterbahn *f*; **3.** *Betrieb* faire les trois ~ in drei Schichten (zu acht Stunden) arbeiten; **4.** *Rudern* Achter *m*

ˈhuitain [ɥitɛ̃] *m métr* Achtzeiler *m*

ˈhuitaine [ɥiten] *f* **1.** une ~ etwa, ungefähr acht, an die acht (de personnes, de livres, *etc* Personen, Bücher *etc*); **2.** une ~ (de jours) etwa, ungefähr acht Tage; etwa, ungefähr e-e Woche; sous ~ binnen acht Tagen; *allg, jur* remettre, reporter qc à ~ etw um acht Tage, um e-e Woche verschieben

ˈhuitante [ɥitɑ̃t] *adj/num/c in Belgien u in der frz Schweiz* achtzig

ˈhuitième [ɥitjem] I *adj/num/o* achte(r, -s); la ~ partie der achte Teil; II *subst* **1.** le, la ~ der, die, das achte (*der Reihe nach*) *bzw* der, die, das Achte (*der Leistung od dem Rang nach*); **2.** *m math* Achtel *n*; **3.** *m* achter Stock; achte Eˈtage; ~ in Paris le ~ das achte Arrondisseˈment; **5.** *f* vierte Grundschulklasse; **6.** *m sports* ~ de finale Achtelfinale *n*; **7.** *m mus* ~ de soupir Zweiundˈdreißigstelpause *f*; ~ment *adv* achtens

ˈhuitre [ɥitr(ə)] *f zo* Auster *f*; ~ perlière Echte (See-, Meer)Perlmuschel *f*; parc *m* à ~s, banc *m* d'~s Austernpark *m*, -bank *f*

ˈhuit-reflets [ɥitr(ə)fle] *m ⟨inv⟩* Zyˈlinder *m* aus schillernder Seide

ˈhuitrˈier [ɥitrije] I *adj* ⟨-ière⟩ Austern...; industrie huîtrière Austernzucht *f*; II *m zo* ~ (pie) Austernfischer *m*; ~ière *f* a) Austernbank *f*; b) Austernpark *m*

ˈhulotte [ylɔt] *f zo* Waldkauz *m*

ˈhululˈement [ylylmɑ̃] *m der Nachtvögel* Schrei *m*; ~er *v/i Nachtvögel* schreien

ˈhum [(h)œm] *int* zweifelnd, zögernd hm!

ˈhumage [ymaʒ] *m méd* Inhaˈlieren *n*; Inhalatiˈon *f*

humain [ymɛ̃] I *adj* **1.** menschlich; Menschen...; *manger de la chair* ~e Menschenfleisch *n*; la condition ~e Stellung *f* und Schicksal *n* des Menschen innerhalb des Universums; *Malraux* So lebt der Mensch; corps ~ menschlicher Körper; créature ~e menschliches Geschöpf, Wesen; Mensch *m*; *st/s* Menschenwesen *n*; dignité ~e Menschenwürde *f*; Würde *f* des Menschen; espèce ~e, genre ~ Menschengeschlecht *n*; géographie ~e Anthropo-, Kulˈturgeographie *f*; justice ~e irdische Gerechtigkeit; nature ~e menschliche Natur; Natur *f* des Menschen; race ~e Menschenrasse *f*; le respect ~ die Furcht vor der Meinung der anderen; sciences ~es Huˈmanwissenschaften *f/pl*; vie ~e Menschenleben *n*; Leben *n* des Menschen; ne plus avoir figure ~e nicht mehr wie ein Mensch, nicht mehr menschlich aussehen; unkenntlich, vollkommen entstellt sein; c'est au-dessus des forces ~es das geht über menschliche Kräfte; das überˈsteigt menschliche Kräfte; **2.** *Person, Behandlung etc* menschlich; huˈman; menschenfreundlich; **2.** *Bühnen-, Romangestalt* menschlich; *Verhalten, Reaktion, Irrtum* menschlich (verständlich); c'est ~ das ist menschlich; II *m* **1.** *st/s* les ~s *pl* die Menschen *m/pl*; die Menschheit; **2.** l'~ das Menschliche; die menschliche Naˈtur; **3.** l'~ das Menschliche, Huˈmane; il n'a plus rien d'~ er hat nichts

Menschliches mehr an sich; er kennt kein Mitleid

humainement [ymɛnmɑ̃] *adv* **1.** ~ parlant nach menschlichem Ermessen, menschlicher Voraussicht; ~ possible menschenmöglich; faire tout ce qui est ~ possible das menschenmögliche tun; **2.** traiter ~ qn menschlich, wie e-n Menschen, als Menschen behandeln

humanisation [ymanizasjõ] *f* Humaniˈsierung *f*; Vermenschlichung *f*; menschenwürdige Gestaltung

humaniser [ymanize] I *v/t* **1.** *Arbeitsbedingungen etc* menschlicher, huˈmaner, menschenwürdiger gestalten, machen; vermenschlichen; humaniˈsieren; **2.** *e-r heroischen Figur etc* menschliche Züge verleihen (+*dat*); *e-m System, e-r Doktrin etc* e-e menschliche Dimensiˈon geben (+*dat*); II *v/pr* s'~ menschlicher, huˈmaner werden

humanˈisme [ymanism(ə)] *m* **1.** *hist, philos u allg* Humaˈnismus *m*; ~iste I *adj* **1.** *hist, philos u allg* humaˈnistisch; **2.** humaˈnistisch; altsprachlich; II *m,f* **1.** *hist, philos u allg* Humaˈnist(in) *m(f)*; **2.** humaˈnist(in) *m(f)*; Kenner(in) *m(f)* der alten Sprachen

humanitaire [ymanitɛr] *adj* Ideen, Werk etc humaniˈtär; menschenfreundlich; dem Wohl der Menschen dienend; *Werk auch* wohltätig

humanitarˈisme [ymanitarism(ə)] *m péj* schwärmerische, überˈtriebene Humaniˈtätsforderungen *f/pl*; Humaniˈtätsduselei *f*; ~iste *adj péj* schwärmerisch-humaniˈtär; idée *f*, rêve *m* ~ Humaniˈtätsduselei *f*

humanité [ymanite] *f* **1.** Menschheit *f*; histoire *f* de l'~ Menschheitsgeschichte *f*; **2.** Menschlichkeit *f*; Humaniˈtät *f*; Menschenfreundlichkeit *f*, -liebe *f*; avec ~ menschlich; huˈman; **3.** *philos, rel* menschliche Naˈtur; **4.** *st/s* faire ses ~s ein humaˈnistisches Gymˈnasium besuchen; in der Schule Laˈtein und Griechisch lernen

humble [œbl(ə), œ-] I *adj* **1.** *Person, Gebärde, Stimme etc* demütig; ergeben; deˈvot; ˈuntertänig; unterˈwürfig *od* ˈunterwürfig; *Geständnis, Bitte etc* demütig; *fig* l'~ violette das bescheidene Veilchen; à mon ~ avis nach meiner unmaßgeblichen, bescheidenen Meinung; *litt* votre très ~ serviteur Ihr sehr ergebener, Ihr ergebenster, untertänigster Diener; **2.** *Angestellter, Arbeiter etc* einfach; niedrig; *Geschenk, Leben, Behausung etc* bescheiden; einfach; ~s fonctions *f/pl* niedere, niedrige, einfache Funktion(en) *f(pl)*; d'origine ~, d'~ origine aus bescheidenen, niederen, niedrigen, einfachen Verhältnissen (stammend); II *m/pl* les ~s die kleinen, einfachen Leute *pl*, Menschen *m/pl*; die Leute *pl*, Menschen *m/pl* von niedrigem, niederem Stand

humblement [œbləmɑ̃, œ-] *adv* demütig; parler ~ de soi mit äußerster Bescheidenheit von, über sich selbst reden; *iron* je vous fais ~ remarquer que ... darf ich Sie in aller Bescheidenheit darauf aufmerksam machen, daß ...

humectage [ymɛktaʒ] *m tech* An-, Befeuchten *n*; *der Wäsche* Besprengen *n*; *des Stoffs* Netzen *n*

humectˈer [ymɛkte] I *v/t* Lippen, Finger, Briefmarke, Wäsche etc an-, befeuchten; ein wenig feucht machen; *st/s* (be)netzen; *Wäsche auch* (ein-, be)sprengen; l'herbe est humectée de rosée das Gras ist taufeucht, vom Tau feucht (geworden), *st/s* benetzt (worden); II *v/pr* s'~ les lèvres sich die Lippen be-, anfeuchten; *st/s* (be)netzen;

F fig s'~ le gosier trinken; F sich die Kehle anfeuchten, netzen; ~eur *m tech* Befeuchter *m*; Befeuchtungsapparat *n*

ˈhumer [yme] *v/t* frische Luft, Duft von etw tief einatmen; einsaugen; inhaˈlieren; ~ un plat den Geruch e-r Speise einsaugen; sich den Geruch e-r Speise in die Nase steigen lassen

huméral [ymeral] *adj* ⟨-aux⟩ *anat* Oberarm...; artère ~e Oberarmschlagader *f*

humérus [ymerys] *m anat* Oberarmknochen *m*; *sc* Humerus *m*

humeur [ymœr] *f* **1.** Stimmung *f*; Laune *f*; bonne *od auch* belle, mauvaise *od auch plais* méchante ~ gute, schlechte Laune *od* Stimmung; avoir l'air de bonne, mauvaise ~ gut-, schlechtgelaunt aussehen; être de bonne, mauvaise ~ gut, schlecht gelaunt *od* gut, schlecht aufgelegt sein; gute, schlechte Laune haben; (in) guter, schlechter Laune *od* Stimmung sein; ce livre est plein de bonne ~ dieses Buch ist heiter, lustig geschrieben; mettre qn de bonne, mauvaise ~ j-n in gute, schlechte Laune *od* Stimmung versetzen; j-n gut-, schlechtgelaunt machen; ~ noire *cf* noir I **1.**; selon l'~ du moment je nach der Stimmung, Laune des Augenblicks; je nach momentaner Stimmung, Laune; être d'une ~ de chien F e-e Stinklaune haben; être, se sentir d'~ à (+*inf*) in der Stimmung, Laune sein zu (+*inf*); je ne suis pas, je ne me sens pas d'~ à plaisanter, rire mir ist nicht nach Scherzen, Lachen zuˈmute; *litt* faire qc par ~ aus e-r Laune, Stimmung heraus etw tun; **2.** schlechte Laune, Stimmung; dans un mouvement d'~ in e-r Anwandlung von schlechter Laune; *litt* avec ~ verstimmt; **3.** Gemüt(sart) *n(f)*; Wesen *n*; incompatibilité d'~ Unvereinbarkeit *f* der Charaktere; inégalités *f/pl*, sautes *f/pl* d'~ Stimmungswechsel *m/pl*, -umschwünge *m/pl*; il a une grande égalité d'~ er kennt keine Stimmungswechsel; er hat ein ausgeglichenes Wesen, Natuˈrell; **4.** *anat* ~ aqueuse (Augen)Kammerwasser *n*; *sc* ˈHumor aquˈosus *m*; ~ vitrée Glaskörperflüssigkeit *f*; *sc* ˈHumor vitreus *m*

humide [ymid] *adj* feucht; *p/fort* naß; chaleur *f* ~ feuchte Wärme, Hitze; *poét* l'élément ~ das feuchte Element; froid *m* ~ feuchte Kälte; c'est un froid ~ es ist naßkalt; front *m* ~ de sueur vom Schweiß feuchte, nasse Stirn; herbe *f* ~ de rosée taufeuchtes Gras; regard *m* ~ (tränen)feuchter Blick; yeux *m/pl* ~s (de larmes) (tränen)feuchte Augen

humidiˈficateur [ymidifikatœr] *m tech* ~ (d'air) Luftbefeuchter *m*; ~fication *f* *tech* Be-, Anfeuchtung *f*; ~ d'air Luftbefeuchtung *f*; ~fier *v/t* be-, anfeuchten; feucht machen

humidité [ymidite] *f* Feuchtigkeit *f*; *st/s od météo* Feuchte *f*; *p/fort* Nässe *f*; *météo* ~ absolue, relative absolute, relative Luftfeuchtigkeit; ~ atmosphérique, de l'atmosphère Luftfeuchtigkeit *f*; *auch* Luftfeuchte *f*; tache *f* d'~ Stockfleck *m*

humiliˈficateur [ymiljɑ̃] *adj* Ablehnung, Strafe etc demütigend (*auch Niederlage*); erniedrigend

humiliation [ymiljasjõ] *f* Demütigung *f*; Erniedrigung *f*; le comble de l'~ der Gipfel der Erniedrigung, Demütigung; une suite d'~s e-e Folge von Demütigungen, Erniedrigungen; éprouver l'~ d'un refus die Demütigung, Erniedrigung, die e-e Ablehnung darstellt *od* bedeutet, erleiden; infliger une ~ à qn

j-m e-e Demütigung antun, bereiten, zufügen

humilier [ymilje] **I** v/t ~ qn j-n demütigen, erniedrigen; ~ la fierté de qn j-s Stolz (acc) beugen; j-s Stolz (dat) e-n Schlag versetzen; adjt **humilié** gedemütigt; erniedrigt; **se sentir humilié par, de qc** sich durch etw gedemütigt fühlen; **II** v/pr **s'~** sich demütigen, erniedrigen (**devant qn** vor j-m)

humilité [ymilite] f Demut f; auch tiefe Ergebenheit; Unter'würfigkeit od 'Unterwürfigkeit f; **avec ~** demütig; **en signe d'~** als Zeichen der Demut; als Zeichen tiefer Ergebenheit; **en toute ~** in aller Bescheidenheit (auch iron); **éprouver de l'~ devant qn** Demut vor, gegenüber j-m empfinden

humor|al [ymɔral] adj ⟨-aux⟩ méd humo'ral; **théorie ~e** Humo'ralpathologie f; **~isme** m méd hist Humo'ralpathologie f

humorist|e [ymɔrist] **I** m,f Humo'rist(in) m(f); **II** adj Schriftsteller, Zeichner humo'ristisch; **~ique** adj Zeichnung, Bericht etc humo'ristisch; **histoire ~** auch Humo'reske f

humour [ymur] m Hu'mor m; ~ **noir** schwarzer Humor; **avoir (le sens) de l'~** (Sinn für) Humor haben; **manquer d'~** keinen Humor haben

humus [ymys] m Humus m; **couche f d'~** Humusschicht f

'hune [yn] f mar Mars m; Mastkorb m; **mât m de ~** Marsstenge f

'hunier [ynje] m Marssegel n; ~ **d'artimon** Kreuzmarssegel n

'Huns [ɛ̃, œ̃] m/pl hist Hunnen m/pl

'hunter [œntœr] m sports Hunter ['han-] m; Jagdpferd n

'huppe [yp] f **1.** einiger Vögel Haube f; Schopf m; **2.** zo Wiedehopf m

'huppé [ype] adj **1.** zo Hauben...; **alouette ~e, grèbe ~, mésange ~e** Haubenlerche f, -taucher m, -meise f; **2.** F fig (F stink)vornehm, (-)reich; F nobel; **ce qu'il y a de plus ~** j. der zur besten, feinsten Gesellschaft gehört

'hurdler [œrdlœr] m sports Hürdenläufer m

'hure [yr] f **1.** e-s (Wild)Schweins Kopf m; abgetrennter Kopf (auch einiger Fische); **2.** cuis Schweinskopf m

'hurlant [yrlɑ̃] adj Menschenmenge brüllend; schreiend; Wolfsrudel heulend

'hurlement [yrləmɑ̃] m **1.** e-r Person Schrei m; oft pl **~s** Brüllen n; Gebrüll n; Schreien n; Geschrei n; Heulen n; Geheul n; ~ **de douleur** Schmerzgebrüll n; Schmerzensschreie m/pl; **~s de joie** Freudengeschrei n, -geheul n; ~ **de rage** Wutgebrüll n, -geheul n; **~s de terreur** Schreckensschreie m/pl; **2.** der Hunde, Wölfe Heulen n; **3.** e-r Sirene Heulen n; Heulton m; des Windes Heulen n

'hurler [yrle] **I** v/t Schmerz, Beleidigungen hin!ausschreien, -brüllen; **II** v/i **1.** Person (auf)brüllen, (-)schreien, (-)heulen (**de douleur**, etc vor Schmerz etc); **2.** Hund, Wolf heulen; Hund ~ **à la lune** den Mond anbellen; fig ~ **avec les loups** mit den Wölfen heulen; **3.** Sirene, Wind heulen; Bremsen kreischen; **4.** fig Farben sich beißen

'hurleur [yrlœr] adj u subst m zo (singe m) ~ Brüllaffe m

hurluberlu [yrlybɛrly] m komischer Mensch, F Kauz; F Spinner m

'huron [yrɔ̃] **I** adj ⟨~ne⟩ hu'ronisch; **II** m/pl **~s** Hu'ronen m/pl (Indianerstamm)

'huronien [yrɔnjɛ̃] m géol Hu'ron n; Hu'ronische Formati'on

'hurrah [ura] int cf **hourra**

'huss|ard [ysar] m hist mil Hu'sar m; **régiment m de ~s** Husarenregiment n;

---

ellip **le quatrième ~s** das vierte Husarenregiment; **~arde** loc/adj u loc/adv **à la ~ 1.** Hu'saren...; **2.** bru'tal; draufgängerisch

'hussite [ysit] m hist rel Hus'sit m

'hutte [yt] f Hütte f

hyacinthe [jasɛ̃t] f minér Hya'zinth m

Hyades [jad] f/pl myth, astr Hy'aden f/pl

hyal|in [jalɛ̃] adj minér hya'lin; glasig; glasartig; **~ite** f minér Hya'lit(h) m; **~oïde** adj anat membrane f ~ sc Mem'brana hyalo'idea f

hybridation [ibridasjɔ̃] f biol Bastar'dierung f; Artenkreuzung f; Hybridisati'on f

hybride [ibrid] **I** adj **1.** biol hy'brid; Bastard...; **plante f ~** Bastardpflanze f; **2.** ling hy'brid; **3.** fig aus zwei bzw mehreren verschiedenen Ele'menten zu'sammengesetzt; Zwitter...; **II** m **1.** biol Hy'bride f od m; Bastard m; **2.** ling hy'bride Bildung f

hybrid|er [ibride] **I** v/t biol bastar'dieren; hybridi'sieren; Arten kreuzen; **II** v/pr **s'~** bot bastar'diert, hybridi'siert, gekreuzt werden; **~isme** m biol Kreuzung f natur halverwandter Arten; **~ité** f biol Bastardcharakter m

hydarthrose [idartroz] f path Gelenkerguß m; sc Hydar'thros(e) m(f)

hydat|ide [idatid] f biol Hyda'tide f; Finne f des Hundebandwurms; **~ique** adj path **frémissement** m ~ Hyda'tidenschwirren m; **kyste** m ~ Echino'kokkusblase f, -geschwulst f

hydne [idn(ə)] m bot Stachelpilz m, -schwamm m

hydracide [idrasid] m chim Wasserstoffsäure f

hydrargyr|e [idrarʒir] m chim hist Quecksilber n; sc Hy'drargyrum n; **~isme** m path Quecksilbervergiftung f; sc Hydrargy'rose f

hydratant [idratɑ̃] adj Kosmetik Feuchtigkeits...; feuchtigkeitsspendend; **crème ~e** Feuchtigkeitscreme f

hydratation [idratasjɔ̃] f chim Hydra(ta)ti'on f

hydrate [idrat] m chim **a)** Hy'drat n; **b)** ~ **de carbone** Kohle(n)hydrat n

hydrater [idrate] **I** v/t **1.** chim ~ qc an etw (acc) Wassermoleküle anlagern; etw mit Wasser verbinden; etw hydrati'sieren; adjt **hydraté** wasserhaltig; ...hydrat n; **chaux hydratée** Kalkhydrat n; Löschkalk m; **2.** Kosmetik ~ la **peau** der Haut (dat) Feuchtigkeit zuführen; **II** v/pr **s'~** chim ein Hy'drat bilden; Wasser aufnehmen; hydrati'sieren

hydraulicien [idrolisjɛ̃] m **1.** Hy'draulikfachmann m; **2.** Wasserbauingenieur m

hydraulique [idrolik] **I** adj **1.** Wasser(kraft)...; **énergie f ~** Wasserkraft f; **roue f ~** Wasserrad n; **2.** tech hy'draulisch; Flüssigkeits...; **frein m ~** hydraulische Bremse; **presse f ~** hydraulische Presse; **3.** bât **chaux f ~** hy'draulischer Kalk; **mortier m ~** Wassermörtel m; hy'draulischer Mörtel; **II** f **1.** Hy'draulik f; **2.** ~ **agricole** landwirtschaftlicher Wasserbau

hydravion [idravjɔ̃] m Wasserflugzeug n; ~ **à coque** Flugboot n

hydrazine [idrazin] f chim Hydra'zin n

hydre [idr(ə)] f myth, zo, fig Hydra f

hydrémie [idremi] f path Hydrä'mie f

hydrique [idrik] adj Wasser...; méd **diète f ~** Wasserdiät f, -kur f

hydrocarbure [idrokarbyr] m chim Kohlen'wasserstoff m

hydrocèle [idrosɛl] f path Wasserbruch m; sc Hydro'zele f

hydrocéphal|e [idrosefal] m path Mensch m mit (e-m) Wasserkopf; sc

---

Hydroze'phale m; **~ie** f path Wasserkopf m; sc Hydro'zephalus m

hydro|charidacées [idrokaridase] f/pl bot Froschbißgewächse n/pl; **~classeur** m tech Stromapparat m; **~cortisone** f biol Corti'sol n; Hydrocorti'son n; **~cotyle** f bot Wassernabel m

hydrocution [idrokysjɔ̃] f path Ertrinken n durch Bewußtloswerden in kaltem Wasser; abus Herzschlag m durch kaltes Wasser

hydro|dynamique [idrodinamik] phys **I** adj hydrody'namisch; **II** f Hydrody'namik f; **~électricité** f durch Wasserkraft erzeugte Elektrizi'tät; **~électrique** adj hydroe'lektrisch; **centrale f ~** Wasserkraftwerk n

hydrofoil [idrofɔjl] m mar Tragflächen-, Tragflügelboot n

hydrofug|e [idrofyʒ] adj wasserabstoßend, -abweisend; **~er** v/t ⟨-geons⟩ wasserabstoßend, -abweisend machen; Textilien hydropho'bieren

hydrogel [idroʒɛl] m chim Hydro'gel n

hydrogénation [idroʒenasjɔ̃] f chim, tech Hy'drieren n, -ung f; ~ **du charbon** Kohlehydrierung f

hydrogène [idroʒɛn] m chim Wasserstoff m; sc Hydro'gen(ium) n; mil **bombe f à ~** Wasserstoffbombe f

hydrogén|é [idroʒene] adj chim Wasserstoff...; wasserstoffhaltig; **~er** v/t ⟨-è-⟩ chim, tech hy'drieren; Wasserstoff anlagern (qc an etw [acc])

hydrogéologie [idroʒeɔlɔʒi] f Hydrogeolo'gie f; Grundwasserkunde f

hydroglisseur [idroɡlisœr] m Gleitboot n; Hydro'plan m

hydrograph|e [idrograf] m,f Hydro'graph(in) m(f); **~ie** f **1.** Hydrogra'phie f; Gewässerkunde f; **2.** mar Seevermessung f; **3.** Gewässer n/pl (e-s Gebietes); **~ique** adj hydro'graphisch

hydrolase [idrolaz] f Biochemie Hydro'lase f

hydrolat [idrola] m Parfümherstellung mit destil'liertem Wasser versetztes ä'therisches Öl; ~ **de roses** Rosenwasser n

hydro|lithe [idrolit] f chim Calciumhydrid n; comm Hydro'lith m; **~logie** f Hydrolo'gie f; **~logique** adj hydro'logisch; **~logiste** m,f od **~logue** m,f Hydro'loge, -'login m,f

hydrolys|e [idroliz] f chim Hydro'lyse f; **~er** v/t chim e-r Hydro'lyse unter'ziehen

hydromel [idromɛl] m Met m

hydro|météores [idrometeɔr] m/pl météo Hydromete'ore m/pl; **~mètre** m Hydro'meter m; bes Gezeitenmesser m; Pegel m; **2.** f zo Teichläufer m; **~minéral** adj ⟨-aux⟩ Mine'ralwasser...; **~néphrose** f path Sackniere f; Harnstauungsniere f; sc Hydrone'phrose f; **~péricarde** m path Herzbeutelwassersucht f; sc Hydroperi'kard(ium) n

hydrophile [idrofil] **I** adj wasseranziehend, -aufnehmend; hydro'phil; phm **coton** m, **ouate f ~** Verband-, Saugwatte f; **II** m zo Kolbenwasserkäfer m

hydrophob|e [idrofɔb] adj **1.** path (krankhaft) wasserscheu; **2.** chim hydro'phob; **~ie** f **1.** path **a)** (krankhafte) Wasserscheu; sc Hydropho'bie f; **b)** früher Tollwut f; **2.** chim Hydropho'bie f

hydro|pique [idropik] adj path wassersüchtig; an Wassersucht leidend; sc hy'dropisch; **~pisie** [-pizi] f path Wassersucht f; sc Hydro'psie f; Hydrops m; **~pneumatique** adj tech hydropneu'matisch; **suspension f ~** hydropneumatische Federung; **~ptère** [-ptɛr] m cf **hydrofoil**; **~quinone** f chim, phot Hydrochi'non n; **~sol** m chim Hydro'sol n; **~soluble** adj bes Vitamine was-

serlöslich; **~sphère** f géogr Hydro-'sphäre f; **~statique** phys **I** adj hydro-'statisch; **balance** f ~ hydrostatische Waage; **paradoxe** m ~ hydrostatisches Paradoxon; **II** f Hydro'statik f

hydrothérap|ie [idrɔterapi] f méd Hydrothera'pie f; Wasserheilverfahren n, -heilkunde f; **~ique** adj méd hydrothera'peutisch; Wasserheil...

hydro|thermal [idrɔtermal] adj ‹-aux› **1.** méd Ther'mal(wasser)...; **2.** géol hydrother'mal; **~thorax** m path Brustwassersucht f; sc Hydro'thorax m

hydrotimétr|ie [idrɔtimetri] f chim Härtegradbestimmung f (bei Wasser); **~ique** adj des Wassers degré m ~ Härtegrad m

hydroxyde [idrɔksid] m chim Hydro-'xyd od fachspr Hydro'xid n

hydroxylamine [idrɔksilamin] f chim Hydroxyla'min n

hydroxyle [idrɔksil] m chim Hydro'xyl-gruppe f

hydrozoaires [idrɔzɔɛr] m/pl zo Hydro'zoen pl

hydrure [idryr] m chim Hy'drid n

hyène [jɛn] f zo Hy'äne f (auch fig von e-r Person)

hygiène [iʒjɛn] f Hygi'ene f; Gesundheitslehre f, -pflege f; ~ **alimentaire** Hygiene der Ernährung; ~ **corporelle** Körperpflege f, -hygiene f; ~ **individuelle, publique** private, öffentliche Gesundheitspflege; ~ **de la bouche, de la peau** Mund- od Zahn-, Hautpflege f; ~ **du travail** Arbeitshygiene f; **règle** f **d'~** Gesundheitsregel f; **soins** m/pl **d'~** Gesundheitspflege f; **manquer d'~** Per-son es an Hygiene fehlen lassen; sich nicht genügend pflegen; Örtlichkeit unhygienisch, nicht sauber sein

hygién|ique [iʒjenik] adj hygi'enisch; der Gesundheit dienend; sani'tär; **papier** m ~ Toi'letten-, Klo'sett-, F Klopa-pier n; **promenade** f ~ Gesundheitsspaziergang m; **seau** m ~ Ab'orteimer m; früher im Gefängnis Kübel m; **serviette** f ~ (Damen-, Monats)Binde f; **soins** m/pl ~ Gesundheitspflege f; **~iste** m,f Hygi'eniker(in) m(f)

hygroma [igrɔma] m path Hy'grom n

hygromètre [igrɔmɛtr(ə)] m météo Hygro'meter n; Luftfeuchtigkeitsmesser m; ~ **à absorption, à cheveu, à condensation** Absorpti'ons-, Haar-, Kondensati'onshygrometer n

hygrométr|icité [igrɔmetrisite] f Feuchtigkeitsgehalt m; **~ie** f météo Hygrome'trie f; Luftfeuchtigkeitsmessung f; **~ique** adj météo état m ~ (de l'air) (Luft)Feuchtigkeitsgehalt m

hygrophile [igrɔfil] adj bot hygro'phil; feuchtigkeitsliebend

hygroscop|e [igrɔskɔp] m météo Hygro'skop n; **~ie** f météo Hygrome'trie f; **~ique** adj **1.** météo Luftfeuchtigkeits...; hygro'metrisch; **2.** chim hygro'skopisch; wasseranziehend

hylozoïsme [ilɔzɔism(ə)] m philos Hylo-zo'ismus m

hymen [imɛn] m **1.** anat Jungfernhäutchen n; sc Hymen n od m; **2.** poét Vermählung f, Ehe f (beide auch fig)

hyménée [imene] m poét cf **hymen** 2.

hyménium [imenjɔm] m bot bei Pilzen Hy'menium n; Fruchtlager n

hyméno|mycètes [imenɔmisɛt] m/pl Hautpilze m/pl; sc Hymenomy'zeten pl; **~ptères** [-ptɛr] m/pl zo Hautflügler m/pl; sc Hymeno'pteren pl

hymne [imn(ə)] **1.** m Hymne f; Hymnus m; Lobgesang m; preisendes Gedicht; sc **homériques** Homerische Hymnen f/pl; ~ **national** Natio'nalhymne f; ~ **à la nature** Hymne an die Natur; **2.** f rel

(geistlicher) Lobgesang; Hymnus m

hyoïd|e [jɔid] adj u subst m anat (os m) ~ Zungenbein n; **~ien** adj ‹-ne› anat Zungenbein...

hypallage [ipa(l)laʒ] f rhét Enalla'ge f; Hypalla'ge f

hyper... [ipɛr] in Zssgn Hyper...; hyper...; Über...; über...; cf die nachfolgenden Stichwörter

hyperacidité [iperasidite] f path cf hyperchlorhydrie

hyperbate [iperbat] f rhét Hy'perbaton n

hyperbol|e [iperbɔl] f **1.** math Hy'perbel f; **2.** rhét Hy'perbel f; par ext Über'trei-bung f; **~ique** adj **1.** math hyper'bo-lisch; Hy'perbel...; **fonction** f ~ Hyper-belfunktion f; **2.** rhét hyper'bolisch; (im Ausdruck) über'treibend, über'trieben; **3.** philos **doute** m ~ me'thodischer Zweifel; **~oïde** math **I** adj hy'perbelähn-lich, -artig; **II** m Hyperbolo'id n

hyper|boréen [iperbɔreɛ̃] adj ‹-ne› litt hyperbo'reisch; **~calcémie** f path er-höhter Kalziumgehalt des Blutes; Hyperkalzä'mie f; **~capnie** [-kapni] f path übermäßiger Kohlensäuregehalt des Blutes; sc Hyperkap'nie f; **~chlor-hydrie** f path Super-, Hyperacidi'tät f; Hyperchlorhy'drie f; **~correct** adj ling hyperkor'rekt; **~critique I** adj hyper-'kritisch; 'überkritisch, -streng; **II** subst **1.** m 'überstrenger Kritiker; **2.** f 'über-strenge Kri'tik; **~émotivité** f psych 'übermäßige Emotivi'tät. Empfindsam-keit; **~espace** m math höherdimensio-naler Raum; **~esthésie** f path 'Über-empfindlichkeit f (bes für Berührungsrei-ze); sc Hyperästhe'sie f; **~fin** adj phys atom **structure** ~e Hyperfeinstruktur f; **~focal** adj u subst f phot (**distance**) ~e unterste Schärfegrenze (bei Einstellung „unendlich"); **~fréquence** f atom Höchstfrequenz f; **~genèse** f path Hyperpla'sie f; **~glycémie** f path ver-mehrter Blutzuckergehalt; sc Hyper-glykä'mie f

hyper|golique [ipergɔlik] adj chim hy-per'gol; **~marché** m Einkaufszentrum n (mit mehr als 2500 m² Verkaufsfläche); **~ménorrhée** [-menɔre] f path ver-stärkte Regelblutung; sc Hyper-menor'rhö(e) f; **~mètre** adj métr vers m ~ Hy'permeter m

hypermétrop|e [ipermetrɔp] **I** adj weit-sichtig; sc hyperme'tropisch; **II** m,f Weitsichtige(r) f(m); **~ie** f Weit-, 'Über-sichtigkeit f; sc Hypermetro'pie f

hyper|mnésie [ipermnezi] f psych. path Hypermne'sie f; **~nerveux I** adj ‹-euse› 'über-, hypernervös; **II** subst ~, hypernerveuse m,f 'Über-, Hyper-nervöse(r) f(m)

hypéron [iperɔ̃] m phys atom Hyperon n

hyper|plasie [iperplazi] f path Hyperpla'sie f; **~sécrétion** f path vermehrte Se'kretabsonderung; sc Super-, Hyper-sekreti'on f; **~sensibilité** f 'Über-empfindlichkeit f; **~sensible** adj über-empfindlich; **~son** m phys Hyperschall m; **~sonique** adj phys, aviat hyper'so-nisch; **vitesse** f ~ Hyperschallgeschwin-digkeit f; **~statique** adj phys statisch unbestimmt; **~sthénie** [-steni] f path ~ (**gastrique**) 'Überfunktion f des Magens; **~sustentateur** adj u subst m aviat (**dispositif** m) ~ Hochauftriebs-mittel n; Auftriebshilfe f; **~télie** [-teli] f biol Hyperte'lie f; **~tendu** path **I** adj an erhöhtem Blutdruck leidend; **II** subst ~(e) m(f) an erhöhtem Blutdruck Leidende(r) f(m); sc Hyper'toniker m; **~tension** f path erhöhter Blutdruck; sc Hyperto'nie f; Hypertensi'on f; ~ **arté-rielle** arterieller Hochdruck; arterielle

Hypertonie; **~thermie** f path hohes Fieber; sc Hyperther'mie f; **~thyroïdie** [-tirɔidi] f path 'Überfunktion f der Schilddrüse; sc Hyperthyre'ose f

hyperton|ie [ipertɔni] f **1.** path erhöhter Muskeltonus; sc Hyperto'nie f; **2.** biol erhöhter os'motischer Druck; **~ique** adj biol **solution** f ~ hyper'tonische Lösung

hypertrophie [ipertrɔfi] f **1.** path 'über-mäßige Vergrößerung; 'übermäßiges Wachstum; sc Hypertro'phie f; ~ **car-diaque** Herzhypertrophie f; **2.** fig des Ichs, der Empfindsamkeit etc Über'stei-gerung f; der Verwaltung, Industrie etc 'übermäßiges Wachstum

hypertroph|ié [ipertrɔfje] adj **1.** path (durch Zellenwucherung) 'übermäßig vergrößert; sc hyper'troph(isch); **2.** fig über'steigert; 'übermäßig entwickelt; aufgebläht; **~ier I** v/t **1.** path (die) Hypertro'phie bewirken (**un organe** e-s Organs); **2.** fig 'übermäßig entwickeln; (künstlich) aufblähen; **II** v/pr **s'~ 3.** path sich ('übermäßig) vergrößern; 'über-mäßig wachsen; **4.** fig sich 'übermäßig entwickeln; 'übermäßig anwachsen; **~ique** adj path hyper'troph(isch)

hyperventilation [ipervãtilasjɔ̃] f méd 'übermäßige Atmungssteigerung; sc Hy-perventilati'on f

hyphe [if] m bot Hyphe f; Pilzfaden m

hypholome [ifɔlom] m bot Schwefel-kopf m; Büschelpilz m

hypnagogique [ipnagɔʒik] adj psych Störungen, Halluzinationen beim Ein-schlafen; Phase des Einschlafens

hypne [ipn(ə)] f bot Ast-, Schlafmoos n; sc Hypnum n

hypnose [ipnoz] f Hyp'nose f

hypnotique [ipnɔtik] **I** adj hyp'notisch; Person hypnoti'sierbar; **II** m phm Hyp-'notikum n; Hypna'gogum n; Schlaf-mittel n

hypnotis|er [ipnɔtize] **I** v/t **1.** hyp-noti'sieren; in Hyp'nose versetzen; **2.** fig in s-n Bann schlagen; fesseln; meist p/p **être hypnotisé par qc** durch, von etw (wie) hypnoti'siert, wie gebannt, wie geblendet sein; **II** v/pr **s'~ sur qc** von etw besessen sein, verfolgt werden; **~eur** m Hypnoti'seur m

hypnotisme [ipnɔtism(ə)] m méd Hypno'tismus m

hypo|calcémie [ipɔkalsemi] f path ver-minderter Kalziumgehalt des Blutes; sc Hypokalzä'mie f; **~capnie** [-kapni] f path verminderter Kohlensäuregehalt des Blutes; sc Hypokap'nie f; **~causte** [-kost] m in der Antike Hypo'kaustum n; Bodenheizanlage f; **~centre** m géol Hypo'zentrum n; Erdbebenherd m; **~chloreux** adj ‹nur m› chim **acide** ~ 'unterchlorige Säure; **anhydride** ~ Dichloroxid n; **~chlorhydrie** f path Hypochlorhy'drie f; Subacidi'tät f; Hypacidi'tät f; **~chlorite** m chim Hy-pochlo'rit n

hypocondre [ipɔkɔ̃dr(ə)] **I** m anat unter den Rippenknorpeln liegende Körperre-gion; sc Hypo'chondrium n; **II** adj u subst cf hypocondriaque

hypocondr|iaque [ipɔkɔ̃drijak] **I** adj hypo'chondrisch; schwermütig; trüb-sinnig; **II** m Hypo'chonder m; **~ie** f path Hypochon'drie f

hypocoristique [ipɔkɔristik] ling **I** adj hypoko'ristisch; **II** m Hypoko'risti-kum n

hypocrisie [ipɔkrizi] f e-r Person Heuche'lei f; Verstellung f; Scheinheiligkeit f; e-r Antwort, e-s Textes etc heuchleri-scher Cha'rakter; **sa conduite est pure** ~ ... reine, pure Heuchelei; **ne vous lais-sez pas prendre à ces** ~s lassen Sie

sich durch diese Heucheleien, Lügen nicht blenden

hypocrite [ipɔkrit] **I** *adj Person, Versprechungen, Lächeln etc* heuchlerisch; scheinheilig; **II** *m,f* Heuchler(in) *m(f)*; Scheinheilige(r) *f(m)*; **faire l'~** heucheln; sich verstellen; scheinheilig tun

hypoderm|e [ipɔdɛrm] *m* **1.** *biol der Pflanzen u Gliederfüßler* Hypo'derm *n*; **2.** *anat* 'Unterhaut(zellgewebe) *f(n)*; Sub'kutis *f*; **3.** *zo* Dassel-, Biesfliege *f*; Rinder-, Hautbremse *f*; **~ique** *adj méd* Injektion subku'tan; **~ose** *f vét* Dassellarvenbefall *m*; *sc* Hypoder'mosis *f*

hypogastr|e [ipɔgastr(ə)] *m anat* 'Unterbauchgegend *f*; *sc* Hypo'gastrium *n*; **~ique** *adj anat, méd* der 'Unterbauchgegend; *sc* hypo'gastrisch

hypog|é [ipɔʒe] *adj bot* hypo'gäisch; 'unterirdisch; **~ée** *m im Altertum* Hypo'gäum *n*; 'unterirdischer Grabraum

hypo|glosse [ipɔglɔs] *adj u subst m anat* (**nerf** *m*) **grand ~** Hypo'glossus *m*; **~glycémie** *f path* verminderter Blutzuckergehalt; *sc* Hypoglykä'mie *f*; **~gyne** [-ʒin] *adj bot* hypo'gyn

hypoïde [ipɔid] *adj tech* engrenage *m ~* Hypo'idgetriebe *n*; Kegelschraubgetriebe *n*

hyponomeute [ipɔnɔmøt] *m zo* (Apfelbaum)Gespinstmotte *f*

hypo|phosphite [ipɔfɔsfit] *m chim* Hypophos'phit *n*; **~phosphorique** *adj chim* acide *~* 'unterphosphorige Säure; **~phosphorique** *adj chim* acide *~* Hypophosphorsäure *f*; Unter'diphosphorsäure *f*

hypophysaire [ipɔfizɛr] *adj anat, méd* Hypo'physen...; der Hirnanhang(s)-drüse

hypophyse [ipɔfiz] *f anat* Hirnanhang(s)drüse *f*; *sc* Hypo'physe *f*

hypo|sécrétion [ipɔsekresjõ] *f path* verminderte Se'kretabsonderung e-r Drüse; **~spadias** [-spadjas] *m path* untere Harnröhrenspalte; *sc* Hypospa'die *f*; **~stase** *f path, rel, ling* Hypo'stase *f*;

~statique *adj rel* hypo'statisch; **~style** *adj in der Antike* salle *f*, temple *m ~* Hy'postylon *n*; Hy'postylos *m*; **~sulfite** *m chim* Thiosulfat *n*; **~sulfureux** *adj ⟨nur m⟩ chim* acide *~* Thioschwefelsäure *f*; **~taxe** *f gr* Hypo'taxe *f*; **~tendu** *path* **I** *adj* an zu niedrigem Blutdruck leidend; **II** *subst* **~(e)** *m(f)* an zu niedrigem Blutdruck Leidende(r) *f(m)*; *sc* Hypo'toniker *m*; **~tension** *f path* zu niedriger Blutdruck; *sc* Hypoto'nie *f*; Hypotensi'on *f*; **~ténuse** [-tenyz] *f math* Hypote'nuse *f*; **~thalamus** *m anat* Hypo'thalamus *m*

hypothéc|able [ipɔtekabl(ə)] *adj jur* hypothe'karisch belastbar; **~aire** *adj jur* hypothe'karisch; **créancier** *m*, **dette** *f ~* Hypothekengläubiger *m*, -schuld *f*; **prêt** *m ~* hypothekarisch gesichertes Darlehen

hypothénar [ipɔtenar] *m anat ~ od adj* **éminence** *f ~* Klein'fingerballen *m*; *sc* Hypo'thenar *n*

hypothèque [ipɔtɛk] *f* **1.** *jur* Hypo'thek *f*; **~ judiciaire** Zwangshypothek *f*; **grever qc d'une ~** etw mit e-r Hypothek belasten; **prendre une ~ sur qc** e-e Hypothek auf etw (*acc*) aufnehmen; **2.** *fig* Hypo'thek *f*; (schwere) Belastung; **lever l'~** die Hypothek abtragen; **une ~ pèse sur les relations entre les deux pays** die Beziehungen zwischen den beiden Ländern sind mit e-r Hypothek belastet; **prendre une ~ sur l'avenir** e-e Hypothek auf die Zukunft aufnehmen; die Zukunft (vor'weg, im voraus, im vorhinein) belasten

hypothéquer [ipɔteke] *v/t* **1.** *jur* **a)** mit e-r Hypo'thek belasten; **b)** hypothe'karisch, durch e-e Hypo'thek sichern; **2.** *fig* (vor'weg, im voraus, im vorhinein) belasten; mit e-r Hypo'thek belasten

hypothermie [ipɔtɛrmi] *f path, méd* Unter'kühlung *f*; *sc* Hypother'mie *f*

hypothèse [ipɔtɛz] *f* **1.** Hypo'these *f* (*auch math, philos*); Annahme *f*; **~ de travail** Arbeitshypothese *f*; **faire, for-**

muler une ~ e-e Hypothese aufstellen; **faire des ~s sur qc** Vermutungen über etw (*acc*) anstellen; **2.** Möglichkeit *f* (**d'un accident** e-s Unfalls)

hypothétique [ipɔtetik] *adj* **1.** hypo'thetisch (*auch philos*); nur angenommen; **2.** *Erfolg, Einigung etc* zweifelhaft; fraglich; unsicher; ungewiß

hypothyroïdie [ipɔtirɔidi] *f path* 'Unterfunktion *f* der Schilddrüse; *sc* Hypothyre'ose *f*

hypoton|ie [ipɔtɔni] *f* **1.** *path* verminderter Muskeltonus; *sc* Hypoto'nie *f*; **2.** *biol* os'motischer Druck; **~ique** *adj biol* solution *f ~* hypo'tonische Lösung

hypo|trophie [ipɔtrɔfi] *f path* 'Unterentwicklung *f* (**e-s Organs**); *sc* Hypotro'phie *f*; **~typose** [-tipoz] *f rhét* anschauliche Darstellung

hypso|mètre [ipsɔmɛtr(ə)] *m météo* Hypso'meter *n*; **~métrie** *f géogr* Hypsome'trie *f*; Höhenmessung *f*, -darstellung *f*; **~métrique** *adj géogr* hypso'metrisch

hysope [izɔp] *f bot* Ysop *m*

hystérectomie [isterɛktɔmi] *f chir* opera'tive Entfernung der Gebärmutter; *sc* Hysterekto'mie *f*

hystérèse [isterɛz] *f od* **hystérésis** [isterezis] *f phys* Hyste'rese *f*; Hyste're-sis *f*

hystérie [isteri] *f path u fig* Hyste'rie *f*; *fig*: **~ collective** Massenhysterie *f*; **c'est de l'~** das ist Wahnsinn

hystér|iforme [isteriform] *adj path* hyste'rieähnlich; *sc* hysterо'id; **~ique** *path* **I** *adj* hy'sterisch (*auch fig*); *fig*: **femme** *f ~* hysterische Frau; **rire** *m ~* hysterisches Lachen; **II** *m,f* Hy'steriker(in) *m(f)*

hystéro|graphie [isterɔgrafi] *f méd* **a)** Gebärmutterdarstellung *f*; *sc* Hysterogra'phie *f*; **b)** Röntgenbild *n* der Gebärmutter; *sc* Hystero'gramm *n*; **~tomie** [-tɔmi] *f chir* Gebärmutterschnitt *m*; *auch* Kaiserschnitt *m*; *sc* Hysteroto'mie *f*

I

I, i [i] m ⟨inv⟩ I, i n; **i grec** Ypsilon n; **point** m **sur le i** I-Punkt m; I-Tüpfelchen n; fig **mettre les points sur les i** sich klipp und klar, klar und deutlich erklären; es klipp und klar, klar und deutlich, ganz klar sagen, erklären; fig Person **droit comme un I** kerzengerade; gerade wie e-e Eins

ïamb|e od **iamb|e** [jãb] m métr 1. Jambus m; Jambe f; Iambe f; 2. ⁓s pl Jambendichtung f; jambische Poe'sie; **⁓ique** adj métr jambisch; **trimètre** m ⁓ jambischer Trimeter

ibère [ibɛr] hist I adj i'berisch; II m/pl ⟨s I'berer m/pl

ibéride [iberid] f bot cf **ibéris**

ibérique [iberik] adj i'berisch; **péninsule** f ⟨ Iberische Halbinsel; Pyre'näenhalbinsel f

ibéris [iberis] m bot Schleifenblume f

ibidem [ibidɛm] adv (abr **ibid.**) ibidem (abr ib., ibd., ibid.); ebenda

ibis [ibis] m zo Ibis m

icaqu|e [ikak] f bot **a)** (Frucht f der) Gold-, I'kakopflaume; **b)** cf **icaquier**; **⁓ier** m bot Gold-, I'kakopflaume(nstrauch) f(m)

iceberg [ajsbɛrg] m géogr Eisberg m

ice|-boat [ajsbot] m ⟨pl **ice-boats**⟩ sports Eisjacht f; Segelschlitten m; **⁓-cream** [-krim] m ⟨pl **ice-creams**⟩ cuis Eiscreme f; **⁓-field** [-fild] m ⟨pl **ice-fields**⟩ géogr po'lares Eisfeld

ichneumon [iknømõ] m zo 1. Schlupfwespe f; 2. Pharaonsratte f; Heiliger Ich'neumon

ichor [ikɔr] m 1. path Jauche f; sc I'chor m; 2. géol I'chor m; **⁓eux** adj ⟨-euse⟩ méd jauchig

ichtyocolle [iktjɔkɔl] f Hausenblase f; Fischleim m

ichtyol [iktjɔl] m phm Ichthy'ol n (Wz)

ichtyolog|ie [iktjɔlɔʒi] f Fischkunde f; sc Ichthyolo'gie f; **⁓ique** adj ichthyo'logisch; **⁓iste** m,f Ichthyo'loge, -'login m,f

ichthyophag|e [iktjɔfaʒ] I adj fisch(fr)essend; sich überwiegend von Fischen ernährend; II m Fisch(fr)esser m; Ichthyo'phage m; **⁓ie** f Ernährung, die zum überwiegenden Teil aus Fischen besteht

ichtyornis [iktjɔrnis] m Paläontologie Ichthy'ornis m

ichtyosaure [iktjozɔr] m Paläontologie Ichthyo'saurier m; Fischsaurier m

ichtyose [iktjoz] f path Fischschuppenkrankheit f; sc Ichthy'ose f

ici [isi] adv 1. örtlich hier bzw hierher; auch hierzulande; zu e-m Hund ⁓! hierher!; ici **Monsieur X** hier (ist) X; rad ⁓ **Paris** hier ist Paris; **Monsieur X, ⁓ présent**, va vous l'expliquer der hier anwesende Herr X ...; ⁓ **et là** hier und da; bald hierhin, bald dorthin; **mon séjour ⁓ est achevé** mein Aufenthalt hier ist zu Ende; **il y a une faute ⁓ hier**, an dieser Stelle ist ein Fehler; **on est bien ⁓** hier fühlt man sich wohl; **c'est bien ⁓ que cela s'est passé** genau hier hat es sich ereignet, ist es geschehen; auf e-m Grabstein ⁓ **repose** ... hier ruht ...; **viens ⁓!** komm (hier)her!; ◆ mit prép: **d'⁓** von hier; als loc/adj auch hiesige(r, -s); **la population d'⁓** die hiesige Bevölkerung; **d'⁓ (à) la gare, (à) chez moi**, il y a cent mètres (von hier) bis zum Bahnhof, bis zu mir nach Hause sind es hundert Meter; **d'ici (à) Paris** il y a cent kilomètres (von hier) nach Paris ...; il **n'est pas d'⁓** er ist nicht von hier; er ist kein Hiesiger; **(c'est) loin, près d'⁓** (das ist) weit von hier (entfernt), ganz in der Nähe; **d'⁓ on voit** ... von hier (aus) sieht man ...; F **je vois ça d'⁓** cf **voir 4.**; **jusqu'⁓** bis hier(her, -hin); **par ⁓** a) hier entlang, F lang bzw hier hin'auf, F rauf bzw hier hin'unter, F runter bzw hier hin'über, F rüber bzw hier vor'bei; hierhin bzw hierher; b) hier (in der Gegend); **par ⁓ la sortie** hier entlang etc (geht es) zum Ausgang; **il est passé par ⁓** er ist hier entlanggegangen bzw vorbeigefahren etc; **il séjourne par ⁓** er hält sich hier in der Gegend auf; 2. zeitlich: **d'⁓** von jetzt, heute an; **d'⁓ (à) un an** übers Jahr; in Jahresfrist; **d'⁓ (à) demain, (à) deux jours, (à) lundi, (à) la semaine prochaine** bis morgen, heute in zwei Tagen, bis Montag, bis zur nächsten Woche; **d'⁓ là** j'aurai fini bis dahin ...; **d'⁓ peu** binnen kurzem; in Kürze; bald; loc/conj **d'⁓ ... (à ce) que ... (+subj)** bis (F daß) ...; **d'⁓ (à ce) qu'il vienne**, il sera deux heures bis er kommt ...; **jusqu'⁓** bis jetzt; bis'her; bis'lang

ici-bas [isiba] loc/adv hier unten; auf dieser Erde; im Diesseits; poét hie'nieden; loc/adj **d'⁓** irdisch; diesseitig

icône [ikon] f rel, Kunst I'kone f

icono|clasme [ikɔnɔklasm(ə)] m hist Bildersturm m; Ikono'klasmus m; **⁓claste** [-klast] hist I m Bilderstürmer m (auch fig); Ikono'klast m; II adj bilderstürmerisch; ikono'klastisch; **querelle** f ⁓ Bilderstreit m; Ikonoma'chie f; **⁓graphe** m Wissenschaftler m auf dem Gebiet der Ikonogra'phie; Ikono'graph m; **⁓graphie** f Ikonogra'phie f; **⁓graphique** adj ikono'graphisch; **⁓lâtre** [-lɑtr(ə)] m Bilderverehrer m; Ikono'dule m; **⁓lâtrie** [-lɑtri] f Bilderverehrung f; Ikonola'trie f; Ikonodu'lie f; **⁓logie** f Ikonolo'gie f; **⁓logiste** m od **⁓logue** m Wissenschaftler m auf dem Gebiet der Ikonolo'gie; **⁓scope** m télév Ikono'skop n; **⁓stase** f rel Ikono'stase f

icosaèdre [ikɔzaɛdr(ə)] m math Ikosa'eder n; Zwanzigflächner m

ictère [iktɛr] m path Gelbsucht f; sc Ikterus m

ictérique [ikterik] path I adj gelbsüchtig; an Gelbsucht leidend; sc ik'terisch; II m,f an Gelbsucht Leidende(r) f(m)

ictus [iktys] m 1. path Stoß m; schlagartig auftretendes Sym'ptom; sc Iktus m; ⁓ **apoplectique** Gehirnschlag m; ⁓ **épileptique** epileptischer Anfall; 2. métr Versakzent m; Betonung f der Hebung; Iktus m

ide [id] m zo Orfe f

idéal [ideal] I adj ⟨-als od -aux⟩ 1. ide'al; voll'kommen; dem Ide'al entsprechend; **beauté** ⁓e vollkommene, ideale Schönheit; 2. subjektiv, relativ gesehen ide'al; voll'kommen; per'fekt; Ide'al ...; **mari** ⁓ idealer Ehemann; **solution** ⁓e ideale Lösung; Ideallösung f; **c'est** ⁓ das ist ideal; 3. ide'al; gedacht; in der Vorstellung vor'handen; **ligne** ⁓e ideale, gedachte Linie; II m ⟨pl **idéaux** od **idéals**⟩ 1. Ide'al n; Traumbild n; ⁓ **de beauté** Schönheitsideal n; 2. Ide'al n; höchstes Ziel; **homme** m **sans** ⁓ Mensch m ohne Ideale; Rea'list m; **des** ⁓ **idéaux** Ideale haben; 3. l'⁓ das Ide'ale, Günstigste, Beste; l'⁓ **(pour qn), c'est de** bzw **que** ... (+subj) das Ideale (für j-n) ist, zu (+inf) bzw wenn ...; l'⁓ **serait que tu viennes lundi** das Ideale wäre (es), wenn du Montag kämst od kommen würdest; **ce n'est pas l'⁓ (, mais ...)** das ist nicht das Ideale (, aber ...)

idéal|isateur [idealizatœr] adj ⟨-trice⟩ ideali'sierend; **⁓isation** f Ideali'sierung f; **⁓iser** I m ideali'sieren; verklären; II v/pr s'⁓ **a)** Person sich (selbst) ideali'sieren; **b)** Vergangenheit in der Erinnerung etc sich verklären; **⁓isme** m philos, Kunst, allg Idea'lismus m; **⁓iste** philos, Kunst, allg I adj idea'listisch; II m,f Idea'list(in) m(f); **⁓ité** f philos, math Ideali'tät f

idéation [ideasjõ] f psych Ideati'on f

idée [ide] f 1. philos I'dee f; Urbild n; reiner Begriff; ⁓s **innées** angeborene Ideen; ⁓ **du beau, du bien** Idee des Schönen, des Guten; ⁓ **de Dieu** Gottesvorstellung f; **histoire** f **des** ⁓s **Ideen-**, Geistesgeschichte f; Platon **théorie** f **des** ⟨s Ideenlehre f; 2. I'dee f; Gedanke m; Vorstellung f; Einfall m; Begriff m; Meinung f; **bonne** ⁓ gute Idee; guter Einfall, Gedanke; ⁓ **directrice** Leit-, Grund-, Hauptgedanke m; ⁓ **fixe** fixe Idee; Zwangsvorstellung f; **mauvaise** ⁓ schlechte Idee; schlechter Einfall, Gedanke; ⁓s **noires** trübe Gedanken; **avoir des** ⁓s **noires** trüben Gedanken nachhängen; **quelle** ⁓! was für e-e, welche Idee, Vorstellung!; was für ein, welcher Einfall, Gedanke!; wo denken Sie hin!; l'⁓ **du refus** lui faisait peur der

Gedanke e-r, an e-e Ablehnung ...; ~ de derrière la tête 'Hintergedanke m; abondance f des ~s Ideenreichtum m, -fülle f; Buch, Person etc plein d'~s ideenreich; voller (guter) Ideen, Einfälle; être plein d'~s voller (guter) Ideen, Einfälle stecken; ♦ à mon ~ a) für meine Begriffe; b) nach meinen (eigenen) Vorstellungen; il fait à son ~ er macht es (so), wie er es für richtig hält; à l'~ d'un échec ... bei dem Gedanken an e-n 'Mißerfolg ...; à l'~ d'échouer bzw qu'il pourrait échouer ... bei dem Gedanken (daran), scheitern zu können bzw daß er scheitern könne ...; à la seule ~ qu'il pourrait mourir bei dem bloßen Gedanken (daran), daß ...; en voilà une ~! was für e-e (verrückte) Idee!; ♦ avoir une ~ e-e Idee, e-n Gedanken, e-n Einfall haben; avoir des ~s Ideen haben; e-e Vorstellung, Ahnung haben (sur qc von etw); Person avoir de l'~ einfallsreich, erfinderisch sein; il y a de l'~ dans ce plan dieser Plan ist nicht dumm; avoir une ~ de qc e-e Vorstellung, Idee, e-n Begriff von etw haben; je n'en ai aucune ~ ich habe keine Ahnung (davon); n'avoir aucune ~ de qc keine Vorstellung, keinen Begriff von etw, keinen Sinn für etw haben; il n'a aucune ~ de la politesse er besitzt keine Spur von Höflichkeit; n'avoir pas la moindre ~ de qc nicht den geringsten Begriff von etw, nicht den geringsten Sinn für etw haben; nicht die leiseste Ahnung, die mindeste Vorstellung von etw haben; nicht die geringste Spur von etw besitzen; avoir l'~ de (+inf) die Idee od den Gedanken haben, auf die Idee od den Gedanken kommen, daran denken zu (+inf); avoir l'~ de qc die Idee zu etw haben; etw ersinnen; avoir ~ que ..., avoir dans l'~ que ... sich vorstellen, denken können, daß ...; vermuten, daß ...; avoir ~ de qc sich keinen Begriff, keine Vorstellung von etw machen können; keine Ahnung von etw haben; on n'a pas ~ de son orgueil es ist unvorstellbar, unglaublich, wie stolz er ist; er ist unvorstellbar, unglaublich stolz; on n'a pas ~! od a-t-on ~! das ist unglaublich, unvorstellbar, unmöglich!; j'ai mon ~ ich habe da meine eigene Vorstellung, Meinung, Idee (sur über + acc; von); avoir ses ~s s-e eigenen Vorstellungen, Ideen, Ansichten haben (sur über + acc); avoir une 'haute ~ de qn, qc cf haut I 2.; avoir les ~s larges cf large I 2.; avoir une ~ dans bzw derrière la tête cf tête 1.; changer d'~ s-e Meinung, Absicht ändern; sich anders besinnen; changer les ~s à qn j-n auf andere Gedanken bringen; donner à qn une ~ de qc j-m e-e Idee, e-e Vorstellung, ein Bild von etw geben, vermitteln; donner à qn l'~ de qc bzw de faire qc j-n auf die Idee, auf den Gedanken zu etw bringen bzw j-n auf die Idee, auf den Gedanken bringen, etw zu tun; j-m den Anstoß zu etw geben; j-n zu etw inspirieren, auf etw (acc) bringen; F ça pourrait donner des ~s aux hommes das könnte die Männer auf dumme od böse Gedanken bringen; tiens, c'est une ~! halt, das ist e-e Idee!; das wäre was!; c'est son ~ das entspricht s-r Vorstellung; das ist sein Gedanke; c'était dans mon ~ de (+inf) es war meine Absicht zu (+inf); cela n'est pas dans mes ~s das entspricht nicht meinen Vorstellungen, Auffassungen, meiner Über'zeugung; se faire une ~ de qc sich e-e Vorstel-

lung, e-n Begriff von etw machen; se faire des ~s a) sich Gedanken, Sorgen machen; b) sich falsche Gedanken, falsche Hoffnungen machen; sich etwas vormachen; se faire des ~s sur qn a) sich wegen j-s, über j-n Gedanken machen; b) sich in j-m irren; se faire à une ~ sich an e-n Gedanken, e-e Idee, e-e Vorstellung gewöhnen; sich mit e-m Gedanken, e-r Idee, e-r Vorstellung abfinden; ôter, enlever à qn une ~ de la tête j-m von e-m Gedanken abbringen; j-m e-n Gedanken ausreden; ôtez-vous cette ~ de l'esprit schlagen Sie sich diesen Gedanken aus dem Kopf, Sinn; on ne m'ôtera, m'enlèvera pas cela de l'~ man wird mich nicht davon abbringen können; man wird mir das nicht ausreden können; prendre une ~ chez qn e-n Gedanken, e-e Idee von j-m aufgreifen, über'nehmen; prendre l'~ d'une nouvelle dans qc die Idee zu e-r Novelle e-r Sache (dat) entnehmen; sauter d'une ~ à l'autre von e-m Gedanken zum anderen springen; il me vient une ~ mir kommt e-e Idee, ein Gedanke; ich habe e-e Idee, e-n Gedanken; l'~ me vient de (+inf) bzw que ... mir kam die Idee zu (+inf) bzw daß ...; il ne me viendrait pas à l'~ de (+inf) ich käme nicht auf den Gedanken, auf die Idee zu (+inf); es würde mir nicht einfallen, in den Sinn kommen zu (+inf); 3. mus ~ musicale (musi'kalisches) Thema; 4. une ~ de vin, etc etwas, ein wenig, F e-e I'dee Wein etc; **~-force** f ⟨pl idées--forces⟩ 1. philos I'deenkraft f; 2. Leitgedanke m

idéel [ideɛl] adj ⟨~le⟩ 1. ide'ell; gedanklich; geistig; 2. cf idéal I 3.

idem [idɛm] adv (abr id.) 1. idem (abr id.); der-, das'selbe; 2. F (de même) auch

identifiable [idãtifjabl(ə)] adj identifi'zierbar

identification [idãtifikasjõ] f 1. e-r Person, e-s Dokuments etc, mil e-s Flugzeugs Identifi'zierung f; Identifikati'on f; 2. von zwei Gegenständen, Begriffen Identifi'zierung f; Gleichsetzung f; 3. Sich-Identifi'zieren n; Verschmelzung f; Identifikati'on f (bes psych)

identifier [idãtifje] I v/t 1. Person, Dokument etc identifi'zieren; die Identi'tät feststellen (+gén); 2. Gesicht, Stimme etc 'wiedererkennen; Akzent, Geräusch etc (erkennen und) einordnen; 3. Gegenstände, Begriffe identifi'zieren, gleichsetzen (qc avec, à qc etw mit etw); être identifié à qc mit etw identifiziert werden; II v/pr s'~ avec od à qn, qc sich mit j-m, etw identifi'zieren

identique [idãtik] adj i'dentisch (auch math); (völlig) gleich; ein und der- bzw die- bzw das'selbe; wesensgleich; gleichbedeutend; (bei'einstimmend; gleiche nourri-ture f ~ pour tous gleiches Essen für alle; des opinions f/pl ~s übereinstimmende Meinungen f/pl; demeurer ~ à soi-même immer derselbe bleiben; sich selbst treu bleiben; être ~ à qc mit etw identisch sein

identité [idãtite] f 1. (völlige) Gleichheit, Über'einstimmung; Identi'tät f; Wesensgleichheit f; psych ~ du moi Ich-Identität f; des sentiments, des vues Übereinstimmung der Gefühle, der Ansichten; 2. e-r Person Identi'tät f; par ext ~ judiciaire Erkennungsdienst m (der Polizei); carte f d'~ Perso'nalausweis m; cf auch carte 1.; photo f d'~ Paßbild n, -foto n; Lichtbild n; pièce f d'~ Ausweis (-papier) m(n); vérification f d'~ Über'prüfung f der Perso'nalien; établir l'~ de qn j-s Perso'nalien feststellen; voyager sous une fausse ~ unter falschem

Namen reisen; 3. math, Logik Identi'tät f; principe m d'~ Identitätsprinzip n

idéo|gramme [ideogram] m ling Ideo-'gramm n; Begriffszeichen n; **~graphie** f ling Ideogra'phie f; Begriffsschrift f; **~graphique** adj ideo'graphisch

idéolog|ie [ideoloʒi] f 1. Ideolo'gie f; I'deensystem n; ~ marxiste marxistische Ideologie; 2. péj reine Theo'rie; 3. hist philos Ideolo'gismus m; **~ique** adj ideo'logisch; **divergences** f/pl ~s ideologische Meinungsverschiedenheiten f/pl; **~isation** f Ideologi'sierung f; **~iser** v/t ideologi'sieren

idéologue [ideolog] m 1. j, der an die Kraft der I'deen glaubt; 2. péj wirklichkeitsfremder Theo'retiker; 3. e-s Systems Ideo'loge m; 4. hist philos Anhänger m des Ideolo'gismus

idéo-moteur [ideomotœr] adj ⟨-trice⟩ psych ideomo'torisch

ides [id] f/pl im römischen Kalender Iden pl

idiolecte [idjolɛkt] m ling Idio'lekt m

idiomatique [idjomatik] adj ling idio-'matisch; **expression** f ~ idiomatische Redewendung

idiome [idjom] m a) Idi'om n; charakte'ristische Sprache; b) Idi'om n; Spracheigentümlichkeit f; mundartliche Eigentümlichkeit

idiopathique [idjopatik] adj méd selbständig entstanden; se idio'pathisch

idiosyncrasie [idjosɛ̃krazi] f physiol angeborene 'Überempfindlichkeit gegen bestimmte Stoffe; sc Idiosynkra'sie f

idiot [idjo] I adj 1. (sehr) dumm; töricht; einfältig; F blöd(sinnig); idi'otisch; c'est ~! das ist idiotisch, dumm etc; je serais, il serait ~ de (+inf) ich wäre, es wäre dumm, töricht zu (+inf); il est complètement ~ F er ist ein 'Vollidiot; 2. path idi'otisch; hochgradig schwachsinnig; II subst ~(e) m(f) 1. Dummkopf m; F Trottel m (beide auch von e-r Frau); idi'ot(in) m(f); ~ du village Dorftrottel m; espèce d'~!, quel ~! (du, Sie) Idiot!; faire l'~ a) sich dumm stellen; b) F Faxen machen; prendre qn pour un ~ j-n für dumm verkaufen (wollen); j-n für e-n Idioten od für dumm halten; 2. path idi'ot(in) m(f); hochgradig Schwachsinnige(r) f(m)

idiotie [idjosi] f 1. e-r Person Dummheit f; Torheit f; F Blödheit f; Idio'tie f; e-r Antwort, e-s Auftrags etc F Blödsinnigkeit f; 2. Wort, Handlung Dummheit f; Torheit f; F dummes Zeug; Blödsinn m; Idio'tie f; dire des ~s Dummheiten, Blödsinn, idiotische Sachen sagen; F il lit cette ~ er liest dieses dumme Zeug, diesen Blödsinn; 3. path Idio'tie f; Idio-'tismus m; hochgradiger Schwachsinn

idiotisme [idjotism(ə)] m ling Idio'tismus m; Spracheigenheit f; Idi'om n

idoine [idwan] adj geeignet; tauglich

idolâtr|e [idolatr(ə)] I adj 1. götzendienerisch; Götzen anbetend; 2. fig abgöttisch verehrend, liebend (de qn, qc j-n, etw); **vénération** f ~ abgöttische Verehrung; **être ~ de qn** j-n abgöttisch lieben, verehren; II m,f 1. Götzendiener(in) m(f), -anbeter(in) m(f); 2. fig leidenschaftlicher Verehrer, leidenschaftliche Verehrerin; abgöttisch Liebende(r) f(m); **~er** v/t abgöttisch verehren, lieben; **~ie** f 1. Götzendienst m; Abgötte'rei f; Bilderanbetung f; Ido(lo)la'trie f; 2. fig abgöttische Verehrung, Liebe; Anbetung f; Abgötte'rei f; **~ique** adj cf idolâtre I

idole [idol] f 1. Götze(nbild) m(n); I'dol n; 2. fig Abgott m; I'dol n; c'est l'~ des jeunes er bzw sie ist das Idol der Jugend; faire de qn son ~ j-n zu s-m Idol, Abgott machen

idylle [idil] f 1. ro'mantische, zarte Liebe; Ro'manze f; 2. *Literatur* I'dylle f

idyllique [idilik] adj 1. i'dyllisch; *tableau* m ~ idyllisches Bild; I'dyll n; faire un tableau ~ de qc ein idyllisches Bild von etw entwerfen; 2. *Literatur* Hirten...; Schäfer...; i'dyllisch; *poème* m ~ auch I'dylle f

if [if] m *bot* Eibe f; Taxus m

igame [igam] m *Kurzwort für* inspecteur général de l'Administration en mission extraordinaire *cf* inspecteur 1.

igloo *od* **iglou** [iglu] m Iglu m *od* n

igname [inam, ignam] f *bot* Jams-, Yamswurzel f; *sc* Ig'name f

ignare [inar] *péi* I *adj* nichts wissend; völlig unwissend, ungebildet; II m,f Igno'rant(in) m(f); Nichtswisser(in) m(f)

igné [iɲe, igne] *adj* 1. *géol* roche ~e Vul'kangestein n; 2. *st/s (ardent)* feurig; glühend

ignifugation [iɲifygasjõ, igni-] f *tech* Feuerfest-, Feuersichermachen n; feuersichere Imprä'gnierung; *von Holz auch* Verzögern n der Entflammbarkeit

ignifuge [iɲifyʒ, igni-] *adj* u *subst* m (**produit** m) ~ Flamm(en)schutz-, Feuerschutzmittel n; **~age** m *tech cf* ignifugation

ignifuger [iɲifyʒe, igni-] *v/t* <-geons> *tech* feuerfest, feuersicher machen; feuersicher imprä'gnieren

ignipuncture [iɲipõktyr, igni-] f *méd* Ignipunk'tur f

ignition [iɲisjõ, igni-] f *chim* Brennen n; Verbrennung f

ignitron [iɲitrõ, igni-] m *élect* Ignitron n

ignoble [inɔbl(ə)] *adj* 1. *Person, Verhalten, Handlung* gemein; schändlich; niederträchtig; 2. *Speise, Zimmer etc* widerlich; ab'scheulich; ekelhaft

ignominie [inɔmini] f 1. Schande f; Schmach f; *st/s* Schimpf m; se couvrir d'~ sich mit Schande *etc* bedecken; 2. *e-s Verbrechens etc* Schändlichkeit f; 3. Schandtat f; Schändlichkeit f

ignominieux [inɔminjø] *adj* <-euse> schändlich; schimpflich; schmachvoll

ignorance [inɔrãs] f 1. Unkenntnis f; dans l'~ des faits in Unkenntnis der Tatsachen; être dans l'~ de qc in Unkenntnis über etw (*acc*) sein; tenir qn dans l'~ de qc j-n in Unkenntnis über etw (*acc*) lassen; 2. Unwissenheit f, mangelndes Wissen, mangelnde Kenntnisse f/pl (**sur ce point, dans ce domaine** in diesem Punkt, auf diesem Gebiet); ~ de l'histoire Unwissenheit in Geschichte; mangelnde Geschichtskenntnisse f/pl; 3. Unwissenheit f; Unbildung f

ignorant [inɔrã] I *adj* 1. être ~ de qc etw nicht kennen; über etw (*acc*) nicht infor'miert sein, nicht Bescheid wissen; 2. être ~ en histoire, dans ce domaine unwissend, unkundig in Geschichte, auf diesem Gebiet sein; keine Kenntnisse in Geschichte, auf diesem Gebiet haben, besitzen; 3. unwissend; ungebildet; dumm; II *subst* ~(e) m(f) Unwissende(r) f(m); Unkundige(r) f(m); Ungebildete(r) f(m); faire l'~ sich dumm stellen; parler en ~ davon reden wie der Blinde von der Farbe

ignoré [inɔre] *adj* 1. unbekannt; 2. unbeachtet (de qn von j-m); *Künstler auch* verkannt

ignorer [inɔre] I *v/t* 1. nicht wissen; *viendra-t-il?* je l'ignore ... ich weiß (es) nicht; vous ne l'ignorez pas Sie wissen es genau; j'ignore tout de cette affaire ich weiß überhaupt nichts von dieser Sache; *loc* afin que nul ne l'ignore zur allgemeinen Beachtung; damit jeder-

mann es wisse; ♦ il ignorait avoir gagné er wußte nicht, daß er gewonnen hatte; ~ comment, où, quand, qui, si, etc ... nicht wissen, wie, wo, wann, wer, ob etc ...; ~ que ... (+*ind od subj*) nicht wissen, daß ...; j'ignorais qu'il était *od st/s* fût malade ich wußte nicht, daß er krank war; ne pas ~ que ... (+*ind*) genau, sehr wohl wissen, daß ...; 2. nicht kennen; ~ les difficultés de la vie die Schwierigkeiten des Lebens nicht kennen; il ignore le mensonge, les passions er kennt keine Lüge, keine Leidenschaften; 3. ~ qn, qc j-n, etw igno'rieren, nicht kennen wollen, nicht beachten; II *v/pr* s'~ 4. *reflexiv* c'est un poète, un chrétien, etc qui s'ignore er ist ein Dichter, ein Christ *etc*, ohne es zu wissen; er ist ein Dichter, ein Christ *etc* und weiß es nicht; 5. *reziprok* s'~ sich *od* ein'ander nicht kennen

iguane [igwan] m *zo* Legu'an m; Kammeidechse f; Igu'ana f

iguanodon [igwanɔdõ] m *Paläontologie* Igu'anodon n

igue [ig] f *géogr* Karsthöhle f

il [il, F *u in Kanada vor Konsonanten*] 1. *pr/pers der 3. pers sg* m er; ~ lit er liest; **est-il sorti?** ist er ausgegangen?; 2. *unpersönliches pr* es; a) ~ fait froid es ist kalt; ~ faut *cf* falloir; ~ neige, pleut es schneit, regnet; b) *mit nachfolgendem Sinnsubjekt* ~ arriva des gens es kamen Leute; il y a *cf* avoir III; *st/s* ~ est des gens qui ... es gibt Leute, die ...; ~ est 'honteux de (+*inf*) es ist schändlich zu (+*inf*); ~ est possible que je vienne es ist möglich, daß ich komme

ilang-ilang [ilãilã] m *bot* Ylang-Ylang-Baum m

île [il] f Insel f; *poét* Eiland n; ~ flottante a) schwimmende Insel; b) *cuis* Süßspeise, die aus e-r Art Schaumgebäck in e-r Creme besteht; ~ de forage Bohrinsel f; l'~ de Malte die Insel Malta; ♦ bois m, oiseau m des ~s von den Antillen kommendes Holz, kommender Vogel

iléo-cæcal [ileosekal] *adj* <-aux> *anat* ileozö'kal; Ileozö'kal...

iléon [ileõ] m *anat* Krummdarm m; *sc* Ileum n

iléus [ileys] m *path* Darmverschluß m; *sc* Ileus m

iliaque [iljak] *adj anat* zur Weiche *od* zum Darmbein gehörend; *sc* ilia'kal; **fosse** f ~ Fossa i'liaca f; **muscle** m ~ Darmbeinmuskel m; **os** m ~ Hüftknochen m, -bein n

îl|ien [iljɛ̃] m, **~ienne** f Bewohner(in) m(f) der vor der bre'tonischen Küste liegenden Inseln

ilion [iljõ] m *anat* Darmbein n

illégal [i(l)legal] *adj* <-aux> gesetz-, rechtswidrig; illegal; ungesetzlich; 'widerrechtlich; **~ité** f 1. Gesetz-, Rechtswidrigkeit f; Illegali'tät f; Ungesetzlichkeit f; 'Widerrechtlichkeit f; 2. gesetzwidrige *etc* Handlung

illégitim|e [i(l)leʒitim] *adj* 1. gesetzlich nicht anerkannt; unrechtmäßig; illegitim; *Kind, Geburt* unehelich; außerehelich; 2. *fig Anspruch, Zorn etc* ungerecht (-fertigt); unberechtigt; **~ité** f Unrechtmäßigkeit f; Illegitimi'tät f; *e-s Kindes, e-r Geburt* Un-, Außerehelichkeit f

illettré [i(l)letre] I *adj* des Lesens und Schreibens unkundig; II *subst* ~(e) m(f) Analpha'bet(in) m(f)

illicite [i(l)lisit] *adj* unerlaubt; unzulässig; unstatthaft; **concurrence** f ~ unlauterer Wettbewerb; **profit** m ~ unerlaubter Gewinn, Profit

illico [i(l)liko] *adv* F ~ (**presto**) auf der Stelle; so'fort; unverzüglich

illimité [i(l)limite] I *adj* räumlich unbe-

grenzt; unendlich (lang); *zeitlich* unbegrenzt; unbeschränkt; unbefristet; *Vertrauen* unumschränkt; grenzenlos; **responsabilité** f ~e unbeschränkte Haftung; II m Unbegrenztheit f; Unendlichkeit f

illis|ibilité [i(l)lizibilite] f 1. *e-r Schrift* Unleserlichkeit f; 2. *fig e-s Romans etc* Unlesbarkeit f; **~ible** *adj* 1. *Schrift* unleserlich; 2. *fig Roman etc* unlesbar

illite [i(l)lit] f *minér* Il'lit m

illogique [i(l)lɔʒik] *adj Erklärung, Argument etc* unlogisch; nicht logisch; *Person* être ~ unlogisch, nicht logisch sein

illogisme [i(l)lɔʒism(ə)] m 1. l'~ das Unlogische; der Mangel an Logik; 2. c'est un ~ das ist unlogisch

illumination [i(l)lyminasjõ] f 1. *von Gebäuden etc* (Fest)Beleuchtung f; Illuminati'on f; *mit Scheinwerfern* Anstrahlung f; ~s aux lampions Lampi'onbeleuchtung f; les ~s du 14 Juillet die Festbeleuchtung am 14. Juli; 2. *fig* Erleuchtung f; Geistesblitz m; 3. *rel* Illuminati'on f; Erleuchtung f

illuminé [i(l)lymine] *subst* 1. ~s m/pl *hist rel* Illumi'naten m/pl; 2. ~(e) m(f) wirklichkeitsfremder Schwärmer, wirklichkeitsfremde Schwärmerin; Illusio'nist(in) m(f)

illuminer [i(l)lymine] I *v/t* 1. *Gebäude, Stadt etc* (festlich) beleuchten; illumi'nieren; *mit Scheinwerfern* anstrahlen; *Blitz: Himmel* erhellen; 2. *par ext Freude, Lächeln: Gesicht* erhellen; yeux illuminés de fièvre fiebrig glänzende Augen n/pl; 3. *fig Glaube, Erfolge etc: Leben* erhellen; 4. *rel* erleuchten; II *v/pr* s'~ 5. *Raum, Fassade etc* aufleuchten; erstrahlen; 6. *fig Augen, Blick etc* aufleuchten; erstrahlen (**de joie** vor Freude); son visage s'illumina d'un sourire ein Lächeln erhellte bzw wie ihr Gesicht

illuminisme [i(l)lyminism(ə)] m *hist rel* Lehre f bzw Bewegung f der Illumi'naten

illusion [i(l)lyzjõ] f 1. (Sinnes)Täuschung f; Gauke'lei f; Gaukelspiel n; *thé* Illusi'on f; ~ d'optique a) optische Täuschung; b) *fig* Fehleinschätzung f; donner l'~ de qc die Illusion von etw erwecken, vermitteln; etw vorspiegeln, vortäuschen; être le jouet d'une ~ das Opfer e-r Sinnestäuschung sein; 2. Illusi'on f; falsche Hoffnung; Wahn m; ~s de la jeunesse Illusionen der Jugend; faire ~ falsche Hoffnungen erwecken; den Leuten, den anderen etwas vormachen; se faire des ~s sich Illusionen hingeben; sich etwas vormachen; in e-m Wahn befangen sein; ne vous faites pas d'~s machen Sie sich (darüber) keine Illusionen; machen Sie sich nichts vor; 3. *psych* Illusi'on f

illusionner [i(l)lyzjɔne] I *v/t* qn j-m etwas vorgaukeln; II *v/pr* s'~ sur qn, qc sich über j-n, etw Illusi'onen, falschen Hoffnungen hingeben; sich über j-n, etw etwas vormachen

illusionn|isme [i(l)lyzjɔnism(ə)] m Zauberkunst f; **~iste** m Zauberkünstler m; Taschenspieler m; Verwandlungskünstler m; Illusio'nist m

illusoire [i(l)lyzwar] *adj* illu'sorisch; trügerisch; il est ~ de (+*inf*) es· ist illusorisch zu (+*inf*)

illustrat|eur [ilystratœr] m Illu'strator m; *rad. télév* Tonillustrator m; **~if** *adj* <-ive> illustra'tiv; veranschaulichend

illustration [ilystrasjõ] f 1. *Vorgang* Illustrati'on f; Illu'strierung f; Bebilderung f; 2. *Ergebnis* a) Illustrati'on f; Abbildung f; b) *coll* Illustrati'onen f/pl; Bebilderung f; ~ abondante zahlreiche

Illustrationen; reiche Bebilderung; **3.** *fig* Illustrati'on *f*; Veranschaulichung *f*; Erläuterung *f*

illustre [i(l)lystr(ə)] *adj* il'luster; erlaucht; berühmt; *iron* un ~ inconnu ein ganz und gar Unbekannter; F ein unbeschriebenes Blatt

illustré [ilystre] **I** *adj* Buch *etc* illu'striert; bebildert; **affiche** ~e Bildplakat *n*; **carte postale** ~e Ansichtskarte *f*; **II** *m* Illu'strierte *f*

illustrer [ilystre] **I** *v/t* **1.** *Buch etc* illu'strieren; mit Illustrati'onen versehen; bebildern; **2.** *fig* ~ qc etw illu'strieren, veranschaulichen, erläutern (**par des exemples** anhand von Beispielen, durch Beispiele); **II** *v/pr* **s'~ par, dans qc** sich durch etw auszeichnen, mit etw berühmt werden

illustrissime [i(l)lystrisim] *adj* erlauchteste(r, -s)

illuvi|al [i(l)lyvjal] *adj* ⟨-aux⟩ *géol* illuvi'al; Illuvi'al…; **horizon** ~ Illuvialhorizont *m*; **~ation** *f géol* Anreicherung *f* e-r Bodenschicht mit fremden Stoffen aus e-r anderen Schicht

illyrien [i(l)lirjɛ̃] *hist* **I** *adj* ⟨~ne⟩ il'lyrisch; **II** *m/pl* ⌀s Il'lyr(i)er *m/pl*

ilménite [ilmenit] *f minér* Ilme'nit *m*

îlot [ilo] *m* **1.** kleine Insel; *poét* kleines Eiland; **2.** Häuserblock *m*; ~ **insalubre** *cf* insalubre; **3.** ~ (**directionnel**) Verkehrsinsel *f*, F-teiler *m*; **4.** ~ **de verdure** kleine Grünanlage; **5.** *fig* ~ **de calme** Insel *f* der Ruhe; **6.** ~ **de résistance** 'Widerstandsnest *m*; **7.** *der Flugzeugträger* Insel *f*; Aufbau *m*; **8.** *anat* **les** ~**s de Langerhans** die Langerhansschen Inseln *f/pl*

ilot|e [ilɔt] *m hist u fig* He'lot(e) *m*; *fig auch* Ausgebeutete(r) *m*; Unter'drückte(r) *m*; **~isme** *m hist u fig* He'lotentum *n*; *fig auch* Ausbeutung *f*; Unter'drückung *f*

ils [il] *pr/pers der 3. pers pl m* sie; *mon père et mon frère sont partis*, **ils reviendront demain** … sie werden morgen zurückkommen; *elle et lui*, **ils en savent davantage** … sie wissen mehr darüber

image [imaʒ] *f* **1.** Bild *n* (*auch opt, télév, cin, phot*); **télév, cin, phot** ~ **floue, nette** unscharfes *od* verschwommenes, scharfes *od* klares Bild; *rel* ~**s pieuses** Andachtsbilder *n/pl*; *opt* ~ **réelle, virtuelle** reelles, virtuelles Bild; ~ **d'Épinal** a) *Malerei* Bilderbogen *m* von Epinal; b) *fig* zu simples (und optimistisches) Bild; zu simple (und optimistische) Darstellung; *auch naives* Kli'schee; *rel* ~ **de la Vierge** Ma'rienbild *n*; *par ext rel* **culte** *m* **des** ~**s** Bilderverehrung *f*, -dienst *m*, -kult *m*; **livre** *m* **d'**~**s** Bilderbuch *n*; *fig* **von e-m Kind sage comme une** ~ sehr artig, brav; F kreuzbrav; **regarder son** ~ **dans la glace** sein Bild im Spiegel betrachten; **2.** (Ab-, Sinn-, Eben)Bild *n*; *Gemälde* **fidèle** ~ **de la nature** getreue 'Wiedergabe, getreues Abbild der Na'tur; ~ **de paix** Bild des Friedens; *bibl* **Dieu créa l'homme à son** ~ Gott schuf den Menschen ihm zum Bilde; **il donne une** ~ **du désespoir** er bietet ein Bild der Verzweiflung; **donner une** ~ **fidèle de qc** ein wahrheitsgetreues Bild von etw entwerfen; **être l'**~ **fidèle de qc** das getreue Abbild von etw sein; *le gratte-ciel est l'*~ **de la vie moderne** … ist ein Sinnbild, Symbol des modernen Lebens; **elle est l'**~ **de sa mère** sie ist das Ebenbild, ganz das Bild ihrer Mutter; **il est l'**~ **de la santé** er strotzt vor, von Gesundheit; **être l'**~ **de qn** j-s Charakter 'widerspiegeln; **offrir l'**~ **du bonheur, de la misère** Glück ausstrahlen, ein Bild des Jammers bieten; **3.** Bild *n*;

Vorstellung *f*; *psych* ~ **du père** Vaterbild *n*; *psych* ~**s incohérentes du rêve** unzusammenhängende Traumbilder *n/pl*; **chasser une** ~ **de s-n esprit** ein Bild aus s-n Gedanken verdrängen; **cette, son** ~ **me suit partout** dieses Bild *od* diese Vorstellung, sein Bild *od* die Erinnerung an ihn verfolgt mich überall; **4.** *rhét* Bild *n*; ~ **'hardie** kühnes Bild; **riche en** ~**s** bilderreich; **s'exprimer par des** ~**s** in Bildern sprechen; **expression** *f* **qui fait** ~ bildlicher Ausdruck; **5.** ~ **de marque** Image ['imidʒ] *n*; *comm* ~ **d'une société** Firmenimage *n*; *Politiker, Künstler etc* **soigner son** ~ **de marque** sein Image pflegen

imagé [imaʒe] *adj* *Stil, Sprache etc* bilderreich; bildhaft

image-orthicon [imaʒɔrtikɔ̃] *m télév* Image'orthikon [imidʒ-] *n*; speichernde Fernsehaufnahmeröhre

imagerie [imaʒri] *f* ~ **populaire** (Herstellung *f* von *bzw* Handel *m* mit) Bilderbogen *m/pl*

imaginable [imaʒinabl(ə)] *adj* vorstellbar; denkbar; **par tous les moyens possibles et** ~**s** mit allen erdenklichen, mit allen nur denkbaren Mitteln

imaginaire [imaʒinɛr] **I** *adj* **1.** imagi'när (*auch math*); erdacht; nicht wirklich; nur in der Einbildung vorhanden; eingebildet; *math* **nombre** *m* ~ imaginäre Zahl; **2.** *Molière* **Le Malade** ~ Der eingebildete Kranke; *fig* **c'est un malade** ~ ist ein eingebildeter Kranker; **II** *m* **l'**~ das Imagi'näre

imaginal [imaʒinal] *adj* ⟨-aux⟩ *zo* imagi'nal

imaginatif [imaʒinatif] **I** *adj* ⟨-ive⟩ **a)** phanta'sievoll, -begabt, -reich; **b)** erfinderisch; einfallsreich; **II** *subst* ~, **imaginative** *m,f* phanta'sievoller *etc* Mensch; **c'est un** ~ *auch* er besitzt viel Phantasie

imagination [imaʒinasjɔ̃] *f* **1.** Einbildungskraft *f*; Vorstellungskraft *f*, -vermögen *n*; Phanta'sie *f*; Einbildung *f*; Vorstellung *f*; Imaginati'on *f*; ~ **créatrice, reproductrice** schöpferische, reproduktive Einbildungskraft, Phantasie; **en** ~ in Gedanken; in der Phantasie, Einbildung, Vorstellung; **avoir de l'**~ **viel** Phantasie haben; *auch* **2.**; **cela dépasse l'**~ das über'steigt jede Vorstellungskraft; das ist unvorstellbar; **cela n'existe que dans ton** ~ das existiert nur in deiner Phantasie, Einbildung; **manquer d'**~ keine Phantasie besitzen; phanta'sielos sein; **2.** Erfindungsgabe *f*; Phanta'sie *f*; Einfallsreichtum *m*; **avec un peu d'**~ il *aurait pu résoudre le problème* mit ein wenig Phantasie …; **avoir de l'**~ einfallsreich, erfinderisch sein; **3.** Imaginati'on *f*; künstlerische Einbildungskraft

imaginer [imaʒine] **I** *v/t* **1.** sich vorstellen, denken, ausmalen (können); *vous viendrez aussi*, **j'imagine** … denke, glaube ich; **cela dépasse tout ce qu'on peut** … das ist völlig unvorstellbar; das über'steigt jegliches Vorstellungsvermögen; **vous n'imaginez pas comme c'est difficile** Sie können sich nicht vorstellen, Sie machen sich keinen Begriff davon, Sie haben keine Ahnung, wie …; ~ **que** … (+*ind od subj*) sich vorstellen, denken (können), daß …; **imaginons que ce soit vrai** stellen wir uns (einmal) vor, das sei wahr *od* daß das wahr ist; **j'imagine qu'il a été surpris** ich kann mir vorstellen, daß er über'rascht gewesen ist; **2.** sich einfallen lassen; sich ausdenken; **j'ai imaginé qc** *auch* mir ist etw eingefallen; ~ **un roman** sich e-n Roman ausdenken; ~ **de** (+*inf*) auf die (merkwürdige) Idee verfallen zu

(+*inf*); **II** *v/pr* **s'**~ **3.** sich vorstellen; **imagine-toi!** stell dir vor!; **s'**~ **qn, qc très différent, tout autre, autrement** sich j-n, etw ganz anders vorstellen; **4.** sich (in Gedanken) sehen; **il s'imaginait ridiculisé par tout le monde** er sah sich (in Gedanken) von allen verlacht; **5.** sich einbilden; fälschlicherweise denken; **il s'imaginait être beau** er bildete sich ein, schön zu sein; **qu'est-ce qu'il s'imagine!** was bildet er sich ein!

imago [imago] *m od f biol, psych* I'mago *f*

imam [imam] *m od* **iman** [imɑ̃] *m im Islam* I'mam *m*

imbattable [ɛ̃batabl(ə)] *adj* *Person* unbesiegbar; unschlagbar; *Rekord* nicht zu über'bieten(d); *comm* **Preis, Bedingung** nicht zu unter'bieten(d)

imbécile [ɛ̃besil] **I** *adj* **1.** *Person, Ausdruck etc* sehr dumm; einfältig; F idi'otisch; blöd(e); *Person auch* F schwachsinnig; *Antwort etc auch* F blödsinnig; **2.** *path* mittelgradig schwachsinnig; *sc* imbe'zil(l); **II** *m,f* **1.** Dummkopf *m*, Schwachkopf *m*, F Esel *m*, Blödian *m*, Einfaltspinsel *m* (*der auch* F für e-r Frau); F Idi'ot(in) *m(f)*; **quel** ~!, **espèce d'**~! (*du, Sie*) Dummkopf! *etc*; **2.** *path* mittelgradig Schwachsinnige(r) *f(m)*

imbécillité [ɛ̃besilite] *f* **1.** Dummheit *f*; Torheit *f*; Einfältigkeit *f*; F Blödheit *f*; Idio'tie *f*; e-r Antwort *etc auch* F Blödsinnigkeit *f*; **2.** *path* mittelgradiger Schwachsinn; *sc* Imbezilli'tät *f*; **3.** ~**s** *pl* Dummheiten *f/pl*; Torheiten *f/pl*

imberbe [ɛ̃bɛrb] *adj* (noch) bartlos

imbiber [ɛ̃bibe] **I** *v/t* **1.** (durch')tränken (**de qc** mit etw); durch'nässen; *Kleidung* **imbibé de pluie** regendurchnäßt; *st/s* **terre imbibée de sang** blutgetränkte Erde; **2.** F *fig* *adj* **complètement imbibé** F stink-, stockbesoffen; **II** *v/pr* **s'**~ **3.** sich 'vollsaugen (**de qc** mit etw); **4.** F *fig* **s'**~ **d'eau-de-vie** F sich mit Schnaps 'vollaufen lassen

imbibition [ɛ̃bibisjɔ̃] *f* (Durch')Tränken *n*; Durch'nässen *n*; Sich-'Vollsaugen *n*

imbrication [ɛ̃brikasjɔ̃] *f* **1.** *der Dachziegel, Fischschuppen* sich über'schneidende Anordnung; *der Dachziegel auch* Anordnung *f* in Fischschuppenform; *fig* Über'schneidung *f*; Verschachtelung *f*; Ineinander-'Übergreifen *n*

imbriqu|é [ɛ̃brike] *adj* **1.** *Dachziegel* sich über'schneidend; schuppenförmig angeordnet; **2.** *fig* inein'ander verschachtelt; sich über'schneidend; inein'ander 'übergreifend, verzahnt; **~er** *v/pr* **s'**~ **dans qc** sich mit etw über'schneiden, vermischen; **s'**~ **les uns dans les autres** inein'ander 'übergreifen

imbroglio [ɛ̃brɔljo, -ɔglijo] *m* **1.** Wirrwarr *m*; Durchein'ander *n*; Wirrnis *f*; Wirrsal *n*; Verwicklung *f*; **2.** *thé* Verwicklung *f*; *par ext* (verwickeltes) In'trigenstück

imbu [ɛ̃by] *adj* ~ **de qc** von etw durch'drungen, über'zeugt; **être** ~ **de soi, de sa supériorité, de sa valeur** von sich selbst eingenommen, überzeugt sein; **être** ~ **de préjugés** in Vorurteilen befangen sein

imbuvable [ɛ̃byvabl(ə)] *adj* **1.** *Getränk* ungenießbar; nicht trinkbar; **2.** F *fig* *Person, Film etc* ungenießbar; unmöglich; *Person auch* unerträglich

imide [imid] *m chim* I'mid *n*

imitable [imitabl(ə)] *adj* nachahmbar; nachzuahmen(d)

imitateur [imitatœr] **I** *adj* ⟨-trice⟩ imita'torisch; zur Nachahmung neigend; **II** *subst* ~, **imitatrice** *m,f* Nach-

ahmer(in) *m(f)*; *von Tierstimmen etc* Imi'tator *m*

imitatif [imitatif] *adj* ⟨-**ive**⟩ nachahmend; *Dichtkunst* harmonie imitative Lautmale'rei *f*, Klangnachahmung *f* (in Versen)

imitation [imitasjɔ̃] *f* **1.** Nachahmung *f*; Imitati'on *f*; Imi'tieren *n*; Nacheiferung *f*; l'~ des gestes de la mère die Nachahmung, das Imitieren der Gesten der Mutter; don *m*, talent *m* d'~ Imitationsgabe *f*, -talent *n*; à l'~ de qn nach j-s Vorbild, Art; in j-s Nachahmung (*dat*); **2.** *rel* l'~ de Jésus-Christ die Nachfolge Christi; **3.** *Werk* Nachahmung *f*, -bildung *f*; Imitati'on *f*; Ko'pie *f*; **4.** Imitati'on *f* (*bes comm*); ~ vison Nerzimitation *f*; imi'tierter Nerz; c'est de l'~ das ist e-e Imitation; das ist unecht; le sac est une ~ cuir die Handtasche ist e-e Lederimitation, ist aus imitiertem Leder; **5.** *mus* Imitati'on *f*; Nachahmung *f*; ~ irrégulière, régulière freie, strenge Imitation, Nachahmung

imité [imite] *adj* nachgeahmt; imi'tiert; *Roman etc* être ~ de qn, de l'anglais, *etc* von j-m über'nommen sein; nach j-s Vorbild, nach e-m englischen *etc* Vorbild geschaffen sein

imiter [imite] *v/t* **1.** *Person, Unterschrift, Tierstimme etc* nachahmen, -machen; imi'tieren; *e-r vorbildlichen Persönlichkeit* nacheifern, -streben (qn j-m); *ein vorbildliches Werk etc* (sich) zum Vorbild nehmen; c'est un exemple à ~ das ist ein nachahmenswertes Beispiel; il se leva et tous l'imitèrent er erhob sich, und alle folgten s-m Beispiel; **2.** *Sache* ~ qc genauso aussehen wie etw; sich genauso anhören wie etw; cette pierre imite le topaze dieser Stein sieht genauso aus wie ein Topas, ist e-e Topasimitation

immaculé [i(m)makyle] *adj* **1.** *rel* ♀e Conception Unbefleckte Empfängnis; **2.** *fig* makellos rein; *Schnee, Wäsche* strahlendweiß; *Himmel* wolkenlos blau

imman|ence [i(m)manɑ̃s] *f philos* Imma'nenz *f*; ~**ent** *adj* imma'nent (*bes philos*), innewohnend (à qn, qc j-m, e-r Sache); enthalten (in etw [*dat*]); justice ~e immanente Gerechtigkeit

immanentisme [i(m)manɑ̃tism(ə)] *m philos* Immanen'tismus *m*

immangeable [ɛ̃mɑ̃ʒabl(ə)] *adj* ungenießbar; nicht zu essen(d)

immanquable [ɛ̃mɑ̃kabl(ə)] *adj* **1.** *Niederlage etc* unausbleiblich; gewiß; **2.** *Methode, Mittel etc* unfehlbar; sicher

immarcescible [i(m)marsesibl(ə)] *adj* *st/s* **1.** *Blumen* unverwelklich; **2.** *fig* unvergänglich; *st/s* unverwelklich

immariable [ɛ̃marjabl(ə)] *adj* nicht bzw schwierig zu verheiraten(d)

immatérial|isme [i(m)materjalism(ə)] *m philos* Immateria'lismus *m*; ~**ité** *f* Immateriali'tät *f*; Stofflosigkeit *f*; Unkörperlichkeit *f*

immatériel [i(m)materjel] *adj* ⟨~**le**⟩ **1.** *philos* immateri'ell; unkörperlich; unstofflich; **2.** *Vergnügen etc* geistig; **3.** ä'therisch; vergeistigt; erdentrückt

immatricul|ation [imatrikylasjɔ̃] *f* Eintragung *f*; Einschreibung *f*; Regi'strierung *f*; *auto* Zulassung *f*; ~ au registre du commerce Eintragung ins Handelsregister; carte *f* d'~ à la Sécurité sociale Versicherungsausweis *m*; *auto*: numéro *m* d'~ amtliches, F polizeiliches Kennzeichen; Zulassungsnummer *f*; plaque *f* d'~ Nummernschild *n*; ~é *adj Auto* zugelassen (dans un département in e-m Departement); ~**er** *v/t* eintragen; einschreiben; regi'strieren

immatur|e [i(m)matyr] *adj* *méd* unreif; nicht voll entwickelt; *sc* imma'tur; ~**ité** *f* *st/s u fig* Unreife *f* (*auch psych*); Unentwickeltheit *f*

immédiat [i(m)medja] **I** *adj* **1.** *Nachfolger, Nähe etc* unmittelbar; di'rekt; cause ~e (unmittelbarer) Anlaß; **2.** *Abreise, Lieferung, Wirkung etc* so'fortig; unverzüglich; **3.** *hist* reichs'unmittelbar; **II** *m nur loc/adv* dans l'~ im, für den Augenblick; zu'nächst

immédiatement [i(m)medjatmɑ̃] *adv* **1.** unmittelbar; di'rekt; ~ après, avant le croisement, le départ unmittelbar nach, vor der Kreuzung, der Abfahrt; **2.** so'fort; unverzüglich; auf der Stelle

immédiateté [i(m)medjatte] *f* **1.** *philos* Unmittelbarkeit *f*; **2.** *hist* Reichs'unmittelbarkeit *f*

immémorial [i(m)memɔrjal] *adj* ⟨-**aux**⟩ uralt; *loc/adv* de temps ~ von alters her; seit uralten Zeiten; seit Menschengedenken

immense [i(m)mɑ̃s] *adj* *Raum, Menge, Vermögen, fig Schmerz, Erfolg etc* unermeßlich (groß); außerordentlich, unendlich groß; im'mens; *Meer, Horizont, Ebene etc* unermeßlich, unendlich (weit)

immensément [i(m)mɑ̃semɑ̃] *adv* ~ riche unermeßlich, maßlos, im'mens reich; steinreich

immensité [i(m)mɑ̃site] *f* Unermeßlichkeit *f*; *im Ausmaß, fig auch* unermeßliche, unendliche Größe; *in der Ausdehnung auch* unermeßliche, unendliche Weite

immergé [i(m)merʒe] *adj* **1.** im, unter Wasser befindlich; *Land im Meer* versunken; über'flutet; *bot* plante ~e (*untergetauchte*) Wasserpflanze

immerger [i(m)merʒe] ⟨-**geons**⟩ **I** *v/t* versenken (dans la mer im Meer); eintauchen; **II** *v/pr* s'~ 'untertauchen

immérité [i(m)merite] *adj* unverdient

immersion [i(m)mersjɔ̃] *f* **1. a)** Versenken *n*; 'Unter-, Eintauchen *n*; *e-s U-Boots* Tauchen *n*; Tauchfahrt *f*; **b)** 'Untergetauchtsein *n*; **2.** *rel* baptême *m* par ~ Immersi'onstaufe *f*; ~ objectif *m* Immersi'onsobjektiv *n*; **4.** *astr, méd* Immersi'on *f*; **5.** *géogr* Über'flutung *f*

immettable [ɛ̃mɛtabl(ə)] *adj* *von Kleidungsstück* untragbar; nicht (mehr) tragbar

immeuble [i(m)mœbl(ə)] **I** *adj jur* unbeweglich; biens *m/pl* ~s par nature (ihrer Natur nach) unbewegliche Sachen *f/pl*; Immo'bilien *f/pl*; Liegenschaften *f/pl*; biens *m/pl* ~s par destination an sich bewegliche Sachen, die als unbewegliche betrachtet werden, weil sie mit unbeweglichen Sachen verbunden sind; **II** *m* **1.** Gebäude *n*; Haus *n*; ~ de bureaux Bürogebäude *n*; ~ de six étages sechsstöckiges, -geschossiges Gebäude; ~ de rapport Ren'dite-, Mietshaus *n*; **2.** *jur* unbewegliche Sache; Grundstück *n*

immigr|ant [imigrɑ̃] *m*, ~**ante** *f* Einwanderer *m*, Einwand(r)erin *f*; Immi'grant(in) *m(f)*; ~**ation** *f* Einwanderung *f*; ~ temporaire Zuwanderung *f* der Gastarbeiter mit zeitlich begrenztem Aufenthalt

immigr|é [imigre] **I** *adj* eingewandert; travailleur ~ Gastarbeiter *m*; ausländischer Arbeitnehmer; **II** *subst* ~(e) *m(f)* Einwanderer *m*, Einwand(r)erin *f*; Eingewanderte(r) *f(m)*; ~**er** *v/t* einwandern; immi'grieren

immin|ence [iminɑ̃s] *f* *der Abreise etc* unmittelbares, nahes Bevorstehen; *e-s Konflikts etc auch* drohendes Bevorstehen; Drohen *n*; ~**ent** *adj* *Abreise etc* unmittelbar, nahe bevorstehend; *Gefahr, Krise etc auch* drohend; immi'nent;

être ~ unmittelbar, nahe bevorstehen; drohen; in Kürze zu erwarten sein

immiscer [imise] *v/pr* s'~ dans qc sich in etw (*acc*) einmischen

immixtion [imiksjɔ̃] *f* Einmischung *f* (dans in + *acc*)

immobile [i(m)mɔbil] *adj* **1.** unbeweglich; bewegungslos; immobil; *Gesicht, Blick etc* unbewegt; starr; *st/s Meer, See* unbewegt; **2.** *fig* (geistig) unbeweglich

immobilier [i(m)mɔbilje] **I** *adj* ⟨-**ière**⟩ **1.** Grundstücks…; Immo'bilien…; société immobilière Grundstücks-, Immobiliengesellschaft *f*; **2.** *jur* unbeweglich; biens ~s unbewegliche Sachen *f/pl*; Immo'bilien *f/pl*; Liegenschaften *f/pl*; succession immobilière aus unbeweglichen Sachen bestehender Nachlaß; **II** *m* **1.** *jur* unbewegliche Sache; **2.** Immo'bilien-, Grundstückshandel *m*; être dans l'~ mit Immobilien, Grundstücken handeln

immobilisation [i(m)mɔbilizasjɔ̃] *f* **1.** Stillegung *f*; Bloc'kierung *f*; Aufgehaltenwerden *n*; **2.** *méd e-s Gliedes* Ruhigstellung *f*; *sc* Immobilisati'on *f*; **3.** *fin* **a)** *von Kapital* (feste) Anlage; Festlegung *f*; **b)** ~s *pl* Anlagevermögen *n*; **4.** *jur* 'Umwandlung *f* (*e-r beweglichen Sache*) in e-e unbewegliche Sache; Immobili'sierung *f*

immobiliser [i(m)mɔbilize] **I** *v/t* **1.** stillegen; bloc'kieren; zum Stehen bringen; **2.** *méd Glied* ruhigstellen; *sc* immobili'sieren; **3.** *fin Kapital* fest anlegen; **4.** *jur bewegliche Sache* in e-e unbewegliche Sache 'umwandeln; immobili'sieren; **5.** *fig Geschäfte etc* lähmen; **II** *v/pr* s'~ **6.** *Person, Auto etc* (unbeweglich) stehen-, liegenbleiben; sich nicht mehr bewegen; **7.** *fig* stehenbleiben

immobil|isme [i(m)mɔbilism(ə)] *m* Immobi'lismus *m*; geistige Unbeweglichkeit; Fortschrittsfeindlichkeit *f*; ~**iste** *adj* geistig unbeweglich; fortschrittsfeindlich; ~**ité** *f* Unbeweglichkeit *f* (*auch fig*); Bewegungslosigkeit *f*; *des Gesichts, der Züge etc* Unbewegtheit *f*; Starrheit *f*

immodéré [i(m)mɔdere] *adj* unmäßig; ~**ment** *adv* unmäßig; boire et manger ~ im Trinken und Essen unmäßig sein, kein Maß halten

immodest|e [i(m)mɔdɛst] *adj litt Blick etc* unzüchtig; ~**ie** *litt f* Unzüchtigkeit *f*

immolation [i(m)mɔlasjɔ̃] *f* **1.** *rel* Opferung *f*; **2.** *litt u fig* (Hin-, Auf)Opferung *f*

immoler [i(m)mɔle] **I** *v/t* **1.** *rel* opfern; zum Opfer (dar)bringen; **2.** *litt u fig* ~ qn, qc à e-a (auf-, hin)opfern (à qn, qc für j-n, etw); **II** *v/pr* s'~ **3.** sich opfern, sterben (pour qc für etw); **4.** *litt u fig* sich (auf-, hin)opfern (à, pour qn, qc für j-n, etw)

immonde [i(m)mɔ̃d] *adj* **1.** sehr unsauber, schmutzig; F dreckig; **2.** *fig Erpressung etc* schmutzig; schändlich; *Worte etc* schmutzig; ob'szön; **3.** *rel* unrein

immondices [i(m)mɔ̃dis] *f/pl* Unrat *m*; F Dreck *m*

immoral [i(m)mɔral] *adj* ⟨-**aux**⟩ unmoralisch; unsittlich; sittenwidrig; gegen die guten Sitten verstoßend; *im engeren Sinne auch* unanständig; ~**isme** *m philos, allg e-r Person* Immora'lismus *m*; ~**iste I** *adj* immora'listisch; **II** *m* Immora'list *m*; ~**ité** *f* Immorali'tät *f*; Unsittlichkeit *f*; Sittenwidrigkeit *f*

immortal|iser [i(m)mɔrtalize] **I** *v/t* unsterblich machen; *Namen auch* verewigen; **II** *v/pr* s'~ unsterblich werden; ~**ité** *f* Unsterblichkeit *f*; Immortali'tät *f*; conquérir l'~ die Unsterblichkeit erlangen

immort|el [i(m)mɔrtɛl] **I** *adj* ⟨~**le**⟩ **1.**

Seele etc unsterblich; **2.** *par ext Autor,
Werk etc* unsterblich; unvergessen; **3.**
fig Prinzip, Liebe etc unvergänglich;
unauslöschlich; **II** *subst* **1.** ~(le) *m(f) litt*
Unsterbliche(r) *f(m) (Gott, Göttin);* **2.** ♀
m Unsterbliche(r) *m (Mitglied der Aca-
démie française);* ~**elle** *f bot* Immor'telle
f; Strohblume *f*
immotivé [i(m)mɔtive] *adj Handlung,
Verbrechen* unmotiviert; ohne Mo'tiv
immu|abilité [i(m)myabilite] *f cf* im-
mutabilité; ~**able** *adj* **a)** *Gesetz, Wahr-
heit etc* unveränderlich; unwandelbar;
b) *Glück, Lächeln etc* dauernd; ständig;
unentwegt; unaufhörlich
immunis|ant [i(m)mynizɑ̃] *adj méd* im-
muni'sierend; **II** *mun...; sérum* ~ Im-
munserum *n;* ~**ation** *f biol, méd* Immu-
ni'sierung *f;* ~ **active, passive** aktive,
passive Immunisierung
immuniser [i(m)mynize] *v/t* **1.** *méd,
biol* immuni'sieren; im'mun machen; *p/p*
être immunisé contre une maladie
gegen e-e Krankheit immun sein; **2.** *fig*
im'mun machen; *adit* **être immunisé
contre qc** gegen etw immun, gefeit sein
immunité [i(m)mynite] *f* **1.** *hist, jur, pol,
dipl* Immuni'tät *f;* ~ **diplomatique,
parlementaire** diplomatische, parla-
mentarische Immunität; **levée** *f* **de l'**~
Aufhebung *f* der Immunität; **2.** *méd, biol*
Immuni'tät *f;* ~ **acquise, naturelle**
erworbene, angeborene Immunität; **3.** ~
fiscale Steuerfreiheit *f*
immuno|logie [i(m)mynɔlɔʒi] *f* Immu-
nolo'gie *f;* ~**transfusion** *f méd* Über-
'tragung *f* von immuni'siertem Blut
immutabilité [i(m)mytabilite] *f philos,
jur* Unveränderlichkeit *f;* Unwandel-
barkeit *f*
impact [ɛ̃pakt] *m* **1.** *e-s Geschosses,
Meteoriten* (point *m*) d'~ Einschlag
(-stelle) *m(f);* Aufschlagstelle *f;* Auftreff-
punkt *m;* **2.** *fig e-r Rede, e-s Produkts etc*
(einschlagende) Wirkung; F Einschla-
gen *n;* ~ **sur qc** (nachhaltiger) Einfluß,
(nachhaltige) Wirkung auf etw *(acc);*
sous l'~ **de qc** unter dem Einfluß e-r
Sache *(gén);* **avoir de l'**~ sehr wirkungs-
voll sein; e-e starke Wirkung haben **(sur
auf** + *acc);* F einschlagen (bei); **3.** *phys* ~
électronique Elek'tronenstoß *m*
impair [ɛ̃pɛr] **I** *adj* **1.** *Zahl, Nummer*
ungerade; **jours** ~**s** ungerade Tage *m/pl;*
vers ~ *m* mit ungerader Silben-
zahl; **2.** *anat Organ* unpaarig; *sc* impar;
II *m* **1.** *Roulett* alle ungeraden Zahlen
f/pl; **jouer l'**~ auf ungerade Zahlen, auf
„impair" setzen; **2.** *(dummer, unge-
schickter)* Fehler; Ungeschicklichkeit *f;*
Dummheit *f*
impalpable [ɛ̃palpabl(ə)] *adj* nicht
greifbar *(auch fig);* nicht faßbar
impaludation [ɛ̃palydasjɔ̃] *f méd* Infek-
ti'on *f* durch Ma'lariaerreger; *als Thera-
pie auch* Ma'lariakur *f*
impanation [ɛ̃panasjɔ̃] *f égl prot* Kon-
substantiati'on *f*
impardonnable [ɛ̃pardɔnabl(ə)] *adj
Fehler, Irrtum etc* unverzeihlich; un-
entschuldbar; **vous êtes** ~ **de ne pas
être venu** es ist unverzeihlich von
Ihnen, daß Sie nicht gekommen sind
imparfait [ɛ̃parfɛ] **I** *adj* ⟨-**faite** [-fɛt]⟩
*Arbeit, Imitation, Überblick, Aussprache
etc* unvollkommen; mangelhaft; unzu-
länglich; *Kenntnis auch* lückenhaft; *Hei-
lung* unvollständig; unvollkommen;
Plan unvollendet; unausgereift; *math*
nombre ~ **par défaut** *bzw* **par excès**
unvollkommene Zahl *(wobei die Summe
der Divisoren kleiner bzw größer als die
Zahl ist);* **l'homme est** ~ der Mensch ist
unvollkommen; **II** *m gr* Imperfekt *n;*
erste Vergangenheit

impari|digité [ɛ̃paridiʒite] *adj zo* un-
paarhufig; ~**penné** *adj bot* unpaarig
gefiedert; ~**syllabique** *adj u subst m gr*
(mot *m*) ~ ungleichsilbiges Wort; Un-
gleichsilber *m*
imparité [ɛ̃parite] *f* Ungeradesein *n*
impartageable [ɛ̃partaʒabl(ə)] *adj Erbe*
unteilbar
impartial [ɛ̃parsjal] *adj* ⟨-**aux**⟩ *Richter,
Urteil, Kritik etc* unparteiisch; ~**ité** *f*
Unparteilichkeit *f*
impartir [ɛ̃partir] *v/t* **1.** *jur, adm* ~ **un
délai** e-e Frist bewilligen; e-n Aufschub
gewähren; **les délais impartis par la
loi** die gesetzlich bewilligten Fristen *f/pl;*
2. *st/s Talent, Gaben* zuteilen **(à qn** j-m);
ausstatten mit **(à qn** j-n)
impasse [ɛ̃pas] *f* **1.** Sackgasse *f;* **2.** *fig*
Sackgasse *f;* **s'engager dans une** ~ in
e-e Sackgasse geraten; auf e-m toten
Punkt anlangen; **être dans une** ~ in e-r
Sackgasse stecken; auf e-m toten Punkt
angelangt sein *(bes Verhandlungen);* F in
der Klemme sitzen; **3.** *fin, pol* ~ **budgé-
taire** Haushaltsdefizit *n,* -fehlbetrag *m,*
-lücke *f;* **4.** *bei einigen Kartenspielen* **faire
une** ~ schneiden; **5.** *für e-e Prüfung* **faire
une** ~ **sur qc** (es ris'kieren,) sich mit
etw nicht (zu) beschäftigen
impassibilité [ɛ̃pasibilite] *f e-r Person*
Unbewegtheit *f;* Gefaßtheit *f;* auch Un-
empfindlichkeit *f; des Gesichts, der Mie-
ne* Unbewegtheit *f;* Undurchdringlich-
keit *f;* **garder son** ~ die *od* s-e Fassung
bewahren
impassible [ɛ̃pasibl(ə)] *adj* **1.** *Person*
unbewegt, gefaßt **(devant** angesichts +
gén); unerschütterlich; *auch* unempf-
findlich; **être** ~ *auch* ~ se Gefühle, Regun-
gen nicht zeigen; **2.** *Gesicht, Miene*
unbewegt; undurchdringlich; **3.** *Prüfer
etc* unbeirrbar; äußeren Einflüssen un-
zugänglich; **4.** *st/s Natur* gefühllos
impatiemment [ɛ̃pasjamɑ̃] *adv* unge-
duldig
impatience [ɛ̃pasjɑ̃s] *f* Ungeduld *f;* **l'**~
de la jeunesse die Ungeduld der Ju-
gend; **attendre qn avec** ~ j-n mit
Ungeduld, ungeduldig, sehnlich(st) er-
warten; **maîtriser son** ~ s-e Ungeduld
bezähmen; **mourir d'**~ vor Ungeduld
vergehen; **il meurt d'**~ **de savoir si ...**
er möchte brennend gern wissen, ob ...;
faire mourir qn d'~ j-n auf die Folter
spannen
impatient [ɛ̃pasjɑ̃] **I** *adj Person, Hand-
bewegung etc* ungeduldig; **il est** ~ **de
vous revoir** er ist so ungeduldig, Sie 'wie-
derzusehen; **être** ~ **de voir, de savoir
comment** *cela va se passer* gespannt
darauf sein, wie ...; **II** *subst* **1.** ~(e) *m(f)*
Ungeduldige(r) *m(f);* **2.** *bot* ~**e**
f Springkraut *n; sc* Im'patiens *f*
impatienter [ɛ̃pasjɑ̃te] **I** *v/t* ~ **qn** j-n
ungeduldig, ärgerlich machen; j-n die
Geduld verlieren lassen; *p/fort* F zur
Verzweiflung bringen; **II** *v/pr* **s'**~ unge-
duldig werden; die Geduld verlieren;
sich aufregen **(contre, de** über + *acc)*
impavide [ɛ̃pavid] *litt od plais adj*
furchtlos, unerschrocken, unerschüt-
terlich **(devant le danger** im Angesicht
der Gefahr)
impayable [ɛ̃pɛjabl(ə)] *adj* F *(très comi-
que)* ~ köstlich; unbezahlbar; gottvoll
impayé [ɛ̃pɛje] **I** *adj Rechnung, Schuld
etc* unbezahlt; unbeglichen; *Wechsel*
nicht eingelöst; **II** *m* nicht bezahlte
Rechnung *bzw* Schuld *bzw* nicht eingelö-
ster Wechsel
impec [ɛ̃pɛk] *adj* F *Kurzwort für* **impec-
cable**
impeccabilité [ɛ̃pɛkabilite] *f rel*
Sünd(en)losigkeit *f*
impeccable [ɛ̃pekabl(ə)] *adj* **1.** tadellos;

einwandfrei; vorbildlich; *Kleidung* ta-
dellos sitzend; kor'rekt; *Person* äußerst
kor'rekt aussehend; **parler un français**
~ ein vorbildliches, einwandfreies, tadel-
loses, fehlerfreies Französisch sprechen;
2. *rel* sünd(en)los
impédance [ɛ̃pedɑ̃s] *f élect* Impe'danz *f;*
Scheinwiderstand *m;* Elektroakustik ~
acoustique akustische Impedanz
impedimenta [ɛ̃pedimɛ̃ta] *litt m/pl*
Hemmnis *n/pl*
impénétrabilité [ɛ̃penetrabilite] *f* Un-
durchdringlichkeit *f; fig auch* Un-
durchschaubar-, Undurchsichtig-, Un-
erforschlich-, Unergründlichkeit *f*
impénétrable [ɛ̃penetrabl(ə)] *adj* **1.**
Wald etc undurchdringlich, -bar; **2.** *fig
Absichten, Geheimnis etc* unergründ-
lich, -bar; unerforschlich; *Person* un-
durchschaubar; undurchsichtig; *Ge-
sicht, Miene* undurchdringlich
impénit|ence [ɛ̃penitɑ̃s] *f rel* Unbußfer-
tigkeit *f;* ~**ent** *adj* **1.** *Trinker etc* un-
verbesserlich; **2.** *rel* unbußfertig; **pé-
cheur** ~ verstockter Sünder
impensable [ɛ̃pɑ̃sabl(ə)] *adj* undenk-
bar; unvorstellbar
impenses [ɛ̃pɑ̃s] *f/pl jur e-s Mieters,
Pächters* Aufwendungen *f/pl (zur In-
standhaltung bzw Verschönerung e-s Ge-
bäudes etc)*
imper [ɛ̃pɛr] *m* F *Kurzwort für* **imper-
méable** I
impératif [ɛ̃peratif] **I** *adj* ⟨-**ive**⟩ **1.**
zwingend; bindend; impera'tiv; *jur* dis-
position impérative Mußvorschrift *f;*
pol **mandat** ~ imperatives Mandat; **2.**
befehlend; Befehls...; impera'tiv; **ton** ~
Befehlston *m;* **3.** *Bedarf etc* vordringlich;
dringlichste(r, -s); exi'stenznotwendig;
4. *gr* impera'tivisch; Befehls...; **mode** ~
cf II 1.; **proposition impérative** Be-
fehls-, Impera'tivsatz *m;* **II** *m* **1.** *gr*
Imperativ *m;* Befehlsform *f;* **2.** *philos*
Imperativ *m;* ~ **catégorique, hypothé-
tique** kategorischer, hypothetischer Im-
perativ; **3.** *meist pl* ~**s** Gebot *n;* (un-
abdingbare) Notwendigkeiten *f/pl,*
Forderungen *f/pl,* Erfordernisse *n/pl;*
les ~**s de l'heure** das Gebot der Stunde
impératrice [ɛ̃peratris] *f* Kaiserin *f*
imperceptible [ɛ̃persɛptibl(ə)] *adj* **1.**
Ton, Mikrobe etc nicht wahrnehmbar; **2.**
fig Fortschritt, Veränderung, Lächeln etc
kaum wahrnehmbar, merklich; un-
merklich; winzig
imperdable [ɛ̃pɛrdabl(ə)] *adj Wette,
Prozeß etc* unverlierbar
imperfectible [ɛ̃pɛrfɛktibl(ə)] *adj* **a)**
Luxus etc nicht zu über'bieten(d); **b)**
nicht vervollkommnungsfähig
imperfectif [ɛ̃pɛrfɛktif] *adj* ⟨-**ive**⟩ *ling
Verb, Aspekt* unvollendet; *sc* imperfek-
tiv
imperfection [ɛ̃pɛrfɛksjɔ̃] *f* **1.** *des Men-
schen, e-r Arbeit, Heilung etc* Unvoll-
kommenheit *f;* **2.** ~**s** *pl* Schwächen *f/pl;*
Mängel *m/pl*
imperforation [ɛ̃pɛrfɔrasjɔ̃] *f path* Im-
perforati'on *f*
impérial [ɛ̃perjal] **I** *adj* ⟨-**aux**⟩ **1.** kai-
serlich; Kaiser...; *hist* **ville** ~**e** Freie
Reichsstadt; **2.** *fig* maje'stätisch; ho-
heitsvoll; **3.** *tech Papier* sehr fein; *text*
serge ~ *od subst* ~**e** *f* feine Wollserge;
4. *beim Kartenspiel* **série** ~ *od subst* ~**e** *f*
As, König, Dame, Bube der gleichen
Farbe; **5.** *cuis* **pâté** ~ Frühlingsrolle *f;* **II**
subst **1.** *hist mil* **les Impériaux** *m/pl* die
Kaiserlichen *pl;* **2.** ~**e** *f e-s Busses, e-r
Straßenbahn* obere E'tage; Impéri'ale *f;*
3. ~**e** *f* Napoleon-III.-Bart *m*
impérial|isme [ɛ̃perjalism(ə)] *m hist,
pol* Imperia'lismus *m;* ~**iste I** *adj* impe-
ria'listisch; **II** *m,f* Imperia'list(in) *m(f)*

impérieux [ɛ̃perjø] *adj* ‹-euse› **1.** *Ton etc* herrisch; gebieterisch; **2.** *Bedarf etc* dringlichste(r, -s); vordringlich; *Notwendigkeit* zwingend

impérissable [ɛ̃perisabl(ə)] *adj Ruhm, Schönheit etc* unvergänglich; **garder un ~ souvenir de qn, qc** j-n, etw in bleibender Erinnerung behalten

impéritie [ɛ̃perisi] *litt f* Unfähigkeit *f*; Unwissenheit *f*

imperméabil|isation [ɛ̃pεrmeabilizasjõ] *f e-s Stoffes etc* Imprä'gnieren *n*, -ung *f*; Wasserdichtmachen *n*; **~iser** *v/t Stoff etc* imprä'gnieren; wasserdicht machen; **~ité** *f* **1.** Wasserundurchlässigkeit *f* (*auch géol*); **2.** *st/s u fig* Unempfänglichkeit *f* (à für)

imperméable [ɛ̃pεrmeabl(ə)] **I** *adj* **1.** undurchlässig (à für) (*auch géol*); undurchdringlich; imperme'abel; ~ (à l'eau) wasserundurchlässig; **tissu** *m* ~ wasserdichter, imprä'gnierter Stoff; **2.** *fig* unempfänglich (à la pitié, à la musique für Mitleid, für Musik); unzugänglich (à un conseil e-m Rat); **II** *m* Regen-, Wettermantel *m*

impersonnalité [ɛ̃pεrsɔnalite] *f* **1.** *der Wissenschaft, e-r Literaturrichtung etc* unpersönlicher, entper'sönlichter Cha'rakter; **2.** *e-r Person, e-s Gesprächs* Unpersönlichkeit *f*

impersonnel [ɛ̃pεrsɔnεl] *adj* ‹~le› **1.** *gr Konstruktion, Wendung* unpersönlich; **verbes ~s** *od subst* **~s** *m/pl* unpersönliche Verben *n/pl*, Zeitwörter *n/pl*; Imperso'nalia *n/pl*; **2.** *Poesie, Wissenschaft etc* unpersönlich; entper'sönlicht; **3.** *Atmosphäre, Gespräch etc* unpersönlich; **4.** *philos* unpersönlich

impertinence [ɛ̃pεrtinãs] *f* Ungehörigkeit *f*; Frechheit *f*; Unverschämtheit *f* (*alle auch für Worte, Handlungen*); Imperti'nenz *f*; **dire des ~s** Ungehörigkeiten *etc* sagen

impertinent [ɛ̃pεrtinã] **I** *adj* ungehörig; frech; unverschämt; imperti'nent; **II** *subst* **petit(e) ~(e)** *m(f)* Lausebengel *m*; Frechdachs *m* (*auch von e-m Mädchen*)

imperturb|abilité [ɛ̃pεrtyrbabilite] *f* Unerschütterlichkeit *f*; **~able** *adj Ruhe, Vertrauen etc* unerschütterlich; **rester ~** sich nicht erschüttern lassen; unerschütterlich bleiben

impétigineux [ɛ̃petiʒinø] *adj* ‹-euse› *path* impetigi'nös

impétigo [ɛ̃petigo] *m path* Eitergrind *m*, -flechte *f*; *sc* Impe'tigo *f*

impétr|ant [ɛ̃petrã] *m*, **~ante** *f adm* Empfänger(in) *m(f)* (*e-s Diploms etc*)

impétueux [ɛ̃petɥø] *st/s adj* ‹-euse› **1.** *Person, Temperament etc* ungestüm; heftig; stürmisch; *Person auch* hitzig; **2.** *litt Fluten, Fluß* reißend; *Wind* heftig

impétuosité [ɛ̃petɥozite] *st/s f der Jugend* Ungestüm *n*; Hitzigkeit *f*; *der Leidenschaften, des Temperaments etc* Heftigkeit *f*

impie [ɛ̃pi] *litt* **I** *adj* gottlos; **II** *m,f* Gottlose(r) *f(m)*

impiété [ɛ̃pjete] *litt f* Gottlosigkeit *f*

impitoyable [ɛ̃pitwajabl(ə)] *adj* mitleid(s)los; erbarmungslos; unerbittlich; schonungslos; unbarmherzig; hartherzig

implacable [ɛ̃plakabl(ə)] *adj* **1.** *Feind, Haß* unversöhnlich; **2.** *Person, Geschichte, Bestrafung etc* unbarmherzig; erbarmungslos; unerbittlich; hart; *Krankheit* unheilbar; unaufhaltsam; **soleil** *m* ~ erbarmungslose Sonne

implant [ɛ̃plã] *m méd* Implan'tat *n*

implantation [ɛ̃plãtasjõ] *f* **1.** *e-s Volkes, von Siedlern* Niederlassung *f*; Sich-'niederlassen *n*; Ansied(e)lung *f*; Seßhaftwerden *n*; *e-s Industriezweigs etc* An-

sied(e)lung *f*; Standortwahl *f*; *fig e-s Brauchs etc* Einbürgerung *f*; Verwurzelung *f*; *e-r Industrie* lieu *m* d'~ Standort *m*; **2.** Anordnung *f*, Planung *f der Betriebsanlagen*; **3.** *méd* Implantati'on *f*; **4.** Haaransatz *m*

implanter [ɛ̃plãte] **I** *v/t* **1.** *Industriezweig, Betrieb* ansiedeln; *fig Mode* einführen; *adit* **implanté** *Vorurteile, Gebräuche etc* verwurzelt; **2.** *méd* implan-'tieren; **II** *v/pr s'~ Volk* sich niederlassen; mit-, einbegriffen; impli'zit; *auch* stillschweigend; *rel* **foi** *f* ~ einschließender Glaube

impliquer [ɛ̃plike] *v/t* **1.** ~ qn dans qc j-n in etw (*acc*) verwickeln; il est impliqué dans un scandale er ist in e-n Skandal verwickelt; **2.** ~ qc etw mitenthalten, mit einbeziehen, mit einschließen, um'fassen, impli'zieren, *auch* vor'aussetzen; **~ que...** (logischerweise) bedeuten, voraussetzen, daß ...

implor|ant [ɛ̃plɔrã] *litt adj* flehend; flehentlich; imperti'nent; Anrufung *f*

implorer [ɛ̃plɔre] *v/t* **1.** ~ qn j-n anflehen; zu j-m flehen; ~ **Dieu** zu Gott flehen; Gott anrufen; **2.** ~ qc um etw flehen, flehentlich bitten; etw erflehen

implos|ion [ɛ̃plozjõ] *f phys* Implosi'on *f*; **~ive** *adj u subst f phon* (consonne *f*) ~ Verschlußlaut *m*, bei dem der Verschluß nicht gesprengt wird

impoli [ɛ̃pɔli] **I** *adj* unhöflich; ungeschliffen; il est ~ de (+*inf*) es ist unhöflich zu (+*inf*); **II** *subst* **~(e)** *m(f)* unhöflicher Mensch

impolitesse [ɛ̃pɔlites] *f* **1.** *e-r Person, Antwort etc* Unhöflichkeit *f*; **2.** *Wort, Handlung* Unhöflichkeit *f*

impolitique [ɛ̃pɔlitik] *litt adj* unklug; po'litisch ungeschickt

impondér|abilité [ɛ̃põderabilite] *f phys* Unwägbarkeit *f*; **~able** *adj* **1.** *phys* unwägbar; **2.** *fig* unwägbar; unberechenbar; imponde'rabel; **facteurs** *m/pl* ~s *od subst* ~s *m/pl* Imponderabi'lien *pl*

impopulaire [ɛ̃pɔpylεr] *adj* **1.** *Person, Maßnahme etc* unpopulär; *Person auch* (beim Volke, allgemein) unbeliebt; **2.** *Vorgesetzter, Kollege etc* unbeliebt (parmi, auprès de bei)

impopularité [ɛ̃pɔpylarite] *f* Unpopularität *f*; Unbeliebtheit *f*

importable [ɛ̃pɔrtabl(ə)] *adj* **1.** *Kleidungsstück* untragbar; nicht (mehr) tragbar; **2.** *Waren* einführ-, impor'tierbar

importance [ɛ̃pɔrtãs] *f* **1.** Bedeutung *f*; Wichtigkeit *f*; **d'~** a) *loc/adv* j-n verprügeln wichtig; kräftig; b) *loc/adv* wichtig; von Bedeutung; **nouvelle** *f* **d'~** wichtige Nachricht; Nachricht *f* von Bedeutung; **accorder, attacher, donner de l'~ à qc** e-r Sache (*dat*) Bedeutung, Gewicht beimessen, -legen; Gewicht auf etw (*acc*) legen; **avoir de l'~** von Bedeutung, Wichtigkeit sein; wichtig sein; (cela n'a) aucune ~ das hat gar keine, hat keinerlei Bedeutung; das ist völlig unwichtig; (cela n'a) pas d'~ das hat keine Bedeutung, ist nicht von Bedeutung, hat nichts zu bedeuten; être de la plus 'haute ~ von größter, höchster Bedeutung, Wichtigkeit sein; höchst be-

deutsam sein; être de peu d'~ von geringer Bedeutung, Wichtigkeit sein; être sans ~ ohne Bedeutung, bedeutungslos, belanglos, unwichtig sein; *e-r Person* Wichtigkeit *f*; **se donner de l'~, prendre des airs d'~** sich wichtig machen, tun; sich aufspielen; F angeben; **3.** *e-r Summe, Erbschaft etc* Größe *f*; *e-r Summe auch* Höhe *f*

important [ɛ̃pɔrtã] **I** *adj* **1.** *Angelegenheit, Frage, Rolle etc* wichtig; bedeutend; il est ~ de (+*inf*) *bzw* que ... (+*subj*) es ist wichtig, zu (+*inf*) *bzw* daß ...; c'est ~ à savoir das ist wichtig zu wissen; das muß man wissen; **2.** *Person* wichtig; einflußreich; *péj* se donner des airs ~s sich wichtig machen, tun; sich aufspielen; **3.** *Summe, Verspätung etc* groß; ansehnlich; beträchtlich; *Summe auch* geringfügig; **II** *subst* **1.** faire l'~(e) *m(f)* sich aufspielen; sich wichtig tun, machen; **2.** *m* Wichtige(s) *n*; Hauptsache *f*; l'~ c'est la famille die Familie ist das Wichtigste, die Hauptsache; l'~ (, c')est de (+*inf*) *bzw* que ... (+*subj*) wichtig, wesentlich, entscheidend, die Hauptsache (dabei) ist, zu (+*inf*) *bzw* daß ...

importateur [ɛ̃pɔrtatœr] **I** *adj* ‹-trice› Einfuhr-...; Im'port-...; impor'tierend; **pays** ~ **de pétrole** Öleinfuhrland *n*; Öl importierendes Land; **II** *m* Impor'teur *m*; Im'port-, Einfuhrkaufmann *m*; *zollamtlich* Einführer *m*; ~ **de vin** Weinimporteur *m*

importation [ɛ̃pɔrtasjõ] *f* **1.** *comm* a) Einfuhr *f*; Im'port *m*; l'~ de légumes en provenance de la France die Gemüseeinfuhr aus Frankreich; **articles** *m/pl* **d'~** Im'portartikel *m/pl*, -güter *n/pl*; b) **~s** *pl* Im'porte *m/pl*; Einfuhr-, Im'portwaren *f/pl*; **2.** *der Kartoffel, des Tees etc* Einführung *f*; *e-r ansteckenden Krankheit, von Schädlingen* Einschleppung *f*; *e-r Mode, Doktrin etc* 'Übernahme *f* (aus dem Ausland)

importer¹ [ɛ̃pɔrte] *v/t* **1.** *Waren* einführen; impor'tieren; **2.** *Kartoffel etc* (zum ersten Mal) einführen; *ansteckende Krankheit, Schädlinge* einschleppen; *Mode, Doktrin etc* (aus dem Ausland) über'nehmen; *auch* impor'tieren

importer² [ɛ̃pɔrte] *v/i u v/imp* bedeuten, wichtig sein (à qn j-m); von Bedeutung, Belang sein (für j-n); cela (m')importe peu das bedeutet (mir) wenig; das ist (für mich) von geringer Bedeutung; la seule chose qui importe (, c'est ...) das einzige, was zählt, worauf es ankommt, was wichtig, von Belang, von Bedeutung ist (, ist ...); ♦ il importe de *bzw* que ... (+*subj*) es ist wichtig, es kommt darauf an, zu (+*inf*) *bzw* daß ...; ♦ qu'importe! was bedeutet das schon!; was liegt daran!; Fwas soll's!; que vous importe cela? was kümmert Sie das?; das ist doch für Sie nicht von Bedeutung, Belang!; was geht Sie das schon an?; ♦ qu'importe qu'il vienne ou non was bedeutet es schon, ob er kommt oder nicht; ♦ peu importe! das ist nicht so wichtig; das hat wenig zu bedeuten; peu m'importe son avis s-e Meinung bedeutet mir wenig, ist mir nicht so wichtig, F ist mir schnuppe; peu importe que tu viennes es ist nicht so wichtig, ist ohne große Bedeutung, daß du kommst; ♦ *st/s* n'importe! a) das ist gleichgültig; b) gleich'viel; und trotzdem; ♦ *pr/ind bzw loc/adv* n'importe qui, quoi, où, quand, *etc* irgend jemand, irgend etwas, irgendwo(hin), irgendwann *etc*; e'gal *od* gleichgültig *od* ganz gleich wer, was, wo(hin), wann *etc*;

in besonderen Wendungen: travailler **n'importe comment** ohne nachzudenken, ohne Methode, unüberlegt, oberflächlich ...; *la jeep peut rouler* **n'importe où** ... über'all; *n'importe qui peut le faire* jeder (x-beliebige) ...; *il* **n'est pas n'importe qui** er ist nicht irgendwer; **acheter, dire n'importe quoi** irgend etwas, F irgendwas (Unsinniges) kaufen, da'herreden; **à n'importe quel prix** zu jedem Preis

import-export [ɛ̃pɔrɛkspɔr] *m comm* Import-Export *m*; **société f d'~** Import-Export-Gesellschaft *f*

importun [ɛ̃pɔrtɛ̃, -tœ̃] **I** *adj* <-une [-yn]> *Person, Besuch, Neugier etc* lästig; zu-, aufdringlich; *Besuch(er) auch* ungelegen; impor'tun; **se rendre ~** lästig werden, fallen; **II** *m* lästiger, zu-, aufdringlicher Mensch

importun|er [ɛ̃pɔrtyne] *v/t* **~ qn** j-n belästigen (**par, de** mit); j-m lästig fallen, lästig werden, zur Last fallen, Mühe machen; **être importuné par le bruit** vom Lärm belästigt werden; **~ité** *f* Zu-, Aufdringlichkeit *f*; Lästigkeit *f*; *e-s Besuchs auch* Ungelegenheit *f*

imposable [ɛ̃pozabl(ə)] *adj Einkommen etc* steuerpflichtig; zu versteuern(d); **matière f ~** Steuerobjekt *n*

imposant [ɛ̃pozɑ̃] *adj* **1.** *Person, Aussehen etc* impo'sant; stattlich; *Schauspiel, Gebäude etc* impo'sant; beeindruckend; eindrucksvoll; gewaltig; *Schauspiel, Schönheit* impo'nierend; *plais von e-r Frau* stattlich; rundlich; **2.** *Summe, Vermögen, Anzahl von Teilnehmern etc* beträchtlich; ansehnlich; ziemlich groß; impo'nierend

imposé [ɛ̃poze] *adj* **1.** vorgeschrieben; *gym* **exercices ~s** Pflicht(übungen) *f(pl)*; *beim Eiskunstlauf* **figures ~es** Pflicht(figuren) *f(pl)*; *comm* **prix ~** gebundener, vorgeschriebener, festgesetzter Preis; **prix ~s** *auch* Preisbindung *f*; **2.** besteuert

imposer [ɛ̃poze] **I** *v/t* **1.** *fin* **a)** *Ware, Person* besteuern; mit e-r Steuer belegen; **b)** *Person* (steuerlich, zur Steuer) veranlagen; **2. ~ à qn** *Bedingungen, Arbeit, Regel etc* j-m vorschreiben; *Pflichten, Entbehrungen etc* j-m auferlegen; *s-n Willen, s-e Ansichten, ein Gesetz etc* j-m aufzwingen; *par ext* (bei j-m) 'durchsetzen; *Amt, Sorgen etc* j-m aufbürden; *Freundschaft, Begleitung etc* j-m aufdrängen; *Situation* **~ des décisions rapides à qn** schnelle Entscheidungen von j-m verlangen; j-m abverlangen; **~ le respect, Achtung einflößen; ~ (le) silence à qn** *cf* silence 1.; **3. ~ un nouveau chef,** *etc* **à qn** j-m e-n neuen Chef *etc* aufzwingen; **4.** *égl cath* **~ les cendres** Asche aufs Haupt streuen; *rel* **~ les mains** die Hand auflegen (*auch zu Heilzwecken*); **5.** *impr* ausschießen; **II** *v/i* **6. en ~ à qn** j-m impo'nieren; auf j-n großen Eindruck machen; **son courage m'en impose beaucoup** sein Mut imponiert mir sehr; **s'en laisser ~ par qn, qc** sich von j-m, etw beeindrucken lassen; sich durch j-n, etw Sand in die Augen streuen lassen; **III** *v/pr* **7. s'~ qc** *bzw* **de faire qc** sich etw auferlegen, aufbürden; etw auf sich (*acc*) nehmen; sich etw zur Pflicht machen *bzw* sich zur Pflicht machen, etw zu tun; **s'~ l'effort de** (+*inf*) sich der Mühe unter'ziehen zu (+*inf*); **8.** *Vorsicht, Maßnahmen etc* **s'~** (zwingend) geboten sein; *Vergleich, Frage, Gedanke* sich aufdrängen, aufzwingen; **une vérification s'impose** das bedarf der Nachprüfung; e-e Über'prüfung ist angezeigt; **cela ne s'impose pas** das ist nicht unbedingt notwendig;

das ist nicht zwingend geboten; **9.** *Person, Kunstrichtung, Erzeugnis* **s'~** sich 'durchsetzen; *Person auch* sich behaupten

imposeur [ɛ̃pozœr] *m impr* Ausschießer *m*

imposition [ɛ̃pozisjɔ̃] *f* **1.** *fin* **a)** *e-r Ware, Person* Besteuerung *f*; **b)** *e-r Person* (Steuer)Veranlagung *f*; steuerliche Erfassung; **double ~** Doppelbesteuerung *f*, -veranlagung *f*; **2.** *rel, zu Heilzwecken* **~ des mains** Handauflegen *n*; **3.** *impr* Ausschießen *n*, -ung *f*

impossibilité [ɛ̃pɔsibilite] *f* **1.** Unmöglichkeit *f*; **il est dans l'~ de venir** es ist ihm unmöglich, er ist nicht in der Lage, er ist außer'stande zu kommen; er kann unmöglich kommen; **il est mis dans l'~ de fuir** es ist ihm unmöglich gemacht (worden) zu fliehen; ihm ist jede Fluchtmöglichkeit genommen (worden); **2.** Unmöglichkeit *f*; unmögliche Sache

impossible [ɛ̃pɔsibl(ə)] **I** *adj* **1.** unmöglich; **~!** unmöglich!; ausgeschlossen!; **projet m ~ à réaliser** Plan, der unmöglich zu realisieren ist; unmöglich realisierbarer Plan; **être ~ à qn, pour j-n, j-m unmöglich sein; cela m'est ~** das ist mir unmöglich; **il est ~ de** (+*inf*) es ist unmöglich zu (+*inf*); **il est ~ qu'il soit parti** es ist unmöglich, daß er abgereist ist; **2.** F (*insupportable*) F unmöglich; **rendre la vie ~ à qn** j-m das Leben unerträglich, F unmöglich machen; **3.** F (*extraordinaire*) F unmöglich; *rentrer* **à une heure ~** zu e-r unmöglichen Zeit ...; **s'habiller d'une façon ~** sich unmöglich anziehen; **II** *m* Unmögliche(s) *n*; **vous me demandez l'~** Sie verlangen Unmögliches von mir; **nous ferons l'~** wir werden das *od* alles menschenmögliche tun; *loc/prov* **à l'~ nul n'est tenu** man kann von niemandem Unmögliches verlangen

imposte [ɛ̃pɔst] *f* **1.** *arch* Kämpfer (-gesims) *m(n)*; **2.** *bât e-s Fensters, e-r Tür* Oberlicht *n*

impost|eur [ɛ̃pɔstœr] *m* (*auch von e-r Frau*) Hochstapler(in) *m(f)*; Betrüger(in) *m(f)*; Schwindler(in) *m(f)*; Lügner(in) *m(f)*; **~ure** *f* Hochstape'lei *f*; Betrug *m*; Schwindel *m*

impôt [ɛ̃po] *m* **1.** *fin* Steuer *f*; Abgabe *f*; **~ direct** direkte Steuer; **~ foncier** Grundsteuer *f*; **~ indirect, progressif** indirekte, progressive Steuer; **~s sur la consommation** *od* **sur la dépense** Verbrauch(s)- *od* Aufwand(s)steuern *f/pl*; **~ sur la fortune, sur le revenu, sur les sociétés, sur les transactions** Vermögen(s)-, Einkommen(s)-, Körperschaft(s)-, Verkehr(s)steuer *f*; **déclaration f d'~s** Steuererklärung *f*; **créer un ~ nouveau** e-e neue Steuer einführen; **2.** *litt* **~ du sang** Waffendienstpflicht *f*

impot|ence [ɛ̃pɔtɑ̃s] *f e-s alten Menschen* Gebrechlichkeit *f*; *path e-s Glieds* **~ (fonctionnelle)** gehemmte Bewegungsfähigkeit *f*; *e-s Gliedes* Steifheit *f*; Unbeweglichkeit *f*; **~ent I** *adj Person* gebrechlich; *Glied* schwer zu bewegen(d); *p/fort* steif; unbeweglich; *Krankheit* **rendre qn ~** j-s Glieder steif werden lassen, machen; **II** *subst* **~(e)** *m(f)* Gebrechliche(r) *f(m)*; *p/fort* Krüppel *m* (*auch von e-r Frau*)

impraticable [ɛ̃pratikabl(ə)] *adj* **1.** *Weg* nicht begehbar; ungangbar; *Straße* unbefahrbar; *Sportplatz* unbespielbar; *Gegend* unwegsam; **2.** *fig Plan, Methode etc* undurchführbar

impréca|tion [ɛ̃prekasjɔ̃] *litt f* Verwünschung *f*; Fluch *m*; **~toire** *litt adj* Verwünschungs...

imprécis [ɛ̃presi] *adj Angaben, Hinweis,*

Vorschrift, Berechnung etc ungenau; unpräzis(e); *Ideen, Stil etc* unklar; verschwommen; *Umrisse, Geräusch etc* undeutlich

imprécision [ɛ̃presizjɔ̃] *f* Ungenauigkeit *f*; Unklarheit *f*; Verschwommenheit *f*; Undeutlichkeit *f*; **laisser tout dans l'~** sich unklar, ungenau ausdrücken; **rester d'une grande ~** sehr verschwommen bleiben; nicht präzi'siert werden

imprégnation [ɛ̃preɲasjɔ̃] *f* **1.** *tech, allg* (Durch')Tränken *n*; Sättigen *n*; Imprä'gnierung *f*; **~ des bois** Holzimprägnierung *f*; **2.** *fig* Beeinflussung *f* (**par qc** durch etw); **~ par des idées** *auch* Durch'dringung *f* mit Ideen; **~ par la publicité** *auch* Berieselung *f* mit Werbung; **3.** *minér* Imprägnati'on *f*; **4. ~ alcoolique** (Erreichung *f bzw* Über'schreitung *f* der) Pro'millegrenze

imprégner [ɛ̃preɲe] <-è-> **I** *v/t* **1.** *tech, allg* (durch')tränken, sättigen (**de qc** mit etw); *Holz* imprä'gnieren; *par ext Kleidungsstück, Haar etc* **être imprégné de l'odeur de pipe,** *etc* nach Pfeifenrauch *etc* riechen; den Pfeifengeruch *etc* angenommen haben; **les rideaux sont imprégnés de l'odeur de cuisine** *auch* der Küchengeruch hat sich in den Gardinen festgesetzt; **2.** *fig Gefühl* **~ qn** j-n erfüllen, ergreifen; **être imprégné d'une idée, d'un souvenir** von e-r Idee durch'drungen, von e-r Erinnerung erfüllt sein; *adjt Vortrag, Brief etc* **imprégné d'ironie, de tristesse,** *etc* voller Ironie, Traurigkeit *etc*; **II** *v/pr* **s'~ 3.** *Boden etc* sich 'vollsaugen (**de qc** mit etw); in sich aufnehmen (etw); *par ext* **s'~ d'une odeur** e-n Geruch annehmen; **4.** *fig* **s'~ de qc** von etw beeinflußt werden; **s'~ d'une langue** sich e-e Sprache aneignen

imprenable [ɛ̃prənabl(ə)] *adj* **1.** *Festung etc* uneinnehmbar; unbezwingbar; **2.** *bât* Aussicht unverbaubar

impréparation [ɛ̃preparasjɔ̃] *f* mangelnde Vorbereitung

imprésario [ɛ̃presarjo] *m* Impre'sario *m*

imprescript|ibilité [ɛ̃preskriptibilite] *f* **1.** *jur* Unverjährbarkeit *f*; Ausschluß *m* der Verjährbarkeit, der Ersitzung; **2.** *par ext der Menschenrechte* immerwährende Gültigkeit; Unantastbarkeit *f*; **~ible** *adj* **1.** *jur* unverjährbar; nicht ersitzbar; **2.** *par ext Rechte* immer geltend; unantastbar

impression [ɛ̃presjɔ̃] *f* **1.** Eindruck *m* (*auch psych*); *st/s* Impressi'on *f*; **~ fugace** flüchtiger Eindruck; **première ~** erster Eindruck; **~s de voyage** Reiseeindrücke *m/pl*; **~ avoir l'~ de** (+*inf*) *bzw* **que** ... den Eindruck, das Gefühl haben zu (+*inf*) *bzw* daß ...; **j'ai bien l'~ qu'il ne va pas venir** ich habe ganz den Eindruck ...; **on a l'~ d'une imitation** wirkt wie e-e Imitation; man hat den Eindruck, daß es sich um e-e Imitation handelt; **avoir, ressentir une ~ de tristesse,** *etc* ein Gefühl von Traurigkeit *etc* haben; Traurigkeit *etc* empfinden; **donner une ~ de qc** e-n Eindruck von etw vermitteln; geben; **donner l'~ de** (+*inf*) den Eindruck machen, erwecken (à qn bei j-m), scheinen zu (+*inf*); **il me donne l'~ d'être malade** er scheint mir krank zu sein; er macht auf mich den Eindruck, als ob er krank wäre; **quelle est votre ~?** was ist Ihr Eindruck?, was für e-n Eindruck haben Sie? (**sur lui** von ihm); *Film, Rede etc* **faire (grande) ~** (sehr) eindrucksvoll sein; **faire (une) bonne, mauvaise ~** e-n guten, schlechten Eindruck machen (**à, sur qn** auf j-n); **cela ne lui a fait aucune ~** das hat auf

ihn überhaupt keinen Eindruck gemacht; **quelle ~ vous fait-il?** welchen, was für e-n Eindruck macht er auf Sie?; **laisser à qn une ~ de tristesse**, *etc* bei j-m ein Gefühl, e-e Empfindung von Traurigkeit *etc* hinter'lassen; **2.** *des Papiers etc* Bedrucken *n*; *text* a) Zeug-, Tex'til-, Stoffdruck *m*; b) (Stoff)Muster *n*; **3.** *impr* Drucken *n*; (Buch)Druck *m*; **faute** *f* **d'~** Druckfehler *m*; **frais** *m/pl* **d'~** Druckkosten *pl*; **4.** *peint* Unter'malung *f*

impressionn|abilité [ɛ̃presjɔnabilite] *f* Empfindlichkeit *f*; Reizbarkeit *f*; **~able** *adj* empfindlich; reizbar; leicht erregbar

impressionnant [ɛ̃presjɔnɑ̃] *adj* eindrucksvoll; beeindruckend; *Naturschauspiel auch* großartig; *(An)Zahl, Menge etc auch* ungeheuer groß

impressionner [ɛ̃presjɔne] *v/t* **1.** **~ qn** j-n beeindrucken; nachhaltig auf j-n wirken; **se laisser ~ par qc** sich von etw beeindrucken lassen; *abs*: *ce film impressionne ...* ist beeindruckend; **être fâcheusement impressionné par qc** von etw peinlich, unangenehm berührt sein *od* werden; **2.** ~ **qc** auf etw *(acc)* einwirken; **3.** *phot* Film belichten

impressionn|isme [ɛ̃presjɔnism(ə)] *m* *peint, Literatur, Musik* Impressio'nismus *m*; **~iste I** *adj* impressio'nistisch; **II** *m* Impressio'nist *m*

imprévisible [ɛ̃previzibl(ə)] *adj* unvorhersehbar

imprévision [ɛ̃previzjɔ̃] *f* **1.** mangelnde Vor'aussicht; **2.** *jur* Unvorhersehbarkeit *f*

imprévoy|ance [ɛ̃prevwajɑ̃s] *f* Sorglosigkeit *f*; Gedankenlosigkeit *f*; Kurzsichtigkeit *f*; **~ant I** *adj* sorglos; gedankenlos; kurzsichtig; nicht vor'ausplanend; **II** *subst* **~(e)** *m(f)* sorgloser *etc* Mensch

imprévu [ɛ̃prevy] **I** *adj* unvorhergesehen; **II** *m* Unvorhergesehene(s) *n*; **sauf ~** unvorhergesehene 'Umstände ausgenommen; wenn nichts dazwischenkommt; **en cas d'~** falls unvorhergesehene Umstände eintreten sollten; falls Unvorhergesehenes *od* etwas dazwischenkommt

imprim|able [ɛ̃primabl(ə)] *adj* druckreif, -fertig; wert, gedruckt zu werden; **~ante** *f e-r EDV-Anlage* Schnelldrucker *m*; **~ par ligne** Zeilendrucker *m*

imprimatur [ɛ̃primatyr] *m* ⟨*inv*⟩ **1.** *égl cath* Impri'matur *n*; **2.** *für e-e Dissertation, Habilitationsschrift* Druckerlaubnis *f*

imprimé [ɛ̃prime] **I** *adj* **1.** *Buch etc* gedruckt; *Stoff, Papier etc* bedruckt; *Muster, Briefkopf etc* aufgedruckt; *Formular etc* vorgedruckt; **2.** *Elektronik* **circuit ~** gedruckte Schaltung; **II** *m* **1.** *im Postverkehr* Drucksache *f*; **2.** Gedruckte(s) *n*; *bes* Druckwerk *n (Buch)*; **3.** vorgedrucktes Formu'lar; Vordruck *m*; Formblatt *n*; **~ en continu** Endlosvordruck *m*; **4.** *text* bedruckter Stoff; Druck *m*; Impri'mé *m*; **~ à fleurs** *od* **à fleurs** *m/pl* geblümter Druck, Imprimé

imprimer [ɛ̃prime] *I v/t* **1.** *impr* Buch, Autor etc drucken; *Auszüge etc* abdrucken; **machine** *f* **à ~** Druckmaschine *f*; **faire ~** drucken lassen; **se faire ~** sein Werk drucken lassen; **2.** *Stoff, Papier etc* bedrucken; *Muster etc* (auf)drucken; **des fleurs sur un tissu** ein Blumenmuster auf e-n Stoff drucken; **e-n Stoff mit e-m Blumenmuster bedrucken**; **3.** *Siegel, Stempel etc* auf etw *(acc)* drücken; *fig u litt Erinnerung* **être imprimé dans la mémoire** im Gedächtnis bleiben, eingeprägt sein; **4.** *fig Schwingungen, Bewegung etc* mit-

teilen *(à dat)*; **~ une direction à qc** e-r Sache *(dat)* e-e Richtung geben; **II** *v/pr* **s'~ 5.** *impr* gedruckt werden; sich im Druck befinden; **6.** *fig u litt Erinnerung* **s'~ dans la mémoire de qn** sich j-m einprägen, ins Gedächtnis eingraben

imprimerie [ɛ̃primri] *f* **1.** (Buch-)Drucke'rei *f*; **2.** Buchdruck(erkunst) *m(f)*

imprimeur [ɛ̃primœr] *m* **1.** Besitzer *m* *bzw* Leiter *m* e-r Buchdruckerei; **2.** ~ *od adit* **ouvrier** *m* ~ (Buch)Drucker *m*; **~-éditeur** *m* ⟨*pl* **imprimeurs-éditeurs**⟩ Drucker *m* und Verleger *m*

improb|abilité [ɛ̃prɔbabilite] *f* Unwahrscheinlichkeit *f*; **~able** *adj* unwahrscheinlich; kaum anzunehmen(d); **il est ~ que ...** *(+subj)* es ist unwahrscheinlich, daß ...

improbation [ɛ̃prɔbasjɔ̃] *litt f* 'Mißbilligung *f*

improbité [ɛ̃prɔbite] *litt f* Unredlichkeit *f*

improductif [ɛ̃prɔdyktif] *adj* ⟨-**ive**⟩ *Arbeit etc* unproduktiv; unergiebig; unwirtschaftlich; *Boden* unfruchtbar; *Baum* keine Früchte tragend; ertraglos; **capital ~** totes Kapital

improductivité [ɛ̃prɔdyktivite] *f* Unproduktivität *f*; Unergiebigkeit *f*

impromptu [ɛ̃prɔ̃(p)ty] **I** *adj Besuch* über'raschend; *Essen* improvi'siert; **discours** ~ Stegreifrede *f*; Rede *f* aus dem Stegreif; **II** *m* **1.** *mus* Impromp'tu *n*; **2.** Stegreifgedicht *n*, -stück *n*

imprononçable [ɛ̃prɔnɔ̃sabl(ə)] *adj* unaussprechbar

impropères [ɛ̃prɔpɛr] *m/pl égl cath* Impro'perien *pl*

impropre [ɛ̃prɔpr(ə)] *adj* **1.** *Wort, Ausdruck etc* unpassend; falsch gewählt; sinnentstellend; *Gebrauch e-s Wortes* falsch; **2.** ~ **à qc** ungeeignet für etw

improprement [ɛ̃prɔprəmɑ̃] *adv* fälschlicherweise

impropriété [ɛ̃prɔprijete] *f* **1.** *e-s Wortes etc* falscher Gebrauch; **2.** falsch gebrauchtes, gewähltes Wort; falsch gebrauchter, gewählter Begriff

improvisa|teur [ɛ̃prɔvizatœr] *m*, **~trice** *f* j. der aus dem Stegreif dichten, musi'zieren kann; j. der improvi'sieren kann *(auch ein Essen etc)*; Improvi'sator *m*; **talent** *m* **d'improvisateur** Improvisati'onstalent *n*; *adit* **poète improvisateur** Stegreifdichter *m*

improvisation [ɛ̃prɔvizasjɔ̃] *f* **1.** *e-s Essens etc* Improvi'sieren *n*; **2.** aus dem Stegreif Vorgetragene(s) *n*; Stegreifrede *f*, -dichtung *f*; Improvisati'on *f*; **3.** *mus* Improvisati'on *f*

improviser [ɛ̃prɔvize] **I** *v/t Rede, Essen etc* improvi'sieren; *Rede auch* aus dem Stegreif halten; **II** *v/i* **1.** aus dem Stegreif, unvorbereitet reden, sprechen *bzw* handeln; improvi'sieren; **2.** *mus* improvi'sieren **(au piano** auf dem, am Klavier); **III** *v/pr* **s'~ 1.** *Person* **s'~ arbitre**, *etc als* Schiedsrichter *etc* einspringen, aushelfen; **on ne s'improvise pas médecin** man wird nicht von e-m Tag auf den anderen Arzt; **4.** *Hilfeleistungen etc* improvi'siert werden

improviste [ɛ̃prɔvist] *loc/adv* **à l'~** unerwartet; unvermutet; unversehens; unverhofft; plötzlich; über'raschend

imprudence [ɛ̃prydɑ̃s] *f* **1.** Unvorsichtigkeit *f*; Unklugheit *f*; Unbesonnenheit *f*; Unbedachtsamkeit *f*; **2.** *Wort, Handlung* Unvorsichtigkeit *f*; **commettre, faire une ~** e-e Unvorsichtigkeit begehen; **ne faites pas d'~s sur la route** fahren Sie vorsichtig!; **3.** *jur* Fahrlässigkeit *f*; **homicide** *m* **par ~** fahrlässige Tötung

imprudent [ɛ̃prydɑ̃] **I** *adj Person, Plan etc* unvorsichtig; unklug; unbedacht; unbesonnen; **II** *subst* **~(e)** *m(f)* Unvorsichtige(r) *f(m)*

impubère [ɛ̃pybɛr] *jur* **I** *adj* noch nicht ehemündig; eheunmündig; **II** *m,f* Eheunmündige(r) *f(m)*

impuberté [ɛ̃pybɛrte] *f jur* Eheunmündigkeit *f*

impubliable [ɛ̃pyblijabl(ə)] *adj* nicht druckreif; nicht zu veröffentlichen(d); **être ~** nicht veröffentlicht werden können *bzw* dürfen

impud|ence [ɛ̃pydɑ̃s] *f* Unverschämtheit *f*; Schamlosigkeit *f*; **avec ~** unverschämt; schamlos; **~ent I** *adj* unverschämt; schamlos; **II** *subst* **~(e)** *m(f)* unverschämter Kerl; *von e-r Frau* unverschämte, schamlose Per'son; **~eur** *f* Mangel *m* an Scham(gefühl); Schamlosigkeit *f*

impud|icité [ɛ̃pydisite] *f* Unkeuschheit *f*; Unzüchtigkeit *f*; **~ique** *adj Person, Geste etc* unkeusch; unzüchtig

impuissance [ɛ̃pɥisɑ̃s] *f* **1.** Unvermögen *n*, Machtlosigkeit *f*, Ohnmacht *f* **(devant gegenüber + dat;** angesichts + *gén*; **à + inf** zu + *inf*); *Regierung etc* **être frappé d'~** zur Ohnmacht, Machtlosigkeit verurteilt sein; **réduire qn à l'~** j-n machtlos machen; j-m die Macht nehmen; j-n s-r Macht *(gén)* berauben; **2.** *der Bemühungen* Vergeblichkeit *f*; **3.** *path* Impotenz *f*; *abus* Zeugungsunfähigkeit *f*

impuissant [ɛ̃pɥisɑ̃] **I** *adj* **1.** machtlos; ohnmächtig; *auch* unschöpferisch; **être ~** bei etw machtlos sein; **être ~ à** (+*inf*) nicht im'stande sein zu (+*inf*); **2.** *Bemühungen* vergeblich; *Wut, Zorn* ohnmächtig; **3.** *path Mann* impotent; unfähig zum Geschlechtsverkehr; **II** *m path* Impotente(r) *m*

impulsif [ɛ̃pylsif] **I** *adj* ⟨-**ive**⟩ impul'siv; **II** *subst* **~, impulsive** *m,f* impul'siver Mensch

impulsion [ɛ̃pylsjɔ̃] *f* **1.** *phys* Im'puls *m* *(auch télécomm)*; Antrieb *m*; Anstoß *m*; *élect* Stromstoß *m*; **2.** *fig* Auf-, Antrieb *m*; Anstoß *m*; Im'puls *m*; **donner une ~ à qc** *auch* etw ankurbeln, in Schwung bringen; **recevoir une ~** e-n Antrieb, Anstoß bekommen; **3.** Im'puls *m* *(auch psych)*; (plötzliche) Eingebung; innerer Drang, Trieb; *path* Zwang *m*; **sous l'~ de la jalousie** von Eifersucht getrieben; **céder à ses ~s** s-n Impulsen folgen, nachgeben

impulsivité [ɛ̃pylsivite] *f* Impulsivi'tät *f*

impunément [ɛ̃pynemɑ̃] *adv* ungestraft; straflos; *par ext* ohne nachteilige Folgen

impuni [ɛ̃pyni] *adj* unbestraft; ungestraft; straflos, -frei; **laisser un crime ~** ein Verbrechen ungestraft, ungesühnt lassen; **~té** *f* Straffreiheit *f*; Straflosigkeit *f*; **jouir de l'~** Straffreiheit genießen

impur [ɛ̃pyr] *adj* **1.** *Wasser, Luft etc* unsauber; unrein; *fig Rasse* nicht rein; *rel bestimmte Tiere etc* unrein; **2.** *Worte, Frau etc* unkeusch; unzüchtig; *Worte auch* schmutzig; **3.** *litt Hände, Seele etc* befleckt

impureté [ɛ̃pyrte] *f* **1.** *des Wassers, der Luft etc* Unsauberkeit *f*; Unreinheit *f*; **2.** **~s** *pl e-r Flüssigkeit etc* Verunreinigungen *f/pl*; Unreinheiten *f/pl* *(auch der Haut)*; **3.** Unkeuschheit *f*; Unzüchtigkeit *f*; **vivre dans l'~** unkeusch leben

imput|abilité [ɛ̃pytabilite] *f* **1.** *jur* Zurechnungsfähigkeit *f*; **2.** *comm* Anrechenbarkeit *f*; **~able** *adj* **1.** **être ~ à qc** e-r Sache *(dat)* zuzuschreiben sein; auf etw *(acc)* zu'rückzuführen sein; **2.** *comm* **être ~ sur qc** auf etw *(acc)* anzurechnen sein; zu Lasten von etw gehen

imputation [ɛ̃pytasjɔ̃] *f* **1.** Beschuldigung *f*, Bezichtigung *f* (**de vol** des Diebstahls); **2.** *comm* e-r Summe *etc* Anrechnung *f* (**à, sur** auf + *acc*); Verrechnung *f*

imputer [ɛ̃pyte] *v/t* **1.** ~ qc à qn j-n für etw verantwortlich machen; j-m etw zur Last legen, anlasten; ~ qc à qc etw e-r Sache (*dat*) zuschreiben; etw auf etw (*acc*) zu'rückführen; **2.** *comm* ~ qc à, sur qc etw auf etw (*acc*) anrechnen, in Anrechnung bringen; im Haushalt etw bei etw verbuchen, 'unterbringen

imputresc|ibilité [ɛ̃pytresibilite] *f* Unverweslichkeit *f*; **~ible** *adj* unverweslich; nicht verfaulend

in [in] ⟨*inv*⟩ F **être ~** F in sein

inabordable [inabɔrdabl(ə)] *adj* **1.** Preis, im Preis unerschwinglich; **2.** Insel, Küste, Hafen **être ~** nicht angelaufen werden können (**par mauvais temps** bei schlechtem Wetter)

inabrité [inabrite] *adj* ungeschützt (*gegen Wind, Wetter*)

inabrogeable [inabrɔʒabl(ə)] *adj* Gesetz, Bestimmung unaufhebbar; nicht außer Kraft zu setzen(d)

inaccentué [inaksɑ̃tɥe] *adj* Silbe *etc* unbetont

inacceptable [inaksɛptabl(ə)] *adj* Vorschlag *etc* unannehmbar; inakzeptabel; *auch* Vorgehen *etc* nicht akzep'tierbar

inaccessibilité [inaksesibilite] *f* **1.** e-s Berggipfels, Ziels, Ideals *etc* Unerreichbarkeit *f*; e-s Berges *auch* Unbezwingbarkeit *f*; **2.** e-r Person Unnahbarkeit *f*

inaccessible [inaksesibl(ə)] *adj* **1.** Berggipfel, Ziel, Ideal *etc* unerreichbar (**à** qn für j-n); Berggipfel *auch* unbezwingbar; Ort unzugänglich; **2.** Person unnahbar; unzugänglich; **3.** ~ **à un conseil** e-m Rat unzugänglich; ~ **à la musique, à la pitié,** *etc* für Musik, Mitleid *etc* unempfänglich

inaccompl|i [inakɔ̃pli] *adj* **1.** Klausel nicht erfüllt; **2.** *litt* Plan, Aufgabe *etc* nicht ausgeführt; nicht zu Ende geführt; Wunsch nicht erfüllt; **~issement** *m* Nichterfüllung *f*

inaccoutumé [inakutyme] *adj* ungewohnt; ungewöhnlich; **bruit ~** ungewohnter Lärm; **zèle ~** ungewöhnlicher, ungewohnter Eifer

inachevé [inaʃve] *adj* unbeendet; unvollendet; ungefertig; Schubert **La symphonie ~e** Die Unvollendete

inachèvement [inaʃɛvmɑ̃] *m* Unfertigkeit *f*

inactif [inaktif] *adj* ⟨*-ive*⟩ **1.** untätig; tatenlos; inaktiv; **vie inactive** untätiges Leben; **rester ~** untätig bleiben; **2.** nicht erwerbs-, berufstätig; **3.** *comm* Handel sta'gnierend; Börse matt; **4.** Medikament unwirksam

inactinique [inaktinik] *adj* Strahlung keine chemischen Wirkungen her'vorrufend

inaction [inaksjɔ̃] *f* Untätigkeit *f*; Nichtstun *n*

inactivité [inaktivite] *f* **1.** Untätigkeit *f*; Tatenlosigkeit *f*; Inaktivi'tät *f*; **2.** e-s Beamten, Offiziers Inaktivi'tät *f*

inactuel [inaktɥel] *adj* ⟨*-le*⟩ unzeitgemäß; nicht zeitnah; inaktuell

inadaptation [inadaptasjɔ̃] *f* **1.** *psych, Soziologie* mangelnde Anpassung(sfähigkeit); *von Kindern auch* Verhaltensgestörtheit *f*; ~ **professionnelle** mangelnde Anpassung im Beruf; ~ **sociale** mangelnde soziale Anpassung; ~ **à un milieu** mangelnde Anpassung an ein Milieu; **2.** *von Dingen* ~ **à qc** mangelnde Anpassung an etw (*acc*)

inadapté [inadapte] **I** *adj* **1.** Sache nicht angepaßt (**à** an + *acc*); **2.** *psych, Soziolo-*

gie **a)** nicht anpassungsfähig; **personne ~e à la vie urbaine** Person, die sich an das Leben in der Stadt nicht anpassen kann; **b)** Kind verhaltensgestört; schwererziehbar; **c)** *körperlich* behindert; **II** *subst* **~(e)** *m(f)* **a)** Verhaltensgestörte(r) *f(m)*; **b)** *körperlich* Behinderte(r) *f(m)*

inadéquat [inadekwa] *adj* unangemessen; nicht passend; nicht entsprechend; inadäquat; **mot ~** *auch* falsch gewähltes Wort

inadmiss|ibilité [inadmisibilite] *f* Unzulässigkeit *f*; **~ible** *adj* Argument, Verhalten *etc* unzulässig; unstatthaft; unerlaubt (*auch* Frechheit, Nachlässigkeit *etc*); Argument *auch* indiskutabel; **il est ~ que** ... (+*subj*) *auch* es kann nicht hingenommen werden, daß ...

inadvertance [inadvɛrtɑ̃s] *f* Unachtsamkeit *f*; **par ~** aus Versehen; versehentlich

inalién|abilité [inaljenabilite] *f* jur Unveräußerlichkeit *f*; **~able** *adj* jur Gut unveräußerlich (*auch fig*); nicht über'tragbar

inalliable [inaljabl(ə)] *adj* Metall nicht le'gierbar

inaltér|abilité [inalterabilite] *f* Unveränderlichkeit *f*; **~able** *adj* **1.** Substanz unveränderlich, -bar; ~ **à l'air, à la chaleur, à l'eau** luft-, hitze-, wasserbeständig; **2.** *fig* Gefühl unwandelbar; unveränderlich; Treue, Freundschaft *auch* unverbrüchlich

inamical [inamikal] *adj* ⟨*-aux*⟩ Ton, Miene *etc* unfreundlich; **regarder** qn **d'une manière ~e** j-n unfreundlich ansehen

inamissible [inamisibl(ə)] *adj* rel unverlierbar

inamov|ibilité [inamɔvibilite] *f* jur e-s Beamten *etc* Unabsetzbarkeit *f*; Unkündbarkeit *f* (*auch e-s Amtes*); Nichtversetzbarkeit *f*; **~ible** *adj* jur Beamter *etc* unabsetzbar; unkündbar (*auch Amt*); nicht versetzbar

inanimé [inanime] *adj* leblos; unbelebt; **corps ~** lebloser Körper; **tomber ~** leblos zu Boden fallen

inanité [inanite] *f* Eitelkeit *f*; Nichtigkeit *f*; Sinnlosigkeit *f*

inanition [inanisjɔ̃], *f* Entkräftung *f* (*durch mangelhafte Ernährung*); **mourir d'~** a) an Entkräftung sterben; b) *fig* vor Hunger sterben, F umkommen

inapaisable [inapɛzabl(ə)] *litt adj* Hunger, Durst *etc* unstillbar

inaperçu [inapɛrsy] *adj nur loc* **passer ~** Person unbemerkt vor'beigehen, -laufen, -fahren (*auch Fahrzeug*); unbemerkt bleiben (*auch Fehler, Nachricht etc*); nicht auffallen; im 'Hintergrund bleiben; Feiertag, Ereignis unbemerkt vor'übergehen; Ereignis *auch* Erfindung (in der Öffentlichkeit) keine Beachtung finden; der Aufmerksamkeit der Öffentlichkeit entgehen

inappétence [inapetɑ̃s] *f* **1.** *path* Appe'titlosigkeit *f*; **2.** *psych* ~ **sexuelle** verminderte sexu'elle Begierde

inapplic|abilité [inaplikabilite] *f* Unanwendbarkeit *f*; **~able** *adj* Gesetz, Theorie *etc* unanwendbar; Maßnahmen *etc* undurchführbar; **~ation** *f* **1.** e-s Schülers Unaufmerksamkeit *f*; mangelnder Eifer; **2.** e-s Gesetzes *etc* Nichtanwendung *f*

inappliqué [inaplike] *adj* **1.** Schüler unaufmerksam; faul; **2.** Gesetz *etc* nicht angewandt

inappréciable [inapresjabl(ə)] *adj* **1.** Vorteil, Dienste, Wert *etc* unschätzbar; außerordentlich groß; **2.** Nuance, Unterschied verschwindend klein, gering

inapprivoisable [inaprivwazabl(ə)] *adj*

Tier unzähmbar

inapte [inapt] *adj* Person untauglich, ungeeignet, unbrauchbar (**à** für); *mil* ~ **au service militaire** wehruntauglich

inaptitude [inaptityd] *f* Untauglichkeit *f*, Ungeeignetheit *f*, Unbrauchbarkeit *f* (**à** qc für etw; **à** + *inf* zu + *inf*); *mil* Wehruntauglichkeit *f*; ~ **au travail** Arbeitsunfähigkeit *f*

inarticulé [inartikyle] *adj* Laute, Wörter unartikuliert; undeutlich

inassimilable [inasimilabl(ə)] *adj* biol, fig Personen in bezug auf e-e Gruppe nicht assimi'lierbar

inassouvi [inasuvi] *litt adj* ungestillt; unbefriedigt

inattaquable [inatakabl(ə)] *adj* Argument, Position *etc* unangreifbar (*auch* Festung, Stadt *etc*); unanfechtbar

inattendu [inatɑ̃dy] *adj* unerwartet; unvermutet; unverhofft; über'raschend; **c'est ~ de sa part** damit war bei ihm nicht zu rechnen; das hatte man von ihm nicht erwartet

inattentif [inatɑ̃tif] *adj* ⟨*-ive*⟩ Schüler, Leser, Blick unaufmerksam; unachtsam

inattention [inatɑ̃sjɔ̃] *f* Unaufmerksamkeit *f*; Unachtsamkeit *f*; **faute** *f*, **erreur** *f* **d'~** Flüchtigkeitsfehler *m*; **cela s'est passé dans un moment d'~** ... in e-m Augenblick der Unaufmerksamkeit

inaudible [inodibl(ə)] *adj* **1.** Schwingungen (*für das menschliche Ohr*) unhörbar; **2.** Ton, Seufzer kaum hörbar, vernehmbar; **3.** Musik nicht anzuhören(d)

inaugur|al [inogyral] *adj* ⟨*-aux*⟩ Eröffnungs...; Einweihungs...; **~ation** *f* **1.** Einweihung *f*; (feierliche) Eröffnung; **2.** *litt* ~ **d'une ère nouvelle,** *etc* Beginn *m* e-r, Auftakt *m* zu e-r neuen Ära *etc*

inaugurer [inogyre] *v/t* **1.** Denkmal, neue Brücke, Betriebshalle *etc* einweihen; Kongreß, Ausstellung, neue Fluglinie *etc* (feierlich) eröffnen; **2.** *fig* neue Politik, neue Ära *etc* einleiten; neue Mode einführen; **3.** *plais* neuen Hut *etc* einweihen

inauthent|icité [inotɑ̃tisite] *f* e-r Urkunde *etc* Unechtheit *f*; **~ique** *adj* Urkunde *etc* unecht; Abschrift nicht beglaubigt; Nachricht, Begebenheit *etc* unverbürgt

inavou|able [inavwabl(ə)] *adj* den, die, das man nicht nennen, eingestehen kann; zu dem, zu der man sich nicht bekennen kann; **~é** *adj* Gefühl uneingestanden

inca [ɛ̃ka] **I** *adj* ⟨*inv*⟩ Inka...; Empire *m* ~ Inkareich *n*; **II** *subst* **1.** **2** *s m/pl* Inkas *m/pl*; **2.** **♀** *m* Inka *m* (*König der Inkas*)

incalculable [ɛ̃kalkylabl(ə)] *adj* **1.** Folgen, Schwierigkeiten *etc* unberechenbar; nicht vor'aussehbar; **2.** (An)Zahl unermeßlich groß

incandesc|ence [ɛ̃kɑ̃desɑ̃s] *f* élect, métall (Weiß)Glühen *n*; Weißglut *f*; **lampe** *f* **à ~** Glühlampe *f*; **~ent** *adj* Kohle, Metall *etc* (weiß)glühend; **filament ~** Glühfaden *m*, -draht *m*; Wendel *f*

incanta|tion [ɛ̃kɑ̃tasjɔ̃] *f* **a)** Bezauberung *f*; Beschwörung *f*; Inkantati'on *f*; **b)** Zauberlied *n*, -worte *n/pl*, -formel *f*; Inkantati'on *f*; **~toire** *adj* Bezauberungs...; Beschwörungs...

incapable [ɛ̃kapabl(ə)] **I** *adj* **1.** unfähig; untauglich; **♦ ~ de** (+*inf*) unfähig, nicht in der Lage, außer'stande, nicht im'stande zu (+*inf*); **être ~ de faire** qc etw nicht tun können; **être ~ d'agir** *auch* handlungsunfähig sein; **être ~ de mentir, de voler,** *etc* gar nicht lügen, stehlen *etc* können; es nicht fertigbringen zu lügen, zu stehlen *etc*; **♦ ~ de** qc zu etw unfähig, nicht im'stande, nicht fähig, nicht in der Lage; **je le crois ~**

d'un tel acte ich halte ihn e-r solchen Tat für nicht fähig; **2.** *jur* unfähig (**de** + *inf* zu + *inf*); *par ext* geschäftsunfähig; **II** *subst* **1.** *m.f* Unfähige(r) *f(m)*; **c'est un** ~ er ist (völlig) unfähig; **2.** *m jur* Geschäftsunfähige(r) *m*

incapacitant [ɛ̃kapasitɑ̃] *m mil* kampfunfähig machender Stoff

incapacité [ɛ̃kapasite] *f* **1.** Unfähigkeit *f* (**de** + *inf* zu + *inf*); **être dans l'**~ **de** (+*inf*) unfähig, außer'stande, nicht in der Lage sein zu (+*inf*); **2.** ~ (**de travail**) Arbeits-, Berufs-, Erwerbsunfähigkeit *f*; ~ verminderte Arbeits-, Erwerbsfähigkeit; Erwerbsminderung *f*, -beschränkung *f*; ~ **permanente, temporaire, totale** *od* **absolue** dauernde, vorübergehende, völlige Arbeits-, Berufs-, Erwerbsunfähigkeit *f*; ~ **de gain** Erwerbsunfähigkeit *f*; **3.** *jur* **d'exercice** Geschäftsunfähigkeit *f*

incarcér|ation [ɛ̃karserasjɔ̃] *f* **1.** Inhaf'tierung *f*; In'haftnahme *f*; Gefangensetzung *f*; Einkerkerung *f*; **2.** *path* e-s Bruches etc Einklemmung *f*; *sc* Inkarzerati'on *f*; **~er** <-è-> *f* **I** *v/t* inhaf'tieren; in Haft nehmen; gefangensetzen; einkerkern; **II** *v/pr* **s'**~ *path* sich einklemmen; *sc* inkarze'rieren

incarnadin [ɛ̃karnadɛ̃] *litt adj* hell-, blaßrot

incarnat [ɛ̃karna] **I** *adj* blut-, fleischrot; **II** *m* blut-, fleischrote Farbe

incarnation [ɛ̃karnasjɔ̃] *f* **1.** *rel* Inkarnati'on *f*; Fleisch-, Menschwerdung *f*; **2.** *fig* Verkörperung *f*; Inkarnati'on *f*

incarné [ɛ̃karne] *adj* **1.** *rel* fleischgeworden; inkar'niert; **le Verbe** ~ das fleischgewordene Wort; **2.** *fig* Person **c'est la bonté** ~**e** er *bzw* sie ist die verkörperte, personifi'zierte Güte, die Güte in Per'son; **3.** *path* **ongle** ~ eingewachsener Nagel

incarner [ɛ̃karne] **I** *v/t* **1.** Gerechtigkeit, Fortschritt etc verkörpern; **2.** *Schauspieler:* Rolle, Gestalt verkörpern; **3.** *st/s* **une idée dans une œuvre** e-r Idee in e-m Werk Gestalt, Ausdruck verleihen; **II** *v/pr* **s'**~ **4.** *rel* Fleisch, Mensch werden; sich inkar'nieren; **5.** *Hoffnungen etc* sich verkörpern, inkar'nieren (**en** qn in j-m)

incartade [ɛ̃kartad] *f* **1.** Dummheit *f*; Streich *m*; Torheit *f*; **à la moindre** ~, **vous serez puni** bei dem geringsten Verstoß (gegen die Ordnung, Disziplin) ...; **2.** e-s Pferdes (plötzlicher) Sprung zur Seite

incassable [ɛ̃kasabl(ə)] *adj* Glas, Geschirr etc unzerbrechlich; Faden unzerreißbar

incendiaire [ɛ̃sɑ̃djɛr] **I** *adj* **1.** Brand...; **bombe** *f* ~ Brandbombe *f*; **2.** *fig* Hetz...; aufrührerisch; **article** *m* ~ Hetzartikel *m*; **propos** *m/pl* ~**s** Hetzreden *f/pl*; Hetze *f*; **3.** *Blondine, Blick etc* aufreizend; **II** *m.f* Brandstifter(in) *m(f)*

incendie [ɛ̃sɑ̃di] *m* **1.** (Groß)Brand *m*; Feuersbrunst *f*; (Schaden-, Groß-) Feuer *n*; *jur* ~ **volontaire** Brandstiftung *f*; ~ **de forêt** Waldbrand *m*; **bouche** *f* **d'**~ Hy'drant *m*; **foyer** *m* **d'**~ Brandherd *m*; **2.** *poét* feuerrote Färbung (des Himmels)

incendié [ɛ̃sɑ̃dje] *adj* **1.** Haus, Wald etc abgebrannt; **2.** Person brandgeschädigt

incendier [ɛ̃sɑ̃dje] *v/t* **1.** Haus, Wald etc in Brand stecken; anzünden; *mit e-m Geschoß* in Brand schießen; **2.** Gewürz, Alkohol ~ **le gosier, la gorge à** qn j-m in der Kehle brennen; **3.** *poét* feuerrot färben; **4.** *arg cf* **engueuler I**

incération [ɛ̃serasjɔ̃] *f* e-r Substanz Vermischung *f* mit Wachs

incertain [ɛ̃sɛrtɛ̃] **I** *adj* **1.** Zukunft,

Ursprung, Ergebnis, Erfolg etc unsicher; ungewiß; zweifelhaft; Wetter unbeständig; veränderlich; **2.** Gang, Schritte unsicher; **3.** Umrisse etc ungenau; unbestimmt; verschwommen; **4.** Person unentschlossen; unsicher; *st/s* **être** ~ **des mesures à prendre**, etc unschlüssig darüber sein, welche Maßnahmen ergriffen werden sollen etc; **II** *m Börse* Preisnotierung *f*; di'rekte No'tierung

incertitude [ɛ̃sɛrtityd] *f* **1.** Unsicherheit *f*; Ungewißheit *f*; **être dans l'**~ nichts Genaues wissen; **maintenir** qn **dans l'**~ j-n in ungewissen lassen; nichts Genaues wissen lassen; **2.** ~**s** *pl* Unsicherheiten *f/pl*; Unsicherheitsfaktoren *m/pl*; **3.** *phys* **principe** *m* **d'**~ Unschärfe-, Unbestimmtheits-, Ungenauigkeitsrelation *f*

incess|amment [ɛ̃sesamɑ̃] *adv* so'fort; (so')gleich; unverzüglich; **~ant** *adj* unaufhörlich; unablässig; ständig; dauernd; stetig

incess|ibilité [ɛ̃sesibilite] *f jur* Nichtübertragbarkeit *f*; Unübertragbarkeit *f*; **~ible** *adj jur* nicht über'tragbar, abtretbar; unübertragbar

inceste [ɛ̃sɛst] *m* Blutschande *f*; In'zest *m*

incestueux [ɛ̃sɛstɥø] **I** *adj* <-euse> **a)** blutschänderisch; inzestu'ös; **b)** Kind in Blutschande gezeugt; **II** *subst* ~, **incestueuse** *m.f* Blutschänder(in) *m(f)*

inchangé [ɛ̃ʃɑ̃ʒe] *adj* unverändert

inchavirable [ɛ̃ʃavirabl(ə)] *adj mar* unkenterbar; kentersicher

inchoatif [ɛ̃kɔatif] *ling* **I** *adj* <-ive> inchoa'tiv [-k-]; **II** *m* Inchoa'tiv(um) *n*

incidemment [ɛ̃sidamɑ̃] *adv* neben'bei, -'her; beiläufig

incidence [ɛ̃sidɑ̃s] *f* **1.** allg, pol Folge *f* (**sur** für); (Rück-, Aus)Wirkung *f* (**auf** + *acc*); **avoir une** ~ **sur** qc sich auf etw (*acc*) auswirken; e-e Rückwirkung auf etw (*acc*) haben; **2.** *écon, fin* ~ **des impôts** tatsächliche steuerliche Belastung; tatsächliche Auswirkung der Steuern; **3.** *phys* Einfallen *n*; **angle** *m* **d'**~ **a)** Einfalls-, Inzi'denzwinkel *m*; **b)** *aviat* Anstell-, Einstellwinkel *m*

incident [ɛ̃sidɑ̃] **I** *adj* **1.** Zwischen...; **question** ~**e** Zwischenfrage *f*; **2.** *phys* Strahl einfallend; **3.** *gr* **proposition** ~**e** *cf* **II 3.**; **II** *subst* **1.** *m* Zwischenfall *m*; (unerwarteter) Vorfall *m*; ~ **diplomatique** diplomatischer Zwischenfall; ~ **technique** Betriebsstörung *f*; technische Panne; *sports u fig* ~ **de parcours** Panne *f*; 'Mißgeschick *n*; Pech *n*; **sans** ~ ohne Zwischenfall; reibungslos; **l'**~ **est clos** der Zwischenfall ist erledigt; der Streit ist beigelegt; **2.** *m jur* Inzi'dentklage *f*; Zwischenfeststellungsklage *f*; **3.** *gr* ~ *e f* eingeschobener Satz

incinér|ateur [ɛ̃sineratœr] *m* Müllverbrennungsofen *m*; **~ation** *f* **1.** Verbrennung *f* (zu Asche); *tech auch* Veraschen *n*; ~ **des ordures ménagères** Müllverbrennung *f*; **2.** ~ (**des morts, des cadavres**) Feuerbestattung *f*; Einäscherung *f*; Verbrennung *f* der Toten, der Leichen; **~er** *v/t* <-è-> **1.** (zu Asche) verbrennen; *tech auch* veraschen; **2.** Tote, Leichen einäschern; durch Feuerbestattung beisetzen; verbrennen

incipit [ɛ̃sipit] *m* <inv> e-s Manuskriptes etc Incipit *n* (auch mus)

incirconcis [ɛ̃sirkɔ̃si] *rel* **I** *adj* **1.** unbeschnitten; **2.** vom Standpunkt der Juden aus ungläubig; **II** *m* Unbeschnittene(r) *m*

incise [ɛ̃siz] *f gr* ~ *od adit* **proposition** *f* ~ eingeschobener Satz

incis|é [ɛ̃size] *adj bot* eingeschnitten; **~er** *v/t chir, Baumzucht* e-n Schnitt machen in (+*acc*); einschneiden; **~if** *adj* <-ive>

Worte, Ironie etc bissig; schneidend; Ironie, Kritik, Spott auch beißend; **~ion** *f* **1.** *chir* (Ein)Schnitt *m*; *sc* Inzisi'on *f*; **2.** Baumzucht ~ **annulaire** Ringeln *n*, -ung *f*; **~ive** *f anat* Schneidezahn *m*

incitation [ɛ̃sitasjɔ̃] *f* **1.** Anreizen *n*, Anreiz *m*, Anregen *n*, -ung *f*, *pl/fort* An-, Aufstachelung *f*, Aufreizung *f*, auch zur Verführung *f*, Verleitung *f*, Anstiftung *f* (**à** qc zu etw); ~ **fiscale** steuerlicher Anreiz; ~ **à la révolte** Anstiftung zum Aufstand; Aufwiegelung *f*; **2.** *physiol* excitation **2.**

inciter [ɛ̃site] *v/t* ~ qn **à** (+*inf*) od **à** qc j-n anreizen, anregen, *pl/fort* an-, aufstacheln, aufreizen, verführen, verleiten, anstiften zu (+*inf*) od zu etw; ~ **à la révolte** zum Aufstand anstiften; aufwiegeln; **cela m'incite à penser que** ... das bewegt mich zu der Annahme, das macht mich glauben, daß ...

inclém|ence [ɛ̃klemɑ̃s] *f litt des Klimas, Wetters, e-r Jahreszeit* Rauheit *f*; Unfreundlichkeit *f*; *des Winters auch* Strenge *f*; **~ent** *litt adj* rauh; unfreundlich; streng

inclinaison [ɛ̃klinɛzɔ̃] *f* **1.** e-s Geländes Neigung *f*; Gefälle *n* (auch e-r Straße); e-r Wand Schräge *f*; Schrägheit *f*; **2.** Schrägstellung *f*, -lage *f*; des Kopfes, Oberkörpers geneigte Haltung; **3.** e-r Magnetnadel ~ (**magnétique**) Inklinati'on *f*; **4.** math, astr, géol Inklinati'on *f*

inclination [ɛ̃klinasjɔ̃] *f* **1.** *st/s* (tendance) Neigung *f*; Hang *m*; Vorliebe *f*; **avoir de l'**~ **pour** qc e-e Neigung, Vorliebe für etw, e-n Hang zu etw haben; **avoir de l'**~ **pour** qn e-e (Zu)Neigung zu j-m fühlen, haben, hegen; sich zu j-m hingezogen fühlen; **2.** Verneigung *f*, Verbeugung *f*; **faire une** ~ **de tête** mit dem Kopf nicken

incliné [ɛ̃kline] *adj* geneigt; schräg; abfallend; **plan** ~ *phys* schiefe Ebene; *mines* Bremsberg *m*; **tête légèrement** ~**e** leicht geneigter Kopf

incliner [ɛ̃kline] **I** *v/t* neigen; schräg halten, stellen; **II** *v/i* **1.** ~ **à** (+*inf*) dazu neigen zu (+*inf*); **j'incline à croire que** ... ich neige dazu zu glauben, ich neige zu der Auffassung, daß ...; **2.** *st/s cf* **3.**; **III** *v/pr* **s'**~ **3.** Zweige etc sich neigen (**d'un côté** zu e-r Seite hin od nach e-r Seite; **du côté droit** nach rechts; **vers le sol** zur Erde); **4.** Person sich verneigen, verbeugen (**devant** vor + *dat*); **5.** *fig* **s'**~ **devant** qn, qc sich vor j-m, etw verbeugen; j-m, etw Re'spekt, Bewunderung zollen; **6.** *fig* sich beugen, fügen (**devant** qn, qc j-m, etw); **s'**~ **devant les faits** sich den Tatsachen beugen

inclinomètre [ɛ̃klinɔmɛtr(ə)] *m cf* clinomètre

inclure [ɛ̃klyr] *v/t* <cf **conclure**; aber *p/p* **inclus**> **1.** ~ qc **dans une lettre**, etc e-m Brief etc in e-n Brief etc bei'legen, beilegen; *par ext* Namen, Klausel etc ~ **dans un contrat**, etc in e-n Vertrag etc aufnehmen, einfügen, Klausel auch einbeziehen; **2.** ~ qc etw einbeziehen, einschließen, enthalten; **cela inclut** (**pour vous**) **que** ... das bedeutet (für Sie), daß ...

inclus [ɛ̃kly] *p/p von* **inclure** *u adj* <-use [-yz]> **1.** einbegriffen; **jusqu'à la page deux** ~**e** bis Seite zwei einschließlich; *méd* Zahn impak'tiert

inclusif [ɛ̃klyzif] *adj* <-ive> ~ (**l'un de l'autre**) (ein'ander) einschließend, einbeziehend; *gr* **forme inclusive** Inklu'siv *m*

inclusion [ɛ̃klyzjɔ̃] *f* **1.** Einbeziehung *f*; Einschließung *f*; Einschluß *m*; Einbezogensein *n*; **2.** Logik Inklusi'on *f*; **3.** métall Einschluß *m*; Inklusi'on *f*; **4.** Zahnmedi-

zin Impakti'on f; **5.** *Histologie* ~ dans la **paraffine** Paraf'fineinbettung f
inclusivement [ɛ̃klyzivmɑ̃] *adv* einschließlich; **jusqu'à lundi** ~ bis Montag einschließlich
incoagulable [ɛ̃kɔagylabl(ə)] *adj* Biochemie nicht gerinnungsfähig; nicht koagu'lierbar
incoercible [ɛ̃kɔɛrsibl(ə)] *adj* **1.** *litt Husten, Lachen, Gefühl* nicht zu unter'drücken(d); *Schwung* nicht aufzuhalten(d); *Verlangen* unstillbar; **2.** *path* **vomissements** *m/pl* ~s unstillbares Erbrechen
incognito [ɛ̃kɔnito] **I** *adv* in'kognito; **II** *m* In'kognito n; **garder l'**~ das Inkognito wahren
incohér|ence [ɛ̃kɔerɑ̃s] f **1.** Zu'sammenhang(s)losigkeit f; mangelnder Zu'sammenhang; Inkohä'renz f (*auch psych*); **2.** ~s *pl* unzusammenhängende Gedanken *m/pl bzw* Worte *n/pl*; ~ent *adj* unzusammenhängend; zu'sammenhang(s)los; inkohä'rent
incollable [ɛ̃kɔlabl(ə)] *adj* F *Kandidat bei e-m Examen, Quiz* un'schlagbar; der alle Fragen beantworten kann
incolore [ɛ̃kɔlɔr] *adj* farblos (*auch fig Stil*)
incomber [ɛ̃kɔ̃be] *v/t/indir Aufgabe, Verantwortung etc* ~ **à qn** j-m obliegen, zukommen; **les frais vous incombent** Sie haben die Kosten aufzukommen; *unpersönlich* **il vous incombe de** (+*inf*) es obliegt Ihnen *od* es liegt Ihnen ob zu (+*inf*)
incombust|ibilité [ɛ̃kɔ̃bystibilite] f Feuerfestigkeit f; ~**ible** *adj* feuerfest; gegen Feuer unempfindlich; unverbrennbar; nicht brennbar
incommensur|abilité [ɛ̃kɔ(m)mɑ̃syrabilite] f math Inkommensurabili'tät f; ~**able** **I** *adj* **1.** *math* Größen inkommensu'rabel; **2.** *fig Stolz, Dummheit etc* maßlos; **II** *m* l'~ das Unermeßliche
incommodant [ɛ̃kɔmɔdɑ̃] *adj Lärm, Geruch, Hitze etc* lästig; belästigend; störend
incommod|e [ɛ̃kɔmɔd] *adj Gegenstand* unpraktisch; unzweckmäßig (*auch Wohnung*); *Gerät auch* unhandlich; ~**er** *v/t* ~ **qn** j-n belästigen, stören; ~**ité** f **1.** Unzweckmäßigkeit f; *auch* Unhandlichkeit f
incommunic|abilité [ɛ̃kɔmynikabilite] f **1.** *von Rechten, Privilegien* Unübertragbarkeit f; **2.** *zwischen Personen* Kommunikati'onsschwierigkeiten f/pl; ~**able** *adj* **1.** *Recht, Privileg* unübertragbar; **2.** *Eindruck, Gefühl, Gedanke etc* nicht mitteilbar; **3.** *verschiedene Milieus* unvereinbar
incommutable [ɛ̃kɔmytabl(ə)] *adj* jur enteignungsunfähig
incomparable [ɛ̃kɔ̃parabl(ə)] *adj* unvergleichlich; unübertrefflich
incompatibilité [ɛ̃kɔ̃patibilite] f **1.** Unvereinbarkeit f; ~ **de caractère, d'humeur** Unvereinbarkeit der Charaktere; **2.** *pol, jur* ~ **entre certaines fonctions** Inkompatibili'tät f zwischen gewissen Ämtern; **3.** *méd, phm* Unverträglichkeit f; *sc* Inkompatibili'tät f; *biol* ~ **gamétique** Unverträglichkeit von Gameten; *sc* Inkompatibili'tät f
incompatible [ɛ̃kɔ̃patibl(ə)] *adj* **1.** unvereinbar (**avec** mit); **être** ~ **avec qc** *auch* nicht zu etw passen; **2.** *pol, jur* inkompa'tibel; **3.** *méd, phm* unverträglich; *sc* inkompa'tibel
incompét|ence [ɛ̃kɔ̃petɑ̃s] f **1.** *bes jur* Inkompetenz f; Un-, Nichtzuständigkeit f; **2.** Inkompetenz f; Unkenntnis f; Ungeeignetheit f; Unzulänglichkeit f
incompétent [ɛ̃kɔ̃petɑ̃] *adj* **1.** *Gericht.*

Person nicht zuständig; unzuständig; inkompetent; **2.** *Person* inkompetent; ungeeignet; **être** ~ **en littérature** sich in der Literatur nicht auskennen; auf dem Gebiet der Literatur nicht kompe'tent sein
incomplet [ɛ̃kɔ̃plɛ] *adj* <-**ète** [-ɛt]> *Liste, Auskunft etc* unvollständig; *Auskunft, Definition auch* unzulänglich; *Kenntnisse auch* lückenhaft
incomplétude [ɛ̃kɔ̃pletyd] f path (sentiment m d')~ Gefühl n des Ungenügens (*bei Psychasthenie*)
incompréhens|ible [ɛ̃kɔ̃preɑ̃sibl(ə)] *adj* **1.** unverständlich; unbegreiflich; unerklärlich; schleier-, rätselhaft; **il est** ~ **que ...** (+*subj*) es ist unverständlich etc, daß ...; **2.** *Person, Charakter* undurchschaubar; unergründlich; ~**if** *adj* <-**ive**> *Person* kein Verständnis zeigend; ohne Einfühlungsvermögen; nicht verständnisvoll; ~**ion** f Unverständnis n; Mangel m an Einfühlungsvermögen, an (gegenseitigem) Verständnis
incompress|ibilité [ɛ̃kɔ̃prɛsibilite] f phys Inkompressibili'tät f; ~**ible** *adj* **1.** phys inkompres'sibel; nicht zu'sammendrückbar; **2.** *fig Kosten, Bedürfnisse* nicht einschränkbar, einzuschränken(d)
incompris [ɛ̃kɔ̃pri] **I** *adj Person* unverstanden (*auch iron*); verkannt; *Buch, Werk* nicht verstanden; verkannt; **II** *subst* ~**(e)** *m(f)* unverstandener Mensch; Unverstandene(r) *f(m)*
inconcevable [ɛ̃kɔ̃s(ə)vabl(ə)] *adj* unbegreiflich; unfaßbar, -lich; unerklärlich; **il est** ~ **que ...** (+*subj*) es ist unbegreiflich etc, daß ...
inconciliable [ɛ̃kɔ̃siljabl(ə)] *adj* unvereinbar (**avec** mit)
inconditionné [ɛ̃kɔ̃disjone] *philos* **I** *adj* unbedingt; **II** *m* l'~ das Unbedingte
inconditionnel [ɛ̃kɔ̃disjonɛl] **I** *adj* <~**le**> bedingungslos; uneingeschränkt; *Gehorsam, Vertrauen auch* unbedingt; *Hilfe etc auch* an keine Bedingung geknüpft; **II** *m* bedingungsloser Anhänger
inconduite [ɛ̃kɔ̃dɥit] f schlechter, lasterhafter Lebenswandel
inconfort [ɛ̃kɔ̃fɔr] *m* mangelnder Kom'fort
inconfortable [ɛ̃kɔ̃fɔrtabl(ə)] *adj* **1.** unkomfortabel; unbequem; *Wohnung auch* unwohnlich; **2.** *fig Situation etc* unbequem; unangenehm
incongru [ɛ̃kɔ̃gry] *st/s adj* unpassend; unschicklich; *p/fort* ungehörig; ungebührlich
inconnaissable [ɛ̃kɔnɛsabl(ə)] **I** *adj* nicht erkennbar (**à qn** für j-n); unergründbar; **II** *m* l'~ das Unergründbare
inconnu [ɛ̃kɔny] **I** *adj* unbekannt (**à, de qn** j-m); **jeu** ~ **aux, des enfants** den Kindern unbekanntes Spiel; *adm* **Kind né de père** ~ Vater unbekannt; **la tombe, le tombeau du Soldat** ~ das Grab(mal) des Unbekannten Soldaten; **II** *subst* **1.** ~**(e)** *m(f)* Unbekannte(r) *f(m)*; **la belle** ~**e** die schöne Unbekannte; **on ne dit pas cela devant des** ~**s** vor Fremden, Außenstehenden ...; **2.** *jur* **déposer une plainte contre** ~ Strafanzeige gegen Unbekannt erstatten; **3.** l'~ *m* das Unbekannte; **4.** *math* ~**e** f Unbekannte f; unbekannte Größe; **équation f à deux** ~**es** Gleichung f mit zwei Unbekannten; **5.** *e-s Problems etc* ~**e** f Unbekannte f; unbekannter Faktor
inconsciemment [ɛ̃kɔ̃sjamɑ̃] *adv* unbewußt; unwillkürlich; *par ext* ahnungslos
inconscience [ɛ̃kɔ̃sjɑ̃s] f **1.** Unüberlegtheit f; Unbedachtsamkeit f; Leichtfertigkeit f; *p/fort* Leichtsinn m; **c'est de**

l'~ das ist Leichtsinn; **2.** *von Erscheinungen, Bedürfnissen etc* Unbewußtheit f; **3.** *path* Bewußtlosigkeit f; Bewußtseinstrübung f; Dämmerzustand m
inconscient [ɛ̃kɔ̃sjɑ̃] **I** *adj* **1.** *Person, Antwort etc* unüberlegt; unbedacht; leichtfertig; **il est** ~ *auch* er weiß nicht, was er tut; **2.** *Geste, Vorgang etc* unbewußt; *Person* **être** ~ **de qc** sich e-r Sache (*gén*) nicht bewußt sein; **3.** *path* bewußtlos; **II** *subst* **1.** ~**(e)** *m(f)* Leichtfertige(r) *f(m)*; *p/fort* Leichtsinnige(r) *f(m)*; **2.** *psych* l'~ das Unbewußte; das 'Unterbewußtsein; das 'Unterbewußte
inconséqu|ence [ɛ̃kɔ̃sekɑ̃s] f **1.** Inkonsequenz f; Folgewidrigkeit f; **2.** Inkonsequenz f; inkonsequentes Vorgehen; ~**ent** *adj* Vorgehen, Haltung, Entscheidung etc* inkonsequent (*auch Person*); folgewidrig
inconsidéré [ɛ̃kɔ̃sidere] *adj* unüberlegt; unbesonnen; unbedacht; über'eilt
inconsistance [ɛ̃kɔ̃sistɑ̃s] f **1.** *e-s Arguments, e-r Beschuldigung* Unhaltbarkeit f; mangelnde Stichhaltigkeit (*auch thé e-r Intrige etc*); *e-s Romans* Sub'stanzlosigkeit f; **2.** *e-r Person* Unbeständigkeit f; Haltlosigkeit f
inconsistant [ɛ̃kɔ̃sistɑ̃] *adj* **1.** *Argument, Beschuldigung etc* haltlos; nicht stichhaltig (*auch thé Intrige etc*); *Roman* sub'stanzlos; **2.** *Person, Charakter* unbeständig; haltlos; **3.** *Substanz* **être** ~ nicht die richtige Konsi'stenz haben
inconsolable [ɛ̃kɔ̃sɔlabl(ə)] *adj* untröstlich
inconst|ance [ɛ̃kɔ̃stɑ̃s] f *e-r Person, des Publikums* Unbeständigkeit f; Unstetigkeit f; Wankelmut m; *e-s Mannes, e-r Frau auch* Treulosigkeit f; Untreue f; ~**ant** *adj Person, Publikum* unbeständig, unstet; wankelmütig, wetterwendisch (**dans ses sentiments** in bezug auf s-e Gefühle); *Liebhaber, Geliebte* treulos; untreu; *st/s*-**temps** ~ unbeständiges Wetter
inconstitutionn|alité [ɛ̃kɔ̃stitysjɔnalite] f Verfassungswidrigkeit f; ~**el** *adj* <~**le**> verfassungswidrig
incontestable [ɛ̃kɔ̃tɛstabl(ə)] *adj* unbestreitbar; unstrittig; **il est** ~ **que ...** es ist unbestreitbar, unstrittig, daß ...; **c'est** ~ *auch* das ist (ganz) offensichtlich, sicher
incontestablement [ɛ̃kɔ̃tɛstabləmɑ̃] *adv* ganz offensichtlich, sicher; mit Sicherheit
incontesté [ɛ̃kɔ̃tɛste] *adj* unbestritten; unstreitig; *Recht, Prinzip auch* (allgemein) anerkannt; **il est le chef** ~ er ist der unbestrittene Chef; er ist unbestritten der Chef
incontinence [ɛ̃kɔ̃tinɑ̃s] f **1.** *path* Inkontinenz f; ~ **d'urine** *auch* unwillkürlicher Harnabfluß; **2.** ~ **de langage, de paroles** verbale Schwatzhaftigkeit f; Geschwätzigkeit f; **3.** *litt* Unkeuschheit f
incontinent [ɛ̃kɔ̃tinɑ̃] **I** *adj* **1.** *path* an Inkontinenz leidend; **2.** *litt* unkeusch; **II** *litt adv* so'gleich; als'bald
incontrôl|able [ɛ̃kɔ̃trolabl(ə)] *adj Behauptung etc* unkontrollierbar; nicht nachprüfbar; ~**é** *adj* unkontrolliert; sich der Kon'trolle entziehend
inconven|ance [ɛ̃kɔ̃vnɑ̃s] f Unschicklichkeit f; Ungebührlichkeit f (*beide auch Wort, Handlung*); ~**ant** *adj* unschicklich; ungebührlich; *p/fort auch* unanständig
inconvénient [ɛ̃kɔ̃venjɑ̃] *m* Nachteil m; nachteilige Folge; unliebsame *od* negative Begleiterscheinung; **sans** ~ ohne Schwierigkeit; **avoir des** ~**s** Nachteile haben; **il n'y a pas d'**~ **à** (+*inf*) es ist nichts dabei, es spricht nichts dagegen, es ist nicht gefährlich zu (+*inf*); **je n'y**

vois pas d'~ ich habe nichts dagegen;
ich bin nicht dagegen; das paßt mir
inconversible [ɛ̃kõvɛrsibl(ə)] *adj Logik*
nicht 'umkehrbar
inconvertible [ɛ̃kõvɛrtibl(ə)] *adj* **1.** *fin*
nicht konver'tierbar, 'umtauschbar,
'umwechselbar; inkonver'tibel; **2.** *cf* **inconversible**
incoordination [ɛ̃kɔɔrdinasjõ] *f* **1.**
mangelnde Koordinati'on, Abstimmung; Unkoordiniertheit *f*; **2.** *path*
~ **motrice** Inkoordinati'on *f* der Bewegungen
incorporant [ɛ̃kɔrpɔrɑ̃] *adj ling* **langues** ~es inkorpo'rierende, einverleibende Sprachen *f/pl*
incorporation [ɛ̃kɔrpɔrasjõ] *f* **1.** e-r
Substanz Vermengung *f* (**dans** *od* **à** qc
mit etw); **2.** *fig* Einverleibung *f*; Eingliederung *f* (**dans** in + *acc*); **3.** *mil der
Rekruten* Einziehung *f*, Einberufung *f*
(zum Wehrdienst); Einstellung *f* (**dans**
in + *acc*); **sursis** *m* d'~ Zurückstellung *f*
vom Wehrdienst
incorporel [ɛ̃kɔrpɔrɛl] *adj* <~le> **1.** körperlos; unstofflich; **2.** *jur* **biens** ~s
unkörperliche Güter *n/pl*
incorporer [ɛ̃kɔrpɔre] **I** *v/t* **1.** ~ **une
substance dans** *od* **à** qc e-e Substanz
e-r Sache (*dat*) beimengen, -mischen, zusetzen; **2.** *fig* ~ **dans** qc e-r Sache (*dat*)
einverleiben; in etw (*acc*) eingliedern,
aufnehmen, *Gebiet auch* inkorpo'rieren;
3. *mil Rekruten* einziehen, einberufen
(**dans** zu); einstellen (in + *acc*); **II** *v/pr*
4. *Substanz* s'~ **dans** *od* **à** qc sich mit
etw vermengen; **5.** *fig* s'~ **à** *od* **dans** qc
sich in etw (*acc*) eingliedern
incorrect [ɛ̃kɔrɛkt] *adj* **1.** *Ausdruck,
Gebrauch e-s Wortes etc* un-, inkorrekt;
ungenau; unrichtig; **2.** *Benehmen, Antwort etc* un-, inkorrekt; nicht angemessen; *Person*: **être très** ~ **avec** qn sich j-m
gegenüber sehr unkorrekt verhalten; zu
j-m grob, unhöflich sein; **être** ~ **en
affaires** kein kor'rekter Geschäftsmann
sein
incorrection [ɛ̃kɔrɛksjõ] *f* **1. a)** *e-s
Ausdrucks etc* Un-, Inkorrektheit *f*;
Ungenauigkeit *f*; Unrichtigkeit *f*; **b)** Ungenauigkeit *f*; Fehler *m*; unkorrekter Ausdruck; **2. a)** (*des Verhaltens*) *e-r Person*
Un-, Inkorrektheit *f*; *p/fort* Unhöflichkeit *f*; Grobheit *f*; **b) commettre une** ~
e-e Un-, Inkorrektheit begehen
incorrigible [ɛ̃kɔriʒibl(ə)] *adj Lügner,
Faulheit etc* unverbesserlich
incorrupt|ibilité [ɛ̃kɔryptibilite] *f* **1.** e-r
Person Unbestechlichkeit *f*; **2.** e-r *Substanz* Unvergänglichkeit *f*; Unzersetzbarkeit *f*; Unveränderlichkeit *f*; ~**ible**
adj **1.** *Person* unbestechlich; *hist* l'ℚ *m*
Robespierre; **2.** *Substanz* unvergänglich;
unzersetzbar; unveränderlich
incrédibilité [ɛ̃kredibilite] *f* Unglaubhaftigkeit *f*; Unglaubwürdigkeit *f*
incrédul|e [ɛ̃kredyl] *adj* ungläubig;
skeptisch; **avoir l'air** ~ ungläubig aussehen; nicht über'zeugt zu sein scheinen;
laisser qn ~ j-n nicht über'zeugen
können; **rester** ~ skeptisch, ungläubig
bleiben; ~**ité** *f* Unglaube(n) *m*; Ungläubigkeit *f*; Skepsis *f*
incrément [ɛ̃kremɑ̃] *m math, Informatik* Inkre'ment *n*
increvable [ɛ̃krəvabl(ə)] *adj* **1.** P *Person*
unermüdlich; F nicht tot zu kriegen(d);
2. *Reifen* schlauchlos; pannensicher
incrimin|able [ɛ̃kriminabl(ə)] *litt adj*
strafwürdig; tadelnswert; ~**er** *v/t Person* be-, anschuldigen; inkrimi'nieren;
Sache beanstanden; ~ **les actes de** qn
j-m s-e Taten zur Last legen; *adjt Buch
etc* **incriminé** *auch* inkrimi'niert
incristallisable [ɛ̃kristalizabl(ə)] *adj*

nicht kristalli'sierbar
incrochetable [ɛ̃krɔʃtabl(ə)] *adj Türschloß* einbruchsicher; mit e-m Dietrich
nicht zu öffnen(d)
incroyable [ɛ̃krwajabl(ə)] **I** *adj* **1.** *Geschichte, Darstellung, Abenteuer etc* unglaublich; unglaubhaft; kaum glaubhaft; unglaubwürdig; unwahrscheinlich; **il est** ~ **que** ... (+*subj*) es ist
unglaublich *etc*, daß ...; **2.** *Mut, Fortschritt etc* unglaublich; unwahrscheinlich; außerordentlich; **3.** unglaublich;
unerhört; empörend; **c'est** ~ **qu'il vienne si tard** es ist unglaublich, kaum zu
so spät kommt; **4.** *Person* aus dem
Rahmen fallend; F unmöglich; **II** *subst*
1. l'~ das Unglaubliche; **l'**~ **c'est que**
... (+*subj*) es ist unglaublich, kaum zu
glauben, daß ...; **2.** *hist* zur Zeit des
Directoire les ℚs *m/pl* die Incroy'ables
m/pl (*Modenarren mit affektierter Aussprache*)
incroy|ance [ɛ̃krwajɑ̃s] *f rel* Unglaube(n) *m*; ~**ant** *rel* **I** *adj* ungläubig; **II**
subst ~(e) *m(f)* Ungläubige(r) *f(m)*
incrustant [ɛ̃krystɑ̃] *adj géol* **source** ~e
Sinter ablagernde Quelle
incrustation [ɛ̃krystasjõ] *f* **1.** *Kunsthandwerk* **a)** Einlegen *n*; **b)** *Werk* Einlegearbeit *f*; eingelegte Arbeit; In'tarsia *f*;
Inkrustati'on *f*; **2.** *minér* **a)** Inkrustati'on *f*; Krustenbildung *f*; **b)** *Ablagerung*
Sinter *m*; *auch* Kesselstein *m*; **3.** *auch*
Inkrustati'on *f*; Inkru'stierung *f*; eingesetztes Orna'ment
incrust|er [ɛ̃kryste] **I** *v/t* **1.** *Kunsthandwerk* mit In'tarsien verzieren; *mit Steineinlagen* inkru'stieren; ~ **d'ivoire** mit
Elfenbein-Intarsien, durch Elfenbeineinlagen verzieren; *adjt* **incrusté
d'écaille** mit Schildpatt-Intarsien (verziert); **2.** *minér* inkru'stieren; Krusten
bilden, Sinter ablagern (**les tuyaux in**
den Rohren); **II** *v/pr* s'~ **3.** *Edelsteine etc*
sich einlegen, inkru'stieren lassen (**dans**
in + *acc*); **4.** *minér* sich mit e-r Kruste,
mit Sinter, *auch* mit Kesselstein über
'ziehen; **5.** *Steine in erhitzten Asphalt etc*
sich eindrücken (**dans** in + *acc*); **6.** *fig
Besuch, Personen* sich einnisten (**chez**
qn bei j-m); ~**eur** *m* Kunsttischler *m*;
Intarsi'ator *m*
incubateur [ɛ̃kybatœr] **I** *adj* <-trice>
Brut...; **appareil** ~ Brutapparat *m*; *der
Beuteltiere* **poche incubatrice** Brut
(pflege)tasche *f*; **II** *m* **1.** *méd* Brutkasten
m; Inku'bator *m*; **2.** *zum Ausbrüten von
Eiern* Brutapparat *m*, -maschine *f*,
-ofen *m*
incubation [ɛ̃kybasjõ] *f* **1.** *path* (**période** *f* **d'**)~ Inkubati'on(szeit) *f*; **2.** *fig e-r
Revolution, Krise etc* **période** *f* **d'**~
la'tentes Vorstadium; **3.** *zo* Bebrütung *f*;
Brüten *n*; Inkubati'on *f*
incube [ɛ̃kyb] *m myth* Inkubus *m*
incuber [ɛ̃kybe] *v/t zo Eier* bebrüten
inculpation [ɛ̃kylpasjõ] *f jur* Be-, Anschuldigung *f*; *il est arrêté sous* l'~ **de
meurtre** ... weil er des Mordes beschuldigt wird
inculp|é [ɛ̃kylpe] *jur* **I** *adj* beschuldigt;
angeschuldigt; **II** *subst* ~(e) *m(f)* Beschuldigte(r) *f(m)*; Angeschuldigte(r)
f(m); ~**er** *v/t jur* ~ qn in be-, anschuldigen (**d'un crime** e-s Verbrechens)
inculquer [ɛ̃kylke] *v/t* ~ qc à qn j-m etw
einschärfen, F eintrichtern, einhämmern
inculte [ɛ̃kylt] *adj* **1.** *agr* unbebaut;
brachliegend; **terre** ~ Brachland *n*; **2.**
Person ungebildet; *p/fort* roh; **3.** *Bart etc*
ungepflegt
incultivable [ɛ̃kyltivabl(ə)] *adj agr*
nicht bebaubar, bestellbar
inculture [ɛ̃kyltyr] *f* Mangel *m* an Bildung; Unbildung *f*

incunable [ɛ̃kynabl(ə)] *adj u subst m*
(**ouvrage** *m*) ~ Inku'nabel *f*; Wiegen-,
Frühdruck *m*
incurable [ɛ̃kyrabl(ə)] **I** *adj* **1.** *Krankheit*
unheilbar (*auch fig Wunde*); *Person* unheilbar krank; **malade** *m* ~ unheilbar
Kranke(r) *m*; **2.** *fig Person, Dummheit
etc* unverbesserlich; **il est d'une paresse** ~ F er leidet an chronischer
Faulheit; er ist stinkfaul; **II** *m, f* unheilbar Kranke(r) *f(m)*; Unheilbare(r) *f(m)*
incurie [ɛ̃kyri] *f* Fahrlässigkeit *f*; (grobe)
Nachlässigkeit; F Schlampe'rei *f*
incursion [ɛ̃kyrsjõ] *f* **1.** *mil* Einfall *m*;
Streifzug *m*; **2.** *fig* Abstecher *m*; **faire
une** ~ **dans un domaine inconnu** *auch*
sich vorübergehend auf ein unbekanntes
Gebiet vorwagen
incurv|ation [ɛ̃kyrvasjõ] *f* Krümmung
f; Biegung *f*; ~**é** *adj* gekrümmt; gebogen;
~**er** *v/pr* s'~ sich krümmen, biegen
incuse [ɛ̃kyz] *adj u subst f hist* (**médaille**
~) in'kuse Münze
indatable [ɛ̃databl(ə)] *adj* undatierbar
inde [ɛ̃d] *m* Indigoblau *n*
indéc|ence [ɛ̃desɑ̃s] *f* **1.** Unschicklichkeit *f*; Anstößigkeit *f* (*beide auch Wort,
Handlung*); **2. avoir l'**~ **de faire** qc die
Frechheit besitzen, etw zu tun; ~**ent** *adj*
1. *Kleid, Geste etc* unschicklich; anstößig; indezent; *p/fort* unanständig;
Person schamlos; **2.** *par ext Glück* unverschämt; *Freude* schamlos
indéchiffrable [ɛ̃deʃifrabl(ə)] *adj* **1.**
Botschaft etc nicht zu entziffern(d);
Schrift etc auch schwer zu entziffern(d);
schwer leserlich; **2.** *fig Gesicht, Blick,
Person* rätselhaft; *Blick auch* unerklärlich
indéchirable [ɛ̃deʃirabl(ə)] *adj* unzerreißbar
indécis [ɛ̃desi] *adj* **1.** *Person, Charakter*
unentschlossen; schwankend; *Person
auch* unschlüssig; **2.** *Kampf etc* unentschieden; *Frage auch* ungelöst; **3.** *Antwort, Form etc* unbestimmt (*auch Lächeln*); ungenau; *Wetter* unbeständig;
veränderlich; **II** *subst* ~(e) *m(f)*
Unentschlossene(r) *f(m)*
indécision [ɛ̃desizjõ] *f* Unentschlossenheit *f*; Unschlüssigkeit *f*; Unentschiedenheit *f*; **être dans l'**~ unentschlossen
sein
indéclinable [ɛ̃deklinabl(ə)] *adj gr* undeklinierbar; indekli'nabel
indécomposable [ɛ̃dekõpozabl(ə)] *adj*
unzerlegbar; *par ext* **un tout** ~ ein
einheitliches Ganzes
indécrochable [ɛ̃dekrɔʃabl(ə)] F *adj
Auszeichnung etc* nicht zu erringen(d);
Stellung F nicht zu ergattern(d)
indécrottable [ɛ̃dekrɔtabl(ə)] F *adj* unverbesserlich
indéfect|ibilité [ɛ̃defɛktibilite] *f* Unvergänglichkeit *f*; ~**ible** *adj Gefühl, Freundschaft etc* unvergänglich; unwandelbar;
unaufhörlich
indéfendable [ɛ̃defɑ̃dabl(ə)] *adj* **1.** *mil*
nicht zu verteidigen(d); unhaltbar; **2.** *fig
These etc* unhaltbar; unvertretbar
indéfini [ɛ̃defini] *adj* **1.** *gr* unbestimmt;
indefi'nit; **adjectif** ~ attributives Indefi'nitpronomen; **article** ~ unbestimmter
Artikel; *früher* **passé** ~ Perfekt *n*; **pronom** ~ (al'leinstehendes) Indefinitpronomen, unbestimmtes Fürwort; **2.**
Gefühl etc unbestimmt; *Zeit(raum)* unbegrenzt; **II** *m gr* Indefi'nitum *n*;
~**ment** *adv* auf unbestimmte Zeit; unbegrenzt; F ewig
indéfinissable [ɛ̃definisabl(ə)] *adj* **1.**
Farbe, Geruch etc undefinierbar; unbestimmbar; **2.** *Gefühl, Anmut etc* unerklärlich; unbegreiflich
indéformable [ɛ̃deformabl(ə)] *adj text*

formbeständig; formtreu
indéfrisable [ɛ̃defrizabl(ə)] f früher
Dauerwelle f
indéhiscent [ɛ̃deisɑ̃] adj bot Fruchthülle
nicht aufspringend; fruit ~ Schließ-
frucht f
indélébile [ɛ̃delebil] adj nicht zu entfer-
nen(d); unauslöschlich (auch fig); Lip-
penstift kußecht; encre f ~ Wäsche-
tinte f
indélicat [ɛ̃delika] adj Person, Verhalten
rücksichts-, taktlos; auch unehrlich
indélicatesse [ɛ̃delikates] f Rücksichts-,
Taktlosigkeit f; auch Unehrlichkeit f
indémaillable [ɛ̃demajabl(ə)] text **I** adj
maschenfest; **II** m maschenfestes Ge-
webe
indemne [ɛ̃dɛmn] adj unverletzt; unver-
sehrt; sortir ~ d'un accident bei e-m
Unfall nicht zu Schaden kommen, nicht
verletzt werden, unverletzt bleiben, da-
'vonkommen
indemnis|able [ɛ̃dɛmnizabl(ə)] adj ent-
schädigungsberechtigt; zu entschädi-
gen(d); **~ation** f Entschädigung f; Ab-
findung f; **~er** v/t ~ qn j-n entschädigen,
j-m Schaden(s)ersatz leisten (de qc für
etw); j-n abfinden
indemnité [ɛ̃dɛmnite] f Entschädigung
f; Schaden(s)ersatz m; Abfindung(s-
summe) f; Vergütung f; Zulage f; ~
journalière Kranken-, bei Arbeitsunfäl-
len Verletztengeld n; auch Mutter-
schaftsgeld n; ~ **kilométrique** Kilo'me-
tergeld n; ~ **parlementaire** Di'äten pl;
~ **de déplacement** Reisekostenvergü-
tung f; bât Auslösung f; ~ **de guerre**
Kriegsentschädigung f; ~ **de licencie-
ment** etwa Entlassungs- od Kündi-
gungsabfindung f, -entschädigung f; ~
de logement Wohngeldzuschuß
m; der Beamten ~ **de résidence** Ortszu-
schlag m, -zulage f; ~ **de vie chère**
Teuerungszulage f, -zuschlag m; ~ **pour
cause d'expropriation** Enteignungs-
entschädigung f
indémontable [ɛ̃demõtabl(ə)] adj un-
zerlegbar
indémontrable [ɛ̃demõtrabl(ə)] adj un-
beweisbar
indéniable [ɛ̃denjabl(ə)] adj unleugbar;
nicht zu (ver)leugnen(d)
indentation [ɛ̃dɑ̃tasjõ] f e-r Küste Ein-
buchtung f
indépassable [ɛ̃depasabl(ə)] adj un-
überschreitbar
indépendamment [ɛ̃depɑ̃damɑ̃]
loc/prép ~ **de a)** unabhängig von
(+dat); ungeachtet (+gén) **b)** zusätzlich
zu (+dat)
indépendance [ɛ̃depɑ̃dɑ̃s] f **1.** (geistige,
materielle, politische) Unabhängigkeit,
Selbständigkeit, Freiheit; **guerre** f **d'~**
Unabhängigkeitskrieg m; **2.** ~ **de deux
choses** Unabhängigkeit f zweier Dinge
vonein'ander
indépendant [ɛ̃depɑ̃dɑ̃] adj **1.** Person,
Volk unabhängig (de qn, qc von j-m,
etw); selbständig (auch berufsmäßig);
frei; Person auch freiheitsliebend; péj
eigenwillig; par ext avoir une situation
~e e-e selbständige Position haben; me-
ner une vie ~e ein unabhängiges,
selbständiges, freies Leben führen; **2.**
Sachen ~ **de** unabhängig von; **pour des
raisons** ~**es de notre volonté** aus
Gründen, die von unserem Willen unab-
hängig sind; **3. chambre** ~**e** Sepa'rat-
zimmer n; Zimmer mit eigenem Ein-
gang; **4.** auto **roue** ~**e** einzeln aufge-
hängtes Rad; **5.** gr **proposition** ~**e** od
subst ~ f unabhängiger (Haupt)Satz
indépendantisme [ɛ̃depɑ̃dɑ̃tism(ə)] m
pol Unabhängigkeitsbestrebungen f/pl,
-bewegung f der Frankokanadier

indéracinable [ɛ̃derasinabl(ə)] adj
Aberglaube etc unausrottbar
indéréglable [ɛ̃dereglabl(ə)] adj Ma-
schine nie versagend
indescriptible [ɛ̃dɛskriptibl(ə)] adj un-
beschreiblich
indésir|able [ɛ̃dezirabl(ə)] **I** adj Anwe-
senheit, Erscheinen unerwünscht (auch
Person); nicht wünschenswert; **II** m,f
unerwünschte Per'son; ~**é** adj Kind un-
erwünscht
indestruct|ibilité [ɛ̃dɛstryktibilite] f
Unzerstörbarkeit f; ~**ible** adj un-
zerstörbar
indéterminable [ɛ̃detɛrminabl(ə)] adj
unbestimmbar
indétermination [ɛ̃detɛrminasjõ] f **1.**
e-r Person Unentschlossenheit f; Un-
schlüssigkeit f; **ne pas sortir de son** ~
sich nicht entscheiden können; **2.** Unbe-
stimmtheit f; math, philos auch Indeter-
minati'on f
indétermin|é [ɛ̃detɛrmine] adj **1.**
Dauer, Ziel, Summe etc unbestimmt; **2.**
bes math unbestimmt; philos auch inde-
termi'niert; ~**isme** m philos Indeter-
mi'nismus m; ~**iste** m philos Anhänger
m des Indetermi'nismus
index [ɛ̃dɛks] m **1.** Zeigefinger m; sc
Index m; montrer, désigner qn, qc de
l'~ mit dem Zeigefinger auf j-n, etw
zeigen, weisen; **2.** e-s Buches etc Re'gi-
ster n; Namen(s)-, Sach-, Stichwörterver-
zeichnis m; Index m; **3.** e-s Meßinstrumen-
ten Zeiger m; **4.** égl cath ♀ Index m; Buch
être à l'♀ auf dem Index stehen; mettre
à l'♀, fig à l'~ auf den Index setzen (auch
fig); **5.** méd **de mortalité** Mortali'täts-
ziffer f, -quote f
index|ation [ɛ̃dɛksasjõ] f **1.** écon Inde-
'xierung f; Indexbindung f; **2.** EDV
Inde'xieren n, -ung f; ~**er** v/t **1.** écon
inde'xieren; ~ **qc sur l'indice du coût
de la vie**, etc etw an den Lebens-
haltungsindex etc binden; etw automa-
tisch dem Lebenshaltungsindex anpas-
sen; etw auf den Lebenshaltungs-
index etc abstimmen; adjt **indexé** In-
dex...; indexgebunden; **2.** EDV inde-
'xieren
indian|isme [ɛ̃djanism(ə)] m **1.** In-
dolo'gie f; **2.** indische Spracheigen-
tümlichkeit f; ~**iste** m,f Indo'loge,
-'login m,f
indic [ɛ̃dik] m P Kurzwort für **indicateur**
II 2.
indican [ɛ̃dikɑ̃] m chim Indi'kan n; ~
de l'urine Harnindikan n
indicateur [ɛ̃dikatœr] **I** adj <-trice>
Anzeige...; Hinweis...; anzeigend; **pan-
neau** ~ Hinweisschild n, -tafel f; **po-
teau** ~ Wegweiser m; **II** m **1.** ~ **(des
chemins de fer)** Kursbuch n; consul-
ter l'~ im Kursbuch nachschlagen; **2.**
(Poli'zei)Spitzel m; **3.** tech Anzeiger m;
Indi'kator m; auto ~ **visuel d'accord**
Abstimmanzeige(röhre) f; aviat ~
d'altitude Höhenmesser m; auto ~ **de
changement de direction** Fahrt-
richtungsanzeiger m; aviat ~ **de vitesse**
Fahrtmesser m; (Rela'tiv)Geschwindig-
keitsmesser m; **4.** chim Indi'kator m; ~
coloré Farbindikator m; **5.** phys atom,
biol ~ **radio-actif** radioaktiver Indi'ka-
tor; Radioindikator m; **6.** écon Indi'ka-
tor m
indicatif [ɛ̃dikatif] **I** adj <-ive> **1.** anzei-
gend; informa'torisch; **prix** ~ Richtpreis
m; **signe, symptôme** ~ Anzeichen n;
Merkmal n; Hinweis m; **à titre** ~ zur
Informati'on, Unter'richtung, Kennt-
nisnahme; (nur) als Hinweis (dienend);
2. gr **mode** ~ cf **II 1.**; **II** m **1.** gr Indikativ
m; Wirklichkeitsform f; être à l'~ im
Indikativ stehen; **2.** rad Kenn-, Er-

kennungsmelodie f; Indika'tiv n; **3.** tél ~
(téléphonique) Vorwahlnummer f;
adm Ortsnetzkennzahl f; ~ **d'appel**
Rufzeichen n
indication [ɛ̃dikasjõ] f **1.** Angabe f;
Hinweis m; Auskunft f; e-s Arztes etc
Anweisung f; comm ~ **d'origine** Ur-
sprungsbezeichnung f, -angabe f; comm
~ **de prix** Preisangabe f, -auszeichnung
f; ~ **d'un virage** Hinweis auf e-e Kurve;
tél ~ **de durée** (avec avec i d. d.) mit
Gebührenansage; **sauf** ~ **contraire**
wenn nichts anderes angegeben ist; **2.**
Merkmal n; Kenn-, Anzeichen n; **3.** méd
~ **(thérapeutique)** Indikati'on f
indice [ɛ̃dis] m **1.** (An-, Kenn)Zeichen n;
Merkmal n; Anhaltspunkt m; Hinweis
m; **2.** jur In'diz n; meist pl ~s In'dizien
n/pl; **3.** écon Index(ziffer) m(f); Meß-,
Kennziffer f; ~ **du coût de la vie, des
prix, de la production** Lebenshal-
tungs-, Preis-, Produkti'onsindex m; **4.**
math Index m; **5.** opt ~ **de réfraction**
Brechungsindex m, -zahl f; -exponent m,
-koeffizient m; **6.** pétr ~ **d'octane** Ok-
'tanzahl f; **7.** Anthropologie Index m
indiciaire [ɛ̃disjɛr] adj Index...
indicible [ɛ̃disibl(ə)] adj unsagbar; un-
säglich; unaussprechlich; namenlos
indiction [ɛ̃diksjõ] f égl e-s Konzils, e-r
Synode Einberufung f
indien [ɛ̃djɛ̃] **I** adj <~ne> **1.** indisch;
l'océan ♀ der Indische Ozean; **2.** indi'a-
nisch; Indio...; par ext: **file** ~**ne** cf file;
sports **nage** ~**ne** Seitenschwimmen n;
Hand-über-Hand-Schwimmen n; **II**
subst ♀ ♀(ne) m(f) Inder(in) m(f); **2.**
♀(ne) m(f) Indi'aner(in) m(f); in Mittel-
und Südamerika meist Indio(frau) m(f);
3. ~**ne** f gemusterter kat'tunähnlicher
Baumwollstoff
indifféremment [ɛ̃diferamɑ̃] adv 'un-
terschiedslos; in gleicher Weise
indifférence [ɛ̃diferɑ̃s] f **1.** Gleichgül-
tigkeit f; Teilnahmslosigkeit f; Un-
beteiligtheit f; Indifferenz f (auch rel);
Desinteresse n; ~ **pour, à qc** Gleichgül-
tigkeit etc gegenüber etw; **montrer,
avoir de l'~ pour qn, qc** j-m, etw
gegenüber Gleichgültigkeit zeigen; sich
j-m, etw gegenüber gleichgültig zeigen;
2. philos **liberté** f **d'~** Entscheidungs-
freiheit f des Willens, unabhängig von
allen Mo'tiven; **3.** écon **courbe** f **d'~**
Indiffe'renzkurve f
indifférencié [ɛ̃diferɑ̃sje] adj bes biol
undifferenziert
indifférent [ɛ̃diferɑ̃] **I** adj **1.** Person,
Miene etc gleichgültig; teilnahmslos;
unbeteiligt; indifferent; desinteressiert;
p/fort gefühllos; kalt; être ~ **à qc** für
etw kein Interesse, kaum Teilnahme
zeigen; e-r Sache (dat) gleichgültig
gegenüberstehen; il est ~ **à mon avenir**
er zeigt kein Interesse für meine Zu-
kunft; **2.** Sache gleichgültig; belanglos;
unwichtig; unwesentlich; **âge, salaire,**
etc ~ Alter, Gehalt etc spielt keine Rolle;
chose ~ auch Nebensache f; Neben-
sächlichkeit f; Person, Sache être ~ **à
qn** j-m gleichgültig sein; in der Liebe il
ne m'est pas ~ er ist mir nicht gleichgül-
tig; il est ~ **que ... (+subj)** es ist
gleich(gültig), F e'gal, ob ...; il m'est ~
de partir aujourd'hui ou demain es
ist mir gleich(gültig), F e'gal, es spielt für
mich keine Rolle, ob ich heute oder
morgen abreise; **3.** phys indifferent;
équilibre ~ indifferentes Gleichge-
wicht; **II** subst ~**(e)** m(f) Gleichgültige(r)
f(m); p/fort gefühlloser, kalter Mensch
indifférentisme [ɛ̃diferɑ̃tism(ə)] m pol,
rel Indifferen'tismus m
indifférer [ɛ̃difere] v/t <-è-> **cela**
m'indiffère das ist mir gleich(gültig), F

e'gal; das interes'siert mich nicht; das läßt mich kalt

indigence [ɛ̃diʒɑ̃s] f **1.** Bedürftigkeit f; Armut f; Not f; **vivre dans la plus grande** ~ in größter Armut leben; **2.** fig ~ **intellectuelle, d'esprit** geistige Armut

indigène [ɛ̃diʒɛn] **I** adj **1.** eingeboren; **2.** einheimisch; **II** m,f **1.** Eingeborene(r) f(m); **2.** plais Einheimische(r) f(m)

indigent [ɛ̃diʒã] **I** adj **1.** bedürftig; notleidend; arm; unbemittelt; **2.** fig Vegetation, Wortschatz etc dürftig; kümmerlich; spärlich; **II** subst ~(e) m(f) Bedürftige(r) f(m); Notleidende(r) f(m)

indigeste [ɛ̃diʒɛst] adj schwerverdaulich; unverdaulich (beide auch fig von e-r Lektüre etc)

indigestion [ɛ̃diʒɛstjõ] f **1.** path Magenverstimmung f; verdorbener Magen; **se donner une** ~ **de chocolat** sich mit Schokolade den Magen verderben; **2.** fig **avoir une** ~ **de qc** von etw genug haben; e-r Sache (gén) 'überdrüssig sein; **j'en ai une** ~ auch F es steht mir bis oben; ich habe es satt; es hängt mir zum Hals raus

indigète [ɛ̃diʒɛt] adj im alten Rom **dieux** m/pl ~s einheimische Götter m/pl

indignation [ɛ̃diɲasjõ] f Entrüstung f; Empörung f; Unwille(n) m; st/s Indignati'on f

indigne [ɛ̃diɲ] **I** adj **1.** ~ **de qn, de qc** j-s, e-r Sache unwürdig, nicht würdig od wert; **cela est** ~ **de lui** das ist seiner unwürdig; **jur être** ~ **de succéder** erbunwürdig sein; **2.** Person, Handlungsweise etc nichts-, unwürdig; schändlich; erbärmlich; schurkisch; **parents** m/pl ~s Eltern pl, die diesen Namen gar nicht verdienen, die dieses Namens nicht würdig sind; Rabeneltern pl; **II** m jur Erbunwürdige(r) m

indigné [ɛ̃diɲe] adj Person, Blick, Worte etc entrüstet; empört; unwillig; indi'gniert; Person auch aufgebracht; **être** ~ **de qc** über etw (acc) entrüstet etc sein; **être** ~ **de** (+inf) bzw **que ...** (+subj) (darüber) entrüstet etc sein zu (+inf) bzw daß ...

indigner [ɛ̃diɲe] **I** v/t ~ **qn** j-n aufbringen, unwillig machen, empören, in Empörung versetzen; **II** v/pr **s'**~ sich entrüsten, sich empören (**contre qn, de qc** über j-n, etw); unwillig werden (**de qc** über etw [acc]); **s'**~ **de** (+inf) bzw (**de ce**) **que ...** (+subj) sich darüber entrüsten, empören zu (+inf) bzw daß ...

indignité [ɛ̃diɲite] f **1.** e-r Person, Handlungsweise Nichts-, Unwürdigkeit f; Schändlichkeit f; Erbärmlichkeit f; **2.** jur ~ (**successorale**) Erbunwürdigkeit f

indigo [ɛ̃digo] m **1.** Farbstoff Indigo m od n; ~ **naturel, synthétique** natürlicher, künstlicher Indigo; **2.** adjt ⟨inv⟩ **bleu** ~ ~ Indigoblau n; par ext **ciel** m ~ tiefblauer Himmel

indigot|ier [ɛ̃digɔtje] m bot Indigostrauch m; ~**ine** f chim Indigo'tin n

indiqué [ɛ̃dike] adj **1.** angegeben; **à l'endroit** ~ am angegebenen Ort; **à l'heure** ~**e** zur angegebenen, festgesetzten Zeit, Stunde; **2.** angebracht; angezeigt; ratsam; méd indi'ziert; **ce n'est pas du tout** ~ das ist ganz und gar nicht angebracht etc

indiquer [ɛ̃dike] v/t **1.** Person, Gegenstand zeigen, (hin)weisen, deuten auf (+acc); Weg zeigen; weisen; Richtung, Temperatur etc anzeigen; angeben; Uhr (-zeiger) ~ **midi** auf zwölf Uhr zeigen; weisen; Magnetnadel ~ **le nord** nach Norden weisen, zeigen; **2.** mit Worten ~

qc (**à qn**) (j-n) **auf etw** (acc) hinweisen; (j-m) etw angeben, nennen; ~ **une adresse** e-e Adresse (an)geben, nennen; ~ **les conséquences, dangers** auf die Folgen, Gefahren hinweisen; ~ **un bon restaurant** ein gutes Restaurant nennen, angeben; auf ein gutes Restaurant hinweisen; Wörterbuch ~ **les sens d'un mot** die Bedeutungen e-s Wortes angeben; ~ **à qn un spécialiste** j-m e-n Spezialisten nennen; **3.** Anzeichen, Äußerung etc qc etw (an)zeigen, auf etw (acc) hinweisen, hindeuten, schließen lassen; ~ **que ...** (an)zeigen, darauf hinweisen, darauf hindeuten, darauf schließen lassen, daß ...; **tout indique qu'il est parti** auch alles spricht dafür, daß er verreist ist; **4.** peint ~ **qc** etw (nur) andeuten

indirect [ɛ̃dirɛkt] adj **1.** Weg, Art u Weise etc indirekt; Ursache, Einfluß, Wirkung etc auch mittelbar; Vorwurf, Kritik auch versteckt; Auskunft auch aus zweiter Hand; jur action ~e cf oblique **3.**; sports **coup franc** ~ indirekter Freistoß; **éclairage** ~ indirekte Beleuchtung; fin **impôt** ~ indirekte Steuer; Genealogie **ligne** ~**e** Neben-, Seitenlinie f; **2.** gr (**complément** m **d'**)**objet** ~ cf objet **4.**; **interrogation** ~**e** indirekte, abhängige Frage; **style, discours** ~ indirekte, abhängige, nicht wörtliche Rede; **style** ~ **libre** erlebte Rede; **verbe transitif** ~ Verb n mit Präpositionalobjekt

indirectement [ɛ̃dirɛktəmã] adv indirekt; mittelbar

indiscernable [ɛ̃disɛrnabl(ə)] adj nicht zu unter'scheiden(d)

indiscipline [ɛ̃disiplin] f Undiszipliniertheit f; Diszi'plinlosigkeit f; Zuchtlosigkeit f; ~**é** adj Schüler, Soldaten etc undiszipliniert; diszi'plinlos; zuchtlos; fig Haare 'widerspenstig

indiscret [ɛ̃diskrɛ] **I** adj ⟨-ète [-ɛt]⟩ **1.** indiskret; taktlos; auf-, zudringlich; **question indiscrète** indiskrete Frage; **zèle** ~ aufdringliche Beflissenheit; **2.** nicht verschwiegen; schwatzhaft; indiskret; **II** subst ~, **indiscrète** m,f **1.** indiskreter, taktloser Mensch; **2.** nicht verschwiegener Mensch; Schwätzer(in) m(f)

indiscrétion [ɛ̃diskresjõ] f **1.** Indiskretion f; Taktlosigkeit f; Auf-, Zudringlichkeit f; **2.** Indiskretion f; Mangel m an Verschwiegenheit; p/fort Vertrauensbruch m; **commettre une** ~ e-e Indiskretion begehen

indiscutable [ɛ̃diskytabl(ə)] adj unbestreitbar; ganz klar; **il est** ~ **qu'il a raison** es ist ganz klar, daß er recht hat

indispensable [ɛ̃dispãsabl(ə)] **I** adj Maßnahme, Bedingung, Gegenstand unerläßlich; unentbehrlich; unbedingt notwendig; Person unentbehrlich; unabkömmlich; ~ **au succès** unerläßlich etc für den Erfolg; (**seulement**) **si c'est** ~ wenn es (gar) nicht anders geht; wenn es unbedingt sein muß; **II l'**~ m das Allernotwendigste, Unentbehrliche

indisponibilité [ɛ̃disponibilite] f Nichtverfügbarkeit f; ~**ible** adj Kapital, Bücher etc nicht verfügbar; nicht zur Verfügung stehend (auch Raum); Person unabkömmlich

indispos|é [ɛ̃dispoze] adj **1.** indisponiert; unpäßlich; **2.** von Frauen unwohl; ~**er** v/t **1.** qn j-s Wohlbefinden stören, beeinträchtigen; **2.** fig ~ **qn** j-n verstimmen, verärgern, F verschnupfen; j-n aufbringen (**contre gegen**); j-n übelgelaunt machen; ~**ition** f **1.** Indisposition f; Unpäßlichkeit f; **2.** bei Frauen Unwohlsein n

indissociable [ɛ̃disɔsjabl(ə)] adj un-(ab)trennbar

indis|solubilité [ɛ̃disɔlybilite] f Un-(auf)lösbarkeit f; ~**soluble** adj un-(auf)lösbar

indistinct [ɛ̃distɛ̃(kt)] adj ⟨-incte [-ɛ̃kt]⟩ Umriß, Laut etc undeutlich; unklar; ungenau

indistinctement [ɛ̃distɛ̃ktəmã] adv **1.** undeutlich; unklar; **2.** 'unterschiedslos; ohne 'Unterschied

indium [ɛ̃djɔm] m chim Indium n

individu [ɛ̃dividy] m **1.** Indi'viduum n; biol auch Einzelwesen n; vom Menschen auch Einzelperson f, -mensch m; **l'**~ **et la société** auch der einzelne ...; **2.** meist péj Indi'viduum n; Sub'jekt n; Per'son f; Kerl m; ~ **suspect** verdächtiges Individuum

individual|isation [ɛ̃dividyalizasjõ] f Individualisati'on f; Individuali'sierung f; ~**iser I** v/t individuali'sieren; Eigenschaften: Person auch zu e-m Einzelwesen machen; Strafe auch individu'ell, jeweils auf den Einzelfall abstimmen; **II** v/pr **s'**~ individu'ell werden; ~**isme** m Individua'lismus m; ~**iste I** adj individua'listisch; **II** m,f Individua'list(in) m(f)

individualité [ɛ̃dividyalite] f **1.** e-r Person, Landschaft etc Individuali'tät f; Eigenart f; Eigenartigkeit f; Einzigartigkeit f; **2.** Individuali'tät f; Per'sönlichkeit f; **3.** Indi'viduum n; Einzelwesen n

individuation [ɛ̃dividyasjõ] f philos **principe** m **d'**~ Individuati'onsprinzip n

individuel [ɛ̃dividyɛl] adj ⟨~**le**⟩ **1.** individu'ell; (rein) per'sönlich; Eigen...; initiative ~**le** Eigeninitiative f; liberté ~**le** persönliche, individuelle Freiheit; **maison** ~**le** Einfamilienhaus n; Eigenheim n; **responsabilité** ~**le** Eigenverantwortlichkeit f; **2.** individu'ell; Einzel...; **cas** ~ Einzelfall m; **performance** ~**le** Einzelleistung f

indivis [ɛ̃divi] adv jur Gut, Besitz etc ungeteilt; gemeinschaftlich (auch Besitzer); **cohéritiers** m/pl ~ Erbengemeinschaft f; loc/adv **par** ~ gemeinschaftlich; im ganzen

indivisaire [ɛ̃divizɛr] m jur Miteigentümer m; Gesamthänder m; Gemeinschafter m

indivisément [ɛ̃divizemã] adv cf (**par**) **indivis**

indivis|ibilité [ɛ̃divizibilite] f Unteilbarkeit f (auch jur); ~**ible** adj unteilbar (auch jur); **un tout** ~ ein unteilbares Ganzes

indivision [ɛ̃divizjõ] f jur Miteigentum n; Gesamthandsgemeinschaft f; Gemeinschaft f zur gesamten Hand

in-dix-huit [indizɥit] adj ⟨inv⟩ (abr **in-18**) impr Okto'dez...; **volume** m ~ od subst ~ m ⟨inv⟩ Oktodezband m

indo-... [ɛ̃dɔ] in Zssgn indisch-...; z B **indo-pakistanais** indisch-pakistanisch

indochinois [ɛ̃dɔʃinwa] **I** adj indochi'nesisch; Indo'china...; **II** subst 2(e) m(f) Indochi'nese m, Indochi'nesin f

indocil|e [ɛ̃dɔsil] adj Person, Charakter 'widerspenstig; störrisch; unlenksam; Kind auch ungehorsam; ~**ité** f 'Widerspenstigkeit f; Unlenksamkeit f; Ungehorsam m

indo-européen [ɛ̃dɔœropeɛ̃] **I** adj ⟨~**ne**⟩ ling indoger'manisch; -euro'päisch; **II** subst **1.** Indo-Européens m/pl Indoger'manen m/pl, -euro'päer m/pl; **2.** ling l'~ m das Indoger'manische, -euro'päische; Indoger'manisch n, -euro'päisch n

indole [ɛ̃dɔl] m chim In'dol n

indol|ence [ɛ̃dɔlãs] f **1.** Trägheit f; Lässigkeit f; Indolenz f; Apa'thie f; **2.**

méd Schmerzlosigkeit *f*; Indolenz *f*;
~ent *adj* **1.** *Person, Blick etc* träg(e);
lässig *(beide auch Gang)*; indolent; a'pa-
thisch; **2.** *méd* schmerzlos; indolent
indolore [ɛ̃dɔlɔr] *adj* schmerzlos
indompt|able [ɛ̃dõtabl(ə)] *adj* **1.** *Tier*
un(be)zähmbar; **2.** *fig Person, Charak-
ter* unbeugsam; nicht zu zähmen(d);
Stolz, Wille etc unbeugsam; nicht zu
brechen(d); **~é** *adj* **1.** *Tier* ungezähmt;
ungebändigt; **2.** *fig* ungebeugt
indonésien [ɛ̃dɔnezjɛ̃] **I** *adj* ‹~ne› in-
do'nesisch; **II** *subst* **1.** ♀(ne) *m(f)*
Indo'nesier(in) *m(f)*; **2.** *ling* l'~ *m* das
Indo'nesische; Indo'nesisch *n*
indoor [indɔr] *adj* ‹*inv*› *sports* Hallen...;
championnat *m* **de tennis** ~ Hallen-
tennismeisterschaft *f*
indophénols [ɛ̃dɔfenɔl] *m/pl chim* Indo-
phe'nole *n/pl*
in-douze [induz] *adj* ‹*inv*› *(abr* in-12)
impr Duo'dez...; **format** *m* ~ *od subst* ~
m ‹*inv*› Duodez(format) *n*; **volume** *m* ~
od subst ~ *m* ‹*inv*› Duodezband *m*
indri(s) [ɛ̃dri] *m zo* Indri *m*
indu [ɛ̃dy] **I** *adj* **1. à une heure** ~**e** zu
unpassender, ungehöriger Stunde, Zeit;
2. *jur* Forderung *etc* unberechtigt; unbe-
gründet; ungerechtfertigt; **II** *m jur* nicht
geschuldeter Betrag
indubitable [ɛ̃dybitabl(ə)] *adj* unzwei-
felhaft; **c'est** ~ das ist über jeden Zweifel
erhaben; das ist, steht außer allem Zwei-
fel
inductance [ɛ̃dyktãs] *f élect* Induktivi-
vi'tät *f*; ~ **mutuelle, propre** Gegen-,
Selbstinduktivität *f*
induct|eur [ɛ̃dyktœr] **I** *adj* ‹-trice› **1.**
élect indu'zierend; Indukti'ons...; Er-
reger...; **bobine inductrice** Induk-
tionsspule *f*; Erregerwicklung *f*; **2.** *Lo-
gik* indu'zierend; Indukti'ons...; **3.** *psych
beim Assoziationstest* **mot** ~ Reizwort *n*;
II *m élect* **e-r** Gleichstrommaschine Feld-
magnet *m*; Ma'gnetsystem *n*, -gestell *n*;
Ständer *m*; Stator *m*; **e-r** Wechselstrom-
maschine Läufer *m*; Rotor *m*; **~if** *adj*
‹-ive› *Logik, élect* induk'tiv; Induk-
ti'ons...; *Logik* **méthode inductive**
Induktionsverfahren *n*
induction [ɛ̃dyksjõ] *f* **1.** *phys* Indukti'on
f; ~ **électromagnétique, magnétique**
elektromagnetische, magnetische In-
duktion; ~ **propre** Selbstinduktion *f*;
métall **four** *m* à ~ Induktionsofen *m*;
flux *m* **d'**~ Induktionsfluß *m*; **2.** *Logik,
math* Indukti'on *f*; **3.** *biol* Indukti'on *f*
induire [ɛ̃dɥir] *v/t* ‹*cf* conduire› **1.** ~
en erreur irreführen, -leiten; zu Feh-
lern verleiten; **2.** folgern, schließen (**de**
aus); *Logik* indu'zieren; **j'en induis que**
... ich schließe, folgere daraus, daß ...; **3.**
élect indu'zieren
induit [ɛ̃dɥi] *élect* **I** *adj* indu'ziert; Induk-
ti'ons...; **courant** ~ Induktionsstrom *m*;
II *m* Anker *m*
indulgence [ɛ̃dylʒãs] *f* **1.** Nachsicht *f*;
Milde *f*; Indul'genz *f*; **avec, sans** ~
nachsichtig, unnachsichtig; **avoir,
montrer de l'**~ **pour qn, qc** Nachsicht
mit j-m, etw haben; **2.** *égl cath* Ablaß *m*;
Indul'genz *f*; ~ **partielle, plénière** un-
vollkommener, vollkommener Ablaß;
gagner une ~ **e-n** Ablaß gewinnen
indulgent [ɛ̃dylʒã] *adj Person, Bemer-
kung, Blick etc* nachsichtig; mild(e);
indul'gent; **être** ~ **pour qn, qc** mit j-m,
etw nachsichtig sein
indulines [ɛ̃dylin] *f/pl chim* Indu'line *pl*
indult [ɛ̃dylt] *m égl cath, Völkerrecht*
In'dult *m od n*
indûment [ɛ̃dymã] *adv* unberechtigt;
unbegründet; ungerechtfertigt
indur|ation [ɛ̃dyrasjõ] *f path* Verhär-
tung *f*; *sc* Indurati'on *f*; **~é** *adj path*

---

verhärtet; *sc* indu'riert; **chancre** ~ har-
ter Schanker; **~er** *v/pr* **s'**~ *path* sich
verhärten; *sc* indu'rieren
induse [ɛ̃dyz] *f od* **indusie** [ɛ̃dyzi] *f* **1.**
bot In'dusium *n*; **2.** *der Köcherfliegen*
Larvengehäuse *n*; Köcher *m*; *géol* **cal-
caire** *m* **à induses** In'dusienkalk *m*
industrial|isation [ɛ̃dystrijalizasjõ] *f*
Industriali'sierung *f*; **~iser** **I** *v/t* indu-
striali'sieren; ~ **l'agriculture** *auch* indu-
strielle Methoden in die Landwirtschaft
einführen; **II** *v/pr* **s'**~ industriali'siert
werden; **ce pays s'industrialise rapi-
dement** die Industrialisierung dieses
Landes voll'zieht sich in schnellem Tem-
po; **~isme** *m écon* Industria'lismus *m*
industrie [ɛ̃dystri] *f* **1.** Indu'strie *f*;
grande ~, ~ **légère,** ~ **lourde, petite** ~
Groß-, Leicht-, Schwer-, Kleinindustrie
f; ~ **textile** Tex'tilindustrie *f*; ~ **de base**
Grundstoffindustrie *f*; ~ **du bâtiment** *cf*
bâtiment 2.; ~ **de guerre** Kriegsindu-
strie *f*; **2. a)** Indu'strie(zweig) *f(m)*; **b)**
Indu'striebetrieb *m*; *schweiz* Indu'strie *f*
industriel [ɛ̃dystrijɛl] **I** *adj* ‹~le› **1.**
industri'ell; Indu'strie...; gewerblich;
Gewerbe...; **arts** ~**s** Kunstgewerbe *n*;
dessinateur ~ technischer Zeichner;
eaux ~**les** Brauchwasser *n*; **entreprise**
~**le** Industrieunternehmen *n*; **espion-
nage** ~ Werk-, Industriespionage *f*;
pommes de terre ~**les** Wirtschaftskar-
toffeln *f/pl*; **produit** ~ Industrieprodukt
n, -erzeugnis *n*; **révolution** ~**le** indu-
strielle Revolution; **travailleur** ~ Indu-
striearbeiter *m*; **2.** Indu'strie...; indu-
stri'ell entwickelt; **centre** ~, **ville** ~**le**,
région ~**le** Industriezentrum *n*, -stadt *f*,
-gebiet *n*; **3.** *F* **en quantité** ~**le** in sehr
großer Menge; massenweise, -haft; **II** *m*
Industri'elle(r) *m*; Gewerbetreibende(r)
m; **grand** ~ Großindustrielle(r) *m*
industrieux [ɛ̃dystrijø] *adj* ‹-euse› ge-
schickt; gewandt
inébranlable [inebrãlabl(ə)] *adj bes fig
Person, Mut etc* unerschütterlich
inéchangeable [ineʃãʒabl(ə)] *adj* nicht
'um-, austauschbar
inécouté [inekute] *adj* ungehört; *Rat
auch* unbefolgt; unbeachtet
inédit [inedi] **I** *adj* **1.** *Werk* (noch)
unveröffentlicht, nicht gedruckt; nicht
im Druck erschienen; *Autor* noch nicht
an die Öffentlichkeit getreten; von dem
noch kein Werk erschienen ist; **2.** *par ext
Methode etc* ganz neu; noch nicht dage-
wesen; **II** *m* **1.** Neuheit *f*; **c'est de l'**~ das
ist etwas ganz Neues; **2.** (noch) unveröf-
fentlichtes, noch gedrucktes Werk
inéducable [inedykabl(ə)] *adj* unerzieh-
bar; nicht erziehbar
ineffable [inefabl(ə)] *adj* unaussprech-
lich; unsagbar; unsäglich
ineffaçable [inefasabl(ə)] *adj* **1.** *Fleck*
nicht her'ausgehend; *fig Erinnerung,
Eindruck etc* unauslöschlich; un-
zerstörbar
inefficac|e [inefikas] *adj* unwirksam;
wirkungslos; **~ité** *f* Unwirksamkeit *f*;
Wirkungslosigkeit *f*
inégal [inegal] *adj* ‹-aux› **1.** ungleich
(auch math); **conditions** ~**es** ungleiche
Bedingungen *f/pl*; **joueurs inégaux**
Spieler, die ungleich stark sind; **lutte** ~**e**
ungleicher Kampf; **talents inégaux**
ungleiche Talente *n/pl*; **être de force** ~**e**
ungleich stark sein; *Ereignisse* **être
d'une** *od* **d'importance** ~**e** nicht die
gleiche Bedeutung haben; von unglei-
cher Bedeutung sein; **être d'un** *od*
d'intérêt ~ *Bücher, Filme etc* kein gleich
starkes Interesse hervorrufen; *einzelnes
Buch, Film etc* nicht immer gleich inter-
essant sein; **2.** *Bewegung* ungleichför-
mig; *Puls, Atmung* unregelmäßig; **être**

---

d'humeur ~**e** nicht immer gleich aufge-
legt sein; unausgeglichen sein; **3.** *Gelän-
de* uneben
inégal|able [inegalabl(ə)] *adj* unerreich-
bar; **~é** *adj* unerreicht
inégalement [inegalmã] *adv* ungleich;
~ **réparti** ungleich verteilt
inégalité [inegalite] *f* **1.** Ungleichheit *f*; ~
sociale soziale Ungleichheit; ~ **des
fortunes** ungleiche Vermögensvertei-
lung; **2. e-r** *Bewegung* Ungleichförmig-
keit *f*; *des Pulses, der Atmung* Unregel-
mäßigkeit *f*; ~ **d'humeur** Unausgegli-
chenheit *f*; (dauernd) schwankende
Stimmung; Launenhaftigkeit *f*; **3. des
Geländes** Unebenheit *f*; **4.** *math* Un-
gleichheit *f*; Ungleichung *f*; **5.** *astr*
Ungleichung *f*
inélég|ance [inelegãs] *f* **1.** Taktlosigkeit
f; mangelnde Ele'ganz; **~ant** *adj* **1.**
Bemerkung, Vorgehen etc taktlos; **2.**
Frau, Kleid etc nicht ele'gant; unelegant
inélig|ibilité [ineliʒibilite] *f* Nichtwähl-
barkeit *f*; Ineligibili'tät *f*; **~ible** *adj* nicht
wählbar
inéluctable [inelyktabl(ə)] *adj* un-
vermeidbar, -lich; unabwendbar
inemployé [inãplwaje] *adj* un(aus)ge-
nutzt
inénarrable [inenarabl(ə)] *adj* un-
beschreiblich komisch
inepte [inɛpt] *adj Bemerkung, Geschichte
etc* albern; dumm *(auch Person)*
ineptie [inɛpsi] *f* **1.** Albernheit *f*; Dumm-
heit *f*; **2.** *oft pl* ~**s** albernes, dummes
Zeug, Geschwätz; Unsinn *m*
inépuisable [inepɥizabl(ə)] *adj Thema,
Geduld, Reichtum etc* unerschöpflich;
nie versiegend; **source** *f* ~ unversie-
gende Quelle *(auch fig)*; *fig* unerschöpfli-
che Quelle
inéquation [inekwasjõ] *f math* Unglei-
chung *f*
inéquitable [inekitabl(ə)] *adj* unge-
recht; unbillig
inerme [inɛrm] *adj bot* unbewaffnet;
unbewehrt; *zo* **ténia** *m* ~ Bandwurm *m*
ohne Haken
inerte [inɛrt] *adj* **1.** *Person, Körper,
Beute etc* leb-, bewegungs-, reg(ungs)los;
2. *phys* träge; *chim* in'ert; **gaz** *m* ~
In'ertgas *m*; **3.** *fig Person* passiv; untätig;
unbeweglich; ener'gielos
inertie [inɛrsi] *f* **1.** *phys* Trägheit *f*; **force**
f **d'**~ Beharrungsvermögen *n*; *fig* oppo-
ser **la force d'**~ **à qc** e-r Sache *(dat)*
passiven 'Widerstand leisten, entgegen-
setzen; **moment** *m*, **principe** *m* **d'**~
Trägheitsmoment *n*, -prinzip *n*; **2.** *fig* **e-r**
Person Passivi'tät *f*; Untätigkeit *f*; Un-
beweglichkeit *f*; Ener'gielosigkeit *f*;
Stumpfheit *f*; ~ **gouvernementale** Un-
tätigkeit, Passivität der Regierung; **3.**
path Trägheit *f*; Iner'tie *f*; ~ **utérine**
Wehenschwäche *f*
inescomptable [inɛskõtabl(ə)] *adj fin*
nicht diskon'tierbar
inespéré [inɛspere] *adj* **a)** *Sieg, Gelegen-
heit etc* unverhofft; unerwartet; **b)** *Er-
gebnis, Gewinnsumme etc* unerhofft, un-
erwartet (groß *od* hoch)
inesthétique [inɛstetik] *adj* unästhe-
tisch
inestimable [inɛstimabl(ə)] *adj* un-
schätzbar *(auch fig Hilfe etc)*
inévitable [inevitabl(ə)] *adj* **1.** un-
vermeidlich, -bar; nicht zu verhin-
dern(d); **subst** *m* **accepter l'**~ sich ins
Unvermeidliche schicken; **2.** *plais Per-
son* **avec son** ~ **cigare,** *etc* mit s-r
obli'gaten, unvermeidlichen Zi'garre *etc*
inexact [inɛgza(kt)] *adj* ‹-acte [-akt]› **1.**
Auskunft, Übersetzung etc ungenau;
nicht ganz richtig; *p/fort* unrichtig; feh-
lerhaft; falsch; **c'est** ~ das ist nicht ganz

richtig; *p/fort* das ist falsch; **2.** *Person* unpünktlich

inexactitude [inɛgzaktityd] *f* **1.** *e-r Auskunft, Rechnung etc* Ungenauigkeit *f*; *p/fort* Unrichtigkeit *f*; **2.** *Fehler* Ungenauigkeit *f*; **~s** *pl auch* ungenaue Angaben *f/pl*; **c'est une ~** das ist e-e Ungenauigkeit, *p/fort* Unrichtigkeit *f*; **3.** *e-r Person* Unpünktlichkeit *f*

inexcusable [inɛkskyzabl(ə)] *adj Fehler, Verhalten etc* unentschuldbar; unverzeihlich; **vous êtes ~ de n'y avoir pas pensé** es ist unverzeihlich (von Ihnen), daß Sie daran nicht gedacht haben

inexécutable [inɛgzekytabl(ə)] *adj* unausführbar; undurchführbar

inexigible [inɛgziʒibl(ə)] *adj jur* nicht zu fordern(d); *Schuld* nicht eintreibbar

inexistant [inɛgzistɑ̃] *adj* wesen-, *par ext* wert-, bedeutungslos

inexistence [inɛgzistɑ̃s] *f* **1.** Wesen-, *par ext* Wert-, Bedeutungslosigkeit *f*; **2.** *jur* Nichtvorhandensein *n*; Nichtbestehen *n*

inexorable [inɛgzɔrabl(ə)] *adj Person, Gesetz, Geschichte etc* unerbittlich; *Person* **être ~** *auch* sich nicht erweichen lassen (**à qc** durch etw)

inexpérience [inɛksperjɑ̃s] *f* Unerfahrenheit *f* (**des affaires, du métier** in Geschäften, im Beruf)

inexpérimenté [inɛksperimɑ̃te] *adj* **1.** *Person* unerfahren; ungeübt; **2.** *Verfahren etc* nicht erprobt

inexpiable [inɛkspjabl(ə)] *adj* unsühnbar; nicht zu sühnen(d)

inexplicable [inɛksplikabl(ə)] *adj* unerklärlich; **il est ~ que ...** (+*subj*) es ist unerklärlich, daß ...

inexpliqué [inɛksplike] *adj Ereignis etc* ungeklärt; nicht aufgeklärt

inexploit|able [inɛksplwatabl(ə)] *adj* nicht verwertbar; *Kohle-, Erzvorkommen* nicht abbaufähig, -würdig; *Erdölvorkommen* nicht auszubeuten(d); **~é** *adj* nicht verwertet, abgebaut, ausgebeutet

inexploré [inɛksplɔre] *adj Gebiet etc* unerforscht

inexplosible [inɛksplozibl(ə)] *adj* nicht explo'dierend, explo'siv; explosi'onssicher; *auch* inexplosibel

inexpressif [inɛksprɛsif] *adj* <-ive> *Gesicht, Blick etc* ausdruckslos; nichtssagend

inexprim|able [inɛksprimabl(ə)] *adj Gedanken, Gefühle* unaussprechlich; nicht auszudrücken(d); unbeschreiblich; **~é** *adj Gedanke, Vorwurf etc* unausgesprochen

inexpugnable [inɛkspygnabl(ə)] *adj mil* uneinnehmbar

inextensible [inɛkstɑ̃sibl(ə)] *adj* nicht (aus)dehnbar

in extenso [inɛkstɛ̃so] *loc/adv* in voller Länge; 'vollständig; in vollem Wortlaut; ausführlich; in ex'tenso

inextinguible [inɛkstɛ̃g(ɥ)ibl(ə)] *adj Durst, auch fig* unlöschbar; unstillbar; nicht zu stillen(d); nicht zu löschen(d) (*auch Feuer*); **rire ~** *m* ~ nicht enden wollendes Lachen, Gelächter

in extremis [inɛkstremis] *loc/adv* **1.** auf dem Sterbebett; in ex'tremis; **2.** *fig* in letzter Mi'nute

inextricable [inɛkstrikabl(ə)] *adj* unentwirrbar (*auch fig*)

infaill|ibilité [ɛ̃fajibilite] *f* Unfehlbarkeit *f*; *égl cath* **~ du pape, pontificale** Unfehlbarkeit des Papstes; **~ible** *adj* **1.** *Person, égl cath* Papst unfehlbar; **2.** *Verfahren, Heilmittel etc* unfehlbar; *Instinkt, Zeichen etc* untrüglich

infailliblement [ɛ̃fajibləmɑ̃] *adv* unweigerlich; ganz sicher

infaisable [ɛ̃fəzabl(ə)] *adj* unausführbar; undurchführbar; unmachbar; unmöglich; **c'est une chose ~** das ist ein Ding der Unmöglichkeit

infamant [ɛ̃famɑ̃] *adj* ehrenrührig; entehrend; infa'mierend; **peine ~e** *auch* Ehrenstrafe *f*

infâme [ɛ̃fɑm] *adj* **1.** *Handel, Gewerbe etc* ehrlos; **2.** *Verrat, Lüge etc* in'fam; niederträchtig; schändlich; **3.** *Behausung etc* schmutzig; abstoßend

infamie [ɛ̃fami] *f* **1.** Ehrlosigkeit *f*; Schande *f*; **couvrir qn d'~** j-n mit Schande bedecken; **vivre dans l'~** ehrlos leben; **2.** *e-s Verbrechens etc* Infa'mie *f*; Niedertracht *f*; Schändlichkeit *f*; **3.** Schandtat *f*; Schändlichkeit *f*; Infa'mie *f*

inf|ant [ɛ̃fɑ̃] *m,* **~ante** *f hist in* Spanien, Portugal In'fant(in) *m(f)*

infanterie [ɛ̃fɑ̃tri] *f mil* Infante'rie *f*; **~ de marine** Ma'rineinfanterie *f*; **régiment** *m* **d'~** Infanterieregiment *n*

infanticide [ɛ̃fɑ̃tisid] **1.** *m,f* Kindesmörder(in) *m(f)*; *adj* **mère ~** Kindesmörderin *f*; **2.** *m* Kindesmord *m*

infantil|e [ɛ̃fɑ̃til] *adj* **1.** *méd* Kinder...; **maladie ~** Kinderkrankheit *f*; **mortalité ~** Säuglings-, *par ext* Kindersterblichkeit *f*; **psychiatrie ~** Kinder- und Jugendpsychiatrie *f*; **2.** *psych, path* infan'til; **3.** *meist péj Person, Verhalten etc* kindisch; infan'til; **~isme** *m* **1.** *psych, path* Infanti'lismus *m*; **2.** *meist péj* kindische Art; kindisches Benehmen; **c'est de l'~** das ist kindisch; **il fait preuve d'~** er ist kindisch, infantil

infarctus [ɛ̃farktys] *m path* In'farkt *m*; **~ du myocarde** Herzinfarkt *m*; *sc* Myo'kardinfarkt *m*

infatigable [ɛ̃fatigabl(ə)] *adj Person, Eifer etc* unermüdlich

infatuation [ɛ̃fatɥasjɔ̃] *f* Selbstgefälligkeit *f*

infatué [ɛ̃fatɥe] *adj* **être ~ de soi, de soi-même, de sa personne** selbstgefällig, eitel sein; sich über'zeugt *od* eingenommen *od* F *plais* über'zogen sein

infécond [ɛ̃fekɔ̃] *adj* <-onde [-ɔ̃d]> unfruchtbar (*auch fig*); **esprit ~** unproduktiver Geist

infécondité [ɛ̃fekɔ̃dite] *f* Unfruchtbarkeit *f* (*auch fig*)

infect [ɛ̃fɛkt] *adj* **1.** *Geruch, Geschmack, Speise, Wetter etc* scheußlich; ab'scheulich; **2.** *Person* ekelhaft; widerlich

infectant [ɛ̃fɛktɑ̃] *adj Virus etc* infi'zierend; ansteckend

infecter [ɛ̃fɛkte] **I** *v/t* **1.** *méd* infi'zieren; anstecken; **2.** *Luft etc* verpesten; verseuchen; **II** *v/pr* **s'~** *Wunde etc* sich infi'zieren

infectieux [ɛ̃fɛksjø] *adj* <-euse> *méd* infekti'ös; ansteckend; Infekti'ons...; **agent ~, maladie infectieuse** Infektionserreger *m*, -krankheit *f*

infection [ɛ̃fɛksjɔ̃] *f* **1.** *méd* Infekti'on *f*; Infi'zierung *f*; Ansteckung *f*; **foyer** *m* **d'~** Infektionsherd *m*; **2.** scheußlicher Geruch; **c'est une ~** es stinkt hier scheußlich

inféodation [ɛ̃feɔdasjɔ̃] *f* **1.** *féod* Belehnung *f*; **2.** *fig* 'Unterordnung *f*, Unter'werfung *f* (**à** unter + *acc*)

inféod|é [ɛ̃feɔde] *adj fig* **être ~ à un parti,** *etc in* der Abhängigkeit e-r Partei *etc* stehen; **~er I** *v/t féod* ~ **qc à qn** j-n mit etw belehnen; ~ **qc** etw als Lehen vergeben; **II** *v/pr fig* **s'~ à un parti,** *etc* sich in die Abhängigkeit e-r Partei *etc* begeben

infère [ɛ̃fɛr] *adj bot* Fruchtknoten 'unterständig

infér|ence [ɛ̃ferɑ̃s] *f* (Schluß)Folgerung *f*; **~er** *v/t* <-è-> ~ **de qc** aus etw folgern, schließen

inférieur [ɛ̃ferjœr] **I** *adj* **1.** untere(r, -s); 'Unter...; **~-es** *Flusses* **cours ~** Unterlauf *m*; **les étages ~s** die unteren Stockwerke *n/pl*; **lèvre, mâchoire ~e** Unterlippe *f*, -kiefer *m*; **la partie ~e de qc** der untere Teil, *od* das Unterteil e-r Sache; *astr* **planètes ~es** innere *od* untere Planeten *m/pl*; **la vallée ~e du Rhin** das untere Rheintal; **2. a)** niedere(r, -s); niedrige(r, -s); **animaux ~s** niedere Tiere *n/pl*; **classes ~es de la société** niedere, untere Gesellschaftsklassen *f/pl*; **position ~e** niedere, 'untergeordnete Position; **b)** ~ **à qc** niedriger als etw; **note ~e à la moyenne** unter dem 'Durchschnitt liegende, 'unterdurchschnittliche Note; **température ~e à la normale** niedrigere als die Normaltemperatur; **être ~ à** *in* e-r Hierarchie stehen unter (+*dat*); tiefer stehen als; *Temperatur, Wasserstand etc* liegen unter (+*dat*); **3. a)** 'unter'legen; **être ~ en nombre** zahlenmäßig, an Zahl unterlegen sein; *in* der Minderzahl sein; **être ~ en tout** in allem unterlegen sein; **b)** ~ **à qn, à qc** j-m, e-r Sache unter'legen; **être ~ à qn, à qc** *auch* hinter j-m, e-r Sache zu'rückbleiben; schlechter, minderwertiger sein als etw; **n'être ~ à qn en rien** j-m in nichts nachstehen; **4.** *math* ~ **à** kleiner als; **5.** *philos* 'untergeordnet; **II** *subst* **~(e)** *m(f)* Unter'gebene(r) *f(m)*

infériorité [ɛ̃ferjɔrite] *f* Unter'legenheit *f*; Minderwertigkeit *f*; Inferiori'tät *f*; ~ **intellectuelle** geistige Unterlegenheit; ~ **numérique, en nombre** zahlenmäßige Unterlegenheit; *gr* **comparatif** *m* **d'~** Komparativ *m* des niedrigeren Grades; mit „moins" gebildeter Komparativ; **complexe** *m*, **sentiment** *m* **d'~** Minderwertigkeitskomplex *m*, -gefühl *n*

infermentescible [ɛ̃fɛrmɑ̃tesibl(ə)] *adj* nicht fermen'tierbar, gärungsfähig

infernal [ɛ̃fɛrnal] *adj* <-aux> **1.** Höllen...; **puissances ~es** Höllenmächte *f/pl*; **2.** *fig* höllisch; Höllen...; infer'nal(isch); teuflisch; **machine ~e** Höllenmaschine *f*; **ruse ~e** teuflische List; **vacarme ~** Höllenlärm *m*; **3.** F *Kind etc* unerträglich; unausstehlich; infer'nalisch; **c'est ~** F das ist infernalisch, nicht zum Aushalten

inférovarié [ɛ̃ferɔvarje] *adj bot* mit 'unterständigem Fruchtknoten

infertil|e [ɛ̃fɛrtil] *adj* unfruchtbar (*auch fig*); unergiebig (*auch Thema*); **esprit** *m* ~ unproduktiver Geist; **~ité** *f* Unfruchtbarkeit *f* (*auch fig*); Unergiebigkeit *f*

infestation [ɛ̃fɛstasjɔ̃] *f path* Para'siteninfektion *f*; Invasi'on *f*; *auch* Infestati'on *f*

infester [ɛ̃fɛste] *v/t Ungeziefer: Gegend, Haus etc* befallen; heimsuchen; *Minen: Gebiet* verseuchen; *Räuber etc: Gegend* unsicher machen; heimsuchen; **maison infestée de rats** von Ratten befallenes Haus

infeutrable [ɛ̃føtrabl(ə)] *adj Wolle* nicht (ver)filzend

infibulation [ɛ̃fibylasjɔ̃] *f* Völkerkunde Infibulati'on *f*

infidèle [ɛ̃fidɛl] **I** *adj* **1.** *Person* treulos; untreu (*bes Mann, Frau*); *poét* ungetreu; *Bericht, Übersetzung, Übersetzer* ungenau; *Gedächtnis* unzuverlässig; **être ~ à un engagement** e-r Verpflichtung nicht nachkommen; **être ~ à son idéal** s-m Ideal untreu werden; **être ~ à sa parole, à sa promesse, à ses serments** sein Wort, sein Versprechen, s-e Schwüre nicht halten; **2.** *rel* ungläubig; **II** *m,f rel* Ungläubige(r) *f(m)*

infidélité [ɛ̃fidelite] *f e-r Person* Treulosigkeit *f*; Untreue *f* (*bes des Mannes, der*

Frau); *e-s Berichtes, Übersetzers etc* Ungenauigkeit *f*; *des Gedächtnisses* Unzuverlässigkeit *f*; Schwäche *f*; ~ à la parole donnée Nichteinhaltung *f* des gegebenen Wortes; faire des ~s à son fournisseur habituel s-m alten Kaufmann untreu werden

infiltrat [ε̃filtra] *m path* Infil'trat *n*; ~ pulmonaire Lungeninfiltrat *n*

infiltration [ε̃filtrasjɔ̃] *f* 1. *von Flüssigkeiten* Eindringen *n*; Einströmen *n* (*beide auch von Gas*); Ein-, 'Durchsickern *n*; Versickern *n*, -ung *f*; Infiltrati'on *f* (*auch géol*); 2. *path* Infiltrati'on *f*; *méd* ~ anesthésique Infiltrationsanästhesie *f*; 3. *bes pol von Personen(gruppen)* Infiltrati'on *f*; Eindringen *n*; Einschleichen *n*; 4. *fig* ~ des idées Infiltrati'on *f* durch I'deen; ideo'logische Unter'wanderung

infiltrer [ε̃filtre] *v/pr* s'~ 1. s'~ (dans) *Flüssigkeit* (ein)dringen (*auch Sand, Wind*), einströmen (in + *acc*) (*beide auch von Gas*); ein-, versickern (in + *dat*); 'durchsickern; 2. *fig Personen(gruppen)* s'~ dans une région ein Gebiet infil'trieren, unter'wandern; in ein Gebiet (heimlich, unauffällig) eindringen; sich in ein Gebiet einschleichen; 3. *fig Ideen etc* Eingang finden (dans, en in + *dat*); durch'dringen, unter'wandern (+*acc*)

infime [ε̃fim] *adj Menge, Unterschiede etc* winzig (klein)

in fine [infine] *loc/adv chapitre deux*, ~ ... am Ende, Schluß

infini [ε̃fini] I *adj* 1. unendlich (*auch math*); endlos; 2. *fig* unendlich; maß-, grenzenlos; *confiance* ~e grenzenloses Vertrauen; avoir une patience ~e e-e unendliche Geduld haben, besitzen; prendre d'~es précautions ganz besonders vorsichtig, behutsam, sorgsam sein; II *m* 1. *math, phot* Unendlich *n*; 2. *philos* l'~ das Unendliche; 3. *loc/adv* à l'~ ins Unendliche (*auch math*); (bis) ins Endlose, ins Aschgraue; unendlich; s'étendre à l'~ sich ins Unendliche, bis ins Endlose, unendlich weit, endlos weit erstrecken, ausdehnen

infiniment [ε̃finimɑ̃] *adv* 1. *math* ~ grand, petit unendlich groß, klein; 2. unendlich; außerordentlich; ~ reconnaissant außerordentlich, unendlich dankbar; il est ~ plus intelligent er ist unendlich viel intelligenter; montrer ~ de bonté unendlich viel Güte zeigen

infinité [ε̃finite] *f* 1. Unendlichkeit *f*; Endlosigkeit *f*; 2. *fig* une ~ de e-e sehr große Menge, e-e Unmenge, Unzahl, Unmasse *von* (de + *gén*)

infinitésimal [ε̃finitezimal] *adj* ⟨-aux⟩ 1. *math* infinitesi'mal; Infinitesi'mal...; calcul ~ Infinitesimalrechnung *f*; 2. *Menge* unendlich, winzig klein

infinitif [ε̃finitif] *gr* I *adj* ⟨-ive⟩ mode ~ Infinitiv *m*; proposition infinitive Infinitivsatz *m*; II *m* Infinitiv *m*; ~ substantivé substantivierter Infinitiv; verbe *m* à l'~ Verb *n* im Infinitiv

infinitude [ε̃finityd] *f philos* Unendlichkeit *f*

infirm|atif [ε̃firmatif] *adj* ⟨-ive⟩ *jur Urteil* aufhebend; *Beweis, Zeugenaussage* entkräftend; ~ation *f jur* Aufhebung *f*; Entkräftung *f*

infirme [ε̃firm] I *adj* körperbehindert; gebrechlich; II *m,f* Körperbehinderte(r) *f(m)*

infirmer [ε̃firme] *v/t* 1. *Behauptung, Beweis etc* entkräften; 2. *jur Urteil* aufheben

infirmerie [ε̃firməri] *f e-s Internats etc* Krankenzimmer *n*, -zimmer *n*, -saal *m*; *mil* Krankenrevier *n*

infirmier [ε̃firmje] *m* Krankenpfleger *m*; *mil* ~ militaire Sani'täter *m*

infirmière [ε̃firmjεr] *f* Krankenschwester *f*, -pflegerin *f*; ~-major *f* ⟨*pl* infirmières-majors⟩ Oberschwester *f*

infirmier-major [ε̃firmjemaʒɔr] *m* ⟨*pl* infirmiers-majors⟩ *mil* Sani'tätsunteroffizier *m*

infirmité [ε̃firmite] *f* 1. Gebrechen *n*; 2. *fig* Schwäche *f*

infixe [ε̃fiks] *m ling* In'fix *n*

inflamm|abilité [ε̃flamabilite] *f* Entzündbarkeit *f*; Entflammbarkeit *f*; ~able *adj* entzündbar; feuergefährlich; leicht brennbar; entflammbar

inflamma|tion [ε̃flamasjɔ̃] *f path* Entzündung *f*; ~toire *adj path* entzündlich; Entzündungs...

inflation [ε̃flasjɔ̃] *f* 1. *écon* Inflati'on *f*; 2. *fig* 'übermäßige Zunahme, übermäßige Steigerung (de von *od gén*)

inflationn|isme [ε̃flasjɔnism(ə)] *m écon* Inflatio'nismus *m*; ~iste *adj écon* inflatio'nistisch; inflatio'när; Inflati'ons...; danger *m* ~ Inflationsgefahr *f*

infléchi [ε̃fleʃi] *adj* 1. *bot* einwärts gebogen, geneigt; 2. *gr* voyelle ~e 'Umlaut *m*

infléch|ir [ε̃fleʃir] I *v/t* 1. beugen; biegen; 2. *fig* ~ (le cours de) qc e-r Sache (*dat*) e-e andere Richtung geben; etw ändern; II *v/pr* s'~ 3. sich biegen; *Fluß etc* e-e Biegung machen (vers nach); 4. *fig* sich ändern; la politique s'est infléchie à gauche die Politik hat e-e Wendung nach links genommen; ~issement *m* (kaum merkliche) Änderung

inflex|ibilité [ε̃fleksibilite] *f* Unbeugsamkeit *f*; Unnachgiebigkeit *f*; Unerbittlichkeit *f*; ~ible *adj Person, Charakter* unbeugsam (*auch Wille, Energie*); unnachgiebig; unerbittlich (*auch Gesetz, Entschluß*); rester ~ dans sa conviction auf s-r Über'zeugung beharren

inflexion [ε̃fleksjɔ̃] *f* 1. *e-s Flusses* Biegung *f*; Krümmung *f*; *des Körpers* Beugung *f*; 2. *math* point *m* d'~ Wendepunkt *m*; 3. *der Stimme* Modulati'on *f*; leichte Veränderung; Schwingung *f*; 4. *ling* 'Umlaut *m* (*Vorgang*)

infliger [ε̃fliʒe] *v/t* ⟨-geons⟩ ~ à qn *Strafe* j-m auferlegen (*auch Buße*); gegen j-n verhängen; *Verweis, Lehre* j-m erteilen; *Verluste* j-m zufügen, beibringen; *Niederlage* j-m beibringen; *Beleidigung* j-m zufügen; *s-e Gegenwart, e-n Bericht etc* j-m aufdrängen; ~ un affront à qn auch j-m e-n Affront antun, j-n kränken, beleidigen; *Ereignisse etc* ~ un démenti à qc etw (nachdrücklich) wider'legen; ~ une peine à qn j-n zu e-r Strafe verurteilen

inflorescence [ε̃flɔresɑ̃s] *f bot* Blütenstand *m*; *sc* Inflores'zenz *f*

influençable [ε̃flyɑ̃sabl(ə)] *adj* (leicht) beeinflußbar, zu beeinflussen(d)

influence [ε̃flyɑ̃s] *f* 1. Einfluß *m*; Einwirkung *f*; bonne, mauvaise ~ de qn j-s guter, schlechter Einfluß (sur auf + *acc*); ~ prépondérante Vormachtstellung *f*; 'Übergewicht *n*; *jur trafic m* d'~ passive Bestechung; *pol* zone ~ d'~ Einflußbereich *m*, -gebiet *n*; Inter'essensphäre *f*; sous l'~ de qn, de qc unter j-s Einfluß, unter dem Einfluß *od* der Einwirkung e-r Sache; avoir de l'~ Einfluß haben (sur auf + *acc*); großen Einfluß besitzen; einflußreich sein; exercer une ~ sur e-n Einfluß ausüben auf (+*acc*); ~ exercée par qc sur qn j-s Beeinflussung durch etw; subir l'~, être sous l'~ de qn unter j-s Einfluß (*dat*) stehen; 2. *phys* Influ'enz *f*; machine *f* à ~ Influenzmaschine *f*

influencer [ε̃flyɑ̃se] *v/t* ⟨-ç-⟩ ~ qn, qc j-n, etw beeinflussen; ~ qn dans sa décision j-n bei s-r Entscheidung beein-

flussen; se laisser ~ sich beeinflussen lassen

influent [ε̃flyɑ̃] *adj* einflußreich

influenza [ε̃flyɑ̃za] *f path früher* Influ'enza *f*

influer [ε̃flye] *v/i Sachen* ~ sur qc Einfluß haben *od* ausüben auf etw (*acc*); (sich aus)wirken auf etw (*acc*)

influx [ε̃fly] *m physiol* ~ nerveux Nervenleitung *f*; vitesse *f* de propagation de l'~ nerveux Nervenleitungsgeschwindigkeit *f*

in-folio [infɔljo] *adj* ⟨*inv*⟩ *impr* Folio...; format *m od subst* ~ *m* ⟨*inv*⟩ Folio(format) *n*; volume *m od subst* ~ *m* ⟨*inv*⟩ Folioband *m*; Foli'ant *m*

informa|teur [ε̃fɔrmatœr] *m*, ~trice *f* Infor'mant(in) *m(f)*

informaticien [ε̃fɔrmatisjε̃] *m* Infor'matiker *m*; EDV-Fachmann *m*; Datenverarbeitungsspezialist *m*

information [ε̃fɔrmasjɔ̃] *f* 1. Informati'on *f*; Unter'richtung *f*; Infor'mierung *f*; journal *m* d'~ Nachrichten-, Informationsblatt *n*; voyage *m* d'~ Informationsreise *f*; à titre d'~ zur Information, Unterrichtung, Kenntnisnahme; pour votre ~ zu Ihrer Information *etc*; ~s Informati'on *f*; Nachricht *f*; Auskunft *f*; Mitteilung *f*; Meldung *f* (*bes rad, télév, in e-r Zeitung*); ~s sportives Sportnachrichten *f/pl*, -meldungen *f/pl*; traitement *m* de l'~ Datenverarbeitung *f*; aller aux ~s Erkundigungen einziehen; Nachrichten, Informationen sammeln; sich Aufschluß verschaffen; écouter les ~s die Nachrichten hören; 2. Infor'miertheit *f*, -sein *n*; l'ampleur de son ~ est étonnante es ist erstaunlich, wie informiert er ist; 3. *jur* Ermittlungen *f/pl*; ouvrir une ~ ein Ermittlungsverfahren einleiten

informationnel [ε̃fɔrmasjɔnεl] *adj* ⟨-le⟩ Informati'ons...

informat|ique [ε̃fɔrmatik] I *adj* Datenverarbeitungs...; EDV-...; II *f* a) *als Wissenschaft* Infor'matik *f*; b) (elek'tronische) Datenverarbeitung (*abr* EDV); ~iser I *v/t* 1. a) *Aufgabe, Problem etc* mit Hilfe der (elek'tronischen) Datenverarbeitung lösen, bearbeiten, *Marktforschung etc* betreiben; die (elek'tronische) Datenverarbeitung einsetzen für; b) *Betrieb etc* auf (elek'tronische) Datenverarbeitung 'umstellen; 2. *Wirtschaft, Unternehmen etc* mit Daten, Informati'onen versorgen; II *v/pr* s'~ *Unternehmen etc* sich auf (elek'tronische) Datenverarbeitung 'umstellen

informe [ε̃fɔrm] *adj* 1. *Masse etc* formlos; unförmig; ungestaltet; *Kleidungsstück* être ~ keine Form haben; 2. *fig Entwurf etc* nicht genügend 'durchgearbeitet; unvollkommen; 3. *jur* formwidrig

informé [ε̃fɔrme] I *adj* infor'miert, unter'richtet (sur qn, de *od* sur qc über j-n, etw); milieux bien ~s gutunterrichtete Kreise *m/pl*; II *m* *jur* Ermittlungen *f/pl*; jusqu'à plus ample ~ bis zur weiteren Klärung der Sachlage; *allg auch* bis mehr, weitere, bessere Informationen vorliegen; nous ne ferons rien jusqu'à plus ample ~ ... ehe wir nicht mehr wissen, besser unter'richtet sind

informel [ε̃fɔrmεl] I *adj* ⟨~le⟩ 1. *peint* infor'mell; 2. *Treffen, Vereinbarung* nicht for'mell, informell; formlos; II *m peint* Infor'melle(r) *m*

informer [ε̃fɔrme] I *v/t* 1. ~ qn de qc j-n über etw (*acc*) unter'richten, infor'mieren; j-n von etw in Kenntnis setzen, benachrichtigen; ~ qn que ... j-n darüber unterrichten, informieren, j-n davon in Kenntnis setzen, benachrichti-

gen, j-m mitteilen, daß ...; **2.** *philos* gestalten; **II** *v/i jur* ~ **contre qn** gegen j-n e-e strafrechtliche Unter'suchung 'durchführen (**sur, de** wegen); **III** *v/pr* **s'~** sich infor'mieren, unter'richten (**de qc auprès de qn** über etw [*acc*] bei j-m); sich erkundigen (**nach** etw **bei** j-m)

informulé [ɛ̃fɔrmyle] *adj Wunsch, Gedanke* unausgesprochen; geheim

infortun|e [ɛ̃fɔrtyn] *f* Unglück(sfall) *n(m)*; 'Mißgeschick *n*; Pech *n*; **~s** *pl* Schicksalsschläge *m/pl*; Unglücksfälle *m/pl*; **compagnon** *m* **d'~** Leidensgenosse *m*, -gefährte *m*; **~é I** *adj* unglücklich; leidgeprüft; **II** *subst* **~(e)** *m(f)* Unglückliche(r) *f(m)*

infra [ɛ̃fra] *adv adm, jur* **voir ~** siehe unten (*abr* s. u.)

infraction [ɛ̃fraksjɔ̃] *f* ungesetzliche Tat; Zu'widerhandlung *f*; Rechtsbruch *m*; Verstoß *m* (**à** gegen); Über'tretung *f*; Verletzung *f* (**à** *gén*); ~ **fiscale** Steuervergehen *n*; ~ **au code de la route** Übertretung der, Verstoß gegen die Verkehrsregeln; ~ **à la loi** Gesetzesübertretung *f*, -verletzung *f*; Verstoß gegen das Gesetz; ~ **à un traité** Vertragsverletzung *f*

infranchissable [ɛ̃frɑ̃ʃisabl(ə)] *adj Graben, Entfernung etc* unüberwindlich, -bar; **obstacle** *m* ~ unüberwindliches Hindernis (*auch fig*)

infrangible [ɛ̃frɑ̃ʒibl(ə)] *litt adj* unzerbrechlich

infra|rouge [ɛ̃fraruʒ] **I** *adj phys Strahlen* infra-, ultrarot; **II** *m* Infra-, Ultrarot *n*; **~-son** *m phys* Infraschall *m*

infrastructure [ɛ̃frastryktyr] *f* **1.** e-s *Landes, écon* Infrastruktur *f* (*auch mil*); **2.** *aviat* Bodenorganisation *f*; **3.** *ch de fer, e-r Straße* 'Unterbau *m*

infréquentable [ɛ̃frekɑ̃tabl(ə)] *adj* **personne** *f* ~ Per'son, mit der man nicht verkehren kann

infroissable [ɛ̃frwasabl(ə)] *adj Stoff* knitterfrei

infructueux [ɛ̃fryktɥø] *adj* ⟨**-euse**⟩ frucht-, erfolg-, ergebnis-, nutzlos; vergeblich

infrutescence [ɛ̃frytesɑ̃s] *f bot* Fruchtstand *m*

infule [ɛ̃fyl] *f hist* Inful *f*; Infel *f*

infundibuliforme [ɛ̃fɔ̃dibyliform] *adj bot Blütenkrone* trichterförmig

infundibulum [ɛ̃fɔ̃dibybm] *m anat* Infun'dibulum *n*

infuse [ɛ̃fyz] *adj* ⟨*nur* f⟩ *iron* **avoir la science** ~ F die Weisheit mit Löffeln gefressen haben; die Weisheit für sich gepachtet haben; **je n'ai pas la science** ~ ich kann ja nicht alles wissen

infuser [ɛ̃fyze] *v/t* **1.** *Tee, Kamille etc* **laisser, faire** ~ aufgießen, -brühen; ziehen lassen; **2.** *fig Mut, Energie etc* einflößen; ~ **un sang nouveau à qn** j-n neu beleben; *st/s* j-m neues Leben einhauchen

infusible [ɛ̃fyzibl(ə)] *adj* nicht schmelzbar

infusion [ɛ̃fyzjɔ̃] *f* **1.** (Kräuter)Tee *m*; Aufguß *m*; ~ **de menthe** Pfefferminztee *m*; **2.** Aufgießen *n*; Ziehenlassen *n*; **3.** *rel* **baptême** *m* **par** ~ Infusi'onstaufe *f*

infusoires [ɛ̃fyzwar] *m/pl zo* Aufgußtierchen *n/pl*; Infu'sorien *n/pl*

ingambe [ɛ̃gɑ̃b] *adj* rüstig (*bes alter Mensch*); **être** ~ *auch* (noch) gut zu Fuß sein

ingénier [ɛ̃ʒenje] *v/pr* **s'~ à** (+*inf*) s-n Geist, Verstand anstrengen, um zu (+*inf*); **il s'ingéniait à lui plaire** er zerbrach sich den Kopf, wie er ihr gefallen könne

ingénierie [ɛ̃ʒeniri] *f cf* engineering

ingénieur [ɛ̃ʒenjœr] *m* Ingeni'eur *m*; ~ **agronome** *cf* agronome; ~ **civil** in der

---

Privatwirtschaft tätiger Ingenieur; ~ **diplômé** Di'plomingenieur *m*; ~ **technico-commercial** Vertriebs-, Verkaufsingenieur *m*; ~ **d'études** Entwicklungsingenieur *m*; ~ **des mines** Bergingenieur *m*; ~ **du son** Toningenieur *m*, -meister *m*; ~ **des travaux publics** Tiefbauingenieur *m*; ~ **en chef** Chefingenieur *m*; **femme** *f* ~ Ingeni'eurin *f*; ~**-conseil** *m* ⟨*pl* ingénieurs-conseils⟩ **a)** beratender Ingeni'eur; **b)** Pa'tentanwalt *m*

ingénieux [ɛ̃ʒenjø] *adj* ⟨**-euse**⟩ *Person* erfinderisch; findig; einfallsreich; *Erklärung, Einfall etc* geist-, sinnreich; sinnig; *Erklärung auch, Lüge* geschickt; **qc d'~** etwas Geist-, Sinnreiches, Sinniges, *p/fort* F Geni'ales

ingéniosité [ɛ̃ʒenjozite] *f* e-r *Person* Erfindungsgabe *f*; Findigkeit *f*; Einfallsreichtum *m*; e-r *Idee etc* Sinnigkeit *f*; Durch'dachtheit *f*; e-r *Erklärung, Lüge* Geschicktheit *f*; **faire preuve d'~** erfinderisch sein

ingénu [ɛ̃ʒeny] **I** *adj Person, Frage, Miene etc* treu-, offenherzig; na'iv; unschuldig; arglos; unbefangen; **II** *subst* **1.** **~(e)** *m(f)* treuherziger *etc* Mensch; Na'ivling *m*; **2.** *thé* **~e** *f* Na'ive *f*; **jouer les ~es** die Naive spielen

ingénuité [ɛ̃ʒenɥite] *f* **1.** e-s jungen *Mädchens, e-r Antwort etc* Treu-, Offenherzigkeit *f*; Naivi'tät *f*; Arglosigkeit *f*; Unbefangenheit *f*; **2.** *jur hist* Ingenui'tät *f*

ingénument [ɛ̃ʒenymɑ̃] *adv von* ingénu

ingér|ence [ɛ̃ʒerɑ̃s] *f* Einmischung *f* (**dans** in + *acc*); **~er** ⟨**-è-**⟩ **I** *v/t physiol Nahrung* aufnehmen; *Medikament* einnehmen; **II** *v/pr* **s'~** sich einmischen (**dans** in + *acc*)

ingestion [ɛ̃ʒestjɔ̃] *f physiol* Ingesti'on *f*; *der Nahrung* Aufnahme *f*; *abs* Nahrungsaufnahme *f*

ingouvernable [ɛ̃guvernabl(ə)] *adj* nicht zu re'gieren(d); unregier-, unlenkbar

ingrat [ɛ̃gra] **I** *adj* **1.** *Person* undankbar (**envers qn** j-m gegenüber); **2.** *Aufgabe, Arbeit etc* undankbar (*auch Boden*); nicht lohnend; **3.** *Züge, Gesicht etc* ungefällig; **elle a un physique** ~ die Natur hat sie stiefmütterlich behandelt; **4.** *âge* ~ Puber'tätsalter *n*; Entwicklungsjahre *n/pl*; kritisches Alter; *bei Jungen auch* Flegeljahre *n/pl*; **II** *subst* **~(e)** *m(f)* Undankbare(r) *f(m)*

ingratitude [ɛ̃gratityd] *f* e-r *Person* Undank(barkeit) *m(f)*; **payer qn d'~** es j-m mit Undank lohnen, vergelten

ingrédient [ɛ̃gredjɑ̃] *m* Ingredi'enz *f*; Zutat *f*; *phm auch* Bestandteil *m*

inguérissable [ɛ̃gerisabl(ə)] *adj* **1.** *Krankheit* unheilbar; **malade** *m.f* unheilbar Kranke(r) *f(m)*; **2.** *fig Leid, Kummer* immerwährend; *Wunde* unheilbar; *Schmerzen* unstillbar

inguinal [ɛ̃ginal] *adj* ⟨**-aux**⟩ *anat* Leisten...; *sc* ingui'nal; **canal** ~ Leistenkanal *m*; **path** '**hernie** ~**e** Leistenbruch *m*

ingurgiter [ɛ̃gyrʒite] *v/t* **1.** *Speise* gierig verschlingen, hin'unterschlingen; *Getränk* hin'unterstürzen; **2.** *fig* ~ **du latin**, *etc* La'tein *etc* pauken

inhabile [inabil] *adj Person* ungeschickt; ungewandt; *p/fort* ungeeignet; unfähig (*auch jur*) (**à** + *inf* zu + *inf*); **~té** *st/s* f Ungeschicklichkeit *f*; Ungewandtheit *f*

inhabit|able [inabitabl(ə)] *adj* unbewohnbar; **~é** *adj* unbewohnt

inhabituel [inabitɥɛl] *adj* ⟨**~le**⟩ ungewohnt; ungewöhnlich

inhalant [inalɑ̃] *m* Schnüffelstoff *m* (*ein Rauschmittel*)

inhalateur [inalatœr] **I** *adj* ⟨**-trice**⟩ *méd*

Inhalati'ons...; **II** *m* **1.** *méd* Inhalati'onsapparat *m*; **2.** *aviat* ~ **d'oxygène** Sauerstoffgerät *n*, -apparat *m*

inhal|ation [inalasjɔ̃] *f méd* Einatmen *n*, Inhalati'on *f*, Inha'lieren *n* (**de gaz, vapeurs** von Gas, Dämpfen); *von Rauschmitteln* Schnüffeln *n*; Sniffing *n*; **faire des ~s** inha'lieren; **~atorium** [-atɔrjɔm] *m méd* Inhala'torium *n*; **~er** *v/t méd Äther etc* einatmen; inha'lieren; *Rauschmittel* schnüffeln

inhér|ence [inerɑ̃s] *f philos* Inhä'renz *f*; **~ent** *adj* innewohnend, anhaftend (**à qc** e-r Sache [*dat*]); unzertrennlich verbunden (**mit** etw); *philos* inhä'rent

inhib|é [inibe] *adj psych, physiol* gehemmt; **~er** *v/t psych, physiol* hemmen

inhibi|teur [inibitœr] **I** *adj* ⟨**-trice**⟩ *psych, physiol* hemmend; **II** *m chim* In'hibitor *m*; *meist pl* **~s** Inhibi'toren *pl*; **Hemmstoffe** *m/pl*; *physiol* ~ **de l'ovulation** Ovulati'onshemmer *m*; **~tion** *f* **1.** *psych, physiol* Hemmung *f*; Inhibiti'on *f*; **2.** *psych auch* Gehemmtheit *f*

inhospitalier [inɔspitalje] *adj* ⟨**-ière**⟩ *Land, Haus, Ufer etc* ungastlich (*auch Person, Empfang*); unwirtlich

inhumain [inymɛ̃] *adj* **1.** *Person, Behandlung, Gesetz etc* unmenschlich; inhuman; roh; grausam; **2.** *Schrei* unmenschlich

inhumanité [inymanite] *f* e-r *Person, e-s Gesetzes etc* Unmenschlichkeit *f*; In'humani'tät *f*; Roheit *f*; Grausamkeit *f*

inhum|ation [inymasjɔ̃] *f bes adm* Bestattung *f*; Beisetzung *f*; Beerdigung *f*; Begräbnis *n*; **~er** *v/t bes adm* bestatten; beisetzen; beerdigen; begraben; **permis** *m* **d'~** Totenschein *m*

inia [inja] *m od* **inie** [ini] *m zo* Inia *f*

inimaginable [inimaʒinabl(ə)] *adj* unvorstellbar; undenkbar

inimitable [inimitabl(ə)] *adj* unnachahmlich

inimitié [inimitje] *f* Feindschaft *f*

ininflammable [inɛ̃flamabl(ə)] *adj* nicht entzündbar, brennbar; feuerfest

inintelligent [inɛ̃teliʒɑ̃] *adj* unintelligent

inintellig|ibilité [inɛ̃teliʒibilite] *f* Unverständlichkeit *f*; **~ible** *adj Buch, Autor, Worte etc* unverständlich

inintéressant [inɛ̃teresɑ̃] *adj* uninteressant

ininterrompu [inɛ̃terɔpy] *adj Lärm, Autoschlange, Folge etc* ununterbrochen

iniqu|e [inik] *adj* ungerecht; *st/s* unbillig; **~ité** *f* **1.** Ungerechtigkeit *f*; *st/s* Unbill *f*; **2.** *rel, litt* Sünde *f*

initial [inisjal] *adj* ⟨**-aux**⟩ **1.** Anfangs...; Initi'al...; Ausgangs...; anfänglich; initi'al; **cause** ~**e** anfänglicher Grund; **position** ~**e** Ausgangsstellung *f* (*auch gym*); **vitesse** ~**e** Anfangsgeschwindigkeit *f*; **2.** **lettre** ~**e** *od subst* ~**e** *f* Anfangs-, Initi'albuchstabe *m*; Initi'ale(r) *n(f)*; **3.** *bot* **cellules** ~**es** *od subst* ~**es** *f/pl* Initi'alzellen *f/pl*; Initi'alen *pl*

initia|teur [inisjatœr] *m* ⟨**-trice**⟩ *f* **1.** e-r *Sache* Initi'ator *m*, Initia'torin *f*; Urheber(in) *m(f)*; Anreger(in) *m(f)*; Wegbereiter(in) *m(f)*; Bahnbrecher(in) *m(f)*; *péj* Anstifter(in) *m(f)*; **initiateur principal** Hauptinitiator *m*; **2.** e-r *Person* Lehrmeister(in) *m(f)*

initia|tion [inisjasjɔ̃] *f* **1.** *rel, Völkerkunde* Initiati'on *f*; *in Mysterien, in ein Geheimnis auch* Einweihung *f* (**à** in + *acc*); **2.** *par ext in ein Wissensgebiet, in e-e Tätigkeit etc* Einführung *f* (**à** in +*acc*); **~tique** *adj rel, Völkerkunde* Initiati'ons...; **rites** *m/pl* **~s** Initiationsriten *m/pl*

initiative [inisjativ] *f* **1.** Initia'tive *f*; ~ **privée** Pri'vatinitiative *f*; **esprit** *m* **d'~**

Unter'nehmungsgeist *m*, -lust *f*; Initiative *f*; **de sa propre** ~ aus eigener Initiative; aus eigenem Antrieb, Entschluß; von sich aus; **sur** *od* **à l'~ de qn** auf j-s Initiative (*acc*) hin; **prendre l'~** die Initiative ergreifen (**de qc** zu etw); sich entschließen (**de qc** zu etw; **de faire qc** etw zu tun); **2.** *pol* Initia'tive *f*; ~ **législative**, **des lois** Gesetzesinitiative *f*; ~ **populaire** Volksbegehren *n*, -initiative *f*, -anregung *f*; **droit** *m* **d'~** Initia'tivrecht *n*; **3.** **syndicat** *m* **d'~** Fremdenverkehrsamt *n*; Verkehrsverein *m*

initi|é(e) [inisje] *m(f)* rel. Völkerkunde Initi'ierte(r) *f(m)*; Eingeweihte(r) *f(m)* (*auch fig in ein Geheimnis*); **~er I** *v/t* **1.** ~ **qn à qc a)** *in ein Geheimnis* j-n in etw (*acc*) einweihen; **b)** *in ein Wissensgebiet*, *in e-e Methode etc* j-n in etw (*acc*) einführen; **2.** *rel*, *Völkerkunde* initi'ieren; einweihen; einführen; **II** *v/pr* **s'~ à qc** sich mit etw vertraut machen

injectable [ɛ̃ʒɛktabl(ə)] *adj méd* inji'zierbar

injecté [ɛ̃ʒɛkte] *adj Auge* ~ (**de sang**) blutunterlaufen

injecter [ɛ̃ʒɛkte] *v/t* **1.** *méd Serum etc* inji'zieren, (ein)spritzen (**dans** + *acc*); **2.** *tech Öl*, *Zement etc* einspritzen (**dans** in + *acc*); inji'zieren

injecteur [ɛ̃ʒɛktœr] **I** *adj* ‹-trice› *méd* Injekti'ons…; **II** *m* **1.** *méd* Injekti'onsinstrument *n*; **2.** *tech* In'jektor *m*; Dampfstrahlpumpe *f*; *auto* Einspritzdüse *f*

injection [ɛ̃ʒɛksjɔ̃] *f* **1.** *méd* **a)** Injekti'on *f*; Einspritzung *f*; *Vorgang auch* (Ein-)Spritzen *n*; Inji'zieren *n*; ~ **intramusculaire**, **intraveineuse** intramuskuläre, intravenöse Injektion; **seringue** *f* **à** ~**s** Injektionsspritze *f*; **faire une** ~ **de qc à qn** j-m etw injizieren; **b)** Injekti'onsflüssigkeit *f*; **2.** *tech* Einspritzung *f*; Injekti'on *f*; *von Hölzern* Tränken *n*; *auto* Einspritzen *n*; **~ à** ~ Einspritzmotor *m*; **3.** *géol* Injekti'on *f*

injonctif [ɛ̃ʒɔ̃ktif] *adj* ‹-ive› *gr cf* **impératif I 4.**

injonction [ɛ̃ʒɔ̃ksjɔ̃] *f* (ausdrücklicher) Befehl

injouable [ɛ̃ʒwabl(ə)] *adj Stück* unspielbar

injure [ɛ̃ʒyr] *f* **1.** Beleidigung *f* (*auch jur*); Beschimpfung *f*; Verunglimpfung *f*; Schimpf(wort) *m*(*n*); *jur* Ver'balinjurie *f*; **bordée** *f*, **chapelet** *m* **d'~s** Schimpfkanonade *f*; Hagel *m* von Beleidigungen, Beschimpfungen; **accabler d'~s** mit Schimpfworten, Beleidigungen über'häufen; **dire des** ~**s à qn** j-n beschimpfen, verunglimpfen, mit Worten beleidigen; **faire** ~ **à la réputation**, *etc* **de qn** j-n beleidigen, indem man s-n guten Ruf *etc* in Zweifel zieht; **faire** ~ **à qn en faisant qc** j-n beleidigen, indem man etw tut; **faire l'~ à qn de** (+*inf*) j-m den Schimpf antun zu (+*inf*); **2.** *litt* **l'~ du temps, des ans** der Zahn der Zeit

injurier [ɛ̃ʒyrje] **I** *v/t Person* beleidigen; beschimpfen; verunglimpfen (*auch j-s Andenken*); **II** *v/pr* **s'~** ein'ander beleidigen; sich gegenseitig beschimpfen

injurieux [ɛ̃ʒyrjø] *adj* ‹-euse› beleidigend

injuste [ɛ̃ʒyst] *adj Person*, *Gesellschaft*, *Handlung*, *Wort*, *Maßnahme etc* ungerecht (**envers**, **à l'égard de**, **pour qn** j-m gegenüber); **il est** ~ **de** (+*inf*) *od* **que …** (+*subj*) es ist ungerecht zu (+*inf*) *od* daß …

injustice [ɛ̃ʒystis] *f* **1.** Ungerechtigkeit *f*; ~ **sociale** soziale Ungerechtigkeit; **2.** *Handlung*, *Maßnahme* Unrecht *n*; Unge-

rechtigkeit *f*; **réparer une** ~ ein Unrecht wieder'gutmachen

injustifi|able [ɛ̃ʒystifjabl(ə)] *adj* nicht zu rechtfertigen(d); **~é** *adj* ungerechtfertigt; unberechtigt

inlandsis [inlãdsis] *m géogr* Inlandeis *n*; Binneneis *n*

inlassable [ɛ̃lasabl(ə)] *adj* unermüdlich

innavigable [i(n)navigabl(ə)] *adj mar Fluß etc* unbefahrbar; unschiffbar

inné [i(n)ne] *adj* angeboren; *philos* **idées** ~**es** angeborene Ideen *f/pl*; **il a le sens** ~ **de qc** er hat e-n angeborenen Sinn für etw; **ihm ist der Sinn für etw angeboren**; **~ité** *f philos* Angeborensein *n*

innerv|ation [inɛrvasjɔ̃] *f anat*, *physiol* Innervati'on *f*; **~er** *v/t anat*, *physiol* inner'vieren

innocemment [inɔsamã] *adv von* innocent

innocence [inɔsãs] *f* **1.** *e-r Person* Unschuld *f*; Schuldlosigkeit *f*; **protester de son** ~ s-e Unschuld beteuern; **2.** *bes e-s Kindes* Unschuld *f*; Reinheit *f*; Unverdorbenheit *f*; *e-s Mädchens* Unschuld *f*; **3.** *péj* Naivi'tät *f*; Einfalt *f*; Leichtgläubigkeit *f*; **en toute** ~ in aller Unschuld; **abuser de l'~ de qn** j-s Naivität *etc* ausnutzen

innocent [inɔsã] **I** *adj* **1.** unschuldig (**de qc** an etw [*dat*]); schuldlos; **2.** *bes Kind*, *Mädchen*, *Lächeln*, *Aussehen etc* unschuldig; unschuldsvoll; *Kind*, *Mädchen auch* rein; unverdorben; **air** ~ Unschuldsmiene *f*; ~ **comme l'enfant qui vient de naître** unschuldig wie ein neugeborenes Kind, wie ein Lamm; **2.** *péj* na'iv; einfältig; leichtgläubig; **il est bien** ~ **de croire** *que …* er ist recht naiv, einfältig zu glauben …; **4.** *Gewohnheit*, *Vergnügen*, *Spiel etc* harmlos; *Vergnügen auch* unschuldig; **II** *subst* ~**(e)** *m(f)* **1.** Unschuldige(r) *f(m)*; **condamner un** ~ e-n Unschuldigen verurteilen; **2.** unschuldiges, reines, unverdorbenes Kind, Mädchen; *bibl* **massacre** *m* **des** ♁**s** Kindermord *m* zu Bethlehem; **3.** *péj* Unschuldslamm *n*; Na'ivling *m*; Dummkopf *m*; *loc/prov* **aux** ~**s les mains pleines** den Seinen gibt's der Herr im Schlaf; die dümmsten Bauern haben die größten Kartoffeln (*beide loc/prov*)

innocenter [inɔsãte] **I** *v/t* **1.** ~ **qn** *Person* j-n für unschuldig erklären; *Zeugenaussage* j-n entlasten; **2.** *st/s Person*, *Verhalten etc* entschuldigen; rechtfertigen; **II** *v/pr* **s'~** s-e Unschuld beweisen

innocuité [inɔkɥite] *f* Unschädlichkeit *f*; *e-s Medikaments auch* Harmlosigkeit *f*

innombrable [i(n)nɔ̃brabl(ə)] *adj Gegenstände*, *Möglichkeiten*, *Formen etc* zahllos; unzählig; *Menge*, *Heer etc* unübersehbar

innommé [i(n)nɔme] *adj* unbenannt

innommable [i(n)nɔmabl(ə)] *adj* **1.** *péj* unbeschreiblich; scheußlich; ekelhaft; **conduite** *f* ~ sehr häßliches Benehmen *n*; **2.** unbenennbar

innommé [i(n)nɔme] *adj cf* **innomé**

innov|ateur [inɔvatœr] **I** *adj* ‹-trice› Neuerungen *od* neue Wege suchend *od* beschreitend; **esprit** ~ auf Neuerungen sinnender Geist, Mensch; **II** *subst* ~, **innovatrice** *m*,*f* Neuerer *m*; Wegbereiter(in) *m(f)*; **~ation** *f* **1.** Einführung *f* von Neuerungen; Innovati'on *f*; **2.** Neuerung *f*; **~ technique** technische Neuerung; **~er** *v/i* Neuerungen einführen; *auch v/t* **ne rien** ~ keine Neuerungen einführen

inobserv|able [inɔpsɛrvabl(ə)] *adj* **1.** nicht zu beobachten(d); unbeobachtbar (*auch phys*); **2.** *Gesetz etc* nicht zu befolgen(d), einzuhalten(d); **~ance** *f e-r*

Vorschrift *etc* Nichteinhaltung *f*, -beachtung *f*, -befolgung *f*; **~ation** *f e-s Vertrages etc* Nichteinhaltung *f*; **~é** *adj* **1.** unbeobachtet; **2.** *Gesetz etc* unbefolgt

inoccupation [inɔkypasjɔ̃] *f e-r Person* Untätigkeit *f*; Unbeschäftigtsein *n*

inoccupé [inɔkype] *adj* **1.** *Person* untätig (*auch Leben*); unbeschäftigt; **2.** *Haus*, *Wohnung* unbewohnt; leer (*auch Abteil*); *Gebiet* unbesetzt

in-octavo [inɔktavo] *adj* ‹*inv*› (*abr* **in-8°**) *impr* Ok'tav…; **format** *m* ~ *od subst* ~ *m* ‹*inv*› Oktav(format) *n*; **volume** *m* ~ *od subst* ~ *m* ‹*inv*› Oktavband *m*

inocul|able [inɔkylabl(ə)] *adj méd* inoku'lierbar; **~ation** *f méd* **a)** Inokulati'on *f*; (Ein)Impfung *f*; **b)** Inokulati'on *f*; (unbeabsichtigte) Über'tragung; **~er** *v/t* **1.** *méd* **a)** inoku'lieren; (ein)impfen; **b)** inoku'lieren; *Krankheitserreger über*'tragen; **2.** *fig* (*gefährliche*) *Gedanken*, *Gefühle* ~ **à qn** j-m weitergeben; auf j-n über'tragen

inodore [inɔdɔr] *adj* geruchlos

inoffensif [inɔfãsif] *adj* ‹-ive› *Person*, *Medikament*, *Vergnügen etc* harmlos; ungefährlich

inofficiel [inɔfisjɛl] *adj* ‹~le› inoffiziell

inondation [inɔ̃dasjɔ̃] *f* **1.** Über'schwemmung *f*; Hochwasser *n*; Wasserflut *f*; **2.** *e-s Gebietes* Über'schwemmung *f*, -flutung *f*; **3.** *par ext im Badezimmer etc* **F quelle** ~! was für e-e Über'schwemmung!; **F** hier schwimmt ja alles!; **4.** *écon* ~ **du marché par qc**, ~ **de qc sur le marché** Über'schwemmung *f*, -'flutung *f* des Marktes mit etw

inondé [inɔ̃de] *adj* **1.** *Gebiet etc* über'schwemmt, -'flutet; *Bevölkerung* von der Über'schwemmung betroffen; **2.** *par ext* **j'ai été** ~ ich bin durch und durch naß, **F** patschnaß geworden; ~ **de larmes** tränenüberströmt; ~ **de sueur** schweißgebadet; **3.** *fig* ~ **de lumière**, **de soleil** *Land(schaft) etc* licht-, sonnenüberflutet; *Raum etc* licht-, sonnendurchflutet; *Person* **être** ~ **de lettres** mit Briefen über'häuft, -'schwemmt werden; *Gegend* **être** ~ **de touristes** von Touristen über'flutet sein; **4.** *écon Markt* **être** ~ **de qc** von etw über'schwemmt, -'flutet sein; mit etw überschwemmt, -flutet werden

inonder [inɔ̃de] **I** *v/t* **1.** *Gebiet etc* über'schwemmen, -'fluten; unter Wasser setzen; **2.** *par ext* **F** ~ **la salle de bain** das Badezimmer unter Wasser setzen; im Badezimmer e-e Über'schwemmung anrichten; *Tränen*, *Schweiß* ~ **le visage** über das Gesicht strömen; **3.** *fig Volksmenge*: *Straßen* über'fluten; **4.** *écon Waren* ~ **le marché** den Markt über'schwemmen, -'fluten; *Produzent* ~ **le marché de qc** den Markt mit etw über'schwemmen, -'fluten; **5.** *Gefühl*: *Herz*, *Seele* ganz durch'dringen; **II** *v/pr* **s'~ les mains, les cheveux de parfum** zu'viel Par'füm auf s-e Hände, sein Haar spritzen

inopérable [inɔperabl(ə)] *adj* nicht ope'rierbar; inoperabel

inopérant [inɔperã] *adj* unwirksam; wirkungslos

inopiné [inɔpine] *adj* unerwartet; unvermutet; unverhofft; **~ment** *adv von* inopiné

inopportun [inɔpɔrtɛ̃, -tœ] *adj* ‹-une [-yn]› unpassend; unangebracht; unzweckmäßig; ungelegen; inopportun; *Augenblick auch* ungünstig, falsch (gewählt)

inopportunité [inɔpɔrtynite] *f* Unangebrachtheit *f*; Unzweckmäßigkeit *f*; Inopportuni'tät *f*

inopposable [inɔpozabl(ə)] *adj jur Recht* **être** ~ nicht anwendbar sein; nicht

geltend gemacht werden können; **être ~ aux tiers** *auch* Dritten gegenüber unwirksam sein

inorganique [inɔrganik] *adj* anorganisch

inorganisé [inɔrganize] *adj* **1.** *Verwaltung etc* unorganisiert; **2.** gewerkschaftlich nicht organi'siert

inoubliable [inublijabl(ə)] *adj* unvergeßlich

inouï [inwi] *adj* unerhört; unglaublich; außergewöhnlich; beispiellos; F **il est ~** F *tadelnd* er ist unmöglich; *anerkennend* er ist unwahrscheinlich

inox [inɔks] *m Kurzwort für* **inoxydable II**

inoxydable [inɔksidabl(ə)] **I** *adj* nicht oxy'dierend; rostfrei; **II** *m* nicht oxy'dierendes, rostfreies Me'tall

in-pace [inpat∫e, -se] *m* ⟨*inv*⟩ *hist e-s Klosters* Ver'lies *n*

in petto [inpeto] *loc/adv* bei sich; im Herzen; im stillen

inqualifiable [ɛ̃kalifjabl(ə)] *adj* unqualifizierbar; unglaublich; unerhört

in-quarto [inkwarto] *adj* ⟨*inv*⟩ (*abr* in-4°) *impr* Quart...; *format m* ~ *od subst* ~ *m* ⟨*inv*⟩ Quart(format) *n*; **volume** *m* ~ *od subst* ~ *m* ⟨*inv*⟩ Quartband *m*

inquiet [ɛ̃kjɛ] **I** *adj* ⟨*-ète* [-ɛt]⟩ *Person, Verhalten, Aussehen* unruhig; besorgt; ängstlich (*auch Blick, Erwartung*); **être ~ de od sur, pour qc** besorgt sein über, um etw (*acc*); **être ~ de ne pas avoir de nouvelles de qn** unruhig, besorgt sein, weil man von j-m keine Nachricht hat; **II** *subst* ~, **inquiète** *m, f* ängstlicher Mensch; Ängstliche(r) *f(m)*

inquiétant [ɛ̃kjetɑ̃] *adj Nachricht, Situation, Aussehen etc* beunruhigend; besorgniserregend; *Person* Angst einflößend

inquiéter [ɛ̃kjete] ⟨*-è-*⟩ **I** *v/t* **1.** ~ **qn** j-n beunruhigen, besorgt machen; j-m Sorge(n) machen, bereiten; **vous m'inquiétez** Sie machen mir Sorge(n); **2.** *Feind: Gegend* heimsuchen; *Polizei* **qn** sich mit j-m beschäftigen; **II** *v/pr* **3.** **s'~** sich sorgen, sich Sorgen *od* Gedanken machen (**au sujet de qn** um j-n; **de qc** um etw); sich beunruhigen, ängstigen (**wegen etw**); **ne vous inquiétez pas!** machen Sie sich keine Sorgen!; **il n'y a pas de quoi s'~** es besteht kein Grund *od* Anlaß zur Sorge; **ne s'~ de** sich keine Sorgen, Gedanken machen; **s'~ de ne pas voir rentrer qn** sich Sorgen, Gedanken machen, weil j-d nicht nach Hause kommt; **4.** **s'~ de qc a)** sich nach etw erkundigen; **s'~ des heures d'ouverture** sich nach den Öffnungszeiten erkundigen; **b)** sich um etw kümmern; **sans s'~ des conséquences** ohne sich um die Folgen zu kümmern; **ohne nach den Folgen zu fragen**

inquiétude [ɛ̃kjetyd] *f* Unruhe *f*; Sorge *f*; Besorgnis *f*; **avoir de l'~ *od* des ~s** in Unruhe sein; sich sorgen, sich Sorgen machen (**au sujet de qn, qc** *od* **pour qc** um j-n, um etw); **avoir beaucoup de sujets d'~** viel Anlaß zur Sorge haben; **donner de l'~ à qn** j-n beunruhigen; j-m Sorgen machen, bereiten; **être dans l'~** unruhig, in Sorge sein; **soyez sans ~!** seien Sie unbesorgt!; **être rempli d'~** voller Sorge(n) sein

inquisiteur [ɛ̃kizitœr] **I** *adj* ⟨*-trice*⟩ *Blick etc* inquisi'torisch; streng forschend; **II** *m hist* Inqui'sitor *m*; **Grand ♀** Großinquisitor *m*; **~tion** *f* **1.** *hist* ♀ Inquisiti'on *f*; *tribunal m de l'*♀ Inquisitionstribunal *n*; **2.** *fin* ~ **fiscale** Steuerfahndung *f*

insaisissabilité [ɛ̃sezisabilite] *f jur* Unpfändbarkeit *f*; **~able** *adj* **1.** *jur* un-

---

pfändbar; **2.** *Person* nicht zu ergreifen(d); nicht zu fassen(d); **3.** *fig Person, Traumbild etc* nicht greifbar, faßbar; **4.** *Unterschied etc* kaum wahrnehmbar; **5.** **statistiquement ~** sta'tistisch nicht zu erfassen(d)

insalivation [ɛ̃salivasjɔ̃] *f physiol* Einspeichelung *f*; *sc* Insalivati'on *f*

insalubr|e [ɛ̃salybr(ə)] *adj Wohnung, Klima etc* ungesund; gesundheitsschädlich; *Klima auch* der Gesundheit unzuträglich; **îlot** *m* ~ a) Komplex *m* alter, baufälliger Häuser; b) Elendsviertel *n*, -quartiere *n/pl*; **industries** *f/pl* **~s et incommodes** *cf* établissement 3.; **~ité** *f* Gesundheitsschädlichkeit *f*; *des Klimas* Unzuträglichkeit *f*

insan|e [ɛ̃san] *litt adj* unsinnig; **~ité** *f* **1.** Unsinnigkeit *f*; **2.** **~s** *pl* Unsinn *m*; unsinniges Zeug

insati|abilité [ɛ̃sasjabilite] *f* Unersättlichkeit *f*; **~able** *adj Person, Neugier, Verlangen* unersättlich; *Ehrgeiz* grenzenlos; *fig Hunger, Durst* nicht zu befriedigen(d), zu stillen(d); **être ~ de richesses**, *etc* nicht genug Reichtum *etc* (für sich) erlangen können

insatisfaction [ɛ̃satisfaksjɔ̃] *f* Unbefriedigtheit *f*; Unzufriedenheit *f*

insatisfait [ɛ̃satisfɛ] **I** *adj* ⟨*-faite* [-fɛt]⟩ *Neugier, Verlangen etc* unbefriedigt; *Person* unzufrieden; **II** *subst* **un éternel ~** ein ewig Unzufriedener

inscriptible [ɛ̃skriptibl(ə)] *adj math* einbeschreibbar; **quadrilatère** *m* ~ Sehnenviereck *n*

inscription [ɛ̃skripsjɔ̃] *f* **1.** *e-s Monuments etc* Inschrift *f*; *e-s Schildes etc* Aufschrift *f*; Beschriftung *f*; **~s** *pl an Wänden auch* Kritze'leien *f/pl*; ~ **funéraire** Grabinschrift *f*; **2.** Eintragung *f*, Einschreibung *f* (**sur une liste** in e-e Liste); (An)Meldung *f*; ~ **hypothécaire** Hypo'thekeneintragung *f*; **à un cours** Anmeldung *f* zu e-m Kurs; Belegung *f* e-s Kurses; **~ à** *od* **dans une faculté** Immatrikulati'on *f*, *österr* Inskripti'on *f* (an e-r Hochschule); **à l'ordre du jour** Aufnahme *f* in die Tagesordnung; **date** *f* d'~ Einschreibungs-, (An)Meldedatum *n*, -termin *m*; **droits** *m/pl* d'~ Einschreibungs-, Anmeldegebühren *f/pl*; **feuille** *f* d'~ Anmeldeformular *n*; **3.** *mar* **a)** ~ **maritime** Regi'strierung *f der Seeleute* beim Seemannsamt; **b)** ♀ **maritime** *etwa* Seemannsamt *n*; **4.** *jur* ~ **de** *od* **en faux** Fälschungsklage *f*; Bestreitung *f* der Echtheit e-r Urkunde; **5.** *ch de fer* ~ **en courbe** Kurveneinstellung *f*

inscrire [ɛ̃skrir] ⟨*cf* écrire⟩ **I** *v/t* **1.** eintragen (**sur, dans un registre, qc** in ein Register, in ein **un agenda** Notizbuch); anmelden (**à une école in** e-r Schule); **~ à l'ordre du jour** auf die Tagesordnung setzen; ~ **sur une liste** *auch* auf e-e Liste setzen, schreiben; **2.** *math* **Vieleck** in e-n Kreis einbeschreiben; **II** *v/pr* **s'~** **3.** sich eintragen, -schreiben (**sur une liste** in e-e Liste); sich (an)melden (**à un concours** zu e-m Wettbewerb); **s'~ à un cours** *auch* e-n Kurs belegen; **s'~ à une faculté** sich (an e-r Hochschule) immatriku'lieren lassen, *österr* sich inskri'bieren; **s'~ à un parti** e-r Partei beitreten; **4.** *Ereignis etc* **s'~ dans la mémoire de qn** sich j-m tief ins Gedächtnis eingraben; **5.** *fig* **s'~ dans qc** in Verbindung, Zu'sammenhang mit etw stehen; **s'~ dans le cadre de qc** im Rahmen e-r Sache (*dat*) erfolgen; **6.** *jur* **s'~ en faux** e-e Fälschungsklage erheben; *fig* **s'~ en faux contre qc** etw (e'nergisch) zu'rückweisen, bestreiten

inscrit [ɛ̃skri] **I** *adj* **1.** *Person* eingeschrie-

---

ben; angemeldet; *pol* **député non ~** fraktions- *bzw* parteiloser Abgeordneter; **orateur ~** in der Rednerliste eingetragener Redner; **être ~ à un parti** (eingetragenes) Mitglied e-r Partei sein; **2.** *math* einbeschrieben; **II** *subst* **1.** **~(e)** *m(f)* Eingeschriebene(r) *f(m)*; Angemeldete(r) *f(m)*; **2.** *pol* **~s** *m/pl* Wahlberechtigte(n) *m/pl*; **3.** *mar* ~ *m* **maritime** *etwa* beim Seemannsamt regi'strierter Seemann

inscrivant [ɛ̃skrivɑ̃] *m jur* Hypo'thekenantragsteller *m*

insécable [ɛ̃sekabl(ə)] *adj* unteilbar

insecte [ɛ̃sɛkt] *m zo* In'sekt *n*; Kerbtier *n*; Kerf *m*; ~ **nuisible** schädliches Insekt; *auch* Schädling *m*

insecti|cide [ɛ̃sɛktisid] **I** *adj* in'sektenvertilgend, -tötend; **poudre** *f* ~ In'sektenpulver *n*; **II** *m* In'sektenvertilgungsmittel *n*; Schädlingsbekämpfungsmittel *n*; Insekti'zid *n*; **~fuge** [-fyʒ] **I** *adj* in'sektenvertreibend, -schreckend; **II** *m/pl* **~s** Schreckstoffe *m/pl*; Repellents [ri'pɛlənts] *pl*

insecti|llice [ɛ̃sɛktilis] **I** *adj* in'sektenanziehend, -anlockend; **II** *m/pl* **~s** Lockstoffe *m/pl*; Attractants [ə'trɛktɑ̃ts] *pl*; **~vore** [-vɔr] *zo, bot* **I** *adj* in'sektenfressend; *sc* insekti'vor; **II** *m/pl* **~s** In'sektenfresser *m/pl*; *sc* Insekti'voren *pl*

insécurité [ɛ̃sekyrite] *f* Unsicherheit *f*; ~ **juridique** Rechtsunsicherheit *f*; *im Krieg* **zone** *f* **d'~** unsicheres Gebiet; **vivre dans l'~** in (dauernder) Unsicherheit leben

in-seize [insɛz] *adj* ⟨*inv*⟩ (*abr* in-16) *impr* Se'dez...; **format** *m* ~ *od subst* ~ *m* ⟨*inv*⟩ Sedez(format) *n*; **volume** *m* ~ *od subst* ~ *m* ⟨*inv*⟩ Sedez *n*

inselberg [inselbɛrg] *m géogr* Inselberg *m*

insémin|ation [ɛ̃seminasjɔ̃] *f* ~ (**artificielle**) künstliche Besamung, *abus* Befruchtung; Inseminati'on *f*; **~er** *v/t* künstlich besamen, *abus* befruchten

insensé [ɛ̃sɑ̃se] *adj Gedanke, Projekt etc* unsinnig; verrückt (*auch Person*); sinnlos; **il est ~ de** (+*inf*) es ist unsinnig *etc* zu (+*inf*)

insensibilis|ation [ɛ̃sɑ̃sibilizasjɔ̃] *f méd* Betäubung *f*; ~ **locale** örtliche Betäubung; **~er** *v/t méd* betäuben; unempfindlich machen

insensibilité [ɛ̃sɑ̃sibilite] *f* **1.** *physiol* Unempfindlichkeit *f*; Gefühllosigkeit *f*; ~ **à la douleur** Schmerzunempfindlichkeit *f*; **2.** *e-r Person* (Gefühls)Kälte *f*; Gefühllosigkeit *f*; ~ **à qc** Gleichgültigkeit *f* gegenüber etw

insensible [ɛ̃sɑ̃sibl(ə)] *adj* **1.** *physiol* unempfindlich, gefühllos (**à** gegenüber); ~ **au froid** kälteunempfindlich; **2.** *Person* (gefühls)kalt; gefühllos; **être ~ à qc** e-r Sache (*dat*) gleichgültig gegen'überstehen; sich von etw nicht beeindrucken lassen; **3.** *Bewegung, Fortschritt, Nuance etc* unmerklich; kaum *bzw* nicht wahrnehmbar

insensiblement [ɛ̃sɑ̃sibləmɑ̃] *adv* unmerklich

inséparable [ɛ̃separabl(ə)] **I** *adj* **1.** ~ (**de qc**) untrennbar (mit etw verbunden); **2.** *Personen* unzertrennlich; **II** *subst* **les deux ~** *m/pl* die beiden, zwei Unzertrennlichen *pl*

insérer [ɛ̃sere] ⟨*-è-*⟩ **I** *v/t* **1.** *Papierbogen etc* (hin'ein)legen (**dans** in + *acc*); **2.** *Zitat in e-n Text etc* einfügen, -schieben, -streuen (**dans** + *acc*); *Klausel* aufnehmen, einsetzen (**in** + *acc*); (*Zeitungs-*)*Artikel* bringen (**dans un journal** in e-r Zeitung); **faire ~ une annonce dans le journal** *cf* **annonce 2.**; **prière d'~** *m od f* Waschzettel *m*; **II** *v/pr* **s'~ dans qc**

3. in Zu'sammenhang, Verbindung mit etw stehen; **4.** sich einfügen, einordnen, eingliedern in etw (acc)

insertion [ɛsɛrsjɔ̃] f **1.** Einfügung f, -schiebung f, -streuung f, -setzung f (**dans, à** in + acc); jur ~ **légale** (gesetzlich vorgeschriebene od gerichtlich angeordnete) Bekanntgabe durch Anzeige in e-r Zeitung; ~ **dans un journal** e-s Artikels etc Veröffentlichung f, e-r Anzeige auch Aufgeben n in der Zeitung; **2.** fig Sich-'Einfügen n; Einordnung f; Eingliederung f; **3.** anat, bot Ansatz(stelle) m(f); sc Inserti'on f

insidieux [ɛsidjø] adj ⟨-euse⟩ Frage verfänglich; Versprechen, Vorgehen 'hinterhältig; Krankheit, Fieber heimtückisch; schleichend; sc insidi'ös; Geruch sich allmählich 'durchsetzend, verbreitend

insigne¹ [ɛsiɲ] m e-r Partei, e-s Vereins, mil Abzeichen n; hist e-s Standes, Staates, Herrschers ~s pl In'signien n/pl

insigne² [ɛsiɲ] adj oft iron ausgezeichnet; bemerkenswert; **faveur** f ~ ganz besondere Gunst

insignifi|ance [ɛsiɲifjɑ̃s] f Bedeutungslosigkeit f; Belanglosigkeit f; Unbedeutendheit f (auch e-r Person); **~ant** adj Frage, Sache etc bedeutungslos; belanglos; unbedeutend (auch Person); unwichtig; unerheblich; geringfügig; nichtssagend (auch Person, Gesicht, Roman)

insinu|ant [ɛsinɥɑ̃] adj schmeichlerisch; einschmeichelnd; **~ation** f Andeutung f; Anspielung f; Einflüsterung f; p/fort Verdächtigung f; Unter'stellung f

insinuer [ɛsinɥe] I v/t (geschickt) zu verstehen geben; einflüstern; II v/pr s'~ Person sich einschmeicheln; Idee s'~ **dans l'esprit de qn** sich allmählich bei j-m festsetzen; s'~ **dans les bonnes grâces, la confiance de qn** sich j-s Gunst, Vertrauen erschleichen

insipid|e [ɛsipid] adj **1.** Speise, Getränk fade; unschmackhaft; geschmacklos; ganz ohne Geschmack; **2.** fig langweilig; fade; **~ité** f Geschmacklosigkeit f; Fadheit f (auch fig); fig auch Langweiligkeit f

insist|ance [ɛsistɑ̃s] f Beharrlichkeit f; Hartnäckigkeit f; Inständigkeit f; Eindringlichkeit f; Nachdruck m; phon **accent** m **d'~** em'phatische, der Her'vorhebung dienende Betonung; **avec** ~ beharrlich; hartnäckig; inständig; eindringlich; nachdrücklich; **~ant** adj beharrlich; hartnäckig; inständig; eindringlich

insister [ɛsiste] v/i **1.** ~ **sur qc** Nachdruck, Gewicht, den Ak'zent auf etw (acc) legen (bes fig); **2.** ~ **auprès de qn** in j-n dringen; ~ **pour qc** auf etw (acc) dringen; ~ **pour** (+inf) od **que...** (+subj) darauf dringen, beharren zu (+inf) od daß...; **3.** abs weitermachen, -fragen; hartnäckig behaupten, beharren; nicht lockerlassen; darauf bestehen; il a commencé à apprendre l'anglais, mais il n'a pas insisté ... aber er hat nicht weitergemacht, es nicht fortgesetzt; elle a menti, insista-t-il ... lassen Sie nicht locker, bestehen Sie darauf, bleiben Sie hartnäckig od beharrlich; il n'acceptera jamais, n'insistons pas ... lassen wir ab, bestehen wir nicht darauf

in situ [insity] loc/adv in s-r na'türlichen Um'gebung; in situ

insola|teur [ɛsɔlatœr] m tech so'lare Warm'wasserbereitungsanlage; **~tion** f **1.** path Sonnenstich m; sc Insolati'on f; **attraper une** ~ e-n Sonnenstich bekommen; **2.** météo Sonneneinstrahlung f;

Insolati'on f; auch Sonnenscheindauer f; **3.** Sonnenbestrahlung f

insolemment [ɛsɔlamɑ̃] adv von insolent

insolence [ɛsɔlɑ̃s] f **1. a)** Frechheit f; Unverschämtheit f; Insolenz f; **b)** Arro'ganz f; Anmaßung f; Vermessenheit f; Insolenz f; **2.** Äußerung, Handlung Frechheit f; Unverschämtheit f

insolent [ɛsɔlɑ̃] I adj **1. a)** frech; unverschämt; insolent; **b)** arro'gant; anmaßend; vermessen; insolent; **2.** Glück, Gesundheit, Freude unverschämt; elle est d'une beauté ~e sie ist unverschämt schön; II subst ~(e) m(f) frecher, unverschämter Mensch; freche, unverschämte Per'son; F auch Frechdachs m

insoler [ɛsɔle] v/t der Sonne(nbestrahlung) aussetzen

insolite [ɛsɔlit] adj ungewöhnlich

insolubil|iser [ɛsɔlybilize] v/t Substanz unlöslich machen; **~ité** f Unlöslichkeit f; Unlösbarkeit f (auch fig e-s Problems)

insoluble [ɛsɔlybl] adj **1.** chim unlöslich, -bar; inso'lubel; ~ **dans l'eau** wasserunlöslich; **2.** Problem etc unlösbar

insolv|abilité [ɛsɔlvabilite] f jur, comm Zahlungsunfähigkeit f; Insolvenz f; **~able** adj jur, comm zahlungsunfähig; insolvent

insomniaque [ɛsɔmnjak] I adj an Schlaflosigkeit leidend; schlaflos; II m,f an Schlaflosigkeit Leidende(r) f(m)

insomnie [ɛsɔmni] f Schlaflosigkeit f; sc Insom'nie f; **avoir des** ~**s** (fréquentes) (oft) schlaflose Nächte haben; an Schlaflosigkeit leiden

insomnieux [ɛsɔmnjø] adj u subst ⟨-euse⟩ cf insomniaque

insondable [ɛsɔ̃dabl(ə)] adj **1.** Abgrund unergründlich; **2.** fig Geheimnis, Gedanke etc unergründlich; unerforschlich; **3.** Leid etc unermeßlich

insonor|e [ɛsɔnɔr] adj schalldicht, -schluckend, -dämmend; **~isation** f bât Schalldämmung f; e-r Kamera schalldichte Abschirmung; **~isé** adj schalldicht (abgeschirmt); **~iser** v/t schalldicht machen, abschirmen; **~ité** f Schallundurchlässigkeit f

insouci|ance [ɛsusjɑ̃s] f Sorglosigkeit f; Unbekümmertheit f; péj Leichtsinn m; **~ant** adj sorglos; unbesorgt; unbekümmert; péj leichtsinnig; **être** ~ **de qc** sich um etw nicht kümmern; sich keine Sorgen um etw machen

insoumis [ɛsumi] I adj **1.** Volksstamm nicht unter'worfen; Person aufsässig; 'widerspenstig; ungehorsam; **2.** mil dienstflüchtig; II m mil Dienstflüchti-ge(r) m; Dienstpflichtverweigerer m

insoumission [ɛsumisjɔ̃] f **1.** Aufsässigkeit f; 'Widerspenstigkeit f; Ungehorsam m; 'Widerstand m (à gegen); **2.** mil Nichterscheinen n zum Dienst; Dienstpflichtverweigerung f; Nichtbefolgung f des Einberufungsbefehls

insoupçonn|able [ɛsupsɔnabl(ə)] adj Person, Ehrlichkeit etc über jeden Verdacht erhaben; **~é** adj Schwierigkeit, Reichtum etc ungeahnt; unvermutet

insoutenable [ɛsutnabl(ə)] adj **1.** Meinung, Theorie etc unhaltbar; **2.** Anstrengung, Kampf etc nicht 'durch-, auszuhalten(d)

inspecter [ɛspɛkte] v/t Gebiet, Gebäude, Armee, Arbeiten etc inspi'zieren; Arbeiten auch beaufsichtigen; Gebiet, Gebäude auch in Augenschein nehmen; mustern; prüfend betrachten (auch Himmel, Raum etc)

inspecteur [ɛspɛktœr] m **1.** Aufsichtführende(r) m; In'spektor m; Inspizi'ent m; Kontro'lleur m; **2.** Beamter bes des

höheren Dienstes etwa (Ober)Re'gierungsrat m; mil Inspek'teur m; ~ **général** Gene'ralinspekteur m (höchstes Amt in der Generalinspektion e-s Ministeriums); ~ **général de l'Administration en mission extraordinaire** (abr I.G.A.M.E. od igame) (Art) Oberpräfekt m (der gewisse Aufgaben der Präfekten u zwar bes die Aufrechterhaltung der Ordnung koordiniert); ~ **(de l'enseignement)** primaire etwa Schulrat m; ~ **d'académie** etwa Oberschulrat m; ~ **des Finances** Fi'nanzinspektor m (bei der Generalinspektion der Finanzen); ~ **de police** Poli'zeiinspektor m; ~ **du travail** etwa Gewerbeaufsichtsbeamte(r) m; **3.** fig ~ **des travaux finis** j, der gute Ratschläge erteilt, wenn die Arbeit von anderen getan ist; **voilà l'~ des travaux finis** erst zu spät kommen (,wenn alle Arbeit getan ist,) und dann auch noch meckern

inspection [ɛspɛksjɔ̃] f **1.** Inspekti'on f; Aufsicht f; Kon'trolle f; genaue Betrachtung, Besichtigung; **2.** Aufsichtsbehörde f, -stelle f, -amt n; ~ **académique** Schulaufsichtsbehörde f; etwa Oberschulamt n; ~ **générale** Gene'ralinspektion f; Aufsichtsbehörde f (e-s Ministeriums über die nachgeordneten Dienststellen); ~ **générale des Finances** Generalinspektion der Finanzen; Oberste Fi'nanzaufsichtsbehörde f; ~ **générale du travail et de la main-d'œuvre** etwa Gewerbeaufsichtsamt n; **3.** Stelle f, Amt n e-s „inspecteur"

inspectorat [ɛspɛktɔra] m adm Stelle f, Amt n bzw Amtszeit f e-s „inspecteur"

inspectrice [ɛspɛktris] f **1.** Aufsichtführende f; **2.** Beamtin bes des höheren Dienstes etwa (Ober)Re'gierungsrätin f; ~ **(de l'enseignement)** primaire etwa Schulrätin f; ~ **d'académie** etwa Oberschulrätin f

inspirant [ɛspirɑ̃] adj inspi'rierend; anregend; anfeuernd; begeisternd; **n'avoir rien de bien** ~ nicht gerade inspirierend etc wirken

inspirateur [ɛspiratœr] I adj ⟨-trice⟩ anat muscles ~s der Einatmung dienende Muskeln m/pl; II m e-s Plans, Unternehmens etc Inspi'rator m; Anreger m; péj Anstifter m

inspiration [ɛspirasjɔ̃] f **1.** physiol Einatmung f; **2.** Inspirati'on f (auch rel); Anregung f; Eingebung f; Erleuchtung f; Einfall m; l'~ **du moment** die Inspiration, Eingebung des Augenblicks; loc/adj Kunstwerk, Mode etc d'~ **cubiste, orientale,** etc vom Kubismus, vom Orient etc inspi'riert; **attendre l'~** auf die Inspiration warten; **avoir une** (heureuse) ~ e-e (glückliche) Erleuchtung haben; **suivre son** ~ s-r Eingebung folgen

inspiratrice [ɛspiratris] f Inspira'torin f (auch e-s Kunstwerks); e-s Dichters Muse f; Anregerin f; péj Anstifterin f

inspiré [ɛspire] I adj **1.** Dichter, Werk voller Inspirati'on; Dichter auch inspi'riert; erleuchtet (auch rel); **2.** il a été bien, mal ~ de (+inf) es war ein guter, schlechter Einfall von ihm zu (+inf); **3.** Mode, Kunstwerk ~ de qn, qc von j-m, etw inspi'riert; **4.** être par la peur, la pitié, etc sich von Furcht, Mitleid etc leiten lassen

inspirer [ɛspire] I v/t **1.** physiol einatmen (auch abs); **2.** bes Künstler inspi'rieren; ~ **qc à qn** j-n zu etw inspirieren, anregen, anfeuern; **3.** par ext **cela ne m'inspire pas** das begeistert mich nicht gerade; das ruft nicht gerade meine Begeisterung her'vor; **4.** ~ **un acte à qn** j-n zu e-r Tat veranlassen, anregen, anfeuern; ~ **de**

l'amour, de la peur, de la pitié, *etc* à qn j-s Liebe, Furcht, Mitleid *etc* erwecken, erregen, wachrufen; ~ de la peur à qn *auch* j-m Angst einjagen; j-n in Angst versetzen; ~ confiance à qn j-m Vertrauen einflößen; e-n vertrauenerweckenden Eindruck auf j-n machen; ~ de l'horreur à qn j-m Grauen, Abscheu einflößen; ~ de l'inquiétude à qn j-m Anlaß, Grund zur Besorgnis geben, bieten; ~ des paroles Worte dik'tieren, eingeben; **II** *v/pr Künstler* s'~ de qn, de qc sich von j-m, von etw inspi'rieren, anregen lassen; *Person* s'~ du conseil, de l'exemple de qn sich nach j-s Rat, Beispiel richten; sich von j-s Rat, Beispiel leiten lassen; *Mode* s'~ de qc von etw inspiriert werden; sich an etw (*acc*) anlehnen

instabilité [ɛ̃stabilite] *f* **1.** e-r Person, e-s Charakters Labili'tät *f*; **2.** e-r Situation, Regierung *etc* mangelnde Stabili'tät; Unstabilität *f*; Unbeständigkeit *f*; ~ des prix Preisunsicherheit *f*; **3.** *phys* Labili'tät *f*; **4.** *chim* Unbeständigkeit *f*; **5.** *météo* Labili'tät *f*; Instabili'tät *f*

instable [ɛ̃stabl(ə)] **I** *adj* **1.** *Person, Charakter* la'bil; **2.** *Wetter* unbeständig; *Frieden, Preise, Kurse etc* unsicher; unbeständig (*auch Gefühle*); unstabil, nicht sta'bil (*auch Lage, Regierung, Regime*); *Lage auch* la'bil; **3.** *phys* la'bil; **équilibre** *m* ~ labiles Gleichgewicht; *cf auch* **équilibre** 1.; **4.** *phys* *von Atomkern* instabil; **5.** *chim Verbindung* unbeständig; **6.** *Person, Bevölkerung* no'madenhaft; unstet; **II** *m,f* schwererziehbares Kind

installateur [ɛ̃stalatœr] *m* (E'lektro-, Gas-, Heizungs)Installa'teur *m*

installation [ɛ̃stalasjɔ̃] *f* **1.** *tech des Wassers, Gases etc* Instal'lierung *f*, Installati'on *f* (dans une maison in e-m Haus); **2.** *tech* Anlage *f*; Vorrichtung *f*; Installati'on *f*; ~ électrique elektrische Anlage(n); ~s industrielles, portuaires Indu'strie-, Hafenanlagen *f/pl*; ~s sanitaires sanitäre Anlagen; **3.** *von Möbeln etc* Aufstellung *f*; *e-r Wohnung, e-s Hauses* Einrichtung *f*, Ausstattung *f* (*Vorgang u Ergebnis*); in e-e Wohnung Einzug *m*; ~ provisoire, de fortune behelfsmäßige Einrichtung; **4.** ~ (dans ses fonctions) Amtseinweisung *f*, -einführung *f*, -einsetzung *f*; Bestallung *f*

installer [ɛ̃stale] **I** *v/t* **1.** *tech Wasser, Gas, Elektrizität, Telefon, Heizung etc* instal'lieren (dans une maison in e-m Haus); *Geräte auch* einbauen; **2.** *Gebäude, Wohnung* einrichten; ausstatten; *Möbel etc* aufstellen (*auch Zelt, Gerüst*); 'unterbringen; **3.** ~ qn j-n (in e-r Wohnung, an e-m bestimmten Ort) 'unterbringen; ~ un blessé sur une civière e-n Verletzten auf e-e Tragbahre legen; ~ un enfant sur son siège ein Kind auf s-n Stuhl setzen; nous sommes enfin installés jetzt haben wir endlich (wieder) ein schönes Zu'hause; unsere Wohnung ist endlich eingerichtet; **4.** *Beamten etc* einweisen, -führen, -setzen (dans ses fonctions in sein Amt); bestallen; *Papst, Bischof* inthroni'sieren; **II** *v/pr* s'~ **5.** sich einrichten; sich niederlassen; *iron* sich häuslich niederlassen, sich einnisten (chez qn bei j-m); s'~ à son compte sich selbständig machen; s'~ dans un fauteuil es sich in e-m Sessel bequem machen; **6.** *fig Gefühl, Zweifel etc* sich festsetzen, einnisten (dans le cœur im Herzen); *Person* s'~ dans qc sich mit etw abfinden; sich in etw (*acc*) schicken; s'~ dans le mensonge sich in Lügen verstricken; s'~ dans le rôle de mar-

---

tyr, *etc* sich in der Rolle des Märtyrers *etc* gefallen

instamment [ɛ̃stamɑ̃] *adv* bitten, flehen inständig

instance [ɛ̃stɑ̃s] *f* **1.** ~s *pl* inständige, dringende Bitten *f/pl*; inständiges, dringendes Bitten; *bitten* **avec** ~ inständig; **sur** *od* **devant les** ~**s de qn** auf j-s inständiges, dringendes Bitten (*acc*) hin; **céder aux** ~**s de qn** j-s inständigen, dringenden Bitten nachgeben; **2.** *jur* **a)** Klage *f*; *par ext* Pro'zeß *m*; Verfahren *n*; **désistement** *m* **d'**~ Klagerücknahme *f*; **exploit introductif d'**~ den Prozeß einleitendes Schriftstück; **b)** In'stanz *f*; **première** ~ erste Instanz; **tribunal** *m* **d'**~ *etwa* Amtsgericht *n* Abteilung Zi'vilsachen; **tribunal** *m* **de grande** ~ *etwa* Landgericht *n*; **3.** **être en** ~ **a)** *jur* anhängig sein; schweben; **b)** *allg* zur Entscheidung stehen; **être en** ~ **de départ** im Begriff sein wegzugehen, wegzufahren; auf dem Sprung(e) sein; **être en** ~ **de divorce** in Scheidung leben, liegen; **4.** In'stanz *f*; (zuständige) Stelle; ~**s gouvernementales** Re'gierungsinstanzen *f/pl*

instant¹ [ɛ̃stɑ̃] *adj Bitte* inständig; *Bedürfnis* dringend

instant² [ɛ̃stɑ̃] *m* Augenblick *m*; Mo'ment *m*; ~ **propice** günstiger Augenblick, Moment; ~**s de bonheur** Augenblicke des Glücks; glückliche Augenblicke; ♦ *loc/adj* **de tous les** ~**s** an-dauernd; ständig; **effort** *m* **de tous les** ~**s** dauernde, ständige Anstrengung; ♦ *loc/adv:* **un** ~ e-n Augenblick, Moment lang; **un** ~! e-n Augenblick, Moment (, bitte)!; **pas un seul** ~ nicht e-n einzigen Augenblick, Moment lang; **à l'**~ gerade; (so')eben; im Augenblick; **à chaque** ~, **à tout** ~ alle Augenblicke; fortwährend; ständig; (an)dauernd; immer'zu; *F* alle nase(n)lang; **au même** ~ im gleichen Augenblick, Moment; **dans un** ~ e-n Augenblick, Moment; gleich; so'fort; **d'**~ **en** ~ mit jeder Minute; von Minute zu Minute; ständig; ununterbrochen; **en un** ~ im Nu; im Handumdrehen; in ganz kurzer Zeit; **par** ~**s** von Zeit zu Zeit; zeitweise; zu'weilen; dann und wann; mit'unter; gelegentlich; **pour l'**~ für den Augenblick; im Augenblick, Moment; vorerst; vorläufig; einstweilen; ♦ *loc/conj* **à l'**~ **où** in dem Augenblick, Moment, als; **à l'**~ **de** (+*inf*) in dem Augenblick, Moment, als ich *etc*; **dès l'**~ **que a)** seit; **b)** so'bald; so'wie; ♦ **jouir de l'**~ den Augenblick genießen

instantané [ɛ̃stɑ̃tane] **I** *adj* **1.** *Tod, Entscheidung, Explosion, Reaktion etc* augenblicklich; so'fortig; unverzüglich; **2.** *Erscheinung etc* nur e-n Augenblick dauernd; ganz kurz; **3.** *phys* Mo-men'tan...; Augenblicks...; *vitesse* ~**e** Momentangeschwindigkeit *f*; **II** *m phot* Mo'mentaufnahme *f*; Schnappschuß *m*; ~**ité** *f* **1.** Augenblicklichkeit *f*; **2.** kurze Zeitdauer; ~**ment** *adv* augenblicklich; so'fort; unverzüglich

instar [ɛ̃star] *litt loc/prép* **à l'**~ **de** nach Art (+*gén*) nach dem Beispiel, Muster (+*gén*); **à l'**~ **des Grecs** nach Art der Griechen

instaura|teur [ɛ̃storatœr] *m*, ~**trice** *f* Begründer(in) *m(f)*; ~**tion** *f* Begründung *f*; Errichtung *f*; Einführung *f*

instaurer [ɛ̃store] *v/t Reich, Republik etc* begründen; errichten; *Reform etc* einführen

instiga|teur [ɛ̃stigatœr] *m*, ~**trice** *f* *meist péj* Anführer(in) *m(f)*; Hauptmacher(in) *m(f)*; Anstifter(in) *m(f)*; ~**tion** *f* *loc/prép* **à l'**~ **de qn** auf j-s

---

Anregung, Anraten, *péj* Anstiftung (*acc*) hin; **le crime a été commis à son** ~ *auch* er war der Anstifter des Verbrechens

instill|ation [ɛ̃stilasjɔ̃] *f* *méd* Einträufelung *f*; *sc* Instillati'on *f*; ~**er** *v/t* *méd* einträufeln; *sc* instil'lieren

instinct [ɛ̃stɛ̃] *m* **1.** In'stinkt *m*; (angeborener) Trieb *m*; Na'turtrieb *m*; ~ **maternel** Mutterinstinkt *m*; mütterlicher In-stinkt; ~ **sexuel** Geschlechtstrieb *m*; ~ **de conservation** Selbsterhaltungstrieb *m*; **2.** *par ext* In'stinkt *m*, Gespür *n*, (richtiges) Gefühl (de für); ~ **infaillible, sûr** untrüglicher, sicherer Instinkt; ~ **des affaires** Geschäftssinn *m*; *loc/adv* **d'**~ instink'tiv; instinktmäßig; **avoir l'**~ **de faire qc** etw instinktiv, instinkt-mäßig tun

instinctif [ɛ̃stɛ̃ktif] *adj* ⟨-ive⟩ *Wunsch, Abneigung, Bewegung etc* instink'tiv; in'stinktmäßig; unwillkürlich; *Person* instink'tiv handelnd; spon'tan; *péj* trieb-haft; **acte** *m* ~ *auch* In'stinkthandlung *f*; **c'est** ~ das geschieht instinktiv

instinctivement [ɛ̃stɛ̃ktivmɑ̃] *adv* in-stink'tiv; unwillkürlich

instinctuel [ɛ̃stɛ̃ktɥɛl] *adj* ⟨~le⟩ *psych* instink'tiv; In'stinkt...

instit [ɛ̃stit] *m,f* *F Kurzwort für* institu-teur, institutrice

instituer [ɛ̃stitɥe] **I** *v/t* **1.** *Regelung, Jahrestag etc* (neu) einführen; *Gesellschaft etc* gründen; schaffen; **2.** *jur* ~ **qn héritier** j-n zum Erben einsetzen; **II** *v/pr* s'~ **l'ardent défenseur**, *etc* de qc sich zum glühenden Verteidiger *etc* e-r Sache (*gén*) machen

institut [ɛ̃stity] *m* **1.** Insti'tut *n*; Lehr-, Forschungsstätte *f*; ♀ **catholique de Paris** *katholische Universität von Paris*; ~ **français** Französisches Institut (*außerhalb Frankreichs*); ~ **médico-légal** gerichtsmedizinisches Institut; ♀ **national agronomique** (*abr* I.N.A.) landwirtschaftliche Hochschule; **2.** ♀ (**de France**) *aus den fünf Akademien bestehende nationale Körperschaft für Wissenschaft u Kunst in Frankreich*; **3.** ~ **de beauté** Schönheits-, Kos'metiksa-lon *m*; **4.** *rel* christliche Vereinigung; ~ **séculier** Laiengenossenschaft *f*

institutes [ɛ̃stityt] *f/pl des römischen Rechts* Institu'tionen *f/pl*

instituteur [ɛ̃stitytœr] *m* (Volksschul-) Lehrer *m*

institution [ɛ̃stitysjɔ̃] *f* **1.** *e-r Regelung etc* Einführung *f*; *e-r Gesellschaft etc* Gründung *f*; Schaffung *f*; *égl cath* ~ **canonique** Einsetzung *f* (in ein Amt); *jur* ~ **d'héritier** Erbeinsetzung *f*; **2.** *bes jur, pol* Institu'tion *f*; Einrichtung *f*; Rechtsinstitut *n*; ~**s** *pl auch* Or'gane *n/pl*; ~**s internationales, politiques** internationale, politische Institutionen; *fig* **élever qc à la hauteur d'une** ~ etw zur Gewohnheit, Regel werden lassen; sich etw zur Regel machen; *schlechte Angewohnheit auch* einreißen lassen; **3.** Insti'tut *n*; pri'vate Lehranstalt (*oft mit Internat*)

institutionn|alisation [ɛ̃stitysjɔnali-zasjɔ̃] *f* Institutionali'sierung *f*; ~**iser** *v/t* institutionali'sieren; zu e-r festen Einrichtung machen; ~**isme** *m* Institutiona'lismus *m*

institutionnel [ɛ̃stitysjɔnɛl] *adj* ⟨~le⟩ institutio'nell

institutrice [ɛ̃stitytris] *f* **1.** (Volksschul-) Lehrerin *f*; **2.** Erzieherin *f*; Hauslehre-rin *f*

instructeur [ɛ̃stryktœr] **I** *m mil* Ausbilder *m*; **II** *adj* ⟨*nur m*⟩ **1.** *mil* Ausbildungs...; **officier** ~ Ausbildungsoffizier *m*; **2.** *jur* Unter'suchungs...

instructif [ɛ̃stryktif] *adj* ‹-ive› instruk'tiv; lehr-, aufschlußreich; belehrend

instruction [ɛ̃stryksjõ] *f* **1.** 'Unterricht *m*; Unter'richten *n*; Ausbildung *f*; Unter'weisung *f*; Belehrung *f*; *Unterrichtsfach* ~ **civique** Staatsbürgerkunde *f*; *mil* ~ **militaire** militärische Ausbildung; *früher* ~ **publique** staatliches Schul-, Unterrichtswesen; ~ **religieuse** Religi'onsunterricht *m*; **2.** Wissen *n*; Kenntnisse *f/pl*; Schulbildung *f*; *Person* **sans** ~ ohne viele Kenntnisse; ohne großes Wissen; ungebildet; **avoir de l'**~ ein großes Wissen, viele Kenntnisse besitzen; gebildet sein; **3.** (An)Weisung *f*; Instrukti'on *f*; Vorschrift *f*; *égl cath* ~ **pastorale** Hirtenbrief *m*; *loc/adv* **conformément aux** ~s weisungs-, instrukti'onsgemäß; **4.** *comm* ~s *pl* (Betriebs-)Anleitung *f*; Gebrauchsanweisung *f*; **5.** *EDV* Befehl *m*; **6.** *jur* Unter'suchung *f*; strafrechtliche Voruntersuchung; *bis 1958* **Code m d'**~ **criminelle** Strafprozeßordnung *f*; **juge m d'**~ Unter'suchungsrichter *m*

instruire [ɛ̃strɥir] ‹*cf* **conduire**› **I** *v/t* **1.** ~ **qn** j-n unter'weisen, unter'richten, ausbilden (*auch mil*), anleiten (**dans qc** in etw [*dat*]); j-n belehren (**sur qc** über etw [*acc*]); ~ **qn sur qc** *auch* j-m über etw (*acc*) Aufschluß geben; ♦ *abs* Wissen, Kenntnisse vermitteln; belehren; *Buch, Spiel etc auch* lehrreich sein; **2.** *litt* *Unglück, Erfahrung, Alter* ~ **qn** j-n klüger machen; **3.** ~ **qn de qc** j-n über etw (*acc*) unter'richten, instru'ieren, von etw in Kenntnis setzen; **être instruit de toute l'affaire** über die ganze Angelegenheit unter'richtet sein, Bescheid wissen; um die ganze Sache wissen; **4.** *jur* ~ **une affaire, un procès** die strafrechtliche Voruntersuchung einleiten, 'durchführen; ~ **contre qn** die strafrechtliche Voruntersuchung gegen j-n 'durchführen; **II** *v/pr* **s'**~ **5.** sich Kenntnisse *od* Wissen aneignen, Kenntnisse *od* Wissen sammeln, sich bilden (**dans une science** in e-r Wissenschaftszweig); **6. s'**~ **de, sur qc** sich über etw (*acc*) unter'richten; **7.** *jur* *Angelegenheit* unter'sucht werden

instruit [ɛ̃strɥi] *adj* **1.** *Person* großes Wissen, viele Kenntnisse besitzend; mit großem Wissen; gebildet; **2.** *cf* **instruire 3.**

instrument [ɛ̃strymã] *m* **1.** Instru'ment *n*; Gerät *n*; Werkzeug *n*; ~ **tranchant** Schneidwerkzeug *n*; ~ **de chirurgie** chirurgisches Instrument; ~ **du crime** Mordwerkzeug *n*, -instrument *n*; ~ **de mesure** Meßinstrument *n*, -gerät *n*; ~ **d'observation** Beobachtungsinstrument *n*; ~ **de physique** physikalisches Gerät, Instrument; ~ **de précision** Präzi'sionsinstrument *n*; ~ **de travail** Arbeitsgerät *n*; Hilfsmittel *n*; *hist u fig plais* ~ **de torture** Folter-, Marterwerkzeug *n*, -instrument *n*; *aviat* **vol m aux** ~s Instru'menten-, Blindflug *m*; **2.** *mus* **(de musique)** (Mu'sik)Instru'ment *n*; ~ **à clavier, à cordes** Tasten-, Saiteninstrument *n*; ~ **à cordes frottées, pincées** Streich-, Zupfinstrument *n*; ~ **à percussion, à vent** Schlag-, Blasinstrument *n*; **jouer d'un** ~ ein Instrument spielen; **3.** *fig* Instru'ment *n*; Mittel *n*; Werkzeug *n* (*bes von e-r Person*); ~ **de la paix** Mittel, Instrument des Friedens; ~ **de propagande** Propa'gandamittel *n*, -instrument *n*; **devenir l'**~ **du chef** zum, ein Werkzeug des Chefs werden; **4.** *jur* Urkunde *f*; Doku'ment *n*; *Völkerrecht* ~ **de ratification** Ratifikati'onsurkunde *f*

instrumentaire [ɛ̃strymɑ̃tɛr] *adj jur*

témoin *m* ~ Zeuge *m* (*bei der Errichtung e-r öffentlichen Urkunde*)

instrumental [ɛ̃strymãtal] **I** *adj* ‹-aux› **1.** *mus* Instrumen'tal...; **musique** ~**e** Instrumentalmusik *f*; **2.** *jur* als Urkunde, Doku'ment dienend; **II** *m gr* Instrumen'tal(is) *m*; ~**isme** *m philos* Instrumenta'lismus *m*

instrument|ation [ɛ̃strymãtasjõ] *f mus* Instrumentati'on *f*; Instrumen'tierung *f*; ~**er I** *v/t* **1.** *tech* mit auto'matischen Kon'trollgeräten ausstatten; **2.** *mus* instrumen'tieren; **II** *v/i jur* e-e Urkunde, ein Doku'ment ausstellen, -fertigen; ~**iste** *m,f mus* Instrumenta'list(in) *m(f)*

insu [ɛ̃sy] *loc/prép* **à l'**~ **de qn** ohne j-s Wissen; **à mon** ~ ohne mein Wissen; **ohne daß ich es wußte**

insubmers|ibilité [ɛ̃sybmɛrsibilite] *f* **a)** Unversenkbarkeit *f*; **b)** Unsinkbarkeit *f*; ~**ible** *adj* **a)** unversenkbar; **b)** unsinkbar

insubordination [ɛ̃sybɔrdinasjõ] *f* Ungehorsam *m*; Gehorsamsverweigerung *f* (*beide auch mil jur*); *mil auch* Befehlsverweigerung *f*

insubordonné [ɛ̃sybɔrdɔne] **I** *adj* ungehorsam; 'widerspenstig; *st/s* unbotmäßig; **soldat** ~ Soldat, der den Befehl verweigert; **II** *m mil* Befehlsverweigerer *m*

insuccès [ɛ̃syksɛ] *m* 'Mißerfolg *m*; *e-s Plans, von Verhandlungen* Miß'lingen *n*; Scheitern *n*; *beim Examen, e-s Theaterstücks* 'Durchfall *m*; *e-s Unternehmens* Fehlschlag *m*

insuffisamment [ɛ̃syfizamã] *adv* nicht genügend, genug

insuffisance [ɛ̃syfizãs] *f* **1.** *quantitative, qualitative* Unzulänglichkeit; ~ **de poids** 'Untergewicht *n*; ~ **de la récolte** nicht ausreichende, unzureichende Ernte; ~ **d'un travail** Unzulänglichkeit e-r Arbeit; **2.** ~s *pl* Schwächen *f/pl*; **3.** *path e-s Organs* ungenügende Leistung; Schwäche *f*; *sc* Insuffizienz *f*; ~ **cardiaque** Herzschwäche *f*, -insuffizienz *f*; **4.** *jur* ~ **d'actif** Unzulänglichkeit *f* des Vermögens; Insuffizienz *f*

insuffisant [ɛ̃syfizã] *adj* *Zahl, Menge, Kenntnisse, Arbeit, Licht etc* ungenügend; unzureichend; unzulänglich

insufflation [ɛ̃syflasjõ] *f méd* Einblasung *f*; *sc* Insufflati'on *f*

insuffler [ɛ̃syfle] *v/t* **1.** *méd* einblasen, -hauchen; *sc* insuf'flieren; **2.** *fig Angst, Schrecken* einjagen; einflößen (*auch Mut*); *Wunsch* erwecken (**à qn bei, in** j-m); ~ **à qn un nouvel enthousiasme** j-n mit neuer Begeisterung erfüllen

insulaire [ɛ̃sylɛr] **I** *adj* Insel...; der Insel; insu'lar; **faune** ~ Inselfauna *f*; **II** *m,f* Inselbewohner(in) *m(f)*; Insu'laner(in) *m(f)*

insularité [ɛ̃sylarite] *f* **a)** Insellage *f*; Insulari'tät *f*; **b)** Inselcharakter *m*

insuline [ɛ̃sylin] *f Biochemie, phm* Insu'lin *n*

insulinothérapie [ɛ̃sylinɔterapi] *f méd* Insu'linbehandlung *f*; *bei Geisteskrankheiten* Insu'linschocktherapie *f*

insultant [ɛ̃syltã] *adj* beleidigend

insulte [ɛ̃sylt] *f* **1.** Beleidigung *f*; Beschimpfung *f*; **2.** *par ext* ~ **à l'honneur** Beleidigung *f* der Ehre; ~ **à la misère** Beleidigung angesichts des Elends; **être une** ~ **au bon sens** dem gesunden Menschenverstand hohnsprechen; *cf* **insulter II**

insulter [ɛ̃sylte] **I** *v/t* beleidigen; beschimpfen; **se faire, se laisser** ~ sich beleidigen, beschimpfen lassen (**par qn** von j-m); **II** *v/t/indir st/s* ~ **à qc** ein Hohn auf etw (*acc*) sein; *e-r Sache (dat)* ins Gesicht schlagen, hohnsprechen; **III**

v/pr **s'**~ **ein**'**ander, sich gegenseitig beleidigen, beschimpfen**

insupportable [ɛ̃sypɔrtabl(ə)] *adj* unerträglich; *Person auch* unausstehlich; **cette idée m'est** ~ dieser Gedanke ist mir unerträglich

insurg|é [ɛ̃syrʒe] **I** *adj* aufständisch; aufrührerisch; re'bellisch; **II** *m* Aufständische(r) *m*; Insur'gent *m*; ~**er** *v/pr* ‹-geons› **s'**~ sich auflehnen, erheben, empören (**contre gegen**) (*alle drei auch fig*); aufstehen (**gegen**)

insurmontable [ɛ̃syrmõtabl(ə)] *adj Schwierigkeit, Hindernis, Angst, Abneigung etc* unüberwindlich, -bar

insurpassable [ɛ̃syrpasabl(ə)] *adj Leistung etc* unübertrefflich

insurrection [ɛ̃syrɛksjõ] *f* Aufstand *m*; (bewaffnete) Erhebung, Empörung; Insurrekti'on *f*; ~ **populaire** Volksaufstand *m*; **foyer m d'**~ Herd *m* des Aufstandes

insurrectionnel [ɛ̃syrɛksjɔnɛl] *adj* ‹~le› aufständisch; Aufstands...; **gouvernement** ~ von den Aufständischen gebildete Regierung; **mouvement** ~ Aufstandsbewegung *f*

intact [ɛ̃takt] *adj* **1.** *Geldsumme, Erbe etc* unberührt; 'vollständig; *Nahrungsmittel* einwandfrei; *Paket, Mauer etc* unbeschädigt; ganz; heil; *Leitung, Lampe etc auch* in'takt; **2.** *fig Ruf, Gedächtnis etc* einwandfrei; tadellos; untadelig; *Ruf auch, Ehre* unbefleckt; **3.** *Mädchen* unberührt

intaill|e [ɛ̃taj] *f* Gemme *f*; Intaglio *n* [in'taljo]; ~**é** *adj* (*Edel*)*Stein* vertieft (ein)geschnitten; mit Gemmenschnitt

intang|ibilité [ɛ̃tãʒibilite] *f* Unantastbarkeit *f*; ~**ible** *adj Prinzip etc* unantastbar

intarissable [ɛ̃tarisabl(ə)] *adj* **1.** *bes fig Quelle, Phantasie, Begeisterung, Wortschwall* nicht, nie versiegend; unversiegbar; *Tränen* nicht versiegen wollend; **2.** *Person* unerschöpflich (**sur ce sujet** auf diesem Gebiet)

intégrable [ɛ̃tegrabl(ə)] *adj math Funktion* inte'grierbar

intégral [ɛ̃tegral] **I** *adj* ‹-aux› **1.** *Geldsumme, (Rück)Zahlung, Änderung etc* 'vollständig; (*Rück*)*Zahlung auch* in voller Höhe; *Buchausgabe, Text auch* ungekürzt; **2.** *Ideologie etc* starr; ortho'dox; *F* hundertprozentig; **3.** *math* Inte'gral...; **calcul** ~ Integralrechnung *f*; **II** *f* ~**e 1.** *math* Inte'gral *n*; **2.** *bei Schallplatten* Gesamtausgabe *f*, -aufnahme *f*; ~**e des quatuors à cordes** sämtliche Streichquartette *n/pl* (*e-s Komponisten*); ~**ement** *adv* 'vollständig; ganz; in vollem 'Umfang; ~**ité** *f* 'Vollständigkeit *f*; *loc/adv* **dans son** ~ 'vollständig; ganz

intégr|ant [ɛ̃tegrã] *adj* **1.** **partie** ~**e** inte'grierender, wesentlicher, unerläßlicher Bestandteil; **être (une) partie** ~**e, faire partie** ~**e de qc** ein integrierender Bestandteil e-r Sache sein; unbedingt zu e-r Sache da'zugehören; **2.** *math* **facteur, multiplicateur** ~ inte'grierender Faktor; Eulerscher Multipli'kator; ~**ateur** *m math* Inte'grator *m*; Inte'griergerät *n*

intégration [ɛ̃tegrasjõ] *f* **1.** *pol, écon, physiol etc* Integrati'on *f*; Inte'grierung *f*; *pol, écon auch* Zu'sammenschluß *m*; *sozialer Gruppen auch* Eingliederung *f*; **2.** *math* Inte'grieren *n*; Integrati'on *f*

intègre [ɛ̃tegr(ə)] *adj Person, Charakter* in'teger; mo'ralisch sauber (*auch Leben, Sitten*); rechtschaffen; unbescholten; unbestechlich

intégrer [ɛ̃tegre] ‹-è-› **I** *v/t* **1.** inte'grieren, (als Bestandteil) einfügen, eingliedern, einbeziehen, einbinden (**dans, à** in

+ *acc*); **2.** *math* inte'grieren; **II** *v/i*
Studentensprache ~ *à une grande école*
eintreten in (+*acc*); **III** *v/pr* **s'**~ sich
inte'grieren, (*in ein übergeordnetes Gan-*
zes) einfügen (**dans, à** in + *acc*); *adjt*
être intégré integriert sein
intégr|isme [ɛ̃tegrism(ə)] *m rel* Integra-
gra'lismus *m*; **~iste** *rel* **I** *adj* integra'li-
stisch; **II** *m* Integra'list *m*
intégrité [ɛ̃tegrite] *f* **1.** 'Vollständigkeit
f; Unversehrtheit *f*; *e-s Staatsgebietes*
Unversehrtheit *f*; Integri'tät *f*; **conser-**
ver l'~ **de ses facultés intellectuelles**
noch im vollen Besitz, im 'Vollbesitz s-r
geistigen Fähigkeiten sein; **2.** *e-r Person*
Integri'tät *f*; mo'ralische Sauberkeit
(*auch des Lebens, der Sitten*); Recht-
schaffenheit *f*; Unbescholtenheit *f* Un-
bestechlichkeit *f*
intellect [ɛ̃telɛkt] *m* Intel'lekt *m*; Ver-
stand *m*; Vernunft *f*
intellection [ɛ̃telɛksjɔ̃] *f philos* intellek-
tu'elle Erkenntnis
intellectual|isation [ɛ̃telɛktɥalizasjɔ̃] *f*
Intellektuali'sierung *f*; intellektu'elle,
geistige 'Umformung *od* Verarbeitung;
~iser *v/t* intellektuali'sieren; intellek-
tu'ell, geistig 'umformen, verarbeiten;
~isme *m philos u par ext* Intellektua'lis-
mus *m*; **~iste** *philos* **I** *adj* intellektua'li-
stisch; **II** *m* Anhänger *m* des Intellek-
tua'lismus; **~ité** *f* Geistigkeit *f*; Verstan-
desmäßigkeit *f*
intellectuel [ɛ̃telɛktɥɛl] **I** *adj* ⟨~le⟩ **1.**
geistig; Geistes…; intellektu'ell; ver-
standesmäßig; **facultés ~les** geistige
Fähigkeiten *f/pl*; Kräfte *f/pl*; **mouve-**
ment ~ geistige Bewegung; **quotient** ~
(*abr* Q. I.) Intelli'genzquotient *m* (*abr*
IQ); **travail** ~ geistige Arbeit; Kopf-,
Geistesarbeit *f*; **vie** ~**le** Geistesleben *n*;
2. *Person* intellektu'ell; geistig orien-
'tiert; **II** *subst* ~(**le**) *m(f)* Intellektu'elle(r)
f(m)
intelligemment [ɛ̃teliʒamɑ̃] *adv* von
intelligent
intelligence [ɛ̃teliʒɑ̃s] *f* **1.** Intelli'genz *f*
(*auch der Tiere*); Verstandeskraft *f*;
Geist *m*; Einsicht *f*; Klugheit *f*; **avec** ~
intelli'gent; klug; **test m d'**~ Intelligenz-
test *m*; **avoir une grande** ~ (e-e) große
Intelligenz besitzen; **mettre de l'**~ **dans**
qc etw intelli'gent, klug machen; **2.**
Verständnis *n*, Sinn *m* (**de qc** für etw);
pour l'~ **du texte** … zum Verständnis
des Textes …; **3.** 'überdurchschnittlich
intelli'genter Mensch; geistige Größe;
une ~ **normale** ein mit normaler Intelli-
genz begabter Mensch; **4.** Einverneh-
men *n*; (geheimes) Einverständnis; **re-**
gard m d'~ verständnisinniger Blick;
être d'~ **avec qn** sich mit j-m im
Einvernehmen, in geheimem Einver-
ständnis befinden; F mit j-m unter e-r
Decke stecken; **vivre en bonne, en**
mauvaise ~ **avec qn** mit j-m in gutem,
schlechtem Einvernehmen leben; **5.** ~**s**
pl (geheime) Verbindungen *f/pl* (**avec**
qn zu j-m); **avoir des** ~**s dans la place**
a) *mil* geheime Verbindungen zur bela-
gerten Festung haben; b) *fig* (an der
zuständigen Stelle) s-e Informanten ha-
ben; **entretenir des** ~**s avec l'enne-**
mi geheime Verbindungen zum Feind
unter'halten
intelligent [ɛ̃teliʒɑ̃] *adj Person, Tier,*
Gesicht, Blick, Verhalten, Entscheidung
etc intelli'gent; klug; gescheit; verstän-
dig
intelligentsia [ɛ̃teli(d)ʒɛntsja] *f e-s Lan-*
des Intelli'genz(schicht) *f*; Intellek-
tu'elle(n) *m/pl*; *bes hist in Rußland* Intel-
li'gentsia *f*
intelligibilité [ɛ̃teliʒibilite] *f* Verständ-
lichkeit *f*

intelligible [ɛ̃teliʒibl(ə)] **I** *adj* **1.** *für das*
Ohr verständlich; vernehmbar, -lich;
parler à 'haute et ~ **voix** laut und
vernehmbar sprechen; **2.** verständlich;
klar; **rendre qc** ~ **à qn** j-m etw klarma-
chen; **3.** *philos* intelli'gibel; **II** *m* **l'**~ *philos*
das Intelli'gible
intempér|ance [ɛ̃tɑ̃perɑ̃s] *f im Essen u*
Trinken Unmäßigkeit *f* (*auch im Genuß*);
Völle'rei *f*; Maßlosigkeit *f* (*auch fig*); *par*
ext ~ **de langage** maßlose, ungezügelte
Worte *n/pl*. Reden *f/pl*; **~ant** *adj im*
Essen, Trinken, Genuß unmäßig; maßlos
intempéries [ɛ̃tɑ̃peri] *f/pl* Unbilden *f/pl*
der Witterung; ungünstige Witterungs-
einflüsse *m/pl*; **résistant aux** ~ wetter-
beständig
intempestif [ɛ̃tɑ̃pɛstif] *adj* ⟨-ive⟩ unan-
gebracht; unpassend; **zèle** ~ blinder
Eifer
intempor|alité [ɛ̃tɑ̃poralite] *litt f* Zeit-
losigkeit *f*; **~el** *litt adj* ⟨~le⟩ zeitlos
intenable [ɛ̃t(ə)nabl(ə)] *adj* **1.** *mil* Stel-
lung, *fig* Zustände, Situation *etc* unhalt-
bar; **2.** *Person*, Hitze *etc* unerträglich; F
nicht zum Aushalten
intendance [ɛ̃tɑ̃dɑ̃s] *f* **1.** *e-s Gymna-*
siums **a)** Verwaltung *f*; Verwaltungsstel-
le *f*, -büro *n*; **b)** Verwaltungsposten *m*;
Verwalterstelle *f*; **2.** *mil* ~ (militaire)
(Wirtschafts)Verwaltungsbehörde *f*;
früher Intendan'tur *f*
intend|ant [ɛ̃tɑ̃dɑ̃] *m*. ~**ante** *f* **1.** *e-s*
Gymnasiums ~ (universitaire) *etwa*
Verwaltungsdirektor(in) *m(f)*; **2.** *e-s Gu-*
tes etc Verwalter(in) *m(f)*; **3.** *mil* inten-
dant militaire Leiter *m* e-r Verwal-
tungsbehörde des Heeres; *früher* In-
ten'dant *m*; **4.** ⟨*nur m*⟩ *hist in Frankreich*
hoher Verwaltungsbeamter Inten'dant
m; **5.** ⟨*nur f*⟩ *rel* Oberin *f*
intense [ɛ̃tɑ̃s] *adj* stark; Schmerz, Lärm,
Licht, Farbe, Geruch *etc auch* inten'siv;
Stunde inten'siv gelebt; **circulation** *f* ~
starker, dichter, lebhafter Verkehr
intensément [ɛ̃tɑ̃semɑ̃] *adv* von in-
tense; **vivre** ~ inten'siv leben
intensif [ɛ̃tɑ̃sif] **I** *adj* ⟨-ive⟩ **1.** inten'siv;
angestrengt; **propagande intensive**
intensive, mas'sive Propaganda; **2.** *agr*
culture intensive inten'sive Wirt-
schaft, Bodenbewirtschaftung; Inten-
'sivanbau, -kultur *f*; **3.** *ling* verstär-
kend; Verstärkungs…; **préfixe** ~ Ver-
stärkungspräfix *n*; **verbe** ~ Inten-
'sivum *n*
intensi|fication [ɛ̃tɑ̃sifikasjɔ̃] *f* Inten-
si'vierung *f*; Verstärkung *f*; Steigerung *f*;
~fier **I** *v/t* intensi'vieren; verstärken;
Produktion steigern; *Beziehungen* aus-
bauen; **II** *v/pr* **s'**~ stärker, inten'siver
werden
intensité [ɛ̃tɑ̃site] *f* **1.** Intensi'tät *f*;
Stärke *f*; Heftigkeit *f*; *opt* ~ **lumineuse**
Lichtstärke *f*; *élect* ~ **d'un champ**
électrique elektrische Feldstärke; ~ **de**
la circulation Verkehrsdichte *f*, -auf-
kommen *n*; *élect* ~ **d'un courant élec-**
trique elektrische Stromstärke; *phys* ~
du son Lautstärke *f*; *Kälte, Sturm etc*;
augmenter d'~ (an Intensität, Stärke,
Heftigkeit) zunehmen; stärker, heftiger
werden; **diminuer d'**~ nachlassen;
schwächer werden; **2.** *e-s Gefühls, Blicks*
etc Intensi'tät *f*; Eindringlichkeit *f*; ~
dramatique dramatische Dichte; **don-**
ner plus d'~ mehr Intensität, Kraft,
Nachdruck verleihen (**à** *dat*); *Bezie-*
hungen intensiver gestalten; **3.** *phon* **ac-**
cent m d'~ *cf* accent 1. a)
intenter [ɛ̃tɑ̃te] *v/t jur Klage* erheben,
Prozeß anhängig machen, anstrengen
(**à**, **contre qn** gegen j-n); ~ **une action**
à, **contre qn** *auch* j-n verklagen
intention [ɛ̃tɑ̃sjɔ̃] *f* Absicht *f*; Vorsatz *m*;

Vorhaben *n*; Wille *m*; Intenti'on *f*; ~
délibérée feste Absicht; fester Vorsatz;
Wille; *jur* ~ **délictueuse** Vorsatz *od*
Absicht, e-e Straftat zu begehen; bewuß-
tes Wollen e-r Straftat; ~**s secrètes**
geheime Absichten; ♦ *loc/prép*: **à l'**~ **de**
qn (spezi'ell) für j-n; j-m zu Ehren; zu j-s
Ehren; **à ton** ~ für dich; *égl cath*: **dire**
une messe à l'~ **d'un défunt** für e-n
Toten …; **dans l'**~ **de** (+*inf*) in der
Absicht zu (+*inf*); ♦ **avoir l'**~ **de** (+*inf*)
die Absicht haben, beabsichtigen, sich
mit der Absicht tragen zu (+*inf*);
n'avoir nullement l'~ **de** (+*inf*) keines-
wegs, -falls die Absicht haben, gar nicht
daran denken zu (+*inf*); **avoir de bon-**
nes ~**s envers, à l'égard de qn** es gut
mit j-m meinen; **avoir de mauvaises**
~**s** böse Absichten haben; Böses im
Schilde führen; *loc* **c'est l'**~ **qui compte**
der gute Wille gilt für die Tat; **il n'est**
pas dans mes ~**s de** (+*inf*) es liegt nicht
in meiner Absicht zu (+*inf*); **faire qc**
dans une bonne, mauvaise ~ etw in
guter, böser Absicht tun; **faire un pro-**
cès d'~ **à qn** *cf* procès 2.; **nourrir des**
~**s perfides** arglistige Absichten hegen
intentionnalité [ɛ̃tɑ̃sjɔnalite] *f psych*
Intentionali'tät *f*
intentionn|é [ɛ̃tɑ̃sjɔne] *adj* **bien, mal** ~
wohlmeinend *od* -gesinnt, übelgesinnt
od nicht wohlmeinend; **~el** *adj* ⟨~le⟩
absichtlich; beabsichtigt; vorsätzlich
(*auch jur*)
inter [ɛ̃tɛr] *m* **1.** (*Kurzwort für* interur-
bain ID *tél* Fernamt *n*; **2.** (*Kurzwort für*
intérieur) *sports* Halbstürmer *m*; ~
droit, **gauche** Halbrechte(r) *m*, -lin-
ke(r) *m*; **jouer** ~ droit, **gauche**
Halbrechts, -links spielen
interactif [ɛ̃tɛraktif] *adj* ⟨-ive⟩ *EDV*
Dia'log…
interaction [ɛ̃tɛraksjɔ̃] *f bes phys, phi-*
los, psych Wechselwirkung *f*; *psych,*
Soziologie auch Interakti'on *f*; *phys*
atom: ~ **électromagnétique, faible,**
forte *od* **nucléaire** elektromagnetische,
schwache, starke Wechselwirkung; ~
gravitationnelle Gravitati'onswech-
selwirkung *f*
inter|allemand [ɛ̃tɛralmɑ̃] *adj* inner-,
gesamtdeutsch; deutsch-deutsch; **~al-**
lié *adj* interalli'iert; **~armées** *adj* ⟨*inv*⟩
mehrere Teilstreitkräfte *bzw* die Ge-
samtstreitkräfte betreffend; **~armes**
adj ⟨*inv*⟩ mehrere *bzw* alle Waffengat-
tungen betreffend
intercal|aire [ɛ̃tɛrkalɛr] **I** *adj* **1.** *Blatt*
Papier etc eingeschoben, -gelegt, ein-
gefügt; **2.** *astr* **jour** *m* ~ Schalttag *m*; **3.**
méd **jour** *m*, **période** *f* ~ fieberfreier
Tag, fieberfreie Zeit (*zwischen zwei*
Fieberanfällen); **II** *m* eingeschobenes, einge-
legtes Blatt; Trennblatt *n*; **~ation** *f* **1.**
Einschieben *n*, -lung *f*; Einlegen *n*; Einfü-
gen *n*, -ung *f*; Einschalten *n*, -ung *f*; **2.**
impr Zwiebelfisch *m*; **~er** *v/t* ein-
schieben, -legen, -fügen, -schalten
intercéder [ɛ̃tɛrsede] *v/i* ⟨-è-⟩ sich ein-
setzen, verwenden (**pour, en faveur de**
qn für j-n; **auprès de qn** bei j-m)
intercellulaire [ɛ̃tɛrselylɛr] *adj biol*
interzellu'lar, -zellu'lär; Interzellu'lar…;
Zwischenzell…; **espace** *m* ~ Zwischen-
zell-, Interzellularraum *m*
intercep|ter [ɛ̃tɛrsɛpte] *v/t* **1.** *Brief,*
Botschaft etc ab-, auffangen; unter-
'schlagen; *Telefongespräch* abhören; ab-
horchen; *sports* Ball, *mil* Schiff, Flug-
zeug abfangen; **2.** *Strahlen, Licht, Hitze*
auf-, ab-, zu'rückhalten; **~teur** *m aviat*
mil Abfangjäger *m*; **~tion** *f* **1.** Abfangen
n (*auch sports, mil*); Auffangen *n*; *e-s*
Briefes auch Unter'schlagen *n*; *e-s Tele-*
fongesprächs Abhören *n*; Abhorchen *n*;

2. *von Strahlen etc* Auf-, Ab-, Zu'rück-halten *n*

intercess|eur [ɛtɛrsesœr] *m rel, litt* Für-sprecher *m*; **~ion** *f rel, litt* Fürsprache *f*

interchange|abilité [ɛtɛrʃãʒabilite] *f* Austauschbarkeit *f*; Auswechselbarkeit *f*; **~able** *adj* (unterein'ander) austausch-bar, auswechselbar

interclass|e [ɛtɛrklɑs] *m* kleine Pause (*zwischen zwei Unterrichtsstunden*); **~er** *v/t* zwei Lochkartenstapel mischen; **~euse** *f* Büromaschine Karten-mischer *m*

inter|clubs [ɛtɛrklœb] *adj* ⟨*inv*⟩ Wett-kampf zwischen mehreren Klubs *od* Clubs, Vereinen; **~communal** *adj* ⟨-aux⟩ mehrere Kom'munen, Gemein-den betreffend; **~confessionnel** *adj* ⟨~le⟩ interkonfessio'nell; **~connecter** *v/t élect* im Verbund betreiben; **~connexion** *f élect* Verbundbetrieb *m*, -sy-stem *n*; **~continental** *adj* ⟨-aux⟩ inter-konti'nental; Interkontinen'tal...; **~fu-sée** ~e Interkontinentalrakete *f*; **~co-stal** *adj* ⟨-aux⟩ *anat* Zwischenrip-pen...; zwischen den Rippen liegend; *sc* interko'stal; Interko'stal...; *path* né-vralgie ~e Interkostalneuralgie *f*; **~co-tidal** *adj* ⟨-aux⟩ *géogr* ligne ~e Flut-stundenlinie *f*; Isor'rhachie *f*; **~cur-rent** [-kyrɑ̃] *adj méd Krankheit* hin'zu-tretend; *sc* interkur'rent; interkur'rierend; **~dentaire** *adj* zwischen den Zähnen liegend; *sc* interden'tal; **~dental** *adj* ⟨-aux⟩ *phon* **consonne** ~e *od subst* ~e *f* Interden'tal(is) *m(f)*; **~départemen-tal** *adj* ⟨-aux⟩ *in Frankreich* mehrere Departe'ments betreffend

interdépend|ance [ɛtɛrdepãdãs] *f* gegenseitige Abhängigkeit *f*; Wechsel-beziehung *f*; Interdepen'denz *f*; *von Un-ternehmen auch* (enge) Verflechtung; **~ant** *adj* vonein'ander abhängig; *sc* interdepen'dent

interdiction [ɛtɛrdiksjõ] *f* **1.** Verbot *n*; Unter'sagung *f*; ~ **de sortir, de station-ner** Ausgeh-, Parkverbot *n*; *mil tir m* **d'~** Behinderungsfeuer *n*; **2.** *jur* **a)** (judiciaire, civile) Entmündigung *f*; **b)** ~ **correctionnelle** *od* **~ des droits civiques, civils et de famille** Aber-kennung *f der* staatsbürgerlichen, bür-gerlichen und familienrechtlichen Rech-te; ~ **légale** Aberkennung *f* der bürger-lichen Rechte; ~ **de séjour** Aufenthalts-verbot *n*; **3.** *e-s Priesters, Notars etc* Amtsenthebung *f*; Berufsverbot *n*

interdigital [ɛtɛrdiʒital] *adj* ⟨-aux⟩ *anat* zwischen den Fingern *od* Zehen; *sc* interdigi'tal

interdire [ɛtɛrdir] ⟨*cf dire; aber* vous **interdisez**⟩ **I** *v/t* **1.** ~ qc etw verbieten, unter'sagen (à qn j-m); ~ **à qn de faire** qc j-m etw verbieten, untersagen, etw zu tun; **son état de santé lui interdit de** (+*inf*) sein Gesundheitszustand verbietet es ihm zu (+*inf*); *unpersönlich* **il est inter-dit de** (+*inf*) es ist verboten zu (+*inf*); *par ext Hoffnung, Glück etc* st/s **être interdit à qn** j-m versagt sein; **2.** *jur* ~ qn j-n entmündigen; **3.** *Notar etc* ~ j-s Amtes entheben; **4.** *égl cath Priester, Kirche* mit dem Inter'dikt belegen; **II** *v/pr* **s'~** qc *bzw* **de** qc sich etw verbieten, versagen *bzw* es sich verbieten, versagen, etw zu tun

interdisciplinaire [ɛtɛrdisipliner] *adj* mehrere 'Unterrichtsfächer, Diszi-'plinen, Fachrichtungen betreffend; in-terdiszipli'när; fächerübergreifend

interdit [ɛtɛrdi] **I** *adj* **1.** verboten; unter-'sagt; **passage** ~ 'Durchgang, -fahrt verboten; **reproduction** ~e Nachdruck verboten; *Film, Zutritt etc* ~ **aux moins de 18 ans** für Jugendliche unter 18

Jahren verboten; **Jugendliche unter 18 Jahren haben keinen Zutritt**; *Straße* ~ **aux véhicules** für Fahrzeuge gesperrt; **2.** *jur* entmündigt; **3.** *Person* bestürzt; verblüfft; wie vor den Kopf geschlagen; sprachlos; **II** *subst* **1.** ~(e) *m(f) jur* Ent-mündigte(r) *f(m)*; ~ **de séjour** von e-m Aufenthaltsverbot Betroffene(r) *m*; **2.** *m égl cath* Inter'dikt *n*; **prononcer l'~** das Interdikt verhängen; *fig* **prononcer l'~ contre qn, jeter l'~ sur qn** j-n ausschließen, in Acht und Bann erklären *od* tun; **3.** *m par ext* (gesellschaftliches, religi'öses, mo'ralisches) Verbot, Ta'bu

interentreprises [ɛtɛrãtrapriz] *adj* ⟨*inv*⟩ 'überbetrieblich

intéressant [ɛtɛresɑ̃] **I** *adj* **1.** interes'sant; fesselnd; reizvoll; anregend; beachtens-wert; aufschlußreich; **(ne pas) être** ~ *auch* (kein) Inter'esse, (keine) Beachtung verdienen; *Person péj* **chercher à se rendre** ~ sich interessant machen wol-len; **2.** *Preis, Angebot, Geschäft etc* interes'sant; vorteilhaft; lohnend; **3.** *Frau* **être dans une position** ~e in anderen 'Umständen sein, ein Kind erwarten; **II** *subst péj* **faire l'~(e)** *m(f)* sich interes'sant machen; F sich aufspie-len; angeben

intéressé [ɛtɛrese] **I** *adj* **1.** *Personen, Gruppen, Mächte etc* betreffend; betei-ligt; in Frage kommend; betroffen; in-teres'siert; **personne** ~e *cf auch* II; **2.** *Person, Motiv, Freundschaft etc* eigen-nützig; *Person auch* auf s-n Vorteil bedacht; **3.** *Person, Miene* interes'siert; **être** ~ à, par une question, *etc* an e-r Frage *etc* interessiert sein; **regarder d'un air** ~ interessiert zusehen; **4.** *comm* **être** ~ beteiligt sein (**aux bénéfices** an den Gewinnen; **dans une affaire** an e-m Geschäft); **II** *subst m(f)* Betref-fende(r) *f(m)*; Beteiligte(r) *f(m)*; Betrof-fene(r) *f(m)*; Interes'sierte(r) *f(m)*

intéressement [ɛtɛresmã] *m comm* Ge-winnbeteiligung *f*; part *f* d'~ Gewinnan-teil *m*

intéresser [ɛtɛrese] **I** *v/t* **1.** ~ qn j-n interes'sieren, j-s Inter'esse wecken (à qn, qc für j-n, etw); **cela m'intéresse beaucoup** das interessiert mich sehr; *iron* **cause toujours** *od* **continue, tu m'intéresses** F! red du nur!; **2.** ~ qc, qn etw, j-n betreffen, angehen; wichtig, *comm* ~ qn j-n beteiligen (**aux bénéfices** an den Gewinnen; **dans une entreprise** an e-m Unter'nehmen); **II** *v/pr* **s'~** à qn, qc sich für j-n, etw interes'sieren; an j-m, etw interessiert sein; für j-n, etw *od* an j-m, etw Inter'esse haben, zeigen; **s'~ au sort de qn** *auch* an j-s Schicksal (*dat*) Anteil nehmen

intérêt [ɛtɛrɛ] *m* **1.** Inter'esse *n*; (geistige) Anteilnahme; Aufmerksamkeit *f*; Be-achtung *f*; **avec** ~ mit Interesse; interes-'siert; **donner des marques d'~ à qn** j-m sein Interesse, s-e Anteilnahme be-weisen, bezeigen, bekunden; **éveiller l'~ de qn** j-s Interesse wecken; **manifester de l'~ pour qn, qc** Interesse für j-n, etw zeigen, bekunden; **porter de l'~ à qn** j-m Interesse entgegenbringen; **prendre** ~ **à qn, qc** j-m, etw Interesse entgegen-bringen; für j-n, etw Interesse bekom-men, aufbringen; sich für j-n, etw inter-es'sieren; **2.** Inter'esse *n*; Reiz *m*; Bedeu-tung *f*; *Buch, Fall etc* **(plein) d'~** (sehr) interes'sant, bedeutend; **du plus grand** ~ von größtem Interesse; **sans** ~, **dénué d'~** uninteressant; **avoir, offrir, pré-senter de l'~** von Interesse, interessant sein (**pour** qn für j-n); **quel est l'~ de** ce film? worin liegt eigentlich die Bedeu-tung des Films?; was ist

eigentlich an diesem Film so interes-sant?; F **was ist eigentlich an diesem Film dran?**; **manquer d'~** uninteres-sant, reizlos sein; **3.** Inter'esse *n*; Vorteil *m*; Nutzen *m*; ~**s** pl *auch* Belange *m/pl*; ~ **matériel, national** materielles, natio-nales Interesse; **les** ~**s régionaux** die regionalen Belange; **groupement** *m* **d'~s** Inter'essengemeinschaft *f*, -gruppe *f*; **dans l'~ de** qn in j-s Interesse (*dat*); **zu** j-s Bestem, Nutzen; **dans son** ~ in s-m Interesse; **dans l'~ général** im allgemei-nen Interesse; im Interesse der Allge-meinheit; **il a (tout)** ~ à faire qc es ist, liegt (ganz) in s-m Interesse, daß er etw tut; es ist gut, vorteilhaft für ihn, etw zu tun; **il y a** ~ **à** (+*inf*) es ist von Vorteil *od* Nutzen, es ist gut, vorteilhaft zu (+*inf*); **les** ~**s particuliers doivent céder le pas à l'~ général** Gemeinnutz geht vor Eigen-nutz; **défendre les** ~**s de qn** j-s Interessen, Belange verteidigen; **c'est dans votre propre** ~ das liegt in Ihrem eigenen Interesse; **épouser les** ~**s de qn** sich für j-n einsetzen; j-s Partei ergreifen; **prendre soin des** ~**s de qn** j-s Interes-sen, Belange wahrnehmen, vertreten; **trouver son** ~ **dans une affaire** bei e-r Sache auf s-e Kosten, Rechnung kom-men; **4.** Eigennutz *m*; eigener materi'eller Vorteil; **mariage** *m* d'~ vorteilhafte Partie; **faire qc par** ~ etw aus Eigennutz tun; **5.** *par ext* **questions** *f/pl* d'~ Geldfragen *f/pl*, -angelegenheiten *f/pl*; **6.** Zins *m*; *oft pl* ~**s** Zinsen *pl*; ~(**s**) composé(**s**) Zinseszins(en) *m(pl)*; ~**s usuraires** Wucherzinsen *m/pl*; **prêt** *m* à ~ verzinsliches Darlehen; **taux** *m* **de l'~** Zinsfuß *m*, -satz *m*; **à gros** ~**s** zu hohen Zinsen; **sans** ~ zinslos, -frei; **demander un** ~ **de deux pour cent** zwei Prozent Zinsen verlangen; **payer les** ~**s de** qc etw verzinsen; **produire, rapporter des** ~**s** sich verzinsen, Zinsen bringen, tragen; **7.** *comm* **avoir des** ~**s dans** qc an etw (*dat*) beteiligt sein; **8.** *jur, allg* **dommages et** ~**s** pl Schaden(s)ersatz *m*; Entschädigung *f*

interfér|ence [ɛtɛrferãs] *f* **1.** *phys* Interfe'renz *f*; Über'lagerung *f* (*beide auch fig*); **2.** Einmischung *f*, Eingriff *m* (**dans** in +*acc*); **~ent** *adj phys* interfe'rierend; Interfe'renz...; **~er** *v/i* ⟨-è-⟩ **1.** *phys* interfe'rieren; sich über'lagern (*auch fig*); **2.** eingreifen (**dans** in +*acc*)

interféromètre [ɛtɛrferɔmɛtr(ə)] *m phys* Interfero'meter *n*

interféron [ɛtɛrferõ] *m* Biochemie Inter-fe'ron *n*

interfoli|age [ɛtɛrfɔljaʒ] *m impr* Durch-'schießen *n*; **~er** *v/t impr Buch* durch-'schießen

inter|glaciaire [ɛtɛrglasjɛr] *adj géol* zwischeneiszeitlich; interglazi'al; **pério-de** *f* ~ Zwischeneiszeit *f*; Interglazi'alzeit *f*; **~gouvernemental** *adj* ⟨-aux⟩ zwi-schenstaatlich; Regierungs...

intérieur [ɛtɛrjœr] **I** *adj* innere(r, -s); Innen...; innerlich; innerhalb befind-lich, liegend; *e-s Landes* **affaires** ~es innere Angelegenheiten *f/pl*; **commer-ce** ~ Binnenhandel *m*; *auto* **conduite** ~e Limou'sine *f*; **cour** ~e Innenhof *m*; **for** ~ *cf* **marché** ~ (ein)heimischer Markt; Inland(s)-, Binnenmarkt *m*; **mer** ~e Binnenmeer *n*; **monde** ~ Innenwelt *f*; **navigation** ~e Binnen-, Flußschiffahrt *f*; **poche** ~e Innentasche *f*; **politique** ~e Innenpolitik *f*; **prière** ~e stilles Gebet; **vie** ~e Innenleben *n*; **II** *subst* **1.** Innere(s) *n* (*auch fig*); Innenseite *f*, -teil *m*; *par ext* Inland *n*; **l'~ du pays** das Landesinnere, Binnenland *n*; **antenne** *f* ~e Zimmer-, Innenantenne *f*; **les ennemis** *m/pl* **de l'~** die inneren Feinde *m/pl*; **ministère** *m*

de l'~ od ellip ~ Ministerium n des Innern; Innenministerium n; ◆ loc/prép à l'~ de innerhalb, im Innern (+gén); (innen) in (+dat); à l'~ d'un groupe innerhalb, in e-r Gruppe; à l'~ de la poche (innen) in der Tasche; loc/adv: à l'~ (dr)innen; drin; im Innern; favoriser l'industrialisation à l'~ im Landesinnern ...; le taux de change à l'~ ... im Inland; travailler à l'~ (dr)innen arbeiten; de od par l'~ von innen heraus; juger qc de l'~ etw aus eigener Kenntnis, Erfahrung (heraus) beurteilen; 2. (Da')Heim n; Zu'hause n; femme f d'~ gute, tüchtige Hausfrau; Frau, die in ihrem Zuhause aufgeht; häusliche Frau; veston m d'~ Hausjoppe f, -jacke f; aimer son ~ sein Zuhause lieben; 3. cin ~s pl Innenaufnahmen f/pl; 4. peint (tableau m d') Interi'eur n; 5. sports cf inter 2.
intérieurement [ɛ̃terjœrmɑ̃] adv fig innerlich; im Innern; (dr)innen; drin
intérim [ɛ̃terim] m Interim n; Zwischen-, 'Übergangszeit f; Provi'sorium n; par ~ in der Zwischen-, Übergangszeit; zeitweilig; in Vertretung; Interims...; gouvernement m par ~ Interimsregierung f; exercer une fonction par ~ e-e Tätigkeit in Vertretung, vorübergehend, interi'mistisch ausüben; assurer l'~ de qn j-s Vertretung über'nehmen; j-n vertreten; **~aire** I adj zeitweilig; vorläufig; vor'übergehend; interi'mistisch; per-sonnel m ~ Aushilfspersonal n; II m,f Vertreter(in) m(f)
interindividuel [ɛ̃terɛ̃dividɥɛl] adj <~le> die Beziehungen mehrerer Indi'viduen zuein'ander betreffend; interindividu'ell
intérioriser [ɛ̃terjɔrize] v/t 1. Gefühle nicht äußern, nach außen hin zeigen; Konflikt in s-m Innern austragen; 2. Schauspieler: Spiel verinnerlichen
interjec|tif [ɛ̃terʒɛktif] adj <-ive> ling interjektio'nell; locution interjective als Interjekti'on gebrauchte Wendung; **~tion** f 1. ling Interjekti'on f; Ausrufe-, Empfindungswort n; 2. jur ~ d'appel Berufungseinlegung f
interjeter [ɛ̃terʒəte] v/t <-tt-> jur appel Berufung einlegen
interlign|e [ɛ̃terliɲ] 1. m Zwischenraum m (zwischen den Zeilen); mus zwischen zwei Notenlinien auch Spatium n; 2. m zwischen den Zeilen Geschriebene(s) n; 3. f impr 'Durchschuß m; Re'glette f; **~er** v/t 1. zwischen die Zeilen schreiben; 2. impr Zeilen durch'schießen; mit 'Durchschuß versehen
interlinéaire [ɛ̃terlineɛr] adj zwischen den Zeilen stehend; zwischen die Zeilen geschrieben; interline'ar; traduction f ~ interlineare Über'setzung; Interline'arversion f
interlock [ɛ̃terlɔk] m text a) Interlockware f; b) Interlockmaschine f
interlocu|teur [ɛ̃terlɔkytœr] m, **~trice** f Gesprächspartner(in) m(f), -teilnehmer(in) m(f); Verhandlungspartner(in) m(f); **~toire** adj u subst m jur (jugement m) ~ Zwischenurteil n
interlope [ɛ̃terlɔp] adj 1. Hotel, Milieu etc zweideutig; anrüchig; verrufen; 2. commerce m ~ Schleich-, Schwarzhandel m
interloqu|é [ɛ̃terlɔke] adj verdutzt; verwirrt; verblüfft; **~er** v/t ~ qn j-n in Verwirrung, aus der Fassung bringen; j-n verwirren, verblüffen
interlude [ɛ̃terlyd] m Zwischenspiel n, -musik f; mus Inter'ludium n; télév Pausenfüller m; Pro'grammverbindung f
intermaxillaire [ɛ̃termaksilɛr] adj anat Zwischenkiefer...; sc Intermaxil'lar...
intermède [ɛ̃termɛd] m 1. thé Zwi-

schenspiel n, -akt m; Einlage f; Inter'medium n; Inter'mezzo n; früher auch kleine Oper; 2. fig a) kurze Zeitspanne; b) Inter'mezzo n; Zwischenspiel n
intermédiaire [ɛ̃termedjɛr] I adj da-'zwischenliegend; Zwischen...; Mittel...; intermedi'är; couleur f ~ Zwischenfarbe f; époque f ~ 'Übergangsepoche f, -zeit f; espace m ~ Zwischenraum m; biol hôte m ~ Zwischenwirt m; partie f ~ Zwischen-, Mittelteil m; position f ~ mittlere Position; Mittelstellung f; produit m ~ Zwischenprodukt n, -erzeugnis n; II subst 1. m,f Mittelsmann m, -person f; Vermittler(in) m(f); 2. m,f comm Zwischenhändler(in) m(f); 3. m Vermittlung f; loc/prép par l'~ de qn (auf dem Wege) über j-n; durch j-s Vermittlung
interminable [ɛ̃terminabl(ə)] adj räumlich u zeitlich endlos; unendlich lang
inter|ministériel [ɛ̃terministerjɛl] adj <~le> interministeri'ell; **~mission** f bes méd Unter'brechung f
intermitt|ence [ɛ̃termitɑ̃s] f allg, méd zeitweiliges Aussetzen; Unregelmäßigkeit f; méd auch Intermissi'on f; loc/adv par ~ in Abständen, Inter'vallen; travailler par ~ unregelmäßig, nicht kontinu'ierlich arbeiten; **~ent** adj zeitweilig aussetzend; mit Unter'brechungen erfolgend; intermit'tierend; Licht peri'odisch unter'brochen; Puls unregelmäßig; Anstrengungen etc nicht kontinu'ierlich; path fièvre ~e Wechselfieber n; intermittierendes Fieber; fontaine, source ~e zeitweise versiegende, intermittierende Quelle; auch Hungerbrunnen m, -quelle f
inter|moléculaire [ɛ̃termolekylɛr] adj phys, chim intermoleku'lar; **~musculaire** adj anat zwischen den Muskeln befindlich
internat [ɛ̃terna] m 1. a) Status m e-s Inter'natsschülers; b) Inter'nat n; auch Alum'nat n; ~ de jeunes filles Mädcheninternat n; 2. méd a) (Gesamtheit f der) Assi'stenzärzte m/pl; b) Assi'stenzarztzeit f; c) Prüfung f zur Zulassung als Assi'stenzarzt
international [ɛ̃ternasjɔnal] <m/pl -aux> I adj internatio'nal; zwischenstaatlich; droit ~ privé internationales Privatrecht; droit ~ (public) Völkerrecht n; auch internationales Recht; langue ~e Weltsprache f; sports match ~ Länderspiel n; organisations ~es internationale Organisationen f/pl; politique ~e auch Weltpolitik f; relations ~es internationale, zwischenstaatliche Beziehungen f/pl; trafic ~ grenzüberschreitender Verkehr; II subst 1. m sports Natio'nalspieler m; Mitglied n der Natio'nalmannschaft; 2. ~e f pol (Organisation u Lied) **~isation** f 1. Völkerrecht Internationali'sierung f; 2. e-s Konflikts etc internatio'nale Ausweitung; **~iser** v/t 1. Gebiet etc international'sieren; 2. Konflikt etc internatio'nal ausweiten; **~isme** m Internationa'lismus m; **~ité** f Internationali'tät f
interne [ɛ̃tern] I adj innere(r, -s); innerlich; Innen...; in'tern; innerstaatlich; math angles m/pl alternes ~s innere Wechselwinkel m/pl; causes f/pl ~s innere Ursachen f/pl; face f ~ Innenseite f; anat organe m ~ inneres Organ; oreille f ~ inneres Ohr; Innenohr n; physiol sécrétion f ~ innere Sekretion; Medikament à usage ~ innerlich anzuwenden; zur innerlichen Anwendung; II m,f 1. Inter'natsschüler(in) m(f), -zögling m (auch von e-m Mädchen); In'terne(r) f(m); 2. ~ (des hôpitaux) etwa

Assi'stenzarzt, -ärztin m,f
interné(e) [ɛ̃terne] m(f) a) pol Inter'nierte(r) f(m); b) méd (in e-e geschlossene Anstalt) Eingewiesene(r) f(m)
intern|ement [ɛ̃ternəmɑ̃] m a) pol Inter-'nierung f; camp m d'~ Internierungslager n; b) von Geisteskranken Einweisung f (in e-e geschlossene Anstalt); **~er** v/t a) Soldaten, Flüchtlinge etc inter'nieren; b) Geisteskranke (in e-e geschlossene Anstalt) einweisen
inter|nonce [ɛ̃ternɔ̃s] m dipl Inter'nuntius m; **~nucléaire** adj biol zwischen (den) Zellkernen befindlich; **~océanique** adj interoze'anisch; Weltmeere verbindend; zwischen zwei Weltmeeren befindlich; **~oculaire** adj anat zwischen den Augen befindlich; **~osseux** adj <-euse> anat zwischen (den) Knochen befindlich; Zwischenknochen...; sc interos'sär; **~parlementaire** adj interparlamen'tarisch
interpellateur [ɛ̃terpelatœr] m pol Interpel'lant m
interpellation [ɛ̃terpelasjɔ̃] f 1. pol parlamen'tarische Anfrage; Interpellati'on f; 2. (laute, brüske) Anrede; 3. jur Aufforderung f, Mahnung f (e-e Erklärung abzugeben bzw etw zu tun); 4. durch die Polizei Über'prüfung f der Perso-'nalien (verdächtiger Personen)
interpeller [ɛ̃terpele] I v/t 1. pol interpel'lieren; e-e Interpellati'on einbringen; ~ qn an j-n e-e Anfrage richten; 2. ~ qn j-n (laut) anreden, ansprechen; péj j-n anfahren; j-m ins Wort fallen; 3. jur ~ qn de (+inf) j-n auffordern, mahnen zu (+inf); 4. Polizei die Perso'nalien über-'prüfen (des suspects von Verdächtigen); être interpellé par la police von der Polizei überprüft werden; II v/pr s'~ reziprok sich laut anreden; péj sich anfahren
interpénétr|ation [ɛ̃terpenetrasjɔ̃] f gegenseitige Durch'dringung; Verflechtung f; **~er** v/pr <-è-> s'~ sich gegenseitig durch'dringen, verflechten
inter|phone [ɛ̃terfɔn] m (nom déposé) Sprechanlage f; **~planétaire** adj interplane'tar(isch)
interpol|ation [ɛ̃terpɔlasjɔ̃] f 1. Interpolati'on f; (später unberechtigter bzw irrtümlicher) Einschub (in e-n Text); Einfügung f; 2. math Interpolati'on f; **~er** v/t 1. Textstelle, Wort etc interpo'lieren (meist abs);(unberechtigt bzw irrtümlich) einschieben, einfügen (in e-n Text); 2. math inter'polieren
interposé [ɛ̃terpoze] adj jur personne ~e Mittelsperson f; Mittelsmann m; Vermittler m; par personne ~e durch e-e Mittelsperson, e-n Mittelsmann; allg par enfants ~s, par nations ~es, etc durch die Kinder, Nationen etc; mit Hilfe der Kinder, Nationen etc; sich der Kinder, Nationen etc als Mittelspersonen bedienend
interposer [ɛ̃terpoze] I v/t 1. ~ qc etw da'zwischenlegen, -setzen, -stellen; ~ qc entre qc etw zwischen etw (acc) setzen, legen, stellen; 2. fig u st/s s-e Autorität einsetzen; verwenden; ~ sa médiation entre vermitteln zwischen (+dat); II v/pr s'~ da'zwischentreten; eingreifen; einschreiten; fig auch vermitteln (entre zwischen + dat); s'~ dans une dispute in e-n Streit eingreifen
interposition [ɛ̃terpozisjɔ̃] f 1. Da'zwischenlegen n, -setzen n, -stellen n; 2. Da'zwischentreten n; Eingreifen n; Einschreiten n; 3. jur ~ de personne Einschalten n e-r Mittelsperson
interprétable [ɛ̃terpretabl(ə)] adj interpre'tier-, ausleg-, deut-, erklärbar
interprétariat [ɛ̃terpretarja] m Dol-

metscherwesen *n*, -beruf *m*; **école** *f* **d'~** Dolmetscherschule *f*

interprétatif [ɛ̃tɛrpretatif] *adj* ⟨-ive⟩ interpre'tierend; auslegend; deutend; erklärend; *psych* **tests ~s** Interpreta-ti'onstests *m/pl*

interprétation [ɛ̃tɛrpretasjɔ̃] *f* **1.** Interpretati'on *f*; Auslegung *f*; Deutung *f*; Erklärung *f*; *jur* **~ d'une loi** Gesetzausle-gung *f*; Auslegung e-s Gesetzes; **~ des rêves, des songes** Traumdeutung *f*; **erreur** *f* **d'~** Interpretationsfehler *m*; **2.** *thé*, *mus* Interpretati'on *f*; (künstleri-sche) 'Wiedergabe, *thé auch* Darstel-lung; e-r Rolle *auch* Verkörperung *f*; *cin* **prix** *m* **de la meilleure ~ féminine, masculine** Preis *m* für die beste Darstel-lung e-r weiblichen, männlichen Film-rolle; **3.** Dolmetschen *n*; **~ consécutive, simultanée, de conférence** Kon-seku'tiv-, Simul'tan-, Konfe'renzdol-metschen *n*; **4.** *path* **délire** *m* **d'~** aus der 'Umdeutung von Wahrnehmungen ent-stehende Wahnidee; **5.** *mil* **~ photogra-phique** Luftbildauswertung *f*

interprète [ɛ̃tɛrprɛt] *m,f* **1.** Dolmet-scher(in) *m(f)*; **faire l'~** dolmetschen; F **den Dolmetscher ma-chen**; **2.** *thé*, *mus* Inter'pret(in) *m(f)*; *thé auch* Darsteller(in) *m(f)*; Schauspie-ler(in) *m(f)*; **3.** e-s **Textes** *etc* Inter'pret(in) *m(f)*; Ausleger(in) *m(f)*; Deuter(in) *m(f)*; Erklärer(in) *m(f)*; **~ des rêves, des songes** Traumdeuter(in) *m(f)*; **4.** *fig* Dolmetsch *m*; Fürspre-cher(in) *m(f)*; **se faire l'~ de qn** sich zum Dolmetsch für j-n machen; **se faire l'~ de qc** sich zum Sprachrohr e-r Sache machen

interpréter [ɛ̃tɛrprete] *v/t* ⟨-è-⟩ **1.** *Text, Gesetz, Worte, Ereignis etc* inter-pre'tieren; auslegen; deuten; erklären; **~ un rêve, un songe** e-n Traum deuten; **2.** *thé*, *mus* (künstlerisch) 'wiedergeben; interpre'tieren; *Rolle etc auch* darstellen; verkörpern

inter|professionnel [ɛ̃tɛrprofɛsjɔnɛl] *adj* ⟨~le⟩ mehrere Berufsgruppen um-'fassend; **salaire minimum ~ de crois-sance** *cf* **salaire**; **~psychologie** *f* In-terpsycholo'gie *f*; **~règne** *m hist*, *fig* Inter'regnum *n*

interrogateur [ɛ̃tɛrɔgatœr] **I** *adj* ⟨-trice⟩ *Blick, Miene* fragend; **II** *subst* **~, interrogatrice** *m,f* Prüfer(in) *m(f)*; Prüfende(r) *f(m)*; Exami'nator *m*

interrogatif [ɛ̃tɛrɔgatif] **I** *adj* ⟨-ive⟩ **1.** fragend; **2.** *gr* Frage...; Interroga'tiv...; interroga'tiv; **adjectif ~** attributives Interrogativpronomen; **adverbe ~** Fra-ge-, Interrogativadverb *n*; **pronom ~** (alleinstehendes) Interrogativpronomen, Fragefürwort *n*; **proposition inter-rogative** *cf* **II 2.**; **II** *subst* **1.** *m gr* Frage-wort *n*; **2.** *f gr* **interrogative** (directe, indirecte) (direkter, indirekter) Fra-ge-, Interroga'tivsatz

interrogation [ɛ̃tɛrɔgasjɔ̃] *f* **1.** *gr* Frage(form) *f*; **point** *m* **d'~** Fragezei-chen *n*; *fig auch* großes Fragezeichen; **2.** Befragung *f*; *auch* Frage *f*; *in der Schule*: **~ écrite** schriftliche Beantwortung von Fragen über den Lehrstoff; **~ orale** Abfragen *n* des Lehrstoffs

interrogatoire [ɛ̃tɛrɔgatwar] *m* **1.** *jur* e-s **Beschuldigten** (gerichtliche) Verneh-mung; Verhör *n*; *österr*, *schweiz* Einver-nahme *f*; **~ d'identité** Vernehmung zur Person; **subir un ~** vernommen, verhört werden; *cf auch* **3.**; **faire subir un ~ à qn** j-n vernehmen, verhören; j-n ins Verhör nehmen; **2.** Vernehmungsproto-koll *n*; **3.** *fig* Verhör *n*; **subir un ~ en règle** e-m regelrechten Verhör unter-'zogen werden

---

interroger [ɛ̃tɛrɔʒe] ⟨-geons⟩ **I** *v/t* **1.** **~ qn** j-n be-, ausfragen, j-m Fragen stellen (**sur** über + *acc*); j-n fragen (nach); *jur* j-n vernehmen, verhören; *Schüler, Prüf-ling* prüfen (**en géographie** in Geogra-phie); **~ qn des yeux, du regard** j-n fragend, mit e-m fragenden Blick anse-hen; **2.** *Gewissen, Herz etc* befragen; prüfen; *Fakten* zu Rate ziehen; *Himmel* prüfend betrachten; **~ sa mémoire** sich zu erinnern versuchen; **II** *v/pr* **s'~** sich Fragen stellen; sich fragen; **s'~ sur la marche à suivre** sich fragen, wie man vorgehen soll

interrompre [ɛ̃tɛrɔ̃pr(ə)] ⟨*cf* **rompre**⟩ **I** *v/t* **1.** **~ qc** etw unter'brechen (*auch élect*); *auch* etw abbrechen; **~ le travail** *auch* mit der Arbeit aussetzen; **2.** **~ qn** j-n unter'brechen; j-m ins Wort fallen; **3.** **~ qn dans sa lecture, dans son travail, etc** j-n bei der Lek'türe, bei der Arbeit *etc* stören; **II** *v/pr* **s'~ 4.** innehalten, stocken (**dans son travail** in *bzw* bei s-r Arbeit; **pour** + *inf* um zu + *inf*); **5.** *passivisch Sendung, Gespräch etc* unter'brochen werden

interrupt|eur [ɛ̃tɛryptœr] *m élect* Unter-'brecher *m*; (Licht)Schalter *m*; **~if** *adj* ⟨-ive⟩ *jur* **Tatsache ~ de prescription** die Unter'brechung der Verjährung be-wirkend

interruption [ɛ̃tɛrypsjɔ̃] *f* **1.** Unter'bre-chung *f* (*auch élect, jur*); **~ (volontaire) de grossesse** Schwangerschaftsunter-brechung *f*, -abbruch *m*; **sans ~** ohne Unterbrechung; ununterbrochen; *Ge-schäft* **ouvert sans ~** 'durchgehend geöffnet; **2.** Zwischenruf *m*, -rede *f*

inter|secté [ɛ̃tɛrsɛkte] *adj* **1.** *arch* ver-schlungen; sich über'schneidend; *math* geschnitten; **~section** *f* **1.** *math* Schnittpunkt *m*, -linie *f*, -fläche *f*; Über-'schneidung *f*; **point** *m* **d'~** Schnittpunkt *m*; **2.** *von Straßen, Eisenbahnstrecken* Kreuzungspunkt *m*, -stelle *f*; Kreuzung *f*; **~sexualité** *f biol* Intersexuali'tät *f*; **~stellaire** *adj astr* interstel'lar; **matiè-re** *f* **~** interstellare Materie

inter|stice [ɛ̃tɛrstis] *m* (kleiner) Zwi-schenraum; Spalt *m*; **~stitiel** [-stisjɛl] *adj* ⟨~le⟩ *anat* im Zwischengewebe lie-gend; *sc* interstiti'ell; **tissu ~** interstitiel-les Gewebe; **~syndical** *adj* ⟨-aux⟩ mehrere Gewerkschaften betreffend, um'fassend

inter|trigo [ɛ̃tɛrtrigo] *m path* Wundsein *n*; Hautwolf *m*; *sc* Inter'trigo *f*; **~tropi-cal** *adj* ⟨-aux⟩ *géogr* zwischen den Wendekreisen befindlich, *Pflanze* wach-send; **~urbain** *tél* **I** *adj* Fern...; **com-munication ~e** Ferngespräch *n*; **II** *m* Fernvermittlungsstelle *f*

intervalle [ɛ̃tɛrval] *m* **1.** Zwischenzeit *f*; Zeitabstand *m*, -spanne *f*, -raum *f*; Inter'vall *n*; **~ court**, *il s'arrêta* e-n kurzen Augenblick lang ...; **à deux jours d'~** nach zweitägiger Unter'bre-chung, Pause; nach zwei Tagen; **à ~s réguliers** in regelmäßigen Abständen; **dans l'~** in der Zwischenzeit; in'zwi-schen; unter'dessen; **dans l'~ des ses-sions** zwischen den Sitzungsperioden; **par ~s** dann und wann; hin und wieder; von Zeit zu Zeit; **2.** Zwischenraum *m*, Abstand *m* (**entre** zwischen + *dat*); **~ de sécurité** Sicherheitsabstand *m*; **par ~(s)** hier und da; in Abständen; **3.** *mus* Inter'vall *n*

intervenant [ɛ̃tɛrvənɑ̃] *jur* **I** *adj* **partie ~e** Interveni'ent *m*; **II** *m Wechselrecht* Ehrenakzeptant *m*

intervenir [ɛ̃tɛrvənir] *v/i* ⟨*cf* **venir**⟩ **1.** *allg*, *mil*, *pol* einschreiten; eingreifen; sich einmischen, sich einschalten (**dans qc** in etw [*acc*]); vermitteln (**bei, in** etw

---

[*dat*]); interve'nieren (**auprès de qn** bei j-m); *mil* **~ dans un pays** in e-m Land intervenieren; **~ en faveur de qn** zu-gunsten j-s, für j-n intervenieren; sich für j-n einsetzen, verwenden; ein gutes Wort für j-n einlegen; *mil* **faire ~ la force armée** bewaffnete Streitkräfte einset-zen; **2.** *chir* e-n Eingriff vornehmen; **3.** *Ereignis etc* eintreten; geschehen; sich ereignen; da'zwischenkommen; vor-kommen; stattfinden; *Wille, Freiheit* e-e Rolle spielen; *Abkommen* zu'stande kommen, abgeschlossen werden, *Über-einstimmung* erzielt werden (**entre** zwi-schen + *dat*); *Urteil* gefällt werden; **4.** *jur* interve'nieren; e-m Pro'zeß beitreten; sich vermittelnd in e-e Rechtssache ein-schalten

intervention [ɛ̃tɛrvɑ̃sjɔ̃] *f* **1.** Einschrei-ten *n*; Eingreifen *n*; Eingriff *m*; Einmi-schung *f*; Vermittlung *f*; Interventi'on *f*; *mil* **~ armée** bewaffnete Intervention; **2.** e-s **Redners etc** Stellungnahme *f*; **3.** *chir* **~ (chirurgicale)** (chir'urgischer) Ein-griff; e-s **Ereignisses** Eintreten *n*; Da'zwischenkommen *n*; *par ext des Wil-lens etc* Rolle *f*; **5.** *jur* Beteiligung *f* e-s Dritten an e-m anhängigen Prozeß; **b)** *Wechselrecht*: **acceptation** *f* **par ~** Eh-renannahme *f*, -akzept *n*; **paiement** *m* **par ~** Ehrenzahlung *f*

interventionn|isme [ɛ̃tɛrvɑ̃sjonism(ə)] *m* **a)** *écon* Interventio'nismus *m*; **b)** *pol* (Politik *f*, Befürwortung *f der*) Intervention; **~iste** *m* **a)** *écon* Interven-tio'nist *m*; **b)** *pol* Befürworter *m* e-r Einmischung, Interventi'on

inter|version [ɛ̃tɛrvɛrsjɔ̃] *f* 'Umkeh-rung *f*; 'Umstellung *f*; Vertauschung *f*; *jur* **~ de titre** Änderung *f* e-s Eigentums-titels, e-r Eigentumsurkunde; **~vertir** [-vɛrtir] *v/t* *Wörter, Buchstaben* 'umstel-len; *Dokumente* in Unordnung bringen; *Rollen* vertauschen

interview [ɛ̃tɛrvju] *f* Interview [-'vju:] *n*; **accorder, donner une ~** ein Interview gewähren, geben

interviewer[1] [ɛ̃tɛrvjuve] *v/t* **~ qn** j-n interviewen [-'vju:-]

interviewer[2] [ɛ̃tɛrvjuvœr] *m* Interview-er [-'vju:-] *m*

inter|ville [ɛ̃tɛrvil] *adj* ⟨*inv*⟩ *ch de fer* Intercity-... [-'si-]; **~vocalique** *adj* *phon* Konsonant zwischen zwei Vo'kalen stehend; intervo'kalisch

intestat [ɛ̃tɛsta] *jur* **I** *adj* ⟨*auch f*⟩ ohne (ein) Testa'ment (zu hinter'lassen); **II** *m,f* j, der kein Testa'ment hinter'läßt; *cf auch* **ab** (**intestat**)

intestin [ɛ̃tɛstɛ̃] **I** *adj* *Streit etc* in'tern; **guerre ~e** Bürgerkrieg *m*; **luttes ~es** innere Kämpfe *m/pl*, Auseinanderset-zungen *f/pl*; **II** *m anat* Darm *m*; **~s** *pl* Gedärm(e) *n(pl)*; Eingeweide *n(pl)*; **~ grêle** Dünndarm *m*; **gros ~** Dick-darm *m*

intestinal [ɛ̃tɛstinal] *adj* ⟨-aux⟩ Darm-...; **grippe ~e** Darmgrippe *f*; **occlu-sion ~e** Darmverschluß *m*; **suc ~** Darm-saft *m*; **vers intestinaux** Eingeweide-würmer *m/pl*

intimation [ɛ̃timasjɔ̃] *f jur* **a)** gericht-liche Ankündigung; **b)** Vorladung *f* (*vor e-e höhere Instanz*)

intime [ɛ̃tim] *adj* **1.** in'tim; innig; eng; vertraut; *poét* traut; **ami** *m* **~** *auch* Bu-senfreund *m*; Intimus *m*; **mélange** *m* **~** innige Mischung; **être ~ avec qn** mit j-m eng befreundet, mit j-m vertraut, intim sein; **2.** ganz per'sönlich; in'tim; **journal** *m* **~** Tagebuch *n*; **vie** *f* **~** Pri'vatleben *n*; **3.** *Essen, Feier etc* im engsten (Fa'milien)Kreis; im in'timen, *poét* trauten Kreis; **4.** *Umgebung, Re-staurant etc* in'tim; gemütlich; behag-

lich; traulich; **5.** im Innern ruhend; innere(r, -s); **bonheur** *m* ~ inneres Glück; **avoir la connaissance** ~ **de qc** etw sehr gut, genau kennen; **avoir la conviction** ~ **que** ... im Innersten, innerlich (davon) über'zeugt sein, daß ...; **avoir le sentiment** ~ **de qc** ein sicheres Gefühl, Gespür für etw haben; **II** *m,f* Busenfreund(in) *m(f)*; Intimus *m*, Intima *f*; Vertraute(r) *f(m)*

intimé(e) [ɛ̃time] *m(f) jur* Berufungsbeklagte(r) *f(m)*; Appel'lat *m*

intimement [ɛ̃tim(ə)mã] *adv* **1.** eng; innig; **être** ~ **lié avec qn** mit j-m eng, innig befreundet sein; j-m sehr nahestehen; **2. être** ~ **convaincu de qc** im Innersten, innerlich von etw über'zeugt sein

intimer [ɛ̃time] *v/t* **1.** ~ **l'ordre à qn de** (+*inf*) j-m den Befehl erteilen zu (+*inf*); **2.** *jur* **a)** gerichtlich ankündigen, mitteilen; **b)** (vor e-e höhere In'stanz) vorladen

intimid|ant [ɛ̃timidã] *adj* furchteinflößend; ~**ation** *f* **1.** Einschüchterung *f*; **2.** Abschreckung *f*

intimider [ɛ̃timide] *v/t* **1.** ~ **qn** j-n einschüchtern; j-m Furcht einflößen; **être intimidé** *auch* gehemmt, unsicher sein; **2.** *Gegner etc* abschrecken; **ne pas se laisser** ~ sich nicht abschrecken lassen

intimiste [ɛ̃timist] *m* **1.** *Literatur* Inti'mist *m*; **2.** *peint* Maler m von Interi'eurs

intimité [ɛ̃timite] *f* **1.** Intimi'tät *f*; Innigkeit *f*; Vertrautheit *f*; **vivre dans l'**~ **de qn** zu j-s Vertrauten gehören, zählen; zum engsten Kreis von j-n gehören; **2.** Pri'vatleben *n*, -sphäre *f*; **dans l'**~ **c'est un homme charmant** im Privatleben ...; **3.** *Feier etc* **avoir lieu dans la plus stricte** ~ im engsten (Fa'milien)Kreis stattfinden; **les obsèques ont eu lieu dans l'**~ die Beisetzung fand in aller Stille statt; **4.** *e-s Restaurants etc* in'timer Cha'rakter; Gemütlichkeit *f*; Behaglichkeit *f*; Traulichkeit *f*; **5. dans l'**~ **de mon cœur,** *etc* im Innersten, im Grunde meines Herzens *etc*

intitul|é [ɛ̃tityle] *m* **1.** 'Überschrift *f*; Titel *m*; **2.** *jur* Eingangsformel *f*; Rubrum *n*; ~**er I** *v/t* betiteln; über'schreiben; mit e-m Titel, e-r 'Überschrift versehen; **intitulé...mit dem Titel...**; **II** *v/pr* **s'**~ **1.** *Buch etc* den Titel, die 'Überschrift tragen; **2.** *Person* sich den Titel ... geben, beilegen

intolér|able [ɛ̃tolerabl(ə)] *adj* **1.** unerträglich; nicht auszuhalten(d); **2.** unzulässig; den, die, das man nicht dulden darf; ~**ance** *f* **1.** Intoleranz *f*; Unduldsamkeit *f*; **2.** *méd* Intoleranz *f*; auf Unverträglichkeit beruhende Abneigung des Orga'nismus (à gegen); ~**ant** *adj* **1.** intolerant; unduldsam; **2.** *méd* intolerant; **être** ~ **à qc** etw nicht vertragen

intonation [ɛ̃tonasjɔ̃] *f* **1.** *mus* Intonati'on *f* (*auch égl cath*); Toneinsatz *m*; Treffen *n* der Tonhöhe; ~ **fausse, juste** unreine, saubere Intonation; **2.** *phon* Intonati'on *f*; Satzmelodie *f*

intouchable [ɛ̃tuʃabl(ə)] **I** *adj* **1.** *Ritus etc* unantastbar; **2.** *Person* der man nichts anhaben kann; **II** *m/pl* ~**s** in *Indien* Unberührbare(n) *pl*

intoxicant [ɛ̃toksikã] *adj* e-e Vergiftung bewirkend

intoxication [ɛ̃toksikasjɔ̃] *f* Vergiftung *f* (*auch fig*); *sc* Intoxikati'on *f*; ~ **alcoolique, alimentaire** Alkohol-, Nahrungsmittelvergiftung *f*; ~ **par le(s) gaz** Gasvergiftung *f*; *fig* ~ **due à la télévision** Berieselung *f*, Beeinflussung *f*, Manipulati'on *f* durch das Fernsehen

intoxiqué(e) [ɛ̃toksike] *m(f)* (Drogen-)Süchtige(r) *f(m)*; ~**er I** *v/t* vergiften

(*auch fig*); **être intoxiqué par le tabac** e-e Niko'tinvergiftung haben; **II** *v/pr* **s'**~ sich vergiften

intra|-atomique [ɛ̃traatɔmik] *adj phys* atom intraato'mar; inneratomar; ~**cellulaire** *adj biol* intrazellu'lar, -zellu'lär; ~**communautaire** *adj* im Rahmen, innerhalb der EG; innergemeinschaftlich; ~**dermique** *adj méd* intraku'tan

intradermo(-réaction) [ɛ̃tradɛrmo(reaksjɔ̃]] *f méd* Intraku'tantest *m*; Hauttestprobe *f* mit e-r intraku'tanen Injekti'on

intrados [ɛ̃trado] *m* **1.** *arch* innere Wölbfläche; Laibung *f*; Leibung *f*; **2.** *aviat* Tragflügelunterseite *f*

intraduisible [ɛ̃traduizibl(ə)] *adj* **1.** unübersetzbar; **2.** *fig* nicht 'wiederzugeben(d)

intraitable [ɛ̃trɛtabl(ə)] *adj* unnachgiebig, unerbittlich, kompro'mißlos (**sur** in bezug auf + *acc*); **être** ~ **sur qc** *auch* über etw (*acc*) nicht mit sich reden lassen

intra|-muros [ɛ̃tramyros] *loc/adv* innerhalb der Stadt(mauern); ~**musculaire** *adj méd* intramusku'lär

intransige|ance [ɛ̃trãziʒãs] *f* Unnachgiebigkeit *f*; Starrsinn *m*; Unversöhnlichkeit *f*; Kompro'mißlosigkeit *f*; ~**ant** *adj Person, Verhalten* unnachgiebig; starrsinnig; unversöhnlich; kompro'mißlos

intransitif [ɛ̃trãzitif] *gr* **I** *adj* <-**ive**> intransitiv; nichtzielend; **II** *m* intransitives Verb; Intransitiv(um) *n*

intransmiss|ibilité [ɛ̃trãsmisibilite] *f* Nichtübertragbarkeit *f*; *biol auch* Nichtvererblichkeit *f*; ~**ible** *adj* nicht über'tragbar; *biol auch* nicht vererblich

intransportable [ɛ̃trãspɔrtabl(ə)] *adj* nicht transpor'tabel, transpor'tierbar; *Kranker* nicht trans'portfähig

intrépid|e [ɛ̃trepid] *adj* unerschrocken; furchtlos; kühn (*auch Angriff, Mut*); ~**ité** *f* Unerschrockenheit *f*; Furchtlosigkeit *f*; Kühnheit *f*

intrication [ɛ̃trikasjɔ̃] *f* **1.** *von Zweigen, Wurzeln* Gewirr *n*; **2.** *fig* Vermischung *f*; Verflechtung *f*

intrigant [ɛ̃trigã] **I** *adj* intri'gant; ränkesüchtig; **il est** ~ *auch* er spinnt gerne In'trigen; **II** *subst* ~(**e**) *m(f)* Intri'gant(in) *m(f)*; Ränkeschmied *m*

intrigue [ɛ̃trig] *f* **1.** In'trige(nspiel) *f(n)*; Ränkespiel *n*; ~**s** *pl auch* Machenschaften *pl*; Ränke *pl*; 'Umtriebe *pl*; ~**s politiques** politische Intrigen; ~ **de salon** Sa'lonintrige *f*; **2.** Liebesaffäre *f*, -abenteuer *n*; Liebschaft *f*; Liebe'lei *f*; **3.** *thé* In'trige *f*; Knoten *m* (der Handlung); Verwicklung *f*; **comédie f d'**~ Intrigenstück *n*

intriguer [ɛ̃trige] **I** *v/t* ~ **qn** j-s Neugier wecken; j-n aus der Ruhe bringen, aufhorchen lassen, aufmerksam werden lassen, stutzig machen; **être intrigué** stutzig geworden sein; **II** *v/i* intri'gieren; Ränke schmieden; In'trigen spinnen

intrinsèque [ɛ̃trɛ̃sɛk] *adj Wert, Verdienst, Schwierigkeit* eigentlich; wahr; echt

intriqué [ɛ̃trike] *adj* sich über'schneidend; kreuz und quer liegend

introduc|teur [ɛ̃trodyktœr] *m*, ~**trice** *f* Einführer(in) *m(f)*

introductif [ɛ̃trodyktif] *adj* <-**ive**> einleitend; Einleitungs...; *jur* ~ **d'instance** den Prozeß einleitend

introduction [ɛ̃trodyksjɔ̃] *f* **1.** *e-r Person* Einführung *f* (**dans un milieu** in e-n

Kreis); *auch* Hin'ein- *bzw* Her'einführen *n* (**auprès de qn** zu j-m); **lettre f d'**~ Empfehlungsschreiben *n*; **2.** *bes méd e-r Sonde etc* Einführen *n*, -ung *f* (**dans in** + *acc*); **3.** *von Produkten, Wörtern etc* Einführen *n*, -ung *f* (**dans in** + *acc*); *e-r Krankheit* Einschleppen *n*, -ung *f*; **4.** *in ein Wissensgebiet* Einführung *f* (**à in** + *acc*); ~ **à l'étude de** Einführung ins Studium (+*gén*); **5.** *e-s Buches* Einleitung *f*; einleitende Bemerkung; Vorwort *n*; *e-s Aufsatzes, e-r Dissertation etc* Einleitung *f*; **6.** *mus* Introdukti'on *f*; **7.** *jur* ~ **d'instance** Klageerhebung *f*

introduire [ɛ̃troduir] <*cf* **conduire**> **I** *v/t* **1.** ~ **qn a)** j-n hin'ein- *bzw* her'einführen; ~ **qn auprès de qn** j-n zu j-m führen; ~ **qn dans une maison** j-n in ein Haus führen; **b)** j-n einführen (**auprès de qn** bei j-m; **dans sa famille** in s-e Familie); **être introduit dans le monde** in die Gesellschaft eingeführt werden; *adjt* **être bien** *od* **très introduit dans un milieu** in e-m Kreis sehr gut eingeführt sein; zu e-m Kreis sehr gute Beziehungen haben; **2.** *Gegenstand* hin'einführen, -stecken, -drücken, -schieben; *Münze* einwerfen; hin'einstecken; *méd Sonde etc* einführen; ~ **la clé dans la serrure** den Schlüssel ins Schloß stecken; **3.** *Waren, neue Begriffe etc* einführen (**dans** in + *acc*); *Mode, Brauch etc/Krankheit* einschleppen; ~ **en fraude** einschmuggeln; ~ **qc sur le marché** etw auf den Markt bringen; **4.** *par ext* Verbesserungen, Änderungen anbringen (**dans un ouvrage** in *od* an e-m Werk); *Ideen, Textstelle etc* aufnehmen (**dans** in + *acc*); **5.** *jur* ~ **une instance** Klage erheben; **II** *v/pr* **s'**~ **6.** *Personen* **a)** eindringen, sich einschleichen, sich Zutritt verschaffen (**dans une maison** in ein Haus); **b)** sich eindrängen, sich Einlaß verschaffen (**dans un milieu** in e-n Kreis); **7.** *Mode, Brauch, Methoden etc* aufkommen; sich einbürgern

introït [ɛ̃troit] *m égl* In'troitus *m*

intro|jection [ɛ̃troʒɛksjɔ̃] *f psych* Introjekti'on *f*; ~**mission** *f* Einführen *n* (**dans** in + *acc*)

intronis|ation [ɛ̃tronizasjɔ̃] *f* **1.** *e-s Bischofs, Monarchen etc* Inthronisati'on *f*; Inthroni'sierung *f*; feierliche Einsetzung; *e-s Monarchen auch* Thronerhebung *f*; **2.** *fig* Einführung *f*; ~**er** *v/t* **1.** *Bischof, Papst, Monarchen* inthroni'sieren; feierlich einsetzen; *Monarchen auch* auf den Thron erheben; **2.** *fig Mode, Doktrin etc* einführen

introrse [ɛ̃trɔrs] *adj bot* in'trors

introspec|tif [ɛ̃trospɛktif] *adj* <-**ive**> *psych* introspek'tiv; ~**tion** *f psych* Introspekti'on *f*; Selbstbeobachtung *f*

introuvable [ɛ̃truvabl(ə)] *adj Person, Gegenstand* unauffindbar; nicht zu finden(d); *wertvoller Gegenstand im Handel* nicht aufzutreiben(d)

introversion [ɛ̃trovɛrsjɔ̃] *f psych* Introversi'on *f*; Introver'tiertheit *f*

introverti [ɛ̃troverti] *psych* **I** *adj* introver'tiert; **II** *subst* ~(**e**) *m(f)* Introver'tierte(r) *f(m)*

intrus [ɛ̃try] **I** *adj* <-**use** [-yz]> *bes égl* ohne Berechtigung sein Amt ausübend; **II** *subst* ~(**e**) *m(f)* Eindringling *m*; ungebetener Gast (*beide auch von e-r Frau*)

intrusion [ɛ̃tryzjɔ̃] *f* **1.** Eindringen *n* (**dans un milieu,** *etc* in e-n Kreis *etc*); **2.** *géol* Intrusi'on *f*; **roche f d'**~ Intru'sivgestein *n*

intuitif [ɛ̃tuitif] **I** *adj* <-**ive**> intui'tiv; **connaissance intuitive** intuitive Erkenntnis; **II** *subst* ~, **intuitive** *m,f* intui'tiver Mensch

intuition [ɛ̃tɥisjɔ̃] *f* **1.** *bes philos* Intuiti'on *f*; **2.** (Vor)Ahnung *f*; Vorgefühl *n*; avoir de l'~ e-e Vorahnung haben; e-e feine, gute Nase haben; **avoir l'~ que...** (vor'aus)ahnen, daß ...

intuitionn|isme [ɛ̃tɥisjɔnism(ə)] *m philos*, *math* Intuitio'nismus *m*; **~iste** *philos*, *math* **I** *adj* intuitio'nistisch; **II** *m,f* Anhänger(in) *m(f)* des Intuitio'nismus

intuitu personæ [ɛ̃tɥitypɛrsɔne] *loc/adv jur* in Anbetracht der Per'son

intumescence [ɛ̃tymesɑ̃s] *f méd* Anschwellung *f*; *sc* Intumes'zenz *f*; Inturges'zenz *f*

intussusception [ɛ̃tyssysɛpsjɔ̃] *f biol*, *path* Intussuszepti'on *f*; *biol auch* Einlagerung *f*; *path auch* Einstülpung *f*

inul|e [inyl] *f bot* Inula *f*; A'lant *m*; **~ine** *f chim* Inu'lin *n*

inus|able [inyzabl(ə)] *adj* unverwüstlich; nicht abzunutzen(d); **~ité** *adj gr* ungebräuchlich

inutile [inytil] **I** *adj* **1.** unnütz; nutzlos; unnötig; 'überflüssig; *Mühe, Anstrengung auch* vergeblich; *Maßnahme* sinn-, zwecklos; **(il est) ~ de** (+*inf*) *bzw* **que...** (+*subj*) es ist unnötig *od* überflüssig, es erübrigt sich zu (+*inf*) *bzw* daß ...; **~ d'insister** es lohnt sich nicht *od* hat keinen Zweck, Sinn, F Wert fortzufahren *od* darauf zu bestehen; **2.** *Person* unnütz (**à la société** für die Gesellschaft); 'überflüssig; **bouche** *f* **~** unnützer Esser; **II** *m,f* unnützer Mensch; Unnütze(r) *f(m)*; **~ment** *adv* unnütz; um'sonst; *Geld* **dépensé ~** sinnlos, unnütz ausgegeben

inutilis|able [inytilizabl(ə)] *adj* unbrauchbar; unbenutzbar; *Auto auch* nicht mehr fahrbereit; **~é** *adj Reichtümer, Talente* ungenützt; ungenutzt

inutilité [inytilite] *f* Nutz-, Sinn-, Zwecklosigkeit *f*

invagin|ation [ɛ̃vaʒinasjɔ̃] *f* **1.** *biol* Invaginati'on *f*; **2.** *path* **~ (intestinale)** Darmeinstülpung *f*; *sc* Invaginati'on *f*; **~er** *v/pr* **s'~** *path* sich einstülpen

invaincu [ɛ̃vɛ̃ky] *adj* unbesiegt; *Gipfel* unbezwungen

invalidable [ɛ̃validabl(ə)] *adj* als Invalidi'tät anrechenbar

invalidation [ɛ̃validasjɔ̃] *f pol e-r Wahl* Ungültigkeitserklärung *f*; Annul'lierung *f*; *par ext* **~ d'un député** Ungültigkeitserklärung, Annullierung der Wahl e-s Abgeordneten

invalide [ɛ̃valid] **I** *adj* inva'lid(e); arbeits-, erwerbs-, berufsunfähig; dienstuntauglich; **II** *m* **1.** Inva'lide *m*; **~ de guerre** Kriegsinvalide *m*; **~ du travail** (durch Arbeitsunfall, Berufskrankheit) Arbeitsunfähige(r) *m*; Dienstuntaugliche(r) *m*; **2.** *in Paris* **l'hôtel** *m* **des ⌂s** *od abs* **les ⌂s** das Hô'tel des Inva'lides

invalider [ɛ̃valide] *v/t jur, pol Wahl* für ungültig erklären; annul'lieren; *par ext* **~ un député** die Wahl e-s Abgeordneten für ungültig erklären, annullieren

invalidité [ɛ̃validite] *f* Invalidi'tät *f*; Arbeits-, Erwerbs-, Berufsunfähigkeit *f*, Dienstuntauglichkeit *f* (durch Arbeitsunfall, Berufskrankheit); **assurance** *f* **~** Inva'lidenversicherung *f*

invar [ɛ̃var] *m* (*nom déposé*) In'var(stahl) *n(m)* (*Wz*)

invari|abilité [ɛ̃varjabilite] *f* Unveränderlichkeit *f* (*auch gr*); **~able** *adj* unveränderlich (*auch gr*); *Antwort, Prinzip, Ordnung etc* (stets) gleichbleibend; immer der, die, das gleiche; **~ance** *f math* Unveränderlichkeit *f*; Invari'anz *f*; **~ant** *math, phys* **I** *adj* unveränderlich; invari'ant; **II** *m* Invari'ante *f*

invasion [ɛ̃vazjɔ̃] *f* **1.** Invasi'on *f*; (feind-

---

licher) Einfall, Einbruch; (gewaltsames) Eindringen; *hist* **~s barbares, grandes ~s** Völkerwanderung *f*; **2.** *von Heuschrekken, Ratten etc* Invasi'on *f*; Über'handnehmen *n*, -nahme *f*; **~ des rats** *auch* Rattenplage *f*; **3.** *méd* Ausbreitung *f* im Körper; Generalisati'on *f*; Invasi'on *f*

invectiv|e [ɛ̃vɛktiv] *f* Beschimpfung *f*; beleidigende Äußerung; Schmähung *f*; Schimpf-, Schmährede *f*; Invek'tive *f*; **se répandre en ~s contre qn** j-n beschimpfen, schmähen; sich in Beschimpfungen gegen j-n ergehen; **~er I** *v/t* **~ qn** j-n beschimpfen, schmähen, beleidigen; **II** *v/t/indir st/s* **~ contre qn, qc** Schimpf-, Schmähreden gegen j-n, etw führen

invendable [ɛ̃vɑ̃dabl(ə)] *adj* unverkäuflich

invendu [ɛ̃vɑ̃dy] **I** *adj* unverkauft; **II** *m* unverkaufte Ware; unverkaufter Ar'tikel; *Buchhandel* **~s** *pl* Remit'tenden *f/pl*; F Krebse *m/pl*

inventaire [ɛ̃vɑ̃tɛr] *m* **1.** *Vorgang* Bestandsaufnahme *f*; *Ergebnis* Inven'tar *n*; Verzeichnis *n*; Aufstellung *f*; *jur* **~ d'une succession** Nachlaßinventar *n*; **établissement** *m* **d'un ~** Bestandsaufnahme *f*; **dresser, faire, établir un ~** e-e Bestandsaufnahme machen; das Inventar aufnehmen; faire l'~, procéder **à l'~ de qc** die Bestandsaufnahme von etw machen; e-e Aufstellung über etw (*acc*) machen; etw inventari'sieren; **2.** *comm* Inven'tur *f*; **~ de fin d'année** Jahresinventur *f*; *Geschäft* **fermé pour cause d'~** wegen Inventur geschlossen

inventer [ɛ̃vɑ̃te] **I** *v/t* **1.** *neues Gerät, Verfahren, Wort etc* erfinden; *abs* erfinderisch sein; **2.** *Mittel, List etc* sich ausdenken; ersinnen; F aushecken; *Geschichte* erfinden; erdichten; **~ de** (+*inf*) die außergewöhnliche Idee haben, darauf verfallen zu (+*inf*); **~ qc de toutes pièces** *cf* **pièce 1.**; **II** *v/pr* **ce sont des choses qui ne s'inventent pas** das ist nicht erfunden; das ist tatsächlich wahr

inven|teur [ɛ̃vɑ̃tœr] *m*, **~trice** *f* **1.** Erfinder(in) *m(f)*; **un grand inventeur** ein großer Erfinder; **2.** *jur e-s Schatzes, e-r antiken Kultstätte etc* Entdecker(in) *m(f)*

inventif [ɛ̃vɑ̃tif] *adj* <-ive> erfinderisch; findig

invention [ɛ̃vɑ̃sjɔ̃] *f* **1.** Erfindung *f* (*Vorgang u Ergebnis*); **brevet** *m* **d'~** (Erfinder-, Erfindungs)Pa'tent *n*; **2.** Erfindung *f*; Erdichtung *f*; **c'est une ~** das ist (frei) erfunden; **c'est de son ~** das hat er erfunden; **3.** *bes Literatur* Erfindungsgabe *f*; künstlerischer Einfall; **4.** *mus* Inventi'on *f*; **5.** *jur e-s Schatzes etc* Entdeckung *f*; Auffindung *f*; **6.** *égl cath* ♀ **de la sainte Croix** Kreuzauffindung *f*

inventivité [ɛ̃vɑ̃tivite] *f* Findigkeit *f*; Erfindungsgeist *m*, -gabe *f*

inventorier [ɛ̃vɑ̃tɔrje] *v/t* **~ qc** etw inventari'sieren; e-e Bestandsaufnahme von etw machen; e-e Aufstellung über etw (*acc*), ein Verzeichnis e-r Sache (*gén*) *od* von etw anfertigen

invérifiable [ɛ̃verifjabl(ə)] *adj* nicht nachprüfbar, beweisbar

inverse [ɛ̃vɛrs] **I** *adj* **1.** 'umgekehrt; entgegengesetzt; **dans l'ordre ~** in umgekehrter Reihenfolge; **dans le, en sens ~** *cf* **sens 4.**; **2.** *math Abbildung, Fläche, Funktion* in'vers; **fonction** *f* **~** *auch* 'Umkehrfunktion *f*; **nombre** *m* **~** Kehrwert *m*; **en raison, rapport ~ de** in 'umgekehrtem Verhältnis zu; 'umgekehrt proportional zu; **II** *m* **1.** Gegenteil *n*; **c'est justement l'~!** das ist genau das Gegenteil!; **il fait l'~ de ce qu'on lui dit** macht das Gegenteil dessen *od* von dem,

---

was man ihm sagt; **2.** *loc/adv* **à l'~** im 'umgekehrten Fall(e); 'umgekehrt; *loc/prép* **à l'~ de qn, qc** im Gegensatz zu j-m, etw

inversement [ɛ̃vɛrsəmɑ̃] *adv* **1.** 'umgekehrt; hin'wieder(um); **2.** *math* **~ proportionnel** 'umgekehrt proportio'nal (**à** zu)

invers|er [ɛ̃vɛrse] *v/t* **1.** *Wortfolge etc* 'umkehren; *Rollen* vertauschen; **2.** *élect Stromrichtung* 'umkehren; **~ la polarité, les pôles** 'umpolen; **~eur** *m* **1.** *tech e-s Getriebes* Wendevorrichtung *f*; **2.** *élect* Wendeschalter *m*; **~ible** *adj phot* 'Umkehr...; **film** *m* **~** Umkehrfilm *m*

inversion [ɛ̃vɛrsjɔ̃] *f* **1.** *gr* Inversi'on *f*; 'Umkehrung *f* der üblichen Wortstellung; **2.** *élect* der Stromrichtung 'Umkehrung *f*; **3.** *anat, path* e-s *Organs* 'Umlagerung *f*; Inversi'on *f*; *der Gebärmutter* 'Umstülpung *f*, Inversi'on *f* (*nach der Entbindung*); **4.** **~ (sexuelle)** 'Umkehrung *f* des Geschlechtstriebs; Inversi'on *f*; **5.** *chim* Inversi'on *f*; 'Umwandlung *f* von Rohrzucker in Trauben- und Fruchtzucker; **6.** *géol* **~ de relief** Reli'efumkehr *f*, -inversion *f*; **7.** *math* **a)** Berechnung *f* der in'versen Funkti'on; Inversi'on *f*; **b)** *Geometrie* Spiegelung *f* am Kreis; Inversi'on *f*; **8.** *météo* **~ thermique** Inversi'on *f*; Tempera'turumkehr *f* an e-r Sperrschicht; **9.** *phot* 'Umkehrentwicklung *f*, -verfahren *n*

invertébré [ɛ̃vɛrtebre] *zo* **I** *adj* wirbellos; **II** *m/pl* **~s** Wirbellose(n) *pl*; *sc* Inverte'braten *pl*

inverti [ɛ̃vɛrti] **I** *adj chim* **sucre ~** In'vertzucker *m*; **II** *subst* **~(e)** *m(f)* Inver'tierte(r) *f(m)*; Homosexu'elle(r) *f(m)*

invertine [ɛ̃vɛrtin] *f chim* Inver'tin *n*

investiga|teur [ɛ̃vɛstigatœr] **I** *adj* <-trice> forschend; Forscher...; **esprit ~** Forschergeist *m*; **II** *subst* **~,** investigatrice *m,f* Forscher(in) *m(f)*; **~tion** *f* (Nach)Forschung *f*; Unter'suchung *f*; Nachspüren *n*

investir [ɛ̃vɛstir] *v/t* **1.** **~ qn de qc** j-n mit etw (*Titel, Würde*) bekleiden; **~ qn (d'une charge)** j-n (in ein Amt) einsetzen, einweisen; *fig u st/s* **~ qn de sa confiance** j-m sein (volles) Vertrauen schenken; **~ qn d'un droit** j-m ein Recht verleihen; *hist* **~ qn d'un fief** j-n belehnen; **~ de pouvoirs extraordinaires** j-m außerordentliche 'Vollmachten erteilen; j-n mit außerordentlichen 'Vollmachten ausstatten; **3.** *écon Geld* anlegen (**dans in** + *dat*); inve'stieren (**in** + *acc*); **4.** *par ext Zeit, Energie etc* inve'stieren (**dans in** + *acc*)

investiss|ement [ɛ̃vɛstismɑ̃] *m* **1.** *écon* **a)** Inve'stieren *n*, -ung *f*; Anlage *f*; **société** *f* **d'~** In'vestmentgesellschaft *f*; **b)** Investiti'on *f* (Kapi'tal)Anlage *f*; **brut, net** Brutto-, Nettoinvestition *f*; **~s privés, publics** privat(wirtschaftlich)e, öffentliche Investitionen; **politique** *f* **d'~s** Investitionspolitik *f*; **2.** *mil* Einschließung *f*; Um'zingelung *f*; **~eur** *m écon* Anleger *m*

investiture [ɛ̃vɛstityr] *f* **1.** *hist* Investi'tur *f*; Belehnung *f*; (feierliche) Einsetzung; **querelle** *f* **des ⌂s** Investiturstreit *m*; **2.** *pol* **a)** Bestätigung *f* des Mi'nisterpräsidenten durch das Parla'ment; *in Frankreich bis 1954* Investi'tur *f*; **b)** e-s *Kandidaten* Aufstellung *f*; Benennung *f*

invétéré [ɛ̃vetere] *adj* Gewohnheit eingefleischt; tief eingewurzelt; *Trinker etc* unverbesserlich; **buveur ~** *auch* Gewohnheitstrinker *m*

invinc|ibilité [ɛ̃vɛ̃sibilite] *f* Unbesieg-

barkeit f; Unschlagbarkeit f; Unbezwingbarkeit f; **∼ible** adj Person, Armee etc unbesiegbar; unschlagbar; unbezwingbar (auch Hindernis); Widerstand, Angst, Abneigung etc unüberwindlich; Argument unwiderlegbar; Mut, Hoffnung etc unerschütterlich

inviol|abilité [ɛ̃vjolabilite] f Unverletzlichkeit f; Unantastbarkeit f; **∼able** adj Person, Wohnung, Recht unverletzlich; unantastbar; **∼é** adj unverletzt; Grabmal ungeschändet; Eid ungebrochen; Berggipfel unbezwungen

invisibilité [ɛ̃vizibilite] f Unsichtbarkeit f

invisible [ɛ̃vizibl(ə)] adj 1. unsichtbar; nicht erkennbar, wahrnehmbar; 2. fig Gefahr etc unsichtbar; verborgen; 3. Person nicht anzutreffen(d); être ∼ auch sich nicht blicken lassen; être ∼ pour qn für j-n nicht zu sprechen sein; j-n nicht empfangen wollen

invitant [ɛ̃vitɑ̃] adj dipl puissance ∼e einladender Staat

invitation [ɛ̃vitasjɔ̃] f 1. Einladung f (à zu); carte f d'∼ Einladungskarte f; faire une ∼ à qn j-n einladen; st/s laden; 2. par ext Einladung f; Einladungsschreiben n, -karte f; envoyer les ∼s die Einladungen verschicken; 3. Aufforderung f; sur l'∼ de qn auf j-s Aufforderung (acc) hin

invitatoire [ɛ̃vitatwar] adj u subst f rel (antienne f) ∼ Invita'torium n

invite [ɛ̃vit] f Wink m; auffordernde Geste; ∼ discrète diskreter Wink

invité(e) [ɛ̃vite] m(f) Gast m (auch von e-r Frau); vous êtes mon ∼ ich lade Sie ein; Sie sind mein Gast

inviter [ɛ̃vite] I v/t 1. einladen, st/s laden (qn à qc j-n zu etw); ∼ qn au cinéma, à dîner j-n ins Kino, zum Abendessen einladen; ∼ qn à danser j-n zum Tanz auffordern; par ext: le beau temps invite à la promenade ... lädt zum Spaziergang ein; 2. ∼ qn à (+inf) j-n auffordern, ersuchen zu (+inf) (de la main durch e-e Handbewegung, ein Handzeichen); II v/pr s'∼ sich selbst einladen; ungebeten erscheinen

in vitro [invitro] loc/adv im Rea'genzglas ('durchgeführt); in vitro

invivable [ɛ̃vivabl(ə)] adj 1. F Person unerträglich; il est ∼ meist mit ihm kann man einfach nicht auskommen; 2. Leben, Dasein unerträglich; Ort etc an dem man nicht leben kann

in vivo [invivo] loc/adv am lebenden Ob'jekt (beobachtet bzw 'durchgeführt); in vivo

invocation [ɛ̃vokasjɔ̃] f rel Anrufung f (à un saint e-s Heiligen); Invokati'on f; par ext ∼ aux Muses Anrufung der Muses

invocatoire [ɛ̃vokatwar] adj rel Anrufungs...; formule f ∼ Anrufungsformel f

involontaire [ɛ̃vɔlɔ̃tɛr] adj 1. unabsichtlich; ungewollt; unfreiwillig; unbewußt; physiol Funktion unwillkürlich; jur homicide m ∼ fahrlässige Tötung; 2. Zeuge, Held e-s Dramas unfreiwillig

involucelle [ɛ̃vɔlysɛl] m bot Hüllchen n

involucr|e [ɛ̃vɔlykr(ə)] m bot Hülle f; Hüllkelch m; cf Invo'lucrum n; ∼é adj bot mit e-r Hülle versehen

involut|é [ɛ̃vɔlyte] adj bot (nach innen) eingerollt; ∼if adj ⟨-ive⟩ 1. bot cf involuté; 2. math Involuti'ons...

involution [ɛ̃vɔlysjɔ̃] f 1. biol, philos Involuti'on f; Rückbildung f; méd ∼ utérine Rückbildung der Gebärmutter (nach der Entbindung); Involuti'on f; 2. bot Einrollung f; Eingerolltsein n; 3. math Involuti'on f

invoquer [ɛ̃voke] v/t 1. rel Gott, Heilige anrufen; par ext ∼ les Muses die Musen anrufen; 2. par ext um j-s Hilfe, Nach-

---

sicht etc flehen, bitten um; erflehen; 3. auf e-e Autorität, ein Argument, Gesetz etc sich berufen, stützen auf (+acc); her'anziehen; geltend machen; Argument auch anführen; Vorwand benutzen; in'voquant le fait que ... unter Berufung darauf, daß ...

invraisembl|able [ɛ̃vrɛsɑ̃blabl(ə)] adj 1. Nachricht, Geschichte etc unwahrscheinlich; 2. Frechheit etc unglaublich; unerhört; 3. Hut, Farben etc unmöglich; **∼ance** f a) e-r Aussage etc Unwahrscheinlichkeit f; b) Bericht plein d'∼s voll von, voller Unwahrscheinlichkeiten

invulnér|abilité [ɛ̃vylnerabilite] f Unverwundbarkeit f; Unverletzlichkeit f (auch fig); **∼able** 1. unverwundbar; unverletzbar, -lich (à durch); 2. fig unverwundbar; unverletzbar, -lich; ∼ à qc gefeit gegen etw; 3. par ext Politiker unantastbar

iodate [jodat] m chim Jo'dat n

iode [jɔd] m chim Jod n; auto phare m à ∼ Halo'genscheinwerfer m; phm teinture f d'∼ Jodtinktur f

iod|é [jɔde] adj jodhaltig; **∼er** v/t jo'dieren; **∼hydrique** adj chim acide m ∼ Jodwasserstoff(säure) m(f); **∼ique** adj chim Jod...; **∼acné** adj ∼ Jod-Akne f; **∼isme** m path Jodvergiftung f; sc Jo'dismus m

iodler [jɔdle] v/i jodeln

iodoforme [jɔdoform] m phm Jodo'form n

iodur|e [jɔdyr] m chim Jo'did n; phot, chim ∼ d'argent Silberjodid n; Jodsilber n; chim, phm ∼ de potassium Jodkali(um) n; Kaliumjodid n; **∼é** adj mit (e-m) Jod'id versetzt bzw über'zogen

ion [jɔ̃] m phys I'on n

ionien [jɔnjɛ̃] I adj ⟨∼ne⟩ hist i'onisch; géogr: les îles ∼nes die Ionischen Inseln f/pl; la mer ∼ne das Ionische Meer; II subst hist 1. ∼s m/pl I'onier m/pl; 2. ling l'∼ m das Ionische; I'onisch n

ionique [jɔnik] I adj 1. arch i'onisch; ordre m ∼ cf II; 2. phys I'onen...; II m arch i'onischer Stil; i'onische Säulenordnung

ionis|ation [jɔnizasjɔ̃] f 1. phys Ionisati'on f; Ioni'sierung f; chambre f d'∼ Ionisationskammer f; 3. der Atmosphäre Ioni'sierung f; 3. méd cf ionophorèse; **∼er** v/t ioni'sieren

ionone [jɔnɔn] f chim Jo'non n; Io'non n

iono|phorèse [jɔnɔfɔrɛz] f méd Ion(t)opho'rese f; **∼sphère** f Iono'sphäre f

iota [jɔta] m griechischer Buchstabe Jota n; I'ota n; fig pas un ∼ ändern etc kein Jota; nicht (um) das geringste

iotacisme [jɔtasism(ə)] m ling Ita'zismus m; Jota'zismus m

iourte [jurt] f cf yourte

ipéca(cuana) [ipeka(kɥana)] m bot Brechwurz(el) f; Ipekakuanha [-'ɔnja] f

ipomée [ipɔme] f bot Trichter-, Prunkwinde f; sc Ipomoea [-'møa] f

ipso facto [ipsofakto] loc/adv jur ipso facto; durch die Tat selbst; par ext allg auto'matisch

irakien [irakjɛ̃] cf iraqien

iranien [iranjɛ̃] I adj ⟨∼ne⟩ i'ranisch; II subst 1. ∼(e) m(f) I'raner(in) m(f); 2. ling l'∼ m das I'ranische; I'ranisch n

iraqien [irakjɛ̃] I adj ⟨∼ne⟩ i'rakisch; II subst 1. ∼(e) m(f) I'raker(in) m(f); 2. ling l'∼ m das I'rakische; I'rakisch n

irasc|ibilité [irasibilite] f Jähzorn m; **∼ible** adj jähzornig

ire [ir] f litt V Zorn m

iridacées [iridase] f/pl bot Schwertliliengewächse n/pl

iridectomie [iridɛktɔmi] f chir opera'ti-

---

ve Entfernung e-s Teils der Regenbogenhaut; sc Iridekto'mie f

iridescent [iridesɑ̃] litt adj (in den Regenbogenfarben) schillernd

iridié [iridje] adj tech mit I'ridium le'giert; platine ∼ Platin-I'ridium-Legierung f

iridium [iridjɔm] m chim I'ridium n

irido|-diagnostic [iridodjagnostik] m od **∼scopie** f méd Augendiagnose f

iris [iris] m 1. bot Schwertlilie f; Iris f; ∼ des marais Gelbe Schwertlilie; essence f d'∼ Irisöl n; 2. anat Iris f; Regenbogenhaut f; 3. phot diaphragme m (à) ∼ Irisblende f; 4. minér (pierre f d'∼) Regenbogenquarz m; 5. Regenbogenfarben f/pl

iris|able [irizabl(ə)] adj iri'sierbar; **∼ation** f Iri'sieren n; Schillern n in den Regenbogenfarben; par ext Regenbogenfarbenspiel n; Regenbogenfarben f/pl; **∼é** adj iri'sierend; regenbogenfarbig; météo nuage ∼ irisierende Wolke; **∼er** I v/t iri'sieren, in den Regenbogenfarben schillern lassen; II v/pr s'∼ iri'sieren; in den Regenbogenfarben schillern

iritis [iritis] f path Regenbogenhautentzündung f; sc I'ritis f

irlandais [irlɑ̃dɛ] I adj irisch; auch irländisch; II subst 1. ∼(e) m(f) Ire m, Irin f; Irländer(in) m(f); 2. ling l'∼ m das Irische, Irländische; Irisch n; Irländisch n

irone [irɔn] f chim I'ron n

iron|ie [irɔni] f Iro'nie f; feiner od versteckter Spott; ∼ socratique Sokratische Ironie; ∼ du sort Ironie des Schicksals; **∼ique** adj i'ronisch; versteckt spöttisch; fein spöttelnd; **∼iser** I v/t/indir sur qn, qc j-n, etw iro'nisieren, mit Iro'nie behandeln; II v/i i'ronische Bemerkungen machen; i'ronisch sein bzw werden; **∼iste** m I'roniker m

iroquois [irɔkwa] I adj iro'kesisch; II subst 1. ∼(e) m(f) Iro'kese m, Iro'kesin f; 2. ling l'∼ m das Iro'kesische; Iro'kesisch n

irradiation [iradjasjɔ̃] f 1. phys (Aus-)Strahlung f; Strahlen n; 2. opt Irradiati'on f; 3. physiol ∼ (douloureuse) Ausstrahlen n, sc Irradiati'on f des Schmerzes; 4. méd, phys atom Bestrahlung f; 5. anat strahlenförmige Anordnung

irradier [iradje] I v/t méd, phys atom bestrahlen; Strahlen (dat) aussetzen; II v/i (u v/pr s'∼) 1. phys (aus)strahlen; sich vom Zentrum aus verbreiten; 2. physiol Schmerz ausstrahlen, aus'strahlen (dans l'épaule, etc in die Schulter etc); 3. fig sich ausbreiten; ausstrahlen (de qn, qc von j-m, etw)

irraisonné [irɛzɔne] adj unbewußt; vernunft-, verstandesmäßig nicht kontrol'lierbar bzw erklärbar; Angst sinnlos; unsinnig; terreur ∼e blindes Entsetzen

irrational|isme [irasjɔnalism(ə)] m Irratio'nalismus m; **∼ité** f Irrationali'tät f

irrationnel [irasjɔnɛl] adj ⟨∼le⟩ 1. math nombre ∼ irrationale Zahl; 2. verstandesmäßig nicht faßbar; vernunftwidrig; unberechenbar; irrational; II m l'∼ das Irrationale

irréalis|able [irealizabl(ə)] adj nicht zu verwirklichen(d); nicht reali'sierbar; unausführbar; auch unrealistisch; **∼é** st/s adj nicht verwirklicht, reali'siert; unausgeführt

irréal|isme [irealism(ə)] m mangelnder Rea'lismus; mangelnde Wirklichkeitsnähe; **∼iste** adj unrealistisch; wirklichkeitsfremd; **∼ité** f Irreali'tät f; Nicht-, Unwirklichkeit f

irrecev|abilité [i(r)rəsəvabilite] f jur Unzulässigkeit f; **∼able** adj 1. jur Klage,

Antrag etc unzulässig; **2.** *Vorschlag, Entschuldigung etc* unannehmbar

irréconciliable [irekõsiljabl(ə)] *adj* unversöhnlich

irrécouvrable [irekuvrabl(ə)] *adj Geldsumme* nicht ein-, beitreibbar

irrécupérable [irekyperabl(ə)] *adj* **1.** *Sachen* nicht mehr brauchbar, verwertbar; **2.** *Personen* nicht wieder'eingliederungsfähig; nicht resoziali'sierbar

irrécusable [irekyzabl(ə)] *adj* **1.** *jur Zeuge, Richter* nicht ablehnbar, zu-'rückweisbar; **2.** *Beweis etc* nicht anfechtbar; unwiderlegbar; glaubwürdig

irrédent|isme [iredãtism(ə)] *m hist* Irreden'tismus *m*; **~iste** *hist* **I** *adj* irreden'tistisch; **II** *m* Irreden'tist *m*

irréductibilité [iredyktibilite] *f* Nichtzurückführbarkeit *f*; Nichtreduzierbarkeit *f*

irréductible [iredyktibl(ə)] *adj* **1.** nicht zu'rückführbar, redu'zierbar (à auf + *acc*); **2.** *math Bruch* sich nicht mehr kürzen läßt; nicht mehr zu kürzen(d); *Polynom* irredu'zibel; **3.** *chim* nicht redu'zierbar; **4.** *méd Bruch, Luxation* nicht wieder in die nor'male Lage zu'rückzubringen(d); *sc* irreponibel; **5.** *Rente* unkürzbar; **6.** *fig Konflikt* unlösbar; nicht beizulegen(d); **7.** *fig Gegner, Opposition etc* unbeugsam; unnachgiebig

irréel [i(r)reɛl] **I** *adj* ⟨~le⟩ **1.** irreal; unwirklich; nicht wirklich; **2.** *gr* irreal; **mode** ~ *cf* II 2.; **II** *m* **1.** l'~ das Irreale; **2.** *gr* Irreal(is) *m*

irréfléchi [irefleʃi] *adj Handlungsweise, Worte etc* unreflektiert; unüberlegt; *auch Person* unbesonnen; unbedacht; gedankenlos

irréflexion [irefleksjõ] *f* Unüberlegtheit *f*; Unbesonnenheit *f*; Gedankenlosigkeit *f*

irréformable [i(r)reformabl(ə)] *adj jur Urteil etc* unabänderlich

irréfragable [irefragabl(ə)] *adj* unabweislich, -bar; unwiderlegbar

irréfut|abilité [irefytabilite] *st/s f* Unwiderlegbarkeit *f*; **~able** *adj* unwiderlegbar

irrégularité [iregylarite] *f* **1.** *von Formen, Besuchen, der Arbeit etc* Unregelmäßigkeit *f*; Regellosigkeit *f*; Irregulari'tät *f*; *e-r Bewegung etc auch* Ungleichmäßigkeit *f*; *der Gesichtszüge auch* Unebenmäßigkeit *f*; **2. a)** *von Verhältnissen etc* Regel-, Ordnungswidrigkeit *f*; Irregulari'tät *f*; Ungesetzlichkeit *f*; **b)** *meist pl* **~s** Unregelmäßigkeiten *f/pl*, Regel-, Ordnungswidrigkeiten *f/pl*, Ungesetzlichkeiten *f/pl*, Irregulari'täten *f/pl* (dans une élection, *etc* bei e-r Wahl *etc*); **3.** *e-r Person* Ungleichmäßigkeit *f* (in der Leistung); ungleichmäßige Leistung

irrégulier [iregylje] **I** *adj* ⟨-ière⟩ **1.** *Formen, Arbeit etc* unregelmäßig (*auch Puls, math*); *Bewegung etc auch* ungleichmäßig; *Gesichtszüge auch* unebenmäßig; **écriture** irrégulière unregelmäßige Schrift; *gr* **verbe** ~ unregelmäßiges Verb; **2.** *Verhältnisse, Sitten etc* regel-, ordnungswidrig; irregulär; ungesetzlich; *im Straßenverkehr* **dépassement** ~ regelwidriges Über'holen; *mil* **troupes irrégulières** irreguläre Truppen *f/pl*; **3.** *Person* mit ungleichmäßigen Leistungen; Leistungsschwankungen, *sports auch* Formschwankungen unter'worfen; **II** *m mil* Irregulläre(r) *m*

irrégulièrement [iregyljɛrmã] *adv* unregelmäßig; ungleichmäßig

irrélig|ieux [i(r)relijjø] *adj* ⟨-euse⟩ nicht religi'ös; religi'onslos; irreligiös;

~ion *f* Religi'onslosigkeit *f*; mangelnde Religiosi'tät; Irreligiosi'tät *f*; Unglaube *m*

irrémédiable [i(r)remedjabl(ə)] *adj Krankheit etc* unheilbar; *Situation* unrettbar; ausweglos; hoffnungslos; *Verlust* unersetzbar; *Fehler etc* nicht wieder'gutzumachen(d)

irrémissible [i(r)remisibl(ə)] *st/s adj* unverzeih'lich

irremplaçable [irãplasabl(ə)] *adj* unersetzbar, -lich

irréparable [i(r)reparabl(ə)] *adj* **1.** *Gegenstand* nicht zu repa'rieren(d), wieder'herzustellen(d), wieder'herstellbar; **2.** *Fehler, Schuld etc* nicht wieder'gutzumachen(d); irreparabel; *Verlust* unersetzbar

irrépréhensible [i(r)repreãsibl(ə)] *st/s adj* untad(e)lig

irrépressible [irepresibl(ə)] *adj* nicht zu unter'drücken(d); nicht zu'rückzudrängen(d)

irréprochable [ireproʃabl(ə)] *adj Person, Leben, Charakter, Benehmen* untad(e)lig; mustergültig; *Benehmen auch, Kleidung etc* tadellos; einwandfrei; *jur* **témoin** *m* ~ unbescholtener Zeuge

irrésistible [irezistibl(ə)] *adj* **1.** *Person, Charme, Bedürfnis, Neigung etc* unwiderstehlich; **2.** *Erzähler etc* zum Lachen her'ausfordernd; hinreißend komisch

irrésolu [i(r)rezoly] *adj* unentschlossen; unschlüssig; schwankend; **~tion** *f* Unentschlossenheit *f*; Unschlüssigkeit *f*

irrespect [irespɛ] *m* Re'spektlosigkeit *f*; Unehrerbietigkeit *f*

irrespectueux [irespɛktyø] *adj* ⟨-euse⟩ re'spektlos; unehrerbietig

irrespirable [irespirabl(ə)] *adj* **1.** *Luft, Gas etc* nicht (ein)atembar; zum Einatmen untauglich; irrespirabel; **2.** *fig Luft, Atmosphäre etc* unerträglich

irrespons|abilité [irespõsabilite] *f* Nicht-Verantwortlichkeit *f*; *jur* Unzurechnungsfähigkeit *f*; **~able I** *adj* **1.** nicht verantwortlich (de für); *jur* unzurechnungsfähig; **2.** verantwortungslos; **II** *m,f* **1.** *jur* Unzurechnungsfähige(r) *f(m)*; **2.** Verantwortungslose(r) *f(m)*

irrétrécissable [iretresisabl(ə)] *adj Stoff etc* nicht einlaufend, eingehend

irrévérence [i(r)reverãs] *f* Unehrerbietigkeit *f*; Re'spektlosigkeit *f*

irrévérencieux [i(r)reverãsjø] *adj* ⟨-euse⟩ unehrerbietig; re'spektlos

irrévers|ibilité [ireversibilite] *f* **1.** Unumkehrbarkeit *f*; Irreversibili'tät *f*; *biol* **loi** *f* **de l'~** Irreversibilitätsgesetz *n*; **2.** *tech* e-s Mechanismus Selbsthemmung *f*; **~ible** *adj* **1.** *chim, biol etc* nicht 'umkehrbar; nicht rückgängig zu machen(d) (*auch Zeit*); nicht in 'umgekehrter Richtung ablaufend; irreversibel; **2.** *tech* mit Selbsthemmung

irrévoc|abilité [irevokabilite] *f jur* Unwiderruflichkeit *f*; Nicht-Zurückziehbarkeit *f*; **~able** *adj Entscheidung etc* unwiderruflich; nicht zu'rückziehbar, -nehmbar

irrig|able [irigabl(ə)] *adj* (leicht) zu bewässern(d); **~ateur** *m* **1.** *agr* Beregnungsgerät *n*; **2.** *méd* Spülapparat *m*; Irri'gator *m*; **~ation** *f* **1.** *agr* Bewässerung *f*; ~ **par déversement, par ruissellement** Berieselung *f*; **canal** *m* **d'~** Bewässerungskanal *m*; Irrigati'on *f*; **3.** *e-s Organs* Durch'blutung *f*

irriguer [irige] *v/t* **1.** *agr* bewässern; berieseln; **2.** *physiol* durch'bluten

irrit|abilité [iritabilite] *f* **1.** *e-r Person* Reizbarkeit *f*; Erregbarkeit *f*; **2.** *physiol* Reizbarkeit *f*; Erregbarkeit *f*; Irritabi-

li'tät *f*; **~able 1.** *Person* reizbar; (leicht) erregbar; ('über)empfindlich; **2.** *physiol* reizbar; erregbar; irri'tabel

irritant [iritã] **I** *adj* **1.** *Verhalten etc* aufreizend; ener'vierend; in Erregung versetzend; *Frage* ärgerlich; **2.** *physiol, méd* Reiz...; **II** *m méd* Reizmittel *n*

irritation [iritasjõ] *f* **1.** *e-r Person* Gereiztheit *f*; Erregung *f*; Verärgerung *f*; **2.** *path* Reizung *f*; leichte Entzündung

irrité [irite] *adj* **1.** *Person, Stimme etc* gereizt; erregt; ungehalten; verärgert; **avoir un air** ~ ein ärgerliches Gesicht machen; **être** ~ auf j-n ärgerlich sein; über j-n ungehalten, verärgert sein; **2.** *path Hals etc* gereizt; leicht entzündet

irriter [irite] **I** *v/t* **1.** ~ **qn** j-n reizen, in Erregung versetzen, verärgern, ungehalten *od* ärgerlich machen; **2.** *path Hals, Haut, Augen etc* reizen; angreifen; **3.** *physiol* reizen; e-n Reiz ausüben (qc auf etw [acc]); **II** *v/pr* **4.** s'~ **contre qn, qc** über j-n, etw aufregen; **5.** *path* s'~ sich leicht, ein wenig entzünden

irruption [irypsjõ] *f* **1.** (feindlicher) Einfall *m*; **2.** *e-r Menschenmenge* Eindringen *n*; **faire** ~ (gewaltsam) eindringen, einbrechen (dans in + *acc*); **faire** ~ **dans une salle** auch *par ext* in e-n Saal stürzen, stürmen; F **pardonnez-moi cette** ~ **chez vous** F entschuldigen Sie diesen 'Überfall; **3.** *von Wassermassen* Einbruch *m*; Ein-, Vordringen *n*

isabelle [izabɛl] **I** *adj* isa'bellfarben, -farbig; bräunlichgelb; **II** *m* **1.** Isa'bellfarbe *f*; **2.** Isa'belle *f* (*falbes Pferd*)

isallobare [izalobar] *f météo* Isallo'bare *f*

isard [izar] *m zo* Gemse *f* (*in den Pyrenäen*)

isatis [izatis] *m* **1.** *bot* Waid *m*; **2.** *zo* Eis-, Po'lar-, Blau-, Weißfuchs *m*

isba [izba] *f in Rußland* Bauernhütte *f*; Is'ba *f*

ischémie [iskemi] *f path* örtliche Blutleere; *sc* Ischä'mie [-sç-] *f*

ischiatique [iskjatik] *adj anat* Sitzbein...

ischion [iskjõ] *m anat* Sitzbein *n*

isiaque [izjak] *adj hist rel* Isis...; **culte** *m* ~ Isiskult *m*

islam [islam] *m* **1.** *rel* Is'lam *od* Islam *m*; **2.** *par ext* l'ℑ die is'lamische Welt; die is'lamischen Völker *n/pl*; **~ique** *adj* is-'lamisch; **~isation** *f* Islami'sierung *f*; **~iser** *v/t* islami'sieren; den Islam ausbreiten in (+*dat*); **~isme** *m* Islam *m*

islandais [islãdɛ] **I** *adj* isländisch; **II** *subst* **1.** ℑ(e) *m(f)* Isländer(in) *m(f)*; **2.** *ling* l'~ das Isländische; Isländisch *n*

isobare [izobar] **I** *adj phys, météo* iso'bar; **II** *f météo* Iso'bare *f*

isobathe [izobat] *adj u subst f géogr* (ligne *f*, courbe *f*) ~ Iso'bathe *f*

isocarde [izokard] *m zo* Ochsen-, Menschenherz *n*

iso|cèle [izosɛl] *adj math* gleichschenklig; **~chromatique** *adj bes phot* isochro'matisch

isochron|e [izokron] **I** *adj phys* gleich lang dauernd; iso'chron; **II** *f géogr, météo* Iso'chrone *f*; **~isme** *m* Isochro'nismus *m*

isocline [izoklin] *adj u subst f Geophysik* (ligne *f*) ~ Iso'kline *f*

isodynam|e [izodinam] *adj Nahrungsstoffe isody'nam*; **~ique** *adj u subst f Geophysik* (ligne *f*) ~ Isody'name *f*

isoélectrique [izoelɛktrik] *adj* isoe'lektrisch

isoète [izoɛt] *m bot* Brachsenkraut *n*

isogamie [izogami] *f biol* Isoga'mie *f*

isogone [izogon] *adj u subst f Geophysik* (ligne *f*) ~ Iso'gone *f*

isohyète [izɔjɛt] *adj u subst f météo* (ligne *f*) ~ Isohy'ete *f*

isohypse [izɔips] *adj u subst f météo, géogr* (ligne *f*) ~ Iso'hypse *f*; *géogr auch* Höhenlinie *f*

isoionique [izɔjɔnik] *adj* mit gleicher I'onenanzahl

isolable [izɔlabl(ə)] *adj* iso'lierbar

isol|ant [izɔlɑ̃] **I** *adj* **1.** *élect, phys, bât* iso'lierend; Iso'lier...; *bât auch* (schall-, wärme)dämmend; **ruban** ~ Isolierband *n*; **2.** *ling* langues ~es iso'lierende Sprachen *f/pl*; **II** *m élect, phys, bât* Iso'lierstoff *m*; Iso'lator *m*; ~ **acoustique, thermique** Schall-, Wärmedämmstoff *m*; ~**at** *m biol, Bakteriologie* Iso'lat *n*; ~**ateur** *m élect* Iso'lator *m*; Nichtleiter *m*

isolation [izɔlasjɔ̃] *f élect, phys, bât* Isolati'on *f*; Iso'lierung *f*; ~ **acoustique** Schalldämmung *f*; ~ **thermique** Wärmeisolation *f*, -dämmung *f*, -schutz *m*

isolationn|isme [izɔlasjɔnism(ə)] *m pol* Isolatio'nismus *m*; ~**iste** *pol* I *adj* isolatio'nistisch; **II** *m* Isolatio'nist *m*

isolé [izɔle] **I** *adj* **1.** *Ort, auch Haus* abgelegen; abgeschieden; entlegen; einsam (gelegen); **2.** *Gebäude, Baum etc* frei-, al'leinstehend; *arch* **colonne** ~**e** freistehende Säule; **3.** einzeln; Einzel...; abgesondert; vereinzelt; **bruits** ~**s** einzelne, vereinzelte Geräusche *n/pl*; **cas** ~ Einzelfall *m*; **mot** ~ einzelnes, aus dem Zu'sammenhang gerissenes Wort; **4.** *Person* iso'liert (**de** von); von den anderen abgesondert; zu'rückgezogen; al'lein; einsam; vereinsamt; **se sentir** ~ sich isoliert, allein, einsam fühlen; **5.** *élect, phys, bât* iso'liert; **II** *m* **1.** Einzelperson *f*; **2.** einsam, zu'rückgezogen, iso'liert Lebende(r) *m*; Vereinsamte(r) *m*; **3.** *mil* Versprengte(r) *m*

isolement [izɔlmɑ̃] *m* **1.** *e-s Ortes, Hauses* Abgelegenheit *f*; Abgeschiedenheit *f*; Entlegenheit *f*; Einsamkeit *f*; **2.** *e-r Person* Isolati'on *f*; Al'leinsein *n*; Einsamkeit *f*; Vereinsamung *f*; **3.** *von Kranken, Häftlingen etc* Iso'lierung *f*; Isolati'on *f*; Absonderung *f*; ~ **cellulaire** Iso'lier-, Einzelhaft *f*; **4.** *élect* Iso'lierung *f*; **5.** *pol* Isolati'on *f*; Iso'lierung *f*; po'litische Absonderung; *hist Englands* **splendide** ~ Splendid isolation [-ɑi-sɔ'le:ʃən] *f*; **6.** *bât* Abstand *m* (*zwischen zwei Gebäuden*)

isolément [izɔlemɑ̃] *adv* einzeln; iso'liert; für sich al'lein

isoler [izɔle] **I** *v/t* **1.** *élect, phys, bât, chim, biol* iso'lieren; **2.** *Ort* abschneiden (**du monde extérieur** von der Außenwelt); **3.** *Ereignisse etc* iso'liert, für sich, aus dem Zu'sammenhang her'ausgelöst betrachten; für sich nehmen; **4.** *Person, bes Kranken, Häftling* iso'lieren; **II** *v/pr* **s'**~ sich iso'lieren, absondern (**de qn** von j-m); sich zu'rückziehen (**dans un lieu** an e-n Ort); sich von anderen abseits halten; sich abkapseln

isologue [izɔlɔg] *adj chim* iso'log

isoloir [izɔlwar] *m pol* Wahlzelle *f*, -kabine *f*

isomère [izɔmɛr] *chim, phys atom* **I** *adj* iso'mer; **II** *m* Iso'mer(e) *n*

isomér|ie [izɔmeri] *f chim, phys atom* Isome'rie *f*; ~**isation** *f chim* Isomerisa-

ti'on *f*; Isomeri'sierung *f*

isométrique [izɔmetrik] *adj minér, math, métr* iso'metrisch; *physiol der Muskeln* **contraction** *f* ~ isometrische Kontraktion

isomorph|e [izɔmɔrf] *adj chim, math* iso'morph; ~**isme** *m chim, math* Isomor'phismus *m*

isopérimètre [izɔperimɛtr(ə)] *adj math* von gleichem 'Umfang; isoperi'metrisch

isopodes [izɔpɔd] *m/pl zo* Asseln *f/pl*

isoséiste [izɔseist] *od* **isosiste** [izɔsist] *adj u subst f Geophysik* (ligne *f*) ~ Iso'seiste *f*

isostasie [izɔstazi] *f Geophysik* Isosta'sie *f*

isotherme [izɔtɛrm] **I** *adj* bei gleicher Tempera'tur; iso'therm; *météo* **ligne** *f* ~ *cf* II; *ch de fer* **wagon** *m* ~ Iso'thermwagen *m*; **II** *f météo* Iso'therme *f*

isoton|ie [izɔtɔni] *f biol, phys* Isoto'nie *f*; ~**ique** *adj* iso'tonisch

isotop|e [izɔtɔp] *chim, phys atom* **I** *adj* iso'top; **II** *m* Iso'top *n*; ~**s radio-actifs** (**artificiels**) (künstliche) radioaktive Isotopen; **séparation** *f* **des** ~**s** Isotopentrennung *f*; ~**ique** *adj* Iso'topen...

isotron [izɔtrɔ̃] *m phys atom* Isotron *n*

isotrope [izɔtrɔp] *adj phys, math* iso'trop

israél|ien [israeljɛ̃] **I** *adj* isra'elisch; **II** *subst* ♀(**ne**) *m(f)* Isra'eli *m,f*; ~**ite I** *adj* israe'litisch; **calendrier** *m* ~ jüdischer Kalender; **II** *subst* ♀ *m,f* Israe'lit(in) *m(f)*

issant [isɑ̃] *adj Heraldik* wachsend

issu [isy] *adj* **1.** ~ **de** abstammend von; her'vorgegangen, entsprossen aus; **cousins** ~**s de germains** Vettern *m/pl* zweiten Grades; **2.** *fig* ~ **de** her'vorgegangen, entstanden aus

issue [isy] *f* **1.** Ausgang *m*; *für Wasser etc* Abfluß *m* (**à** für); *für Dampf, Rauch* Abzug *m*; **rue** *f*, **voie** *f* **sans** ~ Sackgasse *f*, -straße *f*; **2.** *fig* Ausweg *m* (**à une situation** aus e-r Situation); **sans** ~ ausweg-, aussichts-, hoffnungslos; **3.** *fig* Ausgang *m*; Ende *n*; ~ **fatale** tödlicher Ausgang; *loc/prép* **à l'**~ **de** am Ende, am Schluß, nach Abschluß (+*gén*) *cette affaire a eu une heureuse* ~ ... hat e-n glücklichen Ausgang genommen, ist gut ausgegangen; **4.** ~**s** *pl* **a)** Schlachtabfälle *m/pl*; **b)** Kleie *f*

isthm|e [ism(ə)] *m* **1.** *géogr* Landenge *f*; Isthmus *m*; ~ **de Corinthe** Isthmus von Korinth; **2.** *anat* enge Stelle; *sc* Isthmus *m*; ~ **de l'encéphale** Hirnstamm *m*; ~ **du gosier** Rachenenge *f*; *sc* Isthmus faucium *m*; ~**ique** *adj* im alten Griechenland **jeux** *m/pl* ♀**s** Isthmische Spiele *n/pl*

italianis|ant [italjanizɑ̃] *m*, ~**ante** *f* Italia'nist(in) *m(f)*

italian|iser [italjanize] *v/t* italiani'sieren; italieni'sieren; ~**isme** *m ling* Italia'nismus *m*; itali'enische Spracheigentümlichkeit

italien [italjɛ̃] **I** *adj* ⟨~**ne**⟩ itali'enisch; *thé* **comédie** ~**ne** Com'media dell'arte *f*; *loc/adj u loc/adv* **à l'**~**ne** nach italienischer Art; italienisch; *e-s Buches* **format** *m* **à l'**~**ne** Querformat *n*; **persienne** *f* **à l'**~**ne** ausstellbarer Klapp-, Faltladen; **II** *subst* **1.** ♀(**ne**) *m(f)* Itali'ener(in) *m(f)*; **2.** *ling* **l'**~ *m* das Itali'enische; Itali'e-

nisch *n*

italique [italik] **I** *adj* **1.** *impr* **caractère** *m* ~ *cf* II 1.; **2.** *hist* i'talisch; *ling* **langues** *f/pl* ~**s** italische Sprachen *f/pl*; **II** *subst* **1.** *m impr* Kur'sive *f*; Kur'sivschrift *f*, -druck *m*; **en** ~ kur'siv; **2.** *hist* ♀**s** *m/pl* I'taliker *m/pl*; **3.** *ling* **l'**~ *m* das I'talische; I'talisch *n*

italo-... [italo] *adj* in *Zssgn* itali'enisch-...; *z B* **italo-yougoslave** italienisch-jugoslawisch

item [itɛm] **I** *adv comm* ebenso; des'gleichen; **II** *m ling* Item *n* (*auch psych*); Einzelangabe *f*; Ele'ment *n*

itératif [iteratif] *adj* ⟨-**ive**⟩ **1.** *gr* itera'tiv; **verbe** ~ Itera'tiv(um) *n*; **2.** wieder'holt

itinéraire [itinerɛr] *m* **1.** (Reise)Route *f*, (-)Weg *m*; Marschroute *f*; (Fahr)Strecke *f*; *aviat* Flugstrecke *f*; **2.** *ch de fer* Fahrstraße *f*; **levier** *m* **d'**~ Fahrstraßenhebel *m*; **3.** *hist* Itine'rar *n*; **4.** *par ext* Reisebeschreibung *f*; **5.** *adit* **mesure** *f* ~ Wege-, Längenmaß *n*

itinérant [itinerɑ̃] *adj* Wander...; **exposition** ~**e** Wanderausstellung *f*; **personnel** ~ *od subst* ~**s** *m/pl ch de fer* Zugbegleitpersonal *n*; *bei der Post* Fahrpersonal *n*; **prédicateur** ~ Wanderprediger *m*

itou [itu] *adv plais* **moi** ~ ich auch

iule [jyl] *m* **1.** *bot e-s* Haselstrauchs Kätzchen *n*; **2.** *zo* Julus *m*

iv|e [iv] *f od* ~**ette** *f bot* **1.** (ein) Günsel *m*; **2.** (ein) Ga'mander *m*

ivoir|e [ivwar] *m* **1.** Elfenbein *n*; **d'**~, **en** ~ aus Elfenbein; elfenbeinern; Elfenbein...; **2.** *par ext* Elfenbeinstück *n*, -schnitzerei *f*; **3.** *anat* Zahnbein *n*; **4.** *fig* **a)** **tour** *f* **d'**~ *cf* **tour**[1]; **b)** *loc/adj st/* **s** *Hände etc* **d'**~ elfenbeinfarben; ~**ien I** *adj* ⟨~**ne**⟩ elfenbeinisch; von Elfenbeinküste; **II** *subst* ♀(**ne**) *m(f)* Staatsangehörige(r) *f(m)* von Elfenbeinküste; ~**ier** *m* Elfenbeinschnitzer *m*

ivraie [ivrɛ] *f* **1.** *bot* Lolch *m*; *im engeren Sinne* Taumellolch *m*; **2.** *fig u poét* Unkraut *n*; **séparer le bon grain de l'**~ die Spreu vom Weizen sondern, trennen

ivre [ivr(ə)] *adj* **1.** betrunken; ~ **mort** völlig betrunken; F sternhagelvoll; stockbesoffen; **2.** *fig* ~ **de qc** trunken von *bzw* vor etw; ganz erfüllt von etw; ~ **de bonheur, de fatigue, de joie** wonne-, schlaf-, freudetrunken; **être** ~ **de sang** im Blutrausch sein

ivresse [ivrɛs] *f* **1.** Trunkenheit *f*; Rausch *m*; *par ext* ~ **éthérique, morphinique** Äther-, Opiumrausch *m*; **conduite** *f* **en état d'**~ Trunkenheit am Steuer; **2.** *fig* Taumel *m*; Rausch *m*; ~ **verbale** 'Überschwang *m* der Worte; ~ **des sens** Sinnenrausch *m*, -taumel *m*; ~ **du triomphe, de la victoire** Siegestaumel *m*, -rausch *m*

ivrogn|e [ivrɔɲ] **I** *adj* trunksüchtig; dem Trunk ergeben; verfallen; **II** *m,f* Säufer(in) *m(f)*; Trunkenbold *m*; *fig* **serment** *m* **d'**~ leere Versprechungen *f/pl*; ~**erie** *f* Trunksucht *f*; ~**esse** *f* Säuferin *f*

ixia [iksja] *f bot* Klebschwertel *m*; *sc* Ixia *f*

ixodidés [iksɔdide] *m/pl zo* Schildzecken *f/pl*

J

J, j [ʒi] *m* ⟨*inv*⟩ J, j [jɔt] *n*; *bes mil* le jour J der *bzw* am Tag X
J 3 [ʒitrwa] *m* ⟨*inv*⟩ im 2. *Weltkrieg* Jugendliche(r) *f(m)*, Her'anwachsende(r) *f(m)* (zwischen 16 u 20 *Jahren*)
jable [ʒabl(ə)] *m Böttcherei* Kröse *f*; Gargel *m*; Kimme *f*; Frosch *m*
jabl|er [ʒable, ʒɑ-] *v/t Böttcherei* krösen; gargeln; **~ière** *f*, **~oir(e)** *m(f) Böttcherei* Gargelkamm *m*, -reißer *m*; Kröse(l)eisen *n*; Kimmhobel *m*
jabot [ʒabo] *m* **1.** *zo* Kropf *m*; **2.** *cout* Ja'bot *n*; **~ de dentelle** Spitzenjabot *n*
jabot|er [ʒabote] *v/i Wellensittich* kreischen; **~ière** *f text* Musse'lin *m* (*für Jabots*)
jacass|e [ʒakas] *f* **1.** *zo* Elster *f*; **2.** F *fig von e-r Frau* **~** *od adi* pie *f* **~** F Klatschbase *f*; Plappermaul *n*; **~ement** *m* **1.** *der Elster* Schreien *n*; **2.** *cf* **jacasserie**; **~er** *v/i* **1.** *Elster* schreien; **2.** F *fig* schwatzen; F plappern; schnattern; quatschen; **~erie** F *f* Schwatzen *n*; F Plappern *n*; Geplapper *n*; Schnattern *n*; Geschnatter *n*; **~eur** F *adj* ⟨-euse⟩ geschwätzig
jacée [ʒase] *f bot* (Gemeine) Flockenblume
jachère [ʒaʃɛr] *f agr* Brachliegen *n*; *par ext* (**terre** *f* **en**) **~** Brache *f*; Brachland *n*, -feld *n*; **être, rester en ~** brachliegen; **mettre, laisser en ~** brachliegen lassen
jacinthe [ʒasɛ̃t] *f bot* Hya'zinthe *f*; **~ des bois, sauvage** Wilde Hyazinthe; Hasenglöckchen *n*; **~ d'Orient** Orientalische Hyazinthe
jaciste [ʒasist] **I** *adj* der J.A.C. (angehörend); **II** *m,f* Mitglied *n*, Angehörige(r) *f(m)* der J.A.C. (*Jeunesse agricole chrétienne*)
jack [(d)ʒak] *m tél* (Schalt)Klinke *f*; **~ de contrôle, de déconnexion, d'écoute, de réponse** Prüf-, Abschalt-, Mithör-, Abfrageklinke *f*; **panneau** *m* **de ~s** Klinkenfeld *n*
jacobée [ʒakɔbe] *f bot* Jakobs(kreuz)kraut *n*
jacobien [ʒakɔbjɛ̃] **I** *adj* ⟨~ne⟩ *math* **matrice ~ne** Matrix *f* nach Ja'cobi; **II** *m math* Funktio'naldeterminante *f*
jacobin [ʒakɔbɛ̃] **I** *m* **1.** *hist* ♀ Jako'biner *m*; **2.** *fig* leidenschaftlicher Republi'kaner, Demo'krat; **II** *adj* jako'binisch; Jako'biner…
jacob|inisme [ʒakɔbinism(ə)] *m* Jako-'binertum *n*; **~ite** *m hist*, *rel* Jako'bit *m*
jaconas [ʒakɔna, -nɑ] *m text* Jako'nett *m*; Jacon(et) ['dʒɛkənət] *m*
jaco(t) *cf* **jacquot**
jacquard [ʒakar] *m text* **1.** **~** *od adj* **métier** *m* ♀ Jac'quard(web)stuhl *m*; Jac'quardmaschine *f*; **machine** *f* ♀ **à main** Jacquardstrickmaschine *f*; **2.** **~** *od adj* **chandail** *m* **~** jacquardgemusterter Pullover

jacquardé [ʒakarde] *adj text* **étoffe ~e** Jac'quard *m*
jacqueline *cf* **jaqueline**
jacquemart *cf* **jaquemart**
jacquerie [ʒakri] *f bes hist* Bauernaufstand *m*
Jacques [ʒak] *m* **1.** *hist* Spitzname **~** (**Bonhomme**) (fran'zösischer) Bauer; **2.** F **faire le ~** den Hans'wurst spielen; **3. maître** *m* **~** Fak'totum *n*
jacquet [ʒakɛ] *m Spiel* Tricktrack *n*; Puff(spiel) *n*; Backgammon *n*
jacquier *cf* **jaquier**
jacquot [ʒako] *m zo* Jako *m*; Graupapagei *m*
jact|ance [ʒaktɑ̃s] *f* **1.** Prahle'rei *f*; Geprahle *n*; Aufschneide'rei *f*; Großspreche'rei *f*, -tue'rei *f*, -mäuligkeit *f*; **2.** F Gequassel *n*; Gequatsche *n*; **~er** *v/i* F quasseln; quatschen
jaculatoire [ʒakylatwar] *adj rel* **oraison** *f* **~** Stoßgebet *n*
jade [ʒad] *m* **1.** *minér* Jade *m od f*; **statuette** *f* **de ~** Jadefigürchen *n*; **2.** Gegenstand *m* aus Jade
jadéite [ʒadeit] *f minér* Jade'it *m*; Jadestein *m*
jadis [ʒadis, ʒɑ-] *adv* einst(mals); früher (einmal); ehemals; einmal; vor'zeiten; **de ~** von einst; von früher; **ses amis de ~** s-e ehemaligen Freunde; *adit* **au temps ~** in alten, früheren Zeiten; vor langen Zeiten; einstmals
jaffe [ʒaf] *f arg* (*nourriture*) Essen *n*; P Fressen *n*
jaguar [ʒagwar] *m zo* Jaguar *m*
jaguarondi *od* **jaguarundi** [ʒagwarɔ̃di] *m zo* Jagua'rundi *m*
jaillir [ʒajir] *v/i Flüssigkeit* her'ausspritzen, ent-, her'aus-, her'vorspringen (**de** aus); her'aus-, empor-, hoch-, aufschießen; her'vorquellen, -sprudeln; *Quelle* entspringen; *Blut* spritzen, quellen (**d'une blessure** aus e-r Wunde); *Tränen* schießen, quellen (**des yeux** aus den Augen); *Erdgas* ausströmen; *Flamme* empor-, her'aus-, hochschlagen; *Funken* sprühen *od élect* 'überspringen; *Schrei, Lachen* her'vorbrechen; plötzlich erschallen; *Menschenmenge* her'ausströmen; sich ergießen (**de** aus); *Pflanzen, Knospen* her'vorbrechen *od poét* sprießen; *fig Gebäude, Turm* emporragen; in die Höhe ragen; sich steil erheben; *fig Ideen, Wahrheit* her'vorgehen, -brechen; entspringen; sich zeigen; aufblitzen; **faire ~ des étincelles** Funken schlagen; **faire ~ la vérité** der Wahrheit zum Sieg verhelfen
jailliss|ant [ʒajisɑ̃] *adj* sprudelnd; Spring…; **source ~e** Springquelle *f*; **~ement** *m* (Auf)Spritzen *n*; Empor-, Hochschießen *n*; Sprudeln *n*; *e-r Flamme* Empor-, Hochschlagen *n*; *der Funken* Sprühen *n* (*auch fig des Geistes*); *élect*

'Überspringen *n*; *des Blitzes* Zucken *n*; *des Lichtes* Aufblitzen *n* (*auch fig*); *fig* Her'vorbrechen *n*
jaïnisme [ʒainism(ə)] *m rel* Jai'nismus *m*; Dschai'nismus *m*
jais [ʒɛ] *m minér* Ga'gat *m*; Jett, *fachspr* Jet [dʒɛt] *m od n*; Pechkohle *f*; Schwarzer Bernstein; **perles** *f/pl* **de ~** Jettperlen *f/pl*; *fig* **yeux** *m/pl* **de ~** tiefschwarze, kohl(raben)schwarze Augen *n/pl*
jaja [ʒaʒa] *m arg* (*vin*) Wein *m*
jalap [ʒalap] *m bot* Ja'lap(p)e *f*; Pur'gierwinde *f*; *par ext* Ja'lapa-, Ja'lapenharz *n*
jalon [ʒalɔ̃] *m* **1.** *arp* Fluchtstab *m*; Absteckpfahl *m*; Meßstab *m*; Bake *f*; **2.** *fig* Anhaltspunkt *m*; **~s** *pl* Richtlinien *f/pl*; Leitfaden *m*; **poser, planter des ~s** den Weg bereiten *od* vorzeichnen, die Richtung weisen (**de qc für etw**); **~-mire** *m* ⟨*pl* jalons-mires⟩ *arp* Richtlatte *f*. -stange *f*, -stab *m*
jalonnement [ʒalɔnmɑ̃] *m* **1.** *arp* Abstecken *n*; Ausfluchten *n*; Mar'kierung *f*; **2.** *mil* **a)** Aufstellen *n* von Wegeposten, Einweisern; **b)** Abstecken *n*; Mar'kierung *f*; **bombes** *f/pl* **de ~** Markierungsbomben *f/pl*; *aviat* **panneaux** *m/pl* **de ~** Tuchzeichen *n/pl* (*für die Flieger*)
jalonn|er [ʒalɔne] **I** *v/t* **1.** abstecken (*auch mil*); aus-, abfluchten; abpflocken; mar'kieren, kennzeichnen (*auch mil*); **2.** *fig* kennzeichnen; mar'kieren; Punkt für Punkt abstecken, festlegen, bestimmen; *für e-e Arbeit etc* Richtlinien geben, die Richtung weisen (**qc** für etw); **~ la route, le chemin, la voie** den Weg bereiten, vorzeichnen; die Richtung weisen; die Grundlagen schaffen; **~ la vie de qn** j-s Leben durch'ziehen, prägen; *adit* **jalonné de qc** reich an etw (*dat*); voller (+*gén*); **II** *v/i arp* Fluchtstäbe, Absteckpfähle, Meßstäbe, Baken stecken; **~eur** *m* **1.** *arp* Abstecker *m*; **2.** *mil* Einweiser *m*; Wegeposten *m*
jalous|ement [ʒaluzmɑ̃] *adv* von jaloux; **garder ~ un secret** ein Geheimnis ängstlich hüten; **~er I** *v/t* **~ qn, qc** auf j-n, etw eifersüchtig sein; j-n beneiden; **II** *v/pr* **se ~** aufein'ander eifersüchtig sein
jalousie [ʒaluzi] *f* **1.** Neid *m*; 'Mißgunst *f*; **~s mesquines, petites ~s** kleinlicher Neid; kleinliche Mißgunst; **~ de métier** Futter-, Brotneid *m*; **exciter la ~ de qn** j-n neidisch machen; j-s Neid erregen; **2.** *in der Liebe* Eifersucht *f*; **3.** *an e-m Fenster* Jalou'sie *f*; Bartnelke *f*
jaloux [ʒalu] **I** *adj* ⟨jalouse [ʒaluz]⟩ **1.** neidisch; 'mißgünstig; **être ~ de qn, qc** auf j-n, etw neidisch sein; j-n beneiden; **être ~ du succès, de la réussite de qn** j-n um s-n Erfolg beneiden; auf j-s Erfolg neidisch sein; j-m den Erfolg miß'gönnen, nicht gönnen; **je n'en suis**

pas ~ ich bin nicht neidisch; ich gönne es ihm (bzw ihr, ihnen); **rendre qn ~ de qc** j-n auf etw (acc) neidisch machen; loc/adv **d'un œil ~** mißgünstig; neidisch; scheelen Blickes; **2.** in der Liebe eifersüchtig; **terriblement ~, ~ comme un tigre** schrecklich, entsetzlich eifersüchtig; **être ~ de qn, qc** auf j-n, etw eifersüchtig sein; **3. être ~ de qc** ängstlich auf etw (acc) bedacht sein; **être ~ de faire qc** ängstlich, eifrig darauf bedacht sein, etw zu tun; loc/adv **avec un soin ~** mit ängstlicher Sorgfalt; **4.** bibl **un Dieu ~** ein eifriger Gott; **II** subst **~**, **jalouse** m,f **1.** Neider m; F Neidhammel m; **son succès lui a fait des ~** der Erfolg hat ihm Neider gemacht; sein Erfolg hat Neid erregt; **2.** Eifersüchtige(r) f(m)

jamaïquain [ʒamaikɛ̃] **I** adj jamai'kanisch; **II** subst ♀(e) m(f) Jamai'kaner(in) m(f)

jamais [ʒamɛ] adv **1.** positiv je(mals); **a-t-on ~ vu pareille chose?** hat man je so (et)was gesehen?; **(c'est) pire que ~** (das ist) schlimmer denn je; **aujourd'hui, plus que ~** heute mehr denn je; mit e-m ne explétif **plus que je n'ai ~ espéré** mehr als ich je gehofft habe; konditional **si ~ je te revois** wenn ich dich je 'wiedersehen sollte; loc/adv **à (tout) ~ für** immer; auf ewig; für alle Zeiten; **quitter à ~** für immer verlassen; **2.** mit der Negation **a)** ne ... ~, bes betont ~ ... ne nie(mals); poét nimmer; **je ne l'oublierai ~** ich werde es nie vergessen; st/s **~ secret ne fut mieux gardé** niemals wurde ein Geheimnis besser gewahrt; **on n'a ~ rien vu de pareil** man hat noch nie so (et)was gesehen; **il n'en fait ~ d'autres** er macht immer solche Dummheiten; **on ne sait ~!** man kann nie wissen!; **b)** ne ... plus ~, ne ... ~ plus nie mehr; nie wieder; **je ne le ferai plus ~** ich werde es nie mehr tun, nie 'wiedertun; **on ne l'a plus ~ revu** man hat ihn nie 'wiedergesehen; **c)** sans ~ ... ohne je(mals) ...; **il m'écoute sans ~ s'impatienter, sans s'impatienter ~** er hört mir zu, ohne jemals ungeduldig zu werden; **d)** ne ... ~ que ... immer nur; schließlich nur; **il n'a ~ fait que s'amuser** er hat sich immer nur amüsiert; **ce n'est ~ qu'un enfant** das ist schließlich nur ein Kind; **e)** ellip: l'avez-vous déjà vu? – ~! nie!; le ferez-vous encore? – ~ plus!... nie wieder!; **~ de la vie!** nie und nimmer!; nie im Leben!; nicht um die Welt!; bei'leibe nicht!; unter gar keinen 'Umständen!; F Gott bewahre, behüte!; i bewahre!; **c'est le moment od maintenant ou ~!** jetzt oder nie!; **f)** subst ~, **au grand ~** nie und nimmer.

jambage [ʒɑ̃baʒ] m **1.** der Buchstaben m, n, u. in der Graphologie auch p, q Grund-, Abstrich m; **2.** bât Stützglied n (zwischen Arkaden); e-s Fensters, e-r Tür Pfosten m; Gewände n; gemauerte Laibung; **~ de cheminée** aufgehendes Kaminmauerwerk; **3.** tech e-r Ramme Gerüst n; Ständer m

jambe [ʒɑ̃b] f **1.** Bein n (auch e-r Hose); im engeren Sinne anat 'Unterschenkel m; ch Lauf m; ♦ méd **~ artificielle** (Bein)Pro'these f; **~ d'un bas** Beinling m (e-s Strumpfs); **~ de bois** Holzbein n; péj Stelzfuß m; zo bes e-s Pferdes **~ de derrière** 'Hinterbein n; ch 'Hinterlauf m; **~ de devant** Vorderbein n; ch Vorderlauf m; sculp, peint, phot: **~ de jeu** Spielbein n; **~ de soutien, d'appui** Standbein n; ♦ loc/adv: **à toutes ~s** Hals über Kopf; spornstreichs; **courir à toutes ~s** laufen, was man kann; F die

Beine in die Hand, unter den Arm nehmen; **partir, fuir, s'enfuir à toutes ~s** Hals über Kopf davonlaufen, -rennen; Fersengeld geben; **~ de-ci, ~ de-là** rittlings; fig **par-dessous** od **par-dessus la ~** nachlässig; flüchtig; oberflächlich; oben'hin; **traiter qn par-dessus la ~** j-m nicht genügend Beachtung schenken; j-n links liegenlassen; ♦ **Angelegenheit n'aller que d'une ~** schlecht gehen; nicht vorankommen; auf schwachen Füßen stehen; **allonger, étendre la ~** das Bein vor-, ausstrecken; **avoir les ~s arquées, en cerceau** O-Beine haben; **avoir de belles ~s, avoir la ~ bien faite, avoir les ~s bien faites** hübsche, schöne Beine haben; **avoir de bonnes, mauvaises ~s** gut, schlecht zu Fuß sein; **avoir encore de bonnes ~s,** F **avoir des ~s de vingt, quinze ans** noch gut zu Fuß sein; noch junge Beine haben; **avoir les ~s cagneuses, en X** X-Beine haben; fig **n'avoir plus de ~s** vor Müdigkeit nicht mehr laufen können, kaum noch stehen können, 'umfallen; **avoir les ~s longues, être 'haut de** od **sur ~s** lange Beine haben; hochbeinig sein (bes Tiere); **avoir les ~s molles, en coton** weiche Knie haben; **avoir les ~s raides** steife Beine haben; steifbeinig sein; **avoir les ~s torses, tordues** krumme Beine haben; F **avoir dix kilomètres dans les ~s** zehn Kilometer gelaufen, F getippelt sein; **mes ~s se dérobent sous moi, refusent de me porter** meine Beine versagen mir den Dienst, lassen mich im Stich, wollen (mich) nicht mehr (tragen); Angst **donner des ~s** Beine machen; **être solide sur ses ~s** sicher, fest auf den Beinen, Füßen stehen; **être dans les ~s de qn** j-m im Wege sein, in die Quere kommen, vor den Füßen herumlaufen, F -tanzen; F fig **cela me fait une belle ~!** was nützt mir das!; das bringt mir nichts ein!; F dafür kann ich mir nichts kaufen!; **plier, fléchir la ~** das Knie beugen; fig **prendre ses ~s à son cou** Hals über Kopf davonlaufen, -rennen; F die Beine in die Hand, unter den Arm nehmen; **ne plus tenir sur ses ~s** sich nicht mehr auf den Beinen halten können (vor Müdigkeit, Alter, Schwäche), F fig **tenir la ~ à qn** j-n durch sein Gerede aufhalten; fig **tirer dans les ~s de qn** j-n auf arglistige Weise angreifen; j-n 'hinterrücks über'fallen; j-m in den Rücken fallen; **traîner la ~** ein Bein nachziehen; lahmen; fig sich nur noch mit Mühe weiterschleppen; kaum noch gehen können, weiterkönnen; **2.** e-s Zirkels Schenkel m; **3.** bât Mauerverstärkung f; **~ d'encoignure** Winkelstrebe f; **~ de force** charp Strebe f; auto 'Hinterachsstrebe f; **4.** aviat Bein n (am Fahrgestell); **~ à ressort, amortie, élastique** Federbein n; **5.** agr **~ noire** Schwarzbeinigkeit f (der Kartoffel)

jamb|elet [ʒɑ̃blɛ] m Schmuck Fußreif m; **~ette** f **1.** plais Beinchen n; **2.** charp Drempel m; Kniestock m; **3.** mar **~s** pl Auflanger m/pl; **~ier I** adj ⟨-ière⟩ anat (Schien)Bein...; **muscles ~s** Schienbeinmuskeln m/pl; subst **~ antérieur, postérieur** vorderer, hinterer Schienbeinmuskel; **II** m Beinleder n (der Dachdecker u Maler); **~ière** f **a)** (Wickel)Ga-'masche f; **b)** sports (Schien)Beinschutz m, -schützer m; **c)** hist e-r Rüstung Beinschiene f

jambon [ʒɑ̃bɔ̃] m **1.** Fleischerei Schinken m; **~ blanc, cuit, de Paris** gekochter Schinken; **~ cru, fumé** roher, geräucherter Schinken; **~ d'York** gekochter und leicht angeräucherter Schinken; **~**

au madère Schinken in Madeira; **omelette f au ~** Schinkenomelett n; **2.** F (cuisse) F Schinken m

jambonn|eau [ʒɑ̃bɔno] m ⟨pl ~x⟩ **1.** Fleischerei (gekochtes) Eisbein; Schweinshachse f; **2.** arg **~x** pl (Ober-) Schenkel m/pl; **~er** v/t F **~ qn** j-m auf den Wecker fallen

jambose [ʒɑ̃boz] f bot Jam'buse f

jan [ʒɑ̃] m Tricktrack-, Puffbrett n

janissaire [ʒaniser] m hist Jani'tschar m

janotisme [ʒanɔtism(ə)] m gr falsche Wortstellung; Konstrukti'onsfehler m

jansén|isme [ʒɑ̃senism(ə)] m rel Janse-'nismus m; par ext große Sittenstrenge; **~iste I** adj rel janse'nistisch; par ext (sitten)streng; **reliure f ~** schmuckloser Einband; **II** m, f Janse'nist(in) m(f); par ext péj Mora'list(in) m(f)

jante [ʒɑ̃t] f tech Felge f; Radkranz m; **~ creuse** Hohlfelge f; **~ à base creuse** Tiefbettfelge f; **~ de bicyclette** Fahrradfelge f; **~ de poulie** Scheibenkranz m; **~ en acier** Stahlfelge f

janvier [ʒɑ̃vje] m Januar m; österr Jänner m; **en ~, au mois de ~** im (Monat) Januar; F **du premier ~ à la Saint-Sylvestre** od **au trente et un décembre** das ganze Jahr über, hindurch

japhétique [ʒafetik] adj ling **théorie f ~** japhe'titische Theorie

japon [ʒapɔ̃] m **1.** ja'panisches Porzel-'lan; **service m à ~** japanisches Teeservice; **2.** Japanpapier n; **3.** text **~** od **bois m du ♀** Katechu n

japonais [ʒapɔnɛ] **I** adj ja'panisch; **II** subst **1.** ♀(e) m(f) Ja'paner(in) m(f); **2.** ling **le ~** das Ja'panische; Ja'panisch n

japonaiserie [ʒapɔnɛzri] f od **japonerie** [ʒapɔnri] f ja'panischer Kunstgegenstand; ja'panische Nippsache

japonis|ant [ʒapɔnizɑ̃] m, **~ante** f Japano'loge m, Japano'login f

japonner [ʒapɔne] v/t Porzellan japa-'nieren

japp|ement [ʒapmɑ̃] m e-s Hundes Kläffen n; Gekläff(e) n; **~er** v/i **1.** Hund kläffen; Schakal heulen; **2.** fig schreien; viel Geschrei machen; F zetern

jaque [ʒak] m bot Frucht f des Jackbaumes

jaquel|in [ʒaklɛ̃] m od **~ine** f (bauchiger) Krug aus Steingut; Kruke f

jaquemart [ʒakmar] m auf Turmuhren Stundenschläger m (Figur)

jaquette [ʒakɛt] f **1. a)** für Männer Cut(away) ['kœt(əve:)] m; **b)** für Frauen tail'lierte (Ko'stüm)Jacke; **2.** e-s Buches Schutzumschlag m; **~ de sous ~** ein Schutzumschlag m; **3.** tech e-s Rohres, Kessels Mantel m; **4.** Zahnmedizin Jacketkrone ['dʒɛkit-] f

jaquier [ʒakje] m bot Jackbaum m; Indischer Brot(frucht)baum

jar(d) [ʒar] m Kies m; grober (Fluß-) Sand; **banc m de ~** Sandbank f (in e-m Fluß)

jard [ʒar] m cf jarre²

jarde [ʒard] f **1.** vét der Pferde Spat m; **2.** cf jardinage 3.

jardin [ʒardɛ̃] m **1.** Garten m (auch fig fruchtbares Land); Gartenanlage f; **~ alpin** Al'pinum n; Alpengarten m; **~ anglais** englischer Garten; Landschaftsgarten m; **~ botanique** botanischer Garten; **~ classique, à la française, français** französischer Garten (der Barockzeit); **~ familial** Haus-, Kleingarten m; **~ japonais** japanischer Garten; **~ ouvrier** Schreber-, Kleingarten m; **~ potager, maraîcher, légumier** Gemüsegarten m; **~ public** öffentliche Anlage; **~ scientifique** wissenschaftlichen Zwecken dienender Garten; Versuchsgarten m; **~ zoologique** zoologischer Garten;

Tierpark *m*; ~ **d'acclimatation,
d'essais** (botanischer und zoologischer) Versuchsgarten; *peint* ~ **d'amour**
Liebesgarten *m*; *bibl* le ~ **d'Éden**
der Garten Eden; ~ **d'hiver** Wintergarten
m; *bibl* le ~ **des Oliviers** der Ölberg; ♀
des Plantes Botanischer Garten in
Paris; ~ **de rapport, d'utilité** Nutzgarten *m*; **architecture** *f*. **art** *m* **des ~s**
Gartenkunst *f*; **aller au ~, dans le ~ in
den Garten gehen; aménager, faire un
~ e-n Garten anlegen; faire son ~ s-n
Garten bestellen; im Garten arbeiten;
fig: **la Touraine est le ~ de la France**
die Touraine ist der Garten Frankreichs;
Voltaire **il faut cultiver notre ~** wir
müssen unseren Garten bestellen; gehen
wir lieber unserer Arbeit nach, anstatt
uns in Spekulationen zu verlieren; **2.** ~
d'enfants Kindergarten *m*; **3.** *thé* **côté**
~ (auf der) rechte(n) Seite der Bühne
(*vom Schauspieler aus gesehen*)
jardinage [ʒardinaʒ] *m* **1.** Gartenarbeit
f; Gartenbau *m*; **amateur** *m* **de** ~
Gartenfreund *m*; **outils** *m/pl* **de** ~
Gartengeräte *n/pl*; **2.** *Forstwirtschaft*
Femel-, Plenterwirtschaft *f*; Femel-,
Plenterbetrieb *m*; **3.** *in Diamanten*
Fleck *m*
jardinatoire [ʒardinatwar] *adj Forstwirtschaft* **coupe** *f* ~ Femelschlag *m*
jardin|er [ʒardine] *v/i* **1.** im Garten
arbeiten; gärtnern; s-n Garten bestellen,
pflegen; **2.** *Forstwirtschaft* ⟨*auch v/t*⟩
ausfemeln, -plentern; **~et** *m* Gärtchen *n*;
Gärtlein *n*; **~eux** *adj* ⟨-euse⟩ Edelstein
fleckig; unrein
jardin|ier [ʒardinje] **I** *m* **1.** Gärtner *m*; ~
fleuriste, maraîcher, paysagiste Blumen-, Gemüse-, Landschaftsgärtner *m*;
~ **pépiniériste** (Obst)Baumzüchter *m*;
Baumschulgärtner *m*; **2.** *or* Orto'lan *m*;
II *adj* ⟨-ière⟩ Garten…; **culture** jardinière Gartenbau; *Forstwirtschaft* **exploitation** jardinière *cf* jardinage 2.;
~ière *f* **1.** Gärtnerin *f*; **2.** ~
d'enfants Kindergärtnerin *f*; ~ **de neige** Skilehrerin *f* und Kindergärtnerin *f*
(in Wintersportorten); **3.** Blumentisch
m, -ständer *m*, -kasten *m*, -brett *n*, -schale
f; **4.** *cuis* gemischtes Gemüse; *adjt* mit
Gemüsebeilage; **5.** *zo* **a)** Maulwurfsgrille *f*; **b)** Gärtner *m*; Goldlaufkäfer *m*;
6. *jard* (kleine) Baumsäge; **~iste** *m*
Gartenarchitekt *m*
jardon [ʒardõ] *m cf* jarde 1.
jargon[1] [ʒargõ] *m* **1.** Fach-, Berufssprache *f*; Jar'gon *m*; ~ **de la réclame, du
sport** Re'klame-, Sportjargon *m*; **2.** *péj*
Kauderwelsch *m*; **3.** Geheimsprache *f*; ~
des malfaiteurs, filous Gaunersprache *f*; Rotwelsch *n*; **4.** F (fremde) Sprache
jargon[2] [ʒargõ] *m minér* (Art) gelber
Zir'kon *m*
jargonner [ʒargɔne] *v/i* **1.** e-n Jar'gon
sprechen; **2.** e-e unverständliche Sprache sprechen; kauderwelsch reden; kauderwelschen; in e-r Fremdsprache radebrechen; **3.** *Gänse* schnattern
jarosse [ʒarɔs] *f od* **jarousse** [ʒarus] *f
bot* **a)** Kichererbse *f*; **b)** Erve *f*; Linsenwicke *f*
jarovisation [ʒarɔvizasjõ] *f agr* Jarowisati'on *f*
jarre[1] [ʒar] *f* großer Tonkrug; große
Kruke
jarre[2] [ʒar] *m meist pl* **~s** bei Fellen
Stichel-, Grannenhaar *n*
jarré [ʒare] *adj Wolle, Fell* borstig; struppig; grannig
jarret [ʒarɛ] *m* **1.** Kniekehle *f*; *zo* Fußwurzel *f*; *bei Pferden* Sprunggelenk *n*; F
fig **avoir du ~, avoir des ~s d'acier** gut
zu Fuß sein; *auch* ein unermüdlicher
Tänzer sein; **se tenir ferme sur ses ~s**

fest auf den Beinen, Füßen stehen; **2.**
cuis beim Schwein u Kalb Hachse *f*; *südd*
Haxe *f*; *beim Rind* Hesse *f*; ~ **de veau**
Kalbshachse *f*; **3.** *tech* (Rohr)Krümmer
m; Knie(stück) *n*; **4.** *arch, Tischlerei*
Buckel *m*; Beule *f*; Ausbuchtung *f*
jarreté [ʒarte] *adj vét Pferd* kuhhessig;
2. *arch, Tischlerei* beulig; bucklig
jarretelle [ʒartɛl] *f der Frauen* Strumpfhalter *m*
jarreter [ʒarte] *v/i* ⟨-tt-⟩ *arch* e-n Buckel,
e-e Beule haben
jarretière [ʒartjɛr] *f* **1.** Strumpfband *n*;
in England (ordre *m* de la) ♀ Hosenbandorden *m*; **2.** *mar* **~s** *pl* Beschlagseising *od* -zeising *n*; **3.** *élect, tél* Schaltdraht *m*
jarreuse [ʒarøz] *adj* ⟨*nur f*⟩ Wolle, Fell
borstig; struppig; grannig
jarron [ʒarõ] *m* kleiner Tonkrug; kleine
Kruke
jars[1] [ʒar] *m zo* Gänserich *m*; Ganter *m*
jars[2] [ʒar] *m argot; cf* jarre[2]
jas [ʒa] *m mar* (Anker)Stock *m*
jaser [ʒaze] *v/i* **1.** klatschen, F herziehen
(**de, sur** über + *acc*); **on jase** die Leute
reden darüber; **ça fera** ~ man wird
darüber reden; **2.** *Säugling* brabbeln;
Schwalben zwitschern; *Papagei, Elster*
kreischen; schreien
jaseran [ʒazrã] *m od* **jaseron** [ʒazrõ] *m*
1. *früher* Panzerhemd *n*; **2.** *heute* silberne
od goldene Halskette (*aus feinen Ringen*)
jaseur [ʒazœr] **I** *adj* ⟨-euse⟩ schwatzhaft; geschwätzig; klatschhaft; **II** *subst*
1. ~, jaseuse *m*, *f* Schwätzer(in) *m(f)*; F
Klatschbase *f*, -maul *n*; **2.** *m zo* Seidenschwanz *m*
jasione [ʒazjon] *f bot* Sandglöckchen *n*
jasmin [ʒasmɛ̃] *m bot* **a)** (Echter) Jas-
'min; **b)** Jas'minblüte *f*; (**essence** *f* **de**) ~
Jasminöl *n*
jasminées [ʒasmine] *f/pl bot* jas'minähnliche Pflanzen *f/pl*
jasp|e [ʒasp] *m* **1.** *minér* Jaspis *m*; ~ **noir**
schwarzer Jaspis; ~ **sanguin** Blutjaspis
m; Helio'trop *m*; **2.** Kunstgegenstand *m*
aus Jaspis; **~er** *v/t* (bunt) sprenkeln
(*auch Buchbinderei*); **text** fil jaspé Jas-
'pégarn *n*; **~ure** *f* Sprenkeln *n*, -ung *f*
(*auch Buchbinderei*)
jasse [ʒas] *m* 'Unterstand *m* (*für Tiere auf
der Weide*)
jatte [ʒat] *f* Schale *f*; Napf *m*; *nordd* Satte
f; *Buchbinderei* Leimtopf *m*; **une** ~ **de
lait** e-e Schale Milch
jauge [ʒoʒ] *f* **1.** *für Hohlkörper* Eichmaß
n; **2.** Meßgefäß *n*, -glas *n*, -stab *m*; **3.** *tech*
Lehre *f*; Ka'liber *n*; ~ **anglaise** englische
Drahtlehre; ~ **micrométrique** Mikro-
'meterlehre *f*; ~ **plate** Flachlehre *f*; ~ **à
coulisse** Schublehre *f*; ~ **de carburant**
Kraftstoffmesser *m*, -anzeiger *m*; ~
d'épaisseur Dick(t)enlehre *f*, -schablone *f*; Fühlerlehre *f*; Spi'on *m*; ~
d'essence Ben'zinuhr *f*; ~ **de filetage, de pas** Gewindelehre *f*; *auto* ~
(**de niveau**) **d'huile** Ölmeßstab *m*;
Ölstandanzeiger *m*; ~ **d'intérieur** Kaliber *n*; ~ **de profondeur** Tiefenlehre *f*;
an Kesseln **robinet** *m* **de** ~ Wasserstandshahn *m*; **4.** *mar* Rauminhalt *m*;
Tonnengehalt *m*; Ton'nage *f*; ~ **brute**
Bruttoraumgehalt *m*, -tonnengehalt *m*;
la ~ **brute de ce navire est de 9000
tonneaux** dieses Schiff hat 9000 Bruttoregistertonnen; ~ **nette** Nettoraumgehalt *m*, -tonnengehalt *m*; *bei Segeljachten* ~ **de course** Rennwert *m*; **formule** *f*
de ~ Meß-, Vermessungs-, Rennformel
f; **5.** *Wirkerei* Gauzezahl ['go:dʒ] *f*; **6.**
agr, jard Einschlaggrube *f* (*für junge
Pflanzen*); **~age** *m* **1.** *von Hohlkörpern*
Eichen *n*, -ung *f*; (**droit** *m* **de**) ~
Eichgebühr *f*; **2.** (Aus)Messen *n*, -ung *f*;

3. *mar* Ton'nagebestimmung *f*; *von Segeljachten* Vermessen *n*, -ung *f*; **système**
m **de** ~ Meßverfahren *n*
jaug|er [ʒoʒe] ⟨-geons⟩ **I** *v/t* **1.** Hohlkörper eichen; **2.** Werkstück mit der
Lehre, Saugkraft e-r Pumpe, Ergiebigkeit e-r Quelle *etc* messen; **3.** *mar* die
Ton'nage bestimmen (**un navire** e-s
Schiffes); Segeljacht vermessen; **4.** *fig*
Person, Fähigkeiten ab-, einschätzen;
beurteilen; **II** *v/i* **5.** Gefäß e-n Rauminhalt haben von; fassen; **6.** *mar* **a)** e-e
Ton'nage, e-n Tonnengehalt haben von;
~ **1200 tonneaux** 1200 Re'gistertonnen
haben; **b)** e-n Tiefgang haben von; ~
trois mètres (de tirant d'eau) drei
Meter Tiefgang haben; e-n Tiefgang von
drei Metern haben; **~eur** *m* **1.** Eichmeister *m*; *mar* Vermesser *m*; **2.** Meßgerät *n*
jaumière [ʒomjɛr] *f mar* (trou *m* de) ~
Hennegatt *n*; (Ruder)Koker *m*
jaunâtre [ʒonɑtr(ə)] *adj* gelblich
jaune [ʒon] **I** *adj* ~ **canari, citron,
clair, paille** ⟨*alle inv*⟩ ka'narien-, zi-
'tronen-, hell-, strohgelb; ~ **d'or** ⟨*inv*⟩
goldgelb; *phot* **filtre** *m* ~ Gelbfilter *m*;
géogr **la mer** ♀ das Gelbe Meer; **or** *m* ~
Gelbgold *n*; *fig* **le péril** ~ die gelbe
Gefahr; **race** *f* ~ gelbe Rasse; *hist*
syndicats *m/pl* ~**s** gelbe Gewerkschaften *f/pl*; *im Auge* **tache** *f* ~ gelber Fleck;
advt fig **rire** ~ gezwungen lachen; **II** *m* **1.**
Gelb *n*; ~ **citron** Zi'tronengelb *n*; ~ **d'or**
Goldgelb *n*; **tourner au** ~ gelb werden;
vergilben; **2.** gelber Farbstoff; gelbe
Farbe; ~**s végétaux** gelbe Pflanzenfarbstoffe *m/pl*; ~ **de chrome** Chromgelb *n*; ~ **d'urane** U'rangelb *n*; ~ **de
zinc** Zinkgelb *n*, -chromat *n*; **3.** *cuis* ~
d'œuf (Ei)Dotter *m od* *n*; Eigelb *n*; **4.**
métall ~ **clair** helle Gelbglut; ~ **orangé**
Gelbglut *f*; **5.** ♀ *m*, *f fig* Angehörige der
gelben Rasse Gelbe(r) *f(m)*; **6.** *péj* Streikbrecher *m*
jaunet [ʒonɛ] *m* **1.** *bot* ~ **d'eau** Gelbe
Teichrose; **2.** F *früher* Goldstück *n*
jaunir [ʒonir] **I** *v/t* gelb (ein)färben; **II** *v/i*
gelb werden; vergilben; *Blätter auch* sich
(gelb) färben; *adjt* jauni vergilbt; gelb
(gefärbt, geworden)
jauniss|age [ʒonisaʒ] *m Goldschmiedekunst* Gelbfärben *n*; Gelbmachen *n*;
~ant *adj* (sich) gelb färbend; vergilbend
jaunisse [ʒonis] *f* **1.** *path* Gelbsucht *f*; F
fig **en faire une** ~ sich krank, F schwarz
ärgern; **2.** *bot bei Zuckerrüben u Weinreben* Vergilbungskrankheit *f*; **~ment** *m*
a) Gelbfärben *n*; Gelbfärbung *f*; **b)**
Gelbwerden *n*; Vergilben *n*
java [ʒava] *f* **1.** *für den „bal musette"*
typischer Tanz; **2.** F *fig* **faire la** ~ F ein
tolles Fest feiern
javanais [ʒavanɛ] **I** *adj* ja'vanisch; **II**
subst **1.** ♀(e) *m(f)* Ja'vaner(in) *m(f)*;
2. ling le ~ das Ja'vanische; Ja'vanisch
n; **3.** F *m im Deutschen entsprechend*
B-Sprache *f*
javeau [ʒavo] *m* ⟨*pl* ~**x**⟩ *in e-m Fluß*
Sand-, Schlammbank *f*
Javel [ʒavɛl] *n/pr chim* **eau** *f* **de** ~ Eau de
Ja'velle *n od* F; Ja'vellelauge *f*; Chlor-,
Bleichwasser *n*
javel|age [ʒavlaʒ] *m agr* **a)** Schwadenlegen *n*; **b)** Zeit, in der die Schwaden
trocknen; **~er** ⟨-ll-⟩ **I** *v/t agr* in Schwaden legen; **II** *v/i* in Schwaden liegendes
Getreide gelb werden; reifen; *adit* javelé
durch Nässe schwarz geworden; **~eur** *m*
agr Person Schwadenleger *m*; **~euse** *f*
agr Maschine Schwadenmäher *m*
javeline [ʒavlin] *f* langer, dünner Wurfspieß, -speer
javelle [ʒavɛl] *f* **1.** *agr* Schwade(n) *f(m)*;
mettre en ~**s** in Schwaden legen; **2.**
Reisig-, Lattenbündel *n*; **3.** *Salzgewin-*

nung kleiner Haufen von Meersalz

javellis|ant [ʒavelizɑ̃] *adj* Scheuermittel mit großer Bleichkraft; **~ation** *f des Wassers* Reinigung *f* mit Eau de Ja'velle; Chloren *n*; **~er** *v/t Wasser* mit Eau de Ja'velle keimfrei machen, aufbereiten; chloren; *adit Wasser* **très javellisée** stark gechlort

javelot [ʒavlo] *m* **1.** *früher* Wurfspieß *m*, -speer *m*; *Ger m*; **~ de chasse** Jagdspieß *m*; **2.** *sports* Speer *m*; *par ext* Speerwerfen *n*; **3.** *zo* Sandboa *f*; Sandschlange *f*

jazz [dʒaz] *m mus* Jazz [dʒɛs] *m*; **~band** [-bɑ̃d *od* -bɛnd] *m* <*pl* jazz-bands> Jazzband ['dʒɛzbɛnt] *f*; **~man** [-man] *m* <*pl* jazzmen [dʒazmɛn]> Jazzmusiker *m*; Jazzer *m*

je [ʒ(ə)] **I** *pr/pers der 1. pers sg* <stets als Subjekt mit e-m Verbum verbunden; vor Vokal u stummem h* j'> ich; **~ parle** ich spreche; **j'entends** ich höre; **~ 'hais** ich hasse; **j'habite à Paris** ich wohne in Paris; **où suis-~?** wo bin ich?; *verstärkt* **mais moi, ~ sais** aber ich weiß; *jur* **~ soussigné** Untel **certifie que ...** ich, der Unter'zeichnete, bestätige, daß ...; **II ~** Ich *n* (*auch philos*); Ichform *f*; **employer le ~ dans un récit** in e-r Erzählung die Ichform benutzen

jean [dʒin] *m* (*Kurzwort für* blue-jean) Jeans [dʒi:ns] *pl*

jean|-foutre [ʒɑ̃futr(ə)] P *m* <inv> Taugenichts *m*; Nichtsnutz *m*; Nichtskönner *m*; **~-le-blanc** *m* <inv> *zo* Schlangenadler *m*, -bussard *m*

jeannette [ʒanɛt] *f* **1.** Ärmel(plätt)brett *n*; **2.** *bot* Weiße Nar'zisse; **3.** (**croix** *f* **à la**) **~** goldenes Kreuz (*als Halsschmuck*)

jeannot [ʒano] *m* F ♀ **lapin** Meister Lampe *m*

jéciste [ʒesist] **I** *adj* der J.E.C. (angehörend); **II** *m.f* Mitglied *n*, Angehörige(r) *f(m)* der J.E.C. (*Jeunesse étudiante chrétienne*)

jectisse [ʒɛktis] *adj* <nur f> *bât* **terres ~s** aufgeschüttete, hart'beigeschaffte Erde; **pierres ~s** handgerechte Steine *m/pl*

jeep [dʒip] *f* Jeep [dʒi:p] *m*

jéjuno-iléon [ʒeʒynoileɔ̃] *m anat* Leer- und Krummdarm *m*; Gekrösedarm *m*

jéjunum [ʒeʒynɔm] *m anat* Je'junum *n*; Leerdarm *m*

je-m'en-fich|isme [ʒmɑ̃fiʃism(ə)] F *m od* **je-m'en-fout|isme** [ʒmɑ̃futism(ə)] F *m* Gleichgültigkeit *f*; F Wurstigkeit *od* Wurschtigkeit *f*; **~iste** F **I** *adj* gleichgültig; F wurstig *od* wurschtig; **II** *m.f* Gleichgültige(r) *f(m)*; Person *f*, der alles gleichgültig, F wurst *od* wurscht, wurschtegal, piepe ist

je-ne-sais-quoi *od* **je ne sais quoi** [ʒənsɛkwa] *m* <inv> **un ~** ein gewisses Etwas

jennérien [ʒenerjɛ̃] *adj* <**~ne**> *méd* **vaccination ~ne** Jennersche Impfung

jenny [ʒeni] *f text* Jennymaschine *f*

jérémiade [ʒeremjad] *f* F *meist pl* **~s** Jeremi'ade(n) *f(pl)*; Klagelied(er) *n(pl)*; F Gejammer *n*; Geklage *f*

jerez [xerɛz] *cf* **xérès**

jéroboam [ʒerɔbɔam] *m* (große) Cham-'pagnerflasche (*etwa 8 l*)

jerrican(e) *od* **jerrycan** [(d)ʒerikan] *m* (Ben'zin)Ka'nister *m*

jersey [ʒɛrzɛ] *m* **1.** *text* Jersey ['dʒ-] *m*; **~ de soie, de laine** Seiden-, Wolljersey *m*; *beim Stricken* **point** *m* **de ~** Rechts--'links-Muster *m*; **au point de ~** glatt rechts (gestrickt); **2.** enganliegende Jerseybluse; enganliegender Jerseypullover *m*

jersiais [ʒɛrzjɛ] *adj* von der Insel Jersey ['dʒ-]; *zo. agr* **vaches ~es** Jersey-Kühe *f/pl*

jésuit|e [ʒezɥit] **I** *m* **1.** *égl cath* Jesu'it *m*; **2.** *fig u péj* raffi'nierter Heuchler; **II** *adj*

1. Jesu'iten...; **père** *m* **~** Jesuitenpater *m*; *arch* **style** *m* **~** Jesuitenstil *m*; **2.** *fig u péj* heuchlerisch; falsch; verschlagen; **~ique** *adj* jesu'itisch; *cf auch* **jésuite** II 2.; **~isme** *m péj* **1.** Jesu'itentum *n*; **2.** *fig* Heuche'lei *f*; Falschheit *f*; Verschlagenheit *f*

Jésus [ʒezy] *n/pr u m* **1.** Jesus *m*; **~-Christ** [-kri] (*abr* J.-C.) Jesus Christus; **l'enfant ~, le petit ~** das Jesuskind, Christkind (-lein); **avant, après ~-Christ** vor, nach Christus; vor, nach Christi Geburt; **d'avant, d'après ~-Christ** vor-, nachchristlich; *égl cath* **la Compagnie, la Société de ~** die Gesellschaft Jesu; *int* **~!, doux ~!, ~ Marie!** jesses!; herr'je(mine)!; herr'jesses!; Jesus Maria!; **2.** ♀ Jesusbild *n*, -figur *f* (*des Jesuskindes*); **un ♀ de cire** ein Jesuskind aus Wachs; **3.** *fig von e-m Kind* **un petit ♀** ein süßes Kind; **mon ♀!** mein Liebling, Liebes, Süßes!; **4.** *impr* ♀ (Pa'pier)For'mat *n* 56×76 cm; **double ♀** (Pa'pier)For'mat *n* 76×112 cm; **petit ♀** (Pa'pier)For'mat *n* 56×72 cm

jet¹ [ʒɛ] *m* **1.** Wurf *m*; Werfen *n*; *e-s Netzes* Auswerfen *n*; *fig* **le premier ~** auf Anhieb; Entwurf; **du premier ~** auf Anhieb; *mar* **~ à la mer** Auswerfen *n* (*[e-s Teils] der Ladung*); *peint* **~ d'une draperie** Faltenwurf *m*; **~ de pierre** Steinwurf *m*; **à un ~ de pierre** in, auf Steinwurfweite; **e-n Steinwurf weit. entfernt; 2.** Strahl *m*; **~ atomique, moléculaire** A'tom-, Moleku'larstrahlung *f*; **~ d'eau** a) Wasserstrahl *m*; b) Fon'täne *f*; c) Springbrunnen *m*; *cf auch* **4.**; **~ de flammes, de lumière, de sable, de sang, de vapeur** Feuer-, Licht-, Sand-, Blut-, Dampfstrahl *m*; *tech* **appareil** *m* **à ~ de sable, à ~ de vapeur** Sandstrahl-, Dampfstrahlgebläse *n*; F *fig* **à ~ continu** unaufhörlich; in einem fort; ununterbrochen; **3.** *métall* a) Einguß *m* (*in die Form*); **~ de coulée** Gießloch *n*, -trichter *m*, -zapfen *m*; Einguß *m*; **d'un seul ~** aus e-m Guß; *fig* **d'un (seul) ~** in e-m Zug; **écrit d'un (seul) ~** in e-m Zug niedergeschrieben; b) Gußnaht *f*; **4.** *tech* **~ d'eau** an e-m Rohr Düse *f*; *bât* Wetterschenkel *m*; Wasserschenkel *m*, -nase *f*; *auto* Tropfrinne *f*; **~ de pompe** Druckrohr *n* (*e-r Pumpe*); **5.** *bot* a) Trieb *m*; Schößling *m*; Sproß *m*; *par ext* Zweig *m*; Ast *m*; *Baum* **d'un seul ~** gerade und hoch gewachsen; (**canne** *f* **d'un seul ~**) Stock *m* ohne Knoten; glatter Stock; b) Rotang(palme) *m(f)*; **6.** *Zuckerindustrie* Kochung *f*; **7.** *Straßenarbeiten* **~ de fossé** ausgehobene Erde (*an e-m Grabenrand*); **8.** *e-s Jagdfalken* Fessel *f*

jet² [dʒɛt] *m aviat* Jet *m*; Düsenverkehrsmaschine *f*; Düsenflugzeug *n*

jetage [ʒ(ə)taʒ] *m vét* Naseneiterung *f*

jeté [ʒ(ə)te] *m* **1.** *Choreographie* Jeté *n*; **2.** *Gewichtheben* Drücken *n*; **3.** *beim Stricken* 'Umschlag(en) *m(n)*; **4.** Tischläufer *m*

jetée [ʒ(ə)te] *f* **1.** *mar* Mole *f*; Pier *m od f*; Hafendamm *m*; *in e-m Fluß* Buhne *f*; **~ flottante** schwimmende Landungsbrücke; **2.** *auf e-m schlechten Weg* Aufschüttung *f*

jeter [ʒ(ə)te] <-tt-> **I** *v/t* **1.** *Ball, Stein etc* werfen; schleudern; F schmeißen; *Netz, Angel, Lot* auswerfen; *Gegenstände* hinwerfen, -schleudern, F -schmeißen; *mit Kraft* schmettern; *Erde* schütten; *Flüssigkeit* gießen; schütten; *Wendungen:* a) *mit subst:* *mar* **~ l'ancre** den Anker auswerfen; *vor* Anker gehen; ankern; *fig* **~ un froid** *cf* froid II 1.; *mar* **~ le loch** loggen; b) *mit adv:* **~ à terre** *cf* terre 1.; **~ çà et là** um'herwerfen; **~ dehors** hin'auswerfen; F rauswerfen,

-schmeißen; **~ en arrière** zu'rückwerfen; **c)** *mit prép:* **~ qc à qn** j-m etw zuwerfen; *Tieren:* Futter vor-, hinwerfen; **~ des pierres à qn** j-n mit Steinen bewerfen, F beschmeißen; Steine auf j-n werfen, F schmeißen; mit Steinen nach j-m werfen, F schmeißen; *fig* **~ la pierre à qn** *cf* pierre 1.; *fig* **~ qc à la figure, à la face, au nez, au visage de qn** j-m etw an den Kopf werfen, ins Gesicht schleudern; j-m etw vorhalten, -werfen; F j-m etw unter die Nase reiben; **~ qc à la tête de qn** j-m etw an den Kopf werfen (*auch fig*); *fig* a) j-m etw vorhalten, -werfen; b) j-m etw aufdrängen, nachwerfen; c) etw vor j-m zur Schau stellen; **~ des citations à la tête des gens** mit Zitaten um sich werfen; **~ contre le mur** gegen *od* an die Wand schleudern; *Truppen* **~ dans la bataille** in die Schlacht werfen; **~ en l'air** in die Luft, in die Höhe werfen; hochwerfen; **~ en prison** ins Gefängnis werfen, stecken; **~ en tas** auf e-n Haufen werfen; in Haufen schütten; **~ qc par-dessus son épaule** etw über die Schulter werfen; **~ un manteau sur ses épaules** e-n Mantel 'übernehmen; sich e-n Mantel 'umwerfen, 'über-, 'umhängen; **~ sur le marché** auf den Markt werfen; **~ sur le rivage** ans Ufer spülen; **2.** *Unnötiges, Wertloses* fort-, wegwerfen; F wegschmeißen; *Flüssigkeit* aus-, weggießen; aus-, wegschütten; *Ballast, Last, Karte beim Spiel* abwerfen; (**bon) à ~** zum Wegwerfen; **~ ses cartes** die Karten hinwerfen; zu spielen aufhören; *ch* **~ sa tête** das Geweih abwerfen; **~ à l'eau, au feu** ins Wasser, Feuer werfen, F schmeißen; *mar Ladung* **~ à la mer, par-dessus bord** abwerfen; über Bord werfen; **~ à la poubelle** in den Mülleimer werfen; *fig* **~ qc par la fenêtre** etw zum Fenster hin'auswerfen, F -schmeißen; **3.** *Licht, fig* Schrecken, Furcht verbreiten; *Licht auch, Schatten werfen* (**sur** *auf* + *acc*); *Schrei, Fluch, Drohung, Seufzer* ausstoßen; *Vulkan: Feuer* speien; *Asche* auswerfen; *Funken* sprühen; **~ le désordre** Unruhe stiften; **~ une lueur** aufblitzen, -leuchten; **~ le trouble, la confusion dans les esprits** die Geister verwirren; **4.** *bot* **~ des bourgeons** ausschlagen; Knospen treiben; knospen; sprießen; **~ des racines** Wurzeln schlagen, treiben; **5.** *bât* **~ les fondations (d'un édifice)** das Fundament (zu e-m Gebäude) legen, errichten; die Grundmauern (e-s Gebäudes) errichten; *fig* **~ les bases, fondements de qc** den Grund, das Fundament zu etw legen; **~ un pont** e-e Brücke schlagen (**sur** *über* + *acc*); **6.** *impr* **~ un blanc, du blanc** durch'schießen; **~ une espace, des espaces** spatio'nieren; **7.** *tech* **~ en fonte, en moule** gießen; **II** *v/pr* **se ~ 8.** (sich) stürzen; *Wendungen:* a) *mit adv:* **se ~ à plat ventre** sich flach hinwerfen; **se ~ à terre, par terre** sich hin-, niederwerfen; **se ~ de côté** bei-'seite springen; zur *od* auf die Seite springen; **se ~ dehors** hin'aus-, her'ausstürzen; **se ~ en arrière** zu'rückspringen; **se ~ en avant** vorstürzen, -springen; b) *mit prép:* **se ~ à l'assaut, à l'attaque** stürmen; angreifen; **se ~ au cou de qn** j-m um den Hals fallen; **se ~ à l'eau** *cf* eau 1.; **se ~ aux pieds de qn** sich j-m zu Füßen werfen; sich vor j-m niederwerfen; *fig* **se ~ à la tête de qn** sich j-m an den Hals werfen; sich j-m aufdrängen; **se ~ au travers, en travers de qc** sich e-r Sache (*dat*) in den Weg stellen; *bei e-m Unfall* **se ~ contre un arbre** gegen e-n Baum prallen, geschleudert werden; F *fig* **il y aurait de**

quoi se ~ la tête contre le mur! das ist zum Verzweifeln, F Auswachsen!; se ~ dans une bouche de métro in e-m U-Bahn-Eingang verschwinden; se ~ dans une entreprise, dans un travail sich in ein Unter'nehmen, in e-e Arbeit stürzen; se ~ entre les deux adversaires sich zwischen die (beiden) Streitenden werfen, stellen; se ~ par la fenêtre sich aus dem Fenster stürzen; zum Fenster hinausspringen; se ~ sur qn a) auf j-n zuspringen, zustürzen; sich auf j-n stürzen; b) über j-n herfallen; auf j-n losgehen, -fahren, -stürzen; sich auf j-n werfen, stürzen; sich über j-n hermachen; se ~ sur le lit sich aufs Bett werfen, fallen lassen; se ~ sur la nourriture über die Nahrung herfallen; sich über die Nahrung hermachen; **9.** *Fluß* se ~ dans münden, fließen, *poét* sich ergießen in (+*acc*)

jeteur [ʒ(ə)tœr] *m* ~ de sort(s) mit dem bösen Blick behafteter Mensch

jetisse [ʒ(ə)tis] *adj cf* **jectisse**

jeton [ʒ(ə)tõ] *m* **1.** Marke *f*; Münze *f* (*für e-n Automaten*); Spielmarke *f*; Je'ton *m*; Rechen-, Zählpfennig *m*; Notgeld *n*; ~s numérotés *an Bankschaltern etc* ausgegebene Nummern *f/pl*; ~ de contrôle Kon'trollmarke *f*; ~ (de présence) Anwesenheitsmarke *f*; *par ext* ~s (de présence) Sitzungs-, Tagegeld *n*; Di'äten *pl*; ~ de téléphone *in Frankreich* Tele'fonmarke *f*; Jeton *m*; **2.** F *fig von e-m Menschen* un faux ~ [foʃtõ] F ein falscher Fuffziger; **faux comme un** ~ falsch; unaufrichtig; 'hinterlistig; verschlagen; **un vieux** ~ F ein altes Wrack; **3.** F (*coup*) Schlag *m*; *par ext* avoir les ~s F Man'schetten, P Schiß haben

jet-stream [dʒɛtstrim] *m* ⟨*pl* jet-streams⟩ *météo* Jetstream ['dʒɛtstri:m] *m*

jettice [ʒɛtis] *adj* ⟨*nur f*⟩ laine ~ Ausschußwolle *f*

jeu [ʒø] *m* ⟨*pl* ~x⟩ **1.** Spiel *n* (*auch als Gegenstand, fig*); Spielen *n*; *im Mittelalter* Schauspiel *n*; ◆ ~x amoureux, érotiques Liebesspiele *n/pl*; ~ collectifs Gemeinschaftsspiele *n/pl*; *Mittelalter* ~ liturgique, sacré, profane liturgisches, geistliches, weltliches Spiel; *fig* ~ parlementaire parlamentarisches Spiel; *Literatur* ~ parti *od* ~-parti *m* Streitgedicht *n* (*in Form e-s Wettgesangs*); ◆ à gages Pfänderspiel *n*; ~ à treize, quinze Dreizehner-, Fünfzehner-Rugby *n*; ~x d'action, de *od* en plein air Bewegungs-, Freiluft-, Rasenspiele *n/pl*; Spiele im Freien; ~ d'adresse, de balle Geschicklichkeits-, Ballspiel *n*; ~ de cartes Kartenspiel *n*; *Altertum* ~x du cirque, du stade Zirkus-, Kampfspiele *n/pl*; *écon* le ~ de la libre concurrence der freie Wettbewerb; ~ de construction Baukasten *m*, -klötze *m/pl*, -steine *m/pl*; ~ de dames, de dés, de dominos, d'échecs Dame-, Würfel-, Domino-, Schachspiel *n*; ~ d'enfant Kinderspiel *n* (*auch fig*); *fig* c'est un ~ (d'enfant) das ist ein Kinderspiel, e-e Kleinigkeit, ein Leichtes; *écon* ~x d'entreprise Unter'nehmensspiele *n/pl*; ~ d'équipe Mannschafts-, Zu'sammenspiel *n*; ~ de hasard Glücksspiel *n*; ~ de mots Wortspiel *n*; ~ de piste Schnitzeljagd *f*; ~x de société Gesellschaftsspiele *n/pl*; ein Leichtes; *écon* théorie *f* des ~x Spieltheorie *f*; ◆ *loc/adv*: au ~ beim Spiel(en); im Spiel; **gagner, perdre au** ~ beim Spiel(en) gewinnen, verlieren; *sports* 'hors ~ abseits; *Spieler* être 'hors ~ abseits stehen; **par** ~ aus *od* zum Vergnügen; *cf auch* 6.; ◆ *fig* entrer

dans le ~ mitmachen, darauf eingehen (*wobei man das Spiel durchschaut*); entrer en ~ ins Spiel kommen; spielen; *fig* eingreifen; sich einschalten; in Funktion treten; *Faktoren* wirksam werden; *fig* faire entrer en ~ ins Spiel bringen; *fig* ne pas faire entrer en ~ aus dem Spiel lassen; *fig* c'est le ~ das ist die (Spiel-)Regel; das ist nun einmal so üblich; ce n'est pas de ~ das ist gegen die Spielregel; das war nicht ab-, ausgemacht; das gilt nicht; das ist unfair; être tout à son ~ ins Spiel vertieft sein; *fig* être un ~ auf dem Spiel stehen; votre vie est en ~ *auch* es geht um Ihr Leben; *fig* être du ~, dans le ~ mitmachen; in die Sache verwickelt sein; *fig* c'est un ~ à se rompre le cou, les jambes das ist ein gefährliches Spiel, Unter'nehmen; *Tennis* être à deux de ~ die gleiche Anzahl von Spielen gewonnen haben; *fig* faire le ~ de qn j-m (*unbeabsichtigt*) in die Hände arbeiten; (*unbeabsichtigt*) j-s Interessen dienen; se faire un ~ de qc a) etw spielend tun; b) *péj* sein Vergnügen an etw (*dat*) haben, finden; sich an etw ein Vergnügen machen; il se fit un ~ d'obtenir leur consentement es war ihm ein Leichtes, ihre Zustimmung zu erhalten; se faire un ~ des difficultés die Schwierigkeiten spielend meistern, über'winden; jouer à un ~ sich an die Spielregeln halten (*auch fig*); fair spielen; *fig* jouer un ~ dangereux ein gefährliches, gewagtes Spiel spielen, treiben; *fig* jouer (un) double ~ ein doppeltes Spiel spielen, treiben; *fig* jouer le grand ~ alles aufbieten, einsetzen; F alle Register ziehen; *fig* jouer le ~ de qn mit j-m gemeinsame Sache machen; *fig* mener le ~ Herr der Lage sein; mettre en ~ beim Spiel e-e Summe setzen; *fig* s-e Kräfte, sein Können aufbieten; einsetzen; *ein Menschenleben etc* aufs Spiel setzen; *Ball* remettre en ~ einwerfen; le ~ n'en vaut pas la chandelle *cf* chandelle 1.; *prov*: heureux au ~, malheureux en amour Glück im Spiel, Unglück in der Liebe (*prov*); ~(x) de main, ~(x) de vilain dieses Spiel, Raufen *etc* wird noch böse enden; **2.** (Spiel)Karten *f/pl*; ~ entier (Karten)Spiel *n* mit 52 Karten; le grand ~ das Ta'rockspiel; die Ta'rockkarten *f/pl*; *loc/adv* à ~ découvert offen; abattre son ~ s-e Karten aufdecken, (offen) auf den Tisch legen (*beide auch fig*); avoir (un) beau ~, du ~ gute Karten haben; je n'ai pas de ~ ich habe schlechte Karten; *fig* avoir beau ~ leichtes, gewonnenes Spiel haben; *fig* jouer franc ~ mit offenen Karten spielen; **3.** Einsatz *m*; faites vos ~x! setzen Sie!; *fig* les ~x sont faits die Würfel sind gefallen; *Sartre* Das Spiel ist aus; jouer gros ~, un ~ d'enfer, un ~ à se perdre, à se ruiner (sehr) hoch spielen, setzen; mit (sehr) hohem Einsatz spielen (*auch fig*); **4.** Spielfeld *n*; ~ de … …spielplatz *m*; …spielgelände *n*; un ~ de boule ombragé ein schattiger Platz zum Boulespielen; ein schattiger Boulespielplatz; sortir du ~ das Spielfeld verlassen; ins Aus geraten; **5.** *thé, cin, mus auch* Vortrag *m*; F *fig adit* vieux ~ altmodisch; unmodern; altfränkisch; alter Zopf; ~ d'eau Wasserspiel *n* (*auch die Vorrichtung dafür*); *sports* ~ de jambes Beinarbeit *f*; avoir un bon ~ de jambes gute Beinarbeit leisten; ~ de lumière Lichterspiel *n*; ~ de physionomie Mienenspiel *n*; ~ de scène Bühnenspiel *n*; jouer le ~ du désespoir Verzweiflung mimen; die

(den) Verzweifelte(n) spielen; *fig*: bien jouer son ~ sich gut verstellen können; percer le ~ de qn, lire, voir clair dans le ~ de qn j-s Spiel durch'schauen; se prendre au ~ *cf* prendre 26.; se laisser prendre au ~ de qn j-m in die Falle gehen; être pris à son propre ~ sich in der eigenen Schlinge fangen; **6.** Scherz *m*; Spaß *m*; *loc/adv* par ~ aus *od* zum Scherz, Spaß; ce n'est qu'un ~ das ist nur ein Scherz, Spaß; prendre qc en ~ etw nicht ernst nehmen; etw als Scherz auffassen; **7.** *von zusammengehörenden Gegenständen* Satz *m*; Garni'tur *f*; *mar* ~ d'avirons Ruderwerk *n*; *élect* ~ de balais Bürstensatz *m*; ~ d'outils, d'outillage Werkzeugsatz *m*; ~ de poids Gewichtssatz *m*; *mar* ~ de voiles Satz *m*, Stell *n* Segel; **8.** *tech* Spiel *n*; *fig auch* Spielraum *m*; *e-s Maschinenteils auch* leichter, regelmäßiger Gang, Lauf; *fig* le libre ~ des forces das freie Spiel der Kräfte; ~ des muscles Muskelspiel *n*; Spiel der Muskeln; ~ des pistons Spiel der Kolben; avoir du ~ Spiel, Luft haben; *fig* laisser plus de ~ aux négociations für die Verhandlungen mehr Spielraum lassen; prendre du ~ lose, locker werden; sich lockern; (sich) ausleiern; *Segel, Tau* erschlaffen; schlaff werden; **9.** *e-r Orgel* ~x à bouche, d'anche Labi'al-, Zungenstimmen *f/pl*; ~ d'orgue a) *mus* Re'gister *n* (*e-r Orgel*); b) *thé* Bühnenlichtregler *m*; **10.** *Buchhaltung* ~ d'écritures Buchung(svorgang) *f(m)*; 'Umbuchung *f*

jeudi [ʒødi] *m* Donnerstag *m*; *égl* ~ saint Grün'donnerstag *m*; F *fig* la semaine des quatre ~s der bzw am Sankt-'Nimmerleins-Tag; *loc/adv*: il vient ~ er kommt (am) Donnerstag; un ~ an e-m Donnerstag; le ~ donnerstags; am Donnerstag; tous les ~s jeden Donnerstag; ~ prochain (am) nächsten, kommenden Donnerstag; ~ soir Donnerstag abend *od* am Donnerstagabend; le ~ soir Donnerstag *od* donnerstags abends

jeun [ʒɛ̃, ʒœ̃] *loc/adv* à ~ nüchtern; mit nüchternem Magen; auf nüchternen Magen (*auch fig*); être à ~ nüchtern sein (*auch Trinker*); nichts gegessen haben; *Medikament* prendre à ~ nüchtern (ein)nehmen

jeune [ʒœn] **I** *adj* **1.** jung (*an Jahren*); tout ~ blutjung; ganz jung; plus ~ que moi de deux ans zwei Jahre jünger als ich; le ~ Dubois le jeune Dubois; *hist* Pline le ♀ Plinius der Jüngere (*abr* d. J.); ~ âge *m* Jugend(zeit) *f*; Jugendalter *n*; dans mon ~ âge, temps in meiner Jugend(zeit); als ich jung war; in jungen Jahren; dès son plus ~ âge von früh(e)ster Jugend an; ~s bêtes *f/pl* Jungvieh *n*; ~ fille *f* (junges) Mädchen; ~ génération *f* junge Generation; ~ homme *m* junger Mann; *cf auch* homme 2.; un homme (assez) ~ ein jüngerer Mann; ~ industrie *f* junge Industrie; ~ personne *f* junges Mädchen; junge Dame; *bot* ~ pousse *f* junger Trieb; *thé* ~ premier *m* jugendlicher Held, Liebhaber; ~ première *f* jugendliche Heldin; ~ travailleur *m* Jungarbeiter *m*; jugendlicher Arbeitnehmer; ~ vin *m* junger Wein; nous avons été ~s avant vous! wir sind schließlich älter und haben mehr Erfahrung!; on sait ce que c'est que d'être ~ wir sind auch einmal jung gewesen; ils font encore ~s *od advt* ~ sie sehen noch jung aus; se marier ~ jung heiraten; **2.** jugendlich (*auch Frisur, Gesicht*); être ~ de caractère ein jugendliches Wesen haben; (im Wesen) jung geblieben sein; être ~ de visage

jugendlich aussehen; ein jugendliches Aussehen haben; *advt* s'habiller ~ sich jugendlich kleiden, anziehen; **3. a)** unerfahren; unreif; **trop** ~ zu unerfahren, unreif; **mon Dieu qu'il est** ~! mein Gott! was ist er doch für ein Kind!; mein Gott! wie naiv!; F **être** ~ **dans le métier** ein Anfänger, Neuling sein; **b)** ~s **mariés** Jungverheiratete(n) *pl*; junges, neuvermähltes Paar; **II** *m* **un** ~ ein junger Mann; **c'est un** ~ *auch* er ist ein Anfänger, Neuling; **les** ~s die jungen Leute; die Jugendlichen; die Jugend; die Jungen; *in e-m Betrieb etc* der Nachwuchs; **former des** ~s Nachwuchs heranbilden; **les** ~s **d'aujourd'hui** die Jugend, die jungen Leute von heute; **place aux** ~s! Platz den Jungen, dem Nachwuchs!; ~s **et vieux** jung und alt; die Jungen und die Alten; **nous serons entre** ~s wir Jungen werden unter uns sein; **bande** *f* **de** ~s Bande *f* von Jugendlichen; **échange** *m* **de** ~s Jugendaustausch *m*
jeûne [ʒøn] *m bes rel* Fasten *n*; *fig* Enthaltsamkeit *f*; *égl cath* **jour** *m* **de** ~ Fasttag *m*; **règles** *f/pl* **du** ~ Fastengebote *n/pl*; **s'imposer un** ~ e-n Fasttag halten; e-e Fastenzeit einlegen
Jeune-Allemagne [ʒœnalmaɲ] *f hist* la ~ das Junge Deutschland
jeûner [ʒøne] *v/i* **1.** *bes rel* fasten; **2.** hungern; Hunger leiden; darben
jeunesse [ʒœnɛs] *f* **1.** Jugend(zeit) *f*; Jugendjahre *n/pl*; ~ **éternelle** ewige Jugend; **prime, première** ~ frühe(ste) Jugend; **dès ma première** ~ von früh(e)ster Jugend an; **n'être plus de la première** ~ nicht mehr der *bzw* die Jüngste sein; die besten Jahre hinter sich haben; über die erste Jugend hinaus sein; **seconde** ~ zweite Jugend; Jo'hannistrieb *m*; **rêve** *m* **de** ~ Jugendtraum *m*; **au temps de ma** ~, **dans ma** ~ in meiner Jugend(zeit); zu meiner Zeit; als ich jung war; **dans la** ~ in der Jugend; in jungen Jahren; *prov* **il faut que** ~ **se passe** Jugend muß sich austoben *(loc/prov)*; **2.** Jugend *f*; junge Leute *pl*; ~ **agricole** Landjugend *f*; ♀ **agricole chrétienne** *(abr* J.A.C.*)* christliche, katholische Landjugend; *hist* ♀ **dorée** Jeunesse dorée *f (auch fig)*; ~ **ouvrière** Arbeiterjugend *f*; *loc/adj* … **de** ~ Jugend...; **auberge** *f* **de la** ~ *(abr* A.J.*)* Jugendherberge *f*; F **ça va, la** ~? na, ihr jungen Leute, wie geht's?; *prov* **si** ~ **savait, si vieillesse pouvait** Jugend weiß nicht, Alter kann nicht; wenn die Jugend wüßte und das Alter könnte; **3.** *von Pflanzen, Sachen* geringes Alter; **la** ~ **du monde** die Anfänge, frühen Abschnitte der Erdgeschichte; **4.** Jugendlichkeit *f*; Frische *f*; ~ **d'esprit** geistige Frische; ~ **de visage** jugendliches Gesicht; *loc/adj* … **de** ~ jugendlich; **air** *m* **de** ~ jugendliches Aussehen; **5. une** ~ ein junges Ding, Blut
jeunet [ʒœnɛ] *F adj* ⟨~te⟩ sehr jung; blutjung; **il est un peu** ~ er ist reichlich jung
jeune-turc [ʒœntyrk] *m hist u fig* **les jeunes-turcs** die Jungtürken *m/pl*
jeûn|eur [ʒønœr] *m*, ~**euse** *f* Fastende(r) *f(m)*
jeunot [ʒœno] *m* F **un petit** ~ ein junger Kerl; F ein Bürschchen *n*
jigger [dʒigœr] *m élect* Kupplungstransformator *m*
jiu-jitsu [ʒyʒitsy] *m* Jiu-Jitsu [dʒ-] *od* Dschiu-Dschitsu *n*
joaillerie [ʒɔajri] *f* **a)** Juwe'lierkunst *f*; **b)** Juwe'liergeschäft *n*; **c)** Ju'welen *pl*; Juwe'lierwaren *f/pl*; Schmuck(waren) *m(f/pl)*; **d)** Juwe'lierhandwerk *n*; **expert** *m* **en** ~ Fachmann *m* für die Edelstein-

verarbeitung; **e)** Ju'welenhandel *m*; ~-**orfèvrerie** *f* ⟨*pl* joailleries-orfèvreries⟩ Juwe'lier- und Goldwarengeschäft *n*
joaill|ier [ʒɔaje] *m*, ~**ière** *f* Juwe'lier *m*; Ju'welenhändler(in) *m(f)*; ~**ier-orfèvre** *m* ⟨*pl* joailliers-orfèvres⟩ Juwe'lier und Goldschmied *m*
job[1] [ʒɔb] *m* F **monter le** ~ **à qn** j-n aufhetzen, -reizen **(contre qn** gegen j-n)*; **se monter le** ~ sich etwas einbilden, vormachen; F große Rosinen im Kopf haben
job[2] [dʒɔb] F *m* Job [dʒ-] *m*
jobard [ʒɔbar] **I** *adj* einfältig; na'iv; leichtgläubig; **II** *subst* ~(e) *m(f)* Leichtgläubige(r) *f(m)*; Gimpel *m*; F Einfaltspinsel *m*
jobarder [ʒɔbarde] *v/t litt* ~ **qn** j-n zum besten, zum Narren halten
jobard|erie [ʒɔbard(ə)ri] *f od* ~**ise** *f* Leichtgläubigkeit *f*; Einfalt *f*
jocasse [ʒɔkas] *f zo* Wa'cholderdrossel *f*; Krammetsvogel *m*
jociste [ʒɔsist] **I** *adj* der J.O.C. (angehörend); **II** *m.f* Mitglied *n*, Angehörige(r) *f(m)* der J.O.C. (*Jeunesse ouvrière chrétienne*)
jockey [ʒɔkɛ] *m* Jockei *od* Jockey ['dʒɔke] *m*; F *fig* **être au régime** ~ e-e Abmagerungs-, Fasten-, Hungerkur machen
jocrisse [ʒɔkris] *m* Heuchler *m*; **faire le** ~ **a)** sich dumm a(n)stellen; den Dummen spielen; **b)** sich verstellen; heucheln
jodl|er [ʒɔdle] *v/i* jodeln; ~**eur** *m*, ~**euse** *f* Jodler(in) *m(f)*
jogglin|age [ʒɔglinaʒ] *m mar* Joggeln *n*; Joggelbauweise *f*; ~**er** *v/t mar* joggeln
johannique [ʒɔanik] *adj rel* Jo'hannes...; johan'neisch
joie [ʒwa] *f* Freude *f*; Lust *f*; *p/fort* Wonne *f*; ~s **de l'amour** Liebesfreuden *f/pl*; *iron* **les** ~s **de l'automobile** die Freuden des Autofahrens, Autofahrers; ~s **de l'existence** Freuden des Lebens; *iron* **les** ~s **du mariage** die Freuden des Ehelebens; ~ **d'offrir** Freude am Schenken, Geben; ~ **de vivre** Lebensfreude *f*, -lust *f*; Daseinsfreude *f*; **la** ~ **et la douleur** Freud und Leid; ♦ *loc/adv*: **à ma grande** ~ zu meiner großen Freude; **à cœur** ~ nach Herzenslust; **s'en donner à cœur** ~ es voll und ganz genießen; **avec** ~ mit Freuden; **de** ~ vor Freude; **rayonnant de** ~ freudestrahlend; **pleurer de** ~ vor Freude weinen; Freudentränen vergießen; **sauter de** ~ Freudensprünge machen; **ne plus se sentir de** ~ sich vor Freude nicht zu lassen wissen; außer sich sein vor Freude; **pour la plus grande** ~ **de** zum größten Vergnügen, zum Ergötzen, zur größten Freude (+*gén*); **sans** ~ freudlos; freudeleer; ♦ **quand aurai-je la** ~ **de vous revoir?** wann habe ich das Vergnügen, Sie 'wiederzusehen?; **avoir le cœur en** ~ im Innern jubeln, froh'locken; sich zutiefst freuen; **faire, laisser éclater sa** ~ in Jubel ausbrechen; **c'était une fausse** ~ er *(bzw* sie *etc)* hat sich zu früh gefreut; **être la seule** ~, **toute la** ~ **de qn** j-s einzige, ganze Freude sein; **être tout à la** ~ **de qc** hocherfreut, beglückt, selig über etw (*acc*) sein; **être en** ~ fröhlich, vergnügt, ausgelassen sein; **faire la** ~ **de qn** j-s ganze Freude sein; **il fait ma** ~, **il est ma** ~ *auch* ich freue mich an ihm, über ihn; ich habe meine Freude an ihm; **se faire une** ~ **de faire qc** sich ein Vergnügen daraus machen, etw zu tun *od* etw tun zu können; **mettre en** ~ erheitern; fröhlich stimmen, machen; **nager dans la** ~ in eitel Wonne schwimmen
joindre [ʒwɛ̃dr(ə)] ⟨je **joins** [ʒwɛ̃], il

joint, **nous joignons** [ʒwaɲɔ̃]; je **joignais**; je **joignis**; je **joindrai**; que je **joigne**; **joignant**; **joint**⟩ **I** *v/t* **1.** *zwei od mehrere Dinge* anein'anderfügen, -legen, -setzen, -stellen; inein'anderfügen; zu'sammenfügen, -setzen; *auch Personen* mitein'ander verbinden, verknüpfen; *st/s Musik etc* ~ **les âmes, cœurs** die Herzen verbinden, zu'sammenführen; F *fig* ~ **les deux bouts** *mit s-m* Geld gerade so aus-, 'durch-, hinkommen, F über die Runden kommen; ~ **deux cours d'eau par un canal** zwei Wasserläufe durch e-n Kanal verbinden; ~ **ses efforts** gemeinsame Anstrengungen machen; ~ **les mains** die Hände falten; **2.** ~ **à** hin'zufügen (+*dat*); da'zulegen, -stellen, -tun zu; *e-m Brief etc* beilegen, -fügen; anfügen; *e-e Stadt e-m Gebiet* angliedern; einverleiben; ~ **qc à une lettre** *auch* etw in e-m Brief mitschicken; ~ **le geste à la parole** s-n Worten die Tat folgen lassen; ~ **les intérêts au capital** die Zinsen zum Kapital schlagen; ~ **ses prières à celles de qn** j-s Bitten unter'stützen; ~ **sa voix à** einstimmen in (+*acc*); **joignez à cela que …** hin'zu kommt, daß …; **il faut** ~ **à cela que …** man muß außerdem bedenken, berücksichtigen, daß …; *adm* **en y joignant** unter Hinzufügung, Beifügung (*qc gén*); **3.** *Personen* erreichen, treffen; zu'sammentreffen **(qn** mit j-m)*; *mil* ~ **l'armée** zum Heer stoßen; ~ **qn par téléphone** j-n telefonisch, per Telefon erreichen; **où puis-je le** ~? wo kann ich ihn erreichen, treffen?; **vous pouvez me** ~ **n'importe quand** ich bin jederzeit erreichbar, zu erreichen; **II** *v/i* **4.** genau anliegen; *Tür, Fenster* dicht sein; gut, dicht schließen; **ne pas** ~, **mal** ~ nicht dicht sein; schlecht schließen; **5.** F ~ **à qc** unmittelbar an etw (*acc*) grenzen, stoßen; **III** *v/pr* **6. se** ~ sich mitein'ander verbinden, sich vereinigen **(à** mit)*; sich treffen; zu'sammenstoßen (*auch mil*); **7. se** ~ **à qn** sich j-m anschließen; sich zu j-m gesellen; **se** ~ **à qc** sich etw anschließen; **se** ~ **à qc** sich e-r Sache (*dat*) anschließen; bei etw mitmachen; **se** ~ **à la conversation** an der Unter'haltung teilnehmen
joint [ʒwɛ̃] **I** *adj* ⟨**jointe** [ʒwɛ̃t]⟩ anein'ander-, inein'ander-, zu'sammengefügt; verbunden, vereinigt (**à** mit)*; *Schriftstück etc* an-, beigefügt, beigelegt (**à** *dat*); *Fenster, Tür* **être bien (mal)** ~ gut (schlecht) schließen; (nicht) dicht sein; *Zweige, Latten* ~s **en faisceau** zu e-m Bündel zusammengebunden; **efforts** ~ gemeinsame Anstrengungen *f/pl*; **les mains** ~es mit gefalteten Händen; *adm, comm* **pièces** ~es Anlagen *f/pl* (*zu e-m Schriftstück*); **(à) pieds** ~s mit geschlossenen Füßen; **sauter à pieds** ~s *auch* **a)** aus dem Stand springen; **b)** e-n Schlußsprung machen; ~ **à cela que …** hin'zu kommt, daß …; **II** *m* **1.** *anat* Gelenk *n*; ~ **de l'épaule, du genou** Schulter-, Kniegelenk *n*; *fig*: **le** ~ **de l'affaire** der springende Punkt; **chercher le** ~ e-n Weg, ein Mittel, e-e Möglichkeit, e-e Lösung suchen; Mittel und Wege suchen; **trouver le** ~ **a)** e-n Weg, ein Mittel, e-e Möglichkeit, e-e Lösung finden; Mittel und Wege finden; **b)** da'hinterkommen; F auf den Dreh kommen; es rauskriegen; **maintenant il a trouvé le** ~ *auch* F jetzt hat er den Bogen raus; **2.** *tech* Gelenk *n*; ~ **coulissant** Schub-, Gleitgelenk *n*; ~ **élastique** Gummischeibengelenk *n*; Hardy-Gelenk *n*; ~ **à rotule** Kugelgelenk *n*; ~ **de Cardan, brisé, universel** Kar'dan-, Kreuzgelenk *n*; **3.** *tech* Dichtung *f*; ~ **à**

brides Flanschdichtung f; cf auch **4. b**); auto ~ **de culasse** Zy'linderkopfdichtung f; ~ **en amiante, en caoutchouc** As'best-, Gummidichtung f; **4.** tech **a)** Verbindungsstelle f; Stoß(stelle) m(f); bes beim Schweißen Naht(stelle) f (auch e-r Gußform); ch de fer ~ **de rail** Schienenstoß m; ~ **sans** ~ nahtlos; **b)** Verbindung f; ~ **soudé** Schweißverbindung f; ~ **à brides** Flanschverbindung f; **5.** bât, charp Fuge f; ~ **montant** Stoßfuge f; ~ **à onglet** Gehrfuge f; ~ **de dilatation** Dehnungsfuge f; ~ **de lit, en coupe, de face, de tête** Lagerfuge f; ~ **de maçonnerie** Mauerfuge f; ~ **de retrait** Schwindfuge f; Bretter **à plat** ~ nicht gefugt; **6.** élect (gelötete) Verbindung f (von Drähten); ~ **par torsade** Würgverbindung f; **7.** géol Spalte f; Fuge f; Kluft f

joint|er [ʒwɛ̃te] v/t Furniere schichten und verleimen; **~euse** f **1.** Böttcherei Daubenfügemaschine f; **2.** Sperrholzpresse f

jointif [ʒwɛ̃tif] adj ⟨-ive⟩ bât Bretter anein'andergesetzt; fugendicht; cloison jointive od subst jointive f rohe Bretterwand

jointoiement [ʒwɛ̃twamɑ̃] m bât Verstreichen n der Fugen; Verfugen n; Ausfugen f

jointoy|er [ʒwɛ̃twaje] v/t ⟨-oi-⟩ bât aus-, verfugen; die Fugen ver-, ausstreichen, verschmieren, ausgießen; ~ **un mur** e-e Mauer ausfugen; **~eur** m bât Maurer, Arbeiter, der die Fugen verstreicht

jointure [ʒwɛ̃tyr] f **1.** anat Gelenk n; e-s Pferdes Fessel(gelenk) f(n); ~ **des doigts** Fingergelenk n, -knöchel m; ~ **du genou, du poignet** Knie-, Handgelenk n; **2.** tech, bât Verbindungsstelle f; Fuge f

jojo [ʒoʒo] **I** adj hübsch; F herzig; iron tu **es** ~! du siehst ja reizend aus!; **II** m un **affreux** ~ ein übler Bursche

joker [ʒɔkɛr] m Kartenspiel Joker m

joli [ʒɔli] **I** adj **1.** hübsch; nett; ~e **fille** hübsches Mädchen; ~ **à croquer, comme un cœur** F zum Anbeißen (hübsch); fig **faire** ~ le ~ **cœur** den Charmeur spielen; sich wie ein Geck benehmen; **2.** F Summe, Einkommen F (ganz) hübsch, beachtlich; une ~e **somme** auch F ein nettes Sümmchen; une ~e **situation** e-e gute, F prima Stellung; **c'est bien** ~, **mais** … das ist alles ganz gut und schön, aber …; **le plus** ~ **de l'affaire, de l'histoire, c'est que** … das Schönste an od bei der Geschichte ist, daß …; **3.** iron sauber; nett; reizend; un ~ **monsieur** ein übler Bursche, Patron, Kunde; F ein sauberes, nettes Früchtchen; **c'est du** ~, **en voilà du** ~! das ist ja reizend!; das ist e-e schöne Geschichte, F nette Bescherung!; **elle est** ~e, **votre idée!** Sie haben Ideen!; **nous voilà dans un** ~ **pétrin!** F da sitzen wir schön in der Patsche, Klemme, Tinte!; **4.** mar ~e **brise** mäßige Brise; **II** subst **1.** in der Kunst la ~e **Liebliche**; **2.** zu e-m Kind **mon** ~, **ma** ~e! Herzchen!; Schätzchen!; Liebling!; (mein) Kleines!; zu e-r Frau **ma** ~e! Schatz!; Schätzchen!; Liebling!

jolibois [ʒɔlibwa] m bot Seidelbast m; Kellerhals m

joliesse [ʒɔljɛs] litt f hübsches Aussehen; la ~ **de ses traits** s-e hübschen Gesichtszüge

joliment [ʒɔlimɑ̃] adv **1.** F **je me suis** ~ **trompé** F da habe ich mich ganz schön getäuscht; **2.** iron **vous voilà** ~ **arrangé** Sie sehen ja reizend aus

jonc [ʒɔ̃] m **1.** bot Binse f; ~ **commun, à mèche** Flatterbinse f; ~ **fleuri** Schwanenblume f; ~ **glauque, des jardiniers**

Graugrüne Binse; ~ **marin** Stechginster m; ~ **à balais** Besenginster m; ~ **à coton** Wollgras n; ~ **des chaisiers** Teich-, Sumpfbinse f; ~ **d'Espagne** Spanisches Rohr; **canne** f **de** ~ Rohrstock m; **2.** Ring m; (Finger-, Arm)Reif m; **3.** text Monofil n; **4.** auf Ledergegenständen Zierleiste f

joncacées [ʒɔ̃kase] f/pl bot Binsengewächse n/pl

joncer [ʒɔ̃se] v/t ⟨-ç-⟩ Stuhlsitz etc aus Rohr flechten

jonchaie [ʒɔ̃ʃɛ] f cf jonchère

jonchée [ʒɔ̃ʃe] f **1.** gestreute Blumen f/pl, Zweige m/pl; **2.** auf dem Boden her'umliegende Gegenstände m/pl

joncher [ʒɔ̃ʃe] v/t **a)** Person: den Boden bestreuen, bedecken (**de** qc mit etw); ~ **le sol de fleurs** Blumen auf den Boden streuen; **b)** Dinge um'herliegen, verstreut liegen (**le sol** auf dem Boden); **des feuilles mortes jonchent le sol** der Boden liegt voller Laub; **jonché de** bedeckt, über'sät, besät mit

jonchère [ʒɔ̃ʃɛr] f od **joncheraie** [ʒɔ̃ʃrɛ] f **a)** Binsendickicht n; par ext Röhricht n; Ried n; Schilf(dickicht) n; **b)** Büschel n Binsen; **c)** Schilfinsel f

jonchet [ʒɔ̃ʃɛ] m Mi'kadostäbchen n; **jouer aux** ~**s** Mikado spielen

jonction [ʒɔ̃ksjɔ̃] f Verbindung f (auch tech, élect); Vereinigung f (auch mil zweier Armeen); télécomm pn-Übergang m; jur ~ **des causes** Pro'zeßverbindung f; élect **bloc** m **de** ~ Lüsterklemme f; ch de fer **gare** f **de** ~ Anschluß-, Knotenpunktbahnhof m; **(point** m **de)** ~ **de deux routes** Stelle f, wo zwei Straßen zusammenlaufen, wo e-e Straße in die andere einmündet; **les deux armées ont opéré leur** ~ … haben sich vereinigt

jonglage [ʒɔ̃glaʒ] m Jon'glieren n

jongler [ʒɔ̃gle] v/i jon'glieren (**avec** mit) (auch fig); fig ~ **avec les chiffres** mit Zahlen jonglieren

jongl|erie [ʒɔ̃gləri] f meist péj Taschenspielertrick m; Kunststück(chen) n; Gauke'lei f; ~**s** pl auch Blendwerk n; Hokus'pokus m; F faule Tricks m/pl; **~eur** m **1.** Jon'gleur m; par ext Taschenspieler m; Gaukler m; fig **c'est un habile** ~ **de mots** er jongliert geschickt mit Worten; **2.** im Mittelalter fahrender Sänger; um'herziehender Spielmann; Jon'gleur m

jonque [ʒɔ̃k] f mar Dschunke f

jonquille[1] [ʒɔ̃kij] f bot Gelbe Nar'zisse; Osterglocke f, -blume f

jonquille[2] [ʒɔ̃kij] **I** adj ⟨inv⟩ nar'zissengelb; **II** m peint Mischfarbe Blaßgelb f

jordanien [ʒɔrdanjɛ̃] **I** adj ⟨~ne⟩ jor'danisch; **II** subst ♀(ne) m(f) Jor'danier(in) m(f)

joseph [ʒozɛf] adj ⟨inv⟩ chim **papier** ~ Fil'trier-, Filterpapier n

jottereau [ʒɔtro] m ⟨pl ~x⟩ mar Mastbacke f

jouable [ʒwabl(ə)] adj spielbar; aufführbar

joubarbe [ʒubarb] f bot Hauswurz f; ~ **des toits** Dachhauswurz f

joue [ʒu] f **1.** anat, zo Backe f (auch als Schlachtteil); Wange f; ~**s caves, creuses** hohle Backen, Wangen; **aux** ~**s creuses** hohlwangig; ~**s pendantes** Hängebacken f/pl; **os** m **de la** ~ Backenknochen m; Joch-, Wangenbein n; loc/adv ~ **à** od **contre** ~ Wange an Wange; mil: **en** ~! od ~! legt – an!; **coucher, mettre le fusil en** ~ das Gewehr anlegen, in Anschlag bringen; **coucher, mettre, tenir qn en** ~ auf j-n anlegen, zielen; Gewehr **tenir en** ~ im Anschlag haben, halten; F **se caler les** ~**s** tüchtig drauf'losessen, F -futtern; F

reinhauen; Kranker **reprendre des** ~**s, de bonnes** ~**s** wieder runde, dicke Backen bekommen; bibl **tendre, présenter l'autre** ~ auch die andere Backe hinhalten, darbieten; geschlossener bzw gepolsterter bzw geflochtener Seitenlehne

jouée [ʒwe] f bât e-r Tür, e-s Fensters Laibungstiefe f; e-r Dachgaube (Seiten-) Wange f

jouer [ʒwe] **I** v/t **1.** spielen; Karte, Farbe ausspielen; Stein setzen; ziehen (**un pion** mit e-m Stein); Summe **a)** setzen (**sur** auf +acc); **b)** verspielen; fig Leben, Ruf aufs Spiel setzen; ris'kieren; den Beleidigten, Ahnungslosen etc spielen; mar'kieren; ♦ ~ **atout** Trumpf (aus-) spielen; ~ **la belle** um die Entscheidung spielen; Pferderennen ~ **un cheval** auf ein Pferd setzen; fig ~ **le désespoir, l'étonnement** Verzweiflung, Erstaunen mimen, heucheln; ~ **un, le jeu** … cf jeu **1., 3., 5.**; ~ **une partie d'échecs** e-e Partie Schach spielen; ~ **la revanche** Revanche geben; ~ **un mauvais tour à qn** j-m e-n bösen, üblen Streich spielen; cf auch **tour²** **5.**; fig ~ **le tout pour le tout, son va-tout** alles aufs Spiel, auf eine Karte setzen; va banque spielen; **2.** Musikstück spielen; ~ **qc à qn** j-m etw vorspielen; ~ **qc au violon** etw auf der Geige (vor)spielen; ~ **(du)** Mozart Mozart spielen; F ~ **un disque à qn** j-m e-e Platte vorspielen; **3.** ~ **le Stück** spielen (auch Film, Rolle); aufführen (auch Pantomime); geben (auch Film); zur Aufführung bringen; **qu'est-ce qu'on joue au cinéma?** was wird im Kino gespielt, gegeben?; ~ **les ingénues** die Naive spielen; ~ **Néron** den Nero spielen; fig ~ **un grand rôle dans** qc-e große Rolle bei etw spielen; cf auch **rôle 1.**; adj **l'auteur le plus joué** der meistgespielte Autor; **4.** st/s ~ **qn** j-n täuschen, narren; **II** v/i u v/t/indir **5.**

Wendungen: **a)** abs: **à qui de** ~? wer ist dran, an der Reihe?; thé **on joue déjà** es hat schon angefangen; F **ça ne joue pas** a) das gilt nicht; b) fig das ist unwichtig; **b)** mit „faire" u subst: **faire** ~ in Bewegung setzen; in Gang bringen; ausprobieren; **faire** ~ **ses muscles** s-e Muskeln spielen lassen; **faire** ~ **la clef dans la serrure** (aus)probieren, ob der Schlüssel schließt; **c)** mit adv: **bien joué!** gut so!; gut gemacht!; ~ **bien, mal** gut, schlecht spielen; mus ~ **faux** falsch spielen; ~ **serré** vorsichtig spielen; fig sich keine Blöße geben; hart bleiben; zäh verhandeln; **il joue serré** auch ihm ist nicht beizukommen; **d)** mit prép u loc/adv: ~ **à la Bourse** (an der Börse) speku'lieren; ~ **aux cartes, aux échecs** Karten, Schach spielen; ~ **aux courses** bei Pferderennen wetten; ~ **à la dînette** cf **dînette**; ~ **au football** Fußball spielen; ~ **à la guerre** Krieg spielen; fin ~ **à la hausse, à la baisse** auf Hausse, Baisse spekulieren; ~ **aux indiens** Indianer spielen; ~ **aux quilles** kegeln; Kegel schieben; ~ **aux** qn, qc mit j-m, etw spielen; ~ **avec une balle** (mit e-m) Ball spielen; fig ~ **avec les cœurs** mit der Liebe spielen; fig ~ **avec sa santé, sa vie** mit s-r Gesundheit, s-m Leben spielen; Umstände etc ~ **contre qn** gegen j-n sein; sich gegen j-n verschworen haben; ~ **dans un film, une pièce** in e-m Film, (Theater)Stück spielen; fig ~ **de son ascendant** s-n Einfluß geltend machen; mus ~ **du cor** Horn

blasen; ~ de l'éventail sich (mit dem Fächer) fächeln; ~ d'un instrument (zB de la flûte, du piano, du violon) ein Instrument (zB Flöte, Klavier, Violine) spielen; ~ de son infirmité *pour obtenir un avantage* s-e Gebrechlichkeit ausnutzen ...; *Boot* ~ sur son ancre vor Anker treiben; *poét* Sonnenstrahlen ~ sur l'eau auf dem Wasser spielen; **6.** *Bestimmung, Klausel, Regelung* gelten; zur Anwendung, zum Tragen kommen; **7.** *Holz* sich werfen, verziehen; **8.** *tech* Spiel, Luft haben; **9.** *mar Wind* mallen; **III** *v/pr* **10.** se ~ *thé, mus* Stück gespielt werden; *fig Drama* sich abspielen; **son avenir se joue aujourd'hui** heute geht es um, entscheidet sich s-e Zukunft; **il va se ~ entre eux une rude partie** es wird zu e-m harten Kampf, *fig auch* zu e-r harten Auseinandersetzung zwischen ihnen kommen; *mus* **morceau** *m* **qui se joue à quatre mains** Stück *n* für vier Hände; **11.** se ~ de qn j-n täuschen; betrügen; sein Spiel mit j-m treiben; j-n zum besten, zum Narren haben *od* halten; se ~ de qc mit etw sein Spiel treiben; se ~ des difficultés Schwierigkeiten spielend über'winden, meistern; mit Schwierigkeiten spielend fertig werden; *st/s* der Schwierigkeiten spotten; se ~ des lois sich über die Gesetze hin'wegsetzen; **faire qc (comme) en se jouant** etw spielend, mit Leichtigkeit, mühelos machen, bewältigen, schaffen

jouet [ʒwɛ] *m* **1.** Spielzeug *n* (*einzelnes*); ~*s pl* Spielzeug *n* (*coll*); Spielsachen *f/pl*, *comm* -waren *f/pl*; ~s éducatifs Lehrspielzeug *n*; **industrie** *f* **du** ~ Spielzeug-, Spielwarenindustrie *f*; **2.** *fig* Spielball *m*; **être le ~ de qn, de qc** j-m, e-r Sache ausgeliefert sein; *Schiff* **être le ~ des flots** ein Spielball der Wellen sein; **être le ~ d'une mystification** *cf* mystification; **3.** *am Gebiß des Zaums* Kettchen *n*

jou|eur [ʒwœr], ~**euse I** *m*, *f* Spieler(in) *m(f)*; **joueur de boules, de football** Boule-, Fußballspieler *m*; **joueur de cartes** Kartenspieler *m*; **joueur de cornemuse** Dudelsackpfeifer *m*; **joueur de flûte** Flö'tist *m*; Flötenspieler *m*; **c'est un joueur** er ist ein Spieler, Hasar'deur; **c'est un** *od* **il est beau, mauvais joueur** er ist ein guter, schlechter Verlierer (*auch fig*); **se montrer beau joueur** gut, mit Anstand verlieren können (*auch fig*); **II** *adj* **1.** *Kind* verspielt; **enfant joueur** *auch* F Spielratte *f*; **avoir un tempérament joueur** gern spielen; **2.** dem Spiel verfallen; **elle a un mari joueur** *auch* ihr Mann spielt, ist ein Spieler

joufflu [ʒufly] *adj Person, Gesicht* pausbäckig, -backig; **un bébé** ~ *auch* F ein Pausback *m*

joug [ʒu] *m* **1.** *agr* Joch *n*; ~ **double** Doppeljoch *n*; **2.** *fig* Joch *n*; *des Gesetzes etc* Zwang *m*; ~ **du mariage** Ehejoch *n*; **briser, rompre, secouer le** ~ das Joch abschütteln; *Ehemann* **être sous le** ~ **de sa femme** F unter dem Pantoffel stehen; **imposer un** ~ **à qn, mettre qn sous le** ~ j-n unter'jochen, unter'werfen, ins Joch spannen; *im Altertum* **passer sous le** ~ unter dem Joch hindurchziehen; durch das Joch gehen; **tomber sous le** ~ **de qn** unter j-s Gewalt (*acc*) geraten; **3.** *tech* Waagebalken *m*

jouir [ʒwir] *v/t/indir* ~ **de qc 1.** etw genießen, auskosten; sich über etw (*acc*) freuen; Freude an etw (*dat*) haben; ~ **de la compagnie, de la présence de qn** j-s Gesellschaft genießen; sich über j-s Gesellschaft, Gegenwart freuen; ~ **de l'embarras, de la surpri-**

se **de qn** sich an j-s Verwirrung, Erstaunen (*dat*) weiden; ~ **de sa victoire, de son triomphe** s-n Sieg, Triumph genießen, auskosten; ~ **de la vie** das Leben genießen; **ne pas ~ de sa vie** s-s Lebens nicht froh werden; P *abs u iron*: **on lui a arraché une dent, ça l'a fait** ~ ...; F er hörte die Engel singen; **2.** etw genießen, besitzen, haben; sich e-r Sache (*gén*) erfreuen; im Besitz von etw sein; ~ **de la considération, de l'estime générale** allgemeines Ansehen, allgemeine Achtung genießen; sich allgemeiner Achtung, allgemeinen Ansehens erfreuen; *bes jur* ~ **d'un droit** ein Recht genießen, haben, besitzen; ~ **d'une grande fortune** sehr vermögend sein; ein großes Vermögen besitzen; ~ **de la meilleure santé du monde** sich bester Gesundheit erfreuen; *Land* ~ **d'une douce température** ein mildes Klima haben; **cet appartement jouit d'une belle vue** von dieser Wohnung aus hat man, genießt man e-n schönen Blick; **3.** *jur* den Nießbrauch, die Nutzung, die Nutznießung von etw haben; **4.** F *abs* den Or'gasmus erleben; F etwas davon haben

jouiss|ance [ʒwisãs] *f* **1.** Genuß *m*; Lust *f*; Freude *f*; ~s **matérielles** materielle Genüsse; ~s **de l'esprit** geistige Genüsse; ~s **des sens** Sinnengenuß *m*, -lust *f*, -rausch *m*; **avoir, éprouver une** ~ **à faire qc** etw mit Genuß, *p/fort* Wollust tun; **2.** *jur* Nutzung *f*; Nutzungsrecht *n*; Nießbrauch *m*; ~ **légale** Nutznießung *f*; gesetzliches Nutzungsrecht (*der Eltern am Vermögen der Kinder*); ~ **des droits civils** Rechtsfähigkeit *f*; **avoir la** ~ **des droits civils** rechtsfähig sein; **avoir la** ~ **de qc** die Nutzung von etw haben; **avoir la** ~ **d'un droit** ein Recht genießen, haben, besitzen; **avoir la pleine** ~ **de ses facultés mentales** voll zurechnungsfähig sein; im 'Vollbesitz s-r geistigen Kräfte sein; **entrer en** ~ **de qc** in den Genuß e-r Sache (*gén*) kommen; **obtenir la** ~ **de qc** etw zur Nutzung bekommen; **3.** *fin* Dividendenanspruch *m*; Gewinnberechtigung *f*; Zinsgenuß *m*; *auch* Zinsterm *m*; ~ **du 1ᵉʳ janvier et 1ᵉʳ juillet** Zinstermine: 1. Januar und 1. Juli; **action** *f* **de** ~ Genußschein *m*; **la** ~ **de la rente à 6%** part du 1ᵉʳ janvier die sechsprozentige Staatsanleihe wird ab 1. Januar verzinst; **4.** F (*orgasme*) Or'gasmus *m*; ~**eur**, ~**euse** *f* Genießer(in) *m(f)*; Genußmensch *m*

joujou [ʒuʒu] *m* ‹*pl* ~x› *enf* **1.** Spielzeug *n*; ~**x** *pl* Spielsachen *f/pl*; **2.** **faire** ~ spielen

joule [ʒul] *m* (*abr* J) *phys* Joule [dʒaul] *n* (*abr* J); **effet** *m* Ω Joule-Effekt *m*; **la loi de** Ω das Joulesche Gesetz

jour [ʒur] *m* **1.** Tag *m*; ♦ **les beaux** ~**s** die schönen Tage; die Sommertage *m/pl*; die schöne, warme Jahreszeit; F **se faire rare comme les beaux** ~**s** F sich rar machen; **le plus beau** ~ **de ma vie** der schönste Tag meines Lebens; *hist* **les Cent** ~**s** die Hundert Tage; ~ **fixe** fester Tag, Termin; **un grand** ~ ein großer Tag; **habit** *m* **des grands** ~**s** Festtagsgewand *n*, -kleid *n*; *thé, cin* **public** *m* **des grands** ~**s** großes Publikum (*bei Premieren etc*); **mauvais** ~**s** schlechte, schlimme Zeiten *f/pl*, Tage; **ami** *m* **des bons et des mauvais** ~**s** Freund *m* in guten und schlechten Tagen; F **il a sa tête des mauvais** ~**s** er hat heute s-n schlechten Tag; *astr* ~ **(solaire) vrai, moyen** wahrer, mittlerer Sonnentag; ♦ ~ **de l'an** Neujahrstag *m*; ~ **d'audience** Audi'enztag *m*; *jur* Ver-

handlungstag *m*; ~ **d'automne, d'été, d'hiver, de printemps** Herbst-, Sommer-, Winter-, Frühlingstag *m*; ~ **de classe** Schultag *m*; ~ **de congé** *cf* congé 1.; ~ **de départ, d'arrivée** Abreise-, Ankunftstag *m*; ~ **de deuil** Trauertag *m*; ~ **d'échéance** Fälligkeits-, Verfall(s)tag *m* (*e-s Wechsels*); *fin* ~ **d'émission** Ausgabetag *m*; ~ **d'expiration** Verfall(s)tag *m* (*e-s Gutscheins, Ausweises*); ~ **de fermeture** Tag, an dem ein Geschäft, e-e Behörde *etc* geschlossen hat; *comm* ~**s de grâce** Re'spekttage *m/pl*; ~ **de joie** Freudentag *m*; *bibl* **le** ~ **du Jugement dernier** der Jüngste Tag; der Tag des Jüngsten Gerichts; ~ **de lessive, de marché** Wasch-, Markttag *m*; ~ **de malheur**, F **de guigne, de déveine** Unglücks-, Pechtag *m*; ~ **de paie** Zahl-, Lohntag *m*; ~ **de paiement** Erfüllungstag *m*; Zahlungstag *m*, -termin *m*; ~ **de pluie, de soleil** Regen-, Sonnentag *m*; *mil* ~ **de ravitaillement** Tagessatz *m*, -ration *f*; ~ **de réception** *od litt* ~ Empfangstag *m*; **Jour fixe** *m*; *comm* ~ **du règlement** Abrechnungstag *m*; ~ **de repos** Ruhe-, Rasttag *m*; ~ **des Rois** Drei'königstag *m*; Heilige Drei Könige; *pol* ~ **de scrutin** Wahltag *m*; *bibl* ~ **du Seigneur** Tag des Herrn; ~ **de semaine, de travail** Wochen-, Arbeitstag *m*; ~ **de sortie** freier Tag; Tag, an dem man Ausgang hat; Ausgeh-, Ausgangstag *m* (*freier*) Ausgang; *Lotterie* ~ **de tirage** Ziehungstag *m*; ♦ **bébé** *m* **de huit** ~**s** acht Tage alter Säugling; **bonheur** *m* **d'un** ~ kurzes Glück; **caprice** *m* **d'un** ~ Laune *f*; plötzlicher Einfall; **conversation** *f* **du** ~ Tagesgespräch *n*; **gloire** *f* **d'un** ~ vergänglicher Ruhm; **mode** *f* **du** ~ heutige, herrschende Mode; Mode von heute; *mil* **officier** *m* **de** ~ diensthabender Offizier; Offizier *m* vom Dienst; **pain** *m* **du** ~ frisches Brot; ♦ *loc/adj*: **beau comme le** ~ bildschön, -hübsch; **long comme un** ~ **sans pain** *räumlich* sehr lang; F ellenlang; *zeitlich* ewig lang; ♦ *loc/adv*: **le** ~, **durant, pendant le** ~ während des Tages; tagsüber; **am Tag(e)**; unter Tags; **le** ~ **et la nuit, nuit et** ~, ~ **et nuit** Tag und Nacht; **le** ~ **d'après, suivant** a) der nächste, folgende Tag; b) am nächsten, folgenden Tag; am Tag(e) danach, darauf; tags darauf; anderntags; **le** ~ **d'avant, précédent** a) der vorhergehende Tag; der Vortag; b) am vorhergehenden Tag; am Tag(e) vorher, zuvor; tags zuvor; **l'autre** ~ neulich; unlängst; kürzlich; vor kurzem; letzthin; **le même** ~ an ebendem, gleichen Tag; **le** ~ **de ...** am Tag(e) (+*gén*); **le** ~ **où ...** an dem Tag(e), an dem *od* F wo ...; **un** ~ e-s Tages; einmal; **venez donc me voir un** ~! kommen Sie mich doch einmal besuchen!; **un** ~ **que je ...** als ich einmal, e-s Tages ...; **si un** ~ **...** wenn je ...; **un autre** ~ an e-m anderen Tag; ein and(e)res Mal; **un beau** ~ e-s schönen Tages; **un** ~ **ou l'autre** früher oder später; über kurz oder lang; **un** ~ **sur deux, tous les deux** ~**s** alle zwei Tage; jeden zweiten Tag; **ce** ~**-ci** heute; am heutigen Tag(e); **ce** ~**-là** dieser, *st/s* jener Tag; an dem, diesem, jenem Tag(e); **ces** ~**s-ci** in diesen Tagen; dieser Tage; **un de ces** ~**s** demnächst; bald einmal; **ces** ~**s** an e-m der nächsten Tage; in den nächsten Tagen; nächstens; **à un de ces jours!** bis demnächst!; bis bald einmal!; **chaque** ~ jeden *bzw* jeden Tag; **de chaque** ~ täglich; **quelque** ~ der'einst; **tout le (long du)** ~ den ganzen Tag (lang,

über); **tous les** ~s alle Tage; jeden Tag; tagtäglich; **de tous les** ~s alltäglich; Alltags…; **à** ~ auf dem laufenden; auf dem neuesten Stand; aufgearbeitet; **mettre à** a) aufs laufende, auf den neuesten Stand bringen; aufarbeiten; *Post* erledigen; b) *Angelegenheit* ins reine bringen; **se mettre à** ~ alles, Briefe, Rückstände *etc* aufarbeiten; *auch* alles bis auf den laufenden Tag eintragen; *j-s Falschheit etc* percer à ~ durch'schauen; **tenir à** ~ auf dem laufenden halten; **être constamment tenu à** ~ *auch* laufend ergänzt werden; *mines* au ~ über Tage; **au** ~ **le** ~ von Tag zu Tag; regelmäßig; **vivre au** ~ **le** ~ a) von der Hand in den Mund leben; b) in den Tag hinein leben; F **au** ~ **d'aujourd'hui** am heutigen Tag(e); heute; **au** ~ **dit** am, zum vereinbarten Tag, Termin; **aux premiers** ~s **d'avril** in den ersten Apriltagen; ~ **après** ~, ~ **par** ~ Tag für Tag; tag'aus, tag'ein; tagtäglich; **dans quelques** ~s in einigen Tagen; **de** ~ am Tage; tagsüber; während des Tages; **de** ~ **en** ~ von Tag zu Tag; mit jedem Tag; **de nos** ~s heutzutage; in unseren Tagen; heutigentags; **d'un** ~ **à l'autre** von e-m Tag zum andern, auf den andern; jeden Tag; **du** ~ **au lendemain** von heute auf morgen; über Nacht; ganz schnell, plötzlich; im Handumdrehen; *vorangestellt* **de ce** ~ seit jenem Tag …; **du** ~ **où** … seit dem Tag(e), da *od* an dem …; **en peu de** ~s in wenigen Tagen; **jusqu'à nos** ~s bis in unsere Tage (hinein); **par** ~ täglich; pro, am Tag; ~ **pour** ~ auf den Tag (genau); ♦ **ses** ~s **sont comptés** s-e Tage sind gezählt; **quel** ~ **sommes- -nous?** welchen Tag *bzw* den Wievielten haben wir heute?; welcher Tag *bzw* der Wievielte ist heute?; **c'est à un** ~ **de train** man fährt, braucht mit dem Zug e-n Tag bis dorthin; **c'est mon** ~ heute habe ich Dienst; ich bin heute an der Reihe; **être dans un** ~ **de gaieté**, **bonne humeur** fröhlich, gut gelaunt, guter Laune, gut aufgelegt sein; **il est dans un**, **son bon** ~ er hat heute s-n guten Tag; **être comme le** ~ **et la nuit** grundverschieden sein; **c'est le** ~ **et la nuit** das ist ein 'Unterschied wie Tag und Nacht, ein himmelweiter Unterschied; **faire (de la nuit le** ~ **et) du** ~ **la nuit** die Nacht zum Tage machen; F *mil* **flanquer trois** ~s **à qn** F j-n zu drei Tagen Arrest verdonnern; j-m drei Tage Arrest aufbrummen; **le** ~ **se lève** der Tag bricht an; es tagt; **il ne passe pas un** ~ **sans que … ne** (+*subj*) es vergeht kein Tag, ohne daß …; **un** ~ **viendra où** … es wird ein Tag kommen, an dem F wo …; ♦ *prov:* **à chaque** ~ **suffit sa peine** jeder Tag hat s-e Plage (*prov*); **Paris ne s'est pas fait en un** ~ Rom wurde auch nicht an einem Tag erbaut; gut Ding will Weile haben (*beide prov*); **les** ~s **se suivent et ne se ressemblent pas** kein Tag gleicht dem andern (*prov*); **2.** Tageslicht *n*; Licht *n*, Beleuchtung *f* (*beide auch peint*); ♦ ~ **artificiel** künstliches Licht; künstliche Beleuchtung; ~ **faible** schwaches Tageslicht; **faux** ~ a) Zwielicht; b) schlechtes Licht; ungünstige Beleuchtung; ♦ *loc/adv:* **au** ~ bei Tageslicht; **au grand** ~ a) am hellichten Tag; mitten am Tag(e); b) *fig* vor aller Augen; in aller Öffentlichkeit; **éclater au grand** ~ an den Tag, ans Tageslicht kommen; **étaler qc au grand** ~ etw offen zur Schau stellen; **avant le** ~ vor Tagesanbruch; vor Tau und Tag; F in aller Herrgottsfrühe; **en plein** ~ am hellichten Tag(e); mitten am

Tag(e); **il faisait clair comme en plein** ~ es war taghell; *fig:* (**montrer, présenter) sous un** ~ **favorable** in günstigem Licht (darstellen); **montrer qc sous son vrai** ~ etw ins rechte Licht stellen; etw im rechten Licht zeigen; **se montrer sous son vrai** ~ sein wahres Gesicht zeigen; **voir, considérer qc sous un** ~ **nouveau** etw in e-m neuen Licht sehen; ♦ **cacher le** ~ **à qn** j-m im Licht stehen; **c'est clair comme le** ~ das ist sonnenklar; F das ist ein klarer Fall; **il fait** ~ es ist Tag, hell; **il fait grand** ~ es ist taghell; es ist hellichter Tag; **il fait** ~ **jusqu'à neuf heures** es bleibt bis neun Uhr hell; **il commence à faire** ~ es wird Tag, hell; *fig* **se faire** ~ *Idee* sich Bahn brechen; zum 'Durchbruch kommen; *Wahrheit* ans Licht, an den Tag kommen; zu'tage treten; **fuir le** ~ das Licht fliehen; *fig* **jeter un** ~ **nouveau sur qc** ein neues Licht auf etw (*acc*) werfen; *fig* **jeter le** ~ **sur qc** Licht in etw (*acc*) bringen; **laisser entrer le** ~ das Tageslicht hereinlassen; *fig* **mettre au, à** ~ *geheime Umtriebe etc* ans Tageslicht, an den Tag bringen; *Gegenstände* zu'tage fördern; *archäologische Funde* ausgraben; **se placer vers le** ~, **contre le** ~ sich mit dem Rücken zum Licht setzen; sich gegen das Licht setzen; *fig* **voir le** ~ *Person* das Licht der Welt erblicken; zur Welt kommen; *Bewegung, Partei* entstehen; sich bilden; *Buch* erscheinen; *Kleid* **ne pas avoir vu le** ~ **depuis cinq ans** seit fünf Jahren ungetragen im Schrank hängen; **3.** *oft pl* **les** ~s das (menschliche) Leben; **donner le** ~ **à un enfant** e-m Kind das Leben schenken; ein Kind zur Welt bringen; **finir ses** ~s **à la campagne** s-n Lebensabend auf dem Land verbringen; **mettre fin à ses** ~s s-m Leben ein Ende machen; sich das Leben nehmen; **4.** *bât* Fenster *n*; Öffnung *f*; Spalt *m*; Spalte *f*; ~ **d'escalier** Treppenauge *n*, -loch *n*; ~ **d'en haut, du haut** Oberlicht *n*; **à** ~ durch'brochen; **clôture** *f* **à** ~ Latten-, Scheren-, Jägerzaun *m*; Sta'ket *n*; **5.** *cout* ~ (**à fils tirés**) Hohlsaum *m*; ~ **simple**, **échelle** einfacher, doppelter Hohlsaum *m*; ~ **Venise** Stäbchenhohlsaum *m*; **ourlet** *m* **à** ~ Hohlnaht *f*; **faire des** ~s **à qc** etw mit Hohlsaum verzieren

journal [ʒurnal] *m* ⟨*pl* -aux⟩ **1.** (Tages-) Zeitung *f*; Blatt *n*; *auch* Zeitschrift *f*; ~ **local** Lo'kalzeitung *f*, -blatt *n*; ~ **à cancans, à scandales** Klatsch-, Skan'dal-, Re'volverblatt *n*; ~ **du dimanche** Sonntagszeitung *f*, -blatt *n*; ~ **de droite, de gauche** rechts-, linksgerichtete Zeitung; ~ **d'entreprise** Werkszeitung *f*; ~ **d'information** Nachrichten-, Informati'onsblatt *n*; ~ **du matin, du soir** Morgen-, Abendzeitung *f*, -blatt *n*; ~ **de mode** Mode(n)zeitung *f*, -zeitschrift *f*; Modenblatt *n*; Modejournal *n*; ~ **de province** Pro'vinzzeitung *f*, -blatt *n*; *adit* **papier** ~ Zeitungspapier *n*; **lire qc dans**, F *auch* **sur le** ~ etw in der Zeitung lesen; **2.** *rad* ~ **parlé** (Rundfunk)Nachrichten *f/pl*; **télé** ~, **télévisé** (Fernseh)Nachrichten *f/pl*; *in der* BRD Tagesschau *f bzw* Heute *n*; ~ **lumineux** Nachrichten *f/pl* in Wanderschrift, Leuchtschrift; **3.** Tagebuch *n*; ~ **intime** (persönliches) Tagebuch; *mar:* ~ **de bord, du bord, de mer, de passerelle**, ~ **timbré** Logbuch *n*; Schiffstagebuch *n*; Jour'nal *n*; ~ **des machines** Jour'nal *n* (in das der Schiffsingenieur *gefährt wird*); *mil* ~ **de marche** Kriegstagebuch *n*; ~ **de voyage** Reisetagebuch *n*; **tenir un** ~ ein Tagebuch führen; **4.** *comm* (livre *m*) Jour'nal *n*; ~ **analyti-**

que, auxiliaire Hilfsjournal *n*; ~ **grand livre** Journal und Hauptbuch *n*; ~ **de caisse** Kassenbuch *n*, -journal *n*
journalier [ʒurnalje] **I** *adj* ⟨-ière⟩ täglich; Tage(s)…; **travail** ~ tägliche Arbeit; **II** *subst* ~, **journalière** *m,f* Tagelöhner(in) *m(f)*
journalisme [ʒurnalism(ə)] *m* Journa-'lismus *m*; Journa'listik *f*; Publi'zistik *f*; **faire du** ~ sich publizistisch betätigen; (Artikel) für Zeitungen schreiben
journalist|e [ʒurnalist] *m,f* Journa-'list(in) *m(f)*; Publi'zist(in) *m(f)*; ~**ique** *adj* journa'listisch; publi'zistisch; Zeitungs…; **style** *m* ~ Zeitungsstil *m*; journalistischer Stil
journée [ʒurne] *f* **1.** Tag *m*; **bonne** ~! ich wünsche dir *bzw* euch *bzw* Ihnen e-n schönen Tag!; ~ **électorale** Wahltag *m*; ~ **d'été** Sommertag *m*; **la** ~ **d'hier** der gestrige Tag; ~ **de repos, de travail** Ruhe-, Arbeitstag *m*; ~ **de voyage** Reisetag *m*; **il y a deux** ~s **de voyage, de marche** es sind zwei Tage(s)reisen, -märsche bis dahin; *loc/adv:* **à la** ~ tageweise; pro Tag; nach Tagen; *cf auch* **2.**; **au cours de la** ~ im Laufe des Tages; **à n'importe quel moment de la** ~ zu jeder Tageszeit; **toute la** ~ den ganzen Tag (lang, über); **je ne l'ai pas vu de toute la** ~ ich habe ihn den ganzen Tag über nicht gesehen; **des** ~s **entières** tagelang; **passer des** ~s **entières à (faire) qc** ganze Tage mit etw verbringen (damit verbringen, etw zu tun); **en fin de** ~ am Abend; **pendant la** ~ tagsüber; während des Tages; unter Tags; **par une belle** ~ an e-m schönen Tag(e); **perdre sa** ~ en ganzen Tag verlieren, vertun; **2.** Arbeitstag *m*; Tagesarbeit *f*; Tag(e)werk *n*; *mines* Schicht *f*; *auch* Tag(e)lohn *m*; ~ **continue** 'durchgehende Arbeitszeit; Arbeitstag mit kurzer Mittagspause; **faire, avoir la** ~ **continue** 'durcharbeiten; ~ **de huit heures** Acht-'stundentag *m*; **faire des** ~s **de huit, dix heures** acht, zehn Stunden pro Tag arbeiten; **durée légale de la** ~ gesetzliche Arbeitszeit; **femme** *f* **de** ~ a) Tag(e)löhnerin *f*; b) Putzfrau *f*; **homme** *m* **de** ~ Tag(e)löhner *m*; **aller en** ~, **faire des** ~s, **travailler à la** ~ im Tag(e)lohn arbeiten; als Tag(e)löhner arbeiten; **être payé à la** ~ e-n Tag(e)lohn bekommen; nach Tagen bezahlt werden; *iron bei e-m Verlust* **aujourd'hui j'ai gagné ma** ~ heute war ein schwarzer Tag für mich
journellement [ʒurnɛlmɑ̃] *adv* täglich; alle Tage; tag'aus, tag'ein; Tag für Tag; **cela se voit, se rencontre** ~ das sieht man alle Tage; das ist etwas Alltägliches
jout|e [ʒut] *f* **1.** *féod* Tjost *f od m*; Tjoste *f*; *par ext* Tur'nier *n*; **2.** ~ **nautique** Fischerstechen *n*; **3.** *fig* ~ **oratoire** Wortgefecht *n*, -streit *m*; Rededuell *n*; ~**er** *v/i* **1.** *féod* (im Tur'nier) kämpfen; **2.** *fig u litt* kämpfen; ~**eur** *m féod* (Tur-'nier)Kämpfer *m*
jouvenc|e [ʒuvɑ̃s] *f* **fontaine** *f* **de** ♀, **fontaine** *f* auch **bain** *m* **de** ~ Jungbrunnen *m*; ~**eau** *m* ⟨*pl* -x⟩ plais *od iron* Jüngling *m*; ~**elle** *f* plais *od iron* Jungfrau *f*; Maid *f*
jouxter [ʒukste] *v/t adm* ~ **qc** *Grundstück etc* neben etw (*dat*) liegen
jovial [ʒɔvjal] *adj* ⟨-aux *od* -als⟩ fröhlich; heiter; frohsinnig; ~**ité** *f* Fröhlichkeit *f*; Heiterkeit *f*; Frohsinn *m*
jovien [ʒɔvjɛ̃] **I** *adj* ⟨-ne⟩ *astr* Jupiter…; **II** *subst* ~(**ne**) *m(f)* im Zeichen des Jupiter Geborene(r) *f(m)*
joyau [ʒwajo] *m* ⟨*pl* -x⟩ Ju'wel *m od n*; Kleinod *n* (*auch fig*); ~**x** *pl poét* Ge-

schmeide *n*; ~x de la couronne Kronju-
welen *pl*, -schatz *m*; F *fig von e-r Frau* un
petit ~ ein Juwel, Gold-, Prachtstück *n*
joyeuseté [ʒwajœzte] *f litt meist pl* ~s
(*derbe*) Späße *m/pl*, Scherze *m/pl*
joyeux [ʒwajø] *adj* ‹-euse› lustig; fröh-
lich; vergnügt; heiter; F fi'del; *Überra-
schung* freudig; *Nachricht* froh; erfreu-
lich; joyeuse(s) fête(s), ~ Noël! frohes
Fest!; frohe Feiertage!; fröhliche *od*
frohe Weihnachten!; **mener joyeuse
vie** in Saus und Braus leben
jubarte [ʒybart] *f zo* Langflossenwal *m*;
Buckelwal *m*
jubé [ʒybe] *m arch* Lettner *m*
jubea [ʒybea] *m bot* Honigpalme *f*
jubilaire [ʒybilɛr] *adj* **1.** directeur *m*,
etc ~ Direktor *etc*, der sein fünfzigjähri-
ges Dienstjubiläum begeht; Jubi'lar *m*;
2. *égl cath* année *f* ~ *cf* jubilé 2.
jubilation [ʒybilasjõ] *f* Jubel *m*; Froh-
'locken *n*; trium'phierende Freude
jubilé [ʒybile] *m* **1.** fünfzigjähriges
(Dienst)Jubi'läum; **2.** *rel bei den Juden*
Jubel-, Halljahr *n*; *égl cath* Jubeljahr *n*;
Heiliges Jahr
jubiler [ʒybile] *v/i* **a)** (innerlich) froh-
'locken; sich unbändig, F mächtig
freuen; **b)** jubeln; jauchzen
juché [ʒyʃe] *adj* hoch oben (liegend,
sitzend, stehend); *Person* ~ **en 'haut de
l'échelle** hoch oben auf der Leiter
(stehend, sitzend); *Kind* ~ **sur les épau-
les de son père** hoch oben auf den
Schultern s-s Vaters (sitzend); *Frau* ~e
sur de(s) 'hauts talons hochhackige
Schuhe tragend; auf hochhackigen
Schuhen; *Haus* ~ **au sommet d'une
colline** auf e-r Hügelkuppe (gelegen)
juch|er [ʒyʃe] **I** *v/t* (hoch) (hin'auf-)
stellen, (-)legen, (-)setzen, (-)hängen; **II**
v/i Vogel beim Schlafen sitzen (**sur une
branche** auf e-m Zweig); **III** *v/pr se* ~
Vogel zum Schlafen sich setzen (**sur** auf
+ *acc*); **~oir** *m* (Sitz)Stange *f*; Hühner-
stange *f*; Wiemen *m*
judaïque [ʒydaik] *adj* jüdisch; **la loi** ~
das mo'saische Gesetz; **religion** *f*, **his-
toire** *f* ~ jüdische Religion, Geschichte
judaïser [ʒydaize] **I** *v/t* mit Juden besie-
deln; **II** *v/i* nach dem mo'saischen Gesetz
leben
judaïsme [ʒydaism(ə)] *m* Judentum *n*;
Juda'ismus *m*; jüdische Religi'on
Judas [ʒyda, -dɑ] *m* **1.** Verräter *m*;
baiser *m* de ~ Judaskuß *m*; **2.** ♀
Guckloch *n*, -fenster *n*; Spi'on *m*
judéo-/-... [ʒydeo] *in Zssgn* jüdisch-...;
~-allemand *ling* **I** *adj* jiddisch; **II** *subst*
le ~ das Jiddische; Jiddisch *n*;
das Judendeutsche; Judendeutsch *n*; **~-
chrétien** *m* Judenchrist *m*; **~-chris-
tianisme** *m* Judenchristentum *n*; **~-
-espagnol** *ling* **I** *adj* spani'olisch; jü-
disch-spanisch; **II** *subst* le ~ das Spani'o-
lische; Spani'olisch *n*; (das) La'dino; das
Jüdisch-Spanische; Jüdisch-Spanisch *n*
judicature [ʒydikatyr] *f hist* Richteramt
n, -stand *m*
judiciaire [ʒydisjɛr] *adj* gerichtlich; Ge-
richts-...; richterlich; Rechts-...; Ju-
'stiz-...; **acte** *m* ~ gerichtliche Urkunde;
Gerichtsurkunde *f*; **assistance** *f* ~ Ar-
menrecht *n*; **conseil** *m* ~ *in Frankreich*
Vormund *m* (*e-s Geistesschwachen od
Verschwenders*); **contrat** *m* ~ vor Ge-
richt geschlossener Vertrag; **erreur** *f* ~
Ju'stizirrtum *m*; **formes** *f/pl* ~s Pro'zeß-
formen *f/pl*; **hypothèque** *f*, **liquidation**
f ~ Zwangshypothek *f*, -liquidation *f*;
police *f* (~ *abr* P. J.) Krimi'nalpolizei *f*
(*abr* Kripo *f*); **pouvoir** *m* ~ richterliche
Gewalt; **témoin** *m* ~ Zeuge *m* vor
Gericht; **vente** *f* ~ Zwangsversteigerung
f; gerichtlich angeordneter Verkauf; **par**

---

voie ~ auf dem Rechtsweg(e); **~ment**
adv gerichtlich; **informer** ~ gerichtliche
Ermittlungen, Erhebungen anstellen
judicieusement [ʒydisjøzmɑ̃] *adv* von
judicieux; il a ~ fait remarquer que
... er bemerkte sehr richtig, daß ...
judicieux [ʒydisjø] *adj* ‹-euse›
Mensch, Rat, Bemerkung etc klug; ge-
scheit; vernünftig; **critique judicieuse**
scharfsinnige Kritik; **esprit** ~ kluger
Kopf; il serait très ~ de (+*inf*) es wäre
ganz klug, sinnvoll zu (+*inf*)
judo [ʒydo] *m* Judo *n*; **prise** *f* **de** ~
Judogriff *m*
judoka [ʒydɔka] *m, f* Ju'doka *m*; Judo-
sportler(in) *m(f)*
jugal [ʒygal] *adj* ‹-aux› *anat* os ~ Joch-,
Wangenbein *n*
juge [ʒyʒ] *m jur* Richter *m* (*auch fig*); *pl oft*
Gericht *n*; *sports* Schiedsrichter *m*; ~ ad-
ministratif, des tribunaux adminis-
tratifs Verwaltungsrichter *m*; ~ civil,
criminel Zi'vil-, Strafrichter *m*; ~ con-
sulaire, du tribunal de commerce
Handelsrichter *m*; ~ naturel gesetzli-
cher Richter; souverain ~, ~ suprême
oberster, höchster Richter (*Gott*); ~
suppléant Stellvertreter *m*; stellvertre-
tender Richter; *Pferderennen* ~ à
l'arrivée, au départ Ziel-, Startrichter
m; ~ au tribunal d'instance, au
tribunal de grande instance *in
Deutschland entsprechend* Amts-, Land-
gerichtsrat *m*; ~ d'appel Berufungsrich-
ter *m*; ~ d'un concours Preisrichter *m*; ~
de la cour d'assises Richter beim
Schwurgericht; *sports* ~ des courses
Kampfrichter *m*; *myth* ♀ des Enfers
Totenrichter *m* (*im Hades*); ~
d'instruction Unter'suchungsrichter
m; *Tennis* ~ de ligne, Fußball *etc* de
touche Linienrichter *m*; *früher* ~ de
paix Friedensrichter *m* (*noch heute in
Belgien*); ~ des tribunaux judiciaires
in Frankreich Zivil- bzw Strafrichter *m*
(*im Gegensatz zum Handelsrichter*); ~
des tutelles Vormundschaftsrichter *m*;
~ pour enfants Jugendrichter *m*; *bibl* le
livre des ♀s das Buch der Richter;
loc/adv devant le(s) ~(s) vor Gericht;
aller devant les ~s vor Gericht gehen;
fig: être à la fois ~ et partie Richter in
eigener Sache sein; être bon, mauvais
~ en la matière die Sache gut, schlecht
beurteilen können; il est seul ~ de ce
qu'il doit faire er allein kann entschei-
den, was er zu tun hat; faire qn ~,
prendre qn pour ~ dans une affaire
j-n in e-r Sache als Richter anrufen; je
vous fais ~! finden Sie nicht auch?; se
faire ~, s'ériger en ~ sich zum Richter
aufwerfen
jugé [ʒyʒe] *m loc/adv* au ~ ungefähr; nach
Augenmaß; F nach Gefühl; estimer au
~ auch über den Daumen peilen; tirer
au ~ ungefähr in der Zielrichtung
schießen
jugeable [ʒyʒabl(ə)] *adj* aburteilbar
juge|-arbitre [ʒyʒarbitr(ə)] *m* ‹*pl*
juges-arbitres› *sports* Schiedsrichter
m; **~-commissaire** *m* ‹*pl* juges-com-
missaires› beauftragter Richter
jugement [ʒyʒmɑ̃] *m* **1.** *jur* Urteil *n*;
(Urteils)Spruch *m*; richterliche Ent-
scheidung; *österr* Erkenntnis *n*; *e-s An-
geklagten* Aburteilung *f*; *bei e-m Prozeß*
Urteilsverkündung *f*; ~ arbitral Schieds-
spruch *m*; ~ civil Urteil im Zivilprozeß;
~ convenu, expédient *in Frankreich*
Urteil, das e-n Prozeßvergleich bestä-
tigt; ~ criminel Strafurteil *n*; *bibl* ♀
dernier, universel Jüngstes Gericht;
Weltgericht *n*; ~ exécutoire par provi-
sion *od* nonobstant appel vorläufig
voll'streckbares Urteil; ~ (d')avant di-

---

re droit Zwischenurteil *n*; *Arbeitszeit-
studie* ~ d'allure Korrek'tur *f* der Soll-
Zeit nach der Ist-Zeit; ~ de Dieu a) *hist*
Gottesurteil *n*; b) *fig* Ratschluß *m* Got-
tes; *myth* le ~ de Pâris das Urteil des
Paris; *fig* ~ de Salomon salo'monisches
Urteil; ~ du tribunal Gerichtsurteil *n*;
gerichtliches Urteil; ~ en premier,
dernier ressort Urteil in erster,
letzter Instanz; ~ par défaut Versäum-
nisurteil *n*; *Beleidigung etc während der
Verhandlung* se condamner en ~ noch
während des Prozesses geahndet wer-
den; confirmer, prononcer, rendre
un ~ ein Urteil bestätigen, verkünden,
fällen; **2.** *fig* Urteil *n* (*auch Logik*);
Urteilsvermögen *n*, -kraft *f*, -fähigkeit *f*;
auch Beurteilung *f*; ~ de réalité Fest-
stellung *f* e-r Tatsache; ~ de valeur
Werturteil *n*; défaut *m* de ~ man-
gelndes Urteilsvermögen; mangelnde
Urteilsfähigkeit, -kraft; homme *m* de ~
urteilsfähiger Mensch; avoir du ~ ein
sicheres Urteil haben; quel est votre ~
sur lui? was halten Sie von ihm?; wie
beurteilen Sie ihn?; former des ~s
téméraires kühne Behauptungen auf-
stellen; manquer de ~ kein Urteil
haben; unkritisch sein; soumettre un
livre au ~ des lecteurs die Leser über
ein Buch urteilen lassen; je soumets
cela à votre ~ ich über'lasse das Ihrem
Urteil
jugeote [ʒyʒɔt] *f* F Grips *m*; Köpfchen *n*
juger [ʒyʒe] ‹-geons› **I** *v/t* **1.** *jur* richten;
zu Gericht sitzen, das Urteil sprechen
(qn über j-n) (*alle auch fig von Gott*);
aburteilen; entscheiden (qc in e-r Sa-
che); befinden (qc über etw [*acc*]); *abs*: le
tribunal jugera das Gericht wird dar-
über befinden, wird das Urteil sprechen;
fig la postérité jugera die Nachwelt
wird das Urteil sprechen; *adit* chose
jugée abgeurteilte Sache; autorité *f*,
force *f* de chose jugée Rechtskraft *f*;
passer en, acquérir force de chose
jugée Rechtskraft erlangen; rechts-
kräftig werden; *bibl* ne jugez pas afin
que vous ne soyez pas jugés richtet
nicht, auf daß ihr nicht gerichtet werdet;
2. *fig* urteilen (*abs od* qn, qc über
j-n, etw); beurteilen; ermessen; *par ext*
meinen; glauben; sich (*dat*) denken,
vorstellen; *mit adj* für ... halten, erach-
ten; *als* ... ansehen; *ch* ~ la bête ein
Stück Wild nach Fährte und Losung
bestimmen; ~ un différend e-n Streit
schlichten; ~ (qn, qc) favorablement
(j-n, etw) günstig (be)urteilen; mal ~ qn
j-n falsch beurteilen; vous me jugez
mal si ... Sie kennen mich schlecht,
wenn ...; cela vous 'permettra de
mieux das wird Ihnen die Beurteilung
erleichtern; ~ en expert als Fachmann
urteilen; ~ autrui d'après soi-même
von sich auf andere schließen; ~
d'après des *od* sur les critères
européens, *etc* mit europäischen *etc*
Maßstäben messen; ♦ *par ext*: vous
jugez bien que ... Sie können sich
leicht denken, vorstellen, daß ...; jugez
combien je fus surpris stellen Sie sich
meine Über'raschung vor; jugez s'ils
ont été contents Sie können sich den-
ken, daß sie froh waren; ~ qc bon etw
für gut, richtig halten *od* erachten; ~
nécessaire de faire qc es für notwen-
dig halten *od* erachten, etw zu tun; ~
qu'une demande n'est pas opportu-
ne e-e Bitte für unangebracht halten; il
juge qu'on l'a trompé er ist der
Meinung, Ansicht, er glaubt, daß man
ihn betrogen hat; **II** *v/t/indir* ~ de
urteilen, entscheiden über (+*acc*); beur-
teilen, ermessen (+*acc*); von e-m Sinnes-

organ unter'scheiden (+*acc*); *j-s Freude, Erstaunen* sich (*dat*) vorstellen, denken (können); **si j'en juge par mes propres sentiments** nach meinem Gefühl zu urteilen; **jugez-en par vous-même** über'zeugen Sie sich selbst (davon); **autant qu'on en puisse ~** soweit sich das beurteilen läßt; nach menschlichem Ermessen; **III** *v/pr* **a)** *reflexiv* **se ~ (soi-même)** sich (selbst) beurteilen; **se ~ perdu** sich verloren wähnen, glauben; **b)** *reziprok* **ils se jugent faits l'un pour l'autre** sie glauben, füreinander geschaffen zu sein; **c)** *passivisch: Kunstwerk, Tat* **se ~** beurteilt, gemessen werden; *politische Entscheidung* **se ~ à son efficacité** an ihrer Wirksamkeit gemessen werden; nach ihrer Wirksamkeit beurteilt werden; *jur* **se ~** zur Entscheidung, Aburteilung kommen; *Prozeß* **se ~ à l'automne** im Herbst stattfinden; **IV** *loc/adv* **au ~** *cf* **jugé**

jugland|acées [ʒyglɑ̃dase] *f/pl bot* Walnußgewächse *n/pl*; **~ales** *f/pl bot* Gagelpflanzen *f/pl*

jugulaire [ʒygylɛr] **I** *adj anat* Drossel…; *sc* jugu'lar; **veines** *f/pl* **~s** *od subst* **~s** *f/pl* Drosselvenen *f/pl*, -adern *f/pl*; **II** *f* Sturm-, Kinnriemen *m*; **fausse ~** goldene *bzw* silberne Tresse, Litze (*an Schirmmützen*)

juguler [ʒygyle] *v/t Aufruhr etc* im Keim ersticken; unter'binden; unter'drücken; abwürgen; eindämmen; unter Kon'trolle bringen; *Leidenschaften* zügeln; bändigen; *Blutung* stillen; *Krankheit* Einhalt gebieten (+*dat*)

juif [ʒɥif] **I** *adj* ⟨**juive** [ʒɥiv]⟩ **1.** jüdisch; **Juden**…; **année juive** Jahr *n* des jüdischen Ka'lenders; **jüdisches Mondjahr**; **problème ~** Judenfrage *f*; **2.** *fig u péj* geizig; F knauserig; **II** *subst* **1.** ♀, **Juive** *m*, F Jude *m*, Jüdin *f*; **'haine** *f* **des ♀s** Judenhaß *m*; **persécutions subies par les ♀s** Judenverfolgungen *f/pl*; **2.** *anat petit ~* Mäuschen *n*; F Musi'kantenknochen *m*

juillet [ʒɥijɛ] *m* Juli *m*; **le quatorze ♀** der vierzehnte Juli (*frz Nationalfeiertag*); *hist* **journées** *f/pl*, **révolution** *f* **de ♀** Julitage *m/pl*, -revolution *f*

juin [ʒɥɛ̃] *m* Juni *m*

juiverie [ʒɥivri] *f* **1.** *péj* Geiz *m*; F Knauserigkeit *f*; **2.** *péj* (*les Juifs*) Juden *m/pl*; **3.** *im Altertum* jüdische Gemeinde (*in der Diaspora*)

jujub|e [ʒyʒyb] *m* **a)** *bot* Brustbeere *f*; **b)** *phm* Brustbeerensaft *m*; **~ier** *m bot* Ju'jube *f*, **~ de Palestine** Judendorn *m*

juke-box [dʒukbɔks] *m* Mu'sikbox *f*, -automat *m*

julep [ʒylɛp] *m* Arz'neitrank *m*; Mix'tur *f*

Jules [ʒyl] *m* **1.** F ♀ F Mitternachtsvase *f*, -pokal *m*; Pinkelpott *m*; **2. a)** F (*amant*) Ga'lan *m*; **b)** F (*mari*) F *plais* Gatterich *m*; **c)** *arg:* e-r Dirne Zuhälter *m*; F Kerl *m*; P Louis *m*; *österr* Strizzi *m*

jul|ien [ʒyljɛ̃] *adj* ⟨**~ne**⟩ **calendrier ~** Julianischer Kalender; *géogr* **Alpes ♀nes** Julische Alpen *pl*; **~ienne** *f* **1.** *bot* Nachtviole *f*; **~ des dames, des jardins** Gemeine Nachtviole; **2.** *cuis* **a)** *Suppeneinlage* Juli'enne *f*; **b)** Juli'enne (-suppe) *f*

jumbo [dʒœmbo] *m tech* Bohrwagen *m*

jumbo-jet [dʒœmbodʒɛt] *m* ⟨*pl* jumbo-jets⟩ *aviat* Jumbo-(Jet) [-dʒɛt] *m*

jumeau [ʒymo] **I** *adj* ⟨-**elle;** *m/pl* **~x**⟩ Zwillings…; Doppel…; **frère ~, sœur jumelle** Zwillingsbruder *m*, -schwester *f*; **lits ~x** Doppel-, Ehebett *n*; **maisons jumelles a)** Doppelhaus *n*; **b)** zwei völlig gleichartig gebaute Häuser *n/pl* (*in e-r Straße*); *anat* **muscles ~x** *od subst* **~x** *m/pl* Zwillingsmuskel *m*; **navire ~**

Schwesterschiff *n*; **II** *subst* **~, jumelle** *m*, *f* Zwilling *m* (*für beide Geschlechter*); Zwillingsbruder *m*, -schwester *f*; **~x** *bzw* **jumelles** Zwillinge *m/pl*; Zwillingspaar *n*, -pärchen *n*; **vrais, faux ~x** eineiige, zweieiige Zwillinge *m/pl*

jumel [ʒymɛl] *adj* ⟨*nur m*⟩ **coton ~** Mako *f od m od n*

jumelage [ʒymlaʒ] *m* **1.** *von zwei gleichartigen Dingen* Zu'sammenfügen *n*; Koppeln *n*; Kuppeln *n*; *auch Resultat* Verbindung *f*; Kopp(e)lung *f*; Kupp(e)lung *f*; **2.** *fig von Städten* Partnerschaft *f*; **~ de villes** Städtepartnerschaft *f*; **~ de Paris et de Rome** Partnerschaft zwischen Paris und Rom

jumelé [ʒymle] *adj* Zwillings…; Doppel…; *arch auch* gekuppelt; *mar Mast* durch Mastbacken verstärkt; **billets de loterie ~s** Doppellos *n*; **colonnes ~es** gekuppelte Säulen *f/pl*; Doppelsäule *f*; **fenêtres ~es** gekuppelte Fenster *n/pl*; Zwillingsfenster *n*; **pari ~** Sieg- und Platzwette *f*; **pneus ~s** Zwillingsreifen *m(pl)*; **roues ~es** Doppelrad *n*; **villes ~es** Partnerstädte *f/pl*

jumeler [ʒymle] *v/t* ⟨-ll-⟩ **1.** *zwei gleichartige Dinge* zu'sammenfügen; mitein'ander verbinden; koppeln; kuppeln; *mar Mast* durch Mastbacken verstärken; **2.** *fig zwei Städte* zu Partnerstädten erklären; durch e-e Partnerschaft verbinden; **Paris est jumelé à od avec Rome** Paris ist mit Rom durch e-e (Städte)Partnerschaft verbunden; Paris und Rom sind Partnerstädte

jumelle [ʒymɛl] *f* **1.** *opt meist pl* **~s,** *auch* **paire** *f* **de ~s, ~ marine** Fernglas *n*; **~ micromètre** Fernglas *n* mit Fadenmikrometer; **~s à prismes** Prismen(fern)glas *n*, -feldstecher *m*; **~s de campagne** Feldstecher *m*; **~s de nuit** Nachtglas *n*; **~s de spectacle, de théâtre** Theaterglas *n*; Opernglas *n*, F -gucker *m*; **regarder avec les ~s durch das** *od* **mit dem Fernglas sehen, gucken; 2.** *tech e-r Drehbank, Presse meist pl* **~s** Backen *f/pl*; Wangen *f/pl*; *mar bei Klappmasten* **~s de racage** Mastbacken *f/pl*; **auto ~ de ressort** Federlasche *f*; **3.** *cf* **jumeau II**

jument [ʒymɑ̃] *f zo* Stute *f*

jumping [dʒœmpiŋ] *m* Pferdesport Jagdspringen *n*

jungle [ʒɛ̃gl(ə), ʒœ̃-] *f* Dschungel *m* (*auch fig*); *fig* **~ parisienne** Dschungel von Paris; *path* **fièvre** *f* **des ~s** Dschungel-, Busch-, *méd* Gelbfieber *n*; **loi** *f* **de la Gesetz** *n* des Dschungels, der Wildnis

junior [ʒynjɔr] **I** *adj* ⟨*f inv*⟩ **1.** *sports* Juni'oren…; **catégorie** *f*, **équipe** *f* **~** Juniorenklasse *f*, -mannschaft *f*; *par ext* **mode** *f* **~** Mode *f* für die Jugend; **2.** *comm od plais* **Durand ~ a)** der jüngere Durand (*Bruder*); **b)** Durand junior (*Sohn*) (*abr* jun. *od* jr.); **II** *subst sports meist pl* **~s** Juni'oren *m/pl*

junker [junkɛr] *m meist péj* Junker *m*

junte [ʒɛ̃t, ʒœ̃t] *f pol* Junta [x-] *f*; **~ militaire** Mili'tärjunta *f*

jupe [ʒyp] *f* **1.** Rock *m* (*auch als Teil e-s Kleides*); **~ droite, en forme, étroite, ample** *od* **large** gerader, ausgestellter, enger, weiter Rock; **~ à bretelles, à lés, à plis** Träger-, Bahnen-, Faltenrock *m*; **~ à godets** *od* **~ cloche** Glockenrock *m*; **~ de tennis** Tennisrock; **maillot** *m* **à ~** Badeanzug *m* mit (Volant)Röckchen; **se réfugier dans les ~ de sa mère** bei der Mutter Schutz suchen; sich an Mutters Rockzipfel klammern; **~ d'un piston** Kolbenhemd *n*; **~-culotte** *f* ⟨*pl* jupes-culottes⟩ Hosenrock *m*

jupette [ʒypɛt] *f* Röckchen *n* (*auch e-s Badeanzugs*)

Jupiter [ʒypitɛr] *m* **1.** *astr* (der) Jupiter; **satellites** *m/pl* **de ~** Jupitermonde *m/pl*; **2.** *charp* Holzverbindung **trait** *m* **de ~** schräges Hakenblatt; **3.** *fig* **se croire sorti de la cuisse de ~** *cf* **cuisse**

jupitérien [ʒypiterjɛ̃] *adj* ⟨**~ne**⟩ *astr* Jupiter…

jupon [ʒypɔ̃] *m* **1.** 'Unterrock *m*; **~ à dentelles** Spitzenunterrock *m*; **~ de soie, de nylon** Unterrock aus Seide, Nylon; seidener Unterrock, Nylonunterrock *m*; **2.** *fig* **courir, trousser le ~** ein Schürzenjäger sein; F hinter jeder Schürze hersein; jeder Schürze nachlaufen; den Weibern nachlaufen

juponner [ʒypɔne] *v/t in ein Kleid* e-n 'Unterrock einnähen; *adjt* **robe, jupe juponnée** … mit bauschigem Unterrock

jurançon [ʒyrɑ̃sɔ̃] *m frz Wein*

jurande [ʒyrɑ̃d] *f hist* Amt *n* des Zunftmeisters

jurassien [ʒyrasjɛ̃] *géogr* **I** *adj* ⟨**~ne**⟩ Jura…; des Jura; *géol relief* **~** Jurarelief *n*; **II** *subst* **~(ne)** *m(f)* Bewohner(in) *m(f)* des Jura; Ju'rassier(in) *m(f)*

jurassique [ʒyrasik] *géol* **I** *adj* Jura…; ju'rassisch; **période** *f* **~** Jura *m*; **II** *m* Jura *m*; Juraformation *f*; **~ supérieur, moyen, inférieur** weißer, brauner, schwarzer Jura

juratoire [ʒyratwar] *adj jur* **caution** *f* **~** eidliche Versicherung (*persönlich wieder zu erscheinen od etw zurückzubringen*)

juré [ʒyre] **I** *adj* **1.** *meist hist* vereidigt; **2.** *fig* **ennemi ~** geschworener, erklärter Feind; Tod-, Erzfeind *m*; **II** *m jur* Geschworene(r) *m*; Schöffe *m*; Laienrichter *m*

jur|er [ʒyre] **I** *v/t* schwören; beschwören; beeiden; *fig auch* versprechen; geloben; versichern; *abs* e-n Schwur, Eid ablegen; leisten; **~ solennellement, devant Dieu** feierlich, vor Gott geloben (**de faire** qc etw zu tun); **~ à qn un amour éternel** j-m ewige Liebe schwören; **~ fidélité, obéissance à qn** j-m Treue, Gehorsam schwören, geloben; **~ par tous les saints, par tout ce qui est le plus sacré** bei allem, was heilig ist, schwören; *fig* **on ne jure plus que par lui** man schwört auf ihn; man hält große Stücke auf ihn; **~ sur la Bible, sur son honneur, sur la tête de** qn auf die Bibel, bei s-r Ehre, bei j-m *od* bei j-s Haupt schwören; **~ de faire** qc schwören, geloben, versprechen, etw zu tun; **~ de ne pas recommencer** Besserung geloben; **~ de se venger** Rache schwören; **il ne faut ~ de rien** man kann nie wissen (,was dazwischenkommt); man soll nicht zuviel versprechen; **j'en jurerais** ich könnte darauf schwören; F darauf kannst du *bzw* können Sie Gift nehmen; **je n'en jurerais pas** ich könnte es nicht beschwören; **ses grands dieux que …** Stein und Bein schwören, daß …; **on jurerait que c'est lui** man könnte glauben, meinen, daß er es ist *od* das ist er; **je jure que** non ich schwöre, daß ich es nicht getan habe; *abs:* **je vous jure** das kann ich Ihnen sagen, versichern; F **ah, je vous jure!** das ist doch nicht zu fassen, nicht zu glauben, unerhört!; **II** *v/i* **1.** fluchen; lästern; **~ comme un charretier** fluchen wie ein Droschkenkutscher; **2.** *Farben, Dinge ~ (entre eux, elles)* nicht zuein'ander passen; *Farben auch* sich beißen; **~ avec** qc nicht zu etw passen; sich nicht miteinander vertragen; **III** *v/pr* **a)** *reziprok* **se ~ un amour éternel** sich, ein'ander ewige Liebe schwören; **b)** *reflexiv* **se ~ de faire** qc sich fest vornehmen, etw zu tun; **~eur** *adj Frz*

Revolution **prêtres** ~s auf die Verfassung vereidigte Priester *m/pl*
juridiction [ʒyridiksjõ] *f* Rechtsprechung *f*; Rechtspflege *f*; Gerichtsbarkeit *f*; Jurisdikti'on *f*; *par ext* Gerichtsbezirk *m*, -sprengel *m*; Gericht *n*; ~ **administrative, commerciale, pénale** Verwaltungs-, Handels-, Strafgerichtsbarkeit *f*; ~ **civile, ordinaire, de droit commun** ordentliche Gerichtsbarkeit *f*; ~ **correctionnelle** Strafgerichtsbarkeit *f (für Vergehen)*; ~ **criminelle** Strafgerichtsbarkeit *f (für Verbrechen)*; ~ **ecclésiastique, laïque** *od* **séculière** kirchliche, weltliche Gerichtsbarkeit *f*; ~ **des cours d'appel** Berufungsgerichte *n/pl*; ~ **d'exception** Sonder-, Ausnahmegerichtsbarkeit *f*; ~ **d'instance, de jugement** erkennendes Gericht; ~ **d'instruction** *in Frankreich* Gericht *n* erster Instanz, das die Voruntersuchung durchführt; ~ **de police** Strafrechtspflege *f* der Polizei; **privilège** *m* **de** ~ Anspruch *m*, von e-m höheren Gericht abgeurteilt zu werden; **avoir recours à la** ~ **supérieure** die höhere Instanz anrufen; **exercer la** ~ die Gerichtsbarkeit ausüben; Recht sprechen
juridictionnel [ʒyridiksjɔnɛl] *adj* ⟨~le⟩ richterlich; Gerichts...; **pouvoir** ~ richterliche Gewalt
juridique [ʒyridik] *adj* **1.** rechtlich; ju'ristisch; Rechts...; **acte** *m* ~ Rechtsgeschäft *n*, -handlung *f*; **études** *f/pl* ~s Jurastudium *n*; juristisches Studium; **formation** *f* ~ juristische Ausbildung; **situation** *f* ~ Rechtslage *f*, -stellung *f*; **statut** *m* ~ Rechtsstellung *f*; rechtlicher Status; **vocabulaire** *m*, **langue** *f* ~ Rechtsvokabular *n*, -sprache *f*; **2.** gerichtlich; **action** *f* ~ gerichtliche Klage; Klage *f* vor Gericht; **~ment** *adv* **1.** rechtlich; ju'ristisch; **être** ~ **dans son tort** vom Standpunkt des Rechts aus gesehen *od* juristisch gesehen unrecht haben, im Unrecht sein; **2.** gerichtlich; vor Gericht
jurinéa [ʒyrinea] *m bot* Bisamdistel *f*
jurisconsulte [ʒyriskõsylt] *m* Ju'rist *m*; Rechtskundige(r) *m*
jurisprudence [ʒyrisprydãs] *f* Rechtsprechung *f*; **la** ~ **de la Cour de cassation** die Spruchpraxis des Kassationshofs; **recueil** *m* **de** ~ Sammlung *f* von gerichtlichen Entscheidungen; **faire** ~ zum Präzedenzfall werden
jurisprudentiel [ʒyrisprydãsjɛl] *adj* ⟨~le⟩ *jur* **précédent** *m* ~ Präze'denzfall *m* in der Rechtsprechung
juriste [ʒyrist] *m* Ju'rist *m*
juron [ʒyrõ] *m* Fluch *m*; **gros** ~, ~ **grossier** derber Fluch
jury [ʒyri] *m* **1.** *jur* Geschworene(n) *m/pl*; Geschworenenbank *f*; ~ **de jugement** Geschworene, die über die Schuld- und Straffrage zu befinden haben; **2.** *bei Kunstausstellungen, Sportveranstaltungen* Jury [ʒy'ri:] *f*; *bei Examen* (d'examen) Prüfungskommission *f*, -ausschuß *m*; ~ **de concours** Preisgericht *n*, -richter *m/pl*; *auch* Prüfungsausschuß *m*; *Verbraucherforschung* ~ **consommateurs** repräsentative Verbrauchergruppe für die Befragung
jus [ʒy] *m* **1.** Saft *m*; ~ **de fruit** Obst-, Fruchtsaft *m*; ~ **de pommes** Apfelsaft *m*, -süßmost *m*; ~ **de raisin, de réglisse, de tomates, de viande** Trauben-, Süßholz-, To'maten-, Fleischsaft *m*; *cuis* ~ **de rôti** Bratensaft *m*; Jus [ʒy:] *f*; *cuis* **carottes** *f/pl* **au** ~ Karotten *f/pl* in Fleischsaft; *Braten* **arroser de son** ~ begießen; beschöpfen; **cuire dans son** ~ *Fleisch* im eigenen Saft schmoren;

laisser qn cuire, mijoter dans son ~ j-n im eigenen Saft schmoren lassen; F *fig* **ça valait le** ~ es hat sich gelohnt; F **da hast du was verpaßt**; es war ein Riesenspaß; es war urkomisch; **2.** F (*café*) Kaffee *m*; **un bon** ~ ein guter Kaffee; *péi* ~ **de chaussette** F Blümchenkaffee *m*; Brühe *f*; Plörre *f*; ♦ *arg mil* **premier, deuxième** ~ Oberschütze *m*, Schütze *m*; P Schütze *m* Arsch (im dritten Glied); **soldat** *m* **de corvée de** ~ Kaffeeholer *m*; **c'est du trente au** ~ es sind noch dreißig Tage Militärdienst abzuleisten; **3.** F (*eau*) Wasser *n*; **4.** F (*courant électrique*) F Saft *m*; **il n'y a plus de** ~! F kein Saft mehr!; *auto* **mettre le** ~ die Zündung einschalten; **recevoir un coup de** ~ e-n elektrischen Schlag kriegen
jusant [ʒyzã] *m mar* Ebbe *f*; Tidenfall *m*; **courant** *m* **de** ~ Ebbestrom *m*
jusée [ʒyze] *f Gerberei* Gerb-, Lohbrühe *f*; **bain** *m* **de** ~ Lohbad *n*
jusqu'au-bout|isme [ʒyskobutism(ə)] *m* F a) 'Durchhalten *n* bis zum Ende, um jeden Preis; F 'Durchhaltepolitik *f*; b) Scharfmache'rei *f*; **~iste** *m* F a) F 'Durchhaltepolitiker *m*; b) Scharfmacher *m*
jusque [ʒysk(ə)] I *prép* ⟨*poét* ~s; *vor Vokal* jusqu'⟩ **1.** *mit der prép* **à: a)** *örtlich* **jusqu'à** bis nach; bis zu; bis an; **jusqu'à Paris** bis nach Paris; **rempli jusqu'au bord** bis an den Rand gefüllt; randvoll; ~(**s**) **et y compris la page vingt** bis einschließlich Seite zwanzig; bis Seite zwanzig inklusive; **b)** *zeitlich* **jusqu'à aujourd'hui**, *litt* **jusqu'aujourd'hui** bis heute; **jusqu'à demain** bis morgen; **jusqu'à quand?** bis wann?; wie lange noch?; **jusqu'à la mort** bis in den *bzw* bis zum Tod; **jusqu'à ce jour** bis heute; bis auf diesen, bis auf den heutigen Tag; **jusqu'au 17 décembre inclus** bis einschließlich 17. Dezember; bis 17. Dezember inklusive; **c)** *fig: se sentir touché* **jusqu'au fond de l'âme** zutiefst ...; **jusqu'au dernier (homme)** bis auf den letzten Mann; **s'attendre jusqu'aux larmes** zu Tränen gerührt sein; **2.** *mit anderer prép:* **a)** *örtlich* **accompagner qn** ~ **chez lui** j-n bis nach Hause begleiten; **b)** *zeitlich* **demeurer jusqu'après Pâques** bis nach, bis über Ostern bleiben; **jusqu'en avril** bis zum April *bzw* bis in den April hinein; **attendre** ~ **vers onze heures** bis gegen elf (Uhr) warten; **3.** *mit adv:* **jusqu'alors** bis'her; bis'lang; bis jetzt; **jusqu'à présent** bis jetzt; **jusqu'ici** *cf* ici; ~-**là** *örtlich* bis dahin, dorthin; so weit (*auch fig*); *zeitlich* bis dahin; bis zu dieser, jener Zeit; F*fig* **en avoir** ~-**là** a) es satt, F dick haben; F knüppelsatt, vollgefressen sein; F **j'en ai** ~-**là** *auch* F mir steht's bis hierhin; es hängt mir zum Halse raus; mir langt's, reicht's; ~ **minuit** passé bis nach Mitternacht; ~ **récemment** bis vor kurzem; ~ **tard dans la nuit** bis spät in die Nacht (hinein); II *adv* **1.** *örtlich;* selbst; **il regarda** ~ **sous le lit** er sah sogar unter dem Bett nach; **il est allé jusqu'à prétendre que** ... er ging so weit zu behaupten, daß ...; **III** *conj* **jusqu'à ce que** ... (+*subj*) bis; **restez jusqu'à ce que je revienne** bleiben Sie, bis ich zurückkomme
jusquiame [ʒyskjam] *f bot* Bilsenkraut *n*; ~ **noire** Schwarzes Bilsenkraut
jussiée [ʒysje] *f bot* Nachtkerze *f*
juste [ʒyst] I *adj* **1.** *Richter, Strafe, Urteil* gerecht; *Lohn, Belohnung, Entschädigung* angemessen; ~ **ciel!**, ~**s dieux!**

gerechter Himmel, Gott!; ~ **colère** *f* gerechter Zorn; **par un** ~ **retour des choses** *cf* retour 5.; **être** ~ **à l'égard de, pour, envers qn** j-m gegenüber gerecht sein; gerecht gegen j-n sein; j-m Gerechtigkeit wider'fahren lassen; **soyons** ~**s!** seien wir gerecht!; **ce n'est que trop** ~ das ist nur recht und billig; das ist nicht mehr als recht und billig; *Lehrer* **être** ~ **dans ses notations** gerecht zensieren; **2.** *Forderung, Vorwurf, Befürchtung* berechtigt; *Zweifel auch* begründet; **avoir de** ~**s raisons de s'alarmer** allen Anlaß, guten *od* allen Grund zur Beunruhigung haben; **à** ~ **titre** mit vollem Recht; zu Recht; mit Fug und Recht; **3.** *Waage, Maß, Uhrzeit* genau; *Uhr* richtig, -genaugehend; *Überlegung, Gedanke, Rechnung, Lösung, Verhältnis* richtig; *Note, Oktave etc* rein; *Wort* passend; treffend; *Uhrzeit auch* Punkt ...; pünktlich ...; Schlag ...; *Pferdesport* **cheval** *m* ~ 'durchgerittenes Pferd; **esprit** *m* ~ klarer Kopf; **milieu** *m* ~ richtige, goldene Mitte; *cf auch* milieu 2.; **prix le plus** ~ knapp, scharf kalku'lierter Preis; **tir** *m* ~ Treffer *m*; **au sens le plus** ~ **du terme** im wahrsten Sinne des Wortes; **très** ~! sehr richtig!; **tout** ~! ganz recht!; **rien de plus** ~! das ist nur zu richtig!; **avoir le coup d'œil, l'oreille** ~ ein gutes Auge, Ohr *od* Gehör haben (**pour qc** für etw); **avez-vous l'heure** ~? haben Sie (die) genaue Uhrzeit?; **estimer qc à son** ~ **prix, qn à sa** ~ **valeur** etw, j-n nach s-m wahren Wert einschätzen, beurteilen; **être** ~ *Rechnung* stimmen; *Waffe* gut, einwandfrei funktio'nieren; *Klavier* **ne plus être** ~ verstimmt sein; **c'est** ~ das ist richtig; das stimmt; **c'est assez** ~ das stimmt ziemlich genau; **4.** *trop* ~ *Kleidungsstück* zu eng, knapp; *Mahlzeit* zu knapp, wenig; **c'est un peu** ~ von e-m *Kleidungsstück auch* das spannt; **trois minutes pour changer de train, ce sera** ... das wird knapp werden; II *adv* **1.** richtig; genau; ~ **autant** ebensoviel; ~ **au coin de la rue** genau, di'rekt an der Straßenecke; ~ **l'opposé, le contraire** das genaue Gegenteil; gerade das Gegenteil; **arriver** ~ **à l'heure** ganz pünktlich (an)kommen; **chanter** ~ richtig singen; **c'est** ~ **ce qu'il faut** das ist genau das, was wir brauchen; **mesurer** ~ genau messen; *Pferd* **partir** ~ richtig angaloppieren; **penser** ~ (folge)richtig denken; **tirer, viser** ~ richtig, genau zielen; **tomber** ~ **a)** *Teilungsaufgabe* aufgehen; ohne Rest bleiben; **b)** es erraten; das Richtige treffen; **au** ~ eigentlich; genau; **que veux-tu au** ~? was willst du eigentlich?; **comme de** ~ wie nicht anders zu erwarten; **comme de** ~, **il n'était pas là** er war natürlich wieder nicht da; **2.** gerade noch, so, eben (F grade ...); knapp; nur; ~ **à côté a)** di'rekt nebenan, daneben; **b)** *Schuß etc* knapp daneben; **arriver** ~ **pour voir le bus démarrer** g(e)rade noch zurechtkommen, um den Bus abfahren zu sehen; **avoir** ~ **de quoi vivre** sein knappes Auskommen, g(e)rade sein Auskommen haben; g(e)rade so aus-, hinkommen; **on a** ~ **le temps** die Zeit reicht g(e)rade noch, eben; wir schaffen es g(e)rade noch; **compter, prévoir un peu trop** ~ ein bißchen zu knapp rechnen, kalkulieren; **rester** ~ **le temps de faire qc** nur so lange bleiben, bis man etw getan hat; *loc/adv:* **au plus** ~ ganz knapp; **calculer au plus** ~ ganz knapp, F knappstens kalkulieren; **tout** ~ gerade noch; ganz knapp; **tout** ~ **500 exemplaires** knapp 500 Exemplare; F

il a eu le train tout ~ F er kriegte den Zug mit knapper Not, mit Mühe und Not, mit Ach und Krach; **c'est tout ~ passable** das ist g(e)rade noch ausreichend; das geht g(e)rade noch; das geht so eben; **III** *m* **1.** Gerechte(r) *m*; **les ~s** die Gerechten; *bibl* **les ~s et les pécheurs** die Gerechten und die Ungerechten; **2. le sentiment du ~ et de l'injuste** das Gefühl für Recht und Unrecht

justement [ʒystəmã] *adv* **1.** gerade (F grade); eben; ~ **le voici!** da kommt er ja g(e)rade!; **c'est ~ ce qu'il ne fallait pas faire** das war g(e)rade das Verkehrte; **il a choisi ~ ce moment** er wählte ausgerechnet diesen Augenblick; *il sera peiné de l'apprendre – ~*, **ne lui dites rien ...** darum sagen Sie ihm nichts; **2.** zu, mit Recht; gerecht; **faire ~ remarquer que ... mit**, zu Recht darauf hinweisen, daß ...; **3.** richtig; **comme on l'a dit si ~** wie ganz richtig gesagt wurde; **on dira plus ~ que ...** richtiger, genauer, besser gesagt ...

juste-milieu [ʒystəmiljø] *m fig, bes pol* goldene Mitte; goldener Mittelweg

justesse [ʒystɛs] *f* **1.** *e-r Uhr, Waage etc* Genauigkeit *f*; *e-s Meßinstruments auch* Meßgenauigkeit *f*; *e-r Schraube* richtiges Maß; *e-s Tons* Reinheit *f*; *e-s Vergleichs, Ausdrucks etc* Richtigkeit *f*; *e-s Berichts auch* Glaubwürdigkeit *f*; *des Ohres, Verstandes* Schärfe *f*; ~ **du coup d'œil** gutes Augenmaß; ~ **du tir** Treffsicherheit *f*; **remarque ~ d'une grande ~** scharfsinnige Bemerkung; **2.** *loc/adv* **de ~** gerade (F grade) noch, so eben; mit knapper Not; **échapper ~ à la mort** um Haaresbreite, mit knapper Not dem Tod entgehen; **gagner de ~** knapp, mit e-m knappen Vorsprung gewinnen, siegen

justice [ʒystis] *f* **1.** Gerechtigkeit *f*; Recht *n*; **la** ♀ **Ju'stitia** *f*; die Göttin der Gerechtigkeit; ~ **sociale** soziale Gerechtigkeit; **amour** *m* **de la ~** Gerechtigkeitsliebe *f*; **en bonne ~** mit gutem Recht; **en toute ~** mit vollem Recht; mit Fug und Recht; **agir selon la ~** gerecht handeln; **agir contre la ~** ungerecht sein; gegen die Gerechtigkeit verstoßen; **avoir la ~ de son côté, pour soi** das Recht auf s-r Seite haben; **demander, obtenir ~** Gerechtigkeit, sein Recht fordern, erlangen *od* erhalten; **on lui doit cette ~, il faut lui rendre cette ~ qu'il est objectif** er ist objektiv, das muß man ihm lassen, das kann man nicht anders sagen; **c'est ~** das ist gerecht; **ce n'est que ~** das ist nur recht und billig; das ist nicht mehr als recht und billig; **faire ~ de qc** etw kurzerhand abtun; mit etw aufräumen; etw für falsch erklären; etw wider'legen; **faire, rendre ~ à qn** j-m Gerechtigkeit wider'fahren lassen; **2.** Ju'stiz *f*; Rechtspflege *f*; Rechtsprechung *f*; Gerichtsbarkeit *f*; *par ext* Gerichtshof *m*; Gericht *n*; *par ext auch* Krimi'nalpolizei *f*; ~ **administrative, civile** Verwaltungs-, Zi'vilgerichtsbarkeit *f*; ~ **inter-**

nationale internationale Rechtsprechung; ~ **maritime** *in Frankreich etwa* Schiffahrtsgerichte *n/pl*; ~ **militaire** Mili'tärgerichtsbarkeit *f*, -justiz *f*; ~ **politique** politische Justiz; *früher* ~ **de paix** Friedensgericht *n* (*noch heute in Belgien*); ~ **de ressort** Berufungsgericht *n*; **sous-secrétaire à la** ♀ *etwa* Staatssekretär *m* im Justizministerium; **gens** *m/pl* **de** ~ Justizbeamte(n) *m/pl*; **déclaration** *f* **en** ~ Aussage *f* vor Gericht; **appeler, assigner, citer en** ~ vor Gericht laden; vorladen; **être brouillé avec la** ~ mit dem Gesetz in Konflikt geraten sein; **défendre un accusé devant la** ~ e-n Angeklagten bei *od* vor Gericht verteidigen; **déférer qn à la** ~, **traduire qn en** ~ j-n gerichtlich belangen, vor Gericht stellen *od* bringen; **se faire ~ (soi-même)** a) sich selbst richten; b) sich selbst Recht verschaffen; **passer en** ~ vor Gericht kommen; **être recherché par la** ~ von der Kriminalpolizei gesucht werden; **recourir à la** ~ vor Gericht gehen; das Gericht anrufen; **relever de la** ~ **d'un pays** der Gerichtsbarkeit e-s Landes unter'stehen; **rendre la ~** Recht sprechen; Gericht halten; *Streitsache* **soumettre à la** ~ vor Gericht bringen

justiciable [ʒystisjabl(ə)] *jur* **I** *adj* e-r Gerichtsbarkeit, der Zuständigkeit e-s Gerichts unter'liegend, unter'stehend, unter'worfen; **II** *m,f* der Rechtsprechung unter'worfene Person

justic|ier [ʒystisje] *m*. **~ière** *f* **1.** Verfechter(in) *m(f)* der Gerechtigkeit; *in Abenteuerromanen für das Recht eintretender* Held; Rächer *m*; *iron* Weltverbesserer *m*; **s'ériger en** ~ sich zum Richter aufwerfen; **2.** *féod* Gerichtsherr(in) *m(f)*

justifi|able [ʒystifjabl(ə)] *adj* vertretbar; zu rechtfertigen(d); **~ant** *adj rel* **grâce ~e** rechtfertigende Gnade

justificateur [ʒystifikatœr] **I** *adj* ‹-trice› rechtfertigend; **II** *m impr* **1.** Handsetzer, der die Zeilen ausschließt; **2.** *verstellbarer Teil des Winkelhakens* Frosch *m*; *par ext* Winkelhaken *m*

justificatif [ʒystifikatif] *adj* ‹-ive›. **1.** rechtfertigend; Rechtfertigungs...; *jur* **fait ~** Rechtfertigungsgrund *m*; **mémoire ~** Rechtfertigungsschrift *f*; **2.** beweiskräftig; Beweis...; *comm* Beleg...; **exemplaire ~** *od subst* ~ *m* Belegexemplar *n*, -stück *n*; **pièce justificative** Beweisstück *n*; Beweis *m*; *comm* Beleg *m*; (Rechnungs)'Unterlage *f*

justification [ʒystifikasjõ] *f* **1.** Rechtfertigung *f* (*auch rel*); **qu'avez-vous à dire pour votre ~?** was haben Sie zu Ihrer Rechtfertigung zu sagen?; **2.** Nachweis *m*, Beweis *m*, *bes comm* Beleg *m* (**de qc** für etw); ~ **d'un paiement** Zahlungsbeleg *m*; *impr* ~ **du tirage** über die offizielle Auflagenzahl gedruckte (Beleg)Exemplare *n/pl*; **3.** *impr* a) *der Zeilen* Ausschließen *n*; *der Lettern* Ju'stieren *n*; **machine** *f* **à écrire à** ~ Schreibmaschine *f* mit Randausgleich; b) Zeilenlänge *f*; Satzbreite *f*

justifier [ʒystifje] **I** *v/t* **1.** rechtfertigen

(*auch rel*); die Unschuld beweisen, nachweisen (**qn** j-s); **2.** *Kritik, Verhalten* begründen; erklären; *Wahrheit e-r Aussage, Behauptung* beweisen; Beweise liefern (**qc** für etw); ~ **l'emploi des sommes reçues** über die Verwendung der empfangenen Gelder Rechenschaft ablegen; **il éprouvait une joie que rien ne justifiait** er empfand e-e Freude, die durch nichts begründet war; *adit* Vorwurf etc justifié berechtigt; begründet; *Befürchtung* **ne pas être justifié** unbegründet sein; **3.** *Hoffnung, Erwartung* erfüllen; *Befürchtung, Ansicht, j-s Worte* bestätigen; **4.** *impr* Zeile ausschließen; *Lettern* ju'stieren; ~ **le composteur** am Winkelhaken die Satzbreite, Zeilenlänge einstellen; **II** *v/t/indir* ~ **de qc** für etw den Beweis liefern, den Nachweis erbringen; etw beweisen, nachweisen, belegen; ~ **de son identité** sich ausweisen, legiti'mieren; *Quittung* ~ **d'un paiement** e-e Zahlung belegen; **III** *v/pr se* ~ a) sich rechtfertigen (**auprès de qn** vor j-m); **se** ~ **de qc devant qn** sich vor j-m für etw verantworten; **se** ~ **d'une accusation** sich von e-r Anschuldigung reinwaschen, reinigen; b) *Befürchtung* sich als begründet, gerechtfertigt erweisen

jutage [ʒytaʒ] *m bei der Konservierung von Obst u Gemüse* Auffüllen *n* der Dosen mit heißem Saft

jute [ʒyt] *m* a) *bot* Jutestrauch *m*; Jute (-pflanze) *f*; b) *text* Jute *f*; ~ **bâtard** Bastardjute *f*

juter [ʒyte] *v/i* F Frucht viel Saft haben, geben; sehr saftig sein

juteux [ʒytø] **I** *adj* ‹-euse› **1.** Frucht saftig; **2.** F *fig* **affaire juteuse** einbringliches, einträgliches Geschäft; F Mords-, Bombengeschäft *n*; **II** *m arg mil* Hauptfeldwebel *m*; F Spieß *m*

juvénil|e [ʒyvenil] *adj* Anmut, Frische, Lächeln jugendlich; *jur* **délinquance** *f* ~ Jugendkriminalität *f*; *géol* **eau** *f* ~ juve-'niles Wasser; **Juve'nilwasser** *n*; *physiol* **hormone** *f* ~ Juve'nilhormon *n*; **~isme** *m path* Retardati'on *f* der körperlichen Entwicklung im Puber'tätsalter

juxtalinéaire [ʒykstalineɛr] *adj* **traduction** *f* ~ Juxtaline'arversion *f*

juxtapos|able [ʒykstapozabl(ə)] *adj* bei Anbaumöbeln **éléments** *m/pl* ~**s** Anbauelemente *n/pl*; **~ant** *adj ling* **langue ~e** Klassensprache *f*

juxta|posé [ʒykstapoze] *adj* nebenein-'andergestellt, -gelegt, -gesetzt; *gr* **mots ~s** *od subst* ~s *m/pl* Juxta(kom)'positum *n bzw pl* -'posita; **propositions ~es** unverbundene Satzreihe; asyn'detische Para'taxe; **~poser I** *v/t* nebenein'anderstellen, -legen, -setzen; *Texte* gegen-'überstellen; *Sätze* (anein'ander)reihen; *Wörter* anein'andersetzen; *Möbelstück* anbauen (**à an** + *acc*); **II** *v/pr se* ~ nebenein'anderstehen; **~position** *f* Nebenein'anderstellen *n*, -legen *n*, -setzen *n*; *von Texten* Gegen'überstellung *f*; Juxtapositi'on *f*; *von Sätzen* (Anein-'ander)Reihen *n*; Reihung *f*; *von Wörtern* Anein'andersetzen *n*, -ung *f*

K

K, k [ka] m ⟨inv⟩ K, k n
Ka(a)ba [ka(a)ba] f in Mekka la ~ die Kaaba
kabbale [kabal] f rel Kabbala f
kabuki [kabuki] m thé in Japan Ka-ˈbuki n
kabyle [kabil] I adj kaˈbylisch; II subst 1. ♀ m, f Kaˈbyle m, Kaˈbylin f; 2. ling le ~ das Kaˈbylische; Kaˈbylisch n
kacha [kaʃa] f od **kache** [kaʃ] f cuis Kasch m; Kascha f
kadi cf cadi
kaempférie [kɛmferi] m bot Gewürz-lilie f
kafkaïen [kafkajɛ̃] adj ⟨~ne⟩ kafkaˈesk
kagou [kagu] m zo Kagu m
kahoua [kawa] arg mil m Kaffee m
kaïnite [kainit] f minér, agr Kaiˈnit m
kaiser [kajzɛr, kɛ-] m hist (deutscher) Kaiser (1871–1918)
kakapo [kakapo] m zo Eulenpapagei m
kakatoès cf cacatoès
kakerlak [kakɛrlak] m od **kakerlat** [kakɛrla] m zo Kakerlak m; Küchen-schabe f
kaki¹ [kaki] I adj ⟨inv⟩ k(h)akibraun, -farben; chemise f ~ Khakihemd n; toile f ~ Khaki m; II m Khaki n; Khaki-braun n, -farbe f
kaki² [kaki] m bot Kakipflaume f (Baum u Frucht)
kala-azar [kalaazar] m path Kala-Aˈzar f
kaléidoscope [kaleidɔskɔp] m Kaleido'skop n (auch fig)
kali [kali] m 1. bot Kalisalzkraut n; 2. chim Kaliumkarbonat n; Pottasche f
kalk|sinter [kalksintɛr] m minér Kalk-sinter m; **~spath** m minér Kalkspat m; Kalˈzit m
kalmia [kalmja] m bot Lorbeerrose f; ~ latifolia Berglorbeer m
kalmouk [kalmuk] I adj kalˈmückisch; II subst 1. ♀s m/pl Kalˈmücken m/pl; 2. ling le ~ das Kalˈmückische; Kalˈmük-kisch n; 3. m text Kalˈmuck m
kamichi [kamiʃi] m zo ~ cornu Horn-wehrvogel m
kamikaze [kamikaz] m Kamiˈkazeflie-ger m (japanischer Selbstmordflieger)
kan cf khan
kanamycine [kanamisin] f phm Kana-myˈcin n
kandahar [kɑ̃daar] m Skisport Kanda-har-Rennen n
kangourou [kɑ̃guru] m zo Kängu-ruh n
kant|ien [kɑ̃tjɛ̃] adj ⟨~ne⟩ philos Kan-tisch; von Kant; impératif ~ kateˈgori-scher Imperativ; **~isme** m philos Lehre f, Philosoˈphie f Kants; **~iste** m,f philos Kantiˈaner(in) m(f)
kaolin [kaɔlɛ̃] m minér Kaoˈlin n, fachspr m; Porzelˈlanerde f
kaolin|ique [kaɔlinik] adj kaoˈlinhaltig

~isation f géol Kaoliniˈsierung f; **~ite** f minér Kaoliˈnit m
kaon [kaɔ̃] m phys atom Kaon n
kaori [kaɔri] m Holz n der Kaurifichte
kapo [kapo] m Kapo m (im KZ)
kapok [kapɔk] m text Kapok m; **~ier** m bot Kapokbaum m
kapout [kaput] F adj ⟨inv⟩ tot; P kaˈputt
kappa [ka(p)pa] m griechischer Buchsta-be Kappa n
karakul [karakyl] m zo Karaˈkulschaf n
karaté [karate] m Kaˈrate n
karib [karib] adj ling langue ~e karaˈi-bische od kaˈribische Sprache
karité [karite] m bot Schibutterbaum m; beurre m de ~ Schibutter f
karma [karma] od **karman** [karmã] m rel Karma od Karman n
karst [karst] m géol Karst m; **~ique** adj géol Karst…
kart [kart] m Go-Kart od Go-cart m
karting [kartiŋ] m Go-Kart-Sport m; Karting-Sport m
kascher [kaʃɛr] adj cf cawcher
kasha [kaʃa] m (nom déposé) text Kasha m (Wz)
katabatique [katabatik] adj météo vent m ~ kataˈbatischer Wind; Abwind m
kauri [kori] m Koˈpalharz n; Koˈpal m od n; Kaurikopal m
kava od **kawa** [kava] 1. m bot Rausch-, Kawapfeffer m; 2. f Kawa od Kava f (berauschendes Getränk)
kawi [kavi] m ling Kawi n
kayak [kajak] m Kajak m; **~iste** m,f Kajakfahrer(in) m(f)
kazakh [kazak] 1. ♀s m/pl Kaˈsachen od Kaˈsaken m/pl; 2. ling le ~ das Kaˈsachi-sche; Kaˈsachisch n
kea [kea] m zo Kea m
kebab [kebab] m cuis Keˈbab m
kéfir [kefir] m Getränk Kefir m
kelvin [kɛlvɛ̃] m (abr K) phys Kelvin n (abr K)
kennedya [kenedja] m bot Kenˈnedya f
kénotron [kenɔtrɔ̃] m élect Hochva-kuumgleichrichter(röhre) m(f)
kentia [kɛ̃tja, kɑ̃sja] m bot Kentia f
kentrophylle [kɛ̃trɔfil] m bot Wollige Färberdistel
képhyr cf kéfir
képi [kepi] m (Art) Schirmmütze f; Käppi n (der frz Offiziere, Zollbeamten, Polizi-sten, Postboten)
képlérien [keplerjɛ̃] adj ⟨~ne⟩ astr Keplersche(r, -s); von Kepler
kérabau [kerabo] m zo Keraˈbau m
kératin|e [keratin] f Biochemie Keraˈtin n; Hornstoff m; **~isé** adj phm pilules **~es** keratiˈnierte Pillen f/pl
kératite [keratit] f path Hornhautent-zündung f; sc Keraˈtitis f
kérato|plastie [keratɔplasti] f chir Ke-ratoˈplastik f; Hornhautüberpflanzung f; **~scope** m méd Keratoˈskop n

kératose [keratoz] f path Keraˈtose f; Verhornung f (der Haut); ~ sénile Altersflecke(n) m/pl
kermès [kɛrmɛs] m 1. zo Kermesschild-laus f; 2. bot ~ od adit chêne m ~ Kermeseiche f
kermésite [kɛrmezit] f minér Kermeˈsit m; rote Antiˈmonblende
kermesse [kɛrmɛs] f 1. Wohltätigkeits-basar m; 2. Kirmes f; Kirchweih(fest) f(n)
kernera [kɛrnera] m bot Kugelschöt-chen n
kernite [kɛrnit] f minér Kerˈnit m; Rasoˈrit m
kérosène [kerɔzɛn] m chim, aviat Kero-ˈsin n
Kerr [kɛr] n/pr élect cellule f de ~ Kerrzelle f; phénomène m de ~ Kerref-fekt m
kerria [kɛrja] m od **kerrie** [keri] f bot Kerrie f; Goldröschen n
ketch [kɛtʃ] m mar Ketsch f
ketchup [kɛtʃœp] m cuis Ketchup [ˈkɛtʃap] m od n
keteleeria [ketelerja] m bot Keteˈleeria f
ketmie [kɛtmi] f bot Roseneibisch m
kétupa [ketypa] m od **ketupu** [ketypy] m zo Fischeule f
keuper [køpɛr] m géol Keuper m
kévatron [kevatrɔ̃] m phys atom Keva-tron n
keynésien [kenezjɛ̃] adj ⟨~ne⟩ écon théorie ~ne Theorie f von Keynes [kɛns]
khâgn|e [kaɲ] f F Klasse, in der man sich nach dem Baccalauréat zur Aufnahme-prüfung für die „École normale supérieu-re (lettres)" vorbereitet; **~eux** m, **~euse** f F Student(in), der (die) die „khâgne" besucht
khamsin [xamsin, kam-] m météo Kam-ˈsin od Chamˈsin m
khan [kɑ̃] m Khan od Chan m
khanat [kana] m Khaˈnat od Chaˈnat n
khaya [kaja] m bot Afriˈkanischer Ma-haˈgonibaum
khédive [kediv] m hist Kheˈdive m
khelline [kɛlin] f phm Khelˈlin n
khi [ki] m griechischer Buchstabe Chi [çiː] n
khmer [kmɛr] I adj ⟨khmère⟩ der Khmer; Khmer…; II subst 1. ♀s m/pl Khmer m/pl; 2. m ling Khmer m
kiang [kjɑ̃g] m zo Kuˈlan m (mongoli-scher Halbesel)
kibboutz [kibuts] m ⟨pl ~ od ~im [-im]⟩ Kibˈbuz m
kick-starter [kikstartɛr] m ⟨pl kick--starters⟩ Kickstarter m
kid [kid] m Kidfell n
kidnapp|er [kidnape] v/t 1. kidnappen [-nɛ-]; entführen; 2. F klauen; **~eur** m, **~euse** f Kidnapper [-nɛ-] m
kidnapping [kidnapiŋ] m Kidnapping [-nɛ-] n

kierkegaardien [kjɛrkəgardjɛ̃] *adj* ‹~ne› *philos* Kierkegaard...
kieselgu(h)r [kizɛlgur] *f minér* Kieselgur *f*; Infu'sorienerde *f*; Diato'meenerde *f*
kiesérite [kjezerit] *f minér* Kiese'rit *m*
kievien [kjevjɛ̃] *adj* ‹~ne› Kiewer; von Kiew; *hist* la Russie ~ne das Kiewer Reich
kif [kif] *m cf* kif-kif
kif(f) [kif] *m* Kif *n* (*nordafrikanisches Rauschgift*)
kif-kif [kifkif] *adj* ‹*inv*› F c'est ~, c'est ~ bourricot, ~ bourricot, *subst* c'est du kif das ist gleich, e'gal, ein und dasselbe; F das ist Jacke wie Hose; das ist gehupft *od* gehopst wie gesprungen
kiki [kiki] *m* F (*gorge*) Gurgel *f*; Kehle *f*; serrer le ~ à qn j-m die Gurgel, Kehle zu- *od* abschnüren, zu- *od* abdrücken
Kikouyous *od* **Kikuyus** [kikuju] *m/pl* Ki'kuju *m/pl*
kil [kil] P *m* Liter *n od m*; un ~ de rouge ein Liter Rotwein
kilo [kilo] *m* Kilo *n*; cinq ~s fünf Kilo
kilo|ampère [kiloɑ̃pɛr] *m* (*abr* kA) *élect* Kiloam'pere *n* (*abr* kA); **~ampère-mètre** *m élect* Kiloampere'meter *n*; **~calorie** *f* (*abr* kcal) Kilokalorie *f* (*abr* kcal); **~gramme** *m* (*abr* kg) Kilo'gramm *n* (*abr* kg); **~gramme-force** *m* ‹*pl* kilogrammes-force› (*abr* kgf) *od* **~gramme-poids** *m* ‹*pl* kilogrammes-poids› (*abr* kgp) Kilo'pond *n* (*abr* kp); **~grammètre** [-gram-mɛtr(ə)] *m* (*abr* kgm) Kilo'pondmeter *n* (*abr* kpm) *od* Meterkilopond *n*; **~hertz** *m* (*abr* kHz) *rad* Kilo'hertz *n* (*abr* kHz); **~joule** *m* (*abr* kJ) *élect* Kilo'joule *n* (*abr* kJ)
kilométrage [kilɔmetraʒ] *m* **1.** e-r Straße, Strecke Kilome'trieren *n*, -ung *f*; **2.** *auto* Kilome'terzahl *f*, -stand *m*
kilomètre [kilɔmɛtr(ə)] *m* (*abr* km) Kilo'meter *m* (*abr* km); ~ carré (*abr* km²) Qua'dratkilometer *m* (*abr* km² *od* qkm); ~ cube (*abr* km³) Ku'bikkilometer *m* (*abr* km³ *od* cbkm); prix *m* du ~ Kilo'metertarif *m*, -preis *m*; faire des ~s kilometerweit, viele Kilometer laufen, fahren; faire 130 ~s à l'heure mit 130 Stundenkilometern fahren; **~heure** *m* ‹*pl* kilomètres-heure› (*abr* km/h) Stundenkilometer *m* (*abr* km/h); **~-passager** *m* ‹*pl* kilomètres-passagers› *aviat* Per'sonenkilometer *m*
kilométrer [kilɔmetre] *v/t* ‹-è-› Straße, Strecke kilome'trieren; mit Kilo'metersteinen *od* Kilo'metersteine setzen (une route auf e-r Straße)
kilomètre-voyageur [kilɔmɛtr(ə)-vwajaʒœr] *m* ‹*pl* kilomètres-voyageurs› ch de fer Per'sonenkilometer *m*
kilométrique [kilɔmetrik] *adj* Kilo'meter...; in Kilo'metern; kilo'metrisch; borne *f* ~ Kilometerstein *m*; *auto* compteur *m* ~ Kilometerzähler *m*; distance *f* ~ Entfernung *f* in Kilometern; *ch de fer*: point *m* ~ Kilometerpunkt *m*; unité *f* ~ Kilometereinheit *f*; Leistungseinheit *f* in Kilometern
kilo|mole [kilɔmɔl] *f chim* Kilomol *n*

(*abr* kmol); **~tonne** *f* (*abr* kt) *phys* atom Kilotonne *f* (*abr* kt); **~var** [-var] *m* (*abr* kvar) *élect* Blindkilovoltampere *n*; **~varheure** [-varœr] *m* (*abr* kvarh) *élect* Blindkilovoltamperestunde *f*; **~volt** *m* (*abr* kV) *élect* Kilo'volt *n* (*abr* kV); **~voltampère** *m* (*abr* kVA) *élect* Kilovoltam'pere *n* (*abr* kVA); **~volt-ampèreheure** *m* (*abr* kVAh) *élect* Kilovoltam'perestunde *f* (*abr* kVAh); **~watt** *m* (*abr* kW) *élect* Kilo'watt *n* (*abr* kW); **~wattheure** *od* **~watt-heure** *m* ‹*pl* kilowatts-heures› *m* (*abr* kWh) *élect* Kilo'wattstunde *f* (*abr* kWh)
kilt [kilt] *m* Kilt *m*
kimberlite [kɛ̃bɛrlit] *f minér* Kimber-'lit *m*
kimono [kimɔno] *m* Ki'mono *od* 'Kimono *m* (*auch als Morgenrock*); *adjt* manches *f/pl* ~ Kimonoärmel *m/pl*; robe *f* ~ Kleid *n* im Kimonoschnitt
kinase [kinaz] *f Biochemie* Ki'nase *f*
kinésique [kinezik] *adj cf* kinesthésique
kinésithérap|eute [kineziterapøt] *m, f* Heil-, Krankengymnast *m*, Heil-, Krankengymnastin *f*; Heil-, Krankengymnastik *f*; *sc* Kinesiothera'pie *f*
kinesthés|ie [kinestezi] *f physiol* Kinästhe'sie *f*; **~ique** *adj* kinäs'thetisch; sens *m* ~ kinästhetischer Sinn; Muskelsinn *m*
king-charles [kinʃarl] *m* ‹*inv*› *zo* King-Charles(-Spaniel) *m*
kiosque [kjɔsk] *m* **1.** Ki'osk *m*; ~ à fleurs Blumenstand *m*; ~ à journaux Zeitungskiosk *m*, -stand *m*, -bude *f*; **2.** (Garten)Pavillon *m*; Gartenhäuschen *n*; ~ à musique Mu'sikpavillon *m*; **3.** *mar* **a)** *e-s U-Boots* Turm *m*; **b)** ~ de la timonerie, de la barre Ruderhaus *n*
Kipp [kip] *n/pr chim* appareil *m* de ~ Kippscher Apparat
Kirchhoff [kirʃɔf] *n/pr élect* lois *f/pl* de ~ Kirchhoffsche Regeln *f/pl*
Kirghiz [kirgiz] *m/pl* Kir'gisen *m/pl*
kirghize [kirgiz] **I** *adj* kir'gisisch; **II** *subst ling* le ~ das Kir'gisische; Kir-'gisisch *n*
kirsch [kirʃ] *m* Kirsch *m*; Kirschwasser *n*
kit [kit] *m* Satz *m* Einzelteile (*zum Zusammenbauen*)
kitchenette [kitʃənɛt] *f* kleine Küche; Kleinküche *f*; Kochnische *f*
kiwi [kiwi] *m zo* Kiwi *m*
klaxon [klaksɔn] *m* (*nom déposé*) Hupe *f*; donner un coup de ~ kurz hupen
klaxonner [klaksɔne] *v/i* hupen; interdiction *f* de ~ Hupen verboten
klébard *cf* clébard
kleptoman|e [klɛptɔman] **I** *adj* klepto-'manisch; **II** *m,f* Klepto'mane, -'manin *m,f*; **~ie** *f* Kleptoma'nie *f*
klystron [klistrõ] *m tech* Klystron *n*
knautia [knotja] *m bot* Knautie *f*; Witwenblume *f*
knock-out [(k)nɔkawt, -kut] (*abr* K.-O.) *Boxen* **I** *adj* knockout [nɔk'aut] (*abr* k.o.); mettre qn ~ j-n knockout, meist k.o. schlagen; **II** *m* Knockout *m* (*abr* K.O.); Knockoutschlag *m*; K.-o.-Schlag *m*; ~ technique technischer K.o.; battu par ~ durch K.o. besiegt

knout [knut] *m* **a)** *hist* Prügelstrafe *f* (mit der Knute); **b)** Knute *f*
koala [kɔala] *m zo* Ko'ala *m*; Beutelbär *m*
kobold [kɔbɔld] *m* Kobold *m*
kochia [kɔʃja] *m bot* Kochia *od* Kochie *f*; Radmelde *f*; ~ scoparia Sommerzypresse *f*
koda|chrome [kɔdakrom] *m* (*nom déposé*) *phot* Koda'chrom-Verfahren *n* (*Wz*); *par ext* (film *m*) ~ Kodachrom-Film *m*; **~color** [-kɔlɔr] *m* (*nom déposé*) *phot* Koda'color-Verfahren *n* (*Wz*); *par ext* (film *m*) ~ Kodacolor-Film *m*
kodak [dɔdak] *m* (*nom déposé*) *phot* Kodak *m* (*Wz*)
kogia [kɔʒja] *m zo* Zwergpottwal *m*
koinê *od* **koinè** [kɔjnɛ] *f hist ling* Koi-'ne *f*
kola [kɔla] *m bot* **a)** *cf* kolatier; **b)** (noix *f* de) ~ Kolanuß *f*
kolat|ier [kɔlatje] *m bot* Kolabaum *m*; **~ine** *f chim* Theobro'min *n*
kolinski [kɔlɛ̃ski] *m zo, Pelz* Ko'linski *m*
kolkhoz(e) [kɔlkoz] *m* Kol'chose *f*; Kolchos *m*
kolkhozien [kɔlkozjɛ̃] **I** *adj* ‹~ne› Kolchos...; Kol'chosen...; **II** *subst* ‹~(ne)› *m(f)* Kolchosbauer, -bäuerin *m,f*
konzern [kõzɛrn, -tsɛrn] *m écon* Kon-'zern *m*
kope(c)k [kɔpɛk] *m* Ko'peke *f* (*abr* Kop.)
korê [kɔrɛ] *f arch* Kore *f*; Karya'tide *f*
korrig|an [kɔrigɑ̃] *m*, **~ane** *f in der Bretagne etwa* Zwerg(in) *m(f)*; Kobold *m*; Wichtel(männchen) *m(n)*
koubba [ku(b)ba] *f arch* Kubba *f*
kouglof [kuglɔf] *m cuis* Napf-, Topfkuchen *m*; *südd, österr u schweiz* Gugelhupf *m*; Gugelhopf *m*
koulak [kulak] *m hist Rußland* Ku'lak *m*
koumis *od* **koumys** [kumis] *m Getränk* Kumyß *od* Kumys *m*
krach [krak] *m écon* Börsenkrach *m*
kraft [kraft] *m od adjt* papier *m* ~ Kraftpapier *n*
Kremlin [krɛmlɛ̃] le ~ der Kreml
kronprinz [krɔnprints] *m hist* (deutscher) Kronprinz
krypton [kriptõ] *m chim* Krypton *n*
kummel [kymɛl] *m Branntwein* Kümmel *m*
kumquat [kymka] *m bot* Kumquat *m*
kunzea [kɛ̃zea, kœ̃-] *m bot* Kunzea *f*
Kupffer [kypfɛr] *n/pr Histologie* cellules *f/pl* de ~ Kupffer-Sternzellen *f/pl*
kurde [kyrd] **I** *adj* kurdisch; **II** *subst* **1.** ♀ *m,f* Kurde *m*, Kurdin *f*; **2.** *ling* le ~ das Kurdische; Kurdisch *n*
kvas *od* **kwas** [kvas] *m Getränk* Kwaß *m*
kymograph|e [kimɔgraf] *m méd* Kymo-'graph *m*; **~ie** *f* Kymogra'phie *f*
kymrique [kimrik] **I** *adj* kymrisch; **II** *subst ling* le ~ das Kymrische; Kymrisch *n*
kyrie (eleison) [kirje(eleison)] *m rel, mus* Kyrie (e'leison) *m*
kyrielle [kirjɛl] *f* ~ d'enfants Schar *f*, Schwarm *m* von Kindern; Kinderschar *f*; ~ de reproches lange Reihe von Vorwürfen
kyst|e [kist] *m path, bot* Zyste *f*; **~ique** *adj* zystisch

L

L, l [ɛl] *m* ⟨*inv*⟩ L, l *n*; **l mouillé** mouilliertes l

la¹ [la] **I** *art f cf* **le I**; **II** *pr/pers acc f sg cf* **le II**

la² [la] *m mus* a *bzw* A *n*; **~ bémol** as *bzw* As *n*; **~ dièse** ais *bzw* Ais *n*; **~ majeur** A-Dur *n*; **~ mineur** a-Moll *n*; **~ normal** Kammerton *m*; **donner le ~** das A angeben

là [la] **I** *adv* **1.** *örtlich* da; dort; dahin; dorthin; **ces gens-~** diese Leute da; *st/s* jene Leute; **~ où ...** da, wo ...; **asseyez-vous ~!** setzen Sie sich hier-, da-, dorthin!; **~,** il interrompit son récit an dieser Stelle unterbrach er s-n Bericht; **qui va ~?** wer da?; **être ~** dasein; F *fig* **être un peu ~** ziemlich groß, gewichtig, auffällig sein; **il est un peu ~** *auch* mit ihm muß man rechnen; **ce sont ~ vos parents?** sind das da Ihre Eltern?; **c'est ~ même** (das ist) genau dort; **c'est ~ dans ma mémoire** ich sehe es vor mir; ich habe es genau vor Augen; **les faits sont ~** das sind (nun einmal) Tatsachen; **c'est ~ que je voudrais aller** dorthin möchte ich gern fahren, reisen; **c'est bien ~ qu'est la difficulté** darin liegt ja gerade die Schwierigkeit; **j'en étais ~ de ma lettre lorsque ...** bis hierhin, so weit war ich mit meinem Brief gekommen, als ...; **rester ~** dableiben; da, hier stehenbleiben; ♦ **de ~** von da, dort; von dorther; *kausal* daher; **de ~ au village** *il y a deux kilomètres* von da *od* dort bis zum Dorf ...; **il est allé à Paris et** (à partir) **de ~ en Angleterre** ... und von da aus nach England; **il n'a pas assez travaillé, de ~ son échec** ... daher sein 'Mißerfolg; **mais de ~ à prétendre que** ... aber deswegen gleich behaupten zu wollen, daß ...; **tout près de ~** ganz in der Nähe; **par ~** da, dort (entlang *bzw* hindurch *bzw* hinein *bzw* herein); da-, dorthin; *auch* dort in der Gegend; **montez par ~!** gehen Sie da-, dorthinauf!; **sors par ~!** geh dorthinaus!; *fig*: **on voit par ~ que ...** daran sieht man, daß ...; **que faut-il entendre par ~?** was soll man darunter verstehen ?; **2.** *zeitlich*: **à ce moment-~** *cf* **moment I.**; **à quelque temps, à quelques jours de ~** einige Zeit, Tage später *od* danach *od* darauf; **d'ici ~, je serai rentré** bis dahin ...; **3.** *als Verstärkung, oft unübersetzt*: **c'est ~ une chose importante** das ist e-e wichtige Sache, Angelegenheit; **est-ce ~ l'homme qui ...?** ist das der Mann, der ...?; **elle est ~ qui pleure** sie (sitzt *bzw* steht da und) weint; **c'est ~ votre erreur!** da irren Sie sich!; **qu'allez-vous penser ~!** wie können Sie nur so etwas denken!; **que dites-vous ~?** was sagen Sie da?; **4.** *fig*: **je n'en suis pas encore** (arrivé) **~** a) ich bin noch nicht soweit (*mit meiner Arbeit*); b)

so schlimm steht es noch nicht mit mir *od* um mich; so weit ist es noch nicht mit mir gekommen; **toute la question, tout est ~** darauf kommt alles an; **restons-en ~, tenons-nous-en ~!** wir wollen es dabei bewenden lassen!; **fallait-il en venir ~?** mußte es so weit kommen?; **II** *int* **~, ~,** calmez-vous! na *od* nun *od* schon gut, beruhigen Sie sich!; **'hé ~!** *od* **oh ~!hoppla!; oh!~ !od ah!~ !ach je!; o'je!;** F **il faisait un froid, mais ~, un froid du diable** es war kalt, wirklich eisig kalt

là-bas [labɑ] *loc/adv* da drüben; da; dort; da hinten; dorthin; dahin; F **'hé ~!** heda!; he, Sie da!; **il est revenu de ~ en avion** er ist im Flugzeug von dort zurückgekommen

label [labɛl] *m comm in Frankreich* Warenkennzeichen *n* (*e-r Erzeugergruppe*); **~ (de garantie)** Garan'tiezeichen *n*; **~ d'origine** Hersteller-, Ursprungszeichen *n*; **~ de qualité** Gütezeichen *n* (*auch fig*); Quali'tätszeichen *n*, -marke *f*, -siegel *n*

labelle [labɛl] *m bot* e-r *Orchidee* Lippe *f*; La'bellum *n*

labeur [labœr] *m* **1.** *st/s* (langwierige, mühsame) Arbeit; **2.** *impr* Werkdruck *m*; **imprimerie ~** Werkdruckerei *f*

labferment [labfɛrmɑ̃] *m Biochemie* Lab *n*; Labferment *n*

labiacées [labjase] *f/pl bot* Lippenblütler *m/pl*; *sc* Labi'aten *f/pl*

labial [labjal] *adj* ⟨-aux⟩ Lippen...; Labi'al...; *phon* consonne **~e** *od* Labial(laut) *m*; Lippenlaut *m*; **voyelle ~e** gerundeter Vokal; *anat* **muscle ~** Lippenmuskel *m*; **~isation** *f phon* Labiali'sierung *f*; **~iser I** *v/t* labiali'sieren; **II** *v/pr* **se ~** labiali'siert werden

labié [labje] *bot* **I** *adj* lippenförmig; Lippen...; **fleur ~e** Lippenblüte *f*; **II** *f/pl* **~es** *cf* **labiacées**

labil|e [labil] *adj chim* Verbindung instabil; **~ité** *f chim* Instabili'tät *f*

labio|dental [labjɔdɑ̃tal] *adj* ⟨-aux⟩ *phon* labioden'tal; **consonne ~e** *od* **subst ~e** *f* Labioden'tal(laut) *m*; **~vélaire** *adj phon* labiove'lar; **consonne f ~ od subst ~ f** Labiove'larlaut *m*

labium [labjɔm] *m zo* 'Unterlippe *f* (*bei Insekten*); *sc* Labium *n*

labo [labo] F *m* La'bor *n*

laborant|in [labɔrɑ̃tɛ̃] *m*, **~ine** *f* Labo'rant(in) *m(f)*

laboratoire [labɔratwar] *m* **1.** Labora'torium *n*; *meist nur kurz* La'bor *n*; **~ d'analyses médicales** Institut *n* für Laboratoriumsdiagnostik; **diagnostisches Laboratorium**; **~ de chimie, de médecine, de physique** chemisches, medizinisches, physikalisches Labor; **~ d'essais** Versuchslabor *n*, -anstalt *f*; **~ municipal d'hygiène** städtische che-

mische und bakteriologische Unter'suchungsstelle; **~ de langues** Sprachlabor *n*; **animaux** *m/pl* **de ~** Versuchstiere *n/pl*; **examen ~** *m* de ~ Laboruntersuchung *f*; **2.** *tech* Feuerraum *m* (*e-s Flammofens*)

laborieusement [labɔrjøzmɑ̃] *adv* mühsam; mit Mühe

laborieux [labɔrjø] *adj* ⟨-euse⟩ **1.** *Arbeit* schwierig; mühsam; mühselig; *Verhandlungen* schwierig; langwierig; *Stil, Bericht* 'umständlich; schwerfällig; F **il n'a pas encore terminé? c'est ~!** ... das geht nicht gerade schnell!; das dauert aber lange!; **2.** *Person* fleißig; arbeitsam; **les classes laborieuses** die arbeitenden Klassen *f/pl*; *par ext* **une vie laborieuse** ein arbeitsreiches Leben

labour [labur] *m agr* **1.** Pflügen *n*; Ackern *n*; *par ext* Bodenbearbeitung *f*; Feldbestellung *f*, -arbeit *f*; Ackerbestellung *f*; **~ à plat** Eben-, Flachpflügen *n*; **~ d'automne, d'hiver, de printemps** Herbst-, Winter-, Frühjahrsbestellung *f*; **cheval** *m* **de ~** Ackerpferd *n*, F -gaul *m*; **champ** *m* **en ~** bestelltes Feld; bestellter Acker; **2.** **~s** *pl* (bestellte) Feld; (bestellter) Acker; Ackerland *n*

labour|able [laburabl(ə)] *adj* bestellbar; kulti'vierbar; **terre ~** Ackerland *n*, -boden *m*; **~age** *m* ('Um)Pflügen *n*; Ackern *n*; *par ext des Bodens* Bearbeiten *n*, -ung *f*; *des Feldes* Bestellen *n*, -ung *f*; **Sully ~ et pâturage sont les deux mamelles de la France** Ackerbau und Viehzucht sind die Mutterbrust Frankreichs

labour|er [labure] **I** *v/t* **1.** *agr* ('um-) pflügen; *Acker auch* stürzen; *abs* pflügen; ackern; *par ext Boden* bearbeiten; *Feld* bestellen; **~ au tracteur, avec des bœufs** mit dem Traktor, mit Ochsen pflügen; *adjt* **champ labouré** *auch* Sturzacker *m*; **2.** *fig* Hufe: den Boden aufwühlen; zerwühlen; 'umwühlen; *Wind: das Wasser* aufwühlen; aufrühren; *Anker* **~ le fond** *od abs* **~** den Grund aufrühren; keinen Halt finden; schleppen; *Gesicht* **~ de coups de griffes** zerkratzen; *adjt* **visage labouré de rides** zerfurchtes Gesicht; von Falten, Runzeln durch'furchtes Gesicht; **II** *v/pr* **se ~ le visage avec les ongles** sich das Gesicht mit den Nägeln zerkratzen; **~eur** *m* Pflüger *m*; *litt* Landmann *m*; **~euse** *f zo* Maulwurfsgrille *f*

labrador [labradɔr] *m minér* Labra'dor *m*

labre [labr(ə)] *m* **1.** *zo* (ein) Lippfisch *m*; **2.** *der Insekten* Oberlippe *f*; *sc* Labrum *n*

labret [labrɛ] *m Völkerkunde* Lippenpflock *m*

labridés [labride] *m/pl zo* Lippfische *m/pl*

labyrinthe [labirɛ̃t] *m* **1.** im Altertum,

arch in Kirchen Laby'rinth *n (auch fig); in e-m Garten* Irrgarten *m; fig auch* Gewirr *n;* Durchein'ander *n; auf Jahrmärkten* ～ **optique** Spiegellabyrinth *n; fig* **un** ～ **de ruelles** ein Gewirr von Gassen; *tech* **garniture** *f* à ～s Labyrinthdichtung *f; psych* **test** *m* des ～s Labyrinthtest *m;* **2.** *anat* Laby'rinth *n;* ～ **membraneux, osseux** häutiges, knöchernes Labyrinth

labyrinth|iformes [labirɛtiʃɔrm] *m/pl zo* Laby'rinthfische *m/pl;* ～**ique** *adj* laby'rinthisch; laby'rinthartig; *fig auch* verschlungen

lac [lak] *m* **1.** See *m;* ～ **artificiel** künstlicher See; ～ **glaciaire** Glazi'alsee *m;* ～ **de cratère** Kratersee *m;* ～ **de retenue** (*künstlicher*) Stausee; F *fig* **tomber, être dans le** ～ *Plan* F ins Wasser fallen, gefallen sein; *Angelegenheit, Geschäft* F in die Binsen gehen, gegangen sein; **2.** *anat* ～ **lacrymal** Tränensee *m;* ～ **sanguin** Sinus *m;* Blutleiter *m* der harten Hirnhaut

laçage [lasaʒ] *m der Schuhe, e-s Korsetts* Schnüren *n; text* Binden *n (der Lochkarten e-r Jacquardmaschine)*

laccase [lakaz] *f chim* Lak'kase *f*

laccolite [lakɔlit] *f géol* Lakko'lith *m*

lacé [lase, la-] *m* Glasperlenschnüre *f/pl (an Glaslüstern)*

lacédémonien [lasedemɔnjɛ̃] *hist* **I** *adj* ⟨～**ne**⟩ lakedä'monisch; **II** *m/pl* 2 s Lakedä'monier *m/pl*

lacer [lase, la-] ⟨-ç-⟩ **I** *v/t* **1.** *Schuhe* zubinden; zuschnüren; *Korsett* schnüren; **2.** *Netz* knüpfen; **3.** *mar Beisegel am Hauptsegel* befestigen; **II** *v/pr Korsett* **se** ～ **par devant** vorn geschnürt werden

lacér|ation [laserasjɔl] *f* Zer-, Abreißen *n;* ～**é** *adj bot Blatt, Blütenkelch* gefranst; ～**er** *v/t* ⟨-è-⟩ zerreißen; zerfetzen; *Plakat* abreißen

laceret [lasrɛ] *m* kleiner Zimmermannsbohrer

lacerie [lasri, la-] *f* feines Binsen- *bzw* Weiden- *bzw* Strohgeflecht

lacertidés [lasɛrtide] *m/pl zo* Eidechsen *f/pl*

lacert(il)iens [lasɛrt(il)jɛ̃] *m/pl zo* Echsen *f/pl*

lacet [lasɛ, la-] *m* **1.** Schnürsenkel *m;* Senkel *m;* Schnürband *n;* Schnürband *n (auch für Kleidungsstücke); beim Korsett* Schnur *f; mar* Leine *f (für ein Beisegel);* **2.** *rige Straße* en ～ (*s*) Serpen'tinen *f/pl;* Kehren *f/pl;* Windungen *f/pl;* Schleifen *f/pl;* **chemin** *m* **en** ～(**s**) Serpentine *f;* **route** *f* **en** ～(**s**) Serpentinenstraße *f;* **faire des** ～**s** sich schlängeln; **monter en** ～(**s**) in Serpentinen ansteigen; **3.** *ch* Schlinge *f; zum Vogelfang* Dohne *f;* Sprenkel *m;* ～ **à** Netz *n;* Garn *n;* **prendre au** ～ in *od* mit der Schlinge fangen; **4.** (geflochtenes) Band; La'cetband *n;* Kordel *f;* Schnur *f (auch e-s Siegels); hist* seidene Schnur (*zum Erdrosseln*); Goldschmiedekunst Geflecht *n* aus Gold- *od* Silberfäden; **broderie** *f* à ～ 'Durchzugarbeit *f;* **dentelle** *f* **au** ～ Bändchenspitze *f;* **5.** *aviat* Gierbewegung *f; ch de fer* (**mouvement** *m* **de**) ～ Schlingern *n;* **6.** *tech* ～s Scharniers, e-r Türklinke Stift *m;* **7.** *méd* **signe** *m* **du** ～ Rumpel-Leede-Phänomen *n;* **8.** *text* Drillich *m;* Drell *m;* Drill *m;* Zwillich *m*

lac|eur [lasœr, la-] *m,* ～**euse** *f* Netzmacher(in) *m(f)*

lâchage [laʃaʒ] *m* **1.** Loslassen *n; e-s Ballons* (Auf)Steigenlassen *n;* **2.** F *fig e-r Person* a) Versetzen *n;* Sitzenlassen *n;* b) Stehenlassen *n;* c) Fallenlassen *n*

lâche [laʃ] *adj* **1.** *Seil etc* locker (*auch Gewebe, Knoten*); schlaff; lose (*auch Knoten*); *Masche* weit; *Netz* weitma-

---

schig; *bot Blüten* e-r Dolde, Ähre weit ausein'anderstehend; **2.** *fig Stil, Ausdruck* kraftlos; *thé Handlung* schleppend; schwach; **morale** *f* ～ lockere Moral; **3.** feige; *subst* **le** ～! dieser Feigling!; F diese Memme!; **4.** gemein; schändlich; niederträchtig; *subst* **le** ～! dieser Schuft!; dieser gemeine Kerl!

lâché [laʃe] *adj in der bildenden Kunst* flüchtig; **dessin, ouvrage** ～ *od subst* ～ *m* flüchtige Zeichnung, Arbeit

lâcher[1] [laʃe] **I** *v/t* **1.** *Gegenstand, j-s Hand etc* loslassen; *Glas etc auch* fallen lassen; *Beute auch* fahren lassen; *Tier* (frei) laufen lassen; loslassen; *österr* auslassen; *Tauben* auflassen; *Ballon* aufsteigen lassen; *Wasser* ablassen (*auch Dampf*); ablaufen, abfließen lassen; *Hahn* öffnen; aufdrehen; *Schleuse* öffnen; aufziehen; *Bomben, Ballast* abwerfen; *Schuß* abgeben; *Schlag* versetzen; *mar* **les amarres** die Haltetaue losmachen; ～ **son chien sur qn** s-n Hund auf j-n hetzen; F **ne lâchez pas mon fils trop tard**, *il doit se coucher de bonne heure* lassen Sie meinen Sohn nicht zu spät weg, nach Hause ...; F *fig* ～ **le morceau, le paquet** F auspacken; ～ **pied** *cf* **pied** 1.; P *fig:* **les** ～ 'widerwillig Geld hergeben, F herausrücken; **ne pas les** ～ F auf s-m Geld sitzen; *beim Aufsteigen e-s Ballons* **lâchez tout**! (Leinen) los!; **2.** *fig (ungehöriges) Wort* fallenlassen; äußern; F von sich geben; loslassen; *Fluch* ausstoßen; ～ **un 'hurlement de douleur** vor Schmerz aufschreien, aufbrüllen; **lâchons le mot**! sprechen wir es aus!; sagen wir es!; **voilà le grand mot lâché**! nun ist es heraus!; **3.** *fig Freund* a) fallenlassen; b) versetzen; c) im Stich lassen; *Mädchen* sitzenlassen; F *Wohnung, Beruf* aufgeben; **4.** *Radsport* ～ **le peloton** das Feld abhängen; **5.** locker lassen; *beim Angeln* ～ **la ligne** mehr Schnur geben; *beim Reiten* ～ **la main** die Zügel locker halten; **II** *v/i Seil* reißen; *Bremsen* nachgeben; *p/fort* versagen

lâcher[2] [laʃe] *m von Tauben* Auflassen *n; e-s Ballons* (Auf)Steigenlassen *n*

lâcheté [laʃte] *f* **1.** Feigheit *f;* **2.** Trägheit *f;* Bequemlichkeit *f;* **3.** Gemeinheit *f;* Niederträchtigkeit *f;* Niedertracht *f;* Schändlichkeit *f*

lâch|eur [laʃœr] F *m,* ～**euse** F *f* **a)** F treulose To'mate; **b)** F Drückeberger *m*

lachnus [laknys] *m zo* Baumlaus *f*

lacini|é [lasinje] *adj bot* geschlitzt; zerschlitzt (*beide adj auch zo*); gefiedert; ～**ure** *f bot* unregelmäßiger, tiefer Schlitz

lacis [lasi, la-] *m* **1.** La'cis *n;* netzartiges Gewebe; *fig* Netz *n;* Gewirr *n; par ext* ～ **de fils de fer** Drahtgewirr *n;* **2.** *anat* Netz *n;* Geflecht *n;* **3.** (*Art*) Klöppelspitze *f*

lacmoïde [lakmɔid] *m chim* Lackmus *m od n*

lacon|ique [lakɔnik] *adj Antwort* la'konisch; kurz (*und bündig*); *Stil* knapp; straff; gedrängt; *Person* wortkarg; einsilbig; kurz angebunden; ～**isme** *m* Lako'nismus *m;* gedrängte Kürze; Gedrängtheit *f;* Knappheit *f;* Bündigkeit *f; e-r Person* Wortkargheit *f;* Einsilbigkeit *f*

lacrima-christi *od* **lacryma-christi** [lakrimakristi] *m* ⟨*inv*⟩ Wein Lacrimae Christi *m*

lacrymal [lakrimal] *adj* ⟨-aux⟩ *anat* Tränen...; **sac** ～ Tränensack *m*

lacrymo|gène [lakrimɔʒɛn] *adj gaz m* ～ Tränengas *n;* **grenade** *f* ～ Tränengasgranate *f;* ～**-nasal** *adj (nur m) anat* **canal** ～ Tränen-Nasen-Gang *m*

lacs [la, la] *m ch, chir, vét* Schlinge *f; e-s Siegels* Schnur *f; cout* Kordel *f; fig u litt*

Fallstrick *m;* Falle *f;* Netz *n*

lact|aire [laktɛr] **I** *adj* Milch...; *anat* **conduits** *m/pl* ～s Milchgänge *m/pl;* **II** *m bot* Milchling *m;* Reizker *m;* ～ **délicieux** Echter Reizker; Hirschling *m;* ～ **poivré** *od* **velouté** Brennreizker *m;* Pfeffer-, Wollschwamm *m;* ～**albumine** *f chim* Milcheiweiß *n; sc* Laktalbu'min *n*

lactame [laktam] *f chim* Lak'tam *od* Lac'tam *n*

lactarium [laktarjɔm] *m* Frauenmilchsammelstelle *f*

lactase [laktaz] *f Biochemie* Lak'tase *f*

lact|ate [laktat] *m chim* Lak'tat *od* Lac'tat *n;* ～**ation** *f physiol* Milchabsonderung *f,* -erzeugung *f; par ext* Stillen *n;* Säugen *n;* Still-, Säugezeit *f; sc* Laktati'on *f*

lacté [lakte] *adj* Milch...; milchig; *litt* **blanc** ～ milchiges Weiß; **farine** ～**e** Kindermehl *n; bot* **fièvre** ～**e** Milchfieber *n; bot, physiol* **secrétion** ～**e** Milchabsonderung *f; astr* **Voie** ～**e** Milchstraße *f*

lactescent [laktesɑ̃] *adj litt* milchig; *bot* milchend; reich an Milchsaft; milchsaftführend; **champignon** ～ Milchling *m;* Milchpilz *m*

lactifère [laktifɛr] *adj* Milch...; milchhaltig; **conduits** *m/pl* ～s Milchgänge *m/pl; bot* Milchröhren *f/pl,* -saftbehälter *m/pl,* -(saft)gefäße *n/pl; bot* **plantes** *f/pl* ～s milchsaftenthaltende Pflanzen *f/pl*

lactique [laktik] *adj chim* **acide** *m* ～ Milchsäure *f;* **fermentation** *f* ～ Milchsäuregärung *f;* **ferments** *m/pl* ～s Milchsäurebakterien *f/pl*

lacto|densimètre [laktɔdɑ̃simɛtr(ə)] *m* Lakto(densi)'meter *n;* Galakto'meter *n;* ～**duc** [-dyk] *m* Milchleitung *f (von den Almen zur Molkerei im Tal);* ～**flavine** [-flavin] *f Biochemie* Laktofla'vin *n;* ～**globuline** *f* Laktoglobu'lin *n;* ～**mètre** *m cf* lactodensimètre

lactone [laktɔn] *f chim* Lak'ton *od* Lac'ton *n*

lactose [laktoz] *m chim* Milchzucker *m;* Lak'tose *od* Lac'tose *f*

lactosérum [laktɔserɔm] *sc m* Milchserum *n;* Molke *f*

lacunaire [lakynɛr] *adj* lückenhaft; unvollständig; *anat, méd, bot* laku'när; *minér Kristall* mit Fehl-, Leerstellen

lacun|e [lakyn] *f* **1.** Lücke *f (auch im Gesetz); in e-m Text auch sc* La'kune *od* La'kune *f;* **sans** ～ lückenlos; **avoir, présenter des** ～s lückenhaft sein; Lücken aufweisen; **2.** *Kristallographie* Fehl-, Leerstelle *f;* **3.** *anat, bot, méd* La'kune *f;* **4.** *élect* Loch *n;* De'fektelektron *n;* ～**eux** *adj* ⟨-euse⟩ *cf* lacunaire

lacustre [lakystr(ə)] *adj Pflanzen, Lebewesen, Gesteine* in Seen vorkommend; *sc* la'kustrisch; **cité** *f,* **village** *m* ～ Pfahlbauten *m/pl;* Pfahldorf *n*

lad [lad] *m* Stallbursche *m*

ladanum [ladanɔm] *m bot, chim* Labdanum *n*

là-dedans [lad(ə)dɑ̃] *loc/adv* dar'in (*auch fig*); F da drin(nen); *bei Bewegung* dahin'ein; F da rein; *fig:* **il y a du vrai** ～ da ist etwas Wahres dran; **je ne vois rien d'extraordinaire** ～ ich sehe nichts Besonderes darin

là-dessous [lad(ə)su] *loc/adv* dar'unter; F da drunter; *fig* **on ne sait pas ce qui se cache** ～ man weiß nicht, was sich dahinter verbirgt

là-dessus [lad(ə)sy] *loc/adv* dar'auf; dar'über; F da drauf; da drüber; *fig:* ～ **il s'en alla** und damit ging er weg; **nous sommes d'accord** ～ darüber *od* darin sind wir (uns) einig

ladin [ladɛ̃] *m ling* **le** ～ das La'dinische;

La'dinisch n
ladite [ladit] adj cf **ledit**
ladre [lɑdr(ə)] I adj 1. litt (avare) geizig; 2. vét finnig; II m bei Pferden **taches** f/pl de ~ pig'mentlose Stellen f/pl um Nüstern und Augen
ladrerie [lɑdrəri] f 1. litt schmutziger Geiz; 2. vét Finnenkrankheit f; 3. früher Siechenhaus n für Aussätzige
lagerstroemia [laʒɛrstrømja] m bot ~ indica St.-Bartholo'mäus-Baum m
lagon [lagõ] m an der Küste, abus e-s Atolls La'gune f
lagopède [lagɔpɛd] m zo Schneehuhn n; ~ muet Alpenschneehuhn n; ~ d'Écosse Schottisches Moorschneehuhn; ~ des saules Moor(schnee)huhn n
lagotriche [lagɔtriʃ] m od **lagothrix** [lagɔtriks] m zo Grauer Wollaffe; Schieferaffe m
laguis [lagi(s)] m mar laufender Palstek
lagunaire [lagynɛr] adj La'gunen...
lagune [lagyn] f an der Küste, e-s Atolls La'gune f
lagurus [lagyrys] m bot Hasenschwanz-, Sammetgras n
là-haut [lao] loc/adv da oben, dort oben (auch fig: im Himmel); (da) droben
lai¹ [lɛ] adj ⟨laie⟩ égl cath **frère** ~, **sœur** ~e Laienbruder m, -schwester f
lai² [lɛ] m Literatur Lai n; le ~ du rossignol das Lai von der Nachtigall
laïc [laik] cf **laïque**; ~**at** m égl Laien m/pl; Laientum n
laiche od **laîche** [lɛʃ] f bot Segge f; ~ raide Steife Segge; ~ des sables Sandsegge f
laïc|isation [laisizasjõ] f Befreiung f von religi'öser, kirchlicher Bindung; ~**iser** v/t Schulwesen etc dem kirchlichen, religi'ösen Einfluß entziehen; entkonfessionali'sieren; bekenntnisneutral gestalten; ~**isme** m Lai'zismus m; ~**ité** f religi'öse, bekenntnismäßige Neutrali'tät des Staates; Trennung f von Kirche und Staat
laid [lɛ] I adj ⟨laide [lɛd]⟩ 1. Gesicht, Person, Stadt, Haus, Gegend häßlich; unschön; garstig; Wetter schlecht; häßlich; une fille ~e ein häßliches Mädchen; ~ comme un pou, un singe, les sept péchés capitaux, à faire peur häßlich wie die Nacht, wie die Sünde; abstoßend, erschreckend, furchtbar häßlich; 2. Handlung(sweise), Benehmen häßlich; zu e-m Kind F hou! qu'il est ~! bist du aber ungezogen!; II subst in der Kunst etc le ~ das Häßliche
laideron [lɛdrõ] m häßliches Mädchen; häßliche junge Frau; F häßliches Entlein
laideur [lɛdœr] f 1. e-s Gesichts, Menschen, Gegenstandes etc Häßlichkeit f; 2. e-r Handlung, des Lasters etc Häßlichkeit f; Gemeinheit f; Abscheulichkeit f
laie [lɛ] f 1. zo Wildsau f; Bache f; 2. Forstwirtschaft Schneise f; 3. e-r Orgel Windkasten m; 4. des Steinmetzen Krönelhammer m; 5. e-r Fruchtpresse, Kelter Wanne f
lainage [lɛnaʒ] m 1. Wollgewebe n, -stoff m; gros ~, ~ fin dicker, feiner Wollstoff; robe f de ~ Wollkleid n; 2. Woll-, Strickkleid n bzw Woll-, Strickjacke f bzw Pull'over m; ~s p/ a) Wollkleidung f; F Wollsachen f/pl; b) comm Wollwaren f/pl; 3. text Rauhen n (von Tuch)
laine [lɛn] f 1. Wolle f; par ext wollene Kleidung; ~ grasse od en suint Schmutz- od Schweißwolle f; comm pure ~, vierge reine Schurwolle; ~ à repriser, à tricoter Stopf-, Strickwolle f; ~ de bois Holzwolle f; tech ~ de laitier, de scorie od ~ minérale Schlacken- od Mine'ralwolle f; ~ de rebut Abfall-, Ausschußwolle f; tech ~ de verre Glaswolle f; loc/adj de od en ~

wollen; aus Wolle; Woll...; **vêtements** m/pl en ~ Woll-, Strickkleidung f; 2. fig der Neger Wollhaar n; 3. bot Wollbüschel n
lainer [lene] I v/t Tuch rauhen; II m gerauhte Oberfläche (e-s Tuches)
lain|erie [lɛnri] f 1. Woll-, Tuchfabrikation f; 2. Wollstoffe m/pl, -waren f/pl; 3. Wollwarengeschäft n; 4. Rauhwerkstatt f (e-r Wollweberei); 5. Ort m, an dem die Schafe geschoren werden; ~**eur** m Tuchrauher m; ~**euse** f 1. text a) Tuchrauherin f; b) Rauhmaschine f; 2. zo Wollafter m
laineux [lɛnø] adj ⟨-euse⟩ wollig; wollartig; bot wollig; behaart
lainier [lɛnje] I adj ⟨-ière⟩ Woll...; industrie lainière Wollindustrie f; II subst 1. ~, lainière m,f a) Wollarbeiter(in) m(f); b) Wollhändler(in) m(f); 2. lainière f Rauhmaschine f
laïque [laik] I adj ⟨m auch laïc⟩ 1. égl Laien...; weltlich; état m ~ Laienstand m; habit m ~ weltliche Kleidung; 2. bekenntnisneutral, -frei; ohne kirchliche, konfessio'nelle Bindung; nicht-religiös; lai'zistisch; in Frankreich: école primaire ~ od F subst ~ f konfessi'onslose, staatliche Volksschule; enseignement ~ bekenntnisfreies (staatliches) 'Unterrichtswesen; État m ~ bekenntnisneutraler Staat; II m,f ⟨m auch laïc⟩ égl Laie m (im Gegensatz zum Kleriker)
lais [lɛ] m 1. géogr vom Meer freigegebenes, nicht mehr über'spültes Land; Marsch f; ~ de rivière angeschwemmtes Flußufer; 2. litt cf legs; 3. Forstwirtschaft Laßreitel m, -reis n; Hegereis n
laisse [lɛs] f 1. für Tiere Leine f; mener, tenir en ~ a) Hund an der Leine führen, haben, halten; b) fig am Gängelband führen; F am Bändel haben; Hund tirer sur sa ~ an der Leine ziehen, zerren; 2. Hutschnur f; 3. in der altfrz Literatur Laisse f; 4. mar a) Ebbe trockenes Land; Watt n; b) auf dem Strand durch Seetang, Muscheln etc gekennzeichnete Über'flutungsgrenze; ~ de haute mer, de basse mer Überflutungsgrenze f bei Hochwasser, bei Niedrigwasser; c) meist pl ~s beim Fallen des Wassers auf dem Strand zurückgebliebene Muscheln, Pflanzen etc
laissé [lese] m text a) Kettfaden, der unter dem Schußfaden liegt; b) offenes Fach; c) auf dem Patronenpapier leeres Fach
laissées [lese] f/pl ch Losung f (des Schwarzwildes)
laissé-pour-compte od **laissé pour compte** [lesepurkõt] 1. m comm nicht angenommene, nicht abgeholte Ware; laissés-pour-compte pl auch Re'touren f/pl; Rückwaren f/pl; 2. fig les laissé(e)s-pour-compte m/pl (f/pl) die Stiefkinder n/pl; F die, die nicht mitgekommen sind od die den Anschluß verpaßt haben; Mädchen die Sitzengebliebenen f/pl
laisser [lese] I v/t 1. Person, Gegenstand an e-m Ort (zu'rück)lassen; Gegenstand auch liegenlassen; ~ ses bagages à la consigne sein Gepäck in der Handgepäckaufbewahrung lassen; ~ son chien, ses enfants à la maison s-n Hund, s-e Kinder zu Hause lassen; ~ ses gants dans le train s-e Handschuhe im Zug liegenlassen; ~ qn loin derrière soi j-n weit hinter sich lassen (auch fig); 2. Land, Person, Gegend vorübergehend od für immer verlassen; ils ont laissé leur appartement de Paris pour aller habiter à la campagne sie haben ihre Pariser Wohnung verlassen bzw aufgegeben ...;

elle a laissé son mari sie hat ihren Mann verlassen; F je vous laisse ich gehe jetzt; 3. Reste, etw für später (übrig)lassen; laisse un morceau de gâteau à ton frère! laß deinem Bruder ein Stück Kuchen übrig!; ne rien ~ nichts übriglassen; laissez ça pour demain! lassen Sie das für morgen!; ~ des millions dans une entreprise bei e-m Unter'nehmen Millionen verlieren; y ~ sa vie sein Leben lassen; 5. Personen bei ihrem Tod, Spuren, Bodensatz, Geschmack, Adresse, Visitenkarte etc hinter'lassen (auch Erben); zu'rücklassen; 6. j-m etw lassen; über'lassen; anvertrauen; Ware ablassen; abgeben; ~ les enfants à la grand-mère die Kinder der Großmutter überlassen, anvertrauen; ~ à qn ses illusions, sa liberté j-m s-e Illusionen, s-e Freiheit lassen; ~ sa place à qn cf place 2.; ~ à qn le temps de réfléchir j-m Bedenkzeit, Zeit zum Über'legen lassen; il est courageux, il faut lui ~ cela ... das muß man ihm lassen; ~ à désirer zu wünschen übriglassen; 7. Handlung (unter')lassen; laissez donc! lassen Sie (doch)!; bitte nicht!; laisse ça! laß das (bleiben, sein)!; 8. in e-m Zustand, in e-r Lage, unverändert etc (be)lassen; den Einsatz beim Glücksspiel, Fehler in e-m Text stehenlassen; ~ la lumière allumée das Licht brennen lassen; das Licht anlassen; ~ qn indifférent j-n gleichgültig lassen; ~ qn pour mort j-n für tot halten und liegen lassen; ~ la porte ouverte die Tür offenlassen; ~ qn seul j-n allein lassen; ~ tranquille cf tranquille 1.; ~ une route à droite e-e Straße rechts liegenlassen; ~ qn à son travail, à ses occupations j-n bei s-r Arbeit, bei s-n Beschäftigungen lassen; ~ qn dans le doute j-n im Zweifel lassen; ~ qn dans la misère j-n in der Not sitzenlassen; ~ qc, fig qn de côté cf côté; ~ en liberté auf freiem Fuß lassen; ~ en plan cf plan² 3.; II v/aux ~ aller gehen lassen; ~ tout aller alles (so) laufen lassen; ne pas ~ les choses aller si loin die Dinge nicht so weit kommen lassen; mar ~ arriver (vom Wind) abhalten; abfallen; ~ courir cf courir 6.; ~ entrer her'ein-, hin'einlassen; ~ faire qn j-n gewähren lassen; ~ faire qc à qn j-n etw tun lassen; j-m etw über'lassen; laisse-moi faire! laß mich nur machen!; laß mich das tun!; ~ faire le temps die Zeit wirken lassen; die Zeit ihre Wirkung tun, ausüben lassen; laissez faire le temps! auch die Zeit wird das Ihre tun; abs il laisse faire er läßt alles geschehen; fig ~ mûrir reifen lassen; ~ partir gehen lassen; fortlassen; ~ passer cf passer 20.e); mar ~ porter auf den Wind zuhalten; ~ tomber cf tomber 4., 5., 7., 12.; n'en rien ~ voir sich nichts anmerken lassen; III v/pr se ~ aller sich gehenlassen; sich vernachlässigen; se ~ aller à faire qc sich dazu hinreißen lassen, etw zu tun; se ~ aller à la colère sich vom Zorn über'mannen lassen; sich zum Zorn hinreißen lassen; se ~ attendrir, impressionner sich rühren, beeindrucken lassen; ce vin se laisse boire dieser Wein ist trinkbar, läßt sich trinken; ist nicht übel; se ~ faire sich alles gefallen lassen; laissez-vous faire une douce violence, F laissez-vous faire! sich verführen!; se ~ gagner de vitesse sports sich über'holen, fig sich über'runden lassen; cela se laisse manger das schmeckt nicht übel; se ~ prendre à qc sich von etw blenden lassen; auf etw (acc) her'ein-, F reinfallen

laisser|-aller [leseale] *m* **1.** *péj bei der Arbeit, in der Kleidung etc* Sich'gehenlassen *n*; Nachlässigkeit *f*; *bei der Arbeit auch* F Schlendrian *m*; **2.** *der Unterhaltung, des Benehmens* Ungezwungenheit *f*; Zwanglosigkeit *f*; **~-faire** *m* Gewährenlassen *n*; Laisser-faire *n*; **~-sur--place** *m* ⟨*inv*⟩ *comm etwa* Kommissi'onshandel *m*

laissez-passer [lesepase] *m* ⟨*inv*⟩ **1.** Pas'sierschein *m*; **2.** *comm, jur* Bescheinigung *f*, Pas'sierschein *m* für den steuer- *bzw* zollfreien Verkehr

lait [lɛ] *m* **1.** Milch *f*; *Kosmetik* ~ **d'amandes, de beauté, de concombre** Mandel-, Schönheits-, Gurkenmilch *f*; ~ **de coco** Kokosmilch *f*; ~ **de brebis, de chèvre, d'ânesse, de vache** Schaf-, Ziegen-, Esels-, Kuhmilch *f*; *chim* ~ **de chaux** Kalkmilch *f*; ~ **de palme** Dattelwein *m*; *cuis* ~ **de poule** Eiermilch *f*; ~ **en bouteille, en boîte** Flaschen-, Büchsen- *od* Dosenmilch *f*; ~ **en poudre** Milchpulver *n*; Trockenmilch *f*; **pot** *m* **au** *od* **à** ~ Milchtopf *m bzw* -kännchen *n bzw* -kanne *f*; **frère** *m*, **sœur** *f* **de** ~ Milchbruder *m*, -schwester *f*; **2.** *bot* **a)** Milchsaft *m*; Latex *m*; **b)** ~ **de Notre-Dame** Ma'riendistel *f*

laitage [lɛtaʒ] *m meist pl* **~s** Milchprodukte *n/pl*

laitance [lɛtɑ̃s] *f* **1.** *zo der männlichen Fische* Milch *f*; ~ **de hareng** Heringsmilch *f*; **2.** *bât* Ze'mentmilch *f*

laite [lɛt] *f* **1.** *zo cf* **laitance** 1.; **2.** *bot cf* **laiteron**

laité [lete] *adj zo* **poisson, 'hareng,** *etc* ~ Milch(n)er *m*

laiterie [lɛtri] *f* **1.** Molke'rei *f*; **2.** Milchgeschäft *n*, -handlung *f*; **3.** Milchwirtschaft *f*, -verwertung *f*; Molke'reiwesen *n*, -fach *n*

laiteron [lɛtrõ] *m bot* Gänsedistel *f*

laiteux [lɛtø] *adj* ⟨-euse⟩ milchig; Milch...; *bot* milchend; **d'un blanc** ~ milchweiß; **lumière** ~ laiteuse milchiges Licht; *bot* **suc** ~ Milchsaft *m*; milchiger Saft

laitier [lɛtje] **I** *adj* ⟨-ière⟩ Milch...; Molke'rei...; **beurre** ~ Molkereibutter *f*; **coopérative laitière** Molkereigenossenschaft *f*; **industrie laitière** Milchwirtschaft *f*; **vache laitière** *od subst* **laitière** *f* Milchkuh *f*; **II** *subst* **1.** ~, **laitière** *m,f* Milchhändler(in) *m(f)*; Milchmann, -frau *m*, *f* Milchmädchen *n*; **2.** *m métall* (Hochofen)Schlacke *f*; **brique** *f* **de** ~ Schlackenstein *m*; **3.** *m bot cf* **lactaire** II

laiton [lɛtõ] *m métall* Messing *n*; ~ **de décolletage** Auto'matenmessing *n*; ~ **d'emboutissage** Ziehmessing *n*; *loc/adj* **de** ~ Messing...; messingen; **fil** *m* **de** ~ Messingdraht *m*

laitonn|age [lɛtonaʒ] *m tech* Vermessingen *n*; **~er** *v/t tech* **1.** vermessingen; **2.** mit Messingdraht verstärken

laitue [lety] *f bot* Lattich *m*; *im engeren Sinn* Kopfsalat *m*; grüner Sa'lat; Gartensalat *m*; ~ **romaine** *cf* **romain** II 3.; ~ **à couper** Schnitt-, Pflück-, Rupf-, Stechsalat *m*; *cuis* **cœurs de** ~ **braisés** in Bratensoße gedämpfte Salatherzen *n/pl*; **(salade** *f* **de)** ~ grüner Salat

laïus [lajys] F *m* (lange, endlose, wortreiche) Rede, Ansprache; **faire un** ~ F e-e Rede schwingen

laïusser [lajyse] F *v/i cf* **(faire un)** laïus

laize [lɛz] *f* **1.** *e-r Stoff-, Papierbahn* Breite *f*; **2.** *mar* (Stoff)Bahn *f* (*e-s Segels*)

lallation [lalasjõ] *f* **1.** *cf* **lambdacisme**; **2.** *e-s Säuglings* Lallen *n*; Lallstadium *n*

lama¹ [lama] *m zo* Lama *n*; **en laine de** ~ aus Lamawolle

lama² [lama] *m rel* Lama *m*

---

lamaïsme [lamaism(ə)] *m rel* Lama'ismus *m*

lamanage [lamanaʒ] *m mar* **1.** Lotsen *n*; Lotsendienst *m*; **2.** Anlegen *n* am Hafenkai

lamantin [lamãtɛ̃] *m zo* Laman'tin *m*

lamarckisme [lamarkism(ə)] *m biol* Lamar'ckismus *m*

lamaserie [lamazri] *f rel* Lamakloster *n*

lambda [lãbda] *m* **1.** griechischer Buchstabe Lambda *n*; **2.** *anat* kleine Fonta-'nelle; **3.** *phys* point ~ Lambda-Punkt *m*

lambdacisme [lãbdasism(ə)] *m path* Lambda'zismus *m*

lambdoïde [lãbdɔid] *adj anat* suture *f* ~ Lambdanaht *f*

lambeau [lãbo] *m* ⟨*pl* ~**x**⟩ **1.** Fetzen *m*; Stoffetzen *m*; Lumpen *m*; *chir* Hautfetzen *m*, -stück *n*; ~ **de chair, de papier** Fleisch-, Pa'pierfetzen *m*; **en** ~**x** in Fetzen; zerfetzt; zerrissen; *Kleidung auch* zerschlissen; abgerissen; **mettre en** ~**x** zerfetzen; in Fetzen, Stücke reißen; zerreißen; **tomber en** ~**x** in Fetzen gehen; zerreißen; brüchig werden; **2.** *fig meist* ~**x** Fetzen *m/pl*; Bruchstücke *n/pl*; ~**x de conversation** Gesprächsfetzen *m/pl*; **3.** *ch* Bast *m*

lambel [lãbɛl] *m Heraldik* Tur'nierkragen *m*

lambic(k) [lãbik] *m in Belgien* Lambic *n*; Krickenbier *n*

lambin [lãbɛ̃] F **I** *adj* F trödelig; bumm(e)lig; **II** *subst* ~(**e)** *m(f)* F Trödelfritz(e) *m*, -liese *f*; Bummelfritz(e) *m*, -liese *f*; lahme Ente

lambiner [lãbine] F *v/i* F trödeln; bummeln

lambourde [lãburd] *f* **1.** *bât* Streif-, Streichbalken *m*; *e-s Fußbodens* Lagerholz *n*; *mines* ~ **d'ancrage** Bohle *f*, Pfahl *m* zur Befestigung der Schachtverkleidung; **2.** *bot* Fruchtholz *n*, -rute *f*, -spieß *m*, -zweig *m*

lambrequin [lãbrəkɛ̃] *m* **1.** *an Fenstern, Betthimmeln, arch* Lambre'quin *m*; dra-'pierter Querbehang; **2.** *Heraldik* ~**s** *pl* Helmdecken *f/pl*

lambris [lãbri] *m* **1.** *aus Holz, Marmor, Stuck* Lam'bris *m*, *österr f*; Wandverkleidung *f*; *aus Holz auch* Täfelung *f*, Täfel- *od* Tafelwerk *n*; Getäfel *n*; Pa'neel *n*; *par ext* Deckentäfelung *f*; ~ **de chêne** Eichentäfelung *f*; **2.** *bât* ~ **de marbre** Marmorverkleidung *f*; ~ **sous les Dachsparren** Gipsbewurf *m*, -verkleidung *f*

lambrissage [lãbrisaʒ] *m* **a)** *Handlung*: mit Holz, Marmor, Stuck Verkleiden *n*, -ung *f*; mit Holz auch Täfeln *n*, -ung *f*; Pane'lieren *n*, -ung *f*; **b)** *Ergebnis*: *cf* **lambris** 1.

lambrisser [lãbrise] *v/t* **1.** verkleiden (de marbre mit Marmor); *mit Holz auch* täfeln, pane'lieren; *adjt* **pièce lambrissée** getäfeltes Zimmer; **2.** *bât* gipsen; mit Gips bewerfen; *adjt* **mansarde lambrissée** Mansarde *f* mit Gipswänden

lame [lam] *f* **1.** *e-s Messers, Degens* Klinge *f*; *e-s Hobels, Bohrers, Meißels* Messer *n*; Schneide *f*; ~ **à deux tranchants** zweischneidige Klinge; ~ **d'alésage** Bohrmesser *n*; ~ **d'un couteau** Bohr(er)schneide *f*; ~ **d'un couteau** Messerklinge *f*; *fig* **visage** *m* **en** ~ **de couteau** schmales, hageres Gesicht; ~ **de rasoir** Ra'sierklinge *f*; ~ **de scie** Sägeblatt *n*; ~ **de Tolède** Tole'daner Klinge; **c'est une bonne, fine** ~ er schlägt, führt e-e gute Klinge (*auch fig*); **2.** *aus Holz, Metall, Glas etc* Plättchen *n*; Blättchen *n*; dünne Platte; Streifen *m*; *e-r Blattfeder* (Feder)Blatt *n*; *e-r Jalousie*:

---

aus Holz Brettchen *n*; *aus Metall, Kunststoff* Streifen *m*; *e-s Rolladens*: *aus Holz* Leiste *f*; *aus Metall* La'melle *f*; *minér* ~**s minces** Dünnschliffe *m/pl*; *Mikroskopie* ~ **(porte-objet)** Ob'jektträger *m*; *ch de fer* ~ **d'aiguille** Weichenzunge *f*; *bei Luftkissenfahrzeugen* ~ **d'air** Luftspalt *m*; ~ **de mica, de schiste** Glimmer-, Schieferplättchen *n*; ~ **de parquet** Par-'kettstab *m*; Riemen *m*; *österr* Par'kette *f*; **3.** *Woge f; Welle f; mar* See *f*; ~**s** *pl auch* Seegang *m*; ~ **courte, longue** kurze, lange See; ~ **de fond** Grundsee *f*; **4.** *bot* Blattspreite *f; sc* Lamina *f; beim Pilz* La'melle *f*; **5.** *anat sc* Lamina *f*; ~ **criblée** Siebplatte *f; Embryologie* ~ **dentaire** Zahnleiste *f*; ~**s osseuses** Flügelknorpel *m/pl (der Nase)*; ~ **perpendiculaire** medi'ane Platte des Siebbeins; ~ **vertébrale** dor'saler, plattgedrückter Abschnitt des Wirbelbogens; **6.** *text* Me-'tallfaden *m*; Lahn *m*; **7.** *am Webstuhl* Schaft *m*

lamé [lame] **I** *adj text* mit Me'tallfäden, mit Lamé durch'wirkt, durch'zogen; ~ **or** mit Goldfäden durchwirkt; golddurchwirkt; **II** *m* La'mé *m*; **robe** *f* **en** ~ Lamékleid *n*

lame-chargeur [lamʃarʒœr] *f* ⟨*pl* lames-chargeurs⟩ *mil* Ladestreifen *m*

lamell|aire [lamɛ(l)lɛr] *adj* schuppig; blättrig; plattig; *sc* lamel'lar; **cassure** *f* ~ **facet'tierter Bruch; ~ation** *f tech* Herstellung *f* von Lagen-, Schichtholz

lamelle [lamɛl] *f* dünnes Plättchen, Blättchen, Scheibchen; La'melle *f (auch beim Pilz); der Haut* Schuppe *f*; *zum Mikroskopieren* Deckglas *n*; *bot* Blättchen *n (der Nebenkrone)*; ~ **de mica, de verre** Glimmer-, Glasplättchen *n*; *Pilze etc* **découper en** ~**s** in dünne Scheibchen schneiden

lamell|é [lamɛ(l)le] *adj* blättrig; schuppig; schiefrig; lamel'liert; *minér aus* La-'mellen aufgebaut; *Schiefer* plattig; *tech* **bois** ~ lamelliertes Holz; Schicht-, Lagenholz *n*; ~**eux** *adj* ⟨-euse⟩ *minér cf* lamellé

lamelli|branches [lamɛ(l)librɑ̃ʃ] *m/pl zo* Muscheln *f/pl; sc* Lamellibranchi'aten *pl*; ~**cornes** *m/pl zo* Blatthornkäfer *m/pl*; Blatthörner *n/pl; sc* Lamelli'cornia *pl*; ~**forme** *adj* blättchen-, schuppenförmig, la'mellenförmig

lamentable [lamãtabl(ə)] *adj Zustand, Ergebnis, Scheitern etc* jämmerlich; kläglich; erbärmlich; *Geschick* beklagenswert; bejammernswert; *Stimme, Ton* kläglich; wehleidig; **cris** *m/pl* ~**s** jämmerliches, klägliches Geschrei; Jammer-, Wehgeschrei *n*; **il a été** ~ er hat kläglich, jämmerlich versagt

lamentation [lamãtasjõ] *f* ⟨*meist pl* ~**s**⟩ Jammern *n*; Klagen *n*; Wehklage *f*; Wehklagen *n*; F Gejammer *n*; La'mento *n; égl cath* ~**s** *pl* Lamentati'onen *f/pl; bibl* **les** ~**s de Jérémie, le livre des** ~**s** die Klagelieder *n/pl* Jeremias; *in Jerusalem* **mur** *m* **des** ~**s** Klagemauer *f*

lamenter [lamãte] *v/pr* **se** ~ jammern, klagen (*auch poét: Wind*), wehklagen, F lamen'tieren (**sur** über + *acc*)

lamento [lamɛnto] *m mus* La'mento *n*

lam|er [lame] *v/t text* mit Me'tallfäden, Lahn durch'wirken; ~**ette** *f tech* La-'melle *f*; Plättchen *n*

lamie [lami] *f zo* **a)** Weberbock *m*; **b)** (Gemeiner) Heringshai; Kalbfisch *m*

lamier [lamje] *m bot* Taubnessel *f*; ~ **blanc, pourpre, maculé** Weiße, Rote, Gefleckte Taubnessel

laminage [laminaʒ] *m* **1.** *métall* Walzen *n*; Strecken *n*; ~ **continu** kontinuierliches Walzen; ~ **à chaud, à froid** Warm-, Kaltwalzen *n*; **2.** *par ext des Kaolinbreis*

Walken n; des Rohkautschuks Walzen n; der Glasmasse Walzen n; Strecken n; text (Ver)Strecken n; Verziehen n; Lami'nieren n; 3. Buchbinderei Pressen n (mit e-r Walze); 4. Strömungslehre Drosseln n, -ung f

laminaire[1] [laminɛr] f bot Blattang m; sc Lami'naria f

laminaire[2] [laminɛr] adj 1. minér plattig; blättrig; 2. Strömungslehre lami'nar; écoulement m, régime m ~ laminare Strömung; aviat profil m ~ Lami'narprofil n

laminé [lamine] I adj gewalzt; gestreckt; Walz...; acier ~ Walzstahl m; II m Walz(werk)erzeugnis n

laminer [lamine] v/t 1. métall walzen; strecken; ~ à chaud, à froid warm-, kaltwalzen; 2. Buchbinderei pressen (mit e-r Walze); 3. Strömungslehre drosseln

laminette [laminɛt] f cout Gimpe f; Gorl m

lamin|eur [laminœr] I m Walzwerkarbeiter m; II adj ⟨nur m⟩ Walz...; cylindre ~ Walzzylinder m; Walze f; ~eux adj ⟨-euse⟩ anat tissu ~ Zellgewebe n

laminoir [laminwar] m 1. métall Walzwerk n; par ext Walzstraße f; ~ blooming, slabbing Block-, Brammenwalzwerk n; ~ continu à bandes à chaud kontinuierliches Warmbandwalzwerk; ~ continu à froid kontinuierliches Kaltwalzwerk; ~ à billettes Knüppelwalzwerk n; ~ à rails Schienenwalzwerk n; ~ à profilés Ka'liber- od Pro'filwalzwerk n; ~ à tôles fortes Grobblechwalzwerk n; ~ à tube Rohrwalzwerk n; 2. Papierherstellung Ka'lander m; 3. Buchbinderei Walzenpresse f

lampadaire [lɑ̃padɛr] m 1. La'ternenpfahl m; Lichtmast m; par ext Straßenlaterne f; 2. Stehlampe f; Standleuchte f

lampant [lɑ̃pɑ̃] adj pétrole ~ Leuchtöl n, (-)Pe'troleum n; schweiz auch Pe'trol n

lamparo [lɑ̃paro] m La'terne f (an e-m Fischerboot zum Anlocken der Fische); im Mittelmeer pêche f au ~ Fischfang m mit Laternen

lampas [lɑ̃pa(s)] m text Lampas m

lampe [lɑ̃p] f 1. Lampe f; Leuchte f; im engeren Sinn Glühlampe f, -birne f; phot ~ éclair Blitzlichtbirne f; ~ éclair électronique Elek'tronenblitzröhre f; ~ électrique elektrische Glühlampe, -birne; ~ tempête Sturmlaterne f; ~ à acétylène f, à essence, à gaz, à huile, à pétrole Kar'bid-, Ben'zin-, Gas-, Öl-, Pe'troleumlampe f; ~ à arc Bogenlampe f; ~ à bronzer Höhensonne f; ~ à filament de carbone, à filament métallique Kohlenfaden-, Me'tallfadenlampe f; ~ à flamme Ef'fektkohlenbogenlampe f; Flammenbogenlampe f; ~ à incandescence Glühlampe f; auto ~ à iode Halo'genscheinwerfer m; ~ au néon Neonlampe f, -röhre f; ~ à rayons infrarouges Infrarotstrahler m; ~ à rayons ultraviolets Ultraviolettlampe f; Höhensonne f; ~ à souder Lötlampe f; ~ à vapeur de mercure, à vapeur de sodium Quecksilberdampf-, Natriumdampflampe f; Literatur la ♀ d'Aladin Aladins Wunderlampe f; ~ de bureau Schreibtischlampe f, -leuchte f; ~ de chevet Nachttischlampe f, -leuchte f; mines ~ de mineur, de sûreté Grubenlampe f, -licht n; Geleucht n; ~ de Nernst Nernstlampe f; ~ de poche, à pile Taschenlampe f; ~ de projection Projekti'onslampe f; égl cath la ~ du saint-sacrement das Ewige Licht; die Ewige Lampe; ~ de sécurité Sicherheitslampe f; ~ en verre dépoli Mattglas-, Milchglas-, Trübglaslampe f; F fig s'en mettre plein la ~ F sich den Bauch

'vollschlagen; 2. rad Röhre f; ~ amplificatrice Verstärkerröhre f; ~ émettrice, d'émission Senderöhre f; ~ de T.S.F. Radioröhre f

lampée [lɑ̃pe] f tüchtiger Schluck; (aus)trinken: à grandes ~s in langen Zügen; d'une seule ~ mit e-m Zug

lampemètre [lɑ̃pmɛtr(ə)] m rad Röhrenprüfgerät n

lamper [lɑ̃pe] v/t gierig, in langen Zügen trinken

lampèze [lɑ̃pɛz] m text Dekorationsstoff m aus Satin mit buntem Petit-Point-Muster

lampion [lɑ̃pjɔ̃] m Lampion m od m; Pa'pierlaterne f; demander, réclamer sur l'air des ~s im Sprechchor fordern

lampiste [lɑ̃pist] m 1. ch de fer etc Lampenwärter m; thé Beleuchter m; 2. fig kleiner Mann, Angestellter

lampisterie [lɑ̃pistəri] f ch de fer Lampenputzraum m

lampotte [lɑ̃pɔt] f zo Gemeine Napfschnecke

lampourde [lɑ̃purd] f bot Spitzklette f

lamprillon [lɑ̃prijɔ̃] m zo Querder m

lamprocoliou [lɑ̃prɔkɔlju] m zo Afri'kanischer Glanzstar

lamprohiza [lɑ̃prɔiza] m zo Jo'hanniswürmchen m, -käfer m

lamproie [lɑ̃prwa, -prwɑ] f zo Neunauge n; Lam'prete f; ~ fluviale Flußneunauge n; ~ marine Meerneunauge n; Meerpricke f

lampyre [lɑ̃pir] m zo Großer Leuchtkäfer

lampyridés [lɑ̃piride] m/pl zo Leuchtkäfer m/pl; Glühwürmchen n/pl

lançage [lɑ̃saʒ] m bât Einschwemmen n, Einspülen n (von Pfählen mit Wasser od Preßluft)

lance [lɑ̃s] f 1. Lanze f; beim Fischerstechen Stange f; coup m à ~ Lanzenstoß m, -stich m; b) bei Pferden natürliches Abzeichen zwischen Brust und Schulter; fer m de ~ cf fer 3. d); fig rompre une ~, des ~s avec od contre qn ein Wortgefecht, e-n Wortstreit mit j-m haben, austragen; mit j-m e-n Strauß ausfechten; 2. ~ (à eau) Strahlrohr n; Spritzdüse f; Schlauchmundstück n; par ext Spritze f; ~ Monitor Spezi'allöschfahrzeug n (mit schwenkbarem Strahlrohr); ~ d'arrosage Spritzdüse f; ~ d'incendie Strahlrohr n; 3. bât Spülrohr n (zum Einschwemmen von Pfählen); 4. am Schloß e-r Halskette Zunge f

lancé [lɑ̃se] I adj 1. Künstler arri'viert; bekannt; 2. in Schwung, in Fahrt (auch fig von e-r Person); sports départ ~ fliegender Start; F le voilà ~, il ne s'arrêtera plus F jetzt ist er so richtig in Fahrt ...; arrêter un cheval ~ ein Pferd im Lauf anhalten; Zug être ~ à toute vitesse in voller Fahrt sein; Staat être ~ à fond dans la course aux armements mit allen Kräften am Wettrüsten beteiligt sein; II m text Herstellung f lan'cierter Gewebe

lance-bombes [lɑ̃sbɔ̃b] m ⟨inv⟩ aviat od adjt dispositif m ~ Bombenabwurfvorrichtung f

lancée [lɑ̃se] f 1. Schwung m; sur sa ~ solange man noch im Schwung ist; continuer sur sa ~ Läufer: noch ein paar Meter weiterlaufen; Ball, Fahrzeug weiterrollen; fig weitermachen, solange man noch im Schwung ist; 2. ~s pl stechende Schmerzen m/pl

lance|-engins [lɑ̃sɑ̃ʒɛ̃] m ⟨inv⟩ mil cf lance-missiles; ~-flammes m ⟨inv⟩ mil Flammenwerfer m; ~-fusées m ⟨inv⟩ mil Ra'ketenwerfer m; ~ d'artillerie Salvengeschütz n; Nebelwerfer m; ~ anti-chars d'infanterie

(abr L.F.A.C.) cf lance-roquettes; ~--grenades m ⟨inv⟩ mil Gra'natwerfer m

lancelet [lɑ̃slɛ] m zo Lan'zettfisch m

lancement [lɑ̃smɑ̃] m 1. e-s Steins, Balls etc Werfen n; Schleudern n; F Schmeißen n; e-r Rakete Abschuß m; e-s Satelliten Start m; e-s Torpedos Ausstoßen n; sports ~ du disque, du javelot, etc cf lancer[2] 1.; 2. mar e-s Schiffes Stapellauf m; e-r Stahlbrücke Einschieben n (der vorgefertigten Brücke); 4. fig e-r Pressekampagne, e-s Werbefeldzugs Einleitung f; Entfesselung f; e-s Künstlers Lan'cierung f; Förderung f; e-r neuen Mode Aufbringen n; comm e-s neuen Produkts Einführung f; fin e-r Anleihe Auflegung f; Ausgabe f; Begebung f; 5. in der Industrie Arbeitszuteilung f, -zuweisung f

lance-missiles [lɑ̃smisil] m ⟨inv⟩ mil Ra'ketenabschußvorrichtung f; Ra'ketenwerfer m; adjt Ra'ketenabschuß...; sous-marin ~ mit Atomraketen ausgerüstetes 'Unterseeboot

lancéolé [lɑ̃seɔle] adj 1. bot lan'zettlich; lan'zett-, spieß-, pfeilförmig; zo lan'zettförmig; 2. arch Lan'zett...; ogive ~e unten eingezogener Lanzettbogen

lance-pierres [lɑ̃spjɛr] m ⟨inv⟩ Steinschleuder f; F fig manger avec un ~ hastig essen; schlingen

lancer[1] [lɑ̃se] ⟨-ç-⟩ I v/t 1. Stein, Ball etc werfen; schleudern; p/fort schmettern; F schmeißen; Bomben abwerfen; Rakete, Pfeil abschießen; Satelliten starten; U-Boot: Torpedo ausstoßen; Waggon beim Rangieren abstoßen; Speer, Diskus, Hammer werfen; Kugel stoßen; Netz auswerfen; Gift (aus)spritzen; ~ qc à j-m etw zuwerfen; Ball mit e-m Schläger zuschlagen; ~ des pierres à qn j-n mit Steinen bewerfen, F beschmeißen; Steine auf j-n werfen, F schmeißen; mit Steinen nach j-m werfen, F schmeißen; ~ qc à la tête de qn j-m etw an den Kopf werfen; fig auch j-m etw vorwerfen; ~ en l'air in die Luft werfen; hochwerfen; ~ les bras en avant die Arme vorstrecken; 2. Fluch, Beleidigung, Schrei ausstoßen; Grobheiten sagen; F von sich geben; Scherz, Schnitzer machen; Fußtritt, Backpfeife geben; versetzen; Blick zuwerfen (à qn j-m); j'en ai horreur, lança-t-elle ... stieß sie hervor; ~ des insultes à qn j-m Beleidigungen entgegenschleudern, ins Gesicht schleudern; 3. Künstler lan'cieren; zum Erfolg verhelfen (+dat); fördern; Unternehmen in Gang bringen; aufziehen; lan'cieren; ankurbeln; Geschäft auch einfädeln; Sache auch in Schwung bringen; neues Produkt einführen; auf den Markt bringen; Anleihe auflegen; aus-, begeben; Werbefeldzug, mil Offensive einleiten; starten; Mode, Gerücht in 'Umlauf bringen, setzen; verbreiten; Aufruf, Haftbefehl erlassen; Appell, Hilferuf ergehen lassen; richten (à qn an j-n); Streik ausrufen; Ultimatum stellen; Nachforschungen anstellen; Einladung ergehen lassen; ausschicken; ~ la mode die Mode machen; ~ son fils dans les affaires s-n Sohn e-e kaufmännische Laufbahn einschlagen lassen; ~ son pays dans une aventure sein Land in ein Abenteuer stürzen; 4. Motor anlassen; anspringen lassen; anwerfen; ankurbeln; 5. Schiff vom Stapel (laufen) lassen; 6. vorgefertigte Metallbrücke einschieben; 7. Hunde hetzen (sur un lièvre auf e-n Hasen); Wild aufjagen, -scheuchen; ~ les troupes à l'assaut die Truppen stürmen lassen; F ~ qn sur un

sujet j-n auf ein (Gesprächs)Thema bringen; **II** v/i **8.** *mar* ~ **dans le vent** gegen den Wind fahren; ~ **sur bâbord, tribord** nach Back-, Steuerbord drehen; **III** v/pr **9.** *reflexiv* **a)** *mil* se ~ **à l'assaut** zum Angriff antreten, ansetzen; (vorwärts)stürmen; **b)** *fig* se ~ **dans l'aventure, dans des dépenses,** *etc* sich ins Abenteuer, in Ausgaben *etc* stürzen; **se ~ dans des explications confuses** verworrene Erklärungen abgeben; sich in verworrenen Erklärungen ergehen; **se ~ dans la lecture d'un livre difficile** sich an e-e schwierige Lektüre wagen; **se ~ dans la politique** in der Politik sein Glück versuchen; **se ~ sur la piste d'un voleur** die Spur e-s Diebes aufnehmen; ♦ *abs* F **tant pis, je me lance!** egal, ich wag's!; F *tu t'es offert un smoking?* **eh bien, mon vieux, tu te lances!** na, mein Lieber, du gehst aber ran!; **10.** *reziprok: Blicke, Ball* se ~ sich zuwerfen

lancer² [lɑ̃se] *m* **1.** *sports, e-r Handgranate etc* Werfen *n*; Wurf *m*; *e-s Ballons* Steigenlassen *n; von Brieftauben* Fliegenlassen *n;* Auflassen *n; von Waggons beim Rangieren* Abstoßen *n;* ~ **du disque, du javelot, du marteau** Diskus-, Speer-, Hammerwerfen *n;* ~ **du poids** Kugelstoßen *n;* **épreuves** *f/pl* **de** ~ Wettkämpfe *m/pl* in den Wurf- und Stoßdisziplinen; **2.** *Angelsport (pêche f au)* ~ Spinn-, Flugangeln *n;* ~ **léger, lourd** Angeln *n* mit der Einhand-, Zweihandspinnrute; **canne f à** ~ Spinnrute *f;* **3.** *ch* **Aufjagen** *n, -scheuchen n (des Wildes)*

lance|-roquettes [lɑ̃srɔkɛt] *m* ⟨inv⟩ (antichars) (abr **L.R.A.C.**) Panzerschreck *m;* F Ofenrohr *n;* ~**-torpilles** ⟨inv⟩ ~ *od adj* **tube** *m* ~ Ausstoßrohr *n*

lancette [lɑ̃sɛt] *f* **1.** *chir* Lan'zette *f;* **2.** *arch* in e-m Lan'zettbogen endende Unter'teilung e-s Maßwerkfensters; **3.** *Kupferstecherei* Stichel *m*

lanc|eur [lɑ̃sœr] *m,* ~**euse** *f* **1.** *sports* Werfer(in) *m(f);* ~ **de disque, de javelot** Diskus-, Speerwerfer(in) *m(f);* **lanceur de marteau** Hammerwerfer *m;* ~ **de poids** Kugelstoßer(in) *m(f);* **2.** ⟨nur m⟩ *Raumfahrt* ~ **de satellite** (mehrstufige) Trägerrakete

lancier [lɑ̃sje] *m* **1.** *hist* Lanzenreiter *m;* **2.** *Tanz* (quadrille f des) ~s *pl* Lanci'er *m*

lancin|ant [lɑ̃sinɑ̃] *adj* Schmerz stechend; *sc* lanzi'nierend; *Erinnerungen* quälend; *Bedauern* schmerzlich; *Musik* aufdringlich; ~**ation** *f méd* Lanzi'nieren *n;* ~**er** v/t *u* v/i **1.** e-n stechenden Schmerz verursachen; *Schmerz sc* lanzi'nieren; **2.** *fig* quälen

lançon [lɑ̃sɔ̃] *m zo* Sandaal *m, -spier-ling m*

land [lɑ̃d] *m* ⟨pl **länder** [lɛndɛr]⟩ *in der BRD u in Österreich* (Bundes)Land *n*

landais [lɑ̃dɛ] **I** *adj géogr* der Landes; **II** *subst* ⟨e⟩ *m(f)* Bewohner(in) *m(f)* der Landes

landau [lɑ̃do] *m* **1.** Kinderwagen *m;* ~ **de poupée** Puppenwagen *m;* **2.** *früher* Landauer *m*

lande [lɑ̃d] *f* Heide *f;* Heideland *n*

landgrave [lɑ̃dgrav] *m hist* Landgraf *m*

landier [lɑ̃dje] *m* **1.** *bot* Stechginster *m;* **2.** *früher* großer, eiserner Feuerbock

landole [lɑ̃dɔl] *f zo* Seeschwalbe *f*

laneret [lanrɛ] *m ch* männlicher Jagdfalke

langage [lɑ̃gaʒ] *m* Sprache *f;* Rede-, Sprech-, Ausdrucksweise *f; EDV* Pro'grammsprache *f;* Program'mier(ungs)-sprache *f;* ~ **administratif, technique** Verwaltungs-, Fachsprache *f; télécomm* ~ **chiffré, convenu** chiffrierte Sprache;

Chiffreschrift *f;* ~ **clair** offene Sprache; Klartext *m;* ~ **cru** derbe Sprache, Ausdrucksweise; *philos* ~ **intérieur** Denken *n* in Worten; ~ **populaire** (derbe) Volkssprache; Volksmund *m;* ~ **secret** Geheimsprache *f;* ~ **du cœur, de la raison** Sprache des Herzens, der Vernunft; **faire entendre à qn le** ~ **de la raison** j-n zur Vernunft bringen; ~ **des animaux** Tiersprache *f;* ~ **des fleurs** Blumensprache *f;* ~ **des 'Halles** Sprache der Marktweiber; ~ **des sourds--muets** Taubstummensprache *f;* ~ **par gestes, par signes** Zeichensprache *f;* **trouble** *m* **du** ~ Sprachstörung *f;* **surveiller son** ~ auf s-e Sprache, Ausdrucksweise achten; **tenir un autre** ~ **à qn** e-e andere Sprache mit j-m sprechen; e-n anderen Ton mit j-m anschlagen; **tenir un** ~ **flatteur** schmeicheln; **tenir, adopter un** ~ **circonspect** sich vorsichtig, zurückhaltend äußern; ausdrük-ken; ~**-machine** *m* ⟨pl **langages--machine**⟩ *EDV* Ma'schinensprache *f*

langagier [lɑ̃gaʒje] *adj* ⟨-ière⟩ sprachlich

lang|e [lɑ̃ʒ] *m* Wickeltuch *n; par ext* Windel *f;* ~**er** v/t ⟨-geons⟩ *Säugling* wickeln

langoureux [lɑ̃gurø] *adj* ⟨-euse⟩ *Blick, Gesichtsausdruck* schmachtend; *Ton* gefühlvoll; *Musik* schmalzig; *Rhythmus* weich und langsam; **prendre une pose langoureuse** e-e verführerische Haltung, Pose einnehmen

langoust|e [lɑ̃gust] *f zo* Lan'guste *f;* **pêcher la** ~ Langusten fangen; ~**ier** *m* **1.** Fischerboot *n* für den Lan'gustenfang; **2.** Netz *n* für den Lan'gustenfang; ~**ière** *f cf* langoustier **2.**; ~**ine** *f zo* Kaisergranat *m*

languard [lɑ̃gar] *m zo* Wendehals *m*

langue [lɑ̃g] *f* **1.** *anat* Zunge *f (auch cuis); path* ~ **noire pileuse** schwarze Haarzunge; *cuis* ~ **de bœuf, de veau** Rinder- *od* Ochsen-, Kalbszunge *f;* **tirer la** ~ **a)** die Zunge herausstrecken (à qn j-m); *beim Arzt* die Zunge zeigen; *Hund* die Zunge heraushängen lassen; **b)** F *fig* fast blank sein; auf dem letzten Loch pfeifen; *bei Durst* il tire la langue F die Zunge hängt ihm zum Hals heraus; **2.** *fig von e-r Frau* **mauvaise** ~, ~ **de vipère** Lästermaul *n, -zunge f;* **elle est mauvaise** ~ *od* **c'est une mauvaise** ~, **elle a une** ~ **de vipère** *od* **c'est une** ~ **de vipère** *auch* sie hat e-e böse, spitze, scharfe Zunge; *bes zu e-m Kind* **as-tu avalé, perdu ta** ~?, **n'as-tu pas** *od* **plus de** ~? kannst du deinen Mund nicht auftun?; hast du die Sprache verloren?; **avoir la** ~ **trop longue** nicht den Mund nicht halten können; nicht schweigen, F dichthalten können; **avoir la** ~ **bien pendue, ne pas avoir sa** ~ **dans sa poche** ein tüchtiges, großes, gutes Mundwerk haben; zungenfertig sein; F nicht auf den Mund gefallen sein; **délier la** ~ **à qn** j-n zum Reden, Sprechen bringen; *Wein* j-m die Zunge lösen; **donner sa** ~ **au chat es** *(das Raten)* aufgeben; **se mordre la** ~ *cf* mordre **11.**; **tenir sa** ~ s-e Zunge im Zaum halten; den Mund halten; *prov* il faut tourner sa ~ sept fois dans sa bouche avant de parler man muß jedes Wort auf die Goldwaage legen, sich jedes Wort zweimal über'legen, ehe man es ausspricht; **3.** Sprache *f;* ~**s anciennes, modernes, romanes** alte, neuere, romanische Sprachen; ~ **diplomatique, savante** Diplo'maten-, Gelehrtensprache *f;* ~ **nationale, du pays** Landessprache *f;* ~ **du barreau** Rechtssprache *f;* ~ **de travail** Arbeitssprache *f;*

connaissance *f* **des** ~**s** Sprachkenntnisse *f/pl;* **don** *m* **des** ~**s** Sprachbegabung *f;* **avoir le don des** ~**s, être doué pour les** ~**s** sprachbegabt sein; **4.** *géol* ~ **glaciaire** Gletscherzunge *f; géogr* ~ **de terre** Landzunge *f;* **5.** *an e-r Waage* Zunge *f;* **6.** *fig* ~ **de feu** lodernde Flamme; Lohe *f*

langue|-de-bœuf [lɑ̃gdəbœf] *f* ⟨pl **langues-de-bœuf**⟩ *bot* Leberpilz *m,* -reischling *m;* ~**-de-carpe** *f* ⟨pl **langues-de-carpe**⟩ **1.** *ch de fer* Stopfhacke *f;* **2.** *tech* Kreuzmeißel *m;* ~**-de-chat** *f* ⟨pl **langues-de-chat**⟩ **1.** Langues de chat *pl (feines Biskuit);* **2.** *e-s Graveurs* Stichel *m;* ~**-de-chien** *f* ⟨pl **langues--de-chien**⟩ *bot* Gemeine Hundszunge; ~**-de-vache** *f* ⟨pl **langues-de-vache**⟩ *tech* Schmiedeamboß *m*

languedocien [lɑ̃gdɔsjɛ̃] **I** *adj* ⟨~ne⟩ *géogr* des Langue'doc; **II** *subst* **1.** ⟨(ne)⟩ *m(f)* Bewohner(in) *m(f)* des Languedoc; **2.** *m* Dialekt *m* des Languedoc

langueter [lɑ̃gte] v/t ⟨-tt-⟩ *charp* federn

languette [lɑ̃gɛt] *f* **1.** *am Schuh* Zunge *f;* Lasche *f; e-r Waage* Zunge *f;* ~ **de pain** dünne Scheibe Brot; *charp* Feder *f;* ~ **rapportée** *od* **fausse** ~ eingeschobene Feder; **3.** *beim Blasinstrumenten* Zunge *f;* **4.** *beim Handschuh* Keil *m;* **5.** *anat* ~ **interdentaire** interdentales Zahnfleisch

langueur [lɑ̃gœr] *f* **1.** Schmachten *n;* leise Wehmut *(auch fig e-s Liedes etc);* ~ **amoureuse** Liebessehnen *n;* **2.** Mattigkeit *f;* Mattheit *f;* Kraftlosigkeit *f;* Schwäche *f; fig Börse* Schwäche *f;* Lustlosigkeit *f;* Flaute *f;* **3.** Trägheit *f;* träge Gleichgültigkeit

langueyer [lɑ̃geje] v/t **1.** *vét* ~ **un porc** die Zunge e-s *(finnenverdächtigen)* Schweins unter'suchen; **2.** *Orgelpfeifen* mit e-r Zunge versehen

languide [lɑ̃gid] *adj litt Person* schwach; kraftlos; matt

languir [lɑ̃gir] **I** v/i **1.** *Person* schmachten; ~ **d'amour pour qn** sich in Liebe nach j-m verzehren; ~ **d'ennui** vor Langeweile vergehen; F **faire** ~ **qn** j-n warten, F schmachten, zappeln lassen; **2.** *Unterhaltung* stocken; ins Stocken geraten, kommen; erlahmen; sich da-'hinschleppen; **II** v/pr *in Südfrankreich* se ~ sich langweilen; se ~ **dans l'attente de qc** sehnlichst auf etw *(acc)* warten; F se ~ **de qn** sich nach j-m sehnen; nach j-m schmachten

languissant [lɑ̃gisɑ̃] *adj* **1.** *Unterhaltung* stockend; schleppend; *comm* flau; stok-kend; lustlos; **2.** *st/s Augen* sehnsüchtig; schmachtend

lanice [lanis] *adj* **bourre** *f* ~ Wollabgän-ge *m/pl (der Wollspinnerei)*

lanier [lanje] *m ch* weiblicher Jagdfalke

lanière [lanjɛr] *f* langer, schmaler (Leder)Riemen; **découper en** ~**s** in Streifen schneiden

lani|fère [lanifɛr] *adj zo, bot* flaumig; wollig; behaart; ~**gère** [-ʒɛr] *adj cf* lanifère

laniidés [laniide] *m/pl zo* Würger *m/pl*

lanlaire [lɑ̃lɛr] ⟨inv⟩ F **envoyer faire** ~ zum Teufel schicken; F **va te faire** ~! scher dich zum Teufel!

lanoline [lanɔlin] *f* Lano'lin *n;* **savon** *m* **à la** ~ Lanolinseife *f*

lansquenet [lɑ̃skənɛ] *m hist* Landsknecht *m*

lansquiner [lɑ̃skine] v/imp *arg* ça, il lansquine es regnet, P schifft, pißt

lantan|a [lɑ̃tana] *m od* ~**ier** *m bot* Wandelröschen *n*

lanterne [lɑ̃tɛrn] *f* **1.** La'terne *f;* ~ **magique** La'terna 'magica *f;* ~ **rouge**

a) rotes Schlußlicht (*am letzten Fahrzeug e-s Konvois*); b) F *fig bes sports* Schlußlicht *n*; c) *früher* rote Laterne (*an Bordellen*); ~ **vénitienne** Lampion *m od n*; *hist* **à la ~**! an die Laterne mit ihm *bzw* ihnen!; hängt ihn *bzw* sie (auf)!; *fig* **éclairer la ~ de qn** j-n aufklären; **2.** *auto früher* Standlicht *n*; **3.** *arch* La'terne *f*; ~ **dès morts** Totenleuchte *f*; **4.** *e-r Pumpe* ~ **d'aspiration** Saugkorb *m*; **5.** *zo* ~ **d'Aristote** Laterne *f* des Aristoteles; ~**-applique** *f* ⟨*pl* lanternes--appliques⟩ Wandlaterne *f*

lanterneau [lɑ̃tɛrno] *m* ⟨*pl* ~x⟩ *cf* lanternon

lantern|er [lɑ̃tɛrne] F **I** *v/t* ~ **qn** j-n hinhalten; **II** *v/i* **1.** bummeln; trödeln; s-e Zeit vertun, vertrödeln; *nordd* F nölen; **on ne lanterne pas**! etwas schneller *od* rascher, bitte!; F etwas Beeilung, bitte!; **2.** zaudern; zögern; **faire qc sans ~** F etw tun, ohne lange zu fackeln; **3. faire ~ qn** j-n warten. F zappeln lassen; ~**on** *m arch* La'terne *f*; **2.** kleine La'terne *f*; Oberlicht *n*

lanthan|e [lɑ̃tan] *m chim* Lan'than *n*; ~**ide** *m chim* Lantha'nid *n*; ~**ite** *f minér* Lantha'nit *m*

lanugineux [lanyʒinø] *adj* ⟨*-euse*⟩ wollig; Woll...; *bot* flaumig

lanugo [lanygo] *m physiol* La'nugo *f*

laotien [laosjɛ̃] **I** *adj* ⟨~ne⟩ la'otisch; **II** *subst* **1.** ⟨~ne⟩ *m(f)* La'ote *m*, La'otin *f*; **2.** *ling* **le** ~ das La'otische; La'otisch *n*

lapalissade [lapalisad] *f* Binsenwahrheit *f*, -weisheit *f*

laparotomie [laparɔtɔmi] *f chir* Bauchschnitt *m*; *sc* Laparo'to'mie *f*

lape [lap] *loc/adj arg* **bon à ~** zu nichts nütze

lap|ement [lapmɑ̃] *m von Hund u Katze* Schlecken *n*; F Schlabbern *n*; ~**er** *v/t u v/i Hund, Katze* schlecken; F schlabbern

lapereau [lapro] *m* ⟨*pl* ~x⟩ *zo* junges, kleines Ka'ninchen, Kar'nickel

lapiaz [lapjaz] *m/pl géol* Karren *pl*; Schratten *f/pl*

lapidaire[1] [lapidɛr] *adj* kurz und bündig; lapi'dar; **style** *m* ~ Lapidarstil *m*

lapidaire[2] [lapidɛr] **I** *m* **1.** Steinschneider *m*; Edelsteinschleifer *m*, -graveur *m*; **2.** Edelsteinhändler *m*; **3.** *tech* Lapi'där *m*; **II** *adj Inschrift etc* in Stein geschnitten, gegraben; **musée** *m* ~ *etwa* Glypto-'thek *f*; Lapi'darium *n*

lapid|ation [lapidasjõ] *f* Steinigung *f*; ~**er** *v/t* **1.** steinigen; **2.** ~ **qn** j-n mit Steinen bewerfen; Steine auf j-n werfen; mit Steinen nach j-m werfen

lapidi|fication [lapidifikasjõ] *f géol* Verfestigung *f*; ~**fier** *v/t* (*u v/pr*) *géol* (**se**) ~ (sich) verfestigen

lapiés [lapje] *m/pl cf* lapiaz

lapilli [lapi(l)li] *m/pl géol* La'pilli *n*; ~**forme** *adj géol* la'pilliförmig

lapin [lapɛ̃] *m* **1.** *zo* Ka'ninchen *n*; Kar'nickel *n*; ~ **domestique** Hauskaninchen *n*; Stallhase *m*; ~ **de garenne** Wildkaninchen *n*; **2.** F *fig* **chaud** ~ *f* geiler Bock; **fameux** ~ ganzer Kerl; gewiefter Bursche; **mon (petit)** ~ F mein Häschen; **courir comme un** ~ sausen; F flitzen; **poser un** ~ **à qn** j-n sitzenlassen; F j-n versetzen

lapin|e [lapin] *f zo* weibliches Ka'ninchen, Kar'nickel; Häsin *f*; F *fig* **mère** *f* ~ kinderreiche Frau; ~**er** *v/i Kaninchen* setzen; werfen; ~**ière** *f* Ka'ninchen-, Kar'nickelstall *m*; ~**isme** *f iron* außerordentliche Fruchtbarkeit

lapis(-lazuli) [lapis(lazyli)] *m* ⟨*inv*⟩ *minér* Lapis'lazuli *m*; La'surstein *m*; **bleu** *m* lapis lapisblau

laplacien [laplasjɛ̃] **I** *adj* ⟨~ne⟩ *math, phys* von La'place; La'place-...; La'placesche(r, -s); **II** *m* La'place-Operator *m*

---

lapon [lapõ] **I** *adj* ⟨**lapone** [lapɔn]⟩ lappländisch; lappisch; **II** *subst* **1.** ⟨~(e) *m(f)* Lappländer(in) *m(f)*; Lappe *m*, Lappin *f*; **2.** *ling* **le** ~ das Lappische; Lappisch *n*

lapping [lapiŋ] *m tech* Läppen *n*

laps [laps] *m* ~ **de temps** (gewisse) Zeit; Zeitraum *m*, -abschnitt *m*; **après un court** ~ **de temps** nach kurzer Zeit

lapsus [lapsys] *m beim Sprechen od Schreiben* Lapsus *m*; Fehler *m*; Schnitzer *m*; ~ **linguae** Lapsus linguae *m*; Sichver'sprechen *n*; **faire un** ~ sich versprechen *bzw* verschreiben

laquage [lakaʒ] *m* **1.** Lackkunst Lacken *n*; Lac'kieren *n*, -ung *f*; **2.** *tech* Verlakkung *f*; **3.** *méd* ~ **du sang** Lackfarbenwerden *n* des Blutes (*bei Hämolyse*)

laquais [lakɛ] *m* La'kai *m* (*auch fig*); *fig* **âme** *f* **de** ~ Kriecher *m*; Speichellecker *m*; Lakai *m*

laque[1] [lak] *f* **1.** *bot* Lack(saft) *m*; **2.** (echter) Lack; ~ **rouge, noire** Rot-, Schwarzlack *m*; ~ **de Chine, du Japon** China-, Japanlack *m*; **3.** *chim* Lack *m*; Lackfarbe *f*; E'maillelack *m*; ~ **carminée** Kar'minlack *m*; ~ **à la nitrocellulose** Nitro(zellu'lose)lack *m*; ~ **Haarspray** [-ε:] *n od m*

laque[2] [lak] *m* Lackarbeit *f*; ~**s** *pl* **de Coromandel** Koro'mandellacke *m/pl*

laqué [lake] **I** *adj* **1.** gelackt; lac'kiert; Lack...; **table** *f* ~**e** Lacktisch *m*; **2.** *méd* **sang** ~ lackfarbenes Blut; **II** *m bot* Lackpilz *m*; Bläuling *m*

laquelle *cf* lequel

laqu|er [lake] *v/t bes Lackkunst* lacken; lac'kieren; ~**eur** *m* Lackmeister *m*, -künstler *m*; ~**eux** *adj* ⟨*-euse*⟩ lackartig; ~**ier** *m* Lackbaum *m*, -sumach *m*

larbin [larbɛ̃] *m* Diener *m*; *péj* Dome'stik(e) *m*

larcin [larsɛ̃] *m* **1.** kleiner Diebstahl; kleine Diebe'rei; **faire, commettre un** ~ e-n kleinen Diebstahl begehen; etwas entwenden, stehlen, verschwinden lassen, mitgehen lassen; **2.** gestohlener Gegenstand (*von geringem Wert*); Diebesgut *n*

lard [lar] *m* Speck *m*; ~ **gras** fetter Speck; **gros** ~ a) *cf* ~ **gras**; b) F *fig* Dickwanst *m*; ~ **maigre, petit** ~ magerer, durch-'wachsener Speck; F *fig* **tête** *f* **de** ~ Dickkopf *m*, F-schädel *m*; F *fig* **faire du** ~ F Speck ansetzen; fett werden; F *fig* **ne pas savoir, se demander si c'est du ~ ou du cochon** nicht wissen, woran man mit ihr *bzw* ihm ist

lardage [lardaʒ] *m cuis* **1.** Spicken *n*; **2.** Speckstreifen *m* (*zum Spicken*)

larder [larde] *v/t* **1.** *cuis* spicken; **2.** *fig* durch'bohren; *Text* ~ **de citations** mit Zitaten spicken; ~ **qn de coups de couteau** j-n mit Messerstichen durchbohren; **3.** *impr* composition lardée *od subst* **lardée** *f* gemischter Satz

lardoire [lardwar] *f* **1.** *cuis* Spicknadel *f*; **2.** *bât* ~ *cf* Gründungspfahls Schuh *m*

lardon [lardõ] *m* **1.** *cuis* a) Speckstreifen *m* (*zum Spicken*); b) ausgelassenes Speckstückchen (*von durchwachsenem Speck*); **2.** F (*petit enfant*) F Range *f*; Balg *m*; Gör(e) *n(f)*; **3.** *impr* in e-n Satz geratene falsche Letter; **4.** *tech* dünne Me'talleiste (*zum Schließen e-s Risses*)

lardonner [lardɔne] *v/t* Metall in dünne Leisten schneiden

lardure [lardyr] *f text* Webfehler *m*

lare [lar] *m* **1.** *im alten Rom meist pl* ~**s** *od* **dieux** *m/pl* ~**s** Laren *pl*; **2.** *poét* ~**s (paternels)** Haus *n* und Herd *m*; Pe'naten *pl*

---

m; Abwerfen *n*; *e-s Segelflugzeugs* Ausklinken *n*

large [larʒ] **I** *adj* **1.** *Straße, Öffnung, Stirn, Schultern etc* breit; *Kleidungsstück* weit; *Scheibe* dick; *Regentropfen* groß; dick; ~ **sourire** *m* breites Lächeln; *Pferd* ~ **de devant** mit breiter Brust; *Person* ~ **de hanches** breit in den Hüften; **décrire un** ~ **cercle** e-n weiten Kreis beschreiben, ziehen; **être** ~ **de cent mètres** hundert Meter breit sein; **ouvrir une** ~ **bouche** den Mund weit aufreißen; **2.** *fig* groß; *Kredit, Zahlungserleichterungen auch* großzügig; *Macht auch* beachtlich; *Anteil auch* bedeutend; erheblich; beachtlich; ~**s concessions** *f/pl* weitgehende Zugeständnisse *n/pl*; *péj* **conscience** *f* ~ weites Gewissen; *Unternehmen de* ~ **envergure** großangelegt; **avoir l'esprit** ~, **les** *od* **des idées** ~**s**, **être** ~ **d'idées** großzügig, libe'ral, vorurteilsfrei, freisinnig sein; großzügig, liberal denken; großzügige, liberale Anschauungen haben; ~ *Person* freigebig; großzügig; **être** ~ **avec qn** j-m gegenüber freigebig, großzügig sein; **mener une vie** ~ sein gutes, reichliches Auskommen haben; ein sorgloses, bequemes Leben führen; **II** *adv* **1.** weit; **fenêtres** *f/pl* ~**(s) ouvertes** weitgeöffnete Fenster *n/pl*; *Pferd bei der Volte* **aller** ~ e-n zu weiten Kreis beschreiben; **la mode habille** ~ cet été in diesem Sommer werden weite Kleider getragen, sind weite Kleider Mode; *fig* **ne pas en mener** ~ sich in s-r Haut nicht wohl fühlen; F im Druck sein; *oft auch* kleinlaut werden; **2. mesurer, calculer** ~ großzügig messen, kalkulieren; **III** *m* **1.** Breite *f*; **de dix mètres de** ~ zehn Meter breit; **von zehn Metern Breite; avoir dix mètres de** ~ zehn Meter breit sein; e-e Breite von zehn Metern haben; *loc/adv* **de long en** ~ auf und ab; hin und her; *fig* **en long et en** ~ lang und breit; des langen und breiten; **2.** F **du** ~! Platz da!; **Platz machen!; zu'rück!; zur Seite treten, gehen!; être au** ~ viel Platz, Bewegungsfreiheit haben; **être au** ~ **dans son appartement** *auch* e-e geräumige Wohnung haben; **se faire du** ~ sich Platz verschaffen; **3.** *mar* hohe, offene See; offenes Meer; **vent** *m* **du** ~ Seewind *m*; *loc/adv* **au** ~ auf hoher See; **au** ~ **de Cherbourg** vor der Küste, auf der Höhe von Cherbourg; **gagner, prendre le** ~ in die offene See, aufs offene Meer hinausfahren; F *fig* **prendre le** ~ das Weite suchen; F ausreißen; Reiß'aus nehmen; abhauen; türmen

largement [larʒəmɑ̃] *adv* **1.** weit; *Fluß* ~ **déborder sur les rives** weit über die Ufer treten; *Fenster* ~ **ouvert** weitgeöffnet; weit offenstehend (*auch Kragen*); **2.** reichlich; bei weitem; **avoir** ~ **de quoi vivre** sein reichliches, sein *od* ein gutes Auskommen haben; reichlich zum Leben haben; **il a** ~ **deux mille francs par mois** er hat gut seine zweitausend Franc im Monat; **il est** ~ **trois heures** es ist längst drei Uhr

largesse [larʒɛs] *f* **1.** Freigebigkeit *f*; Großzügigkeit *f*; **2.** ~**s** *pl* großzügiges Geschenk; **faire, prodiguer des** ~**s** *auch* (etwas zu) freigebig, großzügig sein

largeur [larʒœr] *f* **1.** Breite *f*; ~ **de la chaussée, de l'étoffe** Fahrbahn-, Stoffbreite *f*; *ch de fer* ~ **de la voie** Spurweite *f*; **étoffe** *f* **en grande** ~ Stoff, der 120–140 cm breit liegt; **étoffe** *f* **en petite** ~ Stoff, der 60–90 cm breit liegt; *loc/adv* **dans le sens de la** ~ der Breite nach; F *fig* **dans les grandes** ~**s** restlos; gründlich; **tu te trompes dans les**

grandes ~s da täuschst du dich gründlich; F da bist du schief gewickelt; **2.** *fig* ~ **d'esprit, d'idées, de vues** Großzügigkeit *f* im Denken; libe'rale Gesinnung; Liberali'tät *f*; Vorurteilslosigkeit *f*; Freisinnigkeit *f*
larghetto [largε(t)to] *mus* **I** *adv* lar-'ghetto; **II** *m* ⟨*inv*⟩ Lar'ghetto *n*
largo [largo] *mus* **I** *adv* largo; **II** *m* ⟨*inv*⟩ Largo *n*
largue [larg] *adj mar* **1.** *Tau* schlaff; **2.** vent *m* ~ Backstagsbrise *f*; Drei'viertelwind *m*; *ellip*: **avoir du ~ dans les voiles** guten Wind haben; **courir ~** mit Dreiviertelwind segeln
larguer [large] *v/t* **1.** *Bomben, Verpflegung* abwerfen; *Fallschirmjäger* absetzen; *Segelflugzeug* ausklinken; **2.** F *fig* ~ **qn** j-n fallenlassen, F abhängen; **3.** *mar Tau* schießen, locker lassen; *Segel* losmachen; *Festmacher* loswerfen; **larguez! los!**
laricio [larisjo] *m bot* Schwarzkiefer *f*
larme [larm] *f* **1.** Träne *f*; ~s **de colère, de joie** Tränen des Zorns, der Freude; **Freudentränen** *f/pl*; F ~s **de crocodile** F Kroko'dilstränen *f/pl*; **crise** *f* **de** ~s Weinkrampf *m*; *Gesicht* **baigné, inondé de** ~s tränenüberströmt; *loc/adv* **les** ~s **aux yeux** mit Tränen in den Augen; **avec des** ~s **dans la voix** mit tränenerstickter Stimme; **avoir les** ~s **aux yeux, avoir la** ~ **à l'œil** Tränen in den Augen haben; dem Weinen nahe sein; **elle avait les** ~s **aux yeux** *auch* die Tränen standen ihr in den Augen; **avoir toujours la** ~ **à l'œil,** F **avoir la** ~ **facile** leicht zu Tränen gerührt sein; F nah ans Wasser gebaut haben; **écraser une** ~ **au coin de l'œil** e-e Träne im Auge zerdrücken; **être (tout) en** ~s in Tränen aufgelöst sein; **être ému jusqu'aux** ~s zu Tränen gerührt sein; *Rauch etc* **faire venir des** ~s **aux yeux** die Tränen in die Augen treiben; **mêler ses** ~s **à celles de qn** j-s Schmerz teilen; **pleurer à chaudes** ~s heiße Tränen vergießen; bitterlich weinen; **rire aux** ~s Tränen lachen; *fig* **sécher, essuyer les** ~s **de qn** j-s Tränen trocknen; j-n trösten; **verser, répandre des** ~s Tränen vergießen; *st/s* **verser des** ~s **de sang** blutige, bittere Tränen weinen; **verser toutes les** ~s **de son corps, des torrents de** ~s Ströme von Tränen vergießen; F sich die Augen ausweinen; **2.** *fig* von e-r *Flüssigkeit* Tropfen *m*; Tröpfchen *n* (*beide auch bot von Pflanzensaft. Harz*); F Träne *f*; **3.** *ch* ~s *pl* **de plomb** Vogeldunst *m*; ~**-de-Job** *f od* ~**-du-Christ** *f bot* Hiobsträne *f*
larmier [larmje] *m* **1.** *anat* innerer Augenwinkel; *beim Hirsch* Tränengrube *f*; *beim Pferd* ~s *pl* Schläfe *f*; **2.** *arch bei Gesimsen* Rinn-, Traufleiste *f*; Sima *f*; Wassernase *f*; *bât* (Tropf)Rinne *f* (*unter dem Wetterschenkel u unter der Sohlbank*)
larmille [larmij] *f bot cf* **larme-de-Job**
larmoiement [larmwamɑ̃] *m* **1.** *des Auges* Tränen *n*; **2.** *fig* Weinerlichkeit *f*; Jammern *n*; F Gejammer *n*; Flennen; Flenne'rei *f*
larmoy|ant [larmwajɑ̃] *adj* **1.** *Augen* tränend; **2.** *Stimme* weinerlich; **3.** *Geschichte etc* rührselig; *hist* **comédie** ~**e** Rührstück *f*; ~**er** *v/i* ⟨**-oi-**⟩ **1.** *Augen* tränen; **2.** weinerlich tun; jammern; F flennen
larron [larõ] *m* **1.** *früher* Dieb *m*; Spitzbube *m*; *litt* **un troisième** ~ der lachende Dritte; *fig* **ils s'entendent comme** ~s **en foire** a) sie sind ein Herz und e-e Seele; b) sie stecken unter e-r Decke; **2.**

---

bibl Schächer *m*; **le bon et le mauvais** ~ die beiden Schächer am Kreuz; **3.** *impr* unbedruckte Stelle (*wegen e-r Falte im Papier*); **4.** ~ **d'eau** Abflußkanal *m* (*für Wasser*)
larvaire [larvεr] *adj zo* lar'val; **en état** ~ als Larve; im Larvenstadium
larve [larv] *f* **1.** *zo* Larve *f*; ~ **d'insecte** In'sektenlarve *f*; **2.** *fig* ~ **(humaine)** (menschliches) Wrack; Elendsgestalt *f*; **3.** *im alten Rom* Larve *f*; *par ext litt* Gespenst *n*
larvé [larve] *adj* **1.** *méd* lar'viert; **2.** *fig* la'tent; heimlich; verkappt; verborgen; versteckt
laryngal [larε̃gal] *phon* **I** *adj* ⟨**-aux**⟩ Kehl(kopf)...; **II** *f* ~**e** Laryn'gal *m*; Kehl(kopf)laut *m*
laryng|é [larε̃ʒe] *adj anat* Kehlkopf...; *sc* larynge'al; **nerfs** ~s Kehlkopfnerven *m/pl*; *path* **phtisie** ~**e** Kehlkopftuberkulose *f*, -schwindsucht *f*; ~**ien** *adj* ⟨~**ne**⟩ *cf* **laryngé**; *méd* **tube** ~ Kehlkopftubus *m*; ~**ite** *f path* Kehlkopfentzündung *f*; *sc* Laryn'gitis *f*; ~ **diphtérique** Kehlkopfdiphtherie *f*; Krupp *m*
laryngo|logie [larε̃gɔlɔʒi] *f* Laryngolo'gie *f*; ~**logique** *adj* laryngo'logisch; ~**logue** *m,f od* ~**logiste** *m, f* Laryngo-'loge, -'login *m*; ~**phone** *m* Kehlkopfmikrophon *n*; ~**scope** *m méd* Kehlkopfspiegel *m*; *sc* Laryngo'skop *n*; ~**scopie** *f méd* Kehlkopfspiegelung *f*; *sc* Laryngosko'pie *f*; ~**scopique** *adj méd* laryngo-'skopisch; ~**spasme** *m path* Stimmritzenkrampf *m*; *sc* Laryngo'spasmus *m*; ~**tomie** [-tɔmi] *f chir* Kehlkopfschnitt *m*; *sc* Laryngoto'mie *f*; ~**-trachéal** *adj* ⟨**-aux**⟩ Kehlkopf-Luftröhren-...; ~**-trachéite** *f vét* Kehlkopf-Luftröhren-Entzündung *f*
larynx [larε̃ks] *m anat* Kehlkopf *m*; *sc* Larynx *m*
las [lɑ] **I** *adj* ⟨**lasse** [lɑs]⟩ **1.** müde; abgespannt; **avoir les jambes lasses** müde Beine haben; **2.** *fig* müde; überdrüssig; **être** ~ **de qn, de qc** j-s, e-r Sache müde, überdrüssig sein; ~ **d'attendre** des Wartens müde; ~ **de vivre** lebensmüde, -überdrüssig; **être** ~ **de tout** F alles satt haben; **j'en suis** ~ F ich habe es satt; *loc/adv* **de guerre lasse** um des lieben Friedens willen; nach langem Sträuben; **II** *int litt* ~ **!** [lɑs] ach!
lasagne [lazaɲ] *f/pl cuis italienische Nudelsorte* La'sagne *pl*
lascar [laskar] *m* F schlauer Kerl; gewitzter Bursche; Fuchs *m*; **un drôle de** ~ ein schlauer, alter Fuchs; ein schlauer Kerl, Bursche
lascif [lasif] *adj* ⟨**-ive**⟩ las'ziv; *Person, Blick auch* lüstern; sinnlich
lasciveté [lasivte] *f od* **lascivité** [lasivite] *f* Laszivi'tät *f*; Lüsternheit *f*; Sinnlichkeit *f*
laser[1] [lazεr] *m phys* Laser ['le:-] *m*; ~ **à gaz, à rubis** Gas-, Ru'binlaser *m*; *tech* **usinage** *m* **par** ~ Bearbeitung *f* mit Laserstrahlen; *adj* **faisceau** *m* ~ Laserstrahl *m*
laser[2] [lazεr] *m bot* Laserkraut *n*
lasérothérapie [lazerɔterapi] *f méd* Behandlung *f* mit Laserstrahlen ['le:-]
lasiocampidés [lazjɔkɑ̃pide] *m/pl zo* Glucken *f/pl*
lassant [lɑsɑ̃] *adj* Wiederholungen ermüdend; langweilig; *Lärm auf die Nerven* gehend; zermürbend; *Vorwürfe* lästig; langweilig
lasser [lɑse] **I** *v/t* ermüden; langweilen; 'überstrapazieren (*auch j-s Aufmerksamkeit, Geduld*); auf die Nerven gehen (qn j-m); zermürben; **il a fini par** ~ **ma patience** *auch* jetzt reißt mir aber die Geduld (mit ihm); mit meiner Geduld ist

---

es vorbei; meine Geduld (mit ihm) ist erschöpft; **II** *v/pr* **se** ~ **vite** schnell ermüden; **se** ~ **de qc** e-r Sache (*gén*) müde, 'überdrüssig werden; F etw satt bekommen; etw 'überkriegen; **se** ~ **d'attendre qn** des Wartens auf j-n müde, überdrüssig werden; **ne pas se** ~ **de faire qc** nicht müde werden, etw zu tun; **ne pas se** ~ **de regarder qc** *auch* sich an etw (*dat*) nicht satt sehen können; **on se lasse de tout** F man kriegt alles einmal über, bekommt alles einmal satt; *loc/adv* **sans se** ~ unermüdlich; unverdrossen; ohne zu ermüden
lassis [lɑsi] *m text* **1.** Flockseide *f*; **2.** Stoff *m* aus Flockseide
lassitude [lɑsityd] *f* **1.** Müdigkeit *f*; Ermüdung *f*; Mattigkeit *f*; Abgespanntheit *f*; **2.** 'Überdruß *m*; Mutlosigkeit *f*; ~ **morale** Niedergeschlagenheit *f*; **céder par** ~ um des lieben Friedens willen nachgeben
lasso [laso] *m* Lasso *n od m*
lastex [lastεks] *m* (*nom déposé*) Lastex *f*
lasting [lastiŋ] *m text* Lasting *m*
latanier [latanje] *m bot* La'tanie *f*
latence [latɑ̃s] *f psych* La'tenz *f*; **période** *f* **de** ~ *méd* Latenz-, Inkubati'onszeit *f*; *psych* Latenzperiode *f*
latent [latɑ̃] *adj méd, biol, phys* la'tent; *fig auch* heimlich; verborgen; versteckt; *phys* **chaleur** ~**e** latente Wärme; 'Umwandlungswärme *f*; *phot* **image** ~**e** latentes Bild; *bot* **œil** ~ schlafendes Auge; *biol* **vie** ~**e** latentes, ruhendes Leben; *méd* **à l'état** ~ im latenten Stadium; **demeurer à l'état** ~ *méd* latent, *fig* verborgen bleiben
latéral [lateral] *adj* ⟨**-aux**⟩ seitlich; Seiten...; Neben...; late'ral; *télécomm* **bande** ~**e** Seitenband *n*; **chapelle, nef** ~**e** Seitenkapelle *f*, -schiff *n*; *phon* **consonne** ~ *od subst* ~**e** Lateral(laut) *m*; Seitenlaut *m*; **porte, rue** ~ Seitentür *f*, -straße *f*; *adm* **recrutement** ~ Einstellung *f* von Nichtlaufbahnbewerbern; *math* **surface** ~**e** Seitenfläche *f*; *e-s Zylinders* Mantel *m*; ~**ité** *f psych* Laterali'tät *f*
latérit|e [laterit] *f minér* Late'rit *m*; ~**ique** *adj minér* late'rithaltig
latès [latεs] *m zo* ~ **d'Égypte** Nilbarsch *m*
latex [latεks] *m bot* Latex *m*
lathræa [latrea] *m bot* Schuppenwurz *f*
lathyrisme [latirism(ə)] *m path* Platterbsenkrankheit *f*; *sc* Lathy'rismus *m*
laticifère [latisifεr] *adj bot* milchsaftführend; **canaux** *m/pl* ~s Milchröhren *f/pl*
latifolié [latifɔlje] *adj bot* breitblättrig
latifundium [latifɔ̃djɔm] *m* ⟨*pl* **latifundia** [latifɔ̃dja]⟩ Lati'fundium *n*
latin [latε̃] **I** *adj* **1.** la'teinisch; **l'alphabet** ~ das lateinische Alphabet; **l'Amérique** ~**e** La'teinamerika *n*; **de l'Amérique** ~**e** la'teinamerikanisch; **grammaire** ~**e** lateinische Grammatik; **Quartier** ~ Quartier latin *n* (*Pariser Studentenviertel*); **2.** ro'manisch; **langues** ~**es** romanische Sprachen *f/pl*; **peuples** ~s romanische Völker *n/pl*; **3.** *hist* la'tinisch; La'tiner...; **guerres** ~**es** Latinerkriege *m/pl*; **4.** ⊕ **croix** ~ **e** lateinisches Kreuz; Passi'onskreuz *n*; **Église** ~**e** Lateinische Kirche; **rite** ~ lateinischer Ritus; **5.** *mar* **voile** ~**e** La'teinsegel *n*; **II** *subst* **1.** *ling* **le** ~ das La'tein(ische); La'tein(isch) *n*; **bas** ~ Spät-, Mittellatein *n*; ~ **classique** klassisches Latein; ~ **populaire** Vul'gärlatein *n*; F ~ **de cuisine** F Küchenlatein *n*; F *fig* **être au bout de son** ~, **y perdre son** ~ F mit s-m Latein, mit s-r Weisheit am *od* zu Ende sein; **c'est à y perdre son** ~! jetzt verstehe ich über'haupt nichts mehr!; **c'est du** ~ **pour moi** F das ist für

mich chinesisch; das sind für mich böhmische Dörfer; **2.** ~s *m/pl* Ro'manen *m/pl*; **3.** *hist* ~s *m/pl* La'tiner *m/pl*

latin|isation [latinizasjõ] *f* Latini'sierung *f*; ~**iser I** *v/t* latini'sieren; **II** *v/i rel* der La'teinischen Kirche anhängen; ~**isme** *m ling* Lati'nismus *m*; ~**iste** *m,f* Lati'nist(in) *m(f)*; ~**ité** *f* **1.** Latini'tät *f*; **basse** ~ Spät-, Mittellatein *n*; **2.** la'teinische Welt, Zivilisati'on

latino-américain [latinoamerikɛ̃] *adj* la'teinamerikanisch

latitude [latityd] *f* **1.** (geo'graphische) Breite; *par ext* Breitengrad *m*; **basses**, **'hautes** ~s, ~**s moyennes** niedrige, hohe, mittlere Breiten *f/pl*; ~ **nord** nördliche Breite (*abr* n. Br. *od* nördl. Br.); ~ **sud** südliche Breite (*abr* s. Br. *od* südl. Br.); **le 52e parallèle de** ~ **sud** der 52. Breitengrad, -kreis südlicher Breite; **sous nos (douces)** ~s in unseren (gemäßigten) Breiten; *poét* unter unserem (milden) Himmelsstrich; **sous toutes les** ~s *in od* auf allen Breiten; überall auf der Welt; **2.** *astr* Breite *f*; ~ **géocentrique** geozentrische Breite; **3.** *fig* (Handlungs-, Bewegungs)Freiheit *f*; freie Hand; Spielraum *m*; **avoir toute** ~ völlige Freiheit, völlig freie Hand haben

Latran [latrã] *m in Rom* le ~ der Late'ran; *hist*: **accords** *m/pl* **du** ~ Lateranverträge *m/pl*; **conciles** *m/pl* **du** ~ Laterankonzilien *n/pl*, -synoden *f/pl*

latrines [latrin] *f/pl* La'trine *f/pl*

lattage [lataʒ] *m charp* **1.** Verlatten *n*, -ung *f*; Verschlagen *n* mit Latten; Anbringen *n* von Latten; **2.** Lattenwerk *n*; Latten *f/pl*; (Be)Lattung *f*

latte [lat] *f* **1.** *charp* Latte *f*; ~ **carrée**, **volige** Dachlatte *f* für Dachziegel, für Schieferplatten; ~ **de plancher** Diele *f*; Fußboden-, Dielenbrett *n*; **2.** *ch de fer* ~ **de cheminement** Zwischenlage *f* (*aus Metall, die das Wandern der Schienen verhindern soll*); **3.** *hist mil* Pallasch *m*

latté [late] *adj u subst m* (**panneau**) ~ Tischlerplatte *f*

latter [late] *v/t charp* verlatten; mit Latten versehen, verschlagen; Latten anbringen (**qc** an etw [*dat*])

lattis [lati] *m charp* Lattenwerk *n*; Latten *f/pl*; (Be)Lattung *f*; ~ **d'un plafond** Dachlattung *f*; ~ **de plancher** Dielen *f/pl*; Fußboden-, Dielenbretter *n/pl*

laudanisé [lodanize] *adj méd*, *phm* Opiumtinktur, Lau'danum enthaltend

laudanum [lodanɔm] *m méd*, *phm* Opiumtinktur *f*; Lau'danum *n*

lauda|teur [lodatœr] *st/s m*, ~**trice** *st/s f* Lobredner(in) *m(f)*

laudatif [lodatif] *st/s adj* <-ive> lobend; Lob...; lobpreisend; **discours** ~ Lobrede *f*; **parler de qn en termes** ~s sich lobend über j-n äußern, aussprechen; **des Lobes** ~ *st/s* voll sein

laudes [lod] *f/pl égl cath* Laudes *pl*

lauracées [lɔrase] *f/pl bot* Lorbeergewächse *n/pl*

laure [lor] *f Ostkirche* Lawra *f*; Laura *f*

lauré [lore] *st/s adj* lorbeergekrönt; mit Lorbeer bekränzt, gekrönt

lauréat [lorea] **I** *adj* preisgekrönt; *früher* **poète** ~ gekrönter Dichter; Hofdichter *m*; **II** *subst* ~**(e)** *st/s* Preisträger(in) *m(f)*; *in e-m Wettbewerb* Sieger(in) *m(f)*; ~ **du prix Nobel** No'belpreisträger *m*

lauréole [lɔreɔl] *f bot* Seidelbast *m*

laurier [lorje] *m* **1.** Lorbeer(baum) *m*; ~ **d'Apollon** *od* **des poètes** Edler Lorbeer; ~ **rose** *cf* ~**rose**; **branche** *f* **de** ~ Lorbeerzweig *m*; **2.** *fig* ~s *pl* Lorbeeren *m/pl*; Ruhm *m*; ~**s de la victoire** Siegeslorbeeren *m/pl*; **être chargé, couvert de** ~s mit Lorbeeren über'häuft werden; **s'endormir, se re-**

poser sur ses ~s sich auf s-n Lorbeeren ausruhen; ~**-cerise** *m* <*pl* lauriers-cerises> *bot* Kirschlorbeer *m*; Lorbeerkirsche *f*; ~**-rose** *m* <*pl* lauriers-roses> *bot* Ole'ander *m*; Rosenlorbeer *m*; Lorbeerrose *f*; ~**-sauce** *m* <*pl* lauriers-sauce> *bot* Edler Lorbeer; ~**-tin** *m* <*pl* lauriers-tins> *bot* Laurus tinus *m* der Gärtner; Bastard-, Steinlorbeer *m*

laurique [lɔrik] *adj chim* **acide** *m* ~ Lau'rinsäure *f*

laurvikite [lɔrvikit] *f minér* La(u)rvi'kit *m*

lav|abilité [lavabilite] *f* Waschbarkeit *f*; ~**able** *adj Kleidungsstück* waschbar; *Stoff auch* waschecht; *Tapete etc* abwaschbar

lavabo [lavabo] *m* **1.** Waschbecken *n*; **2.** *meist pl* ~s Toi'lette *f*; Klo'sett *n*; F Klo *n*; **dame** *f* **des** ~s Toiletten-, Klosett-, F Klofrau *f*; **où sont les** ~s? wo ist (*bzw* sind) die Toilette(n)?; **3.** Waschraum *m*; **4.** *égl cath* Handwaschung *f*; La'vabo *n* (*auch Gebet*)

lavage [lavaʒ] *m* **1.** *der Wäsche*, *e-s Wagens etc* Waschen *n*; *Wäsche f*; *e-r Tapete, der Kacheln etc* Abwaschen *n*; *der Fenster* Putzen *n*; *e-r Wunde, e-s einzelnen Wäschestücks* Auswaschen *n*; *fig* ~ **de cerveau** Gehirnwäsche *f*; ~ **du linge** Wäschewaschen *n*; F *fig* ~ **de tête** F Fensterputzen *n*; Rüffel *m*; ~ **des vitres** Fensterputzen *n*; ~ **d'une voiture** Wagenwäsche *f*, -waschen *n*; *Stoff, Farbe* **ne pas déteindre au** ~ waschecht, farbecht sein; **2.** *tech von Erz, Gas, Kohle, Schweißwolle etc* Waschen *n*; Wäsche *f*; *von Erz auch* naßmechanische Aufbereitung; *chim, Salzgewinnung* Auswaschen *n*; Schlämmen *n*; **3.** *méd* Spülung *f*; ~ **d'estomac** Magenspülung *f*; **faire un** ~ **d'estomac** *auch* den Magen auspumpen

lavallière [lavaljer] *adj* **1.** *Buchbinderei* **maroquin** *m* ~ brauner Maro'quin; **2.** *cout* **cravate** *f* ~ Künstlerschleife *f*; locker gebundene Seidenschleife; Lavalli'ère *f*

lavande [lavãd] *f bot* La'vendel *m*; ~ **aspic**, **grande** ~, ~ **officinale** Echter Lavendel; ~ **de mer** Meerlavendel *m*; **'Widerstoß** *m* **un flacon de** ~ ein Fläschchen *n* Lavendelwasser; *adit* **bleu** ~ <*inv*> lavendelblau

lavandière [lavãdjɛr] *f* **1.** *poét* Waschfrau *f*; Wäscherin *f*; **2.** *zo* Bachstelze *f*

lavandin [lavãdɛ̃] *m bot* Lavan'dinpflanze *f*

lavaret [lavarɛ] *m zo* (*Art*) (Blau-)Felchen *m*

lavasse [lavas] *f* F *von zu dünner Suppe, Soße etc* F (dünne) Brühe; *von zu dünnem Kaffee auch* Blümchenkaffee *m*

lavatera [lavatera] *m od* **lavatère** [lavater] *f bot* Strauchpappel *f*

lavatory [lavatɔri] *m* <*pl* lavatories> (öffentliche) Toi'letten *f/pl*; Bedürfnisanstalt *f*

lave [lav] *f* **1.** *géol* Lava *f*; ~**s basaltiques** Ba'saltlava *f*; **champ** *m* **de** ~ Lavafeld *n*; **bâti en** ~ aus Lavasteinen erbaut; **2.** *in Gebirgen* ~ **torrentielle** Mure *f*

lavé [lave] *adj* **1.** *Farbe* verwaschen; **bleu** ~ verwaschenes Blau; **2.** *peint* **dessin** ~ Tuschzeichnung *f*; la'vierte Zeichnung *f*; **3.** *Holz* astlochfrei

lave|-glace [lavglas] *m* <*pl* lave-glaces> *auto* Scheibenwaschanlage *f*; ~**-mains** *m* <*inv*> Handwaschbecken *n*

lavement [lavmã] *m* **1.** *méd* **a)** Kli'stier *n*; Einlauf *m*; **faire un** ~ **à qn** j-m e-n Einlauf machen; j-n kli'stieren; **b)** Spülung *f*; ~ **de l'intestin, de la vessie** Darm-, Blasenspülung *f*; **2.** *égl cath* Waschung *f*; ~ **des**

pieds Fußwaschung *f*

lave|-pinceaux [lavpɛ̃so] *m* <*inv*> *peint* Gefäß *n* zum Reinigen der Pinsel; ~**-pont** *m* <*pl* lave-ponts> Schrubber *m*; Schrubbesen *m*

laver [lave] **I** *v/t* **1.** *Hände, Gesicht, Wäsche, Wagen etc* waschen; *Fenster* putzen; *Fußboden* (feucht) wischen; scheuern; *Fleck, einzelnes Wäschestück, Wunde* auswaschen; *Tapete* abwaschen; *Hund* baden; ~ **la vaisselle** (das Geschirr) spülen; ab-, aufwaschen; den Abwasch, Aufwasch machen; **donner son linge à** ~ s-e Wäsche in die Wäscherei geben, zum Waschen (weg)geben; **2.** *fig* abwaschen; reinwaschen; reinigen; *Makel, Schmach* tilgen; ~ **les péchés** von den Sünden reinwaschen, reinigen; die Sünden wegnehmen, tilgen; *Schimpf, Beleidigung* ~ **dans le sang** mit Blut abwaschen, rächen; ~ **qn d'un soupçon** j-n von e-m Verdacht reinigen, reinwaschen; **3.** *tech Erz, Gas, Kohle, Schweißwolle* waschen; *Erz auch* naßmechanisch aufbereiten; *chim, Salzgewinnung* auswaschen; schlämmen; **4.** *phot* Film wässern; **5.** *méd* Magen, Blase, Darm* 'durchspülen; **6.** *peint* Farbe verwaschen; verwischen; *Zeichnung* tu'schen; la'vieren; **II** *v/pr* se ~ **7.** *reflexiv* **a)** sich waschen; **se** ~ **les dents** sich die Zähne putzen; **se** ~ **la figure, les mains** sich das Gesicht, die Hände waschen; *fig* **je m'en lave les mains** ich wasche meine Hände in Unschuld; **b)** *fig* sich reinigen; sich reinwaschen; **se** ~ **du péché** sich von der Sünde reinwaschen; **se** ~ **d'un soupçon** sich von e-m Verdacht reinigen, reinwaschen; **8.** *passivisch* **a)** gewaschen werden; **b)** *fig* getilgt, abgewaschen werden

laverie [lavri] *f* **1.** *tech für Erz, Gas, Kohle, Schweißwolle* Waschanlage *f*; Wäsche'rei *f*; **2.** ~ (**automatique**) Wäsche'rei *f*; Waschsalon *m*

lave-tête [lavtɛt] *m* <*inv*> *beim Friseur* (*bewegliches*) Kopfwaschbecken *n*

lavette [lavɛt] *f* **1.** Spültuch *n*, -lappen *m*; Abwasch-, Aufwaschlappen *m*; **2.** F *fig von e-r Person* **une** (**vraie**) ~ F ein (richtiger) Waschlappen

lav|eur [lavœr] *m* **1.** *Person* Wäscher *m*; ~ **d'or** Goldwäscher *m*; ~ **de vitres** Fensterputzer *m*; ~ **de voitures** Wagenwäscher *m*; **2.** *tech Anlage für Erz, Gas, Kohle, Kartoffeln, Rüben* Wäscher *m*; *für Gas auch* Naßwäscher *m*; **3.** *zo adit* **raton** ~ Waschbär *m*; ~**euse** *f* Wäscherin *f*; Waschfrau *f*

lave-vaisselle [lavvɛsɛl] *m* <*inv*> Geschirrspülmaschine *f*, -automat *m*

lavignon [laviɲõ] *m zo* Pfeffermuschel *f*

lavis [lavi] *m peint* **1.** Tuschen *n*; La'vieren *n*; **au** ~ getuscht; la'viert; **2.** Tuschzeichnung *f*

lavoir [lavwar] *m* **1.** ~ **municipal, public** öffentlicher Waschplatz; öffentliches Waschhaus; **2.** *früher in Klöstern* steinerner Waschtrog; **3.** *tech* **a)** *cf* **laveur 2.**; **b)** *cf* **laverie 1.**

lavure [lavyr] *f* **1.** ~ **de vaisselle** Spülwasser *n*; Abwasch-, Aufwaschwasser *n*; Spülicht *n*; **2.** *tech* Wäsche *f*; ~ **du minerai** Erzwäsche *f*; naßmechanische Erzaufbereitung; **3.** ~s *pl bei der Wäsche zurückbleibende* Par'tikeln *f/pl* von Edelmetall

lawrencium [lorãsjɔm] *m phys atom* Law'rencium *n*

laxatif [laksatif] **I** *adj* <-ive> leicht abführend; **tisane laxative** Abführtee *m*; **II** *n* leichtes Abführmittel; Laxa'tiv(um) *n*; *méd* Laxans *n*

lax|isme [laksism(ə)] *m* **1.** *égl cath* La'xismus *m*; **2.** *fig* zu große Nachgiebig-

keit; **⌐iste I** *adj Moral, sittliche Grundsätze* lax; **II** *m, f* Anhänger(in) *m(f)* des La'xismus

laxité [laksite] *f st/s e-s Seiles* Schlaffheit *f; des Gewebes auch* Erschlaffung *f*

layage [lɛjaʒ] *m Steinmetzarbeit* Kröneln *n*

laye [lɛ] *f* 1. *mus cf* laie 3.; 2. *cf* laie 4.

layer [leje] *v/t* ⟨-ay- *od* -ai-⟩ 1. *Forstwirtschaft* **a)** e-e Schneise aushauen, schlagen (**une forêt** in e-m Wald); **b)** *ein Waldstück* ringsherum durch Schneisen abgrenzen; **c)** *Bäume, die bei e-m Schlag stehenbleiben sollen* anlassen; schalmen; 2. *Oberfläche e-s Steins* kröneln

layette [lɛjɛt] *f* Babywäsche *f*, -ausstattung *f*

layia [laja] *m bot* Layia *f*

layon [lɛjõ] *m* 1. *Forstwirtschaft* kleine Schneise; kleiner 'Durchhau, 'Durchhieb; Wildpfad *m*; 2. *mines* dünne Schicht; kleine Ader; 3. *e-s Ackerwagens* her'ausnehmbare Rückwand

lazar|et [lazarɛ] *m* Quaran'tänestation *f*; **⌐iste** *m égl cath* Laza'rist *m*; Vinzen'tiner *m*

lazulite [lazylit] *f minér* Lazu'lith *m*

lazurite [lazyrit] *f minér cf* lapis(-lazuli)

lazzi [lazi, ladzi] *m* ⟨*pl* lazzi(s)⟩ *st/s meist pl* ⌐s Spott *m*; Gespött *n*; Spötte'leien *f/pl*

le [l(ə)] *m*, **la** [la] *f* ⟨*beide vor Vokal u stummem h* l'⟩, *pl* **les** [le]
I *art défini* 1. *m* der, *f* die, *n* das; *pl* die; **le chien** der Hund; **la femme** die Frau; **la maison** das Haus; **l'ami** der Freund; **l'homme** der Mensch, Mann; **la haine** der Haß; **le onzième** der elfte; **le oui** das Ja; **les élèves** die Schüler *m/pl*; 2. *demonstrativ:* **de la sorte** auf diese, solche Weise; **l'ingrat !** dieser Undankbare!; **oh, le beau chien !** was für ein schöner Hund!; **approchez, les enfants !** kommt mal her, (ihr) Kinder (da)!; 3. *determinativ:* **le célèbre Lamartine** der berühmte Lamartine; **le Paris du 20ᵉ siècle** das Paris des 20. Jahrhunderts; 4. *bei Zeitbestimmungen:* **le jour** am Tage; tagsüber; **le premier lundi du mois** am ersten Montag des Monats; **le 20 juillet** am 20. Juli; **le mardi** dienstags; 5. *distributiv:* **cent francs la pièce** hundert Franc das *od* pro *od* je Stück; **quatre francs le mètre** vier Franc das *od* der Meter; 6. *possessiv:* **le bras droit me fait mal** mein rechter *od* der rechte Arm tut mir weh; 7. *modal:* **la mine allongée** mit langem Gesicht; 8. *im Deutschen unübersetzt:* **vive la France !** es lebe Frankreich!; **les Durand viennent ce soir** heute abend kommen Durands; **la Pentecôte** Pfingsten; **le manger et le boire** Essen und Trinken; **la nature et l'étendue des contrôles** Art und 'Umfang der Kontrollen); **vers les trois heures** gegen drei (Uhr); **avoir les yeux bleus** blaue Augen haben; **l'or est plus cher que l'argent** Gold ist teurer als Silber; **les deux tiers des députés** zwei Drittel der Abgeordneten; **l'article trois du Code civil** Artikel drei des Code civil;
II *pr/pers der 3. pers s* ⟨*stets als obj/dir mit e-m Verbum verbunden*⟩ 1. *m* ihn, *f* sie, *n* es; *pl* sie; **je le connais** ich kenne ihn *bzw* es; **je la vois** ich sehe sie; **je l'entends** ich höre ihn *bzw* sie *bzw* es; **je les ai rencontrés hier** ich habe sie gestern getroffen; **regardez-les !** seht sie an!; 2. *neutrales* le es; **a)** *auf e-n ganzen Satz bezogen:* **c'est une idée stupide, je le sais ...** ich weiß es; **b)** *auf ein Prädikatssubst od -adj bezogen:*

ils sont amis et ils le seront toujours sie sind Freunde und werden es immer bleiben; *êtes-vous satisfait?* – **je le suis ...** ich bin es; **c)** *in Vergleichssätzen im Deutschen unübersetzt:* **il n'est pas si pauvre qu'on le pense** er ist nicht so arm, wie man denkt; **il est plus intelligent qu'on ne le croit** er ist klüger, als man glaubt

lé [le] *m cout* 1. *e-s Stoffes* Breite *f*; 2. (Stoff)Bahn *f*; **jupe** *f* **à six** ⌐s Sechs'bahnenrock *m*

leader [lidœr] *m* 1. *pol* (Par'tei)Führer *m*; **⌐ de l'opposition** Oppositi'onsführer *m*; 2. *sports* Spitzenreiter *m*; Erste(r) *m*; **être** ⌐ **du classement général** *im Fußball auch* Ta'bellenführer *m* sein; die Tabelle anführen; *allg auch* an der Spitze der Gesamtwertung liegen; 3. *aviat* *e-s Jagdflieger- od Bomberverbandes* **a)** Führungsflugzeug *n*; Flugzeug *n* an der Spitze; **b)** Flugkapitän *m* des Führungsflugzeugs; 4. *adit* führend; Führungs...

leadership [lidœrʃip] *m pol* Führerschaft *f*; Führung *f*

leasing [liziŋ] *m écon* Leasing ['li:-] *n*; **société** *f* **de** ⌐ Leasinggesellschaft *f*

lebel [ləbɛl] *m hist mil* Le'belgewehr *n*

lécanora [lekanɔra] *f bot* Mannaflechte *f*

léchage [leʃaʒ] *m* 1. ⌐ **de bottes** Speichellecke'rei *f*; Krieche'rei *f*; Liebediene'rei *f*; 2. *e-s Gemäldes* über'triebene sorgfältige Ausarbeitung, -führung; *e-s Textes* über'triebenes Feilen

lèche [lɛʃ] *f* **F** faire de la ⌐ (à qn) ein Kriecher, Speichellecker, Liebediener, Schweifwedler sein; (vor j-m) kriechen, schweifwedeln, liebedienern; (j-m) um den Bart gehen; **⌐-bottes** *m u adit* ⟨*inv*⟩ **F** (il est) ⌐ (er ist ein) Speichellekker *m*, Kriecher *m*, Liebediener *m*, Schweifwedler *m*; **⌐-carreaux** **F** *m cf* lèche-vitrines; **⌐-cul** *m u adit* ⟨*inv*⟩ **P** (il est) ⌐ **P** (er ist ein) Arschkriecher *m*, Schleimscheißer *m*; **⌐-frite** *f cuis* Auffangschale *f*; Abtropfpfanne *f*; **⌐ment** *m* (Ab-, Aus-, Be)Lecken *n*

lécher [leʃe] *v/t* ⟨-è-⟩ **I** *v/t* 1. lecken; schlekken; *Schüssel* auslecken; *Löffel, Teller* ablecken; *Tiere: etw vom Boden* auflekken; *Gegenstand* belecken; *fig: Flammen* (empor)züngeln (**qc an etw** [*dat*]); *poét Wellen, Meer* ⌐ **la côte** die Küste um'spülen, bespülen; **F** *Person* **ne pas se nourrir en léchant les murs** nicht Hunger leiden; gut ernährt sein; 2. *fig* ⌐ **les vitrines** e-n Schaufensterbummel machen; die Schaufenster ansehen; **F** begucken; **F** *fig* ⌐ **les bottes**, **P le cul à qn** vor j-m kriechen, schweifwedeln, liebedienern; j-m um den Bart gehen; j-m Honig um den Mund schmieren; **F** um j-n her'umscharwenzeln; **P** j-m in den Arsch kriechen; 3. *Gemälde* zu sorgfältig ausarbeiten, ausführen; *Text* zu sehr feilen; **II** *v/pr Hund, Katze* se ⌐ sich lecken; se ⌐ **la blessure** s-e Wunde lecken; *Kind* se ⌐ **les doigts** die Finger ablecken; **F** *fig: Person* **s'en** ⌐ **les doigts, les babines** mit Genuß essen; *cf auch* babine 2.

léchette [leʃɛt] **F** *f* Scheibchen *n*; Stückchen *n*; kleine Scheibe; kleines Stück

lécheur [leʃœr] **F** *f adi* ⟨-euse⟩ kriecherisch; liebedienerisch; **II** *subst* ⌐, lécheuse *m,f* Speichellecker *m*; Kriecher *m*; Liebediener *m*; Schweifwedler *m*

lèche-vitrines [lɛʃvitrin] *m* ⟨*inv*⟩ faire du ⌐ e-n Schaufensterbummel machen; die Schaufenster ansehen; **F** begucken

lécithine [lesitin] *f biol* Lezi'thin *od fachspr* Leci'thin *n*

leçon [l(ə)sõ] *f* 1. ('Unterrichts-, Lehr)Stunde *f*; Lekti'on *f*; ⌐s *pl* 'Unter

richt *m*; ⌐s de chant, d'équitation, de français Gesangs-, Reit-, Fran'zösischunterricht *m*, -stunden *f/pl*; ⌐ de choses **a)** Anschauungsunterricht *m*; **b)** *Volksschule* Sachkunde *f*; donner des ⌐s à qn j-m Stunden geben, Unterricht erteilen, geben; *Lehrer* faire sa ⌐ s-e Stunde halten, geben; unter'richten; prendre des ⌐s avec qn bei j-m Stunden, Unterricht nehmen; vivre de ⌐s vom Stundengeben leben; 2. *e-s Schülers* Lekti'on *f*; (mündliche) Aufgabe; réciter sa ⌐ *cf* réciter; 3. *fig* Lehre *f*; Warnung *f*; *e-r Fabel* Mo'ral [*f*]; dégager, tirer la ⌐ de qc aus etw e-e Lehre ziehen; je vous dispense de vos ⌐s de morale Sie können sich Ihre weisen Lehren, Ratschläge sparen, schenken; donner, infliger une ⌐ à qn j-m e-e Lehre erteilen, **F** e-n Denkzettel geben; cela lui donnera une bonne ⌐ das wird ihm e-e gute, heilsame Lehre sein; donner, infliger une ⌐ à qn à qn) j-n bearbeiten; j-n ins Gebet nehmen; **b)** j-m e-e Lektion erteilen; j-m die Le'viten lesen; j-m den Kopf zurechtrücken, -setzen; que cela lui serve de ⌐ ! möge ihm das e-e Lehre, Warnung sein!; möge ihm das zur Lehre dienen!; das soll ihm e-e Warnung sein!; il se souviendra de la ⌐ das wird ihm ein Denkzettel sein; 4. *e-s Textes* Lesart *f*

lec|teur [lɛktœr] *m*, **⌐trice** *f* 1. Leser(in) *m(f)*; *e-s Nachschlagewerkes* Benutzer *m*; lecteurs *m/pl* Leser *m/pl*; Leserschaft *f*; lecteur de journaux, de romans Zeitungs-, Ro'manleser *m*; être un grand lecteur viel lesen; **F** e-e Leseratte sein; 2. *an der Universität, im Verlag* Lektor *m*, Lek'torin *f*; 3. Vorleser(in) *m(f)* (*auch in e-m Kloster*); *égl cath* chaire *f* de lecteur Lesepult *n*; Lektio'nar(ium) *n*; *adit* sœur lectrice vorlesende Schwester; 4. ⟨*nur m*⟩ *e-s Plattenspielers* Tonabnehmer(system) *m* (*n*); *e-s Tonfilmprojektors* Abtastgerät *n*; ⌐ magnétique, optique Ma'gnetton-, Lichttonabtastgerät *n*; ⌐ de disques Tonabnehmer *m*; 5. ⟨*nur m*⟩ *beim Elektronenrechner etc* ⌐ magnétique, optique magnetischer, optischer Zeichenleser; 6. ⟨*nur m*⟩ de cassettes Kas'settenrecorder *m*; 7. *impr* Kor'rektor *m* (*auch für e-e Frau*); 8. ⟨*nur m*⟩ *égl cath* Lektor *m* (*als Grad*)

lectionnaire [lɛksjɔnɛr] *m égl cath* Lektio'nar(ium) *n* (*liturgisches Buch*)

lecture [lɛktyr] *f* 1. *e-s Buches, Autors, Stadtplans, e-r Partitur, der Messe* Lesen *n*; *e-s Briefes etc auch* 'Durchlesen *n*; Lek'türe *f*; *Schulfach* Lesen *n*; ⌐ d'une carte Kartenlesen *n*; livre *m* de ⌐ Lesebuch *n*; à la première ⌐ beim ersten (Durch)Lesen; bei der ersten Lektüre; la ⌐ de George Sand liest sich gut; aimer la ⌐ gerne lesen; 2. Vorlesen *n*; *e-s Schriftstücks, Testaments, Urteils* Verlesung *f*; donner, faire (la) ⌐ de qc etw vorlesen, verlesen; faire la ⌐ à qn j-m vorlesen; ⌐ faite nach der Verlesung; 3. Lek'türe *f*; Lesestoff *m*; *in der Schule auch* Lesestück *n*; mauvaises ⌐s schlechte Lektüre; ses ⌐s sont des romans policiers o-e Lektüre sind, es liest Kriminalromane, **F** Krimis; c'est (d')une ⌐ facile das ist e-e leichte Lektüre; das liest sich leicht, das läßt sich leicht lesen; je vous ai apporté de la ⌐ ich habe Ihnen Lektüre, Lesestoff, etwas zum Lesen, etwas zu lesen mitgebracht; 4. *im Parlament* Lesung *f*; adopté en première, en seconde ⌐ in erster, zweiter Lesung angenommen; 5. *thé* Prüfung *f* (*e-s eingerichteten neuen*

Stückes); **6.** *e-r Tonspur* Abtasten *n*, -ung *f*; *e-r Schallplatte, e-s Tonbandes auch* Abspielen *n*; **bras** *m* **de** ~ Tonarm *m*; **tête** *f* **de** ~ 'Wiedergabe-, Abtastkopf *m*; **7.** *tech e-s Meßinstruments* Ablesen *n*, -ung *f*; *beim Elektronenrechner* ~ **magnétique**, *optique* magnetisches, optisches Zeichenlesen; **erreur** *f* **de** ~ Ablesefehler *m*; **8.** *télécomm* ~ **au son** Aufnahme *f von Morsezeichen* nach Gehör

lécythis [lesitis] *m bot* Topf(frucht)-baum *m*

leda [leda] *f zo* Schnabelmuschel *f*

lédeburite [ledbyrit] *f métall* Ledebu'rit *m*

ledit [lədi] *adj* ⟨*f* **ladite** [ladit]; *m/pl* **lesdits** [ledi], *f/pl* **lesdites** [ledit]⟩ *jur* besagte(r, -s); der, die, das genannte, vorerwähnte; **le prix dudit terrain**, **desdits terrains** der Preis des besagten Grundstücks, der besagten Grundstücke; **audit lieu** an besagtem Ort

lédonien [ledɔnjɛ̃] *adj* ⟨~**ne**⟩ (*u subst* ♀) Einwohner) von Lons-le-Saulnier

ledum [ledɔm] *m bot* Porst *m*

légal [legal] *adj* ⟨-**aux**⟩ gesetzlich; le'gal; rechtmäßig; **âge** ~ (gesetzlich) vorgeschriebenes Alter; **armes** ~**es**, **moyens légaux** gesetzliche Mittel *m/pl*; Rechtsmittel *n/pl*; **assassinat** ~ Ju'stizmord *m*; **dispositions** ~**es** gesetzliche Bestimmungen *f/pl*; **formes** ~**e** Rechtsformen *f/pl*; **médecine** ~**e** Gerichtsmedizin *f*; gerichtliche, fo'rensische Medizin; **monnaie** ~ gesetzliches Zahlungsmittel; *in e-m Land mit beschränktem Wahlrecht* **pays** ~ Gesamtheit *f* der Bürger, die im Genuß der politischen Rechte sind; *jur* **tuteur** ~ gesetzlicher Vormund; **par voies** ~**es** auf gesetzlichem, legalem Wege; ~**ement** *adv* gesetzlich; le'gal; auf gesetzlichem, le'galem Wege

légal|isation [legalizasjɔ̃] *f e-r Urkunde, Unterschrift* amtliche Beglaubigung; Le'gali'sierung *f* (*auch allg*); Legalisati'on *f*; ~**iser** *v/t Unterschrift, Vollmacht etc* amtlich beglaubigen; legali'sieren (*auch allg*); **faire** ~ **sa signature** s-e 'Unterschrift amtlich beglaubigen lassen; ~**isme** *m* Lega'lismus *m*; ~**iste** *m* Lega'list *m*; ~**ité** *f* Gesetzlichkeit *f*; Legali'tät *f*; Rechtmäßigkeit *f*; **sortir de la** ~ den Boden der Legalität verlassen

légat [lega] *m* **1.** *égl cath* päpstlicher Le'gat; **2.** *im alten Rom* Le'gat *m*

légataire [legatɛr] *m,f jur* Vermächtnisnehmer(in) *m(f)*; Lega'tar *m*; ~ **universel** *cf* universel 1.

légation [legasjɔ̃] *f* **1.** Gesandtschaft *f* (*auch als Gebäude*); **droit** *m* **de** ~ Gesandtschaftsrecht *n*; **secrétaire** *m* **de** ~ Legati'ons-, Gesandtschaftssekretär *m*; **2.** *égl cath* Legati'on *f*

lège [lɛʒ] *adj mar Schiff* zu leicht befrachtet; unbefrachtet

légendaire [leʒɑ̃dɛr] *adj* **1.** legen'där; Le'genden...; sagenhaft; Sagen...; Fabel...; **figure** *f* legendäre Gestalt; Sagengestalt *f*; **2.** berühmt; sprichwörtlich; **le chapeau** ~ **de Napoléon** der berühmte Hut Napoleons; **distraction devenue** ~ sprichwörtlich gewordene Zerstreutheit

légende [leʒɑ̃d] *f* **1.** Le'gende *f*; Sage *f*; ~ **napoléonienne** Legende über Napoleon; ~ **de Roland, de Faust** Roland-, Faustsage *f*; **entrer dans la** ~ in die Legende eingehen; zur Legende. legen'där werden; **2.** *rel* Heiligenlegende *f*, -leben *n*; *par ext* Le'gendensammlung *f*; Legen'dar(ium) *n*; ~ **dorée** Goldene Legende; Le'genda aurea *f*; **3.** *e-r Münze* Beschriftung *f*; Le'gende *f*; *unter Abbildungen* Bildunterschrift *f*; Bildtext *m*;

Erläuterung *f*; Le'gende *f*; *auf e-r Karte* Zeichenerklärung *f*; Le'gende *f*

léger [leʒe] *adj* ⟨-**ère**⟩ **1.** *Gegenstand, Gepäck etc* leicht; *Boden auch* locker; **armes légères** leichte Waffen *f/pl*; **bombardier, croiseur** ~ leichter Bomber, Kreuzer; **cavalerie, infanterie légère** leichte Kavallerie, Infanterie; **huile légère, métal** ~ Leichtöl *n*, -metall *n*; **matelot** ~ Leichtmatrose *m*; *sports* **poids** ~ *cf* **poids 3.**; **les plus** ~**s que l'air** die Luftfahrzeuge *n/pl* leichter als Luft; **2.** *Wein, Parfüm etc* leicht; *Kaffee, Tee auch* dünn; schwach; *Speisen* leicht (verdaulich); **3.** *Schlaf, Schlag, Krankheit, Schmerz, Strafe, Traurigkeit, Ironie etc* leicht; *Strafe, Schmerz auch* gelinde; *Berührung auch* leise; zart; *Bewegung, Geräusch auch* leise; schwach; *Wind, Brise auch* sanft; *Fehler auch* unbedeutend; harmlos; geringfügig; *Unterschied* geringfügig; fein; klein; **blessé** ~ Leichtverwundete(r) *m*, -verletzte(r) *m*; *der Wangen* **coloration légère** leichte, zarte, schwache Röte; ~ **doute** leichter, leiser Zweifel; **4.** *Schicht* dünn; *Nebel* leicht; dünn; *Kleidung, Gewebe, Stoff* leicht; dünn; duftig; *Spitze* zart; **légère couche de neige** dünne Schneedecke; **5.** *Schritt* leicht; *Gang auch* anmutig; *Taille* schlank; dünn; **le cœur** ~ *cf* **cœur 2.**; **avoir la main légère** ~ e-e leichte Hand haben; **dessiné d'une main légère** mit leichter Hand gezeichnet; leicht hingeworfen; **d'un pas, pied** ~ leichtfüßig; behend(e); flink; *Gemälde* **peint par touches légères** mit leichten (Pinsel)Strichen gemalt; (wie) hingehaucht; **6.** *fig Person* leichtfertig; leichtsinnig; unbesonnen; oberflächlich; unbeständig; flatterhaft; *Sitten* locker; lose; frei; *Geschichte* schlüpfrig; gewagt; fri'vol (*auch Unterhaltung*); **femme légère** leichtes Mädchen; **musique légère** leichte Musik; Unter'haltungsmusik *f*; **poésie légère** heitere Poesie; *loc/adv* **à la légère** leichtfertig(erweise); leichtsinnig(erweise); **parler à la légère** leichtfertig, unüberlegt reden; gedankenlos daherreden; **prendre les choses à la légère** die Dinge leicht, auf die leichte Schulter, Achsel nehmen; **il a été bien** ~ **de lui confier ce dossier** es war sehr leichtsinnig von ihm ...; **7.** *mus* **soprano** ~ hoher, beweglicher Sopran; **ténor** ~ hoher, lyrischer Tenor; **voix légère** Stimme, die die hohen Töne mit Leichtigkeit erreicht

légèrement [leʒɛrmɑ̃] *adv* **1.** leicht; ~ **armé** leichtbewaffnet; ~ **vêtu** leichtgekleidet; leicht, dünn angezogen; **manger** ~ leichte Kost, Nahrung zu sich nehmen; **2.** leicht; ein wenig; ein bißchen; ~ **blessé** leichtverletzt, -verwundet; ~ **ivre** angetrunken; leicht betrunken; F *iron* **elle est** ~ **prétentieuse** sie ist ziemlich eingebildet; **bouger** ~ sich leicht, ein wenig, schwach bewegen; **3.** leichtfertig; leichtsinnig; **parler** ~ **de qc** leichtfertig, gedankenlos über etw (*acc*) reden

légèreté [leʒɛrte] *f* **1.** *e-s Gegenstandes* Leichtheit *f*; Leichtigkeit *f*; geringes, kleines Gewicht; **2.** *von Speisen* Bekömmlichkeit *f*; leichte Verdaulichkeit; **3.** *e-r Beleidigung, Strafe* Harmlosigkeit *f*; *e-s Fehlers auch* Geringfügigkeit *f*; **4.** *e-s Stoffes, Gewebes, der Kleidung* Leichtheit *f*; Leichtigkeit *f*; Luftigkeit *f*; Duftigkeit *f*; **5.** *e-r Tänzerin* Leichtigkeit *f*; Grazie *f*; Leichtigkeit *f* der Bewegungen; *e-r Säule, e-s Bauwerks* Leichtigkeit *f*; *der Hand* Geschicklichkeit *f*; **marcher avec** ~ leichtfüßig dahinschreiten; **6.** *fig*

Leichtfertigkeit *f*; Leichtsinn *m*; Unbesonnenheit *f*; Frivoli'tät *f*; **il a fait preuve de** ~ **dans ses propos** s-e Worte waren *od* was er sagte, war unüberlegt, unbedacht, unbesonnen, leichtfertig, leichtsinnig

leghorn [legɔrn] *f Hühnerrasse* Leghorn *n*

légiférer [leʒifere] *v/i* ⟨-**è**-⟩ **1.** Gesetze geben, machen; **pouvoir** *m* **de** ~ gesetzgeberische Gewalt; **2.** *in der Grammatik* Regeln aufstellen

légion [leʒjɔ̃] *f* **1.** *mil, hist* Legi'on *f*; ♀ **étrangère** Fremdenlegion *f*; **s'engager dans, entrer à la** ♀ **(étrangère)** in die Fremdenlegion gehen, eintreten; *hist* ~ **s romaines** römische Legionen; **2.** *fig* Heer *n*; (Heer)Schar *f*; Unzahl *f*; **une** ~ **de ...** ein Heer, e-e Schar, e-e Unzahl von ...; **des** ~ **s de ...** (Heer)Scharen von ...; **une** ~ **de moustiques** Scharen, Schwärme *m/pl* von Mücken; **être** ~ Legi'on, sehr zahlreich sein; **3.** *in Frankreich* ♀ **d'honneur** Ehrenlegion *f*; **avoir la** ♀ **d'honneur** Mitglied der Ehrenlegion sein

légionnaire [leʒjɔnɛr] *m* **1.** *mil* Fremdenlegionär *m*; **2.** Mitglied *n* der Ehrenlegion; **3.** *hist* (römischer) Legio'när

législa|teur [leʒislatœr] *m*, ~**trice** *f* **1.** Gesetzgeber(in) *m(f)*; *adjt* **monarque législateur** gesetzgebender Monarch; **2.** ⟨*nur m*⟩ *jur, adm* le'r Gesetzgeber; **les intentions du** ~ die Absicht des Gesetzgebers

législatif [leʒislatif] *adj* ⟨-**ive**⟩ **1.** gesetzgebend; legisla'tiv; **assemblée législative** gesetzgebende Versammlung; *hist* **l'Assemblée législative** *od subst* **la Législative** die Legisla'tive; **corps** ~ gesetzgebende Körperschaft; **le pouvoir** ~ *od subst* **le** ~ die gesetzgebende Gewalt; die Legisla'tive; **2.** gesetzgeberisch; legisla'torisch; Rechts...; **acte** ~ gesetzgeberische Handlung; gesetzgeberischer Akt; Akt *m* der Gesetzgebung; **dispositions législatives** Rechtsvorschriften *f/pl*; **3.** **élections législatives** *od subst* **législatives** *f/pl* Parla'mentswahlen *f/pl*; Wahlen *f/pl* zur gesetzgebenden Versammlung

législation [leʒislasjɔ̃] *f* **1.** Gesetzgebung *f*; Recht *n*; Gesetze *n/pl*; Rechtsvorschriften *f/pl*; ~ **aérienne, maritime** Luft-, Seerecht *n*; ~ **civile, criminelle** Zi'vil-, Strafrecht *n od* -gesetzgebung *f*; ~ **électorale** (*objektives*) Wahlrecht; ~ **française, anglaise** französisches, englisches Recht; ~ **d'exception** Ausnahmerecht *n*, -gesetze *n/pl*; ~ **du travail** Arbeitsgesetzgebung *f*; **système** *m* **de** ~ Rechtssystem *n*; **2.** Rechtswissenschaft *f*; Jurispru'denz *f*; ~ **financière** Fi'nanzwissenschaft *f*

législature [leʒislatyr] *f* **1.** Legisla'turperiode *f*; **2.** *selten* gesetzgebende Körperschaft, Versammlung

légiste [leʒist] *m* **1.** Ju'rist *m*; Rechtsgelehrte(r) *m*; **2.** *adjt* **médecin** *m* ~ Gerichtsarzt *m*, -mediziner *m*; **3.** *hist* Le'gist *m*

légitimation [leʒitimasjɔ̃] *f* **1.** *jur: e-s unehelichen Kindes* Legitimati'on *f*; Ehelichkeitserklärung *f*; *hist* **lettre** *f* **de** ~ Legitimationsbrief *m*; **2.** *von Befugnissen, Vollmachten* rechtliche Anerkennung; Legitimati'on *f*; Legiti'mierung *f*; **3.** *st/s* Rechtfertigung *f*

légitime [leʒitim] **I** *adj* **1.** rechtmäßig; gesetzlich anerkannt; legi'tim; *Kind, Geburt, Vater, Abstammung* ehelich; **amours** *m/pl*, **liens** *m/pl* ~ **s** eheliche Liebe, Bindungen *f/pl*; **descendants** *m/pl* ~ **s** eheliche Nachkommen *m/pl*; **femme** *f* ~ Ehefrau *f*; *hist* **monarchie** *f*

~ legitime Monarchie; **2.** *jur* ~ **défense** *f* Notwehr *f*; **être, tuer en état de** ~ **défense** in Notwehr handeln, töten; **3.** *fig* gerecht(fertigt); berechtigt; **colère** *f* ~ berechtigter, gerechter Zorn; **récompense** *f*. **salaire** *m* ~ gerechte Belohnung, gerechter Lohn; **rien de plus** ~ **que cette demande** diese Forderung ist nur recht und billig; **II** F *f* Ehefrau *f*; F bessere Hälfte; Eheweib *n*; **ma** ~ F *plais auch* mein angetrautes, holdes Weib

légitimer [leʒitime] *v/t* **1.** *jur* uneheliches *Kind* legiti'mieren; für ehelich erklären; die rechtliche Stellung e-s ehelichen Kindes geben (+*dat*); **2.** *allg* rechtlich anerkennen; für rechtmäßig erklären; legiti'mieren; **3.** *fig* rechtfertigen

légitim|isme [leʒitimism(ə)] *m* Legiti'mismus *m*; **~iste I** *adj* legiti'mistisch; *hist* **parti** *m* ~ legitimistische Partei; **II** *M,f* Legiti'mist(in) *m(f)*; *hist* **~s et orléanistes** Legitimisten und Orleanisten

légitimité [leʒitimite] *f* **1.** e-r *Staatsgewalt, der Ehe* Rechtmäßigkeit *f (auch* e-r *Handlung)*; Legitimi'tät *f*; e-s *Kindes* Ehelichkeit *f*; eheliche Geburt; *hist* Legitimi'tät *f*; **2.** *fig* e-r *Forderung* Berechtigung *f*; Billigkeit *f*

legs [lɛg, lɛ] *m* **1.** *jur* Vermächtnis *n*; Le'gat *n*; ~ **particulier, universel** Stück-, Gesamtvermächtnis *n*; **bénéficiaire** *m* **du** ~ Vermächtnisnehmer *m*; **faire un** ~ ein Vermächtnis, Legat aussetzen; **2.** *fig* Erbe *n*

léguer [lege] *v/t* <-è-> **1.** *jur* testamenta'risch* vererben; vermachen; hinter'lassen; **2.** *fig* vererben; hinter'lassen; ~ **une œuvre à la postérité** der Nachwelt ein Werk hinterlassen; **légué de père en fils** *Tradition* vom Vater dem Sohn vererbt, weitergegeben; *Ruf* vom Vater auf den Sohn über'tragen

légume [legym] **1.** *m* Gemüse *n*; im *Restaurant* ~**s** *pl auch* Beilage(n) *f(pl)*; ~**s frais, verts** frisches Gemüse; Frischgemüse *n*; ~**s secs** Hülsenfrüchte *f/pl*; ~**s en conserves** Kon'servengemüse *n*; **marché** *m* **aux** ~**s** Gemüsemarkt *m*; **conserves** *f/pl* **de** ~**s** Gemüsekonserven *f/pl*; *im Restaurant* F **et comme** ~**s?** und was nehmen Sie dazu, als Beilage?; **2.** *m bot* Hülse *f*; Hülsenfrucht *f*; **3.** F *fig* **une grosse** ~ F ein hohes Tier; ein Bonze *m*; *südd auch* ein Großkopfeter *m*; **les grosses** ~**s du parti** die Par'teibonzen *m/pl*

légum|ier [legymje] *m* Gemüseschüssel *f*; **~ine** *f chim* Legu'min *n*

légumin|euse [legyminøz] *f bot* Hülsenfrucht *f*; ~**s** *pl* Hülsenfrücht(l)er *m/pl*; Hülsenfrüchte *f/pl*; *sc* Legumi'nosen *f/pl*; ~**eux** *adj* <-euse> *bot* Hülsen...; hülsentragend; **plante légumineuse** Hülsenfrucht *f*

leibniz|ianisme [lajbnitsjanism(ə), lɛ-] *m philos* Leibnizische Philoso'phie; ~**ien** [-bnizjɛ̃] *I adj* <~ne> leibnizisch; **II** *m* Leibnizi'aner *m*

leishmani|a [lɛʃmanja] *f méd* Leish'mania *f*; ~**ose** *f path* Leishmani'ose *f*

leitmotiv [lajtmɔtif] *m* <*pl* ~**e** *od* ~**s**> *mus*, *in e-m Buch etc* Leitmotiv *n*

lem [lɛm] *m Raumfahrt* Mond(lande)fähre *f*

lemme [lɛm] *m math, philos* Lemma *n*

lemming [lemiŋ] *m zo* Lemming *m*

lemnacées [lɛmnase] *f/pl bot* Wasserlinsengewächse *n/pl*

lemniscate [lɛmniskat] *f math* Lemnis'kate *f*

lemonange [ləmɔnãʒ] *f bot* Ci'trange *f*

lémures [lemyr] *m/pl* im alten Rom Le'muren *m/pl*

lémuriens [lemyrjɛ̃] *m/pl zo* Halbaffen *m/pl*

lendemain [lɑ̃dmɛ̃] *m* **1.** **le** ~ a) der nächste, folgende Tag; der Tag dar'auf, da'nach; b) am nächsten, folgenden Tag; **am Tag(e)** dar'auf, da'nach; tags dar'auf; **le** ~ **matin** am anderen, nächsten, folgenden Morgen; am Morgen darauf, danach; **le** ~ **de son arrivée** am Tage nach s-r Ankunft; **le** ~ **de la fête** am Tage nach dem Fest; *von e-m Tag* **être triste comme un** ~ **de fête** trostlos sein; **au** ~ **de ...** kurz nach ...; **au** ~ **de la guerre, de son mariage** kurz nach dem Krieg, s-r Heirat; **la journée du** ~ *cf* **le** ~ a); **remettre qc au** ~ etw auf den nächsten, folgenden, anderen Tag verschieben; *prov* **il ne faut pas, jamais remettre au** ~ **ce qu'on peut faire le jour même** verschiebe nicht auf morgen, was du heute kannst besorgen *(prov)*; **2.** Morgen *n*; Zukunft *f*; **sans** ~ ohne Dauer; **bonheur** *m* **sans** ~ flüchtiges Glück; Glück *n* von kurzer Dauer; *st/s* **des** ~**s qui chantent** e-e glückliche Zukunft; **3.** e-r *Angelegenheit* ~**s** *pl* Folgen *f/pl*

lendit [lɑ̃di] *m hist* Jahrmarkt *m (zu Saint-Denis)*

lénifi|ant [lenifjɑ̃] *adj* **1.** *méd* (schmerz)lindernd; mildernd; beruhigend; **2.** *fig u st/s* beruhigend; ~**er** *v/t méd* Schmerz, Reiz lindern; mildern; beruhigen

lénin|isme [leninism(ə)] *m pol* Leni'nismus *m*; ~**iste I** *adj* leni'nistisch; **II** *M,f* Leni'nist(in) *m(f)*

lénitif [lenitif] *adj* <-ive> **1.** *méd* (schmerz)lindernd; mildernd; beruhigend; **remède** ~ *od subst* ~ *m* Linderungs-, Beruhigungsmittel *n*; **2.** *fig u st/s* beruhigend

lent [lɑ̃] *adj* <lente [lɑ̃t]> *Mensch, Tier, Bewegung, Puls, Tod etc* langsam; *Geist* träge; schwerfällig; *Gift* schleichend; *Stimme* schleppend; **avoir l'esprit** ~, **la compréhension** ~**e** schwer von Begriff sein; begriffsstutzig sein; **il est** ~ **à agir, à se décider** es dauert lange, bis er handelt, bis er sich entscheidet; **être** ~ **à comprendre** schwer begreifen; schwer von Begriff sein; *Pflanzen* **être** ~ **à venir** langsam wachsen; **marcher à pas** ~**s** langsam, gemächlich gehen

lente [lɑ̃t] *f zo* Nisse *f*

lentement [lɑ̃tmɑ̃] *adv* langsam

lenteur [lɑ̃tœr] *f* e-s *Menschen, Tieres, der Bewegung etc* Langsamkeit *f*; des *Geistes* Trägheit *f*; Schwerfälligkeit *f*; der *Arbeiten* langsames Vor'angehen; langsame Fortschritte *m/pl*; ~**s** *pl auch* 'Umständlichkeit *f*; **à comprendre** schweres Begriffsvermögen; ~ **d'esprit** geistige Trägheit; ~**s de l'administration** 'umständliches, langsames Arbeiten der Verwaltung; F Amtsschimmel *m*; ~**s du voyage** 'umständliche, lange Reise; **il se plaint de la** ~ **des nouvelles** er beklagt sich darüber, daß die Nachrichten so langsam eingehen, kommen; *loc/adv* **avec** ~ langsam; **agir avec une** ~ sich bewußt Zeit nehmen

lenticelle [lɑ̃tisɛl] *f bot* Rindenpore *f*; Lenti'zelle *f*

lenticulaire [lɑ̃tikylɛr] *adj* linsenförmig *(auch géol)*; *méd* Linsen...; lentiku'lar; lentiku'lär

lenticule [lɑ̃tikyl] *f bot* Wasserlinse *f*

lenti|culé [lɑ̃tikyle] *adj*, ~**forme** *adj cf* lenticulaire

lentigo [lɑ̃tigo] *m* Leberfleck *m*; *sc* Len'tigo *f*

lentill|e [lɑ̃tij] *f* **1.** *bot* Linse *f*; ~ **bâtarde** Linsenwicke *f*; ~ **d'eau** Wasserlinse *f*; **2.** *opt* Linse *f*; ~ **concave** Kon'kavlinse *f*;

konkave Linse; ~**s cornéennes** Haftschalen *f/pl*; ~ **électronique** Elek'tronenlinse *f*; ~ **à échelons** *od* de Fresnel Fresnel-Linse *f*; Ring-, Gürtel-, Zonenlinse *f*; ~**s de contact** Kon'taktlinsen *f/pl*; ~ **de verre** gläserne Linse; Linse aus Glas; **3.** *géol* Linse *f*; **4.** *bei e-r Pendeluhr* ~ **de pendule** Perpen'dikel-, Pendelscheibe *f*; **5.** ~-**s Bullauges** Scheibe *f*; ~**on** *m bot* Rote Linse

lentisque [lɑ̃tisk] *m bot* Mastixstrauch *m*; Mastix-Pistazie *f*; Len'tiske *f*

lento [lɛnto] *mus* **I** *adv* lento; **II** *m* Lento *n*

léonin [leɔnɛ̃] *adj* **1.** löwenartig; Löwen...; *fig* **tête** ~**e** Löwenkopf *m*; **2.** *fig* **contrat** ~ leo'ninischer Vertrag; **partage** ~ ungerechte Teilung *(bei der ein Beteiligter den Löwenanteil bekommt)*; **3.** *métr* **vers** ~ leo'ninischer Vers; **rime** ~**e** reicher Reim

léopard [leɔpar] *m zo* Leo'pard *m*; Panther *m*; Pardel *m*; **manteau** *m* **de** ~ Leopardenmantel *m*

léopardé [leɔparde] *adj* **1.** leo'pardartig gefleckt; **2.** *Heraldik* **lion** ~ schreitender Löwe

lépidine [lepidin] *f chim* Lepi'din *n*

lépido|dendron [lepidɔdɛ̃drɔ̃] *m* Paläontologie Schuppenbaum *m*; Lepido'dendron *n*; ~**lithe** [-lit] *f minér* Lepido'lith *m*

lépidoptère [lepidɔptɛr] *m zo* ~**s** *pl* Schmetterlinge *m/pl*; Falter *m/pl*; *sc* Lepido'pteren *pl*

lépido|siren *od* ~**sirène** [lepidɔsirɛn] *m zo* Schuppenmolch *m*

lepilemur [lepilemyr] *m zo* Wieselmaki *m*

lépiote [lepjɔt] *f bot* Schirmpilz *m*; ~ **élevée** Riesenschirmling *m*; Para'solpilz *m*; ~ **helvéolée** Fleischroter Schirmling

lépisme [lepism(ə)] *m zo* Silberfischchen *n*; Zuckergast *m*

léporidés [leɔride] *m/pl zo* Hasenartige(n) *pl*

lèpre [lɛpr(ə)] *f* **1.** *path* Lepra *f*; Aussatz *m*; **2.** *fig* an Mauern etc Flecke *m/pl*; **3.** *fig u st/s* (umsichgreifendes) Übel; Plage *f*; Krebsschaden *m*

lépreux [leprø] **I** *adj* <-euse> **1.** *path* leprakrank; aussätzig; le'prös; le'pros; **2.** *fig Mauern* fleckig; zerfressen; **II** *subst* ~, **lépreuse** *m,f* Leprakranke(r) *f(m)*; Aussätzige(r) *f(m)*

léproserie [leprozri] *f* Lepraheim *n*, -krankenhaus *n*; Aussätzigenheim *n*; Lepro'sorium *n*

lepte [lɛpt] *m zo* Larve *f* der Erntemilbe

leptocéphale [lɛptɔsefal] *m zo* Aallarve *f*

lepton [lɛptɔ̃] *m phys atom* Lepton *n*

leptonique [lɛptɔnik] *adj phys atom* Lep'tonen...; lep'tonisch

leptorhin|ie [lɛptɔrini] *f* Anthropologie Schmalnasigkeit *f*; ~**ien** Anthropologie **I** *adj* <~ne> schmalnasig; **II** *m* schmalnasiger Typus

leptosom|e [lɛptɔzom] Anthropologie **I** *adj* lepto'som; **II** *m,f* leptosomer Typus; Lepto'some(r) *f(m)*; ~**ie** *f* Anthropologie Leptoso'mie *f*

leptospir|e [lɛptɔspir] *m méd* Lepto'spire *f*; ~**ose** *f path* Leptospi'rose *f*

leptothrix [lɛptɔtriks] *m zo* Fadenbakterie *f*

lepture [lɛptyr] *f zo* Halsbock *m*

lequel [l(ə)kɛl] *m* <laquelle [lakɛl]; *m/pl* **lesquels** [lekɛl], *f/pl* **lesquelles**> **I** *pr/rel* **1.** *nach prép*: der, die, das, *pl* die; *st/s* welche(r, -s); **le milieu dans lequel il vit** das Milieu, in dem *bzw* in welchem er lebt; **c'est un point auquel vous n'avez pas pensé** das ist ein Punkt, an den *bzw* an welchen Sie

nicht gedacht haben; **le pays à l'avenir duquel je pense** das Land, an dessen Zukunft ich denke; **la personne à laquelle vous venez de parler** die Person, mit der *bzw* mit welcher Sie eben sprachen; *il rencontra plusieurs parents, parmi lesquels son cousin Jean* ... unter ihnen war auch sein Vetter Jean; **les amis** (*bzw* **les amies**) **avec le concours desquels** (*bzw* **desquelles**) *il a* *onstrait cette affaire* die Freunde (*bzw* die Freundinnen), mit deren Hilfe er ...; **2.** *alleinstehend statt qui od que*: **le portail de la cathédrale, lequel a été restauré** das Portal der Kathedrale, das *bzw* welches restauriert wurde; *jur: la rente ne peut être remboursée qu'après un certain temps*, **lequel ne peut jamais excéder trente ans** ... letztere darf jedoch niemals dreißig Jahre über-¹schreiten; **3.** *als adj/rel*: ... **auquel cas** ... in welchem Fall, unter welchen ¹Umständen;

II *pr/i* **1.** *mit de verbunden*: welche(r, -s)?, *pl* welche?; **lequel de vos enfants?** welches Ihrer Kinder?; welches *od* wer von Ihren Kindern?; **lequel des deux gagnera?** wer *od* welcher von (den) beiden wird gewinnen?; **laquelle d'entre vous veut lui écrire?** wer von euch will ihm schreiben?; **dans laquelle de ces deux maisons habite-t-il?** in welchem der beiden Häuser *od* in welchem von den beiden Häusern wohnt er?; *neutral* **lequel vaut mieux, mourir de faim ou de soif?** was ist besser ...?; **2.** *alleinstehend*: **votre ami est venu – lequel?** ... wer *od* welcher (ist es) denn?; *dans cette phrase il y a une faute –* **laquelle?** ... was für e-r?; *j'ai rencontré quelques anciens amis –* **lesquels?** ... wen denn alles?; *il y a deux écrivains qui s'appellent Dumas,* **auquel pensez--vous?** ... an welchen denken Sie?; *nous avons visité un château de la Loire –* **duquel parlez-vous?** ... von welchem sprechen Sie?
lérot [lero] *m zo* Gartenschläfer *m*
les [le] *cf* le
lesbien [lɛsbjɛ̃] **I** *adj* ⟨∼ne⟩ lesbisch; **II** *f* ∼ne Lesbierin *f*
lèse-majesté [lɛzmaʒɛste] *f crime m de* ∼ a) Maje¹stätsbeleidigung *f*; b) Maje¹stätsverbrechen *n*
léser [leze] *v/t* ⟨-è-⟩ **1.** benachteiligen; beeinträchtigen; ∼ **les droits de qn** j-s Rechte verletzen; in j-s Rechte eingreifen; j-n in s-n Rechten beeinträchtigen; **être lésé dans un partage** bei e-r Teilung benachteiligt werden; **2.** *méd* verletzen; schädigen
lésine [lezin] *litt f* (schmutziger) Geiz
lésin|er [lezine] *v/t/indir* ∼ **sur qc** an etw (*dat*) sparen; mit etw geizen, knausern; ∼ **sur les repas** am Essen sparen; ∼ **sur un sou** mit jedem Pfennig sparen; *abs*: *le jour du mariage de son fils*, **il n'a pas lésiné** ... hat er nicht gespart, F hat er sich nicht lumpen lassen; **∼erie** *f* Geiz *m*; Knauserigkeit *f*; **∼eur I** *adj* ⟨-euse⟩ geizig; knauserig; **II** *subst* ∼ **lésineuse** *m,f* Geizhals *m*, -kragen *m* ∼ Knauser *m*
lésion [lezjɔ̃] *f* **1.** *méd* Verletzung *f*; Schädigung *f*; *sc* Läsi¹on *f*; ∼ **cérébrale, du cerveau** Gehirnverletzung *f*, -schädigung *f*; ∼ **corporelle** Körperverletzung *f*; ∼ **interne** innere Verletzung; ∼ **de la moelle épinière** Rückenmarksverletzung *f*; **2.** *jur in Frankreich* Laesio e¹normis *f*; Läsi¹on *f*
lésionnel [lezjɔnɛl] *adj* ⟨∼le⟩ *méd* **maladie** ∼**le** durch e-e Verletzung her¹vorgerufene Krankheit; **signe** ∼ (An)Zeichen *n* für e-e Verletzung
lesquel(le)s [lekɛl] *cf* lequel

lessivable [lesivabl(ə)] *adj* waschecht, -fest
lessivage [lesivaʒ] *m* **1.** *des Fußbodens* Wischen *n*; Scheuern *n*; Schrubben *n*; *der Wände* Abwaschen *n*; *der Kacheln auch* Abseifen *n*; *e-s Schmuckstücks* Reinigen *n*, -ung *f*; **2.** *Papierherstellung* Kochung *f*; **3.** *Bodenkunde* Auswaschung *f*; Auslaugung *f*
lessive [lesiv] *f* **1.** Waschmittel *n*, -pulver *n*; Seifenpulver *n*; **2.** Waschen *n*; Wäsche *f*; **eau** *f* **de** ∼ (Wasch-, Seifen)Lauge *f*; **Farbe aller à la** ∼ waschecht sein; **faire la** ∼ (Wäsche) waschen; **große Wäsche haben; 3.** (gewaschene) Wäsche; **4.** *chim* Lauge *f*; Seifenherstellung ∼ **usée** ¹Unterlauge *f*; ∼ **de soude, de potasse** Natron-, Kalilauge *f*
lessivé [lesive] *adj* **1.** *Bodenkunde* **sol, horizon** ∼ ausgewaschener, ausgelaugter Boden, Horizont; **2.** F **être** ∼ **a)** F ka¹putt, völlig erschlagen, völlig erschossen sein; **b)** völlig mittellos, F blank, abgebrannt sein
lessiv|er [lesive] *v/t* **1.** *Fußboden* wischen; scheuern; schrubben; *Wände* abwaschen; *Kacheln auch* abseifen; **2.** *chim* auswaschen; auslaugen; **3.** F **se faire** ∼ *beim Spiel* F sich ausnehmen lassen; *bei e-m Wettbewerb* ausscheiden müssen; **∼eur** *m* *Papierherstellung*: *für Holzschliff* Kocher *m*; *für Lumpen* Lumpenkocher *m*; **∼euse** *f* Wäsche(koch)topf *m*; Waschkessel *m*
lessiviel [lesivjɛl] *adj* ⟨∼le⟩ Wasch...; **produit** ∼ Waschmittel *n*
lest [lɛst] *m* **1.** *mar* Bal¹last *m*; *e-s Freiballons* (Sand)Bal¹last *m*; ∼ **fixe** ständig mitgeführter Ballast; ∼ **mobile** *od* **volant** loser Ballast (*der im Bedarfsfall eingenommen wird*); ∼ **d'eau** Wasserballast *m*; **sur** ∼ unbefrachtet; **mit Ballast beladen; navire** ∼ unbefrachtetes Schiff; Ballast führendes Schiff; **partir sur son** ∼ ohne Ladung, mit Ballast in See stechen; **lâcher du** ∼ **a)** Ballast abwerfen; **b)** *fig* teilweise nachgeben; Konzessionen machen; **prendre du** ∼ Ballast aufnehmen, einnehmen, einladen; **2.** *an e-m Fischernetz, an e-r Angelschnur* Senker *m*; **3.** *Ernährung* Bal¹laststoff *m*; **∼age** *m* *e-s Schiffes, Freiballons* Beladen *n* mit Bal¹last
leste [lɛst] *adj* **1.** flink; behend(e); gewandt; beweglich; *von e-m alten Menschen* **être encore** ∼ noch recht beweglich sein; **marcher d'un pas** ∼ mit leichtem, raschem, beschwingtem Schritt gehen; *fig* **avoir la main** ∼ *e-e* lockere Hand haben; ein lockeres, loses Handgelenk haben; **il a la main** ∼ *auch* ihm rutscht die Hand leicht aus; **2.** *Benehmen, Ton* ungehörig; re¹spektlos; frech; **3.** *Gespräch, Erzählung etc* fri¹vol; pi¹kant; schlüpfrig; anzüglich; lose
lestement [lɛstəmɑ̃] *adv* **1.** behend(e); gewandt; **2.** *fig* **mener** ∼ **une affaire** *e-e* Sache mit Schwung leiten
lester [lɛste] *v/t* **1.** *Schiff, Freiballon* mit Bal¹last beladen; **2.** *Fischernetz, Angelschnur* mit Senkern beschweren
let [lɛt] *adj* ⟨*inv*⟩ (*Tisch*)*Tennis* **balle** *f* ∼ Netzball *m*; ∼! Netz!
létal [letal] *adj* ⟨-aux⟩ *biol, méd* le¹tal; Le¹tal...; tödlich; **facteur** ∼ Letalfaktor *m*; **gène** ∼ letal wirkendes Gen; **∼ité** *f* **1.** *méd* Tödlichkeit *f*; **2.** *Statistik* Sterblichkeit *f*; Letali¹tät *f*; **table** *f* **de** ∼ Sterblichkeitstabelle *f*
letchi [letʃi] *cf* litchi
leth [lɛt] *m* Maßbezeichnung für 10000 Heringe
léthargie [letarʒi] *f* **1.** *path* Lethar¹gie *f*; Erstarrung *f*; Scheintod *m*; **2.** *fig* Teilnahmslosigkeit *f*; Inter¹esselosigkeit *f*;

Gleichgültigkeit *f*; Stumpfheit *f*; Erstarrung *f*; Lethar¹gie *f*; **arracher qn à** ∼, **tirer qn de sa** ∼ j-n aus s-r Teilnahmslosigkeit *etc* aufrütteln, herausreißen; **sortir, s'éveiller de sa** ∼ aus s-r Teilnahmslosigkeit, Lethargie, Erstarrung erwachen; **tomber en** ∼ teilnahmslos, gleichgültig, stumpf werden; **∼ique** *adj* **1.** *méd* le¹thargisch; **sommeil** *m* ∼ tiefer, bleierner Schlaf; **2.** *fig Person* teilnahmslos; inter¹esselos; gleichgültig; stumpf; le¹thargisch
lette [lɛt] *m cf* letton II 2.
letton [lɛtɔ̃] **I** *adj* ⟨letton(n)e [lɛtɔn]⟩ lettisch; **II** *subst* **1.** ♀, **Letton(n)e** *m,f* Lette *m*, Lettin *f*; **2.** *ling* **le** ∼ das Lettische; Lettisch *n*
lettre [lɛtr(ə)] *f* **1.** Buchstabe *m*; Schriftzeichen *n*; *impr* Letter *f*; Type *f*; ∼**s** *pl auch* Schrift *f*; ♦ *impr* ∼ **capitale** Kapi¹tal-, Großbuchstabe *m*; Ver-¹sal(buchstabe) *m*; *verhüllend* F **les cinq** ∼**s** F Scheibenhonig *m*, -kleister *m*; Schiet *m*; *impr* ∼**s cursives, italiques** Kur¹sivschrift *f*; *im Immerwährenden Kalender* ∼ **dominicale** Sonntagsbuchstabe *m*; ∼**s gothiques** gotische Schrift; *fig* ∼ **morte** toter Buchstabe; **tous vos conseils sont restés** ∼ **morte** alle Ihre Ratschläge waren umsonst, sind nicht befolgt worden; ∼ **ornée, grise**, his¹**toriée** Zierbuchstabe *m*; *math, phys, chim* ∼ **mise en exposant** hochgestellter Buchstabe; Index *m*; ♦ *impr* ∼**s de bas de casse** Kleinbuchstaben *m/pl*; Gemeine(n) *m/pl*; ∼**s d'imprimerie** Block-, Druckschrift *f*; *fig* **la** ∼ **de la loi** der Buchstabe des Gesetzes; **la** ∼ **et l'esprit d'une loi** (der) Geist und Buchstabe e-s Gesetzes; **s'attacher à la** ∼ **de la loi** sich an den Buchstaben des Gesetzes halten, klammern; **am Buchstaben des Gesetzes kleben**; ♦ *loc/adv*: **à la** ∼, **au pied de la** ∼ (wort)wörtlich; im wörtlichen, buchstäblichen Sinn(e); **il ne faut pas prendre çà à la** ∼ *auch* das ist nicht so genau zu nehmen; *il était futuriste, expressionniste avant la* ∼ ... ehe es diesen Begriff überhaupt gab; **en toutes** ∼**s** *Wort* ausgeschrieben; **Zahl** in Worten, Buchstaben; **écrire qc en toutes** ∼**s** etw ausschreiben; *fig* **dire, écrire qc en toutes** ∼**s** etw deutlich, ganz offen, unmißverständlich, unumwunden sagen, schreiben; **être écrit en** ∼**s d'or** in *od* mit goldenen Buchstaben, Goldbuchstaben, *fig* goldenen Lettern geschrieben stehen; **cela s'est inscrit en** ∼**s de feu dans sa mémoire** das hat sich ihm unauslöschlich eingeprägt; *Geschichte* **être écrit en** ∼**s de sang** mit Blut geschrieben worden sein; ♦ *bibl* **la** ∼ **tue, mais l'esprit vivifie** der Buchstabe tötet, aber der Geist macht lebendig; **2.** Brief *m*; *comm, adm* Schreiben *n*; ∼**s** *pl* Briefe *m/pl* (*auch als literarische Form*); Post *f*; Briefschaften *pl*; ♦ *égl* **cath** ∼**s apostoliques** Papsturkunden *f/pl*; ∼ **circulaire** Rundbrief *m*, -schreiben *n*; ¹Umlauf *m*; *égl cath* ∼ **épiscopale**, **pastorale** Hirtenbrief *m*; ∼ **exprès** Eilbrief *m*; ∼ **ordinaire** gewöhnlicher Brief; *hist* ∼**s patentes** offene Briefe (*des Königs, die bestimmten Personen Privilegien erteilten*); ♦ ∼ **d'adieu, d'amour, d'affaires** Abschieds-, Liebes-, Geschäftsbrief *m*; *hist* ∼ **de cachet** *cf* **cachet 3.**; *comm* ∼ **de change** Wechsel *m*; ∼ **de condoléances** Beileids-, Kondo¹lenzbrief *m*, -schreiben *n*; ∼ **de congédiement, de licenciement** Kündigungsbrief *m*, -schreiben *n*, schriftliche Kündigung (*vom Arbeitgeber*); ∼ **de convocation** Einladungs-

schreiben *n*, schriftliche Einladung (*zu e-r Versammlung*); dipl ~s de créance Beglaubigungsschreiben *n*; Akkredi'tiv *n*; **présenter ses ~s de créance** sein Beglaubigungsschreiben über'reichen; *comm* ~ **de crédit** Kre'ditbrief *m*; Akkredi'tiv *n*; ~ **de crédit circulaire** Zirku'larkreditbrief *m*; ~ **de démission** (schriftliches) Rücktrittsgesuch *n*; ~ **d'excuse, de remerciement(s)** Entschuldigungs-, Dankbrief *m*, -schreiben *n*; ~ **de félicitations** Glückwunsch-, Gratulati'onsbrief *m* *od* -schreiben *n*; ~ **d'introduction, de recommandation** Empfehlungsbrief *m*, -schreiben *n*; *hist* ~ **de marque** Kaperbrief *m*; ~ **de menaces** Drohbrief *m*; ~ **de rappel** Mahnbrief *m*, -schreiben *n*; schriftliche Mahnung; *dipl* ~s **de rappel** Abberufungsschreiben *n*; *comm* ~ **de transport aérien** Luftfrachtbrief *m*; *ch de fer* ~ **de voiture** Frachtbrief *m*; ~ **en poste restante** postlagernder Brief; ~ **par avion** Luftpostbrief *m*; leurre ~ **des** ~s Briefkastenleerung *f*; ◆ *loc/adv* **par** ~(s) brieflich; **sous forme de** ~ in Briefform; ♦ F **passer comme une** ~ **à la poste** glatt gehen; reibungslos verlaufen; *Reform* reibungslos 'durchgeführt werden; *Vorschlag* 'widerstandslos; bereitwillig angenommen werden; *Entschuldigung* ohne weiteres geglaubt, abgenommen werden; **3.** ~s *pl* schöne Litera'tur; Belle'tristik *f*; **homme** *m*, **femme** *f* **de** ~s Schriftsteller(in) *m(f)*; Lite'rat(in) *m(f)*; Belle'trist(in) *m(f)*; **avoir des** ~s gebildet sein; ~s Sprach- und Litera'turwissenschaft *f* (*od* Philolo'gie *f*) und Philoso'phie *f*; *par ext* Geisteswissenschaften *f/pl*; ~s **classiques** Französisch *n* in Verbindung mit klassischer Philologie, mit Altphilologie; ~s **modernes** Neuphilologie *f*; **faculté** *f* **des** ~s **et sciences humaines** philosophische Fakultät; **professeur** *m* **de** ~s Lehrer *m* für Französisch (*u eventuell auch* Latein und Griechisch); **étudiant** *m* **en** ~s Philolo'giestudent *m*; Philo'loge *m*; **docteur** *m* **ès** ~s Doktor *m* der Philosophie; **5.** *phon* Laut *m*; ~ **aspirée** Hauchlaut *m*

lettré [letre] **I** *adj* gebildet; **II** *m* Gebildete(r) *m*

lettrine [letrin] *f impr* **1.** in Klammern hinter e-m Wort stehender Buchstabe als Verweis(zeichen) *m(n)*; **2.** lebender Ko-'lumnentitel; **3.** Initi'ale *f*; (*über mehrere Zeilen gehender*) Zierbuchstabe

lettrisme [letrism(ə)] *m Literatur* Let-'trisme *m*; Let'trie *f*

leu[1] [lø] *m* ⟨*pl* lei [lɛ]⟩ rumänische Währungseinheit Leu *m* (*pl* Lei)

leu[2] [lø] *cf* queue **l.**

leucém|ie [løsemi] *f path* Leukä'mie *f*; ~**ique** [-'mik] **I** *adj* leukä'misch; **II** *m,f an* Leukä'mie Erkrankte(r) *f(m)*

leuc|ine [løsin] *f chim* Leu'zin *n*; ~**ite**[1] *m bot* Pla'stiden *pl*; ~**ite**[2] *f minér* Leu'zit *m*

leucocytaire [løkɔsitɛr] *adj méd* formule *f* ~ Leuko'zytenformel *f*

leuco|cyte [løkɔsit] *m biol meist pl* ~s weiße Blutkörperchen *n/pl; sc* Leuko'zyten *m/pl*; ~s **mononucléaires** mononukleäre Leukozyten; Mono'zyten *m/pl*; ~**dérivé** *m chim meist pl* ~s Leukoverbindungen *f/pl*; ~**encéphalite** *f path* Entzündung *f* der weißen Hirnsubstanz; *sc* Leukenzepha'litis *f*

leucome [løkom] *m Augenheilkunde* weißer Hornhautfleck; Leu'kom *n*

leuco|pénie [løkɔpeni] *f path* Leukope-'nie *f*; ~**plasie** [-plazi] *f path* Leukopla-'kie *f*

leucorchis [løkɔrkis] *m bot* Weißzüngel *n*

35*

---

leucorrhée [løkɔre] *f path* Weißfluß *m*; *sc* Leukor'rhö(e) *f*

leucose [løkoz] *f path* Leu'kose *f*

leude [lød] *m hist der merowingischen Könige* Getreue(r) *m*

leur [lœr] **I** *pr/pers der 3. pers pl im dat* ⟨*inv; stets mit e-m Verbum verbunden*⟩ ihnen; **je ne** ~ **ai pas donné** (= à *mes amis*) **ce livre** ich habe ihnen das Buch nicht gegeben; ~ **as-tu envoyé** (= à *tes tantes*) **des fleurs?** hast du ihnen Blumen geschickt?; **je le** ~ **dirai** ich werde es ihnen sagen; **je** ~ **en parlerai** ich werde mit ihnen darüber sprechen; **donnez-**~ **à manger!** gebt ihnen zu essen!; **prêtez-la-**~! leiht sie ihnen!; **II** *adj/poss der 3. pers sg* ⟨*f inv; pl* ~**s**⟩ ihr(e); *pl* ihre; **ils aiment** ~ **métier** sie lieben ihren Beruf; **ces enfants ont perdu** ~ **mère** diese Kinder haben ihre Mutter verloren; **ils ont laissé des traces** ihre Füße haben Spuren hinter-'lassen; **les arbres perdent** ~s **feuilles** die Bäume verlieren ihre Blätter, ihr Laub; **elles ont mis** ~(s) **chapeau(x)** sie haben ihre Hüte aufgesetzt; **III** *pr/poss der 3. pers pl* ⟨*f inv*⟩ **1. le** ~, **la** ~ der, die, das ihr(ig)e; ihre(r, -s); *pl* **les** ~s die ihr(ig)en; ihre; *ma maison est bien modeste, mais la* ~ *est magnifique* ... aber das ihr(ig)e ist prächtig; **mes enfants et les** ~s meine und ihre Kinder; meine Kinder und die ihr(ig)en *od* und ihre; **2. adit ils ont fait** ~s **revendications** sie haben meine Forderungen zu den ihr(ig)en gemacht; *st/s*: **un** ~ **cousin** ein Vetter von ihnen; **cette richesse qui était** ~ *st/s* der Reichtum, den sie den ihr(ig)en nannten; **3.** *subst* **a)** **le** ~ das Ihr(ig)e; **ils y ont mis du** ~ sie haben das Ihr(ig)e getan, das Ihr(ig)e, ihren Teil dazu beigetragen; **b)** **les** ~s **die** Ihr(ig)en; ihre Familie; ihre Angehörigen, Freunde *od* Genossen; **j'étais un des** ~s ich war e-r der Ihr(ig)en; *par ext* ich war dabei; **j'étais des** ~s **dimanche dernier à dîner** ich war letzten Sonntag bei ihnen zum Abendessen

leurre [lœr] *m* **1.** *Fischfang* künstlicher Köder; *Lockjagd* (künstlicher) Lockvogel; *Beizjagd* Federspiel *n*; **2.** *fig* Köder *m*; Lockmittel *n*

leurrer [lœre] **I** *v/t* **1.** *ch* (an)locken; *Beizjagd* mit dem Federspiel zu'rücklocken *bzw* abrichten; **2.** *fig* ködern, (an)locken (*par mit*); **se laisser** ~ sich täuschen lassen; **II** *v/pr* **se** ~ sich Illusi'onen machen; sich etwas vormachen

levage [l(ə)vaʒ] *m* **1.** *von Lasten* Heben *n*; An-, Aufheben *n*; **appareil** *m* **de** ~ Hebemaschine *f*, -vorrichtung *f*, -zeug *n*; **2.** *cuis des Teigs* Gehen *n*

levain [l(ə)vɛ̃] *m* **1.** *cuis: allg* Treib-, Lockerungsmittel *n*; *für e-n Hefekuchen* Hefestück *n*; *Vorteig m; für Brot* Sauerteig *m*; **pain** *m* **sans** ~ ungesäuertes Brot; **2.** *fig* Keim *m*; ~ **de discorde, de haine** Keim der Zwietracht, des Hasses

levant [l(ə)vɑ̃] **I** *adj* ⟨*nur m*⟩ **soleil** ~ aufgehende Sonne (*auch fig*); **au soleil** ~ bei Sonnenaufgang; **II** *m st/s* **Morgen** *m* (*Himmelsrichtung*); **du** ~ **au couchant** von Morgen bis Abend; **2.** *früher* **le** ♀ **die** Le'vante; das Morgenland

levantin [l(ə)vɑ̃tɛ̃] **I** *adj* levan'tinisch; morgenländisch; **II** *subst* **1.** ♀(e) *m(f)* Levan'tiner(in) *m(f)*; **2.** *text* ~**e** *f* Levan'tine *f*; Seidenserge *m*

levé [l(ə)ve] **I** *adj* **1.** *Arm, Faust, Kopf etc* erhoben; *loc/adv* **à main** ~ cf main **l.**; **au pied** ~ cf pied **l.**; **2.** *Fahne, Pfahl etc* aufgerichtet, -gepflanzt, -gestellt; **3.** *aus dem Bett* auf(gestanden); **déjà** ~? schon auf(gestanden)?; **4.** *Brot* **bien** ~ locker;

---

pâte ~**e** Hefeteig *m*; **II** *m* **1.** *Topographie* **e-r Karte, e-s Plans** Aufnahme *f*; *par ext* (*Lage*)Plan *m*; ~ **topographique** topographische Aufnahme; Landesaufnahme *f*; ~ **à la planchette** Meßtischaufnahme *f*; ~ **d'itinéraires** Routenaufnahme *f*; ~ **de terrain** Geländeaufnahme *f*; **2.** *mus* **a)** Auftakt *m*; **b)** leichte Zählzeit

levée [l(ə)ve] *f* **1.** *e-r Strafe, Belagerung, Sitzung, Blockade, e-s Verbots* Aufhebung *f*; *von Schwierigkeiten* Behebung *f*; Beseitigung *f* (*auch e-s Hindernisses, Widerstandes*); ~ **d'écrou** Haftentlassung *f*, -aufhebung *f*; *jur* ~ **des scellés** Entfernung *f*, Abnahme *f* der Siegel; Entsiegelung *f*; **2.** *des Briefkastens* Leerung *f*; *par ext* (*bei der Leerung dem Briefkasten entnommene*) Post *f*; **heures** *f/pl* **des** ~s Leerungszeiten *f/pl*; **il y a** ~ 'huit ~s **par jour** der Briefkasten wird täglich achtmal geleert; **faire la** ~ den Briefkasten leeren; **3.** *von Steuern* Erhebung *f*; Einziehung *f*; **4.** *mil von Soldaten, Rekruten* Einziehung *f*; *früher* Aushebung *f*; ~ **de troupes** Truppenaushebung *f*; ~ **en masse** a) Massenaushebung *f*, -aufgebot *n*; b) bewaffnete Volkserhebung; **5.** *beim Kartenspiel* Stich *m*; **faire une** ~ e-n Stich machen; **6.** *längs der Flüsse, zwischen Teichen etc* Aufschüttung *f*; Damm *m*; Deich *m*; ~ **de terre** Erddamm *m*, -wall *m*; **7.** *comm bei e-r Bank* (Geld)Entnahme *f*; *von Waren bei e-m Zwischenhändler* Abholung *f*; ~ **de compte** Pri'vatentnahme *f* (*aus der Geschäftskasse*); *bei e-m Optionsgeschäft* ~ **d'option** Ausübung *f* des Opti'onsrechtes; ~ **de titres** 'Übernahme *f*, Inempl'fangnahme *f von* (*angekauften*) Wertpapieren; **8.** *e-s Kolbens, Ventils* Hub *m*; Hubhöhe *f*; **9.** *mar* hohle See; **10.** *des Teiges* Gehen *n*; *der Saat* Aufgehen *n*; Sprießen *n*; **11.** *jur* ~ **de jugement** Ausfertigung *f* e-r Ko'pie des Urteils (*durch die Gerichtskanzlei*); **12.** ~ **du corps** a) Abholung *f* des Toten (*zur Bestattung od Identifizierung*); b) Aussegnung *f* des Toten; **13.** *fig* ~ **de boucliers** starke Opposit'ion; starker, heftiger 'Widerstand; einstimmiger Pro-'test

lever[1] [l(ə)ve] ⟨-è-⟩ **I** *v/t* **1.** *Hand, Faust, Bein, Kopf* (hoch)heben; in die Höhe heben; *Gewicht auch* aufheben; *Gegenstand auch st/s* emporheben; *Pfahl, liegende Leiter* aufrichten; *Fahne* aufpflanzen; *thé Vorhang* auf-, hochziehen; *Schleier* lüften; *Deckel* hochheben; lüften; *mar Anker* lichten; *Netze* einholen; *fig* ~ **ses bras au ciel** die Hände über dem Kopf zu'sammenschlagen; **cela lève le cœur** davon wird einem schlecht, übel; ~ **le pied** *cf* doigt **l.**; ~ **les enfants** die Kinder aus dem Bett holen und anziehen; *im Zug, Auto* ~ **les glaces** die Fenster schließen, *F* hochmachen, -kurbeln; ~ **la main sur qn** die Hand gegen j-n erheben; *cf auch* main **l.**; ~ **les pieds** die Füße heben; *fig* ~ **le pied** heimlich fliehen, da'vonlaufen; *F* 'durchbrennen; ausreißen; *mar* ~ **les rames** aufhören zu rudern (*u die Ruderblätter flach über den Wasser halten*); ~ **son verre à la santé de qn** auf j-s Wohl trinken; sein Glas auf j-s Gesundheit erheben; ~ **les yeux** *sur od vers qn* j-n anblicken, -sehen; *fig* ~ **les yeux sur qn, qc** j-n, etw begehren; **n'oser** ~ **les yeux** *sur qn* nicht wagen, *vor j-m* die Augen aufzuschlagen; ~ **les yeux, la tête de son livre** von s-m Buch aufblicken, -sehen; *travailler sans* ~ **les yeux** ... ohne aufzublicken, aufzusehen;

2. *Verband* abnehmen; entfernen; ∼ le corps den Toten abholen; *mil* ∼ la garde, la sentinelle die Wache ablösen; *jur* ∼ les scellés die Siegel entfernen, abnehmen; entsiegeln (**de qc** etw); *jard* ∼ en motte mit dem Wurzelballen her'ausnehmen, ausheben; 3. *Verbot, Vorschrift etc; Blockade, Belagerung auch* abbrechen; *Sitzung* aufheben; schließen; beenden; *Hindernis* beseitigen; aus dem Weg räumen; *Schwierigkeit* beheben; beseitigen (*auch Widerstand*); *Zweifel, Bedenken* zerstreuen; *mil:* ∼ les **arrêts** aus der Haft entlassen; ∼ le **camp** *cf* camp l.; 4. ∼ les **lettres** den Briefkasten leeren; 5. *Steuern, Tribut* erheben; 6. *mil* Rekruten einziehen; *früher* ausheben; 7. *Plan, Karte* aufnehmen; 8. *ch* Wild (faire) ∼ aufscheuchen, -jagen; F ∼ une **femme** F e-e Frau aufgabeln; 9. *beim Kartenspiel* ∼ les **cartes** *od abs* ∼ e-n Stich machen; 10. *comm* ∼ une **option** e-e Option ausüben; *Börse* ∼ une **prime** e-e Prämie über'nehmen; 11. *impr* ∼ la **lettre** (mit der Hand) setzen; 12. *agr* ∼ les **guérets** Brachland 'umpflügen; **II** *v/i* 13. *Teig* gehen; *Saat* aufgehen; sprießen; **III** *v/pr* **se** ∼ 14. *reflexiv* **a)** *von s-m Sitz* aufstehen, sich erheben (*auch fig Volk*); *ellip* **faire** ∼ qn j-n aufstehen heißen; *bei e-r Abstimmung* se ∼ **pour, contre** qc (*durch Aufstehen*) für, gegen etw stimmen; se ∼ **de** table vom Tisch, Essen aufstehen; **b)** *aus dem Bett aufstehen; bibl* **lève-toi et marche**! stehe auf und wandle!; **c)** *Kranker* se ∼ **sur son** séant sich (*im Bett*) aufrichten, aufsetzen; **d)** *Sonne, Mond* aufgehen; *Tag, Morgen* anbrechen; **e)** *Wind* sich erheben; aufkommen; *Sturm* losbrechen; *Meer* bewegt, unruhig werden; **f)** *Wetter* sich aufklären, -hellen; 15. *passivisch:* *Hände, Fäuste* gehoben, erhoben werden; *thé Vorhang* sich heben, öffnen; auf-, hochgehen

lever² [l(ə)ve] *m* 1. ∼ **du jour** Tagesanbruch *m*; ∼ **du soleil** Sonnenaufgang *m*; 2. *aus dem Bett* Aufstehen *n*; *hist des Königs* ∼ **au** ∼, à son ∼ beim Aufstehen; 3. *thé* ∼ **du rideau** Auf-, Hochgehen *n* des Vorhangs; *par ext* ∼ **de rideau** einaktiges Vorspiel; 4. *e-s Plans, e-r Karte cf* levé II l.

lève|-tard [lɛvtar] *m* <*inv*> Langschläfer *m*; ∼**tôt** *m* <*inv*> Frühaufsteher *m*

leveur [l(ə)vœr] *m impr* ∼ **de lettre** Handsetzer *m*

levier [l(ə)vje] *m* 1. *zum Heben von Lasten* Hebel *m* (*auch phys u fig*); *fig* Geld, persönliche Interessen être un puissant ∼ ein mächtiger, starker Hebel sein; 2. *tech an e-r Maschine* Hebel *m*; ∼ **à main**, à pied Hand-, Fußhebel *m*; *auto* ∼ **de changement de vitesse** Schalthebel *m*; ∼ **de vitesses au plancher** Knüppelschaltung *f*; ∼ **de commande** Schalt-, Steuerhebel *m*; *fig* **être aux** ∼s de commande an e-r Schlüsselposition haben; *pol* das Steuer in der Hand haben; F am Drücker sitzen; *im Panzer* ∼ **ch de direction** Lenkhebel *m*, -arm *m*; *ch de fer im Stellwerk* ∼ **d'itinéraire** Fahrstraßenhebel *m*; *e-r Weiche* ∼ **de manœuvre** Stell-, Bedienungshebel *m*; ∼ **de pompe** Pumpenschwengel *m*

lévigation [levigasjõ] *f chim* (Pulveri'sieren *n* und) Schlämmen *n*

léviger [levize] *v/t* <-geons> *chim* (pulveri'sieren und) schlämmen

lévitation [levitasjõ] *f Okkultismus* Levitati'on *f*

lévit|e [levit] *m bibl, égl cath* Le'vit *m*; ∼**ique I** *adj* le'vitisch; **II** *subst bibl* le ℈ der Le'vitikus; das dritte Buch Mose

lévogyre [levoʒir] *adj chim* linksdrehend
levraut [ləvro] *m zo* junger Hase
lèvre [lɛvr(ə)] *f* 1. *anat* Lippe *f*; ∼ **inférieure, supérieure, pendante** 'Unter-, Ober-, Hängelippe *f*; ∼**s de la vulve** Schamlippen *f/pl*; *loc/adv* **du bout des** ∼**s** gezwungen, wider'strebend; **mit** 'Widerwillen; 'widerwillig; **manger du bout des** ∼**s** mit Widerwillen essen; **sourire du bout des** ∼**s** gezwungen lächeln; **avoir la cigarette aux** ∼**s** die Zigarette im Mund haben; **avoir toujours un mot sur les** ∼**s** ein Wort ständig im Munde führen; **avoir le sourire aux** ∼**s** ein Lächeln auf den Lippen haben; **lire sur les** ∼**s** vom Mund, von den Lippen ablesen; *Wort* **ne pas passer les** ∼**s** ungesagt bleiben; nicht über die Lippen kommen; **porter aux** ∼**s**, à ses ∼**s** zum Mund führen; an die Lippen setzen; 2. *zo der Insekten, bot* Lippe *f*; *Pferd* **s'armer de la** ∼ hartmäulig sein; 3. *chir* ∼**s** *pl* Wundränder *m/pl*; 4. *fig* Rand *m*; *géol* ∼ **abaissée, soulevée** unterer, oberer Rand (*e-r Gesteinsspalte*); 5. *mus der Lippenpfeifen der Orgel* Labium *n*; ∼ **inférieure, supérieure** 'Unter-, Oberlabium *n*

levreteau [ləvrəto] *m* <*pl* ∼**x**> *zo* Häschen *n*

levrett|e [ləvrɛt] *f zo* 1. Windhündin *f*; 2. Itali'enisches Windspiel; ∼**é** *adj* Tier wie ein Windhund gebaut; ∼**er** *v/i* Häsin (Junge) werfen

lévrier [levrije] *m zo* Windhund *m*, -spiel *n*; ∼ **afghan** Afghane *m*; Afghanischer Windhund; **course** *f* **de** ∼**s** Windhundrennen *n*

levr|on [ləvrõ] *m*, ∼**onne** *f zo* 1. junger Windhund, junge Windhündin; 2. Rüde *m*, Hündin *f* des Itali'enischen Windspiels

lévulose [levyloz] *m chim* Fruchtzucker *m*; Lävu'lose *f*; Fruc'tose *f*

levure [l(ə)vyr] *f* Hefe *f*; Hefepilz *m*; ∼ **chimique** Backpulver *n*; ∼ **de bière**, de vin Bier-, Weinhefe *f*; **paquet** *m*, **sachet** *m* **de** ∼ Päckchen *n* Backpulver

levurer [l(ə)vyre] *v/t Brauerei* Hefe zusetzen (-fad)

lexème [lɛksɛm] *m ling* Le'xem *n*

lexical [lɛksikal] *adj* <-aux> lexi'kalisch; ∼**isation** *f* lexiko'graphische Erfassung; ∼**iser** *v/t* lexiko'graphisch erfassen

lexicograph|e [lɛksikograf] *m, f* Lexiko'graph(in) *m(f)*; ∼**ie** *f* Lexikogra'phie *f*; ∼**ique** *adj* lexiko'graphisch

lexico|logie [lɛksikɔlɔʒi] *f ling* Lexikolo'gie *f*; ∼**logique** *adj* lexiko'logisch; **champ** *m* ∼ Wortfeld *n*; ∼**logue** *m, f* Lexiko'loge, -'login *m, f*

lexico|métrie [lɛksikɔmetri] *f od* ∼**-statistique** *f* Sprachstatistik *f*

lexie [lɛksi] *f ling* lexiko'logische Einheit

lexique [lɛksik] *m* 1. *e-s Volkes, Schriftstellers, e-r Berufsgruppe, Technik, e-s Fachgebietes* Wortschatz *m*, -gut *n*; Vokabu'lar *m*; 2. *zu e-m Autor, e-m Fachgebiet, e-r Technik* Wörterbuch *n*; Lexikon *n*; 3. kleines zweisprachiges Wörterbuch

lexovien [lɛksɔvjɛ̃] *adj* <∼**ne**> (*u subst* ℈ Einwohner) von Lisieux

lézard [lezar] *m* 1. *zo* Eidechse *f*; ∼ **agile** Zauneidechse *f*; ∼ **ocellé** Perleidechse *f*; ∼ **vert** Sma'ragdeidechse *f*; ∼ **vivipare** Bergeidechse *f*; F *fig* **faire** ∼ sich sonnen; F sich in der Sonne aalen; 2. Eidechsenleder *n*; ∼ aus Eidechsenleder

lézarde [lezard] *f* 1. *in e-r Mauer, Wand, Decke* Riß *m*; Ritze *f*; Ritz *m*; 2. *impr im Satz* Gasse *f*; 3. *mil der Unteroffiziere* galon *m* à ∼ Tresse *f*; 4. *Polsterei: zum*

Verdecken der Nähte etc Litze *f*; Tresse *f*; Borte *f*

lézardé [lezarde] *adj Mauer, Decke* rissig; voller Risse

lézarder [lezarde] **I** *v/t* les intempéries ont lézardé le mur durch die Witterungsunbilden hat die Mauer Risse bekommen; **II** F *v/i* sich sonnen; F sich in der Sonne aalen; **III** *v/pr* **se** ∼ Risse bekommen; rissig werden; reißen

liage [ljaʒ] *m von Garben etc* Binden *n*

liais [ljɛ] *m minér* harter, feinkörniger Kalkstein

liaison [ljɛzõ] *f* 1. ∼ (**amoureuse**) Liebschaft *f*; (Liebes)Verhältnis *n*; Liai'son *f*; *Choderlos de Laclos* Les ∼**s dangereuses** Die gefährlichen Liebschaften; **avoir une** ∼ e-e Liebschaft, ein (Liebes)Verhältnis haben; 2. *zwischen Personen* Verbindung *f*; ∼**s** *pl* 'Umgang *m*; *loc/adv* **en** ∼ **avec** qn mit j-m zu'sammen; **être en** ∼ **avec** qn mit j-m in Verbindung stehen; **travailler en** ∼ **étroite avec** qn mit j-m eng zusammenarbeiten; 3. *zwischen Ideen, Ereignissen, Szenen e-s Stückes etc* Zu'sammenhang *m*; Verbindung *f*; Verknüpfung *f*; **établir, faire la** ∼ **entre** deux événements zwei 'Ereignisse miteinander in Verbindung, Beziehung, Zusammenhang bringen; 4. *mil, zwischen zwei Orten, Erdteilen etc* Verbindung *f*; ∼ **aérienne, ferroviaire, maritime, postale, radio, routière, téléphonique** Flug-, Zug- *od* (Eisen)Bahn-, Schiffs-, Post-, Funk-, Straßen-, Tele'fonverbindung *f*; **agent** *m*, **homme** *m*, **officier** *m* **de** ∼ Verbindungsmann *m*, -offizier *m*; **détachement** *m* **de** ∼ **d'observation** (*abr* D.L.O.) Artille'rieverbindungskommando *n*; 5. *gr* **a)** Bindung *f*; Liai'son *f*; **fausse, mauvaise** ∼ falsche Bindung, Liaison; **faire la** ∼ binden; **b)** **mot** *m* **de** ∼ Bindewort *n* (*Konjunktionen u Präpositionen*); 6. *chim, phys, cuis* Bindung *f*; ∼ **chimique** chemische Bindung; 7. *mus* Bogen *m*; ∼ **de durée** Haltebogen *m*; Liga'tur *f*; ∼ **d'accentuation** Bogen zur Bindung von Tönen e-r Melodie; 8. *der Buchstaben* Auf-, Haarstrich *m*; 9. *mar* (*pièce f de*) ∼ Verband *m*; ∼ **longitudinale, transversale** Längs-, Querverband *m*; 10. *bât* **a)** Verband *m*; à sec Trockenverband *m*; **maçonnerie** *f* **en** ∼ Mauerwerk *n* im Läufer- *od* Binderverband; **b)** Bindemittel *n*; Mörtel *m*; *südd* Speis *m*

liaisonner [ljɛzɔne] *v/t bât* 1. Ziegel, Mauersteine im Verband anordnen; verbandmäßig vermauern; 2. Mauerfugen mit Mörtel verstreichen, ausschmieren

liane [ljan] *f bot* Li'ane *f*; Kletterpflanze *f*

liant [ljã] **I** *adj Mensch* kon'taktfreudig; gesellig; anderen Menschen gegen'über aufgeschlossen; **être** ∼ *auch* sich sehr gern an andere anschließen; die Gemeinschaft mit andern suchen; sich leicht anfreunden; **II** *m* 1. *bât, peint* Bindemittel *n*; ∼ **hydraulique** hydraulisches Bindemittel; 2. *e-s Materials* Elastizi'tät *f*; Biegsamkeit; Geschmeidigkeit *f*

liard [ljar] *m alte frz* Kupfermünze Li'ard *m*

lias [ljas] *m géol* Lias *m od f*

liasique [ljazik] *adj géol* li'assisch; Lias...; **formation** *f* ∼ Liasformation *f*

liasse [ljas] *f* 1. *von Papieren, Akten* Bündel *n*; Pack(en) *m*; Stoß *m*; ∼ **de billets, de lettres** Bündel Banknoten, Briefe; **mettre en** ∼ zu e-m Bündel zusammenschnüren, -sortier; **sortir une** ∼ **de son portefeuille** ein Bündel Geldscheine aus der Brieftasche ziehen, nehmen; 2. *Garnmaß* Gebind *n*

liatris [ljatris] *m bot* Prachtscharte *f*

libage [libaʒ] *m* bât harter, grob behauener Bruchstein; Quader(stein) *m*

libanais [libanɛ] **I** *adj* liba'nesisch; **II** *subst* ♀(e) *m(f)* Liba'nese *m*, Liba'nesin *f*

libation [libasjõ] *f* **1.** ~*s pl* Zechgelage *n*; Zeche'rei *f*; **faire des** ~**s** ein Zechgelage veranstalten; **2.** *im alten Rom* Trankopfer *n*; Libati'on *f*

libelle¹ [libɛl] *m* Schmäh-, Spottschrift *f*; Pasqu'ill *n*

libelle² [libɛl] *f minér* Li'belle *f*

libellé [libe(l)le] *m* -s offiziellen Schreibens **a)** Wortlaut *m*; Text *m*; Fassung *f*; **modèle** *m* **de** ~ Textvorlage *f*; **b)** Aufsetzen *n*; Abfassung *f*

libeller [libe(l)le] *v/t* Vertrag, amtliches Schriftstück etc (in der vorgeschriebenen Form) aufsetzen; abfassen; ausfertigen; *par ext st/s* ausdrücken; formu'lieren; *comm Scheck, Zahlungsanweisung* ausstellen, -schreiben; ~ **un télégramme** ein Telegramm aufsetzen; ... **ainsi libellé** ... folgenden Wortlauts; *Zahlungsanweisung* **libellé au porteur, en dollars** auf den Inhaber, auf Dollars lautend

libelliste [libe(l)list] *litt m* Verfasser *m* von Schmäh-, Spottschriften; Pasquil'lant *m*

libellule [libe(l)lyl] *f zo* Li'belle *f*; Wasserjungfer *f*

liber [libɛr] *m bot* Bast *m*

libérable [liberabl(ə)] *adj mil* **militaire** *m* ~ *od subst* ~ *m* (nach Ableistung s-s Wehrdienstes) zu entlassender Soldat; **permission** *f* ~ dem Soldaten noch zustehender Urlaub, der zu s-r früheren Entlassung führt

libéral [liberal] ‹*m/pl* -aux› **I** *adj* **1.** *pol Regime etc* libe'ral; libera'listisch; *Person* libe'ral; freiheitlich gesinnt; *par ext* tole'rant; *hist* **catholicisme** ~ politischer Katholizismus; **économie** ~**e** freie (Markt)Wirtschaft; *hist* **Empire** ~ Zweites Kaiserreich mit konstitutioneller Monarchie; *in England* **parti** ~ liberale Partei; **les libéraux** Freie Künste *f/pl* (*im Mittelalter*); **professions** ~**es** freie Berufe *m/pl*; **II** *m pol, écon* Libe'rale(r) *m*; Liberal'list *m*; *subst adv* **1. interpréter** ~ **une loi** ein Gesetz frei, großzügig auslegen; **2.** *st/s* **donner** ~ reichlich geben; ~**isation** *f écon* Liberali'sierung *f*; ~**iser** *v/t* liberali'sieren

libéralisme [liberalism(ə)] *m* **1.** *pol, écon* Libera'lismus *m*; **2.** den Mitmenschen gegenüber Liberali'tät *f*; Tole'ranz *f*; Großzügigkeit *f*

libéralité [liberalite] *f* **1.** Freigebigkeit *f*; Großzügigkeit *f*; **donner avec** ~ reichlich geben; **2.** ~*s pl* großzügige Geschenke *n/pl*, Gaben *f/pl*, Spenden *f/pl*

libérateur [liberatœr] **I** *adj* ‹-trice› befreiend; **guerre libératrice** Befreiungskrieg *m*; **rire** ~ befreiendes Lachen; **II** *subst* ~, **libératrice** *m,f* Befreier(in) *m(f)*

libéra|tion [liberasjõ] *f* **1.** *e-s Gefangenen, Landes, von e-m Unterdrücker etc* Befreiung *f*; *der Frauen auch* Emanzipati'on *f*; *e-s Häftlings* Freilassung *f*; Entlassung *f* (aus der Haft); *im 2. Weltkrieg* **la** ♀ die Befreiung (*Frankreichs von deutscher Besatzung*); *jur* ~ **conditionnelle** bedingte Haftentlassung; ~ **nationale** nationale Befreiung; **symbole** *m* **de** ~ Freiheitssymbol *n*; **2.** *mil* Entlassung *f* (*nach abgeleistetem Wehrdienst*); **3.** *von e-r Verpflichtung* Entbindung *f*; Entlastung *f*; Befreiung *f*; *mil* ~ **des obligations militaires** Befreiung vom Wehrdienst; **4.** *écon der Preise etc* Freigabe *f*; ~ **des échanges** Liberali'sierung *f* des Warenaustausches, des Handels; **5.** *fin* ~ **d'une action** Einzah-

lung *f* des Aktienbetrages (*durch den Käufer*); **6.** *phys, chim* Abgabe *f*; Freisetzung *f*; ~ **d'énergie** Ener'gieabgabe *f*; ~ **de neutrons** Freisetzung von Neutronen; **7.** *Raumfahrt* **vitesse** *f* **de** ~ Fluchtgeschwindigkeit *f*; ~**toire** *adj jur, fin* von Schulden befreiend; Schulden tilgend

libéré [libere] *adj* **1.** *Land* befreit; *Frauen auch* emanzi'piert; *Gefangener auch* freigelassen; entlassen; *subst* ~ *m* aus der Haft Entlassene(r) *m*; **2.** *phys Energie* frei geworden; **3.** *fin Aktie(nbetrag)* eingezahlt; **4.** *Symbolismus* **vers** ~ freier Vers; Freivers *m*

libérer [libere] ‹-è-› **I** *v/t* **1.** *Land, Gefangene* befreien; *Frauen auch* emanzi'pieren; *Häftling (aus der Haft)* entlassen; freilassen; freigeben (*auch vertraglich verpflichtete Person*); auf freien Fuß setzen; **2.** *mil Soldaten* (*nach abgeleistetem Wehrdienst*) entlassen; **3.** *j-n von Verpflichtungen* entbinden (**de** von *od* ‹+ *gén*›); entlasten (von); befreien (von) (*auch vom Militärdienst, von der Zahlung e-r Schuld, Gefangenen von s-n Fesseln*); **4.** *écon Preise etc* freigeben; *Handel* liberali'sieren; *Aktie(nbetrag)* einzahlen; **5.** *Hebel, Sicherung e-r Schußwaffe* lösen; *Weg* frei machen; freigeben; **6.** *chim, phys Gas etc* freisetzen; *Energie auch* abgeben; **7.** *fig Gewissen* entlasten; *Herz* ausschütten; *Gedanken* freilegen; **II** *v/pr* **se** ~ von s-r Arbeit *etc* sich frei machen; *von e-r Verpflichtung, Vormundschaft, aus e-r Umklammerung auch* sich befreien (**de** von *bzw* aus); **se** ~ **d'une dette** *od abs* **se** ~ e-e Schuld ab-, bezahlen, tilgen, abtragen; **se** ~ **d'une hypothèque** e-e Hypothek abzahlen, ablösen

libérien¹ [liberjɛ̃] **I** *adj* ‹~ne› li'berisch; liberi'anisch; **II** *subst* ♀(**ne**) *m(f)* Li'berier(in) *m(f)*; Liberi'aner(in) *m(f)*

libérien² [liberjɛ̃] *adj* ‹~ne› *bot* Bast...; **fibre** ~**ne** Bastfaser *f*

libero [libero] *m* Fußball Libero *m*

libertaire [libɛrtɛr] *pol* **I** *adj* ex'trem libe'ral; anar'chistisch; **II** *m* extrem Liberale(r) *m*; Anar'chist *m*

liberté [libɛrte] *f* Freiheit *f*; *hist von Städten etc* ~*s pl* Sonderrechte *n/pl*; Privi'legien *n/pl*; ♦ ~ **civile,** **politique** staatsbürgerliche, politische Freiheit *f*; ~ **économique** Gewerbefreiheit *f*; ~ **individuelle, physique** persönliche, individuelle Freiheit; *philos* ~ **morale** sittliche, innere Freiheit; ~ **naturelle** naturgegebenes Recht auf Freiheit; ~*s* **publiques** Grund-, Freiheitsrechte *n/pl*; ~ **religieuse** Religi'onsfreiheit *f*; *jur für e-n Jugendlichen* ~ **surveillée** Freilassung *f* mit Bewährungsaufsicht; ♦ ♀, **Égalité, Fraternité** Freiheit, Gleichheit, Brüderlichkeit; ~ **d'action, de mouvement** Handlungs-, Bewegungsfreiheit *f*; **donner, laisser à qn toute** ~ **d'action** j-m volle Handlungsfreiheit, völlig freie Hand geben, lassen; ~ **de l'air, des mers** Freiheit der Luft, der Meere; ~ **d'allure** Ungezwungenheit *f* der Bewegungen; ~ **d'association** Vereinigungs-, Vereins-, Assoziati'ons-, Koaliti'onsfreiheit *f*; ~ **du commerce et de l'industrie** Handels- und Gewerbefreiheit *f*; ~ **de conscience** Gewissensfreiheit *f*; ~ **des conventions** Vertragsfreiheit *f*; ~ **du culte** Glaubensfreiheit *f*; ~ **des échanges, du commerce** Handelsfreiheit *f*; ~ **de l'enseignement** Lehrfreiheit *f*; ~ **d'esprit, du jugement** geistige Unabhängigkeit; Vorurteilslosigkeit *f*; ~ **d'établissement** Niederlassungsfreiheit *f*; ~*s* **de langage** ungehörige, dreiste

Redeweise; ~ **de mœurs** freie, lockere Sitten *f/pl*; ~ **d'opinion, de la pensée, de penser** Meinungsfreiheit *f*; Recht *n* auf freie Meinungsäußerung; ~ **de la presse** Pressefreiheit *f*; ~ **de réunion** Versammlungsfreiheit *f*; ~ **du travail** Freiheit der Arbeit; *mil für kriegsgefangene Offiziere* ~ **sur parole** zeitweilige Freilassung auf Ehrenwort; **heures** *f/pl* **de** ~ Freizeit *f*; **moment** *m* **de** ~ freier Augenblick; **statue** *f* **de la** ~ Freiheitsstatue *f* (*im Hafen von New York*); **mise** *f* **en** ~ Freilassung *f*; ♦ *loc/adv* **en toute** ~ völlig frei, ungehindert; **agir en toute** ~, **avoir toute** ~ volle Handlungsfreiheit, völlig freie Hand haben; völlig frei sein in s-n Handlungen; ♦ **accorder à qn la** ~ **de faire qc** j-m erlauben, etw zu tun; **s'exprimer avec une grande** ~ sich sehr frei, offen ausdrücken; **laisser qn en** ~ j-n auf freiem Fuß lassen; **laisser trop de** ~ **à qn** j-m zu viel Freiheit lassen; **mettre qn en** ~ j-n freilassen, freigeben, auf freien Fuß setzen, in Freiheit setzen; **prendre la** ~ **de faire qc** sich erlauben, *st/s* sich die Freiheit nehmen, etw zu tun; **prendre des** ~*s* **avec qn** sich j-m gegenüber Freiheiten herausnehmen; j-m gegenüber frech, dreist, zudringlich werden; **prendre des** ~*s* **avec qc** mit etw (*z B mit e-m Text*) sehr frei umgehen

liberticide [libɛrtisid] *adj st/s* **loi** *f* ~ Gesetz, das die Freiheit tötet

libertin [libɛrtɛ̃] **I** *adj* **1.** *Mensch* ausschweifend; liederlich; zügellos; **2.** *Buch, Gemälde* sehr frei; *Reden auch* locker; schlüpfrig; **3.** *früher* freigeistig; freidenkerisch; liberti'nistisch; **II** *subst* ~(**e**) *m(f)* **1.** liederlicher, zügelloser Mensch; Lebemann *m*; **2.** *früher* Freigeist *m*; Freidenker(in) *m(f)*; Liber'tin *m*; Liber'tiner *m*

libertinage [libɛrtinaʒ] *m* **1.** Ausschweifung *f*; Liederlichkeit *f*; Zügellosigkeit *f*; ausschweifendes, liederliches, zügelloses Leben; **2.** *früher* Freidenkertum *n*; Freigeiste'rei *f*

liberty [libɛrti] *m text* Liberty *m*

libidineux [libidinø] *adj* ‹-euse› *litt Person, Blicke* lüstern; geil; wollüstig; *st/s* libidi'nös

libido [libido] *f psych* Libido *f*

libouret [liburɛ] *m Fischfang* mit mehreren Haken versehene Angelschnur (*für den Makrelenfang*)

libraire [librɛr] *m,f* Buchhändler(in) *m(f)*; *fachspr auch* Sorti'mentsbuchhändler(in) *m(f)*; Sorti'menter(in) *m(f)*; ~ **d'occasion** Antiqu'ar *m*; ~-**éditeur** ‹*pl* libraires-éditeurs› Verlagsbuchhändler *m*; Verleger *m*

librairie [libreri] *f* **1.** Buchhandlung *f*; *par ext* Verlagsbuchhandlung *f*; ~ **religieuse, scientifique** christliche, wissenschaftliche Buchhandlung; ~ **technique** Fachbuchhandlung *f* für technische Literatur; ~ **universitaire** Universi'tätsbuchhandlung *f*; ~ **de gare** Bahnhofsbuchhandlung *f*; ~ (**d'ouvrages**) **d'art** Kunstbuchhandlung *f*; **2.** Buchhandel *m*; Büchermarkt *od* Buchmarkt *m*; **en** ~ im Buchhandel; **auf dem** Büchermarkt; **commissionaire en** ~ buchhändlerischer Kommissionär; *in Deutschland auch* Barsortimenter *m*; **placier** *m* **en** ~ Verlagsvertreter *m*; **nouveautés parues en** ~ Neuerscheinungen *f/pl* auf dem Büchermarkt; **on ne trouve plus ce livre en** ~ dieses Buch ist im Buchhandel vergriffen, nicht mehr zu haben; **3.** Buchhändlerberuf *m*; **4.** Buchhändlerverband *m*; ~-**papeterie** *f* ‹*pl* librairies-papeteries› Buch-

und Schreibwarenhandlung f

libration [librasjõ] f astr Librati'on f

libre [libr(ə)] adj Land, Nation, Wahlen, Presse, Wechselkurs, Übersetzung, Platz, Taxi, Telefonleitung, Straße etc frei; Verbrecher auch auf freiem Fuß; Person auch, chim ungebunden; Benehmen allzu, sehr frei; Reden, Sitten auch locker; Wort schlüpfrig; ◆ accès m ~ freier Zugang; Aerologie air m, atmosphère f ~ freie Atmosphäre; à l'air ~ in bzw an der freien Luft; amour m ~ freie Liebe; Université auditeur m ~ Gasthörer m; chambre f ~ freies Zimmer; avez-vous une chambre ~? haben Sie ein Zimmer frei?; denrée f ~ unbewirtschaftetes Nahrungsmittel; école f ~ (private) Konfessi'onsschule; (private) katholische Schule; Église f ~ Freikirche f; entrée f ~ freier Ein-, Zutritt; avoir ses entrées ~s chez qn, à qc freien Zutritt zu j-m, zu etw haben; gym exercices m/pl ~s Kür(übungen) f(pl); Eiskunstlauf figures f/pl ~s Kürlauf m; Kür f; im 2. Weltkrieg la France ~ das freie Frankreich; heures f/pl ~s, temps m ~ Freizeit f; freie Zeit; vous avez une heure ~? haben Sie e-e Stunde Zeit?; pol monde m ~ freie Welt; in Frankreich papier m ~ einfaches, ungefaltetes, stempelfreies Papier (im Gegensatz zum „papier timbré"); passage m ~ freie ('Durch)fahrt; prix m ~ freier, unverbindlicher, ungebundener Preis; im Radio ~s propos m/pl Kommen'tar m; propos m/pl ~s lose Reden führen; être ~ dans ses propos lose Reden führen; tech roue f ~ Freilauf m; union f ~ wilde Ehe; ville f ~ Freie Stadt; voie f ~ freie Bahn; ch de fer freies Gleis; als Signalstellung Gleis frei; (freie) Fahrt; im 2. Weltkrieg zone f ~ freie, unbesetzte Zone (Frankreichs); ◆ ~ à vous de rester es steht Ihnen frei, es steht in Ihrem Belieben ...; ~ comme l'air frei wie der Vogel in der Luft; ◆ avoir les mains ~s freie Hand haben; peint avoir le pinceau ~ e-n leichten Pinselstrich, e-e leichte Pinselführung haben; ◆ être ~ frei, ungebunden sein; Meer eisfrei bzw frei von feindlichen Schiffen sein; êtes--vous ~ ce soir? sind Sie heute abend frei?; être très ~ avec qn ungezwungen, in familiärem Ton mit j-m verkehren; ein familiäres Verhältnis zu j-m haben; st/s être ~ de qc frei von etw sein; être ~ de faire qc frei sein, etw zu tun; je suis ~ d'agir comme je l'entends es steht mir frei, zu handeln wie ich will; se rendre ~ lundi sich am Montag frei machen; rester ~ frei, unabhängig bleiben

libre-échang|e [libreʃãʒ] m écon Freihandel m; **zone** f **de** ~ Freihandelszone f; **~isme** m Freihandel m; Freihandelspolitik f; **~iste** ⟨pl libre-échangistes⟩ **I** adj Freihandels...; **II** m Anhänger m des Freihandels, der Freihandelspolitik

librement [librəmã] adv 1. frei; agir ~ nach Belieben handeln; circuler ~ Person sich frei bewegen; Geld, Waren frei zirkulieren; traduire ~ frei über'setzen; 2. offen; je vous parlerai très ~ ich werde ganz offen zu Ihnen sprechen; sacrifice ~ consenti freiwillig gebrachtes Opfer

libre|-penseur [librəpãsœr] m ⟨pl libres-penseurs⟩ cf penseur; **~-service** m ⟨pl libres-services⟩ 1. Selbstbedienung f; 2. Selbstbedienungsladen m, -geschäft n, -restaurant n

librettiste [librɛ(t)tist] m (Opern)Textdichter m; Libret'tist m

libretto [librɛ(t)to] m ⟨pl libretti

[librɛ(t)ti] od ~s⟩ Operntext m; Textbuch n; Li'bretto n

libyen [libjɛ̃] **I** adj ⟨~ne⟩ libysch; **II** subst ♀(ne) m(f) Libyer(in) m(f)

libyque [libik] **I** adj libysch; **désert** m ♀ Libysche Wüste; **II** subst ling **le** ~ das Libysche; Libysch n

lice [lis] f 1. hist Tur'nier-, Kampfplatz m; fig (r)entrer en ~ die Arena betreten; auf dem Plan erscheinen; 2. auf dem Rennplatz Barri'ere f; Schranke f; 3. e-r Barriere Querbalken m, -holz n; e-r Holzbrücke Geländer n; 4. ch Jagdhündin f; 5. text cf lisse² 1.

licence [lisãs] f 1. Li'cence f (in Frankreich: akademischer Grad, der nach dem Studium der Geisteswissenschaften ès lettres, der Naturwissenschaften ès sciences, der Rechtswissenschaften en droit, der Theologie de théologie erworben wird); ~ libre Licence bei freier Fächerwahl; in der BRD etwa Ma'gister Artium m; Ma'gisterprüfung f; ~ d'enseignement in der BRD etwa wissenschaftliche Prüfung für das Lehramt an Gymnasien; Staatsexamen n; 2. comm, jur Li'zenz f; Konzessi'on f; Genehmigung f; Bewilligung f; Erlaubnis f; ~ de débit de boissons Schankkonzession f; ~ d'importation, d'exportation Ein-, Ausfuhrbewilligung f, -genehmigung f, -erlaubnis f, -lizenz f; Im'port-, Ex'portlizenz f; titulaire m d'une ~ Lizenzinhaber m; 3. sports Li'zenz f (de ski, de tennis die zur Teilnahme an Ski-, Tenniswettkämpfen berechtigt); 4. fig Freiheit f; ~ grammaticale, orthographique eigenwillige Grammatik, Rechtschreibung; ~ poétique dichterische Freiheit; prendre, se permettre des ~s avec qn sich j-m gegenüber Freiheiten herausnehmen; 5. st/s Zügellosigkeit f; Ausschweifung f; ~ des mœurs Sittenlosigkeit f

licencié(e) [lisãsje] m(f) 1. in Frankreich Inhaber(in) m(f) e-r Li'cence; ~ ès lettres, ès sciences Hochschulabsolvent(in), der (die) die Licence ès lettres, ès sciences besitzt; adit professeur licencié Lehrer am Gymnasium, der e-e Licence hat; 2. sports Li'zenzinhaber (-in) m(f) (der bzw die zur Teilnahme an Wettkämpfen berechtigt ist)

licenc|iement [lisãsimã] m von Arbeitern, Angestellten Entlassung f; von Offizieren, Beamten auch Verabschiedung f; **~ier** v/t Arbeiter, Angestellte entlassen; Offiziere, Beamte auch verabschieden

licencieux [lisãsjø] adj ⟨-euse⟩ Reden, Geschichte, Buch unanständig; anstößig; fri'vol; st/s Mensch ausschweifend; liederlich; zügellos

liche [liʃ] f zo (ein) Dornhai m

lichen [likɛn] m 1. bot Flechte f; ~ d'Islande Isländisch(es) Moos; 2. path Knötchenflechte f; sc Lichen m

licher [liʃe] F v/t süffeln; picheln; P saufen; ~ un petit verre F sich ein Gläschen zu Gemüte führen

lichette [liʃɛt] F f Stückchen n; Scheibchen n

licitation [lisitasjõ] f jur Versteigerung f (e-r ungeteilten Sache zwecks Teilung); ~ amiable, volontaire freiwillige Versteigerung; ~ judiciaire Zwangsversteigerung f

licite [lisit] adj erlaubt; zulässig; statthaft

liciter [lisite] v/t jur ungeteilte Sache zwecks Teilung versteigern

licol [likɔl] m cf licou

licorne [likɔrn] f 1. myth Einhorn n; 2. zo ~ de mer Narwal m

licou [liku] m Halfter m od n

licteur [liktœr] m im alten Rom Liktor m

lido [lido] m géogr Lido m

lie [li] f 1. Hefe f (als Bodensatz); ~ de vin Weinhefe f; adit ~ de vin od ~-de-vin [-dvẽ] ⟨inv⟩ dunkelrot; weinrot; vin m de ~ Hefepreßwein m; fig boire le calice, la coupe jusqu'à la ~ den Kelch bis zur Neige leeren; 2. fig Abschaum m; Hefe f; la ~ du peuple die Hefe, der Abschaum des Volkes

lied [lid] m ⟨pl ~s od ~er [-ɛr]⟩ (das deutsche) Lied; lieder de Schubert Schubertlieder n/pl; Lieder von Schubert

liège [ljɛʒ] m bot Kork m (bes der Korkeiche); ~ aggloméré Preßkork m; premier ~, ~ mâle, vierge Jungfernrinde f; männlicher Kork; bouchon m de ~ Korken m; Korkpfropfen m; flotteur m, semelle f de ~ Korkschwimmer m, -sohle f

liégé [ljeʒe] adj Netz, Angelschnur mit Korkschwimmern besetzt

liégeois [ljeʒwa] **I** adj von Lüttich; Lütticher; cuis café ~ Eiskaffee m; **II** subst ♀(e) m(f) Lütticher(in) m(f)

liégeux [ljeʒø] adj ⟨-euse⟩ korkartig

lien [ljɛ̃] m 1. Band n; 2. fig Band n; Bindung f; ~ conjugal Band der Ehe; ~s de l'amitié, de famille, de parenté Freundschafts-, Fa'milien-, Verwandtschaftsbande n/pl; ~s du sang Bande des Blutes; nouer des ~s étroits avec qn enge Bindungen mit j-m eingehen; Freundschaftsbande mit j-m knüpfen; servir de ~ entre deux personnes das Bindeglied zwischen zwei Menschen sein; 3. zwischen Ideen etc Verbindung f; Zu'sammenhang m

lier [lje] v/t 1. binden; zwei od mehrere Dinge zu'sammenbinden (avec qc mit etw); an-, festbinden (à an+dat); Gefangenen binden, fesseln (auch à an+acc); fig Vertrag, Versprechen ~ qn j-n binden; für j-n verbindlich sein; ~ qn à qn, à qc j-n an j-n, an etw binden; ~ des fleurs ensemble pour faire un bouquet Blumen zu e-m Strauß binden; ~ les mains à qn j-m die Hände binden, fesseln; fig j-m jede Handlungsmöglichkeit nehmen; fig j'ai les mains liées mir sind die Hände gebunden; ~ les mains derrière le dos die Hände auf dem Rücken binden; fig être fou à ~ F total verrückt sein; reif fürs Irrenhaus sein; ~ en bottes bündeln; Korn ~ en gerbes in Garben binden; 2. Buchstaben beim Schreiben (mit e-m Haarstrich) verbinden; im Frz: Wörter, mus: Noten binden; Bausteine mit Mörtel, Zement zu'sammenfügen; aneinander, untereinander verbinden; 3. cuis Soße mit Mehl binden; andicken; sämig machen; le'gieren; 4. fig gleiche Interessen, Gefühle: Menschen mitein'ander verbinden; ~ amitié avec qn mit j-m Freundschaft schließen; être lié d'amitié avec qn à qn mit j-m befreundet sein; mit j-m in Freundschaft verbunden sein; ~ connaissance avec qn mit j-m Bekanntschaft schließen; ~ conversation avec qn mit j-m ein Gespräch anknüpfen, anfangen, beginnen; avoir partie liée avec qn mit j-m gemeinsame Interessen haben; être lié avec, à qn mit j-m verbunden, befreundet, li'iert sein; j-m nahestehen; ils sont très liés sie sind eng befreundet; li'iert; je suis peu lié avec lui ich habe kaum Beziehung zu ihm; ich kenne ihn nur flüchtig; 5. Gedanken, Teile e-r Rede etc mitein'ander, unterein'ander verbinden, verknüpfen; in e-n logischen Zu'sammenhang bringen; e-n logischen Zu'sammenhang

herstellen (les **idées** zwischen den Gedanken); ~ **à qc** mit etw verbinden, verknüpfen; **être lié à qc** *auch* in Zusammenhang mit etw stehen; ~ **la cause à l'effet** *auch* e-n Kausalzusammenhang herstellen; **ces deux crimes sont étroitement liés** zwischen den beiden Verbrechen besteht ein enger Zusammenhang; diese beiden Verbrechen stehen in e-m engen Zusammenhang; **II** *v/pr* **6. se ~ (par un contrat)** sich (vertraglich, durch e-n Vertrag) binden; *fig* se ~ **les mains** sich selbst die Hände binden; *fig* **se ~ d'amitié avec qn** mit j-m Freundschaft schließen; sich mit j-m anfreunden; *abs* il **ne se lie pas facilement** er schließt sich nicht so schnell, leicht an

lierne [ljɛrn] *f* **1.** *arch* e-s gotischen Gewölbes Zwischenrippe *f*; Li'erne *f*; **2.** *charp* Rähm *m*; Rahmholz *n*; *aus Holz od Metall (versteifender)* Querbalken

lierre [ljɛr] *m bot* Efeu *m*; ~ **terrestre** Gundermann *m*; Gundelrebe *f*

liesse [ljɛs] *f* **en ~** jubelnd; **foule** *f* **en ~** jubelnde Menge

lieu¹ [ljø] *m* ⟨*pl* ~x⟩ **1.** Ort *m*; Platz *m*; Stelle *f*; Stätte *f*; ♦ *fig* ~ **commun** Gemeinplatz *m*; *math* ~ **géométrique** geometrischer Ort; 'haut ~ *e-s historischen Ereignisses* berühmter Schauplatz; *der Kunst* berühmte Stätte; *allg* Hochburg *f*; Mittelpunkt *m*; Zentrum *n*; **haut ~ touristique** Hochburg *f* etc des Tourismus; *fig* **en haut ~** höheren Orts; an höherer, maßgeblicher Stelle; **mauvais ~** verrufenes Haus, Lo'kal; ~ **public** jedermann zugänglicher Ort; öffentlicher Ort; **dans un ~ public** in der Öffentlichkeit; ~ **saint** heiliger Ort; heilige Stätte; **les ♀x saints** die Heiligen Stätten (*in Palästina*); ~ **sûr** sicherer Ort; **mettre en ~ sûr** an e-n sicheren Ort bringen; in Sicherheit bringen; ♦ ~ **du crime, du délit** Tatort *m*; ~ **de départ** Ausgangsort *m*; ~ **de destination** Bestimmungs-, Zielort *m*; *e-s* Wechsels ~ **d'émission** Ausstellungsort *m*; *jur* ~ **d'exécution** Erfüllungsort *m*; ~ **d'expédition** Versand-, Aufgabeort *m*; *mar* ~ **de mouillage** Anker-, Liegeplatz *m*; ~ **de naissance** Geburtsort *m*; ~ **de paix** Ort, Stätte des Friedens; ~ **de pèlerinage** Wallfahrtsort *m*; ~ **de travail** Arbeitsort *m*, -stätte *f*, -stelle *f*, -platz *m*; ♦ *gr* **adverbe m de ~** Ortsadverb *n*; ♦ *loc/prép*: **au ~ de** anstelle, an Stelle (+*gén*); (an)statt (+*gén*, F +*dat*); **au ~ de cela** statt dessen; **au ~ de vous lamenter essayez d'agir** versuchen Sie zu handeln, (an)statt zu klagen; *adm* **en ~ et place de qn** stellvertretend für j-n; an j-s Stelle, Statt; in Vertretung von j-m; in j-s Vertretung; **en ses ~ et place** an s-r Stelle, Statt; ♦ *loc/adv*: **en dernier ~** an letzter Stelle; zu'letzt; schließlich; **en premier ~** an erster Stelle; in erster Linie; zu'nächst; pri'mär; **en tous ~x** über'all; *st/s* allerorten; allerorts; ♦ **avoir ~** stattfinden; geschehen; sich ereignen; sich zutragen; pas'sieren; *Sitzung* **ne pas avoir ~** *auch* ausfallen; **avoir (tout) ~ de faire qc** (allen) Grund, Anlaß haben, etw zu tun; **elle n'a pas ~ de se plaindre** sie hat keinen Grund, Anlaß zur Klage, zu klagen; **il y a ~ de faire qc** es besteht Grund, Veranlassung, es ist Grund vorhanden, etw zu tun; **il n'y a pas ~ de s'inquiéter pour le moment** im Moment besteht noch kein Grund, Anlaß zur Beunruhigung; *nous vous convoquerons*, **s'il y a ~ …** gegebenenfalls, nötigenfalls, wenn nötig; **donner ~ à**

qc, de faire qc Anlaß, Veranlassung zu etw geben; Anlaß, Veranlassung geben, etw zu tun; zu etw führen; dazu führen, etw zu tun; *adm* **donner ~ à une demande** e-m Gesuch stattgeben; **ce n'est pas le ~ de parler de cela** hier ist nicht der Ort, darüber zu sprechen; **tenir ~ de qc** etw ersetzen; an die Stelle von etw treten; die Stelle von etw einnehmen; **il lui tient ~ de père** er ersetzt ihm den Vater; er vertritt Vaterstelle, die Stelle des Vaters bei ihm; er nimmt Vaterstelle bei ihm ein; **2.** ~**x** *pl* Örtlichkeit *f*; *e-r Wohnung, e-s Hauses* Räume *m/pl*; Räumlichkeiten *f/pl*; *par ext* Wohnung *f*; Haus *n*; **dresser l'état des** ~**x** schriftlich niederlegen, in welchem Zustand sich die Räume (*e-r Wohnung bei Ein- od Auszug der Mieter*) befinden; **faire une reconnaissance des** ~**x** Lo'kalkenntnisse sammeln; die örtlichen Verhältnisse erkunden; e-n ersten Erkundungsgang machen; **quitter, vider les** ~**x** die Wohnung, das Haus räumen; ausziehen; **3.** *jur* ~**x** *pl* Tatort *m*; *loc/adv* **sur les** ~**x** an Ort und Stelle; *jur auch* am Tatort; **descente** *f* **sur les** ~**x** Lo'kaltermin *m*; Augenscheineinnahme *f*; **descendre sur les** ~**x** e-n Lokaltermin abhalten; e-e Augenscheineinnahme vornehmen; **se rendre sur les** ~**x** sich an Ort und Stelle, *jur* an den Tatort begeben

lieu² [ljø] *m zo* ~ **jaune** Po'l(l)ack *m*; Kal'mück *m*; *Marktname* Heller Seelachs; ~ **noir** Köhler *m*; *Marktname* Seelachs *m*

lieu-dit [ljødi] *m* ⟨*pl* **lieux-dits**⟩ Ort, der e-n Flurnamen trägt; **l'autocar s'arrêta au** ~ **des «trois chênes»** der Autobus hielt an der Stelle, die den Namen „Drei Eichen" trägt

lieue [ljø] *f altes Längenmaß* Meile *f* (*etwa 4 km*); Wegstunde *f*; *im Märchen* **bottes** *f/pl* **de sept** ~**s** Sieben'meilenstiefel *m/pl*; *fig* **j'étais à cent od mille** ~**s de supposer cela** ich war meilenweit davon entfernt, so etwas zu vermuten

lieuse [ljøz] *f* **1.** *agr* **a)** Garbenbindemaschine *f*; *als Teil e-s Mähbinders* Binder *m*; **b)** *par ext* Mähbinder *m*; Bindemäher *m*; **2.** *zo ~ od adj* **chenille** *f* ~ Raupe *f* des Blattwicklers *bzw* -rollers *bzw* Blütenwicklers

lieutenant [ljøtnã] *m* **1.** *mil* Oberleutnant *m*; *mar mil* ~ **de vaisseau** Kapi'tänleutnant *m*; *Anrede* **mon** ~! Herr Oberleutnant!; **2.** *Handelsmarine* (Schiffs)Offi'zier *m*; ~ **au long cours** Seesteuermann *m* auf großer Fahrt; ~ **de port** Stellvertreter *m* des Hafenkapitäns *od* -meisters; **3.** *hist* ~ **général du royaume** *etwa* Reichsverweser *m*; ~**-colonel** *m* ⟨*pl* **lieutenants-colonels**⟩ *mil* Oberst'leutnant *m*

lièvre [ljɛvr(ə)] *m* **1.** *zo* Hase *m*; ~ **commun** Feldhase *m*; ~ **doré, des pampas, des Patagons** Goldhase *m*; ~ **variable** Schneehase *m*; **courir comme un** ~ laufen wie ein Wiesel; *fig* **courir deux** ~**s à la fois** zwei Dinge auf einmal betreiben; zwei Ziele auf einmal verfolgen; **être peureux comme un** ~ ein Angsthase, Hasenfuß sein; ein Hasenherz haben; *fig* (**sou**)**lever un** ~ e-e heikle Frage stellen, aufwerfen; ein heikles Thema berühren, anschneiden; **2.** *zo* ~ **de mer** Seehase *m* (*e-e Wasserschnecke*); **3.** *astr* ♀ Hase *m*

lift [lift] *m Tischtennis* Oberschnitt *m*; ~**er** *v/t kosmetische Chirurgie* liften; **se faire** ~ sich liften lassen; ~**ier** *m* Liftboy *m*; Fahrstuhlführer *m*

lifting [liftiŋ] *m kosmetische Chirurgie* Lifting *n*

ligament [ligamã] *m anat* Band *n*; *sc* Liga'ment(um) *n*; ~ **articulaire** Gelenkband *n*

ligamenteux [ligamãtø] *adj* ⟨**-euse**⟩ *anat* bandartig; bänderartig; mit Bändern versehen

ligature [ligatyr] *f* **1.** *chir* Unter'bindung *f*; Liga'tur *f*; ~ **des trompes** Tubenligatur *f*; **faire une** ~ unter'binden (à qc etw); **2.** *jard bei der Veredlung* Verbinden *n*, Um'wicklung *f* (*von Unterlage u Edelreis*); *von Salatköpfen* Zubinden *n*; *von Ranken, Zweigen* Anbinden *n*; **3.** *jard* Band *m*; Schnur *f*; Strick *m*; Baum **fixer par une** ~ **à son tuteur** mit e-m Strick, Band am Stützpfahl befestigen; **4.** *tech von Drähten, Leitungen, Seilen* Verbindung(sstelle) *f*; Verbund *m*; Bund *m*; **5.** *impr, mus, in der Schrift* Liga'tur *f*

ligaturer [ligatyre] *v/t chir* unter'binden

lige [liʒ] *adj féod* lehnspflichtig; fief *m* ~ Lehnsgut *n*; foi *f*, **hommage** *m* ~ Lehnseid *m*; **homme** *m* ~ *od* **homme-** (*m* a) Lehnsmann *m*; **b)** *fig u péj* Va'sall *m*; *fig* **être homme** ~ **de qn** j-m blind ergeben, j-m hörig sein

ligia [liʒja] *f od* **ligie** [liʒi] *f zo* Klippenassel *f*

lignage [liɲaʒ] *m impr* Zeilenzahl *f*

ligne [liɲ] *f* **1.** Linie *f* (*auch mus*); Strich *m*; *math* ~ **directrice** Leitgerade *f*; *cf auch* **9.**; ~ **droite** gerade Linie; gerader Strich; *math* **Gerade** *f*; **en** ~ **droite** in gerader Linie; in Luftlinie; geradlinig; *math* ~ **enveloppante** einhüllende Kurve; Enve'loppe *f*; ~ **horizontale** waagerechte Linie; waagerechter Strich; Hori'zon'tale *f*; Waagerechte *f*; *auf der Fahrbahn* ~ **jaune** gelbe Mar'kierungslinie; gelber Mar'kierungsstrich; *zo bei Fischen* ~ **latérale** Seitenlinie *f*; *math* ~ **normale** *cf* **normale 2.**; ~ **verticale** senkrechte Linie; senkrechter Strich; Verti'kale *f*; Senkrechte *f*; Lot *n*; ~ **visuelle** Gesichtslinie *f*, -achse *f*; *sports* ~ **d'arrivée** Ziellinie *f*, -band *n*; Ziel *n*; **franchir la** ~ **d'arrivée** durchs Ziel gehen; ~ **de but** *Fußball etc* Tor-, *Rugby* Mallinie *f*; *géogr* ~ **(internationale) de changement de date** Datumsgrenze *f*; *mar* ~ **de charge a)** Lademarke *f*; Freibordmarke *f*; **b)** Ladewasserlinie *f*; ~ **de cœur, de vie, de la main** Herz-, Lebens-, Handlinie *f*; **lire dans** ~ **de la main** aus der Hand, aus den Handlinien lesen; ~ **de démarcation** *cf* **démarcation**; ~ **de douanes** Zollgrenze *f*; *mar* ~ **d'eau** Wasserlinie *f*; *géol* ~ **de faille** Kamm-, Verwerfungs- *od* Bruchlinie *f*; *mar*: ~ **de flottaison** *cf* **flottaison 1.**; ~ **de foi** Steuerstrich *m* (*im Kompaßgehäuse*); *auf Seekarten* ~ **des fonds** Tiefenlinie *f*; *phys* ~ **de force** Kraftlinie *f*; *mil* ~ **de mire, de visée, de tir** Vi'sier-, Ziel-, Schußlinie *f*; *arch* ~ **de naissance** Kämpferlinie *f*; *géol* ~ **de partage des eaux** Wasserscheide *f*; *Tennis* ~ **de service** Aufschlaglinie *f*; *Fußball etc* ~ **de touche** Seitenlinie *f*; ~ **en zig-zag** Zickzacklinie *f*; *fig* **expliquer dans ses grandes** ~**s** in großen Zügen, 'Umrissen erklären; um'reißen; **tracer, tirer une** ~ e-e Linie, e-n Strich ziehen; **2.** *élect, tél, télécomm* Leitung *f*; *tél* ~**s groupées** Sammel(ruf)nummer *f*; ~ **interurbaine** Fernleitung *f*; ~ **sous-marine** Seekabel *n*; *élect* ~ **à courant faible, à courant fort, à 'haute tension** Schwachstrom-, Starkstrom-, Hochspannungsleitung *f*; **3.** *ch de fer, aviat, mar etc* Linie *f*; Strecke *f*; *ch de fer auch* Bahn *f*; *ch de fer* **grande** ~ Haupt-, Fernstrecke *f*; ~ **maritime, de navigation** Schiffahrtslinie *f*; *aviat, mar* ~ **régu-**

lière planmäßig beflogene *bzw* befahrene Strecke; *ch de fer:* ~ **secondaire** Nebenstrecke *f*, -linie *f*, -bahn *f*; ~ **à voie normale, à voie étroite** Nor'malspur-, Schmalspurbahn *f*, -strecke *f*; ~ **à double voie, à voie unique** zweigleisige, eingleisige Strecke; ~ **d'autobus, de tramway** Autobus-, Straßenbahnlinie *f*; ~ **de banlieue** Vorortstrecke *f*, -linie *f*, -bahn *f*; ~ **de chemin de fer** Eisenbahnlinie *f*, -strecke *f*; ~ **de métro** U-Bahn-Linie *f*, -Strecke *f*; **avion** *m* **de** ~ Linienflugzeug *n*, -maschine *f*; **4.** *mil* Linie *f*; Stellung *f*; Front *f*; ~**s adverses, ennemies** feindliche Linien, Stellungen; **première** ~ vorderste Linie, Front; ~ **principale de résistance** Hauptkampflinie *f* (*abr* HKL); *im 2. Weltkrieg* ~ **Maginot** Magi'notlinie *f*; ~ **Siegfried** Westwall *m*; ~**s d'approvisionnement** Nachschublinien *f/pl*, -wege *m/pl*; ~ **d'arrêt, de feu, de fortifications** Auffang-, Feuer-, Befestigungslinie *f*; ~ **de bataille** *mar* Schlachtlinie *f*; *mil* Kampffront *f*; ~ **de combat** Kampffront *f*; ~**s de communication** rückwärtige Verbindungen *f/pl*; ~**s de défense** Abwehrfront *f*; *mar* ~ **de file, de front** Kiel-, Dwarslinie *f*; **bâtiment** *m* **de** ~ Schlachtschiff *n*; *loc/adv* **en** ~ im Einsatz; in der vordersten Linie; vorn; **monter en** ~ zum Einsatz kommen; in die vorderste Linie einrücken; an die Front vorrücken; *fig* **sur toute la** ~ auf der ganzen Linie; **5.** *in e-m Text, télev* Zeile *f*; *impr:* ~ **de pied** Normzeile *f*; ~ **de tête** Ko'lumnentitel *m*; *loc/adv* **à la** ~ zeilenweise; pro Zeile; **tirer à la** ~ Zeilen schinden; *beim Diktieren* **à la** ~! neue Zeile!; **Absatz!**; **aller à la** ~ e-e neue Zeile anfangen; **lire entre les** ~**s** zwischen den Zeilen lesen; **résumer en deux** ~**s** kurz zusammenfassen; **6.** Reihe *f*; ~ **d'arbres** Baumzeile *f*, -reihe *f*; *Fußball etc* ~ **d'avants, de demis, d'arrières** Stürmer-, Läuferreihe *f*, Verteidiger *m/pl*; *loc/adv* **en** ~ in e-r Reihe; *mil* in Linie; **mettre en** ~ in e-r Reihe aufstellen; in e-e Reihe stellen; *mil* **en** ~ **sur deux rangs** in Linie zu zwei Gliedern; *Intelligenz, Persönlichkeit etc* **'hors** ~ her'vorragend; außergewöhnlich; *fig* **entrer en** ~ **de compte** *cf* **entrer 5.**; *Bäume* **planté à la** ~ schnurgerade gepflanzt; **être rangés sur deux** ~**s** in zwei Reihen hintereinander aufgestellt sein; **7.** *mar* Leine *f*; ~ **d'amarrage** Festmacher *m*; ~ **de loch, de sauvetage, de sonde** Log-, Rettungs-, Lotleine *f*; ~ **de mouillage** Ankerkette *f*; **8.** *Angelsport* Angelschnur *f*, -leine *f*; *par ext* Angel *f*; ~ **de fond** Grundangel *f*; **pêche** *f* **à la** ~ Angeln *n*; Angelfischerei *f*; **9.** *im Verhalten, in der Politik etc* Linie *f*; ~ **directrice** Leitlinie *f*; ~ **de conduite** Verhaltensmaßregeln *f/pl*; Richtschnur *f*; Leitsatz *m*; Leitlinie *f*; Lebensregel *f*; ~ **du parti** Par'teilinie *f*; **être dans la** ~ **du parti** linientreu sein; **10.** *in der Mode, Architektur* Linie *f*; *e-s Autos, des Gesichts auch* Form *f*; Schnitt *m*; *e-e Maschen* schlanke Linie; **avoir la** ~ e-e schlanke Figur haben; **garder sa** ~ e-e schlanke Linie bewahren; schlank bleiben; **11.** *Genealogie* Linie *f*; **descendre en** ~ **directe de qn** in direkter, gerader Linie von j-m abstammen; **12.** *mar* **baptême** *m* **de la** ~ Linien-, Äqu'atortaufe *f*; **passer la** ~ die Linie, den Äquator passieren

ligne-bloc [linblɔk] *f* ⟨*pl* lignes-blocs⟩ *impr* gegossene Zeile

lignée [line] *f* Nachkommenschaft *f*; Geschlecht *n*; Stamm *m*; *biol* ~ **pure**

reine Linie; ~ **d'ancêtres** Ahnenreihe *f*

ligner [line] *v/t* li'nieren; lini'ieren; *adjt* **papier ligné** lin(i)iertes Papier; Linienpapier *n*

ligneul [linœl] *m Schuhmacherei* Pech-, Schusterdraht *m*

ligneux [lino] *adj* ⟨*-euse*⟩ holzig; holzartig; Holz...; **plante ligneuse** Holzgewächs *n*, -pflanze *f*

lignicole [linikɔl] *adj zo* im Holz lebend

ligni|fication [linifikasjõ] *f bot* Verholzung *f*; ~**fier** *v/pr bot* **se** ~ verholzen

lignine [linin] *f chim* Holzstoff *m*; Li'gnin *n*

lignite [linit] *m minér* Braunkohle *f*; **briquette** *f* **de** ~ Braunkohlenbrikett *n*

lignomètre [linɔmɛtr(ə)] *m impr* Zeilenmesser *m*

ligoter [ligɔte] *v/t Gefangenen, fig* fesseln; binden; *fig* **sa timidité le ligote** s-e Schüchternheit hemmt ihn

ligroïne [ligrɔin] *f chim* Ligro'in *n*

ligue [lig] *f* Liga *f*; Bund *m*; Bündnis *n*; ♀ **arabe** Arabische Liga; *hist* ♀ **lombarde** Lombardischer Städtebund; ~ **offensive et défensive** Schutz- und Trutzbündnis *n*; **Sainte** ♀ *od abs* ♀ Heilige Ligue, Liga; **Sainte** ♀ **allemande** Katholische Liga; ♀ **des droits de l'homme** Liga für Menschenrechte; ~ **contre l'alcoolisme** Liga, Bund zur Bekämpfung des Alkoholismus; **former une** ~ e-e Liga bilden, gründen; **sich zu e-r Liga zusammenschließen**

ligu|er [lige] **I** *v/t* (zu e-m Bund) zu'sammenschließen; **avoir tout le monde ligué contre soi** alle gegen sich haben; **II** *v/pr* **se** ~ sich verbünden, zu'sammenschließen (**avec qn** mit j-m); **se** ~ **contre qn** sich gegen j-n verbünden, verschwören; ~**eur** *m hist* Mitglied *n*, Angehörige(r) *m* der Heiligen Ligue, Liga

ligul|e [ligyl] *f* **1.** *bot* Blatthäutchen *n*; *sc* Ligula *f*; **2.** *zo* Riemenwurm *m*; ~**é** *adj bot* **1.** mit Blatthäutchen versehen; ein Blatthäutchen besitzend; **2.** zungenförmig; **fleur** ~**e** Zungenblüte *f*

liguliflore [ligyliflɔr] *bot* **I** *adj zo* zungenblütig; **II** *f/pl* ~**s** Zungenblütige(n) *f/pl*

ligure [ligyr] **I** *adj hist* li'gurisch; *géogr* **Apennin** *m* ~ Ligurischer Apennin; **II** *subst* **1.** *hist* ♀**s** *m/pl* Li'gurer *m*; **2.** *ling* **le** ~ das Li'gurische; Li'gurisch *n* (*Sprache der alten Liguren*)

ligurien [ligyrjɛ̃] **I** *adj* ⟨~**ne**⟩ li'gurisch; *géogr* **mer** ♀**ne** Ligurisches Meer; *hist* **république** ♀**ne** Ligurische Republik; **II** *subst* ♀(**ne**) *m(f)* Bewohner(in) *m(f)* von Li'gurien

ligustique [ligystik] *m bot* Mutterwurz *f*

lilas¹ [lila] *m bot* Flieder(strauch) *m*; Sy'ringe *f*

lilas² [lila] **I** *adj* ⟨*inv*⟩ lila; fliederfarben; **II** *m* lila *n*

liliacées [liljase] *f/pl bot* Liliengewächse *n/pl*

lilliputien [lilipysjɛ̃] **I** *adj* ⟨~**ne**⟩ lilipu'tanisch; *fig auch* winzig (klein); zwergenhaft; **II** *subst* ~(**ne**) *m(f)* Lilipu'taner(in) *m(f)*; *fig auch* Zwerg(in) *m(f)*

lillois [lilwa] *adj* (*u subst* ♀ Einwohner) von Lille

limace [limas] *f* **1.** *zo* Nacktschnecke *f*; *im engeren Sinn* Egelschnecke *f*; **grande** ~ **grise** Große Egelschnecke *f*; **petite** ~ **grise** Ackerschnecke *f*; ~ **noire, rouge** Schwarze, Rote Wegschnecke; F *fig* **quelle** ~! so ein Trödelfritze!; so ein Trödelliese!; **2.** *zo* ~ **de mer** Scheibenbauch *m* (*ein Fisch*); **3.** *arg* (*chemise*) Hemd *n*

limaçon [limasõ] *m* **1.** *zo* Schnecke *f* mit Haus; *im engeren Sinne* Weinbergschnecke *f*; **2.** *anat* Schnecke *f*

limage [limaʒ] *m tech* Feilen *n*

limaille [limaj, -maj] *f* Feilspäne *m/pl*, -staub *m*; Feilicht *n*; ~ **de fer** Eisenfeilspäne *m/pl*

liman [limã] *m géol* Li'man *m*; **côte** *f* **à** ~**s** Limanküste *f*

limande [limãd] *f* **1.** *zo* ~ **commune** Kliesche *f*; Scharbe *f*; ~ **sole** *od* **-sole** *f* Rotzunge *f*; Li'mande *f*; F **elle est plate comme une** ~ F sie ist platt, flach wie ein Bügelbrett, wie e-e Flunder; **2.** *mar* Schmarting *f*; **3.** *charp* Richtscheit *n*, -latte *f*, -holz *n*

limba [limba] *m Holzsorte* Limba *n*

limbe [lɛ̃b] *m* **1.** *bot* Blattspreite *f*; **2.** *anat, bot* Saum *m*; Rand *m*; *sc* Limbus *m*; **3.** *astr* Rand *m* (*e-s Gestirns*); **4.** *tech an Winkelmeßinstrumenten* Grad-, Teilkreis *m*; Limbus *m*; **5.** *rel cath* ~**s** *pl* Vorhölle *f*; Limbus *m*; **6.** *fig Pläne etc* **être encore dans les** ~**s** noch keine Gestalt angenommen haben; noch im Werden sein; noch nicht ausgereift sein

lime [lim] *f* **1.** *tech* Feile *f*; ~ **bâtarde, carrée** Schrupp-, Vierkantfeile *f*; ~ **croisée** Kreuzhieb-, Doppelfeile *f*; ~ **pignon** Schwertfeile *f*; ~ **plate** Flachfeile *f*; ~ **plate pointue** Flachspitzfeile *f*; ~ **simple** Einhiebfeile *f*; ~ **sourde** geräuschlos arbeitende Feile; ~ **triangulaire** Dreikantfeile *f*; ~ **à main** Handfeile *f*; ~ **à ongles** Nagelfeile *f*; **passer la** ~ **sur qc** etw mit der Feile bearbeiten, (ab-) feilen; **2.** *ch des Keilers* Hauer *m*; **3.** *tech* **saure Li'mette** (*Frucht*); ~**-couteau** ⟨*pl* **limes-couteaux**⟩ Messerfeile *f*

limer [lime] *v/t tech* feilen (*auch Fingernägel*); ab-, aus-, 'durch-, wegfeilen

limet [limε] *m mines* Schlechte *f*

limette [limεt] *f bot* süße Li'mette (*Frucht*)

limettier [limetje] *m bot* (Süße) Li'mette (*Baum*); Li'metta *f*

lim|eur [limœr] *m tech* Feiler *m* (*Arbeiter*); ~**euse** *f tech* Feilmaschine *f*

limier [limje] *m* **1.** *ch* Leithund *m*; **2.** F *fig von e-m Kriminalbeamten, Detektiv* **un fin** ~ ein guter Spürhund

limin|aire [liminεr] *adj* **1.** einleitend; einführend; Eingangs...; Anfangs...; **2.** *psych* **stimulus** *m*, **stimulation** *f* ~ Reiz *m* von der Stärke der Reizschwelle; ~**al** *adj* ⟨*-aux*⟩ *cf* **liminaire 2.**

limitatif [limitatif] *adj* ⟨*-ive*⟩ die Grenzen festlegend; einschränkend; *Aufzählung* erschöpfend

limitation [limitasjõ] *f* **1.** Beschränkung *f*; Einschränkung *f*; Begrenzung *f*; ~ **des naissances** Geburtenbeschränkung *f*; ~ **de la vitesse** Geschwindigkeitsbegrenzung *f*; **sans** ~ **de temps** zeitlich unbegrenzt; ohne zeitliche Beschränkung; **2.** *e-s Feldes, Grundstücks* Abmarkung *f*

limite [limit] *f* **1.** räumlich, zeitlich, *fig* Grenze *f*; *zwischen Ländern, Grundstücken auch* Grenzlinie *f*; *e-s Zeitraums* Ende *n*; *bes comm für e-n Preis, Umfang* Limit *m*; ~**s** *pl ott* Begrenzung *f*; *e-s Spielfeldes* Begrenzungslinien *f/pl*; *zeitlich* **dernière** ~ letzter, äußerster Ter'min (**pour qc** für etw); ~ **maximale** Höchstgrenze *f*; oberste Grenze; ~ **minimale** unterste Grenze; ~ **naturelle** natürliche Grenze; ~ **d'âge** Altersgrenze *f*; *für Bewerber etc auch* Höchstalter *n*; **avoir atteint la** *od* **être atteint par la** ~ **d'âge** die Altersgrenze erreicht haben; ~ **des arbres** Baumgrenze *f*; *tech* ~ **d'élasticité, élastique** Elastizi'täts-, Fließgrenze *f*; ~ **d'endurance, de fatigue** Ermüdungsgrenze *f*; ~ **des neiges éternelles** Schneegrenze *f* (*des ewigen Schnees*); ~ **de poids d'essieu** zulässiger Achsdruck *m*; *Statistik* ~ **de probabi-**

lités Wahrscheinlichkeitsgrenze *f*; *loc/adv* à la ～ äußerstenfalls; *loc/prép* **dans les ～s de** im Rahmen (+*gén*); **dans les ～ de nos moyens** soweit es unsere Mittel erlauben; **dans les ～s du possible** in den Grenzen, im Rahmen des Möglichen; *loc/adj* Vertrauen *etc* **sans ～s** s-e Grenzen unbegrenzt; uneingeschränkt; **assigner, fixer des ～s à qc** e-r Sache (*dat*) Grenzen setzen; **atteindre ses ～s** s-e Grenzen erreichen; *Geduld etc* **avoir des ～s** Grenzen haben; **il y a des ～s, une ～ (à tout)** alles hat s-e Grenzen; *Boxsport* **gagner avant la ～** vor Ablauf der vereinbarten Runden siegen; **2.** *math* Grenzwert *m*; *sc* Limes *m*; **3.** *adit* Grenz...; *Höchst...*; *für Bewerber etc* **âge** *m* ～ Höchstalter *n*; Altersgrenze *f*; **cas** *m* ～ Grenzfall *m*; **charge** *f* ～ Höchstlast *f*; **date** *f* ～ letzter, äußerster Termin; Schlußtermin *m*; **heure** *f* ～ **de la rédaction** Redakti'onsschluß *m*; **prix** *m* ～ äußerster Preis; Preislimit *n*, -obergrenze *f*; **valeur** *f* ～ Grenzwert *m*; **vitesse** *f* ～ zulässige Höchstgeschwindigkeit

limité [limite] *adj* begrenzt, beschränkt (à auf+ *acc*); eingeschränkt; ～ **dans le temps** zeitlich begrenzt; befristet; *F fig* **il est assez** ～ er ist ziemlich beschränkt

limiter [limite] **I** *v/t* zeitlich, räumlich, *fig* begrenzen, beschränken (à auf+*acc*); *Preis, Umfang* limi'tieren; *Ausgaben etc* einschränken; drosseln; *j-s Freiheit, Macht* beschränken; beschneiden; *einengen*; *Geschwindigkeit* begrenzen; ～ **les dégâts** *cf* **dégât; II** *v/pr* **se** ～ sich einschränken; sich beschränken (à auf + *acc*); **se** ～ **à faire qc** sich darauf beschränken, etw zu tun

limiteur [limitœr] *m tech* Begrenzer *m*; ～ **d'amplitude** Ampli'tudenbegrenzer *m*; ～ **de courant** Strombegrenzer *m*; ～ **de course** Endanschlag *m*; Hubbegrenzer *m*; *élect* Endausschalter *m*; ～ **de surtension** 'Überspannungsableiter *m*; ～ **de vitesse** Geschwindigkeitsbegrenzer *m*

limitrophe [limitrɔf] *adj Gebiet, Provinz* angrenzend (de an+*acc*); benachbart (de *dat*); Grenz...

limnée [limne] *f zo* Gemeine Schlammschnecke

limnigraphe [limnigraf] *m* Limno-'graph *m*

limno|logie [limnɔlɔʒi] *f* Limnolo'gie *f*; **～philus** [-filys] *m zo* Köcherfliege *f*; **～plancton** *m biol* Limno'plankton *n*

limog|eage [limɔʒaʒ] *m e-s hohen Offiziers, Beamten etc* Kaltstellung *f*; *F* Abhalfterung *f*; **～er** *v/t* ⟨-geons⟩ *hohen Offizier, Beamten etc* kaltstellen; *F* abhalftern; absägen

limon [limɔ̃] *m* **1.** Schlamm *m*; Schlick *m*; **2.** *e-r Gabeldeichsel* Deichselbaum *m*, -arm *m*, -stange *f*; **3.** *e-r Treppe* Lichtwange *f*

limonad|e [limɔnad] *f* **1.** Limo'nade *f*; ～ **(gazeuse)** Brause(limonade) *f*; ～ **sèche** Brausepulver *n*; **2.** Limo'nadenhandel *m*; **～ier** *m* Limo'nadenhändler *m*, -verkäufer *m*

limon|ène [limɔnɛn] *m chim* Limo'nen *n*; **～eux** *adj* ⟨-euse⟩ schlammig; schlickig; Schlamm...; Schlick...; **～ier** *m* ～ *od adit* **cheval** ～ *m* ～ Wagen-, Kutsch-, Zugpferd *n*; **～ière** *f* Gabeldeichsel *f*; **～ite** *f minér* Brauneisen(stein) *n*(*m*); Limo'nit *m*

limoselle [limɔzɛl] *f bot* Schlammkraut *n*

limousin [limuzɛ̃] **I** *adj* limou'sinisch; aus dem Limou'sin; **II** *subst* **1.** ⚲(e) *m*(*f*) Limou'siner(in) *m*(*f*); **2.** *ling* **le** ～ das Limou'sinische; Limou'sinisch *n*

limousinage [limuzinaʒ] *m bât* Bruch-

steinmauerwerk *n*

limousin|e [limuzin] *f* **1.** *e-s Schäfers* weiter Mantel; **2.** *früher (altes Modell der)* Limou'sine *f (bei der der Fahrersitz kein Dach hatte)*; **～er** *v/t* bât aus *od* mit Bruchsteinen bauen

limpid|e [lɛ̃pid] *adj* **1.** *Wasser, Himmel, Luft, Kristall etc* klar; *Blick auch* offen; *Seele* rein; lauter; **2.** *Beweis, Erklärung etc* klar; **c'est** ～ das ist sehr klar (und verständlich); *F* das ist sonnenklar; ～**ité** *f* **1.** *des Wassers, Himmels etc* Klarheit *f*; *des Blicks auch* Offenheit *f*; *der Seele* Reinheit *f*; Lauterkeit *f*; **2.** *e-s Beweises, e-r Erklärung etc* Klarheit *f*

limule [limyl] *m zo* Mo'lukkenkrebs *m*

lin [lɛ̃] *m* **1.** *bot* Flachs *m*; Echter Lein; ～ **sauvage** *cf* **linaire**; ～ **de la Nouvelle-Zélande** Neuseeländer Flachs; Flachslilie *f*; *fig* **cheveux** *m/pl* **de** ～ Flachshaar *n*; flachsblondes Haar; **fibre** *f* **de** ～ Flachsfaser *f*; **huile** *f* **de** ～ Leinöl *n*; **2.** *text* Leinen *n*; Leinwand *f*; *poét* Linnen *n*

lin|acées [linase] *f/pl bot* Leingewächse *n/pl*; **～aigrette** *f bot* Wollgras *n*; **～aire** *f bot* Leinkraut *n*; ～ **cymbalaire** Zymbelkraut *n*

linceul [lɛ̃sœl] *m* Leichentuch *n*; *fig* **le paysage disparaît sous un** ～ **de neige** der Schnee überzieht die Landschaft wie mit e-m Leichentuch

linçoir [lɛ̃swar] *m* bât Wechselbalken *m*

linéaire [lineɛr] *adj math, élect* linear; Line'ar...; **dessin** *m* ～ Linearzeichnung *f*; **équation** *f*, **fonction** *f* ～ lineare Gleichung, Funktion; **mesures** *f/pl* ～**s** Längenmaße *n/pl*; **élect réseau** *m* ～ lineares Netz; **résistance** *f* ～ linearer 'Widerstand

linéal [lineal] *adj* ⟨-aux⟩ *jur* **succession** ～**e** Erbfolge *f* in gerader Linie

linéament [lineamɑ̃] *litt m* Grundzug *m*, -linie *f* (*auch fig*)

linéature [lineatyr] *f télév* Zeilenzahl *f*

linette [linɛt] *f bot* Leinsamen *m*

linge [lɛ̃ʒ] *m* **1.** Wäsche *f*; Wäschestücke *n/pl*; ～ **blanc** Weißwäsche *f*; ～ **fin** a) kleine Wäsche; Leibwäsche *f*; b) feine, zarte 'Unterwäsche; **gros** ～ große Wäsche; große Wäschestücke *n/pl*; ～ **hygiénique** waschbare Damenbinde; *égl cath* ～**(s) sacré(s)** liturgische Tücher *n/pl*; ～ **sale** schmutzige Wäsche; *fig* **laver son** ～ **sale en famille** s-e schmutzige Wäsche nicht in der Öffentlichkeit waschen; ～ **(de corps)** Leib-, 'Unterwäsche *f*; ～ **de couleur** Buntwäsche *f*; ～ **de maison, de table** Haus(halts)-, Tischwäsche *f*; ～ **(avoir du)** ～ **de rechange** Wäsche zum Wechseln (haben); **changer de** ～ die Wäsche wechseln; **2.** (sauberes) Tuch; (sauberer) Lappen; *fig* **être blanc comme un** ～ leichenblaß, kreidebleich sein; weiß wie e-e *od* die Wand sein

lingère [lɛ̃ʒɛr] *f* **1.** Weißnäherin *f*; **2.** *in e-m Hotel etc* Wäschebeschließerin *f*

lingerie [lɛ̃ʒri] *f* **1.** Damen(unter)wäsche *f*; **rayon** *m* **de** ～ Abteilung *f* für Damenwäsche; **2.** *in e-m Hotel etc* Wäschekammer *f*, -zimmer *n*

lingot [lɛ̃go] *m* **1.** *métall* (Roh)Block *m*; *von Edelmetallen* Barren *m*; ～ **d'acier** Stahlblock *m*; ～ **d'argent, d'or** Silber-, Goldbarren *m*; **2.** *impr* Steg *m*

lingot|age [lɛ̃gɔtaʒ] *m métall* Ko'killenguß *m*; **～er** *v/t métall* in Blöcke, Barren gießen; **2.** *m impr* Stegkasten *m*; **～ière** *f métall* Ko'kille *f*

lingual [lɛ̃gwal] *adj* ⟨-aux⟩ **1.** *anat* Zungen...; *muscle* ～ Zungenmuskel *m*; **2.** *phon* Zungen...; **lingu'al; consonne** ～**e** *od subst* ～**e** *f* Zungenlaut *m*; Lingu'al (-laut) *m*

linguatule [lɛ̃gwatyl] *f zo* Zungenwurm *m*

lingue [lɛ̃g] *f zo* Leng(fisch) *m*

linguet [lɛ̃gɛ] *m mar* Pall *n*; Sperrklinke *f*

linguiste [lɛ̃gɥist] *m* Sprachwissenschaftler *m*, -forscher *m*; Lingu'ist *m*

linguistique [lɛ̃gɥistik] **I** *adj* **1.** sprachwissenschaftlich; lingu'istisch; **2.** Sprach(en)...; **atlas** *m*, **communauté** *f*, **famille** *f* ～ Sprachatlas *m*, -gemeinschaft *f*, -familie *f*; **II** *f* Sprachwissenschaft *f*, -forschung *f*; Lingu'istik *f*; ～ **appliquée, descriptive, générale, historique** angewandte, deskriptive, allgemeine, historische Sprachwissenschaft

lin|ier [linje] *adj* ⟨-ière⟩ *text* Leinen...; **industrie linière** Leinenindustrie *f*; **～ière** *f agr* Flachsfeld *n*

liniment [linimɑ̃] *m phm* Lini'ment (-um) *n*

links [links] *m/pl sports* Golfplatz *m*

link-trainer [linktrɛnɛr] *m* ⟨*pl* link-trainers⟩ *aviat* Link-Trainer [-tre:-] *m*

linnéen [lineɛ̃] *adj* ⟨*bot* classification ～**ne** Lin'nésches System; **II** *subst* ～**(ne)** *m*(*f*) Anhänger(in) *m*(*f*) Linnés

lino¹ [lino] *m Kurzform für* linoléum, linotypiste; ～² *f Kurzform für* linotype

linoléique [linoleik] *adj chim* **acide** *m* ～ Li'nol-, Leinölsäure *f*

linolénique [linolenik] *adj chim* **acide** *m* ～ Lino'lensäure *f*

linoléum [linɔleɔm] *m* Li'noleum *n* (*Material u. Bodenbelag*); **gravure** *f* **sur** ～ Li'nolschnitt *m*

linon [linɔ̃] *m text* feinstes Leinen (-gewebe)

linotte [linɔt] *f* **1.** *zo* Hänfling *m*; **2.** *F fig* **tête** *f* **de** ～ vergeßlicher, gedankenloser Mensch; *F* Schussel *m*

linotyp|e [linotip] *f impr* Linotype ['lainotaip] *f*; Setz- und Zeilengießmaschine *f*; **～ie** *f impr* Zeilensatz *m*; **～iste** *m impr* Linotype-Setzer *m*

linsang [lɛ̃sɑ̃g] *m zo* Linsang *m*

linsoir [lɛ̃swar] *m cf* linçoir

linteau [lɛ̃to] *m* ⟨*pl* ～x⟩ *bât* **1.** Sturz *m*; ～ **de fenêtre, de porte** Fenster-, Türsturz *m*; **2.** Ka'minsims *m od n*

linters [lɛ̃tɛr] *m/pl text* Linters *pl*

lion [ljɔ̃] *m* **1.** *zo* Löwe *m*; ～ **marin, de mer** Seelöwe *m*; ～ **d'Amérique, du Pérou** Puma *m*; Kuguar *m*; **chasse** *f* **au** ～ Löwenjagd *f*; **courageux comme un** ～ mutig wie ein Löwe; **il est courageux comme un, ～ c'est un (vrai)** ～ *auch* er besitzt e-n Löwenmut; **se battre comme un** ～ wie ein Löwe kämpfen; *F fig* **il a bouffé du** ～ er hat heute e-e ungewöhnliche Energie, e-n ungewöhnlichen Schwung; **2.** *astr* ♌ Löwe *m*

lionceau [ljɔ̃so] *m* ⟨*pl* ～x⟩ *zo* junger Löwe

lionne [ljɔn] *f zo* Löwin *f*

liparéen [lipareɛ̃] *adj* ⟨～ne⟩ (*u subst* ♌ Einwohner) der Insel Li'pari

liparis [liparis] *m* **1.** *zo* a) Scheibenbauch *m* (*Fisch*); b) Nonne *f* (*Schmetterling*); **2.** *bot* Glanzkraut *m*

lip|ase [lipaz] *f chim* Li'pase *f*; ～**ide** *m chim meist pl* ～**s** Li'pide *n/pl*; Fette *n/pl*

lipo|ïde [lipoid] *chim* **I** *adj* fettähnlich; *sc* lipo'id; **II** *m* Lipo'id *n*; ～**lyse** *f physiol* Fettabbau *m*, -spaltung *f*, -verdauung *f*; *sc* Lipo'lyse *f*

lipome [lipom] *m path* Fettgeschwulst *f*; *sc* Li'pom *n*

liposoluble [liposɔlybl(ə)] *adj chim* fettlöslich

lippe [lip] *f* **faire la** ～ schmollen; *F* e-e Schippe machen; e-n Flunsch ziehen

lippu [lipy] *adj Lippe* wulstig; dick; **bouche** ～**e, à lèvres** ～**es** wulstige Lippen *f/pl*

lipurie [lipyri] *f path* Lipu'rie *f*

liqua|ter [likwate] *v/t métall* seigern;

~tion f *métall* Seigern n, -ung f
liquéfac|teur [likefaktœr] m *tech* Verflüssiger m; **~tion** f *e-s Gases* Verflüssigung f; *sc* Liquefakti'on f
liquéfi|able [likefjabl(ə)] adj *Gas* das verflüssigt werden kann; **~ant** adj die Verflüssigung bewirkend
liquéfier [likefje] **I** v/t *Gas* verflüssigen; **II** v/pr se ~ *Eis, Teer* schmelzen; flüssig werden (*auch Gase*); *sc* liques'zieren
liquette [likɛt] F f Hemd n
liqueur [likœr] f 1. Li'kör m; ~ anisée Ani'sett m; ~ d'abricot, de cerise, de prune Apri'kosen- *od österr* Ma'rillen-, Kirsch-, Pflaumenlikör m; ~ de ménage selbstgemachter Likör; **bonbon** m à la ~ mit Likör gefülltes Bonbon; 2. *phm* Lösung f; ~ de Fehling Fehlingsche Lösung
liquidambar [likidãbar] m *bot* Amberbaum m; *phm* baume m de ~ Schattenbalsam m
liquida|teur [likidatœr] m, **~trice** f *jur* Liqui'dator m; Abwickler m; ~ **judiciaire** gerichtlich bestellter Liquidator
liquidatif [likidatif] adj <-ive> Liquidati'ons...
liquidation [likidasjõ] f 1. *jur* e-r Gesellschaft, e-s Geschäfts Liquidati'on f; Abwicklung f; Auflösung f; *der Erben-, Gütergemeinschaft* Liquidati'on f; Ausein'andersetzung f; bilan m de ~ Liquidationsbilanz f; entrer en ~ in Liquidation treten; 2. *von Schulden* (Be-, Rück)Zahlung f; Tilgung f; Ablösung f; 3. *der Kosten, Zinsen, Gebühren etc* Festsetzung f; ~ des dépens, de l'impôt Kosten-, Steuerfestsetzung f; 4. *Börsenverkehr* Liquidati'on f; Abrechnung f; Glattstellung f; Regu'lierung f; ~ de fin de mois Ultimoliquidation f; ~ de quinzaine Medioliquidation f; 5. *comm* (Räumungs-)Ausverkauf m; ~ du stock pour cause d'inventaire Inven'turausverkauf m; ~ pour cause de cessation de commerce To'tal-, Räumungsausverkauf m wegen Geschäftsaufgabe; 6. *Psychoanalyse* ~ d'un transfert Ablösung f e-r Über'tragung; 7. F *e-s Gegners* Liqui'dierung f; Beseitigung f
liquide [likid] **I** adj 1. *Körper, Zustand, Luft, Metall* flüssig; *cuis Soße* trop ~ zu dünn; *Tinte* trop peu ~ dickflüssig; *litt* l'élément m ~ das nasse, feuchte Element; 2. *Geld* flüssig; bar; liqu'id; argent m ~ *od subst* ~ m Bargeld n, -mittel n/pl; flüssige, liquide Mittel n/pl; avoir m ~ Barvermögen n; 3. *Schuldrecht, Forderung, Schuld* liqu'id; 4. *phon* consonne f ~ *od subst* ~ f Liquida f; **II** subst 1. m Flüssigkeit f; par ext ~ qc flüssige Nahrung; 2. m *physiol* (Körper-)Flüssigkeit f; *sc* Liquor m; ~s organiques *auch* Körpersäfte m/pl; 3. m *fin* cf I 2.; 4. f *phon* cf I 4.
liquider [likide] v/t 1. *jur Gesellschaft, Geschäft* liqui'dieren (*auch Erben-, Gütergemeinschaft*); auflösen; 2. *Aktien, Grundstück, Sachwerte* verkaufen; liqui'dieren; 3. *Schulden* bezahlen; ab(be)zahlen; tilgen; zu'rückzahlen; ablösen; 4. *Ware* ausverkaufen; (billig) abstoßen; *Warenlager* räumen; *Vorräte* abbauen; 5. F *Angelegenheit, Arbeit* erledigen; zum Abschluß bringen; *Angelegenheit, Geschäft auch* abwickeln; **c'est liquidé, n'en parlons plus!** das ist erledigt, sprechen wir nicht mehr darüber!; 6. F *Reste e-r Mahlzeit* aufessen; *Gegner* beseitigen; liqui'dieren; *Analphabetentum etc* ausrotten; ausmerzen; abschaffen
liquidité [likidite] f 1. *Schuldrecht* Liquidi'tät f; 2. *fin* Liquidi'tät f; e-r Bank

~s pl flüssige, liqu'ide Mittel n/pl; Barmittel n/pl; **coefficient** m de ~ Liquiditätskoeffizient m; 3. *selten* flüssiger Zustand
liquoreux [likɔrø] adj <-euse> vin ~ Li'körwein m
lire¹ [lir] <je lis, il lit, nous lisons; je lisais; je lus; je lirai; que je lise; lisant; lu> **I** v/t *Autor, Buch, Zeitung, Landkarte, Partitur, text: Muster* lesen; *Gedicht etc vor Zuhörern* öffentlich vorlesen; *Lochkarten* abtasten; (ein-)lesen; ~ qc à qn j-m etw vorlesen; ~ **tout un auteur** alles von e-m Autor lesen; e-n Autor ganz lesen; ~ **tout Gide** *auch* den ganzen Gide lesen; ~ **un discours** *auch* (e-e Rede) ablesen; *impr* ~ **des épreuves** Korrektur lesen; ♦ ~ **entièrement, d'un bout à l'autre** ganz ('durch)lesen; ~ **superficiellement** flüchtig ('durch)lesen; über'fliegen; über'lesen; ~ **au passage pour contrôle** zur Kontrolle mitlesen; ~ **au son** nach Gehör aufnehmen; ~ (**l'avenir**) **dans les cartes, les lignes de la main** die Zukunft aus den Karten, Handlinien deuten; Karten lesen, schlagen; aus der Hand lesen; ~ **dans le cœur de qn** (comme à livre ouvert) in j-s Herz (wie in e-m aufgeschlagenen Buch) lesen; ~ **dans le jeu de qn** j-s Spiel durch'schauen; ~ **dans les pensées de qn** j-s Gedanken lesen, erraten; ~ **la haine dans les yeux de qn** den Haß in j-s Augen (*dat*) lesen, sehen; *impr* ~ **sur le plomb** vom Bleisatz lesen; ~ **qc sur le visage de qn** j-m etw an der Miene, am Gesicht ablesen; ♦ **apprendre à** ~ lesen lernen; **savoir** ~ lesen können; *Briefformel* **dans l'espoir de vous** ~ in Erwartung Ihrer Nachricht, Ihrer Antwort ...; **en lisant cette lettre** beim Lesen dieses Briefes; **lu et approuvé** (vor)gelesen und genehmigt; **II** v/pr se ~ gelesen werden; sich lesen lassen; **cela se lit facilement** das liest sich leicht; se ~ **sur le visage de qn** j-m auf der Stirn, im Gesicht geschrieben stehen
lire² [lir] f italienische Währungseinheit Lira f
liron [lirõ] m cf lérot
lis¹ [lis] m 1. *bot* Lilie f; ~ **tigré** Tigerlilie f; 2. **fleur** de ~ Lilie f (*Emblem der frz Könige*)
lis² [li] cf lire
lisage [lizaʒ] m *text* 1. Kartenschlagen n; 2. Kartenschlag- *od* Klavia'turmaschine f
lise [liz] f Treib-, Trieb-, Flugsand m
lisér|age [lizeraʒ] m *e-s gestickten Motivs* Einfassen n, -ung f, Um'randung f (*mit e-m Gold-, Silberfaden etc*); **~é** m *cout* Paspel f; Borte f; Biese f; Litze f; **~er** v/t <-è-> *cout* paspeln; paspe'lieren; mit e-r Paspel, Borte *etc* einfassen; *adst* liséré d'or mit e-r goldenen Borte eingefaßt
liseron [lizrõ] m *bot* Winde f; ~ **épineux** Rauhe Stechwinde f; ~ **grand** *od* ~ **des 'haies** Zaunwinde f; **petit** ~ *od* ~ **des champs** Ackerwinde f; ~ **tricolore** Dreifarbige Winde
lis|eur [lizœr] m 1. **c'est un grand** ~ er liest viel und gern; F er ist e-e Leseratte f; 2. *text* Kartenschläger m; **~euse** f 1. Buchhülle f; 2. Bettjäckchen n; 3. *text* Kartenschlägerin f
lisibilité [lizibilite] f Lesbarkeit f; Leserlichkeit f
lisible [lizibl(ə)] adj lesbar; leserlich; *Schrift auch* deutlich
lisiblement [lizibləmã] adv von lisible; **écrire** ~ leserlich, deutlich schreiben
lisière [lizjɛr] f 1. *text* Webkante f; Salkante f, -leiste f, -band n; 2. ~ **d'un**

bois, d'une forêt Waldrand m, -saum m; ~ **d'un champ** Feldrain m; 3. *fig* **tenir qn en** ~s j-n am Gängelband haben, halten, führen; j-n gängeln
lissage [lisaʒ] m 1. *text* **a)** Lis'sieren n; **b)** Einziehen n, -setzen n der Litzen; 2. *tech des Papiers etc* Glätten n (*auch math, Statistik*); *des Leders auch* Blan'chieren n; *von Stoffen* Krabben n
lisse¹ [lis] adj *Haut, Haar, Stein, Fläche, Lauf e-r Feuerwaffe* glatt; *arch* colonne f ~ Säule f mit glattem Schaft; *anat* muscles m/pl ~s glatte Muskeln m/pl
lisse² [lis] f 1. *text* Litze f; Helfe f; Haarlauf m; **métier** m **de basse** ~ Flachwebstuhl m; Basselissestuhl m; **métier** m **de haute** ~ Hautelissestuhl m; 2. *Papierfabrikation* Ka'lander m; 3. *Lederfabrikation* Blan'chiermaschine f; 4. *des Maurers* Kar'tätsche f; 5. *mar* **a)** Sente f; **b)** der Reling Handlauf m; *par ext* Reling f; 6. *aviat* Holm m; 7. *ch* Jagdhündin f; 8. *der Pferde* Blesse f
lissé [lise] **I** adj 1. geglättet; *Haar* glatt; 2. *cuis Mandeln* gla'siert *od* gla'ciert; kan'diert; **II** m *cuis* starke Zuckerlösung, die Fäden zieht
liss|er [lise] v/t 1. *Haare, Schnurrbart etc* glattstreichen; glätten; 2. *Papier* glätten; *Leder auch* blan'chieren; *Stoffe auch* krabben; 3. *Straßendecke* walzen; 4. *text Kammzüge* lis'sieren; 5. *cuis Mandeln* gla'sieren *od* gla'cieren; kan'dieren; **~eur** m 1. *tech* Glätter m (*Arbeiter*); 2. *Straßenbau* (beheizte) Glättbohle; **~euse** f 1. *tech* Glätterin f; 2. *Papierfabrikation* Trockenglättwerk n; 3. *Lederfabrikation* Glätt-, Blan'chiermaschine f; 4. *text* **a)** Lis'seuse f (*Maschine*); **b)** Litzenmacherin f; **~ier** m *text* 1. Arbeiter, der die Litzen einzieht, einsetzt; 2. Teppichweber m; **~oir** m *tech* Glättwerkzeug n
liste [list] f 1. Liste f; Verzeichnis n; ~ **civile** Zi'villiste f; ~ **électorale, des électeurs** Wählerliste f; ~ **noire** schwarze Liste; ~ **nominative, de noms** Namenliste f, -verzeichnis n; namentliches Verzeichnis; ~ **des abréviations** Abkürzungsverzeichnis n; ~ **des abonnés** e-r Zeitung Bezieher-, Abon'nentenliste f; *tél* Teilnehmerverzeichnis n; ~ **des absents** Liste der Abwesenden; Abwesenheitsliste f; ~ **d'attente** Warteliste f; *pol* ~ **des candidats** Wahlliste f; *sports* ~ **des engagements** Nennungs-, Teilnehmerliste f; ~ **des inscriptions** Melde-, Bewerberliste f; **la** ~ **des inscriptions est close** die Meldeliste ist geschlossen; es werden keine Bewerber mehr angenommen; ~ **des jurés** Geschworenenliste f; ~ **des marchandises** Warenliste f, -verzeichnis n; ~ **de mariage** Geschenkliste f (*auf der das Brautpaar s-e Wünsche verzeichnet*); ~ **des numéros gagnants** Gewinnliste f; ~ **de paie** Lohnliste f; ~ **des passagers** Passa'gierliste f; ~ **de présence** Anwesenheitsliste f; *pol* scrutin m de ~ Listenwahl f; **être sur une** ~ auf e-r Liste stehen; *fig*: **la** ~ **de ses mérites est longue** er hat e-e ganze Reihe von Vorzügen; er hat viele Vorzüge; **grossir la** ~ **des mécontents** die Zahl der Unzufriedenen vermehren; 2. *bei Pferden* Blesse f
listel [listɛl] m <pl ~s *od* listeaux [listo]> 1. *arch* Stab m; 2. *Tischlerei* Leiste f; 3. *bei Münzen* erhöhter Rand; 4. *Heraldik* um Wappenschilder Spruch-, De'visenbinde f
listera [listera] m *od* **listère** [lister] f *bot* Zweiblatt n
liston [listõ] m 1. *arch* Stab m; 2. *mar* Scheuerleiste f

listropodia [listrɔpɔdja] *m zo* Fledermausfliege *f*

lit¹ [li] *m* **1.** Bett *n*; Bettstelle *f*; Bettgestell *n*; ~ **canapé** Bettcouch [-kautʃ] *f*; ~ **clos** bretonisches Schrankbett; ~ **à baldaquin** Himmelbett *n*; ~ **de camp** Feldbett *n*; Campingliege *f*; ~ **d'enfant** Kinderbett *n*; ~ **de fer** Eisenbettstelle *f*; eiserne Bettstelle; ~ **de mort** Sterbebett *n*, -lager *n*; Totenbett *n*; **jusqu'à son ~ de mort** bis zu s-m Tod(e); **sur son ~ de mort** auf dem Sterbebett; **être sur son ~ de mort** im Sterben liegen; ~ **de repos** Ruhebett *n*; **aller, se mettre au ~** ins *od* zu Bett gehen; schlafen gehen; **être au ~** im *od* zu Bett liegen; **faire le ~** das Bett machen; **garder le ~** das Bett hüten; bettlägerig sein; **Kind mettre au ~** ins Bett bringen; schlafen legen; **mourir dans son ~** in s-m Bett sterben; **sortir du ~** (aus dem Bett) aufstehen; *prov* **comme on fait son ~, on se couche** wie man sich bettet, so liegt, schläft man (*prov*); **2.** Lager *n*; ~ **de douleur, de mousse, de paille** Schmerzens-, Moos-, Strohlager *n*; **3.** **enfant** *m* **du premier, second** ~ Kind *n* aus erster, zweiter Ehe; **4.** *e-s Wasserlaufs* Bett *n*; ~ **fluvial** Flußbett *n*; ~ **majeur** Überschwemmungsbett *n*; ~ **de glacier** Gletscherbett *n*; **Fluß sortir de son ~** über die Ufer treten; **5.** *géol* Lager *n*; Schicht *f*; **6.** **mar** ~ **du courant** Stromstrich *m*; ~ **du vent** Windrichtung *f*; **7.** *bât von Steinen* Lager *n*; **8.** *hist* ~ **de justice** Thronsessel *m* (*auf dem der König bei Gericht saß*); *par ext* großer Gerichtstag

lit² [li] *cf* lire

litanie [litani] *f* **1.** *rel* ~**s** *pl* Lita'nei *f*; ~**s des saints** Aller'heiligenlitanei *f*; **2.** *fig* ~ **d'injures** Flut *f*, Schwall *m* von Schimpfworten; ~ **de plaintes** Klagelied *n*; ~ **de reproches** lange Reihe von Vorwürfen; **c'est toujours la même ~** das ist immer die alte Leier, das alte Lied, dieselbe Litanei

lit-cage [likaʒ] *m* ⟨*pl* lits-cages⟩ (*eisernes*) Klappbett

litchi [litʃi] *m bot* Lit(s)chi(pflaume) *m(f)*, Chi'nesische Pflaume (*Baum u Frucht*)

liteau [lito] *m* ⟨*pl* ~**x**⟩ **1.** *bât* Holzleiste *f* (*zur Stütze*); **2.** *bât* Dachlatte *f*; **3.** *bei Hauswäsche* farbiger (Rand)Streifen

litée [lite] *f* ⟨*ch a*⟩ Wurf *m*; **b)** ~ **de lapereaux, de marcassins** Lager *n*, Nest *n* voll kleiner Kaninchen, Frischlinge

liter [lite] *v/t* **1.** schichten; schichtweise über'einanderlegen; **2.** *text Webkanten vor dem Einfärben des Stoffes* abdecken

literie [litri] *f* Bettzeug *n*; Bettwäsche *f*; Betten *n/pl* und Ma'tratzen *f/pl*

litham [litam] *m* Li'tham *m* (*Gesichtsschleier*)

litharge [litarʒ] *f chim* Bleiglätte *f*, -asche *f*

lithergol [litɛrgɔl] *m Raketentreibstoff* Lither'gol *n*

lithiase [litjɑz] *f path* Steinleiden *n*; *sc* Lithi'ase *od* Li'thiasis *f*; ~ **biliaire, rénale, vésicale** Gallen-, Nieren-, Blasensteine *m/pl*

lithin|e [litin] *f chim* Lithiumhydroxyd *n*; ~**é** *adj* **eaux minérales** ~**es** Lithiumwässer *n/pl*; ~**ifère** *adj* lithiumhaltig

lithistidés [litistide] *m/pl zo* Steinschwämme *m/pl*

lithium [litjɔm] *m chim* Lithium *n*

litho [lito] *f Kurzform für* lithographie

litho|bie [litɔbi] *m* [-bjs] *m zo* Steinläufer *m*, -kriecher *m*; ~**dome** [-dɔm] *m zo* (e-e) Bohrmuschel

lithograph|e [litɔgraf] *m impr* Stein-

---

drucker *m*; **Litho'graph** *m*; ~**ie** *f impr* Steindruck *m*; Lithogra'phie *f* (*beide auch Bild*); ~**ier** *v/t impr* in Steindruck 'wiedergeben; lithogra'phieren; ~**ique** *adj* litho'graphisch; **encre** *f* ~ lithographische Tusche; **pierre** *f* ~ lithographischer Stein; Steindruckplatte *f*

litho|phage [litɔfaʒ] *zo* **I** *adj* litho'phag; **mollusques** *m/pl* ~**s** Bohrmuscheln *f/pl*; **II** *m* (*e-e*) Bohrmuschel; ~**phanie** [-fani] *f Porzellanherstellung* Lithopha'nie *f*; ~**pone** [-pɔn] *m Anstrichfarbe* Litho'pone *f*; ~**sphère** *f géol* Erdkruste *f*; *sc* Litho'sphäre *f*; ~**triteur** [-tritœr] *m chir* Litho'klast *m od* Litho'tripter *m*; ~**tritie** [-trisi] *f chir* Zertrümmerung *f* von Blasensteinen; Lithotrip'sie *f*

litière [litjɛr] *f* **1.** Streu *f*; Stroh-, Laubschütte *f*; **2.** *früher* Sänfte *f*

litige [litiʒ] *m* Streit *m*; *jur auch* Streitfall *m*; Rechtsstreit *m*; ~**s** *pl* Streitigkeiten *f/pl*; *loc/adj* **en** ~ Streit...; strittig; streitig; um'stritten; **cas** *m* **en** ~ Streitfall *m*

litigieux [litiʒjø] *adj* ⟨*-euse*⟩ strittig; streitig; um'stritten; **affaire litigieuse** Streitsache *f*; strittige Angelegenheit, Sache; **créance litigieuse** bestrittene, strittige Forderung

litispendance [litispɑ̃dɑ̃s] *f jur* Rechtshängigkeit *f*

litor|ella [litɔrɛ(l)la] *m od* ~**elle** *f bot* Strandling *m*

litorne [litɔrn] *f zo* Wa'cholderdrossel *f*; Krammetsvogel *m*

litote [litɔt] *f Rhetorik* Li'totes *f*

litre [litr(ə)] *m* **1.** (*abr* l) Liter *n od m* (*abr* l); **un ~ de lait** ein Liter Milch; **2.** Litermaß *n*; **3.** Literflasche *f*; ~**-atmosphère** *m* ⟨*pl* litres-atmosphères⟩ *Arbeitseinheit der Energietechnik* Literatmosphäre *f*

litron [litrɔ̃] P *m* Liter *m* Wein

litsam [litsam] *cf* litham

littéraire [literɛr] **I** *adj* lite'rarisch; Litera'tur...; *Begabung auch* schriftstellerisch; *par ext* geisteswissenschaftlich; **explication** *f* ~ Textinterpretation *f*; **histoire** *f* ~ Literaturgeschichte *f*; **langue** *f* ~ Litera'tur-, Schriftsprache *f*; **milieux** *m/pl* ~**s** literarische Kreise *m/pl*; **personnage** *m* ~ Gestalt *f* aus der Literatur; **soirée** *f* ~ Vortrags-, Rezitati'onsabend *m*; **II** *m*, *f* lite'rarisch, *par ext* geisteswissenschaftlich interes'sierter *bzw* gebildeter Mensch; ~**ment** *adv* in lite'rarischer Hinsicht

littéral [literal] *adj* ⟨*-aux*⟩ **1.** *Übersetzung, Wiedergabe etc* wörtlich; buchstäblich; **au sens** ~ **du mot** im wörtlichen, eigentlichen Sinne des Wortes; **2.** *ling* **l'arabe** ~ die arabische Schriftsprache; **das Schriftarabische**; **3.** *math* Buchstaben...; ~**ement** *adv* **1.** traduire ~ wörtlich, buchstäblich über'setzen; **2.** F *fig* wirklich; buchstäblich; **il était** ~ **'hors de lui** er war buchstäblich außer sich

littérateur [literatœr] *m* Lite'rat *m* (*oft péj*)

littérature [literatyr] *f* **1.** Litera'tur *f*; Schrifttum *n*; ~ **spécialisée** Fachliteratur *f*; ~ **d'évasion** Unter'haltungsliteratur *f*; *mus* ~ **du piano** Kla'vierliteratur *f*; ~ **pour enfants** Jugendliteratur *f*; **2.** Schriftstelle'rei *f*; **3.** *péj* weltwirklichkeitsfremde Ansicht, Theo'rie; Bücherweisheit *f*

littor|al [litɔral] **I** *adj* ⟨*-aux*⟩ Küsten...; lito'ral; Lito'ral...; **faune, flore** ~**e** Litoralfauna *f*, -flora *f*; **montagnes** ~**es** Küstengebirge *n*; **II** *m* Küstenstrich *m*, -streifen *m*; Strandzone *f*, Lito'ral *n*; ~**ine** *f zo* Strandschnecke *f*

lituanien [lituanjɛ̃] **I** *adj* ⟨~**ne**⟩ litauisch; **II** *subst* **1.** ⟨(ne) *m(f)*

Litauer(in) *m(f)*; **2.** *ling* **le** ~ das Litauische; Litauisch *n*

liturgie [lityrʒi] *f égl* Litur'gie *f*; Gottesdienstordnung *f*

liturg|ique [lityrʒik] *adj* li'turgisch; **calendrier** *m* ~ christlicher Kalender; **fête** *f* ~ kirchliches Fest; **livres** *m/pl*, **vêtements** *m/pl* ~**s** liturgische Bücher *n/pl*, Gewänder *n/pl*; **réforme** *f* ~ Litur'giereform *f*; ~**iste** *m* Li'turgiker *m*; Litur'giewissenschaftler *m*

liure [ljyr] *f* **1.** (*Wagen*)Seil *n*; **2.** *mar* ~ **de beaupré** Bugsprietzurring *f*

livarde [livard] *f mar* Spriet *n*; Sprietbaum *m*

livarot [livaro] *m* Liva'rot *m* (*ein Weißschimmelkäse aus der Normandie*)

livèche [livɛʃ] *f bot* Liebstöckel *n*

livet [livɛ] *m mar* Mallkante *f*

livid|e [livid] *adj* Gesichtshaut. Hautfarbe (*asch*)fahl; aschgrau; ~**ité** *f der Haut* Fahlheit *f*; (*asch*)fahle, aschgraue Farbe; *méd* ~ **cadavérique** Totenflecke *m/pl*

living [liviŋ] *m od* **living-room** [liviŋrum] *m* ⟨*pl* living-rooms⟩ Wohnzimmer *n*

livonien [livɔnjɛ̃] **I** *adj* ⟨~**ne**⟩ livländisch; **II** *subst* ⟨(ne) *m(f)*⟩ Livländer(in) *m(f)*

livrable [livrabl(ə)] *adj* lieferbar

livraison [livrɛzɔ̃] *f* **1.** *von Waren* (An)Lieferung *f*; Zustellung *f* (*auch von Postpaketen*); ~ **partielle** Teillieferung *f*; ~ **à domicile** Lieferung ins Haus; **jour** *m* **de** ~ Liefer-, Auslieferungs-, Anlieferungstag *m*; **payable à la** ~ zahlbar bei Lieferung; **prendre** ~ **de qc** etw in Empfang nehmen; etw annehmen, entgegennehmen; **2.** *e-s Fortsetzungen erscheinenden Werkes* Lieferung *f*; **paraître par** ~**s** in Lieferungen erscheinen

livre¹ [livr(ə)] *m* Buch *n* (*auch als Teil e-s größeren Werkes, der Bibel etc*); ♦ *pol* ⚯ **blanc, bleu,** *etc* Weiß-, Blaubuch *n etc*; ~**s classiques** Klassiker *m/pl*; *comm*: **grand** ~ Hauptbuch *n*; **grand** ~ *od* **grand-**~ **de la Dette publique** Staatsschuldbuch *n*; *pol* **le petit** ⚯ **rouge** das Rote Buch; F die Mao-Bibel; ~ **scolaire** Schulbuch *n*; ~ **spécialisé** Fachbuch *n*; ~ **technique** technisches Fachbuch; ♦ ~ **à feuillets mobiles** Lose'blattbuch *n*; *comm* ~ **des achats** Einkaufsbuch *n*; ~ **d'arithmétique** Rechenbuch *n*; ~ **d'art** Kunstband *m*; *comm* ~ **de bilan** Bi'lanzbuch *n*; *mar* ~ **de bord, de loch** Logbuch *n*; Schiffstagebuch *n*; Jour'nal *n*; ~ **de caisse** Kassen-, *österr* Kassabuch *n*; ~ **de chevet** Lieblingsbuch *n*; *comm* ~ **des commandes** Bestell-, Auftragsbuch *n*; ~**s de commerce** (Geschäfts)Bücher *n/pl*; ~ **de comptes** Kontobuch *n*; ~ **de comptes-courants** Kontokor'rentbuch *n*; ~ **de cuisine** Kochbuch *n*; *comm* ~ **d'entrées** Wareneingangsbuch *n*; *hist* ~**s des fiefs** Libri Feu'dorum *pl*; *rel* ~ **d'heures** Stundenbuch *n*; ~ **d'images** Bilderbuch *n*; *comm* ~ **d'inventaires** Inven'tar(buch) *n*; ~ **de lecture** Lesebuch *n*; ~ **de magasin** Lagerbuch *n*; ~ **de médecine** medizinisches Buch; ~ **de messe** Meßbuch *n*; **Mis'sal(e)** *n*; *Altertum* ~ **des morts** Totenbuch *n*; ~ **d'occasion** antiquarisches Buch; ⚯ **d'or** Goldenes Buch; ~ **de paie** Lohnbuch *n*; ~ **de poche** Taschenbuch *n*; ~ **de prières** Gebetbuch *n*; *comm* ~ **des recettes et dépenses** Einnahmen- und Ausgabenbuch *n*; ~ **des réclamations** Beschwerdebuch *n*; *mar* ~ **de signaux** Si'gnalbuch *n*; *comm* ~ **de sorties, des ventes** Warenausgangsbuch *n*; ~ **pour la jeunesse**

Jugendbuch *n*; ♦ **amateur** *m* de ~s Bücherliebhaber *m*, -freund *m*; Biblio- 'phile(r) *m*; **commerce** *m* des ~s Buchhandel *m*; **industrie** *f* du ~ Buchgewerbe *n*; ♦ **on en ferait un** ~ man könnte ein Buch darüber schreiben; *comm* inscrire aux ~s *od* dans les ~s in die Bücher eintragen; (ver)buchen; **pâlir, sécher sur les** ~s immer über den Büchern sitzen, hocken; **parler comme un** ~ sich gewählt ausdrücken; *péj* geschwollen daherreden; **traduire à** ~ **ouvert** mühelos, fließend über'setzen
livre² [livr(ə)] *f* **1.** *Gewichtseinheit* Pfund *n*; **une** ~ **de fruits** ein Pfund Obst; **2.** *Währungseinheit* Pfund *n*; ~ **anglaise, turque,** *etc* englisches, türkisches *etc* Pfund; ~ **sterling** Pfund Sterling
livrée [livre] *f* **1.** Li'vree *f*; **en** ~ in Livree; li'vriert; **2.** *ch* (*characteristisches*) *péj* Fell *bzw* Gefieder (*junger Tiere*); **3.** *im Mittelalter:* *e-r adligen Dame* Farben *f/pl*; **4.** *zo* Ringelspinner *m*
livrer [livre] I *v/t* **1.** *Waren* (an-, ab-) liefern; *auch* ausfahren; ~ **qc à qn** j-m etw liefern; ~ **qn** j-n beliefern; ~ **à domicile,** *en* **gare** ins Haus, bahnlagernd liefern; **2.** *Verbrecher, Schuldigen etc* ausliefern (**à qn** j-m *od* an j-n; **à la vengeance de qn** j-m *od* an j-n; ~ **à la justice** j-n dem Gericht über'geben, über'antworten, ausliefern; ~ **qn à la police** a) j-n der Polizei ausliefern; b) j-n an die Polizei verraten; **il est livré à lui--même** er ist sich selbst über'lassen; **3.** ~ **(une) bataille, (un) combat** e-e Schlacht schlagen, liefern; *cf auch* bataille l. *u* combat; ~ **passage à qn** j-n 'durch-, vor'beilassen; j-m den Weg freimachen; *mil* j-n 'durchmarschieren, -ziehen lassen; II *v/pr* **4.** *Verbrecher* se ~ sich stellen (**à la police** der Polizei [*dat*]); **5.** se ~ **à qc** sich e-r Sache (*dat*) hingeben, widmen; se ~ **à un commerce illicite** unerlaubten Handel treiben; se ~ **à une enquête, à des essais** Nachforschungen, Versuche anstellen; se ~ **aux excès** Exzesse begehen; se ~ **à ses occupations habituelles** s-r üblichen Beschäftigung nachgehen; **6.** se ~ **à qn** sich j-m anvertrauen; j-m gegenüber mitteilsam sein; **7.** *Frau* se ~ sich hingeben (**à qn** j-m)
livresque [livrɛsk] *adj* Buch...; Bücher...; **connaissances** *f/pl* ~s Buchwissen *n*; **érudition** *f* ~ Buchgelehrsamkeit *f*; **savoir** *m* ~ Bücherweisheit *f*
livret [livrɛ] *m* **1.** kleines Heft, Buch (*mit Vordruck für amtliche Eintragungen*); ~ **médical** *etwa* Gesundheitspaß *m* (*der Soldaten*); ~ **militaire** *od* **individuel** Wehrpaß *m*; ~ **scolaire** Zeugnis(heft) *n*; ~ **de caisse d'épargne** Spar(kassen)-buch *n*; ~ **de famille** Fa'milienstammbuch *n*; ~ **de pension** *in Frankreich:* Heft mit Quittungsabschnitten für den Empfang des Ruhegehalts; *mil* ~ **de solde** Soldbuch *n* (*der Offiziere*); **2.** *e-r Oper* Li'bretto *n*; Textbuch *n*; **3.** *e-s Museums* Kata'log *m*
livreur [livrœr] *m* *e-s Geschäfts, Warenhauses* (Aus)Fahrer *m*; Aus-, Anlieferer *m*
lixiviation [liksivjasjō] *f* *chim* Auslaugen *n*, -ung *f*
loader [lodœr] *m* *tech* Eimerkettenbagger *m* mit Bandausleger
loa-loa [loaloa] *m* *zo* Augenwurm *m*; Wanderfilarie *f*
loasa [loaza] *m* *bot* Lo'ase *f*
lob [lɔb] *m* *Tennis* Lob *m*; Hochschlag *m* (*auch Fußball etc*)

lobaire [lɔbɛr] *adj* *anat* Lappen...; *sc* lo'bär; *path* **pneumonie** *f* ~ Entzündung *f* e-s Lungenlappens; *sc* Lo'bär-pneumonie *f*
lobby [lɔbi] *m* ⟨*pl* **lobbies**⟩ *pol* Lobby *f*
lobe [lɔb] *m* **1.** *anat* Lappen *m*; *sc* Lobus *m*; ~ **du cerveau** (Ge)Hirnlappen *m*; ~ **de l'oreille** Ohrläppchen *n*; ~ **du poumon** Lungenlappen *m*; **2.** *bot, zo* Lappen *m*; **3.** *arch* Paß *m*; **... à trois** ~s Dreipaß...
lobé [lɔbe] *adj* **1.** *anat, bot* gelappt; lappig; **2.** *arch* aus Kreisbögen zu'sammengesetzt, gebildet
lobectomie [lɔbɛktɔmi] *f* *chir sc* Lobekto'mie *f*
lobél|ia [lɔbelja] *m od* ~**ie** *f bot* Lo'belie *f*; ~**ine** *f phm* Lobe'llin *n*
lober [lɔbe] I *v/t* *Fußball:* ~ **un adversaire** den Ball über e-n Gegenspieler hin-'weghoben; II *v/i* *Tennis* lobben; e-n Lob schlagen; e-n Hochschlag ausführen
lobotomie [lɔbɔtɔmi] *f* *chir sc* Loboto-'mie *f* Leukoto'mie *f*
lobulaire [lɔbylɛr] *adj* *anat* läppchenförmig, -artig; Läppchen...; *sc* lobu'lär
lobul|e [lɔbyl] *m* *anat* Läppchen *n*; ~ **hépatique, pulmonaire** Leber-, Lungenläppchen *n*; ~**eux** *adj* ⟨-euse⟩ *anat* in Läppchen unter'teilt; aus Läppchen bestehend
local [lɔkal] I *adj* ⟨-aux⟩ örtlich; Orts...; lo'kal; Lo'kal...; einheimisch; *méd* **anesthésie** ~**e** örtliche Betäubung; Lokalanästhesie *f*; **autorité** ~**e** örtliche Behörde; Orts-, Lokalbehörde *f*; **averses** ~**es** örtliche Niederschläge *m/pl*; *e-r Zeitung* **chronique** ~**e** Lokalnachrichten *f/pl*; Lokalteil *m*; Lokale(s) *n*; **collectivités** ~**es** Gebietskörperschaften *f/pl*; **couleur** ~**e peint** Lokalfarbe *f*; *fig auch* Lokalkolorit *n*; **faire très couleur** ~**e** typisch ... (*z B bretonisch*) sein; **coutumes** ~**es** örtliche, einheimische Bräuche *m/pl*; **notables locaux, notabilités** ~**es** Honorat'oren des Ortes; **produit** ~ einheimisches Produkt; *Frage, Angelegenheit* **d'intérêt** ~ von lokalem Interesse; von lokaler Bedeutung; II *m* ⟨*pl* -aux⟩ Raum *m*; Lo'kal *n*; Lokali-'tät *f*; *pl* **locaux** *auch* Räumlichkeiten *f/pl*; **locaux administratifs** Bü'roräume *m/pl*; **locaux professionnels** gewerbliche Räume *m/pl*; ~**ement** *adv* örtlich; **temps** ~ **brumeux** stellenweise neb(e)lig; örtlicher Nebel
localisa|ble [lɔkalizabl(ə)] *adj* lokali-'sierbar; ~**teur** *m* Röntgentherapie Zielgerät *n*
local|isation [lɔkalizasjō] *f* **1.** *von Empfindungen, Wahrnehmungen, psych, méd* Lokalisati'on *f*; Lokali'sierung *f*; örtliche Zuordnung; **théorie** *f* ~ **des** ~ **cérébrales** Lokalisationstheorie *f*; **2.** *e-s Flugzeugs, Schiffs* Orts-, Lagebestimmung *f*; **3.** *e-s Konflikts, Brandes, e-r Epidemie* Lokali'sierung *f*; Begrenzung *f* (**dans une région** auf ein Gebiet); Eindämmung *f*; ~**iser** I *v/t* **1.** *Geräusch, Krankheitsherd* lokali'sieren; ~ **un souvenir** e-r Erinnerung zeitlich einordnen; **2.** *Epidemie, Konflikt, Brand* lokali'sieren; eindämmen; II *v/pr Konflikt* se ~ lokali'siert werden (können); ~**ité** *f* Ort *m*; Ortschaft *f*
locataire [lɔkatɛr] *m.f* Mieter(in) *m*(*f*); **être** ~ zur Miete wohnen
locatif² [lɔkatif] *adj* ⟨-ive⟩ Miet...; Mieter...; **réparations locatives** zu Lasten des Mieters gehende Reparaturen *f/pl*; **risques** ~s Mieterhaftung *f* (*für durch ihn entstandene Schäden*); **valeur locative** Mietwert *m*
locatif² [lɔkatif] *m gr* Lokativ *m*
location [lɔkasjō] *f* **1.** *e-s Hauses, e-r*

Wohnung etc (*adm* An)Mieten *n bzw* Vermieten *n*; Vermietung *f*; *von beweglichen Dingen auch* Verleih *m*; Verleihen *n*; ~ **de barques** Bootsverleih *m*; **donner, prendre en** ~ vermieten, mieten; **prendre une** ~ **meublée, en garni** ein möbliertes Zimmer *bzw* e-e möblierte Wohnung (*adm* an)mieten; **2.** *thé* ~ Vorverkauf *m*; *ch de fer, aviat* (Platz-) Reser'vierung *f*; **3.** Miete *f*; Mietpreis *m*; ~ *f* zo epineuse, de rivière; **4.** (*gemietetes*) Ferienhaus *bzw* (*gemietete*) Ferienwohnung; ~**-vente** *f* ⟨*pl* **locations-ventes**⟩ *in Frankreich bei Sozialwohnungen* Mietkauf *m*
loch [lɔk] *m mar* Log *n*; ~ **à bateau** Handlog *n*; ~ **à hélice** Pa'tentlog *n*; **bateau** *m* **de** ~ Logbrett *n*, -scheit *n*; **ligne** *f* **de** ~ Logleine *f*; **livre** *m* **de** ~ Logbuch *n*; Schiffstagebuch *n*; Schiffsjournal *n*; **filer, jeter le** ~ loggen
loche [lɔʃ] *f zo* ~ **épineuse, de rivière** Steinbeißer *m*; ~ **franche** Bartgrundel *f*; Schmerle *f*; ~ **d'étang** Schlammpeizger *m*
lochies [lɔʃi] *f/pl méd* Wochenfluß *m*
lock-out [lɔkawt] *m* ⟨*inv*⟩ Aussperrung *f*; **lever la** ~ die Aussperrung beenden; ~**er** *v/t* aussperren
loco|mobile [lɔkɔmɔbil] *f früher* Lokomo'bile *f*; ~**moteur** *adj* ⟨-trice⟩ *sc* lokomo'torisch; ~**motion** *f* Fortbewegung *f*; *sc* Lokomoti'on *f*; **moyens** *m/pl* **de** ~ Fortbewegungsmittel *n/pl*
locomotive [lɔkɔmɔtiv] *f* **1.** *ch de fer* Lokomo'tive *f*; Lok *f*; **1.** ~ **électrique** elektrische Lokomotive; E-Lok *f*; ~ (**à moteur**) **Diesel** Diesellok(omotive) *f*; ~ **à vapeur** Dampflok(omotive) *f*; ~ **de manœuvre** Ran'gier-, Verschiebelok(omotive) *f*; **F** *fig* fumer comme une ~ F rauchen wie ein Schlot; **2.** *fig von e-r Person* Motor *m*; treibende Kraft; Zugpferd *n*; *sports* Schrittmacher *m*; *pol* ~ **électorale** Wahlkampfloko-motive *f*; ~**-tender** *f* ⟨*pl* **locomotives--tenders**⟩ Tenderlok(omotive) *f*
loco|motrice [lɔkɔmɔtris] *f ch de fer* Triebwagen *m*; ~**tracteur** *m ch de fer* kleine Diesellok(omotive) (*zum Rangieren*)
locrien [lɔkrijɛ̃] I *adj* ⟨-ne⟩ *mus* mode ~ lokrische Tonart; II *m/pl* ⟨s *im alten Griechenland* Lokrer *m*
locul|aire [lɔkylɛr] *adj od* ~**é** *adj bot* fächerig; in Fächer eingeteilt
locust|e [lɔkyst] *f zo* Wanderheuschrecke *f*; ~**elle** *f zo* Feldschwirl *m*
locuteur [lɔkytœr] *m ling* Sprecher *m*
locution [lɔkysjō] *f gr* Redewendung *f*; Redensart *f*; Wendung *f*
loden [lɔdɛn] *m text* Loden *m*; *par ext* Lodenmantel *m*
lods [lo] *m/pl féod* ~ **et ventes** an den Grundherrn zu zahlende Verkaufsgebühr
lœss [løs] *m géol* Löß(boden) *m*
lof [lɔf] *m mar* Luv(seite) *f*; **aller, venir au** ~ (an)luven; **virer** ~ **pour** ~ halsen; **vor dem Wind wenden; ~er** *v/i* anluven (an)luven
logarithm|e [lɔgaritm(ə)] *m math* Loga-'rithmus *m*; ~ **naturel** *od* népérien natürlicher Logarithmus; ~ **vulgaire** *od* **décimal** gewöhnlicher *od* Briggscher *od* dekadischer Logarithmus; Zehnerlogarithmus *m*; **table** *f* **de** ~s Loga'rithmentafel *f*; ~**ique** *adj* loga'rithmisch; **règle** *f* ~ Rechenschieber *m*
loge [lɔʒ] *f* **1.** ~ **du concierge** Pförtner-, Hausmeisterwohnung *f*; **2.** *thé* Loge *f*; **première** ~, ~ **de balcon** Bal'konloge *f*; Loge im ersten Rang; *fig* **être aux premières** ~s es, etw aus nächster Nähe miterleben, sehen; ~ **d'avant-scène** Or-'chester-, Bühnen-, Pro'szeniumsloge *f*;

de corbeille vordere Seitenloge im ersten Rang; ~ **de côté, de face** Seiten-, Mittelloge f; **3.** *thé* e-s *Schauspielers* Garde'robe f; **4.** *Freimaurerei* Loge f; **Grande** ♀ **de France** Großloge f von Frankreich; **5.** *arch* Loggia [-dʒa] f; **6.** *bot* Fach n

logeable [lɔʒabl(ə)] *adj* bewohnbar

logement [lɔʒmã] m **1.** Wohnung f; Wohnraum m; *für die Ferien etc* Quar-'tier n; 'Unterkunft f; ~ **ouvrier** Arbeiterwohnung f; ~ **provisoire** 'Übergangs-, Notwohnung f; ~ **au rez-de-** **-chaussée** Par'terrewohnung f; ~ **de deux pièces** Zwei'zimmerwohnung f; ~ **d'entreprise, de service** Werks-, Dienstwohnung f; ~ **en copropriété** Eigentumswohnung f; **2.** *mil* Quar'tier n; **billet** m **de** ~ Quartierschein m, -zettel m; **3.** *tech* Lager n; Lagerung f

loger [lɔʒe] <-geons> **I** *v/t* **1.** *Personen* beherbergen; 'unterbringen; aufnehmen; *Soldaten* einquartieren; **être logé et nourri** *cf* nourri l.; **être bien, mal logé** gut, schlecht untergebracht sein; e-e gute, schlechte Wohnung haben; **2.** ~ **la balle dans la cible** die Zielscheibe mit der Kugel treffen; **il lui a logé la balle en plein cœur** er hat ihm die Kugel durchs Herz gejagt; er hat ihn (mit der Kugel) mitten ins Herz getroffen; *fig* ~ **une idée dans la tête de qn** j-m e-n Floh ins Ohr setzen; **II** *v/i* **3.** wohnen; lo'gieren; Wohnung nehmen; *in e-m Hotel auch* absteigen; ~ **chez qn** bei j-m wohnen; ~ **chez l'habitant** a) *Urlauber etc* pri'vat wohnen; b) *mil* im Pri'vatquartier liegen; ~ **en garni, en meublé** möbliert wohnen; **III** *v/pr* **4.** *Person* **trouver où** *od* **à se** ~ e-e Wohnung, 'Unterkunft finden; **5. se** ~ **une balle dans la tête** sich e-e Kugel in den Kopf schießen; **6.** *Kugel* **se** ~ steckenbleiben (**dans le bras** im Arm)

log|eur [lɔʒœr] m, **~euse** f (Zimmer-) Vermieter(in) m(f); Wirt(in) m(f); Quar'tiergeber(in) m(f) (*auch mil*)

loggia [lɔdʒja] f *arch* Loggia [-dʒa] f

logic|ien [lɔʒisjɛ̃] m, **~ienne** f *philos, fig* Logiker(in) m(f); **~isme** m *philos* Logi-'zismus m; **~iste** *adj philos* logi'zistisch

logique [lɔʒik] **I** f **1.** *philos* Logik f; ~ **appliquée, formelle** angewandte, formale Logik; ~ **mathématique** *od* **symbolique** mathe'matische *od* symbolische Logik; Lo'gistik f; ~ **modale** Mo'dallogik f; ~ **plurivalente** mehrwertige Logik; **2.** *allg* Logik f; **manquer de** ~ der Logik entbehren; keine Logik haben; nicht logisch sein; unlogisch sein; *Person auch* nicht logisch denken können; **II** *adj* Argument, Folge *etc* logisch; *gr* **analyse** f ~ Satzanalyse f; **c'est** ~ ! das ist doch logisch!; **être, rester** ~ **avec soi-même** konsequ'ent sein, bleiben; **~ment** *adv* logisch; *am Satzanfang od eingeschoben* logischerweise; **raisonner** ~ logisch argumentieren; ~, **tu devrais recevoir la lettre demain** du müßtest den Brief logischerweise morgen bekommen

logis [lɔʒi] m **1.** *litt* Haus n; **maître** m **du** ~ Hausherr m; **2.** *mil* **maréchal** m **des** ~ *cf* maréchal 2.; **3.** *arch* **corps** m **de** ~ Hauptbau m, -trakt m; *fig* **la folle du** ~ die Phanta'sie, Einbildungskraft

logisticien [lɔʒistisjɛ̃] *philos* **I** *adj* <~ne> lo'gistisch; **II** *subst* ~(**ne**) m(f) Lo'gistiker(in) m(f)

logistique [lɔʒistik] **I** *adj mil* lo'gistisch; Versorgungs...; **base** f ~ Versorgungsbasis f, -stützpunkt m; **II** f **1.** *mil* Lo'gistik f; Versorgung f; **2.** *philos* mathe'matische Logik; Lo'gistik f

---

logo|clonie [lɔgɔklɔni] f *psych, méd* Logoklo'nie f; **~graphe** [-grif] m Buchstabenrätsel n; Logo'griph m; **~mètre** m *élect* Quoti'entenmeßwerk n; **~pédie** [-pedi] f *psych, méd* Sprachheilkunde f; *sc* Logopä'die f

logos [lɔgɔs] m *philos, rel* Logos m

loi [lwa] f *jur, in der Natur, Gesellschaft, Wissenschaft* Gesetz n; ♦ ~ **biologique** biologisches Gesetz; ~ **civile** Zi'vilgesetz n; ~**s constitutionnelles** Verfassungsgesetze n/pl; ~ **économique** ökonomisches Gesetz; ~ **fiscale** Steuergesetz n; *mil* ~ **martiale** Standrecht n; ~ **naturelle** Na'turgesetz n; ~ **pénale** Strafgesetz n; ~ **physique** physikalisches Gesetz; ♦ *phys* ~ **de la chute des corps** Fallgesetz n; ~ **de l'équilibre** Gesetz des Gleichgewichts; ~ **d'exception** Ausnahmegesetz n; ~ **du plus fort** Recht n des Stärkeren; **subir la** ~ **du plus fort** sich dem Recht des Stärkeren beugen müssen; *phys* ~ **d'inertie** Trägheitsgesetz n; *phys* **la** ~ **de Mariotte** das Boyle-Mariottesche Gesetz; *biol* **les** ~**s de Mendel** die Mendelschen Gesetze; ~ **du milieu, de la pègre** Gesetz der 'Unterwelt; *rel* **la** ~ **de Moïse, de l'Ancien Testament** das Mo'saische Gesetz; ~ **de la nature** Na'turgesetz n; *Statistik* ~ **des grands nombres** Gesetz der großen Zahl; *écon* ~ **de l'offre et de la demande** Gesetz von Angebot und Nachfrage; *phys* ~ **de la pesanteur** Gesetz der Schwerkraft, Schwere; ~ **en vigueur** geltendes Gesetz, Recht; ~ **sur la presse** Pressegesetz n; **force** f **de** ~ Gesetzeskraft f; ♦ *loc/adj:* **conforme à la** ~ gesetzlich; gesetzmäßig; **contraire à la** ~ ungesetzlich; gesetz-, rechtswidrig; '**hors la** ~ vogelfrei; **mettre 'hors la** ~ für vogelfrei erklären; *loc/adv:* **d'après la** ~ nach dem Gesetz; dem Gesetz nach; **par la** ~ gesetzlich; ♦ F **avoir la** ~ **pour soi** das Recht auf s-r Seite haben; **dicter, faire la** ~ **à qn** j-m befehlen, Vorschriften machen, s-n Willen aufzwingen; *abs* **faire la** ~ befehlen; **vous ne ferez pas la** ~ **chez moi !** in meinem Hause haben Sie nicht zu befehlen!; **nul n'est censé ignorer la** ~ Unkenntnis des Gesetzes schützt nicht vor Strafe; **tomber sous le coup de la** ~ ... unter das Gesetz ..., unter die Bestimmungen des Gesetzes ... fallen; *abs* strafbar sein; ~**-cadre** f <pl lois--cadres> Rahmen-, Mantelgesetz n

loin [lwɛ̃] *adv* **1.** *örtlich u fig* weit (weg), fern, weit entfernt (**de** von); **plus** ~ weiter; **deux kilomètres plus** ~ zwei Kilometer weiter; **plus** ~ **dans le texte** weiter unten (im Text); ♦ **aller** ~ weit gehen, fahren; *fig Ereignis, Skandal* weitreichende Folgen haben; weite Kreise ziehen; *Person* sehr weit bringen; es zu etwas bringen; **ne pas aller** ~ nicht weit gehen, fahren; *fig* nicht weit kommen (**avec qc** mit etw); *Kranker* nicht mehr lange machen; *fig* **il n'ira pas** ~ **avec sa voiture** er wird mit s-m Auto nicht weit kommen; *fig* **il n'ira pas** ~ **avec cent francs** *auch* mit hundert Franc kann er keine großen Sprünge machen; **aller plus** ~ weiter gehen (*auch fig*), fahren; *fig* **j'irai même plus** ~ (**et je dirai que ...**) ich gehe sogar noch weiter (und sage, daß ...); **aller trop** ~ zu weit gehen (*auch fig*), fahren; *fig* **vous allez trop** ~ **dans vos reproches** Sie gehen zu weit mit Ihren Vorwürfen; **il y a** ~ **d'ici jusqu'à** ... à la gare es ist weit von hier bis zum Bahnhof; *fig* **il y a** ~ **d'un projet à sa réalisation** von e-m Plan bis zu s-r Verwirklichung ist (es) ein

---

weiter Weg; e-n Plan haben und ihn ausführen, ist zweierlei; *fig* **ne cherchez pas si** ~, **c'est beaucoup plus simple que cela** Sie brauchen (*die Erklärung, Gründe*) nicht so weit zu suchen ...; **est--ce encore** ~ **?** ist es noch weit?; **vous êtes trop** ~, **rapprochez-vous !** Sie sind *bzw* stehen zu weit weg ...; **les fuyards sont déjà** ~ die Ausreißer sind längst über alle Berge; *fig* **être** ~ abwesend sein; mit s-n Gedanken weit weg sein; *fig* **il a été trop** ~ **dans ses critiques** er ist mit s-r Kritik zu weit gegangen; **porter** ~ *cf* **porter 14.**; **remonter** ~ **dans l'histoire** *Ereignis* weit in der Geschichte zurückliegen; *Person in ihren Ausführungen* weit in der Geschichte zurückgehen, -greifen; *fig* **voir** ~ weitblickend, vorausschauend sein; Weitblick haben; *fig* **ne pas voir plus** ~ **que (le bout de) son nez** *cf* bout 1.; **2.** *zeitlich* fern; **le temps n'est pas** ~ **où ...** *in der Zukunft* die Zeit ist nicht mehr fern, wo ...; *im Vergangenheit* es ist noch nicht lange her, daß ...; **3.** *loc/adv* **au** ~ in der *bzw* in die Ferne; weit weg; **au** ~, **on voyait déjà le bateau** in der Ferne sah man schon das Schiff; **partir au** ~ in die Ferne ziehen; weit weg reisen; **de** ~ a) aus der Ferne; von fern(e); von fern her; von weitem; von weit weg ...; b) *fig* bei weitem; mit Abstand; *fig* **il le dépasse de** ~ er ist ihm turmhoch, haushoch über'legen; *nach e-r schweren Krankheit* **revenir de** ~ noch einmal davongekommen sein; **suivre de** ~ **les événements** die Ereignisse aus der Ferne verfolgen; **je l'ai vu venir de** ~ a) ich habe es längst kommen sehen; b) ich habe längst gemerkt, worauf er hinauswill; **de** ~ **en** ~ ab und zu; von Zeit zu Zeit; hin und wieder; gelegentlich; *auch örtlich* in großen Abständen; **4.** *loc/prép* ~ **de** weit (weg) von; **pas** ~ **de, non** ~ **de** unweit, unfern (+gén); ~ **d'ici** weit (weg) von hier; *fig* ~ **de là** weit davon entfernt; ich denke gar nicht daran; im Gegenteil; ~ **de moi cette idée !** dieser Gedanke liegt mir völlig fern; das sei ferne von mir!; ich denke nicht im entferntesten daran; *fig* **tu en es (bien)** ~ **!** weit gefehlt!; *fig* **nous en sommes encore** ~ davon sind wir noch weit entfernt; so weit sind wir noch lange nicht; **être** ~ **d'être parfait, riche** noch lange nicht *od* keineswegs *od* alles andere als vollkommen, reich sein; **il n'est pas** ~ **de dix heures** es ist kurz vor, es ist fast zehn Uhr; **être (bien)** ~ **de faire qc** weit, himmelweit davon entfernt sein, etw zu tun; **je suis** ~ **d'y penser** ich denke nicht im entferntesten daran; **je suis** ~ **de le faire** *od ellip* **j'en suis** ~ **!** ich denke gar nicht daran, es zu tun; das fällt mir nicht im Traum ein!; **cela ne fait pas** ~ **de cent francs** das macht fast hundert Franc; **5.** *loc/conj* **d'aussi** ~ **que, du plus** ~ **que ...** (+ind *od subj*) so'bald; so'bald; **d'aussi** ~, **du plus** ~ **qu'il nous vit**, il agita son mouchoir sobald er uns sah, schwenkte er sein Taschentuch; **d'aussi** ~, **du plus** ~ **que je m'en souvienne** soweit ich (zurück)denken kann; *st/s* **bien** ~ **que** ... (+subj) weit davon entfernt, daß ...; **bien** ~ **qu'il ait des sentiments hostiles, il vous estime** weit davon entfernt, feindliche Gefühle gegen Sie zu hegen, schätzt er Sie sogar

lointain [lwɛ̃tɛ̃] **I** *adj örtlich, zeitlich* fern; **avenir** ~ ferne Zukunft; **dans un avenir** ~ in ferner Zukunft; **époque** ~**e** weit zurückliegende Epoche; **pays** ~, **rumeur** ~**e** fernes Land, Geräusch; *fig* **avoir l'air, le regard** ~ abwesend

aussehen, blicken; *fig* il **n'y a qu'un rapport** ~ **entre ces deux événements** diese beiden Ereignisse stehen nur in indirekter, loser Beziehung zueinander; **II** *m* **1.** Ferne *f*; **au** ~, **dans le** ~ in der Ferne; **2.** ~**s** *pl* a) e-s Gemäldes 'Hintergrund *m*; b) *litt* e-r Landschaft Weite *f*

loi-programme [lwaprɔgram] *f* ⟨*pl* lois-programmes⟩ Rahmengesetz *n* (*für ein langfristiges Finanzprogramm*)

loir [lwar] *m zo* Siebenschläfer *m*; *fig*: **dormir comme un** ~ schlafen wie ein Murmeltier, wie ein Ratz; **être paresseux comme un** ~, **être un vrai** ~ ein richtiger Faulenzer, Faulpelz sein

loiseleuria [lwazlœrja] *m bot* Felsenröschen *n*

loisible [lwazibl(ə)] *adj* il **vous est** (il **m'est**, il **lui est**, *etc*) ~ **de faire qc** es steht Ihnen (mir, ihm *etc*) frei, etw zu tun

loisir [lwazir] *m* **1.** Muße *f*; freie Zeit; Freizeit *f*; **heures** *f/pl*, **moments** *m/pl* **de** ~ Mußestunden *f/pl*; **organisation** *f* **des** ~**s** Freizeitgestaltung *f*; *loc/adv* (**tout**) **à** ~ in (aller) Ruhe; **j'y penserai à** ~ **quand je serai seul** ich werde in Ruhe darüber nachdenken ...; **avoir le** ~ **de faire qc** Zeit, Muße haben, etw zu tun; il **aura tout le** ~ **de réfléchir** er wird genügend Zeit, Muße zum Nachdenken haben; **2.** ~**s** *pl* Freizeitbeschäftigungen *f/pl*

lokoum [lɔkum] *m cf* loukoum

lollards [lɔlar] *m/pl hist, rel* Lol'l(h)arden *m/pl*

lolo [lolo] *m enf* (*lait*) Milch *f*

lombago [lɔ̃bago] *m cf* lumbago

lomb|aire [lɔ̃bɛr] *adj anat* Lenden...; *méd* **ponction** *f* ~ Lum'balpunktion *f*; **région** *f* ~ Lendengegend *f*; **vertèbre** *f* ~ Lendenwirbel *m*; *sc* Lumbal'gie *f* ~**algie** *f méd* Lendenschmerz *m*; *sc* Lumbal'gie *f*

lombard [lɔ̃bar] **I** *adj* **1.** *géogr* lom'bardisch; **2.** *hist* lango'bardisch; **3.** *arch* **bande** ~ **e** Li'sene *f*; **II** *subst* **1.** ⟨**s** *m/pl* Lom'barden *m/pl*; *hist* Lango'barden *m/pl*; **2.** *ling* **le** ~ das Lom'bardische; Lom'bardisch *n*; ~**-vénitien** *adj* ⟨*nur m*⟩ *hist* **royaume** ~ Lom'bardo-Venezi'anisches Königreich

lombes [lɔ̃b] *m/pl anat* Lenden *f/pl*; Lendengegend *f*

lombric [lɔ̃brik] *m zo* Regenwurm *m*; ~**oïde** *adj* (regen)wurmähnlich

l'on [lɔ̃] *cf* on

londonien [lɔ̃dɔnjɛ̃] **I** *adj* ⟨~**ne**⟩ Londoner; **II** *subst* ⟨**2(ne)** *m(f)* Londoner(in) *m(f)*

long [lɔ̃] **I** *adj* ⟨**longue** [lɔ̃g]⟩ räumlich, zeitlich lang; *Umweg, räumlicher u zeitlicher Abstand* groß; *Silbe, Vokal* lang; *Gesicht* länglich; *Schrei* langgezogen; **plus** ~ länger; ♦ **chaise longue** Liegestuhl *m*; **longues enjambées** lange Schritte *m/pl*; **une longue suite de ...** e-e lange Reihe von ...; *loc/adj*: **mar au** ~ **cours** auf großer Fahrt; *cf auch* **cours 4.**; *bes comm* **à** ~ **terme** langfristig; *Arbeit* **de longue haleine** langwierig; *loc/adv*: **à la longue** auf die Dauer; **mit der Zeit**; **à** ~ **s intervalles** in großen (*zeitlichen u räumlichen*) Abständen; **de longue date** *cf* **date 2.**; ♦ **avoir une longue habitude de qc** seit langem an etw (*acc*) gewöhnt sein; **être** ~ lange dauern; **être** ~ **de deux heures** zwei Stunden dauern; **être** ~ **de trois mètres** drei Meter lang sein; **ce qu'il est** ~ ! *bzw* **ce qu'elle est longue!** so ein Trödelfritz *bzw* so e-e Trödelliese!; *von e-m Redner* er findet gar kein Ende!; **être** ~ **à faire qc** lange brauchen, etw zu tun; **ce serait trop** ~ **à raconter** *auch* es würde zu weit führen, das zu erzählen;

être ~ à venir *Antwort, Person* lange auf sich warten lassen; lange ausbleiben; *fig* **faire** ~ **feu** *cf* **feu 3.**; **II** *adv Haltung, Blick, Schweigen* **en dire** ~ vielsagend sein; viel besagen; Bände sprechen; **en dire** ~ **sur qn, qc** viel über j-n, etw sagen, erzählen; **en savoir** ~ gut, genau Bescheid wissen (**sur** *über + acc*); **III** *m* Länge *f*; **de dix mètres de** ~ von zehn Metern Länge; zehn Meter lang; **avoir dix mètres de** ~ zehn Meter lang sein; e-e Länge von zehn Metern haben; ♦ *loc/adv*: **de tout son** ~ der Länge nach; **étendu de tout son** ~ lang, der Länge nach hingestreckt; **tomber de tout son** ~ der Länge nach hinfallen, -schlagen; **de** ~ **en large** auf und ab; hin und her; **en** ~ in der Länge; der Länge nach; *fig* **en** ~ **et en large** lang und breit; des langen und breiten; ♦ *loc/prép* a) *örtlich* (**tout**) **le** ~ **de**, (**tout**) **au** ~ **de qc** (immer) längs (+*gén*); (immer) an etw (*dat*) entlang; **le** ~, **au** ~ **du bois** längs des Waldes; am Wald entlang; il **a chanté tout le** ~ **du chemin** er hat auf dem ganzen Weg gesungen; *abs*: **en m'accompagnant**, il **a chanté tout du** ~ ... hat er auf dem ganzen Weg, hat er die ganze Zeit über gesungen; b) *zeitlich* **tout au** ~ *od* **tout le** ~ **de l'année** das ganze Jahr über, lang, hin'durch

longanimité [lɔ̃ganimite] *st/s f* Langmut *f*

long-courrier [lɔ̃kurje] *m* ⟨*pl* long-courriers⟩ **1.** *aviat* Langstreckenflugzeug *n*; **2.** *mar* 'Übersee-, Ozeandampfer *m*

longe[1] [lɔ̃ʒ] *f cuis vom Reh, Kalb* Lendenstück *n*, -braten *m*; ~ **de veau** *etwa* Kalbsnierenbraten *m*

longe[2] [lɔ̃ʒ] *f* **1.** Lederriemen *m*, Leine *f* (*um ein Pferd zu führen od anzubinden*); *Pferdedressur* Longe *f*; Laufleine *f*; **2.** e-r Peitsche Lederriemen *m*

longer [lɔ̃ʒe] *v/t* ⟨**-geons**⟩ ~ **qc** an etw (*dat*) entlanggehen, -laufen, -fahren, -reiten, -segeln; *Bahn, Weg, Straße* an etw (*dat*) entlangführen, -laufen; *Wald, Gebirge* sich an etw (*dat*) entlangziehen; sich erstrecken längs (+ *gén*)

longeron [lɔ̃ʒrɔ̃] *m tech* e-r Holzbrücke, e-s Autos Längsträger *m*; e-r Stahlbrücke Hauptträger *m*; e-r Lokomotive (Rahmen)Längsträger *m*; e-r Tragfläche Holm *m*

longévité [lɔ̃ʒevite] *f* a) Langlebigkeit *f*; b) Lebensdauer *f*

longi|corne [lɔ̃ʒikɔrn] *zo* **I** *adj* mit langen Hörnern *bzw* Fühlern; **II** *m/pl* ~**s** Bockkäfer *m/pl*; ~**ligne** *adj* langgliedrig (*u mit gedrungenem Körper*); ~**métrie** *f* Längenmessung *f*; *sc* Longime'trie *f*

longitude [lɔ̃ʒityd] *f* **1.** (geo)'graphische Länge; *par ext* Längengrad *m*; ~ **est**, **ouest** östliche, westliche Länge; **2.** *astr* Länge *f*

longitudinal [lɔ̃ʒitydinal] *adj* ⟨**-aux**⟩ der Länge nach; in der Längsrichtung; Längs...; *sc* longitudi'nal; **coupe** ~**e** Längsschnitt *m*; *phys* **onde** ~**e** Longitudi'nal-, Längs-, Kompressi'ons-, Verdichtungswelle *f*; **vallée** ~**e** Längstal *n*

long|-jointé [lɔ̃ʒwɛ̃te] *adj Pferd* mit zu langen Fesseln; ~**-nez** *m* ⟨*pl* longs-nez⟩ *zo* **1.** Nasenaffe *m*; **2.** Heringshai *m*

longovicien [lɔ̃gɔvisjɛ̃] *adj* ⟨~**ne**⟩ (*u subst* ⟨ Einwohner) von Longwy

longrine [lɔ̃grin] *f charp, bât* Längsbalken *m*, -schwelle *f*; *Schiffbau* Längsbalken *m*; *ch de fer für ein Gleis* Längsträger *m*, -schwelle *f*

longtemps [lɔ̃tɑ̃] *adv* lange (Zeit); **parler, vivre** ~ lange sprechen, leben; **après sa mort** ~ nach s-m Tod; **bien** ~ **avant leur mariage** schon

lange vor ihrer Hochzeit; **ne reste pas trop** ~ ! bleib nicht zu lange weg!; ♦ il **y a** ~ vor langer Zeit; schon lange *od* längst; il **n'y a pas** ~ vor kurzer Zeit; unlängst; il **y a** ~ **que** ... es ist schon lange her, daß ...; **y a-t-il** ~ **que vous êtes ici?** sind Sie schon lange hier?; **avant** ~ bald; binnen kurzem; F **dans** ~ bald?; **depuis** ~ seit langer Zeit; seit langem; schon lange; schon längst; **pendant** ~ lange Zeit (über, hindurch); **pour** ~ für *od* auf lange Zeit; il **y en a encore pour** ~ ? dauert es noch lange?; **je n'en ai pas pour** ~ a) ich bleibe nicht lange weg; b) ich brauche nicht mehr lange; es dauert nicht mehr lange; il **n'en a plus pour** ~ er hat nicht mehr lange zu leben; F er wird es nicht mehr lange machen; ♦ *loc/conj* **aussi** ~ **que** so'lange; **reste aussi** ~ **que tu veux** bleib, solange du willst

longue [lɔ̃g] *f* **1.** *métr* Länge *f*; lange Silbe; **2.** *mus* Longa *f*

longuement[lɔ̃gmɑ̃] *adv* **1.** lange; parler ~ lange sprechen; **2.** s'étendre ~ **sur un sujet** sich lang und breit über ein Thema auslassen

longuet [lɔ̃gɛ] **I** F *adj* ⟨~**te**⟩ etwas, ein bißchen (zu) lang (*zeitlich u räumlich*); **II** *m* **1.** in Frankreich langes, trockenes, fast ungesalzenes Brötchen *n*; **2.** des Klavierbauers langer, schmaler Hammer

longueur [lɔ̃gœr] *f* **1.** Länge *f*; *zeitlich auch* lange Dauer; *e-s Romans auch* 'Umfang *m*; *von Verhandlungen* Langwierigkeit *f*; *math* ~ **d'un arc** (**de courbe**) Bogenlänge *f*; *phys, rad* ~ **d'onde** Wellenlänge *f*; F *fig* (**ne pas**) **être sur la même** ~ **d'onde** sich ('miß)verstehen; (nicht) dieselbe Sprache sprechen; F (nicht) auf derselben Wellenlänge sein; *Papierfabrikation* ~ **de rupture** Reißlänge *f*; *mar* ~ **entre perpendiculaires** Länge zwischen den Loten; **pièce** *f* **tout en** ~ langes, schmales Zimmer; F Schlauch *m*; *sports* **saut en** ~ Weitsprung *m*; *loc/adv* **en** ~, **dans le sens de la** ~ in der Länge; in der Längsrichtung; der Länge nach; **à** ~ **d'année, de journée, de semaine** das ganze Jahr, den ganzen Tag, die ganze Woche über *od* hin'durch; **avoir la même** ~ dieselbe Länge haben; gleich lang sein; **tirer, faire traîner qc en** ~ *cf* **traîner 6.**; **2.** *Pferderennen* Länge *f*; **gagner de deux** ~**s** mit zwei Längen Vorsprung siegen; **3.** e-s Buches, Films etc ~**s** *pl* Längen *f/pl*; **avoir des** ~**s** Längen haben

longue-vue [lɔ̃gvy] *f* ⟨*pl* longues-vues⟩ *opt* Fernrohr *n*; Tele'skop *n*

loofa [lufa] *m cf* luffa

looping [lupiŋ] *m* Kunstflug Looping ['lu:-] *m od n*

lopette [lɔpɛt] *f* F von e-m Schwächling F Waschlappen *m*

lopho|aète [lɔfɔaɛt] *m od* ~**aetus** [-aetys] *m zo* Schopfadler *m*; ~**branches** *m/pl* *zo* Büschelkiemer *m/pl*; ~**phore** [-fɔr] *m zo* Glanzfasan *m*

lophyre [lɔfir] *m zo* Kiefernblattwespe *f*

lopin [lɔpɛ̃] *m* **un** ~ **de terre** ein kleines Stück Erde, Land

loquace [lɔkas] *adj* redselig; gesprächig; il **n'est pas très** ~ **aujourd'hui** *auch* er ist heute nicht sehr zum Reden aufgelegt; ~**ité** *f* Redseligkeit *f*; Gesprächigkeit *f*

loque [lɔk] *f* **1.** ~**s** *pl* Lumpen *m/pl*; Fetzen *m/pl*; **être en** ~**s**, **être vêtu de** ~**s** in Lumpen gekleidet, gehüllt sein; zerlumpt sein; *Kleidungsstück* **tomber en** ~**s** in Fetzen gehen; **2.** *fig von e-m Menschen* Wrack *n*; **3.** *Bienenkrankheit* Faulbrut *f*

loquet [lɔkɛ] *m* Türdrücker *m*; Schnäpper *od* Schnepper *m*

loqueteau [lɔkto] *m* ⟨*pl* ~x⟩ kleiner Schnäpper, Türdrücker

loqueteux [lɔktø] *adj* ⟨-euse⟩ *Kleider* zerlumpt

loqueux [lɔkø] *adj* ⟨-euse⟩ *Bienen* von Faulbrut befallen

loran [lɔrã] *m mar, aviat* LORAN-System *n*

loranthacées [lɔrãtase] *f/pl bot* Mistelgewächse *n/pl; sc* Lorantha'zeen *pl*

lord [lɔr] *m in England* Lord *m*; ♀ Chancelier Lordkanzler *m*; ♀ du Sceau privé Lordsiegelbewahrer *m*; la Chambre des ♀s das Oberhaus; **~-maire** *m* ⟨*pl* lords-maires⟩ Lord-Mayor *m* ['lɔrt'me:ər] *m*

lordose [lɔrdoz] *f path* Rückgratverkrümmung *f; sc* Lor'dose *f*

lorgner [lɔrɲe] *v/t e-e Frau* anschielen; begehrliche, unverschämte (Seiten-) Blicke zuwerfen (qn j-m); **2.** *fig* ~ qc nach etw schielen; ~ un *héritage* nach e-r Erbschaft schielen; ~ une *place auch* mit e-m Posten liebäugeln

lorgn|ette [lɔrɲɛt] *f früher* kleines Fern-, Opernglas *n; fig* voir les choses par le petit bout de la ~ die Dinge zu einseitig sehen; engstirnig sein; e-n begrenzten, engen Horizont haben; **~on** *m* **a)** Zwikker *m*; Kneifer *m*; Klemmer *m*; **b)** Stielbrille *f*; Lor'gnon *n*; Lor'gnette *f*; **c)** *iron* Brille *f*

lori [lɔri] *m zo* Lori *m* (*ein Papagei*)

loricaire [lɔrikɛr] *m zo* Harnischwels *m*

loriot [lɔrjo] *m zo* Pi'rol *m*; ~ jaune, d'Europe Pirol *m*; Goldamsel *f*; Kirschvogel *m*

loris [lɔri] *m zo* Lori *m* (*ein Halbaffe*)

lormier [lɔrmje] *m* Geschirrsattler *m*

lorrain [lɔrɛ̃] **I** *adj* lothringisch; **II** *subst* **1.** ♀(e) *m(f)* Lothringer(in) *m(f)*; **2.** *ling* le ~ das Lothringische; Lothringisch *n*

lorry [lɔri] *m ch de fer* Lore *f*; kleinerer, offener Güterwagen

lors [lɔr] *adv* **1.** *loc/adv* depuis ~ seit'dem; seit'her; seit der Zeit; von der Zeit an *od* ab; von da an *od* ab; *elle est partie la semaine passée*, depuis ~ je n'ai plus eu de ses nouvelles ... seitdem *etc* habe ich nichts mehr von ihr gehört; dès ~ a) *cf* depuis ~; b) folglich; infolge'dessen; demzufolge; demnach; also; *litt* pour ~ daher; deshalb; **2.** *loc/prép* ~ de bei; als (+ *Verbalkonstruktion*); zur Zeit (+ *gén*); ~ de mon mariage bei meiner Heirat; als ich heiratete; **3.** *loc/conj* dès ~ que a) so'bald; b) da ... (ja); *st/s* ~ même que (+ *cond*) selbst wenn

lorsque [lɔrsk(ə)] *conj* ⟨*vor Vokal* lorsqu'⟩ **1.** *mit e-r Zeit der Vergangenheit* als; j'allais sortir ~ vous avez téléphoné ich war gerade im Begriff wegzugehen, als Sie anriefen *od* da riefen Sie an; **2.** *mit fut* wenn: ~ vous y penserez, *rapportez-moi mon livre* wenn Sie daran denken ...

losang|e [lozãʒ] *m* **1.** *math* Raute *f*; Rhombus *m*; en ~ rautenförmig; **2.** *Heraldik* Raute *f*; Wecke *f*; **3.** *mus* Semibrevis *f*; **4.** *ch de fer* (Form)Vorsignal *n*; **~é** *adj* rautenförmig; Rauten...; *arch* frise ~e Rautenfries *m*

lot [lo] *m* **1.** *bei e-r Lotterie* Gewinn *m*; Treffer *m*; gros ~ Hauptgewinn *m*, -treffer *m*; *fig* gagner le gros ~ das Große Los ziehen, gewinnen; ~ de consolation Trostpreis *m*; emprunt à ~ Los-, Lotte'rieanleihe *f*; obligation *f*, valeur *f* à ~ Obligation *f*, Wertpapier *n* e-r Lotterieanleihe; **2.** *jur* Anteil *m*; Teil *m od n*; ~ de succession Erbteil *m od n*; diviser, morceler, partager

en ~s *Besitz, Land* aufteilen; *Land auch* parzel'lieren; in Par'zellen aufteilen; *Land* vendre par ~s par'zellenweise verkaufen; **3.** *comm* Los *n*; Posten *m*; Par'tie *f*; ~ de marchandises Warenposten *m*, -partie *f*; un ~ de chemises ein Los, ein Posten, e-e Partie Hemden; **4.** *litt* Los *m*; la mort est le ~ de l'humanité der Tod ist das Los der Menschheit, aller Menschen

loterie [lɔtri] *f* **1.** Lotte'rie *f*; ~ foraine Glücksbude *f*; ♀ nationale in Frankreich Staatslotterie *f*; ~ de bienfaisance Wohltätigkeitslotterie *f*; ~ par classes Klassenlotterie *f*; ~ par numéros Zahlenlotterie *f*; Zahlenlotto *n*; **2.** *fig* Lotte'riespiel *n*; c'est une ~ das ist ein Lotteriespiel; das ist (reine) Glückssache

loti [lɔti] *adj* être mal, *iron* bien ~ schlecht dran sein; Pech gehabt haben; reingefallen sein; F in der Patsche sitzen; *iron* le voilà bien ~! *auch* da ist er aber gut bedient!

lotier [lɔtje] *m bot* Hornklee *m*; Spargelbohne *f*; ~ corniculé Gemeiner Hornklee; ~ velu Sumpfhornklee *m*

lotiforme [lɔtifɔrm] *adj* lotosblumenförmig; *arch* chapiteau *m* ~ Lotosknospenkapitell *n*

lotion [lɔsjõ] *f* ~ (faciale) Gesichtswasser *n*; Loti'on *f*; ~ capillaire Haar-, Kopfwasser *n*; ~ tonique Gesichtswasser *n*

lotionner [lɔsjɔne] *v/t* einreiben

lotir [lɔtir] *v/t Besitz, Erbe* aufteilen; *Land, Grund auch* parzel'lieren; in Par'zellen aufteilen

lotissement [lɔtismã] *m* **1.** *e-s Besitzes* Aufteilung *f*; *von Land auch* Parzel'lierung *f*; **2.** (Grundstücks)Par'zelle *f*; *par ext* Siedlung *f*; ~ jardin Gartenparzelle *f*; Parzellengarten *m*; *par ext* Garten-, Laubenkolonie *f*; Kleingärtenanlage *f*; **3.** *comm* Aufteilung *f* in Lose, Par'tien

loto [lɔto] *m* Lotto(spiel) *n*

lotte [lɔt] *f* **1.** Lotte *f*; Quappe *f*; (Aal)Rutte *f*; Aalraupe *f*; ~ de mer Seeteufel *m*

lotus [lɔtys] *m* **1.** *bot* Lotos *m* (*auch myth*); Lotosblume *f*; ~ bleu blaue Ägyptische Lotosblume; ~ jujubier Wilde Ju'jube; Lotus *m*; ~ des Égyptiens Ägyptische Lotosblume; **2.** *arch* fleur *f* de ~ Lotosblüte *f*

louable[1] [lwabl(ə)] *adj* lobenswert; löblich; rühmlich; anerkennenswert; peu ~ unrühmlich

louable[2] [lwabl(ə)] *adj* vermietbar; cet appartement est difficilement ~ diese Wohnung ist schwer zu vermieten

louage [lwaʒ] *m jur* Miete *f*; Vermietung *f*; ~ de choses Miete *f*; (contrat *m* de) ~ d'ouvrage, d'industrie Werkvertrag *m*; (contrat *m* de) ~ de services Dienstvertrag *m*; voiture *f* de ~ Mietwagen *m*

louange [lwaʒ] *f* **1.** Lob *n*; Belobigung *f*; ~s *pl* Lob *n*; Lobpreis *m*; Lobpreisung *f*; à la ~ de qn zu j-s Lob, Ehre; discours *m* à la ~ de qn das zu j-s Verdienste würdigt; il faut dire à sa ~ ... zu s-m Lob, zu s-r Ehre muß gesagt werden *od* sei gesagt ...; chanter les ~s de qn j-s Lob singen; ein Loblied auf j-n singen; e-n Lobgesang auf j-n anstimmen; e-e Lobrede auf j-n halten; *égl* chanter les ~s du Seigneur den Herrn (lob)preisen; des Herrn Ruhm verkünden; **2.** *égl cath* Lobgesang *m*

louche[1] [luʃ] *adj* **1.** *Angelegenheit, Benehmen, Geschichte etc* undurchsichtig; verdächtig; fragwürdig; zweifelhaft; *Geschäfte, Unternehmen auch* anrüchig; *Vergangenheit auch* dunkel; *subst* il y a du ~ dans cette histoire an der Geschichte, Sache ist etwas faul, verdäch-

tig; die Geschichte, Sache kommt mir verdächtig, komisch vor; c'est ~! da stimmt etwas nicht!; da ist etwas faul!; das ist verdächtig!; fréquenter des milieux ~s in fragwürdigen, zweifelhaften Kreisen verkehren; **2.** *selten: Flüssigkeit* trüb

louche[2] [luʃ] *f* **1.** *cuis* Schöpflöffel *m*; Suppenkelle *f*; **2.** *tech* Ausbohrstahl *m*; **3.** *agr* Jauchekelle *f*; **4.** *arg* (main) F Flosse *f*; Pfote *f*

loucher [luʃe] *v/i* **1.** schielen; **2.** F *fig* ~ sur qc, qn nach etw, j-m schielen; begehrliche Blicke auf etw, j-n werfen

loucherbem [luʃebɛm] *arg m* Fleischer *m*; Metzger *m*

louchet [luʃɛ] *m* **1.** *agr* Dränspaten *m*; **2.** *zum Zerlegen e-s Wals* Speckmesser *n*

louer[1] [lwe] **I** *v/t* loben; *e-e Sache auch* rühmen; preisen; *Gott* loben; (lob-) preisen; rühmen; *j-s Verdienste* würdigen; ~ qn de *od* pour qc j-n für etw loben; Dieu soit loué! gott'lob!; Gott sei (Lob und) Dank!; **II** *v/pr* se ~ de qc, qn mit etw, j-m zu'frieden sein; se ~ d'avoir fait qc froh sein, etw getan zu haben; il n'a qu'à se ~ de son fils er kann mit s-m Sohn sehr zufrieden sein; er kann sich zu diesem Sohn gratulieren

louer[2] [lwe] **I** *v/t* **1.** *Haus, Wohnung, Wagen, Boot etc* vermieten; à ~ zu vermieten; chambre à ~ Zimmer frei; **2.** *Wohnung, Boot, Garage etc* mieten; *Räume adm auch* anmieten; **3.** ~ une place a) *thé, Kino* e-e Karte vorbestellen; e-e Karte reser'vieren lassen; b) *ch de fer* e-e Platzkarte bestellen; **II** *v/pr* se ~ **4.** *passivisch Haus, Wohnung etc* vermietet werden; **5.** *reflexiv Landarbeiter etc* sich verdingen

lou|eur [lwœr] *m*, **~euse** *f* Vermieter(in) *m(f)*; loueur de voitures Autovermieter *m*

louf [luf] *adj* F *cf* loufoque

louf(f)iat [lufja] *m* P (*garçon de café*) Kellner *m*

loufoqu|e [lufɔk] F **I** *adj* Person, Geschichte, Film etc verrückt; Person *cf auch* cinglé; **II** *m,f* Verrückte(r) *f(m)*; verrückter Kerl; verrückte Per'son; **~erie** F *f* Verrücktheit *f* (*auch als Handlung*)

louftingue [luftɛg] *adj* F *cf* loufoque

lougre [lugr(ə)] *m mar* Logger *m*

louis [lwi] *m* alte Münze Louis'dor *m*

Louis [lwi] *m/pr adit Kunst* fauteuil *m* XV Louis-quinze-Sessel *m*; Sessel *m* im Louis-quinze-Stil; style *m* ~ XIV, XV, XVI Louis-quatorze(-), Louis-quinze(-), Louis-seize(-Stil) *n(m)*

louise-bonne [lwizbɔn] *f* ⟨*pl* louises-bonnes⟩ *bot* Birnensorte Gute Lu'ise

Louis-Philippe [lwifilip] *n/pr adit Kunst* style *m* ~ in Deutschland etwa Biedermeier *n*

loukoum [lukum] *m orientalische Süßigkeit* Rachat Lokum *n*

loulou [lulu] *m* **1.** *zo* Spitz *m*; ~ de Poméranie Pommernspitz *m*; **2.** ⟨*f* louloutte [lulut]⟩ F *Kosename für Kinder u Frauen* Liebling *m*; Schatz *m*; Schätzchen *m*; Herzchen *m*; **3.** Halbstarke(r) *m*

loup [lu] *m* **1.** *zo* Wolf *m*; **2.** *fig* jeune ~ ehrgeiziger junger Mann; F mon ~ *cf* loulou 2.; F ~ de mer F (alter) Seebär; faim *f* de ~ F Wolfs-, Bären-, Mordshunger *m*; enfermer le ~ dans la bergerie den Bock zum Gärtner machen (*loc/prov*); être connu comme le ~ blanc bekannt sein wie ein bunter Hund; 'hurler avec les ~s mit den Wölfen heulen; *loc/prov* les ~s ne se mangent pas entre eux e-e Krähe hackt der andern kein Auge aus (*prov*);

quand on parle du ~, on en voit la queue wenn man vom Esel spricht, so kommt er; wenn man den Esel nennt, kommt er schon gerennt; wenn man vom Teufel spricht, ist er nicht weit; Lupus in fabula (*alle loc/prov*); 3. *tech* (Fabrikati'ons)Fehler *m; métall* (Ofen-) Sau *f;* 4. *text* Reißwolf *m;* 5. **tête** *f* **de ~** *cf* tête-de-loup; 6. *impr* Lücke *f;* 7. schwarze Halbmaske; 8. *astr* le ♀ der Wolf; 9. *zo* ~ (**marin, de mer**) Seewolf *m;* Katfisch *m;* Steinbeißer *m*

loupage [lupaʒ] F *m* F Verpatzen *n;* Verpfuschen *n;* P Versauen *n*

loup-cervier [lusεrvje] *m* ⟨*pl* loups-cerviers⟩ *zo* (Nord)Luchs *m*

loupe [lup] *f* 1. *opt* Lupe *f;* Vergrößerungsglas *n;* ~ **de lecture** Leselupe *f,* -glas *n;* Stiellupe *f;* ~ **de poche** Taschenlupe *f;* **examiner** qc **à la** ~ etw mit der Lupe, mit dem Vergrößerungsglas prüfen; **lire à la** *od* **avec une** ~ mit der *od* mit e-r Lupe lesen; mit dem *od* mit e-m Vergrößerungsglas lesen; *fig* **regarder** qc **à la** ~ etw unter die Lupe nehmen; 2. *bot an Bäumen* Knorren *m;* Auswuchs *m;* 3. *path* Grützbeutel *m;* Balggeschwulst *f; sc* Athe'rom *n;* 4. *minér* unreifer Edelstein; 5. *métall* Luppe *f*

loupé [lupe] *m tech* (Fabrikati'ons-) Fehler *m*

louper [lupe] F **I** *v/t* 1. *Arbeit etc* F verpfuschen; verpatzen; P versauen; *Klassenarbeit* F verhauen; 2. *Zug, Bus, etw Interessantes* verpassen; versäumen; *j-n bei e-r Verabredung* verfehlen; verpassen; *fig* ~ **le coche, l'occasion** die Gelegenheit verpassen; **II** *v/i* **ça n'a pas loupé** das mußte ja so kommen (*wie ich es vorausgesagt habe*)

loup-garou [lugaru] *m* ⟨*pl* loups-garous⟩ Werwolf *m*

loupi|ot [lupjo] *m,* **~ot(t)e** *f* F (*enfant*) F Gör *n;* Göre *f;* Fratz *m*

loupiote [lupjɔt] F *f* Lämpchen *n;* Lichtlein *n; péj* Funzel *f*

lourd [lur] **I** *adj* ⟨**lourde** [lurd]⟩ 1. *Last, Schritt, Wolken, Parfüm, Wein, Boden, finanzielle od seelische Belastung, Verantwortung, Aufgabe* schwer; *Steuerlast* drückend; *Speisen* schwer(verdaulich); *Schlaf, Beine* schwer; bleiern; *mil:* **armes ~es** schwere Waffen *f/pl; artillerie ~e* schwere Artillerie; *mar* **brise ~e** steife Brise; *chim* **eau ~e** schweres Wasser; *jur* **faute ~e** grobes, schweres Verschulden; schwerer, grober Verstoß; schwer(wiegend)e Verfehlung; **frais ~s** hohe (Un)Kosten *pl;* **huile ~e** Schweröl *n;* **industrie ~e** Schwerindustrie *f;* **neige ~e** Pappschnee *m;* **poids ~** a) Last(kraft)wagen *m;* Lkw *m;* F Laster *m;* b) *sports cf* **poids** 3.; **terrain ~** aufgeweichter, schwerer Boden; *subst* **les plus ~s** que d'air die Flugzeuge *n/pl;* ♦ *loc/adj:* ~ **de l'arrière** *Schiff* hecklastig; *Flugzeug* heck- *od* schwanzlastig; ~ **de l'avant** *Schiff* kopflastig; *Flugzeug* kopf- *od* buglastig; *Entscheidung etc* ~ **de conséquences** folgenschwer; *Satz etc* ~ **de sous-entendus** voller Anspielungen; ♦ **elle a le cœur** ~ das Herz ist ihr schwer; ihr ist schwer ums Herz; **en avoir** ~ **sur le cœur** sich es, etw zu Herzen nehmen; **j'ai l'estomac** ~ mir liegt etw schwer im Magen; ich habe Magendrücken; **avoir la main ~e** hart, fest zuschlagen; *fig* hart bestrafen; **avoir la main ~e en salant la soupe** die Suppe zu stark salzen; **avoir, se sentir la tête** ~ **e** e-n schweren Kopf haben; e-n Druck im Kopf haben; benommen sein; **il avait les yeux ~s de sommeil** ihm fielen (vor Müdigkeit) die Augen zu; 2. *Luft* schwül; schwer; drük-

kend; *Hitze* feuchtwarm; drückend; *fig Schweigen, Stimmung* beklemmend; bedrückend; dumpf; **il fait ~** es ist schwül, drückend; 3. *fin* **marché ~** flaue, lustlose, rückläufige Börse; 4. *Person* schwerfällig; unbeholfen; plump; *Gang, Geist, Stil* schwerfällig; *Witz, Stil, Kompliment* plump; *silhouette ~e* plumpe, vierschrötige Gestalt; **II** *adv* 1. *Koffer etc* **peser** ~ schwer sein; *fig* **cela ne pèsera pas** ~ **dans la balance** das wird nicht sehr ins Gewicht fallen; das wird nicht schwer in die Waagschale fallen; 2. F *fig von e-r Geldsumme* **ça ne fait pas** ~ das ist nicht viel; *Person* **ne pas en faire** ~ nicht viel tun; **ne pas en savoir** ~ nicht viel wissen; *des survivants? –* P **y en avait pas** ~ ... es gab nicht viele, es gab nur wenige; **III** *m mar* ~ (**compact**) Schwergut *n;* **port en** ~ Hafen *m* zur Verladung von Schwergut

lourdaud [lurdo] **I** *adj Person in der Gestalt* plump; grobschlächtig; vierschrötig; *im Benehmen* schwerfällig; unbeholfen; ungeschickt; plump; tölpelhaft; **II** *subst* ~(**e**) *m(f)* a) plumper, grobschlächtiger, vierschrötiger Mensch; b) schwerfälliger, unbeholfener, ungeschickter, plumper Mensch; Tölpel *m;* Tolpatsch *m*

lourde [lurd] *f arg* (*porte*) Tür *f*

lourdement [lurdəmɑ̃] *adv* 1. schwer; *Lastwagen etc* ~ **chargé** schwerbeladen; *Ausgaben etc* **grever** ~ **le budget** das Budget schwer belasten; *fig* **peser** ~ **sur** qc schwere, schlimme Folgen für etw haben; **tomber** ~ **wie ein** Klotz, Sack fallen; *fig* **se tromper** ~ sich schwer täuschen; 2. *fig* schwerfällig; unbeholfen; plump; **marcher** ~ schwerfällig gehen

lourdeur [lurdœr] *f* 1. *fig e-r Bürde* Schwere *f;* *des impôts* drückende Steuerlast; ~ **de tête** Benommenheit *f;* 2. *fin* ~ **du marché** Flauheit *f,* Lustlosigkeit *f,* rückläufige Ten'denz der Börse; 3. *fig des Stils, e-s Gebäudes, der Formen* Plumpheit *f; des Stils auch, des Geistes* Schwerfälligkeit *f;* **s'exprimer avec** ~ sich ungeschickt, unbeholfen, plump ausdrücken

lourdingue [lurdɛ̃g] F *adj u subst cf* lourdaud

loure [lur] *f mus* Loure *f* (*altes Instrument u Tanz*)

loustic [lustik] F *m* Spaßmacher *m;* Spaßvogel *m;* Witzbold *m; péj* **un drôle de** ~ ein unangenehmer Kerl

loutre [lutr(ə)] *f* 1. *zo* ~ (**commune, de rivière**) Fischotter *m;* ~ **de mer** Seeotter *m;* Ka'lan *m;* 2. *Kürschnerei* Otter(n)fell *n;* ~ **d'Hudson** Bisamratte *f;* ~ **de mer** Seal(skin) ['zi:l-] *m od n;* ~ **de Sibérie** Ko'linski *m;* **manteau** *m* **de** ~ Ottermantel *m*

louve [luv] *f* 1. *zo* Wölfin *f;* **la** ♀ **du Capitole** die Kapito'linische Wölfin; 2. *tech* Steinzange *f;* Wolf *m;* 3. *mar zum Entladen* Rutsche *f;* Rutschbahn *f*

louvet [luvε] *adj* ⟨~**te**⟩ *Pferd* falb

louvet|age [luvtaʒ] *m text* Wolfen *n;* ~**eau** ⟨*pl* ~**x**⟩ 1. *zo* junger Wolf; 2. *bei den Pfadfindern* Wölfling *m;* ~**er** ⟨-tt-⟩ **I** *v/t text* wolfen; **II** *v/i Wölfin* Junge werfen

louvoiement [luvwamɑ̃] *m meist pl* ~**s** La'vieren *n;* Winkelzüge *m/pl*

louvoyer [luvwaje] *v/i* ⟨-oi-⟩ 1. *mar* kreuzen; 2. *fig* la'vieren; ausweichen; Winkelzüge machen

lover [lɔve] **I** *v/t mar* Tau aufschießen; **II** *v/pr* **se** ~ *Schlangen* sich zu'sammenrollen

lovérien [lɔverjɛ̃] *adj* ⟨~**ne**⟩ (*u subst* ♀ Einwohner) von Louviers

loxodrom|ie [lɔksɔdrɔmi] *f mar, aviat* Loxo'drome *f;* Kursgleiche *f,* -linie *f;* ~**ique** *adj mar, aviat* loxo'drom(isch); **route** *f* ~ loxodromer Kurs

loyal [lwajal] *adj* ⟨-aux⟩ 1. *Gegner* anständig; fair [fɛːr]; ehrenhaft; *Freund* treu; aufrichtig; *Mensch, Diener etc* rechtschaffen; redlich; (pflicht)treu; **loyaux services** treue Dienste *m/pl; loc/adv* P **à la** ~**e** anständig; fair; 2. *comm* **concurrence** ~**e** ehrlicher, lauterer Wettbewerb; *e-r Ware* **qualité** ~**e et marchande** gute Handelsqualität, -klasse; 3. *Pferd* gehorsam; willig; fromm; 4. *im Zirkus* **Monsieur** ♀ der Conférencier

loyal|ement [lwajalmɑ̃] *adv* 1. anständig; fair [fɛːr]; ehrenhaft; **accepter** ~ **défaite** mit Anstand verlieren; 2. *litt* ~ **dévoué** treuergeben; ~**isme** *m* 1. *pol* Loyali'tät *f;* Re'gierungs-, Staatstreue *f;* ~ **républicain** Treue *f* zur Republik; 2. (treue) Ergebenheit (**envers un parti** gegenüber e-r Partei); ~**iste** *f/adj* loy'al; staats-, re'gierungstreu; **II** *m/pl hist* ♀s Loya'listen *m/pl*

loyauté [lwajote] *f* Anständigkeit *f;* Fairneß ['fɛːr-] *f;* Ehrenhaftigkeit *f;* Rechtschaffenheit *f;* Redlichkeit *f;* (Pflicht-) Treue *f;* **reconnaître avec** ~ **son erreur** s-n Irrtum ehrlich, offen zugeben

loyer [lwaje] *m* 1. Miete *f;* Mietzins *m;* Mietpreis *m;* ~ **forfaitaire** Pau'schalmiete *f;* ~ **scientifique** nach den bestehenden Vorschriften genau errechnete Miete; ~ **de magasin** Ladenmiete *f;* 2. *fin* ~ **de l'argent** Zins(fuß, -satz) *m*

lu [ly] *p/p von* lire

lubie [lybi] *f* Schrulle *f;* Grille *f;* **avoir des** ~**s** Schrullen, Grillen im Kopf haben; **il lui prend parfois la** ~ **de faire** qc er kommt manchmal auf den komischen Einfall ...

lubricité [lybrisite] *f* Geilheit *f;* Lüsternheit *f*

lubrifiant [lybrifjɑ̃] **I** *adj tech* Schmier...; **II** *m* 1. *tech* Schmiermittel *n;* 2. *Kunststoffindustrie* Trennmittel *n*

lubrificateur [lybrifikatœr] *m text* Schmälz-, Ölwolf *m*

lubri|fication [lybrifikasjɔ̃] *f tech* (Ein-, Ab)Schmieren *n,* Schmierung *f;* (Ein-) Ölen *n,* ~**fier** *v/t tech* (ein-, ab-) schmieren; (ein)ölen

lubrique [lybrik] *adj Person, Blick* geil; lüstern; las'ziv; *Tanz* unzüchtig

lucane [lykan] *m zo* Hirschkäfer *m*

lucarne [lykarn] *f* 1. *arch* Dachfenster *n,* -luke *f;* ~ **bombée, à fronton cintré** Fledermausgaube *od* -gaupe *f;* ~ **flamande** Dachhäuschen *n;* ~ **rampante** Schleppgaube *od* -gaupe *f;* ~ **à la capucine, à chevalet** Kapu'zinerfenster *n;* 2. *par ext* kleines Fenster; Luke *f;* 3. *bei Renaissancemöbeln* (*Art*) Medail'lon *m*

lucid|e [lysid] *adj Geist* klar; *Verstand, Urteilskraft* scharf; *Person* scharfblickend; hellsichtig; **esprit** *m* ~ klarer, heller Kopf; *Person* **être** ~ klar sehen; klar denken; hellsichtig sein; **le mourant était encore** ~ der Sterbende war noch bei klarem Verstand, Bewußtsein; ~**ement** *adv* **envisager** ~ qc e-r Sache (*dat*) mit klarem Blick entgegensehen; ~**ité** *f des Geistes, von Ideen etc* Klarheit *f; e-s Menschen* Scharfblick *m;* Hellsichtigkeit *f;* *Geisteskranker* **avoir des moments de** ~ lichte Augenblicke, Momente haben; **garder sa pleine** ~ bei klarem Verstand, Bewußtsein bleiben; *in e-r schwierigen, gefährlichen Situation* **e-n** kühlen, klaren Kopf bewahren; **juger avec** ~ ein klares Urteil haben

lucifér|ien [lysiferjɛ̃] *adj* ⟨~**ne**⟩ luzi-'ferisch; ~**ine** *f chim* Luzife'rin *n*

luci|fuge [lysify3] *adj zo* lichtscheu; **~lie** [-li] *f zo* Goldfliege *f*; **~mètre** *m météo* Luzi'meter *n*

luciole [lysjɔl] *f zo* Leuchtkäfer *m*; Glühwürmchen *n*

lucratif [lykratif] *adj* ⟨-ive⟩ Geschäft, Arbeit etc einträglich; einbringlich; gewinnbringend; (finanziell) lohnend; lukra'tiv; *jur*: **association** *f* à but ~ wirtschaftlicher Verein; **association** *f* **sans but** ~ entgangener Gewinn

lucre [lykrə] *st/s m* Gewinn *m*; **passion** *f* **du** ~ Gewinnsucht *f*

lucrum cessans [lykrɔmsesɑ̃s] *m* ⟨inv⟩ *jur* entgangener Gewinn

ludique [lydik] *adj* Spiel...; *psych* activité *f* ~ Spielen *n*

luette [lɥɛt] *f anat* Zäpfchen *n*

lueur [lɥœr] *f* **1.** (Licht)Schein *m*; (Licht-)Schimmer *m*; (schwaches) Licht; **mil** ~ **d'une bouche à feu, du canon** Mündungsfeuer *n*; **à la** ~ **du clair de lune** bei Mondlicht; **à la** ~ **des flambeaux** im Fackelschein; im Schein, Licht der Fackeln; **2.** *der Augen* Aufblitzen *n*; **une** ~ **de désir illumina ses yeux** s-e Augen funkelten begehrlich; **une** ~ **de colère passa dans ses yeux** in s-n Augen blitzte es zornig auf; **3.** *fig* Funke(n) *m*; ~ **d'espoir** Funke(n) Hoffnung; Hoffnungsschimmer *m*, -strahl *m*; *bei Wahnsinnigen* ~ **de raison** lichter Augenblick

luffa [lyfa] *m bot* Luffa *f*

lug|e [ly3] *f* (Rodel)Schlitten *m*; *österr* Rodel *f*; **piste** *f* **de** ~ Rodelbahn *f*; **faire de la** ~ Schlitten fahren; rodeln; **~eur** *m*, **~euse** *f* Rodler(in) *m(f)*

lugubre [lygybrə] *adj* Miene, Stimmung etc düster; traurig; trübselig; *Gedanken auch* trübe; *Gebäude* trostlos, düster, finster wirkend; **mine** *f* ~ Trauermiene *f*

lui [lɥi] *pr/pers der 3. pers sg* **1.** *verbunden* ⟨m u f⟩ **a)** *obj/indir von il, elle*: ihm (*m u n*); ihr (*f*); **je le** ~ **dirai** ich werde es ihm *bzw* ihr sagen; **je** ~ **parlerai de vous** ich werde mit ihm *bzw* ihr über Sie sprechen; **remettez-~ ce livre!** geben Sie ihm *bzw* ihr dieses Buch zurück!; **b)** *anstelle des obj/dir le, la*: ihn (*m*); sie (*f*); es (*n*); **faites-~ recommencer ce travail** lassen Sie ihn *bzw* sie *bzw* es diese Arbeit noch einmal machen; **je** ~ **ai laissé lire cette lettre** ich habe ihn *bzw* sie *bzw* es diesen Brief lesen lassen; **2.** *unverbunden u meist betont* ⟨nur m⟩ **a)** *Subjekt* er; **non plus n'a rien compris** auch *e r* hat nichts verstanden; **c'est tout à fait** ~ das ist er, wie er leibt und lebt; **toi, tu te reposes et** ~, **il travaille** du ruhst dich aus, und er arbeitet; **c'est** ~ **qui sera content de vous voir** gerade er wird sich freuen, Sie zu sehen; **b)** *obj/dir* ihn; **qui avez-vous choisi?** ... ihn; **il veut vous voir, toi et** ~ er will euch sehen, dich und ihn; **je le choisis,** ~, **de préférence à tout autre** ich gebe ihm den Vorzug vor jedem anderen; **c)** *mit prép* ihm (*dat*); ihn (*acc*); **voulez-vous me présenter à** ~? wollen Sie mich ihm vorstellen?; ~ **seul** (er) allein; **il n'y arrivera jamais à** ~ **tout seul** ganz allein wird er das nie schaffen; *loc/adj* **bien à** ~ ihm eigen; typisch für ihn; **il a des idées bien à** ~ er hat so s-e eigenen Ideen; *litt* **un livre à** ~ **dédié** ihm gewidmetes Buch; **chez** ~ bei ihm (zu Haus); **de** ~ von ihm; **parler de** ~ von ihm, über ihn sprechen; **à cause de** ~ seinetwegen; **se souvenir de** ~ sich an ihn erinnern; sich s-r erinnern; *apprendre* **par** ~ durch ihn; *voter* **pour** ~ für ihn; **d)** *bei reflexiver*

Beziehung sich; **il est content de** ~ er ist mit sich zufrieden

lui-même [lɥimɛm] *pr/pers* **1.** *betont* (er) selbst; ~ **n'en sait rien** er selbst weiß nichts davon *od* darüber; **il l'a dit** ~ er hat es selbst gesagt; **2.** *reflexiv* sich (selbst); **la bonne opinion qu'il a de** ~ die gute Meinung, die er von sich (selbst) hat; **il a agi de** ~ er hat von sich aus, er hat aus eigenem Antrieb gehandelt; **il a confiance en** ~ er hat Selbstvertrauen; **il se rendra compte de la situation par** ~ er wird sich selbst, persönlich, mit eigenen Augen von der Lage über'zeugen

luire [lɥir] *v/i* ⟨cf conduire; aber p/p lui⟩ *st/s* **1.** *Sonne* scheinen; leuchten; glänzen; *Metall* glänzen; blinken; blitzen; schimmern; leuchten; *poét* gleißen; *poliertes Holz* spiegeln; *Stirn* ~ **de sueur** vor Schweiß glänzen; **2.** *fig* **un espoir luit encore** es gibt noch e-n Hoffnungsschimmer, -strahl

luisant [lɥizɑ̃] **I** *adj* **1.** *Metall* blank; glänzend; blinkend; blitzend; schimmernd; leuchtend; *poét* gleißend; *Haut durch Fett* glänzend; *Fettfleck* speckig; **2.** *zo* **ver** ~ Glüh-, Jo'hanniswürmchen *n*; Leuchtkäfer *m*; **II** *m von Satin, e-s Stoffes* Glanz *m*

lulu [lyly] *m zo* Heidelerche *f*

lumachelle [lymaʃɛl] *f géol* Muschelkalk *m*

lumbago [lɔ̃bago, lɛ̃-] *m path* Hexenschuß *m*; *sc* Lum'bago *f*

lumen [lymɛn] *m* (abr lm) *phys* Lumen *n* (abr lm); **~-heure** *m* ⟨pl lumens--heures⟩ (abr lmh) *phys* Lumenstunde *f* (abr lmh)

lùmes [lym] *cf* lire

lumière [lymjɛr] *f* **1.** (Tages-, künstliches) Licht *n* (auch peint); *phys* ~ **blanche** weißes Licht; ~ **électrique** elektrisches Licht; ~ **du jour** Tageslicht *n*; ~ **des phares** Scheinwerferlicht *n*; ~ **du soleil, solaire** Sonnenlicht *n*; **les** ~**s de la ville** die Lichter der Stadt; *adit* **la ville** ~ die Lichterstadt Paris; *astr* **courbe** *f* **de** ~ Lichtkurve *f*; *phys* **diffraction** *f* **de la** ~ Lichtbeugung *f*; **habit** *m* **de** ~ bestickte Stierkämpfertracht; **son et** ~ *cf* son² 4.; *loc/adv* **à la** ~ (du jour) bei (Tages)Licht; **sous la** ~ **des projecteurs** im Scheinwerferlicht; **allumer, ouvrir la** ~, **faire de la** ~ das Licht an-, einschalten, F anmachen, anknipsen, andrehen; **il y a encore de la** ~ **chez le voisin** beim Nachbar brennt, ist noch Licht; **donner de la** ~ **à qn** j-m (mit e-r Kerze, Taschenlampe etc) leuchten; **2.** *fig* Licht *n*; **n'apporter aucune** ~ **dans l'affaire** kein Licht in die Sache bringen; **faire (toute) la** ~ **sur une affaire** e-e Sache (völlig) aufklären; **la** ~ **se fit dans son esprit** ihm ging ein Licht auf; **jeter de la** ~ **sur une affaire** Licht in e-e Angelegenheit bringen; **jeter des** ~**s nouvelles sur** ein neues Licht auf etw (acc) werfen; **(re)mettre qc en** ~ (wieder, erneut) auf etw (acc) aufmerksam machen, hinweisen; **3.** *fig von e-m klugen Menschen* Leuchte *f*; **iron ce n'est pas une** ~ er ist kein großes (Kirchen)Licht; er ist keine große Leuchte; *loc/adj* **à la** ~ **de** auf Grund *od* aufgrund (der Ergebnisse) (+gén); anhand (+gén); unter Berücksichtigung (+ gén); unter Berücksichtigung der Aufklärung; **5.** ~**s** *pl* Wissen *n*; Kenntnisse *f/pl*; Können *n*; **le siècle des** ~**s** das Jahrhundert, Zeitalter der Aufklärung; *plais* **j'ai besoin de vos** ~**s** ich brauche Ihre Hilfe, Ihre guten Einfälle; **6.** *tech* Öffnung *f*; Schlitz *m*; Loch *n*; *arp in e-m*

Meßinstrument Sehloch *n*; *mus* **e-r La**bialpfeife Mundloch *n*; Aufschnitt *m*; *bei alten Gewehren* Zündloch *n*; *auto* ~ **d'admission, d'échappement** Lufteinlaßschlitz *m*, Auspuffschlitz *m*; **7.** *bibl* **la ♀ das Licht; que la ♀ soit!** es werde Licht!; **8.** *Freimaurerei* **les sept** ~**s** die sieben Logenbeamten *m/pl*; **recevoir la** ~ in das Ritu'al eingeweiht werden

lumignon [lymiɲɔ̃] *m* Lämpchen *n*; Lichtlein *n*; *péj* Funzel *f*

lumin|aire [lyminɛr] *m coll* **1.** Beleuchtungskörper *m/pl*; Leuchten *f/pl*; **2.** *e-r Kirche* Kerzen *f/pl* und Lampen *f/pl*; **~ance** *f* **1.** *phys* Leuchtdichte *f*; **2.** *télév e-s* Bildpunktes Helligkeit *f*; **~ation** *f phot* Lichtmenge *f*

luminesc|ence [lyminesɑ̃s] *f phys* Lumines'zenz *f*; **~ent** *adj phys* lumines'zierend; **lampe** ~**e** Glimmlampe *f*

lumineux [lyminø] *adj* ⟨-euse⟩ **1.** Leucht...; Licht...; *Teint* schimmernd; *Augen der Katzen* leuchtend; **affiche lumineuse** Lichtreklame *f*; Leuchtschrift *f*; *mar* **enseigne lumineuse** Leuchtschild *n*; *phys* **flux** ~ Lichtstrom *m*; **fontaine lumineuse** beleuchteter Springbrunnen; *biol* **organe** ~ Leuchtorgan *n*; **point** ~ Lichtpunkt *m*; **publicité, réclame lumineuse** Lichtreklame *f*, -werbung *f*; Leuchtwerbung *f*; **puissance lumineuse** Leuchtkraft *f*; **rayon** ~ Lichtstrahl *m*; **source lumineuse** Lichtquelle *f*; **2.** *fig* klar; einleuchtend; F **c'est une idée lumineuse!** das ist e-e glänzende Idee!

luministe [lyminist] *m peint* mit Lichteffekten arbeitender Maler

luminophores [lyminɔfɔr] *m/pl zo* Leuchtorganismen *m/pl*

luminosité [lyminozite] *f* **1.** *des Himmels* Leuchten *n*; strahlende Helle; Glanz *m*; *poét* **la** ~ **de son regard** sein strahlender Blick; **2.** *astr der Sterne* Leuchtkraft *f*; Helligkeit *f*; **3.** *élect* **coefficient** *m* **de** ~ Lichtausbeute *f*

lumitype [lymitip] *f* (nom déposé) *impr* Lumitype *f* (Wz)

lunaire¹ [lynɛr] *adj* Mond...; *astr* **année** *f* ~ Mondjahr *n*; **cycle** *m* ~ Mondzirkel *m*; Me'tonischer Zyklus; *fig* **face** *f* ~ F 'Vollmondgesicht *n*; *astr* **mois** *m* ~ Mondmonat *m*; **orbite** *f* ~ Mondbahn *f*; *fig* **paysage** *m* ~ Mondlandschaft *f*; **sonde** *f* ~ Mondsonde *f*

lunaire² [lynɛr] *f bot* Mondviole *f*

lunaison [lynɛzɔ̃] *f astr* Mondumlaufzeit *f*; *sc* Lunati'on *f*

lunatique [lynatik] **I** *adj* **1.** *Mensch* launisch; launenhaft; *Stimmung, Benehmen* wechselnd; **être** ~ *auch* Launen haben; **2.** *vét Pferd* mondblind; **II** *m,f* launischer, launenhafter Mensch

lunch [lœ̃ʃ, lɛ̃ʃ] *m* ⟨pl ~s *od* ~es⟩ **a)** kaltes Bü'fett; **b)** Gabelfrühstück *n*; Lunch [lan(t)ʃ] *m*

lund [lɔ̃] *m od* **lunda** [lɔ̃da] *m zo* Schopflund *m*

lundi [lɛ̃di, lɛ̃-] *m* Montag *m*; ~ **de Pâques, de (la) Pentecôte** Oster-, Pfingst'montag *m*; *Wendungen cf* jeudi

lune [lyn] *f* **1.** *allg* ~, *astr*: ♀ Mond *m*; **1.** ~ **croissante, décroissante** zunehmender, abnehmender Mond; **nouvelle** ~ Neumond *m*; **pleine** ~ 'Vollmond *m*; **à la nouvelle, pleine** ~ bei Neu-, Vollmond; **la** ~ **est nouvelle, pleine** es ist, wir haben Neu-, Vollmond; ~ **rousse** Zeit *f* der späten Nachtfröste im April/Mai; *Raumfahrt* **se poser sur la ♀** auf dem Mond landen, aufsetzen; **2.** *fig* **aller décrocher la** ~ **pour qn** Unmögliches für j-n tun; **für j-n die Sterne vom Himmel**

holen; **demander la** ~ Unmögliches
verlangen; **être con comme la** ~ ein
Mondkalb sein; F dümmer sein, als die
Polizei erlaubt; P saudumm, -blöd sein;
être dans la ~ nicht bei der Sache sein;
geistesabwesend sein; mit s-n Gedanken
ganz woanders sein; **promettre la** ~ **à**
qn j-m Unmögliches versprechen; **tom-**
ber de la ~ F (wie) aus allen Wolken
fallen; **3.** *poét* (*mois*) poét Mond *m*; ~ **de**
miel Honigmond *m*, Flitterwochen *f/pl*
(*beide auch fig*); **4.** F (*derrière*) F (nack-
ter) Hintern, Po; **5.** *zo* ~ **de mer** *od*
poisson *m* ~ Mond-, Sonnenfisch *m*;
Meermond *m*; **6.** *bot* ~ **d'eau** *cf* **nym-**
phéa
luné [lyne] *adj* **bien, mal** ~ gut-, schlecht-
gelaunt; froh-, 'mißgestimmt; froh-,
'mißgelaunt; **être bien, mal** ~ *auch* (bei)
guter, schlechter Laune sein
lunet|ier [lyntje] *m* **a)** (opticien) ~
Brillen-, Augenoptiker *m*; **b)** Brillenfa-
brikant *m*; **~ière** *adj* <*nur f*> industrie
~ Brillenindustrie *f*
lunette [lynɛt] *f* **1.** ~**s** *pl* Brille *f*; ~**s de**
plongée Taucherbrille *f*; ~**s de pro-**
tection Schutzbrille *f*; ~**s de soleil**
Sonnenbrille *f*; **branche** *f* **de** ~ Brillen-
bügel *m*; **une nouvelle paire de** ~**s** e-e
neue Brille; *loc/adj* **à** ~**s** mit Brille;
bebrillt; **mettre des** ~**s** e-e Brille
aufsetzen; F *fig* **mets tes** ~**s**! sieh besser,
genauer hin!; **porter des** ~**s** e-e Brille
tragen; Brillenträger sein; **2.** *opt* ~
(**d'approche**) Fernrohr *n*; Tele'skop *n*;
~ **astronomique** astronomisches *od*
Keplersches Fernrohr; ~ **terrestre** ter-
restrisches Fernrohr; *mar mil* ~ **à micro-**
mètre Fernrohr mit Fadenmikrometer;
~ **de Galilée** holländisches *od* Gali'lei-
sches Fernrohr; *mil* ~ **de pointage**
Zielfernrohr *n*; **3.** *arp* ~ **stadimétrique**
Entfernungs-, Di'stanzmesser *m*; Tele-
'meter *n*; *métall* ~ **pyrométrique** (*ein*)
Strahlungspyrometer *n*; **4.** *tech* an der
Drehbank Lü'nette *f*; Setzstock *m*; Stütz-
lager *n*; ~ **fixe**, **à suivre** feste, mitlau-
fende Lünette; **5.** *auto* ~ (**arrière**) Rück-
od Heckfenster *n*, -scheibe *f*; **6.** *arch* **a)**
Stichkappe *f*; in e-m Gewölbe runde
Öffnung *f*; **b)** kleines Dachfenster; **7.** *mar*
~ **d'étambot** Öffnung *f* im Hintersteven
für den Wellendurchtritt; **8.** *fortif* Lü-
'nette *f*; **9.** *mil* am Lafettenschwanz etc
Öse *f*; **10.** am Uhrgehäuse Deckelring *m*
(*als Fassung des Uhrglases*); **11.** (Klo-
'sett)Brille *f*
lunett|erie [lynɛtri] *f* Brillenhandel *m*,
-herstellung *f*; **~ier** *m cf* **lunetier**
luni-solaire [lynisɔlɛr] *adj* *astr* luniso-
'lar; **année** *f* ~ gebundenes Mondjahr;
Luniso'larjahr *n*; **attraction** *f* ~ Anzie-
hungskraft *f* durch Mond und Sonne;
précession *f* ~ Luniso'larpräzession *f*
lunularia [lynylarja] *f bot* Mondbecher-
moos *n*
lunule [lynyl] *f* **1.** *am Fingernagel* Mond
m; Möndchen *n*; *sc* Lunula *f*; **2.** *math* ~
d'Hippocrate Hippo'kratische Mönd-
chen *n/pl*; **3.** *zo* Mondvogel *m*, -fleck *m*;
4. *zo* als Zeichnung halbmondförmiger
Fleck; **5.** *égl* in der Monstranz Lunula *f*
lunure [lynyr] *f beim Holz* Mond-,
Frostring *m*
lupanar [lypanar] *litt m* Bor'dell *n*;
Freudenhaus *n*
Lupercales [lypɛrkal] *f/pl* im alten Rom
Luper'kalien *pl*
lupin [lypɛ̃] *m bot* Lu'pine *f*; Wolfs-
bohne *f*
lupinose [lypinoz] *f vét* Lu'pinenkrank-
heit *f*; *sc* Lupi'nose *f*
lupul|in [lypylɛ̃] *m bot* Hopfenmehl *n*;
~ine *f* **1.** *bot* Hopfenklee *m*, -luzerne *f*;
2. *chim* Hopfenbitterstoff *m*; Lupu'lin *n*

lupus [lypys] *m path* Lupus *m*; ~ **tuber-**
culeux Hauttuberkulose *f*
lurent [lyr] *cf* **lire**
lurette [lyrɛt] *f nur loc* F **il y a belle** ~
es ist schon lange, e-e Ewigkeit her
lur|on [lyrõ] *m*, **~onne** *f* un gai, joyeux
luron ein lustiger, fi'deler Kerl, Geselle,
Kum'pan; F ein fideles Haus
lus [ly] *cf* **lire**
lusciniole [lysinjɔl] *m zo* Tama'risken-
sänger *m*
lusin [lyzɛ̃] *m mar* zweischäftig geschla-
gene dünne Leine
lusitanien [lyzitanjɛ̃] *hist* **I** *adj* <~**ne**>
lusi'tanisch; **II** *m/pl* &s *od* **Lusitains**
[lyzitɛ̃] Lusi'tanier *m/pl*
lustrage [lystraʒ] *m* **1.** Glänzendmachen
n; *text*, *Pelzveredelung* Lü'strieren *n*; *von*
Filz Glätten *n*; Glattstreichen *n*; **2.** *von*
Spiegelglas Po'lieren *n*
lustr|al [lystral] *litt adj* <-**aux**> Reini-
gungs...; **~ation** *litt f* Reinigung *f*;
Lustrati'on *f*
lustre [lystr(ə)] *m* **1.** Kronleuchter *m*;
Lüster *m*; ~ **de cristal** Kri'stallüster *m*;
Kri'stalleuchter *m*; **2. a)** *von Gegenstän-*
den (*natürlicher od künstlicher*) Glanz *m*
(*auch fig*); **donner du** ~ **à qc** e-r Sache
Glanz verleihen, geben; etw glänzend
machen; *fig* e-m Gebäude, e-r Stadt etc
redonner du ~ neuen Glanz verleihen;
b) *Leder-, Glas-, Keramikfabrikation,*
Pelzveredelung Lüster *m*; **3.** *litt* Lustrum
n; Zeitraum *m* von fünf Jahren; *fig* **de-**
puis des ~**s** seit langer Zeit; seit langem
lustré [lystre] *adj* **1.** *Kleidungsstück*
blankgescheuert, -geweitzt; **2.** *Federn,*
Fell, Haar, Stoff etc glänzend; **3.** *géol*
schistes ~**s** Glimmerschiefer *m*
lustrer [lystre] *v/t* **1.** glänzend machen;
Glanz geben (+*dat*); **2.** *text, Pelzverede-*
lung lü'strieren; *Filz* glätten; glattstrei-
chen; **3.** *Spiegelglas* po'lieren; **4.** *Klei-*
dungsstück blank scheuern, wetzen
lustr|erie [lystrəri] *f* Kronleuchter-,
Lüsterfabrik(ation) *f*; **~eur** *m* Pelz-,
Rauchwarenfärber *m*; **~ine** *f text* Lü-
ster *m*; **~oir** *m* zum Polieren von Glas
befilzte Po'lierscheibe
lut[1] [ly] *cf* **lire**
lut[2] [lyt] *m tech* Kitt *m*
lutécium [lytesjɔm] *m chim* Lu'tetium *n*
lutéine [lytein] *f Biochemie* Lute'in *n*
luter [lyte] *v/t tech* (aus-, zu-, ver)kitten;
mit Kitt verschmieren
lûtes [lyt] *cf* **lire**
lutétium [lytesjɔm] *m cf* **lutécium**
luth [lyt] *m* **1.** *mus* Laute *f*; **joueur** *m* **de** ~
Lautenspieler *m*; **2.** *zo* ~ *od adit* **tortue** *f*
~ Lederschildkröte *f*
luthéranisme [lyteranism(ə)] *m rel* Lu-
thertum *n*
lutherie [lytri] *f* **a)** Geigenbau *m*; Bau *m*
von Saiteninstrumenten; **b)** Handel *m*
mit Saiteninstrumenten
luthérien [lyterjɛ̃] *rel* **I** *adj* <~**ne**> luthe-
risch; **culte** ~ evan'gelischer Gottes-
dienst; Église ~**ne** Lutherische Kirche;
la Fédération ~**ne mondiale** de Lu-
therische Weltbund; **II** *subst* ~(**ne**) *m(f)*
Luthe'raner(in) *m(f)*
luth|ier [lytje] *m* Geigenbauer *m*; Saiten-
instrumentenbauer *m*, -macher *m*; **~iste**
m mus Lautenspieler *m*
lutin [lytɛ̃] **I** *m* **1.** Kobold *m*; Wichtel-,
Heinzelmännchen *n*; **2.** *fig von e-m Kind*
Wildfang *m*; Schelm *m*; **II** *adj* schel-
misch; schalkhaft; neckisch
lutiner [lytine] *v/t* ~ **une femme** mit e-r
Frau schäkern
lutraire [lytrɛr] *f od* **lutraria** [lytrarja] *f*
zo Ottermuschel *f*
lutrin [lytrɛ̃] *m in e-r Kirche* **a)** Noten-,
Chorpult *m*; **b)** Chor(raum) *m*
lutte [lyt] *f* **1.** Kampf *m*; Ringen *n*;

zwischen Menschen, *innerhalb e-r Gruppe*
auch Ausein'andersetzung *f*; *e-r Krank-*
heit, e-s Mißstandes etc Bekämpfung *f*
(**contre** *gén*); ~ **finale** Endkampf *m*; ~**s**
religieuses Religi'onskämpfe *m/pl*; re-
ligiöse Auseinandersetzungen; ~ **contre**
l'alcoolisme Kampf gegen den Alko-
holismus; Bekämpfung des Alkoholis-
mus; ~ **contre le bruit, le cancer, la**
vermine Lärm-, Krebs-, Schädlingsbe-
kämpfung *f*; ~ **des classes** Klassen-
kampf *m*; ~ **d'intérêts** Inter'essen-
kampf *m*; ~ **pour le pouvoir** Macht-
kampf *m*; Kampf, Ringen um die
Macht; ~ **pour la vie, pour**
l'existence Kampf ums Dasein; Exi-
'stenz-, Daseins-, Lebenskampf *m*;
loc/adv **de haute, de vive** ~ nach har-
tem Kampf, Ringen; **mener la** ~ **contre**
qc, qn etw, j-n bekämpfen; den Kampf
gegen etw, j-n führen; **soutenir la** ~ e-n
ständigen Kampf führen; den Kampf
nicht aufgeben; **sortir vainqueur de la**
~ als Sieger aus dem Kampf hervorge-
hen; **2.** Ringkampf *m*; Ringen *n* (*beide*
auch sports); *sports* ~ **gréco-romaine**
griechisch-römisches Ringen; ~ **japo-**
naise Sumo *m*; ~ **libre** Freistilringen *n*;
3. *Schafzucht*: des Bocks Sprung *m*; ~
libre Klassensprung *m*
lutt|er [lyte] *v/i* kämpfen; ringen (*auch*
sports, fig); ~ **contre qc, qn** gegen etw,
j-n kämpfen; etw, j-n bekämpfen; ~
contre la mort mit dem Tod(e) ringen;
~ **contre le sommeil** mit dem Schlaf
kämpfen; gegen den Schlaf ankämpfen;
~ **contre la tempête** gegen den Sturm
ankämpfen; ~ **de vitesse** *cf* **vitesse** 1.; ~
pour qc für etw kämpfen; um etw
ringen; ~ **pour la première place**
um den ersten Platz kämpfen; **~eur** *m*,
~euse *f* **1.** <*nur m*> *sports* Ringer *m*;
Ringkämpfer *m*; **2.** *fig* Kämpfer(in) *m(f)*;
avoir un tempérament de ~ e-e
Kämpfernatur sein
lux [lyks] *m* (*abr* **lx**) *phys* Lux *n* (*abr* lx)
luxation [lyksasjõl] *f méd* Verrenkung *f*;
Ausrenkung *f*; *sc* Luxati'on *f*; ~ **de**
l'épaule, de la hanche Schulter-
(gelenk)-, Hüft(gelenk)verrenkung *f*
luxe [lyks] *m* **1.** Luxus *m*; Pracht *f*;
Aufwand *m*; Verschwendung *f*; *loc/adj*
de ~ Luxus...; **article** *m*, **objet** *m* **de** ~
Luxusartikel *m*, -gegenstand *m*; **édition**
f **de** ~ Pracht-, Luxusausgabe *f*; **faire**
étalage de ~ s-n Reichtum zur Schau
stellen; **c'est du** ~! so ein Luxus!; so e-e
Verschwendung!; das ist reiner Luxus,
reine Verschwendung!; **ce n'est pas du**
~! das ist wirklich kein Luxus!; **c'est**
mon seul ~ das ist der einzige Luxus,
den ich mir leiste; F **se payer le** ~ **de**
dire, de faire qc es sich leisten *od*
erlauben, etw zu sagen, zu tun; **2.** *fig* **un**
~ **de ...** (zu) reiche; reichlich viele; **racon-**
ter une histoire avec un ~ **de détails**
e-e Geschichte mit e-r Fülle von Einzel-
heiten erzählen
luxé [lykse] *adj méd* ausgerenkt; ver-
renkt; ausgekugelt
luxembourgeois [lyksãburʒwa] **I** *adj*
luxemburgisch; **II** *subst* ℒ(**e**) *m(f)*
Luxemburger(in) *m(f)*
luxer [lykse] *v/pr* **se** ~ **le bras, la rotule,**
etc sich den Arm, die Kniescheibe *etc*
ausrenken, verrenken, auskugeln
luxmètre [lyksmɛtr(ə)] *m phys* Lux'me-
ter *m*
luxueux [lyksɥø] *adj* <-**euse**> luxuri'ös;
prunkvoll; F feu'dal; **hôtel** ~ Luxushotel
n; F feudales Hotel
luxure [lyksyr] *f* Wollust *f*; Sinnenlust *f*,
-genuß *m*; Unkeuschheit *f*; *bibl* ~ **de la**
chair Fleischeslust *f*; **vie** *f* **de** ~ aus-

schweifendes Leben

luxuri|ance [lyksyrjɑ̃s] *f* **1.** *der Vegetation* Üppigkeit *f;* **2.** *fig* Fülle *f; in e-m Gedicht etc* ~ **des images** Fülle von Bildern; **~ant** *adj* **1.** *Vegetation* üppig; strotzend; *Pflanzen* **être** ~ *auch* üppig wachsen; wuchern; **2.** *fig Phantasie* blühend; üppig; reich

luxurieux [lyksyrjø] *adj* <-euse> wollüstig; lüstern; unkeusch; *rel* ~ **point ne seras** *égl prot* du sollst nicht ehebrechen; *égl cath* du sollst nicht Unkeuschheit treiben

luzern|e [lyzɛrn] *f bot* Lu'zerne *f;* Schnecken-, Sichelklee *m;* **~ière** *f agr* Lu'zernenfeld *n*

luzin [lyzɛ̃] *m cf* lusin

luzula [lyzyla] *m od* **luzule** [lyzyl] *f bot* Hainsimse *f*

lycanthrop|e [likɑ̃trɔp] *adj path* lykan-'thropisch; **~ie** *f path* Lykanthro'pie *f;* Lykoma'nie *f*

lycaon [likaɔ̃] *m zo* Hy'änenhund *m*

lycée [lise] *m* **1.** Gym'nasium *n;* höhere Schule; Oberschule *f;* ~ **mixte** Gymnasium für Jungen und Mädchen; ~ **de (jeunes) filles** Mädchengymnasium *n; auch noch* Ly'zeum *n;* ~ **de garçons** Jungen-, Knabengymnasium *n;* **2.** Gymnasi'al-, Gymnasi'asten-, Oberschulzeit *f*

lyc|éen [liseɛ̃] *m,* **~éenne** *f* Oberschüler(in) *m(f);* Gymnasi'ast(in) *m(f)*

lycène [lisɛn] *f zo* Bläuling *m*

lychnis [liknis] *m bot* Lichtnelke *f*

lycien [lisjɛ̃] *im Altertum* **I** *adj* <~ne> lykisch; **II** *m/pl* ♀s Lykier *m/pl*

lyciet [lisjɛ] *m od* **lycium** [lisjɔm] *m bot* Bocksdorn *m;* Teufelszwirn *m;* Filzkraut *n*

lyco|pène [likɔpɛn] *m chim* Lyko'pin *n;* **~pode** [-pɔd] *m* **1.** *bot* Bärlapp *m;* **2.** *phm* **(poudre** *f* **de)** ~ Lyko'podium *n;* **~po-**

diales [-pɔdjal] *f/pl bot* Bärlappgewächse *n/pl;* Bärlappe *m/pl*

lycopsis [likɔpsis] *m bot* Wolfsauge *n*

lycose [likoz] *f zo* Wolfsspinne *f*

lycra [likra] *m (nom déposé)* Lycra *n (Wz)*

lydien [lidjɛ̃] **I** *adj* <~ne> *im Altertum* lydisch; *mus* **mode** ~ *od subst* ~ *m* lydische Kirchentonart; lydischer Modus; **II** *m/pl* ♀s Lydier *m/pl*

lymnée [limne] *f cf* limnée

lymphangite [lɛ̃fɑ̃ʒit] *f path* Lymphgefäßentzündung *f; sc* Lymphan'gitis *f*

lymphat|ique [lɛ̃fatik] **I** *adj* **1.** *anat* Lymph...; *méd* lym'phatisch; **constitution** *f* ~ lymphatische Konstitution; **ganglion** *m* ~ Lymphknoten *m;* **vaisseaux** *m/pl* ~s *od subst* ~s *m/pl* Lymphgefäße *n/pl;* **2.** *fig Person* träge; phleg-'matisch; **tempérament** *m* ~ Trägheit *f;* Phlegma *n;* **II** *m.f* träger, phleg'matischer Mensch; **~isme** *m méd* Lympha'tismus *m;* lym'phatische Konstituti'on

lymphe [lɛ̃f] *f physiol* Lymphe *f*

lymph|ocyte [lɛ̃fɔsit] *m meist pl* ~s Lympho'zyten *m/pl;* **~oïde** *adj anat* **tissu** *m* ~ lym'phatisches, lympho'ides Gewebe

lynch|age [lɛ̃ʃaʒ] *m* Lynchen *n;* Lynchjustiz *f;* **~er** *v/t* lynchen

lynx [lɛ̃ks] *m zo* Luchs *m;* ~ **commun d'Europe** Echter Luchs; Nordluchs *m;* ~ **pard d'Espagne** Pardelluchs *m;* ~ **d'Amérique du Nord** Po'larluchs *m; fig* **avoir des yeux de** ~ Augen wie ein Luchs haben

lyonnais [ljɔnɛ] **I** *adj* Ly'oner; von, aus Ly'on; **II** *subst* ♀(e) *m(f)* Ly'oner(in) *m(f)*

lyophil|e [ljɔfil] *adj chim* lyo'phil; **~isation** *f tech* Gefriertrocknung *f;* lyo'phile Trocknung; Lyophilisati'on *f.* -'sierung *f;* **~iser** *v/t tech* gefriertrocknen; lyophili'sieren

lyophobe [ljɔfɔb] *adj chim* lyo'phob

lyre [lir] *f* **1.** *mus im Altertum* Lyra *f;* Leier *f;* **en (forme de)** ~ leierförmig; **2.** *fig u litt* **accorder, essayer sa** ~ *litt* den Pegasus besteigen; **3.** *astr* **la** ♀ die Leier, Lyra; **4.** *tech* ~ **de dilatation** Dehnungsrohrbogen *m*

lyré [lire] *adj bot Blatt* lyraförmig

lyre-guitare [lirgitar] *f* <*pl* lyres-guitares> *mus* Lyragitarre *f*

lyrique [lirik] **I** *adj* **1.** *Literatur* lyrisch; **genre** *m,* **poésie** *f* ~ lyrische Dichtung; Lyrik *f;* **poète** *m* ~ Lyriker(in) *m(f); mus* **soprano** *m* ~ lyrischer Sopran; **2.** *mus* **artiste** *m.f* ~ Opern-, Ope'rettensänger(in) *m(f);* **comédie** *f* ~ Ope'rette *f;* komische Oper; **théâtre** *m* ~ Ope'retttentheater *n;* **3.** *fig* lyrisch; gefühlvoll; begeistert; **II** *m Literatur* Lyriker *m*

lyrisme [lirism(ə)] *m* **1.** *Literaturgattung* Lyrik *f;* **le** ~ **romantique** die romantische Lyrik; die Lyrik der Romantik; **2.** *Ausdrucks-, Darstellungsweise* Lyrik *f;* Ly'rismus *m;* Lyrizi'tät *f;* **s'exprimer avec** ~ sich lyrisch ausdrücken; **3.** *fig* Begeisterung *f*

lys [lis] *m cf* lis¹

lyse [liz] *f chim, biol* Auflösung *f; sc* Lyse *od* Lysis *f*

lysergamide [lizɛrgamid] *m (abr* L. S. D.*) chim* Ly'sergsäurediäthylamid *n (abr* LSD)

lysergique [lizɛrʒik] *adj chim* **acide** *m* ~ Ly'sergsäure *f*

lysi|machia [lizimakja] *m od* **~maque** [-mak] *f bot* Gilbweiderich *m;* Felberich *m*

lysine [lizin] *f chim, biol* Ly'sin *n*

lyso|gène [lizɔʒɛn] *adj chim, biol* lyso-'gen; **~some** [-zom] *m chim, biol* Lyso-'som *n;* **~zyme** [-zim] *m Biochemie* Lyso'zym *n*

lytique [litik] *adj chim, biol* lytisch

M

M, m [ɛm] *m* ‹*inv*› M, m *n*
ma *cf* **mon**
maboul [mabul] F *adj* verrückt; F 'übergeschnappt; me'schugge; plem'plem; *cf auch* **cinglé**
mac [mak] *m arg cf* **maquereau²**
macabre [makabr(ə)] *adj Szene, Scherz etc* ma'kaber; grausig; grauenvoll; *peint* **Danse** ~ Totentanz *m;* **humour** *m* ~ a) schwarzer Humor; b) Galgenhumor *m*
macache [makaʃ] *adv arg (rien du tout)* ~ (bono)! F (ja.) Pustekuchen!; ja, Kuchen!; **fini les permissions!** ~ **les permissions** !jetzt ist es aus, vorbei mit Urlaub!; aus ist's mit Urlaub!
macadam [makadam] *m* **1.** *Straßenbau* Maka'dam *m od n;* Maka'dam-, Schotterdecke *f;* **2.** *par ext* Straße *f;* Fahrdamm *m;* **3.** *arg* **faire le** ~ auf den Strich gehen
macadamis|age [makadamizaʒ] *m Straßenbau* Makadami'sieren *n;* (Be)Schottern *n*, -ung *f;* **~er** *v/t* Straße makadami'sieren; (be)schottern
macaque [makak] *m* **1.** *zo* Makak *m;* ~ **rhésus** Rhesusaffe *m;* ~ **à queue de cochon** Schweinsaffe *m;* **2.** F *fig von e-m Mann* **ce vieux** ~ dieser häßliche Kerl
macareux [makarø] *m zo* ~ (**moine**) Papa'geitaucher *m*
macaron [makarõ] *m* **1.** *Gebäck* Ma'krone *f;* **2.** *Haarfrisur* Schnecke *f;* **3.** Aufkleber *m;* **4.** F *fig (rundes)* Abzeichen; Pla'kette *f*
macaron|i [makarɔni] *m* **1.** *cuis meist pl* ~**s** Makka'roni *pl;* **2.** P *péj* ♀ Itali'ener *m;* P Makka'roni(fresser) *m;* Spa'ghettifresser *m;* **~ique** *adj* **poésie** *f* ~ makka'ronische Dichtung
Macassar [makasar] *n/pr* **huile** *f* **de** ~ *od ellip* ♀ *m* Ma'kassaröl *n*
macchabée [makabe] *m* P (*cadavre*) Leiche *f*
macédoine [masedwan] *f* **1.** *cuis* ~ **de fruits** Frucht-, Obstsalat *m;* ~ **de légumes** Mischgemüse *n;* gemischtes Gemüse; **2.** *fig* Konglome'rat *n*
macédonien [masedɔnjɛ̃] **I** *adj* ‹~**ne**› make'donisch *od* maze'donisch; **II** *subst* **1.** ♀(**ne**) *m*(*f*) Make'donier(in) *od* Maze'donier(in) *m*(*f*); **2.** *ling* **le** ~ das Make'donische *od* Maze'donische; Make'donisch *od* Maze'donisch *n*
macérateur [maseratœr] *m* Bierbrauerei-, Branntwein-, Zuckerfabrikation Maischbottich *m*
macération [maserasjõ] *f* **1.** *phm, chim* Mazerati'on *f;* **2.** *cuis von Gurken, Zwiebeln etc* Einlegen *n* (**au vinaigre** in Essig); **3.** *phm, chim* wäßriger Auszug (**de qc** aus etw); **4.** *rel* Ka'steiung *f*
macérer [masere] **1.** *phm, chim* maze'rieren lassen; **2.** *cuis meist p/p* **macéré dans du cognac** in Kognak eingelegt; **3.** *rel* ~ **sa chair** sein Fleisch

abtöten; **II** *v/i phm, chim* maze'rieren; *meist* **faire, laisser** ~ mazerieren, ausziehen lassen, *cuis* liegen, (aus)ziehen lassen (**dans un liquide** in e-r Flüssigkeit)
Mach [mak] *n/pr phys, aviat* **cône** *m* **de** ~ Machscher Kegel; **nombre** *m* **de** ~ Machsche Zahl; Mach-Zahl *f* (*abr* M); **voler à** ~ **2** mit (e-r Geschwindigkeit von) Mach 2 fliegen
machaon [makaõ] *m zo* Schwalbenschwanz *m*
mâche [maʃ] *f bot* Feldsalat *m;* Ra'punze(l) *f;* Ra'pünzchen *n*
mâchefer [maʃfɛr] *m bei e-r Verbrennung, métall* Schlacke *f*
mâcher [maʃe] *v/t* **1.** kauen (*auch abs*); zerkauen; **2.** *fig* ~ **qc à qn** F j-m etw vorkauen; ~ **la besogne, le travail à qn** schon die halbe Arbeit für j-n machen; **ne pas** ~ **ses mots, son opinion** kein Blatt vor den Mund nehmen; frei *od* frisch von der Leber weg sprechen; unverblümt reden, -e Meinung sagen; mit s-r Meinung nicht hinterm Berg halten; **3.** *Papierfabrikation* **papier mâché** Pappmaché *od* Papiermaché [-'ʃe] *n; fig* **avoir une figure, une mine de papier mâché** sehr schlecht, angegriffen, mitgenommen, elend, F wie Braunbier und Spucke aussehen; **4.** *tech von e-r stumpfen Klinge etc* (ab)quetschen (*statt schneiden*)
machette [maʃɛt] *f* Buschmesser *n;* Ma'chete *f*
machiavél|ique [makjavelik] *adj pol u fig* machiavel'listisch; **~isme** *m pol u fig* Machiavel'lismus *m*
mâchicoulis [maʃikuli] *m fortif* Pechnase *f*, -erker *m*
machilidés [maʃilide] *m/pl zo* Felsenspringer *m/pl*
machin [maʃɛ̃] F *m* **1.** *Sache* F Dings *n;* Dingsda *n;* Dingsbums *n; auch* Gebilde *n;* ~**s** *pl* F Zeug(s) *n;* **2.** *Person* ♀, **Machine** *m*, *f* der, die Dingsda *od* Dingsbums; **M.** ♀ Herr Dingsda, -bums
machinal [maʃinal] *adj* ‹-**aux**› *Geste, Reaktion etc* me'chanisch; *auto* 'matisch; *Bewegung auch* unwillkürlich; *Lächeln* me'chanisch; gedankenlos
machination [maʃinasjõ] *f* Ränkespiel *n;* ~**s** *pl auch* Machenschaften *f/pl;* Ränke *m/pl;* 'Umtriebe *m/pl;* **ourdir, tramer une** ~ Ränke schmieden, spinnen
machine [maʃin] *f* **1.** *tech* Ma'schine *f* (*auch allg für ein Motorrad*); ~ **comptable** Buchungsmaschine *f;* ~ **électrique** elektrische Maschine; ~ **électronique** Elek'tronengerät *n;* ~ **motrice** Kraftmaschine *f; phys* ~ **pneumatique** Luftpumpe *f; cf auch* **6.**; ~ **à adresser** Adres'siermaschine *f; Kurzwort* A'drema *f* (*Wz*); ~ **à affranchir** Fran'kiermaschine *f;* Freistempler *m;* ~

~ **à calculer** (Tisch)Rechenmaschine *f;* ~ **à cartes perforées** Lochkartenmaschine *f; impr* ~ **à composer** Setzmaschine *f;* ~ **à coudre, à écrire, à laver** Näh-, Schreib-, Waschmaschine *f;* ~ **à laver la vaisselle** Geschirrspülmaschine *f*, -automat *m;* ~ **à traduire, à tricoter, à vapeur** Über'setzungs-, Strick-, Dampfmaschine *f; hist* ~**s de guerre** Kriegsmaschinen *f/pl;* ~ **d'imprimerie** Druckmaschine *f; élect* ~ **d'induction** Indukti'onsmaschine *f; loc/adj* **fait à la** ~ maschi'nell hergestellt; *fig* **Person travailler comme une** ~ wie e-e Maschine, ganz mechanisch arbeiten; **2.** *ch de fer* Lokomo'tive *f;* Ma'schine *f;* ~ **Diesel** Diesellok(omotive) *f;* ~ **à vapeur** Dampflok(omotive) *f;* **faire** ~ **arrière** rückwärts fahren (*auch mar*); *fig* e-n Rückzieher machen (*auch mar*); es sich anders über'legen; **3.** (Schreib)Ma'schine *f; loc/adj* **écrit à la** ~ mit der Maschine geschrieben; maschinegeschrieben; **écrire à la** ~ (mit der) Maschine schreiben; maschineschreiben; **4.** *thé* ~**s** *pl* Bühnenmaschinerie *f;* **pièce** *f* **à** ~ Stück *n* mit starkem Einsatz der Bühnenmaschinerie; **5.** *fig* Maschine'rie *f;* Räderwerk *n;* Getriebe *n;* ~ **e-s Staates** administrative, économique, politique Maschinerie, Räderwerk, Getriebe der Verwaltung, Wirtschaft, Politik; **6.** *astr* ♀ pneumatique Luftpumpe *f;* **7.** F *von e-r Frau cf* **machin 2.**; ~**-outil** *f* ‹*pl* **machines-outils**› *tech* Werkzeugmaschine *f*
machiner [maʃine] *v/t péj* aushecken; anzetteln; *Komplott* schmieden; ~ **une trahison** auf Verrat sinnen
machinerie [maʃinri] *f* **1.** *coll* Ma'schinen *f/pl;* Ma'schinenpark *m;* **2.** *mar* Ma'schinenraum *m*, -haus *n*
machine-transfert [maʃintrãsfɛr] *f* ‹*pl* **machines-transferts**› *tech* Trans'ferstraße *f;* Taktstraße *f*
machin|isme [maʃinism(ə)] *m* Ma'schinenbetrieb *m;* maschi'nelle Arbeitsweise; **~iste** *m* **1.** *thé* Bühnenarbeiter *m;* Ma'schinenmeister *m;* **2.** *adm von e-m Bus, e-r Straßenbahn* Fahrer *m;* Wagenführer *m; in Belgien auch* Lokomo'tivführer *m*
machmètre [makmɛtr(ə)] *m aviat* Mach'meter *n*
mâchoire [maʃwar] *f* **1.** *anat* Kiefer *m* (*auch bei Insekten*); ~**s** *pl auch* Kinnbacken *f/pl od m/pl*, -lade *f;* ~ **inférieure, supérieure** 'Unter-, Oberkiefer *m;* P **jouer, travailler des** ~**s** F spachteln; F fressen; **2.** *tech e-s Schraubstocks, e-r Zange etc* Backe *f; auto* ~ **de frein** Bremsbacke *f;* **3.** *mar* Klau *f*
mâchonnement [maʃɔnmã] *m* **1.** (*langsames, ausdauerndes*) Kauen; *péj* Gekaue *n;* Muffeln *n;* F Mümmeln *n;* **2.** *path*

krankhafte Kaubewegung
mâchonner [maʃɔne] *v/t* **1.** (*langsam u lange*) kauen; muffeln; F mümmeln; ~ **son crayon** an s-m Bleistift kauen; **2.** *fig* murmeln; brummen; F brummeln
mâchouiller [maʃuje] *v/t* F ~ **qc** dauernd an etw (*dat*) kauen
mâchure [maʃyr] *f text* schlecht geschorene Stelle; Druckstelle *f*
mâchurer [maʃyre] *v/t* **1.** *Kleider, Gesicht etc* schmutzig machen; beschmutzen; besudeln; **2.** *impr* unsauber abziehen; **3.** *tech* (zer)quetschen; (zer-)drücken
macis [masi] *m cuis* Mus'katblüte *f*
macle [makl(ə)] *f* **1.** *Kristallographie* Zwilling *m*; **2.** *Glasherstellung* me'tallene Rührstange; **3.** *bot cf* **macre**
macler [makle] **I** *v/t tech* Glasmasse ('um)rühren; **II** *v/i Kristallographie* (zwillingsartig) verwachsen
maclura [maklyra] *m bot* O'sage-Orange *f*
mâcon [makõ] *m Wein* Mâ'con *m*
maçon [masõ] *m* **1.** *bât* Maurer *m*; *adit* **apprenti** *m*, **maître** *m* ~ Maurerlehrling *m*, -meister *m*; **2.** *kurz für* **franc-maçon**
maçonn|age [masɔnaʒ] *m* **1.** Mau(r)erarbeit *f*; Mauern *n*; **2.** Mauerwerk *n*; **~er** *v/t* mauern; ~ **les parois d'un puits** e-n Brunnen ausmauern
maçonn|erie [masɔnri] *f* **1.** *bât* **a)** Mauerwerk *n*; ~ **composite** gemischtes Mauerwerk; **grosse** ~ Rohbau *m*; **petite** ~ Verputz- und Gipsarbeiten *f/pl*; ~ **à sec, de pierres sèches** Trockenmauerwerk *n*; ~ **de béton** Be'tonmauerwerk *n*; ~ **de briques** Ziegel-, Backsteinmauerwerk *n*; ~ **de moellons** Bruchsteinmauerwerk *n*; ~ **de pierres de taille** Haustein-, Werksteinmauerwerk *n*; ~ **en liaison** *cf* **liaison** 10.; **b)** Mau(r)erarbeit *f*; **2.** *kurz für* **franc-maçonnerie**; **~ique** *adj* freimaurerisch; der Freimaurer; Freimaurer...; **loge** *f* ~ Freimaurerloge *f*
macque [mak] *f für Flachs, Hanf* (Hand-) Breche *f*
macre [makr(ə)] *f bot* Wassernuß *f*
macreuse [makrøz] *f* **1.** *zo* ~ **brune, noire** Samt-, Trauerente *f*; **2.** *cuis vom Rind* mageres Schulterstück
macrocéphale [makrɔsefal] *adj Anthropologie, méd* großköpfig; *sc* makroze'phal, -ke'phal
macro|cosme [makrɔkɔsm(ə)] *m* Makro'kosmos *m*; **~cosmique** *adj* makro'kosmisch; *par ext* (welt)um'fassend; **~décision** *f écon etwa* volkswirtschaftliche Gesamtgrößen betreffende Entscheidung; **~écono|mie** *f* Makroöko'no'mie *f*; **~économique** *adj* makroöko'nomisch; **~globuline** *f Biochemie* Makroglobu'lin *n*
macro-instruction [makroɛstryksjõ] *f EDV* Makroinstrukti'on *f*
macro|lépidoptères [makrɔlepidopter] *m/pl zo* Großschmetterlinge *m/pl*; **~moléculaire** *adj chim* makromoleku'lar; **~molécule** *f chim* Makromole'kül *n*; **~photographie** *f chim* Makrophoto-gra'phie *f*; **~pode** [-pɔd] **I** *adj zo* langfüßig, -flossig; *bot* langstielig; **II** *m zo* Großflosser *m*; *sc* Makro'pode *m*; **~scopique** *adj* mit bloßem Auge sichtbar; *sc* makro'skopisch; **~séisme** *m* makro'seismische Bodenbewegungen *f/pl*; **~spore** *f bot* Makro'spore *f*; **~structure** *f von Metallen u Legierungen* Makrogefüge *n*
macroure [makrur] *zo* **I** *adj* langschwänzig; **II** *m/pl* **~s** Langschwänze *m/pl*
macula [makyla] *f sc in der Netzhaut des Auges* Makula *od* Macula *f*

maculage [makylaʒ] *m impr durch druckfeuchte Bogen entstandene* Schmutzflecken *m/pl*, -spuren *f/pl*; Beschmutzung *f*
maculature [makylatyr] *f impr* **a)** Schmutzbogen *m/pl*; Makula'tur *f*; **b)** grobes Packpapier; **c)** *cf* **macule** l. a)
macule [makyl] *f* **1.** *impr* **a)** Bogen, der zwischen frische Druckbogen gelegt wird; **b)** Vorlaufbogen *m*; **c)** *cf* **maculature** b); **2.** *méd* roter Fleck (*auf der Haut*); **3.** *astr* Sonnenfleck *m*
maculer [makyle] *v/t* **1.** *st/s* beflecken, fleckig machen, beschmutzen (**de** mit); *p/p: Papier* **maculé d'encre** voller Tintenflecke, -kleckse; *Kleidungsstück* **maculé de sang** blutbefleckt; **2.** *impr von Druckplatten, frischen Druckbogen* beschmutzen; abschmutzen (**qc** auf etw [*acc*]); *adit* **feuille maculée** Schmutzbogen *m*
macusson [makysõ] *m bot* Erdeichel *f*
madame [madam] *f* (*abr* **Mme**) ⟨*pl* **mesdames** [medam] (*abr* **Mmes**)⟩ **a)** *mit Namen od Verwandtschaftsbezeichnungen* Frau *f*; ~ **Une telle** Frau Sowieso, Soundso; ~ **X, oder Y** *od* ~ **Y, épouse X** Frau X, geborene Y; **à votre mère** Ihre Frau Mutter; **b)** *als Anrede alleinstehend* ⟨*oft unübersetzt*; *wenn man sich kennt meist* Frau (+*Name*)!; *sehr höflich* **gnädige Frau!**; *in Geschäften etc auch* **meine Dame!**; F **die Dame!**; **Mesdames! meine Damen!**; **Mesdames, (Mesdemoiselles,) Messieurs!** meine Damen und Herren!; *von e-m Redner auch* verehrte Anwesende!; (bonjour,) ⟨**!** guten Tag! *bzw* guten Tag, Frau (+Name)! *bzw* guten Tag, gnädige Frau!; **c)** *als Anrede im Brief* ⟨ **Sehr geehrte** *od* **verehrte gnädige Frau!**; **Sehr geehrte Frau** (+ *Name*); *im Briefschluß unübersetzt*; **d)** *mit e-m Titel:* ⟨ **le Maire, la Présidente** die Frau Bürgermeister, Präsidentin; *als Anrede* **Frau Bürgermeister, Präsidentin!**; **2.** *bei der Erwähnung der Ehefrau im Gespräch mit deren Gatten* **comment va** ⟨ **Dubois?** wie geht es *höflich* Ihrer Gattin, *offiziell* Ihrer Frau Gemahlin?; **3.** *zur Bezeichnung der Hausherrin* ⟨ die gnädige Frau; *als Anrede* gnädige Frau!; ⟨ **est sortie** die gnädige Frau ist ausgegangen; ⟨ **est servie!** gnädige Frau, es ist angerichtet!; ⟨ **est servie!** gnädige Frau, es ist angerichtet!; **4.** *hist* ⟨ *als Anrede für die Königin* Maje'stät!; Hoheit!; ⟨ **Mère** die Mutter des Kaisers (*Napoleon I.*); ⟨ **Royale** *etwa* Königliche Hoheit (*Titel der Tochter Ludwigs XVI.*)
madapolam [madapɔlam] *m text* Madapo'lam *m*
madeleine [madlɛn] *f* **1.** *cuis* e-e Art Sandplätzchen; **2.** F **pleurer comme une** ⟨ F heulen wie ein Schloßhund
mademoiselle [madmwazɛl] *f* (*abr* **Mlle**) ⟨*pl* **mesdemoiselles** [medmwazɛl] (*abr* **Mlles**)⟩ **1. a)** *mit Namen od Verwandtschaftsbezeichnungen* Fräulein *n* (*abr* Frl.); ~ **Une telle** Fräulein Sowieso; ⟨ **votre fille** Ihr Fräulein Tochter; **b)** *als Anrede alleinstehend* ⟨: *oft unübersetzt; wenn der Name bekannt ist meist* Fräulein (+ *Name*)!; *sehr höflich* **gnädiges Fräulein!**; **Mesdemoiselles! meine Damen!**; **c)** *als Anrede im Brief* ⟨ **Sehr geehrtes Fräulein** (*meist* + Name)!; **2.** *zur Bezeichnung der Tochter des Hauses* ⟨ das gnädige Fräulein; *als Anrede* gnädiges Fräulein!; **3.** *hist* **la grande** ⟨ *Titel für die Tochter des Bruders von Ludwig XIV.*
madère [madɛr] *m* **1.** Ma'de(i)ra(wein) *m*; **verre** *m* **à** ~ Ma'de(i)raglas *n*; *adit* **cuis sauce** *f* ~ Ma'de(i)rasoße *f*; **2.** *cout* **broderie** *f* **de** ⟨ Ma'de(i)rastickerei *f*

madone [madɔn] *f* **1.** *peint, sculp* Ma'donna *f*; Ma'donnenbild *n*, -figur *f*; **Raffael** ⟨ **de saint Sixte** Six'tinische Madonna; *fig* **visage** *m* **de** ~ Ma'donnengesicht *n*; **2.** *in Südfrankreich, Italien* **la** ⟨ die Jungfrau Ma'ria; die Mutter'gottes
madras [madras] *m text* Madras *m*
madré [madre] **I** *adj* (bauern)schlau; gerieben; gerissen; pfiffig; durch'trieben; **II** *subst* ~**(e)** *m(f)* Schlaukopf *m*, schlauer Fuchs (*auch von e-r Frau*); F Pfiffikus *m*; geriebener, gerissener, durch'triebener Kerl; F gerissenes, raffi-'niertes Weib
madré|poraires [madreporɛr] *m/pl zo* Riff-, Steinkorallen *f/pl*; **~pore** *m zo* Madre'pora *f*; Löcherkoralle *f*
madrier [madrije] *m* Bohle *f*; ~ **de chêne** Eichenbohle *f*
madrigal [madrigal] *m* ⟨*pl* -aux⟩ *Literatur, mus* Madri'gal *n*
madrilène [madrilɛn] **I** *adj* von Ma'drid; Ma'drider; **II** *m, f* ⟨ Ma'drider(in) *m(f)*
madrure [madryr] *f* **1.** *des Holzes* Maserung *f*; **2.** *ch des Rebhuhns* Zeichnung *f*
mael|strom [ma(ɛ)lstrɔm] *m od* **~ström** [-strøm] *m mar* Malstrom *m* (*auch fig*)
maestria [maɛstrija] *f* Meisterschaft *f*; **avec** ~ meisterhaft; meisterlich
maf(f)ia [mafja] *f* Maf(f)ia *f*
magasin [magazɛ̃] *m* **1.** Geschäft *n*; Laden *m*; **grand** ~ Waren-, Kaufhaus *n*; ~ **spécialisé** Fach-, Spezi'algeschäft *n*; ~ **à libre service** Selbstbedienungsgeschäft *n*, -laden *m*; ~ **à succursales multiples** Fili'algeschäft *n*, -betrieb *m*; Kettenladen *m*; ~ **d'alimentation** Lebensmittelgeschäft *n*; ~ **d'antiquités** Antiqui'tätengeschäft *n*; ~ **d'antiquités et d'objets d'art** Antiquitäten- und Kunsthandlung *f*; ~ **de lingerie, de jouets, de nouveautés, de sport** Wäsche-, Spielwaren-, Mode(waren)-, Sportgeschäft *n*; ~ **de modes** Hutsalon *m*; ~ **de (vente au) détail** Einzelhandelsgeschäft *n*; ~ **de (vente en) gros** Großhandelsgeschäft *n*; Großhandlung *f*; **courir, faire les** ~**s** F die Geschäfte, Läden abklappern; **tenir un** ~ ein Geschäft, e-n Laden haben, führen, betreiben; **2.** Lager *n*; Lagerhaus *n*, -raum *m*; Speicher *m*; Maga'zin *n* (*auch thé*); ~ **général** *in Frankreich* öffentliches Lagerhaus; *mil* ~ **d'armes** Waffenlager *n*, -kammer *f*; *mil* ~ **d'habillement** Kleiderkammer *f*; **en** ~ vorrätig; auf Lager; **avoir, prendre en** ~ auf Lager haben, nehmen; *fig* **ranger qc au** ~ **des accessoires** etw in die Requisiten-, Rumpelkammer verweisen; **3.** *bei Mehrladewaffen, Photoapparaten etc* Maga'zin *n*
magasin|age [magazinaʒ] *m* **1.** (Ein-) Lagerung *f*; Speicherung *f*; Lagerhaltung *f*; **droits** *m/pl* **de** ~ Lagergeld *n*, -gebühr *f*, -miete *f*; **frais** *m/pl* **de** ~ Lagerungskosten *pl*; **2.** Lagerzeit *f*; **~ier** *m* Lage'rist *m*; Lagerverwalter *m*, -halter *m*; Maga'zinverwalter *m*
magazine [magazin] *m* **1.** Zeitschrift Maga'zin *n*; Illu'strierte *f*; **2.** *télév* **le** ⟨ **féminin** das Magazin der Frau
magdalénien [magdalenjɛ̃] *Vorgeschichte* **I** *adj* ⟨**~ne**⟩ des Magdaléni'en; **II** *m* Magdaléni'en *n*
mage [maʒ] *m* **1.** *bibl* **les** ~**s** *od adit* **les Rois** *m/pl* ~**s** die Heiligen Drei Könige *m/pl*; die (drei) Weisen aus dem Morgenland; *peint* **l'Adoration des** ⟨**s** die Anbetung der (Drei) Könige; **2.** Magier *m* (*auch hist*); **3.** *astr* **les Trois** ⟨**s** der Jakobsstab; der Gürtel des O'rion

maghrébin [magrebɛ̃] *adj* des Maghreb; maghre'binisch

magic|ien [maʒisjɛ̃] *m*, **~ienne** *f* Magier *m*; Zauberer *m*, Zauberin *f* (*auch fig*)

magie [maʒi] *f* 1. Ma'gie *f*; ~ blanche, noire Weiße, Schwarze Magie; 2. *fig der Musik etc* Zauber *m*; Ma'gie *f*; **comme par** ~ wie durch Hexe'rei; auf unerklärliche Weise; **c'est de la** ~ das ist Hexerei

magique [maʒik] *adj* 1. magisch (*auch fig*); Zauber...; **baguette** *f* ~ Zauberstab *m*; **forces** *f/pl* ~s magische Kräfte *f/pl*; *Soziologie* **mentalité** *f* ~ magisches Denken; *fig* **le mot** ~ **de liberté** das magische Wort, das Zauberwort „Freiheit"; 2. **lanterne** *f* ~ La'terna magica *f*

magistère [maʒistɛr] *m* 1. *e-s Menschen, der Kirche etc auf Grund e-r Lehre* (geistige, mo'ralische) Macht, Gewalt, Autori'tät; 2. *bei geistlichen Ritterorden* Großmeisterwürde *f*

magistral [maʒistral] *adj* ⟨-aux⟩ 1. meisterlich; meisterhaft; **œuvre** ~**e** Meisterwerk *n*; **réussir un coup** ~ ein Meisterstück voll'bringen; 2. F *Backpfeife* schallend; *Tracht Prügel* gehörig; tüchtig; kräftig; ordentlich; 3. *An der Universität* **cours** ~ Hauptvorlesung *f* (*durch den Lehrstuhlinhaber*); 4. *phm* **préparation** ~**e** nach Angabe des Arztes zubereitete Arznei; ~**ement** *adv* meisterlich; meisterhaft

magistrat [maʒistra] *m* 1. *in Frankreich* **a)** *allg* (hoher) Beamte(r); *vom Präsidenten der Republik* **le premier** ~ **de France** der höchste französische Beamte; **b)** *jur Oberbegriff für Richter u Staatsanwalt*; ~ **assis, du siège** Richter *m*; ~ **consulaire** Handelsrichter *m*; ~ **debout, du parquet** Staatsanwalt *m*; ~ **militaire** Mili'tärrichter *m*; 2. *im alten Rom* Magi'strat *m*

magistrature [maʒistratyr] *f* 1. *e-s hohen Beamten, Richters, Staatsanwalts* Amt *n*; ~ **suprême** höchstes, oberstes Amt im Staat; **faire carrière dans la** ~ als Richter, Staatsanwalt Karriere machen; 2. *jur Oberbegriff für Richter u Staatsanwälte*; ~ **assise** Richter *m*; Richterstand *m*; ~ **debout** Staatsanwälte *m/pl*; Staatsanwaltschaft *f*; 3. *jur e-s Richters, Staatsanwalts* Amtszeit *f*, -dauer *f*

magma [magma] *m* 1. *géol* Magma *n*; 2. *fig* (wirres) Durcheinander *n*; 3. *chim sc* Magma *n*

magnan [maɲɑ̃] *m in Südfrankreich* Seidenraupe *f*, -wurm *m*

magnan|arelle [maɲanarɛl] *f* Arbeiterin *f* in e-r Seidenraupenzucht; ~**erie** *f* **a)** Seidenraupenzucht *f*; Seidenbau *m*; **b)** Seidenraupenhaus *n*; ~**ier** *m*, ~**ière** *f* Seidenraupenzüchter(in) *m(f)*

magnanim|e [maɲanim] *adj Person, Tat etc* großmütig; hoch-, großherzig; edelmütig; *Seele, Herz, Gedanke* edel; ~**ité** *f* Großmut *m*; Hoch-, Großherzigkeit *f*; Edelmut *m*

magnat [maɲa] *m* 1. Ma'gnat *m*; ~ **de la finance** Fi'nanzmagnat *m*; ~ **de l'industrie** Indu'striemagnat *m*; *péj* Schlotbaron *m*; ~ **du pétrole** Ölmagnat *m*; 2. *hist in Polen, Ungarn* Ma'gnat *m*

magner [maɲe] *v/pr* F **se** ~ sich beeilen, F tummeln; ranhalten

magnésie [maɲezi] *f chim* (gebrannte) Ma'gnesia; Talk-, Bittererde *f*; Magnesiumoxyd *n*; ~ **hydratée** Magnesiumhydro'xyd *n*; **sulfate** *m* **de** ~ Magnesiumsulfat *n*; Bittersalz *n*

magnésien [maɲezjɛ̃] *adj* ⟨~**ne**⟩ ma'gnesiumhaltig

magnésiothermie [maɲezjɔtɛrmi] *f tech* thermische Redukti'on mittels Ma'gnesium

magnés|ique [maɲezik] *adj* ma'gnesiahaltig; ~**ite** *f minér* **a)** Magne'sit *m*; **b)** Meerschaum *m*

magnésium [maɲezjɔm] *m chim* Ma'gnesium *n*

magnétique [maɲetik] *adj* ma'gnetisch (*auch fig*); Ma'gnet...; **bande** *f* ~ Ton-, Magnetband *n*; *phys* **champ** *m* ~ Magnetfeld *n*; magnetisches Feld; *Mesmerismus* **fluide** *m* ~ magnetisches Fluidum; **pôle** *m* ~ Magnetpol *m*; *fig von e-m Menschen* **avoir un pouvoir** ~ magnetische Kräfte besitzen

magnétisation [maɲetizasjɔ̃] *f Mesmerismus* Magneti'sieren *n*, -ung *f*

magnétis|er [maɲetize] *v/t* 1. *Mesmerismus* magneti'sieren; 2. *fig Redner, Blick* in s-n (unwiderstehlichen) Bann ziehen, schlagen, reißen, zwingen; ~**eur** *m* Magneti'seur *m*; Magneto'path *m*

magnétisme [maɲetism(ə)] *m* 1. *phys* Magne'tismus *m*; ~ **terrestre** Erdmagnetismus *m*; 2. *Mesmerismus* ~ (**animal**) animaler, tierischer Magnetismus; 3. *fig* **subir le** ~ **de qn** in j-s Bann (*dat*) stehen

magnétite [maɲetit] *f minér* Magne'tit *m*; Ma'gneteisenstein *m*, -eisenerz *n*

magnéto [maɲeto] *f* 1. *auto* Ma'gnetzünder *m*; 2. F *Kurzwort für* **magnétophone**; ~**-aérodynamique** *f phys* Magnetogasdy'namik *f*; ~**hydrodynamique** *f phys* Magnetohydrody'namik *f*; ~**mètre** *m phys* Magneto'meter *n*; ~**moteur** *adj* ⟨-trice⟩ magneto'motorisch

magnéton [maɲetɔ̃] *m phys atom* Magneton *n*; ~ **de Weiss, de Bohr** Weißsches, Bohrsches Magneton

magnéto|phone [maɲetɔfɔn] *m* Tonbandgerät *n*; *sc* Ma'gnettongerät *n*; ~**pyrite** *f minér* Magnetopy'rit *m*; Ma'gnetkies *m*; ~**scope** *m télév* Videorecorder *m*; ~**sphère** *f* Magneto'sphäre *f*; ~**statique** *f phys* Magneto'statik *f*

magnétron [maɲetrɔ̃] *m télécomm* Magnetron *n*; Ma'gnetfeldröhre *f*

magnificat [maɲifikat] *m* ⟨*inv*⟩ *égl cath. mus* Ma'gnifikat *n*

magni|ficence [maɲifisɑ̃s] *st/s f* 1. Pracht *f*; Prunk *m*; prunkvolle Ausstattung; Glanz *m*; 2. **traiter qn avec** ~ j-m gegenüber äußerst großzügig, freigebig sein; ~**fier** *st/s v/t* rühmen; preisen (*beide auch égl*); 'überschwenglich loben; verherrlichen

magnifique [maɲifik] *adj Landschaft, Palast, Wetter etc* herrlich; prächtig; prachtvoll; *Empfang auch* glanzvoll; großartig; *Versprechungen, Plan, Erfindung etc* großartig; *Athlet* herrlich (gebaut); *hist* **Laurent le** 2 Lo'renzo der Prächtige; *hist* **Soliman le** 2 Sulei'man der Prächtige; **c'est** ~! das ist herrlich, prächtig, großartig!; *iron* das ist ja reizend!; das ist ja e-e nette Geschichte!; ~**ment** *adv* 1. prachtvoll; prächtig; *Buch* ~ **relié** prachtvoll gebunden; 2. großartig; glänzend; **il s'en est** ~ **tiré** er hat sich großartig, glänzend aus der Affäre gezogen

magnitude [maɲityd] *f* 1. *astr der Sterne* Größe(nklasse) *f*; 2. *e-s Erdbebens* Stärke *f*; Magni'tude *f*

magnolia [maɲɔlja] *m bot* Ma'gnolie *f*; ~**cées** [-se] *f/pl bot* Ma'gnoliengewächse *n/pl*

magnolier [maɲɔlje] *m bot cf* **magnolia**

magnum [magnɔm] *m* große Champagnerflasche (*etwa 2 l fassend*)

magot [mago] *m* 1. *zo* Magot *m*; Berberaffe *m*; 2. gro'teske (Porzel'lan-, Ton-, Jadeetc)Fi'gur (*aus China od Japan*); 3. F versteckte Ersparnisse *f/pl*; verstecktes Geld

magouillage [maguja3] *m od* **magouille** [maguj] *f* F *péj* Mauscheln *n*; Gemauschel *n*; Kunge'lei *f*

magouiller [maguje] *v/i* F *péj* mauscheln; kungeln

magyar [maʒjar] **I** *adj* ma'djarisch *od* ma'gyarisch; **II** *subst* 2(e) *m(f)* Ma'djar(in) *od* Ma'gyar(in) *m(f)*

mahaleb [maalɛb] *m bot* Felsenkirsche *f*; Steinweichsel *f*

maha|radjah [maarad3a] *m* ⟨*inv*⟩ Maha'radscha *m*; ~**rani** [-rani] *f* ⟨*inv*⟩ Maha'rani *f*

mahatma [maatma] *m* ⟨*inv*⟩ Ma'hatma *m*

mah-jong [maʒɔ̃g] *m chinesisches Spiel* Ma(h)-Jongg [-'dʒɔŋ] *n*

mahonia [maɔnja] *m bot* Ma'honie *f*

mahorais [maɔrɛ] *adj* (*u subst* 2 Bewohner) der Inselgruppe Mayotte

mahous [maus] *cf* **maous**

mai [mɛ] *m* Mai *m*; **le Premier** ~ der Erste Mai; der Maifeiertag; *früher* **arbre** *m* **de** ~ im Mai zu Ehren e-s Menschen gepflanzter Baum; **le joli mois de** ~ der schöne Monat, der Wonnemonat Mai

maïeutique [majøtik] *f philos* Mä'eutik *f*

maigre [mɛgr(ə)] **I** *adj* 1. ⟨*nachgestellt*⟩ *Person, Gliedmaßen* mager (*auch Tier*); dünn; *Backen* dünn; schmal; *Gesicht auch* hager; 2. *Fleisch, Schinken, Speck* mager; *Fleisch auch* schier; *Speck auch* durch'wachsen; **bouillon** *m* ~ magere Brühe; **Gemüsebrühe** *f*; **charbon** *m*, **fromage** *m* ~ Magerkohle *f*, -käse *m*; **un morceau** ~ ein mageres, schieres Stück (*Fleisch*); 3. *égl cath* **jour** *m* ~ Fast-, Fischtag *m*; *adv* **faire** ~ kein Fleisch essen; fleischlos essen; 4. *Wasserstrahl, Päckchen* (*Papier, Briefe etc*) dünn; *impr* **caractères** *m/pl* ~ magere Schrift; *ellip* **imprimé en** ~ mager gedruckt; ~ **filet d'eau** kleines Rinnsal; 5. *Rasen* spärlich; dünngesät; *Weide* mager; ~ **végétation** *f* spärliche Vegetation; 6. ⟨*vorangestellt*⟩ *fig Ergebnis etc* mager; dürftig; kümmerlich; kärglich; *Gewinn auch* spärlich; *Mahl*(*zeit*) *auch* knapp; karg (*auch Lohn*); F **c'est** ~! das ist wenig, knapp, dürftig, kümmerlich!; **II** *subst* 1. **le, la** ~ der, die Dünne; **une fausse** ~ e-e Frau, die schlanker, dünner wirkt, als sie ist; 2. *beim Fleisch, Schinken* **le** ~ das Magere

maigrelet [mɛgrəlɛ] *adj* ⟨~**te**⟩ etwas, ein bißchen zu mager; dünn; schmächtig

maigreur [mɛgrœr] *f* 1. *e-s Menschen, Tieres* Magerkeit *f*; **être d'une** ~ **effrayante** erschreckend mager sein; 2. *fig e-s Themas* Dürftigkeit *f*; Unergiebigkeit *f*; Unfruchtbarkeit *f*; *des Einkommens, Ertrages etc* geringe Höhe

maigrichon [mɛgriʃɔ̃] **I** *adj* ⟨~**ne**⟩ *cf* **maigrelet**; **II** *subst* **un(e) petit(e)** ~(**ne**) ein mageres, dünnes, schmächtiges Kerlchen, kleines Ding

maigriot [mɛgrijo] *adj* ⟨~**te**⟩ *cf* **maigrelet**

maigrir [mɛgrir] **I** *v/t tech Brett etc* dünner machen; **II** *v/i* abnehmen; dünn(er), schlank(er), *p/fort* mager werden; abmagern; ~ **des 'hanches** um die Hüften schlanker, dünner werden; um die Hüften herum abnehmen; **les privations l'ont fait** ~ er ist durch die Entbehrungen abgemagert, mager, dünn geworden

mail [maj] *m im Zentrum mancher Städte* langgestreckter, mit Bäumen bestandener Platz; Prome'nade *f*; Al'lee *f*

maille¹ [maj] *f* 1. *Strickerei, Wirkerei, e-s Netzes, Maschendrahtes, Drahtsiebes* Masche *f*; ~ **endroit** rechte Masche; ~ **envers, à l'envers** linke Masche; ~ **large** weite, lockere Masche; ~ **serrée** **a)** enge, feste Masche; **b)** *beim Häkeln* feste Masche; ~ **du crochet**

Häkelmasche f; *beim Häkeln* ~ en l'air
Luftmasche f; **rangée** f de ~s Ma-
schenreihe f; **laisser échapper une** ~
e-e Masche fallen lassen; **monter des**
~s Maschen aufschlagen (**sur l'aiguille**
auf die Nadel); **passer à travers les** ~s
du filet *Fisch* durch die Maschen des
Netzes schlüpfen; *fig* Dieb etc der ge-
stellten Falle wieder entkommen; **2.** *e-r*
Gliederkette Glied n; *mar auch* Schake
f; ~ **à étai** Kettenglied n mit Steg; **3.**
früher e-s Kettenpanzers Eisenring m;
cotte f **de** ~**s** Kettenhemd n, -panzer m;
4. *ch beim Falken, Rebhuhn etc* Fleck m;
5. *beim Zersägen e-s Baumstamms* **débit**
m **sur** ~**s** radialer Längsschnitt
maille² [maj] f *nur loc:* **avoir** ~ **à partir**
avec qn e-n Streit mit j-m haben; mit
j-m anein'andergeraten; F mit j-m ein
Hühnchen zu rupfen haben; **n'avoir ni**
sou ni ~ keinen Pfennig (Geld), keinen
(roten) Heller haben
maillechort [majʃɔr] m Neusilber n;
Al'paka *od* Al'pacca n
mailler [maje] **I** *v/t mar* ~ **une chaîne** e-e
Kette zu'sammenstecken, anschäkeln;
II *v/i* **1.** *Netz* der Fisch in den Maschen
festhalten; *Fisch* in den Maschen des
Netzes hängenbleiben; **2.** *ch Falke, Reb-*
huhn etc meist adjt **maillé** gefleckt
maillet [maje] m **1.** *tech* Holzhammer m;
2. *mar* ~ **à fourrer** *cf* **mailloche 2.**; ~
de calfat Kal'fat-, Dichthammer m; **3.**
beim Krocket, Polo Hammer m; **4.** *mittel-*
alterliche Schlagwaffe Streithammer m
mailloche [majɔʃ] f **1.** *tech* schwerer
Holzhammer; *des Steinmetzen* Klöpfel
m; **2.** *mar* ~ **à fourrer** Kleidkeule f; **3.**
mus für die Pauke Schlegel m
maillon [majõ] m **1.** *e-r Gliederkette*
Glied n; *mar auch* Schake f; *fig* **être un** ~
de la chaîne ein Glied in der Kette sein;
2. *mar* Kettenlänge f; **3.** *text am Web-*
stuhl Litzenauge n
maillot [majo] m **1.** ~ (**de bain**) Badean-
zug m; ~ **une pièce**, **deux pièces**
einteiliger, zweiteiliger Badeanzug; **2.**
e-s Tänzers, Akrobaten, Sportlers Trikot
[-'ko:] n; *bei der Tour de France* **le**
~ **jaune** das gelbe Trikot; **être** ~ **jaune**,
porter le ~ **jaune** das gelbe Trikot
tragen; (*in der Gesamtwertung*) an der
Spitze liegen; **3.** *für Herren* ~ (**de corps**)
'Unterhemd n, -jacke f
maillure [majyr] f *ch* Zeichnung beim
Falken, Rebhuhn etc Flecke(n) m/pl
main [mɛ̃] f **1.** *anat, fig* Hand f; ♦ ~
artificielle künstliche Hand; *mus* ~
guidonienne *od* **harmonique** Gui-
'donische *od* harmonische Hand; **petite**
~ weiblicher Schneiderlehrling; Näh-
mädchen n; **première** ~ erste Schneide-
rin, Näherin; ~ **secourable** hilfreiche
Hand; ♦ *hist* am Zepter der frz Könige ~
de justice Hand der Gerechtigkeit;
path ~ **de singe** Affenhand f; *mil* **coup**
m **de** ~ Handstreich m; Stoßtruppunter-
nehmen n; *fig* **donner un coup de** ~ **à**
qn j-m zur Hand *od* an die Hand gehen;
mit Hand anlegen (*abs*);
dos m, **revers** m **de la** ~ Handrücken m;
lignes f/pl **de la** ~ Handlinien f/pl;
politique f **de la** ~ **tendue** Versöh-
nungspolitik f; ♦ *loc/adj* Saum, Riß etc
large comme la ~ handbreit; *loc/adv:* **à**
la ~ mit der Hand (*nähen, stricken etc*);
in der Hand (*haben, halten etc*); *Kleid etc*
cousu à la ~ *cf* **cousu 1.**; **écrit à la** ~
handgeschrieben; handschriftlich; **fait à**
la ~, *comm* **fait** ~ handgearbeitet;
fachsprachlich auch von Hand gemacht;
auf Waren oft Handarbeit f; **à deux** ~**s**
mit beiden Händen; *Reitkunst* **à**
droite, **gauche** rechter, linker Hand; **à**
~ **armée**: **attaque** f **à** ~ **armée** bewaff-

neter 'Überfall; **vol** m **à** ~ **armée**
(schwerer) Raub; bewaffneter Dieb-
stahl; **à** ~ **levée** freihändig; **dessiner à**
~ **levée** freihändig zeichnen; **dessin** m **à**
~ **levée** Freihandzeichnung f; *par ext*
schnell hingeworfene, skizzenhafte,
flüchtige Zeichnung f; **vote** m **à** ~ **levée**
Abstimmung f durch Handerheben,
durch Handzeichen; **à pleines** ~**s** neh-
men, zugreifen mit beiden Händen;
schöpfen, ausgeben mit vollen Händen;
mus à quatre ~**s** vierhändig; **sonate** f **à**
quatre ~**s** vierhändige Sonate; Sonate f
für vier Hände; **jouer à quatre** ~**s**
vierhändig spielen; **bas les** ~**s**! Finger,
Hände weg!; **dans la** ~ in der *bzw* in die
Hand; **la** ~ **dans la** ~ Hand in Hand;
avoir, **tenir qc dans la** ~ etw in der
Hand haben, halten; *Pferd* in der Gewalt
haben; *Tier* **manger dans la** ~ aus der
Hand fressen; **de la** ~ mit der Hand;
écrit de la ~ **de qn** von j-m handge-
schrieben; **écrit de sa** ~ eigenhändig
geschrieben; *Gemälde* **exécuté de la** ~
de Rubens von Rubens gemalt; **rece-**
voir qc de la ~ **de qn** etw aus j-s
Händen empfangen; **donner d'une** ~
et reprendre, **retenir de l'autre** mit
der e-n Hand geben und mit der anderen
wieder nehmen; **des deux** ~**s** mit
beiden Händen; *fig* **souscrire à un**
projet des deux ~**s** e-m Plan eifrig
zustimmen; **préparé de longue** ~ von
langer Hand vorbereitet; *Nachrichten*
etc **de première**, **seconde** ~ aus erster,
zweiter Hand; *bei Zahlungen* **de la** ~ **à la**
~ ohne Quittung; *jur* **donation** f **de la** ~
à la ~ Handschenkung f; **de** ~ **de**
maître von Meisterhand; **de** ~ **en** ~ von
Hand zu Hand; *Foto, Brief etc* **passer**
de ~ **en** ~ von Hand zu Hand gehen; **en**
~ in der Hand; **avoir une affaire bien**
en ~ e-e Angelegenheit fest in der Hand
haben; **avoir sa voiture bien en** ~ s-n
Wagen in der Gewalt haben; *in e-r*
Bibliothek **ce livre est en** ~ in diesem
Buch liest g(e)rade jemand, schlägt
g(e)rade jemand nach; *Pferd* **mener en**
~ am Zügel führen; *fig* **prendre qc en** ~
etw in die Hand nehmen; **être en** (**de**)
bonnes ~**s** in guten Händen sein; gut
aufgehoben sein; *Brief etc* **remettre en**
~(**s**) **propre(s)** persönlich, zu eigenen
Händen über'geben; **entre les** ~**s de qn**
in j-s Händen; **les documents sont**
entre ~**s** die Dokumente sind in s-n
Händen, in s-r Hand; **sa vie est entre**
vos ~**s** sein Leben steht, liegt in Ihrer
Hand; **ne pas mettre qc entre toutes**
les ~**s** etw nicht jedem in die Hände
geben; **remettre entre les** ~**s de la**
justice dem Gericht über'geben; **tom-**
ber entre les ~**s de qn** in j-s Hände
fallen, geraten; j-m in die Hände fallen;
'haut les ~**s**!, ~**s en l'air**! Hände
hoch!; ~**s haut** ~ *cf* **haut II 1.**; **par la** ~
an *bzw* bei der Hand; **mener par la** ~ an
der Hand führen; **prendre par la** ~ bei
der *od* an die Hand nehmen; bei, an der
Hand fassen; F *fig* **se prendre par la** ~ F
sich e-n Ruck geben; **sous la** ~ bei der *od*
zur Hand; griffbereit; **avoir qn sous la**
~ j-n an der Hand haben; *il casse tout* ce
qui lui **tombe sous la** ~ ... was ihm in
die Hände *od* Finger kommt, gerät; *fig*
sous ~ unterder'hand; heimlich; F **pas**
plus que sur la ~ gar nichts; ♦
accorder à qn la ~ **de sa fille** j-m s-e
Tochter zur Frau geben; **ne pas y aller**
de ~ **morte** a) kräftig zuschlagen; b)
über'treiben; *50 francs un déjeuner!* ils
n'y vont pas **de** ~ **morte**! ... das ist
übertrieben!; ... F das ist ein starkes
Stück!; **s'en aller**, **rentrer les** ~**s vides**
mit leeren Händen, unverrichteter Din-

ge abziehen, zurückkommen; leer ausge-
hen; *Fußball* **il y a** ~! das war Hand!;
beim Kartenspiel **avoir la** ~ (*Karten*)
geben; **avoir la** ~ **heureuse**, **légère**, *etc*
cf **heureux**, **léger**, *etc*; **battre des** ~**s**
(in die Hände) klatschen; **changer de**
~**s** den Besitzer wechseln; in andere
Hände 'übergehen; **la** ~ **me démange**!
mir *od* mich juckt es in den Fingern!;
donner la ~ **à qn** j-m die Hand geben,
reichen; *fig in der Not etc* j-m helfen; sich
j-s hilfreich annehmen; j-m unter die
Arme greifen; F *péi* **ils peuvent se**
donner la ~! F *péi* die können sich die
Hand geben!; **être habile de ses** ~**s**
geschickte Hände haben; mit den Hän-
den geschickt sein; **faire les** ~**s de** qn j-n
mani'küren; **se faire la** ~ (sich) üben;
ce travail lui fera la ~ durch *od* bei
dieser Arbeit wird er Übung bekommen;
faire ~ **basse sur qc** sich e-r Sache
(*gén*) bemächtigen; etw stehlen; F sich
etw unter den Nagel reißen; F **flanquer**
la ~ **sur la figure de qn** F j-m e-e
runterhauen, knallen; **forcer la** ~ **à qn**
cf **forcer 2.**; *fig* **je m'en lave les** ~**s** ich
wasche meine Hände in Unschuld; **le-**
ver, **porter la** ~ **sur qn** die Hand gegen
j-n erheben; sich an j-m vergreifen; Hand
an j-n legen; gegen j-n tätlich werden;
lever la ~ **pour prêter serment** die
Hand zum Schwur erheben; **lier les** ~**s à**
qn *cf* **lier 1.**; **mettre la dernière** ~ **à qc**
letzte Hand an etw legen; **j'en mettrais**
ma *od* **la** ~ **au feu** dafür könnte ich
meine Hand ins Feuer legen; F **mettre la**
~ **à la pâte** Hand ans Werk legen; mit
Hand anlegen; mit zupacken; *Polizei*
mettre la ~ **sur qn** j-n fassen; *beim*
Kartenspiel **passer la** ~ passen; F *fig*
passe la ~! gib es auf!;
verzichte!; laß es sein!; F *fig* **passer la** ~
dans le dos de qn vor j-m kriechen;
passer la ~ **sur qc** mit der Hand über
etw (*acc*) streichen, fahren; *Gegenstand*
passer par bien des ~**s** durch viele
Hände gehen; **perdre la** ~ aus der
Übung kommen; *Dieb* F **être pris la** ~
dans le sac auf frischer Tat ertappt
werden; **prêter la** ~ **à un crime**, **à un**
projet ein Verbrechen, ein Vorhaben
begünstigen; e-m Verbrechen, Vorha-
ben Vorschub leisten; **tendre la** ~ *cf*
tendre¹ 3.; **en venir aux** ~**s**
handgemein werden; ♦ *loc/prov* **c'est**
une ~ **de fer dans un gant de velours**
er wirkt entgegenkommend, setzt aber
eisern seinen Willen durch; **2.** ~ (**de**
toilette) Waschhandschuh m; **3.** *zo des*
Falken Fang m; *des Affen* Hand f; *des*
Papageis Fuß m; **4.** ~ **courante** a) *des*
Treppengeländers Handlauf m; *mar der*
Reling Handläufer m; b) *comm* Kladde f;
der Dachrinne ~ **d'arrêt** Rinneisen n; **5.**
auto, ch de fer ~ **de ressort** Lagerbock m
der Feder; **6.** *Papiermaß* **une** ~ 25
Bogen; *Papier* **avoir de la** ~ fest, griffig
sein; **7.** *zum Heben e-r Last* Haken m
main-d'œuvre [mɛ̃dœvr(ə)] f **1.** *coll*
Arbeitskräfte f/pl; Arbeiterschaft f; Arbei-
ter m/pl; ~ **étrangère** ausländische
Arbeitskräfte; Gastarbeiter m/pl; **2.** *zur*
Herstellung e-s Produkts geleistete Ar-
beit f; frais m/pl **de** ~ Fertigungslöhne
m/pl; Arbeits-, Lohnkosten pl
main-forte [mɛ̃fɔrt] f *nur loc* **donner**,
prêter ~ **à qn** j-m Beistand, Hilfe
leisten; j-m zu Hilfe kommen
mainlevée [mɛ̃lve] f *jur* e-r Zwangsver-
waltung, Pfändung etc Aufhebung f; e-r
Hypothek Löschung f
mainmise [mɛ̃miz] f **1.** Aneignung f;
Inbe'sitznahme f; ~ **d'un État sur des**
territoires étrangers Aneignung frem-
der Gebiete durch e-n Staat; **2.** *einzelner*

Unternehmen etc durch den Staat, e-e Partei etc Beherrschung f (**sur la presse** der Presse); maßgeblicher, mächtiger Einfluß (**sur** auf + *acc*); **3.** *féod* Beschlagnahme f

mainmortable [mɛ̃mɔrtabl(ə)] *adj* **1.** *Besitz* der Veräußerung und Erbteilung entzogen; *Gesellschaft* deren Besitz der Veräußerung und Erbteilung entzogen ist; **2.** *féod* **vassal** m ~ *od subst* ~ m Vasall m, Lehnsmann m, dessen Besitz bei s-m Tod an den Lehnsherrn fällt

mainmorte [mɛ̃mɔrt] f **1.** *jur* Tote Hand; **biens** m/pl **de** ~ Güter n/pl der Toten Hand; **2.** *féod* **droit** m **de** ~ Recht n des Lehnsherrn, beim Tode des Vasallen über dessen Besitz zu verfügen

maint [mɛ̃] *st/s adj/ind* ‹**mainte** [mɛ̃t]› **manche(r, -s);** ~**e(s) fois** manches Mal; manchmal; so manches liebe Mal; so manch liebes Mal; ~**es et** ~**es fois, à** ~**es et** ~**es reprises** immer wieder; soundso oft; **à** ~**es reprises** zu wieder'holten Malen; wieder'holt; **en** ~**s endroits** mancherorts

maintenance [mɛ̃tnãs] f **1.** *mil* **a)** Materi'alerhaltung f; **échelon** m **de** ~ Materialerhaltungsstufe f; *aviat mil* **escadron** m **de** ~ **technique** Wartungsstaffel f; **b)** (Ersatz m an Material und Menschen zur) Erhaltung der Einsatzbereitschaft; **2.** *tech* Wartung f; *von EDV-Anlagen* ~ **préventive** Pflegewartung f

maintenant [mɛ̃tnã] *adv* **1.** jetzt; nun; **c'est** ~ **trop tard** das ist jetzt *od* nun zu spät; **2.** *mit fut* von jetzt an; ~, **vous serez plus prudent** von jetzt an werden Sie vorsichtiger sein; **3.** *loc/adv* **à partir de** ~ von jetzt an; von nun an; *st/s* hin'fort; fort'an; nunmehr; **4.** *loc/conj* ~ **que** jetzt *od* nun, da *bzw* F wo; ~ **que la pluie s'est arrêtée, nous pouvons partir** jetzt, da *od* F wo es zu regnen aufgehört hat ...

maintenir [mɛ̃tnir] ‹*cf* **tenir**› **I** *v/t* **1.** *Ordnung, Frieden, Status quo etc* aufrechterhalten; *Frieden auch* erhalten; wahren; *Tradition* erhalten; beibehalten; bewahren; festhalten an (+*dat*); *s-e Kandidatur* aufrechterhalten; nicht zu-'rückziehen; *Beamten* ~ **dans son poste** in s-m Amt belassen; *Gegenstand* ~ **en bon état** in gutem Zustand erhalten; in'stand halten; *Gesetz* ~ **en vigueur** in Kraft lassen; **2.** *Zeuge vor Gericht* ~ **sa déposition** bei s-r Aussage bleiben; ~ **son opinion** bei s-r Meinung bleiben; an s-r Meinung festhalten; auf s-r Meinung beharren; s-n Standpunkt aufrechterhalten, behaupten; **je l'ai dit et je le maintiens** ich habe es gesagt und dabei bleibe ich; **3.** *in e-r bestimmten Position* halten; *beim Ringen etc* ~ **qn à terre** j-n niederhalten; ~ **la tête au-dessus de l'eau** den Kopf über Wasser halten; ~ **la foule loin de qc** die Menschenmenge von etw fernhalten; **II** *v/pr* ~ **Kranker, alter Mensch, Wetter, Preise etc** sich halten; *Brauch auch* sich erhalten; fortbestehen; weiter bestehen; *Friede* erhalten bleiben; F **alors, la santé ça se maintient?** F na, gesundheitlich immer noch auf der Höhe?; *pol* **se** ~ **au pouvoir** sich an der Macht halten; *Schüler, Sportler etc mit s-n Leistungen* **se** ~ **dans la moyenne** sich auf dem Durchschnitt halten; *mil* **se** ~ **sur ses positions** sich in s-n Stellungen behaupten

maintien [mɛ̃tjɛ̃] m **1.** *der Ordnung, des Friedens, des Status quo etc* Aufrechterhaltung f; *des Friedens auch, der persönlichen Freiheit etc* Erhaltung f; Wahrung f; *der Tradition auch* Fortbestand m;

2. *e-r Person in e-r Stellung* Belassung f; *für Mieter* ~ **dans les lieux** Fortsetzung f des Mietverhältnisses; *etwa* Kündigungs-, Mieterschutz m; *mil* ~ **sous les drapeaux** Nichtentlassung f aus dem Wehrdienst; Verlängerung f des Wehrdienstes; **3.** *früher* **leçon** f **de** ~ Anstandsunterricht m

maïolique [majolik] *cf* **majolique**

mair|e [mɛr] m **1.** *e-r Stadt, e-s Dorfes* Bürgermeister m; *e-s Dorfes auch* Gemeindevorsteher m; *in großen deutschen Städten auch* Ober'bürgermeister m; *e-s Pariser Stadtbezirks etwa* Bezirksbürgermeister m; **2.** *hist* ~ **du palais** Hausmeier m; ~**esse** f *selten od* F Frau f des Bürgermeisters

mairie [meri] f **1.** *in Städten* Rathaus n; *in kleinen Gemeinden* Bürgermeisteramt n; Bürgermeisteramt n; *e-s Pariser Stadtbezirks etwa* Bezirksamt n; **2.** *Stadt- bzw* Gemeindeverwaltung f; *in e-m Pariser Stadtbezirk* Bezirksverwaltung f

mais [me] **I** *conj* **1.** aber; (je')doch; *litt* al'lein; *nach e-r Verneinung* sondern; **ce n'est pas rouge,** ~ **orange** das ist nicht rot, sondern orange; **non seulement ...** ~ **aussi,** ~ **encore** nicht nur ..., sondern auch; *im Relativsatz* ~ **qui** der *bzw* die *bzw* das aber, jedoch; **2.** *zur Anknüpfung an eben Gesagtes od zur Überleitung auf ein neues Thema* ~ **alors** wenn dem so ist; ~**, à propos, avez-vous des nouvelles de votre fils?** ach, da Sie gerade von Ihrem Sohn sprechen, haben Sie eigentlich Nachricht von ihm?; ~ **j'y pense** *que faites-vous dimanche?* da ich gerade daran denke, da fällt mir gerade ein ...; *in e-r Aufzählung* ~ **aussi,** ~ **encore** ferner; und außerdem noch; **II** *adv* **1.** *zur Verstärkung* ~ **non!** aber nein!; nicht doch!; ~ **oui!,** ~ **si!** aber ja!; ja doch!; ~ **bien sûr!,** ~ **certainement!** aber gewiß!; (ja) freilich!; ~ **enfin,** ~ **encore** also (*Ungeduld ausdrückend*); ~ **enfin, qu'avez-vous?** also, was haben Sie eigentlich?; **ah ça** ~ **! ne dites pas que vous n'y êtes pour rien!** nun sagen Sie bloß nicht, daß Sie nichts dafür können!; F **non** ~**, des fois! pour qui te prends-tu?** sag mal, wofür hältst du dich eigentlich?; **c'est d'un drôle,** ~ **d'un drôle** das ist wirklich urkomisch; **2.** *litt* **n'en pouvoir** ~ nichts dafür können; **III** *m* Aber n; **il n'y a pas de** ~ **qui tienne!** keine 'Widerrede!; **que veut dire, que signifie ce** ~**?** was heißt hier „aber"?

maïs [mais] m *agr, bot* Mais m; **épi** m **de** ~ Maiskolben m

maison [mezõ, me-] f **1.** Haus n; *pol* **la** 2 **Blanche** das Weiße Haus; ~ **close, de tolérance** Bor'dell n; Freudenhaus n; *égl e-s Ordens* ~ **mère** Mutterhaus n; *cf auch* 2.; ~ **de banlieue, de bois, de briques, de campagne** Vorort-, Holz-, Ziegel-, Landhaus n; ~ **de Dieu, du Seigneur** Gotteshaus n; *in Frankreich* 2 (**des Jeunes et**) **de la Culture** (*abr* M.J.C.), *auch* ~ **des jeunes** *etwa* städtisches Jugendklubhaus; ~ **de jeu** Spielbank f, -kasino n; ~ **du peuple** *Art* Kul'turhaus n (*der kommunistischen Partei*); ~ **de plaisance** Sommerhaus n; Haus n auf dem Land, an der Küste, im Gebirge; ~ **de poupée** Puppenhaus n; ~ **de la radio** Funkhaus n; ~ **de rapport** Ren'dite-, Miethaus n; ~ **de repos** Erholungs-, Genesungsheim n; Sana-'torium n; ~ **de retraite** Altersheim n; **2.** *comm* ~ (**de commerce**) (Handels-) Haus n; Geschäft n; Firma f; ~ **mère** Stammhaus n; Hauptgeschäft n; ~ **d'ameublement** Möbelgeschäft n,

~-**haus** n; ~ **de confection** Konfekti'onsgeschäft n; Bekleidungshaus n; ~ **de détail** Einzelhandelsgeschäft n; ~ **d'édition** Verlag m; Verlagshaus n, -anstalt f; -buchhandlung f; ~ **d'escompte** Discounthaus n, -geschäft n [dis'kaunt-]; ~ **de gros** Großhandelsgeschäft n, -firma f; Großhandlung f; *von e-m Angestellten* **avoir trente ans de** ~ dreißig Jahre in der Firma tätig sein; **3.** *jur* ~ **centrale** Zen'tralgefängnis n (*zur Verbüßung von Freiheitsstrafen von mehr als einem Jahr*); *auch* Zuchthaus n; ~ **d'arrêt** a) **de dépôt** a) Unter-'suchungsgefängnis n; b) Haftanstalt f; Gefängnis n (*zur Verbüßung e-r Haftstrafe*); ~ **de correction** Gefängnis n (*zur Verbüßung e-r Gefängnisstrafe*); ~ **d'éducation surveillée** Erziehungsanstalt f (*für straffällige Jugendliche*); ~ **de justice** Unter'suchungsgefängnis n beim Schwurgericht; **4.** *fig* Haus n; Fa'milie f; **ami** m **de la** ~ Freund m des Hauses; Hausfreund m; **être de la** ~ quasi zum Haus, zur Familie gehören; **c'est la** ~ **du bon Dieu** das ist ein gastfreies, gastfreundliches Haus; **savoir tenir sa** ~ e-e gute Hausfrau sein; **5.** *loc/adv* **à la** ~ zu *bzw* nach Hause; **rentrer à la** ~ nach Hause gehen; heimgehen; **rester à la** ~ zu Hause, da'heim bleiben; **6.** *adjt* **a)** *cuis* hausgemacht; Hausmacher-; selbstgebacken; **pâté** m ~ hausgemachte Fleischpastete; **tarte** f ~ selbstgebackener (Obst-) Kuchen; selbstgebackene Torte; *von e-m Gericht im Restaurant etc* **c'est qc de** ~ F das schmeckt wie zu Hause; **b)** *par ext, oft péj* hauseigen; für eigene Zwecke zu'rechtgemacht; **7.** *von Fürsten* Haus n; **la** 2 **d'Autriche, de Habsbourg** das Haus Österreich, Habsburg; **8.** *hist* ~ **du roi** königlicher Hofstaat m; **9.** *Astrologie* ~**s** f/pl **du ciel** Himmelshäuser n/pl

maisonn|ée [mezɔne, me-] f Hausgemeinschaft f; Fa'milie f; ~**ette** f Häuschen n; ~ **du garde-barrière** Schrankenwärterhäuschen n

maistrance [mɛstrãs] f *mar mil* 'Unteroffizierskorps n (*der Ma'rine*); **école** f **de** ~ Ma'rineunteroffiziersschule f

maître [mɛtr(ə)] **I** m **1.** ~, **maîtresse** m, f; *früher e-s Sklaven, Dieners etc* Herr(in) m(f) (*auch e-s Besitzes, Tieres*); Gebieter (-in) m(f); *e-s Hundes auch* F Herrchen n, Frauchen n; **les** ~**s** die Herrschaft; *bei der Polizei etc* ~ **de chien** Hundeführer m; *pol* **les** ~**s du Kremlin** die Machthaber m/pl im Kreml; ~, **maîtresse de maison** Hausherr(in) m(f); Herr m, Dame f des Hauses; Hausfrau f; ~ **d'ouvrage** Bauherr m; *plais* **mon seigneur et** ~ mein Herr und Gebieter *od* Meister; *loc/adj* **Tier, Gut etc sans** ~ herrenlos; *loc/adv* **en** ~ als ob man der Herr wäre; **parler en** ~ *auch* in herrischem, gebieterischem Ton sprechen; **être son (propre)** ~ sein eigener, freier Herr sein; **c'est moi le** ~ **ici** ich bin hier der Herr im Hause; *beim Kartenspiel* **être** ~ **à une couleur** von e-r Farbe die höchste Karte haben; **être** ~ **de qc** Herr e-r Sache (*gén*) sein; etw beherrschen; **être** ~ **de ses décisions** Herr s-r Entschlüsse sein; **être** ~ **de la situation** Herr der Lage sein; die Situation beherrschen; über die Situation stehen; **être** ~, **maîtresse de soi** Herr s-r selbst sein; sich in der Gewalt haben; Selbstbeherrschung besitzen; **elle n'était plus maîtresse d'elle-même** *auch* sie war nicht mehr Herr ihrer selbst, ihrer Sinne nicht mehr mächtig; **être** ~ **de faire qc** frei sein, die Freiheit haben, etw zu tun; **vous êtes** ~ **de**

refuser es steht Ihnen frei abzulehnen; **se rendre** ~ **de qc** etw meistern; e-r Sache *(gén) od* über etw *(acc)* Herr werden; **se rendre** ~ **de l'incendie** das Feuer unter Gewalt, Kontrolle bringen; **se rendre** ~ **d'un pays** sich zum Herren e-s Landes machen; sich e-s Landes bemächtigen; **se rendre** ~ **d'un secret** ein Geheimnis ergründen; hinter ein Geheimnis kommen; in ein Geheimnis dringen; *mil* **rester** ~ **du champ de bataille** das Feld behaupten *(auch fig); prov:* **tel** ~, **tel valet** *od* **les bons** ~**s font les bons valets** wie der Herr, so's Gescherr *(prov);* **nul ne peut servir deux** ~**s à la fois** niemand kann zwei, älter zween Herren dienen *(prov);* **2.** ~, **maîtresse** *m,f* an e-r Volksschule Lehrer(in) *m(f); fig* Lehrmeister(in) *m(f);* Meister *m;* Vorbild *n; fig* ~ **à penser** geistiges Vorbild; ~ **d'armes** Fechtmeister *m,* -lehrer *m;* ~, **maîtresse d'école** Volksschullehrer(in) *m(f);* früher Schulmeister *m;* ~, **maîtresse d'internat** Aufsichtsführende(r) *f(m),* Aufsichtsperson *f* an e-m Gymnasium mit Internat; *fig* **le temps est un grand** ~ die Zeit ist e-e große Lehrmeisterin; **3.** *in e-m Handwerk* Meister *m;* ~ **artisan** Handwerksmeister *m;* ~ **cordonnier,** ~ **maçon** Schuhmacher-, Maurermeister *m; fig* **coup** *m* **de** ~ Meisterstück *n,* -leistung *f; beim Schießen* Meisterschuß *m; fig* **de main de** ~ von Meisterhand; *fig* **être (passé)** ~ **dans l'art de faire qc** ein Meister in etw *(dat)* sein; *fig* **être** ~ **dans le métier d'orfèvre** ein Meister der Goldschmiedekunst sein; *fig* **trouver son** ~ s-n Meister finden; **4.** *in Berufsbezeichnungen u Titeln:* **grand** ~ *e-s geistlichen Ritterordens* Hoch-, Großmeister *m;* ~ *e-r Großloge* Großmeister *m;* b) Erpresser *m; Wagner* **Les** ~**s chanteurs de Nuremberg** Die Meistersinger von Nürnberg; *in e-r Badeanstalt* ~ **nageur** Bademeister *m;* Schwimmlehrer *m;* ~, **maîtresse de ballet** Bal'lettmeister(in) *m(f);* ~ **des cérémonies** Zere'monienmeister *m; égl* ~ **de chapelle** Kantor *m;* Chorleiter *m; an der Universität* ~ *m,f* **de conférences** Do'zent(in) *m(f);* ~ **d'hôtel** *in e-m Restaurant* Oberkellner *m; in reichen Häusern* Butler ['batlər] *m;* ~ **d'œuvre** *im Mittelalter* Dombaumeister *m; heute (Architekt m und)* Bauleiter *m; adm in Frankreich* ~ **des requêtes** Träger des zweithöchsten Amtes im Staatsrat; *etwa* Vortragender Rat; **5.** *mar mil etwa* Oberbootsmann *m; allg* **les** ~**s** die 'Unteroffiziere *m/pl;* **poste** *m* **des** ~**s** 'Unteroffiziersmesse *f;* **premier** ~ *etwa* Hauptbootsmann *m;* ~ **principal** *etwa* Stabsbootsmann *m;* **second** ~ **de 1**re **classe** *etwa* Bootsmann *m;* **second** ~ **de 2**e **classe** *etwa* Maat *m; Handelsmarine* ~ **d'équipage** *etwa* Bootsmann *m;* **6.** *in Frankreich Titel vor dem Namen e-s Rechtsanwalts od Notars* ⚲ **Dupont** *(abr* M**e***) od* Herr Rechtsanwalt Dupont; *in der Anrede* ⚲! Herr Rechtsanwalt!; **7.** *in der Kunst, Literatur* Meister *m; peint* ~ **anonyme** unbekannter Meister; ~ **de Moulins** Meister von Moulins; **8.** *tech* ~ **de danse** Innentaster *m;* **9.** *in der Fabel* ~ **Corbeau** der Rabe; ~ **Renard** Reineke Fuchs; **II** *adj* ⟨**maîtresse** [metres]⟩ **1.** Haupt...; wichtigste(r, -s); *in Berufsbezeichnungen* Ober...; *an der Universität* ~ **assistant** Oberassistent *m; beim Kartenspiel* **atout** ~ höchster Trumpf; **branche maîtresse** Hauptast *m;* ~ **coq** *od* ~ **queux** *auf e-m Schiff* (Schiffs)Koch *m;* F Smutje *m; in e-m Restaurant* Küchen-

chef *m,* -meister *m; Schiff-, Flugzeugbau* ~ **couple** Hauptspant *n; Schiffsbau auch* Nullspant *n;* **idée maîtresse** Haupt-, Leitgedanke *m;* **œuvre maîtresse** Meisterwerk *n; mines* ~ **porion** Obersteiger *m;* **2. c'est une maîtresse femme** das ist e-e e'nergische Frau, die zu komman'dieren versteht; ~**-autel** *m* ⟨*pl* **maîtres-autels**⟩ *égl* Hoch-, Hauptaltar *m;* ~**-couple** *m* ⟨*pl* **maîtres-couples**⟩ *cf* **maître** II 1.

maîtresse [metres] *f* **1.** Geliebte *f; péi* Mä'tresse *f;* **2.** *cf* **maître** I 1., 2., 4.

maîtrisable [metrizabl(ə)] *adj* Gefühl, Leidenschaft *etc* bezähmbar; bezwingbar

maîtrise [metriz] *f* **1.** ~ **de soi** Selbstbeherrschung *f;* **perdre la** ~ **de soi** auch die Herrschaft über sich verlieren; **2.** Herrschaft *f (de über+ acc); mil* ~ **de l'air, des mers** Luft-, Seeherrschaft *f;* **3.** *fig* Meisterschaft *f; loc/adv* **avec** ~ meisterlich; meisterhaft; **4.** *in e-r Fabrik* **agents** *m/pl* **de** ~ Werk- *bzw* Indu'striemeister *m/pl;* Vorarbeiter *m/pl;* technische(n) Angestellte(n) *m/pl;* **5.** *an der Universität* **a)** Ma'gisterwürde *f bzw* -prüfung *f;* ~ **d'enseignement** *in der BRD etwa* Wissenschaftliche Prüfung für das Lehramt an Gymnasien; **b)** ~ **de conférences** Dozen'tur *f;* **6.** *mus, rel* Domsingschule *f;* Kanto'rei *f; par ext (kirchlicher)* Knabenchor; **7.** *hist* **a)** Meisterwürde *f;* **b)** *coll* e-r Zunft Meister *m/pl*

maîtriser [metrize] **I** *v/t* durchgegangenes Pferd bändigen; bezähmen; *Tobsüchtigen* über'wältigen; *Aufstand* niederwerfen; *Feuer* unter Kon'trolle bringen; Einhalt gebieten (+*dat*) *(auch e-r Seuche);* Schwierigkeit meistern; *Zorn, Leidenschaften etc* bezwingen; bezähmen; beherrschen; zügeln; *Zorn auch* bemeistern; *Wut* bändigen; *Geste der Ungeduld etc* unter'drücken; **II** *v/pr* **se** ~ sich beherrschen, bezwingen, bezähmen; sich in der Gewalt, in der Hand haben; sich bemeistern

maïzena [maizena] *f (nom déposé)* Mai-'zena *n (Wz)*

majesté [mazeste] *f* **1.** *der Natur,* e-s Bauwerks etc Maje'stät *f;* Erhabenheit *f;* Herrlichkeit *f;* **la** ~ **divine** die göttliche Majestät; die Herrlichkeit Gottes; *gr* **pluriel** *m* **de** ~ Plu'ralis maje'statis *m; bildende Kunst* **Christ** *m* **en** ~ *od* **de** ~ thronender Christus; Ma'jestas Domini *f;* **attenter, porter atteinte à la** ~ **du souverain** Majestätsbeleidigung begehen; **2.** *Titel* **Votre** ⚲ *(abr* V.M.) Eure *od* Euer Majestät *(abr* Ew. M.); **Sa** ⚲ *(abr* S.M.) Seine Majestät *(abr* S.M.); **la reine d'Angleterre,** früher **Sa Très Gracieuse** ⚲ Ihre Majestät die Königin von England; **Leurs** ⚲**s** *(abr* LL. MM.) die Majestäten

majestueux [mazestyø] *adj* ⟨-euse⟩ *Person, Aussehen, Gang etc* maje'stätisch; würdevoll; *Gang auch* gravi-'tätisch; *Geste* hoheitsvoll; *Greis* würdig; würdevoll; *Landschaft, Bauwerk* maje-'stätisch *(auch Fluß);* erhaben

majeur [mazœr] **I** *adj* **1.** wichtig(ste, -r, -s); Haupt... *(zB Sorge, Grund etc);* höhere(r, -s); *force* ~ *cf* **force**[1] **2.** *géogr* **le lac** ⚲ der Lago Maggiore [mad'dʒo:re]; *égl cath* **ordres** ~**s** höhere Weihen *f/pl;* **la** ~**e partie** der größere, größte, überwiegende Teil; die Mehrzahl; **la** ~**e partie des Français** auch die Mehrheit der Franzosen; **la** ~**e partie du temps** auch die meiste Zeit; *loc/adv* **en** ~**e partie** größtenteils; **2.** *mus* Dur...; ...-Dur; **gamme** ~**e** Durtonleiter *f;* **intervalle** ~ großes Intervall; **tierce** ~**e** große Terz;

en ré ~ in D-Dur; **3.** *jur* 'volljährig; mündig; großjährig; **déclarer** ~ für volljährig, mündig erklären; F **il est** ~**, il sait ce qu'il fait** er ist alt genug, er ist kein Kind mehr ...; **4.** *in e-m Syllogismus* **prémisse** ~**e** *od subst* ~**e** *f* Obersatz *m;* **terme** ~ *od subst* ~ *m* Major *m;* **5.** *rel* **saint Jacques le** ⚲ Jakobus der Ältere; **II** *subst* **1.** *anat* **m** Mittelfinger *m;* **2.** *jur* ~(e) *m(f)* 'Voll-, Großjährige(r) *f(m);* **3.** *mus* **m** Dur *n;* Durtonart *f;* **en** ~ in Dur; **4.** *in e-m Syllogismus* ~(e) *m(f) cf* I 4.

majidés [mazide] *m/pl zo* Dreiecks-, Spinnenkrabben *f/pl*

majolique [mazolik] *f* Ma'jolika *f*

ma-jong *cf* **mah-jong**

major [mazor] *m* **1.** *mil* ~ **de garnison** Erster Standortoffizier; stellvertretender Standortkommandant; **2.** *adjt mar mil* **canot** *m* ~ Beiboot *n* für Offiziere; **3.** *bei der Aufnahmeprüfung zu e-r Fachhochschule* ~ **de promotion** Beste(r) *m;* Erste(r) *m*

majorat [mazora] *m* früher Majo-'rat(sgut) *n*

majoration [mazorasjõ] *f der Preise, Löhne, Steuern etc* Erhöhung *f (auch der Kosten);* Her'aufsetzung *f; der Löhne auch* Aufbesserung *f;* Anhebung *f;* ~ **d'impôt, des prix, des salaires** Steuer-, Preis-, Lohnerhöhung *f;* ~ **de retard** Säumniszuschlag *m; zu e-r Rente* ~ **pour enfant à charge** Kinderzulage *f,* -zuschlag *m;* ~ **pour tierce personne** Pflegegeld *n*

majordome [mazordom] *m* **1.** *hist* Haushofmeister *m;* **2.** *in reichen Häusern* Butler [-a-] *m*

majorer [mazore] *v/t* Preise, Löhne, Steuern etc erhöhen (de 10% um 10%); her'aufsetzen; *Löhne auch* aufbessern; anheben

majorette [mazoret] *f* Majo'rette *f (junges Mädchen in Phantasieuniform bei festlichen Umzügen);* Tambourmajorin *f; etwa* Funkenmariechen *n*

majoritaire [mazoriter] **I** *adj* Mehrheits...; Majori'täts...; **actionnaire** *m* ~ Mehrheitsaktionär *m;* **scrutin** *m,* **vote** *m* ~ Mehrheitswahl *f;* **système** *m* ~ Mehrheitswahlsystem *n;* **II** *m/pl* ~**s** *innerhalb e-r Gemeinschaft* Mehrheit *f*

majorité [mazorite] *f* **1.** Mehrheit *f (bes pol);* Majori'tät *f;* Mehr-, 'Überzahl *f;* ~ **gouvernementale** Re'gierungsmehrheit *f;* ~ **des deux tiers** Zwei'drittelmehrheit *f;* ~ **des suffrages, des voix** Stimmenmehrheit *f;* **partis** *m/pl* **de la** ~ Mehrheitsparteien *f/pl; loc/adv:* **à la** ~ **de 30 voix** mit e-r Mehrheit von 30 Stimmen; **à une** ~ **écrasante** mit über-'wältigender Mehrheit; **dans la** ~ **des cas** in den meisten Fällen; meistens; **dans leur immense** ~, **les Français ...** die große Mehrheit der Franzosen ...; **en** ~ vorwiegend; überwiegend; **nous sommes en** ~ **hostiles à ce projet** die Mehrheit von uns ist, die meisten von uns sind gegen diesen Plan; **être en** ~ in der Mehr-, Überzahl sein; **2.** *jur* ~ **(civile)** 'Volljährigkeit *f;* Mündigkeit *f;* Großjährigkeit *f;* ~ **électorale** Wahlalter *n;* ~ **matrimoniale, pénale** Ehe-, Strafmündigkeit *f;* **déclaration** *f* **de** ~ Volljährigkeitserklärung *f;* Mündigsprechung *f;* **atteindre sa** ~ volljährig, mündig werden

majuscule [mazyskyl] **I** *adj* Buchstabe groß (geschrieben); **lettre** ~ *cf* II; **un A** ~ ein großes A; **II** *f* Großbuchstabe *m;* großer Buchstabe; *impr* Ma'juskel *f;* Ver'sal(buchstabe) *m;* **ce mot prend une** ~ dieses Wort wird groß geschrieben; **écrire en** ~**s** in Blockschrift schreiben

maki [maki] *m zo* Maki *m;* Halbaffe *m*

mal — malaisé   570

mal[1] [mal] **I** *adv* **1.** schlecht; übel; ◆
loc/adj Augenblick ~ **choisi** schlechtge-
wählt; *Kind* ~ **élevé** schlechterzogen;
unerzogen; *Arbeit(er)* ~ **payé** schlecht-
bezahlt; 'unterbezahlt; ◆ *loc/adv* **pas** ~
nicht übel; nicht schlecht; ganz gut; **pas**
~ **froussard** ziemlich *od* recht ängstlich;
il a pas ~ **voyagé** er ist ziemlich *od*
recht viel gereist; **tu ne ferais pas** ~ **de**
(+*inf*) du tätest ganz gut daran zu (+*inf*);
je m'en moque, F **je m'en fous pas** ~
das ist mir ganz egal, F schnuppe,
schnurz, piepe; **pas** ~ **de** (+*subst*) ziem-
lich viel, e-e (ganze) Menge über sie zu
sagen; ~ **à propos** *cf* **propos 3.**; **de** ~ **en**
pis immer schlechter, schlimmer; *Kran-*
ker **il va de** ~ **en pis** *auch* es geht immer
weiter mit ihm berg'ab; **les choses vont**
de ~ **en pis** es geht immer, zunehmend
schlechter; die Lage verschlechtert, ver-
schlimmert sich; **tomber de** ~ **en pis** F
vom Regen in die Traufe kommen; ◆
aller ~ *Geschäfte* schlechtgehen; *Dinge*
schlecht stehen; *Person gesundheitlich* **il**
va ~ es geht ihm schlecht; *Kleidung,*
Frisur **aller** ~ **à qn** j-m schlecht, nicht
gut stehen; j-n nicht kleiden; **dormir** ~
schlecht schlafen; **être** ~ **assis** unbe-
quem sitzen; **être** ~ **vu de qn** *cf* **vu I;** *von*
e-m Kranken **il est au plus** ~ es steht sehr
ernst mit ihm, sehr schlecht mit ihm; es
geht mit ihm zu Ende; *Fremdsprache*
parler ~ schlecht sprechen; *fig Kind*
parler ~, **répondre** ~ **à ses parents** s-n
Eltern gegenüber frech sein; s-n Eltern
freche Antworten geben; **parler** ~ **de**
qn von j-m schlecht sprechen, reden; j-n
schlechtmachen; *Bemerkung, Scherz etc*
prendre ~ übelnehmen; übel aufneh-
men, vermerken; **il l'a** ~ **pris** *auch* F er ist
eingeschnappt; *fig* ~ **lui en prit** *cf*
prendre 24.; **respirer** ~ schwer atmen;
se sentir ~, ~ **en point,** F ~ **fichu** sich
schlecht, elend, mise'rabel, F mies füh-
len; **tomber** ~ *cf* **tomber**[1] **10.**; **tourner**
~ *cf* **tourner 11.**; **se trouver** ~ ohn-
mächtig werden; **2.** falsch; *Text, Worte* ~
interpréter falsch interpretieren, miß-
'deuten; **s'y prendre** ~ es falsch, ver-
kehrt anpacken; *Wort* ~ **prononcer**
falsch aussprechen; **II** *adj* ⟨*inv*⟩ dire,
faire **qc de** ~ etw Böses, Schlimmes,
Häßliches sagen, tun; **être** ~ sich nicht
wohl fühlen; **on est** ~ **dans cette**
voiture man sitzt in diesem Wagen
nicht bequem; **être** ~ **avec qn** (sich) mit
j-m schlecht stehen; **c'est** ~, **il est** ~ **de**
(+*inf*) es ist schlecht, häßlich, ungehörig
zu (+*inf*); **être pas** ~ nicht übel, nicht
schlecht, ganz gut, ganz ordentlich,
Person ganz hübsch sein; *litt* **mourir de**
~**e mort** e-s unnatürlichen, gewaltsa-
men Todes sterben.
mal[2] [mal] *m* ⟨*pl* **maux** [mo]⟩ **1.** Übel *n*;
maux *pl e-s Menschen, des Krieges*
Leiden *n/pl*; **le** ~ **est fait** es, das Unglück
ist nun (ein)mal geschehen; **de là vient**
le ~ das ist die Wurzel des Übels; *loc/prov*
de *od* **entre deux maux, il faut choisir**
le moindre man muß von zwei Übeln
das kleinere wählen; **2.** Schlimme(s)
n; Schlechte(s) *n*; Böse(s) *n*; Arge(s) *n*;
abs **le** ~ das Böse; **quel** ~ **y a-t-il à**
cela? was ist da schon (Schlimmes)
dabei?; **quel** ~ **y a-t-il à lui dire la**
vérité? was ist denn dabei, was schadet
es schon, wenn man ihm die Wahrheit
sagt?; *rel* **délivre-nous du** ~ erlöse uns
von dem Übel, von dem Bösen; **dire du**
~ **de qn** j-m Schlechtes, Böses nachsa-
gen; Schlechtes über j-n sagen; **faire du**
~ **à qn, à qc** a) j-m, e-r Sache schaden; b)

j-m etwas (zu'leide) tun; j-m Böses zufü-
gen; c) *Worte, Vorwürfe etc* j-n verletzen;
j-m weh tun; **cela ne lui ferait pas de** ~
das könnte ihm nicht(s) schaden; F **il ne**
ferait pas de ~ **à une mouche** er
könnte keiner Fliege etwas zu'leide tun;
penser du ~ **de qn** schlecht von j-m
denken; **sans penser, sans songer à** ~
ohne (sich) Schlimmes, Böses, Arges
dabei zu denken; **rendre le** ~ **pour le** ~
Böses mit Bösem vergelten; *Worte* **tour-**
ner en ~ miß'deuten; verdrehen; **je n'y**
vois aucun ~ ich finde nichts Schlim-
mes, Böses, Arges dabei; ich sehe nichts
Schlimmes *etc* darin; **voir le** ~ **partout**
in allem, überall Schlechtes, Böses se-
hen; **vouloir du** ~ **à qn** si m übelwollen;
j-m übel gesinnt sein; mit j-m Böses,
Arges im Sinn haben; **il ne veut de** ~ **à**
personne er wünscht niemandem etwas
Böses; **3.** Schmerz *m*; Krankheit *f*; Lei-
den *n*; *path* ~ **blanc** *cf* **panaris**; ~
vertébral *od* **de Pott** Wirbeltuberkulo-
se *f od* Pottsche Krankheit; ~ **de l'air**
Luftkrankheit *f*; **maux de dents,** ~ **de**
tête Zahn-, Kopfschmerzen *m/pl od*
-weh *n*; **avoir des maux de dents,** *etc*
Zahnschmerzen *etc* haben; ~ **des 'hau-**
teurs *od* **de montagne** Höhen- *od*
Bergkrankheit *f*; ~ **de mer** Seekrank-
heit *f*; **avoir le** ~ **de mer** seekrank sein;
fig ~ **du pays** Heimweh *n*; ~ **de la route**
Reisekrankheit *f*; *fig* ~ **du siècle** Welt-
schmerz *m*; **où as-tu** ~? wo tut es dir
weh?; **avoir** ~ **au cœur** Übelkeit verspü-
ren; **j'ai** ~ **au cœur** mir ist *od* mir wird
schlecht, übel; **avoir** ~ **aux dents, à la**
tête Zahn-, Kopfschmerzen *od* -weh
haben; *als Antwort auf e-e Entschuldi-*
gung **il n'y a pas de** ~ bitte, (das) macht
nichts; *fig* **être en** ~ **de qc** um etw
verlegen sein; *journaliste* **en** ~ **de copie**
... dem nichts einfällt; **être en** ~
d'enfant e-n starken Kinderwunsch
haben; **faire** ~ **à qn** j-m weh tun; **son**
bras lui fait ~ ihm tut der Arm weh; *fig*
cela me ferait ~! nie und nimmer!; F
fig **cela me fait** ~ **(au cœur) de** (+*inf*)
es tut mir leid, *p/fort* es tut mir in der
Seele weh, wenn ...; **se faire** ~ **en**
tombant sich beim Hinfallen weh tun;
prendre (du) ~ krank werden; erkran-
ken; F **sich was weholen**; **se tirer sans**
~ **d'un accident** bei e-m Unfall ohne
Schaden, F mit heiler Haut davonkom-
men; *loc/prov* **aux grands maux les**
grands remèdes große Übel erfordern
starke Mittel; **4.** Mühe *f*; *loc/adv* **sans** ~
mühelos; **avoir du** ~ **à faire qc** Mühe
haben, etw zu tun; **j'ai du** ~ **à** (+*inf*) es
fällt mir schwer zu (+*inf*); **j'aurai du** ~ **à**
(en) trouver un autre *auch* ich werde
schwerlich e-n andern finden; **il a eu du**
~ **à se décider** er konnte sich nur
schwer entscheiden; **donner du** ~ **à qn**
j-m viel Mühe, viel zu schaffen machen;
se donner du ~, **un** ~ **inouï,** F **un** ~ **de**
chien sich Mühe, unsägliche Mühe, alle
erdenkliche Mühe geben (**pour qn** mit
j-m; **pour faire qc** um etw zu tun); es
sich viel Mühe kosten lassen; es sich
sauer werden lassen; *loc/prov* **on n'a**
rien sans ~ ohne Fleiß kein Preis (*prov*)
malabar [malabar] **I** *adj* F ⟨*très fort*⟩
kräftig; stämmig; handfest; **II** *m* stäm-
miger, handfester Kerl
malachite [malakit] *f minér* Mala'chit *m*
malade [malad] **I** *adj* **1.** *Mensch, Pflan-*
ze, Tier krank; *litt* ~ **de la peste**
pestkrank; **avoir l'air** ~ krank aussehen;
être ~ **du cœur, de l'estomac, du foie**
herz-, magen-, leberkrank *od* -leidend
sein; *fig* **être** ~ **de jalousie** krank vor
Eifersucht sein; **je suis** ~ *oft* mir ist
schlecht, übel; F **je suis** ~ **comme un**

chien, ~ **à crever** F mir ist hundeelend;
fig **j'en suis** ~ F ich bin ganz krank
davon; F *fig* **t'es pas** ~? F bist du noch zu
retten?; du bist wohl 'übergeschnappt?;
se faire porter ~ sich krank melden; *fig*
cela me rend ~ F das macht mich ganz
krank; **tomber** ~ krank werden; erkran-
ken; **2.** F *Gegenstand* beschädigt; **ce**
livre est bien ~ das Buch hat sehr
gelitten, sieht schlimm aus, ist in e-m
schlimmen Zustand; **3.** *fig Industrie,*
Wirtschaftsunternehmen etc **être** ~ in
e-r Krise, in e-r kritischen Lage, F
angeschlagen sein; **II** *m, f* Kranke(r)
f(m); Pati'ent(in) *m(f)*; **grand(e)**
Schwerkranke(r) *f(m)*; ~ **mental(e)**
Geisteskranke(r) *f(m)*; **chambre** *f* **de** ~
Krankenzimmer *n*
maladie [maladi] *f* **1.** *von Menschen,*
Tieren, Pflanzen Krankheit *f*; Erkran-
kung *f*; *path* ~ **bleue** Blausucht *f*; ~
cutanée, héréditaire, infantile, in-
fectieuse, mentale, professionnelle,
vénérienne Haut-, Erb-, Kinder-, In-
fekti'ons-, Geistes-, Berufs-, Ge-
schlechtskrankheit *f*; ~**s nerveuses**
Nervenkrankheiten *f/pl*, -leiden *n/pl*; ~
de *od* **par carence** Mangelkrankheit *f*;
~**s de cœur** Herzkrankheiten *f/pl*,
-leiden *n/pl*; ~**s des os** Knochenkrank-
heiten *f/pl*; ~ **de Parkinson** Parkinson-
sche Krankheit; Schüttellähmung *f*; ~**s**
de plantes Pflanzenkrankheiten *f/pl*; ~
du sommeil Schlafkrankheit *f*; *adit*
assurance *f* ~ Krankenversicherung *f*; F
fig **il n'y a pas de quoi en faire une** ~
das ist doch kein Grund, sich (dund) zu
ärgern, sich aufzuregen, F ein solches
Theater zu machen; **2.** *vét bei Hunden*
abs la ~ die Staupe; **3.** *fig* krankhafte
Angewohnheit; *p/fort* Sucht *f*; **avoir la** ~
de la propreté krankhaft reinlich sein;
c'est une ~ **chez elle** das ist krankhaft
bei ihr
maladif [maladif] *adj* ⟨-**ive**⟩ **1.** *Person*
kränklich; *Kind* ~ kränkeln; **2.** *Blässe,*
Neugier, Angst, Bedürfnis etc krankhaft
maladresse [maladrɛs] *f* Ungeschick-
lichkeit *f*; Ungeschick *n*; *im Benehmen*
etc Unbeholfenheit *f*; Ungewandtheit *f*
(*beide auch von den Bewegungen*); *p/fort*
Taktlosigkeit *f*; **quelle** ~! une unge-
schickt!; *p/fort* wie taktlos!; **commettre**
une ~, e-e Ungeschicklichkeit, Takt-
losigkeit begehen; **s'exprimer avec** ~ sich
ungeschickt, schwerfällig, plump aus-
drücken
maladroit [maladrwa] **I** *adj Person*
ungeschickt; *Kind* tolpatschig; *in den*
Bewegungen auch ungelenk; unbeholfen;
Benehmen, Ausdruck etc unbeholfen;
ungewandt; plump (*auch Lüge, Wort*);
être ~ **avec qn** j-n falsch behandeln;
sich j-m gegenüber falsch benehmen;
être ~ **de ses mains** ungeschickte, F
zwei linke Hände haben; **II** *subst* ~(**e**)
m(f) **a)** ungeschickter, unbeholfener
Mensch; Tolpatsch *m*; **b)** Tölpel *m*
malaga [malaga] *m* Malaga(wein) *m*
malaire [malɛr] *adj anat* **os** *m* ~ Wan-
gen-, Jochbein *n*
malais [malɛ] **I** *adj* ma'laiisch; **II** *subst* **1.**
⟨e(e) *m(f)* Ma'laie *m*, Ma'laiin *f*; **2.** *ling*
le ~ das Ma'laiische; Ma'laiisch *n*
malaise [malɛz] *m* **1.** Unwohlsein *n*;
Unpäßlichkeit *f*; **2.** *fig* Unbehagen *n*;
'Mißbehagen *n*; *pol auch* Ma'laise *f*; *par*
ext Unruhe *f*; **le** ~ **paysan** das Unbeha-
gen der Bauern; die Unruhe unter den
Bauern
malaisé [malɛze] *adj st/s* **1.** *Aufgabe*
schwierig; **il est** ~ **de** (+*inf*) es ist
schwierig, nicht leicht zu (+*inf*); **2. un**
chemin ~ ein schwieriger, unbequemer
Weg

malandre [malãdr(ə)] *f* **1.** *vét* Mauke *f*; **2.** *im Holz* faulige Stelle

malandrin [malãdrɛ̃] *litt m* Räuber *m*

malappris [malapri] **I** *adj Kind* unerzogen; flegelhaft; **II** *m* Flegel *m*; Lümmel *m*; Rüpel *m*; ungehobelter Pa'tron; espèce de ~ ! Flegel! *etc*

malaria [malarja] *f path* Ma'laria *f*; Sumpf-, Wechselfieber *n*

malavisé [malavize] *st/s adj* unklug; unbesonnen; unüberlegt

malawien [malawjɛ̃] **I** *adj* ⟨~ne⟩ ma'lawisch; **II** *subst* ⌀(ne) *m(f)* Ma'lawier(in) *m(f)*

malax|er [malakse] *v/t Butter, Ton* (weich-, 'durch)kneten; *Mehl u Eier* miteinander verkneten; **~eur** *m tech* Rührkessel *m*, -werk *n*, -gerät *n*; *bei der Butterherstellung* Butterfertiger *m*

malaysien [malɛzjɛ̃] **I** *adj* ⟨~ne⟩ ma'laysisch; **II** *subst* ⌀(ne) *m(f)* Ma'laysier(in) *m(f)*

malchanc|e [malʃãs] *f* 'Mißgeschick *n*; Unglück *n*; F Pech *n*; avoir de la ~ kein Glück haben; F Pech haben; jouer de ~ ein Unglücksrabe, Pechvogel sein; **~eux** *adj* ⟨-euse⟩ *Spieler* unglücklich; *subst* un ~ ein Pechvogel *m*; ein Unglücksrabe *m*, -mensch *m*, -vogel *m*, -wurm *m*

malcommode [malkɔmɔd] *adj cf* incommode

maldivien [maldivjɛ̃] **I** *adj* ⟨~ne⟩ male'divisch; der Male'diven; **II** *subst* ⌀(ne) *m(f)* Male'diver(in) *m(f)*

maldonne [maldɔn] *f* **1.** *beim Kartenspiel* ~ ! (du hast *bzw* Sie haben) falsch gegeben! faire ~ falsch geben; sich vergeben; **2.** F *fig* il y a ~ F so haben wir nicht gewettet!

mâle [mɑl] **I** *m* **1.** *zo* Männchen *n*; männliches Tier; **2.** männliches Wesen; Mann *m*; F un beau ~ ein gutgebauter, sportlicher, vi'taler Mann; **II** *adj biol, auch fig Stimme, Schönheit etc* männlich; *tech* pièce *f* ~ männlicher Teil

malédiction [malediksjɔ̃] *f* Fluch *m*; Verfluchung *f*; Verwünschung *f*; Unsegen *m*; donner sa ~ à qn j-n verfluchen

maléf|ice [malefis] *m* Be-, Verhexung *f*; Hexe'rei *f*; *Amulett etc* écarter les ~s gegen bösen Zauber schützen; jeter des ~s sur qn j-n be-, verhexen; **~ique** *adj* unheilvoll; unheilbringend (*auch von e-m Planeten*); unglückbringend

maléique [maleik] *adj chim* acide *m* ~ Male'insäure *f*

malencontr|eusement [malãkõtrøzmɑ̃] *adv* unglücklich(erweise); il est tombé ~ et s'est cassé la jambe er stürzte, fiel so unglücklich, daß er ...; **~eux** *adj* ⟨-euse⟩ *Verspätung, Panne etc* unglücklich; leidig; unangenehm; ärgerlich

malentendu [malãtãdy] *m* 'Mißverständnis *n*; dissiper, faire cesser un ~ ein Mißverständnis aufklären, beseitigen

malfaçon [malfasɔ̃] *f* schlechte, unsachgemäße, unsorgfältige, mangelhafte Ausführung; ~s *pl* Mängel *m/pl*; Fehler *m/pl*

malfais|ance [malfəzãs] *f* Bosheit *f*; Bösartigkeit *f*; **~ant** *adj Person* böse (*auch Geist*); bösartig; *Einfluß* schädlich; schädigend; verderblich

malfaiteur [malfɛtœr] *m* Übeltäter *m*; Missetäter *m*; Verbrecher *m*

malfamé [malfame] *adj Ort, Haus* verrufen

malformation [malfɔrmasjɔ̃] *f path* (angeborene) 'Mißbildung; Geburtsfehler *m*

malgache [malgaʃ] **I** *adj* mada'gassisch; **II** *subst* **1.** ⌀ *m,f* Mada'gasse *m*, Mada-**'**gassin *f*; **2.** *ling* le ~ das Mada'gassische; Mada'gassisch *n*

malgré [malgre] **I** *prép* **1.** gegen *j-s* Willen; *il s'est marié* ~ son père ... gegen den Willen s-s Vaters; ~ soi gegen s-n Willen; *par ext* ungewollt; **2.** trotz (+*gén, auch* +*dat*); ungeachtet (+*gén*); ~ cela dessenungeachtet; ~ les ordres reçus ungeachtet der erhaltenen Befehle; ~ la pluie trotz des Regens; ~ tout trotz allem; trotz all(e)'dem; *par ext* dennoch; trotzdem; **II** *loc/conj* ~ que (+*subj*) ob'wohl; ob'gleich; ob'schon; wenn'gleich

malhabile [malabil] *adj Hände, Finger* ungeschickt

malheur [malœr] *m* **1.** Unglück *n*; 'Mißgeschick *n*; un petit ~ ein kleines Mißgeschick, F Malheur; *loc/adv:* par ~ unglücklicherweise; pour son ~ zu s-m Unglück; le ~ c'est que... unglücklicherweise ...; un ~ est si vite arrivé es ist so schnell ein Unglück passiert; il lui arrivera (un) ~ ihm wird noch ein Unglück zustoßen, passieren; avoir bien des ~s viel Unglück haben; le ~ est sur nous das Unglück hat uns ereilt, hat uns heimgesucht, ist über uns hereingebrochen; faire le ~ de qn a) ein Unglück für j-n sein; b) j-n ins Unglück stürzen; faire un ~ irgendein Unheil anrichten; *retenez-moi* ou je fais un ~ ! *auch* ... oder ich vergesse mich, oder es gibt ein Unglück!; jouer de ~ Pech haben; ne parlez pas de ~ ! man soll den Teufel nicht an die Wand malen!; porter ~ Unglück bringen; *iron* (ra)conter ses ~s s-e ganze Leidensgeschichte erzählen; pour son ~ a voulu que ... das Unglück wollte es, daß ...; *int:* ~ ! ach je!; ach Gott!; o weh!; ~ à ... ! wehe ... (+*dat*)!; ~ aux vaincus ! wehe den Besiegten!; le grand ~ ! das ist doch kein Unglück, F Malheur!; das ist doch halb so schlimm, doch nicht so schlimm!; *loc/prov:* un ~ n'arrive, ne vient jamais seul ein Unglück kommt selten allein (*loc/prov*); à quelque chose ~ est bon auch das Unglück ist zu etwas gut, hat sein Gutes; durch Schaden wird man klug (*loc/prov*); le ~ des uns fait le bonheur des autres des e-n Not ist des andern Brot; des e-n Glück ist des andern Unglück (*beide loc/prov*); **2.** F cette pluie de ~ ! F dieser verdammte Regen!

malheureusement [malørøzmã, -lœ-] *adv* unglücklicherweise; leider; bedauerlicherweise

malheureux [malørø, -lœ-] **I** *adj* ⟨-euse⟩ **1.** unglücklich; *Gegner, Konkurrent etc* glück-, erfolglos; avoir la main malheureuse keine glückliche Hand haben; avoir un mot ~ ein unglückliches, unpassendes Wort gebrauchen; F être ~ comme les pierres (du chemin) tod-, F kreuzunglücklich sein; être ~ au jeu, en amour Unglück im Spiel, in der Liebe haben; ~ que ... (+*subj*) es ist schade, bedauerlich, betrüblich, es ist ein Jammer, daß ...; F si c'est pas ~ de voir une chose pareille! es ist doch bedauerlich, so etwas mit ansehen zu müssen!; **2.** ⟨vorangestellt⟩ unbedeutend; un ~ billet de dix francs ein lumpiger Zehn-Franc-Schein; une malheureuse petite erreur ein harmloser kleiner Irrtum; **II** *subst* ~, malheureuse *m,f* Unglückliche(r) *f(m)*; *par ext* Notleidende(r) *f(m)*; ~ ! qu'avez-vous fait? Menschenskind, F Mensch, *st/s* Unglücklicher, Unseliger ...!; *zu e-m Kind* petit ~ ! veux-tu laisser ce couteau! kleiner Racker, Schlingel ...!; c'est un ~ er ist ein armer Kerl; secourir les ~ den Notleidenden helfen

malhonnête [malɔnɛt] *adj Person, Handlungsweise* unehrlich; unehrenhaft; unredlich; *auch* unanständig; *subst zu e-m Kind* tais-toi, petit ~ ! pfui, so etwas sagt man nicht!

malhonnêteté [malɔnɛtte] *f* Unehrlichkeit *f*; Unehrenhaftigkeit *f*; Unredlichkeit *f*; ~ intellectuelle Unaufrichtigkeit *f*

malice [malis] *f* **1.** Schalkhaftigkeit *f*; Spottlust *f*; réponse *f* pleine de ~ schelmisch; schalkhaft; leicht spöttisch; mettre un grain, une pointe de ~ dans sa réponse mit leichtem Spott, mit e-m Anflug von Spott antworten; **2.** Bosheit *f*; être sans ~ arglos sein; **3.** sac *m* à ~ des Zauberkünstlers Chan'gierbeutel *m*; *fig von e-r Person* gerissener Kerl; c'est un sac à ~ *auch* er ist mit allen Wassern gewaschen, mit allen Hunden gehetzt

malicieux [malisjø] *adj* ⟨-euse⟩ *Kind, Blick, Lächeln* schelmisch; schalkhaft; *Bemerkung* spitz; leicht boshaft; esprit ~ Schelm *m*; Schalk *m*

malien [maljɛ̃] **I** *adj* ⟨~ne⟩ malisch; aus, von Mali; **II** *subst* ⌀(ne) *m(f)* Malier(in) *m(f)*; Bewohner(in) *m(f)* von Mali

maligne *cf* malin

malignité [malinite] *f* **1.** Bösartigkeit *f*; Boshaftigkeit *f*; Bosheit *f*; **2.** *méd* Bösartigkeit *f*; *sc* Maligni'tät *f*

malin [malɛ̃] **I** *adj* ⟨maligne [malin], F *nur prädikativ* maline [malin]⟩ **1.** *Personn* schlau; pfiffig; gewitzt; findig; durch'trieben; gewiegt; gewieft; gerissen; *Miene, Lächeln etc* listig; bien ~ celui qui trouvera la solution F Köpfchen muß man haben, um die Lösung zu finden; se croire ~ sich für besonders schlau, klug halten; vous vous croyez ~ ! *auch* Sie hören wohl das Gras wachsen!; être ~ comme un singe ein schlauer Fuchs, ein Schlaukopf, F Pfiffikus, gewiegter, gewiefter, gerissener Bursche sein; F *iron* c'était ~ de l'avoir averti *iron* das war sehr intelligent, ihn zu warnen; ce n'est pas ~, un enfant saurait s'en servir das ist ganz einfach ...; ce n'est pas plus ~ que ça nichts einfacher als das; das ist die ganze Kunst; jouer au plus ~ avec qn j-n zu über'listen suchen; schlauer, klüger als der andere sein wollen; **2.** *Freude, Vergnügen* diebisch; boshaft; *p/fort* hämisch; joie maligne *auch* Schadenfreude *f*; mettre un ~ vouloir à faire qc böswillig, aus reiner Böswilligkeit, Bosheit tun; **3.** *méd* bösartig; *sc* ma'ligne; tumeur maligne bösartige Geschwulst; **II** *subst* **1.** ~, maligne *m,f* Schlaukopf *m*; schlauer Fuchs; schlauer, findiger Kopf; F Pfiffikus *m*; *nur von e-m Mann* F gewiegter, gewiefter, gerissener Bursche, Kerl; c'est un ~, une maligne *auch* F er, sie hat es faustdick hinter den Ohren; F *iron* regardez-moi ce gros ~ qui s'est fait prendre! F seht euch diesen Schlauberger, Schlaumeier an ...!; faire le ~ angeben; F große Töne, Bogen spucken; sich dicketun; *loc/prov* à ~ ~ et demi auf e-n Schlauen gehört ein 'Überschlauer; auf e-n Schelm anderthalbe; **2.** *rel* le ~ der Böse

malines [malin] *f* Mechelner Spitze *f*

malingre [malɛ̃gr(ə)] *adj* schwächlich; zart

malintentionné [malɛ̃tãsjɔne] *adj* übelgesinnt

malique [malik] *adj chim* acide *m* ~ Apfelsäure *f*

mal-jugé [malʒyʒe] *m jur* Fehlurteil *n*

malle [mal] *f* 'Übersee-, Schiffs-, Ka-'binenkoffer *m*; faire sa ~ (s-n Koffer) packen; *fig* sein Bündel schnüren

malléabil|isation [maleabilizasjõ] *f*
métall Tempern *n*; ~ *par décarbura-*
tion Glühfrischen *n*; **~iser** *v/t métall*
tempern; **~ité** *f* **1.** *von Metallen*
Schmied-, Hämmer-, Streckbarkeit *f*;
2. *fig des Charakters* Biegsamkeit *f*;
Bildsamkeit *f*

malléable [maleabl(ə)] *adj* **1.** *Metall*
schmiedbar; hämmerbar; streckbar; **2.**
fig Charakter biegsam; bildsam

mallé|ination [maleinasjõ] *f vét* Malle-
'inprobe *f*; **~ine** *vét* Malle'in *n*

malléolaire [maleɔlɛr] *adj anat* Knö-
chel...; **fracture** *f* ~ Knöchelbruch *m*

malléole [maleɔl] *f anat* (Fuß)Knö-
chel *m*

mallette [malɛt] *f* (kleiner) Koffer; Köf-
ferchen *n*

mallophages [malɔfaʒ] *m/pl zo* Haar-
linge *m/pl* und Federlinge *m/pl*

malmener [malməne] *v/t* <-è-> **1.** *Per-*
son übel zurichten; schlecht behandeln;
fig Autor, Stück zerreißen; F her'unter-
machen; **2.** *sports den Gegner* hart be-
drängen; hart zusetzen (**qn** j-m)

malnutrition [malnytrisjõ] *f* falsche
Ernährung(sweise)

malodorant [malɔdɔrã] *adj* übel-,
schlechtriechend; **haleine** ~e schlech-
ter, übler Mundgeruch

malonique [malɔnik] *adj chim* **acide** *m*
~ Ma'lonsäure *f*

malotru [malɔtry] **I** *adj* ungehobelt;
ungeschliffen; rüpel-, flegelhaft; **II** *m*
ungehobelter, ungeschliffener Kerl; Rüpel *m*; Flegel *m*

malouin [malwɛ̃] *adj* (*u subst* ♀ Einwoh-
ner) von Saint-Malo

malposition [malpozisjõ] *f* ~ **dentaire**
Zahnstellungsanomalie *f*

malpropre [malprɔpr(ə)] **I** *adj* **1.** *Per-*
son, Hände, Kleidung etc unsauber;
schmutzig; unreinlich; **2.** *travail* ~
schludrige, hingepfuschte Arbeit;
Pfusch-, Sudelarbeit *f*; **3.** *fig Person,*
Geschichte, Worte etc unanständig; ge-
mein; *Machenschaften, Methoden*
schmutzig; **II** *m* gemeiner Kerl; Lump
m; P Schwein *n*

malpropreté [malprɔprəte] *f* Un-
sauberkeit *f*; Schmutzigkeit *f*; Unrein-
lichkeit *f*

malsain [malsɛ̃] *adj* **1.** *Klima, Arbeit,*
Wohnung etc ungesund; der Gesundheit
unzuträglich; gesundheitsschädlich; F
fig: filons d'ici, **ça devient** ~ ... das wird
gefährlich; **2.** *fig Neugier, Einbildungs-*
kraft krankhaft; *Einfluß* schädlich; *lit-*
térature ~e Schmutz(- und Schund)-
literatur *f*; sittlichkeitsgefährdende Lite-
ratur

mal|séant [malseã] *adj st/s Bemerkung,*
Reden etc ungehörig; anstößig; un-
schicklich; unanständig; **~sonnant** *adj*
st/s Worte, Reden etc anstößig; *Be-*
schimpfung unflätig

malstrom [malstrom] *m cf* **maelstrom**

malt [malt] *m* Malz *n*; ~ **vert** Grünmalz
n; **extrait** *m* **de** ~ Malzextrakt *m*; **sucre**
m **de** ~ Malzzucker *m*; **~age** *m* Malzen
od Mälzen *n*

maltais [maltɛ] **I** *adj* mal'tesisch; **chien**
~ Mal'teser *m*; **II** *subst* **1.** ♀(e) *m(f)*
Mal'teser(in) *m(f)*; **2.** *ling* **le** ~ das
Mal'tesische; Mal'tesisch *n*

maltase [maltaz] *f Biochemie* Mal'tase *f*

malter [malte] *v/t* **1.** malzen *od* mälzen;
2. *adjt* **lait malté** mit Malzextrakt ange-
reicherte Milch

malt|erie [maltəri] *f* **1.** Mälze'rei *f*; **2.**
Malzspeicher *m*; **~eur** *m* Mälzer *m*

malthus|ianisme [maltyzjanism(ə)] *m*
Malthusia'nismus *m*; ~ **économique**
wirtschaftlicher Malthusianismus; frei-
willige Produktionsbeschränkung

~ien I *adj* <~ne> malthusi'anisch; **II** *m*
Malthusi'aner *m*

maltose [maltoz] *m chim* Mal'tose *f*

maltraiter [maltrete] *v/t* **1.** *Person, Tier*
a) miß'handeln; maltra'tieren; **b)**
schlecht behandeln; **2.** *fig Stück, Autor*
zerreißen; F her'untermachen; *Sprache*
etc verhunzen; maltra'tieren

malvacées [malvase] *f/pl bot* Malvenge-
wächse *n/pl*

malvales [malval] *f/pl bot* Malvenpflan-
zen *f/pl*

malveill|ance [malvɛjãs] *f* **1.** Feindse-
ligkeit *f*; feindliche Gesinnung; Gehäs-
sigkeit *f*; Boshaftigkeit *f*; **2.** Böswillig-
keit *f*; böse Absicht; **~ant** *adj* boshaft;
gehässig; feindselig; *subst* **un(e) ~(e)in**
boshafter *etc* Mensch

malvenu [malvəny] *adj* **être** ~ **de** *od* **à**
(+*inf*) nicht berechtigt sein, kein Recht
haben zu (+*inf*)

malversation [malvɛrsasjõ] *f jur* Un-
treue *f*; öffentlicher Gelder Verun-
treuung *f*; Unter'schlagung *f*

malvoisie [malvwazi] *m* Malvasier
(-wein) *m* [-'zi:r] *m*

maman [mamã] *f* Mutti *f*; Ma'ma *f*

mambo [mãmbo] *m Tanz* Mambo *m*

mamelle [mamɛl] *f* **1.** *anat bei Mensch u*
Säugetieren Brust(drüse) *f*; **2.** *beim Pfer-*
dehuf Seitenwand *f*

mamelon [mamlõ] *m* **1.** *anat* Brustwar-
ze *f*; **2.** *e-s Hügels, Berges* Kuppe *f*; *par*
ext Hügel *m*; **3.** *bot auf dem Hut gewisser*
Pilze Warze *f*; Wärzchen *n*; **4.** *tech e-r*
Welle, Türangel Zapfen *m*

mamelonné [mamlone] *adj* **1.** mit War-
zen versehen; **2.** *Landschaft* hügelig

mameluk *od* **mamelук** [mamluk] *m*
hist Mame'luck *m*

mamie [mami] *f* **1.** *enf* Großmama *f*;
Oma *f*; **2.** *cf* **mie²**

mamillaire [mamilɛr] *f bot cf* **mammi-**
laria

mamille [mamij] *f bot der Pollenkörner*
Warze *f*

mammaire [ma(m)mɛr] *adj anat*
Brust...; **glande** *f* ~ Brust-, Milchdrüse *f*

mammalogie [ma(m)malɔʒi] *f* Säuge-
tierkunde *f*

mammea [mamea] *m bot* Mammibaum
m; Mammiapfel *m*; San-Do'mingo-Apri-
kose *f*

mammifère [mamifɛr] *m zo* Säugetier
n; **~s** *pl* Säugetiere *n/pl*; *sc auch* Mam-
'malia *pl*

mammilaria [mamilarja] *m bot* War-
zenkaktus *m*

mammite [mamit] *f vét* Euterentzün-
dung *f*

mammographie [mamɔgrafi] *f méd*
Mammogra'phie *f*

mammouth [mamut] *m* **1.** *Paläontolo-*
gie Mammut *n*; **2.** *tech* **pompe** *f* ♀
Mammutpumpe *f*

mamours [mamur] *m/pl* F **faire des** ~ **à**
qn j-n liebkosen; zärtlich zu j-m sein; mit
j-m schmusen; F schmusen; *fig* j-m
schmeicheln, um den Bart gehen

mam'selle *od* **mam'zelle** [mamzɛl] *f*
F für **mademoiselle**

man [mã] *m zo* Engerling *m*

mana [mana] *m Soziologie* Mana *n*

manade [manad] *f in der Provence*
Rinder-, Stier-, Pferdeherde *f*

management [manaʒmã] *m* Manage-
ment ['mɛnidʒ] *m*

manager [manadʒɛr] *m* Manager ['mɛ-
nidʒər] *m*

manant [manã] *m litt m* Flegel *m*; Lümmel
m; Rüpel *m*

manceau [mãso] **I** *adj* <**mancelle**
[mãsɛl]> **a)** *von od* **aus Le Mans; b)** aus
der Provinz Maine; **II** *subst* ♀ **Mancelle**
m.f Bewohner(in) *m(f)* **a)** von Le Mans,

b) der Provinz Maine

mancenillier [mãsnije] *m bot* Manza-
'nillo-, Manzi'nellenbaum *m*

manche¹ [mãʃ] *f* **1.** *e-s Kleidungsstücks*
Ärmel *m*; F *auch* Arm *m*; ~ **ballon**
Puffärmel *m*; ~ **gigot** Bal'lon-, Keulen-,
Schinkenärmel *m*; ~ **kimono** Kimo-
noärmel *m*; ~ **montée** eingesetzter Är-
mel; ~ **raglan** Raglanärmel *m*; ~ **trois-**
quarts dreiviertellanger Ärmel; *loc/adj:*
Kleid **à** ~s **courtes, longues** kurz-,
langärm(e)lig; **mit kurzen, langen** Är-
meln; **sans** ~s ärmellos; F *fig* **avoir qn**
dans sa ~ j-n im 'Hintergrund haben; F
fig **c'est une autre paire de** ~s das ist
etwas ganz anderes; **relever, retrous-**
ser ses ~s die Ärmel hochstreifen, auf-,
hochkrempeln; F *fig* **retroussons nos**
~s! an die Arbeit!; ans Werk!; **2.** *beim*
Spiel Par'tie *f*; Runde *f* (*auch fig*); *bei*
Skiwettkämpfen 'Durchgang *m*; **3.** ~ **à**
air *aviat* Windsack *m*; *mar* Lüfter *m*;
mar: ~ **à incendie, à lavage** (Feuer-
wehr)Schlauch *m*; ~ **à vent** Luft-, Wind-
sack *m*

manche² [mãʃ] *m* **1.** *an Gartengeräten,*
e-s Hammers, Pinsels, Löffels etc Stiel *m*;
e-s Messers Heft *n*; Griff *m*; Schale *f*; *e-s*
Schraubenziehers, e-r Feile etc Griff *m*; ~
à balai a) Besenstiel *m*; **b)** *aviat* ~ (à
balai) Steuerknüppel *m*; **c)** F *fig* von *e-r*
Person F Bohnenstange *f*; lange Latte; ~
mar ~ **d'aviron** Riemenschaft *m*; ~ **de**
cuiller, de fourchette Löffel-, Gabel-
stiel *m*; ~ **de hache, de pelle** Axt-,
Schaufelstiel *m*; *fig* **jeter le** ~ **après la**
cognée die Flinte ins Korn werfen; *fig*
se mettre du côté du ~ sich auf die
Seite des Stärkeren stellen; es mit der
stärkeren Seite halten; **2.** F *fig* **quel** ~! F
Ungeschick läßt grüßen!; **se débrouil-**
ler comme un ~ sich ungeschickt,
tolpatschig anstellen; **3.** *mus e-r Geige,*
Gitarre Hals *m*; **4.** *cuis der Keule, des*
Schulterstücks, Koteletts Knochenende
n (*das man beim Tranchieren festhält*); ~
à gigot Zange *f* (*zum Festhalten e-r*
Hammelkeule beim Tranchieren); **côte-**
lette *f* **à** ~ Kote'lett *n*; Rippenstück *n*;
Karbo'nade *f*; *vom Lamm auch* Stielko-
telett *n*

mancheron [mãʃrõ] *m* Pflugsterz *m*

manchette [mãʃɛt] *f* **1.** Man'schette *f*;
Ärmelaufschlag *m*; Stulpe *f*; ~ **en den-**
telles Spitzenmanschette *f*; **2.** 'Über-
ärmel *m*; **3.** *e-r Zeitung* große 'Über-
schrift; Schlagzeile *f*; **4.** *impr* **note** *f* **en** ~
Randbemerkung *f*; *pl auch* Margi'nalien
f/pl; **5.** Schlag *m*, Hieb *m* mit der flachen
Hand; *esc* **coup** *m* **de** ~ Hieb *m* nach
dem Handgelenk

manchon [mãʃõ] *m* **1.** Muff *m*; ~ **de**
fourrure Pelzmuff *m*; **2.** *tech, élect*
Muffe *f*; ~ **d'accouplement, de dilata-**
tion Kupplungs-, Dehnungsmuffe *f*; **3.**
e-s Geschützrohrs Mantel *m*; **4.** *auf der*
Walze der Papiermaschine Rundfilz *m*;
Man'chon *m*; **5.** *mar* ~ **d'écubier** Klü-
senrohr *n*; **6.** *e-r Gaslampe* ~ **à incandes-**
cence Glühstrumpf *m*

manchot [mãʃo] *m* **1.** Einarmige(r) *m*;
Krüppel *m* mit e-r Hand; **2.** F *fig adjt* **ne**
pas être ~ nicht ungeschickt sein; ge-
schickt sein; **3.** *zo* Pinguin *m*; ~ **empe-**
reur, royal Kaiser-, Königspinguin *m*

mandale [mãdal] *f arg (gifle)* Backpfeife
f; Ohrfeige *f*

mand|ant [mãdã] *m*, **~ante** *f* Auftrag-
geber(in) *m(f)*; Vollmachtgeber(in) *m(f)*;
jur Man'dant(in) *m(f)*

mandarin [mãdarɛ̃] *m* **1.** *hist* Manda-
'rin *m*; **2.** *fig* Intellektu'elle(r) *m*; **3.** *zo*
od adjt **canard** *m* ~ Manda'rinente *f*

mandarinat [mãdarina] *m* **1.** *hist* Man-
da'rinenwürde *f*, -amt *n*; *coll* Manda-

'rine *m/pl*; Manda'rinenkaste *f*; **2.** *fig u péj* Kaste *f*; *auch* Kastenwesen *n*; ~ littéraire, artistique, politique Kaste der Schriftsteller, Künstler, Politiker
mandarin|e [mădarin] **I** *f bot* Manda-'rine *f*; **II** *adj* ⟨*inv*⟩ manda'rinenfarben; **~ier** *m bot* Manda'rinenbaum *m*
mandat [măda] *m* **1.** *jur, pol* Man'dat *n*; *allg, comm* Auftrag *m*; (Handlungs-) 'Vollmacht *f*; *jur* ~ **domestique** Schlüsselgewalt *f*; ~ **général** Gene'ralvollmacht *f*; *hist* ~ **international** Mandat *n* des Völkerbundes; *jur* der Eltern, e-s Vormunds etc ~ **légal** gesetzliche Vertretung; *pol* ~ **législatif, parlementaire** Abgeordnetenmandat *n*; *pol* ~ **représentatif** freies Mandat e-s Abgeordneten; ~ **spécial** Sondervollmacht *f*; *jur* ~ **ad litem** Pro'zeßvollmacht *f*; **donner** ~ **à qn** j-m ein Mandat, e-n Auftrag, e-e Vollmacht erteilen; **2.** *jur* ~ **d'amener** Vorführungsbefehl *m*; ~ **d'arrêt, de dépôt** Haftbefehl *m*; **lancer un** ~ **d'arrêt contre qn** e-n Haftbefehl gegen j-n erlassen; ~ **de comparution** (Vor-)Ladung *f*; ~ **de perquisition** Haussuchungsbefehl *m*; Anordnung *f* e-r Durch-'suchung; **3.** ~ **(poste, postal)** Postanweisung *f*; ~ **international** Auslandspostanweisung *f*; ~ **télégraphique** telegrafische Postanweisung; ~ **de versement à un compte courant postal** Zahlkarte *f*; **un** ~ **de cent francs** e-e Anweisung über hundert Franc
mandataire [mădatɛr] *m* **1.** ⟨*auch f*⟩ *jur, pol* Manda'tar *m*; *allg, comm* Beauftragte(r) *f(m)*; (Handlungs)Bevollmächtigte(r) *f(m)*; Proku'rist(in) *m(f)*; *adj*: État ~ Mandatarstaat *m*; **puissance** *f* ~ Man'datsmacht *f*; **2.** *in Paris* ~ **aux 'Halles** Kommissio'när *m*, Zwischenhändler *m* (zwischen den Produzenten in der Provinz u dem Großhändler in den Markthallen)
mandat/-carte [mădakart] *m* ⟨*pl* mandats-cartes⟩ Postanweisung *f*; **~-contribution** *m* ⟨*pl* mandats-contributions⟩ *in Frankreich etwa* Steuer-Zahlschein *m*
mandater [mădate] *v/t* **1.** Geldsumme per Postanweisung bezahlen; per Post über'weisen, anweisen; **2.** ~ **qn** j-n beauftragen (pour qc mit etw, pour faire qc etw zu tun); j-m Handlungsvollmacht erteilen (für etw, etw zu tun)
mandat/-lettre [mădalɛtr(ə)] *m* ⟨*pl* mandats-lettres⟩ *in Frankreich* Postanweisung *f* (die in e-m Brief an den Empfänger geschickt u bei Vorlage von der Post eingelöst wird); **~-poste** *m* ⟨*pl* mandats-poste⟩ Postanweisung *f*; **~-radiodiffusion** *m* ⟨*pl* mandats-radiodiffusion⟩ Rundfunk-Zahlschein *m*
mandchou [mădʃu] **I** *adj* man'dschurisch; **II** *subst* **1.** ~s *m/pl* die Mandschu *m/pl*; **2.** *ling* le ~ das Mandschu *od* Man'dschurische; Mandschu *od* Man'dschurisch *n*
mandélique [mădelik] *adj chim* **acide** *m* ~ Mandelsäure *f*; Phenylgly'kolsäure *f*
mandement [mădmă] *m égl cath* Hirtenbrief *m*
mander [măde] *v/t st/s* Person her'beirufen; zu sich bitten, rufen, bestellen; kommen, rufen lassen
mandibulaire [mădibylɛr] *adj sc* mandibu'lar
mandibule [mădibyl] *f* **1.** *anat sc* Man-'dibula *f*; F **jouer des** ~s essen; F futtern; **2.** *der Gliederfüßer* ~s *pl* Oberkiefer *m/pl*; *sc* Man'dibeln *f/pl*; *der Vögel* ~ **supérieure, inférieure** Ober-, 'Unterschnabel *m*
mandole [mădɔl] *f mus* Man'dola *od*

Man'dora *f*
mandolin|e [mădɔlin] *f mus* Mando'line *f*; **~iste** *m,f* Mando'linenspieler(in) *m(f)*
mandore [mădɔr] *f mus cf* **mandole**
mandorle [mădɔrl(ə)] *f bildende Kunst* Mandelglorie *f*; Mandorla *f*
mandragore [mădragɔr] *f bot* **a)** Man-'dragora *od* Man'dragola *f*; Al'raunwurzel *f*; **b)** Al'raun *m*; Al'raune *f*; Al'raunwurzel *f*
mandrill [mădril] *m zo* Man'drill *m*; Backenfurchenpavian *m*
mandrin [mădrɛ̃] *m* **1.** *tech* an Werkzeugmaschinen Werkzeug-, Werkstückspanner *m*; Spannzeug *n*; Spannfutter *n*; *e-r Drehbank* ~ **lisse** Drehdorn *m*; ~ **à serrage** Backenfutter *n*; ~ **à deux, trois, quatre mors** Zwei-, Drei-, Vierbackenfutter *n*; **2.** *zum Aufweiten eines Lochs, zum Hohlschmieden* Dorn *m*; *zum Lochen von Metallen* Locheisen *n*; *zum Lochen glühender Werkstücke* 'Durchschläger *m*; 'Durchtreiber *m*; **3.** Papprolle *f* (zum Aufwickeln von Papier); **4.** *chir* Man'drin *m*
mandriner [mădrine] *v/t tech* **1.** Werkstück (auf-, ein)spannen; **2.** Loch aufdornen; aufweiten
manducation [mădykasjɔ̃] *f sc bei Mensch u Tier* Kauen *n*, Einspeicheln *n* und Schlucken *n* (der Nahrung)
manécanterie [manekătri] *f mus cf* maîtrise 6.
manège [manɛʒ] *m* **1.** (salle *f* de) ~ Reitbahn *f*, -halle *f*, -schule *f*; Tattersall *m*; **2.** Karus'sell *n*; ~ **de chevaux de bois** Pferdekarussell *n*; **faire un tour de** ~ Karussell fahren; **3.** (Rundgang-)Göpel *m*; Göpelwerk *n*; **4.** *fig* Schliche *m/pl*; Kniffe *m/pl*; Tricks *m/pl*; Listen *f/pl*
mânes [man] *m/pl im alten Rom, fig* Manen *pl*
maneton [mantɔ̃] *m tech* e-r Kurbelwelle Zapfen *m*
manette [manɛt] *f tech* (Schalt-, Bedienungs)Hebel *m*; ~ **des gaz** Gashebel *m*
manganate [mãganat] *m chim* Manga-'nat *n*
manganèse [mãganɛz] *m chim* Man'gan *n*; **bioxyde** *m* **de** ~ Mangan'dioxyd *n*; Mangan'(IV)oxyd *n*
manganés|ien [mãganezjɛ̃] *adj* ⟨~**ne**⟩ *od* **~ifère** *adj* man'ganhaltig
manganeux [mãganø] *adj* ⟨*nur m*⟩ *chim* Mangan'(II)...; **sulfate** ~ Mangan(II)sulfat *n*; Man'ganosulfat *n*; schwefelsaures Mangan
mangani|des [mãganid] *m/pl* Man'ganerze *n/pl*; **~métrie** *f chim* Manganome-'trie *f*
mangan|ine [mãganin] *f* Manga'nin *n*; **~ique** *adj* Mangan'(III)...; **~isme** *path* Man'ganvergiftung *f*; ~ **chronique** Manga'nismus *m*; **~ite 1.** *m chim* Manga'nit *m*; **2.** *f* mangan'hait *m*
mangeable [mãʒabl(ə)] *adj* eßbar; genießbar; **pas** ~ ungenießbar
mangeaille [mãʒaj] *f* F *péj* Fraß *m*; P Fressen *n*
mangeoire [mãʒwar] *f für das Vieh* Futtertrog *m*; (Futter)Krippe *f*; *für Hühner, Hunde, Katzen etc* Futter-, Freßnapf *m*
manger [mãʒe] ⟨-geons⟩ **I** *v/t* **1.** essen; *st/s abs* speisen; *Tiere* fressen; *fig* ~ **ses mots** *cf* mot 1.; ~ **du pain, de la viande** Brot, Fleisch essen; ~ **de tout** alles essen; *st/s* verspeisen; **tout** ~ alles aufessen; *st/s* verspeisen; **trop** ~ zuviel essen; sich über'essen; **aller** ~ **au restaurant, chez qn** ins Restaurant, bei j-m essen; *fig* ~ **comme un oiseau** wie ein Spatz essen; *fig* ~ **qn de baisers, de caresses** j-n mit Küssen, Zärtlichkeiten über'schütten;

fig ~ **qn des yeux** j-n mit den Augen verschlingen; **on en mangerait** das sieht lecker, appetitlich aus; *fig* **il ne te mangera pas** er wird dich schon nicht od mild gleich fressen; **qu'y a-t-il à ~?** was gibt es zu essen?; F *fig* **il y a à boire et à ~** *cf* boire 1.; **donner à ~ à qn, à un animal** j-n, ein Tier füttern; j-m zu essen, e-m Tier zu fressen geben; **inviter qn à** ~ j-n zum Essen einladen; **rester trois jours sans** ~ drei Tage lang nichts essen; *loc/prov* **il faut** ~ **pour vivre et non pas vivre pour** ~ man lebt nicht, um zu essen, sondern man ißt, um zu leben; **2.** F *fig Ofen viel Kohle, Unternehmen viel Kapital etc* verschlingen; F fressen; schlucken; *Person* ~ **de l'argent dans une affaire** bei e-m Geschäft Geld einbüßen, verlieren; ~ **sa fortune** sein Vermögen vertun, vergeuden; F 'durchbringen; **son visage est comme mangé par la barbe** sein Gesicht verschwindet fast unter dem Bart, ist fast vom Bart verdeckt; **3.** *adit: Kleidungsstück* **mangé des**, F **aux mites** von Motten zerfressen; *Eisen* **mangé par la rouille** von Rost zerfressen; *Farbe* **mangé par le soleil** von der Sonne ausgeblichen; *Gegenstand* **mangé par les souris** von Mäusen angefressen, angenagt; **II** *v/pr* **a)** **se** ~ **les sangs** sich vor Angst, Unruhe, Sorge verzehren; **b)** *passivisch* **cela se mange avec du beurre** das wird mit Butter gegessen; **III** *m* Essen *n*
mange-tout [mãʒtu] *adj u subst m/pl* ⟨*inv*⟩ *bot, cuis* **a)** ('haricots *m/pl*) ~ zarte, fadenlose grüne Bohnen *f/pl*; **b)** (pois *m/pl*) ~ Zuckererbsen *f/pl*
mang|eur [mãʒœr] *m*, **~euse** *f* Esser(in) *m(f)*; **un gros, petit mangeur** ein starker, mäßiger od schlechter Esser; **mangeur de viande** Fleischesser *m*
mangl|e [mãgl(ə)] *f bot* Frucht *f* des Manglebaums; **~ier** *m bot* Mangle-, Wurzelbaum *m*
mangoustan [mãgustã] *m bot* Mango-'stane *f* (Baum u Frucht)
mangoustanier [mãgustanje] *m bot* Mango'stane *f*; Mango'stanbaum *m*
mangouste [mãgust] *f* **1.** *zo* Man'guste *f*; **2.** *bot* Mango'stane *f* (Frucht)
mangrove [mãgrɔv] *f géogr* Man'grove *f*
mangu|e [mãg] *f bot* Mango(pflaume) *f*; Manga *f*; **~ier** *m bot* Mangobaum *m*
maniabilité [manjabilite] *f* e-s Gegenstandes Handlichkeit *f*; e-s Apparates leichte Handhabung; e-r Maschine leichte Bedienung; e-s Fahrzeugs, Flugzeugs große Manö'vrierfähigkeit; Wendigkeit *f*; *bât des Betons* Beweglichkeit *f*
maniable [manjabl(ə)] *adj* **1.** *Gegenstand* handlich; *Apparat* leicht zu handhaben(d); *Maschine* leicht zu bedienen(d); *Fahrzeug* sehr manö'vrierfähig; wendig; *Ton* leicht zu bearbeiten(d); **peu** ~ unhandlich; **2.** *mar Wetter* günstig; **3.** *fig Kind* fügsam; leicht zu lenken(d); lenkbar; lenksam; gefügig; *Charakter auch* biegsam
maniaco-dépressif [manjakodepresif] *path* **I** *adj* ⟨*-ive*⟩ manisch-depres-'siv; **psychose maniaco-dépressive** manisch-depressives Irresein; **II** *subst* ~, **maniaco-dépressive** *m,f* Manisch-Depres'sive(r) *f(m)*
maniaque [manjak] **I** *adj* **1.** *path* manisch; **2.** *fig* eigenbrötlerisch; schrullig; schrullenhaft; **être** ~ **dans son travail** in s-r Arbeit eigen sein; **II** *m,f* **1.** *path* Maniker *m*; **2.** j, der von etw besessen ist; **un(e)** ~ **de l'exactitude** ein(e) Pe-'dant(in) *m(f)*; **être un(e)** ~ **de l'ordre**

ordnungswütig sein; **3.** Eigenbrötler *m*; Sonderling *m*; **un vieux** ~ ein komischer Kauz, F komischer, sonderbarer Heiliger

maniché|en [manikeɛ̃] *rel* **I** *adj* ⟨~ne⟩ mani'chäisch; **II** *m* Mani'chäer *m*; ~**isme** *m rel* Manichä'ismus *m*

manicle [manikl(ə)] *f cf* **manique**

manie [mani] *f* **1.** *path* **a)** Ma'nie *f*; **b)** ~ **de la persécution** Verfolgungswahn *m*; **2.** Ma'nie *f*, Han'tieren *n*, -ung *f* (de qc *od* de faire qc etw zu tun); **3.** Schrulle *f*; **chacun a ses petites** ~**s** *auch* jeder hat s-e kleinen Eigenheiten, Eigenarten; F jeder hat s-n Vogel

maniement [manimɑ̃] *m* **1.** *e-s Werkzeugs, e-r Waffe etc* Handhabung *f*; 'Umgang *m*, Han'tieren *n*, -ung *f* (de qc mit etw); *e-r Maschine, e-s Gerätes etc* Bedienung *f*; Betätigung *f*; *e-s Fahrzeugs* Lenken *n*; Manö'vrieren *n*; ~ **d'armes** (Gewehr)Griffe *m/pl*; **faire du** ~ **d'armes** Griffe üben, F kloppen; **connaître le** ~ **d'une machine** e-e Maschine bedienen können; mit e-r Maschine 'umgehen können; **2.** *fig mit Geldsummen, Menschen* 'Umgang *m* (de qc mit etw)

manier [manje] **I** *v/t* **1.** *Werkzeug, Waffe etc* handhaben; 'umgehen, han'tieren (qc mit etw); *Degen, Pinsel auch* führen; *Maschine, Geräte etc* bedienen; betätigen; *Fahrzeug* lenken; manö'vrieren; diri'gieren; *Ton* (*mit den Händen*) bearbeiten; 'durchkneten; **2.** *fig mit Geld, Menschen* 'umgehen (qn, qc mit j-m, etw); *Ironie* (*geschickt*) anwenden; gebrauchen; sich bedienen (+*gén*); **il manie de grosses sommes d'argent** *auch* große Geldsummen gehen durch s-e Hand; **II** *v/pr* P **se** ~ *cf* **magner**

manière [manjɛr] *f* **1.** Art *f*; Weise *f*; Art und Weise *f*; *in der Kunst* Ma'nier *f*; ~ **forte** Gewalt *f*; Zwang *m*; **employer la** ~ **forte** Gewalt, Zwang anwenden; ~ **d'agir** Handlungsweise *f*; Verhalten *n*; ~ **de se conduire** Verhalten *n*; Verhaltensweise *f*; Benehmen *n*; Betragen *n*; ~ **d'être** Wesen *n*; Wesensart *f*; ~ **de s'exprimer** Ausdrucksweise *f*; ~ **de penser** Denk(ungs)art *f*; Denkweise *f*; ~ **de travailler** Arbeitsweise *f*; ~ **de vivre** Lebensart *f*, -weise *f*, -führung *f*; ~ **de voir** Ansicht *f*; Meinung *f*; Auffassung *f*; Standpunkt *m*; *gr* **adverbe** *m* **de** ~ Adverb *n* der Art und Weise; ◆ *loc/adv*: **à sa** ~ auf s-e Weise; **à la** ~ **de** ... nach Art (+*gén*); *in der Kunst* in der Manier (+*gén*); **à la** ~ **paysanne** nach Art der Bauern; wie die Bauern; **d'une** ~ **ou d'une autre** irgendwie; auf die e-e oder andere Weise; so oder so; *iron* **de la bonne, belle** ~ behandeln schlecht; grob; schonungslos; *zurichten* übel; arg; *iron* **schön; je l'ai reçu de la belle** ~! F den habe ich vielleicht empfangen!; **d'une certaine** ~ in gewisser Weise; **de cette** ~ auf diese Art, Weise, Art und Weise; so; **d'une** ~ **générale** im großen (und) ganzen; aufs Ganze gesehen; **de la même** ~ auf dieselbe, auf die gleiche Art, Weise, Art und Weise; ebenso; **de quelle** ~? wie?; auf welche Weise?; **de la** ~ **suivante** folgendermaßen; auf folgende Weise; **de toute** ~ auf jeden Fall; auf alle Fälle; jedenfalls; sowieso; **de toutes les** ~**s possibles** auf alle mögliche Weise; auf jede mögliche Art; **en aucune** ~ keineswegs; in keiner Weise; durchaus nicht; ganz und gar nicht; ◆ *loc/conj* **de** ~ **à** (+*inf*) um ... zu (+*inf*); **apprendre un métier de** ~ **à gagner sa vie** ... um sich s-n Lebensunterhalt zu verdienen; **de telle** ~ **que** ... so *od* derart ...; daß ...; **il a crié de telle**

~ **qu'il m'a réveillé** er hat so, derart geschrien, daß er mich aufweckte; *st/s* **de** ~ **que** ..., **de** ~ **à ce que** ... (+*subj*) so daß; damit; ◆ *von e-r Person* **avoir la** ~ die richtige Art haben; es verstehen; **il y a la** ~! das ist keine Art, Manier!; *st/s* **c'est une** ~ **de roman philosophique** das ist e-e Art philosophischer Roman; *refusez*, **mais mettez-y la** ~ ... aber auf geschickte Weise, Art; **2.** ~**s** *pl* Ma'nieren *f/pl*; 'Umgangsformen *f/pl*; Benehmen *n*; Betragen *n*; Al'lüren *f/pl*; ~**s affectées** affektiertes Benehmen; Ziere'rei *f*; F Getue *n*; Gehabe *n*; **en voilà des** ~**s!** was ist das für ein Benehmen!; was sind das für Manieren, Allüren!; so benimmt man sich nicht!; so kannst du *bzw* können Sie mir nicht kommen!; **apprendre les belles** ~**s** feine, vornehme Manieren lernen; **faire des** ~**s** sich zieren; **ils ont** ~**s** sich haben; **manquer de** ~**s** keine Manieren, kein Benehmen, F keinen Benimm haben; **prendre de mauvaises** ~**s** schlechte Manieren annehmen; **3.** F **sans** ~**s** ohne große 'Umstände; in aller Einfachheit; **4.** *Kupferstich* ~ **noire** Schabkunst *f*; Mezzo'tinto *n*; Schwarzkunst *f*; **gravure** *f* **à la** ~ **noire** Mezzotinto *n*; Schabkunstblatt *n*

manié|ré [manjere] *adj Person, Kunststil* manie'riert; *Benehmen, Ton, Höflichkeit etc* affek'tiert; geziert; gesucht; gekünstelt; F affig; *Stil auch* geschraubt; ~**isme** *m* **1.** *in der Kunst* Manie'rismus *m*; **2.** *méd* Mani'rieren *n*; ~**iste I** *adj* manie'ristisch; **II** *m* Manie'rist *m*

manieur [manjœr] *m* ~ **d'argent, de fonds** Fi'nanz-, Geschäftsmann *m*; ~ **d'hommes** Führernatur *f*

manif [manif] *f* F *Kurzwort für* **manifestation**

manifest|ant [manifestɑ̃] *m*, ~**ante** *f pol* Demon'strant(in) *m(f)*; *auch* Kundgebungsteilnehmer(in) *m(f)*; **cortège** *m* **de(s)** ~**s** Demonstrati'onszug *m*

manifestation [manifestasjɔ̃] *f* **1.** *der Freude, Unzufriedenheit etc* Äußerung *f*; Bezeigung *f*; Bekundung *f*; *sc* Manifestati'on *f*; ~ **de joie** Freudenbezeigung *f*; ~ **de mécontentement** 'Mißfallensäußerung *f*; *jur* ~ **de volonté** Willenserklärung *f*; **2.** *pol* Demonstrati'on *f*; (Massen)Kundgebung *f*; ~ **de soutien** Sympa'thiekundgebung *f*; **3.** Veranstaltung *f*; ~ **culturelle** kulturelle Veranstaltung; ~ **sportive** Sportveranstaltung *f*; sportliche Veranstaltung; **4.** *méd e-r Krankheit, Anlage* Zu'tagetreten *n*; *sc* Manifestati'on *f*

manifeste [manifɛst] **I** *adj Irrtum* offenkundig; offenbar; *Müdigkeit, Verwirrung etc* offensichtlich; sichtlich; sichtbar; *psych* **contenu** *m* ~ **d'un rêve** mani'fester Trauminhalt; **il est** ~ **que** ... *auch* es ist klar, es liegt auf der Hand, daß ...; **II** *m* **1.** Mani'fest *n*; **le ♀ communiste** das Kommunistische Manifest; **2.** *mar* Mani'fest *n*; *aviat* Ladungsnachweis *m*; ~**ment** *adv* offensichtlich

manifester [manifɛste] **I** *v/t* **1.** *Meinung, Absicht, Willen etc* äußern; kundtun; zum Ausdruck bringen; *Erstaunen, Freude, Bedauern, Entrüstung etc* äußern; ausdrücken; Ausdruck geben, verleihen (+*dat*); *Freundschaft* bekunden (à qn j-m); *Freude auch* bezeigen; **2.** *Geste, Widersprüche etc* ~ **un grand désarroi** e-e große Verwirrung verraten, zu erkennen geben, offen'baren; manife'stieren; von e-r großen Verwirrung zeugen; (ein) Ausdruck e-r großen Verwirrung sein; **II** *v/i* **3.** *pol* demon'strieren; **III** *v/pr* **se** ~ **4.**

Person sich melden; von sich hören lassen; **5.** *Gott* sich offen'baren (**aux hommes** den Menschen); **6.** *Haß, Befriedigung* zu'tage kommen, treten; offenkundig, offenbar werden, sich äußern, sich zeigen, sich manife'stieren; zum Ausdruck kommen (**par durch**; in+*dat*)

manifold [manifold] *m* ~ *od adj* **carnet** *m* ~ 'Durchschreibebuch *n*, -block *m*

maniganc|e [manigɑ̃s] *f* Trick *m*; Kniff *m*; ~**s** *pl auch* Schliche *m/pl*; ~**er** *v/t* ⟨-ç-⟩ *Plan, Sache* anzetteln; einfädeln

manille[1] [manij] *f* **1. a)** *ein Kartenspiel*; **b)** Zehnkarte *f*; *in diesem Spiel*; **2.** *mar* (Ketten)Schäkel *m*; ~ **d'étalingure** Ankerkettenschäkel *m*; **3.** *primitiver Völker* Fuß- *bzw* Armring *m*

manille[2] [manij] *m* **a)** Ma'nilazigarre *f*; **b)** Ma'nilatabak *m*

maniller [manije] *v/t mar Ketten* schäkeln

manillon [manijɔ̃] *m* As *n* (*im Kartenspiel* „Manille")

manioc [manjɔk] *m bot* Mani'ok *od* Manihot *m*

manip [manip] *f* F *Kurzwort für* **manipulation** 3. *u* 6.

manipulateur [manipylatœr] *m* **1.** *méd* ~, **manipulatrice** *m, f* **radiographe**, **d'électroradiologie** Röntgenassistent(in) *m(f)*; **2.** *bei elektrischen Triebfahrzeugen* Kon'troller *m*; Fahrschalter *m*; **3.** *télécomm* (Sende)Taste *f*; Taster *m*; Geber *m*; ~ **Morse** Morsetaste *f*; **4.** *tech, phys atom* Manipu'lator *m*; ~ **mécanique à distance** ferngesteuerter mechanischer Greifer; **5.** *Zauberkünstler* Manipu'lator *m*

manipulation [manipylasjɔ̃] *f* **1.** *mit e-m Gegenstand, Apparat, mit Chemikalien etc* 'Umgang *m*, Han'tieren *n*, -ung *f* (de qc mit etw); Manipulati'on *f* (de qc gén); *e-s Geräts* Handhabung *f*; *e-s Schalthebels, -knopfes etc* Betätigung *f*; **2.** *télécomm* Tasten *n*, -ung *f*; **3.** *von Schülern, Studenten ausgeführter* (chemischer *bzw* physikalischer) Versuch *m*; **4.** *méd* ~ **vertébrale** chiropraktischer Handgriff zur Einrenkung von Wirbeln; **5.** *Zauberkunst* Manipulati'on *f*; **6.** *fig u péj* Manipulati'on *f*; ~**s électorales** Wahlmanipulationen *f/pl*

manipule [manipyl] *m égl cath* Ma'nipel *m od f*

manipuler [manipyle] *v/t* **1.** *mit e-m Gegenstand, Apparat, mit Chemikalien etc* 'umgehen, han'tieren (qc mit etw); manipu'lieren (etw); *Gerät* handhaben; *Schalthebel* betätigen; **2.** *télécomm* tasten; **3.** *fig u péj* manipu'lieren; F fri'sieren; hindrehen

manique [manik] *f verschiedener Handwerker* Handleder *n*

manitou [manitu] *m* **1.** *bei den Indianern* ♀ Manitu *m*; **le Grand ♀** der Große Manitu; der Große Geist; **2.** F *fig* **le grand** ~ F der Boß; der Allgewaltige

manivelle [manivɛl] *f* **1.** Kurbel *f*; *beim Fahrrad* Tretkurbel *f*; ~ **à main, à bras** Handkurbel *f*; *auto* ~ **de mise en marche** Anwurfkurbel *f*; *bei Dampf- u Gasmaschinen* ~ **de moteur** Kurbel(arm) *f(m)*; Kurbelwelle *f*; **2.** *cin* **premier tour de** ~ Beginn *m* der Dreharbeiten; **donner le premier tour de** ~ mit den Dreharbeiten beginnen

manne [man] *f* **1.** *bibl, bot* Manna *n od f*; **2.** *bot* ~ **de Pologne** Mannaschwaden *m*; ~**-lichen** *m* ⟨*pl* **mannes-lichens**⟩ *bot* Mannaflechte *f*

mannequin [manikɛ̃] *m* **1.** *Mode* Manne'quin *n*; Vorführdame *f*; **2.** *zu Übungszwecken, als Vogelscheuche etc* Puppe *f* (*in Menschengröße*); *cout* Schneiderpup-

pe f, bis zur Gürtellinie -büste f; Büste f; für bildende Künstler Gliederpuppe f, -mann m; Manne'quin m; ~ (d'étalage) Schaufensterpuppe f; adjt taille f ~ Konfekti'onsgröße f

mannite [manit] f od **mannitol** [ma-nitɔl] m chim Man'nit m; Mannazukker m

mann|onique [manɔnik] adj chim aci-de m ~ Man'nonsäure f; **~ose** m chim Man'nose f

manodétendeur [manɔdetɑ̃dœr] m tech Druckminderungs-, Redu'zierven-til n

manœuvr|abilité [manœvrabilite] f e-s Schiffs, Fahrzeugs Manö'vrierfähigkeit f; par ext Wendigkeit f; **~able** adj manö'vrierfähig; par ext wendig; **~ant** adj mar Schiff handig

manœuvre¹ [manœvr(ə)] f **1.** e-r Waffe, e-s Geräts etc Handhabung f; e-r Maschi-ne, e-s Krans etc Bedienung f; e-s Hebels Betätigung f; 'Umlegen n; Stellen n; e-s Fahrzeugs Lenken n; e-s Schiffs Steuern n; faire une fausse ~ e-n falschen Handgriff machen; bei der Bedienung, beim Lenken, Steuern etc e-n Fehler machen; falsch handeln; **2.** mil **a)** Taktik (planmäßige) (Gefechts)Bewegung; Ma-'növer n; **~** débordante, de déborde-ment Um'gehungsbewegung f, -manö-ver n; **~** de repli, en retraite Rückzugs-bewegung f; **b)** **~s** aériennes, navales Luft-, Flottenmanöver n; grandes **~s** d'automne Herbstmanöver n (großer Truppenverbände); faire des **~s** (ein) Manöver abhalten; partir en **~s** ins Manöver ziehen; **3.** mar **a)** Manöver n; fausse **~** falsches Manöver; cf auch **b)**; appareils m/pl de **~** seemännische Ein-richtungen f/pl; auf Kriegsschiffen ser-vice m de la **~** seemännischer Dienst; **b)** **~s** pl Tauwerk n; Gut n; **~s** courantes, dormantes laufendes, stehendes Tau-werk, Gut; fausses **~s** bei schlechtem Wetter zusätzlich angebrachtes Tau-werk, Gut; **4.** ch de fer Ran'gieren n; Verschieben n; faire des **~s** ran'gieren; **5.** chir, Geburtshilfe Handgriff m; für Studenten Übungsoperation f (an e-r Leiche, Puppe); **6.** fig u péj Ma'növer n; Trick m; **~s** pl auch Machenschaften f/pl; **~s** dilatoires Verschlep-pungs-, Hinhaltemanöver n/pl; **~s** elec-torales Wahlmanöver n/pl; **~s** fraudu-leuses Betrugsmanöver n/pl; betrügeri-sche Handlungen f/pl, Machenschaften f/pl; déjouer les **~s** de qn j-m auf die Schliche kommen; hinter j-s Schliche (acc) kommen

manœuvre² [manœvr(ə)] m ungelern-ter Arbeiter; Hilfsarbeiter m; Hand-langer m

manœuvrer [manœvre] I v/t **1.** Waffe, Gerät handhaben; Maschine bedienen; Hebel betätigen; 'umlegen; stellen; Fahr-zeug lenken; Schiff steuern; Ruder bedie-nen; betätigen; Lenkrad drehen; **2.** fig qn j-n manipu'lieren, nach s-m Willen lenken, diri'gieren; il t'a bien ma-nœuvré jetzt hat er dich dort, wohin er dich haben wollte; II v/i **3.** mil (Gefechts)Bewegungen ausführen; **4.** mar manö'vrieren; Schiff auch voll wendig sein; **5.** allg, fig manö'vrieren; vorgehen; zu Werke gehen; ope'rieren

manographe [manɔgraf] m tech Indi-'kator m

manoir [manwar] m Herren-, Landsitz m; Herrenhaus n

manomètre [manɔmɛtr(ə)] m tech Ma-no'meter n; Druckmesser m; **~** différen-tiel Diffe'renzdruckmesser m; **~** enre-gistreur Indi'kator m; **~** métallique

Me'tallmanometer n; **~** à ressort Feder-manometer n

manométr|ie [manɔmetri] f tech Druckmessung f; **~ique** adj Mano-'meter...; mano'metrisch

manoque [manɔk] f Bündel n Tabak-blätter

manostat [manɔsta] m tech Druckregler m, -schalter m

manoul [manul] m zo Ma'nul m; Pallas-katze f

manquant [mɑ̃kɑ̃] I adj fehlend; II subst **1.** in der Schule les **~s** m/pl die Fehlenden m/pl; **2.** mar m fehlendes Ladungsgut

manque [mɑ̃k] m **1.** Mangel m (de an+dat); **~** de ... in Zssgn oft auch ...mangel m; ...losigkeit f; **~** d'argent, de capitaux, de devises, etc Geld-, Kapi'tal-, De'visenmangel m etc; **~** de chance, F de pot 'Mißgeschick n; F Pech n; **~** de compréhension, de courage, d'égards, d'imagination, etc Verständnis-, Mut-, Rücksichts-, Phanta'sielosigkeit f etc; **~** d'intérêt Inter'esselosigkeit f; Desinteresse n; **~** de maturité Mangel an Reife; Unreife f; **~** de mémoire Gedächtnisschwäche f; **~** d'organisation mangelnde Organisa-tion; **~** de sommeil Mangel an Schlaf; loc/prép par **~** de aus Mangel an (+dat); mangels (+gén); par **~** de place aus, wegen Platz-, Raummangel; par **~** (d') e-r Person Mängel m/pl; Unzulänglich-keit(en) f(pl); im Wissen Lücken f/pl; **3.** Roulett manque; **4.** comm **à gagner** Verdienstausfall m; **5.** bei Drogenabhängigen (état m de) **~** Entziehungserscheinungen f/pl; **6.** Rei-ten Fehltritt m; **7.** loc/adj F **à la ~** schlecht; F mies; un sportif à la **~** ein schlechter Sportler

manqué [mɑ̃ke] adj Gelegenheit, Verab-redung verpaßt; versäumt; Versuch fehl-geschlagen; miß'lungen; miß'glückt; ge-scheitert; nicht gelungen; Fotos nichts geworden; Leben verfehlt; F verpfuscht; verpatzt; von e-m Mädchen F c'est un garçon **~** an ihr ist ein Junge verlorenge-gangen

manquement [mɑ̃kmɑ̃] m **à** Verstoß m gegen; Verletzung f (+gén); **~** au devoir Pflichtverletzung f, -verges-senheit f; **~** à la discipline Verstoß gegen die Disziplin

manquer [mɑ̃ke] I v/t **1.** Ziel, Tor etc verfehlen (auch Wirkung, e-e Stufe); nicht treffen; Ball auch nicht fangen; F nicht kriegen; Person verfehlen (de quelques minutes um ein paar Minu-ten); Gelegenheit verpassen; versäumen; (ungenau) über'übergehen lassen; Zug, Anschluß etc verpassen; versäumen; nicht mehr erreichen, F kriegen, erwi-schen; Unterricht, Vorlesung etc versäu-men; Fußball etc **~** le but auch vor'bei-schießen; F il a manqué son coup sein Vorhaben ist gescheitert; F das ist schief-gegangen, in die Binsen gegangen; **~** sa vocation s-n Beruf verfehlen (auch plais); vous n'avez rien manqué! Sie haben nichts verpaßt, versäumt!; F il n'en manque pas une F er muß doch immer ins Fettnäpfchen treten; F la prochaine fois je ne te manquerai pas! das nächste Mal entkommst, ent-gehst du mir nicht!; **2.** Foto, sein Leben etc verderben; II v/t/indir **3.** **à** qn j-m die schuldige Achtung, den schuldigen Re'spekt ver-sagen; qn j-m gegenüber an der schuldi-gen Achtung, am schuldigen Respekt fehlen lassen; **4.** **~** à qc etw verletzen; gegen etw verstoßen; Versprechen, sein Wort nicht halten; **~** à ses devoirs

s-e Pflichten verletzen, vernachlässigen; versäumen, nicht erfüllen; s-n Pflichten nicht nachkommen; pflichtvergessen sein; **~** aux convenances den Anstand verletzen; **~** à sa 'parole auch sein Wort brechen; wortbrüchig werden; **5.** **~** de qc Mangel an etw (dat) haben; etw nicht genug haben; p/fort etw nicht haben, besitzen; ohne etw sein; st/s e-r Sache (gén) ermangeln; **~** d'ambition keinen Ehrgeiz haben, besitzen; ohne Ehrgeiz sein; il manque d'argent er hat nicht genug Geld; es fehlt, mangelt, st/s gebricht ihm an Geld; **~** d'esprit, d'expérience, de finesse, d'imagination, etc auch geistlos, uner-fahren, plump, phanta'sielos etc sein; **~** de politesse es an (der nötigen) Höf-lichkeit fehlen lassen; il ne manque de rien es fehlt ihm an nichts; **6.** ne pas **~** de faire qc nicht vergessen, unter-'lassen, st/s versäumen, verfehlen, etw zu tun; etw (ganz) bestimmt tun; ne pas **~** de produire son effet s-e Wirkung nicht verfehlen; ne manquez pas de venir me voir! besuchen Sie mich unbedingt!; je n'y manquerai pas ich werde es bestimmt tun; Gruß, Bestellung etc ich werde es ausrichten, bestellen; ça n'a pas manqué! das mußte ja so kommen!; das konnte nicht ausbleiben!; **7.** (faillir) elle avait manqué (de) se faire écraser sie wäre beinah(e), fast über'fahren worden; III v/i u v/imp **8.** Gegenstand, Schüler, Gelegenheit, Zeit etc fehlen (à qn j-m); à l'appel beim namentlichen Aufruf, mil beim Appell fehlen; à l'école in der Schule fehlen; **~** à une séance od in e-r Sitzung fehlen; les enfants lui manquent die Kinder fehlen ihr; sie vermißt, ent-behrt die Kinder; ce n'est pas l'envie qui lui manque Lust hätte er schon; les mots me manquent mir fehlen die Worte; les occasions ne manquent pas an Gelegenheiten fehlt, mangelt es nicht; le temps me manque pour faire qc mir fehlt die Zeit, es fehlt, mangelt, st/s gebricht mir an Zeit, um etw zu tun; ça ne manque pas! daran fehlt es nicht!; daran ist kein Mangel!; ◆ il manque deux pages es fehlen zwei Seiten; il ne manquait plus que cela! das fehlte g(e)rade noch!; auch das noch!; il ne manque plus que lui! F der hat uns g(e)rade noch gefehlt!; il ne manquerait plus que ... (+subj) es fehlte nur noch, daß ...; **9.** versagen; mes jambes me manquent die Beine versagen mir den Dienst, lassen mich im Stich; la voix me manqua mir versagte die Stimme; **10.** Versuch fehlschlagen; miß'lingen; miß'glücken; scheitern; nicht gelingen; **11.** mar Tau reißen; Material ka'puttgehen; IV v/pr **12.** rezi-prok se **~** sich verfehlen; **13.** reflexiv il s'est manqué sein Selbstmordversuch ist miß'glückt, fehlgeschlagen

mansarde [mɑ̃sard] f bât **a)** Man'sarde f; Man'sardenzimmer n; Dachkammer f; **b)** (comble m en) **~** Man'sard(en)dach n

mansardé [mɑ̃sarde] adj chambre **~e**, étage **~** ausgebautes Dachzimmer, Dachgeschoß; Zimmer n, Geschoß n mit schrägen Wänden

manse [mɑ̃s] m od f féod kleines Landgut

manselle [mɑ̃sɛl] f an der Handramme Griff m

mansuétude [mɑ̃suetyd] st/s f Milde f; Nachsicht f; juger avec **~** mild(e) urteilen

mante [mɑ̃t] f **1.** zo **a)** **~** (religieuse) Gottesanbeterin f; **b)** **~** de mer Heu-schreckenkrebs m; **2.** früher weiter 'Umhang (für Frauen)

manteau[mɑ̃to] m ⟨pl ~x⟩ **1.** Mantel m; ~ **sport** sportlicher Mantel; Sportmantel m; ~ **de demi-saison, d'été, de fourrure, d'hiver** 'Übergangs-, Sommer-, Pelz-, Wintermantel m; **mettre, enlever** od **ôter son** ~ s-n Mantel anziehen, ausziehen od ablegen; **2.** fig Mantel m (**de l'indifférence,** etc der Gleichgültigkeit etc); loc/adv **sous le** ~ heimlich; unter der' hand; **3.** e-s Kamins ~ **de cheminée** Mantel m und Konsolen f/pl; **4.** für Hunde Hundedecke f, -kleid n; **5.** zo der Weichtiere, Vögel Mantel m; ch beim Wild, Hund andersfarbiges Rükkenfell; **6.** bot ~ **de Notre-Dame** Frauenmantel m; **7.** Heraldik Wappenmantel m; **8.** ch de fer, tech ~ **de vapeur** Dampfmantel m; **9.** géol Mantel m

mantelé[mɑ̃tle] adj zo mit andersfarbigem Rücken(fell); Vögel mit Mantel

mantel|**et**[mɑ̃tlɛ] m **1.** früher für Frauen Man'tille f; **2.** égl cath Mantel'letta f; **3.** am Pferdegeschirr Kammdeckel m; ~**ure** f zo beim Hund andersfarbiges Rückenfell

mantidés[mɑ̃tide] m/pl zo Fang(heu)-schrecken f/pl

mantille[mɑ̃tij] f der Spanierin Mantilla [-'tilja] f; par ext Schleier-, Spitzentuch n

mantisse [mɑ̃tis] f math Man'tisse f

manucode [manykɔd] m zo Königsparadiesvogel m

manucur|**e** [manykyr] f Mani'küre f; Handpflegerin f; ~**er** v/t F ~ **qn** j-n mani'küren

manuel[1] [manɥɛl] **I** adj ⟨~le⟩ Hand...; manu'ell; jur don ~ Handschenkung f; habileté ~le Handfertigkeit f; métier ~ handwerklicher Beruf; travail ~ Handarbeit f; manuelle Arbeit; in der Schule travaux ~s Werkunterricht m; **II** subst ~(le) m(f) Per'son, die manu'ell veranlagt ist

manuel[2] [manɥɛl] m Handbuch n, Leitfaden m; für die Schule Lehrbuch n (**d'histoire, de physique,** etc der Geschichte, der Physik etc)

manuélin [manɥɛlɛ̃] adj arch **style** ~ E'manuelstil m

manuellement [manɥɛlmɑ̃] adv mit der Hand; manu'ell

manufacture [manyfaktyr] f Manufak'tur f; Fa'brik f; ~ **d'armes** Waffenfabrik f; ~ **de porcelaine** Porzel'lanmanufaktur f

manufactur|**é** [manyfaktyre] adj produits ~s gewerbliche und industri'elle Erzeugnisse n/pl; ~**ier** ⟨-ière⟩ gewerbetreibend; Manufak'tur...; Fa'brik...

manul [manyl] m cf **manoul**

manu militari [manymilitari] loc/adv mit Waffengewalt; par ext mit Gewalt; gewaltsam

manumission [manymisjɔ̃] f hist e-s Sklaven, Leibeigenen Freilassung f

manuscrit [manyskri] **I** adj handgeschrieben; handschriftlich; von Hand geschrieben; **II** m **1.** Handschrift f; e-r Bibliothek **département** m **des** ~**s** Handschriftenabteilung f; **2.** e-s Autors, Druckwerks Manu'skript n

manutention [manytɑ̃sjɔ̃] f von Waren, Gütern (innerbetriebliche[r]) (Be)Förderung f, Trans'port m; **appareils** m/pl **de** ~ Flurfördermittel n/pl und Förderod Transportanlagen f/pl; in e-m Warenhaus **service** m **de** ~ Güterabfertigung f; Lager m

manutentionn|**aire** [manytɑ̃sjɔnɛr] m Lage'rist m; Lagerarbeiter m; ~**er** v/t Waren, Güter innerhalb des Betriebes befördern; transpor'tieren

maoïsme [maɔism(ə)] m pol Mao'ismus m

maoïste [maɔist] **I** adj mao'istisch; **II** m

Mao'ist m

maori [maɔri] **I** adj der Ma'ori; **II** subst **1.** les ~s m/pl die Ma'ori(s) m/pl; **2.** ling le ~ das Ma'ori; Ma'ori n

maous [maus] F adj ⟨~se⟩ riesig; wuchtig; F mächtig

mappemonde [mapmɔ̃d] f **a)** Welt-, Erdkarte f; Plani'glob(ium) n; ~ **céleste** Himmelskarte f; **b)** Globus m

maquereau[1] [makro] m ⟨pl ~x⟩ zo Ma'krele f

maquer|**eau**[2] [makro] P m ⟨pl ~x⟩ Zuhälter m; P Louis m; österr Strizzi m; ~**elle** f P Puffmutter f

maquett|**e** [makɛt] f **1.** e-s Bauwerkes, Bühnenbildes, e-r Maschine etc (verkleinertes) Mo'dell n; ~ **volante** Flugmodell n; ~ **d'aménagement** naturgetreues Modell des Flugzeuginnern; ~ **d'avion** Flugzeugmodell n; Modellflugzeug n; ~ **de soufflerie** Flugzeugmodell n für Modellversuche im Windkanal; **2.** sculp Mo'dell n; **3.** e-s Plakats, Bucheinbands, für den Satzspiegel etc Entwurf m; für Buch- u Presseerzeugnisse Layout [le:'aut] n; ~**iste** m **1.** Mo'dellbauer m, -tischler m; **2.** impr Layouter [le:'autər] m

maquignon [makiɲɔ̃] m **1.** Pferdehändler m; par ext péj Roßtäuscher m; **2.** fig u péj Schacherer m; gerissener, betrügerischer Geschäftsmann, Vermittler

maquignonn|**age** [makiɲɔnaʒ] m **1.** Pferdehandel m; par ext péj beim Viehhandel angewandte Roßtäuschertricks m/pl; **2.** fig u péj **a)** Betrugs-, Täuschungsmanöver n/pl; Schwindel m; **b)** Schacher m; F Kuhhandel m; ~ **électoral** F Kuhhandel bei den Wahlen; ~**er** v/t **1.** altes, krankes etc Pferd (mit betrügerischen Mitteln) her'ausputzen; **2.** fig u péj mit betrügerischen Mitteln (etw) zu'stande bringen; schachern, F kuhhandeln (qc etw um etw)

maquillage [makijaʒ] m **1.** Schminken n; **2.** Make-up [me:k'ap] n; **faire son** ~ ein Make-up auflegen, auftragen; **3.** e-s gestohlenen Autos Über'malen n der Karosserie und Ändern n des Kennzeichens; F 'Umfrisieren n; **4.** phot e-s Negativs kleine Re'tusche

maquill|**er** [makije] **I** v/t **1.** Schauspieler etc schminken; **2.** Ausweis etc (ab-)ändern; fälschen; Bilanz, Statistik fri'sieren; Bilanz auch verschleiern; Wahrheit verfälschen; gestohlenes Auto mit anderer Farbe über'malen und das Kennzeichen ändern; F 'umfrisieren; **II** v/pr se ~ sich schminken; ~**eur** m, ~**euse** f thé, cin, télév Maskenbildner(in) m(f); Schminkmeister(in) m(f)

maquis [maki] m **1.** géogr Ma'quis m; Macchia ['makia] f; Buschwald m; Verbrecher **prendre le** ~ in den Maquis, in die Macchia gehen; **2.** im 2. Weltkrieg Ma'quis m; fran'zösische Parti'sanen-, 'Widerstandsgruppe; **prendre le** ~ sich e-r Partisanen-, Widerstandsgruppe anschließen; **3.** fig Dickicht m; Gestrüpp n

maquisard [makizar] m im 2. Weltkrieg Maqui'sard m; fran'zösischer Parti'san, 'Widerstandskämpfer

mar [mar] m zo Mittelspecht m

mara [mara] m zo großer Mara

marabout [marabu] m **1.** zo Marabu m; **2.** Islam Mara'but m (Heiliger od dessen Grab); **3.** mil Rundzelt n

maraîcher [mareʃe] **I** adj ⟨-ère⟩ Gemüse...; **culture maraîchère** Gemüse(an)bau m; **jardin** ~ Gemüsegarten m; **II** subst ~, **maraîchère,** f Gemüsegärtner(in) m(f)

marais [mare] m **1.** Sumpf m; Moor n; par ext Sumpf-, Moorgebiet n od -land n; **2.** ~ **salant** Salzgarten m; **3.** hist le ~ cf plaine **2.**

maranta [marɑ̃ta] m od **marante** [marɑ̃t] f bot Ma'rante f; Pfeilwurz f

marasme [marasm(ə)] m **1.** écon Flaute f; der Geschäfte Stocken n; Stillstand m; **2.** path Ma'rasmus m; ~ **sénile** Altersmarasmus m, -schwäche f; **3.** selten Niedergeschlagenheit f; Teilnahmslosigkeit f; **4.** bot Feld-, Nelkenschwindling m

marasqu|**e** [marask] f bot Ma'raskakirsche f; ~**in** m Likör Maraschino [-s'ki:no] m

marathon [maratɔ̃] m **1.** sports Marathonlauf m; **coureur** m **de** ~ Marathonläufer m; **2.** fig Marathonlauf m, -sitzung f

marâtre [marɑtr(ə)] f Rabenmutter f

maraudage [marodaʒ] m cf **maraude 1., 2.**

maraude [marod] f **1.** Taxi être en ~, faire la ~ langsam durch die Straßen fahren und Kunden suchen; **2.** jur Felddiebstahl m, -frevel m; Diebstahl m von Garten- und Feldfrüchten; **3.** früher von Soldaten Plündern n; Maro'dieren n

maraud|**er** [marode] v/i **1.** Taxi langsam durch die Straßen fahren und Kunden suchen; **2.** (Feld-, Gartenfrüchte, Geflügel etc) stehlen, F klauen; Felddiebstahl begehen (auch jur); Kinder **aller** ~ **dans les vergers** in die Obstgärten stehlen, F klauen gehen; **3.** früher Soldaten plündern; maro'dieren; umherziehen, maro'dierend um'herziehen; ~**eur** m, ~**euse** f **1.** (Feld-, Garten-)Dieb(in) m(f); Spitzbube, -bübin m,f; **2.** ⟨nur m⟩ früher Maro'deur m; Plünderer m

marbre [marbr(ə)] m **1.** Marmor m; ~ **artificiel** Stuckmarmor m; Marmorimitation f; ~ **statuaire** weißer Marmor (für Bildhauer); ~ **de Carrare** Car'raraMarmor m; in Zssgn ... **de** od **en** ~ Marmor...; marmorn; **bloc** m **de** ~ Marmorblock m; fig **visage** m **de** ~ versteinertes, unbewegliches Gesicht; **escalier** m **en** ~ Marmortreppe f; fig Person être, rester **de** ~ nicht zu erschüttern sein; sich nicht erschüttern lassen; ungerührt sein, bleiben; **2.** ellip Marmorstatue f, -platte f, -sims m, -block m; ~**s antiques** antike Marmorstatuen f/pl; **3.** tech allg Arbeitsplatte f (aus Stahl, Gußeisen etc); **4.** impr **a)** Tisch m zur Zu'sammenstellung der Druckform; Schließplatte f; **b)** Stehsatz m; beim Zeitungsdruck avoir du ~ (von der vorhergehenden Nummer übriggebliebene) Artikel im Stehsatz haben; Artikel, Buch être sur le ~ zum Druck bereit sein; fertig gesetzt sein; rester sur le ~ im Satz stehenbleiben

marbré [marbre] adj **1.** Papier, Bucheinband etc marmo'riert; **papier** ~ auch Marmorpapier n; **2.** cuis **gâteau** ~ Marmorkuchen m; **3.** fig **Arm** ~ **de bleus** voller blauer Flecke

marbrer [marbre] v/t **1.** Papier, Buchschnitt etc marmo'rieren; **2.** fig le froid lui marbrait le visage sein Gesicht bekam blaue Flecke von der Kälte

marbr|**erie** [marbrəri] f **1.** Marmorwerk n, -schleiferei f; **2.** Marmorarbeit f; Marmorbearbeitung f, -verarbeitung f; ~ **funéraire** Verarbeitung f von Marmor für Grabsteine; ~**eur** m, ~**euse** f Papiermalerei, Buchbinderei Marmo'rierer(in) m(f); ~**ier** **I** adj ⟨-ière⟩ Marmor...; **industrie marbrière** Marmorindustrie f; **II** m **1.** Marmorschleifer m; ~ **funéraire** Steinmetz m (für Grabsteine); **2.** Besitzer m e-s Marmorwerks; **3.** Marmorhändler m; ~**ière** f Marmorbruch m, -grube f; ~**ure** f **1.** Papiermalerei, Buchbinderei Marmo'rierung f; **2.** fig

auf der Haut leichte Flecke *m/pl*

marc[1] [mar] *m* **1.** Trester *m/pl*; ~ de pommes, de raisin Apfel-, Trauben- trester *m/pl*; **2.** Tresterbranntwein *m*; **3.** ~ de café Kaffeesatz *m*; (Kaffee-) Grund *m*

marc[2] [mar] *m nur loc* au ~ le franc anteilmäßig

marcassin [markasẽ] *m zo, ch* Frischling *m*

marcas(s)ite [markasit] *f minér* Marka- ꞌsit *m*

marceau [marso] *m bot cf* **marsault**

marcesc|ence [marsesãs] *f bot e-s Blattes, e-r Blüte etc* Welken *n (an der Pflanze)*; ~ent *adj bot (an der Pflanze)* welkend

marchand [marʃã] **I** *subst* **1.** ~(e) *m(f)* Händler(in) *m(f)*; ~ de bestiaux Vieh- händler *m*; ~ de biens Immoꞌbilien- händler *m*; Grundstücksmakler *m*; *péj* de canons Waffenhändler *m*; ~ de couleurs Farbenhändler *m*; *par ext* Droꞌgist *m*; ~ de glace Eisverkäufer *m*; ~ de journaux, de légumes, de meubles Zeitungs-, Gemüse-, Möbel- händler *m*; ~ des quatre-saisons Obst- und Gemüsehändler *m (auf der Straße)*; ~ de tapis, de tissus *od* d'étoffes, de vins Teppich-, Tuch- *od* Stoff-, Wein- händler *m*; *péj* ~ de soupe schlechter (Gast)Wirt; ~ au détail Einzel-, Klein- händler *m*; ~ de, en gros Großhändler *m*; Grosꞌsist *m*; jouer à la ~e mit dem Kaufmannsladen spielen; **2.** *enf* ~ de sable Sandmännchen *n*; le ~ de sable est passé das Sandmännchen kommt, war da; **II** *adj* Handels...; marine ~e Handelsflotte *f*, -marine *f*; navire ~ Handels-, Frachtschiff *n*; prix ~ Ein- kaufs-, Großhandels-, Enꞌgrospreis *m*; valeur ~ Handels-, Verkaufs-, Markt-, Verkehrswert *m*

marchandage [marʃãdaʒ] *m* **1.** Han- deln *n*, *péj* Feilschen *n*, Markten *n*, Schachern *n* (de qc um etw); **2.** *fig u péj* F Kuhhandel *m*; ~ diplomatique F diplo- matischer Kuhhandel

marchander [marʃãde] *v/t* **1.** handeln, *péj* feilschen, markten, schachern (qc um etw); *abs* payer sans ~ bezahlen, ohne zu handeln; **2.** *fig* ne pas ~ son appui à qn j-n großzügig unterꞌstützen; ne pas ~ ses éloges à qn j-m gegenüber mit s-m Lob nicht zuꞌrückhalten, mit Lob nicht sparen, geizen, kargen

marchandise [marʃãdiz] *f* Ware *f*; ~s *pl* Ware(n) *f(pl)*; Gut *n*; Güter *n/pl*; *mar* Ladung *f*; *ch de fer* ~s expédiées en grande vitesse, en petite vitesse Eil-, Frachtgut *n*; ~ vendue au mètre Meter-, Schnittware *f*; ~s au détail Einzelhandels-, Kleinhandelswaren *f/pl* *od* -güter *n/pl*; Waren *f/pl* im Einzel-, Klein-, Detailhandel; ~ de contreban- de Schmuggelware *f*; ~ de groupage Sammelgut *n*; ~s en gros Großhandels- waren *f/pl*, -güter *n/pl*; Waren *f/pl* im Groß-, Enꞌgroshandel; faire valoir sa ~ s-e Ware anpreisen, loben *(auch fig)*; tromper qn sur la ~ F j-m schlechte Ware andrehen

marchan|tia [marʃãtja] *m od* ~tie [-ti] *f bot* Marꞌchantia *f*

marche[1] [marʃ] *f bât* (Treppen)Stufe *f*; ~ dansante verzogene Stufe; ~ pleine, massive Blockstufe *f*; ~ de départ Antrittstufe *f*; attention à la ~! Vor- sicht Stufe!

marche[2] [marʃ] *f* **1.** Gehen *n*; Laufen *n*; Wandern *n*; *sports* ~ (athlétique) (sport- liches) Gehen; chaussures *f/pl* de ~ Laufschuhe *m/pl*; aimer la ~ gern(e) laufen; **2.** Marsch *m (auch mil)*; Wande- rung *f*; *mil auch* Vormarsch *m*; ~ forcée

Gewalt-, Eil-, Geschwindmarsch *m*; avancer à ~s forcées in Eilmärschen vorrücken; ~ de nuit Nachtmarsch *m*; *pol* ~ de la paix Friedensmarsch *m*; direction *f*, discipline *f* de ~ Marsch- richtung *f*, -disziplin *f*; *loc/adv* en ~ auf dem (Vor)Marsch *m*; *cf auch* **5.**; se mettre en ~ aufbrechen; sich in Marsch setzen; abmarschieren; *mil auch* ab-, ausrücken; *cf auch* **5.**; conduire, ouvrir la ~ an der Spitze marschieren; als erster gehen; den Zug eröffnen, anführen; faire une ~ de dix kilomètres e-n Marsch von zehn Kilo- metern machen; zehn Kilometer mar- schieren; fermer la ~ am Schluß mar- schieren; als letzter gehen; den Zug be- schließen; **3.** *mus* Marsch *m*; ~ funèbre, militaire, nuptiale Trauer-, Miliꞌtär-, Hochzeitsmarsch *m*; **4.** Weg *m*; heure *f* de ~ Wegstunde *f*; être situé à une heure de ~ e-e Wegstunde entfernt sein, liegen; poursuivre sa ~ s-n Weg fortset- zen; **5.** *e-s Zuges, Schiffs, Autos etc* Fahrt *f*; *e-r Maschine* Gang *m*; auto ~ arrière Rückwärtsgang *m*; faire ~ arrière a) rückwärts fahren; im Rückwärtsgang fahren; zuꞌrücksetzen, -stoßen; b) *fig* e-n Rückzieher machen; es sich anders überꞌlegen; auto ~ avant Vorwärtsgang *m*; *tech* ~ à vide Leerlauf *m*; sens *m* de la ~ Fahrtrichtung *f*; *loc/adj* en état de ~ *Maschine* betriebsbereit, -fähig; *Fahr- zeug auch* fahrbereit; *loc/adv* en ~ *Fahr- zeug, Schiff* in Fahrt; fahrend; *Maschi- ne, Motor* in Gang; *e-s Motors* Anlassen *n*; Inbeꞌtriebsetzen *n*, -ung *f*; *e-s Motors* Anlassen *n*; Anwerfen *n*; *Maschine, Mo- tor* être en ~ in Betrieb, in Gang sein; laufen; arbeiten; mettre en ~ *Maschine* in Gang bringen, setzen; in Betrieb setzen; anstellen *(auch Radio)*; anlaufen lassen; *Motor* anlassen; anwerfen; se mettre en ~ *Maschine* anlaufen; zu laufen, zu arbeiten beginnen; sich in Betrieb, sich in Gang setzen; *Motor* anspringen; anlaufen; monter en ~ im Fahren aufspringen; prendre le train en ~ *auf den fahrenden Zug aufsprin- gen*; **6.** *fig der Geschäfte, Verhandlungen, der Zeit etc* Gang *m*; Lauf *m*; *der Zeit auch* Ablauf *m*; Fortschreiten *n*; *e-r Krankheit* Verlauf *m*; *e-s Unternehmens* Gang *m*; Betrieb *m*; ~ à suivre Vorge- hen *n*; einzuschlagender Weg; l'employé lui indiqua la ~ à suivre *pour déposer sa demande* der Angestellte sagte ihm, wie er vorgehen müsse, was er alles zu tun habe ...; ~ des affaires Geschäftsgang *m*; ~ de la maladie Krankheitsverlauf *m*; ~ de service Dienstbetrieb *m*; **7.** *ch* Spur *f*

marche[3] [marʃ] *f hist* Mark *f*; Grenz- land *n*, -gebiet *n*; la ♀ de Brandebourg die Mark Brandenburg

marché [marʃe] *m* **1.** *in e-r Stadt etc* (Wochen)Markt *m*; Marktplatz *m*; ~ couvert überꞌdachter Markt; Markthal- le *f*; ~ aux bestiaux, aux chevaux, aux fleurs, aux poissons Vieh-, Pferde-, Blumen-, Fischmarkt *m*; ~ aux puces Flohmarkt *m*; jour *m* de ~ Markttag *m*; demain, c'est jour de ~ morgen ist Markt(tag); aller au ~ auf den Markt gehen; faire son ~ auf dem Markt einkaufen, Einkäufe machen; porter au ~ auf den *od* zum Markt bringen; **2.** *écon* Markt *m*; Handels-, ꞌUmschlagplatz *m*; ~ agricole ꞌgrarmarkt *m*; le ~ com- mun der Gemeinsame Markt; die EG *(Europäische Gemeinschaft)*; ~ ꞌhors co- te Markt der nicht amtlich zugelasse- nen, der unnotierten Wertpapiere; Frei-

verkehr *m*; ~ libre freier Markt *(auch im Börsenhandel)*; ~ noir schwarzer Markt; Schwarzmarkt *m*; ~ officiel amtlicher Markt; *im Börsenhandel auch* Markt der amtlich notierten Wertpapiere; ~ à ter- me Terꞌminmarkt *m*; *cf auch* **3.**; ~ des actions Aktienmarkt *m*; ~ du blé Weizenmarkt *m*; ~ de capitaux Kapi- ꞌtalmarkt *m*; ~ des changes, des devises Deꞌvisenmarkt *m*; ~ du coton, cotonnier Baumwollmarkt *m*; ~ de l'emploi Arbeits-, Stellenmarkt *m*; ~ des emprunts, de l'exportation, de la laine, des matières premières, de l'or Anleihe-, Export- *od* Ausfuhr-, Woll-, Rohstoff-, Goldmarkt *m*; ~ d'outre-mer überseeischer Markt; ꞌÜberseemarkt *m*; ~ de produits, de la rente, de services, des sucres, du travail Proꞌdukten-, Renten-, Dienstleis- tungs-, Zucker-, Arbeitsmarkt *m*; ~ de valeurs mobilières Efꞌfekten-, Wert- papiermarkt *m*; *Produkt* jeter, lancer, mettre sur le ~ auf den Markt werfen, bringen; auf dem Markt einführen; ou- vrir le ~ à un produit den Markt für ein Produkt öffnen, freigeben; ein Produkt zum Verkauf freigeben; **3.** Geschäft *n*; (Geschäfts)Abschluß *m*; Handel *m*; ~ conclu! abgemacht!; ~ ferme fester Abschluß; *jur, adm* ~s publics öffentli- che Aufträge *m/pl*; ~ au comptant *Wertpapierbörse* Kassageschäft *n*; *Wa- renbörse* Lokogeschäft *n*; Geschäft in prompter Ware; ~ à forfait Vergabe *f (e-r Arbeit, e-s Lieferungsauftrags)* zu e-m Festpreis; *Warenbörse* ~ à livrer Liefe- rungsgeschäft *n*; Geschäft in Ware auf Lieferung; *Waren- u Wertpapierbörse*: ~ à prime Prämien-, Dontgeschäft *n*; ~ à terme Terꞌmin-, Zeit-, Lieferungsge- schäft *n*; ~ à terme ferme Fix-, Festge- schäft *n*; festes Terꞌmingeschäft; ~ à terme et à prime bedingtes Terꞌminge- schäft; ~ de fournitures Sukzes- ꞌsivlieferungsvertrag *m*; b) *jur, adm* Ver- gabe *f* von Lieferungsaufträgen; *jur, adm*: ~ de transport *etwa* Vergabe *f e-s* Transport-, Beförderungsauftrags; ~ de travaux publics Vergabe *f* öffentlicher Arbeiten; *loc/adv* par-dessus le ~ a) als Zugabe; b) *fig* obenꞌdrein; noch daꞌzu; *beim Einkauf* recevoir qc par-dessus le ~ etw als Zugabe, umꞌsonst daꞌzube- kommen; conclure, passer un ~ ein Geschäft, e-n Handel abschließen; e-n Abschluß tätigen; faire un ~ ein Ge- schäft, e-n Handel machen, tätigen; *fig* mettre le ~ en main à qn j-n vor die Wahl stellen, entweder anzunehmen oder abzulehnen; j-m die Pistole auf die Brust setzen; **4.** a) (à) bon ~ *loc/adj* ⟨*inv*⟩ billig; preiswert, -würdig, -günstig; wohlfeil; *loc/adv* billig; (à) meilleur ~ billiger *etc*; c'est bon ~ das ist billig; fabriquer à meilleur ~ billiger herstel- len; *fig* faire bon ~ de qc etw geringachten; wenig auf etw (acc) geben; wenig Wert auf etw (acc) legen; faire bon ~ de la vie humaine Menschenle- ben geringachten; *fig* s'en tirer à bon ~ glimpflich davonkommen; gut dabei wegkommen; b) *subst* le bon ~ die Billigkeit, Preiswürdigkeit, Wohlfeilheit *(e-r Ware)*; *loc/prov* le bon ~ coûte toujours cher *etwa* das Teuerste ist das Billigste

marche-palier [marʃəpalje] *f* ⟨*pl* mar- ches-paliers⟩ *bât* Austrittstufe *f*

marchepied [marʃəpje] *m* **1.** *am Zug, Bus, Auto* Trittbrett *n*; **2.** Tritt-, Stehlei- ter *f*; Tritt *m*; **3.** *fig* servir de ~ à qn j-m als Sprungbrett dienen; **4.** *mar* (Fuß-) Peerd *od* (-)Perd *od* (-)Pferd *n*

marcher [marʃe] **I** *v/i* **1.** *Person* gehen;

laufen (*auch Tier*); mar'schieren (*auch mil*); treten (**dans** in+*acc*; **sur** auf +*acc*); ♦ mit *prép od loc/adv*: ~ **à pas mesurés** gemessen, bedächtig schreiten; *fig* ~ **avec qn la main dans la main, comme un seul homme** mit j-m konform gehen, e-r Meinung sein; ~ **dans une flaque d'eau** in e-e Pfütze treten; ~ **derrière, devant qn** hinter, vor j-m (her)gehen, (-)laufen; ~ **en tête** vor'angehen; an der Spitze gehen; als erster gehen; ~ **sur qc** auf etw (*dat*) gehen, laufen; auf etw (*acc*) treten; ~ **sur qn** auf j-n losgehen; *Akrobat etc* ~ **sur les mains** auf den Händen laufen; *fig* ~ **sur les pas, sur les traces de qn** in j-s Fuß(s)tapfen (*acc*) treten; **défense de** ~ **sur la pelouse!** Betreten des Rasens verboten!; ~ **sur les pieds de qn** j-m auf die Füße treten; *F fig* **il ne m'aime pas qu'on lui marche sur les pieds** er hat es nicht gern, wenn man ihm ins Gehege, in die Quere kommt; *F fig* **se laisser** ~ **sur les pieds** sich alles gefallen, bieten lassen; **ne pas se laisser** ~ **sur les pieds** *auch* F sich nicht auf der Nase herumtanzen lassen; nicht auf sich herumtrampeln lassen; sich nicht die Butter vom Brot nehmen lassen; *mil* ~ **sur une ville** auf e-e Stadt vorrücken, vorgehen, vorstoßen; ♦ **en marchant** im *od* beim Gehen, Laufen, Marschieren; *mil* **en avant, marche!** im Gleichschritt – marsch!; **j'ai besoin de** ~ **un peu** *pour me dégourdir les jambes auch* ich muß mir ein bißchen Bewegung machen ...; **2.** *F Person (bei etw)* mitmachen, mittun; **je ne marche pas!** da mache ich nicht mit!; kommt nicht in Frage!; darauf lasse ich mich nicht ein!; *F* **da streike ich!**; **3.** *F* ~ **(dans qc)** *F* (auf etw *acc*) reinfallen; **il ne marche pas, il court!** er ist prompt darauf reingefallen, und wie!; **faire** ~ **qn** j-n reinlegen, an der Nase herumführen, zum Narren haben, halten; **4.** *Uhr* gehen; *Radio, Heizung* laufen; gehen; *Apparat, Maschine, Gerät etc* in Gang, in Betrieb sein; laufen; funktio'nieren; arbeiten; **faire** ~ *Radio, Bügeleisen* anstellen; *Maschine etc auch* in Betrieb, in Gang setzen; **5.** (*Personen im*) *Auto* fahren; ~ **à 120 kilomètres à l'heure** mit 120 Stundenkilometern fahren; **nous avons bien marché au début** anfangs sind wir gut vorwärts gekommen; **6.** *Geschäft, Angelegenheit etc* gehen; *Studium, Verfahren* erfolgreich sein; *List* wirken; **comment ça marche?** wie geht das Geschäft?; F wie klappt's?; **ça marche** F es macht sich; es klappt; **rien ne marche** F nichts klappt; **II** *m* Fehler beim Korbball Laufen *n* mit dem Ball in der Hand

march|eur [marʃœr] *m*, **~euse** *f* **1.** Mar'schierer(in) *m(f)*; *pol* **marcheur de la paix** Teilnehmer *m* am Friedensmarsch; Marschierer *m* für den Frieden; **être un bon, mauvais marcheur** gut, schlecht zu Fuß sein; **2.** ⟨*nur m*⟩ *sports* Geher *m*; **3.** *adjt zo* **oiseaux marcheurs** Laufvögel *m/pl*

Marcomans [markɔmɑ̃] *m/pl hist* Marko'mannen *m/pl*

marconi [markɔni] *m mar* ~ *od* **grée-ment** *m* ♀ Mar'coni-, Hoch-, Ber'mudatakelage *f*

marcottage [markɔtaʒ] *m jard, vit* Ablegen *n*; Absenken *n*

marcott|e [markɔt] *f jard, vit* Ableger *m*; (Ab)Senker *m*; **~er** *v/t jard, vit* ablegen; absenken

mardi [mardi] *m* Dienstag *m*; ~ **gras** Fastnacht *f*; Karnevals-, Faschingsdienstag *m*; F **ce n'est pas** ~ **gras aujourd'hui!** *wie siehst du denn aus?* –

heute ist doch nicht Fastnacht, Fasching!; *loc/adv* **le** ~ dienstags; *weitere Wendungen cf* **jeudi**

mare [mar] *f* **1.** Tümpel *m*; kleiner Teich; Pfuhl *m*; ~ **aux canards** Ententeich *m*; *plais* **la** ~ **aux 'harengs** der große Teich; **2.** ~ **de sang** Blutlache *f*; **baigner dans une** ~ **de sang** in s-m Blut schwimmen

marécag|e [marekaʒ] *m* Sumpf *m*; Moor *n*; Sumpf-, Moorland *n*; **~eux** *adj* ⟨*-euse*⟩ sumpfig; moorig; Sumpf...; Moor...; *Boden* mo'rastig; **plante marécageuse** Sumpfpflanze *f*

maréchal [mareʃal] *m* ⟨*pl* -aux⟩ *mil* **1.** Marschall *m*; *hist* ~ **de camp** *etwa* Bri'gadegeneral *m*; ~ **de France** Marschall von Frankreich; **2.** *Artillerie, Panzertruppen, Kavallerie* ~ **des logis** 'Unteroffizier *m*; ~ **des logis-chef** Feldwebel *m*; ~ **des logis-major** Oberfeldwebel *m*; **~at** *m mil* Marschallsrang *m*

maréchal|e [mareʃal] **I** *f* Frau *f* e-s Marschalls; **II** *adj nur* **'houille** *f* ~ Schmiedekohle *f*; **~erie** *f* **a)** Hufschmiede *f*; **b)** Hufschmiedehandwerk *n*

maréchal-ferrant [mareʃalferɑ̃] *m* ⟨*pl* maréchaux-ferrants [mareʃoferɑ̃]⟩ Hufschmied *m*

maréchaussée [mareʃose] *f* **1.** *hist* Gendarme'rie *f*; **2.** F *für* **gendarmerie**

marée [mare] *f* **1.** *mar* Ebbe *f* und Flut *f*; Tide *f*; ~**s** *pl auch* Gezeiten *pl*; ~**s atmosphériques** Gezeiten der Atmosphäre; ~ **basse** Niedrigwasser *n*; Hollebbe *f*; Ebbe *f* (*abus*); ~ **descendante** Ebbe *f*; **faible** *od* ~ **de morte-eau** Nippflut *f*, -tide *f*; **grande** ~ *od* ~ **de vive-eau** Springflut *f*, -tide *f*; ~ **'haute** Hochwasser *n*; Flut *f* (*abus*); ~ **montante** Flut *f*; ~**s terrestres** Erdgezeiten *pl*; **courant** *m* **de** ~ Gezeiten-, Tidenstrom *m*; *loc/adv* **à la** ~ **'haute, 'basse, 'haute bei Niedrig-, Hochwasser; *abus* bei Ebbe, Flut; **la** ~ **descend, monte** die Flut fällt, steigt; es ist Ebbe, Flut; **2.** *comm* frische Seefische *m/pl*; **train** *m* **de** ~ Zug *m* mit frischem Seefisch; **3.** ~ **noire** Ölpest *f*; **4.** *fig* ~ **humaine** (wogende) Menschenmenge

maré|gramme [maregram] *m* Gezeitendiagramm *n*; **~graphe** *m* Mareo'graph *m*; Regi'strierpegel *m*; ~ **à flotteur** mechanischer (Schreib)Pegel; ~ **à pression** Drucklufttauchpegel *m*

marelle [marɛl] *f* **a)** *Kinderspiel* Himmel und Hölle; **jouer à la** ~ Himmel und Hölle spielen; **b)** *Brettspiel in Elsaß-Lothringen* Mühlespiel *n*; **jouer à la** ~ Mühle spielen

marémoteur [maremɔtœr] *adj* ⟨*-trice*⟩ Gezeiten...; **énergie marémotrice** Gezeitenenergie *f*; **usine marémotrice** Gezeiten-, Flutkraftwerk *n*

marène [marɛn] *f zo* Ma'räne *f*; Felchen *m*; Renke *f*

marengo [marɛ̃go] *m* **1.** *text* Ma'rengo *m*; **2.** *adjt* ⟨*inv*⟩ *cuis* **poulet** *m*, **veau** *m* ~ *od* **à la** ~ in Öl gebratenes Huhn, Kalbfleisch mit Tomaten und Zwiebeln

marennes [marɛn] *f zo, cuis* Ma'rennes-Auster *f* (*Austernart, die in Marennes gezüchtet wird*)

maréomètre [mareɔmɛtr(ə)] *m cf* **marégraphe**

marette [marɛt] *m zo* Pfeifente *f*

marey|age [marɛjaʒ] *m* Seefisch(groß)handel *m*; **~eur** *m*, **~euse** *f* Seefisch-(groß)händler(in) *m(f)*

margarine [margarin] *f cuis* Marga'rine *f*

margaritana [margaritana] *f zo* Flußperlenmuschel *f*

margarite [margarit] *f minér* Marga'rit *m*; Kalkglimmer *m*

margauder [margode] *v/i cf* **margot(t)er**

margay [margɛ] *m zo* Tigerkatze *f*

marge [marʒ] *f* **1.** *e-r beschriebenen Seite, e-s Buches etc* Rand *m*; *loc/adj* **en** ~ Rand...; *cf auch* **4.**; *jur* **mention** *f* **en** ~ Randvermerk *m*; **note** *f* **en** ~ Randnotiz *f*, -bemerkung *f*; Margi'nalie *f*; *loc/adv* **à grande** ~ mit breitem Rand; **écrire, mettre qc dans la, en** ~ **etw** auf, an den Rand schreiben; **laisser une** ~ e-n Rand lassen; **2.** *fig* Spielraum *m*; ~ **d'erreur** (zulässige) Fehlermenge; Fehlergrenze *f*; *écon* ~ **des fluctuations** Bandbreite *f*; ~ **de liberté** Handlungsspielraum *m*; **begrenzte Handlungsfreiheit;** ~ **de réflexion** Bedenkzeit *f*; *tech* ~ **de sécurité** Sicherheitsmarge *f*; *tech* ~ **de tolérance** Tole'ranzbereich *m*; **avoir de la** ~ genügend Zeit, Spielraum haben; **3.** *comm* Spanne *f*; ~ **bénéficiaire** Gewinn-, Verdienstspanne *f*; ~ **commerciale** Handelsspanne *f*; **4.** *fig loc/prép* **en** ~ **de** am Rand(e) (+*gén*); **en** ~ **de l'actualité** am Rande des Tagesgeschehens; **vivre en** ~ **de la société** am Rande der (menschlichen) Gesellschaft leben; **5.** *anat, bot* Rand *m*; *bot auch* Saum *m*; **6.** *Städtebau* ~ **d'isolement** Bauverbotsfläche *f* hinter und neben e-m Gebäude; Bauwich *m*; ~ **de reculement** unbebaubare Fläche zwischen der Baulinie und der Straßenfluchtlinie

margelle [marʒɛl] *f* Brunnenrand *m*

marg|er [marʒe] *v/t* ⟨*-geons*⟩ **1.** *impr* ~ **la feuille** den Bogen anlegen; **2.** *abs* an der Schreibmaschine den Rand einstellen; **~eur** *m* **1.** *impr* **a)** *Arbeiter* Bogenanleger *m*; **b)** ~ **automatique** Anlegeapparat *m*; Bogenanleger *m*; **2.** *an der Schreibmaschine* Randsteller *m*; **3.** *phot* Ko'pierrahmen *m*; **~euse** *f impr* Bogenanlegerin *f*

marginal [marʒinal] ⟨*m/pl* -aux⟩ **I** *adj* **1.** Rand...; **note** ~**e** *od subst* ~**e** *f* Randnotiz *f*, -bemerkung *f*; Margi'nalie *f*; **phénomène** ~ Randerscheinung *f*; *écon* **Grenz**...; **entreprise** ~**e** Grenzbetrieb *m*; **utilité** ~**e** Grenznutzen *m*; **3.** *fig* unwichtig; nebensächlich; **préoccupation** ~**e** nebensächliche Sorge; **4.** *psych* **conscience** ~**e** halbbewußter Zustand; **II** *m* **Soziologie** j, der am Rande der Gesellschaft lebt; gesellschaftlicher Außenseiter; *sc* Randpersönlichkeit *f*; Margi'nalexistenz *f*; **marginaux** *pl auch* Randgruppen *f/pl*; **~isme** *m* *écon* Grenznutzenschule *f*; Margi'nalprinzip *n*; **~ité** *f* Exi'stenz *f* am Rande e-r sozialen Gruppe; Marginali'tät *f*

margis [marʒi] *m arg mil* (*maréchal des logis*) 'Unteroffizier *m*

margot(t)er [margɔte] *v/i* Wachtel rufen

margouillet [marguijɛ] *m mar* Kausch *f*

margouillis [marguji] *m* F Mischmasch *m*

margoulette [margulɛt] *f P* Maul *n*; **se casser la** ~ hinfallen

margoulin [margulɛ̃] *m péj* (Börsen-) Jobber [dʒ-] *m*

margousier [marguzje] *m bot* Persischer Flieder; Zedrachbaum *m*

margrav|e [margrav] *m,f hist* Markgraf, -gräfin *m,f*; **~ine** *f hist* Markgräfin *f*

marguerite [margərit] *f* **1.** *bot* ~ *od* **grande** ~, ~ **jaune**, ~ **des prés, des blés** Marge'rite *f*; Marga'retenblume *f*; Wiesenwucherblume *f*; ~ **dorée** Saatwucherblume *f*; **effeuiller la** ~ das Blumenorakel befragen; **2.** *für die Lederzurichtung* Krispelholz *n*

marguillier [margije] *m égl selten* Küster *m*

mari [mari] *m* Ehemann *m*; Mann *m*; Gatte *m*; **mon** ~ mein Mann

mariable [marjabl(ə)] *adj* heiratsfähig
mariage [marjaʒ] *m* **1.** Ehe *f*; Eheschließung *f*; Heirat *f*; Verheiratung *f*; Verehelichung *f*; Vermählung *f*; Trauung *f*; ~ **civil** standesamtliche Trauung; Zi'viltrauung *f*, -ehe *f*; ~ **religieux** kirchliche Trauung; ~ **d'amour** Liebesheirat *f*; Neigungsehe *f*; ~ **d'argent** Geldheirat *f*; **faire un ~ d'argent** um des Geldes willen heiraten; ~ **de raison** Vernunftheirat *f*; **faire un ~ de raison** e-e Verstandes-, Vernunftehe eingehen; **enfant né 'hors ~** uneheliches Kind; **demander une jeune fille en ~** um die Hand e-s Mädchens anhalten; **donner sa fille en ~ à qn** j-m s-e Tochter zur Frau geben; **faire un beau ~** e-e gute Par'tie machen; **2.** Hochzeit *f*; *Mozart* Le ♀ de Figaro Figaros Hochzeit; **cadeaux** *m/pl*, **corbeille** *f* **de ~** Hochzeitsgeschenke *n/pl*; *égl cath* **messe** *f* **de ~** Brautmesse *f*; **3.** Ehe *f*; Ehestand *m*; **4.** *fig von Farben, Wörtern (harmonische, glückliche)* Zu'sammenstellung, Verbindung, Vereinigung; **5.** *beim Kartenspiel* Mari'age *f (auch Name e-s Kartenspiels)*
marial [marjal] *adj* <-als *od* -aux> *égl cath* Ma'rien...; mari'anisch; **année** *~e* marianisches Jahr; **culte** *~* Marienverehrung *f*, -kult *m*; **fêtes** *~es* Marienfeste *n/pl*
marianistes [marjanist] *m/pl égl cath* Maria'nisten *m/pl*
marié [marje] **I** *adj* **1.** verheiratet; vermählt; **2.** *métr* **rimes** *~es* Paarreim *m*; **II** *subst* *~*(e) *m(f)* Bräutigam *m*, Braut *f*; les *~*s das Brautpaar; **le jeune ~** der junge Ehemann; **la jeune** *~***e** die junge (Ehe)Frau; **les jeunes** *~***s** das junge Paar; die jungen Eheleute *pl*; die Jungverheirateten *pl*; **les nouveaux** *~***s** das Hochzeitspaar; die neuvermählte Paar; die Neuvermählten *pl*; *fig* **se plaindre que la** *~***e est trop belle** klagen, anstatt sich zu freuen; grundlos klagen
marie-couche-toi-là [marikuʃtwala] P *f* <inv> leichtfertiges Frauenzimmer
marie-louise [marilwiz] *f* <pl **maries- -louises**> *für ein Bild* Passepar'tout *n*
marier [marje] **I** *v/t* **1.** trauen; **2.** verheiraten; *sc* vermählen; **fille à ~** heiratsfähige Tochter; ~ **sa fille avec** *od* **à qn** s-e Tochter mit j-m verheiraten, vermählen; **être bon à ~** heiratsfähig, in heiratsfähigem Alter sein; **être marié (avec qn) (mit j-m)** verheiratet, vermählt sein; **3.** *fig Farben, Stilarten, Eigenschaften etc* verbinden, vereinigen, kombi'nieren (à mit); **4.** *mar* Taue (zu'sammen)laschen, (-)bändseln; **II** *v/pr* **se** *~* **5.** sich trauen lassen (à l'église kirchlich); **6.** sich verheiraten (avec qn mit j-m); heiraten (j-n); sich verehelichen; **7.** *fig Farben* **bien se** *~* gut zu'sammenpassen; mitein'ander harmo'nieren
marie-salope [marisalɔp] *f* <pl **maries- -salopes**> **1.** P *(femme malpropre)* F Schmutzliese *f*, -fink *m*; **2.** *mar* Baggerschute *f*
mari|eur [marjœr] F *m*, **~euse** F *f* Ehestifter(in) *m(f)*
marigot [marigo] *m in den Tropen* **a)** toter, versickernder Flußarm; **b)** Über'schwemmungsgebiet *n*
marihuana [mariɥana] *od* **marijuana** [mariʒɥana] *f* Marihu'ana *n*; F Pot *n*
marin [marɛ̃] **I** *adj* **1.** See...; Meer(es)...; *sc* ma'rin; **air** *~* Seeluft *f*; **brise** *~***e** Seebrise *f*; **cure** *~***e** Erholungskur *f* im Seeklima; *géol* **dépôt** *~* Meeresablagerung *f*; *mar* **mille** *~* Seemeile *f*; *myth* **monstre** *~* Meerungeheuer *n*; Krake *m*; **plante** *~***e** Meerespflanze *f*; **sel** *~* Meer-, Seesalz *n*; **2.** *mar Schiff* seetüchtig;

Person **avoir le pied** *~* seefest sein; F *fig* nicht leicht 'umzuwerfen sein; **3.** Ma'trosen...; **col** *~* Matrosenkragen *m*; **costume** *~* Matrosenanzug *m*, -kleid *n*; **4.** *mus früher* **trompette** *~***e** Trumscheit *n*; **II** *m* **1.** *allg* Seemann *m*, -fahrer *m*; *im engeren Sinn* Ma'trose *m*; *adm* Schiffsmann *m*; *~*s *pl* Seeleute *pl*; *adm* Schiffsleute *pl*; *plais* *~* **d'eau douce** F Süßwassermatrose *m*; *~*s **du commerce** Seeleute der Handelsschiffahrt; **peuple** *m* **de** *~* seefahrendes Volk; Seevolk *n*; **vie** *f* **de** *~* Seemannsleben *n*; **2.** *im Mittelmeer* Südwestwind *m*
marin|ade [marinad] *f cuis* Mari'nade *f*; Beize *f*; **~age** *m cuis* Mari'nieren *n*; Einlegen *n*
marine[1] [marin] *f* **1.** Ma'rine *f*; Flotte *f*; ~ **marchande, de commerce** Handelsmarine *f*, -flotte *f*; ~ **militaire, de guerre** Kriegsmarine *f*, -flotte *f*; **la ♀ nationale** *(abr* **M.N.***)* die französische (Kriegs)Marine, (-)Flotte; ~ **de pêche** Fische'rei-, Fischfangflotte *f*; ~ **de plaisance** Gesamtheit *f* der Vergnügungsdampfer und privaten Boote; *mil* **artillerie** *f* **de** *~* Marineartillerie *f*, -infanterie *f*; F **les gars** *m/pl* **de la** *~* F die blauen Jungs *m/pl*; die Blaujacken *f/pl*; *in Frankreich* **ministère** *m*, **ministre** *m* **de la ♀** Marineministerium *n*, -minister *m*; **vocabulaire** *m* **de la** *~* Seemannssprache *f*; **2.** *peint* Seestück *n*; **peintre** *m* **de** *~* Ma'rinemaler *m*; **3.** *adjt* **(bleu)** *~* <inv> ma'rineblau; *subst* **le** *~* das Ma'rineblau
marine[2] [marin] *m mil* (amerikanischer *bzw* englischer) Ma'rineinfanterist
marin|é [marine] *adj cuis* mari'niert; eingelegt; **'hareng** *~* marinierter, eingelegter Hering; **~er** *cuis* **I** *v/t* mari'nieren; (*in Marinade*) einlegen; **II** *v/i* in Mari'nade liegen
maringouin [marɛ̃gwɛ̃] *m zo* amerikanische Stechmücke
marin|ier [marinje] **I** *adj* <-ière> **1.** *mar mil* **officier** *~* 'Unteroffizier *m* (der Kriegsmarine); **2.** *Brückenbau* **arche marinière** besonders breiter Brückenbogen für die 'Durchfahrt der Schiffe; **II** *m* (Binnen-, Fluß)Schiffer *m*; **~ière** *f* **1.** *cout (Art)* Jumper ['dʒam-, 'dʒɛm-] *m*; **2.** **nager (à) la** *~* auf der Seite schwimmen; **3.** *cuis* **moules** *f/pl* **à la** *~* Muscheln *f/pl* im eigenen Saft mit Zwiebeln gekocht
marinisme [marinism(ə)] *m Literatur* Mari'nismus *m*
marin-pêcheur [marɛ̃pɛʃœr] *m* <pl **marins-pêcheurs**> *adm* (Hochsee-, Küsten)Fischer *m*
mariol(le) [marjɔl] F *m* Schlaukopf *m*, F -meier *m*; Pfiffikus *m*; **faire le ~** sich wichtig machen; (sich) wichtig tun
marionnett|e [marjɔnɛt] *f* **1.** *für das Puppenspiel* Puppe *f*; ~ **à fils** Mario'nette *f*; ~ **à gaine** Handpuppe *f*; **montreur** *m* **de** *~***s** Puppen-, Mario'nettenspieler *m*; **2.** *~*s *pl* Puppen-, Mario'nettenspiel *n*; **3.** *fig* Mario'nette *f*; willenloses Werkzeug; **~iste** *m* Puppen-, Mario'nettenspieler *m*
maristes [marist] *m/pl égl cath* Ma'risten *m/pl*
marital [marital] *adj* <-aux> *jur* Zustimmung, Name etc des Ehemannes; **~ement** *adv vivre* ~ in wilder Ehe leben
maritime [maritim] **I** *adj* See...; mari'tim; **climat** *m* ~ Seeklima *n*; **commerce** *m* ~ Seehandel *m*; **droit** *m* ~ Seerecht *n*; **gare** *f* ~ Hafenbahnhof *m*; **navigation** *f* ~ Seeschiffahrt *f*; **plante** *f* ~ Strandpflanze *f*; **port** *m* ~ Seehafen *m*; **puissance** *f* ~ Seemacht *f*; **signaux** *m/pl* ~ Schiffahrtssignale *n/pl*; **trafic** *m* ~ See-, Schiffsverkehr *m*; **II** *m/pl* **les** *~***s** die Seeleute *pl*

maritorne [maritɔrn] *f* F Schlampe *f*
marivaud|age [marivodaʒ] *m* ga'lantes Geplauder; Austausch *m* galanter Kompli'mente, von Galante'rien; **~er** *v/i* ga'lant plaudern; sich Galante'rien sagen
marjolaine [marʒɔlɛn] *f bot* Majo'ran *m*
mark [mark] *m deutsche Währung* Mark *f*; **2 ~s** 2 Mark
marketing [marketiŋ] *m écon* Marketing *n*
marli [marli] *m e-s Tellers* innerer (farbiger *od* Gold)Rand
marlou [marlu] *m arg* **a)** *(souteneur)* P Louis *m*; **b)** *(sale type)* P Schweinehund *m*
marmaille [marmaj] F *f (lärmende)* Kinderschar; F Gören *n/pl*; Bälger *pl od m/pl*; Krabben *f/pl*
marmelade [marməlad] *f* **1.** *cuis* Mus *n*; Kom'pott *n*; ~ **d'oranges** O'rangenkonfitüre *f*; ~ **de pommes, de prunes** Apfel-, Pflaumenmus *n bzw* -kompott *n*; **2.** F *fig Körperteil* **en** *~* übel zugerichtet; zu Brei geschlagen
marmenteau [marmɑ̃to] *adj u subst m/pl* **(bois)** *~***x** der Baumbestand e-s *Grundstücks*, der nicht geschlagen werden darf
marmit|e [marmit] *f* **1.** *cuis* (Koch)Topf *m*; *für Großküchen* (Koch)Kessel *m*; **une** *~* **de soupe** ein Topf (voll) Suppe; *fig* **faire bouillir la** *~* für den (Lebens-)'Unterhalt sorgen; die Familie ernähren; **2.** **nez** *m* **en pied de** *~* etwa Sattel-, Kar'toffelnase *f*; **3.** *phys* *~* **de Papin** Pa'pinscher Topf; **4.** *géol* *~* **de géants** Riesentopf *m*, -kessel *m*; Strudelloch *n*; **5.** *arg mil* 1. Weltkrieg *(obus de gros calibre)* F dicker Brocken; schwerer Koffer; **~er** *v/t arg mil im* 1. Weltkrieg mit Artille'rie beschießen; unter Artille'riebeschuß nehmen
marmiton [marmitɔ̃] *m* Küchenjunge *m*
marmonn|ement [marmɔnmɑ̃] *m* Murmeln *n*; Brummen *n*; Brummeln *n*; **~er** *v/t* (in s-n Bart, vor sich hin) murmeln, brummen, brummeln
marmor|éen [marmɔreɛ̃] *adj* <~ne> **1.** *géol* marmorartig, -ähnlich; **2.** *fig u st/s* weiß, kalt wie Marmor; wie Marmor glänzend *od* glatt; marmorn; **visage** *~* unbewegtes, starres, statuenhaftes Gesicht; **~isation** *f géol* 'Umwandlung in Marmor; Marmorbildung *f*; **~iser** *v/t géol* in Marmor verwandeln, 'umkristallisieren
marmot [marmo] F *m* **1. a)** F Knirps *m*; Kerlchen *n*; **b)** *~*s *pl* F Gören *n/pl*; Bälger *n/pl od m/pl*; Krabben *f/pl*; **2.** *fig* **croquer le** *~* F sich die Beine in den Bauch stehen
marmotte [marmɔt] *f zo* Murmeltier *n*; **manteau** *m* **de** *~* Murmelmantel *m*; *fig* **dormir comme une** *~* wie ein Murmeltier, wie ein Dachs, wie ein Ratz schlafen
marmott|ement [marmɔtmɑ̃] *m cf* **marmonnement**; **~er** *v/t cf* **marmonner**
marmouset [marmuzɛ] *m* **1.** gro'teske Fi'gur; **2.** *plais cf* **marmot 1. a)**
marmouton [marmutɔ̃] *m Tiefbau* Pfahlramme *f*
marnage [marnaʒ] *m agr* Mergelung *f*; Düngung *f* mit Mergel
marne [marn] *f géol* Mergel *m*; *~*s **argileuses, calcaires** Ton-, Kalkmergel *m/pl*; Mergeltone, -kalke *m/pl*
marn|er [marne] **I** *v/t agr* mergeln; mit Mergel düngen; **II** F *v/i* F schuften; **~eux** *adj* <-euse> *géol* mergelig; Mergel...; **sol** *~* Mergelboden *m*; **~ière** *f* Mergelgrube *f*
marocain [marɔkɛ̃] **I** *adj* **1.** marok'ka-

nisch; **2.** *text* **crêpe** ~ Crêpe marocain *m*; Maro'cain *m od n*; **II** *subst* **1.** ♀(e)*m(f)* Marok'kaner(in) *m(f)*; **2.** *ling* le ~ das Marok'kanische; Marok'kanisch *n*

maroilles [marwal] *od* **marolles** [maṛɔl] *m ein frz Weichkäse (mit Schmierebildung)*

maronite [marɔnit] *rel* **I** *adj* maro-'nitisch; **II** *m* Maro'nit *m*

maronner [marɔne] F *v/i* knurren; murren; ärgerlich vor sich hin brummen, brummeln; **faire** ~ **qn** F j-n auf die Palme bringen

maroquin [marɔkɛ̃] *m* **1.** Maro'quin *m*; Ma'rokkoleder *n*; Saffian(leder) *m(n)*; **2.** *früher* Mi'nisterposten *m*

maroquin|age [marɔkinaʒ] *m* Zurichtung *f auf* Maro'quin, Saffian; **~er** *v/t Leder wie* Maro'quin, Saffian zurichten; **~erie** *f* **1.** Zurichtung *f* von Maro'quin, Saffian; **2.** Lederwarenindustrie *f*, -handel *m*, -geschäft *n*; **3.** feine Lederwaren *f/pl*; **~ier** *m* **1.** Maro'quin-, Saffianzurichter *m*; **2.** Lederwarenhersteller *m*, -händler *m*

marotique [marɔtik] *adj Literatur* style *m* ~ Stil, wie ihn Marot pflegte

marotte [marɔt] *f* **1.** Ma'rotte *f*; Grille *f*; Schrulle *f*; **il a la** ~ **des mots croisés** Kreuzworträtselraten ist sein Steckenpferd; **c'est devenu une** ~ das ist e-e *od* zur Marotte geworden; **2.** ~ **du fou** Narrenzepter *n*; **3.** Pe'rücken-, Hutkopf *m (der Modistinnen, Friseure)*; **4.** *des Böttchers* Schneidbank *f*

marouette [marwɛt] *f* **1.** *bot* Stinkende Hundskamille *f*; **2.** *zo* Sumpfhuhn *n*; ~ **ponctuée** Tüpfelsumpfhuhn *n*

marouflage [maruflaʒ] *m peint* e-s Ölbildes Aufleimen *n*, Aufziehen *n (auf e-e Fläche)*

maroufl|e [marufl(ə)] *f peint* Malerleim *m (zum Aufziehen von Ölbildern); f peint* **a)** Ölbild aufleimen, aufziehen (**sur une surface** auf e-e Fläche); **b)** Leinwand grun'dieren

maroute [marut] *f cf* **marouette** 1.

marquage [markaʒ] *m* **1.** *von Bäumen* Mar'kieren *n (auch von Tieren)*, -ung *f*; Zeichnen *n*, -ung *f*; Anlaschen *n*; Stempeln *n*, -ung *f (auch von Fleisch bei der Fleischbeschau); von Tieren auch, von Waren, der Wäsche* (Kenn)Zeichnen *n*, -ung *f*; *aviat mil des Zielgebiets vor* e-m Bombenangriff Mar'kieren *n*, -ung *f*; Kennzeichnen *n*, -ung *f*; Kenntlichmachen *n*, -ung *f (alle auch allg)*; Abstecken *n*, -ung *f*; *phys* ~ **radio-actif** Markierung *f* durch Radioindikatoren; *comm* ~ **des prix (sur les marchandises)** Auszeichnen *n*, -ung *f (der Waren)*; **2.** *sports des Gegners* Deckung *f*

marquant [markɑ̃] *adj* **1.** *Ereignis* bedeutend; her'vorstechend; wichtig; *Persönlichkeit auch* mar'kant; profi'liert; **2.** *beim Kartenspiel* **carte** ~e Punkte einbringende Karte

marque [mark] *f* **1.** *zur Kennzeichnung* e-s *Gegenstandes, des Viehs, der Wäsche etc* (Erkennungs-, Kenn)Zeichen *n*; *auf* e-r *Liste, in* e-m *Buch etc* (Merk)Zeichen *n*; *an Bäumen, Tieren auch* Mar'kierung *f*; Lache *od* Lasche *f*; *auf Fleisch nach der Fleischbeschau, auf Hölzern etc* Stempel *m*; *hist auf* (*kunst*)*gewerblichen Erzeugnissen* Marke *f*; e-s *Analphabeten* Handzeichen *n*; *sports zur Markierung* e-r *Stelle* Marke *f (auch allg); par ext hist Läufer* Startloch *n*; *Rugby* ~! Mark!; *mar bei* e-r *Regatta* ~s *pl* Bahnmarken *f/pl*; *hist* ~ **lapidaire, de tâcheron** Steinmetzzeichen *n*; ~ **typographique** Drukker-, Verlegerzeichen *n*; Druckermarke *f*; Si'gnet *n*; ~ **à chaud** eingebrannter Stempel; eingebranntes Zeichen; ~ **au**

fer rouge *beim Vieh* Brandzeichen *n*; *hist bei Sträflingen* Brandmal *n*; ~ **à frapper** Prägestempel *m*; **bât** ~ **d'appareil** Versetzungszeichen *n*; *mar* ~ **de charge, de franc-bord**, **de Plimsoll** Lade-, Freibord-, Plimsollmarke *f*; *mar* ~ **de commandement** Kom'mandozeichen *n*; *auf Eisenbahnschienen* ~ **du laminoir** Walzzeichen *n*; *sports* **à vos** ~s – **prêts? – partez!** auf die Plätze – fertig – los!; **faire une** ~ **à qc** ein Zeichen an *od* auf etw (*acc*) machen; etw mar'kieren; **mettre une** ~ **dans un livre** (Lese)Zeichen in ein Buch legen; **2.** *comm* Marke *f (auch das Fabrikat)*; Warenzeichen *n*; ~ **déposée** eingetragenes Warenzeichen; Schutzmarke *f*; ~ **figurative, nominale** Bild-, Wortzeichen *n*; ~ **internationale** Weltmarke *f*; **les grandes** ~s **d'automobiles** die großen Auto(mo'bil)-marken *f/pl*; ~ **de commerce, de distribution, du distributeur** Handelszeichen *n*, -marke *f*; ~ **de fabrique** Fa'brikzeichen *n*, -marke *f*; ~ **d'origine, de producteur** Ursprungs-, Herstellerzeichen *n*; ~ **de qualité** Gütezeichen *n*; Quali'tätsmarke *f*; *loc/adj* **de** ~ Marken...; *fig* hohe(r, -s); **de grande** ~ Spitzen...; Quali'täts...; *fig* hohe *m*, **personnage** *m* **de** ~ hoher Gast, hohe Persönlichkeit; **produit** *m* **de** ~ Markenerzeugnis *n*, -artikel *m*; **acheter une** ~ **bon marché** e-e billige Marke, Sorte kaufen; **3.** *e-r Würde*, *e-s Ranges etc* (Ab)Zeichen *n*; *gr im Frz* **s est la** ~ **du pluriel** s ist das Zeichen für die Mehrzahl, das Pluralzeichen; **4.** *von Fingern, Füßen* Spur *f*; Abdruck *m (auch der Zähne nach e-m Biß)*; *auf der Haut auch* Mal *n*; *ch* ~s *pl* Spuren *f/pl*; *fig u litt* ~ **d'infamie** Schandmal *n*, -fleck *m*; **5.** *fig der Zuneigung, Dankbarkeit etc* Zeichen *n*; Beweis *m*; ~ **d'amitié, d'amour** Freundschafts-, Liebesbeweis *m*; **donner des** ~s **d'estime** *zu* j-m s-e Wert-, Hochschätzung bekunden, bezeigen, beweisen; **6.** *fig* Stempel *m*; Gepräge *n*; *Werk* **porter la** ~ **de qc** j-s Stempel tragen; **7.** *Fußball etc* **la** ~ **est de deux à zéro** (2-0) das Spiel steht zwei zu null (2:0); **mener à la** ~ (nach Punkten) führen; **8.** *Altersmal beim Pferd* Kennung *f*; Kunde *f*; Bohne *f*; **9.** *beim Spiel* (Spiel)Marke *f*

marqué [marke] *adj* **1.** *Gegenstand* mit e-m Zeichen, Stempel versehen; gezeichnet *(auch Wäsche)*; gestempelt; mar'kiert *(auch phys Molekül)*; *hist Sträfling* gebrandmarkt; *fig Person* gezeichnet (**par la misère** von der Not); *Gesichtszüge* scharf; *Gesicht* zerfurcht; faltig; **prix** ~ Auszeichnungspreis *m*; angegebener, angeschriebener Preis; *fig* **homme politique** ~ **à gauche** Politiker, der als Linker abgestempelt ist; *Gesicht* ~ **de petite vérole** blatternarbig; **il vieillit, il est** ~ er wird alt, man sieht es ihm an; **2.** *Taille* betont *(durch die Kleidung)*; *Melodie* einprägsam; charakte'ristisch; *Takt* ausgeprägt; mar'kant; *Unterschied* deutlich; unverkennbar; *Vorliebe* ausgesprochen; entschieden; **3.** F **il n'y a rien de** ~ es ist nichts angeschrieben, angegeben, vermerkt (**sur** auf +*dat*); F es steht nichts da

marquer [marke] **I** *v/t* **1.** *Gegenstand* mit e-m Zeichen versehen; zeichnen; kennzeichnen, *Bäume, Tiere*, e-e *Stelle etc auch* mar'kieren (**à la craie** mit Kreide); *Bäume auch* anlaschen; *Wäsche, Vieh etc* zeichnen; *Fleisch bei der Fleischbeschau, Hölzer etc* stempeln; *hist Sträfling* brandmarken; *Platz* belegen (**avec son gant** mit s-m Handschuh);

Stelle *in* e-m *Buch etc* anstreichen (**au crayon** mit [dem] Bleistift); *Vieh* ~ **au fer rouge** mit dem Brandeisen zeichnen; ~ **d'une croix** ankreuzen; ~ **d'un signe** mit e-m Zeichen versehen; anzeichnen; kennzeichnen; mar'kieren; ~ **d'un trait** anstreichen; **2.** F *Telephonnummer, Ausgaben etc* aufschreiben, no-'tieren, vermerken (**sur le carnet** im Notizbuch); ~ **les points a)** *Punktrichter* die Punkte zählen, *Apparat* anzeigen; **b)** *fig als Unbeteiligter bei* e-r *Auseinandersetzung* die Plus- und Minuspunkte regi'strieren; ~ **les prix sur la marchandise** die Ware auszeichnen; die Preise auf der Ware angeben; **3.** *auf* e-m *Gegenstand* Spuren hinter'lassen (**qc** auf etw [*dat*]); *fig Krankheit, Not* zeichnen (**qn** j-n); *Persönlichkeit* prägen (**son siècle** sein Jahrhundert); das Gepräge geben, den Stempel aufdrükken (**son siècle** s-m Jahrhundert); **des traces de doigts marquent la glace** die Finger haben auf dem Spiegel Spuren hinterlassen; auf dem Spiegel sind Fingerabdrücke, sind die Spuren von Fingern zu sehen; **la fatigue marque ses yeux** s-e Augen zeigen Spuren, Anzeichen von Müdigkeit; **la maladie l'a marqué** die Krankheit hat ihn gezeichnet, hat ihre Spuren bei ihm hinterlassen, ist nicht spurlos an ihm vorübergegangen; **4.** *fig Ereignis etc* ~ **qc** ein Zeichen für etw sein; etw bedeuten, darstellen, kennzeichnen, ankündigen; **le lever du rideau marque le début du spectacle** ~ ist ein Zeichen für den Beginn des Schauspiels, kündigt den Beginn des Schauspiels an; ~ **un tournant** e-n Wendepunkt, e-e Wende bedeuten (**dans l'histoire** in der Geschichte); **5.** *Uhr, Meßinstrument* anzeigen; angeben; *Barometer* ~ **beau fixe** auf Schön(wetter) stehen; *Uhrzeiger* ~ **cinq heures** auf fünf (Uhr) stehen; **6.** *sports* **a)** *abs* e-n Treffer erzielen; *Fußball* ~ (**un but**) ein Tor schießen, erzielen; *esc* ~ **un coup** e-n Stoß, Hieb nur andeuten; *Rugby* ~ **un essai** e-n Versuch erzielen; *Korbball* ~ (**un panier**) e-n Korb werfen, erzielen; ~ **un point** e-n Punkt erzielen; *fig* e-n Erfolg verbuchen, zu verzeichnen haben; **b)** ~ **un joueur** e-n Spieler decken; **7.** *fig Ereignis, Gedenktag etc* feierlich begehen; feiern; *l'anniversaire du débarquement* **a été marqué par un défilé** ... wurde mit e-r Parade gefeiert; ~ **le coup a)** das Ereignis feiern; **b)** *bei* e-r *Beleidigung* etc zeigen, daß man sich getroffen fühlt; **ne pas** ~ **le coup a)** das Ereignis nicht feiern; **b)** sich nichts anmerken lassen; nicht darauf rea-'gieren; **8.** *mus* ~ **la mesure** den Takt schlagen, angeben; *mil u fig* ~ **le pas** auf der Stelle treten; *Kleidungsstück* ~ **la taille** die Taille betonen, unter-'streichen, zur Geltung bringen; ~ **un temps d'arrêt** *cf* **arrêt 3.**; **9.** e-m *Gefühl* Ausdruck geben, verleihen (+*dat*); *Freude, Interesse* äußern; zum Ausdruck bringen; *Interesse auch* bekunden; zeigen; an den Tag legen; **II** *v/i* **10.** *Schläge etc* Spuren hinter'lassen; *fig Ereignis* bedeutsam, einschneidend sein (**dans la vie de qn** in j-s Leben [*dat*]); *Stempel* **ne plus** ~ nicht mehr (richtig) stempeln; **11.** F *Person* ~ **mal** F keine gute Fi'gur machen; **12.** *Pferd* noch die Kennung, Kunde, Bohne haben

marqueter [markəte] *v/t* ‹-tt-› **1.** tüpfeln; sprenkeln; **2.** *Holz* mit In'tarsien verzieren; intar'sieren

marqueterie [markɛtri, -kə-] *f* **a)** Einlegearbeit *f*; eingelegte Arbeit; In'tarsien

f/pl; Marke'rie f; **bois** m de ~ Einlege-
holz n; **b)** In'tarsien-, Einlegekunst f
marqueteur [markɔtœr] m Künstler m,
Kunsttischler m, der In'tarsien herstellt;
Intar'seur od Intarsi'ator m
marqu|eur [markœr] m **1.** Per'son, die
etw zeichnet, stempelt, mar'kiert; im
Schlachthof Fleischbeschauer m; **2.**
sports Spieler, der e-n Treffer erzielt;
Torschütze m; **3.** sports etc Per'son, die
die Punkte zählt, no'tiert, anschreibt,
angibt; beim Billard Mar'kör m; bei e-m
Schießstand Anzeiger m; ~ automati-
que (elektro)automatischer Treffermel-
der; **4.** dicker Filzschreiber; **5.** agr ~ od
adit **rouleau** m ~ Furchen-, Reihenzie-
her m; Mar'kör m; **~euse** f **1.** Wäsche-
stickerin f; **2.** Seifen-, Schokoladenher-
stellung Presse, die das Warenzeichen
einprägt
marquis [marki] m **1.** frz Adelstitel
Mar'quis m; **2.** hist Markgraf m
marquisat [markiza] m Marqui'sat n
(Würde u Hoheitsbezirk e-s Marquis)
marquise [markiz] f **1.** Mar'quise f; **2.**
vor e-m Eingang gläsernes Schutz-, Vor-
dach; Glasdach n (auch über e-m Bahn-
steig); vor e-m Zelt (Sonnen)Vordach n;
3. Juwelierkunst **a)** Diamantschliff Mar-
'kise f; **b)** Fingerring m mit e-m langen,
schmalen Stein; **4.** Stilmöbel im 18. Jh.
breiter Sessel für zwei Personen; **5.**
Getränk Schorle(morle) f od n
marquoir [markwar] m (Mono'gramm-)
Scha'blone f zum Zeichnen der Wäsche
marraine [marɛn] f **1.** e-s Kindes (Tauf-)
Patin f; Patentante f; **2.** par ext **a)**
weibliche Person, die ein Schiff, e-e
Glocke tauft; **b)** ~ de guerre Mädchen
(bzw Frau), das (bzw die) die Patenschaft
für e-n Frontsoldaten übernommen hat u
ihm Liebesgabenpäckchen schickt
marrant [marɑ̃] adj F **a)** lustig; spaßig;
drollig; ulkig; c'est ~ F das ist zum
Piepen, Totlachen; **b)** seltsam; komisch;
F ulkig; iron heiter
marre [mar] adv F en avoir ~ F es satt
haben; die Nase voll haben; es dick(e)
haben; j'en ai ~ auch F mir langt's; es
steht mir bis hier oben, bis zum Hals; **en
avoir** ~ de qn, qc j-n, etw satt haben;
von j-m, etw die Nase voll haben; je
commence à en avoir ~ F jetzt langt's
mir aber bald! **(il) y en a** ~!jetzt langt's,
reicht's aber!; P c'est ~!a) cf (il) y en a ~!
b) arg das alles
marrer [mare] v/pr F se ~ F sich krumm
und schief, sich bucklig lachen; **laisse-
-moi me** ~!od ellip tu me fais ~!daß ich
nicht lache!
marri [mari] litt adj betrübt; traurig;
bedrückt
marron[1] [marɔ̃] m **1.** eßbare Ka'stanie;
Ma'rone f; cuis **dinde** f **aux** ~s mit
Kastanien gefüllte Pute; **crème** f, pu-
rée f de ~s Kastanienpüree m; **mar-
chand** m de ~s Maronen- od bes österr
Ma'roniverkäufer m; **chaud les** ~s!
heiße Maronen od bes österr Ma'roni!;
fig **tirer les** ~s **du feu** die Kastanien
aus dem Feuer holen (**pour qn** für j-n);
2. bot **~ d'Inde** (Roß)Ka'stanie f
(Frucht); **3.** F (coup de poing) Faust-
schlag m; **4.** zum Zeichnen von Kisten,
Ballen etc (Buchstaben)Scha'blone f
marron[2] [marɔ̃] **I** adj ⟨inv⟩ **1.**
(ka'stanien)braun; **2.** F fig être ~ der bzw
die Dumme sein; F reingefallen, ange-
schmiert sein; **II** m (Ka'stanien)Braun n
marron[3] [marɔ̃] adj ⟨~ne⟩ Winkel...;
avocat ~ Winkeladvokat m; **courtier** ~
Winkelbörsenmakler m; **médecin** ~
Kurpfuscher m
marron-de-terre [marɔ̃dətɛr] m ⟨pl
marrons-de-terre⟩ bot Erdknolle f.

-kastanie f, -eichel f
marronnier [marɔnje] m bot **1.** ~
(d'Inde) (Roß)Ka'stanie f (Baum); ~
rouge Rotblühende Roßkastanie; **2.**
Ma'rone f (Baum)
marrube [maryb] m bot Andorn m; ~
blanc od **commun** Gemeiner Andorn
mars [mars] m **1.** März m; blé m de ~
Sommerweizen m; **giboulée** f de ~
A'prilschauer m; **2.** agr les ~ das Som-
mergetreide; **3.** astr ♀ (der) Mars; **4.** in
Paris **champ** m de ♀ Marsfeld n
marsala [marsala] m Wein Mar'sala m
marsault [marso] m od **marseau** m ⟨pl
~x⟩ bot Salweide f
marseillais [marsɛjɛ] **I** adj Mar'seiller;
von, aus Marseille; **2.** ♀(e) m(f); **2.** la ♀e die Marseil-
'laise (frz Nationalhymne)
marsilée [marsile] f od **marsilia** [mar-
silja] f bot Kleefarn m
marsouin [marswɛ̃] m **1.** zo kleiner
Tümmler; Braunfisch m; Meerschwein
n; **2.** F Spitzname Ma'rineinfanterist m
marsupial [marsypjal] zo **I** adj ⟨-aux⟩
beutelförmig; Beutel...; **os marsupiaux**
Beutelknochen m/pl; **poche** f ~ Beutel
m; **II** m/pl **marsupiaux** Beuteltiere n/pl;
sc Marsupi'alier pl
martagon [martagɔ̃] m bot ~ od adjt lis
m ~ Türkenbund(lilie) m(f)
marte [mart] f zo cf **martre**
marteau [marto] m ⟨pl ~x⟩ **1.** Werk-
zeug, des Versteigerers, sports, anat,
beim Klavier Hammer m; des Schlag-
werks e-r Uhr Schlaghammer m; e-s
Türklopfers (hammerartiger) Klopfer;
~ **(forestier)** Forst-, Schlag-, Waldham-
mer m; ~ **piqueur** mines Abbau-,
Straßenbau Preßlufthammer m; ~ **à bat-
tre les faux** Dengelhammer m; ~ **à
briques** Ziegelhammer m; ~ **à embou-
tir** (doppelbähiger) Treibhammer; ~ **à
(frapper) devant** Vorschlaghammer
m; ~ **à main** Handhammer m; méd ~ **à
percussion**, ~ **à réflexes** Re'flex-
hammer m; ~ **d'armes** (Streit)Hammer
m; ~ **de charpentier** Spitzhammer m; ~
**de cordonnier, de couvreur, de
maçon, de menuisier** Schuster-,
Schieferdecker-, Maurer-, Tischler- od
Schreinerhammer m; ~ **de minéralo-
giste** Gesteinshammer m; **coup** m ~ **de**
Hammerschlag m; fig **être entre le** ~ **et
l'enclume** zwischen Hammer und Am-
boß geraten (sein); **2.** zo **a)** Hammermu-
schel f; **b)** adit **requin** m ~ Hammerfisch
m, -hai m; **3.** adjt F **être** ~ F bekloppt,
plem'plem, behämmert sein; ~ **F auch**
cinglé: **~-pilon** m ⟨pl **marteaux-
-pilons**⟩ Fall-, Ma'schinenhammer m; ~
à air comprimé Lufthammer m; ~ **à
contre-frappe** Gegenschlaghammer m;
~ **à vapeur** Dampfhammer m; **~-
-piolet** m ⟨pl **marteaux-piolets**⟩ Alpi-
nismus (Art) Eispickel m
martel [martɛl] m nur loc **se mettre** ~ **en
tête** sich Gedanken, Sorgen machen
martelage [martəlaʒ] m **1.** der Metalle
(Be)Hämmern n; **2.** Forstwirtschaft
Mar'kieren n, Anlaschen n, Zeichnen n
(der Bäume mit dem Forsthammer)
martelé [martəle] adj **1.** gehämmert; **2.**
mus gehämmert; sehr kräftig angeschla-
gen; sc martel'lato
martèlement od **martellement**
[martɛlmɑ̃] m **1.** Hämmern n; Gehäm-
mer n; **2.** fig der Schritte etc Dröhnen n
martel|er [martəle] v/t ⟨-è-⟩ **1.** Metalle
(be)hämmern; **2.** fig il lui martelait la
figure à coups de poing er hämmerte
mit (den) Fäusten auf sein Gesicht ein;
3. mil pausenlos unter Feuer nehmen; F
beharken; **4.** Lärm etc ~ le crâne de qn
j-m im Kopf dröhnen; **5.** Wörter, Sätze

laut und deutlich artiku'lieren; **~et** m
Hämmerchen n; **~eur** m in e-r Schmiede
Arbeiter, der e-n Ma'schinenhammer
bedient
martensite [martɑ̃sit] f Marten'sit m
martial [marsjal] adj ⟨-aux⟩ **1.** Ausse-
hen etc kriegerisch; marti'alisch; Stimme
grimmig; **discours** ~ Brandrede f (in der
zum Krieg gehetzt wird); **2.** jur **cour** ~e
Standgericht n; **loi** ~e Standrecht n; **3.**
méd ...: **carence** ~e Eisenmangel
m; **thérapeutique** ~e Eisentherapie f
martien [marsjɛ̃] **I** adj ⟨~ne⟩ astr
Mars...; des Mars; **II** m/pl ♀s Marsbe-
wohner m/pl, -menschen m/pl
martin [martɛ̃] m zo ~ **roselin** Rosen-
star m; ~ **triste** Hirtenmaina m
Martin [martɛ̃] n/pr m **1.** bes in der Fabel
plais für e-n Bären Petz m; für e-n Esel
Langohr n; **ours** m ~ Meister m Petz; **2.**
métall **acier** m ~ Siemens-Martin-Stahl
m; **four** m ~ Siemens-Martin-Ofen m
(abr SM-Ofen); **procédé** m ~ Siemens-
Martin-Verfahren n
martin-chasseur [martɛ̃ʃasœr] m ⟨pl
martins-chasseurs⟩ zo (ein) Eisvogel m
martinet [martine] m **1.** zo Segler m; ~
alpin Alpensegler m; ~ **noir** Mauerseg-
ler m; **2.** (Klopf)Peitsche f; **3.** tech (ein)
Ma'schinenhammer m; Eisenhammer
m; **4.** mar des Ladebaums Hanger m; der
Gaffel fester Pickfall; Gaffelstander m
martingale [martɛ̃gal] f **1.** e-s Mantels
etc Rückenspange f; Halbgürtel m; **2.**
beim Glücksspiel **a)** Verdoppelung f des
Einsatzes; **b)** Me'thode f, Setzweise f (bei
der man sich Gewinnchancen ausgerech-
net hat); **3.** am Pferdegeschirr Sprungrie-
men m; Martingale f [-gε:l] m; **4.** mar
Wasserstag m; **arc-boutant** m de ~
Stampfstock m
martin-pêcheur [martɛ̃pɛʃœr] m ⟨pl
martins-pêcheurs⟩ zo Eisvogel m
martoire [martwar] m Schlosserham-
mer m
martre [martr(ə)] f **1.** Marder m; ~
commune Edel-, Baummarder m; ~
fouine Stein-, Hausmarder m; ~ **zibeli-
ne** Zobel m; ~ **à gorge jaune** d'Asie
Chassamarder m; ~ **d'Amérique**
Fischmarder m; **2.** Marder(pelz) m
martyr(e) [martir] m(f) **1.** rel
Märtyrer(in) m(f) (auch allg); Blutzeuge,
-zeugin m,f; fig **se donner, prendre
des airs de martyr** e-e Leidens-,
Duldermiene aufsetzen; **jouer les mar-
tyrs** den Märtyrer spielen; sich als
Märtyrer aufspielen; **2.** adjt Kind grau-
sam behandelt, gequält; miß'handelt;
Land, Volk gequält; gepeinigt
martyre [martir] m **1.** rel, par ext pol
Mar'tyrium n; Märtyrertod m, -tum m;
marcher au ~ in den Märtyrertod
gehen; den Märtyrertod sterben; **2.** fig
Mar'tyrium n; Marter f; Qual f; Krank-
heit etc **être un** ~ **pour qn** ein
Martyrium, e-e Qual, e-e Marter für j-n
sein; **faire souffrir le** ~ **à qn** auch j-n
quälen, peinigen, Qualen ausstehen las-
sen
martyriser [martirize] v/t **1.** Mensch,
Tier quälen; grausam behandeln; von
Schmerzen etc quälen; peinigen; mar-
tern; **2.** rel den Märtyrertod sterben
lassen; zum Märtyrer machen
martyrium [martirjɔm] m rel Mar'ty-
rium n (Grabkirche)
martyrologe [martirɔlɔʒ] m rel Martyro-
'logium n
marxisme [marksism(ə)] m pol Mar-
'xismus m; **~-léninisme** m pol Mar-
'xismus-Leni'nismus m
marxiste [marksist] **I** adj mar'xistisch;
II m,f Mar'xist(in) m(f); **~-léniniste** **I**
adj mar'xistisch-leni'nistisch; **II** m,f
Mar'xist(in)-Leni'nist(in) m(f)

mas [mɑ(s)] *m in Südfrankreich* Land- *bzw* Bauernhaus *n*

mascara [maskara] *m* (*nom déposé*) Wimperntusche *f*

mascarade [maskarad] *f* **1.** Verkleidung *f*; Vermummung *f*; Maske'rade *f*; **2.** *fig* Betrug *m*; Vortäuschung *f*; Maske-'rade *f*; **ce procès n'était qu'une ~** dieser Prozeß war nur ein Scheinprozeß; **3.** *früher* Maskenball *m*, -zug *m*; Mummenschanz *m*; Maske'rade *f*

mascaret [maskarɛ] *m in Flußmündungen* Sprungwelle *f*

mascaron [maskarõ] *m arch* Maske *f*; Maskenkopf *m*; Maska'ron *m*

mascotte [maskɔt] *f* Mas'kottchen *n*; Mas'kotte *f*

masculin [maskylɛ̃] **I** *adj* männlich; masku'lin(isch); Mannes...; Männer...; **force ~e** männliche Kraft; Manneskraft *f*; *gr* **genre ~** männliches Geschlecht; *Genealogie* **ligne ~e** männliche Linie; Mannesstamm *m*; **métier ~** männlicher Beruf; Männerberuf *m*; **mode ~** Herrenmode *f*; *métr* **rime ~e** männlicher, stumpfer Reim; *biol* **sexe ~** männliches Geschlecht; **voix ~e** männliche Stimme; Männerstimme *f*; **II** *m gr* Maskulinum *f*; männliches Geschlecht, Substantiv; männliche Form

masculin|iser [maskylinize] *v/t path* männliche sekundäre Geschlechtsmerkmale her'vorrufen (*bei der Frau*); *sc* maskulini'sieren; **~isme** *m path* Androgy'nie *f*; Maskuli'nismus *m*; **~ité** *f* **1.** Männlichkeit *f*; **2.** *Bevölkerungsstatistik* (*rapport m de*) Geschlechtsverhältnis *n*; Sexu'alproportion *f*

maser [mazɛr] *m phys* Maser ['me:-] *m*; Moleku'larverstärker *m*

masoch|isme [mazɔʃism(ə)] *m* Maso-'chismus *m*; **~iste I** *adj* maso'chistisch; **II** *m,f* Maso'chist(in) *m(f)*

masque [mask] *m* **1.** *zur Verkleidung, der Naturvölker, im antiken Theater, zum Schutz etc* (*Gesichts*)Maske *f*; *beim Fasching, Maskenball auch* Larve *f*; *des Imkers* Bienenhaube *f*; *esc* Fechtmaske *f*, -korb *m*; *chir* Nar'kosemaske *f*; *zum Tauchen* Tauchermaske *f*; *beim Schlachten* **~ frontal, d'abattage** Schlachtmaske *f*; Maskenbouterolle *f*; **~ mortuaire** Totenmaske *f*; **~ respiratoire** Atemmaske *f*; **~ à gaz** Gasmaske *f*; **~ de protection** Schutzmaske *f*; **2.** *fig* Maske *f*; **arracher le ~ à qn** j-m die Maske herunterreißen; j-m die Maske, Larve vom Gesicht reißen; **jeter, lever, ôter le ~** die Maske abwerfen, fallen lassen, von sich werfen, lüften; **3.** *st/s* Gesichtsausdruck *m*; Miene *f*; Gesicht *n*; **4.** *Kosmetik* Maske *f*; **~ facial, de beauté** Gesichts-, Schönheitsmaske *f*; **5.** *zo der Libellenlarve* Fangmaske *f*; **6.** *mil* Deckung *f*; *mar mil* **~ de canon** Schutzschild *m* (*e-s Geschützes*); **7.** *télév* Schattenmaske *f*; **8.** *méd* **~ de grossesse** Pigmentati'on *f des* Gesichts als Schwangerschaftszeichen

masqué [maske] *adj* **1.** *Person* mas'kiert; **bal ~** Maskenball *m*; **2.** *mil* Batterie *etc* mas'kiert; verdeckt; versteckt; **tir ~** Schießen *n* aus verdeckter Feuerstellung

masquer [maske] *v/t* **1.** *Problem, Wahrheit etc* verbergen; verschleiern; verhüllen; verdecken; mas'kieren; *Tatsachen auch* vernebeln; vertuschen; *Irrtum auch* bemänteln; **2.** *Sicht* versperren; verdecken; nehmen; *Geruch, Geschmack* über-'decken; zudecken; *Licht* abschirmen; abblenden; *mil Stellung, Truppenbewegung* mas'kieren; *mar mil* **les feux** die Lichter abblenden; **3.** *mar* **~ une voile** ein Segel backbrassen, backsetzen

massacrant [masakrã] *adj nur loc* **être**

d'une humeur ~e unaus'stehlicher, ab-'scheulicher Laune sein

massacre [masakr(ə)] *m* **1.** Mas'saker *n*; Blutbad *n*; Gemetzel *n*, Metze'lei *f* (*beide auch fig*); *bibl* **le ~ des Innocents** der Kindermord in Bethlehem; **le ~ de la Saint-Barthélemy** die Pariser Bluthochzeit; *die Bartholo'mäusnacht*; *Truppen* **envoyer au ~** in den sicheren Tod schicken; *fig*: *Boxkampf etc* **tourner au ~** in e-e brutale Schlägerei ausarten; *beim Anblick e-r Wohnung, in der furchtbar gehaust wurde* **c'est un vrai ~!** das sieht aus wie ein Schlachtfeld, wie nach e-r Schlacht!; **2.** *e-s Kunstwerks* Verschandelung *f*; F Verhunzung *f*; **3.** *auf dem Jahrmarkt* **jeu m de ~** Wurfspiel *n* (*bei dem mit Bällen nach Figuren geworfen wird*); **4.** *als Jagdtrophäe, im Wappen* (Hirsch)Geweih *n*

massacrer [masakre] *v/t* **1.** *Personen* niedermetzeln; niedermachen; hinmorden; hinschlachten; massa'krieren; **~ des prisonniers** *auch* ein Blutbad unter den Gefangenen anrichten; **2.** F *fig* **~ son adversaire** s-n Gegner übel zurichten, bru'tal zu'sammenschlagen, massa-'krieren; **3.** *Gegenstand, Kunstwerk etc* verschandeln; verpfuschen; massa'krieren; F verhunzen

massage [masaʒ] *m* Mas'sage *f*; Mas'sieren *n*; **~ facial, thérapeutique** Gesichts-, Heilmassage *f*

masse¹ [mas] *f* **1.** *e-s Stoffs* (*formlose*) Masse *f*; **~s d'air** Luftmassen *f/pl*; **~ d'eau, de terre** Wasser-, Erdmassen *f/pl*; **tomber comme une ~** schwer wie ein Stein zu Boden fallen; **zu'sammensacken; 2.** *sculp* Block *m*; *tech auch* Stück *n*; *loc/adv* **dans la ~** aus e-m Block, Stück; *sculp* **tailler dans la ~** aus e-m Block (heraus)hauen; *tech* **travailler dans la ~** aus e-m Stück (heraus)arbeiten; **3.** Masse *f*; Menge *f*; Haufen *m*; **une ~ de pierres** e-e Masse, Menge, ein Haufen Steine; **une ~ énorme de ...** e-e Unmasse, Unmenge ...; **des ~s de ...** Massen von ...; e-e Masse, Menge F in Haufen ...; viele ...; **il n'y en a plus des ~s** es ist nicht mehr viel davon da; es gibt nicht mehr viel *bzw* viele davon; **la ~ de ...** die Mehrzahl, die große, breite Masse, das Gros (+*gén*); **4.** (Menschen-, Volks)Masse *f*; *abs* **la ~** die große, breite Masse; das Volk; **les ~s** die Massen; **les ~s ouvrières** die Arbeiter(massen) *m/pl*; *beim Konkurs* **~ des créanciers** Kon'kursgläubiger *m/pl*; **civilisation f de ~** Massengesellschaft *f*; **psychologie f des ~s** Massenpsychologie *f*; **en ~** a) *loc/adj* Massen...; b) *loc/adv* massen-, scharen-, haufenweise; in Massen, Scharen; in großen Haufen; F in rauhen Mengen; **5.** *phys* Masse *f*; **~ atomique** A'tomgewicht *n*; *phys atom* **~ critique** kritische Masse; **~ électrique** elektrische Ladung; **~ magnétique** Ma-'gnetpol *m*; **~ spécifique, volumique** (Massen)Dichte *f*; **~ au repos** Ruhmasse *f*; *bei Raketen* **rapport m de ~** Massenverhältnis *n*; **6.** *élect* Erde *f*; Masse *f*; **mettre à la ~** erden; an Masse legen; **mit der Masse verbinden; 7.** *jur, fin* Masse *f*; *beim Konkurs* (Kon'kurs)Masse *f*; **~ active, passive** Aktiv-, Passivmasse *f*; *Ak-'tiva pl*, *Pas'siva pl*; **~ monétaire** Geldvolumen *n*, -menge *f*; *écon pol* **~ salariale** (*gesamte*) Lohn- und Gehaltsaufkommen *n*; (*gesamte*) Lohn- und Gehaltssumme *f*; **8.** *bât* **plan m de ~** 'Übersichts-, Lageplan *m*; **9.** *mus* **~ instrumentale** Instrumente *n/pl*; **~ vocale** Gesangsstimmen *f/pl*; Chor *m*; **10.** *peint* **répartition f des ~s** Aufgliederung *f*, Aufteilung *f*, Kompositi'on *f* (*dans un tableau*

e-s Gemäldes); **11.** *mil* **a)** *des einzelnen Soldaten* Abzug *m* vom Sold (*für Bekleidung, Unterkunft etc*); **b)** *e-s Truppenteils* (Geld)Fonds *m*; zweckgebundene Mittel *n/pl*; **~ d'habillement** Bekleidungsfonds *m*

masse² [mas] *f* **1.** großer Holz- *bzw* Me'tallhammer *m*; Bäuschel *m*; (Hand-, Treib)Fäustel *m* (*auch des Steinmetzen*); Schlägel *m*; *sculp* Masse *f*; F *fig* **c'est le coup de ~** F hier wird man ganz schön ausgenommen, gerupft; **2.** *hist* (d'armes) Streitkolben *m*; Morgenstern *m*; **3.** *Billard* dickes Ende (*des Queues*)

massé [mase] *m Billard* Masséstoß *m*

masselotte [maslɔt] *f* **1.** *e-s Aufschlagzünders* Schlagbolzen *m*; **2.** *Gießerei* Gußzapfen *m*

massepain [maspɛ̃] *m cuis* Gebäck aus Blätterteig mit gehackten Mandeln

masser [mase] **I** *v/t* **1.** *Personen* (*in Massen*) versammeln; *mil Truppen* zu-'sammenziehen; mas'sieren; **2.** *Person, Gliedmaßen* mas'sieren; **3.** *Billard* **~ e-n Masséstoß geben (la bille der Kugel** [*dat*]); **II** *v/pr* **se ~** sich (in Massen) versammeln

masséter [maseter] *m anat* großer Kaumuskel; *sc* Mas'seter *m*

masse-tige [mastiʒ] *f* ⟨*pl masses-tiges*⟩ *beim Tiefbohren* Schwerstange *f*

massette [masɛt] *f* **1.** Schlägel *m*; Schlegel *m*; Hammer *m*; **2.** *bot* Rohrkolben *m*

mass|eur [masœr] *m*, **~euse** *f* Mas'seur *m*, Mas'seuse *f*

massicot [masiko] *m* **1.** *minér* Massi'cot *m*; **2.** *impr* Pa'pierschneidemaschine *f*

massif [masif] **I** *adj* ⟨-ive⟩ **1.** *Gestalt, Gesicht* massig; klobig; *Tor, Säule etc auch* wuchtig; **2.** *Metall, Holz* mas'siv; **chêne ~** massive Eiche; **3.** *fig* Massen...; *Angriff* mas'siv; *Dosis* stark; **départs ~s** Massenaufbruch *m*; **manifestation massive** Massenkundgebung *f*; **II** *m* **1.** (Gebirgs)Mas'siv *n*; Gebirgsstock *m*; **2.** *jard in öffentlichen Anlagen, Parks* **~ de fleurs** kunstvoll angelegtes Blumenornament, -beet; **~ de rhododendrons** Gruppe *f* von Rhododendronsträuchern; **3.** *bât für e-e Maschine, ein Bauwerk* mas'siver (Mauer-, Be'ton-) Sockel

massi|fication [masifikasjõ] *f* Vermassung *f*; **~fier** *v/t* vermassen

massique [masik] *adj phys* **volume ~** *m* ~ spe'zifisches Vo'lumen

massivement [masivmã] *adv* in Massen; massenweise

mass media [masmedja] *m/pl* Massenmedien *n/pl*

massue [masy] *f* **1.** *Waffe, gym* Keule *f*; **coup m de ~** Keulenschlag *m*; *fig* schwerer, harter Schlag; **2.** *adit* **argument ~** schlagendes Argument; **3.** *zo* **a)** *bei Tagschmetterling* keulenförmiges Ende (*der Fühler*); **b)** **~ épineuse, de Méditerranée** Brandhorn *n*; Herkuleskeule *f*

mastic [mastik] **I** *m* **1.** *allg* Kitt *m*; *Glaserei* Glaser-, Fensterkitt *m*; *jard* **~ à greffer** Baumwachs *n*; *Straßenbau* **~ d'asphalte** As'phaltmastix *m*; **2.** *bot, tech* **~ (de Chio)** Mastix *m*; **3.** *impr* (Druck)Fehler *m* (*bei dem Buchstaben, zwei Seiten verwechselt sind*); Zwiebelfisch *m*; **faire un ~** a) die Typen im Setzkasten durchein'anderbringen; b) zwei Seiten mitein'ander vertauschen; **II** *adj* ⟨*inv*⟩ beigefarben (*wie Kitt*); **~age** *m* (Ver-, Aus-, Zu)Kitten *n*; Verschmieren *n* mit Kitt

mastica|teur [mastikatœr] *adj* ⟨-trice⟩ *anat* Kau...; **muscles ~s** Kaumuskeln *m/pl*; **~tion** *f physiol* Kauen *n*; **~toire I**

m *méd* Kaumittel *n;* **II** *adj* Kau... (*auch anat*)

mastiff [mastif] *m* *zo* Mastiff *m*

mastiquer [mastike] *v/t* **1.** *physiol* kauen; **2.** *tech* Fenster verkitten; *Fugen auch* auskitten; zukitten; mit Kitt verschmieren

mastite [mastit] *f* *path* Brustdrüsenentzündung *f; sc* Ma'stitis *f*

mastoc [mastɔk] F *adj* ⟨*inv*⟩ Person, Gegenstand klobig; plump; massig

mastocyte [mastɔsit] *m* *méd* Mastzelle *f*

mastodonte [mastɔdɔ̃t] *m* **1.** *Person Ko'loß m* (*auch Fleischberg m; Maschine etc auch* Gi'gant *m;* **2.** *Paläontologie* Mastodon *n*

mastoïde [mastɔid] *adj* *anat* **apophyse** *f* ~ Warzenfortsatz *m*

masturb|ation [mastyrbasjɔ̃] *f* geschlechtliche Selbstbefriedigung; *sc* Masturbati'on *f;* Ona'nie *f;* **~er I** *v/t* durch Masturbation befriedigen; **II** *v/pr* **se** ~ sich selbst befriedigen; *sc* mastur'bieren; ona'nieren

m'as-tu-vu(e) [matyvy] F *m(f)* ⟨*inv*⟩ Angeber(in) *m(f);* Wichtigtuer(in) *m(f);* (kleiner) Gernegroß; Großsprecher *m,* F -maul *n,* -kotz *m*

masure [mazyr] *f* baufälliges Haus

mat[1] [mat] *Schachspiel* **I** *adj* ⟨*inv*⟩ (schach)matt; **faire** ~ **en trois coups** mit drei Zügen matt setzen; **mettre qn** ~ j-n matt setzen; **II** *m* Matt *n*

mat[2] [mat] *adj* ⟨*mate* [mat]⟩ **1.** *Metall, Farbe etc* matt (*auch Teint*); glanzlos; *Seide auch* stumpf; *Farbe auch* tot; **maquillage** ~ Make-up *n* mit Matteffekt; **or, argent** ~ Mattgold *n,* -silber *n;* **papier** ~ Mattpapier *n;* **2.** *Geräusch, Ton etc* dumpf; gedämpft

mât [mɑ] *m* **1.** *mar* Mast *m;* **grand** ~ Großmast *m;* ~ **d'artimon** Be'sanmast *m;* ~ **de charge** Lademast *m;* ~ **-baum** *m;* ~ **de fortune** Notmast *m;* ~ **de hune** Marsstenge *f;* ~ **de misaine** Fockmast *m;* ~ **de pavillon** Flaggenstock *m;* ~ **de perroquet** Bramstenge *f;* **2.** *für ein Zelt* Zeltmast *m,* -stock *m; für e-e Fahne* Fahnenmast *m,* -stange *f; zum Klettern* ~ **de cocagne** Klettermast *m; ch de fer* ~ **de signal** Si'gnalmast *m*

matador [matadɔr] *m* Stierkampf Mata'dor *m*

mataf [mataf] *m* *arg* *mar* (*matelot*) F Ma'riner *m;* Blau-, Teerjacke *f*

matage [mataʒ] *m* *tech* **1.** *von Metall, Glas* Mat'tieren *n,* -ung *f;* **2.** *Schweißnaht, von Nietköpfen etc* (Ver)Stemmen *n*

mâtage [mɑtaʒ] *m* *mar* Bemastung *f*

matamore [matamɔr] *m* Prahler *m;* Prahlhans *m;* Aufschneider *m;* F Maulheld *m;* **faire le** ~ prahlen; aufschneiden; sich aufspielen; angeben

match [matʃ] *m* ⟨*pl* ~**s,** *selten* ~**es**⟩ *sports* Spiel *n;* (Wett)Kampf *m;* Match [matʃ] *n;* ~ **aller** Hinspiel *n;* ~ **amical** Freundschaftsspiel *n;* ~ **éliminatoire,** **de sélection** Ausscheidungsspiel *n;* ~ **retour** Rückspiel *n;* ~ **de boxe** Boxkampf *m;* ~ **de championnat** Meisterschaftsspiel *n;* ~ **d'entraînement** Übungs-, Trainingsspiel *n;* ~ **de football** Fußballspiel *n;* ~ **de tennis** Tenniswettkampf *m*

maté [mate] *m* **1.** *bot* Mate-Teestrauch *m;* Matestrauch *m;* **2.** Mate(tee) *m*

matefaim [matfɛ̃] *m* ⟨*inv*⟩ *cuis* dicker Eierkuchen

matelas [matla] *m* **1.** Ma'tratze *f;* ~ **pneumatique** Luftmatratze *f;* ~ **à ressorts** Federkernmatratze *f;* ~ **de crin,** **de mousse, de varech** Roßhaar-, Schaumgummi-, Seegrasmatratze *f;* **2.**

---

e-r Maschine etc Bettung *f;* **3.** *bât zwischen zwei Wänden* ~ **d'air** Luftschicht *f,* -polster *n;* **4.** F *fig* **un** ~ **de billets de banque** ein dickes Bündel Banknoten; *fig* e-e dicke Brieftasche

matelass|é [matlase] **I** *adj* *cout Futter, Jacke etc* gesteppt; **manteau** ~ Mantel *m* mit gestepptem Futter; **II** *m* **1.** *text* Matelas'sé(stoff) *m;* ~ **de soie** Seidenmatelassé *m;* **2.** *cout* Steppmuster *n;* **~er** *v/t cout* (wat'tieren und) steppen; **~ier** *m* Polsterer *m*

matelot [matlo] *m* *mar* **1.** Ma'trose *m* (*auch Dienstgrad der mar mil*); *Handelsmarine* ~ **léger, qualifié** Leicht-, 'Vollmatrose *m; mar mil* ~ **de 2**[e] **classe** Matrose *m* ohne Sonderausbildung; **2.** *Berufsbezeichnung* ~ **pêcheur** Fischer *m;* **3.** *bei in Linie fahrenden Schiffen* ~ **d'arrière, d'avant** 'Hinter-, Vordermann *m* (*Schiff*)

matelotage [matlotaʒ] *m* *mar* Seemannschaft *f*

matelote [matlɔt] *f* *cuis* Fischragout *n* (*mit Rot- bzw Weißwein u Zwiebeln gewürzt*); ~ **d'anguille** (*Art*) Hamburger Aal; *adit* **sauce** *f* ~ Rotweinsoße *f* (*mit Zwiebeln od Pilzen*); **en** ~ in Rotweinsoße

mater[1] [mate] *v/t* **1.** *Schachspiel* matt setzen; **2.** *fig Revolte etc* niederwerfen, -schlagen, -zwingen; *Rebellen* bezwingen; F kleinkriegen; *Kind* bändigen; *j-s Stolz* brechen

mater[2] [mate] *v/t* *tech* **1.** *Gold, Silber, Glas* mat'tieren; **2.** *tech Schweißnaht, Nietköpfe* (ver)stemmen

mâter [mate] *v/t* *mar Schiff* bemasten; **machine** *f* **à** ~ Mastenkran *m*

mater dolorosa [materdɔlɔrɔza] *f* ⟨*inv*⟩ **1.** *peint, sculp* Schmerzensmutter *f;* Mater dolo'rosa *f;* **2.** F *fig* schwermütige, trübsinnige, melan'cholische Frau

mâtereau [matro] *m* *mar* kleiner Mast

matérialisation [materjalizasjɔ̃] *f* **1.** *e-s Plans* Verwirklichung *f;* Reali'sierung *f; e-r Hoffnung* Erfüllung *f;* **2.** *phys atom* Materialisati'on *f;* Paarerzeugung *f;* **3.** *Okkultismus* Materialisati'on *f*

matérialiser [materjalize] **I** *v/t* **1.** *Plan* verwirklichen; in die Tat 'umsetzen; reali'sieren; *Versprechen* einlösen; **2.** *fig* materiali'sieren; verstofflichen; verkörperlichen; *Kunst* gegenständlich darstellen; **3.** *adit* **route matérialisée** Straße *f* mit Leitlinien; **II** *v/pr* **se** ~ *Traum* Wirklichkeit werden; sich verwirklichen; *Hoffnung* sich erfüllen

matérial|isme [materjalism(ə)] *m* *philos, allg als Lebenshaltung* Materia'lismus *m;* ~ **dialectique, historique** dialektischer, historischer Materialismus; **~iste I** *adj* *philos, allg* materia'listisch; **II** *subst* **1.** *m philos* Materia'list *m;* **2.** *m,f* *allg* Materia'list(in) *m(f);* **être** ~ ein(e) Materialist(in) sein; materialistisch eingestellt sein; **~ité I** *f* **1.** *philos* Materiali'tät *f;* Stofflichkeit *f;* Körperlichkeit *f;* **2.** *jur* ~ **des faits** Tatbestand *m*

matériau [materjo] *m* ⟨*pl* ~**x**⟩ Materi'al *n;* Bau-, Werkstoff *m; bât* ~ **absorbant** schallschluckendes Material; ~ **acoustique isolant** Schalldämmstoff *m*

matériaux [materjo] *m/pl* **1.** *zum Bau von Häusern, Straßen, Schiffen* Materi'al *n;* ~ **bruts** Rohmaterial *n;* ~ **de construction** Baumaterial(ien) *n(pl),* -stoffe *m/pl;* **2.** *fig für e-e wissenschaftliche Arbeit etc* Materi'al *n*

matériel [materjel] **I** *adj* ⟨~**le**⟩ **1.** *philos* materi'ell; stofflich; körperlich; sinnlich; **cause** ~**le** materi'ale Ursache; **2.** *Beweis* handgreiflich; *Hindernis* materi'ell; **dégâts** ~**s** Sachschaden *m;* **erreur** ~**le** Versehen *n;* **je suis dans**

---

l'impossibilité ~**le de la joindre** es ist mir einfach, praktisch, faktisch, F technisch unmöglich ...; **ne pas avoir le temps** ~ **de faire qc** nicht die notwendige Zeit haben, einfach nicht die Zeit haben ...; **3.** *Vorteil, Bedürfnisse, Hilfe etc* materi'ell; **4.** *péj Person* materia'listisch; materi'ell eingestellt; **5.** *math* **point** ~ materi'eller Punkt; Massenpunkt *m;* **II** *m* Materi'al *n;* Gerät *n;* Ausrüstung *f;* ~ **agricole** landwirtschaftliche Geräte *n/pl* und Maschinen *f/pl; ch de fer* ~ **fixe** Eisenbahnanlagen *f/pl; fig* ~ **humain** Menschenmaterial *n;* ~ **de bureau** Büromaterial *n,* -bedarf *m;* ~ **de camping** Campingausrüstung *f;* ~ **d'emballage, de guerre** Verpackungs-, Kriegsmaterial *n;* ~ **de pêche** Angelgeräte *n/pl;* ~ **de propagande** Propa'gandamaterial *n;* **dépôt** *m* **de** ~ Materiallager *n*

matériellement [materjelmɑ̃] *adv* praktisch; faktisch; F technisch

maternel [maternel] *adj* ⟨~**le**⟩ **1.** Mutter...; *Geste, Ton, Fürsorge etc* mütterlich; **amour** ~ Mutterliebe *f;* **centre,** **hôtel** ~, **maison** ~ **le Heim** *n* für ledige Mütter; **lait** ~ Muttermilch *f;* **langue** ~**le** Muttersprache *f;* **entourer qn de soins** ~ j-n bemuttern, mütterlich um'sorgen; **2.** ~ *od du côté* ~ mütterlicherseits; **ma grand-mère** ~**le** meine Großmutter mütterlicherseits; **3.** *in Frankreich* **école** ~**le** *od subst* ~**le** *f* (staatliche) Vorschule; *auch* Kindergarten *m*

maternité [maternite] *f* **1.** Mutterschaft *f; auch* Schwangerschaft *f;* **assurance** *f* ~ Mutterschaftsversicherung *f; in der BRD etwa* Mutterschaftshilfe *f;* **carnet** *m* **de** ~ Mutterpaß *m;* **2.** Entbindungsheim *n*

math [mat] F **1.** ~**s** *pl* F Mathe *f;* **prof** *m* **de** ~**s** F Mathelehrer *m;* **être fort en** ~**s** F in Mathe gut sein; **2.** ~ **élém** [-elem], ~ **sup** [-syp] *cf* **mathématique II 2.**

mathématic|ien [matematisjɛ̃] *m,* **~ienne** *f* Mathe'matiker(in) *m(f)*

mathématique [matematik] **I** *adj* mathe'matisch; F *fig* **c'est** ~! das steht fest!; **das ist** (F bomben)sicher!; **II** *f/pl* ~**s 1.** Mathema'tik *f;* ~**s abstraites** *od* **pures, appliquées reine, angewandte** Mathematik; **étudier les** ~**s** Mathematik studieren; **2.** *in Frankreich:* ~**s élémentaires** *etwa* Oberprima *f* des mathematisch-naturwissenschaftlichen Zweiges; ~**s spéciales, supérieures** *zwei Klassen, in denen man sich nach dem Baccalauréat zwei Jahre lang zur Aufnahme in e-e* „grande école" *vorbereitet;* **~ment** *adv* **1.** mathe'matisch; **2.** *par ext* notwendigerweise; **cela devait** ~ **arriver** das mußte ja so kommen

math|eux [matø] *m,* **~euse** *f* F **1.** Mathema'tikstudent(in) *m(f);* **2.** F As *n* in Mathema'tik

matière [matjɛr] *f* **1.** *philos, phys* Ma'terie *f;* Urstoff *m;* **état** *m* **de la** ~ Aggre'gatzustand *m;* **2.** Stoff *m; bes tech* Materi'al *n* (*auch des Künstlers*); ~**s fécales** *od allg* ~**s** Fä'kalien *pl;* ~ **fibreuse** Faserstoff *m; phys atom* ~ **fissile** spaltbares Material; *in der Nahrung* ~**s grasses** Fett *n; anat* ~ **grise** graue Sub'stanz; F *fig* **faire travailler sa** ~ **grise** F s-n Grips anstrengen; ~ **première** Rohstoff *m,* -material *n;* Grund-, Ausgangsstoff *m; gr* **complément** *m* **de** ~ 'Umstandsergänzung, die die stoffliche Herkunft angibt; **3.** *fig e-r Unterhaltung, e-s Buches* Gegenstand *m* (*auch e-s Prozesses etc*); Thema *n;* Stoff *m* (*auch in der Schule*); Ma'terie *f; in der Schule, beim Studium* Fach *n;* ~

imposable Steuerobjekt *n*; *Schule* ~ à
option Wahlfach *n*; **table** *f* **des** ~**s**
Inhaltsverzeichnis *n*; **entrée** *f* **en** ~
Einleitung *f*; Einführung *f*; entrer en ~
zur Sache kommen; *Ereignis etc* **fournir
la** ~ **d'un livre** den Stoff zu e-m Buch
liefern; **4.** *fig* (Sach)Gebiet *n*; Sache *f*;
loc/adj **en la** ~ einschlägig; *loc/adv* **en** ~
civile, commerciale, pénale in Zi'vil-,
Handels-, Strafsachen; *loc/prép* **en** ~ **de**
... **in Sachen** ...; **en** ~ **de religion** auf
dem Gebiet der, hinsichtlich der, in
puncto Religion; was die Religion be-
trifft, anbelangt; **en cette, en pareille**
~ in diesen, in solchen Dingen, Sachen;
5. *fig* Anlaß *m*; Veranlassung *f*; Grund
m; **il n'y a pas** ~ **à plaisanterie, à
plaisanter** das ist kein Grund zum
Lachen; das ist nicht zum Lachen; **don-
ner, être** ~ **à qc** Anlaß, Veranlassung zu
etw geben, sein
matin [matɛ̃] *m* **1.** Morgen *m*; Vormittag
m; *poét* **le** ~ **de la vie** *poét* der Frühling
des Lebens; *e-r Zeitung* édition *f* du ~
Morgenausgabe *f*; *loc/adv*: **le** ~ mor-
gens; vormittags; am Morgen, Vormit-
tag; **le petit** ~, **au petit** ~ beim Morgen-
grauen; in der Morgendämmerung; **le** ~
de bonne heure des Morgens früh,
zeitig; morgens (früh)zeitig; **un beau** ~,
un de ces ~**s** e-s schönen Morgens; **ce** ~
heute früh; heute morgen; heute vormit-
tag; **chaque** ~, **tous les** ~**s** jeden Mor-
gen; jeden Vormittag; **au** ~ morgens;
vormittags; am Morgen, Vormittag; **le
21 mars au** ~ am 21. März morgens,
vormittags; am Morgen, Vormittag des
21. März; **de bon, de grand** ~ früh 'mor-
gens; in aller (Herrgotts)Frühe; am frü-
hen Morgen; **du** ~ **au soir** von morgens
bis abends; vom Morgen bis zum
Abend; *par ext* von früh bis spät; **à une
heure du** ~ um ein Uhr morgens,
nachts, früh; **à dix heures du** ~ um
zehn Uhr morgens, vormittags; *Person*
être du ~ ein Frühaufsteher sein; **2.** *adv*
früh; morgen; vormittags; ~ **et soir** mor-
gens und abends; **demain** ~ morgen
früh; morgen vormittag; **hier** ~ gestern
früh; gestern morgen; gestern vormit-
tag; **lundi** ~ Montag früh, morgen,
vormittag; am Montagmorgen, -vormit-
tag; **le lundi** ~ Montag *od* montags früh,
morgens, vormittags; **se lever** ~ mor-
gens zeitig aufstehen; *fig u iron* **pour
l'attraper il faut se lever** ~! wenn du
den erwischen willst, mußt du früher
aufstehen!
mâtin [matɛ̃] **1.** *m* großer Wach-, Hof-,
Jagdhund; **2.** F ~**(e)** *m(f)* Schelm *m*
matinal [matinal] *adj* ‹-aux› **1.** mor-
gendlich; Morgen...; **gelée** ~**e** Nacht-
frost *m*; *loc/adv* **à une heure** ~**e** zu
früher (Morgen)Stunde; **2.** *Person* **être**
~ früh, zeitig aufstehen; ein Frühaufste-
her sein
mâtiné [matine] *adj* **1.** *Hund, Katze*
nicht reinrassig; bastar'diert; **chien** ~ F
Prome'nadenmischung *f*; ~ **de** ge-
kreuzt mit ...; **2.** *fig* **français** ~
d'espagnol Französisch *n* mit Spanisch
gemischt, durch'setzt
matinée [matine] *f* **1.** Vormittag *m*;
Vormittagsstunden *f/pl*; Morgen *m*;
une belle ~ **d'octobre** ein schöner
Ok'tobermorgen; **une** ~ **de travail** ein
arbeitsreicher Vormittag; *loc/adv*: **dans
la** ~ im Laufe des Vormittags; in den
Vormittagsstunden; vormittags; **au dé-
but de la** ~ gleich morgens; am frühen
Vormittag; **à la fin de la** ~, **en fin de** ~
gegen Mittag; am späten Vormittag;
faire la grasse ~ bis in den Tag hinein, F
bis in die Puppen schlafen; **2.** Nachmit-
tagsveranstaltung *f*; *thé, ciné* Nachmit-

tagsvorstellung *f*; ~ **dansante** Tanztee
m; ~ **enfantine** Kindervorstellung *f* (am
Nachmittag); ~ **littéraire** literarische
Nachmittagsveranstaltung; ~ **musicale**
Nachmittagskonzert *n*; **en** ~ in der
Nachmittagsvorstellung
mâtiner [matine] *v/t Hund* e-e anders-
rassige *Hündin* decken; belegen; **faire** ~
decken, belegen lassen (**par** von)
matines [matin] *f/pl égl cath* Mette *f*
matir [matir] *v/t tech cf* **mater²**
matité [matite] *f* **1.** *der Gesichtshaut etc*
Mattheit *f*; matter Glanz; Mattglanz *m*;
2. *e-s Tons* Dumpfheit *f*; Gedämpftheit *f*
matoir [matwar] *m tech* **a)** Stemmeißel
m; **b)** Hammer *m* zur Warmnietung
matois [matwa] **I** *adj* schlau; pfiffig;
gewitzt; gerissen; durch'trieben; **II** *m*
schlauer Fuchs; schlauer, pfiffiger, ge-
witzter, gerissener, durch'triebener Bur-
sche
mat|on [matɔ̃] *m*, ~**onne** *f arg* Gefäng-
nis-, Gefangenenaufseher(in) *m(f)*
matou [matu] *m* Kater *m*
matraquage [matrakaʒ] *m* **1.** Nieder-
knüppeln *n*; **2.** *fig* Einhämmern *n*; ~
publicitaire Einhämmern von, stän-
dige Berieselung mit Werbeslogans,
-schlagwörtern
matraque [matrak] *f* Knüppel *m*; Knüt-
tel *m*; *der Polizei* Gummiknüppel *m*;
coup *m* **de** ~ Schlag *m*, Hieb *m* mit dem
Knüppel, Knüttel
matraquer [matrake] *v/t* **1.** mit dem
Knüppel, Knüttel schlagen, nieder-
schlagen; niederknüppeln, -knütteln; **2.**
fig im Restaurant **ils nous ont matra-
qués** sie haben uns ausgenommen, F
geneppt; **3.** *durch Werbung etc* einhäm-
mern
matras [matra] *m chim* (Glas)Kolben *m*
matriarc|al [matrijarkal] *adj* ‹-aux›
matriar'chalisch; ~**at** *m* Matriar'chat *n*;
Mutterrecht *n*
matriçage [matrisaʒ] *m tech* Gesenk-
schmieden *n*; Prägen *n*, -ung *f*
matricaire [matrikɛr] *f bot* Ka'mille *f*; ~
officinale Echte Kamille
matrice [matris] *f* **1. a)** *anat* Gebärmut-
ter *f*; **b)** ~ **de l'ongle** Nagelmatrix *f*; **2.**
tech (Präge)Ma'trize *f*; *Schmiede etc*
Gesenk *n*; *impr. Galvanotechnik, Stereo-
typie, Schallplattenherstellung* Ma'trize
f; Mater *f*; *Münzprägung* Prägestock *m*,
-stempel *m*; *Kunststoffindustrie* ~ **supé-
rieure, inférieure** Ober-, 'Unterteil *n*
(*e-r Preßform*); **3.** *math* Matrix *f*; ~
carrée quadratische Matrix; **éléments**
m/pl **de la** ~ Ma'trizenelemente *n/pl*; **4.**
adm Ma'trikel *f*; Stammrolle *f*; ~ **cadas-
trale** Grund-, Liegenschaftskataster *m*
od n; ~ **du rôle des contributions
directes** Steuer-, Stamm-, Heberolle *f*
matricer [matrise] *v/t* ‹-ç-› *tech* im
Gesenk schmieden; gesenkschmieden;
prägen
matricide [matrisid] *m* **1.** Muttermord
m; **2.** Muttermörder *m*
matriciel [matrisjɛl] *adj* ‹~le› **1.** *math*
Ma'trizen...; mit Ma'trizen; **calcul** ~
Matrizenrechnung *f*; **produit** ~ Matri-
zenprodukt *n*; **2.** *adm* der Ma'trikel; der
Stammrolle; Ma'trikel...; Stammrol-
len...
matricule [matrikyl] **1.** *f adm* Ma'trikel
f; Stammrolle *f*; Kar'tei *f*; **2.** (*auch adjt*
numéro *m*) ~ *m* Ma'trikel-, Stammrol-
len-, Perso'nal-, Mitglieds-, Kar'tei-
nummer *f*; *e-s Versicherten* Versiche-
rungsnummer *f*; *e-s Gefangenen* Gefan-
genennummer *f*; Kennummer *f*; *e-s Sol-
daten* Wehrstammnummer *f*; F fig **ça va
barder pour ton** ~! *wenn du das tust,
dann kannst du (et)was erleben!*; **3.** *mil
adjt* **livret** *m* ~ Wehrstammbuch *n*; (*auch*

adjt **registre** *m*) ~ *m* Wehrstammrolle *f*
matriculer [matrikyle] *v/t Person,
Gegenstand* in die Ma'trikel, Stammrol-
le, Kar'tei eintragen; regi'strieren;
Gegenstand mit der Ma'trikel-, Stamm-
rollen-, Kar'tei-, Regi'striernummer ver-
sehen
matrimonial [matrimɔnjal] *adj* ‹-aux›
ehelich; Ehe...; **agence** ~**e** Eheanbah-
nungsinstitut *n*; Heiratsvermittlung(sbü-
ro) *f(n)*; *jur* **régime** ~ Güterstand *m*
matrone [matrɔn] *f* Ma'trone *f*
matte [mat] *f métall* Rohstein *m*; Lech *m*
od n
matthiole [matjɔl] *f bot* Lev'koje *f*
maturation [matyrasjɔ̃] *f* **1.** *bot* e-r
Frucht etc Reifen *n*, -ung *f*; Reifwerden
n; Reifungsprozeß *m* (*alle auch méd e-s
Geschwürs*); Her'anreifen *n*; *biol* e-s
Menschen, Tieres geschlechtlicher Rei-
fungsprozeß; *Käsebereitung* ~ **cave** *f* **de** ~
Keller *m* zum Reifen (*des Käses*); **2.** *fig
e-s Talents* Entfaltung *f*; Entwicklung *f*
mature [matyr] *adj Fische* zum Laichen
bereit
mâture [matyr] *f mar* Masten *m/pl*;
Mastwerk *n*; *bei Segelschiffen auch* Be-
mastung *f*
maturité [matyrite] *f bot* e-r *Frucht, méd
e-s Geschwürs, fig e-s Menschen* Reife *f*;
biol Geschlechtsreife *f*; *bot, biol* ~ **préco-
ce, tardive** Früh-, Spätreife *f*; ~
d'esprit geistige Reife; *in e-r Sache* **agir
avec** ~ *in reifer Über'legung handeln*;
être en pleine ~ *Person* im 'Vollbesitz
s-r körperlichen und geistigen Kräfte
sein; im besten Alter, in den besten
Jahren sein; *Talent* voll entfaltet, entwik-
kelt sein; *Person* **manquer de** ~ unreif,
noch nicht reif (genug) sein; **il manque
de** ~ *auch* es fehlt ihm an Reife; *fig
Gedanke, Plan* **venir à** ~ (her'an)reifen
maubèche [mobɛʃ] *f zo* Isländischer
Strandläufer; Knutt *m*
maudire [modir] *v/t* ‹je maudis, il
maudit, nous maudissons; je mau-
dissais; je maudis; je maudirai; que
je maudisse; maudissant; maudit›
Person, Krieg, Gedanken etc verfluchen;
verwünschen; ~ **qn** *auch* j-m fluchen;
bibl **être maudit de** *od* **par Dieu** von
Gott verdammt, verworfen werden *bzw*
sein
maudit [modi] **I** *adj* verflucht; fluchbe-
laden; verwünscht; verdammt; verteu-
felt; ~ **garnement!** verfluchter, ver-
dammter Schlingel!; **une** ~ **e histoire** e-e
verwünschte, verteufelte Geschichte;
cette ~**e pluie** dieser verdammte, ver-
fluchte, verwünschte Regen; ~ **soit** ...
verflucht, verwünscht sei ...; **II** *subst* **1.**
les ~**s** *m/pl* die Verdammten *m/pl*; **2. le**
♀ **der Böse**; der Teufel
maugréer [mogree] **I** *v/t* ~ **quelques
mots** einige unfreundliche Worte brum-
men, murmeln; **II** *v/i* (vor sich hin)
schimpfen, fluchen; ~ **contre qn** auf j-n
schimpfen
Maure [mor] **I** *m,f* Maure *m*, Maurin *f*;
Shakespeare **Othello, le** ~ *od* **le More
de Venise** Othello, der Mohr von
Venedig; **II** ♀ *adj* maurisch
mauresque [morɛsk] *adj bes in der Kunst*
maurisch
mauricien [morisjɛ̃] **I** *adj* ‹~ne› mau-
'ritisch; **II** *subst* ♀(**ne**) *m(f)* Mau-
'ritier(in) *m(f)*
mauritanien [moritanjɛ̃] **I** *adj* ‹~ne›
maure'tanisch; **II** *subst* ♀(**ne**) *m(f)*
Maure'tanier(in) *m(f)*
mausolée [mozɔle] *m* Mauso'leum *n*;
(*prächtiges*) Grabmal
maussad|e [mosad] *adj* **1.** *Person* gries-
grämig; verdrießlich; verdrossen;
schlecht-, übelgelaunt; 'mißgestimmt;

mürrisch; übellaunig: *Miene* verdrossen; griesgrämig; **humeur** *f* ~ *cf* **maussaderie**; **2.** *Wetter, Haus, Stadt etc* unfreundlich; unwirtlich; ungastlich; trist; trostlos; wenig einladend; **~erie** *f e-r Person* Verdrossenheit *f*; griesgrämiges, verdrossenes, mürrisches Wesen

mauvais [mɔvɛ] **I** *adj* **1.** schlecht; *Augen, Gedächtnis auch* schwach; *Geruch, Lage auch* übel; *Jahreszeit auch* ungünstig; *Nachricht, Lage auch* schlimm; *Prozeß* schwierig; *Beruf* nicht einbringlich, einträglich; *Vorwand* 'durchsichtig; fadenscheinig; *bei dicken Personen* ~**e graisse** 'überflüssiges Fett; ~**e herbe** Unkraut *n*; ~**s jours** schlechte, schlimme Zeiten *f/pl*, Tage *m/pl*; ~**e plaisanterie** schlechter, übler Scherz; ~**e récolte** *auch* 'Mißernte *f*; ~**e santé** schlechter Gesundheitszustand; ~ **signe** schlechtes Zeichen; ~**e tête** Dickkopf *m*, F -schädel *m*; F Querkopf *m*; **faire la** ~**e tête** eigensinnig, dickköpfig, F querköpfig sein; ~ **traitements** Mißhandlung(en) *f(pl)*; *cf auch* **traitement** 1.; ~**e vie** liederlicher Lebenswandel; **femme** *f* **de** ~**e vie** liederliches Frauenzimmer; **en** ~**e compagnie** in schlechter Gesellschaft; **en** ~ **état** in schlechtem Zustand; **en** ~**e part** im schlechten Sinne; **prendre qc en** ~**e part** etw übelnehmen; **avoir** ~**e conscience** ein schlechtes, böses Gewissen haben; **avoir (une)** ~ **haleine** aus dem Mund riechen; e-n schlechten, üblen, unangenehmen Mundgeruch haben; **avoir** ~**e mine** schlecht, krank aussehen; **avoir** ~ **vue, de** ~ **yeux** schlechte, schwache Augen haben; *Schüler* **être** ~ **en français** in Französisch schlecht sein, schlecht stehen; **c'est** ~ **pour votre santé** das schadet Ihrer Gesundheit; das ist Ihrer Gesundheit abträglich, nicht zuträglich; das ist schlecht, nachteilig, schädlich für Ihre Gesundheit; F **ce n'est pas un** ~ **bougre, cheval, type** er ist kein schlechter Kerl; F **ce n'est pas** ~ **das** ist nicht schlecht, nicht übel; **il ne serait pas** ~ **de faire qc** *od* **que** ... (+*subj*) es wäre ganz gut, ganz angebracht, ganz nützlich, etw zu tun *od* daß ... *od* wenn ... (+ *subj prétérit od cond*); **faire** ~ **effet** e-n schlechten Eindruck machen; **parler un** ~ **français** schlecht Französisch sprechen; **prendre tout du** ~ **côté** alles von der schlechten Seite nehmen, betrachten, *st/s* **ne pas trouver** ~ **que** ... (+*subj*) es nicht schlecht, es ganz gut finden, daß ...; F **je la trouve** ~**e** *od* **je l'ai** ~**e** das gefällt, das paßt mir gar nicht; das findet ich ärgerlich, gar nicht schön, *p/fort* unerhört, F allerhand, die Höhe; **2.** *Urteil, Methode, Mittel, Weg, Schlüssel, Rechnung, Interpretation, Straßenseite etc* falsch; *Augenblick auch* unpassend; ~**e carte** falsche Karte; *fig* **jouer la** ~ **carte, miser sur le** ~ **cheval** aufs falsche Pferd setzen; *bei Stoff* ~ **côté** linke Seite; **prendre la** ~**e direction** die falsche Richtung einschlagen; *Gegenstand* **prendre par le** ~ **bout** am falschen Ende anfassen; **3.** *Gedanken, Instinkt, Traum etc* böse; *Verletzung, Gedanken* schlimm; ~ **augure, présage** böses Omen; böses, schlimmes Vorzeichen; ~**e étoile** Unstern *m*; ~ **garçon** Ga'nove *m*; F schwerer Junge; *von e-m Jungen* ~ **garnement, drôle, sujet** Lausbub *m*; Lausebengel *m*, -junge *m*; Strolch *m*; Galgenstrick *m*; ~ **génie** böser Geist; **joie** ~**e** Schadenfreude *f*; hämische Freude; ~ **œil** böser Blick; **rire** ~ böses, boshaftes, hämisches La-

chen; ~ **tour** böser, schlimmer, übler Streich; **être** ~ **comme la gale, comme une teigne** sehr boshaft sein; F **e-e Giftnudel, -spritze,** ein Giftzwerg sein; *nur Frau* **e-e böse** Sieben sein; **il s'est fait une** ~**e fracture** er hat sich e-n schlimmen Bruch zugezogen; **4.** *mar* **la mer est** ~**e** die See ist bewegt, unruhig, stürmisch; **II** *adv* schlecht; übel; **il fait** ~ es ist, wir haben schlechtes Wetter; **sentir** ~ schlecht, übel riechen; F *fig* **ça sent** ~ F hier wird es mulmig; die Sache sieht mulmig aus; **III** *subst* **1.** ~**(e)** *m(f)* Böse(r) *f(m)*; **le** ♀ **der Böse: der Teufel; 2. le** ~ **das Böse; das Schlechte**

mauve¹ [mov] *f bot* Malve *f*; **grande** ~, ~ **sauvage** Wilde Malve; **petite** ~ Rundblättrige Malve; ~ **royale** Drei'monats-Strauchpappel *f*

mauve² [mov] **I** *adj* malvenfarben, -farbig; mauve; **II** *m* Mauve *n*

mauvéine [movein] *f chim* Mauve'in *n*

mauviette [movjɛt] F *f* schwächliche Person; Schwächling *m*; F Schwach'matikus *m*

mauvis [movi] *m zo* Rotdrossel *f*

maux [mo] *pl von* **mal²**

maxi [maksi] *cout* **I** *adj* ⟨*inv*⟩ Maxi...; ~ **manteau** *m* Maximantel *m*; **II** *m* Maximode *f*

maxillaire [maksilɛr] **I** *adj anat* Kiefer...; **glande** *f* ~ 'Unterkieferdrüse *f*; **os** *m/pl* ~**s** Kieferknochen *m/pl*; **sinus** *m* ~ Kieferhöhle *f*; **II** *m anat beim Menschen* Kieferknochen *m*; *bei Wirbeltieren* Kiefer *m*; ~ **inférieur** 'Unterkiefer *m*; *sc* Man'dibula *f*; ~ **supérieur** *beim Menschen* Oberkieferbein *n*; *bei Wirbeltieren* Oberkiefer *m*; *beim Menschen* ~**s supérieures** 'Oberkiefer *m*; *sc* Ma'xilla *f*

maxima [maksima] **1.** *cf* **maximum; 2.** *jur* **appel** *m* **à** ~ Berufung *f* der Staatsanwaltschaft zwecks Strafherabsetzung, wegen zu hohen Strafmaßes

maximal [maksimal] *adj* ⟨-aux⟩ maxi'mal; Maxi'mal...; höchste(r, -s); Höchst...; *météo* **température** ~**e** Höchsttemperatur *f*; höchste Temperatur

maximation [maksimasjõ] *f cf* **maximisation**

maxime [maksim] *f* **1.** Ma'xime *f* (*auch in der Literatur*); Lebensregel *f*; Leitsatz *m*; Grundsatz *m* (*auch pol, jur*); ~**s populaires** volkstümliche Lebensregeln, Kernsprüche *m/pl*; **2.** *mus* Mensuralnotenschrift Maxima *f*

maximis|ation [maksimizasjõ] *f* Maxi'mierung *f*; ~**er** *v/t* maxi'mieren

maximum [maksimɔm] **I** *adj* ⟨*f* ~ *od* **maxima** [maksima]; *pl m u f* ~**s** *od* **maxima**⟩ maxi'mal; höchste(r, -s); größte(r, -s); Maxi'mal...; Höchst...; **force** *f* ~ höchste, größte Kraft; 'hauteur *f* ~ größte Höhe; **poids** *m*, **rendement** *m*, **vitesse** *f* ~ Maximal- *od* Höchstgewicht *n*, -leistung *f*, -geschwindigkeit *f*; **tarif** *m* ~ Maximaltarif *m*; Höchster Tarif; **II** *m* ⟨*pl* ~**s** *od* **maxima**⟩ Maximum *n*; Höchstmaß *n*, -preis *m*; *math e-r Funktion* Maximum *n*; Höchstwert *m* (*auch allg*); *météo* ~ **barométrique** barometrisches Maximum; **le** ~ **de chances, de risques** die meisten Chancen, Risiken; ~ **de capacité** maximales Fassungsvermögen; ~ **de force** Höchstmaß an Kraft; höchste, größte Kraft; *jur* ~ **de la peine** Höchstmaß der Strafe; Höchststrafe *f*; höchste Strafe; höchstes Strafmaß; *abs* **il a eu le** ~ er hat die höchste Strafe, das Maximum bekommen; **les** ~**s** *od* **maxima de température du mois d'août** die Höchstwerte der Temperatur im Monat August; ~ **de vitesse** Maximal-,

Höchstgeschwindigkeit *f*; *loc/adv* **au** ~ höchstens; im Höchstfall ; maxi'mal; **au grand** ~ allerhöchstens; **atteindre son** ~ s-n Höhepunkt, den höchsten Stand, den höchsten Punkt erreichen; **faire le** ~ alles tun, was irgend möglich ist; das Maximum (dessen, was möglich ist,) tun

maxwell [makswɛl] *m* ⟨*abr* M⟩ *phys* Maxwell *n* ⟨*abr* M⟩

maya [maja] **I** *adj* ⟨*inv*⟩ Maya...; der Maya(s); **II** *subst* ♀ **les** ♀**(s)** *m/pl* die Maya(s) *m/pl*; **2.** *ling* **le** ~ die Maya-Sprache; das Maya

maye [mɛ] *f* steinerner Öltrog (*e-r Olivenpresse*)

mayonnaise [majɔnɛz] *f cuis* Mayon'naise *f*; **à la** ~ *od ellip* ~ mit Mayonnaise

mazette [mazɛt] *int* Donnerwetter!

mazout [mazut] *m* (Heiz)Öl *n*; **chauffage** *m* **au** ~ Ölheizung *f*; *mar* Ölfeuerung *f*; ~**er** *v/i mar* Öl bunkern

mazurka [mazyrka] *f* Tanz, *mus* Ma'surka *od* Ma'zurka [-z-] *f*

me [m(ə)] *pr/pers der/f/pers sg* ⟨*vor Vokal u stummem h* m'⟩ **a)** *obj/dir* mich; **il** ~ **voit** er sieht mich; **il m'envoie** er schickt mich; **il m'honore de son amitié** er ehrt mich ...; *reflexiv* **je** ~ **lave** ich wasche mich; **il** ~ **laissera lire ce livre** er wird mich das Buch lesen lassen; **b)** *obj/indir* mir; **il** ~ **donne un livre** er gibt mir ein Buch; **donne-m'en!** geben Sie mir etwas davon!; *reflexiv* **je** ~ **lave les mains** ich wasche mir die Hände; **il veut** ~ **parler** er will mit mir sprechen; **son amitié m'est le plus grand des biens** ... ist das höchste Gut für mich; **va** ~ **fermer cette porte!** geh die Tür zumachen!; **le cœur** ~ **battait fort** mein Herz schlug heftig, stark; **c)** ~ **voici!** hier bin ich!

mea-culpa [meakylpa] *m nur loc* **faire son** ~ s-e Schuld eingestehen, bekennen; ein Schuldbekenntnis ablegen; sich schuldig bekennen; sich für schuldig erklären

méandre [meãdr(ə)] *m* **1.** *e-s Flusses* Windung *f*; Flußschlinge *f*; (Fluß-)Schleife *f*; Mä'ander *m*; *e-r Straße* Windung *f*; Kurve *f*; Kehre *f*; *Fluß* **décrire des** ~**s** in Windungen fließen; sich winden; sich schlängeln; mäan'drieren; **2.** *fig* ~**s** *pl der Politik, Diplomatie* Winkelzüge *m/pl*; **les** ~**s de sa pensée** s-e verschlungenen Gedankengänge *m/pl*; *auch* die gedanklichen 'Umwege *m/pl*; **3.** *arch* Mä'ander *m*

méat [mea] *m* **1.** *anat* Gang *m*; Mündung *f* (*e-s Ganges*); ~ **urinaire** Harnröhrenmündung *f*; **2.** *bot* ~**s intercellulaires** Zwischenzell-, Interzellu'larräume *m/pl*; Interzellu'laren *f/pl*

mec [mɛk] F *m* Kerl *m*; F Typ *m*; **son** ~ *auch* F ihr Macker *m*

mécanicien [mekanisjẽ] *m* **1.** (*Kraftfahrzeug-, Flugzeug-*)Me'chaniker *m*; Auto-, Flugzeug-, Ma'schinenschlosser *m*; Maschi'nist *m* (*auch mar*); Ma'schinenwärter *m*; *aviat* Bordwart *m*, -mechaniker *m*; ~ **électricien** E'lektromechaniker *m*; ~ **de précision** Feinmechaniker *m*; **ingénieur** *m* ~ Ma'schinenbauer *m*; Ma'schinenbauingenieur *m*; *mar* Schiffsingenieur *m*; **officiers** ~**s de l'armée de l'air** technische Offiziere *m/pl* der Luftwaffe; **officiers** ~**s de la marine** Ma'rineingenieuroffiziere *m/pl*; *fig*: **il répare sa voiture lui-même, il est bon** ~ ... er versteht etwas von der Technik; **2.** *ch de fer* Lok(omo'tiv)führer *m*; Maschi'nist *m*; **cabine** *f* **de** ~ Führerstand *m*; ~**s-dentiste)** F *pl* mécaniciens-dentistes)** Zahntechniker *m*

mécanique [mekanik] **I** *adj* **1.** me'chanisch (*bes phys*); Ma'schinen...; *agr* **bat-**

tage *m* ~ Maschinendrusch *m*; *impr* composition *f* ~ Maschinensatz *m*; construction *f* ~ Maschinen- und Gerätebau *m*; *phys* énergie *f* ~ mechanische Energie; escalier *m* ~ Rolltreppe *f*; jouets *m/pl* ~s mechanisches Spielzeug; Spielzeug *n* zum Aufziehen; piano *m* ~ mechanisches Klavier; Pia'nola *n*; Pho'nola *f* (*Wz*); train *m* ~ Eisenbahn *f* zum Aufziehen; *Autofahrer* F avoir des ennuis ~s Ärger mit dem Motor haben; e-n Motorschaden haben; 2. *fig Bewegung etc* me'chanisch; auto'matisch; gewohnheitsmäßig; II *f* 1. *phys* Me'chanik *f*; *astr* ~ céleste Himmelsmechanik *f*; ~ classique, relativiste klassische, relativistische Mechanik; ~ des fluides Strömungslehre *f*; 2. *tech* Ma'schinenbau *m*; ~ de précision Feinmechanik *f*; 3. *e-r Uhr, e-s mechanischen Spielzeugs etc* Mecha'nismus *m*; Me'chanik *f*; 4. F Ma'schine *f*; fait à la ~ maschi'nell, mit der Maschine hergestellt; Maschinen...; ~ment *adv fig* me'chanisch; auto'matisch

mécanis|ation [mekanizasjõ] *f* Mechani'sierung *f*; ~ agricole Mechanisierung der Landwirtschaft; ~er *v/t* mechani'sieren

mécanisme [mekanism(ə)] *m* 1. *tech* Mecha'nismus *m*; *auch* Vorrichtung *f*; *bei e-r Maschine* Getriebe *n*; 2. *fig meist pl* ~s Mecha'nismen *m/pl*; Pro'zesse *m/pl*; Vorgänge *m/pl*; ~s administratifs, économiques Verwaltungs-, Wirtschaftsmechanismen *m/pl*; ~s biologiques, psychologiques biologische, psychologische Prozesse, Vorgänge; ~ de la parole, de la pensée Sprach-, Denkmechanismus *m*; 3. *mus* Technik *f*; 4. *philos* Mecha'nismus *m*

mécaniste [mekanist] *adj philos* mecha'nistisch

mécano [mekano] F *m* Me'chaniker *m*; *plais* Me'chanikus *m*; ~graphe *m,f* 1. Locher(in) *m(f)* (*von Lochkarten*); 2. Ma'schinenbuchhalter(in) *m(f)*; ~graphie *f* a) Bü'romaschinenindustrie *f*; b) Arbeiten *n* mit Büromaschinen; Mechani'sierung *f* der Verwaltungsarbeit; c) maschi'nelle Datenverarbeitung; ~graphique *adj* classement *m* ~ maschi'nelle Sor'tierung; comptabilité *f* ~ Ma'schinenbuchhaltung *f*; machine *f* ~ Buchungs-, Bü'romaschine *f*; ~thérapie *f méd* Me'chanotherapie *f*

Meccano [mekano] *m* (*nom déposé*) Sta'bilbaukasten *m*

mécénat [mesena] *m* Mäze'natentum *n*

mécène [mesɛn] *m* Mä'zen *m*

méchage [meʃaʒ] *m* 1. *chir* Drai'nage *od* Drä'nage *f*; Dränung *f*; 2. *von Fässern* (Aus)Schwefeln *n*

méchamment [meʃamã] *adv* boshaft; bösartig

méchanceté [meʃãste] *f* 1. *e-r Person* Bosheit *f*; *e-r Person auch, e-r Handlung, von Worten etc* Boshaftigkeit *f*; *e-r Person, Handlung auch* Böswilligkeit *f*; ~ gratuite, pure ~ reine, pure Bosheit; *loc/adv* par pure ~ aus reiner, purer Bosheit; sans ~ ohne böse Absicht; 2. Bosheit *f*; boshafte Handlung, Äußerung; se dire des ~s sich Bosheiten sagen

méchant [meʃã] I *adj* 1. *Person, Blick, Lächeln, Streich etc* böse; boshaft (*auch Anspielung, Bemerkung etc*); bösartig; *Miene* böse; *Kind* unartig; ungezogen; *Hund* böse; bösartig; bissig; attention, chien ~! Vorsicht, bissiger Hund!; Warnung vor dem Hunde!; ~ tour *m* Bubenstreich *m*; 2. <*vorangestellt*> *Laune* übel; schlecht; *Angelegenheit* schlimm; übel; *st/s Verse etc* schlecht; 3.

<*vorangestellt*> schäbig; erbärmlich; *voilà bien du bruit* pour un ~ billet de dix francs *auch* ... um e-n lumpigen Zehn-Franc-Schein; 4. F pas ~ ungefährlich; ce n'est pas (bien) ~ das ist nicht (weiter) schlimm, gefährlich; das ist (ganz) harmlos; 5. <*vorangestellt*> F une ~e voiture de course F ein toller Rennwagen; II *subst* ~(e) *m(f)* Böse(r) *f(m)*; Bösewicht *m*; F faire le ~ aufbegehren; sich ereifern; si je faisais le ~ ... wenn ich böse wäre ...

mèche [mɛʃ] *f* 1. *e-r Kerze, Petroleumlampe* Docht *m*; *zum Ausschwefeln der Fässer* ~ soufrée Schwefelfaden *m*; *ch de fer* ~ de graissage Saugzipfel *m*; Schmierdocht *m*; 2. Zündschnur *f*; *hist* Lunte *f*; ~ de sûreté, de mineur, lente (Schwarz)Pulverzündschnur *f*; *fig*: éventer la ~ Lunte, den Braten riechen; vendre la ~ das Geheimnis verraten, ausplaudern; 3. Bohrer *m*; ~ suisse Schneckenbohrer *m*; ~ à cuillère Löffelbohrer *m*; ~ à trois pointes Zentrumbohrer *m*; 4. Strähne *f*; ~ de cheveux Haarsträhne *f*; *als Erinnerung* Haarlocke *f*; 5. *e-r Peitsche* Schmicke *f*; *par ext* Schnur *f*; 6. *chir* Drain *od* Drän *m*; 7. *mar e-s Taus* Seele *f* (*auch allg e-r Schnur*); ~ du cabestan Spill-, Windenachse *f*; ~ du gouvernail Ruderschaft *m*, -pfosten *m*, -stamm *m*; 8. *text* ~ de préparation Vorgarn *n*; Lunte *f*; 9. F être de ~ avec qn mit j-m unter e-r Decke stecken; mit j-m gemeinsame Sache machen; P y a pas ~ das ist unmöglich, ausgeschlossen; das geht nicht

méch|er [meʃe] *v/t* <-è-> 1. *chir* drai'nieren *od* drä'nieren; 2. *Fässer* (aus)schwefeln; ~eux *adj* <-euse> Rohwolle strähnig

méchoui [meʃwi] *m bei den Arabern* am Spieß *über Holzfeuer* gebratenes Schaf

mechta [mɛʃta] *f in Marokko* Lehmhaus *n*, -hütte *f*; *in Algerien, Tunesien* Dorf *n*

mecklembourgeois [mɛklãburʒwa] I *adj* mecklenburgisch; II *subst* ℒ(e) *m(f)* Mecklenburger(in) *m(f)*

mécompte [mekõt] *m* Enttäuschung *f*

méconique [mekɔnik] *adj chim* acide *m* ~ Me'konsäure *f*

méconium [mekɔnjɔm] *m physiol* Kindspech *n*; *sc* Me'konium *n* (*auch zo*)

méconnaiss|able [mekɔnɛsabl(ə)] *adj* unkenntlich; être ~ auch 'wiederzuerkennen sein; (se) rendre ~ (sich) unkenntlich machen; ~ance *f st/s der Lage etc* Verkennung *f*; falsche Beurteilung; Fehleinschätzung *f*

méconnaître [mekɔnɛtr(ə)] *v/t* <*cf* connaître> 1. *Person, j-s Talent, Verdienst etc* verkennen; falsch beurteilen, einschätzen; ne pas ~ qc etw nicht verkennen; etw sehr wohl erkennen, sehen; 2. *Prinzipien etc* nicht anerkennen (wollen); ablehnen

méconnu [mekɔny] I *adj* Genie etc verkannt; II *subst* ~(e) *m(f)* j, der verkannt wird

meconopsis [mekɔnɔpsis] *m bot* Scheinmohn *m*

mécontent [mekõtã] I *adj* 1. unzufrieden (de qc mit etw); ne pas être ~ de qc *auch* recht zufrieden sein; ne pas avoir lieu d'être ~ keinen Grund zur Unzufriedenheit haben; 2. ungehalten, ärgerlich (de über + *acc*); 'mißvergnügt; II *subst* ~(e) *m(f)* Unzufriedene(r) *f(m)*; un perpétuel ~ ein ewig Unzufriedener

mécontentement [mekõtãtmã] *m* Unzufriedenheit *f*; ~ populaire Unzufriedenheit im Volk; exprimer son ~ s-r Unzufriedenheit Ausdruck verleihen

(en termes énergiques mit energischen Worten; par durch)

mécontenter [mekõtãte] *v/t* unzufrieden machen; verärgern; verdrießen

mécoptères [mekɔptɛr] *m/pl zo* Skorpi'onsfliegen *f/pl*; Schnabelhafte(n) *pl*

mécréant [mekreã] *litt* I *adj rel* a) *hist* andersgläubig; b) ungläubig; II *subst* ~(e) *m(f)* a) Andersgläubige(r) *f(m)*; b) Ungläubige(r) *f(m)*

médaille [medaj] *f* 1. (Gedenk-, Schau-)Münze *f*; Medaille [-'daljə] *f*; ~ bénite geweihte Medaille; ~ pieuse religiöse Medaille; ~ d'argent, de bronze, d'or silberne, bronzene, goldene Medaille, Münze; *cf auch* 2.; 2. *als Auszeichnung* Me'daille *f*; *mil* ~ commémorative *etwa* Kriegsteilnehmerabzeichen *n*; Kriegsdenkmünze *f*; Feldzugserinnerungsmedaille *f*; ~ militaire Tapferkeitsmedaille *f* (*für Soldaten, Unteroffiziere u Kommandeure*); *im Frieden verliehen als* Verdienstorden *m*; *bei der Olympiade* ~ d'argent, de bronze, d'or Silber-, Bronze-, Goldmedaille *f*; ~ d'honneur Ehrenzeichen *n*; ~ (d'honneur) du travail *etwa* Verdienstorden *m* (*für langjährige Dienste e-s Arbeitnehmers bei demselben Arbeitgeber*); ~ de sauvetage (Lebens)Rettungsmedaille *f*; conférer, décerner à qn une ~ j-m e-e Medaille verleihen; j-n mit e-r Medaille auszeichnen; 3. *der Gepäckträger* Nummernschild *n*; *von Tieren* ~ d'identité Erkennungsmarke *f*; *der Hunde* Hundemarke *f*; 4. *bot* Mondviole *f*

médaill|é(e) [medaje] *m(f)* Inhaber(in) *m(f)* e-r Medaille [-'daljə], e-r Auszeichnung, e-s Ordens, e-s Ehrenzeichens; Ordensinhaber(in) *m(f)*; ~é militaire Inhaber der Tapferkeitsmedaille; ~er *v/t* mit e-r Medaille [-'daljə] auszeichnen; e-e Medaille, ein Ehrenzeichen verleihen (qn j-m); ~eur *m* a) Medailleur [-dal'jɔːr] *m*; Me'daillenkünstler *m*; b) Stempelschneider *m* für Medaillen und Münzen; ~ier *m* 1. Münzsammlung *f*; 2. Münzschrank *m*; ~iste *m cf* ~eur b); *adj* graveur *m* ~ Münzen-, Me'daillenstecher *m*

médaillon [medajõ] *m* 1. große (Gedenk-, Schau)Münze; Me'daille [-'daljə]; 2. *als Schmuckstück, als Basrelief, auf Stilmöbeln* Medail'lon [-dal'jõ] *n*; *gezeichnet, gemalt in Miniaturformat* Bildnismedaillon *n*; 3. *cuis* ~ de veau Kalbsmedaillon *n*

mède [mɛd] *hist* I *adj* medisch; II *m/pl* ℒs Meder *m/pl*

médecin [medsɛ̃] *m* 1. *allg* Arzt *m* (*auch fig*); Medi'ziner *m*; F Doktor *m*; ~s *pl auch* Ärzteschaft *f*; ~ exerçant praktizierender Arzt; ~ généraliste, de médecine générale praktischer Arzt; Allge'meinmediziner *m*; ~ sportif Sportarzt *m*; *fig* ~ des âmes Seelenarzt *m*; ~ du bord Schiffsarzt *m*; ~ de campagne Landarzt *m*; ~ de famille Hausarzt *m*; ~ des hôpitaux Krankenhausarzt *m*; Kliniker *m*; ~ de la Marine Ma'rinearzt *m*; ~ de quartier (praktischer) Arzt, der in der Nähe, im selben Stadtviertel s-e Praxis hat; ~ du Service de Santé Amtsarzt *m*; Arzt *m* im öffentlichen Gesundheitsdienst; ~ du travail Werks-, Betriebsarzt *m*; ~ Arbeitsmediziner *m*; femme *f* ~ Ärztin *f*; Medi'zinerin *f*; (aller) voir le ~ zum Arzt gehen; 2. *mil* ~ sous-lieutenant Assi'stenzarzt *m*; ~ lieutenant Oberarzt *m*; ~ capitaine Stabsarzt *m*; ~ commandant Oberstabsarzt *m*; ~ de 1re classe Ma'rinestabsarzt *m*; ~ principal Ma'rineoberstabsarzt *m*; ~ en chef de 2e classe Flot'tillenarzt *m*; ~ en chef de 1re classe Flottenarzt *m*;

~-chef *m* ⟨*pl* médecins-chefs⟩ Chefarzt *m*; leitender Arzt; **~-conseil** *m* ⟨*pl* médecins-conseils⟩ Vertrauensarzt *m*
médecine [mɛdsin] *f* **1.** (Hu'man)Medi-'zin *f*; Heilkunde *f*; ~ **aéronautique, de l'air** Luftfahrt-, Flugmedizin *f*; ~ **clinique** klinische Medizin; ~ **infantile** Kinderheilkunde *f*; ~ **scolaire** Schulgesundheitspflege *f*; Schulhygiene *f*; ~ **sociale** soziale Medizin; Sozi'almedizin *f*; ~ **spatiale** Raumfahrtmedizin *f*; ~ **sportive** Sportmedizin *f*; ~ **vétérinaire** Tierheilkunde *f*; Veteri'närmedizin *f*; ~ **du travail** Arbeitsmedizin *f*; **faire sa** ~, **ses études de** ~ Medizin studieren; **2.** ärztlicher Beruf; Arztberuf *m*; **exercer la** ~ den Arztberuf ausüben; als Arzt tätig sein
media *od* **média** [medja] *m* Medium *n*; *für die Werbung auch* Werbeträger *m*; (**mass**) ~(**s**) *pl* (Massen)Medien *n/pl*
médian [medjɑ̃] **I** *adj* mittlere(r, -s); Mittel...; *sc* medi'an; Medi'an...; **ligne** ~**e** Mittellinie *f*; *anat des menschlichen Körpers* Medianlinie *f*; *anat* **nerf** ~ Mittelhandnerv *m*; *e-s Blattes* **nervure** ~**e** Mittelrippe *f*; **plan** ~ *anat* Medianebene *f*; *math auch* Symme'trieebene *f*; Medi'ane *f*; **II** *subst* ~**e** *f* **1.** *math e-s Dreiecks* Mittellinie *f*; Seitenhalbierende *f*; *e-s Rechtecks* Mittel-, Symme-'trieachse *f*; **2.** *Statistik* Zen'tral-, Medi'anwert *m*
médiante [medjɑ̃t] *f* **1.** *mus* **a)** Medi'ante *f*; **b)** *cf* **médiation** 2.; **2.** *Statistik cf* **médian** II 2.
médiastin [medjastɛ̃] *m anat* Mittelfell *n*; *sc* Media'stinum *n*; Mediasti'nalraum *m*
médiat [medja] *adj* mittelbar; *sc* medi'at
médiateur [medjatœr] *m* **1.** ~, **médiatrice** *m,f bei Konflikten* Vermittler(in) *m(f)*; *bibl, égl cath* Mittler(in) *m(f)*; *adjt* **commission médiatrice** Vermittlungskommission *f*; **pays** ~ vermittelndes Land; **2.** *physiol* ~ **chimique** humo-'raler Über'tragungsstoff; Medi'ator *m*
médiation [medjasjɔ̃] *f* **1.** *bei* (*internationalen*) *Streitfällen* Vermittlung *f*; *hist* **Acte** *m* **de** ~ Mediati'onsakte *f*; **offrir sa** ~ s-e Vermittlung, sich als Vermittler anbieten; **2.** *mus* Mittelkadenz *f*; Medi'atio *f*; Medi'ante *f*; Metrum *n*
médiatis|ation [medjatizasjɔ̃] *f hist* Mediati'sierung *f*; ~**er** *v/t hist* mediati-'sieren
médiatrice [medjatris] *f* **1.** *cf* **médiateur** 1.; **2.** *math* Mittellot *n*, -senkrechte *f*
médical [medikal] *adj* ⟨-**aux**⟩ medi-'zinisch; ärztlich; **corps** ~ Ärzteschaft *f*; **études** ~**es** medizinische Studien *n/pl*; **matière** ~**e a)** Arz'neimittel-, Heilmittelkunde *f*, -lehre *f*; **b)** Arz'nei-, Heilmittel *n/pl*; **profession** ~ Arztberuf *m*
médicament [medikamɑ̃] *m* Arz'nei-, Heilmittel *n*; Medika'ment *n*; Medi'zin *f*; Arz'nei *f*; ~**s spécialisés** Arz'neispezialitäten *f/pl*; pharmazeutische Spezialitäten *f/pl*
médicamenteux [medikamɑ̃tø] *adj* ⟨-**euse**⟩ **1.** *Substanz, Pflanze etc* heilkräftig; **2.** medikamen'tös; **traitement** ~ medikamentöse Behandlung
médication [medikasjɔ̃] *f sc méd* Arz'neiverordnung *f*; *sc* Medikati'on *f*
médicéen [mediseɛ̃] *adj* ⟨~**ne**⟩ medi-'ceisch
médicinal [medisinal] *adj* ⟨-**aux**⟩ heilkräftig; Heil...; Arz'nei...; **herbes** ~**es** heilkräftige Kräuter *n/pl*; **plantes** ~**es** Arznei-, Heilpflanzen *f/pl*
medicine-ball [medisinbol] *m* ⟨*pl* medicine-balls⟩ *gym* Medi'zinball *m*

médicinier [medisinje] *m bot* ~ **cathartique** Pur'giernuß *f*
médico|-légal [medikolegal] *adj* ⟨-**aux**⟩ gerichtsmedizinisch; **expertise** ~**e** gerichtsmedizinisches Gutachten; **~-social** *adj* ⟨-**aux**⟩ **assistance** ~**e** sozi'ale Gesundheitsfürsorge
médiév|al [medjeval] *adj* ⟨-**aux**⟩ mittelalterlich; des Mittelalters; mediä'val; **histoire** ~**e** Geschichte *f* des Mittelalters; ~**iste** *m* Mediä'vist *m*; Kenner *m* des Mittelalters
médina [medina] *f bes in Marokko* musel'manischer Stadtteil; Me'dina *f*
médiocre [medjɔkr(ə)] **I** *adj* **1.** *Arbeit in der Schule* mangelhaft; *Schüler* schlecht (*auch Note*); schwach; *Beleuchtung etc* schlecht; mangelhaft; unzureichend; *Nahrung auch* minderwertig; *Einkommen* mäßig; unzureichend; unzulänglich; dürftig; kümmerlich; *Leben, Glück* armselig; kümmerlich; dürftig; *Boden* schlecht; dürftig; **être** ~ **en français** in Französisch schwach sein, schlecht stehen; **2.** *Interesse* gering; **3.** *Mensch, Geist* mittelmäßig; **II** *subst* **1.** **un(e)** ~ ein alltäglicher, mittelmäßiger Mensch; ein 'Durchschnittsmensch *m*; **2.** **le** ~ das Mittelmäßige; die Mittelmäßigkeit; **c'est au-dessous du** ~ das ist mehr als dürftig; ~**ment** *adv* **1.** wenig; je suis ~ **satisfait de votre travail** ich bin mit Ihrer Arbeit wenig zufrieden; **2.** ziemlich schlecht; **il joue** ~ **du piano** er spielt ziemlich schlecht Klavier
médiocrité [medjɔkrite] *f* **1.** *des Einkommens* unzureichende, unzulängliche, geringe Höhe; Dürftigkeit *f*; *e-s Lebens* Armseligkeit *f*; Dürftigkeit *f*; Erbärmlichkeit *f*; *der Nahrung* Minderwertigkeit *f*; Mangelhaftigkeit *f* (*auch der Beleuchtung*); **2.** *e-s Menschen, Theaterstücks etc* Mittelmäßigkeit *f*; **3.** *selten* mittelmäßiger Mensch; ~**s** *pl auch* mittelmäßige Geister *m/pl*
médique [medik] *adj hist* medisch; **guerres** *f/pl* ~**s** Perserkriege *m/pl*
médire [medir] *v/t/indir* ⟨*cf* **dire**; *aber* **vous médisez**⟩ ~ **de qn** j-n schlecht-machen, verleumden; j-m Schlechtes Übles nachsagen, nachreden; Schlechtes über j-n sagen; **F** über j-n lästern
médis|ance [medizɑ̃s] *f* üble Nachrede; Verleumdung *f*; ~**ant I** *adj* verleumderisch; **une vieille femme** ~**e** e-e alte Lästerzunge; **propos** ~**s** üble Nachrede; Verleumdungen *f/pl*; **II** *subst* ~**(e)** *m(f)* Verleumder(in) *m(f)*; Lästerzunge *f*; **F** Lästermaul *n*
méditatif [meditatif] *adj* ⟨-**ive**⟩ *Person, Gesichtsausdruck* versonnen; nachdenklich; grüblerisch; medita'tiv
méditation [meditasjɔ̃] *f* **1.** Nachsinnen *n*; Nachdenken *n*; Grübeln *n*; Grübe'lei *f*; Medi'tieren *n*; Medi'tation *f*; **2.** *meist philos über e-n bestimmten Gegenstand* Betrachtung *f* (*im pl auch als Buchtitel*); ~**s philosophiques touchant** ... philosophische Betrachtungen über (+*acc*); **3.** *rel* stille Andacht; stilles Gebet; **entrer en** ~ e-e stille Andacht halten; ein stilles Gebet sprechen
méditer [medite] **I** *v/t* **1.** ~ **qc über etw** (*acc*) nachdenken, nachsinnen, (nach)grübeln; **2.** *Plan* ausdenken; ausbrüten; ausgrübeln; **F** aushecken; ~ **une évasion, une revanche** auf Flucht, auf Rache sinnen; **3.** ~ **de faire qc** vorhaben, im Sinn haben, beabsichtigen, planen, etw zu tun; **II** *v/t/indir* ~ **sur qc** über etw (*acc*) nachdenken, nachsinnen, (nach)grübeln, medi'tieren; Betrachtungen über etw (*acc*) anstellen; ♦ *abs* nachdenken, -sinnen *etc*
méditerranéen [mediteraneɛ̃] *adj*

⟨~**ne**⟩ Mittelmeer...; mittelländisch; mittelmeerisch; *sc* mediter'ran; **bassin** ~ Mittelmeerbecken *n*, -raum *m*; **climat** ~ Mittelmeerklima *n*; mittelländisches, mediterranes Klima; **pays** ~**s** Mittelmeerländer *n/pl*; **régions** ~**nes** Mittelmeerraum *m*
médium [medjɔm] *m* **1.** *Spiritismus* Medium *n*; **2.** *mus* Mittelstimme *f*, -lage *f*; **3.** *peint* Bindemittel *n*
médius [medjys] *sc m anat* Mittelfinger *m*
médoc [medɔk] *m Wein* Me'doc *m*
médull|aire [medylɛr] *sc adj anat* (Knochen-, Rücken)Mark...; *sc* medul'lär; *bot* Mark...; ~**eux** *adj* ⟨-**euse**⟩ *bot* markhaltig
médullo-surrénale [medylosyrenal] *f anat* Nebennierenmark *n*
méduse [medyz] *f* **1.** *zo* Qualle *f*; *sc* Me'duse *f*; **2.** *myth* ♀ Me'duse *f*; **tête** *f* **de** ♀ Medusenhaupt *n*
méduser [medyze] *v/t* in Staunen setzen; *adjt*: **être médusé** starr sein vor Staunen; baß, höchst, höchlich(st) erstaunt sein; **en rester médusé** wie versteinert dastehen, sein
meeting [mitiŋ] *m pol* Versammlung *f*; Treffen *n*; Meeting ['mi:-] *n*; *sports* Veranstaltung *f*; ~ **électoral** Wahlversammlung *f*; ~ **d'agriculteurs** Bauerntag *m*; ~ **d'athlétisme** Leichtathletikveranstaltung *f*, -tag *m*; ~ **d'aviation** Flugtag *m*; **tenir un** ~ e-e Versammlung, ein Meeting abhalten
méfait [mefɛ] *m* **1.** *des schlechten Wetters, des Alkohols etc* ~**s** *pl* schlimme, böse, schädliche, verhängnisvolle Folgen *f/pl*, Auswirkungen *f/pl*; **2.** Missetat *f*; Übeltat *f*; *st/s* Frevel(tat) *m(f)*
méfiance [mefjɑ̃s] *f* 'Mißtrauen *n*; Argwohn *m*; *loc/adv* **sans** ~ arglos; **avoir, éprouver de la** ~ **à l'égard de qn** Mißtrauen, Argwohn gegen j-n hegen; **j-m** Mißtrauen, Argwohn entgegenbringen; **éveiller la** ~ **de qn** j-s Mißtrauen, Argwohn wecken, erregen; **bei j-m** Mißtrauen, Argwohn erwecken
méfiant [mefjɑ̃] *adj* 'mißtrauisch, argwöhnisch (**à l'égard de qn** j-m gegenüber)
méfier [mefje] *v/pr* **se** ~ **de qn, de qc 1.** j-m, e-r Sache miß'trauen, 'Mißtrauen entgegenbringen; gegen j-n, etw 'Mißtrauen, Argwohn hegen; **2.** sich vor j-m, etw hüten, in acht nehmen; *abs* **méfiez-vous!** passen Sie auf!; sehen Sie sich vor!; nehmen Sie sich in acht!
méga|cycle [megasikl(ə)] *m abus für* **mégahertz**; ~**hertz** *m* (*abr* MHz) *phys* Megahertz *n* (*abr* MHz)
mégalith|e [megalit] *m* Mega'lith *m*; ~**ique** *adj* mega'lithisch; Mega'lith...; **civilisation** *f* ~ Megalithkultur *f*; **monument** *m* ~ megalithisches Steindenkmal
mégaloman|e [megalɔman] **I** *adj méd* größenwahnsinnig (*auch* **F** *fig*); *sc* megalo'man(isch); **II** *adj méd* **c'est un(e)** ~ er (sie) ist größenwahnsinnig, ist vom Größenwahn befallen; ~**ie** *f méd* Größenwahn *m*; *sc* Megaloma'nie *f*
mégaloptères [megalɔptɛr] *m/pl zo* Großflügler *m/pl*
méga|phone [megafɔn] *m* Mega'phon *n*; Sprachrohr *n*; ~**ptère** [-ptɛr] *m zo cf* **jubarte**
mégarde [megard] *f nur loc/adv* **par** ~ aus Versehen
méga|thérium [megaterjɔm] *m* Paläontologie Riesenfaultier *m*; *sc* Mega-'therium *n*; ~**tonne** *f* (*abr* Mt) *phys atom* Megatonne *f* (*abr* Mt)
mégère [meʒɛr] *f fig* Me'gäre *f*; **F** Xan-'thippe *f*; *Shakespeare* **La** ♀ **apprivoisée**

Der 'Widerspenstigen Zähmung

mégir [meʒir] *v/t Leder* weiß-, a'laun-
gerben

mégis [meʒi] *adj ⟨nur m⟩ Leder* weiß-,
a'laungar

mégiss|er [meʒise] *v/t cf* **mégir**;
⌐erie *f* 1. *von Leder* Weiß-, A'laun-
gerbung *f*; 2. *Betrieb* Weiß-, Gla'cé-
gerberei *f*; 3. Handel *m* mit weißgegerb-
tem Leder, mit Gla'céleder; **⌐ier** *m*
Weiß-, Gla'cégerber *m*

mégohm [megom] *m (Zeichen* MΩ)
élect Mega'ohm *n (Zeichen* MΩ); **⌐mè-
tre** *élect* Megaohm'meter *n*

mégot [mego] *m* a) Ziga'rettenstummel
m; F Kippe *f*; b) Zi'garrenstummel *m*

mégoter [megɔte] F *v/i* geizig, kleinlich,
F knauserig sein (**sur** bei; **mit**)

méhar|i [meari] *m* schnellfüßiges Reit-
dromedar; Me'hari *n*; **⌐iste** *m* 1. Me-
'harireiter *m*; 2. *früher* am berittener
Soldat der Compagnies sahariennes

meilleur [mejœr] **I** *adj* 1. ⟨*comp von*
bon⟩ besser; **un monde** ⌐ e-e bessere
Welt; **une ⌐e place** ein besserer Platz;
⌐e santé! gute Besserung!; *loc/adv* (**à**)
⌐ marché billiger; preiswerter; **de ⌐e
grâce** sehr gern; liebend gern; **je ne
connais rien de** ⌐ ich kenne nichts
Besseres; **être de ⌐e humeur** besserer
Laune sein; **vouloir rendre
l'humanité ⌐e** die Menschheit bessern
wollen; **il est ⌐ qu'il ne paraît** er ist
besser, als er scheint, aussieht; *adv*: **il
fait ⌐ aujourd'hui qu'hier** heute ist das
Wetter besser, schöner, heute ist besse-
res, schöneres Wetter, heute ist es besser,
schöner als gestern; **sentir ⌐** besser
riechen; 2. ⟨*sup von* **bon**⟩ **le ⌐, la ⌐e**
der, die, das beste; **son ⌐ ami** sein bester
Freund; **le ⌐ écrivain de son temps**
der beste Schriftsteller s-r Zeit; **c'est le ⌐
homme du monde** er ist der beste
Mensch (von) der Welt; **une femme du
⌐ monde** e-e Dame der besten Gesell-
schaft; **le ⌐ des mondes** der beste aller
Welten; **la ⌐e part** der *bzw* das beste
Teil; **mes** *bzw* **nos ⌐s remerciements!**
besten Dank!; **mes souhaits les ⌐s,
mes ⌐ vœux** meine besten Wünsche;
ellip **j'en passe et des ⌐es** *bei e-r
Erzählung etc* ich über'gehe einiges, und
nicht das Schlechteste *od* was durchaus
erzählenswert wäre; **II** *subst* 1. **le ⌐, la
⌐e** der, die Beste; **que le ⌐ gagne** der
Beste soll gewinnen; 2. **le ⌐** das Beste;
donner le ⌐ de son talent sein Bestes
geben; **être unis pour le ⌐ et pour le
pire** auf Gedeih und Verderb miteinan-
der verbunden sein

méiose [mejoz] *f biol* Redukti'ons-, Rei-
feteilung *f*; *sc* Mei'ose *f*

méiotique [mejɔtik] *adj biol* réduction
f ⌐ *cf* **méiose**

méjuger [meʒyʒe] *v/t/indir* ⟨-geons⟩
st/s ⌐ **de qn, de qc** j-n, etw unter-
'schätzen

mélampyre [melãpir] *m bot* Wachtel-
weizen *m*

mélancolie [melãkɔli] *f e-r Person,
Landschaft etc* Schwermut *f*; Melancho-
'lie *f*; *nur e-r Person* Trübsinn *m*; tiefe
Niedergeschlagenheit *f*; *Person* **ne pas
engendrer la** ⌐ ein heiteres Gemüt
haben; ein Kind von Traurigkeit sein;
les souvenirs du passé incitent à la ⌐ ...
stimmen wehmütig; **tomber, sombrer
dans la** ⌐ in Schwermut *etc* verfallen;
schwermütig, trübsinnig, melancholisch
werden

mélancolique [melãkɔlik] **I** *adj Person,
Gesichtsausdruck, Landschaft, Melodie
etc* schwermütig; melan'cholisch; *nur
Person* trübsinnig; **rendre qn** ⌐ j-n
schwermütig, trübsinnig machen; j-n

melancholisch stimmen, machen; **II**
m,f Melan'choliker(in) *m(f)*

mélanésien [melanezjɛ̃] **I** *adj* ⟨-ne⟩
mela'nesisch; **II** *subst* 1. ♀(**ne**) *m(f)*
Mela'nesier(in) *m(f)*; 2. *ling* **le** ⌐ das
Mela'nesische; Mela'nesisch *n*

mélange [melãʒ] *m* 1. (Ver)Mischen *n*,
-ung *f*; (Ver)Mengen *n*; Vermengung *f*; ⌐
de races Rassenmischung *f*, -kreuzung
f (auch als Ergebnis); *loc/adj* **sans** ⌐ un-
vermischt; ungemischt; rein; *fig Glück,
Freude* ungetrübt; rein; *loc/adv* **sans** ⌐
de ... nicht gemischt, nicht durch'setzt
mit ...; 2. Mischung *f*; Gemisch *n*; *chim
auch* Gemenge *n*; ⌐ **carburant** Brenn-
stoff-, Treibstoff-, Kraftstoffgemisch *n*;
⌐ **confus** Konglome'rat *n*; ⌐ **frigorifi-
que, réfrigérant** Kältemischung *f*; *auto*
⌐ **riche, pauvre** fettes, mageres Ge-
misch; *agr* ⌐ **de graines** Gemenge *n*;
Gemengesaat *f*; Mengkorn *n*, -futter *n*; ⌐
de tabacs, de vins Tabak-, Weinmi-
schung *f*; *fig* **un** ⌐ **d'indulgence et de
rigueur, de vérités et de mensonges**
e-e Mischung aus Nachsicht und Stren-
ge, aus Wahrheit und Lüge; **effectuer,
faire, opérer un** ⌐ e-e Mischung her-
stellen, bereiten (**de** aus); F **se méfier
des** ⌐**s** sich davor hüten, (zuviel) durch-
ein'ander zu trinken; 3. *télécomm von
Leitungen* Berührung *f*

mélangé [melãʒe] *adj Gesellschaft, Pu-
blikum* gemischt

mélanger [melãʒe] *v/t* ⟨-geons⟩ 1.
*verschiedene Substanzen, Flüssigkeiten
etc* (ver)mischen, (ver)mengen (**à** *od*
avec mit); mengen (**unter** + *acc*); *mit
Flüssigkeiten auch* verrühren (**mit**); 2.
Papiere, Akten etc durchein'ander-
bringen, -werfen, -würfeln

mélang|eur [melãʒœr] *m* Mischer *m*;
Mischapparat *m*, -maschine *f*; ⌐ **d'eau
froide et d'eau chaude,** *adjt robinet m*
⌐ Mischbatterie *f*; *cin, rad, télév* ⌐ **de
son** Mischpult *n*; *adjt rad* **tube** *m* ⌐
Mischröhre *f*; **⌐euse** *f* Schokoladenher-
stellung Melan'geur *m*

mélan|ine [melanin] *f biol* Mela'nin *n*;
⌐ique *adj path* **sarcome** *m* ⌐ Melano-
sarkom *n*; **⌐isme** *m path* Mela'nis-
mus *m*

mélan|ome [melanom] *m path* Mela-
'nom *n*; **⌐ose** *f path* Mela'nose *f (auch
des Weins)*

mélasse [melas] *f* 1. *Zuckerfabrikation*
Me'lasse *f*; 2. F *fig* **être dans la** ⌐ F in der
Patsche, Tinte sitzen

Melba [mɛlba] *adj* ⟨*inv*⟩ *cuis* **pêches** *f/pl*
⌐ Pfirsich *m* Melba *f*

melchites [mɛlkit] *m/pl rel* Mel'chiten
od Mel'kiten *m/pl*

meldois [mɛldwa] *adj (u subst* ♀ Einwoh-
ner) von Meaux

mêlé [mele] *adj* 1. Misch...; **couleur,
race ⌐e** Mischfarbe *f*, -rasse *f*; **sang** ⌐
Mischblut *n*; Mischling *m*; **style** ⌐ Stil-
gemisch *n*; 2. *Gesellschaft, Publikum*
gemischt; 3. **cheveux ⌐s** wirres, unor-
dentliches Haar

méléagrine [meleagrin] *f zo* Perlmu-
schel *f*

mêlé-cass(e) [melekas] *m* P **voix** *f* **de** ⌐
P Säuferstimme *f*

mêlée [mele] *f* 1. Handgemenge *n*; Schlä-
ge'rei *f*; Kampfgetümmel *n*; *fig* Streit *m*;
Ausein'andersetzung *f*; ⌐ **sanglante**
blutiges Handgemenge; **la** ⌐ **fut généra-
le** es entstand ein allgemeines Handge-
menge; **se jeter dans la** ⌐ sich in das
Kampfgetümmel, *fig* in den Kampf
stürzen; **rester en dehors, se tenir à
l'écart de la** ⌐ dem Handge-
menge, der Schlägerei fernbleiben; *fig*
sich aus dem Streit heraushalten; *fig se
tenir au-dessus de la* ⌐ über dem

Streit, den Streitenden stehen; 2. *Rugby*
Gedränge *n*

mêler [mele] **I** *v/t* 1. *verschiedene Sub-
stanzen, Flüssigkeiten etc* (ver)mischen,
(ver)mengen (**à** *od* **avec** mit); (ver)-
mischen (*auch fig*) (**de** mit); **cuis** ⌐ **des
œufs et de la farine** Eier und Mehl
verrühren; *fig* **plaisir mêlé de crainte**
mit Furcht gemischtes, durch Furcht
getrübtes Vergnügen; 2. *fig* verbinden,
vereinigen, verschmelzen, verquicken (**à**
od **avec** mit); ⌐ **des détails pittores-
ques à son récit** in s-n Bericht
malerische Einzelheiten einflechten; 3.
Akten, Papiere etc in Unordnung brin-
gen; durchein'anderbringen, -werfen,
-würfeln; *Fäden* verwirren; verschlingen;
4. ⌐ **qn à une affaire** j-n in e-e Sache
hin'einziehen, verwickeln; **II** *v/pr* **se** ⌐ 5.
Gerüche sich (ver)mischen (**à** *od* **avec**
mit); *Rassen* sich vermischen; sich kreu-
zen; *fig* **sa colère se mêlait
d'amertume** sein Zorn war nicht frei
von Bitterkeit; 6. *Fäden* sich verwirren;
sich verschlingen; sich verwickeln;
durchein'andergeraten; 7. *Person* **se** ⌐ **à
la foule** sich unter die Menge mischen;
8. *fig Stimmen, Gebete etc* **se** ⌐ **à** *od*
avec sich vereinigen, verbinden mit; 9.
Person **se** ⌐ **à qc** sich an etw (*dat*)
beteiligen; an etw (*dat*) teilnehmen; 10.
Person **se** ⌐ **de qc** sich mit etw abgeben,
befassen, beschäftigen; sich um etw
kümmern; *péj* sich in etw (*acc*) mischen;
F s-e Nase in etw (*acc*) stecken; **je ne
m'en mêle pas** auch ich will nichts
damit zu tun haben; **quand l'orgueil
s'en mêle** wenn der Stolz mit im Spiel
ist; **mêlez-vous de vos affaires, de
ce qui vous regarde!** kümmern Sie
sich um Ihre eigenen Angelegenheiten!;
stecken Sie Ihre Nase nicht in fremde
Angelegenheiten!; P **mêle-toi de tes
oignons!** F kümmere dich um deinen
eignen Dreck!; **de quoi se mêle-t-il?**
was geht ihn denn das an?; **elle se mêle
de tout** sie mischt sich in alles; F **elle**
kümmert sich um jeden Dreck; 11.
Person **se** ⌐ **de faire qc** a) sich damit
abgeben, befassen, beschäftigen, etw zu
tun; b) darauf verfallen, auf den Gedan-
ken kommen, etw zu tun

mélèze [melɛz] *m bot* Lärche *f*

mélia [melja] *m bot* Zedrachbaum *m*;
Chi'nesischer Ho'lunder; Persischer
Flieder

mélilot [melilo] *m bot* Honig-, Steinklee
m; ⌐ **officinal** Echter Honig-, Steinklee

méli-mélo [melimelo] F *m* Durchein-
'ander *n*; Wirrwarr *m*; Tohuwa'bohu *n*

mélinite [melinit] *f Sprengstoff* Meli-
'nit *m*

mélioratif [meljɔratif] *adj* ⟨-ive⟩ *ling*
bedeutungsverbessernd; meliora'tiv

mélique[1] [melik] *f bot* Perlgras *n*

mélique[2] [melik] *adj* griechische Lyrik
melisch

mélisse [melis] *f bot* Me'lisse *f*; ⌐ **offici-
nale** Garten-, Zi'tronenmelisse *f*; ⌐
sauvage, des bois *cf* **mélitte; eau** *f*
de ⌐ Melissengeist *m*

mélitte [melit] *f bot* Waldmelisse *f*;
Honigblume *f*; Bienensaug *m*; Immen-
blatt *n*

mellif|ère [mɛ(l)lifɛr] *adj* 1. *zo* honigbe-
reitend; 2. *bot* Honig...; **plante** *f* ⌐
Honigpflanze *f*; **⌐ique** *adj cf* **mellifère**
1.; **abeille** *f* ⌐ Honigbiene *f*

mellite [mɛ(l)lit] *m* 1. *minér* Honigstein
m; Mel'lit *m*; 2. *phm* Honigsirup *m*,
-saft *m*

mélo [melo] *m* F *Kurzwort für* **mélodra-
me 2.**

mélodie [melɔdi] *f mus* 1. Melo'die *f*;
Weise *f*; 2. (Kunst)Lied *n* (**sur des vers**

de Verlaine nach Versen von Verlaine); **3.** *e-r Musik* Me'lodik *f*; *fig e-s Verses auch* Wohlklang *m*; **sans** ~ nicht melodisch, melodiös; unmelodisch
mélodieusement [melɔdjøzmã] *adv* **chanter** ~ me'lodisch singen
mélod|ieux [melɔdjø] *adj* ⟨*-euse*⟩ *Gesang, Lied etc* melodi'ös; me'lodisch; wohlklingend (*auch Stimme*); *Stimme auch* klangvoll; *Vogel* être (un oiseau) ~ schön singen; ~**ique** *adj* **1.** *mus* me-'lodisch; **2.** *fig* wohlklingend; me'lodisch; ~**iste** *m mus* Kompo'nist *m* von Kunstliedern
mélodramatique [melɔdramatik] *adj* melodra'matisch; *fig auch* rührselig
mélodrame [melɔdram] *m* **1.** *thé hist* Melo'dram(a) *n*; **2.** *thé*, ein Rührstück *n*; Melo'drama *n*; **scène** *f* **de** ~ melodra-'matische, rührselige Szene; **tourner au** ~ ins Melodramatische, Rührselige 'umschlagen
méloé [melɔe] *m zo* Öl-, Pflasterkäfer *m*
mélomane [melɔman] **I** *adj* mu'sikliebend, -begeistert; **II** *m,f* begeisterter Mu'sikfreund, -liebhaber; begeisterte Mu'sikfreundin, -liebhaberin
melon [m(ə)lõ] *m* **1.** *bot* (Zucker-, Garten)Me'lone *f*; ~ **brodé** Netzmelone *f*; ~ **d'eau** Wassermelone *f*; **2.** (chapeau *m*) ~ Me'lone *f*
melonné [m(ə)lɔne] *bot* **I** *adj* me'lonenförmig; **II** *subst* ~**é** *f* Me'lonenkürbis *m*
mélopée [melɔpe] *f* mono'toner Gesang; Singsang *m*
mélophage [melɔfaʒ] *m zo* Schaf(laus)-fliege *f*; Tecke *f*; *abus* Schafzecke *f*
membran|e [mãbran] *f* **1.** *anat, bot, biol* Mem'bran(e) *f*; Haut *f*; Hülle *f*; *zo der Fledermaus* ~ **alaire** Flughaut *f*; *biol* ~ **cellulaire** Zellmembran *f*; *méd* **fausse** ~ membra'nöser, membranartiger Belag; *biol* ~**s (fœtales)** Eihäute *f/pl*; *bot* ~ **lignifiée** verholzte Zellmembran; **2.** *phys, chim* Mem'bran(e) *f*; *chim* ~ **semi-**-**perméable** halbdurchlässige, *sc* semiperme'able Membran; *im Lautsprecher, Telephonhörer etc* ~ (**vibrante**) Membran(e) *f*; ~**eux** *adj* ⟨*-euse*⟩ *anat* häutig; hautartig; *zo* **aile membraneuse** Hautflügel *m*; ~**ule** *f anat* Häutchen *n*
membre [mãbr(ə)] *m* **1.** *anat* Glied *n*; Gliedmaße *f*; ~**s** *pl auch* Extremi'täten *pl*; ~ **s courts** kurze Gliedmaßen; *beim Menschen* ~**s inférieurs, supérieurs** untere, obere Gliedmaßen; ~ (**viril**) (männliches) Glied; **2.** *e-r Organisation, Akademie, e-s Vereins etc* Mitglied *n*; *e-r Familie, Sippe etc auch* Angehörige(r) *m*; ~ **actif** aktives Mitglied; ~ **perpétuel** ständiges Mitglied; ~ **de l'association, du comité, du comité de direction** Vereins-, Ausschuß-, Vorstandsmitglied *n*; *e-s Flugzeugs, Schiffs* ~ **de l'équipage** Besatzungsmitglied *n*; ~ **de l'O.N.U.** UNO-Mitglied *n*; ~ **du parti, du syndicat** Par'tei-, Gewerkschaftsmitglied *n*; **carte** *f* **de** ~ Mitgliedskarte *f*; **qualité** *f* **de** ~ Mitgliedschaft *f*; *adjt* **État** *m* ~ Mitglied(s)staat *m*; **devenir** ~ **d'un parti** Mitglied e-r Partei werden, sein; **3.** *der Gesellschaft, Kirche, Familie usw* **4.** *gr* ~ **de phrase** Satzglied *n*, -teil *m*; **5.** *math e-r Gleichung etc* Seite *f*; **6.** *arch* Bauelement *n*; ~ **creux** Hohlkehle *f*; **7.** *mar* Spant *m*
membré [mãbre] *adj* **bien** ~ kräftig gebaut
membrure [mãbryr] *f mar* **a)** Spant *m*; **b)** *coll* Spanten *m/pl*
même [mɛm] **I** *adj/ind* **1.** ⟨*vor subst*⟩ **le, la** ~, *pl* **les** ~**s a)** bezeichnet die Identität der- die-, dasselbe, *pl* dieselben; *selten* der, die, das nämliche, *pl* die

nämlichen; *abus* der, die, das gleiche, *pl* die gleichen; **la** ~ **chose** dasselbe; *cf auch* **chose 1.**; **au** ~ **endroit** am selben Ort; **être dans la** ~ **classe** in derselben Klasse sein (**que** wie); **b)** bezeichnet die Gleichartigkeit der, die, das gleiche, *pl* die gleichen; *abus* der-, die-, dasselbe, *pl* dieselben; **du** ~ **âge** im gleichen Alter; gleichaltrig; **de la** ~ **couleur** in *od* von der gleichen Farbe; gleichfarbig; **de** ~ **grandeur** gleich groß; **du** ~ **nom** mit dem gleichen Namen; gleichnamig; **de** ~ **valeur** gleichwertig; **en** ~ **temps a)** zur gleichen Zeit; gleichzeitig; **b)** zu'gleich; **pour la** ~ **raison** aus dem gleichen Grund; **je me trouve dans le** ~ **cas** mir geht es ebenso; **2.** ⟨*nachgestellt*⟩ gerade; selbst; **c'est cela** ~ das ist es ja gerade; es ist genau, wie Sie sagen; **par cela** ~ gerade dadurch; **ceux-là** ~**s qui** le nient selbst diejenigen, die es leugnen; **être la bonté** ~ die Güte selbst sein; **ce sont les propos** ~**s de mon père** das sind meines Vaters eigene Worte; **3.** ⟨*mit Bindestrich an ein pr/pers angehängt*⟩ **moi-**~, **toi-**~, **lui-**~, **nous-**~**s**, *etc cf unter dem entsprechenden pr*; **II** *pr/ind* **le, la** ~ der-, die-, dasselbe; der, die, das gleiche; **les** ~**s** dieselben; der, die, das gleiche; **est toujours le** ~ er ist immer (noch) derselbe; **ce sont toujours les** ~**s qui travaillent** es sind immer dieselben, die gleichen, die arbeiten; **cela revient au** ~ das läuft auf dasselbe, auf eins, aufs gleiche hinaus; das kommt auf dasselbe, auf eins, aufs gleiche hinaus; **III** *adv* **1.** (ja) so'gar; selbst; ~ **pas** nicht einmal; **avant** ~ (+*subj*) noch ehe; noch bevor; ~ **quand**, ~ **lorsque** selbst, sogar als *bzw* wenn; **sans** ~ (+*inf*) ohne überhaupt zu (+*inf*); *si* selbst wenn; *il est réservé et* ~ **timide** ... ja sogar schüchtern; ~ **lui était malade** selbst er, sogar er war krank; **je ne me rappelle** ~ **plus le nom** ich erinnere mich nicht einmal mehr an den Namen; **2.** genau; **aujourd'hui** ~ noch heute; heute schon; **ici** ~ genau hier; *loc/prép* **à** ~ direkt; **coucher à** ~ **le sol** auf der nackten, bloßen Erde schlafen; **creuser à** ~ **la roche** direkt im Fels, im gewachsenen Fels bohren; **3.** *loc/adv* **de** ~ ebenso; genauso; geradeso; **faire de** ~ es ebenso, genauso machen; *bon weekend!* – **toi** *bzw* **vous de** ~! danke, gleichfalls!; **il en est, il en va de** ~ **pour moi** mir geht es ebenso, genauso, geradeso; das gleiche gilt für mich; **quand** ~ trotzdem; dennoch; doch; immerhin; *cf auch* **quand II 2.**; **tout de** ~ **a)** trotzdem; dennoch; doch; **b)** *als Verstärkung e-s Ausrufs* doch *od* aber wirklich; **c'est un peu fort, tout de** ~! das ist doch (wirklich) ein starkes Stück!; **vous pourriez tout de** ~ **faire attention!** Sie könnten (aber) wirklich aufpassen!; **4.** **être à** ~ **de faire qc** im'stande sein, in der Lage sein, etw zu tun; **mettre qn à** ~ **de faire qc** j-n in die Lage, in den Stand versetzen, es j-m möglich machen, etw zu tun; **5.** *loc/conj* **de** ~ **que** ebenso wie; **science, de** ~ **que les beaux-arts** die Wissenschaft wie die schönen Künste; P ~ **que** so'gar; übrigens; P ~ **que je lui ai parlé il n'y a pas dix minutes** übrigens sind es, eu toid sagar keine zehn Minuten her, daß ich mit ihm gesprochen habe
mémé [meme] *f* F *enf* (*grand-mère*) F Oma *f*
mémento [memẽto] *m* **1.** No'tiz-, Merkbuch *n*; **2.** *als Titel* Handbuch *n*, Abriß *m* (**de géographie** der Geographie); **3.** *égl cath* ~ **des vivants, des morts** Me'men-

to *n*, Fürbittengebet *n* für die Lebenden, für die Toten; Gedächtnis *n* der Lebenden, Toten
mémère [memɛr] F F **1.** *enf cf* **mémé**; **2.** *péj* **grosse** ~ F dickes, ältliches Weib; **3.** **chien-chien** *m* **à sa** ~ F Hätschelhund *m*
mémoire¹ [memwar] *f* **1.** Gedächtnis *n*; Erinnerung(svermögen) *f(n)*; *psych* ~ **affective** unwillkürliches Gedächtnis; affektbedingte Erinnerungen *f/pl*; ~ **des dates, des lieux, des noms** Zahlen-, Orts-, Namensgedächtnis *n*; **je n'ai pas la** ~ **des noms** ich habe kein Gedächtnis für Namen; ich habe ein schlechtes Namensgedächtnis; **troubles** *m/pl* **de** ~ Gedächtnisstörungen *f/pl*; *loc/adv* **de** ~ auswendig; aus dem Kopf; aus dem Gedächtnis; **dessiner qc de** ~ etw aus dem Gedächtnis, aus der Erinnerung zeichnen; **avoir de la** ~ ein gutes Gedächtnis haben; **n'avoir aucune** ~ gar kein Gedächtnis haben; sehr vergeßlich sein; **avoir une bonne, mauvaise** ~ ein gutes, schlechtes Gedächtnis haben; **si j'ai bonne** ~ wenn ich mich recht erinnere; wenn mich nicht mein Gedächtnis, meine Erinnerung nicht täuscht, trügt; **avoir la** ~ **courte** ein kurzes Gedächtnis haben; F **avoir une** ~ **de lièvre** F ein Gedächtnis wie ein Sieb haben; **avoir qc présent à la** ~ etw (*z B Daten, Zahlen*) präsent haben; **chercher dans sa** ~ zu erinnern (ver)suchen; F in s-m Gedächtnis kramen; sein Gedächtnis durch'stöbern; *Ereignis etc* **s'effacer de la** ~ aus dem Gedächtnis schwinden; **être encore présent à, vivant dans la** ~ in der Erinnerung noch gegenwärtig, lebendig sein; **garder qc en** ~, **dans la** ~ etw im Gedächtnis behalten, bewahren; **se graver dans la** ~ sich ins Gedächtnis eingraben, dem Gedächtnis einprägen; **perdre la** ~ im *Alter* vergeßlich werden; *durch e-n Unfall* das Gedächtnis verlieren; **rafraîchir la** ~ **à qn** j-s Gedächtnis auffrischen; j-s Gedächtnis (*dat*) nachhelfen; **se remettre qc en** ~ sich etw wieder ins Gedächtnis rufen; sich etw ins Gedächtnis, in die Erinnerung zurückrufen; **2.** Erinnerung *f*, Gedenken *n* (**de an**+*acc*); Andenken *n* (**an** *od* +*gén*); Gedächtnis *n* (+*gén*); **à la** ~ **de**, *seltener* **en** ~ **de** zur Erinnerung an (+*acc*); zum Andenken, zum Gedenken an (+*acc*); zum Andenken, Gedächtnis (+*gén*); *loc/adj* **de sinistre, triste** ~ unseligen, traurigen Angedenkens; *loc/adv* **de i-n e-m verneinten Satz de** ~ **d'homme** seit Menschengedenken; **de** ~ **de sportif, on n'avait assisté à un match pareil** die Sportler können sich nicht erinnern, je(mals) ein solches Spiel erlebt zu haben; **conserver, garder la** ~ **de qc** die Erinnerung an etw (*acc*) bewahren; **réhabiliter la** ~ **de qn** j-n nachträglich, nach s-m Tode rehabilitieren; **3.** *EDV* Speicher *m*; ~ **à disques magnétiques, à ferrites, à tambour magnétique** Ma'gnetplatten- *od* Ma'gnetscheiben-, Fer'ritkern-, Ma'gnettrommelspeicher *m*; **mise** *f* **en** ~ Speicherung *f*; **4.** *comm* **pour** ~ (*abr* p.m.) erinnerungshalber; (nur) zur Information, Erinnerung
mémoire² [memwar] *m* **1.** Denkschrift *f*; Memo'randum *n*; **2.** *an e-e Behörde etc* (schriftliches) Gesuch; Eingabe *f*; **3.** wissenschaftliche Abhandlung; Aufsatz *m*; *e-r Akademie, wissenschaftlichen Gesellschaft etc* ~**s** *pl* angenommene Abhandlungen; **4.** *comm* Kostenaufstellung *f*; Rechnung *f* (*über geleistete Arbeit u Arbeitsmaterial*); **5.** *jur* Revisi'onsschrift *f*; **6.** ~**s** *pl* (Lebens)Erinnerungen *f/pl*; Me'moiren *pl*

mémorable [memɔrabl(ə)] *adj Tag, Ereignis etc* denkwürdig

mémorandum [memɔrãdɔm] *m* **1.** *dipl* Memo'randum *n*; Denkschrift *f*; Schriftstück *n*; **2.** *comm* Bestell-, Auftragszettel *m*

mémorial [memɔrjal] *m* **1.** Erinnerungsschrift *f*; *als Buchtitel* ♀ Erinnerungen *f/pl*; **2.** ⟨*pl* -aux⟩ Denkmal *n*; ~**iste** *m,f* Me'moirenschreiber(in) *m(f)*

mémoris|ation [memɔrizasjɔ̃] *f* **1.** Memo'rieren *n*; Sich'einprägen *n*; Auswendiglernen *n*; **2.** *EDV* Speicherung *f*; ~**er** *v/t* memo'rieren; sich einprägen; auswendig lernen

menaçant [mənasã] *adj Stimme, Geste, Gefahr, Unwetter etc* drohend; *Wetter, Lage* bedrohlich; *Lage auch* gefährlich

menace [mənas] *f* **1.** Drohung *f*, Bedrohung *f* (*auch jur*); Androhung *f*; ~**s en** l'air leere Drohungen; Schreckschüsse *m/pl*; **geste m de** ~ drohende Geste; *loc/adv* **par la** ~, **les** ~**s** durch Drohung (-en); **sous la** ~ **de son arme** mit vorgehaltener Waffe; **être sous la** ~ **de qc** von etw bedroht sein, werden; **mettre ses** ~**s à exécution** s-e Drohungen wahr machen; **proférer des** ~**s** Drohungen ausstoßen (**contre qn** gegen j-n); **proférer des** ~ **de mort contre qn** j-m mit dem Tode drohen; **2.** Bedrohung *f*; (drohende) Gefahr; ~ **de guerre, d'invasion, de subversion** (drohende) Kriegs-, Invasi'ons-, 'Umsturzgefahr; **constituer une** ~ **pour qc** e-e Bedrohung, Gefahr für etw darstellen; e-e Gefährdung (+*gén*) sein; etw bedrohen, gefährden

menacé [mənase] *adj* bedroht; gefährdet; **ses jours sont** ~**s** sein Leben ist bedroht, gefährdet, in Gefahr, schwebt in Gefahr

menacer [mənase] *v/t* ⟨-ç-⟩ **1.** *Person abs* drohen; ~ **qn de qc** j-m mit etw drohen; j-n mit etw androhen; j-m etw androhen; ~ **qn d'un couteau, de mort** j-m mit e-m Messer, mit dem Tode drohen; j-n mit e-m Messer bedrohen; ~ (**qn**) **de faire qc** (j-m) drohen, etw zu tun; **2.** *Gewitter* drohen; her'aufziehen; im Anzug sein; sich nahen, zu'sammenziehen; *Gefahr, Krieg etc* ~ (**qn**) (j-m) drohen; *Gebäude* ~ **ruine, de tomber** baufällig sein; einzustürzen drohen; **la pluie menace** es droht Regen, zu regnen

ménade [menad] *f myth* Mä'nade *f*

ménage [menaʒ] *m* **1.** Haushalt *m*; Hauswirtschaft *f*; Hauswesen *n*; **argent** *m* **du** ~ Haushalts-, Wirtschaftsgeld *n*; *comm* **articles** *m/pl* **de** ~ Haushaltswaren *f/pl*; **travaux** *m/pl* **du** ~ Hausarbeit *f*; **s'occuper du** ~ sich um den Haushalt, die Hauswirtschaft, das Hauswesen kümmern; den Haushalt besorgen; **tenir le** ~ **à qn** j-m den Haushalt führen, besorgen; **2.** Aufräumen *n*; Putzen *n*; **femme** *f* **de** ~ Putz-, Aufwarte-, Zugehfrau *f*; Raumpflegerin *f*; **faire le** ~ aufräumen; putzen; **faire des** ~**s** putzen gehen; **le** ~ **n'est pas encore fait** es ist noch nicht aufgeräumt, geputzt; **3.** Hausrat *m*; **monter son** ~, **se monter en** ~ Hausrat anschaffen; einrichten; ~ **de poupée** Puppengeschirr *n*, -küche *f*; **4.** Ehepaar *n*; Eheleute *pl*; Ehe *f*; **faux** ~, ~ **à la colle** wilde Ehe; **jeune** ~ junges Ehepaar; junge Eheleute; junge Ehe; F ~ **à trois** Dreiecksverhältnis *n*; ~ **sans enfants** kinderloses Ehepaar; **se mettre en** ~ zu'sammenziehen; **5. faire bon, mauvais** ~ **avec qn** sich mit j-m gut, schlecht verstehen, vertragen; **6. pain** *m* **de** ~ selbst-, hausgebackenes Brot; Land-, Bauernbrot *n*; **7.** Fa'milie *f*; Haushaltung *f*

ménagement [menaʒmã] *m* Schonung *f*; Rücksicht *f*; *loc/adv*: **avec** ~ schonend; rücksichtsvoll; **avec de grands** ~**s** mit großer Vorsicht, Behutsamkeit; **sans** ~ schonungslos; rücksichtslos

ménager[1] [menaʒe] ⟨-geons⟩ I *v/t* **1.** *Gegner, Kranken, Stimme, Kräfte, Kleidung etc* schonen; *nur Person* rücksichtsvoll, schonend, mit Schonung behandeln; *j-s Empfindlichkeit, Vorurteile etc* Rücksicht nehmen auf (+*acc*); **n'avoir personne, rien à** ~ auf niemanden, nichts Rücksicht zu nehmen brauchen; **ne pas** ~ **les critiques à qn** j-n mit Kritik nicht verschonen; **ne** ~ **aucun effort, ne pas** ~ **sa peine** keine Mühe scheuen (**pour faire qc** um etw zu tun); **ne pas** ~ **ses éloges** mit Lob nicht sparen; ~ **ses expressions** sich maßvoller, vorsichtiger ausdrücken; sich im Ausdruck mäßigen; ~ **ses forces** *auch* mit s-n Kräften haushalten; s-e Kräfte einteilen; ~ **ses paroles** wortkarg sein; wenig sprechen; **ne pas** ~ **ses paroles** nicht mit Worten sparen; **ne pas** ~ **le sel**, ~ **sa peine keine** nicht zu stark salzen, würzen (**dans la soupe** die Suppe); **2.** *Unterredung, Zusammentreffen* her'beiführen; zu'stande bringen; *Überraschung* bereiten (**à qn** j-m); *peint Licht u Schatten* geschickt verteilen (**dans un tableau** auf e-m Gemälde); *Abstand, Zwischenraum* lassen; **l'avenir** für die Zukunft (vor)sorgen, Sorge tragen; an die Zukunft denken; ~ **ses effets** *cf* effet I.; ~ **un entretien à qn** j-m e-e Unter'redung verschaffen; **3.** *bât Treppe* anbringen; anlegen; *Fenster* brechen (**dans le mur** in die Wand); II *v/pr* **4. se** ~ sich schonen; **5. se** ~ **l'appui de qn** sich j-s Unter'stützung sichern; **se** ~ **une revanche** e-e Gelegenheit zur 'Rache her'beiführen, um sich zu rächen; *fig* **se** ~ **une porte de sortie** sich e-e 'Hintertür offenhalten

ménager[2] [menaʒe] *adj* ⟨-ère⟩ **1.** Haushalt(ungs)...; **appareils** ~**s** Haus- und Küchengeräte *n/pl*; **arts** ~ Hausund Küchengerätezweig, der Haus- und Küchengeräte, moderne Küchen *etc* herstellt; **Salon** *m* **des arts** ~ Hausratmesse *f*; **école ménagère, centre d'enseignement** ~ Haushaltungs-, Hauswirtschaftsschule *f*; **enseignement** ~ Hauswirtschaftsunterricht *m*; **travaux** ~**s** Hausarbeit *f*; **2. eaux, ordures ménagères** Abwässer *n/pl*, (Küchen)Abfälle *m/pl*

ménagère [menaʒɛr] *f* **1.** Hausfrau *f*; **2.** Besteckkasten *m*

ménagerie [menaʒri] *f bes e-s Zirkus* Menage'rie *f*; Tierschau *f*

mendélévium [mẽdelevjɔm] *m chim* Mende'levium *n*

mendél|ien [mẽdeljẽ] *adj* ⟨~ne⟩ *biol* gemäß den Mendelschen Gesetzen; ~**isme** *m biol* Mende'lismus *m*

mendi|ant [mãdjã] *adj* **1.** Bettler(in) *m(f)*; *adjt égl cath* **ordres mendiants** Bettelorden *m/pl*; **2.** *cuis* (**quatre**) **mendiants** Stu'dentenfutter *n*

mendicité [mãdisite] *f* Betteln *n*; Bette'lei *f*; ~ **interdite!** Betteln verboten!; **en être réduit à la** ~ an den Bettelstab gekommen, zum Bettler geworden sein

mendier[mãdje] *v/t u v/i* betteln (**qc** um etw) (*auch fig*); **être obligé de** ~ **sa vie** gezwungen sein, sich s-n Lebensunterhalt zu erbetteln

mendig|ot [mãdigo] F *m*, ~**ote** F *f* F Schnorrer *m*; Bettel-, Fechtbruder *m*; Bettelweib *n*

meneau[məno] *m* ⟨*pl* ~**x**⟩ *bât* steinerner Fensterpfosten; steinerner Querbalken (*e-s Fensters*); ~**x** *pl* steinernes Fensterkreuz

menées [məne] *f/pl* In'trigen *f/pl*; Machenschaften *f/pl*; Ränkespiel *n*; *pol* geheime 'Umtriebe *m/pl*; **mettre fin aux** ~ **de qn** j-m das Handwerk legen

mener [məne] ⟨-è-⟩ I *v/t* **1.** *Person an e-n Ort* bringen (*auch von e-m Verkehrsmittel*), führen, geleiten, begleiten (**à la gare** zum Bahnhof); *Vieh*: ~ **aux champs**, ~ **paître** auf die Weide treiben, bringen; ~ **boire zur Tränke** führen; *Kind* ~ **à l'école** in die Schule bringen; zur Schule begleiten; **le rapide les mène en 'huit heures à Marseille** der Schnellzug bringt sie in acht Stunden nach Marseille; **cette rue vous mène à la petite place** auf dieser Straße kommen Sie zu dem kleinen Platz; **2.** *fig* führen; bringen; **où cela peut-il nous** ~? wohin wird uns das führen, bringen?; **ne pas en** ~ **large** *cf* large II 1.; **cela peut vous** ~ **plus loin que vous ne pensez** das kann weitreichende Folgen für Sie haben; **cette petite somme ne le mènera pas loin** mit dieser kleinen Summe wird er nicht lange reichen, nicht weit reichen, kommen; **cela ne vous mène à rien** das führt zu nichts; das ist sinnlos, zwecklos; *Beruf etc* ~ **à tout** viele Möglichkeiten, Laufbahnen eröffnen; ~ **qn à la baguette, par le bout du nez** j-n her'umkommandieren, gängeln; ~ **nach s-r Pfeife tanzen lassen; *ellip* **se laisser** ~ sich herumkommandieren, gängeln lassen; *Truppen* ~ **au combat** in den Kampf führen; *Volk* ~ **à la guerre** in den Krieg führen; *cet acte irréfléchi* **l'a mené en cour d'assises** ...hat ihn vor das Schwurgericht gebracht; **3.** *e-n Zug* anführen; ~ **le deuil** *auch* an der Spitze des Trauerzuges gehen; **4.** *e-e Angelegenheit* führen; betreiben; *Untersuchung etc* 'durchführen; *Verhandlung etc* leiten (*auch F e-n Betrieb*); *Operation* vornehmen; *Leben* führen; *Person* lenken; leiten (*auch von Ideen*); *fig* ~ **la barque** *cf* barque; *fig* ~ **grand bruit, grand tapage autour d'une affaire** viel Lärm um e-e, viel Aufhebens von e-r Sache machen; *Idee* ~ **le monde** die Welt regieren; ~ **la vie dure à qn** j-m das Leben schwer, sauer machen; ~ **de front** *zwei Berufe* gleichzeitig ausüben; *mehrere Verhandlungen* gleichzeitig führen; *Angelegenheiten* gleichzeitig betreiben; *Kind* **difficile à** ~ schwer zu lenken, leiten; **5.** *math* Parallele ziehen (**à** zu); *Tangente* legen (**an**+*acc*); II *v/i* **6.** *Weg* führen (**à** nach, zu); **7.** *sports* führen; in Führung, an der Spitze liegen; ~ **par 2 à 0 mit 2 zu 0 (2:0)** führen

mener-mener [məneməne] *enf* aller ~ *enf* ata-ata gehen

ménestrel [menɛstrɛl] *m* im Mittelalter fahrender Sänger; Spielmann *m*; Mene'strel *m*

ménétrier [menetrije] *m* früher Dorfmusikant *m*, -geiger *m*; Spielmann *m*

meneur [mənœr] *m* **1.** Anführer *m*; Rädelsführer *m*; *péj* Aufwiegler *m*; Wühler *m*; Hetzer *m*; ~**s de la grève** Streikführer *m/pl*; ~ **d'hommes** Volkstribun *m*, -führer *m*; **2.** ~ **de jeu** Varieté *etc* Conférenci'er *m*; *rad, télév* Spielleiter *m*; Quizmaster ['kvis-] *m*

menhir [menir] *m* Menhir *m*

méning|e [menɛʒ] *f* **1.** *anat* Hirnhaut *f*; Rückenmarkshaut *f*; ~**s** *pl sc* Me'ningen *f/pl*; ♀ *fig* **ne 'pas se fatiguer les** ~**s** F s-n Grips nicht anstrengen; ~**é** *adj anat* der Hirnhaut; *méd* meninge'al; menin'gitisch; **réaction** ~**e** meningitische Reizerscheinun-

gen *f*/*pl*; ⊿ite *f* 1. *path* (Ge)Hirnhautent-
zündung *f*; *sc* Menin'gitis *f*; ~ cérébro-
-spinale Genickstarre *f*; 2. F *fig* il ne
risque pas d'attraper une ~ F er
strengt s-n Grips überhaupt nicht an
méningocoque [meně̃gɔkɔk] *m méd* ~s
pl Meningo'kokken *m*/*pl*
ménisque [menisk] *m* 1. *anat* Me'niskus
m; 2. *opt* Me'niskus *m*; Halbmuschel-
glas *n*
mennonite [menɔnit] *m rel* Menno-
'nit *m*
ménologe [menɔlɔʒ] *m rel* Meno-
'logion *n*
méno|pause [menɔpoz] *f physiol* Meno-
'pause *f*; Wechseljahre *n*/*pl*; ⊿rragie
[-raʒi] *f méd* Menorrha'gie *f*; Hyper-
menor'rhö(e) *f*
menotte [menɔt] *f* 1. ~s *pl* Handschellen
f/*pl*; mettre, passer les ~s à qn j-m
Handschellen anlegen; 2. *enf* (Patsch-)
Händchen *n*
mense [mɑ̃s] *f égl cath* Mensa *f*; Men'sal-
gut *n*; Tafelgut *n*
mensonge [mɑ̃sɔ̃ʒ] *m* 1. Lüge *f*; Un-
wahrheit *f*; Lügen *n*; gros ~ grobe Lüge;
~ grossier plumpe Lüge; ~ innocent
harmlose Lüge; pieux ~ fromme Lüge;
Notlüge *f*; pur ~ glatte Lüge; purs ~s
Lug *m* und Trug *m*; ~ par omission
bewußtes Verschweigen (*e-s Tatbestan-
des*); tissu *m* de ~s Lügengewebe *n*,
-gespinst *n*; -netz *n*; dire un ~, des ~se-e
Unwahrheit sagen; lügen; dire des ~s à
qn j-n anlügen, belügen; j-m etw vorlü-
gen; c'est vrai, ce ~-là? und das soll ich
glauben?; 2. (Be)Trug *m*; Täuschung *f*;
être victime d'un ~ das Opfer e-s
Betruges, e-r Täuschung sein
mensonger [mɑ̃sɔ̃ʒe] *adj* ⟨-ère⟩ erlo-
gen; lügenhaft; lügnerisch; Lügen...; ir-
reführend; unwahr
menstru|ation [mɑ̃stryasjɔ̃] *f physiol*
Monatsblutung *f*; Peri'ode *f*; *sc* Men-
struati'on *f*; Menses *pl*; ⊿el *adj* ⟨⊿le⟩
physiol Menstruati'ons...; menstru'ell;
menstru'al; sang ~ Menstrualblut *n*
menstrues [mɑ̃stry] *f*/*pl* *cf* menstrua-
tion
mensualis|ation [mɑ̃sualizasjɔ̃] *f*
('Umstellung *f* auf) monatliche Entloh-
nung; ⊿er *v*/*t* monatlich entlohnen
mensualité [mɑ̃sualite] *f* 1. Monatsrate
f; monatliche Abschlagszahlung; 2. Mo-
natslohn *m*, -gehalt *n*, -einkommen *n*
mensuel [mɑ̃sɥɛl] I *adj* ⟨⊿le⟩ monat-
lich; Monats...; *Zeitschrift* monatlich
erscheinend; rapport ~ Monatsbericht
m; II *m* monatlich bezahlter Arbeitneh-
mer
mensuration [mɑ̃syrasjɔ̃] *f* a) Körper-
messung *f*; b) Körpermaße *n*/*pl*; *jur* ~s
judiciaires *in der Verbrecherlichtbild-
kartei festgehaltene* Personalbeschrei-
bung *mit besonderen* Kennzeichen;
prendre les ~s de qn j-n messen
mental [mɑ̃tal] *adj* ⟨-aux⟩ 1. geistig;
Geistes...; *psych* âge ~ Intelli'genz-,
Entwicklungsalter *n*; état ~ Geisteszu-
stand *m*; maladie ~e Geisteskrankheit
f; processus ~ geistiger Prozeß *m*;
gedanklich; calcul ~ Kopfrechnen *n*;
oraison ~e stilles Gebet; restriction ~e
geheimer Vorbehalt; Men'talreser-
vation *f*; ⊿ement *adv* 1. geistig; in
geistiger Hinsicht; 2. in Gedanken; cal-
culer ~ im Kopf rechnen; prier ~ still
für sich beten
mentalité [mɑ̃talite] *f* 1. Mentali'tät *f*;
Denk-, Anschauungsweise *f*; 2. F (*geisti-
ge, moralische*) Einstellung; jolie ~! das
ist ja e-e reizende Einstellung!; quelle ~!
das ist e-e Einstellung!
menterie [mɑ̃tri] *f regional* Lüge *f*
ment|eur [mɑ̃tœr] *m*, ⊿euse *f* 1.

Lügner(in) *m*(*f*); Schwindler(in) *m*(*f*); 2.
adjt Person verlogen; 3. *f arg* Zunge *f*; 4.
m Kartenspiel Mogeln *n*
menthe [mɑ̃t] *f* 1. *bot* Minze *f*; ~ aquati-
que Wasserminze *f*; ~ poivrée, anglai-
se Pfefferminze *f*; ~ sauvage, des
champs Ackerminze *f*; ~ verte Grüne
Minze; thé *m* à la ~ Pfefferminztee *m*
(*aus frischen Blättern*); (infusion *f*,
tisane *f* de) ~ Pfefferminztee *m* (*aus
getrockneten Blättern*); sirop *m* de ~
Pfefferminzsirup *m*; 2. Pfefferminzsirup
m, -essenz *f*; à l'eau *etwa* Pfefferminz-
saft *m*; erfrischendes Pfefferminzge-
tränk; bonbon *m*, pastille *f* à la ~
Pfefferminzbonbon *n od m*, -plätzchen *n*,
-pastille *f*; Pfefferminz *m*; cigarette *f* à la
~ Zigarette *f* mit Men'thol
menthol [mɑ̃tɔl] *m phm* Men'thol *n*; ~é
adj mit Men'thol; cigarette ~e Zigarette
f mit Menthol
mention [mɑ̃sjɔ̃] *f* 1. Erwähnung *f*; ~
honorable *cf* honorable 3.; faire ~ de
qc etw erwähnen; faire l'objet d'une
courte ~ dans le journal in der Zeitung
kurz erwähnt werden; 2. *auf e-r Urkun-
de, auf e-m Brief etc* (*amtlicher*) Ver-
merk; Angabe *f*; ~ du poids, de la
qualité Gewichts-, Quali'tätsangabe *f*;
auf e-m Formular etc rayer, biffer les
~s inutiles Nichtzutreffendes streichen;
3. *bei e-r Prüfung* Note *f*; être reçu avec
~ mit besser als „ausreichend" bestan-
den haben; être reçu avec (la) ~ «très
bien» mit (der Note) „sehr gut" bestan-
den haben
mentionner [mɑ̃sjɔne] *v*/*t* 1. erwähnen;
ne faire que ~ qc etw nur (kurz)
erwähnen; 2. *auf e-r Urkunde etc* vermer-
ken; *Adresse auf e-m Brief etc* angeben
mentir [mɑ̃tir] ⟨*cf* partir⟩ I *v*/*i* lügen;
schwindeln; die Unwahrheit sagen; ~ à
qn j-n anlügen, belügen; j-m etw vorlü-
gen; j-n anschwindeln, beschwindeln;
faire ~ qn, le proverbe j-n, das
Sprichwort Lügen strafen; il ment
comme il respire F er lügt wie
gedruckt; *zur Verstärkung* sans ~ unge-
logen; *prov* à beau ~ qui vient de loin
wer von weit her kommt, kann den
anderen viel weismachen; II *v*/*pr* se ~ à
soi-même sich selbst betrügen, belügen
mentisme [mɑ̃tism(ə)] *m psych, méd*
I'deen-, Gedankenflucht *f*
menton [mɑ̃tɔ̃] *m* Kinn *n* (*auch bei
Vögeln*); ~ avancé vorspringendes
Kinn; double ~ Doppelkinn *n*
mentonnière [mɑ̃tɔnjɛr] *f* 1. mil am
Helm der Fallschirmspringer breiter
Kinnriemen; 2. *chir* Kinnverband *m*,
-schleuder *f*; 3. *an e-r Geige* Kinnstütze *f*;
4. *impr* verstellbare Stütze (*zum Schräg-
stellen des Setzkastens*); 5. *früher an
Kopfbedeckungen* Kinnband *n*; *am Helm*
Kinn- und Backenstück *n*
mentor [mɑ̃tɔr] *m* Berater *m*; (*weiser*)
Ratgeber; Lehrer *m*; Mentor *m*
menu¹ [məny] I *adj Stück etc* klein; *Ast,
Finger etc* dünn; *Stimmchen* dünn; fein;
Person schmächtig; klein und zart; ~s
détails kleinste Einzelheiten *f*/*pl*; par le
~ détail *od ellip* par le ~ haarklein; bis in
die kleinsten Einzelheiten; ~e monnaie
kleine Münzen *f*/*pl*; II *adv* couper ~
kleinschneiden; in kleine Stücke schnei-
den; 'hacher ~ fein hacken; wiegen
menu² [məny] *m* 1. Me'nü *n*; Speisenfol-
ge *f*; ~ à prix fixe (Tages)Menü *n* (zu
festem Preis); 2. Speisekarte *f*
menuet [mənɥɛ] *m Tanz, mus* Me-
nu'ett *n*
menuise [mənɥiz] *f* 1. *ch* (Vogel)Dunst
m; 2. Knüppelholz *n*
menuiserie [mənɥizri] *f* 1. Tischle'rei *f*;
bes südd Schreine'rei *f*; Tischler-, Schrei-

---

nerarbeit *f bzw* -handwerk *n*; ~ de
bâtiment Bautischlerei *f*, -schreinerei *f*;
atelier *m* de ~ Tischler-, Schreiner-
werkstatt *f*; 2. ~ métallique a) Herstel-
lung *f* von Metalltüren und -fenstern; b)
Metalltüren *f*/*pl* und -fenster *n*/*pl*
menuisier [mənɥizje] *m* Tischler *m*; *bes
südd* Schreiner *m*; ~ de bâtiment, en
meubles Bau-, Möbeltischler *m bzw*
-schreiner *m*; ~ en sièges Tischler,
Schreiner, der auf Sitzmöbel speziali-
siert ist
ménure [menyr] *m zo* Leierschwanz *m*
ményanthe [menjɑ̃t] *f bot* Bitter-, Fie-
berklee *m*
méphistophélique [mefistɔfelik] *adj*
mephisto'phelisch; teuflisch; sa'tanisch
méphit|ique [mefitik] *adj Dünste* me'fi-
tisch; ⊿isme *m* Luftverseuchung *f*
durch mefitische Dünste
méplat [mepla] I *adj* flach; *arch* bas-
-relief ~ Flachrelief *n*; *peint* lignes ~es
Linien *f*/*pl*, die e-n fließenden 'Übergang
vom Vordergrund zum Mittel- *bzw* 'Hin-
tergrund bewirken; II *m* 1. flache Stelle;
Fläche *f* (*auch in der Kunst*); 2. *math*
point *m* de ~ Flachpunkt *m*
méprendre [meprɑ̃dr(ə)] *v*/*pr* ⟨*cf* pren-
dre⟩ se ~ sur qn, qc sich in j-m, in etw
täuschen, irren; se ~ sur les intentions
réelles de qn j-s wahre Absichten
verkennen; se ~ sur le sens des
paroles de qn j-s Worte falsch verste-
hen, 'mißverstehen; j-n 'mißverstehen;
ils se ressemblent à s'y ~ sie sehen sich
zum Verwechseln ähnlich
mépris [mepri] *m* Geringschätzung *f*;
Miß'achtung *f*; Verachtung *f*; ~ de la
mort Todesverachtung *f*; *loc/adv* avec ~
verächtlich; mit Verachtung; *loc*/*prép* au
~ de ungeachtet (+*gén*); unter Mißach-
tung (+*gén*); *e-r Sache* (*dat*) zum Hohn,
zum Trotz; avoir un ~ sans bornes
pour qc, qn e-e grenzenlose Verach-
tung für etw, j-n haben
mépris|able [meprizabl(ə)] *adj* verächt-
lich; verachtenswert; ⊿ant *adj Miene,
Lächeln* verächtlich; geringschätzig;
her'ablassend; *Person* être ~ herablas-
send sein (pour qn zu j-m *od* gegen j-n);
verächtlich tun
méprise [mepriz] *f* Irrtum *m*; Versehen
n; *loc*/*adv* par ~ irrtümlich(erweise);
versehentlich; aus Versehen
mépriser [meprize] I *v*/*t Person, Gefahr,
Tod etc* verachten; *Person auch, Rat etc*
miß'achten; *Person, Reichtum auch* ge-
ringschätzen; geringachten; *Rat auch* in
den Wind schlagen; II *v*/*pr* se ~ sich
(selbst) verachten
mer [mɛr] *f* 1. Meer *n*; See *f*; ♦ *géogr* la ~
Baltique die Ostsee; *mar* ~ belle ruhige
See; ~s continentales Binnen-, Mittel-
meere *n*/*pl*; *mar* ~ courte, creuse hohle
See; *mar* ~ grosse ~ *cf* gros I 5.; *Seerecht*
'haute ~ freies, offenes Meer; *mar*
'haute, pleine ~ offene, hohe See;
Hochsee *f*; offenes Meer; en 'haute,
pleine ~ auf offener, hoher See; auf
offenem Meer; la ~ est 'haute *od*
pleine, basse es ist *mar* Hoch-, Nied-
rigwasser, *abus* Flut, Ebbe; *pol* ~ terri-
toriale Hoheits-, Küstengewässer *n*/*pl*;
♦ ~ d'huile spiegelglatte See; spiegel-
glattes Meer; *géogr* ~ du Nord Nordsee
f; eau *f* de ~ Meerwasser *n*; faune *f*,
flore *f* de ~ Meeresfauna *f*, -flora *f*; port
m de ~ Seehafen *m*; vent *m* de ~
Seewind *m*; ♦ *loc*/*adj u loc*/*adv*: en ~ auf
See; auf dem Meer; navigation *f* en ~
Seeschiffahrt *f*; *auf Gedenktafeln für
Seeleute* péri en ~ auf See, auf dem
Meer 'umgekommen; den Seemannstod
gestorben; par ~ See...; zur See; *bes
comm* auf dem Seeweg; commerce *m*

par ~ Handel *m* zur See; Seehandel *m*; sur terre et sur ~ zu Wasser und zu Lande; *Alarmruf* un homme à la ~! Mann über Bord!; ♦ *mar* il y a de la ~ es ist hoher Seegang; F ce n'est pas la ~ à boire das ist gar nicht so schwierig, so schwer; das ist halb so schlimm; das ist zu schaffen; F das ist nicht die Welt; *mar* la ~ se fait *od* se lève, tombe die See, das Meer wird unruhig, beruhigt sich; *Schiff* prendre la ~ in See stechen, gehen; auslaufen; tenir la ~ a) auf hoher See sein; b) *pol* die Seeherrschaft haben, besitzen; *Schiff* bien tenir la ~ seetüchtig, seetauglich, seefest sein; 2. *fig* une ~ de ... ein Meer von ...; ~ de feu Flammenmeer *n*; ~ de nuages Wolkenmeer *n*; ~ de sable Sandmeer *n*

mercanti [mɛrkãti] *m péj* pro'fitgieriger Kaufmann; Geschäftemacher *m*; Schieber *m*

mercantil|e [mɛrkãtil] *adj* 1. *péj* krämerhaft; esprit *m* ~ Krämergeist *m*, -seele *f*; 2. *écon hist* système *m* ~ Merkan'tilsystem *n*; **~isme** *m* 1. *péj* Krämergeist *m*; Pro'fitgier *f*; 2. *écon hist* Merkanti'lismus *m*; **~iste I** *adj* merkanti'listisch; **II** *m* Merkanti'list *m*

mercaptans [mɛrkaptã] *m/pl chim* Mercap'tane *n/pl*; Thioalkohole *m/pl*

mercenaire [mɛrsənɛr] **I** *adj* Söldner...; soldat *m* ~ troupes *f/pl* ~s Söldnertruppen *f/pl*, -heer *n*; **II** *m* Söldner *m*

mercerie [mɛrsəri] *f* a) Kurzwaren *f/pl*; b) Kurzwarenhandel *m*; c) Kurzwarengeschäft *n*, -handlung *f*

merceris|age [mɛrsərizaʒ] *m text* Merzerisati'on *f*; Merzeri'sieren *n*, -ung *f*; **~er** *v/t text* merzeri'sieren; *adjt* coton mercerisé merzerisierte Baumwolle

merchandising [mɛrʃãdiziŋ, mœrʃãdajziŋ] *m comm* Merchandising ['mœːrtʃəndaizin] *n*

merci¹ [mɛrsi] *int* danke!; ~ beaucoup! vielen Dank!; ~ bien! schönen Dank!; danke sehr!; danke schön!; Dieu ~! Gott sei (Lob und) Dank!; gott'lob!; F Gott sei's gedankt!; grand ~ besten Dank!; ~ mille fois! tausend Dank!; vielen herzlichen Dank!; non, ~, je ne fume pas nein, danke, ...; danke, nein, ...; *iron* eh bien! ~ ... na, ich danke, ...; *iron* oui, ~, ... ich danke gar nicht daran, ...; fällt mir nicht ein, ...; ~ à vous *od* pour votre cadeau haben Sie Dank für Ihr Geschenk; *iron* ~ du compliment! ich danke für das Kompliment!; ~ d'être venu haben Sie Dank, daß Sie gekommen sind; dire ~ danke sagen; danke schön sagen; danken; dire ~ à qn sich bei j-m bedanken; *subst* dites-lui un grand ~ de ma part richten Sie ihm meinen besten Dank aus

merci² [mɛrsi] *f nur loc*: *Kampf* sans ~ gnadenlos; schonungslos; unbarmherzig; demander ~ um Gnade bitten (à qn j-n); être à la ~ de qn, de qc j-m, e-r Sache ausgeliefert, preisgegeben sein; à Willkür preisgegeben sein; j-m auf Gnade oder Ungnade, auf Gedeih und Verderb ausgeliefert sein; *Schiff* être à la ~ des vents et des flots Wind und Wellen preisgegeben sein; tenir qn à sa ~ j-n in s-r Gewalt haben

merc|ier [mɛrsje] *m*, **~ière** *f* Kurzwarenhändler(in) *m(f)*

mercredi [mɛrkrədi] *m* Mittwoch *m*; ~ des Cendres Ascher'mittwoch *m*; *loc/adv* le ~ mittwochs; *weitere Wendungen cf* jeudi

mercur|e [mɛrkyr] *m* 1. *chim* Quecksil-ber *n*; alliage *m* de ~ Quecksilberlegie-

rung *f*; composé *m* du ~ Quecksilber-verbindung *f*; fulminate *m* de ~ Queck-silberfulminat *n*; Knallquecksilber *n*; vapeur *f* de ~ Quecksilberdampf *m*; 2. *astr* ♀ (der) Mer'kur; ~eux *adj* ⟨*nur m*⟩ *chim* Quecksilber(I)-...; Mer'kuro... *od* Mer'curo...; chlorure ~ Quecksilber(I)--chlorid *n*; Chlorquecksilber *n*; Merkuro- *od* Mercurochlorid *n*; sulfate ~ Queck-silber(I)-sulfat *n*; Merkuro- *od* Mercuro-sulfat *n*

mercuriale [mɛrkyrjal] *f* 1. *bot* Bingel-kraut *n*; 2. *comm* a) (wöchentlicher) Marktbericht; b) Marktpreise *m/pl*; Marktnotierung *f*; 3. *jur* Rede *f* e-s Vertreters der Staatsanwaltschaft (*bei Wiedereröffnung der Gerichtssitzungen nach den Gerichtsferien*); 4. *fig u st/s* (*réprimande*) Tadel *m*; Rüge *f*; Verweis *m*

mercur|iel [mɛrkyrjɛl] *adj* ⟨~le⟩ *chim*, *phm* Quecksilber...; intoxication ~le Quecksilbervergiftung *f*; Merkuria-'lismus *m*; pommade ~le graue (Queck-silber)Salbe; vapeurs ~les Quecksilber-dämpfe *m/pl*; ~ique *adj chim* Quecksilber(II)-...; Mer'kuri... *od* Mer'curi...; chlorure ~ Quecksilber(II)--chlorid *n*; Subli'mat *n*; Quecksilber-dichlorid *n*; Merkuri- *od* Mercuri-chlorid *n*

merde [mɛrd] P *f* 1. (*verhüllend* m...) P Scheiße *f* (*verhüllend* Sch...); Scheißdreck *m*; ~ de chien, d'oiseaux P Hunde-, Vogelscheiße *f*, F-dreck *m*; *loc/adj* de ~ P Scheiß...; F Mist...; Dreck(s)...; c'est de la ~ das ist Schund, F Mist, Dreck, P Scheiße; *fig* être dans la ~ (*jusqu'au cou*) P in der Scheiße sitzen; *fig* il ne se prend pas pour une ~ F er bildet sich wunder was ein; er bildet sich ein, wunder wer zu sein; 2. *int* a) ~! P Scheiße!; so e-e Scheiße!; so ein Scheiß-dreck!; F *verhüllend* Scheibenhonig!; Scheibenkleister!; *nordd* (so ein) Schiet!; F so ein Mist!; verdammter Mist!; ~ après tout, ~! P das ist doch alles Scheiße, F Mist!; ~ pour ...! (*z B le professeur*) F dieser verdammte ... *bzw* diese verdammte ... *bzw* diese verdamm-ten ...!; b) *drückt Erstaunen, Bewunde-rung aus* ~ alors! Donnerwetter!; c) *Schülersprache* ~ (à la) puissance treize! ich drücke, halte *bzw* wir drük-ken, halten dir *bzw* euch die Daumen; Hals- und Beinbruch!; toi, toi, toi!

merder [mɛrde] *v/i cf* merdoyer

merdeux [mɛrdø] P **I** *adj* ⟨-euse⟩ P beschissen; *fig* bâton ~ widerlicher, ekelhafter Kerl; P Dreckskerl *m*; Scheiß-kerl *m*; **II** *subst* ~, merdeuse *m,f* a) *für beide Geschlechter* F Grünschnabel *m*; Naseweis *m*; j. der nicht trocken hinter den Ohren ist; Rotzjunge *m*; P Pißnelke *f*; cette merdeuse de dix ans F diese dumme Gans von zehn Jahren; b) Geck *m*; Laffe *m*; *von e-r Frau* F eingebildete Pute

merd|ier [mɛrdje] *m* P Saustall *m*; **~ique** *adj* P beschissen

merdoyer [mɛrdwaje] P *v/i* ⟨-oi-⟩ *bei e-r Prüfung etc* P Mist machen *od* bauen

mère¹ [mɛr] *f* 1. Mutter *f* (*auch égl cath* „Ordensoberin" *u fig*); *bei Tieren auch* Muttertier *n*; F *Bezeichnung für e-e ältere Frau* la ~ X Mutter X; (die) Frau X; *péj* die (alte) X; *Anrede für e-e Ordensfrau* ma ~ Mutter (+*Name*); F la ~! he, Mütterchen!; F ma petite ~ Mütter-chen!; nos ~s unsere weiblichen Vorfah-ren *m/pl*; ~ adoptive Adop'tiv-mutter *f*; *égl cath* la Bonne ♀ Unsere Liebe Frau; bonne ~! du lieber Himmel!; première ~ Stammutter *f* (*der Mensch-heit*); *rel* ~ de Dieu Gottesmutter *f*; ~ de famille verheiratete Frau mit Kindern;

abus als Berufsbezeichnung Hausfrau *f*; ~ de deux garçons Mutter von zwei Jungen *od* zweier Jungen; fête *f* des ~s Muttertag *m*; orphelin *m* de ~ mutterlose (Halb)Waise; *loc/adj* sans ~ mutterlos; devenir ~ Mutter werden; *st/s* rendre une femme ~ e-e Frau zur Mutter machen; 2. *adjt* Haupt...; Grund...; Ur...; branche *f* ~ Hauptast *m*; cellule *f* ~ Urzelle *f*; idée *f* ~ zu'grundeliegende Idee; Haupt-, Leit-, Grundgedanke *m*; maison *f* ~ a) *comm* Stammhaus *n*; Hauptgeschäft *n*; b) *égl cath* Mutterhaus *n*; langue *f* ~ Grund-sprache *f*; ~ patrie *f* Mutterland *n*; reine *f* ~ Königinmutter *f*; 3. *Essigher-stellung* ~ de vinaigre Essigmutter *f*, -kahm *m*; Kahmhaut *f*; 4. *Töpferei* (*abgeformte*) Gipsform

mère² [mɛr] *adj* ⟨*nur f*⟩ *beim Keltern* ~ goutte Vorlauf *m*; ~ laine feinste Wolle (*des Schaffells*)

mère-grand [mɛrgrã] *f* ⟨*nur sg*⟩ *im Märchen* Großmutter *f*

merguez [mɛrgɛz] *f cuis* kleine Brat-wurst aus Hammelfleisch

mergule [mɛrgyl] *m zo* Zwergsäger *m*

mérid|ien [meridjã] **I** *adj* ⟨~ne⟩ 1. *astr* Meridi'an...; Mittags...; cercle, instru-ment *m* ~ Meridiankreis *m*, -instru-ment *n*; 'hauteur ~ne Meridian-, Mit-tagshöhe *f* (*e-s Gestirns*); ligne ~ne Mittagslinie *f*; lunette ~ne Meridian-(fern)rohr *n*; Mittagsfernrohr *n*; obser-vations ~nes Beobachtung *f* der Meri-diandurchgänge (*e-s Gestirns*); 2. *st/s* mittäglich; Mittags...; ombre ~ne kur-zer Mittagsschatten; 3. *st/s* Süd...; ex-position ~ne Südlage *f*; 4. *bot* Blume mittags aufblühend; **II** *m* 1. *astr* ~ (céleste) Meridi'an *m*; Mittagskreis *m*; 2. *géogr* ~ (terrestre) Meridi'an *m*; Längenkreis *m*; ~ d'origine Nullmeri-dian *m*; 3. *phys* ~ magnétique magneti-scher Meridian; ~ienne *f Empiremöbel* Kanapee *n* (*mit verschieden hohen Sei-tenlehnen*)

méridional [meridjɔnal] ⟨*m/pl* -aux⟩ **I** *adj* 1. südlich; Süd...; climat ~ südliches Klima; côte ~e Südküste *f*; 2. südfran-zösisch; *par ext* südländisch; accent ~ südfranzösischer Akzent; **II** *subst* ~ *m(f)* Südfranzose, -französin *m,f; par ext* Südländer(in) *m(f)*

meringue [mərɛ̃g] *f* Gebäck Baiser [bɛ'zeː] *n*; Me'ringe *f*; Me'ringel *n*; ~é *adj cuis* mit Baiser-, Me'ringelteig über'zo-gen

mérinos [merinos] *m* 1. *zo* Me'rino (-schaf) *m* (*n*); *adjt* bélier ~ Me'rino-schafbock *m*; P *fig* laisser pisser le ~ die Dinge laufen lassen; 2. Me'rinowolle *f; text* Me'rino *m*

meris|e [məriz] *f bot* Süß-, Vogelkirsche *f* (*Frucht*); ~ier *m* 1. *bot* Süß-, Vogelkir-sche *f* (*Baum*); faux ~ Felsenkirsche *f*; Steinweichsel *f*; ~ à grappes Trauben-, Ahlkirsche *f*; 2. (*bois de*) ~ Kirsch-baumholz *n*; de ~ Kirschbaum...

méristème [meristɛm] *m bot* Meri-'stem(gewebe) *n*

méritant [meritã] *adj Person* verdienst-voll; verdient; récompenser les élè-ves les plus ~s die Schüler belohnen, die es am meisten verdient haben

mérite [merit] *m* 1. Verdienst *n*; *loc/adj* de ~ verdient; plein de ~, de grand ~ verdienstvoll; sehr verdient; il a un grand ~ à se consacrer ainsi à ses parents es ist ihm hoch anzurechnen, es ist sehr anerkennenswert, daß er sich s-n Eltern so widmet; se faire un ~ de faire qc es sich als *od* zum Verdienst anrechnen, etw zu tun; tout le ~ lui en revient das ist alles sein Verdienst; 2. *e-r*

Person Vorzug *m*; **avoir le ~ de la sincérité** den Vorzug haben, aufrichtig zu sein; **3.** *e-s Buches, Werkes* Wert *m*; **ce livre n'est pas sans ~** dieses Buch ist durchaus, recht wertvoll; **4.** *Auszeichnung in Frankreich* (**ordre** *m* **du**) ☽ **agricole, artisanal, commercial,** *etc* etwa Orden *m* für Verdienste um die Landwirtschaft, um das Handwerk, um den Handel *etc*; Verdienstorden *m* der Landwirtschaft, des Handwerks, des Handels *etc*; *in Deutschland* (**ordre** *m*) **Pour le ~** (Orden *m*) Pour le mérite *m*
mériter [merite] **I** *v/t* **1.** *Achtung, Anerkennung, Tadel, Strafe etc* verdienen; *Person, Sache* wert sein (qc *etw*; de +*inf* zu +*inf*; que ... + *subj* daß ...); **elle n'a pas mérité le mari qu'elle a** sie hat e-n solchen Mann gar nicht verdient; sie ist diesen Mann gar nicht wert; **~ le paradis** es verdienen, in den Himmel zu kommen; **cela mérite d'être lu** das ist lesenswert; **il mériterait d'être sévèrement puni** er hätte (eigentlich) e-e strenge Strafe verdient; er müßte (eigentlich) streng bestraft werden; er verdiente, streng bestraft zu werden; **il ne mérite pas qu'on se fasse du souci pour lui** er verdient es gar nicht, er ist es gar nicht wert, daß man sich um ihn sorgt; **il l'a bien mérité!** das geschieht ihm recht (so)!; das hat er verdient!; *loc/adv* **sans l'avoir mérité** unverdienter'maßen; unverschuldeter'weise; ohne es verdient zu haben; *adjt* **repos bien mérité** wohlverdiente Ruhe; **2.** bedürfen (qc e-r *Sache* [*gén*]); **ceci mérite réflexion** das bedarf der Über'legung; **cette lettre mérite une réponse** dieser Brief erfordert e-r e-r Antwort; **II** *v/t/indir* **il a bien mérité de la patrie** er hat sich um das Vaterland verdient gemacht
méritoire [meritwar] *adj* Tat, Werk verdienstlich; verdienstvoll; *Anstrengung* löblich
merlan [mɛrlɑ̃] *m* **1.** *zo* Mer'lan *m*; Wittling *m*; F *fig* **faire des yeux de ~ frit** F glotzen, stieren (wie ein abgestochenes Kalb); **2.** *arg* (*coiffeur*) Fri'seur *m*; F Verschönerungsrat *m*; Figaro *m*
merle [mɛrl] *m* **1.** *zo* **~** (**noir**) Amsel *f*; Schwarzdrossel *f*; *fig* **siffler comme un ~** gut pfeifen können; **2.** *fig* **~ blanc** weißer Rabe; *von e-m Mann* vilain, *iron* beau ~ F unangenehmer, 'widerwärtiger Kerl
merlin [mɛrlɛ̃] *m* **1.** *mar* Marlleine *f*; **2.** Holzaxt *f*; **3.** *Fleischerei* schwerer Hammer (*zum Betäuben der Rinder*)
merlon [mɛrlɔ̃] *m* *fortif* Zinne *f*
merlu [mɛrly] *m* *zo* Seehecht *m*; Hechtdorsch *m*
merluche [mɛrly∫] *f* **1.** *zo* cf **merlu**; **2.** *comm* Stockfisch *m*
merlus [mɛrly] *m* cf **merlu**
mérostomes [merɔstom] *m/pl zo* Mero-'stomata *pl*
mérovingien [merɔvɛ̃ʒjɛ̃] *hist* **I** *adj* ⟨**~ne**⟩ merowingisch; **II** *m/pl* ☽s Merowinger *m/pl*
merrain [merɛ̃] *m* **1.** *Böttcherei* Rohdaube *f*; **2.** *ch des Geweihs* Stange *f*
mérule [meryl] *m od f bot* Echter Hausschwamm
merveille [mɛrvɛj] *f der Natur, der Technik etc* Wunder(werk) *n*; **une pure ~** ein wahres Wunder(werk); **les sept ~s du monde** die Sieben Weltwunder *n/pl*; *fig* **la huitième ~ du monde** das achte Weltwunder; *loc/adv* **à ~** wunderbar; herrlich; sehr gut; ausgezeichnet; ver-'trefflich; großartig; **il se porte à ~** es geht ihm sehr gut, ausgezeichnet, glänzend; **être une ~ de précision,** *etc* ein

(wahres) Wunder an Präzision (*dat*) *etc* sein; *Medizin, Maschine etc* **faire ~, des ~s** Wunder tun, voll'bringen, verrichten, *nur Medizin* wirken; *Jahrmarkts-, Zirkusreklame* **vous verrez des ~s!** Sie werden wahre Wunder erleben!
merveilleusement [mɛrvɛjøzmɑ̃] *adv* wunderbar; herrlich; **elle est ~ belle** sie ist wunderschön; *Zimmer* **~ décoré** wunderbar, herrlich, prächtig ausgestattet
merveilleux [mɛrvɛjø] **I** *adj* ⟨**-euse**⟩ wunderbar; wundervoll; wunderschön; herrlich; *Märchen* **Aladin, ou la Lampe merveilleuse** Aladins Wunderlampe; **avoir une adresse, intelligence merveilleuse** unglaublich geschickt, klug sein; **elle est merveilleuse dans ce rôle** sie ist herrlich, wunderbar, wundervoll, glänzend in dieser Rolle; **II** *subst* **1. le ~** das Wunderbare; **2.** *hist zur Zeit des Directoire* **les Merveilleuses** *f/pl* die Merveil'leuses *f/pl* (*allzu modisch gekleidete Damen*)
mérycisme [merisism(ə)] *m path* 'Wiederkäuen *n*; *sc* Mery'zismus *m*
merzlota [mɛrzlɔta] *f géogr* Dauerfrostboden *m*; ewiger Eisboden
mes [me] cf **mon**
mésa [meza] *f géol* Tafelberg *m*; Mesa *f*
mésalli|ance [mezaljɑ̃s] *f* 'Mißheirat *f*; nicht standesgemäße Heirat; Mesalli-'ance *f*; **~er** *v/pr* **se ~** unter s-m Stand heiraten; e-e 'Mißheirat, Mesalli'ance eingehen
mésange [mezɑ̃ʒ] *f zo* Meise *f*; **~ bleue** Blaumeise *f*; **~ charbonnière** Kohlmeise *f*; **~ noire** Tannenmeise *f*; **~ à longue queue** Schwanzmeise *f*
mésaventure [mezavɑ̃tyr] *f* 'Mißgeschick *n*
mescaline [mɛskalin] *f Rauschgift* Mes-ka'lin *n*
mesdames, mesdemoiselles *pl von* **madame, mademoiselle**
mésembryanthemum [mezɑ̃brijɑ̃temɔm] *m bot* Mittags-, Faserblume *f*
mésencéphale [mezɑ̃sefal] *m anat* Mittelhirn *n*; *sc* Mesen'zephalon *od* Mesen-'cephalon *n*
mésentente [mezɑ̃tɑ̃t] *f* 'Mißhelligkeit *f*; Unstimmigkeit *f*; Uneinigkeit *f*
més|entère [mezɑ̃tɛr] *m anat* Dünndarmgekröse *n*; *sc* Mesen'terium *n*; **~entérique** *adj anat sc* mesenteri'al; Mesenteri'al...
mésestim|e [mezɛstim] *st/s f* 'Mißachtung *f*; Geringschätzung *f*; **tenir qn en ~** cf **mésestimer**; **~er** *t st/s Person, Sache* miß'achten; geringschätzen; *Schwierigkeiten* unter'schätzen
mésintelligence [mezɛ̃teliʒɑ̃s] *f st/s in e-r Gemeinschaft* Unfriede(n) *m*; Uneinigkeit *f*; mangelndes Einvernehmen; Unstimmigkeit *f*
mesmér|ien [mɛsmerjɛ̃] *adj* ⟨**-ne**⟩ *hist* mesmerisch; **~isme** *m hist* Mesme'rismus *m*
mésocarpe [mezɔkarp] *m bot* mittlere Schicht der Fruchtwand; *sc* Meso-'karp(ium) *n*
mésoderm|e [mezɔdɛrm] *m biol* mittleres Keimblatt; *sc* Meso'derm *n*; **~ique** *adj biol sc* mesoder'mal
mésolithique [mezɔlitik] **I** *adj* mittelsteinzeitlich; *sc* meso'lithisch; **II** *m* Mittelsteinzeit *f*; mittlere Steinzeit; *sc* Meso-'lithikum *n*
méson [mezɔ̃] *m phys atom* Meson *n*
mésophyte [mezɔfit] *m bot sc* Meso-'phyt *m*
mésopotamien [mezɔpɔtamjɛ̃] *hist* **I** *adj* ⟨**~ne**⟩ mesopo'tamisch; **II** *m/pl* **les** ☽s **die** Mesopo'tamier *m/pl*
méso|sphère [mezɔsfɛr] *f* Meso'sphäre

f; **~thorax** *m anat der Insekten* Mittelbrust *f*
mésozoïque [mezɔzɔik] *géol* **I** *adj sc* meso'zoisch; **II** *m* **a)** meso'zoische Formati'onsgruppe; **b)** Mittelalter *n* der Erde; *sc* Meso'zoikum *n*; mesozoisches Zeitalter
mesquin [mɛskɛ̃] *adj* **1.** *Person, Anschauungen etc* kleinlich; engstirnig; engherzig; *Benehmen, Haltung* schäbig; *esprit* **~** kleiner Geist; *petites histoires* **~es** kleinliche Geschichten *f/pl*; **2.** schäbig; F knaus(e)rig; knick(e)rig
mesquinerie [mɛskinri] *f* **1.** *e-r Person, von Anschauungen etc* Kleinlichkeit *f*; Engstirnigkeit *f*; Engherzigkeit *f*; *nur e-r Person* kleinliches Wesen; *loc/adv* **avec ~** schäbig; kleinlich; **agir avec ~ à l'égard de qn** sich j-m gegenüber schäbig, kleinlich benehmen; **2.** kleinliches, schäbiges Verhalten, Benehmen; kleinliche, schäbige Handlungsweise; Schäbigkeit *f*; **il est incapable d'une telle ~** er ist e-r so schäbigen Handlungsweise nicht fähig; **3.** Schäbigkeit *f*; F Knaus(e)rigkeit *f*; Knause'rei *f*; Knick(e)rigkeit *f*
mess [mɛs] *m mil* Ka'sino *n*; **~ des officiers, des sous-officiers** Offi-'ziers-, 'Unteroffizierskasino *n*
message [mesaʒ] *m* **1.** Botschaft *f* (*auch pol, bibl, fig e-s Schriftstellers etc*); Nachricht *f*; Mitteilung *f*; Meldung *f*; *rad, télév* 'Durchsage *f*; **~ publicitaire** Werbespot *m*, -durchsage *f*, -text *m*; **~** (**radio**) Funkspruch *m*; **~ télégraphique, téléphonique** telegrafische, telefonische *od* fernmündliche Nachricht, Mitteilung, Meldung; **~ téléphoné** telefonische Mitteilung, die dem Empfänger (*, der keinen Telefonanschluß hat,*) durch die Post über'mittelt wird; *fig* **~ de l'au-delà** Botschaft aus dem Jenseits; *aviat, mar* **~ de détresse** Notruf *m*; **2.** Auftrag *m*; Bestellung *f*; **s'acquitter d'un ~** sich e-s Auftrags entledigen; **être chargé d'un ~** e-n Auftrag haben; **mit e-m** Auftrag betraut sein
messag|er [mesaʒe] *m*, **~ère** *f* **1.** Bote *m*, Botin *f* (*auch fig*); *fig* Vorbote, -botin *m, f*; *Merkur* **messager des dieux** Götterbote *m*; **messager de malheur, de mauvais augure** Unglücksbote *m*; *poét* **messagers du printemps** Frühlingsboten *m/pl*; (Vor)Boten des Frühlings; **2.** ⟨*nur m*⟩ *zo* Sekre'tär *m*
messageries [mesaʒri] *f/pl* **1.** *ch de fer* Eilgutverkehr *m*; Gütereilverkehr *m*; **2.** *in Frankreich* **~ de presse** Zeitungsvertriebsgesellschaft *f*; **3.** (**compagnie** *f* **des**) ☽ **maritimes** *Name e-r großen frz Schiffahrtsgesellschaft*; **4.** *hist* **~ royales** *etwa* königliche Botenanstalt
messe [mɛs] *f* **1.** *égl cath* Messe *f*; **~ basse** stille Messe; F *fig* **~s basses** Getuschel *n*; F *fig* **faire des ~s basses** miteinander tuscheln; F *fig* **pas de ~ basse sans curé!** keine Geheimniskrämerei!; **~ chantée** (Hoch)Amt *n*; gesungene Messe; **~ lue** gesprochene Messe; **~ noire** schwarze Messe; **~ pontificale** Pontifi'kalamt *n*, -messe *f*; *e-s neugeweihten Priesters* **première ~** Pri'miz *f*; **~ solennelle** levi'tiertes Hochamt; **~ de minuit** Christmette *f*; **~ des morts** Toten-, Seelenmesse *f*; **aller à la ~** zur Messe gehen; in die Kirche gehen; **célébrer, dire la ~** die Messe zelebrieren, halten *od* lesen; **faire dire une ~ pour qn** für j-n e-e Messe lesen lassen; **entendre la ~** die Messe hören; *Ministrant* **servir la ~** mini'strieren; *Henri IV* **Paris vaut bien une ~** Paris ist (wohl) e-e Messe wert; **2.** *mus* Messe *f*; *Bach* **~ en si mineur** h-Moll-Messe *f*

messénien [mesenjɛ̃] *hist* **I** *adj* ⟨~ne⟩ mes'senisch; **II** *m/pl* les ~s die Mes'senier *m/pl*

messian|ique [mesjanik] *adj rel* mes'si'anisch; espoir *m* ~ messianische Hoffnung; **~isme** *m rel* Messia'nismus *m*

messidor [mesidɔr] *m* Messi'dor *m* (*10. Monat des frz Revolutionskalenders*)

messie [mesi] *m rel* Mes'sias *m*; im Christentum le ♀ der Messias; *mus* Händel Le ♀ Der Messias; F *fig* attendre qn comme le ♀ j-n sehnlichst erwarten

messieurs *pl von* monsieur

messin [mesɛ̃] *adj* (*u subst* ♀ Einwohner) von Metz

messire [mesir] *m früher* gnädiger Herr

mestrance [mɛstrɑ̃s] *f cf* maistrance

mesur|able [məzyrabl(ə)] *adj* meßbar; être difficilement ~ *auch* schwer zu messen sein; **~age** *m* (Ab-, Aus-, Ver-)Messen *n*, -ung *f*

mesure [məzyr] *f* **1.** Messung *f*; ~ de chaleur, de température Wärme-, Tempera'turmessung *f*; **2.** Maß *n* (*auch fig*); *fig* Maßstab *m*; *fig* la bonne, juste ~ das richtige, rechte Maß; ~s de capacité, de longueur, de masse, de superficie, de volume Hohl-, Längen-, Massen-, Flächen-, Raummaße *n/pl*; appareil *m*, instrument *m* de ~ Meßgerät *n od* -apparat *m*, -instrument *n*; système *m* de ~ Maßsystem *n*; ♦ *loc/adj* à la ~ de qn, qc j-m, e-r Sache angemessen, entsprechend; auf j-n, etw zugeschnitten; c'est un adversaire à sa ~ ... gleichwertiger Gegner; ... Gegner, der ihm gewachsen ist, der sich mit ihm messen kann; ce qu'on lui propose, n'est pas à sa ~ was man ihm vorschlägt, über'steigt sein Können; ♦ *loc/adv*: à ~, au fur et à ~ nach und nach; avec ~ maßvoll; dans une certaine ~ in gewissem Maße; bis zu e-m gewissen Grade, 'Umfang; einigermaßen; dans une large ~ weitgehend; in hohem Maße; dans quelle ~? inwie'weit?; in welchem 'Umfang?; outre ~ *cf* outre² **II** **2.**; *auch loc/adj*: sans ~ maßlos; unmäßig; 'übermäßig; ohne Maß (und Ziel); ambition *f* sans ~ maßloser Ehrgeiz; sur ~ nach Maß (*auch fig*); travail *m* sur ~ Maßarbeit *f*; cout se faire faire une robe sur ~ sich ein Kleid nach Maß anfertigen, arbeiten lassen; ♦ *loc/conj* à ~ que, au fur et à ~ que in dem Maße, wie; *cf auch* fur; dans la ~ où so'weit; in dem Maße, wie; insoweit *od* insofern, als; ♦ *loc/prép* au fur et à ~ de je nach; dans la ~ de im Rahmen, nach Maßgabe (+*gén*); dans la ~ du possible im Rahmen des Möglichen; soweit (es) möglich (ist); nach Möglichkeit; dans toute la ~ du possible soweit (es) irgend möglich (ist); möglichst; dans la ~ de nos moyens soweit es unsere Mittel erlauben; par ~ de aus Gründen (+*gén*); par ~ de prudence vorsichtshalber; ♦ *fig*: il n'a pas le sens de la ~ er kennt kein Maß; er kann nicht maßhalten; il n'y a pas de commune ~ entre ... et ... man kann ... und ... nicht mit demselben Maßstab messen; man kann an (+*acc*) nicht denselben Maßstab anlegen wie an (+*acc*); es gibt keinen gemeinsamen Maßstab für ... und ...; ces deux événements sont sans commune ~ diese beiden Ereignisse sind nicht vergleichbar, kann man nicht miteinander vergleichen, stehen in keinem Verhältnis zueinander; dépasser, excéder la ~ das Maß über'schreiten; über das Maß hinausgehen; donner la ~ de son talent, donner (toute) sa ~ zeigen, was

man kann; prendre les ~s de qc etw aus-, abmessen; *cout* prendre les ~s d'un costume für e-n Anzug Maß nehmen; je prends vos ~s ich nehme bei Ihnen Maß; **3.** Maßnahme *f*, -regel *f*; ~ arbitraire willkürliche Maßnahme; Willkürakt *m*; ~ disciplinaire Diszipli'narmaßnahme *f*; ~ d'austérité Notmaßnahme *f*; ~ de circonstance geeignete Maßnahme; ~ de contrôle Kon'trollmaßnahme *f*; ~ de précaution Vorsichtsmaßnahme *f*, -maßregel *f*; ~ de protection, de sauvegarde Schutz-, Sicherungsmaßnahme *f*; ~ de représailles Vergeltungsmaßnahme *f*; *Völkerrecht* ~ de rétorsion Gegen-, Vergeltungsmaßnahme *f*; ~ de sécurité, de sûreté Sicherheitsmaßnahme *f*, -vorkehrung *f*; ~ d'urgence So'fortmaßnahme *f*; prendre des ~s Maßnahmen ergreifen; Vorkehrungen treffen (contre gegen; contre les accidents de travail zur Verhütung von Arbeitsunfällen); **4.** *mus* Takt(maß) *m*(n); ~ binaire, trinaire gerader *od* zwei- *bzw* vierteiliger, ungerader *od* dreiteiliger Takt; ~ à trois, à quatre temps Drei'viertel-, Vier'vierteltakt *m*; barre *f* de ~ Taktstrich *m*; *loc/adv* en ~ im Takt; battre, marquer la ~ den Takt schlagen, angeben; compter une ~ pour rien vor Spielbeginn e-n Takt auszählen; perdre la ~ aus dem Takt kommen; **5.** *métr* Versmaß *n*; Metrum *n*; **6.** Hohlmaß Maß *n*; ~ à grains Kornmaß *n*; deux ~s d'avoine zwei Maß Hafer; faire bonne ~ gut, reichlich messen, wiegen; *fig* la ~ est comble! das Maß ist voll!; **7.** *esc* (mittlere) Men'sur; être 'hors de ~ außerhalb der Mensur sein; **8.** *fig* être en ~ faire qc in der Lage, im'stande sein, etw zu tun; mettre qn en ~ de faire qc j-m die Möglichkeit, Gelegenheit geben, in den Stand setzen, etw zu tun; **9.** *jur von Strafen* Zu-, Bemessung *f*

mesuré [məzyre] *adj Person* maßvoll; *Ton etc* gemäßigt; à pas ~s gemessenen Schrittes; mit gemessenen Schritten

mesurer [məzyre] **I** *v/t* **1.** (ab-, aus-, ver)messen (une qc le *od* au mètre mit dem [Zenti]Metermaß; à l'aide d'un instrument mit e-m Instrument, mit Hilfe e-s Instruments); ~ qn à un j-m messen; ~ le volume d'un récipient den Inhalt e-s Gefäßes (aus)messen; *fig* ~ ses forces à *od* avec qn s-e Kräfte mit j-m messen; ~ un terrain ein Gelände vermessen; *cout* ~ le tour du cou die Halsweite messen; **2.** *mit Maßangabe* messen; sein; la pièce mesure trois mètres sur cinq das Zimmer ist drei zu, mal, auf fünf Meter groß; **3.** *fig Tragweite e-r Handlung, Ausmaß der Verluste, Gefahr etc* ermessen; (richtig) abschätzen, beurteilen; **4.** *fig* ~ qc à *od* sur qc etw an etw (*dat*) messen; etw nach etw bemessen, regeln; **5.** *fig* ~ ses expressions sich vorsichtig ausdrücken; sich in s-n Ausdrücken mäßigen; ~ ses gestes in s-n Gesten sparsam sein; ~ ses paroles s-e Worte abwägen; notre temps est mesuré unsere Zeit ist knapp bemessen; **II** *v/pr* **a)** *reflexiv* se ~ à *od* avec qn sich mit j-m messen; **b)** *reziprok* se ~ du regard sich mit Blicken messen; **c)** *passivisch*: se ~ en mètres in Metern gemessen werden; *fig* se ~ à qc an etw (*dat*) gemessen werden

mesureur [məzyrœr] *m* **1.** Meßgerät *n*, -apparat *m*, -vorrichtung *f*; *in Zssgn* ...messer *m*; ~ de pression Druckmesser *m*; **2.** *Person* (Ver)Messer *m*

méta [meta] *m* (*nom déposé*) Metabrennstoff *m*

métabol|isme [metabɔlism(ə)] *m phy*-siol Stoffwechsel *m*; *sc* Metabo'lismus *m*; ~ basal, de base Grundumsatz *m*; **~ite** *m od f biol meist pl* ~s Metabo'liten *m/pl*

métacarp|e [metakarp] *m anat* Mittelhand *f*; ~ien [~] *adj rel* ⟨~ne⟩ *anat* Mittelhand...; *sc* metakar'pal; os ~s *od subst* ~s *m/pl* Mittelhand-, *sc* Metakar'palknochen *m/pl*; Metakar'palien *pl*

métacentre [metasɑ̃tr(ə)] *m Hydrostatik* Meta'zentrum *n*; Schwankpunkt *m*

métairie [meteri] *f agr* (Halb)Pachthof *m*, -gut *n*

métal [metal] *m* ⟨*pl* -aux⟩ **1.** Me'tall *n*; ~ anglais Bri'tanniametall *n*; ~ blanc Weißmetall *n*; ~ de cloche Glockenmetall *n*, -speise *f*, -gut *n*; ~ en barre, en lingot Barren-, Blockmetall *n*; **2.** *fin* Währungsmetall *n*; **3.** *Heraldik* métaux *pl* Me'talle *n/pl*

méta|langage [metalɑ̃gaʒ] *m od* **~langue** *f ling*, Kybernetik Metasprache *f*

métaldéhyde [metaldeid] *m od f chim* Metalde'hyd *m*

métalepse [metalɛps] *f rhét* Meta'lepse *od* Me'talepsis *f*

métall|éité [metaleite] *f* Me'talleigenschaft *f*, -charakter *m*; **~ifère** *adj* me'tall-, erzhaltig; gisement *m* ~ Erzlagerstätte *f*

métallique [metalik] *adj* **1.** me'tallen; Me'tall...; mobilier *m* ~ Stahlmöbel *n/pl*; monnaie *f* ~ Hart-, Metallgeld *n*; plaque *f* ~ Metallplatte *f*; *fin* réserve *f* ~ Metallreserve *f*, -bestand *m*; toile *f* ~ Drahtgewebe *n*; Metalltuch *n*; tour *f* ~ eiserner Turm; Turm *m* in Eisenkonstruktion; **2.** me'tallisch (*auch fig*); me'tallartig, -ähnlich; bruit *m* ~ Me'tallklang *m*; *fig* voix *f* ~ metallische Stimme; **3.** *Numismatik* histoire *f* ~ in Denkmünzen festgehaltene Geschichte

métallis|ation [metalizasjɔ̃] *f tech* Metalli'sierung *f*; Metallisati'on *f*; ~ au pistolet Me'tallspritzverfahren *n*; **~er** *v/t* **1.** *tech* metalli'sieren; mit e-r Me'tallschicht über'ziehen; **2.** Me'tallglanz geben (+*dat*)

métallo [metalo] *m* (F *Kurzform für* métallurgiste 1.) F Me'taller *m*

métallo|chromie [metalɔkrɔmi] *f tech* Me'tallfärbung *f*; Metallochro'mie *f*; **~graphe** *m* Me'tallo'graph *m*; **~graphie** *f* **1.** Me'tallkunde *f*; ~ microscopique Metallogra'phie *f*; Me'tallmikroskopie *f*; **2.** *impr* Flachdruckverfahren *n*, bei dem anstelle des Lithosteins e-e gekörnte Zink- *od* Aluminiumplatte verwendet wird; **~graphique** *adj* der Me'tallkunde, Metallogra'phie; metallo'graphisch

métalloïde [metalɔid] *m chim* Nichtmetall *n*; Metallo'id *n*

métallurg|ie [metalyrʒi] *f* **1.** Hüttenkunde *f*; Metallur'gie *f*; ~ des poudres Pulvermetallurgie *f*; **2.** Me'tallbearbeitung *f*; **3.** Me'tallindustrie *f*; ~ lourde Hüttenindustrie *f*; ~ de transformation metallverarbeitende Industrie; **~ique** *adj* metall'urgisch; hüttenkundlich; Hütten...; Me'tall...; industrie *f* ~ Metallindustrie *f*; **~iste** *adj u subst m* **1.** (ouvrier *m*) ~ Me'tallarbeiter *m*; grève *f* des ~s Metallarbeiterstreik *m*; **2.** ingénieur *m* ~ Hütteningenieur *m*

méta|logique [metalɔʒik] *philos* **I** *adj* meta'logisch; **II** *f* Meta'logik *f*; **~mère** [-mɛr] *biol* **I** *adj* meta'mer; **II** *m/pl* ~s Meta'meren *pl*; **~mérie** [-meri] *f biol* Metame'rie *f*

métamorph|ique [metamɔrfik] *adj* meta'morph(isch); roche *f* ~ metamorphes Gestein; Metamor'phit *m*; **~iser** *v/t géol* 'umwandeln; **~isme** *m géol*

Metamor'phose f; ~ régional od général, de contact Regio'nal-, Kon'takt-metamorphose f

métamorphos|e [metamɔrfoz] f Verwandlung f; 'Umwandlung f; Metamor-'phose f (auch myth); zo auch Metabo'lie f; indirekte Entwicklung; **~er I** v/t verwandeln (en in + acc); machen (zu); 'umwandeln; völlig verändern; metamorpho'sieren; **II** v/pr se ~ sich verwandeln (en in + acc); myth se ~ en taureau sich in e-n Stier verwandeln

métaphase [metafaz] f biol Meta-'phase f

métaphor|e [metafɔr] f rhét Me'tapher f; bildlicher Ausdruck; Bild n; **~ique** adj **1.** bildlich; über'tragen; meta'phorisch; **2.** Stil bilderreich

méta|phosphorique [metafɔsfɔrik] adj chim acide m ~ Meta'phosphorsäure f; **~physicien** m philos Meta'physiker m; **~physique I** f philos Metaphy'sik f; **II** adj meta'physisch; **~psychique I** adj meta'physisch; **II** f Meta'psychik f; **~stase** [-staz] f path Meta'stase f

métatars|e [metatars] m anat Mittelfuß m; sc Meta'tarsus m; **~ien** adj <~ne> anat Mittelfuß...; os ~s od subst ~s m/pl Mittelfuß-, sc Metatar'salknochen m/pl; Metatar'salien pl

méta|thèse [metatɛz] f rhét The-'sis od Me'tathesis f; **~thorax** m anat der Insekten 'Hinterbrust f

métay|age [metɛjaʒ] m agr Halb-, Teilpacht f; bail m à ~ Halb-, Teilpachtvertrag m; **~er** m, **~ère** f Halb-, Teilpächter(in) m(f)

métazoaire [metazɔɛr] m zo Meta'zoon n; meist pl ~s Meta'zoen pl

méteil [metɛj] m agr Mengkorn n, Gemengesaat f (aus Weizen u Roggen)

métempsyc(h)ose [metɑ̃psikoz] f philos Seelenwanderung f; sc Metempsy-'chose f

métencéphale [metɑ̃sefal] m anat 'Hinterhirn n; sc Meten'zephalon n

météo [meteo] f F Kurzform **1.** Wetterbericht m, -vorhersage f; **2.** cf météorologie 2.

météore [meteɔr] m **1.** astr ~ (igné) Mete'or m; Sternschnuppe f; **2.** météo Lufterscheinung f; ~ aqueux Hydrometeor m; ~ lumineux Himmelserscheinung f; atmosphärisch-optische Erscheinung

météor|ique [meteɔrik] adj **1.** astr Mete'or...; Meteo'riten...; cratère m ~ Meteoritenkrater m; fer m ~ Meteoreisen n; pierre f ~ Meteorstein m; Meteo-'rit m; **2.** météo mete'orisch; **~isation** f path, vét cf météorisme; **~iser** v/t méd Gedärme aufblähen; auftreiben; **~isme** m path Meteo'rismus m; vét auch Trommel-, Blähsucht f; Tympa'nie f n; **~ite** f Meteo'rit m; Mete'orstein m

météoro|graphe [meteɔrɔɡraf] m Meteoro'graph m; Baro-Thermo-Hygro-'graph m; **~labile** adj méd Person wetterfühlig; **~logie** f **1.** Wetterkunde f; **2.** Wetterdienst m, -amt n; **~logique** adj wetterkundlich; meteoro'logisch; Wetter...; bulletin m, carte f ~ Wetterbericht m, -karte f; observations f/pl ~s Wetterbeobachtungen f/pl; **~logiste** m,f od **~logue** m, f Meteoro'loge, -'login m,f

métèque [metɛk] m péj m in e-m Land lästiger, unbeliebter Ausländer; Schimpfwort wohl ~ dreckiger Ausländer

méthacrylique [metakrilik] adj chim acide m ~ Metha'crylsäure f; résines f/pl ~ Polya'crylharze n/pl

méthan|e [metan] m chim Me'than n; **~ier** m mar Gastanker m (bes für Methan)

---

méthode [metɔd] f **1.** Me'thode f; (planmäßiges, me'thodisches) Verfahren; Verfahrensweise f (beide auch tech); fig Weg m; ~ analytique, synthétique analytische, synthetische Methode; ~s nouvelles de la pédagogie auch neue Wege (in) der Pädagogik; ~ de comparaison Vergleichsmethode f; ~ de construction Bauweise f; ~ d'enseignement 'Unterrichts-, Lehrmethode f; 'Unterrichtsverfahren n; ~ de fabrication, de production Herstellungs-, Fertigungs-, Produkti'onsverfahren n od -methode f od -weise f; ~ de financement Finan-'zierungsweise f; ~, -weise f; ~ de vente Verkaufsmethode f; absence f, manque m de ~ Fehlen od e-r Methode; loc/adv avec ~ mit Methode; me'thodisch; planmäßig; syste'matisch; sans ~ planlos; unsystematisch; **2.** Buchtitel Lehrgang m, -buch n, Leitfaden m (de comptabilité der Buchführung); mus ~ de piano, de violon Kla'vier-, Vio'linschule f; **3.** F fig (moyen) F Masche f

méthodique [metɔdik] adj me'thodisch; planmäßig; syste'matisch; esprit m ~ methodischer Geist

method|isme [metɔdism(ə)] m rel Metho'dismus m; **~iste** rel **I** adj metho-'distisch; Metho'disten...; Église f ~ Methodistenkirche f; pasteur m ~ Methodistenprediger m; **II** m,f Metho-'dist(in) m(f)

méthodologie [metɔdɔlɔʒi] f Methodolo'gie f; Me'thodik f; Me'thodenlehre f

méthyle [metil] m chim Me'thyl n; chlorure m de ~ Methylchlorid n; Chlormethyl n; salicylate m de ~ Methylsalicylat n

méthyl|ène [metilɛn] m **1.** chim Methy-'len n; Me'then n; bleu m de ~ Methylenblau n; **2.** comm (unreiner) Me'thylalkohol; Metha'nol m; ~ique adj chim alcool m ~ Me'thylalkohol m; Metha-'nol n

méticuleux [metikylø] adj <-euse> Person gewissenhaft, peinlich genau, sehr sorgfältig, F pingelig (dans son travail in s-r Arbeit); Sauberkeit, Sorgfalt peinlich

méticulosité [metikylozite] litt f Gewissenhaftigkeit f; peinliche Sorgfalt

métier [metje] m **1.** Beruf m; Gewerbe n; Fach n; fig Handwerk n; F Meti'er n; ~ manuel, intellectuel handwerklicher, geistiger Beruf; fig ~ des armes Kriegshandwerk n; ~ d'écrivain Beruf e-s Schriftstellers; Schriftstellerberuf m; argot m de ~ Fach-, Berufssprache f; Fachjargon m; homme m de od du ~ Fachmann m; qn du ~ j vom Fach; terme m de ~ Fachausdruck m; apprendre à qn son ~ j-n in s-m od für s-n Beruf ausbilden; avoir un ~ e-n Beruf, F ein Metier haben; un Gewerbe betreiben; connaître son ~ e-e Sache, sein Fach, sein Handwerk, sein Geschäft, F sein Metier verstehen; sich in s-m Fach, Beruf auskennen; donner un ~ à son fils s-n Sohn e-n Beruf ergreifen, erlernen lassen; être du ~ vom Fach, F Bau sein; von der Sache etwas verstehen; être maçon de son ~ von Beruf, s-s Zeichens Maurer sein; faire son ~ s-e Arbeit, s-e Pflicht tun; faire ce ~ de ... s-e Pflicht als ... erfüllen; parler ~ fachsimpeln; prov: chacun son ~ (, les vaches seront bien gardées) Schuster, bleib bei deinem Leisten! (prov); il n'est point de sot ~ (, il n'y a que de sottes gens) kein Beruf ist schlechter als der andere (, es gibt nur Leute, die ihn schlecht ausüben); **2.** Handwerk n; ~ de serrurier, de tailleur Schlosser-,

---

Schneiderhandwerk n; chambre f des ~s Handwerkskammer f; **3.** Berufserfahrung f; e-s geistigen, künstlerischen Berufs le ~ das rein Handwerkliche, Handwerksmäßige; avoir du ~ Berufserfahrung besitzen; Künstler etc das Handwerksmäßige beherrschen; il a des idées, mais aucun ~ er hat Ideen, aber keinerlei Erfahrung, aber er versteht nichts vom Handwerklichen; **4.** text Wirkerei Wirkmaschine f; Weberei ~ (à tisser) Webstuhl m; ~ (à tisser) automatique Auto'matenwebstuhl m; ~ circulaire Rundwirkmaschine f; Rundstuhl m; ~ (à tisser) circulaire Rundwebstuhl m; Strumpfwirkerei ~ Cotton Cottonmaschine f, -stuhl m; Interlock Feinripp-, Interlockmaschine f; Jacquard Jac'quardmaschine f; ~ mécanique mechanischer Webstuhl; ~ à bas circulaire Strumpfautomat m; ~ à filer le coton, la laine Baumwoll-, Wollspinnmaschine f; ~ de basse, de haute lisse cf lisse² 1.; fig mettre qc sur le ~ etw. mit etw beginnen; etw in Angriff nehmen; Boileau vingt fois sur le ~ remettez votre ouvrage über'prüfe deine Arbeit immer wieder; ~ à Stickarbeiten (à broder, à tapisserie) Stickrahmen m; ~ à tambour Tambur m

métis [metis] **I** adj <~se> **1.** text Misch...; tissu ~ Mischgewebe n; toile ~se Halbleinen n; **2.** von Personen Mischlings...; bot durch Kreuzung entstanden; hy'brid; enfant ~ Mischlingskind n; **II** subst **1.** ~ (se) m(f) Mischling m; Misch-, Halbblut n; Bastard m; **2.** m text Halbleinen n; de ~ halbleinen; drap m de ~ halbleinenes Bettuch

métiss|age [metisaʒ] m Rassenmischung f; Bastar'dierung f; bot, zo auch Kreuzung f; Hybridisati'on f; **~é** adj race ~e Mischrasse f

métonym|ie [metɔnimi] f rhét, ling Metony'mie f; **~ique** adj meto'nymisch

métope [metɔp] f arch Zwischenfeld n; Me'tope f

métrage [metraʒ] m **1.** cout von Stoff (zur Anfertigung e-s Kleidungsstücks) Meterzahl f; Stoffmenge f; Stoffbahn avoir un ~ de quinze mètres fünfzehn Meter lang sein; il faut un petit ~ pour faire une jupe man braucht e-e kleine Stoffmenge, wenig Stoff für e-n Rock; **2.** cin ~ Filmstreifens Länge f; par ext court ~ Kurzfilm m; long ~ Haupt-, Spielfilm m; abendfüllender Film; **3.** (Ver)Messen m, -ung f (nach Metern)

mètre [mɛtr(ə)] m **1.** (abr m) Meter n od m (abr m); ~ carré, cube Qua'drat-, Ku'bikmeter n od m; loc/adv au ~ meterweise; par ~ je Meter; il mesure un ~ soixante-dix (1,70 m) er ist eins siebzig (1,70 m) groß; er ist ein(en) Meter siebzig groß; **2.** allg Maßstab m; im engeren Sinn (Zenti)Metermaß n; ~ international Urmeter n; Urnormal n (e-s Meters); Meterprototyp m; ~ pliant Zollstock m; Gliedermaßstab m; ~ à ruban (Stahl)Bandmaß n; **3.** sports cent, 'huit cents ~s Hundert-, Achthundert'meterlauf m; 100-m-Lauf m, 800-m-Lauf m; courir le cent ~s am 100-m-Lauf teilnehmen; **4.** métr Metrum n; Versmaß n; **5.** mus Metrum n

mètre-kilogramme [mɛtrəkilɔɡram] m <pl mètres-kilogrammes> (abr mkgf) phys Meterkilopond n (mkp); früher auch Meterkilogramm n (abr mkg)

métr|er [metre] v/t <-è-> (nach Metern) vermessen; ausmessen; **~eur** m bât vérificateur Vermesser, der das Aufmaß feststellt

métrique [metrik] **I** *adj* **1.** metrisch; *math* **géométrie** *f* ~ metrische Geometrie; **quintal** *m* ~ *(abr* q) Doppelzentner *m (abr* dz); **système** *m* ~ metrisches System; **tonne** *f* ~ *(abr* t) Tonne *f (abr* t); **2.** *métr* metrisch; **vers** *m* ~ quanti-'tierender Vers; **II** *f* **1.** *métr* Metrik *f*; Verslehre *f*; **2.** *math* Metrik *f*

métrite [metrit] *f path* Gebärmutterentzündung *f*; *sc* Me'tritis *f*

métro [metro] *m* U-Bahn *f*; *in Paris u Moskau auch* Metro *f*; *in Paris* ~ **express** *etwa* S-Bahn *f*; ~ **sur pneus** gummibereifte Metro; **bouche** *f* **de** ~ U-Bahn-Ein- *bzw* -Ausgang *m*; **prendre le** ~ mit der U-Bahn fahren

métrologie [metrɔlɔʒi] *f* Maß- und Gewichtskunde *f*; Metrolo'gie *f*

métronome [metrɔnɔm] *m mus* Metro-'nom *n*; Taktmesser *m*

métropole [metropɔl] *f* **1.** Metro'pole *f*; ~ **économique** Wirtschaftsmetropole *f*; wirtschaftlicher Mittelpunkt; wirtschaftliches Zentrum; ~ **d'équilibre** regionales Wirtschaftszentrum (*, das ein Gegengewicht zu Paris bilden soll*); **2.** e-r Kolonie Mutterland *n*; **3.** *égl cath* Sitz *m* e-s Erzbischofs

métropol|itain [metropɔlitɛ̃] *adj* **1.** *adm* **chemin de fer** ~ *od subst* ~ *m* 'Untergrundbahn *f*; **2.** des Mutterlandes; **la France** ~**e** das französische Mutterland; **3.** *égl cath* **église** ~**e** Metropoli'tankirche *f*; **évêque** ~ *od subst* ~ *m* Metropo'lit *m*; ~**ite** *m* der Ostkirche Metropo'lit *m*

mets [mɛ] *m* Gericht *n*; Speise *f*

mettable [mɛtabl(ə)] *adj Kleidungsstück* tragbar; brauchbar; **ce manteau n'est plus** ~ *auch* diesen Mantel kann ich (*bzw* kannst du *etc*) nicht mehr tragen; **tu n'as que deux robes de** ~**s** du hast nur zwei brauchbare, anständige Kleider

metteur [mɛtœr] *m* **1.** *thé, cin* ~ **en scène**, *rad, télév* ~ **en ondes** Regis'seur *m*; Spielleiter *m*; **2.** *impr* ~ **en pages** Met'teur *m*; **3.** *Schmuckindustrie* ~ **en œuvre** Fasser *m* (*von Edelsteinen u Perlen*); **4.** ~ **au point** a) *tech* Einrichter *m*; b) *sculp* Bildhauer, der e-e Statue nach dem Modell grob her'ausarbeitet

mettre [mɛtr(ə)] ⟨ je mets, il met, nous mettons; je mettais; je mis; je mettrai; que je mette; mettant; mis⟩ **I** *v/t* **1.** *Gegenstand* legen; stellen; setzen; (hin'ein)stecken, (-)tun (dans sa poche in die Tasche); werfen (**au panier** in den Papierkorb); bringen, schaffen (**à la poste** zur *od* auf die Post); einlegen (**dans l'appareil** in den Photoapparat); *Tischtuch* aufdecken; auflegen (*auch Gedeck*); *Bett* aufstellen; *Butter, Wurst* (auf)streichen (**sur** auf + *acc*); *Flüssigkeit* gießen (**dans** in + *acc*); *Knopf* annähen (**à** an + *acc*); *Flicken* aufsetzen (**à** auf + *acc*); F *Radio, Heizung* anstellen; *rad, télév* einstellen (**[sur]** **France I** [auf] France I); *Gas, Elektrizität* legen (**dans une maison** in ein Haus; **chez qn** bei j-m); *Riegel* vorlegen; vor-, zuschieben; *Arm, Kopf* her'ausst(r)ecken, F rausst(r)ecken (**à la fenêtre** zum Fenster); *Geld* anlegen (**à qc** für etw; **dans qc** in etw [*dat*]); stecken (**dans une entreprise** in ein Unter'nehmen; **beim Glücksspiel** setzen (**sur un numéro** auf e-e Nummer); *Person* schicken (**à l'école maternelle** in den Kindergarten); geben (**en pension** in Pension); *Posten* aufstellen (**aux portes** vor den Türen);

Wendungen **a)** *mit subst*: F ~ **les bouts**, *abs* ~ F fam abhauen; türmen; verduften; *sports* F **ils leur ont mis cinq buts à zéro** sie haben sie mit fünf zu null

(Toren) geschlagen; ~ **le couvert, la table** den Tisch decken; ~ **de l'entêtement à refuser** sich hartnäckig weigern; **où ai-je mis mes lunettes?** wo habe ich meine Brille hingelegt?; ~ **son orgueil à faire qc** s-n Stolz dareinsetzen, etw zu tun; F **qu'est-ce qu'il lui met!** F der verprügelt ihn, der gibt es ihm aber ordentlich!; **y** ~ **du sien** das Seine dazu beitragen, tun; ~ **de la bonne volonté** guten Willen zeigen (**à Moskau** *cf* bei etw); *cf auch unter den betreffenden Substantiven;* **b)** *mit adv u adj:* ~ **ailleurs** woandershin *od* anderswohin legen, stellen, setzen; *Tier* ~ **bas** (*Junge*) werfen; ~ **bas les armes** die Waffen strecken (*auch fig*), niederlegen; **je ne trouve plus mon stylo, je l'ai pourtant bien mis quelque part** ... ich muß ihn doch irgendwohin gelegt haben; **beim Einkauf combien voulez--vous y** ~**?** wieviel wollen Sie dafür anlegen, ausgeben?; **y** ~ **le prix** *cf* prix 1.; **c)** *mit prép u loc/adv:* ~ **à la boîte aux lettres** in den Briefkasten werfen; einwerfen; ~ **à chauffer** aufwärmen; *st/s* ~ **au désespoir** in Verzweiflung stürzen; ~ **qn à la direction** j-n an die Spitze stellen, setzen; j-m die Leitung geben; *cuis* ~ **au four** in den (Back)Ofen schieben; *gr* ~ **au futur, au pluriel** ins Futur(um), in den Plural setzen; *Uhr* ~ **à l'heure** stellen; ~ **à mal** verprügeln; ~ **à mort** töten; ~ **au nombre des meilleurs** zu den Besten zählen; ~ **à la place d'honneur** auf den Ehrenplatz setzen; ~ **(à) sécher** zum Trocknen aufhängen; *Person* ~ **au service d'exportation** in die Exportabteilung stecken; in die Exportabteilung einsetzen; **je mets la liberté au-dessus de tout** mir geht die Freiheit über alles; ~ **la chaise (au)près du lit** den Stuhl nahe an das Bett heranstellen, -rücken, -schieben; ~ **une note amusante dans qc** e-e heitere Note in etw (*acc*) bringen; ~ **une balle dans la cible** die Zielscheibe treffen; ~ **dans son livre des extraits d'auteurs** in sein Buch Auszüge von Autoren aufnehmen; ~ **du sel dans le potage** Salz an *od* in die Suppe tun; ~ **la clé dans la serrure** den Schlüssel ins Schlüsselloch, Schloß stecken; ~ **qn dans le train** j-n in den Zug setzen, an den *od* zum Zug bringen; ~ **de côté** bei'seite legen; auf die Seite legen (*beide auch fig*); zur Seite legen; *fig* beiseite lassen; *Geld* sparen; ~ **ses mains derrière le dos** die Hände auf den Rücken legen; ~ **devant le fait accompli** vor vollendete Tatsachen stellen; ~ **devant** *od* **sous les yeux** zeigen; ~ **un champ en avoine** auf e-m Feld Hafer anbauen; *Wein* ~ **en bouteilles** in Flaschen (ab)füllen; auf Flaschen ziehen; abziehen; ~ **qn en confiance** j-m Vertrauen einflößen; *fig Person* ~ **en forme** in Form bringen; fit machen; *Text* ~ **en bon français** in gutes Französisch bringen; *impr* ~ **en pages** um'brechen; ~ **en pièces détachées** in einzelne Teile zerlegen; ~ **en service** in Dienst stellen; in Betrieb nehmen; ~ **en usage** einführen; ~ **entre guillemets** in Anführungsstriche, -zeichen setzen; ~ **entre parenthèses** in Klammern setzen; einklammern; *élect* ~ **'hors circuit** ausschalten; ~ **par terre** auf den Boden stellen, legen, setzen; ~ **sous clé** einschließen; verschließen; wegschließen; unter Verschluß nehmen; ~ **qc l'un sur l'autre** etw aufeinanderlegen; ~ **qn sur le bon chemin** j-n auf den richtigen Weg bringen (*auch fig*); ~ **sur la table** auf den Tisch legen;

stellen, setzen; *Speise* auf den Tisch bringen; auftragen; ~ **ses coudes sur la table** die Ell(en)bogen auf den Tisch stützen, stemmen; *fig* ~ **qn sur la voie** j-n auf (die richtige) Spur bringen; j-m auf die Sprünge helfen; *cf auch unter den betreffenden Substantiven;* **2.** *Kleidungsstück, Handschuhe, Schuhe* anziehen; *Handschuhe auch* 'überziehen; *Hut, Brille* aufsetzen; *Krawatte* 'umbinden; *Gürtel* 'umschnallen; *Schürze* 'umbinden; F verbinden; *Tuch* 'umwerfen; 'umnehmen; *Schal* 'umtun; *Schmuck* anlegen; *Ring* anstecken; *Halskette* 'umtun; F 'ummachen; *Schlittschuhe* anschnallen; **il ne met jamais de chapeau** er trägt nie e-n Hut; ~ **à l'envers** verkehrt herum, F verkehrt rum anziehen; ~ **sur les épaules** *Mantel* 'umhängen; *Tuch* über die Schultern nehmen; **3.** *Zeit* brauchen; benötigen; ~ **plusieurs jours à faire qc** mehrere Tage brauchen, benötigen, um etw zu tun, zu etw; *Gericht* ~ **longtemps à cuire** lange kochen müssen; **4.** schreiben; **mettez cent francs!** schreiben Sie hundert Franc!; **mettez que je suis d'accord** schreiben Sie, daß ich einverstanden bin; ~ **une somme au compte de qn** e-e Summe auf j-s Konto (*acc*) über'schreiben, über'tragen, über'weisen; ~ **au propre** ins reine schreiben, über-'tragen; ~ **son nom sur une liste** s-n Namen auf e-e Liste setzen, schreiben; **5.** F **mettons que ...** (+*subj*) nehmen wir (einmal) an, gesetzt den Fall, angenommen, (daß) ...; **mettons que je n'aie rien dit** nehmen wir an *etc*, ich hätte nichts gesagt; **6.** *mar* ~ **le cap sur** Kurs nehmen auf (+*acc*); ansteuern; *cf auch* cap 2.; **II** *v/pr* **se** ~ **7.** sich setzen (**au piano** ans Klavier; **dans un fauteuil** in e-n Sessel); sich stellen (**à la fenêtre** ans Fenster; **à côté de qn** neben j-n; **derrière qn, qc** hinter j-n, etw); sich legen; treten, gehen (**à la fenêtre** ans Fenster); ♦ **se** ~ **bien, mal avec qn** sich gut, schlecht mit j-m stellen; F *abs* **il se met bien** er läßt sich nichts abgehen; er lebt nicht schlecht; **ne plus savoir où se** ~ sich am liebsten in ein Mauseloch verkriechen (mögen); **in e-m Möbelstück les vers s'y sont mis** ist der Holzwurm drin; ♦ **se** ~ **à son aise, à l'aise** es sich bequem machen; *beim Baden* **se** ~ **à l'eau** ins Wasser gehen; **se** ~ **au lit** sich ins Bett legen; ins Bett gehen; **se** ~ **à la tête** sich an die Spitze stellen; an die Spitze treten; *Staub etc* **se** ~ **dans** qc sich in etw (*acc*) setzen; **se** ~ **dans une mauvaise situation** sich in e-e üble, schlimme Lage bringen; **se** ~ **qc dans la tête** *cf* tête 1.; **se** ~ **du côté du plus fort** sich auf die Seite des Stärkeren stellen, schlagen; *fig* **se** ~ **en avant** *cf* avant II; **se** ~ **en route** sich auf den Weg, F auf die Socken machen; aufbrechen; **se** ~ **en communication, en rapport, en relation avec qn** sich mit j-m in Verbindung setzen; mit j-m Verbindung, Kontakt aufnehmen, in Verbindung treten; **se** ~ **en sueur** in Schweiß geraten; **se** ~ **un sac sur le dos** e-n Sack auf den Rücken nehmen; **se** ~ **de l'encre sur les doigts** sich die Finger mit Tinte beschmieren; **8.** **se** ~ **à** ~ qc sich an etw (*acc*) machen, begeben; an etw (*acc*) gehen; **se** ~ **à faire** qc beginnen, anfangen, etw zu tun; **se** ~ **à l'œuvre, au travail** sich ans Werk, an die Arbeit machen, begeben; ans Werk, an die Arbeit gehen; **se** ~ **à l'anglais** beginnen, sich mit Englisch zu beschäftigen, zu befassen; anfangen, Englisch zu lernen; sich aufs Englische verlegen;

ellip **s'y** ~ sich dranmachen; sich dransetzen; sich ins Zeug legen; F **c'est le coup de s'y** ~ nur der Anfang, nur am Anfang ist es schwer; **se** ~ **à rire, à pleurer** zu lachen, zu weinen anfangen; **il se met à pleuvoir** es beginnt, es fängt an zu regnen; **9.** *Kleidungsstück* (sich) anziehen; anlegen; *Hut, Krawatte, Gürtel etc cf* I 2.; **se** ~ **un chapeau gris** e-n grauen Hut aufsetzen; **je n'ai plus rien à me** ~ ich habe nichts mehr anzuziehen; **se** ~ **en civil** Zivilkleidung anlegen, anziehen; **10.** *Wetter* **se** ~ **au beau** schön werden; **le temps se met au froid** es wird kalt; **11.** *passivisch Kleidung* getragen, angezogen werden; *gr* **se** ~ getragen werden; **12.** *reziprok* P **qu'est-ce qu'ils se sont mis!** F die haben sich vielleicht geprügelt, verprügelt!

meublant [mœblɑ̃] *adj jur* **meubles** ~**s** Möbel *n/pl*; Mobili'ar *n*; Wohnungseinrichtung *f*

meuble [mœbl(ə)] **I** *adj* **1.** *jur* beweglich; **biens** *m/pl* ~**s** *od subst* ~**s** *m/pl* bewegliche Sachen *f/pl*; bewegliches Vermögen; Mo'bilien *pl*; Fahrnis *f*; bewegliches Gut; bewegliche Habe; **bien** *m* ~ **par la détermination de la loi** bewegliche Sache gesetzlicher Bestimmung; **bien** *m* ~ **par nature** ihrer Natur nach, von Natur aus, in sich bewegliche Sache; **en fait de** ~, **possession vaut titre** zugunsten des Besitzers e-r beweglichen Sache wird angenommen, daß er deren tatsächlicher Eigentümer ist; **2.** *agr* **sol** *m*, **terre** *f* ~ lockerer, leichter Boden; **II** *m* **1.** Möbelstück *n*; Möbel *n*; ~**s** *pl* Möbel *n/pl*; Mobili'ar *n*; (Wohnungs-) Einrichtung *f*; ~**s Empire** Em'piremöbel *n/pl*; ~**s métalliques** Stahlmöbel *n/pl*; ~**s de bureau, de cuisine** Bü'ro-, Küchenmöbel *n/pl*; ~**s Louis XVI d'époque** echte Möbel aus der Zeit Ludwigs XVI.; ~**s de jardin, de style** Garten-, Stilmöbel *n/pl*; ~**s de rangement** Kastenmöbel *n/pl*; ~**s en rotin** Korb-, Rohrmöbel *n/pl*; **être, vivre dans ses** ~**s** in eigenen Möbeln wohnen, leben; **s'installer, se mettre dans ses** ~**s** sich eigene Möbel anschaffen; sich e-e eigene Wohnung einrichten; F *fig* **sauver les** ~**s** das Notwendigste retten; **2.** *Heraldik* ~**s** *pl* gemeine (Wappen)Figuren *f/pl*; **3.** *jur cf* I 1.

meublé [mœble] **I** *adj* Zimmer, Wohnung mö'bliert; **II** *m* mö'bliertes Zimmer; mö'blierte Wohnung; **habiter en** ~ möbliert wohnen

meubler [mœble] **I** *v/t* **1.** *Wohnung, Zimmer etc* mö'blieren; (mit Möbeln) einrichten; mit Möbeln ausstatten; **meublé avec goût** geschmackvoll eingerichtet; **2.** *Möbelstück* ~ **une chambre** in e-m Zimmer stehen; **un lit et une chaise meublent la chambre** in dem Zimmer stehen ein Bett und ein Stuhl; **ein Bett und ein Stuhl bilden die (ganze) Einrichtung des Zimmers**; **3.** *fig u st/s Geist, Kopf* anfüllen (**de** mit); **il sait** ~ **ses loisirs** er weiß, sich in s-r Freizeit zu beschäftigen; er versteht, se Freizeit auszufüllen; **II** *v/pr* **se** ~ sich einrichten

meugl|ement [møgləmɑ̃] *m der Rinder* Muhen *n*; Brüllen *n*; ~**er** *v/i Rind* muhen; brüllen

meulage [mølaʒ] *m* Schleifen *n* (*mit der Schleifscheibe, mit dem Schleifstein*)

meule [møl] *f* **1.** ~ (**de moulin**) Mühl-, Mahlstein *m*; ~ **courante** Läuferstein *m*; ~ **dormante, gisante** Bodenstein *m*; **2.** *tech* Schleifstein *m*, -scheibe *f*, -körper *m*, -rad *n*; **affûter un couteau sur la** ~ ein Messer auf *od* mit dem Schleifstein schärfen; **3.** *Käsebereitung* großer, run-

---

der Laib; ~ **de gruyère** Laib Schweizer Käse; **4.** *agr* Schober *m*; *nordd auch* Feim(en) *m*; Feime *f*; Dieme(n) *f(m)*; ~ **de blé, de foin, de paille** Getreide-, Heu-, Strohschober *m*; **5.** (Kohlen-) Meiler *m*

meuler [møle] *v/t tech* (*mit der Schleifscheibe, mit dem Schleifstein*) schleifen; **machine** *f* **à** ~ Schleifmaschine *f*

meulière [møljɛr] *f* ~ *od adj* **pierre** *f* ~ *etwa* kieseliger Kalkstein; fran'zösischer Quarz

meulon [mølõ] *m* **1.** kleiner Heuhaufen; **2.** *in Salzgärten* Salzhaufen *m*

meunerie [mønri] *f* **1.** Mülle'rei *f*; **2.** *coll* Müller *m/pl*

meun|ier [mønje] *m* **1.** Müller *m*; **2.** *zo* **a)** Döbel *m*; Aitel *m*; **b)** Schabe *f*; **3.** *Pflanzenkrankheit* falscher Mehltau; ~**ière** *f* **1.** Müllerin *f*; **2.** *cuis* (**à la**) ~ nach Müllerinart; **truite** *f* ~ Forelle *f* nach Müllerinart; **3.** *zo* Blau- *bzw* Schwanzmeise *f*; **4.** *adjt* **industrie** ~ Mühlenindustrie *f*

meurs, meurt [mœr] *cf* **mourir**

meurt-de-faim [mœrdəfɛ̃] *m* ⟨*inv*⟩ Hungerleider *m*

meurtre [mœrtr(ə)] *m jur etwa* Totschlag *m*; *T.S. Eliot* ♀ **dans la cathédrale** Mord im Dom; ~ **de qn** Mord an j-m; **commettre,** *st/s* **perpétrer un** ~ Totschlag begehen

meurtrier [mœrtrije] **I** *adj* ⟨-*ière*⟩ *Klima, Kampf etc* mörderisch; *Epidemie etc auch* verheerend; **arme meurtrière** mörderische, verheerende Waffe; **main meurtrière** Mörderhand *f*; **nos routes sont devenues meurtrières** unsere Straßen sind lebensgefährlich geworden; **II** *subst* **1.** ~, **meurtrière** *m,f* Mörder(in) *m(f)*; **2.** *fortif* **meurtrière** *f* Schießscharte *f*

meurtrir [mœrtrir] *v/t* **1.** (zer-) quetschen; *p/p* **meurtri par les coups** grün und blau geschlagen; **2.** *meist adjt Frucht* **meurtri** angeschlagen; mit Druckstellen; **3.** *fig Herz* zerreißen; verwunden; *meist adjt* **âme meurtrie** verwundete Seele

meurtrissure [mœrtrisyr] *f* **1.** *auf der Haut, von e-m Schlag, e-r Quetschung etc* blauer Fleck; Strieme(n) *f(m)*; blutunterlaufener Fleck; **2.** *beim Obst* Druckstelle *f*; angeschlagene Stelle; Fleck *m*; **3.** *fig des Herzens, der Seele* Wunde *f*

meus, meut [mø] *cf* **mouvoir**

meute [møt] *f* **1.** *ch* Meute *f*; **lâcher, lancer la** ~ **sur le cerf** die Meute auf den Hirsch loslassen, hetzen; **2.** *fig* Meute *f*; Bande *f*; Horde *f*; Schar *f*; Schwarm *m*

mévente [mevɑ̃t] *f comm* schlechter Absatz; Absatzschwierigkeiten *f/pl*, -stockung *f*; **période** *f* **de** ~ Flaute *f*

mexicain [mɛksikɛ̃] **I** *adj* mexi'kanisch; **II** *subst* ♀(**e**) *m(f)* Mexi'kaner(in) *m(f)*

mézail [mezaj] *m am mittelalterlichen Helm* Vi'sier *n*

mezzanine [mɛdzanin] *f arch* **1.** Zwischenstock *m*, -geschoß *n*; Halbgeschoß *n*; Mezza'nin *m*; **2.** Halbgeschoß-, Zwischengeschoßfenster *n*

mezza-voce [mɛdzavɔtʃe] *loc/adv mus*, *litt* halblaut; **chanter** ~ halblaut, mit halber Stimme, mezza voce singen

mezzo [mɛdzo] *m u f Kurzform von* **mezzo-soprano**; ~**-soprano** ⟨*pl* **mezzo-sopranos**⟩ ~ *m* Mezzoso'pran *m*; **2.** *f* Mezzosopra'nistin *f*; Mezzoso'pran *m*; ~**-tinto** [-tinto] *m* ⟨*inv*⟩ Kupferstich Schabkunst *f*; schwarze Kunst; Mezzo'tinto *n*

mi [mi] *m* ⟨*inv*⟩ *mus* **1.** e *bzw* E *n*; ~ **bémol** es *bzw* Es *n*; ~ **dièse** e'is *bzw* E'is *n*; ~ **majeur** E-Dur *n*; ~ **mineur** e-Moll

---

n; **2.** ~**-s Saiteninstrument**s E-Saite *f*

mi-... [mi] *in Zssgn* **1.** *mit Monatsnamen* ⟨*diese, sonst m, werden f*⟩ Mitte ...; (**à la**) ~**-janvier** Mitte Januar; *comm medio* Januar; **2.** *mit Stoffnamen* halb...; ~**-fil** **-coton** halbleinen; ~**-laine** ~**-coton** halbwollen; ~**-soie** halbseiden; **3.** *mit e-m adj od p/pr od p/p* halb...; halb; ~**-long** halblang; ~**-souriant** halb lächelnd; **4.** *mit e-m subst* halb; ~**-salle à manger,** ~**-cuisine** halb Eßzimmer, halb Küche; *loc/adv* **à** ~**-hauteur** auf halber Höhe; **à** ~**-distance** in halber Entfernung; auf halbe Entfernung

miaou [mjau] **I** *m der Katze* Mi'au(en) *n*; **II** *int* ~! mi'au!

mi-août [miu(t)] *f cf* **mi-...** 1.

miasme [mjasm(ə)] *m* Mi'asma *n*; giftige, übelriechende Ausdünstung

miaul|ement [mjolmɑ̃] *m der Katze* Mi'auen *n*; ~**er** *v/i Katze* mi'auen

mi|-avril [miavril] *f cf* **mi-...** 1.; ~**-bas** *m* ⟨*pl inv*⟩ Halb-, Kniestrumpf *m*

mica [mika] *m minér* Glimmer *m*; Mika *f od m*

micacé [mikase] *adj* glimmerartig, -haltig, -ähnlich; Glimmer...

mi-carême [mikarɛm] *f* Mittfasten *pl*

micaschiste [mikaʃist] *m minér* Glimmerschiefer *m*

micelle [misɛl] *f chim* Mi'zell(e) *n(f)*

miche [miʃ] *f* **1.** ~ (**de pain**) Brotlaib *m*; Laib *m* Brot; **2.** ~**s** *pl arg* (*fesses*) F Hintern *m*; Po *m*

micheline [miʃlin] *f ch de fer* Schienen-(omni)bus *m*; Triebwagen *m*

mi|-chemin [miʃmɛ̃] **1.** *loc/adv* **à** ~ auf halbem Wege; halbwegs; **à** ~ **entre ... et ...** auf halbem Wege zwischen ... und ...; *fig* **s'arrêter à** ~ auf halbem Wege stehen-, steckenbleiben; **2.** *loc/prép* **à** ~ **de** auf dem halben Wege nach *od* zu; ~**-clos** *adj Blüte, Augen, Lippen* halbgeschlossen

micmac [mikmak] F *m* In'trige *f*; dunkle Machenschaften *f/pl*; geheime 'Umtriebe *m/pl*

micocoulier [mikɔkulje] *m bot* Zürgelbaum *m*

mi|-corps [mikɔr] *loc/adv* **à** ~ bis zur Taille; bis zum Gürtel; bis zu den Hüften; ~**-côte** *loc/adv* **à** ~ auf halber Höhe; ~**-course** *loc/adv sports* **à** ~ auf halber Strecke

micro [mikro] *m* (*Kurzform für* **microphone**) Mikro'phon *n*; *loc/adv* **au** ~ am Mikrophon; **devant le** ~ vor dem Mikrophon

micro-ampère *od* **microampère** [mikroɑ̃pɛr] *m* (*abr* μA) élect Mikroam'pere *n* (*abr* μA)

micro-analyse *od* **microanalyse** [mikroanaliz] *f chim* Mikroana'lyse *f*

microbalance [mikrobalɑ̃s] *f chim* Mikrowaage *f*; mikrochemische Waage

microbe [mikrɔb] *m* **1.** *biol, sc* Mi'krobe *f*; Mikroorga'nismus *m*; Kleinlebewesen *n*; *allg* Bak'terie *f*; Krankheitserreger *m*, -keim *m*; **le** ~ **de la rage, de la tuberculose** der Erreger der Tollwut, der Tuberkulose; **culture** *f* **de** ~**s** Bakterienkultur *f*; **2.** F *fig von Kindern* F kleiner Wicht; (kleiner) Krümel

microb|icide [mikrɔbisid] *adj* Mi'kroben abtötend; keimtötend; *sc* mikrobi'zid; ~**ien** *adj* ⟨~**ne**⟩ *biol* Mi'kroben...; *méd* mikrobi'ell; durch Mi'kroben verursacht; **poison** ~ Bak'teriengift *n*

microbiolog|ie [mikrɔbjɔlɔʒi] *f* Mikrobiolo'gie *f*; ~**iste** *m* Mikrobio-'loge *m*

microcéphal|e [mikrosefal] **I** *adj* kleinköpfig; *sc* mikroze'phal; **II** *m,f* Kleinköpfige(r) *f(m)*; *sc* Mikroze'phale(r)

f(m); **~ie** f ab'norme Kleinheit des Kopfes; sc Mikrozepha'lie f

micro|chimie [mikrɔʃimi] f Mikroche'mie f; **~chirurgie** f Mikrochirur-'gie f; **~cinéma(tographie)** m(f) Mikrokinematogra'phie f; **~climat** m mé-téo Klein-, Mikroklima n; **~copie** f phot Mikroko'pie f

microcoque [mikrɔkɔk] m méd Mikro-'kokkus m

microcosm|e [mikrɔkɔsm(ə)] m Mikro-'kosmos m; **~ique** adj mikro'kosmisch

micro-cravate [mikrokravat] m ⟨pl micros-cravates⟩ 'Umhängemikrophon n (das unter der Krawatte verborgen wird)

micro|dissection [mikrɔdisɛksjɔ̃] f Zerlegung f von Mikroorga'nismen; **~-économie** f Mikroökonomie f; **~farad** m (abr μF) élect Mikrofa'rad n (abr μF); **~film** m Mikrofilm m; **~filmer** v/t auf Mikrofilm aufnehmen; **~glossaire** m ling Fachvokabular n e-r Berufsgruppe; **~graphe** m Storchschnabel m, Panto'graph m zum Zeichnen kleinster Figuren; **~graphie** f métall 1. Me'tallmikroskopie f; 2. Schliffbild n; **~graphique** adj métall structure f ~ mikrokristallines Gefüge

microhm [mikrom] m (abr μΩ) élect Mikro'ohm n (abr μΩ)

micro|lecteur [mikrɔlɛktœr] m Lesegerät n; **~lithe** [-lit] m minér Mikro'lith m; **~manipulateur** m Mikromanipu-'lator m; **~manipulation** f feinste Eingriffe m/pl an mikro'skopischen Ob-'jekten (mit Hilfe des Mikromanipu'lators); **~mètre** m 1. Meßinstrument Mikro'meter n; tech ~ (à vis) Mikrometerschraube f; Schraub(en)mikrometer n; Bügelmeßschraube f; Schraublehre f; ~ optique optisches Mikrometer; ~ à fils fixes bzw à fil mobile Fadenmikrometer n; 2. Längenmaß (abr μm) Mikro'meter n (abr μm); **~métrique** adj mikro'metrisch; vis f ~ Mikro'meterschraube f

micron [mikrɔ̃] m (abr μ) Mikron n; Kurzform My n (abr μ)

micro|-onde [mikroɔ̃d] f ⟨pl micro--ondes⟩ Mikrowelle f; **~-organisme** m ⟨pl micro-organismes⟩ Mikroorga-'nismus m; Kleinstlebewesen n

microphon|e [mikrɔfɔn] m Mikro'phon n; Mikro ~ f; **~ électrodynamique**, électromagnétique elektrodynamisches, elektromagnetisches Mikrophon; ~ piézo-électrique Kri'stallmikrophon n; ~ à charbon Kohlemikrophon n; **~ique** adj mikro'phonisch; Mikro-'phon...; effet m ~ Mikrophoneffekt m

micro|photographie [mikrɔfɔtɔgrafi] f Mikrophotogra'phie f; **~physique** f Mikrophy'sik f; **~processeur** m EDV Mikropro'zessor m

microscop|e [mikrɔskɔp] m Mikro-'skop n; ~ électronique Elek'tronenmikroskop n; ~ polarisant Polarisati'onsmikroskop n; ~ protonique Pro-'tonenmikroskop n; ~ à contraste de phase Phasenkontrastmikroskop n; loc/adv au ~ a) betrachten unter dem Mikroskop; b) fig aufs genau(e)ste; genau(e)stens; **~ie** f Mikrosko'pie f; mikro'skopische Technik; Mikro'technik f; **~ique** adj 1. mikro'skopisch; 2. verschwindend klein; winzig (klein)

micro|seconde [mikrɔsgɔ̃d] f (abr μs) Mikrose'kunde f (abr μs); **~sillon** m 1. Langspielplatte f; 2. e-r Langspielplatte Mikrorille f; **~sociologie** f Mikrosoziolo'gie f; **~sporange** m bot Mikrospo'rangium n; **~spore** f bot Mikro-'spore f; **~thermie** f (abr μth) Kalo'rie f (abr cal); **~tome** [-tɔm] m Mikro'tom n

---

miction [miksjɔ̃] f physiol, méd Harnlassen n; sc Mikti'on f

mi-décembre [midesãbr(ə)] f cf mi-... 1.

midi [midi] m 1. Mittag m; Mittagszeit f; fig démon m de ~ Jo'hannistrieb m; loc/adv à ~ mittags; während der od um die Mittagszeit; unter Mittag; cf auch 2. demain (à) ~ morgen mittag; ce ~ heute mittag; tous les ~s jeden Mittag; vers ~ gegen Mittag, um die Mittagszeit; ellip prendre un cachet matin, ~ et soir morgens, mittags und abends ...; 2. zwölf Uhr (mittags); ~ dix (minutes) zehn (Minuten) nach zwölf (Uhr); ~ un quart od et quart Viertel eins; (ein) Viertel nach zwölf; il est ~ es ist zwölf Uhr (mittags); à ~ um zwölf (Uhr) (mittags); à ~ juste Punkt, Schlag zwölf (Uhr); Geschäft etc fermé de ~ à deux heures, entre ~ et deux heures von zwölf bis zwei (Uhr), zwischen zwölf und zwei (Uhr) geschlossen; sur le coup de ~, vers ~, F vers ~ es gegen, etwa um zwölf Uhr; so um zwölf (Uhr) herum; fig chercher ~ à quatorze heures Schwierigkeiten sehen, wo keine sind; die Sache unnötig komplizieren; iron warum einfach, wenn es auch 'umständlich geht; 3. le ♀ Südfrankreich n; par ext e-s Landes der Süden; Europas auch die südlichen Länder n/pl; loc/adj du ♀ südfranzösisch; par ext des Südens; accent m du ♀ südfranzösischer Akzent; gens m/pl du ♀ Südfranzosen m/pl; les peuples du ♀ die südlichen Völker; die Völker des Südens; il est du ♀ er stammt aus Südfrankreich; er ist Südfranzose; 4. Himmelsrichtung Süden m; poét Mittag m

midinette [midinɛt] f in Paris Nähmädchen n; junge Näherin; junge Mo'distin

midship [midʃip] m ⟨pl ~s⟩ od **man** [-man] m ⟨pl midshipmen [-mɛn]⟩ mar mil Seekadett m; Fähnrich m zur See

mie¹ [mi] f des Brotes la ~ das weiche Innere; die Krume; pain m de ~ Toastbrot n

mie² [mi] f litt u in Volksliedern ma ~ mein Lieb(chen); bes in Volksliedern (mein) feins Lieb; Feinsliebchen

miel [mjɛl] m 1. Honig m; ~ vierge Tropf-, Senk-, Leckhonig m; ~ de bruyère, de lavande Heide-, La-'vendelhonig m; adit couleur (de) ~ honigfarben, -gelb; production f du ~ Honiggewinnung f; fig être (tout sucre) tout ~ über'trieben freundlich, F katzenfreundlich, P scheißfreundlich sein; 2. fig lune f de ~ Flitterwochen f/pl; Honigmond m; 3. F euphemistisch (merde) ~! Scheibenhonig!; Scheibenkleister!

miellat [mjɛla] m tierischer) Honigtau m

miellé [mjele] adj litt Honig...; Getränk etc mit Honig gesüßt; honigsüß; parfum ~ Honigduft m

miellée [mjele] f 1. bot (pflanzlicher) Honigtau m; 2. von der Biene gesammelte Tracht

mielleux [mjɛlø, mje-] adj ⟨-euse⟩ fig Lächeln, Worte etc honigsüß; süßlich; Person cf (être tout sucre tout) miel 1.

mien [mjɛ̃] I pr/poss der 1. pers sg ⟨mienne [mjɛn]⟩ a) le ~, la ~ne der, die, das mein(ig)e; meine(r, -s); pl les ~s, les ~nes die mein(ig)en; meine; votre fils et le ~ Ihr und mein Sohn; Ihr Sohn und meiner od der mein(ig)e; leurs enfants et les deux ~s ihre Kinder und meine beiden; votre chapeau est gris, le ~ est noir Ihr Hut ist grau, meiner ist schwarz; b) prädikativ: ce livre n'est pas le ~ dieses Buch gehört mir nicht; das ist nicht mein Buch; vos idées sont les ~nes Ihre Gedanken sind auch die

---

mein(ig)en; ich denke genauso (wie Sie); ich denke wie Sie; je ne discute pas, votre prix sera le ~ ... ich akzeptiere Ihren Preis; ... ich zahle, was Sie fordern; II adj/poss litt un ~ cousin ein Vetter von mir; e-r von meinen Vettern; e-r meiner Vettern; litt: cette découverte est ~ne ... stammt von mir; des revendications que je fais ~nes ... die ich zu den meinen mache; st/s cette maison est devenue ~ne dieses Haus ist mein Eigentum, st/s mein eigen od Eigen geworden; III subst 1. le ~ das Mein(ig)e; mein Eigentum; le tien et le ~ das Mein und (das) Dein; la distinction du tien et du ~ die Unter-'scheidung von mein und dein; j'y ai mis du ~ ich habe das Mein(ig)e getan, das Mein(ig)e, meinen Teil dazu beigetragen; 2. les ~s m/pl die Mein(ig)en; meine Familie; meine Angehörigen; par ext meine Freunde

miette [mjɛt] f 1. Krümel m; Krümchen n; Krume f; ~ s pl Brösel m/pl od n/pl; Brosamen f/pl; ~ s de gâteau, de pain Kuchen-, Brotkrümel od -krümchen od -krumen od -brösel; von e-r Mahlzeit ne pas en laisser une ~ nicht ein Krümchen (davon) übriglassen; 2. Spiegel, Geschirr etc réduire en ~ s in (viele kleine) Stücke schlagen; zerschlagen; zertrümmern; 3. fig Bruchteil m; winziger Teil; 4. F fig pas une ~ nicht das Geringste; ne pas perdre une ~ de qc (d'un spectacle, d'un exposé, etc) sich nicht das Geringste von etw entgehen lassen; il ne s'en fait pas une ~ er kümmert sich nicht im geringsten darum; F das kümmert ihn e-n Dreck

mieux [mjø] I adv 1. ⟨comp von bien⟩ a) besser; in bestimmten Fällen mehr; ♦ j'accepte tous vos projets, ~, je vous soutiendrai devant vos adversaires ..., ja, ich werde Sie sogar vor Ihren Gegnern unter'stützen; ♦ ~ que besser, mehr als; je le connais ~ que tu ne crois ich kenne ihn besser, als du glaubst; il n'écrit pas ~ qu'il ne parle er schreibt nicht besser, als er spricht; er schreibt genauso schlecht, wie er spricht; il est capitaine, ou ~ que cela er ist Hauptmann oder noch etwas mehr; je le sais ~ que personne ich weiß es besser als irgend jemand sonst; il travaille ~ que les autres er arbeitet sonst besser; ♦ mit p/p être ~ habillé, logé besser gekleidet, 'untergebracht sein; ♦ loc/adv: à qui ~ ~ um die Wette; beaucoup, bien ~ viel besser; de ~ en ~ immer besser; iron de ~ en ~, le froid augmente et le chauffage est tombé en panne das kann ja heiter werden ...; on ne peut ~ (aller)bestens; aufs beste; vor'trefflich; vor'züglich; F prima; un peu ~ etwas besser; tant ~ (pour lui)! um so, desto besser (für ihn)!; ♦ loc/conj ~ ... plus ... je besser ..., desto mehr ...; ~ je saisis ces rapports, plus je m'intéresse à l'œuvre je besser ich die Zusammenhänge begreife, desto mehr interessiert mich das Werk; ♦ in fester Verbindung mit Verben: aimer ~ cf aimer I; aller ~ Kranker sich besser befinden; Geschäfte etc bessergehen; le malade va ~ auch dem Kranken geht es besser; ça ira ~ demain morgen wird es bessergehen; F ça ne va pas ~! das ist doch die Höhe!; das ist unerhört, unverschämt!; dire ~ mehr bieten; je ne peux pas vous dire ~ mehr kann ich Ihnen nicht sagen; pour ~ dire besser, richtiger gesagt; faire ~ de (+inf) besser daran tun zu (+inf); valoir ~ cf valoir 3.; ♦ adit c'est ~ ainsi das ist besser so; mettez-vous dans ce fauteuil, vous serez

~ ... da sitzen Sie bequemer, besser, *Kranker* il est ~ qu'hier es geht ihm besser als gestern; **et, qui** ~ **est** ... und (was) das Schönste ist ...; und was noch besser ist ...; **se sentir** ~ sich besser fühlen; **je vous trouve** ~ **aujourd'hui** ich finde, daß es Ihnen heute bessergeht; **il n'y a rien de** ~ etwas Besseres gibt es nicht; es gibt nichts Besseres; **c'est ce qu'il y a** *od* **ce qui se fait** *od* **ce qu'on fait de** ~ **dans son genre** das ist das Beste in s-r Art; **ce qu'il y a de** ~ **dans ce spectacle, c'est** ... das Beste an diesem Schauspiel ist ...; *iron* **il n'a rien trouvé de** ~ **que de** (+*inf*) es ist ihm nichts Besseres eingefallen, er hatte nichts Besseres zu tun, als zu (+*inf*); ♦ *subst* **il y a** ~, **mais c'est plus cher** das kann man besser machen *od* es gibt Besseres, aber das ist teurer; **en attendant** ~, **je m'en contenterai** in Erwartung e-s Besser(e)n gebe ich mich damit zufrieden; **j'attendais, j'espérais** ~ **de lui** ich erwartete, erhoffte Besseres, mehr von ihm; **il a changé en** ~ er hat sich zu s-m Vorteil verändert; **je ne demande pas** ~ ich wüßte nicht(s), was ich lieber täte; es könnte mir gar nichts Besseres passieren; **cet élève peut faire** ~ dieser Schüler kann Besseres leisten; **b)** *Person* hübscher; schöner; **il est** ~ **que son frère** er ist hübscher, er sieht besser aus als sein Bruder; **2.** ⟨*sup von* **bien**⟩ **le** ~ am besten; am meisten; ♦ *mit p/p:* **il est le** ~ **doué** er ist am meisten begabt; **er ist der Begabteste; la femme la** ~ **habillée** die bestgekleidete Frau; ♦ *mit Verben:* **c'est lui que j'aime le** ~ ihn liebe ich am meisten; **le plus tôt sera le** ~ je eher, desto besser; ♦ *loc/adv:* **des** ~ (+*p/p*) sehr gut; bestens; **au** ~, **le** ~ **du monde, pour le** ~ sehr gut; (aller-)bestens; aufs beste; zum besten; vor-'züglich; vor'trefflich; F prima; **arrangez l'affaire au** ~ regeln Sie die Angelegenheit, so gut es irgend geht; **être au** ~ **avec qn** mit j-m sehr gut stehen; **en mettant les choses au** ~ *od* **ellip au** ~ bestenfalls; im günstigsten Falle; günstigstenfalls: wenn alles gutgeht; **tout va pour le** ~ es ist alles bestens (in Ordnung) es geht, läuft alles bestens; es steht alles zum besten; **espérons que tout ira pour le** ~ hoffen wir das Beste; wir wollen das Beste hoffen; *Voltaire* **tout est pour le** ~ **dans le meilleur des mondes** es ist alles aufs beste eingerichtet in der besten aller Welten; **tout pour le** ~ sein Bestes tun; das Bestmögliche tun, herausholen; ♦ *loc/prép* **au** ~ **de** bestens; *Sportler* **être au** ~ **de sa forme** bestens in Form sein; **je réglerai l'affaire au** ~ **de vos intérêts** ich werde die Angelegenheit bestens für Sie regeln; ♦ *loc/conj* **il a fait du** ~ **od le** ~ **qu'il a pu** er hat es so gut gemacht, wie er irgend konnte; er hat gemacht, was er nur konnte; **on vous logera le** ~ **qu'on pourra** wir werden Sie so gut wie möglich unterbringen; **II** *m* **1. le** ~ das Bessere *bzw* das Beste; **le** ~ **serait de prévenir ses parents** das Beste wäre es, es wäre am besten, s-e Eltern zu benachrichtigen; **faire de son** ~ sein Bestes tun; **je t'aide de mon** ~ ich helfe dir, so gut ich kann; ich helfe dir nach besten Kräften; *prov* **le** ~ **est l'ennemi du bien** das Bessere ist des Guten Feind (*prov*). **2.** im Befinden e-s *Kranken* Besserung *f*; **il y a du** ~ es ist e-e Besserung eingetreten, es geht (schon) besser; **3.** *fig* Fortschritt *m*; *la situation est moins mauvaise, il fait des efforts, etc*, **il y a du** ~ das ist ein Fortschritt

mieux-être [mjøzɛtr(ə)] *m* ⟨*inv*⟩ höherer Wohlstand; höheres Lebensniveau; verbesserte Lebenslage; materi'eller Fortschritt

mièvre [mjɛvr(ə)] *adj Buch, Schönheit* fade; *Worte* abgeschmackt; *Malerei, Poesie* geziert, gekünstelt, gewollt manie'riert (und langweilig)

mièvrerie [mjɛvrəri] *f* Fadheit *f;* Abgeschmacktheit *f;* Geziertheit *f;* Künste'lei *f;* Manie'riertheit *f*

mi-février [mifevrije] *f cf* mi-... 1.

mi-figue, mi-raisin [mifigmirɛzɛ̃] *loc/adj* Empfang lau(warm); Antwort, Miene zweideutig; Lösung nur halb befriedigend

mi-fin [mifɛ̃] *adj* ⟨*nur m*⟩ mittelfein; **petits pois** ~**s** mittelfeine Erbsen *f/pl*

migmatite [migmatit] *f minér* Mischgestein *n;* Migma'tit *m*

mignard [miɲar] *adj st/s Person, Lächeln* geziert; affek'tiert

mignardise [miɲardiz] *f* **1.** *st/s* Geziertheit *f;* Affek'tiertheit *f;* affektiertes, geziertes, gekünsteltes Benehmen; **2.** *adjt bot* œillet *m* ~ Federnelke *f*

mignon [miɲõ] **I** *adj* ⟨~**ne**⟩ **1.** *Person, Gegenstand* niedlich; aller'liebst; reizend; *nur Person* herzig; herzallerliebst; *fig* péché ~ (kleine) Schwäche; **2.** F *Person* nett; **soyez** ~, **aidez-moi à mettre le couvert!** seien Sie so nett, lieb, freundlich und helfen Sie mir ...; **II** *subst* **1.** ~(**ne**) *m(f) von Kindern u jungen Mädchen* kleiner Bursche; kleines Kerlchen; kleines Ding; *als Anrede* Herzchen; Liebling; Liebchen; P *als Anrede für ein junges Mädchen auch* P Puppe; **2.** *m hist* Liebling *m,* Günstling *m* (*Heinrichs III.*); **3.** ~**ne** *f impr* Mignon *f;* Kolo'nel *f*

mignonnette [miɲonɛt] *f* **1.** *text,* Zwirnspitze Migno'nette *f;* **2.** feiner Rollsplitt; **3.** *bot verschiedene Pflanzen, darunter* Re'seda *f;* Federnelke *f;* Gemeine Wegwarte

migrain|e [migrɛn] *f* Mi'gräne *f; par ext* Kopfschmerzen *m/pl,* -weh *n;* **elle a sa** ~ sie hat wieder ihre Migräne; ~**eux** *adj* ⟨-**euse**⟩ Mi'gräne...; **accès** ~ Migräneanfall *m;* **tempérament** ~ Veranlagung *f* zu Migräne

migrant [migrã] *m Bevölkerungsstatistik* Wanderer *m; adm* ~**s** *pl od adjt* **travailleurs** ~**s** Wanderarbeitnehmer *m/pl;* zu- und abwandernde Arbeitnehmer *m/pl;* F Gastarbeiter *m/pl*

migrateur [migratœr] *adj* ⟨-**trice**⟩ wandernd; Wander...; *biol* **cellules migratrices** Wanderzellen *f/pl; zo:* espèces migratrices va'gile Tierarten *f/pl;* **oiseau** ~ *od subst* ~ *m* (echter) Zugvogel

migra|tion [migrasjõ] *f von Bevölkerungsteilen, Tieren, Pflanzen, e-s Atoms etc* Wanderung *f; der Zugvögel auch* Ziehen *n;* Zug *m; e-s Parasiten* Wirtswechsel *m;* Migrati'on *f* (*der Erdöls, der Tiere, Zugvögel*); *Bevölkerungsstatistik:* ~**s internationales** Außenwanderung *f;* ~**s internes** *od* **intérieures** Binnenwanderung *f;* ~**s professionnelles** Abwanderung *f* in andere Berufe; Berufsverschiebung *f;* ~**s rurales** Abwanderung *f* der Landbevölkerung in die Städte; *rel* ~ **des âmes** Seelenwanderung *f;* ~ **des animaux** Tierwanderung *f;* ~ **des oiseaux** Vogelzug *m;* ~**toire** *adj* Wanderungs...; **mouvement** *m* ~ Wanderungsbewegung *f*

mihrâb [mirab] *m e-r Moschee* Gebetsnische *f;* Mih'rab *m*

mi|-jambe [miʒãb] *loc/adv* à ~ bis an die Waden; ~**janvier** *f cf* mi-... 1.

mijaurée [miʒore] *f* F Zierpuppe *f,*

-affe *m;* **faire la** ~ sich zieren; F sich haben

mijoter [miʒote] **I** *v/t* **1.** *cuis* **a)** bei schwacher Hitze, auf kleiner Flamme schmoren, kochen; **b)** *Gericht etc* mit Liebe zubereiten, kochen; **2.** F *fig Streich, Plan etc* ausbrüten; F aushekken; **qu'est-ce qu'il mijote encore contre nous?** *auch* was führt er nun wieder gegen uns im Schilde? **II** *v/i* **3.** *cuis Fleisch etc* (faire) ~ bei schwacher Hitze, auf kleiner Flamme schmoren, kochen (lassen); **4.** *fig Komplott* sich im geheimen vorbereiten; **III** *v/pr fig unpersönlich* **il se mijote des intrigues pour l'écarter de cette entreprise** da sind Intrigen im Gange, um ...

mi|-juillet [miʒɥijɛ] *f,* ~**-juin** *f cf* mi-... 1.

mikado [mikado] *m* **1.** *Kaiser von Japan* Mi'kado *m;* **2.** *Geschicklichkeitsspiel* Mi'kado *n*

mil[1] [mil] *Kurzform von* mille *in Jahreszahlen* tausend; ~ **huit cent onze** achtzehnhundert(und)elf

mil[2] [mil] *m gym* Keule *f*

mil[3] [mil] *m bot* Hirse *f*

mi-laine [milen] *adj cf* mi-... 2.

milan [milã] *m zo* Mi'lan *m;* ~ **royal** *od* **rouge** Roter Milan; Gabelweihe *f;* ~ **noir** Schwarzer Milan

milanais [milanɛ] **I** *adj* **1.** *géogr* mailändisch; **2.** *cuis* à la ~ Mailänder Art; **II** *subst* **2.**(**e**) *m(f)* Mailänder(in) *m(f)*

milandre [milãdr(ə)] *m zo* Hundshai *m*

mildiou [mildju] *m Pflanzenkrankheit* Mehltau *m;* ~ **de la vigne** echter Mehltau des Weins

mildiousé [mildjuze] *adj* vom Mehltau befallen

mile [majl] *m* englische Meile

miliaire [miljɛr] **I** *adj med* hirsekorngroß; *sc* mili'ar; *path* **éruption** *f* ~ Frieselausschlag *m;* Frieseln *m/pl od n/pl;* **fièvre** *f* ~ Frieselfieber *m;* **tuberculose** *f* ~ Mili'artuberkulose *f;* **II** *f path* Schweißfrieseln *m/pl od n/pl; sc* Mili'aria *f*

milice [milis] *f* **1.** Mi'liz *f;* Hilfstruppe *f,* -polizei *f;* ~ **ouvrière, populaire** Arbeiter-, Bürgermiliz *f;* **2.** *1943–1944* la ♀ die Mi'liz des Vichy-Regimes; **3.** *hist* ~ **communale, urbaine, bourgeoise** Bürgerwehr *f,* -garde *f,* -heer *n;* Landwehr *f* (*im weiteren Sinne*)

milic|ien [milisjɛ̃] *m* **1.** Mi'lizsoldat *m;* Milizio'när *m;* **2.** *hist* Bürgergardist *m,* -soldat *m;* Angehörige(r) *m der* Bürger-, Landwehr; Landwehrmann *m* (*im weiteren Sinne*); ~**ienne** *f* weiblicher Mi'lizsoldat

milieu [miljø] *m* ⟨*pl* ~**x**⟩ **1.** räumlich, zeitlich Mitte *f;* ~ **du jour** Tagesmitte *f;* ~ **de la route** Straßenmitte *f; in Zssgn* ... **du** ~ Mittel...; F **doigt** *m* **du** ~ Mittelfinger *m; Fußball* **ligne** *f* **de** ~ Mittellinie *f;* **rang** *m* **du** ~ Mittelreihe *f; loc/adv:* **depuis le** ~ **du XIX**[e] **siècle** seit der Mitte des 19. Jahrhunderts; **par le** ~ in der Mitte; F mitten'durch; **couper par le** ~ in der Mitte 'durchschneiden; mitten'durch schneiden; *loc/prép:* **au** ~ **de** in der Mitte (+*gén*); in'mitten (+*gén*); mitten in, auf, unter (+*dat*); **travailler au** ~ **du bruit** im Lärm, von Lärm um'geben arbeiten; **au** ~ **de sa famille** im Kreise s-r Familie; **il a fini son anecdote au** ~ **des rires** ... zum allgemeinen Lachen s-r Zuhörer; **au** ~ **de vous** mitten unter euch; in eurer Mitte; **au** ~ **de la semaine prochaine** Mitte kommender Woche; **au** ~ **de vous** mitten unter euch; in eurer Mitte; **au beau** ~, **en plein** ~ **de** mitten in, auf, unter (+*dat*); **au beau** ~ **de son discours, de la route** mitten in s-r Rede, mitten auf der Straße; **2.** *fig*

Mittelweg *m*; mittlere Linie; Mittelding *n*; le juste ~ die richtige, goldene Mitte; der goldene Mittelweg; **se tenir dans un** juste ~ den goldenen Mittelweg gehen; **il n'y a pas de** ~ e-n Mittelweg, e-e dritte Möglichkeit gibt es nicht; hier heißt es: entweder – oder; hier gibt es nur ein Entweder–Oder; **tenir le** ~ die Mitte halten, einnehmen; in der Mitte stehen, liegen; e-e mittlere Linie einhalten; ein Mittelding sein (**entre** zwischen); **3.** *biol* 'Umwelt *f*; *bes sozial* Mili'eu *n*; *e-s Menschen auch* Um'gebung *f*; *biol* ~ extérieur, intérieur äußeres, inneres Milieu; ~ **humain** menschliche Umgebung; ~ **physique** physische Umwelt; ~ **social** (soziales) Milieu; gesellschaftliche Umwelt; gesellschaftliches 'Umfeld *n*; **adaptation** *f* au ~ Umweltanpassung *f*; **conditions** *f/pl* de ~ Umweltbedingungen *f/pl*; **théorie** *f* des ~**x** Milieutheorie *f*; **être dans son** ~ in s-r gewohnten Umgebung, in s-n Kreisen, in s-m Milieu sein; **il ne se sent pas dans son** ~ parmi nous er fühlt sich unter uns nicht ganz zu Hause; **4.** ~**x** *pl* Kreise *m/pl* ~**x** diplomatiques diplomatische Kreise; Diplo'matenkreise *m/pl*; ~**x** économiques, financiers, gouvernementaux Wirtschafts-, Fi'nanz-, Regierungskreise *m/pl*; ~**x** des affaires Geschäftswelt *f*, -kreise *m/pl*; **5.** *phys* Medium *n*; **6.** *anat* ~**x** (transparents) de l'œil transpa-'rente, 'durchsichtige Teile *m/pl* des Auges; **7.** *méd* Medium *n*; *Bakterienzüchtung* ~ **de culture** Nährboden *m*, -brühe *f*, -bouillon *f*; **8.** **le** ~ **od** ♀ die 'Unterwelt

militaire [mili'tɛr] **I** *adj* mili'tärisch; sol'datisch; Mili'tär...; Wehr...; Kriegs...; **administration** *f* ~ Heeres-, Militärverwaltung *f*; **art** *m* ~ Kriegskunst *f*; **budget** *m* ~ Wehretat *m*, -haushalt *m*; Militäretat *m*, -budget *n*; **circonscription** *f* ~ Wehrbezirk *m*; **coup** *m* **d'État, putsch** *m* ~ Militärputsch *m*; **décoration** *f* ~ militärische Auszeichnung; Militärorden *m*, -ehrenzeichen *n*; **gouvernement** *m* ~ Militärregierung *f*; **marine** *f* ~ Kriegsmarine *f*, -flotte *f*; **médaille** *f* ~ *cf* médaille 2.; **médecin** *m* ~ Militärarzt *m*; **port** *m* ~ Kriegshafen *m*; **préparation** *f* ~ (*abr* **P.M.**) vormilitärische Ausbildung; Wehrertüchtigung *f*; **route** *f* ~ strategische Straße; **véhicule** *m* ~ Militärfahrzeug *n*; **victoire** *f* ~ militärischer Sieg; *loc/adv* **à l'heure** ~ auf die Minute (pünktlich); auf den Punkt (genau); **II** *m* Mili'tärperson *f*; Sol'dat *m*; ~ **de carrière** Berufssoldat *m*; **demi-tarif pour les enfants et les** ~**s** Kinder und Militär halbe Preise; ~**ment** *adv* mili'tärisch

militant [mili'tã] **I** *adj* kämpfend; mili'tant; po'litisch ak'tiv; *rel* **l'Église** ~**e** die streitende Kirche; die Ec'clesia militans; **II** *subst* ~(**e**) *m(f)* j., der po'litisch ak'tiv ist; Akti'vist(in) *m(f)*; *e-r Partei, Gewerkschaft* ak'tives Mitglied; ~ **communiste** aktiver Kommunist; ~ **ouvrier** politisch aktiver Arbeiter; ~ **syndicaliste** aktiver Gewerkschaft(l)er

militantisme [militã'tism(ə)] *m* mili'tante, po'litisch ak'tive Haltung

militari|sation [militarizasjõ] *f* **a)** *e-s Gebietes, Landes* Militari'sierung *f*; **b)** *der Polizei etc* mili'tärische Organisati'on; ~**iser** *v/t* **a)** *Zone etc* militari'sieren; **b)** *Polizei etc* mili'tärisch organi'sieren; ~**isme** *m* Milita'rismus *m*; ~**iste** **I** *adj* milita'ristisch; **II** *m* Milita'rist *m*

militer [mili'te] *v/i* **1.** *Person* po'litisch ak'tiv sein; *in e-r Partei, Gewerkschaft* aktiv sein; sich aktiv betätigen; *Partei* mili'tant sein; ~ **en faveur de, pour** qc

für etw kämpfen; **2.** *Gründe, Argumente* ~ **en faveur de** qn, qc *od* **pour** qc, **contre** qn, qc für j-n, etw, gegen j-n, etw sprechen

milk-bar [milkbar] *m* ⟨*pl* milk-bars⟩ Milchbar *f*

mille[1] [mil] **I** *adj/num/c* ⟨*inv*⟩ **1.** tausend; ~ **un** tausend(und)'eins; ~ **dix** tausend(und)'zehn; **deux** ~ zweitausend; **l'an deux** ~ das Jahr zweitausend; **cent** ~ hunderttausend; ~ **fois** tausendmal; *cf auch* 2.; ~ **fois plus** tausendmal mehr; ~ **hommes** tausend Mann; ~ **mètres a)** tausend Meter; **b)** *sports* **1000-m-Lauf** *m*; **courir le** ~ **mètres** am 1000-m-Lauf teilnehmen; **Les** ♀ **et une Nuits** Tausendundeine Nacht; die Märchen aus Tausendundeiner Nacht; **le numéro** ~ die Nummer tausend; **page** ~ Seite tausend; **billet** *m* **de** ~ (**francs**) Tausend-'Franc-Schein *m*; Tausender *m*; **tapisserie** *f* ~ **fleurs** Tapete *f* mit Streublumen(musterung); **2.** *fig* ~ **choses à M. X !** viele, tausend Grüße an Herrn X!; grüße(n Sie) bitte Herrn X vielmals!; *loc/adv* ~ **fois** tausendmal; unzählige, ungezählte Male; unzähligemal; **vous avez** ~ **fois raison** Sie haben völlig, vollkommen recht; **en** ~ **occasions** bei unzähligen, bei unendlich vielen Gelegenheiten; **une anecdote entre** ~ sur son compte e-e von den vielen, unzähligen Anekdoten über ihn; **je vous le donne en** ~ ich wette hundert zu eins, daß Sie es nicht erraten (werden); **II** *m* ⟨*inv*⟩ **1.** Tausend *f*; *math* Tausender *m*; **2.** Tausend *n* (*abr* **Tsd.**) (*auch impr* Exemplare e-r Auflage); *comm* Mille *n* (*abr* **M**); ~ **d'aiguilles** ein Tausend Nadeln; **cent francs le** ~ hundert Franc das Tausend; **cinq pour** ~ (⁰/₀₀) fünf vom Tausend (*abr* **v.T.**), pro mille (*abr* **p.m.**) (⁰/₀₀); **des** ~ **et des cents** Tausende und aber Tausende; enorme Summen *f/pl*; **ne pas gagner des** ~ et des cents kein Großverdiener sein; **3.** *e-r Zielscheibe* Schwarze(s) *n*; **mettre, F taper dans le** ~ ins Schwarze treffen; *fig auch* den Nagel auf den Kopf treffen

mille[2] [mil] *m* **1.** *altes Längenmaß* Meile *f*; ~ **romain** römische Meile; **2.** *heute* ~ **anglais** englische Meile; ~ **marin** Seemeile *f*

millée [mile] *f* Hirsebrei *m*

mille-feuille *od* **millefeuille** [milfœj] **1.** *f bot* Schafgarbe *f*; **2.** *m* Cremeschnitte *f* aus Blätterteig

millénaire [mi(l)le'nɛr] **I** *adj* tausendjährig; *Bäume* uralt; **une tradition plus que** ~ e-e mehr als tausendjährige Tradition; **II** *m* **1.** Jahr'tausend *n*; *selten* Mill'ennium *n*; **2.** Tausend'jahrfeier *f*; **3.** *rel* Chili'ast *m*

millénarisme [mi(l)lenarism(ə)] *m rel* Chili'asmus *m*; Millena'rismus *m*

millénium [mi(l)lenjɔm] *m rel* **le** ~ das Tausendjährige Reich (*Christi*); das Mill'ennium

mille-pattes [milpat] *m* ⟨*inv*⟩ *zo* Tausend(fü)er *m*

mille-pertuis *od* **millepertuis** [milpɛrtɥi] *m* ⟨*inv*⟩ *bot* Jo'hanniskraut *n*; ~ **commun** Tüpfeljohanniskraut *n*; Tüpfelhartheu *n*; **huile** *f* **de** ~ Johanniskrautöl *n*

mille-raies [milrɛ] *m* ⟨*inv*⟩ *text* feingestreifter, feingerippter Stoff; *adj*: imprimé *m* ~ mit feinen Streifen bedruckter Stoff; **velours** *m* ~ feingerippter Samt

millerandage [milrãdaʒ] *m der Weinbeeren* Samenbruch *m*

millésim|e [milezim] *m* **1.** *auf Münzen, Briefmarken etc* Jahreszahl *f*; *bei Weinen* Jahrgang *m*; **une bouteille au** ~ **de**

1947 e-e Flasche (vom) Jahrgang 1947; e-e Flasche 47er; **2.** (*Zahl f*) Tausend *f*; ~**er** *v/t Münzen, Weine etc* mit der, mit e-r Jahreszahl versehen; **être millésimé** e-e Jaheszahl tragen

millet [mi'jɛ] *m* **1.** *bot* Hirse *f*; ~ **long** Glanzgras *n*; ~ **perle,** à **chandelle** Amerikanisches Federborstengras; ~ **rond, des oiseleurs** Echte Hirse; Rispenhirse *f*; ~ à **balais** Mohrenhirse *f*; **farine** *f* **de** ~ Hirsemehl *n*; **2.** *path* **a)** Gerstenkorn *n*; **b)** Frieseln *m/pl od n/pl*

milliaire [mi'ljɛr] *adj im alten Rom* Meilen...; **borne** *f*, **colonne** *f*, **pierre** *f* ~ *od subst* ~ *m* Meilenstein *m*; Milli-'arium *n*

milliampère [milijã'pɛr] *m* (*abr* **mA**) *élect* Milliam'pere *n* (*abr* **mA**)

milliard [mi'ljar] *m* Milli'arde *f* (*abr* **Md.** *od* **Mrd.** *od* **Mia.**); **des** ~**s de** ... Milliarden, e-e Unmenge, e-e Unzahl, Unmengen von (*od* +*gén*); **un** ~ **de dollars** e-e Milliarde Dollar; **dépenser des** ~**s** Milliarden, Unsummen ausgeben

milliardaire [miljar'dɛr] *m,f* Milliar-'där(in) *m(f)*; **il est plusieurs fois** ~ er ist mehrfacher Milliardär

milliardième [miljar'djɛm] **I** *adj/num/o* milli'ardste(r, -s); **II** *m* Milli'ardstel *n*

millibar [mili'bar] *m* (*abr* **mb**) *météo* Milli'bar *n* (*abr* **mb**)

millième [mi'ljɛm] **I** *adj/num/o* tausendste(r, -s); *subst* **le, la** ~ der, die, das tausendste; **II** *m* **1.** Tausendstel *n*; **un** ~ **de millimètre** ein tausendstel Millimeter; **2.** *Artillerie* Strich *m* (*Winkeleinheit*)

millier [mi'lje] *m* Tausend *n*; **des** ~**s de** ... (*Aber*)Tausende, e-e Unmenge, e-e Unzahl, Unmengen von (*od* +*gén*); **un** ~ **d'hommes, d'électeurs** tausend Mann, Wähler; *loc/adv* **par** ~**s** zu Tausenden

milligramme [mili'gram] *m* (*abr* **mg**) Milli'gramm *n* (*abr* **mg**)

millimètre [mili'mɛtr] *m* (*abr* **mm**) Milli'meter *n od m* (*abr* **mm**); ~ **carré, cube** Qua'drat-, Ku'bikmillimeter *n od m*; *météo* ~ **de mercure** Millimeter QS (*gesprochen* Quecksilbersäule)

milli|métré [milimetre] *adj od* ~**métrique** *adj* in Milli'meter eingeteilt; **papier** ~ Milli'meterpapier *n*; ~**micron** *m* (*abr* **mμ**) Milli'mikron *n*, Milli-'my *n* (*abr* **mμ**)

million [mi'ljõ] *m* Milli'on *f* (*abr* **Mill.** *od* **Mio.**); **des** ~**s de** ... Millionen (und aber Millionen) von (*od* +*gén*); Unmengen, e-e Unmenge, e-e Unzahl von (*od* + *gén*); **deux** ~**s de francs** zwei Millionen Franc; **posséder des** ~**s** Millionen besitzen; **être riche à** ~**s** steinreich, milli'onenschwer sein

millionième [miljɔ'njɛm] **I** *adj/num/o* milli'onste(r, -s); **la** ~ **entrée dans une exposition, le** ~ **visiteur d'une exposition** der millionste Besucher e-r Ausstellung; *subst* **le, la** ~ der, die, das millionste; **II** *m* Milli'onstel *n*; **un** ~ **de millimètre** ein millionstel Millimeter

millionnaire [miljɔ'nɛr] *m,f* Millio-'när(in) *m(f)*; **il est plusieurs fois** ~ er ist mehrfacher Millionär

milli|thermie [militɛrmi] *f* (*abr* **mth**) *phys* Kilokalorie *f* (*abr* **kcal**); ~**volt** *m* (*abr* **mV**) *élect* Milli'volt *n* (*abr* **mV**)

milouin [milwɛ̃] *m zo* Tafelente *f*

mi-lourd [milur] *adj sports cf* poids 3.

mi-|mai [mime] *f*, ~**mars** *c f* mi-... 1.

mime [mim] *m* **1.** Panto'mime *m*; **2.** j., der andere gut nachahmen kann; Nachahmungskünstler *m*; **3.** *in der Antike* **a)** *Schauspiel* Mimus *m*; **b)** *Schauspieler* Mime *m*; Mimus *m*; Mimiker *m*

mimer [mime] *v/t* **1.** panto'mimisch

darstellen; **2.** *Personen* nachahmen, -machen, -äffen

mîmes [mim] *cf* **mettre**

mimét|ique [mimetik] *adj biol* mi'metisch; **~isme** *m* **1.** *biol* Mimikry [-kri] *f*; **2.** *fig* Nachahmung *f*

mimi [mimi] *m* **1.** Küßchen *n*; *zu e-m Kind* fais ~ à ta tante gib deiner Tante ein Küßchen!; **2.** *enf* Miez(chen) *f(n)*; Mieze(kätzchen) *f(n)*; *cf auch* **minet(te)** 1.; **3.** F *Kosename für ein Kind* Liebchen *n*; Schätzchen *n*; Herzchen *n*; Mäuschen *n*; *adjt* ⟨*inv*⟩ *von e-m Kind* il *bzw* elle est ~ er *bzw* sie ist niedlich, reizend, goldig, aller'liebst, herzig, süß

mimique [mimik] **I** *adj* mimisch; Gebärden-; **langage** *m* ~ Gebärdensprache *f*; **II** *f* Mimik *f*; Mienenspiel *n*; *par ext* Mimik *f* und Gestik *f*; Mienen- und Gebärdenspiel *n*

mimodrame [mimɔdram] *m thé* Mimo'dram(a) *n*

mimolette [mimɔlɛt] *f ein holländischer Käse*

mimologie [mimɔlɔʒi] *f* Nachahmungskunst *f* (*bes mit der Stimme*)

mimosa [mimoza] *m bot* Mi'mose *f* (*Pflanze u Blüte*); **~cées** [-se] *f/pl bot* Mi'mosengewächse *n/pl*

mi-moyen [mimwajɛ̃] *adj sports cf* **poids** 3.

minable [minabl(ə)] **I** *adj Leben* ärmlich; elend; erbärmlich; elend; kärglich; kümmerlich; dürftig; jämmerlich; *Lohn* kärglich; schäbig; kümmerlich; *Ergebnis* dürftig; kümmerlich; kläglich; *Schauspiel* jämmerlich; kläglich; **II** *m,f* jämmerlicher, kläglicher, armseliger Wicht

minage [minaʒ] *m mines etc* Schießarbeit *f*; Sprengarbeiten *f/pl*

minahouet [minawɛ] *m mar* Wantenspanner *m*

minaret [minarɛ] *m* Mina'rett *n*

minaud|er [minode] *v/i* sich zieren; sich affek'tiert benehmen; sich spreizen; F sich haben; *par ext* koket'tieren; **~erie** *f meist pl* ~s Ziere'rei *f*; Affek'tiertheit *f*; affek'tiertes, gekünsteltes Benehmen *n*; F Gehabe *n*; Getue *n*; Affigkeit *f*; *par ext* Kokette'rie *f*; **~ier** *adj* ⟨-ière⟩ geziert; gekünstelt; affek'tiert; F affig

minbar [minbar] *m e-r Moschee* Predigtstuhl *m*; Mimbar *od* Minbar *m*

mince [mɛ̃s] **I** *adj* **1.** *Scheibe, Schicht etc* dünn; *Scheibe, Faden auch* fein; *advt* **peindre** ~ die Farbe dünn auftragen; **2.** *Säule, Wasserlauf, Lippen, Taille etc* schmal; *Säule auch, Person, Beine, Taille* schlank; **3.** *fig Rolle, Profit etc* klein; unbedeutend; *Kenntnisse* bescheiden; dürftig; gering; *Vorwand* nichtig; fadenscheinig; 'durchsichtig; *Angelegenheit* belanglos; **très** ~ winzig; **ce n'est pas une** ~ **affaire** das ist keine Kleinigkeit (**que de** + *inf* zu + *inf*); **II** *int* F ~!, **ah!** ~!, ~ **alors!** **a)** *unangenehme Überraschung ausdrückend* F verdammt (nochmal)!; so ein Mist!; **b)** *Erstaunen, Bewunderung ausdrückend* Donnerwetter!; F ~ **de bagnole!** F Donnerwetter, alle Achtung, das ist ein Schlitten!; das ist ein toller Schlitten!

minceur [mɛ̃sœr] *f* **1.** Dünne *f*; Dünnheit *f*; **2.** Schmalheit *f*; Schlankheit *f*

mine¹ [min] *f* **1. a)** Gesichtsausdruck *m*; Gesicht *n*; Miene *f*; ~ **enjouée** heiteres Gesicht; heitere Miene; **avoir une** ~ **renfrognée** verdrossen, mürrisch aussehen; F ein Gesicht machen wie drei (*od* sieben) Tage Regenwetter; **avoir une** ~ **effrayée, étonnée** ein erschrockenes, erstauntes Gesicht machen; **avoir une** ~ **éveillée** aufgeweckt aussehen; **faire bonne** ~ à qn freundlich, nett zu j-m

sein; j-m freundlich begegnen; **faire grise** ~ à qn j-m ein finsteres, saures Gesicht zeigen; j-m abweisend begegnen; j-m gegenüber kühl, abweisend sein; **faire triste** ~ ein trauriges Gesicht machen; **faire une** ~ **de dix pieds de long** ein langes Gesicht machen; **b)** ~s *pl* Mienen- und Gebärdenspiel *n*; *péj* ~s **affectées** *cf* **minauderie**; *péj* faire des ~s *cf* **minauder**; **2. a)** *e-r Person* Äußere(s) *n*; Aussehen nach; ~ **tranquille** unter s-m ruhigen Äußeren; il a la ~ de qn qui ... er sieht aus wie jemand, der ...; **faire** ~ **de** so tun, als ob; **il faisait** ~ **de lui donner un coup** er tat, als wollte er ihm e-n Schlag versetzen; **juger les gens sur la** ~ die Menschen nach ihrem Äußeren, ihrem Aussehen beurteilen; **à en juger sur sa** ~ s-m Aussehen nach; **ne pas payer de** ~ *cf* **payer** 6.; P eingeschoben ~ **de rien** ohne es (sich an)merken zu lassen; so als ob nichts wäre; **b)** *in bezug auf die Gesundheit* Aussehen *n*; **avoir bonne** ~ **a)** gut, gesund aussehen; **b)** F *iron* bla'miert sein; **avoir mauvaise** ~ schlecht, krank aussehen; **abs** tu en as une ~! du siehst aus!; **c)** *Gericht de bonne* ~ lecker; **avoir bonne** ~ lecker, appetitlich aussehen

mine² [min] *f* **1.** Bergwerk *n*; Grube *f*; Zeche *f*; *nur zur Erzgewinnung* Mine *f*; *im engeren Sinn* Kohlenbergwerk *n*, -grube *f*, -zeche *f*; *adm in Frankreich* les ⌖s die staatliche Bergbehörde; ~ **souterraine** Unter'tagebau *m*; Grube *f*; Grubenbau *m*, -anlage *f*; *cf auch* 2.; ~ **à ciel ouvert** Tagebaubetrieb *m*; *cf auch* 2.; ~ **d'argent, de cuivre** Silber-, Kupferbergwerk *n*, -mine *f*, -grube *f*; ~ **de diamants** Dia'mantbergwerk *n*; ~ **de fer** Eisen(erz)bergwerk *n*, -grube *f*; ~ **de houille** Steinkohlenbergwerk *n*, -grube *f*, -zeche *f*; ~ **d'or** Goldbergwerk *n*, -mine *f*; Goldgrube *f* (*auch fig*); ~ **de sel** Salzbergwerk *n*; **droit** *m* **des** ~s Bergrecht *n*; **École** *f* **des** ⌖s *etwa* Bergakademie *f*; Hochschule *f* für Bergbau und Hüttenwesen; **exploitation** *f* **de** ~s Bergbau *m*; **région** *f* **de** ~s Bergbaugebiet *n*, -revier *n*; *im engeren Sinn* Kohlenrevier *n*; **descendre dans la** ~ in das Bergwerk, in die Grube, in den Schacht einfahren; **travailler à la** ~ im Bergwerk, in der Grube arbeiten; *im engeren Sinn* im Kohlenbergwerk, in der Kohlengrube arbeiten; **2.** Lagerstätte *f*; (*Erz-, Kohle*)Vorkommen *m*; (Erz)Mine *f*; ~ **souterraine** 'unterirdische Lagerstätte; ~ **à ciel ouvert** an der Erdoberfläche liegende Lagerstätte; ~ **de charbon, de fer, d'uranium** Kohlen-, Eisenerz-, U'ranvorkommen *n*; **3.** *fig* Fundgrube *f*; **4.** *e-s* (*Dreh*)*Bleistifts, Bunt-, Kopierstifts* Mine *f*; ~ **de plomb a)** Gra'phitmine *f*; **b)** Gra'phit *m*; ~ **de rechange** Ersatzmine *f*; **tailler la** ~ den Bleistift spitzen

mine³ [min] *f mil* **1.** Mine *f*; *mar* ~ **flottante, dérivante** Treibmine *f*; *mar* ~ **magnétique** Ma'gnetmine *f*; ~ **marine** Seemine *f*; ~ **terrestre** Landmine *f*; *mar* ~ **à orin** Ankertaumine *f*; **marcher sur une** ~ auf e-e Mine treten; **poser, mar mouiller des** ~s Minen legen; **2.** *im Stellungskrieg* **a)** *für e-e Sprengung* Stollen *m*; Mine *f*; **b)** Mine *f*; Sprengladung *f*; **coup** *m* **de** ~ Explosion *f*; **guerre** *f* **des** ~ Minenkrieg *m*; **trou** *m* **de** ~ Sprengloch *n*; **mettre le feu à une** ~ e-e Sprengladung zünden

miner [mine] *v/t* **1.** *mil* Straße, Seegebiet *etc* verminen; *adjt* **miné** vermint; **2.** *Wasser: Ufer etc* aushöhlen; unter'höhlen; unter'spülen; **3.** *fig Gesundheit* unter'graben (*auch Kräfte*); zerrütten;

Kräfte auch aufreiben; *Kummer e-n Menschen* zermürben; zehren (**qn** an j-m) (*auch von e-r Krankheit*); *Grundlagen der Gesellschaft, Regierung etc* untermi'nieren; aushöhlen; unter'graben; **être miné par une passion** von e-r Leidenschaft verzehrt werden

minerai [minrɛ] *m* Erz *n*; ~ **de cuivre, de fer, d'uranium** Kupfer-, Eisen-, U'ranerz *n*; **exploitation** *f* **de** ~ Erzgewinnung *f*; **richesse** *f* **en** ~ Erzreichtum *m*

minéral [mineral] ⟨*m/pl* -aux⟩ **I** *adj* mine'ralisch; Mine'ral...; **chimie** ~e anorganische Chemie; **cire** ~e Mineral-, Erdwachs *n*; Erdparaffin *n*; **eau** ~e Mineralwasser *n*; Brunnen *m*; Tafelwasser *n*; **huile** ~e Mineralöl *n*; **règne, sel** ~ Mineralreich *n*, -salz *n*; **II** *m* Mine'ral *n*; ~**ier** *m mar* Erzfrachter *m*

minéral|isateur [mineralizatœr] **I** *adj* ⟨-trice⟩ die Minerali'sierung bewirkend; **agent** ~ *cf* II; **II** *m* Minerali'sator *m*; **~isation** *f* Minerali'sierung *f*; Mineralisati'on *f*; **~iser** *v/t* **1.** minerali'sieren; **2.** *Wasser* mine'ralisch machen; Mine'ralien zusetzen (*l'eau dem Wasser*); **eau minéralisée** künstliches Mine'ralwasser

minéralog|ie [mineralɔʒi] *f* Mineralolo'gie *f*; **~ique** *adj* **1.** minera'logisch; **collection** *f* ~ Mine'ralien-, Gesteinssammlung *f*; **2.** *auto* **numéro** *m* ~ amtliches Kennzeichen; **plaque** *f* ~ Nummernschild *n*; **~iste** *m* Minera'loge *m*

minerv|e [minɛrv] *f* (*nom déposé*) *impr Art* Kniehebelpresse *f*; Abziehpresse *f*; **~iste** *m impr* Drucker, der an e-r Kniehebelpresse, Abziehpresse arbeitet

minestrone [minɛstron] *m cuis* ~ *od adjt* **potage** *m*, **soupe** *f* ~ Mine'strone *f*; Mi'nestra *f*

min|et [minɛ] *m*, **~ette¹** *f* **1.** F Miez(e) *f*; Miezchen *n*; (Mieze)Kätzchen *n*; Miezekatze *f*; Mies(chen) *f(n)*; **2.** F *Kosename, bes für Kinder* mon minet, ma minette (mein) Liebchen, Schätzchen, Herzchen, Mäuschen; **3.** *Modenarr etc* junger Mann Geck *m*; Stutzer *m*; effemi'nierter junger Mann; *junge Frau* Modepuppe *f*; **4.** ⟨*nur* f⟩ *bot* Hopfenklee *m*

minette² [minɛt] *f minér* (*Lothringer*) Mi'nette *f*

mineur¹ [minœr] **I** *adj* **1.** *Problem, Sorge etc* zweitrangig; nebensächlich; 'untergeordnet; *Maler, Schriftsteller* unbedeutend; zweitrangig; **arts** ~s Kunstgewerbe; *géogr* l'Asie ⌖e Klein'asien *n*; *égl cath* **frères** ~s Mindere Brüder *m/pl*; Mino'riten *m/pl*; Franzis'kaner *m/pl*; *e-s Künstlers* **œuvre** ~e unbedeutenderes, weniger gutes Werk; **ordres** ~s niedere Weihen *f/pl*; **2.** *mus* Moll...; ...-Moll; **gamme** ~e Molltonleiter *f*; **intervalle** ~ kleines Intervall; **tierce** ~e kleine Terz; **en ut** ~ c-Moll; **3.** *jur* minderjährig; unmündig; **4.** *in e-m Syllogismus* **proposition** ~e *od subst* ~e *f* 'Untersatz *m*; **terme** ~ *od subst* ~ *m* Minor *m*; **5.** *rel* **saint Jacques le** ⌖ Ja'kobus der Jüngere; **II** *subst* **1.** *jur* ~(e) *m(f)* Minderjährige(r) *f(m)*; Unmündige(r) *f(m)*; *strafrechtlich: zwischen 14 u 18 Jahren* Jugendliche(r) *f(m)*; *zwischen 18 u 21 Jahren* Her'anwachsende(r) *f(m)*; ~ **délinquant** jugendlicher Straffälliger; **émancipation** *f* **d'un** ~ Volljährigkeitserklärung *f*, Mündigsprechung *f* e-s Minderjährigen; **juridiction** *f* **des** ~s Jugendrechtspflege *f*; **2.** *mus* Moll *m od n*; Molltonart *f*; **en** ~ in Moll; **3.** *in e-m Syllogismus* ~ *m u* ~e *f cf* I 4.

mineur² [minœr] *m* (**ouvrier**) ~ Bergarbeiter *m*, -mann *m*; Kumpel *m*; (Berg-)

Knappe *m*; ~ de fond Unter'tage-
arbeiter *m*
mini [mini] *m* Minimode *f*
mini... *od* **mini-...** [mini] *in Zssgn*
Mini...
miniature [minjatyr] *f* **1.** Minia'tur *f*;
Minia'turbild *n*, -gemälde *n*; ~s persa-
nes persische Miniaturen; **2.** Minia'tur-
malerei *f*; Buchmalerei *f*; **3.** *in alten
Handschriften* Initi'al(e) *n(f)*; **4.** *fig* (en)
~ in Minia'tur; Minia'tur...; im kleinen;
in verkleinertem Maßstab; **golf** *m* ~
Mini-, Kleingolf *n*
miniaturé [minjatyre] *adj* mit Minia-
'turen verziert
miniaturis|ation [minjatyrizasjõ] *f*
tech Miniaturi'sierung *f*; Kleinstbauwei-
se *f*; **~er** *v/t tech* miniaturi'sieren
miniaturiste [minjatyrist] *m* Minia'tur-
maler *m*; *im Mittelalter auch* Buchmaler
m; Mini'ator *m*
minibus [minibys] *m* Kleinbus *m*
minier [minje] *adj* ‹-ière› Bergwerks...;
Bergbau...; ~ Gruben...; bergbaulich;
bassin ~ Bergbaugebiet *n*, -revier *n*;
chemin de fer ~ Zechenbahn *f* (*über
Tage*); **industrie minière** Bergbau *m*;
ressources minières Bodenschätze
m/pl; **société minière** Bergwerksge-
sellschaft *f*
minière [minjɛr] *f jur* über Tage liegende
Lagerstätte von Torf *od* Eisenerz; ~ de
fer Eisenerzlagerstätte *f* über Tage
minigolf [minigolf] *m* Mini-, Kleingolf *n*
minijupe *od* **mini-jupe** [miniʒyp] *f*
cout Minirock *m*
minima [minima] **1.** *cf* **minimum**; **2.**
jur **appel** *m* à ~ Berufung *f* der Staatsan-
waltschaft zwecks Strafherabsetzung,
wegen zu niedrigen Strafmaßes
minimal [minimal] *adj* ‹-aux› mini-
'mal; Mini'mal...; Mindest...; **météo
températures** ~ tiefste Temperaturen
f/pl; tiefste Temperaturen *f/pl*
minime [minim] **I** *adj* Unterschied,
Summe, Verlust etc gering(fügig); unbe-
deutend; unwesentlich; verschwindend
klein; mini'mal; **II** *m/pl* ~s **1.** *sports*
Jugendklasse *f* (*zwischen 14 u 16 Jahren*);
2. *égl cath* Mi'nimen *m/pl*; Pau'laner
m/pl
minimis|ation [minimizasjõ] *f écon*
Mini'mierung *f*; **~er** *v/t Zwischenfall,
Ernst der Lage etc* bagatelli'sieren; her-
'unterspielen; verharmlosen; verniedli-
chen
minimum [minimɔm] **I** *adj* ‹*f* ~ *od*
minima [minima]; *pl m u f* ~s *od*
minima› mini'mal; Mini'mal...; Min-
dest...; **âge** ~ **requis** erforderliches
Mindestalter; **gains** *m/pl*, **pertes** *f/pl* ~s
od **minima** minimale Gewinne *m/pl*,
Verluste *m/pl*; **II** *m* ‹*pl* ~s *od* **minima**›
Minimum *n* (*auch math e-r Funktion*);
Mindestmaß *n*, -betrag *m*, -preis *m*, -ge-
wicht *n*; ~ **vital** Exi'stenzminimum *n*;
le ~ **de chances, de risques** die
geringsten Chancen *f/pl*, die kleinsten
Risiken *n/pl*; ~ **de frais** minimale Unko-
sten *pl*; ~ **de la peine** Mindeststrafe *f*;
niedrigste Strafe; niedrigstes Strafmaß;
abs **être condamné** au ~ die Mindest-
strafe, die niedrigste Strafe erhalten; ~
de poids, de prix Mindest- *od* Mini-
malgewicht *n*, -preis *m*; **les** ~ *od*
minima de température d'août die
Tiefstwerte *m/pl* der Temperatur im
August; ~ **de travail** Mindestarbeit *f*,
Minimalgeschwindigkeit *f*; *loc/adv* **au** ~
mindestens; wenigstens; **dans le** ~ **de
temps** in kürzester Zeit; *Temperatures
etc* **atteindre son** ~ den niedrigsten
Stand, den tiefsten Punkt erreichen; **s'il
avait un** ~ **de savoir-vivre** wenn er den

geringsten, ein klein bißchen Anstand
besäße; **faire le** ~ **de dépenses** so
wenig wie möglich ausgeben; **prendre
le** ~ **de précautions** ein Minimum an
Vorsicht walten lassen
ministère [minister] *m* **1.** *pol* Mini-
'sterium *n* (*auch das Gebäude*); ~ **des
Affaires étrangères** Auswärtiges Amt;
Ministerium des Auswärtigen, des
Äußeren, für auswärtige Angelegenhei-
ten; Außenministerium *n*; ~ **des Finan-
ces** Ministerium der Finanzen, Fi'nanz-
ministerium *n*; ~ **de l'Intérieur** Ministe-
rium des Innern; Innenministerium *n*; ~
de la Justice Ministerium der Justiz;
Ju'stizministerium *n*; ~ **du Travail et de
la Sécurité sociale** Ministerium für
Arbeit und Sozialordnung; **fonction-
naire** *m* **de** ~ Ministeri'albeamte(r) *m*;
employé *m* **de** ~ Ministeriumsange-
stellte(r) *m*; **2.** *pol* Mi'nisteramt *n*; **3.** *pol*
Gesamtministerium *n*; Re'gierung *f*; Ka-
bi'nett *n*; ~ **de coalition** Koaliti'ons-
regierung *f*, -kabinett *n*; ~ **d'union des
gauches** Regierung, Kabinett der verei-
nigten Linken; **le** ~ **Poincaré** die Regie-
rung, das Kabinett Poincaré; **forma-
tion** *f* **du** ~ Regierungs-, Kabinettsbil-
dung *f*; **4.** *pol* Regierungszeit *f* (*e-s
Kabinetts*); **5.** *jur* Staatsanwalt-
schaft *f*; Anklagevertretung *f*; *loc/prép*
par ~ **de** durch; **par** ~ **d'huissier**
durch den Gerichtsvollzieher; **6.** *rel* ~
(**du prêtre**) Priesteramt *n*
ministériel [ministerjɛl] *adj* ‹~le› **1.**
ministeri'ell; ministeri'al; Ministeri'al...;
département ~ Abteilung *f* e-s Mini-
'steriums; **fonctionnaire** ~ Ministerial-
beamte(r) *m*; **2.** Re'gierungs...; Kabi-
'netts...; **décision** ~le Regierungs-,
Kabinettsentscheidung *f*; Entscheidung
f der Regierung, des Kabinetts; **décla-
ration** ~le Regierungserklärung *f*; **3.**
Zeitung etc re'gierungstreu, -freundlich;
4. Mi'nister...; **conférence** ~le Mini-
sterkonferenz *f*; **responsabilité** ~le
Verantwortlichkeit *f* der Minister *bzw*
des Ministers (*vor dem Parlament*); **5.**
jur **officier** ~ *cf* **officier**¹ 3.
ministrable [ministrabl(ə)] *adj* **un par-
lementaire** ~ *od* **subst un** ~ ein (Ab-
geordneter, der) Anwärter *m* auf e-n
Mi'nisterposten (ist)
ministre [ministr(ə)] *m* **1.** *pol* Mi'nister
m; **Premier** ~ Premi'erminister *m*;
Ministerpräsident *m*; ~ **des Af-
faires étrangères, de l'Agriculture,
de l'Éducation nationale, des Fi-
nances, de l'Intérieur, de la Justice**
Außen-, Landwirtschafts-, Erziehungs-
od Kultus-, Fi'nanz-, Innen-, Ju'stiz-
minister *m*; **madame X,** ~ **de la Santé
publique** Frau X, Minister für das
Gesundheitswesen; ~ **d'État, sans por-
tefeuille** Minister ohne Geschäftsbe-
reich, ohne Portefeuille, für Sonderauf-
gaben; **2.** ~ (**plénipotentiaire**) Gesand-
te(r) *m*; ~ **résident** Mi'nisterresident *m*;
3. *adjt* **bureau** *m* ~ Diplo'matenschreib-
tisch *m*; **papier** *m* ~ (*Art*) Kanz'leipapier
n (*im Format 34×44 cm*); **4.** *égl prot* ~ (**de
l'Évangile**) Pfarrer *m*; Pastor *m*; Geist-
liche(r) *m*; **5.** *rel* Diener *m*; ~ **du culte** im
Gottesdienst, in der Messe dienender,
den Gottesdienst, die Messe haltender
Geistlicher; ~ **de Jésus-Christ** Diener
Jesu Christi; **6.** *zo* Indigofink *m*
minium [minjɔm] *m* Mennige *f*
minoen [minɔɛ̃] **I** *adj* ‹-enne [-ɛn]›
mi'noisch; **II** *m* mi'noische Kul'tur
minois [minwa] *m* e-s *Kindes, jungen
Mädchens* frisches, niedliches Gesicht; ~
d'enfant niedliches, reizendes Kinder-
gesicht

minor|ation [minɔrasjõ] *f comm* 'Unter-
bewertung *f*; **~er** *v/t comm* 'unter-
bewerten
minoritaire [minɔritɛr] **I** *adj* Minder-
heits...; **parti** *m* ~ Minderheitspartei *f*; **II**
m/pl **les** ~s die Minderheit (*innerhalb e-r
Gemeinschaft*)
minorité [minɔrite] *f* **1.** Minderheit *f*
(*auch staats- u völkerrechtlich*); Minder-
zahl *f*; Minori'tät *f*; ~ **ethnique, natio-
nale** ethnische *od* völkische, nationale
Minderheit; **une** ~ **d'électeurs** e-e
Minderheit von Wählern; **droit** *m*, **pro-
tection** *f* **des** ~s Minderheitenrecht *n*,
-schutz *m*; **être dans la** ~ zur Minderheit
gehören; **être en** ~ in der Minderheit,
Minderzahl, Minori'tät sein; sich in der
Minderheit befinden; **mettre en** ~
über'stimmen; majori'sieren; **être mis
en** ~ überstimmt werden; **2.** *fig von
Personen, Gegenständen* **une** ~ **de** e-e
kleine Gruppe, Anzahl von; *loc/adv*
dans la ~ **des cas** in den seltensten,
wenigsten Fällen; **ce roman ne peut
intéresser qu'une** ~ **de lecteurs** dieser
Roman kann nur e-e kleine Gruppe von
Lesern interessieren; **3.** *jur* Minderjäh-
rigkeit *f*; Unmündigkeit *f*; ~ **pénale**
Strafunmündigkeit *f*
minot|erie [minɔtri] *f* **1.** Mühle *f*; Müh-
lenbetrieb *m*; **2.** Mühlenindustrie *f*; Mül-
le'rei *f*; **~ier** *m* Mühlenbesitzer *m*
minou [minu] *m* F *enf* *cf* **minet(te)** 1.
mi-novembre [minɔvãbr(ə)] *f cf*
mi-... 1.
minuit [minɥi] *m* Mitternacht *f*; zwölf
Uhr nachts; *égl cath* **messe** *f* **de** ~
Mitternachtsmesse *f*; Christmette *f*; **à** ~
um Mitternacht; **à** ~ **et demi** um
halb ein Uhr nachts; nachts um halb
eins; **à** ~ **précis** Punkt, Schlag zwölf Uhr
(nachts); Schlag Mitternacht; **vers** ~,
sur le (**coup de**) ~ gegen Mitternacht;
gegen zwölf Uhr nachts; **il est** ~ es ist
Mitternacht; **l'horloge sonne les dou-
ze coups de** ~ die Turmuhr schlägt
Mitternacht
minus [minys] *m* F *von e-r Person*
Versager *m*; F Null *f*; Niete *f*
minuscule [minyskyl] **I** *adj* **1.** *Buchstabe*
klein(geschrieben); *impr* **caractères**
m/pl ~s Kleinbuchstaben *m/pl*; Ge-
meine(n) *m/pl*; **lettre** *f* ~ *cf* **II**; **un a** ~ ein
kleines a; **2.** *fig* winzig; **II** *f* Kleinbuch-
stabe *m*; kleiner Buchstabe; *impr* Mi-
'nuskel *f*; **écrire avec une** ~ klein
schreiben; **prendre une** ~ klein ge-
schrieben werden
minutage [minytaʒ] *m* genauer Zeit-
plan; genaue (Zeit)Einteilung; Sollzeit-
plan *m*
minutaire [minytɛr] *adj Urkunde etc*
urschriftlich; Origi'nal...
minute¹ [minyt] *f* **1.** (*abr* **mn**) Mi'nute *f*
(*abr* **min.**, **Min.**) (*auch math Bogenminu-
te*); *par ext* Augenblick *m*; Mo'ment *m*;
une ~ **!** e-n Augenblick!; e-n Moment!;
e-e Minute!; ~ **de silence** Schweigemi-
nute *f*; (**c'est**) **la** ~ **de vérité** die Stun-
de der Wahrheit (ist gekommen, hat ge-
schlagen); *loc/adv* **à la** ~ auf die Minute
(pünktlich); auf den Punkt genau; **à la
même où** ~ gerade in dem Augenblick,
in dem Moment, wo *od* als ...; **dans une**
~ so'fort; gleich; in e-r Minute; **d'une** ~
à l'autre jeden Augenblick; **de** ~ **en** ~
von Minute zu Minute; **jusqu'à la
dernière** ~ bis zur letzten Minute;
zum letzten Augenblick, Moment; **tou-
tes les cinq** ~s alle fünf Minuten; alle
(paar) Augenblicke; *cf auch* **cinq I**; **2.**
adjt **Schnell...**; So'fort...; *cuis auch* **in**
Windeseile zubereitet, gebraten; **net-
toyage** *m* ~ Schnellreinigung *f*; **3.** *int*
~ **!** *od* ~, **papillon !** sachte!; langsam!;

nicht so hastig!; nicht so eilig!; Moment mal!; halt mal!

minute² [minyt] *f* e-r Urkunde etc Origi-'nal *n*; Urschrift *f*

minuter [minyte] *v/t* 1. *jur* Urkunde, Vertrag aufsetzen; abfassen; 2. *Zeremonie, Redezeit, Arbeitsphasen etc* (zeitlich) genau festlegen; die Dauer, Sollzeit (+*gén*) festlegen

minuterie [minytri] *f* 1. *für Treppen-, Schaufensterbeleuchtung etc* Schaltuhr *f*; ~ d'un escalier Treppenhausschaltuhr *f*; *par ext* automatische Treppen(haus)-beleuchtung; automatisches Treppen-(haus)licht; Mi'nutenlicht *n*; 2. e-r Uhr Zeigerräderwerk *n*

minutie [minysi] *f* (peinliche) Genauigkeit, Sorgfalt; Gründlichkeit *f*; *loc/adv* avec ~ *cf* minutieusement

minutier [minytje] *m* 1. e-s Notars Urkundenregister *n*; 2. ~ central Zen-'tralarchiv *n* für notari'elle Origi'nal-urkunden (*die mehr als 125 Jahre alt sind*)

minutieusement [minysjøzmã] *adv* peinlich genau; sehr sorgfältig; gewissenhaft; gründlich; mit großer, peinlicher Sorgfalt

minutieux [minysjø] *adj* ‹-euse› Person, Inspektion etc peinlich genau; gründlich; Zeichnung genau; sorgfältig; Darlegung detail'liert; ins einzelne gehend; *Sauberkeit* peinlich

minyanthe [minjãt] *m cf* ményanthe

miocène [mjɔsɛn] *géol* I *adj* mio'zän; des Mio'zäns; II *m* Mio'zän *n*

mioche [mjɔʃ] F *m* kleiner Kerl; Kerlchen *n*; Knirps *m*; F Stöpsel *m*; Steppke *m*; ~s *pl* F Gören *n/pl*; Kroppzeug *n*; bande *f* de ~s Kinderschar *f*

mi-octobre [mjɔktɔbr(ə)] *f cf* mi-... 1.

mi-parti [miparti] *adj* 1. *Heraldik* ~ d'or et d'argent halb golden, halb silbern; 2. *hist* chambres ~es gemischte Gerichtshöfe *m/pl* (*die je zur Hälfte aus katholischen und protestantischen Richtern bestanden*)

mirabelle [mirabɛl] *f* 1. *bot* Mira'belle *f*; 2. Mira'bellenschnaps *m*; ~ier *m bot* Mira'bellenbaum *m*; Mira'belle *f*

mirabilis [mirabilis] *m bot* Wunderblume *f*

miracle [mirakl(ə)] *m* 1. Wunder *n* (*auch rel*); ~ économique Wirtschaftswunder *n*; *loc/adv* par ~ *rel* durch ein Wunder; *fig auch* comme par ~ wie durch ein Wunder; accomplir, faire des ~s Wunder voll'bringen, wirken, tun; crier au ~ von e-m Wunder sprechen; etw als Wunder ansehen, für ein Wunder halten; il n'y a pas de quoi crier au ~ das ist nichts Besonderes, Außergewöhnliches; croire aux ~s an Wunder glauben; ce serait (un) ~ s'il arrivait à l'heure es wäre ein Wunder, wenn er pünktlich käme; tout semblait perdu, et le ~ se produisit ... da geschah das Wunder; tenir du ~ an ein Wunder, ans Wunderbare grenzen; 2. *der Technik, Architektur etc* Wunder(werk) *n*; un ~ d'équilibre ein Wunder an Ausgewogenheit; 3. *adjt* Wunder...; remède *m* ~ Wundermittel *n*; solution *f* ~ Pa'tentlösung *f*; 4. *im Mittelalter* Mi'rakel (-spiel) *n*; 5. *früher in Paris* la Cour des ~s das Viertel der Bettler und Diebe; *fig* cour des ~s verrufener, anrüchiger Ort, verrufenes, anrüchiges Viertel (*der Unterwelt*); Schlupfwinkel *m*

miraculé [mirakyle] I *adj* Kranker durch ein Wunder geheilt; II *subst* ~(e) *m(f)* durch ein Wunder Geheilte(r) *f(m)*

miraculeusement [mirakyløzmã] *adv* 1. wunderbarer'weise; auf wunderbare Weise; 2. wie durch ein Wunder

miraculeux [mirakylø] *adj* ‹-euse› 1. Erscheinung, Heilung wunderbar; Wasser etc wundertätig; *bibl* la pêche miraculeuse Petri Fischzug *m*; remède ~ Wundermittel *n*; 2. außergewöhnlich; il n'y a rien de ~ dans sa réussite sein Erfolg ist nichts Außergewöhnliches, Besonderes

mirador [miradɔr] *m* 1. *in Gefangenenlagern etc* Wach(t)turm *m*; 2. *arch* Aussichtsterrasse *f*, -turm *m* (*auf Hausdächern*); vorspringende, verglaste Dachloggia [-lɔdʒa]; vorspringender Bal'kon

mirage [miraʒ] *m* 1. Luftspiegelung *f*; *in der Wüste* Fata Mor'gana *f*; *mar* Kimmung *f*; 2. *fig* Trugbild *n*; trügerischer Schein; Täuschung *f*; Wahn *m*; 3. *der Eier* Durch'leuchten *n*, -ung *f*

mirbane [mirban] *f Parfümindustrie* essence *f* de ~ Nitroben'zol *n*; Mir'banöl *n*

mire [mir] *f* 1. *arp* Meßlatte *f*, -stange *f*, -stab *m*, -rute *f*; ~ parlante Nivel'lierlatte *f*; 2. e-r Handfeuerwaffe cran *m* de ~ Kimme *f*; ligne *f* de ~ Vi'sier-, Ziel-, Schußlinie *f*; point *m* de ~ Ziel(punkt) *n(m)*; *fig* des Spottes, der Blicke Zielscheibe *f*; être le point de ~ de l'assistance aller Blicke auf sich ziehen; il était le point de ~ de l'assistance *auch* aller Blicke waren auf ihn gerichtet; 3. *télév* Testbild *n*

miré [mire] *adj* ‹nur *m*› *ch* sanglier ~ Keiler *m* mit krummen (*nach innen gebogenen*) Hauern

mirent [mir] *cf* mettre

mire-œufs [mirø] *m* ‹inv› Eierspiegel *m*, -prüfer *m*; Ovo'skop *n*; Schierlampe *f*

mirepoix [mirpwa] *adj* ‹inv› cuis sauce *f* ~ *od subst* ~ *f* würzige Soße für Fleisch und Gemüse aus Fleischbrühe, Weißwein, Speck, Zwiebeln, Pilzen, Kräutern etc

mirer [mire] I *v/t* 1. Eier zur Kontrolle gegen das Licht halten und besehen; *mit dem Eierspiegel* durch'leuchten; 2. *litt* ('wider)spiegeln; II *v/pr litt* se ~ Gegenstände sich spiegeln (dans l'eau im Wasser); Person se ~ dans l'eau sich im Wasser bespiegeln; sein Spiegelbild im Wasser betrachten

mirette [mirɛt] *f arg* ~s *pl* (yeux) Augen *n/pl*; ~eur *m*, ~euse *f* Person Eierprüfer(in) *m(f)*

mirifique [mirifik] *adj* F Versprechungen, Pläne (geradezu) phan'tastisch; großartig

mirliflor(e) [mirliflɔr] *plais m* Stutzer *m*; Geck *m*; F Lackaffe *m*; *österr* Gigerl *m od n*

mirliton [mirlitõ] *m* 1. *für Kinder* (*Art*) Rohrpfeife *f*; Mirli'ton *n*; Näselhäutchen *n*; F *fig* vers *m/pl* de ~ schlechte Verse *m/pl*; 2. *ch de fer* Bake *f*

miro [miro] *adj* ‹inv› arg (myope) kurzsichtig

mirobolant [mirɔbɔlã] *adj* F *cf* mirifique

miroir [mirwar] *m* 1. Spiegel *m* (*auch fig*); *ch* ~ à *od* aux alouettes mit beweglichen Spiegeln versehenes Gerät zum Lerchenfang; *fig* c'est un ~ aux alouettes das ist, klingt zu schön, um wahr zu sein; auto ~ de courtoisie Make-up-Spiegel [me:k'ap-] *m* (*in der Beifahrersonnenblende*); ~ de Venise venezianischer Spiegel; écriture *f* en ~ Spiegelschrift *f*; *fig* les yeux sont le ~ de l'âme die Augen sind der Spiegel der Seele; 2. *litt* e-s Sees, des Meeres etc Spiegel *m*; spiegelglatte, spiegelnde Fläche; ~ des eaux *auch* Wasserspiegel *m*; 3. *in frz Gärten* ~ d'eau Wasserbecken *n* in geo'metrischer Form; 4. *zo auf den Flügeln mancher Vögel u Insekten* schillernder Fleck

miroitant [mirwatã] *adj Wasserfläche etc* spiegelnd; glänzend; blitzend; funkelnd; Seide schillernd; chan'gierend; ~é *adj cheval* ~ rotbraunes Pferd mit glänzenden Flecken auf der Kruppe; ~ement *m* e-r Wasserfläche Spiegeln *n*; Glänzen *n*; Blitzen *n*; Funkeln *n*; der Seide Schillern *n*; Chan'gieren *n*

miroiter [mirwate] *v/i* 1. Wasserfläche, Fensterscheiben etc spiegeln; glänzen; blitzen; funkeln; 2. *fig* faire ~ qc à qn *od* qc aux yeux de qn j-m etw in den verlockendsten, schönsten Farben ausmalen; j-m etw vorspiegeln, vorgaukeln

miroiterie [mirwatri] *f* Spiegelherstellung *f*, -fabrikation *f*, -handel *m*; ~ier *m*, ~ière *f* Spiegelfabrikant(in) *m(f)*, -händler(in) *m(f)*

mironton [mirõtõ] *od* **miroton** [mirõtõ] *adjt cuis* bœuf *m* ~ in Scheiben geschnittenes, mit Speck, Zwiebeln u Essig gekochtes Rindfleisch

mironton, mirontaine [mirõtõ, mirõtɛn] *Refrain wie im Deutschen z B* valle'ri, valle'ra

mis [mi] *p/p von* mettre *u adj* ‹mise [miz]› 1. Tisch gedeckt; 2. Person bien, mal ~ gut, schlecht gekleidet, angezogen

misaine [mizɛn] *f mar* Fock *f*; Focksegel *n*; mât *m* de ~ Fockmast *m*

misanthrope [mizãtrɔp] I *m,f* Menschenfeind *m*, -hasser *m*; Misan'throp *m*; *par ext* menschenscheuer Mensch; Molière Le ℒ Der Menschenfeind; II *adj* être ~ ein Menschenfeind sein; menschenfeindlich, misan'thropisch, *par ext* menschenscheu sein; ~ie *f* Menschenhaß *m*; menschenfeindliche Einstellung; Misanthro'pie *f*; *par ext* Menschenscheu *f*; ~ique *adj* menschenfeindlich; misan'thropisch

miscible [misibl(ə)] *adj chim* mischbar

mise [miz] *f* 1. *beim Spiel* Einsatz *m*; Einlage *f*; sauver la ~ wenigstens den Einsatz retten, wieder herausbekommen; F *fig* sauver la ~ à *od* de qn j-n vor finanziellen Verlusten bewahren; j-m in finanziellen Schwierigkeiten helfen; 2. *fin* de fonds *zur Gründung e-s Unternehmens* (Anfangs)Kapi'tal *n*; e-s Teilhabers (*auch* ~ sociale) Geschäftsanteil *m*; Kapi'taleinlage *f*; 3. e-r Person Art *f* sich zu kleiden; Kleidung *f*; *loc/adj* à la ~ soignée gutgekleidet; 4. ne pas être de ~ nicht angebracht, passend, üblich, zeitgemäß sein; unangebracht, unpassend, unzeitgemäß sein; 5. *von Tieren* bas Werfen *n*; 6. *in festen Verbindungen mit prép:* ~ au courant Unter'richtung *f*; Infor'mierung *f*; e-s Neulings Einarbeitung *f*; ~ à la disposition Bereitstellung *f*; Zurver'fügungstellung *f*; *mar* ~ à l'eau Stapellauf *m*; ~ aux enchères Versteigerung *f*; Veraukio'nierung *f*; ~ à exécution Aus-, 'Durchführung *f*; e-r Sprengladung ~ à feu Zünden *n*, -ung *f*; ~ à jour Aufarbeitung *f*; Nachtrag(sliefe-rung) *m(f)*; auf den neuesten Stand gebrachte Lieferung; *élect* ~ à la masse Erden *n*, -ung *f*; Verbinden *n* mit der Masse; ~ à mort Töten *n*, -ung *f* (*auch des Stiers beim Stierkampf*); ~ au pas Zur-Ordnung-Rufen *n*; *pol* Gleichschaltung *f*; ~ à pied zeitweiliger Ausschluß vom Arbeitsplatz; *par ext* Entlassung *f*; ~ au point *cf* point¹ 2.; *bei der Versteigerung* ~ à prix Taxpreis *m*, -wert *m*; Ausrufpreis *m*; ~ à la retraite *cf* retraite¹ 3.; *élect* ~ à la terre Erden *n*, -ung *f*; *rel, Kunst* la ~ au tombeau die Grablegung Christi; ~ en action Einsatz *m*; Aufgebot *n*; e-s Geschützes ~ en batterie In'stellungbringen *n*; *von Wein* ~ en bouteilles Abfüllung *f* in Flaschen; Flaschenabzug *m*; ~ en chantier *bât*

Baubeginn *m; mar* Kiellegung *f; élect* ∼ **en circuit** Einschalten *n*, -ung *f;* ∼ **en demeure** Mahnung *f*, Aufforderung *f* (, s-n Verpflichtungen nachzukommen); *math* ∼ **en équation** Aufstellung *f* e-r Gleichung; ∼ **en état** In'standsetzung *f;* ∼ **en exploitation** *e-r Anlage* Inbe'triebnahme *f; von Bodenschätzen* Abbau *m;* Gewinnung *f;* Nutzung *f;* ∼ **en fûts** Abfüllung *f* in Fässer; ∼ **en gage** Verpfändung *f;* ∼ **en liberté** Freilassung *f;* ∼ **en marche** *cf* **marche²** 5.; ∼ **en œuvre** a) Anwendung *f;* Gebrauch *m;* Einsatz *m;* b) Aus-, 'Durchführung *f;* Verwirklichung *f; rad* ∼ **en ondes** Spielleitung *f;* Re'gie *f;* ∼ **en ordre** Ordnen *n; impr* ∼ **en pages** 'Umbruch *m;* ∼ **en place** *e-r Maschine* Aufstellung *f; e-r Vorrichtung* Anbringung *f;* Instal'lierung *f;* Einbau *m; e-s Katheters etc* Einsetzen *n; von Polizei, Militär* Aufstellung *f;* Bereitstellung *f; e-s Ausschusses etc* Einsetzung *f;* ∼ **en plis** *cf* **pli** 3.; *jur* ∼ **en possession** Einsetzung *f* in den Besitz; ∼ **en pratique** 'Umsetzung *f* in die Praxis, in die Tat; Verwirklichung *f;* Reali'sierung *f;* praktische Anwendung; 'Durchführung *f;* Ausführung *f; thé, cin* ∼ **en scène** *cf* **scène** 1.; ∼ **en sécurité, en sûreté** Sicherstellung *f;* Verwahrung *f;* ∼ **en service** In'dienststellung *f;* Inbe'triebnahme *f;* ∼ **en train** *e-r Arbeit* In'angriffnahme *f; von Reformen* Einleitung *f; impr* Zurichtung *f* des Satzes für den Druck; ∼ **en valeur** *e-s Geländes* Erschließung *f; von Land* Bewirtschaftung *f;* Bestellung *f; e-s Wortes etc* Her'vorhebung *f;* ∼ **en vente** (Anbieten *n* zum) Verkauf *m;* ∼ **en vigueur** In'kraftsetzung *f; élect* ∼ **'hors circuit** Ausschalten *n*, -ung *f; e-s Gegners* ∼ **'hors combat** Ausschaltung *f;* Kampfunfähigmachung *f; hist* ∼ **'hors la loi** Ächtung *f;* Friedloslegung *f;* ∼ **'hors service** Außerbe'triebsetzung *f;* Außer-'dienststellung *f;* ∼ **sur pied** Schaffung *f;* Bildung *f;* Errichtung *f;* Einrichtung *f;* Aufbau *m; e-s Regiments* Aufstellung *f*

mi-septembre [misɛptɑ̃br(ə)] *f cf* **mi-...** 1.

miser [mize] *v/t e-e Summe beim Spiel* setzen (**sur le rouge** auf Rot); einsetzen; ∼ **sur un cheval** auf ein Pferd setzen, wetten; F *fig* ∼ **sur le mauvais cheval** aufs falsche Pferd setzen; F *fig* **on ne peut** ∼ **là-dessus** man kann nicht damit rechnen; darauf kann man nicht bauen

misérable [mizerabl(ə)] **I** *adj* **1.** *Leben, Behausung, Lohn etc* ärmlich; armselig; kümmerlich; dürftig; kläglich; kärglich; elend; erbärmlich; jämmerlich; *Lohn auch* lumpig; *Kleidung* ärmlich; dürftig; schäbig; *Land* sehr arm; **2.** *Person, Handlung* gemein; niederträchtig; erbärmlich; *Handlung auch* schändlich; **un** ∼ **acte de vengeance** ein gemeiner Racheakt; **3.** *Person* beklagens-, bedauerns-, bejammernswert; **II** *m,f* **1.** Arme(r) *f(m);* Bedürftige(r) *f(m); pl/fort* **les** ∼**s** *pl* die Elenden *pl;* **2.** Schurke *m.* Schurkin *f;* Schuft *m;* Elende(r) *f(m);* **le** ∼ **...** dieser Schuft *etc* ...; *plais* **ah, petit** ∼**!** du (kleiner) Schlingel, Racker!; ∼**ment** *adv cf* **misérable** I l.

misère [mizɛr] *f* **1.** Armut *f;* Elend *n;* Not *f; auch* beklagenswerte, bejammernswerte Lage; Mi'sere *f;* ∼ **dorée** versteckte, verschämte Armut; ∼ **noire** bittere, größte Armut, Not; größtes, äußerstes Elend; *loc/adj* **de** ∼ kümmerlich; armselig; *cf auch* **misérable** I l.; **salaire** *m* **de** ∼ Hungerlohn *m;* **crier** ∼ s-e Not, sein Elend klagen; jammern; **réduire qn à la** ∼ j-n in Not, ins Elend, an den

Bettelstab bringen; **2.** *fig meist pl* ∼**s des Krieges etc** Elend *n;* Not *f;* Jammer *m;* Leiden *n/pl;* Unglück *n;* Mi'sere *f; des Alters* Mühsal *f;* Beschwerden *f/pl;* Nöte *f/pl;* Plagen *f/pl;* ∼ **morale** innere, seelische, geistige Not; **petites** ∼**s** kleine Nöte; *méd* ∼ **physiologique** völlige Entkräftung (*infolge Unterernährung*); **quelle** ∼**!** so ein Elend, Jammer!; *int* ∼**!** o Elend, Jammer!; **ach du Schande!; faire des** ∼**s à qn** j-n ärgern, F piesacken; **3.** *bot* Dreimasterblume *f;* Gottesauge *n;* Trades'kantie *f.* **4. une** ∼ e-e lächerliche, winzige Kleinigkeit

miserere *od* **miséréré** [mizerere] *m* ⟨*inv*⟩ *égl* Mise're're *n;* **chanter le** ∼ das Miserere singen

miséreux [mizerø] *adj* ⟨-euse⟩ arm; elend; notleidend; **quartier** ∼ Elends-, Armenviertel *n; pl auch* Elendsquartiere *n/pl; subst* **les** ∼ *m/pl* die Armen *m/pl,* Elenden *m/pl,* Notleidenden *m/pl*

miséricorde [mizerikord] *f* **1.** *bes rel* Barm'herzigkeit *f;* Erbarmen *n,* -ung *f;* Gnade *f;* **les œuvres** *f/pl* **de** ∼ die Werke *n/pl* der Barmherzigkeit; *égl cath* **Sœurs** *f/pl* **de la ♀** Barmherzige Schwestern *f/pl;* **demander** ∼ um Gnade, Erbarmen flehen; **implorer la** ∼ **divine** die göttliche Barmherzigkeit *etc* anrufen; **obtenir** ∼ Gnade, Barmherzigkeit erlangen; Gnade finden; *int des Erstaunens* ∼ **!** barmherziger Himmel!; All-'mächtiger!; du liebe Güte!; **2.** *e-s Chorstuhls* Gesäßstütze *f;* Miseri'kordie *f*

miséricordieux [mizerikordjø] *adj* ⟨-euse⟩ *rel* barmherzig; gnädig

misogyn|e [mizɔʒin] **I** *adj* frauenfeindlich; **II** *m* Frauen-, Weiberfeind *m; pl/fort* Frauenhasser *m; sc* Miso'gyn *m;* ∼**ie** *f* Abneigung *f* gegen Frauen; *pl/fort* Haß *m* auf Frauen; Frauenhaß *m; sc* Misogy'nie *f*

mispickel [mispikɛl] *m minér* Ar'senkies *m;* Arsenopy'rit *m*

miss [mis] *f* ⟨*inv*⟩ **1.** Schönheitskönigin ♀ **France** Miß *f* Frankreich; **2.** englische Erzieherin; Gouver'nante; Miß *f*

missel [misɛl] *m égl cath* Meßbuch *n;* Mis'sal(e) *n*

missi dominici [misidɔminisi] *m/pl hist* Königsboten *m/pl*

missile [misil] *m mil* (Kampf)Ra'kete *f;* Flugkörper *m;* ∼ **antichar** Panzerabwehrrakete *f;* ∼ **balistique** ballistische Rakete; ∼ **intercontinental** Interkontinen'talrakete *f;* ∼ **sol-air** (*abr* SA) Boden-Luft-Rakete *f bzw* -Flugkörper *m;* ∼**s stratégiques, tactiques** strategische, taktische Raketenwaffen *f/pl*

mission [misjɔ̃] *f* **1.** Auftrag *m;* Mission *f;* Aufgabe *f; adm auch* Dienstreise *f;* ∼ **diplomatique** diplomatische Mission; *cf auch* **2.**; ∼ **secrète** geheime Mission; Geheimauftrag *m;* ∼ **spéciale** Sonderauftrag *m,* -mission *f; mil* ∼ **de reconnaissance** Erkundungsauftrag *m;* **avoir (pour)** ∼ **de faire qc** den Auftrag, die Aufgabe haben, beauftragt sein, etw zu tun; **avoir qc pour** ∼ mit etw beauftragt sein; etw zur Aufgabe haben; *adm* **partir en** ∼ auf Dienstreise gehen; e-e Dienstreise antreten, machen; **2.** *pol* Missi'on *f;* Abordnung *f;* Vertretung *f;* Delegati'on *f;* ∼ **commerciale** Handelsmission *f,* -vertretung *f,* -delega-

tion *f;* ∼ **diplomatique** diplomatische Mission; **l'envoi** *m* **d'une** ∼ **diplomatique** die Entsendung e-r diplomatischen Mission; **chef** *m* **de** ∼ Missionschef *m;* Delegationsleiter *m;* Leiter *m,* Führer *m* der Abordnung; **3.** *rel* **a)** *meist pl* ∼**s** Missi'on *f;* ∼**s étrangères, intérieures** Äußere, Innere Mission; **pays** *m/pl* **de** ∼**(s)** Missionsländer *n/pl,* -gebiete *n/pl;* **société** *f* **des** ∼ Missionsgesellschaft *f; égl cath* (**Société** *f* **des)** **Prêtres** *m/pl* **de la ♀** Kongregation *f* der Mission; Laza'risten *m/pl;* **Missi'on(sgebäude)** *f(n);* **Missi'onsstation** *f,* -haus *n;* **4. a)** *sich selbst gestellte* Aufgabe; **se donner pour** ∼ **de faire qc** sich zur Aufgabe machen, etw zu tun; **b)** Sendung *f*

missionnaire [misjɔnɛr] *rel* **I** *m* Missio-'nar *m;* **les** ∼**s d'Afrique** die Missionare in Afrika; **II** *adj* Missi'ons...; **œuvre** *f,* **territoire** *m* ∼ Missionswerk *n,* -gebiet *n; égl cath* **sœur** *f* ∼ Missionsschwester *f*

missive [misiv] *f* **1.** *oft iron* Brief *m;* **2.** *jur adjt* **lettre** *f* ∼ schriftliche Mitteilung

mistelle [mistɛl] *f* Süßweinherstellung Mi'stella *f*

mistigri [mistigri] *m* **1.** F Miez(ekatze) *f; cf auch* **minet** 1.; **2.** *bei einigen Kartenspielen* Treffbube *m*

mist|on [mistɔ̃] *m,* ∼**onne** *f* F Kid, gamin(e) I

mistoufle [mistufl(ə)] *f* **1.** F **faire des** ∼**s à qn** j-n necken, ärgern, F piesacken; **2.** *arg* (*misère*) Armut *f;* Elend *n;* Not *f;* **être dans la** ∼ Not leiden; im Elend, in Not sein; Hunger leiden; in Armut leben; F **am Hungertuch nagen**

mistral [mistral] *m* Mi'stral *m* (*kalter Nord[west]wind im Rhonetal, in der Provence*)

mit [mi] *cf* **mettre**

mitaine [mitɛn] *f* früher fingerloser Handschuh; Halbhandschuh *m*

mitard [mitar] *m arg cf* **cachot**

mite [mit] *f zo* **1.** (Kleider)Motte *f;* **mangé des,** F **aux** ∼**s** von Motten zerfressen; **2.** Milbe *f;* ∼ **de la farine, du fromage** Mehl-, Käsemilbe *f*

mité [mite] *adj* von Motten zerfressen

mi-temps [mitɑ̃] *f* ⟨*inv*⟩ **1.** *sports* **a)** Halbzeit *f;* **en première, seconde** ∼ in der ersten, zweiten Halbzeit; **b)** Pause *f* (*nach der ersten Spielhälfte*); Halbzeit *f;* **pendant la** ∼ in *od* während der Pause; in der Halbzeit; **2. à** ∼ *loc/adj* Halbtags...; *loc/adv* halbtags; **travailler à** ∼ halbtags arbeiten

miter [mite] *v/pr* **se** ∼ *Kleidung etc* von Motten zerfressen werden

mites [mit] *cf* **mettre**

miteux [mitø] **I** *adj* ⟨-euse⟩ *Kleidung, Hotel etc* schäbig; dürftig; armselig; **II** *subst* F ∼, **miteuse** *m,f* F armer Schlukker

mithr(i)acisme [mitr(ij)asism(ə)] *m rel* Mithra(s)kult *m bzw* -verehrung *f*

mithriaque [mitrijak] *adj rel* des Mithra(s); des Mithra(s)kultes

mithridat|isation [mitridatizasjɔ̃] *f cf* **mithridatisme**; ∼**iser** *v/t selten* durch Gewöhnung gegen Gift im'mun machen; ∼**isme** *m méd* Giftfestigkeit *f* (*durch Gewöhnung*); *sc* Mithrida'tismus *m*

mitigation [mitigasjɔ̃] *f jur* ∼ **des peines** Strafmilderung *f* (*bei körperlicher Schwäche des Verurteilten*)

mitigé [mitiʒe] *adj* **1.** abgeschwächt; gemäßigt; **zèle** ∼ erlahmter, mäßiger Eifer; **2.** *abus* **avec des sentiments** ∼**s** mit gemischten Gefühlen

mitochondries [mitɔkɔ̃dri] *f/pl biol* Mito'chondrien *pl*

miton [mitɔ̃] *m der Ritterrüstung* Panzerhandschuh *m*

mitonner [mitɔne] **I** v/t **1.** cuis **a)** langsam bei schwacher Hitze, auf kleiner Flamme schmoren, kochen; **b)** par ext mit Liebe zubereiten, kochen; **2.** fig geschickt in die Wege leiten, einfädeln; **II** v/i cuis Gericht bei schwacher Hitze, auf kleiner Flamme langsam kochen

mito|se [mitoz] f biol indirekte, mi-'totische (Zell)Kernteilung; sc Mi'tose f; ~ réductionnelle cf méiose; ~tique adj biol mi'totisch

mitoyen [mitwajɛ̃] adj ⟨~ne⟩ jur Grenzeinrichtungen zwischen zwei Grundstükken gemeinschaftlich; gemeinsam; cloison ~ne Zwischen-, Trennwand f; clôture ~ne gemeinschaftlicher, gemeinsamer Zaun; (Grenz)Zaun m; fossé, mur ~ gemeinschaftliche(r) Grenzgraben m, -mauer f

mitoyenneté [mitwajɛnte] f jur Miteigentumsrecht n an der Grenzeinrichtung, Grenzmauer, am Grenzzaun, Grenzgraben etc; Grenzeinrichtungs-, Grenzmauergemeinschaft f

mitraill|ade [mitrajad] f od ~age m Beschießung f, Beschuß m, von Personen auch Erschießung f (mit Maschinenwaffen); MG-Feuer n; aviat Bordwaffenbeschuß m

mitraille [mitraj] f **1.** mil früher Kar'tätsche f; heute nur tech sous la ~ unter Beschuß; unter dem od im Geschoß-, Kugelhagel; **2.** F (menue monnaie) Klein-, Kupfergeld n; Münzen f/pl

mitrailler [mitraje] v/t **1.** mil auch v/pr (se) ~ (sich) mit MG, Ma'schinengewehr beschießen; mit MG-Feuer, Maschinengewehrfeuer belegen; aviat auch (sich) mit Bordwaffen beschießen; **2.** fig mit Papierkügelchen, Fragen etc bombar-'dieren; **3.** F phot Bilder schießen (qn, qc von j-m, etw); mit der Kamera Jagd machen auf (+acc); le ministre fut mitraillé par les reporters-photographes der Minister wurde von den Pressephotographen bedrängt, um-'ringt

mitraillette [mitrajɛt] f Ma'schinenpistole f (abr MP)

mitrailleur [mitrajœr] m mil **1.** Ma-'schinengewehrschütze m; MG-Schütze m; aviat auch Bordschütze m; aviat ~ arrière, auch Heck-, Bug- od Kanzelschütze m; **2.** adjt fusil m ~ leichtes Ma'schinengewehr (mit Zweibein u Patronenmagazin); pistolet m ~ (abr P.M.) Ma'schinenpistole f (abr MP)

mitrailleuse [mitrajøz] f mil Ma-'schinengewehr n (abr MG); ~ légère, lourde leichtes, schweres Maschinengewehr, MG (abr lMG, sMG)

mitral [mitral] adj ⟨-aux⟩ anat, méd Mi'tral...; path insuffisance ~e Mitralinsuffizienz f; rétrécissement ~ Mitralstenose f; anat valvule ~e od subst ~e f zweizipfelige (Segel)Klappe; Mitralklappe f

mitre [mitr(ə)] f **1.** égl cath Mitra f; Inful f; ~ épiscopale Bischofsmütze f; **2.** bât Schornstein-, Ka'minaufsatz m; **3.** zo Mitraschnecke f; **4.** antike Kopfbedeckung Mitra f

mitré [mitre] adj égl cath infu'liert

mitron [mitrõ] m Bäckerjunge m, -geselle m

mi-voix [mivwa] loc/adv à ~ halblaut; parler à ~ auch mit gesenkter Stimme sprechen

mix|age [miksaʒ] m cin von Tonstreifen Mischen n; Mixen n; Tonmischung f; ~er[1] v/t cin Tonstreifen mischen; mixen

mixer[2] od **mixeur** [miksœr] m cuis (e'lektrischer) Mixer m; Handrührgerät n (mit Stabmixer)

mixité [miksite] f gemischter, ~r Schule koeduka'tiver Cha'rakter

mixte [mikst] adj gemischt; Misch...; mar cargo m ~ Frachtschiff n, Frachter m mit Passa'gierbeförderung, -kabinen; mus chœur m à voix ~s gemischter Chor; classe f ~ (aus Jungen und Mädchen) gemischte Klasse; commission f ~ gemischter Ausschuß; gemischte Kommission; Tennis double m ~ gemischtes Doppel; Mixed [mikst] n; école f ~ Schule f für Jungen und Mädchen; éducation f ~ Koedukation f; sports équipe f ~ (aus Mitgliedern verschiedener Vereine) gemischte Mannschaft; mariage m ~ Mischehe f; mar navire m ~ Fracht- und Passa'gierschiff n; géol roche f ~ Mischgestein n; ch de fer train m ~ gemischter Zug

mixtion [miks(t)jõ] f Mischen n, -ung f; Mixen n

mixture [mikstyr] f **1.** péj von Getränken Gebräu n; Gemisch n; von Speisen F Mischmasch m; **2.** mus Orgelregister Mix'tur f

m'man [mmã] cf maman

mnémo|nique [mnemɔnik] **I** adj mne-'monisch; **II** f Mne'monik (auch abs); ~technicien m Mnemo'techniker m; ~technique **I** adj mnemo'technisch; moyen m ~ auch Gedächtnisstütze f; Lernhilfe f; **II** f Mnemo'technik f

moabite [mɔabit] bibl **I** adj moa'bitisch; **II** m/pl ⌃s Moa'biter m/pl

mobile [mɔbil] **I** adj beweglich; mo'bil; tech auch ortsbeweglich; Lohnskala etc gleitend; Bevölkerung häufig den Wohnsitz wechselnd; Arbeitskräfte mo'bil; Gesicht(sausdruck) wandlungsfähig; wandelbar; impr caractères m/pl ~s bewegliche Lettern f/pl; égl fêtes f/pl ~s bewegliche Feste n/pl; garde f ~ hist Mo'bilgarde f; heute etwa kasernierte Bereitschaftspolizei; loc/adj impr à od en feuillets ~s Lose'blatt...; édition f en feuillets ~s Loseblattausgabe f; **II** m **1.** für e-e Handlung Beweggrund m; Mo'tiv n (auch jur für ein Verbrechen); **b)** Triebfeder f, -kraft f; treibende Kraft; **2.** phys in Bewegung befindlicher, bewegter Körper; **3.** Kunst Mobile n

mobilier [mɔbilje] **I** adj ⟨-ière⟩ jur Eigentum etc beweglich; Mobili'ar...; contribution, cote mobilière in Frankreich Wohnraumsteuer f; effets, biens ~s Mo'bilien pl; Fahrnis f; fahrende, bewegliche Habe; bewegliches Vermögen; Mobili'arvermögen n; jur auch bewegliche Sachen f/pl; écon auch bewegliche Güter n/pl; fortune mobilière Mobiliarvermögen n; saisie mobilière cf saisie 1.; valeurs mobilières Wertpapiere n/pl; Effekten pl; vente mobilière Verkauf m beweglicher Sachen, von Mobilien; **II** m Mobili'ar n; Möbel n/pl; (Wohnungs)Einrichtung f; ~ Louis XV Möbel im Louis-quinze-Stil; ~ national in Staatsbesitz befindliche Möbel, Teppiche, Einrichtungsgegenstände der französischen Krone; ~ de bureau, de cuisine Bü'ro-, Küchenmöbel n/pl, -einrichtung f

mobilisable [mɔbilizabl(ə)] adj mil, fig mobili'sierbar; fig auch verfügbar; einsatzbereit; einsatzfähig; mil il est trop jeune pour être ~ er ist zu jung, um eingezogen, einberufen zu werden

mobilisation [mɔbilizaʃõ] f **1.** mil Mo'bilmachung f; Mobili'sierung f; Mobilisati'on f; der Wehrfähigen auch Einberufung f; ~ générale allgemeine Mobilmachung; Gene'ralmobilmachung f; partielle Teilmobilmachung f; décréter la ~ die Mobilmachung anordnen, befehlen; **2.** fin von Kapital Mobili'sierung f; Flüssig-, Freimachung f; par ext auch Bereitstellung f; Beschaffung f; Aufbringung f; **3.** fig Mobili-'sierung f; Einsatz m

mobilisé [mɔbilize] mil **I** adj eingezogen; einberufen; **II** m Eingezogene(r) m; Einberufene(r) m

mobiliser [mɔbilize] v/t **1.** mil mobili-'sieren; mo'bil machen (auch abs); Wehrfähige einziehen; einberufen; abs le gouvernement a décidé de ~ auch die Regierung hat die Mobilmachung beschlossen; être mobilisé dans le génie zu den Pionieren eingezogen, einberufen werden; **2.** fin Kapital mobili'sieren; flüssigmachen; frei machen; bereitstellen; beschaffen; aufbringen; **3.** fig Personen, Kräfte, Reserven etc mobili'sieren; einsetzen; nur Personen aufrufen; Freunde zu'sammenrufen; Ereignis etc ~ l'attention du public die Aufmerksamkeit der Öffentlichkeit auf sich lenken, auf sich ziehen

mobilité [mɔbilite] f Beweglichkeit f; der Bevölkerung, bes von Arbeitskräften Mobili'tät f; des Gesichts(ausdrucks) Wandlungsfähigkeit f; Wandelbarkeit f; ~ de l'intelligence auch geistige Beweglichkeit f

mobylette [mɔbilɛt] f (nom déposé) Moped n

mocassin [mɔkasɛ̃] m Mokas'sin m

mochard [mɔʃar] F adj ziemlich häßlich, übel, F mies

moche [mɔʃ] F adj ⟨nur prädikativ⟩ Person, Gegenstand, Handlungsweise (F mords)häßlich; Wetter auch unfreundlich; schlecht; F mies; c'est ~ das ist übel, F mies; c'est ~ de ta part das ist nicht sehr schön, nett von dir

mocheté [mɔʃte] f F von e-r häßlichen Frau F Vogelscheuche f; Nachteule f

modal [mɔdal] adj ⟨-aux⟩ **1.** gr mo'dal; des Modus; **2.** mus mo'dal; Mo'dal...; musique ~e Musik, die die alten Modi wieder anwendet; notes ~es das Tongeschlecht kennzeichnende Noten f/pl; notation ~e Modalnotation f, -notenschrift f

modalité [mɔdalite] f **1.** Art f; Weise f; Art und Weise; Modali'tät f (auch philos, jur); jur auch les ~s das Nähere; e-s Gesetzes d'application f/pl; ~s de paiement Zahlungsweise f, -art f, -modalitäten f/pl, -bedingungen f/pl; **2.** gr adverbe m de ~ Mo'daladverb n; **3.** mus **a)** Ton-, Klanggeschlecht n; **b)** Modali-'tät f

mode[1] [mɔd] m **1.** Art f; Weise f; Art und Weise; Form f; Modus m; ~ d'action Verfahrensweise f; Art des Vorgehens; ~ d'emploi e-s Mittels Gebrauchsanweisung f; e-s Geräts Bedienungsanleitung f; ~ d'existence, de vie Lebensweise f, -art f, -form f; Art zu leben; ~ d'exploitation Bewirtschaftungs-, Betriebsart f, -form f, -weise f; Nutzungsart f; Art der Nutzung; ~ de paiement Zahlungsweise f; ~ de pensée Denkart f, -weise f; Denkungsart f; ~ de production Produkti'ons-, Herstellungsweise f, -verfahren n; Wahlmodus m; ~ de scrutin Abstimmungsverfahren n; Wahlmodus m; ~ de transport Beförderungs-, Trans'portart f; adm Verkehrsträger m; ~ gr Modus m; Aussageweise f; jur ~ Modus m; ~s personnels in der frz Grammatik Sammelbezeichnung für die vier Modi: Indikativ, Konditional, Konjunktiv, Imperativ; ~s impersonnels infinite Formen f/pl (Infinitiv, Gerundium u Partizip); **3.** mus Tonart f; im Mittelalter Modus m; Kirchentonart f; ~ majeur Dur(tonart) n(f); ~ mineur Moll(tonart) n(f); **4.** Statistik Modus m; häufigster Wert

mode² [mɔd] *f* **1.** Mode *f*; Geschmack *m*; ~ rétro Nostal'giewelle *f*; ♦ *adjt* Mode...; modisch; mo'dern; **couleur** *f* ~ Modefarbe *f*; **tissu** *m* ~ moderner, modischer Stoff; ♦ *loc/adj u loc/adv*: à la ~ Mode...; modisch; modern; in Mode befindlich; **auteur** *m* à la ~ Modeschriftsteller *m*; **chanson** *f* à la ~ sehr beliebtes, viel gesungenes, oft gehörtes Lied; Schlager *m*; Hit *m*; **maladie** *f* à la ~ Modekrankheit *f*; à la **dernière** ~ nach der neu(e)sten Mode; neumodisch; **être très à la** ~, F **très** ~ sehr modern, große Mode sein; **sehr in Mode sein; c'est à la** ~ das ist modern; **ce n'est plus à la** ~ das ist unmodern, altmodisch; das ist nicht mehr Mode, modern, F in; **c'est devenu à la** ~ das ist Mode, modern geworden; **mettre qc à la** ~ etw in Mode bringen; etw aufbringen; **revenir à la** ~ wieder Mode werden; **selon la** ~ **du XVIIIᵉ siècle** in der Mode, im Geschmack, im Stil des 18. Jahrhunderts; **c'est la** ~ das ist jetzt so Mode; das ist nun einmal modern, so Mode, so üblich; **être passé de** ~ altmodisch, unmodern sein; aus der Mode gekommen sein; **suivre la** ~ *od* nach der Mode gehen; die Mode mitmachen; *cout auch* sich nach der Mode kleiden; **2.** *cout* Mode *f*; *par ext* Modebranche *f*; ~ **féminine, masculine** Damen-, Herrenmode *f*; ~ **parisienne** Pariser Mode; **articles** *m/pl* **de** ~ Modeartikel *m/pl*, -waren *f/pl*; **boutique** *f* **de** ~**s** Hutsalon *m*; **gravure** *f* **de** ~ (alter) Ko'stümstich; **3.** *bei Verwandtschaftsangaben loc/adj* à la ~ **de Bretagne** entfernt; weitläufig verwandt; zweiten Grades; **4.** *cuis* **œuf** *m* **à la** ~ mit Karotten geschmortes Rindfleisch

modelage [mɔdlaʒ] *m sculp* **1.** Model'lieren *n*; Formen *n*; **2.** model'lierte Fi'gur; model'liertes Kunstwerk

modèle [mɔdɛl] *m* **1. a)** Muster *n*; Vorlage *f*; Beispiel *n*; *fig* Vorbild *n*; *nur von Personen* Leitbild *n*; ~ **de conjugaison** Konjugati'onsbeispiel *n*, -muster *n*, -schema *n*; *in der Schule* ~ **de corrigé** Muster, Beispiel (*für die Lösung e-r Rechenaufgabe, für die Gliederung e-s Aufsatzes etc*); ~ **de point de broderie, de point de tricot** Stick-, Strickmuster *n*; **dessiner d'après un** ~ nach e-r Vorlage zeichnen; *fig von Personen* **être un** ~ **de générosité, de loyauté,** *etc* ein Muster an, ein Ausbund von, der Inbegriff (+*gén*) ... sein; **c'est le** ~ **de l'enfant gâté** das ist das Musterbeispiel e-s verzogenen Kindes; das ist das typische verzogene Kind; **sa conduite est un** ~ **pour tous** sein Betragen ist für alle vorbildlich, ist ein Vorbild für alle; **prendre qn pour** ~, **prendre** ~ **sur qn** sich j-n zum Vorbild nehmen; sich an j-m ein Beispiel nehmen; **b)** *adjt Betragen, Schüler etc* mustergültig; musterhaft; beispielhaft; vorbildlich; **Muster...**; **conduite** *f* ~ *auch* tadelloses, einwandfreies Betragen; **écolier** *m*, **élève** *m* ~ Musterschüler *m*; **enfant** *m* ~ *von e-m Jungen auch* Musterknabe *m*; **ferme** *f* ~ Mustergut *n*, -hof *m*; landwirtschaftlicher Musterbetrieb; **2.** *e-s Malers, Bildhauers (lebendes)* Mo'dell; *e-s Photographen* Photomodell *n*; ~ **nu** Aktmodell *n*; **3.** *tech für die Serienfabrikation, métall für die Gußform, e-s Bildwerks, cout* Mo'dell *n*; *tech auch* Ausführung *f*; ~ **auf** e-r Ausstellung *etc* Vorführmodell *n*; ~ **courant** Nor'malausführung *f*; ~ **déposé** Gebrauchsmuster *n*; *e-s Bauwerks, Schiffs, e-r Maschine etc* ~ **réduit** Mo'dell (in verkleinertem Maßstab); *e-s Autos* ~ **sport** Sportmodell *n*; ~ **stan-**

dard Standardmodell *n*, -ausführung *f*; *Maschine* ~ **1936** Bauart *f*, -typ *m* 1936; ~ **de fabrique** *od abs* ~ Fabrikati'ons-, Herstellungsmodell *n*; ~ **de luxe** Luxusausführung *f*; ~ **en bois, en plâtre** Holz-, Gipsmodell *n*; **4.** *Wirtschaftswissenschaft, math, ling etc* Mo'dell *n*; ~ **dynamique, statique** dynamisches, statisches Modell

modelé [mɔdle] *m* **1.** *sculp als Ergebnis* Model'lierung *f*; Formgebung *f*; Gestaltung *f*; *peint* Her'ausarbeitung *f* der Formen; *par ext e-s Gesichts* Schnitt *m*; **2.** *géogr* Bodengestaltung *f*

modeler [mɔdle] **I** *v/t* <-è-> **1.** *bes sculp, Töpferei* model'lieren; formen; **pâte** *f* à ~ Knetmasse *f*; Plasti'lin *n* (*Wz*); **2.** *allg* formen; gestalten; Form, Gestalt geben (+*dat*); *von e-m Kleid* ~ **le corps** die Körperformen besonders betonen, unter'streichen; zur Geltung bringen; **3.** *fig* ~ **sa conduite sur celle de qn** sich in s-m Verhalten nach j-m richten, j-m anpassen; **II** *v/pr* **se** ~ **sur qn, qc** sich nach j-m, etw richten

modeleur [mɔdlœr] *m* **1.** *sculp* Model'lierer *m*; Model'leur *m*; **2.** *tech* Mo'delltischler *m*, *südd* -schreiner *m*

modéliste [mɔdelist] *m,f* **1.** *cout* Modezeichner(in) *m(f)*; **2.** Mo'dellbauer(in) *m(f)*

modénature [mɔdenatyr] *f arch e-s Gesimses* Pro'fil *n*

modérateur [mɔderatœr] **I** *adj* <-trice> **1.** mäßigend; regu'lierend; **2.** *Versicherungswesen* **ticket** ~ Selbstbeteiligung *f* (*des Versicherten*); **II** *subst* **1.** ~, **modératrice,** *f* Befürworter(in) *m(f)* des Maßhaltens, der Zu'rückhaltung; Ele'ment *n* der Mäßigung; **jouer le rôle de** ~ **für Mäßigung,** Zu'rückhaltung eintreten; **2.** *m tech* Regler *m*; **3.** *m phys atom* Mode'rator *m*; Bremssubstanz *f*

modération [mɔderasjɔ̃] *f* **1.** *e-r Person* Mäßigung *f*; Maßhalten *n*; *e-r Antwort, Rede, von Maßnahmen* maßvolle Form; maßvoller Charakter; **la** ~ **de ses idées** s-e gemäßigten Anschauungen; **avoir beaucoup de** ~ **dans ses propos** in s-n Worten sehr maßvoll, zu'rückhaltend sein; sich sehr maßvoll ausdrücken; **faire preuve de** ~ **dans sa conduite** sich in s-m Verhalten als maßvoll, zurückhaltend erweisen; **2.** *phys* **la loi de** ~ das Le-Chatelier-Prinzip; **3.** *jur* ~ **de droit** Steuernachlaß *m*, -ermäßigung *f*; ~ **de peine** Strafermäßigung *f*

moderato [mɔderato] *mus* **I** *adv* mode'rato; **II** Mode'rato *n*

modéré [mɔdere] **I** *adj Geschwindigkeit, Wind* mäßig; *Preis* maßvoll; annehmbar; *Partei* gemäßigt; *Person* **être** ~ **dans ses prétentions** in s-n Ansprüchen maßvoll sein; **II** *m/pl pol* **les** ~**s** die Gemäßigten *m/pl*; ~**ment** *adv* maßvoll; mit Maßen; **boire et manger** ~ *auch* im Essen und Trinken Maß halten

modérer [mɔdere] <-è-> **I** *v/t s-e* Ansprüche *etc* mäßigen; zu'rückschrauben; *j-s Begeisterung* dämpfen; *s-e eigene Begeisterung* zügeln (*auch Eifer*); im Zaum halten; **modérez vos paroles!** mäßigen Sie sich in Ihren Worten!; **II** *v/pr* **se** ~ sich mäßigen

moderne [mɔdɛrn] **I** *adj* mo'dern; neuzeitlich; zeitgemäß; **enseignement** *m* ~ (naturwissenschaftlicher und) neusprachlicher Unterricht; **époque** *f* ~, **temps** *m/pl* ~**s** Neuzeit *f*; **histoire** *f* ~ neuere Geschichte; **langues** *f/pl* ~**s** neuere Sprachen *f/pl*; **le Paris** ~ das moderne, heutige Paris; **II** *subst* **1.** **le** ~ das Mo'derne; **être meublé en** ~ modern eingerichtet sein; **2.** *in der Kunst, Literatur* **les** ~**s** *m/pl* die Mo'dernen *m/pl*

modernisation [mɔdɛrnizasjɔ̃] *f* Moderni'sierung *f*

moderniser [mɔdɛrnize] **I** *v/t* moderni'sieren; *Gebäude auch* neuzeitlich herrichten; **II** *v/pr* **se** ~ mit mo'dernen Verhältnissen, dem mo'dernen Leben, der neuen Zeit anpassen; sich auf die neue Zeit einstellen

modern|isme [mɔdɛrnism(ə)] *m* **1.** *Kunst, Literatur* Moder'nismus *m*; mo'derner Geschmack; Bejahung *f* des Mo'dernen; **2.** *rel* Moder'nismus *m*; ~**iste I** *adj* **1.** *Kunst, Literatur* mo'dern eingestellt; moder'nistisch; **2.** *rel* moder'nistisch; **II** *m rel* Moder'nist *m*; ~**ité** *f* Moderni'tät *f*

modern style [mɔdɛrnstil] *m arch, Kunst* Jugendstil *m*; *adjt* im Jugendstil; Jugendstil...

modeste [mɔdɛst] **I** *adj* **1.** *Person, Gabe, Leben, Ansprüche etc* bescheiden; *Person auch* anspruchslos; *Kleidung auch* schlicht; einfach; **commerçant** *m* ~ kleiner Kaufmann; *loc/adj* **d'origine** ~ aus bescheidenen, einfachen Verhältnissen; **2.** *litt* sittsam; **II** *m,f* bescheidener Mensch; Bescheidene(r) *f(m)*; **faire le** ~ den Bescheidenen spielen

modestie [mɔdɛsti] *f* Bescheidenheit *f*; Schlichtheit *f*; Einfachheit *f*; Anspruchslosigkeit *f*; **fausse** ~ falsche Bescheidenheit

modicité [mɔdisite] *f des Einkommens* geringe, bescheidene Höhe; *des Preises* Niedrigkeit *f*

modifiable [mɔdifjabl(ə)] *adj* abänderungsfähig; modifi'zierbar

modificat|eur [mɔdifikatœr] *adj* <-trice> Modifikati'ons...; *biol* **gènes** ~**s** Modifikationsgene *n/pl*; ~**if** *adj* <-ive> abändernd; abwandelnd; modifi'zierend

modification [mɔdifikasjɔ̃] *f* (Ab-, Ver)Änderung *f*; Abwandlung *f*; Modifi'zierung *f*; Modifikati'on *f* (*auch biol*); ~ (**apportée**) **à la loi,** ~ **de la loi** Gesetzesänderung *f*; ~ **aux** *od* **des statuts** Sta'tuten-, Satzungsänderung *f*; ~ **de frontière** Grenzveränderung *f*, -verschiebung *f*; *loc/adj* **sans** ~ ohne (e-e) Änderung; unverändert

modifier [mɔdifje] **I** *v/t* (ab-, ver)ändern; abwandeln; modifi'zieren; *j-s* näher bestimmen; **la politique financière n'a pas été modifiée** *auch* in der Finanzpolitik hat sich nichts geändert; **II** *v/pr* **se** ~ sich ändern; sich wandeln

modillon [mɔdijɔ̃] *m arch* vo'lutenförmige Kon'sole

modique [mɔdik] *adj Pension, Lohn etc* bescheiden; gering; niedrig; klein; mäßig

modiste [mɔdist] *f* Mo'distin *f*; Putzmacherin *f*

modula|teur [mɔdylatœr] *m rad* Modu'lator *m*; ~**trice** *f rad* ~ *od adjt* **lampe** *f* ~ Modu'latorröhre *f*

modulation [mɔdylasjɔ̃] *f* **1.** *rad* Modulati'on *f*; ~ **d'amplitude** Ampli'tudenmodulation *f* (*abr AM*); ~ **de fréquence** a) Frequ'enzmodulation *f* (*abr FM*); b) *im Hörfunk* Ultra'kurzwelle *f* (*abr UKW*); **écouter qc en** ~ **de fréquence** etw auf (der) Ultrakurzwelle, auf UKW hören; ~ **de phase** Phasenmodulation *f* (*abr PM*); **2.** *mus* Modulati'on *f*; ~ **aux tons voisins** direkte Modulation; ~ **aux tons éloignés** indirekte Modulation

module [mɔdyl] *m* **1.** *arch* Modul *m*; *in der Antike auch* Model *m*; **2.** *Münzkunde* Model *m*; **3.** *Festigkeitslehre* Modul *m*; ~ **d'élasticité** Dehnungs-, Elastizi'tätsmodul *m*; ~ **de torsion** Torsi'ons-, Drillungsmodul *m*; **4.** *math, tech e-s Zahnrads* Modul *m*; **5.** *Raumfahrt* ~

lunaire Mond(lande)fähre *f*; ~ **de commande** Kom'mandokapsel *f*; **6.** *EDV* Modul *m*; **7.** *bei Möbeln* (vielseitig kombi'nierbares) Ele'ment

moduler [mɔdyle] *v/t* **1.** *rad, mus* modu'lieren; **2.** *fig* (den jeweiligen 'Umständen) anpassen

modus vivendi [mɔdysvivɛ̃di] *m* ⟨*inv*⟩ Modus vi'vendi *m*; **trouver un ~** e-n Modus vivendi finden

moelle [mwal] *f* **1.** *anat* (Knochen)Mark *n*; ~ **allongée** verlängertes Mark; ~ **épinière** Rückenmark *n*; *cuis* ~ **de bœuf** Rindermark *n*; **os m à ~** Markknochen *m*; *fig* **jusqu'à la ~ (des os)** bis ins Mark; durch Mark und Bein; durch und durch; F durch Mark und Pfennig; **2.** *bot* Mark *n*

moelleusement [mwaløzmɑ̃] *adv* ~ **étendu sur les coussins** behaglich in die Kissen gekuschelt

moelleux [mwaløj] *adj* ⟨**-euse**⟩ **1.** *Stoff* weich und flauschig, füllig; *Teppich, Bett, Sitz, Kissen etc* weich; **2.** *Schokolade* sahnig; *Wein* lieblich; voll und mild; **3.** *Ton, Laut* weich; *Stimme* schmelzend

moellon [mwalɔ̃] *m* bât Bruchstein *m*; ~ **brut, naturel** roher, unbehauener Bruchstein; ~ **de blocage, bloqué** für Füllmauern verwendeter Bruchstein; **mur m en ~s** Bruchsteinmauer *f*

mœurs [mœr, mœrs] *f/pl* **1.** Sitten *f/pl*; Sittlichkeit *f*; *e-s einzelnen auch* Lebenswandel *m*; ~ **austères, rigides, sévères** strenge Sitten; **bonnes ~** gute Sitten; *jur* Sittlichkeit *f*; *loc/adj* **contraire aux bonnes ~** sittenwidrig; unsittlich; *Wort* unanständig; **être contraire aux bonnes ~** gegen die guten Sitten verstoßen; **porter atteinte aux bonnes ~** gegen die Sittlichkeit verstoßen; ~ **corrompues** *od* **dissoules, légères** *od* **relâchées** verdorbene, lockere Sitten; **femme f de mauvaises ~, de ~ faciles** leichtlebige Frau; Frau mit schlechtem, liederlichem Lebenswandel; **la police des ~** *od ellip* **les ~** die Sittenpolizei; F die Sitte; *jur* **crime m contre les ~** Sittlichkeitsverbrechen *n*; **il a des ~ irréprochables** sein Lebenswandel ist einwandfrei; er führt e-n einwandfreien Lebenswandel; **2.** *e-s Volkes, e-r Zeit etc* Sitten *f/pl* (und Gebräuche *m/pl*); Lebensweise *f*, **-gewohnheiten** *f/pl* (*auch von Tieren*); **étude f de ~** Sittenstudie *f*; *fig* **peinture f de ~** Sittengemälde *n*, **-bild** *n*; *peint* **scène f de ~** Sittenbild *n*, **-gemälde** *n*; Genrebild *n*; **c'est entré dans les ~** das ist Sitte, Brauch, üblich geworden; **3.** *e-s einzelnen* Betragen *n*; Benehmen *n*; Lebensgewohnheiten *f/pl*; **drôles de ~!, en voilà des ~!, quelles ~!** das ist ein Benehmen!; ein Benehmen ist das!; *iron* das sind vielleicht komische Sitten!

mofette [mɔfɛt] *f* **1.** *géol* Mo'fette *f*; **2.** *zo cf* mouffette

mohair [mɔɛr] *m* Fell, Stoff Mo'hair *od* Mo'här *m*; *adit* **laine f** ~ Mohairwolle *f*; **robe f en** ~ Mohairkleid *n*

moi [mwa] **I** *pr/pers der 1. pers sg* **1.** *unverbunden u oft betont* **a)** *Subjekt* ich; **je le savais bien, ~, que ...** ich wußte genau, daß ...; **je ne compte pas dans le nombre, ~** ich zähle, gehöre nicht dazu; ~ **parti, que ferez-vous?** was werdet ihr machen, wenn ich weg bin?; ~, **trahir un ami!** ich und e-n Freund verraten!; **ne faites pas comme ~** machen Sie es nicht (so) wie ich; **c'est comme ~** genau wie bei mir; ich bin in der gleichen Lage; **toi, tu lis, et ~, je travaille ...** und ich arbeite ...; **mon frère et ~ (nous) travaillons** mein Bruder und ich (, wir) arbeiten; **ni lui ni ~ ... weder**

er noch ich; **il est plus grand que ~** er ist größer als ich; ~ **qui vous parle** ich, der ich mit Ihnen spreche; **c'est ~ ich bin's; c'est ~ qui ... ich ...; ~ aussi** ich auch; ~ **aussi, j'ai lu ce livre** ich habe das Buch auch gelesen; auch ich habe das Buch gelesen; ~ **non plus** ich auch nicht; ~ **seul** ich allein; allein ich; **b)** *obj/dir* mich; **il nous a invités, ma femme et ~** er hat meine Frau und mich eingeladen; **c'est ~ que vous cherchez?** suchen Sie mich?; ~, **il m'a complètement oublié** mich hat er völlig vergessen; **c)** *mit prép* mir (*dat*); mich (*acc*); **de vous à ~** unter uns gesagt; **c'est à ~** **a)** *beim Spiel* ich bin dran, an der Reihe; **b)** das gehört mir; **c'est un ami de ~** das ist ein Freund von mir; **c'est à ~ d'agir** ich muß handeln; es ist an mir zu handeln; **à ~, on obéira** mir wird man gehorchen; **une photo de ~** ein Photo von mir; **il se souvient de ~** er erinnert sich an mich; *st/s* **er erinnert sich meiner; sans ~** ohne mich; **selon ~, d'après ~, pour ~** meiner Ansicht, Meinung, Auffassung nach; meines Erachtens (*abr* m.E.); **2.** *mit dem bejahten Imperativ verbunden* **a)** *obj/dir* mich; **regarde-~!** sieh mich an!; **laissez-~ passer!** lassen Sie mich durch, vorbei!; **menez-y-~!** führen Sie mich hin!; P **mène-~-z-y!** *od* **mènes-y-~!** führe mich hin!; **b)** *obj/indir* mir; **donne-~ ce livre!** gib mir das Buch!; **rendez-le-~!** geben Sie es mir zurück!; P **donne-~-z-en!** gib mir was davon!; **II** *m* ⟨*inv*⟩ *philos, psych* Ich *n*; Ego *n*; Selbst *n*; **notre vrai ~** unser wahres Ich, Selbst

moie [mwa] *f cf* moye

moignon [mwaɲɔ̃] *m* **1.** *e-s amputierten Gliedes* Stumpf *m* (*auch e-s Astes*); **2.** *zo gewisser Vögel* ~**s d'ailes** verkümmerte Flügel *m/pl*; Stummelflügel *m/pl*

moi-même [mwamɛm] *pr/pers* **1.** *betont* (ich) selbst; **je l'ai vu ~** ich habe ihn *bzw* es selbst, mit eigenen Augen gesehen; **2.** *reflexiv* mich selbst; **je m'étonne ~** ich wundere mich selbst, F selber; **3.** *subst* **c'est un autre ~** das ist mein zweites Ich

moindre [mwɛ̃dr(ə)] *adj* **1.** ⟨*comp von* petit⟩ geringer; kleiner; minder; **à ~ prix** zu niedrigerem Preis; *Unglück* **de ~ étendue** kleineren Ausmaßes; *Nachricht* **de ~ importance** von geringerer, von nicht so großer Wichtigkeit; *Ware* **de ~ qualité** von minderer Güte, Qualität; von weniger guter Qualität; **2.** ⟨*sup von* petit⟩ *attributiv*: **le ~, la ~, les ~** der, die, das geringste, kleinste, mindeste; **s'il avait eu le ~ bon sens** wenn er nur ein bißchen gesunden Menschenverstand besessen hätte; **au ~ bruit** beim leisesten, geringsten Geräusch; **les ~s détails** die kleinsten Einzelheiten, Details; **le ~ doute** der leiseste, geringste Zweifel; **je n'en ai pas la ~ idée** ich habe nicht die leiseste, geringste Ahnung davon; *st/s subst*: **la ~ des choses est de vous excuser** das mindeste (, was man erwarten könnte, was Sie tun sollten,) ist, daß Sie sich entschuldigen; **c'est la ~ de mes soucis** das ist meine geringste Sorge; **certains savants, et non les ~s** gewisse Gelehrte, und zwar durchaus nicht die unbedeutendsten; **~ment** *adv litt nur* **ne ... pas le ~** nicht im mindesten, geringsten; **il n'est pas le ~ étonné** er hat sich nicht im mindesten gewundert

moine [mwan] *m* **1.** *rel* Mönch *m*; Klosterbruder *m*; ~ **bouddhiste** buddhistischer Mönch; ~ **mendiant** Bettelmönch *m*; **se faire ~** Mönch werden; **2.** *zo* **a)** Mönchsrobbe *f*; **b)** Nonne *f* (*ein*

Schmetterling); **c)** Nashornkäfer *m*; **d)** Mönchs-, Kuttengeier *m*; **3.** *impr* nicht ausgedruckte, unbedruckt gebliebene Stelle; *par ext* Bogen *m* mit e-r unbedruckten Stelle; *m* **früher** Bettwärmer *m* (*der mit heißem Sand gefüllt wurde u e-n langen Griff hatte*)

moineau [mwano] *m* ⟨*pl* ~**x**⟩ **1.** *zo* Sperling *m*; Spatz *m*; ~ **domestique, franc** Haussperling *m*; **2.** *fig* **un vilain ~, un drôle de ~** ein gräßlicher, widerlicher Kerl

moinillon [mwanijɔ̃] *m iron* Mönchlein *n*

moins [mwɛ̃] **I** *adv* **1.** ⟨*comp von* peu⟩ **a)** weniger; ♦ ~ **que,** *in Verbindung mit Zahlen* ~ **de** weniger als; **il travaille ~ que son frère** er arbeitet weniger als sein Bruder; **cette voiture va ~ vite que la mienne** dieser Wagen fährt langsamer als meiner; ~ **que jamais** weniger denn je; **c'est ~ que rien** das ist weniger als nichts; das hat überhaupt nichts zu sagen; *subst* **c'est un ~ que rien** er ist ein nichtswürdiger, erbärmlicher Mensch, Kerl; **je touche cent francs de ~ que lui** ich bekomme hundert Franc weniger als er; **avoir ~ de vingt ans** keine zwanzig Jahre alt sein; *Film* **interdit aux ~ de 18 ans** *cf* **interdit I l.; il y a ~ d'une semaine** es ist noch nicht e-e Woche her; es ist knapp e-e Woche her; **nous n'étions pas ~ de cent personnes** wir waren nicht weniger als hundert Personen; *je ne vous le céderai pas à ~ de cent francs ...* unter hundert Franc; **en ~ de deux heures** in weniger als zwei Stunden; **je l'ai acheté pour ~ de vingt francs** ich habe keine zwanzig Franc dafür bezahlt; ♦ *mit vorangehender Negation*: **ne ... pas ~** nichtsdesto'weniger; dennoch; trotzdem; **il n'en a pas ~ fait ce qu'il voulait** er hat dennoch, trotzdem gemacht, was er wollte; **il n'en est pas ~ vrai que ...** nichtsdestoweniger, und doch ist es wahr, daß ...; **rien de ~ que** wirklich; in der Tat; **il n'est rien de ~ qu'un honnête homme** er ist wirklich ein anständiger Mensch; **rien n'est ~ sûr** das ist ganz unsicher, ungewiß; ♦ *loc/adv*: **à ~** **a)** für e-m geringeren Anlaß; **il ne l'aura pas à ~** für weniger bekommt er es nicht; **il est furieux, on le serait à ~ ...** man wäre es schon bei e-m geringeren Anlaß; **beaucoup, bien ~** viel, weit weniger; **je suis bien ~ que préoccupé** ich bin überhaupt nicht besorgt; ich bin alles andere als besorgt; **de ~ en ~** immer weniger; **en ~** zu'wenig; **être en ~** fehlen; **il y a dix francs en ~** es fehlen zehn Franc; **il a un doigt en ~** ihm fehlt ein Finger; **j'ai reçu deux francs en ~** ich habe zwei Franc zuwenig bekommen; **c'est une simple réédition, avec les illustrations en ~ ...** ohne Abbildungen; ... es fehlen nur die Abbildungen; **en ~ bien, en ~ grand,** *etc* nur nicht so hübsch, nur nicht so groß *etc*; **c'est tout à fait sa sœur mais en ~ bien ...** nur nicht so hübsch; **en ~ de rien, en ~ de temps qu'il n'en faut pour le dire** im Nu; im Handumdrehen; F in Null Komma nichts; **encore ~** noch weniger; **la moitié ~** halb so viel; **un peu ~** etwas, ein bißchen weniger; **on ne peut ~** überhaupt nicht; nicht im mindesten, geringsten; nicht ein bißchen; **j'étais on ne peut ~ surpris** ich war überhaupt nicht *etc* erstaunt; ♦ *loc/prép u loc/conj*: **à ~ de** (+*subst od* + *inf*), **à ~ que** (+*subj*) es sei denn (, daß); wenn nicht; außer wenn; **~ ... ~, ~ ... je weniger ... desto weniger ...; ~ ... plus ...** je weniger ...

desto mehr ...; **plus** ... ∼ ... je mehr ... desto weniger ...; **d'autant** ∼ **que** ... um so weniger als ...; ◆ *mit adj, adv u Verben*: **il est** ∼ **riche** er ist weniger, nicht mehr so reich; **trois fois** ∼ **dreimal** weniger; **parlez** ∼ **vite!** sprechen Sie weniger schnell, langsamer!; **j'ai** ∼ **faim** ich habe nicht mehr so großen Hunger; **j'ai** ∼ **froid** mir ist nicht mehr so kalt; **cela coûte** ∼ das kostet weniger; **on ne peut pas faire** ∼ weniger kann man nicht tun; **il a** ∼ **parlé, il a parlé** ∼ er hat weniger, nicht so viel gesprochen; ◆ *mit subst*: ∼ **de gâteau que de pain** weniger Kuchen als Brot; **fumez** ∼ **de cigarettes!** rauchen Sie weniger Zigaretten!;
b) *bei Zeitangaben*: **cinq heures** ∼ **dix (minutes)** zehn (Minuten) vor fünf; **sept heures** ∼ **le quart** (ein) Viertel vor sieben; drei Viertel sieben; *ellip*: **à** ∼ **le quart** um Viertel vor; **il est** ∼ **cinq** es ist fünf vor;
c) *math* weniger; minus; **sept** ∼ **un égalent, font six** sieben weniger, minus eins ist od gleich sechs (7–1=6); **dix puissance** ∼ **sept** zehn hoch minus sieben (10⁻⁷); *fig* **il était** ∼ **une, cinq** um ein Haar, beinah(e) wäre es passiert; viel hat nicht gefehlt und es wäre passiert; es hätte ihn (mich *etc*) beinah(e) erwischt;
d) *bei Temperaturangaben* minus; **il fait** ∼ **dix** es sind zehn Grad minus, zehn Grad unter Null, zehn Grad Kälte, minus zehn Grad;
e) *comm* abzüglich; **dix francs** ∼ **les frais** zehn Franc abzüglich der Unkosten;
2. ⟨*sup von* peu⟩ **le** ∼ am wenigsten; ◆ *loc/adv*: **pas le** ∼ **du monde** nicht im geringsten, mindesten; **sans s'inquiéter le** ∼ **du monde** ohne sich im geringsten, mindesten zu beunruhigen; **au** ∼ wenigstens; mindestens; **si, au** ∼, **il était arrivé à temps** wenn er wenigstens rechtzeitig angekommen wäre; **il est parti il y a au** ∼ **une heure** er ist vor mindestens, wenigstens e-r Stunde weggegangen; **tout au** ∼, **à tout le** ∼, **pour le** ∼ (aller)mindestens, (-)wenigstens; zumindest; zum mindesten; **du** ∼ wenigstens; zu'mindest; **si du** ∼ **j'avais de l'argent** wenn ich wenigstens Geld hätte; ◆ *mit adj od p/p*: **le climat le** ∼ **humide** *du continent* das am wenigsten feuchte Klima ...; das Klima ..., das am wenigsten feucht ist; **un roman des** ∼ **connus** e-r der am wenigsten bekannten Romane; ◆ *mit adv*: **le** ∼ **longtemps possible** so kurz wie möglich; **le** ∼ **souvent possible** so selten wie möglich; ◆ *mit subst*: **faites** ∼ **le de dépenses que vous pourrez!** geben Sie so wenig wie möglich aus!;
II *subst* **1. le** ∼ das mindeste, wenigste, geringste; **c'est le** ∼ **que vous puissiez faire** das ist das mindeste, was Sie tun könnten; **2.** *math* **le** ∼ das Minuszeichen

moins|-perçu [mwɛ̃pɛrsy] *m* ⟨*pl* moins-perçus⟩ *Steuerwesen* zu wenig vereinnahmter Betrag; Minderbetrag *m*, -einnahme *f*; **∼-value** *f* ⟨*pl* moins--values⟩ **1.** *comm* Wertminderung *f*, -verlust *m*; Minderwert *m*; **2.** *Steuerwesen* Ausfall *m*; Verlust *m*; Minderertrag *m*
moirage [mwaraʒ] *m von Stoff, Papier* Moi'rieren *n*; Flammen *n*
moire [mwar] *f text* **1.** *Stoff* Moi'ré *m od n*; ∼ **antique** Moiré-antique *m*; **robe** *f*, **ruban** *m* **de** ∼ Moirékleid *n*, -band *n*; **2.** Moi'rémuster *n*; Moi'ré-Effekt *m*; Moi'rierung *f*
moiré [mware] **I** *adj* **1.** *Stoff, Papier* moi'riert; geflammt; **2.** *litt u fig* schillernd; **II** *m e-s Stoffs* Moi'rémuster *n*; Moi'ré-Effekt *m*; Moi'rierung *f*; Moi'ré *n*

moir|er [mware] *v/t Stoff, Papier* moi'rieren; flammen; **∼eur** *m* Arbeiter, der Stoffe *bzw* Pa'pier moi'riert
mois [mwa] *m* **1.** Monat *m*; **dix-huit** ∼ anderthalb Jahre; ∼ **précédent** Vormonat *m*; voriger, vorangegangener Monat; **six** ∼ ein halbes Jahr; sechs Monate; **trois** ∼ ein Vierteljahr *n*; drei Monate; *égl cath* ∼ **de Marie** Ma'rienmonat *m*; ∼ **de trente jours** Monat mit dreißig Tagen; ◆ *loc/adj*: **Wechsel à trois** ∼ **d'échéance** mit dreimonatiger Laufzeit; *comm* **de ce** ∼ dieses Monats (*abr* d.M.); **un bébé de trois** ∼ ein drei Monate alter Säugling; **(être) enceinte de trois, six** ∼ im vierten, siebenten Monat (sein); ◆ *loc/adv*: **le** ∼ **dernier, prochain** letzten *od* vorigen, nächsten *od* kommenden Monat; im letzten *etc* Monat; **à la fin du** ∼, **à fin de** ∼ zum, am Monatsende; *comm* **per ultimo; au** ∼ monatlich; monatsweise; **au** ∼ **d'août** im (Monat) August; **au cours du** ∼ im Laufe des Monats; *comm* **au dernier du** ∼ (per) ultimo; **dans un** ∼ in e-m Monat; **dans le courant du** ∼ im laufenden Monat; **des** ∼ **entiers** monatelang; **en l'espace d'un** ∼ in, binnen Monatsfrist; **par** ∼ monatlich; im, pro Monat; **tous les** ∼ alle Monate; monatlich; **tous les trois, six** ∼ viertel-, halbjährlich; alle Vierteljahre, alle halbe(n) Jahre; **2. a)** Monatslohn *m*, -gehalt *n*; **double** doppeltes Monatsgehalt; **treizième** ∼ dreizehntes Monatsgehalt; **b)** Monatsmiete *f*
moise [mwaz] *f bât* ∼ **horizontale** Zange *f*; ∼ **pendante** Hängesäule *f*; ∼ **de roulis** Band *n*; Strebe *f*
moïse [mɔiz] *m* Babykorb ['be:bi-] *m*
moiser [mwaze] *v/t bât* durch Bänder, Zangen, Streben verbinden
moisi [mwazi] **I** *adj* schimm(e)lig; angeschimmelt; verschimmelt; Schimmel...; **II** *m* Schimmel *m*; Verschimmelte(s) *n*; *des Weins* goût *m* **de** ∼ Schimmelgeschmack *m*; **tache** *f* **de** ∼ Stockfleck *m*; *Raum etc* **sentir le** ∼ mod(e)rig, muffig, nach Schimmel riechen
moisir [mwazir] **I** *v/t* schimm(e)lig werden lassen; (durch Schimmelbildung) verderben (lassen); **II** *v/i* **1.** (ver-)schimmeln; schimm(e)lig werden; (ver-)modern; **ce pain moisit** das Brot schimmelt; **ce pain a moisi** das Brot ist verschimmelt; **2.** *F fig Personen* (lange untätig) warten; *F* hocken; *in e-r Stellung, an e-m Ort etc* **ne pas** ∼ nicht lange bleiben; *F* nicht alt werden; **je ne veux pas** ∼ **ici** *auch F* ich will hier nicht versauern
moisissure [mwazisyr] *f* **1.** *oft pl* ∼**s** Schimmel *m*; Verschimmelte(s) *n*; ∼ **blanche, verte** weißer, grüner Schimmel; **2.** ∼**s** *pl* Schimmelpilze *m/pl*; **3.** (Ver)Schimmeln *n*
moisson [mwasɔ̃] *f* **1.** *agr* (Getreide-)Ernte *f* (*auch das Geerntete*); **bonne** ∼ gute Ernte; **mauvaise** ∼ schlechte Ernte; 'Mißernte *f*; **faire la** ∼ ernten; **2.** *agr* Erntezeit *f*; **3.** *fig* Ernte *f*, Ausbeute *f* (**de** an + *dat*); **faire (une)** ∼ **de renseignements** viele, zahlreiche Auskünfte beziehen, einholen; **revenir de voyage avec une** ∼ **de souvenirs** von der Reise mit e-m (reichen) Schatz an Erinnerungen heimkehren
moisonn|er [mwasɔne] *v/t* **1.** *agr* Getreide ernten; mähen; schneiden; (Getreide)Feld abernten; mähen; *abs* **commencer à** ∼ mit der Getreideernte, mit dem Mähen, mit der Mahd beginnen; *fig* ∼ **des lauriers** Lorbeeren ernten; **∼eur** *m* **1.** *agr* Schnitter *m*; Mäher *m*; Erntearbeiter *m*; **2.** *zo* Saatkrähe *f*

moissonneuse [mwasɔnøz] *f agr* **1.** Mähmaschine *f*; Mäher *m*; **2.** Schnitterin *f*; Mäherin *f*; Erntearbeiterin *f*; ∼**-batteuse** *f* ⟨*pl* moissonneuses-batteuses⟩ *agr* Mähdrescher *m*; ∼**-javeleuse** *f* ⟨*pl* moissonneuses-javeleuses⟩ *agr* Schwadenmäher *m*; ∼**-lieuse** *f* ⟨*pl* moissonneuses-lieuses⟩ *agr* Mähbinder *m*; Bindemäher *m*
moit|e [mwat] *adj Haut, Hände, Wärme, Hitze* feucht; ∼**eur** *f* **1.** Feuchtigkeit *f*; Feuchte *f*; **étouffante** Schwüle *f*; Treibhausluft *f*; **2.** leichter Schweiß
moitié [mwatje] *f* **1.** Hälfte *f*; **une bonne, grosse** ∼ die gute, reichliche, *F* größere Hälfte; *F fig Eheleute voneinander* **ma** ∼ *F* meine bessere Hälfte; **la première, seconde** ∼ **du XX**ᵉ **siècle** die erste, zweite Hälfte des 20. Jahrhunderts; **la** ∼ **de** ... die Hälfte (+ *gén*); **der, die, das halbe** ...; **la** ∼ **de la classe** *était malade* die halbe Klasse ...; **la** ∼ **de la France** halb Frankreich; **il était dehors la** ∼ **du temps** die Hälfte der Zeit, die halbe, meiste Zeit ...; **à la** ∼ **de la côte** auf halber Höhe; ◆ *loc/adv*: *F* ∼ **plus** um die Hälfte mehr; **la** ∼ **plus cher, plus petit**, *etc* um die Hälfte teurer, kleiner *etc*; **à** ∼ halb; zur Hälfte; **ne rien faire à** ∼ nichts halb tun; **remplir à** ∼ (bis) zur Hälfte, halb füllen; **à** ∼ **plein, rempli à** ∼ halbvoll ; zur Hälfte voll, gefüllt; **à** ∼ **pourri** halbverfault; **(à)** ∼ ..., **(à)** ∼ ... halb ..., halb ...; zur Hälfte ..., zur Hälfte ...; teils ..., teils ...; zum Teil ..., zum Teil ...; je zur Hälfte ... und ...; *un groupe de touristes*, ∼ **Anglais**, ∼ **Suisses** teils, zum Teil, zur Hälfte Engländer, teils, zum Teil, zur Hälfte Schweizer; je zur Hälfte Engländer und Schweizer; **(à)** ∼ **civil, (à)** ∼ **militaire** halb zivil, halb militärisch; *êtes-vous content de votre voyage?* — ∼**∼!** teils, teils!; halb und halb!; *F* **faire** ∼ *F* halbe-halbe machen; **à** ∼ **chemin** auf halbem Wege; **à** ∼ **prix** zum halben Preis; **de** ∼ zur Hälfte; um die Hälfte; **être de** ∼ **dans qc** zur Hälfte an etw (*dat*) beteiligt sein; **se mettre de** ∼ **avec qn** Halbpart mit j-m machen; sich mit j-m zu gleichen Teilen beteiligen; **réduire de** ∼ um die Hälfte *od* auf die Hälfte reduzieren; **par (la)** ∼ in der Hälfte; **couper par (la)** ∼ in der Hälfte 'durchschneiden; **partager par (la)** ∼, **en deux** ∼**s** hal'bieren; in zwei (*F* gleiche) Hälften, gleiche Teile teilen; **être pour** ∼ **dans qc** in starkem Maße an etw (*dat*) beteiligt, für etw verantwortlich sein; **vous êtes pour** ∼ **dans le succès de cette entreprise** *auch* Sie haben Ihr gut Teil zum Erfolg, zum Gelingen dieses Unter'nehmens beigetragen; **la** ∼ **des vacances est passée** *od* **sont passées** die Hälfte der Ferien ist vorüber; die Ferien sind schon halb vorüber
moka [mɔka] *m* **1.** *Kaffeesorte* Mokka *m*; **2. crème** *f* **de** ∼ Mokkalikör *m*; **3.** *cuis etwa* Mokka *m*, Schoko'ladentorte *f*
mol [mɔl] *cf* mou
molaire¹ [mɔlɛr] *f* hinterer *od* großer Backenzahn; Mahlzahn *m*; *sc* Mo'lar (-zahn) *m*
molaire² [mɔlɛr] *adj chim* mo'lar; **masse** *f* ∼ molare Masse
molasse [mɔlas] *f géol* Mo'lasse *f*
moldave [mɔldav] *adj géogr* moldauisch
mole [mɔl] *f (Zeichen* mol) *chim* Mol *n* (*Zeichen* mol)
môle¹ [mol] *m e-s Hafens* **a)** Mole *f*; Hafendamm *m*; **b)** Ladekai *m*
môle² [mol] *f* **1.** *path* Mole *f od* Mola *f*; Windei *n*; falsche Frucht; **2.** *zo cf* lune **5.**
moléculaire [mɔlekylɛr] *adj chim, phys* moleku'lar; Moleku'lar...; Mole'kül...;

forces f/pl ~s Molekularkräfte f/pl; zwischen-, intermolekulare Kräfte f/pl; **formule** f ~ Summen-, Brutto-, Ana-'lysenformel f e-s Moleküls; Mole'külformel f; **formule** ~ **développée** Struk'turformel f e-s Moleküls; **masse** f ~ Molekülmasse f; **poids** m ~ Molekulargewicht n; **structure** f ~ Molekülstruktur f, -gestalt f, -bau m
molécule [molekyl] f chim, phys Mole-'kül n; selten Mo'lekel f; **~-gramme** f ⟨pl **molécules-grammes**⟩ chim, phys Grammolekül n
molène [molɛn] f bot Königskerze f
moleskine [moleskin] f text Moleskin ['mo:lskin] m od n; Englischleder n
molester [moleste] v/t miß'handeln; bru'tal behandeln; brutal, rücksichtslos vorgehen gegen
moletage [moletaʒ] m tech **a)** Vorgang Rändeln n, -ung f; Kor'dieren n, -ung f; **b)** Ergebnis Rändelung f; Kor'dierung f
moleter [molte] v/t ⟨-tt-⟩ tech Schraubenköpfe etc rändeln; kor'dieren; adjt: **moleté** auch geriffelt; **vis moletée** Rändelschraube f
molette [molɛt] f **1.** tech Rändel(eisen, -rad) n; des Graveurs, Ziseleurs, für den Zeugdruck Mo'lette f; **2.** mines Seilscheibe f; **3.** an optischen Geräten etc Rändelschraube f; gerändelte Stellschraube; am Feuerzeug gerändeltes Rädchen; am Reitsporn Spornrad n; **clé** f à ~ Rollgabelschlüssel m
moliéresque [moljerɛsk] adj moli'e-risch; von Molière
molin|isme [molinism(ə)] m rel Moli-'nismus m; **~iste** rel **I** adj moli'nistisch; **II** m Moli'nist m
mollah [mo(l)la] m Islam Molla od Mulla m
mollard [molar] P m Auswurf m; Schleim m; nordd Qualster m
mollarder [molarde] P v/i spucken; nordd qualstern
mollass|e [molas] **I** adj **1.** wabb(e)lig; quabb(e)lig; **2.** fig ener'gielos; lasch; schlaff; schlapp; **II** f **1.** F Schlappschwanz m; **2.** cf **molasse**; **~erie** f Ener'gielosigkeit f; Laschheit f; Schlaffheit f; **~on** m, **~onne** f F Schlappschwanz m; Waschlappen m
molle [mol] cf **mou**
mollement [molmã] adv lässig; lasch; träge
mollesse [molɛs] f **1.** e-r Person u ihrer Handlungen Lässigkeit f; Laschheit f; Trägheit f; st/s Laßheit f; des Stils, Ausdrucks Kraftlosigkeit f; e-s Gesichts schlaffe Züge m/pl; loc/adv avec ~ lässig; lasch; lahm; **résister avec** ~ lahmen 'Widerstand leisten; **2.** e-s Gegenstandes, der Konturen etc Weichheit f; des Klimas (träge machende) Milde f; peint ~ **du pinceau** zu weiche Ma'nier, Pinselführung
mollet¹ [molɛ] adj **~te**⟩ **œuf** ~ weich(gekocht)es Ei; **petit pain** ~ Milchbrötchen n
mollet² [molɛ] m anat Wade f; iron ~s de coq dünne und sehnige Waden; **gras** m **du** ~ dicke Wade; Wadenfleisch n
molletière [moltjer] adj ⟨nur f⟩ **bande** ~ Wickelgamasche f
molleton [moltõ] m text Molton m; Moll m
molletonn|é [moltone] adj mit Molton gefüttert; **~er** v/t mit Molton füttern
mollir [molir] **I** v/t mar Tau lockern; lockerer lassen; **II** v/i **1.** mar Wind abflauen; **2.** Widerstand nachlassen; schwächer werden; Mut kleiner werden; abnehmen; F Person kneifen; Angst bekommen; feige zu'rückweichen; il sentit ses jambes ~ er fühlte, wie ihm

die Knie weich wurden; **sa résolution a** molli er wurde in s-m Entschluß wankend; ~ **dans ses exigences** s-e Ansprüche mäßigen, F zu'rückschrauben; (e-n Pflock) zu'rückstecken
mollo [molo] adv F **vas-y** ~! F sachte, sachte!
molluscum [molyskom] m path sc Mol-'luske f; Mol'luscum n
mollusques [molysk] m/pl zo Weichtiere n/pl; sc Mol'lusken f/pl
moloch [molok] m zo Moloch m; Dornteufel m
molosse [molos] m furchteinflößender, scharfer (Hof-, Wach)Hund; F Fleischerhund m
molve [molv] f zo Lengfisch m
molybdène [molibdɛn] m chim Molyb-'dän m
molybdénite [molibdenit] f minér Molyb'dänglanz m; Molybdä'nit m
molybdique [molibdik] adj chim **acide** m ~ Molyb'dänsäure f; **anhydride** m ~ Molybdän'trioxyd n; Molybdän'(6)-oxyd n
môme [mom] F **1.** m,f Kind n; F Gör m; Balg m od n; adjt il est encore tout ~ **a)** er ist noch ganz klein; **b)** von e-m Erwachsenen er ist noch ganz kindlich, wie ein Kind; **2.** f junges Mädchen; junge Frau; **une belle** ~ F ein reizender, süßer Fratz, Käfer; ein steiler Zahn
moment [momã] m **1.** Augenblick m; Mo'ment m; Zeit(punkt) f(m); ♦ **bon** ~ guter, passender, richtiger, geeigneter, günstiger Augenblick, Moment, Zeitpunkt; **bons** ~s schöne, nette Stunden f/pl, Zeiten f/pl; **dernier** ~ letzter Augenblick, Moment; Sterbender: rester lucide jusqu'aux derniers ~s ... bis zum letzten Augenblick, Atemzug; **mauvais** ~ schlechter, unpassender, falscher Augenblick, Moment, Zeitpunkt; **mauvais** ~s böse, schlimme Stunden f/pl, Zeiten f/pl; **c'est un** mauvais ~ **à passer** das ist nicht angenehm, aber da muß man eben durch; le ~ **présent** dieser, der jetzige Augenblick; diese Stunde; ♦ ~ **de bon-heur, de gêne** glücklicher, peinlicher Augenblick, Moment; **dans un** ~ **de faiblesse** in e-m Augenblick der Schwäche; ♦ loc/adj ... **du** ~ Augenblicks...; augenblicklich; momen'tan; **les besoins** m/pl **du** ~ **en charbon** der augenblickliche Kohlebedarf; **succès** m **du** ~ Augenblickserfolg m; ♦ loc/adv: **un** ~ augenblicklich, Moment lang; **un** ~! e-n Augenblick, Moment, bitte!; **un bon** ~ ziemlich lange; e-e ganze, geraume Weile; **à aucun** ~ niemals; nicht e-n Augenblick lang; nicht ein einziges Mal; **à ce** ~-là damals bzw dann; zu jenem, diesem, dem Zeitpunkt; in jenem, diesem, dem Augenblick; **à ce** ~ **de la journée** um diese od zu dieser Tageszeit; **à ce** ~ **du récit** an dieser Stelle des Berichts; **à certains** ~s, **à d'autres** (~s) ... mit'unter ..., mit'unter ...; **à tout** ~, **à tous** ~s alle Augenblicke; fortwährend; ständig; andauernd; immerzu; F alle nase(n)lang; **dans un** ~ im Augenblick, Moment; gleich; so'fort; **d'un** ~ **à l'autre** jeden Augenblick; so'gleich; **de** ~(s) **en** ~(s) von Mi'nute zu Minute; ständig; ununterbrochen; **dès ce** ~-là von jenem, diesem, dem Augenblick, Moment, Zeitpunkt an; **en ce** ~ im Augenblick, Moment; zur Zeit; gegenwärtig; **en un** ~ in ganz kurzer Zeit; im Handumdrehen; im Nu; **par** ~s dann und wann; mit'unter; gelegentlich; zeitweise; zu'weilen; **pour le** ~ vorerst; vorläufig; einstweilen; vorderhand; für den Augenblick; im Augenblick, Mo-

ment; **sur le** ~ e-n Augenblick, Moment (lang); im ersten Augenblick; ♦ loc/prép au ~ **de** (+subst) im Augenblick (+gén); au ~ **de la mort** im Augenblick des Todes; au ~ **de** (+inf) in dem Augenblick, Moment, als ich etc; gerade als ich etc; au ~ **de partir** auch im Augenblick des Aufbruchs; ♦ loc/conj: au ~ **où** in dem Augenblick, Moment, als bzw wo; au ~ **où l'on s'y attend le moins** in dem Augenblick, wo man es am wenigsten erwartet; **à partir du** ~ **où** von dem Augenblick, Moment, Zeitpunkt an, wo; **du** ~ **que** od où da ja; da doch; **du** ~ **que vous vous connaissez,** je ne vous présente pas da Sie sich ja kennen ...; **jusqu'au** ~ **où** bis; ♦ **n'avoir pas un** ~ **à soi** nicht einen Augenblick (Zeit) für sich haben; keinen Augenblick frei sein; **je n'ai que pour un** ~, attends-moi ich brauche nicht mehr lange, es dauert nicht mehr lange bei mir ...; **elle en a pour un bon** ~ das dauert noch ziemlich lange bei ihr; sie ist nicht so schnell fertig; sie braucht noch ziemlich viel Zeit; **c'est le** ~ **ou jamais!** jetzt oder nie!; **c'est le** ~ **(ou jamais) de faire** qc das ist der Augenblick, Moment, das ist der gegebene Zeitpunkt, um etw zu tun; **ce n'est pas le** ~ das ist nicht der passende Augenblick, Moment; **si je pense à tous les** ~s passés **à réparer ma voiture** wenn ich an die viele Zeit denke, die ich damit zugebracht habe, meinen Wagen zu reparieren; **profiter du** ~ den Augenblick nutzen; **ne pas trouver un** ~ **pour faire** qc nicht einen Augenblick Zeit finden, um etw zu tun; **2.** phys, Mechanik Mo'ment n; ~ **cinétique** Drall m; Drehimpuls m; ~ **magnétique** magnetisches Moment; ~ **d'un couple** Moment e-s Kräftepaars; ~ **d'une force** Moment e-r Kraft; Kraftmoment n; ~ **d'inertie** Trägheitsmoment n
momentané [momãtane] adj augenblicklich; momen'tan; vor'übergehend; **être** ~ nicht lange dauern; schnell vorübergehen; **~ment** adv augenblicklich; momen'tan; im Augenblick, Moment; zur Zeit; vor'übergehend
momeries [momri, mo-] f/pl litt Affenkomödie f, -theater n; fauler Zauber; Ko'mödie f; The'ater n
momie [momi] f Mumie f
momi|fication [momifikasjõ] f Mumifi'zierung f; Mumifikati'on f (auch path); **~fier** v/t mumifi'zieren
mon [mõ] adj/poss der 1. pers sg ⟨f **ma** [ma], vor Vokal u stummem h **mon**; pl **mes** [me]⟩ mein(e); in der Anrede im Deutschen oft unübersetzt: ~ **cher ami!** lieber Freund!; in Liedern etc **m'amie** poét mein Lieb(chen), Schatz; **mes chers auditeurs!** verehrte Anwesende, Zuhörer!; F ~ **bonhomme** F der gute Mann; Anrede guter Mann!; **mil** ~ **capitaine!**, ~ **colonel!** Herr Hauptmann!, Herr Oberst!; rel im Gebet ~ **Dieu!** lieber Gott!; mein! Gott!; ~ **cher monsieur!** (mein) lieber Herr X!; égl cath ~ **père !**, **ma sœur!** Pater!, Schwester!; **à** ~ **égard** zu mir; mir gegenüber; **à** ~ **intention** für mich; **en** ~ **honneur** mir zu Ehren; **ma rencontre lui fut désagréable** die Begegnung mit mir war ihm unangenehm; **je gagne mes cent francs par jour** ich verdiene meine hundert Franc pro Tag
monacal [monakal] adj ⟨-aux⟩ mönchisch; Mönchs...; ~ **vie** ~ mönchisches Leben (auch fig); Leben n als Mönch; Mönchsleben n
monachisme [monaʃism(ə), -ki-] m Mönchstum n; Klosterwesen n

monade [mɔnad] f philos Mo'nade f
monadelphe [mɔnadɛlf] adj bot einbrüderig
monadisme [mɔnadism(ə)] m philos Mona'dismus m
monadologie [mɔnadɔlɔʒi] f philos Mo'nadolo'gie f; Leibnitz La 2 Die Monadologie
monarch|ie [mɔnarʃi] f Monar'chie f; ~ parlementaire parlamentarische Monarchie; ~ élective Wahlmonarchie f; ~ de droit divin Monarchie, Herrschaft f von Gottes Gnaden; hist la 2 de Juillet die Julimonarchie; **~ique** adj mon'archisch; **~isme** m Monar'chismus m; **~iste** I adj monar'chistisch; II m,f Monar'chist(in) m(f)
monarque [mɔnark] m Mon'arch m; ~ absolu absoluter Monarch
monastère [mɔnastɛr] m Kloster n; im engeren Sinne Mönchskloster n; ~ de bonzes, de lamas buddhistisches Mönchskloster; Lamakloster n; ~ du mont Athos Athoskloster n; église f du ~ Klosterkirche f
monastique [mɔnastik] adj klösterlich; Kloster...; mönchisch; Mönchs...; mo'nastisch: **discipline** f ~ Klosterzucht f; **état** m ~ Klosterstand m: **ordre** m ~ Mönchsorden m; **règles** f/pl ~s Klosterregel f; **vie** f ~ Klosterleben n; mönchisches Leben; **vœux** m/pl ~s Klostergelübde n(pl)
monaural [mɔnɔral] adj ⟨-aux⟩ Akustik monau'ral
monazite [mɔnazit] f minér Mona'zit m; Turne'rit m
monceau [mɔso] m ⟨pl ~x⟩ Haufen m (auch fig); Berg m; fig un ~ de fautes ein Haufen, e-e Menge Fehler; un ~ de revues ein Haufen, Berg Zeitschriften
mondain [mɔdɛ̃] I adj 1. gesellschaftlich; Gesellschafts...; als Zeitungsrubrik carnet ~, chronique ~e Gesellschaftschronik f; Notizen f/pl, Nachrichten f/pl aus dem gesellschaftlichen Leben; Perso'nalien pl; **chroniqueur** ~ Redakteur m der Gesellschaftschronik; **obligations** ~es gesellschaftliche Verpflichtungen f/pl; **vie** ~e gesellschaftliches Leben; 2. mon'dän; **être** ~ mondän sein; das gesellschaftliche Leben lieben; in der großen Gesellschaft verkehren; am gesellschaftlichen Leben teilnehmen; 3. in e-m Tanzlokal **danseur** ~ Eintänzer m; Gigolo ['ʒi-] m; 4. **police** ~e od subst ~e f (Abteilung der) Sittenpolizei (die sich hauptsächlich mit dem Rauschgifthandel befaßt); 5. rel weltlich; irdisch; II subst ~(e) m(f) Weltmann m, -dame f; Mann m, Dame f von Welt
mondanité [mɔdanite] f 1. ~s pl a) gesellschaftliches Leben; gesellschaftliche Veranstaltungen f/pl; b) Zeitungsrubrik Gesellschaftschronik f; cf auch (carnet) mondain 1.; 2. Hang m zum mon'dänen Leben; mon'dänes Leben; 3. rel weltlicher Cha'rakter, Sinn; Weltlichkeit f; Weltlust f
monde [mɔd] m 1. Welt f; Erde f; ♦ l'Ancien 2 die Alte Welt; le ~ antique die antike Welt; die Welt der Antike; l'autre ~ das Jenseits; envoyer, expédier qn dans l'autre ~ F j-n ins Jenseits befördern; passer dans l'autre ~ das Zeitliche segnen; rel ce (bas) ~ das Diesseits; die irdische Welt; les biens m/pl de ce ~ die Güter n/pl dieser Welt; die irdischen Güter; dans od en ce bas ~ im Diesseits; auf dieser Welt; hier (unten) auf Erden; poét hie'nieden; il n'est plus de ce ~ er ist nicht mehr unter den Lebenden, am Leben; er lebt nicht mehr; bibl mon. royaume n'est pas de ce ~ mein Reich ist nicht von

dieser Welt; ~ **capitaliste** kapitalistische Welt; le ~ **entier** die ganze Welt; ~ **extérieur** Außenwelt f; le Nouveau 2 die Neue Welt; ~ **physique, sensible** Sinnenwelt f; sinnliche, körperliche, physische, materielle Welt; le **vaste** ~ die weite Welt; ~ **végétal** Pflanzenwelt f; le ~ **des affaires** Geschäftswelt f; ~ **des finances** Fi'nanzwelt f; ~ **des idées,** de la pensée I'deen-, Gedanken-, Innenwelt f; geistige Welt; ~ **des lettres, des savants** literarische, gelehrte Welt; le ~ **du travail** die Welt der Arbeit; ♦ **axe** m du ~ Erdachse f; fig le **bout** du ~ cf bout 1.; les **cinq parties** f/pl du ~ die fünf Erdteile m/pl; ♦ loc/adv: à la **face** du ~ vor aller Welt; vor der Weltöffentlichkeit; **au** ~ auf der Welt; mit e-m Verbum der Bewegung auf die Welt; **être au** ~ auf der Welt sein; leben; Person **être seul au** ~ keinen Menschen auf der Welt haben; ganz allein auf dieser Welt stehen, sein; **faire tout au** ~ **pour** (+inf) sich alle erdenkliche Mühe geben, um zu (+inf); Kind **mettre au** ~ zur Welt bringen; péi in die Welt setzen; **venir au** ~ auf die od zur Welt kommen; **pour rien au** ~, pas pour tout l'or du ~ (mit ne beim Verbum) um nichts in der Welt; um keinen Preis der Welt; nicht für Geld und gute Worte; **dans le** ~ auf der Welt, Erde; **quelque part dans le** ~ irgendwo auf der Welt, Erde; **de par le** ~ überall (auf der Welt); ♦ **ainsi va le** ~ das ist der Lauf der Welt; das ist nun einmal so in der Welt od auf der Welt; so geht es nun einmal zu auf der Welt; **du train où va le** ~ wenn es so, in dem Tempo weitergeht; **il y a un** ~ **entre le père et le fils** Vater und Sohn trennen Welten; zwischen Vater und Sohn liegen Welten; **gros comme le** ~ das ist so alt wie die Welt; das ist uralt; **il faut de tout pour faire un** ~ unser Herrgott hat seltsame Kostgänger; es gibt (eben) solche und solche; **se faire un** ~ **de qc** etw als sehr schwierig ansehen; **2. a)** Menschen m/pl; Leute pl; **b)** viele Menschen, Leute; **un** ~ **fou** e-e ungeheure Menschenmenge; **le pauvre** ~ die einfachen, kleinen Leute; loc/adv **devant le** ~ vor aller Welt; vor den Leuten; in aller Öffentlichkeit; **avoir du** ~ Besuch, Gäste haben; **il y avait du** ~ es war voll; **beaucoup de** ~ es war voll; es waren viele Menschen, Leute da; **il y a du** ~? ist hier jemand, F wer?; **il y a du** ~ **chez lui** es ist jemand, F wer bei ihm; er hat Besuch; **il n'y avait pas grand** ~ es waren nicht viele Menschen, Leute da; es war nicht viel los; **connaître son** ~ s-e Leute, F Pappenheimer kennen; **3. tout le** ~ alle; jeder(mann); alle Welt; Monsieur Tout-le-2 der kleine Mann; loc/adv **aux yeux de tout le** ~ vor aller Welt; vor aller Augen; **ce n'est pas donné à tout le** ~ das ist nicht jedermann, jedem gegeben; das ist nicht jedermanns Sache; **tout le** ~ **est d'accord** alle sind einverstanden; **être à tout le** ~ allen gehören; **il ne peut jamais rien faire comme tout le** ~ F er muß immer e-e Extrawurst (gebraten) haben; **tout le** ~ **le sait** alle Welt, jeder weiß es; alle wissen es; loc/prov **on ne**

peut contenter tout le ~ **et son père** man kann es nicht allen, jedem recht machen (loc/prov); **4. Gesellschaft** f; Welt f; **le beau** ~ die vornehme, feine Gesellschaft; **le grand** ~ die große, vornehme, elegante Welt; **femme** f, **homme** m **du** ~ Dame f, Mann m von Welt; Weltdame f, -mann m; **les gens** m/pl **du** ~ die oberen Zehn'tausend pl; **elle appartient au meilleur** ~ gehört der besten Gesellschaft, den besten Kreisen an; **être du même** ~ derselben Gesellschaftsschicht, denselben Kreisen, demselben Milieu angehören; aus derselben Gesellschaftsschicht, demselben Kreisen, demselben Milieu kommen; **5. tout mon** ~ meine ganze Fa'milie; **6. mar** Mannschaft f; Besatzung f; **tout le** ~ **sur le pont!** alle Mann an Deck!; **7. impr grand** ~ (Pa'pier)For'mat n 93×123cm
monder [mɔ̃de] v/t Gerste, Mandeln schälen; Gerste auch enthülsen; Rosinen entkernen; **orge mondé** (Gersten-)Graupen f/pl
mondial [mɔ̃djal] adj ⟨-aux⟩ Welt...; weltweit; glo'bal; **congrès, marché** ~ Weltkongreß m, -markt m; **économie, guerre, histoire, politique** ~e Weltwirtschaft f, -krieg m, -geschichte f, -politik f; **prix mondiaux** Weltmarktpreise m/pl; **puissance** ~e Weltmacht f; **réputation, renommée** ~e Weltruf m; **à l'échelle** ~e im Weltmaßstab; **d'importance** ~e von weltweiter, globaler Bedeutung; **~ement** adv weltweit; glo'bal; in der ganzen Welt; **célèbre, connu** weltberühmt, weltbekannt; **~iser** v/t weltweit ausdehnen
mond(i)ovision [mɔ̃d(j)ɔvizjɔ̃] f télév Satel'litenfernsehen n; Mundovisi'on f; **émission** f en ~ durch Satelliten über'tragene (Fernseh)Sendung
monégasque [mɔnegask] I adj mone'gassisch; II subst 2 m,f Mone'gasse m, Mone'gassin f
monel [mɔnɛl] m (nom déposé) Mo'nelmetall n
monème [mɔnɛm] m ling Mo'nem n
monère [mɔnɛr] f biol Mo'nere f
monétaire [mɔnetɛr] adj Münz...; Währungs...; Geld...; mone'tär; geldwirtschaftlich; **alliage** m ~ Münzlegierung f; **atelier** m ~ Münzanstalt f, -stätte f; **circulation** f ~ Geldumlauf m; **fluctuations** f/pl ~s Währungsschwankungen f/pl; **marché** m ~ Geldmarkt m; **presse** f ~ (Münz)Prägepresse f; **réforme** f ~ Währungsreform f; **réserve** f ~ Währungsreform f, -reserve f; **système** m ~ Währungs-, Mone'tarsystem n
monétis|ation [mɔnetizasjɔ̃] f von Metallen Ausmünzen n, -ung f; Vermünzen n, -ung f; **~er** v/t Metall ausmünzen; vermünzen; zu Münzen ausprägen
mongol [mɔ̃gɔl] I adj mon'golisch; Mon'golen...; **tribus** ~es Mon'golenstämme m/pl; II subst 1. 2(e) m(f) Mon'gole m, Mon'golin f; 2. ling ~ das Mon'golische; Mon'golisch n; **~ien I** adj ⟨~ne⟩ path mongolo'id; **faciès** ~ mongoloides Aussehen; II subst ~(ne) m(f) path mongolo'ider Mensch; **~ique** adj mon'golisch; Mon'golen...; **tache** f ~ Mongolenfleck m; blauer Fleck; Sa'kralfleck m; **~isme** m path Mongo'lismus m; mongolo'ide Idio'tie; **~oïde** adj mongolo'id
mon|isme [mɔnism(ə)] m philos Mo'nismus m; ~ **matérialiste, spirituel** materialistischer, idealistischer Monismus; **~iste** philos I adj mo'nistisch; II m Mo'nist m
moni|teur [mɔnitœr] m, **~trice** f 1. (d'auto-école) Fahrlehrer(in) m(f); ~ (d'aviation) Fluglehrer(in) m(f);

(d'une colonie de vacances) Betreuer(in) *m(f)* (e-r Ferienkolonie); ~ (d'éducation physique) Turn-, Sportlehrer(in) *m(f)*; ~ (de ski) Skilehrer(in) *m(f)*; **2.** *Universität* wissenschaftliche Hilfskraft; Hilfsassistent(in) *m(f)*; **3.** *m tech* Monitor *m*

moni|tion [mɔnisjõ] *f Kirchenrecht* **a)** *der Zensur vorangehende(r)* (Ver)Mahnung *f*, (Ver)Warnung *f*, Verweis *m*; **b)** Veröffentlichung *f* e-s Mahnschreibens, -briefes; **~toire** *m Kirchenrecht* **a)** ~ *od adjt* lettre *f* ~ Mahnschreiben *n*, -brief *m*; **b)** Vorladung *f (unter Androhung der Exkommunikation)*

monitorat [mɔnitɔra] *m* Funkti'on *f* e-s Betreuers, Lehrers, Hilfsassistenten

monnaie [mɔnɛ] *f* Münze *f*; Geldstück *n*; *coll* Münzen *f/pl*; Klein-, Hart-, Wechselgeld *n*; *par ext* Geld *n*; Zahlungsmittel *n*; *e-s Landes auch* Währung *f*; *hist* ~ blanche Silbergeld *n*; ~s étrangères ausländische, fremde Währungen *f/pl*; Zahlungsmittel *n/pl*, Geldsorten *f/pl*; fausse ~ Falschgeld *n*; falsches Geld; ~ forte harte Währung; ~ nationale Landeswährung *f*; petite, menue ~ kleine Münzen; ~ scripturale, de banque Gi'ral-, Bank-, Depo'siten-, Buchgeld *n*; ~ d'argent, de cuivre Silber-, Kupfergeld *n bzw* -münze(n) *f(pl)*; ~ de compte Rechnungsmünze *f*; *fig von e-r Sache, Person* ~ d'échange Tauschobjekt *n*; ~ de nickel, d'or Nickel-, Goldgeld *n bzw* -münze(n) *f(pl)*; ~ de papier Pa'piergeld *n*; *in Paris* l'hôtel des ~s *od ellip* la ⟂ die Münze; die Münzstätte, -anstalt; je n'ai pas de ~ ich habe kein Kleingeld; battre, frapper ~ Münzen schlagen, prägen; *fig* c'est ~ courante das ist gang u gäbe; das ist so üblich; faire de la ~ wechseln; faire la ~ de cent francs en un Hundert-Franc-Schein wechseln; F passons la ~! jetzt geht's ans Zahlen!; jetzt heißt es zahlen, F berappen!; *fig* payer qn en ~ de singe j-n mit leeren Versprechungen hinhalten, abspeisen, statt zu zahlen; j-n zum besten halten; rendre la ~ herausgeben; F rausgeben; rendre, donner la ~ sur dix francs auf zehn Franc herausgeben; *fig* rendre la ~ de sa pièce à qn j-m mit gleicher Münze heimzahlen

monnaie-du-pape [mɔnɛdypap] *f* ⟨*pl* monnaies-du-pape⟩ *bot* Mondviole *f*

monnayage [mɔnɛjaʒ] *m* Münzprägung *f*; Ausmünzen *n*, -ung *f*; faux ~ Falschmünze'rei *f*; Münz-, Geldfälschung *f*; *féod* droit *m* de ~ a) Münzregal *n*; b) Münzgebühr *f*

monnay|er [mɔnɛje] *v/t* ⟨*-ay- od -ai-*⟩ **1.** *Metall* (aus-, ver)münzen; zu Münzen ausprägen; *Münzen* (aus)prägen; *adjt* or monnayé gemünztes Gold; **2.** *Besitz, Gegenstand* zu Geld machen; in klingende Münze 'umsetzen; F versilbern; verscherbeln; *fig* ~ son talent aus s-m Talent Kapi'tal, Geld schlagen; **~eur** *m* Münzer *m*; faux ~ *cf* faux-monnayeur

mono|acide [mɔnoasid] *adj chim* einsäurig; **~atomique** *adj chim* einatomig; **~basique** *adj chim* einbasisch; acide *m* ~ einbasische Säure; **~bloc I** *adj* ⟨*inv*⟩ in einem Stück, Block gefertigt, gegossen, hergestellt; aus einem Stück, Block bestehend; **II** *m auto* Zy'linderblock *m*

monocamér(al)isme [mɔnokamer(al)ism(ə)] *od* Ein'kammersystem *n*

monochrom|atique [mɔnokrɔmatik] *adj od* **~e** *adj* einfarbig; mono'chrom; monochro'matisch; **~ie** *f* Einfarbigkeit *f*; Monochro'mie *f*

monocle [mɔnɔkl(ə)] *m* Mon'okel *n*; Einglas *n*

mono|clinal [mɔnoklinal] *adj* ⟨*-aux*⟩

géol mono'klin; pli ~ Mono'kline *f*; **~clinique** *adj* Kristallographie mono'klin; **~coque** *adj* voiture *f* ~ Auto *n* mit selbsttragender Karosse'rie; **~corde I** *adj* **1.** *mus* Instrument einsaitig; **2.** *fig* mono'ton; einförmig; gleichförmig; **II** *m mus* Mono'chord *n*

monocotylédone [mɔnokɔtiledɔn] *bot* **I** *adj* einkeimblättrig; **II** *f/pl* ~s Einkeimblättrige(n) *f/pl*; *sc* Monokotyle'donen *f/pl*

monocristal [mɔnokristal] *m* Einkristall *m*

monoculaire [mɔnokylɛr] *adj* monoku'lar; microscope *m*, vision *f* ~ monokulares Mikroskop, Sehen

mono|culture [mɔnokyltyr] *f agr* Monokultur *f*; **~cycle** *m* einräd(e)riges Fahrrad; **~cyclique** *adj chim* mono'zyklisch; *fachspr* mono'cyclisch; **~cyte** [-sit] *m Hämatologie* Mono'zyt *m*; **~cylindrique** *adj tech* einzylindrig; Einzylinder...

monodie [mɔnɔdi] *f mus* Mono'die *f*

monoecie [mɔnesi] *f bot* Einhäusigkeit *f*; *sc* Monö'zie *f*

monogam|e [mɔnogam] *adj* **1.** *Mensch* mono'gam; **2.** *zo* paarweise, gepaart lebend; **3.** *bot* eingeschlechtig; **~ie** *f* **1.** *der Menschen* Monoga'mie *f*; Einehe *f*; **2.** *zo* paarweises Zu'sammenleben; **3.** *bot* Eingeschlechtigkeit *f*

monogén|e [mɔnoʒeni] *f biol* Monoge'nie *f*; **~isme** *m Anthropologie* Monoge'nismus *m*

monogramm|e [mɔnogram] *m* Mono'gramm *n*; Namens-, Handzeichen *n*; Signum *n*; *von Künstlern* Künstlermonogramm *n*; Meisterzeichen *n*; **~iste** *m Kunst* Monogram'mist *m*

monographie [mɔnografi] *f* Monogra'phie *f*; Einzeldarstellung *f*

monoïdéisme [mɔnoideism(ə)] *m psych* Monoideis'mus *m*

monoïque [mɔnoik] *adj bot* einhäusig; *sc* mon'özisch

monokini [mɔnokini] *m* Oben-ohne-Badeanzug *m*

monolingue [mɔnolɛ̃g] *adj* einsprachig

monolith|e [mɔnolit] **I** *adj* mono'lithisch; **II** *m* Mono'lith *m*; **~ique** *adj* **1.** mono'lithisch; **2.** *fig Partei, System* mono'lithisch; in sich geschlossen; *Partei auch* straff organi'siert; **~isme** *m* **1.** *arch* mono'lithische Bauweise; **2.** *fig e-r Partei, e-s Systems* Geschlossenheit *f*; mono'lithischer Cha'rakter; *e-r Partei auch* straffe Organisati'on

monolog|ue [mɔnolɔg] *m* Mono'log *m* *(auch thé)*; Selbstgespräch *n*; ~ intérieur innerer Monolog; **~er** *v/i* Selbstgespräche führen; monologi'sieren

monôme [mɔnom] *m* **1.** *in Frankreich* (lärmender) 'Umzug der Abituri'enten *bzw* Stu'denten durch die Stadt *(im Gänsemarsch, die Hände auf den Schultern des Vordermannes)*; **2.** *math* Mo(no)-'nom *n*

monomère [mɔnomɛr] *chim* **I** *adj* mono'mer; **II** Mono'mer(e) *n*

monométall|isme [mɔnometalism(ə)] *m écon* Monometal'lismus *m*; *adjt écon* mit nur einem Me'tall als Währungsmetall

mono|mètre [mɔnomɛtr(ə)] *adj métr* aus nur einem Metrum bestehend; **~moteur** *aviat* **I** *adj* ⟨*-trice*⟩ *Flugzeug* einmotorig; **II** *m* einmotoriges Flugzeug; **~nucléaire** *Hämatologie* **I** *adj* mononukle'är; **II** *m/pl* ~s mononukle'äre Leuko'zyten *m/pl*; **~phasé** [-faze] *élect* **I** *adj* einphasig; **II** *m* Ein'phasenstrom *m*; **~phonique** *adj Akustik* monau'ral

monophys|isme [mɔnofizism(ə)] *m rel*

géol Monophysi'tismus *m*; **~ite** *rel* **I** *adj* monophy'sitisch; **II** *m* Monophy'sit *m*

mono|place [mɔnoplas] *adj* einsitzig; avion *m* ~ *od subst* ~ *m* einsitziges Flugzeug; Einsitzer *m*; kayak *m* ~ Einerkajak *m*; Kajakeiner *m*; voiture *f* ~ *od subst* ~ *f* einsitziger Wagen; Einsitzer *m*; **~plan** *m aviat* ~ *od adjt* avion *m* ~ Eindecker *m*; ~ à ailes surbaissées, à ailes surélevées Tief-, Hochdecker *m*

monopol|e [mɔnopɔl] *m* **1.** *écon* Mono'pol *n*; ~ légal rechtlich gesichertes Monopol; ~ des allumettes Zündholz-, Zündwarenmonopol *n*; ~ d'émission Emissi'onsmonopol *n*; ~ d'émission des billets de banque Banknotenmonopol *n*; ~ d'État staatliches Monopol; Staatsmonopol *n*; ~ des tabacs Tabakmonopol *n*; capitalisme *m* de ~ Monopolkapitalismus *m*; avoir le ~ d'un produit das Monopol für *od* auf ein Produkt haben; détenir un ~ e-e Monopolstellung innehaben, einnehmen; ein Monopol besitzen; il n'a pas le ~ de la vérité F er hat die Wahrheit nicht gepachtet; ce parti s'attribue le ~ du patriotisme diese Partei maßt sich an, als einzige patriotisch gesinnt zu sein; **~isation** *f* Monopoli'sierung *f*; **~iser** *v/t* **1.** *écon* monopoli'sieren; zum Mono'pol machen; in e-m Mono'pol zu'sammenfassen, konzen'trieren; **2.** *fig Person, Dinge* für sich in Anspruch nehmen; mit Beschlag belegen; in Beschlag nehmen; **~isme** *m* Monopo'lismus *m*; **~iste I** *adj* monopo'listisch; capitalisme *m* ~ Mono'polkapitalismus *m*; **II** *m* Monopo'list *m*; Mono'polkapitalist *m*

mono|prix [mɔnopri] *m* (*nom déposé*) *in Frankreich* Einheitspreis-, Kleinpreisgeschäft *n*; Waren-, Kaufhaus *n*; **~ptère** [-ptɛr] *adj u subst m arch* (temple *m*) ~ Mo'nopteros *m*; **~rail** *ch de fer* **I** *adj* ⟨*inv*⟩ mit nur einer Fahrschiene; einschienig; **II** *m* Ein'schienenbahn *f*; **~rime** *Poesie* **I** *adj* mit nur einem Reim; einreimig; **II** *m* einreimiges Gedicht; **~saccharide** *m chim* Monosaccha'rid *n*; Mo'nose *f*; einfacher Zucker; **~sépale** *adj bot* mit nur einem Kelchblatt; **~sperme** *adj bot* einsamig; **~style** *adj arch* Säule einschäftig; **~syllabe I** *adj ling* einsilbig; *sc* monosyl'labisch; **II** *m* **1.** *ling* einsilbiges Wort; *sc* Mono'syllabum *n*; **2.** *fig* ne répondre que par ~s nur einsilbige Antworten geben; **~syllabique** *adj cf* monosyllabe I; langue *f* ~ monosyl'labische Sprache

monothé|ique [mɔnoteik] *adj rel* monothe'istisch; **~isme** *m rel* Monothe'ismus *m*; **~iste** *rel* **I** *adj* monothe'istisch; **II** *m* Monothe'ist *m*

monoton|e [mɔnotɔn] *adj Gesang, Landschaft, Leben etc* mono'ton; eintönig; einförmig; gleichförmig; **~ie** *f* Mono'to'nie *f*; Eintönigkeit *f*; Einförmigkeit *f*; Gleichförmigkeit *f*

mono|trace [mɔnotras] *adj aviat* train *m* d'atterrissage ~ Tandem-Fahrwerk *n*; **~trèmes** [-trɛm] *m/pl zo* Klo'akentiere *n/pl*; *sc* Mono'tremen *od* Mono'tremata *pl*

monotype [mɔnotip] **I** *adj* **1.** *bot* nur eine Art enthaltend; **2.** *mar* Einheits...; série *f* ~ Einheitsklasse *f*; yacht *m* de course ~ Einheitsrennjacht *f*; Rennjacht *f* e-r Einheitsklasse; **II** *subst* **1.** *m mar* Einheitsklassenboot *n*; **2.** *m peint* Mono'ty'pie *f*; **3.** *f impr* Monotype [-taip] *f*

monovalent [mɔnovalã] *adj chim* einwertig; monova'lent

monseigneur [mõsɛɲœr] *m* **1.** (*abr* Mgr) ⟨*pl* messeigneurs [mesɛɲœr] (*abr*

M^{grs}⟩ Titel für (Erz)Bischöfe u Prälaten Seine Exzel'lenz (abr Se. od S. Exz.); für fürstliche Personen Seine 'Durchlaucht (abr Se. od S. Durchlaucht); als Anrede Eure Exzellenz bzw Euer Durchlaucht; **2.** adjt **pince** f ~ Brecheisen n, -stange f; **3.** hist Titel des Thronfolgers ♀ der Dau'phin

monsieur [məsjø] m (abr M.) ⟨pl **messieurs** [mesjø] (abr **MM.**)⟩ **1. a)** mit Namen od Verwandtschaftsbezeichnungen Herr m; ~ **Un tel** Herr Sowieso, Soundso; ~ **Durand** Herr Durand; ♀ **votre père** Ihr Herr Vater; **b)** als Anrede alleinstehend ♀: oft unübersetzt; wenn man sich kennt meist Herr (+Name)!; in Geschäften etc F der Herr!; ungehalten mein Herr!; **Messieurs!** meine Herren!; **mon bon** ~! mein lieber Herr!; comment allez-vous, cher ♀? ... (lieber) Herr (+Name)?; **bonjour**, ♀! guten Tag! bzw guten Tag, Herr (+Name)! bzw F guten Tag, der Herr!; **bonjour, Messieurs Dames,** F **m'sieu dames!** guten Tag, die Herrschaften!; **ces messieurs désirent déjeuner?** wünschen die Herren zu speisen? ♀: **c)** als Anrede im Brief ♀ Sehr geehrter Herr (+Name); **Cher** ♀ Lieber Herr (+Name); in Schreiben an Firmen u Behörden **Messieurs** Sehr geehrte Herren; im Briefschluß unübersetzt **veuillez agréer,** ♀, **l'expression de mes sentiments distingués** mit vorzüglicher Hochachtung; hochachtungsvoll; **d)** mit e-m Titel: ♀ **le Comte, le Maire, le Ministre** der Herr Graf, Bürgermeister, Minister; als Anrede Herr Graf, Bürgermeister, Minister!; **2.** bei der Erwähnung des Ehemannes im Gespräch mit dessen Gattin **comment va** ♀ **Durand?** wie geht es offiziell Ihrem Herrn Gemahl, höflich Ihrem Gatten?; **3.** zur Bezeichnung des Hausherrn ♀ Herr (+Name); der gnädige Herr (auch iron); ♀ **est sorti** Herr (+Name), der gnädige Herr ist ausgegangen; ♀ **et Madame sont sortis** die Herrschaften sind ausgegangen; **4.** im Gegensatz zum einfachen Mann un ~ ein Herr; zu e-m Kind **dis merci au** ~! bedanke dich bei dem Herrn, enf Onkel!; sag dem Herrn, enf Onkel dankeschön!; la mère veut **que son fils soit un** ~... daß ihr Sohn einmal ein (feiner) Herr wird; **5.** un **Monsieur,** F **c'est un (grand)** ~ er ist ein großer, bedeutender Mann; un ~ **important** ein wichtiger, einflußreicher Mann; un **joli** ~ ein übler Bursche, Pa'tron, Kunde; F ein nettes, sauberes Früchtchen; **6.** hist ♀ Titel des ältesten Bruders des frz Königs

monsignore [mɔsiɲɔr] m ⟨pl selten **monsignori** [mɔsiɲɔri]⟩ égl cath Monsi'gnore m (abr Mgr. od Msgr.)

monstrance [mɔstrɑ̃s] f égl cath Mon'stranz f

monstre [mɔstr(ə)] m **1.** 'Mißgeburt f; 'mißgestaltetes Wesen; Monstrum n; **2.** myth Ungeheuer n; Fabeltier n, -wesen n; Ungetüm n; Monstrum n; **3.** von e-m riesigen, furchteinflößenden Tier Ungetüm n; Ungeheuer n; Scheusal n; Untier n; **4.** fig von e-m grausamen, verbrecherischen Menschen Ungeheuer n; Scheusal n (auch von e-m abstoßend häßlichen Geschöpf); F **petit** ~ F kleines Scheusal; ~ **d'avarice** Geizkragen m, -hals m; ~ **de cruauté** Ungeheuer n; ~ **d'ingratitude** schrecklich undankbares Geschöpf; **5.** cin, sports etc **les** ~s **sacrés** die Welt-, Superstars m/pl; **6.** adjt Monster..., od Monstre...; riesig; ungeheuer; F Bomben...; Riesen...; kolos'sal; **procès** m ~ Monsterprozeß m; **effet** m, **succès** m ~ Bomben-, Riesenwirkung f, -erfolg m;

meeting m ~ Riesenkundgebung f; **travail** m ~ Riesenarbeit f; riesige, ungeheure, kolossale Arbeit

monstrueusement [mɔstryøzmɑ̃] adv ~ **gros** ungeheuer, F kolos'sal dick; ~ **laid** abstoßend häßlich

monstrueux [mɔstryø] adj ⟨-euse⟩ **1.** riesig; e'norm; kolos'sal; Lärm riesig; ohrenbetäubend; **2.** Verbrechen, Gemetzel, Gedanke etc gräßlich; entsetzlich; furchtbar; ab'scheulich; scheuß'lich; schauderhaft; fürchterlich; grauenhaft; Häßlichkeit abstoßend; **3.** **chose monstrueuse** Unge'heuerlichkeit f; Monstrosi'tät f; **c'est** ~! das ist ungeheuerlich, mon'strös!

monstruosité [mɔstryozite] f **1.** méd 'Mißbildung f; **2.** fig e-s Verbrechens etc Gräßlichkeit f; Entsetzlichkeit f; Furchtbarkeit f; ab'scheulich f; Scheußlichkeit f; **3.** fig Ungeheuerlichkeit f; Ungeheuerliche(s) n; Monstrosi'tät f

mont [mɔ̃] m **1.** géogr in Namen Berg m; ~s pl Gebirge n; (Berg-, Gebirgs)Mas'siv n; **le** ~ **Blanc** der Montblanc; **le** ~ **Rose** der Monte Rosa; **les** ~s **des Géants** das Riesengebirge; **le** ~ **des Oliviers** der Ölberg; **le** ~ **Sinaï** das Sinaigebirge; der Sinai; **2.** alleinstehend, litt Berg m; loc/adv **par** ~s **et par vaux** über Berg und Tal; **être toujours par** ~s **et par vaux** immer unter'wegs, F ständig auf (der) Achse sein; **promettre** ~s **et merveilles** goldene Berge versprechen; **3.** anat ~ **de Vénus** Scham-, Venusberg m; **4.** Chiromantie Berg m

montage [mɔ̃taʒ] m **1.** e-r Maschine, tech Anlage Mon'tage f; Mon'tieren n; Aufstellung f; Instal'lierung f; Aufbau m; Zu'sammenbau m; Zu'sammensetzen n, -ung f; Einbau m (**dans** in + acc); e-r Anlage auch Errichtung f; Einrichtung f; e-s Zeltes, Bettes Aufschlagen n; Aufstellen n; e-s Gerüstes Aufstellung f; Aufbau m; Errichtung f; **chaîne** f **de** ~ Fließ-, Montageband n; **échafaudage** m **de** ~ Montagegerüst n; **2.** élect Schaltung f; ~ **en parallèle** Paral'lelschaltung f; Nebenschluß m; ~ **en série** Reihen-, Serien-, Hinterein'anderschaltung f; **3.** cout der Ärmel Einsetzen n; **4.** e-s Edelsteins Fassen n; **5.** cin e-s Films Mon'tage f (auch als Ergebnis); Schnitt m

montagnard [mɔ̃taɲar] **I** adj Berg...; Gebirgs...; **tribu** ~e Berg-, Gebirgsstamm m; **II** subst **1.** ~(e) m(f) Berg-, Gebirgsbewohner(in) m(f); Gebirgler(in) m(f); **2.** hist ♀ m Monta'gnard m; Mitglied n der Bergpartei

montagne [mɔ̃taɲ] f **1.** Berg m; géogr la ~ **de la Table** der Tafelberg; **au pied de la** ~ am Fuß des Berges; fig Person durch ihre böse Zunge faire **battre des** ~s Zwietracht säen; Unfrieden stiften; fig se **faire une** ~ **de qc** die Wichtigkeit, die Schwierigkeiten e-r Sache (gén) über'treiben; F aus e-r Mücke e-n Elefanten machen; loc/prov: **c'est la** ~ **qui accouche d'une souris** der Berg kreißt und gebiert e-e Maus (loc/prov); **il n'y a que les** ~s **qui ne se rencontrent pas** Berg und Tal, die Berge kommen nicht zusammen, wohl aber die Menschen, Leute (loc/prov); **si la** ~ **ne vient pas à Mahomet, Mahomet ira à la** ~ wenn der Berg nicht zum Propheten kommt, muß der Prophet zum Berge kommen (loc/prov); **2.** ~ od ~s pl Gebirge n; Berge m/pl; 'haute ~ Hochgebirge n; **école** f **de haute** ~ Bergsteigerschule f; géol ~s **jeunes** junges Gebirge; ~s **formées par plissements** Faltengebirge n; géogr **les** ~s **Rocheuses** die

Rocky Mountains [-mauntəns] pl; das Felsengebirge; **faune** f, **flore** f **des** ~s Gebirgsfauna f, -flora f; **station** f **de** ~ Höhen(luft)kurort m; iron **c'est la** ~ **vaches** das sind doch nur harmlose Hügel; **habiter la** ~ im Gebirge, in den Bergen wohnen; **passer ses vacances à la** ~ die Ferien, den Urlaub im Gebirge verbringen; **3.** fig **Berg** m; **Haufen** m; **une** ~ **de livres** ein Berg, Haufen Bücher; **4.** auf dem Jahrmarkt ~s **russes** Berg-und-Tal-Bahn f; Achterbahn f; **les** ~s **russes** fig auch ein ständiges Auf und Nieder; **5.** hist **la** ♀ die Bergpartei

montagneux [mɔ̃taɲø] adj ⟨-euse⟩ bergig; gebirgig; **pays** ~ auch Berg-, Gebirgsland n; **région montagneuse** auch Gebirgsgegend f

montaison [mɔ̃tezɔ̃] f der Lachse **a)** Aufsteigen n; **b)** Laichzeit f

montan|isme [mɔ̃tanism(ə)] m rel Monta'nismus m; ~**iste** rel **I** adj monta'nistisch; **II** m Monta'nist m

montant [mɔ̃tɑ̃] **I** adj **1.** Weg ansteigend; mus Tonleiter aufsteigend; mil Wache aufziehend; bât colonne ~e Steigrohr n, -leitung f; la **génération** ~e die kommende, junge Generation; mar **marée** ~e Flut f; **mouvement** ~ Aufwärtsbewegung f; bât Fuge senkrecht; **3.** Kleid, Bluse hochgeschlossen; **col** ~ auch hoher Kragen; **II** m **1.** e-r Rechnung etc Betrag m; Summe f; Höhe f; ~ **partiel, total** Teil-, Gesamtbetrag m; ~ **des achats** Kauf-, Anschaffungssumme f; ~ **de l'assurance** Versicherungssumme f, -betrag m; ~ **de la facture** Rechnungsbetrag m; ~ **des frais** Unkostenbetrag m, -höhe f; ~ **de l'impôt** Steuerbetrag m, -höhe f, -summe f; **d'un** ~ **de** im Betrag, in Höhe von; **2.** e-s Bettes, Fensters, e-r Tür Pfosten m; bât, charp auch Ständer m; Säule f; e-r Leiter Holm m; Leiterbaum m; **3.** am Zaumzeug Backenriemen m; **des Falken** Aufsteigen m; **prendre le** ~ aufsteigen

mont-de-piété [mɔ̃dpjete] m ⟨pl **monts-de-piété**⟩ Leihhaus n, -amt n; Pfandhaus n, -leihe f; **mettre qc au** ~ etw auf das Leihhaus etc tragen; etw versetzen, verpfänden

monte [mɔ̃t] f **1.** Rinder-, Pferdezucht **a)** Decken n; Belegen n; Bespringen n; bei Pferden auch Beschälen n; **b)** Sprung m; **2.** Reitsport Reiten n; Ritt m; ~ **gagnante** siegreicher Ritt

monte-charge [mɔ̃tʃarʒ] m ⟨inv⟩ Lastenaufzug m

montée [mɔ̃te] f **1.** auf e-n Berg Aufstieg m (**de** auf + acc); Be-, Ersteigen n (+gén); auf e-r Treppe Hin'auf- bzw Her'auf-, F Raufgehen n, -steigen n; im Auto Hin'auf- bzw Her'auf-, F Rauffahren n (auf+acc); im Fahrstuhl Auffahrt f; Hin'auffahren n; (mit) e-r Seilbahn Auffahrt f; Bergfahrt f; e-s Flugzeugs Steigflug m; e-s Flugzeugs, Ballons (Auf-) Steigen n; des Wassers (An)Steigen n; des Saftes in den Pflanzen Steigen n; fig der Preise, Temperatur Steigen n; Anstieg m; der Aale in die Flüsse Aufstieg m; **la** ~ **de la crème** das Sich'absetzen der Sahne an der Oberfläche; physiol ~ **du lait** Einschießen n der Milch (in die Brust); ~ **des prix** auch Preissteigerung f; **faire la** ~ **à pied** zu Fuß aufsteigen; **2. a)** Steigung f; Abhang m; **b)** ansteigender Weg, Pfad; **3.** vor e-m Gebäude Auffahrt f; **4.** arch e-s Bogens Stich (-höhe) m(f)

monte-en-l'air [mɔ̃tɑ̃lɛr] F m ⟨inv⟩ Fas'sadenkletterer m

monténégrin [mɔ̃tenegrɛ̃] **I** adj monte-

ne'grinisch; **II** *subst* ♀(e) *m(f)* Montene'griner(in) *m(f)*

monte-plats [mõtpla] *m* ⟨inv⟩ Speisenaufzug *m*

monter [mõte] **I** *v/t* **1.** *Treppe, Stufen, Anhöhe* hin'auf- *bzw* her'auf- *bzw* hoch- *bzw* F raufgehen, -steigen, -kommen; *emporsteigen; erklimmen; nur Anhöhe besteigen; ersteigen;* (*Person*) *in e-m Fahrzeug: Straße, Berg, Fluß etc* hin'auf- *bzw* her'auf- *bzw* hoch- *bzw* F rauffahren; *mus Tonleiter* hin'aufsingen *bzw* -spielen; aufwärts singen, spielen; ~ **la garde** Wache halten, F schieben; Posten stehen; **2.** *Instrument* höher stimmen (**d'un demi-ton** um e-n halben Ton); *Lampendocht* höher schrauben; *peint* ~ **une couleur** e-e Farbe lebhafter, kräftiger machen; e-r Farbe mehr Intensi'tät, Leuchtkraft geben; *cuis* ~ **des blancs en neige** Eiweiß zu Schnee schlagen; **3.** *Gegenstand* hin'auf- *bzw* her'auf- *bzw* hoch- *bzw* F raufbringen, -tragen, -schaffen; ~ **la valise au grenier** den Koffer auf den Boden bringen, tragen, schaffen; **4.** reiten; ~ **un cheval** ein Pferd reiten; auf e-m Pferd reiten; **ce cheval est monté par ...** das Pferd wird von ... geritten; **ce cheval n'a jamais été monté** dieses Pferd ist nie geritten worden; **5.** *Maschine, tech Anlage* mon'tieren; aufstellen; instal'lieren; aufbauen; zu'sammenbauen, -setzen; einbauen (**dans** in + *acc*); *Anlage auch* einrichten; *Zelt, Bett* aufschlagen; aufstellen; *Gerüst* aufstellen; aufbauen; errichten; *Edelstein* fassen; *Gewehr* schäften; *Saiteninstrument* besaiten; *cout Ärmel* einsetzen; *Maschen* aufschlagen; *Kupferstich* rahmen; ~ **un diamant sur une bague** *auch* e-n Diamanten zu e-m Ring verarbeiten; *Wagen* **être monté sur pneus** gummibereift sein; **6.** *élect* schalten; ~ **en parallèle** paral'lel-, nebenein'anderschalten; ~ **en série** in Reihe, Serie schalten; hinterein'anderschalten; **7.** *Geschäft* aufbauen; einrichten; *Gesellschaft* gründen; *Theaterstück* zur Auffführung bringen; her'ausbringen; insze'nieren; *Film* schneiden; *Komplott* schmieden; *Verschwörung* anzetteln; *mil* ~ **une attaque** e-n Angriff vorbereiten; zum Angriff rüsten; *fig* ~ **la tête à qn** (**contre qn**) j-n (gegen j-n) aufbringen, aufhetzen; **être monté contre qn** gegen j-n aufgebracht sein; auf j-n zornig, wütend sein; **8. a)** ~ **qn en qc** j-n etw versorgen, versehen, ausstatten, ausrüsten, eindecken; ~ **son ménage** Hausrat anschaffen; sich einrichten; *Mädchen* ~ **son trousseau** s-e Aussteuer nähen; **b)** *früher* ~ **qn** j-n beritten machen; **police montée** berittene Polizei; **9.** *Rinder-, Pferdezucht* decken; belegen; bespringen; *bei Pferden auch* beschälen; **II** *v/i* ⟨*Handlung meist avoir; Zustand meist* **être**⟩ **10.** *Person auf e-e Anhöhe etc* steigen (**à, sur** auf + *acc*); emporsteigen (**zu**); besteigen (+*acc*); hin'auf- *bzw* her'auf- *bzw* hoch- *bzw* F raufgehen, -steigen, -kommen, (*Person in e-m*) *Fahrzeug* -fahren; ~ **les générations qui montent** die kommenden Generationen; ♦ ~ **se coucher** hinaufgehen und sich schlafen legen; **le garçon de l'hôtel est monté me prévenir** der Hotelboy ist heraufgekommen und hat mir Bescheid gesagt; ♦ *mil* ~ **à l'assaut** stürmen; ~ **à bord** an Bord gehen; ~ **à l'échafaud** aufs Schafott steigen; zum Schafott hinaufsteigen; auf das Schafott besteigen; ~ **au trosième étage** in den dritten Stock hinaufgehen, -steigen *bzw* -fahren; ~ **au grenier** auf den Boden gehen, steigen; ~

à Paris a) *aus e-r südlichen Provinz* nach Paris gehen; **b)** *nach Paris gehen bzw* kommen, um Karriere zu machen; ~ **dans un arbre** in e-n Baum steigen, klettern; ~ **dans sa chambre** in sein Zimmer hinaufgehen; ~ **par l'ascenseur** mit dem Fahrstuhl hinauf-, herauf-, hoch-, F rauffahren, -kommen; ~ **sur un arbre** auf e-n Baum steigen, klettern; ~ **sur le bateau** aufs Schiff gehen; das Schiff besteigen; an Bord gehen; sich einschiffen; ~ **sur une chaise, sur une échelle** auf e-n Stuhl, auf e-e Leiter steigen; e-e Leiter hinaufsteigen; *p/p* **monté sur une chaise, sur une échelle** auf e-m Stuhl, auf e-r Leiter stehend; ~ **sur le trône** den Thron besteigen; **11.** *Straße* ansteigen; *Flugzeug, Ballon, Vogel, Sonne, Nebel* aufsteigen; *Wasser(stand), Temperatur, Barometer* steigen (**de** um); *Fluß* (an-)schwellen; steigen; *Saft in den Pflanzen* steigen; *kochende Milch* hochkommen; *Haufen* werden, größer werden; *Flammen* hochschlagen, auf-, emporlodern (**de** aus); *Gerüche, Lärm etc* her'aufkommen, -dringen, *nur Gerüche* aufsteigen (**de la rue** von der Straße); *fig Preise, Aktien, j-s Ansehen* steigen; *Preise auch* anziehen; aufschlagen; F in die Höhe klettern; *Erfolg* größer werden; zunehmen; *Ton bei e-r Unterhaltung* scharf, gereizt, heftig werden; F *abs Künstler* Karri'ere machen; F groß im Kommen sein; ♦ *Flugzeug* ~ **à 3000 mètres** auf 3000 Meter (auf)steigen, (hoch)gehen; *Strümpfe* ~ **à mi-jambe** bis zur Wade gehen, reichen; **les larmes lui sont montées aux yeux** die Tränen traten, schossen, stiegen ihm in die Augen; *Alkohol* ~ **à la tête** zu Kopf steigen; *Blut* ~ **au visage** ins Gesicht steigen; ~ **en grade** *cf* **grade** 1.; ♦ *Preise* **faire** ~ in die Höhe treiben; hochtreiben; **12.** *in ein Fahrzeug* (ein-)steigen (**dans, en** in + *acc*); besteigen (+*acc*); ~ **à bicyclette** aufs (Fahr)Rad steigen; das (Fahr)Rad besteigen; ~ **dans l'avion** in das Flugzeug (ein-)steigen; das Flugzeug besteigen; **il n'est jamais monté en avion** er ist noch nie geflogen; **13.** ~ (**à cheval**) reiten; **il monte bien** er reitet gut; ~ **à cru, à nu, à poil** ohne Sattel reiten; **14.** *jard, agr* wachsen; sprießen; *Salat* schießen; ~ **en graine** in Samen schießen; **III** *v/pr* **15.** *Schulden, Ausgaben etc* **se** ~ **à mille francs** sich auf tausend Franc belaufen; tausend Franc betragen, ausmachen; auf tausend Franc angewachsen sein; **16.** *Person* **se** ~ **en qc** sich mit etw versorgen, versehen, eindecken, ausstatten, ausrüsten; **se** ~ **en ménage** Hausrat anschaffen; sich einrichten; **17.** F **se** ~ **le bourrichon, la tête a)** sich etwas vormachen, einbilden; sich Illusionen machen; **b)** sich in die Sache hin'einsteigern; **18.** *passivisch* **se** ~ **facilement** *Maschine* leicht zu mon'tieren sein; *Anhöhe* leicht zu besteigen sein; *Treppe* bequem zu begehen sein; *Pferd* sich gut reiten lassen

monte-sac(s) [mõtsak] *m* ⟨inv⟩ *in Mühlen, Speichern* (*Art*) Sackaufzug *m*

mont|eur [mõtœr] *m,* **~euse** *f* **1.** ⟨*nur m*⟩ *tech* Mon'teur *m;* **2.** *cin* Schnittmeister(in) *m(f);* Cutter(in) ['kat-] *m(f);* **3.** **monteuse en parapluies** Schirmmacherin *f;* **~eur-ajusteur** *m* ⟨*pl* **monteurs-ajusteurs**⟩ Schlosser und Monteur *m;* **~eur-électricien** *m* ⟨*pl* **monteurs-électriciens**⟩ E'lektromonteur *m;* E'lektroinstallateur *m*

montgolfière [mõgolfjɛr] *f* Warmluftballon *m;* Montgolfi'ere *f*

monticule [mõtikyl] *m* Hügel *m;* Anhöhe *f;* kleiner Berg; flache (Boden)Erhebung

montilien [mõtiljɛ̃] *adj* ⟨**~ne**⟩ (*u subst* ♀ Einwohner) von Montélimar

montmorency [mõmorãsi] *f* ⟨inv⟩ (*e-e*) Sauerkirsche

montoir [mõtwar] *m früher* großer Stein, Holzklotz (*der zum bequemen Besteigen der Pferde benutzt wurde*)

montre [mõtr(ə)] *f* **1.** (Armband-, Taschen)Uhr *f;* ~ **chronographe** (Uhr mit) Chrono'graph *m;* ~ **marine** Seechronometer *m;* ~ **à ancre** Ankeruhr *f;* ~ **à quartz** Quarzuhr *f;* ~ **à remontage automatique** Auto'matic(-Uhr) *f;* Uhr mit automatischem Aufzug; ~ **à répétition** Repe'tieruhr *f;* ~ **de précision** Präzisi'onsuhr *f;* ~ **pour dames, pour messieurs** Damen-, Herrenuhr *f;* **course** *f* **contre la** ~ *Radsport* (Einzel)Zeitfahren *n; fig* Wettlauf *m* mit der Zeit; **aiguilles** *f/pl* **d'une** ~ Uhrzeiger *m/pl; loc/adv* ~ **en main** auf die Minute, Sekunde genau; **j'ai mis dix minutes,** ~ **en main** ich habe auf die Uhr gesehen, ich habe genau zehn Minuten gebraucht; nach meiner Uhr habe ich genau zehn Minuten gebraucht; **ma** ~ **est arrêtée** meine Uhr ist stehengeblieben; **mettre sa** ~ **à l'heure** s-e Uhr stellen; **regarder l'heure à sa** ~ auf die *od* nach der Uhr sehen; **2. faire** ~ **de qc** etw beweisen, zeigen; ~ **fusible de Seger** Segerkegel *m* (*abr* SK); **4.** *mus* ~ **d'orgues** Pro'spekt-, Prinzi'palpfeifen *f/pl;* **~-bracelet** *f* ⟨*pl* **montres-bracelets**⟩ Armbanduhr *f*

montrer [mõtre] **I** *v/t Person, Gegenstand, Erstaunen, s-e Zuneigung etc* zeigen; *Ausweis, s-e Hände etc* (vor-, her-) zeigen; sehen lassen; *Weg, Richtung* zeigen; weisen; angeben; *Eifer, Mut, Geduld etc* zeigen; beweisen; an den Tag legen; *Rührung, schlechte Laune* sich anmerken lassen; nicht verbergen (*auch s-e Absichten*); ~ **qn, qc** *Gemälde, Film, Buch* j-n, etw darstellen; *Film, Buch auch* zeigen, beschreiben; *Autor* etw aufzeigen; *Antwort, Arbeit* etw erkennen lassen, zeigen, beweisen; ~ **qn, qc du doigt** *cf* **doigt** 1.; ~ **les dents** *Tier* die Zähne fletschen; *fig Person* die Zähne zeigen; ~ **l'exemple** Vorbild sein; ~ **le fonctionnement de qc** zeigen, wie etw funktioniert; ~ **la porte à qn** j-m die Tür weisen; ~ **ce qu'on sait faire** zeigen, was man kann; ~ **à qn qu'il a tort** j-m zeigen, beweisen, daß er unrecht hat; **II** *v/pr* **se** ~ sich zeigen; sich sehen, blicken lassen; *mit adj od subst* sich erweisen als; **se** ~ **courageux** sich mutig, beherzt zeigen; sich als mutig, beherzt erweisen; *Maßnahme* **se** ~ **efficace** sich als wirksam erweisen; **se** ~ **à la hauteur de la situation** sich der Lage gewachsen zeigen

montr|eur [mõtrœr] *m,* **~euse** *f* ~ **de marionnettes** Mario'netten-, Puppenspieler(in) *m(f);* **montreur d'ours** Bärenführer *m*

monture [mõtyr] *f* **1.** Reittier *n,* -pferd *n; prov* **qui veut voyager loin ménage sa** ~ eile mit Weile; wer langsam geht, kommt auch ans Ziel; langsam, aber sicher (*alle drei prov*); **2.** *der Säge, des Hobels, Schirms etc* Gestell *n; er Handspannsäge auch* Bügel *m;* Bogen *m;* Rahmen *m; der Brillengläser* Gestell *n;* Fassung *f* (*auch e-s Edelsteins*); ~ **d'épée** Degenkorb *m* und -knauf *m;* ~ **de lunettes** Brillengestell *n;* **3.** *plais Fahrrad* F Stahlroß *n;* Motorrad F Muckepik-

ke *f*; Nuckeltulle *f*, -pinne *f*

monument [monymãl] *m* **1.** Denkmal *n*; Monu'ment *n* (*beide auch fig*); e-r Stadt *etc* Bau-, Kul'tur-, Kunstdenkmal *n*; bedeutendes hi'storisches Bauwerk; ~ (commémoratif) Denkmal *n* (*zur Erinnerung an ein Ereignis, e-e Person*); ~ funéraire Grabmal *n*; ~ classé (historique) unter Denkmalschutz stehendes Bauwerk; ~ aux morts Krieger-, Gefallenendenkmal *n*; **2.** F *von e-m sehr großen Gegenstand* F Monstrum *n*; **3.** F être un ~ d'absurdité, de bêtise völlig ab'surd, e-e ganz große Dummheit sein

monumental [monymãtal] *adj* ‹-aux› **1.** monumen'tal; gewaltig; kolos'sal; riesig; e'norm; ouvrage ~ Monumen'talwerk *n*; statue ~e Kolos'salstatue *f*; **2.** F Fehler, Irrtum kapi'tal; grundlegend; *Dummheit* grenzenlos; bodenlos; **erreur** ~e *auch* Kapi'talfehler *m*; il est d'une bêtise ~e er ist grenzenlos dumm; er ist mit Dummheit geschlagen

moque [mok] *f mar* Jungfer *f*; Juffer *f*

moquer [moke] *v/pr* **1.** se ~ de qn, de qc sich über j-n, über etw lustig machen, mo'kieren; über j-n, über etw spotten; j-n, etw verspotten; j-n auslachen, verlachen; se faire ~ de soi sich lächerlich machen; **2.** se ~ de qn, de qc sich nicht um j-n, um etw kümmern; F auf etw pfeifen; F se ~ pas mal de qc sich überhaupt nicht für etw interes'sieren; F sich e-n Dreck um etw kümmern; ~ de faire qc gar nicht daran denken, etw zu tun; je m'en moque, p/fort je m'en moque comme de l'an quarante, comme de ma première chemise, je me moque du tiers comme du quart das ist mir (p/fort völlig) gleichgültig, egal, F schnuppe, schnurz, piepe; p/fort F das ist mir *od* mir ist alles schnurzegal, schnurzpiepe, piepegal; ich pfeife darauf; je me moque du qu'en-dira-t-on es ist mir ganz gleichgültig, egal, ich kümmere mich nicht darum, was die Leute sagen; il se moque de tous mes conseils *auch* er schlägt alle meine Ratschläge in den Wind; **3.** se ~ de qn j-n an der Nase her'umführen; j-n zum Narren, zum besten haben, halten

moquerie [mokri] *f* Spott *m*; exciter les ~s de qn j-s Spott herausfordern, erregen

moquette [moket] *f* **1.** Teppichboden *m*; *comm* Auslegeware *f*; **2.** *text* Mo'kett *od* Mo'quette *m*

moqueur [mokœr] *I adj* ‹-euse› *Person* spottlustig; p/fort spottsüchtig; *Blick, Lächeln, Miene, Ton* spöttisch; *Lächeln auch* mo'kant; être ~ gern spotten; **II** *subst* **1.** ~, moqueuse *m,f* Spötter(in) *m(f)*; F Spottdrossel *f*; **2.** *m zo* Spottdrossel *f*

moracées [morase] *f/pl bot* Maulbeergewächse *n/pl*

moraille [moraj] *f* **1.** *zum Bändigen von Pferden beim Beschlagen* Bremse *f*; **2.** *des Glasbläsers* ~s *pl* Zange *f*; ~on *am Schloß* e-s Schließkorbs, Lattenverschlags 'Überfall *m*; Schließblech *n*, -band *n*

morain|e [moren] *f géol* Mo'räne *f*; ~ frontale, terminale Endmoräne *f*; ~ latérale, médiane Seiten-, Mittelmoräne *f*; ~ de fond Grundmoräne *f*; **~ique** *adj géol* Mo'ränen...; der Mo'räne(n)

moral [moral] **I** *adj* ‹-aux› **1.** mo'ralisch; sittlich; ethisch; **attitude** ~e sittliches, ethisches Verhalten; **conscience** ~e sittliches Bewußtsein; Gewissen *n*; **histoire** ~e moralische Geschichte; Geschichte zur sittlichen Belehrung; **impératif** ~ sittliches Gebot; **loi** ~e Mo-

'ral-, Sittengesetz *n*; **obligation** ~e moralische Verpflichtung; être dans l'obligation ~e de faire qc moralisch dazu verpflichtet sein, die moralische Verpflichtung haben, etw zu tun; **principe** ~ Mo'ralprinzip *n*; Sittlichkeitsgrundsatz *m*; moralischer, sittlicher Grundsatz; **sens** ~ Gefühl *n* für Sittlichkeit, für sittliches Verhalten; **théologie** ~e Mo'raltheologie *f*; **ne pas être** ~ unmoralisch, unsittlich sein; **2.** geistig; seelisch; innere(r, -s); **certitude** ~e innere, intuitive Gewißheit; **courage** ~ Tapferkeit *f*; **dommage** ~ immaterieller, ide'eller Schaden; **douleur** ~e seelischer Schmerz; **force, misère** ~e seelische, innere, geistige Kraft, Not; **3.** *jur* **personne** ~e ju'ristische Person; **II** *m* sittlicher, innerer Halt; Mo'ral *f* (*auch e-r Truppe*); geistige, seelische, innere Verfassung; Stimmung *f*; avoir bon ~ in guter seelischer Verfassung sein; avoir le ~ à zéro e-n seelischen Tiefstand haben; stimmungsmäßig, seelisch auf dem Nullpunkt (angekommen) sein; son ~ est atteint er ist seelisch angeschlagen; s-e Moral ist angeschlagen; le ~ est bas die Stimmung, die seelische Verfassung, die Moral ist schlecht; son ~ est bien bas *auch* er *bzw* sie ist ganz niedergeschlagen, -gedrückt, deprimiert, F down [daun]; remonter le ~ à qn j-m wieder Mut machen

morale [moral] *f* **1. a)** Mo'ral *f*; Sittlichkeit *f*; sittliches Verhalten; **b)** Mo'ral-, Sittenlehre *f*; Ethik *f*; ~ chrétienne christliche Moral, Ethik; ~ internationale international anerkannte Grundsätze sittlichen Verhaltens; ~ kantienne Kantische Ethik; être conforme à la ~ moralisch sein; mit dem geltenden Sittengesetz über'einstimmen; **2.** e-r Fabel, *Geschichte* Mo'ral *f*; la ~ de cette histoire est que ... die Moral von der Geschichte ist, daß ...; **3.** *fig* faire (de) la ~ à qn j-m e-e Strafpredigt halten; j-m die Le'viten lesen; j-n Mores lehren

moralement [moralmã] *adv* **1.** mo'ralisch; sittlich; in sittlicher, ethischer Hinsicht; **2.** geistig; innerlich; intui'tiv

moralis|ant [moralizã] *adj* morali'sierend; **~ateur I** *adj* ‹-trice› morali'sierend; **II** *m* Mo'ralprediger *m*

moral|iser [moralize] *v/i* morali'sieren; Mo'ral predigen; mo'ralische Betrachtungen anstellen; **~isme** *m* Mora'lismus *m*; **~iste 1.** *m Literatur* Mora'list *m*; **2.** *m,f* Mora'list(in) *m(f)*; Mo'ralprediger(in) *m(f)*

moralité [moralite] *f* **1.** Mo'ral *f*; Sittlichkeit *f*; Morali'tät *f*; certificat *m* de ~ Leumundszeugnis *n*; une personne de haute ~, d'une ~ irréprochable ein Mensch von hoher, einwandfreier Moral; faire une enquête sur la ~ de qn Erkundigungen über j-s Leumundswandel (*acc*) einholen; **2.** e-r Fabel, *Geschichte* Mo'ral *f*; **3.** *thé im Mittelalter* Morali'tät *f*

morasse [moras] *f impr* Bürstenabzug *m* (*nach dem Umbruch*)

moratoire [moratwar] *comm* **I** *adj* aufschiebend; **intérêts** *m/pl* ~s Verzugszinsen *pl*; **II** *m* Mora'torium *n*; Zahlungsaufschub *m*; Stundung *f*

moratorium [moratorjom] *m cf* **moratoire II**

morave [morav] **I** *adj géogr* mährisch; *égl prot* **frères** *m/pl* ~s Mährische, Böhmische Brüder *m/pl*; **II** *subst* ♀ *m,f* Mähre *m*, Mährin *f*

morbid|e [morbid] *adj* **1.** *Neugier, Einbildungskraft etc* krankhaft; *Literatur* angekränkelt; mor'bid; **2.** *méd* Krankheits...; krankhaft; mor'bid; **symptôme**

m ~ Krankheitssymptom *n*; **~esse** *f peint* wundervolle Zartheit, wachsiger Farbschmelz der Fleischpartien; **~ité** *f* **1.** *Statistik* Morbidi'tät *f*; **2.** *méd* Krankhaftigkeit *f*

morbilleux [morbijø] *adj* ‹-euse› *méd* mit den Masern verbunden; bei Masern (auftretend)

morbleu [morblø] *früher int* verwünscht!; F sacker'lot!; sacker'ment!; Himmeldonnerwetter!

morceau [morso] *m* ‹pl ~x› **1.** (*abgetrenntes*) Stück; *Fleischerei* bas ~x billige Stücke; Stücke dritter oder vierter Quali'tät; un bon ~ a) ein gutes Stück; **b)** ein großes Stück; *Fleischerei* un ~ dans l'aloyau ein Stück aus der Lendengegend; ~ de bois Holzstück *n*; Stück Holz; ~ de choix ausgewählt gutes, erstklassiges Stück; Stück erster, bester Quali'tät; un ~ de fer, de ficelle, d'étoffe, de pain, de savon, de terre ein Stück Eisen, Bindfaden, Stoff, Brot, Seife, Land; ~ de roi a) köstlicher Bissen; Leckerbissen *m*; **b)** F *fig von e-r Frau* (*auch* beau ~) F tolles Weib; prächtiges Weibsbild, Weibsstück; sucre *m* en ~x Würfelzucker *m*; *loc/adv* en (mille) ~x in (tausend) Stücke; *Gefäß etc* être en mille ~x in tausend Stücke zerspringen sein; mettre en ~x ausein-'andernehmen; in (einzelne) Stücke zerlegen; ~ par ~ Stück für Stück; par ~x stückweise; F big casser le ~ à (j-m) gründlich s-e Meinung sagen; F auspacken; **b)** F auspacken; singen; F *fig* emporter le ~ ~ erreichen, bekommen, was man will; F manger, prendre un ~ F e-n Happen, e-n Bissen, e-e Kleinigkeit essen, zu sich nehmen; F *fig* manger, lâcher le ~ F auspacken; **2.** *mus* (Mu'sik)Stück *n*; ~ de piano Kla'vierstück *n*; c'est mon ~ favori das ist mein Lieblingsstück; exécuter un ~ ein Stück spielen; **3.** *in e-m Buch* Stelle *f*; Abschnitt *m*; ~x choisis ausgewählte Lesestücke *n/pl*, Texte *m/pl*

morceler [morsole] *v/t* ‹-ll-› *Land, Gelände, Besitz* aufteilen; zerstückeln; *in sehr kleine Teile* zersplittern; *fig* **des efforts morcelés** vereinzelte Anstrengungen *f/pl*, Bemühungen *f/pl*

morcellement [morselmã] *m von Land, Besitz* Aufteilung *f*; Zerstückelung *f*; *in sehr kleine Teile* Zersplitterung *f* (*auch fig*); le ~ politique die politische Zersplitterung

mordache [mordaʃ] *f* **1.** *tech am Schraubstock* Spannkluppe *f*; e-r Zange Backe *f*; **2.** Feuerzange *f*

mordançage [mordãsaʒ] *m text von Geweben* Beizen *n*

mordancer [mordãse] *v/t* ‹-ç-› *text Gewebe* beizen

mordant [mordã] **I** *adj* **1.** *Feile etc* scharf; **2.** *fig Person, Zeitungsartikel* bissig; *Ironie, Spott* beißend; ätzend; scharf; *Kälte* beißend; schneidend (*auch Stimme, Ton*); klirrend; **3.** *ch* bêtes ~es sich durch Beißen, mit den Zähnen verteidigende Tiere *n/pl*; **II** *m* **1.** *für Metalle* Ätzmittel *n*; Ätzwasser *n*; *text* Beize *f*; Beizmittel *n*; **2.** *tech e-r Säge, Feile* Schärfe *f*; **3.** *fig* e-s Zeitungsartikels Bissigkeit *f*; (ätzende, beißende) Schärfe; avoir du ~ bissig, beißend, scharf sein; *cf auch* **4.**; **4.** *fig e-r Person* Schneid *m*; *Truppe, Fußballmannschaft etc* avoir du ~ bissig, beißend, angriffslustig sein; F schwer rangehen; **5.** *mus hist* Mor'dent *m*

mordette [mordet] *f zo* Engerling *m* (*des Maikäfers*)

mordicus [mordikys] *adv* F affirmer, soutenir qc ~ etw steif und fest,

hartnäckig behaupten
mordiller [mɔrdije] *v/t junger Hund* ~ qc an etw (*dat*) knabbern, her'umbeißen
mordoré [mɔrdɔre] *adj* goldbraun
mordre [mɔrdr(ə)] ⟨*cf* **rendre**⟩ **I** *v/t* **1.** *Hund, Floh, Wanze, Schlange etc* beißen (qn à la jambe *od* la jambe de qn j-n ins Bein); *Mücke* stechen; *Person* ~ qc a) *beim Essen* auf etw (*zB auf e-n Kirschkern*) beißen; b) an etw (*zB an s-m Bleistift*) knabbern, kauen, nagen; auf etw (*dat*) her'umbeißen; ~ jusqu'au sang blutig beißen; *plais: vous pouvez approcher, je ne mords pas*... ich beiße nicht; *fig* (faire) ~ la poussière *cf* poussière 1.; **2.** *Säure: Metall* angreifen; *Nägel von Nagelschuhen, Spitzen von Steigeisen etc* eingreifen, eindringen (qc in etw [*acc*]); haften, Halt finden (auf etw [*dat*]); *abs* gut greifen; *beim Kupferstich* (faire) ~ une planche e-e Platte ätzen; **II** *v/t/indir* **3.** *Fisch* ~ à l'appât *od abs* ~ an die Angel gehen; den Köder annehmen; in den Köder beißen; *abs* anbeißen; *abs* ça mord die Fische beißen gut an; *fig Person* ~ à l'appât, à l'hameçon sich ködern lassen; *F* anbeißen; **4.** *F fig Person* ~ à qc an etw (*dat*) Gefallen, Geschmack finden; gute Fortschritte in etw (*dat*) machen; **5.** *Kälte* ~ au visage ins Gesicht beißen; **6.** *Person, Tier* ~ dans qc in etw (*acc*) beißen; etw anbeißen; **7.** *sports* ~ sur la ligne 'übertreten; **8.** *tech* ~ sur qc etw angreifen; *Säure auch* etw ätzen; faire ~ un acide sur le cuivre Kupfer mit Säure ätzen; **III** *v/i* **9.** *Zahnrad* (ein)greifen; *Schraube, Anker* fassen, greifen (dans qc in etw [*dat*]); *text Stoff* die Farbe annehmen; **IV** *v/pr* **10.** *Hunde etc* se ~ sich (*einander*) beißen; **11.** *Person fig* se ~ les doigts de qc, d'avoir fait qc etw bereuen; es bereuen, etw getan zu haben; se ~ la langue sich *aus Versehen* auf die Zunge beißen; *fig* sich auf die Zunge, auf die Lippen beißen (*um etw nicht zu sagen bzw nachdem man etw gesagt hat u es bereut*); se ~ les lèvres sich auf die Lippen beißen; se ~ les lèvres pour s'empêcher de rire sich ein, das Lachen verbeißen
mordu [mɔrdy] **I** *p/p von* **mordre** *u adj F être* ~ verliebt, verliebt sein; II *subst* c'est un(e) ~(e) du football, du jazz er (sie) ist ein(e) begeisterte(r) Anhänger(in), Liebhaber(in) des Fußballs, des Jazz; er (sie) ist ein Fußball-, Jazzfan
More [mɔr] *cf* **Maure**
moreau [mɔro] *adj* ⟨**morelle** [mɔrɛl]⟩ cheval ~ Rappe *m*
morelle [mɔrɛl] *f* **1.** *bot* Nachtschatten *m* (*einige Arten*); ~ douce-amère Bittersüßer Nachtschatten; Bittersüß *n*; ~ noire Schwarzer Nachtschatten; **2.** *zo* Bläß- *od* Bleß-, Wasserhuhn *n*
moresque [mɔrɛsk] *cf* **mauresque**
morfal [mɔrfal] *m arg* (*goinfre*) *F* Vielfraß *m*; ~er *v/i* (*u v/pr*) (se) ~ *arg* (*s'empiffrer*) *F* sich den Bauch, die Wampe 'vollschlagen; essen wie ein Scheunendrescher; spachteln, stauen
morfil [mɔrfil] *m tech beim Messerschleifen* Grat *m*; ~er *v/t* **1.** *tech Messerschneide* abgraten, abziehen; **2.** ⟨*auch v/i*⟩ *arg* (*manger*) *P* fressen
morfondre [mɔrfõdr(ə)] *v/pr* ⟨*cf* **rendre**⟩ se ~ (sich langweilen und) trüben Gedanken nachhängen, *F* Trübsal blasen
morfondu [mɔrfõdy] *adj* traurig; bedrückt; niedergeschlagen; gedrückt; *F* geknickt
morganatique [mɔrganatik] *adj* nur mariage *m* ~ morga'natische Ehe

morgeline [mɔrʒəlin] *f bot* Vogelmiere *f*; Hühnerdarm *m*
morgue[1] [mɔrg] *f* Leichenschauhaus *n*; *in e-m Krankenhaus* Leichenhalle *f*
morgue[2] [mɔrg] *f* Dünkel *m*; Hochmut *m*; Über'heblichkeit *f*; Anmaßung *f*; Arro'ganz *f*
moribond [mɔribõ] **I** *adj* ⟨-onde [-õd]⟩ im Sterben liegend; sterbend; dem Tode nahe; *sc* mori'bund; **II** *subst* ~(e) *m(f)* Sterbende(r) *f(m)*
moricaud [mɔriko] *F péj* **I** *adj* dunkelhäutig; **II** *subst* ~(e) *m(f)* Dunkelhäutige(r) *f(m)*
morigéner [mɔriʒene] *st/s v/t* ⟨-è-⟩ zu'rechtweisen; tadeln; rügen; schelten
morille [mɔrij] *f bot* Morchel *f*
morillon [mɔrijõ] *m* **1.** *zo* Reiherente *f*; **2.** sehr kleiner, ungeschliffener Sma'ragd
morio [mɔrjo] *m zo* Trauermantel *m*
morion [mɔrjõ] *m hist* Morion *m* (*ein Helm*)
mormon [mɔrmõ] *rel* **I** *adj* ⟨-one [-ɔn]⟩ mor'monisch; Mor'monen...; **II** *subst* ~(e) *m(f)* Mor'mone *m*, Mor'monin *f*
mormonisme [mɔrmɔnism(ə)] *m rel* Mor'monentum *n*
morne[1] [mɔrn] *adj Person* trübsinnig; trübselig; niedergeschlagen; bedrückt; *p/fort* schwermütig; *Blick* tieftraurig; trübselig; *Leben* trübselig; freudlos; öde; *Himmel, Wetter, Tag* trüb(selig); düster; trist; trostlos; *Ort, Gegend* trübselig; trist; trostlos; öde; *Unterhaltung* öde; eintönig
morne[2] [mɔrn] *f früher* (Lanzen)Ring *m* (*der über die Schneiden der Spitze gezogen wurde*)
morné [mɔrne] *adj* **1.** *früher Lanze* mit e-m (Lanzen)Ring versehen, geschützt; **2.** *Heraldik* a) *Wappentiere* unbewehrt; b) *casque* ~ geschlossener Helm; Stechhelm *m*
mornifle [mɔrnifl(ə)] *F f* Backpfeife *f*; Ohrfeige *f*; *F* Maulschelle *f*; recevoir une ~ *F* eine geklebt, geschmiert, geknallt, gelangt, verpaßt kriegen
moros|e [mɔroz] *adj* **1.** *Person, Miene* mürrisch; griesgrämig; grämlich; verdrossen; verdrießlich; *F* sauertöpfisch; **2.** *Theologie* délectation ~ genußvolles Verweilen bei e-m sündigen Gedanken; ~ité *litt f* mürrisches, griesgrämiges Wesen; Grämlichkeit *f*; Verdrossenheit *f*; Verdrießlichkeit *f*
morphème [mɔrfɛm] *m ling* Mor'phem *n*
morphin|e [mɔrfin] *f chim, méd* Morphium *n*; *fachspr* Mor'phin *n*; chlorhydrate *m* de ~ Morphiumhydrochlorid *n*; piqûre *f* de ~ Morphiumspritze *f*; ~isme *m méd* chronische Morphium-, Mor'phinvergiftung
morphinoman|e [mɔrfinɔman] **I** *adj* morphiumsüchtig; **II** *m,f* Morphi-'nist(in) *m(f)*; Morphiumsüchtige(r) *f(m)*; ~ie *f* Morphi'nismus *m*; Morphiumsucht *f*
morpho|gène [mɔrfɔʒɛn] *adj biol* morphoge'netisch; ~génèse [-ʒenɛz] *f biol* Morphoge'nese *od* -'genesis *od* -ge'nie *f*; ~logie *f biol, méd, ling, géol* Morpholo'gie *f*; Gestalt-, *ling* Formenlehre *f*; ~logie animale, végétale Morphologie der Tiere, der Pflanzen; ~logique *adj* morpho'logisch; types *m/pl* ~s Körperbautypen *m/pl*; ~psychologie *f* Gestaltpsychologie *f*
morpion [mɔrpjõ] *m* **1.** *P zo* Filzlaus *f*; **2.** *F* (*petit garçon*) kleiner Junge, *südd* Bub; Knirps *m*; *F* Lausbub *m*; **3.** *von Schülern* zu zweit gespieltes Schreibspiel
Morris [mɔris] *n/pr* colonne *f* ~ Anschlag-, Litfaßsäule *f*

mors [mɔr] *m* **1.** *am Zaum* Gebiß *n*; jouer avec son ~ am Gebiß kauen; prendre le ~ aux dents *Pferd* 'durchgehen; scheuen; *fig* in Harnisch geraten; sich ereifern; aufbrausen; **2.** *tech des Schraubstocks, e-r Zange* Backe *f*; *e-s Spannfutters* (Spann)Backe *f*, (-)Klaue *f*, (-)Kloben *m*; étau *m* à ~ paral'lèles Paral'lelschraubstock *m*; **3.** *am Buchrücken* Falz *m*; *des Buchdeckels* Rückenrand *m*
morse[1] [mɔrs] *m zo* Walroß *n*
morse[2] [mɔrs] *m télécomm* a) Morsetelegraphie *f*; b) (télégraphe *m*) ~ Morseapparat *m*; c) (alphabet *m*) ~ Morsealphabet *n*; signaux *m/pl* en ~ Morsezeichen *n/pl*
morsure [mɔrsyr] *f* **1.** *von Hunden, Flöhen, Schlangen etc* Biß *m*; Bißwunde *f*; *von Mücken* Stich *m*; ~ d'un chien, d'un serpent Hunde-, Schlangenbiß *m*; ~s des insectes In'sektenstiche *m/pl*; **2.** *Kupferstich* Ätzen *n*, -ung *f*
mort[1] [mɔr] *f* **1.** Tod *m*; Todesfall *m*; *personifiziert, peint* la ♀ der Tod; *poèt* Freund Hein *m*; ♦ *méd* ~ absolue, définitive biologischer Tod; ~ clinique, relative klinischer Tod; ~ suspecte unnatürlicher Tod; ~ violente gewaltsamer Tod; menaces *f/pl* de ~ Drohung *f* mit dem Tod; *jur* peine *f* de ~ Todesstrafe *f*; sentence *f* de ~ Todesurteil *n*; silence *m* de ~ Toten-, Grabesstille *f*; ♦ *loc/adv* à ~ tödlich; zu Tode; combat *m* à ~ Kampf *m* auf Leben und Tod; blessé à ~ tödlich verletzt, verwundet; être brouillé, fâché à ~ avec qn mit j-m tödlich verfeindet sein; restlos mit j-m verkracht sein; *F* j-m spinnefeind sein; j-m *od* auf j-n bitterböse sein; ils sont brouillés, fâchés à ~ *auch* sie sind Todfeinde; frapper à ~ zu Tode schlagen, prügeln; totschlagen, -prügeln; *F fig* freiner à ~ e-e 'Vollbremsung machen; pour cause de ~ wegen e-s Todesfalles; ♦ aimer mieux souffrir mille ~s que de (+inf) lieber sterben wollen als (+inf); (avoir, oft loc/adv) la ~ dans l'âme tiefbetrübt, zu Tode betrübt, todunglücklich (sein); il n'y a pas eu ~ d'homme es ist kein, es sind keine Menschenleben zu beklagen; condamner qn à ~ j-n zum Tode verurteilen; échapper à la ~ dem Tod entgehen; être pâle comme la ~, être plus pâle que la ~ totenbleich, totenblaß, leichenblaß, bleich wie der Tod, kreidebleich sein, aussehen; ce n'est pas la ~ (du petit cheval) a) das kostet nicht die Welt; b) das ist doch zu schaffen; das ist doch e-e Kleinigkeit; das kostet nur geringe Mühe; *Hund* 'hurler à la ~ (*F* gotts)jämmerlich, unheimlich, schauerlich heulen; souffrir mille ~s Höllenqualen ausstehen, leiden; souhaiter la ~ de qn j-m den Tod wünschen; sich j-s Tod wünschen; **2.** *int* à ~! nieder, an die Wand mit ihm!; bringt ihn um!; hängt ihn!; à ~ le ..., ~ au ...! bringt ihn um, den ...!; nieder, an die Wand mit dem ...!; ~ au tyran! *auch* Tod dem Tyrannen!; ~ aux vaches! *F* nieder mit der Polente!; **3.** *fig der* Freiheit, des Handels etc Tod *m*; 'Untergang *m*; Ende *n*; des Handels auch, der Industrie etc Ru'in *m*
mort[2] [mɔr] **I** *p/p von* **mourir** *u adj* ⟨**morte** [mɔrt]⟩ *Person* tot (*auch Tier*); gestorben; verstorben; *Tier auch* verendet; *bot, méd* tot; abgestorben; *Holz* dürr; trocken; *Laub, Blätter* welk; *Augen* glanzlos; erloschen; ~ ou vif tot oder lebendig; lebend oder tot; *vor Angst* plus ~ que vif *F* mehr tot als lebendig; ~ accidentellement durch e-n

Unfall 'umgekommen, zu Tode gekommen; tödlich verunglückt; *Soldat ~ au champ d'honneur* gefallen auf dem Feld(e) der Ehre; *ivre ~* völlig betrunken; F *sternhagelvoll*; stockbesoffen; *angle ~* toter Winkel; *path chair ~e* wildes Fleisch; *eau ~e* stehendes Wasser; *langue ~e* tote Sprache; *peint nature ~e* Stilleben *n*; *poids ~* a) *tech* Eigengewicht *n*; totes Gewicht; Totlast *f*; b) *fig von e-r Person* Hemmschuh *m*; Hemmnis *n*; Last *f*; Ballast *m*; *point ~* a) *tech* Totpunkt *m*; toter Punkt (*auch fig*); *auto* Leerlauf *m*; b) *écon* Break-even--point [brɛk'iːvənpɔint] *m*; Nutz-, Gewinnschwelle *f*; *fig* **être au point ~** an e-m toten Punkt angelangt sein; **temps ~** a) tote, stille Zeit; b) *tech*, *EDV* Totzeit *f*; c) *bei der Arbeit* Ausfallzeit *f*; d) *bei Basket- u Volleyball* Auszeit *f*; **être ~ d'un cancer** am Krebs gestorben sein; **être ~ de fatigue** *od abs* **être ~** todmüde, zu Tode erschöpft, F tot sein; **être ~ de peur** vor Angst wie gelähmt, F halb tot sein; *fig* **le moteur est ~** der Motor ist hin; **le dimanche, la ville est ~e** sonntags ist die Stadt (wie) tot, ausgestorben; (**rester**) **lettre ~e** *cf* lettre 1.; **tomber (raide) ~** tot 'umfallen; **II** *subst* **1.** *~*(**e**) *m(f)* Tote(r) *f(m)*; **les ~s du choléra** die Opfer *n/pl* der Cholera; **les ~s de la guerre** die Kriegsopfer *n/pl*, Kriegstoten *m/pl*; **les ~s pour la France** die für Frankreich Gefallenen *m/pl*; **monument** *m* **aux ~s** Krieger-, Gefallenendenkmal *n*; *mil* **sonnerie** *f* **aux ~s** Hornsignal, das bei feierlicher Totenehrung ertönt; *égl cath* **fête** *f*, **jour** *m* **des ~s** Aller'seelen *n*; **être pâle comme un ~** totenbleich, totenblaß, leichenblaß sein, aussehen; **c'est un ~ vivant, en sursis** er ist ein Todeskandidat; **faire le ~** sich totstellen; *fig* sich nicht rühren; nichts von sich hören lassen; sich in Schweigen hüllen; **cet accident a fait trois ~s** der Unfall hat drei Todesopfer gefordert, drei Menschenleben gekostet; **les ~s ne parlent plus** die Toten reden nicht mehr; *jur in Frankreich* **le ~ saisit le vif** der Tote setzt den Lebenden (*gesetzlichen Erben*) in Besitz (*ohne daß es e-r besonderen Erbschaftseinsetzung bedarf*); **2.** *m Whist, Bridge* Strohmann *m*; Dummy ['dami] *m*

mortadelle [mɔrtadɛl] *f cuis* Morta-'della *f*

mortaisage [mɔrtɛzaʒ] *m* **1.** *charp* Ausstemmen *n*, Ausbohren *n* e-s Zapfenlochs; **2.** *tech* Auskerben *n*, -ung *f*; Einkerben *n*, -ung *f*; *von Nuten etc* Stoßen *n*; *e-r Blechtafel* Ausklinken *n*, -ung *f*

mortaise [mɔrtɛz] *f* **1.** *charp* Zapfenloch *n*; **creuser, faire une ~** ein Zapfenloch ausstemmen, ausbohren; **2.** *im Schließblech zur Aufnahme des Riegels bzw der Falle* Öffnung *f*; **3.** *tech* Nut(e) *f*; Kerbe *f*; Einkerbung *f*; Loch *n*

mortais|er [mɔrtɛze] *v/t* **1.** *charp* ein Zapfenloch ausstemmen, ausbohren (**qc** in etw [*dat*]); einschneiden (in + *acc*); **2.** *tech* aus-, einkerben; *Nuten etc* stoßen; *Blechtafel* ausklinken; **~euse** *f tech* Stoßmaschine *f*

mortalité [mɔrtalite] *f* Sterblichkeit *f*; Mortali'tät *f*; **~ maternelle** *f* Müttersterblichkeit *f*; **table** *f* **de ~** Sterbetafel *f*; **taux** *m* **de ~** *od abs* **~** Sterbeziffer *f*

mort-aux-rats [mɔrɔra] *f* ‹*inv*› Rattengift *n*

mort-bois [mɔrbwa] *m* ‹*pl* **morts--bois**› *Forstwirtschaft* dünne Hölzer *n/pl* ohne Nutzwert

morte-eau [mɔrto] *f* ‹*pl* **mortes-eaux**› *mar* a) totes Wasser; Nipptide *f*; Nippflut *f*; b) Zeit *f* der Nipptide, -flut

mortel [mɔrtɛl] **I** *adj* ‹*~le*› **1.** sterblich; **tous les hommes sont ~s** alle Menschen sind sterblich; **2.** *Verletzung, Krankheit, Gift etc* tödlich; *in Zssgn* Tod...; Todes...; **coup ~** Todesstoß *m*; **danger ~** Lebens-, Todesgefahr *f*; **3.** *fig* **ennemi ~** Todfeind *m*; **ennui ~** tödliche Langeweile; **froid ~** bittere Kälte; **deux heures ~les** *od* **deux ~les heures** zwei schreckliche, schlimme Stunden *f/pl*; **pâleur ~le** Leichenblässe *f*; *rel* **péché ~** Todsünde *f*; **silence ~** betretene Stille; betretenes Schweigen; **4.** F *Person, Vortrag etc* sterbenslangweilig; entsetzlich langweilig; **II** *subst* ‹*~le*› *m(f)* Sterbliche(r) *f(m)*; **un heureux ~** ein glücklicher Mensch; ein vom Glück begünstigter Mensch; **un simple ~** ein ganz gewöhnlicher Sterblicher, Mensch; **commun des ~s** *cf* commun II 1.

mortellement [mɔrtɛlmɑ̃] *adv* **1.** tödlich; **~ blessé** tödlich verletzt, verwundet; **2.** **~ ennuyeux** sterbenslangweilig; zum Sterben, tödlich langweilig

morte-saison [mɔrt(ə)sɛzɔ̃] *f* ‹*pl* **mortes-saisons**› *comm* geschäftlich stille Zeit; F Saure'gurkenzeit *f*

mortier [mɔrtje] *m* **1.** *bât* Mörtel *m*; Mauerspeise *f*; *südd* Speis *m*; **~aérien** Luftmörtel *m*; **pelle** *f* **à ~** Mörtelkelle *f*; **crépi** *m* **de ~** Ze'ment(mörtel)putz *m*; **2.** *mil* Mörser *m*; *der Infanterie* Gra'natwerfer *m*; *im 1. Weltkrieg* Minenwerfer *m*; *hist* Mörser *m*; Bom'barde *f*; **3.** *phm, cuis* Mörser *m*; **4.** *jur* Ba'rett *n*

mortifiant [mɔrtifjɑ̃] *adj* kränkend; demütigend; **il est ~ de se voir préférer** *od* **de plus bête auch** es kränkt einen, wenn man sieht, daß ...

mortification [mɔrtifikasjɔ̃] *f* **1.** Kränkung *f*; Demütigung *f*; **subir des ~s** e-e kränkende Behandlung erfahren; Kränkungen zugefügt bekommen; Kränkungen erfahren; **2.** *rel* **~s** *pl* Ka'steiung *f*; *des Fleisches* Abtötung *f*; *sc* Mortifikati'on *f*

mortifier [mɔrtifje] **I** *v/t* **1.** *Person* kränken; demütigen; **être mortifié de qc** sich durch etw gekränkt fühlen; zeigen; sich über etw (*acc*) kränken; **2.** *rel* ka'steien; **~ sa chair** das Fleisch, den Körper abtöten; *sc* mortifi'zieren; **II** *v/pr rel* **se ~** sich ka'steien

mortinatalité [mɔrtinatalite] *f* Statistik (**taux** *m* **de**) **~** Zahl *f* der Totgeburten

mort-né [mɔrne] **I** *adj* ‹**mort-née**› *Kind* totgeboren; *fig* **c'est un projet ~** dieser Plan ist ein totgeborenes Kind, hat keine Aussicht auf Erfolg; **II** *m* ‹*pl* **mort-nés**› Totgeburt *f*; totgeborenes Kind

mortuaire [mɔrtɥɛr] *adj* Toten...; Sterbe...; Leichen...; **acte** *m* **~** Sterbeurkunde *f*; **chambre** *f* **~** Sterbezimmer *n*; **couronne** *f* **~** Trauer-, Grabkranz *m*; **dépôt** *m* **~** Leichenhalle *f* (*auf dem Friedhof*); **domicile**, **maison** *f* **~** Trauerhaus *n*; **drap** *m* **~** Tuch *n* über dem Sarg; Bahr-, Leichentuch *n*; **extrait** *m* **~** beglaubigte Abschrift e-r Sterbeurkunde; Abschrift *f*, Auszug *m* aus dem Sterbebuch; **masque** *m* **~** Totenmaske *f*; **registre** *m* **~** Sterbebuch *n*, -register *n*; **service** *m* **~** Trauergottesdienst *m*

morue [mɔry] *f* **1.** *zo* (**fraîche**) Kabeljau *m*; *als junger Fisch* Dorsch *m*; **~ fumée** Haddock ['hɛ-] *m*; **~ noire** (Gemeiner) Schellfisch; **~ ronde** Klippfisch *m*; **~ séchée, sèche** Stockfisch *m*; **~ verte** Laber'dan *m*; **huile** *f* **de foie de ~** Lebertran *m*; **2.** P *péj* Hure *f*; Nutte *f*; Schnalle *f*

morula [mɔryla] *f biol* Morula *f*

morutier [mɔrytje] **I** *adj* ‹**-ière**› Kabeljau...; Dorsch...; **II** *m* a) Kabeljau-, Dorschfischer *m*; b) Kabeljau-, Dorschfänger *m* (*Schiff*)

morve [mɔrv] *f* **1.** *physiol* Nasenschleim *m*; F Rotz *m*; **2.** *vét* Rotz *m*

morveux [mɔrvø] **I** *adj* ‹**-euse**› **1.** *Kind* F mit e-r Rotznase; *loc/prov* **qui se sent ~, qu'il se mouche** wen's juckt, der kratze sich (*loc/prov*); **2.** *vét* rotzig; rotzkrank; **an Rotz erkrankt**; **II** *subst* F **~, morveuse** *m.f* F Rotznase *f*; Rotzbengel *m*, -bube *m*, -junge *m*

mosaïque[1] [mɔzaik] *f* **1.** *Kunst* Mosa'ik *n*; **~ murale** Wandmosaik *n*; **~ de pavement** Fußbodenmosaik *n*; *loc/adj* **en ~** Mosa'ik...; **2.** *auf Ledereinbänden* Ledermosaik *n*; **3.** *adjt* **parquet** *m* **~** Klein-, La'mellen-, Mosa'ikparkett *n*; **pavage** *m* **~** bogenförmig verlegtes Kleinpflaster; **pavé** *m* **~** Kleinpflasterstein *m*; **4.** *fig* Mosa'ik *n* (**de** aus); **5.** *Kartographie* Bildplan *m*, Luftbildkarte *f* (*ohne Meßwerte*); **6.** *Pflanzenkrankheit* Mosa'ikkrankheit *f* (**du tabac** der Tabakpflanze)

mosaïque[2] [mɔzaik] *adj bibl* mo'saisch; **loi** *f* **~** mosaisches Gesetz

mosaïqué [mɔzaike] *adj* mosa'ikartig, -ähnlich; **reliure ~e** Buchenband *m* mit Ledermosaik (verziert)

mosaïsme [mɔzaism(ə)] *m rel* Mosa'ismus *m*; Judentum *n*

mosaïste [mɔzaist] *m* Mosai'zist *od* Mosa'ist *m* (*Künstler u Arbeiter*); *adjt* **ouvrier** *m* **~** Mosa'ikarbeiter *m*

moscouade [mɔskuad] *f od* **moscovade** [mɔskɔvad] *f* Rohzucker *m*

moscoutaire [mɔskutɛr] *m.f pol* moskauhöriger Kommu'nist, moskauhörige Kommu'nistin

moscovite [mɔskɔvit] **I** *adj* Moskauer...; moskauisch; *hist* mosko'witisch; **II** *subst* ♀ *m.f* Moskauer(in) *m(f)*; *hist* Mosko'witer(in) *m(f)*

mosellan [mɔzɛlɑ̃] **I** *adj* Mosel...; der Mosel; des Département de la Moselle; **II** *subst* ♀(**e**) *m(f)* Mose(l)'laner(in) *m(f)*

moselle [mɔzɛl] *m* (**vin** *m* **de**) **~** Mosel (-wein) *m*

mosette [mɔzɛt] *f égl cath* Schulterkragen *m*; Mäntelchen *n* (*mancher Würdenträger*)

mosquée [mɔske] *f* Mo'schee *f*

mot [mo] *m* **1.** Wort *n*; *e-r Fremdsprache auch* Vo'kabel *f*; *e-s berühmten Menschen* Ausspruch *m*; ♦ **bon ~, ~ d'esprit** Bon'mot *n*; Aper'çu *n*; geistreiche, witzige Bemerkung; **~ célèbre, historique** berühmtes Zitat; berühmter Ausspruch; berühmtes Wort; *pl auch* geflügelte Worte; *gr* **~ composé** zusammengesetztes Wort; Kom'positum *n*; Zu'sammensetzung *f*; **~s croisés** Kreuzworträtsel *n*; **deux ~s** einige, ein paar Worte; **j'ai deux ~s à vous dire** ich habe ein Wörtchen mit Ihnen zu reden; **le dernier ~** das letze Wort; **avoir le dernier ~** das letzte Wort haben; **il n'a pas dit son dernier ~** das ist noch nicht sein letztes Wort; **c'est mon dernier ~** das ist mein letztes Wort; **étranger** Fremdwort *n*; *fig* **le fin ~ de l'histoire** der wahre Sachverhalt; der wahre (Beweg)Grund; des Pudels Kern; des Rätsels Lösung; **grands ~s** groß(artig)e, hochtrabende, hochtönende Worte; **le grand ~ est lâché** jetzt ist das Wort endlich gesagt, offen ausgesprochen, F raus; **gros ~** Schimpfwort *n*; unanständiges, häßliches Wort; **~ nouveau** neues Wort; Neuwort *n*; Neolo'gismus *m*; *gr* **~ outil** Par'tikel *f*; **quelques ~s** einige, ein paar Worte; **~**

savant gelehrtes Wort; gelehrte Bildung; **pas un traître** ~ kein Sterbenswörtchen; **ne pas comprendre un traître** ~ **de qc** F nicht die Bohne, auch nicht so viel von etw verstehen; **ne pas savoir un traître** ~ **de qc** keine (blasse) Ahnung, nicht die leiseste Ahnung, F keinen (blassen) Schimmer von etw haben; ♦ ~ **d'auteur** Dichterwort *n*; *verhüllend* **le** ~ **de Cambronne** das Wort Sch...; *ling* ~ **d'emprunt** Lehnwort *n*; ~ **d'enfant** Kindermund *m*; *fig* **le** ~ **de l'énigme** des Rätsels Lösung *f*; ~ **d'ordre** Pa'role *f*; Losung *f*; Wahlspruch *m*; *mil* ~ **de passe** Losung(swort) *f(n)*; Kennwort *n*; Pa'role *f*; ♦ *loc/adv*: **à** ~ [motamo], **pour** ~ wörtlich; wortwörtlich; wortgetreu; Wort für Wort; *subst* **le** ~ **à** ~ die wörtliche Über'setzung; **faire du** ~ **à** ~, traduire ~ **à** ~ wörtlich über'setzen; **au bas** ~ mindestens; bei vorsichtiger Schätzung; **à ces** ~**s**, **sur ces** ~**s** mit diesen Worten; **auf diese Worte hin; à** ~**s couverts** durch die Blume; **en disant ces** ~**s** mit diesen Worten; **en un** ~ **(comme en cent, comme en mille)** mit einem Wort; kurz; **pas un** ~ **de plus!** kein Wort mehr, kein Wort weiter (davon)!; **pas un** ~ **sur ce que** *vous avez appris* kein Wort über das, was ...; lassen Sie kein Wort verlauten, erwähnen Sie kein Wort von dem, was ...; erwähnen Sie mit keinem Wort, was ...; **sans** ~ **dire** wortlos; ohne ein Wort zu sagen; ♦ F **avoir des** ~**s avec qn** e-n Wortwechsel, e-e kleine Ausein'andersetzung mit j-m haben; **avoir le** ~ **de la fin** zum Abschluß e-e geistreiche, zusammenfassende Bemerkung machen; **avoir toujours le** ~ **pour rire** immer zu Scherzen aufgelegt sein; immer e-n Scherz auf der Lippen haben; nie den Humor verlieren; **j'ai le** ~ **sur le bout de la langue** ich habe das Wort, mir liegt, schwebt das Wort auf der Zunge; **chercher ses** ~**s** nach Worten suchen; **ne (pas) dire (un)** ~ kein Wort sagen, reden, sprechen; keinen Ton, kein Wort von sich geben; F nicht piep sagen; **tu as dit le** ~ du sagst es; **avoir son** ~ **à dire** auch noch ein Wort, Wörtchen mitzureden haben; **je n'ai qu'un** ~ **à dire** ich brauche nur ein Wort zu sagen; **se donner, passer le** ~ es vorher ausmachen, abmachen, absprechen; **ce ne sont que des** ~**s** das sind nur leere, schöne Worte, leere Redensarten; **en glisser un** ~ **à qn** es bei j-m zur Sprache bringen; mit j-m darüber sprechen; **jouer sur les** ~**s** Wortspielereien machen; **ne pas mâcher ses** ~**s** *cf* mâcher 2.; **manger ses** ~**s** die Hälfte der Wörter verschlucken; undeutlich sprechen; F nuscheln; **se payer de** ~**s** schöne Worte machen, sich mit Worten zufriedengeben (*statt zu handeln*); **ne pas placer un** ~ nicht zu Worte kommen; **prendre qn au** ~ j-n beim Wort nehmen; **ne (pas) souffler** ~ a) kein Sterbenswörtchen sagen, verraten (**de qc** von etw); b) *cf* **ne pas dire un** ~; **toucher un** ~ **à qn** *cf* toucher[1] 7.; **je ne trouve pas mes** ~**s** ich finde die richtigen Worte nicht; ich kann es nicht richtig ausdrücken; *loc/prov* **qui ne dit** ~ **consent** wer schweigt, stimmt zu; schweigen heißt zustimmen (*beide loc/prov*); **2.** *par ext* **un** ~ ein paar Zeilen *f/pl*; ein Briefchen *n*; **écrire, envoyer un** ~ **à qn** j-m ein paar Zeilen, ein paar Worte, ein Briefchen schreiben; **laisser un petit** ~ **à qn** j-m ein paar Zeilen hinter'lassen

motard [mɔtar] F *m* **1.** Poli'zist, Gen-'darm, der s-n Dienst auf e-m Motorrad

versieht; ~**s** *pl auch* motori'sierte Verkehrsstreife; F weiße Mäuse *f/pl*; **2.** Motorradfahrer *m*

motel [mɔtɛl] *m* Motel *n*

motet [mɔtɛ] *m mus* Mo'tette *f*; ~ **a cappella** A-cap'pella-Motette *f*

moteur [mɔtœr] **I** *adj* ‹-trice› **1.** *anat* mo'torisch; Bewegungs...; **nerfs** ~**s** motorische, effe'rente Nerven *m/pl*; Bewegungsnerven *m/pl*; **plaque motrice** motorische Endplatte (*der Nerven*); **troubles** ~**s** Bewegungsstörungen *f/pl*; **2.** *tech* Antriebs...; **arbre** ~ Antriebswelle *f*; **force motrice** Antriebs-, Triebkraft *f*; **roue motrice** Trieb-, Treib-, Antriebsrad *n*; *Fahrzeug* **à quatre roues motrices** mit Allradantrieb; **II** *m* **1.** *tech* 'Motor *od* Mo'tor *m*; Kraftmaschine *f*; *aviat auch* Triebwerk *n*; ~ **Diesel** Dieselmotor *m*; ~ **électrique** E'lektromotor *m*; ~ **hydraulique** Wasserkraftmaschine *f*; ~ **linéaire à induction** Line'armotor *m*; ~ **thermique** Wärmekraftmaschine *f*; ~ **Wankel** Wankelmotor *m*; ~ **à l'arrière** Heckmotor *m*; ~ **à combustion interne** Verbrennungsmotor *m*; ~ **à courant alternatif, à courant continu** Wechselstrom-, Gleichstrommotor *m*; ~ **à deux, à quatre cylindres** Zwei-, Vierzylindermotor *m*; ~ **à essence** Ben'zinmotor *m*; ~ **à explosion** Explosi'ons-, Verbrennungsmotor *m*; ~ **à gaz** Gasmotor *m*; ~ **à huile lourde** Rohölmotor *m*; ~ **à injection** Einspritzmotor *m*; ~ **à piston** Kolbenmotor *m*, *aviat auch* -triebwerk *n*; ~ **à piston rotatif** Kreiskolben-, Drehkolben-, Rotati'onskolbenmotor *m*; *aviat* ~ **à réaction** Strahltriebwerk *n*; ~ **à deux, à quatre temps** Zwei-, Viertaktmotor *m*; *aviat* ~ **d'appoint** Hilfstriebwerk *n*; ~ **d'avion** Flug(zeug)motor *m*; ~ **véhicules** *m/pl* Motor-, Kraftfahrzeuge *n/pl*; **construction** *f* **de** ~**s** Mo'torenbau *m*; *adjt*: **bloc** *m*, **frein** *m* ~ Motorblock *m*, -bremse *f*; **huile** *f* ~ Mo'torenöl *n*; **2.** *fig von e-r Person* Motor *m*; treibende Kraft; Triebkraft *f*; **3.** *philos bei Aristoteles* **un premier** ~ ein erstes Bewegendes

motif [mɔtif] *m* **1.** *des Handelns* Mo'tiv *n*; (Beweg)Grund *m*; Anlaß *m*; ~**s** *pl e-s Urteils* Urteilsbegründung *f*; Entscheidungsgründe *m/pl*; ~**s d'ordre religieux** religiöse Gründe; Gründe religiöser Natur; **défaut** *m* **de** ~**s** mangelnde Begründung; **pour quel** ~? aus welchem Grund?; **pour ces** ~**s** aus diesen Gründen; **pour le bon** ~ a) aus gutem Grund; b) F mit der ernsten Absicht zu heiraten; **sans** ~ grundlos; unbegründet; ohne Veranlassung; **2.** *peint* Mo'tiv *n*; Gegenstand *m*; Vorwurf *m*; **3.** *mus* Mo'tiv *n*; **4.** *auf Stoffen, Porzellan etc* Mo'tiv *n*; Muster *n*; ~ **de fleurs** Blumenmotiv *n*, -muster *n*

motilité [mɔtilite] *f physiol* Bewegungsvermögen *n*, -fähigkeit *f*; *sc* Motili'tät *f*

motion [mɔsjõ] *f im Parlament etc* Antrag *m*; ~ **de censure** 'Mißtrauensantrag *m*; ~ **d'ordre** Antrag zur Geschäftsordnung

motivation [mɔtivasjõ] *f* Begründung *f*; Moti'vierung *f*; *philos, psych* Motivati'on *f*; *écon auch* Kaufmotive *n/pl*; **études** *f/pl* **de** ~ Mo'tivforschung *f*

motivationnel [mɔtivasjɔnɛl] *adj* ‹~le› Motivati'ons..., Mo'tiv...

motiver [mɔtive] *v/t* **1.** *Person*: ihr *Vorgehen, ihre Entscheidung etc* begründen; moti'vieren; **2.** *Sache*: *ein Vorgehen, e-e Entscheidung* rechtfertigen; der Grund, Anlaß sein (**qc** für etw); den Grund abgeben (für); her'beiführen; notwendig machen; **3.** *psych* ~ **qn** j-n moti'vieren

moto [mɔto] *f* (*Kurzform für* **motocyclette**) Motorrad *n*; *adm* Kraftrad *n*; *Kurzwort* Krad *n*; **course** *f* **de** ~**s** Motorradrennen *n*; **faire de la** ~ Motorrad fahren; **aller en** ~ mit dem Motorrad fahren; **monter sur la** ~ auf das Motorrad steigen

moto-cross *od* **motocross** [mɔtokrɔs] *m* ‹*inv*› *sports* Moto-'Cross *n*

motocult|eur [mɔtokyltœr] *m agr* Einachsschlepper *m*; ~**ure** *f agr* mechani'sierte, motori'sierte Landwirtschaft

motocycl|e [mɔtosikl(ə)] *m adm* Zweirad *n* mit Motor; zweiräd(e)riges Kraftfahrzeug; ~**ette** *f cf* moto: ~**isme** *m* Motorradsport *m*; ~**iste** *m,f* Motorradfahrer(in) *m(f)*, *auch* -sportler *m*

motogodille [mɔtogodij] *f* Außenbordmotor *m*

motonaut|ique [mɔtonotik] *adj* Motorboot...; ~**isme** *m* Motorbootsport *m*

moto|planeur [mɔtoplanœr] *m aviat* Motorsegler *m*; ~**pompe** *f der Feuerwehr* Motorspritze *f*; ~**propulseur** *adj* ‹*nur m*› **groupe** ~ *od subst* ~ *m* Antriebsaggregat *n*

motorisation [mɔtorizasjõ] *f* Motori'sierung *f*

motoriser [mɔtorize] *v/t* motori'sieren; *Landwirtschaft auch* mechani'sieren; *adjt*: *mil* **troupes motorisées** motorisierte Truppen *f/pl*; **entièrement motorisé** 'vollmotorisiert; F *Person* **être motorisé** motorisiert sein

motorship [mɔtorʃip] *m* (*abr* M/S) *mar* Motorschiff *n* (*abr* MS)

mototracteur [mɔtotraktœr] *m* Motor-, Kraftschlepper *m*; Zugmaschine *f*; (*kleiner*) Traktor

motrice [mɔtris] **I** *adj cf* moteur I; **II** *f* Straßen-, *Eisenbahn* Triebwagen *m*

motricité [mɔtrisite] *f physiol der Nerven* Fähigkeit *f*, Muskelzusammenziehungen zu bewirken; ~ **volontaire** Mo'torik *f*

mots-croisiste [mokrwazist] *m,f* Kreuzworträtselfreund(in) *m(f)*

motte [mɔt] *f* **1.** ~ **(de terre)** Scholle *f*; Erdklumpen *m*; ~ **de gazon** Rasensode *f*; Plagge *f*; **planter en** ~ mit Ballen verpflanzen; **2.** ~ **de beurre** Butterklumpen *m*; **acheter du beurre à la, en** ~ Butter lose, vom Stück kaufen

motter [mɔte] *v/pr ch Rebhuhn* **se** ~ sich hinter den Schollen verstecken

motteux [mɔtø] *m zo* Steinschmätzer *m*

motu proprio [mɔtyprɔprijo] *m* ‹*inv*› *égl cath* Motu'proprio *n*

motus [mɔtys] *int* ~ **(et bouche cousue)!** (reinen) Mund halten!; nichts verraten!; Schweigen bewahren!

mou [mu] **I** *adj* ‹*m vor Vokal u stummem h* **mol** [mɔl]; *f* **molle** [mɔl]› **1.** *Stoff, Substanz, Hut, Kragen, Kissen etc* weich; *Halm* biegsam; *Klima* zu weich, mild; *Rundung, Bodenwelle* sanft; weich; *Geräusch* dumpf; *Zeichnung* mit zu weichen Kon'turen; **chapeau** ~ *auch* Schlapphut *m*; *des Körpers* **parties molles** Weichteile *m/pl*; **fromage** *m* ~ **à pâte molle** Weichkäse *m*; **2.** *fig Person* willen-, ener'gielos; lässig; lasch; schlaff; schlapp; träge; *st/s* laß; F lahm; *Gesichtszüge* schlaff; weichlich; *Gesten* lässig; schlaff; matt; *Widerstand, Protest* schwach; lahm; *Leben* träge; *Spiel e-s Pianisten* kraftlos; ohne 'Nachdruck; nicht 'nergisch, ausdrucksvoll genug; **II** *adv* F **vas-y** ~! sachte, sachte!; **III** *m* **1.** *Fleischerei* Lunge *f*; ~ **de veau** Kalbslunge *f*; **2.** ~ **das Weiche**; P *fig* **bourrer le** ~ **de qn** j-m etw weismachen wollen; P *fig* **rentrer dans le** ~ **de qn** j-n anrempeln; in j-n hineinlaufen, -rennen; **3.** F *von e-m Mann* F Schlappschwanz *m*;

Waschlappen *m*; **4.** *Seil* avoir du ~
locker, schlaff, nicht straff genug ge-
spannt sein; donner du ~ locker(er)
lassen (à *acc*); lockern (+*acc*)

mouch|ard [muʃar] *m*, **~arde** *f* F **1.**
Poli'zeispitzel *m*; *allg* Spitzel *m*; F Zinker
m; **2.** *in der Schule* F Petze *f*, Klatsche *f*
(*für beide Geschlechter*); Petzer *m*; **3.**
⟨*nur m*⟩ *mil im 1. Weltkrieg* Erkun-
dungs-, Beobachtungsflugzeug *n*

mouchardage [muʃardaʒ] F *m* **1.** Be-
spitzeln *n*, -ung *f*; Spitzeln *n*; (Her-
'um)Spio'nieren *n*; **2.** *in der Schule* F
(Ver)Petzen *n*; Verklatschen *n*; Verpfei-
fen *n*

moucharder [muʃarde] F *v/t* **1.** bespit-
zeln; ausspio'nieren; *abs* spitzeln;
(her'um)spio'nieren; **2.** *in der Schule* F
verpetzen; verklatschen; verpfeifen; *abs*
petzen

mouche [muʃ] *f* **1.** *zo* Fliege *f*; ~ bleue,
de la viande Schmeißfliege *f*; F Brum-
mer *m*; ~ domestique Gemeine Stuben-
fliege; ~ dorée, verte Goldfliege *f*; *fig*
fine ~ F schlaues Weib; ~ d'Espagne
Spanische Fliege; ~ du vinaigre Essig-,
Fruchtfliege *f*; on aurait entendu une
~ voler man konnte e-e Stecknadel zur
Erde fallen hören; *fig* faire d'une ~ un
éléphant aus e-r Mücke e-n Elefanten
machen; il ne ferait pas de mal à une ~
er tut keiner Fliege etwas zuleide; *fig*
faire, être la ~ du coche sich wichtig
tun, machen; *fig* mourir, tomber comme
des ~s wie die Fliegen sterben, 'um-
fallen; *fig* quelle ~ le pique? was ist
denn mit ihm los?; was ist bloß in ihn
gefahren?; F was ist ihm denn in die
Krone gefahren?; prendre la ~ (ohne
Grund) gleich böse werden, aufbrausen,
F hochgehen; *loc/prov* on prend plus
de ~s avec du miel qu'avec du vinai-
gre *od* on ne prend pas les ~s
avec du vinaigre durch Milde erreicht
man mehr als durch Strenge; *auch* mit
Speck fängt man Mäuse (*loc/prov*); **2.**
Angelsport ~ artificielle künstliche
Fliege; pêche *f* à la ~ Fliegenfischerei *f*,
-fischen *n*; **3.** *beim Scheibenschießen*
faire ~ ins Schwarze treffen (*auch fig*);
fig den Nagel auf den Kopf treffen; **4.**
beim Boxen, Ringen adit poids *m* ~ a)
Fliegengewicht(sklasse) *n* *f*; Fliegen-
gewichtler *m*; **5.** *in Paris adit* bateau *m* ~
kleinerer Vergnügungsdampfer (für
Rundfahrten auf der Seine); **6.** Schön-
heitspfläs6terchen *n*, -fleck *m*; **7.** frühere
Bartform Fliege *f*; **8.** *esc* Lederknopf *m*
(*zum Aufsetzen auf die Florettspitze*); **9.**
méd a) ~s *pl* erste leichte Geburtswehen
f/pl; b) ~s volantes Mückensehen *n*; *sc*
Mouches volantes *pl*; **10.** *mar hist* ~
(d'escadre) A'viso(boot) *m*(*n*)

moucher [muʃe] I *v/t* **1.** e-m Kind die
Nase putzen (qn j-m); mouche ton
nez! putz dir, schneuz dir, *nordd auch*
schnaub dir die Nase!; ~ du sang Blut
schnauben; **2.** F *fig* se faire ~ abgekan-
zelt, F her'untergemacht, her'unter-
geputzt werden; e-e Abreibung bekom-
men; **3.** *früher Licht* putzen; II *v/pr* se ~
sich die Nase putzen; sich (die Nase)
schneuzen, *nordd auch* schnauben; *fig u
iron* ne pas se ~ du coude zu hoch
hin'auswollen

moucheron [muʃrõ] *m* **1.** *zo allg*
(kleine) Mücke; **2.** F (*petit garçon*) klei-
ner Kerl; Kerlchen *n*; Knirps *m*; F
Stöpsel *m*; Steppke *m*; Drei'käsehoch *m*

moucheté [muʃte] *adj* **1.** *Fell, Gefieder
etc* (bunt *od* mit e-r anderen Farbe als der
Grund) getüpfelt; getupft (*beide auch
Stoff*); gesprenkelt; gefleckt; *Wolle* bunt
genoppt; ~ de rouge rot getüpfelt,
getupft; mit roten Tupfen, Tüpfeln,

Flecken; **2.** *esc Florettspitze* mit e-m
Lederknopf geschützt, versehen

moucheter [muʃte] *v/t* ⟨-tt-⟩ **1.** *text*
tüpfeln; tupfen; mit Tupfen, Tüpfeln
versehen; **2.** *esc Florettspitze* mit e-m
Lederknopf schützen, versehen

mouchetis [muʃti] *m bât* Spritz-, Besen-,
Graupelputz *m*

mouchette [muʃɛt] *f* **1.** *früher* ~s *pl*
Lichtputzschere *f*; **2.** *arch* a) am Gesims
Wassernase *f*; b) *beim frz Maßwerk*
Schneuß *f*; Fischblase *f*; **3.** *des Tischlers*
Gesims-, Sims-, Kar'nies-, Kehl-, Stab-,
Fas'sonhobel *m*

moucheture [muʃtyr] *f auf dem Fell,
Gefieder von Tieren* a) Tüpfel *m* *od* *n*;
Tupfen *m* (*beide auch auf Stoff*); Fleck
m; Sprenkel *m*; b) *coll* Tüpfelung *f*;
Sprenkelung *f*; Flecke(n) *m/pl*; Tupfen
m/pl

mouchoir [muʃwar] *m* **1.** ~ (de poche)
Taschen-, *südd auch* Sack-, Schnupftuch
n; ~ de batiste Ba'tisttaschentuch *n*; ~
(de) fantaisie Ziertüchlein *n*; ~ de
en papier Pa'piertaschentuch *n*; Tem-
potaschentuch *n* (*Wz*); ~ en dentelle
Spitzentaschentuch *n*; Spitzentüchlein
n; ~ pour *od* de dames, pour *od*
d'hommes Damen-, Herrentaschen-
tuch *n*; *Wohnung, Garten etc* grand
comme un ~ (de poche) winzig; agiter
son ~ en signe d'adieu zum Abschied
mit dem Taschentuch winken; *sports, bei
e-m Wettbewerb* F arriver dans un ~
mit ganz knappem Vorsprung (inmitten
e-r dichtgedrängten Spitzengruppe)
durchs Ziel gehen; **2.** *par ext* Kopf- *bzw*
Halstuch *n*

moudre [mudr(ə)] *v/t* ⟨je mouds, il
moud, nous moulons; je moulais; je
moulus; je moudrai; que je moule;
moulant; moulu⟩ *Korn, Kaffee, Pfeffer*
mahlen; *cf auch* moulu

moue [mu] *f* schiefes Gesicht; ~ (bou-
deuse) Schmollmund *m*; ~ de dédain
verächtlich herabgezogener Mundwinkel
m/pl; faire une ~ de dédain veräct-
lich den Mund verziehen; faire la ~ ein
(schiefes) Gesicht, F ein schiefes Maul,
e-n Flunsch ziehen; maulen; *bes Kinder*
schmollen

mouette [mwɛt] *f* **1.** *zo* Möwe *f*; ~ (à
tête) blanche Elfenbeinmöwe *f*; ~ (à
tête) noire, à capuchon noir Schwarz-
kopfmöwe *f*; ~ pillarde Raubmöwe *f*; ~
rieuse Lachmöwe *f*; ~ tridactyle Drei-
'zehenmöwe *f*; **2.** *mar* Schlauchboot *n*
(*als Rettungsboot*)

mouffette [mufɛt] *f* *zo* Stinktier *n*;
Skunk *m*

moufle[1] [mufl(ə)] *f* **1.** Fausthandschuh
m; Fäustling *m*; Fäustel *m* *od* *n*; **2.** *tech*
Flasche *f*; Flaschenzug *m*; *mar* Talje *f*; **3.**
bât (Mauer)Anker *m*

moufle[2] [mufl(ə)] *m* *tech* a) Muffel *f*; b)
Muffelofen *m*

moufl|et [muflɛ] F *m*, **~ette** F *f* Kind *n*; F
Gör *n*; Balg *n od m*; Fratz *m*

mouflon [muflõ] *m* *zo* Mufflon *m*; ~ du
Canada Dickhornschaf *n*

mouill|age [mujaʒ] *m* **1.** *mar* a) *e-s
Schiffs* Ankern *n*; Vor'ankergehen *n*; *mil*
~ de mines Minenlegen *n*; b) Anker-
platz *m*, -grund *m*; Liegeplatz *m*; être au
~ vor Anker liegen; **2.** Anfeuchten *n*;
Befeuchten *n*; *der Wäsche* Einsprengen
n; **3.** *von Milch, Wein mit Wasser* Pan-
schen *n*; *von Milch, Wein auch* Verdün-
nen *n*, -ung *f* mit Wasser; **~ant** *od adit*
agent *m* ~ *chim, phys* Netzmittel *n*;
Ten'sid *n*

mouille [muj] *f* *mar* Wasserschaden *m*
(*an der Ladung*)

mouillé [muje] *adj* **1.** naß; feucht; **2.**
regard ~ von Tränen verschleierter

Blick; voix ~e tränenerstickte Stimme;
yeux ~s de larmes (tränen)feuchte,
(-)nasse Augen *n/pl*; von Tränen nasse
Augen; il avait les yeux ~s de larmes
s-e Augen standen voller Tränen,
schwammen in Tränen; die Tränen stan-
den ihm in den Augen; **3.** *fig von e-r
Person* poule ~e F Angsthase *m*; Hasen-
fuß *m*; **4.** *phon* mouilliert [mu'ji:rt];
erweicht; l ~ mouilliertes l; **5.** *Hydrome-
trie* périmètre ~ Abflußquerschnitt *m*
(*e-s Wasserlaufs*); section ~e 'Durch-
flußquerschnitt *m* (*e-s Wasserlaufs*)

mouillement [mujmã] *m* *phon* Mouil-
'lieren *n*, -ung *f* Erweichung *f*

mouiller [muje] I *v/t* **1.** *Gegenstand* naß
machen; anfeuchten; befeuchten; feucht
machen; benetzen; *abs* F ça mouille es
regnet; man wird naß; être tout mouil-
lé völlig durch'näßt sein; **2.** *cuis Soße*
verdünnen (de mit); (*Wasser, Wein etc*)
zugeben (qc dat); *Getränk* mit Wasser
verdünnen; *Milch, Wein auch* panschen;
3. *mar Anker* (aus)werfen; *Lot* werfen;
mil Minen legen; **4.** *phon* mouil'lieren;
erweichen; **5.** P ~ *od* les ~ P Schiß haben;
die Hosen (gestrichen) voll haben; II *v/i*
6. *Schiff* vor Anker gehen; ankern;
Anker werfen; III *v/pr* se ~ **7.** *Person,
Gegenstand* naß, feucht werden; *Person
auch* sich naß machen; *Augen* sich
mit Tränen füllen; feucht werden; se ~
les pieds nasse Füße bekommen; **8.**
F *fig Person* se ~ dans une affaire
bei e-r Sache s-e Hand (mit) im Spiel
haben; in e-e Affäre verwickelt sein; *abs*
ils ont peur de se ~ sie haben Angst,
sich zu enga'gieren und ein Risiko einzu-
gehen

mouill|ette [mujɛt] *f* *in Streifen ge-
schnittenes* Stück *n* Brot *zum Tunken*;
~eur *m* **1.** *mar mil* ~ de mines Minenle-
ger *m*; **2.** *für Briefmarken, gummiertes
Papier etc* Anfeuchter *m*; **~ure** *f* *cf*
mouillement

mouise [mwiz] *f* P (*misère*) Not *f*; Elend
n; il est dans la ~ F es geht ihm dreckig

moujik [muʒik] *m* *hist* russischer Bauer
Muschik *m*

moujingue [muʒɛ̃g] P *m*,*f* Kind *n*; F Balg
n od m; Gör *n*; Fratz *m*

moukère [mukɛr] *f* *péj* arabische Frau

moulage [mulaʒ] *m* **1.** *métall* Formguß
m; Gießen *n* (in Formen) (*auch e-r Glok-
ke, e-s Standbilds etc*); Kunststoffverar-
beitung Formgebung *f*; *métall* ~ en
carapace Formmaskenverfahren *n*;
Bronzeguß ~ en cire perdue Wachs-
ausschmelzverfahren *n*; ~ en coquille
Ko'killenguß *m*; ~ en mottes Sand-
blockformverfahren *n*; ~ en sable
Sandguß *m*; *Kunststoffverarbeitung*: ~
par compression Warmpressen *n*; ~
par coulée Gießen *n*; ~ par injection
Spritzgießen *n*, -guß *m*; **2.** *métall* a)
Herstellung *f* der Gußform; b) Formteil
n, -stück *n*; Gußstück *n*; **3.** *sculp* a)
Abformen *n*, -ung *f*; Abguß *m*; prendre
un ~ de qc etw abformen; e-n Abguß
von etw machen; b) *Ergebnis* Abguß *m*

moule[1] [mul] *m* **1.** *métall, Kunststoffver-
arbeitung, sculp* (Guß-, Gieß)Form *f*;
zum Abformen Mo'dell *n*; ~ métallique
Me'tallform *f*; Ko'kille *f*; ~ à briques
hölzerne Ziegelform; *Bronzeguß* ~ à cire
perdue Form mit verlorenem Wachs-
modell; *sculp* ~ à bon creux, à pièces
Dauerform *f*; ~ à creux perdu verlore-
ne Form; *Piseebau* ~ à pisé hölzerne
Schale; ~ en sable Sandform *f*; *fig* Frau
être faite au ~ gut gebaut, gut gewach-
sen sein; e-e tadellose Figur haben; **2.**
cuis Back-, Kuchenform *f*; ~ à cake
Kastenform *f*; ~ à crème renversée
Puddingform *f*; ~ à gaufre Waffeleisen

n; ~ **à glaces** Eisform f; ~ **à tarte** flache Obstkuchenform; rundes Obstkuchenblech; ~ **à tarte à fond mobile** etwa Springform f; **3.** für Kinder Sandform f, -förmchen n; **4.** cout Mon'tageknopf m (zum Beziehen mit Stoff)

moule² [mul] f zo Miesmuschel f; cuis ~**s à la marinière** Muscheln f/pl im eigenen Saft mit Zwiebeln gekocht; **culture** f, **élevage** m des ~s Muschelzucht f

moule³ [mul] f moudre

moulé [mule] adj **1.** Standbild etc gegossen; **2. pain** ~ in der Form gebackenes Brot; Kastenbrot n; **3. écriture** ~e Schrift, die eingestochen ist; **lettre** ~e Druckbuchstabe m

moulée [mule] f Kunststoffverarbeitung Formteil n, -stück n

mouler [mule] v/t **1.** Standbild, Lettern gießen; Ziegel formen; für den Sandguß **machine** f à ~ Formpresse f; **2.** auf dem Modell, Original abformen; ~ **en cire, en plâtre** in Wachs, Gips abformen; **3.** fig ~ **sur** qc nach etw bilden, formen, ausrichten; **4.** Kleidungsstück ~ **le corps** die Körperformen model'lieren, nachzeichnen; zur Geltung bringen; sich eng an den Körper anschmiegen

moul|erie [mulri] f tech Gieße'rei f; ~**eur** m tech Gießer m; métall auch Former m; Formgießer m; ~**ière** f Muschelbank f, -park m

moulin [mulɛ̃] m **1.** Mühle f (Anlage, Apparat u Gebäude); ~ **à café** Kaffeemühle f; ~ **à eau** Wassermühle f; text ~ **à foulon** Walk-, Dickmühle f; ~ **à huile** Ölmühle f; cuis ~ **à légumes** Pas'siermaschine f; ~ **à poivre** Pfeffermühle f; rel ~ **à prières** Gebetsmühle f; ~ **à vent** Windmühle f; der Kinder Windrädchen n; fig **se battre contre des** ~**s à vent** gegen Windmühlenflügel kämpfen; von e-r Person **c'est un** ~ **à paroles** der Mund steht ihm bzw ihr nie still; er bzw sie hat ein gutes Mundwerk; F er bzw sie redet wie ein Buch, wie ein Wasserfall; **on entre dans cette maison comme dans un** ~ man kann in diesem Haus ein- und ausgehen, wie man will; **2.** F e-s Autos Motor m; **3.** géol Gletschermühle f, -topf m

moulin|age [mulinaʒ] m **1.** text **a)** Zwirnen n (von Seide); M(o)uli'nieren n, -ung f; **b)** Seidenzwirnerei f; **2.** cuis von Gemüse etc Pas'sieren n (durch die Pas'siermaschine); ~**er** v/t **1.** text Seide zwirnen; m(o)uli'nieren; **2.** cuis Gemüse etc (durch die Pas'siermaschine) pas'sieren; ~**erie** f text Seidenzwirnerei f

moulinet [mulinɛ] m **1.** an der Angelrute Rolle f; **2.** an e-r Winde etwa Drehkreuz n; Handspaken f/pl; **3.** Hydrometrie ~ **(hydrométrique)** Meßflügel m; Flügelrad n; **4.** fig **faire des** ~**s** im Kreis her'umwirbeln, -schwingen (avec sa canne, avec ses bras s-n Spazierstock, die Arme); **5.** Tanzfigur bei der Quadrille Mouli'net n

moulinette [mulinɛt] f (nom déposé) cuis kleine Mühle zum Zerkleinern von Gemüse etc

moulin|eur [mulinœr] m, ~**euse** f, ~**ier** m, ~**ière** f text Seidenzwirner(in) m(f)

moulu [muly] p/p von moudre u adj **1.** gemahlen; **du café fraîchement** ~ frisch gemahlener Kaffee; **acheter du café (tout)** ~ gemahlenen Kaffee kaufen; **2.** fig **être** ~ (de fatigue) wie zerschlagen, ganz zerschlagen, F wie gerädert, völlig erschossen sein

moulure [mulyr] f **1.** arch, Tischlerei Pro'filleiste f; Stab m; Zierleiste f; ~ **creuse** Hohlkehle f; **2.** élect gerillte, mit Sicken versehene Holzleiste (zum Verlegen von Leitungen)

---

moulurer [mulyre] v/t arch, Tischlerei mit Pro'filleisten, -stäbchen, Zierleisten versehen

moumoute [mumut] F f falsches Haar; Haarteil n; Pe'rücke f

mouquère [mukɛr] f cf **moukère**

mourant [murɑ̃] **I** adj **1.** Person sterbend; im Sterben liegend; **être** ~ im Sterben liegen; **2.** fig Stimme, Ton ersterbend; Feuer verlöschend; ausgehend; verglimmend; Augen, Blick wie erstorben; ausdruckslos; Auge e-s Sterbenden brechend; poét Tag sich neigend; zur Neige, zu Ende gehend; Ton aller en ~ ersterben; verklingen; verhallen; **3.** F fig **c'est** ~ **de** (+ inf) es ist sterbenslangweilig, schrecklich langweilig, F zum Sterben langweilig zu ~ Sterbende(r) f(m); jur von Eheleuten **le premier** ~ der zuerst Versterbende

mourir [murir] ⟨je meurs, il meurt; nous mourons, ils meurent; je mourais; je mourus; je mourrai; que je meure; mourant; être mort⟩ **I** v/i Person sterben (de an + dat); fig vergehen, 'umkommen, sterben (vor + dat); Pflanze absterben; Tier eingehen (auch Pflanze); verenden; Sprache, Zivilisation, Land 'untergehen; Ton, Stimme, Geräusch ersterben; verklingen; sich verlieren; immer leiser werden; Stimme, Ton auch verhallen; fig Liebe sterben; ♦ Wendungen mit adj od adv: ~ **assassiné** ermordet werden; ~ **centenaire** hundertjährig sterben; ~ **empoisonné** vergiftet werden; iron **tu n'en mourras pas** du wirst nicht gleich daran sterben; ~ **jeune, vieux** jung, alt od hochbetagt sterben; ♦ mit prép od loc/adv: ~ **à la guerre** (im Krieg) fallen; ~ **dans son lit** in s-m Bett sterben; fig ~ **d'amour** (un)sterblich verliebt sein; ~ **d'un cancer** an Krebs sterben; fig ~ **de chaleur** vor Hitze umkommen; fig ~ **d'ennui** cf ennui **2.**; ~ **de sa belle mort** e-s natürlichen Todes sterben; fig ~ **de peur** sich zu Tode ängstigen; vor Angst fast vergehen, sterben; ~ **pour une juste cause** für e-e gerechte Sache sterben; ♦ mit Verben: **s'ennuyer à** ~ sich tödlich, zu Tode langweilen; **être ennuyeux à** ~ sterbenslangweilig, zum Sterben langweilig, F stinklangweilig, -fad sein; **c'est à** ~ **de rire** das ist zum Totlachen; **faire** ~ qn Krankheit j-n da'hinraffen, (hin-') wegraffen; Kummer j-n ins Grab bringen; **faire** ~ qn **à petit feu** j-n zu Tode quälen, allmählich ins Grab bringen; **on le fait** ~ **vers 1500** man nimmt an, daß er gegen 1500 gestorben ist; **laisser** ~ **la conversation** die Unterhaltung einschlafen lassen; **Wellen venir** ~ **sur la grève** am Strand sanft auslaufen; ♦ Gladiatorengruß **ceux qui vont** ~ **te saluent** die dem Tode Geweihten grüßen dich; **II** v/pr litt **se** ~ ⟨nur prés⟩ im Sterben, in den letzten Zügen liegen; sterben; poét da'hingehen

mouron [murɔ̃] m **1.** bot Gauchheil m; ~ **blanc, des oiseaux** Vogelmiere f; Hühnerdarm m; ~ **d'eau a)** Bunge f; **b)** Wasserehrenpreis m; ~ **des fontaines** Quellkraut n; **2.** F fig **se faire du** ~ sich Sorgen, Gedanken, F Kopfschmerzen machen; **ne pas se faire du** ~ auch F sich darüber, deswegen keine grauen Haare wachsen lassen

mouscaille [muskaj] f P **être dans la** ~ **a)** F in der Patsche, Tinte, schön im Dreck sitzen; **b)** in Not, im Elend sein; in Armut leben; cf auch **mouise**

mousmé [musme] f junge Ja'panerin

mousquet [muskɛ] m mil hist (Luntenschloß)Mus'kete f

mousquet|aire [muskətɛr] m **1.** mil hist

Musketier [-'tiːr] m; **2.** adit col m ~ etwa großer 'Umlegekragen mit spitzen Ekken; **poignet** m ~ 'Umlegemanschette f; ~**on** m **1.** mil hist (Art) Kara'biner m; **2.** Kara'binerhaken m

moussaillon [musajɔ̃] m F mar kleiner Schiffsjunge

mousse¹ [mus] f **1.** Schaum m; ~ **de la bière, de savon** Bier-, Seifenschaum m; **2.** cuis **a)** etwa Cremespeise f (mit Schlagsahne od Eierschnee zubereitet); ~ **au chocolat** Schoko'ladencremespeise f; **b)** sehr leichte, schaumige Pa'stete; ~ **de foie de volaille** (schaumige) Geflügelleberpastete; **3.** Kunststoffindustrie Schaumstoff m; adit **caoutchouc** m ~ Schaumgummi m; **4.** tech **carbonique** Kohlensäureschnee m; **5.** text ~ (de nylon) Nylonkrepp ['nai-] m; **6.** chim ~ **de platine** Platinschwamm m; **7.** beim Stricken adit **point** m ~ Rechts-'rechts-Muster n; **8.** F fig **se faire de la** ~ sich Sorgen, Gedanken, F Kopfschmerzen machen; cf auch **mouron 2.**

mousse² [mus] f bot Moos n; **les** ~**s** die Moose, Moospflanzen f/pl; ~ **d'Islande** Isländisch(es) Moos; Island-, Tartschenflechte f; loc/adi **couvert de** ~ bemoost; moosbedeckt; moosig; adit **vert** ~ **a)** Moosgrün n; **b)** ⟨inv⟩ moosgrün

mousse³ [mus] m mar Schiffsjunge m; plais Moses m

mousse⁴ [mus] adj tech Schneide-, Werkzeug etc stumpf

mousseline [muslin] f **1.** text Musse'lin od Mousse'line m; ~ **de coton, de laine, de soie** Baumwoll-, Woll-, Seidenmusselin m; **robe** f **de** ~ Musselinkleid n; **2.** Glasfabrikation ~ od adit **verre** m ~ **a)** hauchdünnes Glas; **b)** Musse'linglas n; **c)** (Art) O'pakglas n (für Fenster und Türen); **3.** cuis adit **pommes** f/pl ~ (sahnig geschlagenes) Kar'toffelpüree n, -mus n; **sauce** f ~ holländische Soße mit Schlagsahne

mousser [muse] v/i **1.** Bier, Seife etc schäumen; Sekt auch mous'sieren; perlen; **2.** F fig **faire** ~ qn **a)** j-n wütend, rasend machen; F j-n auf die Palme, auf achtzig bringen; j-n fuchsteufelswild machen; **b)** auch qc j-n, etw (über Gebühr) her'ausstreichen; j-n, etw in zu günstigem Licht darstellen; F fig **se faire** ~ **auprès de** qn sich bei j-m besonders herausstreichen

mousseron [musrɔ̃] m bot **a)** Mai-, Georgsritterling m; Georgspilz m; **b)** Nelken-, Feldschwindling m; **c)** Echter Musse'ron; Mehlräsling m

mousseux [musø] adj ⟨-euse⟩ **1.** Bier, Seife etc schäumend; Sekt auch mous'sierend; perlend; **vin** ~ od subst ~ m Schaumwein m; Sekt m; moussierender Wein; **2.** bot **rose mousseuse** Moosrose f

mousson [musɔ̃] f **a)** Mon'sun m; ~ **d'été, d'hiver** Sommer-, Wintermonsun m; **b)** Zeit f des Monsunwechsels; **les orages de la** ~ die Stürme zur Zeit des Monsunwechsels, bei Monsunwechsel

moussu [musy] adj bot bemoost; moosbedeckt; moosig; **rose** ~ **e** Moosrose f

moustac [mustak] m zo Blaumaulmeerkatze f

moustache [mustaʃ] f **1.** Schnurrbart m; ~**(s) à la Charlot** kleine Fliege; ~**(s) en brosse** englischer Schnurrbart; fig beim Milchtrinken **tu t'es fait une** ~ **blanche** du hast dir e-n weißen Bart gemacht; **porter la** ~, **des** ~**s** e-n Schnurrbart tragen; **tirer sur sa** ~ an s-m Schnurrbart ziehen; **2.** bei Katzen, Löwen etc Schnurrhaare n/pl; Bart m

moustachu [mustaʃy] **I** adj schnurrbärtig; schnauzbärtig; mit (e-m) Schnurr-,

Schnauzbart; **II** *m* Schnurr-, Schnauzbärtige(r) *m*; F Schnauzbart *m*
moustérien [musterjɛ̃] *adj* ‹₋ne› *Vor-geschichte* **période** ₋ne *od subst* ₋ *m* Moustérien *n*
moustiquaire [mustikɛr] *f* Mos'kito-netz *n*
moustique [mustik] *m* **1.** *zo allg* (Stech)Mücke *f*; *in den Tropen* Mos'kito *m*; **2.** F *fig von e-m zarten Kind* F zartes Wurm, Würmchen
moût [mu] *m* **1.** *von Weintrauben, Äpfeln, Birnen* Most *m*; (unausgegorener) (Trauben- *bzw* Apfel- *bzw* Birnen)Saft; ₋ de raisin Traubenmost *m*; **2.** *Bierbraue-rei* ₋ de bière (Bier)Würze *f*
moutard [mutar] P *m* Kerlchen *n*; Knirps *m*; F Stöpsel *m*; Steppke *m*; Drei'käsehoch *m*; ₋s *pl* Kinder *n/pl*; F Gören *n/pl*; Bälger *m/pl od n/pl*; Blagen *n/pl od f/pl*; Tra'banten *m/pl*; (kleines) Kroppzeug
moutarde [mutard] *f* **1.** *cuis* Senf *m*; Mostrich *m*; ₋ extra-forte extrascharfer Senf; *adit* (jaune) ₋ ‹*inv*› senffarben; sauce *f* ₋ Mostrich-, Senfsoße *f*; F *fig* la ₋ lui monte au nez er fängt an, ärgerlich, ungehalten, gereizt zu wer-den; der Zorn steigt in ihm hoch; die Zornader schwillt ihm an; F er kriegt die Wut; **2.** *bot* Senf *m*; ₋ blanche, noire Weißer, Schwarzer Senf; ₋ sauvage, des champs Ackersenf *m*; farine *f* de ₋ Senfmehl *n*; graine *f* de ₋ Senfkorn *n*; **3.** *mil adit* gaz *m* ₋ Senfgas *n*
moutardier [mutardje] *m* **1.** Mostrich-, Senftopf *m*; **2.** Senffabrikant, -händler *m*; *fig* se croire le premier ₋ du pape sehr von sich eingenommen sein; sich etwas einbilden; F sich wichtigtuer sein
mouton [mutõ] *m* **1.** *zo allg* Schaf *n*; *im engeren Sinne* Hammel *m*; *österr auch* Schöps *m*; ₋ domestique Hausschaf *n*; *fig* un ₋ à cinq pattes etwas ganz Seltenes, Rares; *von e-r Person* F ein weißer Rabe; *fig* ₋ de Panurge Herden-mensch *m*; maladies *f/pl* du ₋ Schaf-krankheiten *f/pl*; tonte *f* des ₋s Schaf-schur *f*; troupeau *m* de ₋s Schafherde *f*; *Person* doux comme un ₋ lamm-fromm; sanft, geduldig wie ein Lamm; *fig* se laisser égorger comme des ₋s sich wie das Vieh abschlachten lassen; sich 'widerstandslos 'umbringen lassen; *Person* être frisé, friser comme un ₋ Kraushaar, e-n Krauskopf haben; kraushaarig, -köpfig sein; *fig* revenons à nos ₋s! kommen wir wieder zur Sache!; kommen wir zu unserem Thema zurück!; zur Sache!; *fig von Personen* ils suivent comme des ₋s sie sind Herdenmenschen, -tiere; **2.** *cuis* Ham-melfleisch *n*; ragoût *m* de ₋ Hammelra-gout *n*; **3.** Schafleder *n*; *loc/adj* en ₋ Schafleder...; schafledern; **4.** Schaffell *n*, -pelz *m*; ₋ doré *grau oder kastanien-braun gefärbter, stark gekräuselter Schafpelz*; manteau *m* en ₋ Schafpelz *m*; doublé de ₋ mit Schaffell gefüttert; **5.** *fig von e-r Person* nachgiebiger, leicht-gläubiger Mensch; F gutmütiges Schaf; **6.** ₋s *pl* a) (Staub)Flocken *f/pl*; b) Schaumkronen *f/pl*, -kämme *m/pl*; c) Schäfchen(wolken) *n/pl* (*f/pl*); Lämmer-wolken *f/pl*, -wölkchen *n/pl*; **7.** *arg* (*mouchard*) (als) Poli'zeispitzel *m* (täti-ger Mitgefangener, Zellengenosse); **8.** *bât* Ramme *f*; *im engeren Sinne* (Ramm-) Bär *m*; ₋ Diesel Dieselramme *f*; ₋ à vapeur Dampframme *f*; **9.** *tech* Ma-'schinenhammer *m*; *im engeren Sinne* Fallhammer *m*; (Hammer)Bär *m*; **10.** *am* Glockenstuhl Querbalken *m* (*an dem die Glocke hängt*)

moutonn|é [mutɔne] *adj* **1.** *Himmel* voller Schäfchen(wolken), Lämmerwol-ken; mit Schäfchen(wolken), Lämmer-wolken bedeckt; **2.** *Person* kraushaarig, -köpfig; ₋e Krauskopf *m*; ₋ement *m des Meeres, der Wellen* Schäumen *n*; Kräuselung *f*
moutonn|er [mutɔne] *v/i Meer* sich mit Schaumkronen, -kämmen bedecken; *Wellen, Meer* Schaumkronen, -kämme bilden, tragen; schäumen; sich kräuseln; les nuages moutonnent dans le ciel der Himmel ist mit Schäfchen(wolken), Lämmerwolken bedeckt; ₋eux *adj* ‹-euse› *Meer* voller Schaumkronen, -kämme; mit Schaumkronen, -kämmen bedeckt; schäumend; sich kräuselnd; ₋ier *adj* ‹-ière› *fig u péi* (wie die Schafe) blind den andern folgend; vom Herdentrieb gelenkt; être ₋ ein Herden-mensch, -tier sein; vom Herdentrieb gelenkt werden
mouture [mutyr] *f* **1.** *von Korn etc* Mahlen *n*; Vermahlen *n*, -ung *f*; ₋ basse, haute Flach-, Hochmüllerei *f*; **2.** *agr* Gemenge *n*, Mengkorn *n* (*aus Weizen, Roggen, Gerste*); pain *m* de ₋ (Rog-gen)Mischbrot *n*; **3.** *fig u péi* Aufguß *m*; Abklatsch *m*
mouvance [muvɑ̃s] *f* **1.** *féod* a) Lehns-verhältnis *n*; b) ₋ active Lehen *n*, von dem Afterlehen abhängig sind; ₋ passi-ve Afterlehen *n*; **2.** *litt* Einflußbereich *m*; **3.** *litt* Unbeständigkeit *f*; Veränder-lichkeit *f*
mouvant [muvɑ̃] *adj* **1.** sich ständig wandelnd, bewegend; *Kornfeld* wogend; *Feuer* unruhig flackernd; *fig Lage* sich ständig ändernd; unsicher; unbeständig (*auch Gedanken*); *Bergson* La pensée et le ₋ Denken und schöpferisches Wer-den; **2.** sables ₋s Treib-, Trieb-, Flug-sand *m*; *im Wattenmeer* Treib-, Schwimmsand *m*; terrain ₋ schwanken-der Boden; *fig* avancer en terrain ₋ sich auf unsicheres, unbekanntes Gebiet begeben
mouvement [muvmɑ̃] *m* **1.** *phys, astr, biol* Bewegung *f*; ♦ ₋ ascensionnel, ascendant, montant Aufsteigen *n*; Auf-wärtsbewegung *f*; *phys, mus* ₋ perpétuel Per'petuum mobile *n*; *astr der Fixsterne* ₋ propre, réel Eigenbewegung *f*; ♦ ₋ de l'air Luftbewegung *f*; *der Preise, Kurse* ₋ de baisse Fallen *n*; Sinken *n*; Her'untergehen *n*; Rückgang *m*; rück-läufige Bewegung; *comm* ₋s de caisse Kassenumsatz *m*; *cin* ₋s de caméra Kamerabewegungen *f/pl*; ₋ de capi-taux Kapi'talbewegung *f*, -verkehr *m*; ₋s de fonds Geldverkehr *m*, -umlauf *m*; ₋s de foule Wogen *n* der Menge; *der Preise, Kurse* ₋ de hausse Anstieg *m*; (An)Steigen *n*; Anziehen *n*; Her'auf-gehen *n*; Auftrieb *m*; ₋ de locomotion Lokomoti'onsbewegung *f*; lokomo-'torische Bewegung; aktive Ortsbewe-gung; ₋s des marchandises Waren- *bzw* Güterbewegung *f*, -verkehr *m*, -umschlag *m*, -umlauf *m*; ₋s de nage Schwimmbewegungen *f/pl*; *in e-m Ha-fen, Kanal* ₋ des navires Schiffsverkehr *m*; ₋s de personnel Perso'nalver-änderungen *f/pl*; Beförderungen *f/pl* und Versetzungen *f/pl* (*innerhalb des Betriebes*); ₋s de population Bevölke-rungsbewegungen *f/pl*; *mar* ₋s du port Hafenverkehr *m*; direction *f* des ₋s du port Hafenamt *n*; ₋s de prix Preisbe-wegung *f*; ₋ de rotation rotierende Bewegung; Drehbewegung *f*; *bât* ₋ des terres Erdbewegung *f*; ₋ de tête, de bras, de jambe Kopf-, Arm-, Beinbe-wegung *f*; ₋ de translation Trans-

lati'onsbewegung *f*; direction *f* d'un ₋ Bewegungsrichtung *f*; *ch de fer* service *m* du ₋ Betriebsdienst *m*; transmission *f* du ₋ Bewegungsübertragung *f*; ♦ *loc/adv* en deux temps, trois ₋s blitzschnell; im Handumdrehen; im Nu; F in Null Komma nichts; ♦ *Person* aimer le ₋ Bewegung und Abwechs-lung lieben; avoir besoin de ₋ Bewe-gung brauchen; *bei der Gymnastik* com-mander le ₋ die auszuführenden Bewe-gungen ansagen; se donner, prendre du ₋ sich Bewegung verschaffen, ma-chen; *Mechanismus* mettre en ₋ in Bewegung, in Gang setzen; *fig* suivre le ₋ mit dem Strom schwimmen; sich der Allgemeinheit anschließen; **2.** *mil* Bewe-gung *f*; ₋ de retrait Rückzugsbewegung *f*; ₋ de troupes Truppenbewegung *f*, -verschie-bung *f*; faire ₋ vers la frontière sich auf die Grenze zu bewegen; auf die Grenze zu marschieren; être prêt à faire des ₋s sprungbereit sein; **3.** *mus* a) Tempo *n*; Zeitmaß *n*; indication *f* de ₋ Tempoangabe *f*; presser, ralentir le ₋ das Tempo beschleunigen, verlangsa-men (*auch fig*); *fig* pressons le ₋! wir müssen uns beeilen, sputen!; b) *e-s Musikstücks* Satz *m*; c) *e-r Melodie, Stimme* Bewegung *f*; ₋ contraire, obli-que, parallèle Gegen-, Seiten-, Paral-'lelbewegung *f*; **4.** *tech e-r Uhr* Räder-werk *n*; *e-r Lokomotive* Lauf- und Triebwerk *n*; *in e-m Zeitzünder* ₋ d'horlogerie Uhrwerk *n*; **5.** *fig politi-sche, religiöse, literarische etc* Bewegung *f*; ₋ ouvrier, syndicaliste Arbeiter-, Gewerkschaftsbewegung *f*; *in Frank-reich* ♀ ₋ républicain populaire (*abr* M.R.P.) Volksrepublikaner *m/pl*; ₋ de grève Streikbewegung *f*; ₋s de jeu-nesse Jugendbewegungen *f/pl*; ₋ de protestation, de réforme, de résis-tance Pro'test-, Re'form-, 'Wider-standsbewegung *f*; **6.** *fig* Reakti'on *f*; (Gefühls)Regung *f*; *von Zorn, schlechter Laune etc* Anwandlung *f* (de von); Aufwallung *f* (+*gén*); bon ₋ gute Re-gung; dans un bon ₋ il lui pardonne e-r guten Regung folgend, nachgebend ...; un bon ₋, venez avec nous! geben Sie sich e-n Ruck, lassen Sie Ihrem Herzen e-n Stoß, lassen Sie sich über'reden, *auch* machen Sie e-e freundliche Geste ...; le premier ₋ est the erste Reaktion; ₋ d'impatience, d'indignation plötzlich aufsteigende Ungeduld, Entrüstung; *loc/adv* de son propre ₋ aus eigenem Antrieb; aus eigener Initiative; **7.** *fig in e-r Straße, Stadt* reges Leben (und Trei-ben); *e-s Berichts* Le'bendigkeit *f* (*auch des Ausdrucks*); Anschaulichkeit *f*; *peint* Ausdruck *m*; Leben *n*; *in e-m Gemälde* il y a du ₋ da ist Leben drin; das lebt; il y a beaucoup de ₋ dans cette rue dies ist e-e sehr belebte Straße; in dieser Straße herrscht ein reges Leben; **8.** *fig der Geschichte, Gesellschaft, Ideen* Wandel *m*; Veränderung *f*
mouvementé [muvmɑ̃te] *adj Sitzung* erregt; stürmisch; *Verfolgung* dra-'matisch; *Leben* bewegt; abwechslungs-reich; *Bericht* le'bendig; anschaulich
mouvette [muvɛt] *f cuis* Kochlöffel *m*
mouvoir [muvwar] ‹je meus, il meut, nous mouvons, ils meuvent; je mou-vais; je mus; je mouvrai; que je meuve; mouvant; mû, mue; *bis auf inf, prés ind. p/pr u p/p selten gebraucht*› **I** *v/t* **1.** *Gliedmaßen* bewegen; *Maschine* être mû par la force hydraulique durch *od* mit Wasserkraft angetrieben werden; comme mû par un ressort wie von e-r Feder geschnellt; **2.** *fig*

Person être mû par un sentiment de bonté e-e Anwandlung von Güte haben; être mû par un sentiment d'espoir von Hoffnung beseelt sein, getrieben werden; **II** *v/pr* se ~ sich bewegen; *litt auch* leben

moxa [mɔksa] *m méd* **a)** Moxibusti'on *f*; **b)** Moxa *f*; Brennkegel *m*

moye [mwa] *f in e-m Stein* weiche Schicht

moyen¹ [mwajɛ̃] *adj* ⟨moyenne [mwajɛn]⟩ **1.** mittlere(r, -s); mittel...; ⟨ Âge Mittelalter *n*; classes ~nes Mittelstand *m*; *e-s Flusses* cours ~ Mittellauf *m*; ~ne entreprise Mittelbetrieb *m*; mittlerer Betrieb; mittleres Unter'nehmen; *ling:* le ~ français das Mittelfranzösische; Mittelfranzösisch *n*; le ~ 'haut--allemand das Mittelhochdeutsche; Mittelhochdeutsch *n*; *rad* ondes ~nes Mittelwelle(n) *f(pl)*; *anat* oreille ~ne Mittelohr *n*; *Boxen, Ringen* poids ~ *cf* poids 3.; ~ terme *im Syllogismus* Mittelbegriff *m*; *fig* Mittelweg *m*; *math e-r Verhältnisgleichung* termes ~s Innenglieder *n/pl*; *ling, bes im Griechischen* voix ~ne Medium *n*; **2.** 'durchschnittlich; 'Durchschnitts... *(auch fig)*; âge ~ Durchschnittsalter *m*; durchschnittliches Alter; espérance ~ne de vie durchschnittliche Lebenserwartung; *fig* le Français, le lecteur ~ der Durchschnittsfranzose, -leser; *météo* température ~ne Durchschnittstemperatur *f*; Tempera'turmittel *n*; **3.** *Ergebnis, Schüler, Qualität* (mittel)mäßig; qualité ~ne *auch* mittelgute, mittlere, 'durchschnittliche Qualität; Mittelsorte *f*; *Schüler* être ~ en français in Französisch mittelmäßig sein

moyen² [mwajɛ̃] *m* **1.** Mittel *n*; Weg *m*; ♦ un bon ~, un ~ efficace, simple, sûr ein gutes, wirksames, einfaches, sicheres Mittel; les grands ~s das äußerste, letzte Mittel; employer les grands ~s das äußerste, letzte Mittel anwenden; zum äußersten, letzten Mittel greifen; ♦ ~ d'action Weg *m*, Möglichkeit *f* zu handeln; Akti'onsmöglichkeit *f*; Möglichkeit zum Handeln, Eingreifen; ~s du bord verfügbare, vorhandene Mittel; ~s de communication Verkehrsmittel *n/pl*; ~s de défense *mil, jur* Verteidigungsmittel *n/pl; physiol des Organismus* Abwehrmittel *n/pl; jur auch* Verteidigungsvorbringen *n*; ~ d'existence *cf* existence 2.; ~ d'expression Ausdrucksmittel *n*; ~ de fortune Behelf(smittel) *m(n)*; ~ de pression Druck-, Zwangsmittel *n; jur* ~s de preuve Beweismittel *n/pl*; ~s de production Produkti'onsmittel *n/pl*; ~ de transport Beförderungs-, Trans-'port-, Verkehrsmittel *n; gr* complément *m* de ~ Instrumen'talergänzung *f*; ♦ *loc/adv* par tous les ~s mit allen Mitteln; *loc/prép:* au ~ de mit (+*dat*); mit Hilfe von (*od* + *gén*); (ver)mittels (+*gén*); par le ~ de durch (+*acc*); mit Hilfe von (*od* + *gén*); annoncer une nouvelle par le ~ des ondes ... durch den Rundfunk, mit Hilfe des Rundfunks; par ce ~ hierdurch; par quel ~? (aber) wie?; ♦ le ~ de faire tout *ce qu'il demande!* wie soll man alles tun ...!; il y a un ~ de (+*inf*) es gibt ein Mittel, e-n Weg, e-e Möglichkeit zu (+*inf*); es ist möglich zu (+*inf*); (il n'y a) pas ~ de (+*inf*) es ist unmöglich, nicht möglich zu (+*inf*); es gibt kein Mittel zu (+*inf*); pas ~ de le joindre au téléphone es ist unmöglich, es besteht keine Möglichkeit ihn telephonisch zu erreichen; *ellip F* pas (plus) ~! das ist nicht (mehr) möglich!; (das ist) unmöglich!; das geht nicht (mehr)!; da ist nichts (mehr) zu machen!;

ungeduldig *F* alors, il n'y a plus ~? *wenn j zu spät kommt* können Sie nicht etwas früher kommen?; *wenn man in e-r Unterhaltung ständig gestört wird* kann man nicht e-n Augenblick ungestört sprechen?; können Sie uns nicht ein paar Minuten in Ruhe lassen?; müssen Sie uns dauernd stören?; il y a plusieurs ~s de (+*inf*) es gibt mehrere Mittel, Wege, Möglichkeiten zu (+*inf*); s'il en avait le ~ *od* les ~s! wenn er es nur könnte!; c'est l'unique ~ de le persuader das ist das einzige Mittel, ihn zu über-'zeugen; tous les ~s lui sont bons ihm ist jedes Mittel recht; il a essayé tous les ~s er hat alles versucht; er hat nichts, kein Mittel unversucht gelassen; trouver (le, un) ~ de, pour (+*inf*) Mittel und Wege, ein Mittel, e-n Weg, e-e Möglichkeit finden zu (+*inf*); *F iron* il as trouvé ~ de casser le vase *F* du hast es also tatsächlich geschafft ...; **2.** ~s *pl e-r Person* **a)** (geistige) Fähigkeiten *f/pl*; Anlagen *f/pl*; Ta'lent *n*; Begabung *f*; **b)** (körperliche) Kräfte *f/pl; loc/adv* par ses propres ~s **a)** aus eigener Kraft; **b)** allein *bzw* zu Fuß mit ...; il a réussi par ses propres ~s er hat es aus eigener Kraft geschafft; les voyageurs *du car en panne* devaient gagner le village par leurs propres ~s die Fahrgäste ... mußten bis zu dem Dorf zu Fuß gehen; il est rentré chez lui par ses propres ~s er ist allein, zu Fuß, mit e-m öffentlichen Verkehrsmittel, im eigenen Wagen *etc* nach Hause gekommen; couper les ~s à qn j-n entwaffnen *(fig)*; c'est au--dessus de mes ~s **a)** das geht über meine Kraft, Kräfte; das übersteigt meine Kräfte; **b)** das übersteigt mein Können; *F* das geht über meinen Horizont; *cf auch* 3.; *Schüler* manquer de ~s unbegabt, nicht begabt sein; keine Begabung haben; *bei e-m Examen etc* perdre ses ~s (völlig) versagen; **3.** ~s *pl (Geld)* Mittel *n/pl; F* avoir de (petits) gros ~s (nicht sehr) begütert, bemittelt, wohlhabend sein; il a les ~s! er kann es sich leisten!; *F* er hat es ja!; avoir les ~s de (+*inf*) die Mittel haben, es sich leisten können zu (+*inf*); c'est au-dessus de mes ~s das über'steigt meine Mittel, Verhältnisse; das kann ich mir nicht leisten; **vivre au-dessus de ses ~s** über s-e Verhältnisse leben

Moyen-Âge [mwajɛnaʒ] *m* Mittelalter *n* (*abr* MA.)

moyenâgeux [mwajɛnaʒø] *adj* ⟨-euse⟩ mittelalterlich *(auch fig u péj)*; *fig u péj: Methoden etc* wie im (finsteren) Mittelalter

moyen-courrier [mwajɛ̃kurje] *m* ⟨*pl* moyens-courriers⟩ *aviat* **1.** Mittelstreckenflugzeug *n*; **2.** *adjt* ⟨*inv*⟩ Mittelstrecken...; les réseaux ~ du monde entier die Mittelstreckenflugnetze der ganzen Welt

moyennant [mwajɛnɑ̃] *prép* für (+*acc*); mit (+*dat*); gegen (+*acc*); mittels (+*gén*); durch (+*acc*); il y parviendra ~ un effort soutenu ... unter unterbrochene Anstrengung, Bemühung; acquérir qc ~ un prix convenu ... für e-n, zu e-m vereinbarten Preis; rendre un service ~ récompense ... gegen Belohnung; une somme modique für e-e bescheidene Summe; mit, mittels e-r bescheidenen Summe; ~ quoi wo'für; wo'mit; wo'durch

moyenne [mwajɛn] *f* 'Durchschnitt *m*; *math, météo* Mittel *n*; Mittelwert *m*; *météo* ~ annuelle, diurne, mensuelle Jahres-, Tages-, Monatsmittel *n*; *math* ~ arithmétique, géométrique, harmonique, quadratique arithmetisches, geo-

metrisches, harmonisches, quadratisches Mittel; *bei der Listenwahl* ~ électorale Wahlquotient *m*; Verteilungszahl *f*; ~ de ... Durchschnitts..., durchschnittlich; ~ d'âge Durchschnittsalter *n*; la ~ d'âge est de ... das Durchschnittsalter liegt bei ...; ~ des températures durchschnittliche Temperatur; *loc/adj:* Begabung *etc* au-dessus de la ~ 'überdurchschnittlich; être au-dessus, au-dessous de la ~ über, unter dem Durchschnitt liegen; *loc/adv* en ~ durchschnittlich; im Durchschnitt; im Mittel; *F* im Schnitt; *Schüler* avoir la ~ den Durchschnitt erreicht haben; calculer, faire la ~ den Durchschnitt, das Mittel, den Mittelwert errechnen, ausrechnen; den Durchschnitt ermitteln; *Schüler* être dans la bonne ~ guter Durchschnitt sein; *F* cela fait une ~ das gleicht sich aus; das hält sich die Waage; *Autofahrer* faire du 70 de ~, rouler à une ~ de 70 durchschnittlich, im Schnitt (mit) 70 fahren; mit e-r Durchschnittsgeschwindigkeit von 70 Stundenkilometern fahren

moyennement [mwajɛnmɑ̃] *adv* **1.** (mittel)mäßig; comment va-t-il? – ~ ... (mittel)mäßig; **2.** ~ bien, vite verhältnismäßig gut, schnell; **3.** *selten cf* (en) moyenne

moyenner [mwajene] *v/t P* il n'y a pas moyen de ~ da ist nichts zu machen

moyeu [mwajø] *m e-s Rades, e-r Luftschraube, e-s Lenkrades etc* Nabe *f; e-s Rades auch* Radnabe *f*

mozarabe [mozarab] *hist* **I** *adj* moza'rabisch; **II** *m* Moz'araber *m*

mozette [mozɛt] *f cf* mosette

mû [my] *p/p von* mouvoir

muance [myɑ̃s] *f mus in der Solmisation des Mittelalters* Mutati'on *f*

mucilage [mysilaʒ] *m* **1.** *bot* Pflanzenschleim *m*; **2.** *phm* Gummilösung *f*

mucilagineux [mysilaʒinø] *adj* ⟨-euse⟩ *bot* schleimhaltig; *phm auch* schleimig

mucique [mysik] *adj chim* acide *m* ~ Schleimsäure *f*

mucor [mykɔr] *m bot* Kopfschimmel *m; sc* Mucor *m*

mucoracées [mykɔrase] *f/pl od* **mucorinées** [mykɔrine] *f/pl bot* Kopfschimmel-, *sc* Mucorarten *f/pl*

mucosité [mykozite] *f physiol* Schleim *m (der Schleimhäute)*

mucron [mykrɔ̃] *m bot mancher Pflanzenorgane* Spitze *f*

mucus [mykys] *m physiol* Schleim *m (der Schleimdrüsen)*

mudéjar [mydeʒar] *adj in Spanien* art *m* ~ Mudejarstil [-'dɛxar-] *m*

mue [my] *f* **1.** *zo* **a)** *der Vögel* Mauser *f*; Mauserung *f; der Schlangen, Krebse* Häutung *f; behaarter Säugetiere* Sich-'haaren *od* Sich'hären *n*, **b)** Mauserzeit *f*; Zeit *f* der Mauser, der Häutung, des Sichhaarens; **c)** *e-r Schlange* abgestreifte Haut; *ch* abgeworfenes Geweih; **2.** *physiol* Stimmbruch *m*; -wechsel *m; sc* Mutati'on *f*

mue² [my] *p/p von* mouvoir

muer [mɥe] **I** *v/i* **1.** *zo Vögel* sich mausern; in der Mauser sein; *Schlangen, Krebse* sich häuten; *behaarte Säugetiere* sich haaren, hären; **2.** *physiol* im Stimmbruch sein; sich im Stimmwechsel befinden; *sc* mu'tieren; **sa voix mue** er ist im Stimmbruch; **sa voix a mue** s-e Stimme hat sich *nach dem Stimmbruch* verändert; **II** *v/t* **3.** *ch Hirsch* ~ sa tête das Geweih abwerfen; **4.** *(auch v/pr) litt* (se) ~ en (sich) verwandeln in (+*acc*)

muet [mɥe] **I** *adj* ⟨~te⟩ *Person* stumm *(auch fig Protest, Vorwurf, Verzweiflung etc)*; *fig* sprachlos; *géogr* carte ~te

stumme Karte; *ch* **chien** ～ nicht anschlagender, nicht Laut gebender Spürhund; **cinéma, film** ～ Stummfilm *m*; **clavier** ～ *mus* stumme Klaviatur; *e-r Schreibmaschine* Tastatur *f* ohne Beschriftung der Tasten; **joie** ～**te** stille, innige Freude; *thé* **jeu** ～ stummes Spiel; *phon* **lettre** ～**te, e, h** ～ stummer Laut, stummes e, h; **médaille** ～**te** Medaille *f*, Münze *f* ohne Inschrift; *Weinbereitung* **moût** ～ noch nicht in Gärung 'übergegangener Most; *thé* **personnages** ～**s**, **rôle** ～ stumme Personen *f/pl*, Rolle; **reproche** ～ stiller, unausgesprochener Vorwurf; ～, **sourd et** ～ **de naissance** von Geburt stumm, taubstumm; *fig* ～ **d'admiration, d'étonnement** stumm, sprachlos vor Bewunderung, Staunen; *Gesetz etc* **être** ～ **sur qc** über *etw (acc)* schweigen, nichts sagen; *fig* **être** ～ **comme une carpe** stumm wie ein Fisch sein; **rester** ～ **de terreur** vor Entsetzen verstummen, kein Wort herausbringen; *loc/prov* **les grandes douleurs sont** ～**tes** großer Schmerz macht stumm, äußert sich nicht nach außen hin; großer Schmerz, stummer Schmerz; **II** *subst* **1.** ～**(te)** *m(f)* Stumme(r) *f(m)*; *hist* **la grande** ～ **te** *zur Zeit der 3. Republik Spitzname für die französische Armee*; **2.** *cin* **le** ～ der Stummfilm

muezzin [myɛzɛ̃] *m Islam* Mu'ezzin *m*

mufle [myfl(ə)] *m* **1.** *bei Hund, Katze, Nagetieren etc* Schnauze *f*; *beim Rind, Löwen etc* Maul *n*; *bei Ziegen, Schafen auch* Muffel *m*; **2.** F *fig von e-r Person* Flegel *m*; Lümmel *m*; ungehobelter, ungeschliffener Kerl; Rüpel *m*; **quel** ～! so ein Flegel *etc*!; **se conduire comme un** ～ sich wie ein Flegel *etc* benehmen; sich flegel-, lümmel-, rüpelhaft benehmen; *adjt* **être** ～ ein Flegel *etc* sein

muflerie [myflɔri] *f* Flege'lei *f*; Lümme'lei *f*; Rüpe'lei *f*; Flegel-, Lümmel-, Rüpelhaftigkeit *f*; ungehobeltes, ungeschliffenes Benehmen

muflier [myflije] *m bot* Löwenmaul *n*, -mäulchen *n*; ～ **à grandes fleurs** Großes Löwenmaul

mufti [myfti] *m Islam* Mufti *m*

muge [myʒ] *m zo* Meeräsche *f*; ～ **porc** Gemeine Meeräsche; ～ **à grosses lèvres** Grauäsche *f*; ～ **à grosse tête** Großkopfmeeräsche *f*

mugir [myʒir] *v/i* **1.** *Rinder* brüllen; muhen; **2.** *fig Meer* brausen; tosen; brüllen; *Wind* brausen; sausen; heulen

mugiss|ant [myʒisã] *adj* **1.** *Rind* brüllend; muhend; **2.** *fig Meer* brausend; tosend; brüllend; *Wind* brausend; heulend; sausend; ～**ement** *m* **1.** *der Rinder* Brüllen *n*; Gebrüll *n*; Muhen *n*; **2.** *fig des Meeres, Sturmes* Brausen *n*; Tosen *n*; Brüllen *n*; *des Windes* Brausen *n*; Sausen *n*; Heulen *n*

muguet [mygɛ] *m* **1.** *bot* ～ **(des bois)** Maiglöckchen *n*; **petit** ～ Zweiblättriges Schattenblümchen; **essence** *f* **de** ～ Maiglöckchenöl *n*; **2.** *path* Schwämmchen *n*; Soor *m*

mulassier [mylasje] *adj* ⟨-ière⟩ Maultier...; Maulesel...; **jument mulassière** *od subst* **mulassière** *f* Stute *f* für die Maultierzucht

mulâtr|e [mylɑtr(ə)] **I** *adj* ⟨*auch f*⟩ Mu'latten...; **II** *m, f* Mu'latte *m*, Mu'lattin *f*; ～**esse** *f* Mu'lattin *f*

mule¹ [myl] *f zo* weibliches Maultier; Mauleselin *f*; F *fig von e-r Person* **tête** *f* **de** ～ Dick-, Starrkopf *m*; F Dickschädel *m*; F **avoir une tête de** ～ e-n Dickkopf, -schädel haben; ein Dick-, Starrkopf, Dickschädel sein; dick-, starrköpfig sein; F **têtu comme une** ～ störrisch wie

ein Esel; dick-, starrköpfig; F **être chargé comme une** ～ wie ein Packesel beladen sein; der reinste Packesel sein

mule² [myl] *f für Damen, des Papstes* Pan'toffel *m*

mule-jenny [myldʒeni] *f* ⟨*pl* mules-jennys⟩ *Spinnerei früher* Mulemaschine *f*

mulet [mylɛ] *m zo* **1. (grand)** ～ Maultier *n*; **(petit)** ～ Maulesel *m*; F *fig* **être chargé comme un** ～, **têtu comme un** ～ *cf* mule¹; **2.** *Fisch* Meeräsche *f*

muleta [mulɛta, my-] *f beim Stierkampf* rotes Tuch

muletier [myltje] **I** *m* Maultiertreiber *m*; **II** *adj* ⟨-ière⟩ **chemin, sentier** ～ Maultier-, Saumpfad *m*

mulette [mylɛt] *f zo* Flußmuschel *f*

mullah [my(l)la] *m cf* mollah

mulot [mylo] *m zo* Waldmaus *f*

mulsion [mylsjɔ̃] *m agr* Melken *n*

multi|broches [myltibrɔʃ] *adj* ⟨*inv*⟩ *tech* **tour** *m* ～ mehr-, vielspindelige Drehbank; ～**caule** [-kol] *adj bot* vielstengelig; ～**cellulaire** *adj* **1.** *biol* vielzellig; aus vielen Zellen bestehend; *sc* multizellu'lär; **2.** *élect* **électromètre** *m* ～ Qua'drantenelektrometer *n*; ～**colore** [-kɔlɔr] *adj* mehr-, vielfarbig; bunt; ～**dimensionnel** *adj* ⟨～**le**⟩ *Raum* mehrdimensional; ～**filaire** *adj text* mehrfaserig; mehrfädig; *sc* multi'fil; *élect* mehr-, vieladrig; ～**flore** *adj bot* vielblütig; ～**forme** *adj* vielgestaltig, -förmig; in vielerlei Erscheinungsformen auftretend; *math* **fonction** *f* ～ mehrdeutige Funktion; ～**latéral** *adj* ⟨-aux⟩ *pol* mehrseitig; multilate'ral; ～**lobé** *adj bot, anat* vielklappig; aus zahlreichen Lappen bestehend; *sc* multilobu'lär; ～**loculaire** *adj bot Fruchtknoten* mehrfächerig; *sc* multilocu'lär; ～**milliardaire I** *adj* viele *od* mehrere Milli'arden besitzend; **II** *m, f* Multimilliardär(in) *m(f)*; viel-, mehrfache(r) Milliar'där(in) *m(f)*; ～**millionnaire I** *adj* viele *od* mehrere Milli'onen besitzend; **II** *m, f* Multimillionär(in) *m(f)*; viel-, mehrfache(r) Millio'när(in) *m(f)*; ～**moteur** *adj aviat* mehrmotorig; ～**national I** *adj* ⟨-aux⟩ *pol, écon* multinatio'nal; **II** *f* ～**e** multinatio'nales Unter'nehmen; F Multi *m*; ～**pare** [-par] **I** *adj Muttertier* mehrere Junge *(auf einmal)* werfend; *Frau die* mehrmals geboren hat; **II** *f von e-r Frau* Mehrgebärende *f*; *sc* Mul'ti-, Plu'ripara *f*; ～**place I** *adj Flugzeug* mehrsitzig; **II** *m aviat* Mehrsitzer *m*; ～**plan** *adj u subst m* **(avion** *m*) ～ Mehrdecker *m*

multiple [myltipl(ə)] **I** *adj* mehrfach; vielfach; *sc* mul'tipel; *Ursachen, Aspekte etc* mannigfach; mannigfaltig; verschieden(artig); vielfältig; *Abenteuer etc* zahlreich; **grossesse** *f* ～ Mehrlingsschwangerschaft *f*; *gr* **sujet** *m* ～ mehrgliedriges Subjekt; *loc/adv* **à de** ～**s reprises** mehrmals; mehrere Male; wieder'holt; mehrfach; **II** *m math* Vielfache(s) *n*; **plus petit commun** ～ *(abr* **p.p.c.m.)** kleinstes gemeinsames Vielfaches *(abr* k.g.V.); **21 est** *(un od adit)* ～ **de 7** 21 ist ein Vielfaches von 7

multiplet [myltiplɛ] *m phys atom, opt* Multi'plett *n*

multiplex [myltiplɛks] *adj u subst m* **(dispositif** *m*) ～ a) *télécomm* Multiplex (-system) *n*; b) *rad, télév* Konfe'renzschaltung *f*

multipliable [myltiplijabl(ə)] *adj math* multipli'zierbar

multiplicande [myltiplikãd] *m math* Multipli'kand *m*

multiplicat|eur [myltiplikatœr] *m* **1.** *math, écon* Multipli'kator *m*; *écon* ～ **du commerce international, d'emploi,**

d'investissement Außenhandels-, Beschäftigungs-, Investiti'onsmultiplikator *m*; **2.** *phys, phot, tech, rad, télécomm* Multipli'kator *m*; ～ **d'électrons** Elek'tronenvervielfacher *m*; Multiplier [-plaiər] *m*; ～ **de fréquence** Frequ'enzvervielfacher *m*; ～**if** *adj* ⟨-ive⟩ **1.** *math* **signe** ～ Mal-, Multiplikati'onszeichen *n*; **2.** *gr* Multiplika'tiv...; **adverbe** ～ Multiplika'tivum *n*; Multiplika'tivzahl *f*; **préfixe** ～ Multiplikativpräfix *m*

multiplication [myltiplikasjɔ̃] *f* **1.** *math* Malnehmen *n*, Multipli'zieren *n*, Multiplikati'on *f (par mit)*; **table** *f* **de** ～ Einmal'eins *n*; **2.** *biol* ungeschlechtliche Fortpflanzung *f*; *bot* Vermehrung *f*; ～ **végétative** ungeschlechtliche, vegetative Vermehrung; **3.** *tech* Über'setzung *f*; **4.** *fig* Vermehrung *f*; zahlenmäßige Erhöhung; Zunahme *f*; **5.** *bibl* **la** ～ **des pains** die wunderbare Brotvermehrung; die Speisung der Fünf- *bzw* Viertausend

multiplicité [myltiplisite] *f* Vielzahl *f*; Menge *f*; Vielfalt *f*; Vielfältigkeit *f*; Mannigfaltigkeit *f*; Reichhaltigkeit *f*

multiplier [myltiplije] **I** *v/t* **1.** *math* malnehmen, multipli'zieren *(par mit)*; **2.** *Versuch, Angebot etc* mehrfach wieder-'holen; *Irrtümer etc* vermehren; vergrößern; vervielfachen; *Wünsche auch* steigern; *Vorsichtsmaßnahmen* verdoppeln; verstärken; *adjt* **des offres multipliées** mehrfaches, wiederholtes Angebot; **3.** *bot* vermehren; **II** *v/i* **4.** *bibl* **croissez et multipliez** seid fruchtbar und mehret euch; **III** *v/pr* **se** ～ **5.** *Unfälle, Vorkommnisse* sich häufen; sich mehren; zunehmen; *impr Auflagen* steigen; **6.** *Pflanzen* sich vermehren; *Tiere auch* sich fortpflanzen

multi|polaire [myltipɔlɛr] *adj* **1.** *phys* mehr-, vielpolig; **2.** *biol* **cellule** *f* ～ mehrpo'lare Nervenzelle; ～**racial** *adj* ⟨-aux⟩ wo viele, mehrere Rassen zu-'sammenleben; ～**tube** *adj mil Raketenwerfer* mit e-n Bündel von Abschußrohren *bzw* Gleitschienen; ～**tubulaire** *adj tech Dampfkessel* vielröhrig; Vielröhren...

multitude [myltityd] *f* **1.** Vielzahl *f*; große Zahl; Menge *f*; F Haufen *m*; *p/fort* Unmenge *f*; **une** ～ **de fiches** e-e Unmenge von Zetteln; F ein Haufen Zettel; **une** ～ **de visiteurs entra** *od* **entrèrent** e-e Menge, sehr viele, F ein Haufen Besucher kamen; e-e große Zahl von Besuchern kam; **2.** *litt* (Menschen-, Volks)Menge *f*; große Masse; **les acclamations de la** ～ **de** Beifall der Menge, der großen Masse

multi|valve [myltivalv] *adj zo der Rankenfüßer* **carapace** *f* ～ aus mehreren Schilden zu'sammengesetztes Gehäuse; ～**vibrateur** *m Elektronik* Multivi'brator *m*

muni [myni] *cf* munir

munichois [mynikwa] **I** *adj* Münchner; **II** *subst* ♀(e) *m(f)* Münchner(in) *m(f)*

municipal [mynisipal] *adj* ⟨-aux⟩ kommu'nal; gemeindlich; städtisch; Kommu'nal...; Gemeinde...; Stadt...; **conseil** ～ *cf* conseil **3.**; **corps** ～, **officiers municipaux** Gemeinde-, Kommunalbeamte(n) *m/pl*; städtische Beamte(n) *m/pl*; **élections** ～**es** Kommunal-, Gemeindewahlen *f/pl*; **maison** ～**e** Gemeindeamt *n*; **piscine** ～**e** Stadtbad *n*; städtisches Bad; **théâtre** ～ Stadttheater *n*; ～**isation** *f* Kommunali-'sierung *f*

municipalité [mynisipalite] *f* **a)** Gemeindevorstand *m*; Magi'strat *m*; **b)** Gemeinde *f*; Stadt *f*

munificence [mynifisãs] *litt f* große Freigebigkeit; **donner avec** ～ reichlich,

mit offenen Händen geben

munir[mynir] **I** v/t ausstatten, versehen, ausrüsten (de mit); **être muni de qc** auch etw (bei sich) haben; **II** v/pr **se ~ de qc** sich mit etw versehen; auch etw mitnehmen; **se ~ de courage** allen Mut zu'sammennehmen

munitions [mynisjɔ̃] f/pl mil Muniti'on f; **dépôt** m, **entrepôt** m **de ~** Munitionslager n; **ravitaillement** m **en ~** Munitionsnachschub m

munster [mɛ̃ster, mœ̃-] m Münsterkäse m

muntjac [mɛ̃tʒak, mœ̃-] m zo Bellhirsch m; Muntjak m

muphti [myfti] m cf mufti

muqueuse [mykøz] f anat Schleimhaut f; sc Mu'kosa f; **~ buccale, intestinale, nasale** Mund-, Darm-, Nasenschleimhaut f; **~ de l'estomac** Magenschleimhaut f

muqueux [mykø] adj ⟨-euse⟩ physiol schleimig; Schleim...; sc Mu'kös; **glande muqueuse** Schleimdrüse f; **membrane muqueuse** od subst **muqueuse** f Schleimhaut f; **sécrétion muqueuse** Schleimabsonderung f

mur [myr] m **1.** Mauer f; Wand f (auch fig); pl auch Mauerwerk n; ♦ **~s extérieur, gros ~** Außenmauer f, -wand f; **~ intérieur** Innenwand f, **~ portant** tragende Wand; **les quatre ~s**: **il n'en reste plus que les quatre ~s** es stehen nur noch die nackten, kahlen, leeren Wände, die nackten, kahlen Mauern; **rester entre ses quatre ~s** in s-n vier Wänden, zu Hause ...; **~ rideau** Vorhangfassade f; ♦ **~ d'appui, de parapet** Mauerbrüstung f; ~ massives Steingeländer; im 2. Weltkrieg **~ de l'Atlantique** At'lantikwall m; **~ de barrage** Staumauer f; **le ~ de Berlin** die Berliner Mauer; **~ de brique(s)** Ziegel-, Backsteinmauer f, -wand f; **~ de cave, de sous-sol** Kellermauer f, -wand f; aviat **~ de la chaleur, thermique** Hitze-, Wärmemauer f, -barriere f; **~ de clôture** Mauereinfriedung f, -umfriedung f; Einfassungs-, Um'fassungsmauer f; **~ d'enceinte** e-r Stadt Stadtmauer f; fortif Ringmauer f; Mauerring m; Bering m; e-r Festung, Burg auch Mantel-, Um'fassungsmauer f; Zingel m; **~ de façade** Um'fassungs-, Außenmauer f, -wand f; **~ de fondation** Grundmauer f; fig **un ~ de haine** e-e Mauer, Wand des Hasses; in Jerusalem **le ~ des lamentations** die Klagemauer; **~ de pierres sèches** Trockenmauer f; fig **~ de pluie** Regenwand f; dichter Regenvorhang, -schleier; **~ de refend** tragende Innenmauer, -wand, Zwischenwand; **~ de rondins** Wand aus roh behauenen Stämmen; aviat **~ du son** Schallmauer f; **franchir le ~ du son** die Schallmauer durch'brechen; **~ de soubassement** Sockelmauer f; **~ de soutènement, de revêtement, de terrasse** Stütz-, Futtermauer f; **~ de terre** Erdwall m; **~ de torchis** Lehmwand f; **~ en élévation** aufgehendes Mauerwerk; ♦ loc/adj **entouré de ~s** von Mauern um'geben; loc/adv litt **dans nos ~s** in (den Mauern) unserer Stadt; ♦ fig **il y a un ~ d'incompréhension entre eux, un ~ d'incompréhension s'est élevé entre eux** e-e Wand (des Nichtverstehens) steht zwischen ihnen; **les ~s ont des oreilles** die Wände haben Ohren; fig **se cogner, se heurter à un ~** auf unüberwindliche Schwierigkeiten stoßen; **c'est à se cogner, se taper la tête contre les ~s** F das ist, um an den Wänden hochzugehen; das ist zum Verzweifeln, zum Auswachsen; fig

coller qn au ~ j-n an die Wand stellen; **cet homme est un ~, c'est comme si on parlait à un ~** bei ihm redet man wie gegen e-e Wand; **faire le ~** a) Kaserne, Internat etc heimlich verlassen; heimlich davonlaufen; F ausreißen; b) Fußball, Rugby etc e-e Mauer bilden; **mettre au ~** an die Wand hängen; an der Wand aufhängen; fig **mettre qn au pied du ~** j-n in die Enge treiben; **2.** mines Liegende(s) n

mûr [myr] adj Frucht, Korn, Geschwür, Plan reif; Person auch gereift; F Stoff mürbe; brüchig; péj weibliche Person in reifen Jahren; vorgeschrittenen Alters; **trop ~** 'überreif; **âge ~** reife(re)s Alter; loc/adv **après ~e réflexion** nach reiflicher Über'legung; Person, Zeit **être ~ pour qc** für etw reif sein; **~ pour le mariage** reif für die Ehe; **être très ~ pour son âge** für sein Alter sehr reif sein

murage [myraʒ] m e-r Tür, e-s Fensters Ver-, Zumauern n

muraille [myrɑj] f **1.** (Stadt-, Befestigungs-, Festungs)Mauer f; fig Wand f; Mauer f; **la Grande 2 de Chine** die Chinesische Mauer; die Große Mauer; adit **couleur (de) ~** grau; **2.** mar Schiffswand f; **3.** des Pferdehufs Hornwand f

muraill|ement [myrajmã] m bât a) Unter'mauern n, -ung f; Abstützen n, Absteifen n mit Mauerwerk; b) abstützendes Mauerwerk; Unter'mauerung f; **~er** v/t unter'mauern; mit Mauerwerk abstützen, absteifen

mural [myral] adj ⟨-aux⟩ Wand...; Mauer...; **carte, décoration ~e** Wandkarte f, -verzierung f; **journal ~** Wandzeitung f; **miroir ~** Wandspiegel m; **pendule ~e** Wanduhr f; bot **plantes ~es** od auf Mauern wachsende Pflanzen f/pl

mûre [myr] f bot **1. ~ (sauvage)** Brombeere f (Frucht); **gelée de ~s** Brombeergelee n; **2. ~ (blanche, noire)** (weiße, schwarze) Maulbeere

mûrement [myrmã] adv **peser qc ~** etw sorgfältig abwägen; **réfléchir ~ à qc** etw reiflich über'legen

murène [myrɛn] f zo Mu'räne f

murénidés [myrenide] m/pl zo Mu'ränen f/pl

murer [myre] **I** v/t **1.** Fenster, Tür zu-, vermauern; Person einmauern; Besitz, Garten mit Mauern um'geben, einschließen; **2.** Bergleute **être muré au fond de la mine** in der Grube eingeschlossen sein; **II** v/pr fig **se ~ dans son silence** sich hinter hartnäckigem Schweigen verschanzen

mûreraie [myrrɛ] f Maulbeerpflanzung f

mur|et [myrɛ] m, **~ette** f niedrige Mauer; Mäuerchen n

murex [myrɛks] m zo Stachelschnecke f

muridés [myride] m/pl zo Mäuseartige(n) pl

mûrier [myrje] m bot **1. ~ (blanc, noir)** (Weißer, Schwarzer) Maulbeerbaum; **2.** abus Brombeere f (Pflanze)

mûrir [myrir] **I** v/t **1.** Früchte, Korn zur Reife bringen; reifen lassen; reif machen; **2.** fig Person zu e-m reifen Menschen machen; reifer werden lassen; zum Mann bzw zur Frau reifen lassen; Plan in sich (her'an)reifen lassen; ausbrüten; erdenken; über e-m Gedanken brüten (qc über etw dat); Gaben zur Entfaltung bringen; **II** v/i **3.** Früchte, Korn reifen; reif werden (auch Geschwür); **4.** fig Person zum Mann bzw zur Frau reifen; ein gereifter, reifer Mensch werden; Plan, Idee (her'an)reifen (dans

son esprit in ihm)

mûriss|age [myrisaʒ] m a) der Früchte Reifen n; b) von Bananen etc Nachreifenlassen n; Zur'reifebringen n; **~ant** adj **1.** Frucht reifend; **2.** fig Person reiferen Alters; **~ement** m cf mûrissage; **~erie** f für Bananen Lagerhaus n zum Nachreifen

murmel [myrmɛl] m Pelz Murmel m

murmurant [myrmyrã] adj Person murmelnd; murrend; Quelle plätschernd; murmelnd; Blätter, Wind säuselnd

murmure [myrmyr] m **1.** von Personen a) Murmeln n; Gemurmel n; **~ d'approbation** Beifallsgemurmel n; b) **~s** pl Murren n; **2.** poét des Wassers, e-r Quelle Murmeln n; Plätschern n; der Blätter Säuseln n (auch des Windes); sanftes Rauschen; **3.** méd **~ respiratoire** Atemgeräusch n

murmurer [myrmyre] **I** v/t Worte murmeln; **II** v/i **1.** Person murmeln; **~ entre ses dents** in den Bart brummen, murmeln; b) murren; **obéir sans ~** ohne Murren gehorchen; **2.** poét Wasser, Quelle murmeln; plätschern; Blätter säuseln (auch Wind); leise rauschen

murrhin [myrɛ̃] adj der Römer **vases ~s** mur'rhinische Gefäße n/pl

mus [my] cf mouvoir

musacées [myzase] f/pl bot Ba'nanengewächse n/pl; sc Musa'zeen pl

musaraigne [myzarɛɲ] f zo Spitzmaus f; **petite ~** Zwergspitzmaus f; **~ d'eau** Wasserspitzmaus f

musarder [myzarde] litt v/i die Zeit vergeuden, F vertrödeln; untätig her'umstehen; F her'umtrödeln

musc [mysk] m **1.** Sekret, Parfüm Moschus m; **~ ambrette, cétone, xylène** Am'brette-, Ke'ton-, Xy'lolmoschus m; **~ naturel** echter Moschus; **odeur** f **de ~** Moschusduft m, -geruch m; **2.** zo Moschustier n

muscade [myskad] f **1.** a) bot, cuis **~** od adit **noix** f **~** Mus'katnuß f; b) cuis Mus'kat m; **à la ~** mit Muskat gewürzt; **2.** des Taschenspielers Kügelchen n (aus Kork); fig wenn etw blitzschnell verschwindet **passez ~!** das ist die reinste Taschenspielerei!

muscadet [myskadɛ] m leichter, trockener Weißwein (aus der Gegend um Nantes)

muscadier [myskadje] m bot Mus'katnußbaum m

muscadin [myskadɛ̃] m hist zur Zeit der 1. frz Republik Bezeichnung für e-n stutzerhaften jungen Adligen

muscard|in [myskardɛ̃] m zo Haselmaus f; **~ine** f vét der Seidenraupe Kalk-, Starrsucht f; Muskar'dine f

muscari [myskari] m bot Trauben-, Träubelhyazinthe f; Träubel n; Träubchen n; **~ odorant** Mus'kat-, Bisam-, Moschushyazinthe f

muscarine [myskarin] f Biochemie Muska'rin n

muscat [myska] adj u subst m **1. (raisin** m) **~** Muska'tellertraube f; **2. (vin** m) **~** Muska'teller(wein) m; Mus'katwein m

muscidés [myside] m/pl zo 'Vollfliegen f/pl

muscinées [mysine] f/pl bot Moose n/pl

muscle [myskl(ə)] m anat Muskel m; **~ cardiaque** Herzmuskel m; abs von e-r Person **avoir des ~s, F du ~** Muskeln, Kraft haben; **avoir des ~s d'acier** Muskeln hart wie Stahl, wie aus Stahl haben; **être tout en ~(s)** sehr musku'lös sein; F **redonner du ~ à qn** j-n wieder auf den Damm bringen

muscl|é [myskle] adj **1.** musku'lös; **2.** fig Kritik handfest; Politik, Regierung

e'nergisch; **politique** ~e *auch* Politik *f* der starken Hand; ~**er** *v/t Gymnastik, Übung* die Muskeln stärken (**qn** j-m); ~ **le ventre** die Bauchmuskeln stärken
muscul|aire [myskylɛr] *adj anat* Muskel...; **fibre** *f*, **force** *f*, **sens** *m*, **système** *m*, **tissu** *m* ~ Muskelfaser *f*, -kraft *f*, -sinn *m*, -system *m*, -gewebe *n*; ~**ation** *f* Muskeltraining *n*
muscul|ature [myskylatyr] *f anat* Muskula'tur *f*; ~ **du bras** Armmuskulatur *f*; ~**eux** *adj* ⟨-**euse**⟩ **1.** *Person* musku'lös; **2.** *anat* Muskel...; **membrane musculeuse** Muskelhaut *f*
muse [myz] *f* **1.** *myth* ♀ Muse *f*; **2.** *fig* la ~ die Dichtkunst; die Poe'sie; *litt* **cultiver les** ~**s** die Dichtkunst pflegen; **3.** *plais von e-r Person, die e-n Dichter inspiriert* Muse *f*
museau [myzo] *m* ⟨*pl* ~**x**⟩ **1.** *des Hundes, der Katze etc* Schnauze *f*; *der Rinder* Maul *n*; *des Schweins* Rüssel *m*; **2.** *cuis* ~ **de bœuf, de porc** Rinder-, Schweinesülze *f*; ~ (**de bœuf**) **à la vinaigrette** Ochsenmaulsalat *m*; **3.** *e-s Sessels* Armlehne *f*; **4.** *am Schlüsselbart* Stirnseite *f*; **5.** *anat* **le tanche** äußerer Muttermund; **6.** F *fig* **fricassée** *f* **de** ~**x** *f* endlose, allgemeine Küsse'rei
musée [myze] *m* Mu'seum *n*; (*Kunst-*) Sammlung *f*; ~ **d'art** Kunstsammlung *f*, -museum *n*; ~ **de figures de cire** Wachsfigurenkabinett *n*; F *fig un* ~ **des horreurs** e-e (An)Sammlung scheußlicher, häßlicher Dinge; Gruselkabinett *n*; ~ **du Louvre** Louvre-Museum *n*; Museum im Louvre; ~ **de peinture** Gemäldegalerie *f*, -sammlung *f*; ~ **de sculptures** Skulp'turensammlung *f*; ~**s du Vatican** Vatikanische Museen, Sammlungen; *adit* **ville** *f* ~ historische Stadt mit e-r Fülle von Baudenkmälern; *fig* **pièce** *f* **de** ~ sehenswertes, seltenes Stück; Museumsstück *n*; **son appartement est un vrai** ~ s-e Wohnung ist das reinste Museum
museler [myzle] *v/t* ⟨-ll-⟩ **1.** ~ **un chien** e-m Hund e-n Maulkorb anlegen, aufsetzen, 'umtun; *man* muselé mit e-m Maulkorb; **2.** *fig der Presse, Opposition* e-n Maulkorb anlegen (**qn** j-m); mundtot machen
muselet [myzlɛ] *m* über dem Korken e-r *Sektflasche* Drahtkorb *m*
muselière [myzəljɛr] *f* Maul-, Beißkorb *m*; **mettre une** ~ **à un chien** e-m Hund e-n Maulkorb anlegen
muséologie [myzeɔlɔʒi] *f* Mu'seumskunde *f*
muser [myze] *v/i Hirsch* in die Brunft treten
musero(l)le [myzrɔl] *f am Zaumzeug* Nasenriemen *m*
musette[1] [myzɛt] *mus* **1.** *f* **a)** *früher* Mu'sette *f* (*Instrument u Tanz*); **b)** *heute*: *adit* **bal** *m* ~ volkstümliches Tanzvergnügen, bei dem nach Ak'kordeonmusik getanzt wird; **orchestre** *m* ~ Mu'setteorchester *n*; **valse** *f* ~ Mu'settewalzer *m*; **2.** *m* **a)** Mu'settemusik *f*; **b)** *cf* (**bal**) ~ l. b)
musette[2] [myzɛt] *f* Brot-, Tuchbeutel *m*; *für Pferde* ~ (**mangeoire**) Futtersack *m*
muséum [myzeɔm] *m* ~, *in Paris* ♀ (**d'histoire naturelle**) Na'turkundemuseum *n*; Mu'seum *n* für Naturkunde, -geschichte
musical [myzikal] *adj* ⟨-**aux**⟩ **1.** musi'kalisch; Mu'sik...; **art** ~ Tonkunst *f*; Mu'sik *f*; **comédie** ~**e** Musical ['mju:zikəl] *n*; **éducation, émission** ~**e, enseignement** ~ Musikerziehung *f*, -sendung *f*, -unterricht *m*; **œuvre** ~**e** Tonwerk *n*; **soirée** ~**e** Musikabend *m*; musikalischer Abend; **avoir l'oreille** ~**e** ein

musikalisches Gehör haben; **2.** *Stimme* klangvoll; me'lodisch; *Vers, Sprache auch* musi'kalisch; *rad* klangrein; ~**ement** *adv* être doué ~ musi'kalische Begabung besitzen; ~**ité** *f rad e-s Rundfunkgerätes* Klangreinheit *f*; *e-s Verses* Musikali'tät *f*; Klangfülle *f*, -schönheit *f*
musicassette [myzikasɛt] *f* (*nom déposé*) Mu'sikkassette *f*
music-hall [myzikol] *m* ⟨*pl* **music-halls**⟩ Varie'té(theater) *n*; **chanteuse de** ~ Varietésängerin *f*; **spectacle** *m* **de** ~ Varietévorstellung *f*
music|ien [myzisjɛ̃], ~**ienne I** *m,f* Musiker(in) *m(f)* (*Instrumentalist u Komponist*); *seltener* Tonkünstler(in) *m(f)*; *für Unterhaltungs- u Tanzmusik bisweilen auch* Musi'kant(in) *m(f)*; *mil* Spielmann *m*; **musiciens** *pl* Spielleute *pl*; **musicien ambulant** Wandermusikant *m*; **musicien de jazz** Jazzmusiker *m*; **II** *adj Person* **être** ~ musi'kalisch sein
musico|logie [myzikɔlɔʒi] *f* Mu'sikwissenschaft *f*; **institut** *m* **de** ~ Institut *n* für Musikwissenschaft; ~**logue** *m,f* Mu'sikwissenschaftler(in) *m(f)*; ~**thérapie** *f méd* Mu'siktherapie *f*
musique [myzik] *f* **1.** Mu'sik *f*; Tonkunst *f*; ~ **classique** klassische Musik; ~ **électronique** elektronische Musik; ~ **folklorique** Volksmusik *f*; **grande** ~ klassische, schwere, gute Musik; ~ **militaire** Mili'tärmusik *f*; *cf auch* **3.**; ~ **sacrée** geistliche Musik; ~ **sérieuse** ernste, schwere Musik; ~ **symphonique** sinfonische Musik; ♦ ~ **à programme** Pro'grammusik *f*; ~ **de ballet, de chambre, de danse, d'église, de film, de jazz** Bal'lett-, Kammer-, Tanz-, Kirchen-, Film-, Jazzmusik *f*; ~ **d'orchestre, orchestrale** Or'chestermusik *f*; ~ **de scène** Bühnenmusik *f*; ~ **pour piano** Kla'viermusik *f*; ♦ **boîte** *f* **à** ~ Spieldose *f*, -uhr *f*; **histoire** *f* **de la** ~ Musikgeschichte *f*; **œuvre** *f* **de** ~ Musik-, Tonwerk *n*; **société** *f* **de** ~ Musikverein *m*, -gesellschaft *f*; ♦ *loc/adv* **en** ~ bei, mit Musik; **travailler en** ~ bei Musik arbeiten; ♦ F **fig changer de** ~ das Thema wechseln; von etwas anderem reden; **composer, écrire, faire la** ~ **d'un film** die Musik zu e-m Film komponieren, schreiben, machen; F *fig* **connaître la** ~ F wissen, wie der Hase läuft; **écouter de la** ~ Musik hören; F *fig* **c'est toujours la même** ~ das ist immer das alte Lied, F die alte Leier; **faire de la** ~ musi'zieren; Musik machen; *Gedicht etc* **mettre en** ~ vertonen; in Musik setzen; *loc/prov* **la** ~ **adoucit les mœurs** wo man singt, da laß dich ruhig nieder (, böse Menschen haben keine Lieder) (*loc/prov*); **2.** Noten *f/pl*; **papier** *m* **à** ~ Notenpapier *n*; F *fig* **c'est réglé comme du papier à** ~ das geht, bei ihm (*bzw* ihr *etc*) geht alles wie nach der Uhr; **cahier** *m* **de** ~ Notenheft *n*; **magasin** *m*, **marchand** *m* **de** ~ Musi'kalienhandlung *f od* -geschäft *n*, -händler *m*; **jouer sans** ~ ohne Noten, auswendig spielen; **savoir lire la** ~ Noten lesen können; **3.** *mil* ~ (**militaire**) Mili'tärkapelle *f*; Mu'sikkorps *n*; Spielmannszug *m*; Mu'sik *f*; ~ **d'un régiment** Regi'mentskapelle *f*, -musik *f*; **chef** *m* **de** ~ Ka'pellmeister *m*; *früher* Mu'sikmeister *m*; *loc/adv* ~ **en tête** mit klingendem Spiel; F *fig* **il va toujours plus vite que la** ~ F bei ihm geht's immer a tempo; **je ne peux pas aller plus vite que la** ~ F ich bin doch kein D-Zug; **4.** *fig der Vögel, Grillen* Kon'zert *n*; Gesang *m*; *e-s Gedichts, e-r Sprache* Me'lodik *f*; schöner Klang; Klang-

schönheit *f*; Musikali'tät *f*
musiquette [myzikɛt] *f* seichte Unter'haltungsmusik
musoir [myzwar] *m e-r Mole* Molenkopf *m*; *e-s Deichs* Deichspitze *f*; *e-r Schleuse* Schleusenhaupt *n*
musqué [myske] *adj* **1.** *zo* **bœuf** ~ Moschus-, Bisamochse *m*; **rat** ~ Bisamratte *f*; **2.** nach Moschus duftend
mussif [mysif] *adj* ⟨*nur m*⟩ **or** ~ Mu'sivgold *n*
mussipontain [mysipɔ̃tɛ̃] *adj* (*u subst* ♀ Einwohner) von Pont-à-Mousson
mussitation [mysitasjõ] *f path sc* Mussitati'on *f*
mustang [mystãg] *m* Mustang *m*
mustélidés [mystelide] *m/pl* Marder *m/pl*
musulman [myzylmɑ̃] **I** *adj* mohamme'danisch; is'lamisch; mos'lemisch; mus'limisch; muselmanisch; **art** ~ islamische Kunst; **calendrier** ~ mohammedanischer Kalender; **II** *subst* ~(**e**) *m(f)* Mohamme'daner(in) *m(f)*; Moslem *m*; Muslim *m*; Isla'mit(in) *m(f)*; Muselman(in) *m(f)*
mut|abilité [mytabilite] *f biol* Veränderlichkeit *f*; *sc* Mutabili'tät *f*; ~**able** *adj biol* veränderlich; *sc* mu'tabel
mutage [mytaʒ] *m Weinbereitung* Gärungsunterbrechung *f* (**à l'alcool** durch Zusatz von Alkohol)
mutant [mytã] *biol* **I** *adj* mu'tiert; **II** *m* Mu'tant *m*; Mu'tante *f* (*für beide Geschlechter*)
mutation [mytasjõ] *f* **1.** *e-s Beamten, Offiziers* Versetzung *f*; ~ **pour des raisons disciplinaires** Strafversetzung *f*; ~ **pour raison de service** Versetzung aus dienstlichen Gründen; **demander sa** ~ um s-e Versetzung bitten; **2.** *biol* Mutati'on *f*; ~ **chromosomique** Chromo'somenmutation *f*; ~ **de gène, génique** Gen-, Punktmutation *f*; ~ **de génome** Ge'nommutation *f*; **3.** *fig* (tiefgreifende) (Ver)Änderung, Wandlung; ~**s structurelles** Struk'turwandlungen *f/pl*; **4.** *jur* **a)** *e-s Besitzes, Nießbrauchs* Über'tragung *f*; ~ **de propriété** Eigentumsübertragung *f*; ~ **par décès** Übertragung von Todes wegen; **droits** *m/pl* **de** ~ Steuer, die bei e-r Eigentumsübertragung (*vom Empfänger*) zu zahlen ist; Erbschafts- *bzw* Schenkungs- *bzw* Grunderwerbsteuer *f etc*; **b)** ~, **travail** *n* **des** ~**s** Änderung *f* der Eintragungen im Grundbuch, Ka'taster; Grundbuch-, Ka'tasterumschreibung *f*; **5.** *mus* **jeux** *m/pl* **de** ~ Hilfsstimmen *f/pl*; Mutati'on *f*
mutation|isme [mytasjɔnism(ə)] *m biol* Mutati'onstheorie *f*; ~**iste** *m biol* Anhänger *m* der Mutati'onstheorie
muter[1] [myte] *v/t Beamten, Offizier* versetzen; ~ **par mesure disciplinaire** strafversetzen
muter[2] [myte] *v/t Weinbereitung* die Gärung unter'brechen (**qc** *gén*)
mutilant [mytilã] *adj méd* verstümmelnd; zur Verstümmelung, zum Absterben einzelner Körperglieder führend; *sc* mutilans
mutilation [mytilasjõ] *f* Verstümmelung *f* (*auch fig e-r Statue, e-s Baumes, Textes*); *bei Tieren* Selbstverstümmelung *f*; *sc* Autoto'mie *f*; ~ **volontaire** Selbstverstümmelung *f* (*bei Menschen*)
mutilé [mytile] *m* Versehrte(r) *m*; Körperverletzte(r) *m*; Beschädigte(r) *m*; **grand** ~ Schwer(kriegs)beschädigte(r) *m*; ~ **de guerre** Kriegsbeschädigte(r) *m*, -versehrte(r) *m*; ~ **du travail** durch e-n Arbeitsunfall Beschädigte(r), Körperverletzte(r)
mutiler [mytile] **I** *v/t Person, Tier* ver-

stümmeln (*auch fig Statue, Baum, Text*); *fig u st/s Wahrheit* völlig entstellen; *adjt* cadavre mutilé verstümmelte Leiche; il fut atrocement mutilé au visage sein Gesicht wurde furchtbar entstellt; **II** *v/pr* se ~ volontairement sich selbst verstümmeln

mutin¹ [mytɛ̃] *adj st/s* Miene, Ton schelmisch; schalkhaft; *Miene auch* spitzbübisch; verschmitzt

mutin² [mytɛ̃] *m* Re'bell *m*; Aufrührer *m*; Empörer *m*

mutin|é [mytine] **I** *adj* meuternd; **II** *m* Meuterer *m*; ~**er** *v/pr* se ~ meutern; aufsässig werden; sich empören (**contre** qn gegen j-n); ~**erie** *f* Meute'rei *f*; Aufruhr *m*; Empörung *f*; ~ **de troupes** Meuterei von Truppen

mut|isme [mytism(ə)] *m* **1.** Schweigen *n*; s'enfermer dans un ~ opiniâtre sich hartnäckig in Schweigen hüllen; **2.** *path* Stummheit *f* ohne organische Ursachen; *sc* Mu'tismus *m*; ~**ité** *f path* Stummheit *f*; *sc* Muti'tät *f*

mutualisme [mytɥalism(ə)] *m biol*, *Proudhon* Mutua'lismus *m*

mutualiste [mytɥalist] **I** *adj* mouvement *m* ~ Gedanke *m*, Streben *n*, sich gemeinsam gegen Risiken zu versichern und sich gegenseitig zu unter'stützen; Mutua'lismus *m*; **société** *f* ~ *cf* mutuelle; **II** *m,f* Mitglied *n* e-s Versicherungsvereins auf Gegenseitigkeit, e-r Zusatzkasse zur Kranken- und Sozi'alversicherung, e-r Betriebskrankenkasse

mutualité [mytɥalite] *f* **a)** Gegenseitigkeit *f* auf Gegenseitigkeit; **b)** Versicherungsvereine *m/pl* auf Gegenseitigkeit; ♀ **sociale agricole** Sozi'alversicherung *f* (der Bauern und Arbeitnehmer in) der Landwirtschaft

mutuel [mytɥɛl] *adj* <~le> gegenseitig; wechselseitig; **assurance** ~le Versicherung(sgesellschaft) *f* auf Gegenseitigkeit; *Pferderennen* **pari** ~ *cf* **pari** 2.; **torts** ~s beiderseitiges Verschulden

mutuelle [mytɥɛl] *f allg* Unter'stützungs-, Versicherungsverein *m* auf Gegenseitigkeit; Hilfskasse *f* auf Gegenseitigkeit; *im engeren Sinne* genossenschaftliche Zusatz-, Ausgleichs-, Hilfskasse *f* zur Kranken- und Sozi'alversicherung; ~ **d'entreprise** Betriebskrankenkasse *f*; betriebliche Zusatzkasse zur Kranken- und Sozialversicherung; ♀ **nationale des étudiants de France** (*abr* **M.N.E.F.**) staatliche Krankenversicherung der Studenten

mutuellement [mytɥɛlmɑ̃] *adv* gegenseitig

mutule [mytyl] *f arch* Mutulus *m*; Dielenkopf *m*

mycélien [miseljɛ̃] *adj* <~ne> *bot* des My'zels, My'zeliums

mycélium [miseljɔm] *m bot* My'zel(ium) *n*

mycénien [misenjɛ̃] *adj* <~ne> *hist* my'kenisch

myco|derme [mikɔdɛrm] *m bot* Kahmpilz *m*; ~**logie** *f bot* Pilzkunde *f*; *sc* Mykolo'gie *f*; ~**rhize** [-riz] *f bot* Mykor'rhiza *f*

mycose [mikoz] *f path* Pilzkrankheit *f*; *sc* My'kose *f*

mydriase [midrjaz] *f méd* Pu'pillenerweiterung *f*; *sc* Mydri'ase *od* My'driasis *f*

mye [mi] *f zo* Klaffmuschel *f*

myél|ine [mjelin] *f anat* Mye'lin *n*; ~**ite** *f path* Rückenmarkentzündung *f*; *sc* Mye'litis *f*

mygale [migal] *f zo* Vogel-, Buschspinne *f*; ~ **aviculaire** Gemeine, Südamerikanische Vogelspinne

myocard|e [mjɔkard] *m anat* Herzmuskel *m*; *sc* Myo'kard *n*; *path* **infarctus** *m* **du** ~ Herzinfarkt *m*; *sc* Myo'kardinfarkt *m*; ~**ite** *f path* Herzmuskelentzündung *f*; *sc* Myokar'ditis *f*

myo|gramme [mjɔgram] *m* Myo'gramm *n*; ~**graphe** *m* Myo'graph *m*; ~**logie** *f* Muskellehre *f*; *sc* Myolo'gie *f*

myome [mjom] *m path* My'om *n*

myopathie [mjɔpati] *f path* Muskelerkrankung *f*; *sc* Myo'pathie *f*

myop|e [mjɔp] **I** *adj* **1.** *Person, Auge* kurzsichtig; *sc* my'op(isch); **2.** *fig Politik* kurzsichtig; **II** *m,f* Kurzsichtige(r) *f(m)*; ~**ie** *f* Kurzsichtigkeit *f* (*auch fig*); *sc* Myo'pie *f*

myopotame [mjɔpɔtam] *m zo* Biberratte *f*; Nutria *f*

myosis [mjozis] *m méd* Pu'pillenverengung *f*; Mi'osis *od* Mi'ose *f*

myosotis [mjozɔtis] *m bot* Vergißmeinnicht *n*

myriade [mirjad] *f* Myri'ade *f*; *fig auch* Unzahl *f*; *fig* **des** ~**s d'étoiles** Myriaden von Sternen

myriapodes [mirjapɔd] *m/pl zo* Tausendfü(ß)ler *m/pl*; Vielfüßer *m/pl*

myriophylle [mirjɔfil] *m bot* Tausendblatt *n*; Wassergarbe *f*

myrmécophile [mirmekɔfil] *biol* **I** *adj* Ameisen...; *sc* myrmeko'phil; **plantes** *f/pl* ~**s** Ameisenpflanzen *f/pl*; myrmekophile Pflanzen *f/pl*; Myrmeko'phyten *m/pl*; **II** *subst* **a)** ~**s** *m/pl* Ameisengäste *m/pl*; *sc* Myrmeko'philen *m/pl*; **b)** ~**s** *f/pl cf* (plantes~)**(s)** I

myrosine [mirozin] *f chim* Myro'sin *n*

myroxyl|e [mirɔksil] *m od* ~**on** *m bot* Balsambaum *m*

myrrhe [mir] *f* Myrrhe *f*

myrtacées [mirtase] *f/pl bot* Myrtengewächse *n/pl*; *sc* Myrta'zeen *pl*

myrte [mirt] *m bot* Myrte *f*; ~ **commun** Gemeine Myrte; **couronne** *f* **de** ~ Myrtenkranz *m*

myrtiforme [mirtiform] *adj anat* myrtenblattförmig

myrtille [mirtij] *f bot* Blau-, Heidelbeere *f* (*Pflanze u Frucht*); **buissons** *m/pl* **de** ~**s** Blau-, Heidelbeergesträuch *n*

mystère [mistɛr] *m* **1.** Geheimnis *n*; Rätsel *n*; **la solution du** ~ des Rätsels Lösung; *loc/adj* **baigné, entouré de** ~ *Ort* geheimnisumwittert, -umweht, -umwoben; *Atmosphäre* geheimnisvoll; *plais* ~ **et boule de gomme!** das ist ein großes Geheimnis!; **pas tant de** ~**s!** keine Geheimniskrämerei, F -tuerei!; **was soll die Geheimniskrämerei**, F -tuerei!; **il y a un** ~ **là-dessous** dahinter verbirgt sich, steckt ein Geheimnis; **éclaircir un** ~ ein Geheimnis aufklären, lüften, entschleiern, ergründen; **entourer qc de** ~ etw mit e-m Geheimnis um'geben, in ein Geheimnis hüllen; **s'entourer de** ~ geheimnisvoll tun; **ce n'est un** ~ **pour personne** das ist ein offenes Geheimnis; **faire (un)** ~ **de qc** aus etw ein Geheimnis machen; **2.** *im Altertum* ~**s** *pl* My'sterien *n/pl*; **les** ~**s d'Éleusis** die Eleu'sinischen Myste-

rien; **3.** *rel* My'sterium *n*; **le** ~ **de la Trinité** das Mysterium der Dreifaltigkeit, der Trinität; **4.** *thé im Mittelalter* My'sterienspiel *n*; My'sterium *n*; ~ **de la Passion** Passi'onsspiel *n*

mystérieusement [misterjøzmɑ̃] *adv* geheimnisvoll; auf geheimnisvolle Weise

mystérieux [misterjø] *adj* <-euse> *Ort, Worte* geheimnisvoll; *Geschichte, Angelegenheit, Mord, Person* mysteri'ös; *Zufall* rätselhaft (*auch Person*) unerklärlich; *subst* **faire le** ~ geheimnisvoll tun

mysticisme [mistisism(ə)] *m* **1.** Mystik *f*; ~ **chrétien** christliche Mystik; **2.** Mysti'zismus *m*

mystificateur [mistifikatœr] **I** *adj* <-trice> **intention mystificatrice** Absicht *f*, andere her'einzulegen, irrezuführen; **II** *subst* ~ , **mystificatrice** *m,f* Spaßvogel *m*

mystification [mistifikasjõ] *f* **a)** lustiger Streich, Ulk (*wobei j hereingelegt wird*); Narre'tei *f*; **b)** Irreführung *f*; Täuschung *f*; Schwindel *m*; Betrug *m*; Mystifikati'on *f*; **être le jouet d'une** ~ **a)** der Genarrte, Her'eingelegte sein; **b)** das Opfer e-r Täuschung sein; irregeführt worden sein; **monter une** ~ e-n lustigen Streich inszenieren

mystifier [mistifje] *v/t Person* **a)** her'einlegen; hinters Licht führen; narren; nasführen; **b)** irreführen; täuschen

mystique [mistik] **I** *adj* mystisch; geheimnisvoll; *rel* **le corps** ~ **du Christ** der mystische Leib Christi; *Person* **être** ~ e-n Hang zur Mystik haben; mystisch veranlagt sein; **II** *subst* **1.** *m,f* **a)** Mystiker(in) *m(f)*; **b)** *fig* e-r Ideologie über'zeugter Anhänger, überzeugte Anhängerin; **2.** *f* **a)** Mystik *f*; **b)** *fig* **la** ~ **de la force, de la paix** der mystische Glaube an die Gewalt, an den Frieden

mythe [mit] *m* **1.** Mythos *od* Mythus *m*; Mythe *f*; (Götter-, Helden)Sage *f*; **le** ~ **de Faust, de Don Juan** die Faustsage, Don-Juan-Sage; **le** ~ **de Prométhée, de Sisyphe** der Mythos, die Sage von Prometheus, von Sisyphus; **2.** *par ext* Mythos *m*; Leitbild *n*, -idee *f*; **3.** *péj* Le'gende *f*; Wunschbild *n*; Fikti'on *f*; Erfindung *f*; **4.** *fig von e-r Person* Mythos *m*; I'dol *n*

mythique [mitik] *adj* **1.** mythisch; mythen-, sagenhaft; **2.** *fig* erfunden

mytho|logie [mitɔlɔʒi] *f* **1.** Mythologie *f*; *im engeren Sinn* Mythologie *f* des Altertums; **2.** *fig* Le'genden *f/pl*; ~**logique** *adj* mytho'logisch; ~**logue** *m,f* Mytho'loge, -'login *m,f*

mythoman|e [mitɔman] *path* **I** *adj* mytho'manisch; **II** *m,f* Mytho'mane, -'manin *m,f*; ~**ie** *f path* krankhafte Lügensucht; *sc* Mythoma'nie *f*

mytilicult|eur [mitilikyltœr] *m* (Mies-)Muschelzüchter *m*; ~**ure** *f* (Mies-)Muschelzucht *f*

mytilotoxine [mitilɔtɔksin] *f biol* Mytiloto'xin *n*

myx|œdémateux [miksedematø] *path* **I** *adj* <-euse> myxödema'tös; **II** *subst* ~, **myxœdémateuse** *m,f* an Myxö'dem Erkrankte(r) *f(m)*; ~**œdème** *m path* Myxö'dem *n*

myxo|matose [miksɔmatoz] *f vét* Myxoma'tose *f*; ~**mycètes** [-misɛt] *m/pl bot* Schleimpilze *m/pl*; *sc* Myxomy'zeten *m/pl*

N

N, n [ɛn] *m* ⟨*inv*⟩ N, n *n; math* **le nombre entier n** die ganze Zahl n
na! [na] *int* F ätsch!
nabab [nabab] *m hist, fig* Nabob *m*
nabi [nabi] *m bibl, peint* Na'bi *m*
nable [nabl(ə)] *m mar* Leckloch *n;* **bouchon** *m* **de** ~ Spund *m*
nabot [nabo] *m péj von e-r kleinen Person* Knirps *m;* Zwerg *m*
nacelle [nasɛl] *f* **1.** *aviat e-s Ballons* Korb *m;* Gondel *f; e-s Luftschiffs* Gondel *f; e-s Flugzeugs* Triebwerk-, Motorgondel *f;* **2.** *poét* Nachen *m*
nacre [nakr(ə)] *f* Perl'mutter *f;* Perlmutt *n;* **de** ~, **en** ~ perl'muttern; Perl'mutter...; **bouton** *m* **de** ~ Perl-mutt(er)knopf *m*
nacré [nakre] **I** *adj* wie Perlmutt, Perl-'mutter glänzend, schimmernd; perl-'mutterartig; *météo* **nuage** ~ Perlmutter-wolke *f;* **vernis à ongles** ~ Pearl-Lack *m;* **II** *m zo* Perl'mutterfalter *m*
nacrer [nakre] *v/t unechten Perlen* Perl-'mutterglanz geben (+*dat*)
nadir [nadir] *m astr* Na'dir *m;* Fußpunkt *m*
nævus [nevys] *m* ⟨*pl* **nævi** [nevi]⟩ Muttermal *n; sc* Nävus *m*
nágari [nɑgari] *m od f ling* Nagari(schrift) *f*
nage [naʒ] *f* **1.** *von Mensch u Tier* Schwimmen *n;* Schwimmstil *m;* ~ **libre** Freistilschwimmen *n;* **quatre** ~**s** Lagenschwimmen *n;* ~ **sur le dos** Rückenschwimmen *n; loc/adv* **à la** ~ schwimmend; **traverser la rivière à la** ~ den Fluß durch'schwimmen; den Fluß schwimmend über'queren; durch den Fluß schwimmen; **2.** *mar* Rudern *n;* Pullen *n;* Riemen *n;* Rojen *n;* ~ **à couple** Riemenrudern *n* bei paarweiser Anordnung der Ausleger; ~ **en pointe** Riemenrudern *n* bei abwechselnder Anordnung der Ausleger auf beiden Seiten; **banc** *m* **de** ~ Ruderbank *f;* **chef** *m* **de** ~ Schlagmann *m;* **3.** *fig* **en** ~ schweißgebadet, -triefend; **être en** ~ in Schweiß gebadet sein; von Schweiß triefen; **mettre qn en** ~ j-n in Schweiß bringen; **se mettre en** ~ in Schweiß geraten
nageoire [naʒwar] *f* **1.** *zo* Flosse *f;* ~ **dorsale, ventrale** Rücken-, Bauchflosse *f;* **2.** *aviat bei Wasserflugzeugen* Flossenstummel *m*
nager [naʒe] ⟨*-geons*⟩ **I** *v/t* **1.** *sports* ~ **la brasse** brustschwimmen; ~ **le crawl** kraulen; ~ **le 400 mètres am Wettkampf** über 400 Meter teilnehmen; **2.** *mar Boot* rudern, pullen (*jusqu'à la rive* zum Ufer); **II** *v/i* **3.** *Person, Tier, etw in e-r Flüssigkeit;* ~ **comme un fer à repasser** F wie e-e bleierne Ente schwimmen; ~ **comme un poisson** wie ein Fisch schwimmen; ~ **contre le courant** gegen den Strom schwimmen;

fig ~ **dans le bonheur, dans la joie** im Glück, in eitel Wonne schwimmen; ~ **sous l'eau** unter Wasser schwimmen; ~ **savoir** ~ schwimmen können; *fig* sich zu helfen wissen; **4.** *mar* rudern; pullen; riemen; rojen; ~ **à couple** in e-m Boot mit paarweiser Anordnung der Ausleger rudern; ~ **à culer, de l'arrière** rückwärts rudern; ~ **de l'avant** vorwärts rudern; ~ **en pointe** in e-m Boot rudern, bei dem die Ausleger abwechselnd auf beiden Seiten angeordnet sind; **5.** F *fig* **il nage dans son costume** der Anzug schlottert ihm um den Leib, um den Körper; **6.** F *fig bei ungenügenden Kenntnissen* schwimmen; ins Schwimmen geraten; *in e-r schwierigen Lage* nicht mehr ein noch aus wissen
nag|eur [naʒœr] *m,* ~**euse** *f* **1.** *sports* Schwimmer(in) *m(f); adjt* **maître nageur** Schwimmlehrer *m;* Bademeister *m;* **2.** *adjt zo* **oiseaux nageurs** Schwimmvögel *m/pl;* **3.** *mar* Rud(e)rer *m,* Rud(r)erin *f*
naguère [nagɛr] *adv* **1.** *litt (récemment)* unlängst; vor kurzem; **2.** *abus* früher
naïade [najad] *f* **1.** *myth* Na'jade *f;* Quell-, Fluß-, Wassernymphe *f;* **2.** *plais* Badenixe *f;* **3.** *bot* Nixenkraut *n*
naïf [naif] *adj* ⟨*naïve* [naiv]⟩ **1.** *Person, Fröhlichkeit* na'iv; ungekünstelt; na'türlich; unbefangen; *Glaube* kindlich; *art* ~ primitive Kunst; *peint* **les peintres** ~**s** *od subst* **les** ~**s** *m/pl* die Naiven *m/pl;* die Vertreter *m/pl* der naiven Malerei; **2.** *Person, Antwort* na'iv; einfältig; töricht; *subst* **un** ~, **une naïve** F ein Na'ivling *m;* **c'est un** ~ er ist wirklich naiv; **vous me prenez pour un** ~ !Sie halten mich wohl für naiv!
nain [nɛ̃], **naine** [nɛn] **I** *subst* **1.** *m,f Person, Märchengestalt* Zwerg(in) *m(f);* **2. nain jaune** *ein kombiniertes Karten- und Brettspiel;* **II** *adj* Zwerg...; *bot* **chêne, rosier nain** Zwergeiche *f,* -rose *f;* '**haricot nain** Buschbohne *f; astr* **étoiles naines** Zwergsterne *m/pl;* Zwerge *m/pl; zo* **poule naine** Zwerghuhn *n*
nais [nɛ] *cf* **naître**
naissain [nɛsɛ̃] *m* Muschel-, Austernlarven *f/pl*
naissance [nɛsɑ̃s] *f* **1.** Geburt *f;* ~ **difficile** schwere Geburt; ~ **vivante** Lebendgeburt *f;* ~ **avant terme** Frühgeburt *f;* **date** *f* **de** ~ Geburtsdatum *n; loc/adv* **à sa** ~ bei s-r Geburt; **de** ~ von Geburt (an); gebürtig; **aveugle de** ~ von Geburt an blind; blindgeboren; **Français de** ~ von Geburt, gebürtiger Franzose; *litt* **de haute** ~ von hoher Geburt; von edler, vornehmer Herkunft, Abstammung, Abkunft; **donner** ~ **à une fille** e-m Mädchen das Leben schenken; **2.** *fig des Tages* Anbruch *m; e-r Idee, Nation* Geburt *f;* Entstehung *f;*

Ursprung *m;* ~ **du jour** Tagesanbruch *m;* **donner** ~ **à qc** zu etw, zur Bildung *od* Entstehung von etw führen; **prendre** ~ *Bewegung, Aufruhr* anfangen; s-n Anfang, Ausgang nehmen; entstehen; beginnen; *Gedanke* geboren werden; **3.** *anat* Ansatz *m;* ~ **des cheveux, du cou, des seins** Haar-, Hals-, Brustansatz *m;* ~ **de la cuisse** Oberschenkelansatz *m;* Schenkelbeuge *f;* **4.** *arch e-s Bogens, Gewölbes* Kämpfer *m; e-r Säule* Basis *f*
naissant [nɛsɑ̃] *adj Liebe* (auf)keimend; erwachend; *Tag* anbrechend; *poét* erwachend; *Talent* angehend; jung; *Schönheit* aufblühend; *Ruhm* beginnend; *Knospe* sich entfaltend; treibend; sprießend; *Bart* sprießend; *chim* **état** ~ Entstehungszustand *m;* **à l'état** ~ freiwerdend; im Entstehen begriffen; im Augenblick des Entstehens; *sc* nas'zierend; in statu nas'cendi; **au jour** ~ bei Tagesanbruch; im Morgengrauen
naître [nɛtr(ə)] *v/i* ⟨**je nais, il naît, nous naissons; je naissais; je naquis; je naîtrai; que je naisse; naissant; né**⟩ **1.** *Kind* geboren werden; zur Welt kommen; **être né aveugle** blind geboren sein *od* werden; **être né Français** von Geburt Franzose sein; **être né poète** zum Dichter geboren sein; **être né le premier de quatre enfants** als erstes von vier Kindern geboren sein; *loc/adv* **en naissant** bei der Geburt; **elle est née à Genève** sie ist in Genf geboren; *fig Person* ~ **à qc** zu etw erwachen; sich e-r Sache (*dat*) öffnen; etw beginnen; ~ **à une vie nouvelle** ein neues Leben beginnen; **être né de qc** von j-m abstammen; **être né d'une famille d'ouvriers** aus e-r Arbeiterfamilie stammen, hervorgegangen sein, kommen; *st/s* **de cette union naquirent deux enfants** dieser Verbindung entsprangen zwei Kinder; aus dieser Verbindung gingen zwei Kinder hervor; **être né d'un père français et d'une mère allemande** das Kind e-s Franzosen und e-r Deutschen sein; e-n Franzosen zum Vater und e-e Deutsche zur Mutter haben; von e-m französischen Vater und e-r deutschen Mutter abstammen; *fig* **je ne suis pas né d'hier** ich bin doch nicht von gestern; *fig* **être né pour qc** zu etw geboren sein; für etw geschaffen, bestimmt sein; *unpersönlich* **il naît plus de filles que de garçons** es werden mehr Mädchen als Jungen geboren; **2.** *fig Gedanke, Idee* geboren werden; entstehen; auftauchen; *Liebe* aufkeimen; entstehen; *Gefühl* aufkommen; entstehen; *Freundschaft* entstehen; sich entwickeln; *Tag* anbrechen; *poét Blumen* zum Leben erwachen; *Stadt, Industrie* entstehen; ~ **de qc** aus etw

entstehen, her'vorgehen, entspringen; in etw (dat) s-n Ursprung haben; durch etw bewirkt werden; aus etw herrühren; **un sourire naissait sur ses lèvres** ein Lächeln trat auf ihre Lippen; **faire ~** *Unternehmen, Industrie* ins Leben rufen; schaffen; *Gefühl* erzeugen; her'vorrufen; aufkommen lassen; *Freundschaft* entstehen lassen; *Liebe* erwecken; *Zweifel* erwecken; erregen; aufkommen lassen; **sentir ~ en soi un sentiment de malaise** ein Gefühl des Unbehagens in sich aufsteigen fühlen

naïveté [naivte] *f* **1.** Naivi'tät *f*; Na'türlichkeit *f*; Unbefangenheit *f*; ungekünsteltes, unbefangenes Wesen; **2.** Naivi-'tät *f*; Einfalt *f*

naja [naʒa] *m zo* Kobra *f*; *sc* Naja *f*

namibien [namibjɛ̃] **I** *adj* ⟨~ne⟩ na'mibisch; **II** *subst* ♀(ne) *m(f)* Na'mibier(in) *m(f)*

nana [nana] *f* **1.** F *(femme)* F Weib *n*; **2.** *arg (maîtresse)* F Dulzi'nea *f*; Thus'nelda *f*

nanan [nanɑ̃] *m* F *von Speisen* **c'est du ~** das ist etwas Feines, Gutes, Leckeres

nandou [nɑ̃du] *m zo* Nandu *m*

nanisme [nanism(ə)] *m* Zwergwuchs *m*; *sc* Na'nismus *m*

nankin [nɑ̃kɛ̃] *m text* Nanking *m*

nano|farad [nanofarad] *m (abr* nF) *élect* Nanofarad *n (abr* nF); **~seconde** *f (abr* ns) *phys* Nanosekunde *f (abr* ns)

nanti [nɑ̃ti] *adj* **1.** *cf* **nantir; 2.** besitzend; wohlhabend; reich; *subst* **les ~s** *m/pl* die Besitzenden *m/pl*, Wohlhabenden *m/pl*, Reichen *m/pl*

nantir [nɑ̃tir] **I** *v/t* **1.** *nur p/p* **être nanti de qc** mit etw versehen, versorgt, ausgestattet sein; im Besitz von etw sein; etw besitzen, haben; **2.** *jur, fin* e-e Sicherheit durch ein Pfand geben **(qn** j-m); durch ein Pfand sicherstellen; **créancier nanti** sichergestellter Gläubiger; **II** *v/pr jur* **se ~ des effets d'une succession** die Erbschaft, Nachlaßgegenstände an sich nehmen; sich zum Erbschaftsbesitzer machen

nantissement [nɑ̃tismɑ̃] *m jur* **a)** Vertrag *m* über die Bestellung e-s Pfandrechts; Verpfändung *f*; Sicherungsübereignung *f*; dingliche Sicherung; *e-r beweglichen Sache auch* Lombar'dierung *f*; **~ d'un bien (im)meuble** Verpfändung e-r (un)beweglichen Sache; **donner un ~ sur qc** ein Pfandrecht an etw *(dat)* bestellen; **b)** Pfand(sache) *n(f)*; beliehene Sache; Sicherheit *f*; **prêt *m* sur ~** durch Pfand gesichertes Darlehen; *gegen Verpfändung beweglicher Sachen auch* Lom'bardkredit *m*; **prêter sur ~** gegen Pfand leihen

napalm [napalm] *m* Napalm *n*; **bombe** *f* **au ~** Napalmbombe *f*

napel [napɛl] *m bot* **(aconit *m*) ~** Blauer Eisenhut

naphtal|ène [naftalɛn] *m chim* Naphtha-'lin *n*; **~ine** *f chim, comm* Naphtha'lin *n*; **boule** *f* **de ~** Mottenkugel *f*

naphte [naft] *m* **a) ~ natif, minéral** Erdöl *n*; Roh(erd)öl *n*; Naphtha *n od f*; **b)** Frakti'on *f*, Pro'dukt *n* der Erdöldestillation; Erdöldestillat *n*

naphtol [naftɔl] *m chim* Naph'thol *n*

napoléon [napɔleɔ̃] *m alte Münze* Napoleon'dor *m*

napoléonien [napɔleɔnjɛ̃] *adj* ⟨~ne⟩ napole'onisch

napolitain [napɔlitɛ̃] **I** *adj* neapoli'tanisch; *cuis* **tranche ~e** *etwa* Fürst-Pückler-Eis *n*; **II** *subst* **1.** ♀(e) *m(f)* Neapoli'taner(in) *m(f)*; **2.** *le ~* das Neapoli'tanische; Neapoli'tanisch *n*

nappe [nap] *f* **1.** Tischtuch *n*, -decke *f*; Tafeltuch *n*; *égl* **~ d'autel** Al'tartuch *n*,

---

-decke *f*; **~ en papier, en plastique** Pa'pier-, Plastiktischtuch *n*; **2.** *über der Erde große Fläche; unter der Erde bisweilen* Schicht *f*; *géol* Decke *f*; **~ aquifère, d'eau souterraine** Grundwasser *n*; **(aquifère) libre, superficielle, phréatique** phreatisches (Grund)Wasser; **~ de brume** Nebelbank *f*, -schicht *f*; Dunstschicht *f*, -schleier *m*; *géol* **~ de charriage** Über'schiebungsdecke *f*; **~ d'eau grosse, glatte Wasserfläche; ~ de feu** Flächenbrand *m*; *über der Erde* **~ de gaz** Gasschwaden *m*; *unter der Erde* **~ de gaz, de pétrole** in Gesteinsschichten eingeschlossenes Gas, Erdöl; Gas(-), Erdöl(schicht) *n(f)*; **3.** *math* **a)** hyperboloïde *m* à une ~, à deux ~s einschaliges, zweischaliges Hyperbolo'id; **b)** Mantel *m*; **4.** *text* Faservlies *n*, -band *n*; **5.** *zum Vogelfang* Garn *n*; Netz *n*

napper [nape] *v/t cuis mit e-r Gelee-, Creme-, Marmeladenschicht* über'ziehen (de mit)

napperon [naprɔ̃] *m (Zier)*Deckchen *n*

naquis [naki] *cf* **naître**

narcéine [narsein] *f chim* Narce'in *n*

narciss|e [narsis] *m* **1.** *bot* Nar'zisse *f*; **~ jonquille** Gelbe Narzisse; Osterglocke *f*, -blume *f*; **~ (des poètes) (Weiße)** Narzisse; Stern-, Stu'dentenblume *f*; **2.** *myth* ♀, *fig* **~** Nar'ziß *m*; **~ique** *adj* nar'zißtisch; **~isme** *m* Nar'zißmus *m*

narco|-analyse [narkoanaliz] *f méd* Narkoana'lyse *f*; **~lepsie** [-lɛpsi] *f path* Narkolep'sie *f*; **~manie** *f path* Narkoma'nie *f*

narcose [narkoz] *f méd* Nar'kose *f*; Betäubung *f*

narcotine [narkɔtin] *f chim* Narko'tin *n*

narcotique [narkɔtik] *méd* **I** *adj* nar'kotisch; betäubend; berauschend; **II** *m* nar'kotisches Mittel; Nar'kotikum *n*; Nar'kose-, Betäubungs-, Rauschmittel *n*

nard [nar] *m* **1.** *bot* **a) ~ celtique** Echter Speik; Keltischer Baldrian; **~ indien** Indische Narde; Nardenbaldrian *m*, -wurzel *f*; Indischer Speik; **b)** Borst(en)gras *n*; Narde *f*; **2.** *Pflanzenextrakt für Salböle* Narde *f*; Nardenöl *n*

narghileh [nargile] *m cf* **narguilé**

narguer [narge] *v/t* (ver)höhnen; mit Verachtung her'ausfordern; mit Verachtung die Stirn bieten, entgegentreten **(qn** j-m)

narguilé [nargile] *m* Wasserpfeife *f*; Nargi'leh *n*

narine [narin] *f anat* Nasenloch *n*; Nüster *f*; *par ext* Nasenflügel *m*

narquois [narkwa] *adj Person, Lächeln* schelmisch; schalkhaft; spöttisch; i'ronisch

narra|teur [naratœr] *m*, **~trice** *f* Erzähler(in) *m(f)*

narratif [naratif] *adj* ⟨-ive⟩ erzählend

narration [narasjɔ̃] *f* **1.** Erzählung *f*; *mündlich auch* Bericht *m*; *gr* **infinitif *m* de ~** historischer Infinitiv; **présent *m* de ~** Präsens *n* der lebhaften Erzählung, als Erzähltempus; **faire une longue ~ de qc** etw ausführlich, des langen und breiten erzählen; von *od* über etw *(acc)* ausführlich berichten; **2.** *in der Schule* (Schul)Aufsatz *m*; **3.** *rhét* Darstellung *f* der Tatsachen

narrer [nare] *litt v/t* erzählen; berichten (+ acc *od* sur *od* + acc); darstellen

narthex [nartɛks] *m arch* Narthex *m*

narval [narval] *m zo* Narwal *m*; See-Einhorn *n*

nasal [nazal] *adj* ⟨-aux⟩ **1.** *anat* Nasen...; **fosses ~es** Nasenhöhle *f*; *Anthropologie:* **indice ~** Nasenindex *m*; **point ~** Nasion *n*; **2.** *phon* na'sal; **consonne ~e** reiner Na'sal, Na'sal-, Nasenlaut *m*; **voyelle ~e** Na'salvokal *m*; *subst* **~e** *f*

Na'sal *m*; **3.** *Stimme* näselnd; **~isation** *f phon* Nasa'lierung *f*; na'sale Aussprache; **~iser I** *v/t phon* nasa'lieren; na'sal aussprechen; *adit* **nasalisé** nasaliert; als Nasal gesprochen; **II** *v/pr* **se ~** na'sal ausgesprochen werden; na'sal ausgesprochen werden

nasard [nazar] *m mus der Orgel* Nasat *od* Nazard *od* Nasard *m*; Nazard *m*

naseau [nazo] *m* ⟨pl **~x**⟩ *bei Tieren* Nasenloch *n*; *bes beim Pferd, Stier* Nüster *f*

nasill|ard [nazijar] *adj Stimme, Ton* näselnd; **~ement** *m* **1.** Näseln *n*; **2.** *der Enten* Schnattern *n*

nasiller [nazije] *v/i* **1.** näseln; **2.** *fig altes Radio, Grammophon* näselnde, gequetschte Töne von sich geben; *auch v/t* in näselndem Ton von sich geben; **3.** *Ente* schnattern; *Wildschwein* schnauben; blasen

nasion [nazjɔ̃] *m Anthropologie* Nasion *n*

nasique [nazik] *m zo* Nasenaffe *m*

nasitort [nazitɔr] *m bot* Gartenkresse *f*

nasonnement [nazɔnmɑ̃] *m méd* leichtes Näseln

nasse [nas] *f* **1.** *Fischfang* Reuse *f*; **2.** *Vogelfang* trichterförmiges Netz

natal [natal] *adj* ⟨-als⟩ Geburts...; Heimat...; heimatlich; **maison ~e** Geburtshaus *n*; **pays ~** Heimat(land) *f(n)*; *auch* Geburtsland *n*; **terre ~e** Heimaterde *f*; heimatliche Erde; *par ext* Heimat *f*; **village ~** Heimatdorf *n*; **ville ~e** Heimat-, Vater-, Geburtsstadt *f*

nataliste [natalist] *adj* geburtenfördernd; **politique *f* ~** Politik *f* der Geburtenförderung

natalité [natalite] *f* **(taux *m* de) ~** Geburtenziffer *f*, -zahl *f*; Zahl *f* der Geburten; **taux brut de ~** Geburtenhäufigkeit *f*; **taux ~ effective** Zahl *f* der Lebendgeburten; *sc* Natali'tät *f*; **accroissement *m*, régression *f* de la ~** Ansteigen *n*, Rückgang *m* der Geburtenziffer; Geburtenzuwachs *m*, -rückgang *m*; *loc/adj* **à faible, forte ~** geburtenschwach, -stark; mit niedriger, hoher Geburtenziffer

natation [natasjɔ̃] *f sports* Schwimmsport *m*; Schwimmen *n*; **épreuve *f* de ~** Schwimmwettkampf *m*; **faire de la ~** den Schwimmsport betreiben; schwimmen

natatoire [natatwar] *adj der Fische* **vessie *f* ~** Schwimm-, Fischblase *f*

natif [natif] *adj* ⟨-ive⟩ **1.** **Personne ~ de** gebürtig aus; **il est ~ de Paris**, *subst* **c'est un ~ de Paris** *auch* er ist gebürtiger Pariser; **2.** *Metall* gediegen

nation [nasjɔ̃] *f* Nati'on *f*; Volk *n*; **~ de marchands, de soldats** Volk von Kaufleuten, von Soldaten; Handelsvolk *n*, Handelsnation *f*; **l'Organisation des ♀s Unies, les ♀s Unies**, *kurz* l'O.N.U. *f* die Organisation der Vereinten Nationen, die Vereinten Nationen, *kurz* die UNO; *bibl* **allez, enseignez toutes les ~s** gehet hin und lehret alle Völker

national [nasjɔnal] *adj* ⟨-aux⟩ natio-'nal; Natio'nal...; Volks...; Landes...; Staats...; 'überregional; *écon* Inland(s)...; inländisch; (ein)heimisch; *pol, adm aus internationaler Sicht* einzelstaatlich; innerstaatlich; der einzelnen Länder; **armée ~e** nationales Heer; Nationalarmee *f*; *e-r Partei* **bureau ~** Landesvorstand *m*; *in der BRD* Bundesvorstand *m*; **caractère ~** Volks-, Natio-nalcharakter *m*; *e-r Partei:* **comité ~** Nationalkomitee *n*; **congrès ~** Gesamtparteitag *m*; **costume ~** National-, Landestracht *f*; **couleurs ~es** Landes-, Nationalfarben *f/pl*; **éducation ~e** Volksbildung *f*; *sports* **équipe ~e** Nationalmannschaft *f*; **fête ~e** National-, Staats-

feiertag *m*; **fortune** ～e Volksvermögen *n*; **hymne** ～ Nationalhymne *f*; **industrie** ～e Inland(s)industrie *f*; (ein)heimische Industrie; **marché** ～ Inland(s)-, Binnenmarkt *m*; (ein)heimischer Markt; **monnaie** ～e Landeswährung *f*; **grand poète** ～ großer Dichter des Volkes, der Nation; **politique** ～e nationale Politik; **production** ～e Inland(s)produktion *f*; (ein)heimische, volkswirtschaftliche Produktion; *écon* **produit** ～ Sozialprodukt *n*; **réglementation** ～e innerstaatliche, einzelstaatliche Regelung; Regelung *f* der einzelnen Länder; **route** ～e Nationalstraße *f*; *in der BRD* Bundesstraße *f*; *subst* la ♀e 7 die Nationalstraße 7; **sentiment** ～ Nationalgefühl *n*, -bewußtsein *n*; **victoire** ～e Sieg *m* der ganzen Nation, des ganzen Volkes; **II** *subst* **les nationaux** *m/pl* die eigenen Staatsangehörigen *pl*; die Inländer *m/pl*
nationalisation [nasjɔnalizasjõ] *f* Verstaatlichung *f*; Nationali'sierung *f*; Über'führung *f* in Staatseigentum, *in sozialistischen Ländern* in Volkseigentum
nationaliser [nasjɔnalize] *v/t* verstaatlichen; nationali'sieren; in Staatseigentum, *in sozialistischen Ländern* in Volkseigentum über'führen; *adjt* **entreprises nationalisées** *auch* staatseigene, *in sozialistischen Ländern* volkseigene Betriebe *m/pl*; Staatsbetriebe *m/pl*
nationalisme [nasjɔnalism(ǝ)] *m pol* Nationa'lismus *m*; **～iste** *pol* **I** *adj* nationa'listisch; **II** *m,f* Nationa'list(in) *m(f)*
nationalité [nasjɔnalite] *f* **1.** Staatsangehörigkeit *f*; Nationali'tät *f*; Staatsbürgerschaft *f*; Volks-, Staatszugehörigkeit *f*; **acquérir, prendre la ～ française** die französische Staatsangehörigkeit erwerben, annehmen; **2.** Volkstum *n*; **3.** Volksgruppe *f*; Nationali'tät *f*; *pol* **principe** *m* **des ～s** Nationali'tätsprinzip *n*
national-socialisme [nasjɔnalsɔsjalism(ǝ)] *m hist* Natio'nalsozialismus *m*; **～iste** *hist* **I** *adj* ⟨*f u pl cf* **II**⟩ natio'nalsozialistisch; **II** *subst* **～**, **nationale-socialiste** *m,f* Natio'nalsozialist(in) *m(f)*; **les nationaux-socialistes** *m/pl* die Nationalsozialisten *m/pl*
nativisme [nativism(ǝ)] *m philos* Nati'vismus *m*
nativité [nativite] *f* **1.** *im Christentum* Geburt *f* Christi, der Jungfrau Maria, Johannes des Täufers; *abs* la ♀ die Geburt Christi; **fête** *f* **de la** ♀ Fest der Geburt Christi; Christ-, Weihnachtsfest *n*; 2. *peint* Geburt *f* Christi; **3.** *Astrologie* Gestirnkonstellation *f* bei der Geburt; *sc* Nativi'tät *f*
natron [natrõ] *m od* **natrum** [natrɔm] *m minér* Na'trit *m*; mine'ralische(s) Soda *f(n)*; Kri'stallsoda *f od n*
natte [nat] *f* **1.** Matte *f*; **～ de jonc, de paille, de roseau** Binsen-, Stroh-, Schilfmatte *f*; **2.** (Haar)Zopf *m*, (-)Flechte *f*; **se faire une ～** sich e-n Zopf flechten
natté [nate] *m text* **a)** Panama *m*; **b)** Panama-, Matten-, Würfelbindung *f*; englische Tuchbindung
natter [nate] *v/t Haar* flechten; **～ ses cheveux** sein Haar flechten; sich das Haar flechten; **～ en deux longues tresses** zu zwei langen Zöpfen flechten; *adjt* **chignon natté** geflochtener Knoten
naturalisation [natyralizasjõ] *f* **1.** *e-s Ausländers* Einbürgerung *f*; Naturali'sierung *f od* Naturalisati'on *f*; Verleihung *f der* fran'zösischen *bzw* deutschen *etc* Staatsangehörigkeit (**d'un étranger** an e-n Ausländer); **demande** *f* **de ～** Einbürgerungsgesuch *n*; Gesuch *n* um

Einbürgerung; **2.** *biol von Pflanzen u Tieren* Einbürgerung *f*; *sc* Naturali'sierung *f od* Naturalisati'on *f*; **3.** *von Tierkörpern* Ausstopfen *n*, -ung *f*; Prä'parierung *f od* Präparati'on *f*; Naturali'sierung *f od* Naturalisati'on *f*; *sc* Taxider'mie *f*; *von Pflanzen* Haltbarmachen *n*, -ung *f*; Präpa'rierung *f od* Präparati'on *f*
naturaliser [natyralize] *v/t* **1.** *Ausländer* einbürgern; naturali'sieren; die fran'zösische *bzw* deutsche *etc* Staatsangehörigkeit verleihen (**qn** j-m); **se faire ～ français** sich als Franzose einbürgern, naturalisieren lassen; die französische Staatsbürgerschaft erwerben; *adjt* **un Français naturalisé** ein naturalisierter Franzose; *subst* **un naturalisé** ein naturali'sierter; **2.** *Pflanzen, Tiere* einbürgern; heimisch machen; *sc* naturali'sieren; **3.** *Tierkörper* ausstopfen; präpa'rieren; naturali'sieren; *Pflanzen* haltbar machen; präpa'rieren
naturalisme [natyralism(ǝ)] *m philos, bildende Kunst, Literatur* Natura'lismus *m*; **～iste** **I** *adj philos, bildende Kunst, Literatur* natura'listisch; **II** *m* **1.** *philos, bildende Kunst, Literatur* Natura'list *m*; **2.** Präpa'rator *m*; **3.** *früher* Na'turforscher *m*
nature [natyr] *f* **1.** Na'tur *f*; **état** *m* **de ～** Naturzustand *m*; **loi** *f* **de la ～** Naturgesetz *n*; **ordre** *m* **de la ～** natürliche Ordnung; *loc/adj u loc/adv:* **contre ～** 'widernatürlich; unnatürlich; naturwidrig; **c'est contre ～** *auch* das ist wider die Natur; das geht gegen die Natur; **d'après ～** nach der Natur; **dessiner d'après ～** nach der Natur zeichnen; **grandeur ～** lebensgroß; in Lebensgröße; in voller, natürlicher Größe; **plus grand que ～** 'überlebensgroß; in 'Überlebensgröße; F **disparaître, partir, se perdre dans la ～** a) spurlos, von der Bildfläche verschwinden; b) *verhüllend* in der Natur, im Grünen verschwinden; **c'est la voix de la ～, c'est la ～ qui parle** das ist die Stimme der Natur; **2.** *e-r Person, Sache* Na'tur *f* (*auch die Person selbst*); Wesen *n*; Art *f*; *nur e-r Person* Wesensart *f*; Natu'rell *n*; Veranlagung *f*; *des Bodens, e-r Sache* Beschaffenheit *f*; *von Reformen, Maßnahmen* Art *f*; une **bonne ～** ein gutmütiges Wesen; ein gutmütiger Mensch; **la ～ humaine, de l'homme** die menschliche Natur, die Natur des Menschen; **seconde ～** zweite Natur; **la méfiance est sa seconde ～** das 'Mißtrauen ist ihm zur zweiten Natur geworden; **～ du sol, du terrain** Boden-, Geländebeschaffenheit *f*; *loc/adj u loc/adv* **de cette ～** dieser Art; derartig; **de toute ～** aller, jeder Art; **(être) de ～ à faire qc** geeignet, dazu angetan (sein), etw zu tun; so geartet, beschaffen (sein), daß ...; **par ～** von Natur (aus); **être timide par ～** von Natur (aus) ängstlich sein; ängstlicher Natur sein; **par sa ～** s-r Natur, s-m Wesen nach; **quelle est la ～ de ses sentiments?** welcher Art sind s-e Gefühle?; *von e-r Person* **c'est une heureuse ～** *bzw* sie ist e-e glückliche Natur, hat e-e glückliche Natur, Veranlagung, ein glückliches Naturell; **c'est une insouciante** *bzw* sie ist e-e sorglose Natur, hat ein sorgloses Wesen, e-e sorglose Art; **c'est une petite ～** *er bzw* sie ist e-e schwache Natur; **c'est une ～ de paysan** *bzw* sie ist e-e bäuerliche Natur, hat e-e bäuerliche (Wesens)Art; **c'est dans la ～ même de la chose** das liegt in der Natur, im Wesen der Sache; *von e-r Person* **ce n'est pas dans sa ～** das ist nicht s-e Art; das ist s-m Wesen

fremd, ihm wesensfremd; das liegt nicht in s-r Natur, in s-m Wesen, in s-r Wesensart; **3.** *peint* **～ morte** Stilleben *n*; **4. en ～** *loc/adj* Natu'ral...; *loc/adv* in na'tura; in Natu'ralien; **salaire** *m* **en ～** Naturallohn *m*; Depu'tat *n*; **payer en ～** in Naturalien, in natura (be)zahlen; **5.** *adit* ⟨*inv*⟩ **a)** *cuis* nature [-'tyːr]; ohne Zutat; **café** *m* **～** schwarzer Kaffee; **huîtres** *f/pl* **～** Austern *f/pl* ohne Zugabe von Zitrone, Zwiebeln *etc*; **yaourt** *m* **～** Naturjoghurt *m od n*; **b)** F *Person* **être ～** na'iv, unbefangen, na'türlich sein
naturel [natyrɛl] **I** *adj* ⟨**～le**⟩ **1.** na'türlich; Na'tur...; na'turgegeben; *jur: Kind* na'türlich; unehelich *bzw* leiblich; *Vater* leiblich *bzw* außer-, unehelich; *Erbe* leiblich; *Leibes...*; *des Haars, Holzes, e-s Fells* **couleur ～le** natürliche Farbe; **de couleur ～le** naturfarben; **droit ～** Naturrecht *n*; **eaux ～les** natürliches, in der Natur vorkommendes Wasser; **eau minérale ～le** natürliches Mineralwasser; natürliche Heilquelle; **frontières ～les** natürliche Grenzen *f/pl*; **gaz ～** Erd-, Naturgas *n*; **inégalité ～le** naturgegebene Ungleichheit; **loi ～le** Naturgesetz *n*; **mort ～le** natürlicher Tod; *math* **nombres ～s** natürliche Zahlen *f/pl*; **phénomène ～** Naturerscheinung *f*, -ereignis *n*; **religion ～le** Naturreligion *f*; *e-s Landes* **richesses ～les** natürliche Reichtümer *m/pl*; *biol* **sélection ～le** natürliche Auslese, Zuchtwahl; **soie ～le** echte Seide; **vin ～** naturreiner Wein; Naturwein *m*; **2.** *Neigung, Veranlagung, Anmut* na'türlich; angeboren; **3.** *Person, Geste, Stil* na'türlich; ungekünstelt; ungezwungen; *Person auch* unverbildet; *Person* **rester ～** natürlich bleiben; **4.** na'türlich; selbstverständlich; nor'mal; **c'est tout ～!** das ist doch selbstverständlich!; **il est tout ～ que...** (+*subj*) es ist ganz natürlich, selbstverständlich, normal, daß...; **rien n'est plus ～ que de** (+*inf*) nichts ist natürlicher *etc*, als zu (+*inf*) *bzw* als daß...; **trouver tout ～ que ...** (+*subj*) es ganz natürlich *etc* finden, daß ...; **5.** *mus* **cor ～**, **trompette ～le** Na'turhorn *n*, -trompete *f*; **note ～le** Note *f* ohne ein Vorzeichen; nicht erhöhte oder erniedrigte Note; **son ～** a) nicht erhöhter oder erniedrigter Ton; b) *e-s Blasinstruments* Na'turton *m*; **II** *m* **1.** *e-r Person* Natu'rell *n*; Wesen *n*; Na'tur *f*; **être d'un ～ aimable** ein liebenswürdiges Naturell, Wesen haben; **e-e** liebenswürdige Natur sein; **être d'un ～ bavard** schwatzhaft veranlagt sein; von Natur schwatzhaft sein; **être d'un ～ sensible** e-e empfindsame Natur sein; ein empfindsames, weiches Gemüt haben; *prov* **chassez le ～**, **il revient au galop** niemand kann aus s-r Haut heraus (*loc/prov*); die Katze läßt das Mausen nicht (*prov*); **2.** *e-r Person, Geste, des Stils* Na'türlichkeit *f*; Ungezwungenheit *f*; *nur e-r Person* na'türliches, ungekünsteltes, ungezwungenes Wesen; **se conduire avec ～** sich ganz natürlich, ungezwungen benehmen; **3.** *loc/adv* **au ～** a) *Konserven* natu'rell; b) in na'tura; in Wirklichkeit; **il est mieux en photo qu'au ～** auf dem Foto sieht er besser aus als in Wirklichkeit
naturellement [natyrɛlmã] *adv* **1.** na'türlich; selbstverständlich; **il ne l'a pas prévenu** er hat ihn natürlich nicht benachrichtigt; **je n'ai rien dit, ～** ich habe selbstverständlich, natürlich nichts gesagt; **elle le tutoyait si ～ que** ... sie duzte ihn so selbstverständlich, daß ...; **2.** *von Na'tur*; **être ～ gai** von Natur (aus) fröhlich sein; **3.** auf na'türliche Weise, Art; na'türlicherweise;

4. na'türlich; ungekünstelt

natur|isme [natyrism(ə)] *m* **1.** Freikörperkultur *f* (*abr* FKK); Nacktkultur *f*; Natu'rismus *m*; Nu'dismus *m*; **2.** *méd* Na'turheilkunde *f*, -heilverfahren *n*; **3.** Na'turverehrung *f*, -dienst *m*; **4.** *Literatur* Natu'rismus *m*; **~iste I** *adj* der Freikörper-, Nacktkultur; natu'ristisch; nu'distisch; **revue** *f* ~ Zeitschrift *f* für Freikörperkultur; **II** *m,f* Anhänger(in) *m(f)* der Freikörper-, Nacktkultur; Na-tu'rist(in) *m(f)*; Nu'dist(in) *m(f)*; **camp** *m* de ~s *cf* nudiste II

naucore [nokɔr] *f zo* Schwimmwanze *f*

naufrage [nofraʒ] *m* **1.** *e-s Schiffs* Schiffbruch *m*; 'Untergang *m*; le ~ du Titanic der Untergang der Titanic; faire ~ *Schiff* Schiffbruch erleiden; 'untergehen; *Person* e-e Schiffskatastrophe (mit)erleben; schiffbrüchig werden; Schiffbruch erleiden; **être sauvé d'un** ~ bei e-m Schiffbruch gerettet werden; **2.** *fig* Scheitern *n*; Zu'nichtewerden *n*; Ende *n*

naufrag|é [nofraʒe] **I** *adj Person, Schiff* schiffbrüchig; **II** *subst* ~(e) *m(f)* Schiffbrüchige(r) *f(m)*; ~**eur** *m hist* Strandräuber *m* (*der durch falsche Lichtsignale Schiffe zum Scheitern brachte*)

naupathie [nopati] *f sc path* Seekrankheit *f*

nauplius [nopliys] *m zo sc* Nauplius *m*

nauséabond [nozeabõ] *adj Geruch wi-,derlich; ekelhaft; ekelerregend; ek(e)lig

nausée [noze] *f* **1.** *méd* Übelkeit *f*; Brechreiz *m*; *im engeren Sinn auch* Würgen *n*; **avoir des** ~s, **la** ~ Übelkeit empfinden; Brechreiz haben; **j'ai la** ~ mir ist schlecht, übel; **donner la** ~ à qn (bei) j-m Übelkeit verursachen; *cf auch* **2.**; **cette odeur me donne la** ~ *auch* von diesem Geruch wird mir schlecht; **elle fut prise d'une** ~ **soudaine** e-e plötzliche Übelkeit über'fiel sie; sie wurde von e-r plötzlichen Übelkeit be-, über'fallen; **2.** *fig* Ekel *m*; Abscheu *m od f*; *Sartre* La ♀ Der Ekel; **donner la** ~ Abscheu, Ekel einflößen; **c'est à donner la** ~ das ist abstoßend, ab'scheulich, widerlich, ekelhaft

nauséeux [nozeø] *adj* ‹-euse› *Medikament* Übelkeit, Brechreiz her'vorrufend

nautile [notil] *m* **1.** *zo* Nautilus *m*; Perlboot *n*; **2.** *der Renaissance* Nautiluspokal *m*, -becher *m*

naut|ique [notik] *adj* **1.** *mar* nautisch; **instructions** *f/pl* ~s nautische Bücher *n/pl*; Seehandbücher *n/pl*; **2.** joutes *f/pl* ~s Fischerstechen *n*; **ski** *m* ~ Wasserski(sport, -lauf) *m*; **sports** *m/pl* ~s Wassersport(arten) *m(f/pl)* (*ohne Schwimmen*); **stade** *m* ~ Schwimmstadion *n*; ~**isme** *m* Wassersport *m* (*ohne Schwimmen*)

naval [naval] *adj* ‹-als› **1.** Schiff(s)...; **chantier** ~ (Schiffs)Werft *f*; **constructions** ~**es** Schiffbau *m*; **2.** *mar mil* Ma'rine...; See...; **attaché** ~ Marineattaché *m*; **bombardement** ~ Beschuß *m* mit Schiffsgeschützen, von See her; **combat** ~ Seegefecht *n*, -schlacht *f*; **École** ~**e** *od subst* ♀ *e f* Marineakademie *f*; **forces** ~**es** Seestreitkräfte *f/pl*; **victoire** ~**e** Sieg *m* zur See, in e-r Seeschlacht

navarin [navarɛ̃] *m cuis* Hammelragout *n* mit Rüben, Ka'rotten und Zwiebeln; Nava'rin *m*

navarrais [navarɛ] **I** *adj* navar'resisch; **II** *subst* ♀(e) *m(f)* Navar'rese *m*, Navar'resin *f*

navet [navɛ] *m* **1.** *bot* Brassica-Rübe *f*; ~ **fourrager, potager** Futter-, Speiserübe *f* des Typs Brassica; **2.** *cuis* (*Art*) weiße Rübe, Teltower Rübe; **3.** *fig von*

---

e-m schlechten Film, Theaterstück F Schmarren *m*; Krampf *m*; Quatsch *m*; F *Person* **avoir du sang de** ~ F keinen Mumm in den Knochen haben; ein Waschlappen, Schlappschwanz sein

navette[1] [navɛt] *f* **1.** *Weberei* Web(er)schiffchen *n*; Schiffchen *n*; (Web)Schütze *m*; *der Nähmaschine* Schiffchen *n*; *zum Netzeknüpfen* Fi'let-, Netznadel *f*; **2.** *égl cath* Schiffchen *n*; Weihrauchbehälter *m*; Na'vicula *f*; **3.** *fig* **a)** Pendelverkehr *m*; **b)** Verkehrsmittel *n*, Zug *m*, Bus *m*, Schiff *n* im Pendelverkehr; **faire la** ~ *Person, Verkehrsmittel* pendeln, *Akte, Gegenstand* dauernd hin und her gehen, hin und her geschickt werden (**entre** ... **et** ... zwischen ... und ...); *Person* **prendre la** ~ mit dem Bus, Zug *etc* fahren, der im Pendelverkehr eingesetzt ist

navette[2] [navɛt] *f bot* Rübsen *m*; Rübsamen *m*; Rübenreps *m*; Rübsaat *f*; **huile** *f* de ~ Rüböl *n*

navicert [navisɛr] *m mar* Navicert ['nɛvisœːrt] *n*

navic|ulaire [navikylɛr] *adj anat* kahnförmig; **fosse** *f* ~ kahnförmige Erweiterung der Harnröhre in der Eichel; **os** *m* ~ Kahnbein *n*; ~**ule** *f bot* schiffchenförmige Diatomeengattung Na'vicula *f*

navigant [navigã] *adj* **le personnel** ~ *od subst* **les** ~s *m/pl mar* das zur See fahrende Perso'nal; *aviat* das fliegende Perso'nal, Flugpersonal

navigateur [navigatœr] *m* **1.** *aviat* Navi'gator *m*; Orter *m*; **2.** *Handelsmarine* Seemann *m*; **3.** *st/s* Seefahrer *m*; *adjt* **un peuple** ~ ein seefahrendes Volk

navigation [navigasjõ] *f* **1.** *mar* Schiffahrt *f*; ~ **côtière, au cabotage** Küsten(schiff)fahrt *f*; ~ **marchande** Handelsschiffahrt *f*; ~ **au long cours** große Fahrt; ~ **à moteur, à vapeur** Motor-, Dampfschiffahrt *f*; ~ **à la pêche** Fische'reischiffahrt *f*; ~ **en Seine** Schiffahrt auf der Seine; Seine-Schiffahrt *f*; **2.** *aviat* ~ **aérienne** Luftfahrt *f*; ~ **interplanétaire, spatiale** Raumfahrt *f*; ~ **aérienne** *aviat, mar* Naviga'tion *f*; ~ **aérienne** Flugnavigation *f*; ~ **astronomique** astronomische Navigation; ~ **à l'estime** Koppelnavigation *f*; ~ **à vue** terrestrische Navigation; Sichtnavigation *f*; **aides** *f/pl* **à la** ~ Navigationshilfen *f/pl*, -hilfsmittel *n/pl*

naviguer [navige] *v/i* **1.** *Schiff* fahren; *Seeleute* zur See fahren; *Segelschiff* segeln; *Person* (mit dem Schiff) fahren; *Schiff* **en état de** ~ seetüchtig, -fähig; **ce navire a beaucoup navigué** dieses Schiff hat viele Fahrten gemacht, hinter sich; *Person, Schiff* ~ **sur la Méditerranée** auf dem Mittelmeer fahren; **2.** *aviat, mar* navi'gieren; **3.** *fachspr aviat* fliegen; **le pilote navigue à 5000 m d'altitude en direction de Paris** der Pilot fliegt in 5000 m Höhe in Richtung Paris; **4.** F *fig Person* viel auf Reisen sein; F *ein Reiseonkel, e-e Reisetante sein*

navire [navir] *m* **1.** (*großes See*)Schiff *n*; *mil* ~ **amiral** Flaggschiff *n*; ~ **à passagers** Passa'gier-, Fahrgastschiff *n*; ~ **à voile** Segelschiff *n*; ~ **de charge, de commerce, de guerre, de mer** Fracht-, Handels-, Kriegs-, Seeschiff *n*; ~ **de pêche** Fische'reifahrzeug *n*; **2.** *astr*

---

le ♀ **die Argo**; ~**-citerne** *m* ‹*pl* navires-citernes› *adm* Tankschiff *n*; ~**-école** *m* ‹*pl* navires-écoles› Schulschiff *n*; ~**-hôpital** *m* ‹*pl* navires--hôpitaux› Hospi'talschiff *n*; *mil* Laza'rettschiff *n*; ~**-jumeau** *m* ‹*pl* navires--jumeaux› Schwesterschiff *n*; ~**-major** *m* ‹*pl* navires-majors› *mil* Kriegsschiff *n* e-s Landes mit der größten Ton'nage; ~**-usine** *m* ‹*pl* navires--usines› (*Fisch*)Fa'brikschiff *n*

navrant [navrã] *adj* betrüblich; *Nachricht auch* schmerzlich; *Mißverständnis, Lage auch* bedauerlich; beklagenswert; **c'est** ~! das ist betrüblich, sehr bedauerlich!

navrer [navre] *v/t st/s* ~ **qn** j-n tief betrüben, sehr schmerzlich berühren; j-m sehr schmerzlich sein; *adjt:* **il avait l'air navré** er sah sehr betrübt, traurig aus; **je suis navré d'apprendre que son père est mort** die Nachricht vom Tode s-s Vaters hat mich sehr betrübt; *Floskel* **je suis navré, mais** *cela nous est impossible* es tut mir sehr leid *od* ich bedauere, aber ...

nazaréen [nazareɛ̃] **I** *adj* ‹~**ne**› naza're-nisch; *peint* **l'école** ~**ne** die Naza'rener *m/pl*; die Lukasbrüder *m/pl*; **II** *subst* ♀(ne) *m(f)* Naza'rener(in) *m(f)*; *bibl* **le** ♀ der Nazarener *od* Naza'räer

nazi [nazi] **I** *adj péj* Nazi...; na'zistisch; **II** *subst* ♀(e) *m(f) péj* Nazi *m* (*auch von e-r Frau*); ~**fier I** *v/t Land* dem Na'zismus unter'werfen; **II** *v/pr* **se** ~ na'zistisch werden

nazisme [nazism(ə)] *m péj* Na'zismus *m*

ne [n(ə)] *adv* ‹*vor Vokal u stummem h* **n'**; *als unbetone Form der Verneinung stets vor e-m Verbum*› **1.** *mit e-r Ergänzung:* **a)** *häufigste Form:* ~ ... **pas** nicht; ~ ... **pas de** (+*subst*) kein(e); ~ ... **pas du tout** überhaupt, absolut nicht; ganz und gar nicht; **je** ~ **viendrai pas** ich werde nicht kommen; **je** ~ **le vois pas** ich sehe ihn nicht; **je n'ai pas voulu vous offenser** ich wollte Sie nicht beleidigen; **je n'ai pas de disques** ich habe keine Schallplatten; *cf auch* pas[2] **1.**; **b)** *andere Formen:* ~ ... **guère** kaum; ~ ... **jamais** nie(mals); ~ ... **personne** niemand(en) (*acc*); ~ ... **personne, nul** ... **niemand** (*nom*); ~ ... **plus** nicht mehr; ~ ... **plus de** (+*subst*) kein(e) ... mehr; *st/s* ~ ... **point** nicht; ~ ... **que** nur; *zeitlich* erst; ~ ... **pas que** nicht nur; nicht bloß; ~ ... **plus que** nur noch; ~ ... **rien** nichts; ~ ... **plus rien** nichts mehr; ~ ... **ni, aucun**; **2.** *mit od ohne die Ergänzung* pas (*in der gesprochenen Sprache meist mit* pas) **a)** *bei gewissen Verben:* **je** ~ **cesse (pas) de vous le répéter** ich wieder'hole es Ihnen immer wieder; **je n'ose (pas) accepter votre offre** ich wage nicht, Ihr Angebot anzunehmen; **il** ~ **peut (pas) vous aider** er kann Ihnen nicht helfen; **je** ~ **sais (pas) ce qu'il veut** ich weiß nicht, was er will; **je** ~ **sais (pas) comment, où, pourquoi, qui, quoi** ich weiß nicht wie, wo, warum, wer, was; **b)** *in Konditionalsätzen* **si je** ~ **me trompe (pas)** wenn ich mich nicht irre; wenn mich nicht alles täuscht; **c)** *in Relativsätzen nach e-m verneinten od fragenden Hauptsatz* **ce n'est pas que je n'en aie (pas) envie** nicht, daß ich keine Lust dazu gehabt hätte; **d)** *st/s in emphatischen Ausrufen* **que** ~ **ferais-je (pas) pour vous aider!** was täte ich nicht (alles), um Ihnen zu helfen!; **e)** *in Temporalsätzen* **il y a longtemps que je** ~ **vous ai (pas) vu** es ist lange her, daß ich Sie nicht gesehen habe; **3.** *ohne e-e Ergänzung in festen Wendungen:* *st/s* **je n'ai cure de ses plaintes** ich kümmere

mich nicht um s-e Klagen; il **n'empêche que** *vous auriez pu m'avertir* das hindert nicht, daß ...; trotzdem ...; *st/s* il **n'est pas de jour qu'il ~ se plaigne** es vergeht kein Tag, ohne daß er sich beklagt; *litt* il **n'est travail qui ~ demande** un temps **d'apprentissage** es gibt keine Arbeit, die nicht e-r Lehrzeit bedarf; **4.** *als Expletiv: unübersetzt:* **a)** *im Nebensatz nach gewissen Verben:* je **crains,** j'ai **peur qu'il ~ lui soit arrivé** un malheur ich fürchte, ich habe Angst, daß ihm ein Unglück zugestoßen ist; je **~ nie pas que je ~ me sois trompé** ich leugne nicht, daß ich mich getäuscht habe; **b)** *in Vergleichssätzen, die e-e Ungleichheit ausdrücken:* il **est plus riche qu'on ~ pense** er ist reicher, als man denkt; il **agit autrement qu'il ~ parle** er handelt anders, als er sagt; **c)** *cf* **avant** I 1. (avant que), **moins** I 1. a) (à moins que), **sans** V, **falloir** 3. (il s'en faut que)

né [ne] *p/p von* **naître** *u adj* **1.** geboren; abstammung; *cf* **naître;** **madame** X, **~e** Y **Frau** X, geborene Y; **2.** *litt* **une âme bien ~e** e-e edle Seele; **un** edler, nobler **Mensch; 3. un orateur-~** ein geborener Redner

néandert(h)alien [neãdɛrtaljɛ̃] *m Vorgeschichte* Ne'andertaler *m*

néanmoins [neãmwɛ̃] *adv* dennoch; und doch; je'doch; trotzdem; gleich-'wohl; nichtsdesto'weniger

néant [neã] *m* **1.** le **~** das Nichts (*auch philos*) Hoffnung **réduire à ~** zu'nichte machen; zerstören; **2.** *des Menschen, der Dinge* Nichtigkeit *f;* le **sentiment de son ~** das Gefühl der eigenen Nichtigkeit; **3.** *auf Fragebogen* entfällt; **signes particuliers: ~** besondere Kennzeichen: keine

nebka [nɛpka] *f géogr in der Wüste* kleine Düne

nébuleuse [nebyløz] *f astr* Nebel *m;* **~s diffuses** diffuse Nebel *m/pl;* **~ extra-galactique** extragalaktisches Sternsystem; **~ obscure** Dunkelwolke *f;* ♀ **d'Orion** O'rionnebel *m*

nébuleux [nebylø] *adj* ⟨-euse⟩ **1.** *Himmel* bewölkt; neb(e)lig; **2.** *fig Erklärung, Theorie etc* unklar; verschwommen; dif-'fus; vage; nebu'los *od* nebu'lös; *Vorstellung auch* nebelhaft; undeutlich

nébulis|ation [nebylizasjõ] *f* Zerstäuben *n,* -ung *f;* **~eur** Zerstäuber *m*

nébulosité [nebylozite] *f* **1.** *météo* Bewölkung *f;* **~ variable** veränderliche, wechselnde Bewölkung; **2.** *fig e-r Erklärung, Theorie, von Vorstellungen* mangelnde Klarheit; nebelhafte, verschwommene, dif'fuse Art; la **~ de son explication** s-e unklare, verschwommene Erklärung

nécessaire [nesesɛr] **I** *adj* **1.** *Geld, Mittel* nötig; notwendig; erforderlich; *math* **condition ~ et suffisante** notwendige und hinreichende Bedingung; *mal m* **~** notwendiges Übel; il **a les qualités ~s pour cet emploi** er bringt die für diese Stelle erforderlichen Eigenschaften mit; *Person* **être ~** gebraucht werden; **être ~ à qn, qc** für j-n, etw nötig, notwendig sein; le **mensonge est ~ aux hommes** die Menschen brauchen die Lüge; il **est ~ de** (+*inf*) *od* **que...** (+*subj*) es ist nötig, notwendig zu (+*inf*) *od* daß ...; man muß ...; il **n'est pas ~ de** (+*inf*) *od* **que ...** (+*subj*) *auch* man braucht nicht ...; il **est d'en parler** qu'on en parle man muß darüber sprechen; il **n'était pas ~ que vous le lui disiez** Sie hätten es ihm nicht zu sagen brauchen; cette **sévérité est ~ pour** *od* **afin de maintenir**

l'ordre diese Strenge ist nötig, um die Ordnung aufrechtzuerhalten; **2.** *Folge, Ergebnis* notwendig; zwangsläufig; unvermeidlich; unausbleiblich; **II** *m* **1.** le **~** das Nötige, Notwendige; **faire le ~** das Nötige, Notwendige, Erforderliche tun, veranlassen; **2.** *Neces'saire n;* **~ à ongles** Nagelnecessaire *n;* **~ à ouvrage, de couture** Nähnecessaire *n,* -etui *n;* **Reisenähzeug** *n;* **~ de toilette, de voyage** Reisenecessaire *n*

nécessairement [nesesɛrmã] *adv* notwendigerweise; notgedrungen; zwangsläufig; il **refusera – pas ~!** ... – nicht unbedingt!

nécessité [nesesite] *f* **1.** Notwendigkeit *f; loc/adj* **de première ~** unumgänglich notwendig; unbedingt *od* dringend erforderlich; unerläßlich; *Gegenstände auch* unentbehrlich; lebensnotwendig, -wichtig; *loc/adv:* **par ~** notgedrungen; **sans ~** ohne Not; unnötig(erweise); **être, se trouver, se voir dans la ~ de faire qc** genötigt, gezwungen sein, sich genötigt, gezwungen sehen, sich in die Notwendigkeit versetzt sehen, etw zu tun; **faire de ~ vertu** aus der Not e-e Tugend machen; *loc/prov:* **~ est mère d'industrie** Not macht erfinderisch (*loc/prov*); **~ fait loi** Not kennt kein Gebot (*loc/prov*); **2.** *jur* **état m de ~** Notstand *m;* **3. ~s** *pl* Erfordernisse *n/pl;* Anforderungen *f/pl*

nécessiter [nesesite] *v/t* erfordern; erforderlich, notwendig machen; *st/s* erheischen

nécessiteux [nesesitø] **I** *adj* ⟨-euse⟩ *Person* notleidend; bedürftig; mittellos; unbemittelt; **II** *subst* **~,** nécessiteuse *m,f* Notleidende(r) *f(m);* Bedürftige(r) *f(m);* Mittellose(r) *f(m);* Unbemittelte(r) *f(m)*

neck [nɛk] *m géol* Neck *m*

nec plus ultra *od* **nec-plus-ultra** [nɛkplysyltra] *m* ⟨*inv*⟩ Nonplus'ultra *od* Non plus ultra *n;* **c'est le ~ (du luxe)** das ist das Nonplusultra (an Luxus)

nécro|loge [nekrɔlɔʒ] *m bei e-r (Schiffs)Katastrophe* Liste *f* der Toten; Totenliste *f; égl* Nekro'logium *od* Nekro'logion *n;* **~logie** *f* **1.** Nachruf *m;* Nekro'log *m;* **2.** *Zeitungsrubrik* Todesanzeigen *f/pl;* **~logique** *adj in e-r Zeitung* **article** *m* **~** Nachruf *m;* **notice** *f* **~** kurzer Nachruf (*in Form e-r Notiz*); **rubrique** *f* **~** (Ru'brik *f* der) Todesanzeigen *f/pl*

nécromanc|ie [nekrɔmãsi] *f* Toten-, Geisterbeschwörung *f; sc* Nekroman'tie *f;* **~ien** *m,* **~ienne** *f* Toten-, Geisterbeschwörer(in) *m(f); sc* Nekro'mant(in) *m(f)*

nécro|phage [nekrɔfaʒ] *adj zo* aasfressend; **insectes** *m/pl* **~s** *od subst* **~s** *m/pl* aasfressende Insekten *n/pl;* Aasfresser *m/pl;* **~phore** [-fɔːr] *m zo* Totengräber *m;* **~pole** [-pɔl] *f* **1.** *im Altertum* Totenstadt *f;* Nekro'pole *od* Ne'kropolis *f;* **2.** *litt für e-n Großstadtfriedhof* Gräberstadt *f*

nécrose [nekroz] *f path* Gewebstod *m; sc* Ne'krose *f*

nécroser [nekroze] *path* **I** *v/t* die Ne'krose her'vorrufen an (+*dat*); nekroti'sieren; *adj* **nécrosé** ne'krotisch; **II** *v/pr* **Gewebe se ~** absterben

nectaire [nɛktɛr] *m bot* Honig-, Saftdrüse *f; sc* Nek'tarium *n*

nectar [nɛktar] *m* **1.** *bot* Nektar *m;* Honigsaft *m;* **2.** *myth* Nektar *m;* Göttertrank *m* (*auch fig*)

néerlandais [neɛrlãdɛ] **I** *adj* niederländisch; **II** *subst* **1.** ♀(e) *m(f)* Niederländer(in) *m(f);* **2.** *ling* le **~** das Niederländische; Niederländisch *n*

nef [nɛf] *f* **1.** *arch* (Kirchen)Schiff *n;* **~ centrale, principale, grande ~** *od ellip* **~** Mittel-, Hauptschiff *n;* **2.** *im Mittelalter, poét* (Segel)Schiff *n;* S. Brant La ♀ **des fous** Das Narrenschiff; **3.** *früher* vergoldeter Tafelaufsatz in Form e-s Schiffes (*das Gewürze enthielt*)

néfaste [nefast] *adj* **1.** verhängnisvoll; unheilvoll; unselig; Unglücks...; **année** *f,* **jour** *m* **~** Unglücksjahr *n,* -tag *m;* **2.** *im alten Rom* **jours** *m/pl* **~s** zur Verhandlung staatlicher und gerichtlicher Angelegenheiten nicht zugelassene Tage *m/pl*

nèfle [nɛfl(ə)] *f* **1.** *bot* Mispel(frucht) *f;* **2.** F *fig* **des ~s!** F (ja) Pustekuchen!; ja Kuchen!

néflier [neflije] *m bot* Mispel *f* (*Baum od Strauch*); **~ du Japon** Japanische Mispel, Pflaume

négateur [negatœr] *litt adj* ⟨-trice⟩ verneinend

négatif [negatif] **I** *adj* ⟨-ive⟩ **1.** *Kritik, Haltung, Ergebnis, Reaktion, méd, élect, math* negativ; *élect* **charge négative** negative Ladung; *math* **nombre ~** negative Zahl; *élect* **pôle ~** *auch* Minuspol *m;* **se montrer ~** sich negativ verhalten; e-e negative Haltung einnehmen; **2.** *Antwort, Kopfschütteln* verneinend; *Antwort auch* abschlägig; negativ; *gr* verneinend; Verneinungs...; **adverbe ~** Adverb *n* der Verneinung; **particule négative,** **préfixe ~** Verneinungspartikel *f,* -präfix *n;* **phrase négative** verneinter, verneinender Satz; **II** *subst* **1.** *m phot* Negativ *n;* **2.** *f nur loc/adv* **dans la négative,** nous **nous adressons à une autre personne** im Falle e-s abschlägigen Bescheides, e-r abschlägigen Antwort, e-r Absage, e-r Ablehnung ...; im Ablehnungsfall ...; wenn nicht, ...

négation [negasjõ] *f* **1.** *der Existenz Gottes, der Wissenschaft etc* Verneinung *f;* Ne'gierung *f;* Negati'on *f;* **2.** *gr* **a)** Verneinung *f;* Negati'on *f;* **b)** Verneinungswort *n;* Negati'on *f*

négativ|ement [negativmã] *adv* répondre **~** verneinen; mit nein antworten; ablehnen; e-e abschlägige Antwort, e-n abschlägigen Bescheid geben; **~isme** *m path* Negati'vismus *m;* **~ité** *f* **1.** *e-r Person* negative, ablehnende Haltung, Einstellung; Negati'vismus *m;* Negativi'tät *f;* **2.** *élect* negativ-elektrischer Zustand

négaton [negatõ] *m phys atom* Negatron *n*

négatoscope [negatɔskɔp] *m méd* Röntgenaufnahmenbetrachter *m*

négligé [negliʒe] **I** *adj* **1.** *Kleidung* nachlässig; sa'lopp; unordentlich; *Bart, Haushalt* ungepflegt; *Haushalt auch* verwahrlost; *Person* ungepflegt; nachlässig, sa'lopp, unordentlich gekleidet; *Stil* sa-'lopp; schlud(e)rig; lässig; *Krankheit* verschleppt; nicht auskuriert; **2.** *Person von anderen* vernachlässigt; **II** *m* **1.** *e-r Frau* Negli'gé *n;* **être encore en ~** noch im Negligé sein; **2.** *péj* nachlässige, sa'loppe Kleidung; ungepflegte(s) Äußere(s); **3.** *litt in der Kleidung* Schlichtheit *f;* Einfachheit *f*

négligeable [negliʒabl(ə)] *adj Einzelheit* belanglos; unerheblich; unwesentlich; unbedeutend; geringfügig; *math* **quantité** *f* **~** (*wegen ihrer Unbedeutendheit*) nicht zu berücksichtigende Größe; **Quanti'té négli'geable** *f* (*auch fig von e-r Person*); *loc/adj u loc/adv* **en quantité ~** in geringfügiger, unerheblicher, unbedeutender, unwesentlicher Menge

négligemment [negliʒamã] *adv* lässig; leger [-'ʒɛːr]; *Tuch* **~ noué autour du cou** lässig, leger um den Hals geschlungen; répondre **~** lässig, gleichgültig antworten

négligence [negliʒãs] *f* **1.** Nachlässig-

keit *f*; Fahrlässigkeit *f* (*auch jur*); mangelnde Sorgfalt; Unachtsamkeit *f*; Versäumnis *n*; Unter'lassung *f*; Versehen *n*; ~ **professionnelle** Nachlässigkeit, Fahrlässigkeit *etc* im Beruf, bei der Arbeit; **2.** Flüchtigkeit(sfehler) *f(m)*; Ungenauigkeit *f*; ~s **de style** Stilunebenheiten *f/pl*

négligent [negliʒã] **I** *adj* **1.** *Person* nachlässig; fahrlässig; unachtsam; **2.** *Handbewegung* lässig; **II** *subst* ~(e) *m(f)* nachlässiger, fahrlässiger, unachtsamer Mensch

négliger [negliʒe] ⟨-geons⟩ **I** *v/t* **1.** *Personen, Kleidung, s-e Angelegenheiten, Interessen* vernachlässigen; **2.** *Gelegenheit* versäumen; verpassen; ungenutzt lassen; *Rat, Warnung* nicht beachten; außer acht, unbeachtet lassen; in den Wind schlagen; *math geringfügige Größe* nicht berücksichtigen; **ce n'est pas à** ~ das darf man nicht außer acht lassen; das muß berücksichtigt, beachtet werden; ~ **de faire** *qc* versäumen, es unter'lassen, etw zu tun; **II** *v/pr* **se** ~ sich vernachlässigen; in s-r Kleidung, in s-m Äußeren nachlässig werden

négoce [negɔs] *m früher* Handel *m*

négoci|abilité [negɔsjabilite] *f comm bes e-s Wechsels* Begebbarkeit *f*; Über'tragbarkeit *f*; ~**able** *adj comm bes Wechsel* begebbar; über'tragbar

négociant [negɔsjã] *m* ~ **en vins** Wein(groß)händler *m*

négocia|teur [negɔsjatœr] *m*, ~**trice** *f* 'Unterhändler(in) *m(f)*

négociation [negɔsjasjõ] *f* **1.** Verhandlung *f*; Unter'handlung *f*; ~s **salariales** Lohnverhandlungen *f/pl*; ~s **de paix** Friedensverhandlungen *f/pl*; *loc/adj* **par voie de** ~ auf dem Verhandlungsweg(e); **engager, entamer des** ~ Verhandlungen aufnehmen, anknüpfen; in Verhandlung(en) treten; in Verhandlungen eintreten; **être en** ~ in Verhandlung(en) stehen (**avec** *qn* mit j-m); **2.** *comm e-s Wechsels* Begebung *f*; Über'tragung *f*; Weitergabe *f*; Negoziati'on *f*; *e-r Anleihe* 'Unterbringung *f*

négocier [negɔsje] **I** *v/t* **1.** *über ein Abkommen, den Frieden* verhandeln, unter'handeln (*qc* über etw [*acc*]); *Abkommen, Preis* aushandeln; *abs* verhandeln, unter'handeln (**avec** *qn* mit j-m); ~ **un traité** *auch* über den Abschluß e-s Vertrages verhandeln; **2.** *comm Wechsel* begeben; über'tragen; weitergeben; *Anleihe* 'unterbringen; **3.** *auto* ~ **un virage** e-e Kurve nehmen, in die Kurve gehen; **II** *v/pr Abkommen* **se** ~ ausgehandelt werden; **un traité se négocie** *auch* es wird über e-n Vertrag verhandelt, unter'handelt

négondo [negɔdo] *m bot* Eschenahorn *m*

nègre [nɛgr(ə)] *m*, **négresse** [negrɛs] *f* **1.** *péj* (*Noir*) Neger(in) *m(f)*; **2.** *hist* Negersklave, -sklavin *m,f*; *fig* **travailler comme un nègre** wie ein Pferd arbeiten; **3. petit nègre** a) Kauderwelsch *n*; schlechtes Fran'zösisch; b) Kauderwelsch *n* (*aus Fran'zösisch und e-r Eingeborenensprache*); **s'exprimer en, parler petit nègre** Kauderwelsch, kauderwelsch reden; kauderwelschen; **4.** *adjt* **tête de nègre** ⟨*inv*⟩ dunkel-, schoko'ladenbraun; **5.** ⟨*nur m*⟩ *fig* Ghostwriter ['goːstraitər] *m*; **6.** *adjt* ~ **auch** ~ **nègre** Neger...; *art* **m, masque** *m*, **musique** *f* **nègre** Negerkunst *f*, -maske *f*, -musik *f*

négrier [negrije] *m* **1.** ⟨*auch adjt*⟩ (**bâtiment, vaisseau**) ~ Sklavenschiff *n*; (**capitaine**) ~ Sklavenhändler *m*; **2.** *fig* **von e-m Arbeitgeber** Ausbeuter *m*; **c'est**

un ~ **er ist der reinste** Sklavenhalter

négrill|es [negrij] *m/pl* Pyg'mäen *m/pl*; Ne'grillen *m/pl*; ~**on** *m*, ~**onne** *f* Negerkind *n*; kleiner Negerjunge, kleines Negermädchen

négritude [negritud] *f* Negri'tude *f*; Rückbesinnung *f* der Afri'kaner auf ihr eigenes Kul'turgut

négro [negro] *P m* Neger *m*; *péj* Nigger *m*

négroïde [negrɔid] *adj* negerähnlich; negro'id

negro-spiritual [negrospirityɔl] *m* ⟨*pl* **negro-spirituals**⟩ (Negro) Spiritual [('niːgro)'spirityɔl] *m od n*

negundo [negõdo] *m cf* **négondo**

négus [negys] *m in Äthiopien bis 1974* Negus *m*

neige [nɛʒ] *f* **1.** Schnee *m*; ~ **artificielle** künstlicher Schnee; ~s **éternelles**, **perpétuelles** ewiger Schnee; ~ **fondue** Schneeregen *m*; *Schule* **classe** *f* **de** ~ Winteraufenthalt *m* e-r Schulklasse im Gebirge (*mit Unterricht u Wintersport*); **paysage** *m* **de** ~ Schnee-, Winterlandschaft *f* (*auch peint*); schneebedeckte, verschneite Landschaft; **sports** *m/pl* **de** ~ Wintersport *m*; **train** *m* **de** ~ Wintersportzug *m*; *cuis* **œufs** *m/pl* **en** ~ *cf* **œuf 1.**; *loc/adj*: **Haar, Bart de** ~ schnee-, schlohweiß; **sans** ~ schneefrei; **couvert de** ~ verschneit; schneebedeckt; **blanc comme** ~ weiß wie Schnee; schneeweiß; *Person, Auto* **être bloqué par la** ~ eingeschneit sein; *Hoffnung* **fondre comme** ~ **au soleil** dahinschwinden wie Schnee an der Sonne; **2.** *arg* **a)** He-ro'in *n*; *arg* H [eːtʃ] *n*; **b)** Koka'in *n*; *arg* Koks *m*; Schnee *m*

neiger [neʒe] *v/imp* ⟨-geait⟩ **il neige** es schneit

neigeux [nɛʒø] *adj* ⟨-euse⟩ *Gipfel, Berge* schneebedeckt; verschneit; schneeig; *Schnee...*; **temps** ~ zu Schneefällen neigendes Wetter; schneeige Luft

nélombo *od* **nelumbo** [nelõbo] *m bot* Lotosblume *f*

némale [nemal] *m od* **némalion** [nemaljõ] *m bot* Glattfaden-Rotalge *f*

némathelminthes [nematɛlmɛ̃t] *m/pl zo* Rundwürmer *m/pl*; *sc* Nemathel'minthen *pl*

nématocyste [nematɔsist] *m zo der Nesseltiere* Nesselkapsel *f*

nématodes [nematɔd] *m/pl zo* Fadenwürmer *m/pl*; *sc* Nema'toden *pl*

néméen [nemeɛ̃] *adj* ⟨~**ne**⟩ *im griechischen Altertum* **les jeux** ⟨**s** die Ne'meischen Spiele *n/pl*

nénie(s) [neni] *f(pl) im alten Rom* Trauergesang *m*; Totenklage *f*; Nänie *f*

nenni [nɛ(n)ni, nani] *litt adv* nein

nénuphar [nenyfar] *m bot* Seerose *f*; ~ **blanc** Weiße Seerose; ~ **jaune** Gelbe Teichrose; Mummel *f*

néo-..., [neɔ] *in Zssgn* neo...; Neo...; neu...; Neu...

néo|-calédonien [neɔkaledɔnjɛ̃] **I** *adj* ⟨~**ne**⟩ neukale'donisch; **II** *subst* Néo-Calédonien(ne) *m(f)* Neukale'donier(in) *m(f)*; ~**capitalisme** *m écon* mo'derner Kapita'lismus, verbunden mit Staatsinterventionismus; ~**capitaliste** *adj écon* des mo'dernen Kapita'lismus; ~**celtique** *adj ling* dialektes *m/pl*; ~s mo'derne keltische Dia'lekte *m/pl*; ~**classicisme** *m Kunst, Literatur* Neoklassi'zismus *m*; Neuklassi'zismus *m*; Neuklassik *f*; ~**classique I** *adj* neoklassi'zistisch; neuklassi'zistisch; **II** *m/pl* ~s Neoklassi'zisten *m/pl*; Neuklassi'zisten *m/pl*; ~**colonialisme** *m* Neokolonia'lismus *m*; ~**colonialiste** *adj* neokolonia'listisch

néocomien [neɔkɔmjɛ̃] *géol* **I** *adj* ⟨~**ne**⟩

neo'kom; **II** *m* Neo'kom(ium) *n*

néo|-criticisme [neokritisism(ə)] *m philos* Neukantia'nismus *m*; ~**darwinisme** *m* Neodarwi'nismus *m*

néodyme [neɔdim] *m chim* Neo'dym *n*

néo-fasc|isme [neofaʃism(ə)] *m pol* Neofa'schismus *m*; ~**iste** *pol* **I** *adj* neofa'schistisch; **II** *m,f* Neofa'schist(in) *m(f)*

néoformation [neɔfɔrmasjõ] *f biol* Gewebsneubildung *f*

néogène [neɔʒɛn] *m géol* Jungtertiär *n*; Neo'gen *n*

néo|-gothique [neogotik] *arch* **I** *adj* neugotisch; **II** *m* Neugotik *f*; ~**grec** *adj* ⟨-grecque⟩ neugriechisch; ~**impressionnisme** *m peint* Neoimpressio'nismus *m*; ~**impressionniste** *peint* **I** *adj* neoimpressio'nistisch; **II** *m,f* Neoimpressio'nist(in) *m(f)*; ~**kantien** *philos* **I** *adj* ⟨~**ne**⟩ neukantisch; **II** *subst* ~(ne) *m(f)* Neukanti'aner(in) *m(f)*; ~**kantisme** *m philos* Neukantia'nismus *m*; ~**latin** *adj* **1.** neulateinisch; **2.** ro'manisch; **langues** ~**es** romanische Sprachen *f/pl*; ~**libéralisme** *m écon* Neolibera'lismus *m*

néolithique [neɔlitik] *géol* **I** *adj* jungsteinzeitlich; neo'lithisch; **époque** *f* ~ *cf* **II**; **II** *m* Jungsteinzeit *f*; Neo'lithikum *n*

néologisme [neɔlɔʒism(ə)] *m ling* Neolo'gismus *m*; (sprachliche) Neubildung; Neuwort *n*; ~ **de sens** neuer Sinn (*e-s schon gebrauchten Wortes*); Gebrauch *m* in e-m neuen Sinn

néon [neõ] *m chim* Neon *n*; **tube** *m* **au** ~ Neonröhre *f*

néo-natal [neonatal] *adj* ⟨-als⟩ Neugeborenen...; **des** *bzw* **der** Neugeborenen

néophyte [neɔfit] *m,f in e-r Partei, Gemeinschaft* Neuling *m*; neuer Anhänger, neue Anhängerin (*auch e-r Doktrin, e-s Systems*); *im Urchristentum* Neubekehrte(r) *f(m)*; Neugetaufte(r) *f(m)*; Neo'phyt(in) *m(f)*

néoplasme [neɔplasm(ə)] *m path* Neo-'plasme *n*

néo|-platonicien [neoplatɔnisjɛ̃] *philos* **I** *adj* ⟨~**ne**⟩ neuplatonisch; **II** *subst* ~(ne) *m(f)* Neuplatoniker(in) *m(f)*; ~**platonisme** *m philos* Neuplato'nismus *m*; ~**positivisme** *m philos* Neopositi'vismus *m*

néoprène [neoprɛn] *m* (*nom déposé*) Neo'pren *n*

néo-réal|isme [neorealism(ə)] *m Kunst, Literatur, cin* Neorea'lismus *m*; *cin auch* Neorea'listik *f*; ~**iste** *adj cin auch* neorea'listisch

néoténie [neɔteni] *f biol* Neote'nie *f*

néo-thomisme [neotɔmism(ə)] *m rel* Neutho'mismus *m*

néo-zélandais [neozelãdɛ] **I** *adj* neu-'seeländisch; **II** *subst* Néo-Zélandais(e) *m(f)* Neu'seeländer(in) *m(f)*

néozoïque [neozɔik] *géol* **I** *adj* käno-'zoisch; neo'zoisch; **ère** ~ *cf* **II**; **II** *m* Käno'zoikum *n*; Neo'zoikum *n*

népalais [nepalɛ] **I** *adj* nepa'lesisch; ne'palisch; **II** *subst* ⟨e⟩ *m(f)* Nepa'lese, -'lesin *m,f*; Ne'paler(in) *m(f)*

nèpe [nɛp] *f zo* Wasserskorpion *m*

népenthès [nepɛtɛs] *m* **1.** *bot* Kannenstrauch *m*, -pflanze *f*; **2.** *der Griechen* Zaubertrank *m* (*der alles Leid vergessen ließ*)

népérien [neperjɛ̃] *adj* ⟨*nur m*⟩ *math* **logarithme** ~ na'türlicher Loga'rithmus

népète [nepɛt] *f bot* Katzenminze *f*

néphélémétrie [nefelemetri] *f od* **néphélométrie** [nefelɔmetri] *f chim* Nephelome'trie *f*

néphélion [nefeljõ] *m méd* leichte Hornhauttrübung (*infolge e-r Entzündung*)

néphrectomie [nefrɛktɔmi] *f chir* ope-

ra'tive Entfernung e-r Niere; *sc* Ne-phrekto'mie *f*

néphrétique [nefretik] *adj méd* Nie-ren...; **colique** *f* ~ Nierenkolik *f*

néphridie [nefridi] *f zo bei Weichtieren, Würmern* Ne'phridium *n*

néphrite [nefrit] *f* **1.** *path* Nierenentzün-dung *f*; *sc* Ne'phritis *f*; ~ **aiguë, chroni-que** akute, chronische Nierenentzün-dung; **2.** *minér* Ne'phrit *m*; Beilstein *m*

néphrologie [nefrɔlɔʒi] *f méd* Nephro-lo'gie *f*

néphrose [nefroz] *f path* Ne'phrose *f*

népotisme [nepotism(ə)] *m hist u litt* Vetternwirtschaft *f*; Nepo'tismus *m*

Neptune [nɛptyn] *m astr* (der) Nep'tun

neptunium [nɛptynjɔm] *m chim* Nep-'tunium *n*

néréide [nereid] *f* **1.** *myth* Nere'ide *f*; Meernymphe *f*; **2.** *zo* Seeringelwurm *m*

nerf [nɛr] *m* **1.** *anat* Nerv *m*; **avoir ses ~s** gereizt, reizbar sein; **avoir les ~s à toute épreuve** starke, eiserne Nerven haben; F Nerven wie Bindfäden, Stricke haben; **il avait les ~s tendus,** *p/fort* **à vif,** F **en boule, en pelote, à cran** s-e Nerven waren zum Zerreißen gespannt; er war sehr nervös, erregt; **être à bout de ~s** mit den Nerven fertig, am Ende, F völlig runter sein; **zerrüttete Nerven haben; être, vivre sur les ~s** nur noch mit äußerster Willensanstrengung arbei-ten; **passer ses ~s sur qn** s-e Erregtheit an j-m auslassen, abreagieren; **porter,** F **taper sur les ~s à qn** j-n nervös machen; j-m auf die Nerven gehen, fallen; **2.** *fig* Kraft *f*; Ener'gie *f*; **avoir du ~** *Person* Kraft und Energie haben; Mark, F Mumm in den Knochen haben; *Stil* markant, kraftvoll sein; *Stil, Kunst-werk* **manquer de ~** lahm, farblos, blaß, blutleer, saftlos, ohne Saft und Kraft, fade, nichtssagend sein; F **allons, du ~!, un peu de ~!** nun streng dich *bzw* strengt euch ein bißchen an!; **3.** ~ **de bœuf** Ochsenziemer *m*; **4.** *arch cf* **ner-vure** 2.; **5.** *Buchbinderei* Bund *m*; **6.** *mines* nicht abbauwürdige Schicht im Flöz; ~**-férure** *f* ⟨*pl* nerf--férures⟩ *vét* Sehnenzerrung *f*

néritique [neritik] *adj géol* ne'ritisch

néroli [nerɔli] *m comm* Blüte *f* der Ne'rolipomeranze; **essence** *f* **de** ~ Ne-'roliöl *n*

nerprun [nɛrprɛ̃, -prœ̃] *m bot* Kreuzdorn *m*; ~ **purgatif** Pur'gier-Kreuzdorn *m*; Echter Kreuzdorn; Hexen-, Hirsch-, Pur'gier-, Färber-, Judendorn *m*; **sirop** *m* **de** ~ Kreuzdornsirup *m*

nervation [nɛrvasjɔ̃] *f bot bei e-m Blatt* (Blatt)Nerva'tur *f*; Blattaderung *f*; *zo bei Insektenflügeln* Aderung *f*; Nerva'tur *f*

nerveux [nɛrvø] **I** *adj* ⟨-euse⟩ **1.** *anat* Nerven...; **cellule nerveuse** Nerven-, Ganglienzelle *f*; **centres** ~ Nervenzen-tren *n/pl*; *fig* **Paris est le centre** ~ **de la France** Paris ist das Nervenzentrum, die Zentrale Frankreichs; **tissu** ~ Nerven-gewebe *n*; **2.** *Person von der Veranlagung her, Lachen, Gesten* ner'vös; *nur Person* ner-venschwach; **troubles** ~ nervöse Störun-gen *f/pl*; **rendre** ~ nervös machen; **3.** *méd* **grossesse nerveuse** eingebildete Schwangerschaft *f*; **4.** *Hand, Arm* nervig; sehnig; *Fleisch* sehnig; **5.** *fig Stil* kraftvoll; mar'kant; markig; ausdrucksvoll; **6.** *Pferd, Auto* schnell rea'gierend; *Auto auch* spritzig; mit großem Anzugsvermögen; mit großer Beschleunigung; *Person* **il n'est pas très** ~ **dans son travail** er ist so lahm, langsam bei s-r Arbeit; **II** *subst* ~, **nerveuse** *m,f* ner'vöser Mensch; *als Tem-perament* **le** ~ der Ner'vöse

nervi [nɛrvi] *m* Handlanger *m*; (gedunge-ner) Mörder

nervin [nɛrvɛ̃] *adj* ⟨*nur m*⟩ *phm* Mittel mit Wirkung auf das Nervensystem; **remède** ~ *od subst* ~ *m* Nervenheilmittel *n*; *sc* Ner'vinum *n*

nervosité [nɛrvozite] *f* vorübergehend Nervosi'tät *f*; Gereiztheit *f*; bleibend Nervenschwäche *f*; ner'vöse Veranla-gung

nervure [nɛrvyr] *f* **1. a)** *bot* e-s *Blattes* Rippe *f*; Blattader *f*, -nerv *m*; ~**s** *pl auch* Blattaderung *f*, -skelett *n*; (Blatt)Ner-va'tur *f*; **b)** *zo* e-s *Insektenflügels* Ader *f*; ~**s** *pl auch* Aderung *f*; Nerva'tur *f*; **2.** *arch* e-s gotischen Gewölbes, *tech*, *beim Flug-zeugflügel, auf e-m Buchrücken* Rippe *f*; **3.** *cout* **a)** Biese *f*; **b)** Paspel *f*

nervur|é [nɛrvyre] *adj Blatt, Insektenflü-gel* geädert; *Blatt auch, tech* gerippt; *tech* **barres** ~**es** Be'tonrippenstahl *m*; ~**er** *v/t tech* rippen; mit Rippen versehen

nescafé [nɛskafe] *m* ⟨*nom déposé*⟩ Nesca-fé *m* (*Wz*)

nestor|ianisme [nɛstɔrjanism(ə)] *m hist* Nesto'rianismus *m*; ~**ien** *hist rel* I *adj* ⟨~**ne**⟩ nestori'anisch; **II** *m/pl* ~**s** Nestori'aner *m/pl*

net [nɛt] **I** *adj* ⟨**nette** [nɛt]⟩ **1.** *Hände, Wäsche, Zimmer etc* sauber; rein(lich); *Schrift, Schularbeit* sauber; ordentlich; **vouloir en avoir le cœur** ~ Gewißheit haben wollen; ganz sicher sein wollen; **avoir la conscience** ~**te** ein reines Gewissen haben; **avoir les mains** ~**tes** reine, saubere Hände haben; **faire place** ~**te** *aus e-m Zimmer, Schrank* alles ausräumen, leer räumen, leer machen; *von Mietern aus e-m Haus, Angestellten aus e-m Betrieb* F alle raussetzen, -werfen, -schmeißen, vor die Tür setzen; *von Sachen, die man nicht mehr will* alles wegwerfen, F-schmeißen, F rauswerfen, -schmeißen; *subst* **mettre au** ~ ins reine schreiben; **2.** *fig Vorstellung, Schrift, Aussprache, Stimme, Antwort, Umrisse* klar; deutlich; *Hinweis, Unterschied, Erinnerung* deutlich; (*Ver*)*Besserung* sichtlich; spürbar; *Antwort, Standpunkt* klar; unzweideutig; eindeutig; unmiß-verständlich; *Foto, Umrisse* scharf; *Far-be* rein; *Bruch, Schnitt* glatt; sauber; **j'aime les situations** ~**tes** bei mir muß immer alles klar sein; **garder un souvenir très** ~**s de qc** sich noch sehr deutlich an etw (*acc*) erinnern können; sehr deutliche Erinnerungen an etw (*acc*) haben, bewahren; **il a été très** ~ er hat keine Zweifel gelassen; er hat klar und deutlich s-e Meinung gesagt, s-n Standpunkt vertreten; was er sagte, war unmißverständlich; **3.** *comm* Netto...; Rein...; *loc/adj* ~ **de** ... frei von ...; ~ **d'impôt** steuerfrei; **bénéfice,** *produit* ~ Rein-, Nettoertrag *m*, -gewinn *m*, -einnahme *f*, -erlös *m*; **poids** ~ Netto-, Eigengewicht *n*; *bei Schlachtvieh* Schlachtgewicht *n*; **poids** ~ **à l'emballage** Füllgewicht *n*; Einwaage *f*; **prix** ~ Nettopreis *m*; **II** *adv* ⟨*inv*⟩ **1.** plötzlich; mit e-m Male; **la balle l'a tué** ~ die Kugel hat ihn auf der Stelle getötet; **2.** offen; klar und deutlich; unmißver-ständlich; geradeheraus; unumwunden; ohne 'Umschweife; **refuser tout** ~ rund-weg ablehnen; **3.** *comm* netto; **peser** ~ **cent grammes** netto hundert Gramm wiegen; **il reste** ~ **cent francs** es bleiben nach allen Abzügen, netto hundert Franc übrig

nettement [nɛtmã] *adv* **1.** klar und deutlich; unzweideutig; eindeutig; un-mißverständlich; unbestritten; offen-kundig; sichtlich; **l'emporter** ~ **sur un adversaire** e-n klaren Sieg über den Gegner davontragen; dem Gegner ganz offenkundig über'legen sein; **3.** scharf;

deutlich; **se découper** ~ **sur le ciel** sich scharf, deutlich gegen den Himmel ab-heben, abzeichnen

netteté [nɛtte] *f* **1.** *e-r Wohnung etc* Sauberkeit *f*; Reinlichkeit *f*; **2.** *fig von Vorstellungen, e-r Erklärung* Klarheit *f*; Deutlichkeit *f*; **avec** ~ klar und deutlich; unmißverständlich; **manquer de** ~ un-klar, undeutlich sein; **répondre avec** ~ unmißverständlich antworten; **3.** *e-s Fo-tos etc* Schärfe *f*

nettoiement [nɛtwamã] *m* **1.** Reinigung *f*; Säuberung *f*; ~ **des rues** Straßenrei-nigung *f*; *e-r Stadt* **service** ~ **du** ~ städtische Müllabfuhr und Straßenrei-nigung; städtisches Fuhr- und Reini-gungsamt; **2.** *agr* ~ **des terres** Unkraut-vertilgung *f*, -vernichtung *f*; **3.** *Forst-wirtschaft* (Aus)Lichten *n*, -ung *f*; Aus-holzen *n*, -ung *f*

nettoyage [nɛtwajaʒ] *m* **1.** *von Räumen, Gegenständen* Reinigen *n*, -ung *f*; Säubern *n*, -ung *f*; Saubermachen *n*; *nur von Räumen* Reinemachen *n*; Putzen *n*; Aufräumen *n*; ~ **à sec** chemische Reini-gung; Trockenreinigung *f*, -wäsche *f*; **entreprise** *f* **de** ~ (Gebäude-) Reinigungsdienst *m*, -firma *f*; **faire le** ~ *e-s Raumes cf* nettoyer 1.; F *fig* **faire le** ~ **par le vide** alles wegwerfen, F -schmeißen; F ausmisten; F *fig* **procéder à un** ~ **général dans l'administration** ein großes Reinemachen in der Verwal-tung veranstalten; **2.** *mil* e-r *Ortschaft* Säuberung *f* (vom Feind)

nettoyant [nɛtwajã] *m* Reinigungsmit-tel *n*

nettoyer [nɛtwaje] *v/t* ⟨-oi-⟩ **1.** *Raum, Kleidung, Teppich* reinigen (*auch Ge-wehr*); säubern; saubermachen; *nur Raum* reinemachen; putzen; *Stall* ausmi-sten; *Kleidertaschen* ausputzen; *Fenster, Silber, Gläser* putzen; *Gartenwege* jäten und harken; *Wunde* reinigen; säubern; *von e-m Teller mit Brot alle Essensreste* aufnehmen (**l'assiette** *von Teller*); **fai-re** ~ **les vêtements** die Kleider reinigen lassen; **se** ~ **les mains, la figure** sich die Hände, das Gesicht reinigen, säubern, von Schmutz befreien, sauber-machen, abwischen; **2.** *mil Ortschaft* vom Feind säubern; *Polizei* e-e Säube-rungsaktion 'durchführen (**un quartier** in e-m Stadtviertel); **3.** F *fig Prozeß, Verschwendungssucht* qn j-n finanzi'ell rui'nieren; *beim Spiel* **se faire** ~ F tüchtig gerupft werden; **4.** *peint* ~ **les contours** die Kon'turen, 'Umrisse schärfer her'ausarbeiten

nettoyeur [nɛtwajœr] *m* **1.** Putzer *m*; **2.** *mil* ~**s** *pl* Säuberungstrupp *m*; **3.** Reini-gungsmaschine *f*

neuf[1] [nœf] **I** *adj/num/c* neun; **chapitre, page** ~ Kapitel, Seite neun; **Charles IX a)** *hist* Karl IX. (der Neunte); **b)** *m* Spangenschuh *m*; **le** ~ **juin** der neunte *bzw* am neunten Juni; **les** ~ **Muses** die neun Musen; **à** ~ zu neunt, neunen; **à** ~ **côtés** neunseitig; **polygone** *m* **à** ~ **côtés** Neuneck *n*; Nona'gon *n*; **il a** ~ **ans** [nœvã] er ist neun Jahre alt; **il est** ~ **heures** [nœvœr] es ist neun (Uhr); **II** *m* ⟨*inv*⟩ Neun *f*; *südd auch* Neuner *m*; **le** ~ (**du mois**) der Neunte *bzw* am Neunten (des Monats); *math* **preuve** *f* **par** ~ Neunerprobe *f*; *cf auch* **deux** II

neuf[2] [nœf] *adj* ⟨**neuve** [nœv]⟩ **1.** *Haus, Kleid, Auto etc* (noch nicht benützt) neu; **tout** ~, F ~ **flambant** ganz neu; (funkel)nagelneu; F brandneu; *Gegen-stände* **être à l'état** ~, **comme** ~ neuwer-tig *od* unbenützt, wie neu sein; **2.** *im Gegensatz zu bereits Vorhandenem* neu; **le vieux château et le château** ~ ... das neue Schloß; **la vieille ville et la ville**

neuve die Altstadt und die Neustadt; **3.** *Gedanke, Ausdrucksweise, Roman* neu(artig); noch nicht dagewesen; **4.** quoi de ~? was gibt es, gibt's Neues?; rien de ~ nichts Neues; **5.** *fig* ungetrübt; rein; *des Kindes, Künstlers* regard ~ ungetrübter Blick; il faut des yeux ~s *pour examiner le problème* man muß e-n ungetrübten Blick haben ...; **6.** pays ~ Land *n* mit unbegrenzten Möglichkeiten; **II** *m* ⟨*inv*⟩ **1.** le ~ das Neue; etwas Neues; neue Sachen *f/pl*, Gegenstände *m/pl*; ils n'ont que du ~ sie haben nur neue Sachen; c'est du ~ das ist etwas Neues; être habillé, vêtu de ~ neu eingekleidet sein; etwas Neues anhaben; vendre du ~ et de l'occasion neue und gebrauchte Gegenstände verkaufen; **2.** *in Verbindung mit Verben* à ~ neu; *Zimmer* refaire à ~ ganz neu, anders einrichten, gestalten; remettre à ~ wieder neu herrichten; *Zimmer, Haus auch* renovieren; *Sessel auch* frisch beziehen; repeindre à ~ frisch (an-) streichen

neufchâtel [nøʃatɛl] *m* Neuchâteler Käse *m*

neuf-huit [nœfɥit] *adj mus* mesure *f* à ~ Neun'achteltakt *m* (9/8-Takt)

neumatique [nømatik] *adj mus* neu'matisch; notation *f* ~ Notation *f*, Notenschrift *f* durch neumatische Zeichen, durch Neumen

neume [nøm] *m mus hist meist pl* ~s Neumen *f/pl*

neural [nøral] *adj* ⟨-aux⟩ *biol, méd* Nerven...; neu'ral; Neu'ral...; *Embryologie* plaque ~e, tube ~ Nerven-, Neural-, Medul'larplatte *f*, -rohr *n*

neurasthén|ie [nørasteni] *f* **1.** *path* Nervenschwäche *f*; *sc* Neurasthe'nie *f*; **2.** *allg* Depressi'onen *f/pl*; anhaltende tiefe Niedergeschlagenheit; faire de la ~ an Depressionen leiden; **~ique I** *adj* **1.** *path* nervenschwach; *sc* neurasthenisch [-'te:-]; troubles *m/pl* ~s neurasthenische Beschwerden *f/pl*; **2.** *allg* depres'siv; niedergeschlagen; gedrückt; traurig; **II** *m,f* **1.** *path* Neurastheniker(in) [-'te:-] *m(f)*; **2.** *allg* an Depressi'onen, tiefer Niedergeschlagenheit Leidende(r) *f(m)*

neuro|blaste [nøroblast] *m biol* Neuro-'blast *m*; **~chirurgie** *f* Neurochirurgie *f*; **~fibrille** *f anat* Neurofi'brille *f*; **~leptique** [-lɛptik] *adj phm* nervenberuhigend, -dämpfend; mit dämpfender Wirkung auf das Zen'tralnervensystem; remède *m* ~ *od subst* ~ *m* Neuro'leptikum *n*; **~logie** *f méd* Nervenheilkunde *f*; *sc* Neurolo'gie *f*; *auch* Neuropatholo'gie *f*; **~logique** *adj* Nerven...; *sc* neuro'logisch; clinique *f* ~ Nervenklinik *f*; neurologische Klinik; **~logiste** *m,f od* **~logue** *m,f méd* Nervenarzt, -ärztin *m,f*; *sc* Neuro'loge, -'login *m,f*

neurone [nøron] *m anat* Neuron *n*

neuro|pathie [nøropati] *f path* Nervenleiden *n*, -krankheit *f*; *sc* Neuropa'thie *f*; **~physiologie** *f méd* Neurophysiolo'gie *f*; **~plegique** [-pleʒik] *adj méd* neuroleptique; remède *m* ~ *od subst* ~ *m* Neuro'plegikum *n*; **~psychiatrie** *f méd* Neuropsychia'trie *f*; **~psychologie** *f méd* Neuropsycholo'gie *f*; **~trope** *adj biol, méd* das Nervensystem beeinflussend; auf die Nerven wirkend; *sc* neuro'trop

neuro-végétatif [nøroveʒetatif] *adj* ⟨-ive⟩ *biol* vegeta'tiv; *path* dystonie neuro-végétative vegetative Dystonie, Neurose; système nerveux ~ vegetatives Nervensystem

neurula [nøryla] *f Embryologie* Neurula *f*

---

neuston [nøstõ] *m biol* Neuston *n*

neustrien [nøstrijɛ̃] *hist* **I** *adj* ⟨~ne⟩ neustrisch; **II** *m/pl* ~s Bewohner *m/pl* von Neustrien

neutralisant [nøtralizɑ̃] *chim* **I** *adj* neutrali'sierend; **II** *m* neutrali'sierender Stoff

neutralisation [nøtralizasjõ] *f* **1.** *chim* Neutralisati'on *f*; Absättigung *f*; *phys* von Kräften Neutralisati'on *od* Neutrali'sierung *f*; Aufhebung *f*; **2.** *pol, mil e-s Gebiets* Neutrali'sierung *od* Neutralisati'on *f*; **3.** *mil des Gegners durch Artillerieefeuer* Ausschaltung *f*; Unschädlichmachung *f*; tir *m* de ~ Feuer *n*, Beschuß *m* zum Ausschalten des Gegners

neutraliser [nøtralize] *v/t* **1.** *chim, phys* neutrali'sieren; *phys auch* die Wirkung aufheben (+*gén*); unwirksam machen; *auch v/pr* se ~ sich gegenseitig aufheben; **2.** *pol, mil* für neu'tral erklären; neutrali'sieren; **3.** *fig* Gegner ausschalten; neutrali'sieren; unschädlich machen (*alle auch mil*); kaltstellen; nicht zum Zug kommen lassen (*alle auch sports*); *Vorhaben* vereiteln; zu'nichte machen; verhindern; zu Fall bringen; nicht zur Ausführung kommen lassen; *Gedanken* ausschalten

neutral|isme [nøtralism(ə)] *m pol* Neutra'lismus *m*; Neutrali'tätspolitik *f*; **~iste I** *adj* neutra'listisch; **II** *m* Neutra'list *m*; Verfechter des Neutra'lismus, der Neutrali'tätspolitik

neutralité [nøtralite] *f* **1.** *pol e-s Staates* Neutrali'tät *f*; *hist* ~ armée bewaffnete Neutralität; ~ bienveillante wohlwollende Neutralität; garder, observer la ~ die Neutralität (be)wahren; violer la ~ d'un État die Neutralität e-s Staates verletzen; **2.** *e-r Person* Unparteilichkeit *f*; unparteiische Haltung; unparteiisches Verhalten; Neutrali'tät *f*; *e-s Berichts* unparteiischer Cha'rakter; Unparteilichkeit *f*; rester dans la ~ unparteiisch, neutral bleiben; sich neutral verhalten; nicht Partei ergreifen; sich nicht einmischen; **3.** *in Frankreich* ~ scolaire neu'traler Cha'rakter des 'Unterrichts auf religi'ösem und po'litischem Gebiet; **4.** *chim, élect* Neutrali'tät *f*

neutre [nøtr(ə)] **I** *adj* **1.** *Staat, Gebiet, Schiff* neu'tral; **2.** *Person* unparteiisch; neu'tral; rester ~ neutral, unparteiisch bleiben; nicht Partei ergreifen; sich heraushalten; sich nicht einmischen; **3.** *gr* sächlich; genre *m* ~ sächliches Geschlecht; Neutrum *n* ~; **4.** *chim, phys* neu'tral; méson *m* ~ neutrales Meson; sel *m* ~ Neu'tralsalz *n*; **5.** *élect* neu'tral; fil *m* ~ *od subst* ~ *m* Nulleiter *m*; Mittelpunktsleiter *m*; **6.** *zo* geschlechtslos; **7.** *fig Farbe* neu'tral; *Ton* leidenschaftslos; unbeteiligt; *Stil* trocken; farblos; *Abhandlung* keine eigene Note besitzend; **II** *m* **1.** *pol* les ~s *pl* die Neu'tralen *m/pl*; die neu'tralen Mächte *f/pl*, Staaten *m/pl*, Länder *n/pl*; droit *m* des ~s Neutrali'tätsrecht *n*; **2.** *gr* Neutrum *n*; sächliches Geschlecht, Substantiv; sächliche Form; **3.** *élect cf* I 5.

neutrino [nøtrino] *m phys atom* Neu'trino *n*

neutrodyne [nøtrodin] *adj rad* montage *m* ~ Neutro'dyn-, Neutrali'sierungsschaltung *f*

neutron [nøtrõ] *m phys atom* Neutron *n*

neuvaine [nøvɛn] *f égl cath* No'vene *f*

neuvième [nøvjɛm] **I** *adj/num/o* neunte(r, -s); *mus* la ~ symphonie die neunte Sinfonie; **II** *subst* **1.** le, la ~ der, die, das neunte (*der Reihe nach*) *bzw* der, die, das Neunte (*der Leistung od dem Rang nach*); *loc/adv* arriver le ~ als

---

neunter ankommen; **2.** *m math* Neuntel *n*; **3.** *m* neunter Stock; neunte E'tage; habiter au ~ im neunten Stock wohnen; **4.** *in Paris* le ~ das neunte Arrondisse'ment; **5.** *f Schule* dritte Grundschulklasse; **6.** *f mus* None *f*; **~ment** *adv* neuntens

ne varietur [nəvarjetyr] *loc/adj o loc/adv* ⟨*inv*⟩ *jur* als unabänderlich; édition *f* ~ Ausgabe *f* letzter Hand

névé [neve] *m* Firn(schnee) *m*

neveu [n(ə)vø] *m* ⟨*pl* ~x⟩ Neffe *m*

névralg|ie [nevralʒi] *f* **1.** *path* Nervenschmerz *m*; Neural'gie *f*; **2.** *abus* Kopfschmerzen *m/pl*; **~ique** *adj* **1.** *path* neur'algisch; **2.** *fig* centre *m* ~ Nervenzentrum *n*; point *m* ~ neur'algischer, wunder Punkt

névraxe [nevraks] *m anat* Zen'tralnervensystem *n*

névrilème [nevrilɛm] *m anat* Schwann'sche Scheide *f*, Zellen *f/pl*; *sc* Neuri'lemm *n*

névrit|e [nevrit] *f path* Nervenentzündung *f*; *sc* Neu'ritis *f*; **~ique** *adj path* neu'ritisch

névroglie [nevrogli] *f anat* Nervenkitt *m*; *sc* (Neuro')Glia *f*

névrome [nevrom] *m path* Nervengeschwulst *f*; *sc* (Ganglio)Neu'rom *n*

névropath|e [nevropat] *m path* Neuro'path *m*; **~ie** *f path* Néuropa'thie *f*

névroptères [nevroptɛr] *m/pl zo* Netzflügler *m/pl*; *sc* Neuro'pteren *pl*

névrose [nevroz] *f path* Neu'rose *f*; ~ d'angoisse Angstneurose *f*

névrosé(e) [nevroze] *m(f) path* Neu'rotiker(in) *m(f)*

névro|tique [nevrotik] *path* **I** *adj* neu'rotisch; **II** *m,f* Neu'rotiker(in) *m(f)*; **~tomie** [-tomi] *f chir* Nervendurchtrennung *f*, -durchschneidung *f*; *sc* Neuroto'mie *f*

new-look [njuluk] *m Mode* New Look *m od n*

newton [njutɔn] *m* (*abr* N) *phys* Newton *n* (*abr* N); **~ien I** *adj* ⟨~ne⟩ Newtonsche(r, -s); loi ~ne (de l'attraction universelle) Newtonsches (Gravitati'ons)Gesetz; **II** *m* ~s Anhänger *m/pl* Newtons; Verfechter *m/pl* der Lehre Newtons

new-yorkais [njujɔrkɛ] **I** *adj* New Yorker; **II** *subst* New-Yorkais(e) *m(f)* New Yorker(in) *m(f)*

nez [ne] *m* **1.** *bei Mensch u Tier* Nase *f*; ♦ ~ crochu, en bec d'aigle krumme, gebogene Nase; Adlernase *f*; faux ~ Pappnase *f*; long ~ Nase *f*; *fig* faire un long ~, un ~, un drôle de ~ F ein langes Gesicht machen; ~ retroussé, F en trompette aufgestülpte Nase; Stülp-, F Himmelfahrtsnase *f*; ~ en patate, en pomme de terre Kar'toffel-, Knollennase *f*; ~ en pied de marmite *etwa* Sattel-, Kar'toffelnase *f*; bout *m* du ~ *cf* bout 1.; ♦ *loc/adv:* au ~ et à la barbe de qn vor j-s Augen (*dat*); le ~ au vent *ch Hund* mit hoher Nase; *Person* marcher, se promener le ~ au vent unbekümmert, vergnügt dahinschlendern; le ~ en l'air in die Luft guckend (*statt auf den Weg*); ♦ *fig* avoir du ~, le ~ creux, fin e-e feine, gute, die richtige Nase, F e-n feinen, guten, den richtigen Riecher haben; *Jagdhund* avoir le ~ fin e-e Spürnase, e-n guten Spürsinn, e-e gute Nase haben; F *fig* avoir qn dans le ~ j-n nicht ausstehen, F riechen können; F j-n auf dem Strich haben; j-n gefressen haben; tu as le ~ dessus es liegt, steht *etc* vor deiner Nase; du hast es vor der Nase; du stößt gleich mit der Nase darauf; baisser le ~ den Kopf, das Gesicht senken; se boucher le ~ sich die Nase zuhalten; ton ~ bouge F ich

sehe es dir an der Nase(nspitze) an, daß du lügst; **se casser** le ~ sich das Nasenbein brechen; *fig* es nicht schaffen; *fig* **se casser le ~ (à la porte de qn)** vor verschlossener Tür stehen; verschlossene Türen vorfinden; niemanden antreffen; **mon ~ coule** mir läuft die Nase; **meine Nase läuft**; F **faire un pied de ~ à qn** j-m e-e lange Nase machen; **fermer la porte au ~ de qn** j-m die Tür vor der Nase zumachen, zuschlagen; **lever le ~** den Kopf heben; aufblicken; **il ne leva pas le ~ de son bouquin** er blickte nicht vom Buch auf; *fig* **il ne lève pas le ~ de ses bouquins** er sitzt, F hockt dauernd über s-n Büchern; *fig* **se manger, F se bouffer le ~** *cf* **bouffer[2]** II: **mettre le ~ à la fenêtre** den Kopf aus dem Fenster strecken; zum Fenster hinaussehen, F -gucken; **ne pas mettre, F fourrer le ~ dehors** keinen Fuß vor die Tür setzen; *fig* **mettre, F fourrer son ~ dans les affaires d'autrui** F s-e Nase in anderer Leute Angelegenheit stecken; **mettre, F fourrer son ~ partout** F s-e Nase in alles, in jeden Quark, Dreck stecken; **se mettre, F se fourrer les doigts dans le ~, mettre, F fourrer ses doigts dans le ~** *od* **dans son ~** (mit dem Finger) in der Nase bohren; F popeln; **montrer son ~** den Kopf zur Tür hereinstecken; **parler du ~** durch die Nase sprechen; **passer sous le ~ de qn** günstige Gelegenheit, guter Posten j-m durch die Lappen gehen; *Bus etc* j-m vor der Nase wegfahren; **cela lui (te, vous, etc) pend au ~** das kann nicht ausbleiben; das ist unausbleiblich; **piquer du ~** einnicken; F *fig* **se piquer le ~** F sich die Nase begießen; einen heben; F *fig* **si on lui pressait le ~, il en sortirait du lait** F er ist noch nicht trocken hinter den Ohren; **regarder qn sous le ~** j-m frech ins Gesicht sehen; **respirer par le ~** durch die Nase atmen; **rire au ~ de qn** j-m (frech) ins Gesicht lachen; **saigner du ~** aus der Nase bluten; Nasenbluten haben; **ça sent le gaz à plein ~** es riecht stark nach Gas; **se trouver ~ à ~** [neane] **avec qn** j-m unverhofft gegenüberstehen; **cela se voit comme le ~ au milieu de la figure, du visage** F das sieht selbst ein Blinder; **2.** *e-s Schiffs* Bug *m*; *e-s Flugzeugs* Nase *f*; *Flugzeug* **piquer du ~** im Sturzflug niedergehen; *Schiff* **tomber sur le ~** vorderlastig sein; **3.** *am Dachziegel* Nase *f*; *der Drehbank* Pi'nole *f*

ni [ni] *conj* ⟨*in Verbindung mit* ♦ *Verbum immer mit* ne⟩ und nicht; ♦ ~..., ne... pas... ~... weder... noch...; ~ **aujourd'hui ~ demain** weder heute noch morgen; **ne dire ~ oui ~ non** weder ja noch nein sagen; ~ **plus ~ moins (que)** nicht mehr und nicht weniger (als); genausoviel (wie); ~ **l'un ~ l'autre (ne l'a fait)** keiner von beiden (hat es getan); **je ne les envie ~ les uns ~ les autres** ich beneide weder die einen noch die anderen; ich beneide sie alle nicht; ~ **lui ~ elle ne le sait** *od* **ne le savent** weder er noch sie weiß es; ~ **ton père ~ toi vous ne le connaissez** weder dein Vater noch du kennst ihn; ihr kennt ihn beide nicht, weder dein Vater noch du; **je ne crois pas qu'il vienne, ~ qu'il pense venir** ich glaube weder, daß er kommt, noch daß er zu kommen beabsichtigt; ♦ **sans ...** ~ **... ohne ... und ohne; sans crainte ~ faiblesse** ohne Furcht und ohne Schwäche; ~ **... non plus et ...** auch nicht; **il n'a pas reçu de prix, ~ son ami non plus** er hat keinen Preis bekommen und sein Freund auch nicht; *litt* **ne...** ~ **ne...** und

(auch) nicht; **il ne veut ~ ne peut refuser** er will (nicht) und kann nicht ablehnen; er will nicht ablehnen und kann es auch nicht

niable [njabl(ə)] *adj* **cela n'est pas ~** das läßt sich nicht leugnen

niais [njɛ] **I** *adj Person, Antwort, Lächeln etc* dumm; einfältig; kindisch; albern; **prendre un air ~** ein dummes Gesicht machen, ziehen; **II** *subst* ~(e) *m(f)* Dummkopf *m*; F Einfaltspinsel *m* (*beide auch von e-r Frau*); **pauvre ~**! du Einfaltspinsel!

niaiserie [njezri] *f* **a)** *e-r Person* Dummheit *f*; Einfalt *f*; *e-r Bemerkung* Dummheit *f*; Albernheit *f*; **b) débiter des ~s** dummes, albernes Zeug reden, F verzapfen

niaouli [njauli] *m bot* Myrtenheide *f*

nib [nib] *adv arg* (*rien*) ~ **de** ~ überhaupt nichts; rein gar nichts

niche[1] [niʃ] *f* **1.** (Wand-, Mauer)Nische *f*; **2.** Hundehütte *f*; **à la ~**! geh in deine Hütte!

niche[2] [niʃ] *f* Streich *m*; Schabernack *m*; Possen *m*; **faire des ~s** lustige Streiche machen; Schabernack treiben, dummes Zeug treiben; **faire une ~ à qn** j-m e-n Streich, Schabernack, Possen spielen

nichée [niʃe] *f* **1.** *von Vögeln* Brut *f*; *von Vögeln auch, von kleinen Säugetieren* Hecke *f*; *von Hunden* Wurf *m*; ~ **de chiens** Wurf junger Hunde; ~ **de souris** Hecke junger Mäuse; Geheck *n*; **2.** F *fig e-r Mutter* F Küken *n/pl*

nicher [niʃe] **I** *v/i* **1.** *Vogel* nisten; sein Nest bauen, haben; **2.** F *fig Person* wohnen; F hausen; **II** *v/pr* **3.** *Vögel* **se** ~ sich einnisten; *cf auch* I 1.; *kleines Säugetier* sein Nest bauen, haben; leben; hausen; **4.** *fig Haus* **se** ~ **dans la verdure** ganz in Grün eingebettet sein; **se** ~ **dans la forêt** im Wald versteckt liegen; **la bille s'est nichée dans le trou et on ne peut la sortir** die Kugel steckt im Loch ...; **où s'orgueil va-t-il se ~**! was wird er *bzw* sie in s-m *bzw* ihrem Stolz noch alles tun!; so weit kann der Stolz e-n Menschen bringen!; solche Formen kann der Stolz annehmen!

nich|et [niʃe] *m für Hühner* Nestei *n*; ~**eur** *adj* ⟨-euse⟩ *zo oiseaux* ~s nestbauende Vögel *m/pl*; ~**oir** *m für Stubenvögel* Brutkäfig *m*; Heckbauer *n*; Hecke *f*; *für Vögel im Freien* Nistkasten *m*; *für Hühner, Enten* Brutkäfig *m*, -korb *m*; Nest *n zum Brüten*; ~**on** F *m* Busen *m*; F Titte *f*; Dutte *f*

nichrome [nikrom] *m* (*nom déposé*) (*e-e*) Chrom-Nickel-Eisen-Legierung

nickel [nikɛl] *m* **1.** *minér* Nickel *n*; **acier** *m* **au** ~ Nickelstahl *m*; **acier** *m* **au** ~-**chrome** Chromnickelstahl *m*; **alliage** *m* **au** ~ Nickellegierung *f*; **2.** *adjt* F **c'est** ~ **chez eux** bei ihnen ist alles blitzblank, blitzsauber; F **wie geleckt**; bei ihnen blitzt alles nur so

nickel|age [niklaʒ] *m tech* Vernickeln *n*, -ung *f*; *adjt* vernickelt; ~**er** *v/t* ⟨-ll-⟩ *tech* vernickeln

nickélifère [nikelifɛr] *adj minér* nickelhaltig

nicol [nikɔl] *m opt* Nicol *n*; Nicolsches Prisma

nicotin|e [nikɔtin] *f chim* Niko'tin, *fachspr* Nico'tin *n*; ~**eux** *adj* ⟨-euse⟩ *chim* niko'tinhaltig; ~**isme** *m path* Niko'tinvergiftung *f*; *sc* Nikoti'nismus *m*

nicotique [nikɔtik] *adj chim* **acide** *m* ~ Nico'tinsäure *f*

nic(ti)tation [nik(ti)tasjɔ̃] *f physiol* Blinzeln *n*; *sc* Nik(ti)tati'on *f*

nictitant [niktitɑ̃] *adj anat, bes bei Vögeln* **membrane, paupière** ~**e** Nickhaut *f*

nid [ni] *m* **1.** *der Vögel, kleiner Säugetiere etc* Nest *n* (*auch fig*); *fig von e-r Burg* ~ **d'aigle** Felsennest *n*; *fig* ~ **de brigands** Räubernest *n*, -höhle *f*; ~ **de chenilles, de guêpes** Raupen-, Wespennest *n*; ~ **d'hirondelle** Schwalbennest *n* (*auch eßbares*); ~ **d'écureuil** Eichhörnchennest *n*; *mil* ~ **de mitrailleuses** Ma'schinengewehrnest *n*; MG-Nest *n*; ~ (**d'oiseau**) Vogelnest *n*; *mar* ~ **de pie** Krähennest *n*; *fig auf Straßen* ~ **de poule** Schlagloch *n*; *mil* ~ **de résistance** 'Widerstandsnest *n*; ~ **de souris** Mäusenest *n*; *fig* ~ **de vipères** Otternbrut *f*, -gezücht *n*; Drachenbrut *f*; **2.** ~ **d'abeilles** (Bienen)Wabe *f*; *cout* ~**s d'abeilles** Smokarbeit *f*; *auto* **radiateur** *m* **à** ~(s) **d'abeilles** Wabenkühler *m*; **serviette** *f* **en** ~(s) **d'abeilles** Handtuch *n* mit Waffelmuster, in Waffelbindung; **3.** *fig für das gemütliche Heim* Nest *n*; **un** ~ **douillet** ein warmes, weiches Nest; ~ **d'amoureux** Liebesnest *n*

nidation [nidasjɔ̃] *f biol des befruchteten Eies* Einnistung *f*, Einbettung *f*, Implantati'on *f in die Gebärmutterschleimhaut*; *sc* Nidati'on *f*

nid-de|-pie [nidpi] *m* ⟨*pl* **nids-de-pie**⟩, ~-**poule** *m* ⟨*pl* **nids-de-poule**⟩ *cf* **nid** 1.

nidi|cole [nidikɔl] *adj Vogel* **être** ~ ein Nesthocker sein; ~**fication** *f zo* Nestbau *m*; **et** e-m Nest bauen; ~**fier** *v/i zo* sein Nest bauen; ~**fuge** [-fyʒ] *adj Vogel* **être** ~ ein Nestflüchter sein

nièce [njɛs] *f* Nichte *f*

niellage [njelaʒ] *m Goldschmiedekunst* Niel'lieren *n*; Niel'lierarbeit *f*

nielle[1] [njel] *f* **1.** *bot* ~ **des blés** Kornrade *f*; **2.** *agr Getreidekrankheit* ~ **du blé** Gicht *f* des Weizens

nielle[2] [njel] *m Goldschmiedekunst* **a)** Ni'ello *n* (*auch der Probeabzug*); **b)** Ni'ello(masse) *n(f)*

nieller [njele] *v/t agr* ~ **le blé** die Gicht des Weizens her'vorrufen; *adjt* **blé niellé** von der Gicht befallener Weizen

niell|er[2] [njele] *v/t Goldschmiedekunst* niel'lieren; mit e-m Ni'ello verzieren; ~**eur** *m* Goldschmied, der Ni'ellos *od* Ni'ellen *od* Ni'elli herstellt; ~**ure[1]** *f cf* niellage

niellure[2] [njelyr] *f agr durch die Gicht (des Weizens)* her'vorgerufene Schäden *m/pl*

nième [ɛnjɛm] *adj* **1.** *math* n-te(r, -s); **la puissance** die n-te Potenz; **2.** F x-te(r, -s); **je vous le répète pour la ~ fois** ich wieder'hole es Ihnen zum x-tenmal

nier [nje] *v/t Tat(bestand, -sache)* leugnen; bestreiten; abstreiten; in Abrede stellen; ~ **tout** alles abstreiten, leugnen; **persister à** ~ hartnäckig leugnen; **avoir fait qc bestreiten, (es) abstreiten, etw getan zu haben; ~ que ...** (+ *ind od subj*) leugnen, bestreiten, abstreiten, daß ...; **il nie qu'il est** *od* **soit coupable** *auch* er leugnet, bestreitet s-e Schuld; er streitet s-e Schuld ab; *Floskel* **je ne nie pas que ce soit vrai** ich will gar nicht leugnen, bestreiten, in Abrede stellen, daß das wahr ist; **es ist nicht zu leugnen, es läßt sich nicht abstreiten, bestreiten, leugnen, daß das wahr ist**

nietzschéen [nitʃeɛ̃] **I** *adj* ⟨~**ne**⟩ von Nietzsche; Nietzsches (*gén*); **II** *subst* ~(**ne**) *m(f)* Anhänger(in) *m(f)* der Philosophie Nietzsches

nifé [nife] *m géol* Nife *n*; Nifekern *m*

nigaud [nigo] **I** *adj Person* dumm; einfältig; albern; **II** *subst* ~(**e**) *m(f)* Dummk-, F Schafskopf *m*; Dummerjan *m*; F Einfaltspinsel *m*; Trottel *m*; Depp *m*; *litt* Tropf *m* (*alle für beide Geschlechter*);

zärtlich zu e-m Kind **gros** ~ du Dummerchen; **son gros** ~ **de frère** sein Dummkopf *etc* von Bruder

nigelle[niʒɛl] *f bot* Schwarzkümmel *m*; ~ **cultivée** Echter Schwarzkümmel; ~ **des champs** Acker-Schwarzkümmel *m*; ~ **de Damas** Damaszener Schwarzkümmel

nigérian [niʒerjɑ̃] **I** *adj* nigeri'anisch; **II** *subst* ♀(e) *m(f)* Nigeri'aner(in) *m(f)*

nigérien [niʒerjɛ̃] **I** *adj* <~ne> nigrisch; **II** *subst* ♀(ne) *m(f)* Nigrer(in) *m(f)*

night-club [najtklœb] *m* <*pl* night--clubs> Nachtlokal *n*, -klub *m*

niguedouille [nigduj] F *adj u subst cf* nigaud

nihil|isme [niilism(ə)] *m* Nihi'lismus *m*; ~**iste I** *adj* nihi'listisch; **II** *m,f* Nihi'list(in) *m(f)*

nilgaut [nilgo] *m zo* Nilgau *m*; Blaubull *m*; Nilgauantilope *f*

nille [nij] *f e-r Kurbel* Handgriff *m*

nilo|mètre[nilɔmɛtr(ə)] *m od* ~**scope** *m* *im Altertum* Nilmesser *m*; **Nilot|es** [nilɔt] *m/pl* Ni'loten *m/pl*; ♀**ique** *adj* ni'lotisch; *ling* **langues** *f/pl* ~**s** nilotische Sprachen *f/pl*

nimbe [nɛ̃b] *m auf alten Münzen, peint* Heiligenschein *m*; Glorie(nschein) *f(m)*; Glori'ole *f*; Nimbus *m*; ~ **circulaire** Aure'ole *f*; *litt* **le** ~ **doré de ses cheveux** der goldene Strahlenkranz ihres Haares

nimber[nɛ̃be] *v/t peint* mit e-m Heiligen-, Glorienschein, Nimbus um'geben; *litt* **une apparition nimbée de lumière** e-e lichtumflutete Erscheinung

nimbo-stratus [nɛ̃bostratys] *m* <*inv*> *météo* Nimbo'stratus *m*; tiefhängende Regenwolke

ninas [ninas] *m* Ziga'rillo *n od m*

n-i-ni, c'est fini [ninisefini] *loc* F **a)** das wäre geschafft; **b)** das ist (endgültig) vor'bei; da ist nichts mehr zu machen; F der Zug ist abgefahren

niobium [njobjɔm] *m chim* Ni'ob(ium) *n*

niôle [njol] *f cf* gnôle

nipper[nipe] F **I** *v/t meist adjt* **être bien nippé** F in Schale sein; **être mal nippé** F alte Kla'motten, altes Zeug anhaben; **II** *v/pr* **se** ~ sich neu einkleiden; sich mit neuer Kleidung ausstaffieren; F sich neue Kla'motten, neues Zeug anschaffen

nippes [nip] *f/pl* F *meist* **(vieilles)** ~ alte Kleidungsstücke *n/pl*, Sachen *f/pl*, F Kla'motten *f/pl*; altes Zeug

nippon [nipɔ̃] *adj* <-on(n)e> ja'panisch

nique [nik] *f* **faire la** ~ **à qn** (j-n schadenfroh auslachen und dabei) Rübchen schaben; F ätsch machen

niquedouille [nikduj] F *adj u subst cf* nigaud

niquer [nike] P *v/t* beschlafen; P ficken; vögeln

nirvâna [nirvana] *m im Buddhismus* Nir'wana *n*

nitouche [nituʃ] F *f* **sainte** ~ Scheinheilige *f*; **prendre des airs de sainte** ~ so tun, als ob man kein Wässerchen trüben könnte

nitratation [nitratasjɔ̃] *f biol, chim* 'Umwandlung *f* in Ni'trat, in Sal'petersäure; Oxydati'on *f* von Ni'trit zu Ni'trat

nitrate [nitrat] *m chim* Ni'trat *n*; sal'petersaures Salz; ~ **d'ammonium** Am'moniumnitrat *n*; Ammon-, Ammoni'aksalpeter *m*; salpetersaures Ammonium; ~ **d'argent** Silbernitrat *n*; salpetersaures Silber; *méd* bâton *m* de ~ **d'argent** Höllenstein(stift) *m*; ~ **de calcium** Calciumnitrat *n*; Kalksalpeter *m*; salpetersaures Calcium; ~ **de potassium** Kaliumnitrat *n*; Kalisalpeter *m*; salpeter-

saures Kali(um); ~ **de sodium** Natriumnitrat *n*; Natronsalpeter *m*; salpetersaures Natrium; ~ **(de sodium) du Chili** Chilesalpeter *m*

nitr|ater [nitrate] *v/t* **1.** *chim* **a)** mit Ni'trat versetzen; **b)** in Ni'trat 'umwandeln; **2.** *Häute* mit Silbernitrat beizen; ~**ation** *f chim* Ni'trierung *f*

nitr|é [nitre] *adj chim* **dérivés** ~**s** Nitroverbindungen *f/pl*, -körper *m/pl*; ~**er** *v/t chim* ni'trieren; ~**eux** *adj* <-euse> **acide** ~ Sal'petrige Säure; **anhydride** ~ Sal'petrigsäureanhydrid *n*; Distickstofftrioxid *n*; Stickstoffsesquioxid *n*; ~**ière** *f* Sal'petergrube *f*, -plantage *f*

nitri|fiant [nitrifjɑ̃] *adj biol, chim* nitrifi'zierend; ~**fication** *f chim* Nitrifi'zierung *f*; Nitrifikati'on *f*; ~**fier** *biol, chim* **I** *v/t* nitrifi'zieren; in Ni'trat verwandeln; **II** *v/pr* **se** ~ sich in Ni'trat verwandeln

nitr|ile [nitril] *m chim* Ni'tril *n*; ~**ique** *adj chim* **acide** *m* ~ Sal'petersäure *f*; **esther** *m* ~ Sal'peteresster *m*; ~**ite** *m chim* Ni'trit *n*; sal'petrigsaures Salz

nitro|bacter [nitrobakter] *m od* ~**bactéries** *f/pl biol* Nitro'bacter *m*, Nitrobakterien *pl*; ~**benzène** *m od* ~**benzine** *f chim* Nitroben'zol *n*; Mir'banöl *n*; ~**cellulose** *f chim* Nitrozellu'lose *f*; Nitrozellstoff *m*; ~**glycérine** *f chim* Nitroglyze'rin *n*; Sprengöl *n*; ~**méthane** *m chim* Nitrome'than *n*; ~**mètre** *m chim* Nitro'meter *n*; ~**phile** [-fil] *adj bot* **plantes** *f/pl* ~**s** nitro'phile Pflanzen *f/pl*

nitrosation [nitrozasjɔ̃] *f biol, chim* 'Umwandlung *f* in Ni'trit, in sal'petrige Säure; Oxydati'on *f* von Ammoni'ak zu Ni'trit; *nur chim* Einführung *f* von Ni'trosogruppen in or'ganische Verbindungen; Herstellung *f* von Ni'trosoverbindungen

nitrotoluène [nitrotɔlɥɛn] *m chim* Ni'trotolu'ol *n*

nitruration [nitryrasjɔ̃] *f tech des Stahls* Ni'trierhärtung *f*; Ni'trierung *f*

nitrure [nitryr] *m chim* Ni'trid *n*; ~ **de lithium, de magnésium** Lithium-, Ma'gnesiumnitrid *n*

nitrurer [nitryre] *v/t tech Stahl* ni'trieren

nival [nival] *adj* <-aux> ni'val; *e-s Flusses* **régime** ~ durch die Schmelzwässer bedingte Wasserführung

niveau [nivo] *m* <*pl* ~**x**> **1.** ~ **à bulle (d'air)** Wasser-, Richt-, Setz-, Schrotwaage *f*; Li'belle *f*; *an geodätischen Instrumenten auch* Ni'veau *n*; ~ **à cadre** Rahmenrichtwaage *f*; *arp* ~ **à lunette** Nivel'liergerät *n*, -instrument *n*, -waage *f*; ~ **à perpendicule, de maçon** mit Lot versehener Winkel; ~ **à équerre** mit Lot versehenes Winkelmaß; ~ **d'eau** Ka'nalwaage *f*; *mil* ~ **de pointage** Richtaufsatz *m* mit Libelle; **2.** Ni'veau *n*; Höhe *f*; *e-r Flüssigkeit in e-m Gefäß* Stand *m*; ~ **hydrostatique** Grundwasserspiegel *m*; ~ **Lärmschutz** ~ **sonore** Geräusch-, Lärmpegel *m*; *Erosionsbasis* **e-s Flusses** ~ **de base** Endniveau *n*; ~ **d'eau** Wasserspiegel *m*; *e-s Flusses* ~ **des eaux** Wasserstand *m*; Pegel(stand *m*, -höhe *f*) *m*; *auto* ~ **de la mer** Meeresspiegel *m*, -höhe *f*, -niveau *n*; **à deux cents mètres au--dessus du** ~ **de la mer** zweihundert Meter über dem Meeresspiegel (*abr* ü. d. M.); in zweihundert Meter Meeres-, Seehöhe; *e-r Flugbahn* **angle** *m* **de** ~ Abgangswinkel *m*; **différence** *f* **de** ~ Höhenunterschied *m*; *math, phys* **surface** *f* **de** ~ Niveaufläche *f*; *loc/prép* **au** ~ **de** in Höhe (+*gén*); auf gleicher Höhe mit; *cf auch* **3.**; **arrivé au** ~ **du groupe,** il ralentit le pas als er die Gruppe eingeholt hatte, als er sich in gleicher Höhe

mit der Gruppe befand ...; **l'eau lui arrive au** ~ **des genoux** das Wasser reicht, geht ihm bis zu den Knien; **être au même** ~ **que** sich auf derselben Höhe, auf demselben Niveau befinden wie; auf derselben Höhe, auf demselben Niveau sein wie; **mettre au même** ~ **auf gleiche Höhe bringen; mettre de** ~ *cf* niveler **1.**; **3.** *fig der Bildung, Industrie, Technik* Ni'veau *n*; Stand *m*; Höhe *f*; *der Kultur, e-r Entwicklung* Stufe *f*; Höhe *f*; *e-r hierarchischen Ordnung* Ebene *f*; ~ **culturel** Kul'turstufe *f*; ~ **intellectuel** geistiges Niveau; Bildungsstand *m*, -niveau *n*, -höhe *f*; *e-s Kindes* ~ **mental,** intellectuel geistiger Entwicklungsstand; geistige Entwicklungsstufe; geistiges Niveau; ~ **social** soziale, gesellschaftliche Stellung; soziale Stufe; ~ **de l'année précédente** Vorjahrsstand *m*; ~ **d'emploi** Beschäftigungsniveau *m*; ~ **des études** Ausbildungsniveau *n*, -stand *m*, -höhe *f*; *ling* ~ **de langue** Sprachebene *f*; ~ **de performance** Leistungshöhe *f*, -niveau *n*, -stand *m*; ~ **des prix** Preisniveau *n*; ~ **de la production** Produkti'onsstand *m*, -höhe *f*, -niveau *n*; *e-r Wirtschaft* ~ **de productivité** Leistungsstand *m*; ~ **des salaires** Lohnniveau *n*, -höhe *f*; ~ **de vie** Lebensstandard *m*; *loc/adj Schüler etc* **de même** ~ ebenbürtig; gleichwertig; *loc/prép* **au** ~ **de** auf ...ebene; **au** ~ **ministériel,** du consommateur auf Minister-, Verbraucherebene; **au** ~ **le plus élevé** auf höchster Ebene; *Industrie, Produktion* **atteindre son** ~ **le plus bas, le plus 'haut** ihren tiefsten Stand, Höchststand erreichen; **être au** ~ **de qn** j-s geistigem Niveau entsprechen, angemessen sein; *Person* j-m ebenbürtig sein; mit j-m auf gleicher Stufe stehen; j-m die Waage halten; **se mettre au** ~ **de qn** sich j-s (geistigem) Niveau, Fassungsvermögen anpassen; **les consignes devront être observées à tous les** ~**x** die Anweisungen müssen von allen, ohne Rücksicht auf ihren Rang, ganz gleich welche Stellung sie einnehmen, befolgt werden; **4.** *mines* Sohle *f*; **5.** E'tage *f*; Stockwerk *n*

nivelage [nivlaʒ] *m* **1.** *arp* Nivel'lieren *n*, -ung *f*; *auch als Ergebnis* Nivelle'ment *n*; **2.** *cf* nivellement **1.**

niveler [nivle] *v/t* <-ll-> **1.** Gelände einebnen; nivel'lieren; pla'nieren; eben machen; ebnen; abgleichen; **2.** *arp* nivel'lieren; **3.** *fig* (ein'ander) angleichen; gleichmachen; *die Unterschiede* ausgleichen zwischen (+*dat*); egali'sieren

nivel|eur [nivlœr] *m agr* Ackerschleife *f*, -schleppe *f*, -schlichte *f*, -hobel *m*; ~**euse** *f* Straßenbau Pla'nierraupe *f*; Straßenhobel *m*

nivelle [nivɛl] *f* Wasser-, Richt-, Setz-, Schrotwaage *f*; Li'belle *f*; Ni'veau *n*

nivellement[nivɛlmã] *m* **1.** *e-s Geländes* Einebnen *n*, -ung *f*; Nivel'lieren *n*, -ung *f*; Pla'nieren *n*, -ung *f*; Ebnen *n*, -ung *f*; Abgleichen *n*, -ung *f*; **2.** *arp* Nivel'lieren *n*, -ung *f*; Nivelle'ment *n*; ~ **trigonométrique** trigonometrisches Nivellement; **instruments** *m/pl* **de** ~ Nivel'liergeräte *n/pl*, -instrumente *n/pl*; **(Service** *m* **du)** ~ **général de la France** (*abr* N.G.F.) staatliches Vermessungsamt; **3.** *fig* Angleichung *f*; Ausgleichen *n* der 'Unterschiede; ~ **des salaires** Angleichung der Löhne; ~ **par la base, par le bas** Angleichung nach unten

nivéole [niveɔl] *f bot* Frühlingsknotenblume *f*

nivo|-glaciaire [nivoglasjɛr] *adj e-s Flusses* **régime** ~ durch die Schmelz- und Gletscherwässer bedingte Wasserführung; ~**-pluvial** *adj* <-aux> *e-s Flus-*

ses **régime** ~ durch die Schmelzwässer und Niederschläge bedingte Wasserführung

nivôse [nivoz] *m hist* Ni'vose *m* (*4. Monat des frz Revolutionskalenders*)

nizeré [nizre] *m* Rosenöl *n* (*aus weißen Rosen*)

nô [no] *m thé in Japan* No(-Spiel) *n*

nobiliaire [nɔbiljɛr] **I** *adj* Adels...; **particule** *f* ~ Adelsprädikat *n*, -titel *m*; **titre** *m* ~ Adelstitel *m*; **II** *m* Adelsmatrikel *f*, -buch *n*, -kalender *m*

noble [nɔbl(ə)] **I** *adj* **1.** ad(e)lig; edel; vornehm; **famille** *f* ~ adlige Familie; Adelsfamilie *f*, -geschlecht *n*; **de naissance, de sang** ~ von adliger, edler, hoher Geburt; (*von*) vornehmer Abstammung; edlen Blutes, Geschlechts; **être** ~ adlig sein; **2.** *fig* edel; vornehm; *Gefühle auch* erhaben; *Aufgabe auch* rühmlich; *litt Stil* erhaben; *Benehmen, Verhalten* würde-, hoheitsvoll; **le** ~ **art** der Boxsport; **métaux** *m/pl* ~**s** Edelmetalle *n/pl*; *thé Rollenfach* **père** *m* ~ Heldenvater *m*; **II** *m, selten f* Adlige(r) *f(m)*; *früher auch* Edelmann *m*, -frau *f*, -fräulein *n*; ~**s** *pl* Edelleute *pl*

noblement [nɔbləmã] *adv* würdevoll; stolz; **refuser** ~ **une aumône** ein Almosen stolz zurückweisen

noblesse [nɔblɛs] *f* **1.** Adel *m*; *hist* **ancienne** ~ alter Adel; **'haute** ~ hoher Adel; Hochadel *m*; **appartenir à la haute** ~, **être de haute** ~ dem Hochadel angehören; ~ **héréditaire** Erbadel *m*; erblicher Adel; **nouvelle** ~ neuer, junger Adel (*nach 1789 in den Adelsstand erhoben*); ~ **personnelle** persönlicher Adel; **petite** ~ niederer Adel; **d'Empire** Adel des ersten Kaiserreichs; ~ **d'épée** Schwertadel *m*; militärischer Brief-, Verdienstadel; ~ **de naissance** Geburtsadel *m*; ~ **de robe, d'office** Amtsadel *m*; **lettres** *f/pl* **de** ~ Adelsbrief *m*, -diplom *n*; *fig Einrichtung, Erzeugnis, Brauch* **ne pas avoir ses lettres de** ~ sich noch nicht so recht eingebürgert haben; **titre** *m* **de** ~ Adelstitel *m*; *loc/prov* ~ **oblige** Adel verpflichtet (*loc/prov*); **2.** *fig der Seele, des Herzens* ~ **de sentiments** Erhabenheit *f*; *e-r Haltung* Würde *f*; Hoheit *f*; ~ **d'âme, de cœur** Seelen-, Herzensadel *m*

nobliau [nɔblijo] *m* ⟨*pl* ~**x**⟩ kleine(r) Adlige(r)

noce [nɔs] *f* **1.** ~**s** *pl* Hochzeit *f*; ~ *od* ~**s** Hochzeit(sfeier *f*, -fest *n*) *f*; ~**s d'argent, d'or, de diamant, de platine** silberne, goldene, diamantene, eiserne Hochzeit; *bibl* **les** ~**s de Cana** die Hochzeit zu Kana; **nuit** *f* **de** ~(**s**) Hochzeits-, Brautnacht *f*; *loc/adv* **en premières, secondes** ~**s** in erster, zweiter Ehe; **épouser qn en secondes** ~**s** j-n in zweiter Ehe heiraten; **le jour de ses** ~**s** am Tag ihrer *bzw* s-r Hochzeit; an ihrem *bzw* s-m Hochzeitstag; **aller à la** ~ **de qn** zu *od* auf j-s Hochzeit (*acc*) gehen; F *fig* **n'être pas à la** ~ übel, schlecht dran sein; **inviter qn à ses** ~**s** j-n zu s-r *od* zur Hochzeit einladen; **2.** Hochzeitsgesellschaft *f*; **3.** F *fig* **faire la** ~ in Saus und Braus leben; ein flottes, ausschweifendes Leben führen; prassen

noceur [nɔsœr] F *m* Lebemann *m*; Bonvi'vant *m*; Nachtschwärmer *m*, -vogel *m*; Prasser *m*; *adit* **être** ~ in Saus und Braus leben; prassen; ein flottes, ausschweifendes Leben führen

nocher [nɔʃe] *m myth* Fährmann *m*

nocif [nɔsif] *adj* ⟨-ive⟩ *Klima, Einfluß* schädlich

nocivité [nɔsivite] *f* Schädlichkeit *f*

noctambul|e [nɔktãbyl] *m,f* Nacht-

---

bummler *m*, **-schwärmer** *m*; ~**isme** *m* Nachtschwärmerei *f*

noctiluque [nɔktilyk] **I** *adj zo* Leucht...; **lampyre** *m* ~ Großer Leuchtkäfer; **II** *f zo* Meerleuchte *f*; *sc* Nocti'luca *f*

noctuidés [nɔktɥide] *m/pl zo* Eulen(schmetterlinge *m/pl*, -falter *m/pl*) *f/pl*

nocturne [nɔktyrn] **I** *adj* nächtlich; Nacht...; *bot* nachts blühend; *zo* **oiseaux** *m/pl*, **papillons** *m/pl* ~**s** Nachtvögel *m/pl*, -falter *m/pl* *od* -schmetterlinge *m/pl*; **rapaces** *m/pl* ~**s** *cf* **II 3.**; *loc/adj Sportveranstaltung, Pferderennen* **en** ~ am Abend stattfindend; **match** *m* **en** ~ Flutlichtspiel *n*; **II** *subst* **1.** *m mus* Noc'turne *n od f*; Not'turno *n*; Nachtstück *n*; *auch* Vo'kal-Nocturne *n od f*; **2.** *m égl cath* Nok'turn *f*; **3.** *m/pl zo* ~**s** Nachtraubvögel *m/pl*; Eulen *f/pl*; **4.** *m peint* Nachtstück *n*; **5.** *m od f Fußball, Rugby etc* Flutlichtspiel *n*; *Pferderennen* Abendrennen *n*; ~ am Abend stattfindendes Rennen; **6.** *m od f comm* verlängerte (*Laden*)Öffnungszeit am Abend

nodal [nɔdal] *adj* ⟨-aux⟩ **1.** *phys* **ligne** ~**e** *od subst* ~**e** *f* Knotenlinie *f*; **point** ~ Knoten(punkt) *m*; **surface** ~**e** Knotenebene *f*; **2.** *bot* **cellule** ~**e** Knotenzelle *f*; **3.** *ch de fer* **point** ~ Kreuzungspunkt *m* mehrerer Gleise; Gleisknotenpunkt *m*

nodosité [nɔdozite] *f* **1.** *path* ~**s** *pl* Knoten *m/pl*; ~**s rhumatismales** rheumatische Knoten; Rheuma'tismusknoten *m/pl*; **2.** *bot* knotige Beschaffenheit; *par ext* Knoten *m*; *an den Wurzeln der Leguminosen* (Wurzel-, Bak'terien-) Knöllchen *n*

nodulaire [nɔdylɛr] *adj* knotig; knötchenreich; Knötchen...

nodul|e [nɔdyl] *m* **1.** *path, anat* Knötchen *n*; *anat des Kleinhirnwurms* Höcker *m*; **2.** *géol* Knolle *f*; ~**eux** *adj* ⟨-euse⟩ knotig; knötchenreich; *géol* knollenreich

nodus [nɔdys] *m anat, path* Knoten *m*; *sc* Nodus *m*

Noël [nɔɛl] *m* **1.** ~, **la fête de** ~ *od ellip* **la** ~ Weihnachten *n od F f/pl*; **die Weihnacht**; das Weihnachtsfest; das Christfest; **joyeux** ~! fröhliche Weihnachten!; **arbre** *m* **de** ~ Weihnachts-, Christbaum *m*; **nuit** *f* **de** ~ Weihnachts-, Christnacht *f*; Heilige Nacht; **père** *m* ~ Weihnachtsmann *m*; *auch* Christkind *n*; *fig u iron* **croire au père** ~ noch an den Weihnachtsmann glauben; *loc/adv* **à (la)** ~ (zu *od* an) Weihnachten; *prov* ~ **au balcon, Pâques au tison** grüne Weihnachten, weiße Ostern (*prov*); **2.** F (petit) ♀ Weihnachtsgeschenk *n*; F Weihnachten *n*; Christkind *n*; **que me donneras-tu pour mon petit** ♀? was wirst du mir zu Weihnachten schenken?; **3.** *e-s Betriebes, e-r Organisation* Weihnachtsfeier *f* mit Bescherung (*für die Kinder*); **4.** ♀ (*volkstümliches*) Weihnachtslied *n*

noèse [nɔɛz] *f philos* Noesis *f*

noétique [nɔetik] *adj philos* no'etisch

nœud [nø] *m* **1.** *e-r Schnur, e-s Band* Knoten *m*; ~ **coulant** (zusammenziehbare, sich zuziehende) Schlinge; **deux** ~**s** Doppelknoten *m*; doppelter Knoten; ~ **papillon** Fliege *f*; *mar* ~ **plat** Kreuz-, Reffknoten *m*; ~ **simple** einfacher Knoten; *mar* ~ **de chaise** Pa(h)lstek *m*; ~ **de cravate** Kra'watten-, Schlipsknoten *m*; *mar* ~ **de drisse, de batelier** Schifferknoten *m*; ~ **de griffe** Hakenschlag *m*; ~ **de jambe de chien** Verkürzungsstek *m*; Trom'pete *f*; *text* ~ **de tisserand** Weberknoten *m*; *mar* ~ **de vache** falscher Reffknoten; Wiewerknütt *m*; Weiberknoten *m*; **faire un** ~ e-n Knoten

---

machen, knüpfen; *um etw nicht zu vergessen* **faire un** ~ **à son mouchoir** sich e-n Knoten ins Taschentuch machen; **2.** Schleife *f*; **faire un** ~ e-e Schleife binden; **mettre des** ~**s dans les cheveux** Schleifen ins Haar binden; **3.** *fig im Drama, Roman* Verwicklung *f*; Knoten *m*; **4.** *fig bei e-r Sache, e-m Problem* springender Punkt; **5.** *litt der Ehe, Freundschaft* ~**s** *pl* Bande *n/pl*; **6.** *zo e-r sich zusammenrollenden Schlange* Ring *m*; ~ **de vipères** zu e-m Knäuel verschlungene Vipern *f/pl* (*im Nest*); *Mauriac* **Le** ~ **de vipères** Natterngezücht; **7.** ~ **ferroviaire** (Eisen)Bahnknotenpunkt *m*; ~ **routier** (Straßen-)Verkehrsknotenpunkt *m*; **8.** *mar* Knoten *m* (*abr* kn); *Schiff* **filer vingt** ~**s** mit zwanzig Knoten fahren; zwanzig Knoten laufen; **9.** *im Holz* Ast *m*; **sans** ~**s** astfrei, -rein; **10.** *bot am Stengel, am Baum* Knoten *m*; **11.** *anat* Knoten *m*; ~ **vital** Lebensknoten *m*; *sc* Nod(ul)us vi'talis *m*; ~ **de Keith et Flack** Keith-Flackscher Sinusknoten; **12.** *astr* Knoten *m*; ~ **ascendant, descendant** aufsteigender, absteigender Knoten; **ligne** *f* **des** ~**s** Knotenlinie *f*; **13.** *phys e-r stehenden Welle* Knoten *m*; **14.** *élect* Knoten-, Verzweigungspunkt *m*; **15.** *math e-r Kurve* Doppel-, Knotenpunkt *m*; **singu'lärer Punkt**

noir [nwar] **I** *adj* **1.** schwarz; *bes Haar auch* blauschwarz; schwarzbraun; *Trauben* blau; dunkel; **l'Afrique** ~**e** das schwarze Afrika; Schwarzafrika *n*; *bot* **blé** ~ Buchweizen *m*; ~ **café** ~ schwarzer Kaffee; *fig* **caisse** ~**e** Geheimkasse *f*, -fonds *m*; **cheval** ~ Rappe *m*; **femme** ~**e** Schwarze *f*; Negerin *f*; *beim Glücksspiel* **le huit, six** ~ die schwarze Acht, Sechs; *fig* **humeur** ~**e** düstere Stimmung, Laune; **être d'humeur** ~**e** (in) düsterer Stimmung sein; düster gestimmt sein; **humour** ~ schwarzer Humor; *phys* **lumière** ~**e** Ultravio'lettlicht *n*; **lunettes** ~**es** dunkle, schwarze Brille; Sonnenbrille *f*; **marché** ~ schwarzer Markt; Schwarzmarkt *m*; **pain** ~ Grau-, Schwarzbrot *n*; **point** ~ a) *fig, bes im Straßenverkehr* neur'algischer Punkt; b) *in der Haut* Mitesser *m*; *hist* **le Prince** ♀ der Schwarze Prinz; *in Amerika* **problème** ~ Negerproblem *n*, -frage *f*; **quartier** ~ Negerviertel *n*; **race** ~**e** schwarze Rasse; **roman** ~ Schauer-, Gruselroman *m*; **savon** ~ Schmierseife *f*; *fig* **série** ~**e** *cf* **série 1.**; *in der Schule* **tableau** ~ (Wand)Tafel *f*; *fig* **faire un tableau** (**bien, très**) ~ **de la situation** die Lage schwarz, in schwarz, grau in grau, in den schwärzesten Farben malen, schildern; *géol* **terres** ~**es** Schwarzerde *f*; ~ **travail** Schwarzarbeit *f*; ~ **comme du jais, comme de l'encre, comme du charbon, comme de l'ébène,** F **comme du cirage** schwarz wie die Nacht, wie ein Rabe, wie die Hölle, wie der Teufel, wie Ebenholz; pechschwarz; kohl(raben)-schwarz; tiefschwarz; *cuis* **au beurre** ~ *cf* **beurre 1.**; *fig* **avoir des idées** ~**es** *cf* **broyer (du noir) 2.**; **être tout** ~ **von der Sonne** braungebrannt sein; **2.** *Hände, Nägel* schmutzig; **être tout** ~ schmutzig; *fig* **gueules** ~**es** Kumpel *m/pl*; Bergarbeiter *m/pl*; *Wand* ~ **de suie** rußgeschwärzt; **3.** *Straße, Gang* dunkel; finster (*auch fig Blick*); *Himmel, Wolken* schwarz; dunkel; **nuit** ~**e** dunkle, finst(e)re, schwarze Nacht; **il fait** ~ **comme dans un four, comme dans la gueule d'un loup** es ist stockdunkel, -finster; es ist pechschwarze Nacht; es ist so dunkel, daß man nicht die Hand vor den Augen sieht; *fig* **jeter un regard** ~ **sur qn,**

regarder qn d'un œil ~ j-n finster anblicken; j-m finst(e)re Blicke zuwerfen; j-n mit finst(e)ren Augen ansehen; **4.** *fig Verbrechen* gemein; schändlich; ab'scheulich; ruchlos; *Wut* maßlos; sinnlos; blind; hell; **~e ingratitude** schnöder Undank; **5.** F *fig Person* F blau; besoffen; **il est complètement ~** F er ist völlig blau, sternhagelvoll, total besoffen; **II** *subst* **1.** *m* Schwarz *n* (*auch Farbe beim Glücksspiel*); *loc/adv* **~ sur blanc** schwarz auf weiß; schriftlich; **c'est écrit ~ sur blanc** da steht es schwarz auf weiß; das steht schwarz auf weiß geschrieben; **vous me mettez ~ sur blanc vos projets** legen Sie Ihre Pläne schriftlich nieder; reichen Sie mir Ihre Pläne schriftlich ein; **avoir du ~ sur la joue** auf der Backe schwarz sein, etwas Schwarzes haben; sich auf der Backe schwarz gemacht haben; *fig broyer du ~ cf broyer* 2.; **se mettre du ~ aux yeux** sich e-n schwarzen Lidstrich ziehen; **être en ~,** être habillé de *od* en **~,** être vêtu de **~** in Schwarz sein, gehen; schwarz gekleidet sein; Schwarz tragen; **teindre en ~** schwarz färben; *fig* **voir tout en ~** alles schwarz, grau in grau sehen; **2.** *m* Dunkel *n*; Dunkelheit *f*; *Kind* **avoir peur dans le**, **du ~** im Dunkeln, Finstern, in *od* vor der Dunkelheit Angst haben; **3.** ♀(e) *m(f)* Schwarze(r) *f(m)*; Neger(in) *m(f)*; *hist* **traite** *f* **des ♀s** Sklavenhandel *m*; Handel mit Negersklaven; **4.** *tech* **~s** *m/pl* Schwärzen *f/pl*; *chim* **~ d'aniline** Ani'linschwarz *n*; **~ de fumée, de carbone** technischer Ruß; **~ de gaz** Gasruß *m*; **~ d'ivoire** Elfenbeinschwarz *n*; **~ de platine** Platinmohr *n*, -schwarz *n*; **5.** *mus* **~e** *f* Viertelnote *f*; **6.** *als Bestellung in e-m Restaurant* F **un (petit) ~** e-e Tasse schwarzen Kaffee; **7.** *e-r Schießscheibe* **le ~** das Schwarze; **mettre dans le ~** ins Schwarze treffen; **8.** **~s** *m/pl* *e-s Gemäldes* Schattenpartien *f/pl*; *e-s Kupferstichs* dunkle Stellen *f/pl*; **9.** *m agr Pflanzenkrankheit* Rußtau *m*; Schwärze *f*; **~ du seigle** Mutter-, Hungerkorn *n*

noirâtre [nwarɑtr(ə)] *adj Farbe, Fleck* schwärzlich

noiraud [nwaro] **I** *adj Person* dunkelhäutig und dunkelhaarig; brü'nett (*auch Gesicht, Teint*); *Gesicht* dunkelhäutig; bräunlich; **II** *subst* **~ (e)** *m(f)* dunkelhäutiger und dunkelhaariger Mensch

noirceur [nwarsœr] *f* **1.** Schwärze *f*; **2.** *fig e-s Verbrechens* Ab'scheulichkeit *f*; Schändlichkeit *f*; Ruchlosigkeit *f*; Gemeinheit *f*; *von Gefühlen* Bosheit *f*; Gemeinheit *f*; *e-s Menschen auch* Niedertracht *f*; Verworfenheit *f*; **la ~ de son ingratitude** sein schnöder Undank

noircir [nwarsir] **I** *v/t* **1.** schwarz machen, färben, anstreichen; schwärzen; *Hände* schmutzig machen (**de** mit); **2.** *fig Lage* in schwarzen, düsteren Farben schildern; *Papier, Seiten* (eng) beschreiben; 'vollschreiben; *Bogen Papier* noirci par une écriture serrée mit engen Schriftzügen bedeckt; F *péj* **~ du papier** schriftstellern; schriftstellerisch tätig sein; schreiben; **~ la réputation de qn** j-s (guten) Ruf beflecken, verderben; j-n in schlechten, üblen Ruf bringen; **II** *v/i u v/pr* **3.** (se) **~** schwarz werden; sich schwarz färben; *Gemälde, Farben* nachdunkeln; **4.** *Himmel* **se ~** schwarz, dunkel werden; sich verdunkeln, verfinstern; sich mit schwarzen, dunklen Wolken beziehen; **5.** P *sich betrinken*, P besoffen werden

noirciss|ement [nwarsismɑ̃] *m* Schwärzen *n*, -ung *f*; Schwarzmachen *n*, -färben *n*, -werden *n*; **~ure** *f* schwarzer Fleck

noire [nwar] *f* **1.** *mus cf* noir II 5.; **2.** ♀ *cf* noir II 3.

noise [nwaz] *f nur loc* **chercher ~** *od* **des ~s à qn** mit j-m Streit, Händel suchen

noiseraie [nwazrɛ] *f* Nußbaum-, Haselstrauchpflanzung *f*; Haselgehölz *n*, -gebüsch *n*, -busch *m*

noisetier [nwaztje] *m bot* Hasel(nuß)strauch *m*

noisette [nwazɛt] *f* **1.** *bot* Haselnuß *f*; **chocolat** *m* **aux ~s** Nußschokolade *f*; **glace** *f* **à la ~** Nußeis *n*; **beurre** *m* **de ~** Haselnußbutter *f*; **goût** *m* **de ~** (Hasel)Nußgeschmack *m*; **2.** *cuis* **beurre** *m* **de beurre** *in haselnußgroßes Stück* Butter; **3.** *adj* <*inv*> **~, couleur (de) ~** haselnußbraun, -farben; *cuis* **beurre** *m* **~** braune Butter; **des yeux** *m/pl* **~** haselnußbraune Augen *n/pl*

noix [nwa] *f* **1.** *bot* (Wal)Nuß *f*; **~ fraîche, sèche** frische, getrocknete (Wal)Nuß; **~ verte** grüne, unreife (Wal)Nuß; **huile** *f* **de ~** Nußöl *n*; **casser, gauler des ~** Nüsse (auf)knacken, herunterschlagen; **2.** *bot* Nuß(frucht) *f*; **~ muscade** Mus'katnuß *f*; **~ d'arec, du Brésil,** de coco Betel-, Para-, Kokosnuß *f*; F *fig loc/adj* **Erklärung, Material à la ~ (de coco)** schlecht; wertlos; **~ de cola** *od* **kola** Kolanuß *f*; **~ de galle** Gallapfel *m*; Knopper *f*; **3.** *cuis* **une ~ de beurre** ein walnußgroßes Stück Butter; **4.** *Fleischerei:* **e-s Koteletts** schieres Fleisch; **~ de veau** Kalbsnuß *f*; **5.** F *fig von e-r Person* **quelle (vieille) ~!** F so e-e, ist das e-e, diese doofe Nuß!; *adj* **être ~** dumm, F doof sein; **6.** *comm* **Nußkohle** *f*; **7.** *e-s* (*Wasser*)*Hahns* Küken *n*; **8.** *bei Fenstern* Nut *f* im Anschlag; **9.** *text e-r Spindel* Wirtel *m*

noli-me-tangere [nɔlimetɑ̃ʒere] *m* <*inv*> **1.** *bot* Springkraut *n*; Rührmichnichtan *m*; Nolime'tangere *n*; **2.** *peint* Nolime'tangere *n*

nom [nɔ̃] *m* **1.** Name *m*; *für e-n Gegenstand auch* Benennung *f*; Bezeichnung *f*; ♦ **~ commercial** Firmenname *m*, -bezeichnung *f*; Firma *f*; Handelsname *m*; *comm, jur* **~ déposé** eingetragenes Warenzeichen *n*; **faux ~** falscher Name; F **petit ~** Vorname *m*; ♦ **~ de baptême** Tauf-, Vorname *m*; *mil* **~ de code** Deckname *m*; **~ d'emprunt** angenommener Name; Deckname *m*; *bot, zo* **~ d'espèce, spécifique** Art-, Speziesname *m*; **~ de famille** *od ellip* **~** Fa'milien-, Nach-, Zuname *m*; **~ de fille, de garçon** Mädchen-, Jungenname *m*; *e-r verheirateten Frau* **~ de jeune fille** Mädchenname *m*; *bot, zo* **~ de genre, générique** Gattungs-, Genusname *m*; **~ de guerre** Deckname *m*; Pseudo'nym *n*; **~ de lieu** Ortsname *m*; *comm* **~ de marque** Markenname *m*, -bezeichnung *f*; **le ~ de père** der Name Vater; **~s de personnes** Per'sonennamen *m/pl*; *e-s Schriftstellers* **~ de plume** Künstler-, Schriftstellername *m*; *e-r Nonne, e-s Mönchs* **~ de religion** Klostername *m*; **~ de rue** Straßenname *m*; *e-s Schauspielers* **~ de théâtre** Künstlername *m*; ♦ *jur* **droit** *m* **au ~** Namensrecht *n*; **changement** *m* **de ~** Namensänderung *f*, -wechsel *m*; **Louis, treizième du ~** Ludwig, der dreizehnte des Namens; ♦ *loc/adj* **sans ~** Elend, Leid, Entsetzen, Schrecken namenlos; *Leid auch* unsäglich; *loc/prép* **au ~ de** im Namen, im Auftrag (+*gén*); *jur* **au ~ de la loi** im Namen des Gesetzes; *rel* **au ~ du Père, du Fils et du Saint-Esprit** im Namen des Vaters, des Sohnes und des Heiligen Geistes; **au ~ du ciel!** um('s) Himmels willen!; **agir au ~ de son père** im Namen, Auftrag s-s Vaters handeln;

j'agis en son ~ ich handle in s-m Namen, Auftrag; **en mon ~** in meinem (eigenen) Namen; ♦ **appeler, nommer les choses par leur ~** die Dinge, das Kind beim rechten Namen nennen; *litt* **avoir ~ X** sich X nennen; X heißen; **ça n'a pas de ~!** das ist unerhört, unglaublich!; **sa conduite n'a pas de ~** für sein Verhalten gibt es keinen Ausdruck; **changer de ~** den Namen wechseln, ändern; in anderen Namen annehmen; **connaître qn de ~** j-n dem Namen nach kennen; *Diktatur etc* **qui n'ose pas dire son ~** versteckt; verkappt; **donner son ~** s-n Namen angeben; **donner un ~ à qc** j-m, e-r Sache e-n Namen geben; **donner le ~ de qn à une rue** e-e Straße nach j-m benennen; **quel est le ~ de la rue?** wie heißt die Straße?; **être le dernier du ~** der letzte s-s Namens, Geschlechts sein; *Freiheit, Liberalismus* **n'être qu'un ~** nur ein schöner Name sein; ein bloßer Name, nichts weiter als ein Name sein; **se faire un ~** sich e-n Namen machen; **comme son ~ l'indique** wie der bzw sein bzw ihr Name besagt; **mêler le ~ de qn à qc** j-s Namen in Zusammenhang mit etw nennen; **mettre son ~ au bas d'une lettre** s-n Namen unter e-n Brief setzen; **ne pas arriver à mettre un ~ sur le visage de qn** sich nicht mehr an j-s Namen (*acc*) erinnern können; **porter le ~ de qn** j-s Namen tragen; **prendre le ~ de qn** j-s Namen annehmen; **prêter son ~ à qc** s-n Namen für etw hergeben; **répondre au ~ de Paul** auf den Namen Paul hören; Paul heißen; **traiter, accabler qn de tous les ~s** j-n mit allen möglichen Schimpfnamen belegen; **2.** *gr Hauptwort* *n*; Substantiv *n*; Dingwort *n*; *par ext* Nomen *n*; Nennwort *n*; **~ appellatif, commun** Apella'tiv(um) *n*; Gattungsname *m*; **~ composé** zusammengesetztes Hauptwort; **~ propre** Eigenname *m*; **~ d'action** Nomen acti'onis; **~ d'agent** Nomen a'gentis; **~ d'état** Nomen quali'tatis; **~ d'instrument** Nomen instru'menti; **~ de nombre** Zahlwort *n*; Nume'rale *n*; **complément de ~** Ergänzung *f* zum Substantiv; **3.** *int* **~ de ~!, d'un chien!, d'une pipe!, d'un petit bonhomme!,** *p/fort* **~ de Dieu!** zum Donnerwetter!; verdammt *od* verflixt (und zugenäht)!; *p/fort* Himmeldonnerwetter!; Herrgott (nochmal)!

nomad|e [nɔmad] **I** *adj* No'maden...; no'madisch; no'madenhaft; *fig* **instinct** *m* **~** Wandertrieb *m*; **peuple** *m*, **tribu** *f* **~** Nomadenvolk *n*, -stamm; *fig* **vie** *f* **~** unstetes Leben; Wander-, Nomadenleben *n*; **II** *m,f* No'made *m*; (**peuple** *m* **de**) **~s** Nomaden(volk) *m/pl(n)*; Hirten-, Wandervolk *n*; Hirtennomaden *m/pl*; **2.** *adm* Nichtseßhafte(r) *f(m)*; Per'son ohne festen Wohnsitz (, *die kein Wandergewerbe ausübt*); **~isme** *m* No'madentum *n*, -leben *n*; Noma'dismus *m*

no man's land [nɔmanslɑ̃d] *m mil, fig* Niemandsland *n*

nombrable [nɔ̃brabl(ə)] *adj* zählbar

nombre [nɔ̃br(ə)] *m* **1.** Zahl *f*; *von Personen, Gegenständen auch* Anzahl *f*; *chim* **~ atomique** Ordnungszahl *f*; A'tomnummer *f*; **~ entier** ganze Zahl; *Statistik* **~ indice** Index(ziffer) *m(f)*; **total ~** Gesamtzahl *f*, -ziffer *f*; *mil* **~ d'avions abattus** Abschußzahl *f*; *phys* **~ d'Avogadro** Avo'gadrosche Kon'stante; **~ des chômeurs** Arbeitslosenzahl *f*, -ziffer *f*; **~ d'habitants** Einwohnerzahl *f*; *e-s Landes* Bevölkerungszahl *f*; **~ d'or** *arch, Kunst* Goldener Schnitt; *astr* goldene Zahl; *e-s Motors* **~ de tours** Dreh-, Tourenzahl *f*; *bibl* **le livre des ♀s,**

les ⌂s das vierte Buch Mose; das Numeri; *Statistik* **la loi des grands ⌂s** das Gesetz der großen Zahl; ♦ *loc/adj u loc/adv: st/s ⌂ de … viele …; depuis ⌂ d'années* seit vielen Jahren; **(un) bon ⌂ de spectateurs** ein großer Teil der, nicht wenige, viele Zuschauer; **un certain ⌂ d'enfants** e-e gewisse (An)Zahl Kinder, von Kindern; **un grand ⌂ de …** e-e große (An)Zahl (von) …; sehr viele …; **un assez grand ⌂ de …** e-e ziemlich große (An)Zahl (von) …; ziemlich viele …; **le plus grand ⌂ (de …)** die Mehrheit, Mehrzahl (der …); die meisten (…); **un petit ⌂ de …** e-e kleine, geringe (An)Zahl (von) …; ein paar …; wenige …; **le petit ⌂ de gens qui …** die wenigen, die paar Menschen, die …; **au ⌂ de …** zu …; … an der Zahl; **au ⌂ de trois** zu dritt; drei an der Zahl; F drei Mann hoch; **ils étaient au ⌂ de trois** *auch* sie waren ihrer drei; **je le compte au ⌂ de mes amis** ich zähle, rechne ihn zu meinen Freunden; **dans le ⌂** darunter; **en ⌂** a) *kommen etc* zahlreich; in großer Zahl; b) *überlegen sein etc* zahlenmäßig; an Zahl; **nous ne sommes pas en ⌂ suffisant** wir sind (zahlenmäßig) zu wenige; wir sind zu wenig an der Zahl; **sans ⌂** zahllos; unzählig; ohne Zahl; ♦ **écrire un ⌂ en lettres** e-e Zahl in Worten, Buchstaben schreiben; **être du ⌂ des invités** unter den Gästen sein; zu den Gästen gehören, zählen; **serez-vous du ⌂?** werden Sie auch dazu gehören, darunter sein?; werden Sie auch da, dabei sein?; **faire ⌂** zahlreich sein; **succomber sous le ⌂** der 'Überzahl unter'liegen; **2.** *gr* Numerus *m*; Zahl *f*; **s'accorder en genre et en ⌂** in Geschlecht und Zahl über'einstimmen; **3.** *rhét* **⌂ oratoire** Numerus *m*; **4.** *tech* der Uhrenräder Zähnezahl *f*

nombreux [nõbrø] *adj* ‹-euse› zahlreich; *Publikum, Kundschaft, Menschenmenge auch* groß; **famille nombreuse** kinderreiche Familie; **des visiteurs toujours plus ⌂** immer mehr Besucher; **dans de ⌂ cas** in zahlreichen, vielen Fällen; **ils vinrent ⌂ à notre appel** sie erschienen zahlreich, in großer Zahl, *p/fort* scharen-, haufen-, massenweise …

nombril [nõbril] *m anat* Nabel *m* (*auch fig*); *plais* **être décolletée jusqu'au ⌂** bis zum Bauchnabel dekolletiert sein; F *fig* **se prendre pour le ⌂ du monde** sich für den Nabel der Welt halten

nome [nom] *m* im hellenistischen Ägypten u im heutigen Griechenland No'mos *m*

nomenclature [nomãklatyr] *f* **1.** e-s *Wissensgebietes* Nomenkla'tur *f*; *Linné* **⌂ binaire** binäre Nomenklatur; **⌂ chimique** chemische Nomenklatur; **2.** *Zollrecht* Nomenkla'tur *f*; Zolltarifschema *n*; **3.** e-r *Kunstsammlung* (nume'riertes) Verzeichnis, (nume'rierter) Kata'log (*der einzelnen Stücke*); *industrielle Betriebsorganisation* Stückliste *f*; **4.** e-s *Wörterbuchs* Stichwörter *n/pl*; Wortmaterial *n*; Wörtersammlung *f*; **5.** *méd* **⌂ générale des actes professionnels des médecins, chirurgiens-dentistes, sages-femmes et auxiliaires médicaux** allgemeine Gebührenordnung für Ärzte, Zahnärzte, Hebammen und in anderen Heilberufen Tätige

nominal [nominal] *adj* ‹-aux› **1.** namentlich; Namen(s)…; **appel ⌂** namentlicher Aufruf; Namen(s)aufruf *m*; **vote *m* par appel ⌂** namentliche Abstimmung; Abstimmung *f* durch Namensaufruf; **liste ⌂** Namenliste *f*, -verzeichnis *n*; **2.** nomi'nell; (nur) dem Namen nach; **être le chef ⌂ de l'entreprise** der nominelle Chef des Unter'nehmens sein; (nur) dem

Namen nach Chef des Unternehmens sein; **3.** *écon* Nomi'nal…; Nenn…; **salaire ⌂** Nominallohn *m*, -einkommen *n*; *e-r Münze* **valeur ⌂e** Nominal-, Nennwert *m*; **4.** *gr* nomi'nal; Nomi'nal…; **forme ⌂e** infinite Form; Nominalform *f*; **phrase ⌂e** Nominalsatz *m*; **⌂ement** *adv* **1.** nomi'nell; (nur) dem Namen nach; **2.** *gr* als Nomen

nominal|isme [nominalism(ə)] *m philos, écon* Nomina'lismus *m*; **⌂iste** *philos, écon* **I** *adj* nomina'listisch; **II** *m* Nomina'list *m*; Anhänger *m*, Vertreter *m* des Nomina'lismus

nominatif[1] [nominatif] *m gr* Nominativ *m*; Wer-, Nennfall *m*; erster Fall

nominatif[2] [nominatif] *adj* ‹-ive› namentlich; Namen…; *Börse* **titre ⌂** Namens-, Rektapapier *n*

nomination [nominasjõ] *f* **1.** Ernennung *f*; Nomi'nierung *f*; Berufung *f*; *zu e-m höheren Rang auch* Beförderung *f*; *e-s Vormunds, Verteidigers etc* Bestellung *f*; **⌂ au grade de capitaine** Beförderung, Ernennung zum Hauptmann; **⌂ à un poste d'ambassadeur** Ernennung, Nominierung zum *od* als Botschafter, für den Posten e-s Botschafters; Berufung in das Amt e-s Botschafters; **2.** Ernennungsurkunde *f*, -schreiben *n*; **3.** Ernennungs-, Nomi'nierungs-, Nominati'onsrecht *n*

nominativement [nominativmã] *adv* namentlich; mit Namen

nommé [nome] *adj* **1.** namens; mit (dem) Namen; **un homme ⌂ Dupont** ein Mann namens Dupont, mit (dem) Namen Dupont; *subst* **un ⌂ Dupont** ein gewisser Dupont; einer namens Dupont; **le ⌂ Dupont** der Dupont; besagter Dupont; **2.** genannt; erwähnt; **les personnes ⌂es plus 'haut** die weiter oben genannten, erwähnten Personen *f/pl*; *subst* **le ci-dessus ⌂** der Obengenannte, -erwähnte; **3.** *loc/adv* **à point ⌂** wie gerufen; gerade recht, zur rechten Zeit; sehr gelegen; **4.** ernannt; **⌂ment** *adv* namentlich; mit Namen

nommer [nome] **I** *v/t* **1.** nennen; *e-r Person auch* den Namen … geben (*qn j-m*); *e-n Gegenstand* benennen; e-n Namen geben (+*dat*); **ses parents l'ont nommé Paul** s-e Eltern nannten ihn Paul, gaben ihm den Namen Paul; **il l'a nommé son ami** er nannte ihn s-n Freund; **ce que nous nommons amitié** was wir Freundschaft nennen; **2.** den Namen sagen, nennen, angeben (*qn, qc j-s, e-r Sache od von j-m, etw*); mit Namen nennen; namhaft machen; *s-e Komplicen* angeben; anzeigen; *plais:* **un riche banquier, Rockefeller, pour ne pas le …** um es genau zu sagen; **3.** *Person* ernennen; nomi'nieren; berufen; *Vormund, Verteidiger etc* bestellen; **⌂ qn directeur** j-n zum Direktor ernennen, befördern; **⌂ qn à un poste** j-n für ein Amt, für e-n Posten nomi'nieren, in ein Amt berufen, zu e-m Amt bestellen; j-m ein Amt, e-n Posten über'tragen; **⌂ à vie** auf Lebenszeit ernennen; **II** *v/pr* **se ⌂ 4.** sich nennen; mit (dem) Namen … tragen; **5.** s-n Namen nennen

nomo|gramme [nomogram] *m* Schaubild *n*; Nomo'gramm *n*; **⌂graphie** *f* Nomogra'phie *f*

non [nõ] **I** *adv der Verneinung* ‹*betonte Form*› **1.** nein; nicht; ♦ *in loc/adv:* **⌂, ⌂ et ⌂!, ⌂, mille fois ⌂!** nein, nein und nochmals nein!; **ah, ça ⌂!** ganz bestimmt nicht!; **oh, (que) ⌂!** o nein!; **certainement, certes, sûrement ⌂!** sicher, gewiß, bestimmt nicht!; **ma foi ⌂!** ach nein!; **vraiment ⌂!** wirklich, wahrhaftig

nicht!; **mais ⌂!** aber nein!; nicht doch!; **⌂ merci!** nein danke!; *iron* ich danke!; **moi ⌂** ich nicht!; **⌂, pas possible!** nein, das ist doch nicht möglich!; **⌂, rien à faire** nein, da ist nichts zu machen; ♦ *in loc/conj:* **et ⌂ (pas od point)** und nicht *bzw* kein; **mais ⌂ (pas od point)** aber nicht *bzw* kein; **ou ⌂** oder nicht; **que vous vouliez ou ⌂** ob Sie wollen oder nicht; **venez-vous ou ⌂?** kommen Sie oder kommen Sie nicht?; Sie kommen doch, oder nicht?; **⌂ plus** auch nicht; *elle ne parlait pas,* **lui ⌂ plus** … er auch nicht; **elle ⌂ plus ne l'a pas vu** auch sie hat ihn nicht gesehen; **⌂ plus que** ebensowenig wie; so wenig wie; **⌂ moins (+*adj*) que** nicht weniger (+*adj*) als; **⌂ sans** nicht ohne; **⌂ sans hésitation** nicht ohne Zögern, zu zögern; mit e-m gewissen Zögern; **⌂ sans s'être retourné plusieurs fois** nicht ohne sich mehrmals 'umgedreht zu haben; **⌂ (pas, *st/s* point)… mais …** nicht … sondern …; **⌂ plus … mais …** nicht mehr …, sondern …; **⌂ seulement … mais aussi, mais encore, mais même …** nicht nur …, sondern auch, sondern auch noch, sondern sogar noch …; **⌂ seulement il ne fait rien, mais encore il proteste** er tut nicht nur nichts, sondern protestiert auch noch; ♦ *loc/conj:* **⌂ que … (+*subj*), *st/s ⌂* pas que … (+*subj*)** nicht (etwa), daß *od* weil …; *il ne réussit pas,* **⌂ qu'il soit paresseux,** *mais parce qu'il est …* … nicht (etwa), daß er faul wäre *od* nicht (etwa), weil er faul ist …; ♦ **il dit toujours ⌂** er sagt immer nein; *cf auch* **dire**[1] **1. b)**; **j'espère que ⌂** ich hoffe nicht; ich hoffe, daß dem nicht so ist; **faire ⌂ de la tête** (verneinend) den Kopf schütteln; *vous dites qu'il vous a téléphoné,* **lui prétend que ⌂** … er behauptet nein, das Gegenteil; **répondre ⌂ à toutes les offres** zu allen Angeboten nein sagen; alle Angebote ablehnen; **2.** *int des Unmuts, der Entrüstung* F **⌂!, ⌂, mais!, ⌂ mais, des fois!, ⌂ mais, sans blague!, ⌂, par exemple!** nein so etwas, F so was!; F das ist doch nicht zu fassen, nicht die Möglichkeit!; nein, also sowas!; **3.** F *am Ende e-s Satzes od eingeschoben* nicht (wahr)?; ja?; *südd* gelt?; gell?; **ce n'est pas beau, ⌂?** *auch* das ist doch schön, oder?; **tu as fini de t'agiter, ⌂?** du sitzt jetzt schön still, ja *od* gelt?; **II** *m* ‹*inv*› **1.** Nein *n*; **un ⌂ catégorique** ein kategorisches Nein; **2.** *pol* Neinstimme *f*

non-… *od* **non …** [nõ, *vor Vokal u stummen h* nɔn] *in Zssgn* ‹*im pl inv, z B* **non-combattants** …; Nicht…; un…; *Brief* **non cacheté** unverschlossen; *Getränk* **non fermenté** unvergoren; **pays ⌂ non membre** Nichtmitgliedstaat *m*; *cf auch* die nachfolgenden Stichwörter

non-|acclimatation [nõnaklimatasjõ] *f biol* Nichtanpassung *f*; Nichtakklimatisation *od* -akklimatisierung *f*; **⌂-activité** *f e-s Offiziers, Beamten* einstweiliger Ruhestand; Wartestand *m*; *loc/adv* **en ⌂** zur Dispositi'on (*abr* z. D.); im Wartestand; im einstweiligen Ruhestand; **mettre en ⌂** zur Disposition stellen; in den Wartestand, einstweiligen Ruhestand versetzen; **mise *f* en ⌂** Versetzung *f* in den Wartestand, einstweiligen Ruhestand

nonagénaire [nonaʒenɛr] **I** *adj* neunzigjährig; **II** *m.f* Neunzigjährige(r) *f(m)*; Neunziger(in) *m(f)*

nonagésime [nonaʒezim] *adj u subst astr* **le ⌂ (degré)** der Nona'gesimus

non|-agression [nɔnagrɛsjõ] *f pol* pacte *m* de ~ Nicht'angriffspakt *m*; **~-aligné** *pol* **I** *adj* blockfrei; **II** *m* blockfreier Staat; **les ~s** *pl auch* die Blockfreien *pl*; **~-alignement** *m pol* e-s Staates Blockfreiheit *f*

nonante [nɔnãt] *adj/num/c in Belgien, in der frz Schweiz u in Kanada* neunzig

non-assistance [nɔnasistãs] *f jur* ~ **à personne en danger** unter'lassene Hilfeleistung

non-belligér|ance [nõbɛliʒerãs] *f* Nichtkriegführung *f*; **~ant** *adj Staat* nichtkriegführend

nonce [nõs] *m égl cath* ~ **(apostolique)** (Apo'stolischer) Nuntius

nonchalamment [nõʃalamã] *adv* lässig; *arbeiten* (nach)lässig; **être ~ assis dans un fauteuil** lässig, leger [leˈʒɛːr] im Sessel sitzen

nonchalance [nõʃalãs] *f* e-r Geste, Haltung, Person Lässigkeit *f*; Noncha'lance *f*; *e-r Person auch* Nachlässigkeit *f*; Saumseligkeit *f*; Unbekümmertheit *f*; *loc/adv* **avec ~** (nach)lässig

nonchalant [nõʃalã] *adj Geste, Haltung, Person* lässig; noncha'lant; *Person auch* nachlässig; saumselig; unbekümmert

nonciature [nõsjatyr] *f égl cath* Nuntia'tur *f*

non|-combattant [nõkõbatã] *mil* **I** *adj* nichtkämpfend; **II** *m* Nichtkämpfer *m*, -kämpfer(r) *m*, -kombattant *m*; **~-comparant** *jur* **I** *adj* Person, Partei vor Gericht nichterscheinend; **II** *subst* ~(e) *m(f)* vor Gericht nichterscheinende Per'son; **~-comparution** *f jur* Nichterscheinen *n* vor Gericht; **~-conciliation** *f jur* Nichtversöhnung *f*; Scheitern *n* des Sühneversuchs; **~-conducteur** *élect* **I** *adj* <-trice> nichtleitend; **II** *m* Nichtleiter *m*; **~-conformisme** *m* Nonkonfor'mismus *m*; *rel auch* Dissi'dententum *n*; **~-conformiste** *I adj* nonkonfor'mistisch; **II** *m* Nonkonfor'mist *m*; *rel auch* Dis-si'dent *m*; *bes in England* ~s *pl* Dis'senters *m/pl*; **~-conformité** *f* Nonkonformi'tät *f*; **~-contradiction** *f philos* principe *m* de ~ Satz *m* des ausgeschlossenen 'Widerspruchs; **~-dénonciation** *f jur e-r Straftat* Nichtanzeige *f*; **~-directif** [-dirɛktif] *adj* <-ive> *psych* nichtdirektiv; **~-directivisme** [-dirɛktivism(ə)] *m* nichtdirekte Psychothera-'pie; **~-directivité** [-dirɛktivite] *f psych* nichtdirektive Me'thode; **~-dissémination** *f cf* non-prolifération

none [nɔn] *f* **1.** *égl cath* Non(e) *f*; **2.** *im römischen Altertum* **a)** neunte Tagesstunde; **b)** ~s *pl* Nonen *f/pl*

non|-engagé [nɔnãgaʒe] *adj pol Staat* blockfrei; *subst* **les ~s** *pl* die blockfreien Staaten *m/pl*; die Blockfreien *pl*; **~-engagement** *m pol* Blockfreiheit *f*; **~-être** [nɔnɛtr(ə)] *m philos* Nichtsein *n*; **~-euclidien** *adj* <~ne> géométrie ~ne nichteuklidische Geome'trie; **~-exécution** *f* e-s Vertrages Nichterfüllung *f*; **~-existence** *f philos* Nichtexistenz *f*; Nichtvorhandensein *n*

non|-figuratif [nõfigyratif] *adj* <-ive> *Kunst* ungegenständlich; gegenstandslos; ab'strakt; nonfigura'tiv; *subst* **les ~s** die Vertreter *m/pl* der abstrakten Kunst; **~-gréviste** *m* Nichtstreikende(r) *m*

non|-ingérence [nõnẽʒerãs] *f pol* ~ **dans les affaires intérieures d'un État** Nichteinmischung *f* in die inneren Angelegenheiten e-s Staates; **~-initié(e)** *m(f)* Uneingeweihte(r) *f(m)*; Nichteingeweihte(r) *f(m)*; Nichtkenner *m*; Laie *m*; **~-inscrit** *adj u subst m pol* (député) ~ frakti'onslose(r) *bzw* par'teilose(r) Abgeordnete(r); **~-interven-**

tion *f pol* Nichteinmischung *f*; politique *f* de ~ Politik *f* der Nichteinmischung; **~-interventionniste** *pol* **I** *adj politique* ~ Poli'tik *f* der Nichteinmischung; **II** *m/pl* ~s Anhänger *m/pl* e-r Poli'tik der Nichteinmischung

nonius [nɔnjys] *m* Nonius *m*

non|-jouissance [nõʒwisãs] *f jur* Nutzungsausfall *m*; Entgehen *n* der Nutzung; **~-lieu** *m jur* Einstellung *f* des (Straf)Verfahrens; ordonnance *f* de ~ Einstellungsbeschluß *m*; il y a ~ das Verfahren wird eingestellt; rendre un ~ die Strafverfolgung, das Verfahren einstellen; **~-moi** *m philos* Nicht-Ich *n*

nonn|e [nɔn] *f* **1.** *plais* Nonne *f*; **2.** *cuis* pet *m* de ~ etwa kleiner, innen hohler Krapfen aus sehr leichtem Teig; **3.** *zo* Nonne *f*; **~ette** *f* **1.** *iron* Nönnchen *n*; junge Nonne; **2.** *zo* **a)** Sumpfmeise *f*; **b)** Weißwangengans *f*; **3.** *cuis (Art)* Pfeffernuß *f*

nonobstant [nɔnɔpstã] *adm od iron prép* ungeachtet, trotz (+gén); ce ~ dessenungeachtet

non-paiement [nõpɛmã] *m* Nicht(be)zahlung *f*; en cas de ~ im Falle der Nichtzahlung; falls e-e Zahlung nicht erfolgt

nonpareille [nõparɛj] *f impr* Nonpa'reille *f*

non|-prolifération [nõprɔliferasjõ] *f* Nichtverbreitung *f*; Nichtweitergabe *f*; traité *m* de ~ des armes nucléaires A'tom(waffen)sperrvertrag *m*; **~-recevoir** *m* fin *de* ~ a) strikte Ablehnung; abschlägiger Bescheid; b) *jur* (Antrag *m* auf) Abweisung *f* der Klage; opposer une, répondre par une fin de ~ a) e-n abschlägigen Bescheid geben; j-n abschlägig bescheiden; j-s Bitte strikt ablehnen; b) *jur* die Abweisung der Klage beantragen; **~-résident** *m écon* De'visenausländer *m*; **~-respect** *m* e-r Regel etc Nichtbeachtung *f*; **~-responsabilité** *f* Nichtverantwortlichsein *n*; Versicherungswesen Nichthaftbarsein *n*; Haftungsausschluß *m*; dans la limite de sa ~ soweit er nicht haftbar ist; **~-retour** *m* point *m* de ~ Punkt *m*, an dem es kein Zu'rück mehr gibt; **~-rétroactivité** *f jur* principe *m* de la ~ des lois Grundsatz *m*, daß Gesetze keine rückwirkende Kraft haben; **~-réussite** *f* 'Mißerfolg *m*; **~-salarié** *m* selbständig Erwerbstätige(r) Selbständige(r) *m*; **~-satisfaction** *f* e-s Bedürfnisses Nichtbefriedigung *f*; **~-sens** *m* <inv> **1.** Unsinn *m*; Nonsens *m*; 'Widersinn *m*; c'est un ~ das ist unsinnig, 'widersinnig, sinnlos, *auch* absurd; **2.** *Schule* völlig unverständliche Textstelle, Pas'sage (in e-r Übersetzung); faire un ~ Unsinn, völlig Unverständliches schreiben

non-stop [nonstɔp] *adj/inv* Nonstop...; **vol** *m* ~ Nonstopflug *m*

non-tissés [nõtise] *m/pl* (Faser)Vlies *n*

non-usage [nɔnyzaʒ] *m jur* Nichtgebrauch *m*

non|-valeur [nõvalœr] *f* **1.** *jur* wertloser, keinen Gewinn abwerfender Besitz; *brachliegendes Land, unvermietetes Renditehaus* **être une ~** keinen Nutzen, Gewinn, Ertrag bringen, abwerfen; **2.** *fin* nicht eintreibbare Forderung; **~-viabilité** *f* e-s Neugeborenen Nichtlebensfähigkeit *f*; **~-violence** *f pol* Gewaltlosigkeit *f*; **~-violent** *pol* **I** *adj* gewaltlos; ohne Gewaltanwendung; ohne Anwendung von Gewalt; **II** *m/pl* ~s Anhänger *m/pl* der Gewaltlosigkeit; Gewaltlose(n) *m/pl*

noo|logique [nɔɔlɔʒik] *adj philos* noo'logisch; **~sphère** *f philos* Noo'sphäre *f*

nopage [nɔpaʒ] *m text* Noppen *n*

nopal [nɔpal] *m bot* ~ **à cochenille** Coche'nillekaktus *m*

nop|e [nɔp] *f text* Noppe *f*; Knoten *m*; **~er** *v/t text* noppen

nord [nɔr] **I** *m* **1.** Himmelsrichtung (abr N.) Nord(en) *m* (abr N); Nordpunkt *m*, -richtung *f*; ~ **géographique** geographischer Nordpol; geographische, rechtweisende Nordrichtung; ~ **magnétique** magnetischer Nordpol; magnetische, 'mißweisende Nordrichtung; vent *m* du ~ Nordwind *m*; *poét* Nord *m*; *loc/adv* **au** ~ im Norden, nördlich (de von *od* +gén); les régions du ~ de la Loire die Gebiete nördlich der Loire; **au** ~ **de Paris** im Norden von Paris; nördlich von Paris; **plus au** ~ weiter *od* mehr im Norden, nördlich; **en direction (du)** ~, **vers le** ~ in nördlicher Richtung; nordwärts; in Richtung Norden; nach, gegen, *poét* gen Norden; F *fig* **perdre le** ~ den Kopf verlieren; **2. le 2 a)** *der Erde* der Norden; die Nordländer *n/pl*; **le Grand 2** der hohe Norden; **b)** e-s Landes, e-r Stadt der Norden; *géogr* ... du 2 Nord...; l'Afrique *f*, l'Allemagne *f*, l'Amérique *f* du 2 Nordafrika *f*, -deutschland *n*, -amerika *n*; dans le ~ de Paris im Norden von Paris; in Paris Nord; **c)** *im engeren Sinn* Nordfrankreich *n*; der Norden (Frankreichs); canal *m* du 2 Nordkanal *m*; in Paris gare *f* du 2 Nordbahnhof *m*; les gens *m/pl* du 2 die Nordfranzosen *m/pl*; die Leute *pl* aus dem Norden (Frankreichs), aus Nordfrankreich; **II** *adj* <inv> nördlich; Nord...; *géogr* cap 2 Nordkap *n*; côte *f* ~ Nordküste *f*; nördliche Küste; hémisphère *m* ~ nördliche Hemisphäre, Halbkugel; Nordhalbkugel *f*; e-r Stadt partie *f* ~ Nordteil *m*; nördlicher Teil

nord|-africain [nɔrafrikẽ] **I** *adj* nordafrikanisch; **II** *subst* **Nord-Africain(e)** *m(f)* Nordafrikaner(in) *m(f)*; **~-américain** **I** *adj* nordamerikanisch; **II** *subst* **Nord-Américain(e)** *m(f)* Nordamerikaner(in) *m(f)*; **~-coréen** **I** *adj* <~ne> nordkoreanisch; **II** *subst* **Nord-Coréen(ne)** *m(f)* Nordkoreaner(in) *m(f)*

nord-est [nɔrɛst] **I** *m* **1.** Himmelsrichtung (abr N.-E.) Nord'ost(en) *m* (abr NO); vent *m* du ~ Nord'ost(wind) *m*; **2.** e-s Landes le Nord-Est der Nord'osten; im engeren Sinne Nord'ostfrankreich *n*; der Nord'osten Frankreichs; **II** *adj* <inv> nord'östlich; Nord'ost...

nordique [nɔrdik] **I** *adj* nordisch; langues *f/pl*, pays *m/pl* ~s nordische Sprachen *f/pl*, Länder *n/pl*; race *f* ~ nordische Rasse; **II** *subst* **1.** 2 ~ m,f Nordländer(in) *m(f)*; **2.** *ling* le 2 die nordischen Sprachen *f/pl*; als Studienfach Skandina'vistik *f*; früher Nor'distik *f*

nordir [nɔrdir] *v/i Wind* nach Norden drehen; *Kompaßnadel* sich nach Norden drehen, ausrichten

nordiste [nɔrdist] *hist im Sezessionskrieg* **I** *m,f* Nordstaatler(in) *m(f)*; Anhänger(in) *m(f)* der Nordstaaten; **II** *adj* der Nordstaaten

nord-nord|-est [nɔrnɔrɛst] **I** *m* (abr N.-N.-E.) Nordnord'ost(en) *m* (abr NNO); **II** *adj* <inv> nordnord'östlich; **~-ouest** **I** *m* (abr N.-N.-O.) Nordnord'west(en) *m* (abr NNW); **II** *adj* <inv> nordnord'westlich

nord-ouest [nɔrwɛst] **I** *m* **1.** Himmelsrichtung (abr N.-O.) Nord'west(en) *m* (abr NW); vent *m* du ~ Nord'west(-wind) *m*; **2.** e-s Landes le Nord-Ouest der Nord'westen; im engeren Sinne Nord'westfrankreich *n*; der Nord'we-

sten Frankreichs; **II** *adj* ⟨*inv*⟩ nord-
'westlich; Nord'west…
nord-vietnamien [nɔrvjɛtnamjɛ̃] **I** *adj*
⟨⁓ne⟩ nordvietnamesisch; **II** *subst*
Nord-Vietnamien(ne) *m(f)* Nordviet-
namese, -esin *m,f*
noria [nɔrja] *f tech* Becher-, Eimer-,
Pater'nosterwerk *n*; Schöpfrad *n*; *mar
mil* auf e-m Schlachtschiff Muniti'ons-
aufzug *m*
norique [nɔrik] *hist* **I** *adj* norisch; **II**
subst le ⁑ Noricum *n*
normal [nɔrmal] *adj* ⟨-aux⟩ **1.** nor'mal;
Nor'mal…; üblich; *Preis* auch regu'lär;
e-s Lebewesens, Organs état ⁓ normaler
Zustand; Normalzustand; *Person*
n'être pas dans son état ⁓ in keinem
normalen Zustand sein; *Geometrie* li-
gne ⁓e *cf* **normale 2.**; *tech* **nombre** ⁓
Norm-, Normungszahl *f*; *Geometrie*
plan ⁓ Normalebene *f*; *chim* **solution**
⁓e Normallösung *f*; *ch de fer* **voie** ⁓e
Normal-, Regel-, Vollspur *f*; **c'est bien**
⁓ das ist doch ganz normal, natürlich,
verständlich; **il n'est pas** ⁓ er ist nicht
ganz normal, *F* nicht ganz richtig im
Kopf; **il est, paraît** ⁓ **de** (+*inf*) *od* **que**
…(+*subj*) es ist (ganz) normal, es scheint
(ganz) normal zu sein zu (+*inf*) *od* daß
…; *Lage* **revenir** ⁓ wieder
normali'sieren; *Krankheit* **suivre son
cours** ⁓ ihren normalen, üblichen, ge-
wohnten, gewöhnlichen Verlauf neh-
men; **trouver** ⁓ **de** (+*inf*) *od* **que** …
(+*subj*) es (ganz) normal finden zu (+*inf*)
od daß …; **2. école** ⁓**e** (*primaire*) *od*
école ⁓**e d'instituteurs** *bzw* **d'institu-
trices** *etwa* Päda'gogische Hochschule
(*abr* PH); **École** ⁓**e supérieure** *od* F
subst ⁑**e sup** *Hochschule zur Ausbildung
von Lehrern an höheren Schulen*; **École**
⁓**e supérieure d'éducation physique**
Sporthochschule; **il a fait** ⁑**e** er hat die
„École normale supérieure" besucht
normale [nɔrmal] *f* **1. la** ⁓ das Nor'ma-
le, *das* Übliche; *Intelligenz etc* **au-dessus
de la** ⁓ 'überdurchschnittlich; **au-
-dessous de la** ⁓ unter dem 'Durch-
schnitt liegend; 'unterdurchschnittlich;
Lage **revenir à la** ⁓ sich wieder nor-
mali'sieren; **2.** *Geometrie* Nor'male *f*; ⁓
à une courbe (*en un de ses points*)
Normale e-r Raumkurve (in e-m ihrer
Punkte); ⁓ **à une surface** (*en un de ses
points*) Normale e-r Fläche (in e-m
Flächenpunkt); **3.** *météo* Nor'malwert *m*
normalement [nɔrmalmɑ̃] *adv* **a)** *meist
am Satzanfang* nor'maler-, üblicherwei-
se; in der Regel; **b)** **tout se passe** ⁓ alles
verläuft nor'mal, wie üblich, wie ge-
wohnt, wie gewöhnlich
normal|ien [nɔrmaljɛ̃] *m*, ⁓**ienne** *f*
Schüler(in) *m(f)*, ehemaliger Schüler,
ehemalige Schülerin e-r „école norma-
le" *od* der „École normale supérieure"
(*cf* **normal 2.**)
normalisation [nɔrmalizasjɔ̃] *f* **1.** *der
Beziehungen etc* Normali'sierung *f*; **2.**
tech Normung *f*; Nor'mierung *f*; Ty-
pung *f*; Typi'sierung *f*; Standardi'sie-
rung *f*; Vereinheitlichung *f*; **Associa-
tion française de** ⁓ (*abr* **AFNOR**)
Französischer Normenverband (*dem
Deutschen Normenausschuß entspre-
chend*); **bureau** *m* **de** ⁓ Normenbüro *n*
normaliser [nɔrmalize] *v/t* **1.** *diplomati-
sche Beziehungen etc* normali'sieren; **2.**
tech normen; nor'mieren; typen; typi-
'sieren; standardi'sieren; vereinheitli-
chen
normalité [nɔrmalite] *f* Normali'tät *f*
normand [nɔrmɑ̃] **I** *adj* **1.** nor'man-
nisch; der Norman'die; **armoire** ⁓**e**
riesiger, schwerer Schrank; **cheval** ⁓
Nor'manne *m*; *zo bes bei Rindern, Pfer-*

den **race** ⁓**e** normannische Rasse; *métr
rime* ⁓**e** normannischer Reim (*unreiner
Reim, bei dem -er* [-ɛr] *auf -er* [e] *reimt*);
fig **faire le trou** ⁓ zwischen zwei Gän-
gen ein Gläschen Schnaps trinken; **2.**
hist nor'mannisch; **II** *subst* **1.** ⁑(e) *m(f)*
Bewohner(in) *m(f)* der Norman'die; *fig*
réponse *f* **de** ⁑ zweideutige, auswei-
chende Antwort; **faire une réponse de**
⁑ zweideutig, ausweichend antworten;
weder ja noch nein sagen; **2.** *hist* ⁑(e)
m(f) Nor'manne *m*, Nor'mannin *f*; **3.**
ling **le** ⁓ das Nor'mannische; Nor-
'mannisch *n*
normatif [nɔrmatif] *adj* ⟨-ive⟩ norma'tiv; **sciences normatives** normati-
ve Wissenschaften *f/pl*; Normwissen-
schaften *f/pl*
norme [nɔrm] *f* **1.** Norm *f*; Regel *f*;
s'écarter de la ⁓ von der Norm, Regel
abweichen; **rester dans la** ⁓ nicht von
der Norm, Regel abweichen; **2.** *tech*
Norm *f*; **française homologuée** *od* ⁓
NF französisches Normenwerk, -ver-
zeichnis; französische Normblätter *n/pl*;
französische Industrienorm; ⁓**s de fa-
brication, de production** Herstel-
lungs-, Produkti'onsnormen *f/pl*; **être
conforme aux** ⁓**s** normgerecht sein
norois *od* **noroît** [nɔrwa] *m*
Nord'west(wind) *m*
nor(r)ois [nɔrwa] *ling* **I** *adj*
(*alt*)Nordisch; **II** *subst* **le** (**vieux**) ⁓ das
(Alt)Nordische; (Alt)Nordisch *n*
norvégien [nɔrveʒjɛ̃] **I** *adj* **1.** nor-
wegisch; **cuis marmite** ⁓**ne** großer
Thermosbehälter; **II** *subst* **1.** ⁑(ne) *m(f)*
Norweger(in) *m(f)*; **2.** *ling* **le** ⁓ das
Norwegische; Norwegisch *n*; **3.** *mar* ⁓**ne**
f Ruderboot *n* (*mit rundem Bug*)
nos [no] *cf* **notre**
noso|graphie [nozografi] *f méd* Noso-
gra'phie *f*; ⁓**logie** *f méd* Nosolo'gie *f*
nostalgie [nɔstalʒi] *f* **1.** Sehnsucht *f*,
sehnsüchtiges Verlangen (de nach);
loc/adj **Blick plein de** ⁓ sehnsüchtig,
sehnsuchtsvoll; **avoir la** ⁓ **de qc** Sehn-
sucht nach etw haben; sich nach etw
sehnen; *nach etw Vergangenem* sich nach
etw zurücksehnen; **2.** Heimweh *n*
nostalgique [nɔstalʒik] *adj* **1.** *Lied,
Blick* sehnsüchtig; sehnsuchtsvoll; weh-
mütig (*auch Erinnerung*); *Person* (**être**) ⁓
wehmütig gestimmt (sein); **2.** *Person* an
Heimweh leidend
nostoc [nɔstɔk] *m bot* Gallert-Blaualge *f*
nostras [nɔstras] *adj* ⟨*nur m*⟩ *méd* cho-
léra ⁓ Cholera nostras *f*
nota [nɔta] *m*, *häufiger* **nota bene**
[nɔtabene] *m* ⟨*inv*⟩ (*abr* **N. B.**) Anmer-
kung *f* (*abr* Anm.); Fußnote *f*; erläutern-
de Bemerkung
notabilité [nɔtabilite] *f e-r Stadt* her'vor-
ragende, führende, bedeutende, angese-
hene, bekannte Per'sönlichkeit (*des öf-
fentlichen Lebens*); ⁓**s** *pl auch* Honora-
ti'oren *pl*; alles, was Rang und Namen
hat; Promi'nenz *f*; Promi'nente(n) *pl*
notable [nɔtabl(ə)] **I** *adj Unterschied,
Fortschritt, Verbesserung* beachtlich; be-
trächtlich; erheblich; merklich; nen-
nenswert; sichtlich; spürbar; fühlbar;
Tatsache beachtlich; bemerkenswert;
beachtenswert; **II** *m* **1.** *cf* **notabilité; 2.**
hist ⁓**s** *pl* No'tabeln *f/pl*; **assemblées**
f/pl **des** ⁓**s** Notabelnversamm-
lungen *f/pl*
notablement [nɔtabləmɑ̃] *adv* beträcht-
lich; merklich; sichtlich; erheblich; spür-
bar; fühlbar
notaire [nɔtɛr] *m jur* No'tar *m*; **cabinet**
m, **étude** *f* **de** ⁓ Notari'at *n*; Notariats-
kanzlei *f*, -büro *n*, -praxis *f*; **chambre** *f*
de ⁓**s** Notarkammer *f*; *Vertrag, Urkun-
de* **passé devant** ⁓ notari'ell beglaubigt

notamment [nɔtamɑ̃] *adv* besonders;
im besonderen; namentlich; vor allem;
in erster Linie
notari|al [nɔtarjal] *adj* ⟨-aux⟩ nota-
ri'ell; no'tarisch; No'tar…; Nota-
ri'ats…; ⁓**at** *m* **1.** Notari'at *n*; No'tar-
amt *n*; Amt *n* des No'tars; **école** *f* **de** ⁓
Schule *f* für die Ausbildung von Nota-
ren; **2.** *coll* (Gesamtheit *f* der) No'tare
m/pl; ⁓**é** *adj Urkunde* notari'ell (be-
glaubigt)
notation [nɔtasjɔ̃] *f* **1.** schriftliche 'Wie-
dergabe; 'Wiedergabe *f* durch
(Schrift)Zeichen; Bezeichnung *f*; Zei-
chenschrift *f*, -sprache *f*; Schriftzeichen
n/pl; *math* ⁓ **algébrique, littérale**
Buchstabenbezeichnungen *f/pl* in der
Algebra; *chim* ⁓ **atomique** Zeichenspra-
che für die Anordnung und Zahl der
Atome in e-r chemischen Verbindung; ⁓
chimique chemische Zeichensprache;
mus ⁓ **musicale** Noten(schrift) *f/pl(f)*;
Notati'on *f*; No'tierung *f*; Tonschrift *f*; ⁓
phonétique Lautschrift(zeichen)
f(n/pl); ⁓ **sténographique** Kurzschrift-
zeichen *n/pl*; **2.** No'tiz *f*; (kurzer) Ver-
merk, Eintrag; (kurze) Eintragung; **3.**
Schule Zen'sierung *f*; Bewertung *f*; Be-
notung *f*; *e-s Beamten, Angestellten* Be-
urteilung *f*; **4.** *peint* 'Wiedergabe *f*;
Darstellung *f*; **5.** *comm der Waren* (*ver-
schlüsselte*) Auszeichnung(sart)
note [nɔt] *f* **1.** *in e-m Buch, zu e-m Text*
Anmerkung *f*; kurze Erläuterung; Ver-
merk *m*; Fußnote *f*; Bemerkung *f*; ⁓ **de
l'auteur** Vorbemerkung des Autors; ⁓
de l'éditeur, du traducteur Anmer-
kung des Herausgebers, des Über'set-
zers; *loc/adv* **en** ⁓ als Anmerkung, Fuß-
note; **2.** No'tiz *f*; (kurze) Eintragung;
(kurzer) Eintrag; Vermerk *m*; ⁓**s** *pl*
Notizen *f/pl*; Aufzeichnungen *f/pl*; 'Un-
terlagen *f/pl*; *e-s Vortrags, e-r Vorlesung*
Nachschrift *f*; *e-r Vorlesung auch*
Skript(en) *n(pl)*; Vorlesungsmanuskript
n (*des Studenten*); *als Buchtitel* ⁓**s sur** …
Aufzeichnungen über (+*acc*); **parler
sans** ⁓**s** frei sprechen; nicht ablesen;
prendre des ⁓ sich Notizen machen
(**à un cours** bei e-r Vorlesung); **pren-
dre de qc** sich etw notieren, aufschrei-
ben; etw vermerken, vormerken; *fig* etw
zur Kenntnis nehmen; **j'en prends
bonne** ⁓ ich werde es mir gut notieren,
aufschreiben; *fig* das werde, will ich mir
gut merken; ich werde daran denken;
prendre qc en ⁓ etw mitschreiben; **3.**
dipl ⁓ (**diplomatique**) (diplo'matische)
Note; ⁓ **verbale, confidentielle** Ver-
'balnote *f*, vertrauliche Note; ⁓ **de
protestation** Pro'testnote *f*; **4.** ⁓ (**de
service**) (innerbetriebliche) Mitteilung;
(innerbetriebliches) Schreiben; 'Umlauf
m; Rundschreiben *n*; **faire passer une**
⁓ **dans tous les services** e-n Umlauf
herumgehen lassen; ein (Rund-)
Schreiben, e-e Mitteilung durch die
Abteilungen gehen lassen; **5.** *mus* **a)**
Note *f*; **figure** *f* **de** ⁓**s** Notengestalt *f*,
-form *f*; **queue** *f* **d'une** ⁓ Notenhals *m od*
-stiel *m*; **tête** *f* **d'une** ⁓ Notenkopf *m*;
savoir lire les ⁓**s** Noten lesen können;
b) Ton *m*; ⁓ **basse, 'haute** tiefer, hoher
Ton; **fausse** ⁓ falscher Ton; *cf auch* **6.**;
donner la ⁓ die Tonika, den Grundton
angeben; **sauter une** ⁓ e-n Ton weglas-
sen; **c)** *abus e-s Tasteninstruments* Taste
f; **6.** *fig* Note *f*; Gepräge *n*; Prägung *f*;
fausse ⁓ störendes Detail; **il y a une
fausse** ⁓ **dans ce récit** es stimmt etwas
nicht, es stört etwas an *od* in diesem
Bericht; **c'est une** ⁓ **juste** das paßt gut,
fügt sich harmonisch ein, harmoniert
mit den anderen Dingen; **ne pas être
dans la** ⁓ *Bemerkung* nicht passen;

Person nicht in diesen (*bestimmten*) Rahmen passen; nicht hin'ein-, da'zupassen; **forcer la** ~ über'treiben; zu weit gehen; F zuviel des Guten tun; *Gegenstand* **mettre une** ~ **gaie dans la chambre** dem Zimmer e-e fröhliche, heitere Note, ein fröhliches, heiteres Gepräge, e-n fröhlichen, heiteren Charakter verleihen; **7.** *Schule* Note *f*; Zen'sur *f*; Prädi'kat *n*; *e-s Angestellten durch den Vorgesetzten* Beurteilung *f*; ~**s** *pl auch* Zeugnis *n*; **avoir une bonne** ~ **en physique** e-e gute Note, Zensur in Physik haben; *fig* **c'est une mauvaise** ~ **pour lui** das wird sich nachteilig für ihn auswirken; **mettre une bonne** ~ **à un élève** e-m Schüler e-e gute Note, Zensur geben; **8.** Rechnung *f*; *comm auch* Nota *f*; ~ **d'électricité, de gaz, d'hôtel** Strom-, Gas-, Ho'telrechnung *f*; ~ **de frais** Spesenrechnung *f*; Unkostenaufstellung *f*

noter [nɔte] *v/t* **1.** *Stelle in e-m Text, Buch* anstreichen; anzeichnen; anmerken; ~ **d'une croix** ankreuzen; mit e-m Kreuz bezeichnen; ~ **un passage dans** *od* **sur un livre** e-e Stelle in e-m Buch anstreichen *etc*; **2.** *Adresse, Telefonnummer* (sich) no'tieren, (sich) aufschreiben, anmerken, vermerken (**sur un agenda** in e-m Taschenkalender); **3.** *Veränderung, leichte Besserung* bemerken; feststellen; verzeichnen; *Fehler in e-m Text* entdecken; **il faut** ~, **il est à** ~, **notons que...** es muß festgestellt, festgehalten, her'vorgehoben, bedacht werden, daß ...; es ist zu bedenken, man muß bedenken, daß ...; **ceci mérite d'être noté** das verdient Beachtung; **je ne lui ai rien dit, notez,** *mais il a compris* ich habe ihm, wohlgemerkt, nichts gesagt, ...; **4.** *e-m Schüler* e-e Note, Zen'sur geben (**qn** j-m); *e-e Arbeit* zen'sieren; benoten; bewerten; *Vorgesetzter e-n Untergebenen* beurteilen; **être noté dix sur vingt** etwa mit „ausreichend", mit e-r Vier zensiert werden *od* sein; *fig* **être mal noté auprès de qn** bei j-m schlecht angeschrieben sein; **5.** *mus* in Noten setzen

notice [nɔtis] *f* **1.** Abriß *m*; kurze Darstellung; 'Übersicht *f*; Hinweise *m/pl*; ~ **bibliographique** bibliographische Hinweise; kurze, kleine Bibliographie; *auch* (Hinweis auf) weitere Werke desselben Autors; ~ **biographique** kurzer Lebensabriß; kleine, kurze Biographie, Lebensbeschreibung; kurzes Lebensbild; ~ **explicative** kurze Erläuterung, Erklärung; *bei e-m Gerät* (Bedienungs)Anleitung *f*; **2.** *zu e-m Buch* Vorwort *n*, in dem der Autor und das Werk vorgestellt werden; kurze bio'graphische Einleitung; **3.** *comm e-r AG* Gründungsbericht *m*

notification [nɔtifikasjõ] *f jur, adm* offizi'elle, amtliche Benachrichtigung, Mitteilung, Bekanntgabe; *im Völkerrecht* Notifikati'on *f*; *e-r Urkunde* Zustellung *f*; ~ **du jugement** Urteilszustellung *f*

notifier [nɔtifje] *v/t jur, adm* ~ **qc à qn** j-m etw offizi'ell mitteilen, bekanntgeben, anzeigen, zur Kenntnis bringen; j-n offizi'ell von etw benachrichtigen, von etw in Kenntnis setzen; j-m offizi'ell von etw Kenntnis geben; *Urkunde, Zahlungsbefehl* j-m etw zustellen

notion [nɔsjõ] *f* **1.** Begriff *m*; Vorstellung *f*; Ahnung *f*; ~ **de bien et de mal** Wissen *n* um Gut und Böse; Kenntnis *f* von Gut und Böse; ~ **du temps** Zeitbegriff *m*, -gefühl *n*; **perdre la** ~ **de la réalité** der Wirklichkeit entrückt sein; **je n'en ai pas la moindre** ~ ich habe

nicht die geringste Ahnung, Vorstellung davon; **2.** ~**s** *pl* Grund-, Elemen'tarkenntnisse *f/pl* (**de français** im Französischen); Anfangsgründe *m/pl* (des Französischen); *als Titel* ~**s d'algèbre** Elemen'tarbuch *n* der Algebra; Einführung *f* in die Algebra

notionnel [nɔsjɔnɛl] *adj* ⟨~**le**⟩ *ling* **champ** ~ Begriffsfeld *n*

notoire [nɔtwar] *adj Tatsache* allgemein bekannt; offenkundig; *Verbrecher* no'torisch; berüchtigt; **être d'une bêtise** ~ sehr dumm sein; ~**ment** *adv* offenkundig; ~ **faux** offenkundig falsch; **il est** ~ **insolvable** es ist offenkundig, daß er zahlungsunfähig ist

notonecte [nɔtɔnɛkt] *m od f zo* Rückenschwimmer *m*

notoriété [nɔtɔrjete] *f* **1.** allgemeine Bekanntheit; Offenkundigkeit *f*; *e-s Produkts* Bekanntheit(sgrad) *f(m)*; *jur* ~ **de droit** Beweis *m* durch (Vorlegung e-r) öffentliche(n) Urkunde; ~ **de fait** Beweis *m* durch Zeugenaussage; **acte** *m* **de** ~ Urkunde *f* über die Offenkundigkeit e-r Tatsache; Offenkundigkeitsurkunde *f*; *in Deutschland etwa* eidesstattliche Versicherung; **être de** ~ **publique** allgemein bekannt, offenkundig sein; **il est de** ~ **publique que ...** es ist offenkundig, allgemein bekannt, jedermann weiß, daß ...; **2.** Ruf *m*; Name *m*; **ses publications lui ont acquis une grande** ~ s-e Veröffentlichungen haben ihn berühmt, ihm e-n Namen gemacht; **sa** ~ **dépasse le cadre étroit de sa spécialité** er ist weit über sein eigentliches Fachgebiet hinaus bekannt geworden; er hat sich auch außerhalb s-s eigentlichen Fachgebietes e-n Namen gemacht; er hat auch außerhalb der Fachkreise e-n Namen, Ruf

notre [nɔtr(ə)] *adj/poss der 1. pers pl* ⟨*pl* **nos** [no]⟩ unser(e), *pl* uns(e)re (*auch Pluralis majestatis u Pluralis modestiae*); ~ **ami** unser Freund; ~ **ami** *od* **fille** unser Sohn *od* Tochter; **nos enfants** uns(e)re Kinder; *in e-m Roman* ~ **'héros** unser Held; **comment va** ~ **malade?** wie geht es uns(e)rem Kranken?

nôtre [notr(ə)] **I** *pr/poss der 1. pers pl* **le** ~, **la** ~ der, die uns(e)re, unsrige; unsere(r, -s); unsre(r, -s); *pl* ~**s** die uns(e)ren, unsern, unsrigen; uns(e)re; **II** *adj/poss litt* **un** ~ **cousin** ein Vetter von uns; *st/s* **cette richesse qui était** ~ *st/s* der Reichtum, den wir den unsern nannten; *ces revendications* **nous les avons faites** ~ ... wir haben sie zu den unser(e)n gemacht; **III** *subst* **1.** **le** ~ das Uns(e)re, Unsrige; **nous y mettons chacun du** ~ jeder von uns wird dazu Sein(ig)e dazu beitragen; **2.** **les** ~**s** *m/pl* die Unser(e)n, Unsren, Unsrigen; unsere Fa'milien, Angehörigen; *par ext* Landsleute, Freunde, Genossen; **serez-vous des** ~**s?** *auch* werden Sie unserer *od* meiner Einladung Folge leisten?; **il était des** ~**s dimanche dernier** er war letzten Sonntag bei uns

Notre-Dame [nɔtrədam] *f égl cath* **1.** Unsere Liebe Frau; **2.** *Name von Kirchen* Notre-Dame *f*; *Hugo* ~ **de Paris** Der Glöckner von Notre-Dame

nouage [nuaʒ] *m Weberei* Andrehen *n*, Anknoten *n* (*e-s abgewebten Kettrestes an die neue Kette*)

nouaison [nuɛzõ, nwɛ-] *f bot der Früchte* Ansetzen *n*

nouba [nuba] *f* **1.** Mili'tärkapelle *f*, Spielmannszug *m* nordafrikanischer Regi'menter; **2.** F *fig* **faire la** ~ tüchtig, ordentlich, F feste feiern

noue [nu] *f bât* **a)** (Dach)Kehle *f*; **b)** Kehlrinne *f*; **c)** Kehlsparren *m*

noué [nwe, nue] *adj* **1.** **il avait la gorge** ~**e** s-e Kehle war wie zugeschnürt; **il avait la gorge** ~**e par l'émotion** die Rührung schnürte ihm die Kehle zu, zu'sammen; **2.** *path* Gelenke voll(er) Gichtknoten; gichtig; steif

nouer [nwe, nue] *v/t* **1.** *Schuhbänder* (zu)schnüren; (zu)binden; *Krawatte* binden; knoten; *Bindegürtel* (zu)binden; *Blumenstrauß* (zu'sammen)binden; *Garben* binden; *Paket* ver-, (zu'sammen)schnüren; *gerissene (Kett- bzw Schuß)Fäden* (zu'sammen)knoten; *Tuch um den Hals* knoten; schlingen; ~ **les lacets de ses chaussures** sich die Schuhe zubinden, zuschnüren; ~ **qc dans un mouchoir** etw in ein Taschentuch (ein)binden, (ein)knüpfen; **2.** *fig Beziehungen* anknüpfen; *Intrigen* spinnen; einfädeln; **thé** ~ **l'action, l'intrigue** den Knoten schürzen; *fig Schluchzen* ~ **la gorge à qn** j-m die Kehle zuschnüren, zu'sammenschnüren; *cf auch* **noué 1.**; **II** *v/i bot Früchte* ansetzen; **III** *v/pr se* ~ *Beziehungen* sich anbahnen; *Intrigen auch* eingefädelt, gesponnen werden

noueux [nuø] *adj* ⟨-**euse**⟩ *Baum, Wurzel* knorrig; knotig; *Holz* knorrig; astreich; ästig; *Finger, Hände* knotig; knorrig; **bâton** ~ Knotenstock *m*

nougat [nuga] *m* **1.** (*Art*) türkischer Honig; **2.** P *fig* **c'est du** ~ das ist kinderleicht; das ist ein Kinderspiel; *arg* ~**s** *pl* (*pieds*) F Flossen *f/pl*; Quanten *pl*

nougatine [nugatin] *f* Kro'kant *m*

nouille [nuj] *f* **1.** *cuis* ~**s** *pl* Nudeln *f/pl*; ~**s au fromage** Nudeln mit geriebenem Käse; ~**s au gratin** mit Semmelmehl und Eigelb im Ofen) über'backene Nudeln; **2.** F *fig von e-r Person* F Flasche *f*; Schlappschwanz *m*; Waschlappen *m*; **quelle** ~!, **quel plat de** ~**s!**, *adjt* **ce qu'il peut être** ~! so e-e, was ist er doch für e-e Flasche!; **3.** *péj* **style** *m* ~ Jugendstil *m*

noulet [nulɛ] *m bât* **a)** Kehlrinne *f*; **b)** Kehlsparren *m*

nouménal [numenal] *adj* ⟨-**aux**⟩ *philos* intelli'gibel

noumène [numɛn] *m philos* Noumenon *n*

nounou [nunu] *enf f* Amme *f*

nounours [nunurs] *enf m* Teddy(bär) *m*

nourrain [nurɛ̃] *m* Fischbrut *f*

nourri [nuri] *adj* **1.** *Person* **bien** ~ wohl-, gutgenährt; **mal** ~ schlechtgenährt; **être logé et** ~ freie Stati'on, freie Kost und Wohnung haben; in Kost und Lo'gis sein; **2.** *fig Beifall* anhaltend; *mil Feuer, Beschuß* anhaltend; Dauer...; lebhaft; heftig; *Unterhaltung* **être** ~ vielseitig, themenreich sein; viele Gebiete, Themen berühren; nicht abreißen, versiegen

nourrice [nuris] *f* **1.** (Säug)Amme *f*; *par ext* Pflegemutter *f*; *Kind* **mettre en** ~ **a)** zu e-r Amme geben; e-r Amme über'geben; **b)** in Pflege geben; **fig je ne suis plus en** ~ ich bin doch kein (kleines) Kind mehr; **2.** *épingle f de* ~ Sicherheitsnadel *f*; **3.** *zo* Muttertier *n* (, das s-e Jungen säugt); *bei den Bienen* Arbeitsbiene, die die Brutpflege besorgt; **4.** *tech bei gewissen Autotypen* Re'servetank *m*; *in e-m Rohrleitungssystem* Rohrverteiler *m*; Verteilerleitung *f*

nourricier [nurisje] *adj* ⟨-**ière**⟩ **1.** Nähr-...; Pflege...; **parents** ~**s** Pflege-, Nähreltern *pl*; **père** ~ **a)** Mann *m* der Pflegemutter, Amme; **b)** Pflege-, *bibl* Nährvater *m*; *fig* **la terre** ~**ière** die Nährmutter Erde; **2.** *anat* **artères** ~**ières** Schlagadern *f/pl* zur Versorgung der Arm- und Beinknochen

nourrir [nurir] **I** *v/t* **1.** *Person, Familie*

ernähren; unter'halten; *in e-r Kantine* beköstigen; verpflegen; *st/s u bibl* speisen; *Stadt* mit Nahrungsmitteln versorgen; *fig dem Feuer, der Feuersbrunst* immer wieder neue Nahrung geben (+*dat*); in Gang halten; *fig Lektüre* ~ l'esprit dem Geist Nahrung geben; den Geist bilden; *Beruf* (**ne pas**) ~ **son homme** s-n Mann (nicht) ernähren; *Säugling* ~ **au sein** stillen; nähren; ~ **avec des légumes** mit Gemüse ernähren; **2.** *Tiere* füttern; **3.** *fig Wunsch, Absicht, Plan etc* hegen; *Hoffnung auch* sich hingeben (+*dat*); *Haß, Groll auch* im Herzen nähren, tragen (**contre** qn gegen j-n); *Gedanken auch* in sich tragen; 'umgehen mit; mit sich her'umtragen; *fin* ~ **une action** auf e-e Aktie nachschießen, nachzahlen; **5.** *peint* ~ **sa couleur** die Farbe dick auftragen; **II** *v/pr* **6.** **se** ~ sich ernähren (**de** von *od* mit); leben (von); **bien se** ~ sich gut ernähren; gut essen, leben; **7.** *fig* **se** ~ **d'illusions** sich Illusi'onen hingeben, machen; in, von Illusi'onen leben

nourriss|age [nurisaʒ] *m agr* Viehzucht *f*, -mast *f*; ~**ant** *adj* nahrhaft; ~**ement** *m der Bienen* Fütterung *f*; ~**eur** *m agr* **1. a)** Milchviehhalter *m*; **b)** Mäster *m* (von Schlachtvieh); **2.** ~ (**automatique**) Futterautomat *m*; ~**on** *m* Säugling *m*; **service** *m* **de consultation des** ~**s** Mütterberatungsstelle *f*

nourriture [nurityr] *f* **1.** Ernährung *f*; Beköstigung *f*; Verpflegung *f*; Nahrung *f*; Kost *f*; Essen *n*; ~ **légère, lourde** leichte, schwere Kost, Nahrung; leichtes, schweres Essen; *litt u fig* ~ **de l'esprit** geistige Nahrung, Kost; **ne plus absorber, prendre aucune** ~ keinerlei Nahrung mehr zu sich nehmen; **2.** *für Tiere* Futter *n*

nous [nu] **I** *pr/pers der 1. pers pl* **1.** *mit e-m Verbum verbunden u unbetont* **a)** *Subjekt* wir (*auch Pluralis majestatis u Pluralis modestiae, in amtlichen Erlassen, vom Rechtsanwalt u Notar, der im Namen s-r Klienten spricht* ⟨*adj od p/p im sg, z B* ~ **sommes convaincu**⟩); **lui et moi,** ~ **en sommes convaincus** er und ich (, wir) sind davon über'zeugt; ~ **étions dix** wir waren unser zehn, F zehn Mann hoch; *od veraltet zu e-r einzelnen Person* **comment allons-**~? F wie geht es uns?; **b)** *obj/dir u obj/indir* uns (*acc u dat*); **il** ~ **l'a** écrit er hat es uns geschrieben; **il ne** ~ **voit pas** er sieht uns nicht; **pardonne-**~! verzeih uns!; **rendez-le-**~ **demain**! gebt es uns morgen zurück!; **présentez-**~ **à lui**! stellen Sie uns ihm vor!; *reflexiv* ~ ~ **sommes acheté une nouvelle voiture** wir haben uns e-n neuen Wagen gekauft; *reziprok* ~ ~ **sommes regardé(e)s sans rien dire** wir sahen uns an, ohne etwas zu sagen; wir sahen uns wortlos an; **2.** *unverbunden u meist betont* **a)** *Subjekt* wir; *qui a dit cela?* – ~ ... wir; **c'est** ~ **qui vivons ici** wir, wir hier leben; *verstärkt* ~ **autres Français** wir Franzosen; ~ **autres, compatriotes de** ... wir, die Landsleute von ...; ~ **autres,** ~ **sommes persuadés de son innocence** wir sind von s-r Unschuld über'zeugt; **b)** *obj/dir u obj/indir* uns (*acc u dat*); **cela** ~ **regarde,** ~ **et non eux** das geht uns etwas an und nicht s i e; **c)** *mit prép* uns (*acc u dat*); **ce livre est à** ~ das Buch gehört uns; **elles se sont jointes à** ~ sie gesellten sich zu uns; sie schlossen sich uns an; **à** ~ **trois,** ~ **y arriverons** wir drei werden es, zu dritt werden wir es schon schaffen; **chez** ~ bei uns (zu Hause); **pour** ~ für uns; **II** *subst* **le** ~ das Wir; das Uns

nous-mêmes [numεm] *pr/pers* **1.** *be-*

tont (wir) selbst; ~ **n'en savons rien** wir selbst wissen nichts davon *od* darüber; **2.** *reflexiv* uns (selbst); **nous nous faisons du tort à** ~ wir schaden uns selbst

nouure [nuyr] *f* **1.** *bot* Ansetzen *n* der Früchte; **2.** *path bei Rachitis* Verdickung *f* (*der Epiphysen*); rosenkranzähnliche Auftreibung (*an den Knorpel-Knochen-Grenzen der Rippen*); ra'chitischer Rosenkranz

nouveau [nuvo] **I** *adj* ⟨*m vor Vokal u stummem h* **nouvel** [nuvεl]; *f* **nouvelle** [nuvεl]; *m/pl* ~**x**⟩ neu; Neu...; *vor dem subst stehend auch* andere(r, -s); *Wein* jung; *Gemüse* jung; frisch; ♦ **nouvel an** Neujahr(stag) *n(m)*; **au nouvel an** zu, an Neujahr; am Neujahrstag; **art** ~ Jugendstil *m*; **adj** im Jugendstil; **chambre** *f* **art** ~ Zimmer *n* im Jugendstil; Jugendstilzimmer *n*; **création nouvelle** Neuschöpfung *f*; **nouvelle édition** Neuauflage *f*; neue Auflage; **le nouvel élu** der Neugewählte; **un homme** ~ ein neuer Mann (*in der Politik etc*); **un nouvel homme** ein neuer, anderer Mensch; **le** ♀ **Monde** die Neue Welt; **petits pois** ~**x** junge, frische Erbsen *f/pl*; **pommes de terre nouvelles** neue Kartoffeln *f/pl*; Frühkartoffeln *f/pl*; **les** ~**x riches** die Neureichen *m/pl*; *Literatur* **le** ~ **roman** der Nouveau Roman; *poét* **saison nouvelle** Frühling *m*; **terme** ~ neues Wort; Neolo'gismus *m*; **de nouvelles têtes, de** ~**x visages** neue Gesichter *n/pl*; ♦ *loc/adv:* **à** ~ aufs neue; von neuem; er'neut; *Buchhaltung* **porter à** ~ auf neue Rechnung über'tragen, vortragen; **de** ~ wieder; nochmals; abermals; noch einmal; **commettre de** ~ **la même erreur** wieder *etc* den gleichen, denselben Fehler begehen; **pour une nouvelle période de trois mois** auf weitere drei Monate; ♦ **qu'y a-t-il de** ~?, **quoi de** ~? was gibt es, gibt's Neues?; **rien de** ~ nichts Neues; **c'est** ~ **pour moi** das ist neu für mich; das ist mir neu; F *Entrüstung* **ça alors, c'est** ~! das ist ja ganz neu!; das ist ja etwas ganz Neues!; **mettre une nouvelle robe** ein neues, anderes Kleid anziehen; **un esprit** ~ **souffle sur l'université** ein neuer Geist ist in die Universität eingezogen, herrscht in der Universität; *loc/prov* **tout** ~, **tout beau** alles Neue reizt, gefällt; **II** *subst* **1.** **du** ~ etwas Neues; **voilà du** ~ das ist etwas Neues; **il y a du** ~ **dans l'affaire X** es gibt etwas Neues in Sachen, in der Angelegenheit X; *in der Kunst* **chercher du** ~ nach Neuem, nach neuen Wegen suchen; **2. le** ~, **la nouvelle** der, die Neue (*in der Klasse, in e-m Betrieb*)

nouveau-né [nuvone] **I** *adj* ⟨**nouveau-née**⟩ *Kind* neugeboren; **II** *m* ⟨*pl* **nouveau-nés**⟩ *le* ~ das Neugeborene

nouveauté [nuvote] *f* **1.** *e-s Wortes, e-r Mode* Neuheit *f*; *e-s Themas* Neuartigkeit *f*; Originali'tät *f*; **2.** Neue(s) *n*; **le charme, l'attrait de la** ~ der Reiz des Neuen; **aimer la** ~ das Neue lieben; **3.** Neuerung *f*; **être hostile aux** ~ allen Neuerungen feindlich, ablehnend gegenüberstehen; **4.** *im Handel, auf e-r Ausstellung* Neuheit *f*; Novi'tät *f*; *im Buchhandel* Neuerscheinung *f*; Novi'tät *f*; **5.** (*Mode*)Neuheit *f*; **'haute** ~ letzte Neuheit; ~**s de printemps, d'hiver** Neuheiten der Frühjahrs-, Wintermode; **magasin** *m* **de** ~**s** Modewaren-, Mode(n)geschäft *n*

nouvelle [nuvεl] *f* **1.** Nachricht *f*; Meldung *f*; Neuigkeit *f*; *in Presse u Rundfunk* ~**s** *pl* Nachrichten *f/pl*; Meldungen *f/pl*; **bonne, mauvaise** ~ gute, schlechte Nachricht; *bibl* **la bonne** ~ die frohe

Botschaft; **fausse** ~ falsche Nachricht; Falschmeldung *f*; **la grande** ~ die große Neuigkeit; **première** ~! das ist das erste, was ich (davon) höre!; **la** ~ **d'un accident** die Nachricht von e-m Unfall; **les** ~**s du jour** Neues, die Nachrichten, Meldungen vom Tage; die neuesten Nachrichten, Meldungen; Tagesneuigkeiten *f/pl*; **aller aux** ~**s** sich erkundigen, was es Neues gibt; sich nach dem neuesten Stand erkundigen; Erkundigungen einholen, einziehen; **annoncer, apporter une** ~ e-e Nachricht bekanntgeben, (über')bringen; **connaissez-vous la** ~? wissen Sie schon das Neueste?; **ce n'est pas une** ~ das ist nichts Neues, das ist nicht neu für mich; das weiß ich längst; F **das hat so e-n Bart!**; **quelles sont les** ~**s aujourd'hui?** was gibt es Neues in der Welt?; **lancer une** ~ **sensationnelle** e-e Sensati'onsmeldung, e-e sensationelle Nachricht verbreiten, in 'Umlauf bringen *od* setzen; **2.** ~**s** *pl* Nachricht *f* (, *die j von sich gibt*); **aux dernières** ~**s, il était encore à Paris** als ich (*bzw* wir) das letzte Mal von ihm hörte(n), war er noch in Paris; **avoir des** ~**s de** qn von j-m Nachricht haben; **on n'a pas de ses** ~**s depuis trois mois** er hat seit drei Monaten nichts von sich hören lassen; *Drohung* **vous aurez, entendrez de mes** ~**s**! Sie werden noch von mir hören!; **quelles** ~**s avez-vous de votre père?** was für Nachricht haben Sie, was hören Sie von Ihrem Vater?; **demander des** ~**s de** qn sich nach j-s Befinden, nach j-m erkundigen; nach j-m fragen; *wenn man j-m e-e Speise empfiehlt od zu kosten gibt* **vous m'en direz des** ~**s** Sie werden sehen, das ist gut *od* wie Ihnen das schmeckt; **donner, envoyer de ses** ~**s** von sich hören lassen; **donner des** ~**s de sa santé** schreiben, hören lassen, wie es e-m gesundheitlich geht; **être, rester sans** ~**s de** qn ohne Nachricht von j-m sein; **bleiben**; nichts von j-m hören; **faire** *od* **envoyer prendre des** ~**s de** qn j-s Befinden fragen lassen; **recevoir des** ~**s de** qn von j-m Nachricht erhalten; *prov* **pas de** ~**s, bonnes** ~**s** keine Nachricht, gute Nachricht; **3.** *Literatur* No'velle *f*

nouvellement [nuvεlmã] *adv* vor kurzem; **il est** ~ **arrivé** er ist vor kurzem angekommen

nouvelliste [nuvεlist] *m* Novel'list *m*

nova [nɔva] *f* ⟨*pl* **novæ** [nɔve]⟩ *astr* Nova *f*

nova|teur [nɔvatœr] *m*, ~**trice** *f* Neuerer *m*; *adj* **esprit** ~ novateur auf Neuerungen sinnender Geist, Mensch

novation [nɔvasjõ] *f fin* Schuldumwandlung *f*; Novati'on *f*

novelette [nɔvlεt] *f mus* Novel'lette *f*

novembre [nɔvãbr(ə)] *m* No'vember *m*

nover [nɔve] *v/t fin Schuld* 'umwandeln; *abs* e-e Schuldumwandlung, Novati'on vornehmen

novice [nɔvis] *m,f* **1.** *égl cath* No'vize *m,f*; No'vizin *f*; **2.** Neuling *m*; Anfänger(in) *m(f)*; *adj* **il est encore bien** ~ **dans son métier** er ist ein blutiger Anfänger, Laie in s-m Beruf; **3.** *mar* Jungmann *m*

noviciat [nɔvisja] *m égl cath* **a)** Novizi'at *n*; **b)** *e-s Klosters* No'vizenhaus *n*

novocaïne [nɔvɔkain] *f méd* Novoca'in *n* (*Wz*)

noyade [nwajad] *f* **1.** Ertrinken *n*; **tragique** ~ **en mer** tragischer Tod im Meer; **sauver** qn **de la** ~ j-n vor dem Ertrinken retten; **2.** *selten* Ertränken *n*; *hist* **les** ~**s de Nantes** die Massenertränkung in Nantes; **die Noy'aden** *f/pl*

noyau [nwajo] *m* ⟨*pl* ~x⟩ **1.** *der Stein-früchte, bot* Stein *m; allg auch* Kern *m;* ~ **de cerise, de datte, de pêche** Kirsch-, Dattel-, Pfirsichkern *m;* F *fig Bett, Sitz* **rembourré avec des ~x de pêche** sehr hart; **fruits** *m/pl* **à ~** Steinfrüchte *f/pl,* -obst *n;* **eau** *f,* **crème** *f,* **liqueur** *f* **de ~(x)** Likör *m* aus den Kernen von Steinfrüchten; **enlever le ~** den Stein, Kern entfernen, herausmachen; **2.** *der Erde, astr e-s Kometen, Sonnenflecks, élect e-r Spule, e-s Transformators, tech e-r Gußform* Kern *m; élect* ~ **magnétique** Ma'gnetkern *m;* **3.** *phys atom e-s Atoms* Kern *m;* ~ **de l'atome** A'tomkern *m;* ~ **d'uranium** U'rankern *m;* **4.** *biol* Zellkern *m; sc* Nukleus *m;* **5.** *arch e-r Ringtonne* Mittelstütze *f; e-r Wendel-treppe* mas'sive Spindel. **6.** *météo* ~ **de condensation** Kondensati'onskern *m;* **7.** *ling* Nukleus *m;* Kern *m;* **8.** *fig, bes pol* kleine Gruppe (*von Menschen*); ~ **d'opposants** kleine Gruppe politischer Gegner (*, die e-e Partei unterwandert*); *mil* ~ **de résistance** 'Widerstandsgruppe *f*

noyaut|age [nwajota3] *m pol* Unter-'wanderung *f;* **~er** *v/t* Gewerkschaft, Partei *etc* unter'wandern; **~eur** *m Gießerei* Kernmacher *m*

noyé [nwaje] *adj* **1.** ertrunken; *cf auch* **noyer¹; 2.** *Blick* verschwommen; **elle avait les yeux ~s de pleurs, de larmes** ihre Augen schwammen in Tränen, standen voller Tränen; sie hatte tränennasse Augen; **II** *subst* **~(e)** *m(f)* Ertrunkene(r) *f(m)*

noyer¹ [nwaje] ⟨-oi-⟩ *v/t* **1.** ertränken; *bes Tiere* F ersäufen; *auto* ~ **le carburateur** den Motor absaufen lassen; *fig:* ~ **son chagrin dans l'alcool** s-n Kummer in Alkohol ersäufen, mit Alkohol wegspülen; ~ **l'incendie sous des tonnes d'eau** das Feuer, den Brand mit Tonnen von Wasser löschen, ersticken; ~ **le poisson** e-r klaren Antwort (durch Ablenkungsmanöver) ausweichen; ~ **une révolte dans le sang** e-n Aufstand in Blut ersticken, blutig niederschlagen; **2.** *par ext meist passivisch: Person* **être noyé dans la foule** in der Menge verschwunden sein; von der Menge verschluckt worden sein; *Person* **être noyé dans la graisse** *cf* **graisse** 1.; *Zimmer* **être noyé dans l'obscurité** in Dunkel gehüllt, getaucht sein; **son cri fut noyé par le bruit de la fête foraine** sein Schrei ging im Jahrmarktslärm unter, wurde von dem Jahrmarktslärm über'tönt; **3.** *tech Gegenstand in e-e Masse* einbetten (**dans** in + *acc*); *Schraubenkopf, Nagel* versenken, einlassen (**dans** le bois in das Holz); **4.** *mar* ~ **la terre** das Land aus den Augen verlieren; *hist* ~ **les (soutes à) poudres** die Pulverkammern unter Wasser setzen, fluten; **5.** *peint* ~ **les contours, les couleurs** die 'Umrisse, die Farben zerfließen lassen, verwischen, inein'ander verschmelzen lassen; **II** *v/pr* **6. se ~** ertrinken; **7.** *par ext* **se ~ dans les détails** sich in Einzelheiten verlieren

noyer² [nwaje] *m* **1.** *bot* (Wal)Nußbaum *m;* **2.** Nußbaumholz *n;* **meubles** *m/pl* **de ~** Nußbaummöbel *n/pl*

nu¹ [ny] *adj* **I** *adj* **1.** *Person* nackt; unbekleidet; *Körperteil* nackt; bloß; *Kopf* bloß; entblößt; **tout ~,** ~ **comme un ver** splitter(faser)nackt; **à moitié** ~ halbnackt; notdürftig bekleidet; *loc/adv:* **les mains ~s** ohne Handschuhe; *fig* **se battre les mains ~s** sich nur mit den Fäusten verteidigen; **(les) pieds ~s** *od* **~-pieds** ⟨*inv*⟩ barfuß; mit nackten, bloßen Füßen; **(la) tête ~e** *od* **~-tête** ⟨*inv*⟩ mit bloßem, unbedecktem, ent-

blößtem Kopf; ohne Kopfbedeckung; barhaupt; barhäuptig; **(le) torse ~,** ~ **jusqu'à la ceinture** mit nacktem, bloßem, entblößtem Oberkörper; **à l'œil** ~ mit bloßem Auge; **se mettre à ~** sich nackt ausziehen; *fig* **dire la vérité toute ~e** die nackte, reine, ungeschminkte Wahrheit sagen; unverhüllt die Wahrheit sagen; *bibl* **vêtir ceux qui sont ~s** die Nackten kleiden; **2.** *Wand, Mauer* nackt; kahl; *Zimmer, Zelle, litt Baum* kahl; *Zimmer auch* nicht mö'bliert; *Hieb- u Stichwaffe* blank; *Pferd* ohne Sattel und Zaumzeug; *feu* ~ offenes Feuer; *fil* ~ blanker Draht; **mettre à ~** *Draht* frei-, bloßlegen; *fig* entblößen; schonungslos darstellen; offen darlegen; **Baudelaire mon cœur mis à ~** mein entblößtes Herz; **monter un cheval à ~** ein Pferd ohne Sattel reiten; **3.** *zo, bot* nackt; *zo* **chien ~** Nackthund *m;* **II** *m* **1. le ~** das Nackte. **2.** *bildende Kunst* **a)** Aktdarstellung *f,* -malerei *f,* -zeichnung *f;* **b)** Akt *m;* ~ **féminin couché** liegender weiblicher Akt; ~ **photographique** Aktphoto *n,* -aufnahme *f;* **3.** *bât* **un ~ de mur** e-e glatte Mauerfläche

nu² [ny] *m griechischer Buchstabe* Ny *n*

nuage [nɥa3] *m* **1.** Wolke *f;* ~**s** *pl auch* Gewölk *n;* Bewölkung *f; agr, mil* ~**s artificiels** künstlicher Nebel; ~ **de fumée, de grêle, de pluie, de poussière** Rauch-, Hagel-, Regen-, Staubwolke *f;* **types** *m/pl* **de ~s** Wolkenformen *f/pl; loc/adj* **sans ~s** *Himmel* wolkenlos; *fig Glück* ungetrübt; *fig:* **il y a des ~s noirs à l'horizon** schwarze Wolken ziehen am Horizont auf; **être dans les ~s** zerstreut sein; mit s-n Gedanken ganz wo'anders, nicht bei der Sache sein; geistesabwesend sein; **2.** *astr* ~**s de Magellan** Magel'lansche Wolken *f/pl;* **le Grand, Petit ~ de Magellan** die Große, Kleine Magellansche Wolke; **3.** *zum Kaffee, Tee* **un ~ de lait** ein Tröpfchen, ein klein wenig Milch

nuageux [nɥa3ø] *adj* ⟨-euse⟩ *Himmel* bewölkt; bedeckt; verhangen; *météo* **temps ~** wolkig; bewölkt; bedeckt

nuance [nɥɑ̃s] *f* **1.** *e-r Farbe* Abstufung *f;* Abtönung *f;* Schat'tierung *f;* Nu'ance *f;* **les ~s du rouge** die verschiedenen Rottöne *m/pl,* -schattierungen *f/pl;* **2.** *fig* feiner 'Unterschied; Nu'ance *f;* Feinheit *f; loc/adj* **tout en ~s** *Charakter, Geist* sehr differen'ziert; (*musikalischer*) Ausdruck, Ausdrucksweise *e-s Dichters* nu'ancenreich; sehr nuan'ciert; *il/s ont les mêmes idées politiques,* **à quelques ~s près …** bis auf einige kleine Unterschiede; **apporter quelques ~s à une pensée** e-n Gedanken noch etwas differenzieren; **il y a des ~s** es gibt feine Unterschiede, Nuancen; *Musikinterpret* **rendre les ~s** die Feinheiten, Nuancen herausarbeiten, hörbar machen, zur Geltung bringen, 'wiedergeben; **3.** *e-s Gefühls meist pl* ~**s** Stadien *n/pl;* **les ~s de l'amour** die (verschiedenen) Stadien der Liebe; **4.** *fig* (leichte) Spur; Hauch *m;* Anflug *m;* **avec une ~ de regret** mit e-r leichten Spur, mit e-m Hauch, Anflug von Bedauern; **5.** *mus* ~**s** *pl* Tonstärken *f/pl*

nuancé [nɥɑ̃se] *adj* Meinung *etc* differen'ziert; **II** *m* Nuan'ciertheit *f;* Nu'ancenreichtum *m*

nuanc|er [nɥɑ̃se] *v/t* ⟨-ç-⟩ **1.** *Gedanken, Meinung* differen'zieren; ~ **son acceptation de quelques réserves** s-e Zustimmung mit ein paar Vorbehalten versehen, durch ein paar Vorbehalte einschränken; **2.** *Farbe* abstufen; abtönen; schat'tieren; nuan'cieren; **~ier** *m comm für Haartönungen, Lippenstifte,*

Nagellacke Farbskala *f;* Muster *n/pl* mit den verschiedenen Farbtönen; 'Übersicht *f* über die verschiedenen Farbtöne

nubien [nybjɛ̃] **I** *adj* ⟨~ne⟩ nubisch; **II** *subst* **~(ne)** *m(f)* Nubier(in) *m(f);* **ling le ~** das Nubische *od* Nuba; Nubisch *od* Nuba *n*

nubil|e [nybil] *adj jur* heiratsfähig; **~ité** *f jur* Heiratsfähigkeit *f;* heiratsfähiges Alter

nuc(h)al [nykal] *adj* ⟨-aux⟩ *anat* Nakken…

nucelle [nysɛl] *m bot der Samenanlage* Gewebekern *m; sc* Nu'cellus *m*

nucléaire [nykleɛr] *adj* **1.** *phys atom* Kern…; nukle'ar; A'tom…; **armes** *f/pl* ~**s** Kern-, Atomwaffen *f/pl;* nukleare Waffen *f/pl;* **centrale** *f* ~ Kern-, Atomkraftwerk *n;* **charge** *f* ~ Kernladung *f;* **énergie** *f* ~ Kern-, Atomenergie *f;* Kern-, Atomkraft *f;* **centre** *m* **d'études** ~**s** Kern-, Atomforschungszentrum *n;* **explosion** *f* ~ Kern-, Atomexplosion *f;* **guerre** *f* ~ Atomkrieg *m;* **médecine** *f* ~ Nukle'armedizin *f;* **particules** *f/pl* ~**s** Kernteilchen *n/pl;* **physique** *f* ~ Kernphysik *f;* **puissance** *f* ~ Atommacht *f;* **réacteur** *m* ~ Kern-, Atomreaktor *m;* **recherche** *f* ~ Kern-, Atomforschung *f;* **transmutation** *f* ~ (spontane) Kernumwandlung *f;* **2.** *biol* (Zell)Kern…; **division** *f* ~ indirekte (Zell)Kernteilung *f;* **membrane** *f* ~ (Zell)Kernmembran *f;* **suc** *m* ~ Kernsaft *m; sc* Karyo'lymphe *f;* **3.** *ling* nukle'ar; **phrase** *f* ~ Nukle'ar-, Kernsatz *m*

nuclé|arisation [nyklearizasjɔ̃] *f* 'Umstellung *f* auf Kern-, A'tomenergie; **~ation** *f phys* (Kristallisati'ons-) Keimbildung *f*

nucléé [nyklee] *adj biol* Zelle mit e-m Zellkern; mit mehreren Zellkernen

nucléine [nyklein] *f Biochemie* Nukle'in *n;* **~ique** *adj Biochemie* **acides** *m/pl* ~**s** Nukle'insäuren *f/pl*

nucléole [nykleɔl] *m biol* Kernkörperchen *n; sc* Nu'kleolus *m od* Nukle'ole *f*

nucléon [nykleɔ̃] *m phys atom* Nukleon *n*

nucléonique [nykleɔnik] *phys atom* **I** *adj* Nukle'onen…; **II** *f* A'tomkernlehre *f;* Nukle'onik *f*

nucléo|plasme [nykleoplasm(ə)] *m biol* Kernsaft *m;* Karyo'lymphe *f;* **~protéide** *m od* **~protéine** *f Biochemie* Nukleoprote'id *n;* **~side** [-sid] *m Biochemie* Nukleo'sid *n;* **~thermique** *adj aviat* **propulsion** *f* ~ nukle'arthermischer Antrieb; **~tide** [-tid] *m Biochemie* Nukleo'tid *n*

nucléus [nykleys] *m* **1.** *biol* Zellkern *m; sc* Nukleus *m;* **2.** *Vorgeschichte* Nukleus *m*

nud|isme [nydism(ə)] *m* Freikörperkultur *f* (*abr* FKK); Nacktkultur *f;* Nu'dismus *m;* **~iste I** *adj* der Freikörper-, Nacktkultur; nu'distisch; **II** *m,f* Anhänger(in) *m(f)* der Freikörper-, Nacktkultur; Nu'dist(in) *m(f);* **camp** *m* **de ~s** FKK-Gelände *n;* Camp *n* für Freikörper-, Nacktkultur; *am Meer* FKK-Strand *m*

nudité [nydite] *f* **1.** Nacktheit *f;* Blöße *f;* **2.** *fig e-r Mauer, Zelle* Nacktheit *f;* Kahlheit *f; Laster, Verbrechen* **se montrer dans toute sa ~** sich in s-r ganzen Schamlosigkeit zeigen; **3.** *peint meist pl* ~**s** nackte Gestalten *f/pl,* Fi'guren *f/pl*

nue [ny] *f* **1.** *litt* (*nuages*) Wolken *f/pl;* **2.** *fig* **porter qn aux ~s** j-n in den Himmel heben; **tomber des ~s** (*wie*) aus allen Wolken fallen

nué [nɥe] *adj* **broderie ~e** Stickerei *f* in chan'gierenden Farben; **Seidenstickerei or ~** Goldgrund *m*

nuée [nɥe] *f* **1.** *litt* große, dicke Wolke; *bei e-m Vulkanausbruch* ~ **ardente** Glutwolke *f*; **2.** *fig* Schwarm *m*; ~ **d'admirateurs** Schwarm von Bewunderern; ~ **de sauterelles** Heuschreckenschwarm *m*

nue-propriété [nyprɔprijete] *f* ‹*pl* nues-propriétés› *jur* mittelbarer Besitz

nuer [nɥe] *v/t Stickerei* farblich schat'tieren, abstufen, aufein'ander abstimmen

nuire [nɥir] ‹*cf* conduire; *aber p/p* nui› **I** *v/t/indir* ~ **à qn** j-m schaden, Schaden zufügen; ~ **à qc** e-r Sache (*dat*) schaden, schädlich sein, abträglich sein, Abbruch tun; etw schädigen; für etw nachteilig sein; **cela peut** ~ **à nos projets** *auch* das kann unseren Plänen hinderlich sein; ~ **à la réputation de qn** j-s gutem Ruf schaden, abträglich sein, Abbruch tun; j-s guten Ruf schädigen; ~ **à la santé** der Gesundheit unzuträglich sein, schaden *etc*; **cette affaire lui a beaucoup nui** diese Sache hat ihm sehr geschadet; *abs* **la volonté de** ~ der Wille, Schaden zuzufügen, zu stiften, anzurichten; **II** *v/pr* **se** ~ a) sich (selbst) schaden; b) sich (gegenseitig) schaden

nuisance [nɥizɑ̃s] *f* ‹*oft pl* ~s› durch Lärm, Luftverschmutzung, Abgase *etc* (gesundheits)schädliche Einwirkung (**sur le voisinage** auf die Um'gebung, Nachbarschaft); Immissi'on *f*; ('Umwelt)Belästigung *f*; Unzuträglichkeit *f*; ~**s des avions** *auch* Lärmbelästigung *f* durch Flugzeuge

nuisette [nɥizɛt] *f* kurzes (*Damen*)Nachthemd; Shorty ['ʃ-] *n*

nuisible [nɥizibl(ə)] *adj* schädlich; abträglich; **animaux** *m/pl* ~**s** *od subst* ~**s** *m/pl* Schädlinge *m/pl*; *ch* Raubzeug *n*; **gaz** *m/pl* ~**s** schädliche, giftige Gase *n/pl*; ~ **à la santé** gesundheitsschädlich, -schädigend

nuit [nɥi] *f* Nacht *f*; ~ **blanche, sans sommeil** schlaflose Nacht; **passer une** ~ **blanche** e-e schlaflose Nacht verbringen; die ganze Nacht kein Auge zutun; *poét* **la** ~ **éternelle** der Tod; ~ **polaire** Po'larnacht *f*; ~ **de noces** Hochzeits-, Brautnacht *f*; ♦ *loc/adv:* **la** ~ in der Nacht; nachts; bei Nacht; des Nachts; nächtlicherweise; *im Märchen* **la** ~ **venue** nachdem es Nacht, dunkel geworden war; **toute la** ~ die ganze Nacht (über, hindurch); **le jour et la** ~ *od* ~ **et jour** *od* **jour et** ~ Tag und Nacht; **dans la** ~ **des temps** in grauer Vorzeit; **de** ~ in der Nacht; nachts; *cf auch* **la** ~; F **être de** ~ Nachtdienst, -schicht haben; **en pleine** ~ mitten in der Nacht; **(jusqu')à une heure avancée de la** ~, fort avant **dans la** ~ (bis) zu vorgerückter (Nacht)Stunde; tief in der Nacht; bis tief in die Nacht (hinein); **par une** ~ **sans lune** in e-r mondlosen Nacht; **pendant la** ~ während der Nacht; in der Nacht; ♦ *Kind* **dormir sa** ~ fest (und ohne Unter'brechung) schlafen; **c'est le jour et la** ~ das ist ein 'Unterschied wie Tag und Nacht; das ist ein himmelweiter Unterschied; **il fait** ~ es ist Nacht, dunkel; **passer une bonne, mauvaise** ~ gut, schlecht schlafen; e-e gute, schlechte Nacht haben, verbringen; **passer la** ~ **à lire** die Nacht hindurch lesen; die Nacht mit Lesen verbringen, zubringen; **rentrer avant la** ~ vor Einbruch der Nacht, Dunkelheit nach Hause kommen; **ne pas rentrer de toute la** ~ die ganze Nacht ausbleiben, nicht nach Hause kommen; **je vous souhaite une)** bonne ~! (ich wünsche Ihnen e-e) gute Nacht!; (ich) wünsche (Ihnen,) wohl zu schlafen!; *prov:* **la** ~ porte

conseil guter Rat kommt über Nacht (*loc/prov*); **la** ~, **tous les chats sont gris** bei Nacht sind alle Katzen grau (*loc/prov*)

nuitamment [nɥitamɑ̃] *litt adv* nächtlicherweile; in der Nacht; während der Nacht; *poét* nächtens

nuitée [nɥite] *f Hotelgewerbe* Über'nachtung *f*

nul¹ [nyl] **I** *adj* ‹~le› **1.** *sports* unentschieden; *Schach* re'mis; **match** ~ unentschiedenes Spiel; **faire match** ~ unentschieden spielen; **2.** gleich Null; *Ergebnis, Risiko* pratiquement ~ praktisch gleich Null; **intelligence** ~**le** keine Spur von Intelligenz; **3.** *jur* ungültig; nichtig; hinfällig; unwirksam; **déclarer** ~ et non avenu für null und nichtig erklären; **4.** *geistige Arbeit* wertlos; **être** ~ wertlos sein; *Person* e-e Null, e-e Niete, ein Versager sein (**en latin** in Latein); **II** *f* ~**le** in e-r Geheimschrift Blender *m*

nul² [nyl] **I** *adj/ind* ‹~le; *mit* ne *vor dem Verbum*› **1.** *st/s* kein(e); ~(le) autre kein anderer (keine andere); ~ autre que lui ne peut le faire kein anderer als er, keiner außer ihm, nur er kann es tun; sans ~ ohne irgendeinen; sans ~le autre possibilité ohne irgendeine andere Möglichkeit; **2.** *loc/adj* ~le part nirgends; nirgendwo; aucune trace de lui ~le part nirgends (irgend)eine Spur von ihm; **II** *pr/ind* ‹*nur* m sg; *mit* ne *beim Verbum*› *st/s od adm* keiner; niemand; ~ n'est censé ignorer la loi Unkenntnis des Gesetzes schützt nicht vor Strafe

nullard [nylar] *m* F *von e-r Person* Null *f*; Niete *f*; Versager *m*; F Nulpe *f*

nullement [nylmɑ̃] *adv* keineswegs; ganz und gar nicht; überhaupt nicht; in keiner Weise; nicht im geringsten; *attendre sans* ~ s'impatienter ... ohne auch nur im geringsten ungeduldig zu werden

nulli|fication [nylifikasjɔ̃] *f hist* in den USA Nullifikati'on *f*; ~**pare** [-par] *adj u subst f med* (femme) *sc* Nul'lipara *f*

nullité [nylite] *f* **1.** *jur* Ungültigkeit *f*; Nichtigkeit *f*; Unwirksamkeit *f*; ~ absolue, relative absolute, relative Unwirksamkeit; ~ de forme Nichtigkeit wegen Formmangels; action *f* en ~ Nichtigkeitsklage *f*; *loc/adj:* entaché de ~ mit e-m Nichtigkeitsmangel behaftet; frappé de ~ (für) nichtig, ungültig, unwirksam (erklärt); **2.** Wertlosigkeit *f*; Bedeutungslosigkeit *f*; **3.** *von e-r Person* Null *f*; Niete *f*; Versager *m*

numéraire [nymerɛr] *m* Hart-, Me'tallgeld *n*; Münzen *f/pl*; *par ext* (Bar)Geld *n*; bares Geld; Barmittel *n/pl*; *loc/adv* en ~ Bar...; in bar; in Geld; *e-s Aktionärs* apport *m* en ~ Geld-, Kapi'taleinlage *f*; paiement *m* en ~ Barzahlung *f*; payer en ~ in bar zahlen

numéral [nymeral] *adj* ‹-aux› Zahl(en)...; *gr* adjectif ~ *od subst* ~ *m* Zahlwort *n*; Nume'rale *n*; (adjectif) ~ cardinal Grund-, Kardi'nalzahl *f*; (adjectif) ~ ordinal Ordnungs-, Ordi'nalzahl *f*; lettres ~es als Zahlen verwendete Buchstaben *m/pl*; symbole ~ Zahlzeichen *n*; système ~ Zahlensystem *n*

numérateur [nymeratœr] *m math e-s Bruchs* Zähler *m*

numération [nymerasjɔ̃] *f* **1.** Zählen *n*, -ung *f*; **2.** (système *m* de) ~ Zahlensystem *n*; (système *m* de) ~ binaire, décimale *cf* binaire, décimal

numérique [nymerik] *adj* **1.** mit Zahlen; Zahlen...; calcul ~ Zahlenrechnen *n*; Rechnen *n* mit Zahlen; nu'merisches Rechnen; données *f/pl* ~es gegebene Zahlen *f/pl*; Zahlenangaben *f/pl*; quelles sont les données ~s? welche Zahlen sind gegeben, liegen vor?; série *f*

~ Zahlenreihe *f*; tableau *m* ~ Zahlentafel *f*, -tabelle *f*; valeur *f* ~ Zahlenwert *m*; **2.** zahlenmäßig; der Zahl nach; nu'merisch; nummerisch; force *f*, supériorité *f* ~ zahlenmäßige Stärke, Über'legenheit; **3.** *EDV* digi'tal; Digi'tal...; ~**ment** *adv* zahlenmäßig; der Zahl nach; an Zahl

numériser [nymerize] *v/t EDV* digi'tali'sieren

numéro [nymero] *m* **1.** (*abr* n°, N°) Nummer *f* (*abr* Nr.) (*auch kurz für* Haus-, Telefon-, Zimmernummer); *chim* ~ atomique A'tomnummer *f*; Ordnungszahl *f*; *Lotterie* ~ gagnant, sortant Gewinnzahl *f*, -nummer *f*, *par ext* -los *n*; Treffer *m*; *adm* dossier *m* ~ R 305 Aktenzeichen *n* R 305; F *fig* ennemi public ~ un Staatsfeind *m* Nummer eins; *tél* ~ d'appel Rufnummer *f*; ~ d'un billet de loterie, de bon de commande, de chèque Los-, Bestell-, Schecknummer *f*; ~ de code postal Postleitzahl *f*; ~ de compte, de contrôle Konto-, Kon'trollnummer *f*; *e-s Autos* ~ d'immatriculation, minéralogique amtliches, F polizeiliches Kennzeichen; Zulassungsnummer *f*; ~ d'une maison Hausnummer *f*; *mar mil* ~ d'un navire Schiffsnummer *f*, -kennzeichen *n*; ~ d'ordre laufende Nummer; ~ de la page Seitenzahl *f*; ~ d'une place Platz-, Sitznummer *f*; *e-s Industrieerzeugnisses* ~ de série Fabrikati'ons-, Herstellungs-, Seriennummer *f*; ~ de téléphone Tele'fon-, Fernsprech-, Rufnummer *f*; Ruf *m*; ~ de train Zugnummer *f*; *mar e-r Segeljacht* ~ de voilure Segel-, Re'gattanummer *f*; Rennnummer *f*; ~ d'une voiture Auto-, Wagennummer *f*; *mar* ~ de yacht Klassennummer *f* (*e-r Jacht innerhalb e-s Landes*); *tél* composer, faire un ~ e-e Nummer wählen; *bei Handvermittlung* demander un ~ e-e Nummer verlangen; habiter au ~ six (in der) (Haus)Nummer sechs wohnen; *im Hotel* le ~ deux a sonné die Nummer zwei hat geklingelt; *fig:* tirer le bon ~ das große Los ziehen; tirer le mauvais ~ Pech haben; **2.** *e-r Zeitung* Nummer *f*; Ausgabe *f*; *e-r Zeitschrift* Nummer *f*; Heft *n*; ~ spécial Sondernummer *f*, -heft *n*; **3.** *e-s Varietékünstlers, Zirkusartisten* Nummer *f*; Auftritt *m*; Darbietung *f*; ~ de chant, de cirque, de danse Gesangs-, Zirkus-, Tanznummer *f*; ~ de clown, de jongleur Nummer *etc* des Clowns, des Jongleurs; présenter un nouveau ~ e-e neue Nummer darbieten; mit e-r neuen Nummer auftreten; F *fig* faire son ~ habituel F das übliche Theater machen; die übliche Komödie aufführen; die übliche Platte ablaufen lassen; **4.** F *fig von e-r Person* un drôle de ~ e-e komische Nummer, Type; ein komischer Kerl; quel ~! ist das e-e komische Type!

numérot|age [nymerotaʒ] *m od* ~**ation** *f* Numme'rieren *n*, -ung *f* (*auch Ergebnis*); Bezifferung *f*; (Be)Nummerung *f*; ~**é** *adj* nume'riert; exemplaire ~ numeriertes Exemplar; ~**er** *v/t* nume'rieren; beziffern; mit Nummern, Zahlen versehen; (be)nummern; F *fig* numérote tes abattis! *cf* abattis *pl*; ~**eur** *m* Nummern-, Pagi'nierstempel *m*

numerus clausus [nymerysklozys] *m* Numerus clausus *m*

numide [nymid] *hist* **I** *adj* nu'midisch; **II** *m/pl* ~s Nu'mider *m/pl*

numismat|e [nymismat] *m* Numis'matiker *m*; ~**ique** **I** *adj* numis'matisch; **II** *f* Münzkunde *f*; Numis'matik *f*

nummulaire [nymylɛr] *adj u subst f bot* (lysimaque *f*) ~ Pfennigkraut *n*

nummulit|e [nymylit] *f Paläontologie*
Nummu'lit *m*; **~ique** *géol* **I** *adj* Num-
mu'liten...; nummu'litenhaltig; **II** *m*
Nummu'litenformationen *f/pl*

nunatak [nynatak] *m géogr* Nunatak *m*

nuncup|atif [nõkypatif] *adj* ⟨*nur m*⟩
römisches Recht testament ~ vor Zeu-
gen mündlich gemachtes Testa'ment;
~ation *f römisches Recht* feierliche
Erklärung des Erblassers, daß das ge-
schriebene Testa'ment s-m Willen ent-
spricht

nu|-pieds [nypje] *adv cf* nu[1] I 1.; **~-
-propriétaire** *m* ⟨*pl* nus-pro-
priétaires⟩ *jur* mittelbarer Besitzer

nuptial [nypsjal] *adj* ⟨-aux⟩ Braut...;
Hochzeits...; **bénédiction** ~e kirchli-
che Trauung (ohne Brautmesse);
chambre ~e, lit ~ Brautgemach *n*,
-bett *n*; **marche** ~e Hochzeitsmarsch
m; *der Vögel* **robe** ~e Hochzeitskleid
n; *der Bienen* **vol** ~ Hochzeitsflug *m*;
~ité *f Statistik* Heiratshäufigkeit *f*;
table *f* **de** ~ Heiratstafel *f*; **(taux** *m*
de) ~ Heiratsziffer *f*; Zahl *f* der Ehe-
schließungen

nuque [nyk] *f* Nacken *m*; Genick *n*; ~
épaisse Stiernacken *m*

nurse [nœrs] *f* Kindermädchen *n*, -frau *f*,
-pflegerin *f*

nursery [nœrsəri] *f* Kinderzimmer *n*

nutation [nytasjõ] *f* **1.** *astr, bot, Ballistik*
Nutati'on *f*; **2.** *path des Kopfes* Wackeln
n; Nicken *n*

nu-tête [nytɛt] *adv cf* nu[1] I 1.

nutri|cier [nytrisje] *adj* ⟨-ière⟩ Nähr...;
ernährend; versorgend; **~ment** *m*
Nährstoff *m*; Nahrungsstoff *m*; *sc* Nu-
tri'ment(um) *n*

nutritif [nytritif] *adj* ⟨-ive⟩ **1.** Nähr...;
der Ernährung dienend; nährend; *sc*
nutri'tiv; **appareil** ~ der Ernährung
dienende Organe *n/pl*; **milieu** ~ Nähr-
boden *m*; **solution, valeur nutritive**
Nährlösung *f*, -wert *m*; **2.** *Speise, Le-
bensmittel* nahrhaft

nutrition [nytrisjõ] *f* Ernährung *f*; *sc*
Nutriti'on *f*; Nahrungsaufnahme *f*;
fonctions *f/pl* **de** ~ Stoffwechselfunk-
tionen *f/pl*; **maladies** *f/pl*, **troubles**
m/pl **de la** ~ Ernährungsstörungen *f/pl*

nutritionn|el [nytrisjɔnɛl] *adj* ⟨~le⟩
besoins ~s Nahrungsbedarf *m*; **~iste**
m Diä'tetiker *m*; Ernährungswissen-
schaftler *m*

nyctaginacées [niktaʒinase] *f/pl bot*
Nyktagina'zeen *f/pl*

nyctalop|e [niktalɔp] *path* **I** *adj* tag-
blind; nachtsichtig; **II** *m,f* Tagblinde(r)
f(m); Nachtsichtige(r) *f(m)*; **~ie** *f path*

Tagblindheit *f*; Nachtsichtigkeit *f*; *sc*
Nyktalo'pie *f*

nylon [nilõ] *m* (*nom déposé*) *text* Nylon
['nailɔn] *n* (*Wz*); **de** *od* **en** ~ Nylon...;
lingerie *f* **de** ~ Nylon(unter)wäsche *f*;
bas *m/pl* **(en)** ~ Nylonstrümpfe *m/pl*; F
Nylons *m/pl*; **brosse** *f* **en** ~ Nylonbür-
ste *f*

nymph|al [nɛ̃fal] *adj* ⟨-aux⟩ *zo* **stade** ~
Puppenstadium *n*; **~ale** *m zo* ~ **du
peuplier** Großer Eisvogel (*ein Schmet-
terling*)

nymphe [nɛ̃f] *f* **1.** *myth* Nymphe *f*; **2.** *zo
der Insekten* Puppe *f*; **3.** *anat* ~**s** *pl* kleine
Schamlippen *f/pl*; *sc* Nymphen *f/pl*

nymphéa [nɛ̃fea] *m bot* Weiße Seerose;
Teich-, Wasserlilie *f*; **~cées** [-se] *f/pl bot*
Seerosengewächse *n/pl*; *sc* Nym-
phäa'zeen *f/pl*

nymph|ée [nɛ̃fe] *m in der Antike* Nym-
'phäum *n*; **~ette** *f* anziehendes junges
Mädchen

nymphoman|e [nɛ̃fɔman] **I** *adj path,
vét* nympho'man(isch); **II** *f path* Nym-
pho'manin *f*; Nympho'mane *f*; **~ie** *f
path, vét* Nymphoma'nie *f*

nymphose [nɛ̃foz] *f zo* Puppensta-
dium *n*

nystagmus [nistagmys] *m path* Augen-
zittern *n*; *sc* Ny'stagmus *m*

O

O, o [o] *m* ⟨*inv*⟩ O, o *n*; *phon* ~ fermé, ouvert geschlossenes, offenes o

ô [o] *int litt* ⟨*stets vor subst od adj*⟩ o; ~ ciel! o Himmel!

oasien [ɔazjɛ̃] **I** *adj* ⟨~ne⟩ O'asen...; **II** *m/pl* ~s O'asenbewohner *m/pl*

oasis [ɔazis] *f, auch m* **1.** *géogr* O'ase *f*; **2.** *fig* une ~ de calme, de paix e-e Oase der Stille, des Friedens

obédience [ɔbedjɑ̃s] *f* **1.** *égl cath* Obedi'enz *f*; (ka'nonischer, klösterlicher) Gehorsam; **2.** *pol* les pays d'~ communiste die Länder kommu'nistischer Prägung, Weltanschauung, mit kommu-'nistischer Gesellschaftsordnung; ne pas être de même ~ verschiedenen po'litischen Richtungen angehören; verschiedene (Welt)Anschauungen haben; **3.** *litt* Gehorsam *m*; Unter'werfung *f*; Abhängigkeit *f*

obéir [ɔbeir] *v/t/indir* ~ (à qn) (j-m) gehorchen; (auf j-n) hören; F pa'rieren (*alle auch von e-m Tier*); ~ à qc e-m Befehl gehorchen; Folge leisten; *e-m Gefühl, Impuls* nachgeben; folgen; *s-m Gewissen* gehorchen; folgen; hören auf (+*acc*); *dem Instinkt* folgen; gehorchen; *Hund* hören auf (*z B* au sifflement auf das Pfeifen); *e-m Naturgesetz, physikalischen Gesetz* unter'worfen sein; unter-'liegen; gehorchen; *Pferd* ~ aux aides, à l'éperon sich leicht lenken, dirigieren lassen; *Schiff* ~ à la barre, au gouvernail dem Ruder, Steuer gehorchen; il faut ~ da heißt es gehorchen, sich fügen, sich beugen; (savoir) se faire ~ sich Gehorsam (zu) verschaffen (wissen) (de qn bei j-m); refuser d'~ den Gehorsam verweigern; *p/p* être obéi Gehorsam finden; il était obéi *auch* man gehorchte ihm, leistete ihm Gehorsam

obéissance [ɔbeisɑ̃s] *f* Gehorsam *m* (à qn j-m gegenüber); ~ aveugle blinder, bedingungsloser Gehorsam; *péj* Ka'davergehorsam *m*; mil refus m d'~ Gehorsams-, Befehlsverweigerung *f*

obéissant [ɔbeisɑ̃] *adj* gehorsam (envers qn j-m); *Kind, Hund auch* folgsam *m*; *mil refus* m d'~ Gehorsams-, Befehlsverweigerung *f*

obéissant [ɔbeisɑ̃] *adj* gehorsam (envers qn j-m); *Kind, Hund auch* folgsam; artig; brav; *Wesen* fügsam; nachgiebig

obélisque [ɔbelisk] *m* Obe'lisk *m*

obérer [ɔbere] *st/s v/t* ⟨-è-⟩ mit (hohen) Schulden belasten; über'schulden; *meist adjt* obéré (de dettes) tief verschuldet; über'schuldet; tief in Schulden steckend

obèse [ɔbɛz] **I** *adj* fett-, dickleibig (*auch méd*); feist; fett; dickwanstig; **II** *m,f* Fett-, Dickleibige(r) *f(m)*

obésité [ɔbezite] *f* Fett-, Dickleibigkeit *f* (*auch méd*); Fettheit *f*; Feistheit *f*; große Beleibtheit; *méd* Obesi'tät *f*

obi [ɔbi] *f um den Kimono geschlungener* Seidengürtel Obi *m od n*

obier [ɔbje] *m bot* Gemeiner Schneeball; Wasserholunder *m*; Wasser-, Rosenholder *m*

obit [ɔbit] *m égl cath* Seelen-, Totenmesse *f*; Jahrtagsmesse *f*; Jahrgedächtnis *n*

obituaire [ɔbituɛr] *adj u subst m égl cath* (registre *m*) ~ Sterbe-, Totenregister *n*; Seelenmessenregister *n*

objectal [ɔbʒɛktal] *adj* ⟨-aux⟩ *psych* Ob'jekt...; choix ~ Objektwahl *f*; libido ~e Objektlibido *f*

objecter [ɔbʒɛkte] *v/t* **1.** einwenden, zu bedenken geben, den Einwand erheben *od* vorbringen (que daß); ~ qc à qn j-m etw entgegenhalten, erwidern; ~ à qn que ... j-m entgegenhalten, erwidern, daß ...; rien à ~ (à notre projet)? keine Einwände (gegen unseren Plan)?; avoir toujours qc à ~ immer etwas einzuwenden, immer Einwände haben; **2.** vorgeben; vorschützen; zum Vorwand nehmen; ~ la fatigue Müdigkeit vorschützen

objecteur [ɔbʒɛktœr] *m mil* ~ de conscience Wehrdienst-, Kriegsdienstverweigerer *m* (aus Gewissensgründen)

objectif [ɔbʒɛktif] **I** *adj* ⟨-ive⟩ **1.** *Person, Bericht, Urteil etc* objek'tiv; sachlich; **2.** *gr* génitif ~ Geni'tivus obiec'tivus *m*; **3.** *philos* objek'tiv; dinglich; gegenständlich; tatsächlich; **4.** *méd Krankheitssymptome* objek'tiv; **II** *m* **1.** *opt, phot* Ob'jek'tiv *n*; ~ grand angulaire, grand angle Weitwinkelobjektiv *n*; braquer son ~ sur qn seine Kamera, s-e Kamera auf j-n richten; **2.** *mil* Ziel *n*; ~ militaire militärisches Ziel; **3.** *e-r Person, Handlung* Ziel *n*; atteindre son ~ sein Ziel erreichen

objection [ɔbʒɛksjɔ̃] *f* Einwand *m*, Einwendung *f* (à qc gegen etw); Gegenargument *n*, -grund *m*; *mil* ~ de conscience Wehrdienst-, Kriegsdienstverweigerung *f* (aus Gewissensgründen); il n'y a pas d'~ à cela es ist nichts dagegen einzuwenden; faire, formuler une ~ e-n Einwand geltend machen, erheben, vorbringen; ein Gegenargument vorbringen; *Vorschlag* ne soulever aucune ~ auf keinen 'Widerspruch, Protest, auf kein Hindernis stoßen; keinen Widerspruch hervorrufen; si vous n'y voyez pas d'~ wenn Sie nichts dagegen einzuwenden haben

objectiv|ation [ɔbʒɛktivasjɔ̃] *f philos* Objekti'vierung *f*; Objektivati'on *f*; Vergegenständlichung *f*; ~ement *adv* **1.** objek'tiv; sachlich; **2.** *philos* objek'tiv; tatsächlich; ~er *v/t philos* objekti'vieren; vergegenständlichen; zu e-m Ob'jekt machen; ~isme *m* **1.** *philos* Objekti'vismus *m*; **2.** Objektivi'tät *f*; Sachlichkeit *f*; ~iste *m philos* Objekti'vist *m*

objectivité [ɔbʒɛktivite] *f* **1.** *e-r Person, e-s Urteils etc* Objektivi'tät *f*; Sachlichkeit *f*; être dénué, manquer d'~ nicht objektiv, sachlich sein; der Objektivität, Sachlichkeit entbehren; **2.** *philos* Objek-

tivi'tät *f*; Gegenständlichkeit *f*; Dinglichkeit *f*

objet [ɔbʒɛ] *m* **1.** (*körperlicher*) Gegenstand; Ding *n*; Sache *f*; *jur* ~s mobiliers bewegliche Sachen; ~ précieux, de valeur Wertgegenstand *m*, -sache *f*; Kostbarkeit *f*; ~ rare Rari'tät *f*; seltenes Stück; ~(s) trouvé(s) *cf* trouvé 1.; ~ volant non identifié (*abr* O.V.N.I) UFO *od* Ufo *n*; unbekanntes Flugobjekt; ~ d'art Kunstgegenstand *m*; collection *f* d'~s d'art Kunstsammlung *f*; **2.** *fig e-r Beratung, Untersuchung, jur e-s Vertrags, e-r Verhandlung* Gegenstand *m*; *im Geschäftsbrief* ~: ... Betrifft, Betreff, *meist abr* Betr.: ...; ~ social Gesellschaftszweck *m*; ~ du contrat, du litige Vertrags-, Streitgegenstand *m*; avoir pour ~ qc etw zum Gegenstand, Inhalt haben; etw beinhalten, betreffen; *cf auch* 3.; *Person, Sache* être un ~ de curiosité, de pitié, d'horreur pour qn für j-n ein Gegenstand der Neugier, des Mitleids, des Abscheus sein; être sans ~ gegenstandslos sein; *auch* entfallen; être, faire l'~ de qc Gegenstand von etw sein; il est l'~ d'une grave accusation e-e schwere Beschuldigung richtet sich gegen ihn; faire l'~ d'un accord complémentaire in e-m Zusatzabkommen behandelt werden; faire l'~ de litige Gegenstand von Streitigkeiten sein; **3.** *fig e-r Bemühung, e-s Vorgehens* Zweck *m*; Ziel *n*; ~ de la visite Zweck des Besuches; avoir pour ~ qc etw bezwecken; etw zum Ziel, Zweck, *auch* zur Aufgabe haben; **4.** *gr* complément *m* d'~ Satzergänzung *f*; Ob'jekt *n*; (complément m d'~ direct Akkusativobjekt *n*; Ergänzung *f* im Wenfall, im vierten Fall; (complément m d'~ indirect Präpositio'nalobjekt *n*; präpositio'nales Objekt; **5.** *philos* Ob'jekt *n*; Gegenstand *m*; Ding *n*; **6.** *psych* Ob'jekt *n*; choix m d'~ Objektwahl *f*

objurgations [ɔbʒyrgasjɔ̃] *litt f/pl* inständiges Bitten; Beschwörungen *f/pl*

oblat [ɔbla] *m égl cath* **1.** *meist pl* ~s Ob'laten *m/pl*; **2.** ~s *pl* Abendmahlsbrot *n* und -wein *m*; Oblati'on *f*; *par ext allg* Opfer(gaben) *n(f/pl)*; Oblati'on *f*

oblation [ɔblasjɔ̃] *f égl cath* Opferung *f*; Opferbereitung *f*; Offer'torium *n*; Oblati'on *f*

obligataire [ɔbligatɛr] *fin* **I** *adj* emprunt *m* ~ Obligati'onenanleihe *f*; **II** *m,f* Inhaber(in) *m(f)* e-r Schuldverschreibung, Obligati'on; *schweiz* Obligatio'när *m*

obligation [ɔbligasjɔ̃] *f* **1.** Verpflichtung *f*, Pflicht *f* (envers qn j-m gegenüber); *comm* Verpflichtung *f*; Verbindlichkeit *f*; *jur* ~ alimentaire 'Unterhaltspflicht *f*; ~s militaires Wehr-, Mili'tärpflicht *f*; ~s professionnelles berufliche Verpflich-

tungen; ~ **(morale)** moralische Verpflichtung; ~ **d'extrader** Auslieferungsverpflichtung f; ~ **d'indemniser, de livrer, de paiement, de rembourser** Ersatz-, Liefer-, Zahlungs-, Rückgabe- od Rückerstattungspflicht f; ~s **de la succession** Nachlaßverbindlichkeiten f/pl; ~ **de témoigner** Zeugnispflicht f; st/s **se faire une ~ de faire qc** es sich zur Pflicht machen, etw zu tun; **2.** Notwendigkeit f; Zwang m; **être dans l'~ de faire qc** gezwungen, genötigt, gehalten sein, etw zu tun; etw tun müssen; **se voir dans l'~ de faire qc** sich gezwungen, genötigt sehen, etw zu tun; **je l'ai recu à l'essai, sans ~ de l'acheter** ich ohne Kaufzwang, es besteht kein Kaufzwang; **3.** fin (Inhaber-, Teil)Schuldverschreibung f; Obligati'on f; ~ **foncière** Grundstückobligation f; ~ **hypothécaire** (Hypo'theken)Pfandbrief m; **4.** jur Schuldverhältnis n; Schuld f; Obligati'on f; ~ **alternative** Wahlschuld f; Alterna'tivobligation f; ~ **facultative** Schuld mit Ersetzungsbefugnis; **5.** litt **avoir beaucoup d'~ à qn** j-m zu großem Dank verpflichtet sein; j-m großen Dank schulden

obligatoire [ɔbligatwar] adj obliga'torisch; vorgeschrieben; Pflicht...; ...pflicht; verbindlich; obli'gat; ~ **pour tous** allgemeinverbindlich; **enseignement** m, **instruction** f ~ Schulpflicht f; **Straßenverkehr sens** m ~ vorgeschriebene Fahrtrichtung; **service** m **militaire** ~ allgemeine Wehrpflicht; **être** ~ obligatorisch, Pflicht sein; **la tenue de soirée est** ~ es ist Gesellschafts-, Abendkleidung vorgeschrieben; F **c'était** ~ das war unausbleiblich; das konnte nicht ausbleiben; das mußte ja so kommen; **ça devait** ~ zwangsläufig; F **ça devait** ~ **arriver** cf (c'était) obligatoire

obligé [ɔbliʒe] **I** adj u p/p **1.** cf obliger **1.–3.;** F **c'était** ~! das kann nicht anders sein; F **c'était** ~ cf (c'était) obligatoire; **3.** mus obli'gat; **II** subst ~(e) m(f) **a)** Verpflichtete(r) f(m); (zum Schuldner(in) m(f); **principal** ~ Hauptschuldner m; ~ **au secret** zur Geheimhaltung, zum Schweigen Verpflichtete(r); **n'être l'~ de personne** niemandem zu Dank verpflichtet sein; st/s im Brief ... je **demeure votre** ~ (+Name) ... mit verbindlichstem Dank bin ich Ihr (+Name)

obligeamment [ɔbliʒamã] adv entgegenkommender-, zu'vorkommender-, gefälligerweise

obligeance [ɔbliʒãs] f Gefälligkeit f; Zu'vorkommenheit f; Entgegenkommen n; Verbindlichkeit f; **avoir l'~ de faire qc** so freundlich sein, die Freundlichkeit besitzen, die Güte haben, etw zu tun; **être d'une extrême** ~ 'überaus gefällig, zuvorkommend, entgegenkommend, verbindlich sein; ~**ant** adj gefällig; entgegenkommend, zu'vorkommend; verbindlich

obliger [ɔbliʒe] ⟨-geons⟩ **I** v/t **1.** verpflichten; binden; ~ **qn à qc** j-n zu etw verpflichten; ~ **qn à faire qc** j-n dazu verpflichten, etw zu tun; **être obligé envers qn** j-m gegenüber verpflichtet sein, Verpflichtungen haben; **2.** ~ **qn à qc** j-n zu etw zwingen, nötigen; **rien ne vous y oblige** nichts zwingt Sie dazu; ~ **qn à faire qc** j-n zwingen, nötigen, etw zu tun; **se croire obligé de faire qc** sich bemüßigt fühlen, etw zu tun; **être obligé, se voir obligé de faire qc** gezwungen, genötigt sein, sich gezwungen, genötigt, veranlaßt sehen, etw zu

tun; **je suis obligé de partir** auch ich muß abreisen; **3.** st/s: **vous m'obligeriez beaucoup en ne le faisant pas** od si vous ne le faisiez pas Sie würden mir e-n großen Gefallen erweisen, wenn Sie es nicht täten; **je vous suis bien obligé de votre aide** ich bin Ihnen für Ihre Hilfe sehr verbunden, dankbar, zu Dank verpflichtet; **je vous serais fort obligé de bien vouloir m'accorder un entretien** ich wäre Ihnen sehr verbunden, dankbar, wenn Sie mir e-e Unter'redung gewähren würden; **II** v/pr **s'~** **a)** sich verpflichten, die Verpflichtung eingehen, etw zu tun; **s'~ à livrer** auch sich zur Lieferung verpflichten, etw zu tun; **b)** sich zwingen, etw zu tun

obliquangle [ɔblikãgl(ə)] adj math schiefwink(e)lig

oblique [ɔblik] adj **1.** schief; schräg; math **ligne** f ~ od subst ~ f schräge Linie; anat **muscle** m ~ od subst ~ m schräger, schräg verlaufender Muskel; hist mil **ordre** m ~ schiefe Schlachtordnung; math **projection** f ~ schiefe, schräge, schiefwinkelige Parallelprojektion; **regard** m ~ Seitenblick m; loc/adv **en** ~ schräg; **2.** gr **cas** m ~ Casus ob'liquus m; **3.** jur **action** f ~ Klage, durch die der Gläubiger das Klagerecht s-s Schuldners ausübt; Drittschuldnerklage f; **4.** mus **mouvement** m ~ Seitenbewegung f; ~**ement** adv schräg; ~**er** v/i ~ à **droite, à gauche** (seitwärts) nach rechts, nach links abbiegen

obliquité [ɔblikɥite] f Schiefe f; Schiefheit f; Schräge f; Schrägheit f; Neigung f (auch math); ~ **de l'écliptique** Schiefe der Ekliptik

oblitér|ateur [ɔbliteratœr] m für Briefmarken, Fahrscheine Entwerter m; Entwertungsstempel m; ~**ation** f **1.** Entwerten von Briefmarken, Fahrscheinen Entwerten n, -ung f; Abstempeln n; Abstemp(e)lung f; **2.** path von Gefäßen Verstopfung f; Verödung f; sc Obliterati'on f

oblitérer [ɔblitere] v/t ⟨-è-⟩ **1.** Briefmarken, Fahrscheine entwerten; abstempeln; **timbre oblitéré** auch gestempelte Marke; **2.** path Gefäß verstopfen; veröden; sc oblite'rieren

oblong [ɔblõ] adj ⟨oblongue [ɔblõg]⟩ länglich

obnubiler [ɔbnybile] v/t ~ qn j-s ganzes Denken, j-s Gedanken beherrschen; meist p/p **avoir l'esprit obnubilé, être obnubilé par une idée** von e-r Idee beherrscht werden, besessen sein

obole [ɔbɔl] f Obolus m; kleiner, bescheidener (Geld)Beitrag; kleine, bescheidene (Geld)Gabe; Scherflein n

obscène [ɔpsɛn] adj obs'zön; unanständig; schmutzig; schweinisch; bes Worte unflätig; zotig; zotenhaft

obscénité [ɔpsenite] f **a)** Obszöni'tät f; Unanständigkeit f; Schmutzigkeit f; Schweine'rei f; Unflätigkeit f; **b)** Zote f; **dire des** ~s Zoten reißen; Schweine'reien, F Schweinige'leien sagen; schweinigeln

obscur [ɔpskyr] adj **1.** Nacht, Hof, Straße dunkel; finster; **salles** ~**es** Kinos n/pl; Filmtheater n/pl; **2.** fig **a)** Angelegenheit, Punkt, Machenschaften dunkel; **b)** Text, Worte, Gründe dunkel; unverständlich; unklar; Gefühl dunkel (auch Instinkt); undeutlich; Zufall blind; unergründlich; unerklärlich; **3.** Person unbekannt; unbedeutend; ob'skur; Posten unbedeutend; bescheiden; Leben bescheiden; unauffällig; unscheinbar; **d'origine** ~**e** Gegenstand, Person unbekannter Herkunft; Person auch bescheidener Herkunft

obscurant|isme [ɔpskyrãtism(ə)] m Dunkelmännertum n; Fortschritts- und Bildungsfeindlichkeit f; feindliche Haltung gegen'über jeder Art von Aufklärung und Bildung; Obskuran'tismus m; ~**iste I** adj aufklärungs-, bildungs- und fortschrittsfeindlich; **II** m Dunkelmann m; Finsterling m; Feind m der Aufklärung, der Bildung und des Fortschritts

obscurc|ir [ɔpskyrsir] **I** v/t **1.** verdunkeln; dunkel machen; adjt Zimmer **obscurci** in Dunkel(heit) getaucht, gehüllt; **2.** fig Sinn, Text(stelle) unverständlich, unklar, dunkel machen; Wein: die Sinne benebeln; trüben; benommen machen; Geheimnis undurchdringlich(er), (noch) dunkler machen; (noch mehr) verschleiern; Augen **obscurcis de larmes** von Tränen verschleiert, getrübt; **II** v/pr **s'~ 1.** Himmel sich verdunkeln; sich verfinstern; sich trüben; dunkel werden; sich beziehen; sich mit Wolken bedecken; Himmel auch, Wetter sich eintrüben; **4.** fig Geheimnis undurchdringlich(er) werden; ~**issement** m des Himmels Eintrübung f; Verdunkelung f; Verfinsterung f

obscurément [ɔpskyremã] adv dunkel; undeutlich

obscurité [ɔpskyrite] f **1.** Dunkelheit f; Dunkel n; Finsternis f; **dans l'~** im Dunkeln, Finstern; **in der Dunkelheit, Finsternis; 2.** fig **a)** e-s Textes Unverständlichkeit f; Unklarheit f; **b)** in e-m Text dunkle, unverständliche, unklare Stelle; Unklarheit f; **3.** fig Unbekanntheit f; Obskuri'tät f; **l'~ des origines de l'homme** der im dunkeln liegende, in Dunkel(heit) gehüllte Ursprung des Menschen; **rester toute sa vie dans l'~** sein Leben lang unbekannt, unbedeutend bleiben; **vivre dans l'~** in ein unauffälliges, unbedeutendes, unscheinbares Leben führen; auch in der Anonymität leben

obsédant [ɔpsedã] adj Lied, Gedanke, Erinnerung der, die, das einem nicht aus dem Sinn geht; der, die, das einem nachgeht; der, die, das einen verfolgt, immer wieder heimsucht

obsédé(e) [ɔpsede] m(f) (von e-r fixen Idee) Besessene(r) f(m); ~ **sexuel(le)** von sexuellen Dingen Besessene(r); Sexbesessene(r) f(m)

obséder [ɔpsede] v/t ⟨-è-⟩ ~ qn Gewissensbisse j-n befallen, heimsuchen, verfolgen, quälen; Gedanken, Musik, Bilder j-m nicht aus dem Sinn gehen; j-m lange nachgehen; j-n immer wieder heimsuchen; j-n verfolgen, bedrängen; **être obsédé par une idée** von e-r Idee (wie) besessen sein; **il est obsédé par des questions d'argent** sein ganzes Denken wird von Geldfragen beherrscht

obsèques [ɔpsɛk] f/pl Trauerfeier(lichkeiten) f(f/pl); Beisetzung f; Bestattung f; Begräbnis n; Beerdigung f; Totenfeier (-lichkeiten) f(f/pl); égl cath E'xequien pl; Ob'sequien pl; ~ **nationales** Staatsbegräbnis n

obséquieux [ɔpsekjø] adj ⟨-euse⟩ unterwürfig; über'trieben ehrerbietig, diensteifrig; péj kriecherisch

obséquiosité [ɔpsekjozite] f Unterwürfigkeit f; über'triebene Ehrerbietung; über'triebener Diensteifer; péj kriecherische Höflichkeit

observable [ɔpsɛrvabl(ə)] adj **être rarement** ~ selten zu beobachten, zu sehen sein

observance [ɔpsɛrvãs] f **1.** e-r Ordensregel, religiösen Vorschrift Befolgung f; Einhaltung f; Beobachtung f; Gehorsam m (de gegenüber); Obser'vanz f; Kloster, Orden **de stricte, rigoureuse** ~ stren-

ger Observanz; il **vit dans la plus
stricte ~ des préceptes du Coran** er
befolgt strikt die Vorschriften, er unter-
'wirft sich strikt den Vorschriften des
Korans; **2.** *religiöse* Vorschrift, Regel;
égl cath Ordensregel *f;* Obser'vanz *f;* **3.**
égl cath Orden *m;* Ordensbruderschaft *f;*
l'~ de saint François der Franzis-
'kanerorden

observa|teur [ɔpsɛrvatœr] *m,* **~trice** *f*
1. Beobachter(in) *m(f) (auch bei der
UNO, auf e-m Parteitag etc); mil* **obser-
vateur d'artillerie** Artille'riebeobach-
ter *m,* -flieger *m; loc/adv* **en ~ als**
Beobachter(in); **2.** *e-r Sternwarte* Obser-
'vator *m;* **3.** *adjt* **être très ~** sehr genau
beobachten; ein guter, scharfer Beob-
achter, e-e gute, scharfe Beobachterin
sein

observation [ɔpsɛrvasjɔ̃] *f* **1.** Beobach-
tung *f (auch mil);* aufmerksame Betrach-
tung; *wissenschaftliche auch* Observati-
'on *f; als Ergebnis* Beobachtung *f;*
Wahrnehmung *f;* **~s astronomiques**
astronomische Beobachtungen; **~ de la
nature** Na'turbeobachtung *f; mil* **poste
m d'~** Beobachtungsposten *m; loc/adv*
en ~ zur Beobachtung; *méd* **mettre qn
en ~** j-n zur Beobachtung ins Kranken-
haus schicken, einliefern; **faire des ~s
sur qn, qc** Beobachtungen an j-m, etw
anstellen; **2.** ⟨*oft pl* **~s**⟩ (kritische) Be-
merkung, Anmerkung, Betrachtung; **je
n'ai pas d'~s à faire (là-dessus)** ich
habe nichts dazu zu bemerken; *auch* ich
habe nichts daran auszusetzen; **3.** *bes in
der Schule* Ermahnung *f;* Verweis *m;*
Tadel *m;* Rüge *f;* **faire des ~s fréquen-
tes à un élève** e-n Schüler häufig
ermahnen, tadeln, rügen; e-m Schüler
häufig e-n Verweis, e-n Tadel, e-e Rüge
erteilen; **4.** *e-r Vorschrift, Regel* Einhal-
tung *f (auch e-r Frist);* Beachtung *f;*
Befolgung *f;* **5.** *méd* Krankengeschichte
f; Arztbericht *m*

observatoire [ɔpsɛrvatwar] *m* **1.** Obser-
va'torium *n; astr auch* Sternwarte *f;*
météo auch meteoro'logische Beobach-
tungsstation; Wetterwarte *f;* **2.** *mil* Be-
obachtungspunkt *m,* -stand *m;* **~
d'artillerie** (Artille'rie)Beobachtungs-
stelle *f*

observer [ɔpsɛrve] **I** *v/t* **1.** beobachten
(auch mil); aufmerksam betrachten; **~
au microscope** unter dem Mikroskop
betrachten; mikrosko'pieren; **se savoir observé** sich beobach-
tet wissen; wissen, daß man beob-
achtet wird; **2.** *e-e Besserung, Verände-
rung* beobachten; feststellen; wahrneh-
men; bemerken; **faire ~ qc à qn** j-n auf
etw *(acc)* aufmerksam machen, hinwei-
sen; **faire ~ à qn que …** j-n darauf
aufmerksam machen, hinweisen, daß
…; *auch* j-m zu bedenken geben, daß …;
3. *Vorschrift, Regel* einhalten; befolgen;
beachten; sich halten an (+*acc*); *st/s*
beobachten; *Frist* einhalten; wahren;
Gottes Gebote halten; **~ le silence**
Stillschweigen bewahren, beobachten;
II *v/pr* **s'~ 4.** sich in acht nehmen;
achtgeben; sich vorsehen; **5.** sich *(selbst,
gegenseitig)* beobachten

obsession [ɔpsesjɔ̃] *f* Zwangsvorstellung
f (auch psych); fixe I'dee; quälender
Gedanke; quälende Vorstellung; *psych:*
~ idéative Zwangsdenken *n;* **~ phobique**
Zwangsbefürchtung *f*

obsessionnel [ɔpsesjɔnɛl] *adj* ⟨**~le**⟩
Zwangs…; *psych* **névrose ~le** Zwangs-
neurose *f*

obsidienne [ɔpsidjɛn] *f minér* Obsidi'an
m; Lavaglas *n*

obsidional [ɔpsidjɔnal] *adj* ⟨**-aux**⟩
psych **délire ~, fièvre ~e** *(Art)* Mas-

senpsychose, die die Bevölkerung e-r
belagerten Stadt ergreift

obsolescence [ɔpsolesɑ̃s] *f tech* e-r *Ma-
schine* durch e-e neue *Erfindung* Über-
'holtsein *n;* Veralten *n;* Veraltetsein *n*

obsolète [ɔpsolɛt] *adj Wort* veraltet; un-
gebräuchlich; obso'let

obstacle [ɔpstakl(ə)] *m* Hindernis *n
(auch beim Pferderennen); fig auch*
Hemmnis *n; mil* **~ antichar** Panzersper-
re *f; fig* **principal ~** Haupthindernis *n;
Pferderennen* **course f d'~s** Hindernis-
rennen *n;* **faire, mettre ~ à qc** etw
verhindern, vereiteln, durch'kreuzen;
sich *e-r Sache (dat)* in den Weg stellen;
nur Person sich *e-r Sache (dat)* wider'set-
zen; **faire, mettre ~ aux projets de qn**
auch j-s Plänen *(dat)* entgegenarbeiten

obstétr|ical [ɔpstetrikal] *adj* ⟨**-aux**⟩
méd geburtshilflich; **~ique** *méd* **I** *adj*
Entbindungs…; **clinique f ~** Entbin-
dungsheim *n;* **II** *f* Geburtshilfe *f; sc*
Ob'stetrik *f*

obstination [ɔpstinasjɔ̃] *f* Halsstarrig-
keit *f;* Eigensinn *m;* Unnachgiebigkeit *f;*
Unbeugsamkeit *f;* Dickköpfigkeit *f;*
Sturheit *f;* Starrsinn *m;* Hartnäckigkeit
f; **pourquoi cette ~ à se taire?** warum
dieses hartnäckige, eigensinnige Schwei-
gen?; **cette ~ dans le refus** diese
hartnäckige, eigensinnige, sture Weige-
rung

obstiné [ɔpstine] *adj Person* halsstarrig;
eigensinnig; unnachgiebig; unbeugsam;
dickköpfig; starrsinnig; stur; *Person
auch, Arbeit, Widerstand* hartnäckig;
~ment *adv* hartnäckig; eigensinnig

obstiner [ɔpstine] *v/pr* **s'~** halsstarrig,
eigensinnig *etc (cf* **obstiné)** sein; **s'~ à
faire qc** hartnäckig darauf bestehen,
darauf beharren, sich darauf versteifen,
etw zu tun; **s'~ dans son refus** hartnäk-
kig bei s-r Weigerung bleiben; auf s-r
Weigerung beharren; sich hartnäckig
weigern

obstructif [ɔpstryktif] *adj* ⟨**-ive**⟩ *méd*
(Gefäße) verstopfend; *sc* obstruk'tiv

obstruction [ɔpstryksjɔ̃] *f* **1.** *pol* (parla-
men'tarische) Obstrukti'on; **faire de l'~**
Obstruktion (be)treiben; **2.** *sports* des
Gegners Behinderung *f;* **3.** *méd* von
Gefäßen, Kanälen Verstopfung *f; sc* Ob-
strukti'on *f*

obstructionn|isme [ɔpstryksjɔnism(ə)]
m pol parlamen'tarische Verzögerungs-,
Verschleppungstaktik; parlamen'ta-
rische Hinhaltemanöver *n/pl;* **~iste** *pol*
I *adj* **tactique f ~** *cf* **obstructionnisme;**
II *m* Obstrukti'on betreibender Parla-
men'tarier

obstruer [ɔpstrye] *v/t Rohr* verstopfen;
Durchgang versperren; bloc'kieren; *méd
Gefäß, Kanal* verstopfen; *sc* obstru'ieren

obtempérer [ɔptɑ̃pere] *v/t/indir* ⟨**-è-**⟩
adm **~ à un ordre** e-m Befehl Folge
leisten, nachkommen; *abs* ~ sich fügen

obtenir [ɔptənir] ⟨*cf* **venir**⟩ **I** *v/t* erlan-
gen; erhalten; erreichen; bekommen; *bes
jur* erwirken; 'durchsetzen; *Resultat,
Preis, Erfolg* erzielen; *chim Temperatur,
Zustand* herstellen; **~ de l'avancement**
befördert werden; **je lui ai fait ~ de
l'avancement** ich habe s-e Beförderung
durchgesetzt, erreicht; ich habe durch-
gesetzt, erreicht, daß er befördert wird; **~
la main d'une jeune fille** ein junges
Mädchen zur Frau bekommen; **je tâ-
cherai de vous ~ cet ouvrage** ich
werde versuchen, Ihnen das Werk zu
verschaffen, beschaffen; **~ (la permis-
sion) de faire qc** die Erlaubnis erhal-
ten, bekommen, erwirken, etw zu tun;
**j'ai obtenu de lui qu'il se taise sur cette
affaire** ich habe bei ihm durchgesetzt,
erreicht, daß …; **II** *v/pr* **s'~** erreicht,

erzielt werden; **cette espèce de tulipe
s'obtient par croisement** diese Tul-
penart erhält, bekommt, erlangt man
durch Kreuzung

obtention [ɔptɑ̃sjɔ̃] *f* Erlangung *f;* Errei-
chung *f;* Erwirkung *f;* 'Durchsetzung *f;
chim* e-r *Temperatur,* e-s *Zustandes* Her-
stellung *f*

obturateur [ɔptyratœr] **I** *adj* ⟨**-trice**⟩
Verschluß…; verschließend; *anat*
muscle ~ externe, interne äußerer,
innerer Hüftlochmuskel; **II** *m* **1.** *tech*
Verschluß-, Absperrvorrichtung *f;* Ab-
sperrventil *n,* -hahn *m;* **2.** *phot* Verschluß
m; **~ central, d'objectif** Zen'tralver-
schluß *m;* **~ focal, à rideau** Schlitzver-
schluß *m;* **3.** *mil bei Hinterladern* Ver-
schluß *m;* **4.** *chir* Obtu'rator *m*

obturation [ɔptyrasjɔ̃] *f* **1.** Verschließen
n, -ung *f;* Verstopfen *n;* **2.** *mil cf* **obtura-
teur** II 3.; **3.** *Zahnmedizin* (Zahn-)
Füllung *f (Handlung u Ergebnis);* Plom-
be *f;* **~ radiculaire** Wurzelfüllung *f*

obturer [ɔptyre] *v/t* **1.** verschließen; ver-
stopfen; **2.** *Zahn* füllen; plom'bieren

obtus [ɔpty] *adj* ⟨**obtuse** [ɔptyz]⟩ **1.**
math Winkel stumpf; **2.** *fig Geist* schwer-
fällig; *Person* **être ~** schwer von Begriff,
begriffsstutzig sein; e-e langsame Auf-
fassungsgabe besitzen; langsam, schwer
begreifen

obtusangle [ɔptyzɑ̃gl(ə)] *adj math
Dreieck* stumpfwink(e)lig

obus [ɔby] *m mil* Gra'nate *f;* (Artille-
'rie)Geschoß *n;* **~ atomique, brisant**
A'tom-, Bri'sanzgranate *f;* **~ éclairant**
Leuchtgranate *f,* -kugel *f;* **~ non éclaté**
Blindgänger *m;* **~ explosif, incendiai-
re** Spreng-, Brandgranate *f;* **~ toxique**
Gasgranate *f; früher* **~ à balles** Schrap-
'nell *n*

obusier [ɔbyzje] *m mil* Hau'bitze *f;* **~
automoteur** Panzerhaubitze *f*

obvenir [ɔbvənir] *v/i* ⟨*cf* **venir**⟩ *jur*
zufallen; zu'teil werden

obvier [ɔbvje] *v/t/indir* **~ à qc** e-r *Sache
(dat)* vorbeugen, zu'vorkommen, be-
gegnen

oc [ɔk] *ling* **la langue d'~** die südfranzösi-
schen Dialekte *m/pl;* die Langue d'oc;
das Okzi'tanische; Okzi'tanisch *n*

ocarina [ɔkarina] *m mus* Oka'rina *f*

occase[1] [ɔkaz] *f* F *Kurzform von* **occa-
sion**

occase[2] [ɔkaz] *adj* ⟨*nur f*⟩ *astr* **amplitu-
de ~** Abendweite *f*

occasion [ɔkazjɔ̃] *f* **1.** Gelegenheit *f;* **les
grandes ~s** die großen, festlichen, be-
sonderen Gelegenheiten; *loc/adj* **d'~** ge-
legentlich; zufällig; *loc/adv* **à l'~** bei
Gelegenheit; gelegentlich; **à cette ~** bei
dieser Gelegenheit; **à la première ~** bei
der ersten (besten) Gelegenheit; bei er-
ster (bester) Gelegenheit; **avoir l'~ de
faire qc** die Gelegenheit haben, etw zu
tun; *cf auch* 2.; *prov* **l'~ fait le larron**
Gelegenheit macht Diebe *(prov);* **2.** An-
laß *m;* Veranlassung *f;* Grund *m;*
loc/prép **à l'~ de** anläßlich, aus Anlaß
(+*gén*); **avoir l'~ de faire qc** Anlaß,
Veranlassung, Grund haben, etw zu tun;
être l'~ de qc Anlaß, Veranlassung zu
etw geben, sein; **être l'~ pour qn de
faire qc** der Anlaß für j-n sein, j-n
veranlassen, etw zu tun; **3.** Gelegenheits-
kauf *m;* günstiger Kauf; **une belle ~** ein
besonders (preis)günstiger Kauf; F ein
Schnäppchen *n;* **4.** *loc/adj u loc/adv* **d'~**
Gelegenheits-; Gebraucht…; alt, gebraucht
gekauft; aus zweiter Hand; *Buch* anti-
'quarisch; **voiture f d'~** Gebrauchtwa-
gen *m;* **acheter qc d'~** etw alt, ge-
braucht, aus zweiter Hand, antiquarisch
kaufen; *Geschäft* **vendre du neuf et de
l'~** neue und gebrauchte Gegenstände

verkaufen; **5.** loc/adv **en toute ~** in jedem Fall; auf jeden Fall; unter allen 'Umständen

occasionnel [ɔkazjɔnɛl] adj ⟨~le⟩ **1.** gelegentlich; Gelegenheits…; zufällig; **travail ~** Gelegenheitsarbeit f; **2.** philos **cause ~le** gelegentliche Ursache; **~le-ment** adv gelegentlich

occasionner [ɔkazjɔne] v/t bewirken; verursachen; führen zu; Anlaß geben zu; j-m Unannehmlichkeiten, Ärger machen; bereiten

occident [ɔksidɑ̃] m **1.** l'♀ das Abend-land; der Okzident; **l'Église ♀ d'♀** die Kirche des Abendlandes; die lateini-sche, römisch-katholische Kirche; **l'Empire romain d'♀** das Weströmi-sche Reich; rel **le grand schisme d'♀** das große abendländische Schisma; **2.** pol l'♀ der Westen; die westliche Welt; **3.** poét Himmelsrichtung Westen m; poét Abend m

occidental [ɔksidɑ̃tal] **I** adj ⟨-aux⟩. **1.** géogr, pol Westküste f; West…; **côte ~e** Westküste f; **l'Europe ~e** Westeuropa n; **les puissances ~es** die Westmächte f/pl; **2.** abendländisch; **philosophie ~e** abendländische Philosophie; **II** subst **les Occidentaux** m/pl die abendländi-schen Völker n/pl; die Abendländer m/pl; **~iser I** v/t dem westlichen Vorbild anpassen; adjt **mener une vie occi-dentalisée** im Leben im westlichen Stil führen; **II** v/pr **s'~** sich dem westlichen Vorbild, Lebensstil anpassen

occipital [ɔksipital] adj ⟨-aux⟩ anat 'Hinterhaupts…; **os, trou ~** Hinter-hauptsbein n, -loch n

occiput [ɔksipyt] m anat 'Hinterhaupt n, -kopf m

occire [ɔksir] v/t ⟨nur inf u p/p occis⟩ plais 'umbringen; töten; F kaltmachen

occitan [ɔksitɑ̃] adj **1.** ling (alt)pro-ven'zalisch; der Langue d'oc; okzi'ta-nisch; **2.** allg proven'zalisch; südfranzö-sisch

occlure [ɔklyr] v/t ⟨cf conclure: aber p/p occlus⟩ méd, chir verschließen; sc okklu'dieren

occlusif [ɔklyzif] adj ⟨-ive⟩ **1.** phon **consonne occlusive** od subst **occlusi-ve** f Explo'sivlaut m; Ok-klu'siv m; Explo'siva f; **2.** méd okklu'siv; Okklu'siv…; **bandage ~** Okklusivver-band m

occlusion [ɔklyzjɔ̃] f **1.** chir, path Ver-schließung f; Verschluß m; sc Okklu-si'on f; path **~ intestinale** Darmver-schluß m; **2.** Zahnmedizin nor'male Schlußbißstellung der Zähne; na'türli-cher Zahnreihenschluß; sc Okklusi'on f; **3.** météo Okklusi'on f; **4.** phon (Mund-) Verschluß m; **5.** chim gewisser Metalle Absorpti'onsvermögen n für Gase; **6.** tech in Gußstücken **~ gazeuse** gasförmi-ger Einschluß

occultation [ɔkyltasjɔ̃] f **1.** astr Bedek-kung f e-s Sterns (durch den Mond od die Sonne); **2.** ch de fer e-s Lichtsignals Abblendung f; **3.** in Belgien während des Krieges Verdunkelung f

occulte [ɔkylt] adj geheim; verborgen; ok'kult; **comptabilité f ~** Geheimbuchführung f; **réserves** f/pl **~s** stille, geheime Reserven f/pl; **scien-ces** f/pl **~s** Geheimwissenschaften f/pl; okkulte Wissenschaften f/pl; **~er** v/t **1.** astr Stern bedecken; **2.** ch de fer Lichtsi-gnal abblenden; **~eur** m ch de fer Abblendvorrichtung f; **~isme** m Ok-kul'tismus m

occupant [ɔkypɑ̃] **I** adj **1.** mil Besat-zungs…; Okkupati'ons…; **armée ~e** Besatzungsarmee f, -heer n; **autorités ~es, puissance ~e** Besatzungsbehör-

---

den f/pl, -macht f; **2.** jur **avoué ~** bestellter, beauftragter Anwalt; **II** m **1.** jur **a)** e-s Hauses, e-r Wohnung Bewohner m; e-r Wohnung auch Wohnungsinhaber m; in e-m Auto Insasse m; Mitfahrer m; **b)** Besitznehmer m; **premier ~** erster Besitznehmer; **2.** mil Besatzungsange-hörige(r) m; F Besatzer m; **~(s)** Besat-zung(smacht) f; Okku'pant m

occupation [ɔkypasjɔ̃] f **1.** Beschäfti-gung f; Tätigkeit f; Betätigung f; **~ principale, secondaire** Haupt-, Ne-benbeschäftigung f; **2.** mil **a)** Besetzung f; Okkupati'on f; statut m d'~ Besat-zungsstatut n; **b)** im 2. Weltkrieg l'♀ die deutsche Besatzungszeit; **3.** jur e-r her-renlosen Sache Aneignung f; Okkupa-ti'on f; **4.** e-r Wohnung, e-s Hauses Benutzung f; Bewohnen n; **5.** e-s Gebäu-des, Geländes Inbe'sitznahme f; wider-rechtliche Besetzung; **grève f avec ~ des locaux** Streik m mit Werksbeset-zung

occupationnel [ɔkypasjɔnɛl] adj ⟨~le⟩ méd **thérapeutique ~le** Beschäfti-gungstherapie f

occupé [ɔkype] adj **1.** Person beschäftigt; **un homme très ~** ein vielbeschäftigter Mann; **être très ~** sehr beschäftigt, in Anspruch genommen sein; viel zu tun haben; **être ~ à qc** mit etw beschäftigt sein; **être ~ à faire qc** damit beschäf-tigt, dabei sein, etw zu tun; **2.** mil Land besetzt; in Frankreich im 2. Weltkrieg **zone ~e** (von den Deutschen) besetzte Zone; **3.** Wohnung, Haus bewohnt; be-legt; Platz, Telefonleitung besetzt (auch Toilette); belegt; Arbeitsplatz besetzt; vergeben; **avoir l'esprit ~ par des projets de vacances** den Kopf voller Urlaubspläne haben

occuper [ɔkype] **I** v/t **1.** Person beschäf-tigen; **~ cent ouvriers à la fonderie** hundert Arbeiter in der Gießerei be-schäftigen; **2.** Arbeit: e-e Person beschäf-tigen; ausfüllen; in Anspruch nehmen; Zeit in Anspruch nehmen; ausfüllen; Person **~ ses loisirs à faire qc** s-e Freizeit damit ausfüllen, verbringen, darauf verwenden, etw zu tun; **~ son temps à jouer aux cartes** auch s-e Zeit mit Kartenspielen verbringen; **3.** Po-sten, Stelle bekleiden; innehaben; ein-nehmen; ausfüllen; **4.** Raum, Platz ein-nehmen; **~ trop de place** zuviel Platz einnehmen, wegnehmen; **5.** Wohnung, Stockwerk bewohnen, innehaben; **j'occupe cet appartement depuis dix ans** auch ich wohne seit zehn Jahren in dieser Wohnung; **6.** mil Stadt einneh-men; besetzen; besetzt halten (auch Land); Land auch okku'pieren; **II** v/t/indir **7.** jur Anwalt **~ pour qn** j-n vertreten; **III** v/pr **8.** **s'~** sich beschäftigen, betätigen; il **y a de quoi s'~** da gibt es e-e Menge Arbeit, zu tun; da hat man s-e Beschäfti-gung; da ist man voll und ganz beschäf-tigt, ausgefüllt; **il ne sait à quoi s'~** er weiß sich nicht zu beschäftigen; er weiß nicht, womit er sich beschäftigen soll; **9.** **s'~ de qn, qc** sich um j-n, etw kümmern; sich mit j-m, etw befassen, beschäftigen, abgeben; sich j-m, e-r Sache widmen; **une minute, je m'occupe de vous!** e-n Augenblick noch, dann komme ich zu Ihnen, dann bin ich für Sie frei!; **je m'en occupe** ich kümmere mich darum; ich nehme das in die Hand; ich über'nehme, erledige das; **ne vous en occupez pas** auch das lassen Sie meine Sorge sein; **s'~ de** (+inf) dafür Sorge tragen, daß …; es sich angelegen sein lassen, daß …; F **t'occupe (pas)!** das geht doch dich nichts an!; F das kümmert dich e-n Dreck!

---

occurr|ence [ɔkyrɑ̃s] f **1.** st/s loc/adv **en l'~** in diesem (gegebenen) Fall; im vorlie-genden Fall; **en toute autre ~** bei jeder anderen Gelegenheit; **2.** égl cath zweier Feste Zu'sammenfall(en) m(n) (auf e-n Tag); **~ent** adj égl cath Feste auf e-n Tag fallend; zu'sammenfallend

océan [ɔseɑ̃] m **1.** Ozean m; (Welt)Meer n; **2.** fig **un ~ de …** ein Meer von …; ein …meer n; **un ~ de lumières** ein Lichter-meer n; **un ~ de verdure** ein Meer von Grün

océanaute [ɔseanot] m Tiefseefor-scher m

océanien [ɔseanjɛ̃] géogr **I** adj ⟨~ne⟩ oze'anisch; Oze'aniens; **II** subst **les ♀s** m/pl die oze'anier m/pl; die oze'anischen Völker n/pl

océanique [ɔseanik] adj oze'anisch; Meeres…; **climat m ~** ozeanisches Kli-ma; Meeresklima n

océanograph|e [ɔseanɔgraf] m Meeres-kundler m; Ozeano'graph m; **~ie** f Meereskunde f; Ozeanogra'phie f; **~ique** adj meereskundlich; ozeano'gra-phisch; **Institut m, Musée m ~** Institut n, Museum m für Meereskunde; **navire m ~** Forschungsschiff n

océanologie [ɔseanɔlɔʒi] f Ozeanolo-'gie f

ocell|e [ɔsɛl] m zo **1.** auf den Flügeln von Schmetterlingen, auf dem Gefieder von Vögeln Augenfleck m; **2.** niederer Tiere O'zelle f; **~é** adj litt u sc mit Augenflek-ken geziert

ocelot [ɔslo] m zo Ozelot m (auch der Pelz); Pardelkatze f; **manteau m d'~** Ozelotmantel m

ocre [ɔkr(ə)] f **1.** minér, peint Ocker m od n; peint auch Ockerfarbe f; **un tube d'~** e-e Tube Ocker; **2.** Farbe Ockergelb n; **3.** adjt ⟨inv⟩ (de couleur) **~** ockerfarben, -gelb

ocr|é [ɔkre] **I** adj ockerfarben, -gelb; **II** m text Färben n mit gelbem Ocker; **~eux** adj ⟨-euse⟩ **1.** ockerfarben, -gelb; **2.** ockerhaltig

octaèdre [ɔktaɛdr(ə)] m math Achtfläch-ner m; Okta'eder n

octaédrique [ɔktaedrik] adj math acht-flächig; okta'edrisch

octane [ɔktan] m chim Ok'tan n; fachspr Oc'tan n

octant [ɔktɑ̃] m math, mar Ok'tant m

octante [ɔktɑ̃t] adj/num/c in Kanada u in der frz Schweiz achtzig

octav|e [ɔktav] f **1.** mus Ok'tave f; **à l'~** e-e Oktave höher oder tiefer (zu spielen); **en ~s** in Oktaven; als Fingerübung **faire des ~s** Oktaven spielen; **jouer à une ~ supérieure** e-e Oktave höher spielen; **2.** égl cath Ok'tave f; sc Ok'tav f; **~ier** v/i mus Blasinstrumente okta'vieren; **~in** m mus **a)** Flageo'lett n (auch Orgel-register); **b)** Pikkoloflöte f

octet [ɔktɛ] m chim Ok'tett n

octobre [ɔktɔbr(ə)] m Ok'tober m; hist in Frankreich **les journées d'♀** die Oktobertage m/pl (der 5. u 6. Okt. 1789); in Rußland **la Révolution d'♀** die Okto-berrevolution (1917)

octocoralliaires [ɔktɔkɔraljɛr] m/pl zo Achtstrahlige Po'lypen m/pl; sc Oktoko'rallier m/pl

octogénaire [ɔktɔʒenɛr] **I** adj achtzig-jährig; **II** m,f Achtzigjährige(r) f(m); Achtziger(in) m(f)

octo|gonal [ɔktɔgɔnal] adj ⟨-aux⟩ acht-eckig; geometrischer Körper achtseitig; sc oktogo'nal; **~gone** [-gon, -gɔn] **I** adj cf octogonal; **II** m **1.** math Achteck n; sc Okto'gon n; **2.** fortif Festung(sbau) f(m) mit acht Basti'onen; **~pode** [-pɔd] zo **I** adj achtarmig; **II** m/pl **~s** Okto'po-den m/pl; **~style** adj arch achtsäulig; mit

achtsäuliger Fas'sade; **~syllabe** *métr* **I**
adj achtsilbig; **II** *m* Achtsilb(n)er *m*
octroi [ɔktrwa] *m* **1.** Bewilligung *f*;
Genehmigung *f*; Gewährung *f*; **2.** *früher*
a) Ak'zise *f*; Ok'troi *m od n*; **b)** (*bureau*
m de l'~) a) Zoll- und Ak'zisenadministra-
tion *f*; b) Zollhaus *n*
octroyer [ɔktrwaje] <-oi-> **I** *v/t st/s*
Urlaub, Prämie bewilligen; genehmigen;
Frist zubilligen; zugestehen; gewähren;
II *v/pr* F s'~ *qc* sich etw (*oft eigenmäch-
tig*) bewilligen, genehmigen, zubilligen,
zugestehen; sich etw gönnen
octuor [ɔktɥɔr] *m mus* Ok'tett *n* (*Musik-
stück u Ensemble*)
oculaire [ɔkylɛr] **I** *adj* Aug(en)...; *anat*
globe ~ Augapfel *m*; **témoin** ~
Augenzeuge *m*; **II** *m opt* Oku'lar *n*
oculariste [ɔkylarist] *m* Hersteller *m*
künstlicher Augen
oculiste [ɔkylist] *m,f* Augenarzt, -ärztin
m,f
oculo-cardiaque [ɔkylokardjak] *adj*
méd réflexe *m* ~ okulokardi'aler Re'flex
oculus [ɔkylys] *m* <*pl* oculi [ɔkyli]> *arch*
Ochsenauge *n*; Rundfenster *n*
ocytocine [ɔsitɔsin] *f Biochemie* Oxy-
to'zin *od* Ozyto'zin *n*
odalisque [ɔdalisk] *f* Oda'liske *f* (*weiße
Haremssklavin*)
ode [ɔd] *f Literatur* Ode *f*
odelette [ɔdlɛt] *f Literatur* kleine Ode
odéon [ɔdeɔ̃] *m Altertum* O'deum *od*
O'deon *n*; *in Paris* l'~ das Odeon(theater)
odeur [ɔdœr, o-] *f* Geruch *m*; *angenehmer*
Duft *m*; ~ **agréable** Wohlgeruch *m*;
angenehmer Duft; ~ **de brûlé** Brandge-
ruch *m*; brenzliger Geruch; ~ **de gaz**
Gasgeruch *m*; ~ **de jasmin** Jas'minge-
ruch *m*, -duft *m*; ~ **de moisi, de putré-
faction** Moder-, Fäulnisgeruch *m*;
loc/adj **sans** ~ geruchlos; *égl cath* **mort**
en ~ **de sainteté** im Geruch der Heilig-
keit gestorben; *fig* **ne pas être en** ~ **de**
sainteté auprès de qn bei j-m nicht gut
angeschrieben sein, nicht gern gesehen
sein, in schlechtem Ruf stehen; **avoir**
une bonne, mauvaise ~ gut, schlecht
riechen
odieux [ɔdjø] *adj* <-euse> *Person* unaus-
stehlich; ab'scheulich; 'widerwärtig; wi-
derlich; scheußlich; *Verbrechen* ab-
'scheulich; abscheuerregend; scheußlich;
verabscheuenswürdig; grauenhaft;
gräßlich; gemein; **se rendre** ~ **à tout le**
monde sich bei allen verhaßt machen
odo|mètre [ɔdɔmɛtr(ə)] *m* Schrittzähler
m; Hodo'meter *n*; Hodo'meter *n*; **~mé-
trie** *f* Wegmessung *f* mit Hilfe des
Schrittzählers
odontalgie [ɔdɔtalʒi] *f méd* Zahn-
schmerz(en) *m*(*pl*), -weh *n*; *sc* Odontal-
'gie *f*
odonto|ïde [ɔdɔtɔid] *adj anat* apophyse
f ~ Zahn(fortsatz) *m* (*des 2. Halswirbels*);
~logie *f* Zahnheilkunde *f*; *sc* Odonto-
lo'gie *f*
odorant [ɔdɔrɑ̃] *adj Blumen* wohlrie-
chend; duftend
odorat [ɔdɔra] *m* Geruch(ssinn) *m*
odoriférant [ɔdɔriferɑ̃] *adj* wohlrie-
chend; duftend
odorisant [ɔdɔrizɑ̃] *m chim* Odo'rier-
mittel *n*
odyssée [ɔdise] *f fig u litt* Odys'see *f*
œcumén|icité [ekymenisite, ø-] *f rel*
öku'menischer Cha'rakter; **~ique** *adj*
öku'menisch; **concile** *m* ~ öku'meni-
sches Konzil; **patriarche** *m* ~ Ökumeni-
scher Patriarch; **~isme** *m rel* öku'meni-
sche Bewegung
œdémateux [edematø] *adj* <-euse>
path ödema'tös; ö'demartig
œdème [edɛm, ø-] *m path* Ö'dem *n*;
(Gewebe)Wassersucht *f*; ~ **du poumon**

Lungenödem *n*
œdicnème [ediknɛm] *m zo* Triel *m*
œil [œj] *m* **1.** *anat* <*pl* yeux [jø]> Auge *n*;
fig **mauvais** ~ böser Blick; F ~ **poché,**
au beurre noir blaues Auge; ♦ **yeux**
de braise *cf* braise 1.; ~ **de verre**
Glasauge *n*; ♦ **coup** *m* **d'**~ a) flüchtiger,
kurzer Blick; b) *auf e-e Gegend, Stadt*
(Aus)Blick *m* (**sur la ville** auf die
Stadt); *loc/adv* **du premier coup d'**~
auf den ersten (flüchtigen) Blick; **avoir**
le coup d'~ ein gutes Augenmaß haben;
jeter un coup d'~ (**rapide**) **sur qc** e-n
flüchtigen Blick auf etw (*acc*) werfen;
jeter un coup d'~ **sur le journal** e-n
flüchtigen, kurzen Blick in die Zeitung
werfen; **die** Zeitung über'fliegen; *loc/adj*
aux yeux bleus blauäugig; *loc/adv*: **les**
yeux fermés *cf* fermé; **les yeux**
grand(s) ouverts mit weit aufge-
rissenen Augen; F **mon** ~! ich bin doch
nicht so dumm, das zu glauben!; F **wer's**
glaubt, wird selig!; F **à l'**~ um'sonst;
gratis; ohne e-n Pfennig zu bezahlen;
aux yeux de qn a) vor j-s Augen (*dat*);
b) in j-s Augen (*dat*); **aux yeux de tous**
vor aller Augen; **à mes yeux,** il est un
escroc in meinen Augen ist er ein Betrü-
ger; **à vue d'**~ zusehends; merklich; **d'un**
~ **critique** kritisch; mit kritischem
Blick, Auge; **de ses** (**propres**) **yeux**
mit eigenen Augen; **entre quatre yeux,**
F **entre quatre-z-yeux** [ɑ̃trəkatzjø] un-
ter vier Augen; **pour ses beaux yeux**
um s-r schönen Augen willen; s-r schö-
nen Augen wegen; *bibl* ~ **pour** ~, **dent**
pour dent Auge um Auge, Zahn um
Zahn; **sous les yeux de qn** vor j-s
Augen; **avoir qc sous les yeux** etw vor
sich, vor den Augen haben; **mettre qc**
sous les yeux de qn j-m etw zeigen,
vorlegen; ♦ *verbale Wendungen mit* **œil**:
avoir l'~ (**à tout**) (auf alles) ein auf-
merksames, wachsames Auge haben;
auf alles achten; F **avoir un** ~ **qui dit**
merde à l'autre schielen; F mit dem
rechten Auge in die linke Westentasche
gucken; **avoir l'**~ **sur qn,** F **avoir, tenir**
qn à l'~ ein wachsames Auge, ständig
ein Auge auf j-n haben; j-n ständig im
Auge behalten; j-n nicht aus den Augen
lassen; j-m auf die Finger sehen; F **je**
m'en bats l'~ ich schere mich den
Teufel darum; F das kümmert mich e-n
Dreck; F **cligner de l'**~ *cf* cligner I;
faire de l'~ **à qn** j-m Blicke zuwerfen;
j-m zuzwinkern; **ne pas fermer l'**~ **de**
(**toute**) **la nuit** die ganze Nacht kein
Auge zutun; **frapper, tirer l'**~ sofort
ins Auge fallen; den Blick auf sich
ziehen; *Farbe auch* F knallig sein; **ouvrir**
l'~, F **l'**~ **et le bon** auf der Hut,
vorsichtig, wachsam sein; **die** Augen
offenhalten, aufmachen; F *fig* **se rincer**
l'~ Stielaugen machen; sich (*nach e-m
hübschen Mädchen*) **die** Augen ausguk-
ken, den Hals verrenken; den stillen
Genießer spielen; *Gegenstand* **taper**
dans l'~ **de qn** j-m ins Auge, in **die**
Augen stechen; **tourner de l'**~ in Ohn-
macht fallen; F 'umfallen; 'umkippen;
voir qc d'un bon, mauvais ~ etw gern,
ungern sehen; ♦ *verbale Wendungen mit*
yeux: **avoir les yeux bleus** blaue
Augen haben; **avoir les yeux perdus**
dans le vague ins Leere starren; *fig* **il a**
les yeux plus grands que le ventre s-e
Augen sind größer als sein Magen; F **il**
n'avoir pas les yeux dans sa poche
die Augen überall haben; **il n'a pas les**
yeux dans sa poche *auch* ihm entgeht
nichts; ihm bleibt nichts verborgen; F **er**
hat vorn und hinten Augen; F **t'as donc**
pas les yeux en face des trous! sperr,
mach doch deine Augen auf!; **du hast**

wohl keine Augen im Kopf?; **wo hast du**
denn deine Augen?; **du schläfst wohl mit**
offenen Augen?; il **n'avait d'yeux que**
pour elle er hatte nur Augen für sie; *fig*
ne pas avoir assez de ses yeux pour
pleurer unaussprechlichen Kummer
haben; *fig* **n'avoir plus que les yeux**
pour pleurer alles verloren haben;
buchstäblich nichts mehr besitzen; **coû-**
ter les yeux de la tête F e-e Stange
Geld, ein Heiden-, Sündengeld kosten;
être tout yeux, tout oreilles ganz Auge
und Ohr sein; **faire les yeux doux à qn**
j-m schöne, verliebte Augen machen;
j-m verliebte Blicke zuwerfen; F **faire**
les gros yeux à un enfant ein Kind
tadelnd, strafend, streng anblicken, an-
sehen; **se faire les yeux** Augen-Make-
-up ['me:kap] auftragen; **fermer les**
yeux à qn j-m (e-m Toten) **die** Augen
zudrücken; *fig*: **fermer les yeux** ein
Auge, *p/fort* beide Augen zudrücken
(**sur qc** bei etw); **fermer les yeux**
devant qc **die** Augen vor etw (*dat*)
verschließen; **fixer les yeux sur qn, qc**
cf fixer 4. a); **ouvrez bien vos yeux**!
macht eure Augen auf!; haltet eure
Augen gut offen!; *fig* **ouvrir les yeux à**
qn (**sur qc**) j-m (über etw [*acc*]) **die**
Augen öffnen; *vor Staunen* **ouvrir de**
grands yeux große Augen machen; **die**
Augen aufreißen, aufsperren; F **Kuller-**
augen machen; *fig* **sauter aux yeux** in
die Augen *od* ins Auge springen, fallen;
les yeux lui sortent de la tête ihm
treten **die** Augen aus dem Kopf; F *fig* **ça**
me sort par les yeux F das hängt mir
zum Hals heraus; **brusquement ses**
yeux tombèrent sur la lettre plötzlich
fiel sein Blick auf den Brief; **s'user les**
yeux (**à lire**) sich **die** Augen (mit Lesen)
verderben; *prov* **loin des yeux, loin du**
cœur aus den Augen, aus dem Sinn
(*prov*); **2.** <*pl* yeux> Elektronik, *phot* ~
électrique Photozelle *f*; lichtelektri-
sche Zelle; ~ **magique, cathodique** magisches Au-
ge; **3.** <*pl* yeux> *bot, jard* Auge *n* (*auch
bei Kartoffeln*); **greffe** *f* **à** ~ **dormant,**
poussant Okulation *f* auf das schlafen-
de, treibende Auge; **tailler à deux,**
trois yeux bis auf zwei, drei Augen
zurück-, herunterschneiden; **4.** yeux *pl*
Fettaugen *n/pl* (*auf der Suppe*); **5.** <*pl*
œils> *tech* im Hammerkopf, e-s Mühl-
steins Auge *n*; *an Werkzeugen etc* Loch *n*;
Auge *n*; Öse *f*; *der Radnabe* Bohrung *f*;
Loch *n*; **6.** <*pl* œils> *mar* e-r Trosse, e-s
Taus, *impr* e-r Letter Auge *n*; **7.** <*pl*
œils> *arch* im Scheitel e-r Kuppel Auge
n; O'päum *n*; *selten* Nabel *m*; **8.** *météo* e-s
tropischen Orkans Auge *n*
œil-de-bœuf [œjdəbœf] *m* <*pl* œils-
-de-bœuf> **1.** *arch* Ochsenauge *n*; Rund-
fenster *n*; **2.** *bot* **a)** Färberkamille *f*; **b)**
Gemeines Ochsen-, Rindsauge *n*; **~chat**
m <*pl* œils-de-chat> *minér* Katzenauge
n; **~perdrix** *f* <*pl* œils-de-perdrix>
1. an den Zehen Hühnerauge *n*; **2.** *text*
Gerstenkorngewebe *n*; **3.** *adjt* vin *m* ~
Schillerwein *m*; Bleichert *od* Bleichart *m*;
~pie *f* <*pl* œils-de-pie> *mar* Gatt-
chen *n*; Kausch *f*; **~tigre** *m* <*pl* œils-
-de-tigre> *minér* Tigerauge *n*
œillade [œjad] *f* verliebter, ko'ketter
Blick; verliebtes, ko'kettes Augenzwin-
kern; **décocher, jeter, lancer une** ~,
faire des ~**s** (**à qn**) j-m verliebte Blicke
zuwerfen, schöne Augen machen
œillère [œjɛr] *f* **1.** e-s Pferdes meist pl ~**s**
Scheuklappen *f*/*pl* (*auch fig*), -leder *n*/*pl*;
fig **avoir des** ~ Scheuklappen tragen;
mit Scheuklappen durchs Leben gehen;
2. *méd für Augenbäder* Augenbadewan-
ne *f*; **3.** *anat* Augenzahn *m*; **4.** e-s

mittelalterlichen Helms Augenschirm *m*

œillet [œjɛ] *m* **1.** *bot* Nelke *f;* ~ **d'Inde** Sammetblume *f; sc* Ta'getes *f;* ~ **de poète** Bartnelke *f;* **2.** *e-s Schnürschuhs, am Korsett* Schnürloch *n;* **3.** *e-s Schnür-, Gürtellochs etc* Öse *f;* **4.** *mar* Öse *f; e-s Segels* Gattchen *n;* ~ **de ris** Reffgattchen *n;* **5.** *e-s Salzgartens, e-r Saline* flaches Becken (*zur Ausscheidung des Kochsalzes*)

œilleton [œjtõ] *m* **1.** *bot* Trieb *m;* Schoß *m;* Schößling *m;* **2.** *bei gewissen Handfeuerwaffen* rundes Vi'sier; Lochkimme *f;* **3.** *opt am Mikroskop, Fernrohr* Augenmuschel *f*

œilletonn|age [œjtɔnaʒ] *m jard* **a)** Abnehmen *n* von Trieben, Schößlingen (*zur Vermehrung*); **b)** Vermehrung *f* durch Triebe; **~er** *v/t jard* **a)** e-n Trieb, Schößling abnehmen (**une plante** *von e-r Pflanze*); die Blattknospen entfernen (**un arbre fruitier** *von e-m Obstbaum*); **b)** *Pflanze durch Abnehmen e-s Triebs, Schößlings vermehren*

œillette [œjɛt] *f* **1.** *bot* (*e-e*) Schlafmohnart (*mit schwarzen od grauen Samen*); **graines** *f/pl* **de l'~** Mohnsamen *m/pl;* **2.** Mohnöl *n*

œkoumène [ekumɛn] *m géogr* Öku'mene *f;* bewohnter Raum der Erde

œnanthe [enãt] *f bot* Rebendolde *f*

œno|logie [enɔlɔʒi] *f* Wein(bau)kunde *f;* Önol'gie *f;* **~logique** *adj* öno'logisch; **~logue** [-lɔg] *m* Weinbaukundige(r) *m;* **~métrie** *f* Bestimmung *f* des Alkoholgehalts des Weins

œno|thera [enɔtera] *od* **~thère** [-tɛr] *m bot* Nachtkerze *f*

œrsted [œrstɛd] *m* (*abr* Oe) *phys* Maßeinheit Örsted *od* Oersted *n* (*der Feldstärke*)

œsophag|e [ezɔfaʒ] *m anat* Speiseröhre *f; sc* Ö'sophagus *od* Oe'sophagus *m;* **~ien** *adj* (*~ne*) *anat* der Speiseröhre; Speiseröhren...; *sc* öso'phagisch; *méd* **sonde ~ne** Schlund-, Magensonde *f;* **~isme** *m path* Speiseröhrenkrampf *m; sc* Ösopha'gismus *m od* Ösophago'spasmus *m;* **~ite** *f path* Speiseröhrenentzündung *f; sc* Ösopha'gitis *f*

œsophagoscope [ezɔfagɔskɔp] *m méd* Speiseröhrenspiegel *m; sc* Ösopha-go'skop *n*

œstral [ɛstral] *adj* (*-aux*) *physiol* **cycle ~ bei Frauen** Östruszyklus *m; bei weiblichen Säugetieren* östrischer Zyklus

œstre [ɛstr(ə)] *m zo* Dassel-, Bies-, Bremsfliege *f;* ~ **du mouton** Nasenbremse *f;* Schafbremse *f;* ~ **du cheval** Pferderachenbremse *f*

œstrogène [ɛstrɔʒɛn, ø-] *adj physiol* **hormones** *f/pl* **~s** *od subst* **~s** *m/pl* Östro'gene *n/pl*

œstrone [ɛstrɔn, -on] *f physiol* Östron *n*

œstrus [ɛstrys] *m physiol* Östrus *m*

œuf [œf] *m* ⟨*pl* ~**s** [ø]⟩ **1.** *biol, cuis* Ei *n;* ~ **cru** rohes Ei; ~ **dur** hart(gekocht)es Ei; ~ **frais** frisches Ei; *F fig von e-r Person* **quel** ~! so ein Dumm-, *F* Döskopf, Idiot!; ~ **à la coque** weich(gekocht)es Ei; ~ **au jambon** Setzei *n* mit Schinken; ~ **à la liqueur** Li'körei *n;* ~ **au plat, sur le plat** Spiegel-, Setzei *n; F fig* **des** ~**s sur le plat** flache (*weibliche*) Brust; *F* zwei Linsen auf e-m Brett; ~ **à repriser** Stopfei *n;* ~ **d'abeille, de cane, de fourmi** Bienen-, Enten-, Ameisenei *n;* ~ **du jour** frisches Ei (*vom gleichen Tag*); ~ **d'oiseau, de Pâques, de pigeon** Vogel-, Oster-, Taubenei *n;* ~**s de poisson** Fischeier *n/pl;* Rogen *m;* ~ **de poule** Hühnerei *n;* ~**s en neige,** ~(**s**) **battu(s) en neige** Eischnee *m;* Eierschaum *m;* **battre des (blancs d')**~**s en neige** Eiweiß zu Schnee, Schaum schlagen; *fig u péj* **tête** *f,* **crâne** *m* **d'**~ Eierkopf *m;*

loc/adj: **en forme d'**~ eiförmig; o'val; **plein comme un** ~ *Raum, Verkehrsmittel* gestopft, brechend, zum Brechen, Bersten, Platzen voll; *Person F* genudelt; voll(gefressen); pappsatt; *loc/adv fig* **dans l'**~ im Keim; *Revolution, Affäre* **écraser, étouffer dans l'**~ im Keim ersticken; *F fig* **va te faire cuire un** ~! scher dich zum Kuckuck, Teufel!; **c'est comme l'**~ **de (Christophe) Colomb, il fallait y penser!** das ist das Ei des Kolumbus!; das ist ganz einfach, man muß nur darauf kommen!; *fig* **marcher sur des** ~**s** wie auf Eiern gehen; il **mettre tous ses** ~**s dans le même panier** alles auf e-e Karte setzen; il **tondrait un** ~ er ist ein alter Geizkragen, -hals, Knauser, *F* Knicker, Filz; er ist knauserig, *F* knick(e)rig; *prov* **qui vole un** ~, **vole un bœuf** mit kleinen Dingen fängt es an, mit großen hört es auf (*loc/prov*); **2.** *Skisport* Eiform(haltung) *f;* **faire l'**~ die Eiformhaltung annehmen

œuvé [œve] *adj* *von Fisch* mit Rogen; **poisson** ~ Rogener *m*

œuvre[1] [œvr(ə)] *f* **1.** Werk *n;* Arbeit *f; litt* **femme grosse des** ~**s de X** von X geschwängerte Frau; **exécuteur** *m,* **maître** *m* **des 'hautes** ~**s** Scharfrichter *m;* Henker *m;* **mise** *f* **en** ~ Anwendung *f;* Gebrauch *m;* Einsatz *m;* **b)** Ausführung *f;* 'Durchführung *f;* Verwirklichung *f; loc/adv* **à l'**~ am Werk; **être à l'**~ am Werk sein; *loc/prov* **à l'**~ **on connaît l'artisan** das Werk lobt den Meister (*loc/prov*); **être à l'**~ am Werk, bei der Arbeit sein; **juger à l'**~ j-n nach s-r Arbeit, nach s-r Leistung beurteilen; **se mettre à l'**~ sich ans Werk, an die Arbeit machen, begeben; das Werk in Angriff nehmen; **être l'**~ **de qn** j-s Werk sein; **être l'**~ **des siècles** das Werk von Jahrhunderten sein; **être une** ~ **de longue haleine** e-e langwierige Arbeit, Aufgabe sein; **être fier de son** ~ stolz auf sein Werk, s-e Arbeit sein; **il est fils de ses** ~**s** er ist ein Selfmademan ['-me:dmɛn]; er hat es aus eigner Kraft zu etwas gebracht; er hat sich selbst hochgearbeitet; **faire** ~ **utile** e-e nützliche Arbeit, etwas Nützliches tun; **la mort avait déjà fait son** ~ der Tod hatte s-e Arbeit, das Seine schon getan; **mettre en** ~ **a)** anwenden; gebrauchen; einsetzen; Gebrauch machen von; **b)** ins Werk setzen; ausführen; 'durchführen; in die Tat 'umsetzen; verwirklichen; *cf auch* **5.**; **mettre tout en** ~ **pour faire qc** alle Hebel, Himmel und Hölle in Bewegung setzen, alles aufbieten, alles einsetzen, nichts unversucht lassen, um etw zu tun; **2.** *e-s Schriftstellers, Künstlers* Werk *n,* Oeuvre *n* (*einzelnes u Gesamtwerk*); ~**s choisies, complètes** ausgewählte, sämtliche *od* gesammelte Werke; **maîtresse** Meisterwerk *n;* ~ **d'art** Kunstwerk *n;* ~ **de jeunesse** Jugendwerk *n;* **3.** ~**s** *pl* **a)** *bes égl* kirchliche Werke *n/pl* (*z B Jugend-, Hilfs-, Sozialwerk*); ~**s sociales de l'entreprise** betriebliche Sozialeinrichtungen *f/pl;* ~**s de bienfaisance, de charité, bonnes** ~**s a)** *private, kirchliche* Wohlfahrts-, Wohltätigkeitseinrichtungen *f/pl,* soziale Einrichtungen *f/pl;* **b)** *private, kirchliche* Wohltätigkeitsvereine *m/pl;* **b)** *rel* **les bonnes** ~**s** die guten Werke *n/pl; bibl* **l'**~ **de (la) chair** die Werke des Fleisches; *Mensch* **être jugé selon ses** ~**s** nach s-n Werken, Taten gerichtet werden; **4.** *mar* ~**s mortes** totes Werk; 'Überwasserschiff *n;* ~**s vives** lebendes Werk; 'Unterwasserschiff *n; fig* **être frappé dans ses** ~**s vives** im Lebensnerv getroffen sein; **5.** *e-s Edelsteins*

Fassung *f; loc/adj* **'hors d'**~ *od* **'hors de l'**~ ungefaßt; aus der Fassung gelöst; **metteur** *m* **en** ~ Fasser *m;* **mettre en** ~ fassen

œuvre[2] [œvr(ə)] *m* **1.** *bât* **gros** ~ Rohbau *m;* **maître** *m* **d'**~ *im Mittelalter* Dombaumeister *m; heute* Bauführer, -leiter *m; loc/adv* **dans** ~ im Innern des Baues, Bauwerkes, Baukörpers; **'hors (d')**~ außerhalb des Baues, Bauwerks, Baukörpers; **escalier** *m* **dans** ~, **'hors** ~ Innen-, Außentreppe *f; e-s Baues* **mesure** *f* **dans** ~, **'hors d'**~ Innen-, Außenmaß *n;* **2.** *litt e-s bildenden Künstlers* (Gesamt)Werk *n;* ~ **entier** Gesamtwerk *n;* **l'**~ **gravé** die Kupferstiche *m/pl;* **l'**~ **peint, sculpté** das malerische, bildhauerische Werk

œuvrer [œvre] *litt v/i* wirken; tätig sein; arbeiten; ~ **pour qc** für etw wirken *etc;* **auf etw hinwirken, -arbeiten**

off [ɔf] *adj* ⟨*inv*⟩ *cin* **voix** *f* ~ Stimme *f* e-r Per'son, die im Off spricht; Off-Stimme *f;* **être** ~ off, im Off sein; auf der Leinwand nicht zu sehen sein

offensant [ɔfãsã] *adj Worte, Benehmen* beleidigend; kränkend; verletzend

offense [ɔfãs] *f* **1.** *e-r Person* Beleidigung *f;* Kränkung *f; par ext st/s* ~ **au bon goût** Verstoß *m* gegen den guten Geschmack; Verletzung *f* des guten Geschmacks; ~ **envers le chef de l'État** *od abs* ~ Beleidigung des Staatsoberhaupts; **2.** *rel* Sünde *f;* Schuld *f; Bitte des Vaterunsers* **pardonne-nous nos** ~**s** vergib uns unsere Schuld

offensé [ɔfãse] **I** *adj Miene* beleidigt; gekränkt; **se sentir** ~ sich gekränkt, beleidigt, verletzt fühlen; **II** *subst* ~(**e**) *m(f)* Beleidigte(r) *f m(f)*

offenser [ɔfãse] **I** *v/t* **1.** *Person* beleidigen; kränken; wehtun (*qn* j-m); verletzen; *par ext st/s* ~ **la pudeur** das Schamgefühl verletzen; gegen das Schamgefühl verstoßen; *loc/adv* **sans vous** ~ nichts für ungut; ich will Sie nicht beleidigen, kränken; ich will Ihnen nicht wehtun, zu nahe treten; **ne soyez pas offensé de ce que je vous dis** nehmen Sie mir nicht übel, was ich Ihnen sage; **2.** *rel* ~ **Dieu** sich gegen Gott versündigen; **II** *v/pr s'*~ **de qc** sich durch etw gekränkt, beleidigt, verletzt fühlen; etw übelnehmen; an etw (*dat*) Anstoß nehmen

offenseur [ɔfãsœr] *m* Beleidiger *m*

offensif [ɔfãsif] *adj* ⟨*-ive*⟩ **1.** *mil* Angriffs...; Offen'siv...; offen'siv; **alliance offensive** Offensivbündnis *n;* **alliance offensive et défensive** Schutz- und Trutzbündnis *n;* **armes offensives** Angriffs-, Offensivwaffen *f/pl;* **guerre offensive** Angriffs-, Offensivkrieg *m;* **2.** *fig* **retour** ~ **de l'hiver** plötzliche Rückkehr des kalten Winterwetters; **retour** ~ **du mauvais temps** plötzlicher Wetterumschlag; *cf auch* **retour 4.** *u* **10.**

offensive [ɔfãsiv] *f mil, fig* Offen'sive *f;* Angriff *m;* ~ **diplomatique** diplomatische Offensive; ~ **générale, de grande envergure** Großangriff *m,* -offensive *f; fig* **nouvelle** ~ **de l'hiver** erneuter Kälteeinbruch; erneutes Einsetzen des Winters, des Frostwetters; *fig* ~ **de paix** Friedensoffensive *f; mil* **déclencher une** ~ zur Offensive ansetzen; *mil, fig:* **passer à l'**~ zur Offensive, zum Angriff 'übergehen; (re)prendre l'~ (wieder) die Offensive ergreifen, an sich reißen; (wieder) offensiv werden

offert [ɔfɛr] *p/p von* offrir

offertoire [ɔfɛrtwar] *m égl cath* Offer'torium *n*

office [ɔfis] *m* **1.** *nur loc* **faire** ~ **de, remplir l'**~ **de ... Person** (*stellvertre-*

tend, vorübergehend) tätig sein als ...; die Stelle e-s *bzw* e-r ... einnehmen, ausfüllen; die Arbeit e-s *bzw* e-r ... tun, verrichten; *Gegenstand* als ... dienen; faire ~ de chauffeur als Chauffeur tätig sein; die Stelle e-s Chauffeurs einnehmen *etc*; *Raum* faire ~ de bureau als Büro dienen; *Abkommen* remplir son ~ s-n Zweck, s-e Aufgabe, s-e Funktion erfüllen; 2. *öffentliches u käufliches* Amt *auf Lebenszeit*; ~ ministériel *in Frankreich Bezeichnung für gewisse Ämter (Makler, Notar, Gerichtsvollzieher etc), die käuflich sind*; ~ d'avoué Rechtsanwaltspraxis *f*; ~ de notaire Notari'at *n*; 3. *meist in amtlichen Bezeichnungen* Amt *n*; *staatliche* Dienst-, Geschäftsstelle *f*; ♀ franco-allemand pour la Jeunesse Deutsch-Französisches Jugendwerk; ♀ national de la propriété industrielle (*abr* O.N.P.I.) Pa'tentamt *n*; ♀ national du Tourisme (*abr* O.N.T.) staatliche Verkehrsamt; ♀ d'échanges universitaires Akademischer Austauschdienst; ~ de la publicité Werbeagentur *f*; *bis 1974* ♀ de la Radiodiffusion-Télévision française (*abr* O.R.T.F.) *staatliche französische Rundfunk- und Fernsehanstalt*; 4. bons ~s gute Dienste *m/pl* (*auch dipl*)/ Vermittlung *f*; offrir, proposer ses bons ~s e-e Vermittlung anbieten, s-e guten Dienste anbieten; 5. *loc/adv* d'~ a) von Amts wegen; b) zwangsweise; c) ohne lange zu fragen; commis, nommé d'~ amtlich, durch das *od* vom Gericht, gerichtlich bestellt; avocat (commis) d'~ *Strafrecht* Offizi'al-, Pflichtverteidiger *m*; *Zivilrecht* Armenanwalt *m*; être mis à la retraite d'~ zwangsweise in den Ruhestand versetzt werden; 6. *égl cath* a) ~ (divin, religieux) Gottesdienst *m*; Messe *f*; ~ des morts Totenmesse *f*; b) (Tages-) Of'fizium *od* Of'ficium *n*; Stundengebete *n/pl*; 7. *in Florenz* les ♀ m *pl/ die* Uf'fizien *pl*; 8. ⟨*auch f*⟩ *früher* Anrichtezimmer *n* (*neben der Küche*)

official [ɔfisjal] *m* ⟨*pl* -aux⟩ *égl cath* Offizi'al *m*; **~isation** *f* offizi'elle, amtliche Bestätigung, Anerkennung; **~iser** *v/t* offizi'ell, amtlich bestätigen, anerkennen; offizi'ellen, amtlichen Cha'rakter geben (+*dat*); **~ité** *f égl cath* a) Offizia'lat *n*; b) Amt *n* des Offizi'als

officiant [ɔfisjã] *adj u subst m égl cath* (*prêtre*) ~ die Messe haltender, lesender, zele'brierender Priester; Offizi'ant *m*

officiel [ɔfisjɛl] I *adj* ⟨~le⟩ *Urkunde, Version, Mitteilung, Text* offizi'ell; amtlich; *Note, Veranstaltung, Besuch* offizi'ell; **cachet, sceau** ~ Dienst-, Amtsstempel *m bzw* -siegel *n*; *Börse* cote ~le amtliche Notierung; **fiançailles** ~les offizielle Verlobung; **le Journal** ~ (*abr* J.O.) *od subst* l'♀ *m* das Amts-, Gesetzblatt (*der französischen Regierung*); *in der BRD* das Bundesgesetzblatt; *der Bundesanzeiger*; **langue** ~le Amtssprache *f*; **personnages** ~s *cf* II 1.; **visite** ~le Staatsbesuch *m*; offizieller Besuch; *loc/adv* **de source** ~le von amtlicher Seite; **cela avait été** ~ **vers sept heures** das war gegen sieben Uhr offiziell bekanntgegeben worden; II *m* 1. *meist pl* ~s Vertreter *m/pl* von Staat und Behörden; Per'sönlichkeiten *f/pl* des öffentlichen Lebens; 2. *sports* (Sport-) Funktio'när *m*

officiellement [ɔfisjɛlmã] *adv* offizi'ell; amtlich

officier[1] [ɔfisje] *m* 1. *mil* Offi'zier *m*; ~ **instructeur** Ausbildungsoffizier *m*; ~s **généraux** Gene'räle *m/pl*; Offiziere im Generalsrang; Generali'tät *f*; *mar mil* Flaggoffiziere *m/pl*; ~s **subalternes** Subal'ternoffiziere *m/pl*; ~s **supérieurs** Stabsoffiziere *m/pl*; höhere Offiziere; ~ **d'active** aktiver Offizier; ~ **d'administration** Verwaltungsoffizier *m*; ~ **d'artillerie, d'aviation** Artille'rie-, Flieger- *od* Luftwaffenoffizier *m*; ~ **de carrière, d'état-major, d'infanterie, de liaison** Berufs-, Gene'ralstabs-, Infante'rie-, Verbindungsoffizier *m*; ~ **de marine, de vaisseau, de pont** Ma'rine-, Seeoffizier *m*; ~ **d'ordonnance** Adju'tant *m*; ~ **de permanence** Offizier vom Dienst (*abr* O.v.D.); ~ **de police** Poli'zeioffizier *m*; *mar mil* ~ **de quart** Wachoffizier *m*; ~ **de réserve** Re'serveoffizier *m*; ~ **du service de renseignement** Offizier des Nachrichtendienstes, des militärischen Geheimdienstes; ~ **du service de santé** Sani'tätsoffizier *m*; ~ **de transmissions** Nachrichtenoffizier *m*; **corps** *m* **des** ~s Offizierskorps *n*; **passer** ~ Offizier werden; **zum Offizier befördert werden**; 2. *Ordensgrad* Offi'zier *m*; ~ **d'Académie** Offizier e-s Ordens für Verdienste um das Bildungswesen; ~, **grand** ~ **de la Légion d'honneur** Offizier, Großoffizier *m* der Ehrenlegion; 3. *adm, jur* Beamte(r) *m*; *jur* ~ **ministériel** *Bezeichnung für Inhaber gewisser Ämter (Notar, Anwalt, Makler, Auktionator, Gerichtsvollzieher etc), die vom Staat verliehen werden und käuflich sind*; ~ **de l'état civil** Standesbeamte(r) *m*; ~s **de police judiciaire** *zur Strafverfolgung befugte Beamte*; 4. *hist* **grand** ~ **de la couronne** Großwürdenträger *m* der (französischen) Krone

officier[2] [ɔfisje] *v/i* 1. *égl* den Gottesdienst halten; die Messe lesen, zele'brieren; 2. *fig u iron* von e-m Koch s-s Amtes walten

officieusement [ɔfisjøzmã] *adv* inoffiziell; von inoffizieller, halbamtlicher Seite

officieux [ɔfisjø] *adj* ⟨-euse⟩ offizi'ös; halbamtlich; inoffiziell; **de source officieuse** von inoffizieller, halbamtlicher Seite

offic|inal [ɔfisinal] *adj* ⟨-aux⟩ offizi'nal; offizi'nell; *Arz'nei*...; *Heil*...; **plantes, herbes** ~es Arznei-, Heilpflanzen *f/pl*; Heilkräuter *n/pl*; **préparation** ~e offizinelles Arzneimittel; **~ine** *f selten* Offi'zin *f*; Apo'theke *f*

offrande [ɔfrãd] *f rel* Opfer(gabe) *n(f)*

offrant [ɔfrã] *m bei e-r Versteigerung* **le plus** ~ der Meistbietende; **vendre au plus** ~ meistbietend verkaufen

offre [ɔfr(ə)] *f* Angebot *n*; Anerbieten *n*; *bes comm* Angebot *n*; Of'ferte *f*; *Privatrecht* Antrag *m*; Of'ferte *f*; *bei Versteigerungen* Gebot *n*; ~ **croissante de ...** steigendes, zunehmendes Angebot an (+*dat*); ~ **maximum** höchstes Angebot; *bei Versteigerungen* Höchstgebot *n*; ~ **minimum** niedrigstes Angebot; *bei Versteigerungen* Mindestgebot *n*; *jur* ~s **réelles** Re'alangebot *n*, Leistungsangebot *n des Schuldners an den Gläubiger durch e-n Notar od Zustellbeamten*; ~ **d'achat** Kaufangebot *n*; ~s **d'emplois** Stellenangebote *n/pl* (*auch als Zeitungsrubrik*); offene Stellen *f/pl*; ~ **d'entente** Verständigungsangebot *n*; Angebot zur Verständigung; ~ **de médiation, de négociations, de paix** Vermittlungs-, Verhandlungs-, Friedensangebot *n*; *comm* ~ **et demande** Angebot und Nachfrage; **la loi de l'**~ **et de la demande** das Gesetz von Angebot und Nachfrage; *adm* **appel** *m* **d'**~s Ausschreibung *f*; *bei der Versteigerung* **faire la première** ~ zuerst, als erste(r) bieten

offrir [ɔfrir] ⟨*cf* couvrir⟩ I *v/t* 1. schenken; über'reichen; ~ **qc à qn pour son anniversaire** j-m etw zum Geburtstag schenken, überreichen; **la joie d'**~ die Freude am Schenken, Geben; **savoir** ~ **zu schenken verstehen**; es verstehen, Geschenke zu machen; 2. ~ **qc à qn** j-m etw anbieten, offe'rieren (*bes comm*); j-m etw bieten, geben (**pour** qc für etw); ~ **à qn de faire qc** j-m anbieten, etw zu tun; **que puis-je vous** ~? was darf ich Ihnen anbieten?; ~ **son aide** s-e Hilfe anbieten, *st/s* antragen; ~ **le bras à qn** j-m s-n Arm (an)bieten; **la situation ne nous offre pas le choix** ... läßt uns keine Wahl; **on lui offre mille francs pour ce travail** man bietet ihm tausend Franc für diese Arbeit; ~ **l'occasion à qn de faire qc** j-m die Gelegenheit bieten, geben, etw zu tun; ~ **à qn une place de** ... j-m e-e Stelle als ... anbieten; ~ **des rafraîchissements** Erfrischungen anbieten, her'umreichen; ~ **une récompense** e-e Belohnung aussetzen; 3. darbieten; darstellen; bilden; *Vorteile, Schwierigkeiten* mit sich bringen; bieten (*auch Widerstand, st/s Anblick*); **cela n'offre rien de répréhensible** das stellt nichts Verwerfliches dar; II *v/pr* 4. **s'**~ *Person* sich anbieten (*auch Frau u-m Mann*); *Gelegenheit* sich (dar)bieten; **s'**~ **comme guide** sich als Führer anbieten; **s'**~ **à faire qc** sich erbieten, etw zu tun; 5. *Person* **s'**~ **qc** sich etw leisten, gönnen

offset [ɔfsɛt] *m impr* Offsetdruck *m*; *adit*: **papier** ~ Offsetpapier *n*; **presse** *f* ~ Offsetmaschine *f*

offsettiste [ɔfsetist] *m impr* Offsetdrucker *m*

off-shore [ɔfʃɔr] I *adj* ⟨*inv*⟩ **champ** *m* **pétrolifère** ~ (der Küste vorgelagertes) Ölfeld im Meer; II *m* ⟨*pl* off-shores⟩ Bohranlage *f* auf e-r Bohrinsel im Meer

offusquer [ɔfyske] I *v/t* ~ **qn** j-m miß'fallen, ein Dorn im Auge sein; j-n ärgern, *p/fort* empören; **être offusqué par qc** durch etw verärgert sein; über etw (*acc*) pi'kiert, entrüstet, empört sein; II *v/pr* **s'**~ **de** qc sich über etw (*acc*) ärgern, *p/fort* empören; an etw (*dat*) Anstoß nehmen

ogival [ɔʒival] *adj* ⟨-aux⟩ *arch* spitzbogig; ogi'val; **arc** ~ Spitzbogen *m*; **voûte** ~e Spitztonne *f*

ogive [ɔʒiv] *f* 1. *arch* a) Rippe *f* (*des gotischen Gewölbes*); b) (**arc** *m* **en**) ~ Spitzbogen *m*; 2. e-s Geschosses (Spreng-)Kopf *m*; ~ **atomique** A'tomsprengkopf *m*

ognette [ɔɲɛt] *f des Bildhauers* Meißel *m*

ogr|e [ɔgr(ə)] *m im Märchen* Menschenfresser *m*; *fig* **manger comme un** ~ F essen, P fressen wie ein Scheunendrescher; **~esse** *f* Frau *f* des Menschenfressers

oh [o] *int* oh!; ach!; ~! là! là! ach je!; o'je!; ~! **quelle horreur**! oh, wie schrecklich!; *subst* **pousser des** ~! et **des ah**! [... deoedea] in ein freudiges Oh ausbrechen; freudig erstaunt sein

ohé [ɔe] *int* he(da)!; hallo!; *mar* a'hoi!; ~! **vous là-bas**! he *od* hallo, Sie da!; ~! **les amis**! he *od* hallo, Freunde!; *mar* ~! **du bateau**! Schiff ahoi!

ohm [om] *m* (*Zeichen* Ω) *élect* Ohm *n* (*Zeichen* Ω); **la loi d'**♀ das Ohmsche Gesetz; **~ique** *adj élect* ohmsche(r, -s); **chute** *f* ~ **de potentiel** ohmscher Spannungsabfall; **résistance** *f* ~ ohmscher 'Widerstand; **~mètre** *m élect* Ohmmeter *n*

oïdium [ɔidjɔm] *m Pilz* Echter Rebenmehltau; *Krankheit des Weins* echter Mehltau

oie [wa] f **1.** zo Gans f (Gattung u weibliches Tier); ~ **cendrée, empereur, rieuse, sauvage** Grau-, Kaiser-, Bläß-, Wildgans f; ~ **des neiges** Schneegans f; **graisse f d'~** Gänsefett n, -schmalz n; Brettspiel für Kinder jeu m de l'~ Gänsespiel n; **2.** fig von e-m unerfahrenen jungen Mädchen une ~ blanche ein Gänschen n; **3.** mil pas m de l'~ Pa'rade-, Stechschritt m

oignon [ɔɲɔ̃] m **1.** bot, cuis Zwiebel f (Pflanze u Knolle); bot auch Gemeine Zwiebel; Küchen-, Gartenzwiebel f; nordd Bolle f; petits ~s Steck-, Setz-, Jungzwiebeln f/pl; F fig soigner qn aux petits ~s j-n bestens versorgen; loc/adv fig en rang d'~s in einer Reihe; F fig après tout, c'étaient ses ~s! das war schließlich s-e Angelegenheit, F sein Bier!; F fig occupe-toi de tes ~s! kümmere dich um deine eigenen Angelegenheiten, F um deinen eigenen Dreck!; **2.** bot (Blumen)Zwiebel f; ~ de jacinthe, de tulipe Hya'zinthen-, Tulpenzwiebel f; **3.** path am Fuß Ballen m; **4.** früher eiförmige Taschenuhr

oïl [ɔjl] ling hist la langue d'~ die alte nordfranzösische Sprache; die Langue d'oïl

oindre [wɛ̃dr(ə)] v/t ⟨cf joindre⟩ égl, bibl salben

oint [wɛ̃] m bibl l'Ǫ du Seigneur der Gesalbte des Herrn

oiseau [wazo] m ⟨pl ~x⟩ **1.** zo Vogel m; fig von e-r Person un drôle d'~ ein seltener Vogel; ein komischer Kauz; fig von e-r Person un ~ rare ein weißer Rabe; ~x de basse-cour Geflügel n; Federvieh n; fig von e-r Person ~ de malheur, de mauvais augure Unglücksprophet m; ~x de mer Seevögel m/pl; ~ de paradis Para'diesvogel m; ~ de passage 'durchziehender Vogel m; ~ de proie Raubvogel m; ~ de volière Käfigvogel m; marché m aux ~x Vogelmarkt m; chant m des ~x Vogelgesang m; loc/adv à vol d'~ cf vol¹ 1.; fig: donner à qn des noms d'~ j-n beschimpfen; j-m Schimpfnamen geben; j-n mit Schimpfwörtern über'häufen; être comme l'~ sur la branche im Ungewissen schweben; in der Ungewißheit leben; trouver, prendre l'~ au nid j-n endlich zu Hause antreffen; j'ai trouvé, pris l'~ au nid auch endlich war der Vogel einmal nicht ausgeflogen; prov petit à petit l'~ fait son nid gut Ding will Weile haben; steter Tropfen höhlt den Stein; viele Wenig machen ein Viel (alle prov); **2.** cuis ~x sans tête Fleischrouladen f/pl; **3.** des Maurers Mörteltrage f; des Dachdeckers Deckstuhl m; **4.** ch (Jagd)Falke m; ~-lyre ⟨pl oiseaux-lyres⟩ zo Leierschwanz m; ~-mouche m ⟨pl oiseaux-mouches⟩ zo Kolibri m

oisel|er [wazle] ⟨-ll-⟩ **I** v/t Falknerei zur Beize, Jagd abrichten; **II** v/i Vogelfang treiben; Vögel fangen; ~et m litt Vöglein n; ~eur m Vogelfänger m, -steller m; Vogler m; ~ier m Vogelzüchter m, -händler m

oiselle [wazɛl] f F péj dummes Gänschen

oiseux [wazø] adj ⟨-euse⟩ Frage, Diskussion müßig; unnütz; 'überflüssig; nutzlos

oisif [wazif] **I** adj ⟨-ive⟩ müßig; untätig; unbeschäftigt; être ~ müßig gehen; untätig, unbeschäftigt sein; nichts tun; **II** subst ~, oisive m,f Müßiggänger m

oisillon [wazijɔ̃] m kleiner, junger Vogel; Vögelchen n

oisiveté [wazivte] f Müßiggang m; Untätigkeit f; Nichtstun n; Unbeschäftigtsein n; prov l'~ est mère de tous les vices

---

Müßiggang ist aller Laster Anfang (prov)

oison [wazɔ̃] m Gänseküken n; Gänschen n; nordd auch Gössel n

o.k. [oke] int F O.K. od o.k. [o'ke:]; o'kay

okapi [ɔkapi] m zo O'kapi n

okoumé [ɔkume] m Holzart Oku'mé n

olé [ɔle] **I** int in Südfrankreich zur Anfeuerung beim Stierkampf; **II** adj ⟨inv⟩ F être un peu ~ ~ ein bißchen keck, frei, burschi'kos sein

oléacées [ɔlease] f/pl bot Ölbaumgewächse n/pl; sc Olea'zeen f/pl

oléagineux [ɔleaʒinø] **I** adj ⟨-euse⟩ ölhaltig; ölig; Öl...; fruit ~ Ölfrucht f; graines oléagineuses Ölsaat f; plantes oléagineuses Ölpflanzen f/pl; **II** m/pl bot Ölfrüchte f/pl, -pflanzen f/pl

olé|ales [ɔleal] f/pl bot Ölbaumpflanzen f/pl; ~ate m chim Ole'at n; ~**crane** od **oléicrâne** [ɔlekran] m anat Hakenfortsatz m der Elle; sc O'lecranon n

oléfines [ɔlefin] m/pl chim Ole'fine n/pl; Al'kene n/pl; Alky'lene n/pl

oléicult|eur [ɔleikyltœr] m Landwirt, der O'livenanbau, par ext Ölfruchtbau betreibt; ~**ure** f O'livenanbau m; par ext Ölfruchtbau m; Ölpflanzenanbau m

olé|ifère [ɔleifɛr] adj ölhaltig; Öl...; ~**ine** f chim **a)** Glyce'rinester m; **b)** Ole'in n; ~**ique** adj chim acide m ~ Öl-, Ole'in-, Ela'insäure f

oléo|duc [ɔleodyk] m Erdölleitung f; Pipeline f 'paiplain]; ~**lat** [-la] m phm ä'therisches Öl; ~**mètre** m Ölwaage f; Aräo'meter n für Öl

oléum [ɔleɔm] m chim Oleum n; rauchende Schwefelsäure

olfac|tif [ɔlfaktif] adj ⟨-ive⟩ anat Geruchs...; Riech...; appareil ~ Geruchsorgane n/pl; cellule olfactive Riechzelle f; nerf ~ Riechnerv m; sc Olfak'torius m; organe ~ Geruchsorgan n; ~**tion** f physiol Riechen n

olibrius [ɔlibrijys] F m Kauz m; Sonderling m; F Type f; Origi'nal n

olifant [ɔlifɑ̃] m im Mittelalter Olifant m

oligarch|ie [ɔligarʃi] f Oligar'chie f; ~ financière Fi'nanzoligarchie f; ~**ique** adj oli'garchisch

oligarque [ɔligark] m Oli'garch m

oligiste [ɔliʒist] adj u subst m minér (fer m) ~ Roteisenstein m; Eisenglanz m; Häma'tit m

oligo|cène [ɔligɔsɛn] géol **I** adj oligo'zän; **II** m Oligo'zän n; ~**chètes** [-kɛt] m/pl zo Oligo'chäten pl; ~**éléments** m/pl biol Spurenelemente n/pl, -stoffe m/pl; ~**phrénie** [-freni] f path Oligophre'nie f; ~**pole** [-pɔl] m écon (Angebots-) Oligo'pol n

oligurie [ɔligyri] f path Oligu'rie f

oliphant [ɔlifɑ̃] m cf olifant

olivaie [ɔlivɛ] f cf oliveraie

olivâtre [ɔlivɑtr(ə)] adj Gesichtsfarbe fahl; aschgrau; aschfarben; grünlich

olive [ɔliv] f **1.** bot O'live f; ~ noire, verte schwarze, grüne Olive; huile f d'~ Olivenöl n; **2.** adj ⟨inv⟩ o'liv; o'livenfarben, -farbig; vert ~ o'livgrün; **3.** arch Perlstab m mit o'livenförmigen Perlen; **4.** élect olivenförmiger Schnur(zwischen)schalter; **5.** an Fenstern, Türen O'live f; olivenförmiger Dreh-, Handgriff; **6.** anat O'live f; ~ bulbaire Olivenkern m

oliveraie [ɔlivrɛ] f Ölbaum-, O'livenpflanzung f; O'livenhain m

olivier [ɔlivje] m **1.** bot Ölbaum m; O'livenbaum m; branche f, bibl rameau m d'~ Ölzweig m; **2.** O'livenholz n; en ~ aus Olivenholz

olivine [ɔlivin] f minér Oli'vin m; Peri'dot m

---

ollé [ɔlle] int cf olé

olographe [ɔlɔgraf] adj jur testament m ~ eigenhändiges, holo'graphisches Testa'ment

olympiade [ɔlɛ̃pjad] f **1.** im Altertum Olympi'ade f (Zeitraum von vier Jahren); **2.** sports Olympi'ade f

olympien [ɔlɛ̃pjɛ̃] adj ⟨~ne⟩ **1.** myth o'lympisch; les dieux ~s od subst les Ǫs m/pl die Götter m/pl des O'lymp; die olympischen Götter m/pl; die O'lympier m/pl; **2.** fig o'lympisch; calme ~ olympische Ruhe

olympique [ɔlɛ̃pik] adj sports o'lympisch; O'lympia...; champion m ~ Olympiasieger m; auch Olympio'nike m; Comité international ~ Internationales Olympisches Komitee (abr IOC); comité ~ national Nationales Olympisches Komitee (abr NOK); flambeau m ~ olympische Fackel; flamme f ~ olympisches Feuer; jeux m/pl Ǫs Olympische Spiele n/pl (auch im Altertum); Olympi'ade f; im engeren Sinn Olympische Sommerspiele n/pl; Sommerolympiade f; jeux m/pl Ǫs d'hiver Olympische Winterspiele n/pl; Winterolympiade f; médaille f ~ olympische Medaille; piscine f ~ Schwimmbecken n mit olympischen Maßen; record m ~ olympischer Rekord; serment m ~ olympischer Eid; stade m ~ Olympiastadion n; village m ~ olympisches Dorf

ombelle [ɔbɛl] f bot Dolde f; ~ composée, simple zusammengesetzte, einfache Dolde

ombellé [ɔbe(l)le] adj bot doldenständig

ombelliféracées [ɔbe(l)liferase] f/pl cf ombellifère II

ombelli|fère [ɔbe(l)lifɛr] bot **I** adj doldentragend; **II** f/pl ~s Doldenblüt(l)er m/pl; Dolden-, Schirmgewächse n/pl; sc Umbelli'feren f/pl; ~**forme** adj doldenförmig; -artig; doldig

ombellule [ɔbe(l)lyl] f bot Einzeldolde f; Döldchen n

ombilic [ɔbilik] m **1.** anat Nabel m; **2.** bot **a)** Nabel m; sc Hilum n; Umbi'licus m; **b)** Nabelkraut n; Venusnabel m; **3.** e-s Schilds, zur Verzierung auf Tellern Buckel m; ~**al** adj ⟨-aux⟩ **1.** anat Nabel...; path 'hernie ~e Nabelbruch m; **2.** nabelförmig, -artig

ombiliqué [ɔbilike] adj bot feuille ~e mit der nabelförmigen Blattmitte dem Stielchen aufsitzendes Blatt

omble [ɔbl(ə)] m zo ~ (chevalier) Seesaibling m; ~ de fontaine Amerikanischer Bachsaibling

ombrage [ɔbraʒ] m **1.** schattiges, schattenspendendes Laubwerk, Blätterdach; **2.** von Bäumen gespendeter Schatten m; **3.** st/s causer, porter ~ à qn j-n, j-s Eigenliebe kränken, verletzen; prendre ~ de qc sich durch etw (in s-r Eigenliebe) verletzt, gekränkt fühlen; etw übelnehmen; ~é adj schattig; un coin ~ ein schattiges Plätzchen; ~**er** v/t ⟨-geait⟩ Bäume beschatten (auch litt von e-m Hut etc); Schatten geben, spenden (+dat); ~**eux** adj ⟨-euse⟩ **1.** Pferd schreckhaft; leicht scheuend, scheu werdend; **2.** Person, Charakter sehr leicht verletzlich, verletzbar; sich leicht in s-m Stolz verletzt, gekränkt fühlend

ombre¹ [ɔbr(ə)] f **1.** Schatten m (auch peint, myth); thé ~s chinoises Schattenspiel n; Schatten-, Kernschatten m; poét le royaume des ~s das Reich der Schatten; das Schattenreich; loc/adv plein d'~ schattig; loc/adv à l'~ d'un arbre im Schatten e-s Baumes; à l'~ dreißig Grad im Schatten; F fig être à l'~ hinter schwedischen Gardinen, F

auf Nummer Sicher sitzen; F *fig* **mettre qn à l'~** j-n hinter Schloß und Riegel bringen; j-n einsperren, F einlochen; **se mettre à l'~** in den Schatten gehen, treten; den Schatten aufsuchen; sich in den Schatten stellen, begeben, setzen; **dans l'~** im Dunkeln *od* Dunklen; *fig* im dunkeln, ungewissen; im verborgenen, geheimen; **vivre dans l'~ de qn** in j-s Schatten (*dat*) stehen; *fig* **il y a une ~ au tableau** die Sache hat auch e-e Schattenseite, e-n Nachteil, F e-n Haken; **avoir peur de son ~** sich vor s-m eigenen Schatten fürchten; Angst vor dem eigenen Schatten haben; *fig* **il n'est plus que l'~ de lui-même** er ist nur noch ein Schatten s-r selbst; **suivre qn comme son ~** j-m wie sein Schatten, auf Schritt und Tritt folgen; j-m nicht von der Seite gehen, weichen; **2.** *fig* **une ~ de ...** ein Anflug *m*, e-e leise Andeutung, Spur, ein Schimmer *m*, ein Hauch *m* von ...; **une ~ de moustache** ein Anflug von Bart; **il n'y a pas l'~ d'un doute** es besteht nicht der leiseste, geringste Zweifel (daran); **3.** *Kosmetik* **~s** *pl* **paupières** Lidschatten *m(pl)*; **4.** **terre f d'~** Umbra(erde) *f*; Umbrabraun *n*; Umber *m*

ombre² [ōbr(ə)] *m zo* Äsche *f*

ombrelle [ōbrɛl] *f* **1.** *der Damen* Sonnenschirm *m*; **2.** *zo der Quallen* Schirm *m*

ombr|er [ōbre] *v/t* **1.** *peint* schat'tieren; **2.** *beim Make-up der Augen* **~ les paupières** den Lidschatten auftragen; **3.** *litt* beschatten; verdunkeln; **~ette** [~ɛt] *f zo* Schattenvogel *m*; **~eux** *litt adj* ⟨-euse⟩ schattig

ombrien [ōbrijē] **I** *adj* ⟨~ne⟩ umbrisch; **II** *subst* **1.** *hist* ⅋s *m/pl* Umbrer *m/pl*; **2.** *ling* **l'~** *m* das Umbrische; Umbrisch *n*

ombrine [ōbrin] *f zo* Umber *m*

ombromanie [ōbrɔmani] *f* Kunst *f*, mit den Händen Schattenbilder zu werfen

oméga [ɔmega] *m griechischer Buchstabe* Omega *n*; *fig u bibl* **l'alpha et l'~** *cf* alpha 1.

omelette [ɔmlɛt] *f cuis* Ome'lett *n*; *österr, schweiz* Ome'lette *f*; **~ aux champignons** Omelett mit Pilzen; **~ à la confiture** mit Marmelade gefülltes Omelett; **~ au fromage** Omelett mit Käse; Käseomelett *n*; *prov* **on ne fait pas d'~ sans casser d'œufs** wo gehobelt wird, (da) fallen Späne (*loc/prov*)

omettre [ɔmɛtr(ə)] *v/t* ⟨*cf* mettre⟩ *Buchstaben, Wort, Einzelheiten* auslassen; weglassen; vergessen; *Einzelheiten auch* über'gehen; **~ qn sur une liste** j-n auf e-r Liste vergessen *bzw* nicht auf e-e Liste setzen; **~ de faire qc** (es) versäumen, (es) unter'lassen, vergessen, etw zu tun

omicron [ɔmikrɔn] *m griechischer Buchstabe* Omikron *n*

omis [ɔmi] *p/p von* omettre

omission [ɔmisjō] *f* **1.** *e-s Buchstabens, Wortes, von Einzelheiten* Auslassen *n*, -ung *f*; Weglassen *n*, -ung *f*; Vergessen *n*; *von Einzelheiten auch* Über'gehen *n*; *adm* **sauf erreur ou ~** Irrtum oder Auslassung vorbehalten; **2.** *in e-m Text* Lücke *f*; **~s** *pl auch* Auslassungen *f/pl*; **3.** *e-r Handlung, jur* Unter'lassen *n*, -ung *f*; **infraction d'~** Unterlassungsdelikt *n*; **mensonge** *m* **par ~** bewußtes Verschweigen (*e-s Tatbestandes*); *rel* **péché** *m* **par ~** *od* **~** Unterlassungssünde *f*; **pécher par ~** e-e Unterlassungssünde begehen

omnibus [ɔmnibys] *m* **1.** *ch de fer* **~** *od adit* **train** *m* Per'sonenzug *m*; **le train de 14 h 20 est ~ ...** verkehrt als Personenzug; **prendre un ~** mit e-m Personenzug fahren; **2.** *früher* Pferdebahn *f*; **3.** *élect*

adit **barre** *f* **~** Sammelschiene *f*

omni|directionnel [ɔmnidirɛksjɔnɛl] *adj* ⟨~le⟩ *rad* ungerichtet; **antenne ~le** Rundstrahler *m*; Rundstrahlantenne *f*; **radio-phare ~** Drehfunkfeuer *n*; **~potence** *litt f* Allmacht *f*; Allgewalt *f* (*beide auch Gottes*); unbeschränkte, abso'lute Macht, Gewalt; *Gottes auch* Omnipo'tenz *f*; **~potent** [-pɔtā] *litt adj* all'mächtig; allgewaltig; omnipo'tent; **~praticien(ne)** *m(f)* *méd* praktischer Arzt, praktische Ärztin; **~présence** *litt f Gottes* All'gegenwart *f*; *auch* Omniprä'senz *f*; **~présent** *litt adj* all'gegenwärtig; **~science** *litt f* All'wissenheit *f*; **~scient** [-sjā] *litt adj* all'wissend; *personne* **n'est ~scient** niemand, keiner ist allwissend; **~sport(s)** *adj* ⟨inv⟩ für alle Sportarten; **club** *m*, **parc** *m* **~** Sportverein *m*, Sportanlage *f* für alle Sportarten

omnium [ɔmnjɔm] *m* **1.** *écon* Beteiligungs-, Holdinggesellschaft *f*; **2.** *sports* **a)** *Radsport* Omnium *n*; **b)** *Pferderennen* Ausgleichsrennen *n*

omnivore [ɔmnivɔr] *zo* **I** *adj* alles fressend; *sc* omni'vor; **être ~** ein Allesfresser sein; **II** *m* Allesfresser *m*; *sc* Omni'vore *n*

omoplate [ɔmɔplat] *f anat* Schulterblatt *n*

on [ō] **I** *pr/ind* ⟨*zur Vermeidung des Hiatus nach et, ou, où, que, qui, si meist* **l'on**⟩ **1.** man; **~ aime bien se sentir approuvé** man, jeder möchte sich, wir möchten uns halt gern bestätigt fühlen; **~ dit que** *cf* dire¹ 1. f); F **~ fait ce qu'~ peut** man tut (halt), was man kann; **~ a frappé à la porte** es hat (an der Tür) geklopft; **quand ~ veut, ~ peut** man muß nur wollen, dann kann man auch; **wer** (wirklich) will, der kann (auch); **2.** *ersetzt das Passiv*: **~ apporte le dessert** der Nachtisch wird aufgetragen; **~ a barré la route** die Straße ist gesperrt worden; **~ vous demande au téléphone** Sie werden am Telefon verlangt; **3.** *als Plural* *modestiae* **~ montrera dans ce livre que ...** in diesem Buch wird gezeigt *od* soll gezeigt werden, daß ...; **4.** F **a)** *ersetzt 1. pers pl*: **~ s'en va** wir gehen; **alors, ~ y va?** also, gehen wir hin?; **lui et moi, ~ s'entend bien** er und ich, wir verstehen uns gut; **nous, ~ n'y peut rien** wir können doch nichts dafür; **qu'est-ce qu'~ fait là**, **tous autant qu'~ est?** was machen wir da alle miteinander, F wir Hübschen?; **b)** *ersetzt 2. u 3. pers sg u pl*: **~ ne dit même pas merci?** sagst du *bzw* sagt ihr nicht einmal danke?; *elle ne s'est même pas excusée*, **~ est trop fière pour ça ...** dazu ist sie zu stolz; **comme ~ est élégantes aujourd'hui!** wie elegant ihr heute seid, sie heute sind!; **II** *m* **le ~** das Man (*auch philos*)

onagre¹ [ɔnagr(ə)] *m zo* Wildesel *m*

onagre² [ɔnagr(ə)] *f bot* Nachtkerze *f*

onanisme [ɔnanism(ə)] *litt m* Ona'nie *f*; geschlechtliche Selbstbefriedigung

once¹ [ōs] *f Gewicht* Unze *f*

once² [ōs] *f zo* Unze *f*; Schneeleopard *m*; Irbis *m*

oncial [ōsjal] *adj* ⟨-aux⟩ Unzi'al...; **écriture ~e** *od subst* **~e** *f* Unzialschrift *f*; Unzi'ale *f*

oncle [ōkl(ə)] *m* Onkel *m*; *iron* **~ d'Amérique** (*reicher*) Onkel aus Amerika; F *fig* **~ Sam** [sam] F Onkel Sam [sɛm]

onco|gène [ōkɔʒɛn] *adj path* onko'gen; krebserzeugend; **virus** *m* **~** onkogenes Virus; Tumorvirus *n*; **~logie** *f* Onkolo'gie *f*; **~tique** *adj méd* **pression** *f* **~** on'kotischer, kollo'idosmotischer Druck

onction [ōksjō] *f* **1.** *égl cath* Salbung *f*; **2.** *litt* **l'~** das Salbungsvolle; *loc/adv* **plein d'~** salbungsvoll

onctueux [ōktɥø] *adj* ⟨-euse⟩ **1.** *Flüssigkeit* ölig; *Suppe* sämig; cremig *od* kremig; sahnig (*auch Milch, Creme*); **2.** *fig oft iron* salbungsvoll; F gesalbt

ondatra [ōdatra] *m zo* **a)** Bisamratte *f*; **b)** *Fell* Bisam *m*; **manteau** *m* **d'~** Bisampelz *m*

onde [ōd] *f* **1.** *phys, rad* Welle *f*; *rad* **~s courtes** Kurzwelle(n) *f(pl)*; **écouter une émission sur ~s courtes** auf (der) Kurzwelle ...; **~ élastique** elastische Welle; *rad* **grandes ~s** Langwelle(n) *f(pl)*; **~s lumineuses** Lichtwellen *f/pl*; *mus* **les ~s Martenot** die Ondes Martenot *pl*; *rad* **petites ~s** Mittelwelle(n) *f(pl)*; **~s radioélectriques, de T. S. F.** Funkwellen *f/pl*; **~ de choc** a) Stoß-, Schockwelle *f*; b) *fig* (*negative*) Auswirkung, Folge; *rad* **~ d'espace**, **indirecte, réfléchie** Raumwelle *f*; **~ de surface, directe** Boden-, Oberflächenwelle *f*; **fréquence** *f* **d'une ~** Wellenfrequenz *f*; **2.** *par ext* **les ~s** der Rundfunk; das Radio; die Ätherwellen *f/pl*; **la guerre des ~s** der Ätherkrieg; *loc/adv* **sur les ~s** über den Rundfunk, das Radio, die Ätherwellen; **passer sur les ~s** im Rundfunk, Radio über'tragen, gebracht werden; **par la voie des ~s** durch den Rundfunk, das Radio; **metteur** *m* **en ~s** Spielleiter *m*; Regis'seur *m*; **mettre en ~s** die Spielleitung haben, Regie führen (*qc bei etw*); **3.** *als Ornament* Wellenlinie *f*; **4.** *poét* **a)** Welle *f*; Woge *f*; **b)** Flut(en) *f(pl)*; Wasser *n*; **5.** *physiol* (*sich fortpflanzende*) Bewegung; **~ musculaire** Muskelbewegung *f*; **~ péristaltique** peristaltische Bewegung

ondé [ōde] *adj* **1.** *Holz* geflammt; **2.** *Heraldik* Wellen...; **~** wellig; gewellt; **chevron ~** Wellensparren *m*

ondée [ōde] *f* (Regen)Guß *m*, (-)Schauer *m*; Platzregen *m*

ondemètre [ōdmɛtr(ə)] *m rad* Wellenmesser *m*

ond|in [ōdē] *m selten myth* Nix *m*; Wassergeist *m*, -mann *m*; **~ine** *f myth* Un'dine *f*; Nixe *f*; Wasserjungfrau *f*

on-dit [ōdi] *m* ⟨inv⟩ Gerücht *n*; On'dit *n*; *pl auch* Gerede *n*, Geschwätz *n* der Leute; Klatsch *m*

ondoiement [ōdwamā] *m* **1.** *des Korns, der Gräser* (*sanftes*) Wogen; *auf e-r Wasserfläche* sanfte Wellenbewegung; leichte Kräuselung; **2.** *égl* *e-s Kindes* Nottaufe *f*

ondoyant [ōdwajā] *adj Korn* (*sanft*) wogend; *Gang* wiegend

ondoyer [ōdwaje] ⟨-oi-⟩ **I** *v/t égl Kind* nottaufen; die Nottaufe spenden (+*dat*); **II** *v/i Korn* (*sanft*) wogen; *Wasserfläche* sich leicht kräuseln

ondul|ant [ōdylā] *adj* **1.** *Gang* wiegend; *plais Hintern* wackelnd; **2.** *path* **fièvre ~e** Maltafieber *n*; **~ateur** *m télécom* Drehspulenschnellschreiber *m*; Re'corder *m*; Ondu'lator *m*

ondulation [ōdylasjō] *f* **1.** *cf* ondoiement 1.; **2.** *des Haares mit der Brennschere* Ondu'lieren *n*; Ondulati'on *f*; Wellen *n*; **3.** *phys* Wellen *f/pl*; **théorie** *f* **des ~** Wellen-, Undulati'onstheorie *f*; **4.** *von Wellpappe, Wellblech* Wellung *f*; **~(s) du terrain** Bodenwellen *f/pl*

ondulatoire [ōdylatwar] *adj phys* Wellen...; **mécanique** *f*, **mouvement** *m*, **théorie** *f* **~** Wellenmechanik *f*, -bewegung *f*, -theorie *f*

ondulé [ōdyle] *adj* wellig; wellenförmig; *Haar* wellig; gewellt; *mit der Brennschere* ondu'liert; **carton** *m* **~** Wellpappe *f*; **ligne** *f* **~e** Wellenlinie *f*; **tôle** *f* **~e** Wellblech *n*

ondul|er [ōdyle] **I** *v/t Haar mit der Brennschere* ondu'lieren; wellen; **II** *v/i* sich sanft auf und ab bewegen; sich

wiegen; sanft wogen; *Wasserfläche* sich leicht kräuseln; F ~ **du popotin** F mit dem Po, Hintern wackeln; **~eur** *m élect* Wechselrichter *m*; **~eux** *adj* <-euse> wellig; gewellt; wellenförmig

onéreux [ɔnerø] *adj* <-euse> **1.** *st/s* (*coûteux*) kostspielig; teuer; aufwendig; **2.** *jur loc/adv* **à titre ~** gegen Entgelt, Vergütung; entgeltlich

one-step [wanstɛp] *m* <*inv*> *Tanz* Onestep *m*; F Schieber *m*

ongle [ɔ̃gl(ə)] *m* **1.** *anat* Nagel *m*; ~ **des mains, des orteils, des pieds, du pouce** Finger-, Zehen-, Fuß-, Daumennagel *m*; **avoir les ~s longs** lange Nägel haben; F *fig* **avoir les ~s en deuil** F Trauerränder an den Nägeln haben; Hoftrauer haben; *fig* **être qc jusqu'au bout des ~s** durch und durch etw (*z B ein Künstler, Soldat*) sein; etw vom Scheitel bis zur Sohle sein; **se faire les ~s** sich die (Finger)Nägel machen; sich mani'küren; **2.** *zo* Kralle *f*; *der Raubvögel, Insekten auch* Klaue *f*

onglé [ɔ̃gle] *adj* Heraldik mit andersfarbigen Krallen, Krallen

onglée [ɔ̃gle] *f loc* **avoir l'~** erstarrte Fingerspitzen haben

ongl|et [ɔ̃glɛ] *m* **1.** *Tischlerei* Gehre *f*; Gehrung *f*; **couper en ~** gehren; **2.** *Buchbinderei* **a)** Falz *m*; **monter sur ~** an den Falz ankleben, ansetzen; **b)** *auf dem Buchschnitt* Daumeneinschnitt *m*; **3.** *auf der Klinge e-s Taschenmessers, auf Schiebedeckeln, -türen, Holzlinealen* Einkerbung *f*; Kerbe *f*; **4.** *math* Ausschnitt *m*; ~ **cylindrique, conique, sphérique** Zy'linder-, Kegel-, Kugelausschnitt *m*; **5.** *bot e-s Kelch-, Kronblattes* Sporn *m*; **6.** *e-s Münzstechers* flacher Grabstichel; **~ette** *f cf* onglet 6.

ongl|ier [ɔ̃glije] *m* Nagelnecessaire *n*; **~on** *m zo der Paarhufer u Elefanten* Huf *m*; Klaue *f*; Klauenschuh *m*

onguent [ɔ̃gɑ̃] *m phm* Salbe *f*

onguicul|e [ɔ̃g(ɥ)ikyl] *m zo* kleine Klaue, Kralle; **~é** *adj* **1.** *zo* mit Klauen, Krallen versehen; **2.** *bot* Kelch-, *Kronblatt* mit Sporn versehen

ongulé [ɔ̃gyle] *zo* **I** *adj* Huf...; **II** *m/pl* **~s** Huftiere *n/pl*; *sc* Ungu'laten *pl*

onirique [ɔnirik] *adj* traumhaft; Traum...

onirologie [ɔnirɔlɔʒi] *f psych* Oneirolo'gie *f*

oniromanc|ie [ɔnirɔmɑ̃si] *f* Traumdeutung *f*; **~ien** *m*, **~ienne** *f* Traumdeuter(in) *m(f)*

onomasiologie [ɔnɔmazjɔlɔʒi] *f ling* Onomasiolo'gie *f*; Bezeichnungslehre *f*

onomastique [ɔnɔmastik] *ling* **I** *adj* Namen...; **index** *m* ~ Namenverzeichnis *n*; **II** *f* Namenkunde *f*; Ono'mastik *f*

onomatopé|e [ɔnɔmatɔpe] *f ling* Lautmale'rei *f*; Laut-, Schallnachahmung *f*; *sc* Onomatopö'ie *f*; **~ique** *adj ling* lautmalend; laut-, schallnachahmend; *sc* onomatopo'etisch

onto|genèse [ɔ̃tɔʒənɛz] *f od* **~génie** [-ʒeni] *f biol* Ontoge'nese *f od* Ontoge'nie *f*; **~gén(ét)ique** *adj biol, philos* ontoge'netisch

ontolog|ie [ɔ̃tɔlɔʒi] *f philos* Ontolo'gie *f*; **~ique** *adj philos* onto'logisch; **preuve** *f* ~ **de l'existence de Dieu** ontologischer Gottesbeweis; **~isme** *m philos* Ontolo'gismus *m*

onusien [ɔnyzjɛ̃] *adj* <-ne> *pol* UNO-...

onychophagie [ɔnikɔfaʒi] *f path* Nägelkauen *n*; *sc* Onychopha'gie *f*

onyx [ɔniks] *m minér* Onyx *m*; *loc/adj* **en** ~ Onyx...

onzain [ɔ̃zɛ̃, *keine Elision u keine Bindung*] *m métr* Elfzeiler *m*

onze [ɔ̃z, *keine Elision u selten Elision*] **I**

---

adj/num/c elf; ~ **cents** elfhundert; **Louis XI** Ludwig XI. (*der Elfte*); **le ~ mai** der elfte Mai *bzw* am elften Mai; **page ~** Seite elf; **il n'y a que ~** *od* **qu'~ pages** es sind nur elf Seiten; *loc/adj* **de ~ ans** elfjährig; von elf Jahren; **il est ~ heures** es ist elf (Uhr); F *fig* **prendre le train ~** zu Fuß, F per pedes gehen; F auf Schusters Rappen reiten; tippeln; **II** *m* <*inv*> **1.** Elf *f*; *südd* Elfer *m*; **le ~** (*du mois*) der Elfte *bzw* am Elften (*des Monats*); *cf auch* deux II; **2.** *Fußball* Elf *f*; **le ~ de France** die französische Natio'nalmannschaft, -elf

onzième [ɔ̃zjɛm, *keine Elision u keine Bindung*] **I** *adj/num/o* elfte(r, -s); *iron* **ce sont les ouvriers de la ~ heure** diese da haben nur noch ganz kurz, nur kurze Zeit am Schluß mitgearbeitet; **II** *subst* **1.** **le, la ~** der, die, das Elfte (*der Leistung od dem Rang nach*); **2.** *m math* Elftel *n*; **3.** *m* elfter Stock; **elfte E'tage**; **habiter au ~** im elften Stock wohnen; **4.** *in Paris* **le ~** das elfte Arrondisse'ment; **5.** *f mus* Un'dezime *f*; **~ment** *adv* elftens

oo|cyte [ɔɔsit] *m biol* Eizelle *f*; *sc* Oo'zyte *f*; **~gone** [-gon, -gɔn] *f bot* Oo'gon(ium) *n*; **~lithe** [-lit] *f minér* Oo'lith *m*; Rogen-, Erbsenstein *m*; **~ calcaire** Kalkoolith *m*; ~ **ferrugineuse** Eisenoolith *m*, -rogenstein *m*; **~sphère** *f bot* Oo'sphäre *f*; **~spore** *f bot* Oo'spore *f*; **~thèque** [-tɛk] *f zo* Eipaket *n*; Oo'thek *f*

opaci|fier [ɔpasifje] *v/t* undurchsichtig machen; **~mètre** *m* (*photoelektrisches*) Gerät zur Messung der Lichtundurchlässigkeit; **~métrie** *f* Messung *f* der Lichtundurchlässigkeit; **~té** *f* Lichtundurchlässigkeit *f*; Opazi'tät *f*

opale [ɔpal] *f minér* O'pal *m*; ~ **commune** gemeiner Opal; ~ **noble** Edelopal *m*; *comm* ~ **de feu** Feueropal *m*

opalesc|ence [ɔpalesɑ̃s] *litt f* Opali'sieren *n*; o'palartiges Schillern; Opales'zenz *f*; **~ent** *litt adj* opali'sierend; wie O'pal schillernd; opales'zierend

opal|in [ɔpalɛ̃] *adj* o'palen; o'palartig; **~ine** *f* Bein-, O'palglas *n*; **en** ~ aus Bein-, Opalglas; **~iser** *v/t tech* O'paleffekt, o'palartiges Aussehen verleihen, geben (+*dat*)

opaque [ɔpak] *adj* lichtundurchlässig; undurchsichtig; o'pak; **verre** *m* ~ O'palglas *n*; **vitre** *f* ~ undurchsichtige Fensterscheibe; ~ **aux rayons X** für Röntgenstrahlen undurchlässig

ope [ɔp] *f od m bât* Mauer-, Rüstloch *n*

opéra [ɔpera] *m* **1.** *mus* Oper *f*; ~ **de Mozart** Mozartoper *f*; Oper von Mozart; **2.** *Gebäude* **a)** ♀ Opernhaus *n*; Oper *f*; **l'O de Vienne** die Wiener Oper; **aller à l'O** in die Oper gehen; **b)** **l'O** die Pa'riser Oper; **3.** Opernensemble *n*; Oper *f*; **entendre «la Flûte enchantée» par** *od* **avec l'~ de Berlin** in e-r Aufführung der Berliner Oper, mit der Berliner Oper ...

opérable [ɔperabl(ə)] *adj chir* ope'rabel; ope'rierbar; **être ~** *auch* zu operieren sein

opéra-comique [ɔperakɔmik] *m* <*pl* opéras-comiques> **1.** *mus* mit gesprochenen Dia'logen durch'setzte (heitere, komische) Oper; Opé'ra co'mique *f*; **2.** *Gebäude* **l'Opéra-Comique** die Pa'riser Opéra-Comique

opérant [ɔperɑ̃] *adj rel* **la grâce ~e** die wirkende Gnade

opérateur [ɔperatœr] *m* **1.** ~, **opératrice** *m,f e-s Geräts* Bedienungsmann *m*, -person *f*; *sc pl auch* Bedienungspersonal *n*, -mannschaft *f*; **2.** *mar, aviat* ~ (**radio**) Bordfunker *m*; **3.** *cin* Kameramann *m*; **4.** *e-r Werkzeugmaschine* die Arbeit ausführendes Or'gan, ausführender Teil; **5.**

---

math, EDV Ope'rator *m*; **~-pupitreur** *m* <*pl* opérateurs-pupitreurs> *EDV* Ope'rator *m*

opération [ɔperasjɔ̃] *f* **1.** *math* Operati'on *f*; Rechenvorgang *m*; **les quatre ~s** die vier Grundrechenarten *f/pl*; **faire une ~ de tête** im Kopf rechnen; **poser l'~** den Rechenvorgang darlegen, vorstellen; **2.** *chir* ~ (**chirurgicale**) Operati'on *f*; **faire une ~** e-e Operation vornehmen; e-n Eingriff machen; **subir une ~** ope'riert werden; sich e-r Operation unter'ziehen; **3.** *mil* ~ (**militaire**) (mili'tärische) Operati'on *f*; **l'~ X** das Unter'nehmen X; ~ **aéroportée** Luftlandeunternehmen *n*; ~ **de débarquement** Landeunternehmen *n*; **être en ~** ope'rieren; opera'tiv sein; **prendre l'initiative des ~s** opera'tiv werden; **4.** *der Polizei, in der Werbung, humanitärer Art* Akti'on *f*; *der Polizei auch* Unter'nehmen *n*; *comm* ~ **«baisse des prix»** Preissenkungsaktion *f*; Aktion „runter mit den Preisen"; ~ **de nettoyage** Säuberungsaktion *f*; ~ **de police, de publicité, de sauvetage** Poli'zei-, Werbe-, Rettungsaktion *f*; **5.** *comm* Geschäft *n*; Abschluß *m*; **~s** *pl auch* Verkehr *m*; ~ **bancaire, de banque** Bankgeschäft *n*; ~ **à prime** Prämiengeschäft *n*; ~ **à terme** Ter'mingeschäft *n*, -abschluß *m*; *pl auch* Ter'minmarkt *m*, -handel *m*; ~ **de bourse** Börsengeschäft *n*; *pl auch* Börsenmarkt *m*, -handel *m*; **~s de compensation** Clearingverkehr ['kli:-] *m*; ~ **de crédit, d'escompte** Kre'dit-, Dis'kontgeschäft *n*; **~s de paiement** Zahlungsverkehr *m*; ~ **de report** Re'port-, Prolongati'ons-, Kostgeschäft *n*; **~s de virement** Giro-, Über'weisungsverkehr *m*; ~ **sur titres** Wertpapiergeschäft *n*; **faire une ~** ein Geschäft abschließen, tätigen, machen; e-n Abschluß tätigen; **6.** Vorgang *m*; Proze'dur *f*; *tech* Arbeits(vor)gang *m*; (Arbeits-)Verrichtung *f*; Operati'on *f*; *élect* ~ **de couplage** Schaltvorgang *m*; *physiol* **~s de la digestion** Verdauungsvorgänge *m/pl*, *coll* -vorgang *m*, -prozeß *m*, -tätigkeit *f*; **en une seule ~** in e-m einzigen Arbeitsgang; **7.** *rel der göttlichen Gnade* Wirken *n*; *loc/adv* F *iron* **par l'~ du Saint-Esprit** auf unerklärliche, rätselhafte Weise; *il s'est enrichi très vite,* **comme par l'~ du Saint-Esprit** ... wie, das weiß der liebe Himmel

opérationnel [ɔperasjɔnɛl] *adj* <**~le**> **1.** *mil* opera'tiv; Operati'ons...; **base ~le** Operationsbasis *f*; **zone ~le** Operations-, Kampfgebiet *n*; **2.** *tech, Waffe etc* einsatzfähig, -bereit; **3.** *écon* **hypothèse ~le** Arbeitshypothese *f*; **recherche ~le** Unter'nehmungsforschung *f*; Operations-research [ɔpə'reiʃənz ri'sə:tʃ] *f*; **4.** *math* **calcul ~** Ope'ratorenrechnung *f*

opératoire [ɔperatwar] *adj chir* opera'tiv; Operati'ons...; *e-r Klinik* **bloc** *m* ~ Operationstrakt *m*; **médecine** *f* ~ operative Heilkunst

operculaire [ɔpɛrkylɛr] *zo* **I** *adj* Deckel...; **II** *f/pl* **~s** Nickende Glockentierchen *n/pl*

opercul|e [ɔpɛrkyl] *m bot der Mooskapseln* Deckel *m*; *zo der Fische* Kiemendeckel *m*; *der Bienenzelle* Wachsdeckel *m*; **~é** *adj* mit e-m Deckel versehen

opéré [ɔpere] **I** *adj chir* ope'riert; **II** *subst* **1.** *chir* ~ *m(f)* Ope'rierte(r) *f(m)*; **un grand ~** ein Schweroperierter; **2.** *m e-s Handelsmaklers* **avis** *m* **d'~** Schlußnote *f*, -schein *m*

opérer [ɔpere] <-è-> **I** *v/t* **1.** *chir* ~ **qn** j-n ope'rieren; ~ **qn de l'appendicite** j-n am Blinddarm operieren; ~ **qn du cancer** j-m e-e Krebsgeschwulst her'aus-

operieren; ~ à qn l'œil droit j-n am rechten Auge operieren; **2.** *Veränderung, Besserung* bewirken; her'beiführen; **3.** *Eintragung, Zahlung* vornehmen; *Reform, Rettungsaktion* 'durchführen; ~ un choix e-e Wahl treffen; wählen; **II** *v/i* **4.** vorgehen; verfahren; handeln; **5.** *Medikament* wirken; s-e Wirkung tun; **III** *v/pr* s'~ sich voll'ziehen; sich ereignen; stattfinden; im Gange sein; eintreten; vor sich gehen; erfolgen

opérette [ɔperɛt] *f* **1.** *mus, thé* Ope'rette *f*; **2.** *fig loc/adj* d'~ *Person* nicht ernstzunehmend; *Verzierung, Ausstattung* kitschig; billig

opéron [ɔperõ] *m biol* Operon *n*

ophicléide [ɔfikleid] *m mus* Ophikle-'ide *f*

ophidien [ɔfidjɛ̃] *zo* **I** *adj* ⟨~ne⟩ Schlangen...; schlangenähnlich, -artig; **II** *m/pl* ~s Schlangen *f/pl* (*als Ordnung*)

ophio|glosse [ɔfjɔglɔs] *m bot* Natternfarn *m*; ~ commun Natternzunge *f*; ~graphie [-grafi] *f* Schlangenkunde *f*; ~lâtrie [-latri] *f* Schlangenanbetung *f*; *sc* Ophiola'trie *f*

ophite [ɔfit] *m* **1.** *minér* O'phit *m*; **2.** *rel hist* O'phit *m*

ophiure [ɔfjyr] *f zo* Schlangenstern *m*

ophrys [ɔfris] *m od f bot* Ragwurz *f*

ophtalm|ie [ɔftalmi] *f path* Augenentzündung *f*; *sc* Ophthal'mie *f*; ~ des neiges Schneeblindheit *f*; ~ique *adj anat, méd* Augen...; *sc* oph'thalmisch; nerf *m* ~ Augennerv *m*

ophtalmo|logie [ɔftalmɔlɔʒi] *f méd* Augenheilkunde *f*; *sc* Ophthalmolo'gie *f*; ~logique *adj méd* ophthalmo'logisch; clinique *f* ~ Augenklinik *f*; ~logiste *od* ~logue *m,f méd* Augenarzt, -ärztin *m,f*; *sc* Ophthalmo'loge, -'login *m,f*; ~mètre *m méd* Ophthalmo'meter *m*; ~scope *m méd* Augenspiegel *m*; *sc* Ophthalmo'skop *n*; ~scopie *f méd* Ausspiegelung *f* des Augenhintergrundes; *sc* Ophthalmosko'pie *f*

opiac|é [ɔpjase] *adj phm* opiumhaltig; cigarette ~e mit Opium versetzte Zigarette; médicament ~ *od* subst ~ *m* opiumhaltiges Arzneimittel; Opi'at *n*; odeur ~e Opiumgeruch *m*; ~er *v/t* ⟨-ç-⟩ *phm* mit Opium versetzen

opiner [ɔpine] *v/i* ~ (du bonnet) einverstanden sein; (durch Kopfnicken) zustimmen

opiniâtre [ɔpinjɑtr(ə)] *adj Charakter* unbeugsam; unnachgiebig; eigenwillig; eigensinnig; halsstarrig; *Widerstand, Kampf* erbittert; *Widerstand auch, Husten* hartnäckig; *Arbeit* zäh; hartnäckig; beharrlich; ausdauernd

opiniâtreté [ɔpinjɑtrəte] *f e-r Person* Unbeugsamkeit *f*; Unnachgiebigkeit *f*; Eigenwilligkeit *f*; Eigensinn *m*; Halsstarrigkeit *f*; *loc/adv* avec ~ kämpfen erbittert; widerstehen hartnäckig

opinion [ɔpinjõ] *f* **1.** Meinung *f*; Ansicht *f*; Anschauung *f*; Auffassung *f; auch* Standpunkt *m*; Einstellung *f*; l'~ française die Meinung, Ansicht der Franzosen; die Anschauungen, Auffassung Frankreichs; ~ mondiale Weltmeinung *f*; presse *f* d'~ parteigebundene, (partei)politisch orientierte Presse *f*, Zeitungen *f/pl*; *loc/adv* à mon ~ meiner Meinung, Ansicht nach; nach meinem Da'fürhalten; meines Erachtens (*abr* m. E.); ne pas avoir d'~ keine eigene Meinung haben; avoir (une) bonne, mauvaise ~ de qn, qc e-e gute, schlechte Meinung von j-m, etw haben; avoir (une) bonne ~ de soi e-e hohe Meinung von sich haben; sehr von sich eingenommen sein; donner son ~ sur qc s-e Meinung über etw (*acc*) sagen; c'est une

affaire d'~ das ist Ansichtssache; darüber kann man geteilter, verschiedener Meinung, Ansicht sein; je suis de votre ~ ich bin Ihrer Meinung, Ansicht; se faire une ~ sich e-e (eigene) Meinung bilden; **2.** l'~ (publique) die öffentliche Meinung; die Öffentlichkeit; les courants d'~ die verschiedenen Strömungen *f/pl* in der öffentlichen Meinung; Institut français de l'~ publique (*abr* I.F.O.P.) Französisches Institut für Demoskopie. Meinungsforschungsinstitut; alerter, informer l'~ die Öffentlichkeit alarmieren, informieren; cela a provoqué un mouvement d'~ das hat die öffentliche Meinung in Bewegung gebracht

opioman|e [ɔpjɔman] *m,f* Opiumsüchtige(r) *f(m)*; ~ie *f* Opiumsucht *f*

opistho|branches [ɔpistɔbrɑ̃ʃ] *m/pl zo* 'Hinterkiemer *m/pl*; *sc* Opistho'branchia *pl*; ~dome [-dɔm] *m arch* e-s griechischen Tempels Opi'sthodomos *m*; ~graphe *adj* opistho'graphisch; manuscrit *m* ~ Opistho'graph *n*

opium [ɔpjɔm] *m* Opium *n*; Marx la religion, c'est l'~ du peuple die Religion ist Opium für das Volk

oponce [ɔpõs] *m bot* Feigenkaktus *m*; *sc* O'puntie *f*

opopanax [ɔpɔpanaks] *m bot* O'popanax *n* (*Pflanze u Harz*)

opossum [ɔpɔsɔm] *m zo, Pelz* O'possum *n*; *Pelz* ~ d'Australie australisches Opossum; manteau *m* d'~ Opossummantel *m*

opothérapie [ɔpoterapi] *f méd* Or'gantherapie *f*; Or'gano-, *sc* Opotherapie *f*

opportun [ɔpɔrtɛ̃, -tœ̃] *adj* ⟨-tune[-tyn]⟩ günstig; angebracht; geeignet; passend; zweckmäßig; zweckdienlich; oppor'tun; au moment ~ im geeigneten, passenden, richtigen, günstigen Augenblick, Moment; en temps ~ zu gegebener, gelegener Zeit; bei passender Gelegenheit

opportunément [ɔpɔrtynemɑ̃] *adv* zum richtigen Zeitpunkt; zur rechten Zeit; gerade recht

opportun|isme [ɔpɔrtynism(ə)] *m bes pol* Opportu'nismus *m*; ~iste **I** *adj* opportu'nistisch; **II** *m,f* Opportu'nist(in) *m(f)*; ~ité *f* Opportuni'tät *f*; Zweckmäßigkeit *f*

opposable [ɔpozabl(ə)] *adj* **1.** *jur* ce moyen de défense n'est pas ~ dieses Verteidigungsmittel kann nicht entgegengehalten, vorgebracht, geltend gemacht werden; **2.** *anat, méd* le pouce est ~ aux autres doigts de la main der Daumen kann den übrigen Fingern der Hand entgegengestellt werden

opposant [ɔpozɑ̃] **I** *adj* **1.** *jur* la partie ~e die Einspruch einlegende, erhebende Par'tei; **2.** gegnerisch; sich wider'setzend; oppo'nierend; **3.** *anat* muscle *m* ~ *od* subst ~ *m* du pouce Musculus op'ponens pollicis *m*; Daumengegensteller *m*; **II** subst ~ *m* **1.** *pol, e-s Projekts* Gegner(in) *m(f)* (au régime des Regimes); Oppo'nent *m*; **2.** *pol* Oppositi'onsmitglied *n*; Mitglied *n* der Oppositi'on; les ~s *auch* die Opposition; **3.** ⟨*nur m*⟩ *jur* Einspruch einlegende, erhebende Per'son; Par'tei

opposé [ɔpoze] **I** *adj* **1.** gegen'überliegend, -stehend, -hängend (à *dat*); *math*: angles ~s par le sommet Scheitelwinkel *m/pl*; nombres ~s auf der Zahlengeraden sich gegenüberstehende Zahlen *f/pl*; *loc/adv* du côté ~ auf der gegenüberliegenden, anderen Seite; sur la rive ~e auf dem gegenüberliegenden, anderen Ufer; **2.** *Richtung, Punkt, Ende* entgegengesetzt; *fig: Geschmack, Interessen, Meinung* entgegengesetzt; kon-

'trär; gegensätzlich; *Ansicht, Meinung* gegenteilig; couleurs ~es Kon'trastfarben *f/pl*; kontra'stierende Farben *f/pl*; **3.** *Person* être ~ à qc gegen etw sein; ein Gegner e-r Sache (*gén*) *od* von etw sein; **4.** *bot* gegenständig; **II** *m* Gegenteil *n*; Gegensatz *m*; *loc/adv* à l'~ auf der entgegengesetzten Seite; in entgegengesetzter Richtung; auf der gegenüberliegenden, anderen Seite; *fig: Pierre est un pur intellectuel,* Jean est tout à l'~ ... Jean ist ganz das Gegenteil; *loc/prép* à l'~ de im Gegensatz zu (+*dat*); à l'~ de X, Y pense que ... im Gegensatz zu X glaubt Y, daß ...; ceci est à l'~ de tes idées habituelles das steht im Gegensatz, 'Widerspruch zu deinen üblichen Ansichten; être tout l'~ de qn ganz das Gegenteil von j-m sein; das ganze, genaue Gegenteil j-s *od* von j-m sein; den genauen Gegensatz zu j-m bilden; vous dites une chose et vous faites l'~ Sie sagen etwas und tun (dann) das Gegenteil

opposer [ɔpoze] **I** *v/t* **1.** *Personen, Dinge* (*als Gegner, Gegensatz, Kontrast*) gegen'überstellen (à qc, qn, e-r Sache); *dem Gegner* e-e Armee entgegenstellen; *Argument* entgegenhalten; anführen, vorbringen (à gegen); *Einwand* (dagegen) erheben, vorbringen; ~ la force à la force der Gewalt mit Gewalt begegnen; *jur* ~ l'incapacité du mineur die Einrede der Geschäftsunfähigkeit des Minderjährigen geltend machen; ~ un refus à qc *auf* etw (*acc*) e-e Absage erteilen; etw ablehnen; ~ une (vive) résistance à qc, à qn sich e-r Sache, j-m (heftig) wider'setzen; e-r Sache, j-m (heftig) 'Widerstand leisten; ~ le silence à qc e-r Sache (*dat*) mit Schweigen begegnen; je n'ai rien à ~ à ce projet ich habe gegen diesen Plan nichts einzuwenden, keine Einwände; il n'y a rien à ~ à cela dagegen ist nichts einzuwenden, zu sagen; je pourrais vous ~ que ... ich könnte Ihnen entgegenhalten, erwidern, entgegnen, daß ...; **2.** *Konflikt* ~ deux pays zwei Länder zu Gegnern machen; *des questions d'intérêts* les opposent ... trennen sie, machen sie zu Ri'valen, Gegnern, 'Widersachern; *sports* ce match opposera l'équipe de R à celle de M in diesem Spiel werden sich die Mannschaften von R und M gegen'überstehen, wird die Mannschaft von R auf die von M treffen; **3.** *Personen, Dinge* (*vergleichend*) gegen'überstellen (à *dat*); vergleichen (mit); ~ les avantages de la mer et ceux de la montagne die Vorzüge der See und des Gebirges miteinander vergleichen, einander gegenüberstellen; **II** *v/pr* s'~ **4.** *Person* s'~ à qn, à qc sich j-m, e-r Sache wider'setzen; j-m, e-r Sache 'Widerstand leisten; sich gegen j-n, etw stellen; gegen j-n, etw sein; gegen j-n, etw oppo'nieren; je m'y oppose formellement ich bin strikt dagegen; **5.** *Vorurteil, Hindernis* s'~ à qc e-r Sache (*dat*) im Wege stehen, entgegenstehen; sich e-r Sache (*dat*) in den Weg stellen; qu'est-ce qui s'oppose à votre départ? was steht Ihrer Abreise im Wege, entgegen?; was hindert Sie abzureisen?; **6.** *Ansichten, Meinungen* s'~ auseinandergehen; sich scheiden; nos points de vue s'opposent sur cette question *auch* in dieser Frage sind wir entgegengesetzter, gegenteiliger, gegensätzlicher Meinung; 'haut s'oppose à bas hoch ist das Gegenteil von niedrig

opposite [ɔpozit] *m selten loc/prép* à l'~ de gegen'über (+*dat*); leurs maisons sont situées à l'~ l'une de l'autre ihre Häuser stehen einander gegenüber

opposition [ɔpozisjõ] f **1.** *zwischen zwei Dingen, Begriffen, Eigenschaften* Gegensatz m; Gegensätzlichkeit f; *par ext* 'Widerspruch m; *Logik* Antino'mie f; ~ de caractères Cha'raktergegensatz m; ~ de couleurs Farbkontrast m; *loc/prép* par ~ à im Gegensatz zu; sa conduite est en ~ avec ses idées sein Benehmen steht in Widerspruch zu s-n Ansichten; **2.** 'Widerstand m, Opposition f (à qc gegen etw); être en ~ avec qn, qc zu j-m, etw in Opposition stehen; faire de l'~ Widerstand leisten; oppo'nieren; Opposition treiben, F machen; faire, former ~ à qc e-r Sache (*dat*) Widerstand leisten; sich e-r Sache (*dat*) wider'setzen; gegen etw Einspruch, Einwände erheben; gegen etw oppo'nieren; gegen etw sein; *Plan* rencontrer beaucoup d'~ auf großen Widerstand, 'Widerspruch stoßen; **3.** *jur* Einspruch m; délai m d'~ Einspruchsfrist f; moyen m d'~ Einspruchsgrund m; ~ à mariage Einspruch gegen e-e Eheschließung; faire ~ à qc e-n Einspruch gegen etw einlegen, erheben; **4.** *fin* e-s verlorengegangenen Wertpapiers Sperrung f; faire ~ à un chèque perdu e-n verlorengegangenen Scheck sperren lassen; **5.** *pol* Opposition f; journal m de l'~ Oppositionelles Blatt; Oppositionsblatt n; **6.** *ling* sprachlicher Gebilde Oppositi'on f; **7.** *astr* Oppositi'on f; Gegenschein m; **8.** *physiol des Daumens* Oppositi'on f

oppositionnel [ɔpozisjɔnɛl] *pol* I *adj* ⟨~le⟩ oppositio'nell; II *subst* les ~s m/pl die Oppositio'nellen m/pl

oppressant [ɔpresã] *adj* Hitze drückend; *fig Erinnerungen, Umstände, Feierlichkeit* bedrückend; beklemmend

oppressé [ɔprese] *adj* être ~ an Atemnot leiden; Atembeschwerden haben; kurzatmig sein; F beklommen sein; se sentir ~ das Gefühl haben, als ersticke man; Atembeklemmungen haben; e-e Beklemmung auf der Brust fühlen, spüren; sich beklemmt fühlen; *fig* sich beklommen fühlen

oppress|er [ɔprese] *v/t* ~ qn *Hitze, Angst, Empfindung* j-n, j-s Brust beklemmen; j-m den Atem benehmen; *Erinnerungen* j-n bedrücken, bedrängen; schwer auf j-m lasten; **~eur** m Unter'drücker m; Bedrücker m; Bedränger m; **~if** *adj* ⟨-ive⟩ unter'drückend; Unter'drückungs...; mesures oppressives Unterdrückungsmaßnahmen f/pl; **~ion** f **1.** *des Schwachen, e-s Volkes* **a)** *Handlung* Unter'drückung f; Bedrückung f; Unter'jochung f; Knechtung f; régime m d'~ Zwangsherrschaft f; **b)** *Zustand* Unter'drückung f; Knechtschaft f; **2.** Atembeklemmung f, -not f

opprim|é [ɔprime] I *adj* Volk unter'drückt; unter'jocht; geknechtet; II *subst* les ~s m/pl die Unter'drückten m/pl, Geknechteten m/pl; **~er** *v/t* Volk, die Schwachen unter'drücken; unter'jochen; knechten

opprobre [ɔprɔbr(ə)] *litt* m **1.** Schmach f; Schande f; accabler, couvrir qn d'~, jeter l'~ sur j-m (e-e) Schmach zufügen; **2.** *st/s Person* Schandfleck m; il est l'~ de sa famille er ist der, ein Schandfleck s-r Familie; **3.** tiefe Erniedrigung

optalidon [ɔptalidõ] m (*nom déposé*) *phm* Optali'don n (*Wz*)

optatif [ɔptatif] *adj* ⟨-ive⟩ *gr* optativ; *Wunsch...*; mode ~ *od subst* ~ m Optativ m

opter [ɔpte] *v/i* ~ pour qc etw wählen; sich für etw entscheiden; ~ pour la nationalité française für die französische Staatsangehörigkeit, *Völkerrecht auch* für Frankreich op'tieren

---

optic|ien [ɔptisjɛ̃] m, **~ienne** f Optiker(in) m(f); *adit* avoir le diplôme d'ingénieur opticien staatlich geprüfter Augenoptiker m

optimal [ɔptimal] *adj* ⟨-aux⟩ opti'mal; Opti'mal...; bestmögliche(r, -s); beste(r, -s); Best...; günstigste(r, -s)

optim(al)is|ation [ɔptim(al)izasjõ] f *écon, EDV* Opti'mierung f; **~er** *v/t écon, EDV* opti'mieren

optim|isme [ɔptimism(ə)] m Opti'mismus m; Zuversicht f; **~iste** I *adj* opti'mistisch; zuversichtlich; II *m,f* Opti'mist(in) m(f)

optimum [ɔptimɔm] I *adj* ⟨f ~ *od* optima [ɔptimal]; *pl* m *u* f ~s *od* optima⟩ *cf* optimal; II *m* ⟨*pl* ~s *od* optima⟩ Optimum n; ~ de production Produkti'onsoptimum n

option [ɔpsjõ] f **1.** Wahl f; Entscheidung f; Wahlmöglichkeit f; *Schule* (matière f à) ~ Wahlfach n; ~ mathématiques Wahlfach Mathematik; **2.** *Völkerrecht* Opti'on f, Op'tierung f (de la nationalité française für die französische Staatsangehörigkeit); droit m d'~ Optionsrecht n; *Zivilrecht* Opti'on f (*auch comm*); Opti'onsrecht n; lever l'~ das Optionsrecht ausüben; obtenir, prendre une ~ sur un terrain e-e Option auf ein Grundstück erhalten, erwerben; **4.** *comm* en ~ als Extra (gegen Aufpreis)

optionnel [ɔpsjɔnɛl] *adj* ⟨~le⟩ **1.** zur Wahl gestellt; Wahl...; **2.** *comm* Opti'ons...

optique [ɔptik] I *adj* **1.** Seh...; angle m ~ Seh-, Gesichtswinkel m; nerf m ~ Sehnerv m; **2.** optisch; verres m/pl ~s optische Gläser m/pl; II f **1.** Optik f; ~ cristalline Kri'stalloptik f; ~ électronique Elek'tronenoptik f; ~ géométrique geometrische Optik; Strahlenoptik f; ~ physique physikalische Optik; *loc/adj* d'~ optisch; appareils m/pl, instruments m/pl d'~ optische Geräte n/pl, Instrumente n/pl; **2.** *e-r Kamera, e-s Fernglases* Optik f; optisches Sy'stem; avoir une bonne ~ e-e gute Optik haben; **3.** *fig* Standpunkt m; Blickwinkel m; Perspek'tive f; Gesichtspunkt m; Optik f; Betrachtungsweise f; *loc/adv* dans l'~ d'un médecin vom Standpunkt e-s Arztes aus; aus dem Blickwinkel, aus der Perspektive, aus der Sicht e-s Arztes; dans cette ~ unter diesem Gesichtspunkt; dementsprechend; **4.** optische Indu'strie; Optik f

opto-électronique [ɔptoelɛktrɔnik] f Optoelek'tronik f

opto|mètre [ɔptomɛtr(ə)] m *méd* Opto'meter n; **~métrie** f *méd* Optome'trie f

opul|ence [ɔpylãs] *st/s* f **1.** 'Überfluß m; großer Reichtum; nager dans l'~ im Geld schwimmen; vivre dans l'~ im Überfluß leben; **2.** *der Körperformen* Üppigkeit f; **~ent** *adj st/s* **1.** *Person, Familie* sehr reich; steinreich; *Luxus* groß; **2.** *Busen, Körperformen* üppig

opuntia [ɔpõsja] m *cf* oponce

opus [ɔpys] m (*abr* Op.) *mus* Opus n (*abr* op.)

opus incertum [ɔpysɛ̃sɛrtɔm] m *arch* Bruchsteinbau m

opuscule [ɔpyskyl] m kleines Werk; Werkchen n; kleine Schrift

or¹ [ɔr] m **1.** *Metall, Zahlungsmittel* Gold n; ~ affiné, fin, pur reines, gediegenes Gold; Feingold n; ~ blanc Weißgold n; ~ massif massives Gold; Mas'sivgold n; *fig* l'~ noir das flüssige, schwarze Gold (*Erdöl*); ~ rouge Rotgold n; ~ de coupelle kupelliertes Gold; ~ en barre, en lingot Barrengold n; F *fig* c'est de l'~ en barre das bringt viel Geld ein; das ist e-e sichere Geldanlage; das hat

---

bleibenden Wert; *Theaterstück, Film* das ist ein Kassenschlager; *Laden, Restaurant* das ist e-e Goldgrube; ◆ *adit* meist fin Gold...; clause f ~ Goldklausel f; couverture f ~ Golddeckung f; étalon m ~ Goldstandard m, -währung f; peinture f ~ Goldfarbe f; ◆ *loc/adi* d'~, en ~ Gold...; golden; F *fig* une affaire d'~, en ~ ein sehr günstiges, vorteilhaftes Geschäft; F ein Bombengeschäft n; *myth* l'âge m d'~ das Goldene Zeitalter; *fig* l'âge d'~ de la littérature das goldene Zeitalter der Literatur; *fig* cœur m d'~ goldenes Herz, Gemüt; bijoux m/pl en ~ Goldschmuck m; dent f en ~ Goldzahn m; F *fig* un mari en ~ ein Ehemann, der Gold wert ist; un sujet en ~ ein dankbares Thema; ◆ *loc/adv* à prix d'~ *cf* prix 1.; pour tout l'~ du monde (+ *Verneinung*) um keinen Preis der Welt; nicht für Geld und gute Worte; ◆ être cousu d'~, F rouler sur l'~ steinreich sein; F Geld wie Heu haben; im Geld schwimmen; être franc comme l'~ ohne Falsch, F goldecht sein; **2.** goldgelbe Farbe; Goldton m; *poét* Gold n; cheveux m/pl d'~ goldblondes Haar; Goldhaar n; **3.** Goldfaden m, -lahn m

or² [ɔr] *conj* nun (aber)

oracle [ɔrakl(ə)] m **1.** *im Altertum* O'rakel n; l'~ de Delphes das Delphische Orakel; das Orakel von Delphi; **2.** *fig Person* Pro'phet m

orage [ɔraʒ] m **1.** Gewitter n; ~s magnétiques magnetische Stürme m/pl, Störungen f/pl, Gewitter n/pl; le temps est à l'~ es ist gewitt(e)rig; es herrscht Gewitterneigung; **2.** *fig* il y a de l'~ dans l'air die Zeichen stehen auf Sturm; sentir venir l'~ die Ausein'andersetzung, das Gewitter kommen sehen

orageux [ɔraʒø] *adj* ⟨-euse⟩ **1.** gewitt(e)rig; Gewitter...; chaleur orageuse Gewitterschwüle f; ciel, nuage ~ Gewitterhimmel m, -wolke f; pluie orageuse Gewitterregen m; **2.** *Meer, Nacht, fig Sitzung, Debatte* stürmisch; une jeunesse orageuse e-e bewegte Jugend

oraison [ɔrɛzõ] f rel **1.** Gebet n; *égl cath* Orati'on f; dire, faire, réciter une ~ ein Gebet sprechen; **2.** ~ funèbre Grabrede f; Leichenpredigt f (*auch in der Literatur*)

oral [ɔral] I *adj* ⟨-aux⟩ **1.** *Überlieferung, Versprechen, Zeugenaussage* mündlich; **2.** *anat, méd* Mund...; *sc* o'ral; cavité ~ Mundhöhle f; *psych* stade ~ orale Phase; *phon* voyelle ~e oraler, nicht nasalierter Vokal; *méd* par voie ~e oral; durch den Mund; II m mündliche Prüfung; Mündliche(s) n; mündlicher Teil (e-r Prüfung); échouer à l'~ im Mündlichen 'durchfallen

orange¹ [ɔrãʒ] f *Frucht* Apfel'sine f; O'range f; ~ amère Pome'ranze f; Bitterorange f; ~ pressée frisch ausgepreßter Apfelsinen-, Orangensaft; *loc/prov* on presse l'~ et on jette l'écorce man nützt j-n aus und läßt ihn dann fallen; der Mohr hat s-e Schuldigkeit getan, der Mohr kann gehen (*Zitat*)

orange² [ɔrãʒ] I *adj* ⟨inv⟩ o'range; o'rangefarben, -farbig; *e-r Verkehrsampel* feu m ~ gelbes Licht; II m O'range n; *Verkehrsampel* passer à l'~ gelb werden; auf Gelb schalten

orangé [ɔrãʒe] *adj u subst m cf* orange²

orangeade [ɔrãʒad] f Orange'ade f

oranger [ɔrãʒe] m *bot* Apfel'sinen-, O'rangenbaum m; Apfel'sine f; O'range f; ~ amer Bitterorange f; Pome'ranze(nbaum) f(m); ~ doux Süßorange f; fleur f d'~ Orangenblüte f

orang|eraie [ɔrãʒrɛ] f Apfel'sinen-, O'rangenplantage f, -garten m; **~erie** f Orange'rie f (Gewächshaus u Garten)

orang-outan(g) [ɔrãutã] m zo Orang-Utan m

or|ant [ɔrã] m, **~ante** f a) frühchristliche Kunst 'Orans od O'rant m, O'rante f; b) knieende Statue auf Grabdenkmälern Betende(r) f(m)

orat|eur [ɔratœr] m Redner(in) m(f); **être un bon ~** ein guter Redner sein; redegewandt sein; **~oire¹** adj Rede...; rednerisch; ora'torisch; rhét **période** f ~ oratorische Periode; **précautions** f/pl ~s schonende Vorbereitung (des Zuhörers, Lesers)

oratoire² [ɔratwar] m égl cath **1.** Ora'torium n; Hauskapelle f; **2.** Kongregation Ձ **de Jésus et de Marie Immaculée** Ora'torium n von Jesus und Ma'ria; **3.** Gemeinschaftshaus der Oratorianer Ora'torium n

oratorien [ɔratɔrjɛ̃] m égl cath Ora-tori'aner m

oratorio [ɔratɔrjo] m mus Ora'torium n; **~ de Noël** Weihnachtsoratorium n

orbe¹ [ɔrb] adj bât mur m ~ Mauer f ohne Fenster und Türen

orbe² [ɔrb] m astr von der Bahn e-s Himmelskörpers um'schlossene Fläche

orbiculaire [ɔrbikylɛr] adj ring-, kreisförmig; sc orbiku'lar; anat **muscle** m ~ od **subst** ~ m Ringmuskel m

orbitaire [ɔrbitɛr] adj anat Augenhöhlen...; der Augenhöhle; sc orbi'tal

orbital [ɔrbital] **I** adj ‹-aux› astr, Raumfahrt, phys atom Bahn...; Orbi'tal...; phys atom **moment** ~ Bahnmoment m; Bahndrehimpuls m; astr, Raumfahrt **mouvement** ~ Bahn-, Orbitalbewegung f; **station** ~e Raum-, Orbitalstation f; **vitesse** ~e 'Umlauf-, Orbitalgeschwindigkeit f; **II** f ~ phys atom Orbi'tal n

orbite [ɔrbit] f **1.** anat Augenhöhle f; sc Orbita f; **avoir les yeux enfoncés dans les** ~s tiefliegende Augen haben; **2.** astr, Raumfahrt 'Umlaufbahn f; Bahn(kurve) f; sc Orbit m; phys atom ~s **des électrons** Elek'tronenbahnen f/pl; ~ **d'une planète, planétaire** Pla'netenbahn f; Satelliten **placer sur son** ~, **mettre en** od **sur** ~ auf s-e, auf die vorgesehene Umlaufbahn bringen; fig Person, Sache **mettre sur** ~ lan'cieren; **3.** fig Einflußbereich m, -sphäre f; Machtbereich m; Bannkreis m

orbitèles [ɔrbitɛl] m/pl zo Radnetzspinnen f/pl; Radweber m/pl

orbiter [ɔrbite] v/i Raumfahrt sich auf e-r 'Umlaufbahn bewegen; kreisen

orcanète od **orcanette** [ɔrkanɛt] f bot a) Schminkwurz f; b) Wurzel f der Schminkwurz

orchestique [ɔrkɛstik] f griechisches Altertum Or'chestik f

orchestr|al [ɔrkɛstral] adj ‹-aux› mus Or'chester...; orche'stral; **musique** ~e Orchestermusik f; **~ateur** m mus Instrumen'tator m; **~ation** f. mus Instrumentati'on od Instrumen'tierung f; Orchestrati'on od Orche'strierung f; **2.** e-r Pressekampagne etc Insze'nierung f; Organi'sierung f

orchestre [ɔrkɛstrə] m **1.** Or'chester n; Ka'pelle f; ~ **symphonique** Sinfo'nieorchester n; ~ **à cordes** Streichorchester n; ~ **de chambre** Kammerorchester n; ~ **de danse, de jazz** Tanz-, Jazzkapelle f; **chef** m **d'**~ e-s Orchesters Diri'gent m; e-r Tanz-, Jazzkapelle etc Ka'pellmeister m; **concerto** m **pour violon et** ~ Konzert n für Violine und Orchester; Vio'linkonzert n; **2.** thé (**fosse** f **d'**)~ Or'chester(graben m, -raum m)n; **3.** thé vordere Par'kettreihen f/pl; vorderes Par'kett;

cin erstes (und zweites) Par'kett; (**fauteuil** m **d'**)~ Platz m, Sitz m im vorderen Parkett; Or'chestersessel m

orchestrer [ɔrkɛstre] v/t **1.** mus instrumen'tieren; orche'strieren; für Or'chester einrichten, arran'gieren; **2.** fig Protestbewegung, Pressekampagne organi'sieren; insze'nieren

orchid|acées [ɔrkidase] f/pl bot Orchi-'deen-, Knabenkrautgewächse n/pl; sc Orchida'zeen f/pl; **~ée** f bot Orchi'dee f; sc Orchis od Orche f

orchis [ɔrkis] m bot Knabenkraut n; sc Orchis od Orche f

orchite [ɔrkit] f path Hodenentzündung f; sc Or'chitis f

ordalie [ɔrdali] f hist Or'dal n; Gottesurteil n

ordinaire [ɔrdinɛr] **I** adj **1.** üblich; gewohnt; gewöhnlich; nor'mal; alltäglich; **une histoire pas** ~ e-e nicht alltägliche Geschichte; **un jour** ~ ein (ganz) gewöhnlicher, normaler Tag; F **ça alors, ce n'est pas** ~! das ist ungewöhnlich, außergewöhnlich, erstaunlich, über'raschend, nicht alltäglich!; **2.** einfach; gewöhnlich; 'durchschnittlich; alltäglich; **gens** m/pl ~s 'Durchschnittsmenschen m/pl; **qualité** f ~ 'Durchschnittsqualität f; **vin** m ~ einfacher Tischwein; **3.** péi Person, Benehmen ordi'när; gewöhnlich; unfein; **4.** jur **juridiction** f ~ ordentliche Gerichtsbarkeit f; **5.** égl cath **évêque** m ~ Diöze'sanbischof m; resi'dierender Bischof; **II** subst **1.** m **sortir de l'**~ aus dem Rahmen fallen; vom Üblichen, Gewohnten abweichen; ungewöhnlich sein; loc/adv **comme à l'**~, **à son** ~ wie üblich; wie gewöhnlich; **d'**~ (für) gewöhnlich; im allgemeinen; sonst; meistens; **2.** f auto Nor'malbenzin n; **3.** m Alltagsessen n, -kost f; einfaches Essen; im Restaurant Stammgericht n; **4.** m mil Mannschaftsverpflegung f, -kost f; **caporal** m **d'**~ Küchengefreite(r) m; **manger, vivre à l'**~ an der Mannschaftsverpflegung teilnehmen; **5.** m égl cath ~ **de la messe** unveränderliche Teile m/pl der Messe; Ordo missae m; **~ment** adv (für) gewöhnlich; im allgemeinen; sonst; meistens

ordinal [ɔrdinal] adj ‹-aux› gr (adjectif) **numéral** ~ od **subst** ~, **nombre** ~ Ordnungs-, Ordi'nalzahl f; selten Ordi'nale n; **adverbe** ~ Adverb n der ordnenden Reihenfolge

ordin|and [ɔrdinã] m égl cath zu ordi'nierender Priester; **~ant** m égl cath ordi'nierender Bischof

ordinateur [ɔrdinatœr] m Computer [-'pju:-] m; Elek'tronenrechner m; elek'tronische Rechen-, Datenverarbeitungsanlage f; EDV-Anlage f

ordination [ɔrdinasjõ] f **1.** égl cath Priesterweihe f; Ordinati'on f; **conférer, recevoir l'**~ die Priesterweihe spenden, empfangen; **2.** e-r EDV-Anlage Datenerfassung f und -verarbeitung f

ordonnance [ɔrdnãs] f **1.** méd e-s Arztes a) Verordnung f; Verschreibung f; Ordinati'on f; Re'zept m; **médicament délivré seulement sur** ~ rezept-, verschreibungspflichtiges Medikament; **2.** e-r Regierung (Rechts)Verordnung f; hist e-s Monarchen Erlaß m; Ordon'nanz f; **3.** jur ~ (juridictionnelle) richterliche Verfügung, Anordnung; richterlicher Beschluß f; Gerichtsbeschluß m; ~ **pénale** Strafbefehl m; ~ **d'exequatur** Vollstreckbarkeitserklärung f (e-s Schieds-

spruchs); ~ **de non-lieu** Einstellungsbeschluß m; ~ **de prise de corps** Haftbefehl m; ~ **de référé** einstweilige Verfügung; **rendre une** ~ e-e Verfügung erlassen; **4.** Staatshaushalt ~ **de délégation** Ermächtigung f zur Zahlungsanweisung; ~ **de paiement** Zahlungsanweisung f des Ministers; **5.** mil a) officier m d'~ Adju'tant m; **révolver** m d'~ Dienstrevolver m; b) ‹auch m› früher (Offi'ziers)Bursche m; **6.** Ordnung f; **d'un repas** Speisenfolge f; **7.** peint e-s Gemäldes Kompositi'on f; künstlerische Gestaltung, Anordnung; arch e-s Bauwerks architek'tonische Gestaltung; Architek'tonik f

ordonnanc|ement [ɔrdnãsmã] m **1.** Staatshaushalt Zahlungsanweisung f; **2.** écon, tech Fertigungssteuerung f und -kontrolle f; Ablauf-, Arbeitsplanung f; **~er** v/t ‹-c-› Staatshaushalt zur Zahlung anweisen

ordonnateur [ɔrdnatœr] m **1.** Ordner m; ~ **d'une fête** Festordner m; ~ **des pompes funèbres** Angestellter e-s Beerdigungsinstituts, der den Trauerzug ordnet und leitet; **2.** Staatshaushalt zur Zahlungsanweisung Befugte(r) m; Anweisungsbefugte(r) m

ordonné [ɔrdɔne] adj **1.** Person ordentlich; ordnungsliebend; **2.** wohlgeordnet; math Menge geordnet

ordonnée [ɔrdɔne] f math Ordi'nate f

ordonner [ɔrdɔne] v/t **1.** Gegenstände, s-e Gedanken ordnen (auch math); **savoir** ~ **ses idées** e-n klaren Kopf haben; ein klarer Kopf sein; **2.** befehlen; anordnen; verfügen; st/s gebieten; Arbeit auftragen, befehlen; einholen; ~ **qc à qn** j-m etw befehlen, st/s gebieten; ~ **à qn de faire qc** j-m befehlen, auftragen, st/s gebieten, etw zu tun; **il lui ordonna de se taire** auch st/s er hieß ihn schweigen; ~ **que** (+subj) anordnen, verfügen, befehlen, daß; jur ~ **le huis clos** den Ausschluß der Öffentlichkeit verfügen; **faites ce qu'on vous ordonne!** tut, was man euch sagt, befiehlt!; **3.** méd Medikament, Bäder verschreiben; verordnen (auch Ruhe); **4.** égl cath weihen; ordi'nieren; **être ordonné prêtre** zum Priester geweiht werden; die Priesterweihe empfangen

ordre [ɔrdr(ə)] m **1.** Ordnung f; ~ **économique** Wirtschaftsordnung f; ~ **établi** bestehende, herrschende Ordnung; ~ **public** öffentliche Ordnung; ~ **social** Sozi'al-, Gesellschaftsordnung f; soziale Ordnung; **maintien** m **de l'**~ Aufrechterhaltung f der (öffentlichen) Ordnung; **partisans** m/pl **de l'**~ Anhänger m/pl der bestehenden Ordnung; loc/adj u loc/adv **en** ~ ordentlich; (wohl)geordnet; **in Ordnung; tout est en** ~ alles ist ordentlich, aufgeräumt, in Ordnung; **défiler en** ~ in e-m geordneten Zug vorbeimarschieren; Person **avoir de l'**~ ordentlich, ordnungsliebend sein; Ordnung halten (können); Ordnungsliebe besitzen; Ordnungssinn haben; Sinn für Ordnung haben; **c'est dans l'**~ **des choses** das ist nun einmal so; das ist der Lauf der Dinge, der Welt; das ist ganz normal; das ist völlig normal; Person **manquer d'**~ unordentlich sein; keine Ordnung halten können, haben; keinen Sinn für Ordnung haben; **mettre de l'**~ **dans qc** etw ordnen; in etw (acc) Ordnung bringen; **rappeler qn à l'**~ cf rappeler 1.; **rentrer dans l'**~ cf rentrer 2.;

2. Reihen-, Rangfolge *f*; (An)Ordnung *f*; *jur: bei der Verteilung des Erlöses aus e-r Zwangsversteigerung* ~ **amiable** Rangfolge (*der Gläubiger*) bei gütlicher Einigung; ~ **judiciaire** richterlich festgesetzte Rangfolge; ~ **alphabétique** alphabetische Reihenfolge, Ordnung; *loc/adv* **par ~ alphabétique** alphabetisch, nach dem Alphabet geordnet; in alphabetischer Reihenfolge; ~ **numérique** (An)Ordnung nach Nummern; *loc/adv* **par ~ numérique** nach Nummern geordnet; *jur* ~ **successoral, d'héritiers** Erbfolge *f*; *mil hist* ~ **de bataille** Schlachtordnung *f*; ~ **de grandeur** Größenordnung *f*; *mil* ~ **de marche** Marschordnung *f*; *cf auch* **5.**; *gr* ~ **des mots** Wortstellung *f*; ~ **de préséance** Rangordnung *f* (*nach dem Protokoll*); **numéro** *m* **d'~** laufende Nummer; *loc/adj*: **de l'~ de** … in der Größenordnung von (*od + gén*); **du même ~** gleichrangig; gleichwertig; gleichartig; gleicher Größenordnung; in der gleichen Größenordnung; **de premier ~** erstrangig; erstklassig; ersten Ranges; **de second ~** zweitrangig; *loc/adv*: **avec ~** syste'matisch; **procéder avec ~** systematisch, nach e-m bestimmten System vorgehen; **dans l'~** *od* **par ~** der Reihe nach; *cf auch* **tiercé II**; **exposer les faits dans l'~** die Vorfälle der Reihe nach darlegen; *Namen der Schauspieler* **dans l'~ d'entrée en scène** in der Reihenfolge ihres Auftritts; *mar* **en ~ de convoi** im Geleitzug; **par ~ d'ancienneté** nach Dienstalter nach; nach Dienstalter; **mettre dans un certain ~** in e-e gewisse Ordnung bringen; **3.** Art *f*; Natur *f*; *loc/adj* **d'un autre ~** anderer Art, Natur; *Problem* **d'~ économique** wirtschaftlich; wirtschaftlicher Art, Natur; **d'~ privé** privater Natur; **un autre ~ d'idées** in e-m anderen Zusammenhang; **dans le même ~ d'idées** in diesem Zusammenhang; **4.** ~ **du jour** Tagesordnung *f*; *cf auch* **5.**; **question** *f*, **point** *m* **figurant à l'~ du jour** Tagesordnungspunkt *m*; **Punkt** *m* (auf) der Tagesordnung; **établir l'~ du jour** die Tagesordnung aufstellen; **être à l'~ du jour** auf der Tagesordnung stehen; *fig* an der Tagesordnung sein; **passer à l'~ du jour** zur Tagesordnung 'übergehen; **5.** Befehl *m* (*bes mil*); Anordnung *f*; (An)Weisung *f*; ~ **de l'armée, d'attaque** Ar'mee- *od* Heeres-, Angriffsbefehl *m*; ~ **de grève** Streikaufruf *m*; **lancer l'~ de grève** zum Streik aufrufen; *mil* ~ **du jour** Tagesbefehl *m*; **citer un soldat à l'~ du jour** e-n Soldaten im Tagesbefehl lobend erwähnen; ~ **de mission** dienstlicher Auftrag; Dienstauftrag *m* (*auch das Schriftstück*); ~ **de route, de marche, de mouvement** Marschbefehl *m*; ~ *m* **e-r Einheit** Ar'mee- *od* Einheit *f*; *e-r Einheit* **cahier** *m*, **registre** *m* **d'~s** Befehlsbuch *n*; *loc/adv* **à vos ~s, mon capitaine!** zu Befehl, Herr Hauptmann!; **conformément aux ~s reçus** befehls-, weisungsgemäß; **jusqu'à nouvel ~** bis auf weiteres; bis auf 'Widerruf; **par ~ de, sur (l')~ de** auf Befehl, Anordnung von (*od + gén*); **sur l'~ d'un supérieur** auf Befehl e-s Vorgesetzten; auf höheren Befehl; **sous les ~s de** unter dem Befehl von (*od + gén*); **avoir un bataillon sous ses ~s** ein Bataillon befehligen; **avoir qn sous ses ~s** j-n unter sich haben; **être sous les ~s de qn** j-m, j-s Befehlsgewalt unter'stehen; j-m unter'stellt sein; **mettre, placer sous les ~s de** j-m, j-s Befehl unter'stellen; **donner un ~** e-n Befehl erteilen, geben; e-e Anordnung erlassen, geben; **donner l'~ de**

faire qc befehlen, den Befehl erteilen *od* geben, (An)Weisung geben, anordnen, etw zu tun; *plais* **je suis à vos ~s!** ich stehe Ihnen zu Diensten!; ich erwarte Ihre Befehle!; **je n'ai d'~ à recevoir de personne** mir hat keiner etwas zu befehlen, vorzuschreiben, zu sagen; mir hat keiner Vorschriften zu machen; **6.** *comm* **a)** *fin* Auftrag *m*; Order *f*; ~ **permanent** Dauerauftrag *m*; ~ **d'achat** Kaufauftrag *m*, -order *f*; ~ **de Bourse** Börsenauftrag *m*; ~ **de virement** Über-'weisungsauftrag *m*; **billet** *m* **à ~** eigener, trockener Wechsel; Solawechsel *m*; *loc/adv*: **à l'~** an die Order von; **à l'~ de soi-même** an eigene Order; **à l'~ d'un tiers** an fremde Order; **à la maison X ou à son ~** an die Firma X oder deren Order; **payer, payez à l'~ de** zahlbar an die Order von; *auf Schecks* **non à ~** nicht an Order; **d'~ et pour compte de** im Auftrag und für Rechnung von (*od + gén*); **b)** Bestellung *f*; Auftrag *m*; **feuille** *f* **d'~** Bestellzettel *m*; **passer un ~** e-n Auftrag erteilen; e-e Bestellung aufgeben; **prendre un ~** e-e Bestellung entgegennehmen; **7.** *bes égl cath* Orden *m*; Ordensgesellschaft *f*, -gemeinschaft *f*; ~ **des bénédictins** Benedik'tinerorden *m*; ~ **de chevalerie** Ritterorden *m*; ~ **de Cluny** Kongregati'on *f* der Klunia'zenser; ~ **de la Jarretière** Hosenbandorden *m*; **l'~ de la Légion d'honneur** der Ehrenlegion; ~ **de Malte** Mal'teserorden *m*; **membre** *m* **d'un ~** Ordensmitglied *n*; **entrer dans les ~s** in e-n Orden eintreten; Priester, Mönch *bzw* Nonne werden; **être dans les ~s** e-m Orden angehören; Mönch *bzw* Nonne sein; **8.** *égl cath* Weihe *f*; Weihegrad *m*; Ordo *m*; ~**s majeurs, mineurs** höhere, niedere Weihen; **9.** *Standesorganisation freier Berufe* Verband *m*; ~ **professionnel** Berufsverband *m*; ~ **des avocats, des médecins** Anwalts-, Ärztekammer *f*; ~ **conseil** *m* **de l'~** Kammervorstand *m*; **10.** *math* Ordnung *f*; **relation** *f* **d'~** Ordnungsrelation *f*; **de deuxième ~** zweiter Ordnung; **11.** *biol* Ordnung *f*; **12.** *arch* (Säulen)Ordnung *f*; ~ **corinthien, dorique, ionique** korinthische, dorische, ionische (Säulen)Ordnung; **13.** *hist Ancien Régime* Stand *m*

ordure [ɔrdyr] *f* **1.** *pl* ~**s (ménagères)** Abfall *m*; Abfälle *m/pl*; Müll *m*; **tas** *m* **d'~s** Abfall-, Müllhaufen *m*, -berg *m*; **jeter, mettre qc aux ~s** etw in den Abfall, Müll, in die Mülltonne, in die Mülleimer werfen; etw wegwerfen; **c'est bon à mettre aux ~s** das ist reif für den Mülleimer; **2.** ~**s** *pl* Gemeinheiten *f/pl*; Schweine'reien *f/pl*; gemeine, unflätige, schmutzige Ausdrücke *m/pl*; Unflat *m*; Zoten *f/pl*; **3.** Unrat *m*; ~**s** *pl* Kot *m*; *Hund* **faire ses ~s sur le trottoir** sein Geschäft auf dem Bürgersteig verrichten; **4.** *P Schimpfwort* P Miststück *n*; Mistvieh *n*; Schweinehund *m*; Dreckskerl *m*; Drecksweib *n*; *P/fort* Drecksau *f*

ordurier [ɔrdyrje] *adj* ⟨-ière⟩ Ausdrücke, Witz etc gemein; schmutzig; unflätig; zotig; unanständig; dreckig

oréade [ɔread] *f myth* Bergnymphe *f*; Ore'ade *f*

orée [ɔre] *f st/s* **à l'~ du bois, de la forêt** st/s am Waldessaum

oreillard [ɔrejar] *m zo* Langohr-, Großohrfledermaus *f*

oreille [ɔrej] *f* **1.** *anat* Ohr *n*; *par ext* Gehör *n*; *ch*: *des Hasen, Kaninchens* Löffel *m*; *des Schalenwilds* Lauscher *m*; ~ **externe** äußeres Ohr; ~ **interne** inneres Ohr; Innenohr *n*; ~ **moyenne** Mittelohr *n*; ~**s en feuille de chou** große abstehende Ohren; *loc/adv*: **de bouche**

à ~ von Mund zu Mund; **le chapeau sur l'~** den Hut schief aufs Ohr gesetzt; **si cela arrivait, venait à ses ~s** wenn ihm das zu Ohren käme; **avoir de l'~** ein musikalisches Gehör haben; **ne pas avoir d'~, n'avoir aucune ~** kein (musikalisches) Gehör haben; *litt* **avoir l'~ de qn** j-s Vertrauen, Ohr haben, besitzen; bei j-m Gehör finden; **avoir l'~ fine** ein feines, scharfes Ohr, Gehör haben; scharfe, gute Ohren haben; bei j-m in den Ohren liegen; **choquer les ~s chastes, délicates, pudiques** zarte Ohren schockieren; **dire qc à l'~ de qn, qc à qn dans le creux de l'~** j-m etw ins Ohr flüstern, sagen; j-m etw zuflüstern; *fig* **dormir sur ses deux ~s** ganz ohne Sorge, ganz beruhigt sein; **dresser l'~, die Ohren spitzen** (*auch fig*); **(é)chauffer les ~s à qn** *cf* échauffer **3.**; **n'écouter que d'une ~ (distraite)** nur mit halbem Ohr zu-, hinhören; **écouter de toutes ses ~s** sich kein Wort entgehen lassen; konzentriert, gespannt zuhören; aufmerksam lauschen; **entendre mal de l'~ gauche** auf dem linken Ohr schlecht hören; **entendre qc de ses propres ~s** etw mit eigenen Ohren hören; *fig* **il ne l'entend pas de cette ~** davon will er nichts wissen; *plais* **auf dem Ohr hört er schlecht**; **cela lui entre par une ~ et lui sort par l'autre** das geht ihm zum e-n Ohr hinein und zum anderen wieder hinaus; **être (tout yeux) tout ~s** ganz (Auge und) Ohr sein; **être dur d'~** schwerhörig sein; schwer hören; **faire la sourde ~** sich taub stellen; *cf auch* sourd **1.**; **ouvrir bien** *od* **grand ses ~s** aufmerksam, gut zu-, hinhören; **die Ohren aufmachen, -tun**, F -sperren; **prêter l'~ à qc** e-r Sache (*dat*) Gehör schenken; etw aufmerksam anhören; aufmerksam hinhören; **rougir jusqu'aux ~s** bis über die, bis über beide Ohren rot werden; **tendre l'~** die Ohren spitzen; **tirer les ~s à qn** j-n an den Ohren ziehen; *fig* **tirer, frotter les ~s à qn** j-m die Ohren langziehen; j-n bei den Ohren nehmen; j-m den Kopf waschen; **se faire tirer l'~** sich lange bitten lassen; **ce n'est pas tombé dans l'~ d'un sourd** das will ich mir gut merken, zunutze machen; da hat einer gut aufgepaßt; **2.** *an e-m Topf etc* Griff *m*; **3.** *tech e-r Flügelmutter* Flügel *m*; **écrou** *m* **à ~s** Flügelmutter *f*; **4.** **fauteuil** *m* **à ~s** Ohrensessel *m*, -stuhl *m*; **5.** *mar e-s Ankers* Flunke *f*; **6.** *e-s Sackes* Zipfel *m*

oreille|-de-mer [ɔrɛjdəmɛr] *f* ⟨*pl* **oreilles-de-mer**⟩ *zo* Seeohr *n*; ~**-de-souris** *f* ⟨*pl* **oreilles-de-souris**⟩ *bot* Kleines Habichtskraut; ~**-d'ours** *f* ⟨*pl* **oreilles-d'ours**⟩ *bot* Au'rikel *f*

oreill|er [ɔreje] *m* **1.** Kopfkissen *n*; **taie** *f* **d'~** Kopfkissenbezug *m*; **2.** *fig loc/adj u loc/adv* **sur l'~** im Bett; **confidences** *f/pl* **sur l'~** Bettgeflüster *n*; **se réconcilier sur l'~** sich im Bett wieder versöhnen; ~**ette** *f* **1.** *anat* des Herzens Vorhof *m*; **2.** *e-r Mütze* Ohrenklappe *f*

oreillons [ɔrejɔ̃] *m/pl path* Ziegenpeter *m*; Mumps *m*, F *auch f*

ores [ɔr] *nur loc/adv* **d'~ et déjà** [dɔrzedeʒa] schon jetzt; jetzt schon

orfèvre [ɔrfɛvr(ə)] *m* Goldschmied *m*; **atelier** *m* **d'~** Goldschmiedewerkstatt *f*; *fig* **être ~ en la matière** auf dem Gebiet ein Fachmann sein; sich in dieser Sache auskennen; ~**-bijoutier** *m* ⟨*pl* **orfèvres-bijoutiers**⟩ Juwe'lier *m*

orfèvrerie [ɔrfɛvrəri] *f* **a)** Goldschmiedekunst *f*, -arbeit *f*, -handwerk *n*; **b)**

Gegenstand Goldschmiedearbeit *f*

orfraie [ɔrfrɛ] *f* **1.** *zo* Seeadler *m*; **2.** *fig* **pousser des cris d'~** gelle(nde) Schreie ausstoßen; gellend schreien

orfroi [ɔrfrwa] *m an Meßgewändern* Goldstickerei *f*, -verzierung *f*

organdi [ɔrgɑ̃di] *m text* Or'gandy *m*; **robe** *f* **en ~** Organdykleid *n*

organe [ɔrgan] *m* **1.** *anat* Or'gan *n*; **~s (génitaux)** Geschlechtsorgane *n/pl*; **~s de la digestion, de la respiration, des sens** Verdauungs-, Atmungs-, Sinnesorgane *n/pl*; **~ de l'ouïe, de la vue** Hör-, Sehorgan *n*; **greffe** *f* **d'~** Organverpflanzung *f*; **2.** *e-r Person* Or'gan *n*; Stimme *f*; **3.** *jur* Or'gan *n*; **~ administratif** Verwaltungsorgan *n*; **~ délibérant** Beschlußorgan *n*; **~ exécutif** ausführendes Organ; **~s de la justice** Organe der Justiz; **4.** *von e-r Zeitung* Or'gan *n*; Blatt *n*; Sprachrohr *n*; **5.** *fig* Werkzeug *n*; Instru'ment *n*; Träger *m*; **6.** *tech e-r Maschine* Ele'ment *n*; Or'gan *n*; **~s d'assemblage** Verbindungselemente *n/pl*; **~s de commande** Antriebsorgane *n/pl*, -elemente *n/pl*; **~s de machines** Ma'schinenelemente *n/pl*; **~s de transmission** Über'tragungs-, Transmissi'onsorgane *n/pl*, -elemente *n/pl*; Getriebe *n*

organeau [ɔrgano] *m* ⟨*pl* **~x**⟩ *mar* **a)** Eisenring *m* (*zum Vertäuen*); **b)** Ankerring *m*

organicien [ɔrganisjɛ̃] *m chim* Or'ganiker *m*

organigramme [ɔrganigram] *m* **1.** *e-s Industrieunternehmens*, *adm* Organisati'onsplan *m*, -schema *n*; **2.** *EDV* Flußdiagramm *n*

organique [ɔrganik] *adj* **1.** *anat, méd* or'ganisch; **maladie** *f* **~** organische Krankheit; **2.** *Stoff, chim* or'ganisch; **chimie** *f* **~** organische Chemie; **3.** *pol* **loi** *f* **~** grundlegendes Gesetz über Staatsorgane

organisable [ɔrganizabl(ə)] *adj* organi'sierbar

organisa|teur [ɔrganizatœr] *m*, **~trice** *f* **1.** Organi'sator *m*, Organisa'torin *f*; *e-s Festes*, *e-r Veranstaltung auch* Veranstalter(in) *m(f)*; **talent** *m* **d'~** Organisati'onstalent *n*; organisa'torisches Talent; **2.** ⟨*nur m*⟩ *biol* Organi'sator *m*; **~-conseil** *m* ⟨*pl* **organisateurs-conseils**⟩ Betriebs-, Unter'nehmensberater *m*

organisation [ɔrganizasjɔ̃] *f* **1.** Organi'sierung *f*; Organisati'on *f* (*Tätigkeit u Ergebnis*); Gestaltung *f*; *e-r Tagung etc* Veranstaltung *f*; Abhaltung *f*; 'Durchführung *f*; *der Armee, e-r Verwaltung etc* Aufbau *m*; Organisati'on *f*; **~ administrative** Verwaltungsaufbau *m*, -organisation *f*; **~ judiciaire** Gerichtsverfassung *f*; **~ des loisirs** Freizeitgestaltung *f*; **~ de, du marché** Marktordnung *f*; **~ du travail** Arbeitsorganisation *f*, -gestaltung *f*; **avoir l'esprit d'~** Organisationstalent besitzen; **2.** Organisati'on *f*; Verband *m*; **~ industrielle** Indu'strieverband *m*; **~ mondiale** Weltorganisation *f*; **♀ mondiale de la Santé** (*abr* O.M.S.) Weltgesundheitsorganisation *f* (*abr* WHO); **~ ouvrière** Arbeiterorganisation *f*; **~ patronale** Arbeit'geberorganisation *f*; **~ syndicale** Gewerkschaft *f*; **♀ de coopération et de développement économiques** (*abr* O.C.D.E.) Organisation für wirtschaftliche Zusammenarbeit und Entwicklung (*abr* OECD); **~ de jeunesse** Jugendorganisation *f*, -verband *m*; **♀ des Nations unies** (*abr* O.N.U.) Organisation der Vereinten Nationen (*abr* UNO); **♀ du traité de l'Atlantique**

Nord (*abr* O.T.A.N.) Nordatlantikpaktorganisation *f* (*abr* NATO); **~ de la vente** Verkaufs-, Vertriebs-, Absatzorganisation *f*; **3.** *mil* **~ du terrain** Geländeverstärkung *f*, -ausbau *m*

organisationnel [ɔrganizasjɔnɛl] *adj* ⟨**~le**⟩ organisa'torisch; Organisati'ons...

organisé [ɔrganize] *adj* **1.** *biol* **être ~** organi'siertes Lebewesen; **2.** *Arbeit, Unternehmen* **bien ~** gut organi'siert; **voyage ~** Gesellschaftsreise *f*; **partir en voyage ~** mit e-r Reisegesellschaft verreisen; *fig* **c'est une personne ~** er *bzw* sie ist ein Mensch, der s-e Zeit, s-e Arbeit, s-n Tag richtig einzuteilen versteht; *fig* **c'est du vol ~** das ist (die reinste) Beutel-, Geldschneide'rei; *Person in e-r Partei, Gewerkschaft* organi'siert (**en** in +*dat*)

organiser [ɔrganize] **I** *v/t* **1.** *Widerstand, Reise, Veranstaltung* organi'sieren; *Arbeit auch* sinnvoll einteilen; *s-e Zeit* richtig einteilen; *Empfang, Fest* veranstalten; ausrichten; *Programm* zu'sammenstellen; *Begegnung, Spaziergang* arran'gieren; *Freizeit* gestalten; **~ qc de façon moderne** etw modern aufziehen; **2.** *biol* in Or'gane differen'zieren; **II** *v/pr* **s'~** **3.** *Person* mit s-r Zeit richtig 'umgehen; sie s-e Zeit, Arbeit, s-n Tag richtig einteilen; **comment s'~ pour** (+*inf*)? wie muß man es machen, anstellen, einrichten, um zu (+*inf*)?; *Sache* sich einspielen, regeln; besser organi'siert, geregelt werden

organisme [ɔrganism(ə)] *m* **1.** *anat, biol* Orga'nismus *m*; *im engeren Sinn* menschlicher Orga'nismus, Körper; **2.** *fig, Soziologie* Orga'nismus *m*; **3.** Organisati'on *f*; Einrichtung *f*; Institutii'on *f*; Gremium *n*; Or'gan *n*; (Geschäfts-, Dienst)Stelle *f*; **~ compétent** zuständige Stelle; **~ privé** private Einrichtung, Institution, Organisation; **~ de contrôle** Kon'trollorgan *n*

organiste [ɔrganist] *m,f* Orga'nist(in) *m(f)*

organite [ɔrganit] *m biol* Orga'nell(e) *n*

organo|genèse [ɔrganoʒənɛz] *f biol* Or'ganbildung *f*; Organoge'nese *f*; **~métallique** *adj chim* me'tallorganisch; **~thérapie** *f méd* Or'gantherapie *od* Organothera'pie *f*

organsin [ɔrgɑ̃sɛ̃] *m text* Organ'sin *od* Organ'zin *m od n*

orgasme [ɔrgasm(ə)] *m physiol* Or'gasmus *m*

orge [ɔrʒ] **1.** *f bot, agr* Gerste *f*; **~ d'hiver, de printemps** Winter-, Sommergerste *f*; **champ** *m* **d'~** Gerstenfeld *n*; **2.** *f* **sucre** *m* **d'~** Lutschstange *f*; **3.** *m* **~ mondé** (Gersten)Graupen *f/pl*; **~ perlé** Perlgraupen *f/pl*, -gerste *f*

orgeat [ɔrʒa] *m* (**sirop** *m* **d'~**) **a)** mit Zucker eingedickte Mandelmilch; **b)** *erfrischendes* Mandelmilchgetränk

orgelet [ɔrʒəlɛ] *m path* Gerstenkorn *n*

orgiaque [ɔrʒjak] *litt adj* orgi'astisch

orgie [ɔrʒi] *f* **1.** Orgie *f*; wüstes Gelage; **se livrer à une véritable ~** e-e wahre Orgie feiern; *fig* **une ~ de lumières, de fleurs, de couleurs** e-e verschwenderische Fülle, e-e 'Überfülle von Lichtern, Blumen, Farben; **3.** *Antike* **~s** Orgien *f/pl*

orgue [ɔrg] *m* **1.** *mus* **~** *od* **~s** *f/pl, in e-r Kirche* Orgel *f*; **les ~s** *m/pl* die Orgeln *pl*; **~ électronique** Elek'tronenorgel *f*; elektronische Orgel; **~ portatif** Porta'tiv *n*; **~ positif** Posi'tiv *n*; **~ de cinéma** Kinoorgel *f*; **musique** *f* **d'~** Orgelmusik *f*; *in e-r Kirche* (**tribune** *f* **d'~**)**s** *f/pl*

Orgelempore *f*; **concerto** *m* **pour ~ et orchestre** Konzert *n* für Orgel und Orchester; Orgelkonzert *n*; **jouer de l'~** Orgel spielen; *in e-r Kirche* **tenir l'~** die Orgel spielen; **je Organist sein**; **2.** *mus* **point** *m* **d'~** Fer'mate *f*; **3.** **~ de Barbarie** Drehorgel *f*; Leierkasten *m*; *österr* Werkel *m*; **joueur** *m* **d'~ (de Barbarie)** Leierkastenmann *m*; Drehorgelspieler *m*; *österr* Werkelmann *m*; **4.** *mil hist* Orgelgeschütz *n*; Totenorgel *f*; Hagelbüchse *f*; *im 2. Weltkrieg* **~ de Staline** Stalinorgel *f*; **5.** *géol* **~s basaltiques** gebündelte Ba'saltsäulen *f/pl*

orgueil [ɔrgœj] *m* Stolz *m*; *péj auch* Hochmut *m*; Dünkel *m*; *stl/s* Hoffart *f*; *loc/adv* **par ~** aus Stolz; **avoir l'~ de son nom** auf s-n Namen stolz sein; **ne pas en tirer d'~** nicht sonderlich stolz darauf sein; sich nichts darauf einbilden

orgueilleux [ɔrgœjø] **I** *adj* ⟨**-euse**⟩ stolz; *péj auch* hochmütig; hochnäsig; eingebildet; dünkelhaft; *stl/s* hoffärtig; **II** *subst* **~**, **orgueilleuse** *m,f* Stolze(r) *f(m)*; Hochmütige(r) *f(m)*; *stl/s* Hoffärtige(r) *f(m)*

oriel [ɔrjɛl] *m arch* Erker(fenster) *m(n)*

orient [ɔrjɑ̃] *m* **1.** *géogr* **l'♀** der Orient; das Morgenland; *rel* **l'Église d'♀** die Ostkirche; *hist* **l'Empire (romain) d'♀** das Oströmische, Byzantinische Reich; **la question d'♀** die orientalische Frage; **le schisme d'♀** das morgenländische Schisma; **2.** *poet* Morgen *m*; Osten *m*; **3.** *e-r Perle* Glanz *m*; Schmelz *m*

orientable [ɔrjɑ̃tabl(ə)] *adj* verstellbar; einstellbar; *Arm, Scheinwerfer* schwenkbar; drehbar; **bras** *m* **~** *auch* Schwenkarm *m*; **échelle** *f* **~** Drehleiter *f*

oriental [ɔrjɑ̃tal] **I** *adj* ⟨**-aux**⟩ **1.** *géogr* östlich; Ost...; **côte, frontière ~e** Ostküste *f*, -grenze *f*; **les Pyrénées ~es** die Ostpyrenäen *pl*; **2.** orien'talisch; **langues ~es** orientalische Sprachen *f/pl*; *in Paris* **Institut national des langues et civilisations orientales**, *früher* **École des langues ~es**, F **langues o** [lɑ̃gzo] *Hochschule für orientalische (u slawische) Sprachen*; **II** *subst* **♀(e)** *m(f)* Orien'tale *m*, Orien'talin *f*; Morgenländer(in) *m(f)*; **~isme** *m* **1.** Orienta'listik *f*; Orientkunde *f*; orien'talische Philolo'gie; **2.** *Vorliebe für alles* Orien'talische; **~iste** *m,f* Orienta'list(in) *m(f)*

orientation [ɔrjɑ̃tasjɔ̃] *f* **1.** Orien'tierung *f*; **sens** *m* **de l'~** Orientierungssinn *m*, -vermögen *n*; Ortssinn *m*; **table** *f* **d'~** Pano'ramatafel *f*; **2.** *par ext* Lenkung *f*; Steuerung *f*; Ausrichtung *f*; **~ professionnelle** Berufsberatung *f*; *auch* Berufsfindung *f*; **conseiller** *m* **d'~ professionnelle** Berufsberater *m*; *écon* **~ des besoins, des capitaux** Bedarfs-, Kapi'tallenkung *f*; **3.** *pol e-r Zeitung* Einstellung *f*; (Aus)Richtung *f*; Orien'tierung *f*; Ten'denz *f*; *der Politik, Regierung* Kurs *m*; **changement** *m* **d'~** Kurswechsel *m*; **4.** *e-s Hauses* Lage *f* (*in bezug auf die Himmelsrichtungen*); **5.** *mar der Segel* Stellen *n* nach dem Wind

orienté [ɔrjɑ̃te] *adj* **1.** *Wohnung, Zimmer* **être ~ à l'est** nach Osten liegen, gehen; **être bien ~** *in bezug auf die Himmelsrichtung* e-e gute Lage haben; **2.** *math* **droite ~e** orien'tierte Gerade; **3.** *fig Artikel, Buch* tendenzi'ös

orienter [ɔrjɑ̃te] **I** *v/t* **1.** nach e-r bestimmten (Himmels)Richtung ausrichten; orien'tieren (*auch math*); **~ au sud** nach Süden ausrichten, orientieren; **2.** *fig* Schüler bei der Berufswahl beraten; *auf e-e bestimmte Laufbahn, e-n bestimmten Schulzweig* hinlenken (**vers** auf +*acc*); **~ les recherches** die Forschung steuern, auf ein bestimmtes Ziel ausrich-

ten; der Forschung (*dat*) die Richtung weisen, e-e bestimmte Richtung geben; **3.** *mar Segel* nach dem Wind stellen; **II** *v/pr* **4.** *Person s'~* sich orien'tieren (**par rapport à qc** nach etw); sich zu'rechtfinden; s-n Weg finden; **5.** *Person s'~* **vers qc** sich e-r Sache (*dat*) zuwenden

orienteur [ɔrjɑ̃tœr] *m* ~ (professionnel) Berufsberater *m*

Orient-Express [ɔrjɑ̃tɛkspres] *m ch de fer* Orientexpreß *m*

orifice [ɔrifis] *m* Öffnung *f*; *e-s Rohrs, Schachts auch* Mündung *f*; *auto* ~ **d'admission, d'échappement des gaz** Einlaß-, Auslaßschlitz *m*

oriflamme [ɔriflam] *f hist* Oriflamme *f*

origan [ɔrigɑ̃] *m* **1.** *bot* Wilder Major'ran; Dost *m*; **2.** *Gewürz* Wilder Major'an; O'regano *m*; O'rigano *m*

originaire [ɔriʒinɛr] *adj* **1.** être ~ de stammen aus; beheimatet sein in (+*dat*); *aus e-r Stadt auch* gebürtig sein aus; *Produkt, Brauch* kommen aus; **il est** ~ **du pays** er ist ein Einheimischer; **2.** ursprünglich; ~**ment** *adv* anfangs; ursprünglich

original [ɔriʒinal] ⟨*m/pl* -aux⟩ **I** *adj* **1.** origi'nal; Origi'nal...; **copie** ~**e** Kopie *f* des Originals; **document** ~ Originalurkunde *f*; Urschrift *f*; **édition** ~**e** Erstausgabe *f*, -druck *m*; Originalausgabe *f*; **texte** ~ Original-, Urtext *m*; **2.** *Idee* origi'nell; neuartig; **Dekoration, Muster** origi'nell; a'part; *Künstler, Kunstwerk* origi'nell; eigenständig; schöpferisch; **3.** *selten Person* être ~ sonderbar, eigenartig sein; **II** *subst* **1.** *m* e-r *Reproduktion, Kopie etc* Origi'nal *n*; e-r *Übersetzung auch* Urtext *m*, Kopie auch Urschrift *f*; **2.** ~(e) *m(f) Person* Origi'nal *n*; Unikum *n*; komischer Kauz; Sonderling *m* (*alle für beide Geschlechter*)

originalité [ɔriʒinalite] *f* **1.** e-r *Idee* Originali'tät *f*; Neuartigkeit *f*; e-s *Künstlers, Kunstwerks* Eigenständigkeit *f*; Originali'tät *f*; Ursprünglichkeit *f*; **2.** e-r *Person* Sonderbarkeit *f*; sonderbares Wesen, Verhalten; **3.** *Werbung* Besonderheit *f*; Neuartige(s) *n*; Neuerung *f*; Neuheit *f*

origine [ɔriʒin] *f* **1.** Anfang *m*; Beginn *m*; *loc/adv* à l'~ ursprünglich; anfangs; anfänglich; zu Anfang, Beginn; am Anfang; **dès** l'~ von Anfang an; von Anbeginn; gleich zu Anfang, Beginn; **des** ~**s à nos jours** von den Anfängen bis zur Gegenwart; **2.** e-s *Wortes, Brauchs* Herkunft *f*; Ursprung *m*; *von Waren* Ursprung *m*; e-r *Person* Herkunft *f*; Abstammung *f*; Abkunft *f*; *in e-m Kaufvertrag* ~ **de propriété** (Nachweis *m* über die) Herkunft des Eigentums; **Allemand, Français**, *etc* **d'**~ gebürtiger Deutscher, Franzose *etc*; *bei Weinen* **appellation** *f* **d'**~ Herkunfts-, Ursprungsbezeichnung *f*; *für Waren* **certificat** *m* **d'**~ Ursprungszeugnis *n*; **emballage** *f* **d'**~ Origi'nal(ver)packung *f*; **nationalité** *f* **d'**~ ursprüngliche, durch die Geburt erworbene Staatsangehörigkeit; **pays** *m* **d'**~ e-r *Person* Geburts-, Heimatland *n*; e-r *Ware* Ursprungs-, Herstellungsland *n*; *Sitte* **d'**~ **ancienne** althergebracht; **être d'**~ **française** gebürtiger Franzose sein; von Geburt Franzose sein; **être d'**~ **paysanne** bäuerlicher Herkunft, Abstammung sein; von Bauern abstammen; **on sent ses** ~**s paysannes** man merkt ihm s-e bäuerliche Herkunft an; **3.** e-s *Aberglaubens, Gedankens, e-r Sprache* Entstehung *f* (*auch der Welt*); Aufkommen *n*; **4.** e-s *Konflikts, e-r Krise* Ursache *f*; **à l'**~ **de cette maladie il y a souvent ...** Ursache dieser Krankheit ist oft ...; **avoir,**

prendre son ~ **dans qc** s-e Ursache in etw (*dat*) haben; **5.** *math des Koordinatensystems* Nullpunkt *m*; Ursprung *m*; *astr* **méridien** *m* **d'**~ Nullmeridian *m*; **6.** *bot, anat* Ansatz(punkt *m*, -stelle *f*) *m* (*e-s Blattes, Gliedes*)

originel [ɔriʒinɛl] *adj* ⟨~**le**⟩ **1.** ursprünglich; *e-s Wortes* **sens** ~ ursprüngliche Bedeutung; **2.** *rel* **péché** ~ Erbsünde *f*

originellement [ɔriʒinɛlmɑ̃] *adv* ursprünglich

orignac [ɔriɲak] *m od* **orignal** [ɔriɲal] *m* ⟨*pl* -aux⟩ *zo* Ameri'kanischer Elch

orillon [ɔrijɔ̃] *m fortif* e-r *Bastion* rund vorspringendes Mauerwerk

orin [ɔrɛ̃] *m mar* Bojereep *n*; *in der Binnenschiffahrt* Bowerleine *f*; e-r *Ankertaumine* Ankertau *n*

Orion [ɔrjɔ̃] *m astr* (der) O'rion *m*; **Bouclier** *m* **d'**~ Sobi'eskischer Schild; **Ceinture** *f*, **Baudrier** *m* **d'**~ Gürtel *m* des Orion; Jakobsstab *m*; **Épée** *f* **d'**~ Schwertgehänge *n* des Orion

oripeaux [ɔripo] *m/pl* zerschlissene, fadenscheinige Kleidung; Lumpen *m/pl*

orle [ɔrl] *m* **1.** *Heraldik* schmaler innerer Schildrand; **2.** *arch* Pro'filleiste *f* (*unter dem Eierstab*)

orléaniste [ɔrleanist] *hist* **I** *adj* orlea'nistisch; *der* Orlea'nisten; **II** *m* Orlea'nist *m*; Anhänger *m* des Hauses Orléans

orlon [ɔrlɔ̃] *m* (*nom déposé*) *text* Orlon *n* (*Wz*); **en** ~ aus Orlon; Orlon...

ormaie [ɔrmɛ] *f* Ulmenwäldchen *n*, -pflanzung *f*

orm|e [ɔrm] *m* **1.** *bot* Ulme *f*; Rüster *f*; ~ **champêtre, rouge** Feld-, Rotulme *f*, -rüster *f*; ~ **de montagne, blanc** Bergulme *f*, -rüster *f*; **2.** Rüsterholz *n*; **en** ~ aus Rüster; Rüster...; ~**eau**[1] *m* ⟨*pl* ~**x**⟩ kleine, junge Ulme; Rüster

orm|eau[2] [ɔrmo] *m* ⟨*pl* ~**x**⟩ *od* ~**et** *m od* ~**ier** *m zo* Seeohr *n*

ormoie [ɔrmwa] *f cf* ormaie

orne[1] [ɔrn] *m vit* zwischen zwei Rebenreihen Rille *f*

orne[2] [ɔrn] *m bot* Manna-, Blumenesche *f*

ornemaniste [ɔrnəmanist] *m* **a)** Stukka'teur *m*; **b)** Zeichner *m*, Entwerfer *m* von Stuckverzierungen

ornement [ɔrnəmɑ̃] *m* **1.** *bes arch, bildende Kunst* Orna'ment *n*; Verzierung *f* (*auch auf e-r Buchseite*); Zierat *m*; Schmuck *m*; ~**s typographiques** Buchschmuck *m*; *arch* **plante** *f* **d'**~ Zierpflanze *f*; ~ **d'architecture** Bauornament *n*; **plante** *f* **d'**~ Zierpflanze *f*; *loc/adj Kleid, Gebäude* **sans aucun** ~ völlig schmucklos; ganz schlicht; **2.** *mus* Verzierung *f*; **3.** *égl cath* ~**s sacerdotaux** priesterlicher Or'nat

ornement|al [ɔrnəmɑ̃tal] *adj* ⟨-aux⟩ schmückend; Schmuck...; zierend; Zier...; ornamen'tal; **plante** ~**e** Zierpflanze *f*; ~**ation** *f* **1.** Verzieren *n*, -ung *f* (*mit Ornamenten*); **2.** *mus* Orna'mentik *f*; ~**er** *v/t* (*mit Ornamenten*) verzieren; **ornementé de** verziert mit

orner [ɔrne] *v/t* schmücken, verzieren (**de** mit); *Buch mit Zeichnungen* ausschmücken; ausstatten; *Bild:* e-e Wand zieren; **orné de** geschmückt, verziert, geziert mit

ornière [ɔrnjɛr] *f* **1.** Rad-, Wagenspur *f*; **2.** *ch de fer* e-r *Schiene* (Spur)Rille *f*; **3.** *fig* **sortir de l'**~ sich aus e-r schwierigen Lage, Situati'on her'ausarbeiten

ornitho|gale [ɔrnitɔgal] *m bot* Milchstern *m*; ~**logie** *f* Vogelkunde *f*; Ornitholo'gie *f*; ~**logique** *adj* vogelkundlich; *sc* ornitho'logisch; ~**logiste** *od* ~**logue** *m,f* Ornitho'loge, -'login *m,f*; ~**ptère** [-ptɛr] *m aviat* Schwingenflügler *m*; Orni'thopter *m*; ~**rynque** [-rɛ̃k] *m zo* Schnabeltier *n*

ornithose [ɔrnitoz] *f path* Orni'those *f*

orobanche [ɔrɔbɑ̃ʃ] *f bot* Sommerwurz *f*

orobe [ɔrɔb] *m bot* Platterbse *f*

oro|genèse [ɔrɔʒənɛz] *f géol* Gebirgsbildung *f*; *sc* Oroge'nese *f*; ~**génie** *f* ⟨-ʒeni⟩ *géol* **a)** *cf* orogenèse; **b)** Lehre *f* von der Gebirgsbildung; ~**génique** *adj* gebirgsbildend; *sc* oroge'netisch; ~**graphie** *f* **a)** Beschreibung *f* der Reli'efformen; *sc* Orogra'phie *f*; **b)** *coll* Reli'efformen *f/pl*; ~**graphique** *adj sc* oro'graphisch

oronge [ɔrɔ̃ʒ] *f bot* **a)** Knollenblätterpilz *m*; Wulstling *m*; **b)** *im engeren Sinn* ~ (**vraie**) Kaiserling *m*; **fausse** ~ Fliegenpilz *m*

orpailleur [ɔrpajœr] *m hist* Goldwäscher *m*

orphel|in [ɔrfəlɛ̃] *m*, ~**ine** *f* **1.** ('Voll-, Halb)Waise *f*; Waisenkind *n*; ~ **de père** vaterlose Halbwaise; ~ **de père** keinen Vater mehr haben; ~ **de père et de mère** Vollwaise *f*; **allocation** *f* **d'**~ Waisengeld *n*; **2.** *adj* verwaist; **enfant** ~ Waisenkind *n*

orphelinat [ɔrfəlina] *m* **1.** Waisenhaus *n*; **2.** *coll* Waisenhauskinder *n/pl*

orphéon [ɔrfeɔ̃] *m* e-s *Ortes*, e-r *Gemeinde* Blaskapelle *f*

orphie [ɔrfi] *f zo* Hornhecht *m*

orph|ique [ɔrfik] *Antike* **I** *adj* orphisch; **mystères** *m/pl* ~**s** orphische Mysterien *n/pl*; **poèmes** *m/pl* ~**s** orphische Dichtungen *f/pl*; **II** *m* ~**isme** *m* *Antike* Orphik *f*; Or'phismus *m*; Orphi-'zismus *m*

orpiment [ɔrpimɑ̃] *m minér* Oper'ment *n*; Auripig'ment *n*

orpin [ɔrpɛ̃] *m* **1.** *cf* orpiment; **2.** *bot* Fetthenne *f*

orque [ɔrk] *m zo* Schwertwal *m*; Butskopf *m*

orseille [ɔrsɛj] *f* **1.** *bot* Färberflechte *f*; **2.** *Farbstoff* Or'seille *f*; Lackmus *n od m*

orteil [ɔrtɛj] *m anat* Zehe *f*; Zeh *m*; **gros, petit** ~ große, kleine Zehe; großer, kleiner Zeh

orthicon [ɔrtikɔ̃] *m télév* Orthikon *n*

ortho [ɔrto] *adj* ⟨*inv*⟩ *chim, géol* Ortho...; **acide** ~ Orthosäure *f*; **gneiss** *m* ~ Orthogneis *m*

ortho|centre [ɔrtɔsɑ̃tr(ə)] *m math* in e-m *Dreieck* Schnittpunkt *m* der Höhen; ~**chromatique** *adj phot* orthochro'matisch; ~**chromatisme** *m phot* Orthochroma'sie *f*; ~**dontie** [-dõti] *f Zahnmedizin* Zahnregulierung *f*; *sc* Orthodon'tie *f*

orthodox|e [ɔrtɔdɔks] **I** *adj* **1.** *rel* ortho'dox; streng-, rechtgläubig; **2.** *fig* ortho'dox; starr; unnachgiebig; **3.** *égl* ortho'dox; **Église** ~ **grecque** griechisch-orthodoxe Kirche; **Église** ~ **russe** russisch-orthodoxe Kirche; **II** *subst* les ~**s** *m/pl rel, égl* die Ortho'doxen *m/pl*; ~**ie** *f rel, fig* Orthodo'xie *f*; Rechtgläubigkeit *f*

orthodrom|ie [ɔrtɔdrɔmi] *f aviat, mar* Ortho'drome *f*; ~**ique** *adj aviat, mar* **route** ~ ortho'drom(isch); *aviat, mar* **route** ~ orthodromischer Kurs

ortho|épie [ɔrtɔepi] *f ling* Orthoe'pie *f*; Lehre *f* von der richtigen Aussprache der Wörter; ~**genèse** *f biol* Orthoge'nese *f*

orthogonal [ɔrtɔgɔnal] *adj* ⟨-aux⟩ *math* rechtwinklig zueinander; orthogo'nal; Orthogo'nal...; **projection** ~**e** senkrechte, rechtwinklige, orthogonale Parallelprojektion *f*; ~**ité** *f math* Orthogonali'tät *f*

orthograph|e [ɔrtɔgraf] *f* **1.** Rechtschreibung *f*; Orthogra'phie *f*; ~ **d'usage** *festgelegte* Rechtschreibung; **réforme** *f* **de l'**~ Rechtschreibreform *f*; **avoir une mauvaise** ~ viele orthogra-

phische Fehler machen; in der Recht-schreibung viele Fehler machen; *Schüler* être bon en ~ in Rechtschreibung gut sein; **2.** *e-s Wortes* Schreibung *f*; Schreibweise *f*; ~ **phonétique** phonetische Schreibung; **~ier I** *v/t* schreiben; ~ **correctement**, mal ~ richtig, falsch schreiben; **II** *v/pr* s'~ geschrieben werden; **~ique** *adj* **1.** ortho'graphisch; signes *m/pl* ~s orthographische Zeichen *n/pl*; **2.** *math* projection *f* ~ cf (projection) orthogonal(e)

orthopéd|ie [ɔrtɔpedi] *f méd* Orthopä'die *f*; ~ **dento-faciale** Kieferorthopä'die *f*; Orthodon'tie *f*; **~ique** *adj* ortho'pädisch; appareils *m/pl*, chaussures *f/pl* ~s orthopädische Geräte *n/pl*, Schuhe *m/pl*; **~iste** *m* **1.** *méd* ~ *od adit* médecin *m* ~ Ortho'päde *m*; Facharzt *m* für Orthopä'die; **2.** Orthopä'dist *m*; Orthopä'diemechaniker *m*, ~schuhmacher *m*

orthophon|ie [ɔrtɔfɔni] *f* **1.** richtige Aussprache; **2.** *méd* Sprachheilpflege *f*; Logopä'die *f*; **~iste** *m,f méd* Sprachheilpädagoge, -gogin *m,f*; Logopäda'goge, -'gogin *m,f*

orthoptères [ɔrtɔptɛr] *m/pl zo* Geradflügler *m/pl*; *sc* Ortho'pteren *pl*

orthoptic|ien [ɔrtɔptisjɛ̃] *m*, **~ienne** *f* Orthop'tist(in) *m(f)*

orthopt|ique [ɔrtɔptik] *f* Orth'optik *f*; **~iste** *m, f* Orthop'tist(in) *m(f)*

orthoscop|ie [ɔrtɔskɔpi] *f phot* Orthosko'pie *f*; **~ique** *adj phot* ortho'skopisch

orthose [ɔrtoz] *m minér* Ortho'klas *m*

ortho|state [ɔrtɔstat] *m arch* Ortho'stat *m*; **~statique** *adj méd* ortho'statisch; *path* albuminurie *f* ~ orthostatische Albuminurie; **~sympathique** *adj anat* orthosym'pathisch; système *m* ~ Orthosym'pathikus *m*

ortie [ɔrti] *f bot* **a)** Brennessel *f*; F *fig* jeter le froc aux ~s *Mönch* aus dem Orden austreten; *Priester* den Priesterberuf aufgeben; **b)** ~ **blanche, rouge** Weiße, Rote Taubnessel

ortive [ɔrtiv] *adj ⟨nur f⟩ astr* amplitude ~ Morgenweite *f*

ortolan [ɔrtɔlɑ̃] *m zo* Orto'lan *m*; *fig* manger des ~s etwas Gutes, Leckeres essen

orvale [ɔrval] *f bot* Mus'katsalbei *m*

orvet [ɔrvɛ] *m zo* Blindschleiche *f*

orycte [ɔrikt] *m zo* Nashornkäfer *m*

oryctérope [ɔrikterɔp] *m zo* Erdferkel *n*

oryx [ɔriks] *m zo* Oryxantilope *f*; ~ **algazelle** Säbelantilope *f*; ~ **gazelle** Beisa *f*; Assan *m*

os[1] [ɔs; *pl* o] *m* **1.** *anat* Knochen *m*; ~ **courts** kurze Knochen; ~ **longs** lange Knochen; Röhrenknochen *m/pl*; ~ **à moelle** Markknochen *m*; ~ **du bassin, de la main, de poulet** Becken-, Hand-, Hühnerknochen *m*; **cendre** *f*, **poudre** *f* **d'~** Knochenasche *f*; **huile** *f* **d'~** Knochenöl *n*, -fett *n*; *loc/adj* Nadel, Messerstiel, Knopf en ~ beinern; en ~ Knochen…; *loc/adv* F jusqu'à l'~ völlig, durch und durch; F *fig* il y a un ~ die Sache hat e-n Haken; F *fig* l'avoir dans l'~ F übers Ohr gehauen worden sein; reingelegt worden sein; *Person* c'est un paquet d'~ [-dos] er ist nur noch Haut und Knochen; il ne fera pas de vieux ~ er wird nicht alt werden; F *fig* jeter, donner un ~ à ronger à qn j-m etwas zukommen lassen, zum Fraß vorwerfen (, um ihn vorläufig zufriedenzustellen); *plais* réchauffer ses vieux ~ sich (auf)wärmen; F *fig* tomber sur un ~ auf unvorhergesehene Schwierigkeiten stoßen; être trempé jusqu'aux ~ bis auf die Haut naß sein; völlig durch'näßt sein; F pudel-, pitsch-, klatschnaß sein; **2.** *zo* ~ **de seiche** Schulp *m*

os[2] [ɔs; *pl* o] *m ch* Afterklaue *f*; Oberrükken *m*; *pl auch* Geäfter *n*

oscabrion [ɔskabrijɔ̃] *m zo* Käferschnecke *f*

oscar [ɔskar] *m* **1.** *cin Auszeichnung* Oscar *m*; **2.** *allg* Preis *m*

oscill|ant [ɔsilɑ̃] *adj élect* schwingend; oszil'lierend; **circuit** ~ Schwingkreis *m*; **~ateur** *m élect* Oszil'lator *m*; Schwingungserzeuger *m*

oscillation [ɔsilasjɔ̃] *f* **1.** *phys, élect* Schwingung *f*; Oszillati'on *f*; ~s **électriques, électro-magnétiques** elektrische, elektromagnetische Schwingungen; ~ **d'un pendule** Pendelschwingung *f*, -schlag *m*; **période** *f* **d'une** ~ Schwingungsdauer *f*; **2.** *des Klimas, Blutdrucks* Schwanken *n*, -ung *f*

oscillatoire [ɔsilatwar] *adj phys, élect* Schwing(ungs…); **2.** oszilla'torisch

osciller [ɔsile] *v/t* **1.** *phys* schwingen; oszil'lieren; pendeln; *Gegenstand* (hin und her) schwanken; **2.** *Person zwischen zwei Möglichkeiten* schwanken (**entre** zwischen +*dat*)

oscillo|gramme [ɔsilɔgram] *m* Oszillo'gramm *n*; **~graphe** *m élect* Oszillo'graph *m*; ~ **cathodique** Ka'thodenstrahloszillograph *m*; ~ **galvanométrique** Schleifenoszillograph *m*; **~mètre** *m méd* Blutdruckmesser *m*; *sc* Tono'meter *n*

oscula|teur [ɔskylatœr] *adj ⟨-trice⟩ math* Oskulati'ons…; osku'lierend; **plan** ~ Oskulations-, Schmiegeebene *f*; **~tion** *f math* Oskulati'on *f*

oscule [ɔskyl] *m zo der Schwämme* Öffnung *f*; *sc* Osculum *n*

ose [oz] *m chim* Monosa(c)cha'rid *n*; Mo'nose *f*

osé [oze] *adj* **1.** *Unternehmen, Versuch, Szene, Scherz* gewagt; ris'kant; **2.** *Person* keck; dreist

oseille [ozɛj] *f* **1.** *bot* Sauerampfer *m*; cuis omelette *f* à l'~ Omelett *n* mit feingehacktem Sauerampfer; **2.** *arg* cf fric

oser [oze] *v/t* wagen; *abs* es wagen; *litt* ~ **qc** etw wagen; den Mut zu etw haben; ~ **faire qc** a) wagen, sich getrauen, den Mut haben, etw zu tun; b) sich unter'stehen, sich unter'fangen, die Stirn haben, die Frechheit besitzen, sich erdreisten, sich erlauben, sich erkühnen, etw zu tun; *drohend* ose répéter ce que tu viens de dire! unterstéh dich, wage es, das noch einmal zu sagen!; si j'ose dire, si j'ose m'exprimer ainsi wenn ich so sagen darf; j'ose espérer que vous accepterez ich darf doch hoffen, daß Sie annehmen werden?

oseraie [ozrɛ] *f* Weidengebüsch *n*, -pflanzung *f*

osier [ozje] *m* **1.** *bot (Art)* Korbweide *f*; ~ **pourpre** Purpurweide *f*; **2.** Weidenruten *f/pl (als Flechtwerk)*; **panier** *m* **en** ~ Weidenkorb *m*; **fauteuil** *m* **en** ~ Korbsessel *m*, -stuhl *m*

osmium [ɔsmjɔm] *m chim* Osmium *n*

osmomètre [ɔsmɔmɛtr(ə)] *m* Osmo'meter *n*

osmonde [ɔsmɔ̃d] *f bot* ~ **royale** Königsfarn *m*

osmose [ɔsmoz] *f* **1.** *biol, chim* Os'mose *f*; **2.** *litt* gegenseitige Durch'dringung, Beeinflussung

osmotique [ɔsmɔtik] *adj biol, chim* os'motisch; **pression** *f* ~ osmotischer Druck

osque [ɔsk] **I** *adj* oskisch; **II** *subst* **1.** *hist* ~s *m/pl* Osker *m/pl*; **2.** *ling* l'~ *m* das Oskische; Oskisch *n*

ossature [ɔsatyr] *f* **1.** *anat* Knochengerüst *n*, -bau *m*; avoir une ~ grêle, une forte ~ e-n schmächtigen, kräftigen Knochenbau haben; **2.** *tech* Gerüst *n*;

Ske'lett *n*; Gerippe *n*; ~ **en béton armé** Stahlbetonskelett *n*, -gerippe *n*

osséine [ɔsein] *f chim* Osse'in *n*

osselet [ɔslɛ] *m* **1.** *anat* ~ **de l'oreille** Gehörknöchelchen *n/pl*; **2.** ~s *pl* Geschicklichkeitsspiel mit kleinen *(Schafs-)*Knochen, die hochgeworfen u mit dem Handrücken aufgefangen werden müssen

ossements [ɔsmɑ̃] *m/pl (Toten)*Gebeine *n/pl*

osseux [ɔsø] *adj ⟨-euse⟩* **1.** *anat* knöchern; Knochen…; **cellule, charpente osseuse** Knochenzelle *f*, -gerüst *n*; *path* maladie osseuse Knochenkrankheit *f*; *zo* poisson ~ Knochenfisch *m*; **système, tissu** ~ Knochensystem *n*, -gewebe *n*; **2.** *Gesicht, Hände* knochig

ossianique [ɔsjanik] *adj Literatur* ossi'anisch

ossi|fication [ɔsifikasjɔ̃] *f physiol, path* Verknöcherung *f*; Knochenbildung *f*; *sc* Ossifikati'on *f*; **~fier** *v/t (u v/pr)* (s')~ verknöchern; verknöchern la'ssen

ossuaire [ɔsɥɛr] *m* **1.** Beinhaus *n*; Os'sarium *od* Ossu'arium *n*; **2.** Knochenhaufen *m*

osté|algie [ɔstealʒi] *f path* Knochenschmerz *m*; *sc* Osteal'gie *f*; **~ite** *f path* Knochenentzündung *f*; *sc* O'stitis *f*

ostensible [ɔstɑ̃sibl] *adj* augen'fällig; offenkundig; **~ment** *adv* ostenta'tiv

ostensoir [ɔstɑ̃swar] *m égl cath* Mon'stranz *f*

ostenta|tion [ɔstɑ̃tasjɔ̃] *f* Zur'schaustellen *n*, -tragen *n*; Großtun *n*, F Angabe *f*, Angeben *n* (de mit); avec ~ cf ostentatoire; **par pure** ~ aus reiner Angabe; **~toire** *adj* prahlerisch; großtuerisch; angeberisch

ostéo|blaste [ɔsteoblast] *m physiol* Knochenbildungszelle *f*; *sc* Osteo'blast *m*; **~genèse** *f od* **~génie** *f* **1.** im Embryo Knochenbildung *f*; *sc* Osteoge'nese *f*; **2.** cf ossification; **~logie** *f* Knochenlehre *f*; *sc* Osteolo'gie *f*; **~malacie** [-malasi] *f path* Knochenerweichung *f*; *sc* Osteomala'zie *f*; **~myélite** *f path* Knochenmarkentzündung *f*; *sc* Osteomye'litis *f*; **~phyte** [-fit] *m path* Osteo'phyt *m*; **~plastie** [-plasti] *f chir* Osteo'plastik *f*; **~sarcome** *m path* bösartige Knochengeschwulst; *sc* Osteosar'kom *n*; **~synthèse** *f chir* Osteosyn'these *f*; **~tomie** [-tɔmi] *f chir* 'Durchtrennung *f* e-s Knochens; *sc* Osteoto'mie *f*

ostiak [ɔstjak] *m ling* l'~ früher das Ost'jakische; Ost'jakisch *n*; heute das Chantyische; Chantyisch *n*

ostiole [ɔstjɔl] *m bot der Blätter* Spaltöffnung *f*; *zo in der Leibeshöhle der Insekten* Öffnung *f*; *sc* Ostium *n*

ostracisme [ɔstrasism(ə)] *m* **1.** im Altertum Scherbengericht *n*; Ostra'zismus *m*; **2.** *fig* Ächtung *f*; Verfemung *f*; *pol* Kaltstellung *f*; aus e-r Partei Ausschluß *m*; être frappé d'~ geächtet, verfemt werden *bzw* sein; *pol* kaltgestellt werden *bzw* sein

ostréicole [ɔstreikɔl] *adj* Austern(zucht)…

ostréicult|eur [ɔstreikyltœr] *m* Austernzüchter *m*; **~ure** *f* Austernzucht *f*

ostréidés [ɔstreide] *m/pl zo* Austern *f/pl (Familie)*

ostrogot(h) [ɔstrɔgo] **I** *adj ⟨-got(h)e* [-gɔt]⟩ *hist* ostgotisch; **II** *m* **1.** *hist* ~s *m/pl* Ostgoten *m/pl*; **2.** Grobian *m*; ungehobelter Kerl; Rohling *m*; Bar'bar *m*; F un drôle d'~ F ein komischer Heiliger

otage [ɔtaʒ] *m* Geisel *f*; **prise** *f* **d'~(s)** Geiselnahme *f*; **garder qn comme** ~ j-n als Geisel festhalten

otalgie [ɔtalʒi] *f path* Ohrenschmerz *m*; *sc* Otal'gie *f*

otarie [ɔtari] *f zo* Ohrenrobbe *f*; ~ **à**

fourrure Pelzrobbe *f*; Seebär *m*
ôter [ote] **I** *v/t* **1.** *Gegenstand von s-m Platz* wegnehmen, -legen, -stellen, -setzen; *Kleidungsstück* ablegen; ausziehen; *Hut* abnehmen; absetzen; *Kern, Gräten* entfernen; *Haut, Schale* abziehen; abmachen; **2.** *math* abziehen; ~ la moitié de cent von hundert die Hälfte abziehen, wegnehmen; 3 ôté de 9 égale 6 9 weniger *od* minus 3 macht *od* ist 6; **3.** ~ qc à qn j-m etw wegnehmen; ~ à qn son courage, ses forces, ses illusions j-m den Mut, die Kräfte, die Illusionen nehmen, rauben; j-n um s-n Mut, s-e Kräfte, s-e Illusionen bringen; cela n'ôte rien à son mérite das schmälert sein Verdienst nicht; on ne m'ôtera pas de l'idée que... man wird mich nicht von dem Gedanken abbringen, daß ...; *cf auch* idée **2.**; **II** *v/pr* F ôte-toi de là! geh mir aus dem Weg!; mach (mir mal) Platz!; geh da mal weg!; F ôte-toi de là que je m'y mette! Platz da, jetzt komme ich!
otique [ɔtik] *adj anat* Ohr(en)...; *sc* ot(o)...; Ot(o)...
otite [ɔtit] *f path* Ohrenentzündung *f*; *sc* O'titis *f*; ~ externe Entzündung *f* des äußeren Gehörgangs; ~ moyenne Mittelohrentzündung *f*
otocyon [ɔtɔsjɔ̃] *m zo* Löffelfuchs *m*, -hund *m*
oto|lithe [ɔtɔlit] *m anat meist pl* ~s Oto'konien *f/pl*; Stato'konien *f/pl*, -'lithen *m/pl*; *früher* Oto'lithen *m/pl*; ~**lo-gie** *f méd* Ohrenheilkunde *f*; *sc* Otolo-'gie *f*; Otia'trie *f*
oto-rhino [ɔtorino] *m*,*f Kurzwort für* oto-rhino-laryngologiste
oto-rhino-laryngo|logie [ɔtorinolarɛ̃-gɔlɔʒi] *f méd* Hals-Nasen-Ohren-Heilkunde *f*; *sc* Otorhinolaryngolo'gie *f*; ~**logiste** *m*,*f méd* Hals-Nasen-Ohren-(*abr* HNO-)Arzt *bzw* -Ärztin *m*,*f*; Facharzt, -ärztin *m*,*f für* Hals-Nasen-Ohren-Heilkunde; *sc* Otorhinolaryngo'loge, -'login *m*,*f*; F Ohrenarzt, -ärztin *m*,*f*
oto|rragie [ɔtɔraʒi] *f path* Ohrenbluten *n*; Ohrblutung *f*; *sc* Otorrha'gie *f*; ~**rr(h)ée** [-re] *f path* Ohrenfluß *m*; *sc* Otor'rhö(e) *f*; ~**scope** *m méd* Ohrenspiegel *m*; *sc* Oto'skop *n*
ottoman [ɔtɔmã] **I** *adj hist* os'manisch; *auch* otto'manisch; l'Empire ~ das Osmanische Reich; **II** *subst* **1.** *hist* 2s *m/pl* Os'manen *m/pl*; Otto'manen *m/pl*; **2.** *m text* Otto'man(e) *m*(*f*); **3.** ~ *e f früher* Otto'mane *f*
ou [u] *conj* **1.** ~, *p/fort* ~ bien oder; (bien) ... ~ (bien) entweder ... oder; ~ vous acceptez ~ bien je ... entweder nehmen Sie an oder ich ...; ~ bien c'est lui ~ bien c'est moi ... entweder er oder ich ...; ~ alors sonst; wenn nicht; tôt ~ tard früher *od* später; *je lui écrirai* ~ plutôt j'irai le voir ... oder ich gehe lieber zu ihm; qui de lui ~ de toi se chargera de cette commission? wer wird die Besorgung über'nehmen, er oder du?; **2.** *bei Schätzungen* bis; deux ~ trois fois zwei- bis dreimal
où [u] *adv* **1.** *Interrogativadverb* **a)** *in direkten Fragesätzen:* wo? *bzw* wohin?; ~ est votre frère? wo ist Ihr Bruder?; ~ vas-tu? wohin gehst du?; ~ en êtes--vous? wie weit sind Sie?; d'~? woher?; d'~ vient-il? woher kommt er?; d'~ vient que ... ? wie *od* woher kommt es, daß ...?; jusqu'~? bis wohin?; wie weit?; *fig* jusqu'~ cela va-t-il nous mener? wohin wird uns das führen?; par ~ commencerai-je? womit *od* wo soll ich beginnen?; par ~ est-il entré auf welchem Wege ist er hereingekommen?; par ~ est-il passé? welche Strecke, F

wie ist er gefahren?; **b)** *in indirekten Fragesätzen:* wo *bzw* wohin; je ne sais ~ aller ich weiß nicht, wohin ich gehen soll; je me demande ~ il est ich frage mich, wo er ist; **c)** *loc/adv:* d'~ daher; darum; d'~ mon étonnement daher *od* darum war ich so erstaunt; daher mein Erstaunen; **d)** *loc/conj:* que (+*subj*) wo *bzw* wohin auch (immer); ~ qu'il soit wo er auch sein mag; **2.** *Relativadverb* **a)** *örtlich:* le pays ~ il est né das Land, in dem er geboren wurde; le document n'est plus dans le dossier ~ il avait été mis ... in die es gelegt wurde; je cherche une maison ~ passer mes vacances ich suche ein Haus, in dem ich meine Ferien verleben kann; la maison d'~ il sort das Haus, aus dem er herauskommt; la rue jusqu'~ je l'avais accompagné die Straße, bis zu der ich ihn begleitet hatte; là ~ da *od* dort, wo; **b)** *zeitlich:* l'époque ~ nous vivons die Zeit, in der wir leben; le soir ~ la représentation eut lieu der Abend, an dem die Vorstellung stattfand; au moment ~ il arriva in dem Augenblick, als er ankam; à l'époque ~ j'allais à l'école zur der Zeit, da *od* als ich in die Schule ging; **c)** *Zustand:* on ne peut le transporter dans l'état ~ il est in dem, in diesem Zustand kann man ihn nicht transpor'tieren; dans le trouble ~ j'étais in meiner Verwirrung
ouabaïne [wabain] *f phm* Ouaba'in *n*; Strophan'tin G *n*
ouailles [waj] *f/pl égl* (*paroissiens*) Schäflein *n/pl*; Herde *f*
ouais [wɛ] F **I** *int* schau (mal) an!; sieh da!; sieh mal einer an!; was du nicht sagst!; **II** *adv* ja
ouat|e [wat, *meist keine Elision*] *f* **1.** (Polster)Watte *f*; doublé d'~ wat'tiert; mit Watte gefüttert; **2.** *méd, Kosmetik* Watte *f*; ~ de cellulose Zellstoffwatte *f*; ~**er** *v/t* **1.** wat'tieren; mit Watte (ab)füttern; **2.** *adj fig* une atmosphère ouatée e-e gedämpfte Atmo'sphäre
ouatin|e [watin] *f text* Watte'line *f*; ~**er** *v/t cout* mit Watte'line füttern; wat'tieren
oubli [ubli] *m* **1.** Vergessen *n*; Vergessenheit *f*; *myth Lethe* le fleuve de l'~ der Strom des Vergessens; tirer, sortir, sauver de l'~ der Vergessenheit entreißen; tomber dans l'~ in Vergessenheit geraten; vergessen werden; **2.** Unter-'lassung *f*; Nachlässigkeit *f*; Versäumnis *n*; ~ involontaire Versehen *n*; commettre un ~ sich e-e Nachlässigkeit, ein Versäumnis zuschulden kommen lassen; e-e Unterlassung begehen; réparer un ~ etw Unter'lassenes nachholen; ein Versäumnis wieder'gutmachen; **3.** *der Pflicht, s-r Freunde* Vernachlässigung *f*; *des Anstandes* Verletzung *f*; ~ de ses devoirs *auch* Pflichtverletzung *f*; **4.** *e-r Beleidigung* Verzeihen *n*; Nichtnachtragen *n*; **5.** *alles Irdischen* Verleugnung *f*; ~ de soi(-même) Selbstverleugnung *f*, -aufgabe *f*, -losigkeit *f*
oublier [ublije] **I** *v/t* **1.** *Name, Person, Sorgen etc* vergessen; *Gelerntes auch* (wieder) verlernen; ~ de faire qc vergessen, etw zu tun; ~ que ... vergessen, daß ...; il en oublie le boire et le manger er vergißt Essen und Trinken darüber; F vous nous oubliez! haben Sie uns denn ganz vergessen!; être oublié vergessen sein; in Vergessenheit geraten sein; faire ~ qc etw vergessen lassen; se faire ~ dafür sorgen, daß man nicht (gleich wieder) auffällt, daß man erst einmal vergessen wird; **2.** *Gegenstand* vergessen; liegen- *bzw* stehenlassen; **3.** *Wort in e-m Text, beim Übersetzen, Person bei e-r Verteilung* vergessen; auslassen; über'se-

hen; n'oubliez pas que ... vergessen Sie nicht, denken Sie daran, daß ...; vous oubliez qui je suis! Sie vergessen, wer ich bin!; **4.** *Familie, Freunde, Pflicht etc* vernachlässigen; *Pflicht auch* versäumen; verletzen; **5.** *Beleidigung* nicht nachtragen; verzeihen; **II** *v/pr* **6.** *passivisch* s'~ vergessen werden; *ce genre d'affront ne s'oublie pas* ... vergißt man nicht; **7.** *reflexiv* **a)** *iron* il ne s'est pas oublié er hat sein Schäfchen ins trockene gebracht; er hat für sich gesorgt; **b)** *verhüllend* s'~ *Kind* in die Hosen machen; *Tier an unerlaubter Stelle* sein Geschäft machen, verrichten; F sich verewigen
oubliette [ublijɛt] *f meist pl* ~s **1.** *früher* Verlies *n*; Kerker *m*; **2.** *früher* Fallgrube *f* (*für Menschen*); **3.** *fig* tomber dans les ~s in Vergessenheit geraten; F in der Versenkung verschwinden
oued [wɛd] *m géogr* Wadi *n*
ouest [wɛst] **I** *m* **1.** *Himmelsrichtung* (*abr* O.) West(en) *m* (*abr* W); vent *m* d'~ Westwind *m*; *poét* West *m*; *loc/adv* à l'~ im Westen, westlich (de von *od* + *gén*); plus à l'~ weiter *od* mehr im Westen, westlich; en direction (de l'~), vers l'~ in westlicher Richtung; westwärts; in Richtung Westen; nach Westen; **2.** *e-s Landes, e-r Stadt* l'2 der Westen; *géogr* de l'2 West...; *pol* l'Allemagne *f* de l'2 Westdeutschland *n* (*Bundesrepublik*); dans l'2 de Paris im Westen von Paris; **3.** *im engeren Sinn* l'2 Westfrankreich *n*; der Westen (Frankreichs); **4.** *pol* l'2 der Westen; **II** *adj* ⟨*inv*⟩ westlich; West...; côte *f* ~ Westküste *f*; longitude *f* ~ westliche Länge; portail *m* ~ Westportal *n*; ~**-allemand** *adj* westdeutsch
ouest|-nord-ouest [wɛstnɔrwɛst] *m* (*abr* O.-N.-O.) Westnord'west(en) *m* (*abr* WNW); ~**-sud-ouest** *m* (*abr* O.-S.-O.) Westsüd'west(en) *m* (*abr* WSW)
ouf [uf] *int* uff!; Gott sei Dank!; gott'lob!; F sans avoir le temps de dire ~, elle avait ... ehe sie sich's versah, hatte sie ...; F il n'a pas eu le temps de dire ~ er hatte nicht einmal Zeit zum Luftholen
ougandais [ugãdɛ] **I** *adj* u'gandisch; **II** *subst* 2(e) *m*(*f*) U'gander(in) *m*(*f*)
ougrien [ugrijɛ̃] *adj* ⟨~ne⟩ ugrisch; les langues ~nes die ugrischen Sprachen *f/pl*
oui [wi] **I** *adv* ja; ~, monsieur *bzw* madame *bzw* mademoiselle ja; êtes--vous satisfait? — ~ et non ... — ja und nein; ~ ou non?, *ungeduldig* P ~ ou merde? ja oder nein?; on se demande si ~ ou non on partira en vacances ... ob wir in Ferien fahren sollen oder nicht; *resignierend* eh! ~ na ja; nun ja; mon Dieu, ~ Gott, ja; ~ certes ja gewiß; ja sicher; ja freilich; ja natürlich; mais ~ aber ja; ja doch; gewiß doch; allerdings; ma foi ~ ja sicher; aber ja; (aber) gewiß; ja schon; (oh) que ~ ja gewiß; ja sicher; natürlich; je crois que ~ ich glaube ja *od* schon; dire ~ ja sagen; *cf auch* dire[1] **1.** **b)** il semble que ~ es scheint ja; es scheint so; **II** *m* ⟨*inv*⟩ **1.** Ja *n*; *loc/adv* pour un ~ ou pour un non bei der geringsten Kleinigkeit; wegen e-r lächerlichen Kleinigkeit; wegen e-r Lap'palie; ohne rechten, ersichtlichen Grund; **2.** *pol* Jastimme *f*
ouï [wi] *p/p von* ouïr
oui-da [wida] *adv litt* ei ja!; aber gewiß!
ouï-dire [widir] *m* ⟨*inv*⟩ Hörensagen *n*; *loc/adv* par ~ vom Hörensagen; apprendre qc par ~ durch Erzählungen anderer, gerüchteweise erfahren
ouïe[1] [wi] *f* **1.** Gehör(sinn) *n*(*m*); avoir l'~ fine ein feines Gehör haben; F je suis tout ~ ich bin ganz Ohr; **2.** *zo der Fische*

~s pl Kiemen f/pl; **3.** e-r Geige, e-s Kirchturms ~s pl Schallöcher n/pl; **4.** auto ~s pl Lüftungsschlitze m/pl
ouïe² [wi] od **ouille** [uj] int au!
ouiller [uje] v/t Weinfaß nach-, auffüllen
ouill(i)ère [u(l)jɛr] f vit Zwischenraum m zwischen den Rebenreihen
ouïr [wir] v/t ‹déf: nur l/u p/p ouï› **1.** litt loc j'ai ouï dire que ... ich habe sagen hören, daß ...; **2.** jur ouï les experts, les témoins nach Anhörung der Sachverständigen, der Zeugen
ouistiti [wistiti, keine Elision] m **1.** zo Seiden-, Pinseläffchen n; **2.** F fig un drôle de ~ ein komischer Kauz; F ein sonderbarer Heiliger
oukase [ukaz] m cf ukase
ouragan [uragɑ̃] m **1.** Or'kan m (auch mar); Sturm m; **2.** fig ~ de protestations Sturm m der Entrüstung; **arriver en ~, comme un ~** angestürmt, angebraust kommen; wie ein Wirbelwind da'herkommen; F ins Zimmer platzen; her'einplatzen
ouralien [uraljɛ̃] adj ‹~ne› géogr u'ralisch; ling **langues ~nes** uralische Sprachen f/pl
ourdir [urdir] v/t **1.** text Kettfäden schären; (an)zetteln; **2.** fig Verschwörung anzetteln; Komplott auch schmieden; ~ une intrigue e-e Intrige, Ränke spinnen; Ränke schmieden; **3.** mar Tauwerk (ver)spleißen; splissen
ourdiss|age [urdisaʒ] m **1.** text Schären n; (An)Zetteln n; **2.** mar (Ver)Spleißen n; Splissen n; **~eur** m, **~euse** f text Zettler(in) m(f); Kettschärer(in) m(f); **~oir** m text Zettel-, Schärmaschine f
ourdou [urdu] m ling l'~ das Urdu; Urdu n; adit ‹inv› **littérature** f ~ Urduliteratur f
ourl|é [urle] adj **1.** cout gesäumt; **2.** Ohren finement ~ mit e-m feinen, zarten Rand; **~er** v/t cout säumen; 'umsäumen; einsäumen
ourlet [urle] m **1.** cout Saum m; **faux** ~ falscher Saum; **point** m **d'~** Saumstich m; **défaire l'~** den Saum auftrennen; **faire un ~ à qc** etw ('um-, ein)säumen; **2.** tech an Blech etc (umgebogener) Rand; **3.** anat der Ohrmuschel Rand m
ourlien [urljɛ̃] adj ‹~ne› path **fièvre ~ne** cf oreillons
ours [urs] m **1.** zo Bär m; ~ **blanc, polaire** Eisbär m; ~ **brun** Braunbär m; ~ **gris d'Amérique** Grizzlybär m; ~ **malais, des cocotiers** Ma'laien-, Sonnenbär m; ~ **noir américain, d'Amérique** Schwarzbär m; Baribal m; ~ **savant** Tanzbär m; dressierter Bär; ~ **en peluche** Teddy(bär) m; **peau** f **d'~** Bärenfell n; fig **tourner comme un** ~ **en cage** wie ein gefangenes Tier im Käfig hin und her gehen; **2.** fig Person F Brummbär m, -bart m; F ~ **mal léché** ungehobelter, ungeschlachter Kerl; Grobian m; **vivre en ~, comme un** ~ das Leben e-s Einsiedlers, Eigenbrötlers führen
ourse [urs] f **1.** zo Bärin f; **2.** astr la **Grande, Petite ♀** der Kleine, Große Bär, Wagen
oursin [ursɛ̃] m zo Seeigel m
ourson [ursɔ̃] m zo junger, kleiner Bär
oust(e) [ust] int F **1.** F (nichts wie) raus!; hau ab!; **2.** schnell!; F dalli!; **allez ~!** dépêche-toi un bißchen dalli, beeil dich!
out [awt] adv Tennis aus; adit Ball **être ~** aus sein, gehen; ins Aus gehen
outarde [utard] f zo Trappe f
outil [uti] m **1.** Werkzeug n (auch fig von e-r Person); ~s pl auch Handwerkszeug n; der Hütten- u Bergarbeiter Gezähe n; ~s **de cordonnier, de maçon** Schuster-, Maurerwerkzeuge n/pl; ~s **de jardina-**

ge, de jardinier Gartengeräte n/pl; ~s **de labourage** Ackergerät(e) n(pl); **2.** fig Buch etc ~ **(de travail)** Arbeitsinstrument n, -mittel n; Hilfsmittel n; **3.** adit gr **mot** m ~ Par'tikel f
outillage [utijaʒ] m coll Handwerkszeug n; Werkzeugausrüstung f, -ausstattung f; Arbeitsgerät(e) n(pl); e-s Betriebes maschi'nelle, technische Ausrüstung, Einrichtung
outill|é [utije] adj **être bien** ~ gut mit Handwerkszeug, Werkzeugen ausgerüstet sein; Betrieb maschi'nell, technisch gut ausgerüstet sein; **je ne suis pas ~ pour (faire) ce travail** ich habe für diese Arbeit nicht das richtige, erforderliche, nötige Handwerkszeug; **~eur** m tech Werkzeugmacher m
outrage [utraʒ] m **1.** (grobe, schwere) Beleidigung (auch jur); schwere Kränkung; Schmähung f; Beschimpfung f; Schimpf m; Schmach f; jur ~ **à agent de la force publique** Beleidigung e-s Polizeibeamten; ~ **à magistrat** Beamtenbeleidigung f; ~ **aux bonnes mœurs** etwa Verbreitung f unzüchtiger Schriften, Abbildungen oder Darstellungen; ~ **public à la pudeur** Erregung f öffentlichen Ärgernisses; iron **il lui a fait subir les derniers ~s** F er hat das alte Mädchen doch noch rumgekriegt; **2.** fig u poét Verheerung f
outragé [utraʒe] adj beleidigt; gekränkt
outrag|eant [utraʒɑ̃] adj Kritik, Worte beleidigend; kränkend; verletzend; **~er** v/t ‹-geons› Person beleidigen; kränken; verletzen; schmähen; beschimpfen
outrageusement [utraʒøzmɑ̃] adv zu stark; ~ **fardé** entsetzlich, schrecklich geschminkt
outranc|e [utrɑ̃s] f **1.** Über'treibung f; Über'spitztheit f; Über'spitzung f; loc/adj **à ~** über'treiben; zu weit treiben; auf die Spitze, bis zum Äußersten getrieben; Kampf, Krieg bis zum siegreichen bzw bitteren Ende; auf Leben und Tod; **la guerre à ~** auch der totale Krieg; **2.** ~ **verbale, de langage** sprachliche Entgleisung; **~ier** adj ‹-ière› Äußerungen, Reden über'treiben; Person, Charakter zur Über'treibung neigend; über'spannt
outre¹ [utr(ə)] f zum Aufbewahren u Transport von Flüssigkeiten (Leder-)Schlauch m; d'eau, de vin Wasser-, Weinschlauch m; F **être gonflé, plein comme une** ~ F 'voll(gefressen) sein; nicht mehr papp sagen können
outre² [utr(ə)] **I** prép außer (+dat); ~ **les deux garçons, ils ont encore une petite fille** außer den beiden Jungen ...; **II** adv **1.** passer ~ **à qc** über etw (acc) hinweggehen; etw über'gehen; sich über etw (acc) hin'wegsetzen; etw nicht beachten, berücksichtigen; etw außer acht lassen; **2.** loc/adv **en** ~ außerdem; über'dies; darüber hin'aus; ~ **mesure** über die Maßen; über'mäßig; **ce voyage ne l'a pas fatigué** ~ **mesure** diese Reise hat ihn nicht besonders, sonderlich, übermäßig angestrengt
outré [utre] adj **1.** über'trieben; zu weit getrieben; über'spitzt; auf die Spitze getrieben; **2.** cf outrer
outre-Atlantique [utratlɑ̃tik] adv jenseits des At'lantiks
outrecuid|ance [utrəkɥidɑ̃s] litt f Über'heblichkeit f; Anmaßung f; Vermessenheit f; loc/adv **avec** ~ über'heblich; anmaßend; **~ant** litt adj über'heblich; anmaßend; vermessen
outre-Manche [utrəmɑ̃ʃ] adv jenseits des (Ärmel)Ka'nals
outremer [utrəmɛr] m **1.** Ultrama'rin (-blau) n; A'zur-, La'surblau n; adit ‹inv›

ultrama'rin(blau); **2.** minér La'surstein m; Lasu'rit m; Lapis'lazuli m
outre-mer [utrəmɛr] loc/adi **d'~** 'überseeisch; 'Übersee...; in 'Übersee
outrepass|é [utrəpase] adi arch **arc** ~ Hufeisenbogen m; maurischer Bogen; **~er** v/t s-e Befugnisse, Vollmachten über'schreiten
outrer [utre] v/t ‹nur p/p outré› **être outré de** od **par qc** über etw (acc) empört, entrüstet sein; **une telle injustice m'a outré** e-e solche Ungerechtigkeit hat mich empört
outre/-Rhin [utrərɛ̃] adv jenseits des Rheins (von Frankreich aus); auf der rechten Rheinseite; auf dem rechten Rheinufer; **~-tombe** loc/adi **d'~** von jenseits des Grabes; aus dem Jenseits; Chateaubriand **Mémoires** f/pl **d'~** Erinnerungen f/pl, Denkwürdigkeiten f/pl von jenseits des Grabes; **une voix d'~** e-e Stimme aus dem Jenseits
outrigger [awtrigœr, utrigɛr] m Rudersport **a)** Ausleger m; **b)** Auslegerboot n
outsider [awtsajdœr] m Person, Rennpferd Außenseiter m; Outsider ['autsajdər] m
ouvert [uvɛr] p/p von ouvrir u adj ‹ouverte [uvɛrt]› Tür, Fenster, Blüte, Geschäft offen; geöffnet; nur prädikativ auf; Hahn auch aufgedreht; Hand geöffnet; Augen, Mund, Wunde, Hemd, Kragen offen; Hemd, Kragen, Fenster, Tür auch offenstehend; phon Vokal offen; fig Charakter, Mensch offen; freimütig; ♦ **grand** ~ cf grand II b); ~ **toute l'année, toute la journée** ganzjährig, ganztägig geöffnet; ♦ **air** ~, **physionomie ~e** offenes Gesicht; élect **circuit** ~ unter'brochener, offener Stromkreis; **esprit** ~ aufgeschlossener Geist, Mensch; **famille ~e** gastfreundliche Familie; Familie, die ein offenes Haus hat; **lettre ~e** offener Brief; **porte ~e** cf porte¹ **1.**; mil **ville ~e** offene Stadt; ♦ ~ **à** für das Publikum etc geöffnet für; zugänglich für; Person aufgeschlossen, zugänglich für; interessiert an (+dat); Straße, Kanal ~ **à la circulation,** für die Schiffahrt freigegeben; ♦ in loc/adv: **à bras ~s** mit offenen Armen; chir **opération** f **à cœur** ~ Operation f am offenen Herzen; **parler à cœur** ~ offen, freimütig, frei von der Leber weg reden; ♦ **la chasse est ~e** die Jagd geht auf; es ist Jagdzeit; **le gaz est** ~ der Gashahn ist offen, auf, aufgedreht; Gas ist an; **les paris sont ~s** cf pari **2.**; **la pêche est ~e** die Angelsaison ist eröffnet; es ist Angelsaison; Geschäftsinhaber F **je suis** ~ **jusqu'à huit heures** ich habe bis um acht (Uhr) auf, geöffnet
ouverture [uvɛrtyr] f **1.** e-r Tür, e-s Fensters, Schrankes, Briefes, Geschäfts Öffnen n, -ung f; Aufmachen n; e-s Fallschirms Öffnung f; Entfaltung f; jur ~ **du testament** Testa'mentseröffnung f; **heures** f/pl, **jours** m/pl **d'~** Öffnungszeiten f/pl; e-s Geschäfts auch Geschäfts-, Verkaufszeiten f/pl; e-r Bank, der Post auch Schalterstunden f/pl; e-r Kasse auch Kassenstunden f/pl; **2.** e-s Kontos, Geschäfts, Theaters, e-r Ausstellung, Sitzung(speriode), Debatte, mil des Feuers, der Feindseligkeiten Eröffnung f; e-r Veranstaltung, Ausstellung mit des Angelsaison Ausstellung mit Auftakt m; Beginn m; von Verhandlungen Aufnahme f; Beginn m; e-r Untersuchung, jur e-s Verfahrens Einleitung f; der Jagd Aufgang m; der Jagdzeit, der Angelsaison Eröffnung f; Beginn m; Schachspiel Eröffnung f; e-r Straße ~ **à la circulation** Freigabe f für den Verkehr; Ver-

kehrsübergabe f; ~e-s Kanals ~ à la **navigation** Freigabe f, Öffnung f für die Schiffahrt; ~ **de la chasse** auch Ende n der Schonzeit; fin ~ **de crédit** Kre'diteröffnung f, -gewährung f; *Sozialversicherung* ~ **des droits** Erwerb m des Leistungsanspruches; ~ **d'un magasin** Geschäftseröffnung f; *Konkurs* ~ **de la procédure** Kon'kurseröffnung f; Eröffnung f des Konkursverfahrens; jur ~ **de la succession** Eintritt m des Erbfalles; *Börse* **cours** m d'~ Anfangskurs m; **séance** f d'~ Eröffnungssitzung f; ch **faire l'**~ am ersten Tag der beginnenden Jagdzeit zur Jagd gehen; **3.** in e-r *Mauer* Öffnung f; *mines* e-s Schachts Mundloch n; e-r *Höhle* Tagöffnung f; bât e-s *Gebäudes* ~s pl Fenster- und Türöffnungen f/pl; Fenster n/pl und Türen f/pl; **4.** mus Ouver'tur f; **5.** pl (faire des) ~s **de paix** Friedensvorschläge m/pl (machen, unter'breiten); **6.** fig ~ **d'esprit** geistige Aufgeschlossenheit; **7.** pol ~ **à droite, à gauche** Öffnung f nach rechts, nach links; **8.** *des Zirkels* Spitzenabstand m; e-s *Winkels* Größe f; bât e-r *Tür-, Fensteröffnung* (lichte) Weite; e-s *Brückenbogens* Spannweite f; **9.** élect e-s *Stromkreises* Unter'brechen n, -ung f; **10.** opt e-s *Objektivs* Aper'tur f; Öffnung f; ~ **du diaphragme** Blende(nöffnung) f; cin ~ **en fondu** Aufblenden n, -ung f; **11.** *mines* e-s Ganges, Flözes Mächtigkeit f; **12.** chir erste Operationsphase Schnitt m; Schneiden n; **13.** *Rugby* demi m d'~ Flügelhalbspieler m

ouvrable [uvrabl(ə)] adj **1.** jour m ~ Werk-, Wochentag m; **2.** *Material* verarbeitbar

ouvrage [uvraʒ] m **1.** Arbeit f; Werk n; ~ **de dames** weibliche Handarbeit; **boîte** f **à** ~ Nähkasten m; **se mettre à l'**~ sich an die Arbeit, ans Werk machen; **2.** als *Ergebnis* Arbeit f; ~ **de maçonnerie, de marqueterie, d'orfèvrerie** Maurer-, Einlege-, Goldschmiedearbeit f; **3.** bât Bau(werk) m(n); **gros** ~ Rohbau m; **léger** ~ Ausbau m; *Straßenbau*, ch de fer ~**s d'art** Kunstbauten m/pl; **maître m d'**~ Bauherr m; **4.** e-s *Schriftstellers, Wissenschaftlers* (*einzelnes*) Werk; Schrift f; Buch n; ~ **de philosophie** philosophisches Werk, Buch; philosophische Schrift; ~ **de référence** Nachschlagewerk n; **5.** fortif Befestigungsanlage f, -werk n; ~**s** pl auch Befestigungsbauten m/pl; ~ **défensif** Verteidigungsanlage f; **6.** litt e-r *Person* Werk n; Tat f; **7.** impr ~**s** pl **de ville** Akzi'denzdruck m

ouvragé [uvraʒe] adj *Gegenstand* bis ins kleinste, feinste ausgearbeitet; kunstvoll, fein gearbeitet, gemacht

ouvrant [uvrã] **I** adj auto **toit** ~ Schiebedach m; **II** m e-s *Flügelaltars* Flügel m; e-r *zweiflügeligen Tür etc* (sich als erster öffnender) (Tür)Flügel

ouvré [uvre] adj **1.** *Haus-, Tischwäsche* mit Sticke'rei, Spitze verziert; **2.** **produit** ~ Fertigprodukt n, -erzeugnis n, -fabrikat n, -ware f

ouvreau [uvro] m ⟨pl ~**x**⟩ e-s *Kohlenmeilers* Raum m

ouvre-**boîtes** [uvrəbwat] m ⟨inv⟩ Büchsen-, Dosenöffner m; ~-**bouteilles** m ⟨inv⟩ Flaschenöffner m; ~-**gants** m ⟨inv⟩ Handschuhweiter m

ouvr|eur [uvrœr] m **1.** beim *Skirennen* Vorläufer m; **2.** bei der *Herstellung von handgeschöpftem Büttenpapier* Schöpfer m (*Arbeiter*); ~**euse** f **1.** cin, thé Platzanweiserin f; thé auch Logenschließerin f; **2.** text Öffner m (*Maschine*)

ouvr|ier [uvrije] **I** m **1.** (Indu'strie-, Fa'brik)Arbeiter m; coll **les** ~**s die**

Arbeiter(schaft) m/pl(f); ~ **agricole** Landarbeiter m; ~ **qualifié** Facharbeiter m; ~ **non qualifié, sans qualification professionnelle** ungelernter Arbeiter; Hilfsarbeiter m; ~ **(travaillant) à la chaîne** Fließbandarbeiter m; ~ **à domicile** Heimarbeiter m; Hausgewerbetreibende(r) m; ~ **à façon** Heimarbeiter (, *der geliefertes Material verarbeitet*); ~ **du bâtiment** Bauarbeiter m, -handwerker m; ~ **du textile** Tex'tilarbeiter m; loc/prov **les mauvais** ~**s ont toujours de mauvais outils** der Pfuscher gibt dem Werkzeug die Schuld; wenn der Reiter nichts taugt, ist das Pferd schuld (loc/prov); **2.** ~ **maçon, menuisier, etc** unselbständiger Maurer, Tischler etc; **II** adj ⟨-ière⟩ **1.** Arbeiter...; **classe ouvrière** Arbeiterklasse f; **parti, quartier** ~ Arbeiterpartei f, -viertel n; **revendications ouvrières** Forderungen f/pl der Arbeiter(schaft); **2.** fig **cheville ouvrière** treibende Kraft; ~**ière** f **1.** (Indu'strie-, Fa'brik)Arbeiterin f; **2.** zo bei staatenbildenden *Insekten* Arbeiterin f

ouvrir [uvrir] ⟨cf **couvrir**⟩ **I** v/t **1.** *Tür, Fenster, Schrank, Schublade, Dose, Flasche, Geschäft etc* öffnen; aufmachen; *mit e-m Schlüssel* aufschließen; aufsperren; *Deckel e-r Truhe* auch aufschlagen; aufklappen; *Fensterladen* auch aufstoßen; *Mund* auch auftun; *Augen, Buch* auch aufschlagen; *Brief(umschlag)* auch aufreißen; *mit e-m Brieföffner* aufschlitzen; *Hahn* auch aufdrehen; *Vorhang, Schublade* aufziehen; *Taschenmesser* aufklappen; *Regenschirm* aufspannen; *Fächer* öffnen; entfalten; *gefaltete* entfalten; *Zeitung* aufschlagen; *Gas, Wasser, Radio* anstellen; *Radio, Fernsehen* auch anmachen; andrehen; einschalten; *Licht* (an)machen; anknipsen; einschalten; *Arme, Schwingen* ausbreiten; *Stromkreis* unter'brechen; *Geschwür* (auf)schneiden; *text Faser* öffnen; jur *Testament* eröffnen; ♦ ~ **l'appétit** den Appetit anregen; **il n'a pas ouvert la bouche de la soirée** er hat den ganzen Abend über den Mund nicht aufgetan, aufgemacht; fig ~ **à qn son cœur** j-m sein Herz öffnen, ausschütten; st/s aufschließen; sich j-m gegenüber aussprechen; fig ~ **l'esprit à qn** j-n geistig aufgeschlossen machen, geistig anregen; fig ~ **le fond de son cœur à qn** j-m s-e geheimsten Gedanken anvertrauen, mitteilen; j-m sein Inneres aufschließen, auftun; fig ~ **des horizons nouveaux à qn** j-m neue Horizonte erschließen, eröffnen, auftun; **un éclat d'obus lui avait ouvert la jambe** ein Granatsplitter hatte ihm das Bein aufgerissen; **ouvrez bien vos oreilles!** hört aufmerksam, gut zu!; macht, F sperrt eure Ohren gut auf!; *beim Diktat* **ouvrez la parenthèse!** Klammer auf!; **la voie cf voie 2.** u **7.**; **les yeux** cf **œil 1.**; ♦ abs **nous ouvrirons toute la matinée du dimanche** wir werden den ganzen Sonntag vormittag über offen, geöffnet haben; *Straße bzw Kanal* ~ **à la circulation** bzw **à la navigation** dem Verkehr bzw der Schiffahrt über'geben; für den Verkehr bzw die Schiffahrt freigeben; ~ **d'un coup de pied** mit e-m Fußtritt, mit dem Fuß aufstoßen; etw va ~! ouf! machen!; **ne pas arriver à** ~ **qc** etw nicht aufbekommen, aufbringen, F aufkriegen; *auf Kisten* ~ **côté à** ~ hier öffnen; F ellip l'~ zu Worte kommen; **2.** *Sitzung, Debatte, Bankkonto, Kredit, Ausstellung, Museum, Schule, Geschäft, mil: Feuer, Feindseligkeiten* eröffnen; *Unter-*

suchung einleiten; *Kredit* auch bereitstellen; *Konto* auch anlegen; *Ball* eröffnen; jur, adm ~ **droit aux prestations** e-n Anspruch auf Leistungen begründen; *Kartenspiel:* ~ **le jeu** das Spiel eröffnen, beginnen; abs ~ **à trèfle** Treff ausspielen; *Name* ~ **la liste** auf der Liste obenan stehen; als erster auf der Liste stehen; am Anfang der Liste stehen; ~ **la marche** den Zug eröffnen; an der Spitze des Zuges marschieren; **3.** *Fenster in e-e Mauer etc* brechen; mil ~ **une brèche** e-e Bresche schlagen; **II** v/i **4.** *Geschäft, Museum* öffnen; aufmachen; aufgemacht, geöffnet werden; ~ **sur la rue** *Fenster, Tür* auf die od nach der Straße (hinaus) gehen; *Tür* auch ad od zur Straße führen; **III** v/pr **5.** **s'**~ *Fenster, Tür* sich öffnen, auftun; aufgehen; geöffnet, aufgemacht werden; *Tür* auch aufspringen; *Blüte* sich öffnen, entfalten; *Fallschirm* sich öffnen, entfalten, aufgehen; *Geschäft* öffnen; aufmachen; *Dose, Schrank etc* **s'**~ **facilement** sich leicht öffnen lassen; *Fenster, Tür* **s'**~ **sur la rue** cf **4.**; fig **la foule s'ouvrit sur mon passage** die Menge teilte sich, um mich 'durchzulassen; die Menge gab mir den Weg frei; **6.** *Person* **s'**~ **les veines** sich die Pulsadern aufschneiden, öffnen; **7.** *Ausstellung* aller **s'**~ demnächst eröffnet werden; **une vie nouvelle s'ouvrait devant lui** ein neues Leben eröffnete sich ihm, lag vor ihm; **8.** *Person* **s'**~ **à qn** sich j-m mitteilen, anvertrauen, offen'baren, erschließen; **s'**~ **à qn de qc** j-m etw anvertrauen, mitteilen

ouvroir [uvrwar] m in e-m *Kloster*, für *wohltätige Zwecke* eingerichtete Nähstube

ouzbek [uzbɛk] **I** adj us'bekisch; **II** subst **1.** ⟨**s** m/pl Us'beken m/pl; **2.** m ling l'~ das Us'bekische; Us'bekisch n

ovaire [ɔvɛr] m **1.** anat Eierstock m; sc O'varium n; **2.** bot Fruchtknoten m

ovalbumine [ɔvalbymin] f biol Ovalbu'min od Ovoalbu'min n

ovale [ɔval] **I** adj o'val; eiförmig; länglichrund; sports **le ballon** ~ a) der Rugbyball; b) par ext das Rugby; **II** m **1.** O'val n (auch des Gesichts); math O'val n; Eilinie f; **en** ~ o'val; eiförmig; **2.** *Seidenfabrikation* Zwirnmühle f

ovalis|ation [ɔvalizasjɔ̃] f tech e-s *Zylinders*, e-r *Achse durch Verschleiß* Unrundwerden n; ~**é** adj tech unrund geworden; ~**er** v/pr **s'**~ tech unrund werden

ovariectomie [ɔvarjɛktɔmi] f chir opera'tive Entfernung e-s *Eierstocks* bzw der *Eierstöcke*; sc Ovariekto'mie od Ovario-to'mie f

ovarien [ɔvarjɛ̃] adj ⟨~**ne**⟩ anat Eierstock...; sc ovari'al; Ovari'al...; ovari'ell; path **tumeur** ~**ne** Eierstockgeschwulst f; sc Ovarialtumor m

ovariotomie [ɔvarjɔtɔmi] f cf **ovariectomie**

ovarite [ɔvarit] f path Eierstockentzündung f; sc Oopho'ritis f

ovation [ɔvasjɔ̃] f Ovati'on f; **faire une** ~ **à qn** j-m e-e Ovation darbringen; j-m zujubeln

ove [ɔv] m arch eiförmiges Orna'ment; ~**s** pl Eierstab m

ovibos [ɔvibɔs, -bos] m zo Moschus-, Bisamochse m

ovidés [ɔvide] m/pl zo Schafe n/pl

ovi|ducte [ɔvidykt] m anat Eileiter m; sc Ovi'dukt m; ~**forme** adj eiförmig

ovin [ɔvɛ̃] adj Schaf...; **race** ~**e** Schafrasse f; subst **les** ~**s** m/pl die Schafe n/pl

ovinés [ɔvine] m/pl zo Schafe n/pl

ovipar|e [ɔvipar] zo **I** adj eierlegend; sc ovi'par; **reproduction** f ~ Fortpflan-

zung f durch Eiablage; **II** m/pl ~s eierlegende. ovi'pare Tiere n/pl; ~ité f zo Fortpflanzung f durch Eiablage; sc Ovipa'rie f

ovi|positeur [ɔvipozitœr] m zo der Insekten Legeapparat m; ~**scapte** [-skapt] m zo gewisser Insekten Legebohrer m, -röhre f, -stachel m

ovni [ɔvni] m (Kurzwort für objet volant non identifié) Ufo od UFO n (=unbekanntes Flugobjekt)

ovo|genèse [ɔvɔʒənɛz] f od ~**génie** [-ʒeni] f biol Bildung f der Eizelle; sc Ovoge'nese od Ooge'nese f

ovoïde [ɔvɔid] adj eiförmig; sc ovo'id(isch)

ovovivipar|e [ɔvɔvivipar] zo **I** adj sc ovovivi'par; **II** m/pl ~s ovovivi'pare Tiere n/pl; ~ité f zo sc Ovovivipa-'rie f

ovoscope [ɔvɔskɔp] m Eierspiegel m, -prüfer m; Ovo'skop n; Schierlampe f

ovulaire [ɔvylɛr] adj biol Ei...; ponte f ~ cf ovulation

ovulation [ɔvylasjõ] f biol Ei-, Fol'likelsprung m; sc Ovulati'on f

ovule [ɔvyl] m **1.** biol Ei n; Eizelle f; sc Ovulum od Ovum n; **2.** bot Samenanlage f; **3.** phm Mutterzäpfchen n; Vagi'nalkugel f

oxal|ate [ɔksalat] m chim Oxa'lat n; ~**ide** f bot Sauerklee m; ~**ique** adj chim acide m ~ O'xal-, Kleesäure f

oxalis [ɔksalis] m bot Sauerklee m

oxazines [ɔksazin] f/pl chim Oxa'zine n/pl

oxford [ɔksfɔr(d)] m text **1.** Oxford n; **2.** adjt flanelle f ~ (Woll)Fla'nell m in Leinwandbindung

oxhydr|yle [ɔksidril] m chim Hydro'xylgruppe f; ~**ique** adj chim gaz m ~

Knallgas n; tech chalumeau m ~ Knallgasgebläse n

oxy|acétylénique [ɔksiasetilenik] adj tech chalumeau m ~ Acety'lenschweißbrenner m; ~**carboné** adj physiol hémoglobine ~e Kohlenoxidhämoglobin n; ~**chlorure** m chim Oxychlo'rid n; ~**coupage** m tech Brennschneiden n; ~**coupeur** m tech (Acety'len)Schneidbrenner m

oxyd|able [ɔksidabl(ə)] adj chim oxy-'dierbar; ~**ant** chim **I** adj oxy'dierend; Oxydati'ons...; **II** m/pl ~s Oxydati'onsmittel n/pl; Oxy'dantien pl; ~**ase** f Biochemie Oxy'dase f; Oxydati'onsferment n; ~**ation** f chim Oxy'dieren n, -ung f; Oxydati'on f; ~ anodique anodische Oxydation; von Aluminium Elo-'xieren n

oxyde [ɔksid] m chim O'xyd n; fachspr O'xid n; ~ de carbone, de cuivre, de fer Kohlen-, Kupfer-, Eisenoxyd bzw -oxid n

oxyder [ɔkside] chim v/t (u v/pr) (s') oxy'dieren

oxydimétrie [ɔksidimetri] f chim Oxydime'trie f; Re'doxanalyse f

oxydoréduction [ɔksidɔredyksjõ] f chim Re'doxprozeß m, -vorgang m; potentiel m d'~ Re'dox-, Reduktions- potential m; réaction f d'~ Re'doxreaktion f; Redukti'ons-Oxydati'ons-Reaktion f

oxygén|ateur [ɔksiʒenatœr] m tech, chir Sauerstoffgerät n, -apparat m; ~**ation** f chim Anreicherung f mit Sauerstoff; Sauerstoffaufnahme f (auch des Blutes); méd Sauerstoffzufuhr f

oxygène [ɔksiʒɛn] m chim Sauerstoff m; Oxy'gen n; méd tente f à ~ Sauerstoffzelt n; manque m d'~ Sauerstoffmangel

m; teneur f en ~ Sauerstoffgehalt m

oxygéné [ɔksiʒene] adj **1.** chim sauerstoffhaltig; eau ~e Wasserstoff'peroxid n; Wasserstoff'superoxyd n; **2.** cheveux blonds ~s wasserstoffblondes Haar; par ext blonde ~e F Wasserstoff('super)blondine f

oxygéner [ɔksiʒene] <-è-> **I** v/t **1.** chim mit Sauerstoff anreichern; **2.** Haar mit Wasserstoff'superoxyd bleichen, blon-'dieren; **II** v/pr **3.** Person F s'~ F frische Luft tanken; F s'~ les poumons F die Lungen mit Sauerstoff 'vollpumpen; **4.** s'~ les cheveux sich das Haar mit Wasserstoff'superoxyd bleichen, blon-'dieren

oxygénothérapie [ɔksiʒenɔterapi] f méd Sauerstofftherapie f

oxy|hémoglobine [ɔksiemɔglɔbin] f physiol Oxyhämoglo'bin n; ~**lithe** [-lit] m chim Natrium'peroxid n; ~**sulfure** m chim Sulfo'xid n

oxyton [ɔksitõ] m ling O'xytonon n

oxyure [ɔksiyr] m zo Maden-, Springwurm m; Pfriemenschwanz m

oyat [ɔja] m bot Dünen-, Strandhafer m

ozène [ozɛn] m path Stinknase f; sc O'zaena f

ozocérite [ozɔserit] f od **ozokérite** [ozɔkerit] f minér Erdwachs n, -paraffin n; Bergwachs n; sc Ozoke'rit m

ozonateur [ozɔnatœr] m cf **ozoniseur**

ozon|e [ozɔn] m chim O'zon n, F m; ~**é** adj chim o'zonhaltig

ozonisateur [ozɔnizatœr] m cf **ozoniseur**

ozonis|ation [ozɔnizasjõ] f chim Ozoni-'sierung f; ~**er** v/t chim ozoni'sieren; ~**eur** m chim Ozoni'sator m

ozonosphère [ozɔnɔsfɛr] f O'zonschicht f; Ozono'sphäre f

P

P, p [pe] *m* ⟨*inv*⟩ P, p *n*
paca [paka] *m zo* Paka *n*
pacage [pakaʒ] *m agr* **a)** Weide *f*; Weideplatz *m*; **b)** Weiden *n*
pacan|e [pakan] *f bot* Pecan- *od* Pekannuß *f*; **∼ier** *m bot* Pecan- *od* Pekannuß (-baum) *f(m)*
pace-maker [pɛsmɛkœr] *m méd* Herzschrittmacher *m*
pacha [paʃa] *m hist u fig* Pascha *m*; F *fig* mener une vie de ∼ wie ein Pascha leben
pachyderme [paʃidɛrm, -ki-] *m zo* Dickhäuter *m*
pacificateur [pasifikatœr] **I** *adj* ⟨-trice⟩ mesures pacificatrices Maßnahmen *f/pl* zur Befriedung; **II** *subst* ∼, pacificatrice *m,f* Friedensbringer(in) *m(f)*; Frieden(s)stifter(in) *(m)f*
pacification [pasifikasjõ] *f* e-s Landes Befriedung *f*; Pazifi'zierung *f*; Wieder-'herstellung *f* des Friedens (**d'un pays** in e-m Land); mesures *f/pl* de ∼ cf pacificateur I: politique *f* de ∼ Politik *f* der Befriedung
pacifier [pasifje] *v/t* **1.** *ein Land* befrieden; pazifi'zieren; Frieden geben (**un pays** e-m Land); den Frieden, *bes nach e-m Aufstand* Ruhe und Ordnung wieder'herstellen (in e-m Land); **2.** *fig* ∼ les esprits die Gemüter beruhigen
pacifique [pasifik] *adj* **1.** friedlich; *Person, Volk, Land auch* friedliebend; friedfertig; **2.** *géogr* l'océan *m* ⧗ *od subst* le ⧗ der Stille, Große, Pa'zifische Ozean; der Pa'zifik; *fig* ∼ possesseur *m* ∼ (in s-m Besitz) ungestörter Besitzer; **∼ment** *adv* auf friedlichem Wege
pacif|isme [pasifism(ə)] *m* Pazi'fismus *m*; **∼iste I** *adj* pazi'fistisch; **II** *m,f* Pazi'fist(in) *m(f)*
pack [pak] *m* **1.** Packeis *n*; **2.** *Rugby coll* Stürmer *m/pl*
package [pakɛdʒ] *m EDV* (Pro'gramm-) Pa'ket *n*
pacotille [pakɔtij] *f péj* Schund(ware) *m(f)*; *loc/adj* de ∼ wertlos
pacson [paksõ] *m arg* (*paquet*) Pa'ket *n*; Packen *m*
pacte [pakt] *m* **1.** *pol* Pakt *m*; Abkommen *n*; Vertrag *m*; ∼ **d'alliance** Bündnispakt *m*; conclure un ∼ e-n Pakt, Vertrag schließen; *fig* faire un ∼ avec le diable e-n Pakt mit dem Teufel schließen; **2.** *jur* ∼ commissoire cf commissoire
pactiser [paktize] *v/i péj* ∼ avec qn mit j-m pak'tieren, gemeinsame Sache machen; sich mit j-m einlassen; ∼ avec qc sich auf etw (*acc*) einlassen
pactole [paktɔl] *m nur loc* c'est un (vrai) ∼ das ist e-e (wahre) Goldgrube
paddock [padɔk] *m* **1.** *für Pferde* Paddock ['pɛdɔk] *m*; **2.** *arg cf* pageot; **∼er** *v/pr arg* se ∼ cf pageoter
paddy [padi] *m comm* Paddy ['pɛdi] *m* (*ungeschälter Reis*)

paella [paɛla] *f cuis* Paella [pa'ɛlja] *f*
paf [paf] **I** *int* **a)** *bei e-m Fall* bums!; klatsch!; *bei Kindern* bauz!; **b)** *bei e-m Schlag* klatsch!; pif!; ∼! !klitsch, klatsch!; **II** *adj* ⟨*inv*⟩ F être ∼ F blau, besoffen sein
pagaie [pagɛ] *f Kanusport* Paddel *n*; *für den Kanadier* Pagaie [-'gaiɛ] *f*; ∼ double Doppelpaddel *n*; ∼ simple Stechpaddel *n*
pagaïe *od* **pagaille** [pagaj] *f* F **1.** Durchein'ander *n*; Tohuwa'bohu *n*; Wirrwarr *m*; c'était une ∼ complète es herrschte ein heilloses, wüstes Durcheinander; *Zimmer* être en ∼ unordentlich, unaufgeräumt sein; **2.** avoir qc en ∼ etw in Hülle und Fülle, in Massen, Mengen, en masse, haufenweise haben; il a de l'argent en ∼ F er hat Geld wie Heu; er schwimmt im Geld
paganisme [paganism(ə)] *m* Heidentum *n*; Paga'nismus *m*
pagaye [pagaj] *f cf* pagaïe
pagayer [pageje] *v/i* ⟨-ay- *od* -ai-⟩ paddeln
page¹ [paʒ] *f* **1.** (Druck-, Text)Seite *f*; *impr* Ko'lumne *f*; *e-s Buches, fig* Blatt *n*; ◆ *impr* belle ∼ Vorderseite *f* (*e-s Blattes, e-r Seite*); *in e-m Buch* ungerade, rechte Seite; commencer en belle ∼ auf der neuen Seite, auf dem neuen Blatt anfangen; auf der Vorderseite des nächsten Blattes anfangen; *par ext* une belle ∼ d'Hugo e-e schöne Stelle, ein schöner Text von *od* bei Hugo; les plus belles ∼s de la littérature française e-e Blütenlese, die schönsten Texte der französischen Literatur; ∼ blanche unbeschriebene, unbedruckte, leere, freie Seite; double ∼ Doppelseite *f*; *impr* fausse ∼ Rückseite *f* (*e-s Blattes, e-r Seite*); *in e-m Buch* gerade, linke Seite; *fig* une ∼ glorieuse de l'histoire de France ein ruhmreiches Blatt (in) der Geschichte Frankreichs; *e-r Zeitung* première ∼ Titelseite *f*; erste Seite; ◆ ∼ des annonces Anzeigenseite *f*, -teil *m*; ∼ de garde Vorsatzblatt *n*; ∼ de publicité, des sports Re'klame-, Sportseite *f bzw* -teil *m*; ∼ de titre Titelblatt *n* (*e-s Buches*); un livre de deux cents ∼s ein zweihundert Seiten starkes Buch; ◆ *loc/adv* à la ∼ **a)** *mit nachfolgender Zahl* auf Seite ...; **b)** *pro Seite; fig* être à la ∼ mit der Zeit gehen, Schritt halten; im Bilde, auf dem laufenden sein; *in der Mode* mit der Mode gehen, Schritt halten; être payé à la ∼ pro Seite, nach Seiten bezahlt werden; au bas, en 'haut de la ∼ unten, oben auf der Seite; en ∼ trois auf Seite drei; ◆ *impr* mettre en ∼s um'brechen; tourner la ∼ die Seite 'umblättern; *fig* das Vergangene vergessen, hinter sich lassen; *fig* une ∼ de l'histoire est tournée ein neues Blatt

der Geschichte beginnt; **2.** *st/s mus* Stück *n*; Kompositi'on *f*
page² [paʒ] *m hist* Page *m*
pagel [paʒɛl] *m zo cf* daurade b)
pageot [paʒo] *m arg* (*lit*) F Falle *f*; Klappe *f*; Kahn *m*; se mettre au ∼ cf pageoter
pageoter [paʒɔte] *v/pr arg* se ∼ (*se coucher*) F in die Falle, Klappe gehen, kriechen; sich in die Falle hauen; in den Kahn gehen, steigen
pagin|ation [paʒinasjõ] *f impr* Pagi-'nierung *f*; **∼er** *v/t impr* pagi'nieren; mit Seitenzahlen versehen
pagne [paɲ] *m* (Lenden)Schurz *m*
pagode [pagɔd] *f* Pa'gode *f*
pagure [pagyr] *m zo* Einsiedler-, Di'ogenes-, Bernhar'dinerkrebs *m*; Ere-'mit *m*
paidologie [pɛdɔlɔʒi] *f cf* pédologie 1.
paie [pɛ] *f* **1.** Lohn(aus)zahlung *f*; Entlohnung *f*; Löhnung *f*; jour *m* de ∼ Lohn-, Zahltag *m*; **2.** (Arbeits)Lohn *m*; Löhnung *f*; **3.** F *fig* il y a une ∼ que ... F es ist e-e Ewigkeit her, daß ...; ça fait une ∼ ! F das ist ewig lange, e-e Ewigkeit her!
paiement [pɛmã] *m* **1.** Zahlen *n*; Zahlung *f* (*auch die Summe selbst*); *e-r Schuld* Bezahlung *f*; Begleichung *f*; Abtragung *f*; Abzahlung *f*; *von Gebühren, Steuern* (Be)Zahlung *f*; Entrichtung *f*; *adm* Abführung *f*; *e-s Schecks, Wechsels durch die Bank* Einlösung *f*; Hono'rierung *f*; *der Löhne* Auszahlung *f*; ∼ au comptant, en espèces Barzahlung *f*; ∼ d'impôt Steuerzahlung *f*; *loc/adv* en guise de ∼ an Zahlungs Statt; als Bezahlung; moyennant ∼ de dix francs gegen Zahlung von zehn Franc; effectuer, faire un ∼ e-e Zahlung leisten, vornehmen; **2.** *fig* Dank *m*, Lohn *m* (de qc für etw)
païen [pajɛ̃] **I** *adj* ⟨∼ne⟩ heidnisch; **II** *subst* ∼(ne) *m(f)* Heide *m*, Heidin *f*
paierie [peri] *f adm* ∼ générale etwa Oberfi'nanzdirektion *f* (*e-s Departements*)
paillage [pajaʒ] *m jard* Zu-, Abdecken *n*, *der Bäume* Um'wickeln *n* mit Stroh
paillard [pajar] **I** *adj Person* wollüstig; geil; *Lied, Geschichte* unanständig; anstößig; schlüpfrig; saftig; *nur Geschichte* F saftig; *Lachen* anzüglich; unanständig; schmutzig; **II** *m* Wollüstling *m*; Wüstling *m*
paillardise [pajardiz] *f* raconter des ∼s unanständige, anstößige, schlüpfrige Dinge *n/pl*, Geschichten *f/pl*, Witze *m/pl* erzählen
paillasse¹ [pajas] *f* **1.** Strohsack *m*; P *fig* crever la ∼ à qn F j-n um die Ecke bringen, kaltmachen, umlegen, P killen; **2.** *neben dem Spülstein* (gemauerte) Abtropf-, Abstellfläche; *in e-m Labor* (geka-

chelter) La'bortisch; **3.** P *fig (prostituée)* P Schnepfe *f*; Nutte *f*; Amü'siermatratze *f*
paillasse[2] [pajas] *m früher e-r Jahrmarktsbühne* Hanswurst *m*; dummer August; Spaßmacher *m*; Ba'jazzo *m*; *Leoncavallo* ♀ Der Bajazzo
paillasson [pajasõ] *m* **1.** Abtreter *m*; Fußmatte *f*; **2.** *jard* Stroh-, Bast-, Binsenmatte *f* (*zum Abdecken*); **3.** *Hutmacherei* Strohgeflecht *n* (*zur Herstellung von Strohhüten*)
paillassonner [pajasɔne] *v/t jard* mit Stroh-, Binsen-, Bastmatten zu-, abdecken, *Bäume* um'wickeln
paille [paj, pɑj] *f* **1.** Stroh *n*; *comm* Bund *n* Stroh; ~ 'hachée Häcksel *n od m*; Häckerling *m*; *fig u plais* la ~ humide des cachots F das Kittchen; Nummer Sicher; ~ **d'avoine, menue** ~ Haferspreu *f*; *allg* Spreu *f*; ~ **de maïs, de riz** Mais-, Reisstroh *n*; *fig* **être sur la** ~ bettelarm sein; im Elend sein; *fig* **mettre qn sur la** ~ j-n an den Bettelstab, ins Elend bringen; *bibl* voir la ~ dans l'œil du voisin et ne pas voir la poutre dans le sien den Splitter im Auge s-s Bruders sehen und des Balkens im eigenen nicht gewahr werden; **2.** Strohhalm *m*; *par ext* Trinkhalm *m*; **boire avec une** ~ mit e-m Stroh-, Trinkhalm trinken; **tirer à la courte** ~ mit Strohhalmen knobeln; **2.** F *fig* **Kleinigkeit** *f*; **(c'est) une** ~ **(pour lui)!** das ist e-e Kleinigkeit (für ihn)!; *iron* il en demande dix millions: une ~! *iron* er will die Kleinigkeit von zehn Millionen dafür haben!; **4.** *zum Spänen des Parketts* ~ **de fer** Stahlspäne *m/pl*, -wolle *f*; **5.** *tech beim Schmieden* Hammerschlag *m*; **6.** *métall, Glasfabrikation* fehlerhafte Stelle; Fehler *m*; *bei Edelsteinen* Fleck *m*; **7.** *adjt* <*inv*> *od* **jaune** ~ strohgelb, -farben
paillé [paje] **I** *adj* **1.** *Stuhl* mit Strohsitz; **siège** ~ Strohsitz *m*; **2.** *métall* fehlerhaft; **II** *m agr* noch nicht verrotteter Stallmist
paille-en-queue [pajɑ̃kø] *m* <*pl* pailles-en-queue> *zo* Tropikvogel *m*
pailler[1] [paje] *m agr* Strohschober *m*, -dieme *f*, -diemen *m*, -haufen *m*
pailler[2] [paje] *v/t* **1.** *jard* mit Stroh, Stroh-, Bast-, Binsenmatten abdecken, zudecken, *Stühle* um'wickeln; **2.** *Flaschen* in Strohhülsen stecken; mit Strohhülsen um'geben
paillet [pajɛ] *m* **1.** *mar zum Schutz gegen Reibung* Matte *f*; **2.** ~ *od adjt* **vin** *m* ~ Bleichert *od* Bleichart *m*
pailleté [pajte] *adj cout* mit Pail'letten besetzt, bestickt
paillette [pajɛt] *f* **1.** *cout* Pail'lette *f*; ~ **d'or** goldene Paillette; *cf auch* **2.** **2.** *allg* Plättchen *n*; *minér* ~ **de mica** Glimmerplättchen *n*; *Goldwäsche* ~ **(d'or)** Goldflitterchen *n*, -blättchen *n*; *des Goldschmieds* ~ **(de soudure)** Lötplättchen *n*; **lessive** *f*, **savon** *m* en ~s Seifenflocken *f/pl*; *fachspr* Schuppenseife *f*; **3.** *bei Edelsteinen* Fehler *m*; fehlerhafte Stelle; **4.** *bot bei Gräsern* Deckspelze *f*; *bei Blütenständen* Deck-, Tragblatt *n*; *sc* Brak'tee *f*
pailleux [pajø] *adj* <-euse> **1.** *métall, Glas* fehlerhaft; **2.** *agr* **fumier** ~ noch nicht verrotteter Stallmist
paillis [paji] *m agr, jard* Streu *f*; Strohschütte *f*
paillon [pajõ] *m* **1.** *für (Wein)Flaschen* Strohhülse *f*; **2.** *allg* Me'tallplättchen *n*; *des Goldschmieds* a) Lötplättchen *n*; b) Kupfer-, Me'tallplättchen *n*
paillote [pajɔt] *f* Strohhütte *f*
pain [pɛ̃] *m* **1.** Brot *n*; ♦ ~ **blanc** Weiß-

brot *n*; *fig* **manger son** ~ **blanc le premier** das Angenehme vorwegnehmen; das Gute vorweg genießen; mit dem Angenehmen, Leichten zuerst beginnen; ~ **complet** 'Vollkornbrot *n*; ~ **frais** frisches Brot; ~ **grillé** Röstbrot *n*; Toast [to:st] *m*; ~ **noir** Schwarz-, Graubrot *n*; **petit** ~ Brötchen *n*; *südd* Semmel *f*; Wecken *m*; **petit** ~ **mollet, au lait** Milchbrötchen *n*; **(petit)** ~ **aux raisins** etwa Schnecke *f*; *auch* Ro'sinenbrötchen *n*; *fig* **se vendre comme des petits** ~s reißenden Absatz finden; F weggehen wie warme Semmeln; **le** ~ **quotidien** das tägliche Brot; *Vaterunser* **donne-nous aujourd'hui notre** ~ **quotidien** unser täglich(es) Brot gib uns heute; ~ **sec** trockenes Brot; **être au** ~ **sec** nur trockenes Brot bekommen; ♦ ~ **de boulanger** Bäckerbrot *n*; ~ **de campagne, gros** ~ großes Brot, großer (Brot-) Laib (*wird nach Gewicht verkauft*); ~ **d'épice** Honig-, Leb-, Pfefferkuchen *m*; ~ **de fantaisie** *Oberbegriff für Stangenbrot n (wird nur im ganzen verkauft)*; ~ **de ménage** haus(ge)backenes, selbstgebackenes Brot; Bauern-, Landbrot *m*; ~ **de mie, d'orge, de régime, de seigle** Toast-, Gersten-, Di'ät-, Roggenbrot *n*; *bot* ~ **de singe** Affenbrot *n*; ♦ *bot* **arbre** *m* **à** ~ Brot(frucht)baum *m*; **planche** *f* **à** ~ *cf* **planche** 1.; **morceau** *m* **de** ~ Stück *n* Brot; ♦ *fig*: **avoir du** ~ **sur la planche** alle Hände voll zu tun haben; Arbeit in Hülle und Fülle haben; **gagner son** ~ **à la sueur de son front** im Schweiße s-s Angesichts sein Brot verdienen, *bibl* sein Brot essen; **je ne mange pas de ce** ~-**là** da mache ich nicht mit; darauf lasse ich mich gar nicht ein; **ôter, faire passer à qn le goût du** ~ j-n 'umbringen, F 'umlegen; **ôter, enlever, retirer à qn le** ~ **de la bouche** j-n brotlos machen, ums Brot bringen; ~ **de sucre** *cuis* Zuckerhut *m*; *géol* zuckerhutförmiger Gra'nitkegel; *géogr* **le** ♀ **de Sucre** der Zuckerhut; *loc/adj* **en** ~ **de sucre** zuckerhutförmig; **3.** ~ **de glace** Stange *f* Eis; ~ **de savon** Riegel *m* (Kern)Seife; **4.** **à cacheter** (Siegel)Ob'late *f*; **5.** *cuis* ~ **de viande** Hackbraten *m*; falscher Hase; **6.** P (*coup*) Fausthieb *m*, -schlag *m*; **flanquer un** ~ **à qn** j-m e-n Faustschlag versetzen; il s'est flanqué un ~ er hat sich gestoßen
pair[1] [pɛr] *adj Zahl, Nummer* gerade; **jours** ~s gerade Tage *m/pl*; *subst Roulett* **jouer** ~ auf gerade Zahlen setzen
pair[2] [pɛr] *m* **1.** *fin* Pari *m*; Nennwert *m*; *auch* Pari'tät *f*; ~ **du change** Wechselparität *f*; **au** ~ *loc/adj* Nennwert...; Pari...; *loc/adv* **(al)** pari; zum Nennwert; **action** *f* **au** ~ Nennwertaktie *f*; **émission** *f* **au** ~ Pari-Emission *f*; **valeur** *f* **au** ~ Pari(wert) *m*; **être au** ~ (al) pari stehen; **être au-dessus, au-dessous du** ~ über, unter pari stehen; über, unter dem Nennwert stehen; **2.** **fille** *f* **au** ~ Au-'pair-Mädchen *n*; **être, travailler au** ~ e-e Au-'pair-Stelle haben; gegen Kost und Logis arbeiten; **3.** *litt* **ses** ~s seinesgleichen; *loc/adj* '**hors (de)** ~ alles über'treffend; über'legen; unerreicht; unvergleichlich; unübertrefflich; einzigartig; **être 'hors (de)** ~ nicht seinesgleichen haben; einzig dastehen; unübertroffen, einzigartig, unerreicht sein; *nur Person* ohne Rivalen sein; *fig z B Faulheit u Dummheit* **aller de** ~ Hand in Hand gehen; nicht voneinander zu trennen sein; zusammen gehen; **4.** *im englischen Parlament* Peer [pi:r] *m*; **Chambre** *f* **des** ~s Oberhaus *n*; **5. a)** *hist* Pair *m*; **Chambre** *f* **des** ~s Pairskammer *f*; **b)** *mittelalterliche Heldendichtung*

Pala'din *m* (*Karls des Großen*)
paire [pɛr] *f* **1.** Paar *n* (*zusammengehörender Dinge, Personen*); **une** ~ **d'amis inséparables** ein unzertrennliches Freundespaar; **une** ~ **de chaussettes, de gants, de souliers** ein Paar Socken, Handschuhe, Schuhe; *phys* ~ **d'ions** I'onenpaar *n*; *anat* ~ **de nerfs** Nervenpaar *n*; **donner, flanquer une** ~ **de gifles à qn** j-m rechts und links eine runterhauen, F kleben; *fig*: **c'est une autre** ~ **de manches** das ist etwas ganz anderes; **les deux font bien la** ~ die beiden passen zusammen (*auf Grund ihrer Fehler*); **2.** *bei Dingen, die aus zwei symmetrischen Teilen bestehen* **une** ~ **de ... ein, e-e ...**; **une** ~ **de ciseaux, de lunettes** e-e Schere, Brille; **avoir une bonne** ~ **de joues** dicke Backen, Pausbacken haben; **avoir une bonne** ~ **de fesses** ein dickes Gesäß, 'Hinterteil, F e-n dicken Hintern haben; **3.** *bei Zugtieren* **une** ~ **de bœufs** ein Joch *n* Ochsen; **une** ~ **de chevaux** ein Gespann *n* Pferde; **4.** F **se faire la** ~ F abhauen; sich auf die Socken, Strümpfe machen
pairie [peri] *f* **1.** *in England* Peerswürde ['pi:r-] *f*; **2.** *hist* Pairswürde *f*
pairle [pɛrl] *m Heraldik* Deichsel *f*
paisible [pezibl(ə)] *adj* **1.** friedlich; *Person, Volk auch* friedfertig; friedliebend; *Stadtviertel, Nacht, Leben auch* ruhig (*auch Schlaf*); still; **2.** *jur* ~ **possesseur** (in s-m Besitz) ungestörter Besitzer
paisson [pesõ] *m Gerberei* Schlichteisen *n*, -mond *m*
paître [pɛtr(ə)] *v/i* <il paît, ils paissent; il paissait; il paîtra; qu'il paisse; paissant; *meist nur im inf gebraucht*> **1.** *Vieh* weiden; **faire** ~ weiden lassen; **mener** ~ auf die Weide führen, treiben; **2.** F *fig* **envoyer** ~ **qn** F j-n zum Teufel jagen, schicken
paix [pɛ] *f* **1.** *pol* Frieden *m*; *ältere Form* Friede *m*; *par ext* Frieden(svertrag) *m*; ~ **mondiale** Weltfrieden *m*; *hist* ~ **romaine** Pax Ro'mana *f*; *féod* ~ **de Dieu** Gottesfriede *m*; *hist* **conditions** *f/pl* **de** ~ Friedensbedingungen *f/pl*; **négociations** *f/pl*, **pourparlers** *m/pl* **de** ~ Friedensverhandlungen *f/pl*; **traité** *m* **de** ~ Friedensvertrag *m*; **conclure la** ~ Frieden schließen; e-n Friedensvertrag abschließen; **demander la** ~ um Frieden bitten; **faire la** ~ **avec qn** mit j-m Frieden schließen; *fig auch* sich mit j-m aussöhnen; **signer la** ~ den Frieden(svertrag) unter'zeichnen; **traiter la** ~ über den Frieden verhandeln; *bibl* ~ **sur (la) terre aux hommes de bonne volonté** Friede auf Erden und den Menschen ein Wohlgefallen; *in der Messe* auf Erden Friede den Menschen, die guten Willens sind; **2.** *fig* Friede(n) *m* (*auch rel*); Ruhe *f*; *int* **la** ~! Ruhe!; ruhig!; still!; *loc/adv* **en** ~ in Ruhe, Frieden; *égl* **allez en** ~ geht hin in Frieden!; **être en** ~ **avec sa conscience** ein ruhiges Gewissen haben; **laisser qn en** ~ j-n in Ruhe, in Frieden, zu'frieden lassen; *loc/prov* **il faut laisser les morts en** ~ die Toten soll man ruhen lassen (*loc/prov*); *égl, als Grabinschrift* **qu'il repose en** ~! er ruhe in Frieden!; **vivre en** ~ **(avec son voisin)** (mit s-m Nachbarn) in Frieden leben; **avoir la** ~ **chez soi** bei sich zu Hause Ruhe und Frieden haben; **je voudrais bien avoir la** ~ ich möchte gern meine Ruhe haben; **pour avoir la** ~ a) um s-e Ruhe zu haben; b) um des lieben Friedens willen; *égl* **la** ~ **soit avec vous!** Friede sei mit euch!; F **fiche-moi, P fous-moi la** ~! laß mich in Ruhe, in

Frieden, zu'frieden!; **troubler la ~ des ménages** den Ehefrieden stören; **3.** *e-s Ortes* Frieden *m*; Ruhe *f*; Stille *f*; *des Waldes auch* Schweigen *n*
pakistanais [pakistanɛ] **I** *adj* paki-'stanisch; **II** *subst* ♀(e) *m(f)* Paki'stani *m,f*; Paki'staner(in) *m(f)*
pal [pal] *m* **1.** Pfahl *m* (*aus Holz od Metall*); *im Mittelalter* (**supplice** *m* du) **~** (Hinrichtung *f* durch) Pfählen *n*; **2.** *vit* eiserner Pflanzstab; **~ injecteur** *vit* In-sekti'zid-, *jard* Dungeinspritzer *m*; **3.** *Heraldik* Pfahl *m*
palabrer [palabre] *v/i* pa'lavern
palabres [palabr(ə)] *f/pl* Pa'laver *n*
palace [palas] *m* Luxus-, Grandhotel *n*
paladin [paladɛ̃] *m im Mittelalter* **a)** Pala'din *m* (*Karls des Großen*); **b)** fah-render Ritter
palafitte [palafit] *m* Pfahlbau *m*
palais¹ [palɛ] *m* **1.** Schloß *n*; Pa'lais *n*; **~ épiscopal** bischöfliches Palais; *in Paris* **le Grand, Petit ♀** das Grand, Petit Palais; **~ présidentiel** Präsi'dentenpalast *m*, -palais *m*; *in Venedig* **le ~ des Doges, le ♀ ducal** der Dogenpalast; *in Paris* **le ~ de l'Élysée** der Ely'seepalast; **das Ely'see**; *in Avignon* **le ~ des Papes** der Papstpalast; **~ des Sports** Sportpalast *m*; **révolution** *f* **de ~** Pa'lastrevolution *f*; **2.** *hist abs* königliches Schloß *in Paris u Versailles*; **maire** *m* **du ~** Hausmeier *m*; **3.** **~ (de justice)** Gericht(sgebäude) *n*; *in Paris* **le ♀ de justice** der Ju'stizpalast; **gens** *m/pl* **de, du ~** Gerichtspersonen *f/pl*; **langage** *m* **du ~** Ju'risten-, Kanz'leisprache *f*; **style** *m* **du ~** Kanz'leistil *m*
palais² [palɛ] *m* **1.** *anat* Gaumen *m*; **~ dur** *od* **voûte** *f* **du ~** knöcherner, harter Gaumen; **~ mou** *od* **voile** *m* **du ~** weicher Gaumen; Gaumensegel *n*; **2.** *fig* **avoir le ~ fin** e-n feinen Gaumen haben; ein Feinschmecker sein; **ça flatte le ~** das kitzelt den Gaumen; das ist et-was für den Feinschmecker
palan [palɑ̃] *m* Flaschen-, Rollenzug *m*; *mar* Talje *f*; Takel *n*; **~ électrique** E'lektro(flaschen)zug *m*; **~ pneumatique** Druckluftflaschenzug *m*
palanche [palɑ̃ʃ] *f für Eimer, Lasten* (Trag)Joch *m*
palangre [palɑ̃gr(ə)] *f Fischerei*: Leine (*mit Schwimmern*), *an welcher Angel-schnüre befestigt sind*
palanquer [palɑ̃ke] *v/i mar* (auf)hieven
palanquin [palɑ̃kɛ̃] *m* **1.** *im Orient* Tragsessel *m*; Palan'kin *m*; **2.** *mar* Reff-talje *f*
palastre [palastr(ə)] *m e-s Kastenschlosses* Schloßkasten *m*
palatal [palatal] *adj* ⟨-aux⟩ *phon* pala'tal; Gaumen...; **consonne, voyelle ~** *od subst* **~** *f* Gaumen-, Pala'tallaut *m*; Pala'tal *m*; **~isation** *f phon* Palatali-'sierung *f*; **~iser** *v/t phon* palatali'sieren; *adjt* **palatalisé** palatalisiert
palatin¹ [palatɛ̃] *I adj hist* pfalzgräflich; Pfalzgrafen...; pfälzisch; **comte ~** *od subst* **~** *m* Pfalzgraf *m*; Pala'tin *m*; **comte ~ du Rhin** Pfalzgraf *m* bei Rhein; **électeur ~** Kurfürst *m* von der Pfalz; **princesse ♀e** *od subst* **♀e** *f* a) Anne de Gonzague; b) Liselotte von der Pfalz; **II** *m hist* **1.** *in Polen* Woi'wode *m*; **2.** *in Ungarn* Pala'tin *m*
palatin² [palatɛ̃] *adj anat* Gaumen...; **artère ~e** Gaumenschlagader *f*; **voûte ~e** knöcherner, harter Gaumen
palatinat [palatina] *m hist* **1.** **a)** Pfalz-grafenwürde *f*; **b)** Pfalz(grafschaft) *f*; Palati'nat *n*; *abs* **le ♀** die Rheinpfalz; die rheinische Pfalz; **le ♀ électoral** die Kurpfalz; **2.** *in Polen* Woi'wodschaft *f*

palâtre [palatr(ə)] *m cf* palastre
pale [pal] *f* **1.** *des Riemens* (Riemen-) Blatt *n*; *am Schaufelrad e-s Raddampfers* (Rad)Schaufel *f*; *e-r Schiffsschraube* Flügel *m*; *e-r Luftschraube* (Schrauben-, Flügel)Blatt *n*; *beim Hubschrauber* Rotorblatt *n*; **hélice** *f* **à trois ~s** dreiflüge-lige Luft- *bzw* Schiffsschraube; **2.** *Wasserbau* **a)** Schütz *n*; Schütze *f*; **b)** Spund-bohle *f*
pâle [pal] *adj* **1.** *Gesicht, Lippen, Haut, Schein, Licht* blaß; bleich; fahl; *Farbe* blaß; fahl; matt (*auch Licht, Schein*); **bleu ~** ⟨*inv*⟩ blaß-, fahlblau; blau; **les Visages ~s** die Bleichgesichter *n/pl*; **~ comme la mort** blaß, bleich wie der Tod; totenblaß, -bleich; leichenblaß; kreidebleich; **~ de colère, de rage, de peur** blaß, bleich vor Zorn, Wut, Angst; **devenir ~** blaß, bleich, fahl werden; erblassen; erbleichen; F *fig* **se faire porter ~** sich krank melden; sich krank schreiben lassen; **2.** *fig Nachahmung, Nachahmer* farblos; nichtssagend; F *un* **~ voyou** ein Schurke *m*, Halunke *m*; er-bärmliches Subjekt; e-e elende Kreatur
palé [pale] *adj Heraldik* gespalten; durch Pfähle geteilt; **~ée** *f bât* Pfahlwerk *n*, -reihe *f* (*aus Rammpfählen*)
palefrenier [palfrənje] *m* Pferde-, Reitknecht *m*; Stallbursche *m*
palefroi [palfrwa] *m im Mittelalter* Pa-'radepferd *n*; Zelter *m*
paléo|botanique [paleobotanik] *f* Pa-läobo'tanik *f*; **~climat** *m* Klima *n* e-r früheren erdgeschichtlichen E'poche; **~climatology** *f* Paläoklimatolo'gie *f*; **~géographie** *f* Paläogeogra'phie *f*; **~graphe** *m* Paläo'graph *m*; **~graphie** *f* Paläogra'phie *f*; **~graphique** *adj* paläo'graphisch; **~lithique** [-litik] **I** *adj* altsteinzeitlich; *sc* paläo'lithisch; **II** *m* Altsteinzeit *f*; *sc* Paläo'lithikum *n*
paléonto|logie [paleɔ̃tɔlɔʒi] *f* Paläonto-lo'gie *f*; **~ animale** Paläozoolo'gie *f*; **~ végétale** Paläobo'tanik *f*; **~logique** *adj* paläonto'logisch; **~logiste** *m od* **~logue** *m* Paläonto'loge *m*
paléo|zoïque [paleozoik] *géol* **I** *adj* palä-o'zoisch; **II** *m* Paläo'zoikum *n*; paläo-'zoische Formati'onsgruppe; **~zoologie** *f* Paläozoolo'gie *f*
paleron [palrɔ̃] *m zo bei Pferden, Rindern* Bug *m* (*auch als Fleischstück*)
palestinien [palɛstinjɛ̃] **I** *adj* ⟨~ne⟩ palästi'nensisch; palä'stinisch; **II** *subst* ♀(ne) *m(f)* Palästi'nenser(in) *m(f)*
palet [palɛ] *m* **1.** *Eishockey* Puck *m*; **2.** flacher, runder Stein (*zum Werfen bei verschiedenen Kinderspielen*)
paletot [palto] *m* Pale'tot *m*; kurzer Mantel; F *fig* **tomber sur le ~ à qn** über j-n herfallen; j-n über'fallen, über-'raschen
palette [palɛt] *f* **1.** *peint* Pa'lette *f*; *fig e-s Malers* Farbenpalette *f*; Farb(en)skala *f*; **2.** *zum Verladen von Stückgütern* Pa'let-te *f*; **3.** *e-s Schaufelrades* (Rad)Schaufel *f*; **roue** *f* **à ~s** Schaufelrad *n*; **4.** *des Morsetelegrafen* Anker *m*; **5.** *mil zum Anzeigen der Treffer beim Scheiben-schießen* **~ de marqueur** Schußzeiger *m*; **6.** *Fleischerei beim Hammel u Schwein* Bug *m*; **7.** *anat* F **a)** Kniescheibe *f*; **b)** Schulterblatt *n*; **8.** *ch des Damhirsches* Schaufel *f*; **9.** *des Töpfers* Spachtel *m od* *f*; **10.** *des Vergolders* (*flacher*) Pinsel *m*
palettiser [paletize] *v/t comm* palet-'tieren; auf e-r Pa'lette stapeln, verladen, befördern
palétuvier [paletyvje] *m bot* Man-'grove(nbaum) *m*
pâleur [palœr] *f* Blässe *f*; Fahlheit *f*; blasses, bleiches, fahles Aussehen; blas-se, bleiche, fahle Farbe; *e-r Farbe* Fahl-

heit *f*; **~ cireuse** wächserne Blässe
pali [pali] *ling* **I** *adj* Pali...; **II** *subst* **le ~** das Pali; Pali *n*
pâlichon [paliʃɔ̃] F *adj* ⟨~ne⟩ bläßlich; etwas, ein wenig, leicht blaß
palier [palje] *m* **1.** **bât ~** (**principal, de communication**) Treppenabsatz *m*, -podest *n*, -flur *m*; Wohnungsvorplatz *m*; **~ de repos** Zwischenpodest *n*; **2.** *tech* Lager *n*; **~ lisse** Gleitlager *n*; **~ à billes** Kugellager *n*; **~ à charge axial** Axi'al-, Längslager *n*; **~ à charge radiale** Radi'al-, Quer-, Traglager *n*; **~ à grais-sage continu** Lager mit 'Vollschmierung; **~ à roulement** Wälzlager *n*; **3.** *im Gefälle* Absatz *m*; Stufe *f*; *e-r Straße, Eisenbahnstrecke* horizon'tale, ebene Strecke (*im Längsgefälle*): **monter par ~s** stufenweise, in Absätzen ansteigen; **4.** *aviat* **vol** *m* **en ~** Nor'mal-flug *m*; **5.** *fig* **a)** Stufe *f*; *loc/adv* **par ~s** stufen-, grad-, schritt-, e'tappenweise; **b)** (Zwischen)Phase *f*, Zeit *f* der Stabili'tät; Atempause *f*
palière [paljɛr] *adj* ⟨*nur f*⟩ **marche ~** Austrittstufe *f*; **porte ~** auf den Trep-penflur, Wohnungsvorplatz führende *od* gehende Tür
palimpseste [palɛ̃psɛst] *m* Palim'psest *m od n*
palingénés|ie [palɛ̃ʒenezi] *f philos* Pa-linge'nese *f*, -gene'sie *f*, -'genesis *f*; **~ique** *adj* palinge'netisch
palinodie [palinɔdi] *f* **1.** *litt* **~s** *pl* (häufiger) Gesinnungswechsel, -wandel, -umschwung; *péj* Gesinnungslumpe'rei *f*; **2.** *Literatur* Palino'die *f*
palinuridés [palinyride] *m/pl zo* Lang-schwänze *m/pl*; Langschwänzige Krebse *m/pl*
pâlir [palir] *v/i* **1.** *Person* blaß, bleich werden; erblassen; erbleichen; fahl (*im Gesicht*) werden; die Farbe verlieren; sich verfärben; die Farbe wechseln; **~ de colère** vor Zorn blaß, bleich werden, erblassen; **~ d'envie** vor Neid erblassen; *j-s Erfolg etc* **faire ~ qn** j-n neidisch machen, vor Neid erblassen lassen; **2.** *Farben, Sterne* verblassen (*auch Lichter*); allmählich schwinden; *Farben auch* an Leuchtkraft verlieren; matt(er) wer-den; verbleichen; (allmählich) schwä-cher werden; *Eindruck* verblassen, all-mählich (ver)schwinden, schwächer werden; sich verwischen; verschwim-men; *fig* **son étoile pâlit** sein Stern ist im Sinken
palissade [palisad] *f* Latten-, Planken-, Bretter-, Pfahl-, *österr* Sta'ketenzaun *m*; Pali'sade *f*
palissadique [palisadik] *adj bot* **paren-chyme ~, tissu ~** Pali'saden-parenchym *n*, -gewebe *n*
palissandre [palisɑ̃dr(ə)] *m* Pali'sander (-holz) *m(n)*; **en ~** palisandern; Palisan-der...
palisser [palise] *v/t Reben, junge Bäume am Spa'lier festbinden*; pali'sieren; *par ext* am Spa'lier (hoch)ziehen
palisson [palisɔ̃] *m Lederzurichtung* Stollpfahl *m*
palisson|ner [palisɔne] *v/t Leder* stol-len; **~eur** *m Lederzurichtung* Zurich-ter, der das Leder stollt
paliure [paljyr] *m bot* Christdorn *m*
palladium [paladjɔm] *m* **1.** *chim* Pal-'ladium *n*; **2.** *Statue der Pallas Athene* Pal'ladium *n*
palléal [paleal] *adj* ⟨-aux⟩ *zo* **cavité ~, chambre ~e** Kiemenhöhle *f* (*der Weich-tiere*)
palliatif [paljatif] *m* Notlösung *f*; (Not-) Behelf *m*; vor'übergender Ausweg; vor-läufige, unzureichende, halbe Maßnah-me

pallier [palje] *v/t* (*u v/t/indir*) ~ (à) *Mangel* (notdürftig, einigermaßen) abstellen, beheben, beseitigen, abhelfen (+*dat*), wettmachen, ausgleichen, *Schwierigkeiten* beheben, beseitigen; (teilweise) aus dem Weg räumen; verringern (*auch Folgen, Nachteil*); *Übelstand* (einigermaßen) abhelfen (+*dat*), abstellen; abbauen; *Folgen* abwenden

pallium [paljɔm] *m égl cath, im antiken Rom* Pallium *n*

palmaire [palmɛr] **I** *adj anat* zur Hohlhand, Handfläche gehörend; Hohlhand...; *sc* vo'lar; pal'mar; **II** *m* grand, petit ~ langer, kurzer Hohlhandmuskel

palmarès [palmarɛs] *m* a) *bei e-m Wettbewerb* Liste *f* der Preisträger, Preisgekrönten, Sieger; *bei e-m Sportwettkampf* Liste *f* der Sieger; Siegerliste *f*; *bei den Olympischen Spielen auch* 'Übersicht *f* über die O'lympiasieger; Me'daillengewinner; Me'daillenspiegel *m*; *in der Schule* Liste *f* der für gute Leistung (mit e-m Preis) Ausgezeichneten, lobend Erwähnten; **b)** *par ext* Preise *m/pl*

palmarium [palmarjɔm] *m jard* Palmenhaus *n*

palmature [palmatyr] *f path* Schwimmhautbildung *f*

palme [palm] *f* **1.** *bot* Palm(en)zweig *m*; Palmwedel *m*; **beurre** *m*, **huile** *f*, **sucre** *m*, **vin** *m* **de** ~ Palmbutter *f*, -öl *n od* -fett *n*, -zucker *m*, -wein *m*; **2.** *fig u litt* a) Siegespalme *f*; **remporter la** ~ **de** Siegespalme, den Sieg erringen; den Sieg davontragen; *iron* den Vogel abschießen; **b)** *rel* ~ **du martyre** Märtyrerkrone *f*; **3. les** ~**s académiques** *od abs* **les** ~**s** Auszeichnung für Verdienste um das Bildungswesen; **4.** *sports* Schwimmflosse *f*; **5.** *arch* Palmblatt *n*; Pal'mette *f*; **frise** *f* **de** ~**s** Palmettenfries *m*

palmé [palme] *adj* **1.** *bot* hand-, fächerförmig; **2.** *zo* mit Schwimmhäuten versehen; **patte** ~**e**, **pied** ~ Schwimmfuß *m*; **3.** *path* Finger, Zehen durch Schwimmhäute verbunden

palmer[1] [palme] *v/t tech* Nadelköpfe flach schlagen; abplatten

palmer[2] [palmɛr] *m tech* (Schrauben-) Mikro'meter *n*; (Bügel)Meßschraube *f*; *früher auch* Schraublehre *f*

palm|eraie [palmərɛ] *f* Palmenpflanzung *f*, -hain *m*; ~**ette** *f* **1.** *arch* Pal'mette *f*; Palmblatt *n*; **2.** *Spalierbaumform* Pal'mette *f*

palmier [palmje] *m* **1.** *bot* Palme *f*; ~ **nain** Zwergpalme *f*; ~ **odorant** Wohlriechender Schraubenbaum; ~ **à cire, à huile, à sucre** Wachs-, Öl-, Zuckerpalme *f*; **feuille** *f* **de** ~ Palm(en)blatt *n*, -wedel *m*, -zweig *m*; **2.** *Gebäck* Schweinsohr *n*

palmi|forme [palmiform] *adj arch* colonne *f* ~ Palmensäule *f*; ~**lobé** *adj bot* palmenlappig; handförmig gelappt; ~**parti** *adj* <~**e** *od* -**ite**> *bot* handförmig geteilt

palmipède [palmipɛd] *adj u subst zo* (oiseaux *m/pl*) ~**s** *m/pl* Schwimmvögel *m/pl*; **un** ~ ein Schwimmvogel

palm|iste [palmist] *m bot* a) Betelpalme *f*; **b)** (chou *m*) ~ Palmkohl *m*; **c)** Ölpalme *f*; **d)** Palmkern *m*; **huile** *f*, **tourteau** *m* **de** ~ Palmkernöl *n*, -kuchen *m*; ~**ite** *m bot* Palmenmark *n*

palmit|ine [palmitin] *f chim* Palmi'tin *n*; ~**ique** *adj chim* **acide** *m* ~ Palmi'tinsäure *f*

palmure [palmyr] *f zo* Schwimmhaut *f*

palois [palwa] *adj* (*u subst* ♀ Einwohner) von Pau

palombe [palɔ̃b] *f zo* Ringeltaube *f*

palombin [palɔ̃bɛ̃] *m minér* (*Art*) weißer, feinkörniger Marmor

---

palonnier [palɔnje] *m* **1.** *an e-m Fuhrwerk* Ort-, Zugscheit *n*; **2.** *aviat* Fußhebel *m*, Pe'dal *n* zur Betätigung des Seitenruders

palot [palo] *m* Schaufel *f* (*zum Graben nach Muscheln etc im Watt, Sand*)

pâlot [palo] *adj* <~**te**> *bes Kind* bläßlich; etwas blaß, bleich

palourde [palurd] *f zo* Venus-, Teppichmuschel *f*

palp|able [palpabl(ə)] *adj* **1.** (mit Händen) greifbar, faßbar; mit Händen zu greifen, fassen; tastbar; fühlbar; *sc* pal'pabel (*auch méd*); **2.** *fig Beweis, Vorteil etc* handgreiflich; greifbar; tatsächlich; wirklich; kon'kret; handfest; ~**ation** *f méd* (Unter'suchung *f* durch) Abtasten *n*, -ung *f*; Abfühlen *n*; *sc* Palpati'on *f*

palpe [palp] *m zo der Ringelwürmer, Gliederfüßer etc* Palpe *f*; Taster *m*

palpébral [palpebral] *adj* <-**aux**> *anat* zum Augenlid gehörig; Augenlid...; *sc* palpe'bral

palp|er [palpe] **I** *v/t* **1.** abtasten (*auch méd*); betasten; befühlen; anfühlen (*méd* pal'pieren); **2.** F *fig* ~ (de l'argent) F Geld kas'sieren, einstreichen, (ausbezahlt) kriegen; **II** *subst m méd cf* palpation; ~**eur** *m tech* Fühler *m*; (Fühl-) Taster *m*

palpit|ant [palpitɑ̃] **I** *adj* **1.** zuckend; zitternd; **2.** *fig Roman, Film, Bericht* spannend; packend; fesselnd; aufregend; erregend; **II** F *m* Herz *n*; F Pumpe *f*; ~**ation** *f meist pl* ~**s 1.** (starkes) Herzklopfen; *vor Angst, Erregung* **avoir des** ~**s** Herzklopfen haben; **2.** *der Augenlider* (krampfartige[s]) Zucken *n*, Zuckungen *f/pl*, *der Nasenflügel auch* Zittern *n*

palpiter [palpite] *v/i* **1.** *Augenlider, Körper erlegten Wildes* (krampfartig) zukken, *Nasenflügel auch* zittern; **2.** *Herz* klopfen; pochen; heftig schlagen; *Busen* wogen; *poét Segel* ~ **au vent** sich im Winde wiegen

palplanche [palplɑ̃ʃ] *f* **1.** *Wasserbau, bât* Spundbohle *f*; ~ **métallique** Stahlspundbohle *f*; ~ **en béton armé** Stahlbetonbohle *f*; **cloison** *f* **de** ~**s** Spundwand *f*; **2.** *mines* Bohle *f*, Planke *f* (*zum Grubenausbau*)

paltoquet [paltɔkɛ] *m litt u péj* unverschämter, frecher Kerl; Lümmel *m*

paluche [palyʃ] *f* F (*main*) F Flosse *f*; Pfote *f*

palud|éen [palydeɛ̃] **I** *adj* <~**ne**> **1.** Sumpf...; **faune, flore** ~**ne** Sumpffauna *f*, -flora *f*; *path* **fièvre** ~**ne** *cf* paludisme; **2.** *path* **an** Ma'laria **erkrankt**; **II** *subst* ~**(ne)** *m(f)* Ma'lariakranke(r) *f(m)*; ~**ier** *m*, ~**ière** *f* Arbeiter(in) *m(f)* in e-m Salzgarten; ~**ine** *f zo* Sumpf(deckel)schnecke *f*

paludisme [palydism(ə)] *m path* Ma'laria *f*; Sumpf-, Wechselfieber *n*; *sc* Palu'dismus *m*; **accès** *m* **de** ~ Malariaanfall *m*

palustre [palystr(ə)] *adj* **1.** Sumpf...; im Sumpf wachsend, lebend; **plante** *f*, **terrain** *m* ~ Sumpfpflanze *f*, -gelände *n*; **2.** *path* durch Ma'laria bedingt, her'vorgerufen

pâmer [pame] *v/pr* **se** ~ **d'admiration** in Bewunderung erstarren; F vor Bewunderung ganz weg sein; **se** ~ **d'amour** vor Liebe vergehen, fast den Verstand verlieren; **se** ~ **de joie** sich vor Freude nicht zu lassen wissen; vor Freude außer sich sein, F ganz aus dem Häuschen sein; **se** ~ **de rire** sich nicht halten können vor Lachen; sich vor Lachen biegen; F sich totlachen; sich krank lachen

pâmoison [pamwazɔ̃] *f iron* **tomber en**

~ **in Ohnmacht fallen**; F 'umkippen, -fallen

pampa [pɑ̃pa] *f géogr* Pampa *f*; **les** ~**s** *pl* die Pampas; *bot* **herbe** *f* **des** ~**s** Pampasgras *n*

pamphlet [pɑ̃flɛ] *m bes pol* Pam'phlet *n*; Schmäh-, Streit-, Flugschrift *f*; **lancer un** ~ ein Pamphlet verfassen, F loslassen

pamphlétaire [pɑ̃fletɛr] *m* Pamphle'tist *m*; Verfasser *m* von Pam'phleten

pamplemouss|e [pɑ̃pləmus] *m bot* Pampelmuse *f*; Grapefruit ['grɛ:pfru:t] *f*; **jus** *m* **de** ~ Pampelmusensaft *m*; ~**ier** *m bot* Pampelmuse(nbaum) *f(m)*

pampre [pɑ̃pr(ə)] *m* Rebe *f* (*auch arch als Ornament*); Weinranke *f*; *par ext poét* (Wein)Rebe *f*; Weinstock *m*

pan[1] [pɑ̃] *m* **1.** *cout e-s geschlitzten Mantels, Jacketts etc* Schoß(teil) *m* (*n*); ~ **d'habit** Frackschoß *m*; **2.** ~ **de mur** Mauer- *bzw* Wandstück *n*, -fläche *f*, -teil *n*; *pl* ~**s** *oft auch* Mauerreste *m/pl*; **3.** *e-s Polyeders, rechteckigen Bauwerks* Seite *f*; Seitenfläche *f*; *e-r Schraubenmutter auch* Kante *f*; *bât*: ~ **coupé** abgestumpfte Ecke; abgestumpfter Winkel; ~ **de comble** Dachfläche *f*, -seite *f*; **tour** *f* **à huit** ~**s** achteckiger Turm; **4.** *bât* Fachwerk(bau) *n(m)*; Fachwerkbauweise *f*; ~ **de bois** hölzernes Fachwerk

pan[2] [pɑ̃] *int* **1.** *bei e-m* (*Auf*)*Schlag* bum!; bums!; peng!; päng!; *bei e-m Knall* bum!; puff!; *bei e-m Schuß* ~, ~! peng, peng!; piff, paff!

panace [panas] *m cf* panax

panacée [panase] *f* ~ (**universelle**) All'heil-, Univer'sal-, Wundermittel *n* (*alle auch fig*)

panachage [panaʃaʒ] *m bei Wahlen* Pana'schieren *n*

panache [panaʃ] *m* **1. a)** *zur Zierde* Federbusch *m*; Pa'nasch *m*; *auf e-m Helm auch* Helmbusch *m*; **b)** *e-s Vogels* **de plumes** Federbusch *m*, -büschel *n*; ~ **de fumée** Rauchfahne *f*; kleine Rauchsäule *f*; **3.** *fig von e-r männlichen Person* **avoir du** ~ ein stolzes, forsches, schneidiges, ef'fektvolles Auftreten haben; **4.** *arch* **a)** Orna'ment *n* in Form von Straußenfedern; **b)** Gewölbezwickel *m*; **5.** *bot cf* panachure

panaché [panaʃe] *adj* **1.** *bot* andersfarbig gesprenkelt, getupft, gepunktet, gestreift; **2.** gemischt; **glace** *f* ~**e** gemischtes Eis; **3.** *Bier mit* Limo'nade *gemischt*; *subst* **un** ~ *südd auch* ein(e) Radlermaß *n(f)*

panacher [panaʃe] *v/t pol bei Wahlen* ~ **une liste électorale** (die Kandi'daten) pana'schieren

panachure [panaʃyr] *f auf* (*Blüten-*) *Blättern, Gefieder* andersfarbiger Fleck; andersfarbige Sprenkelung; *bot auch* Pana'schierung *f*; Pana'schee *n*; Pana'schüre *f*

panade [panad] *f* **1.** *cuis* Brotsuppe *f*; **2.** P *fig* **être dans la** ~ in Not, im Elend sein; Mangel leiden; **il est dans la** ~ *auch* F es geht ihm dreckig; **tomber dans la** ~ in Not geraten; F auf den Hund kommen

pan|africain [panafrikɛ̃] *adj pol* panafri'kanisch; ~**africanisme** *m pol* panafri'kanische Bewegung

panais [panɛ] *m bot* Pastinak *m*

panama [panama] *m* Panama(hut) *m*; *par ext* Strohhut *m* mit breiter Krempe

panaméen [panameɛ̃] **I** *adj* <~**ne**> pana'maisch; **II** *subst* ♀ (**ne**) *m(f)* Bewohner(in) *m(f)* von Panama; Panamaer(in) *m(f)*

pan|américain [panamerikɛ̃] *adj pol* panameri'kanisch; ~**américanisme** *m pol* Panamerika'nismus *m*; panameri'kanische Bewegung; ~**américaniste**

m,f pol Panamerika'nist(in) *m(f)*

panarab|e [panarab] *adj pol* pana'rabisch; **~isme** *m* pana'rabische Bewegung; Panara'bismus *m*

panard [panar] **I** *adj Pferd* mit knieengen und zehenweiten Vorderbeinen; **II** *m* P (*pied*) F Flosse *f*; Pe'dal *n*; **~s** *pl auch* F Quanten *pl*

panaris [panari] *m path* eit(e)rige Fingerentzündung; *sc* Pana'ritium *n*; *volkstümlich* 'Umlauf *m*; böser, schlimmer Finger

panax [panaks] *m bot* Kraftwurz *f*; Ginseng *m*; *sc* Panax *m*

pancarte [pɑ̃kart] *f* **1.** Anschlag(zettel) *m*; Tafel *f*; Schild *n*; **2.** *bei e-r Demonstration* Transpa'rent *n*; Spruchband *n*

panchro [pɑ̃kro] *adj* ⟨*inv*⟩ *Kurzform von* panchromatique: pellicule *f* ~ Panfilm *m* (*Kurzwort*)

panchromatique [pɑ̃krɔmatik] *adj phot* panchro'matisch

panclastite [pɑ̃klastit] *f* Sprengstoff auf der Basis von Nitrotetroxid

pancréas [pɑ̃kreas] *m anat* Bauchspeicheldrüse *f*; *sc* Pankreas *od* Pancreas *n*

pancréat|ique [pɑ̃kreatik] *adj anat, physiol* Bauchspeicheldrüsen...; *sc* Pankreas...; Pancreas...; **suc** *m* ~ Bauchspeicheldrüsensaft *m*; **~ite** *f path* Bauchspeicheldrüsenentzündung *f*; *sc* Pankrea'titis *f*

panda [pɑ̃da] *m zo* Panda *m*; Katzenbär *m*; **grand ~**, ~ **géant** Riesenpanda *m*

pandanus [pɑ̃danys] *m bot* Schraubenbaum *m*, -palme *f*; Pandang *m*

Pandectes [pɑ̃dɛkt] *f/pl* Sammlung altrömischen Privatrechts Pan'dekten *pl*

pandém|ie [pɑ̃demi] *f méd* Pande'mie *f*; **~ique** *adj méd* pan'demisch

pandémonium [pɑ̃demɔnjɔm] *m myth* Pandä'monium *n*

pandit [pɑ̃di(t)] *m Titel brahmanischer Gelehrter* Pandit *m*

pandore[1] [pɑ̃dɔr] *f mus hist* Pan'dora *f*

pandore[2] [pɑ̃dɔr] F *u iron m* Gen'darm *m*; Poli'zist *m*

pandour [pɑ̃dur] *m hist in Ungarn* Pan'dur *m*

pandoura [pɑ̃dura] *f cf* pandore[1]

pané [pane] *adj cuis* pa'niert

panégyr|ique [paneʒirik] *m* **1.** Lob(rede) *n(f)*; *bes in der Antike* Pane'gyrikus *m*; **faire le ~ de qn** e-e Lobrede auf j-n halten; j-s Lob singen; e-n Lobgesang, ein Loblied auf j-n anstimmen; **2.** *in der orthodoxen Kirche* Pane'gyrikon *n*; **~iste** *m* Lobredner *m*; Pane'gyriker *m* (*bes in der Antike*)

panel [panɛl] *m ausgewählter Personenkreis zur Meinungsbefragung* Panel ['pɛnəl] *n*; **enquête** *f* **du ~** Panelverfahren *n*, -technik *f*

paner [pane] *v/t cuis* pa'nieren

panet|ier [pantje] *m hist* Hofbeamter, dem die Verwaltung des Brotes oblag; **~ière** *f* Brotkasten *m*; **~on** *m zum Brotformen* Teigkorb *m*

pangerman|isme [pɑ̃ʒɛrmanism(ə)] *m pol* Pangerma'nismus *m*; Alldeutschtum *n*; alldeutsche Bestrebungen *f/pl*; **~iste I** *adj* alldeutsch; **II** *m,f* Anhänger(in) *m(f)* des Pangermanismus

pangolin [pɑ̃gɔlɛ̃] *m zo* Schuppentier *n*

panhellén|ique [panɛ(l)lenik] *adj* panhel'lenisch; **~isme** *m pol* Panhelle'nismus *m*; Allgriechentum *n*

panicaut [paniko] *m bot* Mannstreu *m od f*; Edeldistel *f*

panicul|e [panikyl] *f bot* Rispe *f*; **~é** *adj bot* rispig; rispenförmig

panier [panje] *m* **1.** (Hand)Korb *m*; ~ **à anses** Henkelkorb *m*; ~ **à bouteilles** Flaschenkorb *m*; ~ **à provisions** Einkaufs-, Marktkorb *m*; ~ **à salade** a) *cuis*

Sa'latkorb *m* (*zum Abtropfenlassen des gewaschenen Salats*); b) F *fig* grüne Minna; **un ~ de** ... ein Korb (voll) ...; ~ **de jonc, d'osier, de treillis métallique** Binsen-, Weiden-, Drahtkorb *m*; ~ **en (matière) plastique** Plastikkorb *m*; Korb aus Plastik; *fig von e-r Person* **c'est un ~ percé** er ist ein maßloser Verschwender *bzw* sie ist e-e maßlose Verschwenderin; ihm *bzw* ihr rinnt das Geld nur so durch die Finger; *fig von e-m Personenkreis* **c'est un ~ de crabes** das ist e-e Otternbrut, ein Otterngezücht; sie suchen einander zu schaden; sie leben alle gegenseitig die Augen auskratzen; sie leben allein von Hauen und Stechen miteinander; **jeter, mettre au ~** in den Pa'pierkorb werfen, tun; wegwerfen; **2.** *Korbball* Korb *m* (*auch der Treffer*); **réussir un ~**, e-n Korb erzielen; **3.** *Preisstatistik* Warenkorb *m*; **4.** *Mode* Reifrockgestell *n*; Pani'er *m*; **robe** *f* **à ~** (Kleid *n* mit e-m) Reifrock *m*; **5.** *als Ornament* Blumen-, Früchtekorb *m*; **6.** *zum Fang von Hummern u Langusten* (*Art*) Reuse *f*; Fangkorb *m*; **7.** *phot* Diamagazin *n*; **8.** *arg* (*derrière*) F Po *m*; Hintern *m*; 'Hinterteil *n*; **~-repas** *m* ⟨*pl* **paniers-repas**⟩ *vom Hotel etc an Reisende, Ausflügler verteilt* Lunchpaket ['lant∫-] *n*

pani|fiable [panifjabl(ə)] *adj* **céréales** *f/pl* **~s** Brotgetreide *n*; **~fication** *f* Brotbereitung *f*, -backen *n*; **~fier** *v/t* Mehl zu Brot verbacken, verarbeiten

paniqu|e [panik] **I** *adj* Angst, Schrecken panisch; **II** *f* Panik *f*; **être gagné par la ~**, **être pris de ~** von Panik, von sinnloser, panischer Angst ergriffen, erfaßt werden *bzw* sein; in Panik geraten; **jeter, semer la ~** panische, sinnlose Angst, Panikstimmung verbreiten; **provoquer la ~** Panik hervorrufen; zu e-r Panik führen; **~er** *v/t* F ~ **qn** j-n in Panik versetzen; ~ **paniqué** in panischer Angst; von Panik, panischer Angst ergriffen, erfaßt

panislamisme [panislamism(ə)] *m pol* Panisla'mismus *m*; panis'lamische Bewegung

panne[1] [pan] *f* **1.** *e-r Maschine, e-s Autos etc* Panne *f*; Betriebsstörung *f*; De'fekt *m*; Schaden *m*; ~ **d'électricité** Stromausfall *m*, -störung *f*; **il y a eu une ~ d'électricité** der Strom war ausgefallen, F weg; ~ **de moteur** Motorpanne *f*, -defekt *m*, -schaden *m*; *loc/adj* **en ~** de'fekt; schadhaft; ka'putt; **réparer le moteur en ~** *auch* den Motorschaden, -defekt beheben; **avoir une ~** Maschine, Motor, Auto e-e Panne haben (*auch Autofahrer*); e-e Betriebsstörung, e-n Defekt, Schaden haben (*auch Schiff, Flugzeug*); Motor, Maschine *auch* ausfallen; defekt, kaputt sein (*auch Auto*); versagen; *Schiff auch* e-n Ma'schinenschaden haben; **il a une ~ d'essence, sèche** *od* **il est tombé en ~ sèche** er hat kein(en Tropfen) Benzin mehr; ihm ist das Benzin ausgegangen; **être en ~** a) *cf* **avoir une ~**; b) F *fig Person* nicht weiterarbeiten, weitermachen können; F aufgeschmissen sein; *wegen Krankheit etc auch* ausfallen; *durch Schwierigkeiten in od im Druck*, F in der Klemme sein; *fig Einfälle etc* **être en ~ de qc** etw im Augenblick, zur Zeit nicht haben; um etw verlegen sein; **rester en ~** a) *Autofahrer* mit e-r Panne, mit e-m Motorschaden unterwegs liegenbleiben; b) *fig beim Aufsagen e-s Gedichts etc* steckenbleiben; nicht mehr weiterkönnen, weiter wissen; **tomber en ~** *cf* **avoir une ~**; **2.** *mar* **mettre en ~**

---

beidrehen; **rester en ~** stilliegen; keine Fahrt voraus machen

panne[2] [pan] *f* **1.** *beim Schwein* Bauchfett *n*; Schmer *n od m*; *nordd* Flom(en) *m*; Liesen *f*; **2.** *text* Seiden-, Federplüsch *m*; Pelzsamt *m*; Felbel *od* Felpel *od* Velpel *m*; **3.** *charp* (Dach)Pfette *f*; **4.** *des Hammerkopfes* Pinne *od* Finne *f*; **5.** *Heraldik* **~s** *pl* Pelzwerk *n*

panneau [pano] *m* ⟨*pl* **~x**⟩ **1.** Schild *n*; Tafel *f*; ~ **électoral** Pla'kat- *f bei* Wahlen; ~ **d'affichage** (*hölzerne*) Pla'kat-, Re'klamefläche *f*; *tech* ~ **de contrôle** Schalttafel *f*, -brett *n*; ~ **de signalisation** (Straßen)Verkehrsschild *n*, -zeichen *n*; **2.** *bât* (*vorgefertigte*) Platte; ~ **dur** Hartfaserplatte *f*; Holzfaserhartplatte *f*; ~ **isolant** Holzfaserdämmplatte *f*; Iso'lier-, Dämmplatte *f*; ~ **de copeaux de bois, de fibres (de bois)**, **de particules** Holzspan-, (Holz)Faserplatte *f*; ~ **de fibres de verre** Glasfaserplatte *f*; ~ **en contre-plaqué** Sperrholzplatte *f*; **3.** *arch* vertiefte Feld, Fach; Füllung *f*; *e-r Holztäfelung auch* Pa'nneel *n*; Tafel *f*; *e-r Tür* Türfüllung *f*; ~ **à glace** Türfüllung aus Glas; **4.** *für Hochwild* Jagdtuch *n*, -netz *n*; *für Niederwild* Garn *n*; F *fig* **donner, tomber dans le ~** j-m ins Garn, F auf den Leim gehen; sich anführen, über'listen lassen; **5.** (Stoff-)Bahn *f*; *e-s Ballons* ~ **de déchirure** Reißbahn *f*; *cout* ~ **d'une jupe** Rockbahn *f*; **6.** *peint* Holztafel *f*; **peinture** *f* **sur ~** Tafelmalerei *f*; **7.** *mar* **a)** ~ (d'écoutille) Lukendeckel *m*; **b)** *par ext* Luke *f*; ~ **de cale, de charge** Ladeluke *f*; **8.** *aviat* Si'gnal-, Erkennungs-, Fliegertuch *n*; Fliegerzeichen *n*; **9.** *bât* **a)** Fläche *f* (*e-s behauenen Steins*); **b)** Pro'filschablone *f* (*zum Behauen e-s Steins*); **~-réclame** *m* ⟨*pl* **panneaux-réclame**⟩ Re'klameschild *n*, -tafel *f*

panneresse [panrɛs] *f bât im Mauerverband* Läufer *m*

panneton [pantɔ̃] *m* (Schlüssel)Bart *m*

pannicule [panikyl] *m anat* ~ **adipeux, graisseux** 'Unterhautfettgewebe *n*

panonceau [panɔ̃so] *m* ⟨*pl* **~x**⟩ **a)** *an der Tür e-s Notars etc* Berufs-, Amtsschild *n*; **b)** *an e-m Hotel* (*Empfehlungs*)Schild *n*; **c)** *allg* kleines Schild; kleine Tafel

panoplie [panɔpli] *f* **1.** *für Kinder* ~ **de cow-boy, d'Indien** (Karton *m* mit e-r) Cowboy-, Indi'aner-Ausrüstung *f*; **2.** *fig* Arse'nal *n*; **3.** (*an der Wand befestigte*) Waffen(sammlung) *f/pl(f)*

panorama [panɔrama] *m* **1.** Pano'rama *n*; Rundsicht *f*, -blick *m*, -schau *f*; **2.** *fig* um'fassender 'Überblick (de über +acc); um'fassende Darstellung (de gén); **3.** *peint* Pano'rama *n*; Rundgemälde *n*

panoramiqu|e [panɔramik] **I** *adj* Rundsicht...; Rundblick...; *auto* **carrosserie** *f* ~ große Rundsichtfenster *n/pl*; *mil* **croquis** *m* ~ Geländeskizze *f* (*von e-m Beobachtungspunkt aus*); Kro'ki *n*; *cin* **écran** *m* ~ Breitwand *f*; *ch de fer* **voiture** *f* ~ Aussichtswagen *m*; **vue** *f* ~ a) Rundblick-, -sicht *f*, -schau *f*; b) *phot* Rundblick-, Pano'ramaaufnahme *f*; c) *fig cf* **panorama** 2.; **II** *m cin, télév* (Pano'rama)Schwenk *m*; ~ **horizontal, vertical** Horizon'tal-, Senkrechtschwenk *m*; **~er** *v/i cin, télév* panora'mieren

panpsychisme [pɑ̃psifism(ə)] *m philos* Panpsy'chismus *m*

pansage [pɑ̃saʒ] *m der Pferde* Striegeln *n*; Putzen *n*

panse [pɑ̃s] *f* **1.** F Schmerbauch *m*; Wanst *m*; **se remplir la ~** F sich den Bauch 'vollschlagen; **2.** *zo der Wiederkäuer* Pansen *m*; **3.** *e-s Gefäßes* Bauch *m*;

e-s Buchstabens Rundung f

pansement [pãsmã] m **1.** méd Verband m; mil ~ individuel Verband(s)päckchen n; boîte f à ~ Verband(s)kasten m; appliquer, changer, faire un ~ e-n Verband anlegen, wechseln, machen; **2.** méd e-s Verletzten, der Gliedmaßen Verbinden n; e-r Wunde auch Versorgen n; **3.** Zahnmedizin Einlage f

panser [pãse] v/t **1.** Verletzten, Glied verbinden; Wunde auch versorgen; **2.** Pferd striegeln; putzen

panslav|isme [pãslavism(ə)] m pol Panslaˈwismus m; ~iste pol I adj panslaˈwistisch; **II** m.f Panslaˈwist(in) m(f)

pansu [pãsy] adi Gefäß bauchig

pantagruélique [pãtagryelik] adj appétit m ~ gesegneter Appetit; repas m ~ üppiges, schwelgerisches Mahl; Schlemmermahl n

pantalon [pãtalõ] m lange Hose; ~ à pattes d'éléphant Hose mit ausgestelltem Bein; ~ de dame, de flanelle Damen-, Flaˈnellhose f; ~ de golf Golfhose f; Knickerbocker(s) pl; ~ d'homme, de pyjama Herren- od Männer-, Schlafanzug- od Pyˈjamahose f; en ~ in Hosen; mettre un ~ e-e Hose, Hosen anziehen

pantalonn|ade [pãtalɔnad] f **1.** derbe Posse; **2.** fig Heucheˈlei f; ~ier m, ~ière f in e-m Konfektionsbetrieb Hosenschneider(in) m(f)

pantelant [pãtlã] adi Person keuchend; schnaufend; être ~ d'émotion vor Er-, Aufregung schwer, hörbar atmen

pantène od **pantenne** [pãten] f cf pantière

panthé|isme [pãteism(ə)] m philos Pantheˈismus m; ~iste philos I adj pantheˈistisch; **II** m.f Pantheˈist(in) m(f)

panthéon [pãteõ] m Antike u Neuzeit Pantheon n; abs le ♀ das Pantheon in Paris

panthère [pãter] f **1.** zo ~ (d'Afrique et d'Asie) Leoˈpard m; Panther m; ~ noire Schwarzer Panther m; ~ des neiges Schneeleopard m; Irbis m; **2.** Leoˈpardenfell n; manteau m de ~ Leoˈpard(en)mantel m

pantière [pãtjɛr] f ch Vogelnetz n

pantin [pãtɛ̃] m Kinderspielzeug, fig Hampelmann m; gesticuler comme un ~ F (herˈum)hampeln; mit Händen und Füßen (herˈum)zappeln; marcher comme un ~ e-n steifen, abgehackten Gang haben; fig elle a fait de lui un ~ sie hat ihn zum Hampelmann gemacht

pantographe [pãtɔgraf] m **1.** zum technischen Zeichnen Pantoˈgraph m; Storchschnabel m; **2.** ch de fer, Straßenbahn (Bügel)Stromabnehmer m

pantoire [pãtwar] f mar Stander m; Hanger m

pantois [pãtwa] adi ⟨nur m⟩ nur loc rester ~ verdutzt, verblüfft, F baß erstaunt, baff sein

pantomètre [pãtɔmɛtr(ə)] m arp Pantoˈmeter m

pantomime [pãtɔmim] f **a)** Pantoˈmimik f; Gebärdenspiel n; **b)** thé Pantoˈmime f

pantophobie [pãtɔfɔbi] f path Panphoˈbie f

pantouflard [pãtuflar] m F Stubenhocker m; adit être ~ ein Stubenhocker sein

pantoufle [pãtufl(ə)] f Hausschuh m; Panˈtoffel m; österr Patschen m; ~ en feutre Filzschuh m, -pantoffel m; en ~s in Hausschuhen, Pantoffeln; fig passer sa vie dans ses ~s immer zu Hause hocken; ein Stubenhocker sein; F fig raisonner comme une ~ dummes Zeug, Unsinn reden; Unsinn verzapfen

panty [pãti] m ⟨pl panties⟩ für Frauen

Miederhose f mit Bein; Panty [ˈpɛnti] n

panure [panyr] f cuis Paˈnier-, Semmelmehl n

paon [pã] m zo **1.** Pfau m; fig Person être orgueilleux, vaniteux comme un ~ sich spreizen wie ein Pfau; stolz sein wie ein Spanier; ein eitler, aufgeblasener Mensch sein; **2.** Schmetterling Pfauenauge n; ~ de jour Tagpfauenauge n; ~ de nuit Großes od Wiener Nachtpfauenauge

paonn|e [pan] f zo Pfauhenne f; ~eau m ⟨pl ~x⟩ zo junger Pfau

papa [papa] m **1.** enf Papa m; Papi m; Vati m; péj fils m à ~ verwöhnter Sohn reicher Eltern; Kinder jouer au ~ et à la maman Vater, Mutter und Kind spielen; **2.** F fig: loc/adj de ~ F Opas ...; le cinéma de ~ Opas Ki(e)ntopp; loc/adv à la ~ ganz gemütlich, gemächlich; conduire, rouler à la ~ ganz gemütlich (durch die Gegend) fahren

papaïne [papain] f chim, phm Papaˈin n

papal [papal] adj ⟨-aux⟩ päpstlich; Papst...; paˈpal

papas [papas] m in der Orthodoxen Kirche Paˈpas m

papauté [papote] f **a)** Papsttum n; **b)** Amt n, Würde f des Papstes; **c)** Amtszeit f des Papstes

papavér|acées [papaverase] f/pl bot Mohngewächse n/pl; sc Papaveraˈzeen pl; ~ine f chim Papaveˈrin n

papay|e [papaj] f bot Paˈpaya f; ~er m bot Meˈlonenbaum m; Paˈpaya f

pape [pap] m égl cath Papst m; F fig sérieux comme un ~ todernst

papeau [papo] enf m ⟨pl ~x⟩ Hut m

papelard[1] [paplar] litt adj scheinheilig; heuchlerisch; gleisnerisch; être ~ scheinheilig sein; ein Heuchler m, Gleisner m sein

papelard[2] [paplar] m F meist pl ~s cf paperasse

paperass|e [papras] f **1.** pl ~s (alte) Paˈpiere n/pl, Schriftstücke n/pl, Akten f/pl; péj (alter) Paˈpierkram m; **2.** Schreibeˈrei(en) f(pl); Paˈpierkrieg m; péj Schreibkram m; ~erie f **1.** Berge m/pl, Stöße m/pl, Haufen m/pl von (alten) Paˈpier(en); péj Paˈpierwust m; **2.** Paˈpierkrieg m (der Behörden); ~ier adj ⟨-ière⟩ une administration paperassière e-e Verwaltung, die e-n furchtbaren Papierkrieg führt

papesse [papes] f hist la ~ Jeanne die Päpstin Johanna

papeterie [papetri] f **1.** Paˈpierherstellung f, -erzeugung f, -fabrikation f, -industrie f; paˈpiererzeugende Induˈstrie; **2.** Paˈpierfabrik f, -mühle f; **3.** Schreibwarengeschäft n, -handlung f; Paˈpierwarengeschäft n; im Warenhaus rayon m de ~ Schreibwarenabteilung f

papetier [paptje] m **1.** Paˈpiermacher m; adit ouvrier m ~ Arbeiter m in e-r Papierfabrik, -mühle; **2.** Schreibwarenhändler m; ~-libraire m ⟨pl papetiers-libraires⟩ Buch- und Schreibwarenhändler m

papier [papje] m **1.** Paˈpier n; ♦ ~ blanc a) unlin(i)iertes, glattes Papier; b) impr Schöndruck m; ~ chiffon Hadernpapier n; ~ crépon f(fig) Kreppapier n; ~ cristal Pergaˈmin od Pergaˈmyn n; ~ écolier Schreibpapier n (für Schulhefte); ~ hygiénique, de cabinets, P cul Toiˈletten-, Kloˈsett-, F Klo-, P Scheißpapier n; ~ Japon Japanpapier n; ~ journal Zeitungspapier n; vieux ~s Altpapier n; ♦ ~ à calquer Pauspapier n; ~ à cigarettes Zigaˈrettenpapier n; à la cuve, à la forme, à la main handgeschöpftes Bütten(papier); ~ à dessin, à écrire Zeichen-, Schreibpa-

pier n; ~ à en-tête Briefpapier n mit (gedrucktem) Briefkopf; ~ à lettres Briefpapier n; ~ à musique cf musique 2.; ~ (de) brouillon Konˈzeptpapier n; ~ de Chine Chinapapier n; ~ d'emballage Pack-, Einwickel-, Hüllpapier n; ~ d'impression, de riz, de soie, de sûreté Druck-, Reis-, Seiden-, Sicherheitspapier n; chim ~ bleu de tournesol blaues Lackmuspapier; ~ de verre Glas-, Sandpapier n; ~ pour billets de banque, pour cartes géographiques, pour machine à écrire Banknoten-, Landkarten-, Schreibmaschinenpapier n; ♦ machine f à ~ Papiermaschine f; un bout de ~ ein Stück(chen) n, Fetzen m Papier; ein Zettel m; un morceau de ~ ein Stück n Papier; ♦ loc/adj: en od de ~ Papier...; paˈpier(e)n; fleur f, serviette f en ~ Papierblume f, -serviette f; impr Buch, Ausgabe à grand, à petit ~ mit breitem, mit schmalem Rand; breit-, schmalrandig; loc/adv fig sur le ~ auf dem Papier; geschrieben; gedruckt; jeter, mettre quelques phrases sur le ~ einige Sätze aufs Papier werfen, zu Papier bringen, aufschreiben, notieren; **2.** ~ peint Taˈpete f; poser du ~ peint tapeˈzieren; **3.** ~ d'aluminium Aluˈminium-, kurz Alufolie f; ~ d'argent Silberpapier n; ~ d'étain Stanniˈol (-papier) n; Zinnfolie f; **4.** abs un ~ ein Stück n, Blatt n Papier; ein Zettel m; **5.** (Zeitungs)Arˈtikel m; **6.** meist pl ~s a) (wichtige) Paˈpiere n/pl; b) ~s (d'identité) (Ausweis)Papiere n/pl; faux ~s falsche Papiere; ~s militaires Miliˈtärpapiere n/pl; ~s d'affaires Geschäftspapiere n/pl; mar ~s de bord Schiffspapiere n/pl; fig être dans les petits ~s de qn bei j-m gut angeschrieben sein; fig rayez cela de vos ~s! rechnen Sie nicht damit!; machen Sie sich keine Hoffnung!; F das können Sie abschreiben!; signer un ~ ein Papier unterˈschreiben; **7.** comm ~ (de commerce) Wechsel m; ~ commercial Waren-, Handelswechsel m; ~ financier, de crédit Fiˈnanzwechsel m; Kreˈditakzept n; ~ à vue Sichtwechsel m, -tratte f; ~-calque m ⟨pl papiers-calques⟩ Pauspapier n; ~-monnaie m (eigentliches, nicht einlösbares, uneinlösliches) Paˈpiergeld; ~-parchemin m ⟨pl papiers-parchemins⟩ Pergaˈment-, Butterbrotpapier n

papilionacé [papiljɔnase] bot I adj fleur ~e Schmetterlingsblüte f; **II** subst ~es f/pl Schmetterlingsblütler m/pl; sc Papilionaˈzeen pl

papillaire [papi(l)lɛr] adj anat warzenartig, -förmig; sc papilˈlar

papille [papij] f anat, bot Paˈpille f; anat ~s rénales Nierenpapillen f/pl; ~s de la langue Zungenwärzchen n; ~s de la peau Hautpapille f

papillite [papi(l)lit] f Augenkrankheit Papilˈlitis f

papillome [papijom, -lom] m path Papilˈlar-, Zottengeschwulst f; sc Papilˈlom n

papillon [papijõ] m **1.** zo Schmetterling m; Falter m; ~ de jour Tagfalter m; ~ nocturne, de nuit Nachtfalter m, -schmetterling m; fig: F minute ~! cf minute 3.; léger comme un ~ federleicht; **2.** (abtrennbarer) Zettel; Klebezettel m; für den Autofahrer Strafzettel m; **3.** adit Schwimmsport brasse f ~ Delˈphin-, Schmetterlingsschwimmen n; **4.** adit Herrenkrawatte nœud m ~ Fliege f; **5.** tech Flügelmutter f; **6.** tech Drosselklappe f; **7.** adit bec m ~ schmetterlingförmiger Gasbrenner

papillonner [papijɔne] v/i F **1.** *Person* flatterhaft, unbeständig sein; ~ **d'un sujet à l'autre** von e-m Thema zum andern ¹überwechseln, springen; **2.** *Frau* F viele Männer am Bändl haben; *Mann* wie ein Schmetterling von Blume zu Blume gaukeln; ~ **autour d'une femme** F um e-e Frau schwänzeln (her-¹um)schar¹wenzeln

papillotage [papijɔtaʒ] m **1.** *cin, télév* Flimmern n; **2.** *impr* unscharfer Druck

papillot|e [papijɔt] f **1.** *früher* Haar-, Lockenwickel m (aus Pa¹pier); **2.** *cuis* **a)** *Fleisch, Geflügel, Fisch* en ~ in (gefette-tem) Papier gebacken; en papil¹lote; **b)** Papier n, mit dem die Hammelkeule zum Servieren garniert wird; **3.** Knallbonbon n od m; **~er** v/i **1.** *Person* F mit den Wimpern klimpern; **2.** *impr* unscharf (gedruckt) sein

papion [papjõ] m *zo* Pavian m

pap|isme [papism(ə)] m *péj* Pa¹pismus m; **~iste** m,f *péj* Pa¹pist(in) m(f)

papot|age [papɔtaʒ] m **a)** Plaudern n; Schwatzen n; **b)** Plaude¹rei f; Geplauder n; Geschwätz n; *bes von Kindern* Geplap-per n; F Geschnatter n; **~er** v/i plaudern, schwatzen; *Kinder* plappern; F schnattern

papou [papu] **I** *adj* papu¹anisch; **II** *subst* **1.** ♀(e) m(f); **2.** *ling* le ~ die Papuasprache(n) f(pl)

papouille [papuj] f F **faire des ~s à** qn j-n (be)tätscheln

paprika [paprika] m *Gewürz* Paprika m

papul|e [papyl] f **1.** *path* Papel f; Knöt-chen n; *sc* Papula f; **2.** *bot* Wärzchen n; Knötchen n; **~eux** *adj* ⟨-euse⟩ *path* papelartig, -förmig; *sc* papu¹lös

papyro|logie [papirɔlɔʒi] f Papyrolo¹gie f; Pa¹pyruskunde f; **~logue** m,f Papyro-¹loge, -¹login m,f

papyrus [papirys] m **1.** *Handschrift* Pa-¹pyrus(text) m; les ~ die Handschrift auf ägyptischen Papyri; **2.** *Schreibmaterial* Pa¹pyrus m; **3.** *bot* Pa¹pyrus m; Pa¹py-rus-, Pa¹pierstaude f; **4.** *in der ägyp-tischen Kunst* Pa¹pyrusornament n

paquage [pakaʒ] m *der gesalzenen Fische* Einschichten n und Pressen n in Tonnen

pâque [pak] f *rel* **1.** *bei den Juden* la ~ od la ♀ (das) Passah(fest); **2.** la ~ **russe** das russische Osterfest; *cf auch* Pâques

paquebot [pakbo] m *mar* Fahrgast-, Passa¹gierschiff n; Ozeandampfer m; ~ **mixte** Fracht- und Fahrgastschiff n; **~-poste** ⟨paquebots-postes⟩ *mar* Postschiff n, -dampfer m

paquer [pake] v/t gesalzene Fische in Tonnen schichten und pressen

pâquerette [pakrɛt] f *bot* Gänseblüm-chen n; Maßliebchen n; ~ **double** Tausendschön(chen) n

Pâques [pak] m ⟨ohne art⟩, *in einigen Wendungen* f/pl Ostern n od pl; Osterfest n; *poét* ~ **fleuries** Palmsonntag m; **joyeuses** ~! frohe Ostern!; **souhaiter de joyeuses** ~ à qn j-m frohe Ostern, ein frohes Osterfest wünschen; *géogr* île f de ~ Osterinsel f; à ~ (zu, an) Ostern; *fig* à ~ **ou à la Trinité** wenn Ostern und Pfingst-en auf einen Tag fallen; am Sankt-Nimmerleins-Tag; *égl cath* **faire ses** ~ in der österlichen Zeit zu den Sakramenten gehen; ~ **tombe tôt cette année** Ostern fällt früh in diesem Jahr

paqueson *cf* pacson

paquet [pakɛ] m **1.** Pa¹ket n; Pack(en) m; Bündel n; ~ **d'actions** Aktienpaket n; ~ **de billets de banque** Bündel Bankno-ten; ~ **de café, de lessive,** *etc* Paket Kaffee, Waschpulver *etc*; ~ **de cigaret-tes** Päckchen n, Schachtel f Zigaretten; ~ **de linge, de livres** Paket, Pack(en) Wäsche, Bücher; Bündel Wäsche; ~ **de neige** Klumpen m Schnee; **recevoir**

---

sur la tête un ~ **de neige** F e-e ganze Ladung Schnee auf den Kopf bekom-men; *fig von e-r Person* ~ **de nerfs** Nervenbündel n; *fig* **c'est un** ~ **d'os** [-dos] er ist so spindel-, klapperdürr; bei ihm *bzw* ihr kann man die Rippen zählen; **faire un** ~ ein Paket, ein Bündel, e-n Packen machen; **2.** *adm* ~ (poste) Pa¹ket n; **petit** ~ Päckchen n; **3.** *mar* ~ **de mer** Brecher m; Sturzsee f, -welle f; **4.** *pol von Maßnahmen, Gesetzen etc* Pa¹ket n; **5.** *in FR fig Wendungen:* **lâcher le**, **son** ~ F auspacken; **(y) mettre le** ~ s-e ganze Kraft (und Energie) einsetzen; **risquer le** ~ alles aufs Spiel setzen; d(a)ranset-zen; es darauf ankommen lassen; **vous avez touché un joli** ~ F Sie haben ein nettes, hübsches Sümmchen kassiert; **6.** *Rugby coll* Stürmer m/pl; **7.** *impr* mit der Ko¹lumnenschnur ausgebundener Satz

paquetage [paktaʒ] m *mil* **e-s Soldaten** Gepäck n; ~ **d'assaut** Sturmgepäck n; **faire son** ~ sich marschfertig machen

par [par] *prép* **1.** *räumlich:* **a)** *Durchque-rung:* durch; über (+*acc*); ~ **cet itinérai-re** auf dieser Route; **transport** m ~ **air** Lufttransport m; Transport m, Beförde-rung f auf dem Luftweg; **aller à Paris** ~ **Reims** über Reims nach Paris fahren; **passer** ~ **le couloir** durch, über den Flur gehen; **b)** *Richtung (auf die Frage woher?):* von ... her; ~ **le bas**, ~ **en bas** von unten (her); ~ **le côté** von der Seite (her); ~ **le haut**, ~ **en haut** von oben (her); **c)** *Richtung (auf die Frage wohin?):* aus, zu ... (hin¹aus); **regarder** ~ **la fenêtre** aus dem Fenster sehen; zum Fenster hinaussehen; **tomber** ~ **terre** zu Boden, auf die Erde fallen; **d)** *Ort (auf die Frage wo?):* *mar* ~ **trente degrés de latitude Nord** auf der Höhe des dreißig-sten Grades nördlicher Breite; ~ **terre**, ~ **mer et** ~ **air** zu Lande, zu Wasser und in der Luft; **être assis** ~ **terre** auf der Erde, auf dem Boden sitzen; **le bruit se répand** ~ **la ville** das Gerücht verbrei-tet sich in der Stadt; **e)** *in Verbindung mit adv:* ~ **ici, là** *cf* ici **1.** u là **1.**; **2.** *zeitlich:* an (+*dat*); in (+*dat*); *bei Witterungsanga-ben* bei; ~ **un bel après-midi d'automne** an e-m schönen Herbst-nachmittag; ~ **un beau clair de lune** bei schönem Mondschein; ~ **quinze degrés** bei fünfzehn Grad; ~ **mer calme** bei ruhiger See; ~ **une nuit noire** in e-r finsteren, dunklen Nacht; **3.** *Mit-tel, Werkzeug:* **a)** durch; mit; mittels; per; ~ **le bateau, train** mit dem Schiff, Zug; mit der Bahn; per Schiff, Bahn; ~ **la douceur** mit, durch Milde; ~ **des flatteries** durch Schmeicheleien; ~ **la force** mit, durch Gewalt; gewaltsam; ~ **tous les moyens** mit allen Mitteln; ~ **des négociations** durch Verhandlun-gen; auf dem Verhandlungsweg; ~ **la poste** durch die, mit der Post; per Post; ~ **ruse** durch List; ~ **tout ce qu'il y a de plus sacré** bei allem, was heilig ist; ♦ **la mort** ~ **le poison** der Tod durch Gift; **fermé** ~ **un verrou** mit e-m, durch e-n Riegel, mittels e-s Riegels verschlossen; ♦ **je l'ai appris** ~ **les voisins** ich habe es durch die, von den Nachbarn erfah-ren; **faire faire** qc ~ qn etw von j-m machen lassen; **finir un repas** ~ **un dessert** e-e Mahlzeit mit e-m Dessert beschließen; *cf auch* **7.**; **prouver** ~ **des exemples** durch Beispiele, an Hand von, mit Hilfe von Beispielen beweisen; **je l'ai su** ~ **le journal** ich habe es durch die, aus der Zeitung erfahren; **b)** *beim Passiv:* von; durch; **il a été choisi** ~ **l'assemblée** ~ ist von der Versam-mlung gewählt worden; **être détruit** ~ **un incendie** durch e-n Brand zerstört

---

werden; **être vaincu** ~ **l'ennemi** vom Feind besiegt werden; **c)** *bei Angabe des Autors:* von; *La Peste* ~ **Camus** ... von Camus; **4.** *Art u Weise:* mit; *bei Mengen-angaben* zu; ~ **bonheur** zum Glück; glücklicherweise; ~ **petites bouchées** in kleinen Bissen; ~ **centaines** zu Hun-derten; ~ **le même courrier** mit gleicher Post; ~ **deux fois** zweimal; ~ **petits groupes** in kleinen Gruppen; in Grüppchen; gruppchenweise; ~ **voie aérienne, maritime** auf dem Luft-, Seeweg; ~ **trois voix contre 'huit** mit drei gegen acht Stimmen; *cf auch unter den betreffenden Substantiven;* ♦ *math* **diviser** ~ **quatre** durch vier teilen, dividieren; **il ne fait rien** ~ **lui-même** er tut nichts von sich aus; *sports* **gagner** ~ **trois à** od **contre deux** (3–2) (mit) drei zu zwei (3:2) gewinnen; *math* **multi-plier** ~ **trois** mit drei malnehmen, multiplizieren; **prendre** ~ **le manche** am Griff anfassen; **rangez-vous trois** ~ **trois** stellt euch in Dreierreihen auf; **répondre** ~ **non**, ~ **le silence** mit Nein, mit Schweigen antworten; **5.** *Grund, Ursache:* aus; durch; ~ **amour, bêtise, curiosité, manque de temps** aus Liebe, Dummheit, Neugier(de), Zeit-mangel; *loc/conj* ~ **suite de** *cf* suite **1.**; **6.** *distributiv:* pro; ~ **an** jährlich; im, pro Jahr; ~ **jour** täglich; am, pro Tag; **il travaille quatre heures** ~ **nuit** ... vier Stunden jede Nacht; ~ **personne** pro Person, Mann, Kopf; **7. commencer** ~ **faire** qc zu¹erst, zu¹nächst, anfangs etw tun; **finir** ~ **faire** qc am Ende, schließ-lich, zu¹letzt, zum Schluß (doch) etw tun; **finir** ~ **où il aurait dû commencer** da aufhören, wo er hätte beginnen sollen; **8.** *adm* für; im Namen (+*gén*); ~ **la Commission** für die Kommission; im Namen der Kommission; **9.** *loc/prép* **de** ~ **a)** *räumlich* **de** ~ **le monde** über¹all auf der Welt; **b)** *kausal* **de** ~ **sa nature** von Natur aus; **c)** *früher* **de** ~ **la loi** im Namen des Gesetzes; **de** ~ **le roi** im Namen, auf Befehl des Königs

para[1] [para] m *mil* Kurzwort für **para-chutiste**

para[2] [para] m *kleinste türkische u jugo-slawische Münzeinheit* Para m

para... [para] *in Zssgn* para...; halb...; ...ähnlich; *cf unter den nachfolgenden Stichwörtern*

para-amino|-benzoïque [paraamino-bẽzoik] *adj Biochemie* **acide** m ~ (*abr* P. A. B.) Para- *od* p-Aminobenzoesäure f; **~-salicylique** *adj chim* **acide** m ~ (*abr* P. A. S.) Para-Aminosalicylsäure f (*abr* PAS)

parabase [parabaz] f *in der attischen Komödie* Para¹base f

parabol|e [parabɔl] f **1.** *bibl* Gleichnis n; la ~ **de l'Enfant prodigue** das Gleich-nis vom verlorenen Sohn; les ~**s de Salomon** die Sprüche Salomos; **2.** *math* Pa¹rabel f; **~ique** *adj math* para¹bolisch; pa¹rabelförmig; *opt* **miroir** m ~ Para-¹bolspiegel m; *élect* **radiateur** m ~ Heizsonne f; **~oïde** m *math* Parabolo-¹id n

paracentèse [parasãtɛz] f *méd* Punk-ti¹on f; ~ **du tympan** Durch¹stechung f des Trommelfells; *sc* Parazen¹tese f

paracentrique [parasãtrik] *adj math* para¹zentrisch

par|achèvement [paraʃɛvmã] *litt* m *e-s Werkes, Gedichts* Voll¹endung f; *der Vor-bereitungen etc* Beendigung f; **~achever** v/t ⟨-è-⟩ *Werk* voll¹enden; zu Ende, zum Abschluß bringen; *Arbeit auch* ab-schließen; beenden; fertigstellen, -machen

parachronisme [parakrɔnism(ə)] m zu späte Da¹tierung e-s Ereignisses

parachutage [paraʃytaʒ] *m* **1.** *mil von Munition, Versorgungsgütern* Abwurf *m* (mit dem Fallschirm); *von Fallschirmtruppen* Absetzen *n* (mit dem Fallschirm); **2.** F *fig* plötzliche Beorderung auf e-n Posten

parachute [paraʃyt] *m* **1.** Fallschirm *m*; ~ carré Fallschirm mit viereckiger Kappe; ~ dorsal Rückenfallschirm *m*; ~ stabilisateur Stabili'sierungsschirm *m* (*für Schleudersitze*); ~ ventral Brust-, Ersatzfallschirm *m*; ~ à personnel, à matériel Sprung- *od* Rettungs-, Lastfallschirm *m*; **sauter en** ~ mit dem Fallschirm abspringen; **2.** *an e-m Aufzug, Förderkorb* Fangvorrichtung *f*; ~-**frein** *m* ⟨*pl* parachutes-freins⟩ Brems(fall)schirm *m*

parachuter [paraʃyte] *v/t* **1.** *Fallschirmtruppen* (mit dem Fallschirm); *absringen lassen*; *Material* (mit dem Fallschirm) abwerfen; *Geschütze, Panzer auch* mit dem Fallschirm absetzen; **2.** F *fig* ~ **qn à un poste, dans une place** j-n, der nicht *od* schlecht Bescheid weiß, auf e-n Posten beordern, setzen, F katapul'tieren

parachut|isme [paraʃytism(ə)] *m* Fallschirmsport *m*, -springen *n*; ~**iste 1.** *m mil* Fallschirmjäger *m*; *adit* division *f* ~ Fallschirmjägerdivision *f*; **2.** *m,f sports* Fallschirmspringer(in) *m(f)*; **brevet** *m* **de** ~ *etwa* Leistungsabzeichen *n* für Fallschirmspringer

paracousie [parakuzi] *f path* Hörstörung *f*; *sc* Para'kusis *f*

parade [parad] *f* **1.** *loc/adj* **de** ~ Pa'rade...; Prunk...; **armes** *f/pl* **de** ~ Parade-, Prunkwaffen *f/pl*; **cheval** *m* **de** ~ Paradepferd *n*; **épée** *f*, lit *m*, **sabre** *m* **de** ~ Parade- *od* Prunkdegen *m*, -bett *n*, -säbel *m*; **tenue** *f* **de** ~ Paradeuniform *f*; ◆ **faire** ~ **de qc** mit etw prahlen, prunken, protzen, angeben, glänzen, para'dieren; mit etw Eindruck zu machen suchen; **2.** *mil früher* (Truppen)Pa'rade *f*; Heerschau *f*; **3.** *esc, Boxsport* Pa'rade *f*; *Boxer* **avoir la** ~ **rapide** den Gegner schnell abwehren; die Schläge des Gegners schnell parieren; **4.** *fig* Abwehr *f*; *auf ein Argument* Entgegnung *f*; Gegenargument *n*; **trouver la bonne** ~ e-e gute Entgegnung, ein gutes Gegenargument finden; Angriffe geschickt abwehren, parieren; **5.** *Reitsport* Pa'rade *f*; **6.** *früher bei Jahrmarktsbühnen* Possen(-spiel) *f/pl(n)* (*der Gaukler, um Publikum in die Vorstellung zu locken*)

parader [parade] *v/i* Eindruck zu machen suchen; para'dieren

paradigmatique [paradigmatik] *adj ling* paradig'matisch; **rapport** *m* ~ paradigmatische Beziehung

paradigme [paradigm(ə)] *m* **1.** *gr* Para'digma *n*; Flexi'onsmuster *n*; **2.** *ling* Para'digma *n*

paradis [paradi] *m* **1.** *rel u fig* Para'dies *n*; Himmel *m*; *Baudelaire* ~ **artificiels** (*durch Narkotika erzeugte*) künstliche Paradiese; *bibl* **le** ♀ **terrestre** das Paradies (*Adams u Evas*); **le** ♀ **et l'Enfer** Himmel und Hölle; **aller au** *od* **en** ~, **monter au** ~ in den Himmel kommen; *fig*: **il ne l'emportera pas au, en** ~ das werde ich ihm heimzahlen; das wird er mir (noch) büßen müssen; F dem werde ich's noch zeigen; **cette plage est le** ~ **des enfants** dieser Strand ist ein Kinderparadies, ein Paradies für Kinder; **c'est le** ~ **sur terre** das ist das Paradies auf Erden; **2.** *thé* Gale'rie *f*; F *Filmtitel* **les Enfants du** ♀ Die Kinder des Olymp; **3.** *bot* **a)** (**pommier** *m* **de**) ~ Para'diesapfel *m*; **b)** **graines** *f/pl* **de** ~ Para'dieskörner *n/pl*; **4.** *zo* **oiseau** *m* **de** ~ *cf* paradisier

paradis|iaque [paradizjak] *litt adj* para'diesisch; himmlisch; wonnig; ~**ier** *m zo* Para'diesvogel *m*

parados [parado] *m fortif* Rückenwehr *f*, -deckung *f*

paradoxal [paradɔksal] *adj* ⟨-aux⟩ para'dox; 'widersinnig; ~**ement** *adv* para'doxerweise

paradoxe [paradɔks] *m* Para'dox *n*; Pa'radoxon *n*; Parado'xie *f* (*auch Logik, math*); 'Widersinnigkeit *f*; **un** ~ **de la nature** e-e Paradoxie in der Natur; **soutenir un** ~ e-e paradoxe Behauptung verteidigen

paraf|e [paraf] *m* **1.** *adm* Namenszeichen *n*; Pa'raphe *f*; *bes jur* Name(nszug) *m*; **2.** *an der Unterschrift* Schnörkel *m*; ~**er** *v/t jur, adm Schriftstück* abzeichnen; mit s-m Namenszug versehen; para'phieren (*auch pol Vertrag*)

paraffinage [parafinaʒ] *m tech* Paraffi'nieren *n*, -ung *f*

paraffin|e [parafin] *f* **1.** *comm* Paraf'fin *n*; **huile** *f* **de** ~ Paraffinöl *n*; **2.** *chim* ~**s** *pl* Paraf'fine *n/pl*; Me'than-, Grenzkohlenwasserstoffe *m/pl*; **série** *f* **des** ~**s** Paraffinreihe *f*; ~**er** *v/t tech* paraffi'nieren; *adit* **papier paraffiné** Ölpapier *n*; ~**ique** *adj* chim paraf'fin(isch); **brut** *m* ~ paraffines Rohöl

parafiscal [parafiskal] *adj* ⟨-aux⟩ Abgaben, Beiträge steuerähnlich; ~**ité** *f* zweckgebundene, steuerähnliche Abgaben *f/pl* und Pflichtbeiträge *m/pl*

parafoudre [parafudr(ə)] *m* für elektrische Geräte 'Überspannungsschutz *m*, -ableiter *m*

parage [paraʒ] *m* **1.** *Fleischerei* Zurichten *n*, Zu'rechtschneiden *n*, -machen *n* (*der Fleischstücke für den Verkauf*); **2.** *vit* ('Um)Pflügen *n* des Weinbergs vor Anbruch des Winters; **3.** *tech von Metallflächen* Schlichten *n*; Glätten *n*; Po'lieren *n*; **4.** *text von Kettfäden* Schlichten *n*

parages [paraʒ] *m/pl* **1.** *mar* Seegebiet *n* (**du cap Horn** um das Kap Hoorn); **le bateau a fait naufrage dans les** ~ **du cap Horn** ... vor Kap Hoorn; **2.** Gegend *f*; **il doit être dans les** ~ er muß hier in der Gegend sein

paragraphe [paragraf] *m* **1. a)** *in e-m Text* Abschnitt *m*; Absatz *m*; **b)** *in e-m Gesetz, Vertrag* Absatz *m*; **article 2,** ~ **3** Artikel 2, Absatz 3; **2.** *impr* Para'graphzeichen *n* (§)

paragrêle [paragrɛl] *adj* **canon** *m*, **fusée** *f* ~ Kanone *f*, Rakete *f* zur Hagelbekämpfung, -abwehr

paraguayen [paragwejɛ̃] **I** *adj* ⟨~**ne**⟩ paragu'ayisch; **II** *subst* ♀(**ne**) *m(f)* Paragu'ayer(in) *m(f)*

paraison [parɛzɔ̃] *f beim Glasblasen* Märbeln *n*

paraisonner [parɛzɔne] *v/t Glasposten* märbeln

paraître [parɛtr(ə)] **I** *v/i* ⟨*cf* connaître⟩ **1.** erscheinen; sichtbar werden; sich zeigen; sich sehen lassen; zum Vorschein kommen; *Sonne auch* aufgehen; ~ **au balcon auf dem Balkon** erscheinen; sich auf dem Balkon zeigen, sehen lassen; ~ **au bureau, à son travail** im Büro, zur Arbeit erscheinen; **il n'a pas paru à la réunion** er ist nicht zur Versammlung erschienen, gekommen; *Flugzeug, Regenbogen etc* ~ **dans le ciel** am Himmel auftauchen, erscheinen, sichtbar werden; *Schauspieler* ~ **en scène** auftreten; *Gefühle, Enttäuschung etc* **laisser** ~ zeigen; sich anmerken lassen; *Person* **tarder à** ~ verspätet erscheinen; *litt* **lorsque le jour vient à** ~ ... wenn der Tag anbricht ...; ◆ *unpersönlich:* **sans qu'il y paraisse** rien ohne daß man

irgend etwas davon merkt, sieht, spürt; *Spuren e-r Krankheit etc* **dans quelques jours il n'y paraîtra plus** in ein paar Tagen sieht, merkt man nichts mehr (davon), ist nichts mehr (davon) zu sehen, zu merken; **2.** *mit e-r Ergänzung* (er)scheinen; aussehen; **a)** *mit adj:* **cela me paraît certain, possible** das erscheint mir gewiß, möglich; das scheint mir gewiß, möglich zu sein; **il ne paraît pas très intelligent** er sieht nicht sehr intelligent aus; er macht keinen sehr intelligenten Eindruck; **je vais vous** ~ **vieux** jeu Sie werden mich für altmodisch halten; ich werde Ihnen altmodisch vorkommen; **le voyage paraît très long** die Reise kommt einem sehr lang vor; **b)** *mit subst:* **il ne paraît pas son âge** man sieht ihm sein Alter nicht an; **ses paroles me paraissent une provocation** ich empfinde s-e Worte als e-e Provokation; **c)** *mit inf:* **il paraît approuver cette idée** er scheint diese Idee gutzuheißen; **3.** ⟨*oft être*⟩ *Buch* erscheinen; her'auskommen; her'ausgegeben werden; **faire** ~ **ausbringen**, -geben; im Druck erscheinen lassen; *Zeitschrift* **cesser de** ~ ihr Erscheinen einstellen; eingehen; **venir de** ~ soeben erschienen, herausgekommen sein; **à** ~ **prochainement** dans cette collection (erscheint) demnächst in dieser Reihe; **être paru en librairie** im Buchhandel erschienen sein; *unpersönlich:* **il a** *od* **est paru une nouvelle édition de cet ouvrage** es ist e-e neue Auflage dieses Werkes erschienen; **II** *v/imp* **il paraît que** ... es geht das Gerücht, man sagt, man erzählt sich, man behauptet, man munkelt, es wird gesagt, erzählt, behauptet, gemunkelt, daß ...; es scheint, daß ...; es hat den Anschein, als (+*cond od subj*) **il paraît qu'ils sont allés en Italie** sie sollen nach Italien gefahren sein; F **paraît qu'il va se marier** man munkelt, daß er bald heiraten wird; ◆ *litt* **il ne me paraît pas que** ... (+*subj*) ich habe nicht den Eindruck, daß ...; **il ne me paraît pas que la situation soit si mauvaise** auch die Lage scheint mir nicht so schlecht zu sein; *st/s* mich *od* mir dünkt, die Lage ist nicht so schlecht; ◆ *loc/adv:* **am Ende e-s Satzes** à ce qu'il paraît wie es scheint; (so) scheint es; *eingeschoben* **paraît-il** so scheint es; wie es scheint; F **scheint's**; ◆ *mit adj:* **il paraît impossible de revenir sur cette question** es scheint unmöglich (zu sein), auf diese Frage zurückzukommen; **il paraît préférable que nous partions un jeudi** wir würden besser daran tun, an e-m Donnerstag abzufahren; es wäre wohl besser, wir führen an e-m Donnerstag ab; **III** *m philos* Schein *m*

parallactique [para(l)laktik] *adj* paral'laktisch

parallaxe [para(l)laks] *f* **1.** *astr* Paral'laxe *f*; ~ **équatoriale** Äquatori'alhorizontalparallaxe *f*; ~ **horizontale, de hauteur** Horizon'tal-, Höhenparallaxe *f*; **2.** *opt* Paral'laxe *f*; **correction** *f* **de** ~ Parallaxenausgleich *m*

parallèle [para(l)lɛl] **I** *adj* **1.** *allg, math* paral'lel (**à** zu); Paral'lel...; *phys* **faisceau** *m* ~ Parallelstrahlenbündel *n*; *math* **plans** *m/pl* ~**s** parallele Ebenen *f/pl*; Parallelflächen *f/pl*; **rues** *f/pl* ~**s** Parallelstraßen *f/pl*; **une rue** ~ **à la rue X** e-e Parallelstraße zur X-Straße; **être** ~ **à qc** zu etw parallel sein, (ver)laufen; **2.** *fig* **Bestrebungen** paral'lel; gleichlaufend; gleichgerichtet; *Interessen* gleichgelagert; **développment** *m* ~ Parallelentwicklung *f*; *les difficultés économi-*

ques de ces deux pays sont ~s ... sind gleichgelagert, ähnlich gelagert, sind vergleichbar; **3.** *gym* **barres** *f/pl* ~s Barren *m*; **4.** inoffiziell; nichtamtlich; *fin* **cours** *m* ~ außerbörslicher, nichtamtlicher Kurs; *comm* **marché** *m* ~ Paral'lelmarkt *m*; grauer Markt; **police** *f* ~ Geheimagenten *m/pl* mit poli'zeiähnlicher Funktion; **service** *m* **d'ordre** ~ nichtoffizieller, pri'vater Ordnungsdienst; **5.** *cin* **montage** *m* ~ etwa Mosa'ikprojektion *f*; **6.** *géogr, astr* **cercle** *m* ~ *cf* II 3.; **II** *subst* **1.** *f math* Paral'lele *f*; tirer, tracer une ~ à une droite e-e Parallele zu e-r Geraden ziehen; **2.** *f élect* **montage** *m*, **groupement** *m* **en** ~ Paral'lel-, Nebenein'anderschaltung *f*; **3.** *m géogr, astr* Paral'lelkreis *m*; *géogr auch* Breitenkreis *m*, -grad *m*; **4.** *m fig* Paral'lele *f*; Vergleich *m*; Gegen'überstellung *f*; **établir, faire un** ~ **entre** ... e-e Parallele ziehen zwischen (+*dat*); **mettre en** ~ **les avantages et les inconvénients** ... gegeneinander abwägen; ~**ment** *adv* ~ à paral'lel zu

parallélépipède [para(l)lelepipɛd] *m od* **parallélipipède** [para(l)lelipipɛd] *m math* Paral'lelflach *n*; Paral'lelepiped *n*; Parallele'pipedon *n*; ~ **rectangle** Quader *m*

parallélisme [para(l)lelism(ə)] *m* **1.** *math* Paralleli'tät *f*; Paralle'lismus *m*; **2.** *fig in der Entwicklung, von Vorgängen* Paralle'lismus *m*; Über'einstimmung *f*; **3.** *philos* psychophysischer Paralle'lismus

parallélogramme [para(l)lelɔgram] *m* **1.** *math* Parallelo'gramm *n*; ~ **des forces** Parallelogramm der Kräfte; Kräfteparallelogramm *n*; **2.** *tech* ~ **articulé, de Watt** Wattsches Gelenk; Wattsche Geradführung

paralogisme [paralɔʒism(ə)] *m philos* Paralo'gismus *m*; Fehlschluß *m*

paralyser [paralize] *v/t* **1.** *méd* lähmen; *sc* paraly'sieren; **une attaque l'a paralysé du côté droit** er wurde durch e-n Schlaganfall rechtsseitig gelähmt; *adit* **paralysé** *Person, Arm etc* gelähmt; **2.** *fig* lähmen; lahmlegen; stillegen; zum Stillstand bringen; *Streik: Wirtschaft auch zum Erliegen bringen*; *la dureté de l'examinateur* **paralysait les candidats** ... lähmte die Prüflinge, legte sich als lähmender Druck auf die Prüflinge; **être paralysé par la terreur** vor Schreck wie gelähmt sein

paralysie [paralizi] *f* **1.** *path* Lähmung *f*; *sc* Para'lyse *f*; ~ **centrale** zentrale Lähmung; ~ **faciale** Gesichtslähmung *f*; ~ **générale** (*abr* P.G.) progressive Paralyse; Gehirnerweichung *f*; ~ **périphérique**, spasmodique periphere, spastische Lähmung; **être atteint, frappé de** ~ gelähmt sein; **2.** *der Regierung etc* Ohnmacht *f*; Machtlosigkeit *f*

paralytique [paralitik] **I** *adj path Person* gelähmt; *sc* para'lytisch; **II** *subst* **1.** *m,f path* Gelähmte(r) *f(m)*; *sc* Para'lytiker *m*; ~ **général** Paralytiker (, der an progressiver Paralyse leidet); **2.** *m bibl* Gichtbrüchige(r) *m*; *Fabel* Lahme(r) *m*

paramagnét|ique [paramaɲetik] *adj phys* parama'gnetisch; **substance** *f* ~ paramagnetische Substanz; Para'magnetikum *n*; ~**isme** *m phys* Para'magne'tismus *m*

paramécie [paramesi] *f zo* Pan'toffeltierchen *n*; *sc* Para'maecium *n*

paramédical [paramedikal] *adj* ⟨-aux⟩ **professions** ~**es** ärztliche Hilfsberufe *m/pl*; Heilhilfsberufe *m/pl*; gesundheitspflegerische Hilfstätigkeiten *f/pl*

paramètre [paramɛtr(ə)] *m math* Pa'rameter *m*

---

paramétrique [parametrik] *adj math* para'metrisch; *rad* **amplificateur** *m* ~ parametrischer Verstärker; *e-r Kurve, Fläche* **représentation** *f* ~ Pa'rameterdarstellung *f*

paramidophénol [paramidɔfenɔl] *m phot Entwickler* Rodi'nal *n* (*Wz*)

paramilitaire [paramilitɛr] *adj* para-, halbmilitärisch; mili'tärähnlich

paramnésie [paramnezi] *f path* Erinnerungsfälschung *f*, -täuschung *f*; *sc* Para'mne'sie *f*

parangon [parɑ̃gɔ̃] *m* **1.** *litt* ~ **de vertu** Muster *n* an, Ausbund *m* von Tugend; **2.** fleckenloser, reiner Dia'mant; fleckenlose Perle; **3.** (**marbre** *m*) ~ schwarzer Marmor (*aus Ägypten u Griechenland*)

parangonn|age [parɑ̃gɔnaʒ] *m impr: um verschiedene Schriftgrade in gleiche Normalschriftlinie zu bringen* Über- und Unter'legen *n*; ~**er** *v/t impr* über- und unter'legen

paranoïa [paranɔja] *f path* Verrücktheit *f*; *sc* Para'noia *f*

paran|oïaque [paranɔjak] *path* **I** *adj* para'noisch; **II** *m,f* Para'noiker *m*; ~**oïde** *adj path* parano'id

parapet [parapɛ] *m* **1.** Brüstung *f*; (*massives*) Geländer; ~ **de pont** Brückengeländer *n*; **2.** *fortif* Brustwehr *f*; Para'pett *n*

paraphasie [parafazi] *f path* Parapha'sie *f*

paraphe *cf* parafe

paraphenylène-diamine [parafenilɛndjamin] *f phot Entwickler* Ami'dol *n* (*Wz*)

paraphernal [parafɛrnal] *adj* ⟨-aux⟩ *jur früher* **biens paraphernaux** Vorbehaltsgut *n* der Ehefrau (*das nicht zur Mitgift gehört*)

paraphras|e [parafraz, -frɑz] *f e-s Textes, mus* Para'phrase *f*; ~**er** *v/t Text* paraphra'sieren

paraphrénie [parafreni] *f path* Paraphre'nie *f*

paraphyse [parafiz] *f bot* Para'physe *f*

paraplég|ie [parapleʒi] *f path* Paraple'gie *f*; *bes* Querschnittslähmung *f*; ~**ique** *path* **I** *adj* querschnittsgelähmt; **II** *m,f* Querschnittsgelähmte(r) *f(m)*

parapluie [paraplɥi] *m* Regenschirm *m*

parapsychologie [parapsikɔlɔʒi] *f* Parapsychologie *f*; Meta'psychik *f*

parasitaire [paraziter] *adj* parasi'tär; *schma'rotzerhaft*; ~**s** *f/pl* parasitäre Krankheiten *f/pl*

parasite [parazit] **I** *adj biol* schma'rotzend; Schma'rotzer...: **animaux** *m/pl*, **végétaux** *m/pl* ~**s** Schmarotzertiere *n/pl*, -pflanzen *f/pl*; **II** *m* **1.** *biol* Para'sit *m*; Schma'rotzer *m*; ~ **animal**, **végétal** tierischer, pflanzlicher Parasit, Schmarotzer; ~ **externe, interne** Außen- Innen- *od* Binnenschmarotzer *m*; **2.** *fig Person* Para'sit *m*; Schma'rotzer *m*; F Nassauer *m*; **3.** *rad* ~**s** *pl* Stör-, Nebengeräusch(e) *n(pl)*; Störungen *f/pl*

parasiter [parazite] *v/t biol* ~ **un hôte** in *bzw* auf e-m Wirt schma'rotzen; *abs* parasi'tieren; schma'rotzen

parasit|icide [parazitisid] *adj u subst m* (**substance** *f*) ~ Mittel *n* zur Vernichtung tierischer Schma'rotzer (*auf Mensch u Tier*); ~**ique** *adj biol* para'sitisch; schma'rotzerisch; ~ **parasitisme**: ~**isme** *m biol* Parasi'tismus *m*; Schma'rotzertum *n*; schma'rotzende Lebensweise

parasitologie [parazitɔlɔʒi] *f biol* Parasitolo'gie *f*

para|sol [parasɔl] *m* **1.** Garten-, Sonnenschirm *m*; **2.** *adit bot* **pin** *m* ~ Pinie *f*; ~**soleil** *m phot* Sonnenblende *f*

para|statal [parastatal] *adj* ⟨-aux⟩ *in*

Belgien halbstaatlich; ~**sympathique** *adj u subst m anat* (**système** *m*) ~ parasym'pathisches System; Parasym-'pathikus *m*; ~**synthétique** *m ling* Dekom'positum *n*; Para'synthetum *n*; ~**taxe** *f gr* Para'taxe *f*

parathormone [paratɔrmɔn] *m physiol* Pa'rathormon *n*

parathyroïdes [paratirɔid] *f/pl anat* Epi'thelkörperchen *n/pl*; Nebenschilddrüsen *f/pl*

paratonnerre [paratɔnɛr] *m* Blitzableiter *m*

paratyph|ique [paratifik] **I** *adj méd* **bacilles** *m/pl* ~**s** Paratyphusbakterien *f/pl*; **II** *m,f path* an Paratyphus Erkrankte(r) *f(m)*; ~**oïde** *adj u subst f path* (**fièvre** *f*) ~ Paratyphus *m*

paravalanche [paravalɑ̃ʃ] *m* La'winenschutz *m*, -galerie *f*, -terrasse *f*

paravent [paravɑ̃] *m* **1.** spanische Wand; Wandschirm *m*; *vor e-m Bett auch* Bettschirm *m*; **2.** *fig* (als Vorwand) vorgeschobene Per'son

parbleu [parblø] *int* na'türlich!; wahr-'haftig!; F weiß Gott!; bei Gott!

parc [park] *m* **1.** Park *m*; ~ **national** Natio'nalpark *m*; ~ **d'attractions** Vergnügungspark *m*; **le** ~ **de Versailles** der (Schloß)Park von Versailles; **2.** ~ **de stationnement, (à)** auto Parkplatz *m*; ~ **de dissuasion** Stadtrandparkplatz *m*; **3.** *für Kleinkinder* Laufgitter *n*, -stall *m*, -ställchen *n*; **4.** ~ **à huîtres** Austernpark *m*; **5.** *e-s Unternehmens, e-r Behörde, Militäreinheit etc* ~ **automobile, des voitures** Wagen-, Fuhrpark *m*; (Kraft)Wagen-, (Kraft)Fahrzeugbestand *m* (*auch e-s ganzen Landes*); ~ **de machines** Ma'schinenpark *m*, -bestand *m*; **6.** *auf e-m Fabrikgelände* Lagerplatz *m* (*für Material*); ~ **à brut** Tanklager *n* für Rohöl; ~ **à ferrailles** Schrottplatz *m*; **7.** *mil früher* Park *m*; ~ **à munitions** Muni'tionspark *m*, -lager *n*; ~ **d'artillerie** Geschützpark *m*; **8.** *agr für Schafe* Pferch *m*

parcage [parkaʒ] *m* **1. a)** Parken *n*; **b)** Parkplatz *m*; **2.** *agr der Schafe* Einpferchen *n*

parcellaire [parsɛ(l)lɛr] *adj* Par'zellen...

parcell|e [parsɛl] *f* **1.** Par'zelle *f*; *agr auch* Flurstück *n*, -schlag *m*; Anbau-, Nutzfläche *f*; ~ **de blé** Weizenschlag *m*; ~ **de terre** Parzelle *f*; Stück *n* Land; **2.** winziges Stück; Quentchen *n*; ~**isation** *f* **1.** von Grund Parzel'lierung *f*; **2.** *fig* Aufteilung *f* (in kleine Einheiten); Aufsplitterung *f*; ~**iser** *v/t* **1.** *Grund* parzel-'lieren; **2.** *fig* (in kleine Einheiten) aufteilen; aufsplittern

parce que [parskə] *conj* ⟨*vor Vokal* **parce qu'**⟩ **1.** weil; *verstärkt* **c'est** ... ~ **que** ... eben *od* gerade weil ...; **il ne répondit rien** ~ **très embarrassé** er entgegnete nichts, weil er sehr verwirrt war; F *ellip*: **vous êtes pressé? – Non –, nous pourrions prendre l'apéritif ensemble** ... ich frage nur, weil wir dann zusammen e-n Aperitif trinken könnten; **2.** *abs* wenn e-e Antwort auf die Frage „warum?" abgelehnt wird (eben) darum

parchemin [parʃəmɛ̃] *m* **1.** Schreibmaterial *u Schriftstück* Perga'ment *n*; *loc/adj* **en** ~ Perga'ment...; perga-'menten; **reliure** *f* **en** ~ Pergamenteinband *m*; **2.** F *fig* Di'plom *n*

parchemin|é [parʃəmine] *adj Leder, Papier* perga'mentartig, -ähnlich; *fig* (Gesichts)Haut ledern; ~ **wie gegerbt** (aussehend); ~**er** *v/t Papier* perga-'mentähnlich machen; ~**ier** *m* Perga-'menter *m*; Perga'mentmacher *m*

par-ci [parsi] *loc/adv* ~, **par-là** räumlich hier und da; *zeitlich* hin und wieder;

F *fig* **maman** ~ **et maman par-là** Mutti hier und Mutti da; F Mutti vorn und Mutti hinten

parcimonie [parsimɔni] *f nur loc/adv* **avec** ~ sehr sparsam; **accorder ses éloges avec** ~ mit s-m Lob geizen, sehr sparsam 'umgehen, knausern; **donner avec** ~ **de l'argent de poche** mit dem Taschengeld knausern, F knickern

parcimonieux [parsimɔnjø] *adj* ⟨*-euse*⟩ *Person* geizig; knaus(e)rig; F knick(e)rig

parclose [parkloz] *f* Trennwand *f* im *Chorgestühl*

parcmètre [parkmɛtr(ə)] *m od* **parcomètre** [parkɔmɛtr(ə)] *m* Parkuhr *f*

parcourir [parkurir] *v/t* ⟨*cf* courir⟩ **1.** *Gebiet, Gelände, Stadt, Straßen* durch-'laufen *bzw* mit dem *Auto etc* durch-'fahren; kreuz und quer laufen *bzw* fahren durch; durch'streifen; ablaufen; *suchend* F abklappern; *ein Land* durch-'reisen; bereisen; kreuz und quer reisen durch; *Horden etc: Land* durch'ziehen, durch'streifen; ~ **la pièce du regard, des yeux** s-n Blick über das Zimmer schweifen lassen; s-e Augen durch das Zimmer gehen lassen; **son corps fut parcouru par un frisson** ein Schauer durch'lief s-n Körper, ihn, über'lief ihn; es durch'fuhr, durchlief, überlief ihn heiß und kalt; **2.** *Strecke* zu'rücklegen; durch'laufen; durch'fahren; **3.** *Schriftstück, Text* über'fliegen; kurz, flüchtig 'durchlesen, 'durchgehen

parcours [parkur] *m* **1.** Strecke *f*; *e-r Buslinie* (Fahr)Strecke *f*; *e-s Flusses* (Ver)Lauf *m*; *Radrennen* (Renn)Strecke *f*; *Jagdspringen, Jagdrennen* Par'cours *m*; *Golf* Spielbahn *f*; *Segelregatta* Re'gattastrecke *f*; *mil bei der Ausbildung* ~ **du combattant** Hindernisbahn *f*; *sports u fig* **accident** *m*, **incident** *m* ~ Panne *f*, 'Mißgeschick *n*; Pech *n*; **effectuer un** ~ e-e Strecke zurücklegen; **2.** *phys e-s Elementarteilchens* Reichweite *f*; ~ **maximum, moyen** maximale, mittlere Reichweite; **libre** ~ **moyen** mittlere freie Weglänge

par-delà [pardəla] *loc/prép* jenseits (+*gén od* von); hinter (+*dat*)

par-derrière [pardɛrjɛr] **a)** *loc/adv* von hinten; 'hinterrücks (*auch fig*); **fig dire du mal de qn** ~ hinten(he)rum Schlechtes über j-n sagen; **passez** ~! kommen Sie hinten(he)rum!; **poignarder qn** ~ j-n hinterrücks erstechen; **b)** *loc/prép* hinter (+*dat*); **passer** ~ **la maison** hinter dem Haus vor'bei-, he'rumgehen

par-dessous [pardəsu] **a)** *loc/adv*: **baissez-vous et passez** ~! ... und kriechen Sie dar'unter hin'durch, F drunter durch!; **b)** *loc/prép* unter (+*dat*); **il le prit** ~ **les bras** er faßte ihn unter den Armen

pardessus [pardəsy] *m* Herrenmantel 'Überzieher *m*

par-dessus [pardəsy] **a)** *loc/adv* d(a)r'über (hin'weg); *cette erreur est légère*, **vous pouvez passer** ~ ... Sie können darüber hinweggehen, -sehen; **sautez** ~! springen Sie darüber, F drüber!; **b)** *loc/prép* über (+*acc*); **lire le journal** ~ **l'épaule de qn** die Zeitung über j-s Schulter hin'weg lesen; **mettez un chandail** ~ **votre chemise** ziehen Sie e-e Strickweste über Ihr Hemd!; **(et)** ~ **tout** (und) vor allem, vor allen Dingen

par-devant [pardəvã] **a)** *loc/adv* vorn (her'um); *Auto* **endommagé** ~ vorn beschädigt; **si tu passes** ~ ... wenn du vorn herumgehst ...; **b)** *loc/prép jur* ~ **notaire** vor dem Notar

par-devers [pardəvɛr] *loc/prép* **Geheimnis, Worte garder** ~ **soi** für sich behalten; *jur* ~ **le juge** vor dem Richter

pardi [pardi] F *int* na'türlich; klar; sicher; gewiß

pardon [pardõ] *m* **1.** Verzeihen *n*, -ung *f*; Entschuldigung *f*; *bes rel* Vergebung *f*; **accorder son** ~ **à qn** j-m verzeihen, vergeben; **demander** ~ **à qn** j-n um Entschuldigung, Verzeihung, Vergebung bitten; *st/s* (j-m) Abbitte leisten, tun; **je vous en demande** ~ ich möchte mich dafür bei Ihnen entschuldigen; ich möchte Sie dafür um Verzeihung bitten; **obtenir son** ~ Verzeihung finden; Vergebung erlangen (*bes rel*); verziehen, vergeben bekommen; **il a obtenu son** ~ **auch** man hat ihm verziehen; **2.** *Höflichkeitsfloskel* **a)** (je vous demande) ~! Verzeihung!; Entschuldigung!; entschuldigen, verzeihen Sie bitte!; Par-'don!; **je vous demande** ~, **j'ai un coup de téléphone à donner** entschuldigen Sie mich bitte e-n Augenblick ...; ich bitte, mich e-n Augenblick zu entschuldigen ...; ~, **monsieur, pourriez-vous me dire l'heure qu'il est?** Entschuldigung *od* entschuldigen Sie bitte *od* verzeihen Sie *od* Sie werden entschuldigen, könnten Sie mir sagen, wie spät es ist?; **b)** *wenn man an j-m vorbeigeht, der nicht zur Seite treten muß* ~! unübersetzt; **c)** *wenn man nicht verstanden hat* ~? wie bitte?; **3.** *Floskel zur Richtigstellung*: *vous n'étiez pas à cette réunion?* – ~, **j'y étais** ... (aber) natürlich war ich ...; doch, ich war da; **4.** F *Ausdruck der Bewunderung*: *tu as vu sa nouvelle voiture?* – Oh! ~! *ce n'est pas de la camelote!* ... F mein lieber Mann!, Donnerwetter!, toll!, ich kann dir sagen! ... ; *le père était déjà costaud*, **mais alors le fils,** ~ ! ... *F* aber Sie sollten erst einmal den Sohn sehen!; Junge, Junge! *od* mein lieber Mann! ... aber das ist noch gar nichts gegen den Sohn!; **5.** *rel* **a)** *jüdisches Fest* **la fête, le jour du** ~, **le grand** ~ das Versöhnungsfest; der Versöhnungstag; **b)** *in der Bretagne* **le** ~ **de Sainte-Anne d'Auray,** *etc* kirchliches Fest mit Prozession *u* Ablaßerteilung

pardonnable [pardɔnabl(ə)] *adj* Fehler, Irrtum verzeihlich; entschuldbar; *cet enfant est* ~ das Kind kann nichts dafür

pardonner [pardɔne] **I** *v/t u v/t/indir* **a)** entschuldigen; verzeihen; *bes rel* vergeben; ~ **(qc) à qn** j-m (etw) verzeihen, vergeben; **ne pas** ~ **à** (+*inf*) j-m nicht verzeihen, daß ...; **vous êtes pardonné** Sie sind entschuldigt; **il cherche à se faire** ~ er möchte, daß man ihm verzeiht, vergibt; er sucht (die) Vergebung; *fig* **il n'arrivait pas à se faire** ~ **ses succès** man gönnte, verzieh ihm s-e Erfolge nicht; *les enfants sont bruyants, mais on leur pardonne* ... aber man muß Nachsicht üben, haben; ... aber man kann ihnen deswegen nicht böse sein, man kann es ihnen nicht übelnehmen, verargen; *bibl* **père, pardonne-leur, car ils ne savent ce qu'ils font** Vater vergib ihnen, denn sie wissen nicht, was sie tun!; **b)** *Höflichkeitsfloskel*: **pardonnez-moi cette expression** entschuldigen Sie diesen Ausdruck; **pardonnez-moi, mais je crois que** ... verzeihen, entschuldigen Sie, aber ich glaube, daß ...; **II** *v/i Person* ~ facilement nicht nachtragend sein; *von e-r Krankheit* **cela ne pardonne pas** da gibt es keine Rettung; **III** *v/pr* **a)** *reflexiv* **je ne me le pardonnerai jamais** das werde ich mir nie verzeihen; **b)** *reziprok* **ils se pardonnent tout** sie verzeihen einander alles, sich gegenseitig alles; **c)** *passivisch* **se** ~ verziehen, vergeben werden; entschuldbar, verzeihlich sein; *cette fau-*

te **ne se pardonne pas** ... ist unverzeihlich, unentschuldbar

paré [pare] *adj* **1.** geschmückt, verziert (**de** mit); **2.** ~ **contre qc** gegen etw geschützt, gefeit, gewappnet; auf etw (*acc*) vorbereitet; für etw gerüstet

pare|-avalanches [paravalãʃ] *m* ⟨*inv*⟩ *cf* paravalanche; **~-balles** *m* ⟨*inv*⟩ *bes mil* Kugelfang *m*; (*adit gilet m*) kugelsichere Weste; **~-boue** *m* ⟨*inv*⟩ *auto* Schmutzfänger *m*; **~-brise** *m* ⟨*inv*⟩ *auto etc* Windschutzscheibe *f*; **~-chocs** *m* ⟨*inv*⟩ *auto* Stoßstange *f*; **~-éclats** *m* ⟨*inv*⟩ *mil* Splitterschutz *m*; **~-étincelles** *m* ⟨*inv*⟩ *am Schornstein* Funkenfänger *m*; *vor e-m Ofen* Ofen-, Feuerschirm *m*; *élect* Vorrichtung *f* zur Funkenlöschung; **~-feu** *m* ⟨*inv*⟩ *allg* Brand-, Feuerschutz(vorrichtung) *m(f)*; *im Wald* Feuerschneise *f*; Sicherheitsstreifen *m*

parégorique [paregɔrik] *adj phm* **élixir** *m* ~ benzoesäurehaltige Opiumtinktur

pareil [parɛj] **I** *adj* ⟨*pareille*⟩ **1.** gleich; ähnlich; *loc/adj* ~ **à nul autre** ohne-'gleichen (*nachgestellt*); *et votre santé?* – **toujours** ~! ... immer das gleiche, F das'selbe; **ils ont l'un et l'autre un** ~ **goût du risque** sie haben beide die gleiche, e-e ähnliche Vorliebe für das Wagnis; *Dinge, Personen* **être** ~(**le**)**s** gleich sein; sich, einander gleichen; **ce n'est pas** ~ das ist nicht das gleiche; **2.** *solche(r, -s)*; derartige(r, -s); so ein(e); ~ **le chose, chose** ~ **le** so etwas; **je n'ai jamais vu chose** ~ **le** so etwas, dergleichen habe ich noch nie gesehen; *loc/adj* **à une heure** ~ **le, à** ~ **le heure** zu so ungewöhnlicher Stunde, Zeit; zu dieser Zeit; **en** ~ **cas** in e-m solchen, in so e-m Fall; **3.** *e-n Vergleich einleitend st/s* ~ **à** gleich (+*dat*); ~ **au vent qui** ... gleich dem Wind, der ...; **4.** F *adv* ⟨*inv*⟩ gleich; **Zwillinge habillés** ~ gleich angezogen; **II** *subst* **1.** ~(**le**) *m(f)*: **ne pas avoir son** ~, **sa** ~ **le** nicht seines-, ihresgleichen haben; **elle n'a pas sa** ~ **le** niemand versteht es so gut wie sie zu (+*inf*); *péj* **vous et vos** ~ **s** Sie und Ihresgleichen *bzw* ihr und euresgleichen; **sans** ~ (**le**) ohnegleichen; unvergleichlich; **d'une naïveté sans** ~ **le** von e-r Naivität ohnegleichen, die ihresgleichen sucht; **2.** *f* **rendre la** ~ **le à qn** es j-m mit gleicher Münze heimzahlen; j-m Gleiches mit Gleichem vergelten; **3.** *m* F **c'est du** ~ **au même** F das ist Jacke wie Hose, gehupft wie gesprungen

pareillement [parɛjmã] *adv* auch; ebenso; ebenfalls; gleichfalls; **je le souhaite** ~ ich wünsche es auch, ebenfalls *etc*; **bonne année!** – **et à vous** ~ ... danke gleichfalls, ebenfalls, Ihnen auch

parélie *cf* parhélie

parement [parmã] *m* **1.** *cout* (Ärmel-)Aufschlag *m*; **2.** *bât* **a)** *e-r Füllmauer* Blendmauer *f*; Blendsteinverkleidung *f*; Verblendung *f*; **b)** *e-s Werksteins* Vorderseite *f*; Ansichtsfläche *f*; **c)** *des Pflaster(stein)s* Sichtfläche *f*; **d)** *des Pflasters* Bordkante *f*, -schwelle *f*, -stein *m*; **3.** *égl* ~ **d'autel** Al'tardecke *f*, -tuch *n*

parementer [parmãte] *v/t bât Mauer* verblenden

parenchymateux [parãʃimatø] *adj* ⟨*-euse*⟩ *anat* parenchyma'tös

parenchyme [parãʃim] *m anat, bot* Paren'chym *n*; *bot auch* Paren'chymzellen *f/pl*; Grundgewebe *n*; *bot* ~ **aérifère** Durch'lüftungsgewebe *n*; Aeren'chym *n*; ~ **assimilateur** Assimilati'onsgewebe *n*

pare-neige [parnɛʒ] *m* ⟨*inv*⟩ Schneezaun *m*

parent [parã] **I** *subst* **1.** ~(**e**) *m(f)* Ver-

wandte(r) f(m); ~s par alliance ange-
heiratete Verwandte; cf auch II 1.; un de
mes ~s ein Verwandter von mir; fig
traiter qn en ~ pauvre j-n zurückset-
zen, benachteiligen; 2. ~s m/pl Eltern pl;
litt nos premiers ~s unsere Stammel-
tern pl; l'un des ~s ein Elternteil m;
association f de(s) ~s d'élèves El-
ternverband m, -vereinigung f; auch
(Art) Elternbeirat m; 3. m biol Elter m od
n; II adj 1. verwandt; être ~ avec qn mit
j-m verwandt sein; être ~ de qn par sa
mère durch s-e Mutter, von der Mutter
her mit j-m verwandt sein; être ~s par
alliance verschwägert sein; nous som-
mes ~s wir sind miteinander verwandt;
2. fig verwandt; langues ~es
verwandte Sprachen f/pl

parental [parãtal] adj ⟨-aux⟩ elterlich;
puissance ~e elterliche Gewalt
parenté [parãte] f 1. Verwandtschaft(s-
verhältnis) f(n); ~ directe, en ligne
directe Verwandtschaft in gerader Li-
nie; ~ du côté maternel Verwandt-
schaft(sverhältnis) mütterlicherseits,
von der Seite der Mutter her; ~ par
alliance Schwägerschaft f; il n'y a
entre eux aucune ~ es besteht kein
Verwandtschaftsverhältnis zwischen ih-
nen; sie sind nicht miteinander ver-
wandt; 2. coll Verwandte m/pl; Ver-
wandtschaft f; 3. fig der Charaktere,
Neigungen Ähnlichkeit f; von Sprachen,
auch von Charakteren Verwandtschaft f
parenthèse [parãtɛz] f 1. gr Einschub m;
Einschiebung f; Einschiebsel m; einge-
schobener Satz; Paren'these f; par ext in
e-m Vortrag etc Abschweifung f (vom
eigentlichen Thema); Ex'kurs m; Zwi-
schenbemerkung f; 2. (runde) Klammer,
Paren'these f; loc/adv entre ~s a) in od
zwischen Klammern; f zig neben'bei,
beiläufig (sei) gesagt, bemerkt; aber das
nur nebenbei; mettre un mot entre ~s
ein Wort in Klammern setzen, einklam-
mern; F fig avoir les jambes en ~s
krumme Beine, O-Beine haben; beim
Diktat ouvrez, fermez la ~! Klammer
auf, zu!; fig: fermer une ~ zum eigentli-
chen Thema zurückkehren; j'ouvre ici
une ~ ich möchte hier kurz vom Thema
abschweifen; e-e Zwischenbemerkung
einfügen, einschieben
pare-pierres [parpjɛr] m ⟨inv⟩ auto
Steinschlagschutz m
parer[1] [pare] I v/t 1. litt festlich schmük-
ken, (ver)zieren, deko'rieren (de mit);
un ruban bleu parait ses cheveux
ein blaues Band zierte, schmückte ihr
Haar; 2. j-m e-e Eigenschaft zuschreiben,
nachsagen (qn de qc j-m etw); ~ qn de
toutes les qualités auch j-n mit allen
guten Eigenschaften ausstatten; 3. Flei-
scherei ~ la viande Fleischstücke
sauber zuschneiden, von Haut, Fett und
Sehnen befreien; 4. text schlichten; 5.
Leder schärfen; am Rand dünner schnei-
den; 6. mar Segel, Boot, Anker klarma-
chen; pare à virer! klar zum Wenden!;
7. vit Weinberg vor dem Winter ('um-)
pflügen; II v/pr 8. se ~ sich schmücken;
9. se ~ d'un titre sich e-n Titel zulegen
parer[2] [pare] I v/t 1. allg, esc, Boxen, fig:
Schlag, Angriff pa'rieren; abwehren;
ab-, auffangen; fig Folgen etc abwenden;
begegnen (+dat); 2. mar Zusammenstoß
verhindern; vermeiden; Kap um'fahren,
um'schiffen; II v/t/indir ~ à qc sich
gegen etw schützen; e-r Sache (dat)
vorbeugen, begegnen, abhelfen; ~ à un
danger e-r Gefahr abwenden; ~ à
toute éventualité sich gegen alle Even-
tualitäten schützen; allen Eventualitäten
vorbeugen; ~ à un inconvénient,
au plus pressé e-m 'Mißstand, dem

Dringendsten abhelfen
parer[3] [pare] I v/t Pferd pa'rieren; zum
Stehen bringen; II v/i Pferd ~ sur les
'hanches sich auf die 'Hinterhand
stützen
parère [parɛr] m Handelsrecht Urkunde
f über das Bestehen e-s Handelsbrauchs
parésie [parezi] f path mo'torische
Schwäche; unvollständige Lähmung; sc
Pa'rese f
pare-soleil [parsɔlɛj] m ⟨inv⟩ auto
Sonnenblende f
paresse [parɛs] f Faulheit f; Trägheit f;
Bequemlichkeit f; ~ intellectuelle
Denkfaulheit f; geistige Trägheit; méd ~
intestinale Darmträgheit f; s'aban-
donner à la ~ ein Faulenzerleben füh-
ren; prov la ~ est mère de tous les
vices Müßiggang ist aller Laster An-
fang (prov)
paresser [parese] v/i faulenzen; F auf der
Bärenhaut, faulen Haut liegen; her'um-
faulenzen; ~ le matin dans son lit
morgens gemütlich im Bett bleiben;
sich morgens (im Bett) noch einmal auf
die andere Seite drehen
paresseux [paresø] I adj ⟨-euse⟩ Person
faul; träge; bequem; Magen langsam
arbeitend; träge; Bewegungen träge;
choisir une solution paresseuse e-e
bequeme Lösung wählen; den Weg des
geringsten 'Widerstandes gehen; être ~
pour se lever morgens schwer, nicht
aus dem Bett finden od kommen; II subst
1. ~, paresseuse m.f Faulenzer(in)
m(f); F Faulpelz m, -tier n (auch von e-r
Frau) 2. m zo Faultier n
paresthésie [parestezi] f path Parästhe-
'sie f
par|eur [parœr] m, **~euse** f 1. m.f text
Arbeiter(in), der (die) die Schlichtma-
schine bedient; 2. m Lederherstellung
Arbeiter, der das Leder schärft; 3. f text
Schlichtmaschine f; 4. f Lederschärfma-
schine f
parfaire [parfɛr] v/t ⟨nur inf⟩ Arbeit
voll'enden; s-e Kenntnisse, Bildung ver-
vollkommnen; ~ la ressemblance e-e
täuschende Ähnlichkeit herstellen
parfait [parfɛ] I adj ⟨-faite [-fɛt]⟩ 1.
⟨meist nachgestellt⟩ Schönheit, Kunst-
werk, Spiel, Höflichkeit etc voll'endet;
per'fekt; Arbeit auch tadellos; vortreff-
lich; vorzüglich; Ruhe, Stille, Glück
voll'kommen od 'vollkommen; abso'lut;
gänzlich; Ähnlichkeit täuschend; ver-
blüffend; frap'pierend; le crime ~ das
perfekte Verbrechen; exemple ~ typi-
sches Beispiel; zo forme ~e endgültige
Gestalt; chim gaz ~ ide'ales Gas; math
nombre ~ vollkommene Zahl; le type ~
du petit bourgeois der Prototyp e-s
Kleinbürgers; drohend ~! also gut!; na
schön, gut!; (c'est) ~! das ist ja gut,
schön, großartig, prächtig!; dann ist ja
alles in bester Ordnung!; elle est ~e an
ihr ist nichts auszusetzen; F sie ist ein
Prachtexemplar, -stück; personne
n'est ~ niemand, kein Mensch ist voll-
kommen; zu e-m Schauspieler vous
avez été ~! Sie waren großartig,
herrlich!; 2. ⟨vorangestellt⟩ Dummkopf,
Flegel, Schurke ausgemacht; un ~ im-
bécile auch F ein 'Vollidiot m; 3.
⟨vorangestellt⟩ völlig; voll; en ~ accord
in vollem Einverständnis; in völliger
Über'einstimmung; être dans la plus
~e ignorance de qc von etw über-
haupt nichts wissen, nicht die leiseste
Ahnung, F keinen (blassen) Schimmer
haben; Bericht être d'une ~e invrai-
semblance völlig, ganz unwahrschein-
lich sein; 4. mus accord ~ Dreiklang m
(mit Terzenaufbau); II m 1. gr Perfekt n;
voll'endete Gegenwart; 2. Gefrorenes;

Par'fait n; ~ au café Mokkaparfait n
parfaitement [parfɛtmã] adv 1. voll-
kommen; völlig; ganz; c'est ~ exact das
stimmt genau; das ist völlig, ganz rich-
tig; ~ heureux restlos glücklich; c'est ~
ridicule das ist einfach lächerlich; 2.
sehr gut; Bild etc ~ réussi sehr gut
gelungen; je comprends ~ que ... ich
verstehe sehr gut, daß ...; vous avez ~ le
droit de ... selbstverständlich haben Sie
das Recht zu ...; c'est ~ possible das ist
durchaus möglich; 3. abs als Antwort
gewiß; na'türlich; ja'wohl; sicher
parfois [parfwa] adv mit'unter; gelegent-
lich; manchmal; bis-, zu'weilen
parfondre [parfõdr(ə)] v/t ⟨cf rendre⟩
tech Email schmelzen
parfum [parfɛ̃, -fœ̃] m 1. Duft m;
Wohlgeruch m; zarter Duft; 2. Par'fum [-œ:] od Par'füm
n; se mettre du ~ sich parfü'mieren; 3.
Riech-, Duftstoff m; ~ d'origine ani-
male, végétale natürlicher Riechstoff
tierischer, pflanzlicher Herkunft; ~ syn-
thétique synthetischer Riechstoff; 4.
beim Speiseeis Geschmack m; voulez-
-vous une glace? quel ~?... was für eins?;
5. F être au ~ de qc über etw (acc)
wohlunterrichtet sein, Bescheid wissen
parfumé [parfyme] adj 1. duftend;
wohlriechend; 2. Person parfü'miert; 3.
glace ~ au citron, à la fraise
Zi'tronen-, Erdbeereis n
parfum|er [parfyme] I v/t 1. Zimmer
mit (s-m bzw ihrem) Duft erfüllen; selten
durch'duften; 2. Taschentuch, Haar par-
fü'mieren; mit Par'füm besprühen; 3.
cuis ~ au citron, à la fraise Zi'tronen-,
Erdbeergeschmack geben (+dat); II
v/pr Person se ~ sich parfü'mieren; je ne
me parfume pas auch ich benütze kein
Par'füm; ~erie f a) Parfüme'rie-, Kos-
'metikindustrie f; b) Parfüme'rien pl;
Parfüme'riewaren f/pl; c) Parfüme'rie f
(Herstellungsbetrieb od Laden); d) coll
Parfü'meure m/pl; ~eur m, ~euse f
1. Hersteller(in) Parfü'meur m; 2. In-
haber(in) m(f) bzw Angestellte(r) f(m) e-r
Parfüme'rie
parhélie [pareli] m météo Nebensonne f
pari [pari] m 1. Wette f; faire un ~ e-e
Wette abschließen, eingehen, machen;
tenir le ~ die Wette annehmen; 2. ~
mutuel Rennwette f; ⚥ mutuel Totali-
'sator m (der nur auf dem Rennplatz
Wettschalter hat); ⚥ mutuel urbain (abr
P.M.U.) Totali'sator m (der in Paris u in
der Provinz Wettbüros hat); (agence f
du) ⚥ mutuel urbain Wettannahme
(-stelle) f; Wettbüro n; les ~s sont
ouverts a) der Wettmarkt ist eröffnet;
b) fig die Frage bleibt offen; alles ist
noch offen; es gilt abzuwarten
paria [parja] m 1. in Indien Paria m; 2. fig
Paria m; Ausgestoßene(r) m; Entrechte-
te(r) m
pariade [parjad] f der Vögel Paarung(s-
zeit) f
parian [parjã] m Elfenbeinporzellan n
paridés [paride] m/pl zo Meisen f/pl
parier [parje] v/t wetten; a) ~ aux
courses Rennwetten abschließen; bei
Pferderennen wetten; ~ cent francs sur
un cheval hundert Franc auf ein Pferd
setzen, wetten; b) je (te) parie que ...
ich wette (darauf), ich möchte, wollte
wetten, daß ...; je l'aurais parié ich
hätte darauf wetten können; je parie
une bouteille de vin avec toi que ...
ich wette um e-e Flasche Wein mit dir,
daß ...; je parie tout ce que tu veux
que ... ich gehe jede Wette ein, daß ...; tu
paries que ...? wetten (wir), wollen wir
wetten, daß ...?; qu'est-ce que tu
paries? was gilt die Wette?; um was

wollen wir wetten?; il y a gros à ~ que...
ich wette zehn gegen eins, es ist
so gut wie sicher, daß ...; **c)** *abge-
schwächt* **vous avez soif, je parie?** Sie
haben sicher Durst?

pariétaire [parjetɛr] *f bot* Glaskraut *n*

pariétal [parjetal] **I** *adj* <-aux> **1.** *anat* **a)**
seitlich; wandständig; *sc* parie'tal; **os** ~
od subst ~ *m* Scheitelbein *n*; **b)** zum
Scheitelbein gehörig; *sc* parie'tal; **lobe** ~
Scheitellappen *m*; **2.** *art* ~, **peinture**
~e (*vorgeschichtliche*) Felsbilder *n/pl*,
-malerei *f*, -zeichnungen *f/pl*; *sc* parie'ta-
les *pl*

parieur [parjœr] *m beim Pferderennen*
Wetter *m*

parigot [parigo] **F I** *adj* pa'riserisch; **II**
subst ~(e) *m(f)* Pa'riser(in) *m(f)*

paripenné [paripɛ(n)ne] *adj bot* gleich-
gefiedert

paris-brest [paribrɛst] *m* <*pl* paris-
-brests> *cuis*: mit Creme gefüllter *u*
mit Mandelsplittern bestreuter Kuchen
aus Brandteig

parisette [parizɛt] *f bot* Einbeere *f*

parisien [parizjɛ̃] **I** *adj* <~ne> Pa'riser;
pa'riserisch; **bien** ~ typisch pariserisch;
typisch für Paris; **la banlieue** ~ne die
Vororte *m/pl* von Paris; **la haute socié-
té** ~ne die vornehme Pariser Gesell-
schaft; **II** *subst* ♀(ne) *m(f)* Pa'riser(in)
m(f)

parisyllab|e [parisi(l)lab] *od* ~**ique** *adj*
lateinische Grammatik gleichsilbig; pari-
syl'labisch; **mot** *m* ~ Pari'syllabum *n*

paritaire [paritɛr] *adj* pari'tätisch; **com-
mission** *f* ~ paritätisch zusammenge-
setzter Ausschuß von Arbeitgebern und
Arbeitnehmern; **négociations** *f/pl* ~s
Verhandlungen *f/pl* der Sozialpartner;
Ta'rifverhandlungen *f/pl*

parité [parite] *f* **1.** *écon* Pari'tät *f*; ~ **des
changes**, **(de l')or**, **des pouvoirs
d'achat** Währungs-, Gold- Kaufkraft-
parität *f*; ~ **des salaires et des prix**
Lohn- und Preisparität *f*; **2.** *phys* Pari-
'tät *f*

parjure [parʒyr] **1.** *m* Eidbruch *m*;
Meineid *m*; falscher Eid; **2.** *m.f* Eid-
brüchige(r) *f(m)*; Meineidige(r) *f(m)*; **3.**
adjt eidbrüchig; meineidig

parka [parka] *m mil*, *Mode* Parka *m od f*

parkérisation [parkerizasjɔ̃] *f* (*nom
déposé*) *tech* Parkeri'sieren *n*, -ung *f*;
Parkern *n*; Phospha'tierung *f*; Phos-
'phatverfahren *n*

parking [parkiŋ] *m* Parkplatz *m*; ~
souterrain, **en sous-sol** Tiefgarage *f*

parkinsonien [parkinsɔnjɛ̃] *path* **I** *adj*
<~ne> der Parkinsonschen Krankheit;
II *subst* ~(ne) *m(f)* an der Parkinson-
schen Krankheit Leidende(r) *f(m)*

par-là [parla] *cf* par-ci

parlant [parlɑ̃] *adj* **1.** cinéma, film ~
Ton-, Sprechfilm *m*; *rad*, *tél* horloge ~e
Zeitansage *f*; **2.** *Vergleich*, *Bild* anschau-
lich; treffend; **3.** *Heraldik* armes ~es
redendes Wappen; **4.** *loc/adv* économi-
quement, scientifiquement, *etc* ~ vom
wirtschaftlichen, wissenschaftlichen *etc*
Standpunkt aus betrachtet; wirtschaft-
lich, wissenschaftlich *etc* gesprochen,
gesehen, genommen

parlé [parle] *adj* gesprochen; *rad* journal
~ Nachrichten *f/pl*; **langue** ~e gespro-
chene Sprache

Parlement [parləmɑ̃] *m* **1.** *pol* Parla-
'ment *n*; **membre** *m* **du** ~ Parlaments-
mitglied *n*; **au** ~ im Parlament; **2.** *hist in
Frankreich* ♀ Parla'ment *n*

parlementaire [parləmɑ̃tɛr] **I** *adj pol*
parlamen'tarisch; Parla'ments...; **com-
mission** *f* ~ parlamentarischer Aus-
schuß; Parlamentsausschuß *m*; **groupe**

---

m Frakti'on *f*; **indemnité** *f* ~ Di'äten
pl; **mandat** *m* ~ Abgeordnetenmandat
n; **régime** *m* ~ Parlamenta'rismus *m*;
parlamentarisches Regierungssystem;
II *subst* **1.** *m.f pol* Parlamen'tarier(in)
m(f); Parla'mentsmitglied *n*; (Parla-
ments)Abgeordnete(r) *f(m)*; **2.** *m im
Krieg* Parlamen'tär *m*; 'Unterhändler *m*

parlementarisme [parləmɑ̃tarism(ə)]
m pol Parlamenta'rismus *m*

parlementer [parləmɑ̃te] *v/i* **1.** *mil* mit
dem Gegner verhandeln; unter'handeln;
in Unter'handlungen treten; **2.** *allg* ~
avec qn mit j-m verhandeln

parler[1] [parle] **I** *v/t* **1.** *e-e Sprache*
sprechen; ~ (**le**) **français** Französisch
bzw französisch sprechen; *cf auch* fran-
çais **II 2.**; **2.** ~ **qc über etw** (*acc*) reden,
sprechen; sich über etw (*acc*) unter-
'halten; ~ **affaires**, **chiffons über Ge-
schäfte**, **Kleider reden**; ~ **boutique**,
métier fachsimpeln; ~ **politique** über
Politik reden; politi'sieren; ~ **raison**
vernünftig reden, sprechen; **II** *v/t/indir*
3. ~ **à qn** mit j-m sprechen, reden; j-n
sprechen; *nach e-m Streit* **ne plus** ~ **à qn**
nicht mehr mit j-m sprechen, reden;
beteuernd **moi qui vous parle** ich, der
ich hier mit Ihnen spreche; **à qui
croyez-vous** ~! in welchem Ton reden
Sie eigentlich mit mir!; mit wem spre-
chen Sie überhaupt!; **il demande à
vous** ~ er möchte Sie sprechen; er
wünscht Sie zu sprechen; **4.** ~ **à qc etw**
ansprechen; ~ **à l'imagination** die
Phantasie ansprechen; **5.** ~ **de qc von**
etw, über etw (*acc*) sprechen, reden; etw
besprechen, bereden; **F** *Film*, *Buch* von
etw handeln; **de quoi parlez-vous?**
worüber, wovon sprechen Sie?; wovon
ist die Rede?; **nous avons à** ~ **de
beaucoup de choses** wir haben viel zu
besprechen, zu bereden; ~ **d'or** goldene
Worte sprechen; *ellip* **F sa reconnais-
sance**, **tu parles** *bzw* **vous parlez!** F er
und dankbar? So siehst du *bzw* sehen Sie
aus!; **les faits parlent d'eux-mêmes**
die Tatsachen sprechen für sich; ♦ **toute
la ville en parle** das ist Stadtgespräch;
die ganze Stadt spricht davon, ist voll
davon; **vous en parlez à votre aise!**
Sie haben gut, leicht reden; **à force
d'en** ~, **ça va finir par arriver** man
soll den Teufel nicht an die Wand malen
(*loc/prov*); **cela ne vaut pas la peine
d'en** ~ das ist nicht der Rede wert; **on
vint à en** ~ die Rede kam darauf; *iron*: **le
menu**, **l'hôtel?** parlons-en! ... reden wir
lieber nicht davon!; **n'en parlons plus!**
reden wir nicht mehr darüber!; sprechen
wir nicht mehr davon!; schon gut!; wir
wollen es vergessen!; machen wir e-n
Strich darunter!; **F** Schwamm drüber!;
♦ ~ **de qn** von j-m, über j-n reden,
sprechen; **F tu parles d'un idiot!** F das
ist, war vielleicht ein Idiot!; **faire** ~ **de
soi** von sich reden machen; *péj* ins
Gerede kommen; **il fait beaucoup** ~ **de
lui** er macht viel von sich reden; ♦ ~ **de**
(+ *inf*) davon, darüber reden, sprechen,
daß ...; **on parle d'abattre ces mai-
sons** die Häuser sollen abgerissen wer-
den; wie es heißt, sollen die Häuser
abgerissen werden; ♦ *loc/prép* **sans** ~ **de**
... ganz abgesehen von ...; von ... ganz zu
schweigen; **6.** ~ **de qc à qn** mit j-m
(*kurz*) über etw (*acc*) sprechen, reden; j-m
von etw erzählen; ~ **de qc avec qn** mit
j-m (*ausführlich*) über etw (*acc*) spre-
chen; sich mit j-m über etw
unter'halten; ♦ **on m'a beaucoup par-
lé de vous** man hat mir viel von Ihnen
erzählt; **je voulais vous** ~ **de cette
affaire** ich wollte mit Ihnen über diese
Angelegenheit sprechen; **parlez-moi**

---

d'un collègue comme ça! F gehen
Sie mir weg mit so e-m Kollegen!; **tout
ici nous parle du passé** alles hier
legt ein beredtes Zeugnis von der Ver-
gangenheit ab; ♦ **qu'on ne m'en parle
plus!** reden Sie mir nicht mehr davon!;
ich will davon nichts mehr hören!; F
kommen Sie mir nicht mehr damit!; **ne
m'en parlez pas!**, **P m'en parlez pas!**
wem sagen Sie das?; ich weiß auch ein
Lied davon zu singen!; **je vous en ai
parlé dans ma dernière lettre** ich
habe Ihnen in meinem letzten Brief
darüber geschrieben, berichtet; **III** *v/i* **7.**
reden; sprechen; *beim Verhör* **il a parlé**
er hat gestanden; ♦ **mit adv u loc/adv**:
parlez plus bas, **plus fort!** sprechen
Sie leiser, lauter!; *zusammenfassend* **par-
lons bien**, **parlons peu** kurz und gut; ~
tout seul vor sich hin reden, sprechen;
Selbstgespräche führen; **mit sich selbst
sprechen**; ~ **au nom de qn** in j-s Namen
sprechen; ~ **à la radio** im Rundfunk
sprechen; ~ **à voix basse**, **à 'haute voix**
leise, laut sprechen, reden; ~ **en dor-
mant** im Schlaf reden, sprechen; ~ **par
gestes** durch Gebärden verständ-
lich machen; ~ **pour ne rien dire** reden,
nur um zu reden; ~ **sans accent** akzent-
frei sprechen; ♦ **mit Verb:** von e-m
Porträt **on dirait qu'il va** ~ man könnte
meinen, er *bzw* sie lebt; es ist, als ob er
bzw sie lebt; **voilà qui s'appelle** ~, **voilà
qui est** ~, **ça c'est** ~! das läßt sich
hören!; das lasse ich mir gefallen!; das ist
ein Wort!; *Kind* **apprendre à** ~ spre-
chen lernen; **c'est une façon**, **manière
de** ~ das sagt man halt so; das ist so e-e
Redensart; das war nicht so gemeint;
faire ~ **qn** j-n zum Reden, Sprechen
bringen; j-m ein Geständnis entlocken;
c'est le désespoir qui le fait ~ ainsi
aus ihm, aus s-n Worten spricht die
Verzweiflung; **laisser** ~ **qn** j-n reden, zu
Worte kommen lassen; **si j'ose** ~ **ainsi**
wenn ich so sagen darf; **8.** *mus* Ton
klingen; ansprechen; *Orgelpfeife auch*
e-n Ton von sich geben; **9.** *ch Hund*
anschlagen; **IV** *v/pr* **a)** *reflexiv* **se** ~ **à
soi-même** mit sich selber sprechen; **b)**
reziprok **nous ne nous parlons plus**
wir reden, sprechen nicht mehr mitein-
ander; **se** ~ **par signes** sich durch
Zeichen verständigen; **c)** *passivisch*:
Sprache **se** ~ (**dans le monde entier**)
(in der ganzen Welt) gesprochen werden

parler[2] [parle] *m* **1.** *e-s einzelnen* Sprache
f; Sprechweise *f*; **2.** ~ (**régional**) Mund-
art *f*; Idi'om *n*

parleur [parlœr] *m* **beau** ~ Schönredner
m; *adjt* **être beau** ~ ein Schönredner
sein

parloir [parlwar] *m in e-m Kloster*,
Gefängnis etc Sprechzimmer *n*; *in e-m
Krankenhaus*, *Internat auch* Besuchszim-
mer *n*

parlot(t)es [parlɔt] **F** *f/pl* Geschwätz *n*;
leeres Gerede; Ge'wäsch *n*

parmélie [parmeli] *f bot* Schildflechte *f*

parmenture [parmɑ̃tyr] *f cout* Belag *m*

parmesan [parməzɑ̃] *m* Parme'san
(-käse) *m*

parmi [parmi] *prép* unter, von (+ *dat*); ~
tant d'autres unter *od* von vielen; **pro-
voquer l'étonnement** ~ **ceux qui** ...
Erstaunen hervorrufen bei den(jenig)en,
die ...; **nous souhaitons vous avoir
bientôt** ~ **nous** wir möchten Sie bald
unter uns, in unserer Mitte haben; *Wort*
ranger ~ **les adjectifs** unter die
Adjektive einordnen; *Häuser* **être dis-
séminés** ~ **les arbres** zwischen den
Bäumen zerstreut liegen; **errer** ~ **les
rues obscures** durch die dunklen
Straßen irren; *Name* **être connu** ~ **les**

savants in Gelehrtenkreisen, unter Gelehrten bekannt sein

Parnass|e [parnas] *m frz Literatur* Par'nasse *m*; **les poètes** *m/pl* **du ~** die Dichter *m/pl* des Parnasse; **~ien I** *adj* ⟨**~ne**⟩ *Literatur* l'école **~ne** die Dichterschule des Parnasse; **II** *m* **1.** *Literatur* Parnassi'en *m*; **2.** *zo* A'pollofalter *m*

parod|ie [parɔdi] *f* **1.** *Literatur, mus* Paro'die *f*; *cin* **~ de western** Parodie der, auf die Westernfilme; **2.** *fig* Farce *f*; **c'est une ~ de justice, de réconciliation** dieser Prozeß, diese Versöhnung ist nur e-e Farce; **~ier** *v/t* **1.** *Literatur, mus* paro'dieren; **2.** *fig j-s Sprechweise, Bewegungen* nachäffen; **3. ~ un mot célèbre** e-n berühmten Ausspruch scherzhaft abwandeln; **~ique** *adj* paro'distisch; **~iste** *m Literatur* Paro'dist *m*

parodonte [parɔdɔ̃t] *m anat* Zahnbett *n*; *sc* Paro'dont *n*

parodont|ite [parɔdɔ̃tit] *f path* Entzündung *f* des Zahnbetts; *sc* Parodon'titis *f*; **~ose** *f path* Zahnbettschwund *m*; *sc* Parodon'tose *f*; Paraden'tose *f*

paroi [parwa] *f* **1.** Wand *f*; *e-r Höhle, Kabine, e-s Grabens, Aufzugs, Waggons* (Seiten)Wand *f*; *bât* (Innen-, Trenn-, Zwischen-, Scheide)Wand *f*; *e-s Gefäßes, Kessels* (Innen)Wand *f*; Wandung *f* (*auch e-s Rohres*); **~ de bois, de verre** Holz-, Glaswand *f*; **~ du récipient** Gefäßwand *f*; **à ~ épaisse, mince** dick-, dünnwandig; **2.** *im Gebirge* (rocheuse) (Fels)Wand *f*; **3.** *biol* e-r Zelle, *anat* e-s Hohlraums Wand *f*; **~ abdominale, de l'abdomen** Bauchwand *f*; **~ de l'estomac** Magenwand *f*; **4.** *des Pferdehufs* Hornwand *f*

paroisse [parwas] *f égl* (Kirchen-, Pfarr-) Gemeinde *f*; Pfarre *f*; Pfar'rei *f*; Pfarrbezirk *m*; Kirchspiel *n*; Paro'chie *f*; **se marier dans sa ~** sich in der Kirche s-s Pfarrbezirks trauen lassen

paroiss|ial [parwasjal] *adj* ⟨**-aux**⟩ *égl* Pfarr...; *parochi'al*; **église ~e** Pfarrkirche *f*; **œuvres ~es** Jugend-, Hilfs- und Sozialwerk *n* e-r Kirchengemeinde; *auch* Gemeindepflege *f*; **~ien** *m*, **~ienne** *f* **1.** *égl* Gemeinde(mit)glied *n*; Pfarrkind *n*; **2.** F *fig* **un drôle de paroissien** ein komischer Kauz; ein wunderlicher Heiliger; **3.** *m* Meßbuch *n*

parole [parɔl] *f* **1.** Wort *n*; **de belles ~s** schöne Worte; Phrasen *f/pl*; leere, schöne Redensarten *f/pl*; **voilà une bonne ~!** das ist ein Wort!; **~s de bienvenue** Begrüßungsworte *n/pl*; **temps** *m* **de ~** Redezeit *f*; **accorder, donner la ~ à qn** j-m das Wort erteilen; **adresser la ~ à qn** das Wort an j-n richten; j-n anreden, ansprechen; **avoir la ~ facile** redegewandt, beredt sein; **vous avez la ~!** Sie haben das Wort!; **boire les ~s de qn** wie gebannt an j-s Mund, Lippen hängen; **couper la ~ à qn** j-m das Wort abschneiden; j-m ins Wort fallen; **croire qn sur ~** j-m aufs Wort glauben; **demander la ~** ums Wort bitten; sich zum Wort melden; **encourager qn de la ~ et du geste** j-n mit Worten und Gesten ermuntern; **la ~ est à monsieur X** das Wort hat Herr X; **ce sont ses propres ~s** das sind s-e eigenen Worte; **obtenir la ~** das Wort erhalten; **prendre la ~** das Wort ergreifen, nehmen; **refuser la ~ à qn** j-m keine Redeerlaubnis erteilen, die Redeerlaubnis verweigern; **retirer la ~ à qn** j-m das Wort entziehen; *prov:* **la ~ est d'argent, le silence est d'or** Reden ist Silber, Schweigen ist Gold (*prov*); **les ~s s'envolent et les écrits restent** was man schwarz auf weiß besitzt, kann man getrost nach Hause tragen (*loc/prov*);

2. ~ (d'honneur) (Ehren)Wort *n*; **(ma) ~ (d'honneur)!** (mein) Ehrenwort!; **auf (mein) Ehrenwort!**; **erstaunt** F **ma ~!** *il a vraiment dit cela?* F ehrlich, ...?; **sur ~** auf Ehrenwort; **vous avez ma ~** Sie haben mein (Ehren)Wort; **n'avoir qu'une ~** sein Wort halten; **n'avoir aucune ~** sein Wort nie halten; immer wortbrüchig werden; **donner sa ~ (d'honneur)** sein (Ehren)Wort geben; **je vous en donne ma ~** ich gebe Ihnen mein (Ehren)Wort darauf; **c'est un homme de ~** er ist ein Mann von Wort; **reprendre sa ~** sein Wort zurücknehmen; **tenir (sa) ~** (sein) Wort halten; **3.** Sprache *f*; **organes** *m/pl* **de la ~** Sprechwerkzeuge *n/pl*; *von e-m Tier,* *Porträt* **il ne lui manque que la ~** es fehlt nur noch, daß es spricht; *fig* **perdre, recouvrer la ~** die Sprache verlieren, 'wiedererlangen; **4.** *e-s Liedes* **~s** *pl* Text *m*; Worte *n/pl*; *Bildtitel in Zeitungen* **histoire** *f* **sans ~** ohne Worte; **5.** Ausspruch *m*; Wort *n*; **~ historique** berühmter Ausspruch; denkwürdiges, geflügeltes Wort; **6.** *rel* **la ~ de Dieu** das Wort Gottes; **prêcher la bonne ~** Gottes Wort, das Evan'gelium verkünd(ig)en; *fig* **ce n'est pas ~ d'évangile** das ist kein Evangelium; **7.** *ling* Sprechakt *m*; kon'krete Sprachäußerung; Rede *f*

parol|ier [parɔlje] *m*, **~ière** *f* von Liedtexten Textdichter(in) *m(f)*; von Schlagertexten *auch* Texter *m*

paronomase [parɔnɔmaz] *f rhét* Parono'ma'sie *f*

paronym|e [parɔnim] *adj u subst m ling* (**mot** *m*) **~** ähnlich lautendes Wort; Homöo'nym *n*; **~ie** *f ling* Homöony'mie *f*; **~ique** *adj ling* homöo'nym(isch)

paronyque [parɔnik] *f bot* Mauermiere *f*

paros [parɔs] *m* parischer Marmor

parotid|e [parɔtid] *adj u subst f anat* (**glande** *f*) **~** Ohrspeicheldrüse *f*; *sc* Pa'rotis *f*; **~ien** *adj* ⟨**~ne**⟩ *anat* Ohrspeicheldrüsen...; der Ohrspeicheldrüse; **~ite** *f path* Entzündung *f* der Ohrspeicheldrüse; *sc* Paro'titis *f*

parousie [paruzi] *f rel* 'Wiederkunft *f* Christi zum Endgericht; *sc* Paru'sie *f*

paroxys|me [parɔksism(ə)] *m* **1.** *méd* Paro'xysmus *m*; Krise *f*, Krisis *f*; **2.** *fig* Höhepunkt *m*; *loc/prép* **au ~ de** auf dem Höhepunkt (+gén); **au ~ de la colère, il se jeta sur son adversaire** außer sich, blind vor Zorn ...; *la foule* **portée, poussée au ~ de l'enthousiasme, força les barrages de police** auf dem Höhepunkt der Begeisterung ...; *Schmerz, Freude* **atteindre son ~** *bzw* ihren Höhepunkt erreichen; **3.** *géol* Paro'xysmus *m*; **~tique** *adj méd* anfallsweise auftretend; *sc* paroxys'mal

paroxyton [parɔksitɔ̃] *m ling* Paro'xytonon *n*

parpaing [parpɛ̃] *m bât* Binder *m* (*der die Mauerstärke bildet*); *par ext* Mauerstein *m*; **~ creux** Hohlblockstein *m*

parquer [parke] **I** *v/t* **1.** *Vieh* einpferchen; einschließen; **2.** *Personen* ein-, zu'sammenpferchen (**dans** in +*dat*); pferchen (in + *acc*); **3.** *Auto* parken; abstellen; *schweiz* par'kieren; **II** *v/pr* *Person se ~* parken; s-n Wagen parken, abstellen

parquet [parke] *m* **1.** *bât* Holzfußboden *m*; *bes* Par'kett([fuß]boden) *n(m)*; **~ collé** Klebeparkett *n*; **~ à l'anglaise** Stabparkett *n*; **~ de chêne** Eichenparkett *n*; **~ sur lambourdes** auf Blindboden verlegtes Parkett; **2.** *jur* Staatsanwaltschaft *f*; **~ général** Staatsanwaltschaft beim Berufungsgerichtshof *bzw* Oberlandesgericht; **3.** *Wertpapierbörse* **a)** Par-

'kett *n*; Markt *m* der amtlich no'tierten Wertpapiere; amtlicher Markt; **b)** *coll* amtliche Börsenmakler *m/pl*; **4.** Holzplatte *f* (*hinter dem Spiegelglas*); **5.** *mar* im Maschinenraum *e-s Schiffs* Laufsteg *m*

parquetage [parkətaʒ] *m* **1.** *Handlung* Par'kett'tieren *n*; Auslegen *n* mit Par'kett; *abs* Par'kett(ver)legen *n*; *Ergebnis* Par'kett(boden) *n(m)*; **2.** *bei der Restaurierung e-s Tafelbildes* Parket'tieren *n*; Parket'tierung *f* (*auch Ergebnis*); *e-s Leinwandgemäldes* Versteifen *n*, Verstärken *n* durch Holzleisten; *Ergebnis* Holzversteifung *f*, -verstärkung *f*

parqueter [parkəte] *v/t* ⟨**-tt-**⟩ **1.** *Zimmer* parket'tieren; mit Par'kett auslegen; Par'kett (ver)legen (**une pièce** in ein *od* in e-m Zimmer); *adjt* **pièce parquetée** Zimmer mit Parkett(fuß)boden; mit Parkett ausgelegtes Zimmer; **2.** *bei der Restaurierung von Gemälden:* Tafelbild parket'tieren; *Leinwandgemälde* durch Holzleisten versteifen, verstärken

parqueterie [parkɛtri] *f* **a)** Par'kettindustrie *f*; **b)** Par'kettlegen *n*

parqueteur [parkətœr] *m* **a)** Par'kettmacher *m*; **b)** Par'kett(ver)leger *m*

parrain [parɛ̃] *m* **1.** *e-s Kindes* (Tauf-) Pate *m*; Patenonkel *m*; **2.** männliche Person, die ein Schiff, e-e Glocke tauft; **3.** Fürsprecher *m*, Bürge *m* (*der die Aufnahme in e-n Klub etc unterstützt*)

parrainage [parɛnaʒ] *m* **1.** Fürsprache *f*, Bürgschaft *f*, wohlwollende Unter'stützung (*für j-n, der in e-n Klub aufgenommen werden möchte*); **2.** Schirm-, Schutzherrschaft *f*; Patro'nat *n*; Gönnerschaft *f*; **accepter le ~ de qc** die Schirmherrschaft über etw (*acc*) über'nehmen

parrainer [parɛne] *v/t* **1. ~ qn** für j-n als Fürsprecher, Bürge eintreten; für j-n gutsagen, gutstehen, bürgen; j-s Aufnahmegesuch wohlwollend unter'stützen; **2. ~ qc** de Schirm-, Schutzherrschaft, das Patro'nat über etw (*acc*) über'nehmen; **être parrainé par qn** unter der Schirm-, Schutzherrschaft, Gönnerschaft, unter dem Patronat von j-m stehen

parricide [parisid] **I** *subst* **1.** *m* Vater-, Mutter-, *jur auch* Verwandtenmord *m*; **2.** *m,f* Vater-, Muttermörder(in) *m(f)*; **II** *selten adj* **fils** *m* **~** Vater-, Muttermörder *m*

parsec [parsɛk] *m astr* Maßeinheit Parsec *od* Parsek *n* (*abr* pc)

parsemer [parsəme] *v/t* ⟨**-è-**⟩ **~ de** bestreuen mit; **des feuilles mortes parsèment les allées** die Alleen sind mit welkem Laub über'sät, bedeckt; *Rede* **parsemé de citations** mit Zitaten gespickt; *Himmel* **parsemé d'étoiles** mit Sternen über'sät, besät; *poét* **se ~** bestirnt

pars|i [parsi] **I** *adj* parsisch; **II** *subst* **1.** *m/pl* **~s** Parsen *m/pl od* Parsi *m/pl*; **2.** *ling* **le ~** das Parsi; Parsi *n*; *rel* Par'sismus *m*; **~isme** *m rel* Par'sismus *m*

part¹ [par] *f* **1.** Teil *m od n*; Anteil *m*; *comm* **~ bénéficiaire** Gewinnanteil *m*; Anteilschein *m*; **~ héréditaire, d'héritage** Erbteil *m od n*; *Sozialversicherung* **~ patronale, salariale** Arbeitgeber-, Arbeitnehmeranteil *m*; *comm* **~ sociale** Gesellschafteranteil *m*; Gesellschafts-, Geschäftsanteil *m*; GmbH Stammeinlage *f*; *comm* **~ de fondateur** Gründerlohn *m*, -anteil *m*; *fig* **~ du lion** Löwenanteil *m*; ♦ *loc/adj u loc/adv* **à ~ entière** 'vollwertig; 'vollberechtigt; mit allen Rechten (ausgestattet); *par ext* 'vollständig; ganz; **membre** *m* **à ~ entière** *auch* 'Vollmitglied *n*; *loc/adv:* **à ~** *od* **par ~s égales** gleichmäßig; zu

gleichen Teilen; **pour ma ~** ich für mein Teil; was mich betrifft, an(be)-langt; **pour une ~** teilweise; zum Teil (*abr z. T.*); **pour une bonne, large ~** zum großen, größten Teil; größtenteils; **pour une petite ~** zu e-m kleinen Teil; **avoir contribué pour une petite ~ au succès** *auch* s-n kleinen Teil zum Erfolg beigetragen haben; ♦ *fig* **avoir sa ~ du gâteau** sich ein Stück vom Kuchen abschneiden, herausschneiden; **il y a aussi une ~ de vérité là-dedans** es ist etwas Wahres daran; **diviser qc en six ~s égales** etw in sechs gleiche Teile teilen; F *fig* **ne pas donner, jeter sa ~ aux chats** immer dasein, wo es *od* wenn es etwas zu holen gibt; *Seefischerei* **être, naviguer à la ~** keine Heuer bekommen, *sondern* am Gewinn beteiligt sein; **chacun doit fournir sa ~ d'efforts** jeder muß durch s-e Anstrengung, Be-mühungen zum Gelingen beitragen; **2.** *in festen verbalen Wendungen:* **avoir ~ à qc** an etw (*dat*) teilhaben, beteiligt sein, Anteil haben; **faire ~ de qc à qn** j-m etw mitteilen, bekanntgeben; *in Anzeigen* **Monsieur et Madame ... vous font ~ du mariage de leur fille ...** hiermit geben wir die Vermählung unserer Tochter ... bekannt (*es folgen die Namen der Eltern*); **faire la ~ de qc** etw berücksichtigen; etw in Betracht ziehen, in Anschlag bringen; **faire ~ à Sache** (*dat*) Rechnung tragen; **faire la ~ des cho-ses** den Dingen Rechnung tragen; *fig* **faire la ~ du feu** etw preisgeben, opfern, um anderes zu retten; **faire une large ~ à qc** e-r Sache (*dat*) breiten Raum einräumen; **prendre ~ à qc an e-r Veranstaltung, Debatte** an etw (*dat*) teilnehmen; *an den Kosten, an e-r Arbeit, auch Debatte* sich an etw (*dat*) beteiligen; *an j-s Schmerz, Sorgen, Trauer* an etw (*dat*) teilnehmen, Anteil nehmen; **pren-dre ~ à une excursion** *auch* an e-n Ausflug mitmachen; **prendre ~ au jeu** *auch* mitspielen; **prendre ~ au vote** *auch* mitstimmen; **3. à ~** ♦ *loc/adj* besondere(r, -s); für sich; **c'est un cas à ~** das ist ein besonderer, spezi'eller Fall; das ist ein Spezi'alfall; **c'est une chose tout à fait à ~** das ist e-e eigene Bewandtnis; **c'est un fait à ~** das ist e-e Sache für sich; **c'est un garçon à ~** dieser Junge ist anders als die anderen; ♦ *loc/adv* gesondert; für sich; getrennt; bei'seite; besonders; F extra; *thé* für sich; bei'seite; **toute plaisanterie à ~!** Scherz beiseite!; **mettre qc à ~** etw beiseite, F extra tun, legen, stellen; **mis à ~ la religion, la morale, etc ...** ausgenommen; **le mauvais temps mis à ~** abgesehen vom schlechten Wetter; bis auf das schlechte Wetter; **prendre qn à ~** j-n beiseite, auf die Seite nehmen; **traiter qc à ~** etw gesondert, getrennt, für sich, besonders, F extra behandeln; ♦ *loc/prép* **außer** (+*dat*); abgesehen von; bis auf (+*acc*); **à ~ cela,** F **ça** abgesehen davon; sonst; **à ~ ça, qu'est-ce que vous devenez?** was machen, treiben Sie sonst so?; **à ~ lui** bis auf ihn, außer ihm, abgesehen von ihm; ♦ *loc/conj* F **à ~ que** ... abgesehen davon, daß ...; **4.** *loc/adv:* **autre ~** wo'anders(hin); anderswo(hin); **tu dois chercher au-tre ~** du mußt woanders suchen; **d'autre ~** außerdem; übrigens; **de ~ et d'autre** [*oft* dəparte-] auf *od* von *od* zu beiden Seiten; gegenseitig; **d'une ~ ... d'autre ~** einerseits ... andererseits; einesteils ... anderenteils; **de la ~ de qn a)** von j-m; von seiten j-s; **b)** in j-s Auf-trag (*dat*); **donnez-lui le bonjour de ma ~** grüßen Sie ihn von mir; **cela ne**

me surprend pas de sa ~ bei, von ihm über'rascht mich das nicht; **je viens de la ~ de mon père** ich komme im Auftrag meines Vaters; **de toute(s) ~(s)** von allen Seiten; von überall('her); *Schiff* **faire eau de toutes ~s** überall leck sein; **de ~ ... mit einigen Verben durch'...**; **le projectile a transpercé le blindage de ~ en ~** das Geschoß hat die Panzerung durch'schlagen; **en bon-ne, mauvaise ~** im guten, schlechten Sinn; **c'était en bonne ~** das war im guten Sinn gemeint; **prendre une re-marque en bonne ~** e-e Bemerkung so nehmen, wie sie gemeint ist, nicht übel-nehmen; **prendre qc en mauvaise ~** etw übelnehmen, übel deuten, auslegen; **nulle ~** nirgends; nirgendwo; **nulle ~ ailleurs vous ne trouverez de meil-leures conditions** Sie werden sonst nirgends, nirgendwo bessere Bedingun-gen (vor)finden; **quelque ~** irgend-wo(hin); F *verhüllend* **aller quelque ~** F auf ein gewisses, stilles, verschwiegenes Örtchen gehen; F **donner à qn un coup de pied quelque ~** F j-m e-n Fußtritt in den Hintern, Allerwertesten geben

part² [par] *m jur* substitution *f* de ~ Kindesvertauschung *f,* -verwechselung *f;* suppisition *f* de ~ Kindesunterschie-bung *f*

partage [partaʒ] *m* **1.** (Auf)Teilen *n; e-s Erbes, Besitzes, Landes* (Auf)Teilung *f; jur des Erbes* ~ judiciaire gerichtlich angeordnete, vorgenommene Teilung; *hist* **le ~ de la Pologne** die Teilung Polens; *jur* **action f en** ~ Teilungsklage *f;* Klage *f* auf Ausein'andersetzung der Erbengemeinschaft; *loc/adj* **sans ~** *Treue* unbedingt; abso'lut; *Autorität* un-eingeschränkt; unbestritten; **2.** Erbteil *m;* **en ~** als Erbteil; **donner qc en ~ à qn** j-m etw vererben, vermachen, als Erbteil geben; *fig* **il a reçu en ~ une imagina-tion débordante** er ist mit 'über-schäumender Phantasie begabt; er hat e-e überschäumende Phantasie mitbe-kommen; **3.** *bei e-r Abstimmung* ~ (de voix) Stimmengleichheit *f;* **s'il y a ~ des voix** bei Stimmengleichheit; **4.** *math* Teilung *f;* ~ **en moyenne et extrême raison** der Goldene Schnitt; **5.** *EDV* ~ **de temps** Time-sharing ['taimʃeriŋ] *n*

partageable [partaʒabl(ə)] *adj* (auf)teil-bar

partager [partaʒe] ⟨-geons⟩ **I** *v/t* **1.** *Gewinn, Besitz etc* (auf-, ver)teilen; ~ **qc avec qn** etw mit j-m teilen; ~ **les frais avec qn** *auch* sich mit j-m in die Kosten teilen; ~ **qc entre plusieurs person-nes** etw unter mehrere(n) Personen aufteilen, unter mehrere Personen ver-teilen; ~ **son temps entre plusieurs occupations** s-e Zeit zwischen mehre-ren Beschäftigungen aufteilen; ~ **en deux, par (la) moitié** hal'bieren; F **in zwei gleiche Hälften teilen;** *abs* **ne pas aimer à ~** nicht gern (mit j-m) teilen; **2.** *j-s Freude, Ansichten* teilen; **je partage votre embarras** ich bin genauso ratlos wie Sie; ~ **le lit de qn** das Bett mit j-m teilen; ~ **le repas de qn** j-s Tischgast sein; an j-s Tisch (*dat*) sitzen; ~ **la responsabilité, le pouvoir avec qn** sich mit j-m in die Verantwortung, Macht teilen; *mehrere Personen* ~ **la responsabilité de qc** gemeinsam die Verantwortung für etw tragen; gemein-sam für etw verantwortlich sein; **3.** *p/p:* **amour partagé** gegenseitige Liebe; **les torts sont partagés** beide (Seiten) tragen Schuld; die Schuld, der Fehler liegt bei beiden; beide (Seiten) haben, sind schuld; jeder von ihnen ist mit schuld, trägt e-n Teil Schuld (daran); **il**

était partagé entre la crainte et l'espoir er schwankte, wurde hin- und hergerissen zwischen Furcht und Hoff-nung; **les avis sont partagés sur cette question** in dieser Frage sind die Meinungen geteilt, gehen die Meinun-gen ausein'ander, scheiden sich die Gei-ster; **les spécialistes sont très parta-gés sur ce point** in diesem Punkt gehen die Ansichten der Spezialisten auseinander und die Spezialisten sind ge-teil-ter Meinung; **II** *v/pr se* ~ **a)** *reflexiv* sich teilen; **b)** *reziprok* sich *etw* teilen; **nous allons nous ~ le travail** wir werden uns in die Arbeit teilen; wir werden die Arbeit unter uns aufteilen; **c)** *passivisch* (auf)geteilt werden; **les responsabili-tés ne se partagent pas** nur einer kann die Verantwortung tragen

partageur [partaʒœr] *adj* ⟨-euse⟩ *Per-son* **(ne pas) être ~** (nicht) gern teilen

partance [partãs] *f nur loc/adj* **en ~** *Zug, Schiff* abfahrbereit; *Flugzeug* abflugbe-reit; **en ~ pour** zur Abfahrt *bzw* zum Abflug bereit nach

partant¹ [partã] *m* **1.** Abreisende(r) *m;* Abfahrende(r) *m;* **2.** *Pferderennen* star-tendes Pferd; **(cheval déclaré) non ~** Nichtstarter *m;* **3.** *beim Auto-, Motor-rad-, Radrennen* **a)** Startende(r) *m;* **b)** *adit* startend

partant² [partã] *st/s conj* mit'hin; dem-nach

partenaire [partənɛr] *m,f* Partner(in) *m(f)*

parterre [partɛr] *m* **1.** *in Anlagen, Parks* (großes, kunstvoll angelegtes) Blumen-beet *n;* Par'terre *n;* ~ **de roses** Rosen-beet *n;* **2.** *thé* **a)** Par'kett *n;* Par'terre *n;* **place f par ~** Parkettsitz *m,* -platz *m,* -sessel *m;* **b)** Zuschauer *m/pl* im Parkett, Parterre; **3.** F (*plancher*) Fußboden *m;* **4.** *Forstwirtschaft* Kahlschlag *m*

parthe [part] *hist* **I** *adj* parthisch; **II** *m/pl* **2s** Parther *m/pl*

partheno|genèse [partenoʒɛnez] *f biol* Parthenogenese *f;* Jungfernzeugung *f;* **~génétique** *adj biol* parthenoge-ge'netisch

parthique [partik] *adj hist* parthisch

parti¹ [parti] *m* **1.** *pol* Par'tei *f;* **le ~ communiste** (*abr P.C.*) *od* **le ~** Kommunistische Partei (*abr KP*); ~ **politique** politische Partei; *in Groß-britannien* ~ **travailliste** Labour Party *f;* ~ **de droite, de gauche** Rechts-, Linkspartei *f;* ~ **de l'opposition** Oppo-sitionspartei *f;* **bureau** *m,* **programme** *m* **du ~** Parteivorstand *m,* -programm *n;* **2.** *par ext: hist* **le ~ janséniste** die Jansenisten *m/pl;* **le ~ des mécontents** die Gruppe der Unzufriedenen; **pren-dre ~** Partei ergreifen (**pour, en faveur de qn** für j-n; **contre qn** gegen j-n); **prendre le ~ des opprimés** für die Unter'drückten eintreten, Partei ergrei-fen; sich auf die Seite der Unterdrückten stellen; **3.** **prendre un ~** e-n Entschluß fassen; e-e Entscheidung treffen; sich entschließen; **prendre le ~ de faire qc** den Entschluß fassen, sich entschließen, etw zu tun; **il a pris le ~ d'agir seul** *auch* er war entschlossen, allein zu handeln; **prendre son ~ de qc** sich mit etw abfinden; **il a opté pour le ~ le plus avantageux** er hat sich für die günstig-ste Lösung entschieden; **4.** **tirer ~ de qc** etw (aus)nutzen, (aus)nützen; e-n Vor-teil, Nutzen aus etw ziehen; Kapi'tal aus etw schlagen; etw verwerten, F aus-schlachten; **tirer ~ de ses relations** *auch* s-e Beziehungen spielen lassen; **l'architecte a tiré le meilleur ~ possible du terrain** der Architekt hat aus dem Gelände das Beste gemacht; **5.**

~ **pris** Voreingenommenheit f; vorge-
faßte Meinung; *loc/adv* sans ~ **pris** ohne
voreingenommen zu sein; **juger sans** ~
pris unbefangen urteilen; **être de** ~
pris voreingenommen, befangen sein;
chercher à éviter le ~ **pris** versuchen,
unvoreingenommen, unbefangen zu
sein; **6. faire un mauvais** ~ **à qn** j-m
übel mitspielen; j-n übel zurichten; **7.** *zur
Heirat* **Par'tie** f; **c'est un beau** ~ er *bzw*
sie ist e-e gute Partie
parti² [parti] *p/p von* **partir** *u adj* **1.**
Person, Zug, Fleck, Ware **être** ~ weg
sein; *Person auch* fort sein; *cf auch*
partir; 2. F *fig* **être** ~ F e-n Schwips
haben; beschwipst, angeheitert, ange-
säuselt sein; einen sitzen haben; **3.** *He-
raldik:* Wappenschild gespalten
partiaire [parsjɛr] *adj jur* **colon** m ~ *cf*
colon 2.
partial [parsjal] *adj* ⟨-aux⟩ *Person* par-
'teiisch; voreingenommen; *bes Richter*
befangen; *Schrift, Artikel, Kritik* nicht
objek'tiv; ~**ité** f Par'teilichkeit f; *bes e-s
Richters* Befangenheit f; **juger avec** ~,
sans ~ parteiisch, unparteiisch urteilen
participant [partisipã] **I** *adj* teilneh-
mend (*an e-r Veranstaltung*); **II** *subst*
~(e) *m(f)* Teilnehmer(in) *m(f)*; **liste** f
des ~**s** Teilnehmerliste f
participation [partisipasjõ] f **1.** *an e-r
Sitzung, Veranstaltung, e-m Kongreß,
Fest e-r* Teilnahme f (à an +*dat*);
Mitwirkung f (bei); Beteiligung f (an
+*dat*); ~ **électorale, au vote** Wahlbe-
teiligung f; ~ **à la grève** Streikbeteili-
gung f; **2.** (finanzi'elle) Beteiligung; Par-
tizipati'on f; ~ **aux bénéfices** Ge-
winnbeteiligung f; ~ **au chiffre
d'affaires** 'Umsatzbeteiligung f; ~ **aux
frais** Beteiligung an den (Un)Kosten;
Unkostenbeitrag m; **3.** *Sozialpolitik* Ge-
winnbeteiligung f der Arbeitnehmer; *par
ext* Mitbestimmung(srecht) f(n); Mit-
spracherecht n
participe [partisip] m *gr* Parti'zip(ium)
n; Mittelwort n
participer [partisipe] *v/t/indir* **1.** ~ **à a)**
*an e-r Sitzung, Wahl, an e-m Streik,
Ausflug etc* teilnehmen an (+*dat*); *an e-r
Arbeit, auch am Spiel, Streik, Ausflug*
sich beteiligen an (+*dat*); *mitmachen
bei; bei e-r Veranstaltung auch* mitwirken
bei; ~ **au jeu** *auch* mitspielen; **b)** *fin:* am
Gewinn, Umsatz beteiligt sein, partizi-
'pieren an (+*dat*); *an den (Un)Kosten,
Ausgaben* sich beteiligen an (+*dat*); **nous
vous prions de** ~ **aux frais** *auch* wir
bitten Sie um e-n Unkostenbeitrag; **c)** *an
j-s Freude, Kummer* teilnehmen, Anteil
nehmen an (+*dat*); **d)** *am Erfolg, Gelin-
gen* Anteil haben, beteiligt sein, beteiligt
an (+*dat*); **2.** *litt* ~ **de** etwas haben von;
Merkmale tragen von; teilhaben, *philos*
partizi'pieren an (+*dat*)
participial [partisipjal] *adj* ⟨-aux⟩ *gr*
partizipi'al; Partizipi'al...; **construc-
tion** ~**e** Partizipialkonstruktion f;
proposition ~**e** *od subst* ~**e** f Partizipial-
satz m
particul|isme [partikylarism(ə)] m
pol Partikula'rismus m; ~**iste I** *adj*
partikula'ristisch; **II** *m.f* Partikula-
'rist(in) *m(f)*
particularité [partikylarite] f Eigen-
tümlichkeit f; Besonderheit f; besonde-
res Merkmal; *bes e-r Person* Eigenart f;
Eigenheit f; **cette horloge a, offre,
présente la** ~ **d'indiquer les mois et
les jours** das Besondere an dieser Uhr
ist, daß sie die Monate und Tage anzeigt
particule [partikyl] f **1.** *bes phys* (atom)
Teilchen n; Par'tikel f; Kor'puskel n *od* f;
~ **alpha, calcaire, élémentaire** Alpha-,
Kalk-, Elemen'tarteilchen n; **2.** ~ (*nobi-*

liaire) Adelsprädikat n; **la** ~ *auch* das
„von"; **avoir un nom à** ~ e-n Namen
mit „von" h'aben; **3.** *gr* Par'tikel f
particulier [partikylje] **I** *adj* ⟨-ière⟩ **1.**
pri'vat; Pri'vat...; **appartement** ~ Pri-
vatwohnung f; *früher* hôtel ~ herrschaft-
liches Stadthaus; **intérêts** ~**s** Privatinter-
essen n/pl; per'sönliche Interessen n/pl;
auch Eigennutz m; **leçons particuliè-
res** Privat-, Nachhilfestunden f/pl *od*
-unterricht m; **secrétaire** ~ Privatsekre-
tär m; **2.** besondere(r, -s); *Stil, Klang auch*
eigen; eigenartig; merkwürdig; eigen-
tümlich; *Stil auch* eigenwillig; *Umstän-
de, Gründe* besondere(r, -s); bestimmt;
spezi'ell; *in e-m Restaurant* **cabinet** ~
kleines Extrazimmer; Chambre séparée
n; **cas** ~ Sonderfall m; besonderer,
spezieller Fall; *Personenbeschreibung* **si-
gnes** ~**s** besondere Kennzeichen n/pl; ◆
~ **à qn, qc** j-m, e-r Sache eigen; typisch,
charakte'ristisch für j-n, etw; **plat** ~ **à
une région** (besondere) Spezialität e-r
Gegend; **Symptôme** ~ **à une maladie**
typisch für e-e Krankheit; **cela lui est** ~
das ist e-e Eigenart, Eigenheit von ihm;
**je reconnais à la démarche qui lui
est particulière** ich erkenne ihn an
dem ihm eigenen Gang; ◆ *loc/adv* **en** ~
a) gesondert; für sich; getrennt; beson-
ders; F extra; *in bezug auf Personen*
al'lein; unter vier Augen; **b)** besonders;
vor allem; spezi'ell; im besonderen; ins-
besondere; *Frage* **examiner en** ~ für
sich, gesondert *etc* prüfen, unter'suchen;
je voudrais vous parler en ~ ich
möchte Sie gern allein, unter vier Augen
sprechen; **je vous raconterai ça en** ~
das erzähle ich Ihnen, wenn wir allein,
unter uns sind; *un élève doué,* **en** ~ **pour
les mathématiques** ... besonders, vor
allem *etc* für Mathematik; **c)** *in diesem,
Ihrem etc* speziellen Fall: das gilt nur in diesem
speziellen Fall; **écouter avec une parti-
culière attention** besonders aufmerk-
sam, mit besonderer Aufmerksamkeit
...; **dans des circonstances particu-
lières** unter bestimmten Vorausset-
zungen, 'Umständen; **sur ce point** ~ in
diesem speziellen, bestimmten Punkt; ◆
**ne pas avoir de sympathie particu-
lière pour qn, qc** keine sonderliche,
besondere Vorliebe, Sympathie für j-n,
etw haben; **avoir qc de** ~ etwas Beson-
deres an sich haben; **II** *m* **1. le** ~ das
Besondere; **passer du général au** ~
vom Allgemeinen zum Besonderen
'übergehen; **2.** Pri'vatmann m, -person f;
comme simple ~ als einfacher Privat-
mann; als einfache Privatperson
particulièrement [partikyljermã] *adv*
1. besonders; vor allem; im besonderen;
insbesondere; **j'attire tout** ~ **votre
attention sur** ~ ich möchte Sie ganz
besonders auf (+*acc*) aufmerksam ma-
chen; **2.** *litt* pri'vat
partie [parti] f **1.** *e-s Ganzen* Teil m, *auch*
n; Bestandteil m; *e-s Gesichts, Bildes*
Par'tie f; ~ **centrale** mittlerer Teil;
mittlere Partie; Mittelteil m; Mittel-
stück n; *e-s Gebäudes* Mitteltrakt m;
essentielle wesentlicher Bestandteil;
Kernstück n; *anat* **les** ~**s** (génitales,
sexuelles) die Geschlechts-, Schamteile
pl; ~ **inférieure, supérieure** unterer,
oberer Teil; untere, obere Partie; ~
principale Hauptteil m; ~ **du corps**
Körperteil m; *gr* ~**s du discours** Wort-
arten f/pl; *in der Antike* Redeteile m/pl; *
géogr* **les cinq** ~**s du monde** die fünf
Erdteile m/pl; ◆ *Mengenbezeichnung:* **la
dixième** ~ (**de**) der zehnte Teil, ein
Zehntel (+*gén*); **une (petite)** ~ **de** ein
(kleiner) Teil (+*gén*); **une grande** ~ **de**

ein großer Teil, ein Großteil (+*gén*); ◆
loc/adv: **en** ~ teilweise; zum Teil (*abr*
z.T.); teils; **en** ~ ... **en** ~ teils ... teils; **en
tout ou en** ~ ganz oder teilweise; **en
grande** ~ zum großen Teil; großenteils;
en majeure ~ zum größten Teil; größ-
tenteils; **en trois** ~**s** in drei Teilen; *divi-
ser en trois* ~**s** in drei Teile ...; ◆ **faire** ~
de gehören zu; ein Bestandteil sein von
(*od*+*gén*); *e-r Partei, Gewerkschaft, e-m
Verein* angehören (+*dat*); **la France
fait** ~ **de l'Europe** Frankreich ist ein
Teil Europas, gehört zu Europa; **faire** ~
des heureux gagnants zu den glückli-
chen Gewinnern gehören; **2.** Fach
(-gebiet) n; Sparte f; *e-s Kaufmanns* Bran-
che f; **je ne suis pas dans** *od* **de la** ~ ich
bin nicht vom Fach, von der Branche;
quand on lui parle publicité, **il est dans
sa** ~ ... dann ist er im richtigen Fahrwas-
ser, in s-m Element; ... da fühlt er sich zu
Hause; **3. a)** *beim Tennis, Billard, Kar-
tenspiel* Spiel n; Par'tie f; ~ **d'échecs**
Schachpartie f; Partie f Schach; **faire
une** ~ ein Spiel(chen) machen; spielen;
faire une ~ **de cartes** (miteinander)
Karten spielen; **faire une** ~ **de tennis**
e-e Partie Tennis spielen; **b)** *fig* Angele-
genheit f; Kampf m; Rennen n; **aban-
donner la** ~ (das Rennen, den Kampf)
aufgeben; **il a la** ~ **belle** er hat leichtes
Spiel; **avoir** ~ **liée avec qn** mit j-m
gemeinsame Interessen haben; **la** ~ **est
délicate** das ist e-e heikle, schwierige
Angelegenheit; **la** ~ **est inégale** das ist
ein ungleicher Kampf; **c'est une rude**
~, **une** ~ **serrée** das ist ein harter,
schwerer Kampf; *cf auch* **serré 2.**;
gagner la ~ das Spiel, die Partie
gewinnen; *fig* das Rennen machen; *fig*
jouer une ~ **difficile** vor e-r schweren
Aufgabe stehen; e-n schweren Stand
haben; **perdre la** ~ das Spiel, die Partie
verlieren; *fig* (das Rennen) verlieren; **der
Verlierer sein; 4.** Par'tie f; Ausflug m;
früher ~ **carrée** Schäferstündchen n zu
viert mit Partnertausch; ~ **de campa-
gne** Ausflug aufs Land; Landpar-
tie f; ~ **de canot(age)** Bootsfahrt f;
~ **de chasse** Jagdpartie f, -ausflug m;
faire une ~ **de pêche** zusammen,
miteinander zum Angeln, Fischen ge-
hen; *fig:* **ce n'est pas une** ~ **de plaisir**
das ist weiß Gott kein Vergnügen, alles
andere als ein Vergnügen; **ce n'est que**
~ **remise** die Angelegenheit, Sache ist
nur aufgeschoben; aufgeschoben ist
nicht aufgehoben (+*gén*); **se mettre,
être de la** ~ mit von der Partie sein; mit-
machen; **je suis de la** ~ *auch* ich bin (mit)
da'bei; **5.** *jur* Par'tei f; Teil m; ~ **civile**
Pri'vat- *bzw* Nebenkläger m; **se porter,
se constituer** ~ **civile** als Nebenkläger
auf-, beitreten; sich als Nebenkläger
anschließen; **les deux** ~**s d'un contrat**
die beiden Vertragspartner m/pl; ~ **pu-
blique** Staatsanwaltschaft f; **les** ~**s en
présence** die beteiligten Parteien; *fig*
avoir affaire à forte ~ **a)** e-n schweren
Stand haben; **b)** es mit e-m starken
Gegner zu tun haben; *sports* auf e-n
ernstzunehmenden Gegner treffen; **en-
tendre les** ~**s** die Parteien anhören;
être ~ **à une négociation, à un traité**
Verhandlungs-, Vertragspartner sein;
fig **prendre qn à** ~ j-n angreifen, auf j-n
losgehen (*tätlich, in e-r Debatte*); **6.** *mus*
Part m; Stimme f; ~ **instrumentale,
vocale** Instrumen'tal-, Vo'kalstimme
f; ~ **séparée** Par'tie f; ~ **de ténor**
Te'norpartie f; *Chorstück* ~**s à quatre** ~**s**
für vier Stimmen; vierstimmig; **7.** *comm*
comptabilité f **en** ~ **double** *cf* **comp-
tabilité a)**
partiel [parsjɛl] *adj* ⟨~le⟩ Teil...; F teil-

weise; *sc* parti'ell; **élection** ~**le** Nach-, Ersatzwahl *f*; **examen** ~ *od subst* ~ *m* Zwischenprüfung *f*; **informations** ~**les** lückenhafte, unvollständige, knappe, dürftige, magere Auskünfte *f/pl*; *mil* **mobilisation** ~**le** Teilmobilmachung *f*; **résultat** ~ Teil-, Zwischenergebnis *n*; **succès** ~ Teilerfolg *m*; **emploi** *m*, travail *m* à temps ~ Teilzeitbeschäftigung *f*
partiellement [parsjɛlmã] *adv* teilweise; zum Teil (*abr* z. T.); ~ **motorisé** teilmotorisiert
partir[1] [partir] *v/i* <je pars, il part, nous partons; je partais; je partis; je partirai; que je parte; partant; être parti> **1.** *Person* (weg)gehen, fortgehen, losgehen, aufbrechen (**de chez soi** von zu Hause); abziehen; (ab)reisen, (ab-) fahren, aufbrechen (**à. en**, *st/s* **pour** nach); fort-, wegfahren; F starten; *Zug, Schiff, Bus* (ab)fahren, (ab)gehen, losfahren, *Flugzeug* (ab)fliegen, *Segelschiff* (ab)segeln (**pour** nach); *Truppen* abmarschieren; abrücken; *Sportler* starten; ♦ *sports* **à vos marques! prêts? partez!** auf die Plätze – fertig – los!; ♦ ~ **faire qc** zu etw aufbrechen, gehen; ~ **faire une excursion** zu e-m Ausflug aufbrechen; **il est parti passer 'huit jours à Paris** er ist für acht Tage nach Paris gefahren, gereist; **aujourd'hui, il est parti travailler plus tôt** heute ist er früher zur Arbeit gegangen, gefahren; ♦ **elle est déjà partie** sie ist schon weg; **il part demain** er reist morgen (ab); ♦ *mil*: ~ **à l'exercice** zum Exerzieren ausrücken; ~ **au front** an die Front, ins Feld rücken; *Pferd* ~ **au galop** angaloppieren; im Galopp losgehen; ~ **à pied** zu Fuß (los-, weg-, fort)gehen; **le train part dans dix minutes** der Zug fährt, geht in zehn Minuten (ab); ~ **en avion** (mit dem Flugzeug) (ab)fliegen; ~ **en bateau** mit dem Schiff fahren; ~ **en vacances** in Urlaub, in die Ferien fahren, gehen, reisen; ~ **en ville** in die Stadt gehen, fahren; ~ **en voiture** im Auto, Wagen wegfahren; mit dem Auto, Wagen (weg)fahren; ~ **en voyage** verreisen; auf Reisen gehen; ~ **par le train** mit dem Zug (weg)fahren, (weg)reisen; ~ **pour la chasse** auf die Jagd gehen; ~ **pour la guerre** in den Krieg, Kampf ziehen; *cf auch* **guerre**; ♦ **être prêt à** ~ reise-, ausgehfertig, ausgeh-, F startbereit sein; **faire** ~ *Brief, Paket* abschicken, absenden; *Sendung* abgehen lassen; ♦ *loc/prov* ~, **c'est mourir un peu** Scheiden tut weh (*loc/prov*); jeder Abschied, jede Trennung ist schmerzlich; **2.** ~ **de qc** von etw ausgehen; *une réponse fausse* **qui part d'une erreur de calcul** ... die auf e-m Rechenfehler beruht; ~ **d'une hypothèse fausse** von e-r falschen Hypothese ausgehen; *Plan, Gedanke* ~ **de l'intention de** (+*inf*) dem Wunsch, der Absicht entspringen zu (+*inf*); *votre* **proposition part d'un bon sentiment** Ihr Vorschlag ist gut gemeint; ♦ *loc/prép* **en partant de** ausgehend von; **en partant de ce principe** von diesem Prinzip ausgehend; *il est le 4ᵉ de la* **rangée, en partant de la droite** ... von rechts; **3.** anfangen, beginnen (*auch zeitlich, örtlich*); *Musiker* einsetzen; **vous êtes mal parti** Sie haben es falsch angefangen, angestellt, gemacht; **l'affaire part bien, mal** die Sache läßt sich gut, schlecht an, nimmt e-n guten, schlechten Anfang; **die Sache beginnt recht, wenig verheißungsvoll**; *von e-m Redner* **celui-là, une fois qu'il est parti** ... wenn der erst einmal zu reden angefangen hat ...; **il s'aperçut qu'il**

était parti pour parler au moins un quart d'heure er merkte, daß er mindestens e-e Viertelstunde für s-e Rede brauchen würde; ~ **d'un éclat de rire** laut auflachen; in Gelächter ausbrechen; *Straße* ~ **du faubourg nord de la ville** im nördlichen Außenbezirk der Stadt beginnen; *Ferien* ~ **du premier février** am ersten Februar beginnen, anfangen; *l'abonnement* **part du premier juin** ... beginnt mit dem, läuft ab ersten Juni; ~ **du pied gauche** den linken Fuß zuerst vorsetzen; *mil* mit dem linken Fuß antreten; **il est parti de rien, de zéro** er hat mit nichts, bei Null angefangen; **4.** *Knopf* abgehen; losgehen; *Fleck* weggehen; her'ausgehen; verschwinden; *Krankheit* (weg)gehen; **5.** *Schuß* fallen; abgefeuert werden; *versehentlich* sich lösen; *Gewehr* F losgehen; *Sektkorken* ~ **au plafond** bis an die Decke springen, fliegen; *des* **coups de fusil partaient de tous côtés** rundherum fielen, krachten Gewehrschüsse, wurden Gewehrschüsse abgefeuert; es wurde von allen Seiten geschossen; **faire** ~ *Mine* auslösen; *Knallfrosch* werfen; *un mouvement* **maladroit avait fait** ~ **son fusil** durch e-e ungeschickte Bewegung war ein Schuß aus s-m Gewehr losgegangen, hatte sich ein Schuß aus s-m Gewehr gelöst; F war sein Gewehr losgegangen; **6.** *loc/prép* **à** ~ **de** *zeitlich* ab; von ... an, ab; *örtlich* ab; von ... an; **à** ~ **d'aujourd'hui** ab heute; von heute an, ab; **à** ~ **du 1ᵉʳ mai** *auch* mit Wirkung vom 1. Mai; **à** ~ **d'ici** ab hier; von hier an; *Produkt* **obtenu à** ~ **de la houille** aus Steinkohle gewonnen
partir[2] [partir] *v/t nur loc* **avoir maille à** ~ **avec qn** *cf* **maille**[2]
partisan [partizã] **I** *m* **1.** *e-s Politikers* Anhänger *m*; Par'teigänger *m*; Gefolgsmann *m*; *e-s Systems, e-r Lehre, Theorie* Anhänger *m*; Verfechter *m*; Befürworter *m*; **2.** *mil* Parti'san *m*; **guerre** *f* **de** ~**s** Partisanenkrieg *m*; **II** *adj* **1.** <*f inv od* P -**ante**> **être** ~ **de qc** für etw sein; etw befürworten; für etw eintreten; ein Anhänger, Befürworter, Verfechter e-r Sache (*gén*) sein; **ils sont** ~**s d'accepter** sie sind für, sie befürworten e-e Annahme; **êtes-vous** ~ **de le mettre au courant de nos projets?** sind Sie da'für, daß wir ihn in unsere Pläne einweihen?; **2.** <*f* ~**e**> **esprit** ~ Voreingenommenheit *f*; Par'teilichkeit *f*; 'haines ~**es** engstirniger, kleinlicher Haß; **luttes, querelles** ~**es** Par'teikämpfe *m/pl*
partita [partita] *f* <*pl* ~**s** *od* **partite** [partite]> *mus* Par'tita *f*
partitif [partitif] *adj* <-**ive**> *gr* parti'tiv; **Teilungs...**; ~ **article** ~ *od subst* ~ *m* Teilungsartikel *m*; **génitif** ~ Genitivus partitivus *m*; partitiver Genitiv
partition [partisjõ] *f* **1.** *mus* **a)** Parti'tur *f*; ~ **de piano** Kla'vierpartitur *f*, -auszug *m*; **b)** Noten(buch *n*, -heft *n*) *f/pl*; **jouer sans** ~ auswendig spielen; **2.** *Heraldik* line'are Einteilung (*e-s Schildes*); **3.** *pol* Teilung *f*
partousard [partuzar] F *m*, ~**arde** F *f* Teilnehmer(in) *m(f)* an e-r Sexparty
partouse [partuz] F *f* Sexparty *f*; ~**er** *v/i* an e-r Sexparty teilnehmen
partout [partu] *adv* **1.** über'all; *auch* überall'hin; *st/s* aller'orten; aller'orts; allent'halben; **de** ~ von überallher; ~ **où** überall da, wo; **un peu** ~ hier und da; *Kleidungsstücke* **traîner un peu** ~ **dans la pièce** im Zimmer verstreut herumliegen; **on ne peut être** ~ **à la fois** man kann nicht überall

zugleich sein; **2.** *Tennis* **trente** ~ **dreißig beide**; *Fußball* **deux buts** ~ **zwei zu zwei (2:2) unentschieden**
partouzard. **partouze(r)** *cf* **partousard, partouse(r)**
parturiente [partyrjãt] *f méd* Gebärende *f*; *sc* Par'turiens *f*; *adit* gebärend; ~**ition** *f* **a)** *méd* Gebären *n*; Geburtsvorgang *m*; *sc* Partu'ritio *f*; **b)** *zo* Werfen *n*
paru [pary] *pp* von **paraître**
parulie [paryli] *f path* Zahnfleischabszeß *m*; Zahngeschwür *n*; *sc* Pa'rulis *f*
parure [paryr] *f* **1.** *fig u litt* Zierde *f*; Schmuck *m*; **2.** zu'sammengehörende Schmuckstücke *n/pl*; Geschmeide *n/pl*; ~ **de diamants** Dia'mantschmuck *m*, -geschmeide *n/pl*; **3.** *für Frauen* (Wäsche-) Garni'tur *f*; **4.** *cout als Besatz für Kleider* Kragen *m* mit passenden Man'schetten; Garni'tur *f*; **5.** *Fleischerei* Haut- und Fettabfall *m*
parurerie [paryrri] *f* Posa'mentenhandel *m*; ~**ier** *m*, ~**ière** *f* Posa'menter(in) *m(f)*, -men'tierer(in) *m(f)*, -men'tier *m*
parution [parysjõ] *f e-s Buches, Romans* Erscheinen *n*
parvenir [parvənir] *v/t/indir* <*cf* **venir**; être> **1.** ~ **à qn, qc** zu j-m gelangen; bei j-m, etw anlangen, ankommen; zu j-m, etw (hin)kommen; j-n, etw erreichen; ~ **à un grand âge** ein hohes Alter erreichen; ~ **au bout de son voyage** am Ziel s-r Reise anlangen, ankommen; sein Reiseziel erreichen; *Frucht* ~ **à maturité** zur Reife kommen; *votre* **lettre m'est parvenue** Ihr Brief ist bei mir angekommen, hat mich erreicht, ist mir zugegangen; **la musique ne parvenait pas jusqu'à nous** die Musik drang nicht bis zu uns her, her'über, kam nicht bis zu uns herüber; **son nom est parvenu jusqu'à notre époque** sein Name ist bis in unsere Zeit über'liefert worden; **faire** ~ **qc à qn** j-m etw schicken; j-m etw zugehen, zukommen lassen; **2.** ~ **à faire qc** etw tun können; **il parvient à** (+*inf*) *auch* es gelingt ihm zu (+*inf*); **je ne parviens pas à déchiffrer son écriture** ich kann s-e Schrift nicht entziffern
parvenu(e) [parvəny] **I** *m(f)* Parve'nü *m*; Emporkömmling *m*; Neureiche(r) *f(m)*; **II** *adj* neureich
parvis [parvi] *m* (Kirchen)Vorplatz *m*; *der altchristlichen Basilika* Vorhof *m*; Para'dies *n*; Atrium *n*
pas[1] [pɑ, pɑ] *m* **1.** Schritt *m* (*auch fig*); Tritt *m*; ~ *pl auch* Fuß(s)tapfen *f/pl od* *m/pl*, Tritte *m/pl* (*im Schnee, Sand etc*); ♦ *hist mil* ~ **accéléré** Geschwindschritt *m*; **faux** ~ **a)** falscher Tritt; Tritt daneben; **b)** *fig* Fauxpas *m*; Taktlosigkeit *f*; **faire un faux** ~ **a)** stolpern; fehltreten; *st/s* straucheln; **b)** *fig* e-n Fauxpas, e-e Taktlosigkeit begehen; ~ **lourd** schwerer Schritt, Tritt; **premier** ~ erster Schritt (*auch fig*); *prov* **il y a que, c'est le premier** ~ **qui coûte** der erste Schritt ist immer der schwerste; aller Anfang ist schwer (*prov*); *fig* **ce n'est que le premier** ~ das ist nur der erste Schritt; **faire les premiers** ~ **a)** *Kind* die ersten Schritte machen, tun; **b)** *fig* **nach e-m Streit** den ersten Schritt zur Versöhnung tun; als erster die Hand zur Versöhnung reichen; das erste versöhnliche Wort sprechen; ♦ *hist mil* ~ **de charge** Sturmschritt *m*; ~ **de course** Lauf-, Sturm-, Geschwind-, Eilschritt *m*; **aller, marcher au** ~ **de course** im Laufschritt *etc* eilen, laufen, gehen; ~ **de gymnastique** Laufschritt *m* (*auch mil*); *mil* ~ **de l'oie** Pa'rade-, Stechschritt *m*; *mil* ~ **de route** beliebiger

Marschtritt; **marcher au** ~ **de route** ohne Tritt marschieren; **longueur** f **de** ~ Schrittlänge f; **trace** f **de** ~ Fußspur f; ♦ loc/adv: ~ **à** ~ [pazapa] Schritt für Schritt; schrittweise; **au** ~ im (gleichen) Schritt; **aller, marcher au** ~ im (gleichen) Schritt gehen; im gleichen (Schritt und) Tritt marschieren; mil **marcher au** ~ im Gleichschritt marschieren; **se met-tre au** ~ Tritt fassen; fig **mettre qn au** ~ j-n zur Ordnung rufen; F j-n auf Vorder-mann bringen; j-m den Kopf zurechtrük-ken, -setzen; pol j-n gleichschalten; Auto **rouler au** ~ (im) Schritt fahren; **à chaque** ~, **à tous les** ~ bei jedem Schritt; **à** ~ **comptés, mesurés** gemes-senen Schrittes; mit gemessenen, be-dächtigen Schritten; **marcher à** ~ **comptés, mesurés** auch gemessen, bedächtig schreiten; **à grands** ~ mit großen, langen, weit ausgreifenden Schritten; fig **avancer à grands** ~ rasche, große Fortschritte machen; **marcher, aller à grands** ~ große, lange Schritte machen; **à petits** ~ mit kleinen, kurzen Schritten; **marcher à petits** ~ kleine, kurze Schritte machen; ~ **réguliers** gleichmäßigen Schrittes; mit gleichmäßigen Schritten; **à** ~ **de géant** mit Riesenschritten; **marcher à** ~ **de géant** Riesenschritte machen; **à** ~ **de loup** auf leisen Sohlen; **s'approcher à** ~ **de loup** auch leise her'anschleichen; **d'un** ~ (um) e-n Schritt; **s'approcher, s'avancer, recu-ler d'un** ~ e-n Schritt näher treten, vor-, zurücktreten; **marcher d'un bon** ~ kräftig, tüchtig ausschreiten; F e-n guten Schritt am Leib haben; **de ce** ~ stehenden Fußes; so'fort; auf der Stelle; ♦ **allonger le** ~ größere, längere Schritte machen; schneller gehen; **cé-der le** ~ cf céder 1.; mil **changer de** ~ den Schritt, Tritt wechseln; **emboîter le** ~ **à qn** cf emboîter 2.; **faire les cent** ~ auf und ab gehen; hin und her gehen; fig **faire un grand** ~ e-n guten Schritt, ein gutes Stück vorwärts-, voran-, wei-terkommen; **faire un** ~ **en avant, en arrière** e-n Schritt vor-, zurücktreten; **'hâter, presser le** ~ s-n Schritt be-schleunigen; schneller gehen; schnel-ler gehen; st/s s-e Schritte beflügeln; F Tempo vorlegen; mil **marquer le** ~ auf der Stelle treten (auch fig); **prendre le** ~ **sur qn** a) zuerst eintreten; vor j-m eintreten; b) fig j-n über'flügeln, hinter sich lassen; **ralentir le** ~ im Schritt verlangsamen; langsamer gehen; **recon-naître qn à son** ~ j-n am Schritt erkennen; **retourner, revenir sur ses** ~ umkehren; fig **sortir, se tirer d'un mauvais** ~ F den Kopf aus der Schlinge ziehen; sich aus der Klemme ziehen; **2.** Entfernungsangabe ~ pl Schritt m/pl; **dix** ~ **plus loin** zehn Schritt weiter; **à trente** ~ in dreißig Schritt Entfernung; fig **c'est à deux** ~ **d'ici** das ist ganz in der Nähe, in nächster Nähe; das ist nur ein paar Schritt von hier entfernt; **de** ~ **à** ~ ... il n'y **a qu'un** ~ F das ist nur ein Katzen-sprung; **3.** beim Tanzen (Tanz)Schritt m; Ballett Tanz m; ~ **seul** Solo-, Einzeltanz m; ~ **de deux** Pas de deux m; Tanz m, Ballett n für zwei; ~ **de tango** Tango-schritt m; ~ **de trois** Pas de trois m; Tanz m, Ballett n für drei; **4.** Skilanglauf Schritt m; ~ **alternatif** Diago'nalschritt m; ~ **tournant** 'Umtreten n, -laufen n; ~ **en ciseau, en escalier** Gräten-, Trep-penschritt m; Gangart des Pferdes Schritt m; ~ **allongé, rassemblé** lan-ger, versammelter Schritt; **aller au** ~ im Schritt gehen; **6.** loc/adv **sur le** ~ **de la porte** vor der, in der Haustür; vor dem

Haus; **7.** comm bei Mietung ~ **de porte** Abstand(szahlung) m(f) (vom neuen Mieter an den vorigen); **8.** géogr **le** ⊗ **de Calais** die Straße von Dover; **9.** tech a) (Gewinde)Gang m; ~ **de fusée** Schnek-kengang m; ~ **de vis** Schraubengang m; b) (Gewinde)Steigung f; Ganghöhe f (auch math e-r Schraubenlinie); aviat **hélice** f **à** ~ **variable** Verstell-Luft-schraube f; c) e-s Zahnrades (Zahn-) Teilung f; d) bei e-m gezogenen Ge-schützrohr ~ **de rayure** Drall m; **10.** beim Weben Fach n; Sprung m

pas² [pɑ, pa] adv der Verneinung **1.** mit ne verbunden ⟨in der gesprochenen Sprache meist ohne ne⟩ a) ne ... ~ nicht; **il ne vient** ~ er kommt nicht; **je ne vous ai** ~ **vu** ich habe Sie nicht gesehen; **je ne veux** ~ **le voir** ich will ihn nicht sehen; **je ne peux** ~ **ne** ~ **y croire** ich kann nicht um'hin, daran zu glauben; **je regrette de ne** ~ **avoir vu** od **de n'avoir** ~ **vu la pièce** ich bedauere (es), das Stück nicht gesehen zu haben; **il ne sait** ~ **parler** er kann nicht sprechen; **il sait ne** ~ **parler** er kann schweigen, den Mund halten; **ce n'est** ~ **absolument vrai** das ist nicht unbedingt wahr; **ce n'est** ~ **absolument** ~ **vrai** das ist ganz und gar nicht wahr; das ist völlig un-wahr; b) ne ... ~ **de** (+subst) kein(e); **je n'ai** ~ **d'argent** ich habe kein Geld; c) ne ... **plus** ~ nicht; **je n'en dis** ~ **plus** mehr sage ich nicht darüber; **mehr will ich nicht darüber sagen;** d) ne ... ~ **non plus** auch nicht; **je n'y vais** ~ **non plus** ich gehe auch nicht hin; e) ne ... ~ **plus, moins que** nicht mehr, weniger als; **je n'en sais** ~ **plus que toi** ich weiß nicht mehr darüber als du; **il n'est** ~ **moins intelligent que toi** er ist nicht weniger intelligent als du; f) ne ... ~ **que** nicht nur; nicht bloß; ne **pense** ~ **qu'à toi!** denk nicht nur, bloß an dich!; **il n'y a** ~ **que toi ici!** du bist nicht allein hier!; g) ne **pas** ~ **que** ..., **mais** ... nicht (etwa), daß ..., aber ...; **ce n'est** ~ **que le voyage lui faisait peur, mais** ... nicht (etwa), daß die Reise ihm Angst einflößte, aber ...; h) ne ... ~ **seulement** ... **mais aussi** nicht nur ... sondern auch; **il ne fait** ~ **seulement de l'aquarelle, mais il est aussi sculp-teur** er aquarelliert nicht nur, sondern er ist auch Bildhauer; **i**) ce n'est ~ **sans** ...; ce n'est ~ **sans hésita-tion qu'il a** ... nur zögernd hat er ...; **j**) am Anfang des Satzes; ~ **le moindre bruit ne se faisait entendre** nicht das geringste Geräusch war zu hören; ~ **un ne le crut** nicht einer, keiner glaubte ihm; ~ **une voiture n'était sur la route** kein, nicht ein Auto fuhr auf der Straße; **2.** mit **non** verbunden; cf non I 1.; **3.** ellip vor ne: a) mit adv: **tu acceptes?** – ~ **absolument** ~! ... keinesfalls!; **avez-vous de l'argent?** – ~ **beaucoup** ... nicht viel; **il es rentré?** – ~ **encore** ... noch nicht; **qui l'a cassé? moi,** ~ od ~ **moi** ... ich nicht; **pourquoi** ~? warum nicht?; ~ **si vite!** nicht so schnell!; **sûrement** ~ ganz bestimmt, gewiß nicht! ~ **du tout** überhaupt nicht; durchaus nicht; ganz und gar nicht; cf auch tout IV 1.; b) vor e-m adj od p/p: **c'était un homme** ~ **courageux** er war kein beherzter Mann; **raconter une histoire** ~ **drôle** e-e nicht sehr lustige Geschichte erzäh-len; **il a un travail** ~ **fatigant** er hat kei-ne ermüdende Arbeit; **manger des poi-res** ~ **mûres** unreife Birnen essen; c) bei Gegenüberstellung: **c'est votre désir,** ~ **le mien** od **le mien** ~ ... nicht meiner; **c'est la peur qui t'a poussé, et** ~ **ton intime conviction** ... und nicht deine innere

Überzeugung; **ceci est à vous ou** ~? gehört das Ihnen oder nicht?; d) meist F in e-m Frage- od Ausrufesatz, zur Bekräf-tigung e-r Aussage etc: ~ **de blagues!** mach bzw macht etc keine Dummheiten, keinen Unsinn!; ~ **de ça, Lisette!** nichts da!; kommt nicht in Frage!; ~ **de chan-ce!** Pech (gehabt)!; ~ **changé depuis que je le connais, ton père!** dein Vater ist immer derselbe, hat sich nicht verän-dert ...; ~ **faut** ~ **t'en faire!** (mach dir) keine Sorge!; ~ **d'histoires!** (jetzt wird) kein Theater (gemacht)!; **si c'est** ~ **malheureux!** das ist doch traurig, bedauerlich!; ~ **possible!** nicht mög-lich!; **tombera, tombera** ~? fällt er, fällt er nicht?; wird er fallen oder nicht?; ~ **vrai?** od nur ~? nicht wahr?; F gelt?; gell?; ~ **vu!** habe ich nicht gesehen!

pascal¹ [paskal] adj ⟨-als od -aux⟩ rel **1.** österlich; Oster...; **cierge** ~ Osterkerze f; **temps** ~ österliche Zeit; Osterzeit f; **2.** bei den Juden Passah...; **agneau** ~ Pas-sah-, Osterlamm n

pascal² [paskal] m ⟨pl ~s⟩ (abr Pa) phys Druckeinheit Pas'cal n (abr Pa); Newton n pro m² (abr N/m²)

pascuan [paskɥɑ̃] adj géogr der Oster-insel

pas-d'âne [pɑdɑn] m ⟨inv⟩ **1.** bot Huf-lattich m; **2.** vét Maulgatter n

pas-de-géant [pɑdʒeɑ̃] m ⟨inv⟩ gym Rundlauf m

pas-de-porte [pɑdpɔrt] m ⟨inv⟩ cf pas¹ 7.

paso doble [pasodɔbl(ə)] m ⟨inv⟩ Tanz Paso doble m

passable [pasabl(ə)] adj **1.** in der Quali-tät leidlich; annehmbar; pas'sabel; eini-germaßen, halbwegs gut; **il parle un français** ~ auch F er spricht ein erträgli-ches Französisch; **2.** Schulnote ausrei-chend

passablement [pasabləmɑ̃] adv **1.** leid-lich; einigermaßen; ziemlich gut; **2.** ziemlich viel; **il faut déjà** ~ **d'intelligence pour** ~ man muß schon ziemlich intelligent sein, F man braucht schon e-e tüchtige Portion Intel-ligenz, um zu ...

passacaille [pasakaj] f mus Passacaglia [-'kalja] f

passade [pasad] f **1.** Liebesabenteuer n; flüchtige Liebschaft; kurze, kleine Lie-besaffäre; **2.** Laune f; rasch verfliegende Begeisterung; Strohfeuer n; **3.** Hohe Schule Pas'sade f

passage [pasaʒ] m **1.** Handlung a) an e-m Ort Vor'bei- od Vor'übergehen n, -kommen n; in e-m Fahrzeug, e-s Fahr-zeugs Vor'beifahren n, -fahrt f; Vor-'überfahren n; zu Pferde Vor'beireiten n, -ritt m; Vor'überreiten n; von Vögeln Vor'bei- od Vor'überfliegen n, -ziehen n; loc/adv: **au** ~ im Vorbei-, Vorübergehen, -reiten, -fahren etc; **les gens se décou-vraient sur le** ~ **du cortège** ... als der Zug vorbeikam; **des bandes de voleurs parcouraient la ville en semant la ter-reur sur leur** ~ ... und verbreiteten Entsetzen, wo sie hinkamen; **attendre le** ~ **de l'autobus** warten, bis der Autobus kommt; auf den Autobus war-ten; **guetter le** ~ **de qn** j-m (am Wege) auflauern; b) durch e-n Ort 'Durchreise f; 'Durchfahrt f (auch von Fahrzeugen); 'Durchfahren n; mil 'Durchmarsch m, -zug m; ~ **interdit!** Durchfahrt, -gang verboten!; loc/adj **de** ~ 'durchreisend, -fahrend; auf der Durchreise, -fahrt (befindlich); **Vogel** 'durchziehend; **hôte** m **de** ~ durchreisender Gast; Durch-reisende(r) m; **être de** ~ **à Paris** auf der Durchreise in Paris sein; loc/adv: **il viendra me voir à son** ~ **à Paris** er wird

mich auf der Durchreise in Paris besuchen (kommen); *fig* **pendant son ~ au ministère** in der kurzen Zeit, in der er im Ministerium tätig war; **rue** *f* **où il y a du ~** belebte, verkehrsreiche, stark befahrene Straße; **c)** *e-s Flusses* Über'queren *n*, -ung *f*; Pas'sieren *n*, -ung *f*; 'Übersetzen *n*; 'Übergang *m*, 'Überfahrt *f* (**du fleuve** über den Fluß); *e-s Gebirges* Über'queren *n*, -ung *f*; Pas'sieren *n*, -ung *f*; 'Übergang *m* (**des Alpes** über die Alpen); *e-r Grenze* Über'schreiten *n*, -ung *f*; Pas'sieren *n*, -ung *f*; 'Übergang *m*, 'Übertritt *m* (**de la frontière** über die Grenze); *mar des Äquators* Pas'sieren *n*, -ung *f*; **~ de la frontière** *auch* Grenzübertritt *m*; **d)** *per Schiff übers Meer* 'Überfahrt *f*; Pas'sage *f*; **e)** *von e-m Zustand in den anderen* 'Übergang *m*; *fig* Wandel *m*; **le ~ de la crainte à l'espoir** der Wandel von der Furcht zur Hoffnung; **le ~ du jour à la nuit** der Übergang vom Tag zur Nacht; **f)** *sports* **~ du témoin** Stabübergabe *f*, -wechsel *m*; **2.** *Ort* 'Durchgang *m*, -fahrt *f*, -laß *m*; *bes ch de fer, Straßenverkehr* 'Übergang *m*; *überdacht, zwischen zwei Straßen* Pas'sage *f*; *fig* Weg *m*; Bahn *f*; **~ clouté** (mit Nägeln markierter) Fußgängerüberweg; *beim Bergsteigen* **un ~ difficile** e-e schwierige Stelle; *ch de fer* **~ inférieur, en dessous** Unter'führung *f* (*der Straße unter der Bahnlinie*); *Straßenverkehr* **~ protégé** Kreuzung, bei der e-e Straße ein Vorfahrtzeichen, die andere ein Haltzeichen hat; *als Aufschrift* Vorfahrt an der nächsten Kreuzung; **~ souterrain** Unter'führung *f*; *in e-m Bahnhof auch* Fußgängertunnel *m*; *ch de fer* **~ supérieur, en dessus** Über'führung *f* (*der Straße über die Bahnlinie*); **~ à niveau (gardé)** (beschrankter) schienengleicher Bahnübergang; (beschrankter) Ni'veauübergang; **~ pour piétons** Fußgängerüberweg *m*, -übergang *m*; **laissez le ~!** lassen Sie den Weg, Durchgang frei!; **livrer ~ à qn** *cf* livrer 3.; **il eut le malheur de se trouver sur mon ~** er hatte das Unglück, meinen Weg zu kreuzen; **3.** *in e-m Buch, Musikstück, Film, in e-r Rede* Stelle *f*; Pas'sage *f*; *in e-m Text, Buch auch* Passus *m*; **4.** *für Schüler, die in höchstens zwei Fächern e-e zu schwache Leistung aufweisen* **examen** *m* **de** (Versetzungs)Prüfung *f* (*in den betreffenden Fächern*); **5.** F *fig* **~ à tabac** (Ver)Prügeln *n* (*durch die Polizei*); Prügel *pl*; **6.** *fig* **~ à vide** F völliges Abschalten (*infolge Übermüdung*); **avoir un ~ à vide** F geistig weggetreten sein; Mattscheibe haben; **7.** *jur* **servitude** *f*, **droit** *m* **de ~** Wegerecht *n*; **8.** *astr* 'Durchgang *m*; **~ au méridien** Pas'sage *f*; **~ de Mercure, de Vénus** Mer'kur-, Venusdurchgang *m*; **instrument** *m* **de ~** Durchgangs-, Passageinstrument *n*; **9.** *mus* Pas'sage *f*; **10.** *Hohe Schule* Pas'sage *f*; **11.** *peint* **~s** *pl* 'Übergänge *m/pl*; **12** *in e-r Wohnung* kurzer, schmaler Gang, Korridor; **13.** *Webereivorbereitung* Pas'sieren *n*; Einziehen *n*

passag|er[1] [pasaʒe] *m*, **~ère** *f mar* Passa'gier *m*; Fahrgast *m*; *aviat* (Flug-)Passa'gier *m*; Fluggast *m*, -reisende(r) *f(m)*; Insasse *m* (*auch e-s Autos*); *e-s öffentlichen Verkehrsmittels* Fahrgast *m*; Insasse *m*; **liste** *f* **des passagers** Passagierliste *f*

passager[2] [pasaʒe] *adj* <-ère> **1.** (rasch) vor'übergehend; von kurzer Dauer; kurz; *Glück, Schönheit* vergänglich; *Glück auch* flüchtig; **2.** *Straße cf* **passant** II.

passant [pasã] **I** *adj* **1.** *Straße* belebt; verkehrsreich; stark befahren; lebhaft; **2.** *Heraldik: Wappentier* schreitend; **II** *loc/adv* **en ~** a) im Vor'bei-, Vor'übergehen; b) beiläufig; neben'bei; am Rande; **soit dit en ~** beiläufig, nebenbei gesagt; *Bauer beim Schachspiel* **prendre en ~** en passant schlagen; **relever quelques fautes en ~** bei flüchtiger 'Durchsicht, beim Über'fliegen ein paar Fehler entdecken; **renverser qc en ~** etw im Vorbeigehen umstoßen; **III** *subst* **1.** **~(e)** *m(f)* Pas'sant(in) *m(f)*; Vor'übergehende(r) *f(m)*; **2.** *von Befugnissen* Über'gürtel *m*; **2.** (Gürtel)Schlaufe *f*

passation [pasasjõ] *f* **1.** *e-s Vertrages* Abschluß *m*; **~ du contrat** Vertragsabschluß *m*; *von Befugnissen* Über'tragung *f*; **3.** *Buchführung* **~ d'écriture** Buchung *f*

passavant [pasavã] *m* **1.** *comm, jur* Bescheinigung *f*, Pas'sierschein *m* für den steuer- *bzw* zollfreien Verkehr; Zollfreischein *m*; **~ descriptif** Nämlichkeitsbescheinigung *f*; **2.** *mar bes auf Tankern* Laufbrücke *f*

passe[1] [pɑs, pas] *m Kurzwort für* **passe--partout** 1.

passe[2] [pɑs, pas] *f* **1.** *sports bei Ballspielen* Zuspiel *n*; Ballabgabe *f*; Abspiel *n*; *bes Eishockey auch* Passen *n*; *Fußball* **~ en arrière** Rückpaß *m*; **faire une ~ à qn** j-m den Ball zuspielen; *den Ball zu j-m abspielen*; **2.** *esc* Pati'nando *n*; **3.** *Stierkampf* Pas'sage *f*; **4.** **~ d'armes** a) Waffengang *m*; b) *litt u fig* Wortgefecht *n*, -streit *m*; Dis'put *m*; Ausein'andersetzung *f*; **5.** *Mesmerismus* **~s (magnétiques)** *pl* magnetische Striche *m/pl*; Bestreichungen *f/pl*; Passes *f/pl*; **faire des ~s** strichartige Bewegungen ausführen; bestreichen; **6.** *mil* **mot** *m* **de ~** Losung(swort) *f(n)*; Kennwort *n*; Pa'role *f*; **7.** **hôtel** *m*, **maison** *f* **de ~** Stundenhotel *n*; Absteige *f*; **8.** *fig* **être dans une bonne ~** e-e gute, glückliche Zeit erleben; F e-e Glückssträhne haben; **être dans une mauvaise ~** e-e schwere Zeit 'durchmachen; F e-e Pechsträhne haben; **être en ~ de** (+*inf*) auf dem besten Wege sein, gute Aussichten haben zu (+*inf*); **9.** *impr* (**main** *f* **de**) **~** Zuschlag(bogen) *m(m/pl)*; **exemplaire** *m*, **livre** *m* **de ~** über die vorgesehene Auflagenziffer hinaus gedrucktes Exemplar; **10.** *tech beim Walzen* 'Durchgang *m*; Stich *m*; **11.** *mar* a) Fahrwasser *n*; Fahr(t)rinne *f*; *zwischen Klippen etc* 'Durchfahrt *f*; Pas'sage *f*; b) Törn *m*; **12.** *comm* **~ de caisse** kleine Summe, mit der ein Manko in der Kasse ausgeglichen werden kann; **13.** *e-s Hutes* Krempe *f*; Hutrand *m*; **14.** *Roulett* passe

passé [pɑse, pa-] **I** *m* **1.** Vergangenheit *f*; Vergangene(s) *n*; **le ~ et le présent** *auch* das Gestern und das Heute; *loc/adv:* **dans le ~** in der Vergangenheit; **vivre dans le ~** in der Vergangenheit, im Gestern leben; **dans le lointain ~** in ferner Vergangenheit; in fernen Zeiten; **dans le plus lointain ~** in grauer Vorzeit; einst; **par le ~** früher; **cela appartient au ~** das gehört der Vergangenheit an; F **tout ça, c'est du ~** das gehört alles der Vergangenheit an, das ist e-e alte Geschichte; das ist alles vergangen und vergessen; **oublions le ~!** vergessen wir das Vergangene, was vergangen ist, was früher war!; **2.** *e-r Person* Vergangenheit *f*; vergangenes Leben; Vorleben *n*; il **a un long ~ de souffrance** er hat e-e lange Leidenszeit hinter sich; er hat e-e leidvolle Vergangenheit; **il revoyait les images de son ~** er sah die Bilder s-s (vergangenen)

Lebens wieder vor sich; **3.** *gr* Vergangenheit *f*; **~ antérieur** zweites Plusquamperfekt; **~ composé** Perfekt *n*; zweite Vergangenheit; voll'endete Gegenwart; **~ simple** historisches Perfekt; Passé simple *n*; **temps** *m* **du ~** Tempus *n* der Vergangenheit; **4.** **broderie** *f* **au ~** Spannstichstickerei *f*; **II** *prép* <*inv*> **1.** *zeitlich* nach; **~ dix heures**, *il ne faut pas faire du bruit* nach zehn Uhr ...; **~ le délai** nach Ablauf der Frist; **2.** *selten örtlich* hinter; **~ la poste**, *tournez à droite!* hinter der Post ...; **III** *adj* **1.** vergangen; **l'année ~e**, **l'an ~** a) das vergangene, vorige, verflossene, letzte Jahr; b) *loc/adv* vergangenes, voriges, letztes Jahr; im vergangenen, vorigen, verflossenen, letzten Jahr; **il est onze heures ~es** es ist elf (Uhr) durch; **2.** *gr* **participe ~** Partizip Perfekt *n*; Mittelwort *n* der Vergangenheit; zweites Partizip, Mittelwort; **3.** *Farbe* verblichen; verschossen; *Blumen* verwelkt

passe|-bande [pɑsbãd, pa-] *adj* <*inv*> **rad filtre** *m* **~** Bandfilter *n*, -paß *m*; **~-bas** *adj* <*inv*> **rad filtre** *m* **~** Tiefpaß *m*

passe|-crassane [pɑskrasan, pa-] *f* <*inv*> Birnensorte (*e-e*) Berga'motte; **~--droit** *m* <*pl* passe-droits> ungerechtfertigte Bevorzugung; Schiebung *f*

passée [pɑse, pa-] *f* **1.** *ch* a) Fährte *f*; b) (Wild)Wechsel *m*; Wildpfad *m*; *der Schnepfen* Schnepfenstrich *m*; **d)** Schnepfenjagd *f*; **e)** Schnepfengarn *n*; **2.** *Weberei* **a)** Hinundherlaufen *n* des Schiffchens; **b)** Schuß *m*; Einschlag *m*; Eintrag *m*

passe-haut [pɑs(ə)o, pa-] *adj* <*inv*> **rad filtre** *m* **~** Hochpaß *m*

passé|isme [pɑseism(ə)] *m* nost'algisches Festhalten am Vergangenen; **~iste** *adj* vergangenheitsbezogen; nost'algisch; traditiona'listisch

passe|-lacet [pɑslase, pa-] *m* <*pl* passe--lacets> **1.** 'Durchziehnadel *f*; **2.** P *fig* **être raide comme un ~** F völlig abgebrannt, blank sein; aus *od* auf dem letzten Loch pfeifen; **~-main** *m* <*pl* passe-mains> *mil* Porte'pee *n*

passement [pɑsmã] *m* Posa'ment *n*; *meist pl* **~s** Posamenten *n/pl*; Passe'menten *n/pl*

passement|erie [pɑsmãtri] *f* **a)** Posa'menten *n/pl*; Passe'menten *n/pl*; **b)** Posamente'rie *f*; **~ier** *m*, **~ière** *f* **1.** Posa'menter(in) *m(f)*; Posamentie'rer(in) *m(f)*; Posament'tier *m*; **2.** *adit* **industrie passementière** Posamente'rie *f*

passe|-montagne [pɑsmõtaɲ, pa-] *m* <*pl* passe-montagnes> Kopfschützer *m*; **~-muraille** *m* <*inv*> M. Aymé Le **~** Der Mann, der durch die Wand gehen konnte; *plais* **c'est un ~** er kann sich unsichtbar machen

passe-partout [pɑspartu, pa-] *m* <*inv*> **1.** Hauptschlüssel *m*; **2. a)** Wechselrahmen *m*; **b)** Passepar'tout *n*; **3.** *tech* Schrot-, Zug-, Waldsäge *f*; **4.** *adit* <*inv*> für alle Gelegenheiten passend; einheitlich; uni'form; F Nullacht'fuffzehn-...; **mot** *m* **~** Aller'weltswort *n*; **robe** *f* **~** Kleid *n* für jede Gelegenheit

passe|-passe [pɑspɑs, pa-] *m* <*inv*> **tour** *m* **de ~** a) Taschenspielerkunststück *n*, -trick *m*; b) *fig* geschickter Betrug; **~-pied** *m* <*pl* passe-pieds> *alter Tanz aus der Bretagne* Passepi'ed *m*; **~-pierre** *f* <*pl* passe-pierres> *cf* perce-pierre; **~-plat** *m* <*pl* passe-plats> 'Durchreiche *f*

passepoil [pɑspwal] *m cout* Paspel *f*; *österr* Passe'poil *m*; Vorstoß *m*; *an Uniformen auch* Biese *f*; **~er** *v/t cout* pas-

pe'lieren; paspeln; mit e-r Paspel, *bes Uniformen* mit e-r Biese versehen; *österr* passepoi'lieren

passeport [paspɔr] *m* **1.** (Reise)Paß *m*; ~ diplomatique Diplo'matenpaß *m*; délivrer un ~ e-n Paß ausstellen; *Diplomat* demander ses ~s s-e Pässe anfordern; **2.** *mar* **a)** *etwa* Fahrterlaubnisschein *m* (*der die Entrichtung der Schiffahrtsabgaben bestätigt*); **b)** *im Kriege* Navicert ['nɛvisœːrt] *n*

passer [pɑse, pa-]
I *v/t* **1.** *Fluß* über'queren; über'schreiten; pas'sieren; übersetzen, fahren über (+*acc*); *Grenze* über'schreiten; pas'sieren; gehen über (+*acc*); *Hindernis* über'winden; nehmen; *Kap* um'schiffen; um'fahren; **son chemin** weitergehen; s-n Weg fortsetzen; s-r Wege gehen; *Waren* ~ la douane den Zoll passieren, durch'laufen; den Zoll geben; **quand vous aurez passé la gare ...** wenn Sie am Bahnhof vor'beigegangen sind, wenn Sie den Bahnhof hinter sich gelassen haben ...; ~ la grille du jardin das Gartentor durch'schreiten; *sports* ~ deux mètres en 'hauteur (im Hochsprung) zwei Meter über'springen; ~ le seuil über die Schwelle treten; faire ~ une rivière à qn j-n über e-n Fluß setzen; **2.** *fig Grenze, bestimmtes Alter* über'schreiten; *Stolz, Frechheit* ~ les bornes, les limites zu weit gehen; die, alle Grenzen überschreiten; il a passé la cinquantaine er hat die Fünfzig überschritten; er ist über die Fünfzig hinaus; *Kranker* il ne passera pas la nuit er wird die Nacht nicht über'stehen, über'leben; **3.** *Zeit, Stunden* verbringen; *Urlaub auch* verleben; *Tier* ~ l'hiver über'wintern (à, en in +*dat*); elle ne passe pas un jour sans m'écrire es vergeht kein Tag, an dem sie mir nicht schreibt; ~ une bonne nuit gut schlafen; *Kranker* e-e gute Nacht haben, verbringen; ~ ses journées, son temps, sa vie, *etc* à faire qc s-e Tage, s-e Zeit, sein Leben *etc* damit zubringen, damit verbringen, darauf verwenden, etw zu tun; ... mit etw zubringen, verbringen; ~ ses journées à ne rien faire s-e Tage mit Nichtstun verbringen; je les pour ~ le temps ich lese, um mir die Zeit zu vertreiben; ich lese zum Zeitvertreib; **4.** ~ un examen e-e Prüfung machen, ablegen; sich e-r Prüfung (*dat*) unter'ziehen; il a passé l'oral avec mention «bien» er hat das Mündliche mit „gut" bestanden; ~ un test getestet werden; e-n Test machen; e-m Test unter'zogen werden; faire ~ un examen, un test à qn j-n prüfen, testen (lassen); j-n e-r Prüfung, e-m Test unter'ziehen; **5.** *Wort, Zeile* aus-, weglassen; über'sehen; über'springen; über'gehen; *bei e-r Erzählung etc* j'en passe et des meilleurs ich übergehe einiges, und nicht das Schlechteste; *beim Karten-, Dominospiel* ~ son tour passen; *abs* je passe! (ich) passe! **6.** ~ qc à qn j-m etw 'durchgehen lassen, nachsehen; *cf auch* **7.**; passez-moi ce mot, cette expression! verzeihen Sie dieses Wort, diesen Ausdruck! **7.** ~ qc à qn j-m etw geben, *bes bei Tisch* (hin'über-, her'über-, F rüber)reichen, *durch e-e Durchreiche* 'durchreichen; *tél:* ~ qn à qn j-n mit j-m verbinden; je vous passe Monsieur X ich gebe Ihnen Herrn X; ich verbinde Sie mit Herrn X; *sports* ~ le ballon à qn j-m den Ball zuspielen; den Ball an j-n abgeben, zu j-m abspielen; elle avait son bras passé sous celui de son mari sie hatte ihren Arm unter den ihres Mannes geschoben; sie hatte sich bei

ihrem Mann eingehakt; *comm* ~ une commande à qn bei j-m e-e Bestellung aufgeben; j-m e-n Auftrag erteilen; ~ la consigne à qn j-m genaue Anweisungen geben, hinter'lassen; *tél* F ~ un coup de fil à qn j-n anrufen; ~ une maladie à qn j-n (mit e-r Krankheit) anstecken; e-e Krankheit auf j-n über'tragen; ~ la parole à qn das Wort an j-n weitergeben; *abs* F qu'est-ce qu'il lui a passé! F der hat ihn vielleicht runtergeputzt, abgekanzelt! **8.** *jur Rechtsgeschäft, Vertrag* abschließen; *comm* ~ un marché ein Geschäft, e-n Kauf, Handel abschließen; e-n Abschluß tätigen; **9.** *Kleidungsstück* (rasch) 'überziehen, -streifen, anziehen, *beim Kauf auch* anprobieren; ~ une robe *auch* (rasch) in ein Kleid schlüpfen; **10.** *cuis* Soße, Suppe, Brühe (durch ein Sieb) pas'sieren; 'durchpassieren, -seihen; *Tee* durch ein Sieb laufen lassen, gießen; *Kaffee* filtern; ~ au crible ('durch)sieben; *fig Ansicht, Gedanke, Erklärung* sorgfältig prüfen; unter die Lupe nehmen; ~ au tamis ('durch)sieben; **11.** *Film* vorführen; zeigen; *thé* aufführen; zur Aufführung bringen; *e-e Platte* auflegen; laufen lassen; (ab)spielen; **12.** *auto* ~ la od sa seconde in den zweiten Gang geben; den zweiten Gang einlegen; ~ les vitesses schalten; **13.** *Buchführung* ~ une écriture e-e Buchung vornehmen; e-e Eintragung machen; ~ qc à pertes et profits das Gewinn- und Verlustkonto mit etw belasten; etw auf dem Gewinn- und Verlustkonto verbuchen; ~ un article en compte, sur le compte e-n Posten (ver)buchen, eintragen; **14.** ~ sa colère sur qn s-n Zorn an j-m auslassen, abreagieren; ~ son envie *cf* envie **2.**; **15.** ~ un faux billet, une fausse pièce e-n falschen Geldschein, e-n falsches Geldstück in Zahlung geben, bei der Bezahlung anbringen; *Waren etc* ~ en fraude (ein-, her'aus)schmuggeln; **16.** ~ qc à, dans, sur, *etc* etw an e-e bestimmte Stelle bringen; ~ une bague au doigt e-n Ring an den Finger stecken; ~ la main dans les cheveux, sur le front de qn j-m mit der Hand durch die Haare fahren, über die Stirn streichen; faire ~ une annonce dans le journal e-e Anzeige, Annonce aufgeben, in die Zeitung setzen; *Gummiband* ~ dans l'ourlet in den Saum einziehen; durch den Saum ('durch-)ziehen; ~ le bras par la portière den Arm zum Wagenfenster her'aus- *bzw* hin'ausstrecken, -stecken; **17.** ~ qc à qc etw mit etw behandeln; *Wunde* ~ à l'alcool mit Alkohol auswaschen, reinigen; *Wäsche* ~ au bleu bläuen; *Parkett* ~ à la cire wachsen; *Zeichnung* ~ à l'encre mit Tusche ausziehen; *Nadel zur Sterilisation* ~ à la flamme ausglühen; F *fig Polizei* ~ qn à tabac j-n (ver)prügeln; ~ qn par les armes j-n (*acc*) auftragen; ~ la cire sur le parquet das Parkett wachsen; ~ une couche (deux couches) de peinture sur qc e-e Farbschicht (zwei Farbschichten) auf etw auftragen; etw (zweimal) streichen; **19.** *mil* ~ la revue des armes Waffenappell abhalten; ~ en revue *cf* revue **5.**; **II** *v/i* ⟨avoir, *häufiger* être⟩ **20.** *an e-m Ort* vor'bei- od 'durchkommen, -laufen, (*in e-m*) Fahrzeug -fahren, *zu Pferd* -reiten; *durch e-n Ort* 'durchgehen, -laufen, -kommen, -reisen, *mil* -ziehen, -marschieren, (*in e-m*) Fahrzeug -fahren, *zu Pferd* -reiten; *von e-m Ort zu e-m anderen* gehen; (*in e-m*) Fahrzeug fahren; *zu Pferd* reiten; *cuis Kaffee*

(*durch den Filter*) 'durchlaufen; *élect Strom* fließen; *fig: Gesetz im Parlament* 'durchkommen; verabschiedet, angenommen werden; *Idee, Ideologie etc* sich 'durchsetzen; Boden gewinnen; *Gegenstand, Rundschreiben, Parole etc* her'umgehen; ne pas ~ *Zeitung* durch zu engen Briefschlitz nicht 'durchgehen; *Essen im Magen liegen*; *thé Szene etc* beim Publikum nicht ankommen, kein Echo finden; *mil an e-m Frontabschnitt* l'ennemi ne passera pas der Feind wird nicht 'durchbrechen, -stoßen, -kommen;
Wendungen **a)** *alleinstehend*: défense de ~! 'Durchgang, -fahrt verboten!; halte, on ne passe pas! ... hier ist kein 'Durchgang, keine 'Durchfahrt!; ... hier können Sie nicht durch!; *höfliche Aufforderung* passez donc! bitte, treten Sie ein!; *zu großer Bissen* ça fait mal quand ça passe den spüre ich, bis er unten, im Magen ist; il n'y a pas moyen de ~ man kommt nicht durch, vorbei; es ist kein 'Durchkommen; le boulanger passe tous les mardis der Bäcker kommt jeden Dienstag (durch, vorbei); le facteur vient de ~ der Briefträger ist gerade dagewesen; *in Märchen ...* le roi vint à ~ ... da kam der König gerade vorbei; *beim Kartenspiel* son tour a passé er muß passen; er kann nicht spielen, *beim Domino* anlegen; **b)** *mit inf:* il est passé me prendre er hat mich abgeholt; F er ist mich abholen gekommen; je passerai voir Paul à l'hôpital ich werde Paul kurz im Krankenhaus besuchen (gehen); **c)** *mit adj u adv:* en passant *cf* passant II; ~ inaperçu *cf* inaperçu; ~ outre à qc *cf* outre[2] II L.; ~ y *Vermögen, Ersparnisse* F draufgehen; P dabei zum Teufel gehen; *Person* P draufgehen; dran glauben müssen; P ins Gras beißen müssen; kre'pieren; tout le monde y passe jeder muß das 'durchmachen, auf sich nehmen, über sich ergehen lassen; jeder muß sich das gefallen lassen; il n'épargne personne dans ses critiques, tout le monde y passe *auch* ... jeder wird aufs Korn genommen, F wird 'durchgehechelt; **d)** *mit prép u loc/adv:* ~ à räumlich gehen in (*e-n Raum*); *fig* 'übergehen zu; mil ~ à l'attaque zum Angriff übergehen, ansetzen, vorgehen; *im Gespräch* ~ à autre chose zu etwas anderem, zu e-m anderen Thema, auf ein anderes Thema übergehen; das Thema wechseln; passons à côté! gehen wir nach nebenan!; ~ à l'ennemi zum Feind 'überlaufen, -gehen, -wechseln; ~ à l'étranger ins Ausland gehen; ~ à l'opposition zur Opposition 'übergehen, (hin)'überwechseln; il est passé à Paris er ist auf der 'Durchreise, -fahrt in Paris gewesen; la Seine passe à Paris die Seine fließt durch Paris; ~ à pied (zu Fuß) vorbeigehen; la voiture est passée au rouge das Auto ist bei Rot durchgefahren; passons au salon! gehen wir in den Salon (hinüber)!; passons à table! gehen wir zu Tisch!; *méd* ~ à la visite médicale ärztlich, vom Arzt unter'sucht werden; *fig* ~ avant qn, qc vor j-m, etw den Vorrang haben; wichtiger sein als j, etw; son travail passe avant sa famille *auch* zuerst kommt s-e Arbeit, dann erst s-e Familie; ~ chez qn kurz bei j-m vorsprechen; bei j-m her'einschauen, F vorbeikommen; ~ à côté de qn, qc (seitlich) an j-m, etw vorbeigehen, -fahren; *Schüler* ~ dans la classe supérieure versetzt werden; in die nächste Klasse kommen; un frisson lui passa dans le dos ein Schauer lief ihm

über den Rücken; *Wort* ~ **dans une langue** in e-e Sprache eindringen; sich in e-r Sprache einbürgern; *Brauch* ~ **dans les mœurs** üblich, Sitte werden; sich einbürgern; **les voitures ne cessent de** ~ **dans la rue** die Autos fahren ununterbrochen durch die Straße; in der Straße reißt der Strom der Autos nicht ab; *Wort* ~ **dans l'usage** gebräuchlich, üblich werden; ~ **de l'autre côté** auf *od* von der anderen Seite hereinkommen, hineingehen; auf der anderen Seite hinausgehen; auf die andere Seite gehen; von der anderen Seite kommen; ~ **de mode** aus der Mode kommen; unmodern werden; *phys* ~ **de l'état liquide à l'état gazeux** vom flüssigen in den gasförmigen Zustand übergehen; *Besitz* ~ **du père au fils** vom Vater auf den Sohn übergehen; ~ **d'une pièce à** *od* **dans une autre** von e-m Zimmer in ein anderes (hin'über)gehen; ~ **de bouche en bouche** von Mund zu Mund gehen; sich her'umsprechen; ~ **de France en Italie** von Frankreich nach Italien fahren, reisen, gehen; ~ **de main en main** von Hand zu Hand gehen; ~ **derrière** *qn, qc,* **derrière la maison** hinter j-m, hinter dem Haus vorbeigehen, -fahren; *F* **le camion lui a** *od* **est passé dessus** der Lastwagen hat ihn über'fahren, *F* hat ihn über den Haufen gefahren; **une passerelle passe au-dessus de la voie ferrée** e-e Fußgängerbrücke führt über, über'spannt die Eisenbahnlinie; ~ **devant** *qn, qc* an *od* vor j-m, etw vorbeigehen, -fahren, -kommen; etw passieren; **passez devant!** gehen Sie voran!; *in e-r Schlange* **il m'est passé devant** er hat sich vor mich gestellt, gedrängt; ~ **devant** *qn pour lui montrer le chemin* vor j-m hergehen ...; ~ **devant une boulangerie** an *od* bei e-r Bäckerei, e-m Bäcker vorbeikommen; *Zug* ~ **devant la gare** den Bahnhof passieren; ~ **devant un tribunal** vor Gericht kommen; *mil* ~ **en conseil de guerre** vor das Kriegsgericht kommen, gestellt werden; *Urteil etc* **en force de chose jugée** Rechtskraft erlangen; rechtskräftig, voll'streckbar werden; *Person* **en jugement** abgeurteilt werden; ~ **en proverbe** zum Sprichwort werden; *Autofahrer* ~ **en seconde** in den zweiten Gang schalten, gehen; *Schüler* ~ **en cinquième** in die Quinta kommen, versetzt werden; ~ **en voiture** (im Wagen) vorbeifahren; ~ **entre les rangs** durch die Reihen, zwischen den Reihen (hin)'durchgehen; ~ **le long du mur** immer an der Mauer entlanggehen; ~ **par** a) *Person* durch e-e Straße gehen, laufen, fahren; über, durch e-n Ort fahren, reisen, kommen; durch e-n Ort, ein Land 'durchfahren, -reisen, -kommen, *mil* -marschieren, -ziehen; e-n Ort, ein Land pas'sieren; e-e Schule absol'vieren; *Abteilungen e-s Unternehmens* durch'laufen; b) *Straße* durch e-n Ort führen, verlaufen; ~ **par chez** *qn* durch j-s Heimatort, -stadt fahren, reisen; *Rauch* ~ **par la cheminée** durch den Schornstein abziehen; **il faut** ~ **par la Croix Rouge (pour ...)** man muß sich an das Rote Kreuz wenden (, um zu ...); nur über *od* durch das Rote Kreuz kann man ...; *mil* ~ **par tous les grades** von der Pike auf dienen; *fig* **il faut en** ~ **par là** darum kommt man nicht herum; das muß 'durchgestanden werden; in den sauren Apfel muß man beißen; **je suis passé par là** das habe ich auch 'durchgemacht; davon weiß ich ein Lied zu singen; ~ **par bien des mains** durch viele Hände gehen; *wenn man bei großer*

Hitze etw trinkt etc **ça fait du bien par où ça passe** ah, das tut gut!; ~ **par la porte** zur *od* durch die Tür her'ein- *bzw* her'auskommen, hin'ein- *bzw* hin'ausgehen; ~ **par tous les services** alle Abteilungen durch'laufen; *Gedanken* ~ **par la tête de** *qn* j-m durch den Kopf gehen; **il dit tout ce qui lui passe par la tête** *auch* er sagt alles, was ihm in den Sinn kommt; ~ **par la voie hiérarchique** den Dienstweg gehen, beschreiten; **il faut en** ~ **par ses volontés** man muß sich s-m Willen beugen, fügen; *mar* ~ **par-dessus bord** über Bord gehen, fallen; ~ **près de** *qn, qc* nahe an j-m, etw vorbeigehen, -fahren; ~ **sous un pont** unter e-r Brücke 'durchgehen, -fahren; *Schwimmer* -schwimmen; *F* ~ **sous un train, sous une voiture** unter e-n Zug, unter ein Auto kommen; ~ **sur** *qc* über etw (*acc*) gehen, fahren; *fig* über etw (*acc*) hin'weggehen; etw über'gehen; etw beiseite lassen, weglassen; sich mit etw nicht lange aufhalten, befassen; *Nachteil, Mangel, j-s Fehler* etw hinnehmen, in Kauf nehmen; sich mit etw abfinden; *abs und bzw s-e eigenen Ausführungen abzukürzen* **passons!** weiter! *bzw* doch lassen wir das! ~ **sur des formalités** sich über Formalitäten hin'wegsetzen, um Formalitäten nicht kümmern, *F* scheren; ~ **à travers** *qc* durch etw hin'durchgehen; *fig* ~ **au travers de** *qc* e-r Sache (*dat*) entgehen; *cf auch* **travers** 1.; e) *mit Verben:* **faire** ~ *Person, Fahrzeug* 'durchlassen; passieren lassen; *Fahrzeug auch* 'durchfahren lassen; *Antrag im Parlament* 'durchbringen; *Gegenstand* weiter-, her'umreichen; her'umgehen, von Hand zu Hand gehen lassen; *e-e Anweisung, Parole etc* weitersagen; 'durchgeben; weitergeben; *abs* **faites** ~! gib es durch, weiter *bzw* sag es weiter; *mil* **faites** ~! 'durchsagen! **faire** ~ *qc* **à la ronde** etw die Runde machen; **faire** ~ **un message à** *qn* j-m e-e Nachricht zukommen lassen, über'mitteln, über'bringen; *Arzt etc* **faire** ~ *qn* **avant les autres** j-n vor den andern drannehmen, an die Reihe nehmen; **faire** ~ **les piétons** die Fußgänger über die Straße gehen lassen, die Straße 'queren, passieren lassen; ... **ce qui fit** ~ **un éclair de malice dans ses yeux** ... was s-e Augen schalkhaft aufblitzen ließ; **faire** ~ *qc* **sous les yeux de** *qn* j-m etw zeigen; j-n etw sehen lassen; ♦ **ne faire que** ~ a) nicht lange bleiben; *F* nur kurz, nur auf e-n Sprung vorbeikommen; nur mal schnell her'einschauen, -gucken; b) nur auf der 'Durchreise, -fahrt sein; nur 'durchreisen, -fahren; **je ne fais que** ~ *auch* ich gehe gleich wieder; **laisser** ~ *Person, Fahrzeug* vor'bei-, 'durchlassen; passieren lassen; *Licht, Sonnenstrahlen etc* 'durchlassen; *fig: Fehler* 'durchgehen lassen; über'sehen; *günstige Gelegenheit* vorüberlassen; versäumen; verpassen; *Zeit* vergehen, verstreichen lassen; **laissez** ~! geben, machen Sie den Weg, den 'Durchgang, die 'Durchfahrt frei!; machen Sie Platz!; **laisse-moi le premier!** laß mich vor!; **pouvoir** ~ vor'bei-, 'durchkönnen; *F Leistung, Arbeit* leidlich, mittelmäßig, noch ganz annehmbar sein; noch so hin-, angehen mögen; **le col est enneigé, nous ne pourrons pas** ... wir können nicht drüber, weiter; **vouloir** ~ vor'bei-, 'durchwollen; **vous voulez** ~? wollen Sie durch, vorbei?;

21. passe (encore) de (+*inf*) es mag noch angehen, hingehen, daß ...; **passe encore de n'être pas à l'heure, mais**

il aurait dû nous prévenir daß er nicht pünktlich ist, mag noch angehen, hingehen, lasse ich mir noch gefallen, aber ...; **passe pour cette fois** diesmal mag es noch hingehen; **passe encore, mais ...** das mag noch angehen, aber ...; **22.** *F fig* **il l'a senti** ~ *F* das hat ihm verdammt weh getan; er hat die Engel (im Himmel) singen hören; **il l'a sentie** ~, **la note** *F* das war ein teurer Spaß für ihn; er hat tief in die Tasche greifen müssen; *F* er hat ganz schön blechen müssen; **23.** ~ **capitaine, contremaître,** *etc* Hauptmann, Vorarbeiter *etc* werden; zum Hauptmann, Vorarbeiter *etc* befördert, ernannt werden, aufrücken; *fig* **il est passé maître dans l'art de mentir** er ist ein Meister im Lügen; **24.** ⟨avoir⟩ *Person* ~ **pour** (+ *adj od subst*) gelten als; angesehen werden als, für; gehalten werden für; ~ **pour être avare** als geizig gelten; im Ruf e-s Geizhalses stehen; im Ruf stehen, geizig zu sein; ~ **pour un imbécile** als Dummkopf gelten, angesehen werden; für dumm gehalten, angesehen werden; ♦ **faire** ~ *qn* **pour** (+ *subst*) j-n ausgeben, hinstellen als; **se faire** ~ **pour** (+ *subst*) sich ausgeben als, für; **se faire** ~ **pour un étranger** sich als Ausländer ausgeben; **se faire** ~ **pour le fils de X** sich für den Sohn des X, sich als Sohn des X ausgeben; **faire** ~ *qn* **pour son fils** j-n als *od* für s-n Sohn ausgeben; **faire** ~ *qn* **pour un idiot** in als dumm, Dummkopf hinstellen; **faire** ~ **une idée pour la sienne** e-e Idee als s-e eigene ausgeben; **25.** *Zeit, Tage, Stunden* vergehen; da'hingehen; verstreichen; verrinnen; ver'fließen; *Kummer, Schmerz* vergehen; vor'übergehen; *Zorn* vergehen; verrauchen; sich legen; *Farben, Stoff* verblassen; verbleichen; verschießen; *Farben auch* schwinden; *poét* vergehen; schwinden; *Mensch* sterblich, vergänglich sein; da'hingehen; *Zeit, Stunden* ~ **vite** schnell, im Nu vergehen; da'hineilen, -fliegen; (im Nu) verfliegen; *bei Schmerzen* **ça va** ~ das ist jetzt bald vorüber, weg; das hört bald auf; *F fig* **ça lui passera avant que ça me reprenne** das wird er bald von selbst aufgeben, aufstecken; er wird von selbst zur Vernunft kommen; *F* bald wird er die Nase davon voll haben; **maintenant que le plus dur est passé** jetzt, wo das Schlimmste über'standen, vorüber ist; **la mode des grands chapeaux est passée** die Mode der großen Hüte ist vorüber, vorbei; **comme le temps passe!** wie die Zeit vergeht!; **le temps est passé où ...** die Zeit ist, die Zeiten sind vorüber, wo, da ...; *loc/prov* **tout passe, tout lasse, tout casse** nichts ist beständig, ist von Dauer, dauert ewig; ♦ **faire** ~ *qc* etw beseitigen, *bes Schmerzen* nehmen, vergehen lassen; **ces cachets m'ont fait** ~ **mon mal de tête** diese Tabletten haben mich von meinen Kopfschmerzen befreit; durch diese Tabletten sind meine Kopfschmerzen weg, verschwunden, vergangen; **26.** *Film* laufen; gespielt, gezeigt werden; *Theaterstück* aufgeführt, gespielt werden; *Sänger etc* ~ **à la télévision** im Fernsehen auftreten, zu sehen sein; **hier il est passé une bonne pièce à la télévision** gestern gab es ein gutes Stück im Fernsehen, wurde im Fernsehen ein gutes Stück gezeigt; **27.** *regional* ⟨avoir⟩ sterben; verscheiden; *F* hin'übergehen;

III *v/pr* **se** ~ **28.** *Ereignis, Vorfall* sich ereignen; sich zutragen; sich abspielen; sich begeben; vor sich gehen; pas'sieren;

vorfallen; geschehen; *Romanhandlung, Geschichte, Szene e-s Stückes* spielen (à Paris in Paris); **comme cela se passe souvent** wie es oft geschieht, passiert, vorkommt; *drohend* F **ça ne se passera pas comme ça!** so geht es ja nun nicht!; so (einfach) geht das nicht!; das kommt nicht in Frage!; das lasse ich mir nicht bieten!; **comment s'est passé votre voyage?** wie war Ihre Reise?; wie ist Ihre Reise verlaufen?; **tout s'est bien passé** alles hat geklappt, ist glattgegangen, ist gut verlaufen, gegangen, (ab-)gelaufen; **cela s'est mal passé** es ist schiefgegangen, hat nicht geklappt, ist schlecht verlaufen, gegangen, (ab-)gelaufen; **je ne sais pas ce qui se passe en lui** ich weiß nicht, was in ihm vorgeht; ♦ *unpersönlich:* **il ne se passe jamais rien ici** hier passiert nie etwas, ist nie etwas los, tut sich nie etwas; **il se passe ici d'étranges choses** hier geschehen seltsame Dinge; **il s'en passe de belles quand je ne suis pas là** es geht hoch her *bzw* der Teufel ist los, wenn ich nicht da bin; **comment cela s'est-il passé?** wie hat sich die Sache zugetragen?; wie ist das passiert?; **que se passe-t-il?** *od* **qu'est-ce qui se passe?** was ist hier los?; was geht hier vor?; was gibt es hier?; **29.** *Zeit, Stunden* vergehen; verstreichen; verrinnen; verfließen; *Schmerzen* vergehen; weggehen; vor'übergehen; verschwinden; *Stunden* **se ~ dans l'attente** mit Warten vergehen; *unpersönlich* **il ne se passe de jour qu'il ne nous écrive** es vergeht kein Tag, an dem er uns nicht schreibt; **30. se ~ de qc** auf etw (*acc*) verzichten; ohne etw auskommen; *st/s* sich e-r Sache (*gén*) enthalten; **se ~ de qn** ohne j-n auskommen; **nous nous passerons d'aller au théâtre cette semaine** wir werden in dieser Woche auf e-n Theaterbesuch verzichten; **cela se passe** *od* **voilà qui se passe de commentaires!** Kommentar 'überflüssig!; *s'il ne veut pas venir,* **on se passera de lui** ... dann geht es auch ohne ihn, dann läßt er es eben bleiben; *verhüllend* **nous nous voyons dans l'obligation de nous ~ de vos services** wir sehen uns genötigt, auf Ihre Dienste zu verzichten; *si vous n'avez pas de sucre,* **on s'en passera ...** kommen wir auch ohne aus, geht es auch ohne; **ne plus pouvoir se ~ de qc, qn** etw, j-n nicht mehr entbehren, missen können; **31. se ~ les mains dans** *od* **sous l'eau** sich rasch die Hände waschen, abspülen; **se ~ la main sur le front** sich mit der Hand über die Stirn streichen, **passerage** [pasraʒ] *m bot* Kresse *f*; *bes* Feldkresse *f*

passereaux [pasro] *m/pl zo* ~ *od adit* **oiseaux** *m/pl* ~ Sperlingsvögel *m/pl*

passerelle [pasrɛl] *f* **1.** über e-n *Wasserlauf* Steg *m*; schmale Fußgängerbrücke *f*; über *Bahngeleise* Fußgängerbrücke *f*, -überführung *f*; zwischen zwei *Häusern* über e-e *Straße* hinweg Verbindungsgang *m*; 'Übergang *m*; **2.** *aviat, mar* Gangway ['gɛ̃jvɛ:] *f*; *mar auch* Landgang *m*; Gangbord *n*; *laienhaft* Laufsteg *m*; *aviat* ~ **télescopique** Fluggastbrücke *f*; **3.** *mar* ~ (**de navigation**) (Kom'mando-)Brücke *f*; **4.** *fig* Verbindung *f*; Brücke *f*; *bes* 'Übergangsmöglichkeit *f* (von e-m *Studium zum andern*)

passeriformes [pasriform] *m/pl cf* **passereaux**

passerin|e [pasrin] *f zo* Indigofink *m*; **~ette** *f zo* Bartgrasmücke *f*

passe|-temps [pastɑ̃, pa-] *m* ⟨*inv*⟩ Zeitvertreib *m*; **par ~** zum Zeitvertreib;

~-thé *m* ⟨*inv*⟩ Teesieb *n*

passette [pasɛt] *f Weberei* Reihhaken *m* (*zum Einziehen der Kettfäden in die Litzenaugen*)

passeur [pasœr] *m* **1.** Fährmann *m*; **2.** j, der Personen illegal über die Grenze bringt, schmuggelt; *péj* Menschenschmuggler *m*; ~ **de drogue** Rauschgiftschmuggler *m*

passe-vue [pɑsvy, pa-] *m* ⟨*pl* **passe-vues**⟩ *od* **passe-vues** *m* ⟨*inv*⟩ *bei e-m Projektor* Diabildträger *m*; Diawechselschieber *m*

passible [pasibl(ə)] *adj jur Verbrechen* ~ **de la peine capitale** auf das die Todesstrafe steht; *Person* **être ~ d'une peine** mit e-r Strafe rechnen müssen; e-e Strafe zu gewärtigen haben; sich e-e Strafe zuziehen; mit e-r Strafe belegt, bestraft werden; sich strafbar machen; **être ~ d'une amende, d'un emprisonnement** mit e-r Geld-, Gefängnisstrafe rechnen müssen *etc*; **cette affaire le ferait ~ des travaux forcés à perpétuité** dafür würde er lebenslängliches Zuchthaus bekommen

passif [pasif] **I** ⟨*-ive*⟩ **1.** *Person, Charakter, Haltung* passiv; inaktiv; *Schüler auch* unbeteiligt (*am Unterricht*); *im Krieg* **défense passive** ziviler Bevölkerungsschutz; Zi'vilschutz *m*; *im engeren Sinn* Luftschutz *m*; **obéissance passive** blinder Gehorsam; **résistance passive** passiver 'Widerstand; *Raumfahrt* **satellite ~** Passivsatellit *m*; **rester ~ devant qc** inaktiv, gleichgültig, teilnahmslos gegenüber etw bleiben; **2.** *gr* **forme passive** pas'sivische Form; **voix passive** Leideform *f*; **3.** *chim Metall* passi'viert; **4.** *élect* Stromkreis indirekt gespeist; **5.** *méd* sekun'där; als Neben-, Begleiterscheinung auftretend; **II n. 1.** *comm* Pas'siva *pl*; Pas'siven *pl*; Schulden *f/pl*; Verbindlichkeiten *f/pl*; *beim Konkurs* Schuldenmasse *f*; *Bilanz* Passivseite *f*; **lourd ~** große, schwere Schuldenlast; ~ **d'une succession** Nachlaßschulden *f/pl*, -verbindlichkeiten *f/pl*; **porter au ~** passi'vieren; **2.** *gr* Passiv *n*; Leideform *f*; **au ~** im Passiv; pas'sivisch; **mettre au ~** ins Passiv setzen

passiflore [pasiflor] *f bot* Passi'onsblume *f*; *sc* Passi'flora *f*

passing-shot [pasiŋʃot] *m Tennis* Pas'sierschlag *m*

passion [pasjõ] *f* **1.** *zu e-r Person* Leidenschaft *f*; leidenschaftliche, glühende, unbezwingliche Liebe; heftige Zuneigung; **avouer sa ~ à qn** j-m s-e Leidenschaft *etc* gestehen; **2.** *allg* Leidenschaft *f*; Passi'on *f*; ~**s nationales, politiques, religieuses** nationale, politische, religiöse Leidenschaften; ~ **de l'argent** Geldgier *f*; Sucht *f* nach Geld; ~ **du jeu** Spielleidenschaft *f*, -wut *f*; ~ **de la lecture** Leseleidenschaft *f*, -wut *f*; ~ **des voyages** Reiseleidenschaft *f*; unbezähmbare Reiselust *f*; *Kunstwerk* **plein de ~** e-e große Ausstrahlungskraft besitzend; erregend; mitreißend; **avec ~** leidenschaftlich; **sans ~** leidenschaftslos; **c'est sa ~** das ist s-e Leidenschaft, Passion; **maîtriser ses ~s** s-e Leidenschaft(en) beherrschen, zügeln, im Zaum halten; **3.** *rel* **la ♀ (du Christ)** die Passi'on; das Leiden (und Sterben) Christi; **dimanche de la ♀** Passionssonntag *m*; (Sonntag *m*) Judika; *bibl* **récit ~ de la ♀** Leidensgeschichte *f*; **semaine ~, temps ~ de la ♀** Passionswoche *f*, -zeit *f*; **4.** *bildende Kunst, mus* ♀ Passi'on *f*; *Bach* **la ♀ selon saint Matthieu** die Mat'thäuspassion; **5.** Passi'onsspiel *n*

passionnaire [pasjɔnɛr] *m liturgisches*

Buch Passio'nal *od* Passio'nar *n*

passionnant [pasjɔnɑ̃] *adj Buch, Roman, Geschichte, Film,* (*Fußball*)*Spiel* spannend; fesselnd (*auch Persönlichkeit*); packend; aufregend; begeisternd; mit-, hinreißend

passionné [pasjɔne] *adj Person* begeistert; *Person auch, Temperament, Haß, Liebe, Wunsch* leidenschaftlich; *Haß, Liebe auch* glühend; *Liebe auch* heiß; brennend; *Jäger, Leser, Angler* leidenschaftlich; begeistert; passio'niert; **il est ~, subst** c'est un ~ **de la chasse, du jeu** er ist ein leidenschaftlicher, passionierter, begeisterter Jäger, Spieler; **elle est ~e, c'est une ~e de musique** sie liebt die Musik leidenschaftlich, heiß; sie ist sehr musikbegeistert

passionnel [pasjɔnɛl] *adj* ⟨~**le**⟩ **crime** ~ im Af'fekt (*bes aus Eifersucht*) begangenes Verbrechen; **drame** ~ Eifersuchtsdrama *n*

passionnément [pasjɔnemɑ̃] *adv* **aimer ~ qn, qc** j-n leidenschaftlich, glühend, heiß lieben; **aimer ~ la chasse** ein passio'nierter Jäger sein

passionner [pasjɔne] **I** *v/t Film, Roman, Buch* ~ **qn** j-n begeistern, hinreißen, fesseln, packen, in Atem halten, leidenschaftlich erregen; **II** *v/pr* **se ~ pour qc** sich für etw begeistern; für etw schwärmen

passion(n)istes [pasjɔnist] *m/pl égl cath* Passio'nisten *m/pl*

passivation [pasivasjõ] *f chim, tech von unedlen Metallen* Passi'vierung *f*; *als Grundlage für Anstriche* Phospha'tierung *f*; Phos'phatrostschutz *m*; Phos'phatverfahren *n*

passivement [pasivmɑ̃] *adv* passiv; **obéir ~** blind gehorchen

passivité [pasivite] *f* **1.** Passivi'tät *f*; *e-s Schülers im Unterricht auch* Unbeteiligtsein *n*; *tragischen Ereignissen gegenüber* Gleichgültigkeit *f*; **2.** *chim von passivierten Metallen* Passivi'tät *f*

passoire [paswar] *f cuis* Sieb *n*; 'Durchschlag *m*; ~ (**à thé**) Teesieb *n*; *fig* **sa mémoire est une ~** sein Gedächtnis ist wie ein Sieb

pastel[1] [pastɛl] *m* **1.** *bot* Waid *m*; ~ **des teinturiers** Färberwaid *m*; **2.** *adit* **bleu** *m* ⟨*inv*⟩ Indigoblau *n* (*aus Färberwaid*)

pastel[2] [pastɛl] *m* **1.** *peint* **a)** (**crayon** *m* **de**)~ Pa'stellstift *m*; Pastell...; *loc/adj* **Pastell...**; *loc/adv* mit Pastellstiften, -farben; in Pastell; **portrait** *m* **au ~** Pastellbildnis *n*; **b)** Pa'stell *n*; Pa'stellgemälde *n*, -zeichnung *f*, -bild *n*; **c)** Pa'stellmalerei *f*; **2.** *adit* **teintes** *f/pl*, **tons** *m/pl* (**de**) ~ Pa'stellfarben *f/pl*, -töne *m/pl*

pastelliste [pastelist] *m.f peint* Pa'stellmaler(in) *m(f)*, -zeichner(in) *m(f)*

pastenague [pastnag] *f zo* Stechrochen *m*

pastèque [pastɛk] *f bot* Wassermelone *f* (*Frucht u Pflanze*)

pasteur [pastœr] *m* **1.** *égl prot* ~ (**protestant**) (evan'gelischer) Pfarrer, Geistlicher, Pastor; **femme** *f* **du ~** Pfarrfrau *f*; *adit* **femme** *f* ~ Pfarrerin *f*; **Pa'storin** *f*; Pfarrvikarin *f*; *evangelisch-reformierte Kirche* Pfarrerin *f*; **2.** *bibl* **le Bon ♀** der gute Hirte; **3.** *poét* Hirte *m*; **4.** *adit* **peuple** *m* ~ Hirtenvolk *n*

pasteurien [pastœrjɛ̃] *adj* ⟨~**ne**⟩ *méd* von Pa'steur; Pa'steur-, -s

pasteuris|ation [pastœrizasjõ] *f von Milch, Obstsäften etc* Pasteurisati'on *f*; Pasteuri'sieren *n*, -ung *f*; **~er** *v/t* pasteuri'sieren; *adit* **lait** pasteurisé pasteurisierte Milch; *schweiz* Pastmilch *f*

pastich|e [pastiʃ] *m Literatur* Nachahmung *f* des Stils und der I'deen e-s

Autors; Pa'stiche *m*; *peint, mus* Pa'stic-cio [-tʃo] *n*; **~er** *v/t den Stil e-s Künstlers, Schriftstellers* nachahmen; **~eur** *m Literatur, peint, mus* Nachahmer *m*

pastillage [pastijaʒ] *m* **1.** Herstellung *f* von Pa'stillen, Zuckerplätzchen; **2.** *Kunststoffherstellung* Tablet'tieren *n*, -ung *f*; **3.** Fi'guren *f/pl* aus Zuckerguß

pastill|e [pastij] *f* **1.** (Zucker-, Schoko-'laden)Plätzchen *n*; **~s de citron** Zi'tronenplätzchen *n/pl*; **2.** *phm* Pa'stille *f*; **3.** *Stoffmuster* großer Punkt; *Stoff, Kleid à* **~s** gepunktet; mit großen Punkten; **4.** *Kunststoffherstellung* Ta'blette *f*; **~euse** *f* **1.** Ma'schine *f* zur Herstellung von Pa'stillen, Zuckerplätzchen; **2.** *Kunststoffherstellung* Tablet'tiermaschine *f*

pastis [pastis] *m* **1.** Aperi'tif *m* mit Anis; **2.** *regional* F *fig* **c'est un vrai ~!** F das ist ein richtiger, furchtbarer Schla'massel!

pastoral [pastɔral] *adj* <-aux> **1.** *Literatur* Schäfer...; Hirten...; pasto'ral; **chant ~** Schäfer-, Hirtenlied *m*; **poésie ~e** *cf* **pastorale** 1. **a)** roman **~** Schäferroman *m*; *Beethoven* **la symphonie ~e** *od subst* **la ♀e de** Pasto'rale; **vie ~e** Schäfer-, Hirtenleben *n*; **2.** *égl* seelsorgerisch; seelsorglich; pfarramtlich; pasto'ral; *bibl* **Épîtres ~es** Pastoralbriefe *m/pl*; *égl cath* **instruction, lettre ~e** Hirtenbrief *m*

pastorale [pastɔral] *f* **1.** *Literatur* **a)** Schäfer-, Hirten-, Pasto'raldichtung *f*; bu'kolische Dichtung; **b)** *thé* Schäfer-, Hirtenspiel *n*; Schäferdrama *n*; Pasto-'rale *n od f*; **2.** *peint* Pasto'rale *n od f*; Schäferidylle *f*; **3.** *mus* Pasto'rale *n od f*

pastorat [pastɔra] *m égl prot* Pasto'rat *n*; Pfarramt *n*; Amt *n* des Geistlichen

pastour|eau [pasturo] *litt m* junger Hirt; **~elle** *f* **1.** *litt* junge Hirtin; **2.** *Literatur, mus* Pastou'relle *od* Pasto'relle *f*; Hirtenlied *n*; *mus auch* Pasto'rita *f*

pat [pat] *Schachspiel* **I** *adj* <inv> patt; **être ~** patt sein; **II** *m* Patt *n*

patachon [pataʃõ] *m nur loc* F **mener une vie de ~** ein lustiges, fi'deles, ausschweifendes, ungeregeltes, F tolles Leben führen

patapouf [patapuf] **I** *int* plumps!; bums!; *une enfant tombe avec un bruit* **~!** ein Kind fällt bauz!; par-'dauz!; **II** *m* **gros ~** F Fettkloß *m*; Plumpsack *m*; *für ein Kind* F Pummel (-chen) *m(n)*; Dickerchen *n*

pataquès [patakɛs] *m im Frz* falsche Bindung (*bes Verwechslung von s und t*); **faire un ~** falsch binden

patarasse [pataras] *f mar* Kal'fat-, Dichteisen *n*; Kla'mei-Eisen *n*

patate [patat] *f* **1.** *bot* **~** (*Pflanze u Knolle*), **~ douce** (*Knolle*) Süßkartoffel *f*; Ba'tate *f*; **2.** F (*pomme de terre*) Kar'toffel *f*; *bes mil* **corvée ~ de ~s** Kartoffelschälen *n*; *par ext* Küchendienst *m*; **3.** F *fig* Dumm-, Schwachkopf *m*; F Trottel *m*; **4.** F *fig* **en avoir gros sur la ~** gedrückt, niedergeschlagen, bedrückt sein

patati [patati] *int* F **et ~ et patata!** und so schwatzen, F quasseln sie in einem fort

patatras [patatra] *int bei zubrechen, klirrendem Lärm* krach!; *wenn ein Kind fällt* bauz!; par'dauz!

pataud [pato] *adj* **I** tolpatschig; schwerfällig; plump; täppisch; ungelenk; unbeholfen; **II** *subst* **1.** **~(e)** *m(f)* Tolpatsch *m*; F Trampel(tier) *m od n* (*n*); **2.** *m* tolpatschiger junger Hund

patauge|r [pato3e] *v/i* <-geons> **1.** *im Wasser, Matsch, Schlamm, durch e-e Pfütze* patschen; waten; *im Wasser, in e-r Pfütze etc auch* her'umpatschen; **2.** F *fig beim Reden* sich verwirren; F sich verhaspeln (**dans ses explications** in s-n

Erklärungen); **~oire** *f* Planschbecken *n*

patchouli [patʃuli] *m* **1.** *bot* Patschuli (-pflanze) *n(f)*; **2.** *Parfum* Patschuli *n*

patchwork [patʃwœrk] *m cout* Patchwork [ˈpɛtʃvœːrk] *n*

pâte [pat] *f* **1.** *cuis* Teig *m*; **~ à choux, à crêpes, à frire, à nouilles, à pain** Brand-, Eierkuchen-, Ausback-, Nudel-, Brotteig *m*; **~ à tartes** (Mürbe-, Blätter-)Teig für Tortenböden; **2.** *pl* **~s** (alimentaires) Teigwaren *f/pl*; **~s aux œufs** Eierteigwaren *f/pl*; **3.** (breiige, formbare) Masse *f*; Rohmasse *f*; Brei *m*; *phm* Paste *f*; **~ dentifrice** Zahnpasta *f*, -creme *f*; *phm* **~ pectorale** Bonbonmasse *f* für Hustenbonbons; *für Kinder* **~ à modeler** Knetmasse *f*; Plasti'lin *n* (*Wz*); *Papierfabrikation* **~ à papier** Pa'pierbrei *m*, -masse *f*, -faserbrei *m*; Stoffbrei *m*; *cuis* **~ d'amandes** Marzipan *n*; **~ de coings** Quittenbrot *m*; **~s de fruits** Ge'leefrüchte *f/pl*; *Porzellanherstellung* **~ de porcelaine** Porzel'lanmasse *f*; *Glasherstellung bei den Ägyptern* **~ de verre** Glaspaste *f*; **fromage m à ~ molle** Weichkäse *m*; *péj von zerkochten Nudeln etc* **c'est une vraie ~** aus der reinste Brei; F Pamps; **4.** *fig von e-r Person* **une bonne ~** ein gutmütiger Mensch; F e-e gute, gutmütige Haut; e-e Seele von Mensch; **une ~ molle** ein nachgiebiger, fügsamer, lenksamer, willfähriger Mensch; **5.** *impr Satz, Druckform* **tomber en ~** durch-ein'ander-, zu'sammenfallen; **6.** *peint* (*auf der Palette hergestellte*) Farben (-mischung) *f/pl(f)*; **peindre dans la ~, en pleine ~** die Farben dick auftragen; pa'stos malen

pâté [pate] *m* **1.** *cuis* Pa'stete *f*; **~ de campagne** *aus verschiedenen Fleischsorten hergestellte* Pastete; **~ de foie** Leberpastete *f*; **~ de foie gras** Gänseleberpastete *f*; **~ de lapin, de lièvre** Hasenpastete *f*; **~ en boîte** Pastete in der Dose; Dosenpastete *f*; **~ en croûte** (*in e-r Blätterteighülle gebackene*) Pastete; **~ en terrine** in e-r Tonschüssel zubereitete Pastete; **2.** Tintenkleck *m*; **faire des ~s en écrivant** beim Schreiben Tintenklecks machen, klecksen; **3.** **~ de maisons** Häuserblock *m*, -komplex *m*; **4.** *Kinder* **jouer aux ~s** (de sable), **faire des ~s** (de sable) mit Sandförmchen spielen; Sandkuchen backen; **5.** *impr* durchein'ander-, zu-'sammengefallener Satz

pâtée [pate] *f* **1.** *für Geflügel, Schweine* Mastfutter *n*; *für Hunde, Katzen* (*suppiges, breiiges*) Futter; **2.** P *fig* (*correction*) F Dresche *f*; Senge *f*; Wichse *f*

patelin[1] [patlɛ̃] *m* F Nest *n*; Kaff *n*; **il est du même ~ que moi** er stammt aus dem gleichen Ort wie ich

patelin[2] [patlɛ̃] *adj litt Person* katzenfreundlich; *Ton, Stimme* honigsüß

patelle [patɛl] *f* **1.** *zo* Napfschnecke *f*; *sc* Pa'tella *f*; **2.** *der Römer* kleine Opferschale, -schüssel

patène [patɛn] *f égl* Hostienteller *m*; Pa'tene *f*

patent [patɑ̃] *litt adj* offenkundig; offenbar

patent|able [patɑ̃tabl(ə)] *adj adm* gewerbesteuerpflichtig; **~age** *m tech* Paten'tieren *n*

patente [patɑ̃t] *f* **1. a)** Gewerbesteuer *f*; **b)** *par ext* Gewerbeschein *m*; **2.** *mar* **~ (de santé)** Gesundheitspaß *m*

patent|é [patɑ̃te] *adj* **1.** der Gewerbesteuer unter'worfen; gewerbesteuerpflichtig; **2.** F *fig* anerkannt; **~er** *v/t* **a)** der Gewerbesteuer unter'werfen; **b)** den Gewerbeschein ausstellen (**qn** j-m)

Pater [patɛr] *m* <inv> *rel* Vater'unser *n*;

Pater'noster *n*; **dire deux ~** zwei Vaterunser sprechen, beten

patère [patɛr] *f* **1.** Kleiderhaken *m*; **accrocher son manteau à la ~** s-n Mantel an den Kleiderhaken hängen; **2.** *für seitlich geraffte Gardinen* Befestigungshaken *m*; **3.** *arch* ro'settenförmiges Orna'ment; **4.** *Altertum (römische)* Opferschale

paterfamilias [patɛrfamiljas] *m* <inv> **1.** *im alten Rom* Pater fa'milias *m*; **2.** *plais* (autori'tärer) Fa'milienvater

paternal|isme [patɛrnalism(ə)] *m écon, pol* Patriarcha'lismus *m*; *pol auch* Poli'tik *f* der Bevormundung; **~iste** *adj* patriar-'chalisch

paterne [patɛrn] *litt adj* gönnerhaft

paternel [patɛrnɛl] **I** *adj* <~le> **1.** Vater...; väterlich; **amour ~** Vaterliebe *f*; **domicile ~** väterlicher Wohnsitz; Wohnsitz des Vaters; **droits ~s** Vaterrechte *n/pl*; Rechte *n/pl* als Vater; **ligne ~le** väterliche Linie; **maison ~le** Vaterhaus *n*; **2.** väterlicherseits; **mon grand-père ~** mein Großvater väterlicherseits; **3.** *par ext* elterlich; **puissance ~le** elterliche Gewalt; **4.** *Ton, Blick, Person* väterlich; **être très ~ avec qn** *auch* wie ein Vater zu j-m sein; **II** F *m* **mon ~** mein Vater; F mein alter Herr

paternellement [patɛrnɛlmɑ̃] *adv* wie ein Vater; väterlich

paternité [patɛrnite] *f* **1.** Vaterschaft *f* (*auch jur*); *jur* **~ civile** Vaterschaft durch Adoption; *égl* **e-s Paten ~ spirituelle** Patenschaft *f*; **joies f/pl de la ~** Vaterfreuden *f/pl* e-s Vaters; **2.** *fig* Urheberschaft *f*; Autorschaft *f*; **il revendique la ~ de ce projet** er nimmt für sich in Anspruch, der geistige Urheber dieses Planes zu sein

pater-noster [patɛrnɔstɛr] *m* <inv> Pater'noster(aufzug) *m*

pâteux [patø] *adj* <-euse> **1.** teigig; breiig; pappig; *Tinte* dickflüssig; klumpig; *Birne* teigig; mehlig; **2.** *fig* Stimme belegt; *Stil* schwerfällig; *Edelstein* trüb; **avoir la bouche, la langue pâteuse** e-n trockenen Mund haben; **j'ai la bouche, langue pâteuse** *auch* mir klebt die Zunge am Gaumen; **3.** *peint* **touche pâteuse** pa'stoser Farbenauftrag

pathét|ique [patetik] **I** *adj* **1.** *Rede, Roman, Film* bewegend; ergreifend; erschütternd; aufwühlend; zu Herzen gehend; *Appell* aufrüttelnd; leidenschaftlich; dringend; **2.** *mus Beethoven* **la sonate ~** *od subst* **la ♀** die Pathé'tique; **3.** *anat* **nerf ~** Augenrollnerv *m*; **II** *litt* **le ~** das Ergreifende, Erschütternde, Bewegende, Pa'thetische; *auch* das Pathos; **il y a du ~ dans cette scène** diese Szene hat etw Erschütterndes, Ergreifendes *etc*; **~isme** *m litt cf* pathétique II

patho|gène [patɔʒɛn] *adj méd* krankheitserregend; *sc* patho'gen; **agent ~, germe ~** Krankheitserreger *m*, -keim *m*; **~génie** *f méd* Pathoge'nese *f*

pathognomonique [patɔgnɔmɔnik] *adj méd* **signe ~** pathogno'monisches *od* patho'gnostisches Symptom

patholog|ie [patɔlɔʒi] *f méd* Patholo'gie *f*; Lehre *f* von den Krankheiten; **~ végétale** *cf* phytopathologie; **~ique** *adj méd* krankhaft; patho'logisch; **~iste** *m,f méd* Patho'loge, -'login *m,f*

pathos [patos] *m litt u péj* Pathos *n*

patibulaire [patibylɛr] *adj* **air ~** *m*, **mine ~** Galgen-, Verbrechergesicht *n*; *hist* **fourches f/pl ~s** Galgen *m* (*mit mehreren senkrechten Balken*)

patiemment [pasjamɑ̃] *adv* geduldig

patience [pasjɑ̃s] *f* **1.** Geduld *f*; Langmut *f*; **~ d'ange** Engelsgeduld *f*; himmlische Geduld; F Lammsgeduld *f*; **jeu** *m*

de ~ Geduld(s)spiel n; ~ ! (nur) Geduld!; hab(t) ein wenig Geduld!; *drohend* ~. je saurai me venger! abwarten! ich werde mich rächen!; ma ~ est à bout, je suis à bout de ~ meine Geduld ist erschöpft, zu Ende; mir reißt die Geduld, F der Geduldsfaden; mir geht die Geduld aus; mettre la ~ de qn à rude épreuve *cf* épreuve 1.; perdre ~ die Geduld verlieren; ungeduldig werden; prendre ~ sich in Geduld fassen; sich gedulden; geduldig abwarten; *st/s* Geduld üben; prendre son mal en ~ sein Unglück, *iron* Ungemach geduldig, mit Geduld ertragen, hinnehmen; 2. Ausdauer *f*; Beharrlichkeit *f*; ouvrage *m* de ~ Arbeit, die Geduld und Ausdauer erfordert; *auch* geduldige Kleinarbeit; *prov* ~ et longueur de temps font plus que force ni rage mit Geduld und Zeit kommt man weit; F mit Geduld und Spucke fängt man e-e Mucke (*beide prov*); Beharrlichkeit führt zum Ziel; 3. Kartenspiel Pati'ence *f*; faire une ~ e-e Patience legen; 4. *bot* Englischer Spi'nat; Garten-, Gemüseampfer *m*

patient [pasjã] **I** *adj* 1. *<nachgestellt> Person* geduldig; langmütig; un malade ~ ein geduldiger Patient; (ne pas) être ~ (un)geduldig sein; (keine) Geduld haben; 2. *<vorangestellt> Person* bei e-r *Arbeit etc* ausdauernd; *Beobachtungen, Nachforschungen* unermüdlich; geduldig; au prix d'un ~ travail durch zähe, hartnäckige, geduldige, beharrliche Arbeit; **II** *subst* ~(e) *m(f) méd* nur aus der Sicht des Arztes Pati'ent(in) *m(f)*

patienter [pasjãte] *v/i* sich gedulden; geduldig warten; faire ~ qn *j-n* (*kurze Zeit*) warten lassen; on a donné des illustrés à l'enfant pour le faire ~ ... damit es nicht ungeduldig wird

patin [patẽ] *m* 1. *sports* **a)** ~ (à glace) Schlittschuh *m*; faire du ~ Schlittschuh laufen, fahren; eislaufen; **b)** ~ à roulettes Rollschuh *m*; faire du ~ à roulettes Rollschuh laufen, fahren; 2. *e-s Schlittens* (Schlitten)Kufe *f*; 3. *aviat bei Segelflugzeugen* Gleitkufe *f*; 4. *tech* ~ de frein Bremsklotz *m*; Hemmschuh *m*; donner un coup de ~ plötzlich bremsen; 5. *ch de fer* Schienenfuß *m*; 6. *e-s Panzers* ~ (de chenille) (Raupen-, Gleis)Kettenglied *n*; 7. *für Möbel* Gleiter *m*; 8. *auto* Federlagerung *f*; 9. *um das Parkett zu schonen* Filzpantoffel *m*, -fleck *m*; 10. *bât* **a)** (Balken)Rost *m*; **b)** *der Treppenwange (hölzerne)* 'Unterlage *f*; 11. *arg* (Zungen)Kuß *m*; rouler un ~ à qn *j-m* e-n Kuß auf den Mund drücken

patinage¹ [patinaʒ] *m* 1. *sports* **a)** Eislauf(en) *m(n)*; Schlittschuhlaufen *n*; ~ artistique Eiskunstlauf *m*; ~ de vitesse Eisschnellauf *m*; **b)** ~ à roulettes Rollschuhlaufen *n*; 2. *auto bei Glätte* Rutschen *n*; *der Räder* 'Durchdrehen *n*

patinage² [patinaʒ] *m tech* Pati'nieren *n*

patine [patin] *f auf Kupfer, Bronze* Patina *f* (*auch fig*); Edelrost *m*

patiner¹ [patine] *v/i* 1. *sports* eislaufen; Schlittschuh laufen, fahren; 2. *auf e-r glatten Fläche* rutschen; F schlittern; 3. *auto bei Glätte* rutschen; *Räder* 'durchdrehen; *Kupplung* rutschen; faire ~ die Kupplung schleifen lassen

patiner² [patine] **I** *v/t tech* pati'nieren; mit Patina über'ziehen; **II** *v/pr* se ~ Patina ansetzen

patinette [patinɛt] *f für Kinder* Roller *m*

patin|eur [patinœr] *m*, **~euse** *f* Schlittschuhläufer(in) *m(f)*; Eisläufer(in) *m(f)*

patinoire [patinwar] *f* Eisbahn *f*; Schlittschuhbahn *f*; ~ artificielle Kunsteisbahn *f*; ~ couverte (über'dachtes) Eisstadion; Eispalast *m*; *fig* la route est

une vraie ~ die Straße ist spiegelglatt, ist die reinste Rutschbahn

patio [pasjo, patjo] *m* Patio *m*; Innenhof *m*

pâtir [patir] *v/i st/s* ~ de qc unter etw (*dat*) leiden; für etw büßen müssen

pâtisserie [patisri, pa-] *f* 1. *coll* ~ *od* ~s *pl* feine Backwaren *f/pl*; Kon'ditorwaren *f/pl*; *schweiz auch* Patisse'rie *f*; aimer les ~s gerne Kuchen essen; 2. *cuis* (Kuchen)Backen *n*; rouleau *m* à ~ Nudelholz *n*; 3. **a)** *Geschäft* Kondito'rei *f*; Feinbäckerei *f*; *schweiz auch* Patisse'rie *f*; **b)** Kon'ditorhandwerk *n*; Feinbäckerei *f*

pâtissier [patisje, pa-] *m* Kon'ditor *m*; Fein-, Kuchen-, *österr auch* Zuckerbäcker *m*;

pâtissière [patisjɛr, pa-] *f* 1. Kon'ditorsfrau *f*; 2. *adjt* crème ~ Creme aus Eiern, Milch, Zucker u Mehl (*als Füllung für Backwaren*)

pâtissier-glacier [patisjeglasje, pa-] *m <pl* pâtissiers-glaciers*>* Eiskonditor *m*

pâtisson [patisõ, pa-] *m bot* Kürbisart Bischofsmütze *f*

patois [patwa] **I** *m* Mundart *f*; Dia'lekt *m*; Pa'tois *m*; parler ~ Dialekt sprechen; e-e, *auch* in s-r Mundart sprechen; **II** *adj* mundartlich; Dia'lekt...; mot ~ mundartliches Wort; Dialektwort *n*

pâton [patõ] *m* 1. *Bäckerei* Teigstück *n*, -klumpen *m*; *im engeren Sinn* geformtes, noch ungebackenes Brot; 2. *Fehler im Papier* Knoten *m*; dicke Stelle

patouiller [patuje] *v/i* F mit den Händen im Schlamm, Wasser F manschen; *ins Wasser* patschen

patouillet [patuje] *m* Erzaufbereitung Läuterwerk *n*

patraque [patrak] *adj* F *Person* être (un peu) ~ sich nicht (recht) wohl fühlen; nicht (recht) auf der Höhe; *auf dem Posten*, F Damm sein; F nicht (recht) auf Deck sein

pâtre [patr(ə)] *litt m* Hirt *m*; *poét* Hirte *m*

patriarc|al [patrijarkal] *adj <-aux>* 1. *bibl, fig, Soziologie* patriar'chalisch; 2. *égl* Patri'archen...; **~at** *m* Soziologie, *égl* Patriar'chat *n*; *Soziologie auch* Vaterherrschaft *f*

patriarche [patrijarʃ] *m* 1. *bibl* Erzvater *m*; Patri'arch *m*; 2. *égl cath, Ostkirche* Patri'arch *m*; 3. *fig* ehrwürdiges Fa'milienoberhaupt; Patri'arch *m*

patriciat [patrisja] *m hist* Pa'trizier *m/pl*; Patrizi'at *n*

patric|ien [patrisjẽ], **~ienne I** *m,f* 1. *im alten Rom, im Mittelalter* Pa'trizier(in) *m(f)*; 2. *litt* Aristo'krat(in) *m(f)*; Adlige(r) *f(m)*; **II** *adj* pa'trizisch (*auch fig*)

patrie [patri] *f* 1. Vaterland *n*; Heimat *f*; mère ~ Mutterland *n*; ~ d'adoption Wahlheimat *f*; c'est ma seconde ~ das ist meine zweite Heimat (*nur von e-m Land*); mourir pour la ~ für das Vaterland sterben; 2. Vaterstadt *f*; Geburtsort *m*, -stadt *f*; 3. *fig* Stadt *f*, Land *n* (*wo e-e Kunst etc gedeiht*)

patrimoine [patrimwan] *m* 1. (*elterliches*) Erbe, Erbgut, -teil; ererbtes Vermögen; ~ paternel väterliches Erbe, Erbgut; Patri'monium *n*; 2. *fig der Menschheit, e-r Gruppe* Erbe *n*; ~ culturel Kul'turerbe *n*, -gut *n*; 3. *biol* ~ génétique, héréditaire Erbgut *n*, -masse *f*; 4. *jur* Vermögen *n*; *e-r Kapitalgesellschaft* ~ social Gesellschaftsvermögen *n*; ~ de l'entreprise Betriebsvermögen *n*; 5. *égl cath* le ~ de Saint-Pierre das Patri'monium Petri

patrimonial [patrimɔnjal] *adj <-aux>* Erb...; patrimoni'al; Patrimoni'al...; biens patrimoniaux Erb-, Patrimo-

nialgüter *n/pl*; *féod*: juridiction ~e Patrimonial-, Gutsgerichtsbarkeit *f*; seigneurie ~e Erblehen *n*

patriot|e [patrijɔt] **I** *m,f* Patri'ot(in) *m(f)*; **II** *adj Person* patri'otisch; vaterländisch gesinnt; vaterlandsliebend; être très ~ *auch* ein großer Patriot, e-e große Patriotin sein; **~ique** *adj Gefühle, Lieder* patri'otisch; vaterländisch; **~isme** *m* Patri'otismus *m*; Vaterlandsliebe *f*; vaterländische Gesinnung

patristique [patristik] *égl* **I** *adj* pa'tristisch; **II** *f* Pa'tristik *f*

patro [patro] *m* F *für* patronage 3. b)

patrologie [patrolɔʒi] *f égl* 1. Ausgabe *f* (*der Schriften*) der Kirchenväter; 2. Patrolo'gie *f*; Pa'tristik *f*

patr|on¹ [patrõ] *m*, **~onne** *f* 1. *allg* Arbeitgeber(in) *m(f)*; *e-s Industriebetriebes* (Betriebs)Chef(in) *m(f)*; Boß *m*; Betriebsinhaber(in) *m(f)*; Unter'nehmer(in) *m(f)*; *e-s kaufmännischen Unternehmens* (Geschäfts)Inhaber(in) *m(f)*; *e-s Handwerksbetriebes* Meister(in) *m(f)*; *für den Lehrling* Lehrherr(in) *m(f)*; *e-r Gaststätte, e-s Hotels* Wirt(in) *m(f)*; Besitzer(in) *m(f)*; *fig Typ der Werbung* jeune patron erfolgreicher, dynamischer junger Mann; patron boulanger, maçon, *etc* Bäcker-, Maurermeister *m etc*; *Fischfang* patron de pêche Schiffsherr *m*, -eigner *m*, -eigentümer *m*, -führer *m* e-s Fischdampfers; 2. *égl cath e-r Person* Namenspatron(in) *m(f)*; *e-s Landes, e-r Standes-, Berufsgruppe, e-r Kirche* Schutzpatron(in) *m(f)*, -heilige(r) *f(m)*; Pa'tron(in) *m(f)*; Pa'trona *f*; *e-r Kirche auch* Kirchenpatron(in) *m(f)*; 3. F *<nur f>* Hausherrin *f*, -frau *f*; 4. *<nur m> méd* Chefarzt *m*; les grands patrons die Chefärzte *m/pl*; 5. *Universität* patron de thèse Doktorvater *m*

patron² [patrõ] *m* 1. *cout* Schnittmuster *n*; 2. *tech* Mo'dell *n*; Muster *n*; Scha'blone *f*; 3. *adjt* für Herrentrikotagen taille demi-~, ~, grand ~ *etwa* (Konfekti'ons)Größe sechs, sieben, acht

patronage [patronaʒ] *m* 1. Schirmherrschaft *f*; Patro'nat *n*; Protekto'rat *n*; sous le ~ de unter der Schirmherrschaft (*+gén*); 2. *e-s Schutzheiligen* (Schirm und) Schutz *m*; 3. **a)** Jugendgruppe *f*, -werk *n*; **b)** Jugendheim *n*; 4. *loc/adj iron* bes Fest, Veranstaltung de ~ *iron* erbaulich; erhebend

patronal [patronal] *adj <-aux>* 1. Arbeit'geber...; Unter'nehmer...; association ~e Arbeitgebervereinigung *f*; Sozialversicherung cotisation, part ~e Arbeitgeberbeitrag *m*, -anteil *m*; 2. *égl cath* Patro'nats...; fête ~e Patronatsfest *m*; Patro'zinium *n*

patronat [patrona] *m coll* Arbeit'geber (-schaft) *m/pl(f)*; Unter'nehmer *m/pl*; Unter'nehmerschaft *f*, -tum *m*; Conseil national du ~ français (*abr* C.N.P.F.) Dach-, Spitzenverband der frz Arbeitgeberverbände

patronner¹ [patrone] *v/t Person* prote'gieren; fördern; unter s-e Fittiche nehmen; s-e Unter'stützung angedeihen lassen (*qn j-m*); *auch ein Unternehmen*, e-e Kandidatur begünstigen; unter'stützen; eintreten für

patronner² [patrone] *v/t impr beim Siebdruck* mit Hilfe der Scha'blone drucken

patronnesse [patronɛs] *adj <nur f> iron* dame ~ (Vorstands)Dame *f* e-s Wohltätigkeitsvereins

patronym|e [patronim] *litt m* Fa'milienname *m*; **~ique** *adj* patro'nymisch; nom ~ Patro'nymikon *od* Patro'nymikum *n*; *in der Antike* Geschlechtsname *m*; *heute* Fa'milien-, Vater(s)name *m*

patrouille [patruj] *f* 1. **a)** *der Polizei*

Streife f; ~ de police Poli'zeistreife f;
voiture f de ~ Streifenwagen m; **b)** mil
Pa'trouille [pa'truljə] f; ~ (de recon-
naissance) Späh-, Erkundungstrupp
m; **c)** aviat mil ~ (de chasse) kleine
Jagdfliegerformation (, die e-n Erkun-
dungsauftrag hat); ~ simple Rotte f; ~
normale Kette f; ~ triple Staffel f; ♀ de
France Name e-r frz Kunstflugstaffel;
d) mar mil Gruppe f von Pa'trouillen-
booten, Sicherungsfahrzeugen; **2. a)** der
Polizei Streifen-, Kon'trollgang m; **b)**
mil Pa'trouillen-, Erkundungsgang m;
Spähtruppunternehmen n; aller en ~
auf Patrouille gehen; être de ~ als
Spähtrupp unter'wegs sein; être en-
voyé en ~ als Spähtrupp, Patrouille, zu
e-m Patrouillengang, zu e-r Erkundung
ausgeschickt werden; **c)** aviat mil Erkun-
dungsflug m; **d)** mar mil Erkundungs-
fahrt f

patrouill|er [patruje] v/i mil auf Pa-
'trouille gehen; aviat mil abfliegen (**dans
une région** ein Gebiet); mar mil pa-
trouil'lieren; Posten etc patrouil'lieren;
auf und ab gehen; **~eur** m aviat mil
Jagdflugzeug n auf e-m Erkundungs-
flug; mar mil Pa'trouillenboot n; Wach-
boot n; Geleit-, Sicherungsfahrzeug n;
Geleitboot n

patte [pat] f **1.** zo Pfote f; der Raubtiere
auch Tatze f; Pranke f; der Vögel,
Insekten, Huftiere Bein n; par ext auch
Fuß m; ch des Federwildes Ständer m; ~
palmée Schwimmfuß m; Pelzart f
d'astrakan Persi'anerklaue f; ~ de
derrière, de devant 'Hinter-, Vor-
derpfote f bzw -bein n; fig ~s de
mouche Krähenfüße pl; F Gekritzel n;
Gekrakel n; bas les ~s zu e-m Hund
Pfoten weg!; fig zu e-r Person Finger,
Hände weg!; Hund donner, tendre la ~
Pfötchen geben; faire ~ de velours
Katze Samtpfötchen machen; die Kral-
len einziehen; fig Person katzenfreund-
lich sein; **2.** F e-r Person **a)** Bein n; Fuß
m; F Hachse f; südd Haxen m; **b)** Hand f;
F Pfote f; Tatze f; Flosse f; loc/adv à ~s
zu Fuß; F per pedes; se casser la ~ sich
das Bein brechen; être bas, court sur
~s kurzbeinig sein; kurze Beine haben;
fig se faire faire aux ~s sich erwischen,
F schnappen lassen; F fig graisser la ~ à
qn F j-n schmieren; marcher à quatre
~s auf allen vieren kriechen, laufen; um
in e-e Organisation etc aufgenommen zu
werden montrer ~ blanche bestimmte
Voraussetzungen erfüllen; sich gebüh-
rend ausweisen; fig tirer dans les ~s
de qn F j-m etw (durch hinterhältiges
Reden) vermasseln; **3.** Barttracht ~s pl
Kote'letten pl; porter des ~s Kotelet-
ten tragen; **4.** cout Patte f; Klappe f; als
Verschluß Riegel m; an e-m Rock-, Ho-
senverschluß Patte f; Leiste f; 'Untertritt
m; am Ärmelschlitz Blende f; ~ d'épaule
Schulter-, Achselpatte f, -klappe f; mil
Schulterklappe f; der Offiziere Schulter-
stück n; ~ de poche Taschenpatte f,
-klappe f; **5.** bei Schnürschuhen Zunge f;
Lasche f; **6.** mar ~ d'ancre Ankerflügel
m, -flunke f, -hand f; **7.** tech zur Befesti-
gung ungerahmter Spiegel etc Halterung
f; zur Befestigung von Holzbauteilen
Bankeisen n; **8.** ~ d'oie cf patte-d'oie; **9.**
mus Ra'stral n

patté [pate] adj Heraldik croix ~e Tat-
zenkreuz n

patte-d'araignée [patdarenɛ] f ⟨pl
pattes-d'araignée⟩ in Gleitlagerflä-
chen Schmiernut f

patte-d'oie [patdwa] f ⟨pl pattes-
-d'oie⟩ **1.** Straßen-, Wegkreuzung f; **2.**
am Augenwinkel Krähenfüße m/pl; **3.**
mar Hahnepot m od n od f; **4.** bot

Gänsefingerkraut n

pattemouille [patmuj] f (feuchtes) Bü-
geltuch; repasser à la ~ mit e-m feuch-
ten Tuch bügeln

pattern [patern] m psych, ling etc Muster
n; (Denk)Schema n; Mo'dell n; Pattern
['pɛ-] n

pâturage [patyraʒ] m (Vieh)Weide f;
Weideplatz m, -fläche f; ~s pl auch
Weideland n

pâture [patyr] f **1.** st/s der Tiere Futter n;
Nahrung f; **2.** fig (geistige) Nahrung f;
être donné, offert en ~ à qn, à
l'opinion publique j-m, der öffentli-
chen Meinung geopfert werden; cet
incident a servi de ~ aux journalistes F
... war ein gefundenes Fressen für die
Journalisten; **3.** jur droit m de vaine
Weidegerechtigkeit f (auf abgeernteten
od brachliegenden Feldern)

pâturer [patyre] v/i Vieh weiden

paturon od **pâturon** [patyrõ] m des
Pferdes Fessel f

paulette [polɛt] f hist jährlich zu entrich-
tende Steuer von Inhabern erblicher
Ämter

paulien [poljɛ̃] adj ⟨~ne⟩ jur action ~ne
im römischen Recht Pauli'anische Klage;
heute Gläubigeranfechtung f; Anfech-
tungsklage f des Gläubigers

paulin|ien [polinjɛ̃] adj ⟨~ne⟩ rel pau'li-
nisch; des A'postels Paulus; **~isme** m
rel Pauli'nismus m

paulownia [polɔnja] m bot Pau'lownia f;
Kaiserpaulownie f, -baum m; Kiri m

paume [pom] f **1.** Handfläche f, -teller
m; flache Hand; **2.** (jeu m de) ~ altes
französisches Ballspiel; Paumespiel n;
hist Jeu de ♀ Ballhaus n; serment m du
Jeu de ♀ Ballhausschwur m; **3.** Holzver-
bindung ~ carrée einfache Über-
'blattung

paumé [pome] F **I** adj Person être, se
sentir complètement ~ völlig ratlos,
hilflos, verloren, F aufgeschmissen sein;
in e-r Menschenmenge sich verloren vor-
kommen, fühlen; **II** subst ~(e) m(f) j, der
völlig ratlos etc ist

paumelle [pomɛl] f **1.** bât e-r Tür
(Angel)Band n; ~ double Einstemm-,
Fisch-, Fitschenband n; Fitsche f; **2.** des
Segelmachers Segel(macher)handschuh
m; des Seilers, Sattlers Handschutz m; **3.**
Lederzurichtung kleines Krispelholz; **4.**
bot zweizeilige Gerste(nart)

paumer [pome] F **I** v/t **1.** ~ qc etw
verlieren, verlegen, F verbumfiedeln;
versaubeuteln; **2.** se faire ~ F sich
erwischen lassen; geschnappt werden; **II**
v/pr se ~ sich verirren, verlaufen, verfah-
ren

paumoyer [pomwaje] v/t ⟨-oi-⟩ **1.** mar
Schiff ziehen; trecken; die Lose e-s Endes
'durch-, einholen; **2.** Lederzurichtung
krispeln

paumure [pomyr] f des Hirschgeweihes
Krone f

paupér|isation [poperizasjõ] f écon
Verelendung f; Verarmung f (der Mas-
sen); **~isme** m écon Massenelend n,
-armut f; Paupe'rismus m

paupiette [popjɛt] f cuis ~ de veau
Kalbsroulade f

paupière [popjer] f (Augen)Lid n; e-m
Toten fermer les ~s die Augen zudrük-
ken

pause [poz] f **1.** bei e-r Arbeit, beim
Marschieren, Sprechen Pause f; beim
Marschieren, Wandern auch Ruhepause
f; Rast f; F ~ café Kaffeepause f; ~ de
midi Mittagspause f; cinq minutes de
~ fünf Minuten Pause; faire une ~
e-e Pause machen, einlegen; pau'sieren;
beim Wandern auch Rast machen; rasten;
2. mus ganze Pause: Ganztaktpause f

pauvre [povr(ə)] **I** adj **1.** ⟨nachgestellt⟩
Person, Land arm; Kleidung, Behausung
ärmlich; armselig; dürftig; Kleidung
auch schäbig; Behausung auch kümmer-
lich; jämmerlich; Essen ohne großen
Nährwert; Boden arm; karg; mager;
nicht sehr fruchtbar; Lagerstätte wenig
ergiebig; unergiebig; Sprache wortarm;
arm an Ausdrucksmitteln; minerai m ~
armes Erz; métr rime m ~ stumpfer,
männlicher Reim; loc/adi ~ en, litt de ...
arm an ...; ...arm; ~ en calories kalo-
'rienarm; Stadt ~ en monuments his-
toriques arm an historischen Bauten;
litt ~ de talent nicht sehr begabt,
talen'tiert; wenig Begabung, Talent be-
sitzend; ~ comme Job bettelarm; arm
wie e-e Kirchenmaus; **2.** ⟨vorangestellt⟩
arm; bedauernswert; beklagenswert; la
~ bête das arme Tier; de bien ~s
excuses f/pl sehr fadenscheinige Ent-
schuldigungen f/pl; ~ France! armes
Frankreich!; st/s ~s maris! ihr armen
Ehemänner!; un ~ sourire ein armseli-
ges, schwaches Lächeln; ~ de moi! un
Arme(r), Ärmste(r)!; **3.** ⟨vorangestellt⟩
in der Anrede lieb; gut; mon ~ ami mein
Lieber; mein (lieber) Freund; mon ~
monsieur lieber, guter Mann; **II** subst
1. m Arme(r) m; riches et ~s ⟨Verbum
im sg od pl⟩ arm und reich; aider les ~s
den Armen helfen; bibl (bien)heureux
les ~s en esprit selig sind, die da
geistlich arm sind; cath selig sind die
Armen im Geiste; **2.** bedauernd le, la ~
der, die Arme, Ärmste; mon, ma ~ du
Arme(r), Ärmste(r)!

pauvrement [povrəmã] adv être vêtu ~
ärmlich, dürftig, schäbig gekleidet sein;
vivre ~ kümmerlich, ärmlich leben

pauvresse [povrɛs] f selten f Arme f; arme
Frau

pauvreté [povrəte] f e-r Person, e-s
Landes Armut f; des Äußeren, der Klei-
dung, e-r Behausung Ärmlichkeit f; Arm-
seligkeit f; Dürftigkeit f; der Kleidung
auch Schäbigkeit f; des Bodens Kargheit
f; Unfruchtbarkeit f; e-r Lagerstätte
Unergiebigkeit f; e-r Sprache Wortar-
mut f; fig ~ intérieure innere Armut;
prov ~ n'est pas vice Armut schändet
nicht (prov)

pauvrette [povrɛt] la ~ die Arme, Ärm-
ste; das arme Ding, Geschöpf

pavage [pavaʒ] m **1.** Pflastern n, -ung f;
schweiz auch Pflästern n, -ung f; **2.**
Pflaster n; Pflasterung f; ~ en bois, en
pierre Holz-, Steinpflaster n

pavane [pavan] f Tanz u Musik Pa'vane f

pavaner [pavane] v/pr se ~ **a)** para-
'dieren; sich in Szene setzen; bril'lieren;
po'sieren; sich wichtig machen; **b)** ein-
'herstolzieren

pavé [pave] m **1.** Pflasterstein m; fig j'ai
un ~ sur l'estomac das Essen liegt mir
schwer, wie ein Stein im Magen; F fig
c'est le ~ dans la mare das, diese
Nachricht, Meldung schlägt wie e-e
Bombe ein; die Sache erregt Aufsehen,
löst e-n Skandal aus; hat Wellen geschla-
gen; fig c'est le ~ de l'ours da hat man
ihm e-n Bärendienst erwiesen; **2.**
(Straßen)Pflaster n; Pflasterung f;
schweiz auch Pflästerung f; ~ de mar-
bre, de mosaïque Marmor-, Mosa'ik-
(fuß)boden m; fig: battre le ~ durch die
Straßen schlendern, bummeln, flanie-
ren; F in den Straßen herumlungern;
être sur le ~ auf der Straße sitzen; F
liegen; ohne Arbeit, arbeitslos, stel-
lungslos bzw obdachlos, ohne Bleibe
sein; tenir le haut du ~ zur Ober-
schicht, zu den oberen Zehn'tausend, in
e-r Kleinstadt zu den Honorati'oren
gehören; **3.** F in e-r Zeitung **a)** auffallen-

der, eingerahmter (Werbe)Text; **b)** schwerfälliger Ar'tikel

pavement [pavmɑ̃] *m* Pflaster *n*; Pflasterung *f*; ~ **de mosaïque** Mosa'ik(fuß)boden *m*; ~ **en grès** Sandsteinpflaster *n*

pav|er [pave] *v/t* Straße pflastern; *schweiz auch* pflästern; *Boden mit Mosaik, Fliesen, Platten auslegen; belegen; Platten e-n Boden bedecken; adit* **pavé** *Straße, Hof* gepflastert; ~**eur** *m* Pflasterer *m*; Steinsetzer *m*; *schweiz auch* Pflästerer *m*

pavie [pavi] *f bot* Pfirsichart Härtling *m*

pavillon [pavijɔ̃] *m* **1.** (Garten)Pavillon [-lj-] *m*; *e-r Ausstellung, e-r Krankenhaus-, Schulanlage, arch e-s großen Gebäudes* Pavillon *m*; **2.** *in e-m Garten stehendes* kleines Haus, Häuschen, Einfamilienhaus (**de banlieue** *in e-m Vorort*); ~ **de chasse** Jagdhütte *f*; kleines Jagdhaus; ~ **du gardien** Wärterhäuschen *n*; **3.** *mar* Flagge *f*; ~ **amiral, national** Admi'rals-, Natio'nalflagge *f*; *comm* ~ **de complaisance** billige Flagge; ~ **de guerre, de pilote, de quarantaine, de signalisation** *od* **de signaux** Kriegs-, Lotsen-, Quaran'täne-, Si'gnalflagge *f*; **baisser, rentrer le** ~ die Flagge ein-, niederholen, einziehen; F *fig* **baisser** ~ (**devant qn**) (vor j-m) die Flagge, F die Segel streichen; sich geschlagen geben; F klein beigeben; *Schiff* **battant** ~ **britannique** unter britischer Flagge fahrend; *Seerecht* **le** ~ **couvre la marchandise** die neutrale Flagge schützt die Ladung; **naviguer sous** ~ **étranger** unter fremder Flagge fahren; **4.** *e-s Autos, Waggons* Dach *n*; Decke *f*; Himmel *m*; *früher e-s Himmelbetts* Betthimmel *m*; **5.** *mus e-s Blechblasinstruments* Schalltrichter *m* (*auch des alten Phonographen, e-s Lautsprechers*); Schallbecher *m*; Stürze *f*; **6.** *anat* ~ (**de l'oreille**) Ohrmuschel *f*; **7.** *Heraldik* Wappenzelt *n*; **8.** *égl cath des Ziboriums* seidener Vorhang

pavillonnerie [pavijɔnri] *f mar* **1.** *coll* Flaggen *f/pl*; **2.** *an Bord e-s Schiffes* Flaggenkasten *m*; **3.** Flaggenmacherei *f*

pavimenteux [pavimɑ̃tø] *adj* ⟨**-euse**⟩ **1.** **roches pavimenteuses** (Natur-) Gesteine *n/pl*, die für Pflastersteine benutzt werden; **2.** *Histologie* **épithélium** ~ Mal'pighische Schicht

pavois [pavwa] *m mar* **a)** Schanzkleid *n*; **b)** Beflaggung *f*; **grand** ~ Flaggengala *f*; **hisser le grand** ~ über die Toppen flaggen; ausflaggen; **petit** ~ Setzen *n* der Nationalflagge an allen Toppen; **2.** *im Mittelalter* Lang-, Setzschild *m*; Pa'vese *f*

pavoiser [pavwaze] *v/t Gebäude, Stadt* beflaggen; *abs* flaggen (*auch mar*); F *fig* (**il n'y a pas de quoi** ~ das ist kein Grund zur Freude, stolz zu sein

pavot [pavo] *m bot* Mohn *m*; **capsule** *f* **du** ~ Mohnkapsel *f*

payable [pɛjabl(ə)] *adj* zahlbar; *Wechsel* ~ **à échéance, à vue** bei Fälligkeit, bei Sicht zahlbar; ~ **en dix mensualités** in zehn Monatsraten zahlbar

payant [pɛjɑ̃] *adj* **1.** *Person* zahlend; *hôte, spectateur* zahlender Gast, Zuschauer; **2.** *Eintrittskarte, Platz* die *bzw* der bezahlt werden muß; *Schauspiel* für das Eintritt bezahlt werden muß; *Parken* gebührenpflichtig; **parking** ~ gebührenpflichtiger, bewachter Parkplatz; *Ausstellung etc* **c'est** ~ ? muß man Eintritt bezahlen?; kostet das Eintritt(sgeld)?; **3.** *fig* lohnend; einträglich; *Geduld, Ausdauer, Mühe* **être** ~ sich lohnen; sich auszahlen; sich bezahlt machen

payé [pɛj] *f cf* paie

payé [pɛje] *adj* bezahlt; **tous frais** ~**s**

44*

---

spesen-, kostenfrei; *Person, Arbeit(sstelle)* **bien, mal** ~ gut, schlecht bezahlt

payement [pɛjmɑ̃] *m cf* paiement

payer [pɛje] ⟨**-ay-** *od* **-ai-**⟩ **I** *v/t* **1.** *Person, Arbeit, Dienstleistung* bezahlen; *Arbeit auch* hono'rieren; *Arbeiter auch* entlohnen; *Summe, Beitrag, Gebühr, Steuern* (be)zahlen (*auch Miete*); entrichten; *Beitrag auch* leisten; *Steuern, Beitrag auch* abführen; *Lohn* (aus-) zahlen; *Rechnung* bezahlen; begleichen; *Schulden* (ab)bezahlen; abzahlen; abtragen; begleichen; tilgen; *Gläubiger* bezahlen; befriedigen; ♦ ~ **un acompte de cent francs** e-e Anzahlung von hundert Franc leisten; hundert Franc anzahlen; ~ **son déplacement à qn** j-m die Fahrt-, Reisekosten bezahlen, ersetzen, erstatten, vergüten; ~ **la douane pour qc**, ~ **les droits de douane sur qc** für etw Zoll (be)zahlen; den Zoll entrichten; etw verzollen; ~ **un supplément** zuzahlen; e-n Aufschlag, Zuschlag bezahlen; nachzahlen; ♦ *mit adv u loc/adv:* ~ **qc dix francs** für etw zehn Franc (be)zahlen; **combien l'avez-vous payé?** wieviel haben Sie dafür be-, gezahlt?; ~ **cher** *cf* cher II; ~ **comptant, en argent, en espèces** (in) bar, per Kasse (be)zahlen; ~ **à l'heure, au mois, à la semaine** stundenweise *od* pro Stunde, monatlich, wöchentlich zahlen; **être payé à l'heure, au mois, à la semaine** *auch* Stunden-, Monats-, Wochenlohn bekommen; ~ **au temps** nach Zeit bezahlen; ~ **d'avance** im voraus (be)zahlen; vor'aus(be)zahlen; e-e Vorauszahlung leisten; *iron* **je ne suis pas payé pour ça** dafür werde ich nicht bezahlt; dazu bin ich nicht da, verpflichtet; das ist eigentlich nicht meine Aufgabe; F *fig* **je suis payé pour le savoir** ich bin durch Schaden klug geworden; ich habe es am eigenen Leib erfahren; ich weiß es aus eigener Erfahrung; ♦ *abs:* **c'est une maison qui paie bien** diese Firma zahlt gut; **c'est moi qui paie!** ich zahle (es)!; das geht auf meine Rechnung!; *vous voulez cette chambre avec salle de bains, mais avez-vous de quoi* ~ ? ... aber können Sie das überhaupt bezahlen, haben Sie überhaupt genug Geld?; ~ **pour qn** für j-n (be)zahlen; auch j-n freihalten; *cf auch* 3.; **2.** F *par ext* ~ **à qn** F j-m etw spen'dieren; ~ **une tournée** e-e Runde ausgeben, F spendieren; **3.** *fig* ~ **qc** (für) etw büßen, bezahlen müssen; **il a payé de dix ans de prison cette tentative de meurtre** an diesen Mordversuch mit zehn Jahren Gefängnis büßen, bezahlen müssen; *drohend* **il me le paiera!** das soll er mir büßen!; ♦ *abs* ~ **pour qn** für j-n büßen, leiden müssen; **il a payé pour tout le monde** *auch* er hat für alle die Zeche bezahlen müssen; er hat es für alle ausbaden müssen; **4.** *fig* ~ **qn de qc** j-n für etw belohnen; j-m etw lohnen; **ce succès me paie de tous mes efforts** der Erfolg belohnt mich, ist der Lohn für alle meine Anstrengung(en); ~ **qn d'ingratitude** es j-m mit Undank lohnen, vergelten; ~ **qn de sa peine** j-m s-e Mühe lohnen; j-n für s-e Mühe belohnen (**par qc** mit, durch etw); **II** *v/i* **5.** *Beruf, Arbeit* einträglich, einbringlich sein; etwas einbringen; *Mühe, Ausdauer* sich lohnen; sich bezahlt machen; sich auszahlen; *ça paie!* *Witz, Geschichte* das muß man gehört haben!; *Schauspieler in e-r Rolle, Schauspiel* das muß man gesehen haben!; **6.** ~ **d'audace** kühn, dreist auftreten; Kühnheit, Dreistigkeit besitzen; etwas ris'kieren; ein Wagnis eingehen; **ne pas** ~ **de mine** *Person*

---

nach nichts aussehen; *Lokal* nicht sehr einladend, vertrauenerweckend aussehen; ~ **de sa personne** s-e ganze Kraft, sich voll und ganz einsetzen; sich nicht schonen; sich mit s-r ganzen Person (für etw) einsetzen; s-n Mann stehen; **III** *v/pr* **7. se** ~ **qc** sich etw leisten; **8.** *voilà 10 francs!* **payez-vous et rendez-moi la monnaie** ... ziehen Sie ab, was Sie bekommen, was ich schuldig bin ...; **9.** *passivisch* **se** ~ bezahlt, entrichtet, beglichen *etc* werden; *fig* **tout se paie** für alles muß man einmal büßen; alles rächt sich einmal

pay|eur [pɛjœr] *m, selten* ~**euse** *f* **1.** Zahler(in) *m(f)*; **mauvais payeur** säumiger Zahler; **2.** *m mil* Zahlmeister *m*

pays [pei] *m* **1.** *allg, pol, géogr* Land *n*; ~ **chauds, froids** heiße, kalte Länder; ~ **créancier, débiteur** Gläubiger-, Schuldnerland *n*; ~ **industriel** Indu'strieland *n*; *fig* **le ⊃ de Cocagne** das Schla'raffenland *n*; ~ **de destination** Bestimmungsland *n*; *Lewis Carroll* **Alice au** ~ **des merveilles** Alice im Wunderland; ~ **d'origine** *cf* origine 2.; *fig* **le** ~ **du soleil, du vin** das Land der Sonne, des Weins; ~ **en voie de développement** Entwicklungsland *n*; **frontière** *f*, **langue** *f* **du** ~ Landesgrenze *f*, -sprache *f*; **de quel** ~ **êtes-vous?** aus welchem Land kommen, stammen Sie?; was sind Sie für ein Landsmann?; **2.** Land *n*; Gegend *f*; Gebiet *n*; Landstrich *m*; ~ **montagneux** gebirgige Gegend; Gebirgs-, Bergland *n*; ~ **d'élevage** Viehzuchtgebiet *n*; ~ **de forêts** Waldgebiet *n*; waldreiches Gebiet; ~ **de vignes** Weinbaugebiet *n*; *loc/adj* **du** ~ einheimisch; **les gens** *m/pl* **du** ~ die Einheimischen *m/pl*; **il n'est pas du** ~ er ist, stammt nicht von hier, aus dieser Gegend; er ist kein Einheimischer; F *fig* **être en** ~ **de connaissance, en** ~ **connu** a) bekannte, vertraute Gesichter um sich haben, sehen; b) in e-m Fach zu Hause, bewandert sein; sich auskennen; gut Bescheid wissen; **voir du** ~ viel reisen; **il a vu du** ~ er ist weit in der Welt herumgekommen; er hat viel von der Welt gesehen; er hat sich in der Welt 'umgesehen; **3.** Vaterland *n*; **mourir pour son** ~ für sein Vaterland sterben; **4.** Heimat *f*; **mal** *m* **du** ~ Heimweh *n*; **avoir le mal du** ~ Heimweh haben; *la Gascogne,* ~ **de Montesquieu** ... die Heimat Montesquieus; **5.** kleiner Ort; Kleinstadt *f*; Dorf *n*; **un** ~ **perdu** ein abgelegenes Nest

pays² [pei] *m*, **payse** [peiz] *f* **f** *od regional* (*compatriote*) Landsmann *m*, -männin *f*

paysag|e [peiza3] *m* **1.** Landschaft *f*; Landschaftsbild *n*; Szene'rie *f*; ~ **champêtre** ländliche Szenerie; ~ **méditerranéen** Mittelmeerlandschaft *f*; ~ **urbain** Stadtbild *n*; F *fig* **cela fait bien dans le** ~ das macht sich gut; das nimmt sich gut aus; das wirkt gut; **2.** *peint* **a)** Landschaft(sbild) *f(n)*; **b)** *la* ~ die Landschaftsmalerei; ~**iste** *m* **1.** *peint* Landschaftsmaler *m*; **2.** ~ *od adit* **architecte** *m* ~ Garten-, Landschaftsarchitekt *m*

paysan [peizã], **paysanne** [peizan] **I** **1.** *m,f* Bauer, Bäuerin *m,f*; Bauersfrau *f*; *fig u litt* **le paysan du Danube** *etwa* der Elefant im Porzellanladen; *loc/adj* **de paysan** bäurisch; **des manières** *f/pl* **de paysan** bäurisches Benehmen; **révolte** *f* **de paysans** Bauernaufstand *m*; **2.** ⟨*nur m*⟩ *fig u péi* ungehobelter, ungeschliffener, ungeschlachter, grober Kerl; **II** *adj* **1.** bäuerlich; **revendications paysannes** Forderungen *f/pl* der Bauern; **2.** bäurisch; **avoir un air paysan** bäurisch, wie ein Bauer aussehen

paysann|at [peizana] *m coll* Bauern *m/pl*; Bauernschaft *f*. -stand *m*; **⌄erie** *f* 1. *coll cf* paysannat; 2. *Literatur* Bauern-, Dorfroman *m*; *thé* Bauernstück *n*

pch(i)t(t) *cf* pschit(t)

pé [pe] *m arg cf* pet 2.

péag|e [peaʒ] *m für Straßen, Brücken, Tunnel* Benutzungsgebühr *f*; *österr* Maut(gebühr) *f*; *für Autobahnen auch* Autobahn(benutzungs)gebühr *f*; *für Straßen auch* Straßenbenutzungsgebühr *f*; *für Brücken auch* Brückengebühr *f*, -geld *n*; *hist*: Wegegeld *n*; *für Brücken* Brückengeld *n*. -zoll *m*; *loc/adi* Straße à ⌄ gebührenpflichtig; *österr* Maut...; route *f* à ⌄ *österr* Mautstraße *f*; **⌄iste** *m* Angestellter, der die (Autobahn-, Straßen)Benutzungsgebühr, *österr* Maut (-gebühr) kas'siert

peau [po] *f* ⟨*pl* ⌄x⟩ 1. *bes des Menschen* Haut *f*, P *fig* vieille ⌄! F alte Schachtel, Schar'teke, P Vettel!; P *fig* ⌄ de fesse! P Arschloch!; F *fig* ⌄ de vache Schuft *m*; (F hunds)gemeiner Kerl; gemeine Person; affection *f*, maladie *f* de la ⌄ Hautkrankheit *f*; couleur *f* de la ⌄ Hautfarbe *f*; F attraper qn par la ⌄ du cou, du dos, P du cul, des fesses j-n im letzten Moment, gerade noch zu fassen kriegen; n'avoir que la ⌄ et les os, la ⌄ sur les os nur noch, nichts als Haut und Knochen sein; P *fig* je t'aurai ta ⌄, je te ferai la ⌄ ich werde dich 'umbringen, F dir den Hals 'umdrehen, dich kaltmachen!; F *fig* avoir qn dans la ⌄ j-m (*sexuell*) verfallen, hörig sein; F j-m mit Haut und Haar verfallen sein; F *fig* craindre pour sa ⌄ für sein Leben fürchten; F *fig* je ne voudrais pas être dans sa ⌄ ich möchte nicht in s-r Haut stecken; *fig* être bien, mal dans sa ⌄ sich in s-r Haut wohl, nicht wohl fühlen; je suis mal dans ma ⌄ *auch* mir ist nicht wohl in meiner Haut; *Schauspieler* être, entrer, se mettre dans la ⌄ du *od* de son personnage sich völlig mit der von ihm dargestellten Person, Gestalt, mit s-r Rolle identifizieren; s-e Rolle über'zeugend spielen; ganz in s-r Rolle aufgehen; F *stark dekolletierte Frau* être en ⌄ F sehr offenherzig sein; *fig*: faire ⌄ neuve *Person* sich verändern, (ver)wandeln, häuten; ein neuer, ganz anderer Mensch werden; *Theater, Einrichtung* ein neues Gesicht zeigen; in e-m völlig neuen Gewand erscheinen; F y laisser sa ⌄ sein Leben lassen; se mettre dans la ⌄ de qn sich in j-s Lage versetzen; F il mourra dans la ⌄ d'un avare er wird sein Leben lang, bis zu s-m Lebensende, Tode ein Geizhals bleiben; *auch* er ist ein unverbesserlicher Geizhals; F il mourra dans la ⌄ d'un imbécile *auch* F dumm bleibt dumm, da helfen keine Pillen; F recevoir douze balles dans la ⌄ (standrechtlich) erschossen werden; F risquer sa ⌄ sein Leben riskieren, aufs Spiel setzen; F s-e Haut zu Markte tragen; F sauver sa ⌄ sein Leben, s-e Haut retten; F tenir à sa ⌄ am Leben hängen; 2. *von Tieren*: abgezogen Balg *m*; enthaart zur Lederverarbeitung Haut *f*; verarbeitet Leder *n*; zur Pelzverarbeitung Fell *n*; ⌄ d'agneau Lammfell *n*; F *fig* ⌄ d'âne Di'plom *n*; (Abschluß)Zeugnis *n*; *auch* Wisch *m*; *Balzac* La ⌄ de chagrin Das Chagrinleder; ⌄ de chamois Fenster-, Autoleder *n*; ⌄ de chèvre Ziegenfell *n*, -leder *n*; ⌄ de lapin Ka'ninchenbalg *m*, -fell *n*; Ka'nin *m*; *manteau m en* ⌄ de lapin a) Ka'ninmantel *m*; b) *péi* billiger Pelzmantel; ⌄ de lézard Eidechs(en)haut *f*, -leder *n*; ⌄ de lièvre Hasenbalg *m*, -fell

n; ⌄ de mouton Schafleder *n*, -fell *n*; de porc Schweinsleder *n*, -fell *n*; de porc schweinsledern; ⌄ de serpent Schlangenhaut *f*, -leder *n*; *mus* ⌄ de tambour Trommelfell *n*; culotte *f*, gant *m* de ⌄ Lederhose *f*, -handschuh *m*; (industrie *f* des) cuirs et ⌄x ledererzeugende Industrie; *adi* (reliure *f*) pleine ⌄ Ganzleder(einband) *n*(*m*); *prov* il ne faut pas vendre la ⌄ de l'ours avant de l'avoir tué man soll nicht das Fell des Bären verkaufen, ehe man es hat (*prov*); man soll die Rechnung nicht ohne den Wirt machen; man soll sich nicht zu früh freuen; 3. *von Früchten* Schale *f*; *von Wurst* Pelle *f*; Haut *f*; ⌄ de banane Ba'nanenschale *f*; ⌄ d'orange a) Apfel'sinen-, O'rangenschale *f*, b) *méd bei Zellulitis* O'rangenhaut *f*; test *m* de la ⌄ d'orange Kneiftest *m*; ⌄ de pêche Pfirsichhaut *f*, -haut *f*; *cf auch* pêche[1] 1.; 4. ⌄ du lait Milchhaut *f*. 5. *pl* ⌄x (autour de l'ongle) Nagelhaut *f*, -häutchen *n*

peaucier [posje] *adi u subst m anat* (muscle *m*) ⌄ Hautmuskel *m*

peaufiner [pofine] *v/t* den letzten Schliff geben (+*dat*); ausfeilen

Peau-Rouge [poruʒ] *m* ⟨*pl* Peaux-Rouges⟩ Rothaut *f*

peauss|erie [posri] *f* a) Lederfabrikation *f*, -herstellung *f*, -bereitung *f*; b) Lederhandel *m*; **⌄ier** a) Handwerker *m*, Arbeiter *m*, der Häute zu Leder verarbeitet; b) Lederhändler *m*

pébrine [pebrin] *f Krankheit der Seidenraupe* Pe'brine *f*; Gat'tine *f*; Flecken-, Körperchenkrankheit *f*

pécaire [pekair] *int cf* peuchère

pécari [pekari] *m* 1. *zo* Pe'kari *n*; Nabelschwein *n*; 2. Pe'karileder *n*

pecc|abilité [pekabilite] *f rel* Sündhaftigkeit *f*; **⌄able** *adi rel* sündhaft; sündig

peccadille [pekadij] *litt* kleiner, geringfügiger Fehler; kleines Versehen

pechblende [peʃblɛd] *f minér* Pechblende *f*; U'ranpecherz *n*

pêche[1] [pɛʃ] *f* 1. *bot* Pfirsich *m*; *fig*: peau *f* de ⌄ Pfirsichhaut *f* (*auch text*); teint *m* de ⌄ rosiger, samtiger Teint; *adi* ⟨*inv*⟩ couleur ⌄ pfirsichfarben; 2. P *fig* Schlag *m* ins Gesicht; 3. F *fig* se fendre la ⌄ *cf* fendre 3.

pêche[2] [pɛʃ] *f* 1. Fische'rei *f*; Fischfang *m*; Fischen *n*; *auch* Angeln *n*; *par ext* Fangzeit *f*; ⌄ côtière, littorale, petite ⌄ Küstenfischerei *f*; ⌄ 'hauturière, grande ⌄, ⌄ de haute mer, ⌄ au large Hochseefischerei *f*; ⌄ maritime Seefischerei *f*; ⌄ sous-marine Unter'wasserjagd *f*; ⌄ sportive Sportfischerei *f*; Angelsport *m*; ⌄ à la baleine Walfang *m*; ⌄ au coup Grundangelei *f*, -angeln *n*, -fischerei *f*; ⌄ aux écrevisses Krebsfang *m*; ⌄ au filet Netzfischerei *f*; ⌄ au hareng Heringsfischerei *f*, -fang *m*; ⌄ à la ligne Angelfischerei *f*; Angeln *n*; ⌄ des perles Perlenfischerei *f*; ⌄ en eau douce Binnenfischerei *f*; ⌄ en mer Meeresangeln *n*; articles *m/pl* de ⌄ Angelgeräte *n/pl*; aller à la ⌄ angeln, fischen gehen; 2. Fang *m* (*an Fischen*); rapporter une belle ⌄ e-n guten Fang ein-, zurückbringen; 3. *jur* Fische'rei-recht *n*, -berechtigung *f*

pêche-abricot [pɛʃabriko] *f* ⟨*pl* pêches-abricots⟩ *bot* gelbfleischiger, gelber Pfirsich

péché [peʃe] *m* 1. *rel* Sünde *f*; ⌄ de jeunesse Jugendsünde *f*; ⌄ d'orgueil Sünde des Hochmuts; commettre, faire un ⌄ e-e Sünde begehen; vivre dans le ⌄ in der Sünde leben; *loc/prov* à tout ⌄ miséricorde jede Sünde findet Vergebung; 2. *fig* ⌄ mignon (kleine) Schwä-

che; la tarte aux fraises est son ⌄ mignon er hat e-e Schwäche für Erdbeertorte

pécher [peʃe] *v/i* ⟨-è-⟩ 1. *rel* sündigen; ⌄ contre Dieu gegen Gottes Gebote sündigen; sich an Gott versündigen; ⌄ par ignorance, orgueil aus Unwissenheit, Hochmut sündigen; 2. *fig Person* ⌄ contre qc gegen etw verstoßen; sich gegen etw vergehen; ⌄ contre l'hospitalité gegen die Gastfreundschaft verstoßen; die Gastfreundschaft verletzen; ⌄ par excès d'optimisme, de précaution (all)zu optimistisch, vorsichtig sein; 3. *Plan, Schlußfolgerung, Aufsatz* ⌄ par kranken, leiden an (+*dat*); *Artikel* ⌄ par des longueurs Längen haben; *Plan* ⌄ par manque de coordination an mangelnder Koordination leiden, kranken; der Koordination (*gén*) entbehren; *Urteil, Schlußfolgerung* ⌄ sur un point in e-m Punkt falsch sein, nicht stimmen, hinken

pêcher[1] [peʃe] *m bot* Pfirsichbaum *m*; ⌄ en espalier Spa'lierpfirsich *m*

pêcher[2] [peʃe] I *v/t* 1. *Fische* fangen (*auch Krebse, Frösche*); fischen (*auch Perlen, Korallen*); ⌄ la truite Forellen fischen, fangen, angeln; *abs*: à l'asticot, au filet mit dem Wurm, mit dem Netz fangen, fischen; ⌄ à la ligne angeln; à la mouche mit der Fliege fischen, fangen, angeln; ⌄ dans la rivière, en mer im Fluß, im Meer fischen, angeln; 2. F *fig Gegenstand* auftreiben; aufgabeln; aufstöbern; auffischen; entdecken; *Wort* aufschnappen; aufgabeln; aufschnappen; aufgabeln; II *v/pr passivisch* se ⌄ *Fisch* gefangen werden

pêchère [peʃɛr] *int cf* peuchère

pêcheresse [peʃrɛs] *f rel* Sünderin *f*

pêcherie [peʃri] *f* (Fisch)Fanggebiet *n*; Fischplatz *m*, -gebiet *n*; ⌄s *pl* Fisch-, Fanggründe *m/pl*

pêcheur [peʃœr] *m rel* Sünder *m*; *fig* ne pas vouloir la mort du ⌄ nicht zu hart strafen, vorgehen, sein (wollen); Milde walten lassen

pêcheur [peʃœr, pe-] *m* Fischer *m*; ⌄ 'hauturier, de haute mer Hochseefischer *m*; ⌄ à la ligne Angler *m*; ⌄ de corail Ko'rallenfischer *m*; *bibl* ⌄ d'hommes Menschenfischer *m*; *Loti* ⌄ d'Islande Islandfischer *m*; ⌄ de perles Perlenfischer *m*; *adit* marin *m* ⌄ *cf* marin-pêcheur

pêcheuse [peʃøz] *f* ⌄ de perles Perlenfischerin *f*

pecnot [pɛkno] *m cf* péquenaud

pécore [pekɔr] *f von e-r Frau* F dumme Gans, Pute, Ziege

pectase [pɛktaz] *f chim* Pek'tase *f*

pecten [pɛktɛn] *m zo* Kamm-, Pektenmuschel *f*

pectine [pɛktin] *f chim* Pek'tin *n*

pectiné [pɛktine] *adi u subst m anat* (muscle *m*) ⌄ Kammuskel *m*

pectique [pɛktik] *adi chim* acide *m* ⌄ Pek'tinsäure *f*

pectoral [pɛktɔral] I *adi* ⟨-aux⟩ 1. *anat* Brust...; *sc* pekto'ral; muscles pectoraux *od subst* pectoraux *m/pl* Brustmuskeln *m/pl*; *zo* nageoire ⌄ Brustflosse *f*; 2. *phm* fleurs ⌄es Brusttee *m*; pâte ⌄e *cf* pâte 3.; sirop *m*, -sirup *m*; 3. *égl cath* croix ⌄e Brustkreuz *n*; Pekto'rale *n*; II *m* ⟨*pl* -aux⟩ *hist* Brustschmuck *m*; Pekto'rale *n*

péculat [pekyla] *m jur* Veruntreuung *f*, Unter'schlagung *f*, Entwendung *f* öffentlicher Gelder; Amtsunterschlagung *f*

pécule [pekyl] *m* 1. *kleine* Sparsumme, Rücklage; Notgroschen *m*; amasser un petit ⌄ e-e kleine Summe zusammenspa-

ren; **se constituer un modeste** ~ sich e-e bescheidene Rücklage schaffen; sich e-n Notgroschen zurücklegen; **2.** *e-s Strafgefangenen* Guthaben *n (aus s-m Arbeitslohn);* **3.** *e-m Soldaten auf Zeit beim Ausscheiden gezahlte* 'Übergangsbeihilfe; **4.** *in Belgien* ~ **de vacances** Urlaubsgeld *n*

pécuniaire [pekynjɛr] *adj* finanzi'ell; geldlich; pekuni'är; Geld...; **aide** *f* ~ finanzielle Hilfe, Unter'stützung; **embarras** *m/pl* ~s Geldverlegenheit *f*; finanzielle *etc* Schwierigkeiten *f/pl*

pédagogie [pedagɔʒi] *f* Päda'gogik *f*; Erziehungswissenschaft *f*; ~ **curative** Heil-, Orthopädagogik *f*; *Person* **manquer de** ~ ein schlechter Pädagoge sein; kein pädagogisches Talent besitzen

pédagogique [pedagɔʒik] *adj* päda-'gogisch; Erziehungs...; Lehr...; **formation** *f* ~ pädagogische Ausbildung; **méthode** *f* ~ Erziehungsmethode *f*

pédagogue [pedagɔg] *m,f* Päda'goge *m*, Päda'gogin *f*; *adit* **être** ~ ein guter Pädagoge, e-e gute Pädagogin sein

pédale [pedal] *f* **1.** *beim Fahrrad, Auto, Klavier etc* Pe'dal *n*; *bei der Orgel auch* Pe'daltaste *f*; *e-r Nähmaschine mit Fußantrieb* Fußtritt *m*; *an anderen Maschinen* Fuß-, Tret-, Tritthebel *m*; *auto* ~ **d'accélérateur, d'embrayage, de frein** Gas-, Kupplungs-, Bremspedal *n*; *für Kinder* **auto** *f*, **voiture** *f* à ~ Tretauto *n*; **poubelle** *f* à ~ Tret(abfall)eimer *m*; F *fig* **perdre les** ~s *in e-r schwierigen Lage* kopflos werden; nicht mehr aus noch ein wissen; sich nicht mehr zu helfen, zu raten wissen; *bei e-r Erklärung, Rede* ins Schwimmen, Stocken geraten; F sich verheddern; **2.** *ch de fer* Schienenkontakt *m*; Schienenstromschließer *m*; Gleisschaltmittel *n*; **3.** F *fig (pédéraste)* F warmer Bruder; Halbseidene(r) *m*; Hundertfünfund'siebziger *m*; Tante *f*; P Schwule(r) *m*; **être** ~ **la** ~ F andersherum, linksherum, vom anderen Ufer, P schwul sein; **4.** *mus (note f de)* ~ Orgelpunkt *m*

pédaler [pedale] *v/i* **1.** *beim Radfahren* treten; *par ext* (rad)fahren; F radeln; ~ **debout** (auf den Pedalen) stehend fahren, F radeln; **sans** ~ ohne zu treten; im Freilauf; **2.** F *fig* rennen; F flitzen; sausen

pédalier [pedalje] *m* **1.** *beim Fahrrad* Fahrradantrieb *m*; Tretkurbel *f* (mit den Pedalen und den Tret[kurbel]lager); **2.** *mus der Orgel* Pe'dal *n*; Pe'daltasten *f/pl*, -tastatur *f*; Fußtasten *f/pl*

pédalo [pedalo] *m* Tretboot *n*; Wasservelo *n*; **faire du** ~ mit dem Tretboot fahren

pédant [pedɑ̃] *péj* I *adj* schulmeisterlich; **discours** ~ schulmeisterlich-gelehrte, hochgestochene Rede; **ton** ~ Schulmeisterton *m*; schulmeisterlicher Ton; II *m* Schulmeister *m*

pédant|erie [pedɑ̃tri] *f litt cf* **pédantisme**; **~esque** *adj litt cf* **pédant** I; **~isme** *m* schulmeisterliche Art; schulmeisterliches Gehabe; affek'tierte Gelehrsamkeit; *e-s Buches, Vortrags* hochgestochene Art; **le** ~ **de ses explications** *auch* s-e hochgestochenen Erklärungen *f/pl*

pédé [pede] *m* F ⟨*Kurzwort für* **pédéraste**⟩ *cf* **pédale 3.**

pédéraste [pederast] *m* Homosexu'elle(r) *m*; Päde'rast *m*; **~ie** *f* Homosexuali'tät *f*; Knabenliebe *f*; Pädera'stie *f*

pédestre [pedɛstr(ə)] *adj* **1. randonnée** *f* ~ (Fuß)Wanderung *f*; **2.** *sculp* **statue** *f* ~ Standbild *n*, Statue *f* *(e-s stehenden Menschen)*

pédiatr|e [pedjatr(ə)] *m,f méd* Kinderarzt *m*, -ärztin *f*; Facharzt *m*, -ärztin *f*

für Kinderkrankheiten; *sc* Pädi'ater *m*; **~ie** *f méd* Kinderheilkunde *f*; *sc* Pädia-'trie *f*; *e-s Krankenhauses* **service** *m* **de** ~ Kinderstation *f*

pédicellaire [pedise(l)lɛr] *m des Seeigels* Greifzängelchen *n*; *sc* Pedizel'larie *f*

pédicell|e [pedisɛl] *m sc* **1.** *e-r Blüte* Stiel(chen) *m(n)*; **2.** *der Insekten zweites* Fühlerglied; **~é** *adj bot* Blüte gestielt

pédiculaire [pedikylɛr] **I** *adj méd* **maladie** *f* ~ Läusebefall *m*; *sc* Pediku'lose *f*; **II** *f bot* Läusekraut *n*; ~ **des marais** Sumpfläusekraut *n*

pédicul|e [pedikyl] *m* **1.** *anat* Hilus *m*; ~ **hépatique, pulmonaire** Leber-, Lungenhilus *m*; ~ **rénal** Nierenhilus *m*, -stiel *m*; **2.** *arch* Steinsockel *m (e-s Tauf-, Weihwasserbeckens);* **3.** *bot* Stiel *m (auch e-s Pilzes);* Stengel *m*; **4.** *der Gliederfüßer, Hautflügler* Basis *f*, mit der *der* 'Hinterleib *am* Bruststück *ansetzt;* **~é** *adj bot* gestielt

pédicur|e [pedikyr] *m,f* Fußpfleger(in) *m(f)*; Pedi'küre *f*; **~ie** *f* Fußpflege *f*; Pedi'küre *f*

pédieux [pedjø] *adj* ⟨-euse⟩ *anat* Fuß...; **artère pédieuse** Fußschlagader *f*

pedigree [pedigre, -gri] *m e-s Pferdes, Hundes* Stammbaum *m (auch das Dokument);* Pedigree [-gri:] *m*

pédiment [pedimɑ̃] *m géol* Pedi'ment *n*

pédo|logie [pedɔlɔʒi] *f* **1.** *géol* Bodenkunde *f*; *sc* Pedolo'gie *f*; **2.** *psych* Kinderund Jugendpsychologie *f*; **~logue** *m* **1.** *géol* Bodenkundler *m*; *sc* Pedo'loge *m*

pédoncul|e [pedɔkyl] *m* **1.** *anat* Stiel *m*; Füßchen *n*; *sc* Pe'dunculus *m*; ~**s cérébelleux, cérébraux** Kleinhirn-, Großhirnstiele *m/pl*; **2.** *bot e-r Blüte* Stiel *m (auch e-r Frucht);* Stengel *m*; Sproß-, Hauptachse *f*; **~é** *adj bot* gestielt; **chêne** ~ *bot* Stiel-, Sommereiche *f*

pédo-psychiatrie [pedopsikjatri] *f* Kinder- und Jugendpsychiatrie *f*

pedzouille [pɛdzuj] *m,f u adit cf* **péquenaud**

peeling [piliŋ] *m Kosmetik* Schälkur *f*; Peeling ['pi:-] *n*

pégamoïd [pegamɔid] *m (nom déposé)* Pegamo'id *n (Wz) (ein Kunstleder)*

Pégase [pegɑz] *m myth, astr* Pegasus *m*

pegmatite [pɛgmatit] *f minér* Pegma-'tit *m*

pègre [pɛgr(ə)] *f coll* 'Unterwelt *f*

peignage [pɛnaʒ] *m text* **a)** *der Wolle* Kämmen *n*; *von Flachs, Hanf* Hecheln *n*; **b)** *e-r Spinnerei* (Woll)Kämme'rei *f*

peigne¹ [pɛɲ] *m* **1.** Kamm *m*; *auch* (Ein)Steck-, Zierkamm *m*; ~ **fin** Staubkamm *m*; *mil, Polizei:* Gelände-, Stadtviertel **passer au** ~ **fin** 'durchkämmen *od* durch'kämmen; ~ **à manche** Stielkamm *m*; ~ **de corne, d'écaille, de poche** Horn-, Schildpatt-, Taschenkamm *m*; *beim Friseur* **coup** *m* **de** ~ Fri'sieren *n*; **se donner un coup de** ~ sich rasch kämmen; (sich) schnell mit dem Kamm über *od* durch die Haare, das Haar fahren; sich mal schnell 'überkämmen; F *fig Person* **être sale comme un** ~ vor Dreck starren; F ein Dreck-, Schmutzfink sein; wie ein Schwein aussehen; **2.** *text für Wolle* Kamm *m*; *für Flachs, Hanf* Hechel(kamm) *f(m)*; *am Webstuhl* Blatt *n*; Riet *n*; Web(e)blatt *n*; (Weber)Kamm *m*; **3.** *bot* ~ **de Vénus** Nadelkerbel *m*; **4.** *zo* **a)** Kamm-, Pektenmuschel *f*; **b)** *des Skorpions* kammförmiger Anhang; **5.** *tech* Gewindestahl *m*, -schneidbacke *f*; Strähler *m*

peigne² [pɛɲ] *cf* **peindre**

peigné [peɲe] *text* **I** *adj* **fil** ~, **laine** ~**e** Kammgarn *n*, -wolle *f*; **II** *m* Kammgarn (-stoff) *n(m)*

peigne-battant [pɛɲbatɑ̃] *m* ⟨*pl* pei-

gnes-battants⟩ *text* Hacker *m*

peigne-cul [pɛɲky] P *m* ⟨*pl* peigne--culs⟩ ungehobelter, ungeschliffener, ungeschlachter, grobschlächtiger Kerl, Pa'tron; F Rupp-, Grobsack *m*

peignée [pɛɲe] *f* **1.** F *(volée)* Schläge *m/pl*; Hiebe *m/pl*; F Haue *f*; Dresche *f*; Keile *f*; **2.** *text* Kamm *m* voll Wolle

peigner [peɲe] **I** *v/t* **1.** Haar, Person, Hund, Pferdemähne kämmen; **2.** *text* Wolle kämmen; Flachs, Hanf hecheln; **II** *v/pr* **se** ~ sich kämmen

peign|eur [pɛɲœr] *m text* Wollkämmer *m*; Flachs-, Hanfhechler *m*; **~euse** *f text* **1.** Wollkämmerin *f*; Flachs-, Hanfhechlerin *f*; **2.** *für Wolle* Kämmaschine *f*; Kammstuhl *m*; *für Flachs, Hanf* Hechelmaschine *f*; ~ **circulaire** Rund-, Zirku-'larkämmaschine *f*; **~ier** *m* Kammacher *m*

peignoir [pɛɲwar] *m* **1.** Bademantel *m*; **2.** *für Frauen* Morgenrock *m*, -mantel *m*

peilles [pɛj] *f/pl für Papierherstellung* Hadern *m/pl*; Lumpen *m/pl*

peinard [pɛnar] F *adj* **1.** *Person* ruhig; still; *père* ~ ruhiger Mensch; Mensch, der s-e Bequemlichkeit über alles liebt, den nichts aus der Ruhe bringt, der sich aus allem heraushält; **se tenir** ~ (ruhig) abseits stehen; **vivre en** ~ ein stilles, ruhiges Leben führen; **2.** *Posten, Leben* be'quem; gemütlich; **il a un emploi** ~ *auch* F er schiebt e-e ruhige Kugel

peindre [pɛ̃dr(ə)] ⟨je peins, il peint, nous peignons; je peignais; je peignis; je peindrai; que je peigne; peignant; peint⟩ **I** *v/t* **1.** *mit Farbe* (an)streichen; anmalen; anpinseln; F malen; *Zimmer* streichen; *österr auch* ausmalen; *Karosserie* ~ **au pistolet** spritzen; spritzlackieren; ~ **en bleu, en vert** blau, grün (an)streichen, anmalen; **2.** *mit Ornamenten* ~ **qc** etw bemalen; ~ **qc sur qc** auf etw *(acc)* malen; *abs* ~ **sur étoffe, porcelaine, verre** auf Stoff, Porzellan, Glas malen; **3.** *peint* malen; ~ **à l'aquarelle, à l'huile** *in od* mit Aquarell-, Wasserfarben, in Öl malen; ~ **au pinceau** mit dem Pinsel malen; **4.** *fig Person, Charakter, Szene* darstellen; schildern; beschreiben; 'wiedergeben; *Charakter auch* zeichnen; **II** *v/pr st/s* Angst *etc* **se** ~ **sur les visages** sich auf den Gesichtern ausdrücken, zeigen; sich in den Gesichtern 'widerspiegeln; **la consternation se peignit sur son visage** *auch* sein Gesicht drückte Bestürzung aus

peine [pɛn] *f* **1.** Kummer *m*; *(seelischer)* Schmerz; Leid *n*; Sorge(n) *f(pl)*; ~ **de cœur** Liebeskummer *m*, -schmerz *m*; **avoir de la** ~ Kummer, Sorgen haben; Leid tragen; **faire de la** ~ **à qn** j-m Kummer, Sorgen machen, bereiten; j-m weh tun; **cela me fait de la** ~ **pour vous** das tut mir leid für Sie; **son air abattu fait** ~ **à voir** es tut einem (in der Seele) weh, wenn man sein betrübtes Gesicht sieht; **il me fait part de ses joies et de ses** ~**s** er läßt mich an Freud und Leid teilnehmen; **ne vous mettez pas en** ~! sorgen, beunruhigen Sie sich nicht!; seien Sie unbesorgt, unbekümmert!; machen Sie sich keine Sorge(n)!; *cf auch* **2.**; **2.** Mühe *f*; Anstrengung *f*; **homme** *m* **de** ~ Hausknecht *m*, -bursche *m*, -diener *m*; *loc/adv* **pour ta** ~ zum Lohn für deine Mühe, Anstrengung, Arbeit; *cf auch* **3. a)**; **sans** ~ mühelos; unschwer; leicht; **je le crois sans** ~ das glaube ich gern, ohne weiteres; **avoir de la** ~ **à faire qc** Mühe haben, etw zu tun; etw nur mit Mühe, mühsam, kaum tun können; **j'ai**

(de la) ~ à le croire ich kann es kaum glauben; es fällt mir schwer, das zu glauben; je n'ai pas de ~ à vous croire das glaube ich Ihnen gern; il a de la ~ à marcher das Gehen wird ihm schwer, sauer, kostet ihn Mühe, Anstrengung; er kann nur mühsam, schwer, mit Mühe gehen; se donner, prendre la ~ de faire qc sich die Mühe machen, etw zu tun; *höfliche Aufforderung* donnez-vous, prenez, veuillez vous donner la ~ de vous asseoir! würden Sie, wollen Sie, bitte, Platz nehmen!; se donner beaucoup de ~ pour faire qc sich große, viel, alle Mühe geben, sich sehr bemühen, etw zu tun; c'est la ~ de (+inf) od que ... (+subj) es (ver)lohnt sich, es ist der Mühe wert zu (+inf); ce n'est pas la ~ das ist nicht nötig; ce n'est pas la ~ de me le répéter du brauchst *bzw* Sie brauchen es (mir) nicht noch einmal zu sagen; ce n'était pas la ~ que vous vous dérangiez Sie hätten sich nicht persönlich zu bemühen brauchen; *iron* c'était bien la ~ de tant travailler! die viele Arbeit hat sich wirklich nicht gelohnt, war um'sonst, F war für die Katz!; wozu nun die viele Arbeit!; n'être pas au bout de ses ~s noch nicht über den Berg sein; noch viele Schwierigkeiten zu über'winden, vor sich haben; en être pour sa ~ sich die ganze Mühe um'sonst gemacht haben; sich umsonst, vergeblich bemüht, abgemüht, angestrengt haben; il n'est pas en ~ pour trouver une excuse er findet immer e-e Ausrede; er ist nie um e-e Ausrede verlegen; ne vous mettez pas en ~! bemühen Sie sich nicht!; mourir à la ~ a) mitten in der Arbeit sterben; in den Sielen sterben; b) sich zu Tode arbeiten; perdre sa ~ sich um'sonst, vergeblich bemühen, abmühen, anstrengen; c'est ~ perdue das ist verlorene, vergebliche (Liebes)Mühe; das ist nicht der Mühe wert; valoir la ~ sich (ver-) lohnen, der Mühe wert sein, sich ren-'tieren (de faire qc etw zu tun); cela vaut, vaudrait la ~ d'essayer, que vous essayiez ein Versuch lohnt sich, würde sich lohnen; valoir la ~ d'être lu, vu lesens-, sehenswert sein; la vie vaut la ~ d'être vécue das Leben ist lebenswert; cela n'en vaut pas la ~ das (ver)lohnt sich nicht; das ist nicht der Mühe wert; es lohnt nicht die Mühe; cela ne vaut pas la ~ d'en parler das ist nicht der Rede wert; la voiture ne vaut pas la ~ d'être réparée es lohnt sich nicht, das Auto zu reparieren; *loc/prov* toute ~ mérite salaire jede Arbeit ist ihres Lohnes wert (*loc/prov*); **3.** a) *allg, rel* Strafe; *rel* ~s éternelles ewige Verdammnis; ~s de l'enfer Höllenstrafen *f/pl; loc/adv* je e-m Kind pour ta ~ zur Strafe; b) *jur* Strafe *f;* ~ accessoire Nebenfolge *f* der Hauptstrafe; ~ capitale, de mort Todesstrafe *f;* ~ complémentaire Nebenstrafe *f; früher* ~ corporelle Leibesstrafe *f;* ~ correctionnelle Strafe für ein Vergehen; ~ criminelle kriminelle Strafe; Strafe für ein Verbrechen; ~ disciplinaire Diszipli'nar-, Ordnungsstrafe *f;* ~ maximale Höchststrafe *f;* ~ politique Strafe für ein politisches Vergehen, Verbrechen; ~ principale Hauptstrafe *f;* ~ d'emprisonnement Gefängnisstrafe *f;* ~ de police Strafe für e-e Über'tretung; 'défense d'afficher sous ~ d'amende Ankleben von Plakaten bei (Geld)Strafe verboten; prononcer une ~ e-e Strafe verhängen; **4.** *loc/adv* à ~ kaum; fast gar

nicht; *zeitlich* kaum; eben, gerade erst; *Raum* à ~ éclairé spärlich beleuchtet; il y avait à ~ dix personnes dans la salle es waren kaum zehn Menschen im Saal; il y avait à ~ de quoi manger es gab kaum etwas, fast nichts zu essen; j'ai à ~ commencé ich habe eben, gerade erst begonnen; c'est à ~ s'il m'a salué er hat mich kaum gegrüßt; kaum daß er mich gegrüßt hat; à ~ étiez-vous parti qu'il arrivait Sie waren kaum weg, da kam er; cela se voit à ~ das sieht man kaum, fast gar nicht

peiner [pene] **I** *v/t* ~ qn j-n betrüben, bekümmern, traurig machen; j-m weh tun; j'ai été vraiment peiné par ... ich war wirklich betrübt, bekümmert über (+acc); **nous sommes peinés d'apprendre que ...** zu unserer tiefen Betrübnis erfahren, hören wir, daß ...; **nous sommes peinés de ne pouvoir rien faire pour vous** wir bedauern zutiefst, nichts für Sie tun zu können; **II** *v/i* **1.** sich (ab)mühen, sich plagen, sich anstrengen (müssen); *auch Motor* Mühe haben; es schwer haben; il peinait pour s'exprimer er hatte Mühe, es fiel ihm schwer, sich auszudrücken; ~ longtemps sur un problème de mathématiques lange über e-r Mathematikaufgabe brüten, sitzen; **2.** *bât Balken* ein großes Gewicht, e-e schwere Last (zu) tragen (haben)

peins, peint[1] [pɛ̃] *cf* peindre
peint[2] [pɛ̃] *p/p von* peindre *u adj* papier ~ Ta'pete *f*
peintre [pɛ̃tr(ə)] *m* **1.** ~ (en bâtiment) Anstreicher *m;* Maler *m;* **2.** *peint* (Kunst)Maler(in) *m(f);* ~ de cour Hofmaler *m;* ~ du dimanche Sonntagsmaler *m;* ~ verrier, sur verre Glasmaler *m;* atelier *m* de ~ Maleratelier *n;* matériel *m* de ~ Malbedarf *m;* **3.** *fig u st/s* Schilderer *m;* ~-graveur *m* <*pl* peintres-graveurs> *peint* Malerradierer *m,* -stecher *m*
peinture [pɛ̃tyr] *f* **1.** Anstrich *m;* Farbe *f; e-s Autos* Lack *m;* attention, ~ fraîche! Vorsicht, frisch gestrichen!; ~ à l'huile Ölanstrich *m; cf auch* 2., 4. u 5.; couche *f* de ~ Anstrich *f;* refaire les ~s d'une pièce ein Zimmer frisch streichen; den Anstrich e-s Zimmers erneuern; **2.** *zum Malen,* Anstreichen Farbe *f;* ~ brillante glänzende Farbe; Lack-, Glanzfarbe *f;* ~s (nitro-) cellulosiques (Nitro)Zellu'loselacke *m/pl;* ~ laquée Lackfarbe *f;* E'maillelack *m;* ~ mate matte Farbe; Mattfarbe *f;* ~ à la colle, à la détrempe, à l'eau, à l'huile Leim-, Tempera-, Wasser-, Ölfarbe *f;* **3.** *mit Farbe* (An)Streichen *n;* Anmalen *n;* Anpinseln *n;* F Bemalen *n; mit Ornamenten* Bemalen *n; peint* Malen *n;* ~ au pistolet Spritzen *n;* Spritzlackieren *n,* -ung *f;* ~ à la brosse *od* au pinceau, au rouleau Streichen *n* mit dem Pinsel, mit dem Farbroller; ~ en bâtiment(s) (An)Streichen *n* (*als Arbeit des Anstreichers*); **4.** *peint als Kunstwerk* Gemälde *n;* Bild *n;* Male'rei *f;* ~ murale Wandgemälde *n,* -bild *n,* -malerei *f;* ~ à l'huile Ölgemälde *n,* -bild *n;* exposition *f,* galerie *f* de ~ Gemäldeausstellung *f,* -galerie *f; fig* ne pas pouvoir voir qn en ~ j-n nicht ausstehen, F riechen, verknusen können; **5.** *abs Kunst* Male'rei *f;* Malkunst *f;* ~ romantique romantische Malerei; Malerei der Romantik; ~ à l'eau, à fresque, à l'huile Aqua'rell-, Fresko-, Ölmalerei *f;* ~ de genre, de la Renaissance Genre-, Renais'sancemalerei *f;* ~ sur porcelaine, sur verre Porzel'lan-, Glasmalerei

f; école *f* de ~ Malerschule *f;* style *m,* technique *f* de ~ Malstil *m,* -technik *f;* faire de la ~ malen; **6.** *fig* Schilderung *f;* Darstellung *f;* Bild *n;* ~-**émail** *f* <*pl* peintures-émail> **a)** Lackfarbe *f;* E'maillelack *m,* **b)** Schmelz-, E'maillefarbe *f;* ~-**émulsion** *f* <*pl* peintures--émulsions> Emulsi'onsfarbe *f*
peinturer [pɛ̃tyre] *v/t péj* nicht sorgfältig, ungeschickt (an)streichen, (an-) malen; anpinseln; *abs* klecksen; *adj* peinturé *auch* lieblos hingekleckst
peinturlurer [pɛ̃tyrlyre] F **I** *v/t* mit grellen, schreienden Farben (an-) streichen, (an)malen, anpinseln; **II** *v/pr* se ~ Frau F sich (über'trieben) anmalen
péjoratif [peʒoratif] *adj* <-ive> Wort, Ausdruck, Sinn pejora'tiv, abschätzig; abfällig; abwertend; verächtlich; her'absetzend
péjorativement [peʒorativmɑ̃] *adv* pejora'tiv; im pejorativen Sinn; in pejorativer Bedeutung
pékan [pekɑ̃] *m zo* Fischmarder *m* (*auch das Fell*)
pékiné [pekɛ̃] *arg mil* m Zivi'list *m*
pékiné [pekine] *adj u subst m text* (tissu) ~ Pékin *od* Pequin [-'kɛ̃] *m*
pékinois [pekinwa] **1.** *adj* (*u subst* ♀ Einwohner) von Peking; **2.** *m zo* Peki-'nese *m*
pelade [pəlad] *f path* Haarschwund *m,* -ausfall *m; sc* Pe'lade *f*
pelage [pəlaʒ] *m* **1.** *bes wilder Tiere* Fell *n;* Haarkleid *n;* ~ du léopard Leo'pardenfell *n;* **2.** *Lederherstellung* Enthaaren *n*
pélagique [pelaʒik] *adj biol, géol* pe'lagisch; pelagi'al; im Tiefseebereich lebend, abgelagert; *géol* dépôts *m/pl,* terrains *m/pl* ~s pelagische Ablagerungen *f/pl;* Sedimente *n/pl; biol* faune *f* ~ Pelagi'al(fauna) *n(f);* Hochseefauna *f*
pelain [pəlɛ̃] *m Lederherstellung* Äscher *m* (*Kalkmilch u Faß*)
pélamide [pelamid] *f zo* **a)** <*auch* pélamyde> *Thunfischart* Pela'mid *m;* **b)** e-e Seeschlange
pelard [pəlar] *adj zur Gewinnung von* Gerbrinden bois ~ geschältes Holz
pélargonium [pelargonjɔm] *m bot* Pelar'gonie *f; abus auch* Ge'ranie *f;* Ge'ranium *n*
pélasg|ien [pela(z)ʒjɛ̃] *adj* <~ne> *od* ~**ique** *adj Altertum* pe'lasgisch; murs *m/pl,* murailles *m/pl* pélasgiques Zy'klopenmauern *f/pl*
pelé [pəle] **I** *adj* **1.** Stelle im Fell *e-s Tieres,* Pelzmantel kahl; *bei e-m Pelzmantel* le col est tout ~ der Kragen ist völlig abgewetzt, hat viele kahle Stellen; **2.** *fig* Land kahl; öde; **II** *m* F *fig* il n'y avait que trois ~s et un tondu es war so gut wie niemand, fast kein Mensch da; F es waren nur ein paar Männeken da
pêle-mêle [pɛlmɛl] *adv* bunt durchein-'ander; ohne Ordnung; wie es gerade kommt; pêle-mêle; jeter qc etw (bunt) durcheinanderwerfen; il a tout mis ~ dans sa valise et stopfte alles, wie es gerade kam, in s-n Koffer
peler [pəle] <-è-> **I** *v/t* **1.** Frucht, Zwiebel (ab)schälen; Pellkartoffel *auch* (ab-) pellen; **2.** Baumstamm (ab)schälen; entrinden; **3.** Tierhaut enthaaren; **II** *v/i Haut nach e-m Sonnenbrand etc* sich schälen; sich pellen; il pèle, mon visage pèle es war mein Gesicht schält, pellt sich; **III** *v/pr* Frucht se ~ facilement sich leicht schälen lassen
pèlerin [pɛlrɛ̃] *m* **1.** *rel* Pilger(in) *m(f);* Wallfahrer(in) *m(f); bibl* les ~s d'Emmaüs die Emmausjünger *m/pl;* die Jünger *m/pl* von Emmaus; les ~s de la Mecque, de Lourdes die Mekka-, Lourdespilger *m/pl;* train *m* de ~s

Pilgerzug m; **2.** zo **a)** ~ od adit **faucon** m ~ **Wanderfalke** m; **b)** ~ od adit **requin** m ~ **Riesenhai** m

pèlerinage [pɛlrinaʒ] m rel **1.** Pilger-fahrt f; Wallfahrt f (auch fig); früher **route** f du ~ Pilgerstraße f; **aller en** ~ pilgern; wallfahr(t)en; **faire un** ~ e-e Pilger-, Wallfahrt machen; **2.** Wallfahrts-ort m, -stätte f

pèlerine [pɛlrin] f Pele'rine f; 'Um-hang m

péliade [peljad] f zo Kreuzotter f

pélican [pelikã] m zo Pelikan m

pelisse [pəlis] f Gehpelz m; pelzgefütter-ter (Herren)Mantel

pellagr|e [pɛ(l)lagr(ə)] f path Pellagra f; ~**eux** path I adj <-euse> Pellagra...; II subst ~, **pellagreuse** m.f an Pellagra Erkrankte(r) f(m)

pelle [pɛl] f **1.** Schaufel f; Schippe f; für Kinder (Sand)Schaufel f; ~ **à charbon** Kohlenschaufel f, -schippe f; ~ **(à ordu-res, à poussière)** (Kehricht)Schaufel f; fig **on en ramasse à la** ~ das findet man haufenweise; F fig **ramasser une** ~ hinfallen; F hinfliegen; hinknallen; **2.** cuis (Braten-, Pfannen)Wender m; ~ **à tarte** Tortenheber m, -schaufel f; **3.** tech ~ **mécanique** Löffelbagger m; ~ **en butte** Hochlöffelbagger m; ~ **en dragli-ne** Schleppschaufelbagger m; ~ **en fouille, en rétro** Tieflöffelbagger m; **4.** mar (Riemen)Blatt n; ~ **à pl** <pl pelles-bêches> mil kurzer Spaten

pelleron [pɛlrõ] m Bäckerei Schieber m (für Brötchen)

pellet [pɛlɛ] m **1.** méd Kri'stallimplantat n; **2.** Erzveredelung ~s pl Pellets pl; Erzkügelchen pl

pellet|age [pɛltaʒ] m Schaufeln n; Schip-pen n; des Korns 'Umschaufeln n; ~**ée** f Schaufelvoll f; **une** ~ **de sable** e-e Schaufelvoll Sand

pelleter [pɛlte] v/t <-tt-> schaufeln; schippen; Getreide etc 'umschaufeln

pelleterie [pɛltri] f **1.** Rauchwarenver-edelung f, -zurichterei f, -zurichtung f; **2.** Rauchwarenhandel m; **3. a)** (Pelz)Fell n; Rohfell n; **b)** Rauchware f; veredeltes Pelzfell

pellet|eur [pɛltœr] m od ~**euse** f tech Absetzer m (mit Eimerkette u Gurtband-förderer)

pelletier [pɛltje] m Rauchwarenzurich-ter m, -händler m

pelletiérine [pɛltjerin] f chim Pelle-tie'rin n

pelletisation [pɛltizasjõ] f Erzverede-lung Pelle'tierung od Pelleti'sierung f; Kugelsinterung f

pelliculaire [pelikylɛr] adj sc häut-chenartig

pellicule [pelikyl] f **1.** meist pl ~s (Kopf)Schuppen f/pl; nordd auch Schinnen f/pl; **2.** auf der Oberfläche e-r Flüssigkeit, e-s festen Körpers Film m; ~ **lubrifiante, de boue** Schmier-, Schmutzfilm m; **3.** phot, cin Film m; cin auch Filmstreifen m, -band n, -material n; phot ~ **en bobine** Rollfilm m; **4.** biol Häutchen n; sc Pel'licula f; **5.** vit der Weinbeeren Schale f

pélobate [pelobat] m zo Knoblauch-kröte f

pélodyte [pelodit] m zo Schlammtau-cher m

pelotage [p(ə)lotaʒ] m **1.** P (caresses) Streicheln n; F Befummeln n; Betatschen n; **2.** von Wolle, Garn Wickeln n; Aufwik-keln n zu e-m Knäuel

pelotari [p(ə)lotari] m sports Pe'lotaspie-ler m

pelote [p(ə)lot] f **1.** Knäuel m od n; F Knaul m od n; ~ **de ficelle** Rolle f, Knäuel Bindfaden; ~ **de fil, de laine** Garn-, Wollknäuel m od n; F fig **il avait les nerfs en** ~**-s** Nerven waren zum Zerreißen gespannt; **2.** cout ~ **(d'épingles)** Nadelkissen n; **3.** zum Pelotaspiel Ball m; ~ **basque** Pe'lota (-spiel) f(n); **4.** chir Druckpolster n; sc Pe'lotte f; ~ **'herniaire** Pelotte e-s Bruchbandes; **5.** arg mil **faire la** ~ früher strafexerzieren müssen; heute an e-r Spezi'alausbildung (für spätere Un-teroffiziere etc) teilnehmen; **6.** auf der Pferdestirn Blesse f; Stern m; **7.** zo ~**s digitales** Ballen pl

peloter [p(ə)lote] v/t P (caresser) strei-cheln; F befummeln; betatschen

peloteuse [p(ə)lotøz] f text Knäuelwik-kelmaschine f

peloton [p(ə)lotõ] m **1.** (kleiner, kleines) Knäuel; Knäulchen n; fig **un** ~ **d'abeilles, de chenilles** ein Knäuel von Bienen, Raupen; ~ **de ficelle** Bindfaden-, Schnurrolle f; ~ **de laine** Wollknäulchen n, -knäuel n od m; **2.** sports (Haupt)Feld n; ~ **de tête** Spitzen-gruppe f, -feld n; vorderes Feld; fig **être dans le** ~ **de tête** zu den Besten gehören, zählen; unter den Besten sein; **3.** mil bei der Panzertruppe Zug m; ~ **d'exécution** Erschießungs-, Exeku-ti'onskommando n; Exekuti'onspelo-ton n; ~ **d'instruction** Ausbildungs-einheit f; ~ **de pièce** Geschützmann-schaft f; ~ **de punition, de discipline** Strafabteilung (, die straf-exerzieren muß); **chef** m **de** ~ Zug-führer m; feu m de ~ Pelo'tonfeuer n

pelotonner [p(ə)lotone] I v/t Garn, Wol-le wickeln; zu e-m Knäuel aufwickeln; II v/pr Person, Tier se ~ sich (zu e-r Kugel) zu'sammenrollen; se ~ **contre qn** sich eng an j-n (an)schmiegen; se ~ **dans son lit** sich in s-m Bett zusammenrollen

pelouse [p(ə)luz] f Rasen(fläche f, -platz m) m

pelta [pɛlta] od **pelte** [pɛlt] m od f griechischer Schild Pelte f

pelté [pɛlte] adj bot Blatt schildartig

peluche [p(ə)lyʃ] f **1.** text Plüsch m; Kinderspielzeug animaux m/pl en ~ Stofftiere n/pl; **ours** m **en** ~ Teddy(bär) m; **2.** Staubflocke f; Fussel f od m; **3.** F ~**s** pl cf **pluches**

peluch|é [p(ə)lyʃe] adj **1.** Stoff plüschar-tig; **2.** ausgefranst; zerschlissen; ~**er** v/i Stoff fusseln; ~**eux** adj <-euse> **1.** Stoff fusselig; **2.** bot samtig

pelure [p(ə)lyr] f **1.** e-r Frucht (abge-schälte) Schale; ~ **d'oignon** Zwiebel-schale f; adit **vin** m **d'oignon** Schiller-wein m; Bleichert od Bleichart m; ~ **de pêche** Pfirsichschale f; **2.** F fig (man-teau) Mantel m; **enlever sa** ~ F sich auspellen; **3.** e-s maschinegeschriebenen Schriftstücks 'Durchschlag m; adit **pa-pier** m ~ dünnes, 'durchscheinendes Schreibpapier; Durchschlagpapier n; Florpost f

pelvien [pɛlvjẽ] adj <~ne> anat Bek-ken...; **cavité** ~**ne, ceinture** ~**ne, plancher** ~ Beckenhöhle f, -gürtel m, -boden m

pelvimètre [pɛlvimɛtr(ə)] m méd Beckenzirkel m

pelvis [pɛlvis] m anat Becken n

pénal [penal] adj <-aux> jur Straf...; strafrechtlich; in e-m Vertrag **clause** ~**e** Schadensersatz-, Straf-, Vertragsstra-fenklausel f; **Code** ~ Strafgesetzbuch n (abr StGB); **Code** m **de procédure** ~**e** Strafprozeßordnung f (abr StPO); **droit** ~ Strafrecht n; **responsabilité** ~**e** straf-rechtliche Verantwortlichkeit, Haftung; ~**ement** adv strafrechtlich; **sanction-ner** ~ strafrechtlich verfolgen; gericht-lich ahnden

pénalis|ant [penalizã] adj nachteilig; ungünstig; ~**ation** f sports Strafe f; Strafpunkte m/pl bzw - minuten f/pl bzw -sekunden f/pl

pénaliser [penalize] v/t **1.** allg, sports: Person, Verstoß bestrafen; mit e-r Strafe belegen; nur Person in Strafe nehmen; **2.** par ext benachteiligen; zu'rücksetzen; bestrafen

pénalité [penalite] f jur, sports Strafe f; bes bei Steuervergehen Geldstrafe f; Rugby **coup** m **de pied de** ~ Straftritt m

penalty [penalti] m <pl penalties> Fußball Elfmeter m; Strafstoß m

pénard [penar] adj cf **peinard**

pénates [penat] m/pl im alten Rom Hausgötter m/pl; Pe'naten pl; fig u iron **regagner, réintégrer ses** ~ an den häuslichen Herd, ins traute Heim zu-rückkehren

penaud [pəno] adj beschämt; verlegen; betreten; kleinlaut; verwirrt

pence [pɛns] pl von **penny**

penchant [pãʃã] m Hang m, Neigung f (à od pour qc zu etw); besondere Vorliebe (für etw); **mauvais** ~**s** schlim-me Neigungen; schlechte Anlagen f/pl; schlechte Veranlagung; **son** ~ **pour la musique** s-e besondere Vorliebe für (die) Musik; **avoir un** ~ od **pour qc** e-n Hang, e-e Neigung zu etw haben; zu etw neigen; **avoir un** ~ **à faire qc** dazu neigen, ten'dieren, etw zu tun

penché [pãʃe] adj **1.** geneigt; schräg; schief; **écriture** ~**e** schräge Schrift; **la Tour** ~**e de Pise** der Schiefe Turm von Pisa; **2.** fig **avoir, prendre un air** ~, **des airs** ~**s** e-e nachdenkliche, träume-rische Miene aufsetzen

pencher [pãʃe] I v/t Gegenstand, Gefäß neigen; Kopf neigen; senken; (nieder-) beugen; II v/i **1.** neigen; sich neigen (auch Bücher-, Tellerstoß); schief sein, stehen; Waagschale sich senken; sinken; ~ **à gauche** auch nach links hängen; ~ **vers le sol** sich zum Boden hinneigen; fig **faire** ~ **la balance** cf **balance 1.**; **2.** fig ~ **pour qc** zu etw (hin)neigen, ten'dieren; **je penche à croire qu'il avait raison** ich neige, tendiere zu der Auffassung, Ansicht, daß er recht hatte; ich bin geneigt zu glauben, ich möchte glauben, daß er recht hatte; III v/pr **3.** Person se ~ sich niederbeugen; sich nach unten beugen; sich her'abbeugen; se ~ **en avant** sich nach vorn, vorn'über beugen, neigen; ch de fer **ne pas se** ~ **au-dehors** nicht hin'auslehnen! se ~ **par la fenêtre** sich zum Fenster hinauslehnen, -beugen; sich aus dem Fenster lehnen, beugen; se ~ **sur qc** sich über etw (acc) beugen; p/p **penché sur un livre** über ein Buch gebeugt; **4.** fig **se** ~ **sur un problème** sich mit e-m Problem beschäftigen, be-fassen, ausein'andersetzen; ein Problem stu'dieren; sich in ein Problem vertiefen

pendable [pãdabl(ə)] adj tour ~ = schlimmer, übler, böser Streich

pendage [pãdaʒ] m mines e-r Lagerstätte Einfallen n; Neigung f

pendaison [pãdɛzõ] f **1.** e-s Verbrechers (Auf)Hängen n; Henken n; **exécuter par** ~ durch den Strang hinrichten; **2.** e-s Selbstmörders Erhängen n; **mort** f **par** ~ Tod m durch Erhängen; **3.** ~ **de cré-maillère** feierliche Wohnungseinwei-hung; Einweihungsfest n (nach dem Ein-zug in e-e neue Wohnung)

pendant[1] [pãdã] m Gegen-, Seitenstück n, Pen'dant n, Entsprechung f (de zu); **être le** ~ **de qc, faire** ~ **à qc** das Gegenstück, Pendant zu etw sein, bil-den; e-r Sache (dat) gegen'überstehen; par ext entsprechen, vergleichbar sein;

zwei Dinge se faire ～ sich genau gegen-ｊüberstehen, -hängen; sich genau entsprechen

pendant² [pãdã] **I** prép während (+gén, F auch +dat); ～ trois heures drei Stunden (lang); st/s während dreier Stunden; ～ l'hiver während des Winters; im Verlauf des Winters; ～ longtemps lange Zeit (hinｊdurch, über); ～ la nuit während, in der Nacht; die Nacht über; ～ ce temps während dieser Zeit; währendｊdessen; qu'as-tu donc fait ～ tout ce temps-là? was hast du denn während der ganzen Zeit, die ganze Zeit über gemacht?; **II** adv avant la guerre et ～ vor und während des Krieges; il a su que j'étais malade, mais il n'est venu me voir ni ～ ni après ... aber er hat mich weder während meiner Krankheit besucht noch danach; **III** loc/conj ～ a) Gleichzeitigkeit während; ～ que je regardais à la fenêtre ... während ich aus dem Fenster blickte ...; amusons-nous ～ que nous sommes jeunes! freuen wir uns des Lebens, solange wir jung sind! **b)** Gegensatz wohinｊgegen; F während; **c)** ～ que j'y pense ... da ich gerade daran denke ...; ～ que tu y étais, tu aurais pu faire nos valises da du nun schon einmal dabei warst ...; iron ～ que tu y es, ne te gêne pas, prends tout! da du ja nun schon (einmal) dabei bist, hab keine Hemmungen, nimm alles!

pendant³ [pãdã] **I** adj **1.** (herｊab-, herｊunter)hängend; arch clef ～e hängender Schlußstein; Abhängling m; bei Hunden oreilles ～es Hänge-, F Schlappohren n/pl; loc/adv: les bras ～s mit (herab)hängenden Armen; les jambes ～es mit baumelnden Beinen; Hund la langue ～e mit herｊaushängender Zunge; **2.** jur a) procès ～ anhängiges, schwebendes Verfahren; **b)** fruits ～s (par branches et par racines) noch nicht geerntete, ungetrennte (natürliche) Früchte f/pl; **II** m Gehänge n; für Waffen auch Gehenk n; ～ d'épée Wehr-, Degengehänge n, -gehenk n; ～ d'oreille Ohrgehänge n

pendeloque [pãdlɔk] f -e-s Ohrgehänges Gehänge n; herｊabhängender Teil; e-s Kronleuchters ～s pl Behänge m/pl

pendentif [pãdãtif] m **1.** Schmuckstück **a)** Anhänger m; **b)** Ohrgehänge n; **2.** arch Hängezwickel m

penderie [pãdri] f **a)** eingebauter Kleiderschrank; **b)** Kleiderkammer f; **c)** e-s Kleiderschranks Kleiderteil m

pendiller [pãdije] v/i Wäsche flattern; Girlande, Wäsche auch schaukeln; baumeln; schwingen; poét sich wiegen

pendoir [pãdwar] m Fleischerei Fleischhaken m

pendouiller [pãduje] F v/i (herｊum-) baumeln

pendre [pãdr(ə)] <cf rendre> **I** v/t **1.** Gegenstand hängen (à an +acc); aufhängen (à an +acc); ～ au portemanteau an den Kleiderhaken hängen; **2.** Verbrecher (auf-, er)hängen; henken; F aufknüpfen; être pendu/gehängt, gehenkt, F aufgeknüpft werden; fig u litt dire pis que ～ de qn kein gutes Haar, keinen guten Faden an j-m lassen; F fig qu'il aille se faire ～ ailleurs! F er soll zum Henker gehen; er soll sich zum Teufel, Henker scheren!; er soll dahin gehen, wo der Pfeffer wächst!; fig je veux être pendu si ... ich will Hans od Meier heißen, wenn ...; **II** v/i **3.** Gegenstand hängen (à, abus après an+dat); Arm herｊab-, herｊunterhängen); ～ jusqu'à terre Zweige bis zur Erde herab-, herunterhängen; bis auf die Erde hängen; Kleidungsstück bis zum od auf den Bo-

den, bis zur od auf die Erde reichen; laisser ～ ses bras die Arme (herab-, herunter)hängen lassen; **4.** Rock, Kleid ～ d'un côté, par derrière auf e-r Seite, hinten zu lang sein; zipfeln; **III** v/pr **5.** Person se ～ à qc sich an etw (acc) hängen; Person se ～ à la sonnette de qn F bei j-m Sturm läuten; **6.** Person se ～ sich er-, aufhängen

pendu [pãdy] **I** p/p von pendre; être ～ aufgehängt sein, hängen (à an+dat); fig avoir la langue bien ～e cf langue 2.; F fig être toujours ～ au téléphone F dauernd an der Strippe hängen; **II** subst le ～, la ～e der, die Erhängte (auch von Selbstmördern); der, die Gehängte, Gehenkte

pendulaire [pãdylɛr] adj Pendel-...; mouvement m ～ Pendelbewegung f; Pendeln n

pendule¹ [pãdyl] m phys Pendel n (auch Okkultismus); ～ balistique ballistisches Pendel; ～ conique, cycloïdal Kegel-, Zykloｊidenpendel n; ～ mathématique od simple mathematisches Pendel; einfaches Fadenpendel; ～ de Foucault Foucaultsches Pendel; ～ (de sourcier, de radiesthésiste) Siｊderisches Pendel

pendul|e² [pãdyl] f Pendel-, Wand-, Tisch-, Küchen-, Kaｊmin-, Stutzuhr f; ～ette f kleine Pendel-, Wanduhr etc

pêne [pɛn] m am Türschloß Riegel m

pénéplaine [peneplɛn] f géol Rumpffläche f, -ebene f; Fastebene f; Peneplain [piːniｊpleːn] f

pénéplanation [peneplanasjõ] f géol Entstehung f, Bildung f e-r Rumpffläche, -ebene

pénétrable [penetrabl(ə)] adj difficilement ～ tech Material von großer Härte, Widerstandsfähigkeit; das ein Werkzeug nur schwer eindringen läßt; Wald fast undurchdringlich; fig: Gedanken, Beweggründe schwer zu erfassen, begreifen, durchｊschauen, verstehen; Gedanken auch, Geheimnis schwer zu ergründen, erforschen; non ～ à l'esprit humain dem menschlichen Verstand unzugänglich, unbegreiflich, unfaßlich

pénétrant [penetrã] adj **1.** Geruch, Parfum peneｊtrant; aufdringlich; stark; ｊBlick ｊdurchdringend; scharf; Kälte, Luft schneidend; Kälte auch ｊdurchdringend; Luft auch scharf; Regen durch alk Kleider (-)durchｊgehend, (-)dringend; **2.** fig Analyse scharfsinnig; Verstand scharf; ｊdurchdringend; von e-r Person c'est un esprit ～ er bzw ist scharfsinnig, scharfblickend; er bzw sie besitzt Scharfsinn, Scharfblick, e-n scharfen, durchdringenden Verstand

pénétrante [penetrãt] f mil Aufmarschstraße f; Nachschubstraße f, -weg m; par ext Hauptverkehrs-, -verbindungs-, -zufahrtsstraße f

pénétration [penetrasjõ] f **1.** feindlicher Armeen, e-s Splitters, Geschosses, des Wassers, neuer Ideen, e-s festen Körpers in e-n anderen Eindringen n; tech auch Penetratiｊon f; math zweier Körper Durchｊdringung f; e-s Geschosses force f de ～ ｊDurchschlagskraft f; **2.** fig **a)** geistige Durchｊdringung; **b)** e-r Person Scharfsinn m; Geistes-, Verstandesschärfe f

pénétré [penetre] adj Person ～ de qc von etw erfüllt, durchｊdrungen, überｊzeugt; être ～ de pitié von Mitleid erfüllt sein; être ～ de sa responsabilité vom Gefühl der Verantwortung durchdrungen sein; il a l'air très ～ de son importance er scheint von s-r Wichtigkeit sehr überzeugt, tief durchdrungen zu sein; parler d'un ton ～ im

Brustton der Überｊzeugung sprechen

pénétrer [penetre] <-è-> **I** v/t **1.** Flüssigkeit, Feuchtigkeit, Licht ～ qc in etw (acc) eindringen; durch etw (ｊdurch)dringen; etw durchｊdringen; la pluie a pénétré ses vêtements der Regen ist durch s-e Kleidung (ｊdurch)gedrungen; il était pénétré jusqu'aux os de l'humidité glaciale die eisige Nässe war ihm durch und durch gegangen; **2.** Person, j-s Gedanken, Absichten durchｊschauen; ein Geheimnis ergründen; erforschen; ～ un secret auch hinter ein Geheimnis kommen; in ein Geheimnis eindringen; **3.** Sache ～ qn d'admiration, de reconnaissance j-n mit Bewunderung, Dankbarkeit erfüllen; être pénétré de qc cf pénétré; litt Freude, Dankbarkeit, Trauer ～ le cœur das Herz, die Seele erfüllen; **II** v/i Luft, Wasser, Geschoß, Person, feindliche Armee, tech eindringen (dans in+acc); feindliche Armee auch einfallen; durch etw (ｊdurch)dringen; Flüssigkeit, Beize ～ dans le bois in das Holz (ein)dringen, einziehen; on pénètre dans le bureau par un petit couloir man gelangt zu dem Büro, man betritt das Büro ...; ～ dans des milieux fermés in exklusive Kreise eindringen; sich zu exklusiven Kreisen Zutritt verschaffen; fig ～ dans les secrets de la nature in die Geheimnisse der Natur eindringen; que personne ne pénètre ici en mon absence! daß mir niemand in meiner Abwesenheit hier hereinkommt, eindringt!; Technik, Maschinen ～ partout überｊall eindringen; boucher un flacon pour éviter que l'air n'y pénètre ... damit keine Luft hineinkommt, eindringen kann; **III** v/pr Person s'être pénétré d'une idée von e-r Idee durchｊdrungen, überｊzeugt sein; j'ai peine à me ～ de l'utilité de cette décision ich kann an die Nützlichkeit dieser Entscheidung nicht glauben

pénétromètre [penetrɔmetr(ə)] m tech Penetroｊmeter n

pénible [penibl(ə)] adj **1.** Nachricht, Ereignis, Umstände etc traurig; schmerzlich; betrüblich; unerquicklich; Lage auch mißlich; Augenblicke, Stunden auch schwer; furchtbar; Krankheit schmerzhaft; séparation f ～ schmerzliche Trennung; il m'est ～ de devoir vous annoncer que ... es ist mir sehr schmerzlich, Ihnen mitteilen zu müssen, daß ...; **2.** Arbeit, Leben etc mühsam; mühselig; mühevoll; hart; schwer; Arbeit auch anstrengend; Weg, Aufstieg auch beschwerlich; respiration f ～ mühsames, gequältes, schweres Atmen; schwere Atmung; **3.** Person, Charakter schwierig

péniblement [peniblemã] adv **1.** mühsam; mit Mühe, Anstrengung; gagner ～ sa vie mühsam s-n Lebensunterhalt verdienen; **2.** schmerzlich; être ～ affecté de qc von etw schmerzlich berührt sein; **3.** kaum; knapp; Zeitung tirer ～ à trente mille auch mit Mühe und Not, mit knapper Not e-e Auflagenhöhe von dreißigtausend Exemplaren erreichen

péniche [peniʃ] f **1.** Last-, Frachtkahn m; Zille f; ～ remorquée Schleppkahn m; ～ à moteur, automoteur Motorkahn m, -güterschiff n; Selbstfahrer m; **2.** mar mil ～ de débarquement Landungsboot n, -schiff n; **3.** arg ～s pl F Elbkähne m/pl; Quaｊdratlatschen pl

pénicillé [penisile] adj sc pinselförmig, -artig; büschelförmig; anat artérioles ～es Pinselarterien f/pl; sc Peniｊcilli pl

pénicillin|e [penisilin] f phm Penicilｊlin

od Penizil'lin *n*; **~ique** *adj phm* Penicil'lin...

pénicillium [penisiljɔm] *m bot* Pinselschimmel *m*; *sc* Peni'cillium *n*

pénicillo-résistant [penisilorezistɑ̃] *adj méd* penicil'lin-resistent

pénil [penil] *m anat* Schamberg *m*

péninsulaire [penɛ̃sylɛr] *adj* peninsu'lar(isch); Halbinsel...

péninsule [penɛ̃syl] *f* Halbinsel *f*

pénis [penis] *m anat* männliches Glied; Penis *m*

pénitence [penitɑ̃s] *f* **1.** Strafe *f*; **pour** (ta, sa, *etc*) **~** zur Strafe; **mettre un enfant en ~** ein Kind (be)strafen; **2.** *rel* **a)** *des Sünders* Bußfertigkeit *f*; **b)** *auferlegte* Buße *f*; Bußübung *f*; Pöni'tenz *f*; **faire ~** Buße tun; **c)** *égl* (**sacrement** *m* **de**) **~** Bußsakrament *n*; (Sakra'ment *n* der) Buße *f*

pénitencerie [penitɑ̃sri] *f égl cath* **1.** ⌾ **apostolique, Sacrée** ⌾ Apostolische Paenitentia'rie *od* Pönitentia'rie; **2.** Amt *n*, Würde *f* des Pönitenti'ars

pénitencier[penitɑ̃sje] *m* **1.** *jur* Strafanstalt *f*; *früher* Zuchthaus *n* (*e-r Strafkolonie*); **2.** *égl cath* Pönitenti'ar *m*; **Grand ~** Großpaenitenti'ar *od* -pönitenti'ar *m*

pénitent [penitɑ̃] **I** *adj rel* bußfertig; **II** *subst* **1.** *égl cath* **~(e)** *m(f)* Beichtkind *n*; Pöni'tent *m*; *hist* Büßer(in) *m(f)*; **confréries** *f/pl* **de ~s** Klostergenossenschaften *f/pl* von der Buße; **2.** *géol* **~(s)** *m(pl)* **de neige** Büßerschnee *m*

pénitentiaire [penitɑ̃sjɛr] *adj jur* Straf(vollzugs)...; **administration** *f* **~** Strafvollzugsbehörde *f*; **centre** *m*, **établissement** *m* **~** Straf(vollzugs)anstalt *f*; *früher* **colonie** *f* **~** Strafkolonie *f*; **régime** *m* **~** Strafvollzug *m*; **système** *n* **~** Strafvollzugssystem *n*; **vie** *f* **~** Gefängnis-, Zuchthausleben *n*; Leben *n* im Gefängnis, Zuchthaus

pénitentiaux [penitɑ̃sjo] *adj* ⟨*nur m/pl*⟩ *bibl* **psaumes ~** Bußpsalmen *m/pl*

pénitentiel [penitɑ̃sjɛl] *rel* **I** *adj* ⟨**~le**⟩ Buß...; **œuvres ~les** Bußwerke *n/pl*; **II** *m/pl* **~s** Buß-, Pönitenti'albücher *n/pl*; Pönitenti'alien *pl*

pennage [pɛ(n)naʒ] *m von Raubvögeln* Federkleid *n*; Gefieder *n*

pennatifide [pɛ(n)natifid] *adj bot Blatt* fiederspaltig

penne [pɛn] *f* **1.** *der Vögel* Schwung-, Schwanz-, Kon'turfeder *f*; *pl* **~s** (Be)Fiederung *f*; **3.** *mar beim Lateinsegel* oberes Ende der Rute; **4.** *Weberei* **a)** Anfang *m* der Kette; *auch* neue Kette; **b)** abgewebter Kettrest; Garnenden *n/pl* der Kette

penné [pɛ(n)ne] *adj bot Blatt* gefiedert

penniforme [pɛ(n)nifɔrm] *adj bot Blatt* federförmig

pennon [pɛ(n)nɔ̃] *m* **1.** *féod* Wimpel *m*, dreieckige Fahne (*an der Lanze*); **2.** *Heraldik* **~ généalogique** *etwa* Fa'milienwappen *n*

pennsylvanien [pɛnsilvanjɛ̃] **I** *adj* ⟨**~ne**⟩ pennsyl'vanisch; **II** *subst* ⌾(**ne**) *m(f)* Pennsyl'vanier(in) *m(f)*

penny [peni] *m* ⟨*pl als Wert* **pence** [pɛns], *als Münze* **pennies** [peni]⟩ *englische Münze* Penny *m*

pénombre [penɔ̃br(ə)] *f* Halbdunkel *n*; Dämmerlicht *n*, -schein *m*; *phys* Halbschatten *m*

penon [pənɔ̃] *m mar* Windbeutel *m*, -büdel *m*; Flögel *m*; Flojer *m*

pens|able [pɑ̃sabl(ə)] *adj* **ne pas être ~** nicht denkbar, undenkbar sein; **~ant** *adj* **1.** denkend; **un être ~** ein denkendes Wesen; **2.** *péi Person, Zeitung* **bien ~** konfor'mistisch; der, die, das Wohlverhalten übt

pense-bête [pɑ̃sbɛt] *m* ⟨*pl* **pense-**

~bêtes⟩ Merkzeichen *n* (*z B Knoten im Taschentuch*)

pensée¹ [pɑ̃se] *f* **1.** Denken *n*; Denkvermögen *n*, -fähigkeit *f*; **~ abstraite** abstraktes Denken; **démarches** *f/pl*, **opérations** *f/pl* **de la ~** Denkvorgänge *m/pl*, -akte *m/pl*; **2.** Gedanke(n) *m(pl)*; *Pascal* ⌾s Gedanken; **~ géniale** genialer Gedanke, Einfall; **la ~ de qn, qc** der Gedanke, das Denken an j-n, etw; *loc/adv*: **à la seule ~ de** (+*inf*) bei dem bloßen Gedanken, allein schon bei dem Gedanken zu (+*inf*); **à la ~ qu'il pouvait mourir** bei dem Gedanken, daß er sterben könnte; **par la ~, en ~** im Geiste; in Gedanken; **aller jusqu'au bout de sa ~** e-n Gedanken bis zu Ende denken; e-n Gedanken 'durchdenken; **avoir une ~ émue pour qn** in Gedanken bei j-m sein; sehr an j-n denken; **deviner la ~, les ~s de qn** j-s Gedanken erraten; *Briefschluß* **recevez nos plus affectueuses ~s** in herzlichem Gedenken; **alors la ~ me vint que ...** da kam mir (plötzlich) der Gedanke, daß ...; **3.** Ansicht *f*; Meinung *f*; Auffassung *f*; **~ e-s Philosophen, Dichters** Gedankenwelt *f*; **5.** Denkweise *f*, -art *f*; Denkungsart *f*; Gesinnung *f*; *früher* **la libre ~** das Freidenkertum; die Freigeiste'rei; **6.** Denken *n*; Gedankengut *n*; **la ~ chrétienne, marxiste** das christliche, marxistische Denken, Gedankengut

pensée² [pɑ̃se] *f bot* (Garten)Stiefmütterchen *n*; **~ sauvage** Feld-, Ackerstiefmütterchen *n*

penser [pɑ̃se] **I** *v/t* **1.** **~ qc** etw denken, glauben, meinen; **~ du bien, du mal de qn** gut, schlecht, Gutes, Schlechtes von j-m denken; e-e gute, schlechte Meinung von j-m haben; **contrairement à ce que j'avais pensé** entgegen meiner Vermutung; **dire ce que l'on pense** sagen, was man denkt; **il n'est pas si désintéressé qu'on le pense** er ist nicht so uneigennützig, wie man denkt, glaubt, meint; **qu'est-ce qui vous fait ~ cela?** wie kommen Sie darauf?; ♦ **~ de qc, qn** halten von etw, j-m; **que penses-tu de cette solution?** was hältst du von dieser Lösung?; **qu'en pensez-vous?** was halten Sie davon?; wie denken Sie darüber?; **que faut-il ~ de lui?** was soll man von ihm halten?; **il ne dit rien, mais il n'en pense pas moins ...** aber er denkt sich sein Teil; **personne n'avait besoin de savoir ce qu'ils pensaient là-dessus** niemand brauchte zu wissen, wie sie darüber dachten, was sie davon hielten; ♦ **~ que ...** denken, glauben, meinen, daß ...; **vous pensez bien que ...** Sie können sich (wohl) denken, daß ...; **je ne pense pas que ce soit si difficile** ich glaube nicht, daß das so schwierig ist; **je pense que c'est vrai** ich halte es für wahr; **pensez-vous qu'il puisse le faire?** denken, glauben, meinen Sie, daß er es tun kann?; **je pense qu'il a raison** ich glaube, er hat recht; **~** (+*inf* **a)** glauben zu (+*inf*); **b)** gedenken, beabsichtigen zu (+*inf*); **nous pensons avoir résolu ce problème** wir glauben, dieses Problem gelöst zu haben; **je pense partir demain** ich gedenke, beabsichtige, morgen abzureisen; **2.** *Plan, Aufgabe, Raumgestaltung etc* durch'denken; *meist adj* **minutieusement pensé** bis ins kleinste durch'dacht; **3.** *erstaunt* **pensez qu'elle a 18 ~ que vingt ans!** denken Sie *od* stellen Sie sich vor, sie ist erst zwanzig Jahre alt!; **4.** *philos, litt* begreifen; auffassen; verstehen; **5.** *verhüllend* **il a marché dans ce**

que je pense er ist in die Sch... getreten; **il lui a flanqué un coup de pied là où je pense ...** in den Allerwertesten; **II** *v/t/indir* **6.** **~ à qn, qc** an j-n, etw denken; **~ aux autres, à l'avenir** an die anderen, an die Zukunft denken; **ne ~ qu'à s'amuser** nur ans Vergnügen denken; **à quoi penses-tu?** woran denkst du?; **on ne saurait ~ à tout** man kann nicht an alles denken; **n'y pensons plus!** denken wir nicht mehr daran!; vergessen wir es!; *ungläubig* **tu n'y penses pas!** das ist doch nicht dein Ernst!; **ah, j'y pense ...** *od* **mais j'y pense ...** ach, da fällt mir gerade ein ...; ach, daß ich nicht vergesse ...; **j'essaierai d'y ~** ich werde versuchen, daran zu denken; **c'est simple, mais il fallait y ~, il suffisait d'y ~** ... aber man muß erst darauf kommen; ♦ *loc/adv* **sans ~ à mal** ohne sich Böses, Schlimmes, Arges dabei zu denken; **sans y ~** ganz in Gedanken; ♦ **~ à faire qc** daran denken, nicht vergessen, etw zu tun; **pensez à fermer les fenêtres!** denken Sie daran, die Fenster zu schließen!; **fais-moi ~ à payer la note d'électricité** erinnere mich daran, laß mich daran denken, daß ich die Stromrechnung bezahlen muß; *Bild, Stimme, Musik* **faire ~ à qc** an etw (*acc*) erinnern; **III** *v/i* **7.** denken; **son maître à ~** sein geistiges Vorbild; **façon** *f* **de ~** Denkweise *f*, -art *f*; Denkungsart *f*; **je leur exposerai ma façon de ~!** ich werde ihnen meine Meinung sagen!; **faculté** *f* **de ~** Denkvermögen *n*, -fähigkeit *f*; **liberté** *f* **de ~** Gedanken-, Denkfreiheit *f*; **~ tout 'haut** laut denken; **les animaux pensent-ils?** können die Tiere denken?; **tout homme qui pense** jeder Mensch, der nur ein bißchen nachdenkt; jeder denkende Mensch; *Descartes* **je pense, donc je suis** ich denke, also bin ich; **je ne pense pas comme vous sur cette question** in dieser Frage denke ich nicht wie Sie, bin ich anderer Meinung, Auffassung, Ansicht als Sie; **~ dans une langue étrangère** in e-r fremden Sprache, Fremdsprache denken; *Umstand, Ereignis* **donner, laisser à ~** zu denken geben; einen bedenklich, nachdenklich machen, stimmen; **8.** F **tu penses!, vous pensez!** *verstärkend* F und ob!; *ablehnend* F denkste!; so siehst du aus!; so sehen Sie aus!; *je connais bien ce pays:* **tu penses, j'y ai vécu dix ans!** ... und ob ich es kenne, ich habe zehn Jahre dort gelebt!; **vous pensez si j'avais peur!** und ob ich Angst hatte!; *il voulait me voir le jour même:* **tu penses, j'avais autre chose à faire!** ... denkste, ich hatte anderes zu tun!; ♦ F **penses-tu!, pensez-vous!** ach wo(her)!; i wo!; i bewahre!; **wo denkst du, wo denken Sie hin!**; so siehst du, so sehen Sie aus!; das könnte dir, Ihnen so passen!; *tu as cru ce qu'il te disait?* **– penses-tu!** ... i bewahre!, wie werd' ich denn! *etc*; *tu crois que je vais te tirer d'embarras?* **penses-tu!** ... das könnte dir so passen!; ... so siehst du aus!; **IV** *litt m* Gedanke *m*

penseur [pɑ̃sœr] *m* Denker *m*; **libre ~** Freidenker *m*; Freigeist *m*; *loc/adj* **de libre ~** freidenkerisch; freigeistig

pensif [pɑ̃sif] *adj* ⟨**-ive**⟩ nachdenklich; gedankenvoll, -verloren, -versunken

pension [pɑ̃sjɔ̃] *f* **1.** *e-r Privatschule* Inter'nat *n*; Schüler(innen)heim *n*; **ami** *m* **de ~** Schulfreund *m*, -kamerad *m*; **être en ~** im Internat sein; **mettre son fils en ~** s-n Sohn ins Internat geben; **2.** Pensi'on *f*; Fremdenheim *n*; **~ de famille** kleine Pension; Fam'ilienpension *f*;

3. *(Summe für)* Unterkunft und Verpflegung Pensi'on *f*; *nur für die Kost* Kostgeld *n*; ~ **complète** 'Vollpension *f*; **chambre** *f* **avec** ~ **complète** Zimmer *n* mit Vollpension; **être en** ~ **chez qn** bei j-m in Pension sein *(auch Tier) bzw* bei j-m in Kost sein; **prendre qn en** ~ j-n in Pension *(auch Tier) bzw* in Kost nehmen; **prendre** ~ **chez qn, dans un hôtel** Wohnung und Verpflegung, Vollpension bei j-m, in e-m Hotel nehmen; **prendre une chambre sans** ~ ein Zimmer ohne Verpflegung nehmen; **4.** *aus der Sozialversicherung* Rente *f*; *für Beamte u Berufsoffiziere* **(d'ancienneté)** Ruhegehalt *n*; Pensi'on *f*; Versorgungsbezüge *m/pl*; ~ **alimentaire** 'Unterhaltsrente *f*; *für ein uneheliches Kind* Ali'mente *pl*; ~ **proportionnelle** *für Beamte der ruhegehaltsfähigen Dienstzeit entsprechendes* Ruhegehalt; *für Berufssoldaten* 'Unterhaltsbeitrag *m*; *für Arbeitnehmer* den Beitragsjahren entsprechende Altersrente; ~ **de guerre** Kriegshinterbliebenenrente *f*; ~ **d'invalidité** Inva'liden-, Berufsunfähigkeits-, Erwerbsunfähigkeitsrente *f*; *bei Beamten* Unfallruhegehalt *n*; ~ **militaire d'invalidité** (Kriegs-) Beschädigtenrente *f*; ~ **d'orphelin (de guerre)** Waisenrente *f* (der Kriegsopferversorgung); ~ **de retraite,** ~ **vieillesse** Altersrente *f*, -ruhegeld *n*; ~ **de réversion** Hinter'bliebenenrente *f*; *bei Beamten* Witwen- *bzw* Witwergeld *n*; ~ **de survivant** Hinter'bliebenenrente *f*; ~ **de veuve (de guerre)** Witwenrente *f* (der Kriegsopferversorgung); **droit** *m* **à** ~ Renten- *bzw* Ruhegehalts-, Pensionsanspruch *m*

pensionnaire [pɑ̃sjɔnɛr] *m,f* **1.** *e-r Privatschule* Inter'natsschüler(in) *m(f)*; In'terne(r) *f(m)*; Zögling *m*; *e-s Pensionats auch* Pensio'när(in) *m(f)*; **2.** *e-r Pension, e-s Hotels* Pensi'onsgast *m*; *wer nur beköstigt wird* Kostgänger(in) *m(f)*; **3.** *der Comédie-Française* (durch Vertrag) für ein Jahr festangestellter Schauspieler, festangestellte Schauspielerin; **4.** *(bildende) Künstler, Kunsthistoriker* ~ **de la Villa Médicis** Stipendi'at(in) *m(f)* der Villa Medici

pensionnat [pɑ̃sjɔna] *m* ~ **(de jeunes filles)** (Mädchen)Pensio'nat *n*; Töchterheim *n*

pensionn|é(e) [pɑ̃sjɔne] *m(f) bes von Beamten* Ruhegehalts-, Pensi'onsempfänger(in) *m(f)*; Pensio'när(in) *m(f)*; Ruhestündler(in) *m(f)*; *österr* Pensio'nist(in) *m(f)*; ~**er** *v/t selten* ~ **qn** j-m e-e Pensi'on, Rente geben

pensum [pɛ̃sɔm] *m Schule* Strafarbeit *f (auch fig);* **faire un** ~ e-e Strafarbeit machen; *fig wenn man viele Schreibereien erledigen muß* **c'est un vrai** ~ das ist die reinste Strafarbeit

pentacle [pɛ̃takl(ə)] *m* Drudenfuß *m*; Penta'gramm *n*; Pent'alpha *n*

pentacorde [pɛ̃takɔrd] *m mus bei den Griechen* **a)** fünfsaitige Leier; Pentachord *f* (-'kɔrt) *n*; **b)** fünfstufiges Tonsystem; Penta'tonik *f*

pentadactyle [pɛ̃tadaktil] *adj zo* fünffing(e)rig, -zehig

pentaèdre [pɛ̃taɛdr(ə)] *m math* Fünfflächner *m*; *sc* Penta'eder *n*

pentagonal [pɛ̃tagɔnal] *adj* <-aux> fünfeckig; *sc* pentago'nal

pentagone [pɛ̃tagon, -gɔn] *m* **1.** *math* Fünfeck *n*; *sc* Penta'gon *n*; **2.** *amerikanisches Verteidigungsministerium* **le** ♀ das 'Pentagon

pentamère [pɛ̃tamɛr] *adj zo, bot* fünfteilig, -gliedrig; *sc* penta'mer

pentamètre [pɛ̃tamɛtr(ə)] *adj u subst m*

---

mètr (vers m) ~ Pen'tameter *m*

pentane [pɛ̃tan] *m chim* Pen'tan *n*

pentarchie [pɛ̃tarʃi] *f hist* Fünfherrschaft *f*; Pentar'chie *f (auch 1815–1860)*

Pentateuque [pɛ̃tatøk] *m bibl* **le** ~ der Penta'teuch; die fünf Bücher Mosis

pentathlon [pɛ̃tatlɔ̃] *m sports* Fünfkampf *m*; Pentathlon *n (auch in der Antike);* ~ **moderne** moderner Fünfkampf

pentatome [pɛ̃tatɔm] *f zo* (-e) Baumwanze

pentatonique [pɛ̃tatɔnik] *adj mus* penta'tonisch; **échelle** *f*, **gamme** *f* ~ Fünftonreihe *f*; Penta'tonik *f*

pente [pɑ̃t] *f* **1.** *des Geländes, e-r Straße, Bahnlinie* Gefälle *n*; Neigung *f*; *des Geländes auch* Abdachung *f; e-r Straße auch* transversale Quergefälle *n*, -neigung *f; bât* ~ **de comble** Dachneigung *f; géol* **rupture** *f* **de** ~ Gefällsbruch *m*; *Gelände, Straße* **en** ~ abfallend; **aller, être en** ~ abfallen; Gefälle haben; **descendre en** ~ **douce** sanft, leicht abfallen; ein sanftes Gefälle haben; *cf auch* **2.**; **descendre en** ~ **raide** abschüssig sein; steil abfallen; ein steiles Gefälle haben; **la route a une** ~ **de dix pour cent** die Straße hat ein Gefälle von zehn Prozent; **2.** *e-s Hügels, Berges* (Ab)Hang *m; südd, österr, schweiz auch* Lehne *f*; **les** ~**s boisées de la montagne** die bewaldeten Berghänge, -lehnen, Gebirgshänge; ~ **douce** sanfter (Ab)Hang; Flachhang *m; Skilauf* **descente** *f* **en** ~ **douce** Abfahrt *f* am Flachhang, auf leicht geneigtem Hang; ~ **raide** steiler (Ab)Hang; Steilhang *m; fig Person:* **s'engager, être sur une** ~ **glissante, savonneuse** sich auf e-e gefährliche Bahn begeben; auf e-r gefährlichen Bahn sein; **être sur une** *od* **la mauvaise** ~ auf die schiefe Ebene, in e-e schlechte Bahn geraten sein; *nach e-r Krankheit, nach finanziellen Schwierigkeiten* **remonter la** ~ wieder auf die Beine kommen; **il a remonté la** ~ *auch* es geht wieder berg'auf mit ihm; **3.** *math e-r Geraden* Steigung *f*; **4.** *Binnenschiffahrt* ~ **d'eau** (Schiffs)Hebewerk *n* mit geneigter Ebene; **5.** *Elektronik Kenngröße e-r Elektronenröhre* Steilheit *f*; **6.** *e-s Himmelbettes* Querbehang *m* (*früher auch e-s Fensters*)

Pentecôte [pɑ̃tkot] *f bei Christen u Juden* Pfingsten *n od f; österr, schweiz die* Pfingsten *pl*; **das** Pfingstfest; **congé** *m* **de** ~ Pfingsturlaub *m*; **à la** ~ (an, zu) Pfingsten

penthiobarbital [pɛ̃tjɔbarbital] *m cf* penthotal

penthode *f cf* pentode

penthotal [pɛ̃tɔtal] *m phm* Pento'thal *n* (*Wz*)

pentite [pɛ̃tit] *f chim* ~**s** *pl* Pen'tite *n/pl*

pentlandite [pɛ̃tlɑ̃dit] *f minér* Pentlan-'dit *m*; Eisennickelkies *m*; Nickelmagnetkies *m*

pentode [pɛ̃tɔd] *f Elektronik* Pen'tode *f*; Fünfpolröhre *f*; Dreigitterröhre *f*

pentosane [pɛ̃tɔzan] *m chim* ~**s** *pl* Pento'sane *n*

pentose [pɛ̃toz] *m chim* Pen'tose *f*

penture [pɑ̃tyr] *f e-s Fenster-, Türflügels* Band *n; mar am Ruderblatt* Me'tallbeschlag *m*

pénultième [penyltjɛm] *f ling* vorletzte Silbe; Pän'ultima *f*

pénurie [penyri] *f* (großer) Mangel (**de** an + *dat*); Mangellage *f*; Knappheit *f*; Not *f*; ~ **de capitaux, de charbon, de devises** Kapi'tal-, Kohlen-, De'visenmangel *m*, -knappheit *f*; ~ **d'eau** Wasserknappheit *f*; ~ **de logements** Wohnungsnot *f*, -knappheit *f*; Wohnraummangel *m*; ~ **de main-d'œuvre** Arbeits-

---

kräftemangel *m*; Mangel *m* an Arbeitskräften; ~ **de vivres** Lebensmittelknappheit *f*

pep [pɛp] *m* Schwung *m*; Dy'namik *f*; Vitali'tät *f*; **avoir du** ~ Schwung haben; dy'namisch, vi'tal sein

pépé [pepe] *m enf* Opa *m*; Opapa *m*; Großpapa *m*

pépée [pepe] *f* **1.** *enf* Puppe *f*; Püppchen *n*; **2.** P **une chouette, jolie** ~ *von e-r* Mädchen F ein netter, hübscher Käfer; ein süßer Fratz; e-e kesse Motte, Biene; *auch von e-r Frau* ein steiler Zahn; ein Klasseweib *n*

pépère [pepɛr] **I** *adj* F Leben, Arbeit gemütlich; bequem, geruhsam; Leben *auch* beschaulich; behäbig; **un petit coin** ~ ein ruhiges Eckchen, Fleckchen; **II** *m* **1.** *enf cf* pépé; **2.** F *fig* **un gros** ~ *von e-m Mann* ein gemütlicher Dicker; *von e-m Jungen* ein Dickerchen *n*

pépérin [peperɛ̃] *m géol* Pepe'rin *m*

pépètes [pepɛt] *f/pl* P (*argent*) *cf* fric

pépie [pepi] *f* **1.** Vogelkrankheit Pips *m*; **2.** F *fig* **avoir la** ~ sehr durstig sein; e-e trockene Kehle haben; **j'ai la** ~ *auch* mir klebt (vor Durst) die Zunge am Gaumen

pépiement [pepimɑ̃] *m junger Vögel* Piep(s)en *n*; *der Spatzen* Tschilpen *n*

pépier [pepje] *v/i junge Vögel, Küken* piep(s)en; *Spatzen* tschilpen

pépin [pepɛ̃] *m* **1.** *von Kernobst, Apfelsinen, Weintrauben, Melonen etc* Kern *m*; **fruits** *m/pl* **à** ~**s** Kernobst *n*; **sans** ~**s** kernlos; **2.** F *fig Person* **avoir un** ~ auf Schwierigkeiten stoßen; Ärger, Sche'reien, Pech haben; **3.** F (*parapluie*) Schirm *m*; F Mussspritze *f*

pépinière [pepinjɛr] *f* **1.** Baumschule *f*; **2.** *fig* Pflanz-, Bildungsstätte *f*

pépiniériste [pepinjerist] *m,f* Baumschulgärtner(in) *m(f)*

pépite [pepit] *f* Klumpen *m* (*gediegenen Metalls*); ~ **d'or, de platine** Gold-, Platinklumpen *m*

pépon [pepɔ̃] *m od* **péponide** [pepɔnid] *m bot* Frucht *f* der Kürbisgewächse

pepsine [pɛpsin] *f Biochemie* Pep'sin *n*

peptidase [pɛptidaz] *f Biochemie* Pepti-'dase *f*

peptique [pɛptik] *adj* peptisch; **troubles** *m/pl* ~**s** Verdauungsstörungen *f/pl*

pepton|e [pɛptɔn] *f Biochemie* Pep'ton *n*; ~**isation** *f Biochemie* Peptisati'on *f*

péquen|aud [pekno] *m*, ~**aude** *f*, **péquenot** [pekno] *m* F *péj* **1.** *péj* Bauernkerl *m*, -weib *n*; Bauerntölpel *m*, -lümmel *m*, -trampel *m od* F *péj* Stoppelhopser *m*; **2.** *adit* **être péquenaud(e)** ein ungehobelter, ungeschliffener, ungeschlachter Kerl, e-e ungehobelte *etc* Person sein

péquin [pekɛ̃] *m cf* pékin

per|acide [pɛrasid] *m chim* Persäure *f*; ~**borate** *m chim* Perbo'rat *n*

perçage [pɛrsaʒ] *m von Holz, Metall* ('Durch)Bohren *n*, -ung *f*; Durch'bohren *n*, -ung *f; von Nadeln* Öhren *n*; Lochen *n*

percal|e [pɛrkal] *f text* Per'kal *m*; ~**ine** *f text* Perka'lin *n*

perçant [pɛrsɑ̃] *adj* Blick 'durchdringend; scharf; Stimme schrill; Schrei gellend; 'durchdringend; Kälte schneidend; 'durchdringend

perce [pɛrs] *f* **1.** Faß **mettre en** ~ anstechen; anzapfen; **mise** *f* **en** ~ Anstich *m*, -zapfen *n*; **2.** *tech allg* Bohrwerkzeug *n*; **3.** *mus bei Blasinstrumenten* Bohrung *f*

perce-bois [pɛrsəbwa] *m* <*inv*> *zo* **a)** *allg* Holzwurm *m*; Bohrkäfer *m*; **b)** Holzbiene *f*

percée [pɛrse] *f* **1.** *im Wald* 'Durchhau *m*, -hieb *m*; **faire, ouvrir une** ~ **dans une forêt** e-n Wald durch'hauen; e-n Durch-

hau, -hieb in e-m Wald machen; **2.** *tech* (Mauer-, Straßen)'Durchbruch *m*; *beim Tunnelbau* 'Durchstich *m*; **3.** *mil, sports, fig* 'Durchbruch *m*; *mil auch* 'Durchstoß *m*; *fig* ~ **technologique** technischer Durchbruch; **tentative** *f* de ~ Durchbruchsversuch *m*; **faire, tenter une** ~ e-n Durchbruch machen, versuchen; **4.** *tech* e-s *Hochofens* Abstich *m*; **5.** *arch* (Fenster-, Tür)'Öffnung *f*; **6.** *aviat* Durch'stoßen *n* (*der Wolkendecke*)

percement [pɛrsəmɑ̃] *m* **1.** e-s *Fensters*, e-r *Tür* 'Durch-, Ausbrechen *n*; e-r *Straße, Mauer* 'Durchbrechen *n*; e-s *Tunnels, e-r Landenge* 'Durchstechen *n*, -stich *m*; e-s *Tunnels auch, e-s Brunnens* Bohren *n*, -ung *f*; **2.** *mines* (Verbindungs-) Querschlag *m*; **3.** *bât* 'Durchbruch *m*; *nachträglich durchgebrochene* (Fenster-, Tür)'Öffnung *f*

perce|-muraille [pɛrs(ə)myrɑj] *m* ⟨*pl* **perce-murailles**⟩ *bot* Glaskraut *n*; **~-neige** ⟨*inv*⟩ *bot* Schneeglöckchen *n*; **~-oreille** *m* ⟨*pl* **perce-oreilles**⟩ *zo* Ohrwurm *m*; **~-pierre** *f* ⟨*pl* **perce-pierres**⟩ *bot* **a)** Dreifinger-Steinbrech *m*; **b)** Strandfenchel *m*

percepteur [pɛrsɛptœr] **I** *m* Steuereinnehmer *m* (*der direkten Steuern*); *etwa* Fi'nanzamt *n*; **II** *adj* ⟨-trice⟩ auf-, wahrnehmend; Wahrnehmungs...

perceptibilité [pɛrsɛptibilite] *f philos* Wahrnehmungsfähigkeit *f*, -vermögen *n*; Wahrnehmbarkeit *f*; *sc* Perzeptibili'tät *f*

percept|ible [pɛrsɛptibl(ə)] *adj* **1.** wahrnehmbar; *sc* perzep'tibel; ~ à l'œil dem Auge wahrnehmbar; ~ à l'œil nu mit bloßem Auge erkennbar, wahrnehmbar; ~ (à l'oreille) dem Ohr wahrnehmbar; hörbar; vernehmbar; **2.** *Besserung etc* spürbar; merklich; **3.** dem Geist faßbar; verständlich; begreiflich; *sc* perzep'tibel; **4.** *cf* percevable 1.; **~if** *adj* ⟨-ive⟩ *psych* wahr'nehmend; perzep'tiv

perception [pɛrsɛpsjɔ̃] *f* **1.** von *Steuern* Erhebung *f* (*auch von Gebühren*); Einziehung *f*; Beitreibung *f*; **2.** Bü'ro des Steuereinnehmers; *etwa* Fi'nanzkasse *f*; Fi'nanzamt *n*; **3.** *philos, psych* Wahrnehmung *f*; *sc* Perzepti'on *f*; *gr* **verbes** *m/pl* **de** ~ Verben *n/pl* der sinnlichen Wahrnehmung

percer [pɛrse] ⟨-ç-⟩ **I** *v/t* **1.** *Brett, Wand* 'durchbohren *od* durch'bohren; *Papier, Ohrläppchen mit e-r Nadel* durch'stechen; *Geschoß: Mauer* durch'schlagen, -schießen; *mil feindliche Linien, sports gegnerische Abwehr* durch'brechen; 'durchbrechen durch; *mil auch* aufbrechen; *von Panzern* durch'stoßen; 'durchstoßen durch; *Loch, Tunnel* bohren; *Fenster, Tür, Wand, Straße* 'durchbrechen; *Fenster, Tür auch* ausbrechen; *Faß* anstechen; anzapfen; *Geldschrank* aufbrechen; F knacken; *Abszeß* öffnen; *Blase* aufstechen; *tech Nadel* lochen; öhren; ~ un chemin dans la forêt e-n Weg durch den Wald hauen, schlagen; den Wald durch'hauen; *fig* g litt *Elend, Anblick* ~ le cœur das Herz zerreißen; *Kind* ~ ses dents s-e Zähne bekommen; zahnen; ~ la foule sich gewaltsam e-n Weg durch die Menge bahnen; sich durch die Menge 'durchkämpfen; *Sonne* ~ les nuages durch die Wolken brechen; die Wolken durch'brechen; *Licht* ~ l'obscurité durch die Dunkelheit dringen; die Dunkelheit durch'dringen; *Lärm, Geschrei* ~ les oreilles in den Ohren weh tun; in den Ohren gellen; ~ le silence *Schrei, Knall* die Stille zerreißen; *Schrei auch* durch die Stille gellen, *Knall* hallen; *Donnerschlag* dröhnen; ♦ *adit* percé *Schuh, Tasche* durch-

'löchert; *für Kranke* chaise percée Nachtstuhl *m*; *Schuhsohle, Tasche* être percé ein Loch haben; Löcher haben; durch'löchert sein; **2.** *j-s Absichten* durch'schauen; *Geheimnis* ergründen; erforschen; ~ un secret *auch* hinter ein Geheimnis kommen; **II** *v/i* **3.** *Zähne* 'durchkommen, -brechen; zum Vorschein kommen; *Abszeß* aufgehen; *mil, sports* 'durchbrechen; *Panzer auch* 'durchstoßen; *aviat* (durch die Wolkendecke) 'durchstoßen; *Morgendämmerung* anbrechen; *stl*s her'aufsteigen; *Sonne* ~ (à travers les nuages) 'durchbrechen, -kommen; **4.** *fig j-s wahres Wesen* 'durchbrechen, -schlagen; zum Vorschein kommen; *Person: Gefühle* laisser ~ (à l'extérieur) nach außen hin merken lassen, zeigen; rien n'a percé de leur entretien von ihrer Unter'haltung ist nichts bekanntgeworden, 'durchgedrungen, 'durchgesickert; l'ironie perce dans ses paroles die Ironie klingt durch s-e Worte durch, schwingt in s-n Worten mit, ist in s-n Worten hörbar; **5.** *fig Person* berühmt werden; Berühmtheit erlangen; **6.** *ch Hirsch, Wildschwein* fliehen

percerette [pɛrsərɛt] *f od* **percette** [pɛrsɛt] *f* Holzbohrer *m*

perceur [pɛrsœr] *m* **1.** *Arbeiter* Bohrer *m*; **2.** ~ de coffre-fort Geldschrankknacker *m*; **~-taraudeur** *m* ⟨*pl* **perceurs-taraudeurs**⟩ *Arbeiter* Bohrer *m* und Gewindeschneider *m*

perceuse [pɛrsøz] *f tech* Bohrmaschine *f*; ~ horizontale Waagerechtbohrschine *f*, -bohrwerk *n*; ~ multibroches Mehrspindelbohrmaschine *f*; ~ radiale Radi'al-, Schwenk-, Auslegerbohrschine *f*; ~ verticale Senkrecht-, Verti'kalbohrmaschine *f*; ~ à percussion Schlagbohrmaschine *f*

percevable [pɛrsəvabl(ə)] *adj* **1.** *Steuer* einziehbar; erhebbar (*auch Gebühren*); **2.** *selten cf* perceptible 1.

percevoir [pɛrsəvwar] *v/t* ⟨*cf* recevoir⟩ **1.** mit den *Sinnen* wahrnehmen; mit dem *Ohr auch* vernehmen; mit dem *Auge auch* erkennen; mit dem *Verstand* erkennen; bemerken; **2.** *Steuer* einnehmen; einziehen; eintreiben; erheben (*auch Gebühr*); *Geld, Miete* einnehmen; vereinnahmen; kas'sieren; *Reisekostenvergütung etc* bekommen, kas'sieren; les taxes perçues sur les transactions immobilières die auf Grundstücksgeschäften liegenden Steuern *f/pl*

perche[1] [pɛrʃ] *f zo* Barsch *m*; ~ arc-en-ciel Sonnenbarsch *m*; ~ commune Flußbarsch *m*; ~ goujonnière Kaulbarsch *m*; ~ de mer Zackenbarsch *m*

perche[2] [pɛrʃ] *f* **1.** Stange *f*; *langer Stab* (*auch beim Stabhochsprung*); *gym* Kletterstange *f*; *der Akrobaten* Perche *f*; ~ à 'houblon Hopfenstange *f*; *cin, télév* ~ (à son) (Mikro/Ton)Galgen *m*; Gi'raffe *f*; *bât* ~ d'échafaudage Rüststange *f*; *beim Obus* ~ (de prise de courant) Stromabnehmer *m*; *sports* saut m à la ~ Stabhochsprung *m*; *fig* tendre la ~ à qn j-m Hilfestellung leisten; j-m aus der Klemme, F Patsche helfen; *beim Aufsagen e-s Gedichts* j-m einhelfen, einsagen; *zur Versöhnung, Umkehr* j-m goldene Brücken bauen; **2.** F *fig von e-r Person* grande ~ lange Latte; *Bohnen-, nur von e-r Frau* Hopfenstange *f*; **3.** *des Geweihs* Stange *f*; **4.** *altes Längenmaß* Perche *f*; Feldrute *f*

perché [pɛrʃe] **I** *adj* **1.** *Vögel, Person* (erhöht) sitzend (sur *auf*+*dat*); *chat* ~ *cf* chat **2.**; *fig Ort* ~ dans la montagne hoch im Gebirge liegend, gelegen; être ~ (oben, erhöht) sitzen; **2.** *fig voix*

('haut) ~e hohe Stimme (*die man verstellt hat*); **II** *m ch* tirer les faisans au ~ die Fasane vom Baum her'unterschießen

percher [pɛrʃe] **I** *v/t* **1.** F *Gegenstand* (hin'auf-, hoch)stellen, (-)legen, F hin'auftun (sur l'armoire auf den Schrank); **2.** F *fig* ~ sa voix (*s-e Stimme verstellen und*) mit hoher Stimme sprechen; **II** *v/i* **3.** *Vögel* sich setzen (sur un arbre auf e-n Baum); sich niederlassen, auch sitzen (auf e-m Baum); *ch: Federwild* aufbaumen; **4.** F *fig Person* wohnen; F hausen; *Ort* liegen; où est-ce que tu perches? wo wohnst du?; **III** *v/pr* **5.** *Vögel* se ~ *cf* **3.**; **6.** F *Person* se ~ sur le parapet sich auf das Geländer setzen

percheron [pɛrʃərɔ̃] *adj* ⟨~ne⟩ Pferderasse Perche'ron...; cheval ~ *od subst* ~ *m* Perche'ron *m*

percheur [pɛrʃœr] *adj* ⟨-euse⟩ *zo* oiseaux ~s Vögel *m/pl*, die in der Höhe (auf *Bäumen, Dächern etc*) zu sitzen pflegen

perchis [pɛrʃi] *m* Forstwirtschaft Stangenholz *n*

perchiste [pɛrʃist] *m* **1.** *sports* Stabhochspringer *m*; **2.** *cin, télév* Mikromann *m*, -assistent *m*; Tonangler *m*; **3.** *Zirkus* Akro'bat, der die Perche-Akte vorführt

perchlor|ate [pɛrklɔrat] *m chim* 'überchlorsaures Salz; Perchlo'rat *n*; **~ique** *adj chim* acide ~ 'Überchlorsäure *f*; Per'chlorsäure *f*

perchman [pɛrʃman] *od* perchmen [pɛrʃmɛn] *cin, télév cf* perchiste **2.**

perchoir [pɛrʃwar] *m* **1.** *für Stubenvögel, Geflügel* (Sitz)Stange *f*; *bes* Hühnerstange(n) *f(pl)*; **2.** F *fig* erhöhter Sitz

perclus [pɛrkly] *adj* ⟨-use [-yz]⟩ *Person, Körperteil* être ~ de douleurs vor Schmerzen wie gelähmt sein; être ~ de rhumatismes durch Rheuma steif, unbeweglich sein

percnoptère [pɛrknɔptɛr] *m zo* Schmutzgeier *m*

perçoir [pɛrswar] *m* **1.** Bohrer *m*; **2.** *Schmiede* Lochplatte *f*; **3.** *zum Hochofenabstich* Stichlochstange *f*

perçois [pɛrswa], perçoive [pɛrswav] *cf* percevoir

percol|ateur [pɛrkɔlatœr] *m* Kaffeemaschine *f* (*für Restaurants*); **~ation** *f* Bodenkunde Perkolati'on *f*; 'Durchsickern *n*

perçu [pɛrsy] **I** *p/p von* percevoir; **II** *m philos, psych* Wahrnehmung *f*

percussion [pɛrkysjɔ̃] *f* **1.** Schlag *m* (*auch tech*); forage m à ~ schlagende Bohrung; **2.** *phys* Stoß *m*; (force *f* de) ~ Stoßkraft *f*; **3.** *mil* Perkussi'on *f*; fusil à ~ Perkussionsgewehr *n*; **4.** *mus in e-m Orchester* (Gruppe *f der*) Schlaginstrumente *n/pl*; *in e-r Jazzkapelle auch* Perkussi'on *f*; instrument *m* à *od* de ~ Schlaginstrument *n*; **5.** *méd* Ab-, Beklopfen *n*; *sc* Perkussi'on *f*; Perku'tieren *n*

percussionniste [pɛrkysjɔnist] *m mus* e-r *Jazzkapelle* Schlagzeuger *m*; Drummer [-a-] *m*

percutané [pɛrkytane] *adj méd* durch die Haut hin'durch; *sc* perku'tan

percutant [pɛrkytɑ̃] *adj* **1.** *mil* Aufschlag...; fusée ~e Aufschlagzünder *m*; obus, projectile ~ *od subst* ~ *m* Gra'nate *f*, Geschoß *n* mit Aufschlagzünder; **2.** *fig* Argument schlagend; *Zeitungsartikel, Satz* von 'durchschlagender Wirkung; mit durchschlagendem Erfolg; frap'pierend

percuter [pɛrkyte] **I** *v/t* **1.** ~ qc auf etw (*acc*) (auf)schlagen, (auf)prallen; *phys auch* stoßen; *Auto* ~ un arbre gegen e-n Baum fahren, prallen; **2.** *méd* ab-, be-

klopfen; *sc* perku'tieren; **II** *v/i* ~ **contre qc** *Geschoß* auf etw (*acc*) aufschlagen, auftreffen, *Flugzeug* aufschlagen, aufprallen, *Auto* auf ein anderes aufprallen; *Auto* ~ **contre un arbre** gegen e-n Baum fahren, prallen

percuteur [pɛrkytœr] *m* bei *Gewehren, Geschützen* Schlagbolzen *m*; *im Aufschlagzünder* Zündnadel *f*; *e-r Bohrmaschine* Schlagbohrvorsatz *m*

percuti-réaction [pɛrkytireaksjõ] *f* ⟨*pl* percuti-réactions⟩ *méd* Perku'tanreaktion *f*; Morosche Reaktion

perdant [pɛrdã] **I** *adj* verlierend; **billet, numéro** ~ Niete *f*; **II** *subst* **1.** ~(e) *m(f)* Verlierer(in) *m(f)*; **vous serez** ~ Sie gewinnen nichts dabei; Sie haben nichts davon; **2.** *m mar* Ebbe *f*

perdition [pɛrdisjõ] *f* **1.** *Schiff* **en** ~ in Seenot; **2.** *st/s* Verderben *n*; *rel* Verdammnis *f*; **3.** *fig u iron* **un lieu de** ~ ein Ort *m* des Lasters

perdre [pɛrdr(ə)] ⟨*cf* rendre⟩ **I** *v/t* **1.** verlieren; *Geld, Stellung, Ansehen, Recht auch* einbüßen; kommen um; *e-s Vorteils, s-r Rechte auch* verlustig gehen (+*gén*) *bei Gegenständen auch* j'ai perdu qc mir ist etw ab'handen gekommen; ♦ *abs* il n'aime pas ~ er verliert nicht gern; il ne peut pas supporter de ~ er ist ein schlechter Verlierer; er kann es nicht vertragen, wenn er verliert; *chaque fois qu'il a pris un billet de loterie, il a perdu* ... hat er nichts gewonnen, war es e-e Niete; **jouer à qui perd gagne** „Wer verliert, gewinnt" spielen; ♦ *mit subst:* ~ **son argent** sein Geld verlieren; ~ **son argent au jeu** sein Geld verspielen; **il en perd le boire et le manger** er vergißt Essen und Trinken darüber; *fig* **ne pas** ~ **une bouchée, une miette de qc** sich nicht das Geringste von etw entgehen lassen; **il a perdu un bras à la guerre** er hat im Krieg e-n Arm verloren, eingebüßt; ~ **son chemin, sa route** sich verirren, verlaufen; vom richtigen Weg abkommen; irregehen; in die Irre gehen; *im Auto* sich verfahren; *Person* ~ **ses cheveux** *cf* cheveu **1.**; ~ **confiance** das Vertrauen verlieren; ~ **connaissance** das Bewußtsein, die Besinnung verlieren; bewußtlos, ohnmächtig werden; ~ **courage** den Mut verlieren, sinken lassen; ~ **espoir** die Hoffnung verlieren, aufgeben; ~ **l'esprit, la raison, la tête,** *F* **la boule** den Verstand verlieren; verrückt werden; *Baum* ~ **ses feuilles** s-e Blätter verlieren, abwerfen; ~ **ses forces** s-e Kräfte verlieren, einbüßen; von Kräften kommen; *Farbe* ~ **sa fraîcheur** ihre Frische verlieren, einbüßen; matt werden; ~ **le goût de qc** die Freude an etw (*dat*), die Lust (und Liebe) zu etw verlieren; **elle a perdu deux kilos** sie hat zwei Kilo abgenommen; *fig* ~ **ses moyens** (völlig) versagen; ~ **le nom de qc** den Namen von etw vergessen; **j'ai perdu le nom de cette ville** *auch* mir ist der Name der Stadt entfallen; ~ **un pari** e-e Wette verlieren; **ces enfants ont perdu leur père à la guerre** diese Kinder haben ihren Vater im Krieg verloren; *Person* ~ **du poids** abnehmen; Gewicht verlieren; ~ **un procès** e-n Prozeß verlieren; *Wort* ~ **son sens** s-e Bedeutung verlieren; ~ **son temps à des futilités** s-s Zeit mit nichtigen Dingen vertun, vergeuden, verschwenden, verzetteln; *cf auch* temps¹; *mar* ~ **terre** das Festland nicht mehr sehen (können); ~ **de la vitesse** (an) Geschwindigkeit verlieren; langsamer werden; ♦ *tu ne le connais pas?* **tu n'y perds rien!** ... du hast du nichts verpaßt, versäumt!; **tu ne**

perds rien pour attendre! es wird dir schon noch gelohnt werden!; es wird dir nicht entgehen!; *drohend* du wirst deinen Lohn schon noch erhalten, bekommen!; ♦ **n'avoir rien à** ~ **mais tout à gagner** nichts zu verlieren, aber alles zu gewinnen haben; **vous n'avez pas un instant à** ~ Sie haben keinen Augenblick zu verlieren; **cette recherche m'a fait** ~ **une heure** diese Sucherei hat mich e-e Stunde gekostet; mit dieser Sucherei habe ich e-e Stunde verloren, vertan; **2.** (*schlechte*) *Gewohnheit* ablegen; *cf auch* habitude; **3.** *Gelegenheit* versäumen; verpassen; vor'übergehen lassen; sich entgehen lassen; **ne** ~ **aucune occasion de** (+*inf*) keine Gelegenheit versäumen *etc* zu (+*inf*); F **vous avez perdu une belle occasion de vous taire!** Sie hätten lieber schweigen, den Mund halten sollen!; **4.** *fig* ~ **qn** a) j-n zu'grunde richten, ins Verderben bringen, stürzen; j-n rui'nieren, verderben; b) j-n in die Irre führen, e-n falschen Weg führen; *rel* ~ **son âme** Schaden nehmen an s-r Seele; **sa témérité l'a perdu** s-e Tollkühnheit hat ihn zugrunde gerichtet, ins Verderben gestürzt; **II** *v/i* **5.** *Person* ~ **au change** e-n schlechten Tausch machen; *Gegenstand* ~ **de sa valeur** an Wert verlieren, einbüßen; *comm* ~ **sur un article** bei e-r Ware draufzahlen, zusetzen; an e-r Ware e-n Verlust haben; **j'y perds** da zahle ich drauf, setze ich zu; **6.** *Aktien* fallen; **7.** *Behälter* undicht, leck sein; laufen; ein Loch, Leck haben; **8.** *mar* a) *Schiff* ~ **sur un autre navire** hinter e-m anderen Schiff zu'rückbleiben; b) **la marée perd** die Flut fällt; die Ebbe beginnt, tritt ein; **III** *v/pr* **se** ~ **9.** sich verlieren; verlorengehen; *Autorität, Ansehen* schwinden; *Bedeutung e-s Wortes, Handwerk* 'untergehen; *Brauch* nicht mehr gepflegt werden; in Vergessenheit geraten; F **il y a des coups de pied au derrière, des gifles qui se perdent!** F er (*bzw wie etc*) hätte e-n Fußtritt in den Hintern, e-e Ohrfeige verdient!; *Worte* **se** ~ **dans le bruit** im Lärm 'untergehen; vom Lärm erstickt, verschluckt werden; *Person* **se** ~ **dans la contemplation de qc** sich in die Betrachtung von etw (*od*+*gén*) versenken; **se** ~ **dans les détails** sich in Einzelheiten verlieren; sich verzetteln; *Weg, Spur* **se** ~ **dans la forêt** sich im Wald verlieren; *Person* **se** ~ **dans la foule** in der Menge verschwinden, 'untertauchen; *Fluß:* **se** ~ **dans la mer** sich ins Meer ergießen; **se** ~ **dans le sable** im Sand versickern; *Person* **se** ~ **en conjectures, explications** sich in Vermutungen, Erklärungen ergehen; *mar Schiff* **se** ~ **en mer** 'untergehen; Schiffbruch erleiden; **10.** *Person* sich verirren, verlaufen; in die Irre gehen; *im Auto* sich verfahren; *Flugzeug* sich verfliegen, *Fliegersprache* verfranzen; *fig* **je m'y perds** das geht über meinen Verstand, Horizont; da komme ich nicht mehr mit; daraus werde ich nicht klug; **11.** *Lebensmittel* verderben; schlecht werden; **12.** *litt Person* sich zu'grunde richten; sich ins Verderben bringen

perdreau [pɛrdro] *m* ⟨*pl* ~x⟩ *zo* junges Rebhuhn

perdrigon [pɛrdrigõ] *m* Name mehrerer Zwetsch(g)ensorten

perdrix [pɛrdri] *f zo* a) *allg, ch* ~ *pl* Feldhühner *n/pl*; ~ (commune, grise) Rebhuhn *n*; ~ rouge Rothuhn *n*; b) *par ext* ~ blanche, des neiges Moorschneehuhn *n*; ~ de mer Brachschwalbe *f*

perdu [pɛrdy] **I** *p/p von* perdre *u adj* **1.** *Schlacht, Prozeß, Krieg etc* verloren; *Gegenstand auch* verlorengegangen; ab'handen gekommen; *Zeit auch* vertan; *Gelegenheit* verpaßt; versäumt; **balle** ~e verirrte Kugel; **chien** ~ herrenloser Hund; **fille** ~e gefallenes Mädchen; *bes* Prostituierte *f*; **cuis pain** ~ armer Ritter; **une soirée** ~e ein verlorener Abend; ♦ **à tes heures** ~es, moments ~s in deinen Mußestunden; in deiner Mußezeit; **à temps** ~ in der Mußezeit; *bât* ouvrage *m* à pierre(s) ~e(s) auf e-r Grundlage von ins Wasser geschütteten Steinen, Blöcken errichteter Wasserbauwerk; ♦ ~ dans la nuit in der Nacht verschwunden, 'untergekommen; von der Nacht verschluckt; ~ dans ses pensées gedankenversunken, -verloren; ~ dans ses rêveries traumverloren; ♦ il n'y a rien de ~ noch ist nicht alles aus, verloren; *Kranker* être ~ verloren, nicht mehr zu retten sein; tout est ~ alles ist verloren, aus; *iron* ce n'est pas ~ pour tout le monde irgend jemandem wird es noch nutzen, zu'gute kommen; *fig* la partie est ~e da ist nichts mehr zu machen, zu retten; *loc/prov* une de ~e, dix de retrouvées für e-e verlorene Liebe finden sich zehn andere; **2.** *Ort, Gegend* entlegen; abgelegen; **3.** je suis ~ a) ich habe mich verlaufen, verirrt; ich bin in die Irre gegangen; *im Auto* ich habe mich verfahren; b) *fig* ich weiß nicht mehr aus noch ein; ich weiß mir nicht mehr zu helfen; F ich bin aufgeschmissen; **4.** *Kleidungsstück durch Flecke etc* verdorben; **5.** *comm* **emballage** ~ Einwegverpackung *f*; Wegwerfverpackung *f*; auf Rechnungen Verpackung (es folgt e-e Preisangabe); **II** *subst nur loc* **crier, courir comme un** ~ schreien, rennen wie ein Verrückter, Besessener; F schreien wie am Spieß; rennen wie ein Bürstenbinder

père [pɛr] *m* **1.** Vater *m* (*auch e-s Tieres u fig*); *Anrede st/s* mon ~ Vater; le ~ et la mère Vater und Mutter; *4. Gebot* tu honoreras tes ~ et mère du sollst deinen Vater und deine Mutter ehren; **Alexandre Dumas** ~ Alexandre Dumas der Ältere; *de famille* Fa'milien-, Hausvater *m*; placement *m*, valeurs *f/pl* de ~ de famille mündelsichere Geldanlage *f*, Wertpapiere *n/pl*; *jur* jouir de qc en bon ~ de famille mit etw sorgfältig, pfleglich 'umgehen; *Ehrentitel römischer Kaiser* ♀ de la patrie Vater des Vaterlandes; Pater patriae *m*; *von e-m Herrscher* le ~ de son peuple der Vater s-s Volkes; *loc/adv* de ~ en fils vom Vater auf den Sohn; von Generation zu Generation; une famille où l'on est vigneron de ~ en fils e-e Familie, in der sich der Winzerberuf vom Vater auf den Sohn weitervererbt (hat); être, devenir ~ Vater sein, werden; être le ~ de deux enfants Vater von zwei Kindern *od st/s* zweier Kinder sein; *loc/prov* tel ~, tel fils wie der Vater, so der Sohn; der Apfel fällt nicht weit vom Stamm (*beide loc/prov*); à ~ avare, fils prodigue ist der Vater ein Geizkragen, so ist der Sohn (oft) ein Verschwender; **2.** *par ext* nos ~s unsere (Vor)Väter *m/pl*, Voreltern *pl*, Vorfahren *m/pl*; notre premier ~ unser Stamm-, Urvater *m*; **3.** *fig* Schöpfer *m*; Begründer *m*; Vater *m*; *Herodot* le ~ de l'histoire ... der Begründer, Vater der Geschichtsschreibung; **4.** F *Bezeichnung für ältere Männer* le ~ X Vater X; (der) Herr X; *péj* der (alte) X; *Balzac* Le ~ Goriot Vater Goriot; le ~ Noël der Weihnachtsmann; *cf auch* Noël; *fig* le

coup du ~ François ein heimtücki-
scher, 'hinterhältiger Streich; *fig* un
gros ~ ein Dicker *m*, F Dickwanst *m*;
von e-m Kind ein Dickerchen *n*, F Pum-
melchen *n*; *fig* un ~ tranquille ein
ruhiger, friedlicher Mann; ein Mann,
der Schwierigkeiten gern aus dem Weg
geht; alors, mon petit ~, comment ça
va? na, alter Freund *od* Alterchen, wie
geht's?; **5.** *rel* le ♀ der *himmlische* Vater;
le ♀ éternel der himmlische Vater; der
Herrgott; *plais* der liebe Gott; Dieu le ♀
Gott der Vater; Gott'vater *m*; la Mai-
son du ♀ das Paradies; *poét* die ewige
Heimat; Notre ♀ qui es aux cieux
Vater unser(, der Du bist) im Himmel;
au nom du ♀, du Fils et du Saint-
Esprit im Namen des Vaters, des Soh-
nes und des Heiligen Geistes; **6.** *égl cath*
♀ (*abr* P.) Pater *m* (*abr* P.); *pl* ♀s (*abr* PP.)
Patres *m/pl* (*abr* PP.); le ♀ X (der) Pater
X; *Anrede* mon ♀ ehrwürdiger Vater;
Orden les ♀s Blancs die Weißen Väter; ~
dominicain, jésuite Domini'kaner-, Je-
su'itenpater *m*; ♀s du concile, conci-
liaires Kon'zilsväter *m/pl*; les ♀s (de
l'Église) die Kirchenväter *m/pl*
pérégrinations[peregrinasjõ] *f/pl* Um-
'herreisen *n*; vieles Reisen; F Reise'rei *f*
péremption [perᾶpsjõ] *f jur* Verwir-
kung *f*; ~ d'instance *Ungültigwerden*
e-s Verfahrens, da der Anspruch auf
Weiterführung durch Ablauf der Aus-
schlußfrist verwirkt ist
péremptoire [perᾶptwar] *adj* **1.** *Ton,*
Entgegnung keinen 'Widerspruch dul-
dend; e'nergisch; *Ton auch* entschieden;
il a été ~ er duldete keinen Wider-
spruch; **2.** *jur* perem(p)'torisch; rechts-
vernichtend; **exception** *f* ~ perem(p)-
torische, dauernde Einrede
pérennant [perᾶnᾶ] *adj bot* peren-
'nierend
pérenne [perɛn] *adj Fluß, Quelle* peren-
'nierend
pérenniser [perɛ(n)nize] *v/t Institution*
zu e-r ständigen Einrichtung machen,
werden lassen; *Beamten* in e-e Planstelle
einweisen; *Zustand, Mißstand* verewi-
gen; *psych Konflikt* être pérennisé
fortbestehen; nicht gelöst, verarbeitet
sein
pérennité [perɛ(n)nite] *f e-r Einrichtung*
Fortbestand *m*; Fortdauer *f*; Weiterbe-
stehen *n*; *von Bräuchen auch* Langlebig-
keit *f*
péréquation [perekwasjõ] *f* **1.** *der La-*
sten, Steuern gerechte, gleichmäßige
Verteilung; *écon* (Fi'nanz)Ausgleich *m*;
in Frankreich Fonds national de ~
etwa staatlicher Ausgleichsfonds (*zwi-*
schen finanzschwachen u -starken Ge-
meinden); **2.** *der Beamtengehälter, -pen-*
sionen Angleichung *f*; Anpassung *f*
perfect|ibilité [perfɛktibilite] *f* Vervoll-
kommnungsfähigkeit *f*; ~**ible** *adj*
Kunst, Mensch vervollkommnungsfä-
hig; *Plan, Verfahren* verbesserungsfä-
hig; *Schüler der s-e Leistungen noch*
verbessern kann
perfectif [perfɛktif] *adj* ⟨-ive⟩ *ling* as-
pect ~ perfektive Aktionsart
perfection [perfɛksjõ] *f* **1.** *e-s Kunst-*
werks, Stils etc Voll'kommenheit *f* (*auch*
philos, rel); Voll'endung *f*, Perfekti'on *f*
(*auch des Spiels s Musikers, Schauspie-*
lers); Makellosigkeit *f*; la ~ de sa
défaite s-e völlige, vernichtende Nie-
derlage; *loc/adv* à la ~ voll'endet; mei-
sterhaft; her'vorragend; atteindre à,
parvenir à la ~ die Vollkommenheit
erreichen; être loin de la ~ noch lange
nicht vollkommen sein; tendre à la ~
nach Vollkommenheit streben; **2.** *st/s*
meist pl ~s Vorzüge *m/pl*; gute Eigen-

schaften *f/pl*; **3.** *von e-r Hausangestellten*
une ~ e-e Perle
perfectionnement [perfɛksjɔnmᾶ] *m*
Verbesserung *f*; Ver'vollkommnung *f*;
Perfektio'nierung *f*; *auch* Weiterentwick-
lung *f*; weitere Ausgestaltung; ~ du
réseau routier Verbesserung des
Straßennetzes; brevet *m* de ~ (*zweites*)
Patent, das e-e Verbesserung e-s bereits
eingetragenen darstellt; Verbesserungs-
patent *m*; cours *m*, stage *m* de ~
Fortbildungslehrgang *m*, -kursus *m*; Ge-
rät doté des derniers ~s mit den
letzten technischen Neuerungen, Errun-
genschaften ausgestattet
perfectionner [perfɛksjɔne] I *v/t* **1.**
Verfahren, Maschine, s-n Stil ver'voll-
kommnen; perfektio'nieren; verbessern;
auch weiterentwickeln; weiter ausgestal-
ten; **2.** *Lehrgang, Praktikum* ~ qn j-n be-
ruflich fortbilden; **3.** *philos den Menschen*
vollkommener machen; II *v/pr* se ~ **4.**
Person sich fort-, weiterbilden; se ~ en
français sich im Französisch fort-, wei-
terbilden; *s-e Französischkenntnisse*
verbessern, vervollständigen, vervoll-
kommnen; **5.** *passivisch: Verfahren etc*
vervollkommnet, perfektio'niert, ver-
bessert werden
perfectionn|isme [perfɛksjɔnism(ə)] *m*
Perfektio'nismus *m*; ~**iste** I *adj* perfek-
tio'nistisch; II *subst* ~s *m/pl rel* Perfek-
tio'nisten *m/pl*
perfid|e [perfid] *adj* (heim)tückisch;
'hinterhältig; 'hinterlistig; arglistig; per-
'fid(e); *Bemerkung, Anspielung, Worte*
auch niederträchtig; *Versprechungen*
falsch; trügerisch; *st/s Verbündeter* treu-
los; per'fid(e); ~**ie** *f* (Heim)Tücke *f*;
'Hinterhältigkeit *f*; 'Hinterlist *f*; Arglist
f; Perfi'die *f*; *e-r Bemerkung, Anspielung*
auch Niederträchtigkeit *f* (*auch als*
Handlung); *st/s* ~es Verbündeten Treu-
losigkeit *f*; Perfi'die *f*
perfolié [perfɔlje] *adj bot Blatt* durch-
'wachsen
perforage [perfɔraʒ] *m cf* perfora-
tion 1.
perforant [perfɔrᾶ] *adj* **1.** *mil Geschoß*
panzerbrechend; Panzer...; balle ~e,
obus ~ Panzergeschoß *n*, -granate *f*; **2.**
anat durch'dringend, -'bohrend; *sc* per-
fo'rierend; artères ~es (*die Oberschen-*
keladduktoren) durchbohrende Arte-
rien *f/pl*; *sc* Ar'teriae perfo'rantes *f/pl*; **3.**
path Geschwür perfo'rierend; 'durch-
brechend
perfora|teur [perfɔratœr] I *adj* ⟨-trice⟩
1. *mines* marteau ~ (Druckluft)Bohr-
hammer *m*; **2.** *zum Lochen von Fahrkar-*
ten pince perforatrice Knipszange *f*;
II *m* **1.** *für Schriftstücke* Locher *m*; *e-s*
Fernschreibers Handlocher *m*; *zur Her-*
stellung von Lochstreifen ~ de bandes
Lochstreifengerät *n*; **2.** *Person* Locher *m*
perforation [perfɔrasjõ] *f* **1.** *Vorgang*
Durch'lochen *n*, -ung *f*; Durch'bohren *n*,
-ung *f*; Perfo'rieren *n*, -ung *f*; Perforati'on
f (*auch bei der Erdölförderung*); *e-r Loch-*
karte, e-s Lochstreifens Lochen *n*, -ung *f*;
e-s Geschosses 'Durchschlag(en) *m(n)*;
élect ~ (d'un isolateur) 'Durchschlag
m; **2.** *Ergebnis* Loch *n*; Lochung *f*; *coll*
Löcher *n/pl*; Perfo'rierung *f*; Perfora-
ti'on *f*; **3.** *im Steinbruch* Bohrarbeiten
f/pl; *e-s Hohlorgans* 'Durchbruch *m*;
Perforati'on *f*
perforatrice[perfɔratris] *f* **1.** *Gerät zum*
Lochen von Lochkarten Schreiblocher *m*;
2. *Person* Locherin *f*; **3.** *tech* (Gesteins-)
Bohrmaschine *f*
perforé[perfɔre] *adj* **1.** bande, carte ~e
Lochstreifen *m*, -karte *f*; **2.** *path* 'durch-
gebrochen; durch'bohrt; *sc* perfo'riert
perforer [perfɔre] *v/t bes tech* durch-

'lochen, -'löchern, -'bohren; perfo-
'rieren; Löcher einstanzen in (+*acc*);
Schriftstück, Lochkarte, -streifen lo-
chen; *Fahrkarte* knipsen; *Geschoß*: Pan-
zerung durch'schlagen, -'bohren
perfor|eur [perfɔrœr] *m*, ~**euse** *f* **1.**
Person Locher(in) *m(f)* (*zum Lochen von*
Lochkarten); **2.** ⟨*nur f*⟩ *Gerät* Schreib-
locher *m*
performance [perfɔrmᾶs] *f* **1.** *allg,*
sports, psych Leistung *f*; ~s *pl e-s Flug-*
zeugs Flugleistung *f*; *e-s Autos* Leistung(s-
fähigkeit) *f*; meilleure ~ Best-, Spitzenlei-
stung *f*; *psych* besoin *m* de ~ Leistungs-
bedürfnis *n*; *bei e-m Wettkampf* attendre
une ~ de qn von j-m e-e gute Leistung
erwarten; *von j-m erwarten, daß er gut*
abschneidet; réaliser une belle ~ e-e
gute Leistung erbringen, voll'bringen, er-
zielen; *iron* c'est une belle ~ das ist
wirklich e-e Leistung; F dazu gehört was;
2. *ling* Perfor'manz *f*
perfusion [perfyzjõ] *f méd* Infusi'on *f*;
~ de sang *indirekte* Bluttransfusion
pergola [pɛrgɔla] *f* Pergola *f*
perhydrol [pɛridrɔl] *m* (*nom déposé*)
chim, phm Perhy'drol *n* (*Wz*)
périanthe [perjᾶt] *m bot* Blütenhülle *f*;
sc Peri'anth(um) *n*
périarthrite [periartrit] *f path* Periar-
thri'tis *f*; ~ Peri-
ar'thritis *f*
péricard|e [perikard] *m anat* Herzbeu-
tel *m*; *sc* Peri'kard *n od* Peri'cardium *n*;
~**ique** *adj anat* Herzbeutel...; ~**ite** *f*
path Herzbeutelentzündung *f*; *sc* Peri-
kar'ditis *f*
péricarpe [perikarp] *m bot* (äußerer Teil
der) Fruchthülle *f*; *sc* Peri'karp *n*
périchondre [perikõdr(ə)] *m anat*
Knorpelhaut *f*; *sc* Peri'chondrium *n*
péricliter [periklite] *v/i Unternehmen,*
Geschäft langsam, all'mählich eingehen,
zu'grunde gehen; *Geschäfte* immer wei-
ter zu'rückgehen; allmählich zum Erlie-
gen kommen
péricrâne [perikran] *m anat* Knochen-
haut *f* des Schädeldaches; *sc* Peri'kra-
nium *n*
péridot [perido] *m minér* Peri'dot *m*;
Perido'tit *m*
péridrome [peridrom] *m arch* (Säulen-)
'Umgang *m*
périgée [periʒe] *m astr* Peri'gäum *n*;
Erdnähe *f*
périglaciaire [periglasjɛr] *adj géogr*
periglazi'al
périhélie[perieli] *m astr* Peri'hel(ium) *n*;
Sonnennähe *f*
péril [peril] *m* große Gefahr; le ~ jaune
die gelbe Gefahr; *loc/adv* au ~ de sa vie
unter Einsatz s-s Lebens; unter *od* mit
Lebensgefahr; *mar Schiff* en ~ in See-
not; *st/s* il y a ~ à (+*inf*) es ist gefährlich,
ris'kant zu (+*inf*); es bringt Gefahren
mit sich, wenn ...; mettre en ~ in Gefahr
bringen; e-r Gefahr aussetzen; gefähr-
den; Corneille à vaincre sans ~, on
triomphe sans gloire ein leichter Sieg
bringt keinen Ruhm
périlleux [perijø] *adj* ⟨-euse⟩ gefähr-
lich; *Unternehmen auch* gefahrvoll; ge-
wagt; ris'kant; *Thema auch* heikel; saut
~ Salto *m*
périmé [perime] *adj* **1.** *Garantie, Aus-*
weis abgelaufen; *Garantie auch* erlo-
schen; *Fahrkarte auch* verfallen; ungül-
tig; nicht mehr gültig; **2.** *Auffassung,*
Institution über'holt; veraltet; nicht
mehr zeitgemäß; être ~ *auch* sich über-
'lebt haben
périmer [perime] *v/pr* **1.** *ellip* laisser ~
Fahrkarte verfallen lassen; **2.** *jur Verfah-*
ren se ~ ungültig werden (*da der An-*
spruch auf Weiterführung durch Ablauf
der Ausschlußfrist verwirkt ist); *ellip*

laisser ~ une instance den Anspruch auf Weiterführung e-s Verfahrens (*durch Ablauf der Ausschlußfrist*) verwirken, verlieren; **3.** *tech Verfahren, Lehrbuch* se ~ vite schnell wieder über'holt, veraltet sein; schnell veralten
périmètre [perimɛtr(ə)] *m* **1.** *Geometrie* 'Umfang *m*; Peri'meter *m*; **2.** *fig* **a)** Gebiet *n*; Bereich *m*; **b)** 'Umkreis *m*; à l'intérieur du ~ de Paris im Stadtgebiet von Paris; dans un ~ de cinq kilomètres im Umkreis von fünf Kilometern; **3.** *opt, méd* Peri'meter *n*
périnatal [perinatal] *adj* <-als> *méd* perina'tal; ~ité *f* Zeitraum *m* kurz vor, während und nach der Geburt
périnée [perine] *m anat* Damm *m*; *sc* Peri'neum *n*
période [perjɔd] *f* **1.** Zeit(abschnitt) *f(m)*; Zeitraum *m*, -spanne *f*; Peri'ode *f*; ◆ *Picasso* ~ bleue blaue Periode; *Literatur* ~ classique Klassik *f*; ~ correspondante Vergleichszeit(raum) *f(m)*; ~ électorale Zeit des Wahlkampfes; *der Frau* ~ féconde, stérile fruchtbare, unfruchtbare Tage *m/pl*; *géol* ~ interglaciaire Zwischeneiszeit *f*; *jur* ~ suspecte Zeit(raum) von der Zahlungseinstellung bis zum Konkurseröffnungsbeschluß durch das Gericht; *etwa* Sperrfrist *f*; ◆ ~ d'abattement Zeit, Periode der Niedergeschlagenheit; ~ d'activité Zeit, Dauer *f* der Berufs-, Erwerbstätigkeit; ~ d'assurance Versicherungszeitraum *m*; *Statistik* ~ de base Basisjahr *n*; ~ de chômage Zeit der Arbeitslosigkeit; *écon* ~ de croissance Wachstumsperiode *f*; ~ de démarrage Anlaufzeit *f*; ~ de l'entre--deux-guerres, comprise entre les deux guerres Zeit(raum, -spanne) zwischen den beiden Weltkriegen; ~ d'essai Probezeit *f*; *e-r Krankheit* ~ d'incubation Inkubati'onszeit *f*; *im Fremdenverkehr* ~ de pointe Hochsaison *f*; ~ de sécheresse Dürrezeit *f*; Zeit der Dürre; ~ de transition 'Übergangszeit *f*; ~ de vacances Ferien-, Urlaubszeit *f*; ◆ *loc/adv* en ~ de in Zeiten, in e-r Zeit (*+gén*) en ~ de chômage in Zeiten großer Arbeitslosigkeit; pendant la dernière ~ de sa vie während der letzten Zeit s-s Lebens; während s-r letzten Lebensjahre; pour la ~ allant jusqu'au (*+Datum*) für die Zeit bis zum (*+Datum*); **2.** *géol e-s Erdzeitalters* Formati'on *f*; *als Zeitbegriff* Peri'ode *f*; ~ carbonifère, 'houillère Kar'bon-, Steinkohlenformation *f*; ~s géologiques geologische Formationen; *als Zeitbegriff* erdgeschichtliche Perioden; **3.** *chim* im periodischen System der Elemente Peri'ode *f*; **4.** *phys* atom Halbwertszeit *f*; la ~ du radium est de 1600 ans Radium hat e-e Halbwertszeit von 1600 Jahren; **5.** *phys e-r periodischen Bewegung* Peri'ode *f*; Schwingungsdauer *f*; **6.** *astr* ('Umlaufs-) Peri'ode *f*; 'Umlaufszeit *f*; **7.** *math* Peri'ode *f*; **8.** *méd e-s Krankheitsablaufs* Phase *f*; Stadium *n*; *bei intermittierendem Fieber* Zeit *f* zwischen zwei Fieberanfällen; **9.** *physiol* ~ (menstruelle) Peri'ode *f*; Monatsblutung *f*; **10.** *mil für Reservisten* ~ (d'instruction) Wehrübung *f*; faire une ~ e-e Wehrübung ableisten; **11.** *mus, rhét, métr, Chronologie* Peri'ode *f*
périodicité [perjɔdisite] *f* Periodizi'tät *f*; regelmäßige 'Wiederkehr; *e-r Zeitschrift* ~ semestrielle halbjährliche Erscheinungsweise
périodique [perjɔdik] **I** *adj* **1.** peri'odisch; peri'odisch, regelmäßig 'wiederkehrend, auftretend; *Zeitschrift, Veröf-*

fentlichung regelmäßig erscheinend; *méd* fièvre *f* ~ regelmäßig wiederkehrendes Fieber; *math* fonction *f* ~ periodische Funktion; fraction (décimale) ~ periodischer Dezi'malbruch; periodische Dezi'malzahl; *phys* oscillation *f* ~ periodische Schwingung; presse *f* ~ Peri'odika *n/pl*; le retour ~ des hirondelles die regelmäßige Wiederkehr der Schwalben; **2.** serviette *f*, garniture *f* ~ (Damen-, Monats)Binde *f*; **II** *m* Zeitschrift *f*; ~s *pl auch* Peri'odika *n/pl*; ~ment *adv* peri'odisch; in regelmäßigen Zeitabständen
périodont|e [perjɔdɔ̃t] *m anat* Zahnwurzelhaut *f*; *sc* Perio'dontium *n*; ~ite *f path* Zahnwurzelhautentzündung *f*; *sc* Periodon'titis *f*
périost|e [perjɔst] *m anat* Knochen-, Beinhaut *f*; *sc* Peri'ost *n*; ~ite *f path* Knochenhautentzündung *f*; *sc* Perio'stitis *f*
péripatétic|ien [peripatetisjɛ̃] *m philos* Peripa'tetiker *m*; ~ienne *f plais (prostituée)* F Strichmädchen *n*; Dame *f* vom ambu'lanten Gewerbe
péripétie [peripesi] *f* **1.** *meist pl* ~s unvorhergesehene, unerwartete, über-'raschende Ereignisse *n/pl*, Zwischenfälle *m/pl*, Wendungen *f/pl*; *des Lebens, Krieges* Wechselfälle *m/pl*; **2.** *im Drama, Roman* entscheidender Wendepunkt; plötzlicher 'Umschwung; Peripe'tie *f*
périphérie [periferi] *f* **1.** *e-r Stadt* Stadt-phe'rie *f*; Stadtrand(gebiet) *m(n)*; Außenbezirke *m/pl*; à la ~ am Stadtrand; an der Peripherie; **2.** *Geometrie* 'Umfangs-, Begrenzungslinie *f*; Peripe'rie *f*
périphérique [periferik] *adj* **1.** (Stadt-) Rand...; arrondissement *m* ~ Rand-, Außenbezirk *m*; banlieue *f* ~ (unmittelbar an die Stadt angrenzender) Vorortgürtel; *e-r Stadt* boulevards *m/pl* ~s Um'gehungsstraße *f*; Außenring *m*; le boulevard ~ *od subst* le ~ Ringautobahn um Paris; parc *m* de stationnement ~ Parkplatz *m* am Stadtrand; quartier *m* ~ Stadtrandviertel *n*; **2.** peri'pher; *e-r EDV-Anlage* équipements *m/pl* ~s *od subst* ~s *m/pl* periphere Geräte *n/pl*; Periphe'riegeräte *n/pl*; *anat* système nerveux ~ peripheres Nervensystem
périphlébite [periflebit] *f path* Entzündung *f* der äußeren Venenhaut; *sc* Periphle'bitis *f*
périphrase [perifrɑz] *f rhét* Um-'schreibung *f*; Peri'phrase *f*
périphrastique [perifrastik] *adj* **a)** um-'schreibend; peri'phrastisch (*auch gr*); **b)** *Stil* mit Peri'phrasen über'laden
périple [peripl] *m* **1.** große (Rund-) Reise; faire un ~ en Grèce e-e (Rund)Reise durch Griechenland machen; **2.** *hist* Seereise *f*; *e-s Kontinents* Um'schiffung *f*; le ~ de Magellan autour du monde die Reise, Fahrt Magellans um die Erde
péripneumonie [peripnømɔni] *f vét* Lungenseuche *f*
périptère [periptɛr] *arch* **I** *adj* von e-m Säulengang um'geben; **II** *m* Pe'ripteros *m*; Peripte'raltempel *m*
périr [perir] *litt* v/i **1.** *Person* 'umkommen; ums Leben kommen; den Tod finden; zu'grunde gehen; enden; ~ assassiné e-m Mordanschlag zum Opfer fallen; ~ noyé den Tod in den Wellen finden; *fig* ~ d'ennui sich zu Tode langweilen; *Seemann* péri en mer auf See umgekommen; den Seemannstod gestorben; ~ sur l'échafaud auf dem Schafott sterben, enden; **2.** *Kultur, Reich* zu'grunde gehen; 'untergehen (*auch*

Freiheit); *Ruhm* vergehen; *j-s Name* in Vergessenheit geraten; la sécheresse a fait ~ les plantes infolge der Trockenheit sind die Pflanzen zugrunde gegangen, eingegangen
périscolaire [periskɔlɛr] *adj* die Schule ergänzend; außerschulisch
périscop|e [periskɔp] *m opt* Peri'skop *n*; *e-s U-Boots auch* Sehrohr *n*; ~ique *adj* *opt* peri'skopisch; *e-s U-Boots* immersion *f* ~ Tauchen *n*, Tauchfahrt *f* auf Sehrohrtiefe; verres *m/pl* ~s periskopische Gläser *n/pl*
périsperme [perispɛrm] *m bot* Nährgewebe *n* des Samens; *sc* Peri'sperm *n*
périssable [perisabl(ə)] *adj* **1.** *Nahrungsmittel* leichtverderblich; **2.** *litt Glück, Ruhm* vergänglich
périssodactyles [perisɔdaktil] *m/pl zo* Unpaarhufer *m/pl*, -zeher *m/pl*
périssoire [periswar] *f* langes, schmales Paddelboot
péristalt|ique [peristaltik] *adj physiol* mouvements *m/pl* ~s peri'staltische Bewegungen *f/pl*; ~isme *m physiol* Peri'staltik *f*
péristome [peristom, -ɔm] *m biol* Peri-'stom *n*; *bei den Protozoen auch* Mundfeld *n*
péristyle [peristil] *m arch* Säulenhalle *f*, -umgang *m*; *sc* Peri'styl(ium) *n*
péritectique [peritɛktik] *adj métall* peri'tektisch; alliage *m* ~ peritektische Legierung, composition *f* ~ Peri'tektikum *n*
péritoine [peritwan] *m anat* Bauchfell *n*; *sc* Perito'neum *n*
périton|éal [peritɔneal] *adj* <-aux> *anat* Bauchfell...; *sc* peritone'al; ~ite *f path* Bauchfellentzündung *f*; *sc* Perito'nitis *f*
perl|age [pɛrlaʒ] *m coll* Liebesperlen *f/pl*; ~ant *adj vin* ~ Perlwein *m*
perle [pɛrl] *f* **1.** Perle *f* (*bes echte*); ~ artificielle, fausse ~ künstliche, falsche, unechte, imitierte Perle; ~ blanche weiße Perle; ~ fine, naturelle echte Perle; Na'turperle *f*; ~ grise, noire graue, schwarze Perle; ~ de culture Zucht-, Kul'turperle *f*; *fig u poét* ~s de rosée Tauperlen *f/pl*; ~ en bois, en verre Holz-, Glasperle *f*; rideau *m* de ~s Vorhang *m* aus Perlenschnüren; *adit* gris ~ (od ~) hellgrau; *fig* Zähne comme des ~s wie Perlen; *bibl* jeter des ~s aux pourceaux, aux cochons Perlen vor die Säue werfen; **2.** *fig* Perle *f*; cette île, ~ de la Méditerranée ... e-e Perle des Mittelmeers; *von e-r Hausangestellten* c'est une ~ sie ist e-e Perle!; **3.** *fig* Stilblüte *f*; recueil *m* de ~s Stilblütensammlung *f*; **4.** *arch des Perlstabs* Perle *f*; **5.** *phm* Arzneiform Perle *f*; runde Kapsel; **6.** *zo* Stein-, Uferfliege *f*
perlé [pɛrle] *adj* **1.** mit Perlen verziert, bestickt, besetzt, *Heraldik auch* belegt; broderie *f* ~e Perlenstickerei *f*; *cin* écran ~ Perlleinwand *f*; **2.** perl(en)förmig; perlig; Perl(en)...; *Tröpfchen* wie Perlen; *path* crachats *m/pl* ~s Auswurf *m*, *sc* Sputa *n/pl* in Perlenform; orge ~ Perlgraupen *f/pl*, -gerste *f*; riz ~ Perlreis *m*; *cuis beim Karamelisieren* sucre ~ zu kleinen Perlen kristallisierter Zucker; **3.** *fig* grève ~e Bummelstreik *m bzw* aufein-'anderfolgende Streiks *m/pl* einzelner Abteilungen; **4.** *fig* perlend; *mus* jeu ~ perlendes Spiel; rire ~ perlendes Lachen
perlèche [pɛrlɛʃ] *f path* (Infekti'ons-) Fäulecke *f* (*od* Per'lèche *f*)
perler [pɛrle] **I** v/t **1.** *mus* Stück, Stelle so spielen, daß die Töne nur so perlen; **2.** *Reis, Graupen* zu Perlreis *bzw* -graupen, -gerste verarbeiten; **II** v/i *Schweiß* perlen; la sueur lui perlait au front, des gouttes de sueur perlaient sur son

front der Schweiß perlte ihm von der Stirn; Schweißperlen standen ihm auf der Stirn

perlier [pɛrlje] adj <-ière> Perl(en)...; zo huître perlière od subst perlière f Echte (See-, Meer)Perlmuschel; industrie perlière Perlenindustrie f

perlimpinpin [pɛrlɛ̃pɛ̃pɛ̃] m poudre f de ~ von Quacksalbern angebotenes Wunderpulver, All'heilmittel

perlit|e [pɛrlit] f **1.** minér Per'lit m; Perlstein m; **2.** métall Per'lit m; fonte f ~ Per'litguß m; **~ique** adj minér, métall per'litisch; Per'lit...

perlon [pɛrlɔ̃] m (nom déposé) text Perlon n (Wz)

perlure [pɛrlyr] f am Hirschgeweih Perle f

perm [pɛrm] f F mil (permission) Urlaub m; en ~ auf Urlaub

permalloy [pɛrmalwa] m (nom déposé) Nickel-Eisen-Legierung Perma'lloy n (Wz)

permanence [pɛrmanɑ̃s] f **1.** Fortdauer f; Perma'nenz f; e-r Tradition Dauerhaftigkeit f; Beständigkeit f; e-s Irrtums hartnäckiges Fortbestehen; von Meinungen Unwandelbarkeit f; Unveränderlichkeit f; e-r gesetzgebenden Versammlung Tagen in Permanenz (nicht in Sitzungsperioden); la ~ de la situation die stets gleichbleibende, die sich nie ändernde Lage; loc/adv en ~ ständig; dauernd; ununterbrochen; in Permanenz; ohne Unter'brechung; s'installer en ~ à la campagne sich auf die Dauer, für immer auf dem Land niederlassen; pol siéger en ~ in Permanenz tagen; assurer la ~ du pouvoir den Fortbestand, die Kontinui'tät der Macht sichern; **2. a)** bei e-r Dienststelle Bereitschaftsdienst m; assurer, tenir la ~, être de ~ Bereitschaftsdienst haben; **b)** Dienst-, Geschäftsstelle f (für den Bereitschaftsdienst); ~ électorale Büro n e-s Wahlkandidaten; **3.** in Gymnasien Klassenraum m, in dem die Schüler bei Springstunden unter Aufsicht Schularbeiten machen können

permanent [pɛrmanɑ̃] **I** adj **1.** beständig; unveränderlich; Charakterzug (stets gleich)bleibend; **2.** Komitee, Ausstellung etc ständig; Zusammenarbeit, Kontrolle auch dauernd; stetig; perma'nent; armée ~e stehendes Heer; cinéma ~ Kino m mit fortlaufenden Vorführungen und 'durchgehendem Einlaß; bes österr Non'stopkino n; e-r Zeitung correspondant ~ ständiger Korrespondent, Berichterstatter; formation ~e Fortbildung f; ständige Weiterbildung; phys magnétisme ~ permanenter Magnetismus; le représentant ~ de la France à l'O.N.U. der ständige Vertreter Frankreichs der UNO; in e-m Kabarett, Variété spectacle ~ pausenlose, ununterbrochene Darbietungen f/pl; loc/adv de façon ~e nahezu ununterbrochen; le cinéma est ~ le dimanche sonntags hat das Kino fortlaufende, pausenlose Vorführungen; Non'stopbetrieb; être en liaison ~e avec qn mit j-m ständig, laufend in Verbindung stehen; **II** m ~ (d'un syndicat, parti) (Gewerkschafts-, Partei)Funktio'när m

permanent|e [pɛrmanɑ̃t] f beim Friseur Dauerwelle f; ~ à froid Kaltwelle f; **~é** adj cheveux ~s dauergewelltes Haar

permangan|ate [pɛrmɑ̃ganat] m chim Permanga'nat n; ~ de potassium Kaliumpermanganat n; 'übermangansaures Kali(um); **~ique** adj chim acide m ~ 'Übermangan-, Perman'gansäure f

perme [pɛrm] f cf perm

perméabilité [pɛrmeabilite] f **1.** 'Durchlässigkeit f; Permeabili'tät f; ~ (à l'eau) Wasserdurchlässigkeit f; **2.** phys ~ magnétique (magnetische) Permeabili'tät; **3.** Schiffbau ~ d'un espace Permeabili'tät f e-s Schiffsraumes; **4.** fig e-r Person ~ aux influences leichte Beeinflußbarkeit

perméable [pɛrmeabl(ə)] adj **1.** 'durchlässig; perme'abel; ~ (à l'eau) wasserdurchlässig; ~ à la lumière lichtdurchlässig; **2.** fig Person ~ à qc für etw empfänglich; e-r Sache (dat) leicht zugänglich

permettre [pɛrmɛtr(ə)] <cf mettre> **I** v/t **1.** erlauben, gestatten, dulden, zulassen (que ... + subj daß ...); ~ qc à qn j-m etw erlauben, gestatten; ~ à qn de faire qc j-m erlauben, gestatten, etw zu tun; ◆ Text(stelle) ~ plusieurs interprétations mehrere Deutungen zulassen; dès que les circonstances le permettent sobald es die 'Umstände erlauben, gestatten, zulassen; si le temps le permet wenn es das Wetter erlaubt; bei günstigem Wetter; bei günstiger Witterung; ses moyens ne lui permettent pas de vivre de cette façon s-e Mittel erlauben, gestatten ihm e-e solche Lebensführung nicht; vous permettez qu'il assiste à l'entretien? erlauben, gestatten Sie, daß er der Unter'redung beiwohnt?; il ne permet pas que ses enfants regardent la télévision er erlaubt, duldet nicht, daß s-e Kinder fernsehen; ◆ Höflichkeitsformel vous permettez? gestatten Sie?; Sie gestatten?; Festredner permettez, je voudrais ajouter quelques mots: ... gestatten Sie mir, noch ein paar Worte zu sagen: ...; höflich widersprechend permettez! je ne suis pas de votre avis nehmen Sie es mir nicht übel, aber da teile ich Ihre Meinung nicht; si vous permettez ... auch wenn Sie nichts dagegen haben ...; permettez-moi de vous présenter monsieur X! darf ich Ihnen Herrn X vorstellen?; darf ich Sie mit Herrn X bekannt machen?; ◆ unpersönlich s'il m'est permis de faire une objection wenn ich mir e-n Einwand erlauben darf; wenn ein Einwand erlaubt, gestattet ist; autant qu'il est permis d'en juger soweit einem ein Urteil darüber zusteht, erlaubt ist; s'il m'est permis de parler ainsi wenn ich so sagen darf; il vous est permis de penser tout autrement es steht Ihnen zu od frei, ganz anderer Meinung zu sein; il est permis à tout le monde de se tromper jeder kann sich mal irren, täuschen; ça n'est pas permis à tout le monde a) das darf nicht jeder; b) das kann (sich) nicht jeder (leisten); ◆ p/p ne pas être permis auch nicht zulässig sein; il se croit tout permis er glaubt, er kann od darf sich alles erlauben; ~ qc à qc Anlaß geben zu etw; son absence prolongée permet toutes les craintes langes Ausbleiben gibt Anlaß zu allerlei Befürchtungen, läßt Schlimmes befürchten; son succès lui permet tous les espoirs sein Erfolg berechtigt ihn zu den größten Hoffnungen; **II** v/pr **3.** se ~ sich erlauben, gestatten, p/fort her'ausnehmen, anmaßen (qc etw; de faire qc etw zu tun); se ~ des familiarités sich Vertraulichkeiten erlauben, herausnehmen; je me permettrai de vous faire observer qu'il est dix heures passées darf ich Sie darauf aufmerksam machen ...; ich erlaube mir, Sie darauf aufmerksam zu machen ...; puis-je me ~ de vous offrir une cigarette? er-

lauben, gestatten Sie (mir), Ihnen e-e Zigarette anzubieten od daß ich Ihnen e-e Zigarette anbiete?; je me permettrai de venir vous voir demain ich werde mir erlauben, gestatten, Sie morgen aufzusuchen; **4.** se ~ qc sich etw gönnen, leisten; se ~ quelques petites douceurs sich ein paar Süßigkeiten gönnen; je ne peux pas me ~ de faire un grand voyage ich kann mir e-e große, weite Reise nicht leisten

permien [pɛrmjɛ̃] géol **I** adj <~ne> permisch; formation ~ne permische Formation; **II** m Perm n; Dyas (-formation) n(f)

permis [pɛrmi] m **1.** Erlaubnis(schein) f(m); schriftliche Genehmigung, Bewilligung; ~ de bâtir, de construire Baugenehmigung f, -erlaubnis f; ~ de chasse Jagdschein m; ~ de circulation für das Bahnpersonal Freifahrkarte f; für deren Angehörige Freifahrtschein m; comm ~ d'entrée, d'importation Einfuhrgenehmigung f; ~ de pêche Fische-'reischein m; ~ de port d'armes Waffenschein m; für Ausländer ~ de séjour Aufenthaltserlaubnis f, -bescheinigung f, -bewilligung f, -genehmigung f; comm ~ de sortie, d'exportation Ausfuhrgenehmigung f; jur ~ de stationnement behördliche Erlaubnis zur Sondernutzung an öffentlichen Straßen, Wegen und Plätzen; **2.** auto ~ (de conduire) Führerschein m; avoir son ~ den Führerschein haben; passer son ~ den Führerschein, die Fahrprüfung machen; être reçu au ~ die Fahrprüfung bestehen

permissif [pɛrmisif] adj <-ive> Gesellschaft, Erziehung etc permis'siv; progres'siv-tole'rant; freizügig

permission [pɛrmisjɔ̃] f **1.** Erlaubnis f; Genehmigung f; jur ~ de voirie behördliche Erlaubnis zur ständigen Sondernutzung an öffentlichen Straßen, Wegen und Plätzen; avec, sans la ~ de qn mit, ohne j-s Erlaubnis, Genehmigung; avec votre ~ auch mit Ihrer Zustimmung, Einwilligung; wenn Sie nichts dagegen haben; avoir la ~ de faire qc etw tun dürfen; ils n'ont pas la ~ de s'absenter sie dürfen sich nicht entfernen; sie dürfen nicht weggehen; obtenir la ~ de faire qc die Erlaubnis bekommen, erhalten, etw zu tun; Erlaubnis, Genehmigung für od zu etw erhalten, bekommen; **2.** mil **a)** Urlaub m; ~ exceptionnelle Sonderurlaub m; ~ de convalescence Genesungsurlaub m; ~ de détente Erholungsurlaub m; ~ de minuit Ausgang m bis Mitternacht; en ~ auf Urlaub; loc/adj auch beurlaubt; venir en ~ auf Urlaub kommen; pendant sa ~ im Urlaub; **b)** Urlaubsschein m

permissionnaire [pɛrmisjɔnɛr] m mil Urlauber m; train m de ~s Urlauberzug m

permittivité [pɛrmitivite] f élect Dielektrizi'tätskonstante f

permut|abilité [pɛrmytabilite] f Aus-, Vertauschbarkeit f; Auswechselbarkeit f; **~able** adj bes math aus-, vertauschbar; sc permu'tabel; **~ante** f adm von Beamten, Offizieren Tauschpartner(in) m(f) (beim Stellentausch)

permutation [pɛrmytasjɔ̃] f **1.** adm von Beamten, Offizieren (Stellen)Tausch m; **2.** von Buchstaben, Wörtern 'Umstellung f; Austausch m(n); Auswechseln n, -ung f; Vertauschen n, -ung f; math Permutati'on f

permuter [pɛrmyte] **I** v/t Wörter, Buchstaben 'umstellen; austauschen; auswechseln; vertauschen; math permu-

'tieren; **II** v/i *Beamter, Offizier* ~ avec **qn** mit j-m die Stelle, das Amt, den Posten tauschen
pernambouc [pɛrnãbuk] *m* Pernam-'buk-, Bra'silholz *n*
pernicieux [pɛrnisjø] *adj* <-euse> **1.** *Doktrin, Theorie, Einfluß etc* gefährlich (*auch Irrtum, Rat*); schädlich; verderblich; *Einfluß auch* ungünstig; schlecht (*auch Rat*); **2.** *path* bösartig; *sc* perni-zi'ös: **anémie pernicieuse** perniziöse Anämie; *sc* Perni'zi'osa *f*; **fièvre pernicieuse** perniziöse Ma'laria; Tropenfieber *n*
pernod [pɛrno] *m* (*nom déposé*) Per-'nod *m* (*ein Aperitif*)
péron|é [pɛrone] *m anat* Wadenbein *n*; *sc* Fibula *f*; **fracture** *f* **du** ~ Wadenbeinbruch *m*; **~ier** *anat* **I** *adj* <-ière> Wadenbein...; **II** *m* Wadenbeinmuskel *m*; ~ **antérieur** dritter Wadenbeinmuskel
péronnelle [pɛronɛl] F *f* dumme und schwatzhafte Per'son; F dumme und affek'tierte Klatschbase, -tante, Schwatzliese
péronospora [pɛronospora] *m bot* Pero'nospora *f*
péronosporacées [pɛronosporase] *f/pl bot* Falsche Mehltaupilze *m/pl*; *sc* Pero-nospora'ceae *f/pl*
peropératoire [pɛroperatwar] *adj chir* während der Operati'on (erfolgend, eintretend, geschehend)
péroraison [pɛrorɛzõ] *f rhét* (Rede-)Schluß *m*
pérorer [pɛrore] *péj* v/i schwadro'nieren
Pérou [peru] *n/pr* F fig **von e-m Einkommen ce n'est pas la** ~ davon kann man nicht reich, Millio'när werden; damit kann man keine Reichtümer sammeln
peroxydase [pɛroksidaz, -daz] *f* Biochemie Peroxy'dase *f*
peroxyde [pɛroksid] *m chim* Per-, Superoxyd *n, fachspr* -oxid *n*; ~ **d'azote** Stickstoff'dioxid *n*; *dimer* Distickstoff-'tetroxid *n*; ~ **d'hydrogène** Wasserstoff'peroxid *n, früher* -'superoxyd *n*
perpendiculaire [pɛrpãdikyler] **I** *adj* **1.** *bes math* senkrecht (**à** zu *od* auf+*dat*); lotrecht; *sc* perpendiku'lar *od* -'lär; *allg auch* rechtwinklig (**à** zu); **écriture** *f* ~ von oben nach unten geschriebene Schrift; *math* **plans** *m/pl* ~**s** (l'un sur l'autre) senkrecht aufeinander- *od* zueinanderstehende Ebenen *f/pl*; **2.** *arch* **style** *m* ~ Perpendiku'larstil *m*; englische Spätgotik; **II** *f* **1.** *math* Senkrechte *f*; Lotrechte *f*; Lot *n*; **2.** *mar* Perpen'dikel *n od m*
perpendiculairement [pɛrpãdi-kylɛrmã] *adv* im rechten Winkel (**à** zu)
perpète [pɛrpɛt] **I** *loc/adv* F (**jusqu'à** ~ F e-e Ewigkeit; ewig (lange); bis in alle Ewigkeit; ewig und drei Tage; **II** *f arg* lebenslänglich(e Freiheitsstrafe)
perpétr|ation [pɛrpetrasjõ] *f jur e-s Verbrechens* Begehung *f*; Verübung *f*; **~er** v/t <-è-> *jur Verbrechen* begehen; verüben
perpétuation [pɛrpetɥasjõ] *f litt* **la** ~ **de l'espèce** die Erhaltung, das Fortbestehen der Art
perpétuel [pɛrpetɥɛl] *adj* <~le> **1.** *Angst, Geldverlegenheit, Klagen etc* dauernd; (be)ständig; fortwährend; immerwährend; stet; F ewig; *Jugend, Frühling* ewig; immerwährend; **calendrier** ~ immerwährender Kalender; *phys, mus* **mouvement** ~ Per'petuum 'mobile *n*; **rente** ~**le** Rentenanleihe *f*; *der Académie française* **secrétaire** ~ ständiger Sekretär; **un va-et-vient** ~ ein ständiges, dauerndes, F ewiges Kommen und Gehen; **~** *bot* mehrmals im Jahr blühend, Früchte tragend

perpétuellement [pɛrpetɥɛlmã] *adv* (an)dauernd; ständig; fortwährend; immer wieder
perpétuer [pɛrpetɥe] **I** v/t *s-n Namen durch ein großes Werk* verewigen; *Familiennamen, Tradition* weitertragen; forterhalten; *Tradition auch* fortbestehen lassen; *Geschlecht* fortpflanzen; *Andenken an j-n* für immer wachhalten; *biol die Art* erhalten; **II** v/pr **se** ~ *Brauch* sich halten; fortbestehen; fortleben; *biol Art* sich erhalten; *Zustand, Unglück* anhalten; kein Ende nehmen; *Person* **se** ~ **dans ses enfants, dans son œuvre** in s-n Kindern, in s-m Werk weiter-, fortleben
perpétuité [pɛrpetɥite] *f nur loc* **à** ~ lebenslänglich; auf Lebenszeit; **concession** *f* **à** ~ Erbbegräbnis *n* (*als Recht*); **travaux forcés à** ~ lebenslängliche Zuchthausstrafe; **être condamné à** ~ zu lebenslänglicher Freiheitsstrafe verurteilt werden
perplex|e [pɛrplɛks] *adj Person, Miene* ratlos; hilflos; verlegen; *nur Person* unschlüssig; *Frage* **laisser, rendre qn** ~ *auch* j-n in Verlegenheit bringen; **~ité** *f* Rat-, Hilflosigkeit *f*; Verlegenheit *f*; Unschlüssigkeit *f*; **être dans une grande** ~, **dans la plus complète** ~ sehr, völlig rat-, hilflos sein; in großer, größter Verlegenheit sein
perquisition [pɛrkizisjõ] *f jur von Räumen, bes e-r Wohnung* Durch'suchung *f*; Haussuchung *f*; **mandat** *m* **de** ~ Haussuchungsbefehl *m*; **faire une** ~ *cf* perquisitionner
perquisitionner [pɛrkizisjone] v/i *jur* e-e Durch'suchung, Haussuchung vornehmen; e-e Haussuchung machen, 'durchführen. Haussuchung halten (**chez, au domicile de qn** bei j-m)
perré [pɛre] *m zur Befestigung e-r Böschung* Steinpackung *f*; Pflasterung *f*
perrière [pɛrjɛr] *f* **1.** Schieferbruch *m*; **2.** *hist mil* Wurfmaschine *f*, -geschütz *n*; (Stein)Schleuder *f*
perron [pɛrõ] *m* Frei-, Außentreppe *f*
perroquet [pɛrokɛ] *m* **1.** *zo* **a)** Papa'gei *m*; *fig von e-r Person* **c'est un** ~ er *bzw* sie plappert alles nach, ohne es zu verstehen; *fig* **répéter qc comme un** ~ **etw** (gedankenlos) nachplappern wie ein Papagei; **b)** ~ **de mer** Papa'gei(en)taucher *m*; **2.** *mar* **a)** Bramstenge *f*; **b)** Bramsegel *n*; **grand** ~ Großbramsegel *n*; **petit** ~ Vorbramsegel *n*; ~ **de fougue** Kreuzmarssegel *n*; **3.** F *fig Mischgetränk* Pernod *m* mit Pfefferminzsirup
perruche [pɛry∫] *f* **1.** *zo* **a)** Sittich *m*; ~ **ondulée** Wellensittich *m*; **b)** Papa-'geienweibchen *n*; **2.** *fig von e-r Frau* F Schnattergans *f*, -ente *f*, -liese *f*; Klatschbase *f*, -tante *f*; **3.** *mar* Kreuzbramsegel *n*
perruqu|e [pɛryk] *f* Pe'rücke *f*; *in der Werbung auch* Zweitfrisur *f*; *hist* ~ **carrée** Al'longeperücke *f*; ~ **de femme** Damenperücke *f*; **porter une** ~ e-e Perücke tragen; **~ier** *m* Pe'rückenmacher *m*; Haarformer *m*
pers [pɛr] *adj* <*nur m*> *litt* **yeux** *m/pl* ~ blaugrüne Augen *n/pl*
persan [pɛrsã] **I** *adj* persisch; *zo:* **chat** ~ Perserkatze *f*; **cheval** ~ Perser *m*; *Montesquieu* **Lettres** ~**es** Persische Briefe; **miniature** ~**e** persische Miniatur; **II** *subst* **1.** Ǫ(**e**) *m(f)* Perser(in) *m(f)*; **2.** *ling* **le** ~ das Persische; Persisch *n*
perse [pɛrs] **I** *adj* (*alt*)persisch; **II** *subst* **1.** **les** Ǫ**s** *m/pl* die (alten) Perser *m/pl*; **2.** *ling* **le** ~ **moyen, vieux** ~ das Mittel-, Altpersische; Mittel-, Altpersisch *n*
persécuté(e) [pɛrsekyte] *m(f)* **1.** Verfolgte(r) *f(m)*; **2.** *psych* an Verfolgungswahn Leidende(r) *f(m)*

persécuter [pɛrsekyte] v/t **1.** *pol, rel* verfolgen; **2.** *fig Journalisten etc* ~ **qn** j-n verfolgen, belästigen, bedrängen
persécu|teur [pɛrsekytœr] *m*, ~**trice** *f* Verfolger(in) *m(f)*
persécution [pɛrsekysjõ] *f* **1.** *pol, rel* Verfolgung *f*; ~**s menées contre**, **subies par les chrétiens** Christenverfolgungen *f/pl*; **être en butte à la** ~ verfolgt, *allg auch* bedrängt, belästigt werden; **2.** *psych, path* **délire** *m*, **folie** *f*, **manie** *f* **de la** ~ Verfolgungswahn *m*; *sc* Persekuti'onsdelirium *n*; **idées** *f/pl* **de** ~ Verfolgungsgedanken *m/pl*
Persée [pɛrse] *m astr* Perseus *m*
Perséides [pɛrseid] *f/pl astr* Perse'iden *pl*; Lau'rentiusschwarm *m*, -tränen *f/pl*
persel [pɛrsɛl] *m chim* Persalz *n*; Peroxysalz *n*
persévér|ance [pɛrseverãs] *f* Ausdauer *f*, Beharrlichkeit *f* (**dans** bei, in+*dat*); *bei e-r schwierigen Arbeit auch* Unverdrossenheit *f*; *im Kampf* Zähigkeit *f*; Hartnäckigkeit *f*; **travailler avec** ~ mit Ausdauer, mit zähem Fleiß, unverdrossen, beharrlich arbeiten; **~ant** *adj Person* ausdauernd; beharrlich; **être** ~ *auch* Ausdauer, Beharrlichkeit besitzen
persévérer [pɛrsevere] v/i <-è-> beharren (**dans qc** in, auf, bei etw [*dat*]); *abs* Ausdauer, Beharrlichkeit besitzen, zeigen; nicht aufgeben; ~ **dans ses efforts** in s-n Anstrengungen, Bemühungen nicht nachlassen; sich beharrlich, unermüdlich mühen; ~ **dans son erreur** in s-m Irrtum be-, verharren; hartnäckig an s-m Irrtum festhalten; ~ **dans ses recherches** s-e Nachforschungen nicht einstellen, beharrlich weiterbetreiben, hartnäckig fortsetzen; nicht aufhören, müde werden weiterzuforschen
persicaire [pɛrsiker] *f bot* Flohknöterich *m*
persienne [pɛrsjɛn] *f an e-m Fenster* Klapp-, Faltladen *m*; ~ **à l'italienne** ausstellbarer Klapp-, Faltladen
persifl|age [pɛrsifla3] *m* **a)** *Handlung* Spötteln *n*; Spötte'lei *f*; Verspotten *n*, -ung *f*; **b)** *Worte* Spötte'lei *f*; Spott *m*; Persi'flage *f*; **~er** v/t ~ **qn, qc** j-n, etw verspotten, lächerlich machen, persi-'flieren; über j-n, etw spötteln, spotten; sich über j-n, etw lustig machen; **~eur** *adj* <-euse> *Ton etc* spöttisch
persil [pɛrsi] *m bot* Peter'silie *f*
persillade [pɛrsijad] *f cuis* Sa'latsauce *f* mit gehackter Peter'silie, Kräutern und Knoblauch; **ajouter une** ~ **à qc** etw mit gehackter Petersilie und Knoblauch zubereiten
persillé [pɛrsije] *adj* **1.** *fromage* ~ (grüngesprenkelter) Edelpilzkäse; **viande** ~**e** durch'wachsenes Fleisch; **2.** *cuis* mit Peter'silie (bestreut, zubereitet, angerichtet); **pommes de terre** ~**es** Peter'silienkartoffeln *f/pl*
persique [pɛrsik] *adj géogr* **le golfe** Ǫ der Persische Golf
persistance [pɛrsistãs] *f* **1.** Be-, Verharren *n* (**dans** in, auf, bei +*dat*); eigensinniges, hartnäckiges, beharrliches Festhalten (**an** +*dat*); **avec** ~ beharrlich; hartnäckig; **2.** *des Regens, der Kälte, des Fiebers* Anhalten *n*; Andauern *n*; Fortdauer *f*; *des Fiebers auch sc* Persi'stenz *f*; *e-s Aberglaubens, Brauchs* Fortbestehen *n*; zähes, hartnäckiges Sich'halten
persistant [pɛrsistã] *adj* **1.** *Regen, Kälte, Fieber, Müdigkeit, Geruch* anhaltend; lange andauernd; (fort)dauernd; (be)ständig; immerwährend; beharrlich; *Fieber auch* hartnäckig; *sc* persi'stent; **2.** *bot* **feuilles** ~**es** immergrüne Blätter *n/pl*
persister [pɛrsiste] v/i **1.** *Person* ~ **dans qc** in, auf, bei etw (*dat*) beharren,

verharren; zäh, hartnäckig, unbeirrt an etw (*dat*) festhalten; fest bei etw bleiben; ~ **dans une erreur** in e-m Irrtum be-, verharren; hartnäckig an e-m Irrtum festhalten; ~ **dans son opinion** bei s-r Meinung bleiben; auf s-r Meinung beharren; auf *od* bei s-r Meinung verharren; zäh, unbeirrt an s-r Meinung, Ansicht festhalten; ~ **dans son refus** *auch* sich beharrlich weigern; **je persiste à croire que** ... ich bleibe dabei, bei der Ansicht, bei der Ansicht nicht ab, daß ...; **il persiste à soutenir le contraire** er behauptet hartnäckig, beharrlich, F steif und fest das Gegenteil; **2.** *Schmerzen, Fieber, Kälte, Regen* anhalten; andauern; nicht nachlassen; *Kälte, Regen auch* fortdauern; *Gefühl, Instinkt* wach bleiben; erhalten bleiben; nicht verlorengehen; *Mode* **ne pas** ~ sich nicht lange halten (können); nicht von langer Dauer, nicht von Bestand sein

persona grata [pɛrsɔnagrata] *f* **1.** *dipl* Per'sona grata *f*; **déclarer qn persona non grata** [-nɔn-] j-n zur Persona non grata erklären; **2.** *fig* **être** ~ will'kommen, gern gesehen sein

personnage [pɛrsɔnaʒ] *m* **1.** (bedeutende, angesehene) Per'sönlichkeit; ~ **connu** bekannte Persönlichkeit; **grand** ~ hohe, promi'nente Persönlichkeit; *pl* **grands** ~**s** *auch* Promi'nente(n) *m/pl*; *coll* Promi'nenz *f*; ~ **historique** bedeutende geschichtliche Persönlichkeit; hervorragende Gestalt der Geschichte; *cf auch* **3.**; **se croire un** ~ sich für e-n große, bedeutende Persönlichkeit halten; **il se croit un** ~ *auch* er denkt, er sei wunder wer; **2.** Mensch *m*; Per'son *f*; **un drôle de** ~, **un singulier** ~ ein komischer, eigenartiger Mensch, Kauz, Kerl; *Frau* ne ~ komische, eigenartige Person; F **c'est un triste** ~ er *bzw* sie ist e-e erbärmliche Krea'tur, ein erbärmlicher Wicht; **3.** *thé* Per'son *f*; Rolle *f*; *e-s Romans* Per'son *f*; Gestalt *f*; Fi'gur *f*; ~ **historique** historische Gestalt; ~ **principal** Hauptperson *f*, -figur *f*, *thé auch* -rolle *f*; **le** ~ **d'Hamlet** die Gestalt, *thé* die Rolle des Hamlet; ~ **de légende** legendäre Gestalt; Sagengestalt *f*; ~ **de roman** Ro'manfigur *f*, -gestalt *f*; **jouer les** ~**s comiques** die komischen Rollen spielen; **4.** *fig* Rolle *f*; **il n'est jamais lui-même**, **il joue un** ~ er ist nie er selbst, er spielt (immer) e-e bestimmte Rolle; **5.** *peint* (Menschen)Fi'gur *f*, (-)Gestalt *f*; *allégorique* allegorische Figur, Gestalt; *Fresko, Wandteppich* **à** ~**s** mit Menschenfiguren

personnalisation [pɛrsɔnalizasjɔ̃] *f* **1.** Verleihen *n*, -ung *f* e-r per'sönlichen Note; *Werbung* per'sönliches Ansprechen (der Zielgruppen); **2.** *Versicherungs-, Steuerwesen* Anpassung *f* an die individu'ellen Verhältnisse; Subjekti'vierung *f*

personnalis|**é** [pɛrsɔnalize] *adj* auf die per'sönlichen Verhältnisse, Bedürfnisse zugeschnitten; individu'ell; ~**er** *v/t* **1.** e-r Wohnung, e-m Auto etc e-e per'sönliche Note, e-n per'sönlichen Cha'rakter, Anstrich geben, verleihen (+*dat*); individu'ell gestalten; ~ **une publicité** mit e-r Werbung die Zielgruppen ganz persönlich ansprechen; **2.** *Versicherung, Steuer* den Verhältnissen des einzelnen anpassen

personnal|**isme** [pɛrsɔnalism(ə)] *m* *philos* Persona'lismus *m*; ~**iste** *philos* **I** *adj* persona'listisch; **II** *m* Persona'list *m*

personnalité [pɛrsɔnalite] *f* **1.** *e-s Menschen* Per'sönlichkeit *f*, Personali'tät *f* (*auch psych*); Eigenart *f*; *psych* ~ **de**

---

base etwa psychische Grundeigenschaften *f/pl* der Person; *pol* **culte** *m* **de la** ~ Per'sonenkult *m*; **maladies** *f/pl*, **troubles** *m/pl* **de la** ~ Erkrankungen *f/pl*, Störungen *f/pl* der psychischen Persönlichkeit; *Person* **sans** ~ ohne Originali'tät, Pro'fil; farblos; nichtssagend; von unscheinbarem Wesen; **avoir une forte** ~ e-e starke, ausgeprägte Persönlichkeit sein; **développer sa** ~ s-e Persönlichkeit entfalten, entwickeln; **être une** ~ e-e Persönlichkeit sein; **garder sa** ~ s-e Eigenart wahren; **2.** *jur* ~ **civile, juridique, morale** Rechtsfähigkeit *f* (*e-r juristischen Person*); Rechtspersönlichkeit *f*; **3.** ~**s** *pl* bedeutende, promi'nente Per'sönlichkeiten *f/pl*; Promi'nente(n) *m/pl*; *coll* Promi'nenz *f*; **4.** ~ **de l'impôt** individu'elle Ausgestaltung der Steuer nach der Leistungsfähigkeit des Steuerpflichtigen

personne[1] [pɛrsɔn] *f* **1.** Per'son *f* (*auch psych., philos*); Mensch *m*; ~**s** *pl auch* Leute *pl*; ♦ **une** ~ **âgée** ein alter Mensch; *cf auch* **âgé 1.**; **les** ~**s concernées** die Betreffenden *pl*; **une grande** ~ ein Erwachsener, Großer; ~ **humaine** Mensch *m*; **la dignité de la** ~ **humaine** die Würde des Menschen; *iron* **ma modeste** ~ *iron* meine Wenigkeit; **une tierce** ~ ein Dritter; *par ext* ein Außenstehender; ♦ **bei der Steuererklärung** ~ **à charge** 'Unterhaltsberechtigte(r) *f(m)*; **la** ~ **du chef de l'État** die Person des Staatsoberhauptes; *rel* **les trois** ~**s de la Trinité** die drei Personen der Dreifaltigkeit; **la** ~ **et l'œuvre** der Mensch und das Werk; **développement** *m* **de la** ~ Entfaltung *f* der Per'sönlichkeit; **une famille de douze** ~**s** e-e zwölfköpfige Familie; ♦ *loc/adv:* **en** ~ a) per'sönlich; selbst; F höchstpersönlich; in (höchst)eigener Person; b) selbst; in Person; personifi'ziert; leibhaftig; **venir en** ~ persönlich, selbst kommen; **c'est l'avarice en** ~ *er bzw* sie ist der leibhaftige, personifizierte Geiz, ist der Geiz in Person; **c'est le calme en** ~ *er bzw* sie ist die Ruhe selbst, in Person; **par** ~ pro Person, Mann, Kopf; **par** ~ **interposée** durch e-n Vermittler, Mittelsmann, e-e Mittelsperson; **entrée interdite à toute** ~ **étrangère au service** Unbefugten Zutritt verboten; ♦ **il y a des** ~**s qui** ... es gibt Menschen, Leute, die ...; **manche Menschen, Leute** ...; **plusieurs** ~**s ont été blessées dans cet accident** bei dem Unfall wurden mehrere Personen, Menschen verletzt; **il est bien (fait) de sa** ~ er ist e-e gute Erscheinung, sieht gut aus, hat e-e gute Fi'gur, F ist gut gebaut; **être content, satisfait de sa** (*iron* **petite**) ~ selbstgefällig, von sich eingenommen sein; **faire erreur sur la** ~ sich in der Person irren; **payer de sa** ~ *cf* **payer 6.**; **toute sa** ~ **respirait la joie de vivre** sein ganzes Wesen atmete Lebensfreude, strahlte Lebensfreude aus; **2.** *für ein weibliches Wesen* Per'son *f*; Mädchen *n*; Frau *f*; **une jeune** ~ ein junges Mädchen; e-e junge Dame; **une jolie** ~ e-e hübsche Person; ein hübsches Mädchen; **3.** *jur* ~ **morale, civile, juridique** juristische Per'son; ~ **physique** natürliche Person; **droits** *m/pl* **de la** ~ Persönlichkeitsrecht *n*; **4.** *gr* Per'son *f*; **première, troisième** ~ erste, dritte Person; **roman écrit à la première** ~ Roman *m* in der Ichform; **parler à la troisième** ~ in der dritten Person sprechen

personne[2] [pɛrsɔn] *pr/ind* **1.** ⟨*mit ne vor e-m dazutretenden Verb*⟩ niemand; kein Mensch; keiner; ♦ **quelqu'un m'a-t-il demandé? – ~** ... niemand; ~ **au monde**

---

niemand, kein Mensch auf der Welt; ~ **d'autre que lui** niemand anders *od* *südd* anderer als er; keiner außer ihm; nur er; er allein; ♦ **il n'y a** ~ **dans la rue** es ist niemand, kein Mensch auf der Straße; F **mais quand il y a un travail à faire, il n'y a plus** ~ ... da ist keiner, F kein Schwanz mehr da; **il n'y avait** ~ **de blessé parmi eux** es gab keine(n) Verletzten unter ihnen; **je ne connais** ~ **de plus heureux que lui** ich kenne niemand(en), der glücklicher ist als er; **ne devoir rien à** ~ keinem, niemandem etwas schulden; **rien ni** ~ **ne m'en empêchera** nichts und niemand wird mich daran hindern; **ça n'est la faute de** ~ das ist niemandes, keines Menschen Schuld; **je n'y suis pour** ~ ich bin für niemand(en) zu sprechen; ~ **ne le sait** keiner, niemand weiß es; ~ **n'en sait rien** niemand, keiner weiß etwas darüber; **2.** ⟨*in Sätzen negativen Inhalts, nach Komparativen, in Fragen, die die Antwort „nein'' voraussetzen*⟩ (irgend) jemand; irgendwer; ♦ **il ne veut pas que** ~ **paie à sa place** er will nicht, daß jemand für ihn (be)zahlt; **je doute que** ~ **le reconnaisse** ich zweifle, daß jemand ihn wiedererkennen wird; **sans avoir vu** ~ ohne jemand(en) gesehen zu haben; **je suis parti sans que** ~ **s'en aperçoive** ich bin weggegangen, ohne daß jemand es bemerkte; ♦ **il le sait mieux que** ~ er weiß es besser als irgend jemand, irgendwer; **il travaille plus que** ~ er arbeitet mehr als irgend jemand, als jeder andere; ♦ *st/s* **connaissez-vous** ~ **de plus habile!** kennen Sie jemand(en), der geschickter ist!

personnel[1] [pɛrsɔnɛl] *adj* ⟨~**le**⟩ **1.** per'sönlich; pri'vat; Pri'vat...; eigen; Eigen...; *Ideen* eigen(ständig); origi'nell; *auf Briefen* ~ persönlich!; **affaire** ~**le** per'sönliche Angelegenheit; Privatangelegenheit *f*, -sache *f*; **allusion** ~**le** persönliche Anspielung; **besoins** ~**s** persönliche Bedürfnisse *n/pl*; Eigenbedarf *m*; *tél* **conversation** ~**le** Privatgespräch *n*; **fortune** ~**le** Privatvermögen *n*; **initiative** ~**le** persönliche Initiative; Eigeninitiative *f*; **intérêt** ~ persönliches, eigenes Interesse; Privatinteresse *n*; *auch* Eigennutz *m*; **lettre** ~**le** Privatbrief *m*; privates, persönliches Schreiben; *pol* **message** ~ persönliche Botschaft; **objets** ~**s** Gegenstände *m/pl* des persönlichen Gebrauchs; **raisons** ~**les** persönliche, private Gründe *m/pl*; **de façon très** ~**le** sehr persönlich; **se faire une opinion** ~**le** sich e-e eigene Meinung bilden; **financer qc avec ses ressources** ~**les** etw aus eigenen, privaten Mitteln finanzieren; **2.** **impôt** ~ Per'sonen-, Sub'jektsteuer *f*; **3.** *gr* per'sönlich; Perso'nal...; *des Verbums* **formes** ~**les** Personalformen *f/pl*; fi'nite, bestimmte Formen *f/pl*; **modes** ~**s** Sammelbezeichnung für Indikativ, Konditional, Konjunktiv, Imperativ; **pronom** ~ persönliches Fürwort; Perso'nalpronomen *n*

personnel[2] [pɛrsɔnɛl] *m* Perso'nal *n*; Belegschaft *f*; Betriebsangehörige(n) *m/pl*; Angestellte(n) *m/pl*; *bei der Post, Bahn auch* Beamte(n) *m/pl*; Bedienstete(n) *m/pl*; *im Haus* Haus-, Dienstpersonal *n*; ~ **auxiliaire** Aushilfspersonal *n*, -kräfte *f/pl*; ~ **enseignant** Lehrkräfte *f/pl*; Lehrkörper *m*; *aviat* ~ **au sol** Bodenpersonal *n*; ~ **de bureau** Bü'ropersonal *n*, -angestellte(n) *m/pl*, -kräfte *f/pl*; ~ **d'une entreprise, d'une usine** Werksangehörige(n) *m/pl*; Belegschaft *f*; ~ **d'un hôtel** Ho'telpersonal *n*; **bureau**

m, service *m* du ~ Personalbüro *n,*
-abteilung *f,* -referat *n;* chef *m* du ~
Personalchef *m,* -leiter *m;* manque *m,*
pénurie *f* de ~ Personalmangel *m,*
-knappheit *f*

personnellement[pɛrsɔnɛlmã] *adv* per-
ˈsönlich; cette lettre lui est adressée
~ dieser Brief ist an ihn persönlich
gerichtet; ~, je n'approuve pas cette
décision ich persönlich billige diese
Entscheidung nicht; connaître qn ~ j-n
persönlich kennen

personnification [pɛrsɔnifikasjɔ̃] *f*
Personifiˈzierung *f;* Personifikatiˈon *f;*
Verkörperung *f*

personnifier [pɛrsɔnifje] *v/t* personi-
fiˈzieren; verkörpern; menschliche Ge-
stalt verleihen, geben, beilegen (*z B la
mort dem Tod);* ~ l'avarice, une épo-
que den Geiz, e-e Epoche verkörpern;
c'est la paresse personnifiée er *bzw*
sie ist die Faulheit selbst, in Perˈson

perspectif [pɛrspɛktif] *adj* <-ive> *Plan,
Zeichnung* perspekˈtivisch

perspective [pɛrspɛktiv] *f* **1.** *math, peint*
Perspekˈtive *f;* ~ centrale, linéaire,
conique Zenˈtralperspektive *f; loc/adv*
en ~ perspekˈtivisch; *cf auch* **4.**; **2.** *st/s
von e-r Anhöhe etc* (Aus)Blick *m;* Aus-
sicht *f;* cette fenêtre ouvre sur une
jolie ~ dieses Fenster gewährt e-n
hübschen Ausblick; **3.** Gesichtspunkt
m; Standpunkt *m;* Blickpunkt *m,* -win-
kel *m;* Perspekˈtive *f;* Sicht *f;* envi-
sager qc dans une ~ marxiste etw aus
der marxistischen Perspektive, Sicht,
aus *od* unter dem marxistischen Blick-
winkel sehen, betrachten; etw vom mar-
xistischen Stand-, Gesichts-, Blickpunkt
aus betrachten; **4.** *für die Zukunft* Aus-
sicht *f;* Perspekˈtive *f; am Schluß e-r
Abhandlung* ~s *pl* Ausblick *m;* ~s d'ave-
nir Zukunftsaussichten *f/pl; loc/adv*
à la ~ de faire qc bei der Aussicht,
etw zu tun; en ~ in Aussicht; avoir une
belle situation en ~ e-n guten Posten in
Aussicht haben; il a un bel avenir en ~
er hat e-e schöne Zukunft vor sich; ihn
erwartet, ihm eröffnet sich, ihm winkt
e-e schöne Zukunft; *iron* c'est une ~
réjouissante! das sind ja schöne Aus-
sichten!; ouvrir de nouvelles ~s à qn
j-m neue Perspektiven eröffnen; **5.** *litt*
Anblick *m;* **6.** *Straßenbezeichnung in
Rußland* la ♀ Nevski à Leningrad der
Newskij Prospekt in Leningrad

perspectivisme [pɛrspɛktivism(ə)] *m
philos* perspektiˈvismus *m*

perspicace [pɛrspikas] *adj Person*
scharfsinnig; scharfsichtig; scharfblik-
kend; **-ité** *f* Scharfsinn *m;* Scharfblick
m; Scharfsichtigkeit *f*

perspiration [pɛrspirasjɔ̃] *f physiol*
Hautatmung *f; cu* Perspiratiˈon *f*

persuader [pɛrsɥade] **I** *v/t* **1.** ~ qn (de
qc) j-n (von etw) überˈzeugen; ~ qn
que ... j-n davon überzeugen, daß ...;
être persuadé de qc von etw über-
zeugt sein; j'en suis persuadé ich bin
überzeugt davon; je ne suis pas
tellement persuadé qu'il ait été
sincère ich bin gar nicht so sehr davon
überzeugt, daß er aufrichtig war; **2.** ~ qn
de faire qc j-n überˈreden, bereden, j-m
zureden, etw zu tun; **II** *v/pr* **3.** se ~ de qc
sich von etw überˈzeugen; se ~ que ...
sich davon überzeugen, daß ...; **4.** se ~
que ... sich einbilden, einreden, daß ...

persuasif [pɛrsɥazif] *adj* <-ive> *Redner,
Argument, Ton* überˈzeugend

persuasion [pɛrsɥazjɔ̃] *f* **1.** *als Handlung*
Überˈzeugen *n,* -ung *f; e-s Arguments*
force *f* de ~, *e-s Redners* pouvoir *m* de ~
Überˈzeugungskraft *f;* **2.** (*don m,* pou-
voir *m* de) ~ Überˈredungsgabe *f,* -kunst *f*

persulfate [pɛrsylfat] *m chim* Persulfat
n; Peroxodisulfat *n*

persulfurˈé [pɛrsylfyre] *adj chim* com-
posé ~ Polyˈschwefelverbindung *f;*
~ique *adj chim* acide *m* ~ Perˈschwefel-
säure *f;* anhydride *m* ~ Schwefel-
peroxyd, *fachspr* -oxid *m*

perte [pɛrt] *f* **1.** *e-s Angehörigen, Freun-
des, e-s Gegenstandes, e-s Rechts, comm
etc* Verlust *m; an Einfluß, Prestige auch*
Einbuße *f* (de an+*dat); e-r Schlacht, e-s
Prozesses, jeglicher Hoffnung* Verlieren
n; e-r günstigen Gelegenheit Verpassen *n;
comm bei Obst, Gemüse* Abgang *m;* ♦ ~
d'argent, de capitaux Geld-, Kapiˈtal-
verlust *m,* -einbuße *f;* ~ de chaleur Wär-
meverlust *m;* ~ de cheveux Haaraus-
fall *m;* ~ de connaissance Ohnmacht *f;*
Bewußtlosigkeit *f; jur* ~ des droits
civils Verlust der bürgerlichen Ehren-
rechte; ~ de forces Kräfteschwund *m;* ~
de loyer Mietausfall *m;* ~ de la
mémoire Gedächtnisschwund *m; bei
Waren* ~ de poids Gewichtsverlust *m;*
Schwund *m;* ~' de salaire Lohnausfall
m, -einbuße *f;* ~ de sang, de temps
Blut-, Zeitverlust *m;* ~ de *od* en valeur
Wertminderung *f,* -einbuße *f; aviat* ~ de
vitesse Fahrt-, Geschwindigkeitsver-
lust *m; Abnahme f der Fluggeschwindig-
keit; fig Partei, Radikalismus etc* être
en ~ de vitesse an Einfluß, Bedeutung,
Boden verlieren; auf dem absteigenden
Ast sein, sich befinden (*auch Person,
Unternehmen); mil* les ~s en hommes
et en matériel die Verluste an Men-
schen und Material; quelle ~ pour
l'humanité! welch ein Verlust für die
Menschheit!; ~ *loc/adv:* comm à ~ mit
Verlust; travailler, vendre à ~ mit
Verlust arbeiten, verkaufen; à ~ de vue
so weit das Auge reicht; unabsehbar; ins
Unˈendliche; endlos (*auch fig); fig* dis-
cuter à ~ de vue endlos, ohne Ende. F
bis ins unendliche diskutieren; *fig* avec
~ et fracas *cf* fracas; en pure ~ ganz
umˈsonst; vergeblich; ♦ essuyer,
subir une ~ appréciable, sensible
e-n empfindlichen Verlust, empfindliche
Einbußen erleiden, hinnehmen müssen;
iron ce n'est pas une grande, grosse
~ das ist kein großer Verlust; *mil* infli-
ger des ~s sévères à l'ennemi dem
Feind schwere Verluste beibringen, zu-
fügen; *fig* Verderben *m;* ˈUntergang *m;*
Ruˈin *m; rel* la ~ de l'âme die ewige
Verdammnis; causer la ~ de qn j-s
Untergang, Ruin herbeiführen; courir
à sa ~ in sein Verderben rennen, s-m
Ruin, Untergang entgegengehen; jurer
la ~ de qn j-m den Untergang, *auch* Tod
schwören; **3.** *path* ~ blanches Weiß-
fluß *m;* ~s séminales Samenfluß *m;* ~s
pl (de sang) Blutungen *f/pl* (*aus der
Gebärmutter außerhalb der Regel);* **4.**
élect ~ à la terre Erdschluß *m;* **5.** *métall*
~ au feu, à la fusion Abbrand *m;* **6.** *géol*
~ de rivière Flußversickerung *f; m,*
-schwinden *n;* la ~ du Rhône das
Versickern, die Versickerung der Rhone

pertinemment [pɛrtinamã] *adv nur loc*
savoir ~ qc etw (ganz) genau wissen

pertinence [pɛrtinãs] *f* **1.** *e-r Bemerkung*
Zutreffen *n; auch e-r Überlegung* Rich-
tigkeit *f;* Sachdienlichkeit *f; e-s Argu-
ments* Richtigkeit *f;* Stichhaltigkeit *f;
von Gründen* Triftigkeit *f;* **2.** *jur e-s
Beweises, Rechtsmittels* Erheblichkeit *f;*
3. *ling* Releˈvanz *f*

pertinent [pɛrtinã] *adj* **1.** *Bemerkung*
(zu)treffend; passend; *auch Überlegung*
richtig; an dieser Stelle durchaus ange-
bracht; sachdienlich; *Argument* tref-
fend; schlagend; stichhaltig; *Grund* trif-
tig; *Analyse, Studie* gescheit; klug;

scharfsinnig; gut durchˈdacht; **2.** *jur
Beweis, Rechtsmittel* erheblich; **3.** *ling*
releˈvant; opposition ~e relevante Op-
position

pertuis [pɛrtɥi] *m* **1.** *in e-r Schleuse*
Öffnung *f; in e-m Deich* Siel *n od m;* **2.** *bei
e-m Fluß* Stromenge *f; bei der Île de Ré*
schmale ˈDurchfahrt, Wasserstraße; **3.**
tech Ziehloch *n* (*im Drahtzieheisen*)

pertuisane [pɛrtɥizan] *f alte Stoßwaffe*
Partiˈsane *f*

perturbateur [pɛrtyrbatœr] **I** *adj*
<-trice> (ruhe)störend; Unruhe stif-
tend; **II** *subst* ~, perturbatrice *m,f*
Ruheˈstörer(in) *m(f);* Störenfried *m;*
Unruheˈstifter(in) *m(f);* F Kraˈkeeler *m*

perturbation [pɛrtyrbasjɔ̃] *f* **1.** Unruhe
f; des Verkehrs etc Störung *f;* Beein-
trächtigung *f;* ~s politiques, sociales
politische, soziale Unruhen; apporter,
mettre de la ~, jeter la ~ dans qc
Unruhe in etw (*acc*) bringen; etw stören;
2. *météo, rad* Störung *f;* ~s atmosphéri-
ques atmosphärische Störungen; **3.** *astr*
~s *pl* Störungen *f/pl; sc* Pertur-
batiˈon(en) *f(pl)*

perturber [pɛrtyrbe] *v/t Feier, Sitzung,
astr, Gewitter: Rundfunkempfang* stören;
Streik: (Bus-, Zug)Verkehr auch durch-
einˈanderbringen; beeinträchtigen; sich
störend auswirken auf (+*acc*); *astr, rad
auch* störend beeinflussen; e-n störenden
Einfluß ausüben auf (+*acc); météo Tief*
~ l'atmosphère Störungen herbeiführen

péruvien [peryvjɛ̃] **I** *adj* <~ne> peruˈa-
nisch; **II** *subst* ♀(ne) *m(f)* Peruˈaner(in)
m(f)

pervéance [pɛrveãs] *f Elektronik* Per-
veˈanz *f*

pervenche [pɛrvãʃ] *f* **1.** *bot* Immergrün
n; **2.** *Farbe* bleu ~ *subst* Hell-, Vergiß-
meinnichtblau *n; adj* <*inv*> hell-, vergiß-
meinnichtblau; yeux *m/pl* (de) ~ hell-,
vergißmeinnichtblaue Augen *n/pl;* **3.** F
fig Poliˈtesse *f*

pervers [pɛrvɛr] **I** *adj* <-verse [-vɛrs]>
1. *Person, Wesen* böse (*auch Instinkt*);
boshaft; verdorben (*auch Seele);* nieder-
trächtig; gemein; *Rat, Ränkespiel* böse;
gemein; niederträchtig; *p/fort* teuflisch;
2. *sexuell Person* perˈvers; ˈwider-
natürlich, abartig veranlagt; *Veranla-
gung, Neigung* perˈvers; ˈwidernatürlich;
d'une beauté ~e von e-r perversen
Schönheit; **II** *subst* ~(e) *m(f) path*
perˈvers Veranlagte(r) *f(m)*

perversion [pɛrvɛrsjɔ̃] *f* **1.** *der Moral,
Sitten* Verfall *m; der Sitten auch* Verwil-
derung *f;* **2.** *path* ~ sensorielle *psy-
chisch bedingte* sensorielle Störungen
f/pl; Sinnesstörungen *f/pl;* ~ du goût
Störung *f* der Geschmacksempfindung;
3. ~ sexuelle sexuelle Perversiˈon,
Abartigkeit *f*

perversité [pɛrvɛrsite] *f* **1.** *der Moral,
Sitten* Verdorbenheit *f;* Verkommenheit *f;*
Verdorbenheit *f;* Verderbnis *f;* Entar-
tung *f;* **2.** *e-r Person* Bosheit *f;* Boshaftig-
keit *f;* Niedertracht *f;* Niederträchtig-
keit *f;* Gemeinheit *f;* Ruchlosigkeit *f;* **3.**
sexuelle Perversiˈtät *f*

pervertir [pɛrvɛrtir] *v/t Person* verder-
ben; ~ la jeunesse die Jugend verder-
ben; **~issement** *m der Jugend* Verfüh-
rung *f* (zum Bösen); contribuer au ~ de
la morale zum Verfall der Moral
beitragen

pesade [pəzad] *f Hohe Schule* Peˈsade *f*

pesage [pəzaʒ] *m* **1.** (Ab)Wiegen *n;*
appareils *m/pl* de ~ Waagen *f/pl;*
2. *sports der Boxer, Gewichtheber,
Jockeis* Wiegen *n;* **3.** *Pferderennen* Wie-
geplatz *m*

pesamment [pəzamã] *adv* schwer;
schwerfällig; plump; marcher ~

schwerfällig gehen; e-n schweren, schwerfälligen, plumpen Gang haben
pesant [pəzã] **I** *adj* **1.** *Gegenstand* schwer; **2.** *fig Last* schwer; drückend; **sa présence était devenue** ~**e aux autres** s-e Anwesenheit war für die anderen bedrückend geworden, lastete schwer auf den anderen; **3.** *fig Gang* schwer(fällig); plump; *Schritt* schwer; *Schlaf* bleiern; *Bauwerk* plump; *Stil, Geist* schwerfällig; **II** *m fig* **valoir son** ~ **d'or** nicht mit Gold aufzuwiegen sein; Gold(es) wert sein; unbezahlbar sein
pesanteur [pəzãtœr] *f* **1.** *phys* **a)** Schwerkraft *f*; Schwere *f*; **accélération** *f* **de la** ~ Schwere-, Erdbeschleunigung *f*; **loi** *f* **de la** ~ Gesetz *n* der Schwerkraft, Schwere; **b)** Schwere *f*; Gewicht *n*; **2.** *fig e-r Person, des Ganges, Geistes, Stils* Schwerfälligkeit *f*; *des Ganges auch* Plumpheit *f*; ~ **d'esprit** geistige Schwerfälligkeit
pèse [pɛz] *m arg* (*argent*) *cf* fric
pèse|-acide [pɛzasid] *m* ⟨*pl* **pèse--acide(s)**⟩ *chim* Säurewaage *f*; ~**-alcool** *m* ⟨*pl* **pèse-alcool(s)**⟩ *chim* Alkoholo'meter *n*; ~**-bébé** *m* ⟨*pl* **pèse--bébé(s)**⟩ Baby-, Säuglingswaage *f*
pesée [pəze] *f* **1.** Wiegen *n* (*auch von Jockeis, Boxern etc*); Abwiegen *n*; (méthode *f* de la) **double, simple** ~ (Wägeverfahren *n* der) Doppel-, Proportio'nalwägung *f*; **effectuer une, faire la** ~ **de marchandises** Waren (ab)wiegen; **2.** Druck *m* (**sur** auf + *acc*); ~ **sur un levier** Hebeldruck *m*; **3. la** ~ **das** (*auf einmal*) (Ab)Gewogene *n*; **4.** *fig* Abwägen *n*
pèse|-lait [pɛzlɛ] *m* ⟨*pl* **pèse-lait(s)**⟩ *chim* Lakto(densi)'meter *n*; Galakto-'meter *n*; ~**-lettre** *m* ⟨*pl* **pèse--lettre(s)**⟩ Briefwaage *f*; ~**-moût** *m* ⟨*pl* **pèse-moût(s)**⟩ *vit* Mostwaage *f*; ~**-personne** *m* ⟨*pl* **pèse-personne(s)**⟩ Per'sonenwaage *f*
peser [pəze] ⟨**-è-**⟩ **I** *v/t* **1.** *Gegenstand* (ab)wiegen; ~ **du pain** Brot abwiegen; **2.** *fig* abwägen; ~ **bien ses mots** s-e Worte genau abwägen, auf die Goldwaage legen; jedes s-r Worte reiflich über-'legen, sorgsam prüfen; ~ **le pour et le contre** das Für und Wider abwägen; *loc/adv* **tout bien pesé** nach reiflicher Über'legung; **II** *v/i* **3.** wiegen; schwer sein; ~ **cent kilos** hundert Kilo(gramm) wiegen, schwer sein; **4.** *par ext Last, Last* ~ **sur les épaules** auf den Schultern lasten (*auch fig Verantwortung*); schwer auf den Schultern liegen; auf die Schultern drücken; *Speise* ~ **sur l'estomac** (schwer, *p/fort* wie Blei) im Magen liegen; auf den Magen drücken; **5.** *fig Einsamkeit etc* ~ **à qn** j-n bedrücken, belasten; schwer auf j-m lasten; **6.** ~ **sur qn** *Verdacht, Verantwortung* auf j-m lasten (*auch Steuern*); auf j-m ruhen; *Verantwortung, Steuern auch* j-n (schwer) drücken; schwer auf j-m liegen; *Beschuldigung* gegen j-n erhoben worden sein; ~ **sur la conscience** das Gewissen belasten; **7.** *fig Person, Ereignis* ~ **sur la décision de qn** j-s Entscheidung beeinflussen; auf j-s Entscheidung Einfluß nehmen, haben, e-n Einfluß ausüben; **8.** *Person* ~ **sur un levier** auf e-n Hebel drücken; e-n Hebel niederdrücken; **III** *v/pr Person* **se** ~ sich wiegen
pèse|-sel [pɛzsɛl] *m* ⟨*pl* **pèse-sel(s)**⟩ *chim* Gra'dierwaage *f*; ~**-sirop** *m* ⟨*pl* **pèse-sirop(s)**⟩ Aräo'meter *n* zur Messung des Zuckergehalts e-s (Frucht)Saftes
peseta [pezeta] *f spanische Währungseinheit* Pe'seta *od* Pe'sete *f*

pesette [pəzɛt] *f* Präzisi'ons-, Fein-, Goldwaage *f*
peseur [pəzœr] *m* Waagemeister *m*
pèse-vin [pɛzvɛ̃] *m* ⟨*pl* **pèse-vin(s)**⟩ *vit* Önolmeter *n*
peso [pezo] *m Währungseinheit mehrerer lateinamerikanischer Länder* Peso *m*
peson [pəzɔ̃] *m* **à ressort** Federwaage *f*
pessaire [pesɛr] *m méd* Pes'sar *n*; Mutterring *m*; *zur Empfängnisverhütung* Okklu'sivpessar *m*
pesse [pɛs] *f bot* ~ **(d'eau)** Tannenwedel *m*
pessim|isme [pesimism(ə)] *m* Pessi'mismus *m* (*auch philos*); Schwarzsehen *n*; Schwarzsehe'rei *f*; ~**iste I** *adj* pessi-'mistisch (*auch philos*); schwarzseherisch; **être** ~ *sur qc* pessimistisch hinsichtlich e-r Sache (*gén*), in bezug auf etw (*acc*) sein; für etw schwarzsehen; **II** *m,f* Pessi'mist(in) *m(f)* (*auch philos*); Schwarzseher *m*; **les plus** ~**s** die größten Pessimisten
peste [pɛst] *f* **1.** *path* Pest *f*; **im Mittelalter** *auch* Pesti'lenz *f*; **im Mittelalter la** ~ **noire** der Schwarze Tod; *fig*: **fuir qn comme la** ~ j-n meiden, fliehen wie die Pest; **se garder, se méfier de qn comme de la** ~ sich vor j-m hüten, in acht nehmen wie vor e-r ansteckenden Krankheit; **2.** *vét* ~ **aviaire, bovine, porcine** Hühner- *od* Geflügel-, Rinder-, Schweinepest *f*; **3.** *fig von e-r Frau* **c'est une (vraie)** ~ F sie ist e-e (richtige) Hexe, ein (richtiges) Satansweib; *von e-m kleinen Mädchen* **quelle petite** ~! F so e-e kleine Hexe, ein kleiner Teufel!
pester [pɛste] *v/i* ~ **(contre qn, qc)** (auf j-n, etw) schimpfen; F (gegen j-n, etw) wettern
pesteux [pɛstø] *adj* ⟨**-euse**⟩ *path* Pest...; **bacille** ~ Pestbakterium *n*; **bubon** ~ Pestbeule *f*
pesticide [pɛstisid] *m agr* Pesti'zid *n*; Schädlingsbekämpfungsmittel *n*
pestiféré [pɛstifere] **I** *adj* **navire** ~ Schiff *n*, auf dem die Pest ausgebrochen ist; **pays** ~ von der Pest heimgesuchtes Land; **II** *subst* ~**(e)** *m(f)* Pestkranke(r) *f(m)*; *fig* **fuir qn comme un** ~ j-n meiden, fliehen wie die Pest
pestilence [pɛstilãs] *f* Pesthauch *m*; pestilenzi'alischer, widerlicher Gestank
pestilentiel [pɛstilãsjɛl] *adj* ⟨~**le**⟩ *Gestank, Ausdünstungen* pestilenzi'alisch; widerlich; abl'scheulich; scheußlich; *Luft* verpestet
pet [pɛ] *m* F **1.** F Pup *m*; P Furz *m*; **faire, lâcher un** ~ e-n Pup, Furz, etw streichen lassen; *fig* **ça ne vaut pas un** ~ **(de lapin)** F das ist keinen Pfifferling wert; **2.** *arg* **(il) y a du** ~ hier ist es mulmig, stinkt es, ist die Luft nicht rein; **(il n')y a pas de** ~ F die Luft ist rein; il **va y avoir du** ~ F es wird Krach, Stunk, e-n Mordsstunk, -spektakel geben
pétainiste [petenist] *m,f im zweiten Weltkrieg* Anhänger(in) *m(f)* Pétains
pétal|e [petal] *m bot* Kron(en)-, Blumen-, *laienhaft* Blütenblatt *n*; *sc* Pe'tal *n*; ~**s de rose** Rosenblätter *n/pl*; *Blume* **perdre ses** ~**s** die Blätter verlieren; ~**oïde** *adj bot* kronblattartig; *sc* petalo'id
pétanque [petãk] *f in Südfrankreich* (*Art*) Boccia-, Boulespiel *n*
pétant [petã] *adj* P **à neuf heures** ~**es** Punkt, Schlag neun (Uhr)
pétarad|e [petarad] *f* **1.** *e-s Motors* Geknatter *n*; *beim Feuerwerk, von Schußwaffen* Geknalle *n*; Knalle'rei *f*; **d'étincelles** Funkenknistern *n*; **2.** *bes beim Pferd, Esel* P Gefurze *n*; ~**er** *v/i Motor(rad)* knattern
pétard [petar] *m* **1.** Knallkörper *m*, -frosch *m*, -erbse *f*; **faire claquer, lan-**

cer des ~**s** Knallfrösche, -erbsen werfen; **2.** *ch de fer* Knallkapsel *f*; **3.** *hist mil* Pe'tarde *f*; **4.** F **a)** Lärm *m*; F Krach *m*; Ra'dau *m*; Spek'takel *m*; **faire du** ~ **a)** Lärm, F Krach etc machen; **b)** *fig* F Krach schlagen, machen; mit der Faust auf den Tisch schlagen, hauen; **b)** *fig* il **va y avoir du** ~ F es wird Krach, Stunk, e-n Mordsstunk, -spektakel geben; **c)** *fig* **être en** ~ F fuchsteufelswild, auf achtzig sein; e-e Wut im Bauch haben; **5.** F (*revolver*) F Ka'none *f*; Ballermann *m*; (Kugel)Spritze *f*; **6.** F (*derrière*) F Allerwerteste(r) *m*; Po(dex) *m*; Hintern *m*
pétaudière [petodjɛr] *f* **c'est une véritable** ~ von e-m Haushalt, e-r Verwaltung dort herrscht ein heilloses Durcheinander; *iron* dort ist e-e schöne, tolle Wirtschaft; *von e-r Versammlung* das ist ein einziger lärmender Haufen; F das ist der reinste Jahrmarkt
pétauriste [petorist] *m zo* Flughörnchen *n*
pet|-d'âne [pedan] *m* ⟨*pl* **pets-d'âne**⟩ *bot* Eselsdistel *f*; ~**-de-nonne** *m* ⟨*pl* **pets-de-nonne**⟩ *cuis cf* nonne **2.**
pétéchie [peteʃi] *f path meist pl* ~**s** Pe'techien *f/pl*
péter [pete] F ⟨**-è-**⟩ *v/i* **1.** F pupen; einen fahren, streichen lassen; P furzen; *verhüllend* sich unanständig aufführen; P *fig* ~ **plus 'haut que son cul** zu hoch hin'auswollen; *fig* ~ **dans la soie** F im Fett schwimmen, sitzen; *fig* **envoyer qn** ~ F j-n zum Teufel jagen, schicken; **2.** *Schuß, Knallkörper* knallen; krachen; *Sprengkörper* platzen; explo'dieren; losgehen; *bei e-r Schießerei* **ça pète ferme** das knallt, kracht ganz schön; *fig wenn man in die Gerät repariert hat* il **faut que ça pète** ou **que ça dise pourquoi** entweder geht es jetzt, oder es passiert was; *fig* **l'affaire va lui** ~ **dans la main** die Sache wird fehlschlagen, F schiefgehen, da'nebengehen, platzen; **3.** *Knopf* abplatzen; *Masche, Schnur* reißen; *Ballon* platzen; **4.** ⟨*v/t*⟩ *Schnur* zerreißen; **5.** ⟨*v/t*⟩ *fig* **a)** *Person* ~ **le feu, des flammes** vor Unter'nehmungslust sprühen, 'überschäumen; vor Eifer glühen; F in Fahrt, in Schwung sein; **b)** **ça va** ~ **le feu, des flammes** F es wird Krach, Stunk, e-n Mordsstunk, -spektakel, ein Donnerwetter geben
pètesec *od* **pète-sec** [pɛtsɛk] *m* ⟨*inv*⟩ F Feldwebel *m*; j, der her'umkommandiert wie ein Feldwebel
pét|eux [petø] F *m*, ~**euse** F *f* Feigling *m*; F Angsthase *m*; Hasenfuß *m*; Bangbüx(e) *f*; Memme *f*
pétillant [petijã] *adj* **1.** *Selterswasser* sprudelnd; prickelnd; *Sekt* prickelnd; spritzig; perlend; mous'sierend; **2.** *fig Rede, Komödie* ~ **d'esprit** geistsprühend; spritzig; witzig; *Augen* ~ **de malice** schelmisch funkelnd, blitzend
pétillement [petijmã] *m* **1.** *des Selterswassers* Sprudeln *n*; Prickeln *n*; *des Sektes* Prickeln *n*; Perlen *n*; Mous-'sieren *n*; **2.** *der Funken* Knistern *n*; *auch des Feuers* Prasseln *n*; **3.** *der Augen* ~ **malicieux** schelmisches Funkeln, Blitzen
pétiller [petije] *v/i* **1.** *brennendes Holz, Feuer* knistern (*auch Funken*); prasseln; **2.** *Selterswasser* sprudeln; prickeln; *Sekt* prickeln; perlen; mous'sieren; **3.** *fig Person* ~ **d'esprit** vor Geist, Witz sprühen; *Augen* ~ **de joie, de rage** vor Freude, Wut funkeln, blitzen; vor Freude sprühen; **ses yeux pétillent de malice** der Schelm, Schalk sieht ihm aus den Augen
pétiol|e [pesjɔl] *m bot* Blattstiel *m*; *sc* Pe'tiolus *m*; ~**é** *adj bot Blatt* gestielt

peti|ot [pətjo] *m*, **~ote** *f* zärtlich F **mon petiot, ma petiote** mein Kleiner, meine Kleine, mein Kleines

petit [p(ə)ti] **I** *adj* klein; **a)** *in den Ausmaßen:* oft durch dim ...chen *n od* ...lein *n zu übersetzen;* **bien, tout ~** winzig; ♦ *in Versailles* **les ~s appartements de la reine** die Pri'vatgemächer *n/pl* der Königin; **~e colline** kleiner, flacher Hügel; **le ~ doigt** der kleine Finger; **un ~ homme** *od* **un homme ~** ein kleiner Mann; ein Männchen *n*, Männlein *n*; **~e maison** kleines Haus; Häuschen *n*; *rad* **~es ondes** Mittelwelle(n) *f(pl)*; **~e ville** kleine Stadt; Städtchen *n*; Kleinstadt *f*; ♦ *loc/adj* **de ~e taille** klein(gewachsen); von kleinem Wuchs; *loc/adv* **en ~**, in kleinem; in verkleinertem Maßstab; **le monde en ~** die Welt im kleinen; ♦ **couper en ~s morceaux** in Stückchen, in kleine Stükke schneiden; kleinschneiden; F **se faire tout ~** sich ganz klein machen (*auch um übersehen zu werden*); sich ducken; *auf engem Raum* **~** ganz eng zu'sammenrücken; **b)** *an Intensität, Zahl, Menge, Wert, Bedeutung, Rang:* klein; gering(fügig); ♦ **~es attentions** kleine Aufmerksamkeiten *f/pl*; **~ bruit** leises, schwaches, leichtes Geräusch; *in der Schule* **les ~es classes** die unteren Klassen *f/pl*; **~ commerçant** kleiner Kaufmann; (kleiner) Einzelhändler; ♦ **coup de blanc, de rouge** Schluck *m*, Schlückchen *n* Weiß-, Rotwein; **encore un ~ effort!** noch e-e kleine, letzte Anstrengung!; **un ~ esprit** ein kleiner Geist; ♦ **fonctionnaire** kleiner Beamter; **les ~es gens** die kleinen Leute *pl*; **une ~e heure** e-e knappe Stunde; ein Stündchen *n*, Stündlein *n*; *früher* **~s métiers** kleine Gewerbe *n/pl*; **~e monnaie** kleine Münzen *f/pl*; **~e noblesse** niederer Adel; **~e promenade** kleiner, kurzer Spaziergang; **~e quantité, somme** kleine, geringe, geringfügige, unerhebliche Menge, Summe; **encore un ~ verre** noch ein Gläschen?; ♦ *loc/adv:* **~ à ~** all'mählich; nach und nach; **au ~ jour** bei Tagesanbruch; im Morgengrauen; ♦ **je vous demande une ~e minute!** gedulden Sie sich bitte noch e-n kleinen, kurzen Augenblick, e-e kleine Weile!; **ce n'est pas une ~e affaire!** das ist keine Kleinigkeit, keine einfache Sache!; **il fait son ~ Napoléon**, *etc* er möchte gern ein kleiner Napoleon *etc* sein; er tut so, als wäre er ein kleiner Napoleon *etc*; **laissons ce ~ homme à ses ~es craintes!** über'lassen wir diesen kleinen Geist s-n kleinen, kleinlichen Sorgen!; **pousser un ~ cri** e-n kleinen, kurzen Schrei ausstoßen; **c)** *nicht erwachsen:* **un ~ bonhomme de six ans** F ein kleiner Mann von sechs Jahren; **les ~es Durand** die Durandtöchter *f/pl*, -mädchen *n/pl*; **~e fille** kleines Mädchen; **les ~s Français** die französischen Kinder *n/pl*; **son ~ frère** *bzw* ihr kleiner Bruder; **~ garçon** kleiner Junge, *südd* Bub; **le ~ monde** F die (lieben) Kleinen *pl*; das kleine Volk; die kleinen Geister *m/pl*; **quand j'étais ~** als ich klein war; **tu es encore trop ~ pour** (+*inf*) du bist noch zu klein, um zu (+*inf*); **d)** *gefühlsbetont, vertraulich: e-s jungen Mannes* F **~e amie** (kleine) Freundin; Schatz *m*; Liebste *f*; **~ ange** kleiner Engel; *zärtlich* **ma ~e Danielle** meine kleine, *p/fort* süße Danielle; *abschwächend* **un ~ diable, misérable, polisson** ein kleiner Teufel, Schlingel, F Racker, Strolch; **quelle ~e garce!** so ein kleines Biest, Luder!; **ma ~e dame, vous vous trompez!** liebe,

gute, beste Frau, Sie täuschen sich!; **courage, mon ~ gars!** nur Mut, mein Junge *od* Freund!; *verächtlich* **ce ~ monsieur se croit tout permis** der gute Mann, der feine Herr denkt, er kann sich alles erlauben; F **~ nom** Vorname *m*; F **comment va cette ~e santé?** wie steht's mit der Gesundheit?; was macht die Gesundheit?; **II** *subst* **1.** *von Kindern* **le ~**, **la ~e** der, die, das Kleine; *in der Schule* **les ~s** die Kleinen *pl*; *zärtlich* **mon ~** mein Kind, Kleines, Liebes; **vos ~s** Ihre Kleinen, Kinder *n/pl*, F Sprößlinge *m/pl*; **'hep, ~! he, Kleiner!**; **les ~s et** (les) **grands** groß und klein; **2.** *coll* **les ~s a)** die *von Gestalt* kleinen Menschen *m/pl*; kleine Menschen; *von e-r bestimmten Menge* die kleinen; **b)** *fig* die kleinen Leute *pl*; die Kleinen *m/pl*; *loc/prov* **on a souvent besoin d'un plus ~ que soi** der Große braucht oft den so verachteten Kleinen; **3.** *von Tieren* **le ~** das Junge; **un ~** ein Junges; *Säugetiere* **faire ses ~s** Junge werfen, bekommen; F kriegen; *Mäuse auch* hecken; **faire quatre ~s** vier Junge werfen; *fig* **son argent a fait des ~s** F sein Geld hat geheckt, hat Junge gekriegt; **4.** F *von e-m jungen Mädchen* **une jolie ~e** F e-e hübsche Kleine; **5. le ~** das Kleine; *math* **un infiniment ~** e-e unendlich kleine Größe; **III** *int* Lockruf für *Geflügel, bes Hühner* **~ ~ ~!** put, put, put!

petit|-beurre [p(ə)tibœr] *m* <*pl* **petits-beurre**> Butterkeks *m*; **~-bois** *m* <*pl* **petits-bois**> *bât* Unterteilung e-s Fensters in der Breite Fensterpfosten *m*; Setzholz *n*; *in der Höhe* Sprosse *f*; **~-bourgeois** *meist péi* **I** *adj* klein-, *péi* spießbürgerlich; spießig; **II** *subst* **~**, **petite-bourgeoise** *m,f* Klein-, *péi* Spießbürger(in) *m(f)*; Spießer(in) *m(f)*

petite-fille [p(ə)titfij] *f* <*pl* **petites-filles**> Enkelin *f*; Enkeltochter *f*

petitement [p(ə)titmã] *adv* **1. être logé ~** eng, beengt wohnen; **2. vivre ~** ärmlich, kärglich, kümmerlich leben; **3. se venger ~** kleinliche Rache nehmen

petite-nièce [p(ə)titnjɛs] *f* <*pl* **petites-nièces**> Großnichte *f*

petitesse [p(ə)titɛs] *f* **1.** Kleinheit *f*; **la ~ de sa taille** sein kleiner Wuchs; **2.** *fig* **~ d'esprit** Engstirnigkeit *f*; geistige Beschränktheit *f* Kleinkariertheit *f*; **la ~ de ses procédés** s-e kleinliche, niedrige, gemeine Handlungsweise

petit|-fils [p(ə)tifis] *m* <*pl* **petits-fils**> Enkel *m*; Enkelsohn *m*; **~-gris** *m* <*pl* **petits-gris**> *zo* **1. a)** si'birisches Eichhörnchen; Feh *n*; **b)** *Pelz* Feh(werk) *n*; **2.** Gesprenkelte Weinbergschnecke

pétition [petisjõ] *f* **1.** Bittschreiben *n*, -gesuch *n*, -schrift *f*; Petiti'on *f*; Eingabe *f*; Gesuch *n*; Ansuchen *n*; **droit m de ~** Petitionsrecht *n*; **adresser une ~ à e-e** Eingabe machen, e-e Bittschrift, Petition einreichen bei; ein Gesuch richten an (+*acc*); ein Ansuchen stellen an (+*acc*); **2.** *Logik* **~ de principe** Pe'titio prin'cipii *f*

pétitionn|aire [petisjɔnɛr] *m,f* Bittsteller(in) *m(f)*; Unter'zeichner(in) *m(f)* e-r Petiti'on; **~er** *selten v/i* petitio'nieren

petit|-lait [p(ə)tilɛ] *m* <*pl* **petits-laits**> Molke *f*; *fig bei e-m Lob, e-r Schmeichelei* **il a bu du ~** das ging ihm ein wie Milch und Honig; **~-nègre** *m cf* nègre 3.; **~-neveu** *m* <*pl* **petits-neveux**> Großneffe *m*

pétitoire [petitwar] *adj u subst m jur* (**action** *f*) **~** peti'torische Klage

petits|-enfants [p(ə)tizãfã] *m/pl* Enkel (-kinder) *m/pl* (*n/pl*); **~-pois** *m/pl* Erbsen *f/pl*

petit-suisse [p(ə)tisɥis] *m* <*pl* **petits-suisses**> kleiner, runder Doppelrahmfrischkäse

pétoche [petɔʃ] *f* P **avoir la ~** P Schiß haben; die Hosen (gestrichen) voll haben

pétoire [petwar] *m* F (*mauvais fusil*) F Schießeisen *n*, -prügel *m*; Knallbüchse *f*; Knarre *f*; Flinte *f*; (*pistolet*) F Ka'none *f*; Ballermann *m*; (Kugel)Spritze *f*

peton [pətõ] F *m* Füßchen *n*; kleiner Fuß

pétoncle [petõkl(ə)] *m zo* Bunte Kammuschel

pétrarqu|iser [petrarkize] *v/i Literatur* Pe'trarca nachahmen; **~isme** *m Literatur* Petrar'kismus *m*; **~iste** *Literatur* **I** *adj* petrar'kistisch; **II** *m* Petrar'kist *m*

pétrel [petrɛl] *m zo* (*ein*) Sturmvogel *m*; **~ glacial** Eissturmvogel *m*; Fulmar *m*

pétreux [petrø] *adj* <**-euse**> *anat* zum Felsenbein gehörig; Felsenbein...; **nerf ~** Felsenbeinnerv *m*

pétrification [petrifikasjõ] *f géol* **a)** *Vorgang* Versteinerung *f*; *sc* Petrifikati'on *f*; **b)** *Ergebnis* Versteinerung *f*; Petre'fakt *n*

pétrifié [petrifje] *adj* **1.** *géol* versteinert; **2.** *fig Person* wie versteinert, erstarrt; **~ de terreur** starr, wie erstarrt, versteinert vor Entsetzen

pétrifier [petrifje] **I** *v/t* **1.** *géol* versteinern (lassen); *sc* petrifi'zieren; **2.** *fig Person* erstarren lassen; **la nouvelle de sa mort les avait pétrifiés** durch die Nachricht von s-m Tode waren sie wie versteinert; **II** *v/pr* **se ~** versteinern

pétrin [petrɛ̃] *m* **1.** *Bäckerei* Backtrog *m*; **~ mécanique** (Teig)Knetmaschine *f*; Kneter *m*; **2.** F *fig:* **quel ~!** F so ein Schla'massel!; das ist ja ein schöner Schlamassel!; **être dans le ~** F in der Patsche, Klemme, Tinte, schön im Schlamassel sitzen; **se fourrer, se mettre dans le ~** F sich in die Tinte setzen; sich etwas (Schönes) einbrocken; in des Teufels Küche kommen, geraten; sich schön, sich selbst hin'einreiten; **laisser qn dans le ~** F j-n in der Patsche, Klemme, Tinte sitzenlassen; **mettre qn dans le ~** F j-m etwas (Schönes) einbrocken; j-n schön hin'einreiten; **tirer qn du ~** F j-n aus der Patsche ziehen; j-m aus der Patsche, Klemme helfen

pétrir [petrir] *v/t* **1.** *Teig, Ton, Wachs* kneten; *bei der Massage: Muskeln* ('durch)kneten; *von Nervosität, Angst* **~ la main de qn** j-s Hand kneten, zu'sammenpressen, -drücken; **2.** *fig* **être pétri d'orgueil** hochmütig, hochnäsig, eingebildet, *st/s* hoffärtig sein

pétriss|age [petrisaʒ] *m* **1.** *von Teig etc* Kneten *n*; **2.** Knetmassage *f*; **~eur a)** *Bäckerei* Person Teigkneter *m*; **b)** (Teig)Knetmaschine *f*; Kneter *m*

pétrochim|ie [petrɔʃimi] *f* Erdölchemie *f*; Petroche'mie *f*; **~ique** *adj* petro'chemisch; **~iste** *m* Petro'chemiker *m*

pétrodollars [petrɔdɔlar] *m/pl* Petrodollars *m/pl*

pétrogale [petrɔgal] *m zo* Felsenkänguruh *n*

pétrograph|e [petrɔgraf] *m* Petro'graph *m*; **~ie** *f* Gesteinskunde *f*; *sc* Petrogra'phie *f*; **~ique** *adj* gesteinskundlich; *sc* petro'graphisch

pétrole [petrɔl] *m* **1.** Erdöl *n*; *oft kurz* Öl *n*; *brut* Rohöl *n*; **~ saharien** (Erd)Öl aus der Sahara; **gisement m de ~** Erdöllagerstätte *f*, -vorkommen *n*; **raffinerie f de ~** (Erd)Ölraffinerie *f*; **2.** *comm* Pe'troleum *n*; Leuchtöl *n*; *schweiz auch* Pe'trol *n*; **lampe f, réchaud m à ~** Pe'troleumlampe *f*, -kocher *m*; **3.** *adit* **bleu, vert ~** <*inv*> pe'trol(farben)

pétrolette [petrɔlɛt] *f* F (*vélomoteur*) F

Mühle f; kleine Muckepicke; Straßenfloh m

pétrolier [petrɔlje] **I** adj ⟨-ière⟩ (Erd-)Öl...; **géologue** ~ Erdölgeologe m; **industrie pétrolière** (Erd)Ölindustrie f; **produits** ~s Erdölprodukte n/pl, -erzeugnisse n/pl; **société pétrolière** (Erd)Ölgesellschaft f; **II** m **1.** mar (Öl-) Tanker m; Tankschiff n; **flotte** f de ~s Tankerflotte f; **2.** Ölmagnat m
pétrolifère [petrolifɛr] adj (Erd)Öl...; **champ** m ~ Ölfeld n; **gisement** m ~ Erdöllagerstätte f, -vorkommen n
petto [peto] cf in petto
pétul|ance [petylɑ̃s] f Ungestüm n; leidenschaftliche, jugendliche Ungeduld; Heftigkeit f; hinreißender Schwung; 'Übermut m; Unbändigkeit f; **~ant** adj ungestüm; heftig; stürmisch; joie ~e 'überschäumende, unbändige Freude
pétunia [petynja] m bot Pe'tunie f
peu [pø] adv wenig; **a)** beim Verbum: cela m'a ~ coûté das hat mich wenig Mühe gekostet; Lampe éclairer ~ wenig Licht geben; il gagne assez ~ er verdient ziemlich wenig; nous en savons trop ~ wir wissen darüber zuwenig; nous sortons ~ le soir wir gehen abends selten, wenig aus; **b)** beim adj: il n'était pas ~ fier er war nicht wenig stolz; c'est ~ intéressant das ist nicht sehr interessant, ziemlich uninteressant; ~ nombreux nicht gerade, sehr zahlreich; ~ recommandable wenig, nicht sehr empfehlenswert; **c)** beim adv: ~ après bald od kurz darauf, danach; ~ souvent selten; **d)** loc/adv: ~ à ~ nach und nach; all'mählich; à ~ près ungefähr; etwa; avant ~, d'ici ~, sous ~ bald; in Kürze, Bälde; binnen kurzem; demnächst; depuis ~ seit, vor kurzem; ♦ de ~ um (ein) weniges; il est de ~ mon aîné er ist nur wenig älter, um (ein) weniges älter, ein bißchen älter als ich; il est de ~ le meilleur de la classe er ist mit geringem, knappem Abstand der Beste in der Klasse; er ist ein bißchen besser als die übrige Klasse; Auto éviter de ~ qn j-m gerade noch ausweichen können...; s'en faut de ~ od s'en faut que ... (+subj) es fehlt nicht viel und ...; il est ruiné, ou ~ s'en faut er ist so gut wie ruiniert; je l'ai manqué de ~ ich habe ihn um ein paar Minuten, Sekunden verfehlt; **e)** loc/conj: si ~ que ... (+subj) so wenig ... auch; si peu que j'aie parlé avec lui, il a trouvé le temps de me dire ... so kurz, so wenig ich auch mit ihm gesprochen habe ...; si ~ que ce soit, cela nous suffira und wenn es noch so wenig ist, mag es auch noch so wenig sein ...; pour ~ que ... (+subj) so'fern (nur); pour ~ qu'on y réfléchisse ... sofern man nur darüber nachdenkt ...; **f)** ~ de (+subst) wenig (+subst); avec ~ d'argent mit wenig Geld; ~ de chose wenig; e-e Kleinigkeit; avec ~ de chose mit wenig(em); c'est ~ de chose das ist recht wenig, das ist nur e-e Kleinigkeit, nicht der Rede wert; e-e Baga'telle, Lap'palie; à ~ de chose près beinahe; fast; annähernd; etwa; nahezu; ~ de gens, de monde wenig(e) Menschen, Leute; de ~ d'importance von geringer Bedeutung; ~ de jours après wenige, ein paar Tage danach; en ~ de mots mit wenigen, mit ein paar Worten; en ~ de temps in kurzer Zeit; **g)** alleinstehend: ♦ bei Sachen wenig; se contenter de ~ sich mit wenig(em) begnügen; je ne vais pas me décourager pour si ~! wegen so e-r Kleinigkeit, Bagatelle, Lappalie werde ich doch nicht gleich den Mut verlieren!; c'est ~ das ist wenig; F très ~ pour moi! ich werde mich

hüten!; kommt ja nicht in Frage, F aufs Tablett!; F ohne mich!; denkste!; ♦ bei Personen wenige; comme il y en a ~ wie es nur wenige gibt; il en est ~ qui ... es gibt nur wenige, die ...; nur wenige ...; bien ~ le suivaient sehr wenige folgten ihm; **h)** un ~, st/s quelque ~ ein wenig, bißchen; etwas; ♦ beim Verb: attendez un ~! warten Sie etwas, ein wenig, ein bißchen!; F être un ~ là gleich da'beisein; ♦ beim adj, adv: F iron un ~ beaucoup ein bißchen viel; reichlich viel; empört F c'est un ~ fort das ist ein bißchen stark!; un ~ mieux etwas, ein bißchen, ein wenig besser; un ~ moins etwas weniger; un ~ partout fast über'all; ♦ un ~ (+subst) ein wenig, ein bißchen; un ~ de patience ein wenig, ein bißchen Geduld; F un (tout) petit ~ de sel ein (ganz) klein wenig, klein(es) bißchen Salz; ♦ pour un ~ fast; beinahe; bald; um ein Haar; es hätte nicht viel gefehlt und ...; pour un ~ il aurait tout abandonné es hätte nicht viel gefehlt, und er hätte alles im Stich gelassen; fast, beinahe, um ein Haar hätte er ...; (un) tant soit ~ ein (ganz) klein wenig; tu me parais un tant soit ~ nerveux du scheinst mir ein klein wenig nervös zu sein; ♦ pour un ~ je vous demande un ~: qui a envie de sortir par un temps pareil! ich bitte Sie ...; écoute donc un ~ ce que l'on te dit! nun hör doch mal zu, was man dir sagt!; viens donc un ~, si tu (l')oses! na, komm doch, wenn du es wagst!; tu ferais ça? – F un ~! ... und ob!! allerdings!; aber sicher, gewiß!; F plais un ~ mon neveu! allerdings, wenn du nichts dagegen hast!; P un ~ que c'est vrai! und ob das wahr ist!; **i)** subst: le ~ que j'en sais das wenige, bißchen, was ich darüber weiß; ce ~ d'argent qu'il gagne das bißchen, wenige Geld, das er verdient; le ~ de cheveux qui me reste die wenigen Haare, die mir geblieben sind; son ~ de fortune sein kleines, bescheidenes Vermögen; le ~ de lignes qu'il m'a écrites die paar Zeilen, die er mir geschrieben hat; son ~ de talent s-e geringe Begabung
peucédan [pøsedɑ̃] m bot ~ officinal Echter Haarstrang; ~ palustre Sumpfhaarstrang m
peuchère [pøʃɛr] int südfrz der, die Arme, Ärmste!; du bzw Sie Arme(r), Ärmste(r)!
peuh [pø] int bah!; pah!
peuplade [pøplad, pœ-] f Volksstamm m
peuple [pœpl(ə)] m **1.** Volk n; le ~ français das französische Volk; ~s primitifs primitive Völker; bibl le ~ de Dieu das Volk Gottes; les ~s de l'U.R.S.S. die Völker der UdSSR; souveraineté f du ~ Volkssouveränität f; **2.** im Gegensatz zu den oberen Schichten le ~ das Volk; le bas, petit, menu ~ das einfache, niedere, gemeine Volk; die kleinen Leute; früher le ~ de Paris das Volk von Paris; un homme du ~ ein Mann aus dem Volk; langage m du ~ Volkssprache f -mund m; être, sortir du ~ aus dem Volk stammen, kommen; **3.** F beaucoup de ~ viele Leute; F viel Volk; st/s viel Volk; F il y avait du ~ es waren viele Leute, F es war viel Volk da; F se moquer du ~ sich über die Leute lustig machen; F ...; ein Menge, F ein Haufen m ...; ein Heer n, Scharen f/pl von ...; **5.** adjt ⟨inv⟩ ordi'när; gewöhnlich; ple'bejisch; faire ~, avoir l'air ~ ordinär etc aussehen
peuplé [pøple, pœ-] adj Stadt, Gegend etc bevölkert; Gegend, Land auch besiedelt; peu ~ dünn- od schwachbevölkert,

-besiedelt; très ~ dichtbevölkert, -besiedelt
peuplement [pøpləmɑ̃, pœ-] m **1.** e-s Landes, e-r Gegend Bevölkern n; Besied(e)lung f; **2.** e-s Teichs (avec des alevins) Besetzen n mit Fischbrut; ch e-s Reviers ~ avec du gibier Besetzen n mit Wild; **3.** Forstwirtschaft ~ forestier Baumbestand m; géogr ~ végétal Pflanzenbestand m (e-r Gegend)
peupler [pøple, pœ-] **I** v/t **1.** Land, Gegend bevölkern; besiedeln; **2.** Erde, Haus bevölkern; bewohnen; **3.** fig u litt bevölkern (de mit); mit Leben erfüllen; Erinnerungen ~ l'âme du poète die Seele des Dichters heimsuchen, erfüllen; **4.** Teich mit Fischbrut besetzen; Wald aufforsten; Weinberg neu bepflanzen; ch ~ de gibier mit Wild besetzen; **II** v/pr Straßen, Plätze se ~ sich bevölkern
peupleraie [pøplərɛ, pœ-] f Pappelpflanzung f
peuplier [pøplije, pœ-] m **1.** bot Pappel f; ~ blanc, de Hollande Silberpappel f; ~ grisard Graupappel f; ~ noir Schwarzpappel f; ~ pyramidal, d'Italie Pyra'midenpappel f; ~ tremble Zitterpappel f; Espe f; **2.** Pappelholz n
peur [pœr] f Angst f, Furcht f (de qn, qc vor j-m, etw); Schreck(en) m; la ~ d'avoir été impoli die Angst, Furcht, Sorge, unhöflich gewesen zu sein; la ~ de mourir, de la mort die Angst, Furcht vor dem Sterben, vor dem Tod; la ~ du ridicule die Angst, Furcht, sich lächerlich zu machen; la ~ du cheval devant l'obstacle die Furcht, Angst des Pferdes vor dem Hindernis; ♦ loc/prép de ~ de, par ~ de (+subst) od (+inf) aus Angst, Furcht vor (+dat) od zu (+inf); de ~ des voleurs aus Angst, Furcht vor Dieben; de ~ d'arriver en retard aus Angst, Furcht, Sorge, zu spät zu kommen; loc/conj de ~ que ... (ne + subj) aus Angst, Furcht, Sorge, daß ...; de ~ qu'il ne se mette à pleuvoir aus Angst etc, es könnte anfangen zu regnen; ♦ avoir ~ (de qn, qc) (vor j-m, etw) Angst, Furcht haben; sich (vor j-m, etw) fürchten, ängstigen; F bange sein; Bange haben; avoir ~ de faire qc Angst haben, schwächer sich scheuen, etw zu tun; j'ai très ~ auch mit ist angst und bange; j'en ai bien ~ ich befürchte es (sehr); j'ai bien ~ que tu sois un enfant toute ta vie ich fürchte, du wirst dein Leben lang ein Kind bleiben; j'ai eu ~ ich bin erschrocken; ich habe e-n Schreck bekommen, F gekriegt; n'avoir pas ~ des mots, du mot sich nicht scheuen, es, etwas offen auszusprechen; etwas, es rundheraus sagen; n'avoir ~ de rien vor nichts Angst haben; sich vor nichts fürchten; keine Angst, Furcht kennen; il y a eu plus de ~ que de mal er ist, wir sind etc mit dem (bloßen) Schrecken da'vongekommen; avoir ~ pour qn in Angst, Sorge um j-n sein; Angst um j-n haben; sich um j-n ängstigen; um j-n bangen; für j-n fürchten; j'ai ~ pour lui auch mir ist bange um ihn; faire ~ à qn a) j-m Angst machen; j-m angst und bange machen; b) j-n erschrecken; j-m e-n Schrecken einjagen; être laid à faire ~ cf laid; prendre ~ Angst bekommen; von Angst, Furcht ergriffen, erfaßt, gepackt, befallen, über'wältigt werden; in Angst, Furcht geraten; es mit der Angst zu tun bekommen, F kriegen; il a pris ~ auch Angst über'kam, beschlich ihn; trembler de ~ vor Angst zittern, beben
peureux [pørø, pœ-] **I** adj ⟨-euse⟩ ängstlich; furchtsam; **II** subst ~, peureuse m,f ängstlicher Mensch; F Angsthase m

peut [pø] *cf* **pouvoir**
peut-être [pøtɛtr(ə)] *adv* viel'leicht; eventu'ell; ~ bien vielleicht so'gar, auch; F wo'möglich; *ausweichend* ~ bien que oui, ~ bien que non vielleicht ja, vielleicht auch nein; ~ bien qu'il fera **beau demain** vielleicht wird es morgen auch, sogar schön; am Ende, F womöglich wird es morgen (noch) schön; il **viendra** ~ demain er kommt vielleicht, eventuell morgen; ~ a-t-il oublié le rendez-vous er hat vielleicht, F womöglich die Verabredung vergessen; *herausfordernd* je ne sais pas conduire, ~? kann ich vielleicht, etwa nicht fahren?
peuvent [pœv], **peux** [pø] *cf* **pouvoir**
peyotl [pɛjɔtl] *m bot* Pe'yotl *od* Pe'yote *f*
pèze [pɛz] *m arg (argent) cf* **fric**
pézize [peziz] *f bot* Becherling *m*; Becher-, Schüsselpilz *m*; ~ oreille d'âne Eselsohr *n*
pfennig [pfɛnig] *m deutsche Münze* Pfennig *m (abr* Pf)
pff(t) [pf(t)] *od* **pfut** [pfyt] *int* bah!; pah!
pH [peaʃ] *m chim* pH-Wert *m*
phacochère [fakɔʃɛr] *m zo* Warzenschwein *n*; Hartläufer *m*
phacomètre [fakɔmɛtr(ə)] *m opt* Diop-tro'meter *n*
phaéton [faetõ] *m* **1.** *früher:* Pferdewagen Phaeton *m*; *Auto* Phaeton *m*; Tourenwagen *m*; **2.** *zo* Tropikvogel *m*; *sc* Phaeton *m*
phagédén|ique [faʒedenik] *adj path* Geschwür sich ausbreitend; fortschreitend; *sc* phage'dänisch; **~isme** *m path* Auftreten *n* von fressenden Geschwüren; *sc* Phagedä'nismus *m*
phagocytaire [fagɔsitɛr] *adj biol, méd* phago'zytisch
phagocyt|e [fagɔsit] *m biol, méd* Freßzelle *f*; *sc* Phago'zyt(e) *m(f)*; **~er** *v/t biol, méd* phagozy'tieren; **~ose** *f biol, méd* Phagozy'tose *f*
phalange [falãʒ] *f* **1.** *anat* Finger- *bzw* Zehenglied *n*; *sc* Phalanx *f*; **faire craquer ses** ~s mit den Fingerknöcheln knacken; **2.** *litt* (Heer)Schar *f*; **les** ~s **célestes** die himmlischen Heerscharen; **la** ~ **des supporters** die Schar, das Heer der Anhänger; **3.** *hist mil* Phalanx *f*; **4.** ♀ *in Spanien* Falange [fa'lanxe] *f*
phalanger [falãʒe] *m zo* Pha'langer *m*; Kuskus *m*; ~ **renard** Beutelfuchs *m*; Fuchskusu *m*
phalang|ette [falãʒɛt] *f anat* äußeres (den Nagel tragendes) Finger- *bzw* Zehenglied; **~ien** *adj* ⟨~ne⟩ *anat* zu e-m Finger- *bzw* Zehenglied gehörend; *sc* phalan'geus; **~ine** *f anat* mittleres Finger- *bzw* Zehenglied
phalangiste [falãʒist] *m in Spanien* Fa-lan'gist *m*
phalène [falɛn] *f od m zo* Spanner *m*; ~ **du bouleau, du groseillier** Birken-, Stachelbeerspanner *m*
phalère [falɛr] *f zo* Mondvogel *m* *(Schmetterling)*
phalline [falin] *f chim* Phalloi'din *n*
phallique [falik] *adj* phallisch; Phallus...; **culte** *m* ~ Phalluskult *m*; phallischer Kult; **étui** *m* ~ Penisfuttral *n*, -stulp *m*; *psych* **stade** *m* ~ phallische Phase; **symbole** *m* ~ Phallussymbol *n*
phallocratie [falɔkrasi] *f* Phallokra'tie *f*
phalloïde [falɔid] *adj bot* **amanite** *f* ~ Grüner Knollenblätterpilz
phallus [falys] *m* **1.** Phallus *m*; **culte** *m* **du** ~ Phalluskult *m*; **2.** *bot* ~ **impudique** Stinkmorchel *f*
phanatron [fanatrõ] *m élect* Quecksilberdampfgleichrichter *m*
phanérogame [fanerɔgam] *bot* **I** *adj* phanero'gam; **II** *f/pl* ~s Blüten-, Samenpflanzen *f/pl*; *sc* Phanero'gamen *f/pl*

phanotron [fanɔtrõ] *m cf* **phanatron**
phantasme [fãtasm(ə)] *m cf* **fantasme**
pharamineux [faraminø] *adj cf* **faramineux**
pharaon [faraõ] *m* **1.** *im alten Ägypten* Pharao *m*; **tombeaux** *m/pl* **des** ~s Phara'onengräber *n/pl*; **2.** *Kartenglücksspiel* Phar(a)o *n od* Faro *n*
pharaon|ien [faraɔnjẽ] *adj* ⟨~ne⟩, **~ique** *adj* phara'onisch
phare [far] *m* **1.** *mar* Leuchtturm *m*; Leuchtfeuer *n*; ~ **à éclairage intermittent et rythmé** Leuchtturm mit unter-'brochenem Feuer; ~ (**à feu**) **fixe** Leuchtturm mit festem Feuer, mit Festfeuer; **2.** *aviat* Leuchtfeuer *n*; ~ **hertzien** Funkfeuer *n*; **3.** *auto* **a)** Scheinwerfer *m*; ~ **à iode** Halo'genscheinwerfer *m*; ~ **de recul** Rückfahrscheinwerfer *m*; **allumer, éteindre ses** ~s die Scheinwerfer, das Licht einschalten, ausschalten; **rouler pleins** ~s mit aufgeblendeten Scheinwerfern, voll aufgeblendet fahren; **b) les** ~s das Fernlicht; **4.** *mar* ~ **de l'arrière, de l'avant** voll getakelter Großmast, Fockmast
pharisa|ïque [farizaik] *adj* **1.** *bibl* phari-'säisch; **2.** *fig u litt* phari'säerhaft; phari-'säisch; selbstgerecht; **~isme** *m* **1.** *bibl* Phari'säertum *n*; **2.** *fig u litt* Pharisä-'ismus *m*; Selbstgerechtigkeit *f*
pharisien [farizjẽ] **1.** *m bibl* Phari'säer *m*; **2.** *fig u litt* ~(**ne**) *m(f)* Phari'säer *m*; selbstgerechter Mensch
pharmaceutique [farmasøtik] *adj* pharma'zeutisch; Arz'neimittel...; **produit** *m* ~ pharmazeutisches Erzeugnis; Pharma'zeutikum *n*; Pharmakon *n*; Arz-neimittel *n*; **spécialités** *f/pl* ~s Arzneimittelspezialitäten *f/pl*; pharmazeutische Spezialitäten *f/pl*
pharmacie [farmasi] *f* **1.** Pharma'zie *f*; Pharma'zeutik *f*; **étudiant** *m* **en** ~ Pharmaziestudent *m*; **2.** Apo'theke *f*; ~ **de garde** dienstbereite Apotheke; **3.** Krankenhausapotheke *f*; **4.** Hausapotheke *f*; **5.** *coll* Arz'nei(en) *f/pl*; Arz'nei-mittel *n/pl*; Medika'mente *n/pl*; **6.** Apo-'thekerberuf *m*
pharmac|ien [farmasjẽ] *m*, **~ienne** *f* **a)** Apo'theker(in) *m(f)*; **ordre** *m* **des pharmaciens** Apothekerkammer *f*; **b)** *par ex* Arz'neut(in) *m(f)*
pharmacodynam|ie [farmakɔdinami] *f* Pharmakody'namik *f*; Lehre *f* von den Arz'neiwirkungen; **~ique** *adj* pharmakody'namisch
pharmaco|logie [farmakɔlɔʒi] *f* Pharmako-logie *f*; Arz'nei(mittel)kunde *f*, -lehre *f*; **~logique** *adj* pharmako-'logisch; **~logiste** *od* **~logue** *m,f* Pharmako'loge, -'login *m,f*; **~manie** *f* Arz'neimittelsucht *f*; *sc* Pharmakoma'nie *f*
pharmacopée [farmakɔpe] *f* **a)** (offi-cielle) amtliches Arz'neibuch; Pharma-ko'pöe *f*
pharmaco|psychologie [farmakɔ-psikɔlɔʒi] *f* Pharmakopsycholo'gie *f*; **~thérapie** *f* Pharmakothera'pie *f*
pharyngal [farẽgal] *adj* ⟨-aux⟩ *phon* **consonne** ~e *od subst* ~e *f* Rachenlaut *m*
pharyng|é [farẽʒe] *adj od* **~ien** *adj* ⟨~ne⟩ *anat* zum Schlund gehörend; Schlund...; **~ite** *f path* Rachenentzün-dung *f*; *sc* Pharyn'gitis *f*
pharyngo|-laryngite [farẽgolarẽʒit] *f path* Rachen- und Kehlkopfentzündung *f*; **~scope** *m méd* Rachenspiegel *m*; *sc* Pharyngo'skop *n*; **~scopie** *f méd* Ausspiegelung *f* des Rachens; *sc* Pharyngo-sko'pie *f*
pharynx [farẽks] *m anat* Rachen *m*; Schlund *m*; *sc* Pharynx *m, auch f*
phascolome [faskɔlɔm] *m zo* Wombat *m*

m; Plumpbeutler *m*
phase [faz] *f* **1.** Phase *f*; Stadium *n*; ~s **de la croissance** Wachstumsphasen *f/pl*, -stadien *n/pl*, -verlauf *m*; ~s **du développement** *auch* Entwicklungsstufen *f/pl*; **les diverses** ~s **de la fabrication** die verschiedenen Herstellungsphasen *f/pl*; ~s **d'une maladie** Krankheitsphasen *f/pl*, -stadien *n/pl*, -verlauf *m*; **toutes les** ~s **du match** *auch* der gesamte Spielverlauf; ~ **de travail** Arbeitsphase *f*, -(vor)gang *m*; **2.** *phys, élect* Phase *f*; **angle** *m* **de** ~ Phasenwinkel *m*; **différence** *f* **de** ~(s) Phasendifferenz *f*, -unterschied *m*, -verschiebung *f*; **loc/adj en** ~ in Phase; phasengleich; **en opposition de** ~ in entgegengesetzter Phase; **3.** *phys, chim* Phase *f*; ~ **dispersée, interne** disperse Phase; **loi** *f*, **règle** *f* **des** ~s Phasenge-setz *n*; Gibbsche Phasenregel; **4.** *astr* (Licht)Phase *f*; ~s **de la Lune** Mond-phasen *f/pl*; **5.** *opt* **contraste** *m* **de** ~ Phasenkontrast(verfahren) *m(n)*; **microscope** *m* **à contraste de** ~ Phasen-kontrastmikroskop *n*; **lame** *f* **de** ~ Phasenplättchen *n*; **6.** *Psychoanalyse* ~ **anale, génitale, orale** anale, genitale, orale Phase; **7.** *physiol beim monatlichen Zyklus* ~ **folliculinique, lutéinique** Fol'likel-, Gelbkörperphase *f*; **~mètre** *m élect* Phasenmesser *f*
phasianidés [fazjanide] *m/pl zo* (Fa'mi-lie *f der*) Fa'sanen *m/pl*
phasmidés [fasmide] *m/pl zo* Ge-spenstheuschrecken *f/pl*
phello|derme [fe(l)lɔdɛrm] *m bot* Korkrinde *f*; *sc* Phello'derm *n*; **~gène** *adj bot* **assise** *f* ~ Korkbildungsgewebe *n*, -kambium *n*; *sc* Phello'gen *n*
phénacétine [fenasetin] *f chim, phm* Phenace'tin *od* Phenaze'tin *n*
phénanthrène [fenãtrɛn] *m chim* Phenan'thren *n*
phénate [fenat] *m chim cf* **phénolate**
phénicien [fenisjẽ] **I** *adj* ⟨~ne⟩ phö-'nizisch; Phö'nikisch; **II** *subst* **1. les** ♀s *m/pl* die Phö'nizier *od* Phö'nik(i)er *m/pl*; **2.** *ling* **le** ~ das Phö'nizische *od* Phö-'nikische; Phö'nizisch *od* Phö'nikisch *n*
phéniqu|e [fenik] *adj chim* **acide** *m* ~ *cf* **phénol**; **~é** *adj phm* **eau** ~e Phe'nol-, Kar'bolwasser *n*
phénix [feniks] *m* **1.** *myth* Phönix *m*; **2.** *fig u plais* **ce n'est pas un** ~! F er *bzw* sie ist kein großes (Kirchen)Licht, keine große Leuchte; **3.** *bot cf* **phœnix**
phénobarbital [fenɔbarbital] *m chim, phm* Phenobarbi'tal *n*
phénol [fenɔl] *m chim* **a)** Kar'bolsäure *f*; Phe'nol *n*; Hydroxyben'zol *n*; **b)** *meist pl* ~s Phe'nole *n/pl*; Oxyben'zole *n/pl*; **~ate** *m chim* Pheno'lat *n*
phénoménal [fenɔmenal] *adj* ⟨-aux⟩ **1.** phänome'nal; erstaunlich; außergewöhnlich; unglaublich (*auch* Dummheit, Frechheit); einzigartig; **2.** *bei Kant* **le monde** ~ die Erscheinungswelt
phénomène [fenɔmɛn] *m* **1.** Erscheinung *f*; Phäno'men *n* (*beide auch philos*); ~ **naturel** Na'turerscheinung *f*, -ereignis *n*; **2.** *fig von e-r Person* **a)** Phäno'men *n*; F Wundertier *n*; F (*personne bizarre*) Sonderling *n*; wunderlicher, komischer Kauz; F Origi'nal *n*; **3.** *fig von e-r Sache, e-m Ereignis* **un** ~ etwas Unfaßliches, Unbegreifliches, Erstaunliches; ein Phä-no'men *n*
phénoménisme [fenɔmenism(ə)] *m philos* Phänomena'lismus *m*
phénoménolog|ie [fenɔmenɔlɔʒi] *f philos* Phänomenolo'gie *f*; **~ique** *adj philos* phänomeno'logisch
phénoplaste [fenɔplast] *m chim, tech meist pl* ~s Pheno'plaste *m/pl*; Phe'nol-

harze *n/pl*
phénotyp|e [fenɔtip] *m biol* Phäno-'typ(us) *m*; **~ique** *adj* phäno'typisch
phénylalanine [fenilalanin] *f chim* Phe-nylala'nin *n*
phényl|e [fenil] *m chim* Phe'nyl *n*; **~cé-tonurie** [-setɔnyri] *f path* Phenyl-(keton)u'rie *f*; **~éthylique** *adj chim* alcool *m* ~ Phenylä'thylalkohol *m*; **~hydrazine** *f chim* Phenylhydra'zin *n*
phéromone [ferɔmɔn] *f Biochemie, zo* Phero'mon *n*
phi [fi] *m griechischer Buchstabe* Phi *n*
philanthrop|e [filɑ̃trɔp] *m,f* Menschen-freund(in) *m(f)*; **~ie** *f* Menschenliebe *f*, -freundlichkeit *f*; Philanthro'pie *f*; **~ique** *adj* menschen-freundlich; *sc* philan'thropisch
philatél|ie [filateli] *f* Briefmarkenkunde *f*; Philate'lie *f*; **~ique** *adj* Briefmar-ken...; philate'listisch; **~iste** *m,f* Brief-markensammler(in) *m(f)*; Philate'list(in) *m(f)*
philharmon|ie [filarmɔni] *f* Philharmo-'nie *f (Gesellschaft)*; **~ique** *adj* philhar-'monisch; l'orchestre *m* ~ de Vienne die Wiener Philharmoniker *m/pl*; socié-té *f* ~ philharmonische Gesellschaft
philippin [filipɛ̃] **I** *adj* philip'pinisch; **II** *subst* ♀(e) *m(f)* Philip'piner(in) *m(f)*; Fili'pino *m*
philippique [filipik] *litt f* Phil'ippika *f*; Kampfrede *f*
philistin [filistɛ̃] *m* Phi'lister *m*; Spieß-bürger *m*; Spießer *m*; *adjt* être un peu ~ ein bißchen spießig, spießbürgerlich, phi'listerhaft sein
philo [filo] *f Schülersprache* Philoso'phie *f*; classe *f* de ~ *etwa* Ober'prima *f* (des sprachlichen Zweiges); élève *m,f* de ~ *etwa* Oberpri'maner(in) *m(f)* (des sprachlichen Zweiges); faire sa ~ *etwa* in der Ober'prima sein; in die Oberprima gehen
philodendron [filɔdẽdrõ] *m bot* Philo-'dendron *n*, *auch m*
philo|logie [filɔlɔʒi] *f* Philolo'gie *f*; Litera'tur- und Sprachwissenschaft *f*; ~ clas-sique klassische Philologie; Altphilolo-gie *f*; ~ germanique, romane ger-'manische, ro'manische Philologie; Ger-ma'nistik *f*, Roma'nistik *f*; **~logique** *adj* philo'logisch; **~logue** *m,f* Philo-'loge, -'login *m,f*
philosophale [filɔzɔfal] *adj <nur f>* la pierre ~ der Stein der Weisen
philosophe [filɔzɔf] *m* **1.** Philo'soph *m* (*auch fig*); **2.** *adjt* (philo'sophisch) gelas-sen, gleichmütig; rester ~ *auch* (philoso-phische) Gelassenheit, (philosophi-schen) Gleichmut bewahren
philosoph|ème [filɔzɔfɛm] *m* Philo-so'phem *n*; **~er** *v/i* philoso'phieren
philosophie [filɔzɔfi] *f* **1.** Philoso'phie *f*; ~ allemande, grecque, moderne deutsche, griechische, moderne Philoso-phie; ~ naturelle, de la nature Na'tur-philosophie *f*; ~ des beaux-arts, du droit, de l'histoire Kunst-, Rechts-, Geschichtsphilosophie *f*; **2.** (im Gymna-sium a)) Philoso'phie(unterricht) *f(m)*; b) *etwa* Ober'prima *f* (des sprachlichen Zweiges); **3.** (Lebens)Philoso'phie *f*; (per-sönliche) Betrachtungsweise des Lebens; avoir une ~ optimiste e-e optimistische Lebenseinstellung haben; tirer la ~ de qc aus etw e-e Lehre ziehen, lernen; **4.** (*philosophische*) Gelassenheit; (*philoso-phischer*) Gleichmut
philosophique [filɔzɔfik] *adj* philo-'sophisch; **~ment** *adv* **1.** philo-'sophisch; **2.** gelassen; gleichmütig
philtre [filtr(ə)] *m* Zauber-, Liebes-trank *m*
phimosis [fimozis] *m path* Verengung *f*

der Vorhaut; *sc* Phi'mose *f*
phlébite [flebit] *f path* Venenentzün-dung *f*; *sc* Phle'bitis *f*
phléborragie [flebɔraʒi] *f path* Venen-blutung *f*
phlébotom|e [flebɔtɔm] *m* zo Phle-'botomus *m*; Pappa'tacimücke [-tʃi-] *f*; **~ie** *f chir* opera'tive Eröffnung e-r Vene; *sc* Phleboto'mie *f*
phlegmon [flɛgmõ] *m path* Phleg-'mone *f*
phlegmoneux [flɛgmɔnø] *adj <-euse>* *path* phlegmo'nös
phléole *cf* fléole
phloème [flɔɛm] *m bot* Bast *m*
phlox [flɔks] *m bot* Phlox *m od f*; Flammenblume *f*
phlyctène [fliktɛn] *f path* Bläschen *n* auf der Haut; *sc* Phlyk'täne *f*
phob|ie [fɔbi] *f* **1.** *psych* krankhafte Angst; *sc* Pho'bie *f*; **2.** Abneigung *f*; Aversi'on *f*; *p/fort* Abscheu *m*; avoir la ~ de qc e-e Abneigung, Aversion gegen etw, e-n Abscheu vor etw (*dat*) haben; **~ique** *adj psych* die Pho'bie betreffend; phobisch; *Person* an krankhafter Angst, Pho'bie leidend
phocéen [fɔseɛ̃] *griechisches Altertum* **I** *adj* <~ne> pho'käisch; **II** *m/pl* ♀s Pho-'käer *m/pl*
phocomèle [fɔkɔmɛl] *adj u subst m méd* (monstre *m*) ~ 'Mißgeburt, die die Merkmale der Phokome'lie zeigt; *sc* Phoko'melus *m*
phœnix [feniks] *m bot* Phönix-Palme *f*
pholade [fɔlad] *f zo* Bohrmuschel *f*
pholiote [fɔljɔt] *f bot* Schüppling *m* (*Pilz*)
phona|teur [fɔnatœr] *adj* <-trice> phy-siol, phon stimm- und lautbildend; Stimm(bildungs)...; Lautbildungs...; *sc* Phonati'ons...; **~ppareil** ~ Stimmappa-rat *m*; organe ~ Stimm(bildungs)organ *n*; **~tion** *f physiol, phon* Stimm- und Lautbildung *f*; *sc* Phonati'on *f*; **~toire** *adj cf* phonateur
phone [fɔn] *m phys* Phon *n*
phonème [fɔnɛm] *m ling* Pho'nem *n*
phonemètre [fɔnɛmtr(ə)] *m phys* Phon-messer *m*
phonémique [fɔnemik] *adj ling* phone-'matisch
phonétic|ien [fɔnetisjɛ̃] *m*, **~ienne** *f* *ling* Pho'netiker(in) *m(f)*
phonétique [fɔnetik] **I** *adj* pho'netisch; Laut(schrift)...; alphabet ~ internatio-nal Internationales phonetisches Al-phabet (*abr* IPA); Internationale Laut-schrift; écriture *f* ~ Lautschrift *f* (*im Gegensatz zur Bilderschrift etc*); signe *m* ~ phonetisches Zeichen; **II** *f* Pho'netik *f*; Lautlehre *f*; ~ descriptive, expérimentale, norma-tive beschreibende, experimentelle, nor-mative Phonetik
phoniatr|e [fɔnjatr(ə)] *m méd* Phoni'ater *m*; **~ie** *f méd* Phonia'trie *f*
phonie [fɔni] *f mil* (*Kurzwort für* [radio-] téléphonie) Sprechfunk *m*
phonique [fɔnik] *adj* phonisch; Laut...
phono [fɔno] *m* (*Kurzwort für* phono-graphe) Grammo'phon *n* (*Wz*)
phonocardio|gramme [fɔnɔkardjɔ-gram] *m méd* Phonokardio'gramm *n*; **~graphie** *f méd* Phonokardiogra-'phie *f*
phonogén|ie [fɔnɔʒeni] *f* e-r Stimme Eignung *f* für Band- und Schallplatten-aufnahmen; *sc* Phonogeni'tät *f*; **~ique** *adj* Stimme phono'gen
phono|gramme [fɔnɔgram] *m* Phono-'gramm *n*; **~graphe a)** von Edison Phono'graph *m*; b) früher ~ (portatif) (*mechanisches*) (Koffer)Grammo'phon (*Wz*); **~lit(h)e** *f od m minér* Klingstein *m*; *sc* Phono'lith *m*; **~logie** *f ling*

Phonolo'gie *f*; **~logique** *adj ling* pho-no'logisch; **~logue**, -'login *m,f*; **~mètre** *m* Akustik Phono'meter *n*; **~métrie** *f* Akustik Phonome'trie *f*; **~métrique** *adj* Aku-stik phono'metrisch; **~thèque** [-tɛk] *f* Ton(band)archiv *n*; Phono'thek *f*
phoque [fɔk] *m* **1.** Seehund *m*; ~ veau marin, ~ chien de mer Gemeiner Seehund; Meerkalb *n*; ~ à capuchon Mützenrobbe *f*; Klappmütze *f*; ~ à ventre blanc, ~ moine Mönchsrobbe *f*; Seemönch *m*; huile *f* de ~ Robben-tran *m*; *fig* souffler comme un ~ schnaufen wie ein Walroß; **2.** See-hund(s)-, Robbenfell *n*; Seal [si:l] *m od n*; manteau *m* de ~ Seehund-, Sealman-tel *m*
phormion [fɔrmjõ] *m od* **phormium** [fɔrmjɔm] *m bot* Neu'seeländischer Flachs; *sc* Phormium *n*
phosgène [fɔsʒɛn] *m chim* Phos'gen *n*
phosphat|age [fɔsfataʒ] *m agr* Phos-'phatdüngung *f*; **~ation** *f métall* Phos-pha'tierung *f*; Phos'phatverfahren *n*
phosphate [fɔsfat] *m chim, agr* Phos-'phat *n*; phosphorsaures Salz; **~s** natu-rels N'aturphosphate *n/pl*; natürliche Phosphate; ~ de calcium Calciumphos-phat *n*
phosphat|é [fɔsfate] *adj chim* phos'phat-haltig; *agr* engrais ~ Phos'phatdünger *m*; **~er** *v/t* **1.** *agr* mit Phos'phat(dünger) düngen; **2.** *métall* phospha'tieren
phosphaturie [fɔsfatyri] *f méd* Phos-phatu'rie *f*
phosphène [fɔsfɛn] *m méd* subjektiv wahrgenommene Lichterscheinung; *sc* Phos'phen *n*
phosph|ines [fɔsfin] *f/pl chim* Phos-'phine *n/pl*; **~ite** *m chim* Phos'phit *n*; Salz *n* der phosphorigen Säure
phosphor|e [fɔsfɔr] *m chim* Phosphor *m*; ~ blanc weißer, farbloser, gelber Phos-phor; ~ rouge roter, violetter Phosphor; **~é** *adj chim* phosphorhaltig; hydrogè-ne ~ Phosphorwasserstoff *m*
phosphorer [fɔsfɔre] *v/i* F arbeiten, daß der Kopf raucht
phosphoresc|ence [fɔsfɔrɛsɑ̃s] *f phys* Phosphores'zenz *f*; Nachleuchten *n*; ~ de la mer Meer(es)leuchten *n*; **~ent** *adj* *phys* phosphores'zierend (*auch fig*)
phosphor|eux [fɔsfɔrø] *adj* <-euse> *chim* acides ~ phosphorige Säuren *f/pl*; anhydride ~ Phosphor'trioxid *n*; **~ique** *adj chim* phosphorhaltig; Phos-phor...; acide ~ Phosphorsäure *f*; *bes* Orthophosphorsäure *f*; anhydride *m* ~ Phosphor'pentoxid *n*; **~isation** *f phy-siol* Bildung *f* von Calciumphosphat (*im Tierkörper*); **~isme** *m path* Phosphor-vergiftung *f*; *sc* Phospho'rismus *m*; **~ite** *f minér* Phospho'rit *m*
phosphure [fɔsfyr] *m chim* **~s** (métalli-ques) Phos'phide *n/pl*; **~s** d'hydro-gène Phosphorwasserstoffe *m/pl*; ~ d'hydrogène Diphos'phin *n*; ~ d'hydrogène gazeux Phos'phin *n*
phot [fɔt] *m* (*abr* ph) *phys* Phot *n* (*abr* ph)
photo [fɔto] *f* **1.** Foto *od* Photo *n*; Fotogra'fie *od* Photogra'phie *f*; (photo-'graphische) Aufnahme (Licht)Bild *n*; ~ souvenir Erinnerungsfoto *n*; ~ d'identité Paßbild *n*, -foto *n*; Lichtbild *n*; ~ en couleurs Farbfoto(grafie) *n(f)*; Farbaufnahme *f*, -bild *n*; *loc/adv* en ~ auf dem Foto, Bild; auf der Photogra-phie, Aufnahme; prendre qn en ~ ein Foto, Bild, e-e Aufnahme, Photogra-phie von j-m machen; j-n aufnehmen, F knipsen; prendre une ~ e-e Aufnahme, ein Bild, Foto machen; **2.** *in e-r Zeitung, Illustrierten* Bild *n*; **3.** *als Verfahren* la ~ die Fotogra'fie *od* Photogra'phie; das

Fotogra'fieren *od* Photogra'phieren; **appareil** *m* (de) ~ Fotoapparat *m*; Kamera *f*; F Foto *m*; **aimer la** ~ gern fotogra'fieren; **faire de la** ~ *als Hobby* fotogra'fieren

photo|calque [fɔtɔkalk] *m tech* Lichtpause *f*; **~cathode** *f Elektronik* Photokathode *f*; **~cellule** *f Elektronik* Photozelle *f*; lichtelektrische Zelle; **~chimie** *f* Photoche'mie *f*; **~chimique** *adj* photo'chemisch; **réaction** *f* ~ photochemische Reaktion; Photoreaktion *f*; **~composeuse** *f impr* Lichtsetzmaschine *f*; **~composition** *f impr* Licht-, Photosatz *m*; **~conducteur** *adj* ⟨-trice⟩ *Elektronik* photoleitfähig; photoleitend; **cellule photoconductrice** *cf* photorésistant; **~conductivité** *f Elektronik* Photoleitung *f*; **~copie** *f* Photoko'pie *od* Fotoko'pie *f*; Ablichtung *f*; **~copier** *v/t* photoko'pieren *od* fotoko'pieren; **~copieur** *m od* **~copieuse** *f* Photo- *od* Fotoko'piergerät *n*; **~diode** *f Elektronik* Photodiode *f*; **~dissociation** *f chim* Photodissoziati'on *f*; optische Dissoziati'on

photo|-élasticimétrie [fɔtoelastisimetri] *f tech* Werkstoffprüfung Spannungsoptik *f*; **~-élasticité** *f tech* Photoelastizi'tät *f*; **~-électricité** *f Elektronik* Photoelektrizi'tät *f*; **~-électrique** *adj* photoe'lektrisch; lichtelektrisch; **cellule** *f* ~ Photozelle *f*; lichtelektrische Zelle; **effet** *m* ~ Photoeffekt *m*; licht-, photoelektrischer Effekt; **~-électron** *m Elektronik* Photoelektron *n*; **~-émetteur** *adj* ⟨-trice⟩ *Elektronik* **cellule photo-émettrice** Vakuumphotozelle *f*; **~-finish** *m sports* **a)** Zielphotographie *f*; **b)** Zielkamera *f*

photogén|ie [fɔtɔʒeni] *f e-r Person* Foto- *od* Photogeni'tät *f*; **~ique** *adj Person, Gesicht* foto'gen *od* photo'gen

photogramme [fɔtɔgram] *m* **1.** einzelnes Bild *e-s Filmstreifens*; **2.** photo'graphischer Abzug

photogrammétrie [fɔtɔgrammetri] *f* Photogramme'trie *f*; Bildmessung *f*

photograph|e [fɔtɔgraf] *m,f* Foto'graf(in) *od* Photo'graph(in) *(auch Inhaber e-s Fotogeschäfts)*; **~** **amateur** Ama'teurfotograf *m*; Fotoamateur *m*; **~** **d'art** Fotograf *m (mit Geschäft od Fotostudio)*; **atelier** *m*, **studio** *m* **de** ~ Fotoatelier *n*, -studio *n*; *adjt* **reporter** *m* ~ Bildberichterstatter *m*; **~** Pressefotograf *m*; **~ie** *f als Verfahren* Photogra'phie *od* Fotogra'fie *f*; **~ en couleurs** Farbphotographie *f*; *cin, télév* **directeur** *m* **de la** ~ Aufnahmeleiter *m*; **~ier** *v/t* fotogra'fieren *od* photogra'phieren; aufnehmen; F knipsen; **~ique** *adj* foto'grafisch *od* photo'graphisch; **Foto…** *od* Photo…; **appareil** *m* ~ photographischer Apparat; *cf auch* photo 3.; **laboratoire** *m* ~ Fotolabor(atorium) *n*; **matériel** *m* ~ Fotomaterial *n*; photographisches Material; **papier** *m* ~ Fotopapier *n*

photo|gravure [fɔtɔgravyr] *f impr* photome'chanische Druckformenherstellung; photome'chanisches Verfahren *n/pl*; **~lithographie** *f impr* Photolithogra'phie *f*; **~luminescence** *f* Photolumines'zenz *f*

photomaton [fɔtɔmatõ] *m (nom déposé)* *phot bes für Paßbilder* Photoma'ton *m (Wz)*

photo|mécanique [fɔtɔmekanik] *adj impr* photome'chanisch; **procédés** *m/pl* ~**s** photomechanische (Reprodukti'ons)Verfahren *n/pl*; **~mètre** *m phys* Photo'meter *m*; **~métrie** *f phys* Lichtmessung *f*; Photome'trie *f*; **~métrique** *adj phys* photo'metrisch; **~montage** *m* Foto- *od* Photomontage *f*; **~multipli-**

cateur *m Elektronik* Photomultiplier [-plaiœr] *m*; Photoelek'tronenvervielfacher *m*

photon [fɔtõ] *m phys* Photon *n*; Licht-, Strahlungsquant *n*

photonique [fɔtɔnik] *adj phys* Pho'tonen…

photopériod|e [fɔtɔperjɔd] *f bot* Photoperiode *f*; Licht-Dunkel-Periode *f*; **~isme** *m bot* Photoperio'dismus *m*

photo|phobie [fɔtɔfɔbi] *f path* Lichtscheu *f*; *sc* Photopho'bie *f*; **~pile** *f Elektronik* (Halbleiter)Photoelement *n*; Sperrschichtphotozelle *f*

photopsie [fɔtɔpsi] *f path* Photop'sie *f*

photo|résistant [fɔtɔrezistã] *adj Elektronik* **cellule** ~**e** (Halbleiter)Photowiderstand *m*; 'Widerstandszelle *f*; **~roman** *m in Zeitschriften* Fotoroman *m*; **~sensibilité** *f physiol* Lichtempfindlichkeit *f*; **~sensible** *adj phys* lichtempfindlich; **~source** *f phys atom* Photoneutronenquelle *f*; **~sphère** *f astr* Photo'sphäre *f*

photostopp|eur [fɔtɔstɔpœr] *m*, **~euse** *f* Straßenfotograf(in) *m(f)*

photo|synthèse [fɔtɔsɛ̃tɛz] *f Biochemie* Photosyn'these *f*; **~tactisme** *m od* **~taxie** *f bot* Photo'taxis *f*; **~télégraphie** *f télécomm* Bildtelegraphie *f*; Bildfunk *m*

photo|thèque [fɔtɔtɛk] *f* Bildarchiv *n*; Photo'thek *f*; **~thérapie** *f méd* Lichtheilverfahren *n*; *sc* Photothera'pie *f*; **~tropisme** *m bot* Phototro'pismus *m*

photo|typie [fɔtɔtipi] *f impr* Lichtdruck *m*; **~voltaïque** *adj* photoe'lektrisch; **cellule** *f* ~ *cf* photopile

phragmite [fragmit] *m* **1.** *bot* Schilfrohr *n*; **2.** *zo* **des joncs** Schilfrohrsänger *m*

phrase [fraz] *f* **1.** *gr* Satz *m*; ~ **complexe, simple** zusammengesetzter, ergänzungsloser Satz; **rythme** *m* **de la** ~ Satzrhythmus *m*; **faire une** ~ e-n Satz bilden; **2.** ~**s** *pl* Phrasen *f/pl*; leere Redensarten *f/pl*; **faire des** ~**s** Phrasen machen, F dreschen; **3.** *mus* Phrase *f*

phrasé [fraze] *m mus* Phra'sierung *f*

phraséolog|ie [frazeɔlɔʒi] *f* **1.** *ling* Phraseolo'gie *f (auch als Buchtitel)*; *e-r Berufsgruppe od* Ausdrucksweise *f*, Stil *m*; **2.** *péj* Phrasen *f/pl*; Phrasendresche'rei *f*; ~ **politique** *auch* politische Schaumschlägerei; **~ique** *adj* **1.** *ling* phraseo'logisch; **2.** *péj* phrasenhaft

phras|er [fraze] *v/t mus* phra'sieren; **~eur** *m* Phrasendrescher *m*

phratrie [fratri] *f* **1.** *Völkerkunde* Stammes-, Totemgruppe *f*; **2.** *im alten Griechenland* Phra'trie *f*

phréatique [freatik] *adj géol* **nappe** *f* ~ phre'atisches (Grund)Wasser

phrénique [frenik] *adj anat* Zwerchfell…; *sc* **phrenicus**; **nerfs** *m/pl* ~**s** *sc* Phrenikus *m*

phrénologie [frenɔlɔʒi] *f früher* Schädellehre *f*; *sc* Phrenolo'gie *f*

phrygane [frigan] *f zo* Köcher-, Frühlingsfliege *f*; Wassermotte *f*

phrygien [friʒjɛ̃] **I** *adj* ⟨~**ne**⟩ phrygisch; **bonnet** ~ phrygische Mütze; Jako'binermütze *f*; *mus hist* **mode** ~ phrygische Tonart; **II** *m/pl* **♀s** Phryg(i)er *m/pl*

phtal|éine [ftalein] *f chim* ~**s** *pl* Phthale'ine *n/pl*; ~ **du phénol** Phe'nolphthalein *n*; **~ique** *adj chim* **acide** *m* ~ Phthalsäure *f*; **anhydride** *m* ~ Phthalsäureanhydrid *n*

phtiriase [ftirjaz] *f path* Läuse-, *bes* Filzlausbefall *m*; *sc* Phthi'riasis *f*

phtisie [ftizi] *f path früher* (Lungen-) Schwindsucht *f*; *sc* Phthisis *f*

phtisiologue [ftizjɔlɔg] *m* Facharzt *m* für Lungenkrankheiten, *bes* Lungentuberkulose; Lungenspezialist *m*, -arzt *m*

phtisique [ftizik] *path früher* **I** *adj* schwindsüchtig; **II** *m,f* Schwindsüchtige(r) *f(m)*; *sc* Phthisiker *m*

phycomycètes [fikɔmisɛt] *m/pl bot* Algenpilze *m/pl*; *sc* Phykomy'zeten *pl*

phylactère [filaktɛr] *m* **1.** der Juden Gebetsriemen *m*; **2.** *peint, sculp* Spruchband *n*; Bande'role *f*

phylaxie [filaksi] *f physiol* Abwehrvermögen *n* gegenüber Krankheitserregern

phylétique [filetik] *adj biol* phy'letisch

phyllie [fi(l)li] *f zo* Wandelndes Blatt

phyllo|podes [fi(l)lɔpɔd] *m/pl zo* Blatt-, Kiemenfüßer *m/pl*; *sc* Phyllo'poden *m/pl*; **~taxie** *f bot* Blattstellung *f*; *sc* Phyllo'taxis *f*

phylloxér|a [filɔksera] *m* **1.** *zo* Reblaus *f*; *sc* Phyllo'xera *f*; **2.** *vit* durch die Reblaus verursachte Krankheit der Weinrebe; **~é** *adj vit* von der Reblaus befallen

phylo|génèse [filɔʒenɛz] *f od* **~génie** *f biol* Stammesgeschichte *f* der Lebewesen; Phylge'nese *od* Phyloge'nie *f*; **~génétique** *od* **~génique** *adj biol* phyloge'netisch

phylum [filɔm] *m biol* Tier- *bzw* Pflanzenstamm *m*; *sc* Phylum *n*

physalie [fizali] *f zo* Spanische Ga'leere (Qualle)

physalis [fizalis] *m bot* Lampionblume *f*; Blasen-, Judenkirsche *f*; *sc* Physalis *f*

physic|ien [fizisjɛ̃] *m*, **~ienne** *f* Physiker(in) *m(f)*

physico|-chimie [fizikɔʃimi] *f* physi'kalische Che'mie; Physikoche'mie *f*; **~-chimique** *adj* physiko'chemisch; **~-mathématique** *adj* physi'kalisch-mathe'matisch; **~-théologique** *adj philos* **preuve** ~ Physikotheolo'gie *f*

physio|crate [fizjɔkrat] *m hist écon* Physio'krat *m*; **~cratie** [-krasi] *f hist écon* Physiokra'tismus *m*

physiognomon|ie [fizjɔgnɔmɔni] *f* Physio'gnomik *f (auch als Werk)*; **~ique** *adj* physio'gnomisch

physiolog|ie [fizjɔlɔʒi] *f* **1.** Physiolo'gie *f*; Lehre *f* von den Lebensvorgängen; ~ **animale, humaine** Physiologie der Tiere, des Menschen; ~ **pathologique** pathologische Physiologie; ~ **végétale** Physiologie der Pflanzen; Pflanzenphysiologie *f*; Phytophysiolo'gie *f*; ~ **du cœur** Physiologie des Herzens; **du gène** Genphysiologie *f*; **2.** *Balzac* La ~ **du mariage** Die Physiologie der Ehe; **~ique** *adj* **1.** physio'logisch; **2.** physisch *(im Gegensatz zu „psychisch")*; **~iste** *m,f* Physio'loge, -'login *m,f*

physionom|ie [fizjɔnɔmi] *f* **1.** *e-r Person* Physiogno'mie *f*; Gesichtsausdruck *m*, -züge *m/pl*; Gesicht *n*; **2.** *e-r Stadt, Gegend, Straße etc* Physiogno'mie *f*; Gepräge *n*; Gesicht *n*; Cha'rakter *m*; ~ **d'une profession** Berufsbild *n*; **~iste** *adj* **être** ~ ein gutes Per'sonengedächtnis haben

physio|pathologie [fizjɔpatɔlɔʒi] *f* pa'tho'logische Physiolo'gie; **~thérapie** *f méd* Physiothera'pie *f*; physi'kalische Thera'pie

physique[1] [fizik] *f* Phy'sik *f (auch Schulfach)*; ~ **classique** klassische Physik; ~ **expérimentale** Experimen'talphysik *f*; ~ **mathématique** mathematische Physik; ~ **nucléaire** Kernphysik *f*; ~ **du globe** Geophy'sik *f*; **livre** *m*, **professeur** *m* **de** ~ Physikbuch *n*, -lehrer *m*

physique[2] [fizik] *m* **1.** *e-r Person* Äußere(s) *n*; äußere Erscheinung; **avoir un** ~ **agréable** ein angenehmes Äußeres haben; e-e angenehme Erscheinung sein; **avoir un** ~ **de cinéma** (so gut) aussehen wie ein Filmstar; *c'est un instituteur, etc* – **il a bien le** ~ **de l'emploi** … so sieht er auch aus, er sieht

wie ein typischer Vertreter s-s Berufes aus, man sieht ihm sein Gewerbe an; **avoir un ~ de jeune premier** der Typ des jugendlichen Helden, Liebhabers sein; **2.** Körperbeschaffenheit *f*; Physis *f*; körperliche Beschaffenheit, Verfassung; **au ~ et au moral, il était très atteint** er war körperlich und seelisch schwer angeschlagen; **3. le ~** das Körperliche

physique[3] [fizik] *adj* **1.** physi'kalisch; **géographie** *f* ~ physikalische Geographie; **propriétés** *f/pl* ~**s** physikalische Eigenschaften *f/pl*; **les sciences** *f/pl* ~**s** (die) Physik und (die) Chemie; **2.** körperlich; physisch; Körper...; Leibes...; **amour** *m* ~ körperliche, sinnliche Liebe; **dégoût** *m* ~ physischer Ekel; **douleur** *f* ~ physischer, körperlicher Schmerz; *Schulfach* **éducation** *f* ~ Leibeserziehung *f*; Turnen *n*; **effort** *m* ~ körperliche Anstrengung; **état** *m* ~ körperliche Verfassung; **exercices** *m/pl* ~**s** Leibesübungen *f/pl*; **force** *f* ~ physische Kraft; Körperkraft *f*; **plaisir** *m* ~ Sinnenlust *f*, -genuß *m*, -freude *f*; **3.** *jur* **personne** *f* ~ na'türliche Per'son; **~ment** *adv* **1.** körperlich; physisch; **il est très diminué** ~ er hat körperlich sehr abgebaut, nachgelassen; **2.** was das Äußere *e-r Person* anbelangt; **il est bien** ~ er ist hübsch, er ist eine hübsche Erscheinung; er sieht gut aus

physostigm|a [fizɔstigma] *m bot* Kala'barbohne *f*; **~ine** *f phm* Physostig'min *n*

physostomes [fizɔstɔm, -ɔm] *m/pl zo* Physo'stomen *pl*

phytéléphas [fitelefas] *m bot* Elfenbeinpalme *f*

phythormone [fitɔrmɔn] *f* Pflanzenhormon *n*; *sc* Phytohor'mon *n*

phyto|biologie [fitɔbjɔlɔʒi] *f cf* physiologie **(végétale)**; **~géographie** *f* Pflanzen-, Phytogeogra'phie *f*; Geobo'tanik *f*; **~pathologie** *f* Lehre *f* von den Pflanzenkrankheiten; *sc* Phytopatholo'gie *f*; **~phage** [-faʒ] *adj zo* pflanzenfressend; *sc* phyto'phag; **animaux** *m/pl* ~**s** Pflanzenfresser *m/pl*; *sc* Herbi'voren *m/pl*; Phyto'phagen *m/pl*; **~phthora** [-ftɔra] *m bot* Pilzgattung Phy'tophthora *f*; **~sociologie** *f* Pflanzensoziologie *f*; sozio'logische Pflanzengeographie

phytotron [fitotrɔ̃] *m* Phyto'tron *n*

phytozoaire [fitozɔɛr] *m zo* Meerestier *n* von pflanzenähnlichem Aussehen, Bau

pi [pi] *m griechischer Buchstabe*, *math* Pi *n*

piaf [pjaf] F *m* Spatz *m*; Sperling *m*

piaffement [pjafmã] *m e-s Pferdes* (ungeduldiges) Scharren, Stampfen *(mit den Vorderhufen)*

piaffer [pjafe] **I** *v/i* **1.** *Pferd* ungeduldig mit den Vorderhufen scharren, stampfen, auf der Stelle treten; **2.** *fig Person* ~ **d'impatience** ungeduldig von e-m Fuß auf den andern treten; *Kind auch* ungeduldig mit den Füßen scharren; **II** *m Hohe Schule* Pi'affe *f*

piaillement [pjajmã] *m* **1.** *kleiner Vögel* Gepiep(s)e *n*, **2.** F *fig von Kindern* Geschrei *n*; Gekreisch(e) *n*; F Geplärr(e) *n*

piailler [pjaje] *v/i* **1.** *kleine Vögel* piep(s)en; **2.** F *Kinder* (anhaltend) schreien, kreischen, F plärren

piaillerie [pjajri] *f cf* piaillement

pian [pjã] *m path* Frambö'sie *f*; Pi'an *m*

pianissimo [pjanisimo] *mus* **I** *adv* sehr leise; pia'nissimo; **II** *m* ⟨*inv*⟩ Pia'nissimo *n*

pianiste [pjanist] *m,f* Pia'nist(in) *m(f)*; Kla'vierspieler(in) *m(f)* *(auch Amateur)*

piano[1] [pjano] *m* ~ (droit) Kla'vier *n*; ~ à queue Flügel *m*; ~ de concert Kon-'zertflügel *m*; être au ~ am Klavier

sitzen; **se mettre au ~** sich ans Klavier setzen; **jouer**, F **faire du ~** Klavier spielen

piano[2] [pjano] **I** *adv* **1.** *mus* leise; pi'ano; **2.** F *fig* **allez-y** ~! langsam!; nicht so hastig!; F sachte, sachte!; immer mit der Ruhe!; **II** *m* ⟨*inv*⟩ *mus* Pi'ano *n*

piano-forte [pjanofɔrte] *m hist mus* Hammerklavier *n*, -flügel *m*; Piano'forte *n*; Fortepi'ano *n*; *Kurzform* Pi'ano *n*

pianot|age [pjanotaʒ] *m* F (Kla'vier-) Geklimper *n*; **~er** *v/i* **1.** stümperhaft Kla'vier spielen; F (auf dem Kla'vier) klimpern; **2.** *fig* **avec impatience sur la vitre** ungeduldig mit den Fingern gegen die Fensterscheibe trommeln

piassava [pjasava] *m* Blattfaser für Besen u Bürsten Pias'sava *f*; Pias'savefaser *f*; *im engeren Sinn* Parapiassave *f*

piastre [pjastr(ə)] *f* Währungseinheit Pi'aster *m*

piaule [pjol] *f* F *(chambre)* F Bude *f*

piaul|ement [pjolmã] *m* **1.** *bes der Küken* Piep(s)en *n*; Gepiep(s)e *n*; **2.** F *von kleinen Kindern* Quarren *n*; Plärren *n*; F Geplärr(e) *n*; Quäken *n*; **~er** *v/i* **1.** *bes Küken* piep(s)en; **2.** F *kleines Kind* quarren; plärren; F quäken

piaye [pjaj] *m zo* Ca'yenne-Fuchskuckuck *m*

pible [pibl(ə)] *loc/adj mar* **mât m à ~** Pfahlmast *m*

pic[1] [pik] *m* **1.** Spitzhacke *f*; Picke *f*; Pickel *m*; ~ **à deux têtes** Kreuzhacke *f*; *mines* Keilhaue *f*; **2.** Bergspitze *f*, -gipfel *m*; *in Eigennamen* Pik *m*; **3.** *zo* Specht *m*; ~ **cendré, épeiche, noir, vert** Grau-, Bunt-, Schwarz-, Grünspecht *m*; **4.** *mar* Gaffel *f* *(des Besanmastes)*

pic[2] [pik] *loc/adj* **1.** senkrecht; steil; *Schiff, Ertrinkender* **couler à ~** so'fort, wie ein Stein 'untergehen, versinken; *Haus* **donner à ~ sur la rivière** zum über dem Fluß liegen; *Steilküste* **tomber à ~ sur la mer** senkrecht, steil, schroff, jäh ins Meer abfallen; **2.** F *Person* **arriver**, *Geld, Lotteriegewinn etc* **tomber à ~** gerade recht, richtig, gerade zur rechten, richtigen Zeit, F wie gerufen kommen; **cela tombe à ~** *auch* das trifft sich glänzend, ausgezeichnet, großartig

pica [pika] *m path* Gelüst *n* nach ungenießbaren Stoffen; *sc* Pika'zismus *m*

picador [pikadɔr] *m Stierkampf* Pica-'dor *od* Pika'dor *m*

picage [pikaʒ] *m Mangelkrankheit der Hühner* Federfressen *n*, -picken *n*, -zupfen *n*

picaillons [pikajɔ̃] *m/pl* F *(argent)* F Mo'neten *pl*; Pinke(pinke) *f*; *cf auch* fric

picard [pikar] **I** *adj* pi'kardisch; **II** *subst* **1.** ♀(e) *m(f)* Pi'karde *m*, Pi'kardin *f*; **2.** *ling* **le ~** das Pi'kardische; Pi'kardisch *n*

picaresque [pikarɛsk] *adj Literatur* Schelmen...; pika'resk; **roman** *m* ~ Schelmenroman *m*

piccolo [pikɔlo] *m* **1.** *mus* Pikkoloflöte *f*; **2.** F Wein *m*

pichenette [piʃnɛt] *f cf* chiquenaude

pichet [piʃɛ] *m* (Deckel)Krug *m*, (-)Kanne *f*; ~ **d'étain** Zinnkrug *m*, -kanne *f*

picker [pikɛr] *m* Baumwollpflückmaschine *f*; Picker *m*; Stripper *m*

picklage [piklaʒ] *m Lederzubereitung* Pickeln *n*

pickles [pikœls] *m/pl cuis* Mixpickles ['mikspikəls] *pl*; Mixed Pickles ['mikst-] *pl*

pickpocket [pikpɔkɛt] *m* Taschendieb *m*

pick-up [pikœp] *m* ⟨*inv*⟩ **1.** Plattenspieler *m*; **mettre un disque sur le ~** e-e Platte auflegen; **2.** *e-s Plattenspielers* Tonabnehmer(system) *m(n)*; Pick-up

[-'ap] *m*; ~ **électrodynamique** dynamischer Tonabnehmer; ~ **électromagnétique** magnetischer Tonabnehmer; Ma'gnettonabnehmer *m*; magnetisches Tonabnehmersystem; Ma'gnetsystem *n*; ~ **à cristal, piézo-électrique** Kri'stalltonabnehmer(system) *m(n)*; Kri'stallsystem *n*; **bras m de** ~ Tonarm *m*; **tête f de** ~ Ton(arm)kopf *m*; **3.** *an landwirtschaftlichen Maschinen* Pick-up [-'ap] *m*; Pick-up-Trommel *f*

picofarad [pikofarad] *m* *(abr* pF*)* *phys* Picofa'rad *n* *(abr* pF*)*

picoler [pikɔle] F *v/i* zechen; kneipen; F (gehörig) picheln, bechern

picolo *cf* piccolo

picorer [pikɔre] *Vögel, Hühner* **I** *v/t* (auf)picken; **II** *v/i* picken

picot [piko] *m* **1.** *an Spitzen, Bändern* Zäckchen *n*; Zähnchen *n*; Pi'cot *m*; **2.** *mines* Spitzkeil *m*; Pi'cot *m*; **3.** feines Hutstroh; **4.** spitzer Hammer

picoté [pikɔte] *adj Gesicht* ~ **de rougeurs** voller kleiner roter Flecke; rotgefleckt, -fleckig

picot|ement [pikɔtmã] *m* Prickeln *n*; Kribbeln *n*; leichtes, feines Stechen, *nordd* Piek(s)en; *in der Kehle auch* Kitzel *m*; Kitzeln *n*; **j'ai des** ~**s aux pieds** ich habe ein Kribbeln, es kribbelt mir in den Füßen; **~er** *v/t* **1.** prickeln; kribbeln; *leicht u wiederholt* stechen, *nordd* piek(s)en; *Rauch* ~ **les yeux** in den, in die Augen beißen; **2.** *Vögel, Hühner* (an-, auf-, her'aus)picken; **3.** *mines* verkeilen

picotin [pikɔtɛ̃] *m für ein Pferd* Haferration *f*

picouse *cf* piquouse

picr|ate [pikrat] *m* **1.** *chim* Pi'krat *n*; ~ **d'ammonium** Am'moniumpikrat *n*; **2.** F schlechter Rotwein; **~ique** *adj chim* **acide** *m* ~ Pi'krinsäure *f*; Trinitrophe'nol *n*

picris [pikris] *m bot* Bitterkraut *n*

Pictes [pikt] *m/pl hist* Pikten *m/pl*

picto|gramme [piktogram] *m* Pikto-'gramm *n*; Bildzeichen *n*; **~graphie** *f* Bilderschrift *f*; *sc* Piktogra'phie *f*

pictural [piktyral] *adj* ⟨*-aux*⟩ *peint* Mal...; malerisch; **art** ~ Malkunst *f*; *e-s Künstlers* **œuvre** ~**e** malerisches Werk; **technique** ~**e** Maltechnik *f*

picvert [pivɛr] *m zo* Grünspecht *m*

pidgin [pidʒin] *m* Pidgin-Englisch ['pidʒin-] *n*

pie[1] [pi] *f* **1.** *zo* Elster *f*; **2.** F *fig von e-r Frau* **bavarde, bavarder comme une** ~ F geschwätzig, schwatzen wie e-e Elster; **c'est une vraie** ~ F sie ist ein altes Waschweib, e-e alte Schwatzliese, -base, Klatschbase

pie[2] [pi] *adj* ⟨*inv*⟩ **1.** *Pferd, Rind* (schwarz- *bzw* braun)gescheckt, (-)scheckig; scheckigbraun, -schwarz; **cheval m, jument f, vache f** ~ Schecke *m,f*; Scheck *m*; **2.** **voiture f** ~ **de la police** schwarzweißes Polizeiauto

pie[3] [pi] *adj* ⟨*nur f*⟩ *st/s* **œuvre** ~ frommes Werk; milde Stiftung, Gabe; **faire œuvre** ~ ein frommes Werk tun

pièce [pjɛs] *f* **1.** *als Einzelexemplar e-r Gattung, Sammlung* Stück *n*; *tech* ~ **coulée** Gußstück *n*; *Heraldik* ~**s** (honorables) Heroldsstücke *n/pl*; ~ **de bétail, de gibier** Stück Vieh, Wild; ~ **de bois** *großes* (Stück) Holz *(für e-e Tischlerarbeit)*; ~ **du mobilier** Möbel-, Einrichtungsstück *n*; ~ **d'orfèvrerie** *große* Goldschmiedearbeit; ~ **de viande** Stück Fleisch; Fleischstück *n*; ♦ *loc/adj*: *von Kleidung* **une** ~ einteilig; **deux** ~**s** zweiteilig; *Gegenstand* **tout d'une** ~ aus einem Stück (gefertigt, gearbeitet); *fig Person* **être tout d'une** ~ gerade, aufrichtig, unbeugsam sein; ♦

loc/adv: à la ~ stückweise; einzeln; **aux ~s** im Ak'kord(lohn); im Stücklohn; Ak'kord...; Stück...; **ouvrier payé aux ~s** Akkordarbeiter *m*; im Akkord(-), Stücklohn arbeitender Arbeiter; **travail** *m* **aux ~s** Akkord-, Stückarbeit *f*; **être aux ~s** im Akkord(lohn), Stücklohn arbeiten; F *fig* **on n'est pas aux ~s!** wir arbeiten hier doch nicht im Akkord!; ♦ **cela coûte cinq francs (la) ~** davon kostet das Stück fünf Franc; das kostet fünf Franc pro Stück; **c'est une ~ de musée** das ist ja ein Museumsstück; das wäre etwas, ein Stück für ein Museum; *Buch, Film* **être fait de ~s et de morceaux** zusammengestückelt, -geflickt, (-)geklittert sein; F nur ein erbärmliches Flickwerk sein; **inventer, forger, fabriquer qc de toutes ~s** etw völlig frei, von A bis Z erfinden, völlig aus der Luft greifen; *Vorfall ist* **fabriqué de toutes ~s** insze'niert; gemacht; gestellt; **l'histoire est inventée de toutes ~s** auch an der Geschichte ist kein wahres Wort; *Angler* **prendre une belle ~** ein Prachtexemplar von Fisch fangen; **2.** *als Teil e-s Ganzen, bes tech* Teil *n*; Stück *n*; ~ **d'assemblage** Verbindungsglied *n*, -teil *n*; *für Rohre* ~ **de jonction** Zwischen-, Verbindungs-, Anschlußstück *n*; ~ **de machine** Ma'schinenteil *n*; ~ **de rechange** Ersatzteil *n*; **mettre en ~s** zerreißen; zerfetzen; in Stücke, Fetzen reißen; *feindliche Armee* **tailler en ~s** zerschlagen; **3.** (Wohn-) Raum *m*; Zimmer *n*; **un appartement de deux ~s**, *ellip* **un deux ~s** e-e Zweizimmerwohnung; **4.** *adm, comm* Akte *f*; Beleg *m*; 'Unterlage *f*; Schriftstück *n*; *in e-m Schreiben* ~ **s jointes** Anlagen *f/pl*; *jur* ~ **à conviction** Beweisstück *n*; ~ **(d'un) dossier** Aktenstück *n*; ~ **d'identité** Ausweis(papier) *n*; ~ **s d'un procès** Pro'zeßakten *f/pl*; **juger sur ~s** nach Aktenlage, auf Grund der Akten entscheiden; **5. a)** **thé ~** (de théâtre) (The'ater)Stück *n*; ~ **radiophonique** Hörspiel *n*; ~ **à thèse** Ten'denzstück *n*; **une ~ de Molière** ein Stück von Molière; **b)** *mus* Stück *n*; ~ **instrumentale, vocale** Instrumen'tal-, Gesangsstück *n*; **c)** ~ **de vers** kleines, kurzes Gedicht; **6.** ~ (de monnaie) Geldstück *n*; Münze *f*; ~ **d'argent, d'or** Silber-, Goldstück *n*, -münze *f*; ~ **de cinq francs** Fünffrancstück *n*; F **donner la ~ à qn** j-m ein Trinkgeld geben; **7.** *cout* Flicken *m*; Fleck(en) *m*; **mettre une ~ à un pantalon** e-n Flicken, Fleck(en) auf e-e Hose aufsetzen, in e-e Hose einsetzen; e-e Hose flicken; **8.** *mil der Artillerie* Geschütz *n* (mit Bedienungsmannschaft); *der Infanterie* Zug *m*; ~ **d'artillerie** (Artille'rie-) Geschütz *n*; **9.** ~ **d'eau** Bas'sin *n*; (künstlich angelegter) Wasserbecken; **10.** *Schachspiel* (Schach)Fi'gur *f*; **11.** *cuis* ~ **montée** hohe, aus mehreren E'tagen bestehende Torte; **12.** *text* ~ **d'étoffe** Stoffballen *m*; **13.** *Hohlmaß* Faß *n*; Gebinde *n* (*um 200 l*)

piécette [pjesɛt] *f* **1.** kleine Münze; kleines Geldstück; **2.** *bei Fingerhandschuhen* Keil *m*; Schichtel *n*

pied [pje] *m* **1.** *anat beim Menschen* Fuß *m*; ♦ *loc/adj u loc/adv*: ~**s et poings liés** an Händen und Füßen gefesselt; *fig* wehrlos; ohnmächtig; *fig* **être livré ~s et poings liés à qn** j-m wehrlos, völlig ausgeliefert sein; **à ~** zu Fuß; P *fig* **je t'emmerde, à ~, à cheval et en voiture!** P leck mich am Arsch!; du kannst mich kreuzweise (am Arsch lekken)!; *fig* **au ~ levé** unvorbereitet; ohne Vorbereitung; aus dem Stegreif; auf der

Stelle; ohne weiteres; *fig* **au petit ~** im kleinen; in verkleinertem Maßstab; **à sec** trockenen Fußes; F **comme un ~** sehr schlecht; mise'rabel; F unter aller Ka'none; ~**s à la tête, de ~ en cap, de la tête aux ~s** von Kopf bis Fuß; von oben bis unten; vom Scheitel bis zur Sohle; **équiper qn de ~ en cap** j-n von Kopf bis Fuß völlig ausstatten; *fig* **de ~ ferme** unerschrocken; furchtlos; **attendre qn, qc de ~ ferme** j-m, e-r Sache ruhig, gelassen entgegensehen; j-n **de ~ ferme** erwarten; *peint, sculp* **en ~** in ganzer Figur; ganzfigürlich; **sur un ~ d'égalité** *cf* **égalité 1.**; **sur le ~ de guerre** *Heer* kampfbereit; für den Krieg(sfall) gerüstet; *fig* gerüstet; gut vorbereitet; *fig* **être, vivre sur le ~ de guerre avec qn** mit j-m auf Kriegsfuß stehen; *früher Heer* **mettre sur le ~ de guerre** in Kriegsbereitschaft versetzen; j-n ♦ *im Wasser* **avoir ~** Grund haben; stehen können; *alter Mensch* **avoir bon ~ bon œil** noch sehr rüstig und gesund, noch gut auf dem Posten; beieinan'der sein; **avoir le ~ marin** seefest sein; *fig* **avoir le ~ à l'étrier** *cf* **étrier 1.**; *fig* **avoir un ~ dans la tombe** mit e-m Fuß im Grabe stehen; *fig* **avoir les ~s sur terre** mit beiden Beinen (fest) auf der Erde stehen; **avoir froid aux ~s** kalte Füße haben; an den Füßen frieren; **j'ai mal aux ~s** mir tun die Füße weh; F *fig* **casser les ~s à qn** *cf* **casser 1.**; **le malade sera sur ~ dans quelques jours** der Kranke wird in einigen Tagen wieder'hergestellt, wieder auf den Beinen, wohl'auf, F wieder auf Deck sein; **faire du ~ à qn** *als Annäherungsversuch* j-n mit dem Fuß anstoßen; j-m heimlich, verstohlen auf den Fuß treten; mit j-m füßeln; F *fig* **cela lui fera les ~s** das wird ihm e-e Lehre sein; F *fig* **faire des ~s et des mains** Himmel und Hölle, alle Hebel in Bewegung setzen; alles aufbieten; nichts unversucht lassen; sich alle erdenkliche Mühe geben; F alle Minen springen lassen; **se jeter, tomber aux ~s de qn** sich j-m zu Füßen werfen; j-m zu Füßen fallen; sich vor j-m niederwerfen; **lâcher ~** *mil* zu'rückweichen; das Feld räumen; *fig* es aufgeben; *fig* **ne pas lâcher ~** standhalten; **marcher sur les ~s de qn** *cf* **marcher 1.**; **je n'y ai jamais mis les ~s** ich bin niemals dorthin gegangen, dort gewesen; *vor Erschöpfung* **je ne peux plus mettre un ~ devant l'autre** ich kann keinen Fuß vor den andern setzen, keinen Schritt mehr gehen; F *fig* **mettre les ~s dans le plat** e-e Ungeschicklichkeit, e-n Fauxpas begehen; sich vor'bei-, da'nebenbenehmen; e-n Schnitzer machen; F ins Fettnäpfchen treten; *Reiter* **mettre ~ à terre** vom Pferd (ab)steigen; absitzen; *früher mil* ~ **à terre!** abgesessen!; *fig* **mettre à ~** vorübergehend von der Arbeit ausschließen; j-n entlassen; *fig* **mettre sur ~** *Unternehmen* aufbauen; errichten; einrichten; ins Leben rufen; schaffen; bilden; *Heer* aufstellen; **perdre ~** im *Wasser* keinen Grund mehr haben; nicht mehr stehen können; den Grund unter den Füßen verlieren; *fig* den Boden unter den Füßen, den Halt verlieren; *Schüler* (in s-n Leistungen) zu'rückfallen; nicht mehr mitkommen; *fig Unternehmen* **prendre ~** festen Fuß fassen; s-e Stellung sicher begründen; **je ne remettrai plus les ~s chez lui** ich werde den Fuß nie mehr über s-e Schwelle setzen; ich werde s-e Wohnung mit keinem Fuß, nie mehr betreten; *nach e-m Sturz* **remettre qn sur ses ~s** j-m

wieder aufhelfen, auf die Füße. Beine helfen; *fig* **ne pas savoir sur quel ~ danser** nicht aus noch ein wissen; nicht wissen, was man tun soll; in peinlicher Verlegenheit sein; *auch* nicht wissen, woran man ist; *fig* **elle ne sortira plus de sa chambre que les ~s en avant**, devant sie wird ihr Zimmer nur noch mit den Füßen voran, nur noch tot verlassen; *fig* **vivre sur un grand ~** auf großem Fuß leben; **2.** *bei Wirbeltieren, Vögeln, Muscheln* Fuß *m*; *Fleischerei* ~**s de porc, de veau** Schweins-, Kalbsfüße *m/pl*; *Pferd* **changer de ~** *beim Galopp* den Schritt wechseln; *Pferd* **galoper sur le ~ droit, gauche** im Rechts-, Linksgalopp laufen; *Pferd* **partir du bon ~** mit dem richtigen Fuß starten, anlaufen; *Vieh* **vendre sur ~** als Schlachtvieh verkaufen; **3.** *tragender Teil*: e-s Möbelstücks Bein *n*; e-s Geräts, Bettes, Stielglases Fuß *m*; e-s Photoapparates Sta'tiv *n*; ~ **de lit** Bettfuß *m*; *cf auch* **4.**; ~ **de table** Tischbein *n*; **4.** *unterer Teil*: e-r Schriftletter, des Strumpfes Fuß *m*; des Bettes Fußende *n*; *loc/adv* **au ~ de** am Fuß (+*gén*); **au ~ du lit** am Fußende des Bettes; *fig* **mettre qn au ~ du mur** j-n in die Enge treiben; **bât à ~ d'œuvre** an der *bzw* an die Baustelle; **être à ~ d'œuvre** an Ort und Stelle sein (*wo etw zu tun ist*); **marcher en ~s de chaussettes** auf Socken laufen; **5.** *bot* **a)** e-r Pflanze, e-s Baumes Basis *f*; Teil *m* dicht über dem Boden; e-s Pilzes Stiel *m*; Schaft *m*; **couper un arbre au ~** e-n Baum dicht über dem Boden abschlagen; **b)** Stock *m*; einzelne Pflanze; ~ **de salade, de tabac** Sa'lat-, Tabakpflanze *f*; ~ **de vigne** Wein-, Rebstock *m*; **sécher, vendre sur ~** Ernte, Getreide auf dem Halm, Früchte am Baum, Strauch, Trauben am Weinstock vertrocknen, verkaufen; **6.** *métr* (Vers)Fuß *m*; *in der frz Metrik gelegentlich* Silbe *f*; *loc/adj* **de six ~s** sechsfüßig; **7.** *englisches u altes frz Längenmaß* Fuß *m*; **avoir cinq ~s de long** fünf Fuß lang sein; *fig*: **elle aurait voulu être (à) cent ~s sous terre** sie wäre am liebsten vor Scham in die Erde versunken; **faire un ~ de nez à qn** *cf* e-e lange Nase machen; **faire une mine de dix ~s de long** ein langes Gesicht machen; *Kind* **tirer la langue d'un ~ de long** weit die Zunge herausstrecken; **8.** *ch* Spur *f*; Fährte *f*; **9.** *tech* **à coulisse** Schieb-, Schublehre *f*; **10.** *auto* ~ **de biche** Kolbenbolzen *m*; **11.** *Schusterei* ~ **de fer, de fonte** Leisten *m*; **12.** *math* des Lotes, der Senkrechten Fußpunkt *m*; **13.** *cout* ~ (de col) (Kragen-, Hals)Bündchen *n*; **14.** e-r angelehnten Leiter Neigung *f*; **donner plus de ~ à l'échelle** die Leiter schräger anstellen, stärker neigen; **15.** *bei der Seifensiederei, Ölraffinierung* ~**s** *pl* abgehende Unreinigkeiten *f/pl*; **16.** *von Münzen* Münzfuß *m*; **17.** F: **c'est le ~** F das ist einfach Klasse, ganz toll; **c'est pas le ~** F das ist nicht das Wahre; **prendre son ~** *cf* **jouir 4.**; **b)** *par ext* s-e Freude, s-n Spaß daran haben

pied-à-terre [pjetatɛr] *m* ⟨*inv*⟩ Absteigequartier *n*

pied-d'alouette [pjedalwɛt] *m* ⟨*pl* pieds-d'alouette⟩ *bot* Rittersporn *m*

pied-de-biche [pjedbiʃ] *m* ⟨*pl* pieds-de-biche⟩ **1.** *tech* zum Ziehen von Nägeln Geißfuß *m*; zum Heben schwerer Lasten Brechstange *f*, -eisen *n*; **2.** *an der Nähmaschine* Stoffdrücker *m*; (Näh-) Fuß *m*; **3.** *bei Rokokomöbeln* geschwungenes Bein; ~**-chat** *m* ⟨*pl* pieds-de-chat⟩ *bot* Katzenpfötchen *n*; ~**-cheval**

m ⟨*pl* **pieds-de-cheval**⟩ *zo* große Auster(nart); **~-chèvre** *m* ⟨*pl* **pieds--de-chèvre**⟩ **1.** *e-s Hebebocks* Lagerholz *n*; **2.** Brechstange *f*, -eisen *n*; **~-loup** *m* ⟨*pl* **pieds-de-loup**⟩ *bot* Bärlapp *m*; **~-poule** *m* ⟨*pl* **pieds-de--poule**⟩ *text* **a)** *Stoffmuster* Hahnentritt *m*; **b)** (*Stoff m mit*) Hahnentritt(muster) *m*; **~-veau** *m* ⟨*pl* **pieds-de-veau**⟩ *bot* Aronstab *m*

pied-d'oiseau [pjedwazo] *m* ⟨*pl* **pieds--d'oiseau**⟩ *bot* Vogelfuß *m*

pied-droit [pjedrwa] *m* ⟨*pl* **pieds--droits**⟩ *m arch e-s Gewölbes, e-r Arkade* Pfeiler *m*; 'Widerlager *n*

piédestal [pjedɛstal] *m* ⟨*pl* **-aux**⟩ *e-r Säule, Statue* Posta'ment *n*; Piede'stal *n*; Sockel *m*; *fig* mettre qn sur un ~ j-n bewundern; *fig Person* tomber de son ~ sein Ansehen einbüßen

pied-fort [pjefɔr] *m* ⟨*pl* **pieds-forts**⟩ (dicke) Probemünze

pied-noir [pjenwar] *m* ⟨*pl* **pieds-noirs**⟩ Al'gerienfranzose *m*; in Al'gerien geborener, aus Algerien stammender Fran'zose

piédouche [pjeduʃ] *m* kleiner (Rund-) Sockel

piédroit [pjedrwa] *m cf* **pied-droit**

piéfort [pjefɔr] *m cf* **pied-fort**

piège [pjɛʒ] *m* **1.** *ch* Falle *f*; *allg* Fanggerät *n*; ~ à loup, à rat Wolfs-, Rattenfalle *f*; ~ à palette Teller-, Tritt-, Schlageisen *n*; dresser, tendre un ~ e-e Falle aufstellen; prendre au ~ mit e-r Falle fangen; *Vögel* mit e-m Fanggerät (ein)fangen; être pris au ~ in die Falle gegangen sein; **2.** *fig* Falle *f*; tendre un ~ à qn, prendre qn au ~ j-m e-e Falle stellen; j-n in e-e Falle locken; tomber, donner dans un ~, se laisser prendre au ~ in e-e *bzw* in die Falle gehen, geraten; il a été pris à son propre ~ er hat sich in der eigenen Schlinge gefangen

piégeage [pjeʒaʒ] *m ch* Fangjagd *f*

piéger [pjeʒe] *v/t* ⟨**-è-, -geons**⟩ **1.** *ch* **a)** *Tier* mit Fallen, mit e-r Falle fangen; **b)** Fallen (auf)stellen (**le bois** im Wald); **2.** F *fig* ~ qn j-m e-e Falle stellen; j-n in die Falle locken; **3.** e-e versteckte Sprengladung anbringen (**qc** an, in, **bei** etw [*dat*]); *mil auch* verminen; **colis piégé** Sprengstoffpaket *n*; **voiture piégée** Auto, das e-e Sprengladung, e-n Sprengsatz enthält

pie|-grièche [pigrijɛʃ] *f* ⟨*pl* **pies--grièches**⟩ *zo* Würger *m*; **~-mère** *f* ⟨*pl* **pies-mères**⟩ *anat* innere Hirnhaut

piémont [pjemõ] *m géol* (plaine *f* de) ~ Pied'mont(fläche *f*, -treppe *f*, -plateau *n*) *n*

piémontais [pjemõtɛ] **I** *adj* piemon-'tesisch; pie'montisch; **II** *subst* **1.** ♀(e) *m*(*f*) Piemon'tese, -'tesin *m*,*f*; **2.** *ling* **le** ~ das Piemon'tesische; Piemon'tesisch *n*

piéride [pjerid] *f zo* Kohlweißling *m*; ~ **du chou** Großer Kohlweißling

pierraille [pjɛrɑj] *f* grober Kies; Schotter *m*; Steinschlag *m*

pierre [pjɛr] *f* **1.** *Gesteinsstück, bât* Stein *m*; ~ **artificielle** Kunststein *m*; **~s concassées** Schotter *m*; **la première** ~ **der Grundstein** (*auch fig*); **poser la première** ~ **d'un édifice** zu e-m Gebäude den Grundstein legen; ~ **à aiguiser** Wetz-, Schleifstein *m*; ~ **à bâtir** natürlicher Baustein; ~ **à briquet** Feuerstein *m*; *für alte Handfeuerwaffen* ~ **à feu, à fusil** Feuerstein *m*; ~ **de taille** Hau-, Werkstein *m*; Quader(stein) *m*; ~ **de touche** *des Goldschmieds* Pro'bierstein *m*; Prüfstein *m*; *fig* **âge m de la** ~ (**polie, taillée**) (Jung-, Alt-)Steinzeit *f*; *loc/adj* **de** *od* **en** ~ aus Stein; Stein...; steinern; **dur comme la** ~ hart wie

Stein; *loc/adv* ~ **à** ~ Stein für Stein; *fig u st/s* ~ à l'édifice (auch) sein(en) Teil dazu beitragen; (auch) e-n Baustein zum Gelingen des Werkes beitragen; *fig*: **c'est une** ~ **dans mon jardin** das ist auf mich gemünzt; der Hieb, das gilt mir, geht auf mich; **faire d'une** ~ **deux coups** zwei Fliegen mit einer Klappe schlagen; **jeter, lancer la** ~ **à qn** sich zum Richter über j-n aufwerfen; j-n verurteilen, verdammen; **den Stab über j-n brechen**; sich als Ankläger aufspielen; *Tag* **marquer d'une** ~ **blanche** im Kalender rot anstreichen; *prov*: **qui roule n'amasse pas mousse** Unstetigkeit führt nicht zu Reichtum; **2.** *e-s Schmuckstücks, im Laufwerk e-r Uhr* Stein *m*; **~s dures** Halbedelsteine *m/pl* (*für die Steinschneidekunst*); **fausse** ~ falscher, unechter Stein; ~ **fine**, *abus* semi-précieuse Halbedelstein *m*; ~ **précieuse** Edelstein *m*; echter Stein; **3.** *minér* ~ **calcaire, à chaux** Kalkstein *m*; ~ **gemme** Edelstein *m*; ~ **ponce** Bimsstein *m*; ~ **à plâtre** Gips(stein) *m*; **d'aigle** Adler-, Krallen-, Klapperstein *m*; ~ **d'aimant** Ma'gneteisen(erz *n*, -stein *m*) *n*; Magne'tit *m*; ~ **de lard** Speck-, Topfstein *m*; Talk *m*; Stea'tit *m*; ~ **de lune** Mondstein *m*; ~ **de savon** Seifenstein *m*; Sapo'nit *m*; **4.** *phm* ~ **infernale** Höllenstein *m*; **5.** *Glasfabrikation* Fehler *m* im Glas

pierré(e) [pjere] *m*(*f*) *bât* Steinrinne *f*, Sickerkanal *m* in Trockenmauerung

pierreries [pjɛrri] *f/pl* (geschliffene) Edelsteine *m/pl*; Ju'welen *n/pl*

pierreux [pjɛrø] *adj* ⟨**-euse**⟩ **1.** Boden, *Weg* steinig; **2.** steinartig

pierrot [pjɛro] *m* **1.** *zo* Sperling *m*; Spatz *m*; **2.** *Gestalt der frz Pantomime* ♀ Pier'rot *m*

pietà [pjeta] *f* ⟨*inv*⟩ *peint, sculp* Pie'ta *f*

piétaille [pjetaj] *f iron* Fußvolk *n*

piété [pjete] *f* **1.** Frömmigkeit *f*; Gottesfurcht *f*; **2.** Pie'tät *f*; Ehrfurcht *f*; Achtung *f*; ~ **filiale** Kindesliebe *f*; kindliche Liebe; **avec** ~ pietätvoll

piètement [pjɛtmɑ̃] *m e-s Möbelstücks coll* Beine *n/pl*; Füße *m/pl*

piéter [pjete] *v/i* ⟨**-è-**⟩ *ch* Rebhühner laufen

piétin [pjetɛ̃] *m* **1.** *vét der Schafe* Moder-, Dreckhinke *f*; Stallkrümme *f*; bösartige, infekti'öse, fran'zösische, spanische Klauenseuche; **2.** *Getreidekrankheit* Schwarzbeinigkeit *f*

piétinement [pjetinmɑ̃] *m* **1.** Auf-der--'Stelle-Treten *n* (*auch fig*); Kurztreten *n*; *fig von Verhandlungen etc* Stagnati'on *f*; Stag'nieren *n*; Stocken *n*; *der Wirtschaft auch* Stillstand *m*; **2.** Stampfen *n*; Trampeln *n*; Gestampf *n*; Getrampel *n*; *bes von Pferden* Trappeln *n*; (Huf)Getrappel *n*

piétiner [pjetine] **I** *v/t* **1.** *lockere Erde* (fest)stampfen; niedertreten; *Rasen, Gegenstand* zertrampeln; zertreten; zerstampfen; niedertrampeln (*auch Person*), -treten, -stampfen; **2.** *fig* ~ **qn, qc** j-n, etw mit Füßen treten; **il l'a piétiné férocement dans son article** er ist in s-m Artikel erbarmungslos über ihn hergefallen, mit ihm ins Gericht gegangen; **II** *v/i* **3.** *Person* stampfen; trampeln; ~ **de colère** zornig mit dem Fuß (auf)stampfen, auf den Boden stampfen; **4.** *Person, fig* nicht, kaum, nur langsam von der Stelle, vom Fleck kommen, vorwärts-, vor'an-, weiterkommen; *fig auch* auf der Stelle treten; *Verhandlungen auch* stocken; ~ **sur place** auf der Stelle treten

piét|isme [pjetism(ə)] *m rel* Pie'tismus *m*; **~iste** *rel* **I** *adj* pie'tistisch; **II** *m*,*f*

Pie'tist(in) *m*(*f*)

piéton [pjetõ] *m* Fußgänger *m*; *adjt* **rues ~nes** Fußgängerzone *f*

piétonnier [pjetɔnje] *adj* ⟨**-ière**⟩ Fußgänger...; **rues piétonnières** Fußgängerzone *f*

piètre [pjɛtr(ə)] *st/s adj* sehr schlecht; mise'rabel; *Ergebnis auch* kümmerlich; dürftig; armselig; **c'est une** ~ **consolation** das ist ein schwacher, *iron* schöner Trost; **faire** ~ **figure** *bei* e-e kägliche Figur machen; *Sportler* schlecht abschneiden; **avoir une** ~ **opinion de qn** von j-m e-e sehr schlechte, keine gute Meinung haben

pieu [pjø] *m* ⟨*pl* **~x**⟩ **1.** Pfahl *m* (*bes bât*); Pfosten *m*; Pflock; *bât* ~ **de fondation** Grund-, Rostpfahl *m*; **2.** F (*lit*) F Falle *f*; Klappe *f*; **se mettre au** ~ *cf* (**se**) **pieuter**

pieusement [pjøzmɑ̃] *adv* **1.** **mourir** ~ als frommer Mensch, im Glauben sterben; **vivre** ~ fromm leben; ein frommes Leben führen; **2.** pie'tät-, liebevoll

pieuter [pjøte] *v/pr* **se** ~ F in die Falle, Klappe gehen; sich in die Falle hauen

pieuvre [pjœvr(ə)] *f zo* Krake *m*; Achtfüßer *m*

pieux [pjø] *adj* ⟨**pieuse** [pjøz]⟩ **1.** fromm; *Person auch* gottesfürchtig; **legs** ~ Vermächtnis *n* zu frommen Stiftungen, für fromme Werke; *fig* ~ **mensonge** fromme Lüge; Notlüge *f*; *fig* **vœux** *m/pl* ~ fromme Wünsche *m/pl*; **2.** *Schweigen* pie'tätvoll; heilig; **garder le** ~ **souvenir de qn** j-m ein ehren-, liebevolles Andenken bewahren

pièze [pjɛz] *f* (*abr* **pz**) *phys Druckeinheit im frz MTS-System* 10 Milli'bar

piézo|-électricité [pjezoelektrisite] *f phys* Pi'ezoelektrizität *f*; **~-électrique** *adj* pi'ezoelektrisch; *e-s Plattenspielers* **lecteur** *m* ~ Kri'stalltonabnehmer (-system) *m*(*n*); **quartz** *m* ~ Pi'ezo-, Schwingquarz *m*; **~mètre** *m phys* Piezo'meter *n*

pif¹ [pif] *int* ~ **paf!** *bei e-m Schlag* klitsch, klatsch!

pif² [pif] *m* F (*nez*) F Gesichtserker *m*; Rübe *f*; Gurke *f*; Zinken *m*

pif(f)er [pife] *v/t* F **ne pas pouvoir** ~ **qn** F j-n nicht riechen können

pifomètre [pifɔmɛtr] *m* F guter, richtiger Riecher; *loc/adv* **au** ~ nach Augenmaß; über den Daumen gepeilt

pige [piʒ] *f* **1.** *impr* **a)** *e-s Setzers* (Arbeits)Soll *n*, (-)Norm *f*; Pensum *m*; **b)** *Journalist* **être payé à la** ~ nach Zeilen bezahlt werden; ein Zeilenhonorar bekommen; **2.** *arg* Jahr *n*; **3. a)** *willkürlich angenommene* Länge (*als Maßeinheit*); **b)** *ein solcher Maßstab*; *zur Messung e-s Flüssigkeitsstandes* Peilstab *m*; **4.** F *fig* **faire la** ~ **à qn** j-n über'treffen, ausstechen, über'bieten, F in die Tasche stecken; **es besser machen als j**

pigeon [piʒõ] *m* **1.** *zo* Taube *f*; ~ **domestique, sauvage** Haus-, Wildtaube *f*; ~ **mâle** Täuber(ich) *od* Tauber(ich) *m*; ~ **voyageur** Brieftaube *f*; ~ **de roche** Felsentaube *f*; **2.** *Kinderspiel* (**jouer à**) ~ **vole** Alles, was Federn hat, fliegt hoch (spielen); **3.** *Anrede für Kinder* **mon** (**petit**) ~ mein Täubchen; **4.** *fig* **il a été le** ~ **dans l'affaire** er war der Dumme, Geprellte, Genarrte bei der Sache; **plumer un** ~ F einem viel Geld abknöpfen; *cf auch* **pigeonner**

pigeonnant [piʒɔnɑ̃] *adj Büste* voll und straff; **soutien-gorge** ~ Büstenhebe *f*; Dirndl-Büstenhalter *m*

pigeonn|e [piʒɔn] *f selten zo* Täubin *f*; **~eau** *m* ⟨*pl* **~x**⟩ *zo* Täubchen *n*; junge Taube; **~er** *v/t* F ~ **qn** F j-n rupfen, ausnehmen, aufs Kreuz legen; j-m das Fell über die Ohren ziehen; **~ier** *m* **1.**

Taubenschlag *m*, -haus *n*; **2.** *plais* Dach-, Man'sardenwohnung *f*

piger [piʒe] F *v/t* ‹-geons› F ka'pieren; mitkriegen, -bekommen; P fressen; *abs*: **tu piges?** kapiert?; **il a pigé** F der Groschen ist (bei ihm) gefallen; es hat (bei ihm) gefunkt, gezündet, geklingelt

pigiste [piʒist] *m impr* **a)** Setzer, der e-n Leistungs-, Ak'kordlohn erhält; **b)** Journa'list, der ein Zeilenhonorar erhält

pigment [pigmã] *m* **1.** *biol* Pig'ment *n*; ~s végétaux Pflanzenfarbstoffe *m/pl*; **2.** *Farbmittel* Pig'ment *n*; Farberde *f*; *früher auch* Pig'mentfarbe *f*

pigment|aire [pigmãtɛr] *adj biol* Pig-'ment...; *path* tumeur *m* ~ Pigmentgeschwulst *f*; **~ation** *f* **1.** *biol* Pig'mentbildung *f*, Pigmentati'on *f*; Pigmen-'tierung *f*; **2.** *e-s Bindemittels* Pigmen-'tieren *n*, *-ung f*; *adit Haut* pigmen-'tiert; **~er** *v/t Bindemittel* pigmen'tieren; mit Pig'ment einfärben

pigne [piɲ] *m bot* Kiefernzapfen *m*; Kienapfel *m*

pignocher [piɲɔʃe] *v/i* **1.** ohne Appe'tit, F mit langen Zähnen essen; die Zähne heben; **2.** *peint* sorgfältig und mit kleinen Pinselstrichen malen

pignon [piɲõ] *m* **1.** *arch* Giebel *m*; ~ à redans Treppen-, Staffel-, Stufengiebel *m*; abgetreppter Giebel; **maison** *f* à ~ Giebelhaus *n*; *adit* mur *m* ~ Giebelwand *f*; *fig* avoir ~ sur rue **a)** ein eigenes Haus haben; Hausbesitzer sein; **b)** *bes Kaufmann* wohlhabend, F gut betucht sein; **2.** *tech e-s Rädergetriebes* Antrieb(srad) *m(n)*; Ritzel *n*; **3.** *bot* **a)** Piniennuß *f*; Pi'gnol(i)e *od* Pini'ole *f*; **b)** pin *m* ~ Pinie *f*

pignoratif [piɲɔratif] *adj* ‹*nur m*› *jur* contrat ~ in die Form e-s Kaufvertrages mit Rückkaufsrecht gekleideter Darlehensvertrag

pignouf [piɲuf] F *m* Flegel *m*; Lümmel *m*; ungehobelter, ungeschliffener Kerl; F grober Klotz

pilaf [pilaf] *m cuis* Pi'lau *od* Pi'laf *od* Pi'law *m*

pilage [pilaʒ] *m* (Zer)Stampfen *n*, (-)Stoßen *n*; Zerkleinern *n*

pilaire [pilɛr] *adj cf* pileux

pilastre [pilastr(ə)] *m* **1.** *arch* Pi'laster *m*; Wandpfeiler *m*; **2.** *an Möbeln, in Innenräumen* pi'lasterartige Verzierung; **3.** *e-s Geländers* Hauptpfosten *m*; *e-s Treppengeländers* erster, verzierter Treppenpfosten

pilchard [pilʃar] *m zo* Pilchard *m*

pile¹ [pil] *f* **1.** Stapel *m*; Stoß *m*; ~ d'assiettes, de bois Stapel, Stoß Teller, Holz; Teller-, Holzstoß *m*, -stapel *m*; mettre en ~ stapeln; zu e-m Stapel, Stoß (auf)schichten, überein'anderlegen, -schichten; *Holz, Ziegel auch* aufsetzen; **2.** *bât* Brückenpfeiler *m*; **3.** *élect* **a)** ~ (galvanique) gal'vanisches, elektro'chemisches, e'lektrisches Ele'ment; Pri'märelement *n*; Zelle *f*; *cf auch* **b)**; ~ solaire *cf* héliopile; ~ Volta, voltaïque Voltaelement *n*; Voltasche Säule; ~ thermo-électrique Thermosäule *f*; ~ à combustible Brennstoffzelle *f*; **b)** ~ (sèche) (Trocken)Batte'rie *f*; ~ plate, ronde Flach-, Stabbatterie *f*; **4.** *phys atom* ~ atomique Kern-, A'tomreaktor *m*; A'tommeiler *m*; **5.** *e-r Münze* Rückseite *f*; jouer (qc) à ~ ou face (etw) durch Kopf oder Schrift entscheiden; zwei Personen auch knobeln; **6.** F **a)** Tracht *f* Prügel *f*; Abreibung *f*; Dresche *f*; Senge *f*; Wichse *f*; **b)** *bes sports* schwere Niederlage; F Schlappe *f*; **7.** *Papierfabrikation* ~ raffi-

---

neuse, 'hollandaise Holländer *m*

pile² [pil] *adv* F **1.** s'arrêter ~ *Person* plötzlich, unverhofft, jäh stehenbleiben, innehalten; *Fahrzeug* anhalten; **2.** ça tombe ~ das kommt wie gerufen, gerade recht; **3.** à deux heures ~ Punkt, Schlag zwei Uhr; pünktlich um zwei Uhr

piler [pile] *v/t* **1.** *im Mörser* (zer-) stampfen; (zer)stoßen; zerkleinern; **2.** F *fig* **a)** qn j-n verbleuen, versohlen, verdreschen, verwichsen, vertrimmen; **b)** *bes sports* se faire ~ vernichtend geschlagen werden; F e-e schwere Schlappe einstecken müssen

pilet [pilɛ] *m zo* Spießente *f*

pilette [pilɛt] *f Straßenbau* kleiner Stampfer

pileux [pilø] *adj* ‹-euse› *anat* Haar...; *système* ~ Haarkleid *n*; Behaarung *f*

pilier [pilje] *m* **1.** *arch* (Frei)Pfeiler *m*; *bât aus Holz, Metall auch* Stütze *f*; (Stütz-) Pfeiler *m*; *aus Holz auch* Ständer *m*; Säule *f*; Stiel *m*; ~ butant, en faisceau Strebe-, Bündelpfeiler *m*; ~ de fer Eisenstütze *f*; **2.** *bes von e-r Person* Säule *f*; *Eckpfeiler m*; (Haupt)Stütze *f*; un ~ d'église ein fleißiger, eifriger Kirchgänger; c'est un ~ de cabaret er hockt immer in der Kneipe; **3.** *Rugby* Stürmer *m* der ersten Reihe; **4.** *anat* ~ du voile du palais Gaumenbogen *m*; **5.** *Reitsport* Pi'lar *m*; **6.** *mines* ~ de bois Holzpfeiler *m*, -kasten *m*

pilifère [pilifɛr] *adj bot* behaart

pill|age [pilaʒ] *m* Plündern *n*, *-ung f*; mettre au ~ (aus)plündern *(auch fig)*; **~ard I** *adj* plündernd; soldats ~s plündernde Soldaten *m/pl*; **II** *m* Plünderer *m*

piller [pije] *v/t* **1.** Stadt, Geschäfte (aus)plündern; **2.** *fig bei e-m Autor, Werk* geistige Anleihen machen (qn, qc bei j-m, etw); abschreiben (bei j-m, [aus] etw); geistigen Diebstahl begehen (an + *dat*)

pilleur [pijœr] *m* Plünderer *m*

pilocarpine [pilɔkarpin] *f phm* Pilokar'pin *n*

pilon [pilõ] *m* **1.** *e-s Mörsers* Stößel *m*; Stößer *m*; Mörserkeule *f*; Pi'still *n*; *cuis* Stampfer *m*; *zum Verdichten des Bodens* Stampfer *m*; Ramme *f*; *e-s Pochwerks* (Poch)Stempel *m*; *impr* mettre au ~ einstampfen; **2.** F *fig e-s Amputierten* Holzbein *n*; **3.** *cuis bei Geflügel* 'Unterschenkel *m*

pilonnage [pilɔnaʒ] *m* **1.** *mil* Trommelfeuer *n*; pausenloses Feuer; *durch die Luftwaffe* pausenloses Bombarde'ment; **2.** *tech* Zerkleinern *n*, *-ung f*; Zerstampfen *n*; Pochen *n*; *des Bodens* (Fest-) Stampfen *n*

pilonner [pilɔne] *v/t* **1.** *tech* zerstampfen; zerkleinern; pochen; *Boden* (fest-) stampfen; **2.** *mil* unter Trommelfeuer, pausenloses Feuer nehmen; *Luftwaffe* pausenlos bombar'dieren

pilori [pilɔri] *m hist* **a)** Pranger *m*; Schandpfahl *m*; mettre, *fig auch* clouer au ~ an den Pranger stellen; *fig auch* anprangern; **b)** Prangerstrafe *f*

piloselle [pilɔsɛl, -lɔz-] *f bot* Kleines Habichtskraut

pilos|isme [pilɔzism(ə)] *m path* 'übermäßiger Haarwuchs; *sc* Pi'losis *f*; **~ité** *f* Behaarung *f*; Behaartheit *f*

pilot [pilo] *m* **1.** *bât* Ramm-, Grundpfahl *m*; Pi'lote *f*; **2.** *Papierfabrikation* Hadern *m/pl*; Lumpen *m/pl*

pilotage [pilɔtaʒ] *m* **1.** *mar* Lotsen (-dienst) *n(m)*; droits *m/pl* de ~ Lotsengeld *n*; **2.** *aviat e-s Flugzeugs* Führung *f*; Steuerung *f*; ~ téléguidé, télécommandé Fernsteuerung *f*; ~ sans visibi-

---

lité *(abr P.S.V.)* Blind-, Instru'mentenflug *m*; poste *m* de ~ Cockpit *n*; **3.** *bât* Pfahlrost *m*, -werk *n*, -bau *m*

pilote [pilɔt] *m* **1.** *aviat* Pi'lot *m*; Flugzeugführer *m*; ~ automatique *cf* automatique 1.; ~ d'aérostat Bal'lonführer *m*; ~ de chasse Jagdflieger *m*; ~ d'essai Testpilot *m*; Einflieger *m*; ~ de guerre Luftwaffenpilot *m*; Mili'tärflieger *m*; ~ de ligne Pilot e-r Verkehrs-, Linienmaschine; *loc/adi Flugzeug* sans ~ unbemannt; **2.** *mar* Lotse *m*; *adit* bateau *m*, pavillon *m* ~ Lotsenboot *n*, -flagge *f*; *fig* servir de ~ à qn j-m als Führer, Lotse dienen; **3.** *e-s Rennwagens* (Renn)Fahrer *m*; *mil* ~ de char Panzerfahrer *m*; **4.** *zo* Lotsenfisch *m*; Pi'lot *m*; **5.** *adit* Mo-'dell...; Muster...; Versuchs...; classe *f* ~ Modell-, Versuchsklasse *f*; ferme *f* ~ Mustergut *n*, -hof *m*; landwirtschaftlicher Musterbetrieb; prix *m* ~ Richtpreis *m*; usine *f* ~ Muster-, Versuchsbetrieb *m*; **6.** *adit télécomm* onde *f* ~ Pi'lotfrequenz *f*

piloter [pilɔte] I *v/t* **1.** *Flugzeug* fliegen; führen; steuern; lenken; *Auto* fahren; lenken; **2.** *mar* lotsen; (ge-) leiten; **3.** *bât Gelände* verpfählen; II *v/i bât* Grund-, Rammpfähle einrammen; pilo'tieren

pilotin [pilɔtɛ̃] *m bei der Handelsmarine* Offi'ziersanwärter *m*

pilotis [pilɔti] *m bât* Grund-, Rammpfahl *m*; *coll* Pfahlrost *m*, -werk *n*

pilou [pilu] *m text* einseitig gerauhtes, weiches Baumwollgewebe

Pilsen [pilzɛn] *n/pr Bier* une ~ ein Pils(e)ner *n*, Pils *n*

pilulaire [pilylɛr] *adj phm* Pillen...

pilul|e [pilyl] *f phm* **a)** Pille *f*; *fig* avaler la ~ die bittere Pille schlucken; in den sauren Apfel beißen müssen; *bei e-r Zurechtweisung, Beleidigung* es schlukken (müssen); **b)** ~ anticonceptionnelle *od ellip* la ~ Antibabypille [-'be:bi-] *f od ellip* die Pille; elle prend la ~ sie nimmt die Pille; **~ier** *m* Pillenmaschine *f*

pimbêche [pɛ̃bɛʃ] *f* hochnäsige, eingebildete Per'son; hochnäsiges, eingebildetes Frauenzimmer; F eingebildete Pute; *adit* être ~ hochnäsig, eingebildet sein; F die Nase hoch tragen

piment [pimã] *m* **1.** *bot* **a)** Paprika *m*; Spanischer Pfeffer; **b)** Paprika(schote) *m(f)*; **c)** ~ couronné, des Anglais Gewürznelken-, Pi'mentbaum *m*; **2.** *fig* Würze *f*; mettre un certain ~ dans la conversation der Unter'haltung e-e gewisse Würze geben, verleihen

pimenter [pimãte] *v/t cuis* kräftig, scharf, stark würzen; *adit* pimenté pi'kant *(auch fig)*

pimpant [pɛ̃pã] *adj Frau, junges Mädchen, Kleid* a'drett; fesch; schick; *Dorf, Städtchen* schmuck

pimprenelle [pɛ̃prənɛl] *f bot* **a)** Wiesenknopf *m*; **b)** Pimpi'nelle *f*; Pimper-'nell *m*; Biber'nelle *f*

pin [pɛ̃] *m bot* Kiefer *f*; ~ noir, maritime Schwarz-, Strandkiefer *f*; ~ parasol, pignon Pinie *f*; ~ sylvestre Gemeine Kiefer; Föhre *f*; bois *m* de ~ Kiefern-, Kienholz *n*

pinacle [pinakl(ə)] *m* **1.** *arch* Fi'ale *f*; **2.** *fig u st/s* porter qn au ~ j-n 'überschwenglich, F über den grünen Klee loben; F j-n in den Himmel heben; **3.** *bibl des Tempels in Jerusalem* Zinne *f*

pinacothèque [pinakɔtɛk] *f* Pinako-'thek *f* (*bes die in München*)

pinaill|er [pinaje] *v/i* F **1.** kleinlich, F pins(e)lig, pingelig sein; **2.** ~ sur qc an etw (*dat*) (F he'rum)nörgeln; **~eur** F I *adj* ‹-euse› *Person* F pins(e)lig; pinge-

lig; **II** *subst* ~, *selten* **pinailleuse** *m,f* Kleinigkeitskrämer *m*

pinard [pinar] F *m* Wein *m*

pinasse [pinas] *f* Fischerboot *n* mit flachem Boden

pinçage [pɛ̃saʒ] *m cf* pincement 3.

pinçard [pɛ̃sar] *adj* **cheval** ~ Spitzengänger *m*; Pferd, das nur auf dem vorderen Teil des Hufs geht

pince [pɛ̃s] *f* **1.** Zange *f*; *tech* ~ **coupante devant**, **de côté** Vorn-, Seitenschneider *m*; ~ **emporte-pièces** Lochzange *f*; ~ **plate, ronde** Flach-, Rundzange *f*; ~ **à charbon** Kohlen-, Bri'kettzange *f*; *chir* ~ **à dissection** (chirurgische) Pin'zette *f*; **à épiler** Pin'zette *f* (*zum Haarentfernen*); *cuis* ~ **à escargots, à gâteaux** *od* **à pâtisserie** Schnecken-, Kuchen- *od* Gebäckzange *f*; *tech* ~ **à gaz** Gasrohrzange *f*; ~ **à ongles** Nagelzange *f*; *cuis* ~ **à sucre** Sa'lat-, Zuckerzange *f*; **2.** Klemme *f* (*auch élect*); Klammer *f*; *zum Befestigen des Tischtuchs* Tischklammer *f*, -klemme *f*; ~ (**à cheveux**) Haarklemme *f*; *zum Befestigen e-r Locke* Klips *m*; ~ **à cravate** Klipp *m* (*zum Festhalten der Krawatte*); **à linge**, ~ **à pantalons** Wäsche-, Hosenklammer *f*; **3.** ~ (**monseigneur**) Brecheisen *n*, -stange *f*; **a)** *der Krebstiere* Schere *f*; **b)** *der Pflanzenfresser, bes des Pferdes* Schneidezahn *m*; **c)** *der Huftiere u Paarhufer* vorderer Teil des Hufes *bzw der Klaue*; *beim Pferd* Teil des Hufeisens, der den vorderen Huf bedeckt; **5.** *cout* Abnäher *m*; **6.** F **a)** (*main*) F Flosse *f*; Pfote *f*; **serrer la** ~ **à qn** j-m die Flosse schütteln; **b)** (*pied*) *nur loc/adv* **à** ~ **s** F *per pedes*; auf Schusters Rappen

pincé [pɛ̃se] **I** *adj* **1.** *Gesicht, Miene* verkniffen; *Mund, Lippen* zu'sammengekniffen; *Lächeln* gezwungen; **2.** *mus* **instrument** *m* **à cordes** ~**es** Zupfinstrument *n*; **II** *m* *in der alten frz Klaviermusik* Pin'cé *m*; Mor'dent *m*; Pralltriller *m*

pinceau [pɛ̃so] *m* ⟨*pl* ~**x**⟩ **1.** Pinsel *m*; ~ **plat, rond** Flach-, Rundpinsel *m*; **coup** *m* **de** ~ Pinselstrich *m*; **2.** *peint* Pinselführung *f*; **3.** *opt* ~ **lumineux** schmales Lichtbündel, -büschel; **4.** *meist pl* ~**x** F (*pieds*) F Flossen *f/pl*; Pe'dale *n/pl*; ~**ter** [pɛ̃sote] *m* *auch im Pinsel* malen

pincée [pɛ̃se] *f cuis* **une** ~ **de poivre, de sel** e-e Prise Pfeffer, Salz

pince-fesses [pɛ̃sfɛs] *m* ⟨*inv*⟩ F Bumslokal *n*

pincelier [pɛ̃səlje] *m* Gefäß *n* zum Reinigen der Pinsel

pincement [pɛ̃smɑ̃] *m* **1.** *mus* von Saiten Zupfen *n*; **2.** *bei Aufregung* ~ **au cœur** Herzstiche *m/pl*, -stechen *n*; **3.** *Obstbau, vit* Entspitzen *n*; Pin'zieren *n*; **4.** *auto* Vorspur *f*; **5.** *phys* **effet** *m* **de** ~ Pincheffekt [-tʃ-] *m*

pince|-monseigneur [pɛ̃smõsɛɲœr] *f* ⟨*pl* **pinces-monseigneur**⟩ Brecheisen *n*, -stange *f*; ~**nez** *m* ⟨*inv*⟩ Kneifer *m*; Zwicker *m*; Klemmer *m*; ~**notes** *m* ⟨*inv*⟩ Briefklemme *f*

pincer [pɛ̃se] ⟨-ç-⟩ **I** *v/t* **1.** kneifen, zwicken (**qn** j-n); **il lui pinça amicalement la joue** er kniff ihn *od* ihm freundschaftlich in die Wange; **2.** *Mund, Lippen* zu'sammenkneifen, -pressen; **se** ~ **le nez** sich die Nase zuhalten; **3.** *Finger, Fuß* (ein)klemmen; **il s'est pincé le doigt dans la porte** er hat sich den Finger in der Tür (ein)geklemmt; **4.** *mus* **Saite** zupfen; *auf e-m Zupfinstrument* ~ **quelques accords** *auch* ein paar Akkorde anklingen lassen; F klimpern; **5.** F *fig* **Dieb, Übeltäter** ertappen; F erwischen; schnappen; **se faire** ~ sich ertappen, F erwischen, schnappen las-

sen; erwischt, geschnappt werden; **6.** *fig Kälte* beißen; schneiden; **le froid nous pinçait au visage** die Kälte biß, schnitt uns ins Gesicht; *abs* F **ça pince dur** es ist bitter, grimmig, eisig kalt; **7.** *cout* abnähen; **8.** *Obstbau, vit:* **Kopftrieb** entspitzen; pin'zieren; **II** *v/i fig* **en** ~ **pour qn** F in j-n verknallt sein; sich in j-n vergafft haben

pince-sans-rire [pɛ̃ssɑ̃rir] *m,f* ⟨*inv*⟩ j, der e-n trockenen Hu'mor hat; **c'est un** ~ er hat e-n trockenen Humor

pincette [pɛ̃sɛt] *f* ~**s** *pl* Feuerzange *f*; F *fig* **il n'est pas à prendre avec des** ~**s** mit ihm ist (heute) nicht gut Kirschen essen; F **er ist** (heute) mit Vorsicht zu genießen; *fig* **von j-m, der sehr schmutzig ist** **il n'est pas à toucher avec des** ~**s** den kann man, ich möchte ihn nicht (ein)mal mit der Zange anfassen; **2.** Pin'zette *f*; Federzange *f*; *des Uhrmachers* Kornzange *f*

pinçon [pɛ̃sõ] *m* *auf der Haut* roter Fleck, rotes Mal (*vom Kneifen, wenn man sich eingeklemmt hat*)

pindarique [pɛ̃darik] *adj* Literatur pin'darisch; **ode** *f* ~ pindarische Ode (*z B von Ronsard*)

pinéal [pineal] *adj* ⟨-aux⟩ *anat* **glande** ~**e** Zirbeldrüse *f*

pineau [pino] *m* **1.** ~ **des Charentes** *ein Likörwein aus der Charente, der aus Cognak u Traubenmost zubereitet wird*; **2.** *cf* pinot

pinède [pinɛd] *f* Kiefern-, Pinienwald *m*, -pflanzung *f*

pinène [pinɛn] *m chim* Pi'nen *n*

pingouin [pɛ̃gwɛ̃] *m zo* **1.** Alk *m*; **grand** ~ Riesenalk *m*; **2.** *abus* Pinguin *m*

ping-pong [piŋpõg] *m* Tischtennis *n*; Pingpong *n*; **joueur** *m* **de** ~ Tischtennis-, Pingpongspieler *m*; **championnat** *m* **de** ~ Tischtennismeisterschaft *f*; **jouer au** ~ Tischtennis, Pingpong spielen

pingre [pɛ̃gr(ə)] **I** *adj* knaus(e)rig; F knickerig; filzig; **II** *m,f* Geizhals *m*, -kragen *m*; Knauser *m*; F Knicker *m*; Filz *m*; Pfennigfuchser *m*

pingrerie [pɛ̃grəri] *f* Knause'rei *f*; Knaus(e)rigkeit *f*; F Knick(e)rigkeit *f*; Pfennigfuchse'rei *f*

pinne [pin] *f zo* ~ (**marine**) Schinken-, Steckmuschel *f*; *sc* Pinna *f*

pinnipèdes [pinipɛd] *m/pl zo* Flossenfüßer *m/pl*; Robben *f/pl*

pinnothère [pinotɛr] *m zo* Muschelwächter *m*

pinnule [pinyl] *f* **1.** *arp* Di'opter *m*; **2.** *bot des Farns* Blatt *n*; **3.** *zo* **a)** *an den Armen der Seelilien* Fiederchen *n*; **b)** kleine Flosse

pinot [pino] *m vit* Pi'not *m*; Bur'gunderrebe *f*; ~ **noir** schwarzer Pinot; Pinot noir; Blaue Spätburgunderrebe

pin-pon [pɛ̃põ] *im Ton des Martinshorns nachahmend* ~ ! ... ! ta'tüta'ta!

pinson [pɛ̃sõ] *m zo* Buchfink *m*; ~ **du Nord, des Ardennes** Bergfink *m*; *fig* **être gai comme un** ~ F quietschvergnügt, (kreuz)fi'del sein

pintad|e [pɛ̃tad] *f zo* Perlhuhn *n*; ~**eau** *m* ⟨*pl* ~**x**⟩ *zo* junges Perlhuhn; ~**ine** *f zo* Perlmuschel *f*

pinte [pɛ̃t] *f* **1.** *altes Hohlmaß* Pinte *f*; *heute in England u USA* Pint [paint] *n*; **2.** F *fig* **se payer une** ~ **de bon sang** sich köstlich amü'sieren; sehr vergnügt sein; sich totlachen; sich e-n Ast lachen; sich krank lachen; sich ka'putt-, schieflachen

pinter [pɛ̃te] F *v/i* tüchtig zechen, kneipen, F picheln, kümmeln

pin-up [pinœp] *f* ⟨*inv*⟩ Pin-up-girl [-'ʌp-] *n*

piochage [pjɔʃaʒ] *m* **1.** (Auf)Hacken *n*; **2.** *fig* Pauke'rei *f*; Büffe'lei *f*

pioche [pjɔʃ] *f* **1.** Hacke *f*; Kreuzhacke *f*; *südd auch* Haue *f*; ~ **bident** Karst *m*; *ch de fer* ~ **à bourrer** Stopfhacke *f*; **démolir un mur à coups de** ~ e-e Mauer mit der Hacke ab-, nieder-, einreißen; **2.** F *fig* **tête** *f* **de** ~ Dick-, Starrkopf *m*; F Dickschädel *m*; **3.** *beim Domino* auf e-m Haufen liegende, bei'seite gelegte Dominosteine *m/pl*

pioch|er [pjɔʃe] **I** *v/t* **1.** (auf-, 'um-) hacken; **2.** F *fig* **Schüler** pauken; büffeln; ~ **son programme d'histoire** Geschichte pauken; **II** *v/i* **3.** *beim Domino* e-n Stein von dem (bei'seite gelegten) Haufen nehmen; **4.** *fig* ~ **dans le tas** (im Haufen her'umwühlen und) aufs Geratewohl e-e(n, -s) her'ausgreifen, -ziehen, F -fischen; ~**euse** *f* Straßenbau Aufreißer *m*

piolet [pjɔlɛ] *m der Bergsteiger* Eispickel *m*

pion [pjõ] *m* **1.** *Schülersprache* ~(**ne**) *m(f)* *in frz Schulen* Aufsichtführende(r) *f(m)*; *péi* Aufpasser(in) *m(f)*; *cf auch* surveillant 2.; **2.** *Schachfigur* Bauer *m*; *fig u pol* **n'être qu'un** ~ **sur l'échiquier international** nur ein simpler Bauer auf dem politischen Schachbrett, nur ein Sta'tist auf der politischen Bühne sein; **3.** *Damespiel* Stein *m*; *fig* **damer le** ~ **à qn** j-m den Rang ablaufen; j-n ausstechen

pioncer [pjõse] *v/i* ⟨-ç-⟩ fest schlafen, F pennen

pionne [pjɔn] *f cf* pion 1.

pionnier [pjɔnje] *m* **1.** *fig* Pio'nier *m* (*auch in unbesiedelten Ländern*); Wegbereiter *m*; Bahnbrecher *m*; **2.** *mil früher* Schanzsoldat *m*; 1. Weltkrieg Baupionier *m*; **3.** *in sozialistischen Ländern* (Junger) Pio'nier *m*; **maison** *f*, **palais** *m* **des** ~**s** Pionierhaus *n*, -palast *m*

pipa [pipa] *m zo* Pipakröte *f*

pipe [pip] *f* **1.** (Tabaks)Pfeife *f*; ~ **à opium** Opiumpfeife *f*; ~ (**en racine**) **de bruyère** Bruyèrepfeife *f*; (Shag)Pfeife *f* aus Bruyèreholz; **fumer la** ~ Pfeife rauchen; **2.** F *fig* **par tête de** ~ F pro Nase; **nom d'une** ~ ! *Donnerwetter noch* (ein)mal!; **casser sa** ~ F abkratzen; abschrammen; ins Gras beißen; **se fendre la** ~ *cf* fendre 7.; **3.** F (*cigarette*) F Stäbchen *n*; Glimmstengel *m*; **4.** *bei e-m Ölofen* ~ **d'alimentation** Öl(zu)leitung *f* (*zum Brenner*); Speiseleitung *f*

pip|eau [pipo] *m* ⟨*pl* ~**x**⟩ **1. a)** Hirtenflöte *f*, -pfeife *f*; **b)** einfache Flöte (*für Kinder*); **2.** *zum Vogelfang* **a)** Lockpfeife *f*; Locke *f*; **b)** ~**x** *pl* Leimruten *f/pl*; ~**ée** *f* Vogelfang *m* mit der Lockpfeife und mit Leimruten

pip|elet [piplɛ] F *m*, ~**ette** F *f* Portier(s)frau] *m(f)*; *fig* **c'est une vraie pipelette, elle est bavarde comme une pipelette** F sie ist ein altes Waschweib, e-e schreckliche Klatschbase, -liese. Tratsche

pipe-line [pajplajn, piplin] *m* ⟨*pl* **pipe-lines**⟩ Pipeline ['paiplain] *f*; Rohrleitung *f*; *bes* Erdölleitung *f*

piper [pipe] *v/t* **1.** *Person* **ne pas** ~ (**mot**) kein Wort sagen; keinen Ton sagen, von sich geben; sich in Schweigen hüllen; F nicht piep sagen; F *Würfel* fälschen; *fig* **les dés sont pipés** das ist ein abgekartetes Spiel; hier wird ein falsches Spiel getrieben; **2.** *Vögel* mit der Lockpfeife, Locke an-, bei'locken, fangen

pipéracées [piperase] *f/pl bot* Pfeffergewächse *n/pl*

piperade [piperad] *f cuis* baskisches Gericht aus Paprika, Tomaten u Ei

piper-cub [pipɛrkœb] *m* ⟨*pl* **piper-**

-cubs⟩ (ein) Artilleriebeobachtungs- u Sportflugzeug

pipér|in [piperɛ̃] m od **~ine** f chim Pipe'rin n

pipéronal [piperɔnal] m chim Pipero'nal n; Heliotro'pin n

pipette [pipɛt] f chim Pi'pette f; Stechheber m

pipi [pipi] m enf od F Pipi n; fig u péj ~ de chat F Gesöff n; Plörre f (bes von Kaffee u Tee); Plempe f; plais madame, la dame ~ F die Klofrau; il y a du ~ de chien sur le mur F die Hunde haben an die Mauer gepinkelt; faire ~ F Pipi, ein Bächlein, klein machen; ça sent le ~ hier riecht es nach U'rin

pipi(t) [pipi(t)] m zo Piper m; ~ des arbres Baumpiper m

pipier [pipje] I adj ⟨-ière⟩ Pfeifen...; II m Pfeifenmacher m

piquage [pikaʒ] m 1. cout Nähen n mit der (Näh)Ma'schine; Ma'schinennähen n; (Ma'schinen)Steppen n (auch von Schuhen); 2. text Lochen n, Kartenschlagen n; 3. der Ausnähtafeln für Kinder Lochen n

piquant [pikã] I adj 1. Bart, Pflanze stach(e)lig; 2. Luft, Kälte schneidend; 3. cuis pi'kant; sauce ~e pikante Soße; 4. fig Anspielung, Bemerkung etc bissig; boshaft; beleidigend; Bemerkung, Reden auch spitz; 5. fig u litt a) Person, Schönheit u der Distel Stachel m; der Rose, des Weißdorns Dorn m; 2. fig u litt le ~ der Reiz; das Reizvolle, Pi'kante, Amü'sante, Witzige, Drollige (de l'affaire an der Sache)

pique¹ [pik] f 1. alte Stoßwaffe Pike f; Spieß m; des Pikadors beim Stierkampf Lanze f; 2. fig envoyer, lancer des ~s à qn boshafte, bissige, spitze Bemerkungen j-m gegenüber machen, an j-n richten; gegen j-n sticheln

pique² [pik] m Spielkartenfarbe u Karte Pik n; Schippen n; as m de ~ Pik-'As n; F fig être fichu comme l'as de ~ cf as 1.; dame f, roi m de ~ Pik'dame f, -'könig m

piqué [pike] I adj 1. cout mit der (Näh)Ma'schine genäht; (ab)gesteppt (auch Schuhe); 2. alter Spiegel fleckig; alte Bücher, Wäsche ~ (de moisissure) stockfleckig; Wäsche ~ de rouille rostfleckig; Gesicht ~ de taches de rousseur sommersprossig; mit Sommersprossen über'sät, besät; Möbel, Obst ~ (des vers) wurmstichig; Obst auch wurmig; F fig ne pas être ~ des vers, des 'hannetons Film, Essen, Geschichte F Klasse, gelungen, toll, dufte sein; Hitze, Kälte F nicht von Pappe, von schlechten Eltern sein; 3. Wein être ~ n Stich haben; 'umgeschlagen, sauer sein; 4. F fig Person être un peu ~ F e-n kleinen Stich haben; ein bißchen 'übergeschnappt sein; ein bißchen spinnen; subst une vieille ~e e-e wunderliche, F spinnige Alte; 5. fig ~ au vif cf vif II 2.; 6. mus note ~e Note, die stac'cato gespielt wird, werden muß; II m 1. text Pi'kee m; un gilet de ~ e-e Pikeeweste; 2. aviat Sturzflug m; mil attaque f, bombardement m en ~ Angriff m, Bombenangriff m im Sturzflug; Stukaangriff m; bombardier m en ~ Sturzkampfbomber m; Kurzwort Stuka m; descendre en ~ im Sturzflug niedergehen

pique|-assiette [pikasjɛt] m,f ⟨inv⟩ Schma'rotzer m; Nassauer m; **~-bœuf** m ⟨pl pique-bœufs [pikbø]⟩ zo Madenhacker m, -fresser m; **~-feu** m ⟨inv⟩ Schüreisen n, -haken m; **~-fleurs** m ⟨inv⟩ Blumenstecker m

pique-niqu|e [piknik] m ⟨pl pique-niques⟩ Picknick n; **~er** v/i picknicken; Picknick machen; **~eur** m meist pl ~s Leute pl, die picknicken, Picknick machen

pique-notes [piknɔt] m ⟨inv⟩ gebogener Haken, auf den man Zettel aufspießt

piquer [pike] I v/t 1. mit e-r Nadel, Gabel stechen; nordd F pi(e)ken od pi(e)ksen; aufspießen; ~ la viande avec une fourchette mit e-r Gabel in das Fleisch stechen; das Fleisch mit e-r Gabel aufspießen; elle piqua son aiguille dans son ouvrage et se leva sie steckte die Nadel in ihre Handarbeit ...; 2. e-e Spritze geben (qn j-m; le bras droit in den rechten Arm); spritzen; F on l'a piqué contre la variole er ist gegen Pocken geimpft worden; faire ~ son chien s-n Hund einschläfern lassen; 3. Insekten, Dornen, Stacheln stechen; nordd F pi(e)ken; pi(e)ksen; Schlange, Floh beißen; Nesseln brennen; stacheliger Bart kratzen; ça me pique das sticht, nordd F pi(e)kt bzw F pi(e)kst, kratzt, brennt; 4. cout mit der (Näh-) Ma'schine nähen; (ab)steppen (auch Schuhe); 5. Rauch beißen (les yeux in die od in den Augen); Pfeffer, scharfer Mostrich beißen, brennen (la langue auf der Zunge); Kälte schneiden (le visage ins Gesicht); F abs kohlensäurehaltiges Getränk prickeln; den Gaumen kitzeln; 6. cuis Fleisch mit Knoblauch, Nelken spicken; Braten piqué d'ail mit Knoblauch gespickt; 7. fig j-s Neugier reizen; wachrufen; wecken (auch j-s Stolz); 8. F fig in festen Wendungen: ~ un cent mètres F die Beine in die Hand, unter den Arm nehmen; flitzen; wetzen; rasen; ~ une colère, un fard, un roupillon, une tête cf colère etc; 9. F fig Gegenstand F klauen; mausen; sti'lbitzen; mopsen; 10. F fig Dieb etc F schnappen; erwischen; 11. beim Reiten abs ~ des deux s-m Pferd beide Sporen, die Sporen geben; 12. mus ~ une note e-e Note stac'cato spielen; 13. mar ~ la cloche die Schiffsglocke kurz anschlagen; ~ l'heure glasen; 14. Billard ~ la bille den Ball (mit leicht geneigtem Queue) steil von oben stoßen; 15. text die den Spulenwechsel steuernden Karten lochen; 16. Buchbinderei (mit Draht) heften; 17. Stein(bearbeitung) rauhen; 18. ~ une chaudière (in e-m Kessel) den Kesselstein abklopfen; mar ~ la rouille den Rost abklopfen, abkratzen, schrap(p)en; entrosten; II v/i 19. aviat ~ (du nez) im Sturzflug niedergehen; mar Schiff ~ du nez, de l'avant kopflastig (getrimmt) sein; fig Person ~ du nez einnicken; III v/pr se ~ 20. Person sich stechen; se ~ le doigt sich in den Finger stechen; 21. Person sich spritzen (à la morphine Morphium); sich e-e Spritze geben; Rauschgiftsüchtiger auch fixen; pikern; 22. Papier, Wäsche (stock-) fleckig werden; 23. Wein e-n Stich bekommen; 'umschlagen; sauer werden; 24. fig Person se ~ au jeu a) plötzlich Gefallen, Geschmack an der Sache finden; b) nicht lockerlassen, nachgeben; 25. F fig Person se ~ le nez F sich die Nase begießen; einen heben; 26. fig Person se ~ de qc sich etwas auf etw (acc) einbilden; sich e-r Sache (gén) rühmen; F dick(e)tun, großtun, e-e Stange angeben mit etw; il se pique d'être connaisseur er rühmt, schmeichelt sich, ein Kenner zu sein; er will ein Kenner sein, als Kenner gelten

piquet [pikɛ] m 1. Pflock m; ~ de tente Zeltpflock m; Hering m; Tier attacher au ~ anpflocken od anpflöcken; Person: droit comme un ~ kerzengerade; raide comme un ~ stock'steif; steif wie ein Stock; 2. ~ de grève Streikposten m/pl; mil ~ d'incendie Brandwache f; 3. Strafe in der Schule le ~ das In-der-Ecke-Stehen n; il est au ~ er muß in die Ecke stehen; Schüler mettre au ~ in die Ecke stellen; 4. altes Kartenspiel Pi'kett n

piquet|age [piktaʒ] m e-r Straßenflucht etc Abstecken n (mit Pflöcken); **~é** adj getüpfelt; gesprenkelt; gefleckt; ~ de blanc weißgetüpfelt, -gesprenkelt; **~er** v/t ⟨-tt-⟩ Straße, Linie (mit Pflöcken) abstecken

piquette [pikɛt] f 1. F von e-m schlechten, sauren Wein F Rachenputzer m; Krätzer m; 2. (Art) Nach-, Tresterwein m; 3. F beim Spiel (vernichtende) Niederlage f; F Schlappe f; prendre une ~ e-e Schlappe einstecken müssen

piqu|eur [pikœr] m, **~euse** f 1. m ch Pi'kör m; 2. m mines Häuer od Hauer m; 3. Schuhfabrikation Stepper(in) m(f); Bekleidungsindustrie auch Näherin f; 4. text Kartenschläger(in) m(f), -locher(in) m(f); 5. m Pferdezucht Stallmeister m; 6. m piqueur de vin Weinschmecker m; 7. f Steppmaschine f; 8. f Spitzenfabrikation Musterstecherin f; **~eux** m ch Pi'kör m; **~oir** m Nadel f, Stecher m (zum Musterstechen)

piquouse [pikuz] F f (Morphium-, Hero'in- etc) Spritze f, (-)Einspritzung f; Pin-shot m

piqûre [pikyr] f 1. mit e-r Nadel, e-m spitzen Gegenstand, von Insekten Stich m; Stelle auch Einstich m; e-r Schlange Biß m; ~ d'abeille, d'aiguille od d'épingle, de moustique Bienen-, Nadel-, Mückenstich m; ~ d'ortie Brennen n durch Berührung mit Brennesseln; ~ de serpent Schlangenbiß m; ~ de vers Wurmstich m; Holz plein de ~s de vers wurmstichig; 2. méd Spritze f; Einspritzung f; Injekti'on f; faire une ~ à qn j-m e-e Spritze geben; j-n spritzen; faire une ~ de morphine à qn j-m e-e Morphiumspritze geben; j-m Morphium (ein)spritzen, inji'zieren; 3. cout a) (point m de) ~ Steppstich m; b) Steppnaht f, -muster m; 4. in alten Büchern Stockfleck m; 5. Buchbinderei a) Heften n, Bro'schur f mit Draht; b) drahtgeheftete Bro'schüre, Bro'schur f

piranha [pirana] m zo Piranha [-'ranja] od Pi'raya m

pirat|e [pirat] m 1. Seeräuber m; Pi'rat m; ~ de l'air Luftpirat m; 2. adit édition f Raubdruck m; rad émetteur m ~ Pi'ratensender m; 3. fig Halsabschneider m; **~erie** f Seeräube'rei f; Pirate'rie f; ~ aérienne, de l'air Luftpiraterie f

piraya [piraja] m cf piranha

pire [pir] I adj 1. ⟨comp von mauvais⟩ schlimmer; ärger; übler; il n'y a rien de ~ que ... il gibt nichts Schlimmeres als ...; je ne connais pas de ~ situation ich kenne keine schlimmere, üblere Lage; c'est bien ~ das ist viel schlimmer, ärger; 2. ⟨sup von mauvais⟩ le, la ~ der, die, das schlimmste, ärgste, übelste; la ~ chose qui puisse vous arriver das Schlimmste, was Ihnen passieren könnte; son ~ défaut sein schlimmster, ärgster, größter Fehler; les ~ de toutes les duperies der allerschlimmste, -ärgste Betrug; il commettait les ~s imprudences er beging die größten Unvorsichtigkeiten; c'est la ~ de toutes les solutions das ist die schlechteste aller Lösungen; II subst le ~ das Schlimmste, Ärgste; la politique du ~

e-e verhängnisvolle Politik; le ~ n'est pas arrivé das Schlimmste ist nicht eingetreten; le ~ c'est que ... das schlimmste ist, daß ...; je m'attends au ~ ich bin auf das Schlimmste gefaßt; le ~ de tout c'est l'ennui Langeweile ist das Allerschlimmste; en mettant les choses au ~ schlimmstenfalls; im ungünstigsten, schlimmsten Fall; F selbst wenn alle Stränge, Stricke reißen

pirogue [pirɔg] f *Eingeborenenboot* Pi'roge f

pirole [pirɔl] f *bot* Wintergrün n

pirouett|e [pirwɛt] f Drehung f um sich selber; *Ballett, Hohe Schule* Pirou'ette f; faire une ~ sich einmal um sich selber drehen; im Kreis her'umdrehen; *Ballett, Hohe Schule* e-e Pirouette machen; F *fig* répondre, s'en tirer par des ~s e-r Frage mit Scherzen ausweichen; die Antwort durch ein paar Scherze um'gehen; ~er v/i sich im Kreis her'umdrehen; sich um sich selber drehen; *Ballett, Hohe Schule* pirouet'tieren

pis¹ [pi] m zo Euter n

pis² [pi] adv 1. ⟨comp von mal⟩ schlimmer; ärger; übler; tant ~ (pour vous)! cf tant I 1; de mal en ~ cf mal¹ I; st/s eingeschoben ~ que cela schlimmer noch; st/s faire ~ Schlimmeres, Ärgeres tun; es schlimmer, ärger treiben; ♦ adjt st/s c'est bien ~ das ist viel schlimmer, ärger, übler; eingeschoben et qui ~ est [-pize] und was noch schlimmer ist; 2. ⟨sup von mal⟩ au ~ aller schlimmstenfalls; im ungünstigsten, schlimmsten Fall

pis-aller [pizale] m ⟨inv⟩ Notlösung f; (Not)Behelf m

piscicole [pisikɔl] adj Fischzucht...; entreprise f ~ Fischzuchtbetrieb m

piscicult|eur [pisikyltœr] m Fischzüchter m; ~ure f Fischzucht f

piscine [pisin] f 1. Schwimmbad n; großes Schwimmbecken; ~ en e-r Privatgarten Swimming-pool [-pul] m; ~ couverte Hallen(schwimm)bad n; ~ en plein air Freibad n; aller à la ~ ins Schwimmbad gehen; 2. phys atom (réacteur m à) ~ Swimming-pool-Reaktor m; Schwimmbadreaktor m; 3. égl Taufbecken n

piscivore [pisivɔr] adj zo Fische fressend; sich von Fischen ernährend; subst un ~ ein Fischfresser m

pisé [pize] m bât Pi'see m; Stampferde f; (construction f en) ~ Pisee-, Stampfbau m; maison f, mur m en ~ Lehmhaus n, -mauer f

pisiforme [piziform] adj u subst m anat (os m) ~ Erbsenbein n

pisolit(h)|e [pizolit] f géol Erbsenstein m; Piso'lith m; ~ique adj géol Piso'lith...

pissaladière [pisaladjɛr] f cuis provenzalisches Gericht (Art) Pizza f

pissat [pisa] m gewisser Tiere Harn m; des Pferdes auch Stall m

pisse [pis] m Piß m; Pisse f; Schiffe f; ~-froid F m ⟨inv⟩ Griesgram m; F Sauertopf m; ~ment m méd Harnen n; path ~ de sang Blutharnen n

pissenlit [pisɑ̃li] m bot Löwenzahn m; cuis salade f de ~ Löwenzahnsalat m; F fig manger les ~s par la racine F (sich) die Radieschen von unten besehen

pisser [pise] v/t u v/i 1. P (uriner) P pinkeln; P pissen; schiffen; ~ au lit ins Bett pinkeln; P pissen; schiffen; Hund ~ contre un arbre an e-n Baum pinkeln; il y a de quoi en ~ dans sa culotte F das ist zum Totlachen; da kann man sich kaputtlachen, kring(e)lig lachen, kringeln vor Lachen; ça l'a pris comme une envie de ~ das ist einfach so über ihn gekommen; auch er war nicht mehr zu halten; 2.

F ~ du sang Blut harnen, F pinkeln; 3. F fig ~ l'eau Wasserhahn (nach allen Seiten) spritzen; Behälter solche Löcher haben, daß das Wasser im Strahl herausspritzt; 4. F fig Journalist, Schriftsteller ~ de la copie F auf Deubel komm raus (Artikel) schreiben; nur so Artikel, Manuskriptseiten spucken

piss|ette [pisɛt] f Laborgerät Rundkolben m (mit zwei Ansatzröhrchen); ~euse P f kleines Mädchen; P Rotzgöre f; ~eux F adj ⟨-euse⟩ 1. Ort P nach Pisse stinkend; Wäsche P voller Pißflecke; verpißt; 2. weiße Farbe vergilbt

pisse-vinaigre [pisvinɛgr(ə)] F m ⟨inv⟩ cf pisse-froid

pissoir [piswar] m F od regional cf pissotière

pissotière [pisɔtjɛr] F f Pis'soir n; F Pinkelbude f; Pinkula'torium n; P Pißbude f

pistach|e [pistaʃ] f 1. bot Frucht Pi'stazie f; glace f à la ~ Pistazieneis n; 2. adjt (vert) ~ ⟨inv⟩ pi'staziengrün; ~ier m bot Baum od Strauch Pi'stazie f

pistard [pistar] m Radsport Bahn(renn)-fahrer m

piste [pist] f 1. e-s Tiers, fig Spur f; Fährte f; jeu m de ~ Schnitzeljagd f; fig être sur la bonne, fausse ~ auf der richtigen, falschen Spur, Fährte sein; fig la police est sur sa ~ die Polizei ist ihm auf der Spur; cela m'a mis sur la bonne ~ das hat mich auf die richtige Spur, Fährte gebracht, geführt; prendre une ~ e-e Spur, Fährte aufnehmen; 2. a) im Dschungel, in der Wüste Piste f; (Trampel)Pfad m; ~ de brousse Buschpfad m; ~ cavalière, pour cavaliers Reitweg m; ~ cyclable Rad(fahr)weg m; 3. aviat Rollbahn f; Piste f; ~ d'atterrissage Lande-, Startbahn f; ~ d'envol od de décollage Lande-, Startbahn f, -piste f; 4. sports (Renn)Bahn f; Rad-, Skisport auch Piste f; Radrennen ~ couverte Hallenbahn f; Weit-, (Stab)Hochsprung ~ d'élan Anlaufbahn f; Leichtathletik ~ en cendrée Aschenbahn f; Radrennen course f sur ~ Bahnrennen n; Sieger faire un tour de ~ e-e Runde fahren bzw laufen; 5. zum Tanzen, Skilaufen ~ de danse, de patinage Tanz-, Eisfläche f; 6. im Zirkus Ma'nege f; A'rena f; e-r Reitschule Reitbahn f; Ma'nege f; fig entrer en ~ die (politische) Arena betreten; 7. Aufzeichnungstechnik Spur f; ~ sonore e-s Tonbands Tonspur f; e-s Tonfilms Tonstreifen m, -band n; 8. Reitsport Hufspur f, -schlag m; 9. zum Würfeln Würfelbrett n

pister [piste] v/t ~ qn j-m auf der Spur, Fährte sein; j-s Spur verfolgen

pistil [pistil] m bot Stempel m; Fruchtknoten m; Pi'still m

pistolage [pistɔlaʒ] m Kunststoffverarbeitung Spritzgießen n

pistole [pistɔl] f alte spanische Goldmünze Pi'stole f

pistol|et [pistɔlɛ] m 1. Pi'stole f; ~ mitrailleur (abr P.M.) Ma'schinenpistole f (abr MP); ~ signaleur, lance-fusée Leuchtpistole f; ~ à air comprimé, à eau Luft-, Wasserpistole f; ~ d'alarme Schreckschuß-, A'larmpistole f; früher ~ d'arçon Sattel-, Halfterpistole f; sports ~ de starter Startpistole f; 2. zum Spritzlackieren Spritzpistole f; peinture f au ~ Spritzen n; Spritzlackieren n, -ung f; 3. Kurvenlineal n; 4. F fig un drôle de ~ ein komischer Kauz; F ein wunderlicher Heiliger; ~eur m Spritzlackierer m

piston [pistɔ̃] m 1. tech Kolben m; e-r Pumpe auch Stempel m; Pi'ston n; cour-

se f, garniture f de ~ Kolbenhub m, -ring m; 2. mus bei Blechblasinstrumenten Pumpen-, Kolbenventil n; Pi'ston n; (cornet m à) ~ Kor'nett n; Pi'ston n; jouer du ~ Kornett spielen; 3. früher beim Perkussionsgewehr Pi'ston n; Zündkegel m; fusil m à ~ Perkussi'onsgewehr n; 4. fig Protekti'on f; (gute) Beziehungen f/pl; F Vitamin B n

pistonner [pistɔne] v/t ~ qn j-n protegieren [-ʒi:-], empfehlen, unter'stützen, in e-e Stellung hin'einbringen

pistou [pistu] m regional cuis soupe f au ~ Gemüsesuppe f mit Ba'silikum

pitance [pitɑ̃s] péj f (schlechte, kümmerliche) Kost, Porti'on; maigre ~ schmale Kost; pour toute ~ als ganzes Essen; als einziges Gericht

pitchpin [pitʃpɛ̃] m Holz Pitchpine ['pitʃpain] f

piteux [pitø] adj ⟨-euse⟩ Zustand, Aussehen erbärmlich; jämmerlich; beklagens-, bejammernswert; Ergebnis kümmerlich; kläglich; faire une piteuse mine F ein Gesicht wie sieben Tage Regenwetter machen

pithécanthrope [pitekɑ̃trɔp] m Entwicklungsgeschichte des Menschen Pithek'anthropus m

pithiatisme [pitjatism(ə)] m Psychiatrie Pithia'tismus m

pithiviers [pitivje] m cuis mit Marzipan gefüllter Blätterteigkuchen

pitié [pitje] f 1. Mitleid n; Erbarmen n; ~! (habe[n Sie]) Erbarmen (pour qn mit j-m)!; péj un sourire de ~ ein mitleidiges Lächeln; loc/adv par ~ aus Mitleid, Erbarmen; par ~, laissez-moi tranquille! ich bitte Sie, lassen Sie mich in Ruhe!; lassen Sie mich um Gottes willen in Ruhe!; sans ~ mitleids-, erbarmungs-, schonungslos; ohne Erbarmen, Mitleid; il est sans ~ auch er kennt kein Erbarmen; avoir ~ de qn Mitleid, Erbarmen mit j-m haben; st/s sich j-s erbarmen; rel ayez ~ de nous! erbarme Dich unser!; c'est ~ das ist ein Jammer, Elend; c'est ~ de voir ... es ist ein Jammer, es jammert einen, wenn man sieht ...; faire ~ Mitleid erregen, erwecken; cf auch 2.; il me fait ~ auch er tut mir leid (auch péj); st/s er dauert, jammert, erbarmt mich; prendre qn en ~ j-n bemitleiden; je le prends en ~ auch er tut mir leid; 2. F u péj quelle ~! wie erbärmlich, jämmerlich!; loc/adv à faire ~ erbärmlich; F zum (Gott)Erbarmen; c'est à faire ~! F das ist zum (Gott)Erbarmen!

piton [pitɔ̃] m 1. für Bergsteiger Felshaken m; tech ~ (à vis) Ringschraube f; Schraubhaken m; 2. Bergspitze f, -gipfel m

pitonn|age [pitɔnaʒ] m beim Bergsteigen Hakeneinschlagen n; ~er v/i (Fels-) Haken einschlagen

pitoyable [pitwajabl(ə)] adj 1. Zustand, Anblick etc mitleiderregend; erbarmungswürdig; bemitleidens-, erbarmens-, bejammerns-, beklagenswert; 2. péj erbärmlich; jämmerlich; kläglich

pitpit [pitpit] m cf pipi(t)

pitre [pitr(ə)] m Hanswurst m; faire le ~ den Hanswurst spielen, machen

pitreries [pitrəri] f/pl Hanswurste'rei f; Spaßmache'rei f; dumme Späße m/pl; Possen m/pl; faire des ~ dumme Späße machen; Possen treiben

pittoresque [pitɔrɛsk] adj 1. Ort, Lage, Gewand etc malerisch; pitto'resk; Häßlichkeit anziehend; reizvoll; pi'kant; Persönlichkeit origi'nell; Gegend, Schlucht sauvage et ~ wildromantisch;

subst le ~ das Malerische, Pittoreske, Originelle; **2.** *Sprache* bilderreich; *Ausdruck, Sprache* bildhaft; plastisch; *Bericht* anschaulich; plastisch

pittosporum [pitɔsporɔm] *m bot* Klebsame *m*

pituitaire [pityitɛr] *adj anat* **glande** *f* ~ Hirnanhangdrüse *f*; **membrane** *f* ~ Nasenschleimhaut *f*

pituite [pityit] *f méd* Schleim *m*; *path* morgendliches Schleimerbrechen (*der Alkoholiker*); *sc* Pi'tuita *f* (*méd u path*)

pityriasis [pitirjazis] *m path* Hautkrankheit *f* mit kleieförmiger Abschilferung; *sc* Pity'riasis *f*

pivert [pivɛr] *m zo* Grünspecht *m*

pivoine [pivwan] *f bot Pflanze u Blüte* Pfingstrose *f*; Pä'onie *f*; *Person* **rouge comme une** ~ hoch-, puterrot; rot wie e-e Tomate

pivot [pivo] *m* **1.** *tech* Zapfen *m*; *e-r Kompaßnadel* Pinne *f*; *auto* ~ **de fusée** Achsschenkelbolzen *m*; **2.** *fig* Angelpunkt *m*; Basis *f*; Grundlage *f*; *Person* Mittel-, Drehpunkt *m*; Seele *f* (*e-s Unternehmens*); treibende Kraft; Motor *m*; **3.** *bot* Pfahlwurzel *f*; **4.** *e-s Stiftzahns* Stift *m*; **5.** *mil* **a)** Schwenkungspunkt *m*; **b)** Flügelmann *m* (*um den die Schwenkung ausgeführt wird*); **6.** *Basketball* **a)** Sternschritt *m*; **b)** Spieler, der in günstiger Korbnähe steht

pivotant [pivɔtã] *adj* **1. chaise** ~e, **fauteuil** ~ Drehstuhl *m*, -sessel *m*; **2.** *bot* **racine** ~e Pfahlwurzel *f*

pivoter [pivɔte] *v/i* **1.** sich (*um e-n Zapfen*) drehen; *Tür* ~ **sur ses gonds** sich in den Angeln drehen; **faire** ~ **sa chaise** s-n Drehstuhl drehen; *fig Person* ~ **sur ses talons** sich auf dem Absatz 'umdrehen; **2.** *mil* schwenken; e-e Schwenkung ausführen; **3.** *bot Wurzel* sich senkrecht in die Erde bohren; senkrecht nach unten treiben; *Pflanze* e-e Pfahlwurzel treiben

pizza [pidza] *f cuis* Pizza *f*

pizzeria [pidzerja] *f* Pizze'ria *f*

pizzicato [pidzikato] *m* ‹*pl* ~s *od* pizzicati› *mus* Pizzi'kato *n*

placage [plakaʒ] *m* **1.** *arch Vorgang* Verkleiden *n*; Verblenden *n*; *auch Ergebnis* Verkleidung *f*; Verblendung *f*; ~ **de marbre** Marmorverkleidung *f*; **2.** *von Möbeln* **a)** Fur'nieren *n*, -ung *f*; **b)** Fur'nier *n*, -ung *f*; **bois** *m* **de** ~ Furnierholz *n*; **3.** *Rugby cf* **plaquage** 1.

plaçage [plasaʒ] *m adm* **1.** Verteilung *f* von (Markt-, Messe)Ständen; Standverteilung *f*; **2.** Standgeld *n*

placard [plakar] *m* **1.** Wand-, Einbauschrank *m*; ~ **à balais** Besenschrank *m*; **2.** Anschlag(zettel) *m*; Aushang *m*; **3.** *in e-r Zeitung* publicitaire, de publicité große Werbeannonce; Großanzeige *f*; **4.** *impr* (**épreuve** *f* **en**) ~ Fahnenabzug *m*; (Korrek'tur)Fahne *f*; **corriger les** ~s die Fahnen korrigieren; der Fahnenkorrektur machen; **5.** *mar* Flicken *m* (*auf e-m Segel*)

placarder [plakarde] *v/t* **1.** *Plakat etc* anschlagen; ankleben; **2.** *impr* die Fahnenabzüge machen (*un livre von e-m Buch*)

place [plas] *f* **1.** *den j, etw innehat, beansprucht* Platz *m*; Raum *m*; Stelle *f*; Ort *m*; ~ **aux jeunes** ! Platz den Jungen, dem Nachwuchs!; *fig* **une** ~ **au soleil** ein Platz an der Sonne; ~ (**pour se garer**) Parkplatz *m*; *auf dem Markt* **droit** *m* **de** ~ Standgeld *n*; **manque** *m* **de** ~ Platz-, Raummangel *m*; ◆ *loc/adv*: **à la** ~ als *od* zum Ersatz (**da'für**); da'für; statt dessen; **à ta, sa, votre** ~ an deiner, s-r, Ihrer Stelle; wenn ich du, er, Sie wäre; **je ne voudrais pas être à sa** ~ ich möchte nicht an s-r Stelle sein; **de** ~

en ~, **par** ~s stellenweise; **sur** ~ an Ort und Stelle; *fig* **être cloué de surprise sur** ~ wie vom Donner gerührt dastehen; **se rendre sur** ~ sich an Ort und Stelle begeben; *la voiture accidentée est restée sur* ~ **deux jours** ... blieb zwei Tage an der Unfallstelle stehen; *subst* **faire du sur** ~ *cf* **surplace** 1.; ◆ *loc/prép* **à la** ~ **d**'an'stelle *od* an Stelle von (*od* + *gén*); (an')statt (+ *gén*, F + *dat*); ◆ **il y a juste la** ~ **de** ... es ist *au bureau* er gehört ins Büro; sein Platz ist im Büro; **être à sa** ~ *Gegenstand* an s-m Platz, am gewohnten Platz, Ort sein, stehen, liegen; *Person* am richtigen Platz sein, stehen; **il n'est pas à sa** ~ *auch* er ist hier fehl am Platz; *Polizei etc* **être en** ~ zur Stelle sein; bereitstehen; in Bereitschaft stehen; *cf auch* 3.; **s'assurer si tout est en** ~ sich vergewissern, daß alles in Ordnung ist; **faire** ~ **nette** *cf* **net** I 1.; **faire, gagner, laisser de la** ~ Platz, Raum schaffen, gewinnen, lassen; *für e-e Person* **faire de la** ~ Platz machen; zur Seite rücken; zu'sammenrücken; **faire** ~ **à qn** j-m Platz machen; *Gegenstand* **faire** ~ **à qc** e-r Sache (*dat*) Platz machen, weichen müssen; **mettre en** ~ *Maschine, Polizei, Militär* aufstellen; *Truppen auch* bereitstellen; *Vorrichtung* anbringen; instal'lieren; einbauen; *Katheter, Ausschuß* einsetzen; **se mettre à la** ~ **de qn** sich in j-s Lage (*acc*), an j-s Stelle (*acc*) versetzen; sich in j-n hin'einversetzen; **remettre qc à sa** ~ etw an, auf s-n Platz zurückstellen, -legen; etw wieder an s-n Platz stellen, legen; **tenir, prendre beaucoup de** ~ viel Platz, Raum einnehmen, beanspruchen; *fig Sport, Liebe etc* **tenir beaucoup de** ~, **une grande** ~ **dans la vie de qn** in j-s Leben e-n breiten Raum einnehmen, e-e große Rolle spielen; *loc/prov* (**une** ~ **pour chaque chose et) chaque chose à sa** ~ ! wenn alles da liegt, wo es hingehört, braucht man nicht lange zu suchen; Ordnung, Ordnung liebe sie, sie erspart dir Zeit und Müh! (*prov*); **2.** (Sitz)Platz *m*; Sitz *m*; *thé auch* Karte *f*; ~ **assise, debout** Sitz-, Stehplatz *m*; *ch de fer*: ~ **de première classe** Platz erster Klasse; ~ **de coin** Eckplatz *m*; ~ (**de**) **coin couloir** Eckplatz *m* (an der Tür, zum Gang hin, auf der Gangseite); ~ (**de**) **coin fenêtre** Fensterplatz *m*; *bei Tisch* ~ **d**'**honneur** Ehrenplatz *m*; ◆ *loc/adj*: *Fahrzeug, Bank* **à deux, quatre** ~**s** zwei-, viersitzig; **une tente à deux** ~s ein Zweimannzelt *n*; **une voiture à deux** ~**s**, *ellip* **une deux** ~**s** ein Zweisitzer *m*; **un cinéma de cinq cents** ~**s** ein Kino mit fünfhundert (Sitz)Plätzen, Sitzen; ◆ **il y a encore deux** ~**s libres, vides** hier sind noch zwei Plätze frei; **céder, laisser sa** ~ **à qn** j-m s-n (Sitz-, Steh)Platz abtreten, über'lassen, geben; j-m Platz machen (*auch fig*); **louer, réserver sa** ~ e-e Karte vorbestellen; e-e Karte reservieren lassen; *ch de fer* e-e Platzkarte bestellen; **payer** ~ **entière** den vollen Preis bezahlen; **prendre** ~ Platz nehmen; **prendre la** ~ **de qn** sich auf j-s Platz setzen; j-s Platz einnehmen (*auch fig*); *fig* (*auch* **de qc**) j-n (*auch etw*) er-

setzen, ablösen; **ne pas rester, tenir en** ~ ständig in Bewegung sein; nicht stillsitzen können; F kein Sitzfleisch haben; ein unruhiger Geist sein; **3.** **Posten** *m*; **Stelle** *f*; **Anstellung** *f*; **avoir une bonne** ~ e-n guten Posten, e-e gute Stelle, Anstellung haben; **être in** ~ fest in s-r Stellung, im Sattel sitzen; **4.** *fig* in der Gsellschaft, in e-r Gemeinschaft, *sports* Platz *m*; Rang *m*; *Schüler* **avoir une bonne** ~ **en histoire** in Geschichte zu den Besten gehören, zählen, unter den Besten sein; *fig* **remettre qn à sa** ~ j-n in s-e Schranken verweisen, in die Schranken weisen, zur Ordnung rufen, zu'rechtweisen; **savoir rester, se tenir à sa** ~ sich s-r Stellung bewußt sein; wissen, wo sein Platz ist, wo man hingehört; **5.** *zwischen Häusern* Platz *m*; *mil* ~ **d'armes** Exer'zier-, Pa'radeplatz *m*; ~ **du marché, du village** Markt-, Dorfplatz *m*; *früher* **être exécuté en** ~ **publique** öffentlich hingerichtet werden; **6.** *mil* **a)** ~ (**forte**) fester Platz; Festung *f*; **b)** Garni'son *f*; Standort *m*; **c)** (**bureaux** *m/pl* **de la**) ~ Ortskommandantur *f*; **d)** *fig* **avoir des complices dans la** ~ Komplizen, Bundesgenossen im anderen Lager haben; *fig* **être maître de la** ~ (der) Herr im Hause sein; im Hause frei schalten und walten können; **7.** *comm* Platz *m*; Ort *m*; **c'est le meilleur boulanger sur la** ~ **de X** er ist der beste Bäcker hier in X, hier am Platz, Ort; **8.** *fin* Börsenplatz *m*

placé [plase] *adj* **1.** *Gegenstände* **être bien, mal** ~ e-n guten, schlechten Standort haben; *fig Person* **être bien** ~ **pour le savoir, pour en parler** (an der Quelle sitzen und) es doch schließlich wissen müssen; **personnage** 'haut ~ hochgestellte Persönlichkeit; *Wunde* **être mal** ~ an e-r ungünstigen, schlechten Stelle sitzen; *fig* **c'est de la fierté mal** ~e Stolz ist hier nicht angebracht, unangebracht, fehl am Platz; **2.** *Pferderennen:* *Pferd* pla'ciert *od* pla'ziert; **pari** ~ Platzwette *f*; *subst* **toucher un** ~ den Gewinn e-r Platzwette abholen, kassieren; **3.** *gr* **le complément direct** ~ **avant** das vor'angehende direkte Objekt

placebo [plasebo] *m phm* Pla'cebo *n*

placement [plasmã] *m* **1. a)** (*Kapital-, Geld*)Anlage *f*; Pla'cierung *od* Pla'zierung *f*; 'Unterbringung *f*; Place'ment *n*; **faire un** ~ Geld, Kapital anlegen; **faire un bon** ~ sein Geld, Kapital gut anlegen; **b)** angelegtes Geld, Kapi'tal; **2.** 'Unterbringung *f an od auf e-n Arbeitsplatz*; Arbeits-, Stellenvermittlung *f*; **agence** *f*, **bureau** *m* **de** ~ *private(s)* Arbeitsvermittlungsstelle *f*, -büro *n*; Stellenvermittlungsbüro *n*; Arbeitsnachweis *m*; **3.** *von Waren* Absatz *m*; Verkauf *m*; Place'ment *n*

placent|**a** [plasɛ̃ta] *m* **1.** *physiol* Pla'zenta *f*; Mutterkuchen *m*; **2.** *bot* Pla'zenta *f*; Samenleiste *f*; ~**aire** I *adj physiol* plazen'tar; plazen'tal; Pla'zenta...; II *m/pl* ~**s** *zo* Pla'zentatiere *n/pl*; ~**ation** *f* **1.** *physiol* Bildung *f* der Pla'zenta; Plazentati'on *f*; **2.** *bot* Stellung *f* der Samenleisten; ~**pariétale** wandständige Pla'zenta

placer[1] [plase] ‹-ç-› I *v/t* **1.** *Gegenstand* (hin)stellen, (-)legen, (-)setzen; pla'cieren *od* pla'zieren; abstellen; *Gepäck auch* verstauen; *Posten* aufstellen; ~ **qn im Kino** j-m s-n Platz anweisen; *bei Tisch* j-n setzen, pla'zieren (**à côté de qn** neben j-n); *fig* ~ **mal sa confiance** sein Vertrauen e-m Unwürdigen schenken, an e-n Unwürdigen verschwenden; *visiter les lieux* **où l'auteur a placé son roman** ... an

denen der Autor s-n Roman spielen läßt, an die der Autor die Handlung s-s Romans verlegt hat; *auf e-r Umrißkarte* où placez-vous Lyon sur la carte? wo zeichnen Sie Lyon auf der Karte ein?; ~ ses pieds sur un tabouret die Füße auf e-n Schemel, Hocker legen; 2. *fig etw in e-n Gespräch, Bericht* anbringen; einflechten; einfügen; ne pas (pouvoir) ~ un mot nicht zu Worte kommen (können); 3. *fig* wert-, rangmäßig stellen (au-dessus de tout über alles; au premier rang an die erste Stelle); e-n Platz geben (qn j-m), einordnen (j-n) (parmi zwischen + *dat*); rechnen, zählen (parmi zu); il place le bonheur dans la sagesse für ihn liegt das Glück in der Weisheit; 4. (*Tisch*)*Tennis: Ball, Boxen: s-e Linke* pla'cieren *od* pla'zieren; 5. ~ qn j-m e-e (Arbeits)Stelle, e-e Anstellung, e-n Arbeitsplatz vermitteln, besorgen, beschaffen; j-n 'unterbringen (chez qn bei j-m); 6. ~ qn à la comptabilité j-n in der Buchhaltung anstellen, beschäftigen, 'unterbringen; j-m e-n Arbeitsplatz in der Buchhaltung anweisen; F j-n in die Buchhaltung stecken; ~ qn sous l'autorité, sous les ordres de qn j-n j-m unter'stellen; être placé sous l'autorité, sous les ordres de qn j-m unter'stellt sein; j-m unter'stehen; mil ~ sous le commandement de X dem Kommando, der Befehlsgewalt von *od* des X unter'stellen; 7. *Waren* absetzen; verkaufen; pla'cieren *od* pla'zieren; F an den Mann bringen; 8. *Geld, Kapital* anlegen; pla'cieren *od* pla'zieren; 'unterbringen; ~ son argent en actions sein Geld in Aktien anlegen; il a placé ses économies à la caisse d'épargne er hat s-e Ersparnisse auf die Sparkasse, auf ein Sparbuch gebracht; 9. *Sänger* ~ sa voix in der natürlichen Stimmlage singen lernen; **II** *v/pr* se ~ 10. *Person* sich setzen, (auf)stellen; Platz nehmen; F sich pla'cieren *od* pla'zieren; *fig:* se ~ à un certain point de vue e-n bestimmten Standpunkt vertreten, einnehmen; sich auf e-n bestimmten Standpunkt stellen; se ~ sous la protection de qn sich unter j-s Schutz stellen, begeben; 11. *sports Pferd, Läufer* se ~ deuxième sich als zweiter pla'cieren *od* pla'zieren; *Schüler* se ~ troisième à un concours bei e-m Wettbewerb dritter werden; 12. *Person* se ~ comme cuisinière, jardinier e-e Stellung als Köchin, Gärtner annehmen; als Köchin, Gärtner in Dienst treten (chez qn bei j-m); chercher à se ~ e-e (An)Stellung suchen

placer² [plasɛr] *m géol* Seife *f;* ~ de diamant, d'or Dia'mant-, Goldseife *f*

placet [plasɛ] *m* 1. *jur* Klageabschrift, die zwecks Ter'minbestimmung eingereicht wird; 2. *früher* Bittschrift *f;* Eingabe *f*

placeur [plasœr] *m* 1. *thé,* cin Platzanweiser *m;* 2. Stellenvermittler *m*

placid|e [plasid] *adj* sanft; ruhig; *nur Person* sanftmütig; un sourire ~ ein sanftes Lächeln; ~ité *f* Sanftheit *f; innere* Ruhe *f; e-r Person auch* Sanftmut *f; avec* ~ ruhig; mit großer Ruhe

placier [plasje] *m* 1. *comm* Platzvertreter *m,* -agent *m;* 2. Stellenvermittler *m;* 3. Marktpächter, *der die Standplätze auf dem Markt von der Gemeinde pachtet und weitervermietet*

placoplâtre [plakoplɑtr(ə)] *m bât* Gipskartonplatte *f*

plafond [plafɔ̃] *m* 1. (*Zimmer*)Decke *f; e-s Waggons, Autos,* e-r *Höhle* Decke *f; e-s Stollens* Dach *n;* faux ~, ~ suspendu (eingezogene) Zwischendecke; *météo* ~ (nuageux) Wolkendecke *f;* ~ à caissons, aux poutres apparentes, en

bois Kas'setten- *od* Felder-, Balken-, Holzdecke *f;* 2. *e-s Flugzeugs* Gipfelhöhe *f;* größte Steighöhe; *e-s Autos* Höchst-, Spitzengeschwindigkeit *f; e-s Motors* höchste, maximale Dreh-, Tourenzahl; 3. *fin, comm* Pla'fond *m;* (obere) Grenze; Limit *n;* Höchst-, Obergrenze *f;* Höchstsatz *m,* -betrag *m; fin auch* Kontin'gent *n; frz Sozialversicherung:* bis 1945 ~ d'assujetissement Versicherungspflichtgrenze *f; heute* ~ de cotisations Beitragsbemessungsgrenze *f; fin:* ~ d'émission Notenkontingent *n;* ~ d'escompte, de réescompte Dis'kont-, Redis'kontkontingent *n;* ~ des prêts Darlehensgrenze *f,* -limit *n;* dépasser, F crever le ~ die Höchstgrenze, den Plafond über'schreiten; das Kontingent über'ziehen; ◆ *adj* Höchst...; prix *m* ~ Höchstpreis *m;* salaire ~ (*erreichbarer*) Höchstlohn; höchste Lohn-, Gehaltsstufe; Endgehalt *n;* vitesse *f* ~ Höchstgeschwindigkeit *f;* 4. *peint* Deckenmalerei *f,* -gemälde *n;* 5. *arch e-s Gesimses* 'Unterglied *n;* 6. *e-s Beckens, Reservoirs* Boden *m;* 7. (**bridge** *m*) ~ Aukti'onsbridge *n*

plafonn|age [plafɔnaʒ] *m bât* Einziehen *n* e-r Decke; ~ement *m* a) Erreichen *n,* -ung *f* der Höchstgrenze; b) Festsetzung *f* e-r Höchstgrenze

plafonner [plafɔne] **I** *v/t* 1. *bât* e-e Decke einziehen (un grenier in e-n Dachboden); 2. *bei der Deckenmalerei* mit perspek'tivischen Verkürzungen als von unten gesehen darstellen; **II** *v/i* 3. *Flugzeug* die Gipfelhöhe, größte Steighöhe, *Auto* die Höchst-, Spitzengeschwindigkeit, *Motor* die maximale Dreh-, Tourenzahl erreichen; 4. *fig Produktion, Löhne* die Höchstgrenze erreichen (à bei); nicht weiter ansteigen; *Person* ~ à mille francs ein Höchst-, Spitzengehalt von tausend Franc erreichen, erreicht haben; **salaire plafonné** höchste sozialversicherungs-, beitragspflichtige Lohnsumme, -stufe; *Unfall-, Invalidenrente etc* être plafonné e-n gewissen (*Höchst*)Betrag nicht über'schreiten

plafonn|eur [plafɔnœr] *m bât* Deckengipser *m;* ~ier *m* Deckenlampe *f,* -leuchte *f (auch im Auto)*

plagal [plagal] *adj* <-aux *mus* pla'gal; cadence ~e, mode ~ plagale Kadenz, Kirchentonart

plage [plaʒ] *f* 1. (Bade)Strand *m;* ~ de galets, de sable Kies- *bzw* Geröll-, Sandstrand *m;* robe *f* de ~ Strandkleid *n;* aller à la ~ an den Strand gehen; 2. *am Meer* Seebad *n;* Badeort *m;* les ~s bretonnes die Seebäder der Bretagne; ~ à la mode Modebad *n;* 3. *in Eigennamen* Albert-~ Albert-Strand *m;* 4. *auto* ~ arrière Ablagefläche *f* hinter dem Rücksitz; 5. *mar auf Kriegsschiffen* Deck *n;* ~ arrière Achter-, Quarter-, Schanzdeck *n;* Schanze *f;* ~ avant Vor-, Backdeck *n;* Back *f;* 6. *mil bei e-m Panzer* Heck *n;* 7. *opt* ~ lumineuse Lichtfläche *f;* 8. *auf e-r Schallplatte* Gesamtheit *f* der Tonrillen e-r Aufnahme

plagi|aire [plaʒjɛr] *m,f* Plagi'ator *m;* ~at *m* Plagi'at *n;* ~er *v/t Werk, Autor* plagi'ieren

plagioclase [plaʒjɔklaz] *m minér* Plagio'klas *m*

plagiste [plaʒist] *m,f in Seebädern* Strandpächter(in) *m(f)*

plaid [plɛd] *m* Plaid [-e] *n;* Reisedecke *f*

plaid|able [plɛdabl(ə)] *adj jur* cause *f* ~ vertretbare Sache; ~ant *adj jur* Anwalt s-e Par'tei vor Gericht vertretend; *Parteien* streitend; prozes'sierend; parties ~es *auch* Pro'zeßparteien *f/pl*

plaid|er [plɛde] *jur* **I** *v/t* ~ la cause de

qn j-s Sache, j-n vor Gericht vertreten, verteidigen; *fig* sich für j-n einsetzen; für j-n eintreten; *fig* ~ sa cause in eigener Sache, pro domo sprechen; *fig* ~ la cause de la liberté die Sache der Freiheit vertreten, verteidigen; *Verteidiger* ~ les circonstances atténuantes auf mildernde 'Umstände plä'dieren; ~ coupable sich schuldig bekennen; **II** *v/i* 1. *Anwalt* j-n, j-s Sache vor Gericht vertreten; als Par'teivertreter vor Gericht auftreten; ~ pour son client s-n Klienten vor Gericht vertreten, verteidigen; *fig* ~ pour qn, en faveur de qn für j-n eintreten (auprès de qn bei j-m); für j-n, zu j-s Gunsten sprechen; *fig* ~ pour qc für etw plä'dieren, eintreten; *l'air désinvolte de ce candidat* ne plaide pas en sa faveur ~ spricht nicht für ihn; 2. ~ contre qn gegen j-n e-n Pro'zeß anstrengen, führen; gegen j-n prozes'sieren; 3. ~ au fond zur Hauptsache verhandeln; ~eur *m.* selten ~euse *f jur* Pro'zeßführende(r) *f(m);* Pro'zeßpartei *f;* les plaideurs die streitenden Par'teien *f/pl*

plaidoirie [plɛdwari] *f jur e-s* Anwalts, Verteidigers Plädoy'er *n;* Ausführungen *f/pl*

plaidoyer [plɛdwaje] *m jur* Plädoy'er *n;* Verteidigungsrede *f (beide auch fig)*

plaie [plɛ] *f* 1. Wunde *f (auch fig);* une ~ profonde à la tête e-e tiefe Kopfwunde; la ~ ne se cicatrise, ne se ferme que lentement (*auch fig u st/s*) die Wunde vernarbt, schließt sich, heilt nur langsam; *fig:* remuer, retourner le couteau, le fer dans la ~ (mit dem Messer) in der Wunde her'umwühlen; ne rêver que ~s et bosses rauflustig, ein Raufbold, ein Kampfhahn sein; rouvrir une ~ e-e alte Wunde, alte Wunden wieder aufreißen; *loc/prov* ~ d'argent n'est pas mortelle Geld läßt sich wieder ersetzen; Geldverlust ist zu verschmerzen; 2. F *fig von e-r Person* c'est une vraie ~ er ist unausstehlich, F ein altes Ekel; *von etw Unangenehmem* quelle ~! F so ein Mist!; 3. *bibl* les dix ~s d'Égypte die zehn Plagen Ägyptens

plaignant [plɛɲɑ̃] *jur* **I** *adj* partie ~e klagende Partei; klagender Teil; **II** *subst* ~(e) *m(f)* Kläger(in) *m(f)*

plain [plɛ̃] *m mar bei Flut* Hochwasser *n; Schiff* aller, se mettre au ~ stranden

plain-chant [plɛ̃ʃɑ̃] *m* <*pl* plains-chants> Kirchenmusik (gregori'anischer) Cho'ral; Cantus planus *m*

plaindre [plɛ̃dr(ə)] <*cf* craindre> **I** *v/t* bedauern; bemitleiden; beklagen; je vous plains sincèrement Sie tun mir aufrichtig leid; ich bedaure Sie aufrichtig; je ne le plains pas! ich habe nicht im geringsten Mitleid mit ihm!; je la plains d'avoir des enfants si difficiles sie tut mir leid, weil sie so schwierige Kinder hat; ich bedaure sie wegen ihrer so schwierigen Kinder; être à ~ zu bedauern, bemitleiden, beklagen sein; avec ce qu'il gagne, il n'est pas à ~ mit dem, was er verdient, kann er recht zufrieden sein; bei s-m Verdienst kann er sich nicht beklagen; ◆ ne pas ~ sa peine keine Mühe scheuen; sich keine Mühe verdrießen lassen; **II** *v/pr* 1. se ~ klagen; sich beklagen; wehklagen; elle se plaint sans cesse sie klagt sich ständig; sans se ~ ohne zu klagen; ohne Wehklagen; ohne ein Wort der Klage; ◆ se ~ de qc über etw (*acc*) klagen; sich über etw (*acc*) beklagen; se ~ de douleurs, de son sort über Schmerzen, über sein Los klagen; sich über Schmerzen, über sein Los beklagen; de

quoi vous plaignez-vous? *vous ne manquez de rien!* worüber beklagen Sie sich eigentlich? ...; se ~ de (+*inf*), se ~ que... (+*ind od subj*), se ~ de ce que ... (+*ind*) sich (darüber) beklagen, daß ...; **2.** se ~ de qn, de qc sich über j-n, etw beschweren (à qn bei j-m)

plaine [plɛn] *f* Ebene *f*; *im Gegensatz zu den Bergen* Flachland *n*; *géol* ~ **d'érosion** Abtragungsebene *f*; la ~ **du Pô** die Poebene

plain-pied [plɛ̃pje] *loc/adv* de ~ **a)** auf gleicher Höhe, Ebene (**avec le jardin** mit dem Garten); *fig* se sentir de ~ **avec** qn sich j-m ebenbürtig fühlen; **b)** geradewegs; stracks; ohne 'Umschweife, Ein-, 'Überleitung

plainte [plɛ̃t] *f* **1.** Klage *f*; Klagelaut *m*, -ruf *m*; *pl auch* Wehklage(n) *f(n)*; Jammern *n*; *poét des Windes* Klagen *n*; Jammern *n*; Ächzen *n*; **pousser des** ~**s déchirantes** herzzerreißend wehklagen, jammern; **2.** Klage *f*; Beschwerde *f*; **sujet** *m* **de** ~ Beschwerdegrund *m*; **3.** *jur* Strafantrag *m*; (Straf)Anzeige *f*; **déposer une** ~, **porter** ~ e-n Strafantrag stellen, (Straf)Anzeige erstatten (**contre** qn gegen j-n)

plaintif [plɛ̃tif] *adj* ⟨-ive⟩ (weh)klagend; jammernd; kläglich; jämmerlich

plaire [plɛr] ⟨je plais, il plaît, nous plaisons; je plaisais; je plus; je plairai; que je plaise; plaisant; plu (*inv*)⟩ **I** *v/t/indir* ~ **à** qn j-m gefallen, zusagen; *Mann* ~ **aux femmes** bei den Frauen Erfolg haben, F gut ankommen; **l'art** *m*, **le désir de** ~ die Kunst, der Wunsch zu gefallen; **cela te plaît?** gefällt es dir?; *thé* **la pièce a plu** das Stück fand Anklang; **elle a tout pour** ~ sie hat alles, um zu gefallen; **chercher à** ~ **à** qn j-m zu gefallen suchen; **il ne fait que ce qui lui plaît** er tut nur, was ihm gefällt, paßt; **il ne travaille que quand ça lui plaît** er arbeitet nur, wenn es ihm gefällt, paßt; **II** *v/imp* **il lui plaît de** (+*inf*) es beliebt ihm zu (+*inf*); **il ne me plaît pas que** ... (+*subj*) es gefällt, behagt mir nicht, ich habe es nicht gern, es miß'fällt mir, daß ...; **il me plaisait toujours de** (+*inf*) ich liebte es immer zu (+*inf*); ich wollte immer gern (+*inf*); **fais ce qu'il te plaira** tu, was du möchtest, was du gern magst; **comme il vous plaira** wie Sie möchten, mögen; wie es Ihnen Beliebén; *Shakespeare* **Comme il vous plaira** Wie es euch gefällt; **quand il vous plaira** wann Sie wollen; ♦ **s'il te plaît, s'il vous plaît** (*abr* s.v.p.) bitte; *sehr höflich* wenn ich bitten darf: **voulez-vous signer, s'il vous plaît?** würden Sie bitte unter'schreiben?; F *zur Unterstreichung* **elle a une voiture de luxe, s'il vous plaît!** bitte, sie hat sogar e-n Luxuswagen!; ♦ *wenn man nicht richtig verstanden hat* **plaît-il?** wie bitte?; ♦ *jur* **plaise au tribunal déclarer** ... das Gericht möge erklären ...; *st/s* **plaise à Dieu, aux dieux, au ciel qu'il soit encore vivant!** gebe Gott, daß er noch am Leben ist!; **plût à Dieu, aux dieux, au ciel que tout cela ne fût arrivé!** wenn doch das alles nicht geschehen wäre!; **III** *v/pr* **1.** se ~ sich (*dat*) (selbst) gefallen; **je me plais dans cette robe** ich gefalle mir in diesem Kleid; **2.** *st/s* se ~ **à** qc etw gern haben; Gefallen, Vergnügen an etw (*dat*) finden; Freude an etw (*dat*) haben; se ~ **à faire** qc gern etw tun; *in Übertreibungen etc* se ~ **dans** qc sich (*dat*) in etw (*dat*) gefallen; **3.** se ~ **avec** qn gern mit j-m zu'sammen sein; **4.** **je me plais à Paris** es gefällt mir (gut) in Paris; ich bin gern

---

in Paris; ich fühle mich in Paris wohl; se ~ **dans un lieu** *Pflanze* an e-m Ort gedeihen, fortkommen; *Tier* sich an e-m Ort besonders gern aufhalten; **5.** *reziprok* se ~ einander, sich gefallen; sich mögen; **Gefallen aneinander (gefunden) haben**

plais [plɛ] *cf* plaire

plaisamment [plɛzamɑ̃] *adv* **1.** scherzhaft; **2.** gefällig; nett; hübsch

plaisance [plɛzɑ̃s] *f nur loc/adj* de ~ : **bateau** *m* de ~ (Segel-, Motor)Jacht *f*; **maison** *f* **de** ~ herrschaftliches Landhaus; Sommersitz *m*; **navigation** *f* **de** ~ Schiffahrt *f* mit Motor- und Segeljachten; **port** *m* **de** ~ Jacht-, Segelhafen *m*

plaisancier [plɛzɑ̃sje] *m* Sportsegler *m*

plaisant [plɛzɑ̃] **I** *adj* **1.** *Einrichtung, Haus, Lage* gefällig; hübsch; nett; *Erinnerung, Aufenthalt auch* angenehm; **2.** *Erlebnis, Anekdote* lustig; amü'sant; drollig; heiter; spaßig; **II** *m* **1.** **mauvais** ~ (komischer, sonderbarer) Spaßvogel, Witzbold; **2.** *litt* **le** ~ **de la chose** c'est que ... das Lustige, Amü'sante, Drollige, Heitere, Spaßige bei *od* an der Sache ist, daß ...

plaisanter [plɛzɑ̃te] **I** *v/t* ~ qn sich über j-n lustig machen; ~ qn **sur** qc j-n mit etw necken, foppen, F aufziehen, uzen; **II** *v/i* scherzen; spaßen; Scherz treiben; Spaß, Späße, Scherze machen; Ulk machen; *loc/adv* **pour** ~ zum *od* aus Spaß, Scherz, Ulk; **je ne plaisante pas!** ich spaße, scherze nicht!; **das ist kein Spaß, Scherz!; vous plaisantez!** Sie (belieben wohl zu) scherzen!; das kann doch nicht Ihr Ernst sein!; **on ne plaisante pas avec cela** damit treibt man keinen Scherz; damit ist nicht zu spaßen, scherzen; F **il ne plaisante pas avec la discipline** in puncto Disziplin versteht er keinen Spaß, läßt er nicht mit sich spaßen; **il ne plaisante pas là-dessus** darin versteht er keinen Spaß; ~ **sur tout, sur tout le monde** mit allem, mit allen s-n Scherz, Spaß, Ulk treiben; **n'être pas d'humeur à** ~ nicht zu Scherzen, Späßen, zum Scherzen aufgelegt sein

plaisanterie [plɛzɑ̃tri] *f* Scherz *m*; Spaß *m*; Ulk *m*; *loc/adv* **par** ~ aus Scherz, Spaß, im *od* zum Scherz, Spaß; **ne pas comprendre la** ~ keinen Spaß, Scherz verstehen; **c'est une** ~! a) das ist wohl nur Spaß, Scherz!; das kann ja nur Spaß, Scherz sein! das ist doch nicht dein *bzw* sein *etc* Ernst!; b) *auch* **la bonne** ~! das ist geradezu lächerlich!; das ist ein Witz!; **faire des** ~**s sur** qc s-e Scherze, Späße, s-n Ulk mit etw treiben; **prendre bien la** ~ **(-n)** Spaß verstehen

plaisantin [plɛzɑ̃tɛ̃] *m* Witzbold *m*; Spaßvogel *m*

plaisir [plɛzir] *m* **1.** Vergnügen *n*; Freude *f*; Spaß *m*; Lust *f*; ~ **physique**, **des sens** Sinnenlust *f*, -genuß *m*, -freude *f*; ~ **d'amour** Liebeslust *f*; **le** ~ **de commander** die Lust am Befehlen; **le** ~ **du devoir accompli** die Freude. Befriedigung über die erfüllte Pflicht; **le** ~ **de vivre** die Lust zu leben; die Lebenslust; ~ **des yeux** Augenweide *f*; **le** ~ **et la douleur** Freud und Leid, Schmerz; ♦ *loc/adv:* **à** ~ grundlos; ohne Grund; aus purem Vergnügen; F **au** ~ **(de vous revoir)!** beehren Sie uns *bzw* mich wieder!; **avec (grand)** ~ mit (großem) Vergnügen; (sehr, herzlich) gern; mit Freuden; **par** ~, **pour le** ~ (nur so) aus *od* zum Vergnügen, Spaß; **pour son** ~ zu s-m Vergnügen, Spaß; aus s-r Freude; ♦ **avoir le** ~ **de faire** qc das Vergnügen, die Freude haben, etw zu tun; **M. et Mme X ont le** ~ **de vous faire part**

---

des fiançailles de leur fille ... **wir beehren uns, die Verlobung unserer Tochter ... bekanntzugeben** (*es folgen die Namen der Eltern*); **j'espère que nous aurons bientôt le** ~ **de vous revoir** ich hoffe, wir werden bald das Vergnügen haben, Sie wiederzusehen; **j'ai eu le (grand)** ~ **à** *od* **de m'entretenir avec vous** es war mit e-e (große) Freude, ein (großes) Vergnügen, mich mit Ihnen zu unter'halten; **donner beaucoup de** ~ **à** qn j-m viel Vergnügen, Freude, Spaß machen, bereiten; *Reitsport etc* **c'est un** ~ **coûteux** das ist ein teurer Spaß, ein teures Vergnügen; **faire** ~ **à** qn j-m Vergnügen, Freude machen, bereiten; j-m Spaß machen; j-n (er)freuen; **cela me fait un grand** ~ *auch* das ist mir ein großes Vergnügen, e-e große Freude; **cela fait** ~ **à voir** so etwas sieht man gern; es ist ein Vergnügen, e-e Freude, das zu sehen; das ist ein erfreulicher Anblick; **faites-moi le** ~ **de passer la soirée avec moi!** machen Sie mir das Vergnügen, die Freude, tun Sie mir den Gefallen und verbringen Sie den Abend mit mir!; **faites-moi le** ~ **de venir me voir!** erfreuen Sie mich mit Ihrem Besuch!; F *energisch* **fais-moi le** ~, **tu vas me faire le** ~ **de te taire** jetzt tu mir den Gefallen, die Liebe, jetzt sei so gut und sei still!; **se faire un** ~ **de faire** qc sich ein Vergnügen daraus machen, etw zu tun; etw gerne tun; **je me ferai un** ~ **de vous raccompagner en voiture** *auch* es soll mir ein Vergnügen, e-e Freude sein, Sie im Wagen nach Haus zu bringen; **prendre** ~ **à** qc Vergnügen, Freude, Spaß an etw (*dat*) haben, finden; **prendre** ~, **avoir du** ~ **à faire** qc Vergnügen, Freude, Spaß daran haben, finden, etw zu tun; **il prend** ~ **à** (+*inf*) *auch* es macht ihm Vergnügen, Freude, Spaß zu tun; **chacun prend son** ~ **où il le trouve** *etwa* jedem Tierchen sein Plä'sierchen (*loc/prov*); **je vous souhaite bien du** ~! (ich wünsche) viel Vergnügen!; **2. les** ~**s** die Freuden *f/pl*; *hist* **les menus** ~**s** die Lustbarkeiten *f/pl* und Feste *n/pl* bei Hofe; *iron:* **réserver une part de son budget pour ses menus** ~**s** ... für kleine Zerstreuungen, Vergnügen; **les** ~**s de l'alpinisme, de la campagne** die Freuden des Bergsteigens, des Landlebens; **les** ~**s de la table** die Tafelfreuden *f/pl*; **3. le bon** ~ **de** qn j-s Belieben *n*; **dépendre du bon** ~ **de** qn ganz von j-s Belieben abhängen; *hist Schlußformel königlicher Erlasse* **car tel est notre bon** ~ denn solches ist unser gnädigster Wille; **4.** *abs* **le** ~ die Sinnen-, Fleischeslust; *hist* **les** ~**s (du roi)** das königliche Jagdrevier; die königliche Jagd

plaît [plɛ] *cf* plaire

plan[1] [plɑ̃] **I** *adj* plan; *bes Geometrie* eben; **angle** ~ Winkel *m* in der Ebene; **figure** ~**e** ebene Figur; Figur *f* in der Ebene; *phys* **miroir** ~ Planspiegel *m*; *phys* **onde** ~**e** ebene, laufende Welle; Planwelle *f*; **surface** ~**e** ebene, plane Fläche; Ebene *f*; **II** *m* **1.** (ebene) Fläche; *bes Geometrie* Ebene *f*; *bei e-m Kochherd* ~ **de cuisson** Kochmulde *f*; **a)** ~ **d'eau a)** Wasserfläche *f*; b) Wasserspiegel *m*; ~ **de l'équateur** Äqu'atorebene *f*; ~ **de projection** Projekti'onsebene *f*; *e-s Flugzeugs* ~ **de sustentation** Tragfläche *f*, -flügel *m*; ~ **de symétrie** Symme-'trieebene *f*; *mil* ~ **de tir** senkrechte, durch die Schußlinie gehende Schußebene; *in e-r modernen Küche* ~ **de travail** Arbeitsfläche *f*; **2.** *peint, phot, thé, fig* **premier** ~ Vordergrund *m*; **au pre-**

mier ~ im Vordergrund; *fig auch* **au premier, deuxième, troisième** ~ an erster, zweiter, dritter Stelle; *fig:* **être au premier** ~ **im Vordergrund, an erster Stelle stehen; mettre au premier** ~ in den Vordergrund stellen, rücken; *Thema, Problem auch* her'ausstellen; **passer au premier** ~ in den Vordergrund treten, rücken; *loc/adj fig* **de premier** ~ *Künstler* ersten Ranges; erstrangig; erstklassig; *Charakter* bemerkenswert; her'vorragend; *Persönlichkeit* bedeutend; wichtig; **de tout premier** ~ allerersten Ranges; **second** ~ Mittelgrund *m*; *loc/adj fig* **de second** ~ zweiten Ranges; zweitrangig; *Problem auch* nebensächlich; weniger wichtig; *fig* **mettre, passer au second** ~ in den 'Hintergrund drängen, treten *od* rücken; **3.** *fig loc/adv* **sur ce** ~ in dieser Hinsicht, Beziehung; **sur le** ~ **général** insgesamt gesehen; **sur tous les** ~s in jeder Hinsicht, Beziehung; **sur le** ~ **politique, social** auf politischer, sozialer Ebene; in politischer, sozialer Hinsicht; politisch, sozial gesehen; im politischen, sozialen Bereich; **sur le même** ~ auf einer *od* der gleichen Ebene, Linie; **être sur le même** ~ gleich wichtig, gleichwertig, gleichrangig sein; auf einer Ebene, Linie liegen; *Kenntnisse* den gleichen Stand, das gleiche Niveau erreicht haben (**que** wie); **mettre sur le même** ~ auf die gleiche Stufe stellen; **sur le** ~ **de sa conduite,** *il n'y a rien à dire* hinsichtlich, bezüglich s-s Betragens, in bezug auf sein Betragen, was sein Betragen an(be)langt, angeht ...; **4.** *cin* Einstellung *f*; Aufnahme *f*; ~ **américain, demi-Halbtotale** *f*; ~ **général, d'ensemble** To'tale *f*; Gesamtaufnahme *f*; *cin, phot* **gros** ~ Großaufnahme *f*; **en gros** ~ in Großaufnahme; ~ **moyen** Halbnahe *f*; ~ **rapproché** Nahaufnahme *f*, -einstellung *f*
plan² [plɑ̃] *m* **1.** Plan *m*; *écon auch* Pro'gramm *n*; *für ein Buch, e-n Aufsatz auch* Gliederung *f*; *Buchhaltung* **comptable** Kontenplan *m*, -rahmen *m*; ~ **économique, financier,** Marshall Wirtschafts-, Fi'nanz-, Marshallplan *m*; ~ **d'action** Akti'onsplan *m*; ~ **d'amortissement** Tilgungsplan *m*; ~ **d'assainissement, d'austérité** Sa'nierungs-, Sparprogramm *n*; *mil, fig* ~ **de bataille, de campagne** Schlacht-, Feldzugsplan *m*; ~ **de modernisation et d'équipement** *etwa* Volkswirtschaftsplan *m*; ~ **de stabilisation monétaire** Plan, Programm zur Geldwertstabilisierung; ~ **de travail** Arbeitsplan *m*; **avoir son** ~ e-n festen Plan haben; **faire le** ~ **d'un voyage** e-n Reiseplan machen; e-e Reise (vor)planen; **2.** *bât* Bauplan *m*, -zeichnung *f*; ~ **(horizontal)** Grundriß *m*; *tech* Konstrukti'onszeichnung *f*; ~ **d'architecte** Archi'tektenplan *m*, -zeichnung *f*; ~ **de masse** 'Übersichts-, Lageplan *m* (*e-s Gebäudekomplexes*); ~ **du métro** Netzplan *m* der U-Bahn; ~ **d'occupation des sols** (*abr* **P.O.S.**) Bebauungsplan *m*; ~ **de Paris** (Stadt)Plan *m* von Paris; **acheter un appartement sur** ~ e-e Wohnung nach Bauplan, auf dem Papier kaufen; **3.** F *fig* **laisser qn, qc en** ~ j-n, etw im Stich lassen; j-n versetzen; **laisser tout en** ~ alles stehen- und liegenlassen; *Vorhaben, Projekte* **rester en** ~ liegenbleiben; **et je suis resté en** ~ und ich stand plötzlich (allein) da
planage [planaʒ] *m tech* Richten *n*; Pla'nieren *n*, -ung *f*
planaire [planɛr] *f zo sc* Pla'narie *f*
planche [plɑ̃ʃ] *f* **1.** Brett *n*; Planke *f*; für

Fußböden Diele *f*; ~ **à dessin, à laver, à pâtisserie, à repasser** Zeichen- *od* Reiß-, Wasch-, Back- *od* Kuchen-, Bügel- *od* Plättbrett *n*; ~ **à pain** Brotbrett *n*, -teller *m*; F *von e-r flachbusigen Frau* **c'est une** ~ **à pain, à repasser** F sie ist das reinste Plätt-, Bügelbrett; F **elle est maigre, plate comme une** ~ **(à pain)** F sie ist flach, platt wie ein Bügel-, Plättbrett, platt wie e-e Flunder; ~ **à roulettes** Rollbrett *n*; Skateboard ['ske:t-] *n*; *sports* ~ **d'appel** Absprungbalken *m*; *fig* ~ **de salut** letzte Rettung; *loc/adj* **en** ~s **Bretter...; cabane** *f* **en** ~s Bretterhütte *f*, -bude *f*; **être cloué entre quatre** ~s im Sarg liegen; *beim Schwimmen* **faire la** ~ **den toten Mann machen; 2. les** ~s die Bretter, die die Welt bedeuten; die Bühne; das The'ater; **l'amour** *m* **des** ~s die Liebe zum Theater; *Schauspieler* **brûler les** ~s hinreißend spielen; **monter sur les** ~s zur Bühne, zum Theater gehen; Schauspieler(in) werden; **3.** F *Skisport* **les** ~s F die Bretter *n/pl*; **4.** *impr* **a) (Stahl-, Kupfer-, Holz)Platte** *f*; ~ **d'imprimerie** Druckplatte *f*; F *fig* **faire marcher la** ~ **à billets** die Notenpresse in Gang setzen; **b)** (Kupfer-, Stahl)Stich *m*; Holzschnitt *m*; **c)** *in e-m Buch* (Bild)Tafel *f*; **5.** *jard* länglisches (Gemüse)Beet; ~ **de salades** Sa'latbeet *n*; **6.** *mar* ~ **de descente** Landgang *m*; Laufplanke *f*, (-)Steg *m*; *e-s Schiffes im* **Hafen** jours *m/pl* **de** ~ Liegetage *m/pl*; **7.** *Schülersprache* **faire la** ~ *cf* **plancher²**
planchéi|age [plɑ̃ʃejaʒ] *m bât* **a)** *e-s Fußbodens* Dielen *n*; *der Wände etc* Verschalen *n*, Verkleiden *n* (mit Brettern); **b)** *Ergebnis* Dielung *f*; Verschalung *f*; ~**er** *v/t bât Fußboden* dielen; *Wände etc* (mit Brettern) verschalen, verkleiden
plancher¹ [plɑ̃ʃe] *m* **1.** (Holz)Fußboden *m*; Diele *f*; ~ **de chêne, de sapin** Fußboden, Diele aus Eichen-, Tannenholz; ~ **en bois** Holzfußboden *m*, -diele *f*; *fig im Gegensatz zum Wasser* **le** ~ **des vaches** der feste Boden; das (Fest)Land; F *fig* **débarrasse-moi le** ~! F scher dich zum Teufel, zum Henker!; hau ab!; **2.** *bât* Geschoßdecke *f*; ~ **de charpente** Holzbalkendecke *f*; ~ **en béton (armé)** (Stahl)Be'tondecke *f*; **3.** *e-s Fahrzeugs, Waggons, Aufzuges* Boden *m*; *e-r Höhle* Sohle *f*; F *fig Autofahrer* **mettre le pied au** ~ das Gaspedal ganz 'durchtreten; **tenir le pied au** ~ mit 'durchgetretenem Gaspedal, F mit Bleifuß fahren; **4.** *e-s Bohrturms* Arbeitsbühne *f*; **5.** *anat* ~ **buccal** Boden *m* der Mundhöhle; **6.** *e-r Bank* Mindestreserve *f*; **7.** *adjt* Mindest...; **prix** *m*, **salaire** *m* ~ Mindestpreis *m*, -lohn *m*
plancher² [plɑ̃ʃe] *v/i Schülersprache* vor der Tafel, Klasse abgefragt werden; *in Geometrie* e-e Aufgabe an der Tafel lösen müssen
planchette [plɑ̃ʃɛt] *f* **1.** Brettchen *n*; kleines Brett; **2.** *Topographie* Meßtisch *m*; Mensel *f*
plançon [plɑ̃sɔ̃] *m Baumschule* Steckling *m*; Steckreis *n*; *jard, agr* Setzling *m*
plan|-concave [plɑ̃kɔkav] *adj opt* plankonkav; ~**-convexe** *adj opt* plankonvex
plancton [plɑ̃ktɔ̃] *m* Plankton *n*
plane [plan] *f* Ziehmesser *n*; *des Böttchers* Krummeisen *n*
plané [plane] *adj* ~ *e-s Vogels, aviat* Gleitflug *m*; F *fig* **faire un vol** ~ in hohem Bogen durch die Luft fliegen
planéité [planeite] *f* Ebenheit *f* (*auch opt e-s Bildfeldes*); Planheit *f*
planer¹ [plane] *v/i* **1.** *Vogel etc* (in der Luft) schweben; *Rauch, Wolken auch* (in

der Luft) hängen; *Raubvogel* ~ **au--dessus de sa proie** über s-r Beute schweben; **2.** *fig Person* **a)** ~ **au--dessus de qc** über etw (*dat*) stehen; über etw (*acc*) erhaben sein; ~ **au-dessus des querelles** über den Streit stehen; **b)** *abs* in den Wolken, F in höheren Regi'onen schweben; **3.** *fig Gefahr* ~ **sur qn, sur une ville** j-m, e-r Stadt drohen; *Trauer, Unglück* ~ **sur une maison** über e-m Haus liegen; **laisser** ~ *Anschuldigungen, Verdacht* im Raum stehen lassen; unwidersprochen lassen; **laisser** ~ **le mystère jusqu'à la fin de la pièce** den Schleier des Geheimnisses erst am Ende des Stückes lüften
planer² [plane] *v/t tech Blech, Metall* richten; pla'nieren; Brett schlichten; glätten; **machine** *f* **à** ~ *cf* **planeuse**
planétaire [planetɛr] **I** *adj* **1.** *astr* plane-'tar(isch); Pla'neten...; **année** *f* ~ Planetenjahr *n*; **nébuleuses** *f/pl* ~ planetarische Nebel *m/pl*; **système** *m* ~ Planetensystem *n*; **2.** *phys atom* **schéma** *m* ~ A'tommodell *n*, bei dem die Elek'tronen den A'tomkern um'kreisen; **3.** weltweit; glo'bal; **II** *m tech* im Planetengetriebe Sonnenrad *n*; *im Differentialgetriebe* Tellerrad *n*
planétarium [planetarjɔm] *m astr* Plane'tarium *n*
planète [planɛt] *f astr* Pla'net *m*; Wandelstern *m*; **petites** ~s kleine Planeten; Planeto'iden *m/pl*; Astero'iden *m/pl*; **la** ~ **Terre** der Planet Erde; **sur notre** ~ auf unserem Planeten
planétoïde [planetɔid] *m astr* Planeto'id *m*; kleiner Pla'net
planeur¹ [planœr] *m aviat* Segelflugzeug *n*; *für Ausbildungszwecke* Gleitflugzeug *n*; Gleiter *m*; **mit Hilfsmotor** Motorsegler *m*; ~ **de transport** Lastensegler *m*
plan|eur² [planœr] *m tech* Arbeiter, der Bleche richtet; pla'nieren *m*; ~**euse** *f tech* Richtmaschine *f*; Rollenrichtapparat *m*
planific|ateur [planifikatœr] **I** *adj* <-trice> *écon* Planungs...; **II** *subst* ~, **planificatrice** *m,f écon* Planer(in) *m(f)*; Planungsfachmann *m*; Planifika'teur *m*; ~**ation** *f bes écon* Planung *f*; Planifikati'on *f*; *in e-m Betrieb* ~ **du travail** Arbeitsplanung *f*
planifier [planifje] *v/t* planen; **économie planifiée** Planwirtschaft *f*
plani|mètre [planimɛtr] *m* Plani'meter *n*; ~**métrie** *f* Planime'trie *f*; ~**métrique** *adj* plani'metrisch
planisme [planism(ə)] *m als Theorie* Planwirtschaft *f*
planisphère [planisfɛr] *m Kartographie* Erdkarte *f*; Plani'glob(ium) *n*; Plani'sphäre *f*; ~ **céleste** Himmelskarte *f*
planiste [planist] *m,f écon* Anhänger(in) *m(f)* der Planwirtschaft
plan-masse [plɑ̃mas] *m* <*pl* plans--masses> *bât* 'Übersichts-, Lageplan *m* (*e-s Gebäudekomplexes*)
planning [planiŋ] *m* **1.** *a)* betriebliche Arbeits-, Fertigungsplanung; *b)* Arbeits-, Fertigungsplan *m*; **tableau** *m* **de** ~ Plantafel *f*; *c)* (**service** *m* **de**) ~ Planungsabteilung *f*; **2.** ~ **familial** Fa'milienplanung *f*
planorbe [planɔrb] *f zo* Posthornschnekke *f*
planque [plɑ̃k] F F **1.** F Druckposten *m*; **2.** Versteck *n*
planqué [plɑ̃ke] *m* F *im Krieg* Drückeberger *m*; *in der Etappe auch* F E'tappenhengst *m*, -schwein *n*
planquer [plɑ̃ke] F *v/t u v/pr* (**se**) ~ (sich) verstecken; (sich) in Sicherheit bringen; **planquez-vous!** volle Dekkung!

plansichter [plãsiʃtɐ] *m Müllerei* Plansichter *m*

plant [plã] *m jard* **a)** Pflänzling *m*; Setzling *m*; junge Pflanze; Jungpflanze *f*; Pflänzchen *n*; **~s** *pl auch* Pflanzgut *n*; **~ de salade** Sa'latpflanze *f*, -pflänzchen *n*; **b)** (An)Pflanzung *f*; Plan'tage *f*; **~ d'asperges** Spargelplantage *f*; **~ de carottes** Anpflanzung mit Karotten

plantain [plãtɛ̃] *m bot* Wegerich *m*; **grand ~** Großer Wegerich; Breitwegerich *m*; **~ d'eau** Froschlöffel *m*

plantaire [plãtɛr] *adj anat* Fußsohlen...; *sc* plan'tar; **voûte** *f* **~** Fußgewölbe *n*

plantard [plãtar] *m cf* plançon

plantation [plãtasjõ] *f* **1.** *jard, agr* (An-, Ein)Pflanzen *n*, -ung *f*; *e-s Baumes, Strauchs auch* Setzen *n*; *von Bohnen, Zwiebeln* Stecken *n*; *von Kartoffeln* Legen *n*; *Landschaftsgestaltung* Grünverbauung *f*; *Lebendverbau m*; **saison** *f* **des ~s** Pflanzzeit *f*; **2.** (An)Pflanzung *f*; Plan'tage *f* (*bes in tropischen Gebieten*); **~ d'arbres fruitiers** Obstplantage *f*, -anlage *f*; **~ de café, de tabac** Kaffee-, Tabakplantage *f*, -pflanzung *f*; **3.** *agr* **~s** *pl* Kul'turen *f/pl*; **4.** *thé* **~ de(s) décors** Kul'lissenaufstellen *n*, -ung *f* der Ku'lissen; **5. ~ de cheveux** Haaransatz *m*

plante[1] [plãt] *f bot* Pflanze *f*; Gewächs *n*; **~ cultivée** Kul'turpflanze *f*; **~s grasses** Fettpflanzen *f/pl*; Sukku'lenten *f/pl*; **~s herbacées** Kräuter *n/pl*; **~ naine** Zwerggewächs *n*; **~ d'appartement, d'ombre, de serre** Zimmer-, Schatten-, Treibhauspflanze *f*

plante[2] [plãt] *f anat* **~ du pied** Fußsohle *f*; **~ des pieds** Fußsohlen *f/pl*

planté [plãte] *m Skisport* Stockeinsatz *m*

planter [plãte] **I** *v/t* **1.** *bot* (an-, ein-) pflanzen; *Baum, Strauch auch* setzen; *Zwiebeln, Bohnen* stecken; *Kartoffeln* legen; *Beet, Fläche etc* bepflanzen; **~ une avenue de platanes** e-e Straße mit Platanen bepflanzen; **avenue plantée de platanes** Pla'tanenallee *f*; **2.** *Pfahl* setzen; einschlagen, -treiben; *Fahne, Mast* aufpflanzen; *Mast u Pfahl auch, Kreuz* auf-, errichten; *Zelt* aufschlagen; errichten; *Kulissen, Staffelei* aufstellen; *Stuhl* (hin)stellen, (-)setzen; *Nagel* einschlagen (**le mur in die Mauer**); *Messer, Dolch* stoßen (**dans** in+*acc*); *Kamm, Stöpsel* stecken (**dans** in+*acc*); *fig* **il lui planta un baiser sur la joue** er gab ihr e-n herzhaften Kuß auf die Wange; *Raubtier* **~ ses griffes dans le bras du dompteur** s-e Krallen in den Arm des Dompteurs schlagen; *fig* **~ son regard dans le regard de qn** j-m fest in die Augen blicken; j-n fest anblicken; **3.** *nur adit* **barbe bien plantée** dichter und regelmäßig gewachsener Bart; **cheveux bas plantés** tiefer, niedriger Haaransatz; **dents bien (mal) plantées** (un)regelmäßiges Gebiß; (un)regelmäßig gewachsene, stehende Zähne *m/pl*; *Person* **bien planté sur ses jambes** breitbeinig, herausfordernd dastehend; **rester planté devant une vitrine** regungslos, wie angewurzelt vor e-m Schaufenster stehen; **ne restez pas planté là à me regarder!** stehen Sie nicht da (F wie ein Ölgötze) und sehen Sie mich nicht so an!; **4.** ~ **là qn** j-n plötzlich stehenlassen, im Stich lassen, verlassen; **tout ~ là** alles im Stich lassen, F hinschmeißen; **4.** *bât* ~ **un bâtiment** den Bauplatz für ein Gebäude abstecken; **II** *v/pr* **6.** *passivisch: jard* **se ~** (an-, ein)gepflanzt *usw* gesetzt, gesteckt, gelegt werden; **7.** (venir) **se ~ au milieu de la cible** *Kugel, Pfeil* in der Mitte der Scheibe auftreffen; *Kugel auch* einschla-

gen; **8.** *Person* **se ~ devant qn** F sich vor j-m aufpflanzen; sich vor j-n hinpflanzen.

plant|eur [plãtœr] *m* Pflanzer *m*; Plan'tagenbesitzer *m*; ~ **de tabac** Tabakpflanzer *m*; **~euse** *f agr* Kar'toffellegemaschine *f*

plantigrade [plãtigrad] *zo* **I** *adj animal* ~ Sohlengänger *m*; **II** *m/pl* **~s** Sohlengänger *m/pl*; *sc* Planti'graden *pl*

plantoir [plãtwar] *m jard* Pflanzholz *n*; Pflanzer *m*

planton [plãtõ] *m* **1.** *mil* **a)** Ordon'nanz *f*; **b)** Ordon'nanzdienst *m*; **être de ~** Ordonnanzdienst haben; **mettre un soldat de ~** e-n Soldaten zum Ordonnanzdienst, als Ordonnanz abstellen; **c)** (Wacht)Posten *m* ohne Gewehr; **2.** F *fig* **faire le ~, rester de ~** (dastehen und) warten; F sich die Beine in den Bauch stehen

plantule [plãtyl] *f bot* Keimling *m*; *par ext* junge Keimpflanze

plantureux [plãtyrø] *adj* <**-euse**> **1.** *Essen, Mahlzeit* reichlich; üppig; lu'kullisch; **2.** F *fig Frau* 'vollbusig; üppig; füllig; *Busen* üppig; voll

plaquage [plaka3] *m* **1.** *Rugby* Fassen *n* (*des Gegners*); **~ du Gegner** den Gegner fassen; **2.** F *fig e-r Person* Verlassen *n*; Sitzenlassen *n*; Im-'Stich-Lassen *n*

plaque [plak] *f* **1.** Platte *f*; *e-s Kochherdes* ~ **chauffante, de cuisson** Heiz-, Kochplatte *f*; **bât ~ isolante, d'isolation** Iso'lier-, Dämmplatte *f*; *phot* ~ **sensible (photographique)** photographische Platte; *ch de fer* ~ **tournante** Drehscheibe *f* (*auch fig*); *fig* '**Umschlagplatz** *m*; *élect* ~ **d'accumulateur** Platte e-s Akkumulators; ~ **d'amiante** As'bestplatte *f*; **une ~ de beurre** ein halbes Pfund Butter; *e-s Kriegsschiffes* ~ **de blindage** Panzerplatte *f*; ~ **de cheminée, de cuivre** Ka'min-, Kupferplatte *f*; *Elektronik* ~ **de déviation** Ablenkplatte *f*; *cuis* ~ **de four** Kuchen-, Backblech *n*; ~ **de marbre** Marmorplatte *f*; *an e-r Tür* ~ **de propreté** Türbeschlag *m*; *vor, unter e-m Ofen* ~ **de protection** Ofen-, Schutzblech *n*; ~ **de revêtement** Platte zur Decken-, Wandverkleidung; ~ **de verre, en fibre dure** Glas-, Hartfaserplatte *f*; **2.** Deckel *m*; ~ **d'égout** Ka'naldeckel *m*; *mar* ~ **de trou d'homme** Mannlochdeckel *m*; **3.** *mit Inschrift* Tafel *f*; (*Tür-, an der Hauswand befestigtes Straßen*)Schild *n*; *Marke f; für Träger e-r bestimmten Funktion* (Dienst)Abzeichen *n*; Pla'kette *f*; ~ **commémorative** Gedenktafel *f*; *auto* ~ **minéralogique, d'immatriculation, de police** Nummernschild *n*; ~ **d'identité** *mil* Erkennungmarke *f*; *e-s Hundes* Hundemarke *f*; **4.** *Ordenszeichen* ~ **de grand officier de la Légion d'honneur** Bruststern *m* des Großoffiziers *od* -komturs der Ehrenlegion; **5.** *rechteckige* Spielmarke *f*; **6.** *anat* ~ **motrice** motorische (Nerven)Endplatte *f*; **7.** Fleck *m*; *path* ~ **de Syphilis** ~ **s muqueuses** Mundschleimhautpapeln *f/pl*; Plaques muqueuses *pl*; **~s d'eczéma** Ek-'zemherde *m/pl*; **avoir des ~s rouges sur le visage** große rote Flecke im Gesicht haben; **8.** *rad* An'ode *f*; **9.** *géol* (Kontinen'tal)Scholle *f*

plaqué [plake] *m Metallbearbeitung* Plat'tierung *f*; *mit Gold u Silber* Du'blee *od* Dou'blé *n*; ~ **argent** Silberdublee *n*, -plattierung *f*; ~ **or** Golddublee *n*; Goldplattierung *f*; *loc/adj* **Schmuck en ~** aus *od* in Dublee; Dublee...

plaquemin|e [plakmin] *f bot Frucht* Kakipflaume *f*; **~ier** *m bot Baum* Dattelpflaume *f*; Götterbaum *m*; ~ **de**

l'Inde Ebenholzbaum *m*; ~ **du Japon** Kakipflaume *f*

plaquer [plake] *v/t* **1.** *Metallbearbeitung* plat'tieren; ~ **d'argent, d'or** mit Silber, Gold du'blieren *od* dou'blieren, plattieren; *loc/adj* **plaqué or** aus *od* in Golddublee, Du'bleegold; *Metallfolie* ~ **sur qc** auf etw (*acc*) aufbringen, auftragen, aufwalzen; **2.** *Möbeltischlerei* fur'nieren; *Möbelstück* **en chêne plaqué** Eiche furniert; **3.** *fig* drücken, pressen (**contre, sur gegen**, an [+*acc*]); ~ **qn, se ~ contre le mur** j-n sich an, gegen die Wand drücken, pressen; ~ **ses cheveux sur les tempes** die Haare fest an die Schläfen andrücken; F die Haare an die Schläfen anklatschen; **4.** *bât Wand* ~ **du mortier** mit Mörtel bewerfen; mörteln; **5.** *Rugby* den Gegner fassen; **6.** *mus auf dem Klavier* ~ **un accord** e-n Akkord anschlagen; *adit* **accord plaqué** Akkord, dessen Töne gleichzeitig angeschlagen werden; **7.** *nur adit* **cout poche plaquée** aufgesetzte Tasche; **8.** F *fig* ~ **qn** j-n sitzenlassen, im Stich lassen, verlassen; ~ **qc** etw im Stich lassen, aufgeben (*auch Stellung*), verlassen, *Arbeit* F hinschmeißen

plaquette [plakɛt] *f* **1.** kleine Platte; Plättchen *n*; **une ~ de beurre** ein Viertelpfund Butter (*in Tafelform*); **2.** Pla'kette *f*; (kleines) Schild; ~ **commémorative** Gedenkplakette *f*; **3.** *physiol* ~ **sanguine** Blutplättchen *n*; **4.** dünnes, schmales Büchlein; Bro'schüre *f*; ~ **de vers** Büchlein mit Versen

plaqueur [plakœr] *m* **1.** *Metallbearbeitung* Plat'tierer *m*; **2.** *Möbeltischlerei* Fur'nierer *m*

plasma [plasma] *m* **1.** *physiol* Plasma *n*; ~ **sanguin** Blutplasma *n*; **2.** *phys* Plasma *n*; **~tique** *adj physiol* plas'matisch

plasmine [plasmin] *f physiol* Plas'min *n*; Fibrinoly'sin *n*

plasmocyt|e [plasmɔsit] *m physiol* Plasmazelle *f*; Plasmo'zyt *m*; **~ose** *f path* krankhafte Vermehrung der Plasmazellen; *sc* Plasmazy'tose *f*

plasmod|e [plasmɔd] *m biol* Plas'modium *n*; Sym'plasma *n*; **~ie** *f*, **~ium** [-jɔm] *m Blutparasit* Plas'modium *n*

plasmolyse [plasmɔliz] *f biol* Plasmaablösung *f*; Plasmo'lyse *f*

plaste [plast] *m biol* **~s** *pl* Pla'stiden *pl*

plastic [plastik] *m* Plastiksprengstoff *m*; Sprenggelatine *f*; *im engeren Sinn* Plastikbombe *f*; **~age** *m* Sprengstoffanschlag *m* (*mit e-r Plastikbombe*)

plasticien [plastisjɛ̃] *m* **1.** *tech* Spezia'list *m bzw* Arbeiter *m* der Kunststoffindustrie; **2.** *méd* Spezia'list *m* der plastischen Chirur'gie

plasticité [plastisite] *f* **1.** *tech von Stoffen* (Ver)Formbarkeit *f*; Plastizi'tät *f*; **2.** *psych* Plastizi'tät *f*; Formbarkeit *f*; Anpassungsfähigkeit *f*

plastie [plasti] *f chir* Plastik *f*; plastische Operati'on

plastifiant [plastifjã] *m Kunststoffindustrie* Weichmacher *m*; Plastifi'kator *m*; *für unvulkanisierten Kautschuk auch* Plasti'kator *m*

plastifier [plastifje] *v/t* **1.** *spröde Kunststoffe* plastifi'zieren; *mit e-m Weichmacher* weich und geschmeidig, plastisch machen; **2.** *adit* **plastifié** mit Kunststoff über'zogen; mit Kunststoffummantelung; **fil plastifié** Kunststoffkabel *n*

plastigel [plastiʒɛl] *m Kunststoffindustrie* Plasti'gel *m*

plastiquage [plastikaʒ] *m cf* plasticage

plastique [plastik] **I** *adj* **1.** *Stoff, Material* plastisch; (ver)formbar; bildsam; **explosif ~** Plastiksprengstoff *m*; **2.** **matière** *f* ~ *od subst* ~ *m* Kunststoff *m*;

Plastik *n*; *fachspr* Plast *m*; F Plaste *f*; *loc/adj* de ~, en (matière) ~ Plastik...; Kunststoff...; aus Plastik, Kunststoff; *in der DDR auch* Plast(e)...; 'housse *f* de ~ Plastikhülle *f*; carrosserie *f*, semelle *f* en (matière) ~ Kunststoffkarosserie *f*, -sohle *f*; vaisselle *f* en (matière) ~ Plastik-, *in der DDR auch* Plast(e)-geschirr *n*; 3. *Kunst* plastisch; bildhauerisch; arts *m/pl* ~s bildende Kunst; *fig* geste *m* ~ plastische, körperhaft wirkende Geste; 4. chirurgie *f* ~ plastische Chirurgie; 5. aliments *m/pl* ~s dem Aufbau des Körpers, als Aufbaustoff dienende Nahrungsmittel *n/pl*; 6. *opt* image *f* ~ Stereo-, Raumbild *n*; stereo-'skopisches Bild; **II** *subst* 1. *m cf* I 2.; 2. *m* Plastiksprengstoff *m*; 3. *f* Plastik *f*; Bildhauerkunst *f*
plastiqu|er [plastike] *v/t* mit e-r Plastikbombe, mit Plastikbomben, Plastiksprengstoff in die Luft sprengen; ~eur *m* (Plastik)Bombenleger *m*
plastisol [plastisɔl] *m Kunststoffindustrie* Plasti'sol *n*
plastochimie [plastoʃimi] *f* Kunststoffchemie *f*
plastron [plastrõ] *m* 1. *esc*, e-r Rüstung Pla'stron *m od n*; e-r Rüstung *auch* Brustharnisch *m*; *der Fechtmeister im Mittelalter* Brustleder *n*; *des Schusters* Schurzfell *n*; *der Schildkröten* Bauchschild *m*, -panzer *m*; Pla'stron *m od n*; ~ de chemise Hemdbrust *f*; Vorhemd *n*; 2. *mil beim Manöver* den Feind mar-'kierende Gruppe von Sol'daten
plastronner [plastrone] *v/i* Person sich in die Brust, in Posi'tur werfen; po'sieren; para'dieren
plasturgie [plastyrʒi] *f* Kunststoffverarbeitung *f*
plat¹ [pla] **I** *adj* 1. *Gegend, Gelände, Boden* flach; eben; platt; *Dach, Hut, Brust* flach; *Haar* glatt(gekämmt); *Geometrie* angle ~ gestreckter Winkel; assiette ~e flacher Teller; bateau (à fond) ~ plattbodiges, flachgehendes Schiff; broderie ~e Plattstickerei *f*; *mar* calme ~ Flaute *f* (*auch fig*); völlige Windstille; *cf auch* calme II 1.; lime ~e Flachfeile *f*; *mar* mer ~e vollkommen glatte See; *anat* os ~ platter, breiter Knochen; pays ~ Flachland *n*; pied ~ Plattfuß *m*; avoir les pieds ~s Plattfüße haben; cout pli ~ einfache Falte; poisson ~ Platt-, Flachfisch *m*; talon ~ flacher Absatz; soulier *m* (à talon) ~ flacher Schuh; Schuh mit flachem Absatz; toit ~ Flachdach *n*; ◆ *loc/adj u loc/adv*: à ~ *Batterie* leer; *Reifen* platt; pneu *m* à ~ *auch* F Plattfuß *m*; F être à ~ *auto* F Plattfuß, e-n Platten haben; *fig Person* abgeschlagen, ganz od wie zerschlagen, F fertig, ka'putt, ab sein; am Boden zerstört sein; *fig* la maladie l'a mis à ~ die Krankheit hat ihn an den Rand s-r Kräfte gebracht, F hat ihn völlig fertiggemacht; mettre, poser qc à ~ etw legen (*nicht aufrecht stellen*); etw flach hinlegen; *fig* tomber à ~ *Theaterstück* 'durchfallen; *Vorschlag* keinen Anklang, kein Echo finden; F nicht ankommen; *Nachgeben, Kapitulation* nicht hono'riert werden; *Bemerkung im Lärm* ungehört bleiben; 'unterlaben; ~ ventre *cf* ventre 1.; ◆ avoir la bourse ~e e-n leeren Geldbeutel haben; ma bourse est ~e *auch* bei mir, in meiner Kasse ist Ebbe; 2. *Wein* fad(e); *Mineralwasser* ohne Kohlensäure; 3. *fig Nachahmung* platt; *Stil* fad(e); farblos; nichtssagend; *Unterhaltung* platt; flach; seicht; geistlos; oberflächlich; trivi'al; *Witz* schal; geistlos; fad(e); *iron* mes plus ~es excuses! ich bitte 'unter-

tänigst um Entschuldigung!; faire de ~es excuses sich 'unterwürfig entschuldigen; 4. *métr* rimes ~es Paarreim *m*; **II** *m* 1. le ~ de la main die flache Hand; frapper la table du ~ de la main mit der flachen Hand auf den Tisch schlagen; le ~ du sabre die flache (Säbel)Klinge; 2. *Rennsport* course *f* en ~ Flachrennen *n*; 3. *im Gelände* faux ~ verdeckte Senke; 4. *Fleischerei* ~ de côtes Spann-, Querrippe *f*; 5. F *fig* faire du ~ à une femme e-r Frau (*dat*) schmeicheln, schöntun; F e-e Frau pous-'sieren; 6. *der Einbanddecke, e-r Broschüre* (Buch-, Papp)Deckel *m*
plat² [pla] *m* 1. *cuis für Aufschnitt, Fleisch, Kuchen* Platte *f*; ~ (creux) Schale *f*; flache Schüssel; ~ (à gratin, à rôtir) (Henkel)Pfanne *f*; Brat-, Backpfanne *f* (*mit zwei Henkeln*); *früher des Barbiers* ~ à barbe Ra'sierbecken *n*; ~ à œufs kleine Henkelpfanne für Spiegeleier; ~ à viande Fleischplatte *f*; ~ d'argent silberne Platte, Schale, Schüssel; *fig* apporter qc à qn sur un ~ etw auf dem Präsen'tierteller über-'reichen; finir les ~s alle Schüsseln leeren, leer machen; F *fig* mettre les petits ~s dans les grands j-n fürstlich bewirten; sich in Unkosten stürzen (, um j-n zu bewirten); 2. Gericht *n*; Speise *f*; in e-r Speisenfolge Gang *m*; ~ froid kaltes Gericht; kalte Speise; ~ national Natio-'nalgericht *n*; premier, deuxième ~ erster, zweiter Gang; ~ régional Speziali'tät e-r Gegend; ~ du jour Tagesgericht *n*; *bibl* ~ de lentilles Linsengericht *n*; ~ de poisson, de viande Fisch-, Fleischgericht *n*; ~ de résistance Hauptgericht *n*; F faire tout un ~ de qc viel Lärm, Geschrei um e-e Sache machen; viel Aufhebens von e-r Sache machen; 3. *mar* ~ de matelots Backschaft *f*
platane [platan] *m bot* Pla'tane *f*; faux ~ Bergahorn *m*; avenue (plantée) de ~s Platanenallee *f*; *auto* F rentrer dans un ~ gegen e-n Baum fahren, prallen
plat-bord [plabɔr] *m* ⟨*pl* plats-bords⟩ *mar* Schandeck *n*; Schandeckel *m*
plate [plat] *f* 1. *früher e-r Rüstung* (Eisen)Platte *f*; armure *f* de ~ Plattenharnisch *m*; batteur *m* de ~ Plattner *m*; 2. *mar* Prahm *m*
plateau [plato] *m* ⟨*pl* ~x⟩ 1. Ta'blett *n*; Ser'vierbrett *n*; ~ d'argent silbernes Tablett; ~ de bois Holztablett *n*; 2. Platte *f* (*auch zum Ablegen von Instrumenten beim Zahnarzt*); ~ à bzw de fromages Käseplatte *f*; 3. e-r Waage Waagschale *f*; *fig* ne pas peser lourd dans le ~ od dans les ~x de la balance nicht ins Gewicht fallen; unwesentlich sein; 4. e-s Plattenspielers Plattenteller *m*; 5. *zum Transport von Obst u Gemüse (flache)* Stiege *od* Steige; ~ de chargement *etwa* Flachpalette *f*; 6. *thé* Bühne *f*; *cin*, *télé* aufgebaute Szene; frais *m/pl* de ~ Ateli'erkosten *pl*; Kosten *pl* für die Innenaufnahmen (im Atelier *bzw* Studio); 7. *géogr* (Hoch)Pla-'teau *n*; Hochfläche *f*, -ebene *f*; ~ calcaire Kalkplateau *n*, -hochfläche *f*; ~ continental Festland-, Kontinen'talsockel *m*; Schelf *m od n*; 8. Hochland *n*; les ~x de l'Iran das Hochland von Iran; les 'hauts ~x du Tibet das Hochland von Tibet; 8. négresse *f* à ~ Negerin *f* mit Lippenpflock (*in der Unterlippe*); 9. *tech* Scheibe *f*; Teller *m*; e-r Drehmaschine Planscheibe *f*; *der Kupplung* ~ de pression Druckteller *m*
plate-bande [platbãd] *f* ⟨*pl* plates-bandes⟩ 1. *jard* Ra'batte *f*; Beet *n*; F *fig*

marcher sur les plates-bandes de qn j-m ins Gehege kommen; 2. *arch* a) Sturz(bogen) *m*; b) *etwa* flacher Stab; Flachstab *m*
platée [plate] *f* 1. *cuis* une ~ de e-e Schüssel, Platte voll Reis, Fleisch etc; 2. *bât* Grundplatte *f*
plate-forme [platfɔrm] *f* ⟨*pl* plates-formes⟩ 1. e-s Eisenbahnwaggons, Busses, Sprungturms etc Plattform *f*; 2. *pol* e-r Partei Plattform *f*; ~ électorale Wahlplattform *f*; 3. *pétr* ~ (de forage) Bohrinsel *f*; 4. *ch de fer* a) Plattform-, Flachwagen *m*; b) Gleisbau (Bahn-) Planum *n*; 5. *mil* e-s Geschützes Bettung *f*; 6. *géogr* Platte *f*; ~ littorale Festland-, Kontinen'talsockel *m*; Schelf *m od n*
platelage [platlaʒ] *m bât* hölzerner Brükkenbelag
plateresque [platrɛsk] *adj arch* style *m* ~ Plate'reskenstil *m*; plate'resker Stil
plathelminthes [platɛlmɛ̃t] *m/pl zo* Plattwürmer *m/pl*; *sc* Plathel'minthen *pl*
platinage [platinaʒ] *m* Oberflächenbehandlung Plati'nieren *n*, -ung *f*
platine¹ [platin] *m* 1. *chim* 'Platin *od* Pla'tin *n*; *loc/adj* en ~ Platin...; 2. *adit* blond ~ ⟨*inv*⟩ platinblond
platine² [platin] *f* 1. *impr* der Tiegeldruckpresse Tiegel *m*; 2. *des Mikroskops* Ob'jekttisch *m*; 3. e-s Plattenspielers Chas'sis *n*; 4. *der Nähmaschine* Stichplatte *f*; 5. *früher e-s Gewehrs* Schloßblech *n*; *par ext* Schloß *n*; ~ à percussion, à silex Perkussi'ons-, (Feuer)Steinschloß *n*; 6. *text* Pla'tine *f*; 7. *bei e-r Uhr* Pla-'tine *f*
platiné [platine] *adj* 1. blond ~ ⟨*inv*⟩ platinblond; une blonde ~e e-e Platinblonde; cheveux ~s, blond ~ platinblondes Haar; 2. plati'niert; *auto* vis ~es Unter'brecherkontakte *m/pl*
platin|er [platine] *v/t tech* plati'nieren; mit Platin über'ziehen; ~eur *m* 1. in e-r Gewehrfabrik Sy'stemmacher *m*; 2. *tech* Plati'nierer *m*; ~eux *adj* ⟨-euse⟩ *chim* Platin(II)-...; *früher* Pla'tino-...; ~ifère *adj minér* platinhaltig; ~ique *adj chim* Platin(IV)-...; *früher* Pla'tini-...; ~ite *f* Plati'nit *n*; ~oïde *m chim* Platinmetall *n*
platitude [platityd] *f* 1. e-r Unterhaltung, Musik, e-s Buches Plattheit *f*; Flachheit *f*; Seichtheit *f*; Oberflächlichkeit *f*; Geistlosigkeit *f*; Triviali'tät *f*; *des Stils* Fadheit *f*; Farblosigkeit *f*; *e-s Witzes* Schalheit *f*; Fadheit *f*; Geistlosigkeit *f*; 2. Gemeinplatz *m*; Plattheit *f*; platte, abgedroschene Redensart; Plati'tüde *f*
platon|icien [platonisjɛ̃] *philos* **I** *adj* ⟨~ne⟩ pla'tonisch; **II** *m* Pla'toniker *m*; ~ique *adj* 1. Liebe, Gefühle pla'tonisch; 2. Protest, Forderung rein theo'retisch; ~isme *m philos* Plato'nismus *m*
plâtrage [platraʒ] *m* 1. *bât* (Ver)Gipsen *n*; Verputzen *n* mit Gips; 2. *agr*, *Weinbereitung* Gipsen *n*
plâtras [platra] *m/pl bât* Gipsbrocken *m/pl*, -stücke *n/pl*, -schutt *m*; *par ext* Bauschutt *m*
plâtre [platr(ə)] *m* 1. *tech* (gebrannter) Gips; ~ à mouler Mo'dell-, Form(en)gips *m*; four à ~ Gipsofen *m*; *minér* (pierre *f* à) ~ Gips(stein) *m*; *loc/adj* en ~ Gips...; gipsern; aus Gips; buste *m* en ~ Gipsbüste *f*; *fig* battre qn comme ~ F j-n windelweich, zu Brei schlagen; 2. *bât* ~s *pl* Gips-. Stuckarbeiten *f/pl*; *fig* essuyer les ~s a) die Wohnung trocken wohnen; b) die Sache ausbaden müssen; 3. *chir* Gipsverband *m*; F Gips *m*; être dans le ~ Arm, Bein in Gips sein; Person e-n Gipsverband tragen; *auch* in Gips liegen; mettre dans le ~ Arm, Bein eingipsen; in Gips legen; F gipsen; e-r Person e-n Gipsverband anle-

gen (qn j-m); **demain, on lui enlève son** ~ *auch* morgen kommt er aus dem Gips; **4.** Gipsfigur *f*, -abguß *m*; **5.** F *fig von* ~*m Camembert* **c'est du** ~ der ist noch nicht reif, noch zu trocken

plâtrer [platre] *v/t* **1.** *bât* (ver)gipsen; mit Gips verputzen; *auch* (über')tünchen; **2.** *chir* eingipsen; in Gips legen; *adj* **plâtré** in Gips; **3.** *agr, Weinbereitung* gipsen; **4.** F *fig* ~ **son visage,** *o*/*pr* **se** ~ das Gesicht, sich zu stark pudern

plâtrerie [platrəri] *f* **1.** Gipswerk *n*, -fabrik *f*, -brenne'rei *f* **2.** *bât* Gips(er)arbeit *f*

plâtr|ier [platrije] *m* Gipser *m*; Stukka-'teur *m*; **~ière** *f* **1.** Gipsbruch *m*, -grube *f*; **2.** *cf* **plâtrerie 1.**

platycéphale [platisefal] **I** *adj* flach-köpfig; *sc* platyze'phal; **II** *m* **1.** *Anthropologie* Flachköpfige(r) *m*; *sc* Platy-'zephalus *m*; **2.** *zo* Platt-, Flachkopf *m* (*Fisch*)

platyrrhiniens [platirinjɛ̃] *m*/*pl zo* Breitnasenaffen *m*/*pl*; *sc* Platyr'rhinen *pl*

plausible [plozibl(ə)] *adj* Grund, Hypothese plau'sibel; einleuchtend; über-'zeugend; glaubwürdig; glaubhaft; ca-**ractère** *m* ~ Glaubwürdigkeit *f*, -haftigkeit *f*

play-back [plɛbak] *m cin, télév* Playback ['ple:bɛk] *n*; *adjt* **bande** *f* ~ Playbackband *n*

play-boy [plɛbɔj] *m* ⟨*pl* **play-boys**⟩ Playboy ['ple:bɔj] *m*

plèbe [plɛb] *f im alten Rom* Plebs *f*; *heute st/s u péj* Plebs *m*; Pöbel *m*

plébéien [plebejɛ̃] **I** *adj* ⟨~**ne**⟩ **1.** *im alten Rom* ple'bejisch; Ple'bejer...; **2.** *heute st/s u péj* ple'bejisch; Geschmack gewöhnlich; ordi'när; billig; **II** *subst* ~**(ne)** *m*(*f*) Ple'bejer(in) *m*(*f*) (*im alten Rom u fig*)

plébiscitaire [plebisitɛr] *adj* plebiszi-'tär; **par voie** ~ durch ein Plebiszit, e-e Volksabstimmung, e-n Volksentscheid

plébiscit|e [plebisit] *m* Plebis'zit *n* (*auch im alten Rom*); Volksabstimmung *f*, -befragung *f*, -entscheid *m*; **~er** *v/t* Sache durch Plebis'zit, in e-r Volksabstimmung *etc* mit großer Mehrheit billigen, *Person* wählen

plectognathes [plɛktɔgnat] *m*/*pl zo* Haftkiefer *m*/*pl*

plectre [plɛktr(ə)] *m mus* Plektron *n*

pléiade [plejad] *f* **1.** *Literatur* im ⟨♀ *frz Dichterschule* die Plé'iade; *im alten Alexandrien* die Plei'as; **2.** *fig* **une** ~ **de jeunes compositeurs,** e-e Gruppe talentierter junger Komponisten *etc*; **3.** *astr* **les ♀s** die Ple'jaden; das Siebengestirn

plein [plɛ̃] **I** *adj* ⟨**pleine** [plɛn]⟩ **1.** *Gefäß, Magen, Lokal, Verkehrsmittel* voll; *Gefäß, Behälter auch* (an)gefüllt (de mit); **un verre** ~ ein volles Glas; (F **tout**) ~ **de** (+*subst*) voll(er) (+*subst ohne art*); voll von; *fig Person auch* erfüllt, durch'drungen von; (**tout**) ~ **d'admiration** voll(er) Bewunderung; **être** ~ **d'admiration** von Bewunderung erfüllt sein; ~ **de contradictions** voll von Widersprüchen; **un pré** ~ **de fleurs** e-e Wiese voll(er), voll von Blumen; ~ **de force** kraftvoll, -strotzend; **être** ~ **d'idées** voller Ideen stecken; **être** ~ **de bonnes intentions** die besten Absichten haben; *Straße* ~ **de monde** voll(er), voll von Menschen; **être** ~ **de santé** vor Gesundheit strotzen; *Bemerkung* ~ **de bon sens** sehr vernünftig; ♦ *loc/adv: Zug, Auto* **rouler à** ~ voll(besetzt, -beladen) fahren; **à** ~**es mains** mit vollen Händen (*auch fig*); *verser de l'eau* **à** ~**s seaux** eimerweise, ganze Eimer voll ...; ♦

avoir les mains ~**es** beide Hände voll haben; **avoir le nez** ~ sich die Nase putzen müssen; F *fig* **il est** ~ er ist voll; er hat sich 'vollaufen lassen; F *fig* **être** ~ **aux as** stein-, F stinkreich sein; F nach Geld stinken; F *fig* **n'en jetez plus, la cour est** ~**e!** jetzt aber Schluß, hört endlich auf mit diesem Thema!; **parler la bouche** ~**e** mit vollem Munde sprechen; **2.** *fig voll*; völlig; ganz; ~ **air** ['1. *cf* **air 2.**; **une confiance** ~ **et entière** volles, unbegrenztes, schrankenloses, absolutes Vertrauen; ~ **emploi** *cf* **plein--emploi**; **cinq jours** ~**s** volle fünf Tage; ~**e lune** 'Vollmond *m*; ~**e mer** *cf* **mer 1.**; ~**s pouvoirs** unbeschränkte 'Vollmacht; **Pleinpou'voir** *n*; **au sens** ~ **du mot, terme** im wahrsten Sinne des Wortes; *e-s Instruments* **son** ~ voller Klang; **un succès** ein voller Erfolg; ~ **tarif** voller Fahrpreis, Tarif; ♦ *loc/adj* (**reliure** *f*) ~**e peau,** ~**e toile** Ganzleder(-), Ganzleinen(einband) *n*(*m*); ♦ *loc/adv Bemerkung, Argument* **porter à** ~ den Kern der Sache, ins Schwarze treffen; **cet argument porte à** ~ *auch* das ist ein schlagendes Argument; ♦ **à** ~ (+*subst*): (**à**) ~**s gaz** mit 'Vollgas; **à** ~ **gosier** aus vollem Hals; aus voller Brust; **sentir, puer à** ~ **nez** stark riechen; furchtbar stinken; *Motor* **tourner à** ~ **régime** auf vollen Touren laufen; **travailler à** ~ **temps** ganztägig, ganztags arbeiten; *mar* **à** ~**es voiles** mit vollen Segeln; **de** ~ **droit** von Rechts wegen; kraft Gesetzes, gesetzlicher Vorschrift; ohne weiteres; **de son** ~ **gré** (ganz) freiwillig; aus freien Stücken; aus eigenem Antrieb; ganz von selbst; **en** ~ (+*subst*) mitten, genau in, auf (+*dat bzw acc*); **en** ~ **champ** auf freiem, offenem Feld; *Kugel* **atteindre qn en** ~ **cœur** j-n mitten ins Herz treffen; **en** ~ **connaissance de cause** in voller Kenntnis der Sachlage; **en** ~**e croissance** mitten im Wachstum; **en** ~ **désert** mitten in der Wüste; *fig* **il arriva en** ~ **drame** ... als das Drama schon in vollem Gange war; **en** ~ **été** im Hochsommer; *Sportler* **être en** ~**e forme** in Hochform, topfit sein; **en** ~ **hiver** im tiefsten Winter; **en** ~ **jour** *cf* **jour 2.**; **en** ~**e lumière** in vollem Licht; **viser en** ~ **milieu** genau auf die Mitte zielen; **en** ~**e nature** in der freien Natur; *chambre* **en** ~ **nord** reines Nordzimmer; genau nach Norden liegendes Zimmer; **en** ~**e nuit** mitten in der Nacht; **en** ~**e paix** im tiefsten Frieden; **en** ~**e rue** auf offener Straße; **en** ~**e saison** in der Hochsaison; **en** ~ **soleil** in der prallen Sonne; *agr, jard* **en** ~**e terre** im Freiland; **être en** ~ **travail** mitten in der Arbeit sein, stecken; **en** ~ **vol** mitten im Flug; ♦ **avoir** ~ **conscience de qc** sich e-r Sache (*gén*) bewußt sein; **avoir** ~ **liberté de faire qc** völlig freie Hand haben, etw zu tun; **il a** ~**e liberté de** ... *auch* es steht ihm völlig frei zu ...; **donner** ~**e satisfaction à qn** j-n völlig, voll (und ganz), restlos befriedigen, zufriedenstellen; **3.** ⟨*nachgestellt*⟩ Backen, Gesicht voll; rund; **4.** ⟨*nachgestellt*⟩ *weibliches Säugetier* ~**e** trächtig; **être** ~**e** *auch* tragend sein; **5.** **une journée** ~**e** ein besetzter, ausgefüllter, inhaltsreicher Tag; **6.** *Material* mas'siv; **paroi** ~**e** massive Wand; **pneu** ~ 'Vollgummireifen *m*; **porte** ~**e** Holztür *f etc* (*im Gegensatz zur Glas-, Gittertür*); **roue** ~**e** Scheibenrad *n*; **7.** ⟨*nachgestellt*⟩ *Wald* dicht; **8.** *Heraldik* **écu** ~ einfarbiges Wappenschild; **II** *adv* **1. sonner** ~ voll, nicht hohl klingen; **2.** F **tout** ~ sehr; F mächtig; **elle est tout** ~

gentille sie ist (sehr,) sehr nett, F mächtig, furchtbar nett; **c'est mignon tout** ~, **ça** das ist wirklich sehr hübsch; das ist entzückend, allerliebst, F süß; **3.** *loc/adv* F ~ **de** viel(e); e-e Menge *f*, Masse; massenhaft; F massig; **avoir** ~ **d'argent** viel, e-e Menge, F e-n Haufen Geld haben; **il y avait** ~ **de monde dans la rue** es waren viel(e), e-e Menge Leute auf der Straße; **j'en ai** ~ ich habe viel(e) (davon); **4.** *loc/adv* **en** ~, **dans, sur** genau in, auf (+ *dat bzw acc*); **marcher en** ~ **dans la boue** so richtig im Dreck laufen; genau in den Dreck treten; **viser en** ~ **dans le mille** genau ins Schwarze zielen; **en** ~ **au milieu de la place** genau auf der Platzmitte; **la bombe est tombée en** ~ **sur la gare** die Bombe fiel genau auf, traf genau den Bahnhof; **III** *prép* ⟨*inv*⟩ F *fig* **en avoir** ~ **le dos** F es gründlich satt, die Nase voll haben; **il a des boutons** ~ **la figure** er hat das Gesicht voll(er) Pickel; **avoir de l'argent** ~ **les poches** die Taschen voll(er) Geld haben; **IV** *m* **1. faire le** ~ (**de qc**) (etw) 'vollmachen, 'volladen; *auto* **faire le** ~ (**d'essence**) 'volltanken; auftanken; **2.** *beim Schreiben* Grund-, Abstrich *m*; **3.** *mar* (Tide)Hochwasser *m*; *abus* Flut *f*; **au** ~ bei Hochwasser, Flut; **4.** *fig* **battre son** ~ *Veranstaltung* in vollem Gange sein; auf dem Höhepunkt (angekommen) sein; *Wahlkampf auch* auf vollen Touren, Hochtouren laufen; **5.** *astr* **le** ~ **de la lune,** **la lune dans son** ~ der 'Vollmond; **la lune est dans son** ~ es ist, wir haben Vollmond; **6.** *bât* mas'sives Mauerwerk (*ohne Fenster- u Türöffnungen*); **7.** *Versicherungswesen* Limit *n*; Maximum *n*

pleinement [plɛnmã] *adv* ~ **content** völlig, voll und ganz, restlos zufrieden; ~ **responsable** voll verantwortlich; **je vous approuve** ~ ich stimme Ihnen völlig, voll und ganz zu

plein-emploi [plɛnãplwa] *m écon* 'Vollbeschäftigung *f*

plein-vent [plɛvã] *m* ⟨*pl* **pleins-vents**⟩ völlig freistehender, ungeschützt stehender Baum

pléistocène [pleistɔsɛn] *géol* **I** *adj* pleisto'zän; Pleisto'zän...; **II** *m* Pleisto'zän *n*; Di'luvium *n*

plénier [plenje] *adj* ⟨**-ière**⟩ **1.** *pol* 'Voll...; *adjt* **assemblée plénière** Voll-, Plenarversammlung *f*; Plenum *n*; **réunion plénière** Plenarsitzung *f*; **2.** *égl cath* **indulgence plénière** vollkommener Ablaß

plénipotentiaire [plenipɔtɑ̃sjɛr] *m dipl* Bevollmächtigte(r) *m*; *adjt* **ministre** *m* ~ Gesandte(r) *m*

plénitude [plenityd] *f fig* Fülle *f*; *st/s* **des formes** volle Entfaltung, Üppigkeit *f*, *auch* 'Vollendung *f*, 'Vollkommenheit *f* der Formen; *st/s* **d'un son** Klangfülle *f*; **dans la** ~ **de sa beauté** in s-r bzw ihrer ganzen Schönheit; *bibl* **dans la** ~ **des temps** als die Zeit erfüllet war; **il a conservé la** ~ **de ses facultés intellectuelles** er ist noch im 'Vollbesitz s-r geistigen Kräfte

plénum [plenɔm] *m pol* Plenum *n*

pléonas|me [pleɔnasm(ə)] *m rhét, gr* Pleo'nasmus *m*; **~tique** *adj* pleo-'nastisch

plésiosaure [plezjɔzɔr] *m* Paläontologie Plesio'saurier *m* od -'saurus *m*

pléthore [pletɔr] *f* 'Überfluß *m* (**de an** +*dat*); 'Überfülle *f* (von); *comm* 'Überangebot *n* (**an** +*dat*); ~ **de fruits** Überangebot an Obst; Obstschwemme *f*; ~ **de capitaux** Kapi'talüberfluß *m*; **il y a** ~ **de candidats à ce concours** zu diesem Wettbewerb haben sich zu viele

Teilnehmer gemeldet, liegen zu viele Anmeldungen vor

pléthorique [pletɔrik] *adj* zu ˈumfangreich, reichhaltig; von erdrückender Fülle; *Schulklasse* über'füllt

pleurage [plœraʒ] *m Elektroakustik* Tonhöhen- *bzw* Gleichlaufschwankungen *f/pl*

pleural [plœral, plø-] *adj* ‹-aux› *anat* Brustfell...; Rippenfell...; *sc* pleu'ral; Pleura...; *path* **épanchement** ~ Pleuraerguß *m*; **frottement** ~ pleu'ritisches Reibegeräusch; Knarren *n*

pleurant [plœrã] *m sculp* Klagegestalt *f*

pleurer [plœre] **I** *v/t* **1.** ~ qn, qc um j-n, etw trauern; j-n, etw betrauern, beweinen, beklagen; ~ qc *auch* e-r Sache (*dat*) nachtrauern, nachweinen; ~ **sa jeunesse disparue** der entschwundenen Jugend nachtrauern, -weinen; ~ **misère** sein Los beklagen; jammern, klagen; F **ne pas ~ sa peine** keine Mühe scheuen; **2.** *litt* ~ **des larmes de joie** Freudentränen, Tränen der Freude vergießen; ~ **des larmes de sang** blutige, bittere Tränen weinen; **II** *v/t/indir* **3.** ~ **sur qc** etw beklagen, *fig* beweinen; ~ **sur son sort** sein Los beklagen, beweinen, betrauern; **4.** F ~ **après qc** F nach etw schreien; ~ **après une augmentation de salaire** nach e-r Lohnerhöhung schreien; **III** *v/i* **5.** weinen; F heulen; flennen; ~ **comme une Madeleine, comme un veau** F heulen wie ein Schloßhund; ~ **d'attendrissement** vor Rührung weinen; ~ **de rage** vor Wut heulen; ~ **de rire** Tränen lachen; *par ext* **aller ~ auprès de qn pour obtenir qc** j-n flehentlich, kniefällig um etw bitten; j-n um etw anflehen; **c'est bête à ~!** es ist zum Weinen, F Heulen; *Geschichte, Lied* **être triste à ~** sehr traurig sein; **Jean qui pleure et Jean qui rit** (mal ist er) himmelhoch jauchzend, (mal) zu Tode betrübt; heute Regen, morgen Sonnenschein; **se mettre à ~** zu weinen anfangen; in Tränen ausbrechen; **6.** *Rauch* **faire ~** die Tränen in die Augen treiben; **les oignons font ~** beim Zwiebelschneiden tränen einem die Augen; **le rhume fait ~ les yeux** bei Schnupfen tränen, triefen einem die Augen; **7.** *Rebe* bluten

pleuré|sie [plœrezi, plø-] *f path* Brustfell-, Rippenfellentzündung *f*; *sc* Pleu'ritis *f*; ~ **purulente, sèche** eitrige, trockene Rippenfellentzündung; **~tique** [-tik] *adj* a) von e-r Brustfell-, Rippenfellentzündung herrührend; *sc* pleu'ritisch; **souffle** *m* ~ gedämpftes Atemgeräusch (*bei feuchter Rippenfellentzündung*); **b)** an Brustfell-, Rippenfellentzündung erkrankt

pleur|eur [plœrœr] *adj* ‹-euse› *bot* saule ~ Trauerweide *f*; **~euse** f Klageweib *n*

pleurite [plœrit, plø-] *f path* leichte, trockene Brustfell-, Rippenfellentzündung

pleurnich|er [plœrniʃe] *v/i bes Kinder* F (immer gleich) heulen, flennen; **~eries** *f/pl od* **~ements** *m/pl* F Heule'rei *f*; Geheule *n*; Flenne'rei *f* Geflenne *n*; **~eur** *adj* ‹-euse› *Ton* weinerlich; **gamin** ~ F Heulpeter *m*; **gamine pleurnicheuse** F Heulsuse *f*

pleurodynie [plœrɔdini, plø-] *f path* Seitenstechen *n*; *sc* Pleurody'nie *f*

pleuronect|es [plœrɔnɛkt, plø-] *od* **~idés** [-ide] *m/pl zo* Platt-, Flachfische *m/pl*

pleuropneumonie [plœrɔpnømɔni, plø-] *f path* gleichzeitige Rippenfell- und Lungenentzündung; *sc* Pleuropneumo-'nie *f*

---

pleurote [plœrɔt, plø-] *m bot* Seitling *m* (*Pilz*)

pleurotomie [plœrɔtɔmi, plø-] *f chir* Öffnung *f* des Brustfellraumes

pleurs [plœr] *m/pl* **1.** *litt* (*larmes*) Tränen *f/pl; poét* Zähren *f/pl; bibl* **il y aura des ~ et des grincements de dents** da wird sein Heulen und Zähneklappen; **être tout en ~** in Tränen aufgelöst sein, zerfließen; **2.** *bot* Saft-, Harztropfen *m/pl*

pleut [plø] *cf* **pleuvoir**

pleutre [pløtr(ə)] *litt* **I** *m* Feigling *m*; **II** *adj* feig(e)

pleutrerie [pløtrəri] *litt f* Feigheit *f*

pleuvasser [pløvase] *v/imp*, **pleuviner** [pløvine] *v/imp cf* **pleuvoter**

pleuvoir [pløvwar] **I** *v/imp* ‹il pleut; il pleuvait; il plut; il pleuvra; qu'il pleuve; pleuvant; plu› **il ça pleut** es regnet; **il va ~** es wird gleich regnen, Regen geben; F **ça pleut fort** es regnet stark, heftig; F **es gießt, schüttet; il pleut de grosses gouttes** es fallen große, dicke Tropfen; F *fig* **comme s'il en pleuvait** in (F rauhen) Mengen, F Massen; **II** *v/i* ‹ils pleuvent; ils pleuvaient; ils plurent; ils pleuvront; qu'ils pleuvent› **les coups, punitions pleuvaient** es hagelte Schläge, Strafen; **die Schläge, Strafen hagelten** nur so; **les critiques pleuvaient sur lui** er wurde mit Kritik über'schüttet

pleuvoter [pløvɔte] *v/imp* **il pleuvote** es nieselt

plèvre [plɛvr(ə)] *f anat* Brustfell *n*; *sc* Pleura *f*; **feuillet pariétal de la ~** Rippenfell *n*; **feuillet viscéral** *od* **pulmonaire de la ~** Lungenfell *n*

plexus [plɛksys] *m anat* Geflecht *n*; *sc* Plexus *m*

pli [pli] *m* **1.** *cout* Falte *f* (*auch e-s Vorhangs, Ziehharmonikabalgs*); **(faux)** ~ Falte (*die nicht sein darf*); Knitterfalte *f*; Knitter *m*; Kniff *m*; **petit** ~ kleine Falte; **Fältchen** *n*; **faire des** ~**s** Falten werfen, machen; **faire un** ~ **dans le dos** auf dem *od* im Rücken e-e Falte ziehen, machen, werfen; F *fig* **ne pas faire un** ~ keine Schwierigkeiten machen, bereiten; **glatt, reibungslos,** F **wie geschmiert gehen;** F *fig* **cela ne fait, fera pas un** ~ das od soviel steht fest, ist sicher, gewiß; **2.** *in Stoff* Bruch *m*; Kniff *m*; *in Papier* Kniff(linie) *m(f)*; Knick *m*; *impr* Falz (-bruch *m*, -linie *f*) *m*; ~ **de pantalon** Bügelfalte *f*; **3.** *beim Friseur* **mise** *f* **en** ~**s** Wasserwelle *f*; **se faire faire une mise en** ~**s** sich e-e Wasserwelle legen, machen lassen; **faites-moi une mise en** ~**s!** Waschen und Legen, bitte!; **4.** *géol* Falte *f*; ~ **anticlinal** (Falten)Sattel *m*; Gewölbe *n*; ~ **synclinal** (Falten-)Mulde *f*; **système** *m* **de** ~**s** Faltensystem *n*, -bündel *n*, -schar *f*; **5.** *fig* (An)Gewohnheit *f*; **prendre un mauvais** ~ e-e schlechte Gewohnheit annehmen; **le** ~ **est pris** die Sache ist zur festen Gewohnheit geworden, *péi* ist eingerissen; **6. a)** (Brief)ˈUmschlag *m*; Ku'vert *n*; **sous ce** ~ beiliegend; an'bei; als Anlage; **b)** Brief *m*; *adm bei der Post* Standardbrief *m*; **7.** (Haut)Falte *f*; Furche *f* (*in e-r Beuge*); ~ **de l'aine** Leistenbeuge *f*; ~ **du cou, du menton** Hals-, Kinnfalte *f*; **8.** *Kartenspiel* Stich *m*; **faire un** ~ e-n Stich machen; **9.** *cf* Sperrholzplatte *etc* Lage *f*; Schicht *f*

pliable [plijabl(ə)] *adj* faltbar; *Blech* biegbar; biegsam

pliage [plijaʒ] *m* **1.** *von Stoff, e-s Fallschirms* Zu'sammenlegen *n*, -falten *n*, *von Wäsche* (-)Legen *n*; *von Papier* (Zu-'sammen)Falten *n*; *impr* Falzen *n*, -ung *f*;

---

der Kinder Faltarbeiten *f/pl*; **2.** *von Blechen* (Ab)Biegen *n*; Abkanten *n*; Anwinkeln *n*

pliant [plijã] **I** *adj* zu'sammenklappbar, -legbar; Klapp...; Falt...; **boîte** ~**e** Faltschachtel *f*, -karton *m*; **canot** ~ Faltboot *n*; **chaise** ~**e, siège** ~ Klappstuhl *m*; **chaise** ~**e de jardin** zusammenklappbarer Gartenstuhl; **fauteuil** ~ Klappsessel *m*; **lit** ~ Campingliege *f*; Klappbett *n*; **mètre** ~ Zollstock *m*; Gliedermaßstab *m*; **vélo** ~ Klapprad *n*; **II** *m* Feldstuhl *m*

plie [pli] *f zo* Scholle *f*; Goldbutt *m*

plié [plije] *m* Ballett Plié *n*

plier [plije] **I** *v/t* **1.** *Stoff, Wäsche, Fallschirm* zu'sammenlegen, -falten; *Wäsche auch* legen; *Papier, Briefbogen, Zeitung* (zu'sammen)falten; *Papier, Briefbogen auch* knicken; *impr* falzen; ~ **en deux** einmal falten; *Bett-, Tischtuch* einmal zusammenlegen, -falten; ~ **en quatre** zweimal falten; *Bett-, Tischtuch* vierfach (zusammen)legen; ~ **la tente** die Zeltbahn zusammenlegen; **2.** *Papier* knicken; *Papier auch, Stoff* kniffen; **ne pas** ~! nicht knicken!; **3.** *Liegestuhl, Klapptisch* zu'sammenklappen; *Altarflügel* ˈumklappen; *Fächer* zu'sammenlegen; schließen; **4.** *Weidenrute, Stab* biegen; *Arm, Knie* beugen; *auch* anwinkeln; *Blech* (ab)biegen; abkanten; anwinkeln; *Ast* ~ **en arc** zum Flitzbogen biegen; *fig* ~ **qn à une discipline sévère** j-n e-r strengen Disziplin unter-'werfen; *fig* **être plié en deux** sich biegen vor Lachen; F sich vor Lachen den Bauch halten; *fig* **être plié en deux par l'âge** vom Alter, von der Last der Jahre gebeugt sein; **II** *v/i* **5.** *Brett, Ast* sich biegen; **6.** *fig Person* sich beugen; nachgeben; sich unter'werfen; ~ **devant l'autorité de qn** sich vor j-s Autorität (*dat*) beugen; sich j-s Autorität (*dat*) beugen, unterwerfen; **rien ne le fit** ~ nichts brachte ihn zum Nachgeben; **III** *v/pr fig Person* **se** ~ **à** sich beugen, fügen, unter'werfen (+*dat*); sich schicken in (+*acc*); sich anpassen (+*dat*); nachgeben (+*dat*); **se** ~ **aux caprices de qn** j-s Launen nachgeben; **se** ~ **aux circonstances** sich in die ˈUmstände, Verhältnisse schicken, fügen; sich den Umständen ... anpassen; **se** ~ **à une discipline** sich e-r Disziplin unterwerfen; **se** ~ **aux ordres de qn** sich j-s Anordnungen fügen, beugen; j-s Anordnungen Folge leisten

plieur [plijœr] *m*, **plieuse** *f* **1.** *von Stoffen, e-s Fallschirms* Zu'sammenleger(in) *m(f)*; **2.** *impr* Falzer(in) *m(f)*; **3.** *f impr* Falzmaschine *f*; **plieuse à couteau, à poches** Schwert-, Taschenfalzmaschine *f*; **4.** *f für Bleche* Biege-, Abkantmaschine *f*; Biegebank *f*; **5.** *f* Brieffaltmaschine *f*

plinth [plint] *m gym* Kasten *m*

plinthe [plɛt] *f* **1.** Scheuer-, Fuß-, Sockelleiste *f*; **2.** *arch* Plinthe *f*; Fußplatte *f* (*e-r Säule*)

pliocène [plijɔsɛn] *géol* **I** *adj* plio'zän; Plio'zän...; **II** *m* Plio'zän *n*

plioir [plijwar] *m* **1.** *impr* Falzbein *n*; **2.** Brettchen *n* zum Aufwickeln (*von Borten, Spitzen, Bändern, Angelschnüren*)

plique [plik] *f méd* Weichselzopf *m*

plissage [plisaʒ] *m cout* Plis'sieren *n*; Fälteln *n*

plissé [plise] **I** *adj* **1.** *cout* plis'siert; Plis'see...; gefältelt; **jupe** ~**e** a) Plissee-, b) Faltenrock *m*; **robe** ~**e** Plisseekleid *n*; **2.** *géol* gefaltet; Falten...; **chaîne** ~**e** Faltengebirge *n*; **II** *m cout* Plis'see *n*; Plis'sierung *f*; Fältelung *f*

plissement [plismã] *m* **1.** *géol* Faltung *f*; *par ext* Gebirgsbildung *f*; Faltungsära *f*;

2. ~ du front Stirnrunzeln n; Krausziehen n. In-'Falten-Ziehen n der Stirn

pliss|er [plise] **I** v/t **1.** cout plis'sieren; in Falten legen; fälteln; **2.** Blatt Papier ~ en accordéon wie e-e Harmonika falten; **3.** ~ son front die Stirn in Falten ziehen, kraus ziehen, runzeln; ~ les yeux die Augen zu'sammenkneifen; **II** v/pr **4.** Stoff se ~ facilement sich gut plis'sieren, in Falten legen lassen; **5.** ses yeux se plissaient er kniff die Augen zu'sammen; **~eur** m text Plis'seebrenner m (Handwerker); **~euse** f text Plis'siermaschine f

pliure [plijyr] f **1.** impr Falzen n; **2.** in Stoff, Papier cf pli 2.

ploc [plɔk] int platsch!; plumps!

ploiement [plwamɑ̃] m Biegen n; der Knie Beugen n

plomb [plɔ̃] m **1.** chim Blei n; minerai m de ~ Bleierz n; sels m/pl de ~ Bleisalze n/pl; loc/adj de ~ Blei...; bleiern (auch fig); fig ciel m de ~ bleierner Himmel; soldat m de ~ Bleisoldat m; fig: soleil m de ~ glühende, sengende Sonne; bleierne. drückende Hitze; sommeil m de ~ bleierner Schlaf; ne pas avoir de ~ dans la cervelle (sehr) leichtsinnig, leichtfertig, unvorsichtig, fahrlässig, gedankenlos sein; cela lui mettra du ~ dans la cervelle das wird ihm e-e Lehre sein; das wird ihn von s-m Leichtsinn kurieren; j'ai du ~ dans l'estomac mir liegt es, das Essen wie Blei, wie ein Stein im Magen; j'ai des jambes de ~ meine Beine sind schwer wie Blei, bleischwer; **2.** élect ~ (fusible) (Schmelz-) Sicherung f; **3.** zum Plombieren von Waggons, Säcken etc Plombe f; **4.** ch coll Schrot m od n; ~s pl Schrotkörner n/pl; avoir du ~ dans l'aile a) Vogel flügellahm, angeschossen sein; b) fig angeschlagen sein; **5.** mar ~ (de sonde) Senk-, Lotblei n; Lotkörper m; **6.** bât fil m à ~ Lot n; Senkblei n, -lot n; Bleilot n; Senkel m; litt à ~ senkrecht; **7.** zum Beschweren e-s Netzes, e-r Angelschnur, e-s Kleider-, Vorhangsaumes Blei(kugel) n(f); **8.** impr **a)** Letter f; **b)** (Blei)Satz m; lire sur le ~ vom Bleisatz lesen; **9.** zur Bleiverglasung Bleirute f; **10.** hist les ℒs de Venise die Bleikammern f/pl von Venedig

plombage [plɔ̃baʒ] m **1.** e-s Zahns **a)** Plom'bieren n; **b)** Plombe f; Füllung f; se faire faire un ~ chez le dentiste sich vom Zahnarzt e-n Zahn plombieren, e-e Plombe machen lassen; mon ~ est parti mir ist e-e Plombe herausgefallen; **2.** von Waggons, Säcken etc Plom'bieren n, -ung f; Verplomben n, -ung f; Zollverschluß m durch Zollplomben; **3.** von Rohren, Kesselwänden Verbleien n; **4.** agr Walzen n (des Ackers)

plombagin|(ac)ées [plɔ̃baʒin(as)e] f/pl bot Grasnelken-, Bleiwurzgewächse n/pl; sc Plumbagina'zeen f/pl

plombagine [plɔ̃baʒin] f minér Gra'phit m; Reißblei n

plombate [plɔ̃bat] m chim Plum'bat n

plombe [plɔ̃b] f arg (heure) Stunde f; il est cinq ~s es ist fünf Uhr

plombé [plɔ̃be] adi **1.** Zahn plom'biert; **2.** Waggon, Sack etc plom'biert; verplombt; **3.** bleifarben, -grau; ciel ~ bleigrauer Himmel; **4.** P Person geschlechtskrank

plombée [plɔ̃be] f **1.** an Netzen, Angelschnüren coll Blei(kugeln) n(f/pl); **2.** hist **a)** (Art) Streitkolben m; **b)** mit Blei beschwerter Wurfspieß

plomber [plɔ̃be] v/t **1.** Zahn plom'bieren; **2.** Waggon etc plom'bieren; verplomben; **3.** Netz, Angelschnur mit Blei(kugeln) beschweren; **4.** bât (mit

dem Senkblei) (aus)loten; **5.** keramische Erzeugnisse (mit e-r Bleiglasur) gla'sieren; **6.** Treibstoff verbleien; **7.** agr Acker walzen; **8.** P abknallen; 'umlegen; **9.** P Person (mit e-r Geschlechtskrankheit) anstecken

plomb|erie [plɔ̃bri] f **a)** Klempne'rei f; südd Spengle'rei f; Klempner-, Spenglerhandwerk n; **b)** Klempner-, Spenglerarbeit f; Gas- und Wasserleitungsinstallation f; **c)** Klempner-, Spenglerwerkstatt f; Klempne'rei f; Spengle'rei f; Installati'onsgeschäft n; **~eur** m Angestellter, der Waren ent plom'biert; **~ier** m Klempner m; südd Spengler m; (Gas- und Wasserleitungs-) Installa'teur m

plombières [plɔ̃bjɛr] f cuis Fürst-Pückler-Eis n

plomb|ifère [plɔ̃bifɛr] adi chim bleihaltig; **~oir** m des Zahnarztes Füllungsinstrument n; Amal'gamstopfer m; **~ure** f von bleigefaßten Scheiben Bleifassung f; Fensterblei n

plommée [plɔme] f cf plombée 2.

plonge [plɔ̃ʒ] f in e-m Restaurant Tellerwaschen n; Geschirrwaschen n, -spülen n; faire la ~ die Teller waschen; das Geschirr waschen, spülen

plongeant [plɔ̃ʒɑ̃] adi décolleté ~ tiefes Dekolleté; mil tir ~ Flachfeuer n; vue ~e Blick m von oben (herab); avoir une vue ~e sur qc auf etw (acc) hin'untersehen, -blicken

plongée [plɔ̃ʒe] f **1.** e-r Person Tauchen n; e-s U-Boots **a)** Tauchen n; Tauchmanöver n; **b)** Unter'wasserfahrt f; ~ sous-marine Tauchsport m; U-Boot en ~ auf Unterwasserfahrt; getaucht; unter Wasser; **2.** cin Aufnahme f von oben, aus der Vogelperspektive; Draufsicht f; **3.** e-r Brustwehr Abdachung f

plongeoir [plɔ̃ʒwar] m Sprunganlage f; Sprungbrett n; Sprungturm m

plongeon [plɔ̃ʒɔ̃] m **1.** Schwimmsport Kopf-, Hechtsprung m; beim Kunst-, Turmspringen auch Sprung m; ~ imposé, libre Pflicht-, Kürsprung m; ~ au tremplin Kunstspringen n; ~ de haut de part Startsprung m; ~ de haut vol Turmspringen n; ~ en arrière, en avant Rück-, Kopfsprung rückwärts, vorwärts; faire un ~ e-n Kopf-, Hechtsprung machen; F fig faire le ~ viel Geld verlieren, einbüßen; **2.** Fußball Hechten n (des Torhüters); **3.** iron tiefe Verbeugung; **4.** zo Seetaucher m

plonger [plɔ̃ʒe] <-geons> **I** v/t **1.** in e-e Flüssigkeit (ein)tauchen, (-)tunken (dans in +acc); 'untertauchen (in +dat); ~ sa tête dans la cuvette den Kopf in die Waschschüssel tauchen, stecken; **2.** par ext ~ la main dans la boîte mit der Hand tief in die Büchse (hin'ein)greifen; ~ le poignard dans le cœur de qn j-m den Dolch tief ins Herz stoßen; Stromausfall ~ qn, qc dans l'obscurité j-n, etw in völlige Dunkelheit, in völliges Dunkel hüllen; ~ qc dans sa poche etw in s-e Tasche versenken; ~ son regard dans les yeux de qn j-m tief in die Augen blicken; Pflanze ~ ses racines dans le sol s-e bzw ihre Wurzeln tief ins Erdreich senken; **3.** fig ~ qn dans la consternation j-n in tiefe Bestürzung versetzen; j-n tief betroffen machen; erschüttern; ~ qn dans l'embarras j-n in große Verlegenheit bringen; ♦ p/p (être) plongé dans sa douleur s-m Schmerz völlig hingegeben (sein); (être) plongé dans sa lecture in s-e Lektüre vertieft (sein); plongé dans ses pensées gedankenverloren, -versunken; être plongé dans ses pensées in Ge

danken versunken, verloren sein; plongé dans le sommeil in tiefem Schlaf; être plongé dans le sommeil in tiefen Schlaf versunken sein; **II** v/i **4.** Taucher, Perlenfischer, U-Boot, Wasservogel tauchen; **5.** Schwimmsport e-n Kopf-, Hechtsprung machen; Kunst-, Turmspringen auch springen; ~ du tremplin de trois mètres e-n Kopfsprung vom Dreimeterbrett machen; **6.** Fußball: ~ Torhüter (nach dem Ball) hechten; ~ Flugzeug ~ sur son objectif auf sein Ziel nieder-, hin'unterstoßen; **8.** Blick ~ dans la vallée ins Tal hin'unterschweifen; F de cette fenêtre, on plonge chez les voisins von diesem Fenster aus kann man unten zu den Nachbarn hin'einsehen; **9.** mar Schiff heftig stampfen (u mit dem Bug ins Wasser tauchen); **III** v/pr **10.** Person se ~ dans l'eau jusqu'au cou bis zum Hals ins Wasser (ein)tauchen; **11.** fig se ~ dans qc sich in etw (acc) vertiefen, versenken; se ~ dans un livre sich in ein Buch vertiefen, versenken; se ~ dans une profonde rêverie in Träume versinken

plong|eur [plɔ̃ʒœr] m, **~euse** f **1.** Taucher(in) m(f); **2.** Schwimmsport Springer(in) m(f); ~ au tremplin, de haut vol Kunst-, Turmspringer(in) m(f); **3.** in e-m Restaurant Tellerwäscher(in) m(f); Geschirrwäscher(in) m(f), -spüler(in) m(f); **4.** m tech Tauchkolben m; Plunger(kolben) ['plandʒər] m; **5.** m/pl od adj zo (oiseaux m/pl) plongeurs Taucher m/pl

plot [plo] m élect ~ (de contact) Kon'takt m

plouc od **plouk** [pluk] m u adit cf péquenaud

plouf [pluf] **I** int platsch!; plumps!; **II** m Plumps m

ploutocra|te [plutokrat] m Pluto'krat m; **~tie** [-si] f Plutokra'tie f; **~tique** adi pluto'kratisch

ployer [plwaje] <-oi-> **I** v/t litt **1.** Zweig, Eisenstab biegen; Knie beugen; **2.** fig ~ un peuple sous son joug ein Volk unter sein Joch beugen; **II** v/i **3.** Brett, Balken, Zweig sich biegen; ses jambes ployèrent sous lui die Beine versagten ihm den Dienst; **4.** fig u litt ~ sous des impôts écrasants unter der erdrückenden Steuerlast ächzen; ~ sous le joug du vainqueur sich unter das Joch des Siegers beugen

plu [ply] p/p von plaire u pleuvoir

plucher [plyʃe] cf pelucher

pluches [plyʃ] F f/pl Kar'toffelschälen n; corvée f de ~ Kartoffelschäldienst m; aux ~! alles, alle Mann zum Kartoffelschälen!

plucheux [plyʃø] cf pelucheux

pluie [plɥi] f **1.** Regen m; ~s pl Regenfälle m/pl; des ~s passagères kurze Regenfälle m/pl; vorübergehend Regen; par ext ~ de cendres, d'étincelles Aschen-, Funkenregen m; ~ de mousson Mon'sunregen m; fig ~ d'or F Goldregen m; ~ (grosse) d'orage (heftiger, starker) Gewitterregen; ennuyeux comme la ~ sterbenslangweilig; nous aurons de la ~ wir werden Regen bekommen; es wird Regen geben; le temps est à la ~ es sieht nach Regen aus; fig Person faire la ~ et le beau temps tonangebend, maßgebend sein; den Ton angeben; parler de la ~ et du beau temps von gleichgültigen, belanglosen, nebensächlichen Dingen, iron vom, über das Wetter reden; recevoir la ~ naß werden; in den Regen kommen; F fig il n'est pas (tombé) de la dernière ~ F er ist doch nicht von

gestern, auf den Kopf gefallen; er kriecht nicht auf jeden Leim; *loc/prov* après la ~, le beau temps sur Regen folgt Sonnenschein (*loc/prov*); **2.** *fig* Hagel *m*; **une ~ de coups** ein Hagel von Schlägen; **~ de projectiles** Geschoßhagel *m*; **une ~ de punitions s'abattit sur la classe** es hagelte nur so Strafen in der Klasse

plumage [plymaʒ] *m der Vögel* Gefieder *n*; Federkleid *n*

plumard [plymar] *m* F (*lit*) F Federn *f/pl*; Klappe *f*; Falle *f*; **aller au ~** in die Federn kriechen; in die Klappe, Falle gehen; sich in die Falle hauen; **au ~!** marsch, in die Federn, Falle, Klappe!

plumass|erie [plymasri] *f* **a)** Bearbeitung *f* von Schmuckfedern; Herstellung *f* von Federschmuck; **b)** Handel *m* mit Schmuckfedern; **~ier** *m*, **~ière** *f* **a)** Hersteller(in) *m(f)* von Federschmuck; **b)** Händler(in) *m(f)* mit Schmuckfedern

plume[1] [plym] *f* **1.** (*Vogel*)Feder *f*; **~s** *pl e-s Vogels auch* Gefieder *n*; **~ d'autruche, de héron** Straußen-, Reiherfeder *f*; **~s de literie** Bettfedern *f/pl*; **~ d'oie** Gänsefeder *f*, *hist als* Schreibgerät *auch* -kiel *m*; **~ de paon** Pfauenfeder *f*; *fig* **se parer des ~s du paon** sich mit fremden Federn schmücken; **~s de parure** Schmuckfedern *f/pl*; **oreiller *m* de ~(s)** Federkopfkissen *n*; *adjt* **Schwerathletik poids *m* ~ of** poids **3.**; *loc/adj* **léger comme une ~** federleicht; leicht wie e-e Feder; *loc/adv* **soulever qn, qc comme une ~** j-n, etw spielend, mit Leichtigkeit hoch-, anheben; *Vogel* **'hérisser les ~s** die Federn, das Gefieder sträuben; F *fig*: **y laisser des ~s** F Haare, Federn lassen (müssen); **voler dans les ~s de qn** sich auf j-n stürzen, werfen; über j-n herfallen; **2.** (*Schreib-, Zeichen*)Feder *f*; *fig auch* Schriftstelle'rei *f*; **~ métallique, en or** Stahl-, Goldfeder *f*; **stylo *m* à ~** Füller *m*; **Füllfederhalter *m**; *litt* **un homme de ~** ein Mann *m* der Feder; ein Schriftsteller *m*; **nom *m* de ~** Schriftstellername *m*; *litt* **avoir la ~ facile** die Feder zu führen wissen; federgewandt sein; *Briefschreiber* **prendre la ~** zur Feder greifen; *st/s* **vivre de sa ~** von der Feder, Schriftstellerei, von schriftstellerischen Arbeiten leben; **3.** *méd* **~ à vaccin** Impffeder *f*; **4.** *zo* innerer, federförmiger Kiel (*der Kopffüßer*)

plume[2] [plym] *m* F *cf* **plumard**

plumeau [plymo] *m* ⟨*pl* ~**x**⟩ Staubwedel *m*; Flederwisch *m*; Federbesen *m*

plumer [plyme] *v/t* **1.** *Geflügel* rupfen; **2.** F *fig* **~ qn** F j-n ausnehmen, rupfen; **se faire ~** tüchtig gerupft, ausgenommen werden; **se laisser ~** sich rupfen, ausnehmen lassen; sich das Geld aus der Tasche ziehen lassen

plûmes [plym] *cf* **plaire**

plumet [plymɛ] *m* Federbusch *m*

plumetis [plymti] *m text* Tupfenmull *m*

plumeux [plymø] *adj* ⟨-euse⟩ federartig; federig; *Insektenfühler* gefiedert

plumier [plymje] *m* Federkasten *m*, *auf dem Schreibtisch* -schale *f*

plumitif [plymitif] *m* **1.** *péj* Schreiberling *m*; **2.** *jur* stichwortartiges Verhandlungsprotokoll

plum-pudding [plumpudiŋ] *m* ⟨*pl* plum-puddings⟩ *cuis* Plumpudding ['plam-] *m*

plumule [plymyl] *f* **1.** Daune(-) *od* Dune(nfeder) *f*; Flaumfeder *f*; **2.** *bot cf* **gemmule 1.**

plupart [plypar] *loc/adv* **a)** **la ~ des** (+*subst*) die meisten (+*subst*); die Mehrzahl, die Mehrheit, der größte, überwiegende Teil (+*gén*); **la ~ des femmes**

sont ... die meisten Frauen sind ...; **la ~ d'entre nous** die meisten von uns; **dans la ~ des cas** in den meisten Fällen; **b)** *ellip* **la ~** die meisten; *des élèves*, **la ~ nouveaux venus**, ..., zumeist Neulinge, ...; **la ~ pensent**, *litt* pense que ... die meisten denken, daß ...; **c)** **pour la ~** zum größten Teil; größtenteils; zu'meist; meist(ens); *des touristes*, **pour la ~ italiens**, ..., größtenteils, zumeist Italiener, ...; **d)** **la ~ du temps** meist(ens); die meiste Zeit; zu'meist; meistenteils; fast immer

plural [plyral] *adj* ⟨-aux⟩ *pol* **vote ~** Mehrstimmen-, Plu'ralwahlrecht *n*; *écon* **action** *f* **à vote ~** Mehrstimmrechtsaktie *f*

plural|isme [plyralism(ə)] *m pol*, *philos* Plura'lismus *m*; **~iste I** *adj* plura'listisch; **société** *f* **~** pluralistische Gesellschaft; **II** *m* Plura'list *m*; **~ité** *f* Vielzahl *f*; große Anzahl; Vielheit *f*; *sc* Plurali'tät *f*

pluri|cellulaire [plyriselylɛr] *adj biol* mehr-, vielzellig; **~disciplinaire** *adj* mehrere Fach-, Wissenschaftsgebiete um'fassend; interdiszipli'när

pluriel [plyrjɛl] *gr* **I** *m* Plural *m*; Mehrzahl *f*; **~ de majesté, de modestie** Plu'ralis maj.'destiae *m*; *fo 'estiae m*; **formation** *f* **du ~** Pluralbildung *f*; **au ~** im Plural; in der Mehrzahl; **mettre au ~** in den Plural, in die Mehrzahl setzen; **II** *adj* ⟨~**le**⟩ Plural...; Mehrzahl...; **la première personne ~le** die erste Person Plural, Mehrzahl; **terminaison ~le** Pluralendung *f*

pluri|latéral [plyrilateral] *adj* ⟨-aux⟩ *pol* mehrseitig; multilate'ral; **~lingue** [-lɛ̃g] *adj* mehrsprachig; **~partisme** [-partism(ə)] *pol* Mehrparteiensystem *n*; **~valent** [-valɑ̃] *adj chim*, *philos* mehrwertig

plus[1] [*alleinstehend* plys, *in Verbindung mit nachfolgendem adj* u *adv* ply *bzw vor Vokal* plyz] **I** *adv* **1.** ⟨*comp von* beaucoup⟩ **a)** mehr; **ça coûte cent francs et ~** das kostet hundert Franc und mehr; **exiger ~** mehr fordern; **on ne peut pas faire ~ pour lui** mehr kann man nicht für ihn tun; ◆ *mit adj u adv*: mit comp zu übersetzen; **~ court** kürzer; **~ grand** größer; **~ petit** kleiner; **~ souvent** öfter; **~ tard** später; **la pluie tombe ~ fort** es regnet stärker; ◆ *vor (s/ka)*, *vor Zahlen* **~ de** [plydə] mehr als; *cette étoffe me plaît ~ que l'autre* ... gefällt mir besser als der andere; **il a deux ans de ~ que moi** er ist zwei Jahre älter als ich; **il est ~ aimable que de coutume** er ist freundlicher als sonst; F **j'en ai ~ qu'assez** ich habe es mehr als satt; **qu'il ne faut ~ als nötig ist, benötigt wird; **il y en a deux fois ~ qu'il ne faut** es ist zweimal so'viel da, wie benötigt wird; **~ que jamais** mehr denn je; *la chambre est ~ longue que large* ...mehr lang als breit; **aimer qc ~ que tout** etw über alles lieben; **six hommes travaillent ~ que quatre** sechs Mann arbeiten mehr als vier; **~ de dix** mehr als zehn; über zehn; **enfants** *m/pl* **de ~ de dix ans** Kinder *n/pl* über zehn Jahre; *subst* **les ~ de trente ans** die über Dreißigjährigen *pl*; **il a ~ de vingt ans** er ist über zwanzig, älter als zwanzig; **cela fait ~ d'un an** das ist über ein Jahr her; **~ d'une fois** mehr als einmal; **voici ~ de trois jours que j'attends** jetzt warte ich schon länger als drei Tage; *pathetisch* **~ d'un (marin)** *a péri dans les flots* so mancher (Seemann) ...; **il est ~ de midi** es ist zwölf Uhr durch, nach zwölf; **~ de la moitié** mehr als die Hälfte; **pour ~ d'une raison** aus

mehreren Gründen; ◆ *loc/adv*: **beaucoup, bien ~** [-ply(s)] viel mehr; **beaucoup ~ vite** viel schneller; *eingeschoben* **bien ~** mehr noch; ja noch mehr; **de ~** [dəply(s)] mehr; außerdem; noch da'zu; *eingeschoben* zu'dem, obendrein, dar'über hinaus noch; *il m'a menti* **une fois de ~** wieder (einmal); **quelques heures de ~ et ...** noch ein paar Stunden (mehr) und ...; **raison de ~ pour ...** (das ist) ein Grund mehr, (um) zu ...; **que voulez-vous de ~?** was wollen Sie mehr?; **de ~ en ~** [dəplyzɑ̃ply(s)] immer mehr; **aller de ~ en ~ vite** immer schneller gehen; **en ~ a)** zu'viel; **b)** *comm* zuzüglich (+*gén*); **c)** noch da'zu; zu'dem, obendrein, darüber hinaus; **il y a une bouteille en ~** es ist eine Flasche zuviel da; **cent francs, avec le port en ~** hundert Franc zuzüglich Porto; **il y a encore quelque chose à payer en ~** das kostet noch etwas extra; *loc/prép* **en ~ de son travail** il suit des cours zusätzlich zu s-r Arbeit, neben s-r Arbeit ...; *j'ai acheté la même armoire*, **mais en ~ grand, petit** ... nur größer, kleiner; **encore ~** noch mehr; **~ ou moins** [plyz-] **a)** mehr oder weniger; **b)** (so) leidlich; ungefähr, halbwegs; **ni ~ ni moins** [-ply-] ganz bestimmt, sicher, offensichtlich; **c'est du vol, ni ~ ni moins** das ist glatter Diebstahl; **un peu ~** etwas, ein bißchen, ein wenig mehr; **on ne peut ~** äußerst; sehr; außerordentlich; ungemein; überaus; **je suis on ne peut ~ heureux de vous rencontrer** ich bin überaus *etc* froh, Sie zu treffen; *eingeschoben* **qui ~ est** [-plyz-] und da'zu noch; und was noch da'zukommt; **rien de ~** [-ply(s)] weiter, sonst nichts; *elle est mignonne*, **sans ~** [-ply(s)] ... das ist aber auch alles; **tant et ~** [-ply(s)] noch und noch; in Mengen; ◆ *loc/conj*: **~ ... ~** [ply] je (mehr) ... desto (mehr); **~ ... moins** je mehr ... desto weniger; **~ il dormait, moins il était fatigué** je mehr er schlief, desto ausgeruhter war er; ◆ **~ de** [plysdə] (+*subst*) mehr (+*subst*); **~ d'enfants, de fruits, de maisons** mehr Kinder, Obst, Häuser; **pour ~ de sécurité** [-ply(s)-] zu größerer Sicherheit; **un peu ~ de sucre** [-ply(s)-] etwas mehr Zucker; **b)** [plys] *math* plus; und; **cinq plus cinq** fünf; **quatre ~ cinq égalent neuf** vier plus, und fünf ist neun; **le signe ~** das Pluszeichen; *par ext* [plys] **les frais** zuzüglich der Spesen; **j'avais invité les mêmes amies**, **le cousin de B.** ich hatte ... und den Vetter von B. eingeladen; **2.** ⟨*sup von* beaucoup⟩ **le ~** am meisten; **ce qui m'étonne le ~** was mich am meisten wundert; **celui qui a mangé le ~, c'est Pierre** Pierre hat am meisten gegessen; ◆ *mit adj*: **le ~ grand, la ~ grande** der, die, das größte; *pl* **les ~ grand(e)s** die größten; **être le ~ grand** am meisten, der größte sein; **le ~ grand nombre** der meisten; die Mehrzahl; **c'est tout ce qu'il y a de ~ comique!** das ist wirklich urkomisch, furchtbar komisch!; **les jours les ~ chauds de l'année** die heißesten Tage des Jahres; **il est le ~ généreux des hommes** er ist der freigebigste Mensch; **un roman des ~ connus** e-r der bekanntesten Romane; **la situation était des ~ compliquées** die Lage war äußerst, höchst, ungemein kompliziert; ◆ *mit adv*: **le ~ souvent** meist(ens); **au ~ tard** spätestens; **c'est lui qui court le ~ vite** er läuft am schnellsten; **courir le ~ vite possible** so schnell wie möglich laufen; **cours le ~ vite que tu pourras!** lauf so schnell (wie) du kannst!; ◆ *loc/adv*: **(tout) au ~** [-ply(s)] (aller)höchstens;

höchstenfalls; im (aller)höchsten Falle; im Höchstfall; au ~ cent francs, cent francs au ~ höchstens hundert Franc; ♦ *mit subst* **les gens qui ont fait le ~ de mal** [-ply(s)-] die Menschen, die das meiste Unheil angerichtet haben; **II** *subst* **1.** le ~ das meiste; *prov* **qui peut le ~ peut le moins** kommt man über den Hund, kommt man auch über den Schwanz (*loc/prov*); **2.** *m math* Plus (-zeichen) *n*

plus² [ply] *adv der Verneinung* **ne ... ~** nicht mehr; **ne ... ~ de** (+*subst*) kein(e) ... mehr; **il ne fume ~** er raucht nicht mehr; **je n'ai ~ d'argent** ich habe kein Geld mehr; **il ne dit ~ un mot** er sagt kein Wort mehr; ♦ *ellip: Paris était mort,* **~ d'autos,** **~ de passants** ... keine Autos, keine Passanten mehr; **une femme ~ très jeune** e-e nicht mehr sehr junge Frau; **~ un jour à perdre!** es ist kein Tag mehr zu verlieren!; ♦ **ne ... ~ guère** kaum noch; **ne ... ~ jamais** nie wieder; nie mehr; **ne ... ~ nulle part** nirgends mehr; **ne ... ~ personne** niemand mehr; **ne ... ~ presque** ~ fast nicht mehr; **ne... ~ que** nur noch; **ne ... ~ rien** nichts mehr; **ne...~ du tout** überhaupt nicht mehr; *cf auch* **guère, jamais** *etc*; ♦ **non ~ auch nicht**; *cf auch* **non I 1.**; **compter non ~ par syllabes, mais par mots** nicht mehr nach Silben zählen ...

plusieurs [plyzjœr] *adj/ind u pr/ind* mehrere; verschiedene; etliche; ♦ **~ années** mehrere, etliche Jahre; **~ fois** öfters; mehrmals; verschiedentlich; verschiedene, etliche Male; etlichemal; **il est ~ fois millionnaire** er ist mehrfacher Millionär; ♦ **~ d'entre eux** mehrere von ihnen; **~ m'ont déjà raconté cette histoire** diese Geschichte haben mir schon mehrere, verschiedene Leute erzählt; ♦ **deux ou ~ enfants, États,** *etc* zwei oder mehr Kinder, Staaten *etc*

plus-pétition [plyspetisjõ] *f jur* <*pl* **plus-pétitions**> über'triebene, über'höhte Forderung

plus-que-parfait [plyskəparfɛ] *m gr* Plusquamperfekt *n*; Vorvergangenheit *f*; dritte Vergangenheit

plus-value [plyvaly] *f* <*pl* **plus-values**> **1.** *écon* Wertzuwachs *m*, -steigerung *f*; Mehrwert *m* (*auch bei Marx*); **2.** *fin* **~s (fiscales)** (Steuer)Mehreinnahmen *f/pl*

plut [ply] *cf* pleuvoir *u* plaire

Pluton [plytõ] *m* **1.** *astr* (der) Pluto; **2.** ♀ *géol* Plu'ton *m*

plutonigène [plytɔniʒɛn] *adj phys atom* **réacteur ~** Reaktor *m* zur Plu'toniumgewinnung

pluton|ique [plytɔnik] *adj géol* plu-'tonisch; **roches** *f/pl* **~s** plutonische Gesteine *n/pl*; Pluto'nite *m/pl*; **~isme** *m géol* Pluto'nismus *m*

plutonium [plytɔnjɔm] *m chim* Plu-'tonium *n*; **bombe** *f* **(atomique) au ~** Plutoniumbombe *f*

plutôt [plyto] *adv* **1. a)** lieber; eher; vielmehr; **pas méchant, ~ grincheux** nicht böse, eher bärbeißig; **~ moins que trop** lieber weniger als zuviel; **~ mourir (que souffrir)!** lieber sterben (als leiden)!; **il est indifférent ~ que paresseux** er ist eher gleichgültig als faul; **ce n'est pas lui mais ~ elle qui** ... nicht er, sondern vielmehr sie ...; *ne prenez pas de* **pêche mais ~ du raisin** ... sondern lieber Weintrauben; **b)** *loc/conj* **~ que de** (+*inf*) anstatt zu (+*inf*); **~ que de vous obstiner à nier, vous feriez mieux** ... anstatt hartnäckig zu leugnen ...; **2.** ziemlich; recht; **il est ~ bavard** er ist ziemlich geschwätzig; **~ joli** ganz hübsch; **3.** F (*très*) sehr; F furchtbar; **il est ~ barbant, celui-là!** er ist schreck-

lich, furchtbar langweilig!

pluvial [plyvjal] **I** *adj* <-aux> Regen...; **eau, forêt ~e** Regenwasser *n*, -wald *m*; **II** *m* <*pl* -aux> *géol* Pluvi'alzeit *f*

pluvian [plyvjã] *m zo* **~ (d'Égypte)** Kroko'dilwächter *m*

pluvier [plyvje] *m zo* Regenpfeifer *m*; **grand ~ à collier** Flußregenpfeifer *m*

pluvieux [plyvjø] *adj* <-euse> Wetter, Tag regnerisch; *par ext* Land, Klima regenreich; **vent ~** Regenwind *m*

pluviner [plyvine] *v/imp* F *cf* pleuvoter

pluvio|mètre [plyvjɔmɛtr(ə)] *m* Regen-, Niederschlagsmesser *m*; *sc* Pluvio-, Hyeto'meter *n*; **~ enregistreur** Pluvio-, Hyeto'graph *m*; **~métrie** *f* Niederschlagsmessung *f*; **~métrique** *adj* ré-gime *m* ~ *etwa* jährliche Niederschlagsverteilung; **tranche** *f* **~** (*im Niederschlagsmesser*) gemessene Niederschlagsmenge *bzw* -höhe

pluviôse [plyvjoz] *m hist* Pluvi'ose *m* (5. Monat des frz Revolutionskalenders)

pluviosité [plyvjozite] *f* Regenreichtum *m*; Niederschlags-, Regenmenge *f*

pneu [pnø] *m* **1.** *für Kraftfahrzeuge, Fahrräder* Reifen *m*; **~ arrière, avant** 'Hinter-, Vorderreifen *m*; **~ increvable, sans chambre** schlauchloser Reifen; **~ neige** Winterreifen *m*; **~ plein** 'Vollgummireifen *m*; **~ à carcasse diagonale, radiale** Diago'nal-, Gürtel- *od* Radi'alreifen *m*; **~s à clous** Spikes [spaiks, ʃp-] *pl*; Spike(s)reifen *m/pl*; **~ à glace** Eisreifen *m*; **~ à plat** F Plattfuß *m*; Platte(r) *m*; **~ d'automobile, de bicyclette** Auto-, Fahrradreifen *m*; **vérifier la pression des ~s** den Reifendruck, F die Luft prüfen; **2.** Rohrpostbrief *m*, -karte *f*; **par ~** mit Rohrpost

pneumatique [pnømatik] **I** *adj* **1.** pneu-'matisch; Druckluft...; Luft...; **bandage** *m* **~** Luftreifen *m*; **bateau, canot** *m* **~** Schlauchboot *n*; *tech* **marteau** *m* **~** Druckluft-, Preßlufthammer *m*; **matelas** *m* **~** Luftmatratze *f*; **transport** *m* **~** pneumatische Förderung; **vide** *m* **~** mit der Luftpumpe hergestelltes Vakuum; **2.** Rohrpost...; **tube** *m* **~** Rohrpostbüchse *f*; **II** *subst* **1.** *m* Reifen *m*; *cf* pneu **1.**; **industrie** *f*, **marché** *m* **du ~** Reifenindustrie *f*, -markt *m*; **2.** *cf* pneu **2.**; **3.** *f phys* Pneu'matik *f*

pneumatologie [pnømatɔlɔʒi] *f philos* Pneumatolo'gie *f*

pneumatophore [pnømatɔfɔr] *m* **1.** *bot* Atemwurzel *f*; *sc* Pneumato'phor *n*; **2.** *zo* Gasflasche *f* (*der Staatsquallen*)

pneumatose [pnømatoz] *f path* Pneuma'tose *f*

pneumo [pnømo] *m* (*Kurzwort für* **pneumothorax**) *méd* Pneu *m*

pneumoconiose [pnømokɔnjoz] *f path* Staublunge *f*; *sc* Pneumokoni'ose *f*

pneumo|coque [pnømokɔk] *m path* Pneumo'kokkus *m*; **~gastrique** *adj u subst m anat* (**nerf** *m*) **~** um'herschweifender Nerv; *sc* Nervus pneumo-'gastricus *m*; **~graphie** *f méd* Pneumogra'phie *f*; **~logie** *f méd* Pneumolo'gie *f*; **~logue** *m méd* Facharzt, -ärztin *m,f* für Lungenkrankheiten; *sc* Pneumo-'loge, -'login *m,f*

pneumon|ie [pnømɔni] *f path* Lungenentzündung *f*; *sc* Pneumo'nie *f*; **~ique** *path* **I** *adj* pneu'monisch; **II** *m,f* an Lungenentzündung Erkrankte(r) *f(m)*

pneumo|péritoine [pnømoperitwan] *m méd* Pneumoperito'neum *n*; **~phtisiologue** *m cf* phtisiologue; **~thorax** *m méd* Pneumo'thorax *m*

pochade [pɔʃad] *f* **1.** *peint* Farbskizze *f*; **2.** *Literatur* (bur'leske) Skizze

poch|ard [pɔʃar] F *m*, **~arde** F *f* Trunkenbold *m*; F Sauf-, Schnapsbruder *m*;

Säufer(in) *m(f)*

poche¹ [pɔʃ] *f* **1.** *cout* Tasche *f*; **~ intérieure, revolver** Brust- *od* Innen-, Gesäßtasche *f*; **~ à rabat** Tasche mit Klappe, Patte; Klappen-, Pattentasche *f*; **~ de gilet, de manteau, de pantalon, de poitrine** Westen-, Mantel-, Hosen-, Brusttasche *f*; ♦ *loc/adj* **de ~** Taschen...; **argent** *m*, **dictionnaire** *m* **de ~** Taschengeld *n*, -wörterbuch *n*; **(livre** *m* **de) ~** *m* Taschenbuch *n*; **théâtre** *m* **de ~** Zimmertheater *n*; *loc/adv* **les mains dans les ~s** mit den Händen in der Tasche; ♦ **avoir qc en ~, etw in der Tasche haben** (*auch* F *fig*); **avoir cent francs en ~** hundert Franc in der Tasche haben; *fig* **il a sa nomination en ~** s-e Ernennung ist ihm sicher, hat er in der Tasche; **connaître qc comme sa ~** etw wie s-e Westentasche, in- und auswendig kennen; *fig* **en être de sa ~** Geld zusetzen; draufzahlen (müssen); (Geld)Verluste hinnehmen, erleiden; F *fig* **c'est dans la ~!** das ist (so gut wie) sicher!; F das hätten wir!; jetzt kann nichts mehr schiefgehen!; **faire les ~s à qn** heimlich j-s Taschen durch'suchen; **mettre qc dans sa ~** etw in die Tasche stecken, stopfen, tun; *fig* **mettre qn dans sa ~** F j-n in die Tasche, in den Sack stecken; *fig* **mettre qc** (*z B son ambition, sa fierté, etc*) **dans la ~** etw hint'ansetzen, -stellen, zu'rückstellen, -drängen, über'winden; **payer de sa ~** aus s-r eigenen Tasche (be-) zahlen; **se remplir les ~s** *cf* remplir **II**; **2.** *in e-r Brief-, Handtasche, Aktenmappe* (Innen)Fach *n*; **3.** *in e-m Kleidungsstück* ausgebeulte Stelle; **ce pantalon fait des ~s aux genoux** die Hose hat ausgebeulte Knie, ist an den Knien ausgebeult; **4.** *cuis* **~ à douille** Teigspritze *f*; **5.** **~s (sous les yeux)** Tränensäcke *m/pl* (unter den Augen); **6.** *zo der Vögel* Kropf *m*; *der Beuteltiere* **~ (ventrale)** Beutel *m*; **7.** *mines im Boden* **~ d'eau, de gaz naturel** Wasser-, Erdgasansammlung *f*; **8.** *Embryologie* **~ des eaux** Fruchtblase *f*; **9.** *path* **~ de pus** Eitersack *m*; **10.** *mil* **~ in der Frontlinie** Einbruch(stelle) *m(f)*; **~ de résistance** Kessel *m*; **11.** *ch* Haube *f* (*Netz zum Kaninchenfang*); **12.** *e-s Schleppnetzes* Steert *m*; **13.** *métall* **~ (de coulée)** Gießpfanne *f*

poche² [pɔʃ] *m* Taschenbuch *n*

poché [pɔʃe] *adj* **1.** **œil ~** blaues Auge; **2.** *cuis* **œufs ~s** verlorene, po'chierte [-ʃ-] Eier *n/pl*

pocher [pɔʃe] *v/t* **1.** **~ un œil à qn** j-m ein Auge blau schlagen; **2.** *cuis bes* Eier po'chieren [-ʃ-]; **3.** *peint* mit dem Pinsel, farbig skiz'zieren

pochette [pɔʃɛt] *f* **1.** Ziertüchlein *n*, -taschentuch *n* (*für die Brusttasche*); **2.** kleine (Pa'pier)Tüte; Tütchen *n*; **~ surprise** Wundertüte *f*; **une ~ d'allumettes** ein Briefchen *n* Streichhölzer; **~ de disque** Plattentasche *f*, -hülle *f*; **~ de timbres** Briefmarkenumschlag *m*; **3.** (ele'gante) Unter'armtasche; **~ à serviette de table** Servi'ettentasche *f*; **4.** *mus hist* Taschen-, Tanzmeistergeige *f*; Po'chette *f*

pochoir [pɔʃwar] *m* zum Kolorieren von Zeichnungen, Malen von Buchstaben Po-'choir *n*; Scha'blone *f*

podaire [pɔdɛr] *f math* Fußpunktkurve *f*

podium [pɔdjɔm] *m sports* zur Siegerehrung Po'dest *n*; *par ext* *adj* Podium *n*

podologie [pɔdɔlɔʒi] *f* Fußkunde *f*

podot [pɔdo] *adj* (*u subst* ♀ Einwohner) von Le Puy

podzol [pɔdzɔl] *m Bodentyp* Pod'sol *m*; Bleich-, Grauerde *f*; **~ique** *adj* **sol** *m* **~**

Pod'sol-, Bleicherdeboden *m*

pœcilotherme [pesilɔtεrm] *adj cf* poï-kilotherme

poêle[1] [pwal] *m* (Zimmer)Ofen *m*; ~ à charbon, à mazout Kohle(n)-, Ölofen *m*; ~ de *od* en faïence Kachelofen *m*; ~ en fonte (guß)eiserner Ofen; Ka'nonenofen *m*

poêle[2] [pwal] *f* **1.** *cuis* ~ (à frire) (Brat)Pfanne *f* (*mit Stiel*); ~ à marrons Ma'ronenpfanne *f*; faire (cuire) qc à la ~ etw in der Pfanne braten; **2.** *Salzsiederei* Sudpfanne *f*; **3.** *in e-m Fischteich* Fisch-, Schlegelgrube *f*

poêle[3] [pwal] *m* über den Sarg gedecktes Bahrtuch; **tenir les cordons du** ~ (neben dem Sarg schreiten und) die Troddeln des Bahrtuchs halten

poêlée [pwale] *f cuis* une ~ de pommes de terre sautées e-e Pfanne voll Bratkartoffeln

poêlon [pwalõ] *m cuis* Stielkasserolle *f*, -topf *m*, Tiegel *m* (*aus Steingut od Emaille*)

poème [pɔεm] *m* **1.** *Literatur* Gedicht *n*; ~ en prose Prosagedicht *n*; **2.** *mus* **a)** ~ symphonique sinfonische Dichtung; **b)** in Versen geschriebenes Li'bretto; **3.** F *fig: pour lui faire prendre le train, etc* c'est tout un ~!... das ist ein furchtbarer 'Umstand!

poésie [pɔezi] *f* **1.** *Literatur* **a)** Dichtung *f*; Dichtkunst *f*; Poe'sie *f*; ~ épique, lyrique epische, lyrische Dichtung; Epik *f*, Lyrik *f*; **b)** *im Gegensatz zur Prosa* Poe'sie *f*; Lyrik *f*; Versdichtung *f*; **c)** (*kürzeres*) Gedicht; une ~ de Verlaine ein Gedicht von Verlaine; dire, réciter une ~ ein Gedicht aufsagen, rezitieren; **2.** *fig* e-s Sonnenuntergangs *etc* Stimmungsvolle(s) *n*; Zauber *m*; Ro'mantik *f*; e-s Gemäldes, Romans Poe'sie *f*; plein de ~ voller Poesie; stimmungs-, poesievoll; romantisch

poète [pɔεt] *m* **1.** Dichter(in) *m(f)*; *iron* Po'et *m*; lyrique Lyriker(in) *m(f)*; *adj* femme *f* ~ Dichterin *f*; être ~ Dichter(in) sein; **2.** *fig* mit reicher Phanta'sie begabter Gefühlsmensch; Po'et *m*; Phan'tast *m*

poétesse [pɔetεs] *f oft péj* Dichterin *f*

poétique [pɔetik] **I** *adj* **1.** *Begabung, Sprache etc* dichterisch; po'etisch; langue *f* ~ *auch* Dichtersprache *f*; **2.** lyrisch; po'etisch; e-s Dichters œuvres *f/pl* ~s lyrisches, poetisches Werk; prose *f* ~ lyrische, poetische Prosa; **3.** *Landschaft, Sonnenuntergang* stimmungsvoll; ro'mantisch; *Welt* phan'tastisch; **II** *f Literatur* Po'etik *f*

poétiser [pɔetize] *v/t* dichterisch ausgestalten, ausschmücken; poeti'sieren

pogne [pɔɲ] *f* F (*main*) F Flosse *f*; Pfote *f*

pognon [pɔɲõ] *m* F (*argent*) F Zaster *m*; Kohlen *f/pl*; *cf auch* fric

pogrom(e) [pɔgrɔm] *m* (Juden-)Po'grom *m od n*

poids [pwa] *m* **1.** Gewicht *n*; e-r Person *auch* Körpergewicht *n*; *fig der Jahre, Steuern, Verantwortung* Last *f*; der Verantwortung *auch* Schwere *f*; ~ atomique A'tomgewicht *n*; deux kilos, bon ~ reichlich, gut zwei Kilo; faire bon ~ gut, reichlich wiegen; ~ mort (*auch fig*) *cf* mort[2] I: ~ total, à vide Gesamt-, Leergewicht *n*; *fig* ~ des impôts Steuerlast *f*; *fig* avoir un ~ sur l'estomac e-n Druck im Magen haben; j'ai un ~ sur l'estomac *auch* mir liegt es wie Blei, wie ein Stein im Magen; être courbé sous le ~ des ans unter der Last der Jahre gebeugt sein; le ~ de ce sac est de dix kilos das Gewicht dieses Sackes beträgt zehn Kilo; faire le ~ etw ausweigen; *cf auch* 3.; *fig* faire deux ~, deux mesu-

res mit zweierlei Maß messen; *fig* cela m'ôte un ~ de la conscience da fällt mir ein Stein vom Herzen; das nimmt mir e-e Last von der Seele; *Person* perdre, prendre du ~ abnehmen, zunehmen; peser de tout son ~ sur qc mit s-m ganzen Gewicht, mit s-r ganzen Schwere auf etw (*dat*) lasten, liegen; *Baum, Ast* plier sous le ~ des fruits sich unter der Last der Früchte biegen; *fig* tout le ~ de l'entreprise repose sur ses épaules die ganze Last der Verantwortung für das Unter-'nehmen ruht auf s-n Schultern; se laisser tomber de tout son ~ sur qc sich mit voller Wucht auf etw (*acc*) fallen lassen; *Ware* vendre au ~ nach Gewicht verkaufen; **2.** *sports* ~ et haltères Gewichtheben *n*; **3.** *Schwerathletik* **a)** ~ coq, légers, lourds Bantam-, Leicht-, Schwergewicht(sklasse) *n(f)*; ~ mi--lourds *Boxen, Ringen* Halbschwer-, Gewichtheben Leichtschwergewicht(s-klasse) *n(f)*; ~ mi-moyens *Boxen, Ringen* Weltergewicht(sklasse) *n(f)*; ~ mouche *Ringen, Boxen* Fliegengewicht(sklasse) *n(f)*; ~ moyens, plume Mittel-, Federgewicht(sklasse) *n(f)*; **b)** ~ coq, léger, lourd, moyen, *etc* Bantam-, Leicht-, Schwer-, Mittelgewichtler *m etc*; *fig* c'est un ~ plume er *bzw* sie ist nur ein Fliegengewicht, ist federleicht; faire le ~ für s-e Gewichtsklasse) das vorgeschriebene Gewicht haben; *fig* il ne fait pas le ~ er ist s-r Aufgabe, s-m Gegner nicht gewachsen; ihm fehlen die nötigen Voraussetzungen; **4.** *beim Kugelstoßen* Kugel *f*; lancement *m*, lancer du ~ Kugelstoßen *n*; lancer le ~ die Kugel stoßen; **5.** *zum Wiegen* Gewicht(sstück) *n*; *südd auch* Gewichtstein *m*; ~ et mesures **a)** Maße und Gewichte; **b)** Eichamt *n*; Bureau international des ~ et mesures Internationales Maß- und Gewichtsbüro; ~ d'un kilo Kilogewicht *n*; ~ en fonte, en laiton Eisen-, Messinggewicht *n*; mettre un ~ dans la balance ein Gewicht auf die Waage stellen; ~ de ~ Gewicht *n*; **7.** ~ lourd Last(kraft)wagen *m*; Lkw *od* LKW *m*; F (Fern)Laster *m*; **8.** *fig* Gewicht *n*; Wichtigkeit *f*; Bedeutung *f*; Erheblichkeit *f*; *loc/adj* de ~ *Argument* von Gewicht; gewichtig; *Persönlichkeit* (ge)wichtig; einflußreich; deren Meinung, Urteil Gewicht hat; donner du ~ à qc e-r Sache (*dat*) Gewicht, Bedeutung, Wichtigkeit verleihen, beimessen; être de peu de ~ nicht ins Gewicht fallen; belanglos, unerheblich, nicht von Bedeutung sein; keine ausschlaggebende Rolle spielen; **9.** *e-r Münze* Rauh-, Bruttogewicht *n*; Schrot *m*; ~ de fin Fein-, Nettogewicht *n*

poignant [pwaɲɑ̃] *adj Schmerz* stechend; brennend; bohrend; *Erinnerung* schmerzlich; quälend; peinigend; *Abschied* herzzerreißend; peinvoll

poignard [pwaɲar] *m* Dolch *m*; coup *m* de ~ Dolchstoß *m*

poignarder [pwaɲarde] *v/t* **a)** erdolchen; **b)** e-n Dolchstoß, *par ext* e-n Messerstich *bzw* Messerstiche versetzen (qn j-m)

poigne [pwaɲ] *f* **1.** Kraft *f* in den Fäusten; avoir de la ~ kräftige Fäuste haben; avoir une ~ de fer eiserne Fäuste, e-e eiserne Faust haben; *pour tordre cette barre de fer, il fallait la* ~ d'un homme... brauchte man Männerfäuste; **2.** *fig loc/adj* à ~ *Regierung, Mann* e'nergisch; der, die nicht viel Federlesens macht, sich energisch 'durchsetzt; *Mann auch* gebieterisch; herrisch

poignée [pwaɲe] *f* **1.** Handvoll *f* (*auch fig*); une ~ de gens, de grains, de riz, de spectateurs e-e Handvoll Leute, Körner, Reis, Zuschauer; *loc/adv* à, par ~s mit vollen Händen; arracher une ~ de cheveux ein ganzes Büschel Haare ausreißen; *abs* nous n'étions qu'une ~ wir waren nur e-e Handvoll Leute, nur ein kleines Häuflein; **2.** ~ de main Händedruck *m*; Handschlag *m*; ~ de main chaleureuse, cordiale warmer, herzlicher Händedruck; donner une ~ de main à qn j-m die Hand drücken; **3.** e-s Koffers, Fensters, Topfdeckels *m*; ~ de Schublade Griff *m*; e-r Tür Türgriff *m*; Klinke *f*; *auch* Knauf *m*; an der Lenkstange (Hand)Griff *m*; e-s Schwerts, Degens, Säbels Griff *m*; Heft *n*; Gefäß *n*; ~ de valise Koffergriff *m*; **4.** *cuis* Topflappen *m*

poignet [pwaɲε] *m* **1.** *anat* Handgelenk *n*; *fig loc/adv* à la force du ~ aus eigener Kraft; **2.** *cout* am Herrenhemd, an e-r Damenbluse Man'schette *f*; an Pullovern, Blusen (Ärmel)Bündchen *n*; ~ de chemise Hemdmanschette *f*

poïkilotherme [pɔikilɔtεrm] *adj zo* wechselwarm; *sc* poikilo'therm

poil [pwal] *m* **1.** (Tier)Haar *n*; *coll* Haar(kleid) *n*; Fell *n*; ~ long, luisant, ras, soyeux langhaariges, glänzendes, kurzhaariges, seidiges Fell; langes, glänzendes, kurzes, seidiges Haar; *loc/adj* à long ~, à ~ ras lang-, kurzhaarig; *cf auch* ras[1] 1.; *Haare* ~ de carotte ⟨*inv*⟩ fuchsrot; fuchsig; ~ de chameau Ka'melhaar(stoff) *n(m)*; manteau *m* en ~ de chameau Kamelhaarmantel *m*; *mil* bonnet *m* à ~ Pelz-, Bärenfellmütze *f*; bonnet *m* en ~ de lapin Ka'ninkappe *f*, -mütze *f*; Kappe *f*, Mütze *f* aus Ka'nin(chenfell); caresser un chat dans le sens du ~... mit dem Haarstrich streicheln; *ch Hund* être (dressé) au ~ et à la plume auf Haar- und Federwild abgerichtet sein; perdre ses ~s *Pelz* die Haare verlieren; haaren; hären; *Tier auch* sich haaren, hären; **2.** *des Menschen* (Körper)Haar *n* (*auch coll*); ~s des aisselles, de (la) barbe, du pubis Achsel-, Bart-, Schamhaar(e) *n(pl)*; *loc/adj Arm, Brust* couvert de ~s behaart; haarig; F ne plus avoir un ~ de sec schweißgebadet sein; F ne plus avoir un ~ sur le caillou e-e Glatze, F e-e Platte haben; **3.** F *fig Wendungen* ◆ *loc/adj Leute* de tout ~, de tous ~s aller Art; aller Schat'tierungen; ◆ *loc/adv* un ~ etwas; ein bißchen; ein klein wenig; F e-e I'dee; un ~ plus à droite etwas *etc* weiter nach rechts; à un ~ près, il s'en est fallu d'un ~ um ein Haar; um Haaresbreite; es hätte nicht viel gefehlt; au (quart de) ~ **a)** (nur) gerade eben; (nur) so eben; knapp; mit knapper Not; **b)** F haargenau; *est-ce que le paquet entre dans la valise? –* au ~... haargenau; ◆ à ~ nackt; F nackig; im Adams- *bzw* Evaskostüm; wie ihn *bzw* sie Gott geschaffen hat; *plais* barfuß bis zum Hals; complètement à ~ splitter(faser)nackt; se mettre à ~ sich nackt ausziehen; *Mißfallensäußerung für e-n schlechten Redner, Schauspieler etc* à ~! geh nach Hause!; abtreten!; pack ein; ◆ (c'est) au ~! **a)** F (das ist) prima, dufte, knorke, einfach Klasse, ganz große Klasse!; **b)** dann geht, ist ja alles in Ordnung, F haut ja alles hin!; un type au ~ F ein Pracht-, Pfundskerl *m*; ◆ avoir un ~ dans la main F stink-, mordsfaul sein; keinen Finger krumm machen; die Arbeit nicht erfunden haben; être de bon ~ guter Laune, gut gelaunt, aufgeräumt, F aufgekratzt sein; être de mauvais ~ schlech-

ter Laune, schlecht gelaunt, F grantig, vergrätzt, ungenießbar sein; **reprendre du ~ de la bête** wieder hochkommen; wieder auf die Höhe kommen; F sich wieder hochrappeln; **tomber sur le ~ de qn** a) sich auf j-n stürzen; über j-n herfallen; b) j-n anfahren, anherrschen, abkanzeln, F anpfeifen, anblasen; j-m eins auf den Deckel geben; **4.** *bot* (Pflanzen)Haar *n*; **5.** *e-r Bürste, e-s groben Pinsels* Borste *f*; *e-s Rasierpinsels, feinen Pinsels* Haar *n*; **6.** *Scherzartikel* ~ **à gratter** Juckpulver *n*; **7.** *bei Samt, Plüsch, Teppichen* **a)** Flor(decke) *m(f)*; Pol *m*; **b)** Grundkette *f*; **c)** (**chaîne** *f* **à** ~) Pol(flor)-, Florkette *f*; **8.** *Seidengewinnung (aus zehn u mehr Kokonfäden bestehende[r])* Roh-, Bastseide(nfaden) *f(m)*

poil|ant [pwalɑ̃] F *adj* lustig; spaßig; drollig; ulkig; ~**er** *v/pr* F **se** ~ schallend lachen; F sich totlachen; sich scheckig lachen

poilu [pwaly] **I** *adj Person, Körperteil* behaart; haarig; F **il est** ~ **comme un singe** er ist stark behaart, behaart wie ein Affe; **II** *m* Frontsoldat *m*, -kämpfer *m (des ersten Weltkriegs)*

poinçon [pwɛ̃sõ] *m* **1.** *des Schusters, Sattlers* Pfriem *m*; Ahle *f*; **2.** *zum Lochen von Blechen* 'Durchschläger *m*, -treiber *m (auch für Leder)*; *e-r Lochstanze* Schnittstempel *m*; *e-r Tiefziehmaschine* (Zieh)Stempel *m*; **3.** *Schriftgießerei, Münztechnik* Pa'trize *f*; *Schriftgießerei auch* Stempel *m*; **4.** *Goldschmiedekunst* **a)** Punz *m*; Punze *f*; Prägestempel *m*; **b)** Pun'zierung *f*; (Pun'zier)Stempel *m*; Beschauzeichen *n*; *österr auch* Punze *f*; ~ **de titre** Feingehaltsstempel *m*; **5.** *Lochstickerei* Schnurlochstecher *m*; **6.** *des Steinmetzen* Spitzeisen *n*; **7.** *Dachkonstruktion* Firstsäule *f*

poinçonn|age [pwɛ̃sonaʒ] *m od* ~**ement** *m* **1.** *e-r Fahrkarte* Knipsen *n*; Lochen *n*; **2.** *von Blechen* Lochen *n*; (Loch)Stanzen *n*; Durch'brechen *n*; **3.** *von Gold(-), Silber(waren)* Punzen *n*; Pun'zieren *n*, -ung *f*; Stempeln *n*, -ung *f*; ~**er** *v/t* **1.** *Fahrkarte* knipsen; lochen; **2.** *Bleche* lochen; (loch)stanzen; durch'brechen; **3.** *Gold(-), Silber(waren)* punzen; punz'ieren; stempeln; ~**eur** *m* **1.** (Fahrkarten)Knipser *m*; **2.** *Blechverarbeitung* (Loch)Stanzer *m*; ~**euse** *f* **1.** (Fahrkarten)Knipserin *f*; **2.** *zum Knipsen der Fahrkarten* Knipszange *f*; **3.** *Blechbearbeitung* Lochstanze *f*

poindre [pwɛ̃dr(ə)] *v/i* ⟨*déf:* il point; il poignait; il poindra⟩ *litt Blumen, Gras* sprießen; **l'aube commence à** ~ der Morgen graut; **le jour commence à** ~ der Tag bricht an; es wird Tag

poing [pwɛ̃] *m* **1.** Faust *f*; **coup** *m* **de** ~ Faustschlag *m*, -hieb *m*; *cf auch* **2.**; *adit fig* style *m*, titre *m*, *etc* **coup de** ~ schlagkräftiger, reißerischer Stil, Titel *etc*; **se battre à coups de** ~ mit Fäusten aufeinander einschlagen; **donner un coup de** ~ **à qn** j-m e-n Faustschlag, -hieb versetzen; *fig* **c'était un coup de** ~ **sur la table** jetzt hat er *bzw* sie einmal mit der Faust auf den Tisch geschlagen, ein Machtwort gesprochen; *fig* **faire le coup de** ~ hart 'durchgreifen; drastische Maßnahmen ergreifen; **salut** *m* **à** ~ **levé** Gruß *m* mit erhobener, geballter Faust; *loc/adv:* **les** ~**s sur les 'hanches** die Arme in die Hüften, Seiten gestemmt; **revolver au** ~ mit dem Revolver in der Hand, Faust; **dormir à** ~**s fermés** fest, tief, wie ein Murmeltier, wie ein Ratz schlafen; **frapper du** ~ mit der Faust (zu)schlagen; **montrer le** ~ **à qn** j-m die Faust zeigen, mit der Faust

drohen, F **e-e Faust machen**; **serrer les** ~**s die Fäuste ballen**; *fig* alle Energie aufbieten; **taper du** ~ **sur la table** mit der Faust auf den Tisch schlagen, hauen; **2.** *Schlagwaffe* **coup** *m* **de** ~ **(américain)** Schlagring *m*; **3.** *Falkenbeize* **oiseau** *m* **de** ~ Raubvogel, der ohne Vorhalten e-r Lockspeise auf die Faust zurückkehrt

point[1] [pwɛ̃] *m* **1.** *Interpunktion, im Morsealphabet* Punkt *m*; **(les) deux** ~**s** (der) Doppelpunkt; *fig* **les trois** ~**s** die Freimaurer *m/pl*; ~ **d'exclamation** Ausrufe- *od* Ausrufungszeichen *n*; ~ **d'interrogation** Fragezeichen *n*; *fig auch* großes Fragezeichen; ~**s de suspension** Auslassungspunkte *m/pl*; ~ **sur le i** I-Punkt *m*; I-Tüpfelchen *n*; *cf auch* **i**; *fig* **un** ~**, c'est tout!** und damit basta; **Punktum!**; **2.** *am Horizont, im Gelände, fig* Punkt *m (auch math, astr, phys, chim)*; Stelle *f*; *méd* Akupunk'turpunkt *m*; ♦ **les quatre** ~**s cardinaux** die vier Himmelsrichtungen *f/pl*; *fig* ~ **chaud** *cf* **chaud 4.**; *phys* ~ **critique** kritischer Zustand, Punkt; ~ **faible** *cf* **faible I 1.**; ~ **(géométrique)** Punkt *m*; ~ **lumineux** Lichtpunkt *m*; ~ **mort** *cf* **mort**[2] **I.**; ~ **noir** *cf* **noir I 1.**; ~ **sensible** *cf* **sensible 1.**; ♦ *auto* ~ **d'allumage** Zündzeitpunkt *m*; *télév* ~ **d'analyse, d'image, explorateur** *od* **ellip** ~ Bildpunkt *m*; ~ **d'appui** *cf* **appui 1.**; *phon* ~ **d'articulation** Artikulati'onsstelle *f*; ~ **d'attache** Standort *m*, -quartier *n*; *auf Zähnen* ~ **de carie** Kariesfleck *m*; *mil* ~ **de chute** Aufschlag-, Einschlagpunkt *m*, -stelle *f*; Auftreffpunkt *m*; *cf auch* **chute 5.**; *math, fig* ~ **de contact** Berührungspunkt *m*; ~ **de contrôle** Kon'trollpunkt *m*; ~ **de départ** Ausgangspunkt *m*; *fig auch* Ansatzpunkt *m*; ~ **d'eau** Wasserstelle *f*; *phys* ~ **d'ébullition, d'éclair** Siede-, Flammpunkt *m*; *bei Schmierstoffen* ~ **d'écoulement** Fließpunkt *m*; *peint* ~ **de fuite** Fluchtpunkt *m*; *phys* ~ **de fusion** Schmelzpunkt *m*; ~ **d'honneur** *cf* **honneur 1.**; ~ **d'impact** *m* ~ **de chute**; *math* ~ **d'inflexion, d'intersection** Wende-, Schnittpunkt *m*; *mil, fig* ~ **de mire** *cf* **mire 2.**; *fig* ~ **de non-retour** Punkt, an dem es kein Zurück mehr gibt; *Schießtechnik* ~ **de pointage** Richtpunkt *m*; ~ **de ralliement** Sammelpunkt *m*; ~ **de repère** *cf* **repère**; *phys* ~ **de rosée, de saturation** Tau-, Sättigungspunkt *m*; *comm* ~ **de vente** Verkaufsstelle *f*; ~ **de vue** *cf* **3.**; ♦ *loc/adj, loc/adv, loc/conj:* **à** ~ **cuis** Steak gerade eben 'durchgebraten; *Früchte* eßreif; *Braten* **être (cuit) à** ~ fertig (gebraten), gar sein; *zeitlich* **à** ~, **à** ~ **nommé** gerade zur rechten Zeit, zum richtigen Zeitpunkt, im richtigen Augenblick, Moment; gerade richtig, recht; wie gerufen; sehr gelegen; *loc/prov* **tout vient à** ~ **à qui sait attendre** mit Geduld und Spucke fängt man e-e Mucke *(prov)*; **au** ~ : **au** ~ **où nous en sommes**, où en sont les choses so wie die Lage jetzt ist, wie die Dinge stehen; **reprendre son exposé au** ~ **où on l'avait laissé** s-e Ausführungen an dem Punkt, an der Stelle wieder aufnehmen, wo ...; **nous en sommes toujours au même** ~ wir stehen immer noch am selben Punkt; wir sind nicht einen Schritt weitergekommen; **la situation en est toujours au même** ~ die Lage ist noch immer unverändert, die gleiche; **être au** ~ *Gerät, Uhr, Auto* nach e-r *Reparatur* (wieder) in Ordnung sein, gut *od* richtig funktionieren; *Verfahren etc* entwickelt, ausgearbeitet, ausgereift

sein; *Theaterstück* aufführungsreif sein; **mettre au** ~ *Fernrohr, Photoapparat etc* einstellen; *Verfahren, Gerät* entwickeln; ausarbeiten; **mise** *f* **au** ~ *e-s Fernrohrs, Photoapparats etc* Einstellung *f*; *e-s Verfahrens, Geräts* Entwicklung *f*; *e-s falschen Sachverhalts* Richtigstellung *f*; Berichtigung *f*; Klarstellung *f*; **faire une mise au** ~ *e-e* Richtigstellung *etc* vornehmen, veröffentlichen; etw richtigstellen, berichtigen, klarstellen; **au** ~ **de** (+*inf*), **au** ~ **que, à tel** ~ **que** so (sehr), derart(ig), in e-m solchen Maße, Grade, daß; **il ne fait pas froid au** ~ **de mettre un manteau** es ist nicht so kalt, daß man e-n Mantel anziehen muß *od* müßte; **j'avais si peu, derart viel Arbeit, daß ...**; **à ce** ~ **(que)** so sehr (daß); **quelle paix serait possible à ce** ~ **de haine?** ... bei e-m solchen, derartigen Haß?; **vous vous sentez malheureux à ce** ~ ? sind Sie so unglücklich?; **à ce** ~ **-là?** steht es so schlimm?; so weit ist es schon gekommen?; **à quel** ~ wie sehr; in welchem Maße; **vous voyez à quel** ~ **il me déteste** Sie sehen, wie sehr er mich verabscheut; *rechercher* **jusqu'à quel** ~ **il est responsable ...** (in)wie'weit er verantwortlich ist; **jusqu'à un certain** ~ bis zu e-m gewissen Grade; bis zu e-m bestimmten Punkt; **pousser l'obstination au plus 'haut** ~, **au dernier** ~ die Halsstarrigkeit auf die Spitze, zum Äußersten treiben; *Person* **être mal en** ~ *gesundheitlich* schlecht, übel dran sein; sich schlecht, elend fühlen; gar nicht auf der Höhe sein; **être sur le** ~ **de faire qc** gerade im Begriff, gerade da'bei sein, sich gerade anschicken, etw zu tun; **être sur le** ~ **de partir** *auch* auf dem Sprung sein; **être sur le** ~ **de pleurer** den Tränen, dem Weinen nahe sein; *Gebäude* **être sur le** ~ **de s'écrouler** dem Einsturz nahe sein; ♦ **fixer son regard sur un** ~ den Blick fest, starr auf e-n Punkt richten; **3.** ~ **de vue a)** *des Betrachters* Standort *m*, -punkt *m*; **b)** Aussichtspunkt *m*; **c)** (Aus-, Rund)Blick *m*; **d)** *fig* Stand-, Gesichtspunkt *m*; Auffassung *f*; **votre** ~ **de vue sur cette question** Ihr Standpunkt, Ihre Auffassung in dieser Frage; ♦ *loc/adv:* **à son** ~ **de vue** s-r Meinung, Auffassung nach; **au** ~ **de vue médical** vom medizinischen Standpunkt aus; in medizinischer Hinsicht; medizinisch gesehen; F **au** ~ **de vue confort** was den Komfort betrifft, an(be)langt, angeht; hinsichtlich des Komforts; in puncto Komfort; **de ce** ~ **de vue** unter diesem Gesichtspunkt; von diesem Standpunkt aus; **d'un certain** ~ **de vue a)** unter e-m bestimmten Gesichtspunkt; b) in gewisser Hinsicht, Weise; **du** ~ **de vue des professeurs** vom Standpunkt der Lehrer aus; von den Lehrern her gesehen; **examiner qc de différents** ~ **de vue** etw unter verschiedenen Gesichtspunkten, Asp'ekten prüfen; **4.** *e-r Tagesordnung, e-s Berichts etc* Punkt *m*; *fig* ~ **commun** *cf* **commun I 1.**; ~ **litigieux** strittiger Punkt; ~ **de détail** nebensächlicher, unwesentlicher, unwichtiger Punkt; Nebensache *f*; *jur* ~ **de droit, de fait** Rechts-, Tatfrage *f*; *loc/adv:* **de** ~ **en** ~ genau; ex'akt; **exécuter les ordres de** ~ **en** ~ Befehle strikt ausführen; **en tout** ~, **en tous** ~**s** in allen Punkten; voll und ganz; ~ **par** ~ Punkt für Punkt; **sur ce** ~ in diesem Punkt; **sur deux** ~**s je ne partage pas votre opinion** in zwei Punkten teile ich Ihre Ansicht nicht; **revenir sur un** ~ **important** auf e-n wichtigen Punkt noch einmal zu-

rückkommen; **5.** *Schule, Spiel, sports* Punkt *m*; **bon** ~ *Schule* Fleißpunkt (-kärtchen) *m(n)*; *fig* Plus(punkt) *n(m)*; *fig* **mauvais** ~ Minus(punkt) *n(m)*; *sports* **aux** ~**s** nach Punkten; **vainqueur** *m* **aux** ~**s** Sieger *m* nach Punkten; **victoire** *f* **aux** ~**s** Punktsieg *m*; **battre aux** ~**s** nach Punkten schlagen; *Schule* **chaque faute enlève un** ~ für jeden Fehler büßt man e-n Punkt ein; *sports, fig* **marquer un** ~, **les** ~**s** *cf* **marquer 2.**, **6.**; **6. a)** *cout* Stich *m*; ~ **arrière, de piqûre, zigzag** 'Hinter-, Stepp-, Zickzackstich *m*; ~ **de boutonnière, de chaînette, de chausson, de couture, de croix, de devant, de feston, d'ourlet** Knopfloch-, Ketten-, Hexen-, Näh(e'rei)-, Kreuz-, Vor-, Lan'getten-, Saumstich *m*; ~ **de surjet** über-'wendlicher Stich; ~ **de tapisserie, de tige** Stick(e'rei)-, Stielstich *m*; *loc/adv* **à grands, petits** ~**s** mit großen, kleinen Stichen; **tapisserie** *f* **au petit** ~ Petit-'point-Stickerei *f*; *coll* **faire un** ~ **à qc** an etw (*dat*) ein paar Stiche nähen, machen; **b)** *beim Stricken, Häkeln* Muster *n*; ~ **mousse** Rechts-'rechts-Muster *n*; ~ **de crochet** Häkelmuster *n*; ~ **de jersey** *cf* **jersey 1.**; ~ **de tricot** Strickmuster *n*; **7.** *impr* ~ **(typographique)** typographischer Punkt; **8.** *mus* Punkt *m*; ~ **d'orgue** Fer'mate *f*; ~**s de reprise** Wieder-'holungs-, Repetiti'onszeichen *n*; **9.** *mar, aviat* Standort *m*; Positi'on *f*; nach Besteck *n*; Schiffsort *m*; **faire le** ~ **a)** den Standort, die Position ermitteln, feststellen; *mar auch* (das) Besteck aufmachen, nehmen; **b)** *fig* e-e Bestandsaufnahme machen; e-e Zwischenbilanz ziehen; sehen, wo man steht; die Lage, den gegenwärtigen Stand (der Dinge) über-'prüfen; *auch* zur Lage berichten; e-n Lagebericht abgeben; *fig* **e-s Würfels** Auge *n*; *bei Kartenspielen* Punkt *m*; **amener deux** ~**s** zwei Augen, e-e Zwei würfeln; **11.** *in Frankreich* ~ (des retraite) Punkt *m* zur Berechnung des Rentenanspruchs; Rentenpunkt *m*; **12.** *méd* ~ **de côté** Seitenstich *m*; **13. le** ~ **du jour** der Tagesanbruch; **au** ~ **du jour** bei Tagesanbruch; im Morgengrauen; in aller Frühe; **14.** *Wappenschild* **à** ~**s** équipollés neungeschacht

point² [pwɛ̃] *adv der Verneinung litt od mundartlich: beim subst* ~ **de** keine; ~ **d'amis** keine Freunde; *beim Verbum* **ne** ... ~ (gar, durchaus) nicht; **elle est** ~ **bête** sie ist keineswegs, gar nicht dumm

pointage [pwɛtaʒ] *m* **1.** *auf e-r Liste* Abhaken *n*; **2.** *in Betrieben* (Arbeitszeit-)Kon'trolle *f* (mit Stempeluhren); Stempeln *n*; **appareil** *m* **de** ~ Stempel-, Stechuhr *f*; **carte** *f* **de** ~ Stempelkarte *f*; **3.** *Schießtechnik* Richten *n*; ~ **(in)direct** (in)direktes Richten; ~ **en direction, en** 'hauteur Seiten-, Höhenrichtung *f*; **appareils** *m/pl* **de** ~ Richtmittel *n/pl*; **point** *m* **de** ~ Richtpunkt *m*; **4.** *mar* ~ **de carte** Eintragen *n* des Standorts, der Positi'on in die Karte; Besteckaufmachen *n*; **5.** *von Spielkarten* Zinken *n*

pointal [pwɛtal] *m* <*pl* ~**aux**> *bât* Stützbalken *m*

pointe [pwɛt] *f* **1.** *e-s Gegenstandes* Spitze *f*; *e-s Tuches* Zipfel *m*; ~ **de l'aiguille** Nadelspitze *f*; ~ **d'asperge** Spargelkopf *m*; ~ **des cheveux** Haarspitzen *f/pl*; ~ **du clocher, du clou** Kirchturm-, Nagelspitze *f*; ~ **du col** Kragenspitze *f*, -ecke *f*; ~ **du crayon, de l'épée, de fer** Bleistift-, Degen-, Eisenspitze *f*; ~ **des pieds** Zehenspitze *f/pl*; **se dresser sur la** ~ **des pieds** sich auf die Zehenspitzen stellen; **marcher sur la** ~ **des pieds** auf Zehenspitzen gehen,

laufen; *géogr* ~ **de terre** Landzunge *f*; *esc* **coup** *m* **de** ~ Stoß *m*, Hieb *m* mit der Klingenspitze; ♦ *loc/adj u loc/adv* **en** ~ spitz (zulaufend); Spitz...; **barbe** *f* **en** ~ Spitzbart *m*; **se terminer en** ~ spitz zulaufen; in e-r Spitze enden; spitz sein; e-e Spitze haben; **tour** *f* **qui se termine en** ~ spitz zulaufender Turm; ♦ **s'asseoir sur la** ~ **des fesses** sich nur auf die Stuhlkante setzen; **2.** *Ballett* ~**s** *pl* Spitzentanz *m*; **chaussons** *m/pl* **de** ~ Spitzenschuhe *m/pl*; **faire des** ~**s** Spitzentanz tanzen; **3.** *spitzer Gegenstand* Drahtstift *m* (*Nagel*); *des Tapezierers* Tape'ziernagel *m*; *bei Stacheldraht etc* Stachel *m*; *an Spikes* Dorn *m*; *e-r Gürtelschnalle* Dorn *m*; Stachel *m*; *an der Drehbank* Körnerspitze *f*; *e-s Plattenspielers* ~ **de lecture** Abtaststift *m*, -nadel *f*; *hist* **casque** *m* **à** ~ Pickelhaube *f*; *sports* **(chaussures** *f/pl* **à)** ~**s** Rennschuhe *m/pl*; Spikes [spaiks, ʃp-] *pl*; **4.** *des Kupferstechers* Ra'diernadel *f*; ~ **sèche a)** kalte Nadel; **b)** *Bildwerk* Ra'dierung *f*; *math* **compas** *m* **à** ~**s sèches** Stechzirkel *m*; *tech* ~ **à tracer** Reißnadel *f*; **5.** *des Bildhauers etwa* Spitzmeißel *m*; *des Schriftsetzers* Ahle *f*; **6.** dreieckiges Kopf-, Halstuch; Dreiecktuch *m*; *für Säuglinge* dreieckige Windel; **7.** *cout* Keil *m*; **mettre une** ~ e-n Keil einsetzen; **8.** *mil* Angriffsspitze *f*; Stoßkeil *m*; **faire, pousser une** ~ e-n Vorstoß machen, unter'nehmen; e-e Abstecher machen (**jusqu'à Reims** nach Reims); **9. une** ~ **de** *cuis* e-e Spur, I'dee; **ein klein wenig**; *fig* ein Anflug *m*, e-e Spur, ein Hauch *m*, e-e Andeutung von; **une** ~ **d'ironie, de jalousie** ein Anflug *etc* von Ironie, Eifersucht; **il parlait avec une** ~ **d'accent espagnol** er sprach mit e-m leichten spanischen Akzent; **10.** *fig* Spitze *f*; boshafte Bemerkung, Anspielung; *bes pl* ~**s** Stiche'lei *f*; **c'était encore une** ~ das war wieder e-e Spitze gegen mich, ihn *etc*; **lancer des** ~**s à qn** gegen j-n sticheln; boshafte Anspielungen auf, boshafte Bemerkungen gegen j-n machen; **11.** *fig* Spitze *f*; *ch de fer* ~ **de trafic** Verkehrsspitze *f*; Radrennfahrer **pousser une** ~ **de vitesse** auf Spitzengeschwindigkeit, höchste Geschwindigkeit gehen; ♦ *loc/adj* **... de** ~ **a)** Spitzen...; **heures** *f/pl* **de** ~ *im Verkehr* Stoßzeiten *f/pl*; Spitzen-(verkehrs)-, Hauptverkehrszeiten *f/pl*; *bei Strom-, Gasverbrauch* Spitzen(verbrauchs)zeiten *f/pl*; **trafic** *m* **de** ~ Stoß-, Spitzenverkehr *m*; *e-s Fahrzeugs* **vitesse** *f* **de** ~ Spitzengeschwindigkeit *f*; F Spitze *f*; **b)** fortschrittlichste(r, -s); modernste(r, -s); an der Spitze des (technischen, sozialen) Fortschritts stehend; **industrie** *f*, **technique** *f* **de** ~ modernste Industrie, Technik; Schlüsselindustrie *f*, -technik *f*; ♦ *Berichterstatter* **être à la** ~ **de l'actualité** immer das Aktuellste berichten; **être à la** ~ **du progrès** ganz fortschrittlich sein; im (technischen *bzw* sozialen) Fortschritt die Spitze halten; **12. e-s Witzes** Pointe *f*; **13.** *méd* ~**s de feu** *(punktuelle)* Kauterisati'on; **faire des** ~**s de feu** kauteri'sieren; **14.** *Heraldik: e-s Schilds* **a)** Spitze *f*; **b)** Schildfuß *m*; **15. la** ~ **du jour** *cf* **point 13.**

pointeau [pwɛto] *m* <*pl* ~**x**> **1.** *tech* Körner *m*; **2.** *auto* Schwimmernadel (-ventil) *f(n)*; **3.** *in e-m Betrieb* (Arbeitszeit)Kon'trolleur *m*; Pförtner *m* (*in dieser Funktion*)

pointer¹ [pwɛte] **I** *v/t* **1.** *Namen auf e-r Liste* abhaken; *Wörter in e-m Text* anstreichen; mit e-m Zeichen versehen; **2.** *Betriebsangehörige* (auf Einhaltung

der Arbeitszeit hin) kontrol'lieren; **3.** *Geschütz* richten; *fig* **il pointa un index accusateur vers moi** er zeigte anklagend mit dem Zeigefinger auf mich; **4.** *Hund, Pferd* ~ **les oreilles** die Ohren spitzen; **5.** *mus Note* punk'tieren; **note pointée** punktierte Note; **6.** *Schule adit* **zéro pointé** *etwa* das 'Durchfallen bedingende Sechs; **7.** *mar* ~ **la carte** den Standort, die Positi'on in die Karte eintragen; (das) Besteck aufmachen; **8.** *tech Werkstück* körnen; mit dem Körner anreißen; (mit Schmiege u Stechzirkel) die Maße anzeichnen (**qc** auf etw [*dat*]); **machine** *f* **à** ~ Feinstbohrmaschine *f*; Feinbohrwerk *n*; **9.** *tech Nadeln* spitzen; **10.** *Kupferstich* punk'tieren; punzen; *peint* pointil'lieren; **II** *v/i* **11.** *Betriebsangehörige an der Stempeluhr* stempeln; **12.** *beim Boulespiel* die Zielkugel anspielen; **13.** *st/s Turm* ~ **vers le ciel** steil in den Himmel emporragen; *st/s* **s-e Spitze steil gen Himmel recken**; *cf auch* **poindre**; **III** *v/pr* F *fig Person* **se** ~ **chez qn** bei j-m auftauchen, F aufkreuzen

pointer² [pwɛtœr] *m* *zo* Pointer *m*

pointeur [pwɛtœr] *m* **1.** *cf* **pointeau 3.**; **2.** *Artillerie* Richtkanonier *m*; **3.** *tech* Feinstbohrer *m* (*Facharbeiter*); **4.** *Boulespiel* Spieler, der die Zielkugel anspielt

pointillage [pwɛtijaʒ] *m* *Kupferstich* Punk'tieren *n*, *auch Ergebnis* -ung *f*; Punzen *n*, -ung *f*; *peint* Pointil'lieren *n*, -ung *f*

pointillé [pwɛtije] *m* **1.** punk'tierte Linie; Punk'tierung *f*; *coll* Punkte *m/pl*; in Papier Perfo'ration *f*; Perforati'on *f*; **2.** *Kupferstich* Punk'tier-, Punzenmanier *f*; *peint* Ma'nier *f* des Pointil'lismus, Pointil'listen; **dessin** *f* **au** ~ *auch* pointil'lierte Zeichnung; **(gravure** *f* **au)** ~ Kupferstich *m* in Punktier-, Punzenmanier *f*

pointilleux [pwɛtijø] *adj* <**-euse**> pe-'dantisch; kleinlich; 'übergenau; pe'nibel; F pingelig; **être** ~ **sur qc** in etw (*dat*) pedantisch *etc* sein

pointill|isme [pwɛtijism(ə)] *m* *peint* Pointil'lismus *m*; ~**iste** *adj* I *adj* pointil'listisch; **II** *s m,f* Pointil'list(in) *m(f)*

pointu [pwɛty] *adj* **1.** *Kirchturm, Dach, Nase, Kinn, Hut* spitz; *Schrift* eckig; **nez** ~ *auch* Spitznase *f*; **2.** *Ton, Stimme* schrill; **3.** *air* ~ verkniffenes Gesicht; verkniffene Miene; **4.** *für die Südfranzosen* **accent** ~ Pariser Akzent

pointure [pwɛtyr] *f* **1.** *(Schuh-, Handschuh-, Hut-)Nummer* *f*, (-)Größe *f*; **quelle** ~ **faites-vous, quelle est votre** ~? welche Größe, Nummer haben Sie?; **quelle** ~ **chaussez-vous?** welche Schuhgröße haben Sie?; **2.** *impr* Punk-'tur *f*

point|-virgule [pwɛvirgyl] *m* <*pl* **points-virgules**> Strichpunkt *m*; Semi-'kolon *m*; ~**-voyelle** *m* <*pl* **points-voyelles**> in den semitisch-hamitischen Sprachen Vo'kalzeichen *n*

poire [pwar] *f* **1.** *bot* Birne *f*; *fig* **entre la** ~ **et le fromage** beim Nachtisch, Des'sert; wenn *er bzw* sie *etc* gegessen hat und guter Laune ist; **couper la** ~ **en deux** sich einigen; einander, sich auf halbem Wege entgegenkommen; e-n Kompromiß schließen; **garder une** ~ **pour la soif** e-n Notgroschen, -pfennig zurücklegen; **2.** *am Parfümzerstäuber etc* Gummiball *m*, -bällchen *n*; *über dem* (*Kranken)Bett* ~ **électrique** (birnenför-'mige(r)) Klingel *f*, Lichtschalter *m*; *méd für Spülungen* ~ **à lavement** Birnen-, Kli'stierspritze *f*; **3.** F *fig* (figure) F Fas'sade *f*; Vi'sage *f*; **recevoir qc en pleine** ~ etw mitten in die Visage

kriegen; **4.** F *fig Person* F gutmütiger Trottel; **une ~** *auch* F e-e Seele von Kamel; **vous me prenez pour une ~!** Sie halten mich wohl für dumm, blöd!; *adit* **être ~** ein gutmütiger Trottel, dumm, blöd(e) sein

poiré [pware] *m* Birnenmost *m*

poireau [pwaro] *m* ⟨*pl* ~**x**⟩ **1.** *bot* Porree *m*; *abus* Lauch *m*; *cuis* **soupe** *f* **aux ~x** Porree-, Lauchsuppe *f*; **2.** F *fig* **faire le ~**, **rester planté comme un ~** lange, ewig warten; F sich die Beine in den Bauch stehen

poireauter [pwarote] *v/i* F *cf* **(faire le) poireau 2.**

poirée [pware] *f bot* Mangold *m*

poirier [pwarje] *m* **1.** *bot* Birnbaum *m*; Birne *f*; **2.** Birnbaum(holz) *m(n)*; **en ~** Birnbaum...; aus Birnbaum(holz); **3.** **faire le ~** (e-n) Kopfstand machen; *Joga* **figure** *f* **du ~** Kopfstand *m*

poiroter [pwarote] *v/i* F *cf* **(faire le) poireau 2.**

pois [pwa] *m* **1.** *bot* Erbse *f*; **a)** *Pflanze* **~ chiche** Kichererbse *f* (*auch Samen*); **~ cultivé, ~ des jardins** Saat-, Speise-, Gartenerbse *f*; **~ à écosser** Schal-, Palerbse *f*; **~ des champs** Feld-, Futter-, Acker-, Stockerbse *f*; **b)** *Frucht u Samen* **~ cassés** getrocknete Erbsen; Trockenerbsen *f/pl*; **petits ~** grüne, junge Erbsen; **petits ~ frais** frische Erbsen; Frischerbsen *f/pl*; **petits ~ de od en conserve** Dosen-, Kon'servenerbsen *f/pl*; **2.** *bot* **~ de senteur** Wohlriechende Wicke; **3.** *loc/adj Kleid, Krawatte* **à ~** getüpfelt; gepunktet

poise [pwaz] *f* (*abr* **Po**) *Maßeinheit der dynamischen Viskosität* Poise *n* (*abr* P)

poison [pwazõ] *m* **1.** Gift *n*; Giftstoff *m*; **~ minéral** mineralisches Gift; **~ organique** organischer Giftstoff; **~ végétal** pflanzliches Gift; Pflanzengift *n*; *chim* **~ d'un catalyseur** Kataly'satorgift *n*; *hist* **Affaire** *f* **des ~s** Giftmischerprozeß *m*; **commerce** *m* **des ~s** Giftverkehr *m*; **Handel** *m* **mit Gift; effet** *m* **du ~** Giftwirkung *f*; **prendre du ~** Gift (ein)nehmen; **2.** ⟨*meist ~*⟩ F *fig von Personen* **quel(le) ~!** F so e-e Giftnudel, -kröte, -spritze!; *adit* **être ~** F e-e Giftnudel *etc* sein; *Kind* **être un petit ~** unausstehlich sein

poissarde [pwasard] *f* grobes, ordi'näres Weib

poisse [pwas] *f* F Pech *n*; **quelle ~!** so ein Pech!; **c'est la ~!** das ist Pech!

poiss|er [pwase] **I** *v/t* **1.** klebrig machen; beschmieren; **2.** mit Pech bestreichen, behandeln, tränken; verpichen; **II** *v/i* **ça poisse** das klebt, ist klebrig; **~eux** *adi* ⟨*-euse*⟩ *Hände, Papier* klebrig

poisson [pwasõ] *m* **1.** *zo* Fisch *m*; *coll* Fische *m/pl*; *Angelsport* **~ artificiel** künstlicher Köderfisch; **~ blanc** Weißfisch *m*; *Angelsport* **~ mort** konservierter Köderfisch; **~s à mâchoires Kiefermäuler** *n/pl*; **~ d'eau douce, de mer, de rivière** Süßwasser-, See-, Flußfisch *m*; *Süßigkeit* **~ en chocolat** Schoko'ladenfisch *m*; **couvert** *m* **à ~** Fischbesteck *m*; **queue** *f* **de ~** *cf* **queue 1.**; **soupe** *f* **de ~** Fischsuppe *f*; **attraper, prendre des ~s, prendre du ~** Fische fangen; P *fig* **engueuler qn comme du ~ pourri** *cf* **engueuler I; être heureux comme un ~ dans l'eau** sich wohl fühlen, munter sein wie ein Fisch im Wasser; *loc/prov* **petit ~ deviendra grand (pourvu que Dieu lui prête vie)** aus Kindern werden Leute (*loc/prov*); **2.** **~ d'avril** A'prilscherz *m*; **faire un ~ d'avril à qn** j-n in den April schicken; **3.** *astr* **les ♓s** die Fische *m/pl*; **le ♓ austral** der Südliche Fisch; **le ♓ volant** der Fliegende Fisch; **~-chat** *m* ⟨*pl* poissons-chats⟩ *zo* Katzenwels *m*; *im engeren Sinn* Zwergwels *m*; **~-coffre** *m* ⟨*pl* poissons-coffres⟩ *zo* Kofferfisch *m*; **~-épée** *m* ⟨*pl* poissons-épées⟩ Schwertfisch *m*; **~-lune** *m* ⟨*pl* poissons-lunes⟩ *zo* Mondfisch *m*

poissonn|erie [pwasɔnri] *f* **a)** Fischhandlung *f*, -geschäft *n*, -halle *f*; **b)** Fischhandel *m*; **c)** Fischstand *m*; **~eux** *adi* ⟨*-euse*⟩ *Gewässer* fischreich; **eaux poissonneuses** *auch* Fischwasser *n*; **~ier** *m* Fischhändler *m*; **~ière** *f* **1.** Fischhändlerin *f*; **2.** *cuis* Fischpfanne *f*

poisson-scie [pwasõsi] *m* ⟨*pl* poissons--scies⟩ *zo* Sägefisch *m*

poitevin [pwatvɛ̃] *früher* **I** *adi* von Poitiers; des Poitou; **II** *subst* **♂(e)** *m(f)* Bewohner(in) *m(f)* von Poitiers, des Poitou

poitrail [pwatraj] *m* **1.** *beim Pferd, Rind etc* Brust *f*; **2.** *bât* (großer) Sturz(balken); (Eisen)Träger *m*; **3.** *am Pferdegeschirr* Brust-, Zugblatt *n*; Siele *f*

poitrinaire [pwatrinɛr] *früher* **I** *adi* schwindsüchtig; **être ~** an Schwindsucht leiden; **II** *m,f* Schwindsüchtige(r) *f(m)*

poitrin|e [pwatrin] *f* **1.** *anat* Brust *f*; **maladie** *f* **de ~** Brustleiden *n*; Lungenkrankheit *f*, -leiden *n*; **avoir une ~ étroite** eng-, schmalbrüstig sein; **2.** e-r *Frau* Busen *m*; Büste *f*; Brust *f*; **avoir beaucoup de ~** viel Busen haben; e-n vollen, üppigen, starken Busen haben; vollbusig sein; **n'avoir pas de ~** keinen Busen haben; flachbrüstig sein; **3.** *Fleischerei* **~ de bœuf, de veau** Rinder-, Kalbsbrust *f*; **~ de porc** Schweinebauch *m*; **~ière** *f* **1.** *am Pferdegeschirr cf* **poitrail 3.**; **2.** *am Handwebstuhl* Brustbaum *m*

poivrade [pwavrad] *f cuis* würzige Soße (*zu Wild, mit der Essigbeize zubereitet*)

poivre [pwavr(ə)] *m* **1.** *cuis* Pfeffer *m*; **~ blanc, concassé** weißer, gestoßener *od* körniger Pfeffer; **~ long** Langer Pfeffer; **~ moulu, noir od gris** gemahlener, schwarzer Pfeffer; **~ de Cayenne** Ca'yennepfeffer *m*; **~ en grains** ungemahlener, ganzer Pfeffer; **Pfefferkörner** *n/pl*; **mettre du ~ dans la sauce** Pfeffer an die Soße tun; **2.** *bot* **petit ~, ~ sauvage**, des moines Mönchspfeffer *m*; **~ de Guinée** Mala'guetapfeffer *m*; **~ de la Jamaïque** Nelkenpfefferbaum *m*; **~ de la muraille** Scharfer Mauerpfeffer; **3.** *loc/adj* ⟨*inv*⟩ *Bart, Haar* **~ et sel** graumeliert

poivr|er [pwavre] *v/t cuis* pfeffern; *adit* **très poivré** stark gepfeffert; pfefferig; **~ier** *m* **1.** *bot* Pfeffer(strauch) *m*; **~ noir** Schwarzer Pfeffer; **2.** *cf* **poivrière 1.**; **~ière** *f* **1.** *cuis* Pfefferstreuer *m*; **2.** *fortif* Mauer-, Wacht-, Zinnentürmchen *n*; *arch* **toit** *m* **en ~** Kegeldach *n*

poivron [pwavrõ] *m bot* **a)** Paprika (-schote) *m(f)*; **~ rouge, vert** roter, grüner Paprika; **b)** *Pflanze* Paprika *m*

poivrot [pwavro] F *m*, **~ote** F *f* Trinker(in) *m(f)*; Trunkenbold *m*; Säufer(in) *m(f)*; F Saufaus *m*, -bold *m*, -bruder *m*; Schnapsbruder *m*

poix [pwa] *f* Pech *n*

poker [pokɛr] *m* **1. a)** Poker(spiel) *n*; *fig* **c'était une partie de ~** das war das reinste Pokerspiel; **faire un ~** e-e Partie Poker spielen; **jouer au ~** pokern; Poker spielen; **b)** Viererpasch *m*, Four [fɔːr] *m* (d'as, de dames mit vier Assen, Damen); **2. ~ d'as** Würfelpoker *m*

pola(c)k [polak] *m cf* **polaque**

polaire [polɛr] **I** *adi* **1.** *géogr* Po'lar; Po'lar...; **cercle** *m*, **climat** *m*, **expédition** *f* **~** Polarkreis, -klima *n*, -expedition *f*; *fig* **un froid ~** si'birische Kälte; **glaces** *f/pl* **~s, nuit** *f*, **région** *f*, **zone** *f* **~** Polareis *n*, -nacht *f*, -gebiet *n*, -zone *f*; **2.** *astr* **l'étoile** *f* **♀** *od subst* **la ♀** der Po'larstern; **3.** *math* Po'lar...; **coordonnées** *f/pl* **~s** Polarkoordinaten *f/pl*; **plan** *m* **~** Polarebene *f*; **4.** *biol* **globule** *m* **~** Polkörperchen *n*; **II** *f math, Flugmechanik* Po'lare *f*

polaque [polak] *m* F *péi* Po'llack(e) *m*

polar [polar] *m* F Krimi(nalroman) *m*

pol|ard [polar] F *m*, **~arde** F *f* völlig einseitig interes'sierter Stu'dent, interes'sierte Stu'dentin; F Fachidiot *m*

polarimètre [polarimɛtr(ə)] *m opt* Polari'meter *n*

polaris|abilité [polarizabilite] *f élect* Polari'sierbarkeit *f*; **~ant** *adi opt* polari'sierend; Polarisati'ons...; **~ microscope ~** Polarisationsmikroskop *n*

polari|sation [polarizasjõ] *f* **1.** *opt, élect* Polarisati'on *f*; **~ circulaire, diélectrique, linéaire, magnétique** zirkulare, dielektrische, lineare, magnetische Polarisation; **angle** *m*, **plan** *m* **de ~** Polarisationswinkel *m*, -ebene *f*; *élect* **charge** *f* **de ~** Polarisationsladung *f*; scheinbare Ladung; **2.** *fig* Polung *f*; **~scope** *m* **1.** *opt* Polarisati'onsgerät *n*, -apparat *m*; **2.** *tech* Spannungsprüfer *m*; **~ser** [polarize] *v/t* **1.** *opt, élect* polari'sieren; **lumière polarisée** polarisiertes Licht; **2.** *fig Aufmerksamkeit, Aktivität auf sich* konzen'trieren, lenken; F *Person* **être polarisé sur une question** von e-r Frage geistig völlig in Beschlag genommen, beansprucht sein; **~eur** *opt* **I** *adi* ⟨*nur ~*⟩ **filtre, prisme ~** Polarisati'onsfilter *m*, -prisma *n*; **II** *m* Polari'sator *m*

polarité [polarite] *f* **1.** *allg, biol* Polari'tät *f*; **2.** *élect* Polung *f*

polarograph|e [polarograf] *m chim* Polaro'graph *m*; **~ie** *f* Polarogra'phie *f*

Polaroïd [polarɔid] (*nom déposé*) *adi u subst m phot* **(appareil** *m* **photo) ~** Polaro'id-Kamera *f* (*Wz*)

polatouche [polatuʃ] *m zo* Flughörnchen *n*; *im engeren Sinn* Assa'pan *m*; Nordamerikanisches Zwergflughörnchen

polder [poldɛr] *m* Polder *m*; *nordd* Ko'(o)g *m*

pôle [pol] *m* **1.** *géogr, astr, élect,* (*Geo*)*Magnetismus, math, biol* **e-s Eies** Pol *m*; *biol* **~ animal** animaler Pol; **~ céleste** Himmelspol *m*; *élect* **~ négatif, positif** Minus-, Pluspol *m*; *géogr* **~ Nord, Sud** Nord-, Südpol *m*; *biol* **~ végétatif** vegetativer Pol; *géogr* **~ du froid** Kältepol *m*; *Geometrie* **~ d'inversion** Inversi'onszentrum *n*; **2.** *fig* **a)** Pol *m*; entgegengesetzte Seite; **~s** *pl* Gegensätze *m/pl*; einander entgegengesetzte Standpunkte *m/pl*; **~ contraire** Gegenpol *m*; **b) ~ d'attraction** Anziehungspunkt *m*; **c)** Schwerpunkt *m*; Zentrum *n*; **~ de développement, d'expansion** Entwicklungs-, Expansi'onszentrum *n*, -schwerpunkt *m*

polémique [polemik] **I** *adi Haltung* feindselig; aggres'siv; streitbar; *Stil auch* po'lemisch; scharf; **II** *f* Po'lemik *f*; Fehde *f*; Kontro'verse *f*; Ausein'andersetzung *f*; **soutenir une ~ acharnée contre qn** e-e heftige Polemik gegen j-n austragen, betreiben

polém|iquer [polemike] *v/i* polemi'sieren; **~iste** *m,f* Po'lemiker(in) *m(f)*

polémologie [polemolɔʒi] *f* Kon'fliktforschung *f*; *sc* Polemolo'gie *f*

polenta [polɛnta] *f cuis* Po'lenta *f*

poli[1] [poli] *adi Person, Benehmen* höflich; zu'vorkommend; gesittet; ur'ban; **refus ~** höfliche Absage; **être ~ avec les femmes** *auch* (sehr) ga'lant gegen die

Damen sein; **il serait plus** ～ **que vous lui écriviez** es wäre höflicher, wenn Sie ihm schreiben würden; **il est trop** ～ **pour être honnête** er ist zu beredt und höflich, um aufrichtig zu sein; **dites donc, soyez** ～! na, Sie sind ja nicht gerade sehr höflich!

poli² [pɔli] **I** *adj* blank; (glatt und) glänzend; po'liert; spiegelnd; **II** *m von Metall, Holz, Stein, Glas* (Hoch)Glanz *m*; Poli'tur *f*

police¹ [pɔlis] *f* Poli'zei *f*; ◆ ～ **administrative** Ordnungs-, Schutz-, Verwaltungspolizei *f*; ～ **judiciaire** (*abr* P. J.) Krimi'nalpolizei *f* (*abr* Kripo *f*); ～ **judiciaire militaire** *etwa* militärische Strafverfolgungspolizei; ～ **militaire** Mili'tärpolizei *f*; *in der BRD* Feldjäger *m/pl*; ～ **municipale** *etwa* Ortspolizei *f*; ～ **nationale** (*dem Innenminister unterstehende*) Sicherheits- und Ordnungspolizei; ～s **parallèles** *cf* **parallèle I** 4.; ～ **privée** Detek'tive *m/pl* (*in Warenhäusern, großen Industriewerken etc*); ～ **rurale** *etwa* Gemeinde-, Landpolizei *f*; ～ **sanitaire** Gesundheitspolizei *f*; ～ **secours** 'Überfallkommando *n*; Funkstreife *f*; ～ **secrète** Geheimpolizei *f*; ◆ ～ **de l'air** Flughafenpolizei *f*; ～ **des étrangers** Ausländer-, Fremdenpolizei *f*; ～ **des frontières** Grenzpolizei *f*; ～ **des mœurs** Sittenpolizei *f*; F Sitte *f*; ～ **des ports** Hafenpolizei *f*; ～ **de la route** Verkehrspolizei *f*; ◆ **contrôle** *m*, **forces** *f/pl* **de** ～ Polizeikontrolle *f*, -kräfte *f/pl od* -einheiten *f/pl*; *jur* **peine** *f* **de** ～ Strafe *f* für e-e Über'tretung; **tribunal** *m* **de** (**simple**) ～ *etwa* Amtsgericht *n* Abteilung Strafsachen; **voiture** *f* **de** ～ Polizeiauto *n*; ◆ **se faire arrêter par la** ～ von der Polizei festgenommen werden; **avertir la** ～ die Polizei verständigen, benachrichtigen; *fig* **faire la** ～ für Ordnung sorgen; die Ordnung wieder'herstellen; wieder Ordnung schaffen

police² [pɔlis] *f* **1.** ～ (**d'assurance**) (Versicherungs)Po'lice [-sə] *f*; **2.** *impr* Gießzettel *m*

policé [pɔlise] *litt adj Volk, Gesellschaft* zivili'siert

polichinelle [pɔliʃinɛl] *m* **1.** *Gestalt des frz Marionetten- u Puppentheaters* ♀, *als Hampelmann, Marionette, Handpuppe* ～ Polichi'nelle *m*; *fig* **c'est le secret de** ♀ das ist ein offenes Geheimnis; das pfeifen die Spatzen von den Dächern; **2.** *fig von e-r Person* **a)** Hampelmann *m*; **c'est un vrai** ～ er ist der rein(st)e Hampelmann; **b)** Hanswurst *m*; **faire le** ～ den Hanswurst machen, spielen, abgeben

policier [pɔlisje] **I** *adj* ‹-ière› **1.** poli'zeilich; Poli'zei...; ～ **chien** ～ Polizeihund *m*; **mesures policières** polizeiliche Maßnahmen *f/pl*; *par ext*: **méthodes policières** Polizeimethoden *f/pl*; Methoden *f/pl* wie bei der Polizei; **régime** ～ Polizeistaat *m*; **2.** Krimi'nal...; **film**, **roman** ～ Kriminalfilm *m*, -roman *m*; F Krimi *m*; **3.** Poli'zeibeamte(r) *m*; **2.** F Krimi(*nalroman*) *m*

policlinique [pɔliklinik] *f* **a)** städtisches Krankenhaus; **b)** Poliklinik *f*

poliment [pɔlimɑ̃] *adv* höflich; **parler** ～ in e-m höflichen Ton reden

polio [pɔljo] *path* **1.** *F* Polio *f*; **2.** *m,f cf* **poliomyélitique II**

poliomyélit|e [pɔljɔmjelit] *f path* spi'nale Kinderlähmung; *sc* Poliomye'litis *f*; ～**ique** *path* **I** *adj* die spi'nale Kinderlähmung; Polio(mye'litis)...; **2.** an spi'naler Kinderlähmung, Polio(-mye'litis) erkrankt; **II** *m,f* **a)** an spi'naler Kinderlähmung, Polio(mye'litis) Erkrankte(r) *f(m)*; **b)** durch spi'nale Kinderlähmung Geschädigte(r) *f(m)*;

Poliogeschädigte(r) *f(m)*

polir [pɔlir] *v/t* **1.** *Werkstoff* po'lieren; schleifen; *Metall auch* glanzschleifen; glätten; (me'chanisch) glänzen; *mit der Schwabbelscheibe* schwabbeln; **2.** *Fingernägel* po'lieren; blank reiben; **3.** *fig u st/s Text, Stil* ausfeilen; feilen an (+ *dat*); *nur Text* sti'listisch über'arbeiten, glätten

poliss|age [pɔlisaʒ] *m tech von Werkstoffen* Po'lieren *n*; Schleifen *n*; *von Metall auch* Glanzschleifen *n*; Glätten *n*; (me'chanisches) Glänzen *n*; *mit der Schwabbelscheibe* Schwabbeln *n*; ～ **électrolytique** elektrolytisches Po'lieren, Glänzen; ～**eur** *m tech* Po'lierer *m*; ～ **sur métaux** *auch* Glanzschleifer *m*; ～**euse** *f zum Polieren von Natursteinen* Schleifmaschine *f*; ～**oir** *m* **1.** *tech* Po'lierwerkzeug *n*, -maschine *f*; *für Metall* Polierstahl *m*; **2.** ～ **à ongles** Nagelpolierer *m*; Po'lierrolle *f*; **3.** *jungsteinzeitliches Werkzeug* Schleifstein *m*; ～**oire** *f zum Schuhputzen* Glanzbürste *f*

polisson [pɔlisɔ̃] **I** *adj* ‹～**ne**› *Geschichte, Lied, Anspielung* zweideutig; sehr frei; ein bißchen unanständig, schlüpfrig; *Blick* geil; begehrlich; lüstern; **II** *subst* ～(**ne**) *m(f)* Schlingel *m*; Range *f*; kleiner Lausebengel, -junge; F Racker *m*; **petit** ～ *auch* kleiner Schelm; **mon** ～ **de fils** ... mein Sohn, der Schlingel, ...; *adit* **elle est** ～**ne** sie ist ein Racker

polissonnerie [pɔlisɔnri] *f* **1.** *Kind* **faire des** ～s Schabernack machen, treiben; kleine (Buben)Streiche machen; **2.** **dire des** ～s zweideutige Bemerkungen machen; lose Reden führen; zweideutige, unanständige, schlüpfrige Witze erzählen

poliste [pɔlist] *m od f zo* Feldwespe *f*

politesse [pɔlitɛs] *f* **1.** Höflichkeit *f*; Zu'vorkommenheit *f*; *gr* **conditionnel** *m* **de** ～ Konditional *m* in höflichen Wendungen (*Bitte, Aufforderung, gemäßigte Aussage*); **formule** *f* **de** ～ Höflichkeitsfloskel *f*, -formel *f*; *loc/adv* **par** ～ aus Höflichkeit; **brûler la** ～ **à qn** j-n einfach stehenlassen; **être d'une extrême** ～ überaus höflich, von ausgesuchter, äußerster Höflichkeit sein; **recevoir qn avec la plus grande** ～ *auch* j-n auf das höflichste empfangen; **2.** ～s *pl* Höflichkeiten *f/pl*; Höflichkeitsbezeigungen *f/pl*; **se faire des** ～s sich gegenseitige Höflichkeitsbezeigungen erweisen; sich gegenseitig in Höflichkeiten ergehen; **rendre une** ～ **à qn** j-s Höflichkeit (*z B e-e Einladung*) erwidern

politic|ien [pɔlitisjɛ̃] *m*, ～**ienne** *f* Po'litiker(in) *m(f)* (*auch péj*)

politico-... [pɔlitiko] *adj in Zssgn* ...politisch; ～**économique** *adj* wirtschaftspolitisch; ～**social** *adj* sozi'alpolitisch

politique¹ [pɔlitik] **I** *adj* **1.** po'litisch; Staats...; **crise** *f* ～ Staatskrise *f*; **droits** *m/pl* ～s staatsbürgerliche Rechte *n/pl*; **économie** *f* ～ Natio'nalökonomie *f*; Volkswirtschaft(slehre) *f*; **frontières** *f/pl* ～s politische Grenzen *f/pl*; **géographie** *f* ～ politische Geographie; **homme** *m* ～ Po'litiker *m*; **milieux** *m/pl* ～s politische Kreise *m/pl*; **opinions** *f/pl* ～s politische Einstellung, Ansichten *f/pl*; **parti** *m*, **pouvoir** *m* ～ politische Partei, Macht; **prisonnier** *m* ～ politischer Gefangener, Häftling; **sciences** *f/pl* ～s, *Kurzform* **sciences po** politische Wissenschaften *f/pl*; Politolo'gie *f*; *früher* **École** *f* **des Sciences** ～s, *heute* **Institut** *m* **d'Études** ～s Hochschule *f* für politische Wissenschaften; **la vie** ～ **française** das politische Leben Frankreichs, in Frankreich; **2.** *fig u st/s Verhalten*

diplo'matisch; **II** *m* **1.** *meist pl* **les** ～s **a)** die po'litischen Gefangenen *m/pl*; Häftlinge *m/pl*; die Po'litischen *m/pl*; **b)** *bei e-m Konflikt* diejenigen, die für e-e po'litische Lösung eintreten; **c)** die Po'litiker *m/pl*; **2. le** ～ das Po'litische; der po'litische Bereich

politique² [pɔlitik] *f* **1.** Poli'tik *f*; Staatskunst *f*; ◆ ～ **agricole** A'grar-, Landwirtschaftspolitik *f*; ～ **budgétaire, commerciale, économique, européenne, extérieure** *od* **étrangère** Haushalt(s)-, Handels-, Wirtschafts-, Europa-, Außenpolitik *f*; ～ **intérieure, monétaire, sociale** Innen-, Währungs-, Sozi'alpolitik *f*; ◆ ～ **d'abandon, d'agression, d'alliance** Verzicht-, Aggressi'ons-, Bündnispolitik *f*; ～ **de coexistence pacifique** Politik der friedlichen Koexistenz; ～ **du commerce extérieur** Außenhandelspolitik *f*; ～ **de l'entreprise** Unter'nehmens-, Betriebspolitik *f*; ～ **de grandeur** Politik, die der Größe und Bedeutung der (französischen) Nation Rechnung trägt; ～ **d'intervention, du logement, de neutralité** Interventi'ons-, Wohnungs-, Neutrali'tätspolitik *f*; ～ **des prix, des salaires** Preis-, Lohnpolitik *f*; ◆ **faire de la** ～ **a)** Politik machen; sich po'litisch betätigen; **b)** sich für Politik interessieren; sich mit Politik beschäftigen, abgeben; **parler** ～ über Politik reden; politi'sieren; **2.** *fig* Poli'tik *f*; Taktik *f*; ～ **de l'autruche** Vogel-'Strauß-Politik *f*; **ce n'est pas une** ～ das ist e-e falsche Politik, Taktik; **~ est taktisch** das ist taktisch falsch

politis|ation [pɔlitizasjɔ̃] *f* Politi'sierung *f*; ～**er** *v/t* politi'sieren

polito|logie [pɔlitɔlɔʒi] *f* Politolo'gie *f*; po'litische Wissenschaft; Poli'tikwissenschaft *f*; ～**logue** *m,f* Polito'loge, -'login *m,f*

poljé [pɔlje] *m géol* Polje *f od n*

polka [pɔlka] *f* **1.** *Tanz u Musik* Polka *f*; ～ **piquée** Polka-Mazurka *f*; **2.** *adit* **pain** ～ ～ **Brot**, das auf der Oberseite rauten- *od* karoförmig gekerbt ist

pollakiurie [pɔlakjyri] *f path* häufiger Harndrang; *sc* Pollakisu'rie *f od* Pollak(i)u'rie *f*

pollen [pɔ(l)lɛn] *m bot* Pollen *m*; Blütenstaub *m*

pollicitation [pɔ(l)lisitasjɔ̃] *f jur* (Vertrags)Angebot *n*; Antrag *m*; Of'ferte *f*

pollin|ie [pɔ(l)lini] *f bot* Pol'linium *n*; Polli'narium *n*; ～**ique** *adj bot* Pollen...; **chambre** *f*, **sac** *m*, **tube** *m* ～ Pollenkammer *f*, -sack *m*, -schlauch *m*

pollinisation [pɔ(l)linizasjɔ̃] *f bot* Bestäubung *f*; ～ **directe** Selbstbestäubung *f*; ～ **indirecte, croisée** Fremdbestäubung *f*; ～ **par les insectes, par le vent** Bestäubung durch Insekten, durch den Wind

pollu|ant [pɔlyɑ̃] **I** *adj* 'umweltverschmutzend; Luft, Wasser verunreinigend; **non** ～ 'umweltfreundlich; **II** *m* Schadstoff *m*; ～**er** *v/t* Umwelt verschmutzen; *Luft, Wasser auch* verunreinigen; **air pollué** *auch* verpestete Luft; ～**eur** *m* 'Umweltsünder *m*, -verschmutzer *m*; Verursacher *m* der 'Umweltverschmutzung

pollution [pɔ(l)lysjɔ̃] *f* **1.** ('Umwelt)Verschmutzung *f*; Verunreinigung *f*; *der Luft auch* Verpestung *f*; **~ atmosphérique** *od* **de l'air** Luftverschmutzung *f*; **~ nucléaire** radioaktive Verseuchung; **~ des eaux** Wasser-, Gewässerverschmutzung *f*; **2.** *physiol* unwillkürlicher (nächtlicher) Samenerguß; *sc* Polluti'on *f*

polo [pɔlo] *m* **1.** *sports* Polo(spiel) *n*; **2.** Polohemd *n*, -bluse *f*

polochon [pɔlɔʃõ] F *m cf* traversin 1.

polonais [pɔlɔnɛ] **I** *adj* polnisch; **II** *subst* 1. ♀(e) *m(f)* Pole *m*, Polin *f*; F **boire comme un ♀** F saufen wie ein Loch; F **être soûl comme un ♀** *cf* soûl I; 2. *ling* le ~ das Polnische; Polnisch *n*; 3. ~e *f* Polo'naise *od* -'näse *f* (*Tanz u Musik*)

polonium [pɔlɔnjɔm] *m chim* Po'lonium *n*

poltr|on [pɔltrõ] *m*, ~**onne** *f* Feigling *m*; *nordd* Bangbüx(e) *f*; F Angsthase *m*, -meier *m*; Hasenfuß *m*, -herz *n*; Memme *f*; *adjt* **être** ~ feige, hasenfüßig, ein Feigling *etc* sein

poltronnerie [pɔltrɔnri] *f* Feigheit *f*; Feig-, Hasenherzigkeit *f*; Memmenhaftigkeit *f*

poly... [pɔli] *in Zssgn* poly...; Poly...; mehr...; Mehr...; viel...; Viel...; *cf die nachfolgenden Stichwörter*

poly|acide [pɔliasid] *m chim* mehrbasige Säure; Polysäure *f*; ~**acrylique** *adj chim* résines *f/pl* ~s (Poly)A'crylharze *n/pl*; ~**addition** *f chim* Polyadditi'on *f*; ~**akène** [-akɛn] *adj u subst m bot* (fruit *m*) ~ aus mehreren Schließfrüchten bestehende Frucht; ~**alcool** *m chim* Polyalkohol *m*; ~**amide** *m chim* Poly'amid *n*

poly|andre [pɔliãdr(ə)] *adj sc* poly'andrisch; ~**andrie** [-ãdri] *f* Vielmänne'rei *f*; *sc* Polyan'drie *f*; ~**arthrite** *f path* Entzündung *f* zahlreicher Gelenke; *sc* Polyar'thritis *f*; ~**butadiène** *m chim* Polybutadi'en *n*; ~**butylène** *m chim* Polybuty'len *n*; Polybu'ten-1 *n*

polycentr|ique [pɔlisãtrik] *adj arch* mit mehreren Mittelpunkten; *pol* mit mehreren Führungszentren; *sc* poly'zentrisch; ~**isme** *m pol* Polyzen'trismus *m*

polycéphale [pɔlisefal] *adj* mehr-, vielköpfig

polychètes [pɔlikɛt] *m/pl zo* Vielborster *m/pl*; *sc* Poly'chäten *m/pl*

polychroïsme [pɔlikrɔism(ə)] *m opt* Pleochro'ismus *m*

poly|chrome [pɔlikrom] *adj bildende Kunst, arch* viel-, mehrfarbig; bunt; poly'chrom; ~**chromie** [-krɔmi] *f* Viel-, Mehrfarbigkeit *f*; Buntheit *f*; Polychro'mie *f*; ~**clinique** *f* allgemeines Krankenhaus; Allge'meinkrankenhaus *n*; allgemeine Klinik; ~**condensation** *f chim* Polykondensati'on *f*

polycop|ie [pɔlikɔpi] *f* Vervielfältigen *n*, -ung *f*; Hektogra'phie *f*; ~**ier** *v/t* vervielfältigen; hektogra'phieren; abziehen; **encre** *f* **à** ~ Hekto'graphen-, Ko'piertinte *f*; *adjt u subst m* (cours) polycopié vervielfältigter, hektographierter (Vorlesungs)Text; Skript(um) *n*

poly|courant [pɔlikurã] *adj* ⟨*inv*⟩ *ch de fer* locomotive *f* ~ Mehrsystemlokomotive *f*; ~**culture** *f agr* Mischkultur *f*; ~**cyclique** *adj chim* poly'zyklisch; *fachspr* -'cyclisch

polydactyl|e [pɔlidaktil] *adj méd, biol* mehr-, vielfing(e)rig; mit 'überzähligen Fingern, Zehen; ~**ie** *f biol* Mehr-, Vielfing(e)rigkeit *f*; Ausbildung *f* 'überzähliger Finger, Zehen; *sc* Polydakty'lie *f*

poly|èdre [pɔliɛdr(ə)] *m math* Vielflach *n*, -flächner *m*; Poly'eder *n*; ~**édrique** [-edrik] *adj math* vielflächig; poly'edrisch

poly|embryonie [pɔliãbrijɔni] *f biol* Polyembryo'nie *f*; ~**ester** *m chim* Poly'ester *m*; ~**éthylène** *m chim* Polyäthy'len *n*

polygala [pɔligala] *m bot* Kreuzblume *f*; *sc* Po'lygala *f*

polygam|e [pɔligam] **I** *adj Mensch, bot, zo* poly'gam; **II** *m,f* Polyga'mist *m*; in Polyga'mie lebende Frau; ~**ie** *f* Mehr-,

Vielehe *f*; *bes* Vielweibe'rei *f*; *sc* Polyga'mie *f* (*auch bot, zo*)

polygén|ie [pɔliʒeni] *f biol* Polyge'nie *f*; ~**isme** *m Anthropologie* Polyge'nismus *m*

polyglobulie [pɔliglɔbyli] *f path* Hyper-, Polyglobu'lie *f*

polyglotte [pɔliglɔt] **I** *adj* mehr-, vielsprachig; poly'glott; **II** *subst* 1. *m,f* Poly'glotte(r) *f(m)*; 2. *f* Bibelausgabe Poly'glotte *f*

polyglycol [pɔliglikɔl] *m chim* Polyäthylengly'kol *n*, -oxid *n*

polygonacées [pɔligɔnase] *f/pl bot* Knöterichgewächse *n/pl*; *sc* Polygona'zeen *pl*

polygon|al [pɔligɔnal] *adj* ⟨-aux⟩ 1. *math* vieleckig; polygo'nal; 2. *géol* sol ~ Poly'gonboden *m*; ~**ation** *f Geodäsie* Polygo'nieren *n*, -ung *f*

polygone [pɔligon, -gõn] *m* 1. *math* Vieleck *n*; Poly'gon *n*; ~ concave, convexe, régulier konkaves, konvexes, regelmäßiges Vieleck; 2. *mil* ~ de tir Artille'rieschießplatz *m*

polygynie [pɔliʒini] *f* Vielweibe'rei *f*; *sc* Polygy'nie *f*

polyisoprène [pɔliizɔprɛn] *m chim* Polyiso'pren *n*

polymère [pɔlimɛr] *chim* **I** *adj* poly'mer; **II** *m* Poly'mer(e) *n*; Polymeri'sat *n*

polymérie [pɔlimeri] *f chim, biol* Polyme'rie *f*

polyméris|able [pɔlimerizabl(ə)] *adj chim* polymeri'sierbar; ~**ation** *f chim* Polymerisati'on *f*; Polymeri'sierung *f*; ~**er** *v/t chim* polymeri'sieren

polymorph|e [pɔlimɔrf] *adj Kristallographie* viel-, verschiedengestaltig; poly'morph; **transformation** *f* ~ polymorphe 'Umwandlung; ~**ie** *f, ~isme** *m chim, biol* Mehr-, Vielgestaltigkeit *f*; Poly- *od* Pleomor'phie *f*, -mor'phismus *m*; Heteromor'phie *f*

polynésien [pɔlineziɛ̃] *géogr* **I** *adj* ⟨~ne⟩ poly'nesisch; **II** *subst* ♀(ne) *m(f)* Poly'nesier(in) *m(f)*

polynévrite [pɔlinevrit] *f path* Polyneu'ritis *f*

poly|nôme [pɔlinom] *m math* Poly'nom *n*; ~**nucléaire** *adj biol* vielkernig; polynukle'ar, -nukle'är; **leucocytes** *m/pl* ~s segmentkernige Leuko'zyten *m/pl*

polyol [pɔliɔl] *m chim* Poly'ol *n*

polype [pɔlip] *m* 1. *zo* Po'lyp *m*; 2. *path* Po'lyp *m*; Wucherung *f*

poly|peptide [pɔlipɛptid] *m chim* Polypep'tid *n*; ~**pétale** *adj bot* vielkronblätt(e)rig

polypeux [pɔlipø] *adj* ⟨-euse⟩ *path* po'lypenartig, -förmig; poly'pös

polyphagie [pɔlifaʒi] *f* 1. *biol* Polypha'gie *f*; 2. *path* krankhafte Gefräßigkeit; *sc* Polypha'gie *f*

polyphasé [pɔlifaze] *adj élect* Mehrphasen...; **courant** ~ Mehrphasenstrom *m*

polyphon|ie [pɔlifɔni] *f mus* Mehrstimmigkeit *f*; Polypho'nie *f*; ~**ique** *adj mus* mehrstimmig; poly'phon

polypier [pɔlipje] *m zo* Poly'par(ium) *n*

polyploïd|e [pɔliplɔid] *adj biol* polyplo'id; ~**ie** *f biol* Polyploi'die *f*

polypode [pɔlipɔd] *m bot* Tüpfelfarn *m*; Engelsüß *n*; *sc* Poly'podium *n*

poly|pore [pɔlipɔr] *m bot* Porling *m*; ~**porées** [-pɔre] *f/pl bot* Löcherpilze *m/pl*; Porlinge *m/pl*; Röhrenpilze *m/pl*

polyptère [pɔliptɛr] *m zo* Flösselhecht *m*

polyptyque [pɔliptik] *m Altarwerk* Po'lyptychon *n*

polysaccharide [pɔlisakarid] *m chim* Polysaccha'rid *n*

polysém|ie [pɔlisemi] *f ling* Mehrdeutigkeit *f* (von Wörtern); Polyse'mie *f*; ~**ique** *adj ling* mehr-, vieldeutig; polyse'mantisch

polysoc [pɔlisɔk] *adj* ⟨*inv*⟩ *agr* charrue *f* ~ Mehrscharpflug *m*

polysomie [pɔlisɔmi] *f biol* Polyso'mie *f*

polyspermie [pɔlispɛrmi] *f biol* Polysper'mie *f*

poly|styrène [pɔlistirɛn] *m od* ~**styrolène** *m chim* Polysty'rol *n*; Polyphe'nyläthylen *n*; Polyvi'nylbenzol *n*; ~**sulfone** *m chim* Polysul'fon *n*; ~**syllabe** *adj u subst m* (mot *m*) ~ mehr-, vielsilbiges Wort; *sc* Poly'syllabum *n*; ~**syllabique** *adj* mehr-, vielsilbig; ~**syllogisme** *m Logik* Polysyllo'gismus *m*; ~**synthétique** *adj ling* langues *f/pl* ~s polysyn'thetische, inkorpo'rierende Sprachen *f/pl*; ~**technicien** *m* (ehemaliger) Schüler, Absol'vent *m* der École poly'technique; ~**technique** *adj* École *f* ~ *od subst* ♀ *f* (vom Armeeministerium verwaltete) Hochschule zur Ausbildung von Ingenieuren in Paris; ~**terpène** *m chim* Polyter'pen *n*; ~**théisme** *m* Vielgötte'rei *f*; Polythe'ismus *m*; ~**théiste** **I** *adj* polythe'istisch; **II** *m,f* Polythe'ist(in) *m(f)*

poly|thène [pɔlitɛn] *m chim* Polyäthy'len *n*; ~**tonal** *adj* ⟨-als⟩ *mus* in mehreren Tonarten; polyto'nal; ~**tonalité** *f mus* Polytonali'tät *f*; ~**traumatisé** *adj u subst* [blessé] ~ Schwerverletzte(r) *m* (der viele innere u äußere Verletzungen erlitten hat)

polytric [pɔlitrik] *m bot* Bürstenmoos *n*

polyuréthan(n)e [pɔliyretan] *m chim* Polyure'than *n*

polyurie [pɔliyri] *f path* krankhafte Vermehrung der Harnmenge; *sc* Polyu'rie *f*

polyval|ence [pɔlivalãs] *f* Vielseitigkeit *f*; vielseitige Verwendbarkeit; ~**ent I** *adj* 1. *Person* vielseitig; auf mehreren Gebieten einsetzbar; *Raum etc* vielseitig verwendbar; Mehrzweck...; *Wort* vielfach verwendbar; mehrdeutig; 2. *chim* mehrwertig; 3. *méd* Serum polyva'lent; **II** *m fin* Betriebs-, Steuerprüfer *m*

poly|vinylique [pɔlivinilik] *adj chim* Polyvi'nyl...; ~**vision** *f cin* Polyvisi'on *f*

pomelo [pɔmelo] *m bot* **a)** Grapefruit ['grɛːpfruːt] *f*; **b)** Pampel'muse *f*

poméranien [pɔmeranjɛ̃] **I** *adj* ⟨~ne⟩ pommer(i)sch; **II** *subst* ♀(ne) *m(f)* Pommer(in) *m(f)*

pommad|e [pɔmad] *f méd* Salbe *f*; ~ à l'oxyde de zinc, à la pénicilline, au soufre Zink-, Penizil'lin-, Schwefelsalbe *f*; **pot** *m*, **tube** *m* **de** ~ Salbentopf *m*, -tube *f*; Topf *m*, Tube *f* mit Salbe; *fig* **passer de la** ~ **à qn** j-m schmeicheln, schöntun, um den Bart gehen; F j-m Honig um den Mund, Bart schmieren; ~**er** *v/t meist adjt* pommadé *plais u péj Haar* pomadi'siert; mit Brillan'tine eingeschmiert; von Brillan'tine glänzend

pomme [pɔm] *f* 1. *bot* Apfel *m*; ~ à cidre, à couteau, au four Most-, Tafel- *od* Eß-, Koch-, Bratapfel *m*; ~ d'api kleiner rotbäckiger Apfel; *fig u st/s* ~ **de discorde** Zankapfel *m*; ~ **de reinette** *cf* reinette; *adjt* vert ~ ⟨*inv*⟩ apfelgrün; **être 'haut comme trois** ~**s** *Kind* klein, winzig sein; *Junge* F ein (kleiner) Knirps, ein Drei'käsehoch sein; *Mädchen* F e-e kleine Krabbe sein; F *fig* **tomber dans les** ~**s** ohnmächtig werden; in Ohnmacht fallen; F 'umkippen; 2. *bot* ~ **de terre** Kar'toffel *f* (*Pflanze u Knolle*); ~ de terre fourragère Futterkartoffel *f*; *cuis* ~**s de terre frites** Pommes frites *pl*; *ellip cuis* ~**s mousseline, vapeur** *cf* mousseline 3., vapeur 1.; *cuis* ~**s de terre à l'eau** in Wasser gekochte Kartoffeln; Salzkartoffeln *f/pl*; ~**s de terre en robe des champs** Pellkartoffeln *f/pl*; Kartoffeln in der Schale; 3. *anat* ~ **d'Adam** Adams-

apfel *m*; **4.** ~ de pin Kiefernzapfen *m*;
Kienapfel *m*; *auch* Tannenzapfen *m*; **5.** ~
d'arrosoir (Gießkannen)Brause *f*; **6.** F
fig **a)** ma ~ ich; F meine Wenigkeit; **ta** ~,
sa ~ du, er *bzw* sie; **pour ta** ~ für dich; **b)**
c'est aux ~**s!** F das ist prima, dufte,
knorke, schick!; **7.** *bei Kopfsalat, -kohl*
Kopf *m*; *österr* Häuptel *m*; **8.** *am Bettpfo-
sten, Treppengeländer* Knauf *m*
pommé [pɔme] *adj bot* laitue ~e, chou
~ Kopf-; *österr* Häuptelsalat *m*, -kohl *m*
pommeau [pɔmo] *m* ⟨*pl* ~**x**⟩ *am Degen,
Säbel, Stock* Knauf *m*; *am Sattel* Sat-
telknopf *m*
pommelé [pɔmle] *adj* cheval gris ~
Apfelschimmel *m*
pommelle [pɔmɛl] *f vor e-m Abflußrohr*
Sieb(blech) *n*
pommer [pɔme] *v/i bot Salat, Kohl* den
Kopf ansetzen, bilden; *regional* häup-
teln
pommeté [pɔmte] *adj Heraldik* croix
~e Kolben-, Apfelkreuz *n*
pommette [pɔmɛt] *f* Backenknochen *m*;
avoir des ~s saillantes hervorstehende
Backenknochen haben
pommier [pɔmje] *m bot* **a)** Apfelbaum
m; Apfel ~; ~ de Chine, du Japon (ein)
Zierapfel *m* aus Ostasien; ~ d'ornement
Zierapfel *m*; ~ en fleur blühende
Apfelbäume *m/pl*; *auch* Apfelblüte *f*; **b)**
~ de cythère Goldpflaume *f*; Süße
Balsampflaume
pomo|logie [pɔmɔlɔʒi] *f* Obstkunde *f*; *sc*
Pomolo'gie *f*; ~**logique** *adj* obstkund-
lich; *sc* pomo'logisch; ~**logiste** *od* ~**lo-
gue** *m.f* Pomo'loge, -'login *m.f*; Obst-
baufachmann *m*
Pompadour [pɔ̃padur] *n/pr in Frank-
reich* style ~ Pompadour-Stil *m*
pompage [pɔ̃paʒ] *m* **1.** (Ab-, Hoch-)
Pumpen *n*; Pumparbeit *f*; station *f* de ~
Pumpstation *f*; **2.** *phys* ~ optique opti-
sches Pumpen
pompe[1] [pɔ̃p] *f* **1.** *tech* Pumpe *f*; *Va-
kuumtechnik* ~ moléculaire Moleku-
'larpumpe *f*; ~ à bicyclette, (à) pneu-
matique Fahrrad-, Luftpumpe *f*; ~ à
diffusion (d'huile) (Öl)Diffusi'ons-
pumpe *f*; ~ à eau Wasserpumpe *f*; ~ à
engrenage Zahnradpumpe *f*; ~ à es-
sence a) *e-r Tankstelle* Tank-, Zapfsäu-
le *f*; b) *auto* Kraftstoff-, Ben'zinpumpe
f; ~ à huile (Schmier)Ölpumpe *f*; ~ à
incendie Feuerlöschpumpe *f*; Feuer-
spritze *f*; ~ à membrane, à palettes, à
piston Mem'bran-, Flügel-, Kolben-
pumpe *f*; ~ à vapeur de mercure, à
vide Quecksilberdampfstrahl-, Va-
kuumpumpe *f*; ~ de chaleur Wärme-
pumpe *f*; ~ de circulation 'Umwälz-
pumpe *f*; **2.** *fig loc/adv* à toute ~ in *od*
mit Windeseile; mit höchster, F affenar-
tiger Geschwindigkeit; F mit Ka'racho;
arriver à toute ~ auch F angerast
kommen; **3.** F *fig* avoir le *od* un coup
de ~ (auf einmal) wie ausgepumpt, am
Ende, F völlig fertig, am Boden zerstört,
k.o. sein; **4.** F *fig* ~s *pl* (*chaussures*) F
Latschen *m/pl od f/pl*; Treter *m/pl*; **5.** *arg
mil* (soldat *m* de) deuxième ~ F arg
Landser *m*; *péj* Musch'kote *m*; F Schütze
m Arsch (im dritten Glied)
pompe[2] [pɔ̃p] *f* **1.** *st/s* Prunk *m*; Pomp *m*;
Pracht *f*; Gepränge *n*; Aufwand *m*;
Prunk-, Prachtentfaltung *f*; en grande
~ mit großem Prunk, Pomp *etc*; prunk-,
prachtvoll; *fig* pom'pös; pomphaft; dé-
ployer une grande ~ große Pracht,
großen Prunk entfalten; *rel* renoncer à
Satan, à ses ~s et à ses œuvres *cf*
renoncer 1.; **2.** ~s funèbres Beerdi-
gungs-, Bestattungsinstitut *n*, -dienst *m*
pompéien [pɔ̃pejɛ̃] **I** *adj* ⟨~**ne**⟩ **1.**
pompe'janisch; **2.** *im alten Rom* pom-

'pejisch; des Pom'pejus; **II** *subst* ⚥(**ne**)
m(f) Pompe'janer(in) *m(f)*
pomper [pɔ̃pe] *v/t* **1.** *tech* (ab-, hoch-)
pumpen; ~ de l'eau Wasser pumpen; F
fig **tu me pompes l'air** F du gehst, fällst
mir auf den Wecker; **2.** Schwamm *etc*:
Flüssigkeit aufsaugen, -nehmen; *Insek-
ten*: Blut (aus)saugen; **3.** *Schülersprache*
abschreiben (sur un livre von *od* aus
e-m Buch); abgucken (von); *abs* F spik-
ken; **4.** F *fig adj* être pompé *cf* (avoir
le coup de) pompe[1] 3.
pompette [pɔ̃pɛt] F *adj* angeheitert; F
angesäuselt; beschwipst
pompeux [pɔ̃pø] *adj* ⟨-**euse**⟩ *Rede, Stil*
schwülstig; geschwollen; hochtrabend;
pa'thetisch (*auch Ton*); hochgestochen;
bom'bastisch; *Empfang, Ton, Gehabe*
über'trieben feierlich; thea'tralisch
pompier[1] [pɔ̃pje] *m* Feuerwehrmann *m*;
~s *pl* Feuerwehr(leute) *f(pl)*; ~ de servi-
ce Feuerwehrmann vom Dienst (*bei e-r
Theatervorstellung*); casque *m*, unifor-
me *m* de ~ Feuerwehrhelm *m*, -uniform
f; échelle *f* de ~s Feuerwehrleiter *f*; F
fumer comme un ~ rauchen wie ein
Schlot
pompier[2] [pɔ̃pje] *adj* ⟨-**ière**⟩ *Rede-,
Schreibweise* gespreizt; gestelzt; geziert;
geschraubt; gedrechselt; gesucht; *Künst-
ler, Schriftsteller* aka'demisch und ma-
nie'riert
pompiérisme [pɔ̃pjerism(ə)] *m des
Stils* Gespreiztheit *f*; Geziertheit *f*; Ge-
schraubtheit *f*; Gesuchtheit *f*; *e-s Künst-
lers, Schriftstellers* manie'rierter Akade-
'mismus
pompiste [pɔ̃pist] *m* **1.** Tankwart *m*; **2.**
Me'chaniker, Mon'teur, der für die War-
tung von Pumpen zuständig ist
pompon [pɔ̃pɔ̃] *m* **1.** Pompon *m*; Trod-
del *f*; Quaste *f*; *nordd* F Bommel *f*;
bonnet *m* à ~ Pompon-, Troddel-,
Bommelmütze *f*; **2.** *iron* F avoir, tenir le
~ alle anderen über'treffen, in den Schat-
ten stellen, F in den Sack stecken; allen
anderen den Rang ablaufen; à lui le ~!
auch iron er schießt den Vogel ab!
pomponner [pɔ̃pɔne] *v/t* (*u v/pr*) (se) ~
(sich) her'ausputzen, -staffieren; (sich)
hübsch machen; F sich in Schale werfen
ponçage [pɔ̃saʒ] *m von Holz, Naturstein*
(Ab)Schleifen *n* (*mit Bimsstein, -sand*);
(Ab)Bimsen *n*; Pon'cieren *n*; *von Leder*
Abbimsen *f*; ~ au papier émeri (Ab-)
Schmirgeln *f*
ponce [pɔ̃s] *f* **1.** *minér* ~, *meist adj* pierre
f ~ Bimsstein *m*; **2.** *zum Durchpausen*
perforierter Zeichnung Pon'cette *f*
ponceau [pɔ̃so] *m* ⟨*pl* ~**x**⟩ **1.** 'Durchlaß
m; kleine mas'sive Bogenbrücke (*mit
einem Bogen*); **2.** *bot* Klatschmohn *m*; **3.**
chim Pon'ceau(-Farbe) *n(f)*
poncelet [pɔ̃slɛ] *m* ⟨*abr* P⟩ *phys seltene
frz* Leistungseinheit *f*
ponc|er [pɔ̃se] *v/t* ⟨-ç-⟩ **1.** *Holz, Natur-
stein* (ab)schleifen (*mit Bimsstein, -sand*);
(ab)bimsen; *von Leder* abbim-
sen; ~ au papier émeri (ab)schmirgeln;
2. *perforierte Zeichnung* pon'cieren; mit
der Pon'cette 'durchpausen; ~**eur** *m*
Schleifer *m*; ~ de parquets Par'kett-
schleifer *m*; ~**euse** *f tech* Schleifmaschi-
ne *f*; ~ à bande Bandschleifmaschine *f*;
~**eux** *adj* ⟨-**euse**⟩ *minér* bimssteinartig
poncho [pɔ̃ʃo] *m* Poncho [-tʃ-] *m*
poncif [pɔ̃sif] *m* **1.** Scha'blone *f*; *zum*
Pon'cieren, Pon'cier-Karton *m*; Banali'tät *f*; Plattheit *f*; *von e-m Roman*
Dutzendroman *m*; ~s *pl auch* abgedro-
schenes, nichtssagendes, seichtes Zeug;
Phrasen *f/pl*
ponction [pɔ̃ksjɔ̃] *f* **1.** *méd* Punkti'on *f*;
faire, pratiquer une ~ (à qn) e-e
Punktion machen, vornehmen (bei j-m);

(j-n) punk'tieren; **2.** *von e-m Kapital*
(Geld)Entnahme *f*, (-)Abhebung *f*;
Geldabzug *m*; Abschöpfung *f*
ponctionner [pɔ̃ksjɔne] *v/t méd* punk-
'tieren
ponctualité [pɔ̃ktɥalite] *f* Pünktlichkeit
f; avec ~ pünktlich
ponctuation [pɔ̃ktɥasjɔ̃] *f* **1.** *gr* Zei-
chensetzung *f*; Interpunkti'on *f*; signes
m/pl de ~ Satz-, Interpunktionszeichen
n/pl; mettre la ~ die Satzzeichen setzen;
2. *impr* Punk'tur *f*; **3.** *bot* der Zellmem-
bran Tüpfel *m/pl*
ponctuel [pɔ̃ktɥɛl] *adj* ⟨~**le**⟩ **1.** *Person*
pünktlich; **2.** *Lichtquelle etc* punktu'ell;
punkt'förmig; **3.** *fig Aktion etc* punk-
tu'ell; auf einen Punkt, auf einzelne
Punkte beschränkt; **4.** *ling* aspect ~
punktuelle Aktionsart
ponctuellement [pɔ̃ktɥɛlmɑ̃] *adv*
pünktlich
ponctuer [pɔ̃ktɥe] *v/t* **1.** *Text* mit Satz-
zeichen versehen; interpunk'tieren; **2.**
fig s-e Worte ~ d'un geste, *etc* durch e-e
Geste *etc* unter'streichen, betonen
pondaison [pɔ̃dɛzɔ̃] *f der Vögel* Lege-
zeit *f*
pondér|able [pɔ̃derabl(ə)] *adj sc* wieg-
bar; mit bestimmbarem Gewicht; ~**al**
adj ⟨-**aux**⟩ Gewichts...; ~ analyse ~ ~
Gewichtsanalyse *f*; ~**ateur** *st/s adj*
⟨-**trice**⟩ ausgleichend; influence
pondératrice mäßigender Einfluß
pondération [pɔ̃derasjɔ̃] *f* **1.** *e-r Person*
Besonnenheit *f*; Bedachtsamkeit *f*; 'Um-
sicht *f*; Über'legtheit *f*; nüchterne Gelas-
senheit *f*; agir avec ~ besonnen, mit
Bedacht, Umsicht, über'legt handeln; **2.**
von Dingen, Kräften, pol Ausgewogen-
heit *f*; **3.** *écon, Statistik* Gewichtung *f*;
Wägung *f*
pondér|é [pɔ̃dere] *adj* **1.** *Person* beson-
nen; bedacht(sam); 'umsichtig; über-
'legt handelnd; nüchtern und gelassen;
maßvoll; **2.** *écon, Statistik* indice ~
gewichteter, gewogener Index; ~**er** *v/t*
⟨-è-⟩ *écon, Statistik* gewichten; wiegen;
~**eux** *adj* ⟨-**euse**⟩ *comm* marchandi-
ses pondéreuses *od subst* ~ *m/pl*
Schwergut *n*; Massengüter *n/pl*
pond|euse [pɔ̃døz] *f* **1.** ~ *od adit* poule ~
Legehenne *f*; une bonne ~ e-e gute
Legehenne *f*; **2.** *fig von e-r Frau* une ~
(d'enfants) F *péj* e-e Gebärmaschine;
~**oir** *m für Hühner* Legenest *n*
pondre [pɔ̃dr(ə)] *v/t* ⟨*cf* rendre⟩ **1.** *zo*
Ei(er) legen; *abs*: Tiere Eier legen;
Hühner legen; œuf frais pondu frisch
gelegtes Ei; **2.** F *fig* elle pondait un
enfant tous les ans F sie kriegte jedes
Jahr ein Kind; **3.** F *fig Artikel, Roman*
schreiben; verfassen; F *péj* fabri'zieren;
zu'sammenschreiben, -schmieren
poney [pɔnɛ] *m zo* Pony *n*; ~ des îles
Shetland Shetlandpony *n*
pongé(e) [pɔ̃ʒe] *m text* Pon'gé *m*
pongiste [pɔ̃ʒist] *m.f sports* Tischtennis-,
Pingpongspieler(in) *m(f)*
ponot [pɔno] *adj* (*u subst* ⚥ Einwohner)
von Le Puy
pont [pɔ̃] *m* **1.** Brücke *f*; ◆ *aviat* ~ aérien
Luftbrücke *f*; ~ basculant, à bascule
Klappbrücke *f*; ~ flottant Schwimm-,
Pon'tonbrücke *f*; ~ levant, métallique
Hub-, Stahlbrücke *f*; ~ mobile bewegli-
che Brücke; *Hebezeug* ~ roulant Lauf-,
Brückenkran *m*; ~ suspendu Hänge-
brücke *f*; ~ tournant a) Drehbrücke *f*; b)
ch de fer Drehscheibe *f*; ~ transbordeur
Schwebefähre *f*; ~ volant Gier-, Seil-,
Kettenfähre *f*; ◆ ~ de bateaux
Schiff(s)-, Pon'tonbrücke *f*; ~ du che-
min de fer Eisenbahnbrücke *f*; *auto* ~
de graissage Hebebühne *f*; ~ en arc
Bogenbrücke *f*; ~ en béton armé, en

béton précontraint, en bois Stahlbeton-, Spannbeton-, Holzbrücke f; ~ en maçonnerie Stein-, Mas'sivbrücke f; les ~s sur la Seine die Seinebrücken f/pl; mil tête f de ~ Brückenkopf m; ♦ fig: couper les ~s alle Brücken hinter sich abbrechen; st/s c'est un ~ aux ânes [-pôtozan] das ist kinderleicht; das kann, weiß jedes Kind; faire le ~ an e-m Werktag zwischen zwei Feiertagen od arbeitsfreien Tagen nicht arbeiten; le 14 Juillet tombait un mardi, on a fait le ~ ... wir haben am Montag nicht gearbeitet; faire un ~ d'or à qn j-m ein finanziell verlockendes Angebot machen; j-m e-e verlockende Summe (an)bieten; 2. ~s et chaussées Tiefbau(-), bes Straßen- und Wasserbau(wesen) m(n); (service m des) ~s et Chaussées Tiefbauverwaltung f, -behörde f, -amt n; École nationale des ~s et chaussées dem Ministerium für öffentliche Arbeiten und Verkehr unterstehende Hochschule in Paris zur Ausbildung von Tiefbauingenieuren; ingénieur m des ~s et Chaussées beamteter Tiefbauingenieur bei der Tiefbauverwaltung; 3. mar Deck n; im engeren Sinn Oberdeck n; ~ arrière Achterdeck n; cf auch 4.; ~ principal Haupt-, auch Freiborddeck n; ~ promenade Prome'nadendeck n; ~ supérieur Ober-, Hauptdeck n; ~ de cloisonnement Schott(en)deck n; ~ des embarcations Boots-, auf Fahrgastschiffen auch Einbootungsdeck n; e-s Flugzeugträgers ~ d'envol Start- und Landedeck n; bateau m à plusieurs ~s Mehrdeckschiff n; cabine f de ~ Deck(s)kabine f; loc/adv sur le ~ an Deck; tout le monde sur le ~! alle Mann an Deck!; 4. auto ~ arrière, avant 'Hinter-, Vorderachse f; 5. élect (Meß)Brücke f; Brückenschaltung f; ~ de Wheatstone [-witstɔn] Wheatstone-Brücke ['vi:tstən-] f; 6. cout pantalon m à ~ Hose f mit Hosenklappe, -latz; 7. gym Brücke f; faire le ~ e-e, die Brücke machen; 8. Histologie ~ d'union intercellulaire Interzellu'larbrücke f; 9. chim Brücke f; ~ hydrogène Wasserstoffbrücke f; liaison f par ~ hydrogène Wasserstoffbrückenbindung f

pontage [pɔtaʒ] m mil Bau m e-r Behelfsbrücke; Brückenbau m

pont-canal [pɔkanal] m ⟨pl ponts-canaux⟩ Ka'nalbrücke f

ponte[1] [pɔt] f 1. zo a) Eierlegen n; b) Legezeit f; c) Gelege n; 2. physiol ~ ovulaire cf ovulation

ponte[2] [pɔt] m 1. beim Bakkarat Poin'teur m; beim Roulett Gegenspieler m des Bankhalters; 2. F fig un (gros) ~ F ein hohes Tier; péj ein Bonze m

pont|**é** [pɔte] adj mar mit e-m Deck, mit mehreren Decks; Mehrdeck...; ~**ée** f mar Decksladung f, -fracht f

pontépiscopien [pɔtepiskɔpjɛ] adj ⟨~ne⟩ (u subst ♀ Einwohner) von Pont-l'Évêque

pont|**er** [pɔte] I v/t Schiff mit e-m Deck versehen; II v/i beim Bakkarat als Poin'teur spielen; Poin'teur sein; beim Roulett Gegner des Bankhalters sein; gegen den Bankhalter spielen; ~ un e-r Handfeuerwaffe Sicherungsbügel m (am Abzug); Abzugsbügel m; ~**ier** m 1. Brückenwärter (, der e-e bewegliche Brücke bedient); 2. Kranführer (e-s Laufkrans)

pontife [pɔtif] m 1. égl cath Bischof m; Prä'lat m; souverain ~ Pontifex maximus m; Papst m; 2. im alten Rom Pontifex m; grand ~ Pontifex maximus m; 3. F fig hohes Tier; péj Bonze m; grand ~ de la littérature Litera'tur-

papst m; le grand ~ de la médecine d e r Mann auf dem Gebiet der Medizin

pontific|**al** [pɔtifikal] I adj ⟨-aux⟩ 1. égl cath a) pontifi'kal; bischöflich; messe ~e Pontifi'kalamt n; b) päpstlich; hist États pontificaux Kirchenstaat m; trône ~ päpstlicher Thron; 2. im alten Rom der Pon'tifices; II m égl cath Pontifi'kale n; ~**at** m 1. égl cath des Papstes Pontifi'kat n (Würde u Amtsdauer); 2. im alten Rom Würde f des Pontifex (maximus)

pontifier [pɔtifje] v/i do'zieren; die anderen belehren wollen; sich professo'ral geben

pontissalien [pɔtisaljɛ] adj ⟨~ne⟩ (u subst ♀ Einwohner) von Pontarlier

pont-l'évêque [pɔlevɛk] m ⟨inv⟩ ein frz Weichkäse

pont-levis [pɔl(ə)vi] m ⟨pl ponts-levis⟩ fortif Zugbrücke f

ponton [pɔtɔ] m 1. Anlegeponton m; Schlengel m; e-r Pontonbrücke Pon'ton m; 2. mar (Art) Schute f; Prahm m; ~ de relevage Bergungs-, Hebeschiff n; Bergungsprahm m; 3. hist (als Gefängnis, Ka'serne etc dienende) Hulk; ~**-grue** m ⟨pl pontons-grues⟩ mar Schwimmkran m

pontonnier [pɔtɔnje] m 1. mil Brückenbaupionier m; 2. cf pontier 2.

pontuseaux [pɔtyzo] m/pl Papierherstellung a) Holzleisten f/pl der Schöpfform; b) durch diese Leisten entstandene Wasserzeichen n/pl

pool [pul] m 1. écon Pool [pu:l] m; abus ~ du charbon et de l'acier Mon'tanunion f; 2. in e-m Großbetrieb ~ dactylographique, des dactylos Schreibsaal m, -zentrale f

pop [pɔp] adj ⟨inv⟩ Pop-...; Pop...; musique f ~ Popmusik f

pop'art [pɔpar] m Pop-art f

pop-corn [pɔpkɔrn] m Popcorn n; Puffmais m

pope [pɔp] m égl Pope m

popeline [pɔplin] f text Pope'lin(e) m(f); ~ de coton, de soie Baumwoll-, Seidenpopelin(e) m(f); chemise f en ~ Pope'linhemd n

poplité [pɔplite] adj anat Kniekehlen...; creux ~ Kniekehle f; muscle ~ Kniekehlenmuskel m

popote [pɔpɔt] f 1. F faire la ~ die Küche, das Kochen besorgen; kochen; das Essen zubereiten; 2. mil Offi'zierskasino n; 3. adit ⟨inv⟩ von e-r Frau F être ~ nur Inter'esse, Sinn für Küche und Haushalt haben; ein richtiges Heimchen am Herd sein; auch hausbacken sein

popotin [pɔpɔtɛ] F m F (dicker) Hintern, Po; se magner le ~ F sich tummeln; magne-toi le ~! auch F mach schon!; Tempo, Tempo!; (ein bißchen) Beeilung!; ein bißchen dalli!

populac|**e** [pɔpylas] f Pöbel m; Mob m; ~**ier** adj ⟨-ière⟩ des Pöbels; pöbelhaft

populage [pɔpylaʒ] m bot Dotterblume f

populaire [pɔpylɛr] adj 1. Volks...; volkstümlich; art m ~ Volkskunst f; la Chine ~ Rotchina n; croyance f ~ Volksglaube m; pol démocratie f ~ ré-publique f ~ Volksdemokratie f, -republik f; édition f ~ Volksausgabe f; pol front m ~ Volksfront f; soupe f ~ tradition f ~ Volksküche f, -brauch m; 2. (des) einfach(en Volkes); oft Arbeiter...; bal m ~ billiges öffentliches Tanzvergnügen (in Arbeitervierteln); les classes f/pl ~s die unteren Volksschichten f/pl; das einfache Volk; clientèle f, quartier m ~ Arbeiterkundschaft f, -viertel n; dans les milieux ~s in (den) niederen, einfachen Kreisen; d'origine ~ niedriger, einfacher Herkunft; 3. Person, Maßnahme, Lied, Roman popu'lär;

volkstümlich; (allgemein, weithin) beliebt; devenir, rendre ~ populär werden, machen; 4. ling a) im Gegensatz zu gelehrt volkstümlich; dérivation f ~ volkstümliche Ableitung; latin m ~ Vul'gärlatein n; b) Wort, Redewendung derb; vom Volk gebraucht; langue f ~ Volkssprache f

populari|**ser** [pɔpylarize] v/t 1. popu'lär, volkstümlich machen; 2. popularisieren; allgemein bekannt machen; ~**té** f Populari'tät f; Volkstümlichkeit f; (allgemeine) Beliebtheit f; jouir d'une grande ~ parmi les jeunes sich bei den Jugendlichen großer Beliebtheit erfreuen; soigner sa ~ alles tun, um populär, beliebt zu bleiben

population [pɔpylasjɔ] f 1. Bevölkerung f; Bevölkerungsgruppe f, -teil m; la ~ active cf actif I 2.; ~ civile Zi'vilbevölkerung f; ~ ouvrière Arbeiterbevölkerung f, -schaft f; ~ rurale, urbaine Land-, Stadtbevölkerung f; adm la ~ scolaire die Lernenden m/pl und Stu'dierenden m/pl; die Schüler m/pl und Stu'denten m/pl; e-r Schule die Schüler m/pl; ~ du globe Welt-, Erdbevölkerung f; excédent m de ~ Bevölkerungsüberschuß m; recensement m de (la) ~ Volkszählung f; loc/adj Gebiet à ~ dense dichtbevölkert, -besiedelt; mit großer Bevölkerungsdichte; à ~ faible schwachbevölkert; dünnbesiedelt; F u iron vouloir épater les ~s den Leuten imponieren wollen; F bei den Leuten Eindruck schinden wollen; 2. Statistik sta'tistische Masse; Populati'on f; Kollek'tiv n; 3. phys atom Besetzungszahl f; 4. biol Populati'on f; 5. fig e-s Bienenstocks (Bienen)Volk n; Bewohner m/pl

populeux [pɔpylø] adj ⟨-euse⟩ Straße bevölkert; Stadt(viertel) dichtbewohnt, -bevölkert

popul|**isme** [pɔpylism(ə)] m frz Literatur Popu'lismus m; ~**iste** I adj popu'listisch; II m Popu'list m

populo [pɔpylo] F m 1. (einfaches) Volk; 2. Laden, Strand être plein de ~ voller Leute sein

poquer [pɔke] v/i beim Boulespiel die Kugel so werfen, daß sie beim Her'unterfallen, ohne zu rollen, liegenbleibt

poquet [pɔkɛ] m agr Saatloch n (für Kartoffeln, Bohnen, Erbsen)

porc [pɔr] m 1. zo Schwein n; ~ à l'engrais Mastschwein n; fig manger comme un ~ wie ein Schwein essen; 2. Schwein(efleisch) n; graisse f ~, rôti m de ~ Schweinefett n od -schmalz n, -braten m; manger du ~ Schweinefleisch essen; 3. (peau f de) ~ Schweinsleder n; en ~ schweinsledern; Schweinsleder...; 4. fig von e-m Mann Schwein(igel) n(m); P Sauigel m

porcelain|**e** [pɔrsəlɛn] f 1. Porzel'lan n; auch Porzel'langegenstand m, -geschirr n; (à pâte) dure, (à pâte) tendre Hart-, Weichporzellan n; ~ de Chine, de Hollande, du Japon chinesisches, holländisches, japanisches Porzellan; ~ de Limoges Porzellan aus Limoges; Limoger Porzellan; ~ de Saxe Meißener Porzellan; ~ de Sèvres Sèvresporzellan n; magasin m, marchand m de ~(s) Porzellanwarengeschäft n, -händler m; de od en ~ Porzellan...; porzellanen; vaisselle f de od en ~ Porzellangeschirr n; 2. zo Porzel'lanschnecke f; ~**ier** I adj ⟨-ière⟩ Porzel'lan...; industrie ~ière Porzel'lanindustrie f; II m Porzel'lanfabrikant m, -hersteller m

porcelet [pɔrsəlɛ] m zo Ferkel n

porc-épic [pɔrkepik] m ⟨pl porcs-

-épics⟩ **1.** *zo* Stachelschwein *n*; **2.** F *fig von e-r Person* F Kratzbürste *f*; Reibeisen *n*

porchaison [pɔrʃɛzõ] *f ch* Feistzeit *f der Wildschweine*

porche [pɔrʃ] *m arch* Por'talvorbau *m*, -vorhalle *f*

porch|er [pɔrʃe] *m*, **~ère** *f* Schweine-, Sauhirt(in) *m(f)*

porcherie [pɔrʃəri] *f* **1.** Schweinestall *m*, -mästerei *f*; **2.** *fig* F Saustall *m*

porcin [pɔrsɛ̃] **I** *adj* **1.** Schweine...; *race* **~e** Schweinerasse *f*; **2.** *fig* yeux **~s** Schweinsäuglein *n/pl*; **II** *m/pl* **~s** *agr* Schweine *n/pl*

pore [pɔr] *m der Haut, des Holzes, Gesteins* Pore *f*; *im Gestein auch* Porenraum *m*; il sue par tous les **~s** der Schweiß bricht ihm aus allen Poren; *fig* suer l'orgueil par tous les **~s** F vor Hochmut stinken, triefen

poreux [pɔrø] *adj* ⟨-euse⟩ po'rös; 'durchlässig; béton **~** Porenbeton *m*

porion [pɔrjõ] *m im Kohlebergbau* Steiger *m*; **~ du fond, de quartier** GrubenRe'viersteiger *m*; **chef** *m* **~** Obersteiger *m*; *auch* Grubeninspektor *m*

porno [pɔrno] *adj (Kurzwort für pornographique)* Porno...; **film** *m*, **revue** *f* **~** Pornofilm *m*, -zeitschrift *f*; **~graphe** *m* Porno'graph *m*; *adit* **éditeur** **~** Verleger *m* von Pornographien; **~graphie** *f* Pornogra'phie *f*; **~graphique** *adj* porno'graphisch

porosité [pɔrozite] *f* Porosi'tät *f*; 'Durchlässigkeit *f*

porphyre [pɔrfir] *m minér* Porphyr *m*; **colonne** *f* de **~** Porphyrsäule *f*

porphyr|ie [pɔrfiri] *f path* Porphy'rie *f*; **~ine** *f Biochemie* Porphy'rin *n*; **~ique** *adj minér* porphyrhaltig, -artig; Porphyr...; *Gefüge* por'phyrisch; **~ite** *f minér* Porphy'rit *m*; **~oïde** *adj* porphyrartig

porque [pɔrk] *f mar* Rahmenspant *n*

porreau [pɔro] *m ⟨pl* **~x**⟩ *cf* poireau 1.

port[1] [pɔr] *m* **1.** Hafen *m*; **~ fluvial, maritime** Binnen-, Seehafen *m*; **~ militaire, de guerre** Kriegshafen *m*; **~ pétrolier** Ölhafen *m*; *e-s Schiffs* **d'attache** Heimathafen *m*; **~ de commerce, marchand** Handelshafen *m*; **~ de marée** Fluthafen *m*; **~ de toute marée** Tide(n)hafen *m*; **~ de la Méditerranée** Mittelmeerhafen *m*; **~ de pêche** Fische'reihafen *m*; **~ de refuge, de salut** Zuflucht-, Nothafen *m*; **droits** *m/pl* de **~** Hafengebühr *f*, -geld *n*; *fig u st/s Person* **arriver au ~** am Ziel ankommen; sein Ziel erreichen; *nach e-r langen Reise* **arriver à bon ~** im sicheren Hafen landen; wohlbehalten, glücklich ankommen, eintreffen; *Schiff* **entrer au, dans le ~** (in den Hafen) einlaufen; **2.** Hafenstadt *f*

port[2] [pɔr] *m* **1.** *e-r Uniform, Kopfbedeckung, e-s Ordens, Bartes etc* Tragen *n*; *e-s Namens auch* Führen *n*; *e-s Sicherheitsgurts* Anlegen *n*; **~ d'armes** *a)* Tragen von Waffen; Waffentragen *n*; *b)* Waffenschein *m*; *c) mil* Präsen'tieren *n* des Gewehrs; *Soldat* **se mettre au ~ d'armes** das Gewehr präsentieren; **2.** *Postwesen* Porto *n*; **frais** *m/pl* de **~** Portoauslagen *f/pl*, -spesen *pl*; *loc/adv* **franc, franco de ~** porto-, frachtfrei; franko; **en ~ dû** unfrei; unfrankiert; **en ~ payé** frei(gemacht); fran'kiert; *auch* portofrei; franko; **3.** *e-r Person (Körper)* Haltung *f*; **~ de tête** Kopfhaltung *f*; **4.** *mar e-s Schiffs* **~ en lourd** Tragfähigkeit *f*; Gesamtzuladungsgewicht *n*; Deadweight ['dedwet] *n*; **5.** *bot bes von Bäumen* Wuchs *m*; **6.** *mus* **~ de voix** Porta'ment(o) *n*

port|able [pɔrtabl(ə)] *adj* **1.** tragbar; *cf auch* **portatif** I; **2.** *jur dette f* **~** Bringschuld *f*; **~age** *m* **1.** Tragen *n (von Lasten durch Träger, e-s Bootes über Land)*; **2.** *mar* Berührungsstelle *f (von Takelungs- u Ausrüstungsteilen)*

portail [pɔrtaj] *m arch* Por'tal *n*; *e-s Parks (großes)* Tor *n*; **~ central, latéral, nord, sud** Haupt-, Seiten-, Nord-, Südportal *n*; **~ d'une église** Kirchenportal *n*

portance [pɔrtãs] *f aviat am Tragflügel (dy'namischer)* Auftrieb *m*

portant [pɔrtã] **I** *adj* **1.** *bât* tragend; **mur ~** tragende Wand; **2.** *e-r Lokomotive* **roues ~es** Laufräder *n/pl*; **3.** *loc/adv*: **tirer à bout ~** aus nächster Nähe; **4.** *Person* **être bien (mal) ~** (nicht) gesund, wohl'auf sein; **il est bien, mal ~** *auch* es geht ihm gesundheitlich gut, schlecht; **II** *m* **1.** *an e-r Kiste, Kassette (Me'tall)* Griff *m*; **2.** *thé*: *für Kulissen* Stütze *f*; *für Scheinwerfer* Ständer *m*; **3.** *am Lasthebemagnet* Schutzplatte *f*

portatif [pɔrtatif] **I** *adj* ⟨-ive⟩ *Gerät* tragbar; Koffer...; **machine à écrire portative** Reise-, Kofferschreibmaschine *f*; **téléviseur ~** tragbares Fernsehgerät; **II** *m* Steuerliste *f*

porte[1] [pɔrt] *f* **1.** Tür *f*; *e-r Stadt, Burg* Tor *n* (*auch fig*); *fig der Hölle, des Himmels* Pforte *f*; ♦ **~ basculante** Kipptor *n*; *écon* **~ ouverte** Open Door; offene Tür; Freihandel *m*; *bei Behörden etc* **journée** *f* **des ~s ouvertes** Tag *m* der offenen Tür; *fig* **enfoncer une ~ ouverte, des ~s ouvertes** offene Türen einrennen; *fig* **c'est la ~ ouverte à tous les abus** damit ist jedem 'Mißbrauch Tür und Tor geöffnet; *fig* **laisser la ~ ouverte à des négociations** die Tür für *od* zu Verhandlungen offenlassen; *hist* **~ triomphale** Tri'umph-, Ehrenbogen *m*; ♦ **~ à deux battants, vantaux** Flügeltür *f*; zweiflüg(e)lige Tür; **~ à panneaux** Rahmen-, Füllungstür *f*; **~ à tambour** Drehtür *f*; *fig* **la ~ de ... das Tor zu ...**; **Alger est la ~ de ce continent** Algier ist das Tor zu diesem Kontinent; **~ d'un appartement, d'une armoire, de la cave, de communication** Wohnungs-, Schrank-, Keller-, Verbindungstür *f*; **~ de derrière** 'Hinter-, *auch* Hoftür *f*, -eingang *m*; **~ d'une écluse** Schleusentor *n*; **~ d'un garage** Ga'ragentür *f*, -tor *n*; **~ du jardin** Gartentür *f*, -tor *n*, -pforte *f*; **~ d'une maison** Haustür *f*; **~ de secours** Notausgang *m*; **~ de service** Eingang *m* für Dienstboten, Lieferanten; **~ de sortie** Ausgangstür *f*; *fig* **se ménager, se réserver une ~ de sortie** sich e-e 'Hintertür offenhalten; ♦ *loc/adv*: **habiter à ~ ~** Tür an Tür, Haus an Haus wohnen; *cf auch* porte-à-porte; **à la ~!** raus!; **hin'aus, raus mit ihm, ihr** *etc*!; **être à la ~** vor der Tür stehen (*auch zur Strafe*); **frapper à la ~** *cf* frapper 8.; **mettre, F flanquer, P foutre qn à la ~** j-n vor die Tür, F an die Luft setzen; j-m den Stuhl vor die Tür setzen; F j-n rausschmeißen, -werfen, -setzen, feuern; *par ext* **à ma, sa,** *etc* **~** ganz in meiner, s-r *etc* Nähe; vor meiner, s-r *etc* Tür; **aux ~s de la ville** vor (den) Toren der Stadt; **l'ennemi est à nos ~s** der Feind steht vor unseren Toren, vor unserer Tür; **de ~ en ~** von Tür zu Tür; von Haus zu Haus; **entre deux ~s** zwischen Tür und Angel; ♦ *fig* **entrer par la grande ~** sofort in ein gehobene Stellung kommen; sofort e-n gehobenen Posten bekommen; *fig* **entrer par la petite ~** sich hocharbeiten; unten anfan-

gen; F *fig Person* **être aimable comme une ~ de prison** sehr unfreundlich, brummig, mürrisch, griesgrämig sein; *fig* **toutes les ~s lui sont ouvertes** ihm stehen alle Türen offen; **(fermez) la ~!** (bitte) Tür zu, Tür schließen!; **fermer, claquer la ~ au nez de qn** j-m die Tür vor die Nase zumachen, zuschlagen; *fig* **fermer, refuser sa ~ à qn** j-m sein Haus verbieten; *fig* **forcer la ~ de qn** *cf* forcer 1.; *fig* **ouvrir la ~ à qn** j-m sein Haus öffnen; *fig* **ouvrir la ~ à qc** e-r Sache (*dat*) Tür und Tor öffnen; **prendre la ~** zornig hinausgehen, die Tür hinter sich zumachen; *loc* **chassez-le par la ~, il rentrera par la fenêtre** *loc* wenn man ihn vorne hinauswirft, kommt er hinten wieder herein; *loc/prov* **il faut qu'une ~ soit ouverte ou fermée** etwa man muß sich für etwas entscheiden; entweder — oder; **2.** *in Paris* **a)** **les ~s de Paris** der Stadtrand, die Stadtgrenze, die großen Ausfallstraßen *f/pl am Stadtrand von Paris*; **b)** **habiter à la ♀ de Saint-Cloud** im Stadtteil Porte de Saint-Cloud wohnen; **3.** *Skisport (Slalom)* Tor *n*; **4.** *géogr* **les ♀s de Fer** das Eiserne Tor; **5.** *cout* **~ d'agrafe** Öse *f*; **6.** *hist* **la ♀** die (Hohe) Pforte

porte[2] [pɔrt] *adj anat* **veine** *f* **~** Pfortader *f*

porte-à-faux [pɔrtafo] *m* ⟨inv⟩ *bât* Auskragung *f*; Vorspringen *n*; 'Überhängen *n*; **(être) en ~** *cf* porter 18.

porte|-affiches [pɔrtafiʃ] *m* ⟨inv⟩ Anschlagtafel *f*, -brett *n*; Schwarzes Brett; **~-aiguille** *m* ⟨pl porte-aiguille(s)⟩ *chir, tech* Nadelhalter *m*; **~-aiguilles** *m* ⟨inv⟩ *cout* Nadelbüchse *f*, -döschen *n*, -behälter *m*; **~-allumettes** *m* ⟨inv⟩ Zündholz-, Streichholzständer *m bzw* -halter *m*; **~-amarre** *m* ⟨inv⟩ *mar* Ra'ketenapparat *m*; *adit* **canon** *m* **~** Ra'ketengeschütz *n*

porte-à-porte [pɔrtapɔrt] *m* Hau'sieren *n*; Hau'sierhandel *m*; **faire du ~** von Tür zu Tür, von Haus zu Haus gehen (*um zu sammeln, etw zu verkaufen*)

porte|-avions [pɔrtavjõ] *m* ⟨inv⟩ *mil* Flugzeugträger *m*; **~-bagages** *m* ⟨inv⟩ *beim Fahrrad* Gepäckträger *m*; *im Zug, Bus* Gepäcknetz *n*; **~-balais** *m* ⟨inv⟩ *élect* Bürstenhalter *m*; **~-bannière** *m,f* ⟨pl porte-bannière(s)⟩ *e-r Kirchenfahne* Fahnenträger(in) *m(f)*; *féod* Bannerträger *m*; **~-barges** *m* ⟨inv⟩ *mar* Barge-Carrier ['ba:dʒkɛriər]; **~-bébé** *m* ⟨pl porte-bébé(s)⟩ Babytragetasche ['be:bi-] *f*; **~-billets** *m* ⟨inv⟩ Geldscheintasche *f*; **~-bonheur** *m* ⟨inv⟩ Glücksbringer *m*; **~-bouquet** *m* ⟨pl porte-bouquet(s)⟩ Wandväschen *n*; *im Auto* (kleine) Blumenvase; **~-bouteilles** *m* ⟨inv⟩ **a)** Flaschenregal *n*, -gestell *n*, -ständer *m*; **b)** Abtropfgestell *n* für (gewaschene) Flaschen; **~-broche** *m* ⟨pl porte-broches⟩ *tech* Spindelhalter *m*; **~-cartes** *m* ⟨inv⟩ Ausweistasche *f*, *auch* -hülle *f*; *für Land-, Straßenkarten* Kartentasche *f*; **~-cigarettes** *m* ⟨inv⟩ Ziga'rettenetui *n*; **~-clefs** *od* **~-clés** *m* ⟨inv⟩ **a)** Schlüsselring *m* (mit Anhänger); **b)** Schlüsseletui *n*; **c)** Schlüsselbrett *n*

porte-cloison [pɔrt(ə)klwazõ] *f* ⟨pl portes-cloisons⟩ **~ coulissante** Falt-, Har'monikatür *f*

porte|-conteneurs [pɔrt(ə)kõt(ə)nœr] *m* ⟨inv⟩ *mar* Con'tainerschiff *n*; **~-copie** *m* ⟨pl porte-copie(s)⟩ Manu'skript-, Steno'grammhalter *m*; *impr* Te'nakel *n*; **~-couteau** *m* ⟨pl porte-couteau(x)⟩ Messerbänkchen *n*; **~-crayon** *m* ⟨pl porte-crayon(s)⟩ Bleistifthalter *m*, -verlängerer *m*; **~-croix** *m*

⟨*inv*⟩ *bei e-r Prozession* Kreuzträger(in) *m(f)*; **~-documents** *m* ⟨*inv*⟩ Kol'legmappe *f*; **~-drapeau** *m* ⟨*pl* porte--drapeau(x)⟩ 1. Fahnenträger *m*; 2. *fig* Anführer(in) *m(f)*

portée [pɔrte] *f* 1. *zo* Wurf *m*; une ~ de chiots ein Wurf junger Hunde; d'une même ~ vom gleichen Wurf; 2. *e-r Schußwaffe* Reich-, Schuß-, Tragweite *f*; *e-s Speers etc* Wurfweite *f*; *e-s Senders* Reichweite *f*; Sendebereich *m*; *e-s Meßgeräts* Meßbereich *m*; *e-s Leuchtfeuers* Erkennungsreichweite *f*; ~ de la main Reichweite *f*; à ~ de la main in Reichweite; griffbereit; greifbar; ~ du regard, de la vue Sicht-, Sehweite *f*; à ~ du regard, de la vue auch von e-m Platz aus zu sehen; ~ de la voix Hör-, Rufweite *f*; à ~ de (la) voix in Hör-, Rufweite; canon *m* à grande, longue ~ weittragendes Geschütz; Ferngeschütz *n*; Geschütz *n* mit großer Reichweite; ♦ à (la) ~ (de qn) a) in (j-s) Reichweite; (für j-n) erreichbar; griffbereit; (für j-n) zugänglich; *cf auch* 3.; à la ~ de toutes les bourses für jeden erschwinglich; le théâtre est à la ~ de toutes les bourses *auch* e-n Theaterbesuch kann sich jeder leisten; ne pas laisser des médicaments à (la) ~ des enfants Medikamente so aufbewahren, daß sie für Kinder nicht zugänglich, unerreichbar sind; 'hors de (la) ~ (de qn) a) außer (j-s) Reichweite; (für j-n) unerreichbar; b) (für j-n) nicht zugänglich, unzugänglich; *cf auch* 3.; ♦ être à une ~ de fusil *e-n Büchsenschuß* weit entfernt sein; être 'hors de la ~ des balles, 'hors de ~ du fusil außer Schußweite sein; 3. *fig* Fassungsvermögen *n*, -kraft *f*; à la ~ de qn für j-n verständlich, (er)faßbar, begreiflich; à la ~ de tous allgemeinverständlich; für jedermann verständlich; mettre qc à la ~ de qn j-m etw verständlich, faßbar, begreiflich machen; se mettre à la ~ de son auditoire sich für s-e Zuhörer verständlich ausdrücken; sich dem geistigen Niveau s-r Zuhörer anpassen; c'est 'hors de sa ~ das geht über sein Fassungsvermögen, F s-n Horizont; das ist für ihn zu hoch; 4. *e-r Entscheidung, Handlung* Tragweite *f*; Bedeutung *f*; *e-s Arguments* Über'zeugungs-, Schlagkraft *f*; *e-s Wortes, e-r Beleidigung, Kritik etc* Wirkung *f*; *e-s Buches auch* 'Widerhall *m*; être d'une grande ~ *Argument* große Überzeugungs-, Schlagkraft besitzen; sehr über'zeugend, schlagkräftig sein; *Worte, Buch* große Wirkung ausüben; großen Widerhall finden; être sans ~ *Argument* nicht über'zeugend, schlagkräftig sein; *Worte, Buch* wirkungslos bleiben; keinen Widerhall finden; 5. *bât* Spann-, Stützweite *f*; *tél von* Freileitungen Spannweite *f*; 6. *mus* Liniensystem *n*; 7. *mar* ~ en lourd *cf* port² 4.; 8. *text* Gesamtfadenzahl *f* der Kette

porte-étrivière [pɔrtetrivjɛr] *m* ⟨*pl* porte-étrivière(s)⟩ *am Sattel* Öse *f* für den Steigbügelriemen

portefaix [pɔrtəfɛ] *m früher* (Last-)Träger *m*

porte-fenêtre [pɔrt(ə)fənɛtr(ə)] *f* ⟨*pl* portes-fenêtres⟩ Fenstertür *f*

portefeuille [pɔrtəfœj] *m* 1. Brieftasche *f*; *e-s Ministers* Geschäftsbereich *m*; Res'sort *n*; Porte'feuille *n*; ~ des Affaires étrangères Ressort für auswärtige Angelegenheiten; ministre *m* sans ~ *cf* ministre 1.; 3. *fin* Porte'feuille *n*; Wertpapier-, Wechselbestand *m*; avoir un titre en ~ ein Wertpapier im Bestand, vorrätig haben; 4. *zum Scherz* faire un

lit en ~ *das Bettuch wie ein Etu'i falten (, so daß man sich nicht ausstrecken kann)*; 5. *adjt cout* jupe *f* ~ Wickelrock *m*

porte|-flambeau [pɔrt(ə)flābo] *m* ⟨*pl* porte-flambeau(x)⟩ Fackelträger *m*; **~-foret** *m* ⟨*pl* porte-foret(s)⟩ *tech* Bohrfutter *n*; **~-fort** *m* ⟨*inv*⟩ *jur* für die Erfüllung e-s Vertrages durch e-n (minderjährigen) Dritten einstehender Vertreter; promesse *f* de ~ Versprechen *n* der Leistung e-s Dritten; **~-glaive** *m* ⟨*inv*⟩ 1. *adjt hist* les Chevaliers *m/pl* ~ der Schwertbrüderorden; 2. *zo* Schwertträger *m* (*Fisch*); **~-greffe(s)** *m* ⟨*inv*⟩ *jard* (Veredelungs)'Unterlage *f*; **~-hauban(s)** *m* ⟨*inv*⟩ *mar* Rüste *f*; **~-hélicoptéres** *m* ⟨*inv*⟩ Hubschrauberträger *m*; **~-jarretelles** *m* ⟨*inv*⟩ Strumpfhaltergürtel *m*; **~-journaux** *m* ⟨*inv*⟩ Zeitungsständer *m*; **~-jupe** *m* ⟨*pl* porte-jupe(s)⟩ Rockspanner *m*; **~-lames** *m* ⟨*inv*⟩ *tech* Messerkopf *m*; *e-r Nähmaschine* Messerstange *f*

portemanteau [pɔrt(ə)māto] *m* ⟨*pl* ~x⟩ 1. Garde'robe(nwand) *f*; Kleiderablage *f*, -rechen *m*; Kleider-, Garde'robenständer *m*; F Kleider *f/pl* en ~ breite, eckige Schultern *f/pl*; 2. *mar* Bootsdavit *m*

portement [pɔrt(ə)mā] *m peint, sculp* ~ de croix Kreuztragung *f* Christi

porte-menu [pɔrt(ə)məny] *m* ⟨*pl* porte-menu(s)⟩ Me'nükartenständer *m*

porte-mine ⟨*pl* porte-mine(s)⟩ *od* **portemine** [pɔrtəmin] *m* Druck-, Drehbleistift *m*; ~ à quatre couleurs Vier'farbenstift *m*

porte|-monnaie [pɔrt(ə)mɔnɛ] *m* ⟨*inv*⟩ Geldbörse *f*, -beutel *m*, -tasche *f*; Porte-mon'naie *n*; *fig* faire appel au ~ de qn an j-s Freigebigkeit appellieren; **~-mors** *m* ⟨*inv*⟩ *am Zaumzeug* Backenstück *n*; **~-mousqueton** *m* ⟨*pl* porte-mousqueton(s)⟩ Kara'binerhaken *m*; **~-musc** *adj u subst m zo* (chevrotain *m*) ~ Moschustier *n*; **~-musique** *m* ⟨*inv*⟩ Notenmappe *f*; **~-objet** *m* ⟨*pl* porte-objet(s)⟩ *opt* Ob'jektträger *m*, *par ext* -tisch *m*; **~-outil(s)** *m* ⟨*inv*⟩ *tech* Werkzeughalter *m*; *an der Drehbank* Stahlhalter *m* (*auch e-r Hobelmaschine*); Meißelhalter *m*; **~-page(s)** *m/pl impr* Porte'pagen *pl*; **~-pantalon(s)** *m* ⟨*inv*⟩ Hosenspanner *m*; **~-parapluies** *m* ⟨*inv*⟩ Schirmständer *m*; **~-parole** *m* ⟨*inv*⟩ *Person* Wortführer *m*; Sprecher *m*; *Zeitung* Sprachrohr *n*; **~-plume** *m* ⟨*inv*⟩ Federhalter *m*

porter¹ [pɔrte] I *v/t* 1. *Last, Person, fig: Schicksal, Verantwortung* tragen; mes jambes ne me portent plus die Beine versagen mir den Dienst; meine Beine wollen (mich) nicht mehr (tragen); ~ à la main in der Hand tragen; *Kind* ~ dans ses bras auf dem *od* im Arm, auf den Armen tragen; *fig* ~ en soi tout l'enthousiasme de la jeunesse den ganzen Enthusiasmus der Jugend besitzen; 2. *Kleidung, Brille, Bart, Abzeichen, Orden, Ring* tragen; *Kleidung,* (*Hand)Schuhe auch* anhaben; *Hut auch* aufhaben; ~ la barbe e-n Bart tragen; ~ les cheveux longs das Haar lang tragen; 3. *bei Körperhaltungen:* ~ le buste droit den Oberkörper geradehalten; ~ le corps en avant leicht vorn'übergeneigt gehen; beim Gehen den Körper leicht nach vorn neigen; ~ la tête basse, 'haute den Kopf gesenkt, hoch halten; 4. *Namen, In-, Unterschrift, Datum, Spuren, Male* tragen; *Namen auch* führen; il porte sa méchanceté sur son visage die Bosheit steht ihm im Gesicht geschrieben; *Akte* ~ une mention e-n Vermerk tragen; ~ un titre

Person e-n Titel führen, *Buch, Film* tragen; la ville porte encore les traces de la guerre die Stadt weist noch die Spuren des Krieges auf; 5. a) *an e-n Ort, zu j-m* (hin)bringen, (-)schaffen (à qu); *Löffel, Hand zum Mund* führen; *mil* portez – arme(s)! das Gewehr – über!; ~ des lettres Briefe austragen; va lui ~ cette lettre! bring, trag ihm diesen Brief hin *od* diesen Brief zu ihm hin!; über'bring ihm diesen Brief!; *Geld* ~ à la banque, à la poste auf die *od* zur Bank, Post bringen, tragen, schaffen; *st/s* un vaisseau le porta aux bords du Nil ... trug ihn zu den Ufern, brachte ihn an die Ufer des Nil; *Roman* ~ à l'écran verfilmen; la main à l'épée nach dem Schwert greifen; ~ la main à son front mit der Hand an die Stirn fassen, greifen; ~ au marché auf den Markt bringen; ~ au pouvoir an die Macht bringen; *Streitfall* ~ devant les tribunaux vor Gericht bringen; *Toten* ~ en terre zu Grabe tragen; *par ext* ~ la main sur qn *cf* main 1.; b) *auf e-n bestimmten Stand, Höhepunkt etc* bringen (à *auf* +*acc*); *Temperatur* ~ à cent degrés auf hundert Grad bringen; *Summe, Lohn* ~ à mille francs auf tausend Franc her'aufsetzen, erhöhen, steigern; ~ la colère de qn au paroxysme j-s Zorn aufs äußerste erregen, reizen; F j-n zur Weißglut bringen; ~ qc à la perfection etw zur (höchsten) Vollkommenheit führen, bringen; c) *Geiz, Eifersucht etc* ~ qn à qc j-n zu etw bringen, treiben, verleiten, veranlassen; cet échec le portera à plus de prudence ... wird ihn vorsichtiger machen, mehr Vorsicht lehren; tout porte à croire que ... alles legt die Vermutung nahe, läßt darauf schließen, spricht dafür, weist darauf hin, daß ...; être porté à faire qc dazu neigen, leicht geneigt sein, etw zu tun; nous sommes portés à croire que ... wir neigen zu der Annahme, wir möchten annehmen, glauben, daß ...; être porté sur la boisson gern einen über den Durst trinken; 6. *feste Wendungen mit subst:* des accusations contre qn Beschuldigungen gegen j-n erheben, vorbringen; ~ atteinte *cf* atteinte 2.; ~ bonheur, malheur Glück, Unglück bringen; ~ de l'intérêt à qn j-m Interesse entgegenbringen; ~ un jugement sur qn, qc ein Urteil über j-n, etw abgeben; ~ plainte *cf* plainte 3.; ~ un toast à qn e-n Toast, Trinkspruch auf j-n ausbringen; ~ un tort considérable à qn j-m beträchtlich schaden, beträchtlichen Schaden zufügen; 7. *in e-e Liste, ein Register* eintragen (sur in +*acc*); ~ qn absent j-n als abwesend, fehlend führen; ~ qn disparu j-n als vermißt melden; se faire ~ malade sich krank melden; *Summe* ~ à l'actif, à l'avoir, au crédit gutschreiben; ~ au compte de qn auf j-s Konto verbuchen; ~ en compte (ver)buchen; ~ sur une liste *auch* auf e-e Liste setzen; ~ qn sur son testament j-n in s-m Testament aufführen; 8. *Baum, fig* ~ des fruits Früchte tragen; *Kapital* ~ des intérêts Zinsen tragen, bringen, abwerfen; 9. *Gefühle* entgegenbringen (à qn j-m); ~ une 'haine tenace à qn e-n unversöhnlichen Haß gegen j-n haben, *st/s* hegen; ~ une reconnaissance éternelle à qn j-m ewig dankbar sein; malgré le respect que je lui porte ungeachtet meiner Wertschätzung für ihn; 10. *Blick, Aufmerksamkeit* ~ sur qn, qc auf j-n, etw richten, lenken, *Blick auch* heften; ~ un débat sur le plan politique e-r Debatte e-e Wen-

dung ins Politische geben; ~ son effort sur qc s-e Anstrengungen auf etw konzentrieren; **11.** *zo weibliches Säugetier, auch abs* (Junge) tragen; **les chattes portent 'huit semaines** Katzen tragen (ihre Jungen) acht Wochen; **12.** *st/s od iron* **cela n'est pas porté!** das gehört sich nicht!; **II** *v/i* **13.** Eis tragen; **14.** *Stimme* gut, weit tragen; ~ **loin** *Waffe, Geschütz* weit tragen, *Rakete* reichen; **beide** e-e große Reichweite haben; **aussi loin que porte la vue** so weit das Auge reicht; **15.** *Verweis, Ermahnung, gutes Zureden* Erfolg haben; wirken; s-e *bzw* ihre Wirkung nicht verfehlen; ~ *juste Schuß, Schlag* treffen; sitzen; *Bemerkung, auch abs* ~ sitzen; *fig* **ça a porté!** das saß!; der Hieb hat gesessen!; **16.** ~ **sur a)** *Gewicht, Bauteil, Gebäude* ruhen auf (+*dat*); **b)** *Akzent* liegen auf (+*dat*); **c)** *Streit* gehen um; *Vortrag, Abhandlung* zum Inhalt, Gegenstand haben (+*acc*); behandeln (+*acc*); *Kritik, Bemerkung* sich beziehen auf, sich richten gegen, betreffen (+*acc*); *Bemerkung auch* abzielen auf (+*acc*); **il a fait** ~ **sa conférence sur** ... in s-m Vortrag ... behandelt; **d)** F *Person, Geräusch* ~ **sur les nerfs** auf die Nerven gehen, fallen (à qn *j-m*); **e)** *il est tombé, sa tête a porté sur une pierre* ... und stieß mit dem Kopf gegen e-n Stein, und schlug mit dem Kopf auf e-n Stein auf; **17.** *l'alcool lui porte à la tête* ... steigt ihm zu Kopfe; **18.** *bât:* ~ **à cru** kein Funda'ment haben; unmittelbar auf dem Erdboden ruhen; ~ **à faux, être en porte à faux** a) schief sein, stehen; nicht lotrecht sein; b) hohl liegen; nicht gleichmäßig aufliegen; c) auskragen; vorspringen; 'überhängen; freitragend sein; *loc/adj* **en porte à faux** a) schief; b) auskragend; vorspringend; 'überhängend; freitragend; *fig* **être** (placé) **en porte à faux** in e-r heiklen, peinlichen, schwierigen Situation sein; **19.** *Heraldik* ~ **d'azur à trois fleurs de lis d'or** drei goldene Lilien in blauem Feld (im Wappen) führen; **III** *v/pr* **20.** *Person* **il se porte bien, mal** es geht ihm (gesundheitlich) gut, schlecht; sein Befinden ist gut, schlecht; **21. se** ~ **acquéreur** als Käufer auftreten; **se** ~ **candidat, garant** *cf* **candidat, garant** 3.; **22.** *st/s* **se** ~ **à une extrémité** sich zum Äußersten hinreißen, verleiten lassen; *st/s* **se** ~ **à la rencontre de qn** sich zu e-r Zusammenkunft mit j-m begeben; *Blut* **se** ~ **à la tête** in den Kopf steigen; zum Kopf strömen; **se** ~ **sur qn** *Blick* sich auf j-n heften, richten; zu j-m hingehen; *Verdacht* sich gegen j-n richten; *auch Wahl* auf j-n fallen; *Erkältung* **se** ~ **sur les bronches** sich auf die Bronchien legen; *st/s* **se** ~ **vers qc** *Gedanken* sich e-r Sache (*dat*) zuwenden; **23.** *passivisch: Waffe, Kleidungsstück* **se** ~ getragen werden; **cela ne se porte plus** das trägt man nicht mehr; **les jupes se portent plus courtes cette année** *auch* die Röcke werden in diesem Jahr kürzer

porter² [pɔrtɛr] *m englisches Bier* Porter *m, auch n*

porte-revues [pɔrt(ə)rəvy] *m* ⟨*inv*⟩ Zeitungsständer *m*; **~-savon** *m* ⟨*pl* **porte-savon(s)**⟩ Seifenschale *f*, -ablage *f*; **~-serviettes** *m* ⟨*inv*⟩ Handtuchhalter *m*; **~-skis** *m* ⟨*inv*⟩ (Dach-, Heck)Skihalter *m*, -träger *m*; **~-trait** *m* ⟨*pl* **porte-trait(s)**⟩ *am Pferdegeschirr* Strangträger *m*

porteur [pɔrtœr] **I** *m* **1.** *ch de fer* Gepäckträger *m*; Dienstmann *m*; *bei e-r Expedition* (Last)Träger *m*; *früher* ~

d'eau Wasserträger *m*; *méd* ~ **de germes** Ba'zillen-, Keimträger *m*; *adjt* **avion gros** ~ Großraumflugzeug *n*; **2.** Bote *m*, Botin *f*; *e-r Nachricht auch* Über'bringer(in) *m(f)*; ~, **porteuse** *m.f* **de journaux** Zeitungs(aus)träger(in) *m(f)*; F Zeitungsmann, -frau *m.f*; ~ **de mauvaises nouvelles** *auch* Unglücksbote, -botin *m.f*; ~ **de télégrammes** Tele'grammbote *m*; **3.** *e-s Wertpapiers* Inhaber *m*; *e-s Schecks auch* Über'bringer *m*; **au** ~ *loc/adj* Inhaber...; **auf den Inhaber lautend**; *loc/adv* **auf e-m Barscheck payable au** ~ an Überbringer; *par ext* **être** ~ **de faux papiers** Inhaber, im Besitz falscher Papiere sein; **4.** *Elektronik* ~ **de charges** Ladungsträger *m*; **5.** *mar* Baggerschute *f*; **II** *adj* ⟨**-euse**⟩ Träger...; *télécomm* **courant** ~ Trägerstrom *m*; **onde porteuse** Trägerwelle *f*, -frequenz *f*; Träger *m*; *mil, Raumfahrt* **fusée porteuse** Trägerrakete *f*

porte|-vent [pɔrtəvã] *m* ⟨*inv*⟩ **1.** *e-s Hochofens* Düsenstock *m*; **2.** *e-r Orgel* **a)** Windkanal *m*; **b)** kleines (*Wind*)Rohr; **~-voix** *m* ⟨*inv*⟩ Mega'phon *n*; Sprachrohr *n*; Schalltrichter *m*; **mettre ses mains en** ~ die Hände trichterförmig, als Schalltrichter an den Mund legen

portier [pɔrtje] *m* **1.** *bei Behörden etc* Pförtner *m*; Porti'er *m* (*auch e-s Hotels*); *e-s Klosters* (**frère** *m*) ~, (**sœur** *f*) **portière** *f* Bruder *m* Pförtner, Schwester *f* Pförtnerin; ~ **électrique** Sprechanlage *f*; ~ **d'hôtel** Ho'telportier *m*; *Petrus* **le** ~ **du paradis** der Himmelspförtner; **2.** *égl cath* Osti'arius *m*

portière¹ [pɔrtjɛr] *f* **1.** *ch de fer, auto* (Wagen)Tür *f*; *auto auch* Wagenschlag *m*; *e-r Kutsche* Kutschen-, Wagenschlag *m*; **voiture** *f* **à deux, quatre** ~**s** zwei-, viertüriger Wagen; **passer le bras par la** ~ den Arm zum Wagenfenster heraus-*bzw* hinausstrecken, -stecken; **2.** *vor e-r Tür* Porti'ere *f*; Türvorhang *m*; **3.** *Schiffsbrücke* (*aus mehreren Booten, Pontons bestehendes*) Brückenglied, -teil

portière² [pɔrtjɛr] *adj* ⟨*nur f*⟩ weibliches *Haustier* geschlechtsreif

portillon [pɔrtijõ] *m bei e-m beschrankten Bahnübergang* Seitentürchen *n* (*für Fußgänger*); *bei der Pariser Metro* ~ **automatique** automatisch schließende Bahnsteigsperre; F *fig bei zu schnellem Sprechen* **ça se bouscule au** ~ er *bzw* sie verhaspelt, verheddert sich

portion [pɔrsjõ] *f* **1.** *cuis* Porti'on *f*; **une bonne** ~ **de viande** e-e reichliche, große Fleischportion; **2.** *e-s Ganzen* (Teil)Stück *n*; Teil *m od n*; *e-r Strecke, Straße auch* Abschnitt *m*; *e-r Teilstrecke f;* ~ **de route** Straßenabschnitt *m*, -stück *n*; **3.** *e-r Erbschaft* Erbteil *n od m*; **sa** ~ **de l'héritage paternel** sein väterliches Erbteil

portionnaire [pɔrsjɔnɛr] *m.f jur* Erbteilberechtigte(r) *m(f)*

portique [pɔrtik] *m* **1.** *arch* Portikus *m*; Säulen(vor)halle *f*; **2.** *gym* Turngerüst *n*; ~ **de balançoire** Schaukelgerüst *n*; **3.** *tech* ~ (**roulant**) Por'tal-, Bock-, Tor-, 'Überladekran *m*; **4.** *ch de fer* ~ **à signaux** Si'gnalbrücke *f*; **5.** *philos* **le** ⚹ die Stoa

portland [pɔrtlãd] *m bât* Portlandzement *m*

porto [pɔrto] *m* Portwein *m*; **verre** *m* **à** ~ Südwein-, Süßweinglas *n*

portrait [pɔrtrɛ] *m* **1.** *peint, phot* Bildnis *n*; Porträt *n* [-trɛ] *n* (*auch fig*); *im engeren Sinne peint auch* Bildniskopf *m*; *Kriminalistik* ~ **robot** *cf* **robot** 4.; ~ **à l'huile** Ölbildnis *n*, -porträt *n*; ~ **de famille** Fa'milienbild(nis) *n*, -porträt *n*; ~ **en**

miniature Minia'turbildnis *n*; ~ **en pied** ganzfigürliches Bildnis; Ganzfigur *f; fig Kind* **être tout le** ~ **de son père** dem Vater wie aus dem Gesicht geschnitten sein; das Ebenbild, das getreue Abbild des Vaters sein; ganz der Vater sein; **faire le** ~ **de qn** *peint* ein Porträt von j-m malen; j-n porträ'tieren; *phot* ein Porträt von j-m machen, aufnehmen; *fig* (*auch* **tracer le** ~ **de qn**) ein Porträt, Charakterbild von j-m zeichnen, geben; j-n porträ'tieren; F *fig bei e-r Schlägerei* **il s'est fait abîmer, démolir le** ~ F man hat ihm die Fassade demoliert; *plais* **se faire tirer le** ~ sich fotografieren, knipsen lassen; **2.** *als Gattung: peint* Por'trät-, Bildnismalerei *f; phot* Por'trät (-photographie) *n(f); Literatur* (lite'rarisches) Por'trät; **3.** *Gesellschaftsspiel* **jeu** *m* **du** ~ Per'sonenraten *n*

portraitiste [pɔrtrɛtist] *m.f peint* Porträ'tist(in) *m(f)*; Por'trät-, Bildnismaler(in) *m(f)*

portraiturer [pɔrtrɛtyre] *selten v/t peint, fig* porträ'tieren

port-salut [pɔrsaly] *m* ⟨*inv*⟩ *ein frz Schnittkäse*

portuaire [pɔrtɥɛr] *adj* Hafen...; **installations** *f/pl* ~**s** Hafenanlagen *f/pl*

portugais [pɔrtygɛ] **I** *adj* portu'giesisch; **II** *subst* **1.** ⚹(**e**) *m(f)* Portu'giese, -'giesin *m.f;* **2.** *ling* **le** ~ das Portu'giesische; **Portu'giesisch** *n;* **3.** *zo* **la** ~**e** die Austerngattung Gry'phea angu'lata; **4.** F *fig* **avoir les** ~**es ensablées** F auf den Ohren sitzen; Dreck in den Ohren haben; keine Ohren haben

portulacées [pɔrtylase] *f/pl bot* Portulakgewächse *n/pl*

portulan [pɔrtylã] *m hist mar* **a)** Portu-'lan *od* Porto'lan *m;* **b)** Portu'lan- *od* Porto'lan-, Rumben-, Windstrahlenkarte *f*

portune [pɔrtyn] *m zo* Samtkrabbe *f*

pose [poz] *f* **1.** *e-s Stromzählers etc* Anbringen *n*, -ung *f;* Instal'lieren *n*, -ung *f;* Installati'on *f; e-s Schlosses auch* Einbau(en) *m(n); von Kabeln, Schienen, Fliesen, Parkett, e-s Teppichbodens etc* Verlegen *n*, -ung *f; e-s Teppichs* Legen *n; von Vorhängen* Anbringen *n*, -ung *f;* Anmachen *n;* Aufhängen *n; bât* (**céré-monie** *f* **de la**) ~ **de la première pierre** (feierliche) Grundsteinlegung (**d'un bâtiment** *od* **e-s Gebäude**); ~ **de tuyaux** Rohrverlegung *f*, -legen *n;* ~ **de voies ferrées** Gleisverlegung *f*, -legen *n;* **2.** *bes peint, phot* (Körper)Haltung *f;* Stellung *f; unnatürlich, gewollt* Pose *f;* Modell ~ **avoir une** ~ **très étudiée** e-e sehr gesuchte, unnatürliche Haltung haben, einnehmen; **essayer des** ~**s** Stellungen ausprobieren; **garder la** ~ in dieser Stellung, Haltung, so bleiben; **prendre une** ~ F sich in Posi'tur setzen, stellen, werfen; **3.** *phot* Belichtung *f;* **table** *f*, **temps** *m* **de** ~ Belichtungstabelle *f*, -zeit *f od* -dauer *f;* **4.** *mus der Stimme* Re-'gisterausgleich *m*

posé [poze] *adj* **1.** *Person, Wesen* gesetzt; ruhig; bedächtig; **2.** *mus Stimme* **bien, mal** ~**e** mit gutem, schlechtem Re'gisterausgleich; ~**ment** *adv von* **posé** 1.

posemètre [pozmɛtr(ə)] *m phot* Belichtungsmesser *m*

poser [poze] **I** *v/t* **1.** *Gegenstand* **a)** an e-n *Ort* (hin)stellen, (-)setzen, (-)legen; ~ **à plat** legen (*nicht stellen*); flach hinlegen; ~ **à** *od* **par terre** auf die Erde, auf den Boden stellen, setzen; nieder-, absetzen; *Leiter* ~ **contre le mur** an die Mauer lehnen; ~ **sur qc** *Gegenstand* auf etw (*acc*) stellen, legen; *Hand, Finger* auf etw (*acc*) legen, *Fuß* stellen, setzen; ~ **son regard sur qn, qc** s-n Blick auf j-n, etw

richten; **b)** *den man in der Hand, im Arm trägt* ablegen; abstellen; absetzen; weg-, niederlegen; aus der Hand legen; **2.** *Zähler, Wasseruhr etc* anbringen; instal'lieren; *Schloß auch* einbauen; *Rohre, Schienen, Kabel, Fliesen, Parkett, Teppichboden* (ver)legen; *Teppich* legen; *Bilder* aufhängen; *Gardinen* anbringen; anmachen; aufhängen; *Scheiben* einsetzen; *Plakat* anschlagen; *Bombe, mil Minen* legen; *bât* ~ **la première pierre** den Grundstein legen (**de zu**); **3.** *Grundsatz, Gleichung* aufstellen; *Frage* stellen; *Problem* aufwerfen; darstellen; bilden; *auch* mit sich bringen; ~ **sa candidature** *cf* **candidature**; **ça me pose des problèmes** das stellt mich vor Probleme; ~ **une question à qn** j-m e-e Frage stellen (**sur** über + *acc*); e-e Frage an j-n richten, stellen; ~ **la question de qc** die Frage nach etw *od* die Frage (+ *gén*) aufwerfen; ~ **qc en principe** etw zum Prinzip erheben, zum Grundsatz machen; *math* **posons, par ex., x égale cinq** nehmen wir z. B. an, x ist gleich fünf; **4.** ~ **qn** j-m Ansehen verschaffen; *une maison comme ça, ça pose!* ... das sieht nach etwas aus, stellt etwas dar, macht Eindruck!; *un habit noir, etc* **voilà ce qui pose un homme!** ... das gibt, verleiht dem Mann ein gewisses Air!; **5.** *math Zahl* (hin-) schreiben; ~ **l'opération** den Rechenvorgang vorstellen, darlegen; *bei der Addition: ... quatorze,* **je pose quatre et je retiens un** ... ich schreibe vier hin und merke mir eins; **6.** *aviat Maschine* aufsetzen; **II** *v/i* **7.** ~ *m Maler, für ein Porträt* sitzen; *Mo'dell* stehen; **8.** *fig u péj* po'sieren; schauspielern; sich unnatürlich geben; affek'tiert sein; ~ **pour la galerie** auf Wirkung bedacht sein; ausgehen; nach (billigen) Effekten haschen; **9.** *phot* belichten; **10.** *bât:* ~ **à cru** ohne Funda'ment bauen; ~ **à sec** trokken, ohne Mörtel mauern; **III** *v/pr* **se** ~ **11.** *Vogel* sich setzen (**sur** + *acc*); sich niederlassen (**auf** + *dat*); *Flugzeug* aufsetzen; *par ext* niedergehen; landen; *Blick* sich richten (**sur** auf + *acc*); **une main se posa sur son épaule** e-e Hand legte sich ihm auf die Schulter; **12.** *Frage* sich stellen, erheben; auftauchen; *Problem* entstehen; auftreten, -tauchen; **13.** *Person* **se** ~ **en** sich aufwerfen zu; auftreten als; **se** ~ **en justicier** sich zum Rächer aufwerfen; **se** ~ **en redresseur de torts** als Weltverbesserer auftreten; **14.** F *verstärkend* **comme ballot, il se pose (un peu) là!** F er ist ein ausgemachter Dummkopf!; er ist saudumm!; dümmer geht es nicht mehr!

poseur [pozœr] *m* **1.** ~, **poseuse** *m,f* Angeber(in) *m(f)*; Ef'fekthascher *m*; Po'seur *m*; *adjt* **être** ~, **poseuse** ein(e) Angeber(in), ein Effekthascher sein; affek'tiert sein; (ganz gut) schauspielern; **2.** ~ **de carrelages, de parquet** Fliesen-, Par'kettleger *m*; **3.** *ch de fer* Rottenmeister *m*; **4.** *bât* Maurer, der auf das Mauern mit Hau-, Werk-, Quadersteinen speziali'siert ist

positif [pozitif] **I** *adj* ⟨**-ive**⟩ **1.** *Tatsache* feststehend; unbestreitbar; bewiesen; *Vorteil* tatsächlich; wirklich; effek'tiv; *on en a parlé,* **mais il n'y a rien de** ~ ... aber es liegt noch kein greifbares, konkretes Ergebnis vor; **2.** *Person* **esprit** ~ Rea'list(in) *m(f)*; Tatsachenmensch *m*; rea'listisch, nüchtern denkender Mensch; **3.** *Antwort, math, élect, méd: Reaktion, Befund, Logik: Aussage* positiv; *gr Satz* bejahend; *élect* **charge positive** positive Ladung; *math* **nombres** ~**s** positive Zahlen *f/pl*; *élect* **pôle** ~ *auch* Pluspol *m*; **4.** *phot* **épreuve**

positive Positiv *n*; **5.** Einstellung, Idee, Ergebnis positiv; *Kritik auch* konstruk'tiv; **6.** *jur* **droit** ~ positives Recht; **7.** *gr* **adjectif** ~ Adjektiv *n* im Positiv, in der Grundstufe; **degré** ~ Positiv *m*; Grundstufe *f*; **8.** *Positivismus* positiv; auf das erfahrungsmäßig Gegebene, auf Erfahrung und Experi'mente gegründet; **9.** *rel* **théologie positive** positive Dog'matik; **II** *m* **1.** *philos* **le** ~ das Tatsächliche, Wirkliche, Greifbare, wirklich Vor'handene, Zweifellose, Sichere; **2.** *phot* Positiv *n*; **3.** *gr* Positiv *m*; Grundstufe *f* (*des Adjektivs*); **4.** *mus* Positiv *n*

position [pozisjõ] *f* **1.** *e-r Person, des Körpers, von Körperteilen* Stellung *f*; Haltung *f*; Positi'on *f* (*auch e-s Spielers beim Spiel, in der Mannschaftsaufstellung*); *e-s Hebels, Riegels, e-r Klappe* Stellung *f*; *des Kindes bei der Geburt* Lage *f*; *der Atome im Molekül* Anordnung *f*; *e-s Wortes im Satz, e-s Lautes im Wort* Stellung *f*; **peint en** ~ **assise, couchée** in sitzender, liegender Stellung; *Ballett* **les cinq** ~**s** die fünf Positionen; **j'étais assis dans une fausse** ~ ich habe irgendwie falsch gesessen (*u bin daher verkrampft etc*); ~ **horizontale** Horizon'tallage *f*; ~ **inclinée** geneigte Haltung; Schrägstellung *f*, **-lage** *f*; ~ **initiale, de départ** Ausgangsstellung *f* (*auch gym*); ~ **(in)stable** fester (unsicherer) Stand; *mil* ~ **réglementaire** vorschriftsmäßige Stellung; ~ **des jambes, des mains** Bein-, Handhaltung *f*, **-stellung** *f*; *mil:* ~ **du soldat sans armes** Grundstellung *f*; ~ **du tireur couché, debout** Anschlag *m* liegend, stehend; *astr* **cercle** *m* **de** ~ Positionskreis *m*; **géométrie** *f* **de** ~ projektive Geometrie; **étudier la** ~ **des objets dans la pièce** sich genau ansehen, wo die Gegenstände im Zimmer stehen *od* liegen; **2.** *e-r Person* Lage *f*; Situati'on *f*; ~ **critique** kritische Lage, Situation; **3.** *aviat, mar* Standort *m*; Positi'on *f*; **signaler la** ~ den Standort, die Position angeben; **4.** *in e-r Hierarchie, Reihenfolge* Positi'on *f*; Platz *m*; Stelle *f*; *sports:* **arriver en première** ~ als erster durch das Ziel gehen; **être en troisième** ~ in dritter Position, an dritter Stelle, auf dem dritten Platz liegen; **5.** *mil* Stellung *f*; ~ **défensive** Abwehr-, Verteidigungsstellung *f*; *fig* **avoir une** ~ **défensive** sich defensiv verhalten; in der Defensive sein; ~ **de barrage** Riegel(stellung) *m(f)*; ~ **de repli** Ausweich-, Auffangstellung *f*; vorbereitete Stellung; **prendre une** ~ e-e Stellung (ein-) nehmen; **prendre** ~ Stellung beziehen; *in Stellung gehen; cf auch* **6.**; *fig* **prendre position** Standpunkt *m*; Ansicht *f* (**sur** über + *acc*); Positi'on *f*; **prise** *f* **de** ~ Stellungnahme *f*; **prendre** ~ Stellung nehmen (**pour, contre** für, gegen); **prendre une** ~ **avancée** e-e fortschrittliche Position beziehen; e-n fortschrittlichen Standpunkt vertreten, einnehmen; **rester sur ses** ~**s** auf s-m Standpunkt beharren; bei s-n Ansichten bleiben; s-e Position behaupten; **7.** *in e-r Gemeinschaft* Positi'on *f*, Stellung *f* (*abs auch hohe*); *e-s Beamten* dienstliche Stellung; Dienststellung *f*; ~ **sociale** soziale Stellung; *écon* ~ **de monopole** Mono'polstellung *f*; **8.** *mus e-s Akkords, beim Spiel von Streichinstrumenten* Lage *f*; ~ **fondamentale** Grundstellung *f*, **-lage** *f*; **9.** *bei Warenlisten* Posten *m*; Positi'on *f* (*abr* Pos.); **10.** *Bank* Kontostand *m*

positionn|er [pozisjone] *v/t* **1.** *tech bei der Montage* aufsetzen; *an der vorgeschriebenen Stelle* anbringen; einsetzen; **2.** *Bank* den Kontostand ermitteln,

errechnen; ~**euse** *f Bank* Buchungsautomat *m*

positiv|ement [pozitivmã] *adv* **1.** wirklich; faktisch; **2.** positiv; **se développer** ~ sich positiv entwickeln; **3.** *élect* **chargé** ~ positiv geladen; ~**isme** *m philos* Positi'vismus *m*; ~**iste** *philos* **I** *adj* positi'vistisch; **II** *m* Positi'vist *m*; ~**ité** *f élect* positiv-elektrischer Zustand

posit(r)on [pozit(r)õ] *m phys atom* Positron *n*

posit(r)onium [pozit(r)onjom] *m phys* Posi'tronium *n*

posologie [pozɔlɔʒi] *f phm* Do'sierung *f*

possédant [posedã] **I** *adj* **la classe** ~**e** die besitzende Klasse; **II** *m/pl* **les** ~**s** die Besitzenden *m/pl*

possédé [posede] **I** *adj* vom Teufel, von e-m Dämon besessen (**de** von); **II** *subst* ~**(e)** *m(f)* Besessene(r) *f(m)*; *Dostojewski* **Les** ~**s** Die Dä'monen; **se démener comme un** ~ wie ein Wahnsinniger, Verrückter toben

posséder [posede] ⟨**-è-**⟩ **I** *v/t* **1.** *Gegenstand, Vermögen, Eigenschaft, Erfahrung* besitzen; **c'est tout ce que je possède** das ist alles, was ich besitze; *Möbel* ~ **un tiroir secret** ein Geheimfach haben, besitzen; **la maison possède une belle vue** von dem Haus aus hat man e-e schöne Aussicht; **2.** *s-n Stoff, e-e Sprache etc* beherrschen; *sein Handwerk auch* verstehen; *e-e Rolle auch* können; *e-n Autor* gut, gründlich kennen; ~ **une langue** *auch* e-r Sprache (*gén*) mächtig sein; **3.** *Frau* besitzen; **4.** *dunkle Mächte, Eifersucht* ~ **qn** j-n beherrschen; **5.** F *fig* ~ **qn** j-n her'ein-, reinlegen, hinters Licht führen; **II** *v/pr* **ne plus se** ~ die Beherrschung verlieren; **ne plus se** ~ **de joie** vor Freude außer sich sein; sich vor Freude nicht mehr zu lassen wissen

possesseur [posesœr] *m bes jur* Besitzer *m*; *e-s Wertpapiers, Diploms* Inhaber *m*; *jur* ~ **légitime** rechtmäßiger Besitzer

possessif [posesif] **I** *adj* ⟨**-ive**⟩ **1.** *gr* besitzanzeigend; posses'siv; Posses'siv...; **adjectif** ~ attributives Possessivpronomen; **pronom** ~ (alleinstehendes) Possessivpronomen, besitzanzeigendes Fürwort; **2.** *psych* besitzergreifend; **II** *m gr* Posses'siv(pronomen) *n*; besitzanzeigendes Fürwort

possession [posesjõ] *f* **1.** Besitz *m* (*auch jur*); ~ **de soi** Selbstbeherrschung *f*; **prise** *f* **de** ~ Besitzergreifung *f*, **-nahme** *f*; **avoir qc en sa** ~, **être en** ~ **de qc** im Besitz e-r Sache (*gén*) sein; etw besitzen; **être en pleine** ~ **de toutes ses facultés** im 'Vollbesitz s-r geistigen Kräfte sein; voll zurechnungsfähig sein; **être en pleine** ~ **de ses moyens** im 'Vollbesitz s-r Kräfte sein; *Sportler* gut in Form sein; *Sache* **être en la** ~ **de qn** in j-s Besitz sein; sich in j-s Besitz befinden; **prendre** ~ **de qc** von etw Besitz ergreifen; etw in Besitz nehmen; **prendre** ~ **des lieux** (sofort) von allem Besitz ergreifen; **rentrer en** ~ **de qc** wieder in den Besitz von etw gelangen; etw 'wiedererhalten; *Sache* **tomber en la** ~ **de qn** in j-s Besitz gelangen; **2.** *e-r Frau* Besitzen *n*; **3.** *von Dämonen* Besessensein *n*; Besessenheit *f*; *psych* (**délire** *m* **de**) ~ Besessenheit *f*; **4.** *e-s Staates* **les** ~**s d'outre-mer** die 'überseeischen Besitzungen *f/pl*

possess|ionnel [posesjonɛl] *adj* ⟨~**le**⟩ *jur* den Besitz anzeigend; Besitz...; ~**oire I** *adj* posses'sorisch; **action** ~ *jur* **re** *jur* I *adj* posses'sorisch; Besitzklage *f*; **II** *m* **1.** Besitzrecht *n*; **2.** Besitzklage *f*

possibilité [posibilite] *f* **1.** Möglichkeit *f*; ~**s d'utilisation** Verwendungsmög-

lichkeiten *f/pl*; il **n'y a que deux** ~**s** es gibt nur zwei Möglichkeiten; **avoir la** ~ **de** (+*inf*) die Möglichkeit haben zu (+*inf*); **si j'en ai la** ~ wenn ich die Möglichkeit dazu habe; **donner à qn la** ~ **de** (+*inf*) j-m die Möglichkeit geben, bieten zu (+*inf*); **il n'a pas trouvé la** ~ **de vous recevoir** er hat keine Möglichkeit gefunden, Sie zu empfangen; **je ne vois pas la** ~ **de** (+*inf*) ich sehe keine Möglichkeit zu (+*inf*); **2.** ~**s** *pl* **a)** (finanzi'elle) Möglichkeiten *f/pl*; **b)** Fähigkeiten *f/pl*; **Können** *n*

possible [posibl(ə)] **I** *adj* möglich; **la chute** ~ **du gouvernement** der mögliche Sturz der Regierung; **le meilleur des mondes** ~ die beste aller möglichen Welten; **il y a trois solutions** ~**s à ce problème** zur Lösung dieses Problems gibt es drei Möglichkeiten; es gibt drei Lösungsmöglichkeiten für dieses Problem; ♦ **il a pris tout l'argent** ~ er hat so'viel Geld genommen, wie irgend möglich war; **faire toutes les bêtises** ~**s** alle möglichen Dummheiten machen; ♦ *loc/adv*: **aussitôt que** ~ so bald wie als möglich; möglichst bald; **autant que** ~ so'weit wie *od* als möglich; so'weit das möglich ist; **aussi bien que** ~ *od* **le mieux** ~ so gut wie *od* als möglich; möglichst gut; **le moins** ~ so'wenig wie *od* als möglich; möglichst wenig; **le moins de fautes** ~ so wenig Fehler wie *od* als möglich; möglichst wenig Fehler; **le moins souvent** ~ möglichst selten; so selten wie *od* als möglich; **le plus** ~ so'viel wie *od* als möglich; möglichst viel; **il se dépêche le plus** ~ er beeilt sich, so sehr es irgend geht; **le plus grand nombre** ~ **de personnes** die größtmögliche Personenzahl; **le plus souvent, tôt, vite** ~ möglichst oft, früh, schnell; so oft, früh, schnell wie *od* als möglich; ♦ **c'est (très, bien)** ~ das ist (gut, leicht, schon, wohl) möglich; *ellip* ~! möglich!; **si (c'est)** ~ wenn (es) möglich (ist); nach Möglichkeit; möglichst; tunlichst; *erstaunt* **(ce n'est)** ~ **pas** ~! F *auf dem Lande auch* **c'est-il, c'est-y Dieu** ~!, **c'est pas Dieu** ~! (das ist doch) nicht möglich!; *ist das* (denn) **die Möglichkeit!**; **il est** ~ **de** (+*inf*) *od* **que ...** (+*subj*) es ist möglich, es kann sein, daß ...; möglicherweise ...; **il lui est** ~ **de venir** es ist ihm möglich zu kommen; *ellip* ~ **que ...** (es ist) möglich, daß ...; **rendre** ~ möglich machen; ermöglichen; **II** *subst* **le** ~ das Mögliche; **faire (tout) son** ~ sein möglichstes tun (**pour** +*inf* um zu +*inf*; **que ...** +*subj* damit ...); ♦ *loc/adv* **aimable, gentil au** ~ äußerst ...;

post... [post] *in Zssgn* nach...; Nach...; post...; Post...; *cf auch die nachfolgenden Stichwörter*

postaccélération [postakselerasjõ] *f Elektronik* Nachbeschleunigung *f*

postage [postaʒ] *m adm* Aufgeben *n*, Besorgen *n* der Post; Postabfertigung *f*

postal [postal] *adj* ⟨-aux⟩ Post...; po-'stalisch; **boîte** ~**e** (*abr* B.P.) Post(schließ)fach *n*; **carte** ~**e** (Ansichts-)Postkarte *f*; Ansichtskarte *f*; **chèque** ~ Postscheck *m*; *cf auch* **chèque**; **colis** ~ Postpaket *n*; **convention** ~**e** Postabkommen *n*; **ligne aérienne** ~**e** Luftpostlinie *f*; **mandat** ~ Postanweisung *f*; **taxe** ~**e** Postgebühr *f*; **voiture** ~**e** Postauto *n*; **par la voie** ~**e ordinaire** auf dem üblichen Postweg, postalischen Weg

post|classique [postklasik] *adj Literatur* nachklassisch; ~**combustion** *f aviat* **a)** Nachverbrennung *f*; **b)** Nach-

brenner *m*; ~**communion** *f égl cath* Postkommuni'on *f*; Schlußgebet *n*; ~**conciliaire** *adj égl cath* nachkonzilisch; ~**cure** *f méd* Nachkur *f*

postdat|e [postdat] *f adm* späteres, jüngeres Datum; ~**er** *v/t* vor-, vor'ausdatieren; *adit* **chèque postdaté** vordatierter Scheck

poste¹ [post] *f* **1. a)** Post *f*; *bis 1959* **les** ~**s, Télégraphes et Téléphones** (*abr* P. T. T.), *heute* **les** ~**s et Télécommunications** (*abr* P.et T.) das Post- und Fernmeldewesen; **ministre** *m* **des P. et T.** Minister *m* für das Post- und Fernmeldewesen; Postminister *m*; ~ **aérienne** Luftpost *f* (*als Einrichtung*); *mil* (**service** ~ **de la**) ~ **aux armées** Feldpost *f*; **bureau** *m* **de la** ~ (**central**) (Haupt)Post(amt) *f(n)*; **employé** *m* **des** ~**s** Postbeamte(r) *m*; **par la** ~ per Post; mit *der od* durch die Post; **b)** Post(amt) *f(n)*; *Aufschrift* ~ **restante** postlagernd; **aller à la** ~ auf die *od* zur Post gehen; *Brief* **mettre à la** ~ aufgeben; zur Post geben; einwerfen; **c)** *früher* Poststation *f*, -halte'rei *f*; **maître** *m* **de** ~ Postmeister *m*, -halter *m*; **2.** *arch* Ornament ~**s** *pl* laufender Hund; Spi'ralmäander *m*; Wellenspirale *f*; (Mä'ander *m* als) Wellenband *n*

poste² [post] *m* **1.** *mil* Posten *m*; ~ **fortifié** Postenstand *m*; ~ **de combat** Stellungsraum *m*; Stützpunkt *m*; *mar* Gefechtsstation *f*; **aux** ~**s de combat!** alles auf Gefechtsstation!; ~ **de commandement** (*abr* P. C.) Gefechtsstand *m*; Befehlsstelle *f*; *mar* (*auch* ~ **central**) Operati'onszentrale *f*; ~ **d'observation** Beobachtungsposten *m*; ~ **de police a)** Poli'zeiwache *f*; **b)** wachhabende Poli'zeibeamte *m/pl*; **c)** *mil* Wache *f*; Wachstube *f*, -lokal *n*; **abandonner, quitter son** ~ s-n Posten verlassen; **être à, occuper son** ~ auf s-m Posten sein; *fig* **être, rester à son** ~ auf s-m Posten sein *od* stehen, bleiben; da bleiben, wo man ist; **prendre son** ~ Posten fassen; s-n Posten beziehen; **2.** *allg* Stelle *f*; ~ **frontière** Grenzübergang *m*; *tél*: ~ **principal** Hauptanschluß *m*; ~ **public** öffentliche (Fern)Sprechstelle; öffentlicher Fernsprecher; ~ **supplémentaire** Nebenanschluß *m*, -stelle *f*; *mar* ~ **à quai** Liegeplatz *n* am Kai; *tél* ~ **d'abonnement** Teilnehmer-, Fernsprech-, Telefonanschluß *m*; *ch de fer* ~ **d'aiguillage** Stellwerk *n*; ~ **de contrôle** Kon'trollstelle *f*; ~ **d'eau** Wasserzapfstelle *f*; *mar* ~ **d'équipage** Lo'gis *n*; ~ **d'essence** Tankstelle *f*; ~ **d'incendie** *etwa* Feuerlöschanlage *f* (*mit Hydrant u angeschlossenem Schlauch*); *aviat* ~ **de pilotage** Cockpit *n*; ~ **de secours** Unfallstation *f*, Rettungsstelle *f*; *mil* Truppenverband(s)platz *m*; *tél* **passez--moi le** ~ **dix!** verbinden Sie mich mit Apparat zehn!; **3.** *beruflich, in e-r Hierarchie* Posten *m*; Stelle *f*; Amt *n*; Stellung *f*; Positi'on *f*; ~ **de confiance** Vertrauensstellung *f*, -posten *m*; ~ **de directeur** Di'rektorposten *m*, -stelle *f*; ~ **d'instituteur, de professeur** Lehrerstelle *f*; ~ **de travail** Arbeitsplatz *m*; **avoir un** ~ **assuré** e-e gesicherte Position, Stellung, e-n sicheren Posten haben; F *fig* **être solide, fidèle au** ~ immer noch den gleichen Posten, die gleiche Stellung, Position, das gleiche Amt innehaben, bekleiden; F die Stellung halten; **nommer qn à un** ~ *cf* **nommer 3.**; **occuper un** ~ **élevé** e-n hohen, leitenden Posten bekleiden, innehaben; in hoher, leitender Position, Stellung sein; **4.** (Arbeits)Schicht *f* (*auch die Personen*); ~ **de nuit** Nachtschicht *f*;

5. *rad, télév, télécomm* Gerät *n*; Appa'rat *m*; ~ **autoradio, voiture** Autoradio *n*; ~ **émetteur-récepteur** Funkgerät *n*; ~ **récepteur** (Rundfunk)Empfänger *m*; ~ **de radio, de télévision** Radio- *od* Rundfunk-, Fernsehapparat *m*, -gerät *n*; Rundfunk-, Fernsehempfänger *m*; ~ (**de radio**) *auch* Rundfunkstation *f*, (-)Sender *m*; **6.** *der Bilanz* Posten *m*

posté [poste] *adj* **travail** ~ Schichtarbeit *f*

poster¹ [poste] *v/t* **1.** (*auch v/pr* **se**) ~ (**sich**) po'stieren, aufstellen; ~ **des sentinelles** *auch* Wachen ausstellen; **2.** *Brief* aufgeben; einwerfen; zur Post geben

poster² [postɛr] *m* Poster *n*, *auch m*

postérieur [posterjœr] **I** *adj* **1.** *zeitlich* später (**à qc** als etw); **les poètes** ~**s à Victor Hugo** die Dichter nach Victor Hugo; **die nach ... kommenden, auf ... folgenden Dichter**; **le document est** ~ **à l'année 1800** das Dokument stammt aus e-r Zeit nach dem Jahr 1800, ist nach 1800, später als 1800 anzusetzen; **2.** *anat* hintere(-s, -r); 'Hinter...; *sc* po'sterior; **3.** *phon* **a** ~ dunkles, ve'lares a; **voyelle** ~**e** 'Hinterzungenvokal *m*; **II** *m* F Hintern *m*; Hintere(r) *m*; ~**ement** *adv* ~ **à** später als; **être venu** ~ **à qn** *auch* nach j-m gekommen sein

posteriori *cf* **a posteriori**

postériorité [posterjorite] *f* Spätersein *n*, -liegen *n*

postérité [posterite] *f st/s* **1.** Nachwelt *f*; **laisser à la** ~ der Nachwelt hinter'lassen; **passer à la** ~ auf die Nachwelt kommen; der Nachwelt über'liefert werden; in der Nachwelt fortleben, lebendig bleiben; **2.** Nachkommen(schaft) *m/pl(f)*; Nachfahren *m/pl*; *fig e-s Schriftstellers etc* geistige Erben *m/pl*; **mourir sans** ~ ohne Nachkommen sterben

post|face [postfas] *f selten* Nachwort *n*; ~**glaciaire** *géol* **I** *adj* postglazi'al; nacheiszeitlich; **II** *m* Postglazi'al(zeit) *n(f)*; Nacheiszeit *f*

posthume [postym] *adj* **1.** *Werk, Ehrung* po'stum *od* post'hum; *Werk auch* nachgelassen; ~ **œuvres** ~**s** *auch* literarischer Nachlaß; **à titre** ~ postum; **sa gloire a été** ~ sein Ruhm kam postum; **2.** *Kind* nachgeboren; po'sth(h)um; nach dem Tod des Vaters geboren

posthypophyse [postipofiz] *f anat* 'Hinterlappen *m* der Hypo'physe

postiche [postiʃ] **I** *adj* **Haar, Bart** falsch; unecht; **II** *m* Haarteil *n*; *für Herren* Tou'pet *n*

post|ier [postje] *m*, ~**ière** *f* Postbedienstete(r) *f(m)*, -beamte(r), -beamtin *m,f*, -angestellte(r) *f(m)*

postille [postij] *f bibl* Po'stille *f*

postillon [postijõ] *m* **1.** *früher* Postillion *m*; Postkutscher *m*; **2.** Speicheltröpfchen *n* (*das beim Sprechen herausspritzt*); **envoyer, lancer des** ~**s** *cf* **postillonner**

postillonner [postijone] *v/i* e-e feuchte Aussprache haben; **il me postillonnait dans la figure** seine Spucke, s-e Spucke sprühte mir ins Gesicht

post|lude [postlyd] *m mus* Nachspiel *n*; Post'ludium *n*; ~**natal** *adj* nach der Geburt (erfolgend, eintretend); **allocations** ~**es** *etwa* Entbindungs-, Mutterschaftsbeihilfe *f*; ~**opératoire** *adj méd* nach der Operati'on (erfolgend); *sc* post-opera'tiv; ~**poser** *v/t gr* nachstellen; ~**position** *f gr* **1.** Postpositi'on *f*; dem Bezugswort nachgestellte Präpositi'on; **2.** Stellung *f* hinter dem Bezugswort; ~**romantique** *adj* auf die Ro'mantik folgend; nachromantisch; ~**scolaire** *adj* auf die Schule folgend; weiter-, fortbildend; **enseignement** *m* ~ Fort-, Weiterbildung *f*

post-scriptum [pɔstskriptɔm] *m* ⟨*inv*⟩ (*abr* P.-S.) Post'skriptum *n* (*abr* PS); Nachschrift *f*

postsynchronis|ation [pɔstsĕkrɔnizasjɔ̃] *f cin* Nachsynchronisation *f*, -isierung *f*; **~er** *v/t cin* nachsynchronisieren

postul|ant [pɔstylɑ̃] *m*, **~ante** *f* **1.** für e-n Posten Bewerber(in) *m(f)*; Anwärter(in) *m(f)*; **2.** *égl cath* Postu'lant(in) *m(f)*; **~at** *m* **1.** *philos* Postu'lat *n*; *Geometrie* **~ d'Euclide** Eu'klidisches Axi'om; Paral'lelenaxiom *n*, -postulat *n*; **2.** *égl cath* Postu'lat *n*; **~ation** *f jur* Vornahme *f* von Pro'zeß-, Par'teihandlungen (*für den Mandanten*)

postuler [pɔstyle] **I** *v/t* **1.** sich bewerben (**un emploi** um e-e Stelle); **2.** *philos* postu'lieren; als Postu'lat aufstellen; **II** *v/i jur* Pro'zeß-, Par'teihandlungen vornehmen; als Par'teivertreter auftreten

posture [pɔstyr] *f* (*Körper*)Haltung *f*; Stellung *f*; Posi'tur *f*; *fig* **être en bonne (mauvaise)** ~ in e-r guten, günstigen (schlechten, ungünstigen, schlimmen) Lage sein; gut (schlecht) dran sein

pot [po] *m* **1.** Topf *m*; Krug *m*; Kanne *f*; *auch* Glas *n*; *südd auch* Hafen *m*; **~ à ...** *meist* ...topf, ...krug *etc*; **~ de ...** *meist* Topf, Krug (voll, mit) ...; **~ à bière** Bierkrug *m*, -seidel *n*, -humpen *m*; **~ à confiture** Marme'ladentopf *m*, -glas *n*; **~ à eau** [potao] Wasserkrug *m*; **~ à lait** [potalɛ] Milchtopf *m*, -kanne *f*; **~ à moutarde** Mostrich-, Senftopf *m*; **~ à tabac** a) Tabakdose *f*; b) F *fig von e-r Frau* dicke Nudel; Ma'schine *f*; Dampfwalze *f*; **~ (de chambre)** (Nacht-)Topf *m*; Nachtgeschirr *n*; **mettre un enfant sur le ~** ein Kind auf den Topf setzen; **~ de colle** Leimtopf *m*; Klebstoffdose *f*; F *fig* **quel ~ de colle!** F er bzw sie ist die reinste Klette!; **~ de crème** Cremedose *f*, -tiegel *m*; **~ de od en cuivre** Kupfertopf *m*, -krug *m etc*; **auto ~ d'échappement** Auspufftopf *m*; **~ de fleurs** Blumentopf *m*; **~ de peinture** Farbtopf *m*; Topf *m* Farbe; F *fig von e-r stark geschminkten Frau* **un vrai ~ de peinture** F der reinste Maltuschkasten; **~ de yaourt** Becher *m* Joghurt; Joghurtbecher *m*; **découvrir le ~ aux roses** [potoroz] hinter das Geheimnis kommen; das Geheimnis entdecken; da'hinterkommen; j-m auf die Schliche kommen; der Sache auf die Spur kommen; **être sourd comme un ~** stocktaub, völlig taub sein; *fig* **payer les ~s cassés** für den Schaden aufkommen, die Zeche bezahlen, etw ausbaden, auslöffeln, für alles geradestehen müssen; F **prendre, boire un ~** (mit j-m) etwas trinken gehen; F zusammen einen heben; **inviter qn à prendre un ~** j-n zu e-m Drink einladen; *fig* **tourner autour du ~** wie die Katze um den heißen Brei (herum)gehen; F her'umdrucksen; **2.** F *fig* **c'est un coup de ~!** F da habe ich, hat er *etc* aber Schwein (gehabt)!; **manque *m* de ~!** *od* **pas de ~!** F Pech (gehabt)!; das ist *bzw* war Pech!; **avoir du ~** F Schwein haben; **manquer de ~** F Pech haben; **3.** F *fig se* **magner le ~, magne-toi le ~!** *cf* **popotin; 4.** F *Poker* Pott *m*; **ramasser le ~** den Pott ziehen; **5.** *beim Murmelspiel* Loch *n* (*in der Erde*); **6.** *mar* **~ au noir** [potonwar] Windstillen-, Kalmengürtel *m*; Mallung *f*; **7.** *adjt* **papier ~** Papier *n* für Spielkarten

potable [pɔtabl(ə)] *adj* **1. eau ~** Trinkwasser *n*; **eau non ~!** kein Trinkwasser!; **2.** *fig Arbeit, Leistung* leidlich; pas'sabel; einigermaßen (gut); halbwegs gut; ganz annehmbar; **c'est tout juste ~** das geht

gerade noch an

potache [pɔtaʃ] *m* F Pen'näler *m*

potage [pɔtaʒ] *m cuis* Suppe *f*; **~ au lait, aux légumes, aux pâtes** Milch-, Gemüse-, Nudelsuppe *f*; **il n'arrivait qu'après le ~** er kam immer erst, als man die Suppe schon gegessen hatte

potager [pɔtaʒe] *adj* ⟨**-ère**⟩ Gemüse...; Speise...; **betteraves potagères** Speiserüben *f/pl*; **jardin ~** *od subst* **~** *m* Gemüse-, Küchengarten *m*; **plantes potagères** Gemüsepflanzen *f/pl*

potamochère [pɔtamɔʃɛr] *m zo* Pinselschwein *n*

potamot [pɔtamo] *m bot* Laichkraut *n*

potasse [pɔtas] *f chim* **1. ~ (caustique)** (Ätz)Kali *n*; *auch* Kalilauge *f*; **mine *f* de ~** Kalibergwerk *n*; **2. ~ (carbonatée)** a) Pottasche *f*; Kaliumcarbonat *n*; b) Kaliumbicarbonat *n*; Kaliumhydrogencarbonat *n*

potasser [pɔtase] *v/t* F büffeln, ochsen, pauken (**un examen** für ein Examen); *Vortrag, Aufsatz* bis ins kleinste ausarbeiten *bzw* -feilen

potassique [pɔtasik] *adj chim* Kali...; **engrais *m* ~, sels *m/pl* ~s** Kalidünger *m*, -salze *n/pl*

potassium [pɔtasjɔm] *m chim* Kalium *n*; **chlorure *m* de ~** Kaliumchlorid *n*; Chlorkali(um) *n*; **sels *m/pl* de ~** Kalisalze *n/pl*

pot-au-feu [potofø] *m* ⟨*inv*⟩ **1.** *cuis* Eintopf aus Suppenfleisch, Rinderbrühe und verschiedenen Gemüsen Potau'feu *m od n*; **2.** *Fleischerei* (Stück *n*) Suppenfleisch *n* (zum Potaufeu); **3.** *adjt* F *von e-r Frau* **être ~** *cf* **popote 3.**

pot-de-vin [podvɛ̃] *m* ⟨*pl* **pots-de-vin**⟩ Bestechungs-, Schmiergeld *n*

pote [pɔt] F *m* Kame'rad *m*; F Kumpel *m*; Kum'pan *m*; *Anrede* **mon ~** Kamerad; Kumpel

poteau [pɔto] *m* ⟨*pl* **-x**⟩ Pfosten *m*; Pfahl *m*; *Tennis* (Netz)Pfosten *m*; *Korbball* Ständer *m*; **~ indicateur** Wegweiser *m*; **~ télégraphique** Tele'grafenmast *m*, -stange *f*; *Pferderennen* **~ d'arrivée, de départ** Ziel-, Startpfosten *m*; *ellip Pferd* **rester au ~** den Start verweigern; **~ de béton, de bois, de métal** Be'ton-, Holz-, Me'tallpfosten *m*, -pfahl *m*; **~ de but** *Fußball* Torpfosten *m*; *Rugby* Malstange *f*; **~ d'exécution** Erschießungspfahl *m*; *ellip* **au ~!** erschießt ihn!; stellt ihn an die Wand!; **envoyer, mettre au ~** erschießen; an die Wand stellen; **~ de pierre** Steinpfosten *m*; *bei den Indianern* **~ de torture** Marterpfahl *m*; *fig* **avoir des jambes comme des ~x, avoir de gros ~x** (richtige) Ele'fantenbeine haben; **~-frontière** *m* ⟨*pl* **poteaux-frontières**⟩ Grenzpfahl *m*

potée [pɔte] *f* **1.** *cuis* Eintopf aus gepökeltem *od* geräuchertem Schweinefleisch, verschiedenen Gemüsen u Kartoffeln; **2.** *tech* a) Formsand *m*, -erde *f*, -masse *f*; b) **~ d'émeri** Schmirgelpulver *n*; **~ d'étain** Zinnasche *f*

potelé [pɔtle] *adj Person, Gliedmaßen* rundlich; füllig; F mollig; gut gepolstert; *weibliche Person auch* drall

potence [pɔtɑ̃s] *f* **1.** *hist* a) Galgen *m*; b) Galgen(strafe) *m(f)*; **2.** *Vorrichtung zum Aufhängen* Galgen *m*; Arm *m*; **3.** *bât* (Druck-, Zug)Strebe *f*; *auch* abgestrebtes Auslegergerüst; **4. table *f* en ~** T-förmiger Tisch

potencé [pɔtɑ̃se] *adj Heraldik* **croix ~e** Krückenkreuz *n*

potentat [pɔtɑ̃ta] *m* Poten'tat *m* (*auch fig, meist iron*); **~ de l'industrie pétrolière** Ölmagnat *m*

potential|iser [pɔtɑ̃sjalize] *v/t méd*

poten'zieren; **~ité** *f gr* Möglichkeit *f*; *philos auch* Potentiali'tät *f*

potentiel [pɔtɑ̃sjɛl] **I** *adj* ⟨**~le**⟩ potenti'ell; *philos, gr auch* potenti'al; *phys* **énergie ~le** potentielle Energie; **II** *m* **1.** *phys* Potenti'al *n*; **~ chimique, électrique, magnétique** chemisches, elektrisches, magnetisches Potential; **~ nucléaire** Kernpotential *n*, -kräfte *f/pl*; **e-r Elektronenröhre ~ de (la) grille** Gitterspannung *f*; **2.** Potenti'al *n*; Leistungsfähigkeit *f*; **~ économique** Wirtschaftspotential *n*, -kraft *f*; wirtschaftliches Potential; **~ humain** Menschenpotential *n*; **~ industriel, militaire** Industrie-, Mili'tärpotential *n*; industrielles, militärisches Potential; **~ de guerre** Kriegspotential *n*; **3.** *gr* Potenti'al(is) *m*; Modus *m* der Möglichkeit

potentille [pɔtɑ̃tij] *f bot* Fingerkraut *n*

potentiomètre [pɔtɑ̃sjɔmɛtr(ə)] *m élect* Potentio'meter *n*; Spannungsteiler *m*

poterie [pɔtri] *f* **a)** Töpfe'rei *f*; **b)** *coll* Töpfer-, Tonwaren *f/pl*; irdenes Geschirr; Tongeschirr *n*; *auch* Steingut *n*, -zeug *n*; **c)** Tonröhre *f*

poterne [pɔtɛrn] *f fortif* geheime Ausfallpforte; Po'terne *f*

potiche [pɔtiʃ] *f* chi'nesische *od* ja'panische Porzel'lanvase; F *fig* **être assis comme une ~** F wie ein Ölgötze dasitzen

potier [pɔtje] *m* Töpfer *m*; **four *m*, tour *m* de ~** Töpferofen *m*, -scheibe *f*

potin [pɔtɛ̃] *m* F **1.** *meist pl* **~s** Klatsch *m*; F Tratsch *m*; **2.** Krach *m*; Lärm *m*; F Ra'dau *m*; Spek'takel *m*; **~ du diable** F Heiden-, Höllen-, Mordslärm *m*, -krach *m*, -spektakel *m*; **faire du ~** a) Ra'dau *etc* machen; lärmen; b) F *fig* Krach, Lärm schlagen

potiner [pɔtine] F *v/i* klatschen; F tratschen

potion [posjɔ̃, pɔ-] *f phm* Arz'neitrank *m*; (flüssige) Medi'zin, Arz'nei

potiron [pɔtirɔ̃] *m bot* Riesenkürbis *m*

potlatch [pɔtlatʃ] *m Ethnologie* Potlat(s)ch *n*

potomètre [pɔtɔmɛtr(ə)] *m bot* Poto'meter *od* Poteto'meter *n*; Trinkmesser *m*

potorou [pɔtɔru] *m zo* Rattenkänguruh *n*; Potoruh *n*

pot-pourri [popuri] *m* ⟨*pl* **pots-pourris**⟩ *mus* Potpourri *n*

potron-minet [pɔtrɔ̃minɛ] *loc/adv* **dès ~** von den frühen Morgen; seit dem Morgengrauen; seit Tagesanbruch, Sonnenaufgang

pou [pu] *m* ⟨*pl* **~x**⟩ *zo* Laus *f*; **~ de baleine, de chien** Walfisch-, Hundelaus *f*; *beim Menschen* **~ de corps, de tête** Kleider-, Kopflaus *f*; *Pflanzenschädlinge* **des écorces** Kermesschildlaus *f*; **~ de San José** San-Jo'sé-Schildlaus *f*; **chercher les ~x à qn** j-n lausen; **être couvert de ~x** verlaust sein; F **être fier, orgueilleux comme un ~** F sich e-e Stange einbilden; aufgeblasen sein wie ein Frosch, wie ein Luftballon; F **être laid comme un ~** *cf* **laid 1.**

pouah [pwa] *int* puh!; pfui!

poubelle [pubɛl] *f* Müll-, Abfall-, Kehrichteimer *m*; größer Mülltonne *f*, -kasten *m*; *fig* **les ~s de l'histoire** die Mottenkiste der Geschichte; **mettre à la ~** in den Mülleimer werfen; **c'est bon à mettre à la ~** das gehört in den, ist reif für den Mülleimer; **das kannst du *etc* wegwerfen**

pouce [pus] *m* **1.** *anat* a) Daumen *m*; **entre le ~ et l'index** zwischen Daumen und Zeigefinger; *fig*: **déjeuner sur le ~** schnell im Stehen frühstücken; **manger sur le ~** schnell e-e Kleinig-

keit, e-n Bissen, F e-n Happen essen; F *fig:* **donner un coup de ~ à qn** j-m in den Sattel helfen; *abs* nachhelfen; **donner un coup de ~ à qc** bei etw heimlich ein bißchen nachhelfen; *Kind* **sucer son ~** am Daumen lutschen; *fig* **tourner ses ~s, se tourner les ~s** Däumchen, (die) Daumen drehen; **b)** große Zehe; großer Zeh; **2.** *Kinder zur Unterbrechung des Spiels* **~! halt!; ~ cassé! los!;** es geht wieder weiter!; **demander ~** halt rufen, schreien; **3.** *altes Längenmaß* Zoll *m;* **six ~s** sechs Zoll; *fig:* **ne pas avancer d'un ~** nicht e-n Schritt weiter-, vorwärtskommen; **ne pas reculer d'un ~** keinen Zollbreit zurückweichen; **ne pas céder un ~ de terrain** keinen Fußbreit Boden preisgeben; **4.** *ça coûte au moins mille francs – F oui, et le ~!*... das reicht noch nicht!, das dürfte noch etwas mehr sein!

poucet [puse] *m Märchengestalt* **le petit ♀** der Däumling

poucier [pusje] *m* **1.** *zum Schutz des Daumens* Däumling *m;* **2.** *Art* (Tür-)Drücker *m*

pou-de-soie [pudswa] *m ⟨pl* **poux-de- -soie⟩** *text etwa* Seidenrips *m* (mit Längsrippen)

pouding *m cf* pudding

poudingue [pudɛ̃g] *m géol* Puddingstein *m*

poudrage [pudraʒ] *m* **1.** *agr* Bestäuben *n,* -ung *f;* **2.** *früher* der Haare Pudern *n*

poudre [pudr(ə)] *f* **1.** Pulver *m;* *phm auch* Pülverchen *n;* **~ à éternuer** Niespulver *n;* *Kunststoffverarbeitung* **~ à mouler** Kunststoffmasse *f* in Pulverform; **~ à récurer** Scheuerpulver *n,* -sand *m;* **~ de diamant** Dia'mantstaub *m, zum Polieren, Schleifen* -pulver *m;* **~ d'émeri** Schmirgelpulver *n;* **~ d'or** Goldstaub *m;* **~ de ponce** Bimsmehl *n;* **~ de savon** Seifenpulver *n; loc/adj* **en ~** ...pulver; Pulver...; in Pulverform; **café en ~** Pulverkaffee *m;* **chocolat** *m,* **lait** *m,* **lessive** *f,* **œufs** *m/pl* **en ~** Ka'kao-, Milch-, Wasch- *od* Seifen-, Eipulver *n;* **sucre** *m* **en ~** Streuzucker *m;* **réduire en ~** pulveri'sieren; *fig* **jeter de la ~ aux yeux de qn** j-m Sand in die Augen streuen; j-m blauen Dunst vormachen; **prendre la ~ d'escampette** *cf* escampette; **2.** *Kosmetik* (Gesichts)Puder *m;* **~ compacte** Kom'paktpuder *m;* **~ de riz** Reispuder *m;* **se mettre de la ~** sich pudern; Puder auflegen; **3.** *mil* **~ (à canon)** (Schieß)Pulver *n;* **~ noire** Schwarzpulver *n;* **~ sans fumée** rauchschwaches Pulver *n;* **être vif comme la ~** sehr lebhaft, F quecksilb(e)rig sein; **faire parler la ~** die Waffen sprechen lassen; **il n'a pas inventé la ~** er hat das Pulver (auch) nicht (gerade) erfunden; **4.** *ch* **~ de plomb** (Vogel)Dunst *m;* **5.** *früher zum Trocknen der Tinte* Streusand *m*

poudrer [pudre] **I** *v/t* (*u v/pr*) **(se) ~** (sich) pudern; *adjt* **cheveux poudrés** gepuderte Haar; *früher* **perruque poudrée** gepuderte Perücke; **II** *v/i ch fliehendes Wild* Staub aufwirbeln, -werfen

poudr|erie [pudrəri] *f* Pulver-, Sprengstoffabrik *f;* **~ette** *f* **1.** *agr* (getrockneter und) pulveri'sierter Fä'kaldünger; **2.** *Vögel* **faire la ~** in den Staubbad nehmen; **~euse** *f* **1.** *cuis* Zuckerstreuer *m;* **2.** *agr* Stäubegerät *n;* (Pulver-)Stäuber *m;* **~ à dos** Rückenstäuber *m;* **~eux** *adj* **⟨-euse⟩** **1.** pulv(e)rig; *auch subst f* **(neige) poudreuse** Pulverschnee *m;* **2.** *litt* staubig; staubbedeckt; verstaubt; **~ier** *m* Puderdose *f;* **~ière** *f* **1.** Pulvermagazin *n;* **2.** *fig* Pulverfaß *n*

---

poudroiement [pudrwamɑ̃] *m litt* **le ~ du soleil** das Tanzen, Flimmern, Glitzern der Sonnenstäubchen

poudroyer [pudrwaje] *v/i* **⟨-oi-⟩** **1.** *Straße* stauben; *Schnee* (zer)stieben, stäuben; **2.** *litt* **le soleil poudroie** die Sonnenstäubchen tanzen, flimmern, glitzern

pouf [puf] **I** *int* plumps!; par'dauz!; *enf* **faire ~** plumps, e-n Plumps machen; **II** *m Sitzgelegenheit* Puff *m*

pouffer [pufe] *v/i* **~ (de rire)** laut loslachen; in schallendes Gelächter ausbrechen; F losplatzen, -prusten

pouffiasse [pufjas] *f* **P** **1.** F Nutte *f;* Schnepfe *f;* Schnalle *f;* **2.** **grosse ~** F ordi'näres, dickes Weibsstück; ordi-'näre, dicke Schlampe

pouillé [puje] *m hist* Pfründenregister *n*

pouilles [puj] *f/pl litt* **chanter ~ à qn** j-n mit Vorwürfen über'häufen, -'schütten; j-n ausschelten, -schimpfen

pouilleux [pujø] **I** *adj* **⟨-euse⟩** **1.** *Person* (dreckig und) verlaust; **2.** *Ort, Stadtviertel* armselig, schäbig (und schmutzig); **quartier ~** *auch* Elendsviertel *n;* **3.** *géogr* **la Champagne pouilleuse** die trockene Champagne; **II** *subst* ... **pouilleuse** *m,f* **1.** (dreckiger und) verlauster Mensch; **2.** armer Schlucker, Teufel; F *péj* Habenichts *m;* Hungerleider *m;* **3.** *beim Kartenspiel* **le ~** der Schwarze Peter

pouillot [pujo] *m zo* Laubsänger *m*

poujad|isme [puʒadism(ə)] *m pol* Pouja-'dismus *m;* **~iste** *pol* **I** *adj* pouja-'distisch; **II** *m/pl* **~s** Pouja'disten *m/pl*

poulailler [pulaje] *m* **1.** Hühnerstall *m,* -haus *n;* **2.** *thé* O'lymp *m;* Gale'rie *f*

poulain [pulɛ̃] *m* **1.** *zo* Fohlen *n;* Füllen *n; im engeren Sinn* Hengstfohlen *n;* **2.** *fig junger Autor, Sportler etc* **être le ~ de X** der Schützling von X sein; **3.** **~ (de chargement)** Schrotleiter *f*

poulaine [pulɛn] *f früher* **souliers** *m/pl* **à la ~** Schnabelschuhe *m/pl*

poularde [pulard] *f cuis* Pou'larde *f;* junges Masthuhn

poulbot [pulbo] *m nur* **les petits ~s** die Straßenkinder *n/pl* vom Montmartre

poule [pul] *f* **1.** *zo* Henne *f; allg* Huhn *n; fig* **~ mouillée** F Angsthase *m;* Hasenfuß *m; cuis* **~ au riz** Huhn mit Reis; **~ d'Afrique, de Guinée, de Numidie** Perlhuhn *n;* **~ des bois, des coudriers** Haselhuhn *n;* **~ de bruyère** Auerhenne *f;* **~ d'eau** Teichhuhn *n,* -ralle *f;* **~ d'Inde** Truthenne *f;* **~ de neige** Schneehuhn *n; fig:* **quand les ~s auront des dents** wenn Ostern und Pfingsten auf einen Tag fallen; **avoir l'air d'une ~ qui a trouvé un couteau** dastehen wie der Ochse vor dem Scheunentor, vor dem Berg; **se coucher, se lever comme** *od* **avec les ~s** mit den Hühnern zu Bett *od* schlafen gehen, aufstehen; **c'est une mère ~** sie ist wie e-e Gluckhenne, Glucke; **tuer la ~ aux œufs d'or** die Henne schlachten, die goldene Eier legt; den Ast absägen, auf dem man sitzt; sich selbst das Wasser abgraben; **2.** F *fig zu e-r Frau* **ma ~** (mein) Schatz, Schätzchen, Liebchen; *zu e-m kleinen Mädchen* (mein) Herzchen, Mäuschen; **3.** F *fig* **a)** Dirne *f;* F Nutte *f;* Schnepfe *f;* Schnalle *f;* **~ de luxe** F Edelnutte *f;* **b)** Mä'tresse *f;* **4.** *Fußball, Rugby* Gruppe *f* (in der jeder Verein gegen den anderen spielen muß); **5.** *Pferderennen* **a)** (Gesamt)Einsatz *m* mehrerer Wetter; **b)** **~ d'essai** Derbyrennen *n;* (Altersgewichts)Rennen *n,* Leistungsprüfung *f* (für Dreijährige); **~ produits** (Altersgewichts)Rennen *n etc* für Dreijährige, die vor ihrer Geburt bereits dazu angemeldet wurden

---

poulet [pulɛ] *m* **1.** *zo, cuis* Hühnchen *n;* Hähnchen *n; zo auch* Junghuhn *n,* -henne *f; beim Einkauf auch* Brathuhn *n,* -hähnchen *n;* **du ~** Hühnerfleisch *n;* **Huhn** *n; cuis* **~ rôti** Brat- *od* Backhuhn *n,* -hähnchen *n, südd* -hendl *n; plais* **~ aux hormones** mit Hormonen gefüttertes Huhn, Hähnchen; **~ de grain** mit Korn gemästetes Huhn, Hähnchen; **aile** *f,* **blanc** *m,* **cuisse** *f,* **os** *m* **de ~** Hühnerflügel *m,* -brust *f,* -keule *f,* -knochen *m;* **2.** F *zu e-m kleinen Jungen* **mon (petit) ~** F (mein) Herzchen, Kleines, Schätzchen, Häschen, Liebling; **3.** F *fig (policier)* F Po'lyp *m;* Bulle *m;* **4.** *früher* Liebesbriefchen *n*

poulette [pulɛt] *f* **1.** F *zu e-m kleinen Mädchen* **ma ~** F (mein) Mäuschen; *cf auch* poulet **2.;** **2.** *cuis* **sauce** *f* **(à la) ~** *Art* holländische Soße

pouliage [puljaʒ] *m mar* Blockwerk *n;* sämtliche Blöcke *m/pl,* Rollen *f/pl*

pouliche [pulif] *f zo* Stut(en)fohlen *n,* -füllen *n*

poulie [puli] *f zum Heben von Lasten* Rolle *f; mar* Block *m;* Taukloben *m; im Riementrieb* Riemenscheibe *f; zur Führung e-s Seils* Seilscheibe *f;* **~ étagée** Stufenscheibe *f;* **~ fixe, folle** feste, lose Rolle; *mar* **~ simple, double, triple** ein-, zwei-, dreischeibiger Block

poulin|er [puline] *v/i Stute* (ab)fohlen; **~ière** *adj u subst f* **(jument ~)** **~** Zuchtstute *f*

pouliot [puljo] *m* **1.** *bot* Po'lei(minze) *m(f);* **2.** *an e-m Pferdewagen* Seilwinde *f,* Haspel *f* (zum Festzurren der Ladung)

poul|ot [pulo] *m,* **~otte** *f* F *cf* poulet **2.** *u* poulette **1.**

poulpe [pulp] *m zo* Krake *m;* Achtfüßer *m*

pouls [pu] *m physiol* Puls *m (auch die Stelle am Handgelenk);* Pulsschlag *m;* **~ faible** schwacher Puls; **~ inégal, irrégulier** unregelmäßiger Puls; **accélération** *f,* **élévation** *f* **du ~** Pulsbeschleunigung *f;* **prendre le ~** den Puls messen, zählen; **tâter le ~ (de qn)** (j-m) den Puls fühlen (*auch fig*)

poult-de-soie [pudswa] *m ⟨pl* **poults- -de-soie⟩** *cf* pou-de-soie

poumon [pumɔ̃] *m anat* Lunge(nflügel) *f(m);* **~ droit, gauche** rechte, linke Lunge; rechter, linker Lungenflügel; *méd* **~ d'acier, artificiel** eiserne Lunge; *chirurgie* **~ maladies** *f/pl* **du ~** Lungenchirurgie *f,* -krankheiten *f/pl; loc/adv:* **aspirer, respirer à pleins ~s** tief einatmen, Luft holen; die Luft in vollen Zügen einatmen; **chanter, crier à pleins ~s** aus vollem Hals, aus voller Lunge, lauthals singen, schreien; **avoir des ~s, de bons ~s** e-e gute, starke Lunge, e-e kräftige Stimme haben; F *Lungenkranker* **cracher ses ~s** F die halbe Lunge ausspucken

poupard [pupar] *m* pausbäckiges, rundliches Baby ['be:bi]; F Pausback *m;* **une face de ~** ein pausbäckiges Gesicht

poupe [pup] *f mar* Heck *n;* **avoir le vent en ~** *cf* vent **1.**

poupée [pupe] *f* **1.** Puppe *f;* **~ de bois, de celluloïd, de chiffon, de cire, de porcelaine** Holz-, Zellu'loid-, Stoff-, Wachs-, Porzel'lanpuppe *f; loc/adj* **de ~** Puppen...; **collection** *f* **de ~s** Puppensammlung *f; fig* **jardin** *m* **de ~** Puppengarten *m,* -gärtchen *n;* F puppiges Gärtchen; *fig* **visage** *m* **de ~** (richtiges) Puppengesicht; *fig* **c'est une vraie ~** sie ist ein richtiges Püppchen; **jouer à la ~** mit Puppen spielen; **2.** F *fig (jeune femme, fille)* F (nette, hübsche) Puppe; *cf auch* pépée **2.;** **3.** dick verbundener Finger; **4.** *e-r Drehbank* **~ fixe** Spindel-

stock *m*, -kasten *m*; ~ **mobile** Reitstock
m; **5.** *Zigarrenherstellung* Wickel *m*; **6.**
mar ~ **de treuil** Spillkopf *m*
poupin [pupɛ̃] *adj* Gesicht **a)** rundlich,
pausbäckig und rosig; **b)** puppenhaft
poupon [pupõ] *m* (pausbäckiges) Baby
['be:bi]; (pausbäckiger) Säugling
pouponner [pupɔne] *v/i* (Babys, ein
Baby ['be:bi]) hätscheln, liebkosen
pouponnière [pupɔnjɛr] *f* **a)** (Kinder-)
Krippe *f*; *Kind* **mettre à la ~** in die
Krippe geben; **b)** *in e-r Kindertagesstätte*
Saal *m* für die Säuglinge; **c)** F *fig von e-r*
kinderreichen Familie **c'est une vraie ~**
das ist der reinste Kindergarten
pour [pur] **I** *prép* **1.** *zielend* **a)** für; ◆
Bestimmung: **journaux** *m/pl* ~ **enfants**
Zeitschriften *f/pl* für Kinder; Kinder-
zeitschriften *f/pl*; **tailleur** *m* ~ **hommes**
Herrenschneider *m*; **mourir** ~ **la patrie**
für das Vaterland sterben; **c'est** ~ **toi**
das ist für dich; **prendre qc** ~ **le**
voyage etw auf die Reise mitnehmen;
◆ *bei Medikamenten:* **la grippe, la**
toux gegen Grippe, Husten; F für die
Grippe, den Husten; ◆ *Betroffensein:*
c'est bien fait ~ **elle !** das geschieht ihr
recht!; **tant mieux** ~ **lui !** um so, desto
besser für ihn!; **le procès est perdu** ~
lui der Prozeß ist für ihn verloren; **elle**
est tout ~ **moi** sie bedeutet mir alles, ist
mein ein und alles; ◆ *bei Zu- bzw*
Abneigung: **sa haine** ~ **elle** sein Haß
auf, gegen sie; **sa passion** ~ **le théâtre**
s-e Leidenschaft für das Theater; **avoir**
du respect ~ **qn** Achtung vor j-m
haben; **éprouver un tendre senti-**
ment ~ **qn** zärtliche Gefühle für j-n
hegen; ◆ *mit Verben des Meinens, Sa-*
gens: **se faire passer** ~ **un Français**
sich als Franzose, für e-n Franzosen
ausgeben; **prendre qn** ~ **un fou** j-n für
e-n Narren halten; ◆ *Zweck:* **être** ~ **qc**
zu etw dienen; F ~ **quoi faire ?** wozu?;
wofür?; F **c'est fait, prévu** ~ **!** dazu ist
er (*bzw* sie, es) doch da!; dafür ist er (*bzw*
sie, es) ja vorgesehen!; **c'est** ~ **ton bien**
das geschieht zu deinem Besten; ◆
zugunsten e-r Person, Sache: **être** ~ **qn,**
qc für j-n, etw sein; **faites-le** ~ **moi !** tut es mir zu'liebe,
um meinetwillen!; **prier, quêter, voter**
~ **qn** für j-n beten, sammeln, stimmen; ◆
anstelle e-r Person: **payer** ~ **qn** für j-n
bezahlen; *in e-m Geschäftsbrief* ~ **le**
directeur (*+ Unterschrift*) Der Direk-
tor i. A. (= im Auftrag) (*+ Unterschrift*)
◆ *Preis:* **acheter, vendre** ~ **dix francs** für
zehn Franc ...; ◆ *Vergleich zur Norm:* **il**
est grand ~ **son âge** er ist groß für sein
Alter; ~ **un étranger, il parle bien**
français für e-n Ausländer spricht er
gut Französisch; **il fait froid** ~ **la**
saison es ist kalt für die Jahreszeit; ◆
zukünftiger Zeitpunkt, Zeitspanne: ~
après *od* ~ **plus tard**; *verreisen* ~ **six semai-**
nes für sechs Wochen; **je l'ai invité** ~
mardi prochain ... für nächsten Diens-
tag; **c'est** ~ **quand ?** – après **les**
fêtes, ~ **dans 'huit jours** für wann
(möchten Sie es *bzw* ihn, sie haben)? –
(für) nach den Feiertagen, (für) in acht
Tagen; ~ **quand est la fête ?** für wann
ist das Fest geplant, vorgesehen, ange-
setzt?; wann soll ... stattfinden?; **ce sera**
fait ~ **samedi** bis Sonnabend ist es *bzw*
er, sie fertig; *vous partez?* – **oui !** **c'est** ~ **ce**
soir ... heute abend; ~ **toujours** für,
auf immer; **b)** *räumlich* nach; **le train** ~
Lyon der Zug nach Lyon; **partir** ~ **la**
France nach Frankreich (ab)reisen,
(-)fahren; **c)** ~ (**ce qui est de**) ... was
an(be)langt, betrifft; ~ **des connais-**
sances, il en a was Kenntnisse an(be)-
langt, die hat er; ~ **moi,** ~ **ma part** was

mich betrifft, ich für mein(en) Teil;
zur Verstärkung ~ **être** naïf, **il l'est** *od*
naïf, il est naïf ! wenn jemand naiv ist,
so (ist) er (es)!; ~ **un orateur, c'est un**
orateur ! wenn jemand ein guter Red-
ner ist, dann ist er es!; F **vous avez**
raison, ~ **ça vous avez raison !** Sie
haben recht, ja nur zu recht!; ~ **me**
soigner, elle m'a soigné ! was ihre
Pflege angeht, die war bestens!; **2.** *kau-*
sal wegen; ~ **autant** deswegen; *je ne lui en*
veux pas ~ **cela** ... deswegen, deshalb;
être puni ~ **sa paresse** für s-e, wegen
s-r Faulheit bestraft werden; ~ **cette**
raison aus diesem Grund; **3.** *als;* zu; ~
tout bagage, *elle avait un sac* als
einziges Gepäck ...; **avoir** ~ **consé-**
quence zur Folge haben; **avoir** ~
élève, maître als Schüler, als *od* zum
Lehrer haben; **avoir** ~ **habitude de**
(*+ inf*) die Gewohnheit haben zu (*+ inf*);
il a ~ **lit** *un vieux canapé* er hat als Bett ...;
4. *bei Zahlenrelationen* auf; **dix** ~ **cent,** ~
mille zehn Pro'zent, Pro'mille; zehn
vom Hundert, Tausend; ~ **un**
d'intelligent, il y en a dix de bêtes
auf e-n Intelligenten kommen zehn
Dumme; **5.** *vor inf* **a)** *final, konsekutiv*
um zu (*+ inf*); **ce n'est pas (fait)** ~ ... das
ist nicht dazu angetan zu ...; **il y a des**
gens assez bêtes ~ **le croire** es gibt
Leute, die dumm genug sind, das zu
glauben; *je te prête ce livre* ~ **le lire**
dans le train ... damit du es im Zug
lesen kannst; *qu'avez-vous contre moi* ~
vous mettre ainsi en colère ? ... daß
Sie so zornig werden?; ~ **ne pas le**
rencontrer ... um ihm nicht zu begeg-
nen ...; ◆ **être** ~ **faire qc** gerade dabei,
im Begriff sein, etw zu tun; *voilà une idée*
qui n'est pas ~ **me déplaire** ... die mir
(ganz gut) gefällt; **b)** *kausal* weil; *il s'est*
rendu malade ~ **avoir présumé de ses**
forces ... weil er s-e Kräfte über'schätzt
hat; **c)** *konzessiv* ob'gleich; ob'wohl;
ob'schon; wenn'gleich; ~ **être plus**
âgés, ils n'en sont pas toujours plus
prudents obwohl sie älter sind, sind sie
deswegen nicht immer vorsichtiger; **6.**
loc/conj ~ **le cas où** falls; für den Fall,
daß; *loc/adv:* ~ **de bon** ernstlich; wirk-
lich; ~ **ainsi dire** sozusagen; gewisser-
maßen; ~ **le moins** mindestens; wenig-
stens; zu'mindest; zum mindesten; ~ **rire**
aus, zum, im Spaß, Scherz; F ~ **sûr**
sicher(lich); bestimmt; ◆ *zwischen e-m*
Wortpaar: **coup** ~ **coup** Schlag um *od*
für Schlag; **il y a un an, jour** ~ **jour** es ist
auf den Tag genau ein Jahr her; **partir** ~
partir, que ce soit le plus tôt
possible wenn schon abgereist werden
muß, dann so früh wie möglich; **II** *conj*
a) *final* ~ **que** ... (*+ subj*) da'mit ...; ~ ... ~
que tout le monde soit content ...
damit alle zufrieden sind; F *il s'est*
enfermé ~ **ne pas qu'on le dérange** ...
damit man ihn nicht stört; **il est bien**
trop jeune ~ **qu'il puisse compren-**
dre er ist zu jung, als daß er verstehen
könnte *od* um es zu verstehen; **b)** *konzes-*
siv: F ~ **ce qu'on en profite !** was habe
ich, haben wir *etc* schon davon!; *litt* **ce**
sacrifice, ~ **plus atroce qu'il soit** *od*
wenn das Opfer noch so grausam ist; *litt*
~ (**si**) **puissants que soient les rois** so
mächtig die Könige auch sein mögen;
peu que ... (*+ subj*) so'fern (nur); **III**
subst **le** ~ **et le contre** das Für und
Wider
pourboire [purbwar] *m* Trinkgeld *n*;
donner un ~ **à qn** j-m ein Trinkgeld
geben
pourceau [purso] *litt m* ⟨*pl* ~**x**⟩
Schwein *n*
pourcentage [pursãtaʒ] *m* Pro'zentsatz

m, -zahl *f*; (Vom')Hundertsatz *m*; pro-
zentu'aler Anteil (**sur** *+ dat*); **un**
faible ~ **d'étrangers** ein geringer Pro-
zentsatz von Ausländern; ~ **sur les**
bénéfices prozentualer Gewinnanteil
pourchasser [purʃase] *v/t Verbrecher,*
Flüchtigen jagen; Jagd machen auf
(*+ acc*); (*hitzig*) verfolgen (*auch Gläubi-*
ger e-n Schuldner); hetzen
pour-compte *od* **pourcompte** [pur-
kõt] *m* ⟨*inv*⟩ *comm* Mitteilung *f* an den
Absender, daß die Ware auf s-e Rech-
nung verkauft wird
pour|fendeur [purfãdœr] *m litt od plais*
~ **de qc** j, der etw (öffentlich) anprangert,
geißelt, brandmarkt; **~fendre** *v/t* ⟨*cf*
rendre⟩ *litt od plais* Mißstände (öffent-
lich) anprangern, geißeln, brandmar-
ken; *Gegner* heftig attac'kieren
pourlèche [purlɛʃ] *f cf* **perlèche**
pourlécher [purleʃe] *v/pr* ⟨**-è-**⟩ **s'en**
~ (**les babines**) sich (vor Appe'tit, Ver-
langen, Genuß) den Mund lecken
pourparlers [purparle] *m/pl* pol Be-
sprechung(en) *f(pl)*; Unter'hand-
lung(en) *f(pl)*; Verhandlung(en) *f(pl)*;
entrer en ~ in Besprechungen *etc*
eintreten; Besprechungen *etc* aufneh-
men; **être en** ~ in Unterhandlung,
Verhandlung stehen, verhandeln, unter-
'handeln
pourpier [purpje] *m bot* Portulak *m*; ~
de mer Salzmiere *f*
pourpoint [purpwɛ̃] *m* früher Wams *n*
pourpre[1] [purpr(ə)] *f* **1.** *Farbstoff* Pur-
pur *m*; **2.** *Stoff* Purpur *m*; **manteau** *m*
de ~ Purpurmantel *m*; **3.** *litt* Purpurröte
f; **4.** *im alten Rom* ~ **consulaire** Konsul-
würde *f*; *hist* ~ **royale** Königswürde *f*;
égl cath ~ (**romaine**) Kardi'nalswürde *f*
pourpr|e[2] [purpr(ə)] **I** *m* **1.** Purpur(farbe
f, -rot *n*) *m*; **2.** *anat* ~ **rétinien** Sehpurpur
m; **3.** *heraldische Farbe* Purpur *m*; **4.**
zo Purpurschnecke *f*; **II** *adj* purpurrot,
-farben; **'hêtre** *m* ~ Rot-, Blutbuche *f*;
Person **être** ~ purpurrot sein; **~é** *adj litt*
purpurn
pourquoi [purkwa] **I** *adv* war'um; wes-
'halb; **a)** *in der direkten Frage:* ~ **dis-tu**
cela ? warum, weshalb sagst du das?; ~
ce long discours ? warum, wo'zu diese
lange Diskussion?; ~ **pas ?** warum
nicht?; ◆ *erweitert durch* **est-ce que,** P
durch que: ~ **est-ce que vous n'y êtes**
pas allé ? warum sind Sie eigentlich
nicht hingegangen?; P ~ **que tu as fait**
ça ? warum, F wie'so hast du das
eigentlich getan?; **b)** *in der indirekten*
Frage: **demander, dire, expliquer** ~
fragen, sagen, erklären warum; **sans**
savoir ~ ohne zu wissen warum; *je ne*
comprends pas ~ **je dois me taire** ...
warum ich schweigen soll; P **j'ignore** ~
qu'il pleure ich weiß nicht, warum er
eigentlich heult; **c)** *konsekutiv* **voici,**
voilà ~, *loc/conj* **c'est** ~ darum; des-
halb; deswegen; aus diesem Grund; **II** *m*
⟨*inv*⟩ **le** ~ **et le comment** das War'um
und das Wie; *il était embarrassé* **par les**
~ **de son fils** ... durch das ständige
Fragen s-s Sohnes „warum"
pourrai [pure] *cf* **pouvoir**
pourri [puri] **I** *adj* **1.** *Holz, Obst, Fleisch*
etc faul(ig); verfault; *Laub auch* verrot-
tet; mod(e)rig; *Gestein* faul; brüchig;
œufs ~**s** faule Eier *n/pl*; F *fig* **être** ~ **de**
fric F stinkreich sein; nach Geld stin-
ken; **2.** *fig Gesellschaft, Regime* mo'ra-
lisch verdorben, verderbt, verkommen,
kor'rupt; morsch; faul; *Hamlet* **il y a**
quelque chose de ~ **dans le royau-**
me de Danemark etwas ist faul im
Staate Dänemark; **3.** *Sommer* verregnet;
Klima, Wetter ungut; mise'rabel; übel;
F mies; **II** *m* **1. le** ~ der Moder; *bei Obst*

etc das Faule, Faulige, Verfaulte; die Faulstelle, faule Stelle; **odeur** *f* **de ~** Fäulnis-, Modergeruch *m*; fauliger, mod(e)riger Geruch; **sentir le ~** faulig, mod(e)rig, nach Moder riechen; **2.** P *Schimpfwort cf* **pourriture 4.**; **bande de ~s!** P Sau-, Schweinebande!

pourridié [puridje] *m vit* **~ laineux** Wurzelschimmel *m*, -fäule *f*

pourrir [purir] **I** *v/t* **1.** *Feuchtigkeit* **~ qc** etw (ver)faulen, vermodern, verrotten, faulig werden, in Fäulnis ¹übergehen lassen; **2.** *fig Reichtum etc* **~ qn** j-n verderben; **II** *v/i* (*u v/pr*) (**se**) **~ 3.** *Holz, Früchte* (ver)faulen; faulig werden; *Pflanzenreste* verrotten; (ver)modern (*auch Holz*); *Aas* verwesen; **4.** *fig Lage* sich verschlimmern, verschlechtern; immer schlechter werden; *Person* **~ dans la misère** im Elend verkommen, verkümmern, verderben; **laisser ~ une grève** e-n Streik sich totlaufen lassen

pourrissage [purisaʒ] *m Keramikherstellung* Mauken *n*

pourrissement [purismã] *m* **1.** (Ver-) Faulen *n*; (Ver)Modern *n*; *bes von Pflanzenresten* Verrotten *n*, -ung *f*; *von Aas* Verwesen *n*, -ung *f*; **2.** *fig der Lage* Verschlechterung *f*; Verschlimmerung *f*

pourriture [purityr] *f* **1.** Fäule *f*; Fäulnis *f*; Moder *m*; *von* ~ Fäulnis-, Modergeruch *m*; **2.** *fig* mo¹ralische Verkommenheit, Verdorbtheit, Fäulnis; Kor¹ruptheit *f*; Morschheit *f*; **3.** *Pflanzenkrankheit* **~ grise** Graufäule *f*; *bei Obst auch* Frucht-, *bei Wein auch* Sauer-, Stielfäule *f*; **~ humide** Naßfäule *f*; **noble** Edelfäule *f* (*des Weins*); **~ sèche** Trockenfäule *f* (*des Holzes*); **4.** P *Schimpfwort: von e-m Mann* P Sau-, Schweinehund *m*; Scheiß-, Mistkerl *m*; *von e-r Frau* P Miststück *n*, -vieh *n*

poursuite [pursyit] *f* **1.** Verfolgung *f*; Nachstellung *f/pl*; **une longue ~** *auch* e-e lange Verfolgungsjagd; *cin* **scène de ~** Verfolgungsszene *f*; **être à la ~ de qn** j-n verfolgen; j-m nachstellen, -jagen, -stellen; **se lancer, se mettre à la ~ de qn** j-s Verfolgung aufnehmen; **2.** *Radsport* (*course f*) **~** Verfolgungsrennen *f*, -rennen *n*; **3.** *fig* **la ~ de qc** das Streben, die Suche nach etw; **la ~ du bonheur** *auch* die Jagd nach dem Glück; **la ~ de la vérité** die Suche nach der Wahrheit; **4.** *e-r Arbeit, von Verhandlungen* Fortsetzung *f*; Fort-, Weiterführung *f*; **5.** *jur* **~ (judiciaire)** gerichtliche Verfolgung, Ahndung; Rechtsverfolgung *f*; **~ (pénale)** Strafverfolgung *f*; **défense de ... sous peine de ~s judiciaires** ... ist bei Strafe, ist polizeilich verboten, wird gerichtlich verfolgt; **arrêter les ~s** die Strafverfolgung einstellen; **engager, intenter des ~s contre qn** *cf* poursuivre 5.; **6.** *von Satelliten* Bahnverfolgung *f*; Tracking [-ɛ-] *n*

poursuiteur [pursyitœr] *m Radsport* Verfolgungsfahrer *m*

poursuiv|ant [pursyivã] *m*, **~ante** *f* **1.** Verfolger(in) *m(f)*; **2.** *jur m od adjt* **partie poursuivante** Kläger *m*; Antragsteller *m*; betreibende, klagende Par¹tei; **~eur** *m selten* Verfolger *m*

poursuivre [pursyivr(ə)] (*cf* suivre) **I** *v/t* **1.** *Verbrecher, Flüchtenden, Tier* verfolgen (*auch Auto*); nachstellen, -jagen, -setzen (**qn** j-m); **~ qn** *auch* hinter j-m herjagen; **se mettre à ~ les fuyards** die Verfolgung der Flüchtenden aufnehmen; **2.** *fig* **a)** *Gedanke, grauenhafte Bilder* **~ qn** j-n verfolgen, quälen, nicht mehr loslassen; **b)** *Person* **~ qn de sa haine, de sa jalousie,** *etc* j-n mit s-m Haß, mit s-r Eifersucht *etc* verfolgen; **3.** *fig* **~ qc** nach etw streben; etw zu

erreichen suchen; etw erstreben, anstreben; **~ un but** *auch* ein Ziel verfolgen; **~ un rêve impossible** e-m unerfüllbaren Traum nachhängen, -jagen; **4.** *Arbeit, Unterhaltung, s-n Weg, s-e Reise* fortsetzen; *Arbeit, Verhandlungen auch* fort-, weiterführen; **~ ses occupations** s-n Beschäftigungen weiter nachgehen; **~ son récit** in s-m Bericht fortfahren; **~ poursuivez!** fahren Sie fort!; **5.** *jur* **~ qn (en justice)** j-n gerichtlich belangen, verfolgen; gegen j-n gerichtlich vorgehen, einschreiten, gerichtliche Schritte unter¹nehmen; **~ qn en justice pour des dommages-intérêts** j-n auf Schadenersatz verklagen; **II** *v/pr* **6.** *reziprok:* *Kinder* **jouer à se ~** Fangen spielen; **7.** *passivisch: Unterhaltung, Verhandlungen etc* **se ~** fortgesetzt, -geführt, weitergeführt werden; weitergehen; s-n *bzw* ihren Fortgang nehmen; **se ~ très avant dans la nuit** *auch* sich bis spät, tief in die Nacht (hinein) hinziehen, ausdehnen; *Prozeß* **se ~ depuis des années** seit Jahren laufen, im Gange sein

pourtant [purtã] *adv* dennoch; doch; trotzdem; **et ~ il n'est pas bête!** und doch, dennoch, trotzdem ist er nicht dumm!; **mais ~** aber dennoch; und doch; *il est maigre,* **et ~ il mange beaucoup** ... obgleich er viel ißt

pourtour [purtur] *m e-r Fläche* ¹Umfang *m* (*auch math*); **une place dont le ~ seul était pavé** ein Platz, der nur rundherum am Rand gepflastert war; **sur le ~ de la place, on trouvait de belles maisons** um den Platz herum standen schöne Häuser; der Platz war von schönen Häusern um¹geben

pourvoi [purvwa] *m a) Zivil-, Straf-, Verwaltungsrecht* Re¹kurs *m* (*gegen Urteile*); *bei Zivil- u Verwaltungsverfahren auch* Nichtigkeitsklage *f*, -beschwerde *f*; **~ devant la Cour de cassation** Rekurs beim Kassationshof (*in Paris*); **en cassation** Revisi¹on(santrag) *f(m)*; **en révision** Wieder¹aufnahmeantrag *m*; Antrag *m* auf Wiederaufnahme (*e-s Verfahrens*); **b)** *Steuerrecht* (schriftlicher) Antrag

pourvoir [purvwar] (*cf* voir; *aber:* je **pourvus**; je **pourvoirai**) **I** *v/t* **~ qn de qc** j-n mit etw ausstatten, versehen, versorgen; **la nature l'a pourvu de grandes qualités** die Natur hat ihn mit reichen Gaben ausgestattet; **~ qn d'une recommandation** j-n mit e-r Empfehlung versehen; ♦ *oft p/p:* **pourvu de toutes les commodités** mit allen Annehmlichkeiten ausgestattet; *Person* **pourvu d'une grande imagination** mit viel Phantasie begabt; **les poissons sont pourvus de nageoires** Fische haben Flossen; ♦ *im Parlament* **un siège à ~** ein zu besetzender Sitz; **II** *v/t/indir st/s* **~ à qc** für etw sorgen, Sorge tragen, aufkommen; **~ à l'entretien de la famille** für den ¹Unterhalt der Familie sorgen; *Dieu y* **pourvoira** Gott wird Rat schaffen; **III** *v/pr* **1.** **se ~ de qc** sich mit etw versehen, versorgen, ausstatten; **2.** *jur* **se ~ devant la Cour de cassation** beim Kassationshof Re¹kurs einlegen; **se ~ en cassation** Revision einlegen, beantragen; **se ~ en révision** die Wieder¹aufnahme (*des Verfahrens*) beantragen; e-n Antrag auf Wiederaufnahme stellen

pourvoy|eur [purvwajœr] *m* **1.** *mil* Muniti¹onsträger *m*, -kanonier *m*; **2.** *litt* (*auch* **~euse** *f*) Liefe¹rant(in) *m(f)*; *Gemälde von Chardin* **La Pourvoyeuse** Die Schaffnerin; **la guerre, la grande pourvoyeuse des cimetières** der

Krieg, der die Friedhöfe füllt

pourvu [purvy] **I** *p/p von* pourvoir; **II** *loc/conj* **~ que** (+*subj*) vor¹ausgesetzt, daß; so¹fern; *in Wunschsätzen* wenn ... (doch) nur; *j'accepte les opinions des autres,* **~ qu'ils me laissent faire ce que je veux** ... vorausgesetzt, daß sie mich, sofern sie mich, wenn sie mich nur machen lassen, was ich will; **~ qu'il ne lui arrive aucun accident!** wenn ihm (doch) nur nichts zustößt!; hoffentlich stößt ihm nichts zu!

poussage [pusaʒ] *m* Schubschiffahrt *f*

poussa(h) [pusa] *m* **1.** **un (gros) ~** ein kleiner Dicker, Fetter, F Fettkloß; **2.** Stehaufmännchen *n*

poussard [pusar] *m mines* Bolzen *m*

pousse [pus] *f* **1.** *bei Pflanzen* Trieb *m*; Sproß *m*; Schößling *m*; Schoß *m*; **jeune ~** junger Trieb; *cuis* **~s de bambou** Bambussprossen *f/pl*, -sprossen *f/pl*; **2.** *der Pflanzen, Haare, Nägel* Wachstum *n*; Wachsen *n*; *des Bartes* Wachsen *n*; F Sprießen *n*; *der Zähne* ¹Durchbruch *m*; *der Pflanzen auch* Sprießen *n*; Sprossen *n*; Treiben *n*; **3.** *des Weins* ¹Umschlagen *n*; **4.** *vét des Pferdes* Dämpfigkeit *f*; Dampf *m*; Bauchstößigkeit *f*, -schlägigkeit *f*; Haarschlechtigkeit *f*; Engbrüstigkeit *f*

poussé [puse] **I** *adj Motor* hochgezüchtet; *Zeichnung* bis in die kleinsten Feinheiten gehend, ausgeführt; **die ... ¹wiedergebend; très ~** *Unterhaltung, Studien* eingehend; ausführlich; *Unterhaltung, Abhandlung auch* tiefschürfend; *Studien auch* gründlich; **vide ~** Hochvakuum *n*; **II** *m mus* Aufstrich *m*

pousse|-au-crime [pusokrim] *m plais* un verre de ~ ein Glas, Gläschen Schnaps; **~-café** *m* ⟨*inv*⟩ Schnaps *m*, Schnäpschen *n*, Li¹kör *m* nach dem Kaffee; *auch* Verdauungsschnaps *m*, -schnäpschen *n*

poussée [puse] *f* **1.** Stoß *m*; Puff *m*; F Schubs *m*; *e-r Menschenmenge* Schieben *n*; Stoßen *n*; Drängen *n od* F Drängeln *n*; Druck *m*; **2.** *phys* Schub *m*; *e-s (Raketen)Triebwerks auch* Schub-, Vortriebskraft *f*; *des Wassers, der Erde gegen ein Mauerwerk etc* Druck *m*; *arch* (Seiten-) Schub *m*; *bot* **~ radiculaire** Wurzeldruck *m*; *im fluiden Medium* **~ ~** (verticale) Auftrieb *m*; *phys* **~ dans le vide** Vakuumschub *m*; *Tiefbau* **~ des terres** Erddruck *m*; *arch* **~ des voûtes** Gewölbeschub *m*; **centre de ~** Druck-, Auftriebs-, Angriffsmittelpunkt *m*; **3.** *path e-r (latenten) Hautkrankheit* plötzliches Auftreten; plötzlicher Ausbruch; **~ de fièvre** plötzlicher Tempera¹tur-, Fieberanstieg; **4.** *fig der Preise etc* plötzlicher Anstieg, Hochschnellen *n*; *der Preise auch* Preisschub *m*; **~ démographique** plötzlicher, starker Bevölkerungsanstieg; Bevölkerungsexplosion *f*; **~ révolutionnaire** revolutionäre Welle, Bewegung; **une ~ d'antisémitisme** e-e Welle des Antisemitismus; *pol* **une ~ vers la gauche** ein Linksruck *m*, -rutsch *m*

pousse|-pied [puspje] *m* ⟨*inv*⟩ *mar* Schlickrutscher *m*; **~-pousse** *m* ⟨*inv*⟩ Riksha *f*

pousser [puse] **I** *v/t* **1.** *Person* (an-) stoßen; F schubsen; *Kinderwagen, Schubkarre, Auto* schieben; *Auto auch* anschieben; *Riegel* vorschieben; *Schublade* zuschieben; *Tür* aufstoßen *bzw* zustoßen, zuwerfen; *Wind: Wolken* (vorwärts) treiben; jagen; *Aufschrift an e-r Tür* **poussez!** drücken!; *abs* **ne poussez pas!** nicht drängen! F drängeln!; *Bett, Schrank:* **~ contre le mur** an die Wand schieben, rücken; **~ contre la**

porte vor die Tür schieben; ~ qn du coude, du genou, du pied j-n mit dem Ellbogen, Knie, Fuß anstoßen; j-m e-n Stoß, Puff mit ... geben; ~ qc du pied etw mit dem Fuß beiseite, zur Seite schieben, weg-, fortschieben; ~ qn dehors j-n hin'ausstoßen, -schieben, -drängen; ~ devant soi vor sich her schieben, *Tier, Person* treiben; ~ vers *Vieh* treiben, *Person auch* drängen zu (... hin); *Wind, Strömung* ~ la barque vers le large das Boot auf das offene Meer hinaus treiben, *Strömung auch* tragen, ziehen; **2.** ~ qn à (faire) qc j-n zu etw (an)treiben, drängen, ermuntern, *zum Diebstahl etc* verleiten; ~ qn à bout *cf* bout I.; ~ les gens à la consommation die Leute zum Verbrauch anreizen, ermuntern; ~ qn à sortir plus souvent j-n drängen, ermuntern, öfter auszugehen; ~ qn à travailler j-n zur Arbeit antreiben, anspornen; ♦ ~ qn sur qc j-n nach etw ausfragen, F über etw (*acc*) ausholen; ~ qn sur les motifs de son acte j-n nach den Motiven für s-e Tat ausfragen; **3.** *Kandidaten* unter-'stützen; *Begabten etc* fördern; vorwärts-, weiterbringen; weiter-, forthelfen (+*dat*); *Günstling auch* prote'gieren; **4.** *Arbeit, Forschung, Ermittlungen* vor-'an-, vorwärts-, weitertreiben; *Motor* hochjagen; *Heizung* weiter aufdrehen; höher stellen; ~ les enchères den Preis (der zu versteigernden Sache) hochtreiben, in die Höhe treiben; *Unverschämtheit etc* ~ au dernier degré auf die Spitze treiben; ~ (les choses) au noir zu schwarz sehen; alles zu schwarz (aus)malen; ~ à la perfection zur höchsten Vollkommenheit führen; ~ le dévouement, la gentillesse jusqu'à (+*inf*) in s-r Ergebenheit, Höflichkeit so weit gehen zu (+*inf*); il a poussé la gentillesse jusqu'à nous raccompagner *auch* s-e Höflichkeit ging so weit, daß er uns wieder zurückbegleitete; amour maternel poussé jusqu'à la passion bis zur Leidenschaft gesteigerte Mutterliebe; ~ loin ses recherches ausgedehnte Studien treiben; ~ plus loin l'étude d'une langue in e-e Sprache immer tiefer eindringen; s-e Sprachkenntnisse weiter vertiefen; ~ trop loin la plaisanterie den Scherz zu weit treiben; *abs* F faut pas ~ man darf auch nicht über'treiben; **5.** *Klagelaut, Seufzer, Fluch, Schrei* ausstoßen; F en ~ une ein Lied schmettern; ~ un cri perçant *auch* gellend ausstoßen; ~ des exclamations de joie in Freudenrufe ausbrechen; ~ des soupirs *auch* seufzen; **6.** *agr Pferd* ~ d'avoine, d'orge mit Hafer, Gerste über'füttern; **II** *v/i* **7.** *Pflanzen, Haare, Bart, Nägel* wachsen; *Pflanzen auch* sprießen (*auch Bart*); treiben; sprossen; *Haare auch* nachwachsen; *Zähne* 'durchbrechen; erscheinen; (her'vor)kommen; *Kind* ~ bien sich gut entwickeln; faire ~ des fleurs Blumen ziehen; faire ~ des légumes Gemüse ziehen, anbauen; ses dents de lait ont fini de ~ s-e Milchzähne sind alle da; **8.** *beim Spaziergang, auf der Reise* ~ jusqu'à ... weitergehen, -laufen, -fahren, -reisen bis ...; **9.** *fig Person* ~ à la roue nachhelfen; die Hand im Spiel haben; **10.** *zur Entleerung des Darms* drücken; *in der Austreibungsphase bei der Geburt* pressen; **11.** *mar* ~ au large absetzen; **III** *v/pr* se ~ **12.** *auf e-r Bank* zur Seite rücken; Platz machen; *für j-n, der vorbei will* Platz machen; aus dem Weg gehen; zur Seite treten; **13.** *Menschenmenge* sich stoßen, drängen, F drängeln, schubsen; se ~ vers la sortie

zum Ausgang drängen; **14.** *fig* se ~ du col großtun; wichtig tun; angeben

poussette [pusɛt] *f* **1. a)** *für Kinder* Sportwagen *m*; **b)** Einkaufswagen *m*, -roller *m*; **2.** F *beim Radrennen auf Steigungen* Schieben *n* (*als unerlaubte Hilfeleistung*); **3.** *beim Glücksspiel* heimliches Verschieben (*e-s Chips etc*); **4.** F *auf verstopften Straßen* (Fahren *n* im) Schneckentempo *n*; ~-canne *f* ⟨*pl* poussettes-cannes⟩ Schirm(sport)wagen *m*; Klappsportwagen *m*

pousseur [pusœr] *m Binnenschiffahrt* Schubboot *n*

poussier [pusje] *m* Kohlenstaub *m*; *auch* Feinkohle *f*; *mines* coup *m* de ~ Kohlenstaubexplosion *f*

poussière [pusjɛr] *f* **1. a)** Staub *m*; ~ cosmique kosmischer Staub; ~s industrielles Indu'striestaub *m*, *fachspr* -stäube *m/pl*; ~s radioactives, volcaniques radioaktiver, vulkanischer Staub; ~ de charbon, de froment, des routes Kohlen-, Mehl-, Straßenstaub *m*; *mines* coup *m* de ~ *cf* poussier; avaler de la ~ Staub schlucken; faire de la ~ Staub machen, aufwirbeln; *nach dem Tod* n'être plus que ~ nur noch Staub sein; *fig*: mordre la ~ **a)** der Länge nach hinfallen; **b)** e-e Niederlage erleiden; faire mordre la ~ à qn j-m e-e Niederlage beibringen; j-n zur Strecke bringen; *fig Hoffnung, Plan* réduire en ~ zu'nichte machen; *auch dem Tod* retourner à la ~ wieder zu Staub werden; tomber en ~ in, zu Staub zerfallen; **b)** Staubkorn *n*, -teilchen *n*; Stäubchen *n*; avoir une ~ dans l'œil ein Staubkörnchen, etwas im Auge haben; j'ai une ~ dans l'œil *auch* mir ist etwas ins Auge gekommen, geflogen; **2.** *fig* une ~ de e-e Menge, Fülle, Vielzahl, Unzahl von (*od* + *gén*); **3.** F *fig* trois cents francs et des ~s dreihundert Franc und etwas, und ein paar Centimes, F und ein paar Zerquetschte

poussiéreux [pusjerø] *adj* ⟨-euse⟩ staubig; verstaubt (*auch fig*)

poussif [pusif] *adj* ⟨-ive⟩ **1.** *Person* kurzatmig; F *Motor auch* asth'matisch; **2.** *vét Pferd* dämpfig; bauchstößig; haarschlechtig; engbrüstig; **3.** *fig Roman, Theaterstück* flach; seicht; schal; nichtssagend; geistlos; gedankenarm; einfallslos

poussin [pusɛ̃] *m* **1.** *zo* Küken *od* Kücken *n*; **2.** *zu e-m Kind* F mon ~ (mein) Mäuschen, Häschen, Herzchen

poussin|et [pusinɛ] *m* F *cf* poussin 2.; ~ière *f* Kükenhaus *n*, -käfig *m*

poussoir [puswar] *m auto* Stößel *m*

pout-de-soie [pudswa] *m* ⟨*pl* pouts-de-soie⟩ *cf* pou-de-soie

poutr|age [putraʒ] *m od* ~aison *f bât* Balkenlage *f*; Gebälk *n*; Balkenwerk *n*

poutr|e [putr(ə)] *f bât* Balken *m*; Träger *m*; *bei Dachkonstruktionen* Binder *m*; ~ mixte Verbundträger *m*; ~ (composée) pleine 'Vollwandträger *m*; ~ (composée) en treillis Gitter-, Fachwerkträger *m*; maîtresse ~ Hauptbalken *m*, -träger *m*; ~ métallique Stahlträger *m*; ~ en béton armé Stahlbetonträger *m*, -balken *m*; ~elle *f bât* kleiner Balken, Eisen-, Stahlträger *m*

pouture [putyr] *f agr* Stallmast *f*, -mästung *f*

pouvoir[1] [puvwar] ⟨je peux *od st/s* je puis (*aber immer* puis-je?), tu peux, il peut, nous pouvons, ils peuvent; je pouvais; je pus; je pourrai; que je puisse; pouvant; pu (*inv*)⟩ **I** *v/t* können; **a)** *mit subst* qui peut le plus peut le moins *cf* plus[2] II 1.; **b)** *mit pr*: dès qu'il peut sobald er es kann; *résistez,*

si vous le pouvez ... wenn Sie (es) können; qu'y puis-je? was kann ich dafür?; on n'y peut rien *cf* rien I 1.; **c)** *mit adv*: *st/s* il peut beaucoup sur leurs décisions er hat viel Einfluß auf ihre Entscheidungen; *litt* n'en ~ mais nichts da'fürkönnen; je n'en peux plus ich kann nicht mehr; ich halte es nicht mehr aus; **II** *v/aux mit inf* **1.** können; vermögen; ne pas ~, *litt* ne ~ parler, *etc* nicht sprechen *etc* können; ♦ il n'a pas pu déchiffrer ce mot er hat dieses Wort nicht entziffern können; qui peut le dire? wer kann es sagen, vermag es zu sagen?; on ne peut pas dire qu'il soit très intelligent man kann nicht gerade sagen, behaupten, daß er sehr klug ist; on ne peut être plus mal servi schlechter kann man nicht bedient werden; ♦ *ellip*: advienne que pourra *cf* advenir; j'ai fait ce que j'ai pu ich habe getan, was ich konnte, vermochte; *qu'est-ce que je peux faire pour vous?* – vous pouvez beaucoup ... Sie können viel tun; venez me voir dès que vous pourrez! kommen Sie mich besuchen, sobald Sie können!; ♦ *loc/adv*: on ne peut mieux (aller-)bestens; aufs beste; vortrefflich; vorzüglich; F prima; il est on ne peut plus aimable ... äußerst, außerordentlich, ungemein, überaus ...; le plus qu'il peut so sehr er kann; cours le plus vite que tu pourras! lauf so schnell (wie) du kannst!; **2.** dürfen; können; on ne peut pas l'abandonner dans cette situation in dieser Lage darf man ihn einfach nicht verlassen; est-ce que je peux, *st/s* puis-je vous aider? darf, kann ich Ihnen helfen?; on peut dire que ... man kann, darf sagen, daß ...; ... si l'on peut dire ... wenn man so sagen darf; on ne peut employer le conditionnel dans ce cas in diesem Fall darf, kann man den Konditional nicht anwenden; les internes peuvent sortir jusqu'à midi die Internatsschüler dürfen bis mittag ausgehen; **3.** mögen; können; ♦ *Vermutung, Möglichkeit*: cet enfant pouvait avoir six ans tout au plus das Kind mochte höchstens sechs Jahre alt sein; quel âge peut-elle bien avoir? wie alt könnte, mag, wird sie wohl sein?; je peux me faire des illusions es ist möglich, daß ich mir Illusionen mache; il peut dire ce qu'il veut er kann, mag sagen, was er will; cela peut durer encore longtemps das kann noch lange dauern; où peut bien être ce livre? wo kann, mag das Buch nur sein?; cet espoir pourrait bien se réaliser diese Hoffnung dürfte, könnte sich wohl erfüllen; il peut bien venir me voir, je ne lui raconterai rien selbst *od* auch wenn er mich aufsucht, ...; *unpersönlich*: il pouvait y avoir deux mille spectateurs es mochten zweitausend Zuschauer anwesend sein; il peut arriver, se faire que ... (+*subj*) es kann sein, geschehen, daß ...; ♦ *st/s in Wunschsätzen*: puissent tous les autres agir de même! würden, möchten doch alle anderen ebenso handeln!; puissiez-vous réussir! möge Ihnen Erfolg beschieden sein!; **III** *v/pr u v/imp* il se peut que ... (+*subj*) es kann sein, es ist möglich, daß ...; il se peut que je me sois trompé *auch* möglicherweise habe ich mich getäuscht; se pourrait-il que vous n'ayez pas été averti? wäre es möglich, daß man Sie nicht benachrichtigt hat?; sollte man Sie wirklich nicht benachrichtigt haben?; *ellip u litt* il travaille autant que faire se peut er arbeitet, so'viel er irgend kann; ♦ F ça

se peut das ist möglich; das kann sein; F ça se pourrait bien das könnte gut, durchaus (möglich) sein; cela ne se peut pas auch das geht nicht

pouvoir² [puvwar] *m* **1.** Macht *f* (sur qn über j-n); Gewalt *f*; Kraft *f*; ~ magique magische Kraft; le mystérieux ~ des nombres die geheimnisvolle Macht der Zahlen; ~s surnaturels 'übernatürliche Kräfte; *écon* ~ d'achat Kaufkraft *f*; ~ de l'imagination Einbildungskraft *f*; si j'en avais le ~ wenn ich die Macht dazu hätte; cela n'est pas en mon ~ das steht nicht in meiner Macht, Gewalt; il n'est pas en mon ~ de (+*inf*) es steht nicht in meiner Macht, Gewalt zu (+*inf*); vous êtes in notre ~ Sie sind in unserer Gewalt, Hand; tomber au ~ de qn unter, in j-s Gewalt (*acc*) geraten; in j-s Gewalt fallen; **2.** *pol* Macht *f*; *rel* ~ des clés Schlüsselgewalt *f*; les hommes *m/pl* au ~ die Machthaber *m/pl*; prise *f* de ~ Machtübernahme *f*, -ergreifung *f*; être au ~ an der Macht sein; parvenir au ~ an die, zur Macht kommen, gelangen; *Herrscher* zur Herrschaft gelangen; **3.** *pol* ~ (Staats)Gewalt *f*; ~ central, disciplinaire Zen'tral-, Diszipli'nargewalt *f*; ~ exécutif, judiciaire, législatif *cf* exécutif *etc*; ~s publics Behörden *f/pl*; Staatsorgane *n/pl*; *auch* öffentliche Hand; ~ de police Poli'zeigewalt *f*; **4.** *jur* a) ~ Vormunds, *Rechtsanwalts* Vertretungsmacht *f*; b) (Handlungs)'Vollmacht *f*; *als Dokument* (schriftliche) 'Vollmacht *f*; 'Vollmachtsurkunde *f*; pleins ~s unbeschränkte Vollmacht; Pleinpou'voir *n*; ~ spécial Sondervollmacht *f*; *Formel in der Vollmachtsurkunde* bon pour ~ bevollmächtigt; mit Handlungsvollmacht ausgestattet; avoir ~ de (+*inf*) bevollmächtigt, ermächtigt, befugt, berechtigt sein zu (+*inf*); donner ~ à qn de (+*inf*) j-m die Vollmacht erteilen, j-n ermächtigen zu (+*inf*); c) (Macht-, Amts-, Dienst)Befugnis *f*; *le président de la République* a le ~ de dissoudre l'Assemblée nationale ... hat das Recht, die Nationalversammlung aufzulösen; dépasser, excéder ses ~s s-e Befugnisse über'schreiten; **5.** *bes tech, phys, opt etc* Vermögen *n*; Fähigkeit *f*; *e-s Treibstoffs* ~ antidétonant Klopffestigkeit *f*; *e-s Brennstoffs* ~ calorifique Heizwert *m*; *e-r Farbe* ~ couvrant Deckvermögen *n*; ~ expansif Ausdehnungs-, Expansi-'onsvermögen *n*; ~ isolant Iso'lierfähigkeit *f*; *opt* ~ réflecteur, rotatoire, séparateur *od* de résolution Reflexi'ons-, Dreh-, Auflösungsvermögen *n*

pouzzolane [puzɔlan] *f* Puzzo'lan(erde) *n(f)*

Praesidium [prezidjɔm] *m in der UdSSR* le ~ du Soviet Suprême das Prä'sidium des Obersten So'wjets; membre du ~ Präsidiumsmitglied *n*

pragmat|ique [pragmatik] *adj* prag-'matisch; politique *f* ~ pragmatische Politik; ~isme *m philos* Pragma'tismus *m*; ~iste *philos* I *adj* prag'matisch; des Pragma'tismus; il est ~ er ist Pragmatiker; II *m,f* Prag'matiker(in) *m(f)*

praire [prɛr] *f zo* (Warzige) Venusmuschel

prairial [prɛrjal] *m hist* Prairi'al *m* (9. *Monat im frz Revolutionskalender*)

prairie [preri] *f* **1.** Grünland *n*; Wiese *f*; Weide *f*; **2.** *géogr* la ℗ die Prä'rie

pralin [pralɛ̃] *m* **1.** Süßwarenherstellung Pra'lin *m*; **2.** *jard, Obstbau* (feuchte) Düngererde

pralinage [pralinaʒ] *m* **1.** Süßwarenherstellung ~ des amandes Bräunen *n*,

Brennen *n* der Mandeln (*in Zucker*); **2.** *jard* Um'geben *n* mit feuchter Düngererde; Einschlämmen *n*

praline [pralin] *f* **1.** gebrannte Mandel; **2.** F *fig* cucul la ~ *cf* cucul

pralin|é [praline] I *adj Pudding, Gefrorenes* mit Pra'lin vermischt, zubereitet; II *m* Nougat *od* Nugat *m od n*; chocolat *m* (au) ~ Nougatschokolade *f*; ~er *v/t* **1.** *Süßwarenherstellung* in Zucker bräunen, braun rösten; **2.** *jard. Obstbau: beim Setzen* mit Düngererde um'geben; einschlämmen

prase [praz] *m minér* Prasem *m*

praséodyme [prazeɔdim] *m chim* Praseo'dym *n*

praticable [pratikabl(ə)] I *adj* **1.** *Weg* begeh-, gang-, benutzbar; *Straße* befahrbar (en voiture mit dem Auto); benutzbar; *Sportplatz* bespielbar; *Furt* passierbar; **2.** *Plan* aus-, 'durchführbar; reali'sierbar; prakti'kabel; *auch* brauchbar; **3.** *thé Dekoration, Tür* prakti'kabel; II *m* **1.** *thé* Prakti'kabel *n*; **2.** *cin, télév* Kamera- *bzw* Scheinwerferstand *m*

pratic|ien [pratisjɛ̃] *m*, ~ienne *f* **1.** *méd* (prakti'zierender) Arzt, (prakti'zierende) Ärztin (*im Gegensatz zu dem bzw der in der Forschung tätigen*); **2.** ⟨*nur m*⟩ *sculp* Steinmetz, der das Bildwerk nach dem Modell aus dem groben her'ausarbeitet

pratiquant [pratikɑ̃] *rel* I *adj* s-e religi-'ösen Pflichten erfüllend; die Religi'onsvorschriften befolgend, beachtend; *Katholik* prakti'zierend; elle est ~e *auch* sie ist e-e eifrige Kirchgängerin; II *subst* ~(e) *m(f)* s-e religi'ösen Pflichten erfüllende(r) Gläubige(r); *égl cath* prakti-'zierender Katho'lik, prakti'zierende Katho'likin; *auch* eifriger Kirchgänger, eifrige Kirchgängerin

pratique [pratik] I *adj* **1.** *Gegenstand, Gerät, Rat, Zeiteinteilung etc* praktisch; zweckmäßig, -entsprechend, -dienlich; *Gerät, Rat auch* nützlich; brauchbar; *passez par ici.* c'est plus ~ ... das ist praktischer, bequemer; **2.** *Person* praktisch (veranlagt, denkend); *psych* intelligence *f* ~ praktische Intelligenz; sens *m* ~ praktische Veranlagung; avoir un sens ~ praktisch veranlagt sein; praktisch denken; ein Praktiker, ein Mann der Praxis sein; **3.** *im Gegensatz zu theoretisch* praktisch; connaissances *f/pl* ~s d'une langue praktische Sprachkenntnisse *f/pl*; *Schule, Uni* travaux *m/pl* ~s *cf* travail 2.; *phys* unités *f/pl* ~s praktische (Maß)Einheiten *f/pl*; la vie ~ das praktische Leben; **4.** *philos* praktisch; II *f* **1.** *im Gegensatz zur Theorie* Praxis *f*; dans la ~ in der Praxis; en ~ in der Praxis; praktisch; *Lehre, Idee* mettre en ~ in die Praxis anwenden, verwirklichen; in die Praxis, Tat 'umsetzen; praktisch anwenden; 'durchführen; prakti'zieren; connaissances obtenues par la ~ in der Praxis, praktisch erworbene Kenntnisse *f/pl*; **2.** Praxis *f*; (praktische, Berufs)Erfahrung; ~ de la navigation seemännische Praxis, Erfahrung; ~ du théâtre Bühnenpraxis *f*, -erfahrung *f*; avoir une longue ~ de la pédagogie e-e lang(jährige) pädagogische Praxis haben, Erfahrung besitzen; manquer de ~ (noch) keine Praxis, praktische Erfahrung haben; **3.** *e-s Berufs, Handwerks, Sports* Ausübung *f*; *e-s Handwerks auch* Betreiben *n*; *e-s Sports auch* (Be)Treiben *n*; la ~ de l'escrime *auch* das Fechten; der Fechtsport; **4.** *litt von Barmherzigkeit etc* Üben *n*; *sittlicher Gebote* Befolgung *f*; *rel* les ~s die Andachtsübungen *f/pl*; ~ religieuse Befolgung religiöser

Vorschriften; Erfüllung *f* religiöser Pflichten; Prakti'zieren *n* des Glaubens; **5.** Praxis *f*; Gepflogenheit *f*; Brauch *m*; *oft pl* ~s Praktiken *f/pl*; ~ répandue verbreitete Praktik, Praxis; ~s odieuses abscheuliche Praktiken; c'est une ~ courante *auch* das ist so üblich; le troc était une ~ générale der Tauschhandel war allgemein üblich; **6.** *peint* peindre de ~ aus dem Gedächtnis, Kopf malen; **7.** *bât* pierre *f* de ~ unbehauen gebrauchter Stein; **8.** libre ~ a) *Zollwesen* freier Verkehr; b) *mar* Freigabe *f* zum Verkehr mit dem Lande; ~ment *adv* **1.** praktisch; in der Praxis; **2.** praktisch; so gut wie; fast

pratiquer [pratike] I *v/t* **1.** *Beruf, Handwerk, Kunst* betreiben; *Beruf auch, Sport* ausüben; *Sport auch* (be)treiben; ~ le football den Fußballsport betreiben; Fußball spielen; ~ la médecine den Arztberuf ausüben; ~ la photographie das Photographieren betreiben; photogra'phieren; **2.** *e-e Methode, Technik* in die Praxis 'umsetzen; in der Praxis anwenden, verwirklichen; praktisch anwenden; *Methode auch* prakti'zieren; *Politik* betreiben; verfolgen; **3.** *Barmherzigkeit, Gerechtigkeit, Enthaltsamkeit* üben; ~ le bluff, le chantage sich des Bluffs, der Erpressung bedienen; bluffen, erpressen; ~ la charité *auch* Werke der Barmherzigkeit tun; ~ une religion, *abs* ~ s-e religiösen Pflichten erfüllen; die Religionsvorschriften befolgen, beachten; *auch* in die Kirche gehen; ~ la vertu tugendhaft sein; den Pfad der Tugend gehen; **4.** *Öffnung, Durchgang* herstellen; machen; *Schutz, Tür* anbringen; *chirurgischen Eingriff, Operation* vornehmen; machen; II *v/pr* se ~ üblich sein; geschehen

pré [pre] *m* **1.** (Stück *n*) Wiese *f*; **2.** *früher* aller sur le ~ sich duel'lieren

pré... [pre] *in Zssgn* prä...; Prä...; vor...; Vor...; früh...; Früh...; *cf auch die nachfolgenden Stichwörter*

préadaptation [preadaptasjɔ̃] *f biol* Präadapti'on *f*

préalable [prealabl(ə)] I *adj* **1.** vor'herig *od* 'vorherig; vor'hergehend; *auch* vor-'an-, vor'aufgehend; sans avis ~ *auch* ohne Vorankündigung; après un examen médical ~ *auch* nach erfolgter ärztlicher Unter'suchung; **2.** question *f* ~ *im Parlament* Antrag *m* , e-n Tagesordnungspunkt nicht zu behandeln, über e-n Gesetzesvorschlag *etc* nicht abzustimmen; *jur* Vorfrage *f*; II *m* **1.** Vorbedingung *f*; **2.** *loc/adv* au ~ vorher; zu'vor

pré|alablement [prealabləmɑ̃] *adv* vorher; zu'vor; ~allumage *m auto* Frühzündung *f*; ~alpin *adj* der Voralpen; des Alpenrandes, -vorlandes; Alpenrand...

préambule [preɑ̃byl] *m* **1.** zu e-m Staatsvertrag, Gesetz, e-r Verfassung Prä'ambel *f*; zu e-m Vertrag etc Einleitung *f*; Vorrede *f*; *loc/adv* sans ~ unvermittelt; ab'rupt; ohne 'Umschweife; *bei e-r Rede* après un rapide ~ *auch* nach ein paar einleitenden Worten, Sätzen; **2.** *fig Ereignis, Krise* être le ~ à qc das Vorspiel zu etw sein

pré|ampli [preɑ̃pli] *m Kurzwort od* ~amplificateur *m rad* Vorverstärker *m*; ~amplification *f rad* Vorverstärkung *f*

préau [preo] *m e-r Schule* über'dachter Teil des Schulhofs; *e-s Klosters, Gefängnisses, Krankenhauses* (Innen)Hof *m*

préavis [preavi] *m* **1.** (Vor)Ankündigung *f*; *tél* Voranmeldung *f*; ~ de grève Streikankündigung *f*; **2.** *Arbeitsrecht* Kündigung *f*; délai *m* de ~ *od ellip*

~ Kündigungsfrist *f* (**de trois mois** von drei Monaten); *loc/adv* **sans ~** ohne Einhaltung der Kündigungsfrist; *entlassen* fristlos; **donner son ~** (fristgemäß, -gerecht) kündigen

prébende [prebɑ̃d] *f égl cath* Prä'bende *f;* Pfründe *f*

prébendier [prebɑ̃dje] *m égl cath* Präben'dar *m*

précaire [preker] *adj* **1.** *Gesundheitszustand, Lage* pre'kär; la'bil; bedenklich; *Lage auch* heikel; brenzlig; schwierig; *Glück* zerbrechlich; unsicher; *Dasein* unsicher; ungewiß; **2.** *jur* **détention** *f,* **possession** *f* (à titre) **~** Fremdbesitz *m;* unmittelbarer Besitz; **détenteur** *m* (à titre) **~** Fremdbesitzer *m;* unmittelbarer Besitzer

pré|cambrien [prekɑ̃brijɛ̃] *géol* **I** *adj* ⟨**~ne**⟩ prä'kambrisch; **II** *m* Prä-'kambrium *n;* **~capitaliste** *adj* vorkapitalistisch

précarité [prekarite] *f* **1.** *alles Irdischen* Vergänglichkeit *f; des Glücks* Zerbrechlichkeit *f; der Lage* Bedenklichkeit *f; des Daseins* Unsicherheit *f; e-r Regierung* schwierige, bedenkliche, heikle Lage; **2.** *jur* Fremdbesitzverhältnis *n;* Unmittelbarkeit *f* des Besitzverhältnisses

précaution [prekosjɔ̃] *f* Vorsicht *f;* Behutsamkeit *f;* Vorsichtsmaßnahme *f,* -maßregel *f; loc/adv:* **avec** (**de grandes**) **~**(**s**) (sehr) vorsichtig, behutsam, sorgsam; mit (großer) Behutsamkeit; **par ~** vorsichtshalber; vorsorglich; aus Vorsicht; zur Vorsorge; **s'entourer de ~s** vorsichtig sein; Vorsicht walten lassen; vorsichtig zu Werke gehen; sich (nach allen Seiten) absichern; **prendre des ~s** Vorsichtsmaßnahmen, -maßregeln treffen, ergreifen; F *fig* **prendre ses ~s** F vorher noch einmal verschwinden gehen; *loc/prov* **deux ~s valent mieux qu'une** doppelt genäht hält besser (*loc/prov*)

précautionneux [prekosjønø] *st/s adj* ⟨**-euse**⟩ vorsichtig; behutsam; sorgsam; 'umsichtig

précédemment [presedamɑ̃] *adv* vorher; vordem; zu'vor; früher

précédent [presedɑ̃] **I** *adj Woche, Jahr etc* vor'hergehend; vorig; Vor...; *Artikel, Schreiben* vor'angegangen; letzte(r, -s); *loc/adv* **l'année ~e** im vorhergehenden, vorigen Jahr; im Vorjahr; im Jahr vorher, zu'vor; **II** *m* **1.** Präze'denzfall *m* (*auch jur*); *loc/adj* **sans ~** beispiellos; noch nie dagewesen(e(r,-s)); **c'est un fait sans ~** das hat es noch nie gegeben; das ist noch nicht dagewesen; **créer un ~** e-n Präzedenzfall schaffen; **2.** *par ext e-s Ereignisses* Vorläufer *m*

précéder [presede] *v/t* ⟨**-è-**⟩ **1.** *zeitlich* vor'an-, vor'her-, vor'aus-, vor'aufgehen (+*dat*); *loc/adv* **le jour qui précédait son départ** am Tag vor s-r Abreise; **dans tout ce qui précédait** in allem, was vorausging; *st/s* **ceux qui nous ont précédés** *auch* die vor uns gelebt haben; **il m'a précédé de cinq minutes** er war fünf Minuten eher, früher da als ich; **sa mauvaise réputation avait précédé son arrivée** sein schlechter Ruf war ihm schon vor'ausgeeilt; **l'éclair précède le coup de tonnerre** der Blitz geht dem Donner voraus; **2. ~ qn** vor j-m hergehen, -fahren, -ziehen; j-m vor'angehen, -fahren, -ziehen; **~ qc** vor etw (*dat*) stehen, kommen; sich vor etw (*dat*) befinden; *fig* **il précédait son frère dans la voie du succès** er ging s-m Bruder auf dem Weg des Erfolgs voran; **un vestibule précède le salon** vor dem Salon befindet sich ein Vestibül; **faire ~ un livre d'une**

préface e-m Buch ein Vorwort vor'anstellen; *p/p* **le ministre précédé des journalistes** ... der Minister, dem Journalisten vorangingen, ...

préceinte [presɛ̃t] *f mar bei Holzschiffen* Barg- od Bark- od Bergholz *n*

précepte [presɛpt] *m sittliches, religiöses* Gebot; Vorschrift *f;* Lehre *f; e-r Kunst* Prin'zip *n;* Regel *f; bibl* **le ~ capital** das oberste, wichtigste Gebot; **donner de bons ~s** gute Lehren erteilen

précep|teur [presɛptœr] *m,* **~trice** *f* Haus-, Pri'vatlehrer(in) *m(f);* Erzieher(in) *m(f); bei Hofe auch* Hofmeister *m*

préceptorat [presɛptɔra] *m* Amt *n* als Haus-, Pri'vatlehrer(in); Erzieher(innen)amt *n;* Hofmeisteramt *f*

précession [presesjɔ̃] *f phys, astr* Präzessi'on *f; astr:* **~ des équinoxes** Präzession *f;* Vorrücken *n der* Tagundnachtgleichen; **constante** *f* **de ~** Präzessionskonstante *f*

pré|chambre [preʃɑ̃br(ə)] *f e-s Diesel-motors* Vorkammer *f;* **~chauffage** *m tech* Vorwärmen *n;* Vorerhitzen *n; e-s Zuges* Vorheizen *n; beim Dieselmotor* Vorglühen *n;* **bougie** *f* **de ~** Glühkerze *f;* **~chauffeur** *m tech* Vorwärmer *m*

prêche [prɛʃ] *m* **1.** *égl* Predigt *f;* Be-'dimanche* Sonntagspredigt *f;* **2.** *fig* Mo'ralpredigt *f*

prêch|er [preʃe] **I** *v/t* **1.** *égl, fig* predigen; **~ l'Évangile** das Evangelium predigen, verkünd(ig)en; *fig* **~ la haine, la patience** Haß, Geduld predigen; **2.** *égl* **a) ~ l'avent, le carême** (die) Advents-, Fastenpredigten halten; **b) ~ qn** j-m predigen, das Wort Gottes verkünd(ig)en; F *fig* j-m Mo'ral predigen; **II** *v/i* **3.** *égl* predigen; die Predigt halten; *fig:* **~ d'exemple** mit gutem Beispiel vorangehen; **~ pour son saint** in eigener Sache reden; **4.** *fig* Mo'ral predigen; morali'sieren; **~eur** *m,* **~euse** *f* **1.** Mo'ralprediger(in) *m,* Mora'list(in) *m(f);* **2.** *adjt égl cath* **Frères prêcheurs** Predigerorden *m;* Domini'kaner *m/pl*

prêchi-prêcha [preʃipreʃa] *m* ⟨*inv*⟩ F u *péj* (ewige) Mo'ralpredigten *f/pl;* morali-'sierendes Geschwätz

préchrétien [prekretjɛ̃] *adj* ⟨**~ne**⟩ vorchristlich

précieuse [presjøz] *f frz Literatur* **les ~s** die Preziösen *f/pl; Molière* **Les ~s ridicules** Die lächerlichen Preziösen

précieusement [presjøzmɑ̃] *adv* **1.** **garder, conserver ~ qc** etw sorgfältig, sorgsam aufbewahren; **2.** *cf* **précieux 3. a)**

précieux [presjø] *adj* ⟨**-euse**⟩ **1.** *Schmuck, Möbel etc* wertvoll; kostbar; erlesen; *bois,* **métaux ~** Edelhölzer *n/pl,* -metalle *n/pl;* **objet ~** Wertgegenstand *m,* -sache *f;* Kostbarkeit *f;* **pierre précieuse** Edelstein *m;* **2.** *Hilfe, Eigenschaft, Mitarbeiter, Auskunft* wertvoll; *Zeit, Augenblick* kostbar; **le bien le plus ~ de l'homme** das kostbarste, höchste Gut des Menschen; **perdre de précieuses minutes** kostbare Minuten verlieren; *égl cath* **le ~ sang, corps de Notre-Seigneur** das kostbare Blut, der kostbare Leib unseres Herrn; **3. a)** *Person, Gebaren, Stil* prezi'ös; geziert; gesucht; manie'riert; affek'tiert; *Stil auch* gekünstelt; gespreizt; *subst* **elle fait la précieuse** sie tut, so affektiert, geziert; **b)** *frz Literatur* prezi'ös; der Précieuses; der Preziosi'tät; *heute* écri-'vain ~ Schriftsteller, der e-n betont über'feinerten Stil pflegt; **esprit ~** Prezi-'ösentum *n*

préciosité [presjozite] *f* **1.** Geziert-, Gesucht-, Manie'riert-, Affek'tiert-, Ge-

spreiztheit *f;* Gekünstelte(s) *n;* **2.** *frz Literatur* Preziosi'tät *f;* Prezi'ösentum *n*

précipice [presipis] *m* Abgrund *m* (*auch fig*)

précipitamment [presipitamɑ̃] *adv* fliehen Hals über Kopf; über'stürzt; *etw ändern* über'eilt; *sich erheben* hastig; schleunigst

précipitation [presipitasjɔ̃] *f* **1.** Hast *f;* große Eile; Über'stürzung *f;* Über-'eilung *f;* Über'stürztheit *f;* Über'eiltheit *f; loc/adv* **avec ~** in großer Hast, Eile; *cf auch* **précipitamment; agir avec ~** über'stürzt, über'eilt handeln; **2.** *météo meist pl* **~s** (**atmosphériques**) Niederschlag *m,* -schläge *m/pl;* **3.** *chim* (Aus-) Fällen *n,* -ung *f; sc* Präzipitati'on *f*

précipité [presipite] **I** *adj* **1.** *Laufen, Schritte* eilig; schnell; hastig; **2.** *Abreise, Flucht* eilig; über'stürzt; über'eilt; *ardeur* **~e** 'Übereifer *m; auch* Feuereifer *m;* **démarche ~e** über'eilter Schritt; **être trop ~ dans ses décisions** in s-n Entscheidungen zu schnell sein; vorschnelle, übereilte Entscheidungen treffen; **II** *m chim* Niederschlag *m; sc* Präzipi'tat *n*

précipiter [presipite] **I** *v/t* **1.** *Person* (in die Tiefe) hin'ab-, hin'unterstürzen; **~ qn du haut de la tour** j-n vom Turm hinabstürzen; *fig* **~ un pays dans le chaos** ein Land ins Chaos stürzen; **2.** *Schritt, Abreise, Ereignisse* beschleunigen; **3.** *die Dinge* über'stürzen; über-'eilen; **il ne faut rien ~** man soll nichts überstürzen, übereilen, übers Knie brechen; **4.** schleudern; **~ qn à terre** j-n zu Boden schleudern; **être précipité contre un arbre** gegen e-n Baum geschleudert werden; **5.** *chim* (aus)fällen; *sc* präzipi'tieren; **II** *v/pr* **se ~ 6.** sich hin-'ab-, hin'unterstürzen; **se ~ dans le vide** sich in die Tiefe, in die Leere stürzen; **7.** *an e-n Ort* stürzen; **se ~ à la porte** an die, zur Tür stürzen; **se ~ au secours de qn** j-m zu Hilfe eilen; **se ~ au-devant de qn** j-m entgegenstürzen; **se ~ dans les bras de qn** sich in j-s Arme (*acc*) stürzen; **se ~ sur qn** sich auf j-n stürzen; auf j-n losstürzen, zustürzen; **se ~ vers la fenêtre** zum Fenster stürzen; **8.** sich beeilen; **inutile de tant se ~** nur keine Über'stürzung, Über'eilung!; **9.** *Ereignisse* sich über'stürzen; **10.** ⟨*auch v/i*⟩ *chim* ausgefällt werden; ausfallen; sich niederschlagen

préciput [presipyt] *m jur* Vor'aus *m;* Prä'zipuum *n*

préciputaire [presipyter] *adj jur* Vor-'aus...; Prä'zipuums...

précis [presi] **I** *adj* **1.** prä'zis(e); *Angaben, Hinweis, Zeichnung, Bewegung, Berechnung, Maß auch* genau; ex'akt; *Antwort auch* klar; deutlich; unzweideutig; *Vorschrift, Regel*(*ung*) *auch* fest; genau; bestimmt; *Tatsache* eindeutig; *Geräusch, Umrisse* deutlich; *Stelle, Punkt, Bedeutung* ganz bestimmt; *Person* prä-'zis, ex'akt, mit Präzisi'on, Ex'aktheit handelnd, vorgehend, arbeitend; **idées ~, notions ~es** genaue, klare, feste, bestimmte, präzise Vorstellungen *f/pl;* **indice ~** fester Anhaltspunkt; ◆ *loc/adv:* **à dix heures ~es** genau, pünktlich (um), Punkt, Schlag zehn Uhr; **à l'instant, au moment ~ où** ... genau, gerade in dem Augenblick, als ...; **de façon ~e** präzis(e); genau; exakt; klar; **sans raison ~e** ohne besonderen, bestimmten Grund; **ne penser à rien de ~** an nichts Bestimmtes denken; **2.** *Sprache, Stil* prä'zis(e); klar und knapp; *Schriftsteller, Redner* sich prä'zise, treffend, klar und knapp ausdrückend; **II** *m* Abriß *m* (*bes als Buchtitel*); kurze, ge-

drängte 'Übersicht (de über + acc),
Zu'sammenfassung; ~ de géométrie
auch Leitfaden m der Geometrie
précisément [presizemã] adv **1.** *ange-*
ben, beschreiben etc prä'zis(e); genau;
ex'akt; **plus ~** genauer gesagt; **2.** genau;
gerade; **~ à cause de cela** gerade,
genau deswegen, darum; **il est arrivé ~**
comme *on parlait de lui* er kam gerade,
genau, ausgerechnet in dem Augenblick,
als ...; **vous êtes ~ l'homme que je**
cherche Sie sind genau der Mann, den
ich suche; ♦ *in der Verneinung* **ne pas ~**
nicht gerade, unbedingt, eben; **ma vie**
n'est pas ~ facile mein Leben ist nicht
gerade, nicht eben leicht; **3.** *als bejahen-*
de Antwort ~! allerdings!; so ist es!;
ja'wohl!; ganz recht!; genau!
préciser [presize] **I** *v/t* **1.** *s-e Vorstellun-*
gen, Absichten etc präzi'sieren; genauer
angeben, formu'lieren, darlegen; *Ort,*
Stunde genau, ex'akt angeben; *abs* **pré-**
cisez! drücken Sie sich klarer, deutli-
cher aus!; **2.** klarstellen; **le ministre a**
précisé que ... der Minister hat klarge-
stellt, klargemacht, deutlich gemacht,
klar zu verstehen gegeben, daß ...; **II** *v/pr*
Gefahr, Absichten etc **se ~** klarer, deutli-
cher werden; sich klarer abzeichnen
précision [presizjõ] *f* **1.** *von Angaben, e-r*
Berechnung, Bewegung, Zeichnung, Ant-
wort Präzisi'on *f* (*auch tech*); Ex'aktheit
f; Genauigkeit *f*; *der Geräusches, der*
Umrisse Deutlichkeit *f*; *des Ausdrucks,*
Stils Präzisi'on *f*; ~ **mathématique**
mathematische Präzision, Genauigkeit,
Exaktheit; ~ **dans la pensée** *auch*
gedankliche Präzision; ~ **du tir** Treff-,
Zielsicherheit *f*; **balance** *f*, **instrument**
m, **travail** *m* **de ~** Präzisionswaage *f*,
-instrument *n*, -arbeit *f*; **mécanicien** *m*,
mécanique *f* **de ~** Feinmechaniker *m*,
-mechanik *f*; **avec ~** prä'zis(e); genau;
ex'akt; **2.** ~**s** *pl* genauere, nähere Anga-
ben *f/pl*; Hinweise *m/pl*; Auskünfte *f/pl*;
Einzelheiten *f/pl*; **j'ai encore une ~ à**
ajouter ich habe noch etwas zur Klä-
rung hinzuzufügen; **demander des ~s**
sur qc genauere Angaben über etw (*acc*)
erbitten; **donner quelques ~s**
intéressantes sur qc einige interessan-
te Einzelheiten über etw (*acc*) mitteilen
précisionniste [presizjɔnist] *adj u subst*
m (**mécanicien** *m*) ~ Feinmechaniker *m*
pré|cité [presite] *adj adm* vorher(ge)-
-genannt; vorher, eben angeführt, er-
wähnt, genannt; ~**classique** *adj* vor-
klassisch
précoce [prekɔs] *adj* **1.** *Frucht, Blume*
früh; *Frucht auch* frühreif(end); *Blume*
auch frühblühend; **fruits** *m/pl* ~**s** Früh-
obst *n*; **poirier** *m* ~ Frühbirne *f*;
variété *f* ~ frühe Sorte; **2.** *Kind* frühreif
(*auch Haustier*); **jeune fille** *f* ~ früh
entwickeltes, (*geschlechtlich*) frühreifes
Mädchen; **3.** *Herbst, Frost, Altern, Ehe*
(-*schließung*) *etc* früh(zeitig); (vor)zeitig;
gelées *f/pl* ~ Frühfrost *m*, -fröste *m/pl*;
mariage *m* ~ Frühehe *f*; **rides** *f/pl* ~
früh(zeitig), vorzeitig auftretende Fal-
ten *f/pl*; **être atteint d'une calvitie** ~
früh, vorzeitig kahl werden, e-e Glatze
bekommen; **cette année, l'hiver a été**
~ in diesem Jahr hatten wir e-n frühen,
zeitigen Winter, kam der Winter früh,
zeitig; **4.** *path* **démence** *f* ~ *cf* **démen-**
ce I.
précocité [prekɔsite] *f* *e-r Frucht, e-s*
Kindes, Haustiers Frühreife *f*; frühe
Reife; *des Herbstes, Alterns* früh-
(zeitig)er, (vor)zeitiger Beginn; ~ (früh-
(zeitig)es, (vor)zeitiges Einsetzen; ~ **se-**
xuelle geschlechtliche Frühreife, Früh-
entwicklung; ~ **d'esprit** geistige Früh-
reife

---

pré|colombien [prekɔlõbjɛ̃] *adj* ‹~**ne**›
präko'lumbisch; ~**combustion** *f beim*
Dieselmotor Entzündung *f*; Vorverbren-
nung *f* (*e-s Teils des Brennstoffs*)
précompte [prekõt] *m* **1.** *comm* vorheri-
ger Abzug (*e-s Betrages*); Vor'wegabzug
m; **2.** *der Sozialversicherungsbeiträge u*
Lohnsteuer Einbehaltung *f*, Abzug *m*
(**sur le salaire** vom Lohn); *par ext*
(vom Lohn) einbehaltener, vorher abge-
zogener Betrag; **3.** *in Belgien* ~ **immobi-**
lier Grundsteuer *f*; ~ **mobilier** Kapi-
'talertrag(s)steuer *f*
précompter [prekõte] *v/t comm Betrag,*
Summe vorher, im voraus abrechnen,
abziehen; *Sozialversicherungsbeiträge,*
Lohnsteuer ~ **sur le salaire** vom Lohn
einbehalten, im voraus abziehen
préconçu [prekõsy] *adj* **idée, opinion**
~**e** vorgefaßte Meinung; Vorurteil *n*
préconisation [prekɔnizasjõ] *f égl cath*
Präkonisati'on *f*
préconiser [prekɔnize] *v/t* **1.** *Methode,*
Politik etc befürworten; *Mittel* (warm)
empfehlen; **l'Église préconise la**
pauvreté die Kirche predigt die Armut;
le médecin a préconisé un séjour à
la mer der Arzt hat e-n Aufenthalt am
Meer empfohlen, angeraten, hat zu e-m
... geraten; **2.** *égl cath* präkoni'sieren
pré|conjugal [prekõʒygal] *adj* ‹-**aux**›
relations ~**es** voreheliche Beziehungen
f/pl; ~**contraint** *adj tech* vorgespannt;
béton (armé) ~ *od subst* ~ *m* Spannbe-
ton *m*; **pont** *m* **en** ~ Spannbetonbrücke
f; ~**contrainte** *f des Betons* Vorspan-
nen *n*, -ung *f*; ~**cordial** *adj* ‹-**aux**› *path*
vor dem Herzen liegend; *sc* präkardi'al
od -kordi'al; ~**correction** *f Elektro-*
akustik Vorentzerrung *f*; ~**cuit** *adj cuis*
vorgekocht
précurseur [prekyrsœr] **I** *m* Vorläufer
m; Wegbereiter *m*; **II** *adj* ‹*nur m*› **1.**
signe ~ Vorzeichen *n*, -bote *m*; Anzei-
chen *n*; **2.** *mil* **détachement** ~ quar'tier-
machende Vor'ausabteilung
prédateur [predatœr] *biol* **I** *adj* ‹-**trice**›
räuberisch lebend; **II** *m* Räuber *m*
pré|décéder [predesede] *v/i* ‹-**è**-› *jur*
vor j-m, als erste(r) (ver)sterben; vor-
versterben; *subst* **le (la) prédécédé(e)**
der (die) Erstverstorbene; ~**décès** *m jur*
Vorversterben
prédécesseur [predesesœr] *m* **1.** *im Amt*
Vorgänger *m*; **2.** *nos* ~**s** unsere Vorfah-
ren *m/pl*, -eltern *pl*, -väter *m/pl*
prédelle [predɛl] *f* *e-s Altars* Pre'della *f*
prédestination [predɛstinasjõ] *f bes rel*
Prädestinati'on *f*; Vor'herbestimmung *f*,
-bestimmtsein *n*; *nur rel auch* Gnaden-
wahl *f*; ~ **au crime** Prädestination zum
Verbrechen
prédestin|é [predɛstine] **I** *adj* **être** ~ **à**
qc für *od* zu etw prädesti'niert, vor'(her)-
bestimmt, für etw wie geschaffen sein;
abs (zu Großem) auserwählt, auser-
koren sein; **II** *subst* ~**(e)** *m(f) rel* zur
ewigen Seligkeit Auserwählte(r) *f(m)*,
Auserkorene(r) *f(m)*; ~**er** *v/t rel u fig*
prädesti'nieren, vor'(her)bestimmen (**à**
qc für *od* zu etw)
prédétermin|ation [predetɛrminasjõ]
f philos, rel Prädeterminati'on *f*; Vor-
'her-, Vor'ausbestimmung *f*; Vorherfest-
gelegtsein *n*; ~**er** *v/t* prädetermi'nieren;
(vor'her)bestimmen; vorher festlegen;
~**isme** *m philos* Prädetermi'nismus *m*
prédicable [predikabl(ə)] *adj Logik* an-
wendbar; aussagbar; prädi'kabel; *subst*
les ~**s** *m/pl* die Prädika'bilien *pl*
prédicat [predika] *m* **1.** *gr* prädika'tive
Ergänzung des Sub'jekts; **2.** *Logik* Prä-
di'kat *n*
prédic|ateur [predikatœr] *m rel* Predi-
ger *m*; Kanzelredner *m* (*auch Literatur*);

~**ation** *f rel* **1.** Predigen *n*; *des Evange-*
liums Verkündigung *f*; **2.** *st/s* Predigt *f*
prédiction [prediksjõ] *f* Vor'aussage *f*,
-ung *f*; Vor'hersage *f*; *auf Grund* (*hell-*)
seherischer Fähigkeiten Weissagen *n*,
-ung *f*; Wahrsagen *n*, -ung *f*; **faire des** ~**s**
Voraussagen machen; weissagen; wahr-
sagen
prédilection [predilɛksjõ] *f* Vorliebe *f*;
loc/adj **de** ~ Lieblings...; **lecture** *f* **de** ~
livre *m* **de** ~ Lieblingslektüre *f*, -buch *n*;
mets *m* **de** ~ Lieblingsgericht *n*, -speise
f; Leib(- und Magen)gericht *n*; Leibspei-
se *f*; **avoir une** ~ **pour qn, qc** e-e
Vorliebe, Schwäche für j-n, etw haben
prédire [predir] *v/t* ‹*cf* dire; *aber*: **vous**
prédisez› vor'aus-, vor'hersagen; pro-
phe'zeien; *auf Grund* (*hell*)*seherischer*
Fähigkeiten wahrsagen; weissagen; ~
l'avenir die Zukunft voraus-, vorhersa-
gen; wahrsagen; weissagen; **la gitane lui avait**
prédit *qu'il mourrait à trente ans* die
Zigeunerin hatte ihm gewahrsagt ...; **je**
vous prédis *qu'il va réussir* ich sage
Ihnen schon jetzt, im voraus ...
prédispos|er [predispoze] *v/t* ~ **qn à qc**
j-m e-e Veranlagung, Anlage zu etw
mitgeben; *bes méd* j-n für etw prädispo-
'nieren, *für e-e bestimmte Krankheit*
empfänglich, besonders anfällig ma-
chen; **être prédisposé à qc** e-e Anlage,
Veranlagung, Neigung zu etw haben,
mitbringen; **son caractère le prédis-**
posait à la cruauté er hatte e-e
charakterlich bedingte Veranlagung,
Neigung zur Grausamkeit; ~**ition** *f*
Veranlagung *f*, Anlage *f* (**à la cruauté**
zur Gausamkeit); *bes méd* Prädisposi-
ti'on *f*, Empfänglichkeit *f*, besondere
Anfälligkeit (**à une maladie** für e-e
Krankheit)
prédomin|ance [predominãs] *f* Vor-
herrschen *n*; Über'wiegen *n*; Über-
gewicht *n*; Domi'nieren *n*; Vorherr-
schaft *f*; Prädominati'on *f*; ~**ant** *adj*
vorherrschend; domi'nierend; **sa pas-**
sion ~**e** s-e große, größte Leidenschaft;
souci ~ Hauptsorge *f*; größte Sorge;
~**er** *v/i* vorherrschen; über'wiegen;
(prä)domi'nieren; **son avis a prédo-**
miné s-e Meinung gab den Ausschlag,
war ausschlaggebend
pré|électoral [preelɛktɔral] *adj*
‹-**aux**› *pol* vor den Wahlen; Wahl-
kampf...; **climat** ~ Wahlkampfklima *n*;
promesses ~**es** Wahlversprechen *n/pl*,
-versprechungen *f/pl*; ~**emballé** *adj*
comm (verkaufsfertig) abgepackt
préémin|ence [preeminãs] *f st/s f* Vor-
rang(stellung) *m(f)*; **donner la** ~ **à qc**
e-r Sache (*dat*) (den) Vorrang geben, e-e
Vorrangstellung, den Vorrang einräu-
men; ~**ent** *adj* (am meisten) her'vor-
ragend; *Eigenschaften* her'vor-
stechend(st); domi'nierend
préemption [preãpsjõ] *f jur* **droit** *m* **de**
~ Vorkaufsrecht *n*
préenregistr|ement [preãrʒistrəmã]
m rad, télév vorherige Aufzeichnung;
~**er** *v/t rad, télév* vorher aufzeichnen
préétabli [preetabli] *adj* vorher festge-
setzt, *Plan auch* aufgestellt, ausgearbei-
tet; **plan** ~ *auch* fest(stehend)er, fertiger
Plan; *Leibniz* **harmonie** ~**e** prästabi-
'lierte Harmonie
préexist|ant [preɛgzistã] *adj st/s* präexi-
'stent; schon vorher daseiend, dagewe-
sen, exi'stierend; ~**ence** *f st/s bes rel*
Präexi'stenz *f*; ~**er** *v/i* präexi'stieren;
schon vorher dasein, exi'stieren
préfabrication [prefabrikasjõ] *f bât* **a)**
Herstellung *f* von Fertigteilen; Vorferti-
gung *f* von Bauelementen; **b)** Fertigbau

(-weise) *m(f)*
préfabriqu|é [prefabrike] **I 1.** *adj bât* vorgefertigt; **élément** ~ Fertig(bau)teil *n;* **maison** ~e Fertighaus *n;* **2.** *fig oft* vorfabriziert; *Skandal* insze'niert; *Lächeln* künstlich; **aveu** ~ vorfabriziertes, (vorher) fertiges Geständnis; **élection** ~e Wahl, deren Ergebnis vorher feststeht; **II** *m bât* Fertig(bau)teil *n;* ~**er** *v/t bât Haus* in der Fertigbauweise erstellen; aus Fertigteilen bauen
préfac|e [prefas] *f* **1.** *zu e-m Buch* Vorwort *n,* -rede *f;* Geleitwort *n;* **2.** *fig* Auftakt *m, st/s* Aufklang *m* (à zu); **en** ~ à als Auftakt zu; **3.** *égl cath* Präfati'on *f;* ~**er** *v/t* ⟨-ç-⟩ ~ **un livre** das Vor-, Geleitwort, die Vorrede zu e-m Buch schreiben; ~**ier** *m* Verfasser *m* des Vor-, Geleitworts, der Vorrede
préfectoral [prefektɔral] *adj* ⟨-aux⟩ des Prä'fekten; der Präfek'tur; **arrêté** ~ Erlaß *m,* Verordnung *f* des Präfekten
préfecture [prefektyr] *f* **1.** *adj* **a)** *Verwaltungsbehörde* Präfek'tur *f; in der BRD etwa* (Bezirks)Re'gierung *f;* Re'gierungspräsidium *n;* **b)** *Gebäude* Präfek-'tur *f;* **c)** *Stadt* Sitz *m* e-r Präfek'tur; **d)** Amt(sdauer) *n(f)* des Prä'fekten; **2.** ~ **de police** Poli'zeipräsidium *n* in Paris; **3.** *mar mil* ~ **maritime** *etwa* des Küstenbefehlshabers, *in der BRD* e-r Ma'rinedivision; **4.** *im alten Rom* Präfek'tur *f*
préférable [preferabl(ə)] *adj* **être** ~ **à qc** besser sein als etw; e-r Sache (*dat*) vorzuziehen sein; den Vorzug vor etw (*dat*) verdienen; **il est** ~ **de** (+*inf*) *od* **que** ... (+*subj*) es ist besser, ratsamer zu (+*inf*) *od* wenn ...; **je trouve** ~ **de l'avertir** ich finde, es ist besser, ihn zu unter'richten
préféré [prefere] **I** *adj* bevorzugt; Lieblings...; **disque** ~ Lieblingsplatte *f;* **II** *subst* ~(e) *m(f)* Liebling *m;* **c'était elle la** ~**e de sa mère** sie war der Liebling ihrer Mutter
préférence [preferãs] *f* Vorzug *m;* Bevorzugung *f; écon* Präfe'renz *f;* ~ **pour qn, qc** Vorliebe *f,* Schwäche *f* für j-n, etw; *jur* **droit** *m* **de** ~ Vorzugsrecht *n;* ♦ *loc/adv* **de** ~ vorzugsweise; mit Vorliebe; vornehmlich; **descendez de** ~ **à cet hôtel!** steigen Sie am besten in diesem Hotel ab!; **ce voyage se fait par le train, de** ~ diese Reise wird mit Vorliebe, am liebsten, vornehmlich, meist mit dem Zug gemacht; *loc/prép* **de** ~ **à** lieber als; **achetez ce tissu de** ~ **aux autres!** kaufen Sie lieber diesen Stoff!; **il a pris le train de** ~ **à l'avion** er hat lieber den Zug als das Flugzeug genommen; *loc/adv* **citez-moi, par ordre de** ~, **vos livres favoris** ... in der Reihenfolge, wie Sie sie am liebsten haben; **accorder, donner la** ~ **à qn, à qc** j-m, e-r Sache den Vorzug geben; j-n, etw bevorzugen, vorziehen; **avoir la** ~ **sur qn** den Vorzug vor j-m haben; j-m vorgezogen werden; **c'est le plus jeune des candidats qui a eu, a obtenu la** ~ der jüngste Bewerber erhielt den Vorzug; **je n'ai pas de, je n'ai aucune** ~ das ist mir e'gal; ich habe keinen besonderen Wunsch; **témoigner une nette** ~ **à qn** j-n ganz deutlich vorziehen, bevorzugen
préférentiel [preferãsjɛl] *adj* ⟨~le⟩ Vorzugs...; Präfe'renz...; **droits** (**de douane**) ~**s** Vorzugs-, Präferenzzölle *m/pl;* **traitement** ~ Vorzugsbehandlung *f;* ~ *etwa* Listenwahl, bei der durch Änderung der Reihenfolge e-m Kandidaten der Vorzug gegeben werden kann
préférer [prefere] ⟨-è-⟩ **I** *v/t* vorziehen (à *dat*); lieber haben (als); bevorzugen;

den Vorzug geben (+*dat*); ♦ *abs* **faites comme vous préférez!** machen Sie es, wie Sie es gern möchten!; **si tu préfères, nous irons au cinéma** wenn es dir lieber ist ...; ♦ **je préfère de beaucoup le bateau à l'avion** ich ziehe das Schiff dem Flugzeug bei weitem vor; **mir ist das Schiff viel lieber als das Flugzeug**; **de** *od* **entre** *od* **parmi toutes ces cravates, je préfère celle-ci** diese Krawatte ist mir von allen die liebste; *Pflanze* ~ **les terrains sablonneux** sandigen Boden bevorzugen; ~ **le vin à la bière** lieber Wein als Bier trinken; ~ **les voyages à tout** Reisen über alles lieben; für sein Leben gern reisen; ♦ ~ **faire qc** lieber etw tun; (es) vorziehen, etw zu tun; **je préfère me reposer** ich will, möchte (mich) lieber ausruhen; ♦ ~ **que** ... (+*subj*) es lieber sehen, wenn ...; lieber mögen, daß ...; **il préfère que ce soit moi** *qui fasse cette démarche* er sieht es lieber, es ist ihm lieber, wenn ich ...; er möchte lieber, daß ich ...; **je préfère qu'il parte** er soll lieber weggehen; **II** *v/pr* **elle se préfère avec les cheveux longs** sie findet sich mit langem Haar hübscher; sie gefällt sich (selbst) mit langem Haar besser
préfet [prefɛ] *m* **1.** *e-s Departements* Prä'fekt *m; in der BRD etwa* Regierungspräsident *m;* ~ **de région** Präfekt (mehrerer zu e-r Region (zusammengefaßter Departements); **2.** ~ **de police** Poli'zeipräsident *m* von Paris; **3.** *mar mil* ~ **maritime** *etwa* Küstenbefehlshaber *m;* komman'dierender Admi'ral der Ma'rinestation; **4.** *égl cath* Prä'fekt *m;* ~ **apostolique** Apostolischer Präfekt; **5.** *an Privatschulen* ~ (**des études**) Verantwortliche(r) *m* für den 'Unterrichtsverlauf, für Ordnung und Diszi'plin; **6.** *im alten Rom* Prä'fekt *m*
préfète [prefɛt] *f* **madame la** ~ die Frau Prä'fekt
préfigur|ation [prefigyrasjõ] *f* Vor-'ahnung *f;* Abbild *n* (*dessen, was später kommt*); Präfigurati'on *f;* ~**er** *v/t von Zukünftigem* e-e Vorstellung, e-n Vorgeschmack geben von; ahnen lassen
préfinancement [prefinãsmã] *m* Vorfinanzierung *f*
préfix [prefiks] *adj jur Termin, Frist, Ort* (vorher) vereinbart, festgesetzt
préfix|al [prefiksal] *adj* ⟨-aux⟩ *ling* Prä-'fix...; ~**ation** *f ling* Präfi'gierung *f;* Verwendung *f* von Prä'fixen
préfix|e [prefiks] *m ling* Prä'fix *n,* Vorsilbe *f;* ~ **séparable** trennbares Präfix; ~**er** *v/t* **1.** *ling* mit Prä'fix versehen; präfi'gieren; **2.** *Termin, Frist, Ort* vorher vereinbaren, festsetzen, festlegen, bestimmen; *Termin auch* anberaumen; ~**ion** *f jur e-s Termins, Ortes, e-r Frist* (vorher) Vereinbarung, Festsetzung, Festlegung, Bestimmung; *e-s Termins auch* Anberaumung *f*
pré|floraison [preflɔrɛzõ] *f bot* Ästivati'on *f;* ~**foliation** *f bot* Vernati'on *f;* ~**formage** *m Kunststoffverarbeitung* Vorformen *m,* -ung *f;* ~**formation** *f biol* Präformati'on(stheorie) *f;* ~**forme** *f Kunststoffverarbeitung* Vorform *f;* ~**former** *v/t* vorformen; **soutien-gorge préformé** Büstenhalter *m* mit vorgeformter Einlage; ~**glaciaire** *adj* voreiszeitlich; präglazi'al
prégn|ance [pregnãs, -nãs] *f psych* Prä-'gnanz *f;* ~**ant** *adj ling, psych* prä'gnant
préhellénique [preɛ(l)lenik] *adj* prä-, vorhel'lenisch
préhenseur [preãsœr] *adj* ⟨*nur m*⟩ *phy-*

siol **organe** ~ Greiforgan *n*
préhens|ile [preãsil] *adj physiol, anat* Greif...; zum Greifen dienend; **queue** *f* ~ Greifschwanz *m;* ~**ion** *f physiol* Greifen *n; loc/adj* **de** ~ Greif...
pré|histoire [preistwar] *f* Vor-, Urgeschichte *f;* Prähistorie *f;* ~**historien(ne)** *m(f)* Vorgeschichtler(in) *m(f);* Prähistoriker(in) *m(f);* ~**historique** *adj* **1.** vor-, urgeschichtlich; prähistorisch; **2.** F *fig* vorsintflutlich; ~**hominiens** *m/pl biol* Vormenschen *m/pl; sc* Prähomi'ninen *pl;* ~**humain** *adj* vor dem Auftreten des Menschen, des Homo sapiens; ~**industriel** *adj* ⟨~le⟩ vorindustriell
préjudice [preʒydis] *m* Schaden *m;* Nachteil *m;* Beeinträchtigung *f;* Benachteiligung *f; jur:* ~ **matériel** materieller Schaden; Vermögensschaden *m;* ~ **moral** ideeller, immaterieller Schaden; Nichtvermögensschaden *m; loc/prép* **au** ~ **de qn** zum Nachteil, Schaden von (*od* +*gén*); zu'ungunsten (+*gén*); **sans** ~ **de** unbeschadet (+*gén*); **sans** ~ **de mes droits** unbeschadet meiner Rechte; **causer un grave** ~ **à qn, à qc** j-m, e-r Sache schweren Schaden zufügen; von großem Schaden, Nachteil für j-n, etw sein; **porter** ~ **à qn** j-m schaden, Schaden zufügen; nachteilig, von Nachteil für j-n sein; j-m Nachteile bringen; j-n beeinträchtigen, benachteiligen; **subir un** ~ Schaden erleiden
préjudici|able [preʒydisjabl(ə)] *adj* ~ **à** nachteilig, schädlich für; abträglich (+*dat*); **ce retard m'est** ~ diese Verspätung ist nachteilig, von Nachteil für mich; ~**aux** (*nur m/pl*) *jur* **frais** ~ Gerichtskostenvorschuß *m;* ~**el** *adj* ⟨~le⟩ *jur* vor'ab zu entscheidend; **question** ~**le** (von e-m anderen Gericht zu entscheidende) Vorfrage *f*
préjugé [preʒyʒe] *m* Vorurteil *n;* vorgefaßte Meinung; **absence** *f* **de** ~**s** Vorurteilslosigkeit *f;* **avoir un** ~ **contre qn, qc** ein Vorurteil gegen j-n, etw haben; gegen j-n, etw voreingenommen sein; **être plein,** ~ **rempli de** ~ voller Vorurteile stecken; sehr voreingenommen sein; **être sans** ~**s** vorurteilslos, -frei, unvoreingenommen sein
préjuger [preʒyʒe] ⟨-geons⟩ **I** *v/t jur* e-e Vorentscheidung treffen (über + *acc*); vorentscheiden; **II** *v/tr/indir* ~ **de qc** e-r Sache (*dat*) vorgreifen; etw präjudi-'zieren; *par ext* etw im voraus beurteilen, sagen; etw vor'aus-, vor'hersagen, -sehen; **sans** ~ **des résultats des élections** ... ohne den Wahlergebnissen vorzugreifen ...
prélart [prelar] *m mar* Per'senning *f*
prélasser [prelase] *v/pr* **se** ~ es sich bequem, behaglich machen; **se** ~ **au soleil** F sich in der Sonne aalen; **se** ~ **dans le fauteuil, dans le hamac** F sich im Sessel, in der Hängematte rekeln
prélat [prela] *m égl cath* Prä'lat *m*
prélatin [prelatɛ̃] *adj hist* vorlatinisch; *ling* vorlateinisch
prélature [prelatyr] *f égl cath* Präla'tur *f*
prélav|age [prelavaʒ] *m* Vorwäsche *f;* Vorwaschen *n;* ~**er** *v/t* vorwaschen
prêle *od* **prèle** [prɛl] *f bot* Schachtelhalm *m;* ~ **des marais, des prés** Sumpf-, Wiesenschachtelhalm *m*
pré|lecture [prelɛktyr] *f impr* Hauskorrektur *f;* ~**legs** *m jur* Vor'ausvermächtnis *n;* Präle'gat *n*
prélèvement [prelɛvmã] *m* **a)** e-r *Probe, Summe, es Gegenstandes aus e-r Masse* Entnahme *f;* Entnehmen *n* (**sur** aus); *comm: e-s Musters auch* Ziehen *n; e-r Summe, e-s Betrages auch* Erhebung *f; e-r Provision auch* Berechnung *f;* Neh-

men *n*; *vom Gehalt* Abzug *m*; Einbehal-
tung *f*; *von e-m Konto* Abbuchung *f*;
Marktordnung der EG Abschöpfung *f*;
b) entnommene Sache; *comm, méd* Pro-
be *f*; *méd auch* Abstrich *m*; *comm auch*
Muster *n*; abgezogener, einbehaltener,
erhobener, abgeschöpfter Betrag; *ab-*
zug *m*; Abschöpfung *f*; *fin* 'Umlage *f*; ◆
comm ~ **d'échantillons** Entnahme von
Proben; Probenentnahme *f*; Musterzie-
hen *n*; *méd*: ~ **de sang** a) Blutabnahme *f*,
b) -probe *f*; **faire un** ~ **de sang** Blut
abnehmen; e-e Blutprobe machen; ~ **de**
tissu a) Entnahme von Gewebe, Ge-
websteilchen; b) Gewebsprobe *f*; **faire**
un ~ **de tissu** Gewebe, Gewebsteil-
chen entnehmen; ~ **sur le salaire**
Lohnabzug *m*; Abzug, Einbehaltung
vom Lohn; **faire, opérer un** ~ **sur un**
compte e-n Betrag von e-m Konto
abbuchen
prélever [prelve] *v/t* ‹-è-› *Probe, Sum-*
me, Gegenstand aus e-r Masse entneh-
men (**sur** *dat od* aus); nehmen (aus, von);
Summe, Betrag auch abziehen, einbehal-
ten, erheben (von); *von e-m Konto* abbu-
chen; *Provision auch* berechnen; berech-
nen; *Gewebe, Organ* entnehmen; *Blut* ab-
nehmen; *comm* ~ **un échantillon** e-e Probe
entnehmen; ein Muster ziehen; *Sozial-*
versicherungsbeiträge ~ **sur le salaire**
vom Lohn abziehen, einbehalten
préliminaire [preliminer] **I** *adj* Vor...;
vorbereitend; *dipl* **articles** *m/pl* ~**s** Prä-
limi'narartikel *m/pl*; **discours** *m* ~ Ein-
leitung *f*; Vorrede *f*; **entretiens** *m/pl* ~**s**
Vorbesprechungen *f/pl*; **phase** *f* ~ Vor-
bereitungsphase *f*; **travail** *m* ~ Vorarbeit
f (à zu); **II** *m/pl* ~**s** Präli'mi'narien *n/pl*
(*auch dipl*); Vorspiel *n*; Einleitung *f*; *jur*
~**s de conciliation** Vorbereitung *f* e-r
gütlichen Einigung; *bei Ehescheidung*
Sühneversuch *m*, -verfahren *n*; ~**s de**
(**la**) **paix** Vor-, Präl'mi'narfrieden *m*
prélogique [preloʒik] *adj psych* prä-,
vorlogisch
prélude [prelyd] *m* **1.** *mus* **a)** Prä'ludium
n (*als auch selbständiges Werk*); Vorspiel
n (*auch als e-r Oper*); ~ **et fugue** Prälu-
dium und Fuge; **les** ℒ**s de Chopin** die
Préludes von Chopin; **b)** Tonfolge, mit
der man sich vor im Konzert einsingt,
einsingt; **2.** *fig* Vorspiel *n*, Auftakt *m*,
Vorbereitung *f* (à zu)
préluder [prelyde] **I** *v/t/indir* ~ **à qc** etw
einleiten; den Auftakt zu etw bilden; der
Auftakt, das Vorspiel zu etw sein; **II** *v/i*
mus **a)** sich einspielen; *Sänger* sich
einsingen; **b)** prälu'dieren; ~ **par quel-**
ques accords mit ein paar Akkorden
einleiten; ein paar Akkorde als Vorspiel
spielen
prem [prəm] *m,f* F *Schülersprache*
(Klassen)Beste(r) *f(m)*; Klassenerste(r)
f(m)
prématuré [prematyre] *adj* **1.** *Schritt*
verfrüht; voreilig; **il serait** ~ **de** (+ *inf*) es
wäre verfrüht, noch zu früh zu (+ *inf*); **2.**
Tod, Alter vorzeitig; (zu) früh; **accou-**
chement ~ Frühgeburt *f*; **enfant** ~ *od*
subst ~ *m* Frühgeburt *f*; ~**ment** *adv* vor
der Zeit; zu früh; vorzeitig
prémédit|ation [premeditasjõ] *f jur* Vor-
satz *m*; *loc/adj u loc/adv* **avec** ~ vor-
sätzlich; mit Vorbedacht; **meurtre** *m*
avec ~ vorsätzliche Tötung; **agir, tuer**
avec ~ vorsätzlich, mit Vorbedacht han-
deln, töten; *Antwort, Reaktion, Handlung*
(wohl)über'legt; ~**é** *adj Verbrechen, böse Tat*
geplant; ~**er** *v/t Verbrechen* pla-
nen; *Handlung auch* gründlich vorher
über'legen, bedenken; in Gedanken, ge-
danklich vorbereiten; ~ **de faire qc**
planen, beabsichtigen, darauf sinnen, etw
zu tun; ~ **de s'enfuir** auf Flucht sinnen

prémenstruel [premãstryɛl] *adj* ‹~le›
physiol prämenstru'ell
prémices [premis] *f/pl* **1.** *litt* Anfänge
m/pl; **les** ~ **de l'hiver** der Beginn,
Anfang des Winters; **2.** *égl cath* **messe** *f*
des ~ Pri'miz *f*; **3.** *hist rel der Feldfrüch-*
te, von Tieren Erstlinge *m/pl*; Pri'mi-
zien *pl*
premier [prəmje] **I** *adj* ‹-ière› **1.** *in e-r*
Reihenfolge erste(r, -s); **tout** ~, **toute**
première allererste(r, -s); ~ **âge** *cf* **âge**
1.; ~ **amour** erste Liebe; **première**
année de droit, de médecine, *etc*
erstes Studienjahr des Rechts-, Medizin-
studiums *etc*; **le** ~ **août** der erste *bzw* am
ersten August; ~ **baiser** erster Kuß; *égl*
cath **première communion** Erstkom-
munion *f*; *Fleischerei: bei Schwein, Kalb,*
Lamm **côte, côtelette première** Fi-
'letkotelett *n*; *impr* **première édition**
erste Auflage; Erstausgabe *f*, -druck *m*;
hist **le** ~ **Empire** das Erste Kaiserreich;
première enfance frühe Kindheit;
impr **première épreuve** *cf* **première**
7.; ~ **étage** erster Stock; erstes Stock-
werk; erste Etage; **François I**ᵉʳ Franz I.
(der Erste) **la Première Guerre mon-**
diale der Erste Weltkrieg; **premières**
notions Grundbegriffe *m/pl*; *e-r Zei-*
tung **première page** *auch* Titelseite *f*; ~
plan Vordergrund *m*; *cf auch* **plan¹** II **2.**;
des Mondes **le** ~ **quartier** das erste
Viertel; *auch der Halbmond*; ◆ *loc/adv*:
les ~**s temps** in der ersten Zeit; zu'erst;
anfangs; anfänglich; **au** *od* **du** ~ **coup**
auf Anhieb; gleich beim erstenmal *od*
beim ersten Mal; **en** ~ **lieu** *cf* **lieu¹ 1.**; **2.**
in e-r Rangfolge erste(r, -s); oberste(r, -s);
höchste(r, -s); Haupt...; ◆ *hist* ℒ **Consul**
Erster Konsul; *Ballett* **première dan-**
seuse Primaballe'rina *f*; **les** ~**s digni-**
taires de l'Église die obersten, höch-
sten, ersten Würdenträger der Kirche; ℒ
ministre Mi'nisterpräsident *m*; *in Groß-*
britannien Premi'erminister *m*; **objectif**
~ oberstes, höchstes Ziel; Hauptziel *n*;
thé ~ **rôle** Hauptrolle *f*, *par ext*
-darsteller *m*; *mus* ~ **violon** *cf* **violon 1.**,
2.; ◆ *loc/adj u int* **F de première**
nécessité *cf* **nécessité 1.**; **de** ~ **ordre**
erstrangig, -klassig; ersten Ranges; **de**
première qualité erstklassig; **3.** *in der*
Leistung beste(r, -s); **c'était le** ~ **boxeur**
son temps er war der beste Boxer s-r
Zeit; **4.** ursprünglich; **caractère** ~ ur-
sprünglicher Charakter; **état** ~ ursprüng-
licher, früherer Zustand; **matière pre-**
mière Roh-, Grund-, Ausgangsstoff *m*;
Rohmaterial *n*; **5.** *math* **facteur, nom-**
bre ~ Primfaktor *m*, -zahl *f*; **6.** *philos*
cause première Erstursache *f*; Ursa-
che *f* s-r selbst; **principe** ~ Prinzip *n* des
Seins; erstes Prinzip; Re'alprinzip *n*;
Urgrund *m*; Ausgangspunkt *m*; **vérité**
première Binsenwahrheit *f*, -weisheit *f*;
II *subst* **1.** **le** ~, **la première** der, die,
das erste (*der Reihe nach*) *bzw* der, die,
das Erste (*der Leistung od dem Rang*
nach); *der Leistung nach auch* der, die,
das Beste; **les trois** ~ die ersten drei;
le ~ **de l'an** der Neujahrstag; **le** ~, **la**
première de la classe der, die Beste,
Erste der Klasse; der, die Klassenbeste,
-erste; der Primus der Klasse; *Alpinismus*
le ~ **de cordée** der Führende der
Seilschaft; **le** ~ **du mois** der erste des
Monats; der Monatserste; *loc/adv* am
Ersten des Monats; am Monatsersten;
loc/adv **les** ~**s du mois** jeweils am
Ersten des Monats; am Monatsersten;
être le ~, **un des** ~**s à** (+ *inf*) der erste
sein, der ...; e-r der ersten sein, die ...;
être ~ **dans sa classe** der Beste, Erste in

s-r Klasse sein; **être reçu** ~ **à un**
examen e-e Prüfung als Bester beste-
hen; *bibl* **les** ~**s seront les derniers**
die Ersten werden die Letzten sein; ◆
loc/adv **la**, **la première** la erste(r, -s);
zu'erst; **elle est la dernière couchée**
et la première levée sie ist als letzte
im Bett und als erste wieder auf den
Beinen; **parler le** ~ als erster, zuerst
sprechen; **passez donc le** ~! gehen Sie
doch bitte voran!; **tomber (dans l'eau)**
la tête la première vorn'über fallen;
kopf'über, mit dem Kopf voran ins
Wasser fallen; **en** ~, *etw von* zu'erst; als
erstes; *j-n bedienen* zu'erst; als erste(n);
◆ *zurückweisend: A et M sont absents,* **le**
~ **est malade et le second** *est en voyage*
ersterer, der erstere ... letzterer, der
letztere ...; **2.** *m* erster Stock; erstes
Stockwerk; erste E'tage; **au** ~ im ersten
Stock *etc*; e-e Treppe hoch; **3.** *in Paris* le
~ das erste Arrondisse'ment; **4.** *thé*
jeune ~ jugendlicher Held, Liebhaber;
avoir un physique de jeune ~ der Typ
des jugendlichen Helden, Liebhabers
sein; **jeune première** jugendliche Hel-
din; **5.** *in Großbritannien* **le** ℒ der Pre-
mi'er(minister); **6.** *bei e-r Scharade* **mon**
~ **est un ordre** die erste Silbe, das erste,
der erste Teil ...
première [prəmjer] *f* **1.** *thé, cin* Premi'e-
re *f*; Ur-, Erstaufführung *f*; **grande** ~
Galapremiere *f*; F *fig* **une grande** ~ ein
großes Ereignis; ~ **mondiale** Weltereig-
nis *n*; **public** *m* **des** ~**s** Premierenpu-
blikum *n*; **2.** *ch de fer* erste Klasse; *par*
ext Fahrkarte *f* erster Klasse; **voyager**
en ~ erster Klasse reisen, fahren; **3.**
Schule sechste Klasse im Gym'nasium;
etwa Unter'prima *f*; ~ **supérieure** Vor-
bereitungsklasse für die Aufnahme in die
École normale supérieure; **4.** *cout* Direk-
'trice *f*; **5.** *auto* erster Gang; **en** ~ im
ersten Gang; **6.** *Alpinismus* Erstbestei-
gung *f*; **7.** *impr* erster Korrek'tur-, Fah-
nenabzug; **corriger, lire en** ~ die erste
Korrektur lesen; **8.** *e-s Schuhs* Brand-
sohle *f*; **9.** *comm* ~ **de change** Prima-
wechsel *m*
premièrement [prəmjɛrmã] *adv* er-
stens; zu'erst
premier-maître [prəmjemɛtr(ə)] *m*
‹*pl* **premiers-maîtres**› *mar etwa*
Hauptbootsmann *m*
premier-né [prəmjene] *adj u subst m*
‹*pl* **premiers-nés**›, **première-née**
[prəmjerne] *adj u subst f* ‹*pl* **premières-**
-nées› erstgeboren; Erstgeborene(r, -s)
f(m,n)
prémilitaire [premiliter] *adj Ausbil-*
dung vormilitärisch
prémisse [premis] *f* Vor'aussetzung *f*;
Prä'misse *f* (*auch Logik*)
prémolaires [premoler] *f/pl anat* vor-
dere Backenzähne *m/pl*; *sc* Prämo'lar-
zähne *m/pl*; *sc* Prämo'laren *m/pl*
prémoni|tion [premonisjõ] *f* (schlimme)
(Vor)Ahnung; (schlimmes) Vorgefühl;
~**toire** *adj bes méd* warnend; *sc* prämo-
ni'torisch; *psych* **rêve** *m* ~ (Organ-)
Traum, der Vorbote von Krankheiten
ist; **signe** *m* ~ (warnendes) Vorzeichen
prémont|age [premõtaʒ] *m tech* Vor-
montage *f*; ~**er** *v/t tech* vormontieren
prémontré(e) [premõtre] *m(f) égl cath*
Prämonstra'tenser(in) *m(f)*
prémunir [premynir] **I** *v/t st/s* ~ **qn**
contre qc j-n vor etw (*dat*) warnen,
schützen, bewahren; **II** *v/pr* **se** ~ **contre**
qc sich vor etw (*dat*), gegen etw schüt-
zen, sichern
prenable [prənabl(ə)] *adj Festung* diffi-
cilement ~ schwer einnehmbar, einzu-
nehmen
prenant [prənã] *adj* **1.** *Film, Buch* pak-

kend; fesselnd; mitreißend; *auch* ergreifend; *Stimme* fesselnd; erregend; **2.** *Arbeit, Beschäftigung* zeitraubend; **3.** *jur* partie ~e Empfänger *m*; e-r Lieferung *auch* Abnehmer *m*

prénatal [prenatal] *adj* vorgeburtlich; präna'tal; allocations ~es Schwangerschaftsbeihilfe *f*

prendre [prɑ̃dr(ə)] ⟨je **prends**, il **prend**, nous **prenons**, ils **prennent**; je prenais; je pris; je prendrai; que je prenne, que nous prenions; prenant; pris⟩

I *v/t* **1.** nehmen; ergreifen; (an)fassen; packen; *von e-m Platz* wegnehmen; *aus e-m Behältnis* her'ausnehmen (**dans, de** aus); entnehmen (**dans, de** *dat*); *unterwegs, auf die Reise* mitnehmen; *Schüler, Pensionäre* aufnehmen; *Unabänderliches* (hin)nehmen; *Befehle* entgegennehmen; *ein Beispiel* (her'aus)nehmen; her-'ausgreifen; *Aufträge, Teilhaber* her'einnehmen; *Lieferung, Waren* ab-, entgegennehmen; *s-n Platz, Festung* einnehmen; *Namen* annehmen; sich zulegen; *Titel* sich bei-, zulegen; *Kredit, Hypothek* aufnehmen; *Versicherung* abschließen; *Stoff, Farbe* annehmen; *Wohnung* nehmen; *Tuch* 'umnehmen; *Mantel* anziehen *bzw* mitnehmen; *Schiff: Ladung, Passagiere* über'nehmen; an Bord nehmen; *Ladung auch* nehmen; *Passagiere auch* mitnehmen; *Erkältung, Schnupfen* sich zuziehen, holen; bekommen; *Eintritts-, Fahrkarte, Los* kaufen; *Fahrschein auch* lösen; *Los auch* nehmen; *Sender, Fernsehprogramm* ein-, anstellen; einschalten; *Erkundigungen* einziehen; *Auskünfte, Aufträge* einholen; *(Vorsichts)Maßnahmen* treffen; ergreifen; *Entschluß* fassen; *Vorkehrungen, Entscheidungen* treffen; *Risiken* eingehen; auf sich nehmen; *Verpflichtung* eingehen; über'nehmen; *Kommando, Befehl* über'nehmen; *die Macht* ergreifen; über'nehmen; *Gesagtes, Bemerkung* auffassen; ◆ *Wendungen mit subst:* ~ de l'âge alt werden; *Flugzeug* ~ de l'altitude an Höhe gewinnen; steigen; ~ un amant F sich e-n Liebhaber zulegen; ~ les armes zu den Waffen greifen; ~ de l'avance en Vorsprung gewinnen (sur vor+*dat*); ~ l'avis de qn j-s Rat einholen; j-n nach s-r Meinung, Ansicht fragen; *Taxi* ~ un client e-n Fahrgast auf-, aufnehmen, *par ext* befördern; *Blätter im Herbst* ~ une couleur dorée sich golden färben; ~ courage Mut fassen, schöpfen; *Schuhe* ~ l'eau undicht, nicht wasserdicht, wasserdurchlässig sein; das Wasser 'durchlassen; ~ espoir Hoffnung schöpfen; ~ femme heiraten; ~ une femme e-e Frau nehmen (*sich mit ihr geschlechtlich vereinigen*); ~ ses fonctions sein Amt antreten, über'nehmen; ~ des forces kräftig(er) werden; an Kräften zunehmen; ~ froid sich erkälten; ~ de l'importance (an) Bedeutung gewinnen; ~ la parole das Wort ergreifen, nehmen; ~ la peine de (+*inf*) sich die Mühe machen zu (+*inf*); ~ une photo e-e Aufnahme, ein Foto machen; ~ du poids (an Gewicht) zunehmen; ~ du repos ausspannen; *Fluß* ~ sa source entspringen; ~ sa température s-e Temperatur messen; ~ de la valeur im Wert steigen; *cf auch unter den betreffenden Substantiven*; ◆ prenons le cas suivant nehmen wir einmal folgenden Fall an; prenez ce qu'il vous faut *pour un voyage de quinze jours! auch* packen Sie ein, zusammen, was Sie ... brauchen!; je prends mon pain toujours chez ... ich kaufe, hole mein Brot immer bei ...;

ma résolution était prise mein Entschluß war gefaßt, stand fest; ◆ *mit adv:* si vous le prenez ainsi wenn Sie es so nehmen, auffassen; ~ bien *Bemerkung, Kritik, Spaß* nicht übelnehmen; *schlimme Nachricht* gefaßt aufnehmen; ~ mal übelnehmen; übel aufnehmen, vermerken; ◆ *mit prép u loc/adv:* ~ qc à la blague, à la rigolade, en riant etw als (e-n) Spaß, Scherz, Ulk, F Jux auffassen; *mar* ~ à bord an Bord nehmen; ~ qc à cœur sich etw angelegen sein lassen; ~ qc à la légère etw auf die leichte Schulter, Achsel nehmen; ~ au sens propre im eigentlichen Sinn gebrauchen, benützen, verwenden; ~ au sérieux, ernst nehmen; à tragique ernst nehmen; à tout ~ im Grunde (genommen); alles in allem; schließlich; übrigens; ~ qc avec bonne humeur etw gelassen, mit Humor aufnehmen; ~ qn chez soi j-n bei sich aufnehmen; j-n zu sich, in sein Haus nehmen; ~ qc du bon côté etw von s-r guten, schönen Seite nehmen, ansehen; *Problem* ~ de front direkt angehen; le ~ de haut von oben herab tun, sein; ~ qn, qc en aversion e-e Abneigung gegen j-n, etw bekommen; fassen; ~ qc en considération etw in Erwägung, Betracht ziehen; etw berücksichtigen; ~ qc en patience etw geduldig ertragen; ~ en remorque *Auto* abschleppen; *Schiff* ins Schlepptau nehmen; ~ qn en sympathie Zuneigung zu j-m fassen; ~ qn par la douceur j-n mit Milde (her'um)bekommen; ~ qn par les bons sentiments j-n von der Gefühlsseite her nehmen, packen; ~ qn pour associé j-n als Teilhaber aufnehmen, hin'einnehmen, ins Geschäft nehmen; ~ pour époux zum Ehemann nehmen; ehelichen; ~ pour prétexte als Vorwand benutzen; zum Vorwand nehmen; *Bemerkung* ~ pour soi auf sich beziehen; persönlich nehmen; *cf auch* **14.**; ~ qc sous sa responsabilité für etw die Verantwortung über'nehmen, auf sich nehmen; etw verantworten; ~ qc sur soi, sur son compte für etw geradestehen, einstehen; etw auf sich, F auf s-e Kappe nehmen; etw verantworten; ~ sur soi de (+*inf*) dafür geradestehen *etc*, es auf sich nehmen *etc*, daß ...; *cf auch unter den betreffenden Substantiven*; ◆ *mit Verben:* c'est à ~ ou à laisser entweder – oder; eins von beiden; il faut en ~ et en laisser man darf nicht alles glauben, was er, sie *etc* erzählt, was so erzählt wird; faire, envoyer ~ des nouvelles de qn nach j-s Befinden fragen lassen; passer, venir ~ qn j-n abholen (kommen); ~ venu la ~ en voiture er hat sie mit dem Wagen abgeholt; er ist sie mit dem Wagen abholen gekommen; passer ~ de l'argent à la banque Geld von der Bank abholen, abheben; *beim Friseur, Arzt* pouvez-vous me ~ à cinq heures? können Sie mich um fünf Uhr drannehmen?; savoir ~ qn mit j-m 'umzugehen wissen, verstehen; F j-n zu nehmen wissen, verstehen; F veux-tu que je prenne l'argent? wo soll ich das Geld denn hernehmen?; **2.** *Nahrung* zu sich nehmen; genießen; *Flüssigkeit* trinken; *Mahlzeit* einnehmen; *Medikament* (ein)nehmen; *Gift* nehmen; *Medizin* faire ~ à qn j-m eingeben; ~ son petit déjeuner à sept heures *auch* um sieben Uhr frühstücken; vous prendrez bien quelque chose? Sie trinken doch etwas, ein Gläschen (Wein, Bier *etc*)?; *im Restaurant* qu'est-ce que tu prends? was nimmst, ißt du?; elle n'a rien pris depuis deux jours sie hat

seit zwei Tagen nichts zu sich genommen; **3.** *Verkehrsmittel* nehmen; benützen (*auch Treppe*); fahren mit; ~ l'avion (mit dem Flugzeug) fliegen; das Flugzeug nehmen; ~ un taxi ein Taxi nehmen; **4.** *Weg, Richtung* einschlagen; *Weg, Straße auch* (entlang)gehen, (-)fahren; nous avons pris l'autoroute wir sind (auf der) Autobahn gefahren; ~ le large *cf* large III 3.; *mar* ~ la mer in See stechen, gehen; auslaufen; ~ la deuxième rue à gauche in die zweite Straße links einbiegen; ~ un virage e-e Kurve nehmen; **5.** *Person* einstellen; on ne prend plus personne es wird niemand mehr eingestellt; ~ qn à son service j-n in Dienst, in s-e Dienste nehmen; ~ qn comme secrétaire j-n als Sekretär(in) einstellen; **6.** *Tier* (ein)fangen; *Fische* fangen; *Dieb* fassen; er-, aufgreifen; fangen; F schnappen; *mil* gefangennehmen; ~ au lasso mit dem Lasso fangen; être pris au piège *cf* piège; être pris dans la foule in der Menge eingekeilt sein; *fig* se laisser ~ à qc *cf* laisser III; **7.** *Person bei unrechtem Tun* ertappen; F erwischen; *Ereignis* ~ qn j-n über-'raschen; ~ qn la main dans le sac, sur le fait, en flagrant délit j-n auf frischer Tat, in flagranti ertappen; l'orage nous a pris sur le chemin du retour das Gewitter überraschte uns auf dem Heimweg; F je vous y prends! jetzt habe ich Sie!; je vous y prends à dire du mal de moi! jetzt habe ich Sie dabei erwischt, wie Sie schlecht über mich geredet haben!; on ne m'y prendra plus! das passiert mir nicht noch einmal!; das soll mir nicht wieder passieren!; **8.** *Miene* aufsetzen; *Ton* anschlagen; *Haltung* einnehmen; *Gewohnheit, Manieren* annehmen; ~ une pose F sich in Positur setzen, stellen, werfen; ~ une voix de fausset mit hoher Fistelstimme sprechen; **9.** *Schläge etc* (ab-) bekommen; F (ab)kriegen; *Ball etc* ~ en pleine figure mitten ins Gesicht kriegen; *Auto bei e-m Unfall* avoir pris un bon choc tüchtig was abbekommen, abgekriegt haben; il a pris toute la pluie er hat den ganzen Regen abgekriegt; F ~ une raclée (e-e Tracht) Prügel beziehen, kriegen; F Keile, Dresche, Senge kriegen; verhauen, verdroschen, versohlt, vertrimmt, verbimst werden; F qu'est-ce qu'il a pris! a) F der hat vielleicht was abgekriegt!; hat der Prügel, F Dresche, Senge gekriegt!; b) der hat vielleicht was zu hören, F eins auf den Deckel, aufs Dach bekommen!; der ist vielleicht abgekanzelt worden!; **10.** *qn Müdigkeit, Schmerz, Schlaf etc* j-n über'fallen, über'mannen, über-'wältigen, über'kommen; *Entsetzen, Furcht etc* j-n packen (*auch Zorn, Verzweiflung*); j-n erfassen, ergreifen; sich j-s bemächtigen; être pris de l'envie de (+*inf*) plötzlich Lust bekommen zu (+*inf*); il a été pris de fièvre, la fièvre l'a pris ce matin heute früh bekam er (ganz) plötzlich Fieber; être pris de remords von Gewissensbissen heimgesucht, geplagt werden; F qu'est--ce qui te prend?, *iron* ça te prend souvent? was fällt dir denn ein?; was ist denn mit dir los?; was ist denn in dich gefahren?; F bist du noch zu retten?; **11.** *Arbeit* ~ qn j-n beschäftigen, in Anspruch nehmen; *cf auch* pris 1.; **12.** ~ qc à qn j-m etw (weg-, ab)nehmen, stehlen; *Gedanken* ~ chez un auteur (von) e-m Autor entlehnen; von e-m Autor nehmen; ~ un baiser e-n Kuß rauben; qui a pris mon couteau? wer hat mein Messer genommen?; il lui a pris sa

femme er hat ihm s-e Frau weggenommen, abspenstig gemacht; **13.** *als Lohn* verlangen; nehmen; **combien prenez-vous de l'heure?** wieviel *od* was verlangen, nehmen, *auch* kriegen Sie für die Stunde?; **il m'a pris cent francs** er hat hundert Franc von mir verlangt, genommen; F er hat mir ... abgenommen; *abs* **il prend cher** er verlangt, nimmt viel; er ist teuer; **14.** ~ **pour** (*fälschlich*) halten, ansehen für; ~ **les mots les uns pour les autres** die Wörter miteinander verwechseln; **je l'ai pris pour son frère** ich habe ihn für s-n Bruder gehalten; *fig u st/s* ~ **le Pirée pour un homme** sich gewaltig irren, täuschen; ~ **qn pour un imbécile** j-n für e-n Dummkopf halten; **pour qui me prenez-vous?** für wen halten Sie mich eigentlich?; **II** *v/i* **15.** *cuis* dick, sämig, *beim Erkalten* steif, fest werden; dicken; *Zement, Mörtel, Gips* abbinden; *Speise* ~ **au fond de la casserole** am Topfboden anhängen; **16.** *Setzling* anwachsen (*auch Pfropfreis*); anwurzeln; *Saat* aufgehen; *Feuer* a) angehen; anbrennen; b) ausbrechen (**au sous-sol** im 'Untergeschoß); *Impfstoff* e-e positive Reaktion her'vorrufen; **17.** *Gewässer* zufrieren; *cf auch* **pris 4.**; **18.** *Film, Theaterstück, Buch, Scherz* (beim Publikum) ankommen, Anklang finden, F ziehen; *Mode* ankommen; Anklang finden; einschlagen; sich 'durchsetzen; *Drohung, schöne Worte, Ausrede* meist **ne pas** ~ nicht wirken, verfangen, F ziehen; **avec moi, ça ne prend plus** bei mir verfängt, zieht das nicht mehr; **ces mensonges ne prennent plus** diese Lügen glaubt keiner mehr, F nimmt (ihm, ihr *etc*) keiner mehr ab; **19.** *Person* ~ **à droite, sur la droite** sich nach rechts wenden; rechts einbiegen; ~ **à travers champs** querfeld'ein gehen, laufen, fahren; **20.** *bei Kummer, Aufregung* ~ **sur soi** sich zu'sammennehmen, -reißen; sich beherrschen; sich nichts anmerken lassen; **21.** ~ **sur son sommeil,** *ses loisirs, etc* **pour étudier** F sich die Zeit zum Studium vom Schlaf *etc* abknapsen, abzwacken; **22. l'envie lui prit,** *auch v/imp* **il lui prit (l')envie de** (+*inf*) er bekam plötzlich Lust zu (+*inf*); **23.** *beim Kartenspiel* stechen; **III** *v/imp* **24. bien, mal lui en a pris de** (+*inf*) er hat gut, schlecht daran getan zu (+*inf*); es war sein Glück, Unglück, daß ...; **mal lui en prit** das ist ihm schlecht bekommen; **IV** *v/pr* **25.** *Person* **se** ~ **le doigt dans la porte** sich den Finger in der Tür einklemmen; *Kleidungsstück* **se** ~ **dans les ronces,** *Fliege* **se** ~ **dans une toile d'araignée** sich in den Dornen, in e-m Spinnennetz verfangen; an den Dornen, in e-m Spinnennetz hängenbleiben; **26. se** ~ **au jeu** (plötzlich) Gefallen, Geschmack an der Sache finden; der Sache (*dat*) Geschmack abgewinnen; *auch* meist lockerlassen, nachgeben; **se** ~ **d'affection pour qn** Zuneigung zu j-m fassen; **se** ~ **d'amitié pour qn** sich mit j-m anfreunden, befreunden; **27. se** ~ **à** (+*inf*) (plötzlich) anfangen, beginnen zu (+*inf*); **se** ~ **à crier** zu schreien anfangen; **elle s'est prise à espérer** *auch* sie schöpfte (neue) Hoffnung; **il se prit à penser que** ... mit e-m Mal(e) kam ihm der Gedanke, daß ...; **28. s'en** ~ **à qn, qc** j-m, etw die Schuld geben, zuschreiben, zuschieben; die Schuld bei j-m, etw suchen; j-n dafür verantwortlich machen; **29. s'y** ~ a) *mit Zeitangabe* **il aurait fallu s'y** ~ **à temps** man hätte sich rechtzeitig darum kümmern, dar-

'anmachen müssen; b) *mit adv:* **s'y** ~ **bien, mal** sich geschickt, ungeschickt *od* dumm dabei anstellen; es richtig *od* geschickt, falsch *od* verkehrt *od* dumm anstellen, anfangen; geschickt *od* richtig, ungeschickt *od* falsch vorgehen; **comment vas-tu t'y** ~ ? wie wirst du es anstellen?; **je vais te montrer comment on s'y prend** ich werde dir zeigen, wie man es macht; **30. se** ~ **pour un génie, un 'héros,** *etc* sich für ein Genie, e-n Helden *etc* halten; **pour qui se prend-il?** für wen hält er sich eigentlich?; was bildet er sich eigentlich ein?; **31.** *reziprok:* **a)** *fig* **se** ~ **aux cheveux** sich in die Haare geraten, kriegen; **se** ~ **par le bras** sich 'untereinhaken; **se** ~ **par le cou** sich (gegenseitig) um'schlingen; **se** ~ **par la main** sich bei der Hand fassen; **b)** *chercher à* **se** ~ **le ballon** sich gegenseitig den Ball zu entreißen, wegzunehmen suchen; **32.** *passivisch: Gegenstand* **ça se prend par le milieu** das faßt man in der Mitte an; das wird in der Mitte angefaßt; **le médicament se prend avant les repas** das Medikament wird vor den Mahlzeiten eingenommen; **ce poisson se prend au filet** dieser Fisch wird mit dem Netz gefangen

pren|eur [prənœr] *m* **1.** *bes comm, jur* Abnehmer *m*; Käufer *m*; Nehmer *m*; *auch* Interes'sent *m*; *Pacht-, Mietverhältnis* Pächter *m bzw* Mieter *m*; **trouver** ~ **pour qc** e-n Abnehmer, Käufer, Interessenten für etw finden; **tu ne veux plus de gâteau, il y a certainement des** ~**s** es gibt sicher Abnehmer dafür; **2.** *rad, cin* ~ **de son** Tontechniker *m*, -meister *m*; **~euse** *adj* ⟨*auch f*⟩ *tech* **benne** ~ Greifer *m*; Greifkorb *m*

prénom [prenõ] *m* Vorname *m*; *auch* Taufname *m*; *usuel* Rufname *m*

prénommé [prenɔme] **I** *adj* **1.** obengenannt; schon, vorher genannt; **2.** *adm* **le** ~ **Paul** der (mit Vornamen) Paul Heißende; besagter Paul; **II** *subst* ~**(e)** *m(f)* Besagte(r) *f(m)*; Obengenannte(r) *f(m)*

prénommer [prenɔme] **I** *v/t* ~ **qn ...** j-m den (Vor)Namen ... geben; j-n mit Vornamen ... nennen; **on a prénommé l'enfant comme son grand-père** das Kind wurde nach s-m Großvater benannt, erhielt den Vornamen s-s Großvaters; **II** *v/pr* **se** ~ ... mit Vornamen ... heißen

prénotion [prenosjõ] *f philos* angeborene Vorstellung; angeborene I'deen *f/pl*

prénuptial [prenypsjal] *adj* ⟨-aux⟩ **certificat** ~ ärztliches Ehetauglichkeitszeugnis; **examen** ~ ärztliche Unter'suchung vor der Eheschließung (*für die Ausstellung des Ehetauglichkeitszeugnisses*)

préoccupant [preɔkypã] *adj Lage* besorgniserregend; beunruhigend; bedenklich

préoccupation [preɔkypasjõ] *f* Sorge *f*; Besorgnis *f*; **sa** ~ **majeure** ihre Hauptsorge, größte Sorge; **avoir des** ~**s (de maîtresse de maison)** (Hausfrauen-) Sorgen haben

préoccup|é [preɔkype] *adj* besorgt; beunruhigt; *Miene* besorgt; sorgenvoll; **avoir l'air** ~ *auch* besorgt, sorgenvoll aussehen; **être** ~ **de** *od* **par qc** um etw besorgt sein; **~er** **I** *v/t* ~ **qn** *j-s Befinden, Zukunft, Fragen* j-m Sorge(n) machen; j-n mit Besorgnis erfüllen; j-n beunruhigen; *Fragen, Gedanke, Erlebnis* j-n stark beschäftigen; **II** *v/pr* **se** ~ **de qc** sich über etw (*acc*) Gedanken machen; sich gedanklich mit etw beschäftigen

pré|œdipien [preedipjɛ̃] *adj* ⟨~ne⟩

psych vorödi'pal; **~opératoire** *adj chir* e-r Operati'on vor'angehend; *sc* prä-opera'tiv

préparateur [preparatœr] *m phys, chim* La'borgehilfe *m* (*e-s Professors bei Experimenten in den Vorlesungen*); ~ **en pharmacie** Labo'rant *m* in e-r Apotheke

préparatifs [preparatif] *m/pl* Vorbereitung(en) *f(pl)*; ~ **de départ, de guerre** Reise-, Kriegsvorbereitungen *f/pl*; **faire ses** ~ s-e Vorbereitungen treffen

préparation [preparasjõ] *f* **1.** *e-r Rede, Arbeit, Schulstunde, e-s Angriffs, Festes* Vorbereiten *n*, -ung *f*; *der Mahlzeiten* Zu-, Vorbereitung *f*; *von Kohle, Erz* Aufbereitung *f*; *der Häute* Zurichtung *f*; *Schule* ~ **française** häusliche Vorbereitung e-r Textinterpretation; ~ **latine** häusliche Vorbereitung e-s lateinischen Textes; **faire sa** ~ **latine** e-n lateinischen Text (zu Hause) vorbereiten, präpa'rieren; ~ **militaire** (*abr* **P.M.**) vormilitärische Ausbildung; Wehrtüchtigung *f*; *égl cath* ~ **à la communion** Vorbereitung im Gebet auf die Kommunion; ~ **à un examen** Vorbereitung auf ein Examen; Ex'amensvorbereitung *f*; *mil* ~ **d'artillerie** Feuervorbereitung *f*; *mus* ~ **d'une dissonance** Vorbereitung e-r Dissonanz; *mil* ~ **du tir** Schießvorbereitung *f*; *Industrie* ~ **du travail** Arbeitsvorbereitung *f*; *mil* **tir** ~ **de** ~ Vorbereitungsfeuer *n*; *Buch, Auflage* **en** ~ in Vorbereitung; **sans** ~ unvorbereitet; **2.** *chim, e-s Medikaments* Herstellung *f*; *chim auch* Darstellung *f*; **3.** *anat, chim, phm* Präpa'rat *n*; ~ **culinaire** kulinarisches Erzeugnis; ~ **pour le microscope** mikroskopisches Präparat; **4.** *peint* Entwurf *m*

préparatoire [preparatwar] *adj* vorbereitend; *für Abiturienten* **classes** *f/pl* ~**s** (**aux grandes écoles**) Vorbereitungsklassen *f/pl* für die „grandes écoles"; *mil* **commandement** *m* ~ Ankündigungskommando *n*; **cours** *m* ~ erste Grundschulklasse; erstes Grundschuljahr; *jur* **instruction** *f* ~ Voruntersuchung *f*; *jur* **jugement** *m* ~ Zwischenurteil *n*; **travail** *m* ~ Vorarbeit *f*

préparer [prepare] **I** *v/t* **1.** *Fest, Reise, Rede, Schulstunde, Aufführung etc* vorbereiten; *Vorlesung, Rede auch* ausarbeiten; *Mahlzeit* zu-, vorbereiten; *Fleisch, Fisch etc vor dem Kochen* zu-, vorrichten; zu'rechtmachen; *Gastzimmer* herrichten; zu'rechtmachen; *Häute* zurichten; *mus Dissonanz* vorbereiten; *Essen* ~ **à l'avance** vorrichten; vorher zubereiten, fertigmachen; vorkochen; *im Drama* ~ **un dénouement** e-e Lösung des Konflikts vorbereiten, einleiten, her'beiführen; ~ **une grande école, un examen** auf die Aufnahmeprüfung für e-e „grande école", sich auf ein Examen vorbereiten; *fig* ~ **un piège** e-e Falle stellen; ~ **un roman** an e-m Roman schreiben; e-n Roman in Arbeit haben; ~ **sa thèse** s-e *od* an s-r Dissertation, Doktorarbeit schreiben; *fig* ~ **le terrain** den Boden bereiten; *fig* ~ **la voie** den Weg bereiten, bahnen, ebnen (**à** für); ♦ *adit cuis* **plat tout préparé** Fertiggericht *n*; ♦ ~ **qn à qc** j-n auf etw (*acc*) vorbereiten; ~ **qn à un examen, à une mauvaise nouvelle** j-n auf ein Examen, auf e-e schlimme Nachricht vorbereiten; ~ **qn à mourir** j-n auf den Tod, das Ende vorbereiten; **ne pas être préparé à qc** auf etw (*acc*) nicht vorbereitet, gefaßt sein; ♦ *Zukunft, Ereignis* ~ **qc à qn** j-m etw bringen; für j-n etw bereithalten; **sa paresse lui**

prépare des jours malheureux s-e Faulheit wird ihm einmal das Leben erschweren; **~ une surprise à qn** j-m e-e Überʼraschung bereiten; j-n überʼraschen; **2.** *chim, Medikament* herstellen; *chim auch* darstellen; **II** *v/pr* **3. se ~ à** *auf ein Examen etc* sich vorbereiten auf (+*acc*); *auf e-e Lage auch* sich einrichten auf (+*acc*); *auf e-e schlimme Nachricht* sich gefaßt machen auf (+*acc*); **se ~ au combat, à la guerre** *auch* (sich) zum Kampf, Krieg rüsten; **~ à la mort** *auch st/s* sich zum Sterben bereiten; **se ~ à sortir** sich zum Ausgehen bereit-, fertigmachen, rüsten; **se ~ pour qc** sich für etw fertig, zuʼrechtmachen, herrichten; *abs* **préparez-vous!** macht euch fertig, bereit!; fertigmachen! **4.** *fig* **se ~ bien des ennuis** sich viele Ungelegenheiten, Unannehmlichkeiten bereiten, schaffen; **se ~ bien des déceptions** viele Enttäuschungen erleben (werden); **5. se ~** *Gewitter* herʼaufziehen; sich zuʼsammenbrauen; *im Anzug sein;* sich ankündigen; *große Dinge, Ereignis, Tragödie* sich vorbereiten, abzeichnen, anbahnen; bevorstehen; *unpersönlich* **il se prépare qc** da ist etwas im Gange, im Anzug; da braut sich etwas zusammen; F da tut sich was; **6.** *passivisch:* **cuis se ~** zubereitet werden

prépondér|ance [prepɔ̃derɑ̃s] *f* Vorherrschaft *f;* Vormacht(stellung) *f;* Vorrangstellung *f;* beherrschende Posiʼtion; ʼÜber-, Schwergewicht *n;* **~ant** *adj Rolle etc* ausschlaggebend; entscheidend; maßgeblich; **place ~e** Vorrang-, Vormachtstellung *f;* beherrschende Position; *bei Stimmengleichheit* **la voix du président est ~e** die Stimme des Vorsitzenden gibt den Ausschlag, ist entscheidend, entscheidet

prépos|é(e) [prepoze] *m(f)* **1.** *adm* **a)** Briefträger(in) *m(f), adm* -zusteller(in) *m(f);* Postbote, -botin *m,f;* **b)** *subalterne(r)* Beamte(r) *m.* Beamtin *f;* **~ des douanes, des postes** Zoll-, Postbeamte(r) *bzw* -beamtin *m bzw f;* **2.** ⟨*nur f*⟩ **~ au vestiaire** Garde'robenfrau *f;* **3.** ⟨*nur m*⟩ *jur* Erfüllungs-, Verrichtungsgehilfe *m;* **~er** *v/t* **~ qn à qc** j-n mit etw betrauen; j-m etw überʼtragen; j-n beauftragen, etw zu tun; **~ qn au téléphone** j-m den Telefondienst übertragen

prépositif [prepozitif] *adj* ⟨**-ive**⟩ *gr* **locution prépositive** Präpositioʼnalgefüge *n;* als Präpositiʼon gebrauchte Wendung

préposition [prepozisjɔ̃] *f gr* Präpositiʼon *f;* Verhältniswort *n*

prépositivement [prepozitivmɑ̃] *adv gr* **employé ~** als Präpositiʼon gebraucht

pré|puberté [prepybɛrte] *f physiol* Vorpubertät *f;* **~publication** *f in e-r Zeitung* Vorabdruck *m;* **en ~** als Vorabdruck

prépuce [prepys] *m anat* Vorhaut *f;* sc Präʼputium *n*

préraphaél|isme [prerafaelism(ə)] *m peint* Präraffaeliʼtismus *m;* **~ite** *peint* **I** *adj* präraffaeʼlitisch; **II** *m* Präraffael'it *m*

pré|rasage [prerazaʒ] *m* **lotion** *f* **de ~** Preshave [priʼʃɛːv] *n;* **~réacteur** *m phys* atom Versuchsreaktor *m;* **~réfrigération** *f von Nahrungsmitteln* Vorkühlung *f;* schnelle Abkühlung (*vor dem Versand, der Einlagerung*); **~réglage** *m tech* Voreinstellung *f;* **~retraite** *f* (allocation *f* indemnité *f* de) **~** *etwa* vorgezogene Altersrente (*für Arbeitslose ab 60 Jahren*)

pré|rogative [prerɔgativ] *f* Vorrecht *n; hist* Prärogaʼtiv(e) *n(f);* **~romain** *adj* vorrömisch; **~romantisme** *m* Literatur Präromantik *f*

près [prɛ] **I** *adv* nah(e); in der Nähe; **tout ~** ganz nah, in der Nähe; naheʼbei; nah, dicht daʼbei; F *Londres?* **ce n'est pas tout ~!** das ist ja nicht gerade nah!; *mar* **gouverner ~** et plein mit gut ʼvollstehenden Segeln an den Wind gehen; ◆ **à** (+*subst*) **~** von (+*dat*) abgesehen; abgesehen von (+*dat*); bis auf (+*acc*); **à cela ~** davon abgesehen; sonst; anʼsonsten; **à cela ~ que ...** abgesehen davon, daß ...; **à un franc ~, le compte y est** bis auf e-n Franc stimmt die Summe; **je ne** *od* **n'en suis pas à cinq minutes ~** auf fünf Minuten (mehr oder weniger) kommt es mir nicht an; **il n'en est pas à ça ~** darauf kommt es ihm nicht an; das nimmt er nicht so genau; ◆ *st/s* **à beaucoup ~** bei weitem; weitaus; ◆ **à peu ~, à peu de chose(s) ~** ungefähr; etwa; beinahe; annähernd; zirka; in etwa; **il gagne deux mille francs, à peu (de chose[s]) ~** er verdient ungefähr *etc* zweitausend Franc; **il y a à peu ~ 'huit jours que ...** es ist ungefähr *etc* acht Tage her, daß ...; **l'hôtel était à peu ~ vide** das Hotel war fast leer; ◆ **de ~ betrachten** *etc* von nahem; aus *od* in der Nähe; *fig* prüfen *etc* genau; eingehend; **connaître qn de ~** j-n gut, genau kennen; **connaître qn de plus ~** j-n besser, genauer kennen; **être rasé de ~** ganz glatt rasiert sein; **il ne faut pas y regarder de trop ~!** man darf nicht zu genau hinsehen; **serrer de ~** *cf* serrer 3.; **(se) suivre de ~** *cf* suivre 1., 15., 16.; **toucher qn de ~ (très)** ~ j-n direkt angehen, betreffen; **II** *loc/prép* **~ de** örtlich nah(e) bei (+*dat*); nah(e) an (+*dat bzw acc*); in der Nähe von (+*od* + *gén*); bei (+*dat*); *st/s* nah(e) (+*dat*); mit e-m Zahlwort fast; beinahe; ungefähr; nahezu; *Kleidungsstück* ~ **du corps** anliegend; **(tout)** ~ **d'ici** hier (ganz) in der Nähe; ~ **de mille francs** fast, nahezu, an die tausend Franc; **s'asseoir** ~ **de qn** sich neben j-n setzen; *fig* **être** ~ **de son argent**, F **de ses sous** ein Pfennigfuchser, Geizkragen, -hals sein; **il est** ~ **de la quarantaine** er ist nahe der Vierzig, (nahe) an die Vierzig; er geht auf die Vierzig zu; **on est** ~ **des vacances** die Ferien stehen vor der Tür; wir stehen kurz vor den Ferien; **il est** ~ **de onze heures** es ist fast, gleich elf Uhr; es ist kurz vor, gegen elf Uhr; *mar* **naviguer** ~ **du vent, au plus** ~ **(du vent)** dicht, hoch am Wind, hart beim *od* am Wind segeln; **vivre** ~ **de qn** in j-s Umʼgebung (*dat*) leben; bei j-m leben; ◆ **être** ~ **de faire qc** im Begriff, nahe darʼan sein, etw zu tun; **les négociations étaient** ~ **d'aboutir** die Verhandlungen standen kurz vor ihrem (glücklichen) Abschluß; **être** ~ **d'achever un travail** kurz vor Abschluß, Vollʼendung e-r Arbeit stehen; **la hausse des prix s'est accentuée et elle n'est pas** ~ **de s'arrêter** ... und es sieht nicht so aus, als werde sie bald zum Stillstand kommen; **être** ~ **de partir** im Aufbruch begriffen sein; **III** *prép adm* **bei** (+*dat*); **~ Meudon** bei, in der Nähe von Meudon; **ambassadeur** ~ **le Saint-Siège** ... beim Heiligen Stuhl; **greffier** ~ **le tribunal d'instance** ... beim *od* am Amtsgericht

présage [prezaʒ] *m* Vorzeichen *n;* Omen *n;* Vorbedeutung *f; meist pl* **~s** e-r Katastrophe, Krise Anzeichen *n/pl; bon od* **heureux, mauvais** ~ gutes, schlimmes Vorzeichen; gutes, böses Omen; gute, böse Vorbedeutung; **tirer un ~ d'un événement** ein Ereignis als ein Vorzeichen deuten

présager [prezaʒe] *v/t* ⟨**-geait**⟩ **1.** *für die* Zukunft bedeuten; **cela ne présage rien de bon** das bedeutet nichts Gutes; **2. laisser ~** vermuten, ahnen, vorʼaussehen lassen

présalaire [presalɛr] *m* Stuʼdentengehalt *n*

pré-salé [presale] ⟨*pl* **prés-salés**⟩ *od* **présalé** *m* **a)** *Schaf, das auf e-r Wiese geweidet hat, die zeitweilig vom Meer überspült wird;* **b)** *das Fleisch e-s solchen Schafes*

présanctifié [presɑ̃ktifje] *adj égl cath Opfergaben* vorherverwandelt; *subst* **messe** *f* **des ~s** Messe *f* der vorherverwandelten Opfergaben

presbyte [prɛzbit] *méd* **I** *adj* weitsichtig; *bes* alters(weit)sichtig; **II** *m,f* Weit-, *bes* Alters(weit)sichtige(r) *f(m)*

presbytéral [prɛzbiteral] *adj* ⟨**-aux**⟩ *rel* presbyteriʼal; **conseil ~** Presbyʼterium *n*

presbytère [prɛzbitɛr] *m* Pfarrhaus *n*

presbytér|ianisme [prɛzbiterjanism(ə)] *m rel* Presbyteriaʼnismus *m;* **~ien** *rel* **I** *adj* ⟨**~ne**⟩ presbyteriʼanisch; **II** *subst* ⟨**~ne**⟩ *m(f)* Presbyteriʼaner(in) *m(f)*

presbytie [prɛzbisi] *f méd* Weitsichtigkeit *f; bes* Alters(weit)sichtigkeit *f; sc* Presbyoʼpie *f*

prescience [presjɑ̃s] *f bes rel* Vor(her)wissen *n* (*Gottes*); *fig* Wissen *n* um die Zukunft; Blick *m* in die Zukunft

préscolaire [preskɔlɛr] *adj* vorschulisch; Vorschul...; **éducation** *f* ~ Vorschulerziehung *f*

prescript|ibilité [prɛskriptibilite] *f jur* Verjährbarkeit *f;* **~ible** *adj jur* verjährbar

prescription [prɛskripsjɔ̃] *f* **1.** Vorschrift *f;* Bestimmung *f;* Anordnung *f;* (An)Weisung *f;* ~ **médicale, du médecin** ärztliche Verordnung; ~ **de la loi** gesetzliche Vorschrift, Bestimmung; **conformément aux ~s** vorschriftsweisungsgemäß; **2.** *jur* Verjährung *f;* ~ **acquisitive** Ersitzung *f;* ~ **extinctive, libératoire** schuldbefreiende, anspruchsvernichtende Verjährung; **délai** *m* **de ~** Verjährungsfrist *f;* **il y a ~** es ist Verjährung eingetreten; **la ~ est de deux ans** die Verjährung tritt nach zwei Jahren ein

prescrire [prɛskrir] ⟨*cf* **écrire**⟩ **I** *v/t* **1.** vorschreiben; bestimmen; anordnen; anweisen; Anweisung geben (**que** daß); verfügen; festsetzen; *Arzt: Medikament etc* verordnen; verschreiben; **selon les formes que la loi a prescrites** in der gesetzlich vorgeschriebenen Form; *fig* **les circonstances prescrivent la prudence** die ʼUmstände gebieten, erfordern, verlangen Vorsicht; ◆ *adit:* **délai prescrit** vorgeschriebene, festgesetzte Frist; *méd* **dose prescrite** verordnete Dosis; **2.** *jur Eigentum* ersitzen; *Strafe* **être prescrit** verjährt sein; **II** *v/pr* **se ~** *jur* verjähren (**par cinq ans** in fünf Jahren)

préséance [preseɑ̃s] *f* Vorrang *m;* Vortritt *m;* **ordre** *m* **de ~** Rangordnung *f;* **avoir la ~ sur qn** den Vortritt vor j-m haben

pré|sélecteur [preselɛktœr] *m tech* Vorwähler *m;* Wählschalter *m; beim automatischen Getriebe* Wählhebel *m;* **~sélection** *f* **1.** *tech* Vorwahl *f; auto* **boîte** *f* **de vitesse à ~** Getriebe *n* mit selektiver Automatik; **2.** *mil* Eignungstests *m/pl* vor der Einberufung; **~sélectionner** *v/t tech* im voraus wählen; vorwählen

présence [prezɑ̃s] *f* **1.** *e-r Person* Anwesenheit *f;* Gegenwart *f* (*auch Gottes*); Präʼsenz *f* (*auch e-s Staates in e-m anderen Land*); *e-r Gesellschaftsschicht im politischen Leben etc* Vertretensein *n;*

la ~ française en Afrique die französische Präsenz in Afrika; *rel* la ~ réelle de Jésus-Christ dans l'eucharistie die wirkliche Gegenwart Jesu Christi in der Eucharistie; *philos* la ~ au monde, dans le monde das handelnde Auf-der-Welt-Sein, Dasein; das Gegenwärtigsein; droit *m*, jetons *m/pl* de ~ Sitzungs-, Tagegeld *n*; Di'äten *pl*; feuille *f* de ~ Anwesenheits-, Präsenzliste *f*; ◆ *loc/adv* Personen, Armeen être en ~ sich (*feindlich*) gegen'überstehen; mettre deux personnes en ~ zwei Personen gegen'überstellen, miteinander konfron'tieren; *loc/prép* en ~ de a) *e-r Person* in Anwesenheit, in Gegenwart, vor jdm; *b) von Tatsachen, Schwierigkeiten etc* angesichts, im Angesicht (+*gén*); en votre ~ in Ihrer Anwesenheit, Gegenwart, in Ihrem Beisein; se trouver tout à coup en ~ de qn plötzlich j-m gegen'überstehen; nous ne pouvons rien faire 'hors de sa ~ in s-r Abwesenheit können wir nichts tun; ◆ *bei e-r Veranstaltung* faire acte de ~ sich kurz sehen, blicken lassen; *st/s* honorer qn de sa ~ j-n mit s-r Anwesenheit beehren; **2.** *e-s Gegenstandes* Vor'handensein *n*; *e-s Minerals, e-r Substanz* Vorkommen *n*; Auftreten *n*; **3.** ~ d'esprit Geistesgegenwart *f*; faire preuve de ~ d'esprit Geistesgegenwart beweisen; geistesgegenwärtig sein; sich geistesgegenwärtig zeigen; **4.** *von längst Vergangenem, des antiken Griechenland etc* Gegenwärtigsein *n*; Le'bendigsein *n*; **5.** *e-s Redners, e-r starken Persönlichkeit* Ausstrahlungskraft *f*; avoir de la, manquer de ~ e-e große, keine Ausstrahlungskraft besitzen, haben

présénescence [presenesɑ̃s] *f méd* Zeitabschnitt *m* vor dem Greisenalter; *sc* Prä'senium *n*

présent¹ [prezɑ̃] **I** *adj* **1.** *Person* anwesend; *Gott, fig* gegenwärtig; *bei namentlichem Aufruf* ~! hier!; répondre «~» mit „hier" antworten; „hier" rufen; lui ~, il n'aurait pas osé le frapper in s-r Gegenwart, Anwesenheit, in s-m Beisein ...; avoir qc ~ à l'esprit etw prä'sent, im Kopf, gut in Erinnerung haben; j'ai encore ~ à l'esprit notre entretien *auch* unser Gespräch ist mir noch ganz gegenwärtig, gut erinnerlich; être ~ (à qc) (bei etw) anwesend, zu'gegen, prä'sent sein; *fig Kindheit, alte Zeit* se trouver partout ~ dans une œuvre in e-m Werk überall gegenwärtig, le'bendig, spürbar sein; **2.** *Epoche, Situation etc* gegenwärtig; augenblicklich; derzeitig; jetzig; le temps ~ die jetzige, heutige Zeit; à la minute ~e in (eben) dieser Minute; **3.** *adm, comm* vorliegend; la ~e lettre das vorliegende Schreiben; *subst* par la ~e hierdurch, -mit; dans le cas ~ in diesem, im vorliegenden Fall; décédé le dix du ~ mois verstorben am Zehnten dieses Monats (*abr* d. M.); **4.** *gr* (des) Präsens; der Gegenwart; participe ~ Partizip *n* Präsens; Mittelwort *n* der Gegenwart; erstes Partizip, Mittelwort; **II** *m* **1.** Gegenwart *f*; jouir du ~ die Gegenwart, das Heute genießen; **2.** *loc/adv* à ~ zur Zeit (*abr* z. Zt.); gegenwärtig; augenblicklich; derzeit; b) jetzt; à ~ que ... jetzt, da *od* wo ...; *loc/adj* d'à ~ augenblicklich; gegenwärtig; jusqu'à ~ bis jetzt; bis'her; **3.** *gr* Präsens *n*; Gegenwart *f*; ~ historique historisches Präsens; mettre au ~ ins Präsens setzen; **4.** les ~s *m/pl* die Anwesenden *m/pl*; il y avait quinze ~s à la réunion fünfzehn Personen waren bei der Versammlung anwesend

présent² [prezɑ̃] *litt m* Geschenk *n*; *st/s* Prä'sent *n*; *jur* ~s d'usage Anstandsschenkung *f*, -geschenke *n/pl*; faire un ~ à qn j-m ein Geschenk machen; faire ~ de qc à qn j-m etw schenken

présentable [prezɑ̃tabl(ə)] *adj* Person être ~ sich sehen lassen können; ce plat n'est pas ~ dieses Essen, Gericht kann man keinem vorsetzen

présenta|teur [prezɑ̃tœr] *m*, **~trice** *f* **1.** j, der etw (*z B Ausweis, Beleg etc*) vorlegt, vorweist, über'reicht; *e-s Wechsels* Präsen'tant *m*; **2.** *comm e-s neuen Artikels* Vorführer *m*; Vorführdame *f*; **3.** *rad, télév* Conférenci'er *m*; *e-r Diskussion* Mode'rator *m*; *auch* j, der durch e-e Sendung führt, der zu e-r Sendung e-e Einführung gibt; Präsen'tator *m*; *Kabarett* Ansager(in) *m(f)*; Conférenci'er *m*

présentation [prezɑ̃tasjɔ̃] *f* **1.** *neuer Modelle, e-r Kollektion* Vorführung *f*; *e-s neuen Buches, Theaterstückes* Vorstellung *f*; la ~ de la pièce était faite par l'auteur der Autor stellte sein Stück vor, gab e-e Einführung zu dem Stück; **2.** *von Waren in e-m Geschäft, von Kunstgegenständen bei e-r Ausstellung* (Art *f* der) Aufstellung *f*, Anordnung *f*, Präsen-'tierung *f*, *von Gemälden auch* Aufhängung *f*; **3.** *von Ideen, e-r These* Darlegung *f*; Darstellung *f*; Ausein'andersetzung *f*; **4.** *e-r Fahrkarte, e-s Ausweises* Vorzeigen *n*, -ung *f*; Vorweisen *n*, -ung *f*; *e-r Quittung, e-s Schecks etc* Vorlage *f*; Vorlegen *n*, -ung *f*; *e-s Wechsels auch* Präsentati'on *f*; Präsen'tierung *f*; *e-r Rechnung auch* Über'reichung *f*; *e-s Gesuchs* Einreichung *f*; ~ du budget Vorlage des Haushaltsplans; ~ sur ~ bei *od* gegen Vorlage von (*od* + *gén*); **5.** *e-s Gastes in e-r Gesellschaft, e-s Bewerbers für e-n Posten* Vorstellung *f*; ~ personnelle persönliche Vorstellung; *Gastgeber(in)* faire les ~s die Gäste ein-'ander vorstellen, miteinander, unterein-'ander bekannt machen; **6.** *e-r Ware* Aufmachung *f*; Ausstattung *f*; *phm* Darreichungs-, Arz'neiform *f*; *e-s Textes* Gestaltung *f*; **7.** *e-r Person* äußere Erscheinung; *in e-r Annonce* excellente ~ sehr gute Erscheinung; **8.** *e-s Nachfolgers* Vorschlagen *n*; Präsentati'on *f*; droit *m* de ~ Vorschlags-, Präsentationsrecht *n*; **9.** *bei der Geburt* Kinds-, Geburtslage *f*; *sc* Präsentati'on *f*; ~ de l'épaule Schulter-, Querlage *f*; ~ de la face, du siège Gesichts-, Steißlage *f*; **10.** *égl cath, peint* ~ de l'Enfant Jésus au Temple Darstellung *f* Christi im Tempel; ~ de la Vierge Darstellung *f* Ma'riä

présente [prezɑ̃t] *cf* présent¹ I 3.

présentement [prezɑ̃tmɑ̃] *litt adv* zur Zeit (*abr* z. Zt.); gegenwärtig; augenblicklich; derzeit

présenter [prezɑ̃te] **I** *v/t* **1.** *Speise* reichen; anbieten; vorsetzen; *Stuhl* anbieten; *Blumen* über'reichen; präsen-'tieren; *Fahrkarte, Ausweis* vorzeigen; vorweisen; *Quittung, Rechnung, Kostenvoranschlag, Scheck, Wechsel, Plan, Gesetzentwurf* vorlegen; *Plan auch* unter-'breiten; *Rechnung, Wechsel auch* präsen'tieren; *Gesuch, Dissertation* einreichen; über'reichen; *fig Argument, Einwand* vorbringen; geltend machen; ~ le bras à qn j-m den Arm bieten, reichen; ~ sa candidature *cf* candidature; ~ ses condoléances, ses excuses, ses félicitations, ses hommages, ses respects à qn *cf* condoléances *etc*; ~ sa démission s-n Abschied, s-e Entlassung einreichen; *mil* ~ le flanc à l'ennemi dem Feind die Flanke darbie-

ten; ~ ses remerciements à qn j-m s-n Dank abstatten; ~ une requête e-e Eingabe machen; *für ein Examen* ~ qc comme texte etw als Text wählen; **2.** *Gerät, Artikel* vorführen; zeigen; *Modekollektion* vorstellen; *Waren* ausstellen (en vitrine im Schaufenster); *Museum:* *Neuerwerbungen* ausstellen; zeigen; *Künstler, Film, Theaterstück, Buch* (dem Publikum, den Lesern) vorstellen; *zu e-m Film, Buch, Stück etc* e-e Einführung geben, schreiben (qc zu etw); *Zirkusnummer etc* a) vorführen; darbieten; b) ansagen; *rad, télév* ~ une émission in e-e Sendung einführen; zu e-r Sendung e-e Einführung geben; (als Conférenci'er, Mode'rator) durch e-e Sendung führen; Conférencier, Moderator e-r Sendung sein; e-e Sendung mode'rieren; **3.** ~ qn à qn j-m j-n vorstellen; j-n mit j-m bekannt machen; être présenté dans un cercle in e-n Kreis eingeführt werden; je vous présente monsieur X! darf ich Ihnen Herrn X vorstellen!; darf ich Sie mit Herrn X bekannt machen!; **4.** *Ideen, Theorie* darlegen; darstellen; ausein-'andersetzen; entwickeln; ~ qn, qc comme ... j-n, etw darstellen als ...; ~ les choses telles qu'elles sont die Dinge so darstellen, wie sie sind; **5.** ~ un candidat à un examen e-n Kandidaten für e-e Prüfung (an)melden; ~ qn pour un emploi j-n für e-e Stelle vorschlagen; **6.** *Sache:* Unterschied, Eigenschaft, Symptome, Mängel aufweisen; *Vorteil, Anblick* bieten; *Unannehmlichkeiten, Schwierigkeiten* bereiten; machen; mit sich bringen (*auch Gefahren*); *Weg* ~ de nombreux détours viele Windungen haben, aufweisen; ~ un intérêt particulier von besonderem Interesse sein; **7.** *mil* ~ les armes das Gewehr präsen'tieren; présentez ~ arme(s)! präsentiert das ~ Gewehr!; **II** *v/i* **8.** *Person* ~ bien, mal e-e gute, keine gute Erscheinung sein; **III** *v/pr* se ~ **9.** *bei e-r Stellenbewerbung* sich (per'sönlich) vorstellen; *jur* se ~ à l'audience zur Verhandlung erscheinen; se ~ chez qn j-m s-e Aufwartung machen; bei j-m erscheinen; se ~ devant le juge, le tribunal vor dem Richter, Gericht erscheinen; **10.** se ~ à qn sich j-m vorstellen; permettez-moi de me ~ gestatten Sie, daß ich mich vorstelle, daß ich mich Ihnen bekannt mache; **11.** se ~ aux élections bei den Wahlen kandi-'dieren; se ~ à un examen a) sich zu e-r Prüfung (an)melden; b) sich e-r Prüfung unter'ziehen; *bei den Wahlen* se ~ comme socialiste für die Sozialisten kandidieren; se ~ pour un poste sich um e-e Stelle bewerben; *auf e-e Annonce hin* il ne s'est présenté personne es hat sich niemand beworben, gemeldet; **12.** *Schwierigkeiten, Mängel* auftreten; auftauchen (*auch Hindernis*); *Zweifel* se ~ à qn j-m aufkommen, in j-m aufkommen; ~ sous forme de ... in Form von ... vorkommen, auftreten; l'affaire se présente bien, mal die Sache läßt sich gut, schlecht an; deux noms se présentent aussitôt à l'esprit zwei Namen fallen einem sofort ein, drängen sich einem sofort auf; si l'occasion se présente, *v/imp* s'il se présente l'occasion wenn sich die Gelegenheit bietet, ergibt; bei passender, günstiger Gelegenheit; **13.** *bei der Geburt:* Kopf, Steiß etc sich präsen'tieren

présentoir [prezɑ̃twar] *m comm* Verkaufsständer *m*; Schaufensteraufsteller *m*; Werbeaufsteller *m*

présérie [preseri] *f tech* Nullserie *f*

préservatif [prezɛrvatif] *m* Präserva'tiv

n; Kon'dom n

préservation [prezɛrvasjõ] f vor Ansteckung, Insekten, Rost etc Schutz m; Bewahrung f; ~ des bois Holzschutz m, -konservierung f

préserver [prezɛrve] **I** v/t ~ qn de qc j-n vor etw (dat) (z B Krankheit, Kälte, Regen) schützen, (Gefahr, Unglück, Unannehmlichkeiten) bewahren, (Unglück, Gefahr auch) behüten; j-n gegen etw (z B Wind, Regen) schützen; ~ qc du froid, de l'humidité, de la rouille etw vor od gegen Kälte, Feuchtigkeit, Rost schützen; Dieu, le ciel m'en préserve! Gott, der Himmel bewahre, behüte mich davor!; ~ qc (z B Kunstdenkmäler, Versorgungsquellen) auch etw erhalten; ~ les intérêts de qn j-s Interessen wahren; **II** v/pr se ~ de qc sich vor etw (dat), gegen etw schützen; sich vor etw (dat) bewahren

présidence [prezidãs] f **1. a)** Amt n des Vorsitzenden, Vorsitzers; zur Amt n des Gerichtspräsidenten; **b)** in e-r Versammlung etc Vorsitz m; Prä'sidium n; e-s Kongresses Leitung f; sous la ~ de unter dem Vorsitz von (od + gén); la ~ de la séance fut assurée par ... den Vorsitz bei der Sitzung führte ...; être nommé à la ~ zum Vorsitzenden, Vorsitzer ernannt werden; prendre la ~ den Vorsitz über'nehmen; **2.** pol **a)** Präsi'dentschaft f (auch die Amtszeit); Amt n des (Staats)Präsi'denten; Präsi'dentenamt n; pendant la ~ de während der Präsidentschaft von (od + gén); **b)** Amtssitz m, -räume m/pl des (Staats)Präsi'denten; Präsi'dentenpalais n

président [prezidã] m **1.** e-s Vereins, Ausschusses, e-r Vereinigung Vorsitzende(r) m; Vorsitzer m; e-s Vereins auch Obmann m; e-r (internationalen) Vereinigung, Gesellschaft, e-s frz Gerichts(hofes) Präsi'dent m; ~-directeur général (abr P.-D.G.) e-r Industriefirma Gene'raldirektor m; e-r AG Vorstandsvorsitzende(r) m; ~ d'âge Alterspräsident m; jur ~ de chambre Vorsitzende(r) e-r (Straf-, Zivil- etc) Kammer; e-r AG frz Rechts ~ du conseil d'administration Verwaltungsratsvorsitzende(r) m; jur premier ~ de la cour d'appel in der BRD etwa Oberlandesgerichtspräsident m; jur ~ du jury Obmann m der Geschworenen; ~ du parti Par'teivorsitzende(r) m; ~ du tribunal de grande instance etwa Landgerichtspräsident m; **2.** pol (Staats)Präsi'dent m; ~ de l'Assemblée nationale Präsident der Nationalversammlung; während der 3. u. 4. Republik ~ du Conseil Mi'nisterpräsident m; le ~ des États-Unis der Präsident der Vereinigten Staaten; ~ de la République Präsident der Republik; le ≗ de la République der französische Staatspräsident; ~ du Sénat Se'natspräsident m

présidente [prezidãt] f **1.** e-s Vereins, Ausschusses etc Vorsitzende f; e-r (internationalen) Vereinigung, Gesellschaft etc Präsi'dentin f; **2.** Frau f e-s Präsi'denten; la ~ X die Frau Präsident X

présidentiel [prezidãsjɛl] adj ⟨~le⟩ präsidi'al; Präsidi'al...; Präsi'dentschafts...; Präsi'denten...; élections ~les od subst ~les f/pl Präsidentschaftswahlen f/pl; régime, système ~ Präsidialsystem n

présider [prezide] **I** v/t **1.** ~ (une assemblée) (bei e-r Versammlung) den Vorsitz führen, haben; e-r Versammlung (dat) vorsitzen, präsi'dieren; ~ un comité in e-m Komitee den Vorsitz haben; der Vorsitzende, Vorsitzer e-s Komitees

sein; Sitzung etc présidé par unter dem Vorsitz von (od + gén); **2.** ~ un repas bei e-m Essen, bei Tisch oben'an sitzen, den Ehrenplatz einnehmen; **II** v/t/indir **3.** Geist der Freundschaft etc ~ aux entretiens bei den Unter'redungen herrschen; die Unterredungen bestimmen; **4.** Person ~ à qc etw leiten, lenken, über'wachen

Présidium [prezidjɔm] m cf Praesidium

présignalisation [presiɲalizasjõ] f Straßenverkehr triangle m de ~ Warndreieck n

présomptif [prezõptif] adj ⟨-ive⟩ jur vermutlich; mutmaßlich; vor'aussichtlich; präsum'tiv; héritier ~ mutmaßlicher Erbe

présomption [prezõpsjõ] f **1.** Vermutung f (auch jur); Mutmaßung f; Annahme f; jur Präsumti'on f; jur ~ absolue, irréfragable unwiderlegbare Vermutung; ~ légale, de fait Rechts-, Tatsachenvermutung f; je n'ai que des ~s ich habe nur Vermutungen; **2.** Über-'heblichkeit f; Anmaßung f; Dünkel m

présomptueux [prezõptɥø] adj ⟨-euse⟩ Person, Wesen über'heblich; anmaßend; dünkelhaft; Miene hochmütig; eingebildet; Unternehmen, Versuch vermessen; subst quel ~, quelle présomptueuse! wie überheblich, anmaßend, eingebildet!

presque [prɛsk(ə)] adv fast; beinahe; nahezu; ~ jamais, toujours fast nie, immer; il n'y avait ~ personne es war kaum jemand da; ~ sourd fast etc taub; c'est ~ sûr auch das ist so gut wie sicher; c'est ~ sûr, ou ~ das ist sicher, oder fast sicher; la voiture ralentit et s'arrêta ~ ... und kam fast zum Stehen; ~ dix kilomètres auch annähernd, an die zehn Kilometer; la ~ totalité des ouvriers fast etc alle Arbeiter

presqu'île [prɛskil] f Halbinsel f

pressage [prɛsaʒ] m **1.** tech von Stroh, Schallplatten etc Pressen n, -ung f; **2.** cf pressing 1.

pressant [prɛsã] adj Arbeit eilig; dringend; dringlich; Wunsch, Bitte, Forderung dringend (auch Bedürfnis); dringlich; d'une manière ~e nachdrücklich; eindringlich; avoir un ~ besoin d'argent dringend Geld brauchen; se faire ~ nicht lockerlassen

presse [prɛs] f **1.** tech Presse f; ~ (à commande) hydraulique, mécanique hydraulische, mechanische Presse; ~ monétaire (Münz)Prägemaschine f, -presse f; ~ à bras, hist à coin Hand-, Keilpresse f; ~ à emboutir Tiefzieh-, Kümpelpresse f; ~ à extruder, à filer Strangpresse f; Ex'truder m; ~ à forger Schmiedepresse f; agr ~ à fourrage Heu- und Strohpresse f; ~ à fromage Käsepresse f; ~ à genouillère, à levier, à manivelle, à vis Kniehebel-, Hebel-, Kurbel-, Schraub- od Spindelpresse f; Kunststoffverarbeitung ~ de compression Kunststoffpresse f; Presse zum Preßformen von Plasten; ~ d'injection Spritzpresse f; **2.** impr Druckpresse f, -maschine f; ~ lithographique Steindruckschnellpresse f; ~ offset Offset(druck)maschine f; ~ rotative Rotati'onsdruckmaschine f; ~ à bras Hand-, Abziehpresse f; ~ à cylindre Zy'linder- Flachformdruckmaschine f; ~ à platine Tiegeldruckmaschine f, -presse f; sous ~ im Druck; être sous ~ im Druck sein; gedruckt werden; mettre sous ~ drucken (lassen); mit dem Druck beginnen; mise f sous ~ Drucklegung f; **3.** coll Presse f; Zeitungswesen n; ~ écrite Presse f; Pressemedien n/pl;

Zeitungen f/pl und Zeitschriften f/pl; ~ féminine Frauenzeitschriften f/pl; la grande ~, la ~ à grand tirage die großen, auflagenstarken Tageszeitungen f/pl; ~ mensuelle Monats(zeit)-schriften f/pl, -blätter n/pl; ~ parlée, télévisée Berichterstattung f durch den Rundfunk, durch das Fernsehen; ~ politique politische Zeitungen f/pl und Zeitschriften f/pl; ~ quotidienne Tagespresse f; ~ régionale Regio'nal-, Lo'kalpresse f; ~ spécialisée Fachpresse f, -zeitschriften f/pl; ~ à sensation Sensati'ons-, Skan'dal-, Boule'vard-, Re'volverpresse f; ~ du cœur Klatschblätter n/pl; ~ d'information der allgemeinen Information dienende Zeitungen f/pl und Zeitschriften f/pl; ~ d'opinion parteigebundene Presse; Ten'denzpresse f; avoir une bonne, mauvaise ~ e-e gute, schlechte Presse, Kritik haben; fig e-n guten, schlechten Ruf haben; **4.** Tischlerei Schraubzwinge f; **5.** comm Industrie dans les moments de ~ in Zeiten des Hochbetriebs, -drucks; in der Hochsaison

pressé [prese] **I** adj **1.** Arbeit, Brief eilig; dringend; n'avoir rien de plus ~ que de (+inf) nichts Eiligeres zu tun haben, als zu (+inf); être ~ Person Eile, es eilig haben; in Eile sein; Arbeit, Brief eilen; südd auch pres'sieren; c'est ~ es eilt; südd auch pres'siert; être ~ de partir schnell weg müssen; **2.** Frucht ausgepreßt; im Restaurant citron ~ (kalte) Zitrone; Zi'tronensaft m; **II** m aller au plus ~ das Dringendste. Eiligste zuerst erledigen, machen

presse-|agrume [presagrym] m ⟨inv⟩ Zitruspresse f; ~-ail m ⟨inv⟩ Knoblauchpresse f; ~-bouton adj ⟨inv⟩ bei der, dem man nur noch auf e-n Knopf zu drücken braucht; per Knopfdruck; 'vollautomatisch; cuisine f ~ vollautomatische Küche; la guerre ~ der nur noch durch Knopfdruck geführte Krieg; der Krieg der vollautomatischen Waffensysteme; ~-citron m ⟨inv⟩ Zi'tronenpresse f; ~-étoffe m ⟨inv⟩ bei der Nähmaschine Nähfuß m; ~-étoupe m ⟨inv⟩ tech Stopfbüchse od -buchse f; ~-fruits m ⟨inv⟩ Fruchtpresse f

pressentiment [presãtimã] m (Vor-)Gefühl n; (Vor)Ahnung f; j'ai eu le ~ de ce malheur ich habe das Unglück (vor'aus)geahnt

pressentir [presãtir] v/t ⟨cf sentir⟩ **1.** ahnen; je pressens un échec ich habe das Gefühl, daß es ein 'Mißerfolg werden wird; laisser ~ vermuten, ahnen, auch 'durchblicken lassen; **2.** ~ qn comme ministre, pour être ministre bei j-m wegen der 'Übernahme e-s Mi'nisteramtes vorfühlen; adjt les personnalités pressenties die Per'sonen, mit denen (deswegen) Fühlung, Kon-'takt aufgenommen wurde

presse-|papiers [prespapje] m ⟨inv⟩ Briefbeschwerer m; ~-purée m ⟨inv⟩ Kar'toffelquetsche f

presser [prese] **I** v/t **1.** Frucht (aus)pressen; ausquetschen; Trauben keltern; Ölfrüchte (aus)pressen; Schwamm, feuchtes Tuch ausdrücken; beim Melken: Zitzen pressend streichen; **2.** tech mit e-r Presse pressen; **3.** drücken; pressen; ~ (sur) un bouton auf e-n Knopf drücken; ~ la main de qn j-s Hand drücken, pressen; ~ qn contre son cœur j-n an sein Herz, an s-e Brust, an sich drücken, pressen; ~ qn dans ses bras j-n fest in s-e Arme schließen; Siegel ~ sur la cire in das Wachs drücken; Menschen pressés les uns contre les autres dicht anein-'andergedrängt, -gepreßt; **4.** ~ qn j-n

(be)drängen; j-m hart zusetzen; in j-n dringen; ~ **qn de questions** j-n mit Fragen bedrängen, bestürmen; ~ **qn de faire qc** j-n drängen, etw zu tun; ~ **qn de partir** auch auf j-s Abreise (acc) dringen; **5.** *Tempo, Gang, Angelegenheit etc* beschleunigen; ~ **le pas** den Schritt beschleunigen; schneller gehen; **rien ne le pressait** nichts trieb ihn zur Eile (an); **II** *v/i* **6.** *Angelegenheit* eilen; drängen; eilig, dringend, dringlich sein; Eile haben; *südd auch* pres'sieren; **le temps presse** die Zeit drängt, eilt; **rien ne presse** es hat keine Eile; es eilt, *südd auch* pressiert nicht; nichts drängt uns, mich *etc*; **III** *v/pr* **7.** *Person* se ~ sich (be)eilen, sputen; F schnell, fix machen; **sans se ~** ohne Eile; *ellip* F **allons, pressons!** F Beeilung!; ein bißchen dalli, Tempo!; dalli, dalli!; **8.** *Person* se ~ **contre qn** sich an j-n drücken, pressen; **9.** *Menschenmenge* se ~ sich drängen; se ~ **autour de qn** sich um j-n drängen, scharen; *fig* **les questions se pressaient sur ses lèvres** s-e Fragen über'stürzten sich, sprudelten nur so her'vor

presse-raquette [presraket] *m* ⟨*inv*⟩ Spanner *m* für den Tennisschläger

press|eur [presœr] *m*, **~euse** *f* **1.** *tech* Arbeiter(in) *m(f)* an e-r Presse; **2.** *adjt* **cylindre presseur** Druckzylinder *m*; Andrückwalze *f*; *impr* Pres'seur *m*; **~ier** *m impr* Drucker *m* (*an e-r Handpresse*)

pressing [presiŋ] *m* **1.** Dampfbügeln *n*; **2.** (Dampf)Bügelanstalt *f*

pression [presjɔ̃] *f* **1.** Drücken *n*; Druck *m*; (**bouton** *m*) ~ Druckknopf *m*; **exercer une, faire ~ sur qc** e-n Druck auf etw (*acc*) ausüben; auf etw (*acc*) drücken; **2.** *phys, tech* Druck *m*; *physiol* ~ **artérielle** Blutdruck *m*; ~ **atmosphérique** Luftdruck *m*; *tech* **basse, 'haute ~** Nieder-, Hochdruck *m*; *météo* **basses, 'hautes ~s** Tief(-), Hoch(druckgebiet) *n*; Tief-, Hochdruck *m*; ~ **dans une chaudière** Kesseldruck *m*; ~ **du gaz** Gasdruck *m*; ~ **de vapeur** Dampfdruck *m*, -spannung *f*; **sous ~** unter Druck; *Lokomotive* unter Dampf; *aviat* **cabine** *f* **sous ~** Druckkabine *f*; ◆ *adjt* **bière** *f* **à ~** Faßbier *n*; Bier *n* vom Faß; **3.** *fig* Druck *m*; ~ **démographique** Bevölkerungsdruck *m*; ~ **syndicale** Druck der Gewerkschaften; **sous la ~ des événements** unter dem Druck, Zwang der Ereignisse; **exercer une, faire ~ sur qn** e-n Druck auf j-n ausüben; **4.** *von Ölfrüchten* (Aus)Pressen *n*

pressoir [preswar] *m* **1.** (*Frucht*)Presse *f*; *bes für Wein* Kelter *f*; ~ **à huile, à olives** Öl-, O'livenpresse *f*; ~ **à main, à vis** Hand-, Spindelpresse *f*; **2.** Kelte'rei *f*; Kelterhaus *n*

pressur|age [presyraʒ] *m* von Früchten, Trauben Keltern *n*; (Aus)Pressen *n* (*auch von Ölfrüchten*); *e-r Zitrone, Orange* Auspressen *n*, -quetschen *n*; **vin** *m* **de ~** Preßmost *m*; **~er** *v/t* **1.** *Früchte, Trauben* keltern; *auch* pressen (*auch Ölfrüchte*); *Zitrone, Orange* auspressen (*auch*) -quetschen; **2.** *fig Person* aussaugen; ausbeuten; ausnehmen

pressuris|ation [presyrizasjɔ̃] *f aviat* Aufrechterhaltung *f* von nor'malen Druckverhältnissen; Druckausgleich *m*; **~er** *v/t aviat* nor'male Druckverhältnisse aufrechterhalten (**une cabine d'avion** in e-r Flugzeugkabine); *adjt* **cabine pressurisée** Druckkabine *f*

prestance [prestɑ̃s] *f* gutes, stattliches Aussehen; gewandtes, sicheres Auftreten; **avoir de la ~** gut, stattlich aussehen; e-e gute, stattliche Erscheinung sein; ein gewandtes, sicheres Auftreten haben

---

prestant [prestɑ̃] *m Orgel* Prä'stant *m*

prestataire [prestatɛr] *m* **1.** Leistungserbringer *m*, -pflichtige(r) *m*; Leistende(r) *m*; **2.** der Natu'ralsteuer Unter'liegende(r) *m*

prestation [prestasjɔ̃] *f* **1.** *der (Sozial-) Versicherung, des Staates* Leistung *f*; **~s familiales** Sozi'alleistungen *f/pl* für die Familie; Fa'milienleistungen *f/pl*; **~s légales** gesetzlich geregelte Sozi'alleistungen *f/pl*; **~s locatives** (*Reparatur- etc*) Kosten *pl*, die von den Mietern getragen werden müssen; **~s de la Sécurité sociale** *od* **~s sociales** Leistungen der Sozialversicherung; ~ **de service** Dienstleistung *f*; **~s de vieillesse** Altersversorgung *f*; Leistungen bei Erreichung der Altersgrenze; **~s en cas d'accouchement, en cas de maladie** Leistungen bei der Geburt e-s Kindes, bei Krankheit; **~s en espèces** *e-r Versicherung* Geld-, *mil* Barleistungen *f/pl*; **~s en nature** *e-r Versicherung* Sach-, Natu'ral-, *mil* Sachleistungen *f/pl*; *cf auch* **2.**; **bénéficiaire** *m* **d'une ~** Leistungsempfänger *m*; **taux** *m/pl* **des ~s** Leistungssätze *m/pl*; **fournir une ~** e-e Leistung erbringen; **2.** *Steuerrecht* ~ **en nature** Natu'ralsteuer *f*; **3.** ~ **de serment** Eidesleistung *f*; Eidablegung *f*; **4.** **~s** *Sportlers, Künstlers* Leistung *f*

prest|e [prest] *adj* behend(e); gewandt; flink; rasch; **~esse** *st/s f* Behendigkeit *f*; Gewandtheit *f*; Flinkheit *f*; Raschheit *f*; **avec ~** *cf* preste

prestidigita|teur [prestidiʒitatœr] *m*, **~trice** *f* Taschenspieler(in) *m(f)*; Zauberkünstler(in) *m(f)*; **~tion** *f* Taschenspieler-, Zauberkunst *f*; **tour** *m* **de ~** Taschenspielertrick *m*; Taschenspiele'rei *f*; Zauberkunststück *n*

prestige [prestiʒ] *m* Pre'stige *n*; Ansehen *n*; *p/fort auch* Nimbus *m*; *loc/adj* **de ~** Prestige...; **politique** *f* **de ~** Prestigepolitik *f*; **voiture** *f* **de ~** Prestigewagen *m*; **avoir du ~** Ansehen genießen; in (hohem) Ansehen stehen; angesehen sein; **jouir d'un grand ~** großes Prestige, Ansehen genießen; in hohem Ansehen stehen; **perdre de son ~** an Prestige, Ansehen verlieren, einbüßen; *auch* etwas von s-m Nimbus verlieren

prestigieux [prestiʒjø] *adj* ⟨-euse⟩ glänzend; her'vorragend; bestechend; wunderbar; herrlich; *Werbesprache* anspruchsvoll; von Rang

presto [presto] **I** *adv* **1.** *mus* presto; **2.** (*illico od subito*) ~ *cf* subito presto; **II** *m mus* Presto *n*

présuccession [presyksesjɔ̃] *f jur* vorzeitige Erbfolge

présumé [prezyme] *adj* vermutlich; mutmaßlich; wahrscheinlich

présumer [prezyme] **I** *v/t* annehmen; vermuten; mutmaßen; *auch* unter'stellen; *jur* präsu'mieren; **être présumé innocent** für unschuldig gehalten, angesehen werden; als unschuldig gelten; **je présume que ...** *auch* ich denke, es ist anzunehmen, daß... ; **II** *v/t/indir* ~ **(trop) de qn, de qc** j-n, etw über'schätzen; e-e zu hohe, gute Meinung von j-m, etw haben; ~ **(trop) de ses forces** s-e Kräfte über'schätzen; sich zu'viel zutrauen

présupposer [presypoze] *v/t* vor'aussetzen (**que** daß)

présure [prezyr] *f* Lab(ferment) *n*

présurer [prezyre] *v/t* ~ **le lait** die Milch durch (Zusetzen von) Lab(ferment) zum Gerinnen bringen

prêt¹ [pre] *adj* ⟨**prête** [pret]⟩ **1. être ~** *Person* bereit, fertig, gerüstet sein; *Essen* bereit, fertig, (an)gerichtet sein; bereit-

---

stehen; *Feier* vorbereitet sein; **la cérémonie est ~e** *auch* es ist alles für die Feier bereit; ◆ ~ **à qc** bereit zu etw; ~ **au départ** zur Abreise bereit; reisefertig; ~ **à tout** zu allem bereit; *mil* ~ **à combattre** gefechtsbereit; ~ **à partir** *Person* zum Aufbruch bereit; startbereit (*auch sports*); reisefertig; ausgehbereit; *mil* marschbereit, -fertig; *Gewehr* schußbereit; *Geschütz* ~ **à tirer** feuerbereit; ◆ **être ~ pour un examen** auf ein Examen vorbereitet sein; **tout est ~ pour recevoir les invités** alles ist zum Empfang der Gäste bereit; **2.** *litt: Werk* **être ~ à s'achever** kurz vor der Voll'endung stehen; *Person* **être ~ de mourir** dem Tod(e) nahe sein

prêt² [pre] *m* **1.** *von Gegenständen* Ver-, Ausleihen *n*; **bibliothèque** *f* **de ~** Leihbücherei *f*, -bibliothek *f*; **2.** *Darlehen n; jur auch* Leihe *f* und Darlehen *n*; ~ **gratuit** zinsloses, unverzinsliches Darlehen; ~ **à la construction** Baudarlehen *n*; ~ **à intérêt** verzinsliches Darlehen; ~ **à court, long terme** kurz-, langfristiges Darlehen; ~ **à usage** Leihe *f*; ~ **de consommation** Darlehen *n*; ~ **d'honneur** zinsloses Darlehen, zu dessen Rückzahlung zu irgendeinem Zeitpunkt der Darlehensnehmer (durch Ehrenwort) verpflichtet ist; ~ **sur gage** Pfandleihe *f*; ~ **sur nantissement** *cf* nantissement; **consentir un ~ à qn** j-m ein Darlehen gewähren, geben; **3.** *mil* (Wehr)Sold *m* (*für Mannschaften u Unteroffiziere*); ~ **franc** Verpflegungsgeld *n*

pretantaine *f cf* pretentaine

prêt|-à-porter [pretaporte] *m* Konfekti'on(skleidung) *f*; Mo'dellkonfektion *f*; **~-bail** *m hist* **loi** *f* **du ~** Pacht- und Leihgesetz *n*

prêté [prete] *m* F **c'est un ~ pour un rendu** e-e Liebe ist der anderen wert; hilfst du mir, so helf' ich dir; *péj* wie du mir, so ich dir; Wurst wider Wurst

prétendant [pretɑ̃dɑ̃] *m* **1.** Kron-, Thronprätendent *m*; **2.** *e-s Mädchens* Freier *m*; Bewerber *m*

prétendre [pretɑ̃dr(ə)] ⟨*cf* rendre⟩ **I** *v/t* **1.** behaupten; vorgeben; **il prétend m'avoir vu** *auch* er will mich gesehen haben; **il prétend être plus fort que vous** er behauptet, stärker zu sein als Sie; **je ne prétends pas qu'il l'ait dit** ich behaupte nicht, daß er es gesagt hat; **on prétend qu'il est mort** man behauptet, er sei tot; er soll tot sein; **à ce qu'il prétend, il est ...** er ist angeblich ...; er ist, wie er behauptet, ...; **2.** (+*inf*) willens *od* gewillt sein, gedenken, beabsichtigen, die Absicht haben, vorhaben zu (+*inf*); **que prétendez-vous faire?** was gedenken Sie zu tun?; **II** *v/t/indir st/s* ~ **à qc** auf etw (*acc*) Anspruch erheben, *st/s* präten'dieren; nach etw streben; **III** *v/pr* **se ~ trompé** behaupten, betrogen worden zu sein

prétendu [pretɑ̃dy] **I** *adj* angeblich; sogenannt; vorgeblich; **son ~ ami** sein angeblicher, sogenannter Freund; **sa ~e maladie** s-e an-, vorgebliche Krankheit; **II** *subst regional* **~(e)** *m(f)* Verlobte(r) *f(m)*; Bräutigam *m*, Braut *f*

prête-nom [pretnɔ̃] *m* ⟨*pl* prête-noms⟩ Strohmann *m*

pretentaine *od* **prétentaine** [pretɑ̃tɛn] *f nur loc* **courir la ~** auf Liebesabenteuer ausgehen; viele Liebesabenteuer haben

prétentiard [pretɑ̃sjar] *adj u subst* F *cf* prétentieux

prétentieux [pretɑ̃sjø] **I** *adj* ⟨-euse⟩ *Person* eingebildet; eitel; dünkelhaft; selbstgefällig; prätenti'ös; anmaßend;

Ton, Miene, Gebaren geziert; affek'tiert; gekünstelt; *Stil auch* prätenti'ös; geschraubt; **II** *subst* ~, **prétentieuse** *m,f* eingebildeter *etc* Mensch; eingebildete *etc* Per'son; F Fatzke *m*

prétention [pretɑ̃sjõ] *f* **1.** Anspruch *m*; Forderung *f; in Stellenanzeigen* ~s *pl* Gehaltsansprüche *m/pl*, -vorstellungen *f/pl*; **avoir des ~s sur qc** Ansprüche, Anspruch auf etw (*acc*) erheben; **2.** ehrgeizige Absicht; Ambiti'on *f*; Ehrgeiz *m*; **avoir des ~s** beruflichen Ehrgeiz, (berufliche) Ambitionen haben; **avoir des ~s à la beauté** a) sich einbilden, sich schmeicheln, schön zu sein; b) den Ehrgeiz haben, schön zu sein; **avoir la ~ de** (+*inf*) sich einbilden, anmaßen, schmeicheln zu (+*inf*); **gereizt j'ai la ~ de connaître ce problème à fond** ich kann wohl zu Recht von mir behaupten, daß ich dieses Problem gründlich kenne; **je n'ai pas la ~ de tout savoir** ich maße mir nicht an, ich bilde mir nicht ein, alles zu wissen; ◆ *loc/adj Haus, Zimmer* **sans** ~ anspruchslos; **3.** *Person* **avoir de la** ~ selbstgefällig, dünkelhaft, eingebildet, eitel sein; **s'exprimer avec** ~ sich prätenti'ös, affek'tiert, geziert ausdrücken ◆

prêter [prete] **I** *v/t* **1.** *Geld, Gegenstand* (aus)leihen; borgen; F pumpen; *Gegenstand auch* verleihen; ~ **son appartement à qn** j-m s-e Wohnung über'lassen, zur Verfügung stellen; ~ **son nom à qc** s-n Namen für etw hergeben; **e-r Sache** (*dat*) s-n Namen leihen; ~ **à intérêt, sur gage** auf Zinsen, gegen Pfand leihen; **2.** *in festen Wendungen:* ~ **son aide, (son) assistance à qn** j-m Hilfe, Beistand leisten; ~ **asile à qn** j-m Asyl gewähren; ~ **attention à qn, à qc** j-m, e-r Sache Aufmerksamkeit schenken; ~ **le flanc** *cf* **flanc 1.**; ~ **de l'importance à qc** e-r Sache (*dat*) Bedeutung beimessen; ~ **l'oreille** *cf* **oreille 1.**; ~ **serment** e-n Eid leisten, ablegen; **si Dieu lui prête vie** wenn Gott ihm das Leben läßt; wenn er so lange lebt, am Leben bleibt; *Sänger(in)* ~ **sa voix** singen; mitwirken; *bei e-m Hörspiel, beim Synchronisieren* **X a prêté sa voix à Y** (die Rolle des) Y wurde von X gesprochen; **3.** ~ **qc à qn** j-m etw zuschreiben, *Absichten, Worte* unter'stellen, -'schieben; **II** *v/t/indir* **4.** *Verhalten, Bemerkung etc* ~ **à qc** Anlaß, Stoff zu etw geben; ~ **aux critiques** *auch* die Kritik her'ausfordern; ~ **à équivoque** Anlaß zu 'Mißverständnissen geben; zu Mißverständnissen führen; unklar, doppel-, zweideutig sein; ~ **à rire** Stoff zum Lachen geben; lächerlich sein, wirken; **III** *v/i* **5.** *Stoff, Leder* sich dehnen, weiten; nachgeben; **IV** *v/pr* **6.** *Person* **se** ~ **à qc** bei etw mitmachen; an etw (*dat*) teilnehmen; *péj* sich zu etw hergeben; **7.** *Boden, Thema etc* **se** ~ **à qc** sich zu, für etw eignen; für etw geeignet sein ◆

prétérit [preterit] *m ling* Prä'teritum *n*; Vergangenheit *f*

prétérition [preterisjõ] *f rhét* Para'lipse *f*; Präteriti'on *f*

préteur [pretœr] *m im alten Rom* Prä'tor *m*

prêt|eur [pretœr], ~**euse I** *m,f* Verleiher(in) *m(f); e-s Darlehens* Darlehensgeber(in) *m(f); jur auch* Darleiher *m*; ~ **de fonds** Geldgeber(in) *m(f)*; ~ **sur gages** Pfandleiher(in) *m(f)*; **II** *adj* **être** ~ gern leihen

prétext|e [pretɛkst] *m* Vorwand *m*; Scheingrund *m; loc/adv* **sous de** (+*inf*) *od* **que** ... unter dem Vorwand zu (+*inf*) *od* daß ...; **sous aucun** ~ auf keinen Fall; **sous un** ~ **quelconque**

unter irgendeinem Vorwand; **donner (un)** ~, **fournir un** ~ **à qn** j-m e-n Vorwand liefern; **donner** ~ **à qc** e-r Sache (*z B s-r Faulheit*) als Vorwand dienen; **prendre** ~ **de qc** etw zum Vorwand nehmen, als Vorwand benutzen; **servir de** ~ **à qn** j-m als Vorwand dienen; **trouver** ~ **plausible** e-n einleuchtenden Vorwand finden; ~**er** *v/t* **qc** etw vorschützen, zum Vorwand nehmen, als Vorwand benutzen; ~ **que** ... vorgeben, daß ...

pretium doloris [presjɔmdɔlɔris] *m jur* Schmerzensgeld *n*

prétoire [pretwar] *m* **1.** *st/s* Gerichtssaal *m*; **2.** *im alten Rom* **a)** Prä'torium *n*; **b)** Pa'last *m des* Statthalters; **c)** Prätori'anerkaserne *f*; **préfet** *m* **du** ~ Gardepräfekt *m der* Prätorianer

prétorien [pretɔrjɛ̃] *im alten Rom* **I** *adj* (~**ne**) **a)** prä'torisch; *des* Prätors; **droit** ~ prätorisches Recht; **b) cohorte, garde** ~**ne** Prätori'anergarde *f*; **II** *m/pl* ~**s** Prätori'aner *m/pl*

prétraitement [pretrɛtmɑ̃] *m tech* Vorbehandlung *f*

prêtre [prɛtr(ə)] *m rel, bes égl cath* Priester *m; bei den Juden* **grand** ~ Hohe(r)priester *m*; **se faire** ~ Priester werden; ~**-ouvrier** *m* 〈*pl* **prêtres--ouvriers**〉 *égl cath* Arbeiterpriester *m*

prêtr|esse [prɛtrɛs] *f rel* Priesterin *f*; ~**ise** *f égl cath* **a)** Priesteramt *n*, -würde *f*, -stand *m*; **b)** Priesterweihe *f*

prétuberculeux [pretybɛrkylø] *méd* **I** *adj* 〈-**euse**〉 *Person* Tb(c)-gefährdet; **symptôme** ~ Symptom *n* e-r beginnenden Lungentuberkulose; **II** *m* Tb(c)-Gefährdete(r) *m*

prêture [pretyr] *f im alten Rom* Prä'tur *f*

preuve [prœv] *f* **1.** Beweis *m* (*auch jur. Logik, math* ~**s Lehrsatzes*); Nachweis *m; jur auch* Beweisstück *n*, -mittel *n*; ~ Beweismaterial *n*; ~ **contraire** Gegenbeweis *m*; **jusqu'à** ~ **(du) contraire** bis zum Beweis des Gegenteils; ~ **littérale, par écrit** Urkundenbeweis *m*; ~ **matérielle, tangible** materieller, handgreiflicher Beweis; Beweisstück *n*; ~ **testimoniale, par témoins** Zeugenbeweis *m*; ~ **de la culpabilité** Schuldbeweis *m*; ~ **de l'existence de Dieu** Gottesbeweis *m*; ~ **par l'absurde** *cf* **absurde II**; ~ **par présomption** Beweis durch Vermutung; sich auf Vermutung stützender Beweis; ◆ *loc/adv* **la** ~, F **à** ~ **(que)** der (beste) Beweis dafür ist, sind ...; das beweist, beweisen ...; *tu le savais déjà*; **la** ~, **tes valises étaient faites** ... der beste Beweis dafür sind, das beweisen deine gepackten Koffer; *loc/conj* F **à** ~ **que** ... das beweist, zeigt, daß ...; ◆ **avoir des** ~**s** Beweise haben; *Brief etc* **constituer une** ~ e-n Beweis darstellen; Beweiskraft haben; **démontrer qc** ~ **en main** etw durch ein Beweisstück, e-n handgreiflichen Beweis beweisen; **être une** ~ **de qc** für etw ein Beweis sein; **vous êtes la** ~ **vivante que** ... Sie sind der lebende, lebendige Beweis, das lebende, lebendige Beispiel dafür, daß ...; **c'est la** ~ **que** ... das beweist, zeigt, daß ...; **la** ~ **en est que** ... der Beweis dafür ist, daß ...; *Person, Methode etc* **faire ses** ~**s** sich bewähren; *Person* **faire** ~ **de qc** etw zeigen, beweisen, an den Tag legen; **faire** ~ **de courage** Mut beweisen, zeigen; sich mutig zeigen, verhalten; sich als mutig erweisen; mutig sein; **faire la** ~ **de qc** etw beweisen; den Beweis, Nachweis für etw (er)bringen; **manquer de** ~**s** keine Beweise haben; **2.** *fig* Beweis *m*; Zeichen *n*; ~ **d'amitié** Freundschaftsbeweis *m*; Zeichen der Freundschaft; **comme** ~ **de** als, zum

Beweis, Zeichen für (*od + gén*); **3.** *math* Probe *f*; ~ **par neuf** Neunerprobe *f*; **4.** *rhét* Beweisführung *f*; **5.** *bei alkoholischen Getränken* Prüfung *f*, Feststellung *f des* Alkoholgehalts; Alkoholprobe *f*

preux [prø] *féod* **I** *adj* 〈*nur m*〉 *Ritter* tapfer; wacker; **II** *m* Recke *m*

prévaloir [prevalwar] 〈*cf* **valoir**; *aber:* **que je prévale**〉 **I** *v/i st/s* ~ **contre, sur** die Oberhand gewinnen, den Sieg da'vontragen, *st/s* obsiegen über (+*acc*); besiegen, bezwingen, über'winden (+*acc*); aufkommen gegen; **ne pas** ~ **contre, sur** *auch* nichts vermögen über (+*acc*); nichts ausrichten gegen; *Stimme, Überlegung* ~ **(sur les autres)** den Ausschlag geben; ausschlaggebend sein; **faire** ~ **ses droits** sein(e) Recht(e) 'durchsetzen; **II** *v/pr* *Person* **se** ~ **de qc a)** etw geltend machen; sich etw zu'nutze machen; sich auf etw (*acc*) berufen; *auch* (zum eigenen Vorteil) von etw Gebrauch machen; **b)** sich auf e-e Sache etwas zu'gutehalten, einbilden

prévarica|teur [prevarikatœr] **I** *adj* 〈-**trice**〉 pflichtvergessen; untreu; **II** *subst* ~, **prévaricatrice** *m,f* pflichtvergessene(r) Beamte(r), pflichtvergessene Beamtin; ~**tion** *f* Dienst-, Amtspflichtverletzung *f*; Untreue *f*, Pflichtvergessenheit *f im* Amt

prévariquer [prevarike] *v/i* die Dienst-, Amtspflicht vergessen, verletzen; pflicht-, amtswidrig handeln; (im Amt) pflichtvergessen sein

préven|ance [prevnɑ̃s] *f* Zu'vorkommenheit *f*; (*zarte*) Aufmerksamkeit; **être sensible aux** ~**s de qn** für j-s Aufmerksamkeiten empfänglich sein; **se montrer plein de** ~**s pour qn** gegen j-n sehr aufmerksam sein; j-m gegenüber sehr zuvorkommend sein; ~**ant** *adj* zu'vorkommend; aufmerksam; *Wesen* einnehmend

prévenir [prevnir] *v/t* 〈*cf* **venir**; *aber: v/aux* avoir〉 **1.** ~ **qn** j-n benachrichtigen; ~ **qn de qc** j-n von etw (*vorher*) benachrichtigen, in Kenntnis setzen; j-n (*vorher*) etw wissen lassen; *loc/adv* **sans** ~ ohne vorher etwas zu sagen, verlauten zu lassen; **2.** ~ **qn (de qc)** j-n (*vor etw* [*dat*]) warnen; **je vous préviens** ich warne Sie; **te voilà prévenu** du bist gewarnt; **3.** ~ **qc** e-r Sache (*dat*) vorbeugen, vorbauen; etw verhüten; *unbequeme Fragen etc auch* rechtzeitig unter'binden; *loc/prov* **mieux vaut** ~ **que guérir** Vorsicht ist besser als Nachsicht (*loc/prov*); **4.** ~ **les désirs de qn** j-s Wünschen (*dat*) zu'vorkommen

préventif [prevãtif] *adj* 〈-**ive**〉 **1.** vorbeugend; Vorbeugungs...; Verhütungs...; präven'tiv; Präven'tiv...; **guerre préventive** Präventivkrieg *m*; **médecine préventive** Präventivmedizin *f*; prophy'laktische Medizin; **mesure préventive** vorbeugende, vorsorgliche Maßnahme; Vorbeugungs-, Verhütungs-, Präventivmaßnahme *f*; Vorkehrung *f*; **mesures préventives contre les accidents de travail** Maßnahmen *f/pl* zur Verhütung von Arbeitsunfällen; **2.** *jur* **détention, prison préventive** Unter'suchungshaft *f*

prévention [prevãsjõ] *f* **1.** Verhütung *f*; Vorbeugung *f*; ~ **routière** (Maßnahmen *f/pl* zur) Verhütung, Bekämpfung *f* von Verkehrsunfällen; ~ **des accidents de travail** (Maßnahmen *f/pl* zur) Verhütung von Arbeitsunfällen; Unfallverhütung *f*; **2.** *jur* **a)** Unter'suchungshaft *f*; **b)** Beschuldigten-, Angeschuldigtenzustand *m*; **3.** Voreingenommenheit *f*; Vorurteil *n*; vorgefaßte Meinung; **sans** ~ vorurteilslos, -frei; unvoreingenom-

men; *auch* unbefangen; **avoir des** ~s
contre qn, qc gegen j-n, etw voreinge-
nommen sein, Vorurteile haben
préventorium [prevãtɔrjɔm] *m* Heil-
stätte *f*, Sana'torium *n* für Tb(c)-
Gefährdete
prévenu [prevny] **I** *p/p von* **prévenir** *u
adj.* **1.** *st/s* être ~ **en faveur de** *bzw*
contre qn, qc für *bzw* gegen j-n, etw
eingenommen sein; gegen j-n, etw vor-
eingenommen sein; **2.** *jur* être ~ **de qc**
e-r Sache (*gén*) beschuldigt, angeschul-
digt, bezichtigt werden; **II** *subst* ~(e)
m(f) Angeschuldigte(r) *f(m)*; Be-
schuldigte(r) *f(m)*
préverbe [prevɛrb] *m ling* Ver'balpräfix
n; Prä'verbium *n*
prévis|ibilité [previzibilite] *f* Vor'her-,
Vor'aussehbarkeit *f*; Prognosti'zierbar-
keit *f*; **~ible** *adj* vor'her-, vor'aussehbar;
prognosti'zierbar
prévision [previzjõ] *f* **1.** Pro'gnose *f*;
Vor'her-, Vor'aussage *f*; *meist pl* ~s
Aussichten *f/pl*; Erwartungen *f/pl*; ~s
budgétaires Haushaltsvoranschlag *m*,
-ansatz *m*; ~s **conjoncturelles, écono-
miques** Konjunk'tur-, Wirtschaftspro-
gnosen *f/pl*; Prognosen, Vorhersagen für
die Konjunktur-, Wirtschaftsentwick-
lung; Prognose, Vorhersagen für den
Konjunkturverlauf; ~s **météorologi-
ques** Wetteraussichten *f/pl*, -vorhersage
f, -prognose *f*; ~s **de récolte** Ernteaus-
sichten *f/pl*; **contrairement à mes** ~s
entgegen meiner Vorher-, Voraussage,
meinen Erwartungen; *loc/prép* **en** ~ **de**
im Hinblick auf (+*acc*); in Erwartung
(+*gén*); **prendre un parapluie en** ~ **d'un
orage** ... in der Voraussicht, daß es ein
Gewitter geben wird; **faire des** ~s
Prognosen aufstellen; Vorher-, Voraus-
sagen machen; **2.** Vor'aus-, Vor'her-
sehen *n*; *les découvertes sont faites* **sans
aucune** ~ **de leurs conséquences** ...
ohne daß die Folgen voraus-, vorherzu-
sehen sind
prévisionn|el [previzjɔnɛl] *adj* ⟨~le⟩
vor'ausschauend, -planend; **budget** ~
Haushaltsvoranschlag *m*, -ansatz *m*;
comptes ~s Vorkalkulation *f*, -an-
schlag *m*; **étude** ~le **du trafic rou-
tier** Studie *f* über die Entwicklung des
Straßenverkehrs; **gestion** ~e Betriebs-
planung *f*; **mesures** ~les voraus-
schauende Maßnahmen *f/pl*; **plan** ~
Perspek'tivplan *m*; **~iste** *m* écon Pro-
'gnostiker *m*
prévoir [prevwar] *v/t* ⟨*cf* voir; *aber*: *je*
prévoirai*⟩* **1. vor'aus-, vor'hersehen
bzw -sagen; *Zitat* **gouverner c'est** ~
Regieren heißt in die Zukunft blicken; **2.**
vorsehen; planen; in Aussicht nehmen;
veranschlagen; *il croyait avoir tout*
prévu er glaubte, alles vorher bedacht,
eingeplant, für alles Vorsorge getroffen
zu haben; *Raum etc* être **prévu pour dix
personnes** für zehn Personen vorge-
sehen, geplant, gedacht sein; **prévu par la
loi** im Gesetz vorgesehen; **comme pré-
vu** wie vorgesehen, geplant
prévôt [prevo] *m* **1.** *hist* Bezeichnung für
e-n königlichen Amtsträger und Richter;
grand ~ **de France** Inhaber der Ge-
richtsbarkeit im jeweiligen Aufenthalts-
bereich des Hofes und über die Mitglieder
des Hofstaates; ~ **des marchands** Amts-
bezeichnung der Bürgermeister von Paris
u Lyon; **2.** *mil* Befehlshaber *m* e-r
Feldgendarmerie-, Feldjägerabteilung;
3. im Gefängnis Aufseher *m* (*aus den
Reihen der Gefangenen*); **4.** *esc* ~
d'armes, de salle Fechtwart *m*; **5.** *égl
cath* (Dom-, Stifts)Probst *m*
prévôt|al [prevotal] *mil* **I** *adj* ⟨-aux⟩ der
Feldgendarmerie, -jäger; Feldgendar-

merie...; Feldjäger...; **II** *m* ⟨*pl* -aux⟩
Feldgendarm *m*, -jäger *m*; **~é** *f* **1.** *hist*
Amt *n*, Gerichtsbarkeit *f*, Amtsbezirk
m, Amtsgebäude *n* e-s Prévôt; **2.** *mil*
Feldgendarmerie *f*; Feldjäger(truppe)
m/pl(f)
prévoy|ance [prevwajãs] *f* Vorsorge *f*;
Vor'aussicht *f*; faire preuve *f*; **faire preuve
de** ~ vor'ausschauend, fürsorglich sein;
~ant *adj Person* vor'ausschauend; vor-
sorgend; fürsorglich
prévu [prevy] *cf* **prévoir 2.**
priapisme [prijapism(ə)] *m path* krank-
haft anhaltende, schmerzhafte Erekti'on
des Penis; *sc* Pria'pismus *m*
prie-Dieu [pridjø] *m* ⟨*inv*⟩ Betpult *n*,
-stuhl *m*, -schemel *m*
prier [prije] *v/t* **1.** *rel* beten; ~ **Dieu, la
Vierge** zu Gott, zur Jungfrau Maria
beten; ~ **pour qn** für j-n beten; *Litanei* ...
priez pour nous! ... bitte für uns!;
aller ~ **sur la tombe de qn** an j-s Grab
(gehen und dort) beten, ein stilles Gebet
sprechen; **2.** bitten; *p/fort* inständig
bitten; ~ **qn de faire qc** a) j-n bitten,
ersuchen, etw zu tun; b) *in Höflichkeits-
formeln meist* bitte; *Briefschluß* **je vous
prie de croire à l'expression de
mes' sentiments distingués** mit vor-
züglicher Hochachtung; **je te prie de
me dire** ... sage mir doch, bitte, ...;
l'en ai prié ich habe ihn darum
gebeten; **vous êtes prié d'assister à** ...
Sie werden gebeten, an (+*dat*) teilzuneh-
men; ♦ *Bitte, Aufforderung* **je te, vous
prie** *od* **je t'en, vous en prie** bitte;
Antwort auf e-e Bitte **je vous en prie** *!od*
mais faites donc, je vous prie! bitte
sehr!; bitte schön!; *Antwort auf e-n Dank*
**mais je vous en prie, c'est bien
naturel!** aber ich bitte Sie, das ist doch
selbstverständlich!; *ärgerlich* **tais-toi, je
t'en prie!** schweig gefälligst!; ich möch-
te doch sehr bitten, schweig!; **ah non, je
t'en prie, ça suffit!** jetzt ist es aber
genug, ich bitte dich!; ♦ **se faire** ~ sich
bitten, nötigen lassen; **il se fait tou-
jours** ~ *auch* er will immer gebeten sein;
ne pas se faire ~ sich nicht lange
bitten, nötigen lassen; **3.** ~ **qn à dîner**
j-n zum Abendbrot bitten, einladen
prière [prijɛr] *f* **1.** *rel* a) Gebet *n*; ~
d'action de grâces, d'adoration
Dank-, Lobgebet *n*; ~s **des morts**
Totengebete *n/pl*; **dire, faire sa** *od* **une**
~ sein Gebet verrichten; ein Gebet spre-
chen; beten; **être en** ~ beten; F *fig* **ne
m'oubliez pas dans vos** ~s! denken
Sie an mich!; b) *liturgische Feier* **An-
dacht** *f*; **aller, se rendre à la** ~ zur
Andacht gehen; **2.** (inständige) Bitte; **à
la** ~ **de** auf Bitten von (*od* + *gén*) (hin);
auf die Bitte (+*gén*) (hin); **à ma** ~ auf
meine Bitte (hin); **c'est une** ~ **que j'ai à
vous faire** ich habe e-e Bitte an Sie; ♦ ~
de s'essuyer les pieds bitte Füße
abtreten; ~ **de répondre par retour du
courrier** um postwendende Antwort
wird gebeten
prieur(e) [prijœr] *m(f)* égl cath Prior *m*,
Priorin *od* Pri'orin *f*
prieuré [prijœre] *m* égl cath a) Prio'rat *n*;
b) Kirche *f* des Prio'rats
prima donna [primadɔna] *f* ⟨*pl inv od*
prime donne [primedɔne]⟩ Prima-
'donna *f*
primage [primaʒ] *m* bei Dampfkesseln
Mitreißen *n* von Wassertröpfchen aus
dem Dampfraum
primaire [primɛr] *adj* **1.** école *f* ~
Volks-, Grund-, Haupt-, *schweiz* Pri-
'marschule *f*; **enseignement** *m* ~ *od
subst* ~ *m* a) Grundschulwesen *n*; b)
Volks-, Grund-, Hauptschulunterricht
m; **inspecteur** *m* ~ Schulrat *m*; **2.**

pri'mär; Pri'mär...; *méd* **accidents** *m/pl*
~s Primäraffekte *m/pl*; *beim indirekten
Wahlrecht* **assemblée** *f* ~ Urwählerver-
sammlung *f*; *élect* **circuit** *m* ~ *od subst* ~
m Primärkreis *m*; *jur* **délinquant** *m* ~ *od
subst* ~ *m, f* erstmalig Straffällige(r) *f(m)*;
in den USA **élections** *f/pl* ~s Vorwahlen
f/pl; *élect* **enroulement** *m* ~ Primär-
wicklung *f*; *écon* **secteur** *m* ~ *od subst* ~
m cf **secteur 4.**; **3.** *géol* paläo'zoisch;
ère ~ *od subst* ~ *m* Paläo'zoikum *n*;
Pri'märzeit *f*; *früher* Pri'mär *m*; **4.** *péj
Person* beschränkt; engstirnig; bor-
'niert; primi'tiv, simpel (*auch Erklärung
etc*); *subst* **c'est un(e)** ~ er ist ein
beschränkter *etc* Mensch; **sie ist e-e**
beschränkte *etc* Person
primat [prima] **1.** *égl cath* Primas *m*; ~
d'Espagne Primas von Spanien; **2.**
philos Pri'mat *m od n*; Vorrang *m*
primates [primat] *m/pl* zo Pri'maten
m/pl; Herrentiere *n/pl*
prima|tial [primasjal] *adj* ⟨-aux⟩ égl
cath des Primas; Primati'al...; **~tie** [-si] *f
égl cath* a) Würde *f* des Primas; b)
Primati'albezirk *m*
primauté [primote] *f* Vorrang *m* (**sur**
vor + *dat*); Pri'mat *m od n* (**über** +*acc*);
égl cath ~ **du pape** Primat des Papstes;
avoir la ~ e-e Vorrangstellung einneh-
men, besitzen; den Primat haben
prime[1] [prim] **I** *adj* **1.** **de** ~ **abord** auf
den ersten Blick; zu'nächst; **dès sa
jeunesse** von frühester Jugend an; **2.**
math **a** ~ (a') a') a Strich (a'); **II** *f* **1.** *esc* Prim
f; **2.** *égl cath* Prim *f*
prime[2] [prim] *f* **1.** Prämie *f*; Zulage *f*;
Zuschuß *m*; Bonus *m*; ~ **à la construc-
tion** (*Art*) Wohnungsbauprämie *f*; ~ **à
l'exportation** Ex'port-, Ausfuhrprämie
f; Ex'portbonus *m*; ~ **à la productivité,
au, de rendement** Leistungsprämie *f*,
-zulage *f*; ~ **d'allaitement** Stillgeld *n*; ~
d'ancienneté Dienstalterszulage *f*; *fig* ~
d'encouragement à la paresse
Belohnung *f* für die Faulheit; *mil* ~
d'engagement Handgeld *n*; ~
d'épargne Sparprämie *f*; ~ **d'équipe**
Schichtzulage *f*; ~ **de fin d'année**
Weihnachtsgeld *n*, -gratifikation *f*; ~ **de
salissure** Schmutzzulage *f*; ~ **de trans-
port** Fahrtkosten-, Fahrgeldzuschuß *m*;
~ **de vacances** Urlaubsgeld *n*; **2.**
(Versicherungs)Prämie *f*; ~ **annuelle**
Jahresprämie *f*; **3.** *Börse* a) Reugeld *n*;
Prämie *f*; **réponse** *f* **de** ~ Prämien-
erklärung *f*; b) Agio [a:ʒio] *n*; Aufgeld
n; ~ **d'émission, de remboursement**
Emissi'ons-, Rückzahlungsagio *n*; **4.**
comm Werbegeschenk *n*; Zugabe *f*;
avoir qc en ~ etw als Werbegeschenk,
Zugabe bekommen; **5.** *fig* **faire** ~ ge-
sucht, gefragt sein
primer[1] [prime] *v/t* den Vorrang haben
(qc vor + *dat*); sich 'durchsetzen
(gegen); vorgehen (+*dat*); **la force pri-
me le droit** Gewalt geht vor Recht
primer[2] [prime] *v/t* prämieren *od* prä-
mi'ieren; e-n Preis zuerkennen (+*dat*);
mit e-m Preis auszeichnen; *adjt* **primé**
auch preisgekrönt
primerose [primroz] *f bot* Stockrose *f*,
-malve *f*
primesautier [primsotje] *adj* ⟨-ière⟩
Person impul'siv; spon'tan; **être** ~ der
ersten Eingebung folgen; von schnellem
Entschluß sein; spontan rea'gieren,
handeln
primeur [primœr] *f* **1.** **avoir la** ~ **de qc**
Gerät, Gegenstand etw als erste(r) haben,
besitzen, *Neuigkeit, Nachricht* erfahren,
hören, *Reform, Neuregelung* als erste(r)
in den Genuß von etw kommen; **les
critiques ont eu la** ~ **de cette
nouvelle pièce** die Kritiker haben das

neue Stück als erste gesehen; **2.** *pl* ~s Frühgemüse *n*, -obst *n*; erstes junges Gemüse; erste frische Früchte *f/pl*; **marchand** *m* **de** ~**s** Frühgemüse-, Frühobsthändler *m*

primeuriste [primœrist] *m* Erzeuger *m* von Frühgemüse, -obst; (Früh)Gemüse-, (-)Obstgärtner *m*

primevère [primvɛr] *f bot* Schlüsselblume *f*; Primel *f*; ~ **officinale** Wiesenschlüsselblume *f*; Himmel(s)schlüssel *m od n*

primipare [primipar] **I** *adj Frau* erstgebärend; *weibliches Säugetier* zum erstenmal werfend; *Schaf auch* lammend; **II** *f Frau* Erstgebärende *f*; *sc* Pri'mipara *f*

primitif [primitif] **I** *adj* ⟨-ive⟩ **1.** ursprünglich; Ur-...; *méd* pri'mär; *math, ling* Stamm...; Grund...; *philos* **concept** ~ Grundbegriff *m*; **couleur primitive** ursprüngliche Farbe (*e-s Stoffes, Gegenstandes*); *phys* **couleurs primitives** Grundfarben *f/pl* (*des Sonnenspektrums*); **Église primitive** *od* **primitive Église** Urkirche *f*; **état** ~ Urzustand *m*; ursprünglicher Zustand; *math* **fonction primitive** Stammfunktion *f*; **forme primitive** Urform *f*, -gestalt *f*; ursprüngliche Form, Gestalt; *méd* **foyer** ~ primärer Krankheitsherd; **homme** ~ Urmensch *m*; *ling* **langue primitive** Ursprache *f*; **monde** ~ Urwelt *f*; *ling*: **mot** ~ Stamm-, Grundwort *n*; Primi-'tivum *n*; *e-s Wortes* **sens** ~ ursprüngliche Bedeutung; Grundbedeutung *f*; *e-s Verbums* **temps** ~**s** *etwa* Stammformen *f/pl*; *géol* **terrains** ~**s** Ur-, Grundgebirge *n/pl*; **texte** ~ Urtext *m*; **2.** *Ethnologie* primi'tiv; *der* Primi'tiven; **art** ~ primitive Kunst; Kunst *f* der Naturvölker; **peintres** ~**s** Maler *m/pl* der primitiven Kunst; **société primitive** primitive Gesellschaft; **3.** *fig* primi'tiv; einfach; behelfsmäßig; **II** *m* **1.** *Ethnologie* **les** ~**s** *pl* die Primi'tiven *m/pl*; **2.** *peint* **les** ~**s** **français, italiens,** *etc* die die französischen, italienischen *etc* Maler des ausgehenden Mittelalters

primitivement [primitivmã] *adv* ursprünglich; anfänglich

primitivisme [primitivism(ə)] *m* **1.** *Kunst* Primiti'vismus *m*; **2.** *der Primitiven* Primitivi'tät *f*

primo [primo] *adv* erstens

primo|géniture [primɔʒenityr] *f* Erstgeburt(srecht) *f(n)*; Primogeni'tur *f*; ~**-infection** *f* ⟨*pl* **primo-infections**⟩ *méd* Erstinfektion *f*

primordial [primɔrdjal] *adj* ⟨-aux⟩ **1.** (äußerst) wichtig; wesentlich; ausschlaggebend; entscheidend; maßgebend; **il est** ~ **que ...** es ist von größter Wichtigkeit, daß ...; **jouer un rôle** ~ *e-e* wichtige, wesentliche *etc* Rolle spielen; **offrir un intérêt** ~ von fundamen-'talem, größtem, höchstem Interesse sein; **2.** uranfänglich; ursprünglich; Ur-...; *bot* **feuilles** ~**s** Pri'mär-, Erstlingsblätter *n/pl*; **instinct** ~ Urinstinkt *m*

primulacées [primylase] *f/pl bot* Primel-, Schlüsselblumengewächse *n/pl*; *sc* Primula'zeen *f/pl*

prince [prɛ̃s] *m* **1.** *regierender* Fürst; *hist* **les** ~**s** **d'Allemagne** die deutschen Fürsten; ~ **de l'Église** Kirchenfürst *m*; ~ **d'Empire** a) *von Napoleon I. an hohe Würdenträger u Marschälle verliehener Titel* Fürst; b) *im Deutschen Reich* Reichsfürst *m*; ~ **de Monaco** Fürst von Monaco; *pol* *e-r Regierung* **fait** *m* **du** ~ willkürliche, selbstherrlich getroffene Entscheidung; Willkürmaßnahme *f*, -akt *m*; Verfügung *f* von hoher Hand; *loc/adv* **comme un** ~ fürstlich; prächtig; prunkvoll; *fig* **être bon** ~ großzügig,

tole'rant sein; **2.** *Prinz m*; *hist* **le ♀ Noir** der Schwarze Prinz; *Saint-Exupéry* **Le Petit ♀** Der kleine Prinz; ~ **de Galles** Prinz von Wales; ~ **du sang** Prinz von Geblüt; **3.** *fig* Fürst *m*; König *m*; *bibl* ~ **des apôtres** A'postelfürst *m*; *bibl* ~ **des démons, des ténèbres** Fürst der Hölle, der Finsternis; Höllenfürst *m*; **le** ~ **des gastronomes** der König der Gastronomen; ~ **des poètes** Dichterfürst *m*; *hist* ~ **des sots, fous** Oberhaupt *n* der Narrenzunft

prince-de-galles [prɛ̃sdəgal] *m* ⟨*inv*⟩ *text* Glencheck [-tʃ-] *m*; *adit* **tailleur** *m* **(en)** ~ Glencheckkostüm *n*

princeps [prɛ̃sɛps] *adj* ⟨*inv*⟩ *nur* **édition** *f* ~ Erstausgabe *f*; E'ditio princeps *f*

princesse [prɛ̃sɛs] *f* **1.** Fürstin *f*; **2.** Prin'zessin *f*; Prin'zeß *f*; ~ **royale** Kronprinzessin *f*; *fig*: F **aux frais de la** ~ auf Staats- *bzw* Geschäftskosten; auf Kosten des Staates *bzw* der Firma; **se donner des airs de** ~ vornehm tun; sich affektiert, gespreizt benehmen; **3.** *adit* **amandes** *f/pl* ~**s** Krach-, Knackmandeln *f/pl*; '**haricots** *m/pl* ~**s** Prin-'zeßbohnen *f/pl*; *cout* **robe** *f* ~ Prin'zeßkleid *n*

princier [prɛ̃sje] *adj* ⟨-ière⟩ **1.** fürstlich; Fürsten...; prinzlich; Prinzen...; *famil*-**le, maison princière** Fürstenfamilie *f*, -haus *n*; **titre** ~ Fürstentitel *m*; **2.** *fig Empfang etc* fürstlich; königlich; **luxe** ~ *auch* üppiger Luxus

principal [prɛ̃sipal] ⟨*m/pl* -aux⟩ **I** *adj* Haupt...; wichtigste(r, -s); hauptsächliche(r, -s); **bâtiment** ~ Hauptgebäude *n*; **but** ~ Hauptzweck *m*, -ziel *n*; oberster Zweck; oberstes Ziel; *e-s Notars* **clerc** ~ Bü'rovorsteher *m*; **composant** ~ Hauptbestandteil *m*; wichtigster Bestandteil; *jur* **demandeur** ~ Hauptkläger *m*; **entrée** ~**e, locataire** ~ Haupteingang *m*, -mieter *m*; ~ **obligé** Hauptschuldner *m*; ~ **personnage** Hauptperson *f*; wichtigste, *auch* maßgebliche, maßgebende Person; *Geometrie* **point** ~ Hauptpunkt *m* (*der Zentralperspektive*); **professeur** ~ Klassenlehrer *m*; *gr* **proposition** ~**e** Hauptsatz *m*; **raison** ~**e** Hauptgrund *m*; **résidence** ~**e** Hauptwohnsitz *m*; *fig* **rôle** ~ Hauptrolle *f*; wichtigste, hauptsächliche Rolle; *gr* **verbe** ~ Verb(um) *n* des Hauptsatzes; **voie** ~**e** Hauptstraße *f*; **II** *subst* **1. le** ~ die Hauptsache; das Wichtigste; **2.** ~ **(d'un collège)** Di'rektor *m* (*e-s* städtischen Gymnasiums); **3.** *m jur* Hauptsache *f*; Streitgegenstand *m*; **4.** ~**ement** *adv* hauptsächlich; in der Hauptsache; vor allem; ganz besonders; insbesondere; in erster Linie

principat [prɛ̃sipa] *m im alten Rom* Prinzi'pat *n, auch m*

principauté [prɛ̃sipote] *f* Fürstentum *n*; **la** ~ **de Monaco, du Liechtenstein** das Fürstentum Monaco, Liechtenstein

principe [prɛ̃sip] *m* **1.** *philos* Ursprung *m*; Urgrund *m*; Prinzip *n* (*des Seins*); Seinsgrund *m*; erste Ursache; *Logik* Prin'zip *n*; Satz *m*; *Vitalismus* ~ **vital** Lebenskraft *f*; Dieu est le ~ de toute chose *auch* Gott ist der Urquell aller Dinge; **2.** *phys* Prin'zip *n*; ~ **d'Archimède** Archi'medisches Prinzip, Gesetz; ~ **de Carnot** zweiter Hauptsatz der Thermodynamik; ~ **de conservation de l'énergie** Prinzip von der Erhaltung der Energie; ~ **d'une machine** Prinzip, nach dem *e-e* Maschine funktioniert, arbeitet; **reposer sur un** ~ **très simple** auf *e-m* einfachen Prinzip beruhen; **3.** *chim* Bestandteil *m*; Stoff *m*; ~ **actif** (natürlicher) Wirkstoff; ~**s minéraux** Mine'ralstoffe *m/pl*; **4.** *des*

Handelns Prin'zip *n*; Grundsatz *m*; ~ **d'égalité** Gleichheitsprinzip *n*; ~**s de morale** Mo'ralprinzipien *n/pl*; *pol* ~ **des nationalités** Nationali'tätsprinzip *n*; **homme** *m* **à** ~**s** Mann *m* mit *od* von Prinzipien; *péj* Prinzipienreiter *m*; *loc/adj* **de** ~ prinzipi'ell; grundsätzlich; Prinzipien...; *Grundsatz...*; **accord** *m* **de** ~ prinzipielle, grundsätzliche Einigung; *loc/adv*: **en** ~ im Prinzip; prinzipi'ell; grundsätzlich; theo'retisch; **par** ~ aus Prinzip; prinzipi'ell; grundsätzlich; **pour le** ~ um des Prinzips willen; **avoir des** ~**s** Prinzipien, Grundsätze haben; **j'ai pour** ~ **de** (+*inf*) es ist mein Prinzip, Grundsatz, ich habe es mir zum Prinzip, Grundsatz gemacht zu (+*inf*); **ce n'est pas dans mes** ~**s** das entspricht nicht meinen Prinzipien, Grundsätzen; das tue ich prinzipi'ell, grundsätzlich nicht; **partir du** ~ **que ...** von dem Grundsatz, davon ausgehen, daß ...

printanier [prɛ̃tanje] *adj* ⟨-ière⟩ Frühlings...; Frühjahrs...; *cuis* **potage** ~ Frühlingssuppe *f*; **temps** ~ frühling(s)haftes Wetter; **tenue printanière** Frühjahrskleidung *f*

printemps [prɛ̃tã] *m* Frühling *m*; Frühjahr *n*; *poét* Lenz *m* (*auch fig*); *fig u litt* ~ **(de la vie)** Lenz des Lebens; Jugend(zeit) *f*; **blé** *m* **de** ~ Winterweizen *m*; **matinée** *f* **de** ~ Frühlingsmorgen *m*; *fig* **elle avait quinze** ~ sie zählte fünfzehn Lenze

priodonte [prijodɔ̃t] *m zo* Riesengürteltier *n*

priorat [prijora] *m égl cath* Prio'rat *n*

priori *cf* **a priori**

prioritaire [prijoriter] *adj* vorrangig; bevorzugt; mit Vorrang; **industrie** *f* ~ Industriezweig, der vorrangig staatlich gefördert wird; **mesure** *f* ~ mit Vorrang 'durchzuführende Maßnahme; **personnes** *f/pl* ~**s** *od subst* ~**s** *m/pl* Personen *f/pl*, die bevorzugt zu berücksichtigen sind *od* deren Belange Priori'tät, Vorrang haben; **an** *e-m* **Schalter, bei** *e-r* **Behörde** Personen *f/pl*, die vorrangig, bevorzugt abgefertigt werden; *auch* Personen *f/pl* mit Sonderausweis, *bei der Zuteilung von Wohnraum* mit Dringlichkeitsstufe eins; **véhicule** *m* ~ Fahrzeug *n* mit Sonderrechten; Sonderfahrzeug *n*; **être** ~ Priori'tät, Vorrang, *Fahrzeug* Vorfahrt haben

priorité [prijorite] *f* **1.** Priori'tät *f*, Vorrang *m* (**sur** vor + *dat*); ~ **d'emploi** Anspruch auf bevorzugte Einstellung; Vorrang bei der Einstellung; *loc/adv* **en, par** ~ zu'erst; als erste(r, -s); mit Vorrang; **avoir la** ~ Priorität, Vorrang haben, genießen; **laisser la** ~ **à un orateur** *e-m* Redner den Vortritt lassen; **2.** *Straßenverkehr* Vorfahrt *f*; **route** *f* **à** ~ Vorfahrt(s)straße *f*; **signal** *m* **de** ~ Vorfahrt(s)zeichen *n*; **avoir** ~ **sur (die)** Vorfahrt haben vor (+*dat*); **j'ai la** ~ ich habe Vorfahrt; **il y a** ~ **à droite** wer von rechts kommt, hat Vorfahrt; F rechts hat Vorfahrt

pris [pri] *p/p von* **prendre** *u adj* ⟨**prise** [priz]⟩ **1.** *Platz, Person, Tag* besetzt; *Tag auch* ausgefüllt; **avoir les mains** ~**es** beide Hände voll, die Hände nicht frei haben; **elle est très prise** sie ist sehr *od* stark beschäftigt, beansprucht; **si vous n'êtes pas pris ce soir** wenn Sie heute abend nicht besetzt sind, nichts vorhaben; **2.** *Person* ~ **de boisson, de vin** angetrunken; beschwipst; F angesäuselt; *p/fort* betrunken; ~ **de panique, de peur** von Panik, von Furcht erfaßt, ergriffen; *cf auch* **prendre 10.**; **avoir la gorge** ~**e** heiser sein; *e-e* rauhe Kehle

haben; **avoir le nez** ~ keine Luft durch die Nase bekommen; **3.** *Pudding* steif; fest; *cf auch* **prendre 15.**; **4.** *Gewässer* (zu)gefroren; **ce matin, l'eau des flaques était** ~**e** heute früh waren die Pfützen zugefroren; *Schiff* ~ **dans les glaces** im Eis festsitzend; eingefroren

prise [priz] *f* **1.** *allg* Nehmen *n*; *mil* Einnahme *f*; Eroberung *f*; *hist* **la** ~ **de la Bastille** die Erstürmung der Bastille; ♦ *in festen Wendungen mit subst:* ~ **à bord** 'Übernahme *f* an Bord; An'bordnehmen *n*; ~ **à partie** a) Angriff *m*; b) *jur* etwa Re'greßklage *f*, Schaden(s)ersatzforderung *f* gegen e-n Richter; *beim Luftstrahltriebwerk* ~ **d'air** Lufteintritt *m*; Einlaufkanal *m*; *Diffusor m*; *mil* ~ **d'armes** feierlicher Aufmarsch in Waffen; *fig* ~ **de bec** *cf* bec 2.; ~ **de contact** Kon'taktaufnahme *f*; Fühlungnahme *f*; *jur* ~ **de corps** Festnahme *f*; Verhaftung *f*; ~ **d'eau** a) Wasseranschluß *m*; Zapfstelle *f* für Wasser; b) *ch de fer* Wasserkran *m*; *par ext* Wasserwehmen *n*; ~ **de fonction, de poste** Amts-, Dienst-, Arbeitsantritt *m*; *égl cath* ~ **d'habit, de voile** Einkleidung *f* (*der Novizen, Novizinnen*); ~ **d'otage(s)** Geiselnahme *f*; ~ **de position** Stellungnahme *f* (*sur une question* zu e-r Frage); *jur* ~ **de possession** Besitznahme *f*, -ergreifung *f*; *pol* ~ **de pouvoir** Machtübernahme *f*, -ergreifung *f*; *méd* ~ **de sang** *cf* sang; *cin, télév, rad* ~ **de son** Tonaufnahme *f*; *aviat* ~ **de terrain** Anflug *m* und Landung *f* (*bis zum Aufsetzen*); *phot, cin, télév* ~ **de vue(s)** (**en extérieur, en intérieur**) (Außen-, Innen)Aufnahme *f*; ~ **en charge** a) *Taxi: e-s Fahrgasts* Beförderung *f*; **taxe** *f* **de** ~ **en charge** Grundgebühr *f*; *durch die* (*Sozial*)*Versicherung etc* Kostenübernahme *f*; c) *durch ein Krankenhaus* Pflege *f* und Behandlung *f*; *e-s Verbrechers, Flüchtenden* ~ **en chasse** (Aufnahme *f* der) Verfolgung *f*; ~ **en considération** Berücksichtigung *f*; ♦ *mit Verben:* **avoir** ~ **sur qn, qc** Einfluß auf j-n, etw haben; *meist* **vermeist n'avoir aucune** ~ **sur qn** *auch* gar keine Gewalt über j-n haben; sich bei j-m nicht 'durchsetzen können; in keiner Weise auf j-n einwirken können; *les remontrances* **n'ont pas de** ~ **sur lui** ... machen keinen Eindruck auf ihn, haben keine Wirkung bei ihm, beeindrucken ihn nicht; **donner** ~ **à** Anlaß geben zu; **donner** ~ **aux critiques** die Kritiker her'ausfordern; den Kritikern Angriffspunkte bieten; **être aux** ~**s avec qn, qc** mit j-m, etw kämpfen, ringen; sich mit j-m, etw ausein'andersetzen; *st/s Gewissen mit der Liebe etc* im 'Widerstreit mit etw liegen; **lâcher** ~ loslassen; fahrenlassen; fig aufgeben; **2.** **a)** Ringen, *Judo* Griff *m*; *auch* Fassen *n*; **faire une** ~ **à la nuque** im Nacken fassen; den Griff im Nacken ansetzen; **b)** *Bergsteigen* Griff *m*; Halt *m*; **avoir** ~ Halt haben; **chercher une** ~ e-n Halt suchen; **ne pas trouver de** ~ **sur le rocher** am Fels keinen Halt finden; **3.** *Fischen* Fang *m*, *ch* Beute *f* (*auch fig*); *fig* **la police a fait une belle** ~ die Polizei hat e-n guten Fang gemacht; **4.** *mar* Prise *f*; **commandement** *m*, **conseil** *m*, **droit** *m* **des** ~**s** Prisenkommando *n*, -gericht *n*, -recht *n*; **5.** *élect* Anschluß *m* (Steck)Buchse *f*; ~ **d'antenne** An'tennenanschluß *m*; ~ **de terre** Erdanschluß *m*, -kontakt *m*; Erdung *f*; **b)** ~ **(de courant)** Steckdose *f*, -kontakt *m*; ~ **femelle** Steckdose *f*; *an e-r Verlängerungsschnur* Kupplungsstecker *m*; ~ **mâle** Stecker *m*; ~ **multiple** Mehrfach-, Tischsteckdose *f*; **6.** *auto* ~

---

directe direkter, großer Gang; **être en** ~ (**directe**) im großen Gang sein, fahren; *fig* **être en** ~ **directe avec** *od* **sur qc** engen Kontakt, enge Fühlung mit etw haben, halten; in enger Verbindung mit etw stehen; eng mit etw verbunden sein; *Probleme* **être en** ~ **directe avec le tourisme** eng mit dem Tourismus zu'sammenhängen, verflochten, verknüpft sein; **7.** *cuis, beim Schnupfen* Prise *f*; ~ **de poivre, de tabac** Prise Pfeffer, Tabak; **8.** *Schachfigur* **en** ~ in Gefahr; gefährdet; **9.** *von Zement, Gips etc* Abbinden *n*; **à** ~ **rapide** schnell abbindend

prislée [prize] *f jur* Schätzung *f*; Ta'xierung *f*; Taxati'on *f*; Taxe *f*; ~**er**[1] *litt v/t* schätzen; **fort** ~, ~ **beaucoup** sehr schätzen; *Person* hochschätzen

priser[2] [prize] *v/t Tabak* schnupfen (*auch abs*); **tabac** *m* **à** ~ Schnupftabak *m*

priseur[1] [prizœr] *m cf* **commissaire-priseur**

pris|eur[2] [prizœr] *m*, ~**euse** *f* (Tabak-) Schnupfer(in) *m(f)*

prismatique [prismatik] *adj* pris-'matisch; Prismen...; **couleurs** *f/pl* ~**s** (*durch ein Prisma erzeugt*) Spek'tralfarben *f/pl*; **jumelles** *f/pl* ~**s** Prismen(fern)glas *n*

prisme [prism(ə)] *m math, opt* Prisma *n*; *math* ~ **droit, oblique, régulier** gerades, schiefes, regelmäßiges Prisma; *opt* **à réflexion totale** totalreflektierendes Prisma; *opt* ~ **de Nicol** Nicolsches Prisma; Nicol *n*

prison [prizõ] *f* **1.** *Gebäude* Gefängnis *n* (*auch fig*); Haft-, Voll'zugsanstalt *f*; *fig* Kerker *m*; ~ **centrale** *cf* **central I**; ~ **départementale** Gefängnis des Departements (*zur Verbüßung kurzer Gefängnisstrafen*); *früher* ~ **militaire** Mili'tärgefängnis *n*; *fig* **cette maison est une véritable** ~, **quelle** ~! dieses Haus ist das reinste Gefängnis, der reinste Kerker!; **être en** ~ im Gefängnis sein; *trans* **avoir fait de la** ~ (im Gefängnis) F gesessen haben; **mettre qn en** ~ j-n ins Gefängnis stecken; **faire mettre qn en** ~ j-n ins Gefängnis bringen; **2.** (**peine** *f* **de**) ~ Gefängnis(strafe) *n(f)*; Freiheits-, Haftstrafe *f*; Freiheitsentzug *m*; ~ **ferme** Gefängnis ohne Bewährung; **faire 'huit jours de** ~ **ferme** acht Tage Gefängnis absitzen; **condamner à deux ans de** ~, **à la** ~ **à vie** zu zwei Jahren Gefängnis, zu e-r lebenslänglichen Zuchthaus, zu e-r lebenslänglichen Freiheitsstrafe verurteilen; *Soldat* **être puni de** ~ mit Gefängnis bestraft werden; **3.** ~ **préventive** Unter'suchungshaft *f*; **faire six mois de** ~ **préventive** sechs Monate in Untersuchungshaft sitzen

prisonnier [prizɔnje] **I** *m* ~, **prisonnière** *m,f* Gefangene(r) *f(m)*; Häftling *m*; ~ **politique** politischer Gefangener; ~ **de droit commun** Strafgefangene(r) *m*; *im Gegensatz zum politischen Gefangenen* Krimi'nelle(r) *m*; ~ **d'État** Staatsgefangene(r) *m*; ~ **de guerre** Kriegsgefangene(r) *m*; ~ **sur parole** Gefangener, der Urlaub auf Ehrenwort erhält; **se constituer** ~ *Verbrecher* sich der Polizei stellen; *mil* sich ergeben; **faire qn** ~ j-n gefangennehmen; **2.** *Kunststoffherstellung* eingegossenes, eingespritztes, eingedrücktes Teil; Einpreßteil *n*; **3.** *tech* Madenschraube *f*; Gewindestift *m*; Stiftschraube *f*; **II** *adj* <**-ière**> gefangen; eingesperrt; **être** ~ gefangen, eingesperrt sein; *fig* **être** ~ **de ses préjugés,** *etc* Gefangener s-r Vorurteile *etc* sein

privatif [privatif] *adj* <**-ive**> **1.** *gr* Verneinungs...; verneinend; priva'tiv; **préfixe** ~ *od subst* ~ *m* Verneinungspräfix *n*; **2.** *jur* **a)** ~ **(de qc)** (etw) ausschließend,

---

entziehend; **peine privative de liberté** Freiheitsstrafe *f*; **b)** *bei Eigentumswohnungen* **jardin** ~ zur al'leinigen Benutzung über'lassener Garten

privation [privasjõ] *f* **1.** Verlust *m*; Entzug *m*; Entziehung *f*; ~ **des droits civiques** Verlust, Aberkennung *f* der bürgerlichen Ehrenrechte; ~ **de liberté** Freiheitsentziehung *f*, -entzug *m*, -beraubung *f*; ~ **de sortie** Stuben-, Hausarrest *m*; **2.** *meist pl* ~**s** Entbehrungen *f/pl*; **une vie de** ~**s** ein entbehrungsreiches Leben; ein Leben voller Entbehrungen

privatis|ation [privatizasjõ] *f écon* Pri-vati'sierung *f*; ~**er** *v/t écon* privati-'sieren; der Pri'vatwirtschaft über'tragen

privautés [privote] *f/pl nur loc* **prendre, se permettre des** ~ **avec une femme** sich e-r Frau gegen'über plumpe, dreiste Vertraulichkeiten, große Freiheiten her'ausnehmen, erlauben; e-r Frau gegen'über plump vertraulich, zudringlich, aufdringlich werden

privé [prive] **I** *adj* pri'vat; Pri'vat...; **chemin** ~, **voie** ~**e** Privatweg *m*; *égl cath* **communion** ~**e** *etwa* Frühkommunion *f*; **correspondance** ~**e, de caractère** ~ Privatkorrespondenz *f*, -briefe *m/pl*; privater Schriftwechsel; **droit** ~ Privatrecht *n*; *loc/adj* **de droit** ~ privatrechtlich; **école** ~**e** Privatschule *f*; **entretien** ~ private Unter'redung; privates Gespräch; Privatgespräch *n*; **initiative** ~**e, intérêts** ~**s** Privatinitiative *f*, -interessen *n/pl*; **investissements** ~**s** privat(wirtschaftlich)e Investitionen *f/pl*; **propriété** ~**e** Privatbesitz *m*, *jur* -eigentum *n*; **représentation, séance** ~**e** geschlossene Vorstellung; *écon* **secteur** ~ Privatwirtschaft *f*; **vie** ~**e** Privatleben *n*; *Hotelzimmer* **avec W.C.** ~ mit eigenem WC; ♦ *loc/adv:* **à titre** ~ privat; als Privatperson, -mann; **de source** ~**e** von nichtamtlicher, inoffizieller, privater Seite; **en** ~ privat; außerdienstlich; *Feier* **avoir lieu en** ~ in privatem Kreis stattfinden; **puis-je vous parler en** ~? kann ich Sie privat sprechen?; *adm* **en son propre et** ~ **nom** sprechen, handeln im eigenen Namen; *sich verpflichten* **persönlich; II** *loc/adv* **dans le** ~ a) im Pri'vatleben; pri'vat; pri'vatim; außerdienstlich; b) in der Pri'vatwirtschaft

priver [prive] **I** *v/t* ~ **qn de qc** j-m etw entziehen; j-n um etw bringen; j-n e-r Sache (*gén*) berauben; **tu seras privé de dessert** zur Strafe bekommst du keinen Nachtisch; ~ **qn de ses droits** j-n entrechten; ~ **qn de ses droits civiques** j-m die bürgerlichen Ehrenrechte aberkennen, absprechen; *Wirtschaftskrise etc* ~ **qn de son emploi** j-n um s-n Arbeitsplatz bringen; j-n beschäftigungslos machen; ~ **qn de sa liberté** j-n der Freiheit berauben; **être privé de sommeil** um s-n Schlaf gebracht werden; ~ **un enfant de sortie** e-m Kind Stuben-, Hausarrest geben; **être privé de l'usage de son bras droit** s-n rechten Arm nicht mehr gebrauchen können; *Gefangener* **être privé de visites** keine Besuche(r) empfangen dürfen; **II** *v/pr* **se** ~ sich Entbehrungen auferlegen; Entbehrungen auf sich nehmen; *auch* Opfer bringen; **se** ~ **de qc** auf etw (*acc*) verzichten; sich etw versagen; *st/s* sich e-r Sache (*gén*) berauben; *iron* **il ne se prive pas** er läßt sich nichts abgehen; er leistet, gönnt sich vieles; **se** ~ **de tout** auf alles verzichten; allem entsagen; **elle ne se prive pas de dire du mal de toi** sie kann es sich nicht versagen, dich schlechtzumachen;

privilège [privilɛʒ] *m* **1.** Privi'leg *n*;

Vor-, Sonderrecht *n*; *e-r Notenbank* ∼ d'émission (*alleiniges*) Recht zur Notenausgabe; ∼s de la noblesse Adelsprivilegien *n/pl*; *iron* il a le triste ∼ d'être le dernier de sa classe er hat, genießt das traurige Privileg, der Klassenletzte zu sein; *fig* il a le ∼ de la voir chaque jour er genießt das Vorrecht, den Vorzug, er hat das Glück, den Vorteil, ihm ist es vergönnt, sie jeden Tag zu sehen; **concéder, donner** ∼s Privilegien einräumen, verleihen; **2.** *beim Konkursverfahren* Kon'kursvorrecht *n*; Vorrecht *n*, zu'erst aus der Kon'kursmasse befriedigt zu werden
privilég|ié [privile'ʒje] **I** *adj* privile'giert; bevorrechtet; bevorrechtigt; bevorzugt; *Ort, Umstände, Verhältnisse* besonders günstig; *auch* ide'al; les classes ∼es die privilegierten Klassen *f/pl*; *beim Konkurs* créancier ∼ bevorrechtigter Gläubiger; être ∼ privilegiert *etc* sein; *fig* nous avons été ∼s, *nous avons eu un temps splendide* ...; **II** *subst* ∼(e) *m(f)* Privile-'gierte(r) *f(m)*; **∼ier** *v/t* privile'gieren; bevorrechten; begünstigen
prix [pri] *m* **1.** Preis *m* (*auch fig*); Wert *m* (*auch fig*); Kosten *pl*; ♦ ∼ agricoles A'grarpreise *m/pl*; ∼ brut, net Brutto-, Nettopreis *m*; ∼ fou F irrsinniger, hor-'render Preis; Phanta'siepreis *m*; coûter un ∼ fou F ein irr(sinnig)es Geld, ein Heiden-, Sündengeld kosten; sündhaft teuer sein; ∼ maximum *od* plafond, ∼ minimum *od* plancher Maxi'mal- *od* Höchst-, Mini'mal- *od* Mindestpreis *m*; ∼ moyen 'Durchschnittspreis *m*; ∼ préférentiel Vorzugspreis *m*; ♦ ∼ au comptant Bar-, Kassapreis *m*; ∼ à la consommation, à l'exportation, à l'importation Verbraucher-, Ex'port-*od* Ausfuhr-, Im'port- *od* Einfuhrpreis *m*; ∼ au kilo Kilopreis *m*; Preis pro Kilo; ∼ à la production Herstellungs-, Hersteller-, *agr* Erzeugerpreis *m*; ∼ à l'unité Preis pro Einheit; Stück-, Einzelpreis *m*; ∼ d'achat Kauf-, Einkaufs-, Bezugspreis *m*; ∼ d'ami Freundschaftspreis *m*; disons trente francs, c'est un ∼ d'ami! F sagen wir, unter Freunden, dreißig Franc!; ∼ d'après-guerre, d'avant-guerre Nachkriegs-, Vorkriegspreis *m*; ∼ de catalogue Listen-, Kata'logpreis *m*; ∼ de concurrence, de détail Konkur'renz-, Einzelhandelspreis *m*; ∼ de déplacement Reisekosten *pl*; ∼ de fabrique Fa'brikpreis *m*; *fig* le ∼ de la gloire, de la liberté der Preis für den Ruhm, für die Freiheit; ∼ de gros Großhandelspreis *m*; *EG* ∼ d'intervention Interventi'onspreis *m*; *im Krankenhaus* ∼ de journée Tages-, Pflegesatz *m*; ∼ de lancement Einführungspreis *m*; ∼ de location Leihgebühr *f*; Miete *f*; ∼ du marché Marktpreis *m*, -wert *m*; ∼ de monopole, de l'or Mono'pol-, Goldpreis *m*; *Plankostenrechnung* ∼ d'ordre fester Verrechnungspreis; ∼ du pain, de pension Brot-, Pensi'onspreis *m*; ∼ des réparations Repara'turkosten *pl*; ∼ de revient Selbstkosten(preis) *pl(m)*; Gestehungskosten *pl*; *EG* ∼ de seuil Schwellenpreis *m*; ∼ du terrain Grundstücks-, Bodenpreis(e) *m(pl)*; ∼ de transport Trans-'port-, Beförderungs-, Frachtkosten *pl*; Beförderungs-, Frachtpreis *m*; Frachtgeld *n*; ∼ de vente Verkaufs-, *im Einzelhandel auch* Ladenpreis *m*; ∼ sur le marché national Inland(s)preis *m*; ♦ (magasin *m* à) ∼ unique Einheitspreis-, Kleinpreisgeschäft *n*; ♦ *loc/adj*: de ∼ wertvoll; kostbar; 'hors de ∼ unerschwinglich; F maßlos, irrsinnig,

sündhaft teuer; *loc/adv*: *fig* à aucun ∼ um keinen Preis; keinesfalls; auf keinen Fall; unter gar keinen 'Umständen; à bas, vil ∼ spottbillig; zu e-m Spottpreis; für ein Spottgeld; zu Schleuderpreisen; au ∼ fort zum vollen Preis; ziemlich teuer; à moitié ∼ zum halben Preis; *fig* à tout ∼ um jeden Preis; par'tout; auf jeden Fall; unter allen 'Umständen; au ∼ du jour zum Tagespreis; à ∼ d'or teuer; für eine Menge, F Stange Geld; für e-e Menge, F Stange Geld; *loc/prép* au ∼ de a) um den Preis (+*gén*); b) im Vergleich zu; verglichen mit (+*acc*); au ∼ de sa vie um den Preis s-s Lebens; ♦ **apprécier, estimer** qc à son (juste) ∼ etw. den wahren Wert von etw ermessen (können); **attacher un grand** ∼ à qc großen Wert auf etw (*acc*) legen; e-r Sache (*dat*) großen Wert beimessen, beilegen; *fig* **n'avoir pas de** ∼, être sans ∼ e-n unschätzbaren Wert darstellen; unbezahlbar sein; *fig* **donner du** ∼ à qc etw besonders wertvoll machen; **quel est votre** ∼? welchen Preis, was verlangen, nehmen Sie?; c'est mon dernier ∼ das ist mein äußerster Preis, mein äußerstes, letztes Angebot; **faire un** ∼ à qn j-m e-n günstigen Preis machen; *bei e-r Versteigerung* **mettre à** ∼ qc à deux mille francs etw auf zweitausend Franc taxieren; **mettre à** ∼ la tête de qn auf j-s Kopf (*acc*) aussetzen; **y mettre le** ∼ e-e hohe Summe, etw (sehr) teuer bezahlen; es sich etwas kosten lassen; **faire monter les** ∼ die Preise in die Höhe treiben, hochtreiben; **2.** *bei e-m Wettbewerb* **a)** Preis *m*; ∼ Goncourt Prix Goncourt *m*; *Kunst, sports* Grand ♀ Großer Preis; Grand Prix *m* (*beide auch Veranstaltung*); ∼ littéraire Litera'turpreis *m*; ∼ Nobel de physique No'belpreis *m* für Physik; ∼ de consolation Trostpreis *m*; *Schule:* ∼ d'excellence Preis für den Klassenbesten; ∼ de géographie, d'histoire Preis in Erdkunde, Geschichte; livre *m* de ∼ als Preis verliehenes, erhaltenes Buch; **avoir, remporter le premier** ∼ den ersten Preis bekommen, erhalten, gewinnen, davontragen; **ce film a obtenu un** ∼ *au festival de Cannes* dieser Film wurde ... preisgekrönt; **b)** Preisträger(in) *m(f)*; ∼ Goncourt 1972 Preisträger(in) des Prix Goncourt 1972; ∼ Nobel No'belpreisträger *m*; **c)** preisgekröntes Buch; **avez-vous lu le** ∼ Goncourt 1972? haben Sie das 1972 mit dem Prix Goncourt ausgezeichnete Buch gelesen?; **∼-étalon** *m* ⟨*pl* prix-étalons⟩ *Plankostenrechnung* fester Verrechnungspreis; Standardpreis *m*
pro [pro] *m* ⟨*inv*⟩ F *sports* F Profi *m*
pro... od pro-... [pro, pro] *in Zssgn pol* pro...; Pro...; ...freundlich; *z B*: pro-arabe araberfreundlich; proarabisch; prochinois prochinesisch; procommuniste prokommunistisch; progouvernemental re'gierungsfreundlich; pro-occidental prowestlich
probabil|isme [probabilism(ə)] *m philos, Moraltheologie* Probabi'lismus *m*; **∼iste** *s/l* (*auch subst m* Anhänger *m*) des Probabi'lismus; **2.** *math* Wahr-'scheinlichkeits...; auf Wahr'scheinlichkeitsrechnung beruhend
probabilité [probabilite] *f* Wahr-'scheinlichkeit *f*; ∼ faible, forte geringe, große Wahrscheinlichkeit; *Bevölkerungsstatistik* ∼ d'agrandissement Zuwachswahrscheinlichkeit *f*; *Ballistik* ∼ d'atteinte Trefferwahrscheinlichkeit *f*; (calcul *m* des) ∼s Wahrscheinlichkeitsrechnung *f*; degré *m* de ∼, théorie *f*

des ∼s Wahrscheinlichkeitsgrad *m*, -theorie *f*; *loc/adv* selon toute ∼ aller Wahrscheinlichkeit nach; wahrscheinlich; la ∼ de cet événement est de trois pour mille die Wahrscheinlichkeit für das Eintreffen dieses Ereignisses ist drei zu tausend
probable [probabl(ə)] **I** *adj* wahr'scheinlich; *il est donc parti?* – F ∼! ... wahrscheinlich!, vermutlich!; l'arrivée *f* ∼ de son ami die eventu'ell, mögliche Ankunft s-s Freundes; il est ∼ que le temps va se gâter das Wetter wird sich wahrscheinlich verschlechtern; il est peu ∼ que ... es ist wenig wahrscheinlich, daß ...; **II** *subst* le ∼ das Wahr'scheinliche
probablement [probabləmã] *adv* wahr-'scheinlich; vermutlich; F qu'il n'avait jamais fait de ski wahrscheinlich ist er nie Ski gelaufen
probant [probã] *adj* **1.** *Argument, Grund, Versuch etc* über'zeugend; *Argument auch* zwingend; **2.** *jur* beweiskräftig; pièce ∼e Beweisstück *n*; en forme ∼e in rechtsgültiger Form; avoir force ∼e Beweiskraft haben
probation [probasjõ] *f* **1.** *égl cath* **a)** Probezeit *f* vor dem Novizi'at; année *f* de ∼ Probejahr *n*; **b)** Novizi'at *n*; **2.** *jur bei bedingter Strafaussetzung* Bewährung(sfrist) *f*; délégué *m* à la ∼ Bewährungshelfer *m*
probationnaire [probasjɔnɛr] *m.f jur bei bedingter Strafaussetzung* Pro-'band *m*
Probatique [probatik] *adj bibl* piscine *f* ∼ See *m* Be'thesda
∼ **probatoire** [probatwar] *adj* épreuve *f* ∼ Prüfungsaufgabe *f*; examen *m* ∼ Einstufungs-, Einstellungs-, Aufnahme-, Zwischenprüfung *f*
prob|e [prob] *st/s adj* rechtschaffen; redlich; aufrichtig; ehrenhaft; ehrlich; **∼ité** *f* Rechtschaffenheit *f*; Redlichkeit *f*; Aufrichtigkeit *f*; Ehrenhaftigkeit *f*; Ehrlichkeit *f*
problématique [problematik] **I** *adj* proble'matisch; fragwürdig; zweifelhaft; aspect *m*, caractère *m* ∼ Proble-'matik *f*; *bei Kant* jugement *m* ∼ problematisches Urteil; **II** *f* Proble'matik *f*; Pro'blem-, Fragestellungen *f/pl*; Pro-'bleme *n/pl*
problème [problɛm] *m* **1.** Pro'blem *n*; Frage *f*; ∼ économique Wirtschaftsproblem *n*; ∼ politique politisches Problem *n*; ∼ scolaire Schulproblem *n*; ∼ social soziales Problem; ∼ de l'alcoolisme, de la circulation Alkohol-, Verkehrsproblem *n*; ∼ du chômage, du logement, des minorités Arbeitslosen-, Wohnungs-, Minderheitenproblem *n*, -frage *f*; ∼ du désarmement Abrüstungsfrage *f*; ∼ du stationnement Parkproblem *n*; *Person* avoir des ∼s Probleme haben; F (il n'y a pas de ∼! das ist kein Problem!; **2.** *math* Textaufgabe *f*; eingekleidete Aufgabe; ∼ d'algèbre eingekleidete Algebraaufgabe; faire un ∼ e-e Textaufgabe lösen; **∼-clé** *m* ⟨*pl* problèmes-clés⟩ Schlüssel-, Hauptproblem *n*; Kernfrage *f*
proboscidiens [probosidjẽ] *m/pl zo* Rüsseltiere *n/pl*
procédé [prosede] *m* **1.** *bes tech* Verfahren(sart *f*, -sweise *f*) *n*; Me'thode *f*; Technik *f*; *auch* Pro'zeß *m*; ∼ mnémotechnique mnemotechnische Methode; *mines* ∼ d'exploitation Abbauverfahren *n*; ∼ de fabrication, de reproduction Herstellungs- *od* Fertigungs-, Reprodukti'ons- *od* 'Wiedergabeverfahren *n bzw* -technik *f*; employer un nouveau ∼ ein neues Verfahren, e-e neue Technik anwenden; *fig u péj* ça

sent le ~ das wirkt so gewollt, künstlich, unnatürlich; **2.** *e-r Person, oft pl* ~s Betragen *n*; Benehmen *n*; Verhalten *n*; (c'est un) **échange de bons** ~s! e-e Liebe ist der anderen wert!; sie haben sich gegenseitig e-n guten Dienst erwiesen; **user de mauvais** ~s à l'égard de qn j-m unfreundlich begegnen; j-n häßlich, unfreundlich behandeln; sich j-m gegenüber unfreundlich, häßlich verhalten, betragen; unfreundlich, häßlich, nicht sehr glimpflich mit j-m verfahren; **3.** *des Queues* Lederkappe *f*; Queueleder *n*

procéder [prɔsede] <-è-> **I** *v/t/indir* **1.** ~ à qc etw vornehmen, betreiben, 'durchführen; zu etw schreiten; dar'angehen, sich dar'anmachen, etw zu tun; sich an etw (*acc*) begeben; ~ à une arrestation e-e Verhaftung vornehmen; ~ au démontage du moteur darangehen, sich daranmachen, den Motor auseinanderzunehmen; ~ à une enquête e-e Unter-'suchung durchführen, vornehmen, anstellen, einleiten; il sera procédé à une enquête es wird e-e Untersuchung stattfinden, erfolgen, durchgeführt etc werden; ~ à l'établissement d'un dossier e-e Akte anlegen; faire ~ à une étude géologique e-e geologische Studie anfertigen lassen; *jur* ~ à la levée des scellés die Siegel abnehmen; ~ au vote zur Abstimmung, Wahl schreiten; **2.** *st/s* ~ de s-n Ursprung haben in (+*dat*); herkommen, herrühren, ausgehen von; her'vorgehen, entspringen aus; *Krankheit* entstehen aus; verursacht werden durch; beruhen auf (+*dat*); *rel* le Saint-Esprit procède du Père et du Fils der Heilige Geist geht vom Vater und vom Sohn aus; **II** *v/i* verfahren; vorgehen; zu Werke gehen; handeln

procédure [prɔsedyr] *f* **1.** *jur* **a)** (gerichtliches, Gerichts)Verfahren *n*; ~ administrative Verwaltungsstreitverfahren *n*; ~ civile, pénale Zi'vil-, Strafverfahren *n*, -prozeß *m*; ~ contentieuse Streitverfahren *n*; ~ d'appel Berufungsverfahren *n*; ~ de divorce Ehescheidungsverfahren *n*, -prozeß *m*; ~ d'injonction Mahnverfahren *n*; ~ de saisie Pfändung *f*; ~s devant les juridictions ordinaires, devant le tribunal de grande instance Verfahren *pl* vor den ordentlichen Gerichten, vor dem Landgericht; ~ par défaut Versäumnisverfahren *n*; ~ sur requête civile Wieder-'aufnahmeverfahren *n*; ~ sur voies de recours Verfahren in zweiter Instanz, im zweiten Rechtszug (bei Einlegung e-s Rechtsmittels); Rechtsmittelverfahren *n*; actes *m/pl*, pièces *f/pl* de ~ Pro'zeßakten *f/pl*; engager, intenter une ~ ein Verfahren einleiten; **b)** Pro'zeßordnung *f*, -vorschriften *f/pl*, -recht *n*; Verfahrensrecht *n*; **c)** *durch e-n Anwalt* Pro'zeßführung *f*; **2.** *par ext* Verfahren *n*; Vorgehen *n*; Proze'dur *f* (*auch EDV*)

procédurier [prɔsedyrje] *adj* <-ière> *péj* être ~ pro'zeßwütig sein; mit jeder Kleinigkeit vor Gericht gehen, ziehen

procès [prɔsɛ] *m* **1.** *jur* (Gerichts)Pro'zeß *m*; Rechtsstreit *m*; ~ civil, criminel *od* pénal Zi'vil-, Strafprozeß *m*; dossier *m*, pièces *f/pl* d'un ~ *od ellip* ~ Prozeßakten *f/pl*; avoir un ~ en Prozeß laufen haben; être en ~ avec qn mit j-m, gegen j-n prozes'sieren; gegen j-n e-n Prozeß führen; mit j-m in e-m Rechtsstreit liegen; faire, intenter un ~ à qn j-m den Prozeß machen, gegen j-n e-n Prozeß anhängig machen; faire le ~ de qn, de qc j-n, etw heftig angreifen, scharf kritisieren; mit j-m, etw ins Gericht gehen; den Stab über j-n, etw

---

brechen; j-n, etw verdammen; **2.** *fig* ~ d'intention Unter'stellung *f* (von Absichten); faire un ~ d'intention à qn j-m irgendwelche Absichten unter'stellen; **3.** *loc/adv* sans autre forme de ~ kurzerhand; kurz entschlossen; F ohne lange zu fackeln; mir nichts, dir nichts

processeur [prɔsɛsœr] *m EDV* Pro'zessor *m*

procession [prɔsesjõ] *f* **1.** *égl cath* Prozessi'on *f*; ~ de la Fête-Dieu, des Rameaux Fron'leichnams-, Palmprozession *f*; **2.** *fig* langer, feierlicher Zug; feierliche Prozessi'on; *von Wartenden* lange Schlange, Reihe; se rendre en ~ à la mairie sich in feierlichem Zug, in feierlicher Prozession zum Rathaus begeben; **3.** *rel* la ~ du Saint-Esprit du Père et du Fils der Ausgang des Heiligen Geistes vom Vater und vom Sohn

procession|aire [prɔsesjɔnɛr] *adj zo* chenille *f* ~ Raupe *f* des Prozessi'onsspinners; ~el *litt adj* <-le> *rel* Prozessi'ons...; cortège ~ Prozessionszug *m*

processus [prɔsesys] *m* **1.** Pro'zeß *m*; Vorgang *m*; Ab-, Verlauf *m*; *path* (Krankheits)Pro'zeß *m*; ~ biologique, politique, social biologischer, politischer, gesellschaftlicher Prozeß, Vorgang; ~ économique, de croissance, de la digestion Wirtschafts-, Wachstums-, Verdauungsprozeß *m*, -vorgang *m*; ~ de la fabrication Fertigungsablauf *m*; ~ d'urbanisation Verstädterungsprozeß *m*; **2.** *anat* Fortsatz *m*; *sc* Pro'cessus *m*

procès-verbal [prɔsɛvɛrbal] *m* <*pl* procès-verbaux> *jur* **a)** Strafverfügung *f*, -mandat *n*; *durch die Polizei* ~ de contravention (*F abr* P.-V.) gebührenpflichtige Verwarnung; dresser (un) ~ contre qn j-n gebührenpflichtig verwarnen (pour excès de vitesse wegen überhöhter Geschwindigkeit); **b)** Proto'koll *n*; Niederschrift *f*; ~ d'audience Verhandlungsprotokoll *n*; Sitzungsniederschrift *f*; ~ de constat Feststellungsprotokoll *n*; ~ d'interrogatoire Vernehmungsprotokoll *n*, -niederschrift *f*; ~ de saisie, de séance Pfändungs-, Sitzungsprotokoll *n*; dresser, rédiger le ~ das Protokoll aufnehmen, führen; *abs* protokol'lieren

prochain [prɔʃɛ̃] **I** *adj* **1.** nächste(r, -s); kommende(r, -s); l'année ~e, l'an ~ a) das nächste, kommende Jahr; *loc/adv* nächstes Jahr; im nächsten, kommenden Jahr; *comm fin* ~ ultimo nächsten Monats; la ~e fois das nächste Mal; nächstes Mal; *ellip* F à la ~e! bis zum nächsten Mal!; dans les ~s jours in den nächsten Tagen; lundi ~ nächsten Montag; à la ~e occasion bei der nächsten, bei nächster Gelegenheit; lors d'une ~e réunion bei e-r der nächsten Sitzungen; le ~ train der nächste Zug; au ~ village beim nächsten Dorf; **2.** *Logik* unmittelbar; di'rekt; **II** *subst* **1.** *bibl* la ~ *m* amour *m* du ~ Nächstenliebe *f*; tu aimeras ton ~ comme toi-même du sollst deinen Nächsten lieben wie dich selbst; **2.** *f loc/adv* F à la ~e bei *od* an der nächsten Haltestelle; *ch de fer* Stati'on

prochainement [prɔʃɛnmã] *adv* dem-'nächst; nächstens; bald; très ~ sehr bald; in Kürze

proche [prɔʃ] **I** *adj* **1.** nah(e); le ~ avenir die nahe Zukunft; dans un ~ avenir in naher Zukunft; *gr* futur *m* ~ nahe Zukunft (mit „aller" gebildet); parent *m* ~ nahe(r) Verwandte(r); ses plus ~s parents s-e nächsten Verwandten *m/pl*; s-e Angehörigen *m/pl*; *Ereignis* c'est encore tout ~ das liegt noch gar nicht

---

weit zurück; das ist noch gar nicht lange her; l'heure est ~ où ... die Stunde naht, ist nah(e), da *od* wo ...; la nuit est ~ die Nacht wird bald her'einbrechen; es wird bald Nacht werden; sa maison est ~ de la nôtre sein Haus ist nicht weit von unserem entfernt; ses prévisions sont ~s de la réalité s-e Vorhersagen kommen der Wirklichkeit nahe; être ~ de la réussite, de la victoire kurz vor dem Erfolg, vor dem Sieg stehen; **2.** *fig* être ~ de qn, qc j-m, etw verwandt sein; des mammifères *m/pl* ~s des singes den Affen verwandte Säugetiere *n/pl*; le portugais est ~ de l'espagnol das Portugiesische ist (mit) dem Spanischen verwandt; **3.** *loc/adv* de ~ en ~ nach und nach; all'mählich; *Seuche* s'étendre de ~ en ~ sich allmählich ausbreiten; immer weiter um sich greifen; **II** *m/pl* ses ~s s-e Angehörigen *m/pl*, nahen Verwandten *m/pl*

proche-oriental [prɔʃɔrjãtal] *adj* <-aux> nah'östlich

proclama|teur [prɔklamatœr] *m*, ~trice *f* Verkünder(in) *m(f)*

proclamation [prɔklamasjõ] *f* Ausrufung *f*; Prokla'mierung *f*; Proklamati'on *f* (*auch der Text*); (feierliche) Verkündung; *von Ergebnissen* Bekanntgabe *f*; ~ des droits de l'homme (feierliche) Verkündung der Menschenrechte; ~ de l'état de siège Ausrufung des Belagerungszustandes; ~ de la République Ausrufung, Proklamierung, Proklamation der Republik; ~ des résultats de scrutin Bekanntgabe der Abstimmungs-, Wahl'ergebnisse; lancer une ~ e-e Proklamation erlassen

proclamer [prɔklame] *v/t* **1.** die Republik ausrufen; prokla'mieren; *die Menschenrechte* verkünden; *Belagerungszustand* ausrufen; *Abstimmungsergebnis* bekanntgeben; ~ qn empereur j-n zum Kaiser ausrufen; **2.** *fig* erklären; verkünden; *Angeklagter* ~ son innocence sich für unschuldig erklären

proclise [prɔkliz] *f ling* Pro'klise *f*

proclitique [prɔklitik] *adj ling* pro-'klitisch; mot ~ *od subst* ~ *m* Pro'klitikon *n*

proconsul [prɔkõsyl] *m* **1.** *im alten Rom* Prokonsul *m*; ~aire *adj* **1.** *im alten Rom* e-s Prokonsuls; **2.** *path bei der toxischen Diphtherie* cou *m* ~ (äußerlich) geschwollener Hals; ~at *m im alten Rom* Prokonsu'lat *n*

proconvertine [prɔkõvɛrtin] *f Blutgerinnungsfaktor* Prokonver'tin *n*

procordés [prɔkɔrde] *m/pl zo* Meerestiere *n/pl*, die am 'Übergang der Entwicklung von den Wirbellosen zu den Wirbeltieren stehen, die e-e Rückensaite ausgebildet haben

procré|ateur [prɔkreatœr] *litt adj* <-trice> *litt* Zeugungs...; zeugend; ~ation *st/s* ~f Zeugung *f*; ~er *v/t st/s Kinder* zeugen

proctalgie [prɔktalʒi] *f path* neur'algische Schmerzen *m/pl* im After und Mastdarm; *sc* Proktal'gie *f*

procto|logie [prɔktɔlɔʒi] *f path* Prokto-lo'gie *f*; ~logue *m,f méd* Prokto'loge, -'login *m,f*

procurateur [prɔkyratœr] *m im alten Rom, in Venedig* Proku'rator *m*

procuratie [prɔkyrasi] *f in Venedig* Amt *n*, Würde *f* e-s Proku'rators; ~s *f/pl* Proku'razien *pl*

procuration [prɔkyrasjõ] *f* **a)** 'Vollmacht *f*; *comm* Handlungsvollmacht *f*; ~ générale Gene'ralvollmacht *f*, *comm auch* Pro'kura *f*; ~ spéciale Sonder-, Spezi'al-, *comm auch* Einzelvollmacht *f*; *loc/adv* par ~ **a)** (*abr* p. p.) als Bevoll-

mächtigte(r); *comm* per procura (*abr* ppa. *od* pp.); b) *fig u st/s* durch andere; im 2. *Weltkrieg* **mariage** *m* **par ~** Ferntrauung *f*; **vote** *m* **par ~** Wahl *f* durch e-n beauftragten Stellvertreter, in Vertretung; *fig u st/s* **agir, penser par ~** j-n anders, andere für sich handeln, denken lassen; **donner ~ à qn** j-m (Handlungs)Vollmacht, *comm auch* Prokura erteilen; **b)** schriftliche 'Vollmacht; 'Vollmachtsurkunde *f*

procurer [prɔkyre] **I** *v/t ~* **qc à qn** j-m etw verschaffen, beschaffen, besorgen; j-m zu etw verhelfen; j-n mit etw versorgen; **~ à qn l'occasion de** (+*inf*) j-m Gelegenheit verschaffen, geben, bieten zu (+*inf*); **le plaisir que lui procurait la lecture** das Vergnügen, das ihm die Lektüre bereitete; **II** *v/pr* **se ~ qc** sich (*dat*) etw verschaffen, besorgen

procureur [prɔkyrœr] *m* **1.** *jur ~* **(de la République)** (Ober)Staatsanwalt *m* (*beim Tribunal de grande instance*); **~ général** General'staatsanwalt *m* (*bei der Cour de cassation, d'appel, des comptes*); **2.** *e-s Klosters* Proku'rator *m*; **~ général** Gene'ralprokurator *m*

prodigalité [prɔdigalite] *f* **1.** *e-r Person* Verschwendungssucht *f*; *meist pl* **~s** Verschwendung *f*; verschwenderische Ausgaben *f/pl*; **2.** *fig u litt* verschwenderische Fülle, verschwenderischer Reichtum, 'Überfülle *f* (**de** von *od* an +*dat*)

prodige [prɔdiʒ] *m* **1.** Wunder *n*; *fig* **un ~ de virtuosité, d'ingéniosité, etc** ein Wunder an ...(+*dat*); **accomplir, faire des ~s** wahre Wunder voll'bringen; **tenir du ~** an ein Wunder, ans Wunderbare grenzen; **2.** *petit ~ od adit* **enfant** *m* **~** Wunderkind *n*; **un ~** *m* Knaben auch Wunderknabe *m*; *von Erwachsenen* **c'est un ~** er *bzw* sie ist ein Ge'nie

prodigi|eusement [prɔdiʒjøzmã] *adv* 'überaus; ungemein; außerordentlich; äußerst; im höchsten Grade; **~ intelligent, intéressant** *auch* hochintelligent, -interessant; **~eux** *adj* ⟨-euse⟩ außer-, ungewöhnlich; bemerkenswert; erstaunlich; beachtlich; *emphatisch* wunderbar; großartig; herrlich; *Kraft, Erfolg, Menge* ungeheuer; gewaltig; e'norm; *meist*

prodigu|e [prɔdig] **I** *adj* verschwenderisch; verschwendungssüchtig; *bibl* **l'Enfant ~** der verlorene Sohn; *meist* **verneint ne pas être ~ de qc** mit etw geizen, kargen, sparsam 'umgehen; **II** *m,f* Verschwender(in) *m(f)*; **~er** *v/t ~* **qc** mit etw nicht geizen, kargen, sparen; **~ qc à qn** j-n mit etw über'häufen, über'schütten; j-m etw in reichem Maße zu'teil werden lassen; **~ des soins à qn** j-m Pflege angedeihen lassen; j-n um'sorgen, *Verletzten* versorgen

pro domo [prodomo] *loc/adv* in eigener Sache; pro domo

prodrome [prɔdrom] *m* **1.** *path* Vorbote *m*; *sc* Pro'drom *n*; Prodro'malerscheinung *f*, -symptom *n*; **2.** *litt* Vorzeichen *n*; erstes Anzeichen (**de** *gén od* für)

product|eur [prɔdyktœr] **I** *adj* ⟨-trice⟩ Erzeuger...; Hersteller...; Produkti'ons...; **entreprise productrice** Produktionsbetrieb *m*; Herstellerwerk *n*, -betrieb *m*, -firma *f*; **pays ~ de blé** Weizenerzeugerland *n*; Weizenproduzent *m*; **pays ~ de pétrole** erdölproduzierendes Land; Erdölförderland *n*; Erdölproduzent *m*; **société productrice de films** (*Film*)Produktionsgesellschaft *f*; Filmproduzent *m*; **II** *subst ~* **productrice** *m,f* Erzeuger(in) *m(f)*; Produ'zent(in) *m(f)*; *von Industrieprodukten* Hersteller(in) *m(f)*; *cin* (Film-)

Produ'zent(in) *m(f)*; **~ de blé, de céréales, de fruits** Weizen-, Getreide-, Obstproduzent *m*, -erzeuger *m*; **~ de coton, de pétrole** Baumwoll-, Erdölproduzent *m*; **~ible** *adj* herstellbar

productif [prɔdyktif] *adj* ⟨-ive⟩ *Boden* ertragreich; *Steuer* einträglich; einbringlich; gewinnbringend; *Lagerstätte, Vorkommen* ergiebig; reich; *e-s Unternehmens* **capacité productive** Produkti'onskapazität *f*; Leistungsfähigkeit *f*; *Kapital* **~ d'intérêts** zinsbringend, -tragend; *jur* **Vertrag ~ d'obligations** Verpflichtungen bewirkend

production [prɔdyksjɔ̃] *f* **1.** Produkti'on *f* (*auch Ergebnis*); Herstellung *f*; Erzeugung *f*; *von Bodenschätzen* Gewinnung *f*; Förderung *f*; Ausbeute *f*; *e-s Betriebes, e-r Maschine* (Produkti'ons-) Ausstoß *m*; Produkti'onsleistung *f* (*auch e-s Arbeiters*); *e-s Gases* Erzeugung *f* (*auch von Wärme, e-s Tons*); *im Labor* Darstellung *f*; **~ agricole** landwirtschaftliche Erzeugung, Produktion; A'grarproduktion *f*; **~ alimentaire** Nahrungsmittelproduktion *f*, -erzeugung *f*; **~ annuelle, journalière** Jahres-, Tagesproduktion *f*, -förderung *f*, -leistung *f*; **~ 'houillère** Steinkohlenförderung *f*; **~ industrielle** Indu'strieproduktion *f*; **~ laitière, mondiale** Milch-, Weltproduktion *f*; *e-s Erzes* **~ minière** bergbauliche Gewinnung; **♦ ~ à la chaîne** Fließfertigung *f*; Fließbandproduktion *f*; **~ d'acier** Stahlproduktion *f*, -erzeugung *f*; **~ d'automobiles, automobile** Auto-, Kraftwagenproduktion *f*, -herstellung *f*; **~ de blé, de céréales** Weizen-, Getreideproduktion *f*, -erzeugung *f*; **~ de bois** Holzeinschlag *m*, -gewinnung *f*; **~ de chaleur** Wärmeerzeugung *f*; **~ d'énergie primaire** Pri'märenergiegewinnung *f*, -erzeugung *f*; **~ de laine** Gewinnung *f* von Wolle; Wollproduktion *f*; **~ de matières premières** Rohstoffgewinnung *f*; Urproduktion *f*; **~ de pétrole** Erdölförderung *f*, -gewinnung *f*; **~ de viande** Fleischproduktion *f*, -erzeugung *f*; **~ en série** Serienfertigung *f*, -fabrikation *f*, -produktion *f*; **2.** *e-s Erzeugnisses m/pl*; Pro'dukte *n/pl*; *coll* Produkti'on *f*; Erzeugung *f*; **~s maraîchères** Gemüseerzeugnisse *n/pl*; **~s de l'industrie** Indu'strieerzeugnisse *n/pl*, -produkte *n/pl*, -production *f*; **~s du sol** Bodenerzeugnisse *n/pl*, -produkte *n/pl*, -production *f*; **3.** *e-s Gases bei e-m chemischen Vorgang, e-r Haut auf e-r Flüssigkeit etc* Bildung *f*; *path* **~s accidentelles, tissulaires** mit e-r Krankheit einhergehende Gewebsbildung *f* (*auch das neue Gewebe*); **4.** *cin, rad, télév* Produkti'on *f*; **~ franco-italienne** französisch-italienische Gemeinschafts-, Koproduktion; **assistant** *m*, **directeur** *m* **de ~** Produktionsassistent *m*, -leiter *m od* -chef *m*; **5.** *in der Kunst, e-s Künstlers auch* Schaffen *n*; **la ~ dramatique du 18e siècle** die Bühnenwerke *n/pl* des 18. Jahrhunderts; **b)** *e-s Werkes* Schaffung *f*; **6.** *adm* **a)** *e-r Urkunde, e-s Ausweises* Vorlage *f*; Vorlegen *n*; Vorweisen *n*, -ung *f*; Vorzeigen *n*, -ung *f*; *jur von Zeugen* Beibringen *n*, -ung *f*; Benennen *n*, -ung *f*; **b)** vorgelegte Urkunde

productivité [prɔdyktivite] *f* Produktivi'tät *f*; Ertragskraft *f*; Leistungsfähigkeit *f*; **~ globale** globale Produktivität; To'tal-, Gesamtproduktivität *f*; **~ du capital, du travail** Kapi'tal-, Arbeitsproduktivität *f*; kapi'tal-, arbeitsbezogene Produktivität; **~ de l'impôt** Steuerreinertrag *m* (*nach Abzug der Ko-*

sten für die Erhebung)

produire [prɔdyir] ⟨*cf* **conduire**⟩ **I** *v/t* **1.** *Waren, Güter* produ'zieren; herstellen; *landwirtschaftliche Güter, Stahl, Energie, Wärme, e-n Ton* erzeugen; *Bodenschätze* gewinnen; fördern; *Erde:* Pflanzen her'vorbringen; *Baum: Früchte* tragen; *Weinberg: Trauben(art)* bringen; *Geld* einbringen; *abs: Boden* Ertrag, Erträge bringen; *landwirtschaftlicher Betrieb* Ertrag abwerfen; *Baum* **commencer à ~** zu tragen anfangen; **être produit** *allg auch* anfallen; *Nation, Land* **avoir produit beaucoup de grands hommes** viele große Männer hervorgebracht haben; *Kapital* **~ des intérêts** Zinsen bringen, tragen, abwerfen; sich verzinsen; *Vertrag* **~ des obligations** Verpflichtungen bewirken; **2.** *Künstler: Werk* schaffen; *Verse* verfassen; dichten; *Theaterstück* verfassen; schreiben; *abs* **Goya a beaucoup produit** Goya hat viel geschaffen; **3.** *fig Wende* her'beiführen; bewirken; *gute Ergebnisse* zeitigen; führen zu; *Gefühl der Unsicherheit, Angst etc* schaffen; her'vorrufen; erzeugen; verursachen; *Leiden, Übel* zur Folge haben; mit sich bringen; *Medikament: Ausschlag* her'vorrufen; *un dépôt* en Niederschlag bilden; **~ un effet sur qn, qc** auf j-n, etw wirken, e-e Wirkung haben, ausüben, erzielen; **4.** *Film, Rundfunk-, Fernsehsendung* produ'zieren; **5.** *adm Urkunde, Ausweis* vorlegen, -zeigen, -weisen; beibringen; einreichen; *jur Zeugen* beibringen; benennen; namhaft machen; *Beweise* erbringen; **II** *v/pr* **se ~ 6.** *Zwischenfall, Unfall* sich ereignen (*auch Explosion, Erdbeben etc*); geschehen; pas'sieren; *Wende* eintreten; sich voll'ziehen; *Schweigen, Stille* eintreten; entstehen; **cela peut se ~** das kann vorkommen, passieren, geschehen, eintreten; **7.** *Schauspieler* auftreten (**sur la scène du théâtre ~** im ...theater)

produit [prɔdyi] *m* **1.** Pro'dukt *n*; Erzeugnis *n*; *der Industrie auch* Fabri'kat *n*; *in Zssgn oft* Mittel *n*; **♦ ~ agricole** landwirtschaftliches Produkt, Erzeugnis; A'grarprodukt *n*, -erzeugnis *n*; **~ amaigrissant** Schlankheitsmittel *n*; **~ brut** Rohprodukt *n*; *cf auch* 2.; **~s chimiques** *cf* **chimique**; **~ final** Endprodukt *n*; **~ fini** Fertigfabrikat *n*, -produkt *n*, -ware *f*; *cf auch* 2.; **~ intermédiaire** Zwischenprodukt *n*; **~ laitier** Milchprodukt *n*; Molke'reiprodukt *n*, -erzeugnis *n*; **~ de beauté** Kos'metika *n/pl*; Schönheitsmittel *n/pl*; **~ de blanchiment** Bleichmittel *n*; **~s d'entretien** Putz- und Pflegemittel *n/pl*; *phys atom* **~ de fission** Spaltprodukt *n*; **~s de luxe** Luxuswaren *f/pl*, -erzeugnisse *n/pl*, -güter *n/pl*; *physiol* **~ du métabolisme** Stoffwechselprodukt *n*; **~s de première nécessité** lebenswichtige Güter *n/pl*; **~s du pays** Landesprodukte *n/pl*; **~ du sol, de la terre** Bodenprodukt *n*, -erzeugnis *n*; **~ de substitution** *chim* Substituti'onsprodukt *n*, *comm pl* -güter *n/pl*; **~ de transformation, transformé** Verarbeitungserzeugnis *n*; **~ pour la vaisselle** (*Geschirr*)Spülmittel *n*; **2.** *finanzieller Ertrag* Ertrag *m*, Gewinn *m* (*auch aus e-r Sammlung*); Einnahme *f*; *e-s Verkauf* Erlös *m*; **~ brut** Brutto- *od* Rohertrag *m*, -gewinn *m*; Bruttoerlös *m*, -einnahme *f*; **~s divers** sonstige Einnahmen (*des Staates neben den Steuereinnahmen*); **~ net** Rein- *od* Nettoertrag *m*, -gewinn *m*; Nettoeinnahme *f*; *écon:* **~ intérieur brut** Bruttoinlandsprodukt *n*; **~ national (brut, net)** (Brutto-, Netto)Sozi'alprodukt *n*; *So-*

zialversicherung ～ des cotisations Beitragsaufkommen *n*; ～ de l'épargne Spareinlagen *f/pl*; ～ de l'impôt Steueraufkommen *n*, -ertrag *m*; ～ de la récolte Erlös, Einnahmen aus den Ernteerträgen; ～ d'une vente Verkaufserlös *m*; **3.** *math* Pro'dukt *n*; **4.** *jur* acte *m* de ～ Bescheinigung *f* für die Hinter'legung von Urkunden, Aktenstücken; **5.** *Tierzucht* ～s *pl* Nachkommen *m/pl*

proémin|ence [prɔeminɑ̃s] *f* **a)** (Her)Vorstehen *n*; Vorspringen *n*; Vorragen *n*; **b)** vorstehender, vorspringender, vorragender Teil; Vorsprung *m*; *auch* Erhebung *f*; Buckel *m*; Beule *f*; former une ～ (her')vorstehen; vorspringen; vorragen; *e-e* Erhebung *etc* bilden; **～ent** *adj* Nase, Stirn, Kinn (sehr) vorspringend; *Gebiß* vorstehend; *anat* vertèbre ～e siebenter Halswirbel; *sc* Vertebra prominens *f*

prof [prɔf] *m*.*f* Schülersprache Pauker *m*; notre ～ de maths unser(e) Mathelehrer(in) *m(f)*

profana|teur [prɔfanatœr] *m*, **～trice** *f* *st/s* ～ d'église, d'une sépulture Kirchen-, Grabschänder(in) *m(f)*; *adjt* une main profanatrice *e-e* ruchlose Hand

profanation [prɔfanasjɔ̃] *f* *rel* Entweihung *f*; Entheiligung *f*; Profa'nierung *f* *od* Profanati'on *f*; Schändung *f*; *fig* Erniedrigung *f*; Degra'dierung *f*; Entwürdigung *f*; ～ d'une église, de sépulture Kirchen-, Grabschändung *f*

profane [prɔfan] **I** *adj* Kunst, Musik, Fest pro'fan; weltlich; **II** *subst* **1.** das Pro'fane, Weltliche; **2.** *m*,*f* **a)** Laie *m* (en peinture in Malerei, auf dem Gebiet der Malerei); aux yeux du ～ in den Augen des Laien; *adjt* être ～ en la matière auf diesem Gebiet ein Laie sein; **b)** *bes rel* Außenstehende(r) *f(m)*; Nichteingeweihte(r) *f(m)*; *oft* Nichtkatholik *m*, -protestant *m*, -jude *m*, -freimaurer *m*

profaner [prɔfane] *v/t rel* entweihen; entheiligen; profa'nieren; schänden; *fig* erniedrigen; degra'dieren; entwürdigen; *j-s* Namen, Andenken schänden; *sein Talent* erniedrigen; miß'brauchen

proférer [prɔfere] *v/t* <-è-> Drohungen, Beleidigungen ausstoßen; laut werden lassen; her'vorstoßen

profès [prɔfɛ] *égl cath* **I** *adj* <-esse> der (die) sein (ihr) Ordensgelübde abgelegt hat; **II** *subst* ～, professe *m*.*f* Pro'feß *m*

professer [prɔfese] **I** *v/t s-r* Meinung, Bewunderung, Verachtung (laut) Ausdruck verleihen, geben (+*dat*); *s-e* Meinung *auch* kundtun; äußern; *s-e* Bewunderung *auch* offen bekunden; ～ la foi chrétienne sich zum christlichen Glauben bekennen; ～ des opinions démocratiques sich offen zu demokratischen Ansichten bekennen; **II** *v/i st/s in der Schule* unter'richten; *an der Universität* lehren

professeur [prɔfesœr] *m an e-r höheren Schule* (Gymnasi'al)Lehrer(in) *m(f)*; *Amtsbezeichnung* Studienrat, -rätin *m*.*f*; *an der Universität* Pro'fessor *m*, Profes'sorin *f*; *auch* Do'zent(in) *m(f)*; ～ agrégé, certifié, titulaire *cf* agrégé *etc*; ～ d'anglais, de dessin, de mathématiques Englisch-, Zeichen-, Mathema'tiklehrer(in) *m(f)*; ～ de danse Tanz*bzw* Bal'lettlehrer(in) *m(f)*; ～ de faculté, d'université Universi'tätsprofessor(in) *m(f)*; Hochschullehrer(in) *m(f)*; ～ de lycée, de collège Gymnasi'allehrer(in) *m(f)*; ～ de musique Mu'siklehrer(in) *m(f)*, -erzieher(in) *m(f)*; ～ de première Lehrer(in) in der Unter'prima; ～ de théologie Theolo'gieprofessor(in) *m(f)*; Professor der Theologie

profession [prɔfesjɔ̃] *f* **1.** Beruf *m*; berufliche Tätigkeit; Berufszweig *m*; Fach *n*; ～s libérales freie Berufe; ～ d'avocat, de journaliste, de médecin Rechtsanwalts-, Journa'listen-, Arztberuf *m*; Beruf *e-s* Rechtsanwalts, Journalisten, Arztes; pratique *f* d'une ～ Berufspraxis *f*; quelle est votre ～? was sind Sie von Beruf?; exercer, pratiquer une ～ *e-n* Beruf ausüben; exercer, pratiquer la ～ de photographe *auch* von Beruf Fotograf sein; **2.** Berufsstand *m*, -gruppe *f*; Fachschaft *f*; **3.** ～ de foi *rel* (*fig* po'litisches) Glaubensbekenntnis; *e-s* Wahlkandidaten (schriftlich niedergelegtes) Wahlprogramm; faire ～ d'athéisme, d'une opinion politique sich offen zum Atheismus, zu *e-r* politischen Meinung bekennen; *e-r* politischen Meinung offen Ausdruck geben, verleihen; **4.** *égl cath* Pro'feß *f*; Ablegung *f* der Ordensgelübde; faire sa ～ die Profeß, Ordensgelübde ablegen

professionnalisme [prɔfesjɔnalism(ə)] *m* Berufssportlertum *n*; Professiona'lismus *m*

professionnel [prɔfesjɔnɛl] **I** *adj* <～le> **1.** beruflich; Berufs...; activité ～le *cf* activité 1.; association ～le, groupement ～ Berufsverband *m*, -vereinigung *f*; Fachverband *m*, -gruppe *f*; berufsständische Vereinigung; cours ～s Berufsschulunterricht *m*; déformation ～le *cf* déformation 2.; faute ～le *cf* faute 2.; formation ～le Berufs(aus)bildung *f*; berufliche (Aus)Bildung; frais ～s Werbungskosten *pl*; locaux ～s gewerbliche Räume *m/pl*; maladie ～le Berufskrankheit *f*; **2.** professio'nell; der (die) *e-e* Tätigkeit berufsmäßig ausübt; Berufs...; cyclisme ～ professioneller Radrennsport; photographe ～ Berufsfotograf *m*; sportif ～ Berufssportler *m*; professioneller Sportler; **II** *subst* **1.** *m* Fachmann *m*; *von e-m Einbrecher, Verbrecher* Professio'nelle(r) *m*; F Profi *m*; *sports* Berufssportler *m*; Professional [pro'fɛʃənəl] *m*; *fig* c'est un ～ du retard er kommt ewig zu spät; **2.** *m* Industrie (*meist abr* P) Facharbeiter *m*; *in e-r Lohntabelle* P 1 Facharbeiter der Lohngruppe 1; **3.** F ～ *f* Dirne *f*; F Strichmädchen *m*; *plais* Gunstgewerblerin *f*

professionnellement [prɔfesjɔnɛlmɑ̃] *adv* berufsmäßig; gewerbsmäßig

professor|al [prɔfesɔral] *adj* <-aux> **1.** corps ～ Studienräte *m/pl* und Profes'soren *m/pl*; **2.** *péj* professo'ral; *Ton auch* schulmeisterlich; **～at** *m Schule* höheres Lehramt; Lehrberuf *m*; *Universität* Hochschullehramt *n*; Profes'sur *f*

profil [prɔfil] *m* **1.** *e-s Gesichts* Pro'fil *n*; Seitenansicht *f*; ～ anguleux, grec kantiges, griechisches *od* klassisches Profil; *peint, sculp* ～ perdu, fuyant verlorenes Profil; *fig* un ～ de médaille ein sehr regelmäßiges Profil; *loc/adj u loc/adv* de ～ im Profil; von der Seite; portrait *m* de ～ Porträt *n* im Profil; Profilbild(nis) *n*; tournez-vous un peu de ～ drehen Sie sich etwas ins Profil; **2.** *e-s Gebäudes, Turmes etc* ～ *pl* 'Umrisse *m/pl*; Kon'turen *f/pl*; Silhou'ette *f*; **3.** *arch, bât, géogr, géol, Flugzeugbau etc* Pro'fil *n*; ～ fluvial Fluß(bett)profil *n*; ～ longitudinal *od* en long, transversal *od* en travers Längs-, Querprofil *n od* -schnitt *m*; ～ d'une route Straßenprofil *n*; *bei e-r* Schallplatte ～ du sillon Rillenprofil *n*; ～ du sol Bodenprofil *n*; **4.** *e-s Gegenstandes* äußere Form; ～ aérodynamique Stromlinienform *f*; **5.** *psych* ～ psychologique psycho'logisches Pro'fil; **6.** *darstellende Geometrie* plan *m* de ～ Kreuzriß *m*; **7.** *fig* charakte'ristische,

her'vorstechende, typische Merkmale *n/pl*, Eigenschaften *f/pl*; charakte'ristisches Erscheinungsbild; faire un ～ de qn *j-n* kurz charakteri'sieren

profilage [prɔfilaʒ] *m tech* Pro'filgebung *f*; Profi'lieren *n*, -ung *f*; *e-r Karosserie* Formgebung *f*

profilé [prɔfile] *tech* **I** *adj* profi'liert; Pro'fil...; acier ～ Profil-, Formstahl *m*; **II** *m* (Eisen-, Stahl-, Leichtmetall-, Kunststoff)Pro'fil *n*; ～s d'acier Profil-, Formstahl *m*, -eisen *n*

profiler [prɔfile] **I** *v/t* **1.** *tech* profi'lieren; ein Pro'fil geben (+*dat*); **2.** im Pro'fil darstellen; **3.** *fig* la lumière du couchant profilait la cime des arbres gegen das Licht der 'untergehenden Sonne hoben, zeichneten sich die ('Umrisse der) Baumwipfel scharf ab; **II** *v/pr* Schatten, Gestalt se ～ sur sich (scharf) abzeichnen auf (+*dat*) *od* gegen; sich (scharf) abheben von *od* gegen

profit [prɔfi] *m* **1.** *écon, comm* Pro'fit *m*; Gewinn *m*; ～ brut, net Brutto-, Reingewinn *m*; ～ d'exploitation Betriebsgewinn *m*; compte *m* des pertes et ～s *od* des ～s et pertes Gewinn- und Verlustrechnung *f*; Ertragsrechnung *f*; être à ～ Gewinn, Profit abwerfen; gewinnbringend sein; réaliser un ～ *e-n* Profit, Gewinn erzielen; **2.** Nutzen *m*; Vorteil *m*; Gewinn *m*; *loc/prép* au ～ de zu'gunsten (+*gén*); *loc/adv* avec ～ mit Gewinn; sans ～ völlig nutzlos; vergeblich; ohne *e-n* Gewinn davon zu haben; être d'un grand ～ à qn *j-m* sehr nützen, nützlich sein; für *j-n* ein großer Gewinn sein; faire (son) ～, tirer ～ de qc von etw profi'tieren; Nutzen, (s-n) Vorteil aus etw ziehen; sich etw zu'nutze machen; faire du ～ *Eßwaren* lange reichen, vorhalten; *Kleidung* lange halten; mettre qc à ～ etw (aus)nützen *od* (-)nutzen, nutzbringend verwenden

profitable [prɔfitabl(ə)] *adj* **1.** nützlich; vorteilhaft; *Reise etc* être ～ à qn von Nutzen, Vorteil für *j-n* sein; ein Gewinn für *j-n* sein; **2.** *finanziell* gewinnbringend; einträglich; einbringlich

profiter [prɔfite] **I** *v/t/indir* **1.** *Person* ～ de qc von etw profi'tieren; etw wahrnehmen, (aus)nützen *od* (-)nutzen; sich etw zu'nutze machen; Nutzen, Vorteil aus etw ziehen; ～ d'un avantage, d'une chance *e-n* Vorteil, *e-e* Chance wahrnehmen, (aus)nützen; ～ de la première occasion pour s'enfuir die erstbeste Gelegenheit zur Flucht wahrnehmen, (be)nützen; ils ont profité de ce que je n'étais pas là pour (+*inf*) sie nützten meine Abwesenheit aus, um zu (+*inf*); il faut savoir en ～! das, so etwas muß man einfach ausnützen, wahrnehmen!; **2.** *Sache* ～ à qn, à qc *j-m*, etw von Nutzen, Vorteil sein; ein Gewinn für *j-n*, etw sein; *j-m*, etw zu'gute kommen, zu'statten kommen, Vorteile bringen; nützlich sein; *finanziell* für *j-n*, etw gewinnbringend, einbringlich, einträglich sein; *j-m*, etw etwas einbringen; **II** *v/i* F *Kind, Pflanze* bien ～ (gut) gedeihen; sich gut entwickeln; F sich her'ausmachen; *Pflanze auch* gut fortkommen

profiterole [prɔfitrɔl] *f cuis* (*Art*) kleiner Windbeutel (*mit herzhafter od süßer Fülle*)

profiteur [prɔfitœr] *m péj* Pro'fitjäger *m*; ～ de guerre Kriegsgewinner *m*

profond [prɔfɔ̃] **I** *adj* <profonde [prɔfɔ̃d]> **1. a)** (*nach unten*) Brunnen, Abgrund, Fluß, Tal, (Haut)Falte, Narbe, Sessel, Verbeugung, Seufzer, Stimme tief; *Wunde* tief(gehend); *Wurzel* (bis) tief (in den Boden reichend); *Keller, Erdschicht* tief(liegend); *Muskel, Gefäß*,

Nerv tiefliegend; ~ **de dix mètres** zehn Meter tief; **forage, sondage** ~ Tiefbohren *n*, -ung *f*; *ling* **structure** ~**e** Tiefenstruktur *f*; **b)** (*in der* 3. *Dimension*) *Schrank, Fach, Raum, Höhle, Bucht, Wald* tief; **2.** *fig Schlaf, Traurigkeit, Verachtung, Respekt, Zuneigung, Besorgnis, Einsamkeit, Stille, Dunkelheit, Unwissenheit etc* tief; *Freude auch* innig; *Blick auch* ausdrucksvoll; *Nacht auch* finster; (*stock*)dunkel; tiefschwarz; *Gleichgültigkeit, Einfluß* stark; groß (*auch Irrtum, Überdruß*); *Unterschied* groß; gewaltig; kraß; *Wandlung, Umgestaltung* tiefgehend, -greifend; **un** ~ **besoin de** ein tiefes, inneres Bedürfnis, ein sehnliches Verlangen nach; ◆ *bei Farben* tief...; **bleu, vert** ‹*inv*› tiefblau, -grün; **3.** *Sinn, Bedeutung etc* tiefere(r, -s); *Ursachen auch* tiefliegend; *Neigungen, Streben, Wesen* geheim; geheimste(r, -s); innere(r, -s); **4.** *Person* tiefsinnig (veranlagt); *Gedanken* tief; *Gedanken auch, Bemerkung* tiefsinnig, -gründig, -schürfend; **c'est un esprit** ~ *auch* er geht den Dingen auf den Grund; **II** *adv* **creuser** ~ tief graben, bohren, schürfen; **III** *m* **1.** *loc/adv:* **au plus** ~ **de la forêt** im tiefsten Wald; tief im Innern des Waldes, im Waldesinnern; **au plus** ~ **de la mer** in der Meerestiefe; tief im Meer; **du plus** ~ **de mon, son, etc âme, être** aus tiefster Seele; aus tiefstem Innern; **2.** *Gedanken*tiefe *f*; Tiefsinnige(s) *n*, -gründige(s) *n*

profondément [profɔ̃demɑ̃] *adv* tief; zu'tiefst; aufs tiefste; tief...; **aimer** ~ heiß, innig lieben; *fig* ~ **ancré** festverankert; **être** ~ **attaché aux traditions** zäh, fest an den Über'lieferungen hängen; ~ **attristé** tiefbetrübt, -traurig; ~ **convaincu** (felsen)fest über'zeugt; ~ **déçu** maßlos, zutiefst enttäuscht; **être** ~ **dégoûté de qc** etw gründlich satt haben; **différer** ~ sich kraß unter'scheiden; völlig verschieden, grundverschieden sein; ~ **ému** tiefbewegt; ~ **malheureux** todunglücklich; **réfléchir** ~ tief, angestrengt, stark nachdenken; **souhaiter** ~ sehnlichst wünschen; ~ **vexé** tief-, schwerbeleidigt

profondeur [profɔ̃dœr] *f* **1.** *e-s Brunnens, Abgrundes, Flusses, e-r Wunde, des Waldes, als* 3. *Dimension des Raumes* Tiefe *f*; *e-s Schachts fachspr* Teufe *f*; *e-s Gemäldes* (räumliche) Tiefe; Tiefenwirkung *f*; *fig* **les** ~**s insondables de l'âme** die unergründlichen Tiefen der Seele; *opt* ~ **de champ** Schärfentiefe *f*; Tiefenschärfe *f*; ~ **de l'eau** Wassertiefe *f*; ~ **du forage** Bohrtiefe *f*; ~ **de la mer** Meerestiefen *f/pl*; *loc/adv:* **à mille mètres de** ~ in tausend Meter Tiefe; **dans les** ~**s de la forêt, de la mine** in der Tiefe des Waldes, Bergwerks; **dans les** ~**s de la terre** im Innern der Erde; **en** ~ a) in der Tiefe; *fig* ändern von Grund auf; gründlich; **la** ~ **du garage est de cinq mètres** die Garage ist fünf Meter tief; die Tiefe der Garage beträgt ...; **2.** *fig e-s Gefühls, e-r Farbe* Tiefe *f*; *e-s Gefühls auch* Stärke *f*; **3.** *von Worten, e-r Person, Betrachtung, e-s Werkes* Tiefgründigkeit *f*, -sinnigkeit *f* (*auch der Gedanken*); Gedankentiefe *f*; *der Gedanken* Tiefe *f*

pro forma [proforma] *loc/adj* **facture** *f* ~ Pro-'forma-Rechnung *f*

profus [profy] *adj* ‹-**use** [-yz]› **1.** *litt* **lumière** ~**e** verschwenderisches Licht; **2.** *Drüsenabsonderung* reichlich; stark; *sc* pro'fus

profusion [profyzjɔ̃] *f* **une** ~ **de** e-e verschwenderische Fülle, e-e 'Überfülle

von; **une** ~ **de couleurs** e-e verschwenderische Farbenpracht; *loc/adv* **à** ~ in Hülle und Fülle; *geben* sehr reichlich; in reichem Maße; **il y a des fautes à** ~ **dans ce texte** *auch* es wimmelt nur so von Fehlern in diesem Text

progéniture [proʒenityr] *f coll* F *plais* Sprößlinge *m/pl*

progestérone [proʒɛsteron] *f Biochemie* Gelbkörperhormon *n*; *sc* Progeste'ron *n*

proglottis [proglotis] *m zo* Bandwurmglied *n*; *sc* Proglot'tid *m*

prognath|e [prognat] *Anthropologie* **I** *adj* pro'gnathisch; **II** *m* Pro'gnath *m*; ~**isme** *m* Vorstehen *n* des Oberkiefers; *sc* Progna'thie *f*

programmateur [programatœr] *m* **1.** *rad, télév, cin* ~, **programmatrice** *m,f* Pro'grammplaner(in) *m(f)*, -gestalter(in) *m(f)*; **2.** *bei Programmsteuerung* Pro-'grammregler *m*

programmation [programasjɔ̃] *f* **1.** *rad, télév, cin* Pro'grammplanung *f*, -gestaltung *f*; *cin auch* Aufstellung *f* des Spielplans; **2.** *EDV* Program'mierung *f*; *mathematische Planungsrechnung auch* Opti'mierung *f*; ~ **linéaire** Line'arprogrammierung *f*; lineare Optimierung, Planungsrechnung; **langage** *m* **de** ~ Programmier(ungs)sprache *f*; **3.** Planung *f*

programme [program] *m* **1.** *e-r Veranstaltung, rad, télév, cin* Pro'gramm *n*; *rad auch* Sendefolge *f*; *für bestimmte Vorhaben auch* Plan *m*; *e-r Partei* (Par'tei)Pro-'gramm *n*; ~ **radiophonique, spatial** Rundfunk-, Raumfahrtprogramm *n*; ~ **d'aide** Hilfsprogramm *n* (à für); ~ **de fabrication** Herstellungs-, Fertigungsprogramm *n*; ~ **d'investissement, de reconstruction** Investiti'ons-, Wieder'aufbauprogramm *n*; ~ **de réformes** Re'formprogramm *n*, -plan *m*, -vorhaben *n/pl*; ~ **des réjouissances** Festprogramm *n*; *für e-n Ferientag* (Tages)Programm *n*; *iron* **annonce-nous le** ~ **des réjouissance!** was müssen wir heute wieder alles tun?; wo müssen wir heute wieder überall hingehen?; ~ **de télévision** Fernsehprogramm *n*; **c'est tout un** ~ da haben Sie sich *bzw* hat er sich *etc* aber etwas vorgenommen; **jouer un morceau 'hors** ~ ein (*Musik*)Stück spielen, das nicht auf dem Programm steht, im Programm vorgesehen ist; **2.** Pro-'gramm(heft) *n*, -zettel *m*; **3.** *Schule* Lehrplan *m*; *Universität* Studienplan *m*; *für e-n Lehrgang* Stoffplan *m*; *allg auch* Lehrstoff *m*; ~ **scolaire** Lehrplan *m*; *Schule* ~ **de français** Lehrplan für (den) Französisch(unterricht) *m*; **4.** *EDV* Pro-'gramm *n*; *e-r Waschmaschine* (Wasch-) Pro'gramm *n*; ~ **d'assemblage** Über-'setzer-, Über'setzungsprogramm *n*; As'sembler *m*; ~ **de contrôle** Über-'wachungsprogramm *n*

programm|er [programe] *v/t* **1.** *rad, télév* auf das Pro'gramm setzen; in das Pro'gramm aufnehmen; im Pro'gramm vorsehen; *cin auf* den Spielplan setzen; **2.** *EDV* program'mieren; *adit:* **cuisinière programmée** 'Vollautomatik-Elektroherd *m*; **enseignement programmé** programmierter 'Unterricht; **machine** *f* **à laver programmée** 'vollautomatische Waschmaschine; **manuel programmé** Lehrbuch *n* für den programmierten 'Unterricht; **3.** auf lange Sicht, im voraus planen; vor'ausplanen; ~**eur** *m*, ~**euse** *f EDV* Program-'mierer(in) *m(f)*

progrès [progrɛ] *m* **1.** ‹*meist pl*› *e-s Feuers, e-r Epidemie etc* 'Umsichgreifen *n*; Ausbreitung *f*; Sich'ausbreiten *n* (*auch*

e-r Überschwemmung); *des Hochwassers* Steigen *n*; *der Kriminalität* Zunahme *f*; *e-r Krankheit, der Inflation* Fortschreiten *n*; *Feuer, Epidemie* **faire de rapides** ~ schnell um sich greifen; sich schnell ausbreiten; **2.** *der Zivilisation, Menschheit, Technik, Wissenschaft, beim Lernen* Fortschritt *m*; *der Technik, Wissenschaft auch* Fortschreiten *n*; ~ **social, technique** sozialer, technischer Fortschritt; **un** ~ **vers ein** Fortschritt in Richtung auf (+*acc*); F **(il) y a (du)** ~ es geht besser, berg'auf (*auch mit e-m Kranken*); *Schüler, Sportler* **être en** ~ s-e Leistungen verbessern; bessere Leistungen zeigen, erbringen; **faire des** ~ Fortschritte machen; **3.** *mil* **réaliser un nouveau** ~ erneut auf dem Vormarsch sein, vorrücken, vordringen

progresser [progrɛse] *v/i* **1.** *Feuer, Epidemie, Idee* um sich greifen; sich ausbreiten (*auch Überschwemmung*); *Epidemie, Idee auch* sich verbreiten; *Hochwasser* steigen; *Krankheit, Inflation* fortschreiten; **2.** *Person* Fortschritte machen; **3.** *mil* vorrücken; auf dem Vormarsch sein; vorgehen, -dringen; zum Vorabreiten

progressif [progrɛsif] *adj* ‹-**ive**› **1.** fortschreitend; zunehmend; steigend; *progres'siv; Entwicklung, Verbesserung* all'mählich; schrittweise; *Aufgaben de* **difficulté progressive** mit zunehmendem, steigendem Schwierigkeitsgrad; **impôt** ~ Progres'sivsteuer *f*; progressive Steuer; *path* **paralysie progressive** fortschreitende Lähmung; *sc* progressive Paralyse; **tarif** ~ progressiv gestaffelter Tarif; **2.** *im Englischen* **forme progressive** Verlaufsform *f*; „pro-'gressive form"

progression [progresjɔ̃] *f* **1.** *e-r Krankheit* Fortschreiten *n*; *des Fiebers* (An-) Steigen *n*; *der Wirtschaft, des Handels* Wachstum *n*; *des Handels auch* Zunahme *f*; Ausweitung *f*; *der Löhne etc* Anstieg *m*; **2.** Vorwärts-, Fortbewegung *f*; *e-s Gletschers* Vorrücken *n*; Abwärtsbewegung *f*; Fließen *n*; *mil* Vormarsch *m*; Vorstoß *m*; Vorrücken *n*, -gehen *n*, -dringen *n*; **3.** *math* Reihe *f*; ~ **arithmétique, géométrique, (in)finie** *od* **(il)limitée** arithmetische, geometrische, (un)endliche Reihe

progress|isme [progresism(ə)] *m* Fortschrittsdenken *n*; fortschrittliches Denken; fortschrittliche Gesinnung; Progres'sismus *m*; ~**iste** **I** *adj* fortschrittlich; progres'siv; *Person auch* fortschrittlich gesinnt, denkend; **parti** ~ fortschrittliche Partei; Fortschrittspartei *f*; **II** *m,f* Fortschrittler(in) *m(f)*; Progres-'sist(in) *m(f)* (*auch pol*); fortschrittlich denkender Mensch

progressivement [progresivmɑ̃] *adv* stufen-, schrittweise; all'mählich; nach und nach

progressivité [progresivite] *f* stufenweises Fortschreiten; stufenweise Steigerung; Progressi'on *f*; ~ **de l'enseignement** Fortschreiten des 'Unterrichts in Lernschritten; ~ **de l'impôt** Steuerprogression *f*

prohib|é [proibe] *adj* (gesetzlich) verboten; *jur* **degré** ~ Verwandtschaftsgrad, der ein Eheverbot darstellt; *ch, Fischfang* **temps** ~ Schonzeit *f*; ~**er** *v/t gesetzlich verbieten; unter'sagen

prohibitif [proibitif] *adj* ‹-**ive**› **1.** Verbots...; *bes écon* prohibi'tiv; Prohibi-'tiv...; **droit, tarif douanier** ~ Prohibitivzoll *m*; **régime, système** ~ Prohibitivsystem *n*; **2.** *fig* **prix** ~ unerschwinglicher Preis

prohibition [proibisjɔ̃] *f* **1.** Verbot *n*; Unter'sagen *n*, -ung *f*; ~ **de la chasse**

Jagdverbot n; **mesures** f/pl de ~ (zoll-amtliche) Prohibi'tivmaßnahmen f/pl; **2.** hist in den USA Prohibiti'on f
prohibitionn|isme [prɔibisjɔnism(ə)] m Prohibi'tivsystem n; **~iste I** adj prohi-bitio'nistisch; **II** m Prohibitio-'nist m
proie [prwa] f e-s Tieres, fig Beute f; Raub m; fig auch Opfer n; fig Person **être la ~ d'hommes d'affaires peu scrupuleux** das Opfer skrupelloser Ge-schäftsleute werden; Haus, Wald **être la ~ des flammes** ein Raub der Flammen werden; den Flammen zum Opfer fallen; fig **être une ~ facile pour qn** e-e leichte Beute für j-n sein; fig Person **être en ~ à qc** von etw (z B Zweifeln, Gewissensbis-sen) heimgesucht, gequält, gepeinigt, geplagt werden; etw (dat) ausgeliefert, preisgegeben sein; **être en ~ à une violente colère** von heftigem Zorn über'mannt werden; fig **lâcher la ~ pour l'ombre** e-e sichere Sache für e-e unsichere hingeben, aufgeben, fahren-lassen
project|eur [prɔʒɛktœr] m **1.** thé, cin Scheinwerfer m; ~ **à arc** Bogenlampen-scheinwerfer m; **2.** opt Pro'jektor m; Projekti'onsapparat m; Bildwerfer m; für Diapositive auch Diaprojektor m; ~ **de cinéma** Film-, Kinoprojektor m; **~if** adj ⟨-ive⟩ **1.** math projek'tiv; géo-métrie **projective** projektive Geome-trie; **2.** psych **test** ~ Projekti'onstest m; projek'tives Verfahren
projectile [prɔʒɛktil] m Wurfgeschoß n; mil Geschoß n; ~ **explosif, fumigène, incendiaire** Explo'siv-, Nebel-, Brand-geschoß n; ~ **perforant, de rupture** panzerbrechendes Geschoß; Panzer-geschoß n; ~ **à charge creuse, à charge nucléaire** Hohlladungs-, A'tom-geschoß n
projection [prɔʒɛksjɔ̃] f **1.** opt Projekti'on f; von Dias, e-s Films Vorführen n, -ung f; von Dias auch An-die-Wand-Werfen n; e-s Schattens Werfen n; ~ **d'un film** Filmvorführung f; **conférence** f **avec ~s** Lichtbildervortrag m; Vortrag m mit Filmvorführungen; **appareil** m **de ~** cf projecteur 2.; cin **cabine** f **de ~** Vorführkabine f; **2.** math Projekti'on f; ~ **cartographique** Kartenprojektion f, -abbildung f, -netzentwurf m; ~ **centra-le, conique** Zen'tralprojektion f; **3.** von Wurfgeschossen Werfen n; Schleudern n; Ballistik **angle** m, **ligne** f **de ~** Ab-gangswinkel m, -richtung f; **4.** géol ~**s volcaniques** Auswürflinge m/pl (e-s Vulkans); **5.** psych Projekti'on f; **6.** Metallspritzverfahren Spritzen n
projectionniste [prɔʒɛksjɔnist] m,f cin Filmvorführer(in) m(f), -operateur m
projecture [prɔʒɛktyr] f arch Vor-sprung m
projet [prɔʒɛ] m **1.** Plan m; Vorhaben n; Pro'jekt n; ~**s d'avenir** Zukunftspläne m/pl; ~ **de construction** Bauvorhaben n, -projekt n; ~ **d'investissement** In-vestiti'onsvorhaben n, -projekt n; In-'vestvorhaben n; ~ **de film** Filmprojekt n; ~**s de mariage** Heiratspläne m/pl, -absichten f/pl; ~**s de vacances, de voyage** Ferien-, Reisepläne m/pl; **ingé-nieur** m **de ~** Planungsingenieur m; **quels sont vos ~s pour cette année?** welche Pläne haben Sie, was planen Sie für dieses Jahr?; was haben Sie für dieses Jahr vor?; **faire des ~s** Pläne machen, schmieden; **2.** Entwurf m; ~ **de contrat, de loi** Vertrags-, Gesetz(es)entwurf m; **l'état de ~** im Entwurf; im Stadium der Planung; **3.** bât Bauplan m, -zeichnung f, -entwurf m
projeter [prɔʒte, -ʃte] ⟨-tt-⟩ **I** v/t **1.** Reise,

Ausflug, Arbeit planen; vorhaben; Bau, Bahnlinie projek'tieren; **2.** opt pro-ji'zieren; Film, Dias vorführen; Dias auch an die Wand werfen; e-n Schatten werfen n; **3.** math ~ (**sur un plan**) (auf e-e Ebene) proji'zieren; **4.** psych ~ **sur qn, qc** in j-n, etw proji'zieren; auf j-n, etw über'tragen; **5.** (in die Luft, hoch-) schleudern; Funken sprühen; Rauch ausstoßen; Vulkan: Asche, Steine etc auswerfen, F -spucken; Explosionsdruck ~ **qn contre un mur** j-n gegen e-e Mauer schleudern; **II** v/pr Schatten **se ~ sur qc** auf etw (acc) fallen; sich auf etw (dat) abzeichnen
prolactine [prɔlaktin] f Biochemie Pro-lak'tin n; luteo'tropes Hor'mon
prolan [prɔlɑ̃] m Biochemie Pro'lan n
prolapsus [prɔlapsys] m path Vorfall m; sc Pro'laps(us) m; ~ **utérin** Gebärmut-tervorfall m; sc Uterusprolaps m
prolégomènes [prɔleɡɔmɛn] m/pl Buchtitel Prole'gomena n/pl
prolepse [prɔlɛps] f rhét, philos, gr Pro-'lepse od Pro'lepsis f; rhét auch Proka-'talepsis f
prolétaire [prɔletɛr] m Prole'tarier m; Devise ~**s de tous les pays, unissez--vous!** Proletarier aller Länder, verei-nigt euch!
prolétar|iat [prɔletarja] m Proletari'at n; ~ **ouvrier, rural, urbain** Indu'strie-, Land-, Großstadtproletariat n; **~ien**|**~ne**⟩ adj prole'tarisch; **~isation** f Prole-tari'sierung f; **~iser** v/t proletari'sieren
prolifération [prɔliferasjɔ̃] f **1.** von Pflanzen, Tieren rasche, starke Vermeh-rung, Zunahme; biol, path Proliferati'on f; Wucherung f; fig ~ **des armes nucléaires** Verbreitung f, Weitergabe f von Atomwaffen; **2.** bot Durch-'wachsung f; Versprossung f; Prolifera-ti'on f; Prolifikati'on f
prolifère [prɔlifɛr] adj bot sprossend; méd prolifera'tiv
proliférer [prɔlifere] v/i ⟨-è-⟩ Pflanzen, Tiere sich rasch, stark vermehren; biol, path wuchern; prolife'rieren; fig: en pé-riode électorale, les affiches prolifè-rent ... wimmelt es von Plakaten, neh-men die Plakate über'hand; les petits commerçants avaient proliféré die Zahl der kleinen Geschäftsleute war rasch gestiegen, hatte rasch zugenom-men
prolifique [prɔlifik] adj Tierart, fig Schriftsteller (sehr) fruchtbar; Tiere **être ~** sich rasch, stark vermehren
prolix|e [prɔliks] adj Redner, Stil weit-schweifig; Stil auch ausladend; (zu) breit; **~ité** f Weitschweifigkeit f; des Stils auch Breite f
prolo [prɔlo] m F (Kurzwort für prolé-taire) Pro'let m; adjt **ça fait ~** das ist pro'letenhaft
prologue [prɔlɔɡ] m **1.** thé Pro'log m; e-s Buches auch Vorrede f; **2.** fig Vorspiel n; Auftakt m
prolongateur [prɔlɔ̃ɡatœr] adj u subst m élect (**câble** m) ~ Verlängerungsschnur f
prolongation [prɔlɔ̃ɡasjɔ̃] f **1.** zeitlich Verlängerung f (**d'un mois** um e-n Monat) (auch e-s Fußballspiels etc); e-s Abends, e-r Debatte Ausdehnung f; ~ **de congé** Urlaubsverlängerung f; ~ **du délai** Fristverlängerung f; Nachfrist f; ~ **du délai de paiement** Zahlungsauf-schub m; sports **jouer les ~s** die e-e Verlängerung spielen; **2.** mus **a)** Verlän-gerung f; Vergrößerung f; Augmenta-ti'on f; **b)** bei Tasteninstrumenten Pro-longe'ment n
prolonge [prɔlɔ̃ʒ] f langes, an beiden Enden mit Haken versehenes Seil
prolongé [prɔlɔ̃ʒe] adj Pfiff, Schrei lang;

Dürre, Gelächter, Beifall (lang) anhal-tend; Gelächter, Beifall auch nicht enden wollend; Debatte, Abend lang ausge-dehnt; Krieg, Kampf sich lange hinzie-hend; F **une jeune fille ~e** F ein altes Mädchen
prolongement [prɔlɔ̃ʒmɑ̃] m **1.** räum-lich Verlängerung f; e-r Straße auch weiterer Ausbau; Weiterführung f; la rue de la Gare **est (dans) le ~ de la rue X** ... ist die Verlängerung der X-Straße; **2.** bes anat Fortsatz m; **3.** zeitlich Fortsetzung f; **4.** pl ~**s** e-s Ereignisses Auswirkungen f/pl; Folgen f/pl; **5.** mus cf prolonga-tion 2.
prolonger [prɔlɔ̃ʒe] ⟨-geons⟩ **I** v/t **1.** zeitlich verlängern (**um e-e Woche**); gemütlichen Abend, Zusam-mensein, Debatte ausdehnen; in die Län-ge ziehen; **2.** räumlich verlängern; Straße, Bahnlinie auch weiter ausbauen; weiterführen; les bâtiments qui pro-longent le château die Gebäude, die sich direkt an das Schloß anschließen, die die Verlängerung, Fortsetzung des Schlosses bilden; **3.** mar ~ **une côte** längs e-r Küste (gén) fahren, segeln; **II** v/pr **se ~ 4.** zeitlich Sitzung etc sich ausdehnen; sich hinziehen; sich in die Länge ziehen; Wirkung e-s Medikaments weiter anhalten; länger anhalten als vorgesehen; **5.** räumlich Weg, Straße weiterführen; sich hinziehen; sich fort-setzen (**par un petit sentier** in e-m schmalen Pfad); **6.** Ton lange nachhal-len, weiterklingen
promenade [prɔmnad] f **1.** Spa'zier-gang m (**à la campagne, en montagne** auf dem Land, in den Bergen); kleiner Ausflug (aufs Land, in die Berge); ~ **à cheval** Spa'zierritt m; Ausritt m; **faire une ~ à cheval** ausreiten; ~ **en bateau, sur l'eau** Boots-, Kahn-, Dampferfahrt f, -partie f; ~ **en mer** kleine Rundfahrt auf dem Meer; ~ **en traîneau** Schlitten-fahrt f, -partie f; ~ **en voiture** Spa'zier-fahrt f; **au cours d'une longue ~ à travers bois** auf od bei e-m langen Waldspaziergang; **aller en ~, faire une ~** e-n Spaziergang machen; spa'zieren-gehen; fig **aujourd'hui, c'est une ~ d'aller de Paris à Londres** e-e Fahrt von Paris nach London ist heutzutage e-e Kleinigkeit; **2.** in Straßennamen Prome'nade f
promen|er [prɔmne] ⟨-è-⟩ **I** v/t **1.** Person, Hund spa'zierenführen; Säug-ling spa'zieren-, ausfahren; Hund auch ausführen; Pferd um'her-, her'um-führen; ~ **son chien** auch F mit dem Hund Gassi gehen; ~ **qc dans les rues** etw durch die Straßen tragen; **une statue dans une procession** bei e-r Prozession e-e Statue mitführen; fig ~ **partout sa tristesse** e-e Traurigkeit überall mit sich her'umtragen; va cher-cher des cigarettes, ça te promènera ... da machst du gleich e-n kleinen Spazier-gang, da hast du ein bißchen Bewegung, da kommst du ein bißchen raus; **2.** ~ **ses doigts sur qc** mit der Hand über etw (acc) fahren, streichen; die Finger über etw (acc) gleiten lassen; ~ **ses doigts sur le piano** die Finger über die Tasten gleiten lassen; ein paar Läufe spielen; ~ **ses yeux sur qc** s-n Blick über etw (acc) schweifen lassen; **II** v/i **3.** regional cf **5.**; **4.** F **envoyer ~ qn** j-n fort-, wegschicken; F j-n abblitzen, abfahren lassen; p/fort j-n fortjagen, F zum Teufel schicken, jagen; **envoyer ~ qc** im Zorn etw weg-, fortschleudern, auf die Erde, in die Ecke schleudern; **envoyer tout ~** F alles, den ganzen Kram hinschmeißen; **III** v/pr **5.** (aller) **se ~** spa'zierengehen;

e-n Spa'ziergang machen; prome'nieren; *st/s* sich ergehen; *poét* lustwandeln; **se ~ en bateau** e-e Boots-, Dampferfahrt machen; **se ~ en voiture** e-e Spa'zierfahrt machen; *auch* F (ins Grüne) rausfahren; **6. se ~ nu-pieds, en peignoir,** *etc* barfuß, im Morgenrock *etc* her'umlaufen; **7.** F *fig* **va te ~!** F scher dich fort, zum Teufel, Henker!; hau ab!; du kannst mich gern haben!; **~eur** *m,* **~euse** *f* Spa'ziergänger(in) *m(f);* Wanderer *m,* Wanderin *f;* Wandrer(in) *m(f);* **~oir** *m* Wandelgang *m,* -halle *f; thé* breiter Gang hinter der letzten Sitzreihe im Par'kett

promesse [prɔmɛs] *f* **1.** Versprechen *n;* Zusage *f; pl* **~s** *auch* Versprechungen *f/pl;* **~ solennelle** feierliches Versprechen; Gelöbnis *n;* **~ de Gascon,** **~s d'ivrogne,** en l'air leere Versprechungen; **j'ai sa ~** er hat es mir fest versprochen; ich habe sein Wort; **faire une ~** ein Versprechen geben, e-e Zusage geben, machen; **tenir sa ~** sein Versprechen halten; **2.** *st/s* Verheißung *f* (*auch bibl*); *bibl* **les enfants de la ~** die Kinder der Verheißung; *loc/adj* **plein de ~s** verheißungsvoll; vielversprechend; **un jeune homme plein de ~s** ein vielversprechender junger Mann; **3.** *jur* Versprechen *n* (*e-r Leistung*); *auch* Vorvertrag *m;* **~ d'achat, de vente** Kauf-, Verkaufsversprechen *n;* Vorvertrag zum Kaufvertrag; **~ d'action** Aktienbezugsschein *m* (*für den Erwerb junger Aktien*) (Aktien)Bezugsrecht *n;* **~ de donation, de mariage** Schenkungs-, Ehe- *od* Heiratsversprechen *n*

prométhéen [prɔmeteɛ̃] *adj* ⟨**~ne**⟩ **1.** des Pro'metheus; **2.** *litt* prome'theisch

prometteur [prɔmɛtœr] *adj* ⟨**-euse**⟩ Blick, Lächeln, Anfang, Buchtitel, Programm vielversprechend; verheißungsvoll

promettre [prɔmɛtr(ə)] ⟨*cf* **mettre**⟩ **I** *v/t* **1.** versprechen, zusagen (**qc à qn** j-m etw; **de** + *inf* zu + *inf od* **que** daß); *bibl* verheißen; **~ son amour** versprechen, j-n immer zu lieben; **~ un poste à qn** j-m e-e Stelle zusagen; *fig* **cela ne nous promet rien de bon** das verspricht, verheißt nichts Gutes (für die Zukunft); das läßt nichts Gutes (für die Zukunft) erhoffen; das sind keine rosigen Aussichten für uns; *fig* **la nuit promet d'être belle** die Nacht verspricht, schön zu werden; **il a promis qu'il travaillera mieux** *auch* er hat versprochen, in Zukunft besser zu arbeiten; *loc/prov* **~ et tenir font** *od* **ça fait deux** Versprechen und Halten ist zweierlei; ♦ F *iron* **ça promet!** da kann man ja noch auf einiges gefaßt sein!; **ça promet pour cet hiver!** das sind ja schöne Aussichten für diesen Winter!; **2.** prophe'zeien; versichern; **je vous promets du beau temps pour demain** ich prophezeie Ihnen gutes Wetter für morgen; **je vous promets qu'il s'en repentira** ich kann Ihnen versichern, sage Ihnen jetzt schon (voraus), daß ...; **II** *v/pr* **3. se ~ de faire qc** sich fest vornehmen, etw zu tun; **4. se ~ qc de qc** sich etw von etw versprechen, erhoffen; **se ~ un succès de qc** sich Erfolg von etw versprechen, erhoffen; **5.** *reziprok* **se ~ qc** sich (gegenseitig) etw versprechen

promis [prɔmi] **I** *p/p von* **promettre** *u adj* **1. la Terre ~e** *bibl* das Land der Verheißung; das Gelobte Land (*auch fig*); *loc/prov* **chose promise, chose due** was man versprochen hat, muß man auch halten (*loc/prov*); **2.** *fig* **être ~ à qc** zu etw bestimmt, berufen, auser-

hen sein; für etw prädesti'niert sein; etw vor sich haben; **II** *subst* **~(e)** *m(f) regional* Verlobte(r) *f(m)*

promiscuité [prɔmiskɥite] *f von Personen* enges Zu'sammenleben; enge Berührung; Zu'sammengepferchtsein *n;* F Aufein'anderhocken *n,* -sitzen *n; von Dingen* unmittelbare Nachbarschaft; Nebeneinander *n;* **ils vivaient dans une ~ dont chacun souffrait** sie waren so zusammengepfercht, sie hockten so dicht aufeinander, daß jeder darunter litt

promission [prɔmisjɔ̃] *f bibl* **la Terre de ~** *cf* (**la Terre**) promis(e) **I 1.**

promo [prɔmo] *f* F *Kurzwort für* promotion **1.**

promontoire [prɔmɔ̃twar] *m* **1.** Kap *n;* Vorgebirge *n;* **2.** *anat* Promon'torium *n*

promoteur [prɔmɔtœr] *m* **1. ~ (immobilier, de construction)** Bauträger (-gesellschaft) *m(f);* Pro'jektträger *m;* Bauherr *m;* F Baulöwe *m;* **2.** *st/s* **~, promotrice** *m,f* Initi'ator *m,* Initia'torin *f;* Spiritus rector *m; e-r Bewegung auch* geistiger Urheber, geistige Urheberin; *e-s Komplotts péi* Anstifter(in) *m(f);* **3.** *chim* Pro'motor *m;* Akti'vator *m;* **4.** *égl cath* Pro'motor *m*

promotion [prɔmɔsjɔ̃] *f* **1.** *e-r „grande école"* Jahrgang *m;* **camarade** *m* **de ~,** **nous sommes de la même ~** er gehört meinem Jahrgang an; wir sind zusammen eingetreten; **2.** Beförderung *f* (**au poste de directeur** zum Direktor); Ernennung *f* (*auch mil, égl*); **officiers** *m/pl* **de la même ~** Offiziere *m/pl,* die gleichzeitig zum Offizier befördert wurden; **3.** *auch* beruflicher, sozialer Aufstieg; **~ ouvrière** beruflicher und sozialer Aufstieg der Arbeiter; **~ sociale** sozialer Aufstieg; **possibilités** *f/pl* **de ~** Aufstiegsmöglichkeiten *f/pl;* **b)** (Maßnahmen *f/pl* zur) Förderung *f* des beruflichen und sozi'alen Aufstiegs; **4.** *comm* **~ des ventes** Absatz-, Verkaufsförderung *f;* **5. ~ immobilière** Baugeschäft *n* (*als Tätigkeit*)

promotionnel [prɔmɔsjɔnɛl] *adj* ⟨**~le**⟩ *comm* absatz-, verkaufsfördernd; *Maßnahmen,* Kampagne zur Absatz-, Verkaufsförderung

promouvoir [prɔmuvwar] *v/t* ⟨*cf* **mouvoir**⟩ **1.** befördern; ernennen; **il a été promu général** er ist zum General befördert, ernannt worden; **le ministre l'a promu à un 'haut poste** der Minister hat ihn an ein hohen Posten gegeben; **2.** *e-e neue Politik etc* einleiten; den Anstoß geben zu; in die Wege leiten; hinwirken auf (+*acc*); initi'ieren; *Forschung etc* fördern

prompt [prɔ̃] *adj* ⟨**prompte** [prɔ̃t]⟩ *st/s Personen, Bewegungen* rasch; flink; behende; schnell; *Aufbruch* plötzlich (*auch Wende*); eilig; schleunig; **c'est un esprit ~** er begreift schnell, rasch; er hat e-e schnelle Auffassungsgabe; **geste ~** *auch* blitzschnelle Bewegung; **~ rétablissement** baldige, rasche Genesung; **~ aux excuses** schnell bereit, sich zu entschuldigen; **~ à l'injure** schnell bei der Hand mit Beleidigungen

promptitude [prɔ̃tityd] *st/s f* Raschheit *f;* Flinkheit *f;* Behendigkeit *f;* Schnelligkeit *f;* **la ~ de sa guérison, de ses réactions** s-e rasche, schnelle Genesung, s-e schnellen Reaktionen *f/pl;* **la ~ de l'intervention des pompiers** das rasche Eingreifen der Feuerwehr

promu [prɔmy] **I** *p/p von* **promouvoir; II** *subst* **~(e)** *m(f)* Beförderte(r) *f(m)*

promulgation [prɔmylgasjɔ̃] *f e-s Gesetzes* Verkündung *f;* Promulgati'on *f*

promulguer [prɔmylge] *v/t Gesetz* ver-

künden; promul'gieren

prona|teur [prɔnatœr] *adj u subst m anat* (**muscle** *m*) **~** Einwärtsdreher *m; sc* Pro'nator *m;* **~tion** *f des Unterarms, der Hand* Einwärtsdrehung *f; sc* Pronati'on *f*

prône [pron] *m égl cath* (Sonntags-) Predigt *f*

prôner [prone] *v/t* **1.** loben; preisen; rühmen; **2.** *fig* **~ la modération,** *etc* Mäßigung, Maßhalten *etc* predigen

pronom [prɔnɔ̃] *m gr* (al'leinstehendes, substantivisches) Pro'nomen, Fürwort; **~ démonstratif** Demonstra'tivpronomen *n;* hinweisendes Fürwort; **~ interrogatif** Interroga'tivpronomen *n;* Fragefürwort *n*

pronominal [prɔnɔminal] *adj* ⟨**-aux**⟩ *gr* pronomi'nal; **adjectif ~** attributives, adjektivisches Pro'nomen; **adverbe ~** Pronomi'naladverb *n;* forme, voix **~e** refle'xive Form; *allg* **verbes pronominaux** reflexive Verben *n/pl;* **verbe ~ réfléchi** reflexives, rückbezügliches Verb(um); **verbe ~ réciproque** reziprokes Verb(um); **verbe ~ à sens passif** Refle'xivkonstruktion *f* mit passivischem Sinn; **~ement** *adv* **employer ~** Verb refle'xiv gebrauchen; Adjektiv als Pro'nomen gebrauchen

prononçable [prɔnɔ̃sabl(ə)] *adj* aussprechbar

prononcé [prɔnɔ̃se] **I** *adj Gesichts(züge) etc* mar'kant; stark ausgeprägt; prä'gnant; *Speise* **avoir un goût, parfum de vanille ~** (ganz) stark nach Vanille schmecken, duften; *Person* **avoir un goût ~ pour qc** e-e ausgesprochene, entschiedene Vorliebe für etw haben; **II** *m jur* **~** Urteilsverkündung *f;* **~ d'un jugement** Urteilsverkündung *f;* **b)** (Urteils-) Spruch *m,* (-)Tenor *m;* Urteilsformel *f*

prononcer [prɔnɔ̃se] ⟨**-ç-**⟩ **I** *v/t* **1.** Wort, Laut (aus)sprechen; **~ mal le français** das Französische schlecht aussprechen; **on prononce le l final dans «profil»** das auslautende l in „profil" wird gesprochen; *abs* **il prononce bien** er hat e-e gute Aussprache; **2.** *Wort* sprechen; *Rede, Predigt, Plädoyer* halten; *Gelübde* ablegen; *vor Erregung, Rührung* **elle n'a pas pu ~ un seul mot** sie konnte kein Wort sprechen, her'ausbringen, über die Lippen bringen; **3.** *jur Urteil, Entscheidung* a) fällen; b) verkünden; verlesen; *Auflösung e-r Versammlung* verfügen; *Schluß e-r Debatte* erklären; *Strafe, Exkommunikation* verhängen (**contre qn** gegen j-n); **~ une condamnation** e-e Verurteilung aussprechen; **~ une peine d'emprisonnement** *auch* auf e-e Gefängnisstrafe erkennen; **II** *v/i* **4.** *jur* entscheiden (**sur** über + *acc;* **en première instance** in erster Instanz); **III** *v/pr* **5. se ~** sich äußern; **se ~ contre, pour** *od* **en faveur de qn, qc** sich gegen, für j-n, etw aussprechen, erklären, entscheiden; **il s'est prononcé en ma faveur** *auch* sein Urteil fiel zu meinen Gunsten aus; **se ~ sur qc** sich zu etw äußern; zu etw Stellung nehmen; s-e Meinung zu etw abgeben; **6.** *passivisch Wort* **se ~** ausgesprochen werden

prononciation [prɔnɔ̃sjasjɔ̃] *f* **1.** *e-s Wortes, Lautes* Aussprache *f;* (Aus-) Sprechen *n;* **~ étrangère** *auch* ausländischer Ak'zent; **défaut de ~** Aussprache- *bzw* Sprachfehler *m;* **règles** *f/pl* **de la ~ (française)** Ausspracheregeln *f/pl* (für das Französische); **avoir une bonne, mauvaise ~** e-e gute, schlechte Aussprache haben; **2.** *jur des Urteils* Verkündung *f;* Verlesung *f;* **~ du jugement** Urteilsverkündung *f*

pronostic [prɔnɔstik] *m* Vor'hersage *f;*

Vor¹aussage f, -sagung f; Pro¹gnose f (auch méd); Pro¹gnostik f; **faire des ~s** Vorher-, Voraussagen machen; Prognosen stellen

pronostiqu|er [prɔnɔstike] v/t vor¹her-, vor¹aussagen; prognosti¹zieren (auch méd) ; **~eur** m, **~euse** f j, der Vor¹her-, Vor¹aussagen macht (auch sports), bei Pferderennen auch der Tips gibt; selten Pro¹gnostiker m

propagand|e [prɔpagɑ̃d] f 1. **~** (politique) (po¹litische) Propa¹ganda f; **~ électorale** Wahlpropaganda f; **campagne** f, **film** m **de ~** Propagandafeldzug m, -film m; **c'est de la ~!** das ist doch alles nur Propaganda!; **faire de la ~** péj Propaganda machen; fig Propagandatrommel rühren; fig Propaganda, Re¹klame machen; 2. égl cath (la congrégation f de) la ♀ die Missi¹ons-, bis 1968 Propa¹gandakongregation; **~iste** pol I adj propagan¹distisch; II m,f Propagan¹dist(in) m(f)

propaga|teur [prɔpagatœr] m, **~trice** f des Glaubens, e-r Kultur, von Ideen Verbreiter(in) m(f)

propagation [prɔpagasjɔ̃] f 1. e-r Epidemie, e-s Feuers Ausbreitung f; ¹Umsichgreifen n; Sich¹ausbreiten n; e-r Nachricht, des Glaubens Verbreitung f; e-r Idee, Lehre Ausbreitung f; phys des Lichts, Schalls, von Wellen Ausbreitung f (auch der Wärme); Fortpflanzung f; 2. e-r Tier-, Pflanzenart Vermehrung f; Fortpflanzung f

propager [prɔpaʒe] ⟨-geons⟩ I v/t 1. Idee, Lehre, Theorie, Mode verbreiten; propa¹gieren; Glauben, Nachricht verbreiten; 2. bot, zo vermehren; zo auch fortpflanzen; II v/pr se ~ 3. Feuer, Epidemie etc sich ausbreiten; um sich greifen; Unruhe auch, Nachricht, Idee sich verbreiten; phys Licht, Schall sich ausbreiten; sich fortpflanzen; 4. Pflanzen, Tierart sich vermehren; sich fortpflanzen

propan|e [prɔpan] m chim Pro¹pan(gas) n; **~ier** m mar Tanker m, Tankschiff n für Pro¹pantransporte

propanol [prɔpanɔl] m chim Propa¹nol n; Pro¹pylalkohol m

proparoxyton [prɔparɔksitɔ̃] m ling Proparo¹xytonon n

propé [prɔpe] f F Kurzwort für **propédeutique** 1.

propédeutique [prɔpedøtik] f 1. bis 1966 erstes Studienjahr (an der philosophischen u naturwissenschaftlichen Fakultät); **faire (sa) ~**, **être en ~** im ersten Studienjahr sein; 2. Propä¹deutik f

propension [prɔpɑ̃sjɔ̃] f Hang m, Neigung f (à qc zu etw; à faire qc etw zu tun); écon **~ à consommer**, **à épargner** Kon¹sum-, Sparneigung f, -quote f

propergol [prɔpɛrgɔl] m chim Proper¹gol n

propharmacien [prɔfarmasjɛ̃] m Arzt, der an s-e Pati¹enten Medika¹mente abgeben darf

prophase [prɔfaz] f biol bei der Zellteilung Pro¹phase f

prophète [prɔfɛt] m rel Pro¹phet m (auch fig); Seher m; le ♀ der Prophet (Mohammed); fig: **je ne suis pas ~!** ich bin doch kein Prophet!; **pas besoin d'être ~ pour** (+inf) man braucht gar kein Prophet zu sein, um zu (+inf); loc/prov **nul n'est ~ en son pays** der Prophet gilt nichts in s-m Vaterlande (loc/prov)

prophétesse [prɔfetɛs] selten f Pro¹phetin f; Seherin f

prophétie [prɔfesi] f Prophe¹zeiung f; Prophe¹tie f; Weissagung f; **don** m **de ~** Pro¹pheten-, Sehergabe f

prophét|ique [prɔfetik] adj pro-

---

¹phetisch; **~iser** v/t prophe¹zeien; weissagen; vor¹aussagen

prophylactique [prɔfilaktik] adj méd prophy¹laktisch; vorbeugend; (krankheits)verhütend

prophylaxie [prɔfilaksi] f méd Prophy¹laxe f; Vorbeugung f; (Krankheits)Verhütung f

propice [prɔpis] adj 1. Gelegenheit, Wind, Wetter etc günstig (à für); **choisir le moment ~** e-n günstigen Augenblick wählen; 2. **Dieu nous soit ~!** Gott sei uns gnädig!

propitia|tion [prɔpisjasjɔ̃] f rel sacrifice m **de ~** Sühneopfer n; **~toire** adj offrande f **~** als Sühneopfer dargebrachte Opfergabe

propolis [prɔpɔlis] f Bienenharz n

proportion [prɔpɔrsjɔ̃] f 1. Proporti¹on f; Verhältnis n; Relati¹on f; auch Pro¹zentsatz m; im engeren Sinn richtiges Verhältnis; e-s Kunst-, Bauwerks, des menschlichen Körpers **~s** pl Proportionen f/pl; Größenverhältnisse n/pl; **~s harmonieuses** Ebenmaß n; **~s du corps** Körperproportionen f/pl; **une ~ de décès normale** ein normaler Prozentsatz von Todesfällen; loc/adj Strafe **'hors de toute ~** unverhältnismäßig hoch; in keinem Verhältnis, in keiner Relation stehend (zur begangenen Tat); loc/adv: **toute(s) ~(s) gardée(s)** im Verhältnis; **une ~, la ~ de cent contre dix** im Verhältnis hundert zu zehn; **dans la ~ où ...** in dem (gleichen) Maße wie ...; **en ~** entsprechend (viel, groß etc); il gagne beaucoup d'argent et **dépense en ~ ...** gibt entsprechend viel aus; loc/prép **en ~ de** entsprechend (+dat) im Verhältnis, im Vergleich zu; **le travail est payé en ~ des risques** die Arbeit wird den Risiken entsprechend bezahlt; **c'est peu de chose en ~ de ...** das ist wenig im Vergleich zu ...; **il n'y a aucune ~ entre sa dépense et son revenu** s-e Ausgaben und s-e Einnahmen stehen in keinem Verhältnis zueinander; **la ~ des élèves reçus à l'examen est faible** der Prozentsatz der Schüler, die das Examen bestanden haben, ist niedrig; 2. **~s** pl Ausmaß(e) n(pl); fig auch ¹Umfang m; fig: **prendre des ~s considérables** beträchtliche Ausmaße, e-n beträchtlichen Umfang annehmen; **ramener une nouvelle à ses justes ~s** e-e Nachricht auf ihre wahre, wirkliche Bedeutung reduzieren; 3. math Verhältnisgleichung f; Proporti¹on f

proportionnalité [prɔpɔrsjɔnalite] f Proportionali¹tät f; richtiges Verhältnis, Verhältnismäßigkeit f (de la peine et du délit von Strafe und Vergehen); **~ de l'impôt** Proportionalität der Steuersätze

proportionné [prɔpɔrsjɔne] adj **être bien ~** gut proportio¹niert sein; gute Proporti¹onen haben; wohlgestaltet sein

proportionnel [prɔpɔrsjɔnɛl] adj ⟨~le⟩ proportio¹nal (à zu) (bes math); im (gleichen) Verhältnis stehend (zu); entsprechend (+dat); anteilig; impôt ~ Proportio¹nalsteuer f; math moyenne, quatrième **~le** mittlere, vierte Proportio¹nale; **la loi des nombres ~s** das Gesetz der kon¹stanten Proporti¹onen; **représentation ~le** od subst **~le** f, scrutin ~ Verhältnis-, österr, schweiz Proportio¹nalwahlrecht n, -wahlsystem n; **traitement ~ à l'ancienneté** dem Dienstalter entsprechendes Gehalt; après 15 ans de service, **il a droit à une retraite ~le ...** hat er Anspruch auf ein entsprechendes Ruhegeld

---

proportionnellement [prɔporsjɔnɛlmɑ̃] adv im Verhältnis (à zu); **agrandir ~** im richtigen Verhältnis vergrößern; **dépenser ~ à ses revenus** s-n Einnahmen entsprechend ausgeben; **je travaille plus que lui mais ~ je gagne moins ...** aber im Verhältnis (zu ihm) verdiene ich weniger

proportionner [prɔporsjɔne] v/t **~ qc à** etw in ein richtiges, vernünftiges Verhältnis bringen, setzen zu; **~ ses dépenses à ses ressources** auch s-e Ausgaben s-n Einnahmen anpassen; s-e Ausgaben nach s-n Einnahmen bemessen

propos [prɔpo] m 1. pl Worte n/pl; Reden f/pl; Äußerungen f/pl; auch Gespräche n/pl; **se laisser aller à des ~ blessants** sich zu verletzenden Äußerungen, Worten hinreißen lassen; **tenir des ~ cyniques** zynisch reden; zynische Äußerungen machen; zynische Reden führen; 2. st/s Absicht f; Vorsatz m; loc/adv **de ~ délibéré** absichtlich; mit Absicht; bewußt; willentlich; **avoir le ferme ~ de** (+inf) die feste Absicht, den festen Vorsatz haben zu (+inf); **mon ~ n'était pas**, il n'était pas de mon ~ de (+inf) es war nicht meine Absicht, es stand nicht in meiner Absicht zu (+inf); 3. loc/adv: **kommen à ~** st/s **fort à ~** (sehr) gelegen; gerade richtig; recht; im richtigen, rechten Augenblick; zur richtigen Zeit; wie gerufen; **il est à ~ de** (+inf) es ist angebracht, angezeigt, ratsam zu (+inf); **juger, trouver à ~ de** (+inf) es für angebracht, angezeigt, ratsam halten zu (+inf); ♦ **mal à ~** ungelegen; zur Unzeit; zur unrechten Zeit; zu ungelegener Stunde, Zeit; im unpassenden, falschen Augenblick; **arriver, tomber, venir mal à ~** ungelegen etc kommen; **juger mal à ~ de** (+inf) es für unangebracht, unpassend halten, es nicht für angezeigt, ratsam halten zu (+inf); ♦ **à tout ~** bei jeder Gelegenheit; bei jedem Anlaß; (be)ständig; dauernd; **'hors de ~** a) zur Unzeit; im falschen, unpassenden Augenblick; b) ohne (jeden) Grund; (völlig) grundlos; **il serait hors de ~ de** (+inf) es wäre unangebracht, nicht an der Zeit, der falsche Augenblick zu (+inf); 4. loc/prép **à ~ de** betreffs (+gén); was (+acc) anbelangt, betrifft; (acc) betreffend; wegen (+gén od F dat); über (+acc); **à ~ de ce que vous racontiez ...** das betreffend od zu dem, was Sie gerade erzählten ...; **à ~ de quoi?**, **à quel ~?** wor¹über?; aus welchem Grund, Anlaß?; wes¹wegen?; **à ~ d'un rien**, **de tout** wegen e-r, jeder od über e-e, jede Kleinigkeit; **à ~ de tout et de rien** wegen od über nichts und wieder nichts; **à ce ~** darüber; dazu; ellip **à ~** übrigens; was ich noch sagen, fragen wollte; apro¹pos; da(bei) fällt mir gerade ein; **à ~ voiture ...** da wir gerade über Autos sprechen ...

proposer [prɔpoze] I v/t 1. Plan, Thema, Kandidaten etc vorschlagen; in Vorschlag bringen; Plan auch vorlegen; unter¹breiten; **~ (à qn) de** (+inf) (j-m) vorschlagen zu (+inf); **~ qn pour** od **à un poste** j-n für e-n Posten vorschlagen; pol **~ une loi** e-e Gesetzesvorlage einbringen; 2. Waren, Geld, Hilfe etc anbieten; Waren auch feilbieten, -halten; Summe bieten; Belohnung, Preis aussetzen; II v/pr 3. **se ~ de faire qc** beabsichtigen, sich vornehmen, vorhaben, etw zu tun; sich etw vornehmen; **se ~ un but** sich ein Ziel setzen; 4. **se ~** (comme) sich anbieten (als); **se ~ pour assurer la permanence** sich erbieten, den Bereit-

schaftsdienst zu über'nehmen; sich für den Bereitschaftsdienst anbieten, melden

proposition [prɔpozisjɔ̃] f **1.** Vorschlag m; pol ~ de loi Gesetzesvorlage f; sur (la) ~ du ministre auf Vorschlag des Ministers; faire une ~ à qn j-m e-n Vorschlag machen, unter'breiten; **2.** Angebot n; ~ de paix Friedensangebot n; faire des ~s à une femme e-r Frau unzweideutige Angebote machen; **3.** gr Satz m; **4.** Logik Satz m; Propo'sitio f; Urteil n; **5.** math (Lehr)Satz m

propre [prɔpr(ə)] I adj **1.** sauber; rein(lich); proper; Hund, Katze stubenrein; avoir les mains ~s saubere Hände haben; Kleinkind être ~ sauber sein; ne mange pas avec les doigts, ce n'est pas ~ ... du machst dich ja, du wirst ja ganz schmutzig; fig u iron nous sommes ~s, nous voilà ~s! F da sitzen wir schön in der Tinte, Patsche!; das kann ja heiter werden!; das ist e-e schöne Bescherung!; mettre une chemise ~ ein sauberes, reines Hemd anziehen; **2.** fig Mensch, Handlungsweise anständig; Arbeit ordentlich; anständig; tadellos; sauber; Angelegenheit pas très ~ nicht ganz sauber, F koscher; von e-r Person F rien de ~, pas grand-chose de ~ F e-e ziemlich unangenehme, windige Type; il n'a jamais rien fait de ~ dans sa vie er hat sein Leben lang nichts Ordentliches, Vernünftiges, Anständiges, Rechtes getan, geleistet; **3.** eigen; e-s Ehegatten biens m/pl ~s od subst ~s m/pl eigenes Vermögen; nom m/s; ~ Eigenname m; dans son ~ intérêt in s-m od im eigenen Interesse; remettre en main(s) ~(s) zu eigenen Händen, per'sönlich ...; par sa ~ faute durch eigene Schuld, eigenes Verschulden; je l'ai entendu de mes ~s oreilles ich habe es mit eigenen Ohren gehört; ce sont là ses ~s paroles das sind s-e eigenen Worte; je l'ai vu de mes ~s yeux ich habe es mit eigenen Augen gesehen; **4.** e-s Wortes sens m ~ eigentlicher Sinn; eigentliche Bedeutung; employer au sens ~ od subst au ~ im eigentlichen Sinn, in der eigentlichen Bedeutung gebrauchen; **5.** Eigenschaften, Merkmale ~ à qn, à qc j-m, e-r Sache eigen(tümlich) sein; für j-n, etw charakte'ristisch, typisch sein; on le reconnaît à ces gestes qui lui sont ~s man erkennt ihn an den ihm eigenen, eigentümlichen Gebärden; **6.** st/s ~ à qc od à faire qc für, zu etw geeignet od geeignet, etw zu tun; Ort ~ à la rêverie zum Träumen geeignet; rien n'était plus ~ à me fâcher que ... nichts war geeigneter, mich zu erzürnen, als ...; **7.** l'expression f, le mot, le terme ~ der richtige, treffende, passende Ausdruck, das richtige etc Wort; II m **1.** Text mettre au ~ ins reine schreiben; Gegenstand, Zimmer F sentir le ~ (so) sauber riechen; **2.** fig un ~ à rien ein Taugenichts m, Nichtsnutz m; F iron c'est du ~! das ist e-e saubere, feine Geschichte!; das ist ja allerhand!; da hört doch alles auf!; das ist ja die Höhe!; **3.** posséder qc en ~ etw zu eigen haben, besitzen; etw als Eigentum besitzen; Ehegatte posséder des biens en ~ eigenes Vermögen besitzen; fig tant de particularités que la Bretagne possède en ~ ... die nur, allein die Bretagne besitzt; ... die nur, allein der Bretagne eigen sind; **4.** e-s Menschen, Gegenstandes charakte'ristisches, eigenes Merkmal; Eigentümlichkeit f; Eigenart f; Besonderheit f; (das) Besondere; c'est le ~ de l'homme de (+inf) auch es gehört zum Wesen des Menschen zu

(+inf); **5.** égl cath Proprium n; ~ des saints Proprium sanc'torum n; Proprium de sanctis n; ~ du temps Proprium de tempore n; ~-à-rien m ⟨pl propres-à-rien⟩ cf propre II 2.

proprement [prɔprəmɑ̃] adv **1.** sauber; ordentlich; Arbeit ~ exécuté ordentlich, anständig, gut, sauber gemacht; manger ~ anständig, ordentlich essen; Zimmer tenir ~ sauber, in Ordnung halten; ~ vêtu sauber, ordentlich, auch a'drett gekleidet; **2.** eigentlich; an (und für) sich; loc/adj ~ dit eigentlich; loc/adv à ~ parler a) streng, genau genommen; b) ehrlich gesagt; um ganz ehrlich zu sein; **3.** ~ juridique, etc spe'zifisch, typisch juristisch etc; **4.** iron nach allen Regeln der Kunst

propret [prɔprɛ] adj ⟨~te⟩ schmuck und sauber

propreté [prɔprəte] f Sauberkeit f; Reinlichkeit f; e-r Tür plaque f de ~ Türbeschlag m

propréteur [prɔpretœr] m im alten Rom Pro'prätor m

propriétaire [prɔprijetɛr] m,f Eigentümer(in) m(f); Besitzer(in) m(f); im engeren Sinn a) Haus- bzw Wohnungseigentümer(in) m(f), -besitzer(in) m(f); Hauswirt(in) m(f); b) Grundbesitzer(in) m(f), -eigentümer(in) m(f); ~ foncier Grund(stücks)-, Landbesitzer m, -eigentümer m; grand ~ Großgrundbesitzer m; ~ d'actions, d'une auto Aktien-, Autobesitzer(in) m(f); ~ de bateau Boots-, Schiffsbesitzer(in) m(f), -eigentümer(in) m(f), -eigner(in) m(f); ~ de chien Hundebesitzer(in) m(f), -halter(in) m(f); ~ d'un fonds de commerce Geschäftsbesitzer(in) m(f); faire le tour du ~ cf tour² 2.

propriété [prɔprijete] f **1.** jur Eigentum(srecht) n; laienhaft auch Besitz m; ~ artistique et littéraire geistiges Eigentum; ~ commerciale etwa gewerblicher Mieterschutz; Recht n auf Mieterschutz des Kaufmanns; ~ foncière Grundeigentum n; Grund-, Landbesitz m; Grund m und Boden m; ~ (im)mobilière (Im)Mobili'areigentum n; Eigentum an (un)beweglichen Sachen; ~ industrielle gewerblicher Rechtsschutz; ~ privée Pri'vateigentum n; cf auch 2.; ~ de l'État staatliches Eigentum; Staatseigentum n, -besitz m; **2.** (Grund-, Haus)Besitz m; Besitzung f; Besitztum n; (Land)Gut n; im engeren Sinn herrschaftliche Besitzung; grande ~ Großgrundbesitz m (auch coll: die Besitzer); großes Landgut; petite ~ kleiner Grundbesitz; kleines Landgut; ~ privée Pri'vatbesitz m; avoir une ~ à la campagne ein Landhaus, e-n Landsitz haben; **3.** phys, chim Eigenschaft f; **4.** e-s Wortes, Ausdrucks Angemessenheit f

proprio [prɔprijo] m,f F (Kurzwort für propriétaire) Hauswirt(in) m(f)

propulser [prɔpylse] I v/t tech an-, vortreiben; II v/pr F se ~ sich (fort-) bewegen

propuls|eur [prɔpylsœr] m tech Antriebs-, Vortriebsorgan n, -mittel n; Antrieb(sanlage) m(f); aviat auch Triebwerk n; ~ à hélice, à réaction Pro'peller-, Strahlantrieb m; aviat auch Luftschrauben-, Strahl- od Düsentriebwerk n; ♦ adjt gaz ~ Treibgas n (für Aerosolbomben); ~mécanisme, organe ~ Antriebs-, Vortriebsmechanismus m, -organ n; ~if adj ⟨-ive⟩ An-, Vortriebs...; charge propulsive Treibladung f; fluide ~ Arbeitsmedium n

propulsion [prɔpylsjɔ̃] f aviat, mar Antrieb m; Vortrieb m; ~ atomique, nucléaire A'tom-, Kernenergieantrieb m;

~ par fusée Ra'ketenantrieb m; ~ par hélice Pro'pellerantrieb m; aviat auch Luftschraubenantrieb m; ~ par réaction Strahl-, Düsen-, Rückstoßantrieb m; force f de ~ Antriebs-, Vortriebskraft f

propyle [prɔpil] m chim Pro'pyl n

propylée [prɔpile] m e-s griechischen Tempels meist pl ~s Propy'läen pl

propylique [prɔpilik] adj chim alcool m ~ Pro'pylalkohol m

prorata [prɔrata] loc/prép au ~ de im Verhältnis zu; nach Maßgabe (+gén)

prorogation [prɔrɔgasjɔ̃] f **1.** e-r Frist, e-s Vertrages Verlängerung f; e-s Termins Verschiebung f; pol ~ (d'une assemblée) a) Vertagung f (e-s Parlaments); b) Verlängerung f der Wahl-, Legisla'turperiode; ~ du bail, de délai Mietvertrags-, Fristverlängerung f; ~ du délai de paiement Zahlungsaufschub m; ~ d'une échéance Verschiebung e-s Fälligkeitstermins; e-r Wechselverbindlichkeit Prolongati'on f; **2.** jur ~ de juridiction, de compétence Zuständigkeitsvereinbarung f; Prorogati'on f

proroger [prɔrɔʒe] ⟨-geons⟩ I v/t (Zahlungs)Frist, Vertrag verlängern; pol ~ une assemblée a) ein Parlament vertagen; b) die Wahl-, Legisla'turperiode verlängern; ~ l'échéance d'une traite e-n Wechsel prolon'gieren; II v/pr se ~ Parlament sich vertagen

prosa|ïque [prɔzaik] adj pro'saisch; poe'sielos; nüchtern; Geschmack alltäglich; Person être ~ auch ein Pro'saiker sein; ~isme Poe'sielosigkeit f; Nüchternheit f; Prosa f (fig); des Geschmacks Alltäglichkeit f; ~teur m Prosaschriftsteller m; Prosa'ist m

proscenium [prɔsenjɔm] m des antiken Theaters Pros'zenium n

proscription [prɔskripsjɔ̃] f **1.** Verbot n; Unter'sagung f; e-s Wortes, Vergnügens Verpönung f; **2.** früher Verbannung f; Landesverweisung f; im alten Rom Ächtung f; Proskripti'on f

proscrire [prɔskrir] v/t ⟨cf écrire⟩ **1.** verbieten; unter'sagen; Wort, Vergnügen verpönen; verwerfen; mots proscrits par la bienséance Wörter, deren Gebrauch der Anstand verbietet; **2.** früher verbannen; des Landes verweisen; im alten Rom ächten; proskri'bieren

proscrit [prɔskri] I p/p von proscrire; II m Verbannte(r) m; des Landes Verwiesene(r) m; im alten Rom Geächtete(r) m

prose [proz] f **1.** Prosa f; ungebundene Rede; en ~ Prosa...; in Prosa(form); poème m, texte m en ~ Prosagedicht n, -text m; écrire de la ~ Prosa schreiben; faire de la ~ in ungebundener Rede sprechen, schreiben; **2.** F, oft iron a) (Schreib)Stil m; ~ administrative Kanz'leistil m; Beamtendeutsch n; b) (lettre) F Schrieb m; (texte écrit) plais Opus n; **3.** Liturgie Sequ'enz f

prosecteur [prɔsɛktœr] m méd Pro'sektor m

prosélyt|e [prɔzelit] m,f rel, e-r Partei, Lehre Prose'lyt m; e-r Partei, Lehre, ~ des Sports auch neuer Anhänger, neue Anhängerin; rel auch Neubekehrte(r) f(m); faire des ~s Proselyten machen; neue Anhänger gewinnen; ~isme m Proselytenmache'rei f; Bekehrungseifer m; faire du ~ politique Proselytenmacherei f, e-e Partei, politische Anschauung, Doktrin betreiben

prosimiens [prɔsimjɛ̃] m/pl zo Halbaffen m/pl

prosobranches [prɔzɔbrɑ̃ʃ] m/pl zo Vorderkiemer m/pl; sc Proso'branchia pl

prosod|ie [prɔzɔdi] f métr Proso'die f

(auch mus); **~ique** *adj* pro'sodisch
prosopopée [prɔzɔpɔpe] *f rhét* Pros-opopö'ie *f*
prospect [prɔspɛ(kt)] *m comm* potenti'eller Kunde
prospec|ter [prɔspɛkte] *v/t* **1.** *mines Gebiet* nach Lagerstätten durch-'forschen; prospek'tieren; schürfen, Schürf-, Prospekti'onsarbeiten 'durchführen (**une région** in e-r Gegend); **2.** *fig Gebiet* erkunden; durch'forschen; **3.** *comm* **~ une région** in e-m Gebiet Kundenwerbung treiben, Kunden akqui'rieren; ein Gebiet bereisen, um Kunden zu werben, gewinnen; **~teur** *m*, **~trice** *f* **1.** *<nur m> mines* Pro'spektor *m*; Schürfer *m*; **2.** *comm* Kundenwerber(in) *m(f)*; Werbevertreter(in) *m(f)*; Akquisi'teur(in) *m(f)*
prospectif [prɔspɛktif] *adj <-ive>* in die Zukunft blickend; zukunftsorientiert
prospection [prɔspɛksjõ] *f* **1.** *mines* Aufsuchen *n* von Lagerstätten; Prospekti'on *f*; Prospek'tierung *f*; Schürfen *n*, -ung *f*; **2.** *fig e-s Gebiets* Erkundung *f*; Durch'forschung *f*; **3.** *comm* Kundenwerbung *f*; Akquisiti'on *f*
prospective [prɔspɛktiv] *f* Zukunftsforschung *f*; Futurolo'gie *f*
prospectus [prɔspɛktys] *m* (Werbe)Pro'spekt *m*; Hand-, Re'klamezettel *m*; Werbe-, Re'klameschrift *f*
prospère [prɔspɛr] *adj Geschäft(e)* blühend *(auch Land)*; gutgehend; flo'rierend; prospe'rierend; **années** *f/pl* **~s** geschäftlich, wirtschaftlich gute, erfolgreiche, gedeihliche Jahre *n/pl*; Jahre *n/pl* wirtschaftlichen, geschäftlichen Aufschwungs; **avoir une santé ~** e-e blühende Gesundheit haben; **être dans une situation ~** in guten finanziellen Verhältnissen, im Wohlstand leben
prospér|er [prɔspere] *<-è->* **1.** *Geschäft(e)* blühen; gut gehen; flo'rieren; *Handel, Industrie, Land, Stadt* (auf)blühen; e-n Aufschwung nehmen; e-e Blütezeit erleben; prospe'rieren; *Geschäft, Unternehmen* **faire ~** (wieder) in Schwung, zur Blüte bringen; zu neuer Blüte bringen; **2.** *Pflanze, Tier* gedeihen; fortkommen; **~ité** *f* Wohlstand *m*; Prosperi'tät *f*; **~ nationale** nationaler Wohlstand; *Geschäfte, Wirtschaft, Industrie* **être en pleine ~** e-n großen Aufschwung, e-e Hochkonjunktur erleben
prostaglandines [prɔstaglãdin] *f/pl Biochemie* Prostaglan'dine *n/pl*
prostate [prɔstat] *f anat* Vorsteherdrüse *f*; Prostata *f*
prostat|ectomie [prɔstatɛktɔmi] *f chir* Ausschälung *f*, Entfernung *f* der Prostata; *sc* Prostatekto'mie *f*; **~ique I** *adj anat* zur Prostata gehörend; der Prostata; **II** *m path* Pro'statiker *m*; **~ite** *f path* Entzündung *f* der Prostata; *sc* Prosta-'titis *f*
prostern|ation [prɔstɛrnasjõ] *f* Fußfall *m*; Sich'niederwerfen *n*; **~er** *v/pr* **se ~** sich niederwerfen; **se ~ devant qn** e-n Fußfall vor j-m machen *(auch fig)*; sich j-m zu Füßen werfen; *fig auch* Ko'tau vor j-m machen
prosthèse [prɔstɛz] *f ling* Pro'these *f*
prosthétique [prɔstetik] *adj Biochemie* **groupement** *m* **~** pros'thetische Gruppe
prostituée [prɔstitɥe] *f* Prostitu'ierte *f*; Dirne *f*
prostituer [prɔstitɥe] **I** *v/t* **1.** *Frau* auf den Strich schicken; der Prostituti'on preisgeben; zur Prostituti'on verleiten; **2.** *st/s sein Talent etc* prostitu'ieren; erniedrigen; her'abwürdigen; wegwerfen; degra'dieren; **II** *v/pr* **se ~ 3.** *Frau der*

Prostituti'on nachgehen; Prostitu'ierte werden; **4.** *st/s Künstler, Schriftsteller* sich prostitu'ieren, erniedrigen, her'abwürdigen, wegwerfen, degra'dieren
prostitution [prɔstitysjõ] *f* **1.** Prostituti'on *f*; gewerbsmäßige Unzucht; **se livrer à la ~** der Prostitution nachgehen; **2.** *fig u st/s* Erniedrigung *f*; Her'abwürdigung *f*; Entwürdigung *f*; Degra-'dierung *f*
prostration [prɔstrasjõ] *f* **1.** tiefe Niedergeschlagenheit, Verzagtheit, Verzweiflung; **2.** *path* hochgradige Erschöpfung; *sc* Prostrati'on *f*; **3.** *égl cath* Prostrati'on *f*
prostré [prɔstre] *adj* **1.** *Person* niedergeschlagen; verzagt; bedrückt; depri-'miert; *bei e-r schlimmen Nachricht* **demeurer ~** niedergeschmettert sein; **2.** *path* körperlich hochgradig erschöpft
prostyle [prɔstil] *m arch* Prostylos *m*
protactinium [prɔtaktinjɔm] *m chim* Protac'tinium *n*
protagoniste [prɔtagɔnist] *m im griechischen Theater, fig* Protago'nist *m*
protamine [prɔtamin] *f Biochemie* Prota'min *n*
prote [prɔt] *m impr* Faktor *m*
protéase [prɔteaz] *f Biochemie* Prote'ase *f*; proteo'lytisches Fer'ment, En'zym
protec|teur [prɔtɛktœr] **~trice** *I subst* **1.** *m,f* der Schwachen, Unterdrückten Beschützer(in) *m(f)*; der Künste Schirmherr(in) *m(f)*; *auch e-s Günstlings* Gönner(in) *m(f)*; Förderer *m*, Förderin *f*; *für alle auch* Pro'tektor *m*; *früher e-r Frau* Gönner *m*; **2.** *m* Schutz(vorrichtung *f*, -hülle *f*, -kappe *f*) *m*; *für Getriebe, Treibriemen* (Schutz)Gehäuse *n*; **3.** *hist in England* **Protecteur** *m* Lord Pro'tector *m*; **II** *adj* **1.** Schutz...; schützend; *chim* **colloïdes protecteurs** Schutzkolloide *n/pl*; *écon* **droits protecteurs** Schutzzölle *m/pl*; *e-s Protektorats* **État protecteur** Schutzmacht *f*; Pro'tektor *m*; **régime, système protecteur** Schutzzollsystem *n*; **société protectrice des animaux** *(abr* S.P.A.) Tierschutzverein *m*; **2.** *péj Ton, Miene* gönnerhaft; her'ablassend; gnädig; **air protecteur** *auch* Gönnermiene *f*
protection [prɔtɛksjõ] *f* **1.** Schutz *m* *(auch tech)*; Obhut *f*; *tech* **~ cathodique** kathodischer Korrosi'onsschutz; *mil* **~ civile** Luft-, Zi'vilschutz *m*; **~ maternelle et infantile** Mutterschutz *m*; *élect* **~ sélective** Selek'tivschutz *m*; **~ contre les accidents du travail** Unfallverhütung *f*, -schutz *m*; **~ contre le bruit, l'incendie, les radiations** Lärm-, Brand-, Strahlenschutz *m*; *mil* **~ de l'artillerie** Artille'rie-, Feuerschutz *m*; **~ de l'enfance** Kinder-, Jugendschutz *m*; **~ de l'environnement, de la nature** 'Umwelt-, Na'turschutz *m*; **~ des locataires (par la loi)** Mieterschutz *m*; **~ de la propriété industrielle (par la loi)** gewerblicher Rechtsschutz; *des sites* Landschaftsschutz *m*; *loc/adj* **de ~** Schutz...; **forêt** *f*, **vêtement** *m* **de ~** Schutzwald *m*, -kleidung *f*; *écon* **système** *m* **de ~** Schutzzollsystem *n*; **accorder sa ~ à qn** j-m s-n Schutz gewähren, leihen; **prendre qn sous sa ~** j-n in s-e Obhut, unter s-n Schutz nehmen; j-s Schutz über-'nehmen; **2.** Protekti'on *f*; Gönnerschaft *f*; *der Künste, Literatur* Förderung *f*; **par ~** durch Protektion; **3.** *métall* 'Überzug *m*; **~ métallique** Me'tallüberzug *m*
protectionn|isme [prɔtɛksjɔnism(ə)] *m écon* Protektio'nismus *m*; Schutzzollsystem *n*; **~iste** *écon* **I** *adj* protektio-'nistisch; **politique** *f* **~** Schutzzollpolitik *f*; **II** *m,f* Protektio'nist(in) *m(f)*; An-

hänger(in) *m(f)* des Protektio'nismus
protectorat [prɔtɛktɔra] *m* **1.** *Völkerrecht* Protekto'rat *n (auch das Land)*; Schutzherrschaft *f*, -gebiet *n*; **2.** *hist in England* Protekto'rat *n*
protée [prɔte] *m zo* Grottenolm *m*
protégé(e) [prɔteʒe] *m(f)* Schützling *m*; Schutzbefohlene(r) *f(m)*; *e-s Gönners auch* Günstling *m*; Proté'gé *m*; *von e-m Tier* Pflegling *m*; *von e-m Kind* **mon petit protégé** mein kleiner Schützling
protège|-bas [prɔteʒba] *m <inv>* Füßling *m*; **~-cahier** *m <pl* protège-'cahiers*>* Schutzumschlag *m* (für ein Schulheft); **~-dents** *m <inv>* für Boxer Zahnschutz *m*; **~-jambe** *m <pl* protège-jambes*>* am Motorrad Beinschild *m*; **~-nez** *m <inv>* gegen Sonnenbrand Nasenschutz *m*, -schützer *m*; **~-parapluie** *m <pl* protège-parapluies*>* Schirmhülle *f*
protéger [prɔteʒe] *<-è-, -geons>* **1.** *Person* (be)schützen; *st/s* beschirmen; *j-s Interessen, vor Sonne etc* schützen (**de** vor + *dat*; **contre** gegen); abschirmen *(contre gegen)*; *tech* sichern; *(v/pr* **se**) **~ du soleil** (sich) vor der Sonne schützen; *adit* **passage protégé** *cf* passage **2.**; **2.** Günstling prote'gieren; begünstigen; *auch die Künste, Literatur* fördern; **3.** *écon* durch Schutzzölle schützen
protège-tibia [prɔteʒtibja] *m <pl* protège-tibias*>* *sports* Schienbeinschützer *m*
protéides [prɔteid] *m/pl Biochemie* Prote'ide *n/pl*; zu'sammengesetzte Eiweiße *n/pl*
proté|ines [prɔtein] *f/pl Biochemie* Prote'ine *n/pl*; einfache Eiweiße *n/pl*, Eiweißkörper *m/pl*, -stoffe *m/pl*; **~ique** *adj Biochemie* **substances** *f/pl* **~s** Eiweißstoffe *m/pl*, -körper *m/pl*
protèle [prɔtɛl] *m zo* Erdwolf *m*; Zibethyäne *f*
protéoly|se [prɔteoliz] *f Biochemie* Proteo'lyse *f*; **~tique** *adj* proteo'lytisch
protérandr|ie [prɔterãdri] *f bot* Prot(er)an'drie *f*; **~ique** *adj bot* prot(er)-'andrisch
protestant [prɔtɛstã] *rel* **I** *adj* prote-'stantisch; evan'gelisch; **II** *subst* **~(e)** *m(f)* Prote'stant(in) *m(f)*
protestantisme [prɔtɛstãtism(ə)] *m rel* Protestan'tismus *m*
protestataire [prɔtɛstatɛr] **I** *adj* prote-'stierend; **II** *m,f* Prote'stierende(r) *f(m)*; Pro'testler *m*
protestation [prɔtɛstasjõ] *f* **1.** Pro'test(-aktion) *m(f)*; *auch jur* Einspruch *m*; Verwahrung *f*; **~ écrite** Protestschreiben *n*, -erklärung *f*; **geste** *m* **de ~** prote'stierende Handbewegung, Geste; Geste *f*, Gebärde *f* des Protestes; **élever une énergique ~** scharfen Protest erheben, energisch Einspruch erheben, sich energisch verwahren *(contre* gegen); **soulever de nombreuses ~s** zahlreiche Proteste, Protestaktionen auslösen; **2.** *Wechselrecht* Pro'testerhebung *f*; Prote'stieren *n*, -ung *f*; **3.** **~s** *pl* Beteuerungen *f/pl*; Versicherungen *f/pl*; **~s d'amitié, de dévouement** Freundschafts-, Ergebenheitsbeteuerungen *f/pl*
protester [prɔteste] **I** *v/t Wechsel, Scheck* prote'stieren; zu Protest gehen; *Wechsel auch* F platzen lassen; *adit* **protesté** zu Protest gegangen; F geplatzt; **II** *v/t/indir* **~ de** etw beteuern; versichern, daß ...; **~ de sa bonne foi** versichern, im guten Glauben gehandelt zu haben; **~ de son innocence** s-e Unschuld beteuern; *jur* **~ de trahison, de violence** erklären, versichern, das Opfer e-s Verrats, e-r Gewalttat zu sein; **III** *v/i* **~ contre qc** gegen etw prote-

'stieren, Pro'test, Einspruch erheben; sich gegen etw verwahren; gegen etw Verwahrung einlegen

protêt [prɔtɛ] m Wechselrecht Pro'test m (faute d'acceptation, de paiement mangels Annahme, Zahlung); **avis** m, **délai** m, **frais** m/pl de ~ Protestanzeige f, -frist f, -kosten pl; Vermerk auf dem Wechsel **sans** ~ ohne Protest; **faire dresser** ~ Protest erheben; prote'stie-ren; zu Protest gehen lassen

prothalle [prɔtal] m bot Pro'thallium n; Vorkeim m

prothèse [prɔtɛz] f 1. chir a) (appareil m de) ~ Pro'these f; ~ **dentaire** Zahnersatz m, -prothese f; ~ **fixe, mobile** festsitzender, abnehmbarer od prothetischer Zahnersatz; ~s **internes** Endo-pro'thesen f/pl; b) Pro'thetik f; 2. ling Pro'these f

prothé|siste [prɔtezist] m,f Orthopä-'diemechaniker(in) m(f); ~ **dentaire** Zahntechniker(in) m(f); ~**tique** adj 1. chir pro'thetisch; **appareil** m ~ Pro-'these f; 2. ling pro'thetisch

prothorax [prɔtɔraks] m der Insekten Pro'thorax m; vorderster Brustring

prothrombine [prɔtrɔbin] f Biochemie Prothrom'bin n

protid|es [prɔtid] m/pl chim Eiweiß n; Eiweißstoffe m/pl, -körper m/pl; Prote-'ine n/pl; ~**ique** adj chim Eiweiß...; **synthèse** f ~ Eiweißsynthese f

protiste [prɔtist] m zo Einzeller m; Pro-'tist m

protoc(h)ordés [prɔtɔkɔrde] cf pro-cordés

protocolaire [prɔtɔkɔlɛr] adj dipl proto-kol'larisch; Proto'koll...; des Proto-'kolls

protocole [prɔtɔkɔl] m 1. bei (internatio-nalen) Verhandlungen, Vertragsabschlüs-sen, dipl Proto'koll n; ~ **d'accord** Verein-barungs-, Über'einkommensprotokoll n; ~ **de clôture, de signature** Schluß-, Unter'zeichnungsprotokoll n; 2. dipl Etikette Proto'koll n; **chef** m **du** ~ Chef m des Protokolls; Protokollchef m; 3. impr Korrek'turvorschriften f/pl

protogyn|e [prɔtɔʒin] adj bot proto'gyn; ~**ie** f bot Protogy'nie f

proto|histoire [prɔtɔistwar] f Frühge-schichte f; ~**historique** adj frühge-schichtlich; ~**lyse** f chim Proto'lyse f

proton [prɔtɔ] m phys atom Proton n

protonéma [prɔtɔnema] m bot Proto-'nema n; Vorkeim m

protonique [prɔtɔnik] adj phys atom Pro'tonen...; der Pro'tonen

protonotaire [prɔtɔnɔtɛr] m hist Proto-no'tar m; égl cath ~ **apostolique** Apo-stolischer Protonotar

protophytes [prɔtɔfit] m/pl bot Primi-'tiv-, Urpflanzen f/pl; sc Proto'phy-ten pl

protoplasm|a [prɔtɔplasma] m od **protoplasm|e** [prɔtɔplasm(ə)] m biol Proto'plasma n; ~**ique** adj biol proto-plas'matisch; Proto'plasma...

protoptère [prɔtɔptɛr] m zo Afri-'kanischer Lungen-, Molchfisch

prototype [prɔtɔtip] m 1. tech Prototyp m; ~ **d'avion** Flugzeugprototyp m; 2. fig Prototyp m; Urbild n; (Ur)Muster n; Vorbild n

protoxyde [prɔtɔksid] m chim Oxy'dul n; ~ **d'azote** Lachgas n; Stick(stoff)-oxydul n

protozoaires [prɔtɔzɔɛr] m/pl zo Urtiere n/pl, -tierchen n/pl; sc Proto'zoen n/pl

protubér|ance [prɔtyberãs] f 1. Beule f; Höcker m; Ausbeulung f; 2. anat Vor-sprung m; Höcker m; Protube'ranz f; 3. astr ~s (solaires) Protube'ranzen f/pl;

~**ant** adj (her')vorstehend; vorsprin-gend; Stirn auch gewölbt

protu|teur [prɔtytœr] m, ~**trice** f jur Mitvormund, der das Mündelvermögen (im Ausland) verwaltet

prou [pru] loc/adv litt **peu ou** ~ **mehr** oder weniger

proue [pru] f mar Bug m; **figure** f **de** ~ Gali'onsfigur f

prouesse [pruɛs] f Heldentat f (auch iron); Großtat f; **faire des** ~s **pour** (+inf) wahre Wunder voll'bringen, um zu (+inf)

proustien [prustjɛ̃] adj (~**ne**) von Proust; Prousts

prouvable [pruvabl(ə)] adj erweislich; be-, nachweisbar

prouver [pruve] **I** v/t beweisen; nachwei-sen; erweisen; Behauptung beweisen; be-legen; s-n guten Willen etc beweisen; unter Beweis stellen; doku'men'tieren; st/s dartun; j-s Haltung, Reaktion ~ **que** beweisen, ein Beweis dafür sein, zeigen, daß ...; **cela ne prouve pas grand-chose** das beweist herzlich wenig; **sa réponse prouve une certaine con-naissance de la matière** s-e Antwort zeugt von gewisser Sachkenntnis; **sa reconnaissance à qn** j-m s-e Dankbar-keit beweisen, bezeigen, bezeugen; **qu'est-ce que cela prouve?** was beweist, besagt das schon?; **il est prou-vé que ...** es ist be-, erwiesen, daß ...; **cela reste à** ~ das muß erst noch bewiesen werden; **II** v/pr a) **se** ~ **à soi-même, l'un à l'autre que ...** sich (dat) selbst, sich (dat) gegenseitig od ein'ander beweisen, daß ...; b) passivisch **se** ~ bewiesen werden

provenance [prɔv(ə)nãs] f 1. bes von Waren Herkunft f; Proveni'enz f; **pays** m **de** ~ Herkunftsland n; loc/adj: **de** ~ **étrangère** ausländischer Herkunft, Provenienz; **marchandises** f/pl **de** ~ **étrangère** auch ausländische Waren f/pl; **armes** f/pl **de toutes** ~s Waffen f/pl aus aller Welt; loc/prép **en** ~ **de Paris, Londres, etc** aus ...; Zug, Flugzeug auch aus Richtung ...; aus ... kommend (auch Waren); **ignorer la** ~ **d'une lettre** nicht wissen, woher ein Brief kommt; 2. Zollwesen ~s pl (eingeführte) Waren f/pl, Güter n/pl; Einfuhrgüter n/pl

provençal [prɔvãsal] ⟨m/pl -aux⟩ **I** adj proven'zalisch; **II** subst 1. ♀(e) m das Proven'zale, -'zalin m,f; 2. ling **le** ~ das Proven'zalische; Proven'zalisch n; ~ **al-pin** provenzalische Alpenmundarten f/pl; **l'ancien** ~ das Altprovenzalische; Altprovenzalisch n; 3. cuis **tomates** f/pl **(à la)** ~e gedünstete To'maten f/pl mit Knoblauch und Peter'silie

provende [prɔvãd] f agr Misch-, Kraft-futter n

provenir [prɔv(ə)nir] v/i ⟨cf **venir**; p/p ungebräuchlich⟩ ~ **de** (her)kommen, (-)stammen von od aus; entstammen (+dat); Müdigkeit, Leiden, Traurigkeit herrühren von; s-n Ursprung haben in (+dat); Gedanken, Gefühle auch ent-springen (+dat); Tierrasse her'vorgehen, entstehen (**d'un croisement de** aus e-r Kreuzung von); **ce résultat provient d'une grave erreur** dieses Ergebnis beruht auf e-m schweren Irrtum; ♦ **les huiles provenant de la distillation des goudrons** die bei der Destillation von Teeren anfallenden Öle

proverbe [prɔvɛrb] m 1. Sprichwort n; eingeschoben **comme dit le** ~ wie es im Sprichwort heißt; wie das Sprichwort so schön sagt; **parler par** ~s in Sprichwör-tern reden; **passer en** ~ ein od zum Sprichwort, sprichwörtlich werden; 2.

bibl **Les** ♀s die Sprüche m/pl Salomos; 3. frz Literatur Pro'verbe drama'tique n (ein Schauspiel)

proverbial [prɔvɛrbjal] adj ⟨-aux⟩ sprichwörtlich (auch fig); fig **son hospi-talité** ~e s-e sprichwörtliche Gast-freundschaft; **locution** ~e sprichwörtli-che Redensart

providence [prɔvidãs] f (auch personifi-ziert **la** ♀ die) Vorsehung; **divine** ~, ~ **de Dieu** göttliche Vorsehung; fig **vous êtes ma** ~ Sie sind mein rettender Engel, Schutzengel

providentialisme [prɔvidãsjalism(ə)] m Glaube an die Vorsehung

providentiel [prɔvidãsjɛl] adj ⟨~**le**⟩ Hilfe, Begegnung unverhofft; unerwar-tet; durch e-e wunderbare Fügung

provign|age [prɔviɲaʒ] m, ~**ement** m vit Absenken n; Ablegen n; ~**er** vit **I** v/t absenken; ablegen; **II** v/i sich durch (Ab)Senker, Ableger vermehren

provin [prɔvɛ̃] m vit (Ab)Senker m; Ableger m

province [prɔvɛ̃s] f 1. adm, hist Pro'vinz f; égl cath Kloster-, Ordensprovinz f; ~ **ecclésiastique** Kirchenprovinz f; ~ **frontière** Grenzprovinz f; 2. péj im Gegensatz zur Haupt-, Großstadt Pro-'vinz f; **ville** f **de** ~ Provinzstadt f; **en** ~ **in die Provinz** gehen bzw in der Provinz leben; **il arrive (du fond) de sa** ~ er kommt aus der (hintersten) Provinz; adjt **ça fait** ~ das riecht nach Provinz, auch Kleinstadt; **das wirkt recht** provinzi'ell, 'hinterwäldlerisch; **il fait** ~ man merkt, daß er aus der Provinz, auch Kleinstadt kommt; ♀s-**Unies** f/pl hist **les** ~ die Vereinigten Niederlande n/pl

provincial [prɔvɛ̃sjal] ⟨m/pl -aux⟩ **I** adj 1. provinzi'ell; Pro'vinz...; Provin-zi'al...; **vie** ~e Leben n in der Provinz; **être d'origine** ~e aus der Provinz stammen; 2. péj provinzi'ell; F pro'vinz-lerisch; p/fort 'hinterwäldlerisch; auch kleinstädtisch; **II** subst 1. ~(e) m(f) Pro'vinzbewohner(in) m(f); péj F Pro-'vinzler(in) m(f); auch Kleinstädter(in) m(f); Pascal **Les** ♀es **Briefe** an e-n Provinzi'al; 2. m er Ordensprovinz ♀ od adjt **père** ~ (Kloster-, Ordens)Provin-zi'al m; ~**at** m égl cath Amt(sdauer) n(f) e-s Provinzi'als; ~**isme** m 1. ling Provin-zia'lismus m; landschaftlicher Aus-druck; 2. péj Provinzia'lismus m; p/fort 'Hinterwäldlertum m; 'hinterwäld-lerisches, kleinstädtisches Wesen

proviseur [prɔvizœr] m e-s staatlichen frz Gymnasiums für Jungen Di'rektor m

provision [prɔvizjɔ] f 1. a) Vorrat m (de an + dat); ~ **de bois, d'eau, de vivres** Holz-, Wasser-, Lebensmittelvorrat m; ~s **de bouche** Provi'ant m; Mundvor-rat m; fig **toute une** ~ **de livres** e-e Menge, F ein Haufen m Bücher; **faire** ~ **de charbon** sich e-n Kohlenvorrat anlegen, schaffen; sich mit Kohlen ein-decken; b) ~s pl (Lebensmittel)Vorräte m/pl; **faire ses** ~s **pour l'hiver** Wintervorräte anlegen; 2. ~s pl l'Einkauf m; Einkäufe m/pl; Besorgungen f/pl; **faire ses** ~s einkaufen gehen; Einkäufe, Besorgungen machen; 3. e-s Schecks Deckung f; **sans** ~ ungedeckt; 4. jur a) für e-n Gläubiger, Notar, Gutachter etc Vorschuß m; beim Ehescheidungsprozeß ~ **ad litem** Pro'zeßkostenvorschuß m (für den unbemittelten Ehegatten); ~ **alimentaire** vorläufiger 'Unterhalts-beitrag, -zuschuß m; b) loc/adj **par** ~ vor-läufig; einstweilig; 5. Buchhaltung Rück-stellung f; 6. égl cath Provisi'on f

provisionnel [prɔvizjɔnɛl] adj ⟨~**le**⟩ jur vorläufig; einstweilig; Steuerwesen: **acompte** ~ Steuervorauszahlung f;

tiers ~ cf tiers II 3.
provisoire [prɔvizwar] **I** adj Übereinkunft, Wohnsitz, jur vorläufig; einstweilig; Lösung, Unterbringung, Einrichtung provi'sorisch; behelfsmäßig; Behelfs...; Not...; vor'übergehend; **baraquements** m/pl ~s Behelfs-, Notunterkünfte f/pl, -baracken f/pl; **bonheur** m ~ vorübergehendes, zeitweiliges Glück; pol **gouvernement** m ~ provisorische Regierung; jur **jugement** m ~ od subst ~ m einstweilige Anordnung; **mise** f en liberté ~ od subst F ~ f vorläufige Freilassung, Haftentlassung; **solution** f ~ auch Not-, Zwischen-, Interimslösung f; loc/adv à titre ~ vorübergehend; vorläufig; provisorisch; **II** m Provi'sorium n
provisoirement [prɔvizwarmɑ̃] adv vorläufig; einstweilen; vor'übergehend; verwalten auch komis'sarisch
provisorat [prɔvizɔra] m Gymnasium Di'rektoramt n; Direkto'rat n; Amtsdauer f des Di'rektors
provitamine [prɔvitamin] f Biochemie Provitamin n
provo [prɔvo] m in Holland Provo m
provoc|ant [prɔvɔkɑ̃] adj her'ausfordernd; provo'zierend; aufreizend (auch von e-r Frau, ihren Blicken etc); ~ateur f <-trice> provoka'torisch; her'ausfordernd; aufreizend; **agent** ~ A'gent provoca'teur m; Lockspitzel m; **II** m Provoka'teur m
provocation [prɔvɔkasjɔ̃] f Provo'zieren n, -ung f; Provokati'on f; Her'ausforderung f, Aufreizung f, jur Anstiftung f (à zu); früher ~ en duel Forderung f; **attitude** f de ~ herausfordernde, provozierende, aufreizende Haltung; jur **complicité** f par ~ Teilnahme f an e-r Straftat durch Anstiftung
provoquer [prɔvɔke] v/t **1.** ~ qn j-n reizen, provo'zieren; j-n her'ausfordern, aufreizen, jur anstiften (à zu); früher ~ qn en duel j-n fordern; Frau ~ les **hommes** die Männer (auf)reizen, erregen; **2.** ~ qc zu etw führen; etw auslösen; her'vorrufen, verursachen, bewirken; der Grund, Anlaß für etw sein; Heiterkeit, j-s Zorn, Unmut erregen; **II** v/pr se ~ sich gegenseitig provo'zieren
proxénète [prɔksenɛt] m Kuppler m
proxénétisme [prɔksenetism(ə)] m Kuppe'lei f
proximité [prɔksimite] f Nähe f; ~ de la **ville** Stadtnähe f; loc/adv à ~ (ganz) in der Nähe; nahe'bei; loc/prép à ~ de in der Nähe; nahe bei
proyer [prwaje] m zo Grauammer f
prude [pryd] **I** adj prüde; zimperlich; Frau auch spröde; **II** f spröde Frau; prüde, zimperliche Per'son; **faire** la ~ spröde, prüde, zimperlich tun
prudemment [prydamɑ̃] adv **1.** vorsichtig; mit Vorsicht; 'umsichtig; **2.** klugerweise; wohlweislich; klüglich
prudence [prydɑ̃s] f Vorsicht f; 'Umsicht f; Bedacht m; Bedächtigkeit f; Bedachtsamkeit f; loc/adv avec ~ mit Vor-, Umsicht; Bedacht; vor-, 'umsichtig; par (mesure de) ~ vorsichtshalber; **donner des conseils de** ~ à qn j-m zur Vorsicht raten; j-n zur Vorsicht ermahnen; **manquer de** ~ unvorsichtig, unbedacht sein, handeln; es an Vor-, Umsicht, Bedachtsamkeit fehlen lassen; prov ~ **est mère de sûreté** Vorsicht ist die Mutter der Weisheit, F der Porzellankiste; trau, schau, wem! (beide loc/prov)
prudent [prydɑ̃] **I** adj Person, Haltung vorsichtig; 'umsichtig; bedächtig; bedachtsam; klug; il **n'est pas** ~ de (+inf) es ist unvorsichtig, unklug zu (+inf);

c'est plus ~ das ist klüger, ratsamer; **juger** ~ **de** (+inf) es für geraten, ratsam, klüger halten zu (+inf); **II** subst ~(e) m(f) Vorsichtige(r) f(m)
pruderie [prydri] f Prüde'rie f; Zimperlichkeit f; von e-r Frau auch Sprödigkeit f
prud'homal [prydɔmal] adj <-aux> jur arbeitsgerichtlich; Arbeitsgerichts...; **compétence** ~e Zuständigkeit f des Arbeitsgerichts; **procédure** ~e Verfahren n vor dem Arbeitsgericht
prud'homme [prydɔm] m Arbeitsrecht Arbeitsrichter m; **conseil** m de(s) ~s Arbeitsgericht n
pruine [pryin] f auf Pflaumen, Trauben, Kohlblättern Reif m
prune [pryn] f **1.** bot Pflaume f; Zwetsch(g)e f; österr Zwetschke f; **tarte** aux ~s Pflaumen-, Zwetsch(g)enkuchen m; **eau-de-vie** f de ~s Pflaumenschnaps m; Zwetsch(g)enwasser n, -schnaps m; **2.** adj f <inv> pflaumenblau; **3.** F fig des ~s! F denkste!; das hast du dir so gedacht!; das könnte dir so passen!; von wegen!; kommt nicht aufs Ta'blett!; loc/adv **pour des** ~s für nichts und wieder nichts; um'sonst; vergeblich
pruneau [pryno] m <pl ~x> **1.** Back-, Dörrpflaume f; **2.** arg mil blaue Bohne f
prunelle [prynɛl] f **1.** Pu'pille f; par ext poét Augenstern m; **tenir** à qc comme à la ~ de ses yeux etw wie s-n Augapfel hüten; fig **jouer de la** ~ j-m aufreizende Blicke zuwerfen; **2.** bot Schlehe f (Frucht); **eau-de-vie** f, liqueur f de ~ Schlehenwasser n, -likör m
prunellier [prynɛlje] m bot Schwarz-, Schlehdorn m; Schlehe f; Schlehbusch m
prunier [prynje] m bot Pflaumen-, Zwetsch(g)enbaum m; Pflaume f; Zwetsch(g)e f; F fig **secouer qn comme un** ~ F j-n tüchtig aus den Lumpen schütteln; j-n tüchtig beuteln
prurigineux [pryriʒinø] adj <-euse> path juckend; sc prurigi'nös
prurigo [pryrigo] m path stark juckende Derma'tose; sc Pru'rigo f
prurit [pryrit] m path Hautjucken n; Juckreiz m; sc Pru'ritus m
prussiate [prysjat] m chim Cya'nid od Zya'nid n
pruss|ien [prysjɛ̃] **I** adj <~ne> preußisch; **II** subst ♀(ne) m(f) Preuße m, Preußin f; ~ique adj chim **acide** m ~ cf cyanhydrique
prytanée [pritane] m le ♀ militaire de La Flèche die Ka'dettenanstalt von La Flèche
psalliote [psaljɔt] f bot Champignon m; ~ **champêtre** Feldchampignon m
psalmiste [psalmist] m bibl Psalmendichter m; Psal'mist m; le ♀ der Psalmist (König David)
psalmod|ie [psalmɔdi] f **1.** égl Psalmo'die f; **2.** fig u litt e-s Gedichts F Her('unter)leiern n; Leiern n; abs Geleier n; ~ier v/t u v/i **1.** égl psalmo'dieren; **2.** Gedicht, Text F her('unter)leiern; leiern; ~ique adj psal'modisch
psaltérion [psalterjɔ̃] m mus hist Psal'terium n; Psalter m
psaume [psom] m bibl, mus, Literatur Psalm m; ~s de la pénitence Bußpsalmen m/pl
psautier [psotje] m bibl Psalter m
pschit(t) [pʃit] od **pscht** [pʃt] **I** int beim Öffnen e-r Flasche mit kohlensäurehaltiger Flüssigkeit das zischt; **II** m Zischen n; e-r Dusche, des Meeres Rauschen n
pschut [pʃyt] int Aufforderung, still zu sein pst!; pscht!
pseudarthrose [psødartroz] f path Falsch-, Scheingelenk n; sc Pseudar-'throse f

pseudo... [psødo] in Zssgn meist Pseudo...; pseudo...; cf auch die nachfolgenden Stichwörter
pseudo-bulbaire [psødobylbɛr] adj path **paralysie** f ~ Pseudobulbärparalyse f
pseudo|nyme [psødɔnim] m Pseudo'nym n; Deckname m; ~**pode** [-pɔd] m biol Scheinfüßchen n; sc Pseudo'podium n; ~**sphère** f math Pseudo'sphäre f; ~**tuberculose** f vét Pseudotuberku'lose f
psi [psi] m griechischer Buchstabe Psi n
psilocybine [psilɔsibin] f chim Psilocy'bin n
psitt [psit] int um j-n auf sich aufmerksam zu machen he!; pst!; st!
psittacidés [psitaside] m/pl zo Paga'geien m/pl; sc Psittaci pl; Psittaci'formes pl
psittacose [psitakoz] f path Papa'geienkrankheit f; sc Psitta'kose f
psoas [psɔas] m anat (grand, petit) ~ (großer, kleiner) Lendenmuskel, sc Psoas
psocoptères [psɔkɔptɛr] m/pl zo Flechtlinge m/pl; Meißelkiefer m/pl; sc Psocop'teren pl
psoriasis [psɔrjazis] m path Schuppenflechte f; sc Pso'riasis f
pst [pst] int cf psitt
psychal|gie [psikalʒi] f Psycha'gogik f; ~**gogue** [-gɔg] m,f Psycha'gogue, -'gogin m,f
psychanalyse [psikanaliz] f Psychoana'lyse f
psychanalyser [psikanalize] v/t (psycho)analy'sieren; Person auch psychoana'lytisch behandeln; **se faire** ~ sich psychoanalytisch behandeln lassen
psychanalyste [psikanalist] m,f Psychoana'lytiker(in) m(f)
psychanalytique [psikanalitik] adj psychoana'lytisch
psychasthén|ie [psikasteni] f path mit Angst- und Zwangsvorstellungen verbundene seelische Schwäche; sc Psychasthe'nie f; ~ique path **I** adj psychasthenisch; **II** m,f Psycha'stheniker(in) m(f)
psyché [psiʃe] f **1.** großer, beweglicher Standspiegel; **2.** philos Seele f; Psyche f; **3.** zo Sackträger m (Schmetterling)
psychédél|ique [psikedelik] adj psyche'delisch; ~isme m psyche'delischer Zustand; (durch Psyche'delika erreichte) Bewußtseinserweiterung
psychiatre [psikjatr(ə)] m,f Psychi'ater(in) m(f); Facharzt, -ärztin m,f für Psychia'trie
psychiatr|ie [psikjatri] f Psychia'trie f; Seelenheilkunde f; ~ique adj psychi'atrisch; **hôpital** m ~ Nervenklinik f; psychiatrische Klinik
psych|ique [psiʃik] adj psychisch; seelisch; Seelen...; ~isme m Psyche f; Seelenleben n
psycho [psiko] f F Kurzwort für psychologie
psycho-analeptique [psikoanalɛptik] **I** adj psychoana'leptisch; **II** m phm Psychoana'leptikum n
psycho|biologie [psikɔbjɔlɔʒi] f Psychobiolo'gie f; ~**chirurgie** f Psychochirur'gie f; ~**drame** m Psycho'drama n
psychodysleptique [psikodislɛptik] **I** adj psychodys'leptisch; **II** m phm Psychodys'leptikum n
psychogène [psikɔʒɛn] adj path seelisch bedingt; psycho'gen
psycho|leptique [psikɔlɛptik] adj u subst m cf neuroleptique; ~**linguistique** f Psycholingu'istik f
psychologie [psikɔlɔʒi] f **1.** Psycholo'gie f; ~ **expérimentale, génétique, indi-**

viduelle, sociale, zoologique Experi-
men'tal-, Erb-, Individu'al-, Sozi'al-,
Tierpsychologie f; ~ du comportement
Verhaltenspsychologie f; ~ de l'enfant
Kinderpsychologie f; Psychologie des
Kindes(alters); ~ des profondeurs
Tiefenpsychologie f; **2.** Menschenkennt-
nis f; **3.** e-s Volkes Psycho'logie f;
Mentali'tät f; **4.** in e-m Roman etc
Seelenanalyse f
psychologique [psikɔlɔʒik] adj **1.** psy-
cho'logisch; **moment** m ~ psycholo-
gisch günstiger Moment, Augenblick; **2.**
seelisch; psychisch; **~isme** m 'Überbe-
wertung f des Psycho'logischen; Psycho-
lo'gismus m
psychologue [psikɔlɔg] m,f **1.** Psycho-
'loge, -'login m,f; ~ **scolaire**,
d'entreprise Schul-, Betriebspsycholo-
ge m; **2.** Menschenkenner(in) f; Psy-
cho'loge, -'login m,f; il n'est pas
très ~ er ist ein schlechter Menschen-
kenner, Psychologe
psycho|métrie [psikɔmetri] f Messung
f seelischer Vorgänge; sc Psychome'trie
f; **~métrique** adj psycho'metrisch;
~moteur adj <-trice> physiol psycho-
mo'torisch; **~motricité** f physiol Psy-
chomo'torik f; **~névrose** f path seelisch
bedingte Neu'rose; sc (Psycho)Neu'rose f
psychopath|e [psikɔpat] m,f path
Psycho'path(in) m(f); **~ie** f path Psycho-
pa'thie f; **~ique** adj path psycho-
'pathisch
psycho|pathologie [psikɔpatɔlɔʒi] f
Psychopatholo'gie f; **~pédagogie** f
päda'gogische Psycholo'gie; **~phar-
macologie** f Psychopharmakolo'gie f;
~physiologie f Psychophysiolo'gie f;
physio'logische Psycholo'gie; **~phy-
siologique** adj seelisch-körperlich;
psychophysio'logisch; psycho'physisch;
~physique f Psychophy'sik f
psychose [psikoz] f allg, path Psy'chose
f; ~ **collective** Massenpsychose f; ~ **de
(la) guerre** Kriegspsychose f
psycho|social [psikɔsɔsjal] adj <-aux>
psychosozi'al; **~sociologie** f Sozi'al-
psychologie f; **~somatique** adj psy-
cho'matisch; **médecine** f ~ psycho-
somatische Medizin; Psychoso'matik f;
~technicien m, **~technicienne** f Be-
triebspsychologe, -login m,f; **~techni-
que I** f Arbeits- und Wirtschaftspsycho-
logie f; Psycho'technik f; **II** adj test m ~
Eignungstest m; **~thérapie** f Psycho-
thera'pie f; ~ **de groupe** Gruppenthera-
pie f; **~thérapique** adj psychothera-
'peutisch
psychotique [psikɔtik] path **I** adj psy-
'chotisch; geistes-, gemütskrank; an e-r
Psy'chose leidend; **II** m,f Psy-
'chotiker(in) m(f)
psychotonique [psikɔtɔnik] **I** adj psy-
cho'tonisch; **II** m phm Psycho'toni-
kum n
psychotrope [psikɔtrɔp] **I** adj auf die
Psyche einwirkend; psycho'trop; **II** m
phm Psycho'pharmakon n
psychromètre [psikrɔmɛtr(ə)] m météo
Psychro'meter n
ptéranodon [pteranɔdõ] m Paläontolo-
gie Pter'anodon n
ptérido|phytes [pteridɔfit] f/pl bot Ge-
fäßkryptogamen pl; sc Pterido'phyten
pl; **~spermées** [-spɛrme] f/pl Paläo-
botanik Farnsamer m/pl; sc Pterido-
'spermen m/pl
ptéro|dactyle [pterɔdaktil] **I** adj zo mit
Flughäuten versehen; **II** m Paläontolo-
gie Ptero'daktylus m; **~podes** [-pɔd]
m/pl zo Flügel-, Ruderschnecken f/pl; sc
Ptero'poden m/pl; **~sauriens** m/pl Pa-
läontologie Flugechsen f/pl, -saurier
m/pl; sc Ptero'saurier m/pl

ptérygoïdien [pterigɔidjẽ] adj u subst m
anat (muscle m) ~ Flügelmuskel m
ptolémaïque [ptɔlemaik] adj hist der
Ptole'mäer; Ptole'mäer...
ptomaïne [ptɔmain] f chim Ptoma'in n;
Leichengift n
ptôse [ptoz] f path Senkung f von Or-
'ganen der Bauchhöhle; sc Ptosis f
ptyal|ine [ptjalin] f Biochemie Spei-
chelamylase f, -diastase f; Ptya'lin n;
~isme m path ab'norme Vermehrung
des Speichels; sc Ptya'lismus m
pu [py] p/p von **pouvoir**
puant [pɥɑ̃] adj **1.** stinkend; übelrie-
chend; ch **bêtes ~es** Haarraubwild, das
aus e-r Stinkdrüse ein übelriechendes
Sekret absondert; **boule ~e** Stinkbom-
be f; **2.** fig Person ~ (d'orgueil, de
vanité) eingebildet; hochnäsig; F aufge-
blasen
puanteur [pɥɑ̃tœr] f Gestank m (de
nach); übler Geruch
pubère [pybɛr] adj physiol geschlechts-
reif; nur vom Mann mannbar; sc puber
pubertaire [pybɛrtɛr] adj physiol Puber-
'täts...; **âge** m ~ Pubertätsalter n
puberté [pybɛrte] f physiol Puber'tät(s-
zeit) f; (Eintritt m der) Geschlechtsreife
f; **âge** m **de la** ~ Pubertätsalter n
pubesc|ence [pybɛsɑ̃s] f bot Behaartsein
n; **~ent** adj bot behaart; flaumhaarig
pubien [pybjẽ] adj <~ne> anat Scham-
(bein)...; zur Schamgegend gehörend
pubis [pybis] m anat **a)** Schamberg m;
poils m/pl **du** ~ Schamhaar(e) n(pl); **b)** ~
od adit **os** m ~ Schambein n
publiable [pyblijabl(ə)] adj wert, veröf-
fentlicht zu werden; druckreif
public [pyblik] **I** adj <**publique**> **a)**
öffentlich; **b)** staatlich; Staats...; **autori-
té publique** öffentliche Gewalt; Staats-
gewalt f; **charge publique** öffentliches
Amt; **charges publiques a)** öffentliche
Lasten f/pl; **b)** Steuern f/pl; Abgaben f/pl
an den Staat; von e-r Person **c'est un
danger** ~ er ist gemeingefährlich; **e-e
Gefahr für die Allgemeinheit; **dette
publique** Staatsschuld f; **droit** ~ öffent-
liches Recht; **école publique** öffentli-
che, staatliche Schule; **homme** ~ Mann
m des öffentlichen Lebens; **monuments**
~**s** im öffentlichen Besitz befindliche
Kunst- und Baudenkmäler n/pl; **morale
publique** öffentliche Moral; **opinion
publique** öffentliche Meinung; Öffent-
lichkeit f; **passage** ~ öffentlicher
'Durchgang; **pouvoirs** ~**s** Behörden
f/pl; Staatsorgane n/pl; auch öffentliche
Hand; **santé publique** Gesundheitswe-
sen n; **scrutin** ~ öffentliche, offene
Abstimmung; **travaux** ~**s** cf travail 3.;
rendre ~ (allgemein, öffentlich) be-
kanntgeben, -machen; pu'blik machen;
II m **1.** Öffentlichkeit f; Allgemeinheit
f; **avis** m **au** ~ öffentliche Bekanntma-
chung; Behörde **fermé au** ~ l'après-
-midi nachmittags kein Publikumsver-
kehr; **interdit au** ~ kein Zutritt; (Unbe-
fugten) Zutritt verboten; **ouvert au** ~
der Öffentlichkeit, Allgemeinheit zu-
gänglich; loc/adv **en** ~ öffentlich; in der
Öffentlichkeit; **2.** Publikum n; e-s Autors
auch Leser(schaft) m/pl(f); e-s Theaters,
Kinos, Pferderennens auch Besucher
m/pl; fig Person **être** ~ ein dank-
barer Zuhörer, Zuschauer sein; **le
grand** ~ das breite Publikum
publicain [pyblikẽ] m bibl Zöllner m
publication [pyblikasjõ] f **1.** e-s Geset-
zes, Buches, Dokuments etc Veröffentli-
chung f; Publikati'on f; e-s Buches auch,
e-r Zeitschrift Her'ausgabe f; von Ergeb-
nissen etc auch Bekanntgabe f, -ma-
chung f; **première** ~ Erstveröffentli-
chung f; ~ **des bans (de mariage)**,

~ **de mariage** Aufgebot n; **2.** e-s
Autors, Wissenschaftlers etc Veröffent-
lichung f; Publikati'on f; e-s Verlages
auch Verlagserscheinung f; ~ **men-
suelle** Monatsschrift f; ~ **technique**
Fachzeitschrift f
publiciste [pyblisist] m Werbefach-
mann m
publicitaire [pyblisitɛr] **I** adj Werbe...;
oft péj Re'klame...; **battage** m ~ Rekla-
merummel m; **émission** f, **film** m ~
Werbesendung f, -film m; **panneau** m ~
Reklameschild n, -tafel f; **voiture** f ~
Reklameauto n, -wagen m; **II** m Werbe-
fachmann m
publicité [pyblisite] f **1. a)** Werbung f;
oft péj Re'klame(wesen) f(n); ~ **clandes-
tine, indirecte** Schleichwerbung f; ~
collective Gemeinschaftswerbung f; ~
directe gezielte Werbung; Di'rektwer-
bung f; ~ **mensongère** irreführende
Werbung; ~ **tapageuse** marktschreieri-
sche Reklame; ~ **à la radio, à la
télévision** od **télévisée** Funk-, Fern-
sehwerbung f; **faire de la** ~ (pour qc)
(für etw) Werbung betreiben, Reklame
machen, werben; **b)** Werbe-, Re'klame-
plakat n, -anzeige f; **deux pages de** ~
zwei Seiten Reklame; **2.** e-r Verhand-
lung, Sitzung Öffentlichkeit f; **3.** e-r
Angelegenheit Publizi'tät f; Publicity
[pa'blisiti] f; **donner trop de** ~ **à** qc e-r
Sache zuviel Publizität geben
public relations [pœblikrilə ʃəns] **a)** f/pl
Public Relations ['pablik ri'le: ʃənz] pl
(abr PR); Öffentlichkeitsarbeit f; **b)** f/pl
Public-Relations-Abteilung f; Ab'tei-
lung f für Öffentlichkeitsarbeit; **c)** m
Public-Relations-(Fach)Mann m
publier [pyblije] v/t **1.** Gesetz, Buch,
Dokument etc veröffentlichen; publi-
'zieren; Buch auch, Zeitschrift her'aus-
geben, -bringen; être publié auch er-
scheinen; **2.** Angelegenheit, Vorkommnis
pu'blik machen; an die Öffentlichkeit
bringen; ~ **les bans (de mariage)** das
Aufgebot erlassen; ein Brautpaar auf-
bieten
publiquement [pyblikmɑ̃] adv öffent-
lich; in der Öffentlichkeit
publi-reportage [pyblir(ə)pɔrtaʒ] m
<pl publi-reportages> in e-r Zeitung
PR-Veröffentlichung (Public-Relations-
...) f
puccinia [pyksinja] m bot Rostpilz m
(des Getreides)
puce [pys] f **1.** zo Floh m; ~ **d'eau, des
glaciers** Wasser-, Gletscherfloh m; ~
de mer Sandhüpfer m; Kinderspiel les
m **de** ~ Flohspiel n; fig: **le marché aux
~s od ellip **les** ~**s** der Flohmarkt;
mettre la ~ **à l'oreille de** qn j-s
Argwohn, Zweifel erregen; j-n 'miß-
trauisch machen; F **secouer les** ~**s à** qn
F j-n zu'sammenstauchen; j-m den Kopf
waschen, zu'rechtsetzen; j-m den
Marsch blasen; **2.** F fig von e-m kleinen
Mädchen une ~ ein kleines Per-
'sönchen; **3.** adit <inv> rotbraun
puceau [pyso] m <pl ~x> F iron unbe-
rührter, jungfräulicher (junger) Mann;
adit **être** ~ noch unberührt, jungfräulich
sein
pucelage [pyslaʒ] m F iron von beiden
Geschlechtern Unberührtheit f; Jung-
fräulichkeit f
pucelle [pysɛl] f **1.** F iron Jungfrau f; adit
être ~ noch e-e Jungfrau sein; **2.** hist la ♀
d'Orléans die Jungfrau von Orleans
puceron [pysrõ] m zo Blatt-, Pflanzen-
laus f; ~ **du rosier** Rosenblattlaus f; ~
de la vigne Reblaus f
pucier [pysje] m F (lit) F Flohkiste f
pudding [pudiŋ] m cuis Englischer Pud-
ding

puddl|age [pydlaʒ] *m métall veraltetes Verfahren* Puddelverfahren *n*; Puddeln *n*; **⁓er** *v/t métall* puddeln

pudeur [pydœr] *f* Schamgefühl *n*; Scham(haftigkeit) *f*; *par ext* Anstand *m*; **attentat** *m* à la **⁓** unzüchtige Handlung; Unzucht *f*; **outrage public à la ⁓** Erregung *f* öffentlichen Ärgernisses; **par ⁓** aus Scham; schamhaft; **sans ⁓** schamlos (*auch par ext: unverschämt*); ohne jede Scham; **blesser, offenser la ⁓** das Schamgefühl verletzen

pudibond [pydibõ] *adj* ⟨pudibonde [pydibõd]⟩ prüde

pudibonderie [pydibõdri] *f* Prüde'rie *f*

pudicité [pydisite] *st/s f* Schamhaftig-keit *f*; schamhaftes Wesen

pudique [pydik] *adj* **1.** *Person, Benehmen* schamhaft; sittsam; züchtig; keusch; **regard** *m* **⁓** *auch* verschämter Blick; **faire une allusion ⁓ à qc** *auch* e-e leise, zarte Anspielung auf etw (*acc*) machen

puer [pɥe] *v/t u v/i* **⁓** (qc) (nach etw) stinken; **ça pue** es stinkt

puéricult|rice [pɥerikyltris] *f* Säuglings- und Kinderschwester *f*; **⁓ure** *f* Säuglings- und Kleinkinderpflege *f*

puéril [pɥeril] *adj* kindisch; **⁓isme** *m path* Pueri'lismus *m*; **⁓ité** *f* kindisches Wesen; Kindischsein *n*

puerpéral [pɥerperal] *adj* ⟨aux⟩ *méd* während des Wochenbetts auftretend; *sc* puerpe'ral; **fièvre ⁓e** Kindbett-, *sc* Puerpe'ralfieber *n*

puffin [pyfɛ̃] *m zo* Sturmtaucher *m*

pugil|at [pyʒila] *m* **1.** Schläge'rei *f*; Handgemenge *n*; Raufe'rei *f*; **2.** *in der Antike* Faustkampf *m*; **⁓iste** *m* **1.** *st/s* Boxkämpfer *m*; Boxer *m*; **2.** *in der Antike* Faustkämpfer *m*

puîné [pɥine] *adj* jünger; nachgeboren; **mon frère ⁓** mein jüngerer Bruder

puis[1] [pɥi] *adv* dann; danach; darauf; als'dann; her'nach; **et ⁓** und dann; außerdem; zu'dem; F **et ⁓ après, et ⁓ quoi?** was ist denn da weiter dabei?; na und?; F das ist doch piepe, piepe'gal!

puis[2] [pɥi] *cf* **pouvoir**[1]

puisage [pɥizaʒ] *m* e-r *Flüssigkeit* Schöpfen *n*; *jur* **servitude** *f* **de ⁓** Dienstbarkeit, die das Recht zur Benutzung e-s Brunnens auf fremdem Grundstück beinhaltet

puisard [pɥizar] *m* **1.** Sicker-, Senkgrube *f* Sickerschacht *m*; **2.** *mar* Brunnen *m*; Lenzsumpf *m*; Pumpensumpf *m*, -sod *m*; **3.** *mines* Schachtsumpf *m*; **4. ⁓ d'aqueduc** *etwa* Einsteigöffnung *f*; Einstieg *m*

puisatier [pɥizatje] *m* Brunnenbauer *m*

puiser [pɥize] *v/t* **1.** *Flüssigkeit* schöpfen (**à** *od* **dans** aus); **2.** *Gegenstand* her'ausnehmen, -holen, -ziehen (**de** *od* **dans** aus); *Beleg, Beispiel* entnehmen, -leihen (**dans un livre** e-m Buch); *abs*: **⁓ aux sources** die Quellen studieren, lesen, auswerten; **⁓ dans son porte-monnaie** Geld aus der Geldbörse nehmen; der Geldbörse Geld entnehmen

puisque [pɥisk(ə)] *conj* ⟨*vor Vokal* **puisqu'**⟩ **1.** da (ja); da nun einmal; **sa bêtise, puisqu'il faut bien l'appeler ainsi ...** s-e Dummheit, denn so muß man das ja wohl nennen ...; **2.** *in e-m Ausrufesatz* doch; **⁓ je vous le dis!** c'est un incapable ich sage Ihnen doch, ...!; **mais ⁓ c'est trop tard!** aber es ist ja doch zu spät!

puissamment [pɥisamã] *adv* verteidigen heftig; stark; *helfen, beitragen* stark; **⁓ armé** schwerbewaffnet; F *u iron* **c'est ⁓ raisonné!** das ist ja sehr, 'überaus scharfsinnig!

puissance [pɥisãs] *f* **1.** e-r *Person*(en-

gruppe), e-s *Staates* Macht *f*; **⁓ spirituelle, temporelle** geistliche, weltliche Macht; **avoir une grande ⁓** e-e große, viel Macht besitzen; **2. a)** *pol* Macht *f*; **les grandes ⁓s** die Großmächte *f/pl*; **les grandes ⁓s industrielles** die großen Indu'strienationen *f/pl*; **⁓ mondiale** Weltmacht *f*; **signataire** *f*; **signa'tarmacht** *f*; **b)** einflußreiche Gruppe von Menschen Macht *f*; **⁓s de l'argent** Geldmächte *f/pl*; **3.** e-r *Armee, Nation* Stärke *f*; *fig* Kraft *f*; Vermögen *n*; *mil* **⁓ de feu** Feuerkraft *f*; **⁓ d'imagination** Einbildungskraft *f*; Phanta'sie *f*; **⁓ de raisonnement** Urteilsvermögen *n*, -kraft *f*; *e-r Person* **⁓ de travail** Arbeits-, Schaffenskraft *f*; Leistungsfähigkeit *f*; **4.** *e-r Maschine*, *e-s Motors* Leistung(sfähigkeit) *f*; *e-s Motors auch, e-r Lichtquelle* Stärke *f*; *e-s optischen Systems* Brechkraft *f*, -wert *m*; *laienhaft* Stärke *f*; *élect* e'lektrische Leistung; Stromleistung *f*; **⁓ absorbée** aufgenommene Leistung; Ener'gieverbrauch *m*; *e-s Lautsprechers* acoustique Schalleistung *f*; **⁓ active** Wirkleistung *f*; *e-s Motors* **⁓ administrative, fiscale** für die Kraftfahrzeugsteuer zugrunde gelegte, in Steuer-PS ausgedrückte Leistung; *élect* **⁓ apparente** Scheinleistung *f*; *e-s Heizgeräts* **⁓ calorifique** Heizleistung *f*; **⁓ continue** Dauerleistung *f*; **⁓ maximale** Höchst-, Maxi'malleistung *f*; **⁓ nominale, utile** Nenn-, Nutzleistung *f*; **⁓ au frein** Bremsleistung *f*; *élect* **⁓ de crête** Spitzenleistung *f*; *rad, télév* **⁓ (du son)** Lautstärke *f*; **⁓ de tir** Feuerkraft *f*; Schußleistung *f*; Schießgeschwindigkeit *f*; **facteur** *m* **de ⁓** Leistungsfaktor *m*; **unités** *f/pl* **de ⁓** Leistungseinheiten *f/pl*; **5.** *jur* Gewalt *f*; **⁓ parentale, paternelle** elterliche Gewalt; *Frau* **être en ⁓ de mari** verheiratet sein; **6.** *math* Po'tenz *f*; *e-r Zahl* **la ⁓ cinq** die fünfte Potenz; **deux ⁓ cinq** (2⁵) zwei hoch fünf (2⁵); **élever à la ⁓ cinq** in die fünfte Potenz erheben; *Geometrie* **⁓ d'un point par rapport à un cercle, à une sphère** Potenz e-s Punktes in bezug auf e-n Kreis; **7.** *bes philos* Po'tenz *f*; *loc/adj* **en ⁓ potenti'ell**; **un criminel en ⁓** ein potentieller Verbrecher; **8.** *litt pl* **⁓s infernales, de l'enfer** höllische Mächte *f/pl*; **les ⁓s des ténèbres** die Mächte *f/pl* der Finsternis; **9.** *agr des Bodens* Ertragfähigkeit *f*; **10.** *géol* e-r *Lagerstätte* Mächtigkeit *f*

puissant [pɥisã] **I** *adj* **1.** *Person, Staat, Gruppe* mächtig; *Herrscher auch* gewaltig; **2.** *Heer* stark; schlagkräftig; *Motor, Bremse, Sender* stark; leistungsfähig; *attention,* **freins ⁓s!** Vorsicht, starke Bremsen!; **voiture ⁓e** Wagen *m* mit e-m starken Motor; **3.** *Medikament, Gegengift* stark (*auch Aroma, Gefühl*); sehr wirksam; **un ⁓ réconfort** ein starker, großer Trost; F *iron* **c'est ⁓!** das ist ja sehr, 'überaus scharfsinnig!; **4.** *Person, Muskulatur, Stimme* kräftig; *Person auch* kraftvoll; stark; *Stimme auch p/fort* gewaltig; mächtig; **II** *subst* **les ⁓s** *m/pl* **(de ce monde)** die Mächtigen *m/pl* (dieser Welt)

puits [pɥi] *m* **1.** Brunnen *m*; **⁓ perdu** *cf* **puisard** 1.; **⁓ pleureur** Versickerungs-, Schluckbrunnen *m*; **⁓ de marée, de port** Gezeiten(beobachtungs)brunnen *m*; *fig von e-r Person* **un ⁓ de science** ein hoch-, grundgelehrter Mann; ein hoch-, grundgelehrte Frau; F ein gelehrtes Haus; ein wandelndes Lexikon; **2.** *mines* Schacht *m*; **⁓ faux ⁓ intérieur** Blindschacht *m*; **⁓ d'aérage, de circulation du personnel, d'extraction** Wetter-, Seilfahrts-, Förderschacht *m*; **⁓**

de pétrole Erdölbohrloch *n*, -bohrung *f*; *par ext* (Erd)Ölquelle *f*; **3.** *géol* **⁓ naturel** (Karst)Höhle *f*; **4.** *bât bei e-r Hängebrücke* **⁓ d'amarre** Schacht *m*, in dem die Seile verankert sind; **⁓ d'attente, de fondation, de soutien** Senkbrunnen *m*; **⁓ de lumière** Lichtschacht *m*; **5.** *mar* **⁓** *od* **aux chaînes** Kettenkasten *m*; **⁓ de dérive** Schwertkasten *m*; **⁓ des pompes** Pumpenraum *m*, -kammer *f*; **⁓ de tonnage** unter dem Shelterdeck liegender Zwischendecksraum; **6.** *cuis* **⁓ d'amour** mit Creme *od* Jo'hannisbeergelee gefülltes Blätterteigtörtchen

pulicaire [pyliker] *f bot* Flohkraut *n*; *sc* Puli'caria *f*

pull [pyl] *m* F *Kurzwort* Pulli *m*

pullman [pulman] *m ch de fer* Pullmanwagen *m*

pullorose [pyloroz] *f vét* Weiße Kükenruhr; Pul'lorumseuche *f*

pull-over [pylovɛr, -vœr] *m* ⟨*pl* **pullovers**⟩ Pull'over *m*

pullulation [pylylasjõ] *f od* **pullulement** [pylylmã] *m* Wimmeln *n*; Gewimmel *n*; **⁓ d'insectes** In'sektengewimmel *n*

pulluler [pylyle] *v/i* wimmeln; **les erreurs pullulent dans ce texte** der Text wimmelt, strotzt, in dem Text wimmelt es nur so von Fehlern

pulmonaire [pylmɔnɛr] **I** *adj anat, path* Lungen...; **artère** *f* **⁓** Lungenarterie *f*; **tuberculose** *f* **⁓** Lungentuberkulose *f*; **II** *f bot* Lungenkraut *n*; *sc* Pulmo'naria *f*

pulmonés [pylmɔne] *m/pl zo* Lungenschnecken *f/pl*

pulpaire [pylpɛr] *adj anat* Zahnmark...; **cavité** *f* **⁓** Zahn-, Pulpahöhle *f*; *path* **inflammation** *f* **⁓** Zahnmarkentzündung *f*

pulpe [pylp] *f* **1.** *von Früchten, Tomaten etc* Fruchtfleisch *n*; *cuis auch* Mark *n*; **2.** *Rückstand der Rübenzuckerfabrikation* (Rüben)Schnitzel *n od m*; **⁓s fraîches, séchées** Naß-, Trockenschnitzel *pl*; **3.** *anat* **⁓ dentaire, des dents** Zahnpulpa *f*, -mark *n*; **⁓ des doigts** Fingerbeere *f*; **⁓eux** *adj* ⟨-euse⟩ fleischig; breiig; pul'pös

pulque [pylke] *m* mexikanisches Getränk Pulque [pulkə] *m*

pulsatif [pylsatif] *adj* ⟨-ive⟩ *path* **douleur pulsative** pochender, klopfender Schmerz (*bei Entzündungen*)

pulsatille [pylsatij] *f bot* Küchen-, Kuhschelle *f*; *sc* Pulsa'tilla *f*

pulsa|tion [pylsasjõ] *f* **1.** *physiol* **a)** *des Herzens* Schlagen *n*; Klopfen *n*; **b)** Puls(schlag) *m*; *sc für beide* Pulsati'on *f*; **accélération** *f*, **ralentissement** *m* **des ⁓s** Pulsbeschleunigung *f*, -verlangsamung *f*; **il avait 120 ⁓s à la minute** er hatte 120 Puls; **2.** *phys* Pul'sieren *n*; Pulsati'on *f*; *élect* Kreisfrequenz *f*; **⁓toire** *adj élect* **courant** *m* **⁓** pul'sierender Strom

pulsion [pylsjõ] *f psych* Trieb *m*; **⁓ sexuelle** Geschlechts-, Sexu'altrieb *m*; **⁓ de destruction, de mort** Zerstörungs-, Todestrieb *m*

pulso|mètre [pylsɔmɛtr(ə)] *m tech* Pulso'meter *n*; Dampfdruckpumpe *f*; **⁓réacteur** *m tech* Pulso-, Verpuffungstriebwerk *n*

pultacé [pyltase] *adj path* breiig; breiartig

pulvérin [pylverɛ̃] *m* Form des Schwarzpulvers Mehlpulver *n*

pulvéris|ateur [pylverizatœr] *m* für *Flüssigkeiten* Zerstäuber *m* (*auch méd*); Zerstäubungsapparat *m*; Sprühgerät *n*; *agr, jard auch* Spritzgerät *n*; Spritze *f*; für *Pulver* (Pulver)Stäuber *m*; Stäubegerät

n; méd Pulverbläser *m*; ~ation *f* 1. e-r Flüssigkeit Zerstäuben *n*, -ung *f*; *méd auch* Sprayen ['spre:ǝn] *n*; *agr, jard* Spritzen *n*;. 2. Pulveri'sieren *n*, -ung *f*

pulvéris|er [pylverize] *v/t* 1. pulveri-'sieren; zu Pulver zerstoßen, zerreiben; 2. *Flüssigkeit* zerstäuben; ~ de l'eau sur qc etw mit Wasser besprühen; Wasser auf etw (*acc*) sprühen; 3. *fig Armee, Feind* völlig aufreiben; vernichten; *Rekord* weit über- *bzw* unter'bieten; brechen; *Einwand* völlig entkräften; *Argument* gänzlich wider'legen; ~eur *m agr* Scheibenegge *f*

pulvérul|ence [pylverylãs] *f* pulv(e)rige Beschaffenheit; Pulverförmigkeit *f*; ~ent *adj* 1. pulverförmig; pulv(e)rig; 2. *gewisse Früchte* bereift; 3. staubbedeckt; verstaubt; staubig

puma [pyma] *m zo* Puma *m*; Berg-, Silberlöwe *m*; Kuguar *m*

pûmes [pym] *cf* pouvoir[1]

pumicif [pymisif] *adj* ⟨-ive⟩ papier ~ rauhes Zeichenpapier (*für Pastellzeichnungen*)

puna [pyna] *f géogr* Puna *f*

punaise [pynɛz] *f* 1. *zo* Wanze *f*; ~ des bois, d'eau, des lits Baum-, Wasser-, Bettwanze *f*; 2. F *fig u péi* ~ de sacristie Betschwester *f*; Kanzelschwalbe *f*; 3. *südfrz* ~! Donnerwetter!; 4. Reißzwecke *f*, -stift *m*, -nagel *m*; Zwecke *f*

punaiser [pyneze] *v/t* mit Reißzwecken anheften

punch[1] [põʃ] *m* Getränk Punsch *m*

punch[2] [pœnʃ] *m* 1. *Boxen* harter, kraftvoller Schlag; Punch [pantʃ] *m*; avoir du ~ über e-n kraftvollen Schlag verfügen; ein Puncher sein; 2. F *fig e-r Person, Rede, e-s Films* Schwung *m*; E'lan *m*; Dy'namik *f*; F Schmiß *m*; manquer de ~ F saft- und kraftlos, ohne Saft und Kraft sein; ~eur *m Boxen* Puncher ['pantʃǝr] *m*

punching-ball [pœnʃiŋbol] *m* ⟨*pl* punching-balls⟩ *Boxen* Punchingball ['pantʃ-] *m*

puni [pyni] I *adj* bestraft; II *subst* ~(e) *m(f)* Bestrafte(r) *f(m)*

punique [pynik] *adj hist* punisch; les guerres *f/pl* ~s die Punischen Kriege *m/pl*

punir [pynir] *v/t Person* (be)strafen (de für); *Vergehen* bestrafen; ahnden; être puni de mort, d'une peine d'emprisonnement mit dem Tode, mit Gefängnis bestraft werden; il a été puni de son orgueil er wurde für s-n Hochmut bestraft, gestraft; cet échec le punit de son orgueil dieser 'Mißerfolg ist e-e gerechte Strafe für s-n Hochmut; on est puni par où l'on a péché die Strafe folgt auf dem Fuß; durch eigene Schuld leiden müssen; dafür (*für s-e Unvorsichtigkeit, Unmäßigkeit etc*) büßen müssen; en être puni es büßen müssen

punissable [pynisabl(ǝ)] *adj* strafwürdig; sträflich; strafbar

punitif [pynitif] *adj* ⟨-ive⟩ expédition punitive Strafexpedition *f*

punition [pynisjõ] *f* 1. (Be)Strafen *n*; Bestrafung *f*; *e-s Vergehens auch* Ahndung *f*; 2. Strafe *f* (de für); ~ corporelle körperliche Züchtigung; ~s scolaires Schulstrafen *f/pl*; en ~ de zur Strafe für; donner, infliger une ~ à qn j-m e-e Strafe geben; über j-n e-e Strafe verhängen; j-n bestrafen; c'est une ~ de sa curiosité das ist die Strafe für s-e Neugier

pupe [pyp] *f sc zo* Puppe *f* (*auch die Hülle*)

pupillaire [pypi(l)lɛr] *adj* 1. *jur* Mündel...; des Mündels; patrimoine *m* ~ Mündelgut *n*, -vermögen *n*, -gelder *n/pl*;

2. *anat* Pu'pillen...; pupil'lar; réflexe *m* ~ Pupillenreaktion *f*

pupille[1] [pypij] *m.f* Mündel *n*, *jur m*; ~ de l'État (Waisen)Kind *n*, dessen Erziehung und 'Unterhalt das Jugendamt über'nommen hat; vom Jugendamt betreutes Kind; ~ de la Marine, de la nation Kriegswaise, für die der Kriegsmarine, der Staat die Fürsorge über'nommen hat

pupille[2] [pypij] *f anat* Pu'pille *f*; Sehloch *n*

pupinisation [pypinizasjõ] *f tél* Pupini-'sierung *f*

pupipares [pypipar] *m/pl zo* Laus-, Gefiederfliegen *f/pl*; *sc* Pu'pipara *pl*

pupitr|e [pypitr(ǝ)] *m* (Schreib-, Lese-, Steh-, Klapp)Pult *n*; *e-s Redners* Redner-, *e-s Dirigenten* Diri'gentenpult *n*; *e-s Computers etc* Bedienungspult *n*; ~ (à musique) Notenpult *n*, -ständer *m*; *télév* ~ image Bildmischpult *n*; ~ de commande et de visualisation Steuer- und Anzeigepult *n*; ~eur *m EDV* Opera'teur *m* am Bedienungspult

pur [pyr] I *adj* 1. *Alkohol, Wolle, Seide, Rasse, chim* rein; *alkoholisches Getränk auch* pur; unverdünnt; *Metall auch* gediegen; *Edelmetall auch* pur; lauter; *loc/adj: Pferd* ~ sang 'Vollblut...; 'vollblütig; étalon *m* ~ sang Vollbluthengst *m*; *chim* à l'état ~ chemisch rein; *Kleidung* en ~e laine, soie reinwollen, -seiden; boire du vin ~ *auch* den Wein pur, unverdünnt, ohne Wasser trinken; 2. *Klang, Stimme, Farbe, Profil, Stil* rein; *Profil, Formen, Linien(führung) auch* klar; *Stil auch* unverfälscht; *Himmel* wolkenlos; klar; parler un français ~ ein reines Französisch sprechen; *Instrument* rendre un son ~ klangrein sein; e-n reinen Klang haben; 3. *Luft, Wasser* rein; sauber; 4. *Wissenschaft, Kunst, Poesie* rein; *philos* la raison ~e die reine Vernunft; 5. *Herz, Seele, Liebe* rein; lauter; *Gesinnung, Absichten, Blick* lauter; ohne Falsch; *Blick auch* klar; *Mädchen, Jugend* rein; unverdorben; unbefleckt; 6. *zur Verstärkung, oft auch* ~ et simple ⟨*nachgestellt*⟩ *Zufall, Neugier etc* rein; pur; bloß; *Betrug, Lüge auch* glatt; *Zustimmung* uneingeschränkt; une ~e coïncidence ein rein zufälliges Zusammentreffen; *loc/adj* ~e forme rein formal; *loc/adv* en ~e perte ganz um'sonst; vergeblich; un refus ~ et simple e-e glatte Weigerung; c'est une ~e et simple formalité das ist reine, nur e-e, weiter nichts als e-e Formsache; c'est ~e folie das ist glatter, heller, der reinste Wahnsinn; c'est la ~e vérité das ist die reine, lautere Wahrheit; II *subst* les ~s *m/pl* die (fa'natischen) Verfechter *m/pl* der (Par'tei)Dok'trin; die (Par'tei)Doktri-'näre *m/pl*; ~ [pyr] 'Dog'matiker *m/pl*

pureau [pyro] *m* ⟨*pl* ~x⟩ *bât* sichtbare, nicht über'deckte Fläche (*e-s Dachziegels, e-r Schieferplatte*)

purée [pyre] *f* 1. *cuis* Pü'ree *n*; Mus *n*; Brei *m*; *im engeren Sinn* ~ (de pommes de terre) Kar'toffelpüree *n*, -mus *n*, -brei *m*; Quetschkartoffeln *f/pl*; *schweiz* Kar-'toffelstock *m*; ~ de pois cassés Erbs(en)püree *n*, -brei *m*; *fig* ~ de pois dichter Nebel; F Waschküche *f*; 2. F *fig* Elend *n*; Not *f*; ~! so ein Elend, Jammer!; être dans la ~ ins Elend, in Not geraten sein; im Elend leben; il est dans la ~ *auch* F es geht ihm dreckig; *von Kleidung* ça fait ~ das sieht armselig, ärmlich, dürftig, F popelig aus

purement [pyrmã] *adv* rein; nur; bloß; lediglich; ~ et simplement ganz einfach; *ablehnen etc* glatt; rundweg; ~

juridique rein juristisch; ~ par intérêt nur, bloß, einzig und allein aus Eigennutz

purent [pyr] *cf* pouvoir[1]

pureté [pyrte] *f* 1. *chim*, *e-s Metalls* Reinheit *f*; *e-s Metalls auch* Gediegenheit *f*; 2. *e-s Klangs, Diamanten, e-r Sprache, Farbe, des Profils, Stils* Reinheit *f*; *des Profils, der Formen, Linien(-führung) auch* Klarheit *f*; *des Himmels* Wolkenlosigkeit *f*; Klarheit *f*; 3. *des Wassers, der Luft* Reinheit *f*; Sauberkeit *f*; 4. *des Herzens, der Seele, Liebe* Reinheit *f*; Lauterkeit *f* (*auch der Absichten*); *des Blicks auch* Klarheit *f*; *e-s Mädchens, der Jugend* Reinheit *f*; Unbeflecktheit *f*; Unverdorbenheit *f*

purgatif [pyrgatif] *phm* I *adj* ⟨-ive⟩ abführend; Abführ...; *sc* pur'gierend; II *m* Abführmittel *n*; *sc* Purgans *n*; Purga-'tiv *n*

purgation [pyrgasjõ] *f im Trauerspiel* ~ des passions Katharsis *f*; Reinigung *f*, Läuterung *f* (der Seele) von Leidenschaften

purgatoire [pyrgatwar] *m rel cath* Fegefeuer *n*; Purga'torium *n*

purge [pyrʒ] *f* 1. *méd* a) Abführen *n*; b) Abführmittel *n*; 2. *pol* Säuberung(s-aktion) *f*; 3. *aus e-r Rohrleitung, e-m Heizkörper* Ablassen *n* des Kon'denswassers *bzw* der Luft *bzw* des Gases; Entlüften *n*; robinet *m* de ~ *cf* purgeur; 4. *Spinnerei* Fadenreinigung *f*; 5. *jur e-r Hypothek* Tilgen *n*, -ung *f*; Ablösen *n*, -ung *f*; ~oir *m* 1. *zur Wasserreinigung* Sandfilter *m*; (mit Sand gefülltes) Absetzbecken; 2. *Spinnerei* Fadenreiniger *m*

purger [pyrʒe] ⟨-geons⟩ I *v/t* 1. *méd* ~ qn j-m ein Abführmittel (ein)geben, verabreichen; 2. *tech* das Kon'denswasser *bzw* die Luft *bzw* das Gas ablassen (un radiateur, *etc* aus e-m Heizkörper *etc*); entlüften; 3. *Partei, Land von unerwünschten Elementen* säubern; 4. *jur au Strafe* ver-, abbüßen; F absitzen; abbrummen; b) *Hypothek* tilgen; ablösen; ~ son bien de dettes s-n Besitz schuldenfrei machen; c) ~ la mémoire d'un mort e-n Toten rehabili'tieren; 5. *Spinnerei Faden* reinigen; II *v/pr se* ~ ein Abführmittel (ein)nehmen

purgeur [pyrʒœr] *m zum Ablassen von Kondenswasser, Luft, Gas* Ablaßhahn *m*, -vorrichtung *f*

purific|ateur [pyrifikatœr] *adj* ⟨-trice⟩ *rel* reinigend; Reinigungs...; ~ation *f rel* Reinigung *f*; *bes rel cath* Purifikati'on *f*; *Fest* la ⚥ de la Vierge Mariä Lichtmeß, Reinigung

purificatoire [pyrifikatwar] *rel* I *adj* reinigend; Reinigungs...; II *m* Kelchtuch *n*; Purifika'torium *n*

purifier [pyrifje] *v/t Wasser, Luft, Sprache, rel* reinigen; *st/s Herz, Seele auch* läutern

purin [pyrɛ̃] *m agr* Jauche *f*; *schweiz auch* Gülle *f*; fosse *f*, pompe *f* à ~ Jauchegrube *f*, -pumpe *f*

pur|ine [pyrin] *f chim* Pu'rin *n*; ~ique *adj chim* base *f* ~ Pu'rinbase *f*

pur|isme [pyrism(ǝ)] *m bildende Kunst, Sprachpflege* Pu'rismus *m*; ~iste I *adj* pu'ristisch; II *m* Pu'rist *m*; *Sprachpflege auch* Sprachreiniger *m*

puritain [pyritɛ̃] *rel, fig* I *adj* puri-'tanisch; sittenstreng; II *subst* ~(e) *m(f)* Puri'taner(in) *m(f)*

puritanisme [pyritanism(ǝ)] *m rel, fig* Purita'nismus *m*; *fig auch* große Sittenstrenge

purot [pyro] *m agr* Jauchegrube *f*

purotin [pyrɔtɛ̃] *m* F armer Schlucker

purpura [pyrpyra] *m path* Blutflecken-

krankheit *f; sc* Purpura *f*
purpur|in [pyrpyrɛ̃] *adj poét* purpurrot; purpurfarben; purpurn; **~ine** *f* Farbstoff Krappurpur *m;* Purpu'rin *n;* **~ique** *adj chim* acide *m* ~ Purpursäure *f*
pur-sang [pyrsɑ̃] *m* ⟨*inv*⟩ 'Vollblut (-pferd) *n*
purul|ence [pyrylɑ̃s] *f path* (Ver)Eiterung *f;* **~ent** *adj path* eitrig; vereitert; eiternd; *sc* puru'lent; **foyer** ~ Eiterherd *m*
pus¹ [py] *m path* Eiter *m*
pus² [py] *cf* **pouvoir¹**
push-pull [puʃpul] *m Elektronik* Gegentakt *m*
pusillanim|e [pyzilanim] *litt adj* kleinmütig; zaghaft; ängstlich; **~ité** *litt f* Kleinmut *m;* Zaghaftigkeit *f;* Ängstlichkeit *f; st/s* Zagheit *f*
pustul|e [pystyl] *f* 1. *path* Pustel *f;* Eiterbläschen *n;* ~ **maligne** Milzbrandkarbunkel *m;* 2. *der Kröte* Warze *f; bot* Pustel *f;* Blatter *f;* Wärzchen *n;* **~é** *adj bot* mit Pusteln, Blattern, Wärzchen bedeckt; **~eux** *adj* ⟨**-euse**⟩ *path* pustu-'lös; mit Pusteln, Pustelbildung, Eiterbläschen ein'hergehend; mit Pusteln, Eiterbläschen bedeckt
put [py] *cf* **pouvoir¹**
putain [pytɛ̃] *f* P 1. Dirne *f;* P Hure *f; Schimpfwort* **enfant** *m,* **fils** *m* **de** ~ P Hurensohn *m;* 2. *par ext* Flittchen *n;* liederliches Frauenzimmer; 3. *int des Erstaunens* ~ ! F Donnerwetter!; Junge, Junge!; P meine Fresse!; ich werd' zur Sau!; 4. **ce, cette** ~ **de** (+*subst*) P diese(r, -s) Scheiß...; **cette** ~ **de guerre** dieser Scheißkrieg; **quel** ~ **de temps**! so ein F Mist-, Sau-, P Scheißwetter!
putatif [pytatif] *adj* ⟨**-ive**⟩ *jur* puta'tiv; vermeintlich; **enfant** ~ vermeintliches Kind; **mariage** ~ Putativehe *f;* **père** ~ vermeintlicher Vater
pute [pyt] *f* P *Kurzwort für* **putain** 1.
pûtes [pyt] *cf* **pouvoir¹**
putiet [pytjɛ] *m bot* Trauben-, Ahlkirsche *f*
putois [pytwa] *m* 1. *zo* Iltis *m;* Ratz *m; fig* **crier comme un** ~ schreien wie am Spieß; ein lautes Zetergeschrei anstimmen; 2. Iltis(fell *n,* -pelz *m*) *m*
putré|faction [pytrefaksjɔ̃] *f* Verwesung *f;* Fäulnis(prozeß) *f*(*m*); (Ver-)Faulen *n;* Verrottung *f;* Vermodern *n; sc* Putrefakti'on *f;* **en** ~ verwesend; (ver)faulend; **être en** ~ verwesen; (ver-) faulen; **tomber en** ~ in Verwesung, Fäulnis 'übergehen; **~fier I** *v/t* in Verwesung, Fäulnis 'übergehen lassen; zum Verwesen, (Ver)Faulen bringen; *adjt* putréfié in Verwesung, Fäulnis 'übergegangen; verwest; verfault; verrottet; vermodert; **II** *v/pr* **se** ~ verwesen; (ver)faulen; verrotten; vermodern
putresc|ence [pytresɑ̃s] *f* Verwesung *f;* Fäulnis *f;* Fäule *f;* sc Putres'zenz *f;* **~ent** *adj* verwesend; (ver)faulend
putresc|ibilité [pytresibilite] *f* Verweslichkeit *f;* **~ible** *adj* verweslich
putride [pytrid] *adj* 1. faul(ig); Gas-, Ausdünstung überlriechend; **eau** *f* ~ faules Wasser; 2. Fäulnis...; **fermentation** *f* ~ Fäulnisgärung *f*
putsch [putʃ] *m pol* Putsch *m;* ~ **militaire**

Mili'tärputsch *m;* **tenter un** ~ e-n Putschversuch machen; zu putschen versuchen; **~iste** *m pol* Put'schist *m*
putt [pœt, pyt] *m Golf* mit dem Putter auf dem Grün ausgeführter Schlag zum Einlochen
putter¹ [pœte, pyte] *v/t Golfball* einlochen
putter² [pœtɛr, pytɛr] *m Golf* Putter *m*
puzzle [pœzl] *m* Puzzle(spiel) ['pazəl] *n* (*auch fig*)
pycnide [piknid] *f bot* Py'knidie *f;* Fruchtkörper *m* (*der Rostpilze*)
pycnomètre [piknɔmɛtr(ə)] *m phys* Pykno'meter *n*
pyélite [pjelit] *f path* Nierenbeckenentzündung *f; sc* Pye'litis *f*
pygargue [pigarg] *m zo* Seeadler *m*
pygmée [pigme] *f Ethnologie* Pyg-'mäe *m*
pyjama [piʒama] *m* Schlafanzug *m;* Py'jama [-(d)ʒ-] *m;* **veste** *f* **de** ~ Schlafanzug-, Pyjamajacke *f*
pylône [pilon] *m* 1. *für Hochspannungsleitungen, Antennen* Mast *m;* e-r Hängebrücke Py'lon *m;* e-r Schwebebahn Stütze *f;* e-s Turmkrans Säule *f;* Turm *m;* ~ **en béton** Be'tonmast *m,* -stütze *f;* 2. *arch* Py'lon(e) *m*(*f*)
pylore [pilɔr] *m anat* Pförtner *m; sc* Py'lorus *m*
pylorique [pilɔrik] *adj anat* des Pförtners; *sc* py'lorisch
pyogène [pjɔʒɛn] *adj path* Eiter(ungen) erzeugend; *sc* pyo'gen; **microbes** *m/pl* ~**s** Eitererreger *m/pl; sc* pyogene Bakterien *f/pl,* Erreger *m/pl*
pyohémie [pjɔemi] *f path* (Septiko)Py-ä'mie *f;* metasta'sierende Sepsis
pyorrhée [pjɔre] *f path* eitriger Ausfluß; Eiterfluß *f; sc* Pyor'rhö(e) *f*
pyrale [piral] *f zo* **a)** Zünsler *m;* **b)** ~ **de la vigne** Springwurmwickler *m*
pyramidal [piramidal] *adj* ⟨**-aux**⟩ 1. pyra'midenförmig; pyrami'dal; 2. *anat* Pyra'midalis...; **cellule** ~ **e** Pyramidenzelle *f;* **os** ~ dreieckiges Bein (*des Handwurzelknochens*)
pyramid|e [piramid] *f* 1. *math* Pyra-'mide *f;* ~ **régulière** regelmäßige, gerade Pyramide; 2. *arch* Pyra'mide *f;* außerhalb Ägyptens auch Tempelpyramide *f;* ~ **à degrés, à gradins** Stufenpyramide *f;* **la** ~ **de Chéops, du Soleil** die Cheops-, Sonnenpyramide; 3. *fig* **une** ~ **de livres, de melons,** *etc* e-e Pyra'mide von *od* aus Büchern, Me'lonen *etc;* 4. *Statistik* Pyra'mide *f;* ~ **des âges, des salaires** Alters-, Lohnpyramide *f;* 5. *Bodenakrobatik* ~ **humaine** Pyra'mide *f;* 6. *anat* Pyra'mide *f;* ~**ion** *m arch* kleine Pyra'mide (*als Spitze e-s Obelisken*)
pyranomètre [piranɔmɛtr(ə)] *m météo* Pyrano'meter *n*
pyrénéen [pireneɛ̃] *adj* ⟨**~ne**⟩ *géogr* pyre'näisch; Pyre'näen...; der Pyre'näen
pyrénomycètes [pirenɔmisɛt] *m/pl bot* Kernpilze *m/pl; sc* Pyrenomy'cetes *pl*
pyrèthre [pirɛtr(ə)] *m bot* Py'rethrum *n;* **poudre** *f* **de** ~ Dalma'tinisches In'sektenpulver; *sc* Py'rethrum *n*
pyrétothérapie [piretɔterapi] *f méd* Behandlung *f* mit künstlich erzeugtem

Fieber; Fieberbehandlung *f*
pyrex [pirɛks] *m* (*nom déposé*) feuerfestes Glas Pyrex *n* (*Wz*); ~ **transparent** *etwa* Jenaer Glas *n* (*Wz*)
pyrexie [pirɛksi] *f path* mit Fieber verbundene Erkrankung; *sc* Pyre'xie *f*
pyrid|ine [piridin] *f chim* Pyri'din *n;* **~ique** *adj chim* **bases** *f/pl* ~**s** Pyri'dinbasen *f/pl*
pyrite [pirit] *f minér* Py'rit *m;* Schwefel-, Eisenkies *m;* ~ **de cuivre** Kupferkies *m;* Chalkopy'rit *m*
pyro|catéchine [pirɔkateʃin] *f chim* Brenzcatechin *n;* **~électricité** *f phys* Pyroelektrizi'tät *f*
pyrogallol [piroga(l)lɔl] *m chim* Pyrogal'lol *n;* Pyro'gallussäure *f*
pyrogénation [pirɔʒenasjɔ̃] *f* chemische Reakti'on durch thermische Behandlung
pyrogène [pirɔʒɛn] *adj* 1. *minér* pyro-'gen; aus Schmelze entstanden; 2. *méd* pyro'gen; fiebererregend
pyrograv|er [pirɔgrave] *v/t* mit Brandmale'rei verzieren; **~eur, ~euse** *m,f* Künstler(in), der (die) Brandmale'rei ausübt; **~ure** *f* Brandmale'rei *f* (*auch das Bild*); Holzbrandtechnik *f*
pyroligneux [pirɔliɲø] *adj u subst m chim* (**acide** *m*) ~ (Roh)Holzessig *m*
pyrolyse [pirɔliz] *f chim* Pyro'lyse *f*
pyroman|e [piroman] *m,f path* Pyro-'mane *m,f;* **~ie** *f path* Brandstiftungstrieb *m; sc* Pyroma'nie *f*
pyro|mètre [pirɔmɛtr(ə)] *m phys* Pyro-'meter *n;* **~métrie** *f phys* Pyrome'trie *f;* **~métrique** *adj phys* pyro'metrisch
pyrope [pirɔp] *m minér* Py'rop *m*
pyro|phosphate [pirɔfɔsfat] *m chim* Pyrophos'phat *n;* **~phosphorique** *adj chim* **acide** *m* ~ Pyro-, Diphosphorsäure *f*
pyrosis [pirozis] *m path* Sodbrennen *n; sc* Py'rosis *f*
pyrosulfurique [pirɔsylfyrik] *adj chim* **acide** *m* ~ Pyro-, Dischwefelsäure *f*
pyrotechn|icien [pirɔtɛknisjɛ̃] *m* Feuerwerker *m;* Pyro'techniker *m;* **~ie** *f* Feuerwerke'rei *f;* Pyro'technik *f;* **~ique** *adj* pyro'technisch
pyroxènes [pirɔksɛn] *m/pl minér* Pyro-'xene *pl;* Au'gite *m/pl*
pyrrhocoris [pirɔkɔris] *m zo* Feuerwanze *f*
pyrrhonisme [pirɔnism(ə)] *m philos* Pyrrho'nismus *m*
pyrrol(e) [pirɔl] *m chim* Pyr'rol *n*
pyruvique [piryvik] *adj chim* **acide** *m* ~ Pyru'vinsäure *f;* Brenztraubensäure *f*
pythagor|icien [pitagɔrisjɛ̃] *philos* **I** *adj* ⟨**~ne**⟩ pythago'reisch; **II** *m/pl* ~**s** Pythago'reer *m/pl;* **~ique** *adj philos* **nombres** *m/pl* ~**s** pythago'reische Zahlen(tripel) *f/pl* (*n/pl*)
pythique [pitik] *adj* pythisch; *im alten Griechenland* **jeux** *m/pl* ~**s** Pythische Spiele *n/pl;* Pythien *pl*
python [pitɔ̃] *m zo* Python(schlange) *m*(*f*)
pyurie [pjyri] *f path* Ausscheidung *f* eitrigen Harns; *sc* Pyu'rie *f*
pyxide [piksid] *f* 1. *bot* Deckelkapsel *f; sc* Py'xidium *n;* 2. *égl cath* Pyxis *f;* Hostienbehälter *m*

Q

Q, q [ky] *m* ⟨*inv*⟩ Q, q [kuː] *n*

qisma [kisma] *m Islam* Kismet *n*; unabwendbares Schicksal

quadragénaire [kwadraʒenɛr] **I** *m*, *f* Vierzigjährige(r) *f(m)*; Vierziger(in) *m(f)*; **II** *adj* vierzigjährig

quadragésimal [kwadraʒezimal] *adj* ⟨-aux⟩ *rel* Fasten(zeit)…; **jeûne** ~ vorösterliches Fasten

Quadragésime [kwadraʒezim] *f rel* (**le dimanche de**) **la** ~ (der Sonntag) Quadra'gesima; der erste Fastensonntag; Invo'kavit

quadrangulaire [kwadrɑ̃gylɛr] *adj math* viereckig; *geometrischer Körper* vierseitig; **prisme** *m* ~ vierseitiges Prisma; **tour** *f* ~ viereckiger Turm

quadrant [kadrɑ̃] *m* **1.** *math* Qua'drant *m*; Viertelkreis *m*; **2.** *mar hist* Qua'drant *m*

quadratique [kwadratik] *adj* **1.** *math* qua'dratisch; *Gleichung auch* zweiten Grades; **2.** *minér* **système** *m* ~ tetrago'nales *od* qua'dratisches (Kri'stall)Sy'stem

quadrature [kwadratyr] *f* **1.** *math* Quadra'tur *f* (*auch Berechnung e-s Integrals*); **la** ~ **du cercle** die Quadratur des Kreises (*fig auch des Zirkels*); **2.** *astr* Quadra'tur *f*; Geviertschein *m*; **marée** *f* **de** ~ Nippflut *f*

quadrette [kadrɛt, kwa-] *f beim Boulespiel* Vierermannschaft *f*

quadriceps [kwadrisɛps] *m anat* vierköpfiger Schenkelstrecker; *sc* Musculus quadriceps femoris *m*

quadrichromie [kwadrikrɔmi] *f impr* Vier'farbendruck *m*

quadriennal [kwadrije(n)nal] *adj* ⟨-aux⟩ **a)** vierjährig; Vier'jahres…; **plan** ~ Vierjahresplan *m*; **b)** vierjährlich; alle vier Jahre (stattfindend); *agr* **assolement** ~ Vier'felderwirtschaft *f*

quadrifolié [kwadrifɔlje] *adj bot* vierblätt(e)rig

quadrige [kadriʒ, kwa-] *m hist, Kunst* Qua'driga *f*; Viergespann *n*

quadri|gémellaire [kwadriʒemɛ(l)lɛr] *adj méd* **grossesse** *f* ~ Vierlingsschwangerschaft *f*; **~jumeaux** *adj anat* **tubercules** *m/pl* ~ Vierhügel *m*; *sc* Corpora quadri'gemina *n/pl*; **~latéral** *adj* ⟨-aux⟩ vierseitig; *bât auch* viereckig; **entente** ~**e** vierseitiges Über'einkommen

quadrilatère [kwadrilatɛr, kwa-] *m* **1.** *math* Viereck *n*; **2.** *hist mil* Festungsviereck *n*; **le** ♀ **lombard** das lombardische Festungsviereck; **3.** *auto* ~ **articulé** Lenktrapez *n*

quadrillage [kadrijaʒ] *m* **1.** *auf Stoffen* Karomuster *n*; *auf Papier* Liniennetz *n*, -gitter *n*; *auf e-r Karte* Gitternetz *n*; *bât* Raster *m*; **le** ~ **des rues** das schachbrettartige Straßennetz; **2.** *mil, Polizei* Errichtung *f* e-s Kon'trollnetzes; **3.** *par ext* Kon'trolle *f*; Über'wachung *f*; (organisa'torische) Erfassung; *auch* (bessere) Versorgung

quadrille [kadrij] *m Tanz* Qua'drille *f*; ~ **des lanciers** Lanci'er *m*; F *fig* **en place pour le** ~ ! F ran an die Arbeit!

quadriller [kadrije] *v/t* **1.** ka'rieren; kästeln; *adit* **quadrillé** *Papier* ka'riert; gekästelt; **parquet quadrillé** Würfelparkett *n*; **2.** *mil, Polizei* mit e-m Kon'trollnetz über'ziehen (**un territoire** ein Gebiet); **3.** *par ext* kontrol'lieren; über'wachen; (organisa'torisch) erfassen; (besser) versorgen

quadrilobe [kwadrilɔb] *m arch* Vierpaß *m*

quadri|mestre [kwadrimɛstr(ə), ka-] *m Buchhaltung* Zeitraum *m* von vier Monaten; vier Monate *m/pl*; **~moteur** *aviat* **I** *adj* viermotorig; **II** *m* viermotorige Ma'schine

quadri|partite [kwadripartit] *adj pol* Vierer…; Vier'mächte…; **commission** *f*, **conférence** *f* ~ Vierer-, Viermächtekommission *f*, -konferenz *f*; **~phonie** *f mus* Quadropho'nie *f*; **~pôle** *m élect* Vierpol *m*

quadrique [kwadrik] *adj u subst f math* (**surface** ~) Fläche *f* zweiter Ordnung

quadriréacteur [kwadrireaktœr, ka-] *aviat* **I** *adj* vierstrahlig; **II** *m* vierstrahlige Ma'schine

quadri|rème [kwadrirɛm] *f mar hist* Vierruderer *m*; Quadri'reme *f*; **~syllabe** **a)** viersilbiges Wort; **b)** *Vers* Viersilber *m*, -silber *m*, -silbner *m*; **~syllabique** *adj métr* viersilbig; **~valence** *f chim* Vierwertigkeit *f*; **~valent** *adj chim* vierwertig; **~vecteur** *m math* Vierervektor *m*

quadrumane [kwadryman, ka-] *m zo* meist *pl* **~s** Vierhänder *m/pl*

quadrupède [kwadrypɛd, ka-] *zo* **I** *adj* vierfüßig; **II** *m* Vierfüß(l)er *m*

quadruple [kwadrypl(ə), ka-] **I** *adj* vierfach; *mus* ~ **croche** *f* Vierund'sechzigstel(note) *n(f)*; **II** *subst* **le** ~ das Vierfache; **le** ~ **du prix** der vierfache Preis; das Vierfache des Preises

quadrupler [kwadryple, ka-] **I** *v/t* vervierfachen; **II** *v/i* sich vervierfachen

quadruplé(e)s [kwadryple, ka-] *m(f)pl* Vierlinge *m/pl*

quadruplex [kwadryplɛks] *m télécomm* Quadruplexverkehr *m*, -system *n*

quai [ke] *m* **1.** *e-s Hafens* Kai *m*; Kaimauer *f*, -straße *f*; ~ **de débarquement**, **d'embarquement** Lösch-, (Ver-)Ladekai *m*; *für Personen* Anlegestelle *f* (*zur Ein-, Ausschiffung*); **droit** *m* **de** ~ Hafengeld *n*, -gebühr *f*; **à** ~ am Kai; *Schiff* **être à** ~ am Kai liegen; **2.** *an e-m Fluß etc* Kai *m*; Kaimauer *f*; *par ext* Uferstraße *f*, -promenade *f*; *in Paris*: **les** ~**s de la Seine** die Seineufer *n/pl*; **se promener sur les** ~**s** am Seineufer spazierengehen; **le** ♀ **des Orfèvres** der Quai des Orfèvres (*Sitz der Kriminalpolizei*); **le** ♀ **d'Orsay** *od* F **le** ♀ der Quai d'Orsay (*Sitz des frz Außenministeriums*); **3.** *ch de fer* Bahnsteig *m*; ~ **n°** 9 Bahnsteig 9; ~ **d'arrivée**, **de départ** Ankunfts-, Abfahrtsbahnsteig *m*; ~ **du métro** U-Bahnsteig *m*; ~ **de transbordement** 'Umladerampe *f*

quaker [kwɛkœr] *m*, **~esse** [kwɛkrɛs] *m(f)* Quäker(in) *m(f)*; **~isme** *m* Lehre *f* der Quäker; Quäkertum *n*

qualifiable [kalifjabl(ə)] *adj* **1.** *péj* **ne pas être** ~ jeder Beschreibung spotten; unbeschreiblich sein; **2.** *sports* teilnahmeberechtigt; ~ **pour la finale** zur Teilnahme am Endlauf, an der Endrunde *etc* berechtigt

qualificatif [kalifikatif] **I** *adj* ⟨-ive⟩ *gr* adjektiv…; Adjektiv *n*; Eigenschaftswort *n*; **II** *m* **1.** Bezeichnung *f*; **2.** *gr* Attri'but *n*; Beifügung *f*

qualification [kalifikasjɔ̃] *f* **1.** Bezeichnung *f*; Benennung *f*; ~ **de fait historique** als historisches Ereignis bezeichnet werden; **2.** *gr* (Charakteri'sierung *f* durch ein) Attri'but *n*; nähere Bestimmung *f*; **3.** *sports* Qualifikati'on *f*; Qualifi'zierung *f*; Teilnahmeberechtigung *f*; **épreuves** *f/pl* **de** ~ Qualifikationswettkämpfe *m/pl*; **4.** ~ (**professionnelle**) (berufliche) Eignung, Qualifikati'on, Befähigung; **5.** *jur* Subsumti'on *f*

qualifié [kalifje] *adj* **1.** geeignet; befähigt; qualifi'ziert; geschult; '**hautement** ~ hochqualifiziert; hochbefähigt; **ouvrier** ~ Facharbeiter *m*; **personnel** ~ geschultes Personal; Fachkräfte *f/pl*; **être** ~ **pour** *qc auch* sich für etw eignen; **2.** *sports* qualifi'ziert; **un coureur** ~ ein Läufer, der sich qualifiziert hat; **3.** *jur* qualifi'ziert; **vol** ~ schwerer Diebstahl

qualifier [kalifje] **I** *v/t* **1.** benennen; kennzeichnen; qualifi'zieren; charakteri'sieren; *gr*: Adjektiv *etc* das Substantiv näher bestimmen; **une conduite qu'on ne saurait** ~ ein Benehmen, das jeder Beschreibung spottet; **sont qualifiés grands mutilés de guerre ceux qui** … unter die Bezeichnung Schwerkriegsbeschädigte fallen alle, die …; **l'adjectif sert à** ~ **le nom** das Adjektiv dient der näheren Bestimmung des Substantivs; ♦ ~ **de** bezeichnen als; nennen (+*acc*); ~ **qn d'imbécile** j-n (e-n) Dummkopf nennen, schelten; **ce réduit est qualifié de laboratoire** und dieses Loch nennt sich Laboratorium; ~ **une question d'essentielle** e-e Frage als wesentlich bezeichnen; **2.** ~ **qn** j-n qualifi'zieren,

befähigen (pour für, zu); **ne pas être qualifié pour faire des remontrances à qn** nicht dazu befugt sein, j-m Vorhaltungen zu machen; **3.** *sports* die Qualifikati'on verschaffen (**qn** j-m); *un but à la dernière minute a qualifié leur équipe* … hat ihrer Mannschaft zur Qualifikation verholfen; **II** *v/pr* **se ~ 4.** *sports* **se ~** sich qualifi'zieren (**pour la finale** für das Finale); **5. se ~ de poète,** *etc* sich Dichter *etc* nennen; sich als Dichter *etc* bezeichnen, ausgeben

qualitatif [kalitatif] *adj* ‹-**ive**› qualita-'tiv; dem Wert, der Beschaffenheit nach; *chim* **analyse qualitative** qualitative Analyse

qualité [kalite] *f* **1.** *von Sachen* Beschaffenheit *f*; Eigenschaft *f*; *bes comm* Quali-'tät *f*; Güte *f*; **~ de l'air** Luftbeschaffenheit *f*; **~ de la vie** Lebensqualität *f*; **~ des vins** Weingüte *f*; Qualität der Weine; *aviat* **~s de vol** Flugeigenschaften *f/pl*; **garantie f de ~** Qualitätsgarantie *f*; *écon* **statut m de ~** Güteklassengesetz *n*; ◆ *loc/adj* **de ~** Qualitäts…; **produit m de ~** Qualitätserzeugnis *n*, -produkt *n*; **un spectacle de ~** ein gutes Theaterstück; **de bonne, mauvaise ~** von guter, schlechter Qualität; **marchandise f de première ~** erstklassige Ware; Ware *f* erster Güte; **produit m de ~ supérieure** Erzeugnis *n* der Spitzenklasse; Spitzenprodukt *n*; *auf Etiketten* **vin m de ~ supérieure** Wein *m* (von) mittlerer Qualität, Güte; **2.** *von Personen* (gute, positive) Eigenschaft; Fähigkeit *f*; Vorzug *m*; **~ maîtresse** domi-'nierender Cha'rakterzug; Hauptmerkmal *m*; **~s d'écrivain** schriftstellerische Fähigkeiten; **~s de l'esprit** geistige Vorzüge *m/pl*; **~s de jugement** Urteilskraft *f*, -fähigkeit *f*; **~s d'organisation** Organisati'onstalent *n*; *loc/adj* **un espion, etc de première ~** ein erstklassiger Agent; **avoir de belles ~s** von edler Gesinnung sein; **3.** *adm, jur* Eigenschaft *f*; **~ d'associé, d'auteur** Teilhaber-, Verfasserschaft *f*; **~ de citoyen, de fonctionnaire** Eigenschaft als Staatsbürger, Beamter; **avoir ~ pour faire qc** berechtigt, befugt sein, etw zu tun; *loc/prép* **en ~ de** als; in j-s Eigenschaft als; **en ~ d'observateur, etc** (in s-r Eigenschaft) als Beobachter *etc*; *jur* **~s** *pl* Urteilseingang *m*; Rubrum *n* und Tatbestand *m*; **5.** *philos* Quali'tät *f*; **~s premières, secondes** primäre, sekundäre Qualitäten; **6.** *phon* Quali'tät *f*; Klangfarbe *f*; **7.** *früher* **homme m de ~** Mann *m* von hohem Stande; Standesperson *f*

quand [kã, *vor Vokal* kãt] **I** *conj* **1.** *zeitlich* **a)** als (+ *Tempus der Vergangenheit*); wenn (+ *prés od fut*); **~ la nuit fut venue** als, nachdem die Nacht hereingebrochen war; **~ j'y pense** wenn ich daran denke; F **j'aime beaucoup ~ il parle de ses voyages** ich habe es sehr gern, wenn er von s-n Reisen erzählt; **b)** *Wiederholung* (jedesmal) wenn; **~ l'un disait oui, l'autre disait non** (jedesmal) wenn der eine ja sagte, sagte der andere nein; **c)** *Zustand* wenn; **~ on est seul n a qu'on manque de tout** wenn man allein ist und es einem an allem fehlt; **2.** *konzessiv, kausal* **a)** auch wenn; selbst wenn; ob'wohl; da doch; **~ elle l'eût voulu, elle n'eût pas pu** auch wenn sie (es) gewollt hätte, so hätte sie es doch nicht vermocht; **je vous disais qu'elle allait venir!** wenn ich Ihnen doch gesagt habe, daß sie kommen würde!; **pourquoi ne pas avoir la télévision ~ tout le monde l'a?**

warum keinen Fernseher, da doch jeder einen hat?; **b)** *loc/conj* **~ (bien) même** und wenn auch; selbst wenn; **~ bien même il le nierait** und wenn er es auch leugnen sollte; **II** *adv* **1.** wann?; **~ aurez--vous fini?** wann sind Sie fertig?; **alors, à ~ le mariage?** na, wann findet die Hochzeit statt?; **de ~ est ce pain?** von wann ist dieses Brot?; **depuis ~ êtes--vous ici?** seit wann sind Sie hier?; **jusqu'à ~ restez-vous?** bis wann bleiben Sie?; wie lange bleiben Sie (noch)?; **c'est pour ~?** wann soll das sein, stattfinden?; **je ne sais pas ~ il viendra** ich weiß nicht, wann er kommt; **2.** *loc/adv* **~ même** trotzdem; dennoch; immerhin; doch; **je le ferai ~ même** ich werde es trotzdem, dennoch tun; **je suis ~ même ta femme** schließlich bin ich deine Frau; ich bin immerhin deine Frau; **on travaillerait ensemble. ce serait ~ même plus gai** … das wäre doch angenehmer; F **c'est un peu fort ~ même!** F das ist dann doch ein bißchen stark!

quant *loc/prép* **~ à** [kãta] was (+*acc*) angeht, betrifft, an(be)langt; hinsichtlich (+*gén*); …mäßig; F in puncto (+*nom*); **~ au fond** was den Inhalt betrifft; hinsichtlich des Inhalts; **~ à moi** ich meinerseits; was mich betrifft; **~ au logement, travail,** *je suis content* wohnungs-, arbeitsmäßig, in puncto Wohnung, Arbeit…; **~ à lui proposer ma place, je n'y pense pas** ich denke gar nicht daran, ihm meinen Platz anzubieten

quanta [kwãta] *pl von* **quantum**

quant-à-soi [kãtaswa] *m* Zu'rückhaltung *f*; Re'serve *f*; Reser'viertheit *f*; **rester, se tenir sur son ~** Zurückhaltung üben; reserviert bleiben; sich reserviert verhalten

quantième [kãtjɛm] *m adm* **le ~ du mois** das Monatsdatum; der Soundsovielte des Monats

quanti'ficateur [kãtifikatœr] *m Logik* Quantifi'kator *m*; Quantor *m*; **~fication** *f* **1.** *phys* Quanten..., -ung *f*; Quanti'sierung *f*; **2.** *Logik* Quantifikati'on *f*; Quantifi'zierung *f*; **~fier** *v/t* **1.** *phys* quanteln; quanti'sieren; *adit* **énergie quantifiée** gequantelte Energie; **2.** *Logik* quantifi'zieren

quantique [kwãtik, kã-] *adj phys* Quanten…; **mécanique f ~** Quantenmechanik *f*; **nombres m/pl ~s** Quantenzahlen *f/pl*; **physique f ~** Quantenphysik *f*; **statistique f ~** Quantenstatistik *f*

quantitatif [kãtitatif] *adj* ‹-**ive**› quantita'tiv; mengenmäßig; der Menge, Größe, Anzahl nach; *chim* **analyse quantitative** quantitative Analyse

quantité [kãtite] *f* **1.** Menge *f*; Quanti-'tät *f*; Größe *f*; große Zahl; **~ prescrite** vorgeschriebene Menge; **une ~ de cartes postales** e-e große Zahl (von) Postkarten; **des ~s de chocolats** Unmengen von Pralinen; **la ~ de nourriture quotidienne** die tägliche Nahrungsmenge; **une certaine ~ d'espérance** ein gewisses Maß an Hoffnung; **de grandes, d'énormes ~s de blé** große, ungeheure Mengen von Weizen *od* Weizenmengen *f/pl*; Unmengen von Weizen; **~ de … e-e Menge (von) …; viele …; ~ de gens disent que …** viele Leute sagen, daß …; *gr* **adverbe m de ~** Mengenadverb *n*; Adverb *n* der Menge; *loc/adv* **en ~** in Menge; haufenweise; **en grande, petite ~** in großer, geringer Menge; **qu'on m'apporte à boire, et en ~!** man soll mir zu trinken bringen, und nicht zu wenig!; **il y avait de la bière en ~** es gab Bier im

'Überfluß; **sacrifier la qualité à la ~** die Qualität der Quantität opfern; **2.** *math* Größe *f*; **~ connue, inconnue** bekannte, unbekannte Größe; **~ de mouvement** Bewegungsgröße *f*; Im'puls *m*; **3.** *phys, tech* Menge *f*; **~ de chaleur, d'électricité, d'énergie** Wärme-, Elektrizi'täts-, Ener'giemenge *f*; **4.** *philos* Quanti'tät *f*; **5.** *phon* Länge *f*; Dauer *f*; Quanti'tät *f*; **6.** *métr* (Silben)Dauer *f*; Quanti'tät *f*

quantum [kwãtɔm] *m* ‹*pl* **quanta**› **1.** *adm, jur* Quantum *n*; **~ des dommages-intérêts** Höhe *f* des Schadenersatzes; **~ de la peine** Strafmaß *n*; **2.** *phys* Quant *n*; **~ d'énergie** Ener'giequant *n*; **théorie f des quanta** Quantentheorie *f*

quarantaine [karãtɛn] *f* **1. une ~** etwa, an die, ungefähr, rund, zirka vierzig; **une ~ de personnes** *etc* etwa vierzig Personen, Leute; **2.** *Alter* Vierzig *f*; Vierziger(jahre) *n/pl*; **il approche de la ~** er nähert sich den Vierzigern; **avoir la ~** etwa, rund vierzig Jahre alt sein; **avoir (dé)passé la ~** die Vierzig über'schritten haben; über die Vierzig, in den Vierzigern sein; **3.** *méd* Quaran'täne [ka-] *f*; *fig* gesellschaftliche Iso'lierung; Nichtbeachtetwerden *n*; *mar* pavillon *m* de ~ Quarantäneflagge *f*; **mettre en ~ a)** *méd* in Quarantäne legen; **b)** *fig* iso'lieren; absondern; schneiden; **4.** *bot* Sommerlevkoje *f*

quarante [karãt] **I** *adj/num/c* vierzig; **~ et un** einundvierzig; **~ et unième** einundvierzigste(r, -s); **les années ~** die vierziger Jahre *n/pl*; **semaine f de ~ heures** Vierzig'stundenwoche *f*; **obtenir les ~ heures** die Vierzigstundenwoche erreichen; **jours ~** vierzig Tage; **page ~** Seite vierzig; *loc* **je m'en moque comme de l'an ~** *cf* moquer **2.**; **II** *m* ‹*inv*› **1.** Vierzig *f*; *cf auch* deux II; **2. les ~** die vierzig Mitglieder der Académie française; **~-deux** *adj/num/c* zweiundvierzig; **~-deuxième** *adj/num/o* zweiundvierzigste(r, -s); **~-huit** *adj/num/c* achtundvierzig; *hist* **la Révolution de ~** die Revolution von 1848

quarantenaire [karãtnɛr] **I** *adj jur* vierzig Jahre dauernd; vierzigjährig; **II** *m méd* Quaran'tänestation *f*

quarantième [karãtjɛm] **I** *adj/num/o* vierzigste(r, -s); **II** *subst* **1. le, la ~** der, die, das vierzigste; **2.** *m math* Vierzigstel *n*

quarderonner [kardərɔne] *v/t tech* an den Kanten abrunden

quarre [kar] *f cf* **carre**

quart [kar] **I** *m* **1.** Viertel *n*; *par ext* **un ~ de beurre** ein Viertel(pfund) Butter; **un ~ de brie** ein Brieviertel; *e-e* Briecke; *math* **~ de cercle** Viertelkreis *m*; Qua'drant *m*; *sports* **~ de finale** Viertelfinale *n*; **~ de siècle** Vierteljahr'hundert *n*; *mus* **~ de soupir** Sechzehntelpause *f*; *mus* **~ de ton** Viertelton *m*; **~ de tour** Vierteldrehung *f*; F *fig* **au ~ de tour** so'fort; auf der Stelle; *Motor* **démarrer au ~ de tour** sofort anspringen; *par ext* **un ~ de vin** ein Viertel (-liter), ein Schoppen *m* Wein; **piano** *m* ~ **de queue** kleiner Stutzflügel; *loc/adv* **au ~ de poil** *cf* poil **3.**; *par ext* **je n'ai fait que le ~ de ce que je voulais faire** ich habe nur e-n Bruchteil von dem getan, was ich tun wollte; **2. les trois ~s** drei Viertel; **les trois ~s de la somme** drei Viertel des Betrages; *par ext* **les trois ~s du temps** die meiste Zeit (über); fast immer; ◆ *adit cout* **manche** *f*, **manteau** *m* **trois ~s** drei'viertellanger Ärmel, Mantel; *loc/adj* **portrait m de trois ~s** Porträt *n* im Halbprofil; ◆

loc/adv aux trois ~s fast ganz, völlig; travail aux trois ~s fini fast fertige Arbeit; ville détruite aux trois ~s zu drei Vierteln, fast völlig zerstörte Stadt; être aux trois ~s ivre beinahe völlig betrunken sein; 3. ~ d'heure Viertel-'stunde *f*; *fig* un ~ d'heure de grâce e-e (kurze) Galgenfrist; *fig u litt* le ~ d'heure de Rabelais der Augenblick, in dem die Zeche bezahlt werden muß; ein peinlicher, unangenehmer Augenblick; *loc/adj* entretien *m* d'un ~ d'heure viertelstündige Unter'redung; Unterredung von e-r Viertelstunde; *loc/adv*: dans trois ~s d'heure in drei viertel Stunden; in e-r Dreiviertelstunde *od* dreiviertel Stunde; tous les ~s d'heure viertelstündlich; alle Viertelstunden; voir son dernier ~ d'heure arriver sein letztes Stündlein herannahen fühlen; *par ext* passer un mauvais ~ d'heure bange, böse, schlimme Minuten, durch'leben; ♦ *Uhrzeit* trois heures un ~ *od* et ~ Viertel nach drei; Viertel vier; deux heures moins le ~ (il est) Viertel vor zwei; drei Viertel zwei; il est le ~ es ist Viertel (nach); *Uhr* sonner les ~s alle Viertelstunden schlagen; 4. *mar* (Schiffs)Wache *f* (*auch Mannschaft*); officier *m* de ~ Wachoffizier *m*; être de ~ Wache halten, haben; prendre le ~ auf Wache gehen; 5. *mil* Feldbecher *m*; 6. *der Windrose* Strich *m*; II *adj* ⟨quarte [kart]⟩ früher vierte(r, -s); *path* fièvre ~e Quar'tana *f*; Quar'tanfieber *n*

quartan(n)ier [kartɑ̃je] *m ch* vierjähriges Wildschwein

quartaut [karto] *m* kleines Faß (*je nach Gegend zwischen 57 u 137 l*)

quart-de-rond [kardərɔ̃] *m* ⟨*pl* quarts-de-rond⟩ *arch* Viertelstab *m*

quarte [kart] *f* 1. *mus* Quart(e) *f*; ~ augmentée, diminuée, juste 'übermäßige, verminderte, reine Quart; 2. *esc* Quart *f*; 3. *hist* Hohlmaß Quart *n*

quartelette [kartəlɛt] *f tech* Schieferplättchen *n*

quarteron[1] [kartərɔ̃] *m* 1. *regional* Viertelhundert *n*; fünfundzwanzig; 2. *fig, oft péj* un ~ de conjurés, *etc* e-e kleine Zahl, e-e Handvoll Verschwörer *etc*

quarter|on[2] [kartərɔ̃] *m*, **~onne** *f* Viertelneger(in) *m(f)*; Terze'rone *m*, Terze'ronin *f*

quartette [kwartɛt] *m mus* Jazzquartett ['dʒɛs-] *n*; Vier'mannband (*franz*) *f*

quartier [kartje] *m* 1. (Stadt)Viertel *n*; Stadtteil *m*; Gegend *f*; *adm* Bezirk *m*; Re'vier *m*; ♀ *latin* Quartier Latin *n* (*Pariser Universitätsviertel*); ~ résidentiel *cf* résidentiel 1.; ~ d'affaires Geschäftsviertel *n*; les gens du ~ die Leute aus der Nachbarschaft; 2. *mil* Quar'tier *n*; ~ général Stabsquartier *n*; grand ~ général Hauptquartier *n*; *fig* ~ général des étudiants Sammel-, Treffpunkt *m* der Studenten; ~s d'hiver Winterquartiere *n/pl*; prendre ses ~s d'hiver die Winterquartiere beziehen; avoir ~ libre Ausgang haben; *fig* je vous laisse ~ libre ich lasse Ihnen freie Hand; 3. *norm* Stück *n*; Teil *m od n*; ~ de bœuf Rinderviertel *n*; ~ d'orange *nordd* Apfel'sinenstück *n*; *südd* O'rangenschnitz *m*; ~ de pomme Apfelviertel *n*; ~ de viande Schlachtteil *m*; 4. *des Mondes* premier, dernier ~ erstes, letztes Viertel; *in beiden Fällen auch* Halbmond *m*; le lune est dans son premier ~ der Mond ist im ersten Viertel; es ist Halbmond; 5. *Heraldik* Schildviertel *n*; *fig* avoir 'huit ~s de noblesse acht adelige Vorfahren, Ah-

nen nachweisen können; 6. *e-s Sattels* Seitenblatt *n*; 7. *loc* demander ~ à qn j-n um Gnade, Par'don bitten; ne pas faire de ~ kein(en) Pardon geben; niemanden verschonen; pas de ~! Pardon wird nicht gegeben; kein Pardon!

quartier-maître [kartjemɛtr(ə)] *m* ⟨*pl* quartiers-maîtres⟩ *mil* 1. *früher* Quar-'tiermeister *m*; 2. *mar* ~ de 1ère classe Obergefreite(r) *m*; ~ de 2e classe Gefreite(r) *m*

quarto [kwarto] *adv* viertens

quartz [kwarts] *m minér* Quarz *m*; ~ enfumé Rauchquarz *m*; ~ hématoïde Rosenquarz *m*; cristal *m* de ~ Quarzkristall *n*; **~eux** *adj* ⟨-euse⟩ quarzig; Quarz...; **~ifère** *adj* quarzhaltig; **~ite** *m minér* Quar'zit *m*

quasar [kwazar, ka-] *m astr* Qua'sar *m*

quasi [kazi] *m cuis* ~ (de veau) Kalbskeulenstück *n* aus der 'Unterschale

quasi-... [kazi] *in Zssgn* a) *mit adj*: fast; beinahe; nahezu; sozusagen; gewissermaßen; gleichsam; quasi; *z B*: quasi--normal fast normal; quasi-unanime fast einmütig; b) *mit subst*: fast völlig; nahezu to'tal; *z B*: avec une quasi--certitude mit fast hundertprozentiger Sicherheit; mit an Sicherheit grenzender Wahrscheinlichkeit; quasi-impossibilité *f* fast völlige Unmöglichkeit; quasi-inexistence *f* fast völliges Fehlen; la quasi-totalité des Français fast alle Franzosen; so gut wie alle Franzosen

quasi|-contrat [kazikɔ̃tra] *m* ⟨*pl* quasi-contrats⟩ *jur* Quasikontrakt *m*; vertragsähnliches Rechtsverhältnis; **~-délit** *m* ⟨*pl* quasi-délits⟩ *jur* Quasidelikt *n*

quasiment [kazimɑ̃] F *adv* sozusagen; gewissermaßen; quasi; fast; beinahe

Quasimodo [kazimodo] *f égl* la ~ *od* le dimanche de ~ (der Sonntag) Quasimodo'geniti

quassia [kwasja] *m od* **quassier** [kwasje] *m bot* Quassiaholzbaum *m*

quat' [kat] *cf* quatre I

quaternaire [kwatɛrnɛr] *adj* 1. *géol* ère *f* ~ *od subst* ~ *m* Quar'tär *n*; ~ ancien Pleisto'zän *n*; Di'luvium *n*; ~ récent Holo'zän *n*; Al'luvium *n*; terrain *m* ~ Quartärformation *f*; 2. *chim* quater'när; aus vier Bestandteilen zu'sammengesetzt

quaternion [kwatɛrnjɔ̃] *m math* Quaterni'on *f*

quatorze [katɔrz] I *adj/num/c* vierzehn; ~ heures vierzehn Stunden; *fig* vierzehn Uhr; *fig* chercher midi à ~ heures *cf* midi 2.; Louis XIV Ludwig XIV. (*der Vierzehnte*); le ~ mai der vierzehnte *bzw* am vierzehnten Mai; la guerre de ~ der Erste Weltkrieg; de ~ ans vierzehnjährig; von vierzehn Jahren; c'était en ~ das war (im Jahre) 1914; II *m* ⟨*inv*⟩ Vierzehn *f*; le ~ (du mois) der Vierzehnte *bzw* am Vierzehnten (des Monats); *cf auch* deux II

quatorzième [katɔrzjɛm] I *adj/num/o* vierzehnte(r, -s); le ~ siècle das vierzehnte Jahrhundert; II *subst* 1. le, la ~ der, die, das vierzehnte; *fig* faire le ~ à table 'überzählig, 'überflüssig sein; 2. *m math* Vierzehntel *n*; 3. *in Paris* le ~ das vierzehnte Arrondisse'ment; **~ment** *adv* vierzehntens

quatrain [katrɛ̃] *m métr* Vierzeiler *m*

quatre [katr(ə)] I *adj/num/c* vier; ♦ le ~ août der vierte August *bzw* am vierten August; *cuis* les ~ épices *f/pl* viererlei Gewürz *n* (*Mischung aus Nelken, Muskat, schwarzem Pfeffer und Zimt od Ingwer*); Henri IV Heinrich IV. (*der Vierte*); ~ heures vier Stunden; *Uhrzeit* vier Uhr; *par ext enf* mon ~ heures

mein Vesper-, Nachmittagsbrot *n*; page ~ Seite vier; ♦ *loc/adj*: *mus* mesure *f* à ~ temps Vier'vierteltakt *m*; *bot* trèfle *m* à ~ feuilles vierblätt(e)riges Kleeblatt; voiture *f* à ~ places Viersitzer *m*; l'Opéra *m* de quat' sous Die Drei'groschenoper; ♦ *loc/adv*: à ~ zu viert; zu vieren; *fig* se tenir à ~ sich sehr zu'sammennehmen, F -reißen; aux ~ coins du monde überall in, auf der Welt; *cf auch* coin 1.; *mus* à ~ mains *cf* main 1.; *fig* un de ces ~ matins demnächst; in Bälde; e-s schönen Tages; entre ~ yeux [-katjø] unter vier Augen; ♦ ne pas y aller par ~ chemins *cf* chemin 1.; manger comme ~ für drei essen; marcher à ~ pattes auf allen vieren kriechen, gehen; F *fig* se mettre en ~ sein möglichstes tun; F sich zerreißen, 'umbringen (pour qn für j-n); monter, descendre un escalier ~ à ~ e-e Treppe in großen Sprüngen hinauf-, hinuntereilen, mit ein paar Sätzen hinauf-, hinunterspringen; immer zwei Stufen auf einmal nehmen; tiré à ~ épingles *cf* épingle; II *m* ⟨*inv*⟩ 1. *Zahl* Vier *f*; *südd auch* Vierer *m*; le ~ (du mois) der Vierte *bzw* am Vierten (des Monats); *cf auch* deux II; 2. *Rudern* Vierer *m*; ~ avec, sans barreur Vierer mit, ohne Steuermann

quatre-(cent-)vingt-et-un [kat(sɑ̃)-vɛ̃tɛ̃, katrə-] *m* ⟨*inv*⟩ *frz* Würfelspiel

quatre-de-chiffre [katrədəʃifr(ə)] *m* ⟨*inv*⟩ *ch* (kleine) Falle (*in Form e-r Vier*)

quatre-épices [katrepis] *m od f* ⟨*inv*⟩ *bot* Echter Schwarzkümmel

quatre-feuilles [katrəfœj] *m* ⟨*inv*⟩ *arch* Vierpaß *m*

quatre-huit [katrəɥit] *m* ⟨*inv*⟩ *mus* Vier'achteltakt *m*

quatre-mâts [katrəmɑ] *m* ⟨*inv*⟩ *mar* Viermaster *m*; ~ barque Viermastbark *f*; ~ carré Viermastvollschiff *n*

quatre-quarts [kat(rə)kar] *m* ⟨*inv*⟩ *cuis* etwa Sandtorte *f*

quatre-saisons [kat(rə)sɛzɔ̃] *f* ⟨*inv*⟩ *bot* Monatserdbeere *f*

quatre-temps [katrətɑ̃] *m/pl égl* cath Qua'tember *m*

quatre-vingt(s) [katrəvɛ̃] I *adj/num/c* ⟨*bei folgender Zahl sowie als Ordnungszahl ohne* s⟩ achtzig; quatre-vingts hommes achtzig Mann; quatre-vingt mille achtzigtausend; quatre-vingts millions achtzig Millionen; page quatre-vingt Seite achtzig; dans les années quatre-vingt in den achtziger Jahren; âgé de quatre-vingts ans achtzig Jahre alt; 'huit fois dix font quatre-vingts acht mal zehn ist achtzig; II *subst* quatre-vingt *m* ⟨*inv*⟩ Achtzig *f*; *cf auch* deux II

quatre-vingt|-dix [katrəvɛ̃dis] I *adj/num/c* neunzig; les années ~ die neunziger Jahre *n/pl*; II *m* ⟨*inv*⟩ Neunzig *f*; *cf auch* deux II; **~-dixième** I *adj/num/o* neunzigste(r, -s); II *subst* 1. le, la ~ der, die, das neunzigste; 2. *m math* Neunzigstel *n*

quatre-vingtième [katrəvɛ̃tjɛm] I *adj/num/o* achtzigste(r, -s); II *subst* 1. le, la ~ der, die, das achtzigste; 2. *m math* Achtzigstel *n*

quatre-vingt-neuf [katrəvɛ̃nœf] *adj/num/c* neunundachtzig; *hist* la Révolution de ~ die Revolution von 1789; die Französische Revolution

quatre-vingt|-onze [katrəvɛ̃ɔ̃z] *adj/num/c* einundneunzig; **~-onzième** *adj/num/o* einundneunzigste(r, -s)

quatre-vingt-un [katrəvɛ̃ɛ̃] *adj/num/c* einundachtzig; **~-unième** [-ynjɛm]

adj/num/o einundachtzigste(r, -s)

quatrième [katrijɛm] **I** *adj/num/o* vierte(r, -s); **la ~ dimension** die vierte Dimension; **II** *subst* **1. le, la ~** der, die, das vierte (*der Reihe nach*) *bzw* der, die, das Vierte (*der Leistung od dem Rang nach*); **chercher un ~ pour le bridge** e-n vierten Mann zum Bridge suchen; **2.** *m* vierter Stock; vierte E'tage; **habiter au ~** im vierten Stock, F vier Treppen hoch wohnen; **3.** *in Paris* **le ~** das vierte Arrondisse'ment; **4.** *f Schule* dritte Klasse im Gym'nasium; Quarta *f;* **5.** *f auto* vierter Gang; **passer en ~** in den vierten (Gang) gehen; den vierten Gang einschalten; **6.** *f Kartenspiel* Folge *f* von vier Karten e-r Farbe

quatrièmement [katrijɛmmã] *adv* viertens

quatrillion [kwatriljõ, ka-] *m* Quadrilli'on *f*

quattrocento [kwatrɔtʃento] *m Kunstzeitalter in Italien* Quattrocento [-'tʃento] *n*

quatuor [kwatɥɔr] *m* **1.** *mus* **a)** Quar'tett *n* (*Stück u Ausführende*); **~ vocal** Gesangs-, Vo'kalquartett *n;* **~ pour piano et cordes** Kla'vierquartett *n;* **b) ~ d'orchestre** die vier Streichergruppen *f/pl* des Symphonieorchesters; **2.** F *fig* (Vierer)Grüppchen *n*

que [kə] ⟨*vor Vokal u stummem h* qu'⟩ **I** *pr/rel* **1.** *obj/dir* den, die, das, *pl* die; *st/s* welche(n, -s), *pl* welche; **un monsieur ~ je ne connais pas** ein Herr, den ich nicht kenne; **la robe ~ tu as acheté** das Kleid, das du gekauft hast; **les livres qu'il a lus** die Bücher, die er gelesen hat; **le sac qu'elle dit avoir perdu** die Tasche, von der sie sagt, daß sie sie verloren hat; **le livre ~ voici** dieses Buch hier; **c'est lui ~ j'attends** auf ihn warte ich; **2.** *neutrales Relativ* (*obj/dir*) was; **a)** *nach* **ce: ce ~ tu me dis ne me surprend guère** was du mir da sagst, über'rascht mich kaum; **tout ce ~ j'ai vu** alles, was ich gesehen habe; **b)** *alleinstehend:* **il n'est pas malade, ~** je **sache** er ist (doch) nicht krank, soviel ich weiß; F **~ tu dis!** was du nicht sagst!; **3.** *prädikative Ergänzung:* **imbécile ~ tu es!** du Dummkopf!; **tout rusé qu'il est** ... schlau, wie er ist ...; **le vieillard ~ je suis devenu** der Greis, der ich geworden bin; **4.** *Subjekt in festen Wendungen:* **advienne ~ pourra** komme, was da wolle!; **coûte ~ coûte** koste es, was es wolle!; **5.** *zeitliches Relativ:* **chaque fois ~** jedesmal wenn; *cf auch* fois d); **un jour ~** e-s Tages, als; **du temps ~** zu der Zeit, als; **l'hiver qu'il fit si froid** in dem Winter, als es so kalt war; **II** *pr/i* was?; **1.** *obj/dir* ⟨*umschriebene Form* **qu'est-ce ~** [kɛskə]⟩: **~ cherchez-vous?** *od* **qu'est-ce ~ vous cherchez?** was suchen Sie?; **qu'en pensez-vous?** wie denken Sie darüber?; was halten Sie davon?; **~ faire?** was tun?; was kann man da machen?; F **~ diable dites-vous là?** was zum Teufel sagen Sie da?; **2.** *prädikative Ergänzung:* **qu'est-ce?** *od* **qu'est-ce c'est (~ ça)?** was ist das?; **~ sera le monde dans cent ans?** wie wird die Welt in hundert Jahren aussehen?; **~ deviendrons-nous?** *od* **qu'est-ce ~ nous deviendrons?** was soll aus uns werden?; **3.** *Subjekt bei v/imp:* **~ s'est-il passé?** was ist geschehen?; **qu'y a-t-il?** was ist?; was gibt es?; **4.** *in der indirekten Frage* **a)** *neutrales Fragepronomen* (*obj/dir*) **ce ~** was; **dites-moi ce ~ vous cherchez** sagen Sie mir, was Sie suchen;

b) *bes nach verneintem „savoir" + inf:* **je ne sais ~ faire** ich weiß nicht, was ich tun soll; **il ne savait plus ~ dire** er wußte nicht, was er noch sagen könnte; **qu'il est stupide!** F **ce qu'il est bête!** wie dumm er ist!, F ist der vielleicht blöd!; F **ce qu'on a bien mangé!** F wir haben wunderbar gut gegessen!; **~ je le regrette!** wie leid mir das tut!; **2.** *bei subst* **~ de wieviel** *od* wie viele; **~ de difficultés avons-nous rencontrées!** wieviel *od* wie viele Schwierigkeiten wir gehabt haben!; **~ de monde!** wie viele Leute!; **~ de fois!** wie viele Male!; wie oft!; **3.** *litt* **~ ... ne ... warum** ... nicht ...; **~ n'es-tu venu plus tôt!** warum bist du nicht früher gekommen!; **4.** *st/s zur Verstärkung von „non" u „si":* **il va venir? ~ non!** ... aber nein!; ... gewiß nicht!; **~ si!** gewiß doch!; aber na'türlich!; aber doch!; doch, ganz bestimmt!;

IV *conj* **1. a)** *in Objekt- u Subjektsätzen* daß *od* unübersetzt; **je crois qu'il reviendra** ich glaube, er wird 'wiederkommen *od* daß er 'wiederkommen wird; **dites-lui qu'il vienne** sagen Sie ihm, er soll kommen; **~ tu sois sage, j'en suis certain, mais** ... ich bin zwar sicher, daß du artig bist, aber ...; **je doute qu'il vienne** ich zweifle, ob *od* daß er kommt; **où est-ce ~ vous allez?** wohin gehen Sie?; wo gehen Sie hin?; **c'est pour vous ~ je le dis** das sage ich für euch; **voilà qu'il pleut depuis deux heures** jetzt regnet es schon seit zwei Stunden; **il y a deux mois ~ j'attends sa réponse** ich warte seit zwei Monaten auf s-e *bzw* ihre Antwort; **heureusement qu'il n'a rien vu** zum Glück hat er nichts gesehen; **b)** *final* damit; daß; **approchez ~ l'on vous voie** kommen Sie näher, damit man euch sieht; **c)** *konsekutiv* daß; **le feu prit si rapidement ~** ... das Feuer griff so rasch um sich, daß ...; **d)** *temporal* als; **il n'eut pas fait vingt pas qu'il tomba** er war noch nicht zwanzig Schritt gegangen, als er niederfiel; **attendez qu'il soit revenu** warten Sie, bis er zurück ist; **e)** *konzessiv* ob; **qu'il pleuve ou non, nous irons nous promener cet après-midi** einerlei, ob es regnet oder nicht, wir gehen heute nachmittag spazieren; **qu'on nous prie ou qu'on nous menace** ... ob man uns bittet oder ob man uns droht ...; **f)** *als Teil e-r anderen conj:* **bien ~, pendant ~,** *etc cf* **bien**[1] III, **pendant**[2] III, *etc;* **g)** *vor „non", „oui" u „si" in Abhängigkeit von e-m Verb des Sagens u Denkens: nicht übersetzt;* **est-ce qu'il viendra? je crois ~ oui** ... ich glaube ja; **je pense ~ non** ich denke nein; **il dit ~ oui** er sagt ja; **2.** *zur Wiederholung e-r anderen conj:* **puisque vous le dites et ~ nous le croyons** da Sie es sagen und (da) wir es glauben ...; **s'il vient et ~ je ne sois pas là** ... wenn er kommt und ich nicht da bin ...; **3.** *in Wunsch- u Befehlssätzen:* **qu'il entre!** er soll her'einkommen!; **~ le diable l'emporte!** der Teufel soll ihn holen!; *st/s* **~ le Seigneur lui pardonne!** der Herr möge ihm vergeben!; *bibl* **~ la lumière soit!** es werde Licht!; **4.** *in Vergleichen* **a)** *zur Feststellung der Gleichheit* wie; **aussi grand ~** (eben)so groß wie; **elle travaille aussi bien ~ sa sœur** sie arbeitet ebenso gut wie ihre Schwester; **elle travaille autant ~ sa sœur** sie arbeitet ebensoviel wie ihre Schwester; **tant ~ tu voudras** soviel *bzw* solange du willst; **j'ai pris la même**

route ~ la veille ich schlug denselben Weg ein wie am Tag zuvor; **tel ~ je le connais** so, wie ich ihn kenne; **je ne suis pas si naïf ~ de le croire** ich bin nicht so naiv, das zu glauben; **b)** *nach dem comp* als; *abus* wie; **plus grand ~** größer als; **Pierre est moins âgé ~ son frère** Peter ist jünger als sein Bruder; **je dépense plus ~ toi** ich gebe mehr (Geld) aus als du; **tu travailles moins ~ ton frère** du arbeitest weniger als dein Bruder; **c)** *autrement ~* anders als; **tout autre ~ lui** jeder andere (als er); jeder andere außer ihm; **5. ne ... ~** nur; *zeitlich* erst; **je n'ai qu'une clé** ich habe nur e-n Schlüssel; **il n'est ~ huit heures** es ist erst acht (Uhr); **il ne pense plus qu'à son travail** er denkt nur noch an s-e Arbeit; **6.** *als Expletiv unübersetzt;* **c'est une belle fleur ~ la rose** die Rose ist e-e schöne Blume; P **si j'étais ~ de vous** wenn ich Sie wäre; ich an Ihrer Stelle; **ce n'est pas manquer de sérieux ~ de s'en occuper** es heißt nicht, unseriös zu sein, wenn man sich damit befaßt

québécois [kebekwa] *adj* (*u subst* ♀ Bewohner) von Quebec

quebracho [kebratʃo] *m bot* Que-'brachobaum [ke'bratʃo-] *m*

quechua [kɛtʃwa] *m ling* Ketschua *n od* Quechua *n*

quel [kɛl] ⟨*~le*⟩ **I** *adj/i* **1.** *in der Frage* **a)** *attributiv* welche(r, -s); was für ein(e), *pl* was für; **~ âge a-t-il?** wie alt ist er?; **~ film avez-vous vu?** welchen Film *od* was für e-n Film haben Sie gesehen?; **~le heure est-il?** wieviel Uhr ist es?; wie spät ist es?; **~s pays connaissez-vous?** welche Länder *od* was für Länder kennen Sie?; **~le sorte de** was für ein(e), *pl* was für; **dans ~ volume?** in welchem Band?; im wievielten Band?; **b)** *prädikativ* welches; **~le est la capitale de ce pays?** welches ist die Hauptstadt dieses Landes?; **~les sont vos chaussures?** welches sind Ihre Schuhe?; **~le est la hauteur de cette maison?** wie hoch ist dieses Haus?; **~ est le prix?** wie hoch ist der Preis?; **2.** *im Ausruf* **a)** *attributiv* was für ein(e), *pl* was für; *st/s* welch (+ ein[e] *od* + adj); **~le chance!** was für ein Glück!; **~ beau temps!** was für ein schönes Wetter!; welch schönes Wetter!; **b)** *prädikativ* wie groß; **~le ne fut pas ma surprise!** wie groß war meine Über'raschung!; wie über'rascht war ich!; **II** *adj/ind* **~ que** (+ *subj von „être"*) welches *bzw* wie groß auch (immer); welche(r, -s), was für eine(e) ... auch (immer) (*attributiv*); (ganz) gleich *od* F e'gal, welche(r, -s) *bzw* wie groß ...; **~le que soit son influence** ... wie groß, welches auch (immer) sein Einfluß sein mag ...; (ganz) gleich *od* F egal, wie groß sein Einfluß sein mag ...; **~les que soient vos raisons** ... welches, was auch (immer) Ihre Gründe sein mögen ...; was für Gründe Sie auch (immer) haben mögen ...; **~le que soit la politique que l'on suivra** ... was für e-e welche Politik man auch (immer) verfolgen mag ...; (ganz) gleich, welche Politik man verfolgt ...; unabhängig von der Politik *od* ohne Rücksicht auf die Politik, die man verfolgt ...; **il affronte tous les dangers, ~ qu'ils soient** ... wie immer geartet sie auch sein mögen; **tel ~** *cf* tel I 1.

quelconque [kɛlkõk] **I** *adj/ind* **a)** ⟨*meist nachgestellt*⟩ irgendein(e), *pl* irgendwelche; beliebig (*auch math*); F x-beliebig; **des complications ~s** irgendwelche Komplikationen; **d'une manière ~**

irgendwie; **pour une raison** ~ aus irgendeinem Grund(e); **un sujet** ~ ein beliebiges Thema; irgendein Thema; *math* **un triangle** ~ ein beliebiges Dreieck; **b)** *péj* ⟨*meist vorgestellt*⟩ irgend so ein(e); **un** ~ **tableau choisi sans goût** irgend ein geschmacklos ausgewähltes Bild; **l'un** ~ **de ces petits potentats** irgendeiner von diesen kleinen Potentaten; **II** *adj* mittelmäßig; unbedeutend; ba'nal; nichtssagend; gewöhnlich; **un homme** ~ auch ein Dutzendmensch *m*; **un restaurant** ~ ein mittelmäßiges Restaurant; **elle est très** ~ sie ist völlig nichtssagend; **c'était** ~ es war nichts Besonderes

quelque [kɛlkə; *vor Vokal* kɛlk] ⟨*keine Elision*⟩ *adj/ind* **1.** *sg* **a)** einige(r, -s); ein gewisser, e-e gewisse, ein gewisses; **à** ~ **distance** in einiger Entfernung; **avec** ~ **retard** mit einiger Verspätung; **en** ~ **sorte** gewissermaßen; **non sans** ~ **solennité** nicht ohne e-e gewisse Feierlichkeit; **(pendant)** ~ **temps** e-e Zeitlang; **il y a** ~ **temps** vor einiger Zeit; **il a** ~ **influence** er hat einigen Einfluß; **j'ai** ~ **peine à m'en souvenir** ich habe einige Mühe, mich daran zu erinnern; **b)** *loc/adv st/s* ~ **peu** etwas; ein wenig; ein bißchen; ~ **peu d'argent** etwas, ein wenig, ein bißchen Geld; **c)** irgendein(e); ~ **chose** etwas; *cf auch* **chose 2.**; *st/s* ~ **autre chose** (irgend) etwas and(e)res; ~ **part** irgendwo(hin); *cf auch* **part**[1] **4.**; *st/s* **peut-être** ~ **jour** le reverrons-nous vielleicht werden wir ihn e-s (schönen) Tages *od* irgendwann 'wiedersehen; **2.** *pl* **a)** ~s einige; ein paar; manche; ~s **jours** einige Tage; ein paar Tage; ~s **amis** mit ein paar Freunden; ~s **personnes diront peut-être** ... manche (Leute) sagen vielleicht ...; **b)** **les** ~s *od* **ces** ~s die paar; die wenigen; **les** ~s **articles qu'il a écrits** die paar, die wenigen Artikel, die er geschrieben hat; **ces** ~s **employés** die paar Angestellten; **c)** *nach Zahlen* ... **et** ~(s) etwas über, etwas mehr als ...; ... und darüber; **einige** ...; **il a quarante et** ~s **années**, F **il a quarante ans et** ~s er ist etwas über vierzig Jahre alt; *cette maison coûte* **un million et** ~s ... etwas über e-e Million, etwas mehr als e-e Million; **3.** *advt* ⟨*inv*⟩ *vor Zahlen* etwa; ungefähr; an die; ~ **trente personnes** etwa, ungefähr, an die dreißig Personen; **il y a** ~ **six mois** vor etwa, ungefähr sechs Monaten; **4.** ~ ... **que** (+*subj*) **a)** *mit subst* was für ein(e), *pl* was für ... auch (immer); welche(r, -s) ... auch (immer); **à** ~ **prix que ce soit** um welchen Preis auch immer; **de** ~ **manière qu'on examine la question** wie (immer) man die Sache auch betrachten mag; *st/s* ~s **objections qu'il mette en avant** ... was für, welche Einwände er auch vorbringen mag ...; **b)** *advt* ⟨*inv*⟩ *mit adj* wie *od* so ... auch (immer); *st/s* ~ **bonnes que soient vos raisons** ... wie triftig Ihre Gründe auch sein mögen, und wären Ihre Gründe (auch) noch so gut ...

quelque chose [kɛlkəʃoz] *cf* **chose 2.**
quelquefois [kɛlkəfwa] **I** *adv* manchmal; bis'weilen; zu'weilen; mit'unter; hin und wieder; dann und wann; **II** *conj* P ~ **que la lettre serait arrivée** und wenn nun der Brief trotzdem angekommen wäre
quelqu'un [kɛlkɛ̃, -kœ̃] *pr/ind* **1.** ⟨*inv*⟩ **a)** (irgend) jemand; (irgend)einer; F wer; **y a-t-il** ~? ist da jemand, F wer?; ~ **demande à vous parler** jemand möchte Sie sprechen; F **je connais** ~ **qui va être content** ich kenne jemand(en) *od* einen, der sich freuen wird; **holà,** ~!

hallo!; Bedienung!; **b)** ~ **d'autre** jemand ander(e)s; *südd auch* jemand anderer; ~ **de sûr** jemand Zuverlässiges; *südd auch* jemand Zuverlässiger; **c'est** ~ er ist ein vornehmer Mensch; **c)** F **être** ~ e-e wichtige Per'sönlichkeit, F jemand, wer sein; **se prend pour** ~ F sie meint, sie sei jemand, wer; **d)** P *péj* **c'est** ~! F das ist schon toll!; das ist ein starkes Stück!; **2.** *pl* **quelques-uns** [kɛlkəzɛ̃, -zœ̃] ⟨*f* **quelques-unes**⟩ einige; manche; welche; **quelques-uns des enfants** einige der Kinder; *ne mangez pas toutes les poires,* **laissez-m'en quelques-unes** ... laßt mir noch einige, welche übrig; **quelques-uns prétendent que** ... einige, manche behaupten, daß ...; **être réservé à quelques-uns** nur einigen wenigen vorbehalten sein
quémand|er [kemɑ̃de] *v/t* (aufdringlich) betteln, bitten (**qc** um etw); ~**eur** *litt m,* ~**euse** *litt f* lästiger Bettler *od* Bittsteller, lästige Bettlerin *od* Bittstellerin
qu'en-dira-t-on [kɑ̃diratɔ̃] *m* ⟨*inv*⟩ Gerede *n* der Leute
quenelle [kənɛl] *f cuis* Klößchen *n*; Röllchen *n*; ~s **de brochet** Fischklößchen *n/pl* (*aus Hecht*); ~s **de veau, de volailles** Kalbs-, Geflügelklößchen *n/pl*
quenotte [kənɔt] *enf f* Zähnchen *n*; *enf* Beißerchen *n*
quenouille [kənuj] *f* **1.** Spinnrocken *m*; Kunkel *f*; **filer sa** ~ (mit dem Spinnrocken) spinnen; *hist* **tomber en** ~ der weiblichen Linie zufallen; Kunkellehen werden; **2.** *Obstbau* Spindelbusch *m*; **3.** *e-s Betthimmels, Baldachins* Stützpfosten *m*; Pfeiler *m*
quéquette [kekɛt] *f enf* (*pénis*) *enf* Zipfelchen *n*
quérable [kerabl(ə)] *adj jur* **dette** *f* ~ Holschuld *f*
quercitrine [kɛrsitrin] *f chim* Querze'tin *n*
quercitron [kɛrsitrɔ̃] *m* **1.** *bot* Färbereiche *f*. **2.** *chim* Querzi'tron *n*
querelle [kərɛl] *f* Streit *m*; Zwist *m*; Zank *m*; Ausein'andersetzung *f*; ~s *pl* Streitigkeiten *f/pl*; Händel *m/pl*; Que'relen *f/pl*; **une mauvaise** ~ ein dummer, unnötiger Streit; *litt* **une** ~ **d'Allemand** ein unmotivierter, unbegründeter Streit; ein Streit um des Kaisers Bart; ~ **de famille** Fa'milienstreit *m*, -zwist *m*; *hist* **la** ~ **des Investitures** der Investi'turstreit *m*; ~ **de ménage** Ehestreit *m*; eheliche Ausein-andersetzung *f*; ~ **de mots** Streit um Worte; **chercher** ~ **à qn** mit j-m Streit, Händel suchen; *st/s* **se prendre de** ~ **avec qn** mit j-m Streit anfangen, in Streit geraten; **réveiller une** ~ e-n Streit wieder'aufleben lassen
quereller [kərele] **I** *v/t litt* ~ **qn** j-n auszanken, (aus)schelten, **II** *v/pr* **se** ~ sich streiten, zanken (*reziprok u* **avec qn** mit j-m); **se** ~ **pour des mots** sich um Worte streiten
querelleur [kərɛlœr] **I** *adj* ⟨-euse⟩ zänkisch; zank-, streitsüchtig; **II** *subst* ~, **querelleuse** *m, f* Zänker(in) *m(f)*; zänkisches Weib; F Streithammel *m*; Xan'thippe *f*
quérir [kerir] *v/t* ⟨*nur inf*⟩ *litt* suchen; **aller** ~ holen
quérulence [kerylɑ̃s] *f path* Queru'lantenwahn *m*
questeur [kɛstœr, kwɛ-] *m* **1.** *im alten Rom* Quästor *m*; **2.** Fi'nanz- und Verwaltungsbeauftragte(r) *m* (*der frz Nationalversammlung, des Senats etc*)
question [kɛstjɔ̃] *f* **1.** Frage *f*; *im Parlament* ~ **écrite, orale** schriftliche, mündliche Anfrage; *iron* **quelle** ~!, **cette** ~!

was für e-e Frage!; so e-e Frage!; dumme Frage!; *auf Prüfungsfragebogen* ~ **à choix multiples** Frage mit Auswahlantworten; *pol* ~ **de confiance** Vertrauensfrage *f*; **poser la** ~ **de confiance** die Vertrauensfrage stellen; ~ **d'examen** Ex'amens-, Prüfungsfrage *f*; **poser une** ~ **(à qn)** (j-m) e-e Frage stellen; (j-n) etwas fragen; **se poser des** ~s sich Fragen stellen; nachdenklich werden; **2.** Frage *f*; Pro'blem *n*; Angelegenheit *f*; Sache *f*; Betreff *m*; ~ **brûlante** heißes Eisen; ~ **clé** Schlüsselproblem *n*, -frage *f*; ~s **économiques** Wirtschaftsfragen *f/pl*; ~ **d'argent** Geldfrage *f*; ~ **de compétence** Zuständigkeitsfrage *f*; *pol* ~ **des détroits** Meerengenfrage *f*; *jur* ~ **de droit** Rechtsfrage *f*; ~ **de forme** Formfrage *f*; ~ **de grammaire** Frage der Grammatik; *pol* ~ **du Proche-Orient** Nah'ostfrage *f*; ~ **de principe** Grundsatz-, Prin'zipienfrage *f*; ◆ *loc/prép* F ~ **salaire, travail** F in puncto Gehalt, Arbeit; was das Gehalt, die Arbeit angeht; gehalts-, arbeitsmäßig; F ~ **argent, c'est réglé** die finanzielle Seite ist geregelt; F das mit dem Geld geht in Ordnung; ◆ *loc/adj* **en** ~ fraglich; betreffend; zur De'batte stehend; bewußt; **l'homme en** ~ der betreffende Mann; der Mann, von dem hier die Rede ist; **le livre en** ~ das fragliche, betreffende, zur Debatte stehende Buch; **la personne en** ~ *auch* der *bzw* die Betreffende; **remettre qc en** ~ etw in Frage stellen; ◆ F (il n'y a pas **de** ~ das steht außer Frage; **la** ~ **est de savoir si** ... die Frage ist, ob ...; **la** ~ **n'est pas là, ce n'est pas la** ~ darum geht es (hier) nicht; **là est (toute) la** ~ das ist hier die Frage; **c'est une autre** ~ das ist e-e andere Frage; **c'est une** ~ **de goût, de tact,** F *ellip* ~ **de goût, de tact** das ist Geschmackssache, das ist e-e Frage des Takts; **c'est une** ~ **de point de vue** das ist Auffassungs-, Ansichtssache; **c'est une** ~ **de temps** das ist e-e Frage der Zeit, e-e Zeitfrage; **c'est en dehors, à côté de la** ~ das gehört nicht zur Sache; **c'est 'hors de** ~ das kommt nicht in Frage; **il est** ~ **de qn, de qc** es handelt sich um j-n, um etw; es ist die Rede von j-m, von etw; **il est** ~ **de construire un tunnel** es ist die Rede davon *od* man spricht davon, daß ein Tunnel gebaut werden soll; **dans ce livre, il est** ~ **de musique** dieses Buch handelt von Musik; **en ce moment, il n'est** ~ **que des vacances** im Moment ist nur noch von den Ferien die Rede; **de quoi est-il** ~? worum *od* um was geht es (hier), handelt es sich?; **il n'en est pas** ~, F *ellip* **pas** ~! das kommt nicht in Frage; davon kann keine Rede sein; F **damit ist es nichts**; **il n'est pas** ~ **de** (+*inf*) *od* **que** ... es kommt nicht in Frage, daß ...; es kann keine Rede davon sein, daß ...; *iron* **il est bien** ~ **de ça!** kommen Sie mir doch jetzt nicht mit dieser Lap'palie, mit diesem Unsinn!; **qu'il n'en soit plus** ~! davon will ich nichts mehr hören!; **3.** *hist* Folter *f*; peinliche Befragung; *fig* **mettre qn à la** ~ j-n hochnotpeinlich befragen
questionnaire [kɛstjɔnɛr] *m* Fragebogen *m*; **remplir un** ~ e-n Fragebogen ausfüllen
questionn|er [kɛstjɔne] *v/t* ~ **qn** j-n befragen, ausfragen (**sur** über + *acc*); ~**eur** *m,* ~**euse** *f* Frager(in) *m(f)*; Fragesteller(in) *m(f)*
questure [kɛstyr, kwɛ-] *f* **1.** *im alten Rom* Quä'stur *f*; **2.** Fi'nanz- und Verwaltungsstelle *f* (*der frz Nationalversammlung, des Senats etc*)

quête¹ [kɛt] *f* **1.** (Geld-, Almosen-) Sammlung *f*; *in der Kirche* Kol'lekte *f*; *par ext* Ertrag *m*, Ergebnis *n* e-r Geldsammlung, Kollekte; ~ **à domicile** Haussammlung *f*; **faire la** ~ sammeln (à l'église, dans la rue in der Kirche, auf der Straße); **2.** Suche *f*; *Literatur* ~ **du Graal** Gralssuche *f*; **être en** ~ **de** auf der Suche nach; **être en** ~ **de travail** auf Arbeits-, Stellensuche sein; **se mettre en** ~ **de qc, qn** sich auf die Suche nach j-m, etw begeben, machen; **3.** *ch* Suchen *n*, Aufspüren *n* von Wild
quête² [kɛt] *f mar* **a)** e-s Mastes Fall *m od n*; (Rückwärts)Neigung *f*; **b)** hinterer 'Überhang
quêt|er [kete] *v/t* **1.** *meist abs* sammeln (pour für); **2.** *fig* erbitten; bitten um; ~ **du regard l'approbation de qn** mit dem Blick j-s Zustimmung erbitten; **3.** *ch Wild* aufspüren; nachspüren (+*dat*); *abs* spüren; **~eur** *m*, **~euse** *f* **1.** *bei Sammlungen, Kollekten* Sammler(in) *m(f)*; **2.** *litt* **être un quêteur de compliments** nach Komplimenten haschen
quetsch|e [kwɛtʃ] *f* **1.** Zwetsche *f*; *südd* Zwetschge *f*; **tarte** *f* **aux** ~ Zwetsch(g)enkuchen *m*, -torte *f*; **2.** (eau-de-vie *f* de) ~ Zwetsch(g)enwasser *n*; **~ier** *m bot* Zwetsch(g)enbaum *m*
quetzal [kwedzal] *m* **1.** ⟨*pl* quetzales⟩ *Währungseinheit in Guatemala* Quet'zal [kɛ-] *m*; **2.** *zo* Quet'zal *od* Que'sal [kɛ-] *m*
queue [kø] *f* **1.** *von Tieren* Schwanz *m*; Schweif *m*; *ch* Rute *f*; *ch des Hasen* Blume *f*; ~ **de cheval a)** Pferdeschweif *m*, -schwanz *m*; **b)** *Frisur* Pferdeschwanz *m*; **~s d'écrevisse, de langouste** Krebs-, Lan'gustenschwänze *m/pl*; *fig* e-s Fracks ~ **de morue, de pie** Schwalbenschwanz *m*; *par ext* **porter une** ~ **de morue, de pie** e-n Schwalbenschwanz tragen; **du paon** Pfauenschwanz *m*; *zo* **pigeon** *m* **à** ~ **de paon** Pfautaube *f*; ~ **d'un poisson** Schwanz(flosse) *m(f)* e-s Fisches; *im Straßenverkehr* **faire une** ~ **de poisson à qn** j-n schneiden; *fig* **finir, se terminer en** ~ **de poisson** enttäuschend enden; ausgehen wie das Hornberger Schießen; im Sande verlaufen; ~ **en tire-bouchon** Ringelschwänzchen *n*; *tech* **assemblage** *m* **d'aronde** Schwalbenschwanzverbindung *f*; *früher* **chat** *m* **à neuf ~s** neunschwänzige Katze (e-e Peitsche); *loc/adv* **à la** ~ **leu leu** im Gänsemarsch; einer hinter dem ander(e)n; **la** ~ **en trompette** mit aufgerichtetem Schwanz; *F fig* **s'en aller la** ~ **basse**, **la** ~ **entre les jambes** F mit hängendem *od* eingezogenem Schwanz, wie ein begossener Pudel abziehen; *fig* **n'avoir ni** ~ **ni tête** weder Hand noch Fuß haben; **argument** *m* **sans** ~ **ni tête** Argument, das weder Hand noch Fuß hat; **2.** *par ext* e-s Flugzeugs, Drachens Schwanz *m*; e-s Kometen Schweif *m*; e-r Frucht, Blume, Pfanne Stiel *m*; *von Radieschen* Stengel *m*; ~ **de cerise** Kirschenstiel *m*; ~ **de lettre** 'Unterlänge *f* (e-s Buchstabens); *mus* ~ **de note** Notenhals *m*, -stiel *m*; *astr* **la** ~ **de la Grande, de la Petite Ourse** die Deichsel des Großen, Kleinen Wagens; *cout* **bouton** *m* **à** ~ Stiel-, Ösenknopf *m*; *mus* **piano** *m* **à** ~ Flügel *m*; *F* **ne pas en avoir la** ~ **d'un** keinen Groschen (mehr) in der Tasche haben; keinen Pfennig Geld haben; *fig* **tenir la** ~ **de la poêle** das Heft in der Hand haben, halten; **3.** Ende *n*; hinterer Teil; *F* Schwanz *m*; **la** ~ **de la classe** die Letzten der Klasse; **la** ~ **du cortège** das Ende, der hintere Teil des (Fest)Zuges; *ch de fer* **wagon** *m* **de** ~ letzter, hinterer Wagen; Schlußwagen *m*; **à la** ~**, en** ~ am

Ende; hinten; **en** ~ **du train** am Ende des Zuges; hinten im *bzw* am Zug; **être à la** ~ **de sa classe** zu den Letzten s-r Klasse gehören; unter den Letzten s-r Klasse sein; **être en** ~ hinten, am Ende sein; **4.** Schlange *f*; **une** ~ **de cinq cents mètres** e-e fünfhundert Meter lange Schlange; **la** ~ **!** hinten anstellen!; **il y a** ~ **devant la boulangerie** man steht vor der Bäckerei Schlange; **faire la** ~ Schlange stehen; anstehen (pour qc nach etw); **faire deux heures de** ~ zwei Stunden lang Schlange stehen; **se mettre à la** ~ sich hinten anstellen; **prendre la** ~ sich anstellen; **5.** *beim Billard* Queue *n*; Billardstock *m*; **faire fausse** ~ die Billardkugel versehentlich streifen; **6.** *peint* Flachpinsel *m*; **7.** *Schlächterei* Schwanzstück *n*; **8.** P (*pénis*) P Schwanz *m*; **9.** *impr* auslaufende Seite
queue-d'aronde [kødarɔ̃d] *f* ⟨*pl* queues-d'aronde⟩ *tech* Schwalbenschwanz *m*
queue-de-cheval [kødʃəval] *f* ⟨*pl* queues-de-cheval⟩ **1.** *anat sc* Cauda equ'ina *f*; **2.** *bot* Schachtelhalm *m*; **3.** *Frisur* Pferdeschwanz *m*
queue-de-morue [kødmɔry] *f* ⟨*pl* queues-de-morue⟩ **1.** *peint* Flachpinsel *m*; **2.** *cout* ~ *cf* queue 1.
queue-de-pie [kødpi] *f* ⟨*pl* queues-de-pie⟩ *cf* queue 1.
queue-de-rat [kødra] *f* ⟨*pl* queues-de-rat⟩ *tech* Rundfeile *f*
queue-de-renard [kødrənar] *f* ⟨*pl* queues-de-renard⟩ *bot* Gartenfuchsschwanz *m*
queue-fourchue [køfurʃy] *f* ⟨*pl* queues-fourchues⟩ *zo* Gabelschwanz *m*
queusot [køzo] *m tech* e-r Glühlampe Pumpröhrchen *n*
queuter [køte] *v/i* **1.** *beim Billard* billar-'dieren; **2.** *beim Krocket* die Kugel nachschieben
queux¹ [kø] *m* **maître** ~ Küchenchef *m*, -meister *m*; *auch* (Schiffs)Koch *m*; *F* Smutje *m*
queux² [kø] *f* Wetzstein *m*
qui [ki] **I** *pr/i* **1.** *einfache Frageform in bezug auf Personen* **a)** *Subjekt* wer?; ~ **est là?** wer ist da?; ~ **êtes-vous?** wer sind Sie?; ~ **sait?** wer weiß?; **mil** ~ **va là?** *od* ~ **vive?** wer da?; *am Telefon* … **Pierre** ~ **?** … was für ein Pierre?; **b)** *obj/dir* wen?; ~ **cherchez-vous** wen suchen Sie?; ~ **as-tu rencontré?** wen hast du getroffen?; wem bist du begegnet?; **c)** *obj/indir*: **à** ~ **penses-tu?** an wen denkst du?; **de** ~ ~ **parlez-vous?** von wem sprechen Sie?; **par** ~ **a-t-il été dénoncé?** von wem ist er angezeigt worden?; **sur** ~ **compter?** auf wen kann man (noch) zählen?; **2.** *umschriebene Frageform* **a)** *in bezug auf Personen* ◆ *Subjekt* ~ **est-ce** ~ **?** *od* F **qu'est-ce** ~ **?** *od* F ~ **c'est** ~ **?** wer?; … **est-ce** ~ **vous a dit cela?** wer hat Ihnen das gesagt?; ◆ *obj/dir* ~ **est-ce que** ~ **?** *od* F ~ **c'est que?** wen?; ~ **est-ce que vous regardez?** wen sehen Sie an?; **b)** *in bezug auf Sachen (Subjekt)* **qu'est-ce** ~ **?** was?; **qu'est-ce** ~ **est arrivé?** was ist passiert?; **qu'est-ce** ~ **vous manque?** was brauchen Sie noch?; **3.** *in der indirekten Frage* **a)** *Subjekt* wer; **je me demande** ~ **a téléphoné** ich frage mich, wer angerufen hat; **b)** *obj/dir* wen; **dites--moi** ~ **vous cherchez** sagen Sie mir, wen Sie suchen; **c)** *obj/indir*: **je ne sais pas de** ~ **il s'agit** ich weiß nicht, um wen es sich handelt; **dites-moi par** ~ **vous avez obtenu ce renseignement** sagen Sie mir, von wem Sie diese Information erhalten haben; **d)** *neutra-*

les Fragepronomen (Subjekt) **ce** ~ **was; dites-moi ce** ~ **vous plaît** sagen Sie mir, was Ihnen gefällt; **II** *pr/rel* **1.** *mit Beziehungswort* ◆ *Subjekt* der, die, das, *pl* die; *st/s* **welche(r, -s)**, *pl* **welche**; **l'homme** ~ **vient d'entrer** der Mann, der gerade hereingekommen ist; **les animaux** ~ **nous intéressent** die Tiere, die uns interessieren; **les pommes** ~ **sont sur la table** die Äpfel, die auf dem Tisch sind; **die Äpfel auf dem Tisch**; **celui** ~ *cf* celui b); **b)** *obj/indir in bezug auf Personen*: **l'homme à** ~ **je parle** der Mann, mit dem ich spreche; **les amies avec** ~ **elle est allée en vacances** die Freundinnen, mit denen sie in die Ferien gefahren ist; **celui contre** ~ **je lutte** der(jenige), gegen den ich kämpfe; **toi, par** ~ **j'ai été averti du danger** du, durch den *bzw* die ich vor der Gefahr gewarnt worden bin; **c)** *neutrales Relativ (Subjekt)* **ce** ~ **was; ce** ~ **me fait plaisir** … was mir Spaß macht …; **tout ce** ~ **s'était passé** … alles, was sich ereignet hatte …; **2.** *beziehungsloses Relativ* **a)** *Subjekt* wer; **sauve** ~ **peut** rette sich, wer kann; ◆ *loc/adv* F **comme** ~ **dirait qc** *od* F **dire** l. d); ◆ **c'est à** ~ … es geht darum, wer …; **c'était à** ~ **entrerait le premier** es ging darum, als erster hineinzukommen; *loc/adv* **à** ~ **mieux mieux** um die Wette; **courir à** ~ **mieux mieux**, **à** ~ **arriverait le premier** um die Wette laufen; ◆ *distributiv*: *st/s* ~ …, ~ … der eine …, der andere …; *pl* die einen …, die ander(e)n; dieser …, jener …; *pl* diese …, jene …; **on buvait** ~ **du vin**, ~ **de la bière** … die einen Wein, die anderen Bier; ◆ *jur* ~ **de droit** zuständige Person, Stelle; **3.** *obj/dir* wen; den, der …; *pl* die, die …; **j'aime** ~ **m'aime** ich liebe den, der mich liebt; **choisis** ~ **tu voudras** such dir aus, wen du willst; ~ **vous savez** Sie wissen schon, wen ich meine; *loc* **ni** ~ **ni quoi** überhaupt nichts; **il ne m'a demandé ni** ~ **ni quoi** er hat mich überhaupt nichts gefragt; **c)** *obj/indir*: **la tâche est facile pour** ~ **se donne un peu de peine** die Aufgabe ist für den(jenigen) leicht, der sich etwas Mühe gibt; **d)** *neutrales Relativ* was; ~ **mieux est** was noch besser ist; was das Schönste ist; ~ **pis est** was noch schlimmer ist; ~ **plus est** was noch da'zukommt; und da'zu noch; **voilà** ~ **est fait** das wäre geschafft; **III** *pr/ind* ~ **que** (+*subj*) **a)** *Subjekt* wer auch (immer); (ganz) gleich *od* F e'gal, wer; ~ **que ce soit** ~ **ait fait le coup** wer auch immer das getan haben mag; ganz gleich, wer das getan hat; ~ **que vous soyez** wer auch immer Sie, wer Sie auch (immer) sein mögen; ganz gleich *od* F egal, wer Sie sind; **b)** *obj/dir* wen auch (immer); (ganz) gleich *od* F e'gal, wen; ~ **que vous ayez vu** wen auch immer Sie gesehen haben mögen; (ganz) gleich *od* F egal, wen Sie gesehen haben; *j'ai suivi la rue sans rencontrer* ~ **que ce soit** … ohne irgend jemandem zu begegnen; ◆ **n'importe** ~ *cf* impor-ter²
quiche [kiʃ] *f cuis* ~ **lorraine** *etwa* Speckkuchen *m*
quichenotte [kiʃnɔt] *f in der Vendée* Haube *f*
quichua [kitʃwa] *m cf* quechua
quiconque [kikɔ̃k] *pr/ind* **1.** jeder, der; wer auch (immer); ~ **a lu ce livre** … jeder, der dieses Buch gelesen hat …; **la loi punit** ~ **est coupable** das Gesetz bestraft jeden, der sich strafbar gemacht hat; **2.** jeder (beliebige); irgend jemand; **il est à la portée de** ~ **de résoudre ce problème** jeder kann diese Aufgabe

lösen; je sais mieux que ~ ce qui me reste à faire ich weiß besser als sonst irgend jemand, was ich zu tun habe
quidam [kɥidam, ki-] *m péj od plais* un ~ ein gewisser Jemand
quiddité [kɥi(d)dite] *f philos* Quiddität *f*
quiét|isme [kjetism(ə), kɥije-] *m rel, philos* Quie'tismus *m*; ~**iste I** *adj* quie'tistisch; **II** *m, f* Quie'tist(in) *m(f)*
quiétude [kjetyd] *litt f* Seelenruhe *f*, -frieden *m*; en toute ~ in aller (Seelen-) Ruhe; ruhig; beruhigt
quignon [kiɲõ] *m* ~ (de pain) (Brot-) Kanten *m*; *nordd* Knust *m*; *südd* Ranken *m* (Brot)
quille[1] [kij] *f* **1.** Kegel *m*; jeu *m*, partie *f* de ~s Kegelspiel *n*, -partie *f*; jouer aux ~s kegeln; Kegel schieben; remettre les ~s debout die Kegel aufstellen; **2.** *pl* ~s F (*jambes*) F Hachsen *f/pl*; *südd* Haxen *f/pl*; avoir de grandes ~s lange Hachsen haben; **3.** *arg mil* Ende *n* des Mili'tärdienstes; **4.** *cout* Zwickel *m*; Keil *m*; **5.** schlanke Weinflasche
quille[2] [kij] *f mar* Kiel *m*; fausse ~ loser Kiel; Loskiel *m*; ~ lestée Ballastkiel *m*; ~ de roulis Kimm-, Schlingerkiel *m*; *loc/adv* la ~ en l'air kiel'oben
quilleur [kijœr] *m* Kegeljunge *m*
quillon [kijõ] *m am Degen* Stichblattzapfen *m*
quinaire [kinɛr] **I** *adj math* durch fünf teilbar; numération *f* ~ Fünferzählung *f*; **II** *m* römische Münze Qui'nar *m*
quinaldine [kinaldin] *f chim* Chinal'din *n*
quinalizarine [kinalizarin] *f chim* Chinaliza'rin *n*
quincaillerie [kɛ̃kɑjri] *f* **1.** Eisenwaren *f/pl*; Eisen- und Haushaltwaren *f/pl*; Haus- und Küchengeräte *n/pl*; **2.** Eisenwarenhandlung *f*; Haushaltwarengeschäft *n*; **3.** Eisen(- und Haushalt)warenhandel *m*; **4.** F *fig* Flitterkram *m*; F Krimskrams *m*; Kinkerlitzchen *n/pl*
quincaill|ier [kɛ̃kɑje] *m*, ~**ière** *f* Eisenwaren-, Haushaltwarenhändler(in) *m(f)*
quinconce [kɛ̃kõs] *m* Fünferanordnung *f* (wie auf dem Spielwürfel); Bäume *etc* disposés en ~ *etwa* gegeneinander versetzt; auf Lücke gesetzt
quiné [kine] *adj bot* fünfzählig; zu je fünf angeordnet
quinidine [kinidin] *f phm* Chini'din *n*
quinine [kinin] *f phm* Chi'nin *n*
quinoa [kinɔa] *m bot* Reismelde *f*; Qui'noareis *m*
quinoléine [kinɔlein] *f chim* Chino'lin *n*
quinone [kinɔn] *f chim* Chi'non *n*
quinquagénaire [kɛ̃kaʒenɛr] **I** *m,f* Fünfzigjährige(r) *f(m)*; Fünfziger(in) *m(f)*; **II** *adj* fünfzigjährig
Quinquagésime [kɛ̃kaʒezim] *f rel* (le dimanche de) la ~ (der Sonntag) Quinqua'gesima
quinquennal [kɛ̃kenal, kwɛ̃kwe-] *adj* ⟨-aux⟩ **a)** fünfjährig; fünf Jahre dauernd; magistrature ~ e fünfjährige Amtsdauer; plan ~ Fünf'jahresplan *m*; **b)** fünfjährlich; alle fünf Jahre (stattfindend); élection ~e alle fünf Jahre stattfindende Wahl
quinquet [kɛ̃kɛ] *m* **1.** *früher* Öllampe *f* mit doppeltem Luftzug; **2.** P ~s *pl* Augen *n/pl*
quinquina [kɛ̃kina] *m* **1.** *bot* Chinarindenbaum *m*; **2.** *phm* Chinarinde *f*; **3.** *Aperitif, der Chinarinde enthält*
quint [kɛ̃] *adj* ⟨quinte [kɛ̃t]⟩ *hist* Charles ♀ Karl V. (der Fünfte); *path* fièvre ~e Fünf'tagefieber *n*; Quin'tana *f*
quintal [kɛ̃tal] *m* ⟨*pl* -aux⟩ **1.** (*abr* q) Doppelzentner *m* (*abr* dz); **2.** *früher* Zentner *m*

quintar [kɛ̃tar] *m albanische Münzeinheit* Quin'tar *m*
quinte [kɛ̃t] *f* **1.** *path* ~ (de toux) Hustenanfall *m*; **2.** *mus* Quint(e) *f*; ~ augmentée, diminuée, juste 'übermäßige, verminderte, reine Quint; **3.** *esc* Quint *f*; **4.** *beim Kartenspiel* Folge *f* von fünf Karten der'selben Farbe
quintefeuille [kɛ̃tfœj] *f* **1.** *bot* Kriechendes Fingerkraut; Fünf'fingerkraut *n*; **2.** *arch* Fünfpaß *m*
quintessence [kɛ̃tesɑ̃s] *f* **1.** *philos, Alchimie* Quintessenz *f*; **2.** *fig* Quintessenz *f*; Hauptinhalt *m*; Wesentliche(s) *n*
quintessencié [kɛ̃tesɑ̃sje] *litt adj* über'feinert; spitzfindig
quintette [kɛ̃tɛt, kwɛ̃-] *m mus* Quin'tett *n* (*Musikstück u Ausführende*); ~ vocal Vo'kal-, Gesangsquintett *n*; ~ à cordes Streichquintett *n*; ~ (pour instruments) à vent Bläserquintett *n*; Schubert le ~ de la Truite das Fo'rellenquintett; *par ext* ~ de jazz Jazzquintett [dʒɛz]*n*; Fünf'mannband [-bɛnt] *f*
quinteux [kɛ̃tø] *adj* ⟨-euse⟩ **1.** *litt* launisch; kapri'ziös; grillenhaft; **2.** *path* zu Hustenanfällen neigend
quintillion [kwɛ̃tiljõ, kɛ̃-] *m* Quintilli'on *f*
quinto [kɛ̃to, kɛ̃-] *adv* fünftens
quintolet [kɛ̃tɔlɛ] *m mus* Quin'tole *f*
quintuple [kɛ̃typl(ə)] **I** *adj* fünffach; **II** *subst* le ~ das Fünffache; le ~ du prix der fünffache Preis; das Fünffache des Preises
quintupler [kɛ̃typle] **I** *v/t* verfünffachen; **II** *v/i* sich verfünffachen
quintuplé(e)s [kɛ̃typle] *m(f)pl* Fünflinge *m/pl*
quinzaine [kɛ̃zɛn] *f* **1.** une ~ etwa, an die, ungefähr, rund, zirka fünfzehn; une ~ d'ouvriers etwa *etc* fünfzehn Arbeiter; **2.** vierzehn Tage *m/pl*; zwei Wochen *f/pl*; *jur* franche vierzehntägige Frist (ohne den Anfangs- und Endtag); la grande ~ des prix littéraires in Frankreich die große Zeit der Literaturpreise (in der ersten Dezemberhälfte); la première, seconde ~ de mai die erste, zweite Maihälfte; *rel* la ~ de Pâques die Osterzeit; die zwei Wochen zwischen Palmsonntag und Weißem Sonntag; dans une ~ in vierzehn Tagen; *jur* remis à ~ um vierzehn Tage verschoben; **3.** Halb'monatslohn *m*; Vierzehntagelohn *m*
quinze [kɛ̃z] **I** *adj/num/c* **1.** fünfzehn; le ~ avril der fünfzehnte *bzw* am fünfzehnten April; Louis XV Ludwig XV. (der Fünfzehnte); ~ minutes fünfzehn Minuten; page ~ Seite fünfzehn; de ~ ans fünfzehnjährig; von fünfzehn Jahren; il est ~ heures es ist fünfzehn Uhr; **2.** *Zeitabschnitt* ~ jours vierzehn Tage *m/pl*; *loc/adj* voyage *m* de ~ jours vierzehntägige Reise; *loc/adv:* dans ~ jours in vierzehn Tagen; dans les ~ jours innerhalb der nächsten vierzehn Tage; tous les ~ jours alle vierzehn Tage; vierzehntäglich; *ellip* aujourd'hui en ~ heute in vierzehn Tagen; **II** *m* ⟨*inv*⟩ **1.** *Zahl* Fünfzehn *f*; le ~ (du mois) der Fünfzehnte *bzw* am Fünfzehnten (des Monats); *cf auch* deux II; **2.** *sports* Rugbymannschaft *f* (von fünfzehn Spielern)
Quinze-Août [kɛ̃zu] *m rel* le ~ Mariä Himmelfahrt
Quinze-Vingts [kɛ̃zvɛ̃] *n/pr* hospice *m* des ~ *Blindenanstalt in Paris*
quinzième [kɛ̃zjɛm] **I** *adj/num/o* fünfzehnte(r, -s); die ~ siècle das fünfzehnte Jahrhundert; **II** *subst* **1.** le, la ~ der, die, das fünfzehnte; **2.** *m math* Fünfzehntel *n*; **3.** *in Paris* le ~ das fünfzehnte Ar-

rondisse'ment; ~**ment** *adv* fünfzehntens
quipo [kipo] *m od* **quipou** [kipu] *m bei den Inkas* Quipu [ki-] *n*
quiproquo [kiprɔko] *m* Verwechslung *f*; Quipro'quo *n*
quirat [kira] *m jur* Schiffspart *m*
quirataire [kiratɛr] *m jur* Mitreeder *m*
quittance [kitɑ̃s] *f* Quittung *f*; Zahlungsbeleg *m*; ~ de loyer Mietquittung *f*; Quittung über bezahlte Miete; ~ pour solde de tout compte Abschlußquittung *f*; formulaire *m* de ~ Quittungsformular *n*; donner ~ de qc etw quit'tieren; den Empfang e-r Sache bescheinigen; établir, faire une ~ e-e Quittung ausstellen; schreiben
quittancer [kitɑ̃se] *v/t* ⟨-ç-⟩ quit'tieren; den Empfang bescheinigen (+*gén*)
quitte [kit] *adj* **1.** nichts schuldig; quitt; frei; *jur* ~ de tous droits et taxes abgaben- und gebührenfrei; von Abgaben und Gebühren befreit; être ~ envers qn j-m nichts mehr schulden; mit j-m quitt sein; nous sommes ~s wir sind quitt; **2.** *fig* frei; ledig; quitt; être ~ d'un grand souci von e-r großen Sorge befreit sein; *st/s* e-r großen Sorge ledig sein; être ~ d'un vœu, d'une promesse von e-m Gelöbnis, e-m Versprechen entbunden sein; en être ~ à bon compte mit e-m blauen Auge da'vonkommen; en être ~ pour la peur mit dem (bloßen) Schrecken da'vongekommen sein; tenir qn ~ de qc j-m etw erlassen; j-n von etw entbinden; **3.** *loc/prép* ~ à (+*inf*) auf die Gefahr hin, daß ...; wenn auch ...; je dirai la vérité, ~ à être puni ich werde die Wahrheit sagen, auch auf die Gefahr hin, bestraft zu werden; ~ à donner sa démission auch wenn er s-e Entlassung einreichen müßte; **4.** *subst* ~ ou double *m* (*Fragespiel n*) Alles oder nichts; jouer (à) ~ ou double *beim Quiz* weitermachen (und dabei den Einsatz verdoppeln oder verlieren); „Alles oder nichts" spielen; *fig* alles aufs Spiel setzen; alles auf eine Karte setzen
quitter [kite] **I** *v/t* **1.** *Ort* verlassen; *Tätigkeit* aufgeben; ~ son appartement, son logement ausziehen; s-e Wohnung aufgeben; ~ son bureau sein Büro verlassen; *rad* ne quittez pas l'écoute, dans quelques instants nos informations nach e-r kurzen Pause hören Sie Nachrichten; ~ ses fonctions sein Amt niederlegen; den Dienst quit'tieren; ~ le lycée à treize ans das Gymnasium mit dreizehn Jahren verlassen; mit dreizehn Jahren vom Gymnasium abgehen; ~ son métier s-n Beruf aufgeben; *litt* ~ le monde sich von der Welt zurückziehen; ~ son pays sein Land verlassen; *Schiff* ~ le port (aus dem Hafen) auslaufen; *Auto* ~ la route von der Fahrbahn abkommen; *fig* ~ le sentier de la vertu den Pfad der Tugend verlassen; vom Pfade der Tugend abweichen; ♦ *abs:* am Telefon ne quittez pas! bitte, bleiben Sie am Appa'rat!; **2.** *Person* verlassen; ~ qn brusquement j-n plötzlich verlassen; j-n einfach stehenlassen; cette pensée ne le quitte jamais dieser Gedanke läßt ihn nie los; sur ce, je vous quitte jetzt muß ich gehen; ne pas ~ qn d'un pas, d'une semelle *cf* semelle 1.; ne pas ~ qn des yeux j-n, etw nicht aus den Augen lassen; **3.** *Kleidungsstücke* ablegen; ausziehen; ~ le deuil die Trauer ablegen; *fig* ~ l'habit religieux in den Laienstand, in den weltlichen Stand zurückkehren; **II** *v/pr* se ~ sich trennen; ausein'andergehen; ils se sont

quittés bons amis sie sind als gute Freunde auseinandergegangen

quitus [kitys] *m jur, comm* Entlastung *f*; donner ~ à un gérant e-m Geschäftsführer Entlastung erteilen; e-n Geschäftsführer entlasten

qui-vive [kiviv] **I** *int mil* wer da?; **II** *m* être, se tenir sur le ~ auf der Hut sein; aufpassen; F auf dem Qui'vive sein; *auch* in Angst und Sorge sein

quoi [kwa] **I** *pr/i* **1.** *obj/dir u* alleinstehend was; *j'ai acheté qc,* devine ~? ... rate mal, was?; ~ faire? was tun?; en ~ faisant? wie?; auf welche Weise?; pour ~ faire wozu?; je ne sais plus ~ dire ich weiß nicht mehr, was ich sagen soll; ◆ F ~? *je n'ai pas compris* was? ...; alors, il se décide ou ~? entschließt er sich nun oder nicht, F oder was eigentlich?; ~ de neuf? was gibt es *od* gibt's Neues?; ~ de plus facile? was kann leichter sein als das?; nichts leichter als das!; ~ de plus naturel? was ist selbstverständlicher?; **2.** *obj/indir* wor'an, wor'auf, wo'mit, wo'zu *etc* (*je nach der prép*); à ~ pensez-vous? woran denken Sie?; de ~ est-ce qu'il se nourrit? wovon ernährt er sich?; dites-moi de ~ il est question sagen Sie mir, wovon die Rede ist; il ne sait pas par ~ commencer er weiß nicht, womit er anfangen soll; ◆ *ellip*: à ~ bon? wozu?; was nützt das (schon)?; F *drohend* de ~? he, was gibt's?; was fällt euch ein!; **3.** *in Ausrufen* ~! vous partez? was! ...; wie! ...; F *am Ende e-r Erklärung* ... une vie monotone, ~ ... ein eintöniges Dasein also, eben; **II** *pr/rel* **1.** wor'an, wor'auf, wo'mit *etc* (*je nach der prép*); **a)** *mit Bezug auf unbestimmte Wörter*: s'il savait ce à ~ je pense wenn er wüßte, woran ich denke; c'est en ~ vous vous trompez hier(in) irren Sie (sich); c'est quelque chose à ~ je tiens le plus darauf lege ich größten Wert; voici de ~ payer le loyer hier ist das Geld, um die Miete zu bezahlen; voici sur ~ je veux le questionner hierüber will ich ihn befragen; voilà de ~ vous attirer beaucoup de lecteurs hiermit werden Sie viele Leser gewinnen; **b)** *mit Bezug auf e-n Satz*: *il exposa les faits*, après ~ il se retira ... worauf'hin er sich zurückzog; *prêtez-moi un peu d'argent*, sans ~ *od* faute de ~ je ne pourrai payer le taxi ... sonst *od* andernfalls kann ich das Taxi nicht bezahlen; ◆ F comme ~ **a)** (der *bzw* die, das besagt,) daß; il lui a fait un certificat comme ~ il a bien travaillé er hat ihm ein Zeugnis ausgestellt, daß *od* wonach er gute Arbeit geleistet hat; **b)** also; *il n'a même pas demandé à le voir*, comme ~ ce n'était pas très important ... es war also nicht sehr wichtig; **2.** *ohne bestimmten Bezug*: acheter de ~ écrire Schreibmaterial kaufen; avoir de ~ écrire etwas zum Schreiben haben; avoir de ~ vivre sein Auskommen, genug zum Leben haben; avoir de ~ Geld haben; F es dicke haben; (gut) betucht sein; il n'y a pas de ~ rire da gibt es nichts zu lachen; kein Grund zum Lachen; *je vous remercie* – (il n'y a) pas de ~ ... (bitte,) keine Ursache; (bitte,) gern geschehen; nichts zu danken; *path* fièvre ~ne Quoti'di'ana *f*; **II** *m* **1.** Tageszeitung *f*; **2.** Alltag *m*

quotidiennement [kɔtidjɛnmã] *adv* täglich

quotient [kɔsjã] *m* **1.** *math* Quoti'ent *m*; **2.** *par ext*: *pol* ~ électoral Zahl *f* der abgegebenen Stimmen pro Sitz; Sitzverteilungsquotient *m*; *bei der frz Einkommensteuer* ~ familial Bewertungsziffer *f* entsprechend dem Familienstand; ~ intellectuel (*abr* Q. I.) Intelli'genzquotient *m* (*abr* IQ)

quotité [kɔtite] *f jur* Anteil *m*; Anteilsumme *f*; Quote *f*; ~ disponible frei verfügbarer Teil (*e-r Erbschaft*); impôt *m* de ~ Quoti'tätssteuer *f*

samkeit war er doch großzügig; obwohl sparsam, war er doch großzügig; ◆ *loc/adv* F ~ ça, on n'a pas de preuves obwohl – man hat ja eigentlich keine Beweise

quolibet [kɔlibɛ] *m* Anzüglichkeit *f*; spöttische Bemerkung; essuyer des ~s Anzüglichkeiten einstecken müssen, zu hören bekommen

quorum [kɔrɔm, kwɔ-] *m* -*s* Gremiums Quorum *n*; beschlußfähige Anzahl (von Sitzungsteilnehmern); le ~ est atteint die Versammlung ist beschlußfähig

quota [kɔta, kwɔ-] *m* Quote *f*; *adm* ~ d'immigration Einwanderungsquote *f*; *comm* ~ d'importation, de vente Einfuhr-, Verkaufsquote *f*

quote-part [kɔtpar] *f* ⟨*pl* quotes-parts⟩ Anteil *m*; Anteilsatz *m*; anteilmäßiger Betrag; Beitrag *m*; Quote *f*; payer sa ~ s-n Anteil bezahlen; *fig* apporter sa ~ à la réussite sein(en) Teil zum Gelingen beitragen; s-n Beitrag zum Gelingen leisten

quotidien [kɔtidjɛ̃] **I** *adj* ⟨~ne⟩ **1.** (all')täglich; l'effort, le travail ~ die tägliche Anstrengung, Arbeit; le pain ~ das tägliche Brot; la vie ~ne der Alltag; das alltägliche Leben; **2.** *par ext* all'täglich; ba'nal; gewöhnlich; **3.** *path* fièvre

quoique [kwak(ə)] ⟨*vor il, elle, un, une, on* quoiqu'⟩ *conj* (+*subj*) ob'gleich; ob'wohl; wenn auch; beaucoup d'amis ... obwohl er viele Freunde hat ...; il était généreux, quoiqu'il fût économe bei aller Spar-

R

R, r [ɛr] *m* ‹*inv*› R. r *n*
ra [ra] *m* ‹*inv*› *mus* Trommelwirbel *m*
rab [rab] *m* F Kurzwort *für* rabiot
rabâchage [rabaʃaʒ] *m* endloses Wieder'holen; endlose Wieder'holung; F 'Wiederkäuen *n*; Gewäsch *n*; Gequatsche *n*
rabâch|er [rabaʃe. -ba-] *v/t* F **1.** endlos, bis zum 'Überdruß wieder'holen, F 'wiederkäuen; immer wieder anfangen (**qc** von etw); *abs* immer dasselbe reden, F faseln; **2.** *Schulaufgaben* ständig hersagen, F herbeten, runterleiern; **~eur** F *m*, **~euse** F *f* langweiliger Schwätzer, langweilige Schwätzerin
rabais [rabɛ] *m* Preisnachlaß *m*, -abschlag *m*; Ra'batt *m*; Ermäßigung *f*; ~ exceptionnel Sonderrabatt *m*; ~ de fidélité Treuerabatt *m*; ~ de 8% sur tous les prix 5% Rabatt auf alle Preise; ~ de quantité Mengenrabatt *m*; maison *f* de ~ Discountgeschäft [dis'kaunt-] *n*, -haus *n*; *loc/adv* au ~ zu her'abgesetzten Preisen; preisgünstig; F *fig* travailler au ~ gegen schlechte Bezahlung arbeiten; e-e billige Arbeitskraft sein; vendre au ~ zu stark herabgesetzten Preisen verkaufen; accorder, consentir, faire un ~ sur le prix d'une marchandise auf e-e Ware Rabatt geben; (e-n) Preisnachlaß für e-e Ware gewähren; obtenir un ~ Rabatt erhalten
rabaisser [rabese] **I** *v/t* j-s Verdienste *etc* her'absetzen; schmälern; *fig* ~ le caquet *cf* caquet 1.; l'orgueil de qn j-s Stolz (*dat*) e-n Schlag versetzen; **II** *v/pr* se ~ sich (selbst) schlechtmachen, her'absetzen
raban [rabɑ̃] *m mar* Reep *n*; Zeising *od* Seising *n*
rabane [raban] *f* (Raphia)Bast(gewebe) *m*(*n*)
rabat [raba] *m* **1.** e-r Amtstracht Beffchen *n*; **2.** *cout* e-r Tasche Klappe *f* (*auch e-s Briefumschlags*); Patte *f*; **3.** *ch cf* rabattage; **~-joie** *m* ‹*inv*› Spielverderber *m*; F Miesmacher *m*
rabatt|age [rabataʒ] *m ch* (Zu)Treiben *n*; **~ement** *m* **1.** *math* (Her)'Umklappen *n*; **2.** *jur* ~ de défaut Aufhebung *f* e-s Versäumnisurteils; **3.** *Tiefbau* ~ d'une nappe d'eau Grundwasserabsenkung *f*; **~eur** *m* **1.** *ch* Treiber *m*; **2.** *fig u péj* (An)Werber *m*; **3.** *tech e-s Mähdreschers* Haspel *f*; **~oir** *m tech* **1.** Schiefer(spalt)hammer *m*; **2.** Bördeleisen *n*
rabattre [rabatr(ə)] ‹*cf* battre› **I** *v/t* **1.** *Deckel, Sitz etc* 'umklappen, -legen; *Ärmel etc* 'umschlagen, -legen; *Mantelkragen* wieder her'unterschlagen, -klappen; *Schleier* vors Gesicht ziehen; *Saum* 'umschlagen; *Papier* falten; *Falte* legen; *Verdeck e-s Autos* wieder zuschieben, nach vorn klappen; *Wind: Rauch* her'un-

terdrücken; *math* (her)'umklappen; *Tennis: Ball* stoppen; ~ les bords de son chapeau die Hutkrempe in die Stirn drücken, ins Gesicht ziehen; **2.** *fig* ~ le caquet *cf* caquet 1.; F ~ les oreilles à qn de qc *cf* rebattre 3.; ~ les prétentions de qn j-s Ansprüche (*acc*) her'unterdrücken; **3.** *comm* ~ trois francs (du prix) drei Franc (vom Preis) nachlassen; um drei Franc her'untergehen; **4.** *ch Wild* treiben; ~ le gibier vers qn j-m das Wild zutreiben; **5.** *jard Bäume, Zweige* stutzen; ver-, zu'rückschneiden; **6.** *esc* ~ un coup e-n Stoß mit Gegendruck pa'rieren; **II** *v/i* **7.** la cheminée rabat der Kamin zieht schlecht, hat keinen guten Zug; **8.** en ~ zu'rückstecken; Abstriche machen; s-e Ansprüche her'unterschrauben; **III** *v/pr* **9.** se ~ *Schar Vögel* sich (wieder) niederlassen (**dans un champ** auf e-m Feld); *Nebel, Rauch* se ~ au sol sich auf dem Boden ausbreiten; sich am Boden niederschlagen; **10.** plötzlich abschwenken, die (Fahrt)Richtung ändern; *Auto nach dem Überholen* rasch wieder einscheren, nach rechts fahren, nach rechts hin'überziehen; se ~ sur la gauche plötzlich nach links ausscheren, fahren; *Fußballspieler etc* se ~ vers le centre plötzlich zur Mitte laufen; **11.** *fig* se ~ sur vor'liebnehmen, sich begnügen mit; ausweichen, zu'rückgreifen auf (+*acc*); sich zuwenden (+*dat*)
rabattu [rabaty] *adj* her'unter-, her'abgebogen, -gezogen; *cout*: col ~ 'Umlege-, 'Umschlagkragen *m*; couture ~e Kappnaht *f*; poche ~e aufgesetzte Klappentasche
rabbin [rabɛ̃] *m rel* Rab'biner *m*; grand ~ Großrabbiner *m*
rabbin|at [rabina] *m* Rabbi'nat *n*; Rab'binerwürde *f*; **~ique** *adj* Rab'biner...; rab'binisch
rabdologie [rabdɔlɔʒi] *f* Stabrechnen *n*
rabdomancie [rabdɔmɑ̃si] *f cf* rhabdomancie
rabelaisien [rablɛzjɛ̃] *adj* ‹~ne› von Rabelais; in der Art Rabelais'; Rabelais' würdig
rabes [rab] *f/pl* ~ de morue Kaviarersatz *m*
rabibocher [rabibɔʃe] F **I** *v/t* **1.** ausbessern; F zu'rechtflicken; **2.** *fig* (wieder) versöhnen; **II** *v/pr* se ~ sich (wieder mitein'ander) versöhnen
rabiot [rabjo] F *m* **1.** übriggebliebene *bzw* zusätzliche Verpflegung; F Nachschlag *m*; aller chercher du ~ de soupe Suppe nachfassen; **2.** faire du ~ a) *mil* nachdienen; länger Mili'tärdienst machen (*wegen erhaltener Disziplinarstrafen*); b) (unbezahlte) 'Überstunden machen
rabioter [rabjɔte] F **I** *v/t* ~ qc sich den

Nachschlag, den Rest von etw sichern, besorgen, nehmen; **II** *v/i fig* sich kleine zusätzliche Einnahmen verschaffen
rabique [rabik] *adj path* Tollwut...; virus *m* ~ Tollwutvirus *m*, *fachspr n*
râble [rabl(ə)] *m* **1.** (Ka'ninchen-, Hasen)Rücken *m* (*auch cuis*); **2.** F *beim Menschen* Kreuz *n*; *fig* tomber sur le ~ de qn über j-n herfallen; **3.** *tech* Schürhaken *m*; Feuerkrücke *f*; Löffelräumer *m*
râblé [rable] *adj* **1.** *Tier* gedrungen; bien ~ mit kräftigem Rücken; **2.** *Mensch* stämmig; unter'setzt; vierschrötig
râblure [rablyr] *f mar* Sponung *f*; Spundung *f*; Spündung *f*
rabot [rabo] *m* **1.** Hobel *m*; Schlichthobel *m*; ~ cintrable Schiffshobel *m*; aplanir, dresser au ~ zu'rechthobeln; passer le ~, donner un coup de ~ hobeln; **2.** *mines* Kohlenhobel *m*
rabotage [rabotaʒ] *m* (Ab-, Be-, Glatt)Hobeln *n*
rabot|er [rabote] *v/t* **1.** (ab-, be)hobeln; glatt-, zu'rechthobeln; **2.** ~ qc etw hart streifen; **~eur** *m* Hobler *m*; ~ de parquet Par'kettschleifer *m*; **~euse** *f* *zur Metall- u Holzbearbeitung* Hobelmaschine *f*
raboteux [rabotø] *adj* ‹-euse› *Weg* holp(e)rig; *Fläche* uneben; rauh; *fig des vers* ~ holp(e)rige Verse *m/pl*
rabotin [rabotɛ̃] *m* *Steinbearbeitung* Kratzer *m*
rabougri [rabugri] *adj* **1.** *Pflanze* verkümmert; verkrüppelt; **2.** *Person* kümmerlich; schmächtig
rabougrir [rabugrir] *v/pr* se ~ **1.** *Pflanze* verkümmern; **2.** *fig alter Mensch* zu'sammenschrumpfen; verhutzeln
rabouter [rabute] *v/t* zu'sammenfügen, -setzen; anein'anderfügen
rabrouer [rabrue] *v/t* ~ qn j-n anfahren, anherrschen; se faire ~ angefahren werden
racage [rakaʒ] *m mar* Rack *n*
racaille [rakaj] *f* Abschaum *m* der Gesellschaft; Pack *n*; Gesindel *n*
racanette [rakanɛt] *f zo cf* sarcelle
raccommod|able [rakɔmɔdabl(ə)] *adj* ausbesserungsfähig; **~age** *m* Ausbessern *n*; Ausbesserung *f*; Flicken *n*; Flickarbeit *f*; **~ement** F *m* ('Wieder-) Versöhnung *f*
raccommod|er [rakɔmɔde] **I** *v/t* **1.** *Wäsche, Kleidung etc* flicken (*auch Porzellan, Fischernetz*); ausbessern; stopfen; *par ext* repa'rieren; **2.** F *fig* (*réconcilier*) (wieder) versöhnen; **II** *v/pr* se ~ sich (wieder mitein'ander) versöhnen; **~eur** *m*, **~euse** *f* Ausbesserer *m*, Ausbesserin *f*; Flicker(in) *m*(*f*); **raccommodeur de porcelaine** Porzel'lananflicker *m*
raccompagner [rakɔ̃paɲe] *v/t*

(zu'rück)begléiten, (-)bringen; ~ qn chez lui (en voiture) j-n (mit dem Auto) nach Hause bringen (fahren)

raccord [rakɔr] m **1.** von Straßen Verbindung f; im Mauerwerk, Anstrich etc 'Übergang(sstelle) m(f); Verbindung(sstelle) f; Verbindungsstück n; faire un ~ de peinture ausgelassene Stelle (nachträglich) streichen; zu schwach gestrichene Stelle noch einmal über'streichen; F fig faire un ~ sein Make-up [me:k'ap] auffrischen; Fingernagel frisch lackieren; **2. a)** cin ~ (de plans) 'Übergang m (zwischen den einzelnen Bildeinstellungen); **b)** thé Szenenübergang m (bei e-m gekürzten Stück); par ext Probe f der Szenenübergänge; **3.** tech Verbindungsstück n, -rohr n, -schlauch m; Anschlußstück n; Nippel m; Muffe f; ~ de réduction, de tuyau Redu'zier-, Rohrnippel m; ~s de tuyauterie, de robinetterie Fittings n/pl

raccordement [rakɔrdəmã] m Verbindung f; Verbinden n; Anschluß m; Anein'anderschließen n; 'Übergang m; e-s Geschützes **cône** m de ~ Übergangskegel m, -konus m; ch de fer **voie** f de ~ Verbindungsgleis n

raccorder [rakɔrde] **I** v/t verbinden (à mit); (mitein'ander) verbinden; zu'sammenfügen, -schließen; cin die einzelnen Bildeinstellungen auch inein'ander 'übergehen lassen; Röhren auch anein'ander anschließen; **II** v/pr **1.** se ~ verbunden sein (à mit); Rohr auch angeschlossen sein (an + acc); zu'sammenpassen; Tapetenmuster etc anein'ander anschließen; cin Bildeinstellungen inein'ander 'übergehen; ~ à la canalisation, etc den Anschluß an die Kanalisation etc 'durchführen

raccourci [rakursi] **I** adj ge-, verkürzt; beim Reiten **allure** ~e verhaltener Gang; Gang mit kurzem Zügel; fig **à bras** ~s mit aller, voller Kraft, Gewalt; mit voller Wucht; loc/adv **en** ~ in gekürzter Form; in Kurzform; kurz zu-'sammengefaßt; im Abriß; im kleinen; **II** m **1.** Abkürzung(sweg) f(m); **prendre un** ~ e-n Abkürzungsweg einschlagen; e-e Abkürzung gehen; **2.** peint perspek'tivische Verkürzung; **3.** in der Literatur etc Raffung f

raccourc|ir [rakursir] **I** v/t **1.** (ab-, ver)kürzen; kürzer machen; Text, Vortrag etc kürzen; raffen; Kleid etc kürzer machen; kürzen; mil Feuer zu'rückverlegen; ças: passons par là, **ça raccourcit** ... das ist kürzer; **2.** F **qn** j-n (um) e-n Kopf kürzer machen; **II** v/i Tage im Herbst, Kleid beim Waschen etc kürzer werden; F **les jupes raccourcissent cette année** ... trägt man die Röcke kürzer; **III** v/pr se ~ kürzer gemacht werden; **~issement** m **1.** (Ver)Kürzen n; Verkürzung f; mil ~ du front Frontverkürzung f; **2.** der Tage etc Kürzerwerden n

raccroc [rakro] loc/adv **par** ~ durch e-n glücklichen Zufall

raccrocher [rakrɔʃe] **I** v/t wieder auf-, anhängen; Bild, Gardine etc wieder aufhängen; ~ (le récepteur) (den Telefon)Hörer) auflegen; einhängen; **II** v/pr se ~ an Gegenständen sich festklammern (à an + dat); sich (an)klammern (an + acc); fig se ~ à qn, qc sich an j-n, etw klammern

race [ras] f **1.** biol von Menschen, Tieren Rasse f; ~ **blanche, jaune, noire** die weiße, gelbe, schwarze Rasse; ~ de **chien** Hunderasse f; Tierzucht loc/adj **de** ~ Rasse…; **chien** m **de** ~ Rassehund m; **de** ~ **pure, de pure** ~ reinrassig; rasserein; **2.** fig **avoir de la** ~ Rasse

haben; von Rasse sein; **3.** Geschlecht n; Sippe f; Fa'milie f; Stamm m; bibl **la** ~ **de David** der Stamm Davids; myth ~ **de géants, de héros** Riesen-, Heldengeschlecht n; loc/adj **fin de** ~ deka'dent; degene'riert; über'feinert; **être de** ~ **noble** von edlem Geschlecht, von edler Abstammung sein; **4.** péj Sippschaft f; Brut f; bibl ~ **de vipères** Otterngezücht n; F **quelle sale** ~! was für ein unfreundliches Volk!; p/fort was für e-e schmutzige Gesellschaft!; was für ein Gesindel!

racé [rase] adj **1.** Tier Rasse…; reinrassig; cheval ~ reinrassiges Pferd; Rassepferd n; **2.** Person von na'türlicher Vornehmheit, Ele'ganz; a'part

racém|eux [rasemø] adj <-euse> bot traubig; sc raze'mos; raze'mös; **~ique** chim **I** adj **acide** m ~ Traubensäure f; **II** m ra'cemisches Gemisch

racer [rɛsœr, rasɛr] m sports **a)** Rennboot n; **b)** Rennjacht f; **c)** kleiner Rennwagen

rach [rak] m Arrak m

rachat [raʃa] m **1.** comm, jur Rückkauf m; 'Wiederkauf m; e-r Rente, von Lasten, Verpflichtungen Ablösung f; Sozialversicherung ~ **de cotisations** Beitragsnachzahlung f; ~ **de rente** Rentenablösung f; **2.** von Gefangenen Loskauf m; Freikauf m; Auslösung f

rachetable [raʃtabl(ə)] adj 'wieder-, rückkäuflich; ablösbar

racheter [raʃte] <-è-> **I** v/t **1.** zu'rück-, 'wiederkaufen; Rente, Lasten, Verpflichtungen ablösen; ~ **une maison** ein Haus zurückkaufen; ~ **du pain** wieder Brot kaufen; ~ qc à qn auch j-m etw (wieder) abkaufen; **2.** Gefangene los-, freikaufen; auslösen; F **du Menschen** erlösen; ~ **sa liberté** sich freikaufen; **3.** fig Schuld, Vergehen sühnen; wieder'gutmachen; Fehler, Nachteil wieder aufwiegen, ausgleichen; entschädigen für; **II** v/pr se ~ sein Ansehen wieder'herstellen

rachevage [raʃvaʒ] m von Töpferwaren Fertigstellen n

rachialgie [raʃjalʒi] f path Rhachial-'gie f

rachianesthésie [raʃjanɛstezi] f méd Rhachianästhe'sie f

rachidien [raʃidjɛ̃] adj <-ne> anat auf die Wirbelsäule bezüglich; **bulbe** ~ verlängertes (Rücken)Mark; **canal** ~ Rückenmarks-, Wirbelkanal m; **nerfs** ~s Rückenmarksnerven m/pl

rachis [raʃis] m **1.** anat Wirbelsäule f; Rückgrat n; **2.** bot e-s Blütenstandes, gefiederten Blattes Hauptachse f; Spindel f; sc Rhachis f; **3.** zo e-r Feder Schaft m; sc Rhachis f

rachitique [raʃitik] adj **1.** path ra'chitisch; **2.** par ext Pflanzen zu'rückgebieben; kümmerlich; kümmernd

rachitisme [raʃitism(ə)] m **1.** path Rachitis f; englische Krankheit; **être atteint de** ~ Rachitis, die englische Krankheit haben; **2.** fig kümmerliches Wachstum; kümmerliche Entwicklung

racial [rasjal] adj <-aux> rassisch; Rassen…; **émeutes** ~es Rassenunruhen f/pl; **politique** ~e, **préjugé** ~, **question** ~e Rassenpolitik f, -vorurteil n, -frage f

racin|age [rasinaʒ] m e-s Ledereinbandes Marmo'rierung f; einhängen; **~al** m <pl -aux> bât Lagerholz n; 'Unterzug m

racine [rasin] f **1.** bot e-r Pflanze Wurzel f; ~ s/pl auch Wurzelwerk n; litt ~s/pl Wurzelgemüse n; fig u st/s ~s/pl Wurzeln f/pl; Ursprung m; ~ **principale** Hauptwurzel f; ~ **s secondaires** Seiten-, Nebenwurzeln f/pl; ~ **à crampons** Haftwurzel f; phm: ~ **de guimauve** Eibisch-, Altheewurzel f; ~ **de jalap** Ja'lap(p)enwurzel f; fig **avoir de profondes** ~s **dans un pays** in e-m Land

fest verwurzelt sein; fig **attaquer, couper le mal à sa, à la, dans sa** ~ das Übel mit der Wurzel ausreißen, ausrotten; das Übel an der Wurzel packen; **prendre** ~ a) Pflanze Wurzeln schlagen, treiben; angehen; b) fig Person, Gast Wurzeln schlagen; F hängenbleiben; **2.** anat Wurzel f; ~s **des cheveux, des poils** Haarwurzeln f/pl; ~ **d'une dent, du nez, de l'ongle** Zahn-, Nasen-, Nagelwurzel f; Zahn à une ~, à deux ~s mit einfacher, mit doppelter Wurzel; **3.** math **a)** aus e-r Zahl Wurzel f (de 9 aus 9); ~ **carrée** Qua'dratwurzel f; ~ **cubique** Ku'bikwurzel f; dritte Wurzel; ~ **quatrième** vierte Wurzel; ~ **nième** n-te Wurzel; **extraire une** ~ e-e Wurzel ziehen; **b)** e-r Gleichung Wurzel f; **4.** ling e-s Wortes Wurzel f; **5.** beim Angeln Vorfach n; **6.** minér ~ **d'émeraude** (Art) Prasem m

racin|é [rasine] adj bot mit Wurzeln versehen; ~**eau** m <pl ~x> agr kleine Stütze; ~**ement** m Wurzeln n; Wurzelschlagen n; ~**er** v/t Ledereinband marmo'rieren

racine-voile [rasinvwal] f <pl racines--voiles> bot bei Epiphyten Luftwurzel f

racinien [rasinjɛ̃] adj <~ne> **a)** von, bei Racine; Ra'cinesche(r, -s); **tragédie** ~ne Tragödie f von Racine; Racinesche Tragödie f; **b)** ra'cinesche(r, -s); nach dem Vorbild Racines

rac|isme [rasism(ə)] m **a)** Rassenideologie f, -lehre f, -theorie f; **b)** Ras'sismus m; Rassenhaß m, -hetze f, -wahn m, -kult m; über'steigertes Rassenbewußtsein; ~**iste I** adj ras'sistisch; 'übermäßig rassenbewußt; in bezug auf das Dritte Reich auch völkisch; **politique** f, **théorie** f ~ Rassenpolitik f, -theorie f; **II** m,f Ras'sist(in) m(f); Rassenfanatiker(in) m(f)

rack [rak] m Arrak m

racket [rakɛt] m **a)** organi'sierte Erpressung (bes von Kaufleuten); **b)** Erpresserbande f; ~**teur** m Erpresser m

raclage [raklaʒ] m **1.** (Ab)Schaben n; (Ab)Kratzen n; **2.** mines Förderung f durch e-n Kratzerförderer; **3.** e-r Schonung Lichten n

racle [rakl(ə)] f **1.** tech Kratz-, Schabeisen n; Abstreichmesser n; **2.** impr Rakel f; **3.** ~ **à fromage** (Art) Käsemesser n

raclée [rakle] f F **1.** Tracht f Prügel; F Keile pl; Senge f; **flanquer une** ~ **à qn** cf flanquer[2] 2.; **recevoir une** ~ cf recevoir 2.; fig Schlappe f; **recevoir, prendre une** ~ e-e Schlappe erleiden

raclement [rakləmã] m Kratzen n; Schaben n; ~ **de gorge** Räuspern n; péj ~ **d'un violon** Kratzen n auf e-r Geige

racler [rakle] **I** v/t **1.** abschaben, kratzen, schrapen (auch tech); Füße abstreifen; Schuhsohlen abstreichen; Getreidemaß abstreichen; ~ **une allée** e-n Weg einebnen, harken; ~ (le fond d')une casserole e-n Topf auskratzen; **2.** streifen; ~ **le bord du trottoir** am Bordstein entlangscheuern; den Bordstein hart streifen; **3.** F fig Wein etc ~ **le gosier** im Hals kratzen; **4.** péj ~ **un od du violon** auf e-r Geige (her'um)kratzen; **5.** Forstwirtschaft: Schonung lichten; **II** v/pr se ~ la gorge sich räuspern

raclette [raklɛt] f **1.** Schaber m; Kratzer m; Schab-, Kratzeisen n; Schrape f; Schrapper m; cuis Teigschaber m; bes des Schornsteinfegers Schultereisen n; für die Straßenreinigung Gummischieber m; für Heizkessel Siederohrbürste f; **2.** cuis Ra'clette f od n (Art Fondue)

racl|eur [raklœr] m, **~euse** f **1.** Arbeiter(in), der bzw die Felle etc abschabt; **2.** F péj **racleur de violon** j. der

auf der Geige (her'um)kratzt; mise'rabler Geigenspieler; **3.** *adjt tech* **segment** *m* **racleur (d'huile)** Ölabstreifring *m*

racl|oir [rɑklwar] *m* **1.** *tech* Kratzer *m*; Schaber *m*; Schrape *f*; Schrapper *m*; Abstreichmesser *n*; *für Parkettböden* Hobel *m*; **2.** *mines (Art)* Kratzerförderer *m*; **~ure** *f* **1.** *aus Holz, Horn, Gold* (Ab)Schabsel *n*; Abgekratzte(s) *n*; **2.** *fig der Menschheit* Abschaum *m*

racolage [rakɔlaʒ] *m* **1.** *péj von Kunden etc* Kundenfang *m*; *auch von Mitgliedern* (An)Werben *n*; Werbung *f*; *von Mitgliedern auch* ~ Keilen *n*; *durch Dirnen* Kundenfang *m*; Ansprechen *n*; **faire du** ~ **auf Kundenfang gehen**; F Mitglieder keilen; **2.** *hist mil von Soldaten* Anwerbung *f*

racoler [rakɔle] *v/t* **1.** *péj Käufer, Abonnenten etc* (an)werben; fangen; *Mitglieder* werben; F keilen; *Dirnen, abs* auf Kundenfang gehen; *Männer* ansprechen; F anhauen; **2.** *hist mil* Soldaten anwerben

racol|eur [rakɔlœr] *m* **1.** *Kundenwerbung j, der Kunden einfängt; für e-e Partei j, der Mitglieder anwirbt; für (Nepp)Lokale* Schlepper *m*; **2.** *hist mil* Werber *m*; **~euse** *f* (Straßen)Dirne *f*; Straßenmädchen *n*

racon [rakɔ̃] *m mar* Ra'darbake *f*

racontage [rakɔ̃taʒ] *litt m* Gerede *n*

racontar [rakɔ̃tar] *m meist pl* ~s Klatsch *m*; Geschwätz *n*; F Tratsch *m*

raconter [rakɔ̃te] **I** *v/t* **1.** erzählen; berichten; sagen; ~ **qc** etw, von etw erzählen, berichten; ~ **ses exploits** von s-n Taten erzählen; ~ **un film** die Handlung e-s Films, F e-n Film erzählen; ~ **une histoire** e-e Geschichte erzählen; ~ **un voyage** von e-r Reise berichten, erzählen; e-n Reisebericht geben; *abs* **allez, raconte!** los, erzähl! los, erzählen Sie!; **ça vaut la peine d'être raconté** das ist erzählenswert; **on raconte que …** es wird erzählt, berichtet, gesagt, daß …; es heißt, daß …; **on raconte de cet empereur que …** von diesem Kaiser wird berichtet, daß …; *Madame de Sévigné* **a raconté tout un siècle** … hat ein ganzes Jahrhundert erzählend dargestellt; **2.** *oft péj* erzählen; **on raconte beaucoup de choses sur le compte de cette femme** man erzählt sehr viel über diese Frau; über diese Frau wird sehr viel geredet; **c'est du moins ce qu'elle raconte** so erzählt, sagt sie wenigstens; **qu'est-ce que tu me racontes?** was erzählst du mir (denn) da?; **il nous en raconte!** der erzählt uns (F vielleicht) Sachen!; **II** *v/pr* **3. a)** *reziprok* **se** ~ **des blagues** sich (gegenseitig) Witze erzählen; **b)** *reflexiv* **l'enfant se raconte des histoires** das Kind erzählt sich Geschichten; **c)** *passivisch:* **cette histoire ne peut se** ~ **devant les enfants** … kann man nicht vor Kindern erzählen; **4.** *in e-m Roman etc* **se** ~ von sich erzählen; sich selbst darstellen; **il aime se** ~ er spricht gern von sich selbst

racoon [rakun] *m zo* Waschbär *m*

racorni [rakɔrni] *adj* **1.** *Fleisch, Leder* hart; *Haut* ledern; *Person* schrumpelig; zu'sammengeschrumpft; *fig* **l'esprit** ~ verbittertes Herz; **avoir l'esprit** ~ verkalkt, verknöchert sein

racorn|ir [rakɔrnir] **I** *v/t Leder* hart machen; **II** *v/pr* **se** ~ *Fleisch, Leder* hart, *Haut* ledern werden; *bes alte Person* schrumpelig werden; zu'sammenschrumpfen; *fig Herz* sich verhärten; **~issement** *m* Hartwerden *n*; Zu'sammenschrumpfen *n*; *fig* Verhärtung *f*

rad [rad] *m phys atom* Rad *n* (*Zeichen* rad)

radar [radar] *m* **1.** Ra'daranlage *f*, -gerät *n*; Funkmeßanlage *f*, -gerät *n*; ~ **panoramique** Rundsichtradaranlage *f*; ~ **routier** Verkehrsradargerät *n*; ~ **d'atterrissage** Ra'darlandegerät *n*; ~ **de bord, de surveillance** Bord-, Über-'wachungsradaranlage *f*; *adjt* ⟨*inv*⟩ **antenne** *f*, **contrôle** *m*, **écran** *m*, **station** *f* ~ Radarantenne *f*, -kontrolle *f*, -schirm *m*, -station *f*; **guidé par** ~ ra'dargelenkt, -gesteuert; **2.** Ra'dar *m od n*; Funkmeßtechnik *f*; **~iste** *m* Ra'dartechniker *m*

rade [rad] *f* **1.** *mar* Reede *f*; ~ **fermée, foraine** geschlossene, offene Reede; **être en** ~ auf der Reede liegen; **2.** F *fig* **laisser en** ~ *Person* verlassen; im Stich lassen; *Arbeit* liegenlassen; **rester en** ~ *Auto, Projekt etc* liegenbleiben; *Projekt auch* zurückgestellt werden; *Person* zurückbleiben

radeau [rado] *m* ⟨*pl* ~**x**⟩ Floß *n*; ~ **pneumatique** Rettungsinsel *f*; Flößerei *f*; ~ **(d'arbres)** Baumfloß *n*; *mar* ~ **de sauvetage** Rettungsfloß *n*; *mil* **pont** *m* **sur** ~**x** Floßbrücke *f*

rader [rade] *v/t tech Steinblöcke* von oben und unten anhauen

radiaire [radjɛr] *adj* strahlenförmig; strahlig; *sc* radi'är

radial [radjal] *adj* ⟨*-aux*⟩ **1.** radi'al; Radi'al…; strahlenförmig; *auto* **carcasse** ~**e** Radialkarkasse *f*; **pneu** *m* **à carcasse** ~**e** Gürtel-, Radialreifen *m*; *phys* **vitesse** ~**e** Radialgeschwindigkeit *f*; *Verkehr* **voie** ~**e** *od subst* ~**e** *f* von der Stadtmitte zum Stadtrand führende Straße; Radi'ale *f*; *österr auch* Radiallinie *f*; **2.** *anat* Speichen…; Radi'al…; **artère** ~**e** Speichenschlagader *f*

radi|an [radjɑ̃] *m* (*abr* **rd**) *math* Radi'ant *m* (*abr* rad); **~ance** *f phys* Beleuchtungsstärke *f*; **~ant** *adj* **1.** *phys* (aus)strahlend; **2.** *astr* **point** ~ *od subst* ~ *m* Radi'ant *m*

radiateur [radjatœr] *m* **1.** Heizkörper *m* (*bes e-r Zentralheizung*); Heizofen *m*; ~ **électrique** elektrischer Heizofen; ~ **lumineux** Heizsonne *f*; Infrarotstrahler *m*; ~ **soufflant** Heizlüfter *m*; ~ **à accumulation** Nachtspeicherofen *m*; ~ **à circulation d'huile** Ölradiator *m*; ~ **à convection** Konvekti'onsofen *m*; ~ **à gaz** Gasofen *m*; Gasradiator *m*; **2.** *auto* Kühler *m*; **3.** *phys* ~ **intégral** schwarzer Körper

radiati|f [radjatif] *adj* ⟨*-ive*⟩ *phys* Strahlungs…; *astr* **équilibre** ~ **des étoiles** Masse-Leuchtkraft-Beziehung *f* der Sterne; **~flore** *adj bot* **fleur** *f* ~ Strahlenblüte *f*

radiation [radjasjɔ̃] *f* **1.** *e-s Postens von e-r Rechnung, e-s Namens von e-r Liste* (Aus-, 'Durch)Streichen *n*; Streichung *f*; *jur* ~ **d'inscription (hypothécaire)** Löschung e-r Hypothek; **2.** *phys* Strahlung *f* (*auch météo*); Radiati'on *f*; ~**s** *pl* Strahlen *m/pl*; ~ **infrarouge, solaire, ultraviolette** Infrarot-, Sonnen-, Ultraviolettstrahlung *f*; **protection** *f* **contre les** ~**s** Strahlenschutz *m*; **pression** *f* **de** ~ Strahlungs-, *auch* Lichtdruck *m*

radical [radikal] **I** *adj* ⟨*-aux*⟩ **1.** radi-'kal; *Methode, Mittel, Maßnahmen auch* bis zum Äußersten gehend; 'durchgreifend; einschneidend; *Reform, Veränderung auch* von Grund aus; gründlich; *Lehre auch* unbedingt; *Heilung* 'vollständig; **2.** *pol* radi'kalsozialistisch; **parti** ~ Radikalsozialistische Partei; **3.** *gr* **Stamm…**; **voyelle** ~**e** Stammvokal *m*; **4.** *bot* Wurzel…; *von der Wurzel* ausgehend; **II** *m* ⟨*pl* *-aux*⟩ **1.** *gr* (Wort)Stamm *m*; **2.** *chim* Radi'kal *n*; **3.** *math* Radi'kal *n*; Wurzelzeichen *n*; **4.** *pol* Radi'kalsozialist *m*; **Mouvement** *m* **des**

radicaux de gauche (*abr* M.R.G.) Links-Radikalsozialistische Partei; **~ement** *adv* radi'kal; gründlich; von Grund aus; 'vollständig; 'durchgreifend; **guérir qn** ~ **a)** j-n völlig, vollständig heilen; **b)** *fig von e-m Laster* j-n gründlich abbringen; ~ **différent** grundverschieden

radicalis|ation [radikalizasjɔ̃] *f pol* Radikali'sierung *f*; **~er I** *v/t pol* radikali'sieren; **II** *v/pr* **se** ~ radi'kal werden

radicalisme [radikalism(ə)] *m pol in Frankreich* (Bewegung *f* des) Radi'kalsozialismus *m*

radical-social|isme [radikalsɔsjalism(ə)] *m pol cf* **radicalisme**; **~iste** *pol* ⟨*m/pl* **radicaux-socialistes**⟩ **I** *adj* radi'kalsozialistisch; **II** *m* Anhänger *m* des Radi'kalsozialismus; Radi'kalsozialist *m*

radicant [radikɑ̃] *adj bot* Haft-, Seitenwurzeln treibend

radicelle [radisel] *f bot* kleine Seitenwurzel; Wurzelfaser *f*

radicivore [radisivɔr] *adj* wurzelfressend

radiculaire [radikylɛr] *adj* **1.** *bot* zur Keimwurzel gehörend; **2.** *Zahnmedizin* (Zahn)Wurzel…

radicul|e [radikyl] *f bot* Keimwurzel *f*; **~ite** *f path* Radiku'litis *f*

radié [radje] **I** *adj sc* strahlig; strahlenförmig; Strahlen…; *Antike* **couronne** ~**e** Strahlenkrone *f*; **II** *f/pl* ~**es** *bot* Strahlenblüten *f/pl*

radier[1] [radje] *v/t von e-r Liste etc* (aus-, 'durch)streichen; *jur* löschen

radier[2] [radje] *m Wasserbau* Boden *m*; Bett *n*; Sohle *f*; ~ **d'une écluse** Schleusenboden *m*

radiesthés|ie [radjɛstezi] *f* Radiästhe-'sie *f*; **~iste** *m,f* (Wünschel)Rutengänger *m*; **baguette** *f* **de** ~ Wünschelrute *f*

radieux [radjø] *adj* ⟨*-euse*⟩ strahlend; *fig auch* glück-, freudestrahlend; **air** ~ freudestrahlende Miene; **journée radieuse** strahlender Tag; **sourire** ~ (freude)strahlendes Lächeln

radifère [radifɛr] *adj* radiumhaltig

radin [radɛ̃] F **I** *adj* ⟨*f inv, selten* ~**e**⟩ F knick(e)rig; knauserig; **II** *subst* ~ *m,f* ⟨*selten* ~**e** *f*⟩ Geizhals *m*, -kragen *m*; F Knauser *m*; Knicker *m*

radiner [radine] *v/i* (*u v/pr*) F (**se**) ~ (an)kommen; F antanzen; eintrudeln; anrollen; **tu te radines!** komm, F mach schon!

radio[1] [radjo] *f* **1.** Radio *n*, F *u schweiz auch m*; **poste** *m* (**récepteur**) **de** ~ *od adjt* **poste** ~ Rundfunkgerät *n*, -apparat *m*, -empfänger *m*; Radiogerät *n*, -apparat *m*; **2.** (*abr für* **radiodiffusion**) Radio *n*; Rundfunk *m*; Hörfunk *m*; ~ **pirate** Pi'ratensender *m*; ~ **scolaire** Schulfunk *m*; ~ **programme** *m* **de** ~ Rundfunk-, Radioprogramm *n*; *loc/adv* **à la** ~ im Rundfunk; im Radio; **avoir la** ~ **et la télé** Radio und Fernsehen haben; **travailler à la** ~ beim Rundfunk arbeiten; **3.** (*abr für* **radiotélégraphie** *od* **radiotéléphonie**) Funk *m*; *adjt* **liaison** *f* ~ Funkverbindung *f*; **message** *m* ~ Funkspruch *m*; *loc/adv* **par** ~ über Funk; **4.** (*abr für* **radiographie** *bzw* **radioscopie**) Röntgenaufnahme *f bzw* -durchleuchtung *f*; **se faire faire une** ~ sich röntgen, durch'leuchten lassen; F **passer à la** ~ geröntgt, durch'leuchtet werden

radio[2] [radjo] *m* **1.** *Person* (*abr für* **radionavigant, radiotélégraphiste**) Funker *m*; *mar, aviat* ~ **de bord** Bordfunker *m*; **2.** (*abr für* **radio(télé)gramme**) Funkspruch *m*

radioactif [radjoaktif] *adj* ⟨*-ive*⟩ *phys*

atom radioak'tiv; **constante radioactive** Zerfallskonstante *f*; **déchets** ~s radioaktive Abfälle *m/pl*; A'tommüll *m*; **équilibre** ~ radioaktives Gleichgewicht; **familles, séries radioactives** Zerfallsreihen *f/pl*; **traceur** ~ radioaktiver Iso'topenindikator *m*; Radioindikator *m*

radioactivité [radjɔaktivite] *f phys atom* Radioaktivi'tät *f*; ~ **artificielle, naturelle** künstliche, natürliche Radioaktivität

radio|alignement [radjɔalinmã] *m mar, aviat* Einweisung *f* durch Richtfunkfeuer; ~**altimètre** *m aviat* Funk-, Radiohöhenmesser *m*; ~**amateur** *m* Funk-, Radioamateur *m*; ~**astronomie** *f* Radioastrono'mie *f*; ~**balisage** *m mar, aviat* Kennzeichnung *f* (e-r Route) durch Funkfeuer, -baken; ~**balise** *f mar, aviat* Funkfeuer *n*; Funkbake *f*; ~**biologie** *f* Strahlenbiologie *f*; Radiobiolo'gie *f*; ~**carbone** *m* Radiokohlenstoff *m*; **méthode** *f* **du** ~ Radiokarbonmethode *f*; ~**chimie** *f* Radioche'mie *f*; ~**cinématographie** *f méd* Radiokinematogra'phie *f*; ~**cobalt** *m* radioak'tives Kobaltisotop; Radiokobalt *n*; ~**commande** *f* Funksteuerung *f*; ~**communication** *f* Funkverkehr *m*; Funk(sprech)verbindung *f*; ~**compas** *m mar, aviat* Radio-, Funkkompaß *m*; ~**concentrique** *adj* radioak'tiv kreisförmig um e-n Mittelpunkt angeordnet; ~**cubital** *adj* ⟨-aux⟩ *anat* Speichen-Ellen-...; ~**dermite** *f path* Radioderma'titis *f*; ~**diagnostic** *m méd* Röntgendiagnose *f*

radiodiffuser [radjɔdifyze] *v/t* (durch, im Rundfunk) über'tragen; (im Rundfunk) senden; (durch den, über den Rundfunk) ausstrahlen; **être radiodiffusé** vom Rundfunk übertragen, gesendet, ausgestrahlt werden

radiodiffusion [radjɔdifyzjɔ̃] *f* 1. Radio-, Rundfunkübertragung *f*; **émetteur** *m* **de** ~ Radio-, Rundfunksender *m*; **programme** *m* **de** ~ Radio-, Rundfunk-, Hörfunkprogramm *n*; **station** *f* **de** ~ Rundfunkstation *f*, -sender *m*; 2. Rundfunk(wesen) *m(n)*; Hörfunk *m*; ℒ-Télévision *f* française (*abr* R.T.F.) *od* office *m* de ℒ-Télévision française (*abr* O.R.T.F.) frühere Bezeichnungen der staatlichen frz Rundfunk- und Fernsehanstalt

radio|écologie [radjɔekɔlɔʒi] *f* Radioökolo'gie *f*; ~**électricien** *m* Funktechniker *m*; ~**électricité** *f tech* Funk-, Radio-, Hochfrequenztechnik *f*; ~**électrique** *adj* Funk...; Radio...; **ondes** *f/pl* ~s Funkwellen *f/pl*; ~**élément** *m phys atom* Radioelement *n*; ~**étoile** *f astr* Radiostern *m*; ~**fréquence** *f tech* Funkfrequenz *f*; ~**goniomètre** *m mar, aviat* Funkpeilgerät *n*, -peiler *m*; Radiogonio'meter *m*; ~**goniométrie** *f mar, aviat* Funkpeilung *f*; Radiogoniome'trie *f*; ~**goniométrique** *adj mar, aviat* radiogonio'metrisch; ~**gramme** *m* 1. Röntgeno'gramm *n*; *par ext* Radio'gramm *n*; 2. *cf* radiotélégramme

radiograph|ie [radjɔɡrafi] *f* 1. **a)** Radiogra'phie *f*; **b)** Röntgenogra'phie *f*; **appareil** *m* **de** ~ Röntgenapparat *m*; 2. Röntgenaufnahme *f*, -bild *n*; Röntgeno'gramm *n*; ~**ier** *v/t Kranke, Organe etc* röntgen; Röntgenaufnahmen machen (qc von etw); **se faire** ~ sich röntgen lassen; ~**ique** *adj* Röntgen...; **examen** *m* ~ Röntgenuntersuchung *f*

radio|guidage [radjɔɡidaʒ] *m* Funksteuerung *f*; Lenkung *f* über Funk;

---

rad **émission** *f* **de** ~ Sendung *f* mit Hinweisen für Autofahrer; ~**guider** *v/t* über Funk steuern, lenken; ~**indicateur** *m phys atom* Radioindi'kator *m*; ~**interféromètre** *m phys* Radiointerfero'meter *n*; ~**iode** *m* Radiojod *n*; radioak'tives Jodisotop; ~**isotope** *m phys atom* radioak'tives Iso'top

radiolaires [radjɔlɛr] *m/pl zo* Strahlentierchen *n/pl*; *sc* Radio'larien *f/pl*

radiolarite [radjɔlarit] *f géol* Radiola'rit *m*

radiole [radjɔl] *f* 1. *m bot* Zwergflachs *m*; *sc* Ra'diola *f*; 2. *zo* vom Seeigel Stachel *m*

radio|loca(lisa)tion [radjɔlɔkalizasjɔ̃] *f mar, aviat* Funkortung *f*; ~**logie** *f méd, tech* Röntgenolo'gie *f*; Röntgenkunde *f*; *par ext* Strahlenkunde *f*; Radiolo'gie *f*; ~**logique** *adj* **a)** röntgeno'logisch; Röntgen...; *diagnostic* *m* ~ Röntgendiagnose *f*; *institut* *m* ~ Röntgeninstitut *n*; röntgenologisches Institut; **b)** *par ext* radio'logisch; ~**logiste** *od* ~**logue** *m,f méd* Röntgeno'loge, -'login *m,f*; Röntgenspezialist(in) *m(f)*; *par ext* Radio'loge, -'login *m,f*; ~**lyse** *f chim* Radio'lyse *f*; ~**métallographie** *f tech* Röntgenstrahlenprüfung *f* von Me'tallen; ~**mètre** *m phys* Radio'meter *n*; ~**micromètre** *m phys* Mikroradio'meter *n*; ~**mimétique** *adj biol* substance *f* ~ radiomi'metisches Mittel; Radiomi'metikum *n*; ~**navigant** *m* (Bord)Funker *m*; ~**navigation** *f mar, aviat* Funknavigation *f*; ~**nécrose** *f path* Ne'krose *f* durch Röntgenstrahlen; ~**phare** *m mar, aviat* Funkfeuer *n*; ~**tournant** Drehfunkfeuer *n*; ~**phonie** *f tech* Radiopho'nie *f*; Funksprechverkehr *m*; ~**phonique** *adj* Radio...; (Rund)Funk...; *jeu* *m* ~ Quizsendung *f*, Ratespiel *n* (im Rundfunk); *pièce* *f* ~ Hörspiel *n*; *programme* *m* ~ Radio-, Rundfunk-, Hörfunkprogramm *n*; ~**photographie** *f tech* Röntgenphotogra'phie *f*; *méd* Schirmbildphotographie *f*; ~**pirate** ⟨*pl* radios-pirates⟩ Pi'ratensender *m*; ~**protection** *f* Strahlenschutz *m*; ~**récepteur** *m* Funkempfänger *m*, -empfangsgerät *n*; ~**reportage** *m* (Rund)Funkreportage *f*; ~**reporter** *m* Rundfunkreporter *m*; ~**route** *f aviat* Luftstraße *f*; ~**scopie** *f méd* (Röntgen)Durch'leuchtung *f*; Röntgenosko'pie *f*; *passer à la* ~ durch'leuchtet werden; ~**sensibilité** *f* Strahlenempfindlichkeit *f*; ~**sondage** *m météo* Beobachtungen *f/pl* mit der Radiosonde; ~**sonde** *f météo* Radiosonde *f*; ~**source** *f astr* Radioquelle *f*; ~**spectrographe** *m astr* Radiospektrograph *m*; ~**taxi** *m* Funktaxi *n*; ~**technique I** *adj* funktechnisch; rundfunktechnisch; **II** *f* Funktechnik *f*; Radiotechnik *f*; Rundfunktechnik *f*; ~**télégramme** *m* Funkspruch *m*; Funktelegramm *n*; ~**télégraphie** *f* Funktelegraphie *f*; ~**télégraphique** *adj* funktelegraphisch; *station* *f* ~ Funkstation *f*; ~**télégraphiste** *m* Funker *m*; ~**téléphonie** *f* Sprechfunk *m*; ~**télescope** *m astr* Radiote'leskop *n*; ~**télévisé** *adj* von (Rund)Funk und Fernsehen über'tragen; Funk- und Fernseh...; ~**thérapie** *f méd* Röntgentherapie *f*; *par ext* Strahlentherapie *f*, -behandlung *f*; Radiothera'pie *f*

radis [radi] *m* 1. *bot* Ra'dieschen *n*; ~ **rose** rotes Radieschen; ~ **noir** (schwarzer) Rettich; ~ **d'été, d'hiver** Sommer-, Winterrettich *m*; 2. F *fig* **n'avoir pas un** ~ keinen Pfennig, Groschen mehr haben; F völlig abgebrannt, blank sein

radium [radjɔm] *m chim* Radium *n*; ~**thérapie** *f méd* Radiumbehandlung *f*, -therapie *f*

---

radius [radjys] *m anat* Speiche *f*; *sc* Radius *m*; **col** *m* **du** ~ Speichenhals *m*

radja(h) [radʒa] *m in Indien* Radscha *m*

radome [radom] *od* **radôme** [radom] *m tech* Ra'dom *n*; Ra'darkuppel *f*

radon [radɔ̃] *m chim* Radon *n*

radotage [radɔtaʒ] *m* 1. *meist* ~s **a)** (unsinniges) Gefasel; Fase'lei *f*; Geschwafel *n*; F Gewäsch *n*; **b)** (endloses) Geschwätz; endlose Wieder'holungen *f/pl*; 'Wiederkäuen *n*; F Gequassel *n*; 2. Geschwätzigkeit *f*

radot|er [radɔte] *v/i* **a)** faseln; schwafeln; unsinniges, kindisches Zeug zu'sammenreden, -faseln; F quatschen; **b)** sich endlos wieder'holen; F schwatzen; quasseln; *südd* schwätzen; ~**eur** *m*, ~**euse** *f* Schwätzer(in) *m(f)*; F Faselhans *m*, -liese *f*; Quatschkopf *m*; Quasselstrippe *f*; *adit* **il est un peu radoteur** er schwafelt, faselt gerne ein bißchen; er ist etwas geschwätzig

radoub [radu(b)] *m mar* Ausbesserung *f*; **navire** *m* **au, en** ~ Schiff *n* im Trockendock; eingedocktes Schiff; **bassin** *m* **de** ~ Trockendock *n*

radoub|age [radubaʒ] *m* Ausbesserung *f*; ~**er** *v/t Schiff, Fischnetz* ausbessern; *Fischnetz auch* flicken

radouc|ir [radusir] **I** *v/t* 1. mildern; **la pluie a radouci la température** durch den Regen ist es milder geworden; 2. *fig Ton etc* mildern; *Person* milder stimmen; besänftigen; **II** *v/pr* **se** ~ 3. *Wetter* milder werden; sich erwärmen; 4. *Person* 'umgänglicher werden; sich beruhigen; ~**issement** *m* Milderung *f*; ~ **de la température** *auch* Nachlassen *n* der Kälte; ~ **du temps** Wettermilderung *f*

radula [radyla] *od* **radule** [radyl] *f zo* Reibzunge *f*; *sc* Radula *f*

rafale [rafal] *f* 1. Bö(e) *f*; Windstoß *m*; ~ **de neige** Schneegestöber *n*; ~ **de pluie** Regenbö *f*; ~ **de vent** Windstoß *m*; **le vent souffle par** ~s der Wind weht in Böen; es ist böig; 2. *mil* Feuerstoß *m* (de pistolet-mitrailleur aus e-r Maschinenpistole); **envoyer une** ~ **en** Feuerstoß abgeben; **tirer par** ~s Feuerstöße abgeben

raff [raf] *m cuis* Flunderflossen *f/pl*

raffermir [rafɛrmir] **I** *v/t* 1. *Muskeln, Brüste* straffen; festigen; *cuis* steif werden lassen; 2. *fig Regierung, Mut, Macht* stärken; *Gesundheit* kräftigen; ~ **qn dans sa résolution** j-n in s-m Entschluß bestärken; 3. *Keramik* entwässern; abpressen; **II** *v/pr* **se** ~ 4. *Muskeln etc* sich straffen; *Erdboden* fest, hart werden; 5. *fig Gesundheit* sich kräftigen; *Kurse an der Börse* sich stabili'sieren; 6. *litt Person* sich wieder fangen

raffermissement [rafɛrmismã] *m* 1. der Muskeln etc Straffung *f*; des Erdbodens Fest-, Hartwerden *n*; 2. *fig der Macht etc* Stärkung *f*; Sicherung *f*; der Kurse Stabili'sierung *f*; 3. Keramik Entwässern *n*; Abpressen *n* (der Feuchtigkeit)

raffin|age [rafinaʒ] *m tech bes von Zucker, Erdöl* Raffi'nieren *n*; Raffina-ti'on *f*; Verfeinerung *f*; Veredelung *f*; *von Papier* Aufbereitung *f* im Holländer *bzw* Re'finer; ~**at** *m pétr* Raffi'nat *n*

raffiné [rafine] *adj* 1. *tech* raffi'niert; **sucre** ~ (Zucker)Raffi'nade *f*; 2. verfeinert; *Kunst* über'feinert; *Geschmack* erlesen; ausgesucht; *Sprache* gewählt; *Stil* gepflegt; **esprit** ~ feinsinniger Mensch; **manières** ~**es** erlesene 'Umgangsformen *f/pl*; **table** ~**e** erlesene Gerichte *n/pl*; *péi* **supplices** ~**s** (fein) ausgeklügelte Folterungen *f/pl*; *subst* **un** ~ ein Mann mit verwöhntem Geschmack; ein Freund der feinsten (Kunst)Genüsse;

ein geistig anspruchsvoller Mensch
raffinement [rafinmã] m **1.** Verfeinerung f; **2.** Raffi'nesse f; Raffine'ment n; loc/adj ~ de cruauté (fein) ausgeklügelte Grausamkeit; **3.** Über'treibung f; loc/adj ~ de über'treiben
raffiner [rafine] **I** v/t **1.** Zucker, Erdöl raffi'nieren; Papier im Holländer bzw im Re'finer aufbereiten; **2.** fig u litt verfeinern; **II** v/t/indir ~ sur qc etw über'treiben
raffin|erie [rafinri] f Raffine'rie f; ~ de pétrole, de sucre (Erd)Öl-, Zuckerraffinerie f; ~eur m **1. a)** Raffine'riebesitzer m; **b)** Raffine'riefachmann m; **2.** Papierherstellung Re'finer m; ~euse f od adit pile f ~ bei der Papierherstellung Holländer m; ~ose m chim Raffi'nose f
rafflesia [raflezja] m od **rafflésie** [raflezi] f bot Riesen-, Schma'rotzerblume f; sc Raff'lesie f
raffoler [rafole] v/t/indir ~ de qn, qc für j-n, etw schwärmen; in j-n vernarrt, auf etw (acc) versessen sein; elle raffole de musique auch es geht ihr nichts über Musik
raffut [rafy] F m Krach m; Lärm m; F Ra'dau m; Spek'takel m; mener grand ~ F e-n fürchterlichen Spektakel machen
raffûter [rafyte] v/t wieder schleifen, schärfen, wetzen
rafiau [rafjo] m ‹pl ~x› od **rafiot** [rafjo] m mar **1.** péj alter Kahn; F Äppelkahn m; **2.** hist kleines Ruderboot mit Segel
rafistol|age [rafistɔlaʒ] F m Flicke'rei f; Ergebnis Flickwerk n; ~er m v/t notdürftig ausbessern; zu'rechtflicken, F -schustern
rafle [rafl(ə), rɑ-] f **1.** durch Polizei Razzia f; faire une ~ e-e Razzia machen; **2.** F durch Diebe, Käufer Ausräumen n; Ausplündern n; (Aus)Plünderung f; Diebe faire une ~ dans une bijouterie e-n Juwelierladen ausplündern; **3.** agr **a)** e-r Traube Kamm m; Rapp(e) m(f); **b)** eines Maiskolbens Spindel f; **4.** Fischerei, ch Netz n mit mehreren Öffnungen
rafler [rafle, rɑ-] v/t F ~ qc Diebe etw mitgehen lassen; Soldaten etw plündern; Käufer etw aufkaufen, an sich raffen
rafraîch|ir [rafreʃir] **I** v/t **1.** Getränke etc im Kühlschrank etc kühlen; kalt stellen; s-e Stirn etc kühlen; Getränk ~ qn j-n erfrischen; Schauer ~ la température die Temperatur abkühlen, sinken lassen; abs boisson f qui rafraîchit erfrischendes Getränk; **2.** Kleider, Hüte aufarbeiten; Gemälde, Möbel auffrischen; Haare nachschneiden; **3.** fig ~ la mémoire à qn j-s Gedächtnis (dat) nachhelfen; j-s Gedächtnis (acc) auffrischen; **II** v/i **4.** Getränke, Speisen (sich) abkühlen; kühler werden; mettre de la bière à ~ Bier kalt stellen; **III** v/pr se ~ **5.** Temperatur, Wetter kühler werden; sich abkühlen; Wind frischer werden; le temps s'est rafraîchi es hat sich abgekühlt; **6.** Person: mit Wasser, Luft sich abkühlen; sich erfrischen; mit Getränken sich erfrischen; e-e Erfrischung zu sich nehmen; ~issant adj **1.** Brise, Regen, Getränk erfrischend; kühlend; erquikkend; boisson ~e auch Erfrischungsgetränk m; **2.** fig Buch, Film (herz-)erfrischend
rafraîchissement [rafreʃismã] m **1.** der Temperatur Abkühlung f; **2.** meist pl ~s Erfrischungen f/pl; prendre un ~ e-e Erfrischung zu sich nehmen; servir des ~s Erfrischungen bzw erfrischende Getränke reichen
raga [raga] m mus Raga m
ragaillardir [ragajardir] v/t aufmuntern; neuen (Auf)Schwung, Auftrieb ge-

ben (+dat); aufmuntern; F aufmöbeln; se sentir tout ragaillardi sich wie neugeboren fühlen
rage [raʒ] f **1.** path Tollwut f; **2.** Wut f; Rase'rei f; Toben n; Wüten n; ~ de destruction Zerstörungswut f; fig ~ d'écrire Schreibwut f; litt la ~ de l'océan das Wüten des Ozeans; de ~ a) loc/adj wütend; Wut...; cri m de ~ wütender Schrei; Wutschrei m; b) loc/adv vor Wut; fou de ~ voller Wut; wuterfüllt; wutentbrannt; regard plein de ~ wuterfüllter Blick; entrer dans une ~ folle in blinde Wut geraten; von blinder Wut gepackt werden; faire ~ Sturm, Feuer wüten; Sturm, Schlacht toben; mettre qn en ~ j-n wütend machen, in Wut bringen; **3.** ~ de dents rasende Zahnschmerzen m/pl
rageant [raʒã] adj F c'est ~ das ist zu ärgerlich, zu dumm; ich könnte mich schwarz ärgern
rag|er [raʒe] v/i ‹-geons› sich ärgern; ärgerlich, böse werden; faire ~ qn F j-n auf die Palme bringen; ça me fait ~ de (+inf) od que ... (+subj) es macht mich wütend, daß ...; ~eur adj ‹-euse› Person cho'lerisch; jähzornig; Stimme, Blick etc wütend; coup de pied ~ wütender Fußtritt
raglan [raglã] m Raglanmantel m; adit ‹inv› Raglan...; imperméable m ~ Regenmantel m mit Raglanärmeln; manches f/pl ~ Raglanärmel m/pl
ragondin [ragõdɛ̃] m **1.** zo Nutria f; Biberratte f; **2.** Nutriapelz m; manteau m de ~ Nutria(pelz)mantel m
ragot¹ [rago] F m meist pl ~s F Tratsch m; Klatsch m
ragot² [rago] **I** m zo zwei- bis dreijähriger Keiler; **II** adj litt Person gedrungen; unter'setzt; Pferd stark und kurz
ragougnasse [raguɲas] f F péj Fraß m
ragoût [ragu] m cuis Ra'gout n; ~ de veau Kalbsragout n
ragoûtant [ragutã] adj iron appe'titlich; meist negativ pas, peu ~ Speise unappetitlich; Arbeit schmutzig
ragrandir [ragrãdir] v/t (wieder) vergrößern; wieder größer machen
ragréer [ragree] v/t tech **a)** die letzte Hand anlegen an (+acc); den letzten Schliff geben (+dat); **b)** Fassade, Mauer neu verputzen
raguer [rage] mar **I** v/t (u v/pr) (se) ~ (sich) durchscheuern; **II** v/i (sich 'durch)scheuern
ragu|in [ragɛ̃] m, ~ine f zo einjähriges Lamm
rahat-lo(u)koum [raatlukum, -lɔ-] m orientalische Süßigkeit Rachat Lokum n
rai [rɛ] m **1.** litt (Licht-, Sonnen)Strahl m; **2.** e-s hölzernen Wagenrades Speiche f
raid [rɛd] m **1.** mil 'Überfall m; Einfall m bzw Einflug m; (Erkundungs)Vorstoß m; Kom'mandounternehmen m; ~ (aérien) Luftangriff m; **2.** sports ~ (automobile, aérien) Langstrecken-, Fernfahrt f bzw Langstrecken-, Fernflug m
raide [rɛd] **I** adj **1.** Glieder, Haltung, Person steif; Person auch hölzern; Haare glatt; par ext Person, Charakter halsstarrig; unbeugsam; Prinzipien starr; corde f ~ cf corde 2.; être, se tenir ~ comme la justice stocksteif sein; steif wie ein Brett sein; **2.** Gefälle, Treppe, Weg etc steil; pente f ~ cf pente 1. u 2.; **3.** Textstelle etc gewagt; **4.** F Schnaps, Geschichte stark; F c'est un peu ~!F das ist (ja) ein starkes Stück!; **5.** P être ~ (comme un passe-lacet) F pleite, blank sein; **6.** P (ivre) F stockbesoffen; sternhagelvoll; veilchenblau; **II** adv **1.** steil; Weg etc grimper ~ steil ansteigen; **2.** straff; beim Angeln tenir ~ die Schnur

straff halten; **3.** ~ (mort) auf der Stelle tot; tomber ~ (mort) auf der Stelle tot 'umfallen; il fit feu et les étendit ~s (morts) er gab Feuer und legte sie um
raideur [rɛdœr] f **1.** e-s Gliedes, der Wäsche Steifheit f; Steife f; der Haltung, e-r Person Steifheit f; fig von Prinzipien, Vorurteilen etc Starrheit f; loc/adv avec ~ steif (auch fig); **2.** e-s Gefälles, Weges, e-r Treppe Steilheit f; Steile f; **3.** tech ~ d'un ressort Federfestigkeit f
raidillon [rɛdijõ] m **a)** steiler Weg, Pfad, Steig m; **b)** e-s Weges kurze, steile Steigung; abschüssige Stelle
raidir [rɛdir] **I** v/t **1.** Stoff steif machen; Arm strecken; Muskeln anspannen; Draht spannen; adit ~ raidi par le froid durch die Kälte steif geworden; **2.** fig ~ qn j-n halsstarrig machen; **II** v/pr se ~ **3.** Muskeln sich (an)spannen; Glieder steif werden; sich versteifen; Person sich steif machen; **4.** fig Person trotzen, Trotz bieten (contre dat)
raid|issement [rɛdismã] m **1.** von Gliedern Steifwerden n; **2.** von Draht etc Spannen n; **3.** fig der Haltung, bes pol Versteifung f; ~isseur m tech (Draht)Spanner m
raie¹ [rɛ] f **1.** Streifen m; Strich m; Kratzer m; Rille f; Furche f; path ~ méningitique etwa Dermogra'phismus m (bei Meningitis); ~ de lumière Lichtstrahl m; ~ de mulet dunkler Aalstrich; loc/adj à ~s gestreift; **2.** der Haare Scheitel m; faire la ~ den Scheitel ziehen; porter la ~ à gauche, au milieu den Scheitel links, e-n Mittelscheitel tragen; **3.** phys Linie f; ~ d'absorption, d'émission Absorpti'ons-, Emissi'onslinie f; ~s de Fraunhofer Fraunhofersche Linien f/pl; ~s spectrales, du spectre Spek'trallinien f/pl
raie² [rɛ] f zo Rochen m; ~ bouclée Nagel-, Dornrochen m; ~ cendrée, cornue Glatt-, Teufelsrochen m
raifort [rɛfɔr] m bot Meerrettich m
rail [raj] m **1.** ch de fer (Eisenbahn)Schiene f; ~ conducteur Stromschiene f; ~s du tramway Straßenbahnschienen f/pl; sortir des, quitter les ~s entgleisen; fig remettre sur les ~s Unternehmen etc wieder in Schwung bringen; wieder hochbringen, flottmachen; **2.** ‹nur sg› par ext Schiene f; (Eisen)Bahn f; transport m par ~ Beförderung f auf dem Schienenweg, per Schiene; compétition f entre le ~ et la route Wettbewerb m zwischen Schiene und Straße; **3.** allg tech Schiene f; ~bond m ch de fer Schienenverbinder m
railler [raje] v/t spotten, lästern, sich lustig machen (qn, qc über j-n, etw); Person verspotten; aufziehen
raill|erie [rajri] f ‹oft pl ~s› Spott m; Stiche'lei f; Gespött n; ton m de ~ spöttischer Ton; entendre (la) ~ Spaß verstehen; ~eur **I** adj ‹-euse› spöttisch; esprit ~ Spötter m; **II** subst ~, railleuse m.f Spötter(in) m(f)
raineau [rɛno] m ‹pl ~x› am Pfahlwerk Bindebalken m
rainer [rene] v/t tech (aus)nuten; auskehlen
rainette [rɛnɛt] f zo Laubfrosch m
rainur|e [renyr] f **1.** tech Nut(e) f; Rille f; **2.** anat Furche f; ~er v/t tech nuten; auskehlen; rillen
raiponce [rɛpõs] f bot Ra'punze(l) f
rais [rɛ] m cf rai
raïs [rais] m Führer m, Staatschef m, Rais m (in arabischen Staaten, bes in Ägypten)
raisin [rɛzɛ̃] m **1.** (Wein)Traube(n) f(pl); ~s secs Ro'sinen f/pl; ~s de Corinthe

Ko'rinthen *f/pl*; ~s de cuve, de table Kelter-, Tafeltrauben *f/pl*; **acheter du ~** (Wein)Trauben kaufen; **cueillir le ~** Wein lesen; **manger du ~**, *st/s* **des ~s** (Wein)Trauben essen; **2.** *bot* Beere *f*; Traube *f*; ~ **d'Amérique, des bois, de loup** Kermes-, Heidel-, Wolfsbeere *f*; ~ **d'ours** Bärentraube *f*; ~ **de renard** Fuchsbeere *f*; **3.** *zo* ~s **de mer** Tintenfischeier *n/pl*; **4.** *impr* (Pa'pier)For'mat *n* 50 × 65 cm

raisiné [rezine] *m* **1.** *cuis* Traubengelee *n od m* mit (Birnen-, Quitten- *etc*)Konfi'türe; **2.** *arg* (*sang*) F roter Saft

raison [rɛzõ] *f* **1.** Vernunft *f*; Verstand *m*; Vernünftigkeit *f*; Verständigkeit *f*; *philos* la ~ Vernunft *f*; ~ **d'État** Staatsräson *f*; **contraire à la ~** vernunftwidrig; **gegen jede Vernunft;** unvernünftig; **il n'a plus toute sa ~** er ist nicht mehr ganz bei Verstand; **faire entendre ~ à qn** j-n zur Vernunft, Einsicht bringen; **ne pas vouloir entendre ~** keine Vernunft annehmen wollen; **(re)mettre qn à la ~** j-n zur Vernunft bringen; j-m den Kopf zurechtsetzen; **parler ~** vernünftig reden, sprechen; **perdre la ~** den Verstand verlieren; **se rendre à la ~** Vernunft annehmen; zur Vernunft kommen; **2.** Recht *n*; **à plus forte ~** um so eher *od* mehr; mit um so größerem Recht; **avec ~** mit Recht; **avec juste ~** mit Fug und Recht; **comme de ~** wie üblich; selbstverständlich; natürlich; **plus que de ~** mehr als recht *od* zuträglich ist; **übermäßig; avoir ~** recht haben; **avoir bien ~ de** (+*inf*) ganz recht haben, zu (+*inf*) *od* daß ...; **avoir finalement ~** letztlich recht behalten; **manie *f* de vouloir toujours avoir ~** Rechthabe'rei *f*; **donner ~ à qn** j-m recht geben; *La Fontaine* **la ~ du plus fort est toujours la meilleure** der Stärkere hat immer recht (*loc/prov*); **3.** Grund *m*; Ursache *f*; **les ~s de sa conduite** die Gründe s-s Verhaltens, für sein Verhalten; ~ **d'être** Exi'stenzberechtigung *f*; ~ **de vivre** Lebensinhalt *m*; *philos* **le principe de ~ suffisante** der Satz vom zureichenden Grunde; ~ **de plus!** nun erst recht!; ~ **de plus pour** (+*inf*) ein Grund mehr, um zu (+*inf*); um so mehr muß man ...; *loc/adv* **pour des ~s politiques** aus politischen Gründen; **pour des ~s de famille, de santé** aus familiären, gesundheitlichen Gründen; **pour des ~s de sécurité** aus Sicherheitsgründen; sicherheitshalber; **pour cette ~** aus diesem Grund; darum; deshalb; deswegen; **pour quelle ~?** aus welchem Grund?; weshalb?; **pour une ~ ou pour une autre** aus irgendeinem Grund; **pour la seule ~ que...** aus dem einzigen Grund, weil ...; bloß weil ...; *loc/prép* **en ~ de** auf Grund, aufgrund, in Anbetracht, wegen (+*gén*); auf Grund von; **en ~ des circonstances** in Anbetracht, wegen der Umstände; aufgrund der Ereignisse; **avoir de bonnes ~s pour faire qc** gute Gründe haben, etw zu tun; **avoir de fortes ~s de croire que...** stichhaltige Gründe haben zu glauben, daß ...; **j'ai mes ~s** ich habe meine Gründe dafür; **il n'y a aucune ~ pour ...** es gibt keinen Grund dafür, daß ...; **c'est pour une ~ bien simple** das hat e-n ganz einfachen Grund; **c'est pas une ~!** das ist kein Grund!; **se faire une ~** sich damit abfinden; sich ins Unvermeidliche fügen; **4.** Argu'ment *n*; **se rendre aux ~s de qn** j-s Argumente (*acc*) anerkennen; **5.** *litt* **demander ~ d'une offense** Genugtuung für e-e Beleidigung fordern; **6.** *jur* ~ **sociale** Firmenname *m*,

-bezeichnung *f*; Firma *f*; **7.** *math* Verhältnis *n*; Proporti'on *f*; *e-r* **arithmetischen Reihe** Diffe'renz *f*; *e-r* **geometrischen Reihe** Quoti'ent *m*; **partager en moyenne et extrême ~** nach dem Goldenen Schnitt teilen; *loc/prép*: **à ~ de** a) zum Preis von; b) *pro*; **produire des pièces à ~ de cinquante à l'heure** fünfzig Stück pro Stunde produzieren; **en ~ de** im Verhältnis zu; proportio'nal zu; **in Proporti'on zu; 8. avoir ~ de qn** Sache j-n über'wältigen; **avoir ~ de qc** etw über'winden, bewältigen, meistern; *e-r* Sache (*gén*) Herr werden

raisonnable [rɛzɔnabl(ə)] *adj* **1.** Meinung, Verhalten, Entschluß, Ratschlag *etc* vernünftig; *Person* vernünftig; verständig; einsichtig; *philos* vernunftbegabt; *Preis, Zins(satz)* angemessen; annehmbar; **il est ~ de penser que ...** vernünftigerweise kann man annehmen, daß ...; **être ~ dans ses désirs** vernünftige, genügsame Wünsche haben; **sois donc ~!** sei doch vernünftig!; **nimm doch Vernunft an!; 2.** F (*assez important*) recht, ziemlich groß; F anständig

raisonnablement [rɛzɔnabləmɑ̃] *adv* **1.** vernünftig; vernünftigerweise; **agir, penser** ~ vernünftig handeln, denken; ~, **je ne peux pas le lui demander** vernünftigerweise ...; **2.** mit Maßen; mittelmäßig; mäßig; **boire, manger** ~ mit Maßen trinken, essen; *cette affaire* **marche** ~ ... geht mittelmäßig; F **travailler** ~ mäßig arbeiten

raisonné [rɛzɔne] *adj* durch'dacht; (wohl)über'legt; theo'retisch begründet; **méthode** ~**e** theoretisch begründete, folgerichtig ausgebaute Methode; **problème bien, mal** ~ gut, schlecht durchdachtes Problem; **projet** ~ wohlüberlegter Plan

raisonnement [rɛzɔnmɑ̃] *m* **1.** Beweisführung *f*; Argumentati'on *f*; Über'legung *f*; Gedankengang *m*; F ~ **de femme soûle** unsinnige, ab'surde Überlegung, Argumentation; ~ **par analogie** Analo'gieschluß *m*; F **ce n'est pas un ~!** das ist kein Argument!; **se perdre dans ses ~s** sich in s-n Überlegungen verlieren; **2.** Urteilskraft *f*, -vermögen *n*; Beurteilung *f*; **avoir une grande puissance de ~** ein sehr gutes Urteilsvermögen haben; **3.** *st/s* ~**s** *pl* 'Widerrede *f*; Einwände *m/pl*

raisonner [rɛzɔne] **I** *v/t* ~ **qn** j-m gut zureden; **II** *v/i* **1.** urteilen; argumen'tieren; schließen; e-e Schlußfolgerung *od* Schlußfolgerungen ziehen; F ~ **comme un tambour, un manche à balai** dumme Argumente bringen; völlig unlogisch urteilen; **apprendre à qn à ~** j-m beibringen, logisch zu urteilen; **l'art *m* de ~** die Kunst des Urteilens; **2.** disku'tieren (**avec qn** mit j-m); **avoir la manie de ~** immer über alles (ausführlich) diskutieren wollen; **3.** nachdenken (**sur** über *od acc*); **la passion ne raisonne pas** Leidenschaft kennt keine Vernunft; **4.** wider'sprechen; Einwände machen, vorbringen; **ne raisonne pas, mais obéis!** widersprich nicht, sondern gehorch!; **III** *v/pr* **se** ~ *Person* sich bemühen, vernünftig zu sein; Vernunft annehmen

raisonneur [rɛzɔnœr] **I** *adj* ‹-euse› **1.** zum 'Widerspruch neigend; **être** ~ *auch* ein 'Widerspruchsgeist sein; **2.** rede-, disku'tier-, argumen'tierfreudig; **II** *subst* ~, **raisonneuse** *m,f* **1.** *péj* Nörgler (-in) *m(f)*; 'Widerspruchsgeist *m*; **faire le** ~, **la raisonneuse** Widerspruchsgeist zeigen; **2. rigoureux** ~ scharfer Denker

raja(h) [ʀaʒa] *m cf* **radja(h)**

rajania [ʀaʒanja] *m bot* Ra'jania *f*

rajeton [ʀaʒtõ] *m zo* junger Rochen

rajeun|ir [ʀaʒœnir] **I** *v/t* **1.** *Person* jung *od* jünger machen; verjüngen; *par ext* ~ (**de dix ans**) (zehn Jahre) jünger schätzen; ~ **les cadres** den Führungsstab verjüngen; **cette robe la rajeunit** dieses Kleid macht sie jung *od* jünger; F **voilà qui ne me rajeunit pas** das zeigt mir, daß ich nicht mehr jung bin; **2.** *Gedanken, Themen etc* neu beleben; *Sachen* erneuern; auffrischen; **II** *v/i* **3.** ‹*Vorgang* avoir, *Ergebnis* être› *Personen* jünger werden; verjüngen; jünger aussehen; **il est tout rajeuni** er sieht viel jünger aus; *adjt* **je le trouve rajeuni** ich finde, er ist jünger geworden *od* er sieht jünger aus; **III** *v/pr* **se** ~ sich ein jugendliches Aussehen geben; sich für jünger ausgeben (*als man ist*); sich jünger machen; ~ **de dix ans** sich für zehn Jahre jünger ausgeben (**de um**); ~**issant** *adj* Verjüngungs...

rajeunissement [ʀaʒœnismɑ̃] *m* **1.** Verjüngung *f*; **cure *f* de** ~ Verjüngungskur *f*; **2.** *fig der Ausrüstung* Erneuerung *f*; *e-s literarischen Themas etc* Neubelebung *f*; Neugestaltung *f*; **3.** *jard von Obstbäumen* Verjüngung(sschnitt) *f(m)*

rajidés [ʀaʒide] *m/pl zo* Rochen *m/pl*

rajout [ʀaʒu] *m* Hin'zufügung *f*; *bât auch* Anbau *m*

rajouter [ʀaʒute] *v/t* hin'zufügen; da'zutun; *Stoff* anstücke(l)n; *Gewürze* zugeben; ~ **quelques mots de conclusion** einige abschließende Worte hinzufügen; F *péj* **vous en rajoutez!** F Sie erfinden was dazu!

rajoutis [ʀaʒuti] *m* Hin'zugefügte(s) *n*; Hin'zufügung *f*; *an Stoff* Angestückelte(s) *n*

rajust|ement [ʀaʒystəmɑ̃] *m von Gehältern etc* Anpassung *f*; Angleichung *f*; ~ **des salaires** Lohnangleichung *f*, -anpassung *f*; ~**er I** *v/t* **1.** *Brille, Krawatte etc* zu'rechtrücken; *Frisur* (wieder) in Ordnung bringen; **2.** *Gehälter, Preise* anpassen; angleichen; **II** *v/pr* **se** ~ sich wieder zu'rechtmachen; s-e Kleidung wieder in Ordnung bringen

raki [ʀaki] *m* Rosinenbranntwein Raki *m*

raku [ʀaky] *f* ‹*inv*› Rakutöpferei *f*

râlant [ʀɑlɑ̃] *adj* P **c'est ~** das ist ärgerlich, F blöd; F **so was Dummes**

ralbol [ʀalbɔl] F (*aus „ras le bol"*) *m* Unbehagen *n*; Unzufriedenheit *f*

râle[1] [ʀɑl] *m zo* Ralle *f*; ~ **d'eau** *od* **noir** Wasserralle *f*; ~ **des genêts** Wiesenralle *f*; Wachtelkönig *m*

râle[2] [ʀɑl] *m* **a)** *bei Sterbenden* Röcheln *n*; Geröchel *n*; ~ **de la mort** Todesröcheln *n*; **b)** *path* Rasseln *n*; Rasselgeräusch *n*; ~**ment** *m* **1.** *cf* râle[2]; **2.** F (*protestation*) Nörge'lei *f*; F Gemecker *n*; Geschimpfe *n*

ralenti [ʀalɑ̃ti] **I** *adj* verlangsamt; langsam; **II** *m* **1.** *e-s Motors* Leerlauf *m*; F Standgas *n*; **gicleur *m* de** ~ Leerlaufdüse *f*; **régler le** ~ den Leerlauf einstellen; *Motor* **tourner au** ~ im Leerlauf, leer laufen; **2.** *cin* Zeitlupe *f*; **prise *f* de vue(s) au** ~ Zeitlupenaufnahme *f*; **projection *f* au, en** ~ 'Wiedergabe *f* in Zeitlupe; **3.** *fig* **au** ~ in verlangsamtem Tempo; mit verminderter Ener'gie, Kraft; **la construction marche au ~ en ce moment** im Baugewerbe geht es zur Zeit mäßig voran; *Kranker* **vivre au** ~ nur noch vege'tieren

ralentir [ʀalɑ̃tir] **I** *v/t* verlangsamen; langsam machen; (ab)bremsen; *Geschwindigkeit* (+inf) herabsetzen; *feindlichen Vormarsch* aufhalten; *phys atom Kettenreaktion* abbremsen; *fig Eifer, Begeisterung etc* dämpfen; *Bemühungen etc* verringern; *thé Handlung* dehnen; ~

l'expansion économique die wirtschaftliche Expansion bremsen; ~ **sa marche, le** *od* **son pas** s-n *od* den Schritt verlangsamen; langsamer gehen; **rien ne le ralentira dans la voie du succès** nichts wird ihn auf dem Wege des Erfolgs aufhalten; **II** *v/i Fahrzeug, Fahrer* langsamer fahren; (ab)bremsen; *Fahrzeug auch* langsamer werden; *Aufschrift* ~! langsam fahren! **III** *v/pr* **se** ~ langsamer werden; stocken; *fig Eifer, Schwung, Begeisterung* nachlassen; sich abschwächen; abflauen

ralentissement [ralɑ̃tismɑ̃] *m* Verlangsamung *f*; Langsamerwerden *n*; *der wirtschaftlichen Expansion auch* Rückgang *m*; Abschwächung *f*; Abnahme *f*; *phys atom e-s Moderators* Bremsvermögen *n*; *fig des Eifers, der Begeisterung* Nachlassen *n*; Abflauen *n*; *méd der physiologischen Funktionen* Abnahme *f*; ~ **de la production** Produktionsrückgang *m*; *phys atom* ~ **d'une réaction en chaîne** Abbremsung *f* e-r Kettenreaktion; *ch de fer* (**signal** *m* **de**) ~ Langsamfahrt(signal) *f(n)*

ralentisseur [ralɑ̃tisœr] *m* **1.** *e-s Lastwagens* (zusätzliche) Bremsvorrichtung *f*; ~ **électrique** Wirbelstrombremse *f*; ~ **à obturateur d'échappement** Auspuffbremse *f*; **2.** *phys atom* Bremssubstanz *f*; Mode'rator *m*

râler [rale] *v/i* **1.** *Sterbender* röcheln; **2.** F (*protester*) nörgeln; schimpfen; F mekkern; brummen; **faire** ~ **qn** a) j-n zum Nörgeln, Meckern *etc* bringen; b) *cf* (**faire**) **enrager** (**qn**); **3.** *Tiger* brüllen

râleur [rɑlœr] F **I** *adj* ⟨-**euse**⟩ mürrisch; brummig; **II** *subst* ~, **râleuse** *m,f* Nörgler(in) *m(f)*; F Meckerziege *f*; Miesmacher(in) *m(f)*

raligner [raline] *m* **pêche** *f* **au** ~ Fische-'rei *f* mit Schleppnetz

ralingue [ralɛ̃g] *f mar* Leik *n*; Liek *n*

ralinguer [ralɛ̃ge] *mar* **I** *v/t* **a)** ein Segel (ein)lieken; **b)** *Segel* killen; **II** *v/i Segel* killen; flattern

raller [rale] *selten v/i Hirsch bei der Brunft* röhren; melden; orgeln

rallidés [ralide] *m/pl zo* Rallen *f/pl*

ralliement [ralimɑ̃] *m* **1.** *der Truppen etc* Sammeln *n*; **point** *m* **de** ~ Sammelpunkt *m*; **signe** *m* **de** ~ Erkennungszeichen *n*; *mil* **sonner le** ~ zum Sammeln blasen; **2.** *fig* **une** e-e Partei, Meinung *etc* Anschluß *m* (**à** an + *acc*); **3.** *hist* Rallie'ment *n*

rallier [ralje] **I** *v/t* **1.** *mil Soldaten, Truppen* sammeln; *ch Hunde* sammeln; **2.** *fig* vereinen; um sich sammeln, scharen; auf s-e Seite bringen; gewinnen (**qn à qc** j-n für etw); Einigkeit (wieder') herstellen unter (+*dat*); *pol* ~ **tous les suffrages** alle Stimmen auf sich vereinigen; **3.** zu'rückkehren zu; sich anschließen (+*dat*); ~ **le gros de la troupe** *mil* wieder zum Gros der Truppe stoßen; *fig* sich den andern wieder anschließen; *pol* ~ **la majorité** sich der Mehrheit anschließen; *mar*: *Matrose* ~ **le bord** an Bord zurückkehren; *Schiff* ~ **la côte** anlegen; *Schiff* ~ **le** *od* **au vent** an den Wind gehen; **II** *v/pr* **se** ~. **4.** *Truppen, Personen* sich wieder sammeln; *Henri IV* **ralliez-vous à mon panache blanc!** sammelt euch um meinen weißen Helmbusch!; F *fig* folgt mir!; **5.** sich anschließen (**à qn, qc** j-m, e-r Sache *od* an j-n, etw); **se** ~ **à l'avis, à l'opinion de qn** *auch* j-m beipflichten

ralliformes [raliform] *m/pl zo* Kranichartige(n) *m/pl*; Rallenvögel *m/pl*

rallonge [ralɔ̃ʒ] *f* **1.** Verlängerung(sstück) *f(n)*; Ansatz *m*; *e-s Tisches* Ausziehplatte *f*; *e-s elektrischen Kabels* Ver-

längerungsschnur *f*; *für e-n Zirkel* Ansatz *m*; **table à** ~**s** Ausziehtisch *m*; F *fig u iron* **nom** *m* **à** ~(**s**) Name *m* mit vielen von *und* zu; **2.** *fig* Zugabe *f*; *Geld* Aufgeld *n*; Aufschlag *m*; Zuzahlung *f*; *fin* ~ **de budget** *etwa* Nachtragshaushalt *m*; *fin* ~ **de crédits** zusätzliche Haushaltsmittel *n/pl*; *obtenir une* ~ **de deux jours** zwei zusätzliche Ferien-, Urlaubstage ...; **3.** *mines* Kappe *f*; ~**ment** *m e-s Mantels etc* Verlängern *n*; *der Ferien* Verlängerung *f*; *der Tage* Längerwerden *n*

rallonger [ralɔ̃ʒe] ⟨-**geons**⟩ **I** *v/t Kleid, Mantel* länger machen; *Tisch* ausziehen; *Startbahn für Flugzeuge* verlängern; F *je passerai vous prendre,* **cela ne me rallongera guère** ... das ist kaum ein 'Umweg für mich; **II** *v/i Tage* länger werden; **III** *v/pr* **se** ~ *Mode* länger werden; F *fig* e-n 'Umweg machen

rallumer [ralyme] **I** *v/t* **1.** *Feuer, Zigarette etc* wieder anzünden; *Feuer auch* wieder anstecken; *olympisches Feuer etc* wieder entzünden; *Lampe* wieder anmachen; *Scheinwerfer* wieder einschalten; *abs das Licht* wieder anmachen; **2.** *fig Haß, Mut, Leidenschaft, Krieg* wieder entfachen; *Haß, Leidenschaft auch* wieder erwecken; **II** *v/pr* **se** ~ *Feuer, fig Leidenschaft etc* sich aufs neue entzünden; erneut aufflackern (*auch Krieg, Kämpfe*)

rallye [rali] *m sports* Rallye ['rali] *f*; Sternfahrt *f*

ramadan [ramadɑ̃] *m Islam* Rama-'dan *m*

ramage [ramaʒ] *m* **1.** *auf Stoff, Tapete* ~**s** *pl* Rankenwerk *n*, -muster *n*; Laub-, Blätter-, Blattwerk *n*; **2.** (*Vogel*)Gezwitscher *n*; *der Nachtigall, Wachtel, des Finken* Schlagen *n*; **3.** *fig u litt von Kindern etc* Geplapper *n*; **4.** *tech von Stoff* Spannen *n*

ramager [ramaʒe] ⟨-**geons**⟩ **I** *v/t Stoff, Tapete* mit e-m Rankenmuster verzieren; **II** *v/i allg* zwitschern; singen; *Nachtigall, Fink, Wachtel* schlagen

ramapithèque [ramapitɛk] *m Vorgeschichte* Ramapi'thecus *m*

ramard|age [ramardaʒ] *m* Netzflickerei *f*; ~**er** *v/t Netze* flicken; ~**eur** *m*, ~**euse** *f* Netzflicker(in) *m(f)*

ramas [rama] *m litt cf* **ramassis**

ramassage [ramasaʒ] *m von Heu, Laub* Zu'sammenharken *n*, -rechen *n*; *von Fallobst* Auflesen *n*; *von Altpapier* Sammeln *n*; ~ **scolaire** Abholen *n* der Schüler mit Schulbussen; **car** *m*, **bus** *m* **de** ~ **scolaire** Schulbus *m*; ~ **des ordures ménagères** Müllabfuhr *f*; *ch de fer* **automotrice** *f* **de** ~ Zubringertriebwagen *m*; **service** *m* **de** ~ Arbeiterpendelverkehr *m* mit werkseigenen Fahrzeugen

ramassé [ramase] *adj* **1.** *Person* unter'setzt; stämmig (*auch Tier*); *Form* gedrungen; geballt; wuchtig; **2.** *Formulierung, Stil* knapp; bündig; gedrängt; **3.** *Person, Tier* zu'sammengekauert, -gerollt; geduckt

ramasse|-couverts [ramaskuver] *m* ⟨*inv*⟩ Besteckkasten *m* (*für schmutziges Besteck*); ~**ment** *litt m* Zu'sammenfassung *f*; *fig* Selbstbesinnung *f*; ~**miettes** *m* ⟨*inv*⟩ Krümel-, Tischbesen *m* und Schaufel *f*; ~**-monnaie** *m* ⟨*inv*⟩ Wechselgeldbehälter *m*; ~**-poussière** *m* **1.** *in Belgien und Nordfrankreich* Kehrichtschaufel *f*; **2.** F *fig* Staubfänger *m*

ramasser [ramase] *v/t* **1.** *Heu, Laub* zu'sammenharken, -rechen; *Spielkarten* aufnehmen; *Hefte* einsammeln; *Lumpen, Altpapier, Überreste e-r Armee* sammeln; *Müll* abholen; *Geld* anhäufen; *par*

ext einnehmen; F **kas'sieren**; *Röcke* raffen; *fig*: *Stil* raffen; *Kräfte* sammeln; *mar Segel* einziehen; F: ~ **un fric fou** F e-n Haufen Geld machen; ~ **la galette** F sich den ganzen Zaster unter den Nagel reißen; **la police les a tous ramassés** die Polizei hat sie alle abgeführt, F kassiert; **2.** *vom Boden* aufheben; auflesen; *Tennisbälle, Pilze, Holz, Muscheln, Kastanien etc* sammeln; *Betrunkene, herrenlose Tiere* auflesen; **ne pas** ~ **qc** *auch* etw liegen lassen; F *fig* ~ **à la petite cuiller** *cf* **cuiller** 1.; *fig u péj* **une fille ramassée dans le ruisseau** ein Mädchen aus der Gosse; **ein Mädchen, das in der Gosse aufgelesen wurde**; **3.** F *fig Krankheit, Ohrfeige, Prügel etc* F erwischen; *Prügel etc auch* abbekommen; F (ab)kriegen; *Anschnauzer* F kriegen; ~ **une raclée** F vertrimmt werden; **II** *v/pr* **se** ~. **4.** *Person, Tier* sich zu'sammenkauern, -rollen; **5.** P **a)** wieder aufstehen; F sich wieder aufrappeln; **b)** hinfallen; F hinknallen

ramassette [ramasɛt] *f* **1.** *bei e-r Sense* Korb *m*; **2.** *cf* **ramasse-poussière** 1.

ramass|eur [ramasœr] *m*, ~**euse** *f* **1.** Sammler(in) *m(f)*; **ramasseur de balles de tennis** Balljunge *m*; **ramasseur de mégots** Kippensammler *m*; **2.** ⟨*nur m*⟩ *tech* Heber *m*; Auffangvorrichtung *f*; ~**euse-presse** *f* ⟨*pl* **ramasseuses-presses**⟩ *agr* Pick-up-Presse [pik'ap-] *f*; Sammelpresse *f*

ramassis [ramasi] *m péj von Gegenständen* Wust *m*; F Sammel'surium *n*; *von Personen* Haufen *m*; ~ **de voyous** Gesindel *n*

ramastique [ramastik] *m od f* Kunstschwindel *m*

rambade [rɑ̃bad] *f mar hist* Ram'bate *f*

rambarde [rɑ̃bard] *f mar* Reling *f*; *e-r Plattform* Geländer *n*

ramberge [rɑ̃bɛrʒ] *f bot* Bingelkraut *n*

rambolitain [rɑ̃bɔlitɛ̃] *adj* (*u subst* ♀ Einwohner) von Rambouillet

ramboutan [rɑ̃butɑ̃] *m bot* Litchibaum *m*

ramdam [ramdam] F *m* Krach *m*; Lärm *m*; F Spek'takel *m*; Ra'dau *m*

rame [ram] *f* **1.** Ruder *n*; Riemen *m*; *als Sportart* Rudern *n*; enfoncer, plonger **la** ~ das Ruder eintauchen; **2.** Stange *f*; **'haricots** *m/pl* **à** ~**s** Stangenbohnen *f/pl*; **pois** *m/pl* **à** ~**s** Reisererbsen *f/pl*; *fig* **il n'en fiche pas une** ~ *cf* **ficher**[1] 3. **a)** *impr* 500 Blatt; Ries *n*; **b)** *Tapete* zwanzig Rollen *f/pl*; **4.** *ch de fer, bes der U-Bahn* (Triebwagen)Zug *m*; ~ **de métro** U-Bahn(-Zug) *f(m)*; **5.** *bei der Appretur* ~ **sans fin** (Felder)Rahme *f*

ramé [rame] *adj* **1.** *ch* **cerf** ~ Schmalspießer *m*; **2.** *vol* ~ a) *zo* Ruderflug *m*; b) *aviat hist* Flug *m* mit e-m Schlagflügelflugzeug

rameau [ramo] *m* ⟨*pl* ~**x**⟩ **1.** *bot* Zweig *m*; dünner Ast; ~ **fleuri** Blütenzweig *m*; *jard* ~**x mixtes** Fruchtholz *n*; ~ **à bois** Holzzweig *m*; *bibl u fig* ~ **d'olivier** Ölzweig *m*; **2.** *rel* **les** ♀**x** *od* **le dimanche des** ♀**x** Palm'sonntag *m*; **bénédiction** *f* **du buis des** ♀**x** Palm(en)weihe *f* am Palmsonntag; **3.** *fig* Zweig *m*; Verzweigung *f*; *e-r Familie* Seitenlinie *f*; *von Arterien, Nerven* Ast *m*; Verästelung *f*; **4.** *géol* Ausläufer *m*

ramée [rame] *f* **1.** *poét* Laubwerk *n*, -dach *n*; **2.** (abgeschlagene) grüne Zweige *m/pl*; F *fig* **ne pas en fiche une** ~ überhaupt nichts tun; **3.** *Forstwirtschaft* (Grün)Steckling *m*

ramend|er [ramɑ̃de] *v/t* **1.** *Fischerei Netze* ausbessern; flicken; **2.** *agr Feld* wieder düngen; **3.** *tech* neu vergolden; ~**eur** *m*, ~**euse** *f* *Fischerei* Netzflicker(in) *m(f)*

ramener [ramne] ⟨-è-⟩ **I** v/t **1.** wieder her-, mitbringen; zu'rückbringen, -holen, -treiben; 'wiederbringen; *ramenez-moi le malade* bringen Sie den Kranken wieder zu mir (her); *le mauvais temps le ramena à la maison* … trieb ihn nach Hause; **2.** ∼ à (wieder) bringen auf (+*acc*); zu'rückführen auf (+*acc*); *Blutdruck, Steuern etc* (wieder) senken auf (+*acc*); *Geldbetrag* verringern, *auch Steuern* her'absetzen auf (+*acc*); *math* ∼ *une fraction à sa plus simple expression* … auf den kleinsten Nenner bringen; ∼ *un incident à ses justes proportions* … auf die ihm gemäße Bedeutung redu'zieren; ∼ *qn à la raison* j-n zur Vernunft bringen; ∼ *qn à de meilleurs sentiments* j-n versöhnlich stimmen; ∼ *qn à soi* j-n wieder zu sich bringen; ∼ *tout à soi* alles nur von seiner Warte aus sehen; ∼ *à la surface* an die Oberfläche zu'rückholen; ∼ *à la vie* j-n ins Leben zu'rückrufen; ♦ ∼ *sur* wieder bringen, lenken auf (+*acc*); ∼ *la question sur qc* die Frage(stellung) wieder auf etw (*acc*) bringen; ∼ *son regard sur la route* … wieder auf die Straße lenken; **3.** *Ordnung, Sicherheit, Frieden etc* wieder'herstellen; **4.** *Personen, Gegenstände* mitbringen; ∼ *un ami à dîner* e-n Freund zum Abendessen mitbringen; **5.** *in e-e bestimmte Stellung* ziehen; legen; nehmen; ∼ *les bras en arrière* die Arme nach hinten nehmen; ∼ *ses cheveux sur son front* die Haare über die Stirn ziehen; ∼ *les jambes sous soi* die Beine anziehen; ∼ *ses mains sur les bras du fauteuil* die Hände auf die Armlehnen legen; **6.** P ∼ *sa gueule, sa fraise* od *la* ∼ F s-n Senf da'zugeben; (her'um)meckern; **II** v/pr **7.** *se* ∼ *à qc* auf etw (*acc*) hin'auslaufen; *ça se ramène à une question de gros sous* das läuft auf e-e Geldfrage hinaus; es geht dabei letztlich ums Geld; **8.** F *se* ∼ zu'rückkommen; F wieder aufkreuzen

ramequin [ramkɛ̃] *m cuis* **1.** kleine Auflaufform; **2.** Käsegebackene(s) *n*

ramer [rame] **I** v/t **1.** *Bohnen mit Stangen, Erbsen mit Reisern* stützen; F *fig s'y entendre comme à* ∼ *des choux* keine Bohne davon verstehen; **2.** *Stoff bei der Appretur* durch die Rahme laufen lassen; **II** v/i rudern; ∼ *en couple* skullen; mit zwei Rudern rudern

ramesc|ence [ramesɑ̃s] *f bot* Verästelung *f*; Verzweigung *f*; ∼**ent** adj ver'ästelt; verzweigt

ramette [ramɛt] *f* **1.** *impr* kleiner (Schließ)Rahmen; **2.** *Papier* **a)** Ries *n* (= 500 Blatt) kleinen For'mats; **b)** 125 Blatt

ram|eur [ramœr] *m*, ∼**euse** *f* **1.** *sports* Ruderer *m*, Ruderin *f*; **rameur en couple** Skuller *m*; **rameur en pointe** Riemenruderer *m*; **banc m de rameurs** Ruderbank *f* (*auf Galeeren*); **bateau m de course à quatre rameurs** Rennvierer *m*; **2.** *text* **a)** Arbeiter(in) *m(f)* an der (Felder)Rahme; **b)** ⟨*nur f*⟩ *Maschine* (Felder)Rahme *f*

rameuter [ramøte] v/t *Anhängerschaft, Demonstranten etc* wieder zu'sammenbringen, -holen; *ch Hundemeute* wieder zu'sammenbringen

rameux [ramø] *litt adj* ⟨-euse⟩ verzweigt; verästelt

rami [rami] *m Kartenspiel* Rommé *n*

ramie [rami] *f bot* Weiße Ra'mie; Chinagras *n*

ramier [ramje] *m* **1.** *zo* ∼, *auch adit* **pigeon** *m* ∼ Ringeltaube *f*; **2.** F *fig* Faulpelz *m*

ramification [ramifikasjõ] *f* **1.** *biol* Verzweigung *f*; Verästelung *f*; *bot auch* Ramifikati'on *f*; *anat* ∼**s nerveuses, vasculaires** Nerven-, Gefäßverzweigungen *f/pl*; **2.** *e-r Bahnlinie etc* Abzweigung *f*; Gabelung *f*; **3.** *e-r Wissenschaft* 'Unterabteilung *f*; *Gesellschaft, Verschwörung etc* **avoir des** ∼**s** verzweigt sein; Verbindungen haben

ramif|ié [ramifje] adj verzweigt; ∼**ier** v/pr *se* ∼ **1.** *Baum, Nerv, Familie* sich verästeln; sich verzweigen; *Bahnlinie* sich gabeln; **2.** *Gesellschaft, Verschwörung etc* (weit) verzweigt sein; (weite) Verbindungen haben

ramiflore [ramiflɔr] *adj bot* stammblütig

ramille [ramij] *f* **1.** *coll* (abgehauene) grüne Zweige *m/pl*; **2.** *meist pl* ∼**s** Zweigenden *n/pl*

ramingue [ramɛ̃g] *adj Pferd* störrisch; 'widerspenstig

ramiret [ramire] *m zo* Schuppentaube *f*

ramolli [ramoli] **I** adj **1.** *Asphalt, Gebäck etc* aufgeweicht; weich geworden; **2.** F *fig Person* schlapp; F wackelig; **3.** F *fig* verkalkt; stumpfsinnig; *il a le cerveau complètement* ∼ er ist völlig verkalkt; **II** *m* F **1.** verkalkter Mensch; **2.** F Schlappschwanz *m*

ramoll|ir [ramɔlir] **I** v/t *Butter, Leder, Asphalt etc* weich machen; *Asphalt etc auch* aufweichen; *path* weich werden; **II** v/pr *se* ∼ weich werden; aufweichen; *path* sich erweichen; *fig Energie* nachlassen; ∼**issant** *phm* **I** adj erweichend; **II** *m* E'molliens *m*

ramollissement [ramɔlismɑ̃] *m* Auf-, Erweichen *n*; Auf-, Erweichung *f*; Weichwerden *n*; *path* ∼ **cérébral** od **du cerveau, des os** Gehirn-, Knochenerweichung *f*; *pétr* **point** *m* **de** ∼ Erweichungspunkt *m*

ramollo [ramɔlo] *adj* ⟨*f inv*⟩ F *cf* ramolli I 3

ramonage [ramɔnaʒ] *m* Schornsteinfegen *n*; **lance** *f* **de** ∼ Rußbläser *m* (*für Dampfkessel*)

ramondie [ramɔ̃di] *f od* **ramonda** [ramɔ̃da] *m bot* Ra'monda *f*

ramon|er [ramɔne] v/t **1.** *Schornstein* fegen; *par ext Pfeife* putzen; **2.** *abs Bergsteigen* im Ka'min klettern; ∼**eur** *m* Schornsteinfeger *m*; Ka'minkehrer *m*

rampant [rɑ̃pɑ̃] **I** adj **1.** kriechend, Kriech… (*auch bot, zo*); **plante** ∼**e** Kriechpflanze *f*; **2.** *fig Person, Charakter* kriecherisch; unter'würfig; **3.** *Heraldik:* *Löwe etc* steigend; springend; **4.** *arch* geneigt; (an)steigend; abschüssig; einhüftig; **arc** ∼ einhüftiger Bogen; *Schwanenhals m; e-r Treppe* **limon** ∼ kontinuierlich ansteigende Wange; **II** *subst* **1.** *m/pl* ∼**s d'un pignon** Schrägen *f/pl* e-s Giebels; **2.** F *aviat* Angehörige(r) *m* des Bodenpersonals; **les** ∼**s** das Bodenpersonal

rampe [rɑ̃p] *f* **1.** *für Fahrzeuge* Auf-, Abfahrt *f; par ext* Steigung *f*; ∼ **d'accès** Auffahrt *f*; ∼ **de garage** Ga'ragenauffahrt *f*; ∼ **de lancement** *für Raketen* Abschußrampe *f*; *fig: für Personen* Sprungbrett *n; für Sachen* gute Werbung; *für Boote* ∼ **de tirage** Schlipp *m*; Slip *m*; **2.** (Treppen)Geländer *n*; ∼ **de bois, de fer** Holz-, Eisengeländer *n*; ∼ **d'escalier** Treppengeländer *n*; F *fig:* **lâcher la** ∼ sterben; F ins Gras beißen; **tenir bon la** ∼ stark und gesund sein *od* bleiben; **3.** *thé* Rampe *f; fig* **passer la** ∼ (beim Publikum) ankommen; **4.** *par ext an Gebäuden etc* Lichterkette *f; aviat* ∼ **de balisage** Befeuerung *f* der Rollbahn; **5.** *jard* ∼ **d'arrosage** Sprühschlauch *m;* **arroseur** *m* **à** ∼ **oscillante**

Gartenschwenkregner *m*; **6.** *auto* ∼ **des culbuteurs** Kipphebelwelle *f*; ∼ **de graissage** Leitungssystem *n* der 'Umlaufschmierung

rampeau [rɑ̃po] *m* ⟨*pl* ∼**x**⟩ Würfelspiel *n* zusätzlicher Wurf (*um bei gleicher Punktzahl den Gewinner zu ermitteln*); **faire, être** ∼ (die) gleiche Punktzahl wie der Gegner haben

rampement [rɑ̃pmɑ̃] *m* **1.** *selten* Kriechen *n*; **2.** *ch de fer* Wandern *n*, -ung *f* (*der Schiene*)

ramper [rɑ̃pe] v/i **1.** *Schlange, Wurm, Pflanze etc* kriechen (*auch Person*); schlängeln; *Raubtier* schleichen; sich anschleichen (**vers** an + *acc*); *Kinder auch* krabbeln; *mil* robben; **2.** *fig Nebel, Wolken* langsam (her'auf)ziehen; **3.** *fig vor Vorgesetzten etc* kriechen (**devant** qn vor j-m)

ramphastidés [rɑ̃fastide] *m/pl zo* Tukane *m/pl*

rampon(n)eau [rɑ̃pono] P *m* ⟨*pl* ∼**x**⟩ Stoß *m*; F Schubs *m*; Puff *m*

ramure [ramyr] *f* **1.** *von Bäumen* Geäst *n*; Astwerk *n*; **2.** *ch e-s Hirsches* Geweih *n*

ranales [ranal] *f/pl bot* Ra'nalen *pl*

ranatre [ranatr(ə)] *f zo* Stabwanze *f*

rancard [rɑ̃kar] *m* **1.** (*rendez-vous*) Verabredung *f*; Rendez'vous *n*; **avoir** ∼ **avec qn** mit j-m verabredet sein; **donner, fixer (un)** ∼ **à qn** sich mit j-m verabreden; **2.** *arg* (*renseignement*) Auskunft *f*; F Tip *m*

rancarder [rɑ̃karde] *arg* **I** v/t Auskunft, F e-n Tip geben (**qn** j-m); **II** v/pr *se* ∼ sich erkunden; sich 'umhören; her'umhören; F sich Tips verschaffen

rancart [rɑ̃kar] *m* **1.** F **mettre au** ∼ **a)** *Gegenstände* ausrangieren [-ʒ-]; zum alten Eisen, bei'seite werfen; in die Ablage tun; **b)** *Person, Projekt* auf das tote Gleis, bei'seite schieben; *Person auch* F abservieren; **2.** *cf* rancard

rance [rɑ̃s] **I** adj ranzig; **avoir un goût** ∼ ranzig schmecken; **II** *m* ranziger Geruch *bzw* Geschmack; **sentir le** ∼ ranzig riechen; **avoir un goût de** ∼ ranzig schmecken

rancescible [rɑ̃sesibl(ə)] *adj tech Schmieröl* zum Ranzigwerden neigend

rancette [rɑ̃sɛt] *f métall* Ofenrohrblech *n*

ranch [rɑ̃tʃ] *m* ⟨*pl* ∼**(e)s**⟩ Ranch [rɛntʃ] *f*

ranc|i [rɑ̃si] *adj Butter etc* ranzig (geworden); *subst* **sentir le** ∼ ranzig riechen; ∼**ir** v/i *Butter etc* ranzig werden; ∼**issement** *m* Ranzigwerden *n*

rancœur [rɑ̃kœr] *f* Verstimmung *f*; Groll *m*; Verbitterung *f*; **avoir de la** ∼ **pour, contre qn** Groll gegen j-n hegen

rançon [rɑ̃sõ] *f* **1.** Lösegeld *n; litt* **mettre qn à** ∼ von j-m Lösegeld fordern; **2.** *fig* Preis *m;* ∼ **de la célébrité** Preis für das Berühmtsein

rançonn|ement [rɑ̃sɔnmɑ̃] *m* Forderung *f* von Lösegeld; Erpressung *f*; ∼**er** v/t Lösegeld fordern (**qn** von j-m); erpressen; ∼**eur** *m*, ∼**euse** *f* Erpresser(in) *m(f)*

rancun|e [rɑ̃kyn] *f* Groll *m*; Rachsucht *f*; **avoir de la** ∼ **contre qn** j-m grollen; **garder (de la)** ∼ **à qn de qc** j-m etw nachtragen; j-m wegen etw grollen; wegen etw Groll gegen j-n hegen; *ellip* F **sans** ∼! nichts für ungut!; ∼**eux** adj ⟨-euse⟩ *litt cf* rancunier; ∼**ier** **I** adj ⟨-ière⟩ *Person, Charakter* nachtragend; **II** *subst* ∼, **rancunière** *m,f* nachtragender Mensch

rand [rɑ̃d] *m südafrikanische Währungseinheit* Rand *m* (*abr* R)

randia [rɑ̃dja] *m bot sc* Randia *f*

randonn|ée [rɑ̃done] *f* Ausflug *m*; Tour *f*; Wanderung *f*; ∼ **à, en bicyclet-**

te, à, en vélo (Fahr)Radtour f; ~ en voiture Autotour f; Ausflug m mit dem Auto; **~eur** m Wanderer m

rang [rã] m **1.** Reihe f; *thé, cin* (Sitz-) Reihe f; *beim Stricken* un ~ à l'endroit, un ~ à l'envers e-e Reihe rechts, e-e Reihe links; ~ de perles a) Reihe f Perlen; b) einreihige Perlenkette; plusieurs ~s de spectateurs mehrere Zuschauerreihen f/pl; *bei Schülern: il est défendu de parler* dans les ~s ...; wenn man in der Reihe steht; *fig* en ~ d'oignons in einer Reihe; *fig* admettre qn dans ses ~s j-n in s-n Reihen aufnehmen; être au premier ~ in der ersten Reihe stehen *bzw* sitzen; *fig* être au ~ de ses amis zu s-n Freunden gehören; *fig* grossir les ~s des mécontents den Kreis der Unzufriedenen vergrößern; se mettre au dixième ~ sich in die zehnte Reihe setzen; se mettre en ~(s) par trois sich in Dreierreihen aufstellen; *fig* se mettre sur les ~s sich als Bewerber melden; sich bewerben; *auch* werben (*um ein Mädchen*); *fig* mettre, placer au ~ de ... rechnen zu ...; *Schüler* sortir un ~ in Reih und Glied hinausgehen; **2.** *mil* Glied n; Reihe f; **homme** m du ~ einfacher Soldat; **officiers** m/pl et **hommes** m/pl du ~ Offiziere m/pl und Mannschaften f/pl; **en ligne sur quatre** ~s in Linie zu vier Gliedern; à vos ~s, fixe! Achtung!; *fig Politiker etc* rentrer dans le ~ wieder von der Bühne abtreten; wieder in den 'Hintergrund treten; servir dans le ~ als gemeiner Soldat dienen; servir dans les ~s d'un régiment in e-m Regiment dienen; sortir des ~s aus dem Glied treten; *Offizier* sorti du ~ aus dem Mannschaftsstand hervorgegangen; **3.** Platz m; Stelle f; par ~ d'âge, de taille dem Alter, der Größe nach; être (placé) au premier, second ~ an erster, zweiter Stelle stehen; **4.** Rang(stufe) m(f); Stellung f; Stand m; ~ élevé hohe Stellung; hoher Rang; ~ le plus bas, le plus 'haut niedrigste, höchste Rangstufe *od* Stellung; nivellement m des ~s Nivellierung f der Standesunterschiede; prestige m du ~ Ansehen n durch e-e (hohe) Stellung; avoir ~ avant, après qn in der Rangordnung höher, tiefer stehen als j; vor, hinter j-m ran'gieren; avoir ~ de ... den Rang e-s ... einnehmen; penser déchoir de son ~ en (+p/pr) denken, daß es unter s-r Würde sei zu (+inf); mettre sur le ~ de au même ~ auf die gleiche Stufe stellen; savoir garder, tenir son ~ sich s-s Standes *bzw* s-r Stellung würdig zeigen, erweisen; **5.** *impr* Setzregal m; **6.** *math* ~ d'une matrice Rang m e-r Matrix

range [rãʒ] m *Statistik* Streuungs-, Tole'ranzbreite f

rangé [rãʒe] adj **1.** bataille ~e *cf* bataille 1.; **2.** *Leben, Person* anständig; so'lide; *Leben auch* geregelt; geordnet; F être ~ des voitures solide geworden sein

rangée [rãʒe] f Reihe f (*auch beim Stricken*); ~ d'arbres Baumreihe f; ~ de maisons Häuserreihe f, -zeile f; par ~s in Reihen

rangement [rãʒmã] m **1.** *von Gegenständen, e-s Zimmers etc* Aufräumen n; *von Gegenständen auch* 'Unterbringen n; armoire f de ~ Hochschrank m; Schrankwand f; meubles m/pl de ~ Kastenmöbel n/pl; volume m de ~ (Ab)Stellraum m (*in Schränken, Kommoden etc*); aimer le ~ ordnungsliebend sein; faire des ~s, du ~ dans une armoire in e-m Schrank aufräumen *od* Ordnung machen; **2.** (An)Ordnung f

ranger [rãʒe] ‹-geons› I v/t **1.** *Sachen,*

Personen (ordnungsgemäß) aufstellen; *Sachen auch* abstellen; *Wagen* (ein-) parken; **2.** *Zimmer, Schriftstücke,* (*Spiel*)*Sachen etc* aufräumen; in Ordnung bringen; ordnen; *Spielsachen auch* wegräumen; *Sachen auch* 'unterbringen; **range tes affaires!** räum (deine Sachen) auf!; mach Ordnung!; *adjt* **chambre bien rangée** gut aufgeräumtes Zimmer; *fig:* ~ **par ordre alphabétique** alphabetisch ordnen; ~ **sous une même étiquette** der gleichen Richtung zuordnen; **3.** *mar* ~ **la côte** am Ufer entlangfahren; **II** v/pr se ~ **4.** sich einreihen; sich aufstellen; se ~ **autour d'une table** sich um e-n Tisch stellen *bzw* setzen; se ~ **par trois** sich in Dreierreihen aufstellen; **5.** *passivisch* où ça se range-t-il? wo gehört das hin?; **6.** bei'seite, zur Seite gehen *bzw* fahren; Platz machen; her'anfahren; se ~ **quand** *une auto arrive* beiseite gehen, wenn ...; *l'auto* se range contre le **trottoir** ... fährt an den Bordstein heran; *mar* se ~ **à quai** an den Kai heranfahren; **7.** *fig* se ~ **à l'avis de qn** sich j-s Meinung (*dat*) anschließen; j-m beipflichten; se ~ **du côté de qn** sich auf j-s Seite (*acc*) stellen; se ~ **à une décision** e-r Entscheidung zustimmen; **8.** *abs* so'lide werden; ein ordentliches Leben zu führen beginnen

rangette [rãʒɛt] f *cf* rancette

ranidés [ranide] m/pl zo Frösche m/pl

ranimation [ranimasjõ] f *cf* réanimation

ranimer [ranime] I v/t **1.** *Bewußtlosen, Ertrunkenen* 'wiederbeleben; il n'a pas pu être ranimé die Wiederbelebungsversuche (bei ihm) waren vergeblich; **2.** *fig Mut, Kraft etc* wieder, neu beleben; *Liebe, Haß, Zorn etc* von neuem ent-, anfachen; wieder'aufleben lassen; *Truppen* anfeuern; *Person* aufmuntern; *Feuer, Flamme* anfachen; wieder entfachen; *litt Vergangenheit* wieder le'bendig werden lassen; **II** v/pr se ~ **3.** *Bewußtloser* wieder zu sich kommen; **4.** *Mut, Kraft etc* wieder aufleben; *Liebe, Haß, Wut etc* wieder'aufleben; *Feuer* wieder auflodern, -flackern

rantanplan [rãtãplã] int *cf* rataplan

ranule [ranyl] f *path* Froschgeschwulst f; sc Ranula f

ranz [rã(z), rãts] m ~ **des vaches** Ranz des vaches m (*Kuhreigen in der frz Schweiz*)

rapace [rapas] I adj **1.** *Tier, bes Vogel* raubgierig; **2.** *fig Person* hab-, raffgierig; gewinnsüchtig; **II** m/pl zo ~s Raubvögel m/pl; un ~ ein Raubvogel; ~s diurnes, nocturnes Tag-, Nachtraubvögel m/pl; ~**ité** f **1.** *e-s Tieres* Raubgier f; **2.** *e-r Person* Habsucht f, -gier f; Raffgier f

rapage [rapaʒ] m Reiben n; *von Tabak* Zerreiben n

rapakiwi [rapakiwi] m *minér* 'Rapakiwi m

rapatelle [rapatɛl] f Roßhaargewebe n

rapatri|é [rapatrije] I adj *Kolonist etc* repatri'iert; zu'rückgeführt; *Kriegsgefangener auch* (in die Heimat) entlassen; **II** subst ~(e) m(f) Rückwanderer, -wanderin m,f; 'Umsiedler(in) m(f); Rücksiedler(in) m(f); Repatri'ant m; *von Kriegsgefangenen, Verschleppten* Heimkehrer(in) m(f); ~**ement** m Repatri'ierung f; Rückführung f

rapatrier [rapatrije] I v/t **1.** *Personen* repatri'ieren; **2.** *Kapital* (ins eigene Land) zu'rückbringen; **II** v/pr se ~ in s-n Heimatstaat zu'rückkehren

râpe [rap] f **1.** Reibeisen n; Reibe f; *cuis* ~ à fromage Käsereibe f; ~ à tabac Tabak(s)reibe f; **2.** *tech* Raspel f; grobe

Feile; ~ **demi-ronde** grobe Halbrundfeile; ~ **plate** grobe Flachfeile; ~ **ronde** grobe Rundfeile; **3.** *méd* bruit m de ~ (auskulta'torisches) Raspelgeräusch; **4.** agr *cf* rafle 3.

râpé [rape] I adj **1.** *Stoff, Kleider* abgeschabt; abgetragen; abgenutzt; **2.** F *fig* c'est ~ F das hat nicht geklappt, ist schiefgegangen; **II** m **1.** du ~ geriebener Käse (*meist Schweizer Käse*); **2.** versetzter Wein; Nachwein m

râper [rape] v/t **1.** *Käse, Möhren etc* reiben; *Tabak* zerreiben; *Holz* (ab-) raspeln; *Kleider* abtragen; **2.** *fig* Wein im Hals kratzen

râperie [rapri] f *tech* Zuckerrüben-, Papierindustrie Fa'brikraum m, in dem das Rohmaterial zerkleinert wird

rapetass|age [raptasaʒ] F m Ausbessern n, -ung f; Flickarbeit f; F Flicke'rei f; ~**er** v/t F **1.** *Kleid, Schuhe etc* (notdürftig) flicken; ausbessern; **2.** *fig u péj Manuskript, Text* F her'umverbessern an (+dat); zu'rechtschustern

rapetissement [raptismã] m Verkleinerung f; Kleinermachen n *bzw* -werden n; *des Stoffes* Eingehen n; *der Entfernung* Verringerung f; *der Tage* Verkürzung f; *fig* Her'absetzung f

rapetisser [raptise] I v/t **1.** kleiner, kürzer machen; *Kleid* kürzen; *Raum etc* verkleinern; **2.** kleiner erscheinen lassen; **3.** *fig Verdienst, Leistung auch* verkleinern; schmälern; **II** v/i **4.** *Stoff* eingehen; *Tage* abnehmen; kürzer werden; *Person* kleiner werden; **III** v/pr se ~ **5.** kleiner werden; *Stoff* eingehen; **6.** *fig Person* bescheiden auftreten; sich im 'Hintergrund halten

rapette [rapɛt] f *bot* Scharfkraut n

râpeux [rapø] adj ‹-euse› **1.** *Zunge von Katzen etc* rauh; **2.** *fig Wein etc* herb

raphaélesque [rafaelɛsk] *od* **raphaélique** [rafaelik] adj raffa'elisch; im Stil Raffaels

raphé [rafe] m *anat* Nahtlinie f; Verwachsungslinie f

raphia [rafja] m **1.** *bot Baum* Raphia *od* Raffia f; Bastpalme f; **2.** Faser (Raphia- *od* Raffia)Bast m; sac m en ~ Basttasche f

raphides [rafid] f/pl biol Rap'hiden pl; ~**ie** f zo Ka'melhalsfliege f

rapiat [rapja] F adj ‹f inv *od* ~e› F knick(e)rig; knauserig; *subst* vieux ~ alter Geizkragen

rapide [rapid] I adj **1.** *Auto, Flugzeug etc* schnell; *Erfolg, Heilung, Auffassungsgabe, Eroberung etc* rasch; schnell; *Strömung* stark; reißend; *Gefälle* steil; *fig Stil, Bericht* flüssig; le'bendig; *décision* ~ schneller, prompter Entschluß; *lecture* ~ d'un texte Über'fliegen n e-s Textes; mouvement m ~ schnelle, lebhafte Bewegung; *méd* pouls m ~ schneller, p/fort fliegender, jagender Puls; voie f ~ Schnellstraße f; vous êtes bien ~ en besogne! Sie gehen zu schnell zu Werke!; mots tracés d'une main ~ schnell *od* flüchtig hingekritzelte Worte n/pl; **2.** *tech* acier ~ (à coupe) ~ Schnell(arbeits)stahl m; Schnelldrehstahl m; **3.** *phot Film* empfindlich; **II** m **1.** Stromschnelle f; **2.** *ch de fer* (Fern)Schnellzug m; F-Zug m; FD-Zug m; D-Zug m

rapidement [rapidmã] adv schnell; zügig; geschwind; rasch; aller, marcher ~ schnell, zügig etc gehen; eilen; lire ~ un texte e-n Text flüchtig lesen, über'fliegen; mener ~ une affaire e-e Angelegenheit zügig 'durchführen

rapidité [rapidite] f Schnelligkeit f (*auch sports e-r Bahn*); Raschheit f; *der Gesten, Bewegungen auch* Lebhaftigkeit f; ~ d'esprit geistige Beweglichkeit; rasche,

schnelle Auffassungsgabe; *loc/adv*: **avec ~ schnell**; rasch; **avec la ~ de l'éclair** mit Blitzesschnelle; schnell wie der Blitz; blitzschnell; **avec la ~ d'une flèche** schnell wie ein Pfeil; pfeilschnell, -geschwind

rapiéçage [rapjesaʒ] *m od* **rapièce-ment** [rapjesmã] *m* Flickarbeit *f*; Flikken *n*; *péj* Flicke'rei *f*

rapiécer [rapjese] *v/t* <-è-, -ç-> flicken; e-n Flicken *od* Flicken *m/pl* aufsetzen (qc auf etw [*acc*]); *adit* **pneu rapiécé** geflickter Reifen

rapière [rapjɛr] *f hist* Ra'pier *n*

rapin [rapɛ̃] *m früher* Kunstmaler *m*

rapine [rapin] *f* Raub *m*; Diebstahl *m*; **vivre de ~** vom Diebstahl leben

rapistre [rapistr] *m* *od* **rapistrum** [rapistrɔm] *m bot* Rapsdotter *m*

raplapla [raplapla] *adj* ⟨*inv*⟩ F **être tout ~ a)** *Gegenstand* flach, platt sein; b) *Person* müde, F schlapp, abgekämpft sein

raplatir [raplatir] *v/t* wieder flach, platt machen

rapointir [rapwɛ̃tir] *v/t tech* wieder spitz machen

rappareiller [rapareje] *v/t* mit ähnlichen *od* gleichen *Gegenständen* wieder 'vollzählig machen; wieder ergänzen, vervollständigen

rapparier [raparje] *v/t Handschuh etc* wieder zu e-m Paar ergänzen

rappe [rap] *f* ⟨*pl* ~n [rapɛn]⟩ *schweiz Münze* Rappen *m* (*abr* Rp)

rappel [rapɛl] *m* **1.** Zu'rückrufen *n*; *dipl e-s Botschafters, Gesandten* Abberufung *f*; *mil von Reservisten, Jahrgängen* Wie-der'einberufung *f*; *thé e-s Schauspielers* Her'ausrufen *n*; *von Emigranten* Erlaubnis *f* zur Rückkehr; **battre le ~** a) *mil* früher das Signal zum Sammeln geben; b) *fig Freunde bzw Anhänger* um sich sammeln, scharen, zusammentrommeln; **2.** Erinnerung *f* (de an + *acc*); (Er)Mahnung *f*; **~ à l'ordre** a) *in der Schule etc* Ermahnung *f* zur Ordnung; b) *pol* Ordnungsruf *m*; **le brusque ~ à la réalité** das plötzliche Zu'rückgerufen-werden in die Wirklichkeit; *pol* **~ au règlement** Aufforderung *f* zur Einhaltung der Geschäftsordnung; **~ de souvenirs** Auffrischung *f*, Wachrufen *n* von Erinnerungen; **3.** Wieder'aufnahme *f*; Wieder'holung *f*; **~ auf** *Verkehrsschildern* in Frankreich zur Kennzeichnung *e-s* wiederkehrenden *Verkehrszeichens*; **si-gnal** *m* **de ~ de limitation de vitesse** Wiederholungsschild *n* für Geschwin-digkeitsbeschränkung; *méd* **(vaccina-tion** *f* **de) ~** Nach-, Wiederholungsimp-fung *f*; *peint* **~ de couleurs** Wiederholung von (bestimmten) Farbtönen; **4.** Nachzahlung *f* (*bei rückwirkender Lohn-, Gehaltserhöhung*); **5.** *tech* Zu'rückstel-len *n*; Rückführung *f*; **ressort** *m* **de ~** Rückstell-, Rückholfeder *f*; **6.** *Bergstei-gen* **(descente** *f* **en) ~** Abseilen *n* (im Dülfersitz); **descendre en ~** sich abseilen; **7.** *Segeln* **a)** Hängen *n* im Tra'pez; **b)** Zeichen *n* zur 'Umkehr e-s zu früh gestarteten Bootes; **8.** *ch* Sammelruf *m* der Rebhühner

rappelable [raplabl(ə)] *adj Botschafter* abberufbar; *Soldat* wieder einberufbar

rappelé [raple] *adj Botschafter* abberu-fen; *Soldat* wieder einberufen; *subst* **les ~s** die Wieder'einberufenen *m/pl*

rappeler [raple] ⟨-ll-⟩ **I** *v/t* **1.** zu'rück-rufen; *Arzt* wieder rufen, holen; *dipl Botschafter, Gesandten* abberufen; *mil Reservisten* wieder einberufen; *thé Schauspieler* her'ausrufen; *Emigranten* die Rückkehr erlauben (qn j-m); *ses affaires le rappellent à Paris* ... rufen

ihn nach Paris zurück; *fig* **Dieu l'a rappelé à lui** Gott hat ihn zu sich genommen; **~ qn à lui** *od* **à la vie** j-n wieder zu sich bringen; j-n 'wiederbe-leben; **~ qn à l'obéissance** j-n zum Gehorsam anhalten; **~ qn à l'ordre** j-n zur Ordnung rufen; **se faire ~ à l'ordre** ermahnt, zurechtgewiesen werden; **2.** *tél* **a)** *Anrufender* wieder, noch einmal anru-fen; **b)** *Angerufener* zu'rückrufen; **3. ~ qc à qn** j-n an etw (*acc*) erinnern; j-m etw ins Gedächtnis zu'rückrufen; j-m etw in Erinnerung rufen; **~ qn à qn** j-n an j-n erinnern; **~ le passé** an die Vergangen-heit erinnern; **cela me rappelle en moi le passé** das ruft in mir die Vergangenheit wach; das läßt in mir die Vergangenheit wachwerden; **il est rappelé que ... es sei daran erinnert, daß ...; es muß darauf hingewiesen werden, daß ...; **cela me rappelle qc** das erinnert mich an etwas; **cela ne te rappelle rien?** erinnert dich das nicht an etwas?; **rappelez-moi vo-tre nom** nennen Sie mir Ihren Namen noch einmal; **~ qc à tout propos** etw bei jeder Gelegenheit erwähnen; **je rappe-lai à moi tous mes souvenirs** ich rief mir alle meine Erinnerungen ins Ge-dächtnis zurück; **~ le souvenir** die Erinnerung wieder'aufleben, wieder wachwerden, lebendig werden lassen (de an + *acc*); **4.** *tech* zu'rückholen, -führen, -schieben, -stellen; **II** *v/i* **5.** *ch Rebhühner* Sammelrufe ausstoßen; **III** *v/pr* **6. se ~ qc, qn,** F *u abus* **de qc, qn** sich an etw, j-n erinnern; **se ~ avoir fait qc** sich (daran) erinnern, daß man etw getan hat; *abus* **je m'en rappelle** ich erinnere mich (daran); *abus: un spectacle dont on se rappellera longtemps* ..., das man lange nicht vergißt; **rappelez--vous que ...** auch denken Sie daran, daß ...; **7. se ~ à qn** sich j-m wieder in Erinnerung bringen

rappliquer [raplike] P *v/i* (*u v/pr*) **(se) ~** F aufkreuzen; antanzen; angetanzt, an-geschoben kommen; P anzittern

rappointis [rapwɛ̃ti] *m* **1.** *bât* Gipsstift *m*, -haken *m*; **2.** *tech* kleine Eisenware

rapport [rapɔr] *m* **1.** Bericht *m*; *jur* Gutachten *n*; *mil* Meldung *f*; Rap'port *m*; *par ext* Ap'pell *m*; *mil* **~ quotidien** täglicher Appell; **~ d'expert** Sachver-ständigengutachten *n*; *mar* **~ de mer** Verklarung *f*; Seeprotest *m*; **~ de police** Poli'zeibericht *m*; *mil* **au ~!** zum Appell angetreten!; **faire un ~ écrit** e-n schriftlichen Bericht verfassen, abfas-sen, erstatten; **faire un ~ oral** e-n mündlichen Bericht (ab)geben, erstat-ten; **2.** *von Sachen* Zu'sammenhang *m*; Beziehung *f*; Verhältnis *n*; Ähnlich-keit *f*; *biol* **~ nucléo-cytoplasmique** Kern-Plasmarelation *f*; *gr* **~ de l'ad-jectif et du nom** Beziehung zwischen Adjektiv und Substantiv; **~ des forces** Kräfteverhältnis *n*; *math* **~ de deux grandeurs** Verhältnis zweier Größen; ◆ *loc/prép u loc/adv*: **dans le ~ de trois à un** im Verhältnis drei zu eins; **en ~ avec** entsprechend (+*dat*); **avoir une situation en ~ avec ses capacités** e-e Stellung entsprechend s-n Fähigkeiten haben; e-e s-n Fähigkeiten entsprechen-de Stellung haben; **être en ~ avec** im Zusammenhang stehen mit; zusammen-hängen mit; **par ~ à** im Verhältnis zu; im Vergleich zu; verglichen mit; **position** *f* **par ~ à l'observateur** Position *f* im Verhältnis zum Beobachter; **la terre est petite par ~ au soleil** die Erde ist im Vergleich zur Sonne klein; **être sans ~ avec** in keinem Zusammenhang stehen mit; in keiner Beziehung stehen

zu; **sous le ~ de** was (+*acc*) betrifft, an(be)langt; in bezug auf (+*acc*); *cette voiture* **est excellente sous le ~ du confort** ... ist, was die Bequemlichkeit betrifft, ausgezeichnet; **sous tel ou tel ~** unter diesem oder jenem Gesichtspunkt; in dieser oder jener Hinsicht, Beziehung; in mancher Hinsicht, Beziehung; **sous tous les ~s** in jeder Hinsicht, Bezie-hung; ◆ **F ~ à** wegen (+*gén*, F +*dat*); ◆ **cela n'a aucun ~!** das gehört nicht hierher!; das hat damit nichts zu tun!; **cela n'a aucun ~ avec ...** das hat gar nichts zu tun mit ...; **il n'y a aucun ~** da besteht kein Zusammenhang; **établir le ~ entre deux choses** Beziehungen zwischen zwei Dingen herstellen; **3.** *von Personen, Ländern etc meist* **~s** Bezie-hungen *f/pl*; Verbindungen *f/pl*; Ver-hältnis *n*; Verkehr *m*; **~s humains** zwischenmenschliche Beziehungen *f/pl*; **~s sociaux** gesellschaftliche Beziehun-gen; **~s d'affaires** Geschäftsverbindun-gen *f/pl*; **~s d'amitié** freundschaftliche Beziehungen; **~s de confiance** Ver-trauensverhältnis *n*; **~s de parenté** verwandtschaftliche Beziehungen; **~s entre États** Beziehungen zwischen Staaten; **~s entre parents et enfants** Verhältnis zwischen Eltern und Kin-dern; **avoir des ~s tendus avec qn** ein gespanntes Verhältnis zu j-m haben; mit j-m auf gespanntem Fuß stehen; *abs* **avoir des ~s avec qn** intime Beziehun-gen, ein Verhältnis mit j-m haben; **en-tretenir de bons ~s avec qn** gute Beziehungen zu j-m unter'halten; ein gutes Verhältnis zu j-m haben; **être en ~ avec qn** in Verbindung mit j-m stehen; **mettre qn en ~ avec qn** Kontakte, Be-ziehungen zwischen j-m und j-m herstel-len; **se mettre, entrer en ~ avec qn** sich mit j-m in Verbindung setzen; mit j-m in Verbindung treten; die Verbin-dung zu j-m aufnehmen; **4.** Ertrag *m*; Einkünfte *f/pl*; **~ d'une terre** Ertrag e-s Landbesitzes; *Pferderennen* **~s du tier-cé** Gewinnquoten *f/pl* bei der Dreier-wette; **maison** *f* **de ~** Miets-, Ren'dite-haus *n*; **être d'un bon ~** einträglich, gewinnbringend, ergiebig sein; *Garten, Ländereien* **en plein ~** ertragreich, -bringend; 'vollgenutzt; **5.** *Erbrecht* **(à succession)** Ausgleichung *f* von Vor-'ausempfängen; **6.** An-, Aufsatz *m*; *Holzverarbeitung* **moulure** *f* **de ~** aufge-setzte Zierleiste; *tech* **pièce** *f* **de ~** angesetztes Stück; **terres** *f/pl* **de ~** angefahrenes, aufgeschüttetes Erdreich

rapport|able [rapɔrtabl(ə)] *adj Erlaß etc* wider'rufbar; aufhebbar; *cout Taschen etc* an-, aufsetzbar; *math Winkel* über-'tragbar; **un fait à peine ~** e-e Tatsache, die man kaum berichten kann; **~age** *m* F Zuträge'rei *f*; *Schule* Petzen *n*

rapporté [rapɔrte] *adj Erde, Erdreich* aufgeschüttet; angefahren; *Teil, Stück etc* hin'zugefügt; angesetzt; *cout Taschen etc* an-, aufgesetzt

rapporter [rapɔrte] **I** *v/t* **1.** 'wieder-, zu'rückbringen; **2.** mitbringen; *ch Hund* appor'tieren; *fig Eindruck etc* erhalten; gewinnen; *abs* **chien dressé à ~** Ap-por'tierhund *m*; **~ une réponse** e-e Antwort mitbringen; **3.** berichten (qc etw *od* über etw [*acc*]); Bericht erstatten (über + *acc*); *j-s Worte auch* zi'tieren; *péj* hinter'bringen; zutragen; weitererzäh-len; *Schule Geheimnis* (abs); *Gerüchte* wei-terverbreiten; **4.** einbringen (*auch fig*); abwerfen; *Film* einspielen; *abs* einträg-lich sein; **~ gros** viel einbringen; **ar-gent** *m* **qui rapporte** Geld, das etwas einbringt; **champ** *m* **qui rapporte** er-tragreiches Feld; **métier** *m* **qui rappor-

te *auch* einträglicher Beruf; **métier qui ne rapporte presque rien** Beruf, der fast nichts einbringt; **5.** ansetzen, -fügen; *Erdreich* aufschütten; anfahren; *cout Tasche, Band etc* aufsetzen; *math Winkel* über'tragen; **6.** *jur Erlaß etc* wider'rufen; rückgängig machen; zu'rücknehmen; aufheben; **7.** **~** à in Beziehung bringen mit, setzen zu; beziehen auf (+*acc*); **~ qc à qc** etw in Beziehung mit etw bringen; etw in Beziehung zu etw setzen; etw im Zu'sammenhang mit etw sehen; **II** *v/i* **8.** *mar Tidenhub* zunehmen; **III** *v/pr* **9.** **se ~** à sich beziehen auf (+*acc*); in Zu'sammenhang stehen mit; *gr* **le pronom relatif se rapporte à son antécédent** das Relativpronomen bezieht sich auf das Beziehungswort; **10.** **s'en ~** à qn sich (in etw [*dat*]) auf j-n verlassen; **s'en ~ aux faits** sich an (die) Tatsachen halten; **s'en ~ au jugement de qn** sich auf j-s Urteil (*acc*) verlassen; **je m'en rapporte à vous** ich verlasse mich auf Sie; ich über'lasse es Ihrer Entscheidung

rapport|eur [raportœr] *m*, **~euse** *f* **1.** Zuträger(in) *m(f)*; *Schule* Petze *f*; *adjt* **elle est rapporteuse** sie ist e-e Petze; ⟨*nur m*⟩ *jur, adm* Refe'rent(in) *m(f)*; Berichterstatter(in) *m(f)*; **3.** ⟨*nur m*⟩ *math* Winkelmesser *m*; *tech* Winkelmeß-gerät *n*

rapprendre [raprᾶdr(ə)] *v/t* ⟨*cf* pren-dre⟩ von neuem, noch einmal lernen

rapprêter [raprete] *v/t text Stoff* wieder appre'tieren

rapproché [raprɔ∫e] *adj* **1.** räumlich nah(e), eng, dicht beiein'ander(-), an-ein'ander(liegend); Nah...; **~ de** nah(e) (+*dat od* an + *dat*); bei; *mil:* **combat ~** Nahkampf *m*; **reconnaissance, sûreté ~e** Nahaufklärung *f*, -sicherung *f*; **2.** zeitlich, *Ereignisse* nah(e), dicht beiein'ander-, hinterein'anderliegend; schnell, dicht aufein'anderfolgend; **3.** *fig* verwandt, ähnlich (**de** *dat*)

rapprochement [raprɔ∫mᾶ] *m* **1.** von *Gegenständen* Her'anrücken *n* (**de** an + *acc*); Zu'sammenbringen *n*, -rücken *n*; **2.** von *Personen, Völkern etc* Annähe-rung *f*; Verständigung *f*; Aus-, Versöh-nung *f*; **3.** *fig* Vergleich *m*; Gegen'über-, Nebenein'anderstellung *f*; **faire un ~ entre deux événements** zwei Ereig-nisse im Zusammenhang sehen

rapprocher [raprɔ∫e] **I** *v/t* **1.** *Gegen-stand* her'anrücken, -bringen (**de** an + *acc*); *zwei Gegenstände* zu'sammenrücken, -schieben; anein'ander-, neben-ein'andersetzen, -stellen, -schieben; **rapprochez votre siège** rücken Sie Ihren Stuhl heran; **le fœhn rapproche les montagnes** der Föhn scheint die Berge näher zu rücken; **les jumelles rapprochent les objets** das Fernglas holt die Gegenstände her'an; **2.** *zeitlich u fig* näherbringen, -rücken; *Termin, Zah-lung* vorverlegen; *l'avion* **rapproche les distances** ... verkürzt, verringert die Entfernungen; **chaque jour nous rap-proche des vacances** jeder Tag bringt uns den Ferien näher; die Ferien rücken jeden Tag näher; **3.** *fig Personen* ein'an-der näherbringen; *adjt* **être rappro-chés** sich, einander näherkommen; **4.** vergleichen; nebenein'ander-, gegen-'überstellen; **~ deux passages d'un roman** zwei Stellen aus e-m Roman vergleichen; **être à ~ de** vergleichbar sein mit; **II** *v/pr* **se ~ 5. a)** sich nähern (**de** *dat*); näher kommen; (her'an-)kommen; **le bruit se rapproche** der Lärm kommt näher; *mar* **se ~ du vent** am Wind segeln; **b)** sich (ein'ander) nähern; zu'sammenrücken; **6.** *fig Perso-nen, Parteien etc* sich (an)nähern; sich

näherkommen; sich aussöhnen; **se ~ des socialistes** sich den Sozialisten annähern; **7.** *fig e-m Vorbild etc* näher-kommen, ähnlich werden (**de** *dat*); **se ~ de la vérité** der Wahrheit näherkommen

rapprovisionn|ement [raprɔvizjɔn-mᾶ] *m cf* **réapprovisionnement; ~er** *v/t cf* **réapprovisionner**

raps [raps] *m/pl Spiritismus* Klopfzei-chen *n/pl*

rapsode [rapsɔd] *m cf* **rhapsode**

rapt [rapt] *m* Entführung *f*; **~ d'enfant** *auch* Kindesraub *m*

rapt(at)ores [rapt(at)ɔr] *m/pl zo* Tag-raubvögel *m/pl*

raptus [raptys] *m path* Raptus *m*

râpure [rɑpyr] *f tech* Raspelspäne *m/pl*

raquer [rake] P *v/t u v/i* F blechen; berappen

raquetier [raktje] *m cf* **raquettier**

raquett|e [rakɛt] *f* **1.** *sports* **a)** Schläger *m*; **~ de ping-pong** Tischtennis-, Ping-pongschläger *m*; **~ de tennis, de volant** Tennis-, Federballschläger *m*; **b)** *fig* Tennisspieler *m*; **2.** *für Schuhe, Skistök-ke* Schneeteller *m*, -reifen *m*; **3.** *bot* Feigenkaktus *m*; **4.** *ch* Vogelschlinge *f*; **5.** *ch de fer* Wendeschleife *f*; **6.** *Rind-fleisch* Bug *m*; **7.** *Fischfang* Kescher *m*; **~ier** *m* Hersteller *m* von Tennis-, Ping-pongschlägern *etc*

rare [rar, rɑr] *adj* **1.** selten; wenig; *Waren, Arbeitskräfte* knapp; rar; **den-rée** *f* **a)** Mangelware *f*; **b)** Delika'tesse *f*; *chim* **gaz** *m/pl* **~s** Edelgase *n/pl*; **mot** *m* **~** seltenes Wort; **plante** *f* **~** seltene Pflanze; *chim* **terres** *f/pl* **~s** seltene Erden *f/pl*; *path* **urines** *f/pl* **~s** stark verminderte Harnausscheidung; **de ~s étoiles** wenig Sterne; **à de ~s excep-tions près** bis auf wenige Ausnahmen; **un des ~s ... qui** (+*subj*) einer der wenigen ..., die ...; **il est ~ que ~** (+*subj*) *od* **de** (+*inf*) es ist selten, es kommt selten vor, daß ...; **nur selten ...**; **~s sont ceux qui** ... es gibt nur wenige, die ...; **nur wenige ...**; **cela arrive, mais c'est ~** das kommt (zwar) vor, aber nur selten; **se faire ~** selten werden; **se faire ~** (comme les beaux jours) sich selten sehen lassen; F sich rar machen; **2.** ⟨*meist vorangestellt*⟩ selten; un-, außerge'wöhnlich; erstaunlich; außerordentlich; **des qualités** *f/pl* **~s** *od* **de ~s qualités** ungewöhnliche Vorzüge *m/pl*; F **ça n'aurait rien de ~** das wäre nicht erstaunlich, unmöglich; **3.** *Haar-, Bart-, Graswuchs* spärlich; dünn; *Haar auch* schütter; **une barbe ~** (ein) spärli-cher Bartwuchs; **il n'y pousse qu'une herbe ~** das Gras wächst hier nur spärlich

raré|faction [rarefaksjɔ̃] *f* **1.** *phys von Luft, Gasen* Verdünnung *f*; **2.** *comm* Knappwerden *n*; Verknappung *f*; **~fia-ble** *adj phys Luft, Gase* verdünnbar

raréfier [rarefje] **I** *v/t* **1.** *phys Luft, Gase* verdünnen; *adjt* **atmosphère raréfiée** dünne Atmosphäre, Luft; **2.** seltener werden lassen; **II** *v/pr* **se ~ 3.** *Luft* dünner werden; **4.** seltener werden; *comm* knapp werden

rarement [rarmᾶ, ra-] *adv* selten

rarescent [raresᾶ, ra-] *adj* selten, knapp werdend

rareté [rarte, rɑrte] *f* **1.** Seltenheit *f*; *comm* Knappheit *f*; *comm:* **~ du blé** Getreideknappheit *f*; **~ d'un produit** Knappheit e-r Ware; **2.** *Sache* Rari'tät *f*; Kostbarkeit *f*; Seltenheit *f*; **cette pièce de monnaie est une ~** ... ist e-e Kostbarkeit

rarissime [rarisim, rɑ-] *adj* sehr, höchst, äußerst selten

ras¹ [ra] **I** *adj* ⟨**rase** [raz]⟩ **1.** *Haare* kurz(geschnitten, -geschoren); *Samt* mit

kurzer Flordecke; kurzflorig; niedrigpo-lig; *Gras* niedrig; **à poil ~** *a) Pelz, Tier* kurzhaarig; *Tier auch* Kurzhaar...; **b)** *Teppich etc* kurzgeschoren; kurzflorig; *Samt auch* niedrigpolig; *advt u loc/adv:* **coupé** (à) **~** *Haare, Nägel, Rasen etc* kurzgeschnitten; *Haare, Rasen auch* kurzgeschoren; **tondu** à **~** kahlge-schoren; **2.** *Getreidemaß* gestrichen voll; *Kleid, Pullover* **~ du cou** halseng; mit halsnahem Ausschnitt; *mar* **bâtiment** *m* **~ d'eau** tief im Wasser liegendes Schiff; *loc/adv:* **à ~ bord** bis zum, an den Rand; **plein, rempli à ~ bord** randvoll; bis zum, an dem Rand gefüllt; **en ~e cam-pagne** auf dem flachen Land; auf offe-nem Gelände; auf freiem Feld; *loc/prép* **à ~ de, au ~ de** dicht, unmittelbar über *od* an (+*dat bzw acc*); **au ~ des eaux** dicht an *od* über der Wasseroberfläche; *Ball* **envoyer au ~ du filet** knapp übers Netz schlagen, werfen; **voler à ~ de terre, au ~ du sol** dicht über dem Erdboden fliegen; F *fig* **en avoir ~ le bol** genug, es satt haben; F **die Nase voll haben**; *fig* **faire table ~e** Tabula rasa machen, reinen Tisch machen, gründ-lich aufräumen (**de qc** mit etw); **II** *m* F **~ le bol** *cf* **ralbol**

ras² [ra] *m mar* Arbeitsfloß *n*

rasade [razad] *f* **boire force ~s** etliche Gläser hintereinander trinken; **boire une grande ~** e-n kräftigen Schluck, e-n guten Zug tun; **se verser une ~ de vin** sich das Glas bis zum Rand mit Wein füllen; sich e-n kräftigen Schluck Wein einschenken

rasage [razaʒ] *m* **1.** Ra'sur *f*; Ra'sieren *n*; **lotion** *f* **après ~** Rasierwasser *n* nach der Rasur; After-shave-Lotion *f*; **~ électrique** elektrisches Rasierappara-tes **tête** *f* **de ~** Scherkopf *m*; **2.** *text von Florgewebe* Gleichscheren *n*; *Lederver-arbeitung* Abschaben *n* (*der ungegerbten Haut*)

rasance [razᾶs] *f mil* Ra'sanz *f*

rasant [razᾶ] *adj* **1.** streifend; *Licht* flach einfallend; *opt* **incidence ~e** flacher Lichteinfall; *mil* **feu, tir ~** Flachfeuer *n*; **ra'santes Feuer**; **2.** F *Buch, Film* langwei-lig; geisttötend; lahm; F doof

rascasse [raskas] *f zo* Drachenkopf *m*; **~ rouge** Meersau *f*, -eber *m*

ras-du-cou [radyku] *m* ⟨*inv*⟩ *cf* **ras-le--cou**

rasé [raze] *adj* **a)** *Haare, Bart* (kurz)ge-schoren; (ab)ra'siert; *Kopf* kahlge-schoren; **b)** ra'siert; **être (bien) ~** (gut) rasiert sein; **mal ~** schlecht rasiert; stoppelig; **non ~** unrasiert; **~ de près** glattrasiert

rasement [razmᾶ] *m* **1.** Abreißen *n*; *fortif* Schleifen *n*; **2.** *vét* bei *Pferden* Abnutzung *f* (*der Schneidezähne*)

rase-mottes [razmɔt] *m aviat* (**vol** *m* **en**) **~** Tiefflug *m*; **faire du ~** aviat im Tiefflug fliegen; *fig: Blicke etc* sich nach unten richten; *par ext Person* sehr mittel-mäßig sein

raser [raze] **I** *v/t* **1. a)** *Person, Kinn, Kopf* ra'sieren; *beim Friseur* rasieren (*abs*); *Bart* abrasieren; **crème** *f* **à ~** Ra'sier-creme *f*; **b)** *Person* kahlscheren; **2.** *text Samt etc* gleichscheren; glattschneiden; **3.** F ~ **qn** j-n langweilen, F anöden; F j-m auf die Nerven gehen; **4.** *Gebäude, Stadtviertel* abreißen; *Festung* schleifen; *e-m Schiff* die Masten abnehmen (+*dat*); *Getreidemaß* abstreichen; **durch Kriegs-einwirkungen** **être rasé** ausradiert, dem Erdboden gleichgemacht werden; **5.** **~ qc** dicht *od* ganz nah an etw (*dat*) vor'beifahren, -fliegen, -laufen *etc*; *Ball* **~ le filet** dicht über das Netz fliegen; *Person* **~ les murs** dicht an den Mauern,

Hauswänden entlangschleichen; *Auto* ~
un piéton dicht an e-m Fußgänger
vorbeifahren; ~ le sol dicht am Boden
fliegen; *Vögel auch* dicht über den Boden
streichen; **II** *v/pr* se ~ **6.** *Person* sich
ra'sieren; **7.** F *(s'embêter)* sich langwei-
len; F sich mopsen; **8.** *ch Wild* sich
ducken; **9.** *vét Schneidezähne e-s Pferdes*
sich abnutzen

rasette [razɛt] *f* **1.** *agr* Vorschäler *m*; **2.**
mus e-r Orgelpfeife Stimmkrücke *f*; **3.**
text Schermaschine *f*

ras|eur [razœr], **~euse I** *subst* **1.** F *m,f*
Langweiler(in) *m(f)*; *p/fort* F Nervensäge
f; **2.** *⟨nur m⟩ text* Arbeiter *m* an der
Schermaschine; *Lederverarbeitung* Ar-
beiter *m* an der Messerwalze; **II** F *adj*
geisttötend; langweilig

rash [raʃ] *m path* (Haut)Ausschlag *m*

rasibus [razibys] F *adv* ganz dicht (vor-
'bei...); *Nägel* couper ~ haar-
'(ab)schneiden; *Kugel* passer ~ haar-
scharf, ganz dicht vorbeifliegen

ras-le-cou [rɑlku] *m ⟨inv⟩* Pul'lover *m*
mit halsnahem Ausschnitt; halsenger
Pulli

rasoir [razwar] *m* **1.** Ra'siermesser *n bzw*
-apparat *m*; ~ électrique elektrischer
Rasierapparat; Trockenrasierer *m*; ~
mécanique, de sûreté Rasierapparat
(zum Naßrasieren); ~ à main Rasiermes-
ser *n*; coupe *f* (de cheveux) au ~
Messer(haar)schnitt *m*; cuir *m* à ~
Streichriemen *m*; feu *m* du ~ Brennen *n*
nach der Ra'sur; lame *f* de ~ Rasierklin-
ge *f*; coupant comme un ~, une lame
de ~ scharf wie ein Rasiermesser; e-e
Rasierklinge; **2.** F *fig Person* Langweiler
m; *p/fort* F Nervensäge *f*; *adjt* geisttö-
tend; *Roman* zum Einschlafen langwei-
lig

raspoutitsa [rasputitsa] *f* in Rußland
Zeit *f* der aufgeweichten Wege;
Schlammperiode *f*

rassasiant [rasazjɑ̃] *adj Nahrung, Essen*
sättigend

rassasié [rasazje] *adj* **1.** satt; gesättigt; **2.**
fig über'sättigt; (der Sache) 'überdrüssig

rassasiement [rasazimɑ̃] *m* **1.** Sätti-
gung *f*; **2.** *fig* Über'sättigung *f*; 'Über-
druß *m*

rassasier [rasazje] **I** *v/t* **1.** sättigen; satt
machen; *Wünsche, Verlangen* be-
friedigen; ~ sa vue, ses regards, ses
yeux de qc s-e Augen an etw *(dat)*
weiden; ne pouvoir ~ sa vue de qc sich
nicht sattsehen können an etw *(dat)*; **2.**
être rassasié de qc etw satt haben;
sein; e-r Sache *(gén)* 'überdrüssig sein; **II**
v/pr se ~ **4.** sich satt essen (de an + *dat*);
satt werden; **5.** *fig* in vollen Zügen
genießen, bis ins letzte auskosten (de qc
etw)

rassemblement [rasɑ̃bləmɑ̃] *m* **1.** *von
Personen* Ansammlung *f*; (Menschen-)
Auflauf *m*; disperser un ~ e-n Men-
schenauflauf auseinandertreiben; **2.** *von
Dokumenten, Material* Sammeln *n*; Zu-
'sammentragen *n*, -stellen *n*; **3.** *mil von
Truppen* Sammeln *n*; Antreten *n*; ~!
Angetreten!; Sammeln!; sonner le ~
zum Sammeln blasen; **4.** *meist pol*
Sammlungsbewegung *f* (derrière qn,
qc um j-n, etw)

rassembler [rasɑ̃ble] **I** *v/t* **1.** *Schüler,
Truppen etc* (wieder) (ver)sammeln; *fig* ~
tous les mécontents alle Unzufriede-
nen sammeln; **2.** *Beweise, Informationen*
sammeln; zu'sammentragen, -stellen; **3.**
fig ~ son courage s-n Mut zu'sammen-
nehmen; ~ ses esprits wieder zu sich
kommen; ~ ses forces s-e Kräfte sam-
meln; ~ ses idées sich sammeln; s-e
Gedanken (wieder) ordnen; **4.** *charp*
wieder zu'sammensetzen; **5.** *Reiter* ~

son cheval sein Pferd versammeln; **II**
v/pr se ~ sich (wieder) (ver)sammeln; **III**
m Reiten Versammeln *n*

rasseoir [raswar] *⟨cf asseoir⟩* **I** *v/t* **1.**
Kind wieder hinsetzen; *Statue* wieder
auf-, hinstellen; **2.** *fig* wieder stellen *(sur
auf + acc)*; **II** *v/pr* se ~ **3.** sich wieder
hinsetzen; faire (se) ~ qn j-n auffordern
bzw dazu bringen, sich wieder hinzuset-
zen; **4.** *Wein* laisser (se) ~ sich setzen
lassen

rassérènement [raserɛnmɑ̃] *m* **1.** *des
Himmels* Aufheiterung *f*; **2.** *fig* Beruhi-
gung *f*

rasséréner [raserene] *⟨-è-⟩* **I** *v/t* beruhi-
gen; **II** *v/pr* se ~ *Gesicht, Miene* sich
aufhellen, -klären; *Person* sich beruhi-
gen

rassir [rasir] *v/i Brot etc* trocken, altbak-
ken werden

rassis [rasi] *adj ⟨selten ~e, meist* F
rassie⟩ **1.** altbacken; du pain ~ *od subst*
du ~ alt(backen)es, trockenes Brot; **2.**
fig gesetzt; ruhig; besonnen; homme ~
à l'esprit ~ besonnener Mensch; **3.** *agr*
brachliegend

rassort|iment [rasɔrtimɑ̃] *m cf* réas-
sortiment; **~ir** *v/t cf* réassortir

rassurant [rasyrɑ̃] *adj Nachricht etc*
beruhigend; *individu peu* ~ zweifelhaf-
tes Individuum; *Lage etc* pas ~ beunru-
higend

rassuré [rasyre] *adj* beruhigt; il n'est
pas ~ er fühlt sich nicht sicher; ihm ist
bange

rassurer [rasyre] **I** *v/t Person* beruhigen;
II *v/pr* se ~ sich beruhigen; ruhiger
werden; rassurez-vous! *auch* seien Sie
unbesorgt!

rasta [rasta] *cf* rastaquouère **2.**

rastaquouère [rastakwɛr] *m* **1.** *(fremd-
ländischer)* Hochstapler; **2.** *adjt* avoir
l'air ~ *od* faire ~ e'xotisch wirken; *péj*
e-n zwielichtigen Eindruck machen

rastel [rastɛl] *m* Trinkgelage *n*

rat [ra, rɑ] *m* **1.** *zo* Ratte *f*; ~ noir Haus-,
Dachratte *f*; ~ d'Amérique, musqué
Bisamratte *f*; ~ de blé Hamster *m*; ~ des
champs Waldmaus *f*; ~ d'eau Wasser-
ratte *f*; Schermaus *f*; ~ d'égout, gris
Wanderratte *f*; ~ de mer Seeratte *f*; *La
Fontaine* Le ~ des villes et le ~ des
champs die Stadtmaus und die Land-
maus; **2.** *fig* ~ de bibliothèque Bücher-
wurm *m*; ~ de cave Wachsstock *m*; ~
d'hôtel Ho'teldieb *m*; petit ~ de
l'Opéra Bal'lettratte *f*; *Kosewort* mon
(petit) ~ meine kleine Maus; mein
Mäuschen; P *péj* face *f* de ~ Fratze *f*; ~
Affengesicht *n*; être fait comme un ~ in
der Falle sitzen; *loc/prov* les ~s quittent
le navire die Ratten verlassen das
sinkende Schiff *(loc/prov)*

rata [rata] *m* F *péj* (mieser) Fraß

ratafia [ratafja] *m* Fruchtlikör Rata-
'fia *m*

ratage [rataʒ] *m* Scheitern *n*; Miß'lingen
n; 'Mißerfolg *m*

rataplan [rataplɑ̃] *int* rumtata *(Trom-
melwirbel)*

ratatiné [ratatine] *adj* **1.** *Apfel*, F *Ge-
sicht, Person* zu'sammengeschrumpft;
runz(e)lig; verschrumpelt; verhutzelt;
Gesicht auch faltig; zerknittert; **2.** F *fig
Auto, Flugzeug* völlig zu'sammenge-
drückt, F zermatscht

ratatiner [ratatine] **I** *v/t* **1.** verschrum-
peln lassen; **2.** F *Sache* zerschlagen; F
zermatschen; **II** *v/pr* se ~ *Apfel*, F *Person*
zu'sammenschrumpfen; runz(e)lig wer-
den; verschrumpeln

ratatouille [ratatuj] *f cuis* **1.** ~ (niçoise)
Rata'touille *f* *(provenzalischer Gemü-
seeintopf)*; **2.** F *péj* (zu'sammenge-
man[t]schter) Fraß

rate [rat] *f* **1.** *anat* Milz *f*; *path* hypertro-
phie *f* de la ~ vergrößerte Milz; *fig u litt*
décharger sa ~ s-m Ärger Luft ma-
chen; F *fig* se dilater la ~ sich vor
Lachen den Bauch, die Seiten halten;
Tränen lachen; **2.** *zo* weibliche Ratte

raté [rate] **1.** *m* e-s Motors ~ (à
l'allumage) Fehlzündung *f*; **2.** *m von
e-m Schuß* Versager *m*; **3.** *m fig* Rück-
schlag *m*; **4.** ~(e) *m(f) péj Person* geschei-
terte, F verkrachte Exi'stenz; Versager *m*

râteau [rɑto] *m ⟨pl ~x⟩* *jard* Rechen *m*
(auch beim Roulett); *nordd* Harke *f*; *agr*:
~ faneur Heurechen *m*; ~ mécanique,
à cheval Pferderechen *m*; donner un
coup de ~ à *cf* râteler; **2.** F *plais
(peigne)* grober Kamm; F Rechen *m*

ratel [ratɛl] *m zo* Honigdachs *m*

râtel|age [rɑtlaʒ] *m agr von Heu etc südd*
(Zu'sammen)Rechen *n*, *nordd* (-)Harken
n; **~er** *v/t ⟨-ll-⟩* *Heu etc südd* (zu'sam-
men)rechen, *nordd* (-)harken; *Erde* glatt-
rechen, -harken; **~euse** *f agr* Maschine
Heurechen *m*

râtelier [rɑtəlje] *m* **1.** *für Vieh* (Futter-)
Raufe *f*, (-)Krippe *f*; F *fig* manger à
plusieurs ~s, à tous les ~s überall an s-n
Pro'fit suchen; sein Mäntelchen nach
dem Wind hängen; **2.** Ständer *m*; Gestell
n; ~ à pipes, ~ d'armes Pfeifen-,
Gewehrständer *m*; *an der Hobelbank* ~
d'établi, de menuisier Werkzeuglade
f; **3.** F *(fausses dents)* (künstliches) Gebiß

rater [rate] **I** *v/t* **1.** *Ziel, Person bei Tennis
etc: Ball* verfehlen; *Zug, Gelegenheit*
versäumen; *auch Person* verpassen; *Jä-
ger: Wild* verfehlen; ellip raté! da'ne-
ben!; vor'bei!; ~ son but *Geschoß* sein
Ziel verfehlen; *Maßnahme* ihren Zweck
verfehlen; ~ un examen, le permis de
conduire in e-r Prüfung, in der Fahr-
prüfung *od* F beim Führerschein 'durch-
fallen; il a raté une bonne place F ihm
ist e-e gute Stellung durch die Lappen
gegangen; F je ne le raterai pas F ich
werde ihn schon kriegen; der wird mir
nicht durch die Lappen gehen; F il ne l'a
pas raté er hat es ihm heimgezahlt; F
der hat's ihm aber gegeben; *iron* il n'en
rate pas une dem geht auch alles
daneben; der macht aber auch alles
falsch; **2.** *par ext* verderben; F verpatzen;
verkorksen; *Schüler* ~ une composi-
tion F e-e Klassenarbeit verhauen; il a
raté son coup das ist ihm miß'lungen,
da'nebengegangen; *Schauspieler* ~ son
effet *cf* effet **1.**; *adjt* cette photo est
ratée *auch* dieses Foto ist nichts gewor-
den; *cuis* ~ un plat F ein Gericht
verkorksen; j'ai raté la sauce *auch* die
Soße ist mir miß'lungen, nicht geraten; ~
sa vie F sein Leben verpfuschen; **II** *v/i* **3.**
Schuß, Feuerwerk nicht losgehen;
Schußwaffe versagen; **4.** F *Projekt, Vor-
haben etc* miß'lingen, -'glücken; F schief-
gehen; da'nebengehen; nicht klappen;
faire tout ~ alles zum Scheitern bringen;
F ça n'a pas raté! das mußte ja (so)
kommen!

ratiboiser [ratibwaze] *v/t* F **1.** on l'a
ratiboisé er hat geschorene Haare; **2.**
Geld etc F klauen (à qn j-m); **3.** *Person*
être (complètement) ratiboisé finan-
'ziell, geschäftlich, gesundheitlich (völ-
lig) rui'niert, zu'grunde gerichtet. F erle-
digt sein

ratichon [ratiʃɔ̃] P *péj m péj* Pfaffe *m*

raticide [ratisid] *m* Rattenvertilgungs-
mittel *n*

rat|ier [ratje] *adj u subst m* Hund (chien
m) ~ Rattenfänger *m*; **~ière** *f* **1.**
Rattenfalle *f*; **2.** *text* Schaft *m*

rati|fication [ratifikasjɔ̃] *f* **1.** *jur* Bestäti-
gung *f*; Genehmigung *f*; *comm* ~ de
vente Verkaufsgenehmigung *f*, -be-

stätigung f; 2. dipl, pol a) Ratifi-
kati'on f; Ratifi'zierung f; ~ du traité de
paix Ratifi'zierung f des Friedensvertra-
ges; b) Ratifikati'ons-, Ratifi'zierungs-
urkunde f; dépôt m, échange m des ~s
Hinter'legung f, Austausch m der Ratifi-
zierungsurkunden; ~fier v/t jur bestäti-
gen; genehmigen; billigen; dipl, pol rati-
fi'zieren; litt Aussprüche, Worte bestäti-
gen; jur ~ un contrat e-n Vertrag
bestätigen; dipl ~ un traité e-n Vertrag
ratifi'zieren
ratinage [ratina3] m text Rati'nieren n
ratin|e [ratin] f text Rati'né m; ~er v/t
text rati'nieren; kräuseln; ~euse f text
Rati'niermaschine f
rating [ratiŋ] m Segelsport Einteilung f
in Klassen
ratio [rasjo] m Statistik Verhältniszahl f
ratiocin|ation [rasjɔsinasjõ] f st/s
Grübeln n; Grübe'lei f; ~er v/i grübeln;
sin'nieren; ~eur m litt u péj Räso'neur
m; Nörgler m
ration [rasjõ, rasjõ] f 1. Rati'on f (auch
mil); Zuteilung f; zugeteiltes Maß; tägli-
che Verpflegungsmenge; täglicher Ver-
pflegungsbedarf; des Viehs ~ (alimen-
taire) täglicher Futterbedarf; des Men-
schen ~ alimentaire a) tägliche Ration;
Tagesration; b) physiol täglicher Nah-
rungsbedarf; **maigre** ~ geringe, knappe
Ration, Verpflegungsmenge; physiol: ~
de croissance täglicher Nahrungsbe-
darf während des Wachstums; ~
d'entretien Erhaltungskost f; während
e-s Krieges etc, mil ~ de pain, de tabac
Brot-, Tabakration f; mil: ~ de vivres
de réserve eiserne Ration; **distribuer**
les ~s die Rationen verteilen; 2. fig u
iron sa ~ de ... e-n Anteil an ... (+dat);
j'ai eu ma ~ de soucis ich hab' meinen
Anteil an Sorgen (bekommen od gehabt)
rational [rasjɔnal] m <pl -aux> rel Ra-
tio'nale n
rationalis|ation [rasjɔnalizasjõ] f Ratio-
nali'sierung f; plan m de ~ Rationali-
sierungsplan m; ~er v/t Arbeit, Produk-
tion etc rationali'sieren (auch psych)
rational|isme [rasjɔnalis(ə)] m philos
Rationa'lismus m; Vernunftglaube m;
~iste philos I adj rationa'listisch; II m,f
Rationa'list(in) m(f); par ext Verstan-
desmensch m; ~ité f 1. philos Vernunft-
gemäßheit f; Vernünftigkeit f; 2. math
Rationali'tät f
rationnel [rasjɔnɛl] I adj <~le> 1. ra-
tio'nal; vernunftgemäß; vernünftig;
esprit ~ Verstandesmensch m; **pensée**
~le rationales Denken; 2. ratio'nell;
zweckmäßig; **méthode** ~le zweckmäßi-
ge Methode; **organisation** ~le ratio-
nelle Organisation; 3. math nombre
~ ratio'nale Zahl; II m philos le ~ das
Ratio'nale
rationnellement [rasjɔnɛlmã] adv 1.
ratio'nal; vernünftig; 2. ratio'nell;
zweckmäßig
rationn|ement [rasjɔnmã] m Ratio'nie-
rung f; Ratio'nieren n; ~ du pain, de la
viande, de l'essence Brot-, Fleisch-,
Ben'zinrationierung f; **carte** f de ~
Lebensmittelkarte f; ~er I v/t 1. Lebens-
mittel etc ratio'nieren; 2. Personen auf
Rati'onen setzen; fig knapphalten; II
v/pr se ~ sich (im Essen) zu'rückhalten;
par ext sich einschränken
ratissage [ratisa3] m 1. jard nordd Har-
ken n; südd Rechen n; 2. mil 'Durch-
kämmen od Durch'kämmen n; **opéra-
tion** f de ~ Durch'kämmung(saktion) f
ratiss|er [ratise] v/t 1. jard Gartenbeet,
Kies etc nordd harken; südd rechen;
Gras, Laub zu'sammenharken, -rechen;
2. F fig Geld F klauen; 3. mil: Gelände,
Polizei: Stadtviertel 'durchkämmen od

durch'kämmen; 4. Rugby: Ball hakeln;
~ette f tech Kratzeisen n; ~oire f jard
Hacke f; ~ure f Zu'sammengeharkte(s)
n, -gerechte(s) n
ratites [ratit] m/pl zo Flachbrustvögel
m/pl; sc Ra'titae pl
raton [ratõ] m 1. zo junge Ratte; ~
laveur Waschbär m; 2. cuis (Art) Käse-
kuchen m; 3. P péj (Araber) Araber m
ratonnade [ratɔnad] f Niederknüppeln
n aus ras'sistischen Mo'tiven
rattachement [rataʃmã] m pol e-s Ge-
bietes Angliederung f; Anschluß m
rattach|er [rataʃe] 1. wieder fest-,
anbinden, an-, verknüpfen; Knochen
durch Sehnen être rattachés zu'sam-
mengehalten werden; 2. ans Stromnetz
etc anschließen (à an + acc); fig Gebiet
an e-n Staat, Behörde an ein Ministerium
etc angliedern, anschließen (an + acc);
3. Person ~ à son pays e-e Heimat
binden; mit s-r Heimat verbinden; ~ qn
à la vie j-n ans Leben fesseln; 4. in
Verbindung, in Zu'sammenhang brin-
gen (à mit); II v/pr se ~ zu'sammen-
hängen (à mit); sich anschließen (à an +
acc); gehören (à zu); ~eur m text
Anknüpfer m
rattrapage [ratrapa3] m 1. Schule
cours m de ~ Nachholunterricht m; 2.
von Löhnen, Gehältern Angleichung f;
Anpassung f; Nachziehen n; 3. tech
Nachstellen n, -regu'lieren n
rattraper [ratrape] I v/t 1. Tier wieder
einfangen; Flüchtigen wieder ergreifen;
F (wieder) erwischen; beim Stricken:
Masche wieder aufnehmen; F si je le
rattrape! F wenn ich den erwische!:
wenn mir der zwischen die Finger
kommt!; du regard j-n wieder
erblicken; 2. fallenden Gegenstand, Kind
etc auffangen; 3. Person, Auto etc
(wieder) einholen; fig in der Schule ~ les
autres élèves die anderen Schüler
wieder einholen; 4. Rückstand, Verspä-
tung, versäumte Zeit (wieder) aufholen;
verlorene Zeit auch wieder wettmachen;
Arbeitszeit (her)einarbeiten; nacharbei-
ten; Versäumtes nachholen; Verlust,
Fehler (wieder) wettmachen; wieder'gut-
machen; F cuis ~ sa mayonnaise F die
Mayon'naise wieder hinkriegen; ~ une
parole malheureuse ein unglücklich
gewähltes Wort wiedergutmachen; II
v/pr se ~ 5. im Fallen etc sich festhalten
(à an + dat); 6. abs bei m-m Rückstand
(wieder) aufholen; nach e-m Verlust,
Versehen die Sache bzw den Verlust etc
wettmachen, wieder'gutmachen; Schule
se ~ avec les maths mit Mathe ausglei-
chen; se ~ sur qc durch etw ausgleichen;
sich an etw (dat) schadlos halten
rature [ratyr] f Streichung f; ('Durch-)
Gestrichene(s) n; ('durch)gestrichene
Stelle; Text être surchargé de ~s sehr
viele durchgestrichene Stellen haben
raturer [ratyre] v/t Wort etc (aus-,
'durch)streichen (auch abs); adit épreu-
ves raturées Fahnen f/pl mit Strei-
chungen
raucité [rosite] f litt e-r Stimme Rauheit
f; Heiserkeit f
raugmenter [rɔgmãte] P v/i wieder
teurer werden
rauqu|e [rok] adj 1. Stimme rauh; heiser;
Schrei, Husten heiser; 2. fig u litt Klima,
Landschaft rauh; ~er v/i Tiger brüllen
rauwolfia [rɔvɔlfja] m bot Rau'wolfia f
ravage [rava3] m <meist pl ~s> 1. durch
Krieg, Unwetter, Feuer, Seuchen Verhee-
rung f; Verwüstung f; faire, causer des
~s Verheerungen, Verwüstungen,
großen Schaden anrichten; wüten; 2. fig

les ~s de l'âge, du temps die unüber-
sehbaren, pl/fort verheerenden Spuren
f/pl des Alters; F faire des ~s (dans les
cœurs) große Verwirrung (in den Her-
zen) stiften
ravagé [rava3e] adj 1. Land, Garten etc
verwüstet; verheert; ~ par la grêle
verhagelt; ~ par la tempête durch den
Sturm verwüstet; 2. fig zu'grunde ge-
richtet; Gesicht: von Schmerzen, Sorgen
gezeichnet; durch Ausschweifungen ver-
lebt; ~ de cicatrices von Narben ent-
stellt, verunstaltet; ~ de rides von
Falten durch'furcht; litt Person ~ de
remords von Gewissensbissen gepei-
nigt; 3. F fig il est complètement ~! F er
ist völlig verrückt, 'übergeschnappt!
ravag|er [rava3e] v/t <-geons> 1. Un-
wetter, Feinde etc: e-e Gegend, ein Land
etc verheeren; verwüsten; heimsuchen;
Ernte vernichten; 2. fig zu'grunde rich-
ten; Krankheit, Unglück ~ la vie de qn
j-s Leben zugrunde richten, zerstören;
~eur I adj <-euse> 1. agr insecte ~
Schädling m; 2. fig zerstörerisch; II m/pl
~s agr Schädlinge m/pl
raval [raval] m mines Weiterabteufen n
ravalement [ravalmã] m 1. bât e-s
Gebäudes, e-r Mauer (Neu)Ver-, Abput-
zen n; e-r Natursteinfassade etc Reinigen
n; Säubern n; P fig von e-r Frau faire un
~ F sich anmalen; 2. agr e-s Baumes
Stutzen n
ravaler [ravale] I v/t 1. bât: Gebäude,
Mauer (neu) ver-, abputzen, bewerfen;
Natursteinfassade etc reinigen, säubern
(bes mit Sandstrahlgebläse); agr Baum
stutzen; 2. a) Speichel etc wieder hin'un-
terschlucken; b) fig Wut, Lachen unter-
'drücken; verbeißen; ~ son dépit s-n
Ärger hinunter-, F runterschlucken; F
lui ferai ~ ses paroles! F den werd' ich
mir vorknöpfen!; 3. fig her'absetzen,
-würdigen; II v/pr se ~ sich erniedrigen;
se ~ au rang de her'absinken zu (+dat)
ravaleur [ravalœr] m bât a) (Ver)Putzer
m; Gipser m (für Außenputz); b) Fas'sa-
denreiniger m
ravaud|age [ravoda3] m Ausbessern n;
von Strümpfen Stopfen n; von Wäsche etc
Flicken n; ~er v/t ausbessern; stopfen;
flicken; ~eur m, ~euse f Flicker(in)
m(f)
rave [rav] f bot Rübe f; adit céleri m ~
Knollen-, Wurzelsellerie m od f
ravenala [ravnala] m bot Rave'nala f
ravenelle [ravnɛl] f bot 1. Goldlack m;
2. (Acker)Rettich m; Hederich m
ravet [ravɛ] m zo Schabe f
ravi [ravi] adj (hoch)erfreut; entzückt;
begeistert; hingerissen; ~ de vous con-
naître sehr erfreut, Sie kennenzuler-
nen; avoir un air ~ ein hocherfreutes
Gesicht machen; je suis ~ de vous
revoir ich bin erfreut, Sie wiederzuse-
hen; j'en suis ~ es freut mich sehr; ich
bin davon entzückt (beide auch iron);
être ~ par begeistert sein von; erfreut
sein über (+acc); je suis ~ qu'il ait
réussi ich bin erfreut darüber, daß er es
geschafft hat
ravi|er [ravje] m 1. für Vorspeisen (klei-
ne, o'vale) Schale, Platte; Horsd'œuvre-
Schale f; 2. agr Rübensilo m; ~ière f agr
Rübenacker m, -feld n
ravigotant [ravigotã] F adj stärkend;
kräftigend; erquickend
ravigote [ravigot] f cuis scharfe Kräuter-
soße; (à la) ~ in, mit scharfer Kräuter-
soße
ravigoter [ravigote] F v/t Person stär-
ken; wieder auf die Beine bringen; auf-
muntern (auch abs); F aufmöbeln
ravilir [ravilir] I v/t her'absetzen (qn
j-n); II v/pr se ~ sich erniedrigen

ravin [rav$\tilde{\epsilon}$] *m* **1.** (Fels)Schlucht *f*; **tomber au fond d'un** *od* **dans un** ~ in e-e Schlucht stürzen; **2.** *vom Regen ausgewaschene* Rinne

ravine [ravin] *litt f* kleine Schlucht; **~ment** *m durch Regen* Auswaschen *n*; *abs* Bodenabschwemmung *f*

raviner [ravine] *v/t Regen etc*: Gelände *etc* auswaschen; *fig adit* **visage raviné** durch'furchtes Gesicht

ravioli [ravjɔli] *m/pl cuis* Ravi'oli *pl*

ravir [ravir] *v/t* **1.** ~ **qn** j-n begeistern, hin-, mitreißen, bezaubern, entzücken; *loc/adv* à ~ bezaubernd; entzückend; hinreißend; wundervoll; **cela vous va à** ~ das steht Ihnen ausgezeichnet; **2.** *litt* Wertsachen *etc* rauben; *Frau etc* entführen; *fig u st/s* ~ **l'honneur à une femme** e-e Frau entehren; e-r Frau die Ehre rauben; **la mort nous l'a ravi** der Tod hat ihn uns entrissen

raviser [ravize] *v/pr* **se** ~ s-e Meinung ändern; sich anders besinnen

raviss|ant [ravisɑ̃] *adj* bezaubernd; entzückend; hinreißend; reizend; **~ement** *m* **1.** Entzücken *n*; Verzückung *f* (*auch rel*); *loc/adv* **avec** ~ hingerissen; entzückt; verzückt; **jeter qn dans le** ~ j-n in Entzücken versetzen; **être plongé dans le** ~ in Entzücken *od* Verzückung geraten sein; **2.** *myth* **le** ~ **d'Hélène** der Raub der Helena; **~eur** *m*, **~euse** *f* **1.** Entführer(in) *m(f)*; **2.** *zo adit* **pattes ravisseuses** Fangarme *m/pl* (*von Insekten*)

ravitaillement [ravitajmɑ̃] *m* **1. a)** e-r Stadt, der Bevölkerung *etc* (Lebensmittel)Versorgung *f*; Verprovian'tierung *f*; **en vivres** Lebensmittelversorgung *f*; **b)** *mil* Versorgung *f*; Nachschub *m*; ~ **des troupes** Truppenversorgung *f*; Versorgung *f* der, Nachschub *m* für die Truppen; ~ **en munitions, en vivres** Muniti'ons-, Lebensmittelnachschub *m*; *aviat* ~ **en vol** Lufttanken *n*; **2.** *F par ext* Lebensmittel *n/pl*; **aller au** ~ Lebensmittel einkaufen (gehen) *od* besorgen; **avoir du** ~ **pour une semaine** für e-e Woche mit Lebensmitteln versorgt sein

ravitailler [ravitaje] **I** *v/t Armee, Festung etc* mit Nachschub versorgen; *Stadt etc* mit Lebensmitteln versorgen; verprovian'tieren; *Flugzeug, Auto* ~ (**en carburant, en essence**) mit Treibstoff, Benzin versorgen; ~ **un avion en vol** ein Flugzeug während des Fluges auftanken; **II** *v/pr* **se** ~ sich mit Lebens-, Nahrungsmitteln versorgen; *Soldaten etc* sich mit Nachschub versorgen

ravitailleur [ravitajœr] *m* **1.** *bes mil* Versorgungsschiff *n*, -fahrzeug *n*, -flugzeug *n*; ~ **d'avions** Tankwagen *m* (*auf Flugplätzen*); ~ **de sous-marins** U-Boot-Versorgungsschiff *n*; U-Boot-Tender *m*; ♦ *adit* Versorgungs...; **navire** *m* ~ Versorgungs-, Mutterschiff *n*; **2.** *sports:* bei Auto-, Radrennen Betreuer *m*

ravivage [raviva3] *m* **1.** *von Farben* Auffrischen *n*; **2.** *tech von Metall* Beizen *n*

raviver [ravive] **I** *v/t* **1.** *Feuer, Flamme* anfachen; **2.** *fig Erinnerung, Hoffnung* neu, wieder beleben; wieder wach, le'bendig werden lassen; *Erinnerung auch* auffrischen; *Zorn, Leid, Streit* wieder aufflackern lassen; **3.** *Farben* auffrischen; **4.** *tech Metall* beizen; **5.** *chir Wunde* anfrischen; **II** *v/pr* **se** ~ wieder-'aufleben

ravoir[1] [ravwar] *v/t* ⟨*nur inf*⟩ **1.** 'wiederhaben, -bekommen; **2.** ⟨*verneint*⟩ *F* **ne pouvoir** ~ **qc** *F* etw nicht mehr sauber kriegen

ravoir[2] [ravwar] *m* Fischerei Stellnetz *n*

rayage [rɛja3] *m* **1.** *von Namen etc* (Aus-, 'Durch)Streichen *n*; Streichung *f*; **2.** *tech bei Feuerwaffen* Ziehen *n* der Züge

rayé [reje] *adj* **1.** *Stoff, Hose etc* gestreift; *Papier* li'niert *od* lini'iert; ~ **verticalement, de noir** längs-, schwarzgestreift; **2.** *Glas, Ledereinband, Karosserie etc* zerkratzt; verschrammt; **3.** *Lauf e-r Handfeuerwaffe, Rohr e-s Geschützes* gezogen

rayement [rɛjmɑ̃] *m cf* **rayage**

rayer [reje] *v/t* ⟨-*ay*- *od* -*ai*-⟩ **1.** *Möbel, Wand, Auto etc* zerkratzen; verschrammen; **2.** *Wort, Namen etc* ('durch-, aus)streichen; *auf Formularen* ~ **la mention inutile** Nichtzutreffendes streichen; ~ **de la liste** von der Liste streichen; **3.** *fig* ~ **un officier des cadres de l'armée ...** aus der Armee ausschließen; ~ **qc de sa mémoire** etw aus s-m Gedächtnis streichen, auslöschen; ~ **qn du nombre des vivants a)** j-n 'umbringen; **b)** j-n nicht mehr *('durch*-) *Lebenden* zählen; **4.** *Lauf e-r Feuerwaffe* mit Zügen versehen

rayère [rɛjɛr] *f arch bei e-m Turm* Mauerspalt *m*, -öffnung *f*

ray-grass [rɛgras] *m bot* Ray- *od* Raigras *n*; Lolch *m*; Weidelgras *n*

rayon [rɛjɔ̃] *m* **1.** Strahl *m*; *fig* ~ **d'espérance, d'espoir** Hoffnungsschimmer *m*, -strahl *m*; **mince** ~ **de lumière** schmaler Lichtstrahl; ~ **de, du soleil** Sonnenstrahl *m*; *fig* **être un** ~ **de soleil** a) *Kind* ein Sonnenschein sein; b) *Sache* ein Lichtblick sein; **2.** *phys* ~*s pl* Strahlen *m/pl*; Strahlung *f*; ~*s* **canaux**, positifs Ka'nalstrahlen *m/pl*; ~*s* **cathodiques** Ka'thodenstrahlen *m/pl*; ~*s* **X** Röntgenstrahlen *m/pl*; F ~ **de la mort, qui tue** F Todesstrahl *m*; *path* **mal** *m*, **maladie** *f* **des** ~ Strahlenkrankheit *f*; *méd:* **séance** *f* **de** ~*s* Bestrahlung *f*; **traitement** *m* **par les** ~*s* Strahlenbehandlung *f*; **3.** *opt* (Licht)Strahl *m*; ~*s* **convergents, divergents** konvergente, divergente Lichtstrahlen *m/pl*; **faisceau** *m* **de** ~*s* Strahlenbündel *n*; **disperser les** ~*s* (die) Strahlen zerlegen; **4.** *e-s Rades* Speiche *f*; **5. a)** *math* ~*s Kreises, e-r Kugel* (*abr* **r**) Radius *m*, Halbmesser *m* (*abr* **r**, R); **b)** *fig adm* ~ **douanier** Zollgrenzbezirk *m*; ~ **d'action a)** *e-s Schiffes, Flugzeugs* Akti'onsradius *m*; *aviat auch* Flugbereich *m*, -weite *f*; **b)** *fig e-s Unternehmens* Tätigkeits-, Wirkungs-, Arbeitsbereich *m*; Akti'onsradius *m*; Verbreitungsgebiet *n*; *auto* ~ **de braquage** Wendekreis *m*; *ch de fer* ~ **de courbure** Krümmungsradius *m*; **dans un** ~ **de cinq kilomètres** in e-m 'Umkreis von fünf Kilometern; **dans un** ~ **de cinq kilomètres** in e-m 'Umkreis von fünf Kilometern; **dans un** ~ **de cinq kilomètres** in e-m 'Umkreis von fünf Kilometern; ~ **de** livres Bücherreihen *f/pl*; sur, dans le premier ~ im ersten Fach; **7.** *e-s Warenhauses* Ab'teilung *f*; Ray'on *m*; ~ **des jouets** Spielzeug-, Spielwarenabteilung *f*; *F fig* **c'est (de) votre** ~ das ist Ihr Fach, Gebiet; **8.** *in e-m Bienenstock* Wabe *f*; ~ **de miel** Honigwabe *f*; **9.** *agr* Rille *f*; kleine Furche; **10.** *bot* ~ **médullaire** Markstrahl *m*; **11.** *zo beim Fisch* Flossenstrahl *m*

rayonnage [rɛjɔna3] *m* (Bücher-, Waren)Re'gal *n*; (Bücher)Gestell *n*

rayonnant [rɛjɔnɑ̃] *adj* **1.** *Person, Lächeln, Schönheit etc, litt Sonne* strahlend; *Schönheit auch* leuchtend; *Gesicht* ~ **de joie** freudestrahlend; *Person:* ~ **de santé** vor Gesundheit strotzend; *auto* ~ **un air** ~ übers ganze Gesicht strahlen; **être (tout)** ~ *vor Freude etc* strahlen; strahlender Laune sein; **2.** strahlenförmig; strahlig; *arch* **chapelles** ~**es** Ka'pellenkranz *m*; *Kunst* **gothique** ~ Hochgotik *f*

rayonne [rɛjɔn] *f* Kunstseide *f*; Rey'lon *m*; **en** ~ aus Kunstseide

rayonné [rɛjɔne] *adj* **a)** strahlenförmig; **b)** mit strahlenförmigen Orna'menten versehen

rayonnement [rɛjɔnmɑ̃] *m* **1.** *phys* Strahlung *f*; ~ **corpusculaire** Korpusku'larstrahlung *f*; ~ **cosmique** kosmische Ultrastrahlung; Höhenstrahlung *f*; ~ **infrarouge** Infrarotstrahlung *f*; ~ **thermique de la Terre** Wärmestrahlung *f* der Erde; ~ **de freinage** Bremsstrahlung *f*; **2.** *fig e-r Person, e-s literarischen Werkes etc* Ausstrahlung *f*; Wirkung *f*; **le** ~ **de la civilisation française** die Verbreitung und Wirkung der französischen Kultur

rayonner [rɛjɔne] **I** *v/t* Bücherschrank mit Fachbrettern versehen; *Wand* mit Re'galen versehen; **II** *v/i* **1.** *Wärme* ausstrahlen; sich ver-, ausbreiten; *phys auch* strahlen; *litt* Lichtstrahlen aussenden; *Schmerz* ausstrahlen; **2.** *fig* **a)** *Gesicht* strahlen; ~ **de joie, de bonheur** vor Freude, vor Glück strahlen; **b)** *Kultur, Zivilisation* verbreitet sein; wirken; ausstrahlen; **3. a)** *Straßen, Streckennetz* strahlenförmig ausgehen (**de** von), verlaufen; **service** *m* **de cars qui rayonne autour d'une ville** Busverbindungen *f/pl* mit der Um'gebung e-r Stadt; **b)** *Person von e-m festen Standort aus* Fahrten, Ausflüge, Spa'ziergänge in die Um'gebung machen; *Vertreter etc auch* im Außendienst tätig sein; ~ **dans la région** in der Umgebung um'herfahren

rayure [rɛjyr] *f* **1.** Streifen *m* (**de** *gén od* in + *dat*); Farbstreifen *m*; *Stoff etc* à ~*s* gestreift; **à larges** ~*s* breitgestreift; mit breiten Streifen; **à** ~*s* **verticales** längsgestreift; mit Längsstreifen; **2.** *auf Möbeln, Bucheinbänden etc* Kratzer *m*; Schramme *f*; **3.** *im Lauf e-r Feuerwaffe* Zug *m*

raz [ra] *m* starke Meeresströmung; ~ **de marée a)** Flutwelle *f*; **b)** *fig bei Wahlen etc* Erdrutsch *m*; *fig* Flut *f*; **c'est le** ~ **de marée** das ist nicht aufzuhalten

razz|ia [ra(d)zja] *f früher* Raub-, Beutezug *m*; *F fig:* **faire une** ~ **dans qc** etw völlig ausplündern; **faire (une)** ~ **sur qc** über etw (*acc*) herfallen; **~ier** *v/t früher* Stadt plündern; *F fig cf* (**faire une**) **razzia (sur qc)**

re... [r(ə)] *in Zssgn* ⟨*vor Vokal* **ré...**, *vor s meist* **res...**⟩ wieder; noch einmal; von neuem; erneut; aufs neue; *z B:* **redire qc** etw noch einmal, F nochmal sagen; **il a réessayé** er hat es nochmal versucht; **ressauter** wieder, noch einmal, erneut springen

ré [re] *m* ⟨*inv*⟩ *mus* d *bzw* D *n*; ~ **bémol** des *bzw* Des *n*; ~ **dièse** dis *bzw* Dis *n*; **en** ~ **majeur** in D-Dur; **en** ~ **mineur** in d-Moll

réa [rea] *m tech* Seilscheibe *f*

réabonnement [reabɔnmɑ̃] *m* Abonne'mentserneuerung *f bzw* -verlängerung *f*

réabonner [reabɔne] *v/pr* **se** ~ wieder abon'nieren (**à qc** etw); *abs* sein Abonne'ment erneuern *bzw* verlängern; **je me suis réabonné au Monde** ich habe Le Monde wieder abonniert; ich bin wieder auf Le Monde abonniert

réabsorber [reabsɔrbe] *v/t* wieder aufsaugen; wieder absor'bieren

réabsorption [reabsɔrpsjɔ̃] *f* erneute Absorpti'on

réac [reak] *adj u subst* ⟨*inv*⟩ *F* Kurzwort für **réactionnaire**

réaccoutumer [reakutyme] *v/t* (*u v/pr*) (**se**) ~ (sich) wieder gewöhnen (**à** an + *acc*)

réachemin|ement [reaʃəminmɑ̃] *m Post, ch de fer* **a)** Weiterbeförderung *f*,

-leitung *f*; **b)** Zu'rücksendung *f*; **～er** *v/t* *Briefe, Pakete etc* **a)** weiterbefördern, -leiten; **b)** zu'rücksenden

réactance [reaktãs] *f élect* Blindwiderstand *m*; Reak'tanz *f*

réacteur [reaktœr] *m* **1.** *aviat* Düse(n)triebwerk *f(n)*; Strahltriebwerk *n*; **2.** *phys atom* ～ (**nucléaire**) (Kern-)Re'aktor *m*; ～ **à uranium naturel** Na'tururanreaktor *m*; ～ **de puissance, de recherche** Leistungs-, Forschungsreaktor *m*; **3.** *pétr* Re'aktor *m*; Reakti'onskammer *f*

réactif [reaktif] **I** *adj* ⟨-ive⟩ **1.** *phys* rückwirkend; **2.** *élect* **courant ～** Blindstrom *m*; **puissance réactive** Blindleistung *f*; **3.** *psych* reak'tiv; **4.** *chim* **papier ～** Rea'genzpapier *n*; **II** *m* **1.** *chim* Re'agens *od* Rea'genz *n*; **2.** *mines* ～ **de flottation** Flotati'onsmittel *n*

réaction [reaksjõ] *f* **1.** Reakti'on *f (auch physiol u psych)*; *fig par ext* Oppositi'on *f*; ～ **vive** lebhafte Reaktion; **les ～s internationales** die Reaktionen im Ausland; **das internationale Echo**; ～ **à l'altitude, au chaud** Reaktion auf (die) Höhenluft, auf (die) Wärme; ～ **de défense** Abwehrreaktion *f (auch méd)*; *Neurologie* ～ **de dégénérescence** Entartungsreaktion *f*; ～ **de peur** ängstliche Reaktion; ～ **du public** Publikumsreaktion *f*; ～ **de qn à une situation nouvelle** j-s Reaktion auf e-e neue Situation; ～ **en Bourse** Reaktion an der Börse; **temps** *m* **de ～** Reaktionszeit *f (auch méd)*; **en ～ contre** als Reaktion auf (+*acc*); **par ～** aus Opposition; *Auto, Fahrzeug* **avoir de bonnes ～s** gute Reaktionen zeigen; *Alkohol, Drogen etc* **diminuer les ～s** die Reaktionsfähigkeit herabsetzen; **être une ～ à, contre qc** e-e Reaktion auf etw sein; **quelle fut sa ～?** wie hat er darauf rea'giert?; *il a répondu? – non, aucune ～...* – nein, er hat überhaupt nicht rea'giert; **2.** *aviat* **avion** *m* **à ～** Düsen-, Strahl(trieb)flugzeug *n*; **hélicoptère** *m* **à ～** Hubschrauber *m* mit Strahlantrieb; **propulsion** *f* **par ～** Düsen-, Strahl-, Rückstoßantrieb *m*; **3.** *chim* ～ (**chimique**) (chemische) Reakti'on, 'Umsetzung; (chemischer) Pro'zeß, Vorgang; *phys atom* ～ **nucléaire** Kernreaktion *f*; ～ **en chaîne** Kettenreaktion *f (auch fig)*; **5.** *rad* Rückkopp(e)lung *f*; **bobine** *f* **de ～** Rückkopplungsspule *f*; **6.** *pol* **la ～** *od* **le parti de ～** die Reakti'on

réactionnaire [reaksjɔner] *péj u bes pol* **I** *adj* reaktio'när; rückschrittlich; fortschrittsfeindlich; **II** *m,f* Reaktio'när(in) *m(f)*

réactiv|ation [reaktivasjõ] *f* Reakti'vierung *f*; 'Wiederbelebung *f*; **～er** *v/t* 'wiederbeleben; neues Leben geben (+*dat*); *Kenntnisse* wieder auffrischen; *Flamme* wieder anfachen; *chim, méd* reakti'vieren; **～ité** *f chim, phys atom* Reakti'tät *f*

réadaptation [readaptasjõ] *f* Wieder'anpassung *f*; *méd* ～ **fonctionnelle** Rehabilitati'on *f*; Rehabili'tierung *f*; Wieder'eingliederung *f* ins Berufsleben

réadapter [readapte] **I** *v/t* **1.** wieder anpassen (**à** an + *acc*); *Muskeln* reakti'vieren; **2.** *méd durch Unfall oder Krankheit Geschädigte* rehabili'tieren; wieder (beruflich, ins Berufsleben) eingliedern; *subst* **les réadaptés** *m/pl* die wieder (ins Berufsleben) eingegliederten Personen *f/pl*; **II** *v/pr* **se ～** sich wieder anpassen, eingliedern

réad|mettre [readmɛtr(ə)] *v/t* ⟨*cf* mettre⟩ *Person* wieder zulassen, aufnehmen; **～mission** *f* Wieder'zulassung *f*, -'aufnahme *f*

réaffirmer [reafirme] *v/t* wieder, erneut bestätigen, bekräftigen

réagine [reaʒin] *f physiol* Rea'gin *n*

réagir [reaʒir] *v/t/indir* **1.** ～ **à** rea'gieren auf (+*acc*) *(auch chim, phys, méd, physiol)*; *Organ* ～ **à une excitation** auf e-n Reiz reagieren; *abs* ～ **mollement** träge reagieren; **comment a-t-il réagi?** wie hat er (darauf) reagiert?; **2.** *physiol u fig* ～ **contre** sich wehren gegen; *fig* ～ **violemment contre** qc heftig auf etw (*acc*) reagieren; *abs* **il faut ～!** Kopf hoch!; **man muß etwas dagegen unter'nehmen!**; **3.** ～ **sur** a) einwirken auf (+*acc*); sich auswirken auf (+*acc*); b) zu'rückwirken auf (+*acc*)

réajust|ement [reaʒystəmɑ̃] *m cf* rajustement; **～er** *v/t cf* rajuster

réalés|age [realezaʒ] *m tech* Wieder'ausbohren *n*; Nachbohren *n*; **～er** *v/t* ⟨-è-⟩ wieder ausbohren; nachbohren

réalgar [realgar] *m minér* Real'gar *m*

réalisa|ble [realizabl(ə)] *adj* **1.** *Projekt, Wunsch etc* reali'sierbar; ausführbar; **être ～** zu verwirklichen sein; sich verwirklichen lassen; **2.** *comm* verwertbar; in Geld 'umsetzbar; **～teur, -trice** *f cin* (Film)Regis'seur(in) *m(f)*; *rad* Sendeleiter(in) *m(f)*; *Unterhaltungsabend* Pro'grammgestalter(in) *m(f)*

réalisation [realizasjõ] *f* **1.** *e-s Plans, Programms etc* Reali'sierung *f*; Verwirklichung *f*; 'Durchführung *f*; *e-s Ziels* Erreichung *f*; *von Industrieprodukten* Herstellung *f*; *e-s Wunsches* Erfüllung *f*; **2.** *e-s Vertrages, Leistungssolls* Erfüllung *f*; **3.** *Leistung* *f* Errungenschaft *f*; ～**s de l'art** Leistungen *f/pl* der Kunst; ～**s sociales** soziale Errungenschaften *f/pl*; **4.** *comm* Realisati'on *f*; Reali'sierung *f*; Flüssigmachen *n*; **5.** *e-s Films, e-r Sendung etc* Re'gie *f*; (Zu'sammenstellung *f* und) Leitung *f*; Gestaltung *f*; *e-s Drehbuchs* Verfilmung *f*; **6.** ～ **du risque** Eintritt *m* des Versicherungsfalls

réaliser [realize] **I** *v/t* **1.** *Plan, Programm etc* reali'sieren; verwirklichen; 'durchführen; in die Tat 'umsetzen; *Ziel* erreichen; *Industrieprodukte* herstellen; *Gewinn, Profit* erzielen; *Wunsch* erfüllen; *Leistung* voll'bringen; *Absicht, Drohung* wahr machen; *Ersparnisse* machen; *sports* ～ **le meilleur temps** Bestzeit erzielen; *sports* ～ **13 minutes au 5000 m** (die) 5000 m in 13 Minuten laufen; ～ (**en soi**) **un modèle, un type** ein Vorbild, e-n Typ verkörpern; **2.** *Kauf, Verkauf* tätigen; *Vertrag* erfüllen; **3.** *cin Film* herstellen; aufnehmen; insze'nieren; Re'gie führen (**un film** bei e-m Film); *Drehbuch* verfilmen; *rad, télév Sendung* (zu'sammenstellen und) leiten; **l'émission était réalisée par ...** die Leitung der Sendung hatte ...; **4.** *comm Kapital, Sachwerte* reali'sieren; flüssigmachen; verwerten; in Geld 'umsetzen; zu Geld machen; **5.** ～ **qc** *od* ～ **que ...** etw begreifen, erfassen *od* erfassen; reali'sieren, daß ...; F *abs* **j'ai réalisé à temps** F ich habe rechtzeitig geschaltet; **réalisez-vous ce que vous dites?** sind Sie sich klar, im klaren darüber, was Sie da sagen?; **II** *v/pr* **se ～** **6.** *Wunsch, Projekt, Vorhersage etc* sich reali'sieren, verwirklichen; Wirklichkeit werden; *Wunsch, Vorhersage auch* in Erfüllung gehen; sich erfüllen; *Vorhersage etc auch* eintreffen; **7.** sich selbst verwirklichen; **se ～ pleinement** (**dans** *od* **en**) zu höchster Voll'endung gelangen (in + *dat*)

réalisme [realism(ə)] *m* **1.** Rea'lismus *m*; Wirklichkeitsnähe *f*; *e-r Person auch* Wirklichkeitssinn *m*; ～ **politique** politischer Realismus; **2.** *in Kunst u Literatur*

Rea'lismus *m* (*auch Epochenbezeichnung*); Rea'listik *f*; wirklichkeitsnahe, na'turgetreue Darstellung; ～ **socialiste** sozialistischer Realismus; ～ **des couleurs** naturgetreue Darstellung der Farben; **3.** *par ext* (krasser) Rea'lismus; (schonungslose) Offenheit; **4.** *philos* Rea'lismus *m*; ～ **naïf** naiver Realismus

réaliste [realist] **I** *adj* *Haltung, Autor, Staatsmann, Maler, Schule, Roman, Gemälde etc* rea'listisch; *Gemälde, Roman, Porträt auch* wirklichkeitsnah; na'turgetreu; *Roman, Film, Figur auch* lebensnah; **elle est ～** *auch* sie ist Rea'listin; **II** *m* Rea'list *m* (*von e-m Künstler, Philosophen etc*)

réalité [realite] *f* **1.** Wirklichkeit *f*; Reali'tät *f*; Tatsächlichkeit *f*; Tatsache *f*; **les ～s de tous les jours** die alltäglichen Realitäten, Tatsachen; *loc/adv* ～ **en ～** in Wirklichkeit; tatsächlich; **2.** *Steuerwesen* ～ **de l'impôt** Re'al-, Ertrag-, Ob'jektsteuersystem *n*

réanimateur [reanimatœr] *m méd* Facharzt *m* für Inten'sivbehandlung

réanim|ation [reanimasjõ] *f méd* 'Wiederbelebung *f*; Reanimati'on *f*; Inten'sivbehandlung *f*; **centre** *m* **de ～** Reanimations-, Wiederbelebungszentrum *n*; **service** *m* **de ～** Inten'sivstation *f*; **tentative** *f* **de ～** Wiederbelebungsversuch *m*; **～er** *v/t* *Person* 'wiederbeleben (*auch fig* Leute)

réappar|aître [reaparɛtr(ə)] *v/i* ⟨*cf* connaître⟩ *Person, Motiv etc* wieder erscheinen; *Sonne, Mond* wieder her'vorkommen, zum Vorschein kommen; *Krankheit, Epidemie* wieder auftreten; F *Politiker, Star etc* ～ **à l'horizon** wieder'auftauchen; wieder auf der Bildfläche erscheinen; **～ition** *f* 'Wiedererscheinen *n*; *e-r Person auch* F Wieder'auftauchen *n*; *der Sonne* Wieder'vorkommen *n*; *e-r Krankheit, e-s Schauspielers in e-m Stück* Wieder'auftreten *n*

réapprendre [reaprɑ̃dr(ə)] *v/t cf* rapprendre

réapprovisionn|ement [reaprɔvizjɔnmɑ̃] *m e-s Geschäftes, Händlers* 'Wiederbelieferung *f*, -versorgung *f* (**en** mit); **～er** **I** *v/t* *Geschäft, Händler etc* wieder beliefern, versorgen (**en** mit); **II** **se ～** (**en** qc) sich (mit etw) wieder versorgen, eindecken

réargenter [rearʒɑ̃te] **I** *v/t* *Besteck etc* neu versilbern; **II** *v/pr* F **se ～** sich Geld beschaffen

réarmement [rearməmɑ̃] *m e-r Truppe, e-s Landes* 'Wiederbewaffnung *f*, -bewaffnen *n*; *e-s Landes auch* Wieder'aufrüstung *f*; *fig* ～ **moral** moralische Aufrüstung

réarmer [rearme] **I** *v/t* **1.** *Schußwaffe* (den Verschluß, Helm, das Schloß) wieder spannen (+*gén*); *Fotoapparat* wieder spannen; **2.** *mar Schiff* wieder ausrüsten; **3.** *Land, Truppe* 'wiederbewaffnen; **II** *v/i* *Staat* wieder'aufrüsten

réarrang|ement [rearɑ̃ʒmɑ̃] *m chim* ～ **moléculaire** Neuanordnung *f* der Moleküle; **～er** *v/t* ⟨-geons⟩ *Frisur, Kleidung* wieder richten

réassignation [reasiɲasjõ] *f jur* erneute Vorladung

réassort|iment [reasɔrtimɑ̃] *m* **a)** Ergänzung *f*; Auffüllung *f* (*des Warenbestandes*); **b)** Nachlieferung *f* (*von Einzelwaren*); **～ir** **I** *v/t* **1.** *Speiseservice etc* wieder ergänzen; *die gleiche Wolle etc* nachkaufen; **2.** *Geschäft, Kaufmann mit neuen Waren beliefern*; *Lager* wieder auffüllen; **II** *v/pr* **se ～** *Kaufmann* s-n Warenbestand auffüllen, ergänzen

réassumer [reasyme] *v/t Amt, Verant-*

wortung wieder über'nehmen, auf sich nehmen

réassur|ance [reasyrãs] *f jur* Rückversicherung *f*; Reasseku'ranz *f*; **~er** *v/t* (*u v/pr*) *jur* (**se**) ~ (sich) rückversichern; **~eur** *m jur* Rückversicherer *m*

rebab [rəbab] *m Musikinstrument* Re'bab *m*

rebaisser [r(ə)bese] *v/i Preise* wieder fallen

rebaptiser [r(ə)batize] *v/t* **1.** *Straße etc* 'umbenennen; **2.** *rel* noch einmal, wieder taufen

rébarbatif [rebarbatif] *adj* <-ive> **1.** *Miene, Gesicht, Person* mürrisch; *auch Gebäude etc* unfreundlich; abweisend; **avoir un air** ~ e-n abweisenden, unfreundlichen Eindruck machen; **2.** *Themen etc* unangenehm; trocken; spröde

rebarrer [r(ə)bare] *v/t bei e-r Geige* den Stimmstock erneuern

rebâtir [r(ə)batir] *v/t Haus, Stadt etc* wieder aufbauen; *fig System etc* neu errichten

rebattre [r(ə)batr(ə)] *v/t* <*cf* battre> **1.** *Spielkarten* wieder mischen; **2.** *Matratze* wieder aufarbeiten; **3.** *fig* ~ **les oreilles à qn de qc** j-m (von) etw bis zum 'Überdruß erzählen

rebattu [r(ə)baty] *adj Thema etc* abgedroschen; abgegriffen; F abgeleiert; **avoir les oreilles ~es de qc** etw nicht mehr hören können

rebec [rəbɛk] *m hist Musikinstrument* Re'bec *m*

rebelle [rəbɛl] **I** *adj Person, Kind* aufsässig (**à qn** j-m gegen'über); re'bellisch; 'widerspenstig, -borstig; *Truppen* aufrührerisch; aufständisch; rebel'lierend; *Provinz* abtrünnig; *Fieber, Schnupfen, Fleck* hartnäckig; *Haarlocke* 'widerspenstig; F *iron Beefsteak etc* zäh; **être ~ à** sich wider'setzen (+*dat*); **être ~ à toute éducation** sich jeder Erziehung widersetzen; sich nicht erziehen lassen; **être ~ au travail** arbeitsscheu sein; (die) Arbeit möglichst vermeiden; der Arbeit aus dem Wege gehen; **II** *m,f* Re'bell *m*; Aufständische(r) *m*; Aufrührer(in) *m(f)*

rebeller [r(ə)bɛle] *v/pr* **se** ~ sich auflehnen (**contre** gegen); sich empören (gegen); sich wider'setzen (+*dat*); rebel'lieren (gegen)

rébellion [rebeljõ] *f* **1.** Rebelli'on *f*; Aufstand *m*; Auflehnung *f*; Aufruhr *m*; *jur* (**contre l'autorité publique**) 'Widerstand *m* gegen die Staatsgewalt; *fig* **avoir l'esprit de** ~ aufsässig sein; F **pas de** ~ ! nur keinen Aufruhr!; **2.** *par ext* **la** ~ die Re'bellen *m/pl*; die Aufständischen *m/pl*

rebiffer [r(ə)bife] *v/pr* F **se** ~ aufbegehren, F -mucken (**contre** gegen); re'bellisch werden

rebiquer [r(ə)bike] F *v/i Haarsträhne, Kragenspitze* abstehen

reblanchir [r(ə)blãʃir] *v/t* wieder weiß machen; *Mauer* wieder weiße(l)n

reblochon [r(ə)blɔʃõ] *m* (*ein*) Weichkäse *m*

rebobin|age [r(ə)bɔbinaʒ] *m e-s Tonbands, Films* (Zu')Rückspulen *n*; **~er** *v/t* zu'rückspulen

rebois|ement [r(ə)bwazmã] *m* (Wieder')Aufforstung *f*; **~er** *v/t* (wieder'-) aufforsten

rebond [r(ə)bõ] *m e-s Balles etc* Ab-, Rückprall *m*

rebondi [r(ə)bõdi] *adj* prall; rund; voll; **joues ~es** Pausbacken *f/pl*; **aux joues ~es** pausbackig *od* pausbäckig; **à la panse ~e** dickbäuchig

rebond|ir [r(ə)bõdir] *v/i* **1.** *Ball* zu'rück-, abprallen (**sur** von); hochspringen (von); *Person auf e-m Trampolin* ~ com-

me une balle wie ein Ball hochspringen; **2.** *fig Handlung, Prozeß, Unterhaltung etc* wieder in Gang kommen; *politische Krise, Fragen etc* wieder aktu'ell werden; **faire** ~ wieder in Gang bringen; wieder'aufleben lassen; **~issement** *m* **1.** *e-s Balles* Zu'rück-, Abprallen *n*; Hochspringen *n*; **2.** *fig e-r Krise, e-s Prozesses* Wieder'aufleben *n*; *e-r Krise auch* Wieder'auflodern *n*, -'aufflackern *n*; **les ~s imprévus** *d'une enquête policière* die unerwartet auftauchenden Fakten *n/pl* …

rebonjour [rəbõʒur] F *m* nochmals guten Tag

rebord [r(ə)bɔr] *m allg* ('überstehende) Kante; ('überstehender) Rand; *e-s Hutes* hochgestellter Rand der Krempe; ~ **de cheminée** Ka'minsims *m od* ~ **d'une couverture** Einfassung *f* e-r Decke; ~ **d'une fenêtre** Fenstersims *m od n*, -brett *n*, -bank *f*

reborder [r(ə)bɔrde] *v/t Decken etc* neu einfassen

rebot [rəbo] *m* Pe'lota *f* (*baskisches Ballspiel*)

reboucher [r(ə)buʃe] **I** *v/t Flasche* wieder zu-, verkorken; wieder zustöpseln; *Loch* wieder zustopfen; *Brunnen* wieder verschließen; **II** *v/pr* **se** ~ *Abflußrohr* sich wieder verstopfen

rebours [r(ə)bur] **I** *loc/adv* **à** ~ **a)** gegen den Strich; von hinten; rückwärts; *vor e-m Raketenstart etc* **compte** ~ **à** ~ Countdown [kaunt'daun] *m od n*; **brosser, caresser à** ~ gegen den Strich bürsten, streichen; **compter à** ~ rückwärts zählen; **b)** *fig* verkehrt; falsch; **faire tout à** ~ alles verkehrt, falsch machen; **II** *loc/prép* **à** ~ **od au** ~ **de** im Gegensatz zu; gegen; **agir, aller à** ~ **de** *Sache* im Gegensatz stehen zu; *Person* sich in Gegensatz stellen zu

rebout|eux [r(ə)butø] *m od seltener* **~eur** *m*, **~euse** *f* Heilkundige(r), die (der) Glieder einrenkt

reboutonner [r(ə)butɔne] **I** *v/t Jacke etc* wieder zuknöpfen; **II** *v/pr* **se** ~ *Person* sich die Jacke etc wieder zuknöpfen

rebras [rəbra] *m e-s Handschuhs* Stulpe *f*

rebroder [r(ə)brɔde] *v/t Kleidungsstück, Stoff* (noch einmal) besticken

rebroussement [r(ə)brusmã] *m ch de fer triangle m de* ~ Gleisdreieck *n* (*zum Wenden*)

rebrousse-poil [r(ə)bruspwal] *loc/adv* **à** ~ gegen den Strich; **brosser, caresser à** ~ gegen den Strich bürsten, streichen; F *fig* **prendre qn à** ~ j-n vor den Kopf stoßen

rebrousser [r(ə)bruse] *v/t* **1.** gegen den Strich streichen; *Wind: Haare, Fell* hochblasen; aufstellen; **2.** *fig* ~ **chemin** 'umkehren; kehrtmachen; **3.** *Lederverarbeitung* krispeln

rebuffade [r(ə)byfad] *f* Abfuhr *f*; Zu-'rückweisung *f*; **essuyer une** ~ e-e Abfuhr erleiden; **recevoir des ~s** scharf abgewiesen werden

rébus [rebys] *m* Bilderrätsel *n*; Rebus *m od n*; *fig* Rätsel *n*; unverständliche Sache

rebut [rəby] *m* **1.** Abfall *m*; Ausschuß *m*; Schund *m*; Schrott *m*; *loc/adj* **de** ~ Ausschuß…; schlecht(er Quali'tät); *in der Industrie* **marchandise** *f* **de** ~ Ausschußware *f*; **jeter, mettre qc, fig qn au** ~ etw, j-n zum alten Eisen werfen; etw ausrangieren; **2.** *fig* Auswurf *m*; Abschaum *m*; ~ **du genre humain** Abschaum der Menschheit; **3.** *bei der Post* unzustellbare Sendung

rebutant [r(ə)bytã] *adj Person, Arbeit, Manieren etc* abstoßend; widerlich; unangenehm; unsympathisch; *Sache: durch Schwierigkeiten* entmutigend; ab-

schreckend

rebuter [r(ə)byte] *v/t* **1.** *Person, Arbeit, Manieren* abstoßen; zu'wider sein (**qn** j-m); *durch Schwierigkeiten etc* entmutigen; abschrecken; **la musique le rebute** er mag Musik nicht; er kann mit Musik nichts anfangen; **2.** *litt Liebhaber etc* verschmähen; abweisen

recacheter [r(ə)kaʃte] *v/t* <-tt-> *Brief* wieder zukleben

recalage [r(ə)kalaʒ] F *m bei e-r Prüfung* 'Durchfall(en) *m(n)*; F 'Durchrasseln *n*

recalcification [r(ə)kalsifikasjõ] *f méd* Behebung *f* von Kalkmangel

récalcitrant [rekalsitrã] **I** *adj* **1.** *Pferd, Charakter, Person* störrisch; 'widerspenstig; bockig; *Person auch* aufsässig; **se montrer** ~ **à, contre qc** sich e-r Sache gegenüber ablehnend zeigen; **2.** F *fig Gegenstand* tückisch; 'widerspenstig; **rime ~e** Reim, mit dem man nicht fertig wird; **II** *subst* ~**(e)** *m(f)* 'Widerspenstige(r) *f(m)*

recalculer [r(ə)kalkyle] *v/t* noch einmal (be)rechnen; nachrechnen

recalé(e) [r(ə)kale] *m(f)* F Schule 'Durchgefallene(r) *f(m)*; **les ~s du bac** diejenigen, die beim Abitur 'durchgefallen, F 'durchgerasselt, 'durchgesegelt sind

recaler [r(ə)kale] *v/t* **1.** F *Prüfungskandidaten* 'durchfallen lassen; **se faire** ~, **être recalé au bac** im Abitur durchfallen, F -rasseln, -segeln; *adit* **il est recalé** er ist 'durchgefallen; **2.** *Tisch, Maschine etc* wieder unter'legen

récapitul|atif [rekapitylatif] *adj* <-ive> *Kapitel etc* zu'sammenfassend; **~ation** *f* Zu'sammenfassung *f*; zu'sammenfassende Wieder'holung; Rekapitulati'on *f*; (*kurzer*) 'Überblick; *biol* ~ **ontogénique** bioge'netisches Grundgesetz; Rekapitulationstheorie *f*; **faire la** ~ **de qc** etw zu'sammenfassen, rekapitu'lieren; **~er** *v/t* zu'sammenfassen; kurz wieder'holen; rekapitu'lieren; **bon, récapitulons!** fassen wir also (noch einmal) kurz zusammen!

recarburation [r(ə)karbyrasjõ] *f métall* Aufkohlen *n*

recarder [r(ə)karde] *v/t* ~ **des matelas** Matratzenwolle wieder krempeln

recarreler [r(ə)karle] *v/t* <-ll-> *Böden etc* neu mit Fliesen aus-, belegen; *bes Wände, Badezimmer* neu kacheln

recaser [r(ə)kaze] F **I** *v/t Person* wieder 'unterbringen; **II** *v/pr* **se** ~ wieder 'unterkommen

recauser [r(ə)koze] *v/i* wieder reden (**de** über + *acc*); noch einmal besprechen (+*acc*)

recéder [r(ə)sede] <-è-> **I** *v/t* wieder abtreten; wieder verkaufen; weiterverkaufen; **II** *v/t/indir* **à** wieder nachgeben (+*dat*)

receiver [resivœr] *m tech in e-r Dampfmaschine* Receiver [ri'si:vər] *m*; *in e-r Kältemaschine* (Auffang)Behälter *m*

recel [rəsɛl] *m jur* Hehle'rei *f*; ~ **de cadavre** Verbergen *n* e-r Leiche; ~ **de choses** Sachhehlerei *f*; ~ **de malfaiteurs** Per'sonenhehlerei *f*; Begünstigung *f*; ~ **de naissance** Verheimlichung *f* e-r Geburt *bzw* e-r Schwangerschaft

recélé [r(ə)sele] *od* **recelé** [rəsle, rsəle] *m jur* Verheimlichung *f* e-s Kindes

recéler [r(ə)sele] *od* **receler** [rəsle, rsəle] <-è-> **I** *v/t* **1.** *Geheimnis, Schatz* enthalten; bergen; **2.** *jur Diebesgut* hehlen; verheimlichen; verbergen; *Verbrecher* verbergen; 'Unterschlupf gewähren (**qn** j-m); **II** *v/i* (*u v/pr*) (**se**) ~ *ch Tier* sich verbergen

recel|eur [rəslœr, rsəlœr] *m*, **~euse** *f jur* Hehler(in) *m(f)*

récemment [resamã] *adv* kürzlich; vor

kurzem; neulich; unlängst; *litt* jüngst; tout ~ encore noch kürzlich, vor kurzem

recensement [r(ə)sɑ̃smɑ̃] *m* Zählung *f*; Erfassung *f* (*auch mil von Fahrzeugen, Viehbestand etc zur Beschlagnahme im Kriegsfall*); Bestandsaufnahme *f*; ~ (de [la] population) Volkszählung *f*; *mil* ~ d'une classe Erfassung e-s Jahrgangs; *pol* ~ général des votes Ermittlung *f* des Gesamtergebnisses (e-s Wahlkreises)

recens|er [r(ə)sɑ̃se] *v/t* Bevölkerung *etc* zählen; (zahlenmäßig) erfassen; **~eur** *m*; ~ *od adit* **agent** *m* ~ bei e-r Volkszählung Zähler *m*

recension [r(ə)sɑ̃sjɔ̃] *f* **1.** *von Texten, Ausgaben* **a)** Kollati'on *f; par ext* kollatio'nierter Text; **b)** Rezensi'on *f*; **fig** kritische Bestandsaufnahme

récent [resɑ̃] *adj* Nachricht, Erfindung, Gebäude, Film, Buch neu; neuere(r, -s); Wunde frisch; Gebirge jung; Begebenheit, Vorkommnis vor kurzem, kürzlich erfolgt; *Ereignisse* jüngste(n); neueste(n); le passé ~ die jüngste, unmittelbare Vergangenheit; *la perte* ~e de son père der Verlust s-s Vaters, der ihn vor kurzem betroffen hat; jusqu'à une date, époque ~e bis vor kurzem; bis vor kurzer Zeit

recentrer [r(ə)sɑ̃tre] *v/t* Fußball flanken

recépage [r(ə)sepaʒ] *od* **recepage** [rəspaʒ, rsəpaʒ] *m agr von Weinstöcken, Bäumen* (völliges) Zu'rückschneiden

recéper [r(ə)sepe] *od* **receper** [rəspe, rspe] *v/t* ⟨-è-⟩ **1.** *agr* Weinstöcke, Bäume (ganz) zu'rückschneiden; **2.** Pfähle gleich hoch absägen

récépissé [resepise] *m* Empfangsschein *m*, -bescheinigung *f*, -bestätigung *f; bei Zahlkarten, Einschreiben* Einlieferungsschein *m; par ext* Zahlungsbeleg *m*; Quittung *f*; ~ **warrant** War'rant *m*; ~ **de dépôt** Hinter'legungsschein *m*

réceptacle [reseptakl(ə)] *m* **1.** *bot* Blütenboden *m; sc* Rezep'takulum *n*; **2.** *tech* Auffangbecken *n*; Wasserbehälter *m*; Sammelbecken *n* (*auch fig*)

récepteur [reseptœr] **I** *m* **1.** *rad* Empfänger *m*; Empfangsgerät *n*; *e-s Fernschreibers* Empfangsteil *m*, -einrichtung *f*; ~ à amplification directe Gerade'ausempfänger *m*; ~ de radio Rundfunkempfänger *m*; ~ de télévision en couleurs Farbfernsehempfänger *m*; **2.** *tél* ~ (de téléphone, téléphonique) (Tele'fon)Hörer *m*; **3.** ~s *pl anat* Rezep'toren *n/pl*; Endkörperchen *n/pl*; **II** *adj* ⟨-trice⟩ Empfangs...; *rad*: **antenne réceptrice** Empfangsantenne *f*; **poste** ~ Empfangsgerät *n*; Empfänger *m*

réceptif [reseptif] *adj* ⟨-ive⟩ (nur) aufnehmend, empfangend; rezep'tiv; ~ à a) empfänglich für; **b)** *méd* anfällig für

réception [resepsjɔ̃] *f* **1.** *e-s Briefes, e-r Radiosendung, e-s Gastes, e-s Sakramentes etc* Empfang *m; adm, comm e-r Postsendung auch* Erhalt *m*; ~ **officielle** offizieller Empfang; **salle** *f*, **salon** *m* de ~ Raum *m* für Empfänge; **accuser** ~ d'une lettre den Empfang e-s Briefes bestätigen; **2.** *in e-m Hotel, e-r Firma* Empfangsbüro *n; in e-m Hotel auch* Rezepti'on *f; im Hotel etc* **chef** *m* de (la) ~ Empfangschef *m*; **3.** *in e-n Klub, e-e Akademie* Aufnahme *f; par ext* Aufnahmefeier *f*; ~ à l'Académie française Feier(stunde) *f* bei der Aufnahme in die Académie française; *e-s neuen Akademiemitglieds* **discours** *m* de ~ Antrittsrede *f*; **4.** *télécomm, rad* Empfang *m*; **5.** *comm in e-r Fabrik, e-m Warenhaus* Annahme(stelle) *f* (*von Waren*); ~ de

marchandises Warenannahme *f*; **6.** *jur* Abnahme *f; bât nach der Fertigstellung* ~ de travaux Abnahme (von Bauarbeiten); **7.** *sports* Aufsprung *m* (*auch e-s Fallschirmspringers*)

réceptionn|aire [resepsjɔnɛr] *m,f* **1.** *comm* Angestellte(r), die (der) die eingehenden Waren annimmt; **2.** *cf* réceptionniste 1.; **~er** *v/t* Warensendung annehmen; prüfen; **~iste** *m,f* **1.** *in e-m Betrieb* Pförtner(in) *m(f); auch in e-m Hotel* Empfangsdame *f; in e-m Hotel* Angestellte(r) *f(m)* der Rezepti'on; **2.** *cf* réceptionnaire 1.

réceptivité [reseptivite] *f* **1.** Empfänglichkeit *f*; Aufnahmefähigkeit *f*; Rezeptivi'tät *f* (*auch philos*); **2.** *rad* Empfangsbereich *m*; **3.** *méd* Anfälligkeit *f* (à für)

recercler [r(ə)sɛrkle] *v/t* Faß wieder bereifen, binden

recès [rəsɛ] *m* **1.** *hist* ⟨**2** germanique de Ratisbonne Reichsdeputationshauptschluß *m*⟩; **2.** *dipl* Abschlußprotokoll *n*

récessif [resesif] *adj* ⟨-ive⟩ *biol* Gen, Merkmal rezes'siv

récession [resesjɔ̃] *f* **1.** *écon* Rezessi'on *f*; Rückgang *m* (*auch géol e-s Gletschers*); **2.** *astr der Galaxien* Fluchtbewegung *f*

récessivité [resesivite] *f biol* Rezessivi'tät *f*

recette [r(ə)sɛt] *f* **1.** Einnahme *f*; Erlös *m*; Ertrag *m; im Staatshaushalt* ~s **extraordinaires** Sondereinnahmen *f/pl; beim Theater etc* **journalière** Tageseinnahme *f*; ~ (nette) Netto-, Reineinnahme *f*; **excédent** *m* de ~s Mehreinnahmen *f/pl*; **montant** *m* de la ~ Einnahmehöhe *f*; **faire** ~ *Theaterstück, Ausstellung etc* volle Kassen machen; *im Kassenerfolg* sein; *Theater etc* gute Einnahmen erzielen; **2.** *fin* **a)** *in Frankreich:* ~ **buraliste** Verkaufsstelle *f* für Tabakwaren, Zündhölzer, Gebühren- und Briefmarken (*Einnahmestelle für indirekte Steuern*); ~ **des finances** Steueramt *n; in e-r* **Bank garçon** *m* de ~ Kassenbote *m* (*zum Inkasso*); **3. a)** *cuis* ~ (de cuisine) (Koch)Re'zept *n*; **livre** *m* de ~s Kochbuch *n*; **selon une** ~ de ... nach e-m Rezept von ...; **b)** *phm e-s Medikaments* Zu'sammensetzung *f*; **c)** *fig* Mittel *n* (de zu); Re'zept *n* (für); Weg *m* (zu); ~ (infaillible) du succès Erfolgsrezept *n*; unfehlbares Mittel zum Erfolg; **vous me donnez la** ~! wie schaffen Sie das!; wie können Sie das fertigbringen!; **4.** *comm von Waren* Annahme *f*; **5.** *von Bauwerken, tech Konstruktionen* Abnahme *f*; **6.** *mines* (Schacht)Hängebank *f bzw unter Tage* Füllort *m*; **7.** *impr* Stapelausleger *m*

recevabilité [rəsvabilite, rsəvabilite] *f jur* Zulässigkeit *f*

recevable [rəsvabl(ə), rsəvabl(ə)] *adj* **1.** *jur* Klage *etc* zulässig; *Person* berechtigt; **être déclaré non** ~ für unzulässig erklärt werden; **2.** *Entschuldigung etc* annehmbar

recev|eur [rəsvœr, rsəvœr] *m*, **~euse** *f* **1.** Schaffner(in) *m(f)*; **receveuse (de bus)** Busschaffnerin *f*; **2.** ⟨*nur m*⟩ *in Frankreich* **a)** *fin* ~ **buraliste** Einnehmer *m* für indirekte Steuern; ~ **municipal** städtischer Steuereinnehmer; Gemeindefinanzbeamte(r) *m*; ~ (des contributions) Fi'nanzbeamte(r) *m*; **b)** ~ **des postes** Leiter *m*, Vorsteher *m* e-s Postamts; **3.** ⟨*nur m*⟩ *méd bei e-r Bluttransfusion, Organverpflanzung* Empfänger *m*; ~ **universel** Univer'salempfänger *m*; **4.** *impr* Arbeiter(in) *m(f)* am Stapelausleger

recevoir [rəsvwar, rsəvwar] ⟨je reçois, il reçoit, nous recevons, ils reçoi-

vent; je recevais; je reçus; je recevrai; que je reçoive, que nous recevions; recevant; reçu⟩ **I** *v/t* **1.** *Brief, Geld, Geschenk, Preis, Auskunft, militärische Verstärkung, Glückwünsche etc* erhalten; bekommen; F kriegen; *Geschenk auch* entgegennehmen; *Zeitung* beziehen; *Radiosendung, Sakramente* empfangen; *Lob* ernten; *gute Erziehung* genießen; *Orden* verliehen bekommen; *Gehalt* ausgezahlt bekommen; ~ **un blâme** getadelt werden; *in der Schule* e-n Tadel bekommen; *beim Pferderennen:* *Pferd* ~ **d'un concurrent vingt-cinq mètres** e-n Distanzvorsprung von fünfundzwanzig Metern gegenüber s-m Gegner bekommen; ~ **diverses interprétations** verschiedene Auslegungen erfahren; **je n'ai pas de leçon à** ~ de vous ich brauche Ihre Belehrungen nicht; Ihre weisen Ratschläge können Sie sich sparen; *auf Quittungen* **reçu** ⟨inv⟩ mille francs tausend Franc erhalten; *Briefschlußformeln:* **recevez, Monsieur, l'assurance de mon dévouement** mit vorzüglicher Hochachtung verbleibe ich Ihr ...; **recevez** *bzw* **reçois mes amitiés** herzliche *od* liebe Grüße Euer *bzw* Dein ...; **2.** *Beleidigungen etc* hinnehmen *od* einstecken müssen; *Regen, Schauer, Dusche* abbekommen; F abkriegen; *Schläge, Ohrfeige* erhalten; F kriegen; *Projekt: Änderungen erfahren; Material: Form annehmen; Wort: Bedeutung erhalten*; ~ **une volée**, F **une raclée** (e-e Tracht) Prügel beziehen, kriegen; F Keile, Senge, Dresche kriegen; verhauen, verdroschen, versohlt, vertrimmt, verbimst werden; F **qu'est-ce qu'il a reçu!** F der hat vielleicht was abgekriegt!; **3.** *Person* empfangen; aufnehmen; einladen; *abs zu sprechen sein; Arzt etc* Sprechstunde haben; **ne** ~ **personne** auch für niemanden zu sprechen sein; **être bien reçu a)** *in e-r Familie etc* gut aufgenommen werden; **b)** *in e-m Hotel etc* gut 'untergebracht werden *bzw* sein; **c)** *iron* fein empfangen werden; ~ **froidement a)** *Person* e-n kühlen Empfang bereiten (qn j-m); **b)** *Vorschlag etc* kühl aufnehmen; **être reçu partout** überall Zugang haben; ~ **qn à déjeuner, à sa table** j-n zum Mittagessen, zum Essen einladen, *offizieller* empfangen; ~ **qn chez soi** j-n zu sich nach Hause einladen; **être reçu dans un club** in e-n Klub aufgenommen werden; **♦** *abs* **savoir** ~ ein guter Gastgeber *bzw* e-e gute Gastgeberin sein; **le jeudi, elle reçoit** donnerstags ist ihr Empfangstag; **l'ambassadeur recevait** der Botschafter gab e-n Empfang; **ils reçoivent beaucoup** sie geben oft Gesellschaften; **4. a)** *in e-r Schule etc* **être reçu** auf-, angenommen werden; **être reçu à l'Académie** in die Akademie aufgenommen werden; **b)** *bei e-m Examen* **être reçu** (à un examen) (e-e Prüfung) bestehen; 'durchkommen; **il a été reçu** er hat bestanden; **être reçu au baccalauréat** das Abitur bestehen; **adit candidat reçu** (Prüfungs)Kandidat, der bestanden hat; **5.** *Behälter, Gefäß etc* (in sich) aufnehmen; fassen; **6.** *litt Prinzipien, Meinungen etc* anerkennen; als richtig ansehen; **7.** *jur e-r Klage etc* stattgeben (+dat); zulassen; ~ **qn à serment** j-n zum Eid zulassen; **II** *v/pr* **se** ~ **8.** *von Personen* sich (gegenseitig) einladen; **9.** *sports* Fallschirmspringer, Hochspringer *etc* aufspringen, -kommen

recez [rəsɛ] *m cf* **recès**

réchamp|ir [reʃɑ̃pir] *od* **rechamp|ir** [r(ə)ʃɑ̃pir] *v/t* peint (vom 'Hintergrund)

abheben; **⁓issage** *m peint* Abheben *n* (vom Hintergrund)

rechange [r(ə)ʃãʒ] *m* **1.** *loc/adj* de ⁓ Ersatz…; Re'serve…; **a)** pièce *f* de ⁓ Ersatzteil *m od n*; roue *f* de ⁓ Reserverad *n*; vêtements *m/pl* de ⁓ Kleider *n/pl* zum Wechseln; **b)** *fig* politique *f* de ⁓ Alterna'tivpolitik *f*; solution *f* de ⁓ Ersatzlösung *f*; **2.** *comm* Rückwechsel *m*

rechanger [r(ə)ʃãʒe] *v/t* ⟨-geons⟩ wieder (aus)wechseln

rechanter [r(ə)ʃãte] *v/t* noch einmal singen

rechap|age [r(ə)ʃapaʒ] *m* von Reifen Runderneuerung *f*; **⁓er** *v/t* Reifen runderneuern

réchappé(e) [reʃape] *litt m(f)* Über'lebende(r) *f(m)*

réchapper [reʃape] *v/t/indir* ⁓ à, *litt* de qc etw (*Gefahr, Krankheit*) (heil, gesund, glücklich) über'stehen; en ⁓ über-'leben

recharge [r(ə)ʃarʒ] *f* **1.** *e-s Kugelschreibers, Lippenstiftes* Nachfüllung *f*; **2.** *e-s Akkus, e-r Autobatterie* ('Wieder)Laden *n*; **⁓able** *adj Kugelschreiber* mit auswechselbarer Mine; *Gasfeuerzeug* mit auswechselbarer Pa'trone; *Batterie* être ⁓ aufgeladen werden können; **⁓ment** *m* **1.** *e-s Lastwagens etc* 'Wiederbeladen *n*; **2.** *tech e-r Straße etc* 'Wiederbeschottern *n*

recharger [r(ə)ʃarʒe] *v/t* ⟨-geons⟩ *Lastwagen etc* wieder beladen; *Autobatterie, Akku* wieder (auf)laden; *Gewehr* wieder laden; *Feuerzeug* wieder füllen; *Straße, Gleis* wieder (be)schottern; ⁓ un appareil photo e-n neuen Film in e-n Fotoapparat einlegen

rechasser [r(ə)ʃase] **I** *v/t Person* wieder hin'auswerfen, hin'aus-, weg-, verjagen; **II** *v/i* wieder jagen

réchaud [reʃo] *m* Kocher *m*; Kochplatte *f*; ⁓ **électrique** elektrischer Kocher; ⁓ **à alcool** Spirituskocher *m bzw* Rechaud *m od n* (*beim Fondue*); ⁓ **à deux feux** Gaskocher *m* mit zwei Flammen, zweiflammiger Gaskocher; ⁓ **à gaz** Gaskocher *m*; ⁓ **(avec four)** kleiner Gasherd; ⁓ **de camping** Campingkocher *m*

réchauffage [reʃofaʒ] *m* **1.** Aufwärmen *n*; 'Wiedererhitzen *n*; **2.** *agr* von Obstbäumen Reifheizen *n*

réchauff|é [reʃofe] **I** *adj Essen etc* aufgewärmt (*auch fig u péj Witz, Geschichte etc*); **II** *m péj Essen* avoir un goût de ⁓ aufgewärmt schmecken; F *fig* von e-r *Geschichte etc* c'est du ⁓ F das ist ja kalter Kaffee; das sind ole Ka'mellen; **⁓ement** *m* der Luft, Temperatur etc Erwärmung *f*

réchauffer [reʃofe] **I** *v/t* **1.** *Kaffee, Essen etc* aufwärmen; *Hände* wieder warm machen; *abs* ça réchauffe das macht warm; **2.** *fig Herz* erwärmen; *Eifer, Mut* anstacheln; **3.** *agr Obstbäume* räuchern; **II** *v/pr* se ⁓ **a)** sich aufwärmen; *Wetter* wärmer werden; se ⁓ les mains avec son haleine sich zum Wärmen in die Hände hauchen; courir pour se ⁓ auch sich warm laufen; **b)** ce plat ne se réchauffe pas dieses Gericht kann man nicht aufwärmen

réchauffeur [reʃofœr] *m tech* Vorwärmer *m*; Erhitzer *m*; ⁓ ch de fer ⁓ d'aiguilles Weichenheizgerät *n*; ⁓ d'air Luftvorwärmer *m*

rechaussement [r(ə)ʃosmã] *m agr* Häufeln *n*

rechausser [r(ə)ʃose] **I** *v/t* **1.** Schuhe (und Strümpfe) wieder anziehen (un enfant *e-m Kind*); *Pferd* wieder beschlagen; **2.** *agr* (an)häufeln; **3.** *bât bei e-r Mauer* den unteren Teil erneuern *bzw* verstärken; **4.** *Auto* neu bereifen; **II** *v/pr*

se ⁓ sich die Schuhe wieder anziehen

rêche [rεʃ] *adj* **1.** *Wolle, Stoff* rauh; hart; *Haut* rauh; spröde (*auch Haare*); *Zunge* e-r *Katze etc* rauh; **2.** *fig Charakter* schwierig; bockig; 'widerspenstig, -borstig

recherche [r(ə)ʃerʃ] *f* **1.** Suche *f* (de nach); Nachforschen *n*; ⁓*s pl* Nachforschungen *f/pl*; Ermittlungen *f/pl*; durch die Polizei Fahndung *f*; ⁓ **d'un emploi** Stellen-, Arbeitssuche *f*; *jur* ⁓ **de paternité** Vaterschaftsermittlung *f*; ⁓ **de la vérité** Suche *f* nach der Wahrheit; *loc/prép* à la ⁓ de auf der Suche nach; *Proust* À la ⁓ du temps perdu Auf der Suche nach der verlorenen Zeit; aller, se mettre à la ⁓ de qn sich auf die Suche nach j-m begeben; être à la ⁓ d'un appartement auf Wohnungssuche sein; abandonner les ⁓s die Suche, Nachforschungen aufgeben, einstellen; faire des ⁓s Nachforschungen, Ermittlungen anstellen; **2.** (*wissenschaftliche*) Forschung *f*; ⁓ **théorique** theoretische Forschung; ⁓ **domaine** *m* de la ⁓ Forschungsbereich *m*; faire de la ⁓ (wissenschaftliche) Forschung betreiben; **3.** nach Vorteilen, nach Vollkommenheit *etc* Trachten *n*; Streben *n*; la ⁓ du bonheur die Jagd nach dem Glück; ⁓ **du profit** Gewinn-, Pro'fitstreben *n*; **4.** feiner Geschmack; *péj* Gesuchte(s) *n*; Geziertheit *f*; *loc/adv* avec ⁓ gekleidet sein sehr ele'gant; sich ausdrücken gewählt; *loc/adj u loc/adv* sans ⁓ Kleidung, gekleidet sein ohne über'triebene Ele'ganz; il a des ⁓s de style (*péj* outrées) er drückt sich gewählt (*péj* geschraubt) aus; il y a trop de ⁓ dans ses manières es ist zuviel Ge'tiertheit in s-m Benehmen; mettre de la ⁓ dans sa toilette sich sehr elegant kleiden

recherché [r(ə)ʃerʃe] *adj* **1.** *Buch, Gemälde etc* selten; *Autor, Redner etc* begehrt; gefragt; beliebt; *Frau* begehrt; *Goldschmiede-, Schnitzarbeit etc* sorgfältig gearbeitet; *Kleidung, Aufmachung* fein; ausgesucht; *Stil* gewählt; **2.** *péj Stil* geziert; gekünstelt; *Benehmen, Haltung* affek'tiert

rechercher [r(ə)ʃerʃe] *v/t* **1.** *Sache, Zeugen etc* suchen; nach e-m *Verbrecher* fahnden (qn nach j-m); être recherché par la police von der Polizei, polizeilich gesucht werden; bei *Suchmeldungen* on recherche … gesucht wird …; bei *Stellenangeboten etc* recherche *od* recherchons … suchen … *od* … gesucht; **2.** *Grund, Bedingung, Wirkung etc* erforschen; forschen nach; zu erforschen suchen; **3.** nach Vollkommenheit, Schönheit, Freundschaft etc streben, trachten nach; sich bemühen um; ⁓ le bonheur nach dem Glück jagen; dem Glück nachjagen; **4.** *st/s* ⁓ (la compagnie de) qn j-s Gesellschaft (*acc*) suchen

rechigner [r(ə)ʃiɲe] *v/i u v/t/indir* verdrießlich, griesgrämig, mürrisch sein; *loc/adv* sans ⁓ ohne Murren, 'Widerworte; ⁓ à la besogne sich 'widerwillig, murrend an die Arbeit machen; il obéit, mais en rechignant … aber murrend, 'widerwillig; **⁓é** *adj* rechigné mürrisch; verdrießlich

rechristianiser [r(ə)kristjanize] *v/t Land, Milieu* wieder dem Christentum zuführen, für das Christentum gewinnen

rechut|e [r(ə)ʃyt] *f méd* Rückfall *m* (*auch fig*); faire, avoir une ⁓ e-n Rückfall haben, bekommen, erleiden; **⁓er** *v/i méd* e-n Rückfall haben, bekommen, erleiden

récidive [residiv] *f* **1.** *jur u fig* Rückfall *m*; Wieder'holung *f*; vol *m* avec ⁓

Diebstahl *m* im Rückfall; en cas de ⁓ im Wiederholungsfall; *fig loc/adv* à la première ⁓ wenn das noch einmal vorkommt; **2.** *méd e-s Tumors etc* Rezi'div *n*

récidiv|er [residive] *v/i* **1.** *jur* rückfällig werden (*auch fig*); *par ext* es nochmals machen, tun; **2.** *méd Tumor etc* wieder auftreten; **⁓iste** *m,f jur* Rückfällige(r) *f(m)* (*auch fig*); *auch* Gewohnheitsverbrecher *m*; *adit* criminel *m* ⁓ rückfälliger Verbrecher; **⁓ité** *f méd* Neigung *f* zu Rückfällen

récif [resif] *m géogr* Riff *n*; ⁓ **de corail, corallien** Ko'rallenriff *n*; **⁓-barrière** *m* ⟨*pl* récifs-barrières⟩ *géogr* Barri'ereriff *f*

récipiendaire [resipjãder] *m adm u litt* in *e-e Akademie etc* Aufzunehmende(r) *m*; neu aufzunehmendes, desi'gniertes Mitglied; *bei e-r Universitätsprüfung, beim baccalauréat* Kandi'dat (*der bestanden hat*); *bei Ordensverleihungen* Auszuzeichnende(r) *m*

récipient [resipjã] *m* **1.** Behälter *m*; Behältnis *n*; Gefäß *n*; ⁓ **en plastique** Plastik-, Kunststoffbehälter *m*; **2.** *chim* ⁓ **(florentin)** Vorlage *f*; **3.** *phys* Rezi'pi'ent *m*; (Glas)Glocke *f*

réciprocité [resiprosite] *f* Gegenseitigkeit *f*; Wechselbeziehung *f*; *Logik* Reziprozi'tät *f*; *jur, pol* Gegenseitigkeit *f* in der Gesetzgebung (zweier Länder); traité *m* de ⁓ Gegenseitigkeitsvertrag *m*; Vertrag *m* auf Gegenseitigkeit

réciproque [resiprɔk] **I** *adj* **1.** *Freundschaft, Liebe, Vertrauen etc* gegen-, wechsel-, beiderseitig; être ⁓ auf Gegenseitigkeit beruhen; se faire des concessions ⁓s sich gegenseitig Zugeständnisse machen; **2.** *gr* pronom ⁓ rezi'prokes Pronomen; wechselbezügliches Fürwort; *Logik* propositions *f/pl* ⁓s rezi'proke Urteile *n/pl*; *gr* verbe (pronominal) ⁓ rezi'prokes Verb(um); **II** *f* **1.** Gleiche(s) *n*; rendre la ⁓ à qn j-m mit gleicher Münze heimzahlen; **2.** *Logik* 'Umkehrung *f*; **⁓ment** *adv* gegen-, wechselseitig; et ⁓ und 'umgekehrt

récit [resi] *m* **1.** Erzählung *f*; Bericht *m*; Geschichte *f*; ⁓ **d'aventures** Abenteuergeschichte *f*; faire un, le ⁓ de qc (von) etw erzählen; über etw (*acc*) berichten; **2.** *hist* Dramaturgie Botenbericht *m*; **3.** *mus* **a)** in e-m Konzert Solo(partie) *n(f)*; **b)** bei e-r Orgel Oberwerk *n*

récit|al [resital] *m* ⟨*pl* -als⟩ Kon'zert *n*; ⁓ **poétique** Rezitati'onsabend *m*; durch den Dichter selber Dichterlesung *f*; ⁓ **de chant, de danse** Lieder-, Bal'lettabend *m*; ⁓ **de piano, de violon** Kla'vier-, Vio'linkonzert *n*; von *e-m Sänger, Tänzer etc* donner des ⁓s auftreten; Konzerte *bzw* Vorstellungen geben; **⁓ant I** *adj mus* Solo…; partie ⁓ e Solopartie *f*; **II** *subst* ⁓(e)*m(f)* in e-m *Film, Theaterstück etc* Ansager *m*; Sprecher *m*

récitatif [resitatif] *m mus* Rezita'tiv *n*; Sprechgesang *m*; ⁓ **accompagné** Accompa'gnato(-Rezitativ) *n*; ⁓ **pur** Secco (-Rezitativ) *n*

récitation [resitasjõ] *f* in der Schule **1.** Her-, Aufsagen *n*; Vortragen *n*; **2.** Gedicht *n*, Fabel *f etc* (*das bzw* die auswendig zu lernen ist *bzw* auswendig gelernt wurde); cahier *m* de ⁓s Heft *n* für Gedichte, Fabeln *etc* zum Auswendiglernen; apprendre une ⁓ ein Gedicht, e-e Fabel *etc* auswendig lernen; savoir sa ⁓ das auswendig gelernte Gedicht *etc* können

réciter [resite] *v/t Verse, Gedicht* vortragen; rezi'tieren; F hersagen; *Schule auch Lektion etc* aufsagen; *Gebet* sprechen;

Vaterunser etc beten; *allg u péj* herleiern; herbeten; her'unterleiern; ~ **des prières, sa prière** beten (*abs*); **récite-moi ta leçon** sag deine Lektion auf; *fig* **bien ~ sa leçon** sein Sprüchlein gut hersagen, aufsagen; **faire ~ ses leçons à qn** j-n abhören, abfragen

réclam|ant [reklamã] *m,* **~ante** *f jur* Rekla'mant *m;* Beschwerdeführer(in) *m(f);* **~ateur** *m jur. mar* Empfangsberechtigte(r) *m*

réclamation [reklamasjõ] *f* Reklamati'on *f;* Beanstandung *f;* Beschwerde *f;* Einspruch *m* (*auch sports*); *comm auch* Mängelrüge *f; jur* ~ **d'état** Klage *f* auf Feststellung des Personenstandes; *beim Steuerbescheid etc* **délai** *m* **de** ~ Einspruchsfrist *f;* **lettre** *f* **de** ~ Beschwerdebrief *m;* **faire une** ~ **-e** Beschwerde *etc* vorbringen; **faire,** *jur* **présenter une** ~ Einspruch erheben

réclame [reklam] *f* **1.** Re'klame *f,* Werbung *f* (*meist nur Text*); F **une** ~ **monstre** F e-e Riesenreklame; ~ **pour les cigarettes** Ziga'rettenreklame *f;* Reklame für Zigaretten; *adjt* **prix** *m* ~ Reklame-, Werbepreis *m; comm Artikel* **être en** ~ zum Werbepreis, Einführungspreis angeboten, verkauft werden; im Sonderangebot sein; **faire de la** ~ werben; Reklame machen; *fig* **cela ne lui fait pas de** ~ das ist keine gute Reklame für ihn; das spricht nicht für ihn; **2.** *impr* früher Kustos *m;* Ku'stode *m;* **3.** *thé* Stichwort *n*

réclamer [reklame] **I** *v/t* **1.** dringend bitten (**qc de qn** j-n um etw); erbitten, verlangen (etw von j-m); ~ **qn** nach j-m verlangen; ~ **l'assistance, le secours de qn** j-n dringend um Beistand, Hilfe bitten; **2.** (zu'rück)fordern, (zu'rück)verlangen (**qc à qn** etw von j-m); *jur* ~ **des dommages-intérêts** Schadenersatz verlangen, beanspruchen; ~ **son dû, sa part** fordern, was e-m zusteht; s-n rechtmäßigen Teil verlangen; **3.** erfordern; verlangen; *Pflanze, Kranker etc* ~ **beaucoup de soins** viel Pflege verlangen; **les circonstances réclament que ...** (+*subj*) die 'Umstände erfordern, daß ...; **II** *v/i* Einspruch erheben (*auch sports*); **III** *v/pr* **se** ~ **de qn, qc** sich auf j-n, etw berufen; **un commando se réclamant de ...** ein Kommando, das behauptet, ... (*dat*) anzugehören; **se** ~ **de ses origines** sich auf s-e Herkunft berufen

reclassement [r(ə)klasmã] *m* **1.** *von Zetteln etc* Neuordnung *f,* -einteilung *f;* **2.** *von entlassenen Arbeitskräften, Flüchtlingen etc* Wieder'eingliederung *f; von Arbeitskräften auch* anderweitige Verwendung, 'Unterbringung *f;* **3.** *von Beamten* Neueinstufung *f bzw* Höherstufung *f;* ~ **de la fonction publique** Besoldungsneuregelung *f* im öffentlichen Dienst

reclasser [r(ə)klase] *v/t* **1.** *Zettel, Briefmarken etc* neu ordnen; **2.** *Arbeitskräfte, Flüchtlinge etc* wieder'eingliedern; *Arbeitskräfte auch* anderweitig 'unterbringen; e-n neuen Arbeitsplatz *bzw* neue Arbeitsplätze beschaffen für; **3.** *Beamte* (gehaltsmäßig) neu *bzw* höher einstufen, höherstufen

reclouer [r(ə)klue] *v/t Bretter etc* wieder, neu an-, festnageln

reclus [rəkly] **I** *adj* <-**use** [-yz]> zu'rückgezogen; abgeschieden; **II** *subst* ~(**e**) *m(f) rel* Klausner *m;* in Klau'sur Lebende(r) *f(m); fig* **vivre en** ~(**e**) völlig zurückgezogen leben

réclusion [reklyzjõ] *f* **1.** *jur* (**peine** *f* **de**) ~ Zuchthaus(strafe) *n(f);* **neuf ans de** ~ (**criminelle**) neun Jahre Zuchthaus;

être condamné à la ~ **perpétuelle** zu lebenslänglichem Zuchthaus ...; **2.** *litt* Zu'rückgezogenheit *f;* Abgeschiedenheit *f;* Einsiedlerleben *n*

réclusionnaire [reklyzjɔnɛr] *m,f jur* Zuchthausinsasse, -insassin *m,f;* Zuchthäusler(in) *m(f)*

récogni|tif [rekɔgnitif] *adj* <*nur m*> *jur* Anerkennungs...; **acte** ~ nachträgliche Anerkennung(surkunde); **~tion** *f philos* ('Wieder)Erkennen *n*

recoiffer [r(ə)kwafe] **I** *v/t Person* wieder kämmen *od* fri'sieren; **II** *v/pr* **se** ~ **1.** sich 'überkämmen; sich noch einmal fri'sieren; sich die Haare wieder in Ordnung bringen; **2.** den Hut wieder aufsetzen; sich wieder bedecken

recoin [rəkwɛ̃] *m* **1.** *e-s Speichers etc* (verborgener) Winkel; Schlupfwinkel *m;* **explorer les coins et les** ~**s** alle Winkel und Ecken durch'suchen, durch'forschen; **2.** *fig des Herzens etc* geheimster Winkel

reçois, reçoive, *etc* [r(ə)swa, r(ə)swav] *cf* **recevoir**

récol|ement [rekɔlmã] *m* **1.** *jur* **a)** *e-s gepfändeten Inventars* Über'prüfung *f,* Nachprüfung *f;* **b)** *e-s Aussageprotokolls vor dem Zeugen* Verlesung *f;* **2.** *e-r Bibliothek etc* Bestandsaufnahme *f;* **~er** *v/t jur* **1.** *Inventar etc* über'prüfen, nachprüfen; **2.** ~ **les témoins** den Zeugen das Aussageprotokoll verlesen

recollage [r(ə)kɔlaʒ] *m e-r Tapete etc* Wieder'ankleben *n; e-r Briefmarke etc* Wieder'aufkleben *n; von Furnierteilen etc* Wiederzu'sammenleimen *n,* -kleben *n*

récollection [rekɔlɛksjõ] *f rel* Andacht *f;* Einkehr *f*

recollement [r(ə)kɔlmã] *m von Papier etc* Wiederzu'sammenkleben *n*

recoller [r(ə)kɔle] **I** *v/t Tapete etc* wieder ankleben; *Briefmarke etc* wieder aufkleben; *Briefumschlag* wieder zukleben; *Teller etc* wieder zu'sammenkleben, kitten; **II** *v/i sports Rennfahrer etc* wieder aufschließen; **III** *v/pr litt u* F *fig* **ils se sont recollés** sie leben wieder (in wilder Ehe) *od* Ehe)

récollet [rekɔlɛ] *m égl cath* ~**s** *pl* Rekol'lekten *pl*

récoltable [rekɔltabl(ə)] *adj Obst, Gemüse etc* zu ernten(d); *fruits* ~**s en août** ... die im August geerntet werden können

récolte [rekɔlt] *f* **1.** Ernte *f* (*Vorgang u Ertrag*); (Ein)Ernten *n;* Ernteertrag *m;* **bonne** ~ gute Ernte; **mauvaise** ~ 'Mißernte *f;* ~ **du miel, des olives, des pommes de terre** Honig-, O'liven-, Kar'toffelernte *f;* ~ **de la résine** Harzgewinnung *f;* **faire la** ~ **de qc** etw ernten; **faire sa** ~ ernten; die Ernte einbringen; **2.** *fig* Ernte *f;* Ausbeute *f;* **une ample** ~ **d'observations** *etc* e-e reiche Ernte, Ausbeute an Beobachtungen *etc*

récolt|er [rekɔlte] **I** *v/t* **1.** *Obst, Gemüse etc* (ein)ernten; *loc/prov* ~ **ce qu'on a semé** ernten, was man gesät hat; wie die Saat, so die Ernte (*prov*); **2.** *fig Haß, Undank etc* ernten; *Unannehmlichkeiten* bekommen; **II** *v/pr* **se** ~ **3.** *Früchte etc* geerntet werden; **4.** *fig Früchte der Arbeit etc* sich ernten, einheimsen lassen; **~eur** *m* Erntearbeiter *m* auf e-r Kautschukplantage

recombinaison [r(ə)kõbinɛzõ] *f phys* Rekombinati'on *f*

recommandable [r(ə)kɔmãdabl(ə)] *adj Person, Sache* zu empfehlen(d); empfehlenswert; **individu** *m* **peu** ~ verdächtiges Individuum

recommandataire [r(ə)kɔmãdatɛr]

m,f bei e-m Wechsel Notadressat *m*

recommandation [r(ə)kɔmãdasjõ] *f* **1.** Empfehlung *f;* **lettre** *f* **de** ~ Empfehlungsbrief *m;* **sur (la)** ~ **de** auf Empfehlung von (*od* + gén); **2.** Ermahnung *f;* ~**s paternelles** väterliche Ermahnungen; **faire ses** ~**s à qn** j-n mit Ermahnungen über'häufen; **3.** *pol* Empfehlung *f*

recommandé [r(ə)kɔmãde] *adj auf Postsendungen* Einschreiben; **lettre** ~**e** eingeschriebener Brief; Einschreib(e)brief *m;* Einschreiben *n; subst* **envoi** *m* **en** ~ eingeschriebene Sendung

recommander [r(ə)kɔmãde] **I** *v/t* **1.** *Restaurant, Ware, Person etc* empfehlen (**qc, qn à** *od* **auprès de qn** j-m etw, j-n); **2.** (dringend) raten, empfehlen, nahelegen, ans Herz legen (**qc à qn** j-m etw; **qn de faire qc** j-m, etw zu tun); ~ **la modération** dringend zur Mäßigung raten, um Mäßigung bitten; ~ **à qn le repos** j-m Ruhe empfehlen; F **ce n'est pas très recommandé** das ist nicht sehr ratsam; da kann man nur abraten; **3.** *Name, Verdienste etc* ~ **qn** j-n empfehlenswert erscheinen lassen; **4.** *rel* ~ **son âme à Dieu** *st/s* s-e Seele Gott befehlen; ~ **qn aux prières des fidèles** die Gläubigen zur Fürbitte für j-n aufrufen; *st/s* j-n der Fürbitte der Gläubigen empfehlen; **5.** *Postsendung* einschreiben lassen; *cf auch* **recommandé; II** *v/pr* **6.** **se** ~ **de qn, qc** sich auf j-n, etw berufen; j-n als Empfehlung, Refe'renz angeben; **7.** **se** ~ **par qc** sich durch etw auszeichnen; **8.** *rel* **se** ~ **à Dieu** sein Schicksal in Gottes Hände legen

recommencement [r(ə)kɔmãsmã] *m* 'Wiederbeginn *m;* Neubeginn *m,* -anfang *m*

recommencer [r(ə)kɔmãse] <-ç-> **I** *v/t* wieder anfangen, (noch einmal) von vorne anfangen, wieder beginnen (**qc etw;** à, *litt* **de** + *inf* zu + *inf*); *abs* es wieder, noch einmal tun; noch einmal von vorne anfangen; ~ **un travail mal fait** e-e schlechte Arbeit noch einmal machen; *Tränen* ~ **à couler** wieder zu fließen anfangen; **tout est à** ~ alles muß noch einmal gemacht werden; **si c'était à** ~ wenn man noch einmal von vorne anfangen könnte; **II** *v/i* wieder beginnen, anfangen; **III** *v/imp* **il recommence à pleuvoir** es fängt wieder an zu regnen

récompense [rekõpãs] *f* **1.** Belohnung *f;* Lohn *m* (*auch iron:* Strafe); Auszeichnung *f* (*bes mil*); Preis *m;* ~ **pour** Belohnung, Lohn für; **en** ~, **pour sa** ~ als Belohnung; **en** ~ **de** als, zur Belohnung für; zum Lohn für (*auch iron*); **obtenir, recevoir sa** ~ s-e Belohnung erhalten; **2.** *jur bei e-r Ehescheidung* Ausgleichsanspruch *m*

récompenser [rekõpãse] *v/t* belohnen, auszeichnen (**qn pour qc** j-n für etw); ~ **qn par de l'argent** *od* **en lui donnant de l'argent** j-n mit Geld belohnen; ~ **le travail,** *etc* **de qn** j-s Arbeit *etc* belohnen

recomposer [r(ə)kõpoze] *v/t* **1.** wieder zu'sammensetzen; **2.** *impr* neu setzen

recomposition [r(ə)kõpozisjõ] *f* **1.** Wiederzu'sammensetzen *n,* -setzung *f;* **2.** *impr e-r Zeile, e-s Textes* Neusatz *m;* neuer Satz; **3.** *impr* Rekompositi'on *f*

recompter [r(ə)kõte] *v/t Geld etc* nachzählen; *Rechnung etc* nachrechnen (*beide auch abs*)

réconcilia|teur [rekõsiljatœr] *m,* **~trice** *f st/s* Versöhner *m*

réconciliation [rekõsiljasjõ] *f* **1.** Ver-, Aussöhnung *f;* ~ **des peuples** Völkerversöhnung *f;* **2.** *égl cath* Rekonziliati'on *f*

réconcilier [rekõsilje] **I** v/t **1.** (wieder) versöhnen (**qn avec qn** j-n mit j-m); **2.** *fig* (wieder) in Einklang bringen; versöhnen, (wieder) aussöhnen (**qn avec qc** j-n mit etw); **3.** *égl cath Ketzer etc* wieder aufnehmen; *profanierte Kirche* neu weihen; **II** v/pr **se ~** sich (wieder) ver-, aussöhnen (**avec qn** mit j-m); *fig* **se ~ avec soi-même** wieder mit sich selbst ins reine kommen

recondamner [r(ə)kõdane] v/t wieder verurteilen

reconductible [r(ə)kõdyktibl(ə)] *adj* verlängerbar; zu verlängern(d)

reconduction [r(ə)kõdyksjõ] f *jur e-s Miet-, Pachtvertrages* Verlängerung f; Erneuerung f; *par ext:* e-r *Politik etc* Weiterführung f; Fortsetzung f; e-r *Ausstellung* Verlängerung f; *jur* **~ expresse, tacite** ~ ausdrückliche, stillschweigende Erneuerung *od* Verlängerung; *fin* **~ du budget** Verlängerung f des Jahreshaushalt(s)planes (*wenn der neue nicht rechtzeitig verabschiedet werden kann*)

reconduire [r(ə)kõdɥir] v/t ⟨*cf* conduire⟩ **1.** (zu'rück)begleiten, (-)bringen; **~ qn jusqu'à la porte** j-n zur Tür begleiten; F **~ qn avec un coup de pied quelque part** F j-n mit e-m Fußtritt hin'ausbefördern; **2.** *jur Miet-, Pachtvertrag* verlängern; erneuern; *par ext e-e Politik etc* fortsetzen; weiterführen

réconfort [rekõfɔr] m Trost m; Stärkung f; Zuspruch m; Hilfe f; **chercher un ~ dans la religion** Trost in der Religion suchen

réconfort|ant [rekõfɔrtã] *adj* **1.** *Gedanke, Nachricht* tröstlich; ermutigend; *Worte* aufmunternd; **2.** *Nahrungsmittel, Medikament* kräftigend; stärkend; **~er I** v/t **1.** trösten; aufrichten; **2.** *Wein etc* stärken; neue Kraft geben (+*dat*); kräftigen; **II** v/pr **se ~** sich stärken

reconnaissable [r(ə)kɔnɛsabl(ə)] *adj Person, Sache* 'wiederzuerkennen(d), zu erkennen(d), *Sache auch* kenntlich (**à** an + *dat*); **être à peine ~** kaum wiederzuerkennen sein

reconnaissance [r(ə)kɔnɛsãs] f **1.** *e-s Staates, e-r Regierung, e-s Rechtes, e-r Tatsache etc* Anerkennung f; **~ de facto, de jure** De-facto-Anerkennung f, De-jure-Anerkennung f; **2.** *bes jur* Anerkenntnis f (*jur auch* n); **~ de dette** Schuldanerkenntnis f; **~ d'écriture** Anerkenntnis der Echtheit e-r Urkunde; **~ d'enfant** Anerkenntnis f e-s (unehelichen) Kindes; **~ (du mont-de-piété)** Pfand-, Leihschein m; **3.** Dankbarkeit f; Erkenntlichkeit f; **F la ~ du ventre** Dankbarkeit gegenüber s-m Ernährer (*plais auch von Tieren*); **avec ~** dankbar; **en, par ~** aus Dankbarkeit; **en ~ de ses mérites,** *etc* in Anerkennung s-r Verdienste *etc*; **avoir, éprouver de la ~ (pour, envers qn)** (j-m gegenüber) Dankbarkeit empfinden; **manifester, témoigner de la ~** sich dankbar erweisen; *Briefschlußformel* **veuillez croire à ma sincère ~** mit verbindlichstem Dank; **4. a)** *e-s unbekannten Gebietes etc* Erkundung f; Auskundschaften n; **b)** *mil* Aufklärung f; Erkundung f; **~ du terrain** Geländeerkundung f; **avion** m **de ~** Aufklärungsflugzeug n; Aufklärer m; **patrouille** f **de ~** Spähtrupp m; **vol** m **de ~** Aufklärungs-, Erkundungsflug m; **en ~** auf Erkundung; **envoyer un détachement en ~** e-n Aufklärungstrupp vorausschicken; F *fig* **aller, partir en ~** auf Erkundung ausgehen; e-n Erkundungsgang machen: die Gegend auskundschaften; **5.** *e-r Person, Sache* ('Wieder)Erkennen n, -ung f; *Informatik* **~ des formes** Zeichenerkennung f;

signe m **de ~** Erkennungszeichen n

reconnaissant [r(ə)kɔnɛsã] *adj* dankbar; erkenntlich; **être ~ à qn de qc** j-m für etw dankbar sein; **se montrer ~ envers qn** sich j-m gegenüber dankbar erweisen, erkenntlich zeigen; *Briefschlußformel* **je vous serai ~ de bien vouloir me répondre au plus tôt** für e-e 'umgehende Antwort wäre ich Ihnen sehr dankbar

reconnaître [r(ə)kɔnɛtr(ə)] ⟨*cf* connaître⟩ **I** v/t **1.** *Person, Sache* ('wieder)erkennen (**à** an + *dat,* wegen); identifi'zieren (**qn, qc à qc** j-n, etw auf Grund e-r Sache [*gén*]); **~ qn à sa démarche, sous un déguisement** j-n an s-m Gang, trotz e-r Verkleidung (wieder)erkennen; **on ne le reconnaît plus** er ist nicht mehr wiederzuerkennen; **man erkennt ihn nicht mehr wieder;** *st/s* **je le reconnais bien là** das sieht ihm ähnlich; **daran erkenne ich ihn;** **~ le malfaiteur à une cicatrice** den Täter auf Grund e-r Narbe identifizieren; **se faire ~** sich zu erkennen geben; **2.** *Unrecht, Fehler, Irrtum* erkennen, einsehen (müssen); (ein)gestehen; *Fähigkeit, Recht etc* zugestehen (**à qn** j-m); *Recht auch* einräumen (j-m); *Unschuld* feststellen; **je lui reconnais du courage** ich gebe zu, daß er Mut hat; **~ les faits** die Tatsachen zugeben; **~ la supériorité de qn** j-s Über'legenheit zugeben (müssen), anerkennen; **~ qn pour son devoir** etw als s-e Pflicht erkennen; **reconnaissant que** … in der Erkenntnis, daß …; **3.** *Regierung, Unterschrift, Schuld, Kind etc* anerkennen; **~ qn pour chef** j-n als Chef anerkennen; **je reconnais avoir reçu** … ich bescheinige hiermit, … erhalten zu haben; **4.** *Gegend, Gelände etc* erkunden (*auch mil*); auskundschaften; erforschen; **II** v/pr **se ~ 5.** sich 'wiedererkennen; **ils se sont reconnus** sie haben sich wiedererkannt; **se ~ dans, en qn** sich in j-m wiedererkennen; **6.** sich auskennen; sich zu'rechtfinden; **ne plus s'y ~** sich nicht mehr (darin) auskennen; zurechtfinden; **7.** *zu erkennen sein* (**à** an + *dat*); **le bon ouvrier se reconnaît à** … der gute Arbeiter läßt sich an … erkennen, ist an … zu erkennen; **man kann den guten Arbeiter an** … **erkennen; 8. se ~ coupable** sich schuldig bekennen

reconnu [r(ə)kɔny] *p/p von* **reconnaître** *u adj* anerkannt; **c'est un fait ~** das ist e-e allgemein anerkannte Tatsache

reconquérir [r(ə)kõkerir] v/t ⟨*cf* acquérir⟩ **1.** *Land, Stadt etc* zu'rück-, 'wiedererobern; **2.** *fig Würde, Freiheit etc* 'wiedergewinnen, -erlangen; *e-e Frau* zu'rückerobern; 'wiedergewinnen

reconquête [r(ə)kõkɛt] f **1.** *e-s Landes, e-r Stadt etc* Zu'rück-, 'Wiedereroberung f; **2.** *fig e-s Rechtes etc* 'Wiedererlangung f, -gewinnung f

reconsidérer [r(ə)kõsidere] v/t ⟨-è-⟩ nochmals erwägen, über'prüfen, über'denken; **~ un problème** ein Problem noch einmal durch'denken; **~ une question** auf e-e Frage zu'rückkommen

reconsolider [r(ə)kõsɔlide] v/t wieder befestigen, festmachen

reconstituant [r(ə)kõstityã] *adj Nahrung, Diät etc* kräftigend; stärkend; **médicament, remède ~** *od subst* **~** m Kräftigungs-, Stärkungsmittel n

reconstituer [r(ə)kõstitɥe] **I** v/t **1.** wieder'herstellen; wieder zu'sammenstellen; *Armee* neu zusammenstellen; *Besitz* wieder erwerben; *chemische Substanz* (syn'thetisch) wieder aufbauen; **2.** *jur Verbrechen, Unfall etc* rekonstru'ieren; **3.** *altes Viertel, zerstörtes Bauwerk*

etc in s-m ursprünglichen Zustand wieder'herstellen; origi'nalgetreu wieder'aufbauen; *Gebäude etc auf Grund von Plänen, Beschreibungen* nachbilden; *Gebäudeplan, Anlage e-r Stadt, ausgestorbene Tiergattung etc auf Grund von Funden* rekonstru'ieren; *fig den Lebensweg e-r Person* nachzeichnen; **II** v/pr **se ~** *Partei, organisches Gewebe* sich wieder, neu bilden

reconstitution [r(ə)kõstitysjõ] f Wieder'herstellung f; e-r *Partei* erneute Bildung; Neubildung f; e-r *antiken Stadtanlage, e-r ausgestorbenen Tiergattung etc, jur e-s Verbrechens etc* Rekonstrukti'on f; Rekonstru'ierung f; e-r *historischen Stätte, e-s zerstörten Bauwerks etc* Wieder'herstellung f in ursprünglichen Zustand; origi'nalgetreuer Wieder'aufbau; *cin, thé* **~ historique** historisch getreue Nachbildung; *jur* **~ des actes de l'état civil** Wieder'einrichtung f des Personenstandsregisters; *Rentenversicherung* **~ de carrière** Berechnung f der Rentenansprüche für die Zeit vor dem Eintritt der Versicherungspflicht

reconstruction [r(ə)kõstryksjõ] f **1.** e-r *zerstörten Stadt etc* Wieder'aufbau m; e-s *Gebäudes auch* Neubau m *bzw* 'Umbau m; *nach dem Krieg* **ministre** m **de la 2 et de l'Urbanisme** Minister m für Wiederaufbau und Städtebau; **2.** *fig vergangener Dinge durch die Wissenschaft etc* Rekonstrukti'on f; Rekonstru'ierung f

reconstruire [r(ə)kõstrɥir] v/t ⟨*cf* conduire⟩ **1.** *Haus, Stadt* wieder'aufbauen; *Haus auch* neu bauen; 'umbauen; *fig* neu aufbauen; **2.** *fig* rekonstru'ieren

reconvention [r(ə)kõvãsjõ] f *jur* Gegen-, 'Widerklage f

reconventionnel [r(ə)kõvãsjɔnɛl] *adj* ⟨**~le**⟩ *jur* Gegen-; 'Wider…; **demande ~le** Gegen-, Widerklage f

reconversion [r(ə)kõvɛrsjõ] f *écon e-r Fabrik, Industrie* 'Umstellung f; *von Arbeitskräften* 'Umschulung f

reconvert|ible [r(ə)kõvɛrtibl(ə)] *adj Arbeitskräfte* 'umzuschulen(d); **être difficilement ~** schwer umzuschulen sein; **~ir I** v/t *écon Fabrik, Produktion* 'umstellen; *Arbeitskräfte* 'umschulen; *Gebäude für andere Zwecke* verwenden; **~ une école en mairie** aus e-r Schule ein Bürgermeisteramt machen; **~ une usine de tanks en une usine d'automobiles** e-e Panzerfabrik auf Automobilproduktion umstellen; **II** v/pr **se ~** *Industriezweig* sich 'umstellen; *Person der Beruf, die Branche, s-e Tätigkeit wechseln*

recopier [r(ə)kɔpje] v/t **a)** (noch einmal) abschreiben; **b)** ins reine schreiben

record [r(ə)kɔr] m **1.** *sports* Re'kord m; Höchst-, Bestleistung f (**de in** + *dat*); **~ féminin, masculin** Rekord m der Frauen, der Männer; **~ officieux** inoffizieller Rekord; **~ d'athlétisme** Rekord in Leichtathletik; **~ de natation, de vitesse** Schwimm-, Geschwindigkeitsrekord m; **~ de France, d'Europe, du monde** französischer Rekord, Eu'ropa-, Weltrekord m; **en un temps ~** in (e-r) Rekordzeit; **améliorer, battre, détenir, égaler, établir un ~** e-n Rekord verbessern, brechen, halten *od* innehaben, einstellen, aufstellen; **faire tomber, pulvériser un ~** e-n Rekord brechen, weit über'bieten; **2.** *fig* Re'kord m; *adit* Re'kord…; Höchst…; Spitzen…; **un ~ d'affluence** e-e Rekordzahl an Besuchern; ein Besucherrekord m; **~ de production** *od adit* **production ~** f Höchst-, Spitzenproduktion f; Produkti'onsrekord m; *adit* **chiffre** m, **temps** m, **vitesse** f **~** Rekordzahl f, -zeit f,

-geschwindigkeit *f*; **en un temps** ~ in Rekordzeit; *iron* **détenir le** ~ **de la bêtise** an Dummheit alle über'treffen; **pour la flatterie, il bat tous les** ~**s** im Schmeicheln ist er unübertroffen

record|age [r(ə)kɔrdaʒ] *m tech* Neubespannung *f*; Neubesaitung *f*; **~er**[1] *v/t Tennisschläger etc* neu bespannen; *Musikinstrument* neu besaiten

recorder[2] [rekɔrdœr, ri-] *m* **1.** *cin* Assi'stent *m* des Tonmeisters; **2.** *télécomm* Undu'lator *m*

record|man [r(ə)kɔrdman] *m* ⟨*pl* recordmen [-mɛn]⟩, *selten* **~woman** [-woman] *f* ⟨ *pl* **recordwomen** [-women]⟩ Re'kordinhaber(in) *m(f)*; Re'kordhalter(in) *m(f)*; F Rekordler(in) *m(f)*; **recordman du monde** Weltrekordler *m*

recorriger [r(ə)kɔriʒe] *v/t* ⟨-geons⟩ noch einmal verbessern, korri'gieren

recoucher [r(ə)kuʃe] **I** *v/t Kind etc* wieder ins Bett bringen; **II** *v/pr* **se** ~ wieder ins Bett *od* schlafen gehen; sich wieder hinlegen

recoudre [r(ə)kudr(ə)] *v/t* ⟨*cf* **coudre**⟩ *Aufgetrenntes* wieder zu-, zu'sammennähen; *Knopf* wieder annähen; *méd Wunde, Operierten, Verletzten* nähen

recoupe [r(ə)kup] *f* **1.** *agr* Grum(me)t *n*; *südwestdt* Öhmd *m*; *von Alkohol* Verschnitt *m*; **3.** *tech von Metall etc* Abfall *m*; *cout beim Zuschneiden auch* Verschnitt *m*; **4.** *Goldschmiedekunst: von Edelsteinen* Splitter *m*; *von Edelmetallen* Span *m*; **5.** *cf* **recoupette**

recoupement [r(ə)kupmɑ̃] *m* **1.** *math* Über'schneidung *f*; *allg, von Informationen etc* Vergleich *m*; *von Zeugenaussagen auch* (teilweise) Über'einstimmung; **faire un** ~ **e-n** Vergleich anstellen; **2.** *bât* Absätze *m/pl* in e-r Mauer

recouper [r(ə)kupe] **I** *v/t* **1.** noch einmal schneiden; *Stück Fleisch etc* noch einmal abschneiden; *Kleid* noch einmal zuschneiden; **2.** *Wein* verschneiden; **vin recoupé** verschnittener Wein; Verschnitt *m*; **3.** *Zeugenaussage etc* (teilweise) über'einstimmen, sich (teilweise) decken (*mit* etw); bestätigen; **4.** *math e-e Linie etc* schneiden; **5.** *abs beim Kartenspiel* noch einmal abheben; **II** *v/pr* **se** ~ **6.** *Zeugenaussagen etc* (teilweise) über'einstimmen, sich (teilweise) decken; **7.** *math Kreise etc* sich über'schneiden

recoupette [r(ə)kupɛt] *f* Kleienmehl *n*

recourbé [r(ə)kurbe] *adj Schnabel, Nase, Hörner, Klinge etc* gekrümmt; gebogen; krumm

recourb|ement [r(ə)kurbəmɑ̃] *m* Krümmung *f*; Krümmen *m*; **~er I** *v/t Ast, Eisenstange etc* ('um)biegen; **II** *v/pr* **se** ~ sich krümmen; **se** ~ **en forme de...** sich wie ein(e) ... krümmen

recourir [r(ə)kurir] *v/t* ⟨*cf* **courir**⟩ **I** *v/t Strecke* noch einmal laufen; **II** *v/t/indir* **1.** ~ **à qn** sich (hilfesuchend) an j-n wenden; **2.** ~ **à qc** zu etw greifen; sich an etw (*acc*) wenden; sich e-r Sache (*gén*) bedienen; etw (*Dienste etc*) in Anspruch nehmen; ~ **à une agence de voyage** sich an ein Reisebüro wenden; ~ **à la ruse** zu e-r List greifen; ~ **à la violence** Gewalt anwenden; **3.** *abs jur* Re'kurs *m* einlegen; ~ **en cassation** Rekurs beim Kassationshof einlegen; **III** *v/i* **a)** noch einmal, wieder laufen; **b)** F zu'rücklaufen, -rennen

recours [r(ə)kur] *m* **1.** Ausweg *m*; (Hilfs-) Mittel *n*; Zuflucht *f*; In'anspruchnahme *f*; ~ **à la violence** Anwendung *f* von Gewalt; Gewaltanwendung *f*; **en dernier** ~ als letztes Mittel; **avoir** ~ **à qc** zu etw greifen; etw in Anspruch

nehmen; etw anwenden; sich e-r Sache (*gén*) bedienen; **avoir** ~ **à la force** Gewalt, Zwang anwenden; **avoir** ~ **à la force armée** bewaffnete Streitkräfte einsetzen; **avoir** ~ **à qn** sich (hilfesuchend) an j-n wenden; j-n hin'zuziehen; **avoir** ~ **à la justice** gerichtliche Schritte unter'nehmen; **il n'y a aucun** ~ **contre cela** es gibt da kein Gegenmittel; dagegen kann man nichts machen; **être le seul** ~ **de qn** j-s einzige Zuflucht, Hilfe sein; **c'est notre dernier** ~ das ist unser letzter Ausweg, unsere letzte Rettung; **c'est sans** ~ das ist ausweglos; **2.** *jur, bes Verwaltungsrecht* Einspruch *m*; Beschwerde *f*; Berufung *f*; Re'kurs *m*; Rechtsmittel *n*; ~ **(de plein) contentieux** verwaltungsgerichtliche Klage; ~ **gracieux** formloser Rechtsbehelf; ~ **hiérarchique** (Dienst)Aufsichtsbeschwerde *f*; ~ **en grâce** Gnadengesuch *n*; ~ **pour excès de pouvoir** (*verwaltungsgerichtliche*) Klage (*gegen e-e Behörde*) wegen Amtsüberschreitung; **sans** ~ **possible** ohne Berufungsmöglichkeit; **3.** *jur, comm* Re'greß *m*, Rückgriff *m* (*contre qn gegen* j-n)

recouvr|able [r(ə)kuvrabl(ə)] *adj Geldsumme etc* eintreibbar; **~age** *m e-s Schirms, Sessels etc* Neubeziehen *n*; Neubesaitung *n*

recouvrement [r(ə)kuvrəmɑ̃] *m* **1.** *von Außenständen, Steuern etc* Einziehung *f*; Ein-, Beitreibung *f*; In'kasso *n*; Post Postauftrag *m*, -mandat *n*; **2.** *st/s der Kräfte, der Gesundheit* 'Wiedererlangung *f*; **3.** ('Wieder)Bedecken *n*; *e-s Daches* Neudecken *n*; ~ **par les eaux** Über'flutung *f*; *géol* lambeau *m* de ~ Deckschuppe *f*; **4.** *bât* Über'lappung *f*; Abdeckung *f*; Verblendung *f*; *auch* Bewurf *m*; **assemblage** *m* **à** ~ Überlappungsverbindung *f*; **panneau** *m* **à** ~ Deckplatte *f*; **5.** *tech in e-r Dampfmaschine* Deckfläche *f* am Schieber

recouvrer [r(ə)kuvre] *v/t* **1.** *Geld, Außenstände, Steuern etc* einziehen, -treiben, -kassieren; beitreiben; **2.** 'wiedererlangen, -gewinnen; ~ **l'amitié, l'estime de qn** j-s Freundschaft, Achtung wiedergewinnen; ~ **ses forces** wieder zu Kräften kommen; ~ **la raison** wieder zur Besinnung kommen; wieder Vernunft annehmen; ~ **la santé** wieder gesund werden; ~ **la vue** sein Sehvermögen wiedererlangen; wieder sehen (können)

recouvrir [r(ə)kuvrir] ⟨*cf* **couvrir**⟩ **I** *v/t* **1.** wieder bedecken; *Sessel, Regenschirm* neu be-, über'ziehen; *Haus, Dach* neu decken; *ein Kind mit e-r Decke, e-n Topf mit e-m Deckel* wieder zudecken; **2.** bedecken, über'decken, verdecken, über'ziehen (de mit); *Boden* ~ **d'une moquette** mit (e-m) Teppichboden auslegen; *Kopfkissen* ~ **d'une taie** über-, beziehen; ♦ *p/p* **recouvert de ...** bedeckt mit ...; ...bedeckt; *Tier* **recouvert d'écailles** mit Schuppen bedeckt; **recouvert de lierre** efeuumrankt, -bewachsen; **toit recouvert de tuiles** mit Ziegeln gedecktes Dach; Ziegeldach *n*; **recouvert par les eaux** von Wasser über'flutet; **3.** *fig j-s wahres Wesen etc* verdecken; verschleiern; verbergen; **4.** um'fassen; *Begriff* ~ **deux idées différentes** zwei verschiedene Vorstellungen enthalten; **II** *v/pr* **se** ~ sich (wieder) decken; *Dachziegel etc* sich über'decken; **le ciel s'est recouvert** der Himmel ist wieder bewölkt; es hat sich wieder bezogen; **le pré se recouvre de fleurs** auf der ganzen Wiese beginnen Blumen zu blühen

recracher [r(ə)kraʃe] **I** *v/t* (wieder)

ausspucken, -speien; **II** *v/i* wieder spukken

récré [rekre] *f Schülersprache cf* **récréation 1.**

récréance [rekreɑ̃s] *f dipl* **lettres** *f/pl* **de** ~ Abberufungsschreiben *n*

récréatif [rekreatif] *adj* ⟨-ive⟩ erheiternd; unter'haltend; ergötzlich; Unter'haltungs...; **lecture, soirée récréative** Unterhaltungslektüre *f*, -abend *m*

récréation [rekreasjɔ̃] *f* **1.** *in der Schule* (große) Pause; **à la, en** ~ in der Pause; **aller, être en** ~ Pause haben; **la** ~ **a sonné** es hat zur Pause geläutet; **2.** Entspannung *f*; Zerstreuung *f*; Zeitvertreib *m*; Freizeitgestaltung *f*

recréer [r(ə)kree] *v/t* wieder, neu (er-) schaffen

récréer [rekree] *st/s* **I** *v/t* unter'halten; *st/s* ergötzen; **II** *v/pr* **se** ~ sich zerstreuen, entspannen

recrép|ir [r(ə)krepir] *v/t bât* wieder, neu bewerfen, verputzen; **~issage** *m bât* 'Wieder-, Neuverputzen *n*

recreuser [r(ə)krøze] *v/t* noch einmal *bzw* tiefer graben

récrier [rekrije] *v/pr* **se** ~ **1.** laut aufschreien; lauthals prote'stieren; **se** ~ **contre qc** laut Einspruch gegen etw erheben; *st/s* **se** ~ **d'admiration** in Ausrufe der Bewunderung ausbrechen; **2.** *ch Hund* Standlaut geben

récrimina|teur [rekriminatœr] *adj* ⟨-trice⟩ nörgelig; **~tion** *f* ⟨*meist pl* ~s⟩ Nörge'lei *f*

récriminer [rekrimine] *v/i* sich beklagen, sich beschweren (contre qn, qc über j-n, etw)

récrire [rekrir] ⟨*cf* **écrire**⟩ **I** *v/t Buch, Brief etc* noch einmal, neu schreiben; *Buch auch* 'umarbeiten; **II** *v/i* **a)** noch einmal schreiben (à qn j-m); **b)** zu'rückschreiben, (brieflich) antworten (à qn j-m)

recristallisation [r(ə)kristalizasjɔ̃] *f minér* Rekristallisati'on *f*

recroiseté [r(ə)krwazte] *adj Heraldik* **croix** ~**e** 'Wiederkreuz *n*

recroquevill|é [r(ə)krɔkvije] *adj* **1.** *Leder etc* zu'sammengeschrumpft; zusammenp(e)lig (*auch Papier*); *Laub etc* dürr; **2.** *Person* zu'sammengekrümmt; krumm; **~er** *v/pr* **se** ~ **1.** *Papier, Leder etc* zu'sammenschrumpfen; schrump(e)lig werden; sich zu'sammenziehen; *Laub auch* verdorren; **2.** *Person* **se** ~ **(sur soi- même)** sich (zu'sammen)krümmen; krumm liegen; sich zu'sammenrollen

recru [r(ə)kry] *adj* ~ **de fatigue** (völlig) erschöpft; zum 'Umfallen müde

recrudesc|ence [r(ə)krydesɑ̃s] *f e-s Brandes, e-r Epidemie* Wieder'ausbruch *m*; *des Fiebers* Wieder'ansteigen *n*; *der Kriminalität, des Terrors* erneutes Anwachsen; neue Welle; *auch der Hitze etc* Zunahme *f*; *der Kriminalität auch* erneutes Ansteigen; *fig des Glaubens etc* (weitere) Verbreitung; **~ent** *adj Brand, Epidemie* wieder'ausbrechend; *Fieber* wieder'ansteigend; *Kriminalität, Terror* zunehmend

recrue [r(ə)kry] *f* **1.** *mil* Re'krut *m*; **2.** *e-r Partei etc* Zuwachs *m*; neues Mitglied; **faire une nouvelle** ~ ein neues Mitglied gewinnen

recrutement [r(ə)krytmɑ̃] *m* **1.** *mil* Rekru'tierung *f*; (Truppen)Aushebung *f*; **service** *m* **de** ~ (Wehr)Ersatzbehörde *f*; **2.** *von Arbeitskräften etc* Rekru'tierung *f*; Einstellung *f*

recrut|er [r(ə)kryte] **I** *v/t* **1.** *mil* rekru'tieren; ausheben; **2.** *Arbeitskräfte etc* rekru'tieren; *Mitglieder, Anhänger etc auch* werben; *Arbeitskräfte, Fachleute etc auch* einstellen; *Mannschaft* aufstel-

len; ~ **sur titres** auf Grund von Diplomen einstellen; **adeptes recrutés dans, parmi** ... Anhänger *m/pl*, die sich aus ... rekrutieren; **II** *v/pr* **se** ~ *allg* sich rekru'tieren (**dans, parmi** aus); **~eur** *m* **1.** *hist mil* Werber *m*; **2.** *fig* ~ *od adjt* **agent** *m* ~ (Mitglieder)Werber *m*, Pro-pagan'dist *m* (*für e-e Partei*)

recta [rɛkta] *adv* F **payer** ~ so'fort *bzw* pünktlich zahlen

rectal [rɛktal] *adj* <-aux> *méd* rek'tal; Mastdarm...; **température** ~e Rek'tal-temperatur *f*

rectangle [rɛktɑ̃gl(ə)] *math* **I** *adj* recht-winklig; **triangle** ~ rechtwinkliges Dreieck; **II** *m* Rechteck *n*

rectangulaire [rɛktɑ̃gylɛr] *adj* recht-eckig

recteur [rɛktœr] *m* **1.** e-r Hochschule Rektor *m*; **2.** *égl cath* **a)** Rektor *m*; **b)** *in der Bretagne* Pfarrer *m*

rectifiable [rɛktifjabl(ə)] *adj* **1.** zu berichtigen(d); richtigzustellen(d); korri'gierbar; zu beseitigen(d); **erreur** *f* **facilement** ~ leicht zu beseitigender Irrtum; **2.** *chim, math* rektifi'zierbar

rectificat|eur [rɛktifikatœr] *chim* **I** *adj* <-trice>; Rektifi'zier...; **II** *m* Rekti-fi'zierapparat *m*; **~if I** *adj* <-ive> be-richtigend; richtigstellend; Berichti-gungs...; **II** *m in der Presse etc* Berichti-gung *f*; Richtigstellung *f*

rectification [rɛktifikasjɔ̃] *f* **1.** *e-s Irr-tums, e-r Berechnung, e-r Urkunde etc* Berichtigung *f*; Richtigstellung *f*; Kor-rek'tur *f*; *Zeitung* **insérer une** ~ e-e Richtigstellung, Berichtigung bringen; **2.** *e-r Straße, Baulinie etc* Begradigung *f*; **3.** *math, chim* Rektifikati'on *f*; **4.** *tech* Schleifen *n*; ~ **cylindrique, des surfa-ces planes** Rund-, Planschleifen *n*

rectifi|er [rɛktifje] *v/t* **1.** *Irrtum, Rech-nung etc* berichtigen; richtigstellen; korri-'gieren; *mil* ~ **la position** Haltung annehmen; *fig* ~ **le tir** s-e Taktik ändern; **2.** *Straße, Baulinie etc, mil Front* begra-digen; **3.** *math, chim* rektifi'zieren; **4.** *tech Werkstück* (ab-, nach)schleifen; **~eur** *m* tech Schleifer *m*; **~euse** *f* tech Schleifmaschine *f*

recti|ligne [rɛktiliɲ] *adj* Allee, Lichtaus-breitung etc geradlinig (*auch math*); *math* **trigonométrie** *f* ~ ebene Trigonome-trie; **~linéaire** *adj* opt Objektiv ver-zeichnungsfrei

rection [rɛksjɔ̃] *f* ling Rekti'on *f*

rectite [rɛktit] *f* path Mastdarmentzün-dung *f*

rectitude [rɛktityd] *f* **1.** *e-s Urteils, e-r Meinung etc* Richtigkeit *f*; **2.** Geradheit *f* (*auch tech*)

recto [rɛkto] *m e-s Blattes* Vorderseite *f*; **au** ~ auf der Vorderseite

rector|al [rɛktoral] *adj* <-aux> Rek-'toren...; Rekto'rats...; **décision** ~e Entscheidung *f* des Rektors; **~at** *m* Rekto'rat *n* (*Amt, Amtszeit, Büro*)

recto|scope [rɛktoskɔp] *m méd* Rek-to'skop *n*; **~scopie** *f méd* Rektosko'pie *f*

rectrice [rɛktris] *adj u subst f beim Vogel* (**plume** *f*) ~ Steuerfeder *f*

rectum [rɛktɔm] *m anat* Mastdarm *m; sc* Rektum *m*

reçu [rəsy] **I** *p/p von* **recevoir** *u adj* *Meinung, Moral etc* üblich; anerkannt; gültig; herkömmlich; alt'hergebracht; *Bräuche, Meinungen auch* über'nom-men, -'kommen; **II** *m* Quittung *f*; Einlie-ferungs-, Empfangsschein *m*

recueil [rəkœj] *m* Sammlung *f*; ~ **de chansons, de contes, de documents, de lois, de poèmes** Lieder-, Märchen-, Doku'menten-, Gesetz(es)-, Gedicht-sammlung *f*

recueillement [rəkœjmɑ̃] *m* innere Sammlung; Andacht *f; vor e-m Grab etc* stilles Gedenken; **avec** ~ andächtig; mit, voller Andacht; F **manger un bon plat avec** ~ ...andächtig, mit Andacht ver-speisen

recueilli [rəkœji] *adj* andächtig; inner-lich gesammelt

recueillir [rəkœjir] <*cf* **cueillir**> **I** *v/t* **1.** *Spenden, Unterschriften, Beweismate-rial, Biene: Blütenstaub etc* sammeln; *Erkundigungen* einziehen; *Auskünfte* einholen; *Material für ein Buch etc auch* zu'sammentragen; *Protokollführer: Zeugenaussage* protokol'lieren; *das olympische Feuer* über'nehmen; *fig* ~ **les fruits de ses travaux** die Früchte s-r Arbeit ernten; **2.** *Zustimmung* finden; *bei e-r Wahl: Stimmen* auf sich vereini-gen; erhalten; **3.** *in e-m Behälter: Wasser etc* auffangen; **4.** *Erbschaft* antreten; *5. Waisen, Flüchtlinge etc* (bei sich) auf-nehmen; *Hunde, Katzen* auflesen; **II** *v/pr* **se** ~ sich innerlich sammeln; *vor e-m Grab etc* andächtig, in Andacht, in stillem Gedenken verharren

recuire [rəkɥir] <*cf* **conduire**> *v/t* **1.** (faire) noch einmal kochen *bzw* bak-ken *bzw* braten; *fig adjt* **peau recuite par le soleil** sonn(en)verbrannte Haut; **2.** *tech* **a)** *métall* (aus)glühen; **b)** *Glas im* Kühlofen wieder erhitzen und langsam abkühlen lassen

recuisson [rəkɥisɔ̃] *f* Glasherstellung 'Wiedererhitzen *n* und langsames Ab-kühlen im Kühlofen

recuit [rəkɥi] *m* **1.** *métall* Glühen *n*; ~ **de stabilisation** Sta'bilglühen *n*; **2.** F **c'est du** ~ F das ist kalter Kaffee

recul [rəkyl] *m* **1.** *e-r Feuerwaffe* Rück-stoß *m; bei e-m Geschütz auch* Rücklauf *m*; **avoir du** ~ e-n Rückstoß haben; **2.** *e-r Armee, Menschenmenge* Zu'rückwei-chen *n; fig: e-r Epidemie, der Produktion, Arbeitslosigkeit etc* Rückgang *m; der Kultur* Absinken *n*; **3.** *e-r Person* Zu-'rücktreten *n*, -gehen *n*; **prendre du** ~ **pour mieux voir** zurücktreten, ...; *cf auch 5.*; **4.** *par ext* Platz *m* zum Zu'rück-gehen; *bei e-m Tennisplatz, beim Tisch-tennis* Auslauf *m*; Platz *m* zum Zu'rück-laufen; **5.** *fig* Abstand *m*; **avoir, pren-dre du** ~ **pour mieux juger qc** zu Ab-stand haben, gewinnen, um etw besser beurteilen zu können

reculade [rəkylad] *f* **1.** Zu'rückwei-chen *n*; Rückzug *m*; **2.** Rückschritt *m*

recul|é [rəkyle] *adj* **a)** räumlich Tal, Stadtviertel abgelegen; (weit) entfernt; **b)** zeitlich alt; früh; **an zu'rückliegend**; **l'Antiquité** ~e die frühe Antike; **dans les temps les plus** ~s in grauer Vorzeit; **~ée** *f im Jura* Tal *n* mit steilen Wänden und steilem Talschluß

reculement [rəkylmɑ̃] *m bât* **mur** *m* **de** ~ zu'rückgebaute, nach hinten ver-setzte Mauer; *jur* **servitude** *f* **de** ~ Verpflichtung *f*, hinter die Baufluchtli-nie zu'rückzugehen

reculer[1] [rəkyle] **I** *v/t* **1.** *Möbel* zu-'rückschieben, -rücken, -ziehen, -setzen, -stellen; *Auto* zu'rückfahren, -setzen; *par ext: Mauer* nach hinten versetzen, zu-'rückversetzen; *Grenzen e-s Landes* er-weitern; **2.** *Entscheidung, Termin etc* auf-, hin'ausschieben; verzögern; **II** *v/i* **3.** *Person, Menschenmenge* zu'rück-weichen, -gehen, -treten; *Auto* zu'rück-fahren, -rollen; ~ **d'un pas** e-n Schritt zurückgehen, -treten; ~ **devant l'ennemi** vor dem Feind zurückwei-chen; **faire** ~ **qn** j-n zu'rückdrängen, -treiben; *Feind auch* zum Rückzug zwin-gen; *fig* **c'est** ~ **pour mieux sauter** durch ein Aufschieben wird es nur schlimmer; **4.** *Epidemie, Dialekt etc*

zu'rückgehen; im Rückgang begriffen sein; **5.** *fig Person* zu'rückschrecken (**devant qc** vor etw [*dat*]); scheuen (etw [*acc*]); zu'rückscheuen (vor etw [*dat*]); **ne** ~ **devant rien** vor nichts zurück-schrecken; **s'être trop avancé pour** ~ ... um noch zurückzukönnen; ~ **au der-nier moment** F im letzten Moment kneifen; **III** *v/pr* **se** ~ zu'rücktreten; (einige Schritte) zu'rückgehen

reculer[2] [rəkyle] *m e-s Tieres* Rück-wärtsgehen *n*

reculons [rəkylɔ̃] *loc/adv* **à** ~ rück-wärts; **aller, marcher** ~ rückwärts gehen; *fig u iron* **faire des progrès à** ~ Rückschritte machen

récupér|able [rekyperabl(ə)] *adj* Schrott ('wieder)verwertbar; noch brauchbar; 'wiederverwendbar; *Arbeits-stunden* nachzuholen(d); *Schuld* ein-treibbar; *Person* (wieder)'eingliede-rungsfähig; resoziali'sierbar; *plais* **il n'est pas** ~ F der ist ein hoffnungsloser Fall (*der wird sich der Gemeinschaft nie anpassen*); **~ateur** *m tech* **1.** Rekupe'ra-tor *m; an Hochöfen* Winderhitzer *m*; **2.** *bei Feuerwaffen* Vorholeinrichtung *f*

récupération [rekyperasjɔ̃] *f* **1.** 'Wie-dererlangung *f; von Arbeitszeit* Nachho-len *n; Einarbeitung f; von Geldforderun-gen* Ein-, Beitreibung *f; von Satelliten, Raumkapseln etc* Bergung *f; par ext* 'Wiedergewinnungsverfahren *n; biol loi f de* ~ Gesetz *n* des Geburtenanstiegs nach Kriegen *etc*; **2.** *tech von Altmate-rial, Abwärme etc* Rückgewinnung *f*; ('Wieder)Verwertung *f*; 'Wiederverwen-dung *f*; Nutzung *f; von Abwärme auch* Rekuperati'on *f; ch de fer* **freinage en par** ~ Nutzbremsung *f*; **3.** *bes pol* Ein-spannen *n* für s-e Zwecke

récupérer [rekypere] <-è-> **I** *v/t* **1.** 'wiedererlangen, -bekommen; sich wieder holen; zu'rückholen; *verliehenes Geld etc auch* ein-, beitreiben; *Einsatz* wieder her'ausbekommen; *verlorene Ar-beitszeit* nachholen, -arbeiten, (her')ein-arbeiten; *Satelliten, Raumkapsel etc* ber-gen; ~ **ses forces** *cf* II; **2.** *Altmaterial, Abwärme etc* ('wieder)verwerten; 'wie-derverwenden; *Altmaterial auch* sam-meln; *elektrische Energie beim Bremsen* zu'rückgewinnen; *j-n als Arbeitskraft* wieder'eingliedern; 'wiederverwenden; **3.** ~ **j-n** zu-in (ab)holen; **4.** *für s-e Zwecke* einspannen; für sich rekla'mieren; **II** *v/i* nach e-r Anstrengung sich erholen; wieder zu Kräften kommen

récur|age [rekyraʒ] *m* Scheuern *n*; **~er** *v/t Kochtopf, Fußboden* scheuern; **pou-dre** *f* **à** ~ Scheuerpulver *n*, -sand *m*

récurr|ence [rekyrɑ̃s] *f math, Logik* Rückläufigkeit *f*; **~ent** *adj* **1.** *anat Arterien* rückläufig; *Nerven* zu'rück-laufend; *allg sc* re'currens; *path* **fièvre** ~e Rückfallfieber *n*; Re'kurrensfieber *n*; **2.** *math* rekur'siv; rekur'rent; **3.** *psych* **image** ~e Nachbild *n*

récursoire [rekyrswar] *adj jur* **action** *f* ~ Rückgriffs-, Re'greßklage *f*

récus|able [rekyzabl(ə)] *adj* **a)** Zeuge, Geschworener ablehnbar; zu'rückweis-bar; **b)** Zeugenaussage bestreitbar; an-fechtbar; unglaubwürdig; **~ation** *f jur e-s Richters, Geschworenen etc* Ableh-nung *f* (wegen Befangenheit); **cause** *f* **de** ~ Ablehnungsgrund *m*

récuser [rekyze] **I** *v/t* **1.** *jur Geschwore-nen, Zeugen, Kompetenz e-s Gerichtes etc* ablehnen; **2.** *allg* zu'rückweisen; ablehnen; verwerfen; **II** *v/pr* **se** ~ sich für nicht zuständig, sich für befangen erklären

recycl|age [rəsiklaʒ] *m* **1.** **a)** Weiter-, Fortbildung *f*; **b)** *von Arbeitskräften* 'Umschulung *f*; **2.** *tech* 'Wiederverwer-

tung f, -verwendung f; Recycling [ri-
'saikliŋ] n; 3. fin von Kapitalien Rück-
schleusung f; **∼er I** v/t **1. a)** weiter-,
fortbilden; **b)** 'umschulen; **2.** tech 'wie-
derverwerten, -verwenden; **II** v/pr **se ∼
a)** sich weiterbilden; **b)** sich 'umschulen
lassen

rédac|teur [redaktœr] m, **∼trice** f Re-
dak'teur(in) m(f); schweiz Re'daktor m;
par ext auch Verfasser(in) m(f); rédac-
teur politique politischer Redakteur;
rédacteur publicitaire Werbetexter
m; rédacteur en chef Chefredak-
teur m

rédaction [redaksjõ] f **1.** e-s Textes
Verfassen n; Ausarbeiten n, -ung f;
Aufsetzen n; Abfassen n, -ung f; **2.**
Redakti'on f; Schriftleitung f; salle f,
bureau m de ∼ Redaktionsbüro n,
-raum m; secrétaire f de ∼ Redak-
tionssekretärin f; **3.** in der Schule Auf-
satz m

rédactionnel [redaksjɔnɛl] adj ⟨∼le⟩
redaktio'nell; Redakti'ons...; publicité
∼le Werbung, die wie ein Zeitungsarti-
kel aufgemacht ist

redan [r(ə)dã] m **1.** fortif Zackenwerk n;
2. bât Mauerabsatz m; **3.** arch bei
gotischem Maßwerk Paß m

reddition [rɛdisjõ] f **1.** mil e-r Armee, e-r
Festung 'Übergabe f; ∼ sans conditions
bedingungslose Übergabe; **2.** jur ∼ de
compte Rechnungs-, Rechenschaftsle-
gung f

redécouvrir [r(ə)dekuvrir] v/t ⟨cf
couvrir⟩ wieder entdecken

redéfaire [r(ə)defɛr] v/t ⟨cf faire⟩ Ge-
stricktes, Genähtes wieder auftrennen;
Knoten, Paket wieder aufmachen; In-
stallation für Heizung, Wasser etc wieder
her'ausreißen; Frisur (wieder) in Unord-
nung bringen

redemander [rədmãde, rdəmãde] v/t u
v/i **1.** noch einmal verlangen (qc à qn
etw von j-m), bitten (j-n um etw), fragen
(j-n nach etw); nach mehr verlangen;
mehr haben wollen (de qc von etw); **2.**
zu'rückverlangen, -fordern (qc à qn etw
von j-m)

redémarr|age [r(ə)demaraʒ] m Neube-
ginn m; 'Wiederbelebung f; **∼er** v/i e-n
neuen Aufschwung nehmen; wieder in
Gang kommen, wieder beginnen

rédemp|teur [redãptœr] **I** adj ⟨-trice⟩
erlösend; Erlösungs...; **II** m rel le ∼ der
Erlöser; **∼tion** f **1.** rel la ∼ die Erlösung
(des péchés von den Sünden); **2.** jur
Ablösung f; ∼ d'une rente Rentenablö-
sung f

rédemptoriste [redãptɔrist] m égl cath
Redempto'rist m

redent [r(ə)dã] m cf redan

redescendre [r(ə)desãdr(ə)] ⟨cf ren-
dre⟩ **I** v/t **1.** e-e Treppe etc wieder, noch
einmal hin'unter-, hin'ab- bzw her'un-
ter-, her'abgehen, -kommen; F wieder,
nochmal runtergehen, -kommen; e-n
Berg wieder hin'unter- bzw her'unterstei-
gen; e-n Fluß, Fahrzeug od in e-m Fahr-
zeug e-e Straße, Skifahrer e-n Hang
wieder hin'unter- bzw her'unterfahren;
Tonleiter her'unterspielen bzw -singen;
2. Möbel vom Dachboden etc wieder
her'unterschaffen, -holen, -bringen; **II**
v/i ⟨être⟩ **3.** Person wieder, noch einmal
hin'unter-, hin'ab- bzw her'unter-, her-
'ab- bzw F runtergehen, -kommen,
-steigen (de von); Skifahrer abfahren;
Fahrzeug od Person in e-m Fahrzeug
wieder hin'unter- bzw her'unterfahren;
Vogel wieder her'unterfliegen; Flugzeug
her'untergehen (à 5000 mètres auf
5000 Meter); tiefer gehen; fig Person ∼
dans l'échelle sociale auf der sozialen
Stufenleiter absteigen; **4. a)** Meer bei

Ebbe etc (wieder) zu'rückgehen; **b)** Ba-
rometer, Thermometer wieder fallen; **c)**
Weg, Straße etc (wieder) hin'unter- bzw
her'unterführen

redevable [rədvabl(ə), rdəvabl(ə)] adj
être ∼ de qc à qn a) j-m etw schuldig
sein od schulden; b) j-m etw verdanken;
j-m für etw zu Dank verpflichtet sein; il
lui est ∼ de l'avoir averti er ist ihm zu
Dank verpflichtet, weil ...; subst les ∼s
m/pl de l'impôt die Steuerpflichtigen
m/pl; die Steuerschuldner m/pl

redevance [rədvãs, rdəvãs] f **1.** von
Naturalien, (Pacht)Geld Abgabe f; **2.** für
Radio, Telefon etc Gebühr f; **3.** Li'zenz-
gebühr f

redevenir [rədvənir, rdəvnir] v/i ⟨cf
venir⟩ wieder werden

redevoir [rədvwar, rdəvwar] v/t ⟨cf
devoir⟩ noch schulden, schuldig sein
bzw bleiben (qc à qn j-m etw)

rédhibi|tion [redibisjõ] f jur, comm
Wandlung f; Redhibiti'on f; **∼toire** adj
1. jur redhibi'torisch; vice ∼ (die
Wandlung begründender) Sachmangel;
2. par ext fig ce n'est pas ∼ das ist nicht
unbedingt ein Hindernis

rédies [redi] f/pl zo Stablarven f/pl; sc
Redien pl

rédiger [rediʒe] v/t ⟨-geons⟩ verfassen;
abfassen; Vertrag etc aufsetzen; Proto-
koll anfertigen; Zeitung(sartikel) auch
redi'gieren

rédimer [redime] st/s v/t loskaufen; rel
erlösen

redingote [r(ə)dẽgɔt] f früher Geh-
rock m

redire [r(ə)dir] ⟨cf dire⟩ **I** v/t **1.** noch
einmal sagen; wieder'holen; ∼ toujours
la même chose immer das gleiche
sagen; sich immer wiederholen; ∼ après
qn j-m nachsprechen; ne pas se le faire
∼ es sich nicht zweimal sagen lassen; **2.**
weitersagen (qc à qn j-m etw); ausplau-
dern; **II** v/t/indir trouver à ∼ à tout an
allem etwas auszusetzen, zu beanstan-
den haben; il n'y a rien à ∼ à cela
dagegen ist nichts einzuwenden

rediscuter [r(ə)diskyte] v/t noch einmal
disku'tieren

redistribuer [r(ə)distribɥe] v/t **1.** Hefte
etc noch einmal austeilen; **2.** Grundbe-
sitz, Einkommen neu auf-, verteilen

redistribution [r(ə)distribysjõ] f Neu-
verteilung f; fin ∼ du revenu national
Redistributi'on f; 'Umverteilung f des
Volkseinkommens

redite [r(ə)dit] f unnötige Wieder'holung

redond|ance [r(ə)dõdãs] f **1.** (über'trie-
bene) Wortfülle; Wortschwall m; Weit-
schweifigkeit f; des Stils Über'ladenheit
f; Schwulst m; Schwülstigkeit f; le texte
comporte des ∼s der Text ist weit-
schweifig, schwülstig geschrieben; **2.**
Kybernetik, ling Redun'danz f; **∼ant** adj
1. Stil wortreich; über'laden; weit-
schweifig; auch Ausdruck schwülstig; **2.**
Informationselement, ling redun'dant

redonner [r(ə)dɔne] **I** v/t **1.** (wieder) zu-
'rückgeben; ∼ confiance wieder Ver-
trauen einflößen; ∼ du courage wieder
Mut machen; **II** v/i **1.** fig ∼ dans
zu'rückfallen in (+acc); wieder anfangen
mit; wieder verfallen in (+acc); **2.** Kar-
tenspiel wieder neu geben

redorer [r(ə)dɔre] v/t wieder vergolden;
fig ∼ son blason cf blason 1.

redormir [r(ə)dɔrmir] v/i ⟨cf partir⟩ **a)**
wieder schlafen; **b)** wieder einschlafen

redoubl|ant [r(ə)dublã] m, **∼ante** f in
der Schule Sitzengebliebene(r) f(m)

redoublé [r(ə)duble] adj verdoppelt;
Doppel...; vermehrt; verstärkt; mil pas
∼ Geschwindschritt m; allg marcher
d'un pas ∼ im Eilschritt gehen; rimes

∼es Doppelreime m/pl; frapper à la
porte à coups ∼s heftig gegen die Tür
schlagen

redoublement [r(ə)dubləmã] m **1.** Ver-
doppeln n; Verdoppelung f; **2.** der Freu-
de, Schmerzen, des Fiebers etc Verstär-
kung f; Steigerung f; Zunahme f; **3.** ling
Reduplikati'on f; **4.** esc Doppelfinte f

redoubler [r(ə)duble] **I** v/t **1.** verdop-
peln; ling auch redupli'zieren; **2.** in der
Schule (une classe) e-e Klasse wie-
der'holen; sitzen-, F hängengeblieben
sein; (devoir) ∼ sitzenbleiben; nicht
versetzt werden; F klebenbleiben; **3.** cout
neu füttern; **4.** Fahrzeug wieder über'ho-
len; **5.** mar bei e-m Schiff den Kielgang
erneuern; **6.** Freude etc verstärken; ver-
mehren; steigern; ∼ ses efforts s-e An-
strengungen verdoppeln; **II** v/t/indir **7.** ∼
de Aufmerksamkeit, Bemühungen etc
verdoppeln; verstärken; ∼ d'amabilité à
l'égard de qn j-m gegenüber noch
zuvorkommender sein; ∼ d'efforts s-e
Anstrengungen verdoppeln; **III** v/i **8.**
Angst, Sturm etc sich verstärken; noch
stärker werden; sich steigern; zuneh-
men; Tränen noch stärker fließen; Über-
raschung, Freude auch noch größer wer-
den bzw sein; **9.** esc e-e Doppelfinte
machen

redoutable [r(ə)dutabl(ə)] adj Ausse-
hen, Waffe etc furcht-, grauenerregend;
fürchterlich; furchtbar; Gegner, Konkur-
renz (sehr) gefährlich (auch Krankheit)

redoute [r(ə)dut] f früher Re'doute f
(Ball[saal], fortif)

redouter [r(ə)dute] v/t Person, Zukunft
etc fürchten; sich fürchten vor (+dat); ∼
que ... (ne) (+subj) (be)fürchten, daß
...; ∼ de (+inf) sich fürchten (zu +inf); il est à
∼ que ... es ist zu od man muß befürch-
ten, daß ...; se faire ∼ große Furcht
einflößen

redoux [r(ə)du] m **1.** Frostmilderung f;
Wärmeeinbruch m; **2.** fig u pol Klima-
verbesserung f

redox [redɔks] adj chim couple m ∼
Red'oxsystem n

redresse [r(ə)drɛs] mar loc/adj P un type
à la ∼ F ein ausgekochter, gewiefter
Bursche; ein Kerl m, mit dem nicht zu
spaßen ist

redressement [r(ə)drɛsmã] m **1.** e-r
verbogenen Stange etc Geraderichten n;
e-s Flugzeugs Abfangen n; des Körpers
Wieder'aufrichten n; **2.** fig e-s Landes
'Wiedererstarken n, -ung f; der Wirt-
schaft Wieder'ankurbelung f; Auf-
schwung m; der Finanzen Sa'nierung f;
3. früher maison f de ∼ Erziehungsan-
stalt f; **4.** élect Gleichrichten n, -ung f; **5.**
e-r Rechnung Berichtigen n, -ung f; **6.**
Topographie Entzerren n, -ung f

redresser [r(ə)drese] **I** v/t **1.** Schiefes
geraderichten, -machen; Verbogenes ge-
radebiegen; Vorderräder des Autos gera-
destellen; Umgefallenes wieder aufstel-
len, -richten; Flugzeug, Auto abfangen; ∼
la tête den Kopf heben; fig den Kopf
hoch tragen; **2.** fig Wirtschaft wieder
beleben, ankurbeln; Unrecht wieder'gut-
machen; verfahrene Lage wieder in Ord-
nung bringen; litt ∼ le jugement de qn
j-n dazu bringen, die Dinge richtig zu
sehen od zu beurteilen; **3.** élect Wechsel-
strom gleichrichten; **4.** tech Werkstück
nach-, geraderichten; **5.** Topographie
entzerren; **II** v/pr se ∼ **6.** sich (wieder)
aufrichten; redresse-toi! halt dich ge-
rade!; setz dich gerade hin! bzw geh
gerade!; **7.** fig den Kopf hoch tragen;
hochnäsig werden; **8.** Land nach e-m
Krieg etc wieder hochkommen; wieder
erstarken

redresseur [r(ə)drɛsœr] **I** adj ⟨-euse⟩ **1.**

anat **muscle** ~ Haarmuskel *m*; **2.** *opt* **prisme** ~ 'Umkehrprisma *n*; **3.** *élect* Gleichrichter...; *rad* **tube** ~ Gleichrichterröhre *f*; **II** *m* **1.** ~ **de torts** a) *Ritter im Mittelalter* Beschützer *m*; Rächer *m*; b) *meist iron* Weltverbesserer *m*; **2.** *élect* Gleichrichter *m*; ~ **sec, au silicium** Trocken-, Si'liciumgleichrichter *m*; **3.** *Topographie* Entzerrungsgerät *n*; 'Umbildgerät *n*

réductase [redyktaz] *f chim* Reduk-'tase *f*

réducteur [redyktœr] **I** *adj* <-trice> **1.** *chim* redu'zierend; Redukti'ons...; **2.** *tech* **engrenage** ~ Unter'setzungsgetriebe *n*; **II** *m* **1.** *chim* Redukti'onsmittel *n*; **2.** *tech* ~ **(de vitesse)** Unter'setzungsgetriebe *n*

réduct|ibilité [redyktibilite] *f* Redu'zierbarkeit *f*; **~ible** *adj* **1.** *Menge, Anzahl etc* her'absetzbar; *Rente* kürzbar; **2.** ~ **à** zu'rückführbar auf (+*acc*); **3.** *chim* redu'zierbar; **4.** *math* **fraction** *f* ~ Bruch, der sich kürzen läßt; **polygone** *m* ~ **en triangles** Vieleck, das sich in Dreiecke zerlegen läßt

réduction [redyksjõ] *f* **1.** *der Ausgaben, der Produktion* Einschränkung *f*, Redu-'zierung *f* (**à** auf + *acc*); *von Zöllen, Steuern, Gebühren* Senkung *f*; Her'absetzung *f*; *des Personals* Abbau *m*; Redu'zierung *f*; *e-r Fotografie etc* Verkleinerung *f*; *des Gehaltes* Kürzung *f*; *e-r Frist, der Arbeitszeit* Verkürzung *f*; ~ **à qc** *auch* Beschränkung *f*, Begrenzung *f* auf etw (*acc*); *égl cath* ~ **à l'état laïque** Rückversetzung *f* in den Laienstand; ~ **des heures de travail** Arbeitszeitverkürzung *f*; ~ **d'horaires** (Einführung *f* von) Kurzarbeit *f*; ~ **d'impôt** *auch* Steuerermäßigung *f*; *jur* ~ **de peine** Herabsetzung *f* des Strafmaßes; *loc/adv* **en** ~ im kleinen; **Schönbrunn est un Versailles en** ~ ... ist ein Versailles im kleinen; **2.** Preisnachlaß *m*; Ermäßigung *f*; **billet** *m* **de** ~ ermäßigte Fahrkarte; **faire une** ~ **à qn** j-m (e-n) Preisnachlaß gewähren; **il m'a fait une** ~ **de cinq pour cent** er hat mir fünf Prozent nachgelassen; **3.** *biol* ~ **chromatique** Chromo'somenreduktion *f*; **4.** *chim* Redukti'on *f*; **5.** *math* a) *von Brüchen* ~ **au même dénominateur** Gleichnamigmachen *n*; b) **compas** *m* **de** ~ Redukti'onszirkel *m*; **6.** *chir* Repositi'on *f*; Wieder'einrichten *n*, -ung *f*; **7.** *tech* Über'setzung(sverhältnis *f*(*n*); **8.** *cuis von Soße etc* Einkochen *n*; Verkochen *n*; **9.** *Statistik* ~ **des données** Bildung *f* von Mittelwerten; **10.** *mil in Frankreich* ~ **de classe** Degra'dierung *f* von Soldaten erster Klasse; **11.** *philos* ~ **à l'absurde** *Art* indirekter Beweis; **12.** *ling, astr* Redukti'on *f*

réduire [redɥir] <*cf* **conduire**> **I** *v/t* **1.** *Ausgaben, Produktion* einschränken; redu'zieren; drosseln; *Zölle, Steuern* senken; *Gebühren, Strafe* her'absetzen; *Personal* abbauen; redu'zieren; *Anzahl* verringern; *Bild, Format etc* verkleinern; *Arbeitszeit* verkürzen; *Gehalt* kürzen; *Text* kürzen; zu'sammenstreichen; *Geschwindigkeit* drosseln; her'absetzen; *par ext: Widerstand* brechen; *Meuterei* niederschlagen; *Katastrophe* ~ **la population de moitié** die Bevölkerung um die Hälfte zu'sammenschrumpfen lassen; *beim Autofahren* ~ **la vitesse** *auch* mit der Geschwindigkeit her'untergehen; ♦ *Wendungen mit prép:* **a)** ~ **qn à qc** j-n zu etw bringen, zwingen; ~ **qn au désespoir** in Verzweiflung bringen; ~ **un prêtre à l'état laïque** e-n Priester in den Laienstand zu'rückversetzen; *Krankheit* ~ **qn à l'inaction** j-n zur Untätigkeit

verdammen; ~ **qn au silence** j-n zum Schweigen bringen; **en être réduit à qc** zu etw gezwungen, genötigt sein; auf etw (*acc*) angewiesen sein; **je n'en suis pas encore réduit à cette extrémité** zum Äußersten sehe ich mich noch nicht gezwungen; **en être réduit à ses propres moyens** ganz auf sich selbst gestellt sein; **b)** ~ **qc à qc** etw auf etw (*acc*) einschränken, beschränken, einengen, bringen; ~ **à sa plus simple expression** *cf* **expression 3.**; *Projekte, Illusionen* ~ **à rien, à néant** zunichte machen; zerstören; *math Brüche* ~ **au même dénominateur** auf den gleichen Nenner bringen; gleichnamig machen; **c)** ~ **en qc** zu etw werden lassen, machen; *Stadt etc* ~ **en cendres** in Schutt und Asche legen; *Volk etc* ~ **en esclavage** versklaven; *Glas, Porzellan etc* ~ **en morceaux** in Stücke schlagen; *math* ~ **un polygone en triangles** ein Vieleck in Dreiecke zerlegen; **2.** *chim* redu'zieren; **3.** *chir Knochen-, Eingeweidebrüche, verrenkte Glieder* wieder einrichten, repo'nieren; **II** *v/i* **4.** *cuis Saft, Soße etc* einkochen; verkochen; faire, laisser ~ ein-, verkochen (lassen); eindicken; **III** *v/pr* **se** ~ **5.** sich beschränken (lassen) (**à** auf + *acc*); *Problem* **se** ~ **à la question suivante** sich auf die folgende Frage beschränken lassen; *Ersparnisse, Schaden etc* **se** ~ **à peu de chose** sehr begrenzt, gering sein; **6. se** ~ **en qc** sich in etw (*acc*) verwandeln; zu etw werden; **se** ~ **en cendres** zu Asche werden

réduit [redɥi] **I** *adj* **1.** *Preis, Tarif* ermäßigt; *Preis auch, Geschwindigkeit* her-'abgesetzt; **à vitesse** ~**e** mit herabgesetzter Geschwindigkeit; **2.** *Arbeitsmöglichkeiten, Berufsaussichten* begrenzt; beschränkt; gering; **3.** *Format, Modell* verkleinert; *Text* gekürzt; **II** *m* **1.** kleiner Raum; kleine Kammer; F Ka'buff *n*; *péj* kleine, elende Wohnung; finsteres Loch; **2.** *mil* Igelstellung *f*; *früher fort* if Re-'duit *m od n*

réduplica|tif [redyplikatif] *adj* <-ive> *gr Wort, Verbum* redupli'zierend; **~tion** *f gr* Reduplikati'on *f*

réduve [redyv] *m zo* Kotwanze *f*

réduviidés [redyviide] *m/pl zo* Raub-, Schreit-, Mordwanzen *f/pl*

réécouter [reekute] *v/t* wieder, noch einmal (an)hören

réécrire [reekrir] *cf* **récrire**

réédi|fication [reedifikasjõ] *f* Wieder'aufbau *m*; **~fier** *v/t* wieder'aufbauen

rééditer [reedite] *v/t* **1.** *Buch* wieder, neu auflegen; *Werke e-s Autors* neu her'ausgeben; **2.** *fig* e-e Neuauflage bringen von; **~tion** *f* **1.** Neuauflage *f*, -ausgabe *f* (*Vorgang u Werk*); **2.** F *fig* Neuauflage *f*

rééducateur [reedykatœr] *m* ~ **de la psychomotricité** Heilpädagoge *m*

rééducation [reedykasjõ] *f* **1.** *méd e-s Versehrten, e-s Gliedes* Wieder'herstellung *f* der Bewegungsfähigkeit (*durch Heilgymnastik*); Rehabilitati'on *f*; ~ **(musculaire)** Heilgymnastik *f*; ~ **professionnelle** Behandlung *f* zur Wieder'eingliederung ins Berufsleben; ~ **du langage** Wieder'anlernen *n* der Sprechfähigkeit; **centre** *m* **de** ~ Rehabilitationszentrum *n*; **2.** *e-s Kindes etc* 'Umerziehung *f* (*auch pol*)

rééduquer [reedyke] *v/t* **1.** *méd Versehrte, Gelähmte* heilgymnastisch, mit Heilgymnastik behandeln; **2.** *Kind* 'umerziehen

réel [reel] **I** *adj* <~**le**> **1.** tatsächlich; wirklich; re'al; **faits** ~**s** Tatsachen *f/pl*; *in e-m Roman etc* **personnage** ~ der Wirk-

lichkeit entnommene Gestalt; *Befürchtungen, Hoffnungen etc* **avoir un fondement** ~ e-n realen Grund haben; **être le chef** ~ der eigentliche Chef sein; **elle est d'une beauté** ~**le** sie ist wirklich schön; **2.** *comm* **prix** ~ effek'tiver Preis; Effek'tivpreis *m*; **salaire** ~ Re'allohn *m*; **valeur** ~**le** Re'al-, Sachwert *m*; **3.** *jur dinglich*; **action** ~**le** dingliche Klage; **contrat** ~ dinglicher Vertrag; **droit** ~ dingliches Recht; **impôt** ~ Re'alsteuer *f*; **4.** *gr* **sujet** ~ eigentliches Subjekt; **5.** *opt* **foyer** ~ re'eller Brennpunkt; **image** ~**le** re'elles Bild; **6.** *math* **nombre** ~ re'elle Zahl; **7.** *phys* **gaz** ~ re'ales Gas; **8.** *EDV* **temps** ~ Echt-, Re'alzeit *f*; **9.** *tech* **rendement** ~ Ist-Wirkungsgrad *m*; **II** *subst* **le** ~ das Wirkliche, Re'ale; die Wirklichkeit

réélection [reelɛksjõ] *f* 'Wiederwahl *f*

réélig|ibilité [reeliʒibilite] *f* 'Wiederwählbarkeit *f*; **~ible** *adj* 'wiederwählbar

réélire [reelir] *v/t* <*cf* **lire**> 'wiederwählen

réellement [reelmã] *adv* wirklich; tatsächlich; in der Tat

réémetteur [reemɛtœr] *m télév* 'Umsetzer *m*

réemploi [reãplwa] *m* **1.** *von Sachen* 'Wiederverwendung *f*; *von Personen* Wieder'einstellung *f*; 'Wiederbeschäftigung *f*; **3.** *cf* **remploi 2.**

réemployer [reãplwaje] *v/t* <-oi-> **1.** *Sachen* wieder verwenden; *Methode* wieder anwenden; **2.** *Personen* wieder einstellen, beschäftigen; *auch* anderweitig beschäftigen; **3.** *cf* **remployer 2.**

réemption [reãpsjõ] *f jur* Rückkauf(s-recht) *m*(*n*)

réengagement [reãgaʒmã] *m cf* **rengagement**

réensemenc|ement [reãsmãsmã] *m agr* 'Wiederbesäen *n*; **~er** *v/t* <-ç-> wieder, neu besäen

réentendre [reãtãdr(ə)] *v/t* <*cf* **rendre**> wieder, noch einmal (an)hören

réescompt|e [reeskõt] *m fin* Rediskon'tierung *f*; Redis'kont *m*; **~er** *v/t* rediskon'tieren

réessay|age [reeseja ʒ] *m* -**s** *Kleides etc* Wieder'anprobe *f*; **~er** *v/t* <-ay-od -ai-> *Kleid* wieder anprobieren; *Kochrezept etc* noch einmal ausprobieren; *abs* es noch einmal versuchen, pro'bieren

réévalu|ation [reevalɥasjõ] *f fin e-r Währung* Aufwertung *f*; *von Bilanzen etc* Wertberichtigung *f*; Neubewertung *f*; **~er** *v/t Währung* aufwerten; *Bilanzen etc* neu bewerten

réexaminer [reegzamine] *v/t Fall, Angelegenheit* noch einmal über'prüfen

réexpéd|ier [reekspedje] *v/t* **a)** weiterbefördern; **b)** *Post* nachsenden; **~ition** *f* **a)** *von Waren, Gepäckstücken etc* Weiterbeförderung *f*; **b)** *der Post* Nachsenden *n*, -ung *f*; **ordre** *m* **de** ~ **du courrier** Nachsendungsauftrag *m*

réexport|ation [reeksportasjõ] *f* Wieder'ausfuhr *f*; **~er** *v/t* wieder ausführen

réexposition [reekspozisjõ] *f mus in e-r Sonate* Re'prise *f*

réextradition [reekstradisjõ] *f jur e-s Verbrechers, Spions etc* Weiterauslieferung *f bzw* Rücküberstellung ~

réfaction [refaksjõ] *f comm bei beschädigter Ware* Re'faktie *f*; Preisnachlaß *m*; Abschlag *m*

refaire [r(ə)fɛr] <*cf* **faire**> **I** *v/t* **1.** *e-e Reise, die gleichen Fehler etc* noch einmal, wieder machen; *Strecke* noch einmal, *auch* zu'rücklegen; **2.** noch einmal, wieder (ganz) von vorne anfangen, beginnen (**qc** etw *od* mit etw); neu, noch einmal machen; *Roman, Wörterbuch etc* 'umarbeiten; *plais* **c'est toute une édu-**

cation à ~ mit s-r bzw ihrer Erziehung müßte noch einmal ganz von vorn begonnen werden; **tout est à** ~ alles muß noch einmal gemacht werden; *abs beim Kartenspiel* noch einmal geben; **3. a)** ausbessern; (wieder) in'stand setzen; repa'rieren; richten; wieder in Ordnung bringen; *Möbel auch* aufarbeiten; ~ **son maquillage** sich wieder schminken; **b)** *par ext* ~ **ses forces, sa santé** wieder zu Kräften kommen; sich erholen; ~ **sa vie a)** wieder heiraten; **b)** ganz von vorne beginnen; ein völlig neues Leben beginnen; **4.** F ~ **qn** F j-n übers Ohr hauen; *par ext* j-n her'einlegen; **je suis refait** F ich bin ganz schön hereingelegt worden; ich sitz' ganz schön in der Klemme; **5.** P *ein Portemonnaie etc* F klauen; klemmen; **II** *v/pr* **se** ~ **6.** *nur verneint* **on ne se refait pas** man kann sich nicht ändern; **7.** F **se** ~ **une beauté** *cf* beauté 1.; **8.** sich erholen; **9. se** ~ **à qc** sich wieder an etw (*acc*) gewöhnen; **10.** *beim Glücksspiel nach großem Verlust* wieder gewinnen

réfection [refɛksjõ] *f* **1.** *e-r Straße, e-s Hauses etc* (Wieder)In'standsetzung *f*; Ausbesserung *f*; Repara'tur *f*; **travaux** *m/pl* **de** ~ (Wieder)Instandsetzungs-, Ausbesserungs-, Reno'vierungsarbeiten *f/pl*; **2.** *in e-m Kloster* Mahlzeit *f*

réfectoire [refɛktwar] *m in e-m Internat, Krankenhaus etc* Speisesaal *m*, -raum *m*; *in e-m Kloster* Refek'torium *n*

refend [r(ə)fã] **I** *loc/adj* **de** ~ **1.** *bât* **ligne** *f* **de** ~ (künstliche) Mauerfuge; **mur** *m* **de** ~ tragende Innenmauer, Zwischenwand; **2.** *charp* **bois** *m* **de** ~ der Länge nach geschnittenes Holz; **II** *m an Autostraßen* Re'klame-, Werbefläche *f*

refendage [r(ə)fãdaʒ] *m tech von Leder* Spalten *n*

refendre [r(ə)fãdr(ə)] *v/t* ⟨*cf* rendre⟩ *tech* spalten (*bes Leder*); *Holz* der Länge nach schneiden

référé [refere] *m jur* (**ordonnance** *f* **de**) ~ einstweilige Verfügung; **juge** *m* **des** ~**s** Richter *m* im sum'marischen Verfahren; **plaider en** ~, **un** ~ e-e einstweilige Verfügung beantragen

référence [referãs] *f* **1. a)** ~**s** *pl* Refe'renzen *f/pl*; Empfehlungen *f/pl*; **fournir des** ~ Referenzen beibringen; **b)** *fig* **ce n'est pas une** ~! das ist nicht gerade e-e Empfehlung!; **2.** Bezugnahme *f*; Sichbe'ziehen *n*; *math, phys* **système** *m* **de** ~ Bezugssystem *n*; *loc/prép* **par** ~ **à** entsprechend, gemäß (+*dat*); *in Zeitungsannoncen:* **adresser, écrire sous** ~ ... **à** ... ... unter Chiffre ... an (+*acc*); **3.** (Angabe *f* e-r, Verweis *m* auf e-e) Belegstelle; Beleg *m*; **indication** *f* **des** ~**s** Quellenangabe *f*; **ouvrage** *m* **de** ~ Nachschlagewerk *n*; **faire** ~ **à un ouvrage** sich auf ein Werk beziehen; **4.** *comm, adm auf dem Briefkopf* **notre** *bzw* **votre** ~ unser *bzw* Ihr Zeichen; **votre lettre citée en** ~ Ihr oben angeführtes (*meist abr* o.a.) Schreiben; **5.** *comm von Stoffen* Muster(karte *f*, -buch *n*) *n*

référendaire [referãdɛr] **I** *m* **a)** *in Frankreich* ~ *od adj* **conseiller** *m* ~ *etwa* Rat *m* beim Rechnungshof; **b)** *in Belgien etwa* Jurist *m* beim Handelsgericht; **II** *adj* auf ein, das Refe'rendum bezüglich

référendum *od* **referendum** [referãdɔm] *m* **1.** *pol* Volksabstimmung *f*; Volksentscheid *m*; Refe'rendum *n*; **2.** *bei Zeitungslesern etc* Meinungsumfrage *f*

référentiel [referãsjɛl] *m math* Bezugssystem *n*

référer [refere] ⟨-è-⟩ **I** *v/t/indir* **en** ~ **à qn** j-m den Fall, die Sache unter'breiten, vorlegen; j-m Bericht erstatten, berichten; **II** *v/pr* **se** ~ **à qc** sich auf etw (*acc*) beziehen, berufen; **se** ~ **à qn** sich auf j-n

berufen; *Briefformel* (**en**) **nous référant à** ... unter Bezugnahme auf (+*acc*)

refermer [r(ə)fɛrme] **I** *v/t Buch, Tür, Augen etc* wieder schließen, F zumachen; *Taschenmesser* wieder zu'sammenklappen; **II** *v/pr* **se** ~ sich wieder schließen; *fig Gesicht* e-n verschlossenen Ausdruck annehmen

refiler [r(ə)file] *v/t P Falschgeld, schlechte Ware etc* F andrehen, 'unterjubeln (**qc à qn** j-m etw); *fig* ~ **son rhume à qn** j-m s-n Schnupfen anhängen

réfléchi [reflefi] *adj* **1.** *Überlegungen, Angaben etc* (gut) durch'dacht, über'legt; *Person* besonnen; bedächtig; 'umsichtig; **esprit** ~ kühler Kopf; **c'est tout** ~ das ist schon entschieden; **tout bien** ~, **je** ... wenn ich es mir richtig *od* recht überlege ...; **2.** *gr* refle'xiv; rückbezüglich, daß ...; **II** *v/t/indir* ~ **à, sur qc** etw über'legen, erwägen; über etw (*acc*) nachdenken; **réfléchis à ce que tu dis** überlege, was du sagst; **j'ai réfléchi à l'affaire** ich habe es mir überlegt; **III** *v/i* über'legen; nachdenken; ~ **avant de parler** erst denken, dann sprechen; **faire** ~, **donner à** ~ einen nachdenklich, bedenklich stimmen, machen; **demander à** ~ um Bedenkzeit bitten; **sans** ~ unüberlegt; unbedacht; **après avoir mûrement réfléchi** nach reiflicher Über'legung; **IV** *v/pr* **se** ~ sich spiegeln (**dans** + *dat*); ~**issant** *adj Oberfläche etc* reflek'tierend

réfléchir [reflefir] **I** *v/t* **1.** *Licht etc* reflek'tieren; zu'rückwerfen (*beide bes phys*); 'widerspiegeln; **2.** ~ **que** ... überlegen

réflectance [reflɛktãs] *f opt* Refle-xi'onsvermögen *n*

réflecteur [reflɛktœr] **I** *m opt, phys* Re'flektor *m*; *télécomm* ~ (**d'antenne**) Re'flektor *m*; *phys atom* ~ (**de neutrons**) Re'flektor *m*; **II** *adj* ⟨-**trice**⟩ *opt, phys* reflek'tierend; Reflexi'ons...

réflectivité [reflɛktivite] *f physiol* Re'flexerregbarkeit *f*

réflectographie [reflɛktografi] *f phot* Re'flexkopierverfahren *n*

réflectorisé [reflɛktɔrize] *adj* (*Auto-*) Nummernschild reflek'tierend; *Straße* mit reflek'tierenden Verkehrsschildern *bzw* mit Blinklichtern

reflet [r(ə)flɛ] *m* **1.** *des Lichtes* Re'flex *m*; ~**s** *pl meist* Glanz *m*; Schimmer *m*; ~**s métalliques** Me'tallglanz *m*; **à** ~**s bleus** blau schimmernd; *Stoff etc* **avoir des** ~**s changeants** schillern; *Haare etc* **avoir des** ~**s roux** rötlich schimmern; **2.** *im Wasser, in Glas etc* Spiegelbild *n*; Spiegelung *f*; *e-r Kerze* 'Widerschein *m*; **3.** *fig* Abbild *n*; Abglanz *m*; **être le pâle** ~ **de** ... der blasse Abglanz sein von ...

refléter [r(ə)flete] ⟨-è-⟩ **I** *v/t* **1.** *Wasser, Spiegel: Licht, Gegenstände* ('wider-)spiegeln; *Licht auch* zu'rückstrahlen, -werfen; **2.** *fig* 'widerspiegeln; *Worte:* Gefühle etc 'wiedergeben; **son visage reflète la bonté** sein Gesicht drückt, strahlt Güte aus; **II** *v/pr* **se** ~ **3.** sich ('wider)spiegeln (**dans** + *dat*); **4.** *fig* sich 'widerspiegeln (**dans, sur** in + *dat*); sich abzeichnen (**auf** + *dat*)

refleurir [r(ə)flœrir] **I** *v/t ein Grab etc* wieder mit Blumen schmücken; **II** *v/i* **1.** wieder, zum zweitenmal blühen; **2.** *fig Kunst etc* wieder'aufblühen, -leben

reflex [reflɛks] *adj* ⟨*inv*⟩ **1.** *phot* **appareil** *m* ~ *od subst* ~ *m* Spiegelreflexkamera *f*; **2.** *rad* **montage** *m* ~ Re'flexschaltung *f*

réflexe [reflɛks] **I** *m* **1.** *physiol* Re'flex *m*;

~ **acquis** *od* **conditionné** bedingter Reflex; ~ **inconditionné, inné, naturel, spontané** unbedingter Reflex; ~ **de protection** Schutzreflex *m*; **2.** *par ext* (rasche, schnelle) Reakti'on; (gutes) Reakti'onsvermögen; **avoir de bons** ~**s, des** ~**s rapides** schnell, rasch, sofort rea'gieren; ein gutes Reaktionsvermögen haben; **avoir le** ~ **de freiner à temps** schnell, sofort reagieren und rechtzeitig bremsen; **il a du** ~ er reagiert schnell; **manquer de** ~ zu langsam reagieren; **II** *adj physiol* reflek'torisch; Re'flex...; **action** *f*, **phénomène** *m* ~ Reflex *m*; **centre** *m*, **mouvement** *m* ~ Reflexzentrum *n*, -bewegung *f*

réflex|ibilité [reflɛksibilite] *f phys von Lichtstrahlen etc* Reflek'tierbarkeit *f*; ~**ible** *adj phys* reflek'tierbar; ~**if** *adj* ⟨-**ive**⟩ *math* **relation** *f* **réflexive** refle-'xive Relation

réflexion [reflɛksjõ] *f* **1.** Über'legung *f*; Über'legen *n*; Nachdenken *n*; ~ **faite** wenn ich's recht bedenke; **à la** ~ bei genauerer Überlegung; **mais à la** ~, **je** ... aber wenn ich genau über'lege, so ...; **s'absorber dans ses** ~**s** ganz in Gedanken versinken *bzw* vertieft sein; **demander un temps de** ~ um Bedenkzeit bitten; **donner matière à** ~ Stoff zum Nachdenken geben; **ceci mérite** ~ das wäre zu über'legen; **2.** Bemerkung *f*; Äußerung *f*; **faire des** ~ spitze Bemerkungen machen; **3.** *phys* Reflexi'on *f*; Spiegelung *f*; ~ **totale** To'talreflexion *f*; ~ **de la lumière, du son** *od* acoustique Licht-, Schallreflexion *f*

réflexologie [reflɛksɔlɔʒi] *f physiol* Re-flexolo'gie *f*

refluer [reflye] *v/i Wasser, Blut* zu'rückfließen, -strömen; *Wasser auch* zu'rückfluten; *Hochwasser* zu'rückgehen; *Menschenmenge* zu'rückweichen; *fig u st/s* **les souvenirs refluèrent à sa mémoire** all s-e Erinnerungen kehrten wieder

reflux [r(ə)fly] *m* **1.** Ebbe *f*; **2.** *e-r Menschenmenge* Zu'rückweichen *n*; **3.** *tech* Rücklauf *m*; **4.** *path* Rückfluß *m*; *sc* Re'flux *m*

refondre [r(ə)fõdr(ə)] ⟨*cf* rendre⟩ **I** *v/t* **1. a)** *Metalle* (wieder) einschmelzen; *Papier* (wieder) einstampfen; **b)** *Metalle* 'umschmelzen; 'umgießen; *Münzen* 'umprägen; **2.** *fig Text, Buch etc* über'arbeiten; *p/fort* 'umarbeiten; 'umgestalten; **II** *v/i Eis* wieder schmelzen

refonte [r(ə)fõt] *f* **1. a)** *von Metallen* Einschmelzen *n*; *von Papier* Einstampfen *n*; **b)** *von Metallen* 'Umschmelzen *n*; 'Umgießen *n*; *von Münzen* 'Umprägen *n*; **2.** *von e-m Text, Buch etc* Über'arbeitung *f*; *p/fort* 'Umarbeitung *f*; 'Umgestaltung *f*

reforage [r(ə)fɔraʒ] *m tech* Nachbohren *n*

réformable [refɔrmabl(ə)] *adj* refor'mierbar; verbesserungsfähig; *Mißbrauch* abzustellen(d)

reformage [r(ə)fɔrmaʒ] *m pétr* Refor'mieren *n*; Refor'mierverfahren *n*

réformat [refɔrma] *m pétr* hochoktaniges Ben'zin

réforma|teur [refɔrmatœr], ~**trice I** *m,f* **1.** Re'former(in) *m(f)*; Erneuerer *m*; **2.** ⟨*nur m*⟩ *hist rel* Refor'mator *m*; **3.** *in Frankreich pol* ~**s** *m/pl* Re'formpartei *f*; **II** *adj* re'formerisch; reforma'torisch; 'umgestaltend; ~**tion** *f jur von gerichtlichen Entscheidung* Abänderung *f*

réforme [refɔrm] *f* **1.** Re'form *f*; Neu-, 'Umgestaltung *f*; 'Umwandlung *f*; Erneuerung *f*; Verbesserung *f*; ~ **agraire, financière, monétaire** Boden-, Fi'nanz-, 'Währungsreform *f*; ~ **de l'orthographe** Rechtschreibreform *f*;

2. *hist rel* la ♀ die Reformati'on; **époque** *f* de la ♀ Reformationszeit *f*; **3.** *mil* Ausmusterung *f* (*auch von Material*); Entlassung *f* wegen Dienstunfähigkeit; **commission** *f* de ~ Ausschuß, der die Dienstunfähigkeit feststellt; **4.** *adm, tech* Außerbe'triebsetzung *f*

réformé [refɔrme] **I** *adj* **1.** *rel* refor'miert; Église ~e reformierte Kirche; **2.** *mil* dienstunfähig; wegen Dienstunfähigkeit entlassen; **II** *subst* **1.** ~(e) *m(f)* *rel* Refor'mierte(r) *f(m)*; **2.** *m mil* wegen Dienstunfähigkeit entlassener Sol'dat

réformer [refɔrme] *v/t* **1.** refor'mieren; erneuern; verbessern; 'umgestalten; *Mißstände* abstellen; **2.** *mil Soldaten* als dienstunfähig entlassen; ausmustern; **3.** *adm, tech unbrauchbares Material, Fahrzeuge etc* ausmustern; ausrangieren; außer Betrieb setzen; **4.** *jur gerichtliche Entscheidung* abändern; **5.** *pétr* refor'mieren

reformer [r(ə)fɔrme] **I** *v/t mil Truppe etc* neu for'mieren; **II** *v/pr* se ~ sich wieder, neu for'mieren

reforming [r(ə)fɔrmiŋ] *m cf* **reformage**

réform|isme [refɔrmism(ə)] *m pol* Refor'mismus *m*; **~iste** *pol* **I** *adj* refor'mistisch; **II** *m,f* Refor'mist(in) *m(f)*

refouill|ement [r(ə)fujmɑ̃] *m* **a)** *bât e-s Steines* Aushöhlung *f*; **b)** *sculp von reliefartigen Ornamenten* Her'ausarbeiten *n*; **~er** *v/t bât Stein* aushöhlen

refoulé [r(ə)fule] *psych* **I** *adj Wünsche, Triebe etc* verdrängt; *Mensch* verklemmt; **II** *subst* ~(e) *m(f)* verklemmter Mensch

refoulement [r(ə)fulmɑ̃] *m* **1.** *von Feinden, Eindringlingen etc* Zu'rückdrängen *n*, -ung *f*; *von unerwünschten Ausländern* Abschiebung *f*; **2.** *psych* Verdrängung *f*; **3.** *tech von Metallen* Stauchen *n*, -ung *f*; *essai m de* ~ Stauchversuch *m*; **4.** *tech von Flüssigkeiten bzw Gasen in Pumpen u Kompressoren* Fördern *n*, -ung *f*; Drücken *n*; *auch* Druck *m*; 'hauteur *f* de ~ Förderhöhe *f*; **5.** *ch de fer e-s Zuges* Zu'rückschieben *n*

refoul|er [r(ə)fule] *v/t* **1.** *Feinde, Eindringlinge etc* zu'rückdrängen; *unerwünschte Ausländer etc* an der Grenze zu'rückweisen; die Einreise verwehren (+*dat*); **2.** *Wut, Wünsche etc* unter'drücken; *Tränen* zu'rückhalten; **3.** *psych* verdrängen; **4.** *mar Schiff* ~ le courant, la marée gegen die Strömung fahren; **5.** *tech Metall* stauchen; **6.** *tech Pumpe: Flüssigkeit etc* fördern; drücken; **7.** *ch de fer Zug* zu'rückschieben, -drücken; **~eur** *m tech* Stauchmaschine *f*; **~oir** *m* **1.** *tech* Türschließer *m*; **2.** Werkzeug *n* zum Stauchen

réfractaire [refraktɛr] **I** *adj* **1.** 'widerspenstig; aufsässig (à gegen'über); *Einflüssen etc* unzugänglich (+*dat*); **2.** *phys* *Ziegel, Erden etc* feuerfest; *Metall* hitzebeständig; **3.** *physiol* période *f* ~ refrak'täre Phase; **II** *m phys* feuerfester Stoff

réfract|er [refrakte] *v/t phys Lichtstrahlen etc* brechen; **~eur** *m opt* Re'fraktor *m*; Linsenfernrohr *n*

réfraction [refraksjɔ̃] *f* **1.** *phys* Brechung *f*; Refrakti'on *f*; ~ acoustique, double ~, ~ de la lumière Schall-, Doppel-, Lichtbrechung *f*; **2.** Augenheilkunde Refrakti'on *f*

réfracto|mètre [refraktɔmetr(ə)] *m opt* Refrakto'meter *m*; **~métrie** *f opt* Refraktome'trie *f*

refrain [r(ə)frɛ̃] *m* **1.** Re'frain *m*; Kehrreim *m*; **2.** *par ext des Wasserkessels* Singen *n*; *der Mühle* Klappern *n*; **3.** F *fig* ständige Redensart; **changez de** ~! sprechen Sie endlich von etwas ande-

rem!; F wechseln Sie die Platte!; **c'est toujours le même** ~ F es ist immer die alte Leier, das alte Lied

réfrang|ibilité [refrɑ̃ʒibilite] *f phys* Brechbarkeit *f*; **~ible** *adj* brechbar

refréner [r(ə)frene] *v/t* ⟨-è-⟩ *Leidenschaft, Zorn etc* zügeln; dämpfen; mäßigen; *Wunsch* zu'rückstellen; *e-m Verlangen* Einhalt gebieten (+*dat*)

réfrigér|ant [refriʒerɑ̃] **I** *adj* **1.** *phys, tech* Kühl...; Kälte...; *appareil* ~ *od subst* ~ *m cf* **II**: fluide ~ Kühlflüssigkeit *f*; Kältemittel *n*; **2.** F *fig* kühl; kalt; frostig; *Person* kalt; eisig; abweisend; accueil ~ kühler, frostiger Empfang; **II** *m tech* Kühlvorrichtung *f*; Kühler *m*; ~ atmosphérique Kühlturm *m*; **~ateur** *m* Kühlschrank *m*; ~ à absorption, ~ à compression Absorpti'ons-, Kom'pressorkühlschrank *m*; *fig* mettre au ~ auf Eis legen; loi mise au ~ *auch* Schubladengesetz *n*; **~ation** *f von Lebensmitteln etc* Kühlen *n*, -ung *f*

réfrigérer [refriʒere] *v/t* ⟨-è-⟩ **1.** *tech* kühlen; **2.** F être réfrigéré ganz 'durchgefroren *od* durch'froren sein; **3.** *fig cf* refroidir 2

réfring|ence [refrɛ̃ʒɑ̃s] *f phys* Brechungsvermögen *n*; **~ent** *adj phys* (licht-, strahlen)brechend

refroidir [r(ə)frwadir] **I** *v/t* **1.** kühlen; kühl werden, abkühlen lassen; **2.** *fig* ~ qn j-n abschrecken, entmutigen, ernüchtern; **3.** *fig Eifer, Begeisterung etc* abkühlen; dämpfen; **4.** P ~ qn F j-n kaltmachen; **II** *v/i* **5.** kühler, kälter werden; *Speise, Motor* faire, laisser ~ abkühlen lassen; **III** *v/pr* se ~ **6.** *Wetter, Luft etc* kälter, kühler werden; sich abkühlen; le temps s'est refroidi es ist kälter geworden; es hat sich abgekühlt; **7.** *fig Eifer, Begeisterung etc* sich abkühlen; erkalten; nachlassen; **8.** sich erkälten

refroidiss|ement [r(ə)frwadismɑ̃] *m* **1.** *der Luft etc* Abkühlen *n*, -ung *f*; Erkalten *n*, -ung *f*; *e-s Motors* Kühlung *f*; ~ par air, par eau Luft-, Wasserkühlung *f*; à ~ par air luftgekühlt; eau *f* de ~ Kühlwasser *n*; **2.** *path* Erkältung *f*; prendre un ~ sich erkälten; sich e-e Erkältung zuziehen; **3.** *fig der Freundschaft etc* Abkühlung *f*; il y a du ~ entre eux ihre Beziehungen haben sich abgekühlt; **~eur** *m cf* réfrigérant II: adit système ~ Kühlsystem *n*; **~oir** *m in e-r Brauerei* Kühlschiff *n*

refuge [r(ə)fyʒ] *m* **1.** Zuflucht *f*; Zufluchtsort *m*; 'Unterschlupf *m*; **cher-cher** ~ Zuflucht suchen (auprès de qn bei j-m); chercher un ~ dans qc Zuflucht in etw (*dat*) suchen; demander ~ à qn j-n um e-n Unterschlupf bitten; **2.** *in den Bergen* (Schutz)Hütte *f*; **3.** Verkehrsinsel *f*

réfugié [refyʒje] **I** *adj* geflüchtet; **II** *subst* ~(e) *m(f)* Flüchtling *m*; Vertriebene(r) *f(m)*; ~ politique politischer Flüchtling

réfugier [refyʒje] *v/pr* se ~ sich flüchten (chez qn, auprès de qn zu j-m; *fig* dans qc in etw [*acc*]); Schutz, Zuflucht suchen (bei j-m); se ~ à l'étranger ins Ausland flüchten; se ~ sous un arbre unter e-m Baum Schutz suchen

refus [r(ə)fy] *m* **1.** Ablehnung *f*; Weigerung *f*; Verweigerung *f*; Zu'rückweisung *f*; Ab-, Ausschlagung *f*; Versagung *f*; Absage *f*; abschlägiger Antwort; abschlägiger Bescheid; *jur* ~ de comparaître Weigerung, vor Gericht zu erscheinen; *mil* ~ d'obéissance Befehls-, Gehorsamsverweigerung *f*; *im Straßenverkehr* ~ de priorité Nichtbeachtung *f* der Vorfahrt; *égl cath* ~ des sacrements Verweigerung der Sakramente; essuyer

un ~, se heurter à un ~ e-e abschlägige Antwort, e-e Absage bekommen; *von e-m Mädchen, e-r Frau* e-n Korb bekommen; sich e-n Korb holen; F ce n'est pas de ~! da kann ich nicht nein sagen!; mit Vergnügen!; opposer un ~ à qn j-m e-e Absage erteilen; **2.** *des Pferdes vor e-m Hindernis* Verweigern *n*; **3.** bât e-s Pfahles Rammwiderstand *m*

refusable [r(ə)fyzabl(ə)] *adj* ablehnbar

refuser [r(ə)fyze] *v/t* **1.** ablehnen (*auch abs*); *Bitte* abschlagen; *Gesuch, Antrag* ablehnen; *Antwort, Auskunft, Erlaubnis etc* verweigern; *Einwilligung etc auch* versagen; *Angebot, Geschenk, Trinkgeld, Manuskript etc* ablehnen; zu'rückweisen; *Angebot, Einladung auch* ausschlagen; *Annahme* verweigern; *sports:* *Tor* nicht anerkennen; *Punkt* nicht geben; *mil* ~ le combat dem Kampf ausweichen; ~ à qn toute compétence j-m jegliche Kompetenz absprechen; ~ à qn la main de sa fille j-m die Hand s-r Tochter verweigern; *Pferd* ~ (l'obstacle) (das Hindernis) verweigern; ~ un bon parti e-e gute Partie ausschlagen; ~ sa porte à qn j-m sein Haus verbieten; ~ le risque dem Risiko ausweichen; **vous ne pouvez pas me** ~ cela Sie dürfen mir das nicht abschlagen; ~ de faire qc sich weigern, es ablehnen, etw zu tun; **2.** ~ qn j-n ab-, zu'rückweisen; *bei e-m Examen:* (*Prüfungs*)Kandidaten 'durchfallen lassen; *im Theater etc* ~ du monde viele (Leute) abweisen, nicht einlassen; **II** *v/i* **3.** *Pfahl etc* auf e-n 'Widerstand stoßen; **4.** *mar Wind* schralen; **III** *v/pr* **5.** se ~ qc sich etw versagen; sich etw nicht gönnen; il ne se refuse rien er gönnt sich alles; il se refuse tout plaisir er gönnt sich nicht das geringste Vergnügen; **6.** se ~ à qc etw verweigern; etw ablehnen; se ~ à faire qc sich weigern, es ablehnen, etw zu tun; je m'y refuse das lehne ich (strikt) ab; **se** ~ à l'évidence sich den Tatsachen verschließen; *Frau* se ~ à un homme sich e-m Mann verweigern; **7.** *passivisch* un petit verre ne se refuse pas ein Gläschen kann man nicht ausschlagen

réfut|able [refytabl(ə)] *adj* wider'legbar; **~ation** *f* Wider'legung *f*; **~er** *v/t* *Theorie, Einwand etc, auch Schriftsteller etc* wider'legen

reg [rɛg] *m géogr* Reg *f*; Geröllwüste *f*

regagner [r(ə)gaɲe] *v/t* **1.** *j-s Freundschaft, Zuneigung etc* 'wiedergewinnen; *Geld, verlorenes Gebiet etc* zu'rück-, 'wiedergewinnen; *Zeit* wieder einholen; *meist fig* ~ du terrain wieder Boden gewinnen; **2.** *e-n Ort* wieder erreichen; zu'rückkehren an, in (+*acc*); *mil:* ~ ses foyers wieder in die Heimat zu'rückkehren; ~ son unité wieder zu s-r Einheit stoßen, zurückkehren

regain [r(ə)gɛ̃] *m* **1.** *agr* Grum(me)t *n*; *südwestdt* Öhmd *n*; **2.** *fig* ~ de jeunesse zweite Jugend; avoir un ~ de vie wieder'aufleben; *comm* connaître un ~ d'activité e-e Neubelebung erfahren

régal [regal] *m Leckerbissen m (auch fig)*; son grand ~ est ... er ißt ... für sein Leben gern; *fig* être un ~ pour les yeux e-e Augenweide sein

régalade [regalad] *f nur loc* boire à la ~ aus der (Feld)Flasche trinken, ohne sie anzusetzen; am Strahl trinken

régalage [regalaʒ] *m tech* Einebnen *n*, -ung *f*; Pla'nieren *n*, -ung *f*

régale [regal] **I** *adj nur f* chim eau ~ Königswasser *n*; **II** *subst* **1.** *m mus* Re'gal *n*; **2.** *f hist* Re'gal(e) *n*; Hoheitsrecht *n*

régalement [regalmɑ̃] *m tech cf* régalage

régaler [regale] **I** v/t **1.** gut, reichlich bewirten (**qn de, avec qc** j-n mit etw); F abs die andern freihalten; F **c'est moi qui régale** ich zahle (die Zeche); **2.** tech einebnen; pla'nieren; **II** v/pr **se ~** mit Genuß essen (**de, avec qc** etw); es sich schmecken lassen; **se ~ de, avec qc** auch sich etw schmecken lassen; sich an etw (dat) gütlich tun; **je me suis régalé** es hat mir sehr gut geschmeckt; ich habe es (das Essen) sehr genossen

régaleur [regalœr] m tech Pla'nierarbeiter m

régalien [regaljɛ̃] adj ⟨~ne⟩ hist droit ~ cf régale II 2.

regard [r(ə)gar] m **1.** Blick m; ~ sournois heimtückischer Blick; ~ du connaisseur Kennerblick m; ~ en arrière a) Blick zurück, nach hinten; b) fig Rückblick m; ~ en coin Seitenblick m; poét sous le ~ des étoiles unter dem Sternenhimmel; fig avoir un ~ en dessous keinen offenen Blick haben; désigner, montrer qc du ~ mit Blicken auf etw (acc) aufmerksam machen; échanger des ~s d'intelligence Blicke des Einverständnisses tauschen; fouiller l'obscurité du ~ die Dunkelheit mit Blicken zu durch'dringen versuchen; jeter un ~ sur qc e-n Blick auf (acc) werfen; jeter, lancer un ~ furieux à qn j-m e-n wütenden Blick zuwerfen; menacer qn du ~ j-m e-n drohenden Blick zuwerfen; Zeitung etc parcourir du ~ (mit e-m Blick) über'fliegen; promener son ~ autour de soi s-n Blick herumschweifen lassen, in die Runde schweifen lassen; **2.** jur droit m de ~ Aufsichts-, Kon'trollrecht n; avoir droit de ~ sur ... das Aufsichts-, Kontrollrecht haben über (+acc); **3.** loc/prép au ~ de im Hinblick auf (+acc); verglichen mit; loc/adv en ~ gegen'überstehend; Text avec traduction en ~ mit gegenüberstehender Übersetzung; st/s u fig mettre deux choses en ~ zwei Dinge miteinander vergleichen; **4.** tech der Kanalisation etc Einsteigöffnung f, -schacht m; Einstieg m

regardant [r(ə)gardã] adj in Geldangelegenheiten zu genau; zu sparsam; kleinlich

regarder [r(ə)garde] **I** v/t **1.** ~ qn, qc j-n, etw ansehen, anschauen, betrachten, anblicken, F angucken; F **regarde-moi ce gâchis!** F sieh dir mal diesen Pfusch an!; ist das vielleicht ein Pfusch!; **ne ~ que son intérêt** nur s-e eigenen Interessen verfolgen; ~ **sa montre** auf die Uhr sehen; ~ **la télévision** fernsehen; F fig **vous ne m'avez pas regardé!** F das glauben Sie ja wohl selbst nicht!; so sehen Sie aus!; ♦ ~ **qn bouche bée** j-n mit offenem Mund anstarren; ~ **qn dans les yeux** j-m in die Augen sehen; fig ~ **qn du haut de sa grandeur** mitleidig auf j-n herabsehen; ~ **qn de haut en bas** j-n von oben bis unten mustern; fig ~ **qn d'un bon, d'un mauvais œil** j-m wohlwollend, feindlich gesinnt sein; (pouvoir) ~ **qn en face** j-m in die Augen sehen (können); fig ~ **le danger en face** der Gefahr ins Auge sehen; fig ~ **la situation en face** die Situation klar erkennen; ~ **qn par en dessous** j-n von unten herauf ansehen; ~ **qn par-dessus l'épaule** j-n über die Schulter (hin'weg) ansehen; ♦ **se faire** ~ auf sich aufmerksam machen; **regardez-moi faire!** sehen Sie mir zu!; ~ **passer les gens** od **les gens passer** zusehen, schauen, wie die Leute vorbeigehen; F **regarder voir!** F sehen Sie mal!; **2.** ~ **comme** ... ansehen, betrachten als ...; halten für ...; ~ **qc comme une bonne affaire** etw für ein

gutes Geschäft halten; **3.** Sache, Angelegenheit ~ qn j-n (etwas) angehen; **cela ne me regarde pas** das geht mich nichts an; damit habe ich nichts zu tun; **cela ne regarde que moi** das geht nur mich etwas an; das ist meine Angelegenheit; **4.** Wohnung, Fenster ~ **le midi** nach Süden liegen od gehen; **II** v/t/indir **5.** ~ **à qc** genau achten auf etw (acc); sich etw genau über'legen; ~ **à la dépense** sich (Geld) genau überlegen; sparsam sein; **ne pas** ~ **à la dépense** nicht auf den Preis sehen; es sich etwas kosten lassen; keine Kosten scheuen; **on ne regardera pas à la dépense** Geld spielt keine Rolle; **y** ~ **à deux fois avant de** ... es sich zweimal, genau, sehr gut überlegen, bevor ...; **à y** ~ **de près** wenn man es sich aus der Nähe betrachtet; wenn man näher hinsieht; **il ne faut pas y** ~ **de trop près** da soll man lieber nicht so genau hinsehen; **III** v/i **6.** sehen; schauen; F gucken; zu-, nachsehen, -schauen, F -gucken; hin- bzw hersehen, -schauen, -blicken; **regarde!** sieh, schau, F guck mal!; ~ **en arrière** zu'rückschauen, -blicken (auch fig); nach hinten blicken; ~ **en 'haut** hin'auf- bzw her'aufsehen; nach oben sehen; ~ **par la fenêtre** aus dem Fenster sehen; zum Fenster hin'aussehen, -schauen; **regarde par ici!** sieh mal her!; ~ **partout** überall nachsehen; **se contenter de** ~ sich auf das Zuschauen beschränken; **7.** Wohnung, Fenster ~ **vers le midi** nach Süden liegen od gehen; **IV** v/pr **se** ~ **8.** a) reflexiv in e-m Spiegel etc sich ansehen, anschauen, betrachten, F angucken; fig **il ne s'est pas regardé** er sollte lieber bei sich selbst anfangen; b) reziprok **se** ~ (l'un l'autre) ein'ander od sich (gegenseitig) ansehen, anschauen, anblicken, F angucken; **se** ~ **dans les yeux** sich (gegenseitig) in die Augen sehen; c) passivisch Bild **dans quel sens cela se regarde-t-il?** von welcher Seite muß man das ansehen?; **9.** Häuser etc ein'ander gegen'überliegen, -stehen

regarnir [r(ə)garnir] v/t wieder, von neuem versehen (**de** mit); Hut mit neuen Bändern, Schleifen etc versehen; Regale in e-m Laden mit neuen Waren auffüllen

régate [regat] f sports meist pl ~s Re'gatta f

regel [r(ə)ʒɛl] m **1.** wieder, erneut einsetzender Frost; **2.** phys Regelati'on f

regeler [rəʒle, rʒəle] v/imp ⟨-è-⟩ **il regèle** es friert wieder

régence [reʒãs] f **1.** pol Re'gentschaft f; **conseil** m **de** ~ Regentschaftsrat m; **2.** hist **la** ♀ die Regentschaft Philipps von Orléans; ♦ adj im Régencestil; lit m ♀ Bett n im Régencestil

régénérateur [reʒeneratœr] **I** adj ⟨-trice⟩ **1.** st/s erneuernd; 'wiederbelebend; regene'rierend; **2.** phys atom réacteur ~ Brutreaktor m; Brüter m; **II** m **1.** tech Regene'rator m; Luftvorwärmer m; **2.** phys atom Brutreaktor m; Brüter m

régénération [reʒenerasjõ] f **1.** biol Regenerati'on f; Neubildung f; **2.** fig u st/s 'Wiedergeburt f (auch rel); Erneuerung f; **3.** tech Regenera'tivfeuerung f; **four** m **à** ~ Regenera'tivofen m

régénéré [reʒenere] adj chim, tech rege-ne'riert; **caoutchouc** ~ Kautschukregenerat n

régénérer [reʒenere] v/t ⟨-è-⟩ **1.** biol regene'rieren; **2.** fig 'wiederbeleben (auch rel); Gesellschaft, Sitten etc erneuern

régent [reʒã] m, **~ente** f **1.** Re'gent(in) m(f); adit **prince régent** Prinzregent m; **2.** hist **le Régent** der Regent Philipp von Orléans

régenter [reʒãte] F v/t schulmeistern; bevormunden; **vouloir tout** ~ **alles** bestimmen wollen

régicide [reʒisid] m **1.** Königsmörder m; adit **révolution** f ~ Revolution, bei der der König ermordet wird; **2.** Königsmord m

régie [reʒi] f **1.** jur adm a) Re'giebetrieb m; staatlicher Betrieb; staatliches Unter'nehmen; Re'gie f; ♀ **française des tabacs** französische Tabakregie; la ~ **d'État avec, sans monopole** staatlicher Mono'polbetrieb, staatlicher Betrieb ohne Monopol; **la** ~ **Renault** die staatlichen Renaultwerke n/pl; b) Re'gie f; Verwaltung f (staatlicher Betriebe) durch den Staat selber; ~ **communale** Gemeinderegie f; ~ **intéressée** f staatliche Verwaltung mit Gewinnbeteiligung; ~ **simple** od **directe** Regie, staatliche Verwaltung ohne Gewinnbeteiligung; **travaux** m/pl (**mis**) **en** ~ in staatlicher Regie 'durchgeführte Arbeiten f/pl; **2.** a) thé, cin, télév Re'gieassistenz f; b) rad, télév Re'gieraum m; **3.** jur ~ **d'avance** vorschußweise Zur-ver'fügungstellung von Haushaltsmitteln

regimber [r(ə)ʒɛbe] v/i **1.** Pferd etc bocken; ausschlagen; **2.** fig Person sich sträuben; sich wider'setzen; aufmucken; re'bellisch werden

régime [reʒim] m **1.** pol Re'gierungsform f, -system n; Staatsform f, -ordnung f; oft péj Re'gime n; hist **l'Ancien** ♀ das Ancien Régime; die absolu'tistische Monarchie vor 1789; ~ **autoritaire** autoritäres Regime; ~ **fort** Regime mit totalitären Zügen; ~ **politique** politisches Sy'stem; ~ **républicain** republikanische Staats-, Regierungsform; **2.** jur a) Rechtsvorschriften f/pl; gesetzliche Regelung; Ordnung f; Sy'stem n; ~ **douanier, fiscal** Zoll-, Steuersystem n; ~ (**juridique**) **des eaux** Wasserrecht n; ~ **pénitentiaire, des prisons** Strafvollzugsordnung f; ~ **postal** Postbestimmungen f/pl; ~ **préférentiel** Sonder-, Vorzugsregelung f; écon ~ **de libre concurrence** freie Wettbewerbsordnung; **être au** ~ **du droit commun** als Strafgefangener behandelt werden; b) ~ **matrimonial** Güterstand m; ~ **de la communauté** (**légale**) Gütergemeinschaft f; **3.** ~ (**alimentaire**) Ernährung(sweise) f; Kost f; bes Di'ät f; Kranken-, Schonkost f; ~ **amaigrissant** cf amaigrissant; ~ **lacté** Milchdiät f, -kur f; ~ **végétarien** vegetarische Diät, Ernährung; **enfreindre un** ~ e-e Diät nicht einhalten; **être au** ~ diät leben (müssen); **il est au** ~ **sec** er darf keinen Alkohol trinken; **mettre au** ~ auf Diät setzen; **se mettre au** ~ sich auf Diät 'umstellen; e-e Diät beginnen; **suivre un** ~ (**sévère, strict**) (strenge) Diät halten; **4.** tech e-s Motors, e-r Maschine Drehzahl f; ~ **au ralenti, de croisière** Leerlauf-, Betriebsdrehzahl f; **marcher à plein** ~ auf vollen Touren laufen (auch fig); **5.** géogr e-s Flusses Wasserführung f; météo ~ **des pluies, pluviométrique** etwa jährliche Niederschlagsverteilung; **6.** gr Rekti'on f; adit im Altfrz **cas** m ~ Ob'liquus m; Ob'jektkasus m; abhängiger Fall; **7.** ch de fer ~ **accéléré** (abr R.A.) Eilgut n; ~ **ordinaire** (abr R.O.) Frachtgut n

régime[2] [reʒim] m von Bananen, Datteln Büschel n; Traube f; Fruchtstand m

régiment [reʒimã] m **1.** mil Regi'ment n; ~ **de cavalerie, d'infanterie** Kavalle'rie-, Infante'rieregiment n; **2.** F par ext Mili'tär n; Mili'tärdienst m; F Kom'miß m; **aller, être au** ~ zum Militär gehen,

beim Militär sein; **faire son** ~ s-n Militärdienst machen; **3.** *fig* Schar *f*, Heer *n* (de von); il **y en a pour tout un** ~ davon kann e-e ganze Armee satt werden

régimentaire [reʒimɛtɛr] *adj mil* Regi'ments...

région [reʒjɔ̃] *f* **1.** *géogr* Gegend *f*; Gebiet *n*; Raum *m*; Regi'on *f*; ~ **désertique** Wüstengebiet *n*; *par ext* **dans nos** ~s in unseren Breitengraden; **dans la** ~ **de Nice** in der Gegend von Nizza; **parcourir la** ~ in der Gegend her'umfahren; **2.** *fig* Regi'on *f*; **les 'hautes** ~s **de la philosophie** die höheren Regionen der Philosophie; **3.** *anat* (Körper-) Gegend *f*; ~ **pectorale** Brustgegend *f*; **dans la** ~ **du cœur** in der Herzgegend; **4.** *adm* (mehrere Departemente um'fassender) Bezirk, Bereich; Regi'on *f*; ~ **de fer** Bahnbezirk *m*; *mar mil* ~ **maritime** *etwa* Ma'rinestation *f*; *mil* ~ **(militaire)** *etwa* Wehrbereich *m*; *aviat* ~ **de contrô**le Kon'trollbezirk *m*; *adm* **préfet** *m* **de** ~ Präfekt *m* e-r *bzw* der Region

régional [reʒjɔnal] **I** *adj* ⟨-aux⟩ regio'nal (*auch od* zwischen Nachbarstaaten *u adm*); landschaftlich; *adm* **conseil** ~ beratende Versammlung der Regi'on; Regionalrat *m*; **costume** ~ e die Küche der (Volks-)Tracht *f*; **la cuisine** ~ e die Küche der verschiedenen Gegenden (e-s Landes); **mot** ~ regional gebrauchtes Wort; *tél* **régio'nales** Tele'fonnetz (*um e-e Großstadt*); ~**isation** *f adm* Förderung *f* der regio'nalen Eigenständigkeit; Regionali'sierung *f*; Dezentralisati'on *f*; ~ **de l'économie** Über'tragung *f* wirtschaftlicher Kompe'tenzen auf die regionalen Behörden; ~**iser** *v/t adm* die Eigenständigkeit der Regi'onen fördern (**la France** in Frankreich); auf regio'nale Ebene verlegen; den regionalen Bedürfnissen anpassen (*dat*); auf regionaler Ebene 'durchführen; dezentrali'sieren; ~**isme** *m* **1.** a) Heimatschutz *m*, -pflege *f*; b) *Literatur* Regiona'lismus *m*; landschaftlich gebundene The'matik; **2.** *ling* landschaftlich gebundene Ausdrucksweise; **3.** *pol* Regiona'lismus *m*; ~**iste I** *adj* Heimat...; **écrivain** *m*, **fédération** *f*, **poésie** *f*, ~ Heimatdichter *m od* -schriftsteller *m*, -verein *m*, -dichtung *f*; **II** *m, f* Regiona'list *m*

régir [reʒir] *v/t* **1.** regeln; bestimmen; **2.** *gr* re'gieren, stehen (**le subjonctif**, **l'accusatif mit dem Konjunktiv, mit dem Akkusativ)**

régisseur [reʒisœr] *m* **1.** Verwalter *m*; **2.** *thé, cin, télév* ~ **(de scène, de plateau)** Re'gieassistent *m*; Aufnahmeleiter *m*

registre [reʒistr(ə)] *m* **1.** Re'gister *n*; Verzeichnis *n*; ~ **maritime** Schiffsregister *n*; ~ **du commerce** Handelsregister *n*; ~ **d'état civil** Standesregister *n*; Per'sonenstandsbuch *n*; **2.** *mus* **a)** e-r Orgel, e-s Harmoniums, von Holzblasinstrumenten Re'gister *n*; **b)** der menschlichen Stimme Re'gister *n*; ~ **grave**, **'haut**, **moyen** tiefes, hohes, mittleres Register; ~ **de poitrine, de tête** Brust-, Kopfregister *n*; **3.** *fig e-r Rede etc* Ton *m*; **4.** *tech* Luft-, Schließklappe *f*; **5.** *impr* Re'gister *n*; **6.** *EDV* Re'gister *n*; Kurzzeitspeicher *m*; ~ **d'index** Indexregister *n*

réglable [reglabl(ə)] *adj* regu'lierbar; einstellbar; verstellbar; *auto etc* **siège** *m* ~ verstellbarer Sitz

réglage [reglaʒ] *m* **1.** *tech* Einstellung *f* (*auch Ergebnis, Zustand*); Einstellen *n*; Regu'lieren *n*, -ung *f*; Regeln *n*, -ung *f*; Ju'stieren *n*, -ung *f*; *e-r Uhr* Re'glage *f*; **mauvais** ~ **du carburateur** falsche Vergasereinstellung; ~ **du tir** Einschießen *n*; **bouton** *m* **de** ~ Einstell-,

---

Regu'lierknopf *m*; **2.** *von bzw auf Papier* Li'nierung *od* Lini'ierung *f*

règle [regl(ə)] *f* **1.** Line'al *n*; ~ **à calcul** Rechenschieber *m*; ~ **à dessiner** Reißschiene *f*; **2.** Regel *f*; Gesetz *n*; Vorschrift *f*; ~ **orthographique** Rechtschreib(e)regel *f*; **les** ~s **de l'architecture** die Gesetze der Architektur; ~ **de grammaire** Grammatikregel *f*; *meist pl* ~s **du jeu** Spielregeln *f/pl* (*auch fig*); ~s **de la morale** Anstand *m* und Sitte *f*; ~s **de la politesse, bienséance** Anstandsregeln *f/pl*; *im klassischen Drama* **la** ~ **des trois unités** das Gesetz der drei Einheiten; **exception** *f* **à la** ~ Ausnahme *f* von der Regel; ◆ *loc/adv u loc/adj*: **dans les** ~s **(de l'art), selon les** ~s a) vorschriftsmäßig; ordnungsgemäß; b) *oft iron* nach allen Regeln der Kunst; **de** ~ üblich; **wie es sich gehört; être de** ~ üblich, Sitte sein; sich gehören; **il est de** ~ **que...** (+*subj*) es ist üblich *etc*, daß ...; **en** ~ a) vorschriftsmäßig; ordnungsgemäß; in Ordnung; b) regelrecht; **en** ~ **générale** in der Regel; im allgemeinen; gewöhnlich; meist(ens); **bataille** *f* **en** ~ regelrechte Schlägerei; **papiers** *m/pl* **en** ~ vorschriftsmäßige, ordnungsgemäße Papiere *n/pl*; **avoir ses papiers, sa comptabilité** ~ s-e Papiere, s-e Buchführung in Ordnung haben; **être en** ~ ordnungsgemäß bezahlt haben; vorschriftsmäßige Papiere haben; *Ausländer etc* **ne pas être en** ~ sich illegal aufhalten; **se mettre en** ~ s-e Verhältnisse *etc* in Ordnung, ins reine bringen; **se mettre en** ~ **avec les autorités** die Angelegenheit mit den Behörden in Ordnung bringen; ◆ **adopter la** *od* **comme** ~ **de conduite de** (+*inf*) es sich zur Regel machen zu (+*inf*); **suivre les** ~s die Regeln befolgen; **avoir pour** ~ **de** (+*inf*) als Lebensregel haben zu (+*inf*); **enfreindre, violer les** ~s **de la morale** Sitte und Anstand verletzen; **prescrire une** ~ e-e Verhaltensweise vorschreiben; e-e Vorschrift machen; *loc/prov* **il n'y a pas de** ~ **sans exception** *od* **toute** ~ **comporte des exceptions** keine Regel ohne Ausnahme (*loc/prov*); **3.** *physiol* ~s *pl* Regel *f*; Peri'ode *f*; ~s **abondantes, irrégulières** starke, unregelmäßige Regel; **avoir ses** ~s ihre Tage, Regel haben; **4.** *math* ~ **de trois** Dreisatzrechnung *f*; **5.** *rel* (Ordens-)Regel *f*; ~ **d'un couvent** Klosterregel *f*; **6.** *mar* ~s **de route** Seestraßenordnung *f*; **7.** *Psychoanalyse* ~ **fondamentale** *od* ~ **de libre association** psychoanalytische Grundregel

réglé [regle] *adj* **1.** geregelt; ordentlich; **mener une vie** ~ e ein geregeltes Leben führen; **c'est** ~ **comme du papier à musique** *cf* musique 2.; erledigt; abgeschlossen; *Rechnung* **non** ~ unbezahlt; unbeglichen; offenstehend; **3.** *tech* eingestellt; **carburateur** ~ falsch eingestellter Vergaser; *Kybernetik* **grandeur** ~ e Regelgröße *f*; **4.** *Papier* li'niert *od* lini'iert; **5.** *physiol* **femme bien** (**mal**) ~ e Frau *f* mit (un)regelmäßiger Regel, Peri'ode

règlement [reglemã] *m* **1.** Vorschrift *f* (*meist pl* Vorschriften); Regle'ment *n*; *für Beamte etc* Dienstvorschrift(en) *f(pl)*; *in e-m Heim etc* Hausordnung *f*; *e-r Organisation, Gesellschaft, Versammlung etc* ~ **intérieur** Geschäftsordnung *f*; *e-s Betriebes* ~ **intérieur** *od* **d'atelier** Betriebsordnung *f*; ~ **du concours** Wettbewerbsbedingungen *f/pl*; **c'est le**

~ **! das ist Vorschrift!; 2.** *e-r Angelegenheit, Frage* Regelung *f*; Erledigung *f*; *e-s Streitfalles, Konfliktes* Beilegung *f*; Bereinigung *f*; ~ **(à l')amiable** gütliche Beilegung *f*; *jur* ~ **judiciaire** Vergleichsverfahren *n* (*zur Abwendung e-s Konkurses*); *jur* ~ **de juges** Entscheid *m* über die Zuständigkeit e-s Gerichts; **3.** *comm e-r Rechnung, Schuld etc* Begleichung *f*; Zahlung *f*; *fig* ~ **de compte(s)** Abrechnung *f* (**entre voyous** zwischen Ganoven); **4.** *jur, adm* (Rechts)Verordnung *f*; Bestimmung *f*; Verfügung *f*; ~ **sanitaire** Hygi'enevorschrift *f*; ~ **d'administration publique** (*abr* **R.A.P.**) Verordnung (nach Anhören des ,,Conseil d'État"); ~ **de police** Poli'zeiverordnung *f*, -vorschrift *f*

réglementaire [reglemãtɛr, rɛ-] *adj* **1.** vorschriftsmäßig; ordnungsgemäß; *e-s Soldaten* **tenue** *f* ~ vorschriftsmäßiger Anzug; **2.** *jur, adm* **pouvoir** *m* ~ Verordnungsgewalt *f*

réglementation [reglemãtasjɔ̃, rɛ-] *f* **1.** Regelung *f* (durch Vorschriften, auf dem Verordnungswege); gesetzliche Regelung; *meist péi* Reglemen'tierung *f*; ~ **des loyers, des prix** gesetzliche Festsetzung der Mieten, der Preise; Preisregelung *f*; **2.** Bestimmungen *f/pl*; Vorschriften *f/pl*; Ordnung *f*

réglementer [reglemãte, rɛ-] *v/t* (durch Vorschriften, durch Verordnungen, gesetzlich) regeln; *meist péi* reglemen'tieren; ~ **le droit de grève** das Streikrecht (gesetzlich) regeln; *adit* **forme réglementée** vorgeschriebene Form

régler [regle] ⟨-è-⟩ **I** *v/t* **1.** *Papier* li'nieren *od* lini'ieren; **machine** *f* **à** ~ *cf* **régleuse; 2.** ~ **sur** etwas nach; **sa conduite sur les circonstances** sein Verhalten nach den 'Umständen richten; **3.** *Ort und Zeit e-r Unterredung, Programm etc* festlegen, -setzen; bestimmen; ~ **le sort de qn** über j-s Schicksal (*acc*) entscheiden, bestimmen; **4.** *Angelegenheiten, Fragen* regeln; erledigen; *Konflikt, Differenzen* beilegen; bereinigen; *Streit etc auch* schlichten; ~ **la circulation** den Verkehr regeln; **5.** *Rechnung, Schulden etc* bezahlen; begleichen; *abs* zahlen; ~ **le boulanger**, *etc* den Bäcker, die Rechnung beim Bäcker *etc* bezahlen; *fig* ~ **son compte à qn** *cf* **compte 1.; 6.** *tech* einstellen; regu'lieren; ju'stieren; ~ **une montre** e-e Uhr einstellen, regulieren; *mil* ~ **le tir** sich einschießen; **7.** *jur* ~ **de juges** das zuständige Gericht bestimmen; **II** *v/pr* **se** ~ **8. se** ~ **sur qn** sich nach j-m richten; **9. a)** *passivisch tech* sich einstellen, regu'lieren lassen; **b)** *reflexiv* **l'affaire s'est réglée à l'amiable** die Angelegenheit hat sich gütlich bereinigen lassen

régl|et [reglɛ] *m arch* Zierleiste *f*; ~**ette** *f* kleines Line'al; ~**eur** *m tech* Ju'stierer *m*; Einrichter *m*; ~**euse** *f* Li'niermaschine *f*

réglisse [reglis] **1.** *f bot* ~ **(officinale)** Süßholzstrauch *m*; ~ **sauvage** *od* **fausse** ~ *od* ~ **bâtarde** Süße Bärenschote; ~ **d'Amérique** Pater'nostererbse *f*; **2.** *m* La'kritze *f*; *auch* Süßholz *n*; *phm* **suc** *m* **de** ~ Lakritzen-, Süßholzsaft *m*; **acheter du** ~ Lakritze *bzw* Süßholz kaufen

réglo [reglo] *adj* F *cf* **régulier I 4.**

réglure [reglyr] *f* Li'nieren *od* Lini'ieren *n*; Li'nierung *od* Lini'ierung *f* (*auch Ergebnis*); Linia'tur *f* (*nur Ergebnis*)

régnant [reɲã] *adj* re'gierend; herrschend; **prince** ~ regierender Fürst

règne [reɲ] *m* **1.** *e-s Herrschers* Re'gierung(szeit) *f*; Herrschaft *f*; Re'gentschaft *f*; **le** ~ **de Louis XIV** die Herrschaft Ludwigs XIV.; **sous le** ~ **de** unter

der Herrschaft (+*gén*); während der Regierungszeit (+*gén*); *rel* que ton ~ arrive Dein Reich komme; **2.** *fig* e-r sozialen Gruppe, e-r Person, der Frau etc Vormachtstellung *f*; Vorherrschaft *f*; *der Gerechtigkeit, e-r Mode etc* Herrschaft *f*; **3.** *Reich n; Welt f*; ~ **animal, végétal** Tier-, Pflanzenreich *n*

régner [reɲe] *v/i* ⟨-è-⟩ **1.** *Herrscher* herrschen; re'gieren; ~ (**pendant**) **dix ans** zehn Jahre lang herrschen, re'gieren; **2.** *par ext Person* herrschen (**sur** über +*acc*); das Regi'ment führen; **elle règne dans la maison** sie führt zu Hause das Regiment; **3.** *Verwirrung, Stille, Ruhe, Ordnung, Vertrauen, Eintracht etc* herrschen; **le calme régnait dans la maison** es herrschte Stille im Haus; *iron* **la confiance règne!** Vertrauen ist gut, Kontrolle ist besser!; **l'opinion régnant en France** die in Frankreich herrschende Meinung; **faire** ~ **l'ordre** Ordnung schaffen; **faire** ~ **la paix** Frieden stiften; **faire** ~ **la terreur** Entsetzen, Schrecken verbreiten; Terror ausüben

regonflage [r(ə)gõflaʒ] *m* e-s Ballons Wieder'aufblasen *n*; e-s Reifens Wieder'aufpumpen *n*

regonfler [r(ə)gõfle] **I** *v/t* **1.** *Ballon* wieder aufblasen; *Reifen* wieder aufpumpen; **2.** F *fig* ~ (**le moral de**) **qn** j-m (wieder) Mut machen; j-m neuen Auftrieb geben; **II** *v/i* wieder anschwellen; *Fluß etc auch* wieder steigen

regorger [r(ə)gɔrʒe] *v/t/indir* ⟨-geons⟩ ~ **de qc** etw in Hülle und Fülle, im 'Überfluß haben, besitzen; voll von etw sein; *Geschäft* ~ **de marchandises** Waren in Hülle und Fülle bieten

regratt|age [r(ə)grataʒ] *m bât* e-r *Mauer, Fassade* Abkratzen *n*; ~**er** *v/t bât* abkratzen

regréer [r(ə)gree] *v/t mar Schiff* neu auftakeln

regreffer [r(ə)grefe] *v/t bot Baum* ein zweites Mal pfropfen

régress|er [regrese] *v/i Krankheit, Kriminalität, Produktion etc* zu'rückgehen; ~**if** *adj* ⟨-ive⟩ rückläufig; regres'siv; *biol* évolution **régressive** regressive Entwicklung; *Logik* preuve **régressive** regressiver Beweis

régression [regresjõ] *f* **1.** Rückgang *m*; Zu'rückgehen *n*; rückläufige Entwicklung; *der Konjunktur* Abschwung *m*; ~ **de la natalité, de la production** Geburten-, Produkti'onsrückgang *m*; **être en (voie de)** ~ allmählich zurückgehen; im Rückgang begriffen sein; **2.** Rückschritt *m*; **3.** *biol* Rückbildung *f*; **4.** *géol* ~ (**marine**) Regressi'on *f*; **5.** *psych* Regressi'on *f*; **6.** *Statistik* Regressi'on *f*

regret [r(ə)grɛ] *m* **1.** Trauer *f*, Leid *n*, Schmerz *m* (**de qc** um etw); Sehnsucht *f*, Sehnen *n* (nach); *Grabinschrift* ~**s éternels** in tiefer Trauer; **2.** Reue *f*, Bedauern *n* (**de** über +*acc*); ~**s tardifs** späte Reue; ~ **d'avoir offensé qn** Reue, Bedauern darüber, daß man j-n beleidigt hat; **c'est votre dernier mot, sans** ~? ... und Sie bleiben wirklich dabei?; **je n'ai qu'un** ~, **c'est de** (+*inf*) ich bereue, bedaure nur (eines), daß ...; **c'est tant mir** nur leid, daß ...; **3.** *in Höflichkeitsformeln* Bedauern *n*; **à notre grand** ~ ... zu unserem größten Bedauern ...; **j'ai le** ~ **od je suis au** ~ **de vous informer** ... zu meinem Bedauern muß ich Ihnen mitteilen ...; **exprimer ses** ~**s** sein Bedauern ausdrücken; **4.** *loc/adv* **à** ~ ungern; wider Willen; schweren Herzens; **accepter, céder à** ~ wider Willen annehmen, nachgeben

regrettable [r(ə)grɛtabl(ə)] *adj Irrtum,*

Zwischenfall etc bedauerlich; beklagenswert; **il est regrettable que** ... (+*subj*) es ist bedauerlich *od* zu bedauern, daß ...

regretter [r(ə)grete] *v/t* **1.** nachtrauern (**qn, qc** j-m, e-r *Sache*); ~ **un absent** e-n Abwesenden (schmerzlich) vermissen; sich nach e-m Abwesenden sehnen; ~ **un mort** um e-n Toten trauern; ~ **le temps où** ... sich nach der Zeit zu'rücksehnen, da ...; *adj* **notre regretté président** unser viel zu früh verstorbener *bzw* unser von allen betrauerter Präsident; **2.** *sein Zuspätkommen, Vorfall, j-s Entschluß etc* bedauern; ~ **de** (+*inf*), ~ **que** ... (+*subj*) bedauern, daß ...; **je regrette de vous avoir fait attendre** ich bedaure *od* es tut mir leid, daß ich Sie warten lassen mußte; **il regrette que vous ne soyez pas venu** er bedauert, daß Sie nicht gekommen sind; *st/s* **il est à** ~ **que** ... (+*subj*) es ist sehr bedauerlich *od* zu bedauern, daß ...; *Entschuldigungsformel* **je regrette** bedaure; (es) tut mir leid; **3.** *p/fort Schuld, Irrtum etc* bereuen; **vous le regretterez!** das werden Sie noch bereuen!; **vous ne le regretterez pas!** Sie werden es nicht bereuen!; **elle regrette d'être venue** sie bereut, daß sie gekommen ist; **sie bereut ihr Kommen**

regrèvement [r(ə)grɛvmã] *m fin* Steuererhöhung *f*

regrimper [r(ə)grɛpe] *v/i* **1.** wieder (hin'auf)klettern, (-)steigen (**à, sur** auf +*acc*); ~ **à, sur l'échelle** wieder auf die Leiter klettern, steigen; **die Leiter wieder hinaufklettern, -steigen; 2.** F *fig Preise* wieder in die Höhe klettern; **la température regrimpe** das Thermometer klettert wieder in die Höhe

regrossir [r(ə)grosir] *v/i* wieder zunehmen, dicker werden

regroupement [r(ə)grupmã] *m* **a)** Neugliederung *f*; 'Umgruppierung *f*; 'Umstrukturierung *f*; 'Umstellung *f*; **b)** Zu'sammenfassung *f* -legung *f*, -schluß *m*

regrouper [r(ə)grupe] **I** *v/t* **a)** neu gliedern; 'umgruppieren; 'umschichten; 'umstellen; **b)** zu'sammenfassen, -legen; **II** *v/r* **se** ~ sich zu'sammenschließen (**autour de qn, derrière qn** um j-n)

régularisation [regylarizasjõ] *f* **1.** e-r *finanziellen, privaten etc Situation* Regelung *f*; **2.** *des Laufes e-r Maschine etc, e-s Flusses* Regu'lieren *n*, -ung *f*

régulariser [regylarize] *v/t* **1.** *Dokument, finanzielle Verhältnisse etc* in Ordnung bringen; *jur Dokument etc* in die vorgeschriebene Form bringen; mit den Vorschriften in Einklang bringen; ~ **sa situation militaire** sein Wehrdienstverhältnis in Ordnung bringen; *par ext* ~ **sa situation** e-e wilde Ehe durch e-e Eheschließung legali'sieren; **2.** *Lauf e-r Maschine etc, Fluß* regu'lieren

régularité [regylarite] *f* **1.** *von Formen, Gewohnheiten etc* Regelmäßigkeit *f*; e-r *Bewegung, des Pulses etc auch* Gleichmäßigkeit *f*; *der Gesichtszüge auch* Ebenmäßigkeit *f*; e-r *Person, e-s Zuges etc* Pünktlichkeit *f*; **faire preuve de** ~ sehr pünktlich sein; **2.** *von Maßnahmen, Verhältnissen, Wahlen etc* Ordnungsmäßigkeit *f*; Vorschriftsmäßigkeit *f*; Kor'rektheit *f*

régulateur [regylatœr] **I** *adj* ⟨-trice⟩ regu'lierend; regelnd; steuernd; Regel...; Steuerungs...; *tech* dispositif ~ Regelvorrichtung *f*; *physiol* hormones **régulatrices** Steuerungshormone *n/pl*; **II** *m* **1.** *tech* Regler *m*; *rad* ~ **antifading** Schwundausgleich *m*; ~ **à boules** Fliehkraftregler *m*; ~ **de pression, de tem-**

pérature, de vitesse (de rotation) Druck-, Tempera'tur-, Drehzahlregler *m*; **2.** *Uhr* Regu'lator *m*

régulation [regylasjõ] *f* **1.** *tech, écon etc* Regelung *f*; Steuerung *f*; ~ **des naissances** Geburtenregelung *f*; **2.** *physiol* Regulati'on *f*; Regelung *f*; ~ **hormonale, nerveuse** humo'rale, nervliche Regulation; ~ **thermique** Wärmeregulation *f*; **3.** *Kybernetik* Regelung *f*

régul|e [regyl] *m métall* Lagermetall *n*; ~**er** *v/t métall* mit Lagermetall ausgießen

régulidés [regylide] *m/pl zo* Grasmückenähnliche(n) *pl*

régulier [regylje] **I** *adj* ⟨-ière⟩ **1.** regelmäßig; *Bewegung, Rhythmus, Puls auch* gleichmäßig; *Gesicht(szüge) auch* ebenmäßig; *Zug, Bus* fahrplanmäßig; *Flugzeug* planmäßig; *von Bussen etc* service ~ Linienverkehr *m*; regelmäßige Verkehrsverbindung; travail ~ regelmäßige Arbeit; *gr* verbe ~ regelmäßiges Verb; *métr* vers ~ metrisch gebundener Vers; visites **régulières** regelmäßige Besuche *m/pl*; **à intervalles** ~**s** in regelmäßigen Abständen; **2.** ordnungsgemäß; vorschriftsmäßig; regu'lär; *Boxen* coup ~ erlaubter, vorschriftsmäßiger Schlag; gouvernement ~ le'gale Regierung; troupes **régulières** reguläre Truppen *f/pl*; **3.** *Person* pünktlich; ordentlich; **4.** F *Person* kor'rekt; **être** ~ **en affaires** sich in geschäftlichen Angelegenheiten korrekt verhalten; **5.** *égl cath* Ordens...; clergé ~ Ordensgeistlichkeit *f*; **II** *subst* **1.** *m égl cath* Regu'lar(e) *m*; Ordensmitglied *n*; **2.** P **régulière** *f* P Olle *f*

régulièrement [regyljɛrmã] *adv* **1.** regelmäßig; pünktlich; gleichmäßig; *Uhr* marcher ~ pünktlich, genau gehen; payer ~ **son loyer** pünktlich s-e Miete bezahlen; **se rencontrer** ~ sich regelmäßig treffen; *Motor* tourner ~ gleichmäßig laufen; **2.** *am Satzanfang* in der Regel; nor'malerweise; **3.** ordnungsgemäß

régurgit|ation [regyrʒitasjõ] *f path* Regurgitati'on *f*; ~**er** *v/t Verschlucktes* in den Mund zu'rückbefördern

réhabilitable [reabilitabl(ə)] *adj* rehabili'tierbar

réhabilitation [reabilitasjõ] *f* **1.** *jur u fig* Rehabilitati'on *f*; Rehabili'tierung *f*; *fig auch* Wieder'anerkanntwerden *n*; Ehrenrettung *f*; ~ **judiciaire** *etwa* Beseitigung *f* des Strafmakels; **2.** e-s *Stadtviertels, Hauses* Sa'nierung *f*

réhabiliter [reabilite] **I** *v/t* **1.** *jur u fig* rehabili'tieren; *fig* cette action l'a **réhabilité** diese Tat hat s-n guten Ruf wieder'hergestellt; **2.** *Stadtviertel, Haus* sa'nieren; **II** *v/r* **se** ~ sich rehabili'tieren; s-n guten Ruf wieder'herstellen

réhabituer [reabitɥe] *v/t* (*u v/pr*) (**se**) ~ (sich) wieder gewöhnen (**à** an +*acc*)

rehaussement [rəosmã] *m* e-s *Zaunes*, e-r *Mauer* Erhöhen *n*; e-r *Zimmerdecke* (An)Heben *n*; Höherlegen *n*

rehausser [rəose] *v/t* **1.** *Mauer etc* höher machen; erhöhen; *Terrasse, Zimmerdecke* höher heben; erhöhen; **2.** *fig* steigern; her'vorheben; unter'streichen; zur Geltung bringen; *peint* die Wirkung verstärken, erhöhen (+*gén*); betonen; *p/p* rehaussé de, par qc in der Wirkung durch etw verstärkt

rehaut [rəo] *m peint* heller Farbauftrag; Re'haut *m*

réimperméabilis|ation [reɛ̃pɛrmeabilizasjõ] *f* 'Wieder-, Neuimprägnieren *n*, -ung *f*; ~**er** *v/t* wieder, neu imprä'gnieren

réimport|ation [reɛ̃pɔrtasjõ] *f comm* Wieder'einfuhr *f*; Reim'port [re:im-] *m*;

~er v/t *Waren* wieder einführen, impor'tieren

réimpos|er [reɛ̃poze] v/t **1.** *fin* neu veranlagen; **2.** *impr* neu ausschießen; **~ition** f **1.** *fin* Neuveranlagung f; **2.** *impr* neues Ausschießen

réimpression [reɛ̃presjɔ̃] f **a)** *Vorgang* Nachdruck(en) m(n); Neudruck(en) m(n); **b)** *Werk* Nachdruck m; unveränderte Neuauflage; Neudruck m

réimprimer [reɛ̃prime] v/t nachdrukken

rein [rɛ̃] m **1.** *anat* **~s** pl Kreuz n; Nieren-, Hüftgegend f; *st/s* Lenden f/pl; **une belle chute de ~s** cf chute 8.; **maux** m/pl **de ~s** od **douleurs** f/pl **dans les ~s** Kreuzschmerzen m/pl; **avoir mal aux ~s** Kreuzschmerzen haben; **avoir un tour de ~s** sich das Kreuz verrenkt haben; **se donner un tour de ~s** sich das Kreuz verrenken; *fig:* **avoir les ~s solides** gut bemittelt, zahlungskräftig sein; **casser les ~s à qn** in beruflich ruinieren; j-s Karriere verderben; **2.** *anat* Niere f; **~ artificiel** künstliche Niere; **greffe** f **d'un ~** Nierentransplantation f, -verpflanzung f; **3.** *arch* Gewölbezwikkel m

réincarcér|ation [reɛ̃karserasjɔ̃] f Wieder'einkerkerung f; **~er** v/t ⟨-è-⟩ wieder einkerkern

réincarn|ation [reɛ̃karnasjɔ̃] f *rel u fig* Reinkarnati'on f; Wiederver'körperung f; Wieder'fleischwerdung f; **~er** v/pr **se ~** wieder Fleisch werden

réincorporer [reɛ̃kɔrpore] v/t *mil* wieder eingliedern **(dans** in + acc)

reine [rɛn] f **1.** Königin f; **~ mère** Königinmutter f; *fig* **la petite ~** das Fahrrad; **la ~ d'Angleterre** die Königin von England; *par ext* **~ du bal, de beauté** Ball-, Schönheitskönigin f; *litt* **la ~ de mes pensées** *litt* die Königin meines Herzens; **avoir un port de ~** e-e majestätische, königliche Haltung haben; **2.** *zo* Königin f; **~ des abeilles** Bienenkönigin f; **3.** *beim Schach* Dame f

reine|-claude [rɛnklod] f ⟨pl **reines--claudes**⟩ f *österr* Ring'lotte f; **~-des-prés** ⟨pl **reines-des-prés**⟩ *bot* Wiesenkönigin f; Mädesüß n; **~-marguerite** f ⟨pl **reines-marguerites**⟩ *bot* Garten-, Sommeraster f

reinette [rɛnɛt] f *Apfelsorte* Re'nette f; *österr, schweiz* Rei'nette f

réinfecter [reɛ̃fɛkte] **I** v/t *méd* wieder infi'zieren, anstecken; *sc* reinfi'zieren [re:in-]; **II** v/pr **se ~** sich wieder infi'zieren, anstecken; *sc* sich reinfi'zieren [re:in-]

réinscription [reɛ̃skripsjɔ̃] f Wieder'einschreibung f

réinscrire [reɛ̃skrir] v/t ⟨cf **écrire**⟩ wieder einschreiben

réinsérer [reɛ̃sere] ⟨-è-⟩ v/t **1.** wieder'eingliedern; **2.** resoziali'sieren

réinsertion [reɛ̃sɛrsjɔ̃] f **1.** Wieder'eingliederung f; **2.** **~ sociale** Resoziali'sierung f

réinstaller [reɛ̃stale] **I** v/t *in ein Amt* wieder'einsetzen; **II** v/pr **se ~ dans son ancien appartement** wieder in die alte Wohnung (ein)ziehen

réintégrable [reɛ̃tegrabl(ə)] adj wieder einsetzbar

réintégration [reɛ̃tegrasjɔ̃] f Wieder'eingliederung f; *in ein Amt* Wieder'einsetzung f; *jur* **~ dans la nationalité française** 'Wiederverleihung f der französischen Staatsangehörigkeit; Wieder'einbürgerung f in Frankreich

réintégrer [reɛ̃tegre] v/t ⟨-è-⟩ **1.** wieder'eingliedern; *Kind* **~ dans sa classe**

---

wieder in die gleiche Schule geben; **~ qn dans ses droits, dans ses fonctions** j-n wieder in s-e Rechte, in sein Amt einsetzen; **~ qn dans sa nationalité** j-n wieder einbürgern; **2.** zu'rückkehren (+*acc*); *plais* **~ ses appartements** in s-e Wohnung zurückkehren; *jur* **~ le domicile conjugal** in die eheliche Wohnung zurückkehren; **~ sa place** an s-n Platz zurückkehren

réintroduction [reɛ̃trɔdyksjɔ̃] f 'Wiedereinführung f

réintroduire [reɛ̃trɔdɥir] v/t ⟨cf **conduire**⟩ wieder, von neuem einführen

réinven|ter [reɛ̃vɑ̃te] v/t noch einmal, von neuem erfinden; **~tion** f 'Wiedererfindung f; erneute Erfindung

réinviter [reɛ̃vite] v/t wieder, noch einmal einladen

réitération [reiterasjɔ̃] *litt* f Wieder'holung f

réitér|é [reitere] adj wieder'holt; **~er** ⟨-è-⟩ **I** v/t *Bitte, Befehl, Versprechen etc* wieder'holen; **II** v/pr **se ~** *Sache* sich wieder'holen; wieder vorkommen

reitre [rɛtr(ə)] m **1.** *hist in Söldnerheeren* deutscher Reiter; **2.** *fig u litt* Haudegen m

rejaill|ir [r(ə)ʒajir] v/i **1.** *Wasser etc* (auf-, hoch)spritzen; *Wasser, Schande etc* **~ sur qn** auf j-n zu'rückfallen; **~issement** m **1.** *von Wasser, e-s Springbrunnens etc* (Hoch-, Auf)Spritzen n; **2.** *fig des Ruhms, der Schande etc* Zu'rückfallen n (*sur* auf + *acc*)

rejet [r(ə)ʒɛ] m **1.** (Zu'rück)Werfen n; *von Strandgut etc durch das Meer* An'landspülen n; *e-s verpflanzten Organs* Abstoßung f; *von Erde* Aufwerfen n, -schütten n; *par ext* ausgehobene Erde; Aushub m; **2.** *e-s Vorschlags, Gnadengesuchs etc* Verwerfung f; Ablehnung f; Zu'rückweisung f; **3.** *gr u als Stilmittel:* *e-s Wortes* Verweisung f ans Satzende; Schluß-, Endstellung f; *in e-m Vers auf die folgende Zeile verwiesene(s) Wörter* (Wort); **4.** *bot* Schößling m; Trieb m; *par ext* Wurzelschößling m, -trieb m; **5.** *géol* *e-r Verwerfung* Sprunghöhe f

rejeter [r(ə)ʒte, rʒəte] ⟨-tt-⟩ **I** v/t **1.** *Fisch ins Wasser etc* zu'rückwerfen; *par ext* werfen; *Meer: Strandgut an Land* spülen; *Kranker, Magen: Nahrung wieder* von sich geben; *Organismus: verpflanztes Organ* abstoßen; *Erde (ausheben und)* aufwerfen, -schütten; *Wort* **~ à la fin de la phrase** ans Satzende stellen; *Ruck* **~ les passagers les uns contre les autres** die Fahrgäste gegeneinander stoßen; **~ la terre sur les bords du fossé** die ausgehobene Erde auf die Ränder des Grabens werfen; **~ la tête en arrière** den Kopf zurückwerfen; **2.** *Schuld, Verantwortung* **~ sur qn** j-m zuschieben; auf j-n abwälzen; **~ la responsabilité de qc sur qn** *auch* j-n für etw verantwortlich machen; *Kosten* **~ sur le consommateur** auf den Verbraucher abwälzen; **3.** *Vorschlag, Angebot, Gesetzentwurf, Gnadengesuch etc* verwerfen; ablehnen; zu'rückweisen; **l'idée que ...** nicht gelten lassen, nicht anerkennen; nicht glauben, daß ...; **4.** *Person* verstoßen; **~ qn d'une communauté** j-n aus e-r Gemeinschaft ausschließen; **II** v/i *Pflanze* Schößlinge treiben; **III** v/pr **se ~ sur qc** sich mit etw begnügen; mit etw vor'liebnehmen

rejeton [rəʒtɔ̃, rʒətɔ̃] m **1.** *bot* cf rejet 4.; **2.** F *(enfant)* F Sprößling m

rejoindre [r(ə)ʒwɛ̃dr(ə)] ⟨cf **joindre**⟩ **I** v/t **1.** *Person:* **~ un endroit** wieder an e-n Ort gelangen, kommen, gehen, sich begeben; **~ qn a)** zu j-m zu'rückkehren; (wieder) zu j-m gehen, kommen; j-n

---

(wieder) treffen; **b)** *sports* zu j-m aufschließen; j-n einholen; **~ qn à un endroit** j-n an e-m Ort treffen; *fig* **~ qn dans ses opinions** mit j-s Ansichten über'einstimmen; *Radrennen* **~ le peloton** zum Hauptfeld aufschließen; das Hauptfeld einholen; *mil* **~ son régiment** zu s-m Regiment zurückkehren; **je te rejoindrai** ich komme nach; **2.** *Straße etc* **~ le boulevard,** *etc* auf den Boulevard etc stoßen, treffen; **II** v/pr **se ~ 3.** *Personen* sich (wieder) treffen; **4.** *Straßen etc* sich (wieder) vereinigen, treffen; (wieder) zu'sammenkommen

rejointoiement [r(ə)ʒwɛ̃twamɑ̃] m *bât* Wieder'ausfugen n, -ung f

rejointoyer [r(ə)ʒwɛ̃twaje] v/t ⟨-oi-⟩ *bât Mauer* wieder ausfugen

rejouer [r(ə)ʒwe] **I** v/t *Melodie, Theaterstück etc* wieder, noch einmal spielen; **II** v/i wieder spielen

réjoui [reʒwi] adj vergnügt; heiter; erfreut; fröhlich; **se sentir tout ~** vergnügt etc sein

réjouir [reʒwir] **I** v/t erfreuen; erheitern; fröhlich, heiter stimmen; *Herz, Auge* erfreuen; wohltun (+*dat*); **II** v/pr **se ~** sich freuen; fröhlicher, heiterer Stimmung sein; **se ~ à la pensée que ...** sich freuen, wenn man daran denkt od bei dem Gedanken, daß ...; **se ~ de qc** sich über, *im voraus* auf etw (*acc*) freuen; **se ~ à l'avance de qc** sich auf etw (*acc*) freuen; **se ~ de faire qc** sich darüber *bzw* darauf freuen, etw zu tun; **se ~ de ce que ...** (+*ind*) od **se ~ que ...** (+*subj*) sich (darüber) freuen, daß ...; **je me réjouis de son arrivée** ich freue mich über *bzw* auf sein Kommen, daß er kommt

réjouiss|ance [reʒwisɑ̃s] f **1.** Fröhlichkeit f; Freude f; frohe, fröhliche, heitere Stimmung; **en signe de ~** zum Zeichen der Freude; **2.** *pl* **~s** (Freuden)Fest n; Festlichkeiten f/pl; **~s publiques** Volksfest n; **~ant** adj erfreulich *(auch iron)*; Nachricht **n'avoir rien de ~** alles andere als erfreulich sein; *iron* **c'est ~!** das ist ja heiter!

relâche¹ [r(ə)lɑʃ] f **1.** *thé* keine Vorstellung; **aujourd'hui ~** heute keine Vorstellung; **jour m de ~** *thé* vorstellungsfreier Tag; **faire ~** keine Vorstellung haben, geben; **2.** *loc/adv* **sans (un moment de) ~** ununterbrochen; unablässig; unermüdlich; ohne Unter'brechung; pausenlos

relâche² [r(ə)lɑʃ] f *mar* **a)** *e-s Schiffes* **~ (forcée)** Aufenthalt m in e-m (Not-) Hafen; **faire ~ dans un port** e-n Hafen anlaufen; **b)** (Not)Hafen m

relâché [r(ə)lɑʃe] adj *Moral, Disziplin etc* locker; lax; *Stil* nachlässig; *Muskel* erschlafft

relâchement [r(ə)lɑʃmɑ̃] m **1.** *e-s Seiles etc* Lockersein n; Lockerung f; *der Muskeln* Entspannung f; Erschlaffung f; *sc* Relaxati'on f; **2.** *fig der Disziplin, Moral* Lockerung f; *der Disziplin auch, des Eifers, der Aufmerksamkeit* Nachlassen n; *des Eifers etc auch* Erlahmen n; **~ des mœurs** Sittenverfall m; **3.** *e-s Gefangenen* Freilassung f

relâcher [r(ə)lɑʃe] **I** v/t **1.** *Zügel, Seil, Umklammerung, Muskeln etc* lockern; *Muskeln, Feder etc auch* entspannen; **~ l'intestin** den Stuhlgang erleichtern; **2.** *fig Aufmerksamkeit, Eifer* erlahmen lassen; *Disziplin* lockern; **il relâche son attention, son zèle** s-e Aufmerksamkeit, sein Eifer erlahmt, läßt nach; **~ in s-r Aufmerksamkeit, s-m Eifer nachlassen; 3.** *Gefangenen* freilassen; **II** v/i **4.** *Schiff* **~ dans un port** e-n Hafen anlaufen; **III** v/pr **se ~ 5.** *Seil, Saite etc* locker

---

werden; sich lockern; *Muskeln* erschlaffen; **6.** *fig Mut, Disziplin etc* nachlassen; *Disziplin auch* sich lockern; *Eifer, Aufmerksamkeit auch* erlahmen; *Begeisterung auch* abflauen; *Person* se ~ (dans son travail) (in der Arbeit) nachlässig werden

relais [r(ə)lɛ] *m* **1.** *sports* Staffel(lauf) *f(m)*; le ~ **4x100 mètres** (... **quatre fois cent** ...) die 4x100-m-Staffel (... vier mal hundert Meter ...); **coureur** *m* **de** ~ Staffelläufer *m*; **course** *f* **de** ~ Staffellauf *m*; *fig*: **prendre le** ~ die Nachfolge antreten; **prendre le** ~ **de qn, de qc** j-n, etw ersetzen; j-s Aufgabe (*acc*) über'nehmen; **je prends le** ~ *auch* ich löse dich *bzw* Sie *etc* ab; **2.** *tech* Re'lais *n*; ~ **direct** *od* **primaire** Hauptstromrelais *n*; *Kybernetik* ~ **électronique** Flipflop *n*; elektronisches Relais; ~ **indirect** *od* **secondaire** Sekun'därrelais *n*; *télécomm* ~ **hertzien** Relaisstation *f*; Zwischensender *m*; ~ **téléphonique** Fernsprechrelais *n*; ~ **thermique** Thermorelais *n*; thermisches Relais; ~ **de démarrage, de protection** Start-, Schutzrelais *n*; ~ **de verrouillage** Sperrelais *n*; **3.** ~ **routier** Raststätte *f* (*bes für Fernfahrer*); *früher* ~ **de poste** Re'lais *n*; 'Umspannstelle *f* für Postkutschpferde

relaissé [r(ə)lese] *adj ch gejagtes Wild* ermattet; abgehetzt

relance [r(ə)lãs] *f* **1.** *der Wirtschaft* Wieder'ankurbeln *n*, -ung *f*; 'Wiederbelebung *f*; *auch* Aufschwung *m*; *e-s Projektes, e-r Tätigkeit* Wieder'aufnahme *f*; **2.** *beim Spiel* höherer Einsatz

relancer [r(ə)lãse] *v/t* <-ç-> **1.** *Ball etc* zu'rückwerfen *bzw* noch einmal werfen; **2.** *Wirtschaft* wieder'ankurbeln; 'wiederbeleben; wieder in Schwung bringen; *Projekt, Idee* wieder'aufnehmen; **3.** *Motor* wieder anlassen, anwerfen; **4.** ~ **qn** j-m zusetzen; j-n nicht in Ruhe lassen; j-n bedrängen; F j-m auf der Pelle liegen; **5.** *ch Wild* wieder aufscheuchen; **6.** *abs beim Spiel* höher setzen

relaps [r(ə)laps] *rel* **I** *adj* ehemaliger Ketzer rückfällig; **II** *subst* ~(e) *m(f)* Rückfällige(r) *f(m)*

relater [r(ə)late] *v/t* **1.** (genau, ausführlich) berichten, erzählen; **2.** *jur* schriftlich niederlegen, erwähnen, anführen

relatif [r(ə)latif] *adj* <-ive> **1.** rela'tiv; verhältnismäßig; *Wissen etc auch* bedingt; *pol* **majorité relative** relative Mehrheit; *math* **nombre** ~ algebraische Zahl; **valeur relative** relativer, bedingter, abhängiger Wert; **tout est** ~ alles ist relativ; *péj* **être d'une loyauté relative** nur begrenzt ehrlich sein; **vivre dans une aisance relative** (nur) relativ wohlhabend sein; **2.** ~ **à qc** auf etw (*acc*) bezüglich; etw betreffend; **les entretiens** ~**s à cette question** *auch* die sich auf diese Frage beziehenden Gespräche *n/pl*; die Gespräche über diese Frage; **3.** *gr* Rela'tiv...; (rück)bezüglich; **adjectif** ~ attributives Relativpronomen; **pronom** ~ *od subst* ~ *m* Relativpronomen; (rück)bezügliches Fürwort; Relativ *n*; **proposition relative** *od subst* **relative** *f* Relativsatz *m*

relation [r(ə)lasjõ] *f* **1.** Beziehung *f*; Verhältnis *n*; *bes philos u math* Relati'on *f*; *phys* ~**s d'incertitude** Unbestimmtheitsrelationen *f/pl*; *Ideen etc* **être en étroite** ~ in enger Beziehung (zueinander) stehen; **être sans** ~ **avec** ... keine Beziehung haben zu ...; **2.** *meist pl* ~**s** Beziehungen *f/pl*; Verhältnis *n*; Verbindung(en) *f(pl)* (*auch comm*); ~ **aériennes** Flugverbindungen *f/pl*; ~ **cordiales** herzliche Beziehungen; herzliches Verhältnis; ~**s culturelles**, diplo-matiques, **internationales** kulturelle, diplomatische, internationale Beziehungen; ~**s économiques** Wirtschaftsbeziehungen *f/pl*; ~**s humaines, mondaines, professionnelles** (zwischen)menschliche, gesellschaftliche, berufliche Beziehungen; ~**s publiques** Public Relations ['pablik ri'le:ʃənz] *pl* (*abr* PR); Öffentlichkeitsarbeit *f*; ~**s d'amitié** freundschaftliche Beziehungen; freundschaftliches Verhältnis *n*; **avoir des** ~**s avec une femme** (intime) Beziehungen mit e-r Frau haben; **cesser, interrompre ses** ~**s** s-e Beziehungen abbrechen, lösen; **entretenir des** ~**s amicales avec qn** freundschaftliche Beziehungen zu j-m unter'halten; mit j-m auf freundschaftlichem Fuße stehen; **être en** ~(**s**) **avec qn** mit j-m in Verbindung stehen; zu j-m Beziehungen haben; **se mettre, entrer en** ~(**s**) **avec qn** zu j-m Beziehungen aufnehmen, in Beziehungen treten; mit j-m in Verbindung treten; **mettre qn en** ~(**s**) **avec qn** die Verbindung zwischen j-m und j-m herstellen; **nouer des** ~**s avec qn** Beziehungen zu j-m anknüpfen; **3.** *par ext* Bekannte(r) *f(m)*; ~**s** *pl auch* Beziehungen *f/pl*; ~**s d'affaires** Geschäftsfreunde *m/pl*; *ce n'est pas un ami, seulement une* ~ ... nur ein Bekannter; *obtenir un emploi par* ~**s** durch Beziehungen ...; **se faire des** ~**s** *pendant les vacances* Ferienbekanntschaften schließen; **4.** *physiol* **fonctions** *f/pl* **de** ~ Kommunikati'onsfunktionen *f/pl*

relationnel [r(ə)lasjɔnɛl] *adj* <~**le**> *sc* relatio'nal

relativ|ement [r(ə)lativmã] *adv* **1.** verhältnismäßig; rela'tiv; vergleichsweise; **2.** ~ **à** im Verhältnis zu; im Vergleich mit; ~**iser** *v/t* relati'vieren

relativ|isme [r(ə)lativism(ə)] *m philos* Relati'vismus *m*; ~**iste I** *adj phys, philos* relati'vistisch; **mécanique** *f* ~ relativistische Mechanik; **II** *m,f philos* Relati'vist *m*

relativité [r(ə)lativite] *f* **1.** Relativi'tät *f*; *der Erkenntnis etc auch* Bedingtheit *f*; **2.** *phys* (**théorie** *f* **de la**) ~ Relativi'tätstheorie *f*; ~ **généralisée, restreinte** allgemeine, spezielle Relativitätstheorie

relaver [r(ə)lave] *v/t* noch einmal waschen; nachwaschen

relax [r(ə)laks] *adj cf* **relaxe I**; ~**ant** *adj* entspannend

relaxation [r(ə)laksasjõ] *f* **1.** Entspannung *f*; Entkrampfung *f*; *psych* Entspannungstherapie *f*; **2.** *phys, tech* Relaxati'on *f*; **3.** *jur e-s Gefangenen* Freilassung *f*

relax|e [r(ə)laks] **I** *adj* **1.** *Person* ungezwungen; sa'lopp; *Kleidung* bequem (und sa'lopp); **2.** entspannend; Entspannungs...; **siège** *m* ~ Gesundheitsliege *f*; Re'laxsessel *m*; **II** *subst* **1.** *m od f* Entspannung *f*; **faire une cure de** ~ (einmal) richtig ausspannen; **2.** *f jur* Freispruch *m*; ~**er I** *v/t* Gefangenen freilassen; *Angeklagten* freisprechen; **II** *v/pr* **se** ~ sich entspannen; ~**ine** *f Hormon* Rela'xin *n*

relay|er [r(ə)leje] <-ay- *od* -ai-> **I** *v/t* **1.** *bei e-r Staffel* ~ **qn** j-n ablösen; **2.** *télécomm* über'tragen; *adjt* **relayé par satellite** über Satellit (übertragen); **II** *v/pr* **se** ~ sich ablösen, abwechseln; **se** ~ **au volant** sich am Steuer ablösen, abwechseln; abwechselnd fahren; ~**eur** *m*, ~**euse** *f sports bei e-r Staffel* der (die) abnehmende Läufer(in) *m(f)*; Staffelläufer(in) *m(f)*

relecture [r(ə)lɛktyr] *f* nochmaliges, erneutes Lesen; nochmalige, erneute Lek'türe

relégation [r(ə)legasjõ] *f* **1.** *jur bis 1970* Sicherungsverwahrung *f*; *früher* Verbannung *f*; **2.** *sports* Abstieg *m* (in e-e niederere Spielklasse)

reléguer [r(ə)lege] *v/t* <-è-> **1.** *Person* abschieben, verbannen (à la campagne aufs Land); *Sache* abstellen (au grenier auf dem Speicher); *fig:* ~ **qn à la deuxième place** j-n auf den zweiten Platz verweisen; ~ **qn au second plan** j-m e-e unbedeutende Rolle zuweisen; j-n in den 'Hintergrund drängen; **2.** *jur bis 1970* in Sicherungsverwahrung nehmen

relent [r(ə)lã] *m von Alkohol, Zigarettenrauch etc* schlechter, übler Geruch (*der nachher im Raum steht*); ~ **de cuisine** Küchengeruch *m*; **il y a ici un** ~ **de** ... hier ist ein schlechter Geruch von ... geblieben; *fig* **avoir des** ~**s de** ... e-n üblen Beigeschmack von ... haben

relevable [rəlvabl(ə), rləvabl(ə)] *adj Fensterladen etc* auf-, zu'rückklappbar; *aviat Fahrgestell* einziehbar; **siège** *m* ~ Klappsitz *m*

relevage [rəlvaʒ, rləvaʒ] *m tech* Heben *n*, -ung *f* (*auch e-s gesunkenen Schiffes*); *aviat des Fahrgestells* Einziehen *n*; *ch de fer e-s entgleisten Waggons* Aufgleisen *n*, -ung *f*

relève [r(ə)lɛv] *f* **1.** Ablösung *f* (*Vorgang u Person[en]*); ~ **d'une équipe** Schichtwechsel *m*; ~ **de la garde** Wachablösung *f*; **prendre la** ~ a) (j-n) ablösen; b) *fig Jugend etc* die Nachfolge antreten; **2.** *par ext in e-m Beruf etc* Nachwuchs *m*; **3.** *im zweiten Weltkrieg* Re'lève *f*

relevé [rəlve, rləve] **I** *adj* **1.** *Hutkrempe* hochgebogen; *Kragen* hochgeschlagen, -gestellt; *Ärmel* hochgezogen, -gestreift; *Kurve* über'höht; **2.** *Stil, Ausdrucksweise etc* gehoben; gewählt; **3.** *cuis* pi'kant; **II** *m Ablesung f* (*Vorgang u Ergebnis*); Verzeichnis *n*; *e-s Stromzählers, e-r Gas-, Wasseruhr* Ablesung *f*; *des Geländes* Aufnahme *f*; ~ **de compte** Kontoauszug *m*; **faire le** ~ de verzeichnen; e-e Aufstellung machen von; *Stromzähler etc* ablesen; *Gelände etc* aufnehmen

relèvement [r(ə)lɛvmã] *m* **1.** a) *e-s umgestürzten Mastes etc* Wieder'aufrichten *n*, -ung *f*; Wieder'aufstellen *n*, -ung *f*; *e-s gesunkenen Schiffes* Hebung *f*; b) *fig der Wirtschaft, e-s Landes* Wieder'aufbau *m*; Wieder'aufschwung *m*; **2.** a) *tech e-s Bodens etc* Anhebung *f*; Erhöhung *f*; Höherlegung *f*; *ch de fer* ~ **de voie** Gleishebung *f*; b) *der Gehälter, Steuern, Mieten etc* Anhebung *f*; Erhöhung *f*; *des Lebensstandards* Hebung *f*; Verbesserung *f*; Erhöhung *f*; *der Kurse etc auch* Steigen *n*; ~ **des salaires** Lohnerhöhung *f*; Gehaltsaufbesserung *f*; gehaltliche Besserstellung *f*; **3.** *aviat, mar* Peilung *f*; Richtungs-, Ortsbestimmung *f* (*auch Topographie*); ~ **radiogoniométrique** Funkpeilung *f*; *Ballistik* **angle** *m* **de** ~ Abgangsfehlerwinkel *m*

relever [rəlve, rləve] <-è-> **I** *v/t* **1.** a) *Kind* (wieder) aufheben; *Erwachsenen* (wieder) aufhelfen (**qn** j-m); *Mast, Säule, Pfosten etc* wieder aufrichten; *Stuhl etc* wieder aufstellen; *gesunkenes Schiff* heben; *ch de fer entgleisten Waggon* aufgleisen; *par ext* ~ **les cahiers, les copies** die Hefte, die Arbeiten einsammeln; ~ **le gant, le défi** die Herausforderung annehmen; den Fehdehandschuh aufnehmen; b) *fig Wirtschaft, Unternehmen* wieder hochbringen; ~ **le courage, le moral de qn** j-m wieder Mut machen; **2.** a) *Sitz* hochklappen; *Autofenster* hochkurbeln; *Rock* raffen; schürzen; *Kragen* hochstellen, -schlagen; *Schleier* hochschlagen; *Haar* auf-, hochstecken;

Ärmel hochstreifen; hoch-, aufkrempeln; her'auf-, hochziehen; *Spielkarten* aufnehmen; *Zimmerdecke* höher legen; anheben; erhöhen; *Fahrgestell* einziehen; *Wasserstand* höher legen; *Anker* lichten; ~ la tête den Kopf heben, *fig* hochtragen; **b)** *fig Gehälter, Steuern, Tarife etc* festsetzen; erhöhen; her'aufsetzen; *Lebensstandard* heben; verbessern; *cuis Speise, Geschmack* pi'kanter machen; *e-r Farbe etc* die Wirkung betonen, her'vorheben, zur Geltung bringen (+*gén*); cela l'a relevé dans mon estime dadurch ist er in meiner Achtung gestiegen; cela le relève à mes yeux das hebt ihn in meinen Augen; **3. a)** *Fehler, Widersprüche, Spuren etc* aufdecken; *Spuren auch* sichern; *Fehler auch* anstreichen; *Anspielungen etc* aufgreifen; eingehen auf (+*acc*) *jur Belastungsmaterial* zu-'sammentragen; **b)** *Adresse, Datum, Zitate etc* (schriftlich) festhalten; no'tieren; aufschreiben; *Plan, Skizze etc* anfertigen; aufnehmen; *Stromzähler etc* ablesen; F ~ l'électricité, le gaz den Strom, das Gas ablesen; *Polizei* ~ son identité s-e Personalien aufschreiben; **4. a)** *Wachposten etc* ablösen; **b)** *von e-m Gelübde etc* ~ qn de qc j-n von etw entbinden; ~ qn de ses fonctions j-n s-s Amtes entheben; **II** *v/t/indir* **5.** ~ d'une grippe gerade e-e Grippe gehabt, über-'standen, hinter sich haben; ~ de maladie gerade krank gewesen sein; **6.** ~ de unter'stehen (+*dat*); abhängig sein von; in die Zuständigkeit (+*gén*) *od* von ... fallen; der Zuständigkeit (+*gén*) *od* von ... unter'liegen; ~ de la linguistique, *etc* in den Bereich, in das Gebiet der Linguistik *etc* fallen; ne ~ de personne *auch* vollkommen unabhängig sein; *Krankheit* ~ de la psychiatrie ein Fall der Psychiatrie, ein psychiatrischer Fall sein; *Angelegenheit* ~ du tribunal de commerce der Zuständigkeit des Handelsgerichts unterliegen; **III** *v/i* **7.** *Rock, Mantel etc* nicht gleichmäßig, richtig fallen; hochgezogen, hochgerutscht sein; **IV** *v/pr* se ~ **8. a)** wieder aufstehen (*auch Kranker*); sich wieder erheben; faire (se) ~ qn j-m aufhelfen; **b)** *fig Person* sich erholen (de von); *Land etc* 'wiedererstehen; se ~ de ses cendres, de ses ruines aus der Asche, aus den Ruinen 'wiedererstehen; il ne s'en est pas relevé davon hat er sich nicht wieder erholt; **9.** les coins de sa bouche se relèvent er zieht s-e Mundwinkel nach oben; **10.** *passivisch Kragen* hochgestellt werden (können)

relève-rail [r(ə)lɛvraj] *m* <*inv*> *ch de fer* Gleiswinde *f*

releveur [rəlvœːr, rləvœːr] **I** *adj* <-euse> **1.** *anat* muscle ~ *od subst* ~ *m* Hebemuskel *m*; Heber *m*; *sc* Le'vator *m*; **2.** *mines* chaîne releveuse (ansteigende) Kettenbahn; **II** *m* **1.** ~ de compteurs (Strom-, Gas-, Wasser)Ableser *m*; F *auch* Gasmann *m*; **2.** *agr bei e-r Mähmaschine* Ährenheber *m*

relief [rəljɛf] *m* **1.** *e-s Steines etc* Erhabenheiten *f/pl*; *e-r Medaille* Pro'fil *m*; *loc/adj u loc/adv* en ~ erhaben; her'vortretend; her'vorstehend; plastisch: carte *f* en ~ Reli'efkarte *f*; motifs (travaillés) en ~ plastisch her'ausgearbeitete Motive *n/pl*; être, paraître en ~ plastisch hervortreten; **2.** *Kunst* Reli'ef *m*; ~ *Zeichnung, e-s Bildes etc* Tiefenwirkung *f*; *par ext* ~ acoustique räumliches Hören; *loc/adj u loc/adv* ~ *Film* dreidimensional; plastisch; **4.** *géogr, géol* Reli'ef *n*; Oberflächengestalt *f*; ~ calcaire Kalksteinrelief *n*; ~ glaciaire Glazi'alland-

schaft *f*; ~ de côte Stufenland *n*; **5.** *fig des Stils etc* Anschaulichkeit *f*; plastische Wirkung; avoir du ~ anschaulich, einprägsam sein; donner du ~ à qc etw anschaulich, plastisch gestalten; mettre en ~ her'vorheben; klar her'ausstellen; **6.** *litt* ~s *pl* Reste *m/pl*

relier [rəlje] *v/t* **1.** *mit e-m Strick etc* wieder, noch einmal (zu'sammen)binden; **2.** *Buch* (ein)binden; *adjt*: relié en cuir in Leder gebunden; relié pleine peau, pleine toile in Ganzleder, Ganzleinen gebunden; **3.** *mehrere Städte, Punkte, Ideen etc* (mitein'ander) verbinden; ~ qc à qc etw mit etw verbinden; verknüpfen, in Zu'sammenhang bringen, im Zu'sammenhang sehen; *Präposition* ~ deux mots zwei Worte in Beziehung setzen

relieur [rəljœːr] *m*, **~euse** *f* Buchbinder(in) *m(f)*; atelier *m* de relieur Buchbinde'rei *f*; *adjt* ouvrier *m* relieur Buchbinde'reiarbeiter *m*

religieusement [r(ə)liʒiøzmã] *adv* **1.** gewissenhaft; tenir ~ sa parole gewissenhaft Wort halten; **2.** andächtig; voller Andacht; **3.** kirchlich; être enterré ~ kirchlich bestattet werden

religieux [r(ə)liʒiø] **I** *adi* <-euse> **1.** religi'ös; kirchlich; Glaubens...; chant ~ Kirchenlied *n*; édifice ~ Kultgebäude *n*; esprit ~ religiös gesinnter Mensch; fête religieuse kirchlicher Feiertag; mariage ~ kirchliche Trauung; opinions religieuses religiöse Über'zeugungen *f/pl*; Glaubensüberzeugungen *f/pl*; **2.** Ordens...; Kloster...; habit ~ Ordenstracht *f*, -kleid *n*; ordre ~ geistlicher Orden; vœux *m/pl* ~ Ordensgelübde *n/pl*; **3.** *fig* respect ~ de qc gewissenhafte Beachtung e-r Sache (*gén*); **4.** andächtig; silence ~ *auch* feierliche Stille; **II** *subst* **1.** religieux *od* religieuse *m/f* Ordensgeistliche(r) *m*, Mönch *m bzw* Ordensschwester *f*, Nonne *f*; *allg auch* Ordensmitglied *n*, -angehörige(r) *f(m)*; *pl* Ordensleute *pl*; Religi'osen *pl*; devenir ~ in e-n Orden eintreten; **2.** religieuse *f Feingebäck* (*Art*) Windbeutel *m*

religion [r(ə)liʒiõ] *f* **1.** Religi'on *f*; Glaube(n) *m*; ~ catholique katholischer Glaube; ~ chrétienne, musulmane christliche, mohammedanische Religion; ~ d'État Staatsreligion *f*; guerre *f* de ~ Religions-, Glaubenskrieg *m*; **2.** Ordensstand *m*; nom *m* de ~ Klostername *m*; entrer en ~ ins Kloster gehen

religiosité [r(ə)liʒiozite] *f* Religiosi'tät *f*; Gläubigkeit *f*; Frömmigkeit *f*

reliquaire [r(ə)likɛr] *m* Re'liquienschrein *m*, -kästchen *n*, -behälter *m*; Reliqui'ar *n*

reliquat [r(ə)lika] *m* Rest(summe) *m(f)*; Restbetrag *m*

relique [r(ə)lik] *f* **1.** *rel u fig* Re'liquie *f*; garder qc comme une ~ *auch* etw sehr sorgfältig aufbewahren; **2.** *biol* Re'likt *n*

relire [r(ə)lir] <*cf* lire> **I** *v/t* Buch etc noch einmal, wieder lesen; *zur Korrektur* noch einmal 'durchlesen; lire et ~ immer wieder lesen; **II** *v/pr* se ~ noch einmal 'durchlesen, was man geschrieben hat

reliure [rəljyr] *f* **1.** *von Büchern* Binden *n*; (atelier *m* de) ~ Buchbinde'rei *f*; ~ manuelle (industrielle) manuelles, industrielles Binden; **2.** (Buch)Einband *m*; Einbanddecke *f*; ~ pleine (peau), pleine toile Ganzleder-, Ganzleineneinband *m*; ~ en maroquin Einband aus Maroquin(leder)

relog|ement [r(ə)lɔʒmã] *m von Flüchtlingen etc* 'Wieder'Unterbringen *n*, -ung *f*; **~er** *v/t* <-geons> *Flüchtlinge etc* wieder 'unterbringen

relouer [rəlwe] *v/t* wieder vermieten

réluctance [relyktãs] *f phys* ma'gnetischer 'Widerstand; Reluk'tanz *f*

reluire [rəlɥir] *v/i* <*cf* conduire; *aber* p/p relui> Möbel, Kupfer etc glänzen; schimmern; brosse *f* à ~ Glanzbürste *f*; *cf auch* brosse 1.; faire ~ glänzend machen; blank putzen; po'lieren

reluisant [rəlɥizã] *adi* **1.** glänzend; schimmernd; (blitz)blank; être ~ d'eau, de pluie vor Nässe glänzen; être ~ de propreté vor Sauberkeit blitzen; **2.** *fig u péj Beruf, Lage, Beziehungen etc* être peu ~ wenig erfreulich, nicht (gerade) glänzend *od* her'vorragend sein

reluquer [r(ə)lyke] F *v/t* mit Neugierde, Inter'esse, Aufmerksamkeit betrachten, ansehen; begehrliche Blicke werfen auf (+*acc*); schielen nach; *fig* ~ le magot de qn mit j-s Ersparnissen liebäugeln; (neidisch) nach j-s Ersparnissen schielen

rem [rɛm] *m phys atom* Rem *n* (*Zeichen* rem)

remâcher [r(ə)maʃe] *v/t* **1.** Kaugummi kauen; her'umkauen auf (+*dat*); **2.** *fig von der Vergangenheit, von Sorgen, Groll etc* nicht loskommen von

remaigrir [r(ə)megrir] *v/i* wieder abnehmen; wieder dünner, schlanker werden

remaill|age [r(ə)majaʒ] *m bei Strümpfen etc* Aufnehmen von Laufmaschen; *text auch* Repas'sieren *n*; **~er** *v/t* Laufmaschen aufnehmen (un bas an e-m Strumpf); *text auch* repas'sieren; Netze flicken

remake [rimɛk] *m cin* Neuverfilmung *f*; Remake [ri'meik] *n*

réman|ence [remanãs] *f phys, psych* Rema'nenz *f*; **~ent** *adj* rema'nent; *phys* magnétisme ~ remanenter Magnetismus

remanger [r(ə)mãʒe] *v/t* <-geons> noch einmal, wieder essen

remaniement [r(ə)manimã] *m* **1.** *e-s Buches, Textes etc* Neubearbeitung *f*; 'Umarbeitung *f*; 'Über'arbeitung *f*; *des Aufbaus, der Gliederung e-s Textes* 'Um-, Abänderung *f*; **2.** *pol der Regierung etc* 'Umbildung *f*; 'Umbesetzung *f*; ~ ministériel Re'gierungs-, Kabi'nettsumbildung *f*

remanier [r(ə)manje] *v/t* **1.** *literarisches Werk, Theaterstück etc* neu bearbeiten; 'umarbeiten; über'arbeiten; *Aufbau, Gliederung* ab-, 'umändern; **2.** *pol* ~ le ministère die Regierung, das Kabinett 'umbilden

remaquiller [r(ə)makije] *v/t* (*u v/pr*) (se) ~ sich) neu, wieder schminken

remari|age [r(ə)marjaʒ] *m* 'Wiederverheiratung *f*; **~er** *v/pr* se ~ sich wieder verheiraten; wieder heiraten

remarquable [r(ə)markabl(ə)] *adj* **1.** *Ereignis, Tatsache* bemerkenswert; bedeutend; außerordentlich; *Erfolg, Leistung auch* beachtlich; *Mensch* ~ par sa taille auffällig durch s-e Größe; il est ~ que ... (+*subj*) es ist bemerkenswert, daß ...; mais, chose ~, ... aber merkwürdigerweise ...; **2.** *Redner, Arzt etc* her'vorragend; vorzüglich; ausgezeichnet

remarquablement [r(ə)markabləmã] *adv* außerordentlich; bemerkenswert

remarque [r(ə)mark] *f* **1.** Bemerkung *f*; ~ judicieuse kluge Bemerkung; **2.** *par ext* vorwurfsvolle Bemerkung; Vorwurf *m*; Vorhaltung *f*; faire la ~ à qn que ... j-m vorhalten, vorwerfen, daß ...; je lui en ai fait la ~ *auch* ich habe ihn darauf hingewiesen; **3.** *zu e-m Text* Anmerkung *f*; Vermerk *m*; Bemerkung *f*; Fußnote *f*

remarqué [r(ə)marke] *adi* auffällig; beachtet; très ~ *auch* vielbeachtet

remarquer [r(ə)marke] **I** *v/t* **1.** bemerken; wahrnehmen; feststellen; aufmerksam werden auf (+*acc*); beachten; **avez--vous remarqué cela?** haben Sie das bemerkt?; fiel Ihnen das auf?; **je l'ai remarqué dans la foule** ich habe ihn in der Menge bemerkt; **er ist mir in der Menge aufgefallen;** ~ **que** ... bemerken, daß ...; **on remarque que** ... auch es sei darauf hingewiesen, daß ...; **remarquez (bien) que** ... wohlgemerkt ...; beachten Sie, daß ...; vergessen Sie nicht, daß ...; **je n'avais pas remarqué** ich habe es nicht be-, gemerkt; es ist mir nicht aufgefallen; **sans être remarqué** unbemerkt; ♦ **faire** ~ **qc (à qn)** (j-n) auf etw (*acc*) hinweisen, aufmerksam machen; **faire** ~ **que** ... darauf aufmerksam machen, darauf hinweisen, daß ...; **se faire** ~ auffallen, auf sich aufmerksam machen, *auch* sich auszeichnen (**par** durch); **sans se faire** ~ unauffällig; **2.** *mit Worten* bemerken; ... **remarqua--t-elle** ... bemerkte sie; **II** *v/pr* **se** ~ *Dinge* bemerkt, wahrgenommen werden; auffallen

remasticage [r(ə)mastikaʒ] *m tech* 'Wiederverkitten *n*
remastiquer [r(ə)mastike] *v/t* wieder, neu verkitten

remball|age [rãbalaʒ] *m* Wieder'einpacken *n*; Neuverpacken *n*; ~**er** *v/t* **1.** wieder einpacken; neu verpacken; F *fig* ~ **sa marchandise** F auf s-r Ware sitzenbleiben; nichts loskriegen; **2.** *cf* **rembarrer**

rembarqu|ement [rãbarkəmã] *m von Waren, Truppen etc* Wieder'einschiffung *f*; ~**er I** *v/t* wieder einschiffen, verschiffen; **II** *v/i* (*u v/pr*) **se** ~ sich wieder einschiffen; wieder an Bord gehen; *fig* **se** ~ **dans une affaire louche** sich wieder in e-e undurchsichtige Sache einlassen

rembarrer [rãbare] F *v/t* ~ **qn** j-n (grob) abweisen; j-m e-e Abfuhr erteilen; F **es j-m geben; se faire** ~ e-e Abfuhr bekommen, erleiden

remblai [rãblɛ] *m* **1.** Aufschüttung *f*; (Erd-, Straßen-, Bahn)Damm *m*; Erdwall *m*; **2.** *von Dämmen* Aufschütten *n*, -ung *f*; *von Vertiefungen* Auffüllen *n*, -ung *f*; **3.** *mines* ~ **géol** Absetzen *n*, -ung *f* (des Flußgeschiebes)
remblay|age [rãblɛjaʒ] *m cf* **remblai**; ~**er** *v/t* <-ay- *od* -ai-> *Straße etc mit Erde, Steinen etc* aufschütten; *Graben, Vertiefung* auffüllen; *mines* versetzen; ~**euse** *f tech* Versatzmaschine *f*
rembobiner [rãbɔbine] *v/t Film etc* zu'rückspulen

remboît|age [rãbwataʒ] *m* Wieder'einhängen *n des Buchblocks in die Einbanddecke*; ~**ement** *m* Wieder'einfügen *n*, -'einpassen *n*; *e-s Gelenkes* Wieder'einrenken *n*; ~**er** *v/t Gelenk* wieder einrenken; *Holzteil etc* wieder einfügen, einpassen; *Buchblock* wieder einhängen

rembourrage [rãburaʒ] *m* Polstern *n*; Polsterung *f* (*auch Material*)
rembourr|er [rãbure] *v/t Sessel etc* polstern; *cout Schultern* polstern; wat'tieren; *Kissen, Matratze* füllen; *adjt* F **elle est bien rembourrée** sie ist gut gepolstert; ~**ure** *f* Polster-, Füllmaterial *n*

remboursable [rãbursabl(ə)] *adj fin* (zu')rückzahlbar; einlösbar; tilgbar
remboursement [rãbursəmã] *m* **1.** *e-s Darlehens etc* Rückzahlung *f*; *von Auslagen, Kosten* (Rück)Erstattung *f*; Rückvergütung *f*; *von Schatzanweisungen etc* Einlösung *f*; *e-r Schuld auch* Tilgung *f*; ~ **des frais de représentation** Auf-

wandsentschädigung *f*; **date** *f* **de** ~ Einlösungstermin *m*; **délai** *m* **de** ~ Tilgungsfrist *f*; **2.** *bei der Post* Nachnahme *f*; **contre** ~ gegen, per Nachnahme; **envoi** *m* **contre** ~ Nachnahmesendung *f*

rembourser [rãburse] *v/t Darlehen etc* zu'rückzahlen; *Auslagen, Kosten* (zu'rück)erstatten; (rück)vergüten; ersetzen; *Schatzanweisung etc* einlösen; *Schulden etc* tilgen; abtragen; ~ **ses frais à qn** *od* ~ **qn de ses frais** j-m die Kosten, Spesen vergüten, ersetzen, erstatten; ~ **qn** j-m das Geld zurückzahlen, -geben; **je vous rembourserai demain** Sie bekommen das Geld morgen wieder, zurück; **se faire** ~ sich das Geld zurückzahlen lassen; sich die Auslagen erstatten lassen; *im Theater, Kino* **remboursez!** wir wollen unser Geld zurück!

rembrunir [rãbrynir] *v/pr Gesicht, Miene* **se** ~ sich verfinstern; sich verdüstern; *adjt* **visage rembruni** finsteres Gesicht

remède [r(ə)mɛd] *m* **1.** (Heil)Mittel *n*; Arz'nei *f*; ~ **efficace** wirksames (Heil-)Mittel; ~ **tonique** Stärkungsmittel *n*; ~ **universel** All'heilmittel *n*; ~ **de bonne femme** Hausmittel(chen) *n*; **prendre un** ~ ein Heilmittel nehmen; *loc/prov* **le** ~ **est souvent pire que le mal** die Arznei ist oft schlimmer als die Krankheit; das hieße den Teufel mit Beelzebub austreiben (*loc/prov*); **2.** *fig* (Gegen-)Mittel *n*; Abhilfe *f*; ~ **contre l'inflation** Mittel gegen die Inflation; **sans** ~ unabänderlich; **c'est sans** ~ da(gegen) kann man gar nichts tun, machen; da hilft nichts; das ist hoffnungslos; **apporter un** ~, **porter** ~ **à un mal** e-m Übel abhelfen; **y porter** ~ Abhilfe schaffen; *von e-r häßlichen Frau* **c'est un** ~ **contre l'amour** F die ist zum Abgewöhnen

remédier [r(ə)medje] *v/t/indir* ~ **à e-m** *Übel, Schmerzen etc* abhelfen, begegnen, steuern (+*dat*); ~ **à des abus** *auch* 'Mißstände abstellen, beheben; **pour y** ~ als Abhilfe

remembr|ement [r(ə)mãbrəmã] *m* Flurbereinigung *f*; ~**er** *v/t* e-e Flurbereinigung 'durchführen (**qc bei etw**)
remémor|ation [r(ə)memɔrasjõ] *f psych* (beabsichtigtes) Sicher'innern; ~**er** *v/pr* **se** ~ **qc** sich etw ins Gedächtnis zu'rückrufen; sich an etw (*acc*) erinnern; sich etw vergegen'wärtigen
remérage [r(ə)meraʒ] *m Bienenzucht* Königinnenerneuerung *f*

remerciement [r(ə)mɛrsimã] *m* **1.** *oft pl* ~**s** Dank *m*; **lettre** *f* **de** ~ Dankschreiben *n*; Dank(es)brief *m*; **avec tous mes** ~**s mit bestem, verbindlichstem Dank** (zurück); **en** ~ zum Dank; **prononcer un discours de** ~ Dankesworte sprechen; **2.** *in der Académie française* Antrittsrede *f*

remercier [r(ə)mɛrsje] *v/t* **1.** danken (**qn de, pour qc** j-m für etw); sich bedanken (**bei j-m für etw**); ~ **par lettre** sich brieflich bedanken; ~ **qn d'être venu** j-m für sein Kommen danken; ~ **d'un sourire** (sich) mit e-m Lächeln (be)danken; ~ **par un cadeau** sich mit e-m Geschenk bedanken; *bei höflicher Ablehnung* **je vous remercie!** danke (, nein)!; **je ne sais comment vous** ~ ich weiß nicht, wie ich Ihnen danken soll; *péj* **c'est comme ça qu'il me remercie!** das ist also der Dank!; **2.** ~ **qn** j-m kündigen; j-n entlassen; **il a été remercié** ihm ist gekündigt worden; er ist entlassen, gekündigt worden
réméré [remere] *m jur* Rück-, 'Wiederkauf *m*; **vente** *f* **à** ~ Verkauf *m* mit

Rückkaufsrecht

remett|age [r(ə)mɛtaʒ] *m text* Einziehen *n*; Pas'sieren *n*; ~**ant** *m fin* Remit'tent *m*; Wechselnehmer *m*
remettre [r(ə)mɛtr(ə)] <*cf* **mettre**> **I** *v/t* **1.** *Kleider, Schuhe, Handschuhe* wieder anziehen; *Hut* wieder aufsetzen; *verrenktes Glied* wieder einrenken; *Gegenstand* wieder hinstellen, -setzen, -legen, -hängen; *Wasser* nachfüllen (**dans** in + *acc*); ~ **qc debout, droit** *bzw* **droite** etw wieder aufstellen, aufrichten, gerade, senkrecht hinstellen; F *fig* **en** ~ etwas da'zudichten, da'zuerfinden; ♦ *Wendungen mit prép u loc/adv:* **Uhr** ~ **à l'heure** stellen; ~ **qc à la mode** etw wieder in Mode bringen; *fig* ~ **qn au pas** j-m den Kopf zu'rechtsetzen; F j-n auf Vordermann bringen; ~ **à sa place** a) *Sache* wieder an s-n Platz stellen; b) *fig Person* zu'rechtweisen; **ne plus** ~ **les pieds chez qn** nie wieder s-n Fuß über j-s Schwelle (*acc*) setzen; ~ **qc dans un étui, dans sa poche**, etw wieder in ein Etui, in die Tasche *etc* stecken; *Kind* ~ **dans son lit** wieder ins Bett bringen, F stecken; *fig* ~ **qc dans l'esprit, en mémoire** etw wieder ins Gedächtnis rufen; wieder an etw (*acc*) erinnern; ~ **du sel dans un plat** ein Gericht nachsalzen; *fig* ~ **qn dans la bonne voie** j-n wieder auf den rechten Weg bringen; ~ **de l'ordre dans qc** in etw (*dat*) Ordnung bringen; *Geld* ~ **en circulation** wieder in 'Umlauf bringen; ~ **qn en confiance** j-s Vertrauen 'wiedergewinnen; ~ **qc en état** etw (wieder) in'stand setzen; etw wieder'herstellen, -'herrichten; ~ **qc en honneur** etw wieder zu Ehren bringen; *Gefangenen* ~ **en liberté** wieder freilassen; ~ **en marche** *Motor* wieder anlassen, anwerfen; *Maschine* wieder in Gang setzen; ~ **qc en ordre** etw wieder in Ordnung bringen; *Flüchtigen* ~ **en prison** wieder ins Gefängnis werfen; ~ **qc en question** etw (wieder) in Frage stellen; *Gesetz* ~ **en vigueur** wieder in Kraft setzen; ~ **sur pied** a) *Partei* neu organisieren; neu aufbauen; b) *fig Medikament etc*: *Person* wieder auf die Beine bringen; *Frage* ~ **sur le tapis** wieder zur Sprache, F aufs Tapet bringen; **2.** ~ **qc à qn** etw aushändigen, über'geben, -'reichen; etw bei j-m abgeben, abliefern; *Brief etc* auch j-m etw über'bringen, zustellen; *Orden* j-m etw über'reichen; *Schüler* ~ **les cahiers** die Hefte abgeben; *Befugnisse* ~ **à son successeur** s-m Nachfolger über'tragen; *Schuldigen* ~ **entre les mains de la justice** der Justiz, dem Gericht übergeben, *st/s* über'antworten; ~ **son sort entre les mains de qn** sein Schicksal in j-s Hände (*acc*) legen; **3.** *Schuld, Strafe etc* erlassen (**à qn** j-m); *Sünden* vergeben (**à qn** j-m); **4.** *Entscheidung, Vorhaben etc* auf-, verschieben; *jur Prozeß, Urteil* vertagen; ~ **qc à plus tard** etw auf später verschieben; ~ **qc de jour en jour** etw auf die lange Bank schieben; *fig* **ce n'est que partie remise** aufgeschoben ist nicht aufgehoben (*loc/prov*); *prov* **il ne faut jamais** ~ **à demain** *od* **au lendemain ce que l'on peut faire le jour même** was du heute kannst besorgen, das verschiebe nicht auf morgen (*prov*); **5.** ~ **qn** j-n (*gesundheitlich*) wieder'herstellen; j-n wieder zu Kräften kommen lassen; **6.** F ~ **qn** j-n 'wiedererkennen; **je ne vous remets pas** ich erkenne Sie nicht wieder; **7.** F ~ **ça** wieder anfangen; *in e-m Lokal* **on remet ça?** das gleiche nochmal?; **II** *v/i* **8.** *Wetter* **se** ~ wieder besser, schöner werden; **le temps se remet (au beau)**

es wird wieder besser, schöner; **9. se ~ debout** wieder aufstehen; **se ~ au lit** sich wieder ins Bett legen; **se ~ à table** sich wieder an den, zu Tisch setzen; **se ~ en route** sich wieder auf den Weg machen; wieder aufbrechen; **se ~ en selle** wieder aufsitzen; *fig* **se ~ entre les mains de Dieu** sein Schicksal in Gottes Hand legen; **10. se ~ à qc** sich wieder mit etw beschäftigen; wieder mit etw anfangen, beginnen; F sich wieder an etw (*acc*) machen; **se ~ au tennis** wieder mit dem Tennisspielen anfangen; **il s'est remis au tennis** er spielt wieder Tennis; **se ~ au travail** sich wieder an die Arbeit begeben, machen; wieder mit der Arbeit beginnen; die Arbeit wieder'aufnehmen; **se ~ à faire qc** wieder etw tun; wieder anfangen, etw zu tun; **se ~ à fumer** wieder mit dem Rauchen anfangen; *unpersönlich* **il se remet à pleuvoir** es fängt wieder an zu regnen; **11. se ~ avec qn** sich wieder mit j-m versöhnen; **se ~ ensemble** sich wieder versöhnen; **12. se ~ de qc** sich (wieder) von etw erholen; **se ~ de ses émotions** sich von s-r Aufregung erholen; *abs Kranker* **il se remet** es geht ihm (wieder) besser; *adjt* **il est bien remis** es geht ihm wieder gut; *bei e-m Schicksalsschlag* **je ne m'en suis** *od* **je n'en suis pas encore remis** davon habe ich mich noch nicht wieder erholt; **allons, remettez-vous!** beruhigen Sie sich doch!; fassen Sie sich doch!; **13. s'en ~ à qn** sich auf j-n verlassen; es j-m über'lassen; **s'en ~ au jugement de qn** sich auf j-s Urteil verlassen; **remettez-vous-en à moi** lassen Sie das meine Sorge sein; **14.** *passivisch* ~ aufgeschoben werden; **ne pouvoir se ~** auch keinen Aufschub dulden

remeubler [r(ə)mœble] **I** *v/t* neu mö'blieren, einrichten; **II** *v/pr* **se ~** sich neu einrichten

rémige [remiʒ] *f zo* Schwungfeder *f*

remilitaris|ation [r(ə)militarizasjõ] *f* Remilitari'sierung *f*; 'Wiederbewaffnung *f*; Wieder'aufrüstung *f*; **~er** *v/t* remilitari'sieren; wieder bewaffnen; wieder aufrüsten

reminéralisation [r(ə)mineralizasjõ] *f méd* Zuführung *f* von Mine'ralien

réminiscence [reminisãs] *f* **1.** Remi'niszenz *f*; (vage) Erinnerung; Anklang *m* (**de** an + *acc*) (*auch bei e-m Schriftsteller etc*); **2.** *psych* Reminis'zenz *f*; **3.** *philos bei Plato* 'Wiedererinnerung *f*; A'namnesis *f*

remis [r(ə)mi] *p/p u adj cf* **remettre**

remisage [r(ə)mizaʒ] *m* Ein-, 'Unterstellen *n*

remise [r(ə)miz] *f* **1.** (Wagen-, Geräte-) Schuppen *m*; **2.** *fin* Ra'batt *m*; Nachlaß *m*; Ermäßigung *f*; Abschlag *m*; Skonto *n*; ~ **(de l'impôt)** Steuernachlaß *m*; **faire une ~ (-n)** Nachlaß gewähren; **3.** *e-r Schuld, Strafe etc* Erlaß *m*; *rel der Sünden* Vergebung *f*; ~ **de dette** Schulderlaß *m*; ~ **de peine** Straferlaß *m*; **4.** *jur* ~ **(de cause)** Vertagung *f*, Verlegung *f* (*der Verhandlung*); ~ **à 'huitaine** Verlegung um acht Tage; **5.** *e-s Briefes etc* Aushändigung *f*; Über'bringung *f*; 'Übergabe *f*; *e-s Preises, e-r Auszeichnung etc* 'Übergabe *f*; Über'reichung *f*; ~ **des bagages** Gepäckausgabe *f*; *e-r neuen Haus etc* ~ **des clefs** Schlüsselübergabe *f*; **6.** ~ **à neuf** Wieder'herrichtung *f*; ~ **en état** (Wieder)In'standsetzung *f*; ~ **en jeu** *sports des Balles* ~ **in jeu** Einwurf *m*; Einwerfen *n*; ~ **en marche** Wiederin'gangsetzung *f*; ~ **en ordre** Wiederin'ordnungbringen *n*; ~ **en question** (Wieder)In'fragestellung *f*; ~ **en**

service Wiederin'dienststellung *f*; ~ **en vigueur** Wiederin'kraftsetzung *f*

remiser [r(ə)mize] **I** *v/t Wagen, Fuhrwerk etc* ein-, 'unterstellen; *Koffer etc* abstellen; F ~ **qc quelque part** F etw irgendwohin stecken; *fig* ~ **l'uniforme** die Uniform an den Nagel hängen; **II** *v/i beim Spiel* wieder, erneut, noch einmal setzen

remisier [r(ə)mizje] *m Börse* Remisi'er *m*

remisse [r(ə)mis] *m text* Schaftrahmen *m*

rémission [remisjõ] *f* **1.** *rel der Sünden* Vergebung *f*; Nachlaß *m*; **2.** *loc/adj u loc/adv* **sans ~** a) unerbittlich; unnachsichtig; unbarmherzig; unaufhaltsam; unweigerlich; b) ununterbrochen; unaufhörlich; **arbeiten** unermüdlich; **3.** *méd des Fiebers, der Schmerzen* vor'übergehendes Nachlassen, Zu'rückgehen; *sc* Remissi'on *f*

rémitt|ence [remitãs] *f méd cf* **rémission 3.**; **~ent** *adj méd* zeitweilig nachlassend, zu'rückgehend; *sc* remit'tierend

rémiz [remiz] *m zo* Beutelmeise *f*

remmaill|age [rãmajaʒ] *m* **1.** *cf* **remaillage**; **2.** *text* Ketteln *n*; **~er** *v/t* **1.** *cf* **remailler**; **2.** *text* (ab)ketteln; **~euse** *f* **1.** Kettelmaschine *f*; **2.** Arbeiterin Kettlerin *f*

remmancher [rãmãʃe] *v/t Werkzeug, Besen etc* mit e-m neuen Stiel versehen; neu bestielen

remmener [rãmne] *v/t* <-è-> zu'rückbringen; *Person auch* zu'rückbegleiten

remodel|age [r(ə)mɔdlaʒ] *m* **1.** *von Muskeln, Haut* Straffen *n*, -ung *f*; **2.** 'Umgestaltung *f*; *von Stadtvierteln etc* Neugliederung *f*; Neugestaltung *f*; **~er** *v/t* <-è-> **1.** *Körper, Gesicht* e-e neue *bzw* schönere Form geben (+*dat*); *Muskeln, Haut* straffen; *Plastik etc* neu model'lieren; **2.** umgestalten; neu gestalten; e-e andere, neue Form geben (+*dat*); das Aussehen ändern (+*gen*); *Verwaltungsbezirke etc* neu gliedern; 'umstrukturieren

rémois [remwa] *adj (u subst ♀ Einwohner) von Reims*

remontage [r(ə)mõtaʒ] *m* **1.** *e-s Motors, Gerätes etc* erneute, nochmalige Mon'tage; Wiederzu'sammensetzen *n*, -bauen *n*; Wieder'einbau(en) *m(n)* (**dans** in + *acc*); **2.** *e-r Uhr etc* Aufziehen *n*; **3.** *der Schuhe* Neu-, 'Wiederbesohlen *n*, -ung *f*; **4.** *cf* **remonte 1.**

remontant [r(ə)mõtã] **I** *adj* **1.** *meist Getränk* belebend; stärkend; **2.** *bot* zweimal jährlich blühend; *sc* remon'tant; **II** *m* Stärkungsmittel *n*, -trunk *m*

remonte [r(ə)mõt] *f* **1.** *von Schiffen* Bergfahrt *f*; Strom'aufwärtsfahren *n*; **2.** *zo von Fischen* Aufsteigen *n* (zum Laichen)

remontée [r(ə)mõte] *f* **1.** erneutes Hin'aufsteigen; Wieder'aufstieg *m*; *der Bergarbeiter* Ausfahren *n*; *e-s Schiffes, der Fische cf* **remonte 1., 2.**; **la ~ du fleuve, du Rhin** die Fahrt fluß'aufwärts, rhein'aufwärts; **2.** *des Wassers, Barometers etc* Wieder'anstieg *m*; erneutes Ansteigen; **3.** *sports* Aufholen *n*; **il a fait une belle ~** er hat gut aufgeholt; **4. ~s mécaniques** Seilbahnen *f/pl* und (Ski)Lifte *m/pl*

remonte-pente [r(ə)mõtpãt] *m* <*pl* **remonte-pentes**> *für Skifahrer* Schlepplift *m*

remonter [r(ə)mõte] **I** *v/t* **1.** *Straße etc* hin'auf- *bzw* her'aufgehen, -kommen, *Fahrzeug od Person in e-m Fahrzeug* -fahren; F raufgehen, -kommen, -fahren; *Fluß* hin'auf- *bzw* her'auffahren, -schwimmen; *Tonleiter* hin'aufsingen

bzw -spielen; aufwärts singen *bzw* spielen; ~ **un fleuve** fluß-, strom'aufwärts fahren *bzw* schwimmen; *Radrennen* ~ **le peloton** das Hauptfeld über'holen; ~ **la rive d'un fleuve** am Ufer fluß'aufwärts gehen; **2.** *Treppe, Abhang etc* wieder, noch einmal hin'auf- *bzw* her'auf- *bzw* F raufgehen, -steigen; ~ **la pente** *cf* **pente 2.**; **3.** *Gegenstände* wieder hin'auf- *bzw* her'auftragen, -bringen, -schaffen; *Bild* höher hängen; *Kragen* hochschlagen; *Hose* hochziehen; *Mauer* erhöhen; höher machen; **4.** *fig* ~ **qn** j-n stärken; j-n wieder zu Kräften bringen; **ce cognac te remontera** dieser Kognak wird dich wieder auf die Beine bringen; **5.** *Uhr, Wecker, Spielzeug etc* aufziehen; **6.** *Tennisschläger* neu bespannen; *Saiteninstrument* neu besaiten; **7.** *tech Gerät, Motor etc* wieder mon'tieren; wieder zu'sammensetzen; wieder zu'sammenbauen (*auch Schrank*); *auch* wieder einbauen (**dans** in + *acc*); **8.** ~ **qc** etw mit der nötigen Ausstattung, Einrichtung versehen; ~ **sa cave** s-n Weinkeller auffüllen; ~ **sa garde-robe** sich mit neuen Kleidern versehen; **9.** *Theaterstück etc* neu insze'nieren; **II** *v/i* **10.** wieder hin'auf- *bzw* her'auf- *bzw* F raufgehen, -kommen, -steigen; *Fahrzeug od Person in e-m Fahrzeug* -fahren, *Vogel* -fliegen; *Schiff* fluß'aufwärts fahren; *Wind* von Süden wehen, kommen; ~ **à bord** wieder an Bord gehen; ~ **à cheval** wieder aufsitzen; wieder aufs Pferd steigen; ~ **au sixième étage** wieder in den sechsten Stock hinaufgehen, **mit dem Aufzug** hinauffahren; *Erinnerungen* ~ **à la mémoire** aufsteigen; 'wiederkehren; *Schüler* ~ **à la seconde place** wieder auf den zweiten Platz (hinauf)rücken; *mar* ~ **au vent** hart am Wind kreuzen; ~ **dans la voiture** wieder in das Auto (ein)steigen; *Herrscher* ~ **sur le trône** wieder den Thron besteigen; ~ **vers le nord**, **in direction du nord** nach Norden gehen, fahren, ziehen; **11.** *Preise, Kurse, Barometer, Fieber, Flut etc* wieder, erneut (an)steigen; *Straße* wieder ansteigen; *par ext bot* remon'tieren; zum zweitenmal blühen; *fig* **ses actions remontent** s-e Aktien steigen wieder; *Kleid* ~ **par devant** a) vorn kürzer sein; b) vorn hochrutschen; sich vorn hochziehen; **12.** *in die Vergangenheit* zu'rückgehen (**à** auf + *acc*; bis); ~ **loin** *Adel etc* weit zurückreichen; sich weit zurückverfolgen lassen; *Ereignis* weit zurückliegen; *in s-n Ausführungen* weit zurückgehen, -greifen; ~ **plus 'haut** (**dans le temps**) weiter ausholen; ~ **à la plus 'haute antiquité** auf uralte Zeiten zurückgehen; bis in uralte Zeiten reichen; *Bauwerk* aus uralter Zeit stammen; ~ **à la source** bis zu den Ursprüngen zurückgehen; ~ **dans le temps** (**par l'esprit**) auf e-e frühere Zeit zurückblicken; sich in e-e frühere Zeit (zurück)versetzen; ~ **de l'effet à la cause** von den Auswirkungen bis zur Ursache zurückgehen; **aussi loin que remontent mes souvenirs ...** soweit (wie) meine Erinnerung reicht ...; **III** *v/pr* **se ~ 13.** sich stärken (*auch seelisch*); wieder zu Kräften kommen; **14. se ~ en qc** sich wieder mit etw eindecken

remontoir [r(ə)mõtwar] *m e-r Uhr* a) Aufziehvorrichtung *f*; b) Stellrad *n*; **montre** *f* **à ~** Remon'toiruhr *f*

remontrance [r(ə)mõtrãs] *f* <*meist pl* ~**s**> Verweis *m*; Zu'rechtweisung *f*; ~**s** *pl auch* Vorhaltungen *f/pl*

remontrer [r(ə)mõtre] **I** *v/t* wieder, noch einmal zeigen; **II** *v/i* **en ~ à qn** j-m s-e Über'legenheit beweisen; **vouloir en**

~ à tout le monde *auch* immer alles besser wissen; il en remontrerait à son professeur dans ce domaine er könnte s-m Lehrer auf diesem Gebiet etwas beibringen, vormachen; **III** *v/pr* se ~ sich wieder zeigen; sich wieder sehen lassen

rémora [remɔra] *m zo* **a)** Kopfsauger *m*; **b)** Schildfisch *m*

remords [r(ə)mɔr] *m* Schuldgefühl *n*, -bewußtsein *n*; ~ *pl* Gewissensbisse *m/pl*; avoir des ~ (d'avoir fait qc) Gewissensbisse haben, sich Gewissensbisse machen (, weil man etw getan hat); étouffer ses ~ s-e Gewissensbisse unter'drücken

remorquage [r(ə)mɔrkaʒ] *m* **a)** Schleppen *n*; *mar auch* Bug'sieren *n*; **b)** *par ext* e-s Autos Abschleppen *n*

remorque [r(ə)mɔrk] *f* **1.** *mar* Schleppen *n*; (câble *m* de) ~ Schlepptau *n*, -trosse *f*; *fig* être, se mettre à la ~ de qn j-m blindlings folgen; sich von j-m ins Schlepptau nehmen lassen; *fig* il est toujours à la ~ er hängt immer nach; er ist immer der letzte; prendre en ~ Schiff ins Schlepptau nehmen; *Auto* abschleppen; **2.** e-s Motorfahrzeugs Anhänger *m*; *ch de fer* Beiwagen *m*; Anhänger *m*

remorqu|er [r(ə)mɔrke] *v/t* **a)** *mar* schleppen; ins Schlepptau nehmen; bug'sieren; *Segelflugzeug* schleppen; ziehen; *adit* vol remorqué Schleppflug *m*; **b)** *Auto* abschleppen; **c)** *fig Person* mit-, her'umschleppen; **~eur** *m mar* Schlepper *m*; Schleppdampfer *m*; ~ fluvial, de haute mer, de port Fluß-, Hochsee-, Hafenschlepper *m*; *adit* avion ~ Schleppflugzeug *n*

remoudre [r(ə)mudr(ə)] *v/t* ⟨*cf* moudre⟩ wieder, noch einmal mahlen

remouiller [r(ə)muje] *v/t* **1.** Bügelwäsche wieder naß, feucht machen; **2.** *mar* (l'ancre) wieder Anker werfen, vor Anker gehen

rémoulade [remulad] *f cuis* Remou'lade(nsoße) *f*; *adit* céleri *m* ~ Sellerie *m od f* mit Remouladensoße

remoul|age [r(ə)mulaʒ] *m* **1.** Wiedermahlen *n*; **2.** e-r *Statue etc* Neu-, 'Umgießen *n*; **~er** *v/t Statue etc* wieder, noch einmal gießen; 'umgießen

rémouleur [remulœr] *m* Scherenschleifer *m*

remous [r(ə)mu] *m* **1.** *in e-m Fluß etc* Strudel *m*; Wirbel *m* (*auch der Luft*); Sog *m*; *mar* e-s *Schiffes* Kielwasser *n*; **2.** *fig pl* Wirbel *m*; Strudel *m*; Aufruhr *m*; Hin und Her *n*; les ~ de la foule das Hin(-) und Her(wogen) der Menschenmenge; *Affäre* causer des ~ viel Staub aufwirbeln

rempaill|age [rãpajaʒ] *m* e-s *Stuhles* Neubespannen *n*, -ung *f* (mit Stroh); **~er** *v/t Stuhl* neu mit Stroh, mit e-m neuen Strohgeflecht bespannen; **~eur** *m*, **~euse** *f* Stuhlflechter(in) *m(f)*

rempaqueter [rãpakte] *v/t* ⟨-tt-⟩ wieder einpacken

rempart [rãpar] *m* ⟨*oft pl* ~s⟩ fortif (Festungs-, Schutz)Wall *m*; Befestigungsmauer *f*, -anlage *f*; Bollwerk *n* (*auch fig*); e-r *Stadt auch* Stadtmauer *f*; *fig* se faire un ~ du corps de qn hinter j-s Körper (*dat*) Schutz suchen, in Deckung gehen

rempiétement [rãpjɛtmã] *m bât* Fun-da'menterneuerung *f*

rempiéter [rãpjete] *v/t* ⟨-è-⟩ **1.** *bât* das Funda'ment erneuern (un mur er-Mauer [*gén*]); **2.** *Strumpf* e-n neuen Fuß anstricken an (+*acc*)

rempiler [rãpile] *v/t* **I** *v/t Bücher etc* wieder aufein'anderstapeln; **II** *v/i arg mil* (se

rengager) sich länger verpflichten; sich weiterverpflichten; *subst* un rempilé ein Soldat, der sich länger verpflichtet hat; ein längerdienender Freiwilliger

remplaçable [rãplasabl(ə)] *adj* ersetzbar; auswechselbar

remplaç|ant [rãplasã] *m*, **~ante** *f* Vertreter(in) *m(f)*; *in der Grundschule* Hilfslehrer(in) *m(f)*; *sports* Ersatzmann *m*, -spieler *m*; Auswechselspieler *m*

remplacement [rãplasmã] *m* **1.** *von Dingen* Ersetzen *n*, -ung *f*; Ersatz *m*; *loc/adj* de ~ Ersatz…; en ~ de qc als Ersatz für etw; **2.** e-r *abwesenden Person* Vertretung *f*; en ~ de qn in j-s Vertretung (*dat*); an j-s Stelle (*dat*); als Vertretung für j-n; faire des ~s Vertretungen machen, über'nehmen

remplacer [rãplase] ⟨-ç-⟩ **I** *v/t* **1.** *Maschinenteil, zerbrochene Scheibe, alte Möbel etc* ersetzen (par durch); auswechseln, -tauschen (gegen); *Honig etc* ~ le sucre den Zucker ersetzen; rien ne remplace la santé nichts ersetzt die Gesundheit; **2.** a) *vorübergehend* j-n vertreten; b) *dauernd* j-n ersetzen; ~ qn par qn *auch* j-n an j-s Stelle (*acc*) setzen; je vous remplacerai ich werde Sie vertreten; ich werde für Sie einspringen; se faire ~ sich vertreten lassen; **II** *v/pr* se ~ a) *passivisch Maschinenteil etc* sich ersetzen lassen; *Person* zu ersetzen sein; b) *reziprok* se ~ (à tour de rôle) au volant sich beim Fahren abwechseln; abwechselnd fahren

remplage [rãplaʒ] *m* **1.** *bât* Mauerfüllung *f*; **2.** *in der Gotik* Maßwerk *n*

rempli[1] [rãpli] *adj Theater* voll, gut besetzt; *Tag, Leben etc* bien ~ ausgefüllt; ~ de vin; *Gefäß* gefüllt mit; *Text* ~ d'erreurs voller Fehler; ~ de monde voller Leute; voll mit Leuten; *fig* être (tout) ~ de son importance, de soi-même von sich über'zeugt, eingenommen sein

rempli[2] [rãpli] *m* e-s *Rockes, Vorhangs etc* Einschlag *m*

remplir [rãplir] **I** *v/t* **1.** *Behälter, Tasche, Raum etc* füllen (de mit); 'vollmachen; *Trinkgefäß auch* 'vollgießen, -schenken; *Badewanne etc auch* 'vollaufen lassen; *Ereignis: die Zeitungen, Menschen: e-n Saal etc* füllen; *Lücke* schließen; *Leere* ausfüllen; *st/s* ~ l'air de ses cris die Luft mit s-m Geschrei erfüllen; ~ une page d'écriture e-e Seite 'vollschreiben; *Person* ne pas ~ ses vêtements s-e Kleider nicht ausfüllen; *Tätigkeit, Aufgabe* ~ une vie ein Leben ausfüllen; **2.** *fig* ~ qn d'admiration, de joie, de chagrin j-n mit Bewunderung, Freude, Trauer erfüllen; **3.** *Formular, Fragebogen etc* ausfüllen; *Kanevas* besticken; **4.** *Bedingungen, Erwartungen, s-e Pflicht* erfüllen; ~ ses engagements *auch* s-n Verpflichtungen nachkommen; **5.** *Tätigkeit, Funktion* ausüben; *Amt auch* bekleiden; ~ son rôle s-e Rolle gut spielen; **II** *v/pr* se ~ sich ('voll-, auf)füllen (de mit); *mit Flüssigkeit auch* 'vollaufen; se ~ les poches sich die Taschen füllen; *fig auch* in die eigene Tasche arbeiten, wirtschaften; *ses yeux* se remplirent de larmes … füllten sich mit Tränen; *Saal* commencer à se ~ sich zu füllen, voll zu werden beginnen

rempliss|age [rãplisaʒ] *m* **1.** (Auf)Füllen *n*; *aviat* coefficient *m* de ~ Auslastungsgrad *m*; **2.** *bât* Füllmaterial *n*; **3.** *péj in e-m Text* eingeschobenes Füllsel *n*; faire du ~ Unwesentliches schreiben; c'est une scène de ~ die Szene ist ein bloßes Füllsel; **~euse** *f tech* (Flaschen-) Abfüllmaschine *f*

remploi [rãplwa] *m* **1.** *cf* réemploi; **2.** *von Kapital* 'Wieder-, Neuanlage *f*

remployer [rãplwaje] *v/t* ⟨-oi-⟩ **1.** *cf* réemployer; **2.** *Geld* wieder anlegen

remplumer [rãplyme] *v/pr* se ~ **1.** *zo* neue Federn bekommen; **2.** *F* **a)** wieder zu Geld kommen; **b)** wieder rundlicher werden; wieder zunehmen

rempocher [rãpɔʃe] *v/t* wieder einstecken; wieder in die Tasche stecken

rempoissonner [rãpwasɔne] *v/t Teich etc* wieder mit Fischbrut besetzen

remporter [rãpɔrte] *v/t* **1.** *Gegenstand* wieder mitnehmen; wieder wegbringen, -tragen; *Speise* wieder abtragen; **2.** *Sieg, Erfolg, Titel, Pokal, Preis* erringen; *Wettkampf* gewinnen; ~ la victoire *auch* den Sieg da'vontragen

rempot|age [rãpɔtaʒ] *m von Topfpflanzen* 'Umtopfen *n*; **~er** *v/t* 'umtopfen

remprisonner [rãprizɔne] *v/t* wieder ins Gefängnis stecken, schicken

remprunter [rãprɛ̃te, -prœ̃-] *v/t* sich wieder (aus)leihen, borgen (qc à qn etw von j-m)

remuage [rəmyaʒ] *m* **1.** *von Schaumwein* Rütteln *n* und Drehen *n*; **2.** *von Getreide* 'Umschaufeln *n*

remuant [rəmyã] *adj* **1.** *bes Kind* lebhaft; zapp(e)lig; unruhig; **2.** *rege*; rührig

remue-ménage [r(ə)mymenaʒ] *m* ⟨*inv*⟩ Hinund'herschieben *n* (*von Möbeln, schweren Gegenständen*); *par ext* geräuschvolles, lärmendes Durchein'ander; Krach *m*; Ra'dau *m*; Trubel *m*; faire du ~ Krach, Radau machen; il y a du ~ es herrscht großer Trubel

remuement [r(ə)mymã] *m der Lippen etc* Bewegen *n*, -ung *f*; *von Stühlen etc* Rücken *n*

remuer [rəmye] **I** *v/t* **1.** *Lippen, Hände etc beim Sprechen* bewegen; *Stuhl etc* (weg)rücken; *Erde* 'umgraben; *Korn* 'umschaufeln; *Kaffee, Soße, Salat* 'umrühren; ~ les braises, les cendres in der Glut, in der Asche stochern; *fig*: ~ l'argent à la pelle Geld wie Heu haben; ~ beaucoup d'argent, des millions große (Geld)Geschäfte machen; viel Geld 'umsetzen; ~ de vieilles choses alte Geschichten (wieder) aufwärmen, aufrühren; *Prozeß, Zeitung etc* ~ l'ordure, la boue (den) Schmutz aufwühlen; ne ~ ni pied ni patte sich nicht mehr rühren, bewegen; völlig bewegungslos sein; ~ la queue *Hund* mit dem Schwanz wedeln; schwänzeln; *Katze* den Schwanz (hin- und her)bewegen; ~ de vieux souvenirs (*bes* schmerzliche) Erinnerungen her'aufbeschwören, zu'rückrufen; **2.** *fig Zuhörer etc* aufrütteln; bewegen; rühren; ergreifen; **II** *v/i* **3.** sich bewegen, regen; *Zahn* wackeln; *verletztes Tier etc* ~ encore sich noch bewegen; *Gräser etc* ~ dans le vent sich im Wind bewegen; im Wind schwanken; *Schwangere* sentir son enfant ~ spüren, wie sich ihr Kind bewegt; *Kind* ne pas pouvoir rester sans ~ nicht still sitzen können; *fig* ton nez remue! ich sehe dir an der Nasenspitze an, daß du lügst! **4.** *fig Land etc* in Unruhe geraten; unruhig werden; aufbegehren; **III** *v/pr* se ~ sich bewegen; *fig* sich einsetzen (pour qc bei, für etw); sich Mühe geben; remue-toi! a) los, unter'nimm *od* tu was!; b) los, beeil dich!

rémunéra|teur [remyneratœr] *adj* ⟨-trice⟩ einträglich; lohnend; gewinnbringend; **~tion** *f* Entlohnung *f*; Vergütung *f*; Hono'rierung *f*; Lohn *m*; (Arbeits)Entgelt *n*; *mar* ~ d'assistance Bergegeld *n*

rémunérer [remynere] *v/t* ⟨-è-⟩ *Person* entlohnen; bezahlen; *Arbeit* vergüten;

bezahlen; *bes freiberufliche Arbeit* ho-
no'rieren; *adjt:* **collaborateurs rému-
nérés** bezahlte Mitarbeiter *m/pl;* **poste
bien rémunéré** gut bezahlte, gut do-
'tierte Stelle; **travail rémunéré** *auch*
Arbeit *f* gegen Entgelt; *bes adm* entgeltli-
che Arbeit

renâcler [r(ə)nɑkle] *v/i* **1.** *Pferd etc*
schnauben; **2.** *Person* sich sträuben; ~ à
la **besogne** sich gegen die Arbeit
sträuben; **accepter sans** ~ ohne 'Wider-
rede annehmen

renaiss|ance [r(ə)nɛsɑ̃s] *f* **1.** 'Wieder-
geburt *f* (*auch rel*); Wieder'aufleben *n;*
'Wiedererstehen *n;* 'Wiederkehr *f; der
Künste auch* Wieder'aufblühen *n;* Re-
nais'sance *f;* **2.** *hist* la ♀ die Renais'sance;
3. *adjt* ⟨*inv*⟩ **a**) ♀ Renais'sance...; **châ-
teau** *m,* **style** *m* ♀ Renaissanceschloß *n,*
-stil *m;* **b**) *text* **laine** *f* ~ Reißwolle *f;*
~ant *adj* wieder'auflebend, -'aufkom-
mend, -'aufblühend; 'wiedererstehend,
-kehrend

renaître [r(ə)nɛtr(ə)] *v/i* ⟨*cf* naître⟩ *rel*
'wiedergeboren werden; *fig: Konflikt etc*
wieder'aufleben; *Künste* wieder'auf-
blühen; *Industrie etc* 'wiedererstehen;
neu entstehen; sich wieder entwickeln;
Wunsch, Gefühl, Hoffnung 'wiederer-
wachen; *poét: Tag* wieder anbrechen;
Pflanzen im Frühling poét zu neuem
Leben erwachen; ~ **au bonheur** wieder
glücklich werden; ~ **à l'espérance**
wieder zu hoffen beginnen; neue Hoff-
nung schöpfen; ~ **à la vie** wiederaufle-
ben; das Leben wieder genießen können;
faire ~ **le passé** die Vergangenheit
wieder lebendig werden lassen; **se sen-
tir** ~ sich wie neu geboren fühlen

rénal [renal] *adj* ⟨-aux⟩ *anat* Nieren...;
affection, fonction, tuberculose ~**e**
Nierenerkrankung *f,* -funktion *f,* -tu-
berkulose *f;* **plexus** ~ *sc* Plexus re'na-
lis *m*

renard [r(ə)nar] *m* **1.** *zo* Fuchs *m;* ~
argenté, bleu, commun Silber-, Blau-,
Rotfuchs *m;* ~ **polaire** Eis-, Po'lar-
fuchs *m;* ~ **du désert** Wüstenfuchs *m;*
chasse *f* **au** ~ Fuchsjagd *f;* **2.** Fuchs
(-pelz) *m; Mantel* **à col de** ~ mit e-m
Fuchs(pelz)kragen; **3.** *fig* **un fin** ~ ein
schlauer Fuchs; **c'est un vieux** ~ das ist
ein alter Fuchs; der ist mit allen Wassern
gewaschen; **4.** *in der Literatur* **maître** ♀
Reineke Fuchs *m;* **5.** *tech in e-m Wasser-
rohr, im Schiffsrumpf etc* Riß *m*

renard|e [r(ə)nard] *f zo* Füchsin *f; ch
auch* Fähe *f;* ~**eau** *m* ⟨*pl* ~**x**⟩ *zo* junger
Fuchs; (Fuchs)Welpe *m;* ~**ière** *f* Fuchs-
bau *m*

rencaiss|age [rɑ̃kɛsaʒ] *m jard* 'Um-
pflanzen *n* in e-n Kasten, Kübel;
~**ement** *m von Geld* Wieder'einziehung
f; 'Wiederkassieren *n*

rencaisser [rɑ̃kese] *v/t* **1.** *jard* in e-n
(anderen) Kasten, Kübel 'umpflanzen,
setzen; **2.** *Geld* wieder einziehen, einkas-
sieren, 'wiederkassieren

rencard [rɑ̃kar] *m cf* rancard

rencarder [rɑ̃karde] *v/t cf* rancarder

rencart [rɑ̃kar] *m cf* rancart

renchaîner [rɑ̃ʃene] *v/t* Gefangenen
wieder in Ketten, *Hund* wieder an die
Kette legen

renchér|ir [rɑ̃ʃerir] **I** *v/t/indir* ~ **sur qc**
etw (noch) über'treffen; ~ **sur un men-
songe** e-e Lüge noch übertreffen; **II** *v/i*
1. *mit Worten etc* noch weiter gehen (*als
ein anderer*); **2.** teurer werden; sich
verteuern; im Preis steigen; ~**issement**
m **1.** Verteuerung *f;* Preissteigerung *f;*
Kosten-, Preisanstieg *m;* **2.** Steigerung *f*

rencontre [rɑ̃kɔ̃tr(ə)] *f* **1.** Begegnung *f;*
(Zu'sammen)Treffen *n;* Zu'sammen-

kunft *f;* ~ **fâcheuse** unangenehme Be-
gegnung; **heureuse** ~ glückliches Zu-
sammentreffen; glücklicher Zufall; ~
internationale (d'étudiants) interna-
tionales (Stu'denten)Treffen; *pol* ~ **au
sommet** Gipfeltreffen *n;* ~ **entre deux
chefs d'État** Treffen zweier Staatsprä-
sidenten; *loc/adj* **de** ~ zufällig; **ami(e)**
m(f) **de** ~ Zufallsbekanntschaft *f;* **aller,
venir à la** ~ **de qn** j-m entgegengehen,
-kommen; **je suis allé à sa** ~ ich bin ihm
bzw ihr entgegengegangen; **faire la** ~ **de
qn** j-s Bekanntschaft machen; **faire une
mauvaise** ~ e-e verhängnisvolle Begeg-
nung haben; **faire de mauvaises** ~**s** in
schlechte Gesellschaft geraten; **2.** *sports*
Begegnung *f;* Spiel *n;* ~ **finale**
Endspiel *n;* ~ **de boxe** Boxkampf *m; par
ext* ~ **au pistolet** Du'ell *n* auf Pistolen;
3. *von Flüssen, Linien, Vokalen etc* Zu-
'sammentreffen *n; von Fahrzeugen* Zu-
'sammenstoß *m;* **4.** *e-r Uhr* roue *f* de ~
Anker-, Steig-, Hemmungsrad *n*

rencontrer [rɑ̃kɔ̃tre] **I** *v/t* **1.** begegnen
(+*dat*); treffen; ~ **qn** j-m begegnen; j-n
treffen; *absichtlich* mit j-m zu'sammen-
treffen; *zufällig* j-n treffen; *sports* mit j-m
~ treffen; ~ **qn à son bureau** j-n in s-m Büro
treffen; *in e-m Text* ~ **plusieurs fois la
même expression** mehrere Male den
gleichen Ausdruck begegnen; **on ren-
contre des gens qui ...** es gibt Leute,
die ...; **Leute comme on n'en rencon-
tre plus** wie man sie nicht mehr findet; ~
les yeux de qn j-s Blick begegnen; **2.** ~
qc auf etw (*acc*) **stoßen;** *Anker etc* ~ **le
fond** auf Grund stoßen; ~ **le mur, un
obstacle** an *od* gegen die Mauer, auf ein
Hindernis stoßen; *fig:* ~ **de grandes
difficultés** auf große Schwierigkeiten
stoßen; **ne** ~ **que l'injustice** nur auf
Ungerechtigkeit stoßen; ~ **une violente
opposition, résistance** auf heftigen
'Widerstand stoßen; **II** *v/pr* **se** ~ **a**)
reziprok: Personen, Blicke etc sich (*dat*)
begegnen; sich treffen; *zwei Flüsse etc*
zu'sammentreffen; aufein'andertreffen;
Fahrzeuge zu'sammenstoßen; *fig* **se** ~
**sur le terrain (commun) de la littéra-
ture** sich auf dem (gemeinsamen) Ge-
biet der Literatur treffen; **faire se** ~
plusieurs personnes mehrere Perso-
nen miteinander bekanntmachen; **b**)
passivisch: Dinge anzutreffen sein; *be-
stimmte Sitten etc* **se** ~ **chez de nom-
breux peuples** bei zahlreichen Völkern
anzutreffen sein, angetroffen werden;
**une de ces longues phrases comme il
s'en rencontre chez Proust ...** wie
man sie bei Proust findet; **cela se
rencontre quelquefois** so etwas
kommt vor; **comme cela se rencontre**
das trifft sich gut; *st/s* **un homme s'est
rencontré qui ...** es hat sich ein Mann
gefunden, der ...

rendement [rɑ̃dmɑ̃] *m* **1.** *écon* Ren'dite
f; Ertrag *m;* Gewinn *m;* **2.** *in der
Industrie* (Arbeits)Leistung *f; bei der
Gas-, Erdöl-, Kohlegewinnung* Ausbeute
f; Ergiebigkeit *f; agr* Ertrag *m; phys* e-r
Maschine Wirkungsgrad *m;* Nutzeffekt
m; ~ **maximum** Höchst-, Spitzen-, Ma-
xi'malleistung *f; agr* ~ **à l'hectare**
Hektarertrag *m;* **d'un mauvais** ~ un-
wirtschaftlich; **travailler à plein** ~ mit
voller Leistung arbeiten; **3.** *sports* Vor-
gabe *f*

rendez-vous [rɑ̃devu] *m* **1.** Verabre-
dung *f;* ~ **(amoureux)** Rendez'vous *n;*
Stelldichein *n;* ~ **social** *etwa* Ta'rif-
verhandlungen *f/pl;* Treffen *n,* um Ar-
beitsbedingungen auszuhandeln;
d'affaires geschäftliche Verabredung;
péj **maison** *f* **de** ~ exklusives Freuden-
haus; Luxusbordell *n;* **avoir (un)** ~

avec qn e-e Verabredung mit j-m haben;
mit j-m verabredet sein; sich mit j-m
treffen; *fig* **avoir** ~ **avec la chance,
avec la mort** dem Glück, dem Tod
begegnen; **avoir un** ~ **chez le médecin**
e-n Termin beim Arzt haben; beim Arzt
bestellt, angemeldet sein; **donner** ~ **à
qn** sich mit j-m verabreden; j-n bestel-
len; **il m'a donné** ~ **à cinq heures** er
hat mich auf *od* für fünf Uhr bestellt; **se
donner** ~ sich verabreden; sich ein Stell-
dichein geben; *beim Arzt etc* **prendre** ~
sich anmelden; **avez-vous pris** ~? sind
Sie angemeldet?; *Arzt etc* **recevoir sur**
~ Sprechstunde nach Vereinbarung hal-
ten; **2.** Treffpunkt *m; par ext* ~ **de
chasse** Jagdhütte *f; Café* **être le** ~ **des
artistes** (der) Treffpunkt der Künstler
sein; **3.** *Raumfahrt* ~ **spatial** Ren-
dez'vous(manöver) *n* im Weltraum;
technique *f* **du** ~ **spatial** Rendezvous-
technik *f*

rendormir [rɑ̃dɔrmir] ⟨*cf* partir⟩ **I** *v/t
Kind* wieder zum Einschlafen bringen;
Patienten mit e-r Narkose wieder be-
täuben; **II** *v/pr* **se** ~ wieder einschlafen

rendosser [rɑ̃dose] *v/t Mantel etc*
wieder an-, 'überziehen; *bei der Tour de
France* ~ **le maillot jaune** sich das gelbe
Trikot wieder zu'rückholen

rendre [rɑ̃dr(ə)] ⟨**je rends, il rend,
nous rendons; je rendais; je rendis;
je rendrai; que je rende; rendant;
rendu**⟩ **I** *v/t* **1.** *Geliehenes, Gestohlenes,
Geschenk etc* (wieder) zu'rückgeben
(*auch gekaufte Ware*); 'wiedergeben;
Wechselgeld her'ausgeben; *fig Achtung,
etc* zu'rückgeben; ~ **un bâtiment à sa
destination primitive** ein Gebäude s-r
ursprünglichen Bestimmung zurückge-
ben; ~ **sa confiance à qn** j-m wieder
Vertrauen schenken; j-m wieder ver-
trauen; ~ **à qn confiance en soi** j-m
wieder Selbstvertrauen geben; ~ **un
coup** zu'rückschlagen; ~ **un enfant à
ses parents** ein Kind s-n Eltern zurück-
geben; *Nachricht etc* ~ **l'espoir à qn** j-m
neue Hoffnung geben; j-m die Hoffnung
wiedergeben; j-m wieder Hoffnung ge-
ben, machen; *Medikament etc* ~ **les
forces à qn** j-m neue Kräfte geben,
verleihen; j-n wieder zu Kräften kom-
men lassen; ~ **la liberté à qn** j-m die
Freiheit wiedergeben; *Reitkunst* ~ **la
main, la bride** die Zügel lockern; ~ **son
salut à qn** j-s Gruß erwidern; *fig* ~ **la vie
à qn** j-n (wieder) aufatmen lassen; ~ **sa
visite à qn** j-m (j-m) e-n Gegenbesuch
machen; j-s Besuch erwidern; *cf auch* **9.**;
ch de fer ~ **la voie** die Strecke freigeben;
~ **la vue à un aveugle** e-m Blinden die
Sehkraft, das Augenlicht zurück-, wie-
dergeben; ♦ *abs:* **pouvez-vous me** ~
sur dix francs? können Sie mir auf
zehn Franc herausgeben?; **emprunter
et ne pas** ~ ausleihen und nicht zurück-
geben; *bibl* **rendez** *od* **rends à César
ce qui est à César** gebet dem Kaiser,
was des Kaisers ist; **2.** vergelten, *péj*
heimzahlen (*qc à qn* j-m etw); ~ **le bien
pour le mal, le mal pour le mal** Böses
mit Gutem, Böses mit Bösem vergelten;
~ **injure pour injure** Beschimpfungen
mit Beschimpfungen beantworten; **je le
lui rendrai (bien)** ich werde es ihm
(ordentlich) heimzahlen; **elle le déteste,
mais il le lui rend bien ...** aber er
kann sie ebensowenig leiden; ... aber sie
ist ihm ebenso zuwider; **comment vous
~ tout cela!** wie soll ich Ihnen das
jemals vergelten, danken!; **3. a**) *Magen-
inhalt etc* von sich geben; erbrechen;
abs sich über'geben; *Blut* spucken; **b**)
Instrument ~ **des sons aigus** hohe Töne
von sich geben; **4.** *fig* ~ **l'âme, l'esprit**

s-e Seele aushauchen; s-n Geist aufgeben, aushauchen; ~ le dernier soupir den letzten Atemzug tun; **5.** *durch die Sprache, Kunst* 'wiedergeben; *Kopie* ~ bien l'original originalgetreu sein; bien ~ la pensée de l'auteur die Gedanken des Autors gut wiedergeben, klar zum Ausdruck bringen; **6.** *mil Festung, Stadt* über'geben; ~ les armes die Waffen strecken; **7.** *sports* vorgeben; *beim Pferderennen* ~ de la distance, du poids à ses concurrents s-n Konkurrenten Distanz, Gewicht vorgeben; ~ des points à un adversaire e-m Gegner Punkte vorgeben; **8.** *mit adj:* machen; ~ célèbre, fou, malade, orgueilleux berühmt, verrückt, krank, hochmütig machen; ~ qn ridicule j-n lächerlich machen; ~ une rivière navigable e-n Fluß schiffbar machen; ~ qn triste j-n traurig machen, stimmen; **9.** *mit subst in festen Wendungen:* ~ un arrêt, un jugement ein Urteil fällen; ~ compte de qc etw berichten; über etw (*acc*) Bericht erstatten; *mil* über etw (*acc*) Meldung machen, erstatten; ~ compte des Rechenschaft ablegen (de über + *acc*); je n'ai pas de comptes à vous ~ ich bin Ihnen keine Rechenschaft schuldig; ich schulde Ihnen keine Rechenschaft; ~ la justice Recht sprechen; Gericht halten; ~ justice à qn j-m Gerechtigkeit wider-'fahren lassen; ~ de bons offices à qn j-m gute Dienste leisten; ~ des oracles Orakel verkünden; ~ (des) service(s) *cf* service 1.; ~ visite à j-n besuchen; **II** *v/i* **10.** *Obstbäume, Landbesitz etc* ~ peu, bien ~ wenig, viel abwerfen, einbringen; *Produkt* ~ bien ergiebig sein; ausgeben; **11.** *par ext: Foto etc* F ça n'a pas rendu das ist nichts geworden; *Auto* bien ~ gut beschleunigen; *Person* bien ~ à l'écran sich auf dem Bildschirm gut machen; **III** *v/pr* se ~ **12. a)** *mil* sich ergeben; *Verbrecher* se ~ à la justice sich der Justiz stellen; **b)** *par ext:* se ~ à l'appel de qn j-s Aufruf (*dat*) folgen, Folge leisten; se ~ à l'avis de qn sich j-s Ansicht (*dat*) anschließen; se ~ à l'évidence *cf* évidence 1.; se ~ aux ordres de qn j-s Befehlen (*dat*) gehorchen; se ~ aux prières de qn j-s Bitte (*dat*) nachkommen; se ~ à la raison Vernunft annehmen; zur Vernunft kommen; se ~ aux raisons de qn j-s (Vernunft)Gründe, Argumente anerkennen; **13.** sich begeben (chez qn zu j-m); se ~ à l'étranger, à Paris sich ins Ausland, nach Paris begeben; se ~ à une invitation e-r Einladung (*dat*) Folge leisten; se ~ au théâtre ins Theater gehen; se ~ à son travail, à son poste an die Arbeit gehen; sich an die Arbeit, auf s-n Posten begeben; se ~ en un Ort begeben; **14. a)** *mit adj* sich ... machen; se ~ insupportable unerträglich werden *bzw* sein; se ~ malade, ridicule, utile sich krank, lächerlich, nützlich machen; **b)** *mit subst* se ~ acquéreur de qc etw erwerben; se ~ maître de *cf* maître 1.; **15.** se ~ compte de qc sich über etw (*acc*) klar werden; etw feststellen; etw bemerken; tu te rends compte! stell dir das mal vor!; **16.** *passivisch Ausdruck* ne pouvoir se ~ en français sich im Französischen nicht 'wiedergeben lassen

rendu [rãdy] **I** *p/p von* rendre *u adj* **1.** *Bild, Plastik etc* bien ~ gut getroffen; **2.** an e-m Ort angekommen; **3.** erschöpft; ermattet; **II** *m* **1.** *in der Kunst* 'Wiedergabe *f;* **2.** *comm* zu'rückgehende, zu-'rückgegebene Ware; ~s *pl auch* Re'touren *f/pl*

---

rendurc|ir [rãdyrsir] **I** *v/t* wieder hart, härter machen; **II** *v/pr* se ~ wieder hart, härter werden; ~issement *m* erneutes Hartwerden

rêne [rɛn] *f meist pl* ~s Zügel *m/pl* (*auch fig*); lâcher, partager les ~s die Zügel locker lassen, mit beiden Händen aufnehmen; *fig* prendre, tenir les ~s du gouvernement die Zügel der Regierung fest in die Hand nehmen, in der Hand haben

renég|at [rənega] *m,* ~ate *f rel u fig* Rene'gat *m;* Abtrünnige(r) *f(m); bei e-r Partei auch* 'Überläufer(in) *m(f)*

reneiger [r(ə)neʒe] *v/imp* ⟨-geait⟩ il reneige es schneit wieder

renettoyer [r(ə)nɛtwaje] *v/t* ⟨-oi-⟩ wieder reinigen, säubern, sauber machen

renfaîtage [rãfɛtaʒ] *m bât* (Dach)Firsterneuerung *f*

renfaîter [rãfete] *v/t bât* den (Dach-) First erneuern (+*gén*); mit e-m neuen (Dach)First versehen

renfermé [rãferme] **I** *adj Person, Miene, Gesicht etc* verschlossen; *Person auch* in sich gekehrt; *son caractère* ~ se Verschlossenheit; avoir un *od* être d'un caractère ~ verschlossen sein; **II** *m* odeur *f* ~ dumpfer, muffiger Geruch; sentir le ~ dumpf(ig), muffig riechen

renfermer [rãferme] **I** *v/t* **1.** *geflohene Gefangene, Hund etc* wieder einsperren; **2.** *Kassette: Briefe, Untersuchung: Fehler etc* enthalten; **3.** *fig* haben; enthalten; um'fassen; einschließen; in sich schließen; *Maxime* ~ un sens profond e-n tieferen Sinn haben; **II** *v/pr* se ~ en soi-même sich in sich selbst zu'rückziehen; se ~ dans le mutisme sich in Schweigen hüllen

renfiler [rãfile] *v/t Perlen etc* wieder aufreihen; *Nadel* wieder einfädeln

renflé [rãfle] *adj Form* bauchig; (aus)gebaucht; *Krug* bauchig (dick)bauchig

renflement [rãfləmã] *m e-r Amphore, Säule etc* Ausbauchung *f;* Verdickung *f; e-r Wurzel, Knospe etc* (An)Schwellung *f;* Wulst *m;* Verdickung *f*

renfler [rãfle] **I** *v/t* anschwellen lassen; **II** *v/pr* se ~ anschwellen

renflouage [rãflwaʒ] *m der Wirtschaft, e-s Unternehmens* Sa'nierung *f*

renflouement [rãflumã] *m* **1.** *mar e-s Schiffes* Wieder'flottmachen *n;* **2.** *cf* renflouage

renflouer [rãflue] *v/t* **1.** *Schiff* wieder flottmachen; **2.** *fig Wirtschaft, Unternehmen* wieder in Schwung bringen; sa'nieren; *par ext* ~ qn j-m unter die Arme greifen

renfoncement [rãfõsmã] *m* **1.** *e-r Tür, in e-r Mauer etc* Vertiefung *f;* **2.** *impr e-r Zeile* Einrücken *n,* -ung *f;* Einzug *m*

renfoncer [rãfõse] ⟨-ç-⟩ *v/t* **1.** *Flaschenkorken* tiefer hin'eindrücken; *Nagel* tiefer hin'einschlagen; ~ son chapeau sur sa tête sich den Hut tiefer ins Gesicht, in die Stirn ziehen; **2.** *impr Zeile* einrücken; einziehen

renforçateur [rãfɔrsatœr] **1.** *phot m od adj* bain ~ Verstärker *m;* **2.** *psych m od adj* agent *m* ~ Auslöser *m*

renforcement [rãfɔrsmã] *m tech e-s Bauteils etc* Verstärken *n,* -ung *f; e-r Truppe, Mannschaft etc, phot, gr etc* Verstärkung *f; e-s politischen Regimes etc* Stärkung *f*

renforcer [rãfɔrse] *v/t* ⟨-ç-⟩ **1.** *Mauer, Armee, Mannschaft, Farbe, phot etc* verstärken; *par ext politisches Regime etc* stärken; *Wort* en ~ un autre ein anderes verstärken; *adjt: Strümpfe à talons renforcés* mit verstärkter Ferse;

---

renforcé-nylon nylonverstärkt; **2.** ~ qn dans son opinion j-n in s-r Meinung bestärken; ~ la méfiance, les soupçons de qn j-n in s-m 'Mißtrauen, in s-m Verdacht bestärken

renformir [rãfɔrmir] *v/t bât Mauer* ausbessern und neu verputzen

renfort [rãfɔr] *m* **1.** *mil etc* Verstärkung *f; mil auch* Zuzug *m; von Arbeitskräften* Zugang *m;* troupe *f* de ~ Verstärkungstruppe *f;* demander, recevoir des ~s Verstärkung erbitten, erhalten; **2.** *loc/prép* à grand ~ de ... mit (Hilfe von) viel ...; unter reichlicher Zu'hilfenahme von ...; laver à grand ~ d'eau mit viel Wasser waschen, *Fußboden* reinigen; **3.** *tech* Verstärkung *f;* Verstärkungsstück *n;* verstärkte Stelle

renfrogn|é [rãfrɔɲe] *adj Gesicht, Miene, Person* verdrießlich; mürrisch; griesgrämig; verärgert; sauer; ~er *v/pr* se ~ ein saures, mürrisches Gesicht machen; sein Gesicht verziehen

rengagement [rãgaʒmã] *m* **1.** *von Arbeitskräften* Wieder'einstellung *f;* **2.** *mil* 'Wieder- *bzw* Weiterverpflichtung *f*

rengager [rãgaʒe] ⟨-geons⟩ **I** *v/t* **1.** *Arbeitskräfte* wieder'einstellen; **2.** *Kampf* wieder'aufnehmen; **II** *v/i u v/pr* **3.** *mil* (se) ~ freiwillig länger dienen, weiterdienen; sich 'wieder- *bzw* weiterverpflichten; *adjt* soldat rengagé *od subst* rengagé *m* Soldat, der sich weiter- *bzw* wiederverpflichtet hat; längerdienende(r) Freiwillige(r); **4.** F *fig* se ~ dans qc sich wieder, erneut in etw (*acc*) einlassen

rengaine [rãgɛn] *f* **1.** Schlager *m;* Gassenhauer *m;* **2.** *fig* c'est toujours la même ~ es ist immer die alte Leier, dieselbe Platte

rengainer [rãgene] *v/t* **1.** *Degen, Schwert* wieder in die Scheide stecken; **2.** F *fig Kompliment etc* für sich behalten; unter'drücken; F runterschlucken

rengorger [rãgɔrʒe] *v/pr* ⟨-geons⟩ se ~ **1.** *Pfau, Taube etc* sich aufplustern; **2.** *fig Person* sich in die Brust werfen; sich aufplustern; *adjt* rengorgé selbstgefällig

rengraisser [rãgrese] *v/i* wieder Fett ansetzen; wieder fett werden

rengréner [rãgrene] *od* **rengrener** [rãgrəne] *v/t* ⟨-è-⟩ *tech Zahnrad etc* in ein Getriebe wieder eingreifen lassen

reniement [r(ə)nimã] *m* **1.** *e-r Person, s-r Überzeugung* Verleugnung *f; bibl* le ~ de saint Pierre die Verleugnung des Petrus; **2.** *von Gott, von s-m Glauben* Lossagung *f*

renier [rənje] **I** *v/t* **1.** *Freund, Familie, Überzeugung etc* verleugnen; *Versprechen, Unterschrift etc* leugnen; **2.** *rel* Dieu, sa foi, *etc* sich von Gott, von s-m Glauben *etc* lossagen; Gott, s-n Glauben *etc* abtrünnig werden; **II** *v/pr* se ~ s-e Ansichten verleugnen

reniflard [r(ə)niflar] *m tech* **1.** Schnarch-, Schnüffelventil *n;* **2.** Entlüftungsrohr *n*

reniflement [r(ə)nifləmã] *m* **1.** Schnüffeln *n,* -ung *f;* **2.** F Hochziehen *n*

renifler [r(ə)nifle] *v/t u v/i* **1.** schnüffeln; schnuppern (qc an etw [*dat*]); **2.** *abs Nasenschleim* F hochziehen

réniforme [reniform] *sc adj* nierenförmig

rénine [renin] *f Biochemie* Re'nin *n*

rénit|ence [renitãs] *f path* Gespanntheit *f;* ~ent *adj méd* e-m Druck wider'stehend; prall; fest

reniveler [r(ə)nivle] *v/t* ⟨-ll-⟩ *Straße etc* wieder einebnen

renne [rɛn] *m zo* Ren(tier) *n*

renom [r(ə)nõ] *m* (guter) Ruf; Name *m;*

Ansehen n; **grand ~** sehr guter Ruf; **artiste** m **de ~ international** Künstler m von internationalem Ruf; *Hotel etc* **en ~** mit e-m guten Ruf; **acquérir, avoir du ~** e-n guten Ruf erlangen, haben; **jouir d'un grand ~** e-n sehr guten Ruf genießen

renommé [r(ə)nɔme] *adj* (wohl)bekannt; angesehen; renom'miert; berühmt; *Person auch* namhaft; **être ~ pour** ... bekannt, berühmt sein für ...

renommée [r(ə)nɔme] f 1. guter Ruf; Ansehen n; Renom'mee n; **~ mondiale** Weltruf m; **sa ~ s'étend jusqu'à** ... sein (guter) Ruf reicht bis nach ...; **jouir d'une grande ~** großes Ansehen genießen; *prov* **bonne ~ vaut mieux que ceinture dorée** guter Ruf ist Goldes wert; 2. *jur* **preuve** f **par commune ~** Beweis m durch die öffentliche Meinung

renommer [r(ə)nɔme] *v/t* 'wiederernennen

renonce [r(ə)nɔ̃s] f *beim Kartenspiel* Nichtbedienen n

renoncement [r(ə)nɔ̃smã] m Verzicht m (à auf + acc); Entsagung f; **~ à soi-même** Selbstverleugnung f

renoncer [r(ə)nɔ̃se] *v/t/indir* ⟨-ç-⟩ **à 1.** verzichten auf (+acc); absehen, Abstand nehmen von; aufgeben (+acc); entsagen (+dat); sich lossagen von; *bes rel* abschwören (+dat); *st/s* sich begeben (+gén); **~ à un droit,** à un portefeuille ministériel auf ein Recht, auf e-n Ministersessel verzichten; **~ à une espérance,** à une habitude, à une idée, à un projet e-e Hoffnung, e-e Gewohnheit, e-n Gedanken, ein Projekt aufgeben; **~ à sa foi** sich von s-m Glauben lossagen; s-m Glauben abschwören; **~ au mariage** von e-r Heirat absehen; **il te faut ~ à ce mariage** du mußt dir diese Heirat aus dem Kopf schlagen; **~ au monde** der Welt entsagen; *rel* **~ à Satan,** à ses pompes et à ses œuvres dem bösen Feinde und aller s-r Hoffart und allen s-n Werken wider'sagen; **~ à soi-même** sich selbst verleugnen; **~ à une succession** e-e Erbschaft ausschlagen; auf e-e Erbschaft verzichten; ♦ **~ à faire qc** darauf verzichten, etw zu tun; **~ à boire,** à fumer das Rauchen, das Trinken aufgeben; mit dem Rauchen, mit dem Trinken aufhören; **renonce à fumer!** laß das Rauchen (sein)!; **~ à fréquenter qn** vom 'Umgang mit j-m Abstand nehmen; den 'Umgang, Verkehr mit j-m einstellen; **~ à poursuivre ses études** sein Studium aufgeben; ♦ **j'y renonce** ich geb's auf; 2. *beim Kartenspiel* nicht bedienen; **~ à trèfle** bei Kreuz nicht bedienen

renoncia|taire [r(ə)nɔ̃sjatɛr] m.f *jur* Per'son f, zu deren Gunsten man verzichtet; **~teur** m, **~trice** f *jur* Verzichtende(r) f(m)

renonciation [r(ə)nɔ̃sjasjɔ̃] f Verzicht m (à auf +acc); *jur* Verzicht(leistung) m(f); *e-r Erbschaft* Ausschlagung f; **~ à une succession** Erbschaftsausschlagung f; **~ au trône** Thronverzicht m

renonculacées [r(ə)nɔ̃kylase] f/pl *bot* Hahnenfußgewächse n/pl

renoncule [r(ə)nɔ̃kyl] f *bot* Hahnenfuß m

renouée [rənwe] f *bot* Knöterich m; **~ des oiseaux** Vogelknöterich m

renouer [rənwe] **I** *v/t* **1.** *Strick* wieder verknoten; wieder festbinden; *Krawatte* wieder binden; *Schnürsenkel* wieder (zu-, fest)binden; **2.** *fig* Verhandlungen, Gespräch, Verbindung wieder'aufnehmen, -'anknüpfen; *Bündnis, Freundschaft* erneuern; **II** *v/t/indir* **a) ~ avec qc** an etw (acc) (wieder')an-

knüpfen; **~ avec une mode,** avec un usage an e-e Mode, an e-n Brauch (wieder)anknüpfen; *Dichtung, Theater* **~ avec les traditions populaires** Volkstraditionen wieder'aufnehmen; an Volkstraditionen anknüpfen; **b) ~ avec un ami** *après* ... une brouille ... die Beziehungen zu e-m Freund wieder'aufnehmen; **il a renoué avec lui** er hat die alte Freundschaft mit ihm erneuert

renouveau [r(ə)nuvo] m ⟨pl ~x⟩ **1.** *poét* (printemps) Frühling m; *poét* Lenz m; **2.** *fig* e-r Kunstgattung etc neuer Frühling; neue Blüte; *des Vertrauens etc* 'Wiederkehr f; **connaître un ~ de succès** e-n neuen Erfolg zu verzeichnen haben

renouvel|able [r(ə)nuvlabl(ə)] *adj* Mietvertrag, Paß etc verlängerbar; *Versammlung* neu zu wählen(d); *Rezept, Experiment, Beobachtung etc* wieder'holbar; *bes pol* **le mandat est ~** 'Wiederwahl ist zulässig; *Versammlung* **être ~ tous les trois ans** alle drei Jahre neu gewählt werden; **~ant, ~ante** f *rel cath* Erstkommunikant(in), der (die) die Zeremo'nie wieder'holt

renouveler [r(ə)nuvle] ⟨-ll-⟩ **I** *v/t* Wasser in e-m Becken, Verband, Antrag, Ausweis, Vertrag etc erneuern; *Vertrag, Ausweis auch* verlängern; *Frage* erneut stellen; *Leistung* erneut voll'bringen; *Angebot auch* erneut machen; *Versprechen auch* erneut geben; *Angebot, Versprechen, Leistung etc auch* wieder'holen; *Personal* erneuern; auswechseln; ablösen; *Parlament etc* neu wählen; *Mode* wieder aufbringen; *Vorräte* auffüllen; ergänzen; **~ l'air d'une pièce** ein Zimmer ('durch)lüften; *Abgeordnete* **~ leur confiance au gouvernement** der Regierung erneut ihr Vertrauen aussprechen; **~ ses efforts** sich von neuem anstrengen; neue Anstrengungen unter'nehmen; **~ sa garde-robe** sich neue Kleider anschaffen; *rel cath* **~ les vœux du baptême** die Taufgelübde erneuern; *auf e-m Rezept* **à ~** Rep. (repetatur); **faire ~ son passeport** s-n Paß erneuern bzw verlängern lassen; **II** *v/i rel cath* die Erstkommunion nach e-m Jahr wieder'holen, erneuern; **III** *v/pr* **se ~ 1.** sich erneuern; *Maler, Schriftsteller etc* sich wandeln; anderes, Neues gestalten; **2.** *Ereignisse, Szenen* sich wieder'holen; wieder vorkommen; **et que ça ne se renouvelle pas!** das darf nicht wieder vorkommen!; **daß mir das nicht wieder vorkommt!**

renouvellement [r(ə)nuvɛlmã] m Erneuerung f; *e-s Vertrages, Passes auch* Verlängerung f; *e-s Wechsels, e-s Schatzscheines auch* Prolongati'on f; *e-r Beihilfe* Weiterzahlung f; *des Parlamentes etc* Neuwahl f; *e-s Ausschusses* Neubestellung f; Neubesetzung f; *der Vorräte* Ergänzung f; Auffüllung f; *von Ereignissen, e-r Szene etc* Wieder'holung f; *rel cath* **~ de la communion solennelle, des vœux du baptême** Erneuerung der Erstkommunion, der Taufgelübde; **~ d'un mandat** 'Wiederwahl f *im* Amt; *ch de fer* **~ de voie** Gleiserneuerung f; **demande** f **de ~ de passeport** Antrag m auf Paßverlängerung

rénova|teur [renɔvatœr] **I** m **1.** Erneuerer m; **2.** Mittel n zum Auffrischen von Firnis etc; **II** adj ⟨-trice⟩ erneuernd; **~tion** f **1.** *e-s Gebäudes* Reno'vierung f; In'standsetzung f; **travaux** m/pl **de ~** Renovierungsarbeiten f/pl; **2.** *fig e-r Institution, Methode etc* Erneuerung f

rénover [renɔve] *v/t* **1.** *Gebäude* reno'vieren; in'stand setzen; *Gemälde, Möbel* auffrischen; restau'rieren; **2.** *fig Institution, Methode etc* erneuern; **~ des mé-**

thodes de travail neue Arbeitsmethoden einführen

renseignement [rãsɛɲmã] m **1.** Auskunft f; Angabe f; Informati'on f; F **~s** pl Auskunft f (Stelle, Schalter etc, auch tél); Auskunftsstelle f, -dienst m; **~ vague** unbestimmte Auskunft; **bureau** m **de(s) ~(s)** Auskunftsbüro n; **Auskunf'tei** f; **guichet** m **de(s) ~(s)** Auskunftsschalter m; **s'adresser aux ~s** bei der Auskunft fragen; **zur Auskunft gehen; pour tout ~, pour plus amples ~s s'adresser à** ... Auskunft, nähere Auskünfte bei ...; **aller aux ~s a)** sich erkundigen; **b)** zur Auskunft, Information gehen; **demander à titre de ~** sich nur erkundigen; nur e-e Auskunft erbitten; **donner, fournir des ~s à qn sur qc** j-m über etw (acc) Auskunft geben, erteilen; **donner un ~ faux à qn** j-m e-e falsche Auskunft geben; **prendre des ~s sur qn, qc** Erkundigungen über j-n, etw einziehen; **~ pris, il** ... nachdem er sich erkundigt hatte, ...; **trouver un ~ dans un livre** e-e Angabe in e-m Buch finden; **2.** *von Bewerbern* Empfehlung f; Refe'renz f; **fournir de bons ~s** gute Referenzen beibringen; **3.** *mil, pol* (geheime) Nachricht; **agent** m **de ~s** (Geheim)Agent m; **service** m **de ~s** Nachrichtendienst m; **recueillir des ~s** Nachrichten sammeln

renseigner [rãsɛɲe] **I** *v/t* Auskunft geben, erteilen (qn sur qc j-m über etw [acc]); infor'mieren, unter'richten (j-n über etw [acc]); *Dokument* **~ sur un événement, sur une époque de l'histoire** über ein Ereignis, über e-e geschichtliche Epoche Auskunft geben; **on vous a mal renseigné** man hat Ihnen e-e falsche Auskunft gegeben; **man hat Sie falsch unterrichtet,** informiert; *adjt* **être bien, mal renseigné** gut, schlecht unterrichtet sein, informiert sein, Bescheid wissen; **II** *v/pr* **se ~** sich erkundigen, infor'mieren (auprès de qn bei j-m; sur qn, qc über j-n, etw); **se ~ sur qn** *auch* über j-n Erkundigungen einholen, einziehen; **je vais me ~** *auch* ich werde (an)fragen

rentabil|iser [rãtabilize] *v/t écon* ren'tabel machen, gestalten; einträglich machen; **~ité** f Rentabili'tät f; Einträglichkeit f; Wirtschaftlichkeit f

rentable [rãtabl(ə)] *adj* ren'tabel; lohnend; gewinnbringend; einträglich; **être ~** *auch* sich lohnen; sich ren'tieren

rente [rãt] f **1.** (Kapi'tal)Rente f; Besitzeinkommen n; **~ viagère** Leibrente f; **avoir des ~s** Einkünfte aus Kapitalvermögen und Besitz haben; **vivre de ses ~s** von s-m Vermögen leben; privati'sieren; **2.** *in bestimmten Fällen* (Sozi'al-) Rente f; **~ accident du travail** Unfallrente f; **~ vieillesse** Altersrente f (wenn kein Anspruch auf e-e „pension vieillesse" besteht); **~ d'invalidité** Inva'lidenrente f (für Beamte); **~ sur l'État** Staatsanleihe f; **~ à 5%** Staatsanleihe zu 5%; **4.** *écon* Grund-, Bodenrente f; **théorie de la ~** Grundrententheorie f

rent|ier [rãtje] m, **~ière** f Renti'er m; Privati'er m; *fig* **mener une vie de rentier a)** sein Leben ohne Arbeit verbringen; **b)** F e-e ruhige Kugel schieben

rentoil|age [rãtwalaʒ] m *e-s Gemäldes* Aufziehen n auf e-e neue Leinwand; Rentoi'lieren n; **~er** *v/t Gemälde* auf e-e neue Leinwand aufziehen; rentoi'lieren

rentrage [rãtraʒ] m *agr von Heu, Holz etc* Einfahren n

rentrant [rãtrã] *adj Ecke* einspringend; *Fläche* nach innen, einwärts gebogen; *Fahrgestell e-s Flugzeugs* einfahrbar; einziehbar; *math* **angle ~** 'über-

stumpfer, einspringender Winkel
rentré [rãtre] **I** *adj* **1.** *Wut, Zorn* unter-'drückt; **2.** *Bauch* eingezogen; *Backen* eingefallen; hohl; **II** *m cout* Nahtzugabe *f*
rentrée [rãtre] *f* **1.** Rückkehr *f*; Rückkunft *f*; Heimkehr *f*; **2.** *nach den Ferien* 'Wiederbeginn *m* (der Arbeit, der Schule, der Universität *etc*); *e-s Theaters* 'Wiedereröffnung *f*; la ~ parlementaire das Wiederzu'sammentreten des Parlaments; la ~ (scolaire) der Schulbeginn, -anfang; la ~ des tribunaux der erste Sitzungstag nach den Gerichtsferien; à la ~ bei(m) Schulbeginn; c'est la ~ des classes die Schule fängt wieder an; **3.** *e-r Person, e-s Themas in der Musik etc* 'Wiederkehr *f*; *e-r Person auch* Rückkehr *f*; ~ politique Rückkehr in die Politik; politisches Comeback [kam-'bɛk]; *Künstler etc* faire sa ~ (s)ein Comeback feiern; *Schauspieler* faire sa ~ sur scène, dans un certain rôle wieder auf e-r Bühne, in e-r bestimmten Rolle auftreten; **4.** *comm von Geld* Eingang *m*; ~*s* *pl* Eingänge *m/pl*; eingehende Gelder *n/pl*; ~*s fiscales* Steuereingänge *m/pl*, -einnahmen *f/pl*, -aufkommen *n*; avoir de bonnes ~s gute Einnahmen haben; **5.** *Raumfahrt* ~ atmosphérique Wieder'eintritt *m* in die Atmosphäre; **6.** *agr des Heues, der Ernte etc* Einbringen *n*; Einfahren *n*; **7.** *Fußball etc* ~ en touche Einwurf *m*
rentrer [rãtre] **I** *v/t Gegenstände* (wieder) hin|ein'- *bzw* her'ein-, *F* reinbringen, -schaffen, -nehmen, -tragen, -schieben, -stecken; *Bauch* einziehen; *Flugzeug: Fahrgestell* einziehen, -fahren; *Heu, Ernte etc* einbringen, -holen, -fahren; *impr Zeilen* einrücken; *fig: Wut, Haß, Tränen* unter'drücken; *Zorn* verbeißen; *Zorn, Wut auch* hin'unterschlucken; ~ qc à la cave, dans la maison etw (wieder) in den Keller, ins Haus bringen, schaffen; ~ sa chemise dans son pantalon sein Hemd (wieder) in die Hose stecken; *par ext* ~ les coudes dans les côtes de ses voisins s-e Nachbarn mit den Ellenbogen in die Rippen stoßen; ~ ses mains sous sa pèlerine s-e Hände (wieder) unter die Pelerine stecken, nehmen; ~ sa voiture au garage *cf* garage 1; *mar* rentrez! Riemen einziehen!; **II** *v/i* ⟨être⟩ **1.** zu'rückkehren, -kommen, -gehen; heimkehren, -kommen; nach Hause kommen, gehen; *Flugzeug* ~ à sa base zu s-m Stützpunkt zu'rückkehren, -fliegen; ~ au logis, chez soi nach Hause kommen; heimkehren, -kommen; ~ à Paris nach Paris zurückkehren; ~ dans sa chambre in sein Zimmer zurückgehen; *Fluß* ~ dans son lit in sein Bett zurücktreten; ~ dans le néant in das Nichts zurückversinken; ~ de vacances, d'un voyage vom Urlaub, von e-r Reise zurückkehren, -kommen; ~ en voiture mit dem Auto zurückfahren, -kommen; *fig u st/s* ~ en soi-même in sich gehen; ~ (pour) dîner zum Abendessen nach Hause gehen, kommen; *thé Schauspieler* ~ (sur scène) wieder auftreten; ne pas trouver le chemin pour ~ nicht mehr nach Hause finden; ~ prendre son parapluie zurückkehren, um s-n Regenschirm zu holen; faire ~ les enfants die Kinder nach Hause holen *bzw* schicken; il fait froid, rentrons! es ist kalt, gehen wir nach Hause!; en rentrant bei meiner *bzw* s-r *etc* Rückkehr; ~ dans qc etw 'wiedererlangen; ~ dans le calme wieder zur Ruhe kommen; ~ dans le droit chemin wieder auf den

rechten Weg kommen; ~ dans ses dépenses, dans ses frais s-e Ausgaben, s-e Auslagen wieder her'einbekommen; ~ dans s-e Kosten kommen; ohne Verlust abschließen; ~ dans ses droits wieder zu s-m Recht gelangen; ~ dans ses fonctions sein Amt wieder antreten; tout est rentré dans l'ordre alles ist wieder in Ordnung (gekommen); alles läuft wieder normal, in geordneten Bahnen; ~ dans son bon sens wieder zu Verstand kommen; ~ dans les bonnes grâces de qn j-s Gunst, Wohlwollen 'wiedergewinnen; ~ en crédit auprès de qn bei j-m wieder zu Ansehen kommen; **3.** *abs nach den Ferien* die Arbeit wieder'aufnehmen; *Schulen* wieder anfangen, beginnen; les classes rentrent en octobre die Schule fängt im Oktober wieder an; le directeur est rentré hier der Direktor hat gestern s-e Arbeit wiederaufgenommen; **4.** ⟨*abus für* entrer⟩ *in e-n Raum etc* hin|ein'(ein)gehen; treten; eintreten (*auch fig in e-e Laufbahn*); ~ à l'hôpital ins Krankenhaus kommen; ~ dans l'Administration, dans la police in den Verwaltungsdienst, zur Polizei gehen; bei der Verwaltung, bei der Polizei eintreten; ~ dans un cinéma in ein Kino (hinein)gehen; *Feind* ~ dans la ville in die Stadt eindringen; faire ~ qn j-n eintreten lassen; ~ (vouloir) ~ sous terre vor Scham am liebsten im Boden versinken; faire ~ qn sous terre *F* j-n am Boden zerstören; in'fertigmachen; **5.** *F* ~ dans un arbre mit dem Auto gegen e-n Baum fahren; ~ dedans *cf* dedans 1; **6.** *Gegenstände in e-n Karton, in ein Etui etc* hin'eingehen, -passen; sich hin'einschieben, -stecken lassen; *Fernrohrteile etc* ~ les uns dans les autres sich inein'anderschieben lassen; *Kopf* ~ dans les épaules tief auf den Schultern sitzen; *Schlüssel* bien ~ dans la serrure gut ins Schloß passen; *Meeresarm* ~ dans les terres ins Land reichen; faire ~ qc dans la tête à qn j-m etw beibringen, *p/fort* eintrichtern, einbleuen; **7.** *par ext* ~ dans enthalten sein in (+*dat*); fallen unter (+*acc*); gehören zu; ~ dans une catégorie unter e-e Kategorie fallen; cela rentre dans les frais de... das ist in den Kosten von ... (e)inbegriffen, enthalten; **8.** *comm Gelder* eingehen; faire ~ des fonds Gelder bei-, eintreiben; **9.** *tél* ~ sur un circuit téléphonique sich in e-e Telefonleitung einschalten; **III** *v/pr* se ~ *passivisch* hin|ein'- *bzw* her'ein-, *F* reingebracht, -gesteckt, -geschoben, -getragen, -geschafft werden
rentrouvrir [rãtruvrir] *v/t* ⟨*cf* couvrir⟩ *Tür, Fenster etc* wieder halb, ein wenig öffnen
renvenimer [rãvnime] *fig* **I** *v/t* wieder verschlimmern; **II** *v/pr* se ~ wieder schlimmer werden
renvers|able [rãvɛrsabl(ə)] *adj* 'umstürzbar; kippbar; 'umkehrbar; ~ant *adj Nachricht, Neuigkeit, Tatsache etc* unglaublich; unfaßbar; verblüffend; *F* 'umwerfend; c'est ~ *auch F* das haut einen um
renverse [rãvɛrs] *f nur loc* tomber à la ~ auf den Rücken, hinten'über fallen; *fig* il y a de quoi tomber à la ~ das kann einen 'umwerfen
renversé [rãvɛrse] *adj* **1.** *Bild, geometrische Figur etc* 'umgekehrt; auf dem Kopf stehend; *math Bruch* 'umgekehrt; *cuis crème* ~ gestürzter Pudding mit Kara'melüberzug; *fig* c'est le monde ~ das ist e-e verkehrte Welt; **2.** *Gegenstand* 'umgekippt; 'umgestoßen; 'umgefallen; *Flüssigkeit* verschüttet; *Schrift* nach

links geneigt; *Kopf* nach hinten geneigt; zu'rückgeworfen; **3.** *fig Person* völlig verblüfft; fassungslos; verstört
renversement [rãvɛrsəmã] *m* **1.** 'Umkehrung *f* (*auch math e-s Bruches, mus e-s Intervalles*); *von Gliedern e-s Satzes, e-r Gleichung* 'Umstellung *f*; *des Windes* Drehen *n*; *der Gezeiten* Wechsel *m*; Kentern *n*; *aviat* Turn [tœːn] *m*; Kehre *f*; **2.** *fig der Regierung, e-s Regimes etc* Sturz *m*; *der etablierten Ordnung* 'Umstoßen *n*; *e-r Institution* Zerstörung *f*; Vernichtung *f*; *von moralischen Werten, von Bündnissen etc* Verkehrung *f* ins Gegenteil; **3.** *des Kopfes, Oberkörpers* Zu'rückneigen *n*
renverser [rãvɛrse] **I** *v/t* **1. a)** *Stuhl, Behälter etc* 'umwerfen; 'umstoßen; 'umkippen; *Wind: Baum etc* 'umdrücken; 'umreißen; *Auto(fahrer): Fußgänger* 'umfahren; ~ qn d'un croc-en--jambe j-m ein Bein stellen (und ihn dadurch zu Fall bringen); ~ qn d'un coup de poing j-n mit e-m Faustschlag zu Boden strecken; ~ qn en courant j-n 'umrennen; se faire ~ par une voiture von e-m Auto umgefahren werden; **b)** *par ext Wein, Kaffee etc* verschütten; vergießen; ~ du café sur sa robe sich Kaffee auf das Kleid schütten; **c)** *F fig* cela me renverse *F* das haut mich um; da bleibt mir die Spucke weg; il m'a renversé *F* er hat mich völlig verblüfft, aus der Fassung gebracht; **2.** *Regierung, Minister, Regime* stürzen; *festgefügte Ordnung, Traditionen* 'umstoßen; zerstören; *Hindernisse* beseitigen; *Projekte, Pläne* zu Fall bringen; **3.** 'umkehren (*auch math Bruch*); *Bild auch* verkehrt 'wiedergeben; auf den Kopf stellen; *Glieder e-s Satzes, e-r Gleichung* 'umstellen; *Strom* 'umpolen; *fig* ~ les rôles die Rollen vertauschen; ~ la vapeur *cf* vapeur[1] **4.** ~ la tête (en arrière) den Kopf nach hinten neigen, beugen, legen, werfen; den Kopf zu'rückbeugen, -legen, -werfen; **II** *v/i* **5.** la marée renverse die Gezeiten wechseln; **III** *v/pr* se ~ **6.** 'umfallen; *Boot, Auto* 'umkippen; *Auto auch, Baum etc* 'umstürzen; *Boot auch* kentern; *Auto* se ~ dans le fossé in den Graben kippen, stürzen; **7.** *Person* sich zu'rücklehnen; sich nach hinten lehnen; **8.** *Lage* se ~ (complètement) sich völlig ändern
renvid|age [rãvidaʒ] *m text des Garns* Aufspulen *n*; ~er *v/t Garn* aufspulen
renvoi [rãvwa] *m* **1.** *von Arbeitskräften* Entlassung *f*; *e-s Schülers* Verweisung *f* (du lycée vom Gymnasium); *e-s Studenten auch* Relegati'on *f*; ~ en masse Massenentlassung *f*; **2.** *e-s Briefes, e-r Ware etc* Zu'rückschicken *n*; Rücksendung *f*; *e-s Gesuches* Abweisung *f*; Zu'rückweisung *f*; **3.** *in e-m Text* Verweis *m* (à auf + *acc*); **4.** *jur, pol* Verweisung *f* (devant un tribunal an ein Gericht; à une commission an e-n Ausschuß); arrêt *m*, ordonnance *f* de ~ Verweisungsbeschluß *m*; demande *f* de ~ Verweisungsantrag *m*; **5.** *bes jur* Vertagung *f*, Verschiebung *f*; Verlegung *f* (à 'huitaine um acht Tage); **6.** *physiol* Aufstoßen *n*; *F* Rülpser *m*; avoir des ~s aufstoßen; *F* rülpsen; **7.** *tech* Vorgelege *n*
renvoyer [rãvwaje] **I** *v/t* ⟨*cf* envoyer⟩ **1.** *Arbeitskräfte* entlassen; *Schüler von der Schule* verweisen; *Student von der Universität auch* rele'gieren; *ungelegene Besucher etc* wegschicken; abweisen; *F* abwimmeln; ~ qn avec des promesses j-n mit Versprechungen vertrösten, abspeisen; ~ un enfant à ses parents ein Kind zu s-n Eltern zurückschicken, nach Hause schicken; ~ qn de la pièce

j-n aus dem Zimmer schicken; **2.** *Brief, Ware etc* zu'rückschicken; *Geschenk auch* zu'rückweisen; **3.** *Ball* zu'rückwerfen, -schlagen; *Spiegel: Bild, Echo: Ton* zu'rückwerfen; *Licht* zu'rückwerfen; re'flek'tieren; *Wärme* zu'rückstrahlen; *fig* ~ **la balle à qn** *cf* **balle** 1.; *Kartenspiel* ~ **trèfle** noch einmal Kreuz spielen; **4.** verweisen *(auch jur)*; ~ **qn à qn** j-n an j-n verweisen; *in e-m Text* ~ **à qc** auf etw *(acc)* verweisen; *im Parlament* ~ **un projet à la commission** e-e (Gesetzes-) Vorlage an den Ausschuß (zurück)verweisen; ~ **une affaire devant la cour d'assises** e-n Fall an das Schwurgericht verweisen; **5.** verschieben; verlegen; vertagen; ~ **qc à une date ultérieure** etw auf ein späteres Datum, e-n späteren Zeitpunkt, Ter'min verlegen; ~ **à plus tard** *auf* später verschieben; *Projekt auch* zu'rückstellen; **II** *v/pr* **se** ~ **qc** sich gegenseitig etw zuschieben; *fig* **se** ~ **la balle** *cf* **balle** 1.; **se** ~ **la faute** sich die Schuld gegenseitig zuschieben; **se** ~ **des injures, des reproches** sich gegenseitig beleidigen, Vorwürfe machen

réoccup|ation [reɔkypasjõ] *f* 'Wiederbesetzung *f*; **~er** *v/t* Gebiet, Raum, Posten etc wieder besetzen

réorchestr|ation [reɔrkɛstrasjõ] *f mus* Neuorchestrierung *f*; **~er** *v/t* neu orche'strieren

réorganis|ation [reɔrganizasjõ] *f* Reorganisati'on *f*; Neu-, 'Umgestaltung *f*; Neuordnung *f*; 'Umstellung *f*; **~er I** *v/t* reorgani'sieren; neu gestalten, ordnen; 'umgestalten; 'umstellen; **II** *v/pr* **se** ~ sich reorgani'sieren

réorient|ation [reɔrjãtasjõ] *f* Neuorientierung *f*; **~er** *v/t* Politik, Unterrichtswesen etc neu orien'tieren; anders ausrichten; in e-e neue, andere Richtung lenken; Schüler auch 'umschulen; Berufstätige auch e-m neuen Beruf zuführen

réouverture [reuvɛrtyr] *f* e-s Theaters, Geschäftes etc 'Wiedereröffnung *f*; *jur* ~ **des débats** Wiedereröffnung der Verhandlung; **jour** *m* **de la** ~ Wiedereröffnungstag *m*

repaire [r(ə)pɛr] *m* **1.** von wilden Tieren Höhle *f*; **2.** *fig* von Verbrechern, Gesindel Schlupfwinkel *m*; ~ **de brigands** *auch* Räuberhöhle *f*

repaître [r(ə)pɛtr(ə)] ⟨*cf* **connaître**⟩ **I** *v/t st/s* ~ **ses yeux de qc** s-e Augen an etw *(dat)* weiden; **II** *v/pr* **se** ~ **1.** *Tier* sich 'vollfressen; **2.** *fig* sich weiden, sich berauschen *(**de** an + dat)*

repâlir [r(ə)pɑlir] *v/i* wieder erblassen, blaß werden

répand|eur [repãdœr] *m* Straßenbau Be'tonverteiler *m*; **~euse** [~øz] *f* Teer- und Bi'tumenspritzmaschine *f*

répandre [repãdr(ə)] ⟨*cf* **rendre**⟩ **I** *v/t* **1.** *Flüssigkeit* verschütten (**sur** auf + dat); *Kies, Sand etc* streuen (**auf** + acc); *Tränen* vergießen; ~ **le sang** Blut vergießen; ~ **du vin sur la nappe** Wein auf dem Tischtuch verschütten; **2.** *Duft, Licht, Neuigkeit, Lehre, Mode, Angst, Schrecken etc* verbreiten; *Wohltaten* austeilen; ~ **la foi** den Glauben verbreiten; **II** *v/pr* **se** ~ **3.** *Flüssigkeit* sich ergießen (**sur** über + acc od **auf** + acc); auslaufen; sich verteilen; *fig Menschenmenge* **se** ~ **dans les rues** die Straßen über'fluten; **4.** *Epidemie, Gerücht, Geruch, Ton, Mode etc* sich verbreiten, ausbreiten; *Epidemie auch* um sich greifen; *Bestürzung* **se** ~ **sur tous les visages** sich auf allen Gesichtern abzeichnen; **5. se** ~ **en injures, en lamentations, en menaces,** *etc* sich in Beleidigungen, Klagen, Drohungen *etc* ergehen

répandu [repãdy] *p/p von* **répandre** *u adj* **1.** *Flüssigkeit* verschüttet; *Papier etc* ~ **sur le sol, par terre** auf dem Boden verstreut; **2.** *Meinung, Vorurteil, Methode etc* verbreitet; gängig; üblich; **très** ~ *auch* weitverbreitet

réparable [reparabl(ə)] *adj* **1.** *Gegenstand* zu repa'rieren(d); *Schaden* repa'rabel; zu beheben(d); **2.** *Fehler etc* wieder'gutzumachen(d); *Verlust* ersetzbar

reparaître [r(ə)parɛtr(ə)] *v/i* ⟨*cf* **connaître**⟩ wieder erscheinen; sich wieder zeigen; *Person auch* sich wieder sehen *od* blicken lassen; *Schmerzen* sich wieder einstellen; wieder auftreten *(auch Erbmerkmal)*; *Brauch* wieder aufkommen; **ne reparais pas devant mes yeux** laß dich nicht wieder bei mir blicken; *cf auch* **réapparaître**

réparateur [reparatœr] **I** *adj* ⟨-**trice**⟩ *Schlaf* stärkend; erquickend; wohltuend; **II** *m* Handwerker, Arbeiter, der Repara'turen ausführt

réparation [reparasjõ] *f* **1.** *von Geräten, Fahrzeugen, Gebäuden, Schuhen etc* Repara'tur *f*; *von Gebäuden etc auch* In'standsetzung *f*; **atelier** *m* **de** ~**s** Reparaturwerkstatt *f*; **frais** *m/pl* **de** ~ Reparaturkosten *pl*; **en** ~ in Reparatur; **être en** ~ repariert werden; **faire de grosses** ~**s** große Reparaturen 'durchführen; **2.** Entschädigung *f*; Schadenersatz *m*; Ersatzleistung *f*; *nach e-m Krieg* ~**s** *pl* Reparati'onen *f/pl*; (Kriegs)Entschädigungsleistungen *f/pl*; Wieder'gutmachung *f*; **3.** *beim Fußball* **coup** *m* **de pied de** ~ Elf'meter *m*; Strafstoß *m*; **point** *m* **de** ~ Strafstoßmarke *f*; Elf'meterpunkt *m*; **surface** *f* **de** ~ Strafraum *m*; **4.** *litt (satisfaction)* Genugtuung *f* (**de** für); **en** ~ **du mal qu'il a fait** als Sühne für das Böse, das er getan hat; **5.** *physiol* Reparati'on *f*

réparer [repare] *v/t* **1.** *Gerät, Fahrzeug, Schuhe, Gebäude, Schaden etc* repa'rieren; *Gebäude, Mauer auch* in'stand setzen; *Schaden auch* beheben; *par ext* ~ **ses forces, sa santé** wieder zu Kräften kommen; **2.** *Fehler, Fahrlässigkeit etc* wieder'gutmachen; *angerichteten Schaden auch* ersetzen

reparler [r(ə)parle] **I** *v/i* wieder, noch einmal sprechen (**à qn** mit j-m; **de** über + acc; **von**); zu'rückkommen (**de qc** auf etw [acc]); **nous en reparlerons** wir werden wieder sehen; **II** *v/pr* **se** ~ wieder, noch einmal mitein'ander sprechen

repartager [r(ə)partaʒe] *v/t* ⟨-**geons**⟩ wieder, noch einmal (ver)teilen

repartie [reparti] *f* (schnelle, lebhafte) Erwiderung, Entgegnung; **avoir la** ~ **facile, prompte** *od* **avoir de la** ~ im e-e Antwort verlegen sein; schlagfertig sein; **avoir la** ~ **cruelle** immer sofort e-e bissige, verletzende Antwort geben

repartir[1] [r(ə)partir] *litt v/t* ⟨*cf* **partir**; *aber* **avoir**⟩ entgegnen; erwidern; versetzen

repartir[2] [r(ə)partir] *v/i* ⟨*cf* **partir**⟩ **1.** wieder abreisen, abfahren; weiterfahren, -gehen; (wieder) aufbrechen; *Motor* wieder anspringen; *Geschäft* **bien** ~ wieder gut gehen; *fig* **à zéro** wieder ganz von vorne, bei Null anfangen; **2.** wieder zu'rückschauen, -fahren

répartir [repartir] **I** *v/t* **1.** verteilen; aufteilen; *Dividenden, Gewinn* ausschütten; *Aktien, Wertpapiere, bewirtschaftete Güter* zuteilen; *Kosten, Steuern* 'umlegen; ~ **qc entre** ... etw unter (+*dat*) aufteilen; ~ **un programme sur plusieurs années** ein Programm auf mehrere Jahre verteilen; ~ **les sinistrés dans divers villages** die (Katastrophen)Geschädigten auf verschiedene

Dörfer verteilen; *adit* **chargement mal réparti** schlecht verteilte Ladung; **2.** *in* Kategorien einteilen, (auf)gliedern (**en** in + acc); **II** *v/pr* **se** ~ **a)** *reziprok* se ~ **un travail** sich e-e Arbeit aufteilen; sich in e-e Arbeit teilen; **b)** *passivisch: Ausgaben, Kosten etc* sich verteilen

répartiteur [repartitœr] *m* **1.** *adm* ~ *od adit* **commissaire** *m* ~ Veranlagungsbeamte(r) *m*; **2.** *tél* Verteiler *m*

répartition [repartisjõ] *f* **1.** Verteilung *f*; Aufteilung *f*; *von Dividenden, vom Gewinn* Ausschüttung *f*; *von Aktien, Wertpapieren* Zuteilung *f*; Repar'tierung *f*; *von bewirtschafteten Gütern* Zuteilung *f*; *von Kosten, Steuern* 'Umlegung *f*; *im Parlament* ~ **des sièges** Verteilung der Sitze; Sitzverteilung *f*; ~ **des vivres** Lebensmittelzuteilung *f*; *Steuerwesen* **impôt** *m* **de** ~ Reparti'onssteuer *f*; **mode** *m* **de** ~ Verteilerschlüssel *m*; *écon* **théorie** *f* **de la** ~ Verteilungstheorie *f*; **2.** *in Kategorien* Einteilung *f*; (Auf)Gliederung *f*

repas [r(ə)pɑ] *m* Mahlzeit *f*; Essen *n*; *st/s* Mahl *n*; ~ **à la carte** Essen à la carte; *im Zoo* ~ **des fauves** die Fütterung der Raubtiere; ~ **de midi, du soir** Mittag-, Abendessen *n*; Mittags-, Abendmahlzeit *f*; **Abendbrot** *n*; *st/s* Mittagsmahl *n*; ~ **de noces** Hochzeitsessen *n*, *st/s* -mahl *n*, F -schmaus *m*; **après le** ~ nach Tisch; **aimer les bons** ~ gern gut essen; **n'avoir pour tout** ~ **que** ... nur ... als Mahlzeit haben; **boire aux** ~, **en dehors des** ~, **entre les** ~ zum Essen, außerhalb der Mahlzeiten, zwischen den Mahlzeiten trinken; **inviter qn à un** ~ j-n zum Essen einladen; **faire trois** ~ **par jour** dreimal täglich essen; täglich drei Mahlzeiten zu sich nehmen; **prendre ses** ~ **chez soi** s-e Mahlzeiten zu Hause einnehmen; **préparer le** ~ das Essen zubereiten

repassage [r(ə)pasaʒ] *m* **1.** Bügeln *n*; Plätten *n*; **2.** *von Messern, Scheren etc* Schleifen *n*; Abziehen *n*

repasser [r(ə)pase] **I** *v/t* **1.** *Fluß, Gebirge etc* wieder über'queren; *Fähre: Fahrgäste* wieder über'setzen; *Film* noch einmal zeigen; *Schüsseln (bei Tisch)* noch einmal (her'über)reichen; *Stoff* ~ **à la teinture** nachfärben; *fig* ~ **les événements dans son esprit** die Ereignisse im Geist wieder an sich vor'überziehen lassen; ~ **la lime** nach~, ausfeilen; ~ **la main sur son front** sich noch einmal mit der Hand über die Stirn fahren; ~ **un plat au four** ein Gericht noch einmal in den Ofen schieben; **2.** F *Arbeit etc* über'lassen, über'geben (**à qn** j-m); weitergeben (**à** j-n) *(auch Arzt: Patienten etc)*; ~ **son amie à qn** F j-m s-e Freundin überlassen, vererben; ~ **la grippe à qn** j-m mit Grippe anstecken; **3.** (auf)bügeln; plätten; *mit der Mangel* mangeln; ~ **du linge** *od abs* ~ (Wäsche) bügeln; ~ **à la vapeur** mit Dampf bügeln; dämpfen; **fer** *m* **à** ~ Bügel-, Plätteisen *n*; **machine** *f* **à** ~ Bügelmaschine *f*; **4.** *Schulaufgaben, Rolle etc* noch einmal 'durchgehen; wieder'holen; *Rolle, Tanzschritte auch* repe'tieren; *Prüfung* noch einmal machen; **5.** *Messer, Schere etc* schleifen; abziehen; **II** *v/i* ⟨**être**⟩ noch einmal, wieder vor'beikommen, -gehen, -fahren; **repassez demain** kommen Sie morgen wieder vorbei; F *fig* **il peut toujours** ~ darauf kann er lange warten; **je suis repassé à Paris dernièrement** ich bin kürzlich wieder in Paris gewesen; *fig* ~ **derrière qn** j-m (scharf) auf die Finger

sehen; **passer et ~ devant une maison** vor e-m Haus auf und ab gehen; **~ sans cesse devant le même magasin** andauernd an dem gleichen Geschäft vorbeikommen; **~ par le même chemin** a) auf dem gleichen Weg zurückgehen, -fahren, -kommen; b) noch einmal den gleichen Weg gehen, fahren; **III** *v/pr* **se ~** gebügelt werden (können); sich bügeln lassen; **le nylon ne se repasse pas** *auch* Nylon kann, darf man nicht bügeln
repass|eur [r(ə)pasœr] *m* Scherenschleifer *m*; **~euse** *f* **1.** Büglerin *f*; Plätterin *f*; **2.** **~** **(électrique)** (elektrische) (Heiß-) Mangel
repav|age [r(ə)pavaʒ] *m* Straßenbau Neupflastern *n*, -ung *f*; **~er** *v/t* Straße wieder, neu pflastern
repayer [r(ə)peje] *v/t u v/i* <-ay- *od* -ai-> noch einmal bezahlen
repêchage [r(ə)pɛʃaʒ] *m* **1.** (aus dem Wasser) Her'ausfischen *n*, -ziehen *n*; **2.** *fig* **a)** *e-s Prüfungskandidaten* F 'Durchziehen *n*; *par ext* Wieder'holungsprüfung *f* (für Kandi'daten, die knapp unter den Mindestanforderungen liegen); **b)** *sports* Hoffnungslauf *m*
repêcher [r(ə)peʃe] *v/t* **1.** *Gegenstand, Ertrinkenden etc* aus dem Wasser ziehen; F her'ausfischen; **~ qn dans la Seine** j-n aus der Seine ziehen, bergen; **2.** F *fig* **a)** *bei e-r Prüfung* **~ un candidat** e-n Kandidaten gerade noch 'durchkommen lassen, F 'durchziehen; *bei e-m* Kandidaten ein Auge zudrücken; **b)** *sports* *e-e* zusätzliche Qualifikati'onschance geben (*qn* j-m); **c)** *allg* **~ qn** F j-m aus der Patsche, Klemme helfen
repeigner [r(ə)peɲe] *v/t* wieder, noch einmal kämmen
repeindre [r(ə)pɛ̃dr(ə)] *v/t* <*cf* peindre> **1.** neu, wieder (an)streichen; *bes Bild* 'übermalen; *Auto* neu spritzen; **~ en bleu** blau anstreichen *bzw* übermalen; **2.** *fig Situation etc* noch einmal, wieder schildern
repeint [r(ə)pɛ̃] *m peint* Über'malung *f*; über'malte Stelle
repenser [r(ə)pɑ̃se] **I** *v/t Probleme etc* (noch einmal) über'denken; *par ext* **~ qc** das Pro'blem, die Schwierigkeiten e-r Sache noch einmal überdenken; **II** *v/t/indir* **~ à qn, qc** wieder an j-n, etw denken; **j'y repenserai** *auch* ich werde es mir noch überlegen; **se ~** *v/pr* sich vornehmen zu tun; *Reue empfinden*
repentant [r(ə)pɑ̃tɑ̃] *adj* reumütig; reuig; reuevoll
repenti [r(ə)pɑ̃ti] *adj Sünder etc* reuig; *Dieb, Strichmädchen etc* der (*bzw* die) ein neues Leben angefangen hat, sich von s-m (ihrem) bisherigen Leben abgekehrt hat
repentir [r(ə)pɑ̃tir] **I** *v/pr* <*cf* partir> **~ de qc** etw bereuen; **je ne m'en suis pas repenti** ich habe es nicht bereut; **elle se repent d'avoir trop parlé** sie bereut es *od* es reut sie, daß sie zuviel gesagt hat; **il s'en repentira** er wird es noch bereuen; **II** *m* **1.** Reue *f* (**de qc** über etw [*acc*]); **marques** *f/pl* **de ~** Zeichen *n/pl* der Reue; **une vie de ~** in der Buße; **témoigner du ~** Reue zeigen; **2.** *beim Malen, Schreiben, Zeichnen* (Ab)Änderung *f*
repérage [r(ə)peraʒ] *m* **1.** Ausfindigmachen *n*; Auffinden *n*, -ung *f*; Ermittlung *f*; *mil auch* Standortbestimmung *f*; Ortung *f*; Ausmachen *n*; Erkennung *f*; **2.** Mar'kieren *n*, -ung *f*; Kennzeichnen *n*, -ung *f*
repercer [r(ə)pɛrse] *v/t* <-ç-> wieder, noch einmal durch'bohren, -'brechen, -'stechen; *adjt* **ouvrage d'orfèvrerie repercé** durchbrochene Goldschmiedearbeit

répercussion [repɛrkysjõ] *f* **1.** *von Geräuschen* Zu'rückwerfen *n*; **~ du son** 'Widerhall *m*; **2.** *fig* Auswirkung *f*; Nachwirkung *f*; **avoir des ~s sur qc** Auswirkungen auf etw (*acc*) haben; sich auf etw (*acc*) auswirken; **3.** *fin von Steuern etc* Abwälzung *f*; Über'wälzung *f*; Weitergabe *f*
répercuter [repɛrkyte] **I** *v/t* **1.** *Fläche: Ton, Geräusch etc* zu'rückwerfen; **2.** *Steuern etc* abwälzen; über'wälzen; *Kosten, Lasten* aufschlagen (**sur** auf + *acc*); weitergeben (**an** + *acc*); **II** *v/pr* **se ~** **3.** *Geräusch* 'widerhallen; *Töne, Rufe* zu'rückschallen; **4.** *fig* **se ~ sur qc** sich auf etw (*acc*) auswirken; sich in etw (*dat*) niederschlagen
reperdre [r(ə)pɛrdr(ə)] *v/t u v/i* <*cf* rendre> wieder verlieren
repère [r(ə)pɛr] *m* Mar'kierung *f*; Zeichen *n*; Marke *f*; **point m de ~** a) Anhaltspunkt *m*; **b)** *tech* Richt-, Fest-, Bezugspunkt *m*; **c)** *mil* Gelände-, Orien'tierungspunkt *m*; *Schießtechnik* Festlegepunkt *m*; **n'avoir aucun point de ~** keinen Anhaltspunkt haben; **poser des ~s** Zeichen, Markierungen anbringen; **tracer des ~s** Markierungsstriche machen
repérer [r(ə)pere] <-è-> **I** *v/t* **1.** *Fehler in e-m Text, Schiffbrüchige, Person in e-r Menschenmenge etc* ausfindig machen; auffinden; *mil auch* den Standort ermitteln (**qc** e-r Sache [*gén*]); orten; ausmachen; **~ l'objectif** das Ziel erkennen, ausmachen; F **se faire ~** die Aufmerksamkeit auf sich lenken; sich verraten; **2.** kennzeichnen; mar'kieren; **II** *v/pr* **se ~** F *in e-r Stadt etc, fig in e-m Fragenkomplex etc* sich zu'rechtfinden
répertoire [repɛrtwar] *m* **1.** (Sach-) Re'gister *n*; Verzeichnis *n*; Nachschlagewerk *n*; Reper'torium *n*; **~ d'adresses** A'dreßbuch *n*, -heft *n*; **~ de droit, de jurisprudence** juristisches Nachschlagewerk; *jur* **~ des métiers** *etwa* Handwerksrolle *f*; **2.** *e-s Theaters, Künstlers* Reper'toire *n*; *auch* Spielplan *m*; **faire partie du ~** zum Repertoire gehören; **3.** *fig von Beschwerden etc* Kata'log *m*; **tout un ~ d'injures,** *etc* ein ganzes Repertoire von Schimpfwörtern *etc*
répertorier [repɛrtɔrje] *v/t* in ein Re'gister, Verzeichnis aufnehmen
repeser [r(ə)pəze] *v/t* <-è-> nachwiegen
répéter [repete] <-è-> **I** *v/t* **1.** *Frage, Erklärung etc* wieder'holen; *schon Gesagtes auch* noch einmal sagen; *Geheimnis, Neuigkeit etc* weitersagen, -erzählen; *pourquoi pas?* **répéta-t-il** ... wiederholte er; **ne pas se le faire ~** es sich nicht zweimal sagen lassen; **2.** *Versuch, Experiment etc* wieder'holen; noch einmal machen, unter'nehmen, beginnen; *Motiv, Ornament* wieder'holen; *adjt* **des tentatives répétées** wiederholte Versuche *m/pl*; **3.** *Tanz, Musikstück, Rolle etc* proben; einstudieren; *Tanz auch* einüben; *Lektion* wieder'holen; *abs* **les acteurs sont en train de ~** die Schauspieler sind beim Proben; **II** *v/pr* **se ~** **a)** *reflexiv* sich (selbst [*acc*]) wieder'holen *bzw* sich (*dat*) wieder'holen, wieder'holt sagen; **il avait beau se ~ que** ... er sagte sich immer wieder vergeblich, daß ...; **b)** *reziprok* **se ~ une nouvelle,** *etc* eine Neuigkeit *etc* weitererzählen, -sagen; **c)** *passivisch* wieder'holt werden; sich wieder'holen; wiederkommen; *Geheimnis etc* weitererzählt werden; **le refrain se répète après chaque couplet** der Refrain wird nach jeder Strophe wiederholt; **que cela ne se répète**

pas! daß das nicht wieder vorkommt!
répéteur [repetœr] *m télécomm* Verstärker *m*
répéti|teur [repetitœr] *m*, **~trice** *f* **1.** *früher* Pri'vatlehrer(in) *m(f)*; Repe'titor *m*; Einpauker *m*; **2.** <*nur m*> *ch de fer* **~ de signaux** Si'gnalrückmelder *m*
répétitif [repetitif] *adj* <-ive> sich wieder'holend; *par ext* mono'ton; **être ~** sich wiederholen
répétition [repetisjõ] *f* **1.** Wieder'holung *f*; *mil* **fusil m à ~** Mehrladegewehr *n*; Mehrlader *m*; *früher* **montre f à ~** Repe'tieruhr *f*; **2.** *thé etc* Probe *f*; Einstudieren *n*, -ung *f*; **~ générale** Gene'ralprobe *f*; **~ en costume(s)** Ko'stümprobe *f*; **3.** *jur* Rückforderung *f*; **action f en ~ de l'indu** Klage *f* aus ungerechtfertigter Bereicherung; **4.** *st/s* (*leçon supplémentaire*) Nachhilfestunde *f*
repeuplement [r(ə)pœpləmɑ̃] *m* **1.** *e-s Gebietes mit Menschen* 'Wiederbevölkern *n*, -ung *f*; **2.** *e-s Teiches mit Fischen, e-r Jagd mit Wild* 'Wiederbesetzen *n*, -ung *f*; *e-s Waldes* Wieder'aufforsten *n*, -ung *f*
repeupler [r(ə)pœple] **I** *v/t* **1.** *Gebiet etc* wieder bevölkern; **2.** *Teich, Jagd* wieder mit Fischen *bzw* Wild besetzen (**de, en** mit); *Wald* wieder aufforsten; **II** *v/pr* **se ~** sich wieder bevölkern
repincer [r(ə)pɛ̃se] *v/t* <-ç-> **1.** wieder (zu'sammen-, ab)kneifen; wieder zwikken, klemmen; **2.** F **~ qn** j-n wieder ertappen, F erwischen
repiquage [r(ə)pikaʒ] *m* **1.** *jard* Pi'kieren *n*; *Baumzucht* Verschulen *n*; *allg auch* Verpflanzen *n*; **2. a)** *e-r Straße* Ausbessern *n*, -ung *f* des Pflasters; **b)** *impr* Einfügen *n*, Hin'zufügen *n* neuer Textstellen (in e-n gedruckten Text); **c)** *e-r Schallplattenaufnahme* Über'spielen *n*, -ung *f*
repiqu|er [r(ə)pike] **I** *v/t* **1.** *jard* pi'kieren; aus2pflanzen; *Reis etc auch* (ver-)pflanzen; *junge Bäume* verschulen; **2.** wieder, erneut stechen; **3. a)** das Pflaster ausbessern (**une rue** e-r Straße [*gén*]); **b)** *Zeitungsartikel etc* über'arbeiten; *Schallplatte* über'spielen; **4.** F **se faire ~** F wieder geschnappt werden; **II** *v/i* F **~ au truc** F es nochmal machen; **~eur** *m*, **~euse** *f* **1.** *von Reis etc* Pflanzer(in) *m(f)*; Pflanzarbeiter(in) *m(f)*; **2.** <*nur f*> Pflanzmaschine *f*
répit [repi] *m* **1.** Ruhe *f*; Atempause *f*; **~ dans le travail** Atempause während der Arbeit; **~ dans la douleur** Aussetzen *n*, Unter'brechung *f* der Schmerzen; **sans ~** (**ni relâche**) pausenlos; unentwegt; unaufhörlich; **s'accorder un peu de ~** sich ein wenig Ruhe, e-e kleine Atempause gönnen; **cela ne lui laisse pas un moment de ~** das läßt ihn keinen Moment in Ruhe; **2.** Aufschub *m*; Frist *f*
replacement [r(ə)plasmɑ̃] *m* **le ~ de qn** das Beschaffen *bzw* die Vermittlung e-r neuen Stelle für j-n
replacer [r(ə)plase] <-ç-> **I** *v/t* **1.** wieder hinstellen, -setzen, -legen; wieder aufstellen; **~ qc à un endroit** etw wieder an e-n Ort stellen; *fig* **~ une phrase dans son contexte** e-n Satz wieder in s-n Zusammenhang stellen; **2.** **~ qn** j-m e-e andere *od* neue Stelle verschaffen *bzw* vermitteln; **II** *v/pr* **se ~** *Person* e-e andere *od* neue Stelle bekommen; **chercher à se ~** sich e-e neue Stelle suchen
replan|ir [r(ə)planir] *v/t Parkett etc* nachhobeln; ausgleichen; **~issage** *m* Nachhobeln *n*; Ausgleichen *n*
replant|ation [r(ə)plɑ̃tasjõ] *f* **a)** *von Pflanzen* 'Umpflanzen *n*; Verpflanzen *n*;

Versetzen *n*; **b)** *e-s Grundstücks* Neube-pflanzung *f*; **~er** *v/t* **a)** *Pflanzen* wieder einpflanzen; 'umpflanzen; verpflanzen; versetzen; **b)** *Weinberg etc* neu bepflanzen (**en** mit); *Wald auch* wieder aufforsten

replat [rǝpla] *m géol etwa* Ter'rasse *f*

replâtr|age [r(ǝ)platraʒ] *m* Ausbesserung *f* des Gipsputzes; **~er** *v/t* **1.** *Wand etc* neu vergipsen; mit Gips verschmieren; den Gips ausbessern; **2.** F *fig Schularbeiten etc* oberflächlich verbessern; F zu'rechtschustern

replet [rǝplɛ] *adj* <**-ète** [-ɛt]> dick; rundlich; füllig; beleibt

réplétion [replesjõ] *f physiol* Völle *f*; Über'sättigung *f*; **sensation** *f* de ~ Völlegefühl *n*

repleuvoir [r(ǝ)plœvwar] *v/imp* <*cf* pleuvoir> il repleut es regnet wieder

repli [r(ǝ)pli] *m* **1.** Falte *f*; **2.** *e-s Tales, Flusses* Windung *f*; Krümmung *f*; **3.** *cout* 'Umschlag *m*; **4.** *mil* (geordneter) Rückzug; Zu'rücknahme *f*; Absetzbewegung *f*; **5.** *fig des Herzens, der Seele* verborgener, geheimer Winkel

repliable [r(ǝ)plijabl(ǝ)] *adj* zu'sammenfaltbar, -klappbar

réplication [replikasjõ] *f biol* Replikati'on *f*

repliement [r(ǝ)plimã] *m* **1.** ~ (**sur soi-même**) Zu'rückgezogenheit *f*; Abkapselung *f*; **2.** *mil cf* repli **4.**

replier [r(ǝ)plije] **I** *v/t* **1.** *Zeitung, Kleidungsstücke etc* wieder *bzw* noch einmal zu'sammenfalten, -legen; *Ärmel* 'umhochkrempeln; *Stoffrand* 'umschlagen; *Papier* noch einmal falten, kniffen, 'umknicken; *Flügel* anlegen; *Beine* anziehen; *Beine auch, Arme* anwinkeln; *Tisch, Stuhl* zu'sammenklappen; **2.** *mil* faire ~ **les troupes** die Truppen zu'rücknehmen; **II** *v/pr* **se** ~ **3.** *Schlange* sich krümmen; sich winden; **4.** *mil* sich (geordnet) zu'rückziehen (**sur** auf + *acc*); sich absetzen; **5.** **se** ~ **sur soi-même** sich von der Außenwelt abschließen; sich abkapseln; sich zu'rückziehen

réplique [replik] *f* **1.** Erwiderung *f*; Entgegnung *f*; Antwort *f*; **argument** *m* **sans** ~ unwiderlegbares Argument; **2.** 'Widerrede *f*; **pas de** ~! keine Widerrede!; **sans** ~ *loc/adj* Ton (*beim Sprechen*) der jede Widerrede ausschließt; *loc/adv* ohne Widerrede. 'Widerspruch; 'widerspruchslos; **3.** *thé* Antwort *f*; Gegenrede *f*; *auch* Stichwort *n*; **donner la** ~ **à un acteur** e-m Schauspieler das Stichwort geben; *fig zwei Personen* **se donner la** ~ keinen anderen zu Wort kommen lassen; **manquer sa** ~ sein Stichwort verpassen; **4.** *Kunst* Re'plik *f*; Fassung *f*; Nachbildung *f*; **5.** *e-r Sache* Pen'dant *n*; *e-r Person* (**vivante**) ~ Doppelgänger *m*

répliquer [replike] *v/t* **1.** entgegnen, erwidern (**qc à qn** j-m etw); ~ **répliqua-t-il** ... erwiderte, entgegnete er; **2.** *abs* wider'sprechen; **et ne réplique pas** ! und widersprich nicht!

replonger [r(ǝ)plõʒe] <**-geons**> **I** *v/t Ruder etc* wieder (ein)tauchen (**dans** in + *acc*); **II** *v/i* **u** *v/pr* **1.** (**se**) ~ **dans l'eau** wieder ins Wasser springen; **2.** *fig* **se** ~ **dans sa lecture** sich wieder in s-e Lektüre vertiefen

répond|ant [repõdã] *m*, **~ante** *f* Bürge *m*; Gewährsmann *m*; **être le répondant de qn, servir de répondant à qn** für j-n Bürge sein; *par ext* F **avoir du répondant** F Geld im Rücken haben; **~eur I** *adj* <**-euse**> **être** ~ ein 'Widerspruchsgeist sein; **II** *m tél* ~ **automatique** automatischer Anrufbeantworter

répondre [repõdr(ǝ)] <*cf* rendre> **I** *v/t* antworten, erwidern, entgegnen (**qc à**

qn j-m etw); **il m'a répondu une impertinence** er hat mir mit e-r Frechheit geantwortet; *égl Meßdiener, Gläubige* ~ **la messe** bei der Messe antworten; ~ **présent à l'appel** beim Namensaufruf mit hier antworten; **je ne vois rien à** ~ **à cela** darauf kann ich nichts (mehr) erwidern; **il m'a répondu de** (+*inf*) er antwortete (mir), ich solle (+*inf*) *od* daß ich (+*inf*) solle; ~ **que** ... antworten, daß ...; *st/s* **il me fut répondu que** ... ich erhielt den Bescheid, daß ...; ~ (**que**) **oui, non** mit Ja, Nein antworten; ... **répondit-il** ... antwortete er; **II** *v/t/indir* **u** *v/i* **1.** antworten, entgegnen, Antwort geben, erwidern (**à qn** j-m; **à qc** auf etw [*acc*]); beantworten (**à qc** etw); *Echo* 'widerhallen; ♦ ~ **à l'amour de qn** j-s Liebe erwidern; ~ **à l'appel** a) dem Aufruf Folge leisten; b) auf den (Namens)Aufruf antworten; sich melden; ~ **aux avances de qn** auf j-s Annäherungsversuche (*acc*) eingehen; ~ **à la confiance de qn** j-s Vertrauen rechtfertigen; *gr* ~ **au datif** mit dem Dativ stehen; ~ **à une demande** a) eine Anfrage beantworten; b) e-r Bitte nachkommen; ~ **à une invitation** e-r Einladung Folge leisten; ~ **à une lettre** e-n Brief beantworten; *Tier, auch Person* ~ **au nom de** ... auf den Namen ... hören; ~ **à un salut, à un sourire** e-n Gruß, ein Lächeln erwidern; ~ **au téléphone** ans Telefon gehen; F *abs* **ça ne répond pas** es meldet sich niemand; ♦ *mit adv* **u** *loc/adv*: ~ **affirmativement, négativement** bejahen, verneinen; F **bien répondu!** das war e-e gute Antwort; ~ **de la tête** mit e-r Kopfbewegung antworten; ~ **en 'hochant la tête** mit e-m Kopfschütteln antworten; ~ **par un coup de poing** mit e-m Faustschlag antworten; ~ **par oui ou par non** mit Ja oder mit Nein antworten; ~ **par un refus** abschlägig antworten; ~ **par retour du courrier** postwendend antworten; ~ **par un sourire** mit e-m Lächeln antworten; **2.** ~ **à qc** e-r Sache (*dat*) entsprechen; ~ **à l'attente de qn** j-s Erwartungen entsprechen; ~ **à un besoin** e-m Bedürfnis entsprechen, entgegen-, nachkommen; ~ **à une description** e-r Beschreibung entsprechen; ~ **aux exigences** den Anforderungen genügen, *Person auch* gewachsen sein; **tout répond à nos vœux** alles entspricht unseren Wünschen; **3.** *bes Kind* wider'sprechen (**à qn** j-m); *abs* **il répond** er gibt freche Antworten; **4.** *Mechanismus, Organismus, Auto etc* ansprechen, rea'gieren (**à** auf + *acc*); **les freins répondent bien** die Bremsen reagieren gut; **5.** ~ **de qc, de qn** für etw, für j-n bürgen, sich verbürgen, haften, einstehen, geradestehen, die Verantwortung über'nehmen *od* tragen; ~ **des dégâts** für den Schaden haften, aufkommen; ~ **de l'honnêteté de qn** für j-s Ehrlichkeit bürgen; *Arzt* ~ (**de la vie**) **d'un malade** versichern, daß der Kranke außer (Lebens)Gefahr ist; **je t'en réponds** a) du kannst dich auf mich verlassen; b) F darauf kannst du Gift nehmen; **je ne réponds de rien** ich garan'tiere für nichts; **il en répond sur sa tête** er haftet dafür mit s-m Kopf; **III** *v/pr* **se** ~ **6.** *Instrumente in e-m Orchester etc* abwechselnd spielen; sich gegenseitig antworten; **7.** *Gebäudeteile etc* sich entsprechen

répons [repõ] *m rel* Respon'sorium *n*

réponse [repõs] *f* **1.** Antwort *f*, Erwiderung *f*, Entgegnung *f* (**à** auf + *acc*); *als Vorgang auch* Beantwortung *f* (**à** *gén*); *als Brief auch* Antwortbrief *m*,

-schreiben *n*; *bei der Post* ~ **payée** Telegramm *n* mit bezahlter Rückantwort; **une** ~ **de Normand** *cf* normand **II 1.**; *Presserecht* **droit** *m* **de** ~ Anspruch *m* auf Gegendarstellung; **en** ~ **à votre lettre** in Beantwortung Ihres Schreibens; **j'ai essayé plusieurs fois** — **pas de** ~ ... — keine Antwort; *am Telefon* **pas de** ~ es meldet(e) sich niemand; **j'ai frappé à la porte, mais pas de** ~ ... aber es kam keine Antwort; ... aber niemand hat geantwortet; **pour toute** ~, **il se mit à rire** als Antwort, statt e-r Antwort lachte er nur; **ein Lachen war die** (ganze) Antwort; **avoir** ~ **à tout** auf alles e-e Antwort haben, wissen; nie um e-e Antwort verlegen sein; *par ext* jede Lage meistern; **donner** *od* **faire, obtenir une** ~ e-e Antwort geben, erhalten; *Brief, Anfrage* **laisser, rester sans** ~ unbeantwortet lassen, bleiben; **2. a)** *physiol* Reizbeantwortung *f*; Reakti'on *f*; **temps** *m* **de** ~ Reaktionszeit *f*; **b)** *Kybernetik* ~ **impulsionnelle** Stoßantwort *f*

report [r(ǝ)pɔr] *m* **1.** *fin* 'Übertrag *m*; Vortrag *m*; Über'tragen *n*; Über'schreiben *n*; **2.** *Börse* Re'port-, Prolongati'ons-, Kostgeschäft *n*; *par ext* Re'port *m*; **3.** *e-r Sitzung, Entscheidung etc* Verschiebung *f*; Vertagung *f*; **4.** *e-r Zeichnung* Über'tragung *f*; 'Umdruck *m*

reportage [r(ǝ)pɔrtaʒ] *m* Repor'tage *f*; Berichterstattung *f*; *rad, télév auch* Über'tragung *f*; ~ **filmé, télévisé** Film-, Fernsehreportage *f*; *par ext* débuter **dans le** ~ als Reporter anfangen; **faire un** ~ **sur** ... e-e Reportage über (+*acc*) machen

reporté [r(ǝ)pɔrte] *m Börse* Her'eingeber *m*

reporter¹ [r(ǝ)pɔrte] **I** *v/t* **1.** zu'rücktragen, -bringen, -geben; 'wiederbringen, wieder hinbringen, -tragen; **2.** *fig in frühere Zeiten* zu'rückversetzen; **3.** *bes Geldsumme* über'tragen (*auch Zeichnung*); vortragen; über'schreiben; ~ **les notes à la fin du volume** die Anmerkungen an den Schluß des Bandes setzen, stellen; *Summe* ~ **en 'haut de la page suivante** oben auf die folgende Seite übertragen; **4.** *Börse* her'einnehmen; **5.** *Entscheidung, Veranstaltung etc* ver-, aufschieben; vertagen; **6.** ~ **qc sur qn** etw auf j-n über'tragen; ~ **son affection sur une autre personne** s-e Zuneigung auf e-e andere Person übertragen; ~ **tout son espoir sur qn** s-e ganze Hoffnung auf j-n setzen; ~ **sa voix sur un autre candidat** s-e Stimme e-m anderen Kandidaten geben; **II** *v/pr* **se** ~ **7.** sich zu'rückversetzen (**aux jours de son enfance,** *etc* in s-e Kindheit *etc*); **8.** **se** ~ **à qc** sich auf etw (*acc*) beziehen; **se** ~ **page 16 siehe Seite 16; se** ~ **au texte d'une loi** sich auf e-n Gesetzestext beziehen; *cf auch* **texte 1.**

reporter² [r(ǝ)pɔrtɛr] *m* Re'porter *m*; Berichterstatter *m*; ~ **photographe** Pressephotograph *m*; Bildberichterstatter *m*; ~ **de la radio** Rundfunkreporter *m*; **il est** ~ **à la radio** er ist Rundfunkreporter; *adit* **femme** *f* ~ Re'porterin *f*; Berichterstatterin *f*

reporteur [r(ǝ)pɔrtœr] *m Börse* Her'einnehmer *m*; Repor'teur *m*

repos [r(ǝ)po] *m* **1.** Ruhe *f*; Ruhepause *f*, -zeit *f*; Erholung *f*; Schonung *f*; *auch* Arbeitspause *f*; *rel* **le** ~ **éternel** die ewige Ruhe; *Arbeitsrecht* ~ **des femmes en couches** Mutterschutzfrist *f*; **animal** *m* **au** ~ Tier *n* in Ruhestellung; **un moment de** ~ ein Moment Ruhe; *loc/adj* **de tout** ~ **Geldanlage, Posten** (ganz, absolut) sicher; risikolos; *Arbeit*

ruhig; **avoir la conscience en ~** ein ruhiges Gewissen haben; **ôter tout ~ à qn** j-m alle Ruhe rauben; **prendre du ~** ausspannen; **2.** *st/s* Schlaf *m*; **3.** *mil* **Kommando ~!** rührt euch!

reposant [r(ə)pozã] *adj* erholsam

repose [r(ə)poz] *f tech* Wieder'anbringen *n*, -ung *f*

reposé [r(ə)poze] *adj* erholt; ausgeruht; *loc/adv* **à tête ~e** in (aller) Ruhe; in e-m ruhigen Augenblick

reposée [r(ə)poze] *f ch* des Wildes Lager *n*

repose-pied [r(ə)pozpje] *m* ⟨*inv*⟩ beim *Motorrad* Fußraste *f*; bei e-m *Sessel* Fußstütze *f*

reposer [r(ə)poze] **I** *v/t* **1.** zu'rückstellen, -setzen, -legen; wieder hinstellen, -setzen, -legen; *Türschloß etc* wieder anbringen; *Teppich* wieder legen; *Frage* wieder, noch einmal stellen, anschneiden; *Problem* wieder, noch einmal aufwerfen; *mil* **reposez – arme(s)!** Gewehr – ab!; **2.** *müde Glieder etc* ausruhen; sich erholen lassen; **le vert repose la vue** (die) grüne Farbe, Grün ist für das Auge erholsam; **cela te reposera** das wird dich erfrischen; du wirst dich dabei entspannen; **II** *v/i* **3.** *st/s* (*dormir*) *st/s* ruhen; **4.** *Toter* ruhen; begraben liegen; **ici repose...** hier ruht ...; **qu'il repose en paix** er ruhe in Frieden; **5. laisser ~** *Wein* ablagern lassen; *Flüssigkeit* sich absetzen lassen; *Teig* ruhen lassen; *Erde* brachliegen lassen; **6. ~ sur a)** stehen, ruhen auf (+*dat*); *Haus* **~ sur de solides fondations** auf festen Fundamenten stehen; **b)** *fig* (be)ruhen auf (+*dat*); sich gründen, gegründet sein auf (+*acc*); **~ une hypothèse** auf e-r Hypothese beruhen; **toute la responsabilité repose sur lui** die ganze Verantwortung ruht auf ihm; **III** *v/pr* **se ~ 7.** sich erholen; (sich) ausruhen; *st/s* ruhen; **reposez-vous bien!** angenehme Ruhe!; *bibl* **Dieu se reposa le septième jour** am siebten Tage ruhte Gott; **aller se ~** sich hinlegen (, um auszuruhen); **8. se ~ sur qn** sich auf j-n verlassen; **9.** *Frage, Problem* sich wieder, erneut stellen

repose-tête [r(ə)poztɛt] *m* ⟨*inv*⟩ Kopfstütze *f*

reposoir [r(ə)pozwar] *m égl cath* Al'tar *m* zur Aufstellung des Aller'heiligsten

repoussage [r(ə)pusaʒ] *m* **a)** *tech* von *Blechen* Drücken *n*; **b)** von *Mustern, Ornamenten in Metall, Leder* Treiben *n*; Punzen *n*

repoussant [r(ə)pusã] *adj* abstoßend; abschreckend; ab'scheulich; widerlich; **d'une laideur ~e** abstoßend häßlich; **être d'une saleté ~e** vor Schmutz starren

repouss|e [r(ə)pus] *f* der Haare etc (Nach)Wachsen *n*; **pour la ~ des cheveux** für den Haarwuchs; **~é I** *adj Metall* getrieben; gepunzt (*auch Leder*); **II** *m* getriebene Arbeit; Treibarbeit *f*

repousser [r(ə)puse] **I** *v/t* **1.** *Person* weg-, zu'rückstoßen; zu'rück-, wegdrängen; *Feinde* zu'rückwerfen; *par ext Angriff* zu'rück-, abschlagen; abwehren; **2.** *unerwünschte Person* abweisen; von sich weisen; feindlich begegnen (**qn** j-m); *par ext* abstoßen; **tout me repousse en lui** mich stößt alles an ihm ab; **3.** *Möbel etc* fort-, weg-, zu'rückschieben; (ver-) rücken; **~ la table contre le mur** den Tisch an die Wand rücken; **4.** *Angebot, Vorschlag, Heiratsantrag etc* ablehnen; zu'rückweisen; *Angebot, Vorschlag auch* von der Hand weisen; *Angebot auch* ausschlagen; *Bitte* abschlagen; *Gedanken* verdrängen; *Versuchung* wider'stehen (+*dat*); *Parlament* **~ un projet de**

loi e-n Gesetzentwurf ablehnen; **5.** *phys Elektron etc* abstoßen; **6.** *tech Metall, Leder* treiben; punzen; *Bleche* drücken; **7.** *Zeitpunkt* hin'ausschieben; verschieben; **II** *v/i Haare, Rasen etc* wieder wachsen; nachwachsen; **laisser ~ sa barbe** s-n Bart wieder wachsen lassen; **III** *v/pr* **se ~** *gleichnamige Pole etc* sich abstoßen

repoussoir [r(ə)puswar] *m* **1.** *peint* Repous'soir *n*; **2.** *fig* Kon'trast(figur) *m(f)*; **servir de ~ à qn** dazu dienen, (durch Kontrastwirkung) j-s Vorzüge zur Geltung zu bringen; *von e-r Frau* **c'est un ~** sie ist e-e Vogelscheuche; **3.** *tech* zum *Treiben von Metall* Punze *f*; **4.** Mani'kürteil *m* zum Zu'rückschieben der Nagelhaut

répréhensible [repreãsibl(ə)] *adj* tadelnswert; verwerflich; sträflich

reprendre [r(ə)prãdr(ə)] ⟨*cf* **prendre**⟩ **I** *v/t* **1. a)** *Gegenstand* wieder, noch einmal nehmen; wieder weg-, fortnehmen; zu'rücknehmen; *Person* wieder abholen; *ehemaligen Angestellten* wieder einstellen, F nehmen; *flüchtigen Gefangenen* wieder fassen, ergreifen; *Stadt* wieder einnehmen; zu'rückerobern; *s-n Platz* wieder einnehmen; *Geschenk* (wieder) zu'rücknehmen; *sein Wort, Versprechen* wider'rufen; zu'rücknehmen; *Gewohnheit* wieder annehmen; *Weg* wieder einschlagen; **~ les armes** wieder zu den Waffen greifen; **~ l'avantage** wieder in Führung gehen; wieder e-n Vorsprung erzielen; **~ connaissance** wieder zu sich kommen; das Bewußtsein 'wiedererlangen; **~ contact avec qn** wieder Kontakt mit j-m aufnehmen; **~ courage, (de l')espoir** wieder Mut fassen; wieder Mut, Hoffnung schöpfen; **~ son cours** wieder s-n Lauf nehmen; **~ le dessus** *cf* **dessus** III 6.; **~ ses esprits** *cf* **esprit** 1.; **~ le fil de la conversation** den Gesprächsfaden wieder'aufnehmen; **~ des forces** wieder zu Kräften kommen; neue Kraft schöpfen; (wieder) neue Kräfte sammeln; **~ goût à qc** wieder Geschmack an etw (*dat*) finden; **~ de l'influence** wieder Einfluß gewinnen; *beim Essen* **~ du pain, de la viande** noch einmal (vom) Brot, (vom) Fleisch nehmen; **~ possession de qc** von etw wieder Besitz ergreifen; **~ sa route** sich wieder auf den Weg machen; **~ son souffle** wieder Atem schöpfen, Luft holen; *fig* Atem schöpfen, holen; **~ sa vie passée** sein früheres Leben wieder'aufnehmen; *Theorie etc* **~ à son compte** über'nehmen; sich (*dat*) zu eigen machen; **je viendrai vous ~** ich hole Sie wieder ab; **b)** *Müdigkeit etc* **~ qn** j-n wieder über'kommen, über'fallen; **ses douleurs l'ont repris** er hat wieder s-e Schmerzen (bekommen); **voilà que je le reprend!** jetzt fängt er wieder davon an!; jetzt überkommt es ihn wieder!; **2.** *comm gekaufte Ware* zu'rücknehmen; *gebrauchtes Radio, Auto etc* in Zahlung nehmen; **3. a)** *Gespräch, Arbeit, Kampf, Prozeß etc* wieder'aufnehmen; fortsetzen; *Politik etc* fort-, weiterführen; **b)** *Argument, Refrain etc* wieder'holen; *auch* wieder'aufnehmen; *Geschichte* noch einmal erzählen; **c)** *Programm etc* über'nehmen; **4.** *Zeitungsartikel etc* über'arbeiten; *Kleider* enger machen; ändern; **5.** *Schüler etc* tadeln; zu'rechtweisen; **~ qc à qn** j-m etw vorwerfen, vorhalten; **~ qn vertement** j-n scharf zurechtweisen; **6. on ne m'y reprendra plus** das wird mir nicht noch einmal pas'sieren; darauf falle ich nicht mehr her'ein; **7. que je ne t'y reprenne plus!** laß dich nicht noch

einmal dabei erwischen!; **II** *v/i* **8.** wieder, von neuem (*zu reden*) beginnen; nach e-r Pause sagen; **9. a)** *Pflanze* wieder Wurzeln schlagen; wieder anwachsen, angehen; **b)** *par ext Kranker etc* wieder zu Kräften kommen; sich wieder erholen; *Mode* wieder aufkommen; **les affaires reprennent** das Geschäft belebt sich wieder, kommt wieder in Gang; **10.** *Verhandlungen, Arbeit, Vorlesungen, Kampf etc* wieder beginnen, anfangen; wieder'aufgenommen werden; fortgesetzt, fort-, weitergeführt werden; *Regen, Musik, Schmerzen etc* wieder einsetzen; **III** *v/pr* **se ~ 11. a)** sich fangen, fassen; sich wieder in die Gewalt bekommen; seiner wieder Herr werden; **b)** sich verbessern; *ce gros mot à peine prononcé*, **il se reprit aussitôt...** hat er sich sofort verbessert; **12. s'y ~ à deux fois** zweimal beginnen, anfangen (*pour faire qc* etw zu tun; [mit] etw); **tout le monde se reprend à espérer** alle beginnen wieder zu hoffen

représailles [r(ə)prezaj] *f/pl pol u par ext* Repres'salien *f/pl*; Vergeltungsmaßnahmen *f/pl*; **exercer des ~, user de ~** Repressalien anwenden, ergreifen; *par ext* Vergeltung üben

représentable [r(ə)prezãtabl(ə)] *adj* darstellbar

représent|ant [r(ə)prezãtã] *m*, **~ante** *f* **1.** *bes pol, dipl* Vertreter(in) *m(f)*; Repräsen'tant(in) *m(f)*; *allg auch* Stellvertreter(in) *m(f)*; *jur* **représentant légal** gesetzlicher Vertreter; **les représentants du peuple** die Volksvertreter *'m/pl*; **Chambre** *f* **des représentants** Repräsentantenhaus *n*; *in einigen Ländern* Abgeordnetenhaus *n*; **envoyer un représentant** e-n Vertreter entsenden; **2.** *comm* Vertreter(in) *m(f)*; **représentant de commerce** Handelsvertreter *m*; **3.** ⟨*nur m*⟩ e-r *Tiergattung, Lebensanschauung etc* (typischer) Vertreter

représentatif [r(ə)prezãtatif] *adj* ⟨**-ive**⟩ **1.** *bes pol* repräsenta'tiv; stellvertretend; **assemblée représentative** gewählte Volksvertretung; **gouvernement ~** parlamen'tarische Re'gierungsform; **système ~** Repräsentativsystem *n*; **2.** *par ext* typisch, charakte'ristisch (*de für*)

représentation [r(ə)prezãtasjõ] *f* **1.** Darstellung *f* (*Vorgang u Ergebnis*); Veranschaulichung *f*; Versinnbildlichung *f*; *Kunst u math auch* Abbildung *f*; *math* **~ conforme** konforme Abbildung; **~ topographique** Geländedarstellung *f*; **2.** *thé* Aufführung *f*; Vorstellung *f*; Vorführung *f*; **~ en plein air** Freilichtaufführung *f*; **~ en matinée, en soirée** Nachmittags-, Abendvorstellung *f*; **droit** *m* **de ~** Aufführungsrecht *n*; **3.** *pol, dipl, jur* Vertretung *f*; **~ proportionnelle** Verhältnis-, *österr, schweiz* Proportio'nalwahlrecht *n*, -wahlsystem *n*; *jur* **~ successorale** erbrechtliche Vertretung; Eintrittsrecht *n*; **~ du peuple, nationale** Volksvertretung *f*; *jur* **~ en justice** Vertretung vor Gericht; **4.** *comm* Vertretung *f*; **~ exclusive** Al'leinvertretung *f*; **faire de la ~** Vertreter sein; **5.** Repräsentati'on *f*; (gesellschaftlicher) Aufwand; **frais** *m/pl* **de ~ a)** Repräsentationskosten *pl*, -gelder *n/pl*; **b)** Aufwandsentschädigung *f*; **6.** *psych* Vorstellung *f*; *sc* Repräsentati'on *f*

représentativité [r(ə)prezãtativite] *f* **1.** e-r *politischen Vertretung etc* repräsenta'tiver Cha'rakter; **2.** e-r *Person, Gruppe* Vertretungsvollmacht *f*, -recht *n*, -anspruch *m*

représenter [r(ə)prezãte] **I** *v/t* **1.** dar-

stellen; veranschaulichen; ~ qc *Bild,
Photo auch* etw abbilden, 'wiedergeben;
in der Literatur auch etw schildern; ~ qn
comme un tricheur j-n als Schwindler
hinstellen; *thé Bühne* ~ un jardin e-n
Garten darstellen; ~ qc en déformant
etw verzerrt wiedergeben; ~ la justice
par une balance die Rechtsprechung
durch eine Waage sym'bolisch darstel-
len; 2. *Theaterstück etc* auf-, vorführen;
par ext e-n Autor aufführen; 3. *pol, dipl,
jur* vertreten; *fig* ~ une tendance e-e
Richtung vertreten; ~ en justice vor
Gericht ~ sich vertre-
ten lassen; 4. *comm Firma, Automarke
etc* vertreten; 5. *litt (faire observer)* vor
Augen führen; vorhalten; 6. bedeuten;
be'inhalten; darstellen; cela représen-
te beaucoup pour moi das bedeutet
viel für mich; l'électricité représente
une véritable conquête die Elektrizi-
tät stellt eine wirkliche Errungenschaft
dar; II *v/i* 7. repräsen'tieren; III *v/pr* 8.
se ~ qc etw vorstellen, denken,
vergegen'wärtigen, ausmalen; repré-
sentez-vous ma joie lorsque ... stel-
len Sie sich meine Freude vor, als ...; je
me représentais autrement la chose
ich dachte mir die Sache anders; 9. se ~ à
des élections sich wieder, erneut e-r
Wahl (*dat*) stellen; se ~ à un examen
sich wieder, noch einmal zu e-r Prüfung
melden; 10. *Gelegenheit, Möglichkeit etc*
se ~ sich noch einmal bieten
répresseur [represœr] *m biol* Re'pres-
sor *m*
répressible [represibl(ə)] *adj Delikt*
strafbar
répressif [represif] *adj* <-ive> be-, ein-
schränkend; repres'siv; unter'drückend;
jur: juridictions répressives Organe
n/pl der Strafrechtspflege; justice ré-
pressive Strafrechtspfle *g f*
répression [represjõ] *f* 1. *e-s Verbre-
chens* Strafverfolgung *f*; strafrechtliche
Verfolgung; Ahndung *f*; Bestrafung *f*;
2. *e-s Aufstands* Niederschlagung *f*,
-werfung *f*; Unter'drückung *f*; 3. *psych*
(bewußte) Verdrängung; Repressi'on *f*
réprimande [reprimãd] *f* Verweis *m*
(auch als Disziplinarstrafe); Tadel *m*;
Rüge *f*; Zu'rechtweisung *f*; faire des ~s
e-n Verweis erteilen
réprimander [reprimãde] *v/t* e-n Ver-
weis, e-e Rüge erteilen (qn j-m); tadeln;
zu'rechtweisen; rügen
réprimer [reprime] *v/t* 1. *Wut, Zorn etc*
unter'drücken; in Schranken, im Zaum
halten; *Ungestüm* zügeln; *Schluchzen*
unter'drücken; ~ une envie de rire sich
das Lachen verbeißen; 2. *Revolte etc*
niederschlagen, -werfen; unter'drücken;
Mißbräuche abstellen
repris [r(ə)pri] *m* ~ de justice Vorbe-
strafte(r) *m*
reprisage [r(ə)prizaʒ] *m von Socken,
Strümpfen* Stopfen *n*
reprise [r(ə)priz] *f* 1. *der Arbeit, des
Kampfes, e-s Verfahrens etc* Wieder'auf-
nahme *f*; *der Arbeit, des Kampfes auch*
Fortsetzung *f*; *e-s Theaterstücks* Re'pri-
se *f*; Wieder'aufnahme *f* in den Spiel-
plan; *der Kälte* 'Wiederbeginn *m*; Wie-
der'einsetzen *n*; *der Geschäfte* Wieder-
in'gangkommen *n*; *der Konjunktur* Auf-
schwung *m*; *der Börse* Erholung *f*; *der
Feindseligkeiten* Wieder'aufleben *n*; ~
économique 'Wiederbelebung *f*,
Wieder'aufschwung *m* der Wirtschaft;
sports à la ~ *auch* nach der Pause; 2. *e-r
Stadt* Wieder'einnahme *f*; 'Wiederer-
oberung *f*; 3. *comm e-r verkauften Ware*
Zu'rücknahme *f*; *e-s gebrauchten Autos,
Gerätes* In'zahlungnahme *f*; ~ d'un
fonds de commerce Geschäftsüber-

nahme *f*; 4. *tech e-s Motors* ~ (de
vitesse) Anzugsvermögen *n*; avoir de
la ~, de bonnes ~s ein gutes An-
zugsvermögen haben; gut beschleuni-
gen; spritzig sein; 5. *Boxen* Runde *f*; 6.
a) *bei e-r Wohnungsübernahme* Ablö-
sung *f (für übernommene Einrichtungsge-
genstände)*; b) *jur* ~s *pl* Ansprüche *m/pl*,
die vor der Auflösung e-r Ehegemein-
schaft von den Ehegatten geltend ge-
macht werden; ~ cumulative de dette
kumulative Schuldübernahme; Schuld-
beitritt *m*; droit *m* de ~ Kündigungs-
recht *n* bei Eigennutzung; 7. a) *cout*
Stopfen *n*; Ausbessern *n*; faire une ~ à
une chemise ein Hemd ausbessern; b)
bât Erneuerung *f*; ~ en sous-œuvre
Unter'fangen *n*, -ung *f*; Unter'fahren *n*,
-ung *f*; 8. *mus* Re'prise *f*; signe *m* de ~
Wieder'holungszeichen *n*; 9. *bot e-r
Pflanze* Wurzelschlagen *n*; Anwurzeln
n; Anwachsen *n*; 10. *text* Re'prise *f*; 11.
loc/adv à deux, trois ~s zwei-, dreimal
hinterein'ander; à plusieurs, différen-
tes ~s mehrmals; mehrfach; wie-
der'holt; zu wieder'holten Malen
repriser [r(ə)prize] *v/t Socken, Strümpfe*
stopfen; coton *m*, laine *f* à ~ Stopfgarn
n, -wolle *f*; œuf *m* à ~ Stopfei *n*
réproba|teur [reprobatœr] *adj* <-trice>
vorwurfsvoll; miß'billigend; tadelnd;
~**tion** *f* 1. 'Mißbilligung *f*; Ablehnung *f*;
'Mißfallen *n*; soulever la ~ générale
allgemeines Mißfallen erregen; 2. *rel*
Verwerfung *f*; ewige Verdammnis; Re-
probati'on *f*
reproche [r(ə)prɔʃ] *m* Vorwurf *m*; Rüge
f; Tadel *m*; Vorhaltung *f*; ~ grave
schwerer Vorwurf; ton *m*, regard *m* de
~ vorwurfsvoller Ton, Blick; *loc/adv*
(soit dit) sans ~ ohne (Ihnen) e-n
Vorwurf machen zu wollen; essuyer
des ~s Vorwürfe einstecken müssen;
être un vivant ~ pour qn ein wandeln-
der Vorwurf für j-n sein; il n'est pas
exempt de tout ~ er ist nicht ganz ohne
Schuld; faire des ~s à qn j-m Vorwürfe
machen; faire ~ à qn de sa conduite
j-m wegen s-s Verhaltens Vorhaltungen
machen; j-m sein Verhalten vorwerfen
reprocher [r(ə)prɔʃe] I *v/t* vorwerfen,
vorhalten, zur Last legen (qc à qn j-m
etw); tadeln (j-n wegen e-r Sache); ~
à qn sa naissance j-m s-e Herkunft
vorwerfen; F *fig* ~ la nourriture à qn
j-m jeden Bissen in den Mund zählen;
par ext ~ un service à qn j-n immer
wieder an e-e Gefälligkeit erinnern; on
n'a rien à lui ~ man kann ihm nichts
vorwerfen; je ne vous reproche rien
das soll kein Vorwurf sein; II *v/pr* se ~
qc sich etw vorwerfen; n'avoir rien à
se ~ sich nichts vorzuwerfen haben; il se
reproche de n'avoir pas été plus
courageux e macht sich Vorwürfe,
daß er nicht mutiger gewesen ist
reproducteur [r(ə)prɔdyktœr] I *adj*
<-trice> 1. Fortpflanzungs...; organes
~s Fortpflanzungsorgane *n/pl*; 2.
Zucht...; cheval ~ Zuchtpferd *n*; 3.
reproduk'tiv; reprodu'zierend; II *subst*
1. *m* Zuchttier *n*; 2. reproductrice *f für
Lochkarten* Kartendoppler *m*
reproduction [r(ə)prɔdyksjõ] *f* 1. *biol*
Fortpflanzung *f*; *auch* Zucht *f*; *sc* Repro-
dukti'on *f*; organes *m/pl* de ~ Fort-
pflanzungsorgane *n/pl*; 2. Nachbildung
f; 'Wiedergabe *f*; Reprodukti'on *f*; *e-s
Textes* Ab-, Nach-, Neudruck *m*; Re-
'print [-ri-] *m*; Vervielfältigung *f*; *e-s
Gemäldes* Reprodukti'on *f*; *von Tönen*
'Wiedergabe *f*; ~ interdite Nachdruck
verboten
reproduire [r(ə)prɔdyir] <*cf* conduire>

I *v/t* 1. *biol* wieder erzeugen; reprodu'zie-
ren; 2. *Wirklichkeit, Natur etc* nachbil-
den; 'wiedergeben (*auch Töne*); 3. *Werk,
Text* ab-, nachdrucken; vervielfältigen;
Gemälde etc reprodu'zieren; II *v/pr* se ~
4. sich wieder'holen; wieder vorkom-
men; cela ne se reproduira plus das
wird nicht wieder vorkommen; 5. *Tiere,
Pflanzen* sich fortpflanzen
reprographie [r(ə)prɔgrafi] *f* Repro-
gra'phie *f*
réprouvable [repruvabl(ə)] *adj* ver-
werflich; tadelnswert
réprouvé(e) [repruve] *m(f)* 1. Ausge-
stoßene(r) *f(m)*; Geächtete(r) *f(m)*; 2. *rel*
Verdammte(r) *f(m)*; Verworfene(r) *f(m)*
reprouver [r(ə)pruve] *v/t* noch einmal,
wieder beweisen
réprouver [repruve] *v/t* 1. *Handlung,
Meinung etc* miß'billigen; verurteilen; 2.
rel verwerfen; verdammen
reps [rɛps] *m text* Rips *m*
reptation [rɛptasjõ] *f* Kriechen *n*
reptil|e [rɛptil] *m zo* Rep'til *n*; *bes*
Schlange *f*; ~s *pl* Kriechtiere *n/pl*; Rep-
'tilien *n/pl*; ~ien *adj* <~ne> Rep'ti-
lien...; rep'tilienartig
repu [rəpy] *adj* satt; gesättigt; *auch* über-
'sättigt; F vollgestopft
républicain [repyblikɛ̃] I *adj* Zeitung,
Verfassung etc republi'kanisch; calen-
drier ~ Kalender *m* der Französischen
Revolution; *in Frankreich* Mouvement
~ populaire (*abr* M.R.P.) Volksrepubli-
kaner *m/pl*; *in den USA* le Parti ~ die
Republikanische Partei; II *subst* ~(e)
m(f) Republi'kaner(in) *m(f)*
républicanisme [repyblikanism(ə)] *m*
republi'kanische Gesinnung
république [repyblik] *f* Repu'blik *f*;
Freistaat *m*; Platon *m* la ♀ der Staat; ~
démocratique, socialiste demokrati-
sche, sozialistische Republik; ~ fédéra-
le, populaire Bundes-, Volksrepublik
f; la ♀ démocratique allemande (*abr*
R.D.A.) die Deutsche Demokratische
Republik (*abr* DDR); la ♀ fédérale
d'Allemagne (*abr* R.F.A.) die Bundes-
republik Deutschland (*abr* BRD); la ♀
Française die Französische Republik;
F on est en ~ wir leben doch in e-r
Demokratie
répudiation [repydjasjõ] *f* 1. *e-r Ehe-
frau* Verstoßung *f*; 2. *s-r Meinung, Prin-
zipien etc* Aufgabe *f*; 3. *jur e-r Erbschaft
etc* Ausschlagung *f*; Ablehnung
f (+*gén*); Verzicht *m* (auf + *acc*)
répudier [repydje] *v/t* 1. *Ehefrau* ver-
stoßen; 2. *Verpflichtung, Ansicht etc* von
sich weisen; *Ansicht, Prinzipien etc auch*
aufgeben; *Glauben* abschwören (+*dat*);
3. *jur Erbschaft* ablehnen; ausschlagen;
Nationalität ablegen
répugn|ance [repynãs] *f* 'Widerwille *m*,
(starke) Abneigung (pour gegen); Ab-
scheu *m*, Ekel *m* (vor +*dat*); avoir une
grande ~ pour qc, à faire qc e-n
großen Widerwillen gegen etw haben;
faire qc avec ~ etw 'widerwillig, wider-
'strebend tun; inspirer de la ~ à qn j-m
Widerwillen *etc* einflößen; j-n anwidern;
~ant *adj* widerlich; 'widerwärtig; ab-
stoßend; ekelhaft
répugner [repyne] I *v/t/i indir* 1. *Person* ~
à qc 'Widerwillen, Abneigung, Abscheu
gegen etw empfinden; sich vor etw (*dat*)
ekeln; etw verabscheuen; ~ à faire qc
'Widerwillen dagegen empfinden, etw
zu tun; 'widerwillig, wider'strebend etw
tun; il répugne à faire cela *auch* er
sträubt sich, das zu tun; 2. *Sache* ~ à qn
j-n anwidern, anekeln; *p/p* répugné par qc von etw
angewidert, angeekelt; II *v/imp st/s* il
me répugne de (+*inf*) es ist mir zu'wi-

der zu (+*inf*); es wider'strebt mir zu (+*inf*)

répulsif [repylsif] *adj* ⟨-ive⟩ **1.** *phys* abstoßend; Abstoßungs…; *sc* repul'siv; **2.** *litt cf* répugnant

répulsion [repylsjõ] *f* **1.** *phys* Abstoßung *f*; *sc* Repulsi'on *f*; **2.** 'Widerwille *m*, (heftige) Abneigung (pour gegen); Abscheu *m*, Ekel *m* (vor + *dat*); éprouver pour qn une ~ insurmontable gegen j-n e-e unüberwindliche Abneigung haben, fühlen, verspüren

réputation [repytasjõ] *f* (guter) Ruf; Leumund *m*; Ansehen *n*; Name *m*; Reputati'on *f*; ~ mondiale Weltruf *m*; sa ~ d'avarice sein Ruf, geizig zu sein; la ~ d'une femme der gute Ruf e-r Frau; avoir (une) mauvaise ~ in e-m schlechten Ruf stehen; verrufen sein; avoir la ~ d'être avare in dem Ruf stehen, geizig zu sein; connaître qc, qn de ~ etw, j-n vom Hörensagen kennen; faire une mauvaise ~ à qn j-n in üblen Ruf, in Verruf bringen; sa ~ n'est plus à faire er ist als solcher allgemein anerkannt; jouir d'une bonne ~ sich e-s guten Rufes erfreuen; e-n guten Ruf, großes Ansehen genießen

réputé [repyte] *adj* **1.** *Restaurant, Wein, Arzt etc* berühmt (pour wegen, für); geschätzt (wegen); **2.** être ~ (+*adj*) gelten als (+*adj*); angesehen, gehalten werden als (+*adj*); il est ~ être bon médecin er gilt als guter Arzt; man hält ihn für e-n guten Arzt; *cette plante est ~e guérir certaines maladies*… ist dafür bekannt, daß sie bestimmte Krankheiten heilt

requérant [rəkerã] **I** *adj jur* la partie ~e die betreibende Partei; **II** *subst* ~(e) *m(f)* Antragsteller(in) *m(f)*; Bittsteller(in) *m(f)*

requérir [rəkerir] *v/t* ⟨*cf* acquérir⟩ **1.** *polizeilichen Schutz, Truppen* anfordern; verlangen; **2.** *jur Strafe* beantragen; fordern; **3.** *st/s Aufmerksamkeit etc* erfordern; **4.** *litt* bitten, ersuchen (qc de qn j-n um etw)

requête [rəkɛt] *f jur u allg* Gesuch *n*; (schriftlicher) Antrag; Ansuchen *n*; Eingabe *f*; Bittschrift *f*; ~ civile Restituti'onsklage *f*; à sur la ~ de auf Antrag, Betreiben, Ersuchen von (*od* + *gén*); adresser une ~ à qn ein Gesuch an j-n richten, bei j-m einreichen; présenter une ~ ein Gesuch einreichen; e-e Eingabe machen; satisfaire à une ~ e-m Gesuch stattgeben

requiem [rekuiɛm] *m* ⟨*inv*⟩ **1.** *rel* Requiem *n*; Seelen-, Totenmesse *f*; **2.** *mus* Requiem *n*; le ♀ de Mozart das Requiem von Mozart

requin [rəkɛ̃] *m* **1.** *zo* Hai(fisch) *m*; ~ bleu Blau-, Menschenhai *m*; **2.** *fig* ~ (de la finance) Halsabschneider *m*

requinquer [rəkɛ̃ke] F **I** *v/t* wieder auf die Beine bringen; F aufmöbeln; **II** *v/pr* se ~ wieder munter werden

requis [rəki] **I** *adj* **1.** erforderlich; l'âge ~ das erforderliche Alter; satisfaire aux conditions ~es den erforderlichen Bedingungen entsprechen; die Voraussetzungen erfüllen; **2.** dienstverpflichtet; zur Dienstleistung, zur Arbeit her'angezogen; **II** *m* Dienstverpflichtete(r) *m*

réquisition [rekizisjõ] *f* **1.** *adm, mil* **a)** *von Sachen* Beschlagnahme *f*; Beschlagnahmung *f*; Requisiti'on *f*; ~ de la force armée Anforderung *f* von Militär; **b)** *von Personen* Dienstverpflichtung *f*; **2.** *jur* Antrag *m* (vor Gericht); à présenter à toute ~ auf Verlangen vorzeigen

réquisitionner [rekizisjɔne] *v/t* **1.** *Lebensmittel, Autos etc* beschlagnahmen;

---

requi'rieren; **2.** *Personen* dienstverpflichten; **3.** F *plais* ~ qn pour faire qc j-n zu etw her'anziehen

réquisitoire [rekizitwar] *m* **1.** *jur* **a)** Plädoyer [plɛdoa'je] *n* (des Staatsanwaltes); **b)** ~ introductif d'instance Antrag *m* auf Eröffnung der gerichtlichen Voruntersuchung; **2.** *fig* Anklagerede *f*; Vorwürfe *m/pl*; Anschuldigungen *f/pl*

requitter [r(ə)kite] *v/t* ⟨*u v/pr*⟩ (se) ~ (ein'ander) wieder verlassen

resaler [r(ə)sale] *v/t* nachsalzen

resalir [r(ə)salir] *v/t* ⟨*u v/pr*⟩ (se) ~ (sich) wieder schmutzig machen; (sich) wieder beschmutzen

résazurine [rezazyrin] *f chim* Resazu'rin *n*

rescapé [rɛskape] **I** *adj* da'vongekommen; gerettet; über'lebend; **II** *subst* ~(e) *m(f) bei e-m Schiffbruch, Brand etc* Über'lebende(r) *f(m)*; Gerettete(r) *f(m)*

rescind|able [resɛ̃dabl(ə), rə-] *adj jur* aufhebbar; annul'lierbar; ~er *v/t jur* aufheben; für ungültig, nichtig erklären; annul'lieren

rescis|ion [resizjõ] *f jur* Aufhebung *f*; Ungültigkeitserklärung *f*; Annul'lierung *f*; *e-s Kaufs* Rückgängigmachung *f*; ~oire *m jur in e-m Zivilprozeß* Verhandlung *f* nach e-r zulässigen Restituti'onsklage zur Erlangung e-s rechtskräftigen Urteils

rescousse [rɛskus] *loc/adv* à la ~ zu Hilfe; venir à la ~ (de qn) j-m zu Hilfe kommen

rescription [rɛskripsjõ] *f hist* Staatsschuldschein *m*

rescrit [rɛskri] *m hist jur, égl cath* Re'skript *n*

réseau [rezo] *m* ⟨*pl* ~x⟩ Netz *n*; *anat auch* Geflecht *n*; *arch* Maßwerk *n*; *zo* ~ admirable (arterielles) Wundernetz; ~ aérien, de lignes aériennes Flug(linien)netz *n*; *opt* ~ concave Kon'kavgitter *n*; *minér* ~ cristallin Kri'stallgitter *n*; *in Paris* ~ express régional (*abr* R.E.R.) *etwa* S-Bahn *f*; ~ ferroviaire, ferré, de chemin de fer Schienen-, (Eisen)Bahnnetz *n*; *télécom* ~ hertzien Richtfunknetz *n*; ~ hydrographique Flußnetz *n*; *élect* ~ maillé, monophasé, radial Maschen-, Ein'phasen-, Strahlennetz *n*; ~ radiophonique Rundfunknetz *n*; ~ routier Straßennetz *n*; ~ téléphonique Fernsprech-, Tele'fonnetz *n*; ~ télex Fernschreibnetz *n*; ~ triphasé à trois fils Drehstromdreileiternetz *n*; ~ urbain Ortsnetz *n*; ~ à 'haute tension Hochspannungsnetz *n*; ~ de communications Verkehrsnetz *n*; *phys* ~ de diffraction Beugungsgitter *n*; ~ de distribution Verteiler-, Stromversorgungs-, Ener'gieversorgungsnetz *n*; ~ d'espionnage Spio'nagenetz *n*, -ring *m*; ~-organisation *f* ~ (de fils de fer) barbelés Stacheldrahtverhau *m*; ~ d'information, de renseignement Netz des Nachrichtendienstes; ~ d'intrigues In'trigennetz *n*; *im 2. Weltkrieg* ~ de résistance 'Widerstandsgruppe *f*, -organisation *f*; ~ de succursales Fili'alnetz *n*; ~ de télécommunications Nachrichtennetz *n*; ~ de télévision Fernsehnetz *n*; ~ de vente Verkaufsapparat *m*, -organisation *f*; Vertriebsnetz *n*

résec|teur [resɛktœr] *m chir* Resekto'skop *n*; ~tion *f chir* opera'tive Entfernung; Resekti'on *f*

réséda [rezeda] *m bot* Re'seda *f*; Re'sede *f*; ~ odorant Wohlriechende Reseda

résédacées [rezedase] *f/pl* Re'sedagewächse *n/pl*; Reseda'zeen *f/pl*

réséquer [reseke] *v/t* ⟨-è-⟩ *chir* opera'tiv entfernen; rese'zieren

---

réserpine [rezɛrpin] *f phm* Reser'pin *n*

réservataire [rezɛrvatɛr] *adj u subst m jur* (héritier *m*) ~ Pflichtteilsberechtigte(r) *m*

réservation [rezɛrvasjõ] *f e-s Hotelzimmers, Tisches, Flugtickets, von Theaterkarten etc* Reser'vierung *f*; Vorbestellung *f*; *e-r Reise, e-s Platzes im Flugzeug auch* Buchung *f*; ~ des places Platzreservierung *f*; (bureau *m* de) ~ Büro *n* (*e-r Fluggesellschaft etc*); faire une ~ e-n Platz *bzw* ein Zimmer *etc* reservieren (lassen)

réserve [rezɛrv] *f* **1.** Re'serve *f*; Rücklage *f* (*auch comm*); Vorrat *m*; *comm* ~ apparente, occulte offene, stille Rücklage; ~s légales gesetzliche Rücklagen; *cf auch* 3.; *Versicherungswesen* ~(s) mathématique(s) Deckungskapital *n*, -rücklage *f*; Prämienreserve *f*; ~ mondiale Weltvorrat *m* (de pétrole an Erdöl); *fin* ~ monétaire Währungsreserve *f*; ~ d'argent, de capital Geld-, Kapi'talreserve *f*; *fig* ~ d'énergie Kraftreserve *f*; ~s d'or Goldreserven *f/pl*; ~ de pétrole Erdölvorrat *m*; *loc/adj* de ~ Reserve…; *loc/adv* en ~ in Reserve; vorrätig; avoir, tenir qc en ~ etw vorrätig haben; etw aufbewahren; mettre qc en ~ etw zurücklegen; etw beiseite, auf die Seite, auf die hohe Kante legen; avoir des ~s Reserven haben; *e-s Geschäftes* (Waren)Lager *n*; *e-s Museums, e-r Bibliothek* nicht zugängliche Bestände *m/pl*; **3.** *Erbrecht* ~ (légale) Pflichtteil *m*; avoir droit à la ~ pflichtteilsberechtigt sein; **4.** *physiol* Re'serve *f*; ~s nutritives Speicher-, Reservestoffe *m/pl*; ~s d'eau, de sels, de graisse Wasser-, Salz-, Fettreserven *f/pl*; organes *m/pl* de ~ Speicherorgane *n/pl*; **5.** *mil* Re'serve *f*; ~s de combat Kampfreserve *f/pl*; officier *m* de ~ Reserveoffizier *m*; rester en ~ in Reserve bleiben; **6. a)** Na'turschutzgebiet *n*; ~ de chasse, de pêche Gebiet *n*, in dem nicht gejagt *bzw* gefischt werden darf; **b)** *für Eingeborene* Reser'vat *n*; Reservati'on *f*; ~ indienne Indi'anerreservation *f*; **7.** *e-r Person* Reser'viertheit *f*; Re'serve *f*; Zu'rückhaltung *f*; être, demeurer, se tenir sur la ~ zurückhaltend, reserviert sein, bleiben; **8.** Vorbehalt *m*; *loc/adv* sans ~ ohne Vorbehalt; vorbehalts-, bedingungslos; rückhaltlos; sous ~ de… vorbehaltlich (+*gén*); sous ~ d'erreur Irrtum vorbehalten; sous toutes ~s mit, unter Vorbehalt; jede Gewähr; faire des ~s Vorbehalte machen, äußern, anmelden; Bedenken anmelden, äußern (sur gegen)

réservé [rezɛrve] *adj* **1.** *Person, Charakter* zu'rückhaltend; reser'viert; **2.** *Platz, Tisch etc* reser'viert (à qn für j-n); chasse ~e *Jagdrevier*; quartier ~ *Prostitu'iertenviertel n*; salle ~e aux réunions Saal, der nur für Versammlungen bestimmt ist; ~ au service nur für den Dienstgebrauch; **3.** *jur* Vorbehalts…; biens ~s Vorbehaltsgut *n*; tous droits (de reproduction, de traduction et d'adaptation) ~s (pour tous pays) alle Rechte (des Nachdrucks, der Über'setzung und der Bearbeitung in allen Ländern) vorbehalten

réserver [rezɛrve] **I** *v/t* **1.** zu'rücklegen; zu'rück(be)halten; aufheben; aufbewahren; aufsparen; ~ le meilleur pour la fin sich das Beste bis zuletzt aufsparen; ~ son opinion mit s-r Meinung zurückhalten; permettez-moi de ~ ma réponse erlauben Sie mir, daß ich meine Antwort auf später verschiebe; **2.** *Hotelzimmer, Sitzplatz im Zug, Tisch im Restaurant etc* reser'vieren; *Tisch auch*

vorbestellen; *Platz auch* belegen; *Flug, Hotelzimmer, Platz im Flugzeug auch* buchen; **3.** ~ qc à qn j-m etw vorbehalten; etw für j-n bestimmen; ~ **une surprise à qn** j-m e-e Über'raschung bereiten; **nous ne savons pas ce que l'avenir nous réserve** wir wissen nicht, was die Zukunft uns noch bringt; **le sort qui nous est réservé** das Schicksal, das uns bestimmt ist; **quel sort réservez-vous à ...?** was soll mit ... geschehen?; was soll aus ... werden?; *plais* **quel sort m'avez-vous réservé?** was haben Sie mit mir vor?; was haben Sie sich für mich ausgedacht?; *unpersönlich* **il lui était réservé de** (+*inf*) es war ihm vorbehalten zu (+*inf*); **II** *v/pr* **4.** se ~ qc sich etw *od* etw für sich reser'vieren, zu'rückbehalten, -legen; etw aufsparen; *ein Recht etc* vorbehalten; **je me réserve de lui donner mon opinion** *auch* ich habe vor, ihm meine Meinung zu sagen; **5.** se ~ (**pour qc**) sich, s-e Kräfte (für etw) schonen; s-e Kräfte (für etw) sparen; se ~ **pour le dessert** sich wegen des Desserts zurückhalten; se ~ **pour une meilleure occasion** auf e-e günstigere Gelegenheit warten; e-e günstigere Gelegenheit abwarten, abpassen

réserviste [rezɛrvist] *m mil* Reser'vist *m*

réservoir [rezɛrvwar] *m* Reser'voir *n* (*auch fig*); Behälter *m*; Becken *n*; *für Benzin etc* Tank *m*; *für Gas* Gasbehälter *m*; ~ **souterrain** *a) für Gas* Unter'tagespeicher *m*; *b) für Erdöl* Erdölbunker *m*; ~ **à toit flottant** Tank mit schwimmendem Dach; ~ **d'air** (Druck)Windkessel *m*; ~ **d'eau** Wasserreservoir *n*, -behälter *m*, -speicher *m*; ~ **d'essence** Ben'zintank *m*; ~ **de stockage** Lagertank *m*; *path von Tieren* ~ **de virus** Erregerreservoir *n*

résidant [rezidɑ̃] *adj* **1.** ~ **à** wohnhaft, ansässig in (+*dat*); **2.** *e-r Akademie* **membre** ~ ordentliches Mitglied

résidence [rezidɑ̃s] *f* **1.** *bes jur* Aufenthaltsort *m*; *abus* Wohnsitz *m*; Wohnort *m*; ~ **principale** Hauptwohnsitz *m*; ~ **secondaire** *a) adm* zweiter Wohnsitz; *b)* Zweitwohnung *f*; *bes* Ferienwohnung *f*, -haus *n*; **certificat** *m* **de** ~ Anmeldebestätigung *f*; **avoir sa** ~ **à ...** s-n Wohnsitz in ... haben; **établir, fixer sa** ~ **à ...** sich in ... niederlassen, ansässig machen; **2. a)** Wohnanlage *f*; **b)** Luxusvilla *f*; **3.** *jur* ~ **forcée** Zwangsaufenthalt *m*, -wohnsitz *m*; **certificat** *m* **de** ~ **surveillée** *cf* surveillé; **4.** *e-s Fürsten, Staatsoberhauptes etc* Resi'denz *f*; ~ **officielle** Amtssitz *m*; ~ **d'été** Sommerresidenz *f*, -sitz *m*

résident [rezidɑ̃] *m* **1.** *dipl* Resi'dent *m*; *hist* ~ **général** Gene'ralresident *m*; *adit* **ministre** ~ Mi'nisterresident *m*; **2.** *in e-m Gastland ansässiger* Ausländer *m*; *écon* De'viseninländer *m*; **les** ~**s français en Allemagne** die in Deutschland ansässigen Franzosen *m/pl*

résidentiel [rezidɑ̃sjɛl] *adj* ⟨~**le**⟩ **1.** Wohn...; **quartier** ~ (vornehmes) Wohnviertel, -gebiet; (vornehme) Wohngegend; **2.** *égl cath* **évêque** ~ resi'dierender Bischof; Diöze'sanbischof *m*

résider [rezide] *v/i* **1.** *adm* s-n (ständigen) Wohnsitz haben, wohnhaft sein, ansässig sein, *Fürsten etc* resi'dieren (**à, en, dans** in +*dat*); **2.** *fig* ~ **dans qc** in etw (*dat*) liegen, bestehen; auf etw (*dat*) beruhen; **la difficulté réside en ceci** die Schwierigkeit liegt darin

résidu [rezidy] *m* Rest *m*; 'Überbleibsel *n*; *math* Re'siduum *n*; *péj* Abfall *m*; *chim, tech* Rückstand *m*; Abfall *m*; ~ **atmosphérique** Luftrückstand *m*; ~**s de**

combustion Verbrennungsrückstände *m/pl*; *phys atom* ~**s de fission** Spaltungsrückstände *m/pl*

résiduaire [rezidɥɛr] *adj* Rest...; Abfall...; **eaux** *f/pl* ~**s** (Indu'strie)Abwässer *pl*

résiduel [rezidɥɛl] ⟨~**le**⟩ *adj* Rest...; zu'rückbleibend; residu'al; *physiol* **air** ~ Luftrückstand *m*; Residu'alluft *f*; *élect* **charge** ~**le** Restladung *f*

résignation [reziɲasjɔ̃] *f* Resignati'on *f*; Ergebung *f* (in sein Schicksal); (Schicksals)Ergebenheit *f*; **avec** ~ ergeben; resigniert

résigné [reziɲe] **I** *adj* resi'gniert; (in sein Schicksal) ergeben; gefaßt; **être** ~ **d'avance** von vornherein resigniert haben; **II** *subst* ~(**e**) *m(f)* Mensch, der resi'gniert hat

résigner [reziɲe] **I** *v/t Amt* niederlegen; **II** *v/pr* se ~ resi'gnieren (*abs*); sich ergeben, sich schicken, sich fügen (**à** in +*acc*); sich abfinden (mit); se ~ **à son sort** sich in sein Schicksal ergeben; **s'y** ~ sich damit abfinden; *abs* **il faut se** ~ *auch* man muß sich bescheiden

résili|able [reziljabl(ə)] *adj jur* kündbar; auflösbar; aufhebbar; ~**ation** *f e-s Vertrages etc* Kündigung *f*; Auflösung *f*; Aufhebung *f*; **droit** *m* **de** ~ Kündigungsrecht *n*

résili|ence [reziljɑ̃s] *f tech* Schlagfestigkeit *f*, -zähigkeit *f*; **avec entaille** Kerbschlagzähigkeit *f*; ~**ent** *adj tech* schlagfest

résilier [rezilje] *v/t Vertrag etc* kündigen; auflösen; aufheben

résille [rezij] *f* **1.** Haarnetz *n*; **2.** *Glasmalerei* Bleinetz *n*

résine [rezin] *f* Harz *n*; ~ **artificielle, synthétique** Kunstharz *n*; *chim* ~**s échangeuses d'anions, de cations** Anionen-, Kationenaustauscher(harze) *m/pl(n/pl)*; ~ **naturelle** Na'turharz *n*; ~**s thermodurcissables** Duro'plaste *pl*; härtbare Kunstharze *n/pl*; ~**s thermoplastiques** Thermo'plaste *pl*; ~ **vinylique** Vi'nylharz *n*

résin|é [rezine] *adj Wein* geharzt; ~**er** *v/t* **1.** *tech* mit Harz über'ziehen; **2.** Harz abzapfen, sammeln, gewinnen (**un arbre** von e-m Baum)

résin|eux [rezinø] **I** *adj* ⟨-**euse**⟩ Harz...; harzig; harzbildend; **arbre, bois** ~ Nadelbaum *m*, -holz *n*; **odeur résineuse** Harzgeruch *m*; **II** *m/pl bot* Nadelhölzer *n/pl*; ~**ier** *adj* ⟨-**ière**⟩ (Kunst)Harz...; ~**ifère** *adj bot* harzhaltig; ~**ique** *adj chim* **acide** *m* ~ Harzsäure *f*; ~**oïde** *m* Resino'id *n*

résipiscence [rezipisɑ̃s] *litt f* (tätige) Reue

résistance [rezistɑ̃s] *f* **1.** *allg, mil, pol, psych* 'Widerstand *m*; Auflehnung *f*; *mil auch* Gegen-, Abwehr *f*; ~ **active**, **armée, passive** aktiver, bewaffneter, passiver Widerstand; *mil* **centre** *m* **de** ~ Widerstandszentrum *n*; **droit** *m* **de** ~ **à l'oppression** Widerstandsrecht *n*; *mil* **ligne principale de** ~ Hauptkampflinie *f* (*abr* HKL); (**mouvement** *m* **de**) ~ Widerstandsbewegung *f*; **sans** ~ 'widerstands-, kampflos; **cela ne se fera pas sans** ~ das wird nicht ohne Widerstand, nicht kampflos abgehen; **faire de la** ~ Widerstand leisten; **n'opposer aucune** ~ keinerlei Widerstand leisten; 'widerstandslos, kampflos hinnehmen; ~ **à qc etw**); **rencontrer, trouver de la** ~ auf Widerstand stoßen; **2.** *hist* **la ⚥** die Rési'stance (*frz Widerstandsbewegung 1940–1944*); **entrer dans la ⚥** der Rési'stance beitreten; **3.** *phys, tech* 'Widerstand *m* (*auch élect*); *von Materialien* Festigkeit *f*; Haltbarkeit *f*; Beständig-

keit *f*; *von Kleidung auch* Strapa'zierfähigkeit *f*; *von Eis* Tragfähigkeit *f*; ~ **électrique, mécanique** elektrischer, mechanischer Widerstand; ~ **aux acides, à la compression, à la flexion, à la rupture, à la torsion, à la traction** Säure-, Druck-, Biege-, Bruch- *od* Zerreiß-, Torsi'ons- *od* Dreh-, Zugfestigkeit *f*; ~ **de l'air, de frottement** Luft-, Reibungswiderstand *m*; **als Gebiet** ~ **des matériaux** Festigkeitslehre *f*; **coefficient** *m* **de** ~ Widerstandsbeiwert *m*, -zahl *f*; **4. a)** *e-r Person* 'Widerstandskraft *f*, -fähigkeit *f*; Ausdauer *f*; **b)** *biol* ~ (**vitale**) 'Widerstandsfähigkeit *f*; *sc* Resi'stenz *f*; ~ **aux maladies** Widerstandsfähigkeit gegen Krankheiten; **5.** *cuis* **plat** *m* **de** ~ Hauptgericht *n*

résistant [rezistɑ̃] **I** *adj* **1.** *Lebewesen* 'widerstandsfähig; ausdauernd; zäh; *sc* resi'stent; **2.** *Material* haltbar; fest; *bes Kleidung* strapa'zierfähig; ~ **à la chaleur, au froid, aux intempéries** hitze-, kälte-, wetterbeständig; ~ **à la corrosion** korrosi'onsfest; **II** *subst* ~(**e**) *m(f)* Angehörige(r) *f(m)*, Anhänger(in) *m(f)* der Résistance; 'Widerstandskämpfer(in) *m(f)*

résister [reziste] *v/t/indir u v/i* **1.** 'Widerstand leisten (**à** *dat*); sich auflehnen (gegen); sich wider'setzen (+*dat*); *abs* sich wehren; ~ **à ses parents** sich gegen s-e Eltern auflehnen; ~ **à l'oppression** sich der Unter'drückung widersetzen; **2.** aushalten, ertragen (**à qc** etw); standhalten (+*dat*); **ne pas** ~ (**à qc** auch etw) nicht über'stehen; ~ **à une analyse sérieuse** e-r ernsthaften Analyse standhalten; 'stand'stehen (**à qc** e-r Sache [*dat*]); ~ **à la tentation** der Versuchung widerstehen

résistivité [rezistivite] *f élect* spe'zifischer 'Widerstand

résolu [rezɔly] *p/p von* **résoudre** *u adj* **a)** *Person, Haltung* (fest) entschlossen; bestimmt; reso'lut; **b)** **être** ~ **à faire qc** entschlossen sein, etw zu tun; **être** ~ **à tout** zu allem entschlossen sein; **j'y suis** ~ ich bin dazu entschlossen

résoluble [rezɔlybl(ə)] *adj selten jur* aufhebbar; (auf)lösbar

résolument [rezɔlymɑ̃] *adv* entschlossen; bestimmt

résolution [rezɔlysjɔ̃] *f* **1.** Entschluß *m*; Vorsatz *m*; ~ **irrévocable** unwiderruflicher Entschluß; **former, prendre une** ~ e-n Entschluß fassen; sich entschließen; **prendre de bonnes** ~**s** gute Vorsätze fassen; **2.** *pol* e-r *Versammlung* Beschluß *m*; Entschließung *f*; Resoluti'on *f*; **adopter, approuver une** ~ e-e Entschließung annehmen; **3.** *st/s* Entschlußkraft *f*; Entschlossenheit *f*; Entschiedenheit *f*; **montrer de la** ~ Entschlußkraft zeigen; **4.** *méd von Entzündungen, Schwellungen* Zu'rückgehen *n*; Rückgang *m*; ~ **musculaire** Muskelerschlaffung *f*; **5.** *jur* Rücktritt *m* (**d'un contrat** von e-m Vertrag); **action** *f* **en** ~ Wandlungsklage *f*; **6.** *e-r math Aufgabe, e-s Problems* Lösung *f*; **7.** *mus* Auflösung *f*; **8.** *opt* **pouvoir** *m* **de** ~ Auflösungsvermögen *n*

résolutoire [rezɔlytwar] *adj jur* Klausel, Bedingung aufhebend, -lösend

résolvante [rezɔlvɑ̃t] *f math* Resol'vente *f*

résonance [rezɔnɑ̃s] *f phys, élect, mus* Reso'nanz *f*; Mitschwingen *n*, -tönen *n*; *phys atom* ~ **magnétique nucléaire** magnetische Kernresonanz; *élect* ~ **en parallèle, en série** Paral'lel-, Serienresonanz *f*; **caisse** *f*, **courbe** *f*, **fréquence** *f*, **niveau** *m*, **spectre** *m* **de** ~ Resonanzkörper *m*, -kurve *f*, -frequenz

f, -zustand *m*, -spektrum *n*; *mus* table *f* de ~ Resonanzboden *m*; *st/s u fig Gedicht etc* **éveiller en nous des ~s profondes** tiefe Saiten in uns erklingen lassen

résonateur [rezɔnatœr] *m phys, tech* Reso'nator *m*

résonnant [rezɔnɑ̃] *adj phys* Reso-'nanz erzeugend; in Reso'nanz geratend; Reso'nanz…

résonner [rezɔne] *v/i* Schritte, Stimme ('wider)hallen; *Haus, Straße* ~ **de cris, de rires** von Geschrei, von Lachen erfüllt sein

résorber [rezɔrbe] **I** *v/t* **1.** *physiol* resor'bieren; aufsaugen; aufnehmen; **2.** *fig Arbeitslosigkeit, Defizit etc* beseitigen; beheben; *überschüssige Kaufkraft* abschöpfen; **II** *v/pr* **se** ~ *physiol* resor'biert werden

résorcine [rezɔrsin] *f chim* Resor'zin *n*

résorption [rezɔrpsjɔ̃] *f* **1.** *physiol* Resorpti'on *f*; Aufsaugen *n*, -ung *f*; Aufnahme *f*; **2.** *der Arbeitslosigkeit, Inflation etc* Beseitigung *f*; Behebung *f*

résoudre [rezudr(ə)] ‹je résous, il résout, nous résolvons; je résolvais; je résolus; je résoudrai; que je résolve; résolvant; résolu› **I** *v/t* **1.** *Problem, Rätsel, Gleichung* lösen; *Gleichung auch* auflösen; *Fragen* entscheiden; *Schwierigkeiten* meistern; *jur Vertrag* (auf)lösen; aufheben; *méd Geschwulst etc, mus Dissonanz, chim Substanz* auflösen; **2.** ~ **de** (+*inf*) beschließen, den Entschluß fassen zu (+*inf*); **on a résolu d'agir** *auch* man entschloß sich zum Handeln; *cf auch* **résolu; II** *v/pr* **3. se** ~ sich entschließen, den Entschluß fassen, den Entschluß fassen (**à faire qc** etw zu tun); **4.** *st/s* **se** ~ **à, en qc** sich in etw (*acc*) auflösen; zu etw führen, werden; auf etw (*acc*) hin'auslaufen

respect [rɛspɛ] *m* **1.** Re'spekt *m*; (Hoch-)Achtung *f*; Ehrerbietung *f*; *p/fort* Ehrfurcht *f*; *mil* **mes ~s, mon capitaine!** *etwa* guten Tag, Herr Hauptmann!; ~ **humain** [rɛspɛkymɛ̃] Furcht *f* vor der Meinung der anderen; ~ **de soi** Selbstachtung *f*; ~ **pour les morts** Ehrfurcht vor den Toten; **manque** *m* **de** ~ Respektlosigkeit *f*; **marque** *f* **de** ~ Zeichen *n* der Ehrerbietung; **avec** ~ respektvoll; *auch* ehrfurchtsvoll; **par** ~ **pour** aus Achtung vor (+*dat*), **plein de** ~ voller Hochachtung; *eingeschoben* **sauf votre** ~, **sauf le** ~ **que je vous dois** mit Verlaub zu sagen; **avoir, montrer, témoigner du** ~ **à, envers, pour qn, à l'égard de qn** Respekt vor j-m, j-m gegenüber haben; j-m Achtung erweisen, entgegenbringen; **commander, imposer, inspirer le** ~ Respekt, Achtung einflößen; **devoir le** ~ **à qn** j-m Respekt schulden; **garder, tenir qn en** ~ j-n in Schach halten; **manquer de** ~ es an dem notwendigen Respekt, der notwendigen Achtung fehlen lassen; **se respecter** benehmen; **manquer de** ~ **à une femme** sich e-r Frau gegenüber ungebührlich benehmen; **présenter ses** ~**s à qn** sich j-m empfehlen; **2.** *vor dem Gesetz, vor der Wahrheit etc* Achtung *f*; *der Form, Etikette etc* Wahrung *f*; *Einhaltung f; Beachtung f*; **le** ~ **de la tradition** die Wahrung der Tradition; **le** ~ **de la vie** die Achtung vor dem Leben; **sans** ~ **de** *auch* ohne Rücksicht auf (+*acc*)

respectabilité [rɛspɛktabilite] *f* e-r hochgestellten Persönlichkeit, e-r Institution Ehrwürdigkeit *f*; Achtbarkeit *f*; *auch* Ehrenhaftigkeit *f*; Ehrbarkeit *f*

respectable [rɛspɛktabl(ə)] *adj* **1.** *Person, Institution* ehrwürdig; verehrens-

wert; achtbar; achtenswert; ehrbar; *auch Verhalten etc* ehrenwert; ehrenhaft; *iron* **une** ~ **matrone** e-e würdige Matrone; **2.** *Summe, Zahl* beachtlich; ansehnlich

respecter [rɛspɛkte] **I** *v/t* **1.** *Eltern, Vorgesetzte etc* respek'tieren; achten; Achtung haben (**qn** vor j-m); (ver)ehren; anerkennen; **2.** *Gesetz, j-s Rechte, Besitz etc* achten; respek'tieren; *Vorfahrt, Geschwindigkeitsbegrenzung etc* beachten; *Vorschriften, Termin, Verpflichtung* einhalten; *Traditionen, Formen* wahren; *Erinnerung in Ehren* halten; *j-s Schlaf* nicht stören; Rücksicht nehmen auf (+*acc*); **faire** ~ **la loi** dem Gesetz Achtung verschaffen; **II** *v/pr* **a) se** ~ **s-n** eigenen Wert kennen; Selbstachtung haben; … **qui se respecte** … der *bzw* die etwas auf sich hält; **b) se faire** ~ sich Achtung, Respekt verschaffen; sich 'durchsetzen

respectif [rɛspɛktif] *adj* ‹-**ive**› jeweilig; *in bezug auf zwei Personen auch* beiderseitig; **les droits** ~**s des époux** die jeweiligen, beiderseitigen Rechte der Ehegatten

respectivement [rɛspɛktivmɑ̃] *adv* **a)** beziehungsweise (*abr* bzw.); **deux enfants âgés** ~ **de cinq et huit ans** zwei Kinder im Alter von fünf beziehungsweise acht Jahren; **b)** jeweils; jede(r, -s); **ils ont présenté** ~ **leur demande** sie haben jeweils ihr Gesuch, jeder sein Gesuch eingereicht

respectueux [rɛspɛktɥø] **I** *adj* ‹-**euse**› re'spektvoll; ehrerbietig; *Sartre* **La Putain respectueuse** Die ehrbare Dirne; **se montrer** ~ **envers qn** sich j-m gegenüber respektvoll zeigen; **présenter ses respectueuses salutations, ses hommages, ses sentiments** ~ **à qn** sich j-m empfehlen; **II** *f* **f une respectueuse** e-e Dirne, F Nutte

respirable [rɛspirabl(ə)] *adj* **air** *m* ~ gute, erträgliche Luft; *fig* **l'atmosphère n'est pas** ~ **ici** die Stimmung hier ist nicht zu ertragen

respirateur [rɛspiratœr] *m* **1.** *méd* Atmungsapparat *m*; Atemgerät *n*; Respi'rator *m*; ~ **de chevet** Biomotor *m*; **2.** *Arbeitshygiene* Atemschutzgerät *n*

respiration [rɛspirasjɔ̃] *f* Atmung *f*; (Ein)Atmen *n*; Atemholen *n*; *sc* Respirati'on *f*; *zo* ~ **aquatique, branchiale, cutanée** Wasser-, Kiemen-, Hautatmung *f*; *méd* ~ **artificielle** künstliche (Be)Atmung; ~ **externe, interne** äußere, innere Atmung; ~ **pulmonaire** Lungenatmung *f*; **exercice** *m* **de** ~ Atemübung *f*; **avoir la** ~ **bruyante, difficile, entrecoupée, 'haletante** laut bzw geräuschvoll, schwer, unregelmäßig, keuchend atmen; **avoir la** ~ **courte** kurzatmig sein; **couper la** ~ **à qn** den Atem nehmen, verschlagen; **essayer de retrouver sa** ~ nach Atem ringen; nach Luft schnappen; **perdre la** ~ außer Atem kommen

respiratoire [rɛspiratwar] *adj* Atem…; respira'torisch; **échanges** *m/pl* ~**s** Gas(stoff)wechsel *m*; **quotient** *m* ~ respiratorischer Quotient; *anat* **voies** *f/pl* ~**s** Atemwege *m/pl*; **faire des mouvements** ~**s** Atembewegungen machen

respirer [rɛspire] **I** *v/t* **1.** (ein)atmen; *auch* einsaugen; ~ **le grand air** frische Luft schöpfen; **2.** *fig* ausdrücken; ausströmen; atmen; ~ **la joie** Freude ausstrahlen; ~ **la joie de vivre** Lebensfreude ausstrahlen; voller Freude sein; **il respire la santé** er strotzt vor Gesundheit; **II** *v/i* **3.** (ein)atmen; Luft, Atem holen, schöpfen; ~ **bruyamment, profondément** geräuschvoll, tief Atem, Luft holen; ~ **par**

la bouche, par le nez durch den Mund, durch die Nase atmen; **il a de la peine à** ~ er atmet schwer; **laissez-moi** ~ lassen Sie mich verschnaufen; **4.** *fig* aufatmen

resplend|ir [rɛsplɑ̃dir] *v/i* Mond, Sterne, Metall etc glänzen; schimmern; funkeln; blinken; *fig* **Gesicht** ~ **de joie** vor Freude strahlen; ~**issant** *adj* glänzend; schimmernd; funkelnd; *fig* Schönheit strahlend; **Gesicht** ~ **de bonheur, de joie** glück-, freudestrahlend; **il a une mine** ~**e** er sieht glänzend aus; ~**issement** *litt m* Glanz *m* (*auch fig*); Funkeln *n*

responsabilité [rɛspɔ̃sabilite] *f* Verantwortung *f* (**de** für); Verantwortlichkeit *f*; *jur auch* Haftung *f*; Haftbarkeit *f*; *jur*: ~ **atténuée** verminderte Zurechnungsfähigkeit; ~ **civile** Haftpflicht *f*; zivilrechtliche Haftung; ~ **contractuelle** vertragliche Haftung; ~ **délictuelle** De'liktsfähigkeit *f*; ~**s familiales** Fa-'milienpflichten *f/pl*; **une lourde** ~, **de lourdes** ~**s** e-e schwere Verantwortung; ~ **morale** moralische Verantwortung; ~ **pénale** strafrechtliche Haftung, Verantwortlichkeit; ~ **pleine et entière** volle Haftung, Verantwortung; ~ **des fonctionnaires** Amtshaftung *f*; **société** *f* **à** ~ **limitée** (*abr* **S.A.R.L.**) Gesellschaft *f* mit beschränkter Haftung (*abr* GmbH); **assurance** *f* **de** ~ **civile** Haftpflichtversicherung *f*; **sentiment** *m* **de sa** ~ Verantwortungsbewußtsein *n*; **accepter, assumer la** ~ die Verantwortung über'nehmen; **avoir la** ~ **de qn** j-n in Haft haben; **engager sa** ~ **dans une affaire** die Verantwortung, Haftung für e-e Angelegenheit über'nehmen; **fuir les** ~**s** die Verantwortung scheuen; **porter la** ~ **de qc** die Verantwortung für etw tragen; **prendre** (**sur soi**) **la** ~ die Verantwortung über-'nehmen, auf sich nehmen; **prendre ses** ~**s** verantwortungsbewußt sein; Verantwortungsgefühl beweisen; *par ext* **promouvoir qn à une 'haute** ~ j-m e-e sehr verantwortungsvolle Stellung über-'tragen; **rejeter la** ~ **sur qn** die Verantwortung auf j-n abwälzen; j-n verantwortlich machen (**de qc** für etw)

responsable [rɛspɔ̃sabl(ə)] **I** *adj* **1.** verantwortlich, *jur auch* haftbar, -pflichtig (**de** für; **devant qn** j-m gegen'über); **être civilement** ~ haftpflichtig sein; zivilrechtlich haften; **être** ~ **de qn, de qc** *auch* für j-n, etw haften; **rendre qn** ~ **de qc** j-n für etw verantwortlich, haftbar machen; j-n für etw zur Verantwortung ziehen; **2.** verantwortungsbewußt; **II** *m* Verantwortliche(r) *m*; *e-r Partei, Gewerkschaft* Funkti'när *m*; *e-r Dienststelle, Abteilung* Leiter *m*; ~ **syndical** Gewerkschaftsfunktionär *m*; F **qui est le** ~ **de cette plaisanterie?** wer hat diesen Spaß ausgeheckt?

resquillage [rɛskijaʒ] *m cf* **resquille**

resquille [rɛskij] F *f in e-r Schlange* Vordrängen *n*; *in e-m Kino, Stadion etc* Sicher'einschmuggeln *n* (*ohne Eintrittskarte*); *in e-m öffentlichen Verkehrsmittel* Schwarzfahren *n*; *rad, télév* Schwarzhören *n*, -sehen *n*

resquill|er [rɛskije] F *v/i in e-r Schlange* sich vordrängen; *in e-m Kino etc* sich her'einschmuggeln; *in e-m öffentlichen Verkehrsmittel* schwarzfahren; *rad, télév* schwarzhören, -sehen; *allg* mehr nehmen, als einem zusteht; ~**eur** F *m* j, der sich vordrängt, her'einschmuggelt; Schwarzfahrer *m*

ressac [rəsak] *m* Brandung *f*

ressaigner [r(ə)seɲe] *v/i* wieder bluten

ressaisir [r(ə)sezir] **I** *v/t Flüchtigen* wieder ergreifen; *Sache* wieder an sich bringen; wieder Besitz ergreifen (**qc von**

etw); *fig* la crainte la ressaisit wieder ergriff sie Furcht; **II** *v/pr* **1. se ~** sich (wieder) fassen; wieder zu sich kommen; **2. se ~ de qc** etw wieder in s-n Besitz bringen; sich wieder e-r Sache (*gén*) bemächtigen; *fig* **se ~ d'une affaire** sich wieder mit e-r Angelegenheit beschäftigen, befassen

ressasser [r(ə)sase] *v/t* **1.** *Erinnerungen etc* immer wieder an sich vor'überziehen lassen; immer wieder 'durchgehen; **2.** *das gleiche Thema, die gleiche Kritik* bis zum 'Überdruß wieder'holen; F 'wiederkäuen

ressaut [r(ə)so] *m* **1.** *arch* Vorsprung *m*; **2.** *des Bodens* Unebenheit *f*; *géol auch* Sprung *m*

ressauter [r(ə)sote] **I** *v/t Graben* wieder über'springen; **II** *v/i* wieder, erneut, noch einmal springen

ressay|age [resɛjaʒ] *m cf* **réessayage**; **~er** *v/t cf* **réessayer**

ressemblance [r(ə)sãblãs] *f* Ähnlichkeit *f*; **~ lointaine** entfernte Ähnlichkeit; **~ de, entre deux objets, d'un objet avec un autre** Ähnlichkeit zwischen zwei Gegenständen; *Kunst* **~ d'un tableau avec son modèle** Ähnlichkeit, Über'einstimmung e-s Bildes mit s-m Modell; **toute ~ avec des personnages réels ne peut être que fortuite** jede Ähnlichkeit mit lebenden Personen ist rein zufällig; **je lui trouve une ~ avec son frère** ich finde, daß er s-m Bruder ähnelt, gleicht

ressemblant [r(ə)sãblã] *adj Personen, Gegenstände* ähnlich; *Bild, Photo auch* origi'nalgetreu

ressembler [r(ə)sãble] **I** *v/t/indir* **~ à 1.** ähneln, gleichen (+*dat*); ähnlich sein, sehen (+*dat*); Ähnlichkeit haben mit; *Kind* **~ à son père** s-m Vater ähnlich sehen, sein; *par ext* **cela lui ressemble tout à fait** das sieht ihm ähnlich; **cela ne lui ressemble pas** das sieht ihm nicht ähnlich; das sieht nicht nach ihm aus; das paßt nicht zu ihm; **2.** *Mode, Roman, Film etc* **ne ~ à rien** a) *péi* ohne Sinn und Verstand sein; nichts taugen; nichts wert sein; b) einmalig, etwas vollkommen Neues sein; **je vous demande un peu à quoi ça ressemble!** also ich frage Sie, ob das noch Sinn und Verstand hat, was das eigentlich soll!; **3.** F *Person* aussehen; ausschauen; **à quoi ressemble-t-il?** wie sieht er aus?; **regarde à quoi tu ressembles!** sieh doch nur, wie du aussiehst!; **II** *v/pr* **se ~** a) *reziprok* sich ähneln; sich ähnlich sehen, sein; sich gleichen; ein'ander gleichen; ähneln; *prov* **qui se ressemble s'assemble** gleich und gleich gesellt sich gern (*prov*); b) *reflexiv* sich gleichbleiben; der gleiche bleiben, sein

ressemel|age [r(ə)səmlaʒ] *m* Neubesohlen *n*, *-ung f (auch Ergebnis)*; **~er** *v/t* <-ll-> *Schuhe* neu (be)sohlen

ressemer [rəsme, rsəme] <-è-> **I** *v/t Saat* wieder aussäen; *Feld* wieder besäen; **II** *v/pr* **se ~** *Pflanze* sich aussamen

ressenti [r(ə)sãti] *adj künstlerische Darstellung* **bien ~** gut nachempfunden

ressentiment [r(ə)sãtimã] *m* Ressenti'ment *n*; Gefühl *n* der Verbitterung, des Grolls, der Rachsucht; **éprouver, garder du ~ pour qn** j-m gegenüber Ressentiments haben, hegen

ressentir [r(ə)sãtir] <*cf* **sentir**> **I** *v/t Entbehrungen, Nachwirkungen e-r Krankheit etc* spüren; merken; *Durst, Schmerzen* verspüren; *Wut, Haß, Mitleid etc* empfinden; *Freundschaft, Sympathie auch* hegen; **ne pas montrer ce qu'on ressent** nicht zeigen, was man fühlt, empfindet; **II** *v/pr* **1. se ~ de qc**

---

die Folgen, Nachwirkungen von etw *od* e-r Sache (*gén*) spüren; **2.** F (**ne pas**) **s'en ~ pour qc** *od* **pour** (+*inf*) a) sich (nicht) stark genug fühlen für etw *od* um zu (+*inf*); b) (keine) Lust haben zu etw *od* zu (+*inf*)

resserre [r(ə)sɛr] *f* Abstellraum *m*; Verschlag *m*

resserré [r(ə)sere] *adj* eingezwängt (**entre zwischen** + *dat*)

resserrement [r(ə)sɛrmã] *m* **e-s** *Knotens* Fest(er)ziehen *n*; *e-r Schraube* Anziehen *n*; *fig e-r Freundschaft, der Zusammenarbeit* Festigung *f*; *fin* **~ de crédit** Kre'ditbeschränkung *f*, -restriktion *f*, -bremse *f*

resserrer [r(ə)sere] **I** *v/t* **1.** *Knoten* fester ziehen, binden, schnüren; *Schraube* fester anziehen; *Gürtel* enger schnallen; **le froid resserre les pores** durch die Kälte ziehen sich die Poren zusammen; **2.** *fig Beziehungen* enger gestalten; **~ les liens de l'amitié** die Bande der Freundschaft enger ziehen; **II** *v/pr* **se ~ 3.** sich verengen, zu'sammenziehen; **4.** *fig Beziehungen* enger werden

resservir [r(ə)sɛrvir] <*cf* **partir**> **I** *v/t* **1.** *Gericht, Reste etc* noch einmal ser'vieren; *Getränk* noch einmal einschenken; **2.** *fig die gleichen Witze, Vorwürfe etc* wieder auftischen; F **je saurai le lui ~** F ich werde es ihm heimzahlen; **II** *v/i Gegenstand* noch einmal, wieder gebraucht, benutzt werden; **III** *v/pr* **se ~ de qc** etw wieder benutzen

ressort¹ [r(ə)sɔr] *m* **1.** *tech* Feder *f*; **~ conique** Kegelfeder *f*; **~ à boudin, à lames, de flexion** Schrauben-, Blatt-, Biegungsfeder *f*; **~ de montre** Uhr-, Triebfeder *f*; **~ de rappel** Rückhol-, Rückstellfeder *f*; *auto* **~s de suspension** Federung *f*; **~ de sommier, de torsion, en spirale** Sprung-, Torsi'ons-, Spi'ralfeder *f*; **comprimer, tendre un ~** e-e Feder zusammendrücken, spannen; **faire ~** zu'rückschnellen; **être garni de ~s** gefedert sein; **comme mue par un ~, elle sauta sur ses pieds** wie von e-r Feder geschnellt ...; **2.** *fig* Triebkraft *f*, -feder *f*; treibende Kraft; *st/s* **aveugle ~** blinde Triebkraft; **3.** *fig e-r Person* Tat-, Spannkraft *f*; Schwung *m*; **manquer de ~** keine Tatkraft haben; schlaff sein

ressort² [r(ə)sɔr] *m* **1.** *adm, jur* Zuständigkeits-, Amts-, Verwaltungsbereich *m*; Aufgabenkreis *m*; Res'sort *n*; *Angelegenheit* **être du ~ d'un tribunal** zur Zuständigkeit e-s Gerichts gehören; in die Zuständigkeit e-s Gerichts fallen; der Zuständigkeit e-s Gerichts unter'liegen; **être du ~ de la physique** aus dem Gebiet der Physik sein; zur Physik gehören; **cela n'est pas de mon ~** dafür bin ich nicht zuständig; **2.** *jur* In'stanz *f*; *loc/adv* **en dernier ~** a) in letzter Instanz; b) *fig* schließlich; **juger en dernier ~** in letzter Instanz entscheiden; **3.** *jur* Gerichtsbezirk *m*

ressortir¹ [r(ə)sɔrtir] <*cf* **partir**> **I** *v/i* **1.** wieder hin'aus- *bzw* her'ausgehen, -treten, -kommen; *Fahrzeug* hin'aus-, her'ausfahren; *Kugel* **~ par le dos** im Rücken wieder austreten; **2.** *Relief, Gesims etc* her'vortreten; her'ausragen; *Farbe, Qualität etc* sich abheben; her'vorstechen; **faire ~** sich abheben; her'vorheben; unter'streichen; zur Geltung bringen; **~ sur le fond** sich vom 'Hintergrund abheben; **II** *v/imp* sich ergeben; her'vorgehen (**de** aus); **il ressort de là que ...** daraus geht hervor, daß ...; daraus ergibt sich, daß ...; daraus wird deutlich, ersichtlich, daß ...

ressortir² [r(ə)sɔrtir] *v/t/indir* <*cf* **par-**

---

tir> *jur* zur Zuständigkeit gehören, in die Zuständigkeit fallen, der Zuständigkeit unter'liegen (**à un tribunal** e-s Gerichtes); *par ext* gehören (**à qc** zu etw)

ressortiss|ant [r(ə)sɔrtisã] *m*, **~ante** *f* Staatsangehörige(r) *f(m)*

ressouder [r(ə)sude] *v/t tech* wieder zu'sammenschweißen, -löten

ressource [r(ə)surs] *f* **1.** (Hilfs)Mittel *n*; **un homme de ~** ein Mensch, der sich zu helfen weiß; ein findiger Kopf; **en dernière ~** als letztes Mittel; **n'avoir d'autre ~ que ...** keine andere Möglichkeit haben als ...; nichts anderes können als ...; darauf angewiesen sein zu ...; **il a de la ~** er weiß sich zu helfen; **2. ~s** *pl* a) Mittel *n/pl*; Re'serven *f/pl*; Res'sourcen *f/pl*; Versorgungsquellen *f/pl*; **~s minières** Bodenschätze *pl*; **~s en énergie** Ener'giequellen *f/pl*; **~s en hommes** Menschenmaterial *n*; **~s en matériel** materielle Mittel; b) (Geld)Mittel *n/pl*; Einnahmequellen *f/pl*; Gelder *n/pl*; **les ~s de l'État** die Einnahmequellen des Staates; **être sans ~s** mittellos sein, dastehen; **3.** *fig e-s Künstlers, e-r Sprache, e-r Technik* **~** *pl* Mittel *n/pl*; Möglichkeiten *f/pl*; **déployer toutes les ~s de son talent** sein Talent voll entfalten; **4.** *aviat* **e-s** *Flugzeuges* Abfangen *n*; **5.** *cout* **~** (Naht)Zugabe *f*

ressouvenir [r(ə)suvnir] *v/pr* <*cf* **venir**> **se ~ de qc** sich wieder e-r Sache (*gén*) erinnern, entsinnen; sich wieder an etw (*acc*) erinnern; noch einmal an etw (*acc*) denken

ressu|age [resɥaʒ] *m* a) *métall* Seigern *n*, *-ung f*; Abtreiben *n*; b) *Keramik* Trocknen *n*; **~er** *v/i* **1.** *métall* seigern; abtreiben; **2.** *Mauer* schwitzen

ressui [resɥi] *m ch* Trockenplatz *m* (*des Wildes*)

ressurgir [r(ə)syrʒir] *v/i Person* wieder auftauchen; *Wasser* wieder zu'tage treten

ressuscitation [resysitasjõ] *f méd* 'Wiederbelebung *f*

ressusciter [resysite] **I** *v/t* **1.** *Tote* auferwecken; *par ext* **un café à ~ un mort ...** der e-n Toten wieder lebendig machen könnte; **2.** *fig* wieder'aufleben lassen; zu neuem Leben erwecken; **II** *v/i* <être> **3.** (wieder) auferstehen; **Jésus est ressuscité des morts** Jesus ist von den Toten auferstanden; *adit* **le Christ ressuscité** der auferstandene Christus; *der Auferstandene*; **4.** *nach schwerer Krankheit* wieder aufkommen; genesen; **5.** *fig Natur im Frühling* zu neuem Leben erwachen; *Land nach e-m Krieg* wieder'aufleben; *Gefühl in der Erinnerung* wieder le'bendig werden

ressuyage [resɥijaʒ] *m tech* (Ab-, Aus-) Trocknen *n*

restant [rɛstã] **I** *adj* **1.** übriggeblieben; noch vorhanden; restlich; comm rückständig; **les cent francs ~s** die restlichen hundert Franc; **il est la seule personne ~e de cette famille** er ist der einzige, der von dieser Familie noch übriggeblieben ist; **2. poste ~e** postlagernd; **3.** *phys* **rayons ~s** Reststrahlen *m/pl*; **II** *m* Rest(betrag) *m*

restau [rɛsto] *m* F Kurzwort für **restaurant**

restaurant [rɛstɔrã] *m* Restau'rant *n*; Gaststätte *f*; Gastwirtschaft *f*; Wirtshaus *n*; (Speise)Lo'kal *n*; **~ gastronomique** Schlemmerlokal *n*; **~ universitaire** Mensa *f*; **manger au ~** im Restaurant essen; **manger dans les grands ~s** in den besten Restaurants essen

restaura|teur [rɛstɔratœr] *m*, **~trice** *f* **1.** (Gast)Wirt(in) *m(f)*; Gastro'nom *m*; Restaura'teur *m*; **2.** *von Kunstwerken*

Restau'rator *m*; **3.** *st/s e-s Glaubens etc* Erneuerer *m*
restauration [ʀɛstɔrasjõ] *f* **1.** *e-s Gemäldes, Schlosses etc* Restau'rierung *f*; Restaurati'on *f*; **2.** *der Ordnung, Disziplin etc* Wieder'herstellung *f*; *der Staatsfinanzen* Sa'nierung *f*; *nach e-m politischen Umsturz* Restaurati'on *f*; *hist in Frankreich* la 2 *die Restauration (der Bourbonen 1815–1830)*; *die Restaurati'onszeit*; *adjt style m* 2 Stilepoche *f der Restauration*; **3.** Gaststättenwesen *n*, -gewerbe *n*; la 2 *et l'hôtellerie das Gaststätten- und Hotelgewerbe*
restau|rer [ʀɛstɔre] **I** *v/t* **1.** *Gemälde, Bauwerk etc* restau'rieren; **2.** *Ordnung, Disziplin etc* wieder'herstellen; **3.** *pol Monarchie, Diktatur etc* wieder'einführen; **II** *v/pr* se ~ sich (wieder) stärken; **~route** *m cf* restoroute
reste [ʀɛst] *m* Rest *m*; 'Überrest *m*; 'Überbleibsel *n*; Übriggebliebene(s) *n*; Zu'rückgebliebene(s) *n*; Zu'rückgelassene(s) *n*; *comm* Restbetrag *m*; *math e-r Subtraktion* Ergebnis *n*; Resul'tat *n*; *e-r Division* Rest *m*; *von Toten* les ~s *die sterblichen* (Über)Reste; *psych* ~s *diurnes* Tagesreste *m/pl*; un ~ d'espoir *e-e Spur von Hoffnung*; le ~ des hommes *die übrigen Menschen*; ~s d'un repas Reste *e-r* Mahlzeit; Speisereste *m/pl*; *impr* ~ d'un tirage Restauflage *f*; paix à ses ~s! *Friede s-r Asche!*; ◆ *loc/adj* de ~ *übrig*; mehr als nötig; avoir de l'argent, du temps de ~ *Geld, Zeit übrig haben*; avoir de la patience de ~ *sehr viel Geduld haben*; *loc/adv:* le ~ du temps *während der übrigen Zeit*; (pour) le ~ de ma vie *(für)* den Rest meines Lebens; le ~ *und so weiter*; und so fort; du ~, *st/s* au ~ *übrigens*; außerdem; zu'dem; darüber hin'aus; über'dies; pour le ~ *sonst*; an'sonsten; pour ce qui est du ~, quant au ~ *was alles übrige betrifft*, angeht; ◆ *fig* ne pas attendre, ne pas demander son ~ *sich sang- und klanglos aus dem Staube machen*; *Frau* F avoir de beaux ~s *noch ganz gut erhalten sein*; deviner le ~ *den Rest, das übrige, das Weitere erraten*; être, demeurer en ~ (avec qn) *(j-m) etw schuldig sein*, bleiben; pour ne pas être en ~ *um nicht nachzustehen*; il n'est jamais en ~ *auch er ist nie um e-e Antwort verlegen*; F fichez-vous du ~ *das übrige, das Weitere, der Rest kann Ihnen egal sein*; sans parler du ~ *von allem übrigen ganz zu schweigen*; *iron* il sait faire ça comme le ~ *davon versteht er so wenig wie von allem übrigen*; vivre isolé du ~ du monde *von der übrigen Welt isoliert*, von der Außenwelt abgeschnitten leben
rester [ʀɛste] ⟨être⟩ **I** *v/i* **1.** bleiben; a) *Wendungen mit adj:* ~ assis, couché, debout sitzen, liegen, stehen bleiben; court *cf* court[1] II; ~ fidèle à ses amis *s-n Freunden treu bleiben*, die Treue halten; ~ interdit *verdutzt, verblüfft, sprachlos sein*; ~ jeune *jung bleiben*; ~ malade pendant plusieurs mois *mehrere Monate lang krank sein*; ~ toujours le même *immer der gleiche bleiben*; *Geschäft* ~ ouvert jusqu'à 20 heures *bis 20 Uhr geöffnet, offen bleiben*, sein; ~ tranquille *ruhig bleiben*; Ruhe bewahren; restez tranquilles! *seid ruhig!*; b) *mit prép, adv u loc/adv:* ~ des heures entières à bavarder *stundenlang unter'halten*; il est resté une heure à *faire cette lettre* er hat e-e Stunde gebraucht, um ...; ~ (à) déjeuner *zum Mittagessen bleiben*; ~ au lit *im Bett bleiben*; ~ à table *am Tisch sitzen bleiben*; ~ chez soi *zu Hause*,

daheim bleiben; ~ dans l'ignorance *unwissend bleiben*; ~ dans la mémoire, dans le souvenir des hommes *den Menschen im Gedächtnis*, in Erinnerung bleiben; *fig* ~ en chemin *auf halbem Wege stehenbleiben*; nicht zu Ende kommen; ~ en fonction, en place *in s-m Amt*, in s-r Stellung bleiben; ~ en bonne santé *gesund bleiben*; cela doit ~ entre nous *das muß unter uns bleiben*; ~ face à face *sich gegenüber stehen*, sitzen, bleiben; ~ (pour) (+*inf*) *dableiben, um zu* (+*inf*); ~ tout un mois sans écrire *einen ganzen Monat (lang) nicht schreiben*; ~ sur le champ de bataille *auf dem Schlachtfeld bleiben*; fallen; ~ sur sa faim *cf* faim 1.; ~ sur une impression *noch unter e-m Eindruck stehen*; ~ sur place *sich nicht von der Stelle rühren*; ~ sur ses positions *bei s-n Ansichten bleiben*; auf s-m Standpunkt beharren; s-e Position behaupten; tu ne vas pas ~ des heures sur ce travail *du wirst nicht stundenlang über dieser Arbeit sitzen*; F y ~ *dabei 'umkommen*; il a failli y ~ *er wäre beinahe umgekommen*; j'y suis, j'y reste *hier bin ich und hier bleibe ich*; **2.** sich aufhalten; F (*habiter*) wohnen; ~ plusieurs années à l'étranger *sich mehrere Jahre im Ausland aufhalten*; **3.** *Werk, Künstler etc* sich halten; die Zeit über'dauern; bleiben; **4.** en ~ à qc *bei etw stehenbleiben*; es bei etw bewenden lassen; es mit etw genug sein lassen; où en sommes-nous restés? *wo sind wir stehengeblieben?*; où en est-il resté de ses projets? *was ist aus s-n Plänen geworden?*; wie weit sind s-e Pläne gediehen?; restons-en là pour aujourd'hui *lassen wir es für heute dabei bewenden*, damit genug sein lassen; un musicien qui est resté aux romantiques ... *der bei den Romantikern stehengeblieben ist*; quand il aura obtenu son avancement, il n'en restera pas là ... *wird er es damit nicht genug sein lassen*; **5.** (übrig)bleiben; le nom lui est resté *der Name ist ihm geblieben*; le seul parent qui lui est resté *der einzige Verwandte, der ihm geblieben ist*; le souvenir qui m'en est resté *die Erinnerung, die mir davon geblieben ist*; le temps qui me reste *die Zeit, die mir (übrig)bleibt*; die restliche Zeit; ce qui me reste *alles, was (noch) übrig ist*; **6.** ~ à (+*inf*) müssen (+*inf*); brauchen zu (+*inf*); mil le francs restent à payer *tausend Franc müssen noch gezahlt werden*; *unpersönlich:* je sais ce qu'il me reste à faire *ich weiß, was ich noch tun muß*; il ne vous reste qu'à signer *Sie brauchen nur noch zu unter'schreiben*; **II** *v/imp* (übrig)bleiben; (il) reste que ... *immerhin* ...; jedenfalls ...; il ne restait qu'un bout de pain *nur ein Stück Brot blieb übrig*; il ne reste plus de pain *es ist kein Brot mehr da*; F das Brot ist alle; il reste vrai, entendu que ... *es ist klar, selbstverständlich, daß* ...; il n'en reste pas moins que ... *nichtsdesto'weniger* ...; il ne me reste plus qu'à payer *es bleibt mir nichts anderes übrig als zu zahlen*; reste à prouver ... *bleibt noch zu beweisen* ...; *Dankesformel* il ne me reste plus qu'à vous remercier *mir bleibt nur noch, Ihnen zu danken*; il ne lui en reste rien a) *er hat nichts davon behalten*; es ist ihm nichts im Gedächtnis geblieben; b) er spürt nichts mehr davon (*von der Krankheit, Verletzung etc*); reste à savoir *cf* savoir[1] 1. g); *cf auch* 6.
restituable [ʀɛstituabl(ə)] *adj* zu'rückzu-

erstatten(d); zu'rückzugeben(d); zu ersetzen(d)
restituer [ʀɛstitųe] *v/t* **1.** *unrechtmäßig Erworbenes* zu'rück-, 'wiedergeben (*auch Geborgtes*); her'ausgeben; (zu'rück)erstatten; ersetzen; *Darlehen* zu'rückzahlen; F *fig* ~ son déjeuner *das Mittagessen wieder erbrechen*, her'ausbringen; **2.** *litt: Text, Kunstwerk etc* rekonstru'ieren; wieder'herstellen
restitu|tion [ʀɛstitysjõ] *f* **1.** *von unrechtmäßigem Besitz etc* Rückgabe *f*, -erstattung *f*; Her'ausgabe *f*; *e-s Landes* Wieder'abtretung *f*; *von geliehenem Geld* Rückzahlung *f*; **2.** *litt e-s Textes, Bauwerks etc* Rekonstrukti'on *f*; Wieder'herstellung *f*; ~toire *adj jur Urteil etc* auf Rückgabe, Rückerstattung
resto [ʀɛsto] *m* F *Kurzwort für* restaurant
restoroute [ʀɛstɔrut] *m* (*nom déposé*) Raststätte *f* (*an e-r großen Autostraße, bes Autobahn*)
restreindre [ʀɛstrɛ̃dr(ə)] ⟨*cf* peindre⟩ **I** *v/t j-s Freiheit, Macht, s-e Ausgaben etc* beschränken; einschränken; *Anzahl* beschränken; *Freiheit, Wortbedeutung etc auch* einengen; **II** *v/pr* se ~ sich einschränken; il va falloir nous ~ *wir werden uns einschränken müssen*
restreint [ʀɛstrɛ̃] *adj* ⟨-einte [-ɛ̃t]⟩ *Auflage, Vokabular, Wahlrecht etc* beschränkt; *Vorstand, Ausschuß* enger; auditoire, personnel ~ *beschränkte Anzahl von Zuhörern*, Personal; *phys* relativité ~e *spezielle Relativitätstheorie*; ~ à *beschränkt auf* (+*acc*); occuper un espace ~ *geringen, wenig Raum einnehmen*; prendre un mot dans son sens ~ *ein Wort in s-r engeren Bedeutung nehmen*
restrictif [ʀɛstriktif] *adj* ⟨-ive⟩ einschränkend; einengend; restrik'tiv; *Auslegung e-s Gesetzes* einschränkend; restrik'tiv; *gr* proposition restrictive Restrik'tivsatz *m*
restriction [ʀɛstriksjõ] *f* **1.** Ein-, Beschränkung *f*; Vorbehalt *m*; Restrikti'on *f*; Drosselung *f*; ~ mentale *geheimer Vorbehalt*; Men'talreservation *f*; ~ à l'exportation, à l'importation Ausfuhr-, Einfuhrbeschränkung *f*, -drosselung *f*; ~ des naissances Geburtenbeschränkung *f*; ~ de la production Produkti'onsbeschränkung *f*, -einschränkung *f*; *loc/adj u loc/adv* sans ~ *uneingeschränkt*; vorbehaltlos; bedingungslos; ohne Einschränkung; se soumettre sans ~ à l'autorité de qn *auch sich voll und ganz j-s Autorität* (*dat*) unter'werfen; apporter des ~s aux pouvoirs de qn *j-s Macht be-*, einschränken; faire des ~s *Vorbehalte, Einschränkungen machen*; être soumis à des ~s *Beschränkungen unter'liegen*; **2.** ~s *pl* Ratio'nierungsmaßnahmen *f/pl*; *par ext* Entbehrungen *f/pl*; schlechte Zeit
restructur|ation [ʀəstryktyrasjõ] *f* 'Umstrukturierung *f*; ~er *v/t* 'umstrukturieren
resucée [r(ə)syse] *f* F *von Wein, Schnaps etc* F noch ein Gläschen *n*
résultante [rezyltãt] *f* **1.** Folge *f*; Ergebnis *n*; **2.** *math ~ od adjt* force *f* ~ Resul'tierende *f*; Resul'tante *f*
résultat [rezylta] *m* **1.** Ergebnis *n*; Resul'tat *n* (*beide auch math*); Fazit *n*; Erfolg *m*; sans ~ *ergebnislos*; ohne Erfolg; erfolglos; aboutir à un ~ *zu e-m Ergebnis führen*; avoir pour ~ que ...; avoir le ~ (+*inf*) *zur Folge haben, daß* ...; avoir, obtenir de bons ~s *gute Erfolge erzielen*, aufweisen; *iron u péj* voilà le ~! F *da haben wir die Besche-*

rung!; F elle est restée trop longtemps au soleil, ~: elle a un coup de soleil … (der) Erfolg: sie hat e-n Sonnenbrand; 2. ~s pl a) bei e-m Examen Prüfungsergebnisse n/pl; bei Wahlen Wahlergebnisse n/pl; ~s définitifs od finals Endergebnisse n/pl; ~s scolaires Leistungen f/pl in der Schule; schulische Leistungen; b) sports (Sport)Ergebnisse n/pl; c) Lotterie ~s du tirage Ziehungsliste f

résulter [rezylte] I v/i ~ de qc sich aus etw ergeben; aus etw her'vorgehen, resul'tieren, folgen; bei etw her'auskommen; ~ de la fusion de qc aus dem Zusammenschluß von etw hervorgehen; ce qui en a od est résulté was daraus hervorgegangen ist; was sich daraus ergeben hat; was dabei herausgekommen ist; II v/imp il résulte de ceci que, il en résulte que … daraus geht her'vor, folgt, ergibt sich, st/s erhellt, daß …

résumé [rezyme] m Zu'sammenfassung f; Resü'mee n; (zu'sammenfassender) 'Überblick; loc/adv en ~ zusammenfassend läßt sich sagen; par ext kurz (gesagt); alles in allem; donner un ~ des faits e-n Überblick über die Geschehnisse, das Geschehene geben; faire un ~ e-e Zusammenfassung geben, schriftlich auch machen

résumer [rezyme] I v/t Rede, Inhalt e-s Buches etc zu'sammenfassen; resü'mieren; kurz wieder'holen, 'wiedergeben; ~ en peu de mots in wenigen Worten zusammenfassen; comment ~ l'humanité? wie könnte man die Menschheit in wenigen Worten darstellen?; adit résumé zusammengefaßt; II v/pr se ~ a) das Gesagte zu'sammenfassen (abs); b) passivisch Rede etc zu'sammengefaßt werden (können); sich zu'sammenfassen lassen; c) fig Eigenschaften etc se ~ en qn sich in j-m vereinigen, vereinigt finden

résupination [resypinasjõ] f bot Resupinati'on f

resurchauff|e [r(ə)syrʃof] f tech Zwischenüberhitzen n; ~er m Zwischenüberhitzer m

résurg|ence [rezyrʒãs] f 1. von Sickerwasser, unterirdischen Flusses Wiederzu'tagetreten n; 2. fig u st/s Wieder'auftreten n; 'Wiedererscheinen n; ~ent adj Wasser wieder zu'tage tretend

resurgir [r(ə)syrʒir] v/i cf **ressurgir**

résurrection [rezyrɛksjõ] 1. rel a) Auferstehung f; la ~ de la chair, du Christ, des morts die Auferstehung des Fleisches, Christi, der Toten; b) Auferweckung f; la ~ de Lazare die Auferweckung des Lazarus; 2. fig a) e-s Kranken unverhoffte Genesung; b) st/s e-s Landes, e-s Gefühls etc Wieder'aufleben n

retable [rətabl(ə)] m Al'taraufsatz m; Re'tabel n

rétabli [retabli] adj 1. Person wieder genesen; wieder'hergestellt; 2. Kontakt, alter Text etc wieder'hergestellt

rétablir [retablir] I v/t 1. wieder'herstellen; dipl Beziehungen auch wieder'aufnehmen; Wahrheit feststellen; Fakten rekonstru'ieren; ~ la paix Frieden stiften; den Frieden wiederherstellen; 2. Person dans ses droits, dans ses fonctions wieder in s-e Rechte, in sein Amt einsetzen; 3. Person wieder auf die Beine bringen; gesund machen; ~ ses forces wieder zu Kräften kommen; II v/pr se ~ 4. Kranker wieder gesund werden; wieder auf die Beine kommen; 5. Ruhe, Stille etc wieder eintreten, einkehren; sich wieder einstellen; Wetter sich wieder beruhigen

rétablissement [retablismã] m 1. der Verbindungen, der Ordnung etc Wieder'herstellung f; der diplomatischen Beziehungen Wieder'aufnahme f; der Finanzen Sa'nierung f; der Wirtschaft Gesundung f; Erholung f; ~ de la santé Wiederherstellung der Gesundheit; Besserung f des Gesundheitszustandes; 2. e-s Kranken Genesung f; Gesundwerden n; Gesundung f; je vous souhaite un prompt ~ ich wünsche Ihnen gute Besserung, e-e baldige Genesung; 3. gym Aufschwung m

retaille [r(ə)taj] f 1. (Stoff-, Leder)Rest m, (-)Abfall m; 2. e-s Diamanten Neuschleifen n

retailler [r(ə)taje] v/t Holz, Glas etc neu, wieder schneiden; Bleistift wieder, neu spitzen; Feile nachhauen; Anzug, Kleid etc 'umändern

rétam|er [retame] v/t 1. Töpfe neu verzinnen; 2. F Person F fertig-, ka'puttmachen; Sache ka'puttmachen; bei e-m Examen se faire ~ F 'durchfliegen, -rasseln, -sausen; se faire ~ au jeu sein ganzes Geld beim Spiel verlieren; adit rétamé F fertig; ka'putt; ~eur m Kesselflicker m

retape [r(ə)tap] f P faire la ~ F auf den Strich gehen; par ext F faire de la ~ die Werbetrommel rühren

retaper [r(ə)tape] I v/t 1. F a) Bett notdürftig machen; b) altes Haus etc aufpolieren; c) Medikament ~ qn j-n wieder auf die Beine bringen, hochbringen; 2. auf der Schreibmaschine noch einmal abtippen; II v/pr F se ~ F sich aufrappeln

retapisser [r(ə)tapise] v/t Zimmer neu tape'zieren

retard [r(ə)tar] m 1. Verspätung f; Zu'spätkommen n; ~ au travail Zuspätkommen zur Arbeit; ~ d'une heure, heure de ~ eine Stunde Verspätung; einstündige Verspätung; Verspätung von einer Stunde; in Frankreich billet m de ~ Bescheinigung f über die Verspätung e-s öffentlichen Verkehrsmittels (die den Fahrgästen auf Verlangen ausgestellt wird); loc/adv: avec ~ verspätet; mit Verspätung; en ~ verspätet; zu spät; mit Verspätung; arriver en ~ zu spät kommen; être en ~ sich verspäten; zu spät kommen; F zu spät dran sein; Zug etc Verspätung haben; Uhr nachgehen; cf aussi 3; se mettre en ~ sich verspäten; il m'a mis en ~ seinetwegen bin ich verspätet; sans ~ unverzüglich; 'umgehend; sofort; auf der Stelle; sogleich; avoir du ~ Verspätung haben; faire qc après bien des ~s etw mit großer Verspätung tun; Uhr prendre du ~ (immer) nachgehen; Angelegenheit ne pas souffrir de ~ keinen Aufschub leiden, dulden; ~ dans le travail, dans le développement Rückstand m; Zu'rückbleiben n; Verzögerung f; Verzug m; loyer m en ~ rückständige Miete; Mietrückstand m; travail m en ~ liegengebliebene Arbeit; avoir du courrier en ~ Briefschulden haben; avoir du ~, être en ~ zurückgeblieben, im Rückstand, im Verzug sein (sur qn, qc gegenüber j-m, etw); Kind être en ~ pour son âge für sein Alter zurückgeblieben sein; être en ~ pour payer son loyer mit s-r Miete im Rückstand sein; 3. tech Verzögerung f; ~ à l'allumage Spätzündung f; 4. phm adit De'pot…; forme f ~ bei e-r Injektion Depotform f; bei Tabletten Re'tardform f; insuline f ~ Depotinsulin n; solution f, suspension f ~ Depotlösung f, -suspension f; 5. mar ~ des marées Gezeitenverschiebung f; 6. mus Vorhalt m; 7. Kardiologie

~ compensateur kompensa'torische Pause

retardataire [r(ə)tardatɛr] I adj 1. verspätet; zu'spätkommend; zu'spätgekommen; 2. Methoden etc rückständig; II m,f Zu'spätkommende(r) f(m); Nachzügler(in) m(f)

retardateur [r(ə)tardatœr] I adj <-trice> phys hemmend; verzögernd; II m chim negativer Kataly'sator

retardé [r(ə)tarde] adj 1. Ankunft etc verspätet; 2. phys mouvement uniformément ~ gleichförmig verzögerte Bewegung; 3. Kind zu'rückgeblieben; sc retar'diert; subst un ~ ein geistig zurückgebliebenes Kind

retardement [r(ə)tardəmã] m nur loc à ~ mit Verzögerung; nachträglich; bombe f à ~ Bombe f mit Zeitzünder; Zeitbombe f; comprendre à ~ erst hinterher begreifen

retarder [r(ə)tarde] I v/t 1. Person, Zug etc aufhalten; ~ qn dans son travail j-n bei s-r Arbeit aufhalten; ~ qn zu'rückstellen; 3. Reise, Examen etc hin'aus-, aufschieben; 4. Regen: Ernte etc verzögern; 5. mus Ton anhalten; II v/i 6. Uhr nachgehen; ma montre, F auch je retarde de cinq minutes meine Uhr geht fünf Minuten nach; 7. ~ sur son temps, sur son siècle hinter s-r Zeit zurücksein; 8. F hinter dem Mond leben

retassure [r(ə)tasyr] f métall Lunker m

retâter [r(ə)tate] v/t wieder befühlen, betasten

reteindre [r(ə)tɛ̃dr(ə)] v/t <cf peindre> nach-, 'umfärben

retéléphoner [r(ə)telefone] v/t/indir u v/i wieder, noch einmal telefo'nieren (à qn mit j-m), anrufen (j-n)

retendoir [r(ə)tãdwar] m für Klaviere Stimmhammer m, -schlüssel m

retendre [r(ə)tãdr(ə)] v/t <cf rendre> Saiten e-s Musikinstruments etc wieder, neu spannen; nachspannen

retenir [rətnir, rətnir] <cf venir> I v/t 1. Person zu'rück-, fest-, auf-, abhalten; dabehalten; Sache (zu'rück-, ein)behalten; Geld abziehen (de, sur von); Wasser stauen; Band: Haare zu'sammenhalten; ~ l'attention, le regard de qn j-s Aufmerksamkeit, Blicke auf sich lenken, ziehen; ~ l'attention de qn auch j-s Interesse wecken, erregen; votre candidature a retenu mon attention auch ich habe Ihre Bewerbung aufmerksam geprüft; vouloir ~ le bonheur das Glück festhalten wollen; ~ sa colère, un sourire s-e Wut, ein Lächeln unter'drücken; ~ ses larmes die Tränen zurückhalten, unter'drücken; ~ son souffle, sa respiration den Atem anhalten; ~ qn captif, prisonnier j-n gefangenhalten; Krankheit ~ qn à la chambre j-n zwingen, im Zimmer zu bleiben; ~ qn à dîner j-n zum Abendessen dabehalten; Krankheit ~ qn au lit j-n ans Bett fesseln; ~ qn de faire qc j-n davon abhalten, etw zu tun; je ne sais pas ce qui me retient ich weiß nicht, was mich davon abhält od was mich daran hindert; ~ qn par le bras j-n am Arm festhalten; je ne vous retiens pas ich halte Sie nicht zurück; gehen Sie nur; je ne veux pas vous ~ plus longtemps ich möchte Sie nicht länger aufhalten; 2. Namen, Datum etc sich merken; (im Gedächtnis) behalten; Zahl beim Rechnen sich merken; behalten; j'en retiendrai que … davon werde ich mir merken, daß …; retenez bien ce que je vais vous dire merken Sie sich gut, was ich Ihnen sagen werde; F je le retiens den merke ich mir; der hört

noch von mir; *beim Rechnen* je pose sept et retiens deux ich schreibe sieben und merke mir, behalte zwei; **3.** *Vorschlag, Projekt etc* im Auge behalten; in Betracht ziehen; berücksichtigen; *jur Anklagepunkt etc* aufrechterhalten (**contre qn** gegen j-n); *adjt* la solution retenue die gewählte Lösung; **4.** *Hotelzimmer, Tisch in e-m Restaurant etc* vorbestellen; reser'vieren; *Platz im Zug, Theater auch* belegen; **II** *v/pr* se ~ **5.** sich festhalten (**à** an + *dat*); **6.** sich zu'rückhalten; sich beherrschen; sich zu'sammennehmen; **ne pouvoir se** ~ **de** (+*inf*) nicht um'hinkönnen zu (+*inf*); **se** ~ **de manger** sich beim Essen zurückhalten; **se** ~ **de pleurer** sich zusammennehmen, um nicht zu weinen; *euphemistisch* **retiens-toi** halt es zurück; verhalt es
retenter [r(ə)tãte] *v/t* wieder, noch einmal versuchen
rétention [retãsjõ] *f* **1.** *path* Zu'rückhaltung *f*; Verhaltung *f*; *sc* Retenti'on *f*; ~ **placentaire** Retention der Plazenta; ~ **d'urine** Harnverhaltung *f*; *jur* **droit** *m* **de** ~ Zu'rückbehaltungsrecht *n*
retentir [r(ə)tãtir] *v/i* **1.** *Geräusch, Stimme* (er)tönen; ('wider)hallen; *Gesang etc* (er)klingen; *Donner etc* dröhnen; *Schuß* krachen; **2.** ~ **sur** sich auswirken auf (+*acc*)
retentissant [r(ə)tãtisã] *adj* **1.** *Aufprall etc* geräuschvoll; *Stimme, Lachen etc* 'durchdringend; dröhnend; **2.** *fig Skandal, Erfolg etc* aufsehenerregend
retentissement [r(ə)tãtismã] *m* 'Widerhall *m* (*bes fig*); *e-r Rede, e-s Prozesses etc* (Aus-, Nach)Wirkung *f*; *e-s Namens* guter Klang; **avoir un grand** ~ großes Aufsehen erregen; **avoir un** ~ **profond sur** e-e große Auswirkung haben auf (+*acc*)
retenu [rətny, rtəny] *adj* **1.** *Platz im Theater, in der Bahn etc* vorbestellt; reser'viert; belegt; **2.** *Stimme* gedämpft; verhalten
retenue [rətny, rtəny] *f* **1.** *in der Schule* Nachsitzen *n*; Ar'rest *m*; **être en** ~ nachsitzen; **mettre un élève en** ~ e-n Schüler nachsitzen lassen; **2.** *vom Lohn, Gehalt* Abzug *m* (**sur** von); Einbehalten *n*, -ung *f*; *par ext* Abzug *m*; einbehaltener Betrag *m*; ~ **à la source** Steuerabzug *m* an der Quelle; ~ **sur le salaire** Lohn-, Gehaltsabzug *m*; **3.** *von Waren durch den Zoll* Zu'rückbehaltung *f*; **4.** *fig e-r Person* Zu'rückhaltung *f*; Mäßigung *f*; **sans** ~ unbeherrscht; *essen* unmäßig; *weinen* hemmungslos; *j-n umarmen* stürmisch; **manquer de** ~ es an Zurückhaltung fehlen lassen; **5.** *beim Rechnen* behaltene Zahl; **6.** *von Wasser* Stauen *n*; Stau *m*; **bassin** *m* **de** ~ Stau-, Speicherbecken *n*; '**hauteur** *f* **de la** ~ Stauhöhe *f*; **barrage** *m* **à faible** ~ **d'eau** Talsperre *f* mit geringem Speicherinhalt; **7.** *mar* Gei(tau) *f(n)*
réti|cence [retisãs] *f* **1.** Verschweigen *n*; (absichtliches) Auslassen, Über'gehen; **parler sans** ~ offen, frei sprechen; **2.** Zögern *n*; Re'serve *f*; **sans aucune** ~ ohne das geringste Zögern; **~ent** *adj* **1.** verschwiegen; **2.** zögernd; reser'viert
réticulaire [retikylɛr] *sc adj* netzartig, -förmig; *bes anat* retiku'lär; retiku'lar; **cellules** *f/pl* ~**s** Re'tikulumzellen *f/pl*
réticule [retikyl] *m* **1.** *opt* Fadenkreuz *n*; **2.** Handtäschchen *n* (*in Beutelform*)
réticulé [retikyle] *adj* netzartig, -förmig; *bes anat* retiku'lär; retiku'lar; *arch* appa'reil ~ *od subst* ~ *m* Netzverband *m*; *anat* tissu ~ netzförmiges, retikuläres (Binde)Gewebe
réticulo|cyte [retikylɔsit] *m physiol* Retikulo'zyt *m*; **~-endothélial** [-ãdo-

teljal] *adj* ⟨-aux⟩ *physiol* système ~ retikuloendotheli'ales Sy'stem (*abr* RES); Retikuloendo'thel *n*
réticulum [retikyləm] *m biol* Re'tikulum *n*; ~ **endoplasmique** endoplas'matisches Retikulum
rétif [retif] *adj* ⟨-ive⟩ *Tier, Mensch* störrisch; 'widerspenstig; *Mensch auch* starrsinnig
rétinacle [retinakl(ə)] *m bot e-r Orchidee* Haftscheibe *f*
rétin|e [retin] *f anat* Netzhaut *f*; *sc* Re'tina *f*; **~ien** *adj* ⟨~ne⟩ Netzhaut…; **image** ~**ne** Netzhautbild *n*; **pourpre** ~ Sehpurpur *m*; **~ite** *f* **1.** *path* Netzhautentzündung *f*; *sc* Reti'nitis *f*; **2.** *minér* Pechstein *m*
retir|age [r(ə)tiraʒ] *m impr* Neuauflage *f*; **~ation** *f impr* 'Widerdruck *m*
retiré [r(ə)tire] *adj* **1.** zu'rückgezogen; ~ **du monde** weltabgewandt; ~ **mener une vie** ~**e** zurückgezogen leben, ein zurückgezogenes Leben führen; **2.** im Ruhestand; **commerçant** ~ Kaufmann *m* im Ruhestand; **3.** *Dorf, Stadtviertel etc* abgelegen; abgeschieden; einsam
retirer [r(ə)tire] **I** *v/t* **1.** her'ausnehmen, -ziehen, -holen (**de** aus); *Geld von e-m Konto* abheben; *Pfand* ein-, auslösen; *Einsatz* zu'rückziehen; *Post* abholen; *Fischer: Netz* einholen; *Theaterstück* ~ **de l'affiche** vom Spielplan absetzen; *Ertrunkenen etc* ~ **de l'eau** aus dem Wasser ziehen; *Kind* ~ **de l'école** aus, von der Schule nehmen; *Topf* ~ **du feu** vom Herd, Feuer nehmen; ~ **de sa poche** aus der Tasche ziehen; *Schlüssel* ~ **de la serrure** abziehen; aus dem Schloß ziehen; ~ **de dessous les décombres** unter den Trümmern her'vorziehen; aus den Trümmern bergen; **2.** *Hand* weg-, zu'rückziehen; *Kopf* einziehen; *fig: Kandidatur, Klage, Versprechen, Angebot etc* zu'rückziehen; *Angebot, Versprechen auch, Worte* zu'rücknehmen; ~ **ce qu'on a dit** zurücknehmen, was man gesagt hat; **3.** *Hut, Brille* abnehmen; *Kleider, Stiefel, Handschuhe* ausziehen; ~ **ses vêtements à un enfant** e-m Kind die Kleider ausziehen; **4.** *Vertrauen, Freundschaft, Erlaubnis, Führerschein etc* entziehen (**à qn** j-m); *Führerschein etc auch* wegnehmen; **je vous retire la parole** ich entziehe Ihnen das Wort; **5.** *Gewinn, Vorteile* her'ausholen, -schlagen; **ne** ~ **que des ennuis** nur Unannehmlichkeiten haben; ~ **l'impression que** … den Eindruck gewinnen, daß …; *fig* ~ **un grand profit d'une lecture** großen Nutzen aus e-r Lektüre ziehen; **6.** *Schüsse* wieder abgeben; **II** *v/i* **7.** ~ **au sort** wieder, noch einmal (aus)losen; **III** *v/pr* se ~ **8.** sich zu'rückziehen; **se** ~ **chez soi** heimgehen; nach Hause gehen; **se** ~ **dans sa chambre** sich in sein Zimmer zurückziehen; **se** ~ **dans son pays natal** in s-e Heimat zurückgehen; **se** ~ **des affaires, du monde** sich von den Geschäften, von der Welt zurückziehen; **se** ~ **en beauté** sich e-n würdigen Abgang verschaffen; **9.** sich zur Ruhe setzen; in den Ruhestand treten; **10.** *Meer* zu'rückgehen; *Fluß* in sein Bett zu'rücktreten; **11.** *Stoff* eingehen, -laufen
retirons [r(ə)tirõ] *m/pl text* Kämmling *m*
retombe [r(ə)tõb] *f* **1.** *cf* retombée **1.**; **2.** *adm* feuilles *f/pl* de ~ angeklebte Bogen *m/pl* für Bemerkungen
retombée [r(ə)tõbe] *f* **1.** *arch* Anfänger *m*; Anfangsstein *m*; Anwölber *m*; ~ **d'un arc, d'une voûte** Bogen-, Gewölbeanfänger *m*; **2.** *phys atom* ~**s radioactives** radioaktiver Niederschlag; **3.** *fig* Aus-

wirkungen *f/pl*; Niederschlag *m*
retomber [r(ə)tõbe] *v/i* ⟨être⟩ **1.** wieder (her'unter-, hin'unter-, hin'ab-, her'ab-) fallen; zu'rückfallen; *Person auch* wieder hinfallen; ~ **verticalement** wieder senkrecht herunterfallen; **se laisser** ~ **sur ses coussins** sich in die Kissen zurücksinken lassen; F **ça retombe de plus belle** F es schüttet wieder stärker; **2.** *nach e-m Sprung* (wieder) aufkommen; *Katze* ~ **sur ses pattes** wieder auf den Pfoten aufkommen; *fig* ~ **sur ses pieds**, F **pattes** wieder auf die Füße fallen; **3.** *fig* ~ **sur qc** auf etw (*acc*) zu'rückkommen; ~ **sur un article intéressant** wieder auf e-n interessanten Artikel stoßen; *Unterhaltung* ~ **toujours sur le même sujet** immer wieder auf das gleiche Thema zurückkommen; **4.** *fig* ~ **dans qc** wieder in etw (*acc*) verfallen, geraten; ~ **dans l'anarchie** wieder in Anarchie versinken, verfallen; ~ **toujours dans les mêmes fautes** immer wieder in die gleichen Fehler verfallen; ~ **dans l'oubli** wieder in Vergessenheit geraten; **5.** ~ **malade** wieder krank werden; wieder erkranken; **6.** *Vorhang, Haare etc* fallen; (her'unter-, her'ab)hängen; *Vorhangfransen* ~ **jusqu'à terre** bis auf den Boden hängen; *Haare* ~ **sur les épaules, sur le front** bis auf die Schultern, in die Stirn fallen; **7.** *Verantwortung etc* ~ **sur qn** auf j-n zu'rückfallen; *Schuld* ~ **sur qn** auf j-m lasten; **faire** ~ **la faute de qc sur qn** die Schuld an etw (*dat*) auf j-n schieben, abwälzen; F **ça lui est retombé sur le nez** a) da hat er sich (in bester Absicht eingemischt und) nur Ärger eingehandelt; b) das war ein Bumerang; **8.** ~ **sur qn** j-n zufällig wieder treffen
retondre [r(ə)tõdr(ə)] *v/t* ⟨*cf* rendre⟩ wieder scheren; *Rasen* mähen
retordage [r(ə)tɔrdaʒ] *m od* **retordement** [r(ə)tɔrdəmã] *m* Zwirnen *n*
retord|erie [r(ə)tɔrdəri] *f* Zwirne'rei *f*; **~eur** *m* Zwirner *m*; **~euse** *f* **1.** Zwirnerin *f*; **2.** Zwirnmaschine *f*; **~oir** *m cf* retordeuse **2.**
retordre [r(ə)tɔrdr(ə)] *v/t* ⟨*cf* rendre⟩ **1.** *Fäden* zwirnen; *fig* **donner du fil à** ~ **à qn** j-m viel zu schaffen machen; j-m Kummer, Sorgen bereiten, machen; **2.** *Wäsche* wieder, noch einmal auswringen
rétorquer [retɔrke] *v/t* **1.** *litt Argumente* zu'rückweisen; **2.** ~ **que** … erwidern, daß …
retors [rətɔr] **I** *adj* ⟨-orse [-ɔrs]⟩ **1.** gezwirnt; *fil* ~ Zwirn(sfaden) *m*; **soie** ~**e** Seidenzwirn *m*; **2.** *fig Person* ausgekocht; durch'trieben; gerissen; mit allen Wassern gewaschen; **II** *m* Zwirnstoff *m*
rétorsion [retɔrsjõ] *f* Völkerrecht Vergeltung *f*; Retorsi'on *f*; **mesure** *f* **de** ~ Gegen-, Vergeltungsmaßnahme *f*
retouche [r(ə)tuʃ] *f* **1.** *phot* Re'tusche *f*; **2.** *e-r Arbeit, e-s Kunstwerks, Textes etc* Über'arbeitung *f*; Verbesserung *f*; Nachbesserung *f*; Änderung *f*; **faire quelques** ~**s** einige Verbesserungen, Änderungen vornehmen, anbringen (**à** an + *dat*); **3.** *an Konfektionskleidern* Änderung *f*
retoucher [r(ə)tuʃe] *v/t* **1.** *phot* retu-'schieren; **2.** *Arbeit, Kunstwerk, Text etc* über'arbeiten; verbessern; nachbessern; *Text auch* ausfeilen; **3.** *Kleider* ändern
retouch|eur [r(ə)tuʃœr] *m*, **~euse** *f* **1.** ~ **(photographe)** Retu'scheur *m*; **2.** **en confection** Änderungsschneider(in) *m(f)*
retour [r(ə)tur] *m* **1.** Rück-, Heimkehr *f*; **bon** ~! kommen Sie gut nach Hause!; **le** ~ **au calme** das Wieder'eintreten der

Ruhe; ~ à l'état sauvage Verwilderung f; ~ à la nature Rückkehr zur Natur; zurück zur Natur!; ~ à la normale (Wieder)Normali'sierung f; ~ au pouvoir Rückkehr zur Macht; ~ à la santé Besserung f des Gesundheitszustandes; ~ à la terre Rückkehr zum ländlichen Leben; chargement m, fret m de ~ Rückfracht f; sur le chemin du ~ auf dem Heim-, Rückweg; sans espoir de ~ ohne Hoffnung auf (e-e) Rückkehr; cf auch 6.; sans esprit de ~ ohne die Absicht zurückzukehren; ~ en arrière Rückblick m; à mon ~ bei meiner Rückkehr; (au) ~ de bei der Rückkehr von; de ~ chez moi nach Hause zurückgekehrt; bei meiner Rückkehr nach Hause; être de ~ zurück sein; fig faire un ~ sur soi-même sich auf sich selbst besinnen; 2. Rückfahrt f, -reise f, -flug m; 3. e-r Ware etc Rücksendung f; Rückgabe f; ~ à l'expéditeur zurück an Absender; par ~ du courrier postwendend; 'umgehend; 4. des Frühlings, der Kälte etc 'Wiederkehr f; des Winters auch Rückkehr f; des Fiebers Wieder'auftreten n; philos ~ éternel ewige Wiederkehr; ~ offensif du froid erneuter Kälteeinbruch; cf auch 10. u offensif 2.; loc/adv sans ~ auf. für immer; unwieder'bringlich; 5. 'Umschlag m; 'Umschlagen n; Wechsel m; physiol ~ d'âge Wechseljahre n/pl; les ~s de la fortune die Wechselfälle m/pl des Lebens; die Schicksalsschläge m/pl; par un juste ~ des choses als gerechte Strafe; als gerechter Ausgleich; als ausgleichende Gerechtigkeit; zum Ausgleich; être sur le ~ (d'âge) a) Frau in den Wechseljahren sein; b) allmählich alt werden; 6. Gegenleistung f, -dienst m, -liebe f; loc/adv en ~ als Gegenleistung; dafür; aimer qn sans espoir de ~ j-n ohne Hoffnung auf Erwiderung lieben; payer son amour de ~ s-e Liebe erwidern; 7. tech Rücklauf m; e-s Films ~ arrière Rückwärtsablaufen(lassen) n; ~ de courant Stromrückfluß m; ~ de flamme Flammenrückschlag m; ~ de manivelle Rückschlag m der Kurbel; e-s Geschützes ~ en batterie Vorlauf(bewegung) m(f); élect courant m de ~ Rückstrom m; fil m de ~ Rückleitung f; 8. arch bâtiment m en ~ d'équerre Gebäude n mit e-m rechtwinklig vorspringenden Teil; 9. jur Heimfall m; droit ~ de ~ Heimfallrecht n; 10. mil ~ offensif Gegenoffensive f, -stoß m; 11. cin, télév ~ en arrière Rückblende f; 12. sports adj retour m ~ Rückspiel n

retournement [r(ə)turnəmā] m 1. 'Umdrehen n; 'Umkehren n, -ung f; 2. fig e-r Situation grundlegende Wandlung; 'Umkehrung f; plötzliche Veränderung; 'Umschwung m; e-r Person Meinungsumschwung m; Kehrtwendung f

retourner [r(ə)turne] I v/t 1. Bild, Matratze etc 'umdrehen; Heu, Kleider etc wenden; Erde 'umgraben; Salat 'umrühren; Satz, Taschen etc 'umkehren; Kopf drehen; wenden; Spielkarte aufdecken; Situation grundlegend ändern; ~ un mot den Sinn e-s Wortes verdrehen; F ~ qn (comme une crêpe) j-n (im Handumdrehen) 'umstimmen, F her'umkriegen; Waffe ~ contre qn gegen j-n richten; Gemälde ~ contre le mur zur Wand drehen; Fleisch ~ sur le gril auf dem Grill drehen; 2. F Zimmer, Haus etc F auf den Kopf stellen; F fig Nachricht etc ~ qn j-n aufwühlen, F durchein'anderbringen; 3. wieder drehen, wenden; tourner et ~ a) Gegenstände hin und her drehen; b) fig Projekt, Idee etc hin und her über'legen; von allen

Seiten beleuchten; 4. a) Brief, Paket, Ware etc zu'rückschicken, -senden; zu'rückgehen lassen; si inconnu à l'adresse prière de ~ à l'expéditeur falls unzustellbar bitte zurück an Absender; b) F fig Ohrfeige zu'rückgeben; ~ à qn son compliment j-m das Kompliment zurückgeben (auch iron); II v/i ⟨être⟩ 5. wieder gehen, fahren, reisen; ~ à la mer wieder ans Meer fahren; ~ chez le médecin wieder zum Arzt gehen; 6. zu'rückkehren, -gehen, -reisen, -fahren, -fliegen; ~ chez soi nach Hause gehen; heimgehen, -kehren; ~ dans son pays natal in s-e Heimat zu'rückgehen; ~ en arrière, sur ses pas 'umkehren; 7. par ext ~ à ses affaires, à son travail die Geschäfte, die Arbeit wieder aufnehmen; ~ à ses premières amours zu s-r ersten Liebe zu'rückkehren; ~ au néant wieder zu nichts werden; ~ à son propos wieder auf sein Thema zu'rückkommen; 8. Haus, Grundstück etc ~ à qn j-m an'heimfallen, zufallen; 9. unpersönlich savoir de quoi il retourne wissen, was los ist, wor'um es sich dreht, handelt, wor'an man ist; III v/pr 10. se ~, Person sich 'umdrehen, 'umwenden; Auto etc sich über'schlagen; se ~ sur le dos sich auf den Rücken drehen; se ~ vers qn sich nach j-m 'umdrehen; se tourner et se ~ dans son lit sich im Bett hin und her wälzen; F laisser à qn le temps de se ~ j-m Zeit lassen; fig savoir se ~ wendig sein; sich zu helfen wissen; 11. s'en ~ wieder 'umkehren, fortgehen; s'en ~ comme on est venu unverrichteter Dinge wieder abziehen; 12. se ~ contre qn a) sich gegen j-n wenden (mit dem man vorher verbündet war); b) s-e Maßnahmen etc ungünstige Rückwirkungen auf j-n haben

retracer [r(ə)trase] v/t ⟨-ç-⟩ 1. Plan etc nachzeichnen; noch einmal, neu zeichnen, entwerfen; Linie nachziehen; neu ziehen; 2. fig Vergangenes (bildhaft) schildern, erzählen; vergegen'wärtigen; vor Augen führen

rétractation [retraktasjō] f e-r Behauptung, e-s Geständnisses etc 'Widerruf m; Wider'rufung f; Zu'rücknahme f

rétracter [retrakte] I v/t 1. Schnecke: ihre Hörner ein-, zu'rückziehen; 2. fig Behauptung, Geständnis etc wider'rufen; zu'rücknehmen; II v/pr se ~ 3. Pupille, Muskel sich zu'sammenziehen; 4. fig wider'rufen; das Gesagte zu'rücknehmen; il a dû s'en ~ publiquement er mußte (das Gesagte) öffentlich widerrufen

rétrac|tile [retraktil] adj Krallen einziehbar; Muskeln etc zu'sammenziehbar; ~tion f méd Zu'sammenziehung f; Verkürzung f; Schrumpfung f; sc Retraktion f

retraduction [r(ə)tradyksjō] f 1. Neuübersetzung f; 2. Rückübersetzung f; 3. Über'setzung f ⟨e-s schon übersetzten Textes⟩ in e-e weitere (Fremd)Sprache

retraduire [r(ə)traduir] v/t ⟨cf conduire⟩ a) neu, noch einmal über'setzen; b) rück'übersetzen; c) Übersetzung in e-e weitere (Fremd)Sprache über'setzen

retrait [r(ə)trε] m 1. des Führerscheins Entzug m; e-s Gesetzentwurfs, e-r Klage, e-r Kandidatur Zu'rückziehung f; von Geld von e-m Konto Abheben n; e-s Pfandes Ein-, Auslösung f; von aufbewahrtem Gepäck Abholen n; auch Einlösung f; adm ~ d'emploi Amtsenthebung f; ~ de la nationalité Ausbürgerung f; 2. von (Besatzungs)Truppen Abzug m; Abziehen n; des Meeres etc Rückgang m; von e-m Wettkampf Rücktritt m; 3. loc/adj u loc/adv en ~ Gebäude etc

zu'rückgesetzt, -springend; fig Person être, rester en ~ im 'Hintergrund stehen, bleiben; se mettre en ~ sich abseits stellen; se tenir en ~ de la fenêtre sich nicht direkt ans Fenster stellen; 4. tech von Metallen, Beton, Mörtel, Holz etc Schwinden n, -ung f; 5. jur successoral Vorkaufsrecht n des Miterben

retrait|ant [r(ə)trεtā] m, ~ante f égl cath Teilnehmer(in) m(f) an Exer'zitien

retraite[1] [r(ə)trεt] f 1. mil Rückzug m, -marsch m; battre en ~ a) den Rückzug antreten; b) fig e-n Rückzieher machen; couper la ~ de l'ennemi dem Feind den Rückweg abschneiden; couvrir, protéger la ~ den Rückzug decken; 2. ~ aux flambeaux Fackelzug m; 3. Ruhestand m; ~ anticipée vorzeitige Versetzung in den Ruhestand, Pensio'nierung; mise f à la ~ Versetzung f in den Ruhestand; von Beamten auch Pensio'nierung f; von Offizieren auch Verabschiedung f; von Professoren Emeri'tierung f; âge m de la ~ Altersgrenze f; Pensio'nierungsalter n; Rentenalter n; maison f de ~ Altersheim n; être en ~ im Ruhestand (abr i.R.); Beamter pensio'niert; außer Dienst (abr a.D.); Professor emeri'tiert (abr em.); mettre qn à la ~ j-n in den Ruhestand versetzen; j-n pensio'nieren; prendre sa ~ in den Ruhestand treten, gehen; sich pensionieren lassen; 4. (pension f de) ~ e-s Angestellten, Arbeiters, Bauern etc (Alters)Rente f; Ruhegeld n; e-s Beamten Pensi'on f; Ruhegehalt n; régime m des ~s complémentaires zusätzliche Altersversorgung; régime m de ~ pour les non-salariés Altersversorgung f für Selbständige; avoir droit à une ~ renten-, pensi'onsberechtigt sein; percevoir une petite ~ e kleine Rente bekommen, haben; 5. Zu'rückgezogenheit f; Abgeschiedenheit f; lieu m de ~ Zufluchtsort m (an dem man Ruhe sucht); Re'fugium n; Politiker etc être en ~ forcée gezwungenermaßen in der Zurückgezogenheit leben; 6. rel cath Exer'zitien pl; faire, suivre une ~ an Exerzitien teilnehmen; 7. litt Zufluchtsort m; Schlupfwinkel m

retraite[2] [r(ə)trεt] f comm Rückwechsel m; Ri'tratte f

retraité [r(ə)trete] I adj im Ruhestand (abr i.R.); pensio'niert; außer Dienst (abr a.D.); II subst ~(e) m(f) Rentner(in) m(f); Beamter Pensio'när(in) m(f); Ruheständler(in) m(f); österr Pensio'nist(in) m(f)

retraitement [r(ə)trεtmā] m phys atom Wieder'aufbereitung f

retranchement [r(ə)trā∫mā] m mil Verschanzung f; fig forcer, pourchasser, pousser qn dans ses derniers ~s j-n in die Enge treiben

retrancher [r(ə)trā∫e] I v/t 1. Textstelle, Wort etc (weg)streichen; aus-, wegfallen lassen; Text auch kürzen; sans rien ajouter ni ~ ohne etwas hinzuzufügen oder wegzustreichen; 2. Summe, Zahl abziehen (de, sur von); 3. ~ qn du sein de l'Église j-n aus der Kirchengemeinschaft ausschließen; 4. mil befestigen; adj camp retranché befestigtes Lager; II v/pr 5. mil se ~ sich verschanzen; 6. fig se ~ derrière qc, derrière l'autorité de qn sich hinter etw, j-m verschanzen; se ~ dans le silence sich in Schweigen hüllen

retranscription [r(ə)trāskripsjō] f erneute Abschrift, Eintragung

retranscrire [r(ə)trāskrir] v/t ⟨cf écrire⟩ wieder abschreiben, eintragen

retrans|metteur [r(ə)trāsmεtœr] m té-

lév 'Umsetzer m; **⁓mettre** v/t ‹cf mettre› rad, télév Veranstaltung über'tragen; **⁓mission** f rad, télév Über'tragung f

retravailler [r(ə)travaje] **I** v/t Rede etc wieder bearbeiten; 'umarbeiten; **II** v/t/indir ⁓ à un ouvrage wieder an e-m Werk arbeiten; **III** v/i wieder arbeiten; die Arbeit wieder'aufnehmen

retraverser [r(ə)traverse] v/t Bach, Straße etc wieder über'queren

rétréci [retresi] adj **1.** Fahrbahn, Straße etc verengt; **2.** Stoff eingelaufen; eingegangen

rétrécir [retresir] **I** v/t **1.** Kleidungsstück etc enger machen; verengern; **2.** fig Horizont etc einengen; **II** v/i Stoff beim Waschen einlaufen; eingehen; **III** v/pr se ⁓ Straße, Durchfahrt etc sich verengen; enger werden; **aller en se rétrécissant** enger werden

rétrécissement [retresismã] m **1.** e-r Straße etc Sicher'engen n; Engerwerden n; Verengung f; **2.** path Verengerung f; **3.** von Stoffen Einlaufen n, -gehen n

retrempe [r(ə)trãp] f von Stahl erneutes Härten

retremper [r(ə)trãpe] **I** v/t **1.** tech Stahl erneut, wieder härten; **2.** Wäsche wieder einweichen; **3.** fig Charakter wieder stärken; **II** v/pr se ⁓ **4.** noch einmal, wieder kurz ins Wasser gehen; **5.** st/s u fig neue Kräfte sammeln; **6.** se ⁓ dans un milieu in e-r Um'gebung wieder heimisch werden

rétribuer [retribɥe] v/t Person, Arbeit bezahlen; Person auch entlohnen; Arbeit auch vergüten; ⁓ à l'heure, au mois nach Stunden, monatlich vergüten, bezahlen

rétribution [retribysjõ] f **1.** Bezahlung f; Vergütung f; Entgelt n; Entlohnung f; **2.** Belohnung f

rétro [retro] **I** adj ‹inv› Nostal'gie...; nost'algisch; **mode** f ⁓ Nostalgiewelle f; **II** F Kurzwort für **rétroviseur**

rétro... [retro] in Zssgn Rück...; rück...; cf die folgenden Stichwörter

rétro|actif [retroaktif] adj ‹-ive› gesetzliche Maßnahme rückwirkend; **avoir un effet** ⁓ rückwirkende Kraft haben; **⁓action** f **1.** litt Rückwirkung f; rückwirkende Kraft; **2.** Kybernetik Rückkopplung f; **⁓activité** f jur Rückwirkung f; rückwirkende Kraft; **⁓agir** v/i zu'rückwirken (**sur** auf + acc)

rétro|céder [retrosede] v/t ‹-è-› **a)** Geschenk, Recht etc wieder abtreten; zu'rückübertragen; **b)** par ext Gekauftes weiterverkaufen, -veräußern; **⁓cession** f **a)** Wieder'abtretung f; Rückübertragung f; **b)** par ext Weiterverkauf(en) m(n), -veräußerung f; **⁓chargeuse** f tech Über'kopfladegerät n; **⁓diffusion** f phys atom Rückstreuung f; **⁓fusée** f Raumfahrt Bremsrakete f

rétrogradation [retrogradasjõ] f **1.** mil Degra'dierung f; von Beamten Zu'rückstufung f; Einstufung f in e-e niedrigere Dienstalterssufe; **2.** rückläufige Bewegung (auch astr); **3.** fig u st/s Rückschritt m

rétrograde [retrograd] adj **1.** rückläufig; sc auch retro'grad; path **amnésie** f ⁓ retrograde Amnesie; **mouvement** m ⁓ rückläufige Bewegung (auch astr); **2.** fig Politik, Partei, Einstellung etc fortschrittsfeindlich; rückschrittlich; rückständig

rétrograder [retrograde] **I** v/t mil degra'dieren; Beamten zu'rückstufen; in e-e niedrigere Dienstalterssufe einstufen; **II** v/i **1.** astr sich rückläufig bewegen; **2.** Armee zu'rückgehen, -weichen; den Rückmarsch antreten; **3.** fig Schüler

etc zu'rückbleiben, -fallen; ⁓ dans la hiérarchie sociale auf der sozialen Stufenleiter absteigen; **4.** beim Autofahren zu'rück-, her'unterschalten (**de quatrième en troisième** aus dem 4. in den 3. Gang)

rétrogression [retrogresjõ] st/s f Rückschritt m

rétropédalage [retropedalaʒ] m beim Radfahren Rückwärtstreten n; am Fahrrad **frein** m à ⁓ Rücktrittbremse f

rétrospec|tif [retrospektif] adj ‹-ive› **1.** rückblickend; rückschauend; retrospek'tiv; **jeter un coup d'œil** ⁓ **sur** zurückblicken auf (+acc); **2.** Angst, Eifersucht etc nachträglich; **⁓tion** f selten Zu'rückblicken n

rétrospective [retrospektiv] f Rückblick m; Rückschau f; Rückblende f; in Form e-r Ausstellung, Filmreihe etc Retrospek'tive f; **⁓ment** adv **1.** rückschauend; im Rückblick; **2.** nachträglich

retroussé [r(ə)truse] adj Rock etc geschürzt; (hoch)gerafft; Ärmel hoch-, aufgekrempelt; **nez** ⁓ Stupsnase f

retrousser [r(ə)truse] **I** v/t Rock etc (hoch)raffen; schürzen; Ärmel hoch-, aufkrempeln (auch fig); hochstreifen; Lefzen hochziehen; Schnurrbart zwirbeln; **II** v/pr se ⁓ das Kleid, den Rock (hoch)raffen, schürzen

retroussis [r(ə)trusi] m am Rockschoß e-r Uniform Aufschlag m

retrouvailles [r(ə)truvaj] F f/pl (großes) 'Wiedersehen

retrouver [r(ə)truve] **I** v/t **1.** ('wieder-)finden; ⁓ **qn vivant** j-n lebend wiederfinden; ⁓ **le chemin** den Weg wiederfinden; **auf den Weg** zu'rückfinden; ⁓ **le chemin du retour** wieder zu'rückfinden; den Heimweg finden; ⁓ **ses forces** wieder zu Kräften kommen; ⁓ **un nom** wieder auf e-n Namen kommen; ⁓ **la parole** die Sprache wiederfinden; ⁓ **la santé** wieder gesund werden; ⁓ **les traces de qn** j-s Spuren wiederfinden; **j'ai retrouvé ce que je voulais dire** ich bin wieder auf das gekommen, was ich sagen wollte; loc/prov **une chienne, une chatte n'y retrouverait pas ses petits** od **une poule n'y retrouverait pas ses poussins** da kann kein Mensch mehr was finden? **2.** Arbeit, günstige Gelegenheit etc wieder finden; Person wieder vorfinden, antreffen; ⁓ **le sommeil** wieder Schlaf finden; **elle le retrouva grandi** als sie ihn 'wiedersah, war er groß (geworden); **gare à toi si je te retrouve ici!** wehe dir, wenn ich dich hier wieder antreffe!; **3.** wieder treffen; ⁓ **sa famille** wieder zu s-r Familie zu'rückkehren bzw bei s-r Familie sein; ⁓ **qn aux vacances prochaines** j-n in den nächsten Ferien wieder sehen; ⁓ **qn** j-m folgen, nachreisen; Drohung **je saurai vous ⁓!** Sie entgehen mir nicht!; ich erwische Sie noch!; wir sprechen uns noch!; **je viens te ⁓ dans une heure** in e-r Stunde bin ich wieder da bzw treffe ich dich wieder; **II** v/pr se ⁓ **4.** passivisch Gelegenheit, große Vorteile etc sich wieder finden; sich wieder ergeben; **la prochaine fois, si ça se retrouve ...** wenn sich e-e solche Gelegenheit ergibt; **2.** reziprok Personen sich wieder treffen; **tiens! comme on se retrouve!** wo man sich nicht überall wieder trifft! Drohung **on se retrouvera!** wir sprechen uns noch!; **6.** reflexiv Person sich wieder befinden; se ⁓ **seul et sans ressources** (wieder) allein und mittellos dastehen; se ⁓ **dans son élément** wieder in s-m Element sein; se ⁓ **devant les mêmes difficultés** wieder

vor den gleichen Schwierigkeiten stehen; se ⁓ **sur le pavé** plötzlich mittels auf der Straße liegen; **7.** s'y ⁓ sich zu'rechtfinden; se ⁓ **dans ses calculs, dans un quartier** sich in s-n Berechnungen, in e-m Stadtviertel zurechtfinden; **on ne s'y retrouve plus** auch man kennt sich hier nicht mehr aus; **8.** F fig **s'y** ⁓ auf s-e Kosten kommen; **9.** st/s se ⁓ **soi-même** wieder zu sich selbst kommen

rétro|vaccination [retrovaksinasjõ] f méd Rückimpfung f; sc Retrovakzinati'on f; **⁓version** f méd der Gebärmutter Rückwärtsneigung f; sc Retroversi'on f

rétroviseur [retrovizœr] m auto Rückspiegel m; ⁓ **extérieur** Außenrückspiegel m

rets [rɛ] litt m Netz n; fig **prendre qn dans ses** ⁓ j-n in s-n Netzen fangen; j-n um'garnen

réuni [reyni] adj vereinigt (auch in Firmennamen); versammelt; zu'sammen; **les Français et les Anglais** ⁓s die Franzosen und die Engländer zusammen

réuni|fication [reynifikasjõ] f erneuter Zu'sammenschluß; e-s Landes etc 'Wiedervereinigung f; politique f de ⁓ Wiedervereinigungspolitik f; **⁓fier** v/t Land 'wiedervereinigen

réunion [reynjõ] f **1.** Versammlung f; Zu'sammenkunft f; Treffen n; auch Sitzung f; ⁓ **électorale, générale** Wahl-, Hauptversammlung f; ⁓ **mondaine** mondäne Gesellschaft; ⁓ **syndicale** Gewerkschaftsversammlung f; ⁓ **de famille** Fa'milientreffen n; ⁓ **de parents d'élèves** Elternabend m; **droit** m, lieu m **de** ⁓ Versammlungsrecht n, -ort m; **tenir une** ⁓ e-e Versammlung abhalten; **2.** pol e-s Gebietes Angliederung f, Anschluß m (à un + acc); hist **chambres** f/pl **de** ⁓ Reuni'onskammern f/pl; **3.** von großen Betrieben, Parteien etc Zu'sammenschluß m; Zu'sammenlegung f; Vereinigung f; **4.** von Beweisen, Fakten, Unterlagen etc Zu'sammentragen n, -ung f; **5.** Mengenlehre Vereinigung f

réunir [reynir] **I** v/t **1.** zwei Gegenstände (mitein'ander) verbinden; zu'sammenfügen; Brücke: zwei Stadtteile etc mitein'ander verbinden; zwei Abschnitte zu'sammenfassen, -nehmen; Papiere, Unterlagen, Dokumente etc zu'sammenstellen; Auskünfte, Beweise, Fakten etc zu'sammentragen; sammeln; verschiedene Interessen, Einflüsse, Eigenschaften etc vereinigen; ⁓ **toutes les conditions** alle Bedingungen erfüllen; ⁓ **des fonds** Geld, Mittel auf-, zusammenbringen; ⁓ **le peu d'espagnol qu'on sait** das wenige Spanisch, das man kann, zusammenkratzen; ⁓ **toutes les qualités** sämtliche Vorzüge in sich od in s-r Person vereinen; ⁓ **toutes les voix** alle Stimmen auf sich vereinigen; **2.** ⁓ **qc à qc** etw mit etw vereinigen, verbinden; **une province à un État** e-e Provinz e-m Staat angliedern; **3.** Personen versammeln; Vorstand, Senat etc einberufen; ⁓ **des amis chez soi** Freunde bei sich versammeln; **être réuni par le travail** durch die Arbeit zusammengeführt werden; **II** v/pr se ⁓ **4.** sich versammeln; treffen; zu'sammenkommen, -treten; se ⁓ **avec des amis** sich mit Freunden treffen, unter Freunden zusammenkommen; Versammlung **commencer à** se ⁓ auch zu tagen beginnen; **5.** Straßen etc sich vereinigen; zu'sammentreffen, -kommen; fig Begriffe, Vorstellungen sich treffen, einmünden (**dans** in + dat); Staaten etc ⁓ **en une fédération** zu e-m Bund zusammenschließen

réunissage [reynisaʒ] m text Fachen n;

Dou'blieren *n*

réussi [reysi] *adj* gelungen (*auch iron*); geglückt

réussir [reysir] **I** *v/t* Geschäft, Arbeit etc erfolgreich 'durchführen; zu'stande, zu-'wege bringen; Essen, Soße etc gut machen, F hinkriegen; *sports* Tor erzielen; schießen; **qn réussit qc** *meist* etw gelingt j-m (gut); **il a réussi son coup** die Sache ist ihm gelungen, geglückt; **elle a réussi son gâteau** der Kuchen ist ihr gut gelungen; **II** *v/i u v/t/indir* **1.** *Person* **a)** Erfolg haben; erfolgreich sein; es schaffen; *auch* reüs'sieren; ~ **à un examen** e-e Prüfung bestehen; 'durchkommen; ~ **dans sa carrière** in s-r beruflichen Laufbahn Erfolg haben; ~ **du premier coup** auf Anhieb Erfolg haben; ~ **en tout** mit allem Erfolg haben; *nach e-r Prüfung* **il a réussi** er hat bestanden; **il ne réussira jamais** er wird es nie zu etwas bringen; **ses enfants ont tous réussi** s-e Kinder haben es alle zu etwas gebracht; **b)** **je réussis à faire qc** es gelingt mir *od* ich schaffe es *od* ich bringe es fertig, etw zu tun; **il a réussi à nous convaincre** es ist ihm gelungen, uns zu über'zeugen; ~ **à s'échapper** *auch* entwischen können; ~ **à se remettre debout** *auch* wieder auf die Füße zu stehen kommen; F *iron* **il a réussi à se ruiner** er hat es fertiggebracht, geschafft, sich zu ruinieren; **voilà à quoi vous avez réussi!** sehen Sie, was Sie angerichtet haben!; **2.** *Projekt, Versuch etc* gelingen; glücken; erfolgreich verlaufen; Erfolg haben; *Geschäft, Film etc* Erfolg haben; erfolgreich sein; *Pflanze* gedeihen; ~ **à qn** j-m gelingen, glücken; **rien ne lui réussit** nichts gelingt ihm; **faire** ~ **une entreprise, un projet** ein Unter'nehmen, ein Vorhaben zum Erfolg führen; e-m Unter'nehmen, e-m Vorhaben zum Erfolg verhelfen; **3.** *Klima etc* ~ **à qn** j-m guttun, gut bekommen; **l'air de la mer lui a réussi** die Meeresluft hat ihm gutgetan, ist ihm gut bekommen

réussite [reysit] *f* **1.** e-r *Person, Sache* Erfolg *m*; e-r *Sache auch* Gelingen *n*; ~ **sociale** sozialer Aufstieg; ~ **d'une affaire** geschäftlicher Erfolg; **chances** *f/pl* **de** ~ Erfolgschancen *f/pl*, -aussichten *f/pl*; *Film, Roman etc* **être une** ~ ein Erfolg sein; **2.** *Kartenspiel* Pati'ence *f*; **faire une** ~ e-e Patience legen

réutilis|able [reytilizabl(ə)] *adj* 'wiederverwendbar; ~**er** *v/t* wieder verwenden

revacciner [r(ə)vaksine] *v/t méd* wieder, zum zweiten Mal impfen; nachimpfen; *sc* revakzi'nieren

revaloir [r(ə)valwar] *v/t* ⟨*cf* **valoir**⟩ ~ **qc à qn** *péj* j-m etw heimzahlen; *positiv* sich bei j-m für etw erkenntlich zeigen, revan'chieren; **je lui revaudrai cela** *auch* das soll er mir büßen

revaloris|ation [r(ə)valɔrizasjɔ̃] *f* e-r *Währung* Revalori'sierung *f*; *der Gehälter, Renten etc* Aufbesserung *f*; Erhöhung *f*; *der Renten auch* Anpassung *f*; e-r *Doktrin etc* Aufwertung *f*; ~**er** *v/t* *Währung* revalori'sieren; *Gehälter etc* aufbessern; erhöhen; *Doktrin etc* aufwerten

revanchard [r(ə)vɑ̃ʃar] **I** *adj Land, Politik* revan'chistisch; **II** *m* Revan'chist *m*

revanche [r(ə)vɑ̃ʃ] *f* Vergeltung *f*; Re-'vanche *f* (*auch bei Sport u Spiel*); *sports* **donner sa** ~ **à l'adversaire** dem Gegner die Möglichkeit e-r Revanche geben; **prendre sa** ~ sich Genugtuung verschaffen (**de qc sur qn, sur qc** für etw bei j-m, für etw); *abs* die Niederlage, Schlappe wettmachen; *sports* Revanche nehmen (für etw an j-m); *loc/adv:* **à charge de** ~ gegen *bzw* als e-e entspre-

chende Gegenleistung (meinerseits); unter der Bedingung, daß ich mich revan-'chieren darf; dafür; **en** ~ dafür; dagegen

rêvass|er [rɛvase] *v/i* (vor sich hin) dösen; s-e Gedanken schweifen lassen; ~**erie** *f* **1.** Dösen *n*; **2.** *péj meist pl* ~**s** Hirngespinste *n/pl*

rêve [rɛv] *m* Traum *m*; *fig auch* Wunschtraum *m*; ~**s de jeunesse** Jugendträume *m/pl*; **le** ~ **de leur vie** der Traum ihres Lebens; **le** ~ **et la réalité** Traum und Wirklichkeit *f*; **la femme de ses** ~**s** die Frau s-r Träume; **une voiture de** ~ ein Traumwagen *m*; *loc/adv:* **comme dans un** ~ wie in e-m Traum; **perdu dans un** ~ traumverloren; **en** ~ im Traum; *st/s* **caresser un** ~ e-m (Wunsch)Traum nachhängen; *par ext* F **c'est un joli chapeau, un** ~ F das ist ein Traum von e-m Hut; F **c'est le** ~ das ist wirklich ideal; **s'évanouir, disparaître comme un** ~ wie ein Traum(bild) zerrinnen, verschwinden; **faire un (mauvais)** ~ e-n (bösen, schlechten) Traum haben; (schlecht) träumen; **faites de beaux** ~**s!** träumen Sie was Schönes!; **réaliser son** ~ s-n Wunschtraum verwirklichen

rêvé [rɛve] *adj* erträumt; Traum …; wirklich ide'al

revêche [rəvɛʃ] *adj Person, Charakter* barsch; unwirsch; kratzbürstig; spröde; finster; grimmig

réveil [revɛj] *m* **1.** Auf-, Erwachen *n*; *mil* Wecken *n*; **au** ~ beim Auf-, Erwachen; **avoir le** ~ '**hargneux** beim Aufwachen schlecht gelaunt sein; **avoir le** ~ **pénible** nur mühsam aufwachen; **sauter du lit dès son** ~ nach dem Aufwachen gleich aus dem Bett springen; *mil* **sonner le** ~ zum Wecken blasen; **2.** *fig der Natur, e-s Vulkans etc* ('Wieder)Erwachen *n*; *n'ayez pas trop d'illusions, le* ~ *serait pénible …* es würde ein böses Erwachen geben; **3.** Wecker *m*; Weckuhr *f*; ~ **de voyage** Reisewecker *m*; **mettre le** ~ **à sept heures** den Wecker auf sieben Uhr stellen

réveille-matin [revɛjmatɛ̃] *m* ⟨*inv*⟩ **1.** Wecker *m*; Weckuhr *f*; **2.** *bot* Sonnenwolfsmilch *f*

réveiller [reveje] **I** *v/t* **1.** (auf)wecken; *adjt:* **être réveillé** wach sein; **être mal réveillé** verschlafen sein; F **un bruit à** ~ **les morts** ein Lärm, der Tote erwecken könnte; *on n'est pas* ~ *le chat qui dort* schlafende Hunde soll man nicht wecken (*prov*); **2.** *fig Muskeln, Glieder* wieder beweglich machen; *Appetit* (wieder) anregen; *Neugierde etc* (wieder) (er)wecken; her'vorrufen; *Erinnerungen* (wieder) wachrufen; (er)wecken; *Streit* wieder'aufleben lassen; **le courage de qn** j-m wieder Mut machen; **II** *v/pr* **se** ~ **3.** auf-, erwachen; wach werden; **se** ~ **fatigué** beim Aufwachen noch müde sein; **se** ~ **de bonne heure** früh aufwachen; **4.** *Gefühle* wieder aufleben

réveillon [revejɔ̃] *m* in Frankreich Festessen *n* am Heilig'abend *bzw* zu Sil'vester

réveillonner [revejɔne] *v/i* Heilig-'abend *bzw* Sil'vester (mit e-m Festessen) feiern

révélateur [revelatœr] **I** *adj* ⟨-trice⟩ aufschlußreich (**de für**); zur Entdeckung, auf die Spur führend; **c'est tout à fait** ~ *auch* das läßt tief blicken; **II** *m phot* Entwickler *m*

révélation [revelasjɔ̃] *f* **1.** e-s *Verbrechens, e-r Verschwörung etc* Aufdeckung *f*; ~**s** *pl* Enthüllungen *f/pl*; **faire des** ~**s sur qc** über etw (*acc*) Enthüllungen machen; etw aufdecken; **2.** *rel* Offen'barung *f*; ~ **divine** göttliche Offenbarung; **3.** plötzliche Erkenntnis; Offen'barung

f; **avoir une** ~ e-e plötzliche Erkenntnis haben; **ce fut pour moi une** ~ das war e-e Offenbarung für mich; da ging mir ein Licht auf; **4.** *im Sport, in der Kunst etc* Entdeckung *f*; **il a été la** ~ **de l'année** er war die Entdeckung des Jahres; **5.** *phot* Entwickeln *n*

révélé [revele] *adj bes rel* geoffen'bart; **religion** ~**e** Offen'barungsreligion *f*

révéler [revele] ⟨-è-⟩ **I** *v/t* **1.** *Geheimnis, Pläne etc* aufdecken; enthüllen; an den Tag, ans Licht bringen; *Geheimnis auch* preisgeben; verraten; ~ **qn à lui-même** j-m zeigen, wie er wirklich ist; F *fig* verborgene Wahrheiten etc offen'baren; **3.** *Fähigkeit, Begabung etc* erkennen lassen; anzeigen; **l'analyse révèle …** die Analyse ergibt …; **4.** *phot* entwickeln; **II** *v/pr* **se** ~ sich erweisen, entpuppen; her'ausstellen (**qc als** etw); zu'tage treten; **se** ~ **facile** sich als leicht erweisen; **se** ~ **tout à coup** plötzlich zutage treten; *unpersönlich* **il se révéla que …** es stellte sich heraus, daß …; es erwies sich, daß …

revenant [rəvnɑ̃, rvənɑ̃] *m* Gespenst *n*; Geist *m*; **conte** *m* **de** ~**s** Gespenstergeschichte *f*; **il y a des** ~**s** es spukt; F *fig* **tiens, voilà un** ~**!** ich sehe wohl e-n Geist vor mir!

revend|eur [r(ə)vɑ̃dœr] *m*, ~**euse** *f* *comm* 'Wiederverkäufer(in) *m(f)*; Zwischenhändler(in) *m(f)*

revendicat|eur [r(ə)vɑ̃dikatœr] *adj* ⟨-trice⟩ fordernd; ~**if** *adj* ⟨-ive⟩ (sozi'ale) Forderungen stellend; der Geltendmachung von Forderungen dienend; **journée revendicative** Tag, an dem durch Demonstrationen etc Forderungen geltend gemacht werden

revendication [r(ə)vɑ̃dikasjɔ̃] *f* **1.** Forderung *f*; Anspruch *m* (**de auf** + *acc*); Geltendmachung *f* von Ansprüchen; ~ **territoriale** Gebietsanspruch *m*; ~**s salariales** *od* **de salaire** Lohnforderungen *f/pl*; **2.** *jur* Her'ausgabeanspruch *m* (*bes auf das Eigentum aus e-r Konkursmasse*)

revendiquer [r(ə)vɑ̃dike] *v/t* **1.** fordern; beanspruchen; verlangen; Anspruch erheben auf (+*acc*); (den Anspruch auf etw [*acc*]) geltend machen; **2.** *Verantwortung* über'nehmen; sich zu e-m Anschlag bekennen; ~ **un attentat** die Verantwortung für ein Attentat übernehmen

revendre [r(ə)vɑ̃dr] ⟨*cf* **rendre**⟩ **I** *v/t* weiterverkaufen; wieder verkaufen; *fig:* **avoir de qc à** ~ etw im 'Überfluß haben; (von) etw reichlich, mehr als genug haben; **avoir de l'esprit à** ~ Verstand für zwei haben; **II** *v/pr* **se** ~ *Sache* sich weiterverkaufen lassen

revenez-y [rəvnezi, rvənezi] *m nur loc* F **avoir un goût de** ~ nach mehr schmekken

revenir [rəvnir, rvənir] *v/i* ⟨*cf* **venir**⟩ **1.** *Person* wieder, noch einmal kommen; *Sache* 'wiederkehren; *Fest* **à date fixe** zu e-m festen Datum wiederkehren; *Wort* ~ **souvent dans la conversation** oft in der Unter'haltung wiederkehren; **il n'est pas revenu nous voir depuis …** er hat uns seit … nicht mehr besucht; **2.** ~, *litt auch* **s'en** ~ (wieder) zu'rückkommen, -kehren; 'wiederkommen; *Ball* zu'rückprallen; **je reviens tout de suite** ich bin gleich wieder da, zurück; *Brief* ~ **à l'expéditeur** an den Absender zurückkehren; ~ **à la maison, chez soi** nach Hause zurückkommen, -kehren; ~ **de l'école** aus der Schule zurückkommen; ~ **de la guerre** aus dem Krieg zurück-, heimkehren; ~ **d'une promenade, du travail** von e-m Spaziergang, von der Arbeit zurückkommen; ~ **en**

France nach Frankreich zurückkommen; ~ sur ses pas 'umkehren; faire ~ qn de voyage j-n von unter'wegs zurückkommen lassen; *par ext* son mari lui est revenu ihr Mann ist wieder zu ihr zurückgekehrt; **3.** *fig* ~ à, sur qc auf etw (*acc*) (wieder) zu'rückkommen; zu etw (wieder) zu'rückkehren; à quoi bon ~ là-dessus? wozu wieder darauf zurückkommen?; **n'y reviens pas!** laß das künftig bleiben!; *fig* du brauchst nicht wieder davon anzufangen; ~ à ses premières amours *cf* amour **3.**; ~ à la charge *cf* charge **7.**; revenons à notre conversation kehren wir zu unserem Gespräch zurück; ~ à une vieille habitude e-e alte Gewohnheit wieder aufnehmen; en ~ aux anciennes méthodes zu den alten Methoden zurückkehren; ~ à la religion zum Glauben zurückfinden; ~ à de meilleurs sentiments (à l'égard de qn) (j-m gegenüber) versöhnlicher gestimmt werden; ~ à soi wieder zu sich kommen; ~ à la vie wieder aufleben; ne revenons pas sur cette affaire wir wollen nicht mehr auf diese Angelegenheit zu sprechen kommen; il n'y a pas à y ~ die Sache ist erledigt; **4.** ~ sur qc etw zu'rücknehmen, rückgängig machen; ~ sur le compte de qn s-e Meinung über j-n ändern; ~ sur sa décision s-e Entscheidung rückgängig machen; ~ sur sa parole sein Wort zurücknehmen, wider'rufen; **5.** *Geld* dix francs me reviennent *od* *unpersönlich* il me revient dix francs ich bekomme zehn Franc her'aus, zu'rück; **6.** *Wort, Name etc* ~ à qn (à la mémoire, à l'esprit) j-m wieder einfallen; ça me revient das fällt mir wieder ein; ich komme wieder darauf; **7.** *Fähigkeit, Appetit etc* qc revient à qn j erlangt etw wieder; la mémoire lui est revenue a) jetzt weiß er es wieder; jetzt erinnert er sich wieder daran; b) er hat das Gedächtnis 'wiedererlangt; les forces lui sont revenues er ist wieder zu Kräften gekommen; **8.** *Recht, Stellung etc* ~ à qn j-m zustehen, zukommen; ~ de droit à qn j-m rechtmäßig zustehen; c'est à lui que revient le mérite es ist s e i n Verdienst; *unpersönlich* c'est à lui qu'il revient de faire qc ihm kommt es zu, etw zu tun; **9.** ~ à qn j-m gefallen, zusagen; sa tête ne me revient pas sein Gesicht gefällt mir nicht; **10.** *Sache* ~ à hin'auslaufen auf (+*acc*); cela revient à dire que ... das bedeutet letzten Endes, daß ...; das heißt soviel wie ...; das heißt mit anderen Worten, daß ...; cela revient au même *cf* même **II**; **11.** ~ de qc sich von etw erholen; ~ d'un évanouissement aus e-r Ohnmacht erwachen; ~ de son étonnement, d'une surprise sich von s-m Erstaunen, von e-r Über'raschung erholen; il revient de loin er ist noch einmal davongekommen; on se demande s'il en reviendra ... ob er es über'leben wird; je n'en reviens pas ich kann es gar nicht fassen; **12.** ~ de qc von etw losabkommen; sich von etw befreien; ~ d'une erreur e-n Fehler, Irrtum einsehen; ~ d'une illusion, de ses prétentions e-e Illusion, s-e Ansprüche aufgeben; il est revenu de tout er ist vollkommen ernüchtert, abgestumpft, gleichgültig; j'en suis bien revenu *od* davon bin ich längst abgekommen; b) ich lege keinen Wert mehr darauf; **13.** *kosten*; ~ cher *cf* cher **II**; le déjeuner m'est revenu à trente francs ... hat mich dreißig Franc gekostet; **14.** *cuis* faire ~ *Fleisch etc* anbraten; (an-) bräunen; *Gemüse* in Fett dünsten; **15.**

Speise ~ à qn j-m aufstoßen; **16.** F (*se réconcilier*) sich wieder versöhnen; F wieder gut sein; il revient toujours le premier er ist immer als erster wieder gut; *quand on l'a contrarié*, il ne revient pas facilement ... versöhnt er sich nicht so leicht wieder; **17.** F *Stoff* bien ~ au lavage nach dem Waschen wieder tadellos aussehen

revente [r(ə)vɑ̃t] *f comm* 'Wiederverkauf(en) *m(n)*; Weiterverkauf(en) *m(n)*

revenu [rəvny, rvəny] *m* **1.** Einkommen *n*; ~s *pl* Einkünfte *pl*; Bezüge *pl*; ~ annuel, brut, net Jahres-, Brutto-, Nettoeinkommen *n*; ~ imposable steuerpflichtiges Einkommen *n*; ~ minimum, moyen, national Mindest-, 'Durchschnitts-, Volkseinkommen *n*; ~s publics, de l'État Staatseinkünfte *pl*; déclaration *f* des ~s Einkommensteuererklärung *f*; sources *f/pl* de ~ Einnahmequellen *f/pl*; Wertpapiere à ~ fixe festverzinslich; titres *m/pl*, valeurs *f/pl* à ~ variable Divi'dendenpapiere *n/pl*; avoir de gros ~s, un ~ considérable große Einkünfte, ein beachtliches Einkommen haben; **2.** *métall* des Stahls Anlassen *n*

rêver [reve] **I** *v/t* **1.** träumen; j'ai rêvé ... ich, *litt* mir träumte ...; ~ que ... träumen, daß ...; **2.** *fig* träumen (von), sich erträumen; ~ fortune, mariage von Reichtum, vom Heiraten träumen; je n'ai pas dit cela, c'est vous qui l'avez rêvé ... Sie haben das wohl geträumt; ce n'est pas la situation qu'il avait rêvée das ist nicht die (berufliche) Stellung, die er sich erträumt hatte; **II** *v/t/indir* **3.** ~ de qn, de qc von j-m, von etw träumen; il en rêve la nuit er träumt (schon) nachts davon; **4.** *fig* ~ de qc von etw träumen; sich etw erträumen; (sich) etw wünschen; sehnlichst ~ de faire qc davon träumen, etw zu tun; sehnlichst wünschen, etw zu tun; ~ d'une maison à la campagne von e-m Landhaus träumen; **5.** ~ à qc über etw (*acc*) nachdenken, -sinnen; **III** *v/i* **6.** *Schlafender* träumen; **7.** *fig* vor sich hin träumen; s-e Gedanken schweifen lassen; ~ tout éveillé a) mit offenen Augen vor sich hin träumen; b) *fig* sich Phantasievorstellungen hingeben; **8.** *fig* träumen; phanta'sieren; sich Phanta'sievorstellungen hingeben; *auch* Luftschlösser bauen; on croit ~ man glaubt zu träumen; **IV** *v/pr* *st/s* elle se rêve actrice sie träumt davon, Schauspielerin zu werden *bzw* zu sein

réverbérant [reverberɑ̃] *adj* Akustik; salle ~e Hallraum *m*

réverbération [reverberasjɔ̃] *f* **1.** von Licht, Wärme Rückstrahlung *f*; von Licht *auch* 'Widerschein *m*; Spiegelung *f*; **2.** *Akustik* Nachhall *m*

réverbère [reverber] *m* **1.** Straßenlaterne *f*; **2.** hinter e-r Lichtquelle Re'flektor *m*; **3.** *tech* four *m* à ~ Flammofen *m*

réverbérer [reverbere] <-è-> **I** *v/t* Licht, Wärme zu'rückstrahlen; Licht *auch* zu'rückwerfen; **II** *v/pr* se ~ Sonne zu'rückstrahlen; sich 'widerspiegeln

revercher [r(ə)vɛrʃe] *v/t* Löcher in Zinngefäßen zulöten

reverd|ir [r(ə)vɛrdir] **I** *v/t* Gerberei; Häute weichen; **II** *v/i* *Bäume etc* wieder grün werden; ~issage *m* Gerberei: der Häute Weichen *n*

reverdoir [r(ə)vɛrdwar] *m* in e-r Brauerei kleiner Bottich

révérence [reverɑ̃s] *f* **1.** (Hof)Knicks *m*; *par ext* Reve'renz *f*; faire une ~ e-n Knicks machen; *fig u iron* tirer sa ~ à qn sich empfehlen; **2.** *st/s* (*vénération*) Ehrfurcht *f*; *loc/adv* ~ parler mit Verlaub;

wenn Sie mir den Ausdruck gestatten

révérenci|el [reverɑ̃sjɛl] *adj* *st/s* crainte ~le Ehrfurcht *f* (des Kindes vor den Eltern); ehrfürchtiger Gehorsam; ~eux *adj* <-euse> peu ~ wenig, nicht gerade ehrerbietig, ehrfurchtsvoll

révérend [reverɑ̃] *égl* **I** *adj* <-ende [-ɑ̃d]> ehrwürdig; ~e Mère, ~ Père ehrwürdige Mutter, ehrwürdiger Vater (*abr* R.M., R.P.); **II** *m* **1.** Hoch-, Ehrwürden *m*; **2.** *in der anglikanischen Kirche* Reverend *m*

révérendissime [reverɑ̃disim] *adj* *égl* *cath* hochwürdigste(r)

révérer [revere] *v/t* <-è-> (ver)ehren; ~ Dieu, les saints Gott, die Heiligen verehren; ~ la mémoire de qn j-s Andenken ehren; *adit* un maître révéré ein verehrter Meister

rêverie [rɛvri] *f* **1.** Träume'rei *f*; s'abandonner, se laisser aller à la ~ sich Träumereien hingeben; **2.** *péj* Hirngespinst *n*; Phantaste'rei *f*

revernir [r(ə)vɛrnir] *v/t* wieder, neu firnissen, lac'kieren

revers [r(ə)vɛr] *m* **1.** e-r Druckseite, Tapete, Münze etc Rückseite *f*; e-r Tapete *auch* linke Seite; ~ de la main Handrücken *m*; d'un ~ de main mit dem Handrücken; balayer d'un ~ de main Bücher etc (vom Tisch) herunterfegen; *fig* le ~ de la médaille die Kehrseite der Medaille; die Schattenseite; toute médaille a son ~ jedes Ding hat zwei Seiten; **2.** e-s Jacketts Re'vers *n od m*; e-r Hose, e-s Ärmels etc Auf-, 'Umschlag *m*; bottes *f/pl* à ~ Stulpenstiefel *m/pl*; **3.** *fig* Rück-, Fehlschlag *m*; 'Mißerfolg *m*; harter Schlag; *mil* Niederlage *f*; ~ (de fortune) Schicksalsschlag *m*; essuyer un ~, des ~ e-n Schicksalsschlag, Schicksalsschläge erleiden; **4.** *Tennis* Rückhand(schlag) *f(m)*; jouer en ~ Rückhand spielen; **5.** *mil* (prendre) à, de ~ im Rücken *bzw* von der Flanke (fassen)

reversement [r(ə)vɛrsəmɑ̃] *m fin* Über'tragung *f*

reverser [r(ə)vɛrse] *v/t* **1.** wieder einschenken; nachgießen; **2.** zu'rückgießen; **3.** *Gelder, Eigentum etc* über'tragen

réversibilité [reversibilite] *f* **1.** *phys, chim* 'Umkehrbarkeit *f*; *sc* Reversibili'tät *f*; **2.** *jur* e-r Rente etc Über'tragbarkeit *f*; e-s Besitzes *auch* Heim-, Rückfälligkeit *f*

réversible [reversibl(ə)] *adj* **1.** 'umkehrbar; rückgängig zu machen(d); *phys, chim* *auch* rever'sibel; *ch de fer* rame f ~ Wende-, Pendelzug *m*; **2.** *jur* Rente etc über'tragbar; Besitz *auch* heim-, rückfällig; **3.** *Stoff, Kleidungsstück* beidseitig tragbar; manteau *m* ~ Wendemantel *m*; beidseitig tragbarer Mantel; Rever'sible *m*

réversion [reversjɔ̃] *f* **1.** *jur* e-r Rente Über'tragung *f*; pension *f* de ~ Hinter'bliebenenrente *f*; *bei Beamten* Witwen*bzw* Witwergeld *n*; **2.** *biol, Tierzucht* Rückschlag *m*

revêtement [r(ə)vɛtmɑ̃] *m* **1.** *bât, tech* Aus-, Verkleidung *f*; Verblendung *f*; Verschalung *f*; Mantel *m*; 'Überzug *m*; Schicht *f*; ~ calorifuge, ignifuge, isolant Wärme-, Feuer-, Iso'lierschutz(ver-) kleidung) *m(f)*; ~ métallique Me'tallüberzug *m*, -auflage *f*; ~ mural Wandverkleidung *f*; ~ d'un four, d'un puits Ofen-, Schachtauskleidung *f*; ~ en bois Holztäfelung *f*, -verkleidung *f*; **2.** e-s Weges, e-r Fahrbahn *etc* Straßendecke *f*, -belag *m*; ~ de sol Fußbodenbelag *m*

revêtir [r(ə)vetir] <*cf* vêtir> *v/t* **1.** *Sonntags-, Trauer-, Amtskleidung etc* anle-

gen; anziehen; *fig* ~ l'uniforme zum Militär gehen; ~ qn de qc j-m etw anziehen, anlegen; **2.** *par ext* ~ qn d'une dignité, d'un pouvoir j-m e-e Würde, e-e 'Vollmacht verleihen; *p/p* être revê-tu d'une charge ein Amt bekleiden; être revêtu d'un pouvoir e-e 'Vollmacht besitzen; **3.** *fig bestimmte Form, Aussehen etc* annehmen; *par ext* aufweisen; haben; ~ une importance particulière e-e besondere Bedeutung haben; **4.** ~ qc de qc etw mit etw versehen; *fig* etw mit etw (aus)schmücken; ~ un passeport d'un visa e-n Paß mit e-m Visum versehen; **5.** *Wand* ver-, auskleiden; *Fußboden* belegen; *Tunnel* ausmauern; *adjt* route revêtue befestigte Straße

rêveur [rɛvœr] **I** *adj* <-euse> **1.** träumerisch; verträumt; **2.** nachdenklich; cela me laisse ~ das stimmt mich nachdenklich; **II** *subst* ~, rêveuse *m.f* Träumer(in) *m(f)*

revider [r(ə)vide] *v/t* wieder ausleeren

revient [rəvjɛ̃] *comm* prix *m* de ~ Selbstkosten(preis) *pl(m)*; Gestehungskosten *pl*

revigorer [r(ə)vigɔre] *v/t* wieder kräftigen, beleben, stärken; *fig* neu beleben

revirement [r(ə)virmã] *m* 'Umschwung *m*; 'Umschlag(en) *m(n)*; Schwenkung *f*; ~ d'opinion Meinungsumschwung *m*

réviser [revize] *v/t* **1.** *Verordnungen, Vertragstext, Abrechnung etc* über'prüfen; revi'dieren; *Verfassung* ändern; *Prozeß* wieder'aufnehmen; **2.** *tech Fahrzeug, Motor etc* über'holen; faire ~ sa voiture *auch* s-n Wagen zur Inspektion bringen; **3.** *Lehrstoff, Wissensgebiet* wieder'holen (*auch* abs); **4.** *Druckfahnen etc* (auf Fehlerkorrekturen) 'durch-, nachsehen; die Revisi'on (+*gén*) machen

réviseur [revizœr] *m* Über'prüfer *m*; *impr* Re'visor *m*

révision [revizjõ] *f* **1.** *von Regelungen, Verträgen etc* Über'prüfung *f*; Revisi'on *f*; Änderung *f*; Neufestsetzung *f*; Anpassung *f*; ~ constitutionnelle Verfassungsänderung *f*; *bes pol* ~ déchirante radikaler Kurswechsel (de *in* + *dat*); tiefgreifende, einschneidende Änderung (+*gén*); ~ des listes électorales Ergänzung *f* der Wählerlisten; ~ des pensions Rentenanpassung *f*; **2.** *jur e-s Prozesses* Wieder'aufnahme(verfahren) *f(n)*; pourvoi *m* en ~ Wiederaufnahmeantrag *m*; Antrag *m* auf Wiederaufnahme; **3.** *tech e-s Motors, Fahrzeugs etc* Über'holung *f*; Inspekti'on *f*; faire une ~ complète (etw) gründlich über'holen; **4.** *e-s Lehrstoffs, Wissensgebietes* Wieder'holung *f*; **5.** *impr von Druckfahnen etc* letzte Korrek'tur, 'Durchsicht, Über'prüfung; Revisi'on *f*; **6.** *mil* conseil *m* de ~ Musterungsausschuß *m*; passer (devant) le conseil de ~ gemustert werden

révisionn|isme [revizjɔnism(ə)] *m pol* Revisio'nismus *m*; ~iste *pol* **I** *adj* revisio'nistisch; **II** *m.f* Revisio'nist(in) *m(f)*

réviso [revizo] *m* F *Kurzwort für* révisionniste

revisser [r(ə)vise] *v/t* wieder fest-, anschrauben; *abs* e-e Schraube nachziehen

revitalis|ant [r(ə)vitalizã] *adj* kräftigend; wachstumfördernd; ~ation *f fig* Neubelebung *f*; ~er *v/t* wieder kräftigen; *der Haare* das Wachstum fördern (qc *gén*); *fig* neu beleben

revivi|fication [r(ə)vivifikasjõ] *f st/s* 'Wiederbelebung *f*; ~fier *v/t st/s* 'wiederbelebelen; neu beleben; zu neuem Leben erwecken

revivisc|ence [rəvivisãs] *f* **1.** *st/s e-r Erinnerung etc* Wieder'aufleben *n*; Wie-

derle'bendigwerden *n*; **2.** *biol* Anabi'ose *f*; ~ent *adj* wiederauflebend

revivre [r(ə)vivr(ə)] <*cf* vivre> **I** *v/t Ereignis, s-e Kindheit etc* noch einmal, wieder erleben, 'durchmachen; *auch* an sich vor'bei-, vor'überziehen lassen; je ne veux pas ~ ce que j'ai vécu ich möchte nicht noch einmal erleben, was ich durchgemacht habe; **II** *v/i* **1.** weiter-, fortleben (dans qn *in* j-m); ~ dans la mémoire de qn *in* j-s Erinnerung weiterleben; **2.** *fig Person* wieder'aufleben; faire ~ qn j-n wiederaufleben lassen; **3.** *fig Sache* zu neuem Leben erwachen; faire ~ *geschichtliche Epoche etc* zu neuem Leben erwecken; wieder le'bendig machen; *Erinnerungen* wieder le'bendig machen; *Mode, Brauch* wieder zu Ehren bringen

révoc|abilité [revɔkabilite] *f e-s Vertrages* Wider'ruflichkeit *f*; *e-s Beamten* Absetzbarkeit *f*; ~able *adj Vertrag* wider'ruflich; *Beamter* absetzbar

révoca|tion [revɔkasjõ] *f* **1.** *e-s Vertrages, Testamentes etc* Wider'rufung *f*; 'Widerruf *m*; *hist* la ~ de l'Édit de Nantes die Aufhebung des Edikts von Nantes; **2.** *e-s Beamten* Absetzung *f*; Amtsenthebung *f*; Entlassung *f*; Entfernung *f* aus dem Dienst; Abberufung *f*; ~toire *adj jur* wider'rufend

revoi|ci [r(ə)vwasi] *prép u adv* F me ~ hier bin ich wieder; F *là prép u adv* F le ~ da ist er wieder; F nous ~ da sind wir, wären wir wieder

revoir¹ [r(ə)vwar] <*cf* voir> **I** *v/t* **1.** 'wiedersehen; *Person auch* wieder treffen; wieder begegnen (qn *j-m*); aller ~ qn j-n wieder aufsuchen; on ne l'a jamais revu er wurde nie mehr gesehen; file et que je ne te revoie plus! verschwinde und laß dich nicht wieder blicken!; **2.** *Film, Theaterstück etc* sich wieder, noch einmal ansehen; wieder, noch einmal sehen; **3.** *Text* noch einmal 'durchsehen, über'prüfen; à ~ zur nochmaligen Über'prüfung, 'Durchsicht; *adjt* édition revue et corrigée durchgesehene und verbesserte Auflage; **4.** *Lehrstoff* wieder'holen; faire ~ sa leçon à un enfant ein Kind s-e Lektion wiederholen lassen; **5.** ~ (en esprit) (*im* Geist noch) vor sich sehen; je vous revois encore, le jour ... ich sehe Sie noch vor mir an den Tag ...; **II** *v/pr* **1.** sich wieder sehen; **6.** *reflexiv* sich (*im* Geist noch) sehen; **7.** *reziprok* sich 'wiedersehen

revoir² [r(ə)vwar] *m* 'Wiedersehen *n*; au ~ auf Wiedersehen; (se) dire au ~ (sich) auf Wiedersehen sagen; sich verabschieden

revoler [r(ə)vɔle] **I** *v/t* wieder stehlen; **II** *v/i* **1.** *Pilot* wieder fliegen; **2.** *fig Person* zu'rückeilen

révoltant [revɔltã] *adj* empörend; *Ungerechtigkeit auch* himmelschreiend

révolte [revɔlt] *f* **1.** Aufstand *m*; Re'volte *f*; Aufruhr *m*; Empörung *f*; ~ armée bewaffneter Aufstand; être en ~ *in* Aufruhr sein; pousser à la ~ Aufruhr stiften; **2.** Auflehnung *f*; Empörung *f*; *péi* Aufsässigkeit *f*; cri *m* de ~ Schrei der Empörung; être en ~ contre tout sich gegen alles auflehnen

révolté [revɔlte] **I** *adj* **1.** aufständisch; aufrührerisch; **2.** *wegen e-r Ungerechtigkeit etc* empört; **II** *m* Aufständische(r); Aufrührer *m*

révolter [revɔlte] **I** *v/t in* Empörung, Aufruhr versetzen; empören; aufbringen; être révolté par les propos de qn über j-s Äußerungen (*acc*) empört, aufgebracht sein; **II** *v/pr* se ~ **1.** sich auflehnen, sich erheben, revol'tieren

(contre qn, qc *gegen* j-n, etw); se ~ contre l'autorité établie sich gegen das herrschende System auflehnen; *fig* se ~ contre le destin sich gegen das Schicksal auflehnen; **2.** *moralisch* sich empören (contre *über* + *acc*)

révolu [revɔly] *adj Zeit, Tage, Epoche etc* vergangen; verstrichen; abgelaufen; à dix-huit ans ~s mit (der) *od* nach Voll'endung des achtzehnten Lebensjahres; après une année ~e nach Ablauf e-s Jahres; avoir trente ans ~s volle dreißig Jahre alt sein; das dreißigste Lebensjahr voll'endet haben; *Zeit* être ~ vor'bei, um, her'um sein

révolution [revɔlysjõ] *f* **1.** *pol* Revoluti'on *f*; 'Umsturz *m*; la ~ (française) die Französische Revolution; la ~ culturelle die Kul'turrevolution; la ~ permanente die permanente Revolution; la ~ d'Octobre die Ok'toberrevolution; les conquêtes *f/pl* de la ~ die Errungenschaften *f/pl* der Französischen Revolution; F *fig* toute la famille est en ~ die ganze Familie ist in heller Aufregung, in Aufruhr; **2.** *par ext in der Kunst, in den Sitten, in der Industrie etc* 'Umwälzung *f*; 'umwälzende Veränderung(en) *f(pl)*; Revoluti'on *f*; la ~ industrielle die industrielle Revolution; **3.** *astr, Raumfahrt* 'Umlauf *m*; durée *f*, vitesse *f* de ~ Umlaufzeit *f*, -geschwindigkeit *f*; **4.** *math* (Um')Drehung *f*; Rotati'on *f*; axe *m* de ~ Drehungsachse *f*; cône *m* de ~ Kreiskegel *m*; ellipsoïde *m* de ~ Rotationsellipsoid *n*

révolutionnaire [revɔlysjɔnɛr] *adj* **1.** Revoluti'ons...; revolutio'när; 'umstürzlerisch; aufrührerisch; der Revoluti'on (*bes der pol*) eigen; ~s revolutionäre Lieder *n/pl*; gouvernement *m* ~ Revolutionsregierung *f*; **2.** *Methode, wissenschaftliche Theorie etc* revolutio'när; 'umwälzend; **II** *m.f* Revolutio'när(in) *m(f)*

révolutionner [revɔlysjɔne] *v/t* **1.** *Person in* helle Aufregung versetzen; aufregen; bestürzen; verwirren; **2.** *Industrie, Handel, Technik etc* revolutio'nieren; 'umwälzen

revolver [revɔlvɛr] *m* **1.** Re'volver *m*; coup *m* de ~ Revolverschuß *m*; **2.** *tech* Re'volver(kopf) *m*; microscope *m* à ~ Mikroskop *n* mit ~ (Objek'tiv-)Revolver; *adjt* tour *m* ~ Revolverdrehbank *f*; **3.** *cout adjt* poche *f* ~ Gesäßtasche *f*

revomir [r(ə)vɔmir] *v/t* wieder erbrechen; *abs* sich wieder erbrechen, über'geben

révoquer [revɔke] *v/t* **1.** *Beamten* absetzen; s-s Amtes entheben; entlassen; aus dem Dienst entfernen; abberufen; **2.** *Testament, Vertrag etc* wider'rufen

revoter [r(ə)vɔte] **I** *v/t* noch einmal abstimmen über (+*acc*); **II** *v/i* noch einmal wählen

revouloir [r(ə)vulwar] F *v/t* <*cf* vouloir> wieder; F noch mal wollen; j'en reveux F ich will noch was (davon)

revoyure [r(ə)vwajyr] *f* F à la ~ auf 'Wiedersehen

revue [r(ə)vy] *f* **1.** Zeitschrift *f*; Re'vue *f*; ~ hebdomadaire, mensuelle Wochen-, Monatsschrift *f*; ~ littéraire, scientifique literarische, wissenschaftliche Zeitschrift; fonder, diriger une ~ e-e Zeitschrift gründen, herausgeben; **2.** *thé* **a)** Re'vue *f*; ~ à grand spectacle Ausstattungsrevue *f*; la ~ des Folies-Bergère die Revue der Folies-Bergère; **b)** ~ de chansonniers Kaba'rettprogramm *n*; **3.** 'Übersicht *f*; ~ de (la) presse Presse(rund)schau *f*; Pressespiegel *m*; Blick *m* in die Presse; faire la ~ de

qc etw 'durchsehen, -gehen; **4.** *mil* Ap-'pell *m*; ~ **d'armement, de détail, d'effectifs** Waffen-, Sachen-, Anwesen-heitsappell *m*; **5.** *mil* (Truppen)Pa'rade *f*; Truppenschau *f*; **passer en** ~ a) die Parade abnehmen (**les troupes** der Truppen); b) die Front abschreiten (**les troupes** der Truppen); c) *fig* 'durch-gehen; über'prüfen; an sich vorüberzie-hen lassen; Revue passieren lassen; **6.** F *fig* **être de la** ~ das Nachsehen haben; F der Dumme sein; dumm gucken; **7.** F **être de** ~ sich 'wiedersehen; **on sera de** ~ wir sehen uns ja wieder

revuiste [r(ə)vyist] *m* Autor *m* von Re'vuen

révuls|é [revylse] *adj Augen* verdreht; **avoir les yeux** ~**s** die Augen verdrehen; **~er** *v/pr* **ses yeux se révulsèrent** er verdrehte die, s-e Augen

révuls|if [revylsif] *méd* **I** *adj* ⟨*-ive*⟩ ableitend; **II** *m* ableitendes Mittel; **~ion** *f méd* Ableitung *f*

rewriter [rərajtœr] *m* (Verlags-, Zei-tungs)Redak'teur *m*

rewriting [rərajtiŋ] *m* 'Umschreiben *n*; 'Umredigieren *n*

rez-de-chaussée [redʃose] *m* ⟨*inv*⟩ Erdgeschoß *n*; Par'terre *n*; ~ **surélevé** Hochparterre *n*; **appartement** *m* **au** ~ Parterrewohnung *f*; **habiter au** ~ im Erdgeschoß wohnen

rhabdomancie [rabdɔmɑ̃si] *f* Rhabdo-man'tie *f*

rhabillage [rabijaʒ] *m* Wieder'anziehen *n*, -'ankleiden *n*

rhabiller [rabije] *v/t* (*u v/pr*) (**se**) ~ (sich) wieder anziehen, ankleiden; *zu e-m schlechten Sportler, Schauspieler* **va te** ~! geh nach Hause!

rhamnacées [ramnase] *f/pl bot* Kreuz-dorngewächse *n/pl*; *sc* Rhamna'zeen *pl*

rhapsode [rapsɔd] *m* im alten Griechen-land Rhap'sode *m*

rhapsod|ie [rapsɔdi] *f mus, Dichtkunst* Rhapso'die *f* (*auch im alten Griechen-land*); **~ique** *adj* rhap'sodisch

rhénan [renɑ̃] *adj* rhein(länd)isch; **Rhein...**; **le pays** ~ das Rheinland

rhénium [renjɔm] *m chim* Rhenium *n*

rhéologie [reɔlɔʒi] *f phys* Rheolo'gie *f*

rhéostat [reɔsta] *m élect* Regelwider-stand *m*; regelbarer 'Widerstand; Rheo-'stat *m*; ~ **circulaire, à curseur** Dreh-, Schiebewiderstand *m*; ~ **de démarrage** Anlaßwiderstand *m*; Regelanlasser *m*

rhéotaxie [reɔtaksi] *f biol* Rheo'taxis *f*

rhésus [rezys] *m* **1.** *zo* Rhesusaffe *m*; **2.** *adjt med* **facteur** ~ Rhesusfaktor *m*; Rh-Faktor *m*; ~ **négatif, positif** (*abr* Rh–, Rh+) Rh-negativ, Rh-positiv (*abr* rh, Rh)

rhéteur [retœr] *m im alten Griechenland* Rhetor *m*

rhétique [retik] **I** *adj* r(h)ätisch; **les Alpes** ⟨*s*⟩ die R(h)ätischen Alpen; **II** *m cf* rhéto-roman

rhétoricien [retɔrisjɛ̃] *m* **1.** *litt* Rhe'tori-ker *m*; **2.** *péj* Redekünstler *m*; Phrasen-drescher *m*

rhétoriqu|e [retɔrik] **I** *f* **1.** Rhe'torik *f*; Redekunst *f*; **figure** *f* **de** ~ rhetorische Figur; Redefigur *f*; **2.** *st/s* Beredsamkeit *f*; Über'redungskunst *f*; **3.** *péj* Phrasen-dresche'rei *f*; Wortgeklingel *n*; **II** *adj* rhe'torisch; **~eur** *m Literaturgeschichte* Rhetoriqueur *m*

rhéto-roman [retɔrɔmɑ̃] *ling* **I** *adj* rä-toromanisch; **II** *subst* ⟨*le*⟩ ~ das Rätoro-manische; Rätoromanisch *n*

rhinanthe [rinɑ̃t] *m bot* Klappertopf *m*; *sc* Rhi'nanthus *m*

rhingrave [rɛ̃grav] *m hist* Rheingraf *m*

rhinite [rinit] *f path* Nasenschleim-hautentzündung *f*; Nasenkatarrh *m*;

Schnupfen *m*; *sc* Rhi'nitis *f*

rhino|céros [rinɔserɔs] *m zo* Nashorn *n*; Rhi'nozeros *n*; **~logie** *f méd* Nasenheil-kunde *f*; *sc* Rhinolo'gie *f*; **~lophe** [-lɔf] *m zo* Hufeisennase *f*; **~pharyngite** *f path* Entzündung *f* der Nasen- und Rachenschleimhaut; *sc* Rhino-pharyn'gitis *f*; **~plastie** [-plasti] *f chir* Nasenplastik *f*; Rhino'plastik *f*; **~sco-pie** *f méd* Rhinosko'pie *f*

rhizobium [rizɔbjɔm] *m biol* Knöllchen-bakterie *f*; *sc* Rhi'zobium *n*

rhizoïdes [rizɔid] *m/pl bot* Rhizo'ide *n/pl*

rhizome [rizɔm] *m bot* Wurzelstock *m*; *sc* Rhi'zom *n*

rhizo|phage [rizɔfaʒ] *adj zo* wurzelfres-send; **~phore** [-fɔr] *m bot* Man'grove-baum *m*; **~podes** [-pɔd] *m/pl zo* Wurzel-füßer *m/pl*; Rhizo'poden *m/pl*

rhô [ro] *m griechischer Buchstabe* Rho *n*

rhodamine [rɔdamin] *f Farbstoff* Rhoda'min *n*

rhodanien [rɔdanjɛ̃] *adj* ⟨~**ne**⟩ *géogr* Rhone...; **sillon** ~ Rhonefurche *f*

rhodésien [rɔdezjɛ̃] **I** *adj* ⟨~**ne**⟩ rho-'desisch; **II** *subst* ⟨*(ne)*⟩ *m(f)* Rho'desier(in) *m(f)*

rhodié [rɔdje] *adj chim* **platine** ~ Platin-'Rhodium-Legierung *f*

rhodium [rɔdjɔm] *m chim* Rhodium *n*

rhododendron [rɔdɔdɛ̃drɔ̃] *m bot* Rho-do'dendron *n od m*; Alpenrose *f*

rhodonite [rɔdɔnit] *f minér* Rhodo'nit *m*

rhombencéphale [rɔ̃bɑ̃sefal] *m anat* Rautenhirn *n*; *sc* Rhomben'zephalon *n*

rhombique [rɔ̃bik] *adj* rhombisch; rau-tenförmig

rhomboèdre [rɔ̃bɔɛdr(ə)] *m Geometrie, Kristallkunde* Rhombo'eder *n*

rhomboédrique [rɔ̃bɔedrik] *adj* rhom-bo'edrisch

rhotacisme [rɔtasism(ə)] *m méd, ling* Rhota'zismus *m*

rhubarbe [rybarb] *f bot* Rha'barber *m*; **compote** *f* **de** ~, **tarte** *f* **à la** ~ Rhabar-berkompott *n*, -kuchen *m*

rhum [rɔm] *m* Rum *m*; **baba** *m* **au** ~ Rumtörtchen *n*

rhumatisant [rymatizɑ̃] *path* **I** *adj* an Rheuma leidend; **II** *m* Rheu'matiker *m*

rhumatismal [rymatismal] *adj* ⟨*-aux*⟩ rheu'matisch; **douleur** ~**e** rheumati-scher Schmerz

rhumatisme [rymatism(ə)] *m* Rheuma *n*; Rheuma'tismus *m*; ~ **articulaire** Ge-lenkrheumatismus *m*; **être sujet aux** ~**s** zu Rheuma(tismus) neigen

rhumato|logie [rymatɔlɔʒi] *f* Rheuma-tolo'gie *f*; **~logue** *m* Rheumato'loge *m*

rhumb [rɔ̃b] *m mar* Strich *m* (der Kom-paßrose)

rhume [rym] *m* Schnupfen *m*; Ka'tarrh *m*; *par ext* Erkältung *f*; ~ **de cerveau** Schnupfen *m*; Nasenkatarrh *m*; ~ **des foins** Heuschnupfen *m*; F **attraper un** ~ Schnupfen bekommen, F kriegen; sich e-n Schnupfen, e-e Erkältung holen

rhumerie [rɔmri] *f* Rumbrennerei *f*

rhyolit(h)e [rjɔlit] *f géol* Rhyo'lith *m*

ri [ri] *p/p von* rire

ria [rija] *f géol* Ria *f*

riant [rijɑ̃, rjɑ̃] *adj Landschaft* heiter; lieblich; anmutig; *Wiese* blühend

ribambelle [ribɑ̃bɛl] F *f* ganze Reihe, F (ganzer) Haufen (**de von** *od* + *gén*); ~ **d'enfants** Schar *f*, F Haufen Kinder; ganze Kinderschar; F Stall *m* voll Kin-der

ribaude [ribod] *f früher* Dirne *f*; Hure *f*

ribonucléique [ribɔnykleik] *adj biol* **acide** *m* ~ (*abr* A.R.N.) Ribonukle'in-säure *f* (*abr* RNS)

riblons [riblɔ̃] *m/pl métall* Schrott *m*; Eisenabfälle *m/pl*

ribote [ribɔt] *f* P *plais* F Saufe'rei *f*;

Besäufnis *n od f*; **être en** ~ F besoffen sein; **faire** ~ F sich besaufen

ribouis [ribwi] *m* P (*soulier*) P Latsche *f*

ribouldingue [ribuldɛ̃g] P *f* wüstes Ge-lage; **faire la** ~ ein wüstes Gelage veranstalten

Ricain [rikɛ̃] *m arg* (*Américain*) F Ami *m*

ricanement [rikanmɑ̃] *m* **1.** Spott-, Hohngelächter *n*; höhnisches, hämi-sches Grinsen; F Feixen *n*; **2.** Gekicher *n*; albernes Grinsen

rican|er [rikane] *v/i* **1.** höhnisch, hä-misch lachen, grinsen; F feixen; **2.** ki-chern; albern grinsen; **~eur I** *adj* ⟨*-euse*⟩ höhnisch *bzw* albern grinsend; kichernd; **II** *subst* ~, **ricaneuse** *m,f* hämischer *bzw* alberner Kerl, hämisches *bzw* albernes Frauenzimmer

riccie [riksi] *f bot* Riccia *f*

rich|ard [riʃar] *m*, **~arde** *f* F *péj* F schwerreicher, stinkreicher Mann, schwerreiche, *péj* stinkreiche Frau

riche [riʃ] **I** *adj* **1.** *Person* reich; vermö-gend; wohlhabend; *Mädchen* **être un** ~ **parti** e-e gute Partie sein; **être** ~ **à millions** steinreich, millionenschwer sein; **être** ~ **comme Crésus** ein Krösus sein; **être** ~ **en pull-overs** viele Pullover haben; **faire un** ~ **mariage** reich heira-ten; F **ça fait** ~ das sieht nach viel Geld aus; **2.** *Boden etc* ergiebig; fruchtbar; *Jahr* ~ **en fruits** obstreich; *Land* ~ **en minerais** reich an Erzen; **3.** *Lebensmit-tel, Essen etc* reichhaltig; gehaltvoll; nahrhaft; *tech* **mélange** *m* ~ fettes Gemisch; *Frucht etc* ~ **en vitamines** vita'minreich; **4.** *Ausstattung, Teppiche etc* kostbar; prächtig; wertvoll; **5.** *fig Thema, Farbgebung, Harmonien etc* viel-fältig; **langue** *f* ~ wortreiche Sprache; **rime** *f* ~ reicher Reim; *Buch* ~ **d'enseignements** reich an Lehren; F **ça c'est une** ~ **idée** das ist e-e großartig-, F tolle Idee, F ein toller Einfall; **II** *m* Reiche(r) *m*; **nouveau** ~ Neureiche(r) *m*; ~**s et pauvres** arm und reich; *péj* **gosse** *m* **de** ~**s** Kind *n* reicher Eltern; *prov* **on ne prête qu'aux** ~**s** man muß schon selber reich sein, damit einem jemand Geld leiht

richement [riʃmɑ̃] *adv* reich; (sehr) gut; ~ **orné** reich geschmückt; ~ **vêtu** sehr gut gekleidet; **marier qn** ~ j-n (sehr) gut verheiraten

richesse [riʃɛs] *f* **1.** *e-r Person, e-s Landes* Reichtum *m*; Wohlstand *m*; *e-r Person auch* Vermögen *n*; ~**s** *pl* Reichtümer; *e-r Sammlung etc* Schätze *m/pl*; *écon* Güter *n/pl*; ~**s du** (**sous-**)**sol** Bodenschätze *m/pl*; *e-s Landes* ~ **en pétrole** Reichtum an Erdöl; Ölreichtum *m*; *écon* **distribu-tion** *f* **des** ~**s** Güterverteilung *f*; **faire la** ~ **d'un pays** den Reichtum e-s Landes ausmachen; **ce n'est pas la** ~ das ist *bzw* bringt nicht gerade ein Vermögen; **2.** *e-r Gegend, des Bodens etc* Fruchtbar-keit *f*; **3.** *e-s Minerals, Nahrungsmittels etc* Reichhaltigkeit *f* (*auch fig e-s Mu-seums, e-r Bibliothek*); ~ **en vitamines** Reichhaltigkeit an Vitaminen; **4.** *e-r Ausstattung etc* Kostbarkeit *f*; Pracht *f*; Herrlichkeit *f*; *der Farbgebung, e-r Orchestration etc* Vielfalt *f*; Fülle *f*; ~ **en mots** Wortreichtum *m*

richissime [riʃisim] *adj* sehr reich; stein-reich; F schwerreich

ricin [risɛ̃] *m bot* Rizinus *m*; Wunder-baum *m*; Christpalme *f*; *phm* **huile** *f* **de** ~ Rizinusöl *n*

ricinoléique [risinɔleik] *adj chim* **acide** *m* ~ Rici'nolsäure *f*

rickettsie [rikɛtsi] *f biol* Ric'kettsia *f*

rickettsiose [rikɛtsjoz] *f path* Rickett-si'ose *f*

ricocher [rikɔʃe] *v/i Ball, Kugel etc*

abprallen; ∼ sur le mur von der Mauer abprallen; faire ∼ des cailloux sur l'eau Kieselsteine auf dem Wasser springen, hüpfen lassen

ricochet [rikoʃɛ] m **1.** Abprall m; *par ext mil* Prall-, Prellschuß m; *mil* tir m à ∼ Abprallerschießen n; *Geschoß* faire un ∼ auf dem Wasser springen; *Stein* faire des ∼s sur l'eau auf dem Wasser springen, hüpfen; **2.** *fig loc/adv* par ∼ indirekt; auf 'Umwegen

ric-rac [rikrak] F *loc/adv* ganz genau; **payer** ∼ auf Heller und Pfennig bezahlen

rictus [riktys] m **a)** verzerrter Mund; verzerrtes, verkniffenes Gesicht; **b)** krampfhaftes Lachen

ride [rid] f **1.** *der Haut* Falte f; Runzel f; Furche f; ∼s du front Stirnfalten f/pl; **2.** *meist pl* ∼s *auf dem Wasser* Kräuselung f; *auf dem Sand, Schnee* Rippelmarken f/pl; Wellenfurchen f/pl, -rippeln pl

ridé [ride] *adj Haut, Gesicht etc* faltig; runz(e)lig; welk; zerfurcht; *Frucht* schrumpelig; *Wasseroberfläche* gekräuselt

rideau [rido] m ⟨pl ∼x⟩ **1.** Vorhang m (*auch thé*); Gar'dine f; *thé* ∼! aufhören!; **doubles** ∼x 'Übergardinen f/pl; ∼ de fenêtre Fenstervorhang m; ∼ de fer a) *thé* eiserner Vorhang; b) *pol* Eiserner Vorhang; c) *vor e-m Schaufenster* Eisengitter n; Rolladen m aus Stahlblech; ∼ de lit Bettvorhang m; fermer les ∼x die Vorhänge zuziehen; *thé* lever le ∼ den Vorhang auf-, hochziehen; mettre des ∼x à une fenêtre Vorhänge an ein Fenster machen; ouvrir les ∼x die Vorhänge auf-, zurückziehen, öffnen, aufmachen; tirer les ∼x die Vorhänge auf-, zurück- bzw zumachen; *fig* tirer le ∼ sur qc etw auf sich beruhen lassen; von etw nicht (mehr) reden; *thé* le ∼ tomba der Vorhang fiel; **2.** *fig* Schleier m; Wand f; ∼ d'arbres Wand von Bäumen; dichte Baumreihe; *mil* ∼ de feu Feuervorhang m, -schutz m; ∼ de fumée Rauchschleier m; *mil auch* Nebelwand f; ∼ de pluie Regenwand f

ridelle [ridɛl] f *e-s Leiterwagens* Rüstleiter f

rider [ride] I *v/t Stirn* in Falten ziehen; *Alter: Gesicht* zerfurchen; *Wind: Wasser* kräuseln; II *v/pr* se ∼ *Gesicht, Haut etc* faltig, runz(e)lig werden; Runzeln bekommen; *Frucht* schrumpelig werden; verschrumpeln

ridicule [ridikyl] I *adj* **1.** *Person, Sache* lächerlich; *Sache auch* F lachhaft; être ∼ lächerlich sein; *Person auch* sich lächerlich machen; vous êtes ∼ de (+*inf*) Sie machen sich lächerlich, wenn Sie . . .; il est ∼ de (+*inf*), que . . . (+*subj*) es ist lächerlich, zu (+*inf*), daß . . .; (se) rendre ∼ (sich) lächerlich machen; (sich) bla'mieren; **2.** *Summe, Menge* lächerlich (klein, gering); II *m* Lächerlichkeit f; Lächerliche(s) n; braver le ∼ keine Angst haben, sich lächerlich zu machen; (se) couvrir de ∼ (sich) zum Gespött der Leute machen; (sich) lächerlich machen; (sich) bla'mieren; il s'est donné le ∼ de la demander en mariage er hat sich lächerlich gemacht, als er um ihre Hand anhielt; cela est d'un ∼ achevé, parfait das ist wirklich lächerlich; tomber dans le ∼ sich lächerlich machen; tourner qn, qc en ∼ etw ins Lächerliche ziehen; j-n, etw lächerlich machen; F j-n durch den Kakao ziehen; le ∼ ne tue pas Lächerlichkeit tötet nicht; ∼ment *adv* lächerlich; un salaire ∼ bas ein lächerlich niedriges Gehalt

ridiculiser [ridikylize] *v/t (u v/pr)* (se) ∼

(sich) lächerlich machen; (sich) bla'mieren

riemannien [rimanjɛ̃] *adj* ⟨∼ne⟩ *math* Riemannsche(r, -s); géométrie ∼ne Riemannsche Geometrie

rien [rjɛ̃] I *pr/ind* **1.** ⟨*mit* ne *vor e-m dazutretenden Verb*⟩ nichts; ♦ *verstärkt*: ∼ du tout nichts; ∼ à ∼, ∼ de ∼, moins que ∼ rein gar nichts; überhaupt nichts; absolut nichts; ♦ *mit de* + *adj od adv*: ∼ d'autre nichts anderes; weiter nichts; ∼ d'étonnant si . . . es ist nicht erstaunlich, verwunderlich, wenn . . .; cela n'a ∼ d'impossible das ist durchaus möglich; ∼ de plus juste nichts ist zutreffender; il n'y a ∼ de mieux es gibt nichts Besseres; ∼ de nouveau, de neuf nichts Neues; elle ne disait que le nécessaire, ∼ de plus, ∼ de moins . . . kein Wort mehr, kein Wort weniger; il n'y a ∼ de tel que . . . es geht nichts über (+*acc*); ♦ *mit Verben*: *beim Spiel* ∼ ne va plus rien ne va plus; nichts geht mehr; n'avoir ∼ nichts haben, besitzen; n'avoir plus ∼ à dire nichts mehr zu sagen, einzuwenden haben; *ellip*: (il n'y a) ∼ à (re)dire, c'est parfait dagegen gibt es nichts (mehr) zu sagen, es ist in Ordnung; (il n'y a) ∼ à faire (da ist) nichts zu machen, zu wollen; da kann man nichts machen; cela n'a ∼ à voir *cf* voir 8.; n'avoir ∼ à répondre nichts zu erwidern haben; n'avoir ∼ contre qn nichts gegen j-n haben; il n'a ∼ d'un menteur er hat nichts von e-m Lügner; ne croire à ∼ an nichts glauben; ne ∼ dire nichts sagen; *cf auch* dire[1] 3., 4.; ce n'est ∼ es ist nicht schlimm; halb so schlimm; macht nichts; es hat nichts zu sagen, zu bedeuten; *auf e-e Entschuldigung* bitte!; F ce n'est pas ∼ das will schon was heißen; das ist keine Kleinigkeit; il n'en est ∼ das ist nicht der Fall; es ist nichts daran; dem ist nicht so; das stimmt nicht; weit gefehlt; n'être ∼ à qn j-m nichts bedeuten; ∼ n'est trop beau pour lui nichts ist ihm gut genug; un retard que ∼ n'excuse e-e Verspätung, die durch nichts zu entschuldigen ist; ne ∼ faire nichts (Bestimmtes) tun, arbeiten; cela ne fait ∼ das macht nichts; *cf auch* faire 1. d); il ne faut jurer de ∼ man kann nie wissen (, was dazwischenkommt); man soll nicht zuviel versprechen; cela ne mène à ∼ das führt zu nichts; das ist sinnlos, zwecklos; n'y pouvoir ∼ nichts dafür, dazu können; on n'y peut ∼ da kann man nichts machen; dagegen kann man nichts tun; il ne reste plus ∼ es ist nichts mehr da; je ne sais ∼ ich weiß nichts; **2.** ⟨*in bestimmten Fällen und ohne* ne⟩ etwas; impossible de ∼ apprendre unmöglich, etwas zu erfahren; sans avoir l'air de ∼, il . . . ohne daß man ihm etwas ansieht . . .; a-t-on jamais vu ∼ de pareil? hat man schon jemals so etwas gesehen?; y a-t-il ∼ de plus beau que . . .? gibt es etwas Schöneres als . . .?; il fut incapable de ∼ dire er war unfähig, etwas zu sagen; sans qu'il dise ∼ ohne daß er etwas sagt(e); rester sans ∼ dire stumm bleiben; II *loc/adj* **a)** de ∼ einfach; unbedeutend; un petit bobo de ∼ ein kleines, unbedeutendes Wehwehchen; une fille de ∼ ein unsolides Mädchen; une petite robe de ∼ ein schlichtes, einfaches Kleidchen; **b)** un bon, propre à ∼ ein Taugenichts m, Nichtsnutz m; III *loc/adv* comme prép: que faites-vous?; — ∼ . . . nichts; c'est deux fois, trois fois ∼ das ist doch gar nichts; überhaupt nichts; das ist nicht der Rede wert; c'est tout ou ∼ alles oder nichts!; c'est cela ou ∼ entweder das oder

nichts; ce que nous pouvons faire ou ∼, c'est la même chose was wir tun können, ist so gut wie gar nichts; à quoi penses-tu? – à ∼ . . . an nichts; F comme ∼ F wie nichts; je vous remercie – de ∼ . . . keine Ursache; faire qc de ∼ aus nichts etw machen; den Nichts etw erschaffen; comme si de ∼ n'était als ob nichts gewesen wäre; partir de ∼ mit nichts anfangen; sortir de ∼ aus kleinen Verhältnissen kommen; vivre de ∼ von nichts leben; en ∼ in keiner Weise; il ne lui est supérieur en ∼ er ist ihm in nichts über'legen; sans me gêner en ∼ ohne mich im geringsten zu stören; cela ne nous touche en ∼ wir sind davon überhaupt nicht, in keiner Weise betroffen; en moins de ∼ im Nu; im Handumdrehen; pour ∼ um'sonst; für nichts (und wieder nichts); je l'ai eu pour ∼ ich habe es (fast) umsonst bekommen; on n'a ∼ pour ∼ man bekommt nichts umsonst, geschenkt; compter pour ∼ *cf* compter 5., 9.; se déranger pour ∼ sich umsonst bemühen; c'est pour ∼ das ist geschenkt; n'être pour ∼ dans qc mit etw nichts zu tun, zu schaffen haben; se fâcher pour ∼ sich für nichts und wieder nichts, über jede Kleinigkeit ärgern; pour ∼ au monde um nichts in der Welt; ∼ que . . . nur . . .; *iron*: il en exige le double – ∼ que ça?; . . . so wenig?; . . . nicht mehr?; ça lui a coûté dix mille francs, ∼ que ça das hat ihn die Kleinigkeit von zehntausend Franc gekostet; *jurez de dire toute la vérité*, ∼ que la vérité . . . und nichts als die Wahrheit; ∼ que des artistes lauter Künstler; ∼ qu'à sa conduite an s-m Benehmen allein; c'est à moi, ∼ qu'à moi das gehört mir, mir allein; ∼ qu'en entrant gleich, schon beim Eintreten; ∼ que d'y penser schon wenn ich daran denke; allein der Gedanke, der bloße Gedanke daran; IV *pr/adv* ziemlich; il fait ∼ froid es ist ziemlich kalt; V *subst* **1.** m Kleinigkeit f; Nichtigkeit f; Baga'telle f; Lap'palie f; F comme un ∼ F wie nichts; il fait 'huit heures de marche comme un ∼ ein Fußmarsch von acht Stunden ist für ihn e-e Kleinigkeit; er marschiert acht Stunden wie nichts; en un ∼ de temps im Nu; im Handumdrehen; pour un ∼, des ∼s wegen e-r Kleinigkeit, Lappalie; wegen Kleinigkeiten, Lappalien; cela apporte un ∼ d'imprévu das kommt ein wenig unerwartet, über'raschend; un ∼ le froisse e-e Kleinigkeit verletzt ihn; perdre son temps à des ∼s s-e Zeit mit Nichtigkeiten vergeuden, verschwenden; ♦ *adv* Kleid un ∼ trop grand ein wenig zu groß; um ein Weniges zu groß; **2.** m *st/s od poét* Nichts n; Nichtigkeit f; **3.** un(e) ∼ du tout od un(e) rien-du-tout m(f) ein Hergelaufener, e-e Hergelaufene; ein Taugenichts m; ein Nichtsnutz m

riesling [rislin] m *Wein* Riesling m

rieur [rjœr, rjœr] I *adj* ⟨-euse⟩ **1.** *Person* lustig; fröhlich; *Gesicht, Augen etc* lachend; **2.** *zo* mouette rieuse Lachmöwe f; II *subst* **1.** ∼, rieuse m, f Lacher m; avoir, mettre les ∼s de son côté, avec soi die Lacher auf s-r Seite haben, auf s-e Seite bringen; **2.** *zo* rieuse f Lachmöwe f

rififi [rififi] *arg* m Schläge'rei f

riflard [riflar] m **1.** *tech* **a)** Holzbearbeitung Schrupphobel m; **b)** *Metallbearbeitung* Schruppfeile f; **c)** *für Gipsarbeiten etc* Spachtel m od f; **2.** *Wollindustrie* längste Wolle des Schafes; **3.** F (*parapluie*) F Mußspritze f

rifle [rifl(ə)] m *Gewehr* n mit langem, gezogenem Lauf

rifl|er [rifle] *v/t tech Holz* hobeln; *Metall*

feilen; **~oir** m tech Riffelfeile f

rigaudon [rigodõ] m mus, hist Tanz Rigau'don m

rigide [riʒid] adj **1.** steif; starr; Stoff etc hart; **2.** fig Prinzipien, Moral etc starr; streng; Person streng

rigidité [riʒidite] f **1.** Steifheit f; Starrheit f; Steife f; Steifigkeit f; Starre f; e-s Kartons etc Härte f; méd sc Rigidi'tät f; ~ cadavérique Leichen-, Totenstarre f; ~ des muscles Muskelstarre f; **2.** fig der Prinzipien etc Starrheit f; (unbeugsame) Strenge f; **3.** élect 'Durchschlagfestigkeit f

rigodon [rigodõ] m cf **rigaudon**

rigolade [rigolad] F f Spaß m; Ulk m; Scherz m; F Jux m; c'est de la ~, une vaste ~ das ist ein (großer) Spaß. Ulk. Jux; par ext pour lui c'est de la ~ de soulever une caisse de 100 kg für ihn ist es e-e Kleinigkeit ...; prendre qc à la ~ etw als (e-n) Spaß etc auffassen; tu te rappelles cette ~? erinnerst du dich, wie lustig das war, was für ein Spaß das war, wie wir gelacht haben?

rigolage [rigolaʒ] m agr Ziehen n von (Abfluß)Rinnen

rigolard [rigolar] F adj (etwas einfältig) lustig, fröhlich

rigole [rigol] f **1.** (Abfluß)Rinne f; Ri'gole f; ~ d'écoulement Abfluß-, Entwässerungsrinne f, -graben m; Abzugsgraben m; ~ d'irrigation Bewässerungsgraben m; **2.** e-r Mauer Funda'mentgraben m

rigoler [rigole] F v/i Spaß, Späße, Jux, Ulk machen; lachen; **on a bien rigolé** es war sehr lustig; F was haben wir gelacht; **tu rigoles!** du machst (wohl) Witze!; das ist doch nicht dein Ernst!; **il n'y a pas de quoi ~** da gibt es nichts zu lachen; j'ai dit ça pour ~ ich habe das aus Spaß gesagt

rigollot [rigolo] m (nom déposé) phm Senfpapier n

rigolo [rigolo] I F adj <-ote> **1.** lustig; drollig; spaßig; ulkig; F p/fort zum Piepen; zum Kugeln; **2.** par ext komisch; eigenartig; II subst **1.** F ~(te) m(f) Spaßvogel m; komischer Kerl, Kum'pan; Witzbold m; **2.** m arg (revolver) P Ka'none f

rigor|isme [rigorism(ə)] m Rigo'rismus m; über'triebene Strenge, Härte; Unerbittlichkeit f; **~iste** I adj Person, Haltung, Meinung etc über'trieben) streng; unerbittlich; rigo'ristisch; II m.f Rigo'rist m

rigoureux [riguʀø] adj <-euse> Person, Behandlung, Urteil, Moral etc streng; rigo'ros; unerbittlich; unnachsichtig; Strafe hart; Winter streng; Klima streng; Kälte grimmig; bitter; streng; Logik streng; unwiderlegbar; unerbittlich; Analyse unwiderlegbar; Einhaltung von Vorschriften streng; peinlich genau; gewissenhaft; **esprit ~** scharfer Denker

rigueur [rigœr] f e-r Person, Maßnahme etc Strenge f; Unerbittlichkeit f; Unnachsichtigkeit f; e-r Strafe Härte f; des Winters Strenge f; des Klimas Rauheit f; e-r Berechnung, Analyse etc Genauigkeit f; ~ d'un raisonnement Schärfe f, strenge Logik e-r Beweisführung; **les ~s du sort** die Unerbittlichkeit des Schicksals; mil arrêts m/pl de ~ verschärfter Arrest; loc/adv **à la ~** notfalls; zur Not; im Notfall; allenfalls; schlimmstenfalls; im äußersten Fall; **(être) de ~** erforderlich, unerläßlich, unbedingt notwendig (sein); **habit** m **de ~** Frackzwang m; **optimisme** m **de ~** Zweckoptimismus m, -pessimismus m; **tenue de soirée de ~** Abendtoilette erforderlich, vorgeschrieben; **tenir ~ à qn de qc** j-m etw übelnehmen; j-m etw

nachtragen; **traiter qn avec la dernière ~** j-n mit größter Strenge behandeln

rikiki [rikiki] adj cf **riquiqui**

rillettes [rijɛt] f/pl cuis feingehacktes, gekochtes und als Konserve in Töpfen aufbewahrtes Schweinefleisch

rillons [rijõ] m/pl cuis Grieben f/pl

rimaill|er [rimaje] v/i péj Reime, Verse schmieden, F zu'sammenstoppeln; **~eur** m, **~euse** f péj Reim-, Verseschmied m; Dichterling m

rimaye [rimaj] f géol e-s Gletschers Randkluft f; Bergschrund m

rime [rim] f Reim m; ~s alternées, croisées gekreuzte Reime; Kreuzreim m; ~ intérieure Zä'surreim m; ~s plates Paarreim m; ~ riche reicher Reim; ~ en -age Reim auf -age; fig: **sans ~ ni raison** vollkommen unbegründet; ohne ersichtlichen Grund; ohne Sinn und Verstand; **n'avoir ni ~ ni raison** weder Hand noch Fuß haben; ohne Sinn und Verstand sein; glatter, barer Unsinn sein

rim|er [rime] I v/t in Verse bringen; reimen; adjt poésie rimée Reimdichtung f; II v/i **1.** Person dichten; Verse machen; reimen; **2.** zwei Versenden, Wörter ~ (ensemble) sich reimen; **mot qui rime avec un autre Wort**, das sich auf ein anderes reimt; **3.** fig ne ~ à rien völlig zwecklos, sinnlos sein; keinen Sinn haben; **à quoi ça rime?** was soll das heißen?; was hat das für e-n Sinn?; **~eur** m, **~euse** f cf **rimailleur**

rimmel [rimɛl] m (nom déposé) Wimperntusche f

rinçage [rɛ̃saʒ] m des Geschirrs, der Wäsche etc (Nach)Spülen n

rinceau [rɛ̃so] m <pl ~x> Ornament Laubwerk n; Rankenornament n

rince-bouteilles [rɛ̃sbutɛj] m <inv> Flaschenspül-, Flaschenreinigungsmaschine f; **~-doigts** m <inv> Wasserschale f zum Fingerreinigen

rincée [rɛ̃se] F f Sturzregen m; Schauer m; F Nassauer m

rincer [rɛ̃se] <-ç-> I v/t Wäsche spülen; Geschirr, Haare nachspülen; Gläser, Flaschen etc ausspülen; äußerlich abspülen; F **être rincé, se faire ~ vom Regen** durch'weicht, durch'näßt sein, werden; II v/pr **1.** se ~ **la bouche** sich den Mund ausspülen; **2.** P fig se ~ **la dalle, l'œil** cf **dalle 2., œil 1.**

rinc|ette [rɛ̃sɛt] f **a)** F Schluck Schnaps nach dem Kaffee (den man in die Tasse eingießt); **b)** P Schnaps m; **~euse** f cf **rince-bouteilles**

rinçure [rɛ̃syr] f Spülwasser n; F ~ de tonneau (mit viel Wasser) verdünnter Wein

ring [riŋ] m sports (Box)Ring m; **monter sur le ~** in den Ring steigen

ringard [rɛ̃gar] m tech Schüreisen n, -haken m

ringarder [rɛ̃garde] v/t schüren; stochern in (+dat)

ripage [ripaʒ] m **1.** e-s Steines Abschaben n; Abkratzen n; **2.** Gleiten n; Rutschen n; mar Schlieren n; der Schiffsladung 'Übergehen n; ch de fer e-s Gleises Verschieben n

ripaill|e [ripaj] F f Schlemme'rei f; **faire ~** schlemmen; per v/i schlemmen; **~eur** m, **~euse** f Schlemmer(in) m(f)

ripaton [ripatõ] P m Fuß m; F auch Flosse f

ripe [rip] f tech Kratz-, Schabeisen n

riper [ripe] I v/t **1.** Stein abschaben; abkratzen; **2.** (faire) ~ gleiten, mar schlieren lassen; ch de fer Gleis verschieben; II v/i **3.** gleiten; rutschen; mar schlieren; Schiffsladung 'übergehen; **4.** arg (se sauver) F abhauen; verduften; sich verkrümeln

ripolin [ripolɛ̃] m (nom déposé) (Art) Lackfarbe f; E'maillack m

ripoliner [ripoline] v/t mit Lackfarbe streichen

riposte [ripost] f **1.** schnelle, schlagfertige Antwort; **être prompt à la ~** schlagfertig sein; nicht auf den Mund gefallen sein; nie um e-e Antwort verlegen sein; (immer) sofort e-e Antwort pa'rat haben; **2.** mil u fig Gegenstoß m, -schlag m, -angriff m; **3.** esc Ri'poste f

riposter [riposte] I v/t/indir ~ **à qc** etw (sofort) beantworten; ~ **à qn** j-m schnell, schlagfertig antworten; ~ **à une injure par une gifle** e-e Beleidigung mit e-r Ohrfeige beantworten; II v/i **1.** schnell, schlagfertig antworten; **2.** mil u fig e-n Gegenstoß, -schlag, -angriff führen; mil das Feuer erwidern; **3.** esc ripo'stieren

ripper [ripœr] m Straßenbau Aufreißer m

ripuaire [ripuɛr] adj hist ripu'arisch

riquiqui [rikiki] F adj winzig; F klitzeklein; P armselig; dürftig; kümmerlich; **ça fait ~** das sieht armselig, kümmerlich aus

rire[1] [rir] <je ris, il rit, nous rions; je riais; je ris; je rirai; que je rie; riant; ri> I v/i **1.** lachen (de qn, qc über j-n, etw); ~ **aux larmes, à en pleurer** Tränen lachen; ~ **au nez de qn** j-m (frech) ins Gesicht lachen; F ~ **comme une baleine, un fou** F sich buck(e)lig, schief, krank lachen; sich kugeln vor Lachen; **et tout le monde de ~** allgemeines Gelächter; **il n'y a pas de quoi ~** da gibt es nichts zu lachen; **être malade de ~** sich krank lachen; **faire ~ qn** j-n zum Lachen bringen; **vous me faites ~, laissez-moi** daß ich nicht mache; **mourir de ~** sich totlachen; **c'est à mourir de ~** es ist zum Totlachen; **j'ai failli mourir de ~** ich bin vor Lachen beinahe gestorben; **il vaut mieux en ~ qu'en pleurer** man muß es auf die leichte Schulter nehmen; **st/s yeux, sa bouche riaient** in s-n Augen, um s-n Mund lag ein Lächeln; prov **rira bien qui rira le dernier** wer zuletzt lacht, lacht am besten (prov); **2.** spaßen; es nicht im Ernst meinen; **pour ~**, F **histoire de ~** aus, zum, im Spaß, Scherz; **sans ~** Spaß, Scherz beiseite; **dire qc pour ~** etw aus Spaß sagen; **c'est fini de ~** jetzt wird es, wird's ernst; **vous voulez ~** das ist doch nicht Ihr Ernst!; **3.** ~ **de qn** j-n auslachen, verspotten; sich über j-n lustig machen; ~ **(aux dépens) de qn** sich über j-n lustig machen; ~ **de la naïveté de qn** j-s Naivität verspotten; **faire ~ de soi** Anlaß zu Gespött geben; III v/pr st/s **se ~ des difficultés** die Schwierigkeiten spielend leicht über'winden, meistern; st/s **se ~ des Schwierigkeiten** spotten

rire[2] [rir] m Lachen n; Gelächter n; ~ **léger** leises Lachen; **une explosion de ~** se-e Lachsalve; schallendes Gelächter; **avoir le fou ~** nicht mehr können vor Lachen; **déclencher un ~ général** (ein) allgemeines Gelächter auslösen; **exciter les ~s** Gelächter erzielen

ris[1] [ri] m cuis Bries(chen) n; Bröschen n; Briesel m; ~ **de veau** Kalbsbries n; Kalbsmilch f

ris[2] [ri] m mar Reff n; Reef n

ris[3] [ri] litt m Lachen n; Gelächter n

risberme [risbɛrm] f tech durch Fa'schinen gesicherte Uferböschung

risée[1] [rize] f Spott m; Gespött n (auch Gegenstand des Spottes); **il est la ~ de tout le monde** alles macht sich über ihn lustig; **er macht sich zum Gespött der Leute**

risée[2] [rize] f mar Windstoß m

risette [rizɛt] f freundliches Lächeln; *Kind* faire (une) ~, des ~s à qn j-n anlächeln, anlachen; *zu e-m Kind* fais ~ lach doch (mal); F fig faire des ~s à qn j-m um den Bart gehen

risible [rizibl(ə)] adj lächerlich; zum Lachen reizend

risorius [rizɔrjys] m anat Lachmuskel m

risotto [rizɔto] m cuis Ri'sotto m

risque [risk] m Risiko n (auch comm u Versicherungswesen); Gefahr f; Wagnis n; ~ d'accident Unfallgefahr f, -risiko n; ~ d'aggravation Gefahr der Verschlimmerung; les ~s du métier das Berufsrisiko; goût m du ~ cf goût 4.; comm prime f de ~ Risikoprämie f; adit e-s Autos assurance f tous ~s 'Vollkaskoversicherung f; ♦ loc/adv: à mes, tes, etc ~s et périls auf eigene Gefahr; comm aux ~s et périls du destinataire auf Rechnung und Gefahr des Empfängers; sans aucun ~ ohne irgendein Risiko; risikolos; loc/adj Unternehmen etc plein de ~s voller Risiken; risikoreich; loc/prép au ~ de (+inf) auf die Gefahr hin zu (+inf); au ~ d'être mal compris auf die Gefahr hin, 'mißverstanden zu werden; ♦ s'assurer contre le ~ d'incendie e-e Feuerversicherung eingehen, abschließen; il n'y a pas grand ~ à agir ainsi es besteht kein großes Risiko, wenn man so handelt; comporter des ~s mit Risiken verbunden sein; courir un ~, s'exposer à un ~ sich e-r Gefahr aussetzen; ein Risiko auf sich nehmen; courir le ~ de (+inf) Gefahr laufen, riskieren zu (+inf); c'est un ~ à courir das Risiko muß man auf sich nehmen; prendre un ~, des ~s, ses ~s ein Risiko, Risiken eingehen, auf sich nehmen

risqué [riske] adj gewagt; ris'kant

risquer [riske] I v/t 1. Leben, Geld, guten Ruf etc ris'kieren; aufs Spiel setzen; Leben auch einsetzen; ~ qc Anspielung, Vergleich, Blick etc ris'kieren; wagen; ~ le coup es riskieren; F ~ un œil, sa tête à la fenêtre es wagen, aus dem Fenster zu sehen, ans Fenster zu treten; ~ le tout pour le tout alles aufs Spiel, auf e-e Karte setzen; ~ gros cf gros II 2.; marchandises bien emballées qui ne risquent rien . . . bei denen kein Risiko, keine Gefahr besteht; qu'est-ce qu'on risque? was riskiert man schon?; qui ne risque rien n'a rien frisch gewagt ist halb gewonnen (prov); wer wagt, gewinnt (prov); 2. Gefahr laufen zu (+inf); ~ des ennuis Gefahr laufen, Ärger zu bekommen; sich Schererei en aussetzen; ~ la mort sich in Lebensgefahr begeben; il risqua la prison auch ihm droht e-e Gefängnisstrafe; ~ que (+subj) Gefahr laufen, riskieren, daß . . .; 3. ~ de (+inf) a) Person Gefahr laufen zu (+inf); drohen zu (+inf); il risquait de s'étouffer er drohte zu ersticken; ~ de tomber Gefahr laufen zu fallen; par ext ce cheval risque de gagner la course dieses Pferd könnte das Rennen gewinnen, gewinnt vielleicht das Rennen; b) Sache die Gefahr in sich bergen, mit sich bringen zu (+inf); drohen zu (+inf); unpersönlich il risque de pleuvoir es droht Regen; F le magasin risque d'être fermé das Geschäft ist wahrscheinlich geschlossen, könnte vielleicht geschlossen sein; le temps risque de changer das Wetter könnte sich ändern; **II** v/pr se ~ dans une affaire sich auf ein Geschäft einlassen; ein Geschäft ris'kieren; ne pas se ~ dans la rue sich nicht auf die Straße wagen, trauen; se ~ à faire des observations es wagen, sich trauen, Bemerkungen zu machen; je ne m'y risquerai pas ich werde mich nicht darauf einlassen; ne t'y risque pas! laß die Finger davon!

risque-tout [riskətu] m ⟨inv⟩ Draufgänger m; Wag(e)hals m; adit être ~ draufgängerisch, waghalsig sein

riss [ris] m géol Rißeiszeit f

rissole [risɔl] f cuis (Art) Fleischpastete f

rissoler [risɔle] v/t (faire) ~ goldbraun braten, backen; bräunen; adit rissolé goldbraun; F fig se laisser ~ sur la plage sich am Strand bräunen, F braten lassen

ristourn|e [risturn] f 1. comm Rückvergütung f (auch von Versicherungsbeiträgen etc); par ext Preisnachlaß m; faire une ~ à qn j-m e-e Rückvergütung, e-n Preisnachlaß gewähren; 2. jur e-r Seeversicherung Ri'storno m od n; Rücknahme f; ~er v/t 1. comm rückvergüten; 2. Seeversicherung zu'rücknehmen

Rital [rital] arg m ⟨pl -als⟩ Itali'ener m; P Itaker m; Makka'roni m; Spa'ghettifresser m

rite [rit] m 1. rel Ritus m; Kulthandlung f; ~ byzantin, romain byzantinischer, römischer Ritus; ~s maçonniques Riten der Freimaurer; Völkerkunde ~s d'initiation Initiati'onsriten m/pl; 2. fig Brauch m; Gepflogenheit f

ritournelle [riturnɛl] f 1. mus Ritor'nell n; 2. fig alte Leier; c'est toujours la même ~ es ist immer die alte Leier

ritual|isme [rityalism(ə)] m rel Ritua-'lismus m; ~iste m Ritua'list m

rituel [rityɛl] I adj ⟨~le⟩ 1. rel ritu'ell; Tanz auch kultisch; meurtre ~ Ritu'almord m; 2. par ext Geste etc gewohnheitsmäßig; II m 1. rel u fig Ritu'al n; (gottesdienstliches) Brauchtum f; 2. égl cath Ritu'ale n; Ritu'albuch n

rivage [riva3] m Küstenstrich m, -streifen m; Küste f; (Meeres)Ufer n; poét Gestade n; géogr, jur ~ de la mer (Meeres)Strand m

riv|al [rival] ⟨pl -aux⟩, ~ale I m,f Ri'vale m, Ri'valin f; in der Liebe auch Nebenbuhler(in) m(f); Sportler, Ware etc sans ~ unübertroffen; konkur'renzlos; II adj rivali'sierend

rival|iser [rivalize] v/i rivali'sieren, wetteifern (avec qn ou qc mit j-m in etw [dat]); ~ d'élégance avec qn mit j-m in der Eleganz wetteifern; ~ité f Rivali'tät f; Wettstreit m; Wetteifer m

rive [riv] f 1. Ufer n; ~ droite, gauche rechtes, linkes Ufer; par ext in Paris rechtes, linkes Seineufer; habiter ~ gauche auf dem linken Seineufer wohnen; adit la mode ~ gauche etwa die Mo'dellkonfektion (der Couturiers); 2. tech e-r Brücke poutres f/pl de ~ Randträger m/pl

river [rive] v/t 1. Nagel etc 'um-, breitschlagen; par ext Blechteile etc (ver)nieten; F fig ~ son clou à qn cf clou 1.; ~ (l'un à l'autre) unlösbar (mitein'ander) verbinden, (anein'ander) fesseln; p/p: il est rivé à son travail er ist an s-e Arbeit gefesselt; Augen, Blick être rivé sur qc auf etw (acc) geheftet sein; rester rivé sur place wie angewurzelt dastehen

river|ain [rivrɛ̃] ~aine I m,f e-r Straße, e-s Flughafens etc Anlieger(in) m(f); Anrainer(in) m(f); Anwohner(in) m(f); réservé aux riverains nur für Anlieger; II adj État riverain Anlieger-, Anrainerstaat m; propriétaire riverain d'une route Besitzer m e-s Grundstückes an der Straße

riveraineté [rivrɛnte] f jur Anliegerrecht(e) n(pl)

rivet [rivɛ] m tech Niet m od n; Niete f; Nietbolzen m; ~ bifurqué Zweispitzniet m; ~ tubulaire Rohr-, Hohlniet m; ~ à tête ronde Halbrundniet m

rivetage [rivta3] m tech (Ver)Nieten n; (Ver)Nietung f

riveter [rivte] v/t ⟨-tt-⟩ tech (ver)nieten

riv|eur [rivœr] m Nieter m; ~euse f tech Nietmaschine f; ~ pneumatique Druckluft-, Preßluftnietmaschine f

rivière [rivjɛr] f 1. Fluß m; poisson m de ~ Flußfisch m; 2. sports Wassergraben m; 3. ~ de diamants Dia'mantenhalsband n, -halskette f

rivoir [rivwar] m 1. Niethammer m, -döpper m; Schnellhammer m; 2. cf riveuse

rivulaire [rivylɛr] f bot Spitzhaarblaualge f; sc Rivu'laria f

rivure [rivyr] f tech (Ver)Nieten n; (Ver-)Nietung f; Nietverbindung f; ~ à recouvrement Überlappungsnietung f

rixe [riks] f Schläge'rei f; Prüge'lei f

riz [ri] m Reis m (Pflanze und Körner); ~ au lait Milchreis m; Reisbrei m; potage m au ~ Reissuppe f; poule f au ~ Huhn n mit Reis

rizerie [rizri] f Reis(waren)fabrik f

riziculture [rizikyltyr] f Reis(an)bau m

rizière [rizjɛr] f Reisfeld n

riziforme [rizifɔrm] adj path grains m/pl ~s Reiskörperchen n/pl

riz-pain-sel [ripɛsɛl] arg mil m ⟨inv⟩ Verpflegungsoffizier m

rob [rɔb] m Kartenspiel Robber m

robage [rɔba3] m bei e-r Zigarre Auflegen n des Deckblattes; Decken n

robe [rɔb] f 1. cout Kleid n; ~ bain de soleil Strandkleid n; ~ manteau, princesse, sac, tablier Mantel-, Prin'zeß-, Sack-, Kittelkleid n; ~ d'après-midi, de bal, de baptême Nachmittags-, Ball-, Taufkleid n; ~ de chambre Schlaf-, Morgenrock m; être en ~ de chambre e-n Schlafrock anhaben; fig pommes de terre f/pl en ~ de chambre od des champs Pellkartoffeln f/pl; Kartoffeln f/pl in der Schale; ~ d'été, de fillette, de laine, de mariée, du soir od de soirée Sommer-, Kinder-, Strickbzw Woll-, Braut-, Abendkleid n; 2. der Richter, Anwälte, Professoren etc Robe f; der Geistlichen, Professoren auch Ta'lar m; hist la ~ der Richterstand; gens pl de ~ Richter m/pl und Anwälte m/pl; noblesse f de ~ Amtsadel m; 3. e-r Bohne etc Hülse f; e-r Zwiebel etc Schale f; e-r Frucht auch Haut f; 4. e-s Tieres Fell n; 5. e-r Zigarre Deckblatt n

rober [rɔbe] v/t Zigarren das Deckblatt auflegen (+dat)

roberts [rɔbɛr] P m/pl Brüste f/pl; Busen m; P Bal'kon m; Titten f/pl

robeuse [rɔbøz] f Arbeiterin, die den Zi'garren das Deckblatt auflegt

robinet [rɔbinɛ] m tech Hahn m; fachsprachlich auch Ven'til n; ~ mélangeur Mischbatterie f; ~ à, du gaz Gashahn m; ~ d'arrêt Abstell-, Absperr-, Abschlußhahn m; ~ d'eau froide, d'eau chaude Kalt-, Warmwasserhahn m; F fig ~ d'eau tiède langweiliger Schwätzer; ch de fer ~ de mécanicien Führerbremsventil n; ~ de vidange Ablaßhahn m; fig in der Schule les problèmes m/pl de ~s die Rechenaufgaben, die Volumen, Menge etc e-r Flüssigkeit behandeln; fermer, ouvrir un ~ e-n Hahn ab- od zudrehen, aufdrehen; tourner le ~ den Hahn ab- od zudrehen bzw aufdrehen

robinetier [rɔbin(e)tje] m Arma'turenhersteller m

robinetterie [rɔbinetri] f 1. Arma'turenfabrik f; 2. Arma'tur(en) f(pl)

robinet-vanne [rɔbinɛvan] *m* ‹*pl* robinets-vannes› *tech* Schieber *m*

robinier [rɔbinje] *m bot* Scheinakazie *f*; Ro'binie *f*

robot [rɔbo] *m* 1. *tech* Roboter *m*; 2. *par ext cuis* Mixgerät *n*; Mixer *m*; ~s ménagers E'lektro(küchen)geräte *n/pl*; 3. *fig von e-m Menschen* Auto'mat *m*; 4. *adit* portrait *m* ~ Phan'tombild *n*; Fahndungsskizze *f* (nach Angaben von Zeugen)

robotisation [rɔbotizasjõ] *f* 1. 'Vollautomatisierung *f*; 2. *fig u péj der Menschen* Erziehung *f bzw* Entwicklung *f* zum seelenlosen Auto'maten, zum Roboter

robre [rɔbr(ə)] *m cf* rob

roburite [rɔbyrit] *f* Sprengstoff Robu'rit *m*

robuste [rɔbyst] *adj Mensch, Pflanze etc* ro'bust; 'widerstandsfähig; stark; kräftig; *Person auch* stämmig; vierschrötig; *Gesundheit* ro'bust; eisern; *Motor, Auto etc* ro'bust; 'widerstands-, strapa'zierfähig; sta'bil gebaut; foi *f* ~ unerschütterlicher Glaube (*auch iron*)

robustesse [rɔbystɛs] *f e-r Person, e-s Motors etc* Ro'bustheit *f*; 'Widerstandsfähigkeit *f*; *e-r Person auch* Kraft *f*; Stärke *f*; Stämmigkeit *f*

roc [rɔk] *m* Fels(gestein) *m(n)*; *fig* dur, insensible comme un ~ hart, gefühllos wie ein Stein; *fig* ferme comme un ~ fest wie ein Fels; *fig* bâtir sur le ~ auf Felsen bauen

rocade [rɔkad] *f* 1. *mil* (ligne *f*, voie *f* de) ~ Querverbindung(sstraße) *f*; 2. Um'gehungs-, Entlastungsstraße *f*; 3. *par ext* ~ de verdure Grüngürtel *m*

rocaillage [rɔkajaʒ] *m arch* Muschel-, Grottenwerk *n*

rocaille [rɔkaj] *f* 1. steiniger Boden, Grund; Steinboden *m*; ~ fleurie Steingarten *m*; 2. Grotten-, Muschelwerk *n*; Ro'caille *n of f*; fontaine *f* en ~, voûte *f* de ~ Springbrunnen *m*, Gewölbe *n* mit eingelegten Muscheln, Kieselsteinen *etc*; 3. *adit* style *m* ~ *od subst* ~ *m* Rokoko(stil) *n(m)*; meuble *m* ~ Rokokomöbel *n*

rocailleux [rɔkajø] *adj* ‹-euse› 1. *Weg, Gebäude etc* steinig; 2. *fig Stil* holprig; *Stimme* rauh

rocambolesque [rɔkãbɔlɛsk] *adj* phan'tastisch; abenteuerlich; unglaublich

roccella [rɔksɛla] *f bot* Färberflechte *f*

rocelle [rɔsɛl] *f cf* roccella

rochage [rɔʃaʒ] *m métall* Spratzen *n*

rochassier [rɔʃasje] *m* Bergsteigen (Fels)Kletterer *m*

roche [rɔʃ] *f* 1. Fels(en) *m*; Felsblock *m*; cristal *m* de ~ Bergkristall *m*; eau *f* de ~ klares Quellwasser; *fig* clair comme de l'eau de ~ sonnenklar; *Frost* faire éclater la ~s die Felsen sprengen; forer la ~ den Felsen durch'bohren; 2. *géol* Gestein *n*; ~s calcaires, volcaniques Kalk-, Vul'kangesteine *n/pl*; ~ dure, tendre hartes, weiches Gestein; *bei Erdöl* ~ magasin, réservoir Speichergestein *n*; ~ mère Muttergestein *n* (*auch für Erdöl*)

rocher¹ [rɔʃe] *m* 1. Fels(en) *m*; Felsblock *m*; Felswand *f*; le ~ de Gibraltar der Felsen von Gibraltar; creusé dans le ~ in den Felsen gehauen; faire du ~ (fels)klettern; 2. *anat* Felsenbein *n*; 3. *cuis* a) (*Art*) Kokoshäufchen *n*; b) ~ (au chocolat) *mit Mandelsplittern besetzte, nugatgefüllte Praline*

rocher² [rɔʃe] I *v/t zum Löten* mit Borax bestreuen; II *v/i* 1. *Metalle* spratzen; 2. *Bier beim Gären* schäumen; mous'sieren

rochet [rɔʃɛ] *m* 1. *égl* Ro'chett *n*; Chorhemd *n*; 2. *text* kurze, dicke Spule *f*

tech **roue** *f* à ~ Sperrad *n*

rocheux [rɔʃø] *adj* ‹-euse› felsig; Fels(en)...; côte rocheuse Felsenküste *f*; paroi rocheuse Felswand *f*

rochier [rɔʃje] *m zo cf* roussette 1. *u* labre 1.

rock (and roll) [rɔk(ɛnrɔl)] *m* Tanz Rock and Roll *m*; Rock 'n' Roll *m*

rocking-chair [rɔkiŋ(t)ʃɛr] *m* ‹*pl* rocking-chairs› Schaukelstuhl *m*

rococo [rɔkoko, rɔkɔko] I *adj* ‹*inv*› 1. Rokoko...; meubles *m/pl*, pendule *f*, style *m* ~ Rokokomöbel *pl*, -wanduhr *f*, -stil *m*; 2. altmodisch; verschnörkelt; ab'sonderlich; II *m* Rokoko *n*

rocou [rɔku] *m* Farbstoff Orle'an *m*

rocouer [rɔkwe] *v/t* mit Orle'an färben

rocouyer [rɔkuje] *m bot* Orle'anstrauch *m*

rodage [rɔdaʒ] *m* 1. *tech* a) *e-s Autos* Einfahren *n*; *Aufschrift* voiture en ~ wird eingefahren; b) *von Werkstücken* Einschleifen *n*, -ung *f*; ~ de soupapes Ven'tileinschleifung *f*; 2. *fig von Institution etc* Anlaufzeit *f*; *e-r Person* Einarbeitung *f*

rôdailler [rodaje, -da-] F *v/i* um'her-, her'umstreichen, -streifen

rodéo *od* **rodeo** [rodeo] *m* Ro'deo *m od n*

roder [rɔde] I *v/t* 1. *tech* Auto einfahren; *Ventile etc* einschleifen; läppen; 2. *fig Programm etc* (entwickeln und) vervoll'kommnen; ausbauen; *Rede etc* verbessern; *Theaterstück etc* einstudieren; *adit* rodé geschult; vervollkommnet; *Person* eingearbeitet (à in + *acc*); erfahren (in + *dat*); gewöhnt (an + *acc*); II *v/pr* se ~ sich einspielen; *Person* sich (in s-e Aufgabe) einarbeiten

rôd|er [rode] *v/i* her'um-, um'herstreifen, -streichen; sich her'umtreiben; her'umlungern, -strolchen (*alle dans* in + *dat*); ~ autour de qn, qc j-n, etw um'schleichen; um j-n, etw her'umschleichen; ~eur *m*, ~euse *f* Her'umtreiber(in) *m(f)*

rodoir [rɔdwar] *m tech* Läppwerkzeug *n*

rodomontade [rɔdɔmõtad] *f* Prahle'rei *f*; Aufschnei'de'rei *f*; Großspreche'rei *f*

rodonticide [rɔdõtisid] *m* Rodenti'zid *n*; Mittel *n* zur Bekämpfung schädlicher Nager

rogations [rɔgasjõ] *f/pl égl cath* Bittgänge *m/pl*, -prozessionen *f/pl* (an den drei Tagen vor Himmelfahrt)

rogatoire [rɔgatwar] *adj jur* commission *f* ~ Rechtshilfeersuchen *n*; entendre qn en commission ~ j-n kommis'sarisch vernehmen

rogaton [rɔgatõ] F *m meist pl* ~s (Speise-, 'Über)Reste *m/pl*

rognage [rɔɲaʒ] *m von Papier, Leder, e-s Buches etc* Beschneiden *n*

rogne [rɔɲ] F *f* Gereiztheit *f*; F Stinklaune *f*; être en ~ murren; gereizt sein; F e-e Stinklaune haben; mettre qn en ~ j-n reizen; F j-n in Stinklaune versetzen

rogn|er [rɔɲe] I *v/t* 1. *Buch, Papier etc* beschneiden; *Krallen e-r Katze* schneiden; *Flügel e-s Vogels auch* stutzen; *fig* ~ les ailes à qn j-m die Flügel beschneiden, stutzen; *adit* exemplaire (non) rogné (un)beschnittenes Exemplar; 2. *fig Gehalt* kürzen; *Freiheit* einschränken; beschneiden; *Ruhm* schmälern; *Geldwert* aushöhlen; II *v/t/indir* ~ sur qc an etw (*dat*) sparen; III *v/i* F *cf* (être en) rogne; ~euse *f* Beschneidemaschine *f*

rognon [rɔɲõ] *m* 1. *cuis* Niere *f*; ~ de mouton, de porc Hammel-, Schweineniere *f*; 2. *géol* Knolle(n) *f(m)*

rognonnade [rɔɲɔnad] *f cuis etwa* Kalbsnierenbraten *m*

rognure [rɔɲyr] *f von Papier, Leder etc* Schnitzel *n od m*; Schnipsel *m od n*; Schnippel *m od n*; Abfall *m*; ~s d'ongles

abgeschnittene Fingernägel *m/pl*

rogue¹ [rɔg] *adj* über'heblich; hochmütig; eingebildet

rogue² [rɔg] *f* (Fisch)Rogen *m*

rogué [rɔge] *adj* Rogen enthaltend; poisson ~ Rog(e)ner *m*

rohart [rɔar] *m* Elfenbein *n* (*vom Nilpferd u Walroß*)

roi [rwa, rwɑ] *m* König *m* (*auch beim Schach, Kartenspiel u fig*); *fig auch* Ma'gnat *m*; *par ext* Herrscher *m*; Gebieter *m*; ~ absolu absoluter Herrscher; *hist* ~ très-chrétien der allerchristlichste König; ~ constitutionnel König e-r konstitutionellen Monar'chie; *poét* le ~ des animaux, du désert, des oiseaux der König der Tiere, der Wüste, der Vögel; *Spielkarte* ~ de carreau Karokönig *m*; *myth* le ~ des enfers der Herrscher der 'Unterwelt; *fig* les ~s du pétrole die Ölmagnaten; le ~ des imbéciles der größte aller Schwachköpfe; *hist* le ~ de Rome der König von Rom; galette *f*, gâteau *m* des ~s *cf* galette 1.; jour *m* des ~s Drei'königstag *m*; Heilige Drei Könige; *bibl* livres *m/pl* des ~s Bücher *n/pl* der Könige; *fig* un morceau de ~ *cf* morceau 1.; *hist* de par le ~ im Namen des Königs; *fig* être heureux comme un ~ 'überglücklich sein; tirer les ~s *od* la galette des ~s *cf* galette 1.; *fig* travailler pour le ~ de Prusse für nichts und wieder nichts arbeiten; *loc/prov* le ~ n'est pas son cousin er ist eingebildet; F was der sich bloß einbildet; F là où le ~ va à pied, va seul da, wo der Kaiser zu Fuß hingeht; ♦ *adit* bleu ~ ‹*inv*› königsblau; 2-Sergent *m hist* le ~ der Sol'datenkönig; 2-Soleil *m hist* le ~ der Sonnenkönig

roitelet [rwatlɛ] *m* 1. *zo* a) Goldhähnchen *n*; b) *abus* Zaunkönig *m*; 2. *péj od plais* Duo'dezfürst *m*

rôle [rol] *m* 1. *thé u fig* Rolle *f*; *fig auch* Funkti'on *f*; *thé* petit ~ Nebenrolle *f*; kleine Rolle; *thé* premier ~ Hauptrolle *f*; *auch* Hauptdarsteller(in) *m(f)*; le ~ de la presse die Rolle, Funktion der Presse; *psych* jeu *m* de ~ Rollenspiel *n*; *thé* apprendre, savoir son ~ s-e Rolle lernen, können; avoir le beau ~ gut dastehen; F fein heraus sein; avoir le beau ~ dans une histoire sich am besten aus der Affäre ziehen; avoir, remplir un ~ important dans une affaire in, bei e-r Sache e-e wichtige Rolle spielen; avoir toujours un ~ de premier plan immer e-e wichtige Rolle, die erste Geige spielen; *thé* entrer dans un ~ sich in e-e Rolle hineindenken, -versetzen; ce n'est pas mon ~ de le lui dire es ist nicht meine Angelegenheit, Sache, es ihm zu sagen; *thé* jouer un ~ e-e Rolle spielen, darstellen, verkörpern; (savoir) bien jouer son ~ s-e Rolle gut spielen (*auch fig*); *chim* jouer le ~ d'un catalyseur wie ein, als Katalysator wirken; 2. *adm* Liste *f*; Verzeichnis *n*; Re'gister *n*; Rolle *f*; *e-s Schiffes* ~ d'équipage Musterrolle *f*; Besatzungsliste *f*; ~ d'impôt Steuerliste *f*; *loc/adv* à tour de ~ *cf* tour² 7.; *jur* mettre une cause au ~, sur le ~ e-e Sache in die Terminliste eintragen

rollier [rɔlje] *m zo* Racke *f*; ~ d'Europe Blauracke *f*

rollmops [rɔlmɔps] *m cuis* Rollmops *m*

romain [rɔmɛ̃] I *adj* 1. römisch; *fig* beauté ~e makellose Schönheit; chiffre ~ römische Zahl, Ziffer; histoire ~e römische Geschichte; *hist* la question ~e die römische Frage; 2. *impr* caractères ~s An'tiqua *f*; la'teinische Schrift; 3. *rel* Ritus, Kirche etc* römisch(-katho-

lisch); **II** subst **1.** ♀(e) m(f) Römer(in) m(f); bibl **épître** f aux ♀s Römerbrief m; F fig **un travail de** ♀ F e-e Riesen-, Mordsarbeit; **2.** m impr An'tiqua f; la'teinische Schrift; **imprimé en** ~ in Antiqua gedruckt; **3.** ~e f bot römischer Salat; Bindesalat m; Sommerendivie f; P **être bon comme la** ~e F in der Patsche, in der Tinte sitzen; **4.** ~e f tech Laufgewichts-, Schnellwaage f

romaïque [rɔmaik] **I** adj neugriechisch; **II** subst le ~ das Neugriechische; Neugriechisch n

roman [rɔmã] **I** adj **1.** Kunst, Architektur etc ro'manisch; **2.** ling **langues** ~es ro'manische Sprachen f/pl; par ext lin'guistique ~e roma'nistische Sprachwissenschaft; **philologie** ~e Roma'nistik f; ro'manische Philologie; **II** m **1.** Ro'man m; ~ courtois höfisches Epos; ~ **épistolaire** Briefroman m; ~ **historique** historischer Roman; ~ **noir** Schauer-, Gruselroman m; **le nouveau** ~ der Nouveau Roman; ~ **picaresque** Schelmenroman m; ~ **policier** Krimi'nalroman m; F Krimi m; ~ **à clef(s)** Schlüsselroman m; ~ **d'amour** Liebesroman m; ~ **d'anticipation** Zukunftsroman m; utopischer Roman; ~ **d'aventures, de chevalerie, de mœurs** Abenteuer-, Ritter-, Sittenroman m; ~ **d'épouvante** Horror-, Schauerroman m; **le** ♀ **de la Rose der Rosenroman; le** ♀ **de Renart**, auch **de Renard** der „Roman de Renart"; 'héros m de ~ Romanheld m; Geschichte avoir l'air d'un ~ unwahrscheinlich, unglaublich klingen; **cela n'arrive que dans les** ~s das gibt es nur in Romanen; **c'est tout un** ~ das ist ein ganzer Roman; **sa vie est un vrai** ~ sein Leben ist wie ein Roman; **cela tient du** ~ das klingt ja wie ein Roman; **ils ont vécu un beau** ~ **d'amour** sie haben e-e wunderbare Liebesromanze erlebt; **2.** Kunststil Ro'manik f; **3.** ling ro'manische Volkssprache; Vul'gärlatein n; auch Galloromanisch n

romance [rɔmãs] f **1.** gefühlsbetontes Liebeslied; **pousser la** ~ ein Liebeslied schmettern; **2.** in der spanischen Literatur, Gesangs- od Instrumentalstück Ro'manze f

romancer [rɔmãse] v/t ⟨-ç-⟩ in Ro'manform, als (e-n) Ro'man schreiben; zu e-m Ro'man gestalten; e-n Ro'man machen aus; adit **biographie roman'cée** Biographie f in Form e-s Romans, in Romanform; romanhafte Biographie

romancero [rɔmãsero] m Literaturwissenschaft Roman'zero m

romanche [rɔmãʃ] m in der Schweiz Ro'mantsch n; Ro'maun(t)sch n; Ro'montsch n

romancier [rɔmãsje] m, **~ière** f Romanci'er m; Ro'manschriftsteller(in) m(f); Ro'manautor(in) m(f)

roman-cycle [rɔmãsikl(ə)] m ⟨pl **romans-cycles**⟩ Zyklenroman m; Ro'manzyklus m

romand [rɔmã] adj **la Suisse** ~e die fran'zösische Schweiz

romanesque [rɔmanɛsk] adj **1.** Abenteuer etc ro'mantisch; ro'manhaft, -artig; wie in e-m Ro'man; Person, Phantasie ro'mantisch; schwärmerisch; subst **le** ~ das Romantische, Schwärmerische; **2.** Ro'man...; **œuvre** f Romanwerk n; **la technique** ~ die Technik des Romans

roman|-feuilleton [rɔmãfœjtɔ̃] m ⟨pl **romans-feuilletons**⟩ Fortsetzungs-, Zeitungsroman m; par ext billiger Liebesroman; Drei'groschenroman m; **~-fleuve** m ⟨pl **romans-fleuves**⟩ langer Ro'man; F Wälzer m

romani [rɔmani] m cf **romanichel**

romanichel(le) [rɔmaniʃɛl] m(f) Zi'geuner(in) m(f)

romanisant [rɔmanizã] adj **1.** ling roma'nistisch; **2.** rel der römisch-katholischen Kirche nahekommend

romanisation [rɔmanizasjɔ̃] f hist, ling Romani'sierung f

romaniser [rɔmanize] v/t **1.** hist Land, Volk romani'sieren; **2.** in anderen Schriftzeichen geschriebenen Text in la'teinischer Schrift 'wiedergeben; **3.** rel der römisch-katholischen Kirche zuführen; **II** v/i rel römisch-katholisch eingestellt sein

romaniste [rɔmanist] m **1.** ling, jur, in der Malerei Roma'nist m; **2.** rel Anhänger m des römisch-katholischen Ritus, des Papstes

romano [rɔmano] m cf **romanichel**

roman-photo [rɔmãfoto] m ⟨pl **romans-photos**⟩ Fotoroman m

romantique [rɔmãtik] **I** adj Kunst, Wesen, Landschaft etc der Ro'mantik; Dichter etc der Ro'mantik; **II** m Ro'mantiker m

romantisme [rɔmãtism(ə)] m **1.** in der Literatur, Malerei, Musik Ro'mantik f; **le** ~ **allemand, français** die deutsche, französische Romantik; **2.** par ext **le** ~ **des surréalistes** die ro'mantischen Züge m/pl der Surrealisten

romarimontain [rɔmarimɔ̃tɛ̃] adj (u subst ♀ Einwohner) von Remiremont

romarin [rɔmarɛ̃] m bot Rosmarin m

rombière [rɔ̃bjɛr] f F **(vieille)** ~ f alte Schachtel

rompre [rɔ̃pr(ə)] ⟨je romps, il rompt, nous rompons; je rompais; je rompis; je romprai; que je rompe; rompant; rompu⟩ **I** v/t Vertrag, Schwur, Schweigen brechen; Vertrag, Abkommen auch verletzen; Beziehungen, Verbindungen, Verhandlungen, Unterhaltung, Fasten, st/s: Zweig, Ast abbrechen; Schnur etc zerreißen; Verlobung, Zauber lösen; Geschäft rückgängig machen; Verpflichtung aufheben; Gleichförmigkeit, Monotonie unter'brechen; Gleichgewicht stören; Joch abschütteln; abwerfen; st/s: Umkreisung, feindliche Stellungen, Fluß: Damm durch'brechen; mil feindliche Einheit zerschlagen; Farben abtönen; agr stürzen; 'umpflügen; fig ~ **ses chaînes** s-e Ketten, Fesseln sprengen; fig **le charme est rompu** die Illusion, der Zauber ist verflogen, da'hin; ~ **les chiens** a) ch die Hunde zu'rückrufen; b) fig e-e Unter'redung abbrechen; text ~ **la laine** die Wolle mischen; esc ~ **la mesure** pa'rierend zu'rückweichen; ~ **les os à qn** j-m die Knochen brechen; par ext j-m e-e Tracht Prügel verabreichen; ~ **le pain** das Brot brechen; mil ~ **les rangs** wegtreten; **rompez (les rangs)!** wegtreten!; fig ~ **la tête, les oreilles à qn** a) j-m die Ohren 'vollschreien; b) j-m in den Ohren liegen; **applaudir à tout** ~ tosenden Beifall spenden; **II** v/i brechen; F Schluß machen **(avec qn** mit j-m); ~ **avec une habitude, tradition** mit e-r Gewohnheit, Tradition brechen; **ils ont rompu** sie haben miteinander gebrochen; F sie haben Schluß gemacht; **III** v/pr **se** ~ **le cou** (zer)reißen; Eis brechen; Zweig etc (ab)brechen; **se** ~ **les os** sich die Knochen brechen

rompu [rɔ̃py] p/p von **rompre** u adj **1.** **être** ~ **(de fatigue)** wie gerädert, wie zerschlagen, angegriffen, mitgenommen sein; **j'ai les membres** ~s meine Glieder sind wie zerschlagen; **2.** **être** ~ **à qc** in etw (dat) bewandert, erfahren sein; mit etw vertraut sein; **être** ~ **aux affaires** geschäftstüchtig sein; **3.** st/s **être** ~ **à**

qc an etw (acc) gewöhnt sein; **être** ~ **à la fatigue** an Strapazen gewöhnt, abgehärtet sein; **4. à bâtons** ~s cf **bâton 1.**

romsteck [rɔmstɛk] m cuis Rumpsteak ['rumpstɛːk] n

ronce [rɔ̃s] f **1.** bot Brombeerstrauch m; ~s pl auch Brombeerranken f/pl, -gestrüpp n; **feuille** f **de** ~ Brombeerblatt n; **2.** ~ **artificielle** Stacheldraht m; **3.** gewisser Hölzer Maserung f

ronc|eraie [rɔ̃srɛ] f mit Brombeergestrüpp bewachsenes Gelände; **~eux** adj ⟨-euse⟩ **1.** Holz gemasert; **2.** mit Brombeergestrüpp über'wachsen, bewachsen

ronchon [rɔ̃ʃɔ̃] **I** adj ⟨nur m⟩ brummig; **elle est** ~ F sie ist ein Brummbär; **II** m **(vieux)** ~ F (alter) Brummbär

ronchonnement [rɔ̃ʃɔnmã] F m Nörgeln n; Nörge'lei f; F Meckern n; Gemecker n; Gebrumme n

ronchonn|er [rɔ̃ʃɔne] F v/i nörgeln; brummen; brummig sein; knurren; F meckern; **~eur, ~euse I** F m,f Nörgler(in) m(f); F Meckerer m, Meckerziege f; **II** F adj brummig; knurrig

ronc|ier [rɔ̃sje] m od **~ière** f Brombeerbusch m

rond [rɔ̃] **I** adj ⟨**ronde** [rɔ̃d]⟩ **1.** Gegenstand rund (auch Zahl, Betrag); Person, Körperteil rund(lich); dick; F **une petite femme toute** ~e e-e kleine mollige Frau; tech **lime** ~e Rundfeile f; cout **pli** ~ Quetschfalte f; cf table **4.**; hist **Têtes** ~es Rundköpfe m/pl; **ventre** ~ dicker Bauch; ~ **comme une boule** kugelrund; **faire des yeux** ~s große Augen machen; par ext **gagner une somme assez** ~e e-e anständige Summe Geld verdienen; **2.** Person ~ **en affaires** schnell von Entschluß; cf auch **rondement; 3.** F besoffen; voll; blau; **il est complètement** ~ F er ist völlig, total besoffen, blau (wie ein Veilchen); **II** adv **dire les choses tout** ~ die Dinge beim rechten Namen nennen; **tourner** ~ a) Motor gut laufen; b) fig gut gehen; F klappen; F fig **ça ne tourne pas** ~ **chez toi** F du hast wohl ein Rädchen zuviel; **bei dir ist wohl e-e Schraube locker; qu'est-ce qui ne tourne pas** ~? was ist denn los?; was hast du denn?; **III** m **1.** Kreis m; Ring m; ~ **de fourneau** Herdring m; ~ **de fumée** Rauchring m; **faire des** ~s **de fumée** beim Rauchen Ringe blasen; ~ **de serviette** Servi'ettenring m; loc/adv **en** ~ im Kreis; **s'asseoir, danser en** ~ sich im Kreis setzen, im Kreis tanzen; **tourner en** ~ sich im Kreis drehen (auch fig); F fig **en rester comme deux** ~s **de flan** F vor Staunen den Mund nicht mehr zukriegen; ganz verdutzt, platt, baff sein; **faire, tracer des** ~s Kreise ziehen; **2.** F (sou) **avoir des** ~s Geld (wie Heu) haben; **il n'a pas le** ~ er hat keinen Pfennig; **3.** anat **le grand, le petit** ~ der große, der kleine Rundmuskel; **4.** des Arms, Beins kreisende Bewegung; fig **faire des** ~s **de jambe** herumschwänzeln; katzbuckeln

rondache [rɔ̃daʃ] f hist Rundschild m

rond-de-cuir [rɔ̃dkɥir] m ⟨pl **ronds-de-cuir**⟩ péj Büro'krat m; Bü'romensch m

ronde [rɔ̃d] f **1.** e-s Nachtwächters, Wachsoldaten etc Runde f; Rund-, Kon'trollgang m; par ext Streife f; mil auch Ronde f; Rembrandt ♀ **de nuit** Nachtwache f; **contrôleur** m **de** ~ Kontrolluhr f; **faire sa, une, la** ~ s-e, e-e, die Runde machen; ♦ loc/adv **à la** ~ a) im 'Umkreis; in der Runde; b) im Kreis (her'um); reih'um; von Hand zu Hand; **à dix lieues à la** ~ im Umkreis von zehn Meilen; **faire passer qc à la** ~ etw

reihum gehen lassen; **2.** Rundtanz *m*;
Reigen *m*; ~ **enfantine** Ringelreihen *m*;
Kinder **faire la ~** Ringelreihen spielen,
tanzen; **3.** *Schriftart* Rundschrift *f*; Ron-
de *f*; **4.** *mus* ganze Note
rondeau [rõdo] *m* ⟨*pl* ~**x**⟩ **1.** *Gedicht-
form* Ron'deau *n*; **2.** *mus cf* **rondo**
ronde-bosse [rõdbɔs] *m* ⟨*pl* rondes-
-bosses⟩ Hochrelief *n*
rondelet [rõdlɛ] *adj* ⟨~**te**⟩ **1.** *Person*
rundlich; dicklich; füllig; *Frau auch* mol-
lig; *Mädchen auch* pummelig; *Bauch
auch* stattlich; **main** ~**te** Patschhänd-
chen *n*; **2.** *Portemonnaie* prall gefüllt;
une somme ~**te** ein nettes, hübsches,
stattliches Sümmchen
rondelle [rõdɛl] *f* **1.** Scheibe *f*; ~ **de
citron, de saucisson** Zi'tronen-,
Wurstscheibe *f*; **couper en** ~**s** in Schei-
ben schneiden; **2.** *tech* 'Unterlegscheibe
f; *auch* Dichtungsring *m*; ~ **éventail**
Fächerscheibe *f*; ~ **Grower** Federring
m; ~ **en caoutchouc** Gummiring *m*,
-scheibe *f*; **3.** *des Skistockes* Schnee-
teller *m*
rondement [rõdmã] *adv* **1.** flink;
prompt; zügig; schnell; eifrig; mit
Schwung, Nachdruck; **mener une af-
faire** ~ ein Geschäft flink, prompt *etc*
abwickeln; **2.** ohne 'Umschweife; ge-
radeher'aus; **y aller** ~ unbeirrt, gerade
auf sein Ziel lossteuern, losgehen
rondeur [rõdœr] *f* **1.** *von Körperteilen*
Rundung *f*; F ~**s** *pl* (weibliche) Rundun-
gen; **2.** *fig* Geradheit *f*; Ungezwungen-
heit *f*; Freimut *m*; **traiter qn avec** ~ mit
j-m freimütig, ungezwungen umgehen
rondier [rõdje] *m bot* Pal'myrapalme *f*
rondin [rõdɛ̃] *m* **1.** *bât* Rundstamm *m*,
-holz *n*; **cabane** *f* **en** ~**s** Blockhütte *f*,
-haus *n*; **2.** *Brennmaterial* Knüppelholz *n*
rondo [rõdo] *m mus* Rondo *n*
rondouillard [rõdujar] *adj Person*
wohlbeleibt; füllig; feist
rond-point [rõpwɛ̃] *m* ⟨*pl* ronds-
-points⟩ runder Platz; Stern *m*
ronéo [rɔneo] *f* ⟨*nom déposé*⟩ Vervielfälti-
gungsapparat *m*, -gerät *n*
ronéoter [rɔneɔte] *v*/*t cf* **ronéotyper**
ronéotyper [rɔneɔtipe] *v*/*t* (mittels Ma-
'trize) vervielfältigen; **machine** *f* **à** ~ *cf*
ronéo
ronflant [rõflã] *adj* **1.** *Person* schnar-
chend; *Motor etc* brummend; *Ofen* bul-
lernd; **2.** *fig u péj Worte, Titel etc*
hochtrabend, -tönend; *Reden auch* groß-
sprecherisch, -spurig, F -kotzig; *Stimme*
erhoben; em'phatisch
ronflement [rõfləmã] *m* **1.** *e-r Person*
Schnarchen *n*; **2.** *e-s Motors* Brummen *n*;
e-s Ofens Bullern *n*; *des Meeres etc*
Brausen *n*; Rauschen *n*
ronfl|er [rõfle] *v*/*i* **1.** *Person* schnarchen;
~ **comme une forge** *od* **un soufflet de
forge** fürchterlich schnarchen, F sägen;
2. *Motor* brummen; *Ofen* bullern; ~**ette**
f F **faire une** ~ ein Schläfchen machen;
~**eur** *m*, ~**euse** *f* Schnarcher(in) *m*(*f*);
2. ⟨*nur m*⟩ *e-s Telefons* Summer *m*
ronger [rõʒe] ⟨-geons⟩ **I** *v*/*t* **1.** nagen
(**qc an etw** [*dat*]); an-, be-, zernagen;
Wurm: Holz zerfressen; ~ **son frein**
Person s-n Ärger verbeißen, hin'unter-
schlucken; s-e Ungeduld nicht merken
lassen; *Pferd* auf s-m Gebiß kauen; *Hund*
~ **un os** an e-m Knochen nagen; **e-n
Knochen** abnagen; *fig* **donner un os à
~ à qn** j-m etw zum Fraß vorwerfen, *par
ext* etw zukommen lassen (, um ihn zu-
nächst zufriedenzustellen); *p*/*p Holz*
rongé **par les vers** wurmstichig; **2.** *par
ext Rost: Eisen, Säure: Metall etc* zer-
fressen; angreifen; *Säure: Metall auch*
ätzen; **la mer ronge les falaises** das
Meer nagt an der Steilküste; *p*/*p: Metall*

rongé **par la rouille** rostzerfressen;
verrostet; 'durchgerostet; *Gebäude etc*
rongé **par le temps** verwittert; **3.** *fig
Kummer, Eifersucht etc* ~ **qn** an j-m
nagen, fressen; j-n quälen, peinigen; j-m
keine Ruhe lassen; **II** *v*/*pr* **4.** **se** ~ **les
ongles** an den Nägeln kauen; **5.** *fig* **se** ~
d'ennui, d'inquiétude vor Langeweile,
Unruhe vergehen
rongeur [rõʒœr] **I** *adj* ⟨-**euse**⟩ nagend
(*auch fig*); **mammifère** ~ Nagetier *n*; **II**
m/*pl zo* ~**s** Nager *m*/*pl*; Nagetiere *n*/*pl*;
un ~ ein Nager, Nagetier
ronier [rɔnje] *m cf* **rondier**
ronron [rõrõ] *m* **1.** *e-r Katze* Schnurren
n; **faire** ~ schnurren; **2.** *e-s Motors etc*
Surren *n*; Schnurren *n*; Brummen *n*;
Summen *n*
ronronn|ement [rõrɔnmã] *m cf* **ron-
ron**; ~**er** *v*/*i* **1.** *Katze* schnurren; **2.**
Motor etc surren; schnurren; brummen;
summen
röntgen [rœntgɛn] *m* (*abr* R) *phys* Rönt-
gen *n* (*abr* R)
rooter [rutœr] *m tech cf* **ripper**
roque [rɔk] *m beim Schach* Ro'chade *f*
roquefort [rɔkfɔr] *m Käsesorte* Roque-
'fort *m*
roquer [rɔke] *v*/*i beim Schach* ro'chieren
roquet [rɔkɛ] *m* **1.** *Hund* (kleiner) Kläffer
(*auch fig von e-m Menschen*); **2.** *zo* (*Art*)
Mops *m*
roquetin [rɔktɛ̃] *m text* Seidenspule *f*
roquette [rɔkɛt] *f* **1.** *mil* Ra'kete(nge-
schoß) *f*(*n*); **2.** *bot* R(a)uke *f*; Ölrauke *f*
rorique [rɔrik] *adj élect* **figure** *f* ~
Hauchfigur *f*
rorqual [rɔrkwal] *m zo* Finnwal *m*
rosace [rozas] *f* Ornament, *bes arch*
Ro'sette *f*; *von Kirchenfassaden auch* Fen-
sterrose *f*; ~ **à cinq branches** fünfblätt-
rige Rosette; ~ **de fil** gestickte Rosette
rosacé [rozase] *adj* **1.** *bot* rosenartig; **2.**
path **acné** ~**e** *cf* **rosacée**; **II** *subst* **1.** *bot*
~**es** *f*/*pl* Rosengewächse *n*/*pl*; Rosa'zeen
pl; **une** ~**e** ein Rosengewächs; **2.** *path* ~**e**
f Kupfer-, Rotfinnen *pl*; *sc* Ro'sazea *f*
rosaire [rozɛr] *m rel* Rosenkranz *m* (*mit
150 Ave-Maria-Perlen*); **dire, réciter** son ~
den Rosenkranz beten
rosaniline [rozanilin] *f chim* Rosani-
'lin *n*
rosat [roza] *adj* ⟨*inv*⟩ Rosen...; **pom-
made** *f* ~ Lippenpomade, der ein Ro-
senextrakt zugesetzt wurde
rosâtre [rozɑtr(ə)] *adj* schmutzigrosa
rosbif [rɔsbif] *m cuis* Roastbeef ['rɔst-
bi:f] *n*
rose[1] [roz] *f* **1.** *bot* Rose *f*; ~ **cent-
-feuilles** Zenti'folie *f*; ~ **thé** Teerose *f*;
~ **de Jéricho** Rose von Jericho; Jeri-
chorose *f*; ~ **de Noël** Christ-, Weih-
nachts-, Schneerose *f*; **bois** *m* **de** ~
Rosenholz *n*; **confiture** *f* **de** ~ Rosen-
konfitüre *f* (*aus Rosenblättern*); **eau** *f* **de**
~ Rosenwasser *n*; *fig* **Roman, Film à
l'eau de** ~ kitschig; sentimental; F
envoyer qn sur les ~**s** j-n weg-, fort-
schicken; j-n (schroff) abweisen; j-m e-n
Korb geben; **être frais comme une** ~
frisch wie der junge Morgen aussehen;
taufrisch sein; **ne pas sentir la** ~ nicht
gerade gut riechen; *prov* **pas de** ~**s sans
épines** keine Rose ohne Dornen (*prov*);
2. *arch* Fensterrose *f*; Ro'sette *f*; **3.** *météo*
~ **des vents** Wind-, Kompaßrose *f*;
päpstlicher Orden ~ **d'or** Goldene
Rose; **5.** (**diamant** *m* **en**) ~ Ro'sette *f*
rose[2] [roz] **I** *adj* **1.** rosa-, hell-, blaß-,
zart-, mattrot; rosafarben; rosig; ~ **clair**
⟨*inv*⟩ hellrosa; **2.** *fig* rosig; **ce n'est pas
(tout)** ~ das ist nicht gerade rosig; **II** *m*
Rosa *n*; ~ **bonbon** Bon'bonrosa *n*; ~
tendre, vif zartes, lebhaftes Rosa; ~
orangé Rosa, das ins Orange geht;

vieux ~ Altrosa *n*; *fig* **voir la vie en** ~,
voir tout en ~ das Leben, alles durch e-e
rosarote Brille, in rosigem Licht, in
rosigen Farben sehen
rosé [roze] *adj* zartrosa; ro'sé; **beige** ~
ins Zartrosa gehendes Beige; **vin** ~ *od
subst* ~ *m* Rosé(wein) *m*; Schillerwein *m*;
Bleichert *m*; **du** ~ **d'Anjou** Roséwein
aus dem Anjou
roseau [rozo] *m* ⟨*pl* ~**x**⟩ *bot* Schilf(rohr)
n; Ried *n*; *Person* **frêle comme un** ~
zerbrechlich wie e-e Porzellanfigur; **can-
ne** *f* **en** ~ Angelrute *f* aus Schilfrohr;
Pascal **l'homme est un** ~ **pensant** der
Mensch ist ein Schilfrohr, das denkt
rose-croix [rozkrwa] ⟨*inv*⟩ **1.** *f* Rosen-
kreu(t)zer *m*/*pl*; **2.** *m* (Mitglied *n* der)
Rosenkreu(t)zer *m*
rosée [roze] *f* Tau *m*; ~ **du matin**
Morgentau *m*; *météo* **point** *m* **de** ~
Taupunkt *m*; *Fleisch, Gemüse* **tendre
comme la** ~ sehr zart
rosel|ier [rozəlje] *adj* ⟨-**ière**⟩ mit Schilf
bewachsen; ~**ière** *f* Röhricht *n*
roséole [rozeɔl] *f path* Rose'ole *od* Ro-
se'ola *f*
roseraie [rozrɛ] *f* Rosengarten *m*; Ro'sa-
rium *n*
rosette [rozɛt] *f* **1.** (mehrfach ge-
bundene) Schleife; Ro'sette *f*; *bes* Or-
densbandschleife *f*; **avoir la** ~ Offizier *m*
der Ehrenlegion sein; **2.** *bot* **en** ~ roset-
tenartig; **feuilles** *f*/*pl* **en** ~ Blattrosette *f*
rosier [rozje] *m bot* Rosenstrauch *m*,
-stock *m*; Rose *f*; ~ **grimpant** Kletter-
rose *f*; ~ **polyantha** Poly'antharose *f*; ~
sur tige Hochstammrose *f*
rosière [rozjɛr] *f früher* Mädchen, dem
wegen s-r Tugendhaftigkeit ein Kranz
aus Rosen aufgesetzt wurde; F *plais* **la** ~
du pays die Tugend in Person
rosiériste [rozjerist] *m,f* Rosen-
züchter(in) *m*(*f*)
ros|ir [rozir] *v*/*i* zart, leicht erröten;
~**issement** *m* zartes, leichtes Erröten
rossard [rɔsar] *subst u adj cf* **rosse** I, **2.** *u*
II
rosse [rɔs] **I** *f* **1.** *litt* (*mauvais cheval*)
Schindmähre *f*; Klepper *m*; **2.** F (*personne
méchante*) gemeine Per'son; Leute-
schinder *m*; F gemeiner Kerl; **II** F *adj*
gemein; hart; streng; scharf; erbar-
mungslos; F hundsgemein; **être** ~ **avec
qn** zu j-m gemein sein
rossée [rɔse] F *f* (Tracht *f*) Prügel *pl*; F
Keile *pl*; Haue *f*; Dresche *f*; Abreibung
f; *nordd auch* Senge *pl*; Kloppe *f*; **flan-
quer une** ~ **à qn** j-m e-e Tracht
Prügel *etc* verpassen, verabreichen; *cf
auch* **flanquer**[2]; **recevoir une** ~ *cf*
recevoir 2.
rosser [rɔse] *v*/*t* verprügeln; F verhauen;
verdreschen; versohlen; 'durchbleuen;
nordd verkloppen; *par ext* F **in e-m
Wettkampf, Fußballspiel etc** **ils se sont
fait joliment** ~ sie haben ordentlich
Keile, Prügel gekriegt
rosserie [rɔsri] F *f* Gemeinheit *f*; übler
Streich; **dire des** ~ **à qn** j-m Gemein-
heiten sagen; **il est d'une** ~! F ist der
gemein!; **faire une** ~ **à qn** j-m e-n üblen
Streich spielen
rossignol [rɔsiɲɔl] *m* **1.** Nachtigall *f*;
chanter comme un ~ wie e-e Nachti-
gall singen; **2.** Dietrich *m*; **3.** F Ladenhü-
ter *m*
rossinante [rɔsinɑ̃t] *litt u plais* F Schind-
mähre *f*; Klepper *m*
rossolis [rɔsɔli] *m bot* Sonnentau *m*
rostre [rɔstr(ə)] *m* **1.** *römische Antike*
Schiffsschnabel *m*; ~**s** *pl* Rostra *f*; **2.** *zo*
Rostrum *n*
rot [ro] *m* F Rülpser *m*; Rülps *m*; *Säugling*
faire un ~ (ein) Bäuerchen machen;
lâcher un ~ rülpsen

rôt [ro] *litt m* Braten *m*

rotacé [rɔtase] *adj bot* radförmig

rotang [rɔtɑ̃g] *m bot* Rotan(g) *m*; Rotangpalme *f*

rotangle [rɔtɑ̃gl(ə)] *cf* rotengle

rotarien [rɔtarjɛ̃] **I** *adj* ⟨-ne⟩ ro'tarisch; **II** *m* Ro'tarier *m*; Mitglied *n* des Rotaryklubs

rotateur [rɔtatœr] *adj u subst m anat* (muscle *m*) ~ Dreher *m*; Drehmuskel *m*; *sc* Ro'tator *m*

rotatif [rɔtatif] *adj* ⟨-ive⟩ Dreh...; Rotati'ons...; drehend; kreisend; ro'tierend; *tech* foreuse rotative Drehbohrer *m*; mouvement ~ Drehbewegung *f*; *tech*: moteur *m* à piston ~ Drehkolben-, Kreiskolben-, Rotationskolbenmotor *m*; pompe rotative Rotations-, Drehkolbenpumpe *f*

rotation [rɔtasjɔ̃] *f* **1.** (Um')Drehung *f*; Rotati'on *f*; Drehen *n*; Drehbewegung *f*; ~ de la Terre Erdumdrehung *f*; axe *m*, centre *m*, sens *m* de ~ Drehachse *f*, -punkt *m*, -richtung *f*; exécuter une ~ e-e Drehung (um e-r Person od e-e Achse) ausführen; **2.** *comm* 'Umschlag *m*; 'Umsatz *m*; ~ des capitaux Kapi'talumsatz *m*; *écon* ~ du personnel Fluktuati'onsgrad *m* der Belegschaft (e-s Betriebes); Perso'nalwechsel *m*; ~ des stocks Lagerumschlag *m*

rotativ|e [rɔtativ] *f impr* Rotati'onsmaschine *f*, -presse *f*; ~iste *m impr* Arbeiter *m* an der Rotati'onsmaschine; Rotati'onsdrucker *m*

rotatoire [rɔtatwar] *adj* Dreh...; Rotati'ons...; Kreis...; mouvement *m* ~ Drehbewegung *f*

rote [rɔt] *f égl cath* ~ romaine Rota Ro'mana *f*

rotengle [rɔtɑ̃gl(ə)] *m zo* Rotfeder *f*; Unechtes Rotauge *n*

roténone [rɔtenɔn] *f phm* Rote'non *n*

roter [rɔte] *v/i* **1.** F rülpsen; **2.** P *fig* en ~ es schwer haben; il lui en a fait ~ er hat es ihm schwer gemacht

rôti [roti, rɔ-] **I** *m* Braten *m*; ~ de bœuf, de porc, de veau Rinder-, Schweine-, Kalbsbraten *m*; **II** *adj* gebraten; Brat...; poulet ~ cf poulet 1.

rôtie [roti, rɔ-] *f cuis* geröstete Brotschnitte; Röstbrot *n*; Toast [tɔːst] *m*

rotifères [rɔtifɛr] *m/pl zo* Rädertiere *n/pl*, -tierchen *n/pl*; Rota'torien *pl*

rotin¹ [rɔtɛ̃] *m* Spanisches Rohr; Peddigrohr *n*; fauteuil *m* de, en ~ Korbsessel *m*

rotin² [rɔtɛ̃] *m* n'avoir plus un ~ keinen Pfennig, nicht e-n (roten) Heller mehr haben

rôtir [rotir, rɔ-] **I** *v/t* Fleisch (faire) ~ braten; ~ à la broche am Spieß braten; faire ~ à petit feu auf kleiner Flamme schmoren lassen; ~ sur le gril grillen; auf dem Rost braten; **II** *v/i* braten (*auch* F *fig* von *Person*); mettre un poulet à ~ ein Hühnchen zum Braten aufsetzen; **III** *v/pr* se ~ (au soleil) sich (in der Sonne) braten lassen

rôtiss|age [rotisaʒ, rɔ-] *m* von *Fleisch* Braten *n*; ~erie *f* Rotisse'rie *f*; Grillrestaurant *n*; ~eur *m* Grillkoch *m*; Rotis'seur *m*; ~oire *f* Grill(gerät) *m(n)*; ~ électrique E'lektrogrillgerät *n*; ~ à rayons infrarouges Infrarotgrill (-gerät) *m(n)*

roto [rɔto] F *Kurzwort für* rotative *u* rotativiste

rotogravure [rɔtogravyr] *f impr* Rakel-, Kupfertiefdruck *m*

rotonde [rɔtɔ̃d] *f* Rundbau *m*; Ro'tunde *f*; *ch de fer* (Lokomo'tiv)Rundschuppen *m*; en ~ Rund...; rundgebaut

rotondité [rɔtɔ̃dite] *f* **1.** *der Erde etc* Rundheit *f*; runde Form, Gestalt; **2.** *fig*

---

e-r Person Rundlichkeit *f*; Korpu'lenz *f*

rotor [rɔtɔr] *m* **1.** *e-s Hubschraubers* Rotor *m*; tête *f* de ~ Rotorkopf *m*; **2.** *élect* Läufer *m*; Rotor *m*

rotul|e [rɔtyl] *f* **1.** *anat* Kniescheibe *f*; *sc* Pa'tella *f*; F *fig* être sur les ~s ganz erschöpft, F fertig sein; **2.** *tech* Kugelkopf *m*, -zapfen *m*; ~ien *adj* ⟨~ne⟩ Kniescheiben...; réflexe ~ Kniesehnenreflex *m*; *sc* Patel'lar(sehnen)reflex *m*

rotur|e [rɔtyr] *f hist* Nichtadelige(n) *m/pl*; Bürgerstand *m*; *früher péj* Ro'türe *f*; ~ier *hist* **I** *adj* ⟨-ière⟩ nichtadelig; bürgerlich; **II** *subst* ~, roturière *m,f* Nichtadelige(r) *m(f)*; Bürgerliche(r) *f(m)*

rouable [rwabl(ə)] *m Bäckerei* Ofenwisch *m*

rouage [rwaʒ] *m e-s Mechanismus* Rädchen *n* (*auch fig von e-r Person*); ~s *pl* Lauf-, Räderwerk *n*; Getriebe *n*; ~s d'une montre Uhrwerk *n*

rouan [rwɑ̃] **I** *adj* ⟨-anne [-an]⟩ Pferd falb mit dunkler Mähne und dunklem Schweif; **II** *m* Falbe(r) *m* mit dunkler Mähne und dunklem Schweif

rouanne [rwan] *f tech* Reißahle *f*

roublard [rublar] F **I** *adj* durch'trieben; gerissen; **II** *subst* ~(e) *m(f)* gerissener, durch'triebener Bursche, Kerl; F gerissener Hund; *Frau* F schlaues Luder

roublardise [rublardiz] F *f* Gerissenheit *f*; Durch'triebenheit *f*

rouble [rubl(ə)] *m Währungseinheit der Sowjetunion* Rubel *m*

rouchi [ruʃi] *m Mundart aus dem Hennegau*

roucoul|ade [rukulad] *f od* ~ement *m* *der Tauben* Gurren *n*; Girren *n* (*beide auch fig von Liebenden*)

roucouler [rukule] *v/i* **1.** *Tauben* gurren; girren; rucksen; **2.** *fig* ~ auprès d'une femme e-e Frau um'schwärmen; **3.** ⟨*auch v/t*⟩ *Sänger* schmalzig singen

roue [ru] *f* **1.** ~ arrière *od* de derrière 'Hinterrad *n*; ~ avant *od* de devant Vorderrad *n*; ~ dentée Zahnrad *n*; ~ éolienne Windrad *n*; ~ folle lose auf der Achse laufendes Rad; *auf dem Jahrmarkt* grande ~ Riesenrad *n*; ~ hydraulique, à eau (en dessus, en dessous) (oberschlächtiges), 'unterschlächtiges) Wasserrad; *beim Fahrrad* ~ libre Freilauf *m*; ~ pleine Scheibenrad *n*; ~ à auges, à augets Zellenrad *n*; ~ à palettes Schaufelrad *n*; *fig* ~ de la Fortune Glücksrad *n* (*auch auf dem Jahrmarkt*); *mar* ~ de gouvernail Steuerrad *n*; ~ de loterie Lostrommel *f*; Glücksrad *n*; *auto* ~ de secours, de réserve, de rechange Re'serve-, Ersatzrad *n*; ~ d'une voiture Autorad *n*; véhicule *m* à deux, à quatre ~s zwei-, vierräd(e)riges Fahrzeug; *hist* supplice *m* de la ~ Rädern *n*; Strafe *f* des Rades; *hist* être condamné à la ~ zur Hinrichtung durch das Rad verurteilt werden; *fig* être la cinquième ~ du carrosse, de la charrette das fünfte Rad am Wagen sein; faire la ~ a) *sports* radschlagen; b) Pfau ein Rad schlagen; *fig* pousser à la ~ nachhelfen; die Hand im Spiel haben; *fig* la ~ tourne die Zeit steht nicht still; **2.** ~ deux ~s Zweirad *n*

roué [rwe] **I** *adj* durch'trieben; gerissen; verschlagen; **II** *subst* ~(e) *m(f)* durch'triebener, gerissener Bursche, Kerl; *triebener Bursche, Kerl; un ~ auch ein ganz Gerissener; une petite ~e ein gerissenes Ding

rouelle [rwɛl] *f cuis* ~ (de veau) Fleischscheibe *f* aus der Kalbskeule

rouer [rwe] *v/t* **1.** *hist* rädern; aufs Rad flechten; **2.** *fig* ~ qn de coups j-n 'durchprügeln, F -bleuen; F j-n windelweich schlagen

---

rouerie [ruri] *f* **1.** *Handlung* List *f*; Trick *m*; Kniff *m*; **2.** *Eigenschaft* Gerissenheit *f*

rouet [rwe] *m* **1.** Spinnrad *n*; **2.** *tech cf* réa; **3.** *tech* Brunnenkranz *m*

rouf [ruf] *m mar* Deckshaus *n*; Roof *m od m*

rouflaquette [ruflakɛt] F *f* **1.** Schmachtlocke *f*; **2.** ~s *pl* Kote'letten *pl*

rouge [ruʒ] **I** *adj* rot (*auch pol*); Haare feuer-, fuchsrot; *Augen* gerötet; *Metall* (rot)glühend; ~ brique, foncé ⟨*inv*⟩ ziegel-, dunkel- *od* tiefrot; l'Armée ~ die Rote Armee; bordeaux *m* ~ roter Bordeaux; le chapeau ~ der Kardi'nalshut; chou ~ Rotkohl *m*; Blau-, Rotkraut *n*; feu ~ *cf* feu¹ 2.; poisson *m* ~ Goldfisch *m*; la race ~ die rote Rasse; vin *m* ~ Rotwein *m*; être, devenir ~ de colère vor Wut rot sein, werden *od* anlaufen; être ~ comme un coq, un coquelicot, une pivoine, une tomate puter-, feuer-, hochrot, rot wie e-e Tomate sein; **II** *adv* se fâcher tout ~ F sich schwarz, grün ärgern; vor Wut, Ärger platzen; fuchsteufelswild werden; voir ~ rot sehen; *pol* voter ~ für die Roten stimmen; **III** *m* **1.** Rot *n* (*Farbe u Farbstoff*); ~ bordeaux, brique, cerise, cuivre, sang Bor'deaux-, Ziegel-, Kirsch-, Kupfer-, Blutrot *n*; peindre, teindre en ~ rot (an)streichen, färben; **2.** *der Haut, des Gesichtes* Röte *f*; le ~ de la honte lui monte au visage die Schamröte steigt ihm ins Gesicht; **3.** Rot *n der Ampel*; être au ~ auf Rot sein; Rot, rotes Licht zeigen; passer au ~ *Ampel* auf Rot schalten; *Auto* bei Rot 'durchfahren; **4.** rote Schminke; ~ à joues Rouge *n*; (se) mettre du ~ à joues Rouge auflegen, auftragen; (bâton *m* ~, tube *m* de) ~ à lèvres Lippenstift *m*; (se) mettre du ~ à lèvres sich die Lippen schminken, F anmalen; **5.** *von Metallen* Glühen *n*; Rotglut *f*; ~ blanc, ~ sombre, ~ vif *od* cerise Gelbglut *f*, dunkle Rotglut *od* Grauglut, Rotglut; chauffer au ~ bis zur Rotglut erhitzen; porter au ~ glühend machen; zur Rotglut bringen; **6.** Rotwein *m*; F *auch* Rote(r) *m*; par ext un petit ~ ein Gläschen ~ Rotwein; **7.** *pol* Rote(r) *m*; les ~s die Roten

rougeâtre [ruʒɑtr(ə)] *adj* rötlich; brun ~ ⟨*inv*⟩ rötlichbraun

rougeaud [ruʒo] **I** *adj* mit rotem Gesicht; **II** *subst* ~(e) *m(f)* Mann *m*, Frau *f* mit rotem Gesicht

rouge-gorge [ruʒgɔrʒ] *m* ⟨*pl* rouges-gorges⟩ *zo* Rotkehlchen *n*

rougeoiement [ruʒwamɑ̃] *m* roter, rötlicher Schimmer, 'Widerschein; (glühendes) Rot; (glühende) Röte; le ~ du couchant das Abendrot; die Abendröte

rougeol|e [ruʒɔl] *f path* Masern *pl*; ~eux *adj* ⟨-euse⟩ an Masern erkrankt

rougeot [ruʒo] *m vét* roter Brenner

rougeoy|ant [ruʒwajɑ̃] *adj* ins Rötliche gehend, spielend; rot, rötlich schimmernd; ~er *v/i* ⟨-oi-⟩ rot, rötlich schimmern; rot (er-, auf)glühen

rouge-queue [ruʒkø] *m* ⟨*pl* rouges-queues⟩ *zo* Rotschwänzchen *n*; Rotschwanz *m*

rouget [ruʒɛ] **I** *m* **1.** *zo* ~ (barbet) (Gemeine) Meer-, Seebarbe *f*; ~ (grondin) Knurrhahn *m*; **2.** *vét der Schweine* Rotlauf *m*; **II** F *adj* ⟨~te⟩ leicht gerötet

rougeur [ruʒœr] *f* **1.** *der Haut* Rötung *f*; ~s *pl* rote Stellen *f/pl*, Flecken *m/pl*; **2.** *selten* Rot *n*; Röte *f*; *st/s* Erröten *n*

rougi [ruʒi] *adj Augen etc* gerötet; eau ~e Wasser *n* mit e-m Schuß Rotwein

rougir [ruʒir] **I** *v/t st/s* rot färben; röten; *Eisen* glühend machen; ~ son eau dem Wasser e-n Schuß Rotwein zusetzen; **II**

---

v/i **1.** rot werden; *Blätter, Haut etc auch* sich röten; *Hummer, Krabben* ~ à la cuisson beim Kochen rot werden; *Metall* ~ au feu im Feuer glühend werden; **2.** *Person* rot werden; erröten; ~ facilement leicht rot werden, erröten; ~ **de colère, de honte** vor Zorn, vor Scham rot werden, erröten; zorn(es)-, schamrot werden; ~ **jusqu'aux yeux, jusqu'au blanc des yeux, jusqu'aux oreilles, jusqu'à la racine des cheveux** bis über die *od* beide Ohren rot werden, bis in die Haarwurzeln erröten; *fig:* ne ~ de rien abgebrüht sein; je n'ai pas à ~ de cela dessen brauche ich mich nicht zu schämen

rougiss|ant [ruʒisɑ̃] *adj* **1.** *Person* (leicht) errötend; **2.** *Blätter* sich rötend; **~ement** *m* Erröten *n*; Rotwerden *n*

rouille [ruj] *f* **1.** *auf Eisen, Stahl* Rost *m*; **tache** ~ **de** ~ Rostfleck *m*; **2.** *der Pflanzen* Rost(krankheit) *m(f)*; *von Getreide* ~ **brune, jaune, noire** Braun-, Gelb-, Schwarzrost *m*; **3.** *adjt* ⟨*inv*⟩ rostbraun, -farben; **couleur** *f* ~ rostbraun(e Farbe)

rouillé [ruje] *adj* **1.** verrostet; rostig; **2.** *fig Person, Gedächtnis, Glieder* eingerostet; **il est un peu** ~ **en anglais** sein Englisch ist etwas eingerostet

rouill|er [ruje] *v/t* **1.** rosten lassen; rostig machen; **2.** *fig* einrosten, verkümmern lassen; **II** *v/i* (ver)rosten; **III** *v/pr* **se** ~ **1.** (ver)rosten; rostig werden; **2.** *fig Person* einrosten; ungelenkig, unbeweglich werden; **~ure** *f* **1.** Verrostung *f*; Verrostetsein *n*; **2.** *bot* Rostbefall *m*

rou|ir [rwir] *v/t u v/i Flachs, Hanf etc* rösten; rotten; **~issage** *m text* Röste *f*; Rösten *n*; Rotten *n*

roulade [rulad] *f* **1.** *cuis* (Fleisch-) Rou'lade *f*; **2.** *mus* Rou'lade *f*

roulage [rulaʒ] *m* **1.** *agr* Walzen *n*; **2.** *mines* Streckenförderung *f*; **galerie** *f* **de** ~ Förderstrecke *f*; **3.** *tech* Rollen *n*; Rundschmieden *n*; **4.** *mar* (manutention *f par*) ~ Roll-on-roll-off-Methode *f*

roulant [rulɑ̃] *I adj* **1.** rollend; Roll...; fahrbar; fahrend; *mil* **cuisine** ~**e** Feldküche *f*; *plais* Gulaschkanone *f*; **escalier** ~ Rolltreppe *f*; **essuie-main** ~ Rollhandtuch *n*; **fauteuil** ~ Rollstuhl *m*; *mil feu* ~ Trommelfeuer *n*; *fig:* **un feu** ~ **d'injures** e-e Flut von Beleidigungen; **un feu** ~ **de questions** ein Kreuzfeuer von Fragen; *ch de fer* **matériel** ~ **roulant** rollendes Material; Rollmaterial *n*; **personnel** ~ fahrendes Personal; Fahrpersonal *n*; **table** ~ *cf* Ser'vier-, Teewagen *m*; **tapis** ~ *cf* tapis 3.; **2.** F *fig* (*drôle*) ulkig; spaßig; F zum Kugeln, Piepen, Schreien, Schießen; **elle est** ~**e** sie ist zum Piepen; **II** *subst* **1.** *ch de fer* Ie ~ *s m/pl* das Fahrpersonal; das fahrende Perso'nal; **2.** *mil* F ~**e** *f* Feldküche *f*; F Gulaschkanone *f*

roulé [rule] *adj* **1.** gerollt; Roll...; **col** ~ Rollkragen *m*; **crêpe** ~**e** gerollter Pfannkuchen; *cuis* **épaule** ~**e** Rollbraten *m*; **foulard** ~ Schal *m* mit Rollsaum; **gâteau** ~ *od subst* ~ *m* Bisku'itrolle *f*; **jambon** ~ Rollschinken *m*; *phon* **r** ~ gerolltes r; **2.** F *Frau* **être bien** ~**e** F tolle Kurven haben

rouleau [rulo] *m* ⟨*pl* ~**x**⟩ **1.** Rolle *f*; ~ (à mise en plis) Lockenwickler *m*; ~ **de papier, de papier peint, de parchemin** Pa'pier-, Ta'peten-, Perga'mentrolle *f*; ~ **de pellicules photographiques** Rollfilm *m*; ~ **de pièces, de réglisse** Geld-, La'kritzenrolle *f*; ~ **de tissu** Stoffballen *m*, -rolle *f*; donner un ~ **à développer** e-n Film zum Entwickeln geben; F *fig* **il est au bout de son,** **du** ~ a) er ist am Ende s-r Kraft; F er

pfeift auf dem letzten Loch; b) ihm fällt nichts mehr ein; *Geld* **mettre en** ~ (ein)rollen; **2.** *tech* Walze *f* (*auch der Schreibmaschine*); *agr* Ackerwalze *f*; ~ **compresseur** Straßen-, F Dampfwalze *f*; ~ **compresseur vibrateur** Vibrati'onswalze *f*; *agr* ~ **plombeur** Glattwalze *f*; *cuis* ~ **à pâtisserie** Nudelholz *n*; *Straßenbau* ~ **à pieds de mouton** Schaffußwalze *f*; ~ **à pneus** Gummiradwalze *f*; *impr* ~ **d'imprimerie** Druck-, Farbwalze *f*; ~ **de peintre en bâtiment** Farbroller *m*, -walze *f*; **passer au** ~ walzen; **3.** *Frisur* Innenrolle *f*; **4.** *sports* Roller *m*; Wälzer *m*

rouleauté [rulote] *adj cf* **roulotté**

roulé-boulé [rulebule] *m* ⟨*pl* **roulés-boulés**⟩ e-s Fallschirmspringers *etc beim Aufsprung* Abroller *m*; **faire un** ~ abrollen

roulée [rule] P *f Zigarette* F Selbstgedrehte *f*

roulement [rulmɑ̃] *m* **1.** *e-r Kugel etc* Rollen *n*; *von Fahrzeugen auch* Fahren *n*; *der Hüften* Wiegen *n*; ~ **d'yeux** Augenrollen *n*; *Straßenbau* **couche** *f* **de** ~ Verschleißschicht *f*, -lage *f*; **marcher avec des** ~**s de hanches** sich beim Gehen in den Hüften wiegen; **2.** *der Autos* Dröhnen *n*; *des Donners* Rollen *n*; Grollen *n*; ~ **de tambour(s)** Trommelwirbel *m*; **3.** *tech* Wälzlager *n*; ~ **à aiguilles** Nadellager *n*; ~ **à billes** Kugellager *n*; ~ **conique à rouleaux** Kegelrollenlager *n*; ~ **à rouleaux cylindriques** Zy'linderrollenlager *n*; **4.** Turnus *m*; regelmäßiger Wechsel; **par** ~ im Turnus; turnusmäßig; **travail** *m* **par** ~ Schichtarbeit *f*; **travailler par** ~ schichtweise, in Schichten arbeiten; **5.** *comm* (*Geld*)'Umlauf *m*; 'Umsatz *m*; **fonds** *m/pl* **de** ~ Betriebsfonds *m*, -kapital *n*; arbeitendes, 'umlaufendes Kapital; Umlaufvermögen *n*

rouler [rule] *I v/t* **1.** *Tonne etc* rollen; schwere Dinge wälzen; *Teewagen etc* schieben; *Schubkarre* rollen; fahren; *Person in e-m Wagen* fahren; *die Augen* rollen; *Teppich, Bild etc* zu'sammenrollen; *Teig* (aus)rollen; *Tennisplatz, Acker* walzen; ~ **une cigarette** (sich) e-e Zigarette drehen; ~ **les épaules en marchant** e-n wiegenden Gang haben; mit wiegenden Schritten gehen; ~ **les** '**hanches** sich in den Hüften wiegen; ~ **les r** dans sa tête de sombres pensées düstere Gedanken hegen; *Haar* ~ **sur des bigoudis** aufwickeln; einlegen; auf Wickler drehen; **2.** F ~ **qn** j-n her'einlegen, F reinlegen, anschmieren; F j-n übers Ohr hauen; **II** *v/i* **3.** *Kugel, Ball, Fahrzeug, fig Geld* rollen; *Fahrzeug auch, Person in e-m Fahrzeug* fahren; *Schiff* schlingern; *Druckerpresse etc* ro'tieren; laufen; **nous avons roulé toute la journée** wir sind den ganzen Tag gefahren; **roulez à droite!** rechts fahren!; ~ **à cent à l'heure** (mit) hundert (Stundenkilometern) fahren; ~ **des épaules en marchant** e-n wiegenden Gang haben; mit wiegenden Schritten gehen; ~ **des** '**hanches** sich in den Hüften wiegen; ~ **de haut en bas de l'escalier** die Treppe hin'unter-, her'unterfallen, F -purzeln; **des larmes roulaient sur ses joues** Tränen rollten über s-e Wangen; F *fig* ~ **sur l'or** F im Geld schwimmen; **4.** *péi Person* her'umziehen, -kommen; sich her'umtreiben; **5.** P *fig Auge* F es klappt; laufen; **6.** *Donner* rollen; grollen; **7.** *Gespräch* ~ **sur qc** sich um etw drehen; **III** *v/pr* **se** ~ **8.** sich (hin- und her)wälzen;

se ~ **par terre** sich auf dem Boden wälzen; *fig* **une scène drôle à se** ~ **par terre** e-e zum Kugeln komische Szene; **9.** sich zu'sammenrollen; **se** ~ **en boule** sur soi-même sich zu e-r Kugel zusammenrollen; **10.** *fig* **se** ~ **les pouces,** F **se** **les** ~ F Däumchen drehen; **11.** *Zelt, Teppich etc* sich zu'sammenrollen lassen

roulette [rulɛt] *f* **1.** Rolle *f* (*bes unter Möbeln*); **fauteuil** *m* **à** ~**s** Sessel *m* mit Rollen; **sifflet** *m* **à** ~ Trillerpfeife *f*; P **vache** *f* **à** ~ Poli'zist *m* auf e-m Fahrrad; F *fig* **aller, marcher comme sur des** ~**s** F wie geschmiert, wie geölt, wie am Schnürchen gehen; glatt über die Bühne gehen; **2.** Rad *n*; Rädchen *n*; *des Kupferstechers* Rou'lette *f*; ~ **de couturière** Ko'pierrad *n*; ~ **de dentiste** Bohrer *m*; ~ **de pâtissier** Teigrädchen *n*; *e-s Flugzeugs* ~ **de queue** Spornrad *n*; **3.** Rou'lett *n*; ~ **russe** russisches Roulett; **gagner une grosse somme à la** ~ beim Roulett e-e große Summe gewinnen; **jouer à la** ~ Roulett spielen

roul|eur [rulœr] *m* **1.** *sports* guter Radrennfahrer *m* (*mit großer Ausdauer*); **2.** *tech* fahrbarer Wagenheber; Ran'gierheber *m*; ~**euse** *f zo* (Blatt-, Blüten-)Wickler *m*

roulis [ruli] *m* *e-s Schiffes* Schlingern *n*; *par ext ext des Zuges* Schlingern *n*; Schwanken *n*; **il y a du** ~ **es** schlingert

roulotte [rulɔt] *f* Wohnwagen *m*

roulott|é [rulote] *adj cout* mit Rollsaum; **ourlet** ~ *od subst* ~ *m* Rollsaum *m*; ~**er** *v/t* einrollen; *cout* mit e-m Rollsaum versehen

rouloul [rulul] *m zo* Straußenwachtel *f*

roulure [rulyr] *f* P (*prostituée*) *péi* Nutte *f*; Hure *f*

roumain [rumɛ̃] *I adj* ru'mänisch; **II** *subst* **1.** ♀(**e**)*m(f)* Ru'mäne *m*, Ru'mänin *f*; **2.** *ling* Ie ~ das Ru'mänische; Ru'mänisch *n*

roumi [rumi] *m bei den Arabern* Christ *m*

round [rawnd, rund] *m Boxsport* Runde *f*; **un match en dix** ~**s** ein Kampf *m* über zehn Runden

roupie[1] [rupi] *f* F **ce n'est pas de la** ~ **de sansonnet** das ist etwas ganz Besonderes, F kein Tinnef

roupie[2] [rupi] *f Währungseinheit* Rupie *f*

roupill|er [rupije] *v/i* F pennen; ~**eur** *m* Schläfer *m*; F Penner *m*; ~**on** F *m* Schläfchen *n*; F Nickerchen *n*; **faire, piquer un** ~ ein Schläfchen, F Nickerchen machen, halten; einnicken

rouquin [rukɛ̃] F *I adj* rothaarig; **II** *subst* ~(**e**) *m(f)* Rothaarige(r) *f(m)*

rouscailler [ruskaje] P *v/i* schimpfen; F (her'um)meckern

rouspétance [ruspetɑ̃s] *f* F Geschimpfe *n*; Gemecker *n*

rouspét|er [ruspete] F *v/i* ⟨-è-⟩ schimpfen; F (her'um)meckern; ~**eur** *m*, ~**euse** *f* F Meckerfritze *m*, Meckerliese *f*, Mekkerziege *f*; *adjt* **il est rouspéteur** er schimpft, meckert dauernd, gerne

roussâtre [rusɑtr(ə)] *adj* rötlich

rousse [rus] *arg f* F Po'lizte *f*

rousseau [ruso] *m* ⟨*pl* ~**x**⟩ *zo* (*mehrere Arten der*) Brasse *f*

rousserolle [rusrɔl] *f zo* Rohrsänger *m*

roussette [rusɛt] *f zo* **1.** Katzenhai *m*; **2.** Fliegender Hund; Flughund *m*

rousseur [rusœr] *f* rote, rötliche Farbe; **taches** *f/pl* **de** ~ Sommersprossen *f/pl*

roussi [rusi] *m* Brandgeruch *m*; **sentir le** ~ a) versengt, angesengt riechen; b) *fig Situation, Angelegenheit* brenzlig werden

rouss|ir [rusir] *I v/t Wäsche beim Bügeln etc* an-, versengen; **II** *v/i* **1.** rot, rötlich werden; *Laub* sich rot färben; **2.** *Wäsche* versengt, angesengt werden; **3.** *cuis Mehl*

faire ~ einbrennen; *Fleisch etc* faire ~ dans le beurre leicht in Butter bräunen; **~issement** *m von Wäsche* An-, Versengen *n; von Zwiebeln etc* Bräunen *n*
rouste [rust] P *f* Tracht *f* Prügel; F Keile *pl*; Haue *f; cf auch* **rossée**
roustir [rustir] P *v/t* **1.** betrügen; ausplündern; **2.** *fig* être rousti F (völlig) aufgeschmissen sein
routage [rutaʒ] *m von Postsendungen, Zeitungen etc* Sor'tieren *n* (nach Leitgebieten)
route [rut] *f* **1.** (Auto-, Land)Straße *f;* Chaus'see *f;* ~ **alpestre, côtière** Alpen-, Küstenstraße *f;* ~ **bétonnée, bitumée, empierrée** Be'ton-, As'phalt-, Schotterstraße *f;* ~ **départementale** *etwa* Landstraße *f* (erster Ordnung); ~ **déviée** 'Umleitung *f;* ~ **glissante!** Rutsch-, Schleudergefahr!; ~ **goudronnée** geteerte Straße; **grande** ~ Fern(verkehrs)straße *f;* ~ **nationale** (*abr* R.N.) Natio'nalstraße *f; in der BRD entsprechend* Bundesstraße *f* (*abr* B); ~ **stratégique** Heerstraße *f;* ~ **à grande circulation** Hauptverkehrsstraße *f;* ~ **de montagne** Gebirgs-, Bergstraße *f;* ~ **de Paris** Straße nach *bzw* von Paris; *hist* ~ **de la soie** Seidenstraße *f;* **accident** *m* **de la** ~ Verkehrsunfall *m;* **carrefour** *m* **de** ~**s** Straßenkreuzung *f;* **police** *f* **de la** ~ Verkehrspolizei *f;* **sur la** ~ **auf der** Straße; **arriver par la** ~ auf der Straße, mit dem Auto ankommen; *Auto* **tenir bien la** ~, **avoir une bonne tenue de** ~ gut auf der Straße liegen; e-e gute Straßenlage haben; **se tromper de** ~ *cf* tromper II; **2.** Weg *m;* Route *f;* Strecke *f; e-s Schiffes, Flugzeugs auch* Kurs *m;* ~ **aérienne** Flugroute *f;* Luftverkehrsweg *m;* ~ **maritime, de navigation** Schifffahrtsweg *m,* -straße *f;* Seeweg *m;* **l'ancienne** ~ **des Indes** der alte Seeweg nach Indien; *loc/adv* **en** ~ (cours de) ~ unter'wegs; auf dem Wege; **s'arrêter en** ~ unterwegs anhalten, haltmachen; **se mettre en** ~ sich auf den Weg machen; **allons! en** ~**! los! auf geht's!; marsch!; vorwärts!; **couper la** ~ **à qn** j-m den Weg abschneiden; **nos** ~**s se sont croisées** unsere Wege haben sich gekreuzt; **demander la** ~ nach dem Weg fragen; **être sur la bonne** ~ (*auch fig*) auf dem rechten Weg sein (*auch fig*); **la** ~ **est longue car le Weg ist weit; *fig* la** ~ **est toute tracée** der Weg ist genau vorgezeichnet; **faire fausse** ~ **a)** vom Weg abkommen; falsch, e-n falschen Weg, in die falsche Richtung gehen; **b)** *fig* sich irren; auf dem falschen Weg, Holzweg sein; den falschen Weg einschlagen; die falsche Spur verfolgen; **faire toute la** ~ **à pied** den ganzen Weg zu Fuß zurücklegen; **faire** ~ **vers** auf dem Weg sein nach; *Schiff auch* Kurs nehmen auf (+*acc*); *Schiff* **faire** ~ **vers le nord** Kurs in Richtung Norden nehmen; *fig* **mettre qn sur la bonne** ~ j-n auf den rechten Weg bringen; *fig* **placer des obstacles sur la** ~ **de qn** j-m Steine in den Weg legen; **perdre sa** ~ vom Weg, Schiff, Flugzeug vom Kurs abkommen; **3.** Reise *f;* Fahrt *f;* **bonne** ~**!** gute Reise, Fahrt!; **chanson** *f* **de** ~ Wanderlied *n; mil* **vivres** *m/pl* **de** ~ Marschverpflegung *f;* **il y a dix heures de** ~ man fährt zehn Stunden; es sind zehn Stunden Fahrzeit; **faire de la** ~ viel (her'um)fahren, reisen; oft unter'wegs sein; **faire** ~ **avec qn** mit j-m reisen, fahren, *auch* wandern; **4. mise** *f* **en** ~ *e-s Autos, Motors* In'gangsetzen *n,* -ung *f; fig e-r Angelegenheit etc* In'angriffnahme *f;* Einleitung *f;* **mettre en** ~ in Gang setzen (*auch fig*); *fig* in

Angriff nehmen
router [rute] *v/t Postsendungen, Zeitungen etc* (nach Leitgebieten) sor'tieren
routier [rutje] I *adj* ~ **-ière**⟩ Straßen...; **carte routière** Straßen-, Autokarte *f;* **gare routière a)** Omnibusbahnhof *m;* **b)** *für LKW* Autohof *m;* **réseau** ~ Straßennetz *n;* **restaurant** ~ *cf* II 1. b); **signaux** ~**s** Verkehrszeichen *n/pl;* **transport** ~ Straßentransport *m;* Beförderung *f* per Achse; **II** *subst* **1.** *m* **a)** Fern(last)fahrer *m;* **b)** (gutes und billiges) Restau'rant für Fernfahrer; **2.** *m Radsport* Straßenfahrer *m;* **3. vieux** ~ (alter) Routi'nier *m;* **un vieux** ~ **de la politique** ein alter Routinier in der Politik; **4.** *m bei den Pfadfindern* Rover *m;* **5.** *m mar* Seekarte *f* (in kleinem Maßstab); **6. routière** *f* Tourenwagen *m*
routin|e [rutin] *f* Rou'tine *f;* Gewohnheit *f; loc/adj* **de** ~ üblich; Routine...; **être esclave de la** ~ Sklave s-r Gewohnheiten sein; **faire qc par** ~ etw aus Routine, gewohnheitsmäßig tun; ~**ier** *adj* ⟨-ière⟩ rou'tine-, gewohnheitsmäßig; **esprit** ~ Gewohnheitsmensch *m*
rouverain *od* **rouverin** [ruvrɛ̃] *adj* ⟨*nur m*⟩ Eisen rotbrüchig
rouvieux [ruvjø] I *m* Räude *f* (*bei Pferden und Hunden*); II *adj* ⟨*nur m*⟩ räudig
rouvre [ruvr(ə)] *m u adj†t bot* (**chêne** *m*) ~ Trauben-, Steineiche *f*
rouvrir [ruvrir] ⟨*cf* couvrir⟩ I *v/t Augen, Buch, Geschäft etc* wieder öffnen, aufmachen; *Geschäft auch* wieder eröffnen; *Augen, Buch auch* wieder aufschlagen; *Wunde chir* wieder aufmachen; *fig* wieder aufreißen; II *v/i Geschäft etc* wieder geöffnet werden, offen sein; III *v/pr* **se** ~ *Augen, Tür* sich wieder öffnen; *Tür auch* wieder aufgehen; **la plaie s'est rouverte** die Wunde ist aufgegangen; *fig* die (alte) Wunde ist wieder aufgerissen
roux [ru] I *adj* ⟨**rousse** [rus]⟩ gelb-, fuchsrot; *Haare* rot; fuchsig; *Person* rothaarig; fuchsig; *cuis Butter* braun; **blond** ~ ⟨*inv*⟩ rotblond; *par ext* **lune rousse** Zeit *f* der späten Nachtfröste (*April/Mai*); II *subst* **1.** *m* Gelbrot *n;* gelbrote Farbe; **2.** ~, **rousse** *m,f* Rothaarige(r) (*m*); **3.** *m cuis* Mehlschwitze *f;* Einbrenne *f*
royal [rwajal] *adj* ⟨-aux⟩ **1.** königlich; Königs...; **couronne** ~**e** Königskrone *f;* **la famille** ~**e** die Königsfamilie; die königliche Familie; **palais** ~ Königspalast *m;* **prince** ~ Kronprinz *m;* **2.** *fig* Pracht, Gehalt, Geschenk, Trinkgeld fürstlich; großartig; **3.** F *fig* Gleichgültigkeit, Verachtung etc völlig; **4.** *zo* **tigre** ~ Königstiger *m*
royale [rwajal] *f* Spitzbärtchen *n* (an der 'Unterlippe)
royalement [rwajalmɑ̃] *adv* **1.** fürstlich; großartig; **dépenser** ~ großzügig sein Geld ausgeben; *fig* j-n fürstlich bewirten; **2.** F (*tout à fait*) völlig; **s'amuser** ~ sich köstlich amüsieren; **s'en moquer** ~ sich völlig darüber hinwegsetzen
royal|isme [rwajalism(ə)] *m* Königstreue *f;* Roya'lismus *m;* ~**iste** I *adj* roya'listisch; königstreu; *fig* **être plus** ~ **que le roi** päpstlicher sein als der Papst; II *m,f* Roya'list(in) *m(f)*
royalty [rwajalti] *f comm* Tanti'eme *f; pl* **royalties** Tanti'emenabgaben *f/pl; von Erdölgesellschaften* Förderabgaben *f/pl*
royaume [rwajom] *m* **1.** Königreich *n; hist u fig* **mon** ~ **pour un cheval** mein Königreich für ein Pferd; F *fig* **pas pour un** ~ um nichts in der Welt; **2.** *rel u poét* Reich *n;* **le** ~ **céleste, des cieux** das

Himmelreich; **le** ~ **de Dieu** das Reich Gottes; **le** ~ **des morts** das Totenreich; *prov* **au** ~ **des aveugles, les borgnes sont rois** unter den Blinden ist der Einäugige König (*prov*); **♀-Uni** *m* **le** ~ das Vereinigte Königreich
royauté [rwajote] *f* Königtum *n;* Krone *f;* **aspirer à la** ~ nach der Krone trachten
ruade [ryad] *f der Pferde* Ausschlagen *n;* **décocher, lancer une** ~ ausschlagen
ruandais [ryɑ̃dɛ] I *adj* ru'andisch; II *subst* ♀(e) *m(f)* Ru'ander(in) *m(f)*
ruban [rybɑ̃] *m* **1.** Band *n;* Streifen *m; arch* Bandornament *n;* ~ **adhésif** Klebeband *n,* -streifen *m; e-r Schreibmaschine* ~ (**encreur**) Farbband *n;* ~ **magnétique** Ma'gnetband *n;* ~ **perforé** Lochstreifen *m;* ~ **d'acier** Stahlband *n;* ~ **de chapeau** Hutband *n; poét* ~ **de fumée** Rauchfahne *f; poét* **le** ~ **de la route** das Band der Straße; ~ **de soie, de velours** Seiden-, Samtband *n;* **mètre** *m* **à** ~ Bandmaß *n;* **scie** *f* **à** ~ Bandsäge *f;* **fer** *m* (**en**) ~ Bandeisen *n;* **2.** (Ordens)Band *n; mar* **le** ~ **bleu** das Blaue Band *f;* **le** ~ **rouge** *od* **le** ~ **de la Légion d'honneur** das Ordensband der Ehrenlegion; **le** ~ **violet** das Ordensband der ,,Palmes academiques''; **3.** *bot* ~ **d'eau** Igelkolben *m*
rubanerie [rybanri] *f* **a)** Bandweberei *f,* -wirkerei *f;* **b)** Bandhandel *m*
rubanier [rybanje] I *adj* ⟨-ière⟩ Band...; **industrie rubanière** Bandindustrie *f;* II *m* **1. a)** Hersteller *m* von Bändern; Bandweber *m,* -wirker *m;* **b)** Bandhändler *m;* **2.** *bot cf* **ruban** 3.
rubato [rubato] *mus* I *adv* ru'bato; **jouer** ~ rubato spielen; II *m* rubato
rubéfaction [rybefaksjɔ̃] *f méd* Hautrötung *f,* -reizung *f*
rubé|fiant [rybefjɑ̃] I *adj* hautrötend, -reizend; II *m* hautrötendes Mittel; Hautreizmittel *n; sc* Rube'faziens *n;* ~**fier** *v/t méd Haut* röten; reizen
rubellite [rybɛlit] *f minér* Rubel'lit *m*
rubéol|e [rybeɔl] *f path* Röteln *pl;* ~**eux** *adj* ⟨-euse⟩ an Röteln erkrankt
rubescent [rybesɑ̃] *st/s adj* sich rötend
rubiacées [rybjase] *f/pl bot* Rötegewächse *n/pl; sc* Rubia'zeen *pl*
rubicelle [rybisɛl] *f minér* Rubi'zell *m*
rubicond [rybikɔ̃] *adj* ⟨-onde [-ɔ̃d]⟩ *Gesicht* hochrot
rubidium [rybidjɔm] *m chim* Ru'bidium *n*
rubigineux [rybiʒinø] *adj* ⟨-euse⟩ *st/s* **1.** rostfarben; **2.** verrostet; rostig
rubis [rybi] *m* **1.** Ru'bin *m;* ~ **spinelle** Rubinspinell *m;* Ballasrubin *m;* **2.** *e-r Uhr* Stein *m;* **montre** *f* **trois** ~ Uhr *f* mit drei Steinen; *ellip* **une six** ~ e-e Uhr mit sechs Steinen; **3.** *loc* **payer** ~ **sur l'ongle** das Geld sofort bar auf den Tisch legen; sofort auf Heller und Pfennig bezahlen
rubrique [rybrik] *f e-r Zeitung* Ru'brik *f* (*auch fig u égl cath*); Spalte *f;* Teil *m;* ~ **littéraire, sportive** Litera'tur-, Sportteil *m;* **sous la** ~ **des faits divers** unter der Rubrik Vermischtes; *fig* **classer à, sous la même** ~ der gleichen Kategorie, Rubrik zuordnen; **tenir la** ~ **sportive** für den Sportteil verantwortlich sein
ruche [ryʃ] *f* **1.** Bienenkorb *m,* -stock *m;* **2.** *fig* Ameisenhaufen *m;* **3.** *cout cf* **ruché**
ruché [ryʃe] *m cout* Rüsche *f*
rucher[1] [ryʃe] *m* Bienenhaus *n,* -stand *m*
rucher[2] [ryʃe] *v/t cout Stoff* in Rüschen legen; *Haube etc* mit Rüschen besetzen
rudbeckie [rydbeki] *f bot* Sonnenhut *m; sc* Rud'beckia *od* Rud'beckie *f*
rude [ryd] *adj* **1.** *Person* roh; derb; urwüchsig; grob (*auch Stoff*); *Aussprache, Arbeit, Kampf* hart; *Kampf auch*

heftig; schwer; *Gegner* gefährlich; *Beruf, Aufgabe, Arbeit* schwer; *Klima, Stimme, Oberfläche* rauh; *Winter* streng; *Benehmen, Betragen* roh; ungeschliffen; *Stoff* être ~ au toucher sich rauh anfühlen; F *subst* en voir de ~s Schlimmes erleben; 2. ⟨*immer vorangestellt*⟩ F (*fort*) kräftig; tüchtig; F Mords...; Riesen...; un ~ culot F e-e Riesen-, Mordsfrechheit

rudement [rydmã] *adv* 1. roh; grob; rücksichtslos; **reprocher ~ sa paresse à qn** j-m rücksichtslos s-e Faulheit vorwerfen; 2. schwer; **tomber ~** schwer stürzen; 3. F (*beaucoup, très*) F riesig; mächtig; e'norm; **c'est ~ bon** F das schmeckt phan'tastisch

rudent|é [rydãte] *adj* Kannelierung mit Pfeifen gefüllt; **~ure** *f arch* Pfeife *f*

rudér|al [ryderal] *adj* ⟨-aux⟩ *bot* **plantes ~es** Rude'ralpflanzen *f/pl*; Trümmerflora *f*; **~ation** *f bât* Pflastern *n*, -ung *f* mit Kieselsteinen, mit kleinen Steinen

rudesse [rydɛs] *f* e-r *Person* Roheit *f*; Derbheit *f*; Grobheit *f*; e-r *Oberfläche, der Stimme, des Klimas* Rauheit *f*; *des Winters* Strenge *f*; *des Benehmens* Ungeschliffenheit *f*; **traiter qn avec ~** j-n grob behandeln

rudiment [rydimã] *m* 1. **~s** *pl* e-r *Wissenschaft, Kunst, e-r Theorie etc* Grundzüge *m/pl*; Anfangsgründe *m/pl*; Grundbegriffe *m/pl*; Grundlagen *f/pl*; 2. *biol* Rudi'ment *n*

rudimentaire [rydimãtɛr] *adj* 1. unzureichend; (not)dürftig; behelfsmäßig; oberflächlich; **avoir des connaissances ~s en anglais** nur einige Grundkenntnisse im Englischen haben; 2. noch in den Anfängen steckend; **un art ~** e-e Kunst, die noch in den Anfängen steckt; 3. *biol* rudimen'tär; rückgebildet; verkümmert; **organe ~** verkümmertes Organ

rudoiement [rydwamã] *m* (grobes) Anfahren, grobe Behandlung

rudoyer [rydwaje] *v/t* ⟨-oi-⟩ (grob) anfahren; grob behandeln

rue¹ [ry] *f* Straße *f*; *südd auch* Gasse *f* (*auch thé*); **~ barrée** gesperrte Straße; **~ commerçante** Geschäftsstraße *f*; **grande ~** Hauptstraße *f*; **~ plantée d'arbres** Straße mit Bäumen; *par ext* **toute la ~ en parle** die ganze Straße...; **~ à sens unique** Einbahnstraße *f*; *par ext* **~ de Rivoli** (Sitz *m* des) Fi'nanzministerium(s) *n*; **~ sans issue** Sackgasse *f*, -straße *f*; **gamin** *m* **des ~s** Gassenjunge *m*; *loc/adv*: **dans la ~** auf der Straße; **en pleine ~** auf offener Straße; **au croisement des ~s** an der Straßenkreuzung; *fig* **courir les ~s** stadtbekannt sein; überall bekannt, verbreitet sein; *fig* **descendre dans la ~** auf die Straße gehen; demon'strieren; *fig* **être à la ~** auf der Straße sitzen; *fig* **jeter qn à la ~** j-n auf die Straße setzen; **marcher, se promener dans, sur les ~s** durch die Straßen gehen, in den Straßen spazierengehen; **prendre une ~ ~** e-e Straße (entlang-, hinauf-, hinunter)gehen *bzw* (-)fahren; *fig* **soulever la ~** die Masse, den Pöbel, die Straße aufwiegeln

rue² [ry] *f bot* Raute *f*

ruée [rye] *f* Ansturm *m* (**vers** auf + *acc*); Andrang *m* (**an** + *dat*; **zu**); **~ vers l'or** Goldrausch *m*, -fieber *n*; **Run** [ran] *m* nach dem Gold; *Chaplin* **La ~ vers l'or** Goldrausch

ruelle [ryɛl] *f* 1. (enge) Gasse; Gäßchen *n*; 2. Gang *m* zwischen Bett und Wand

ruellois [ryɛlwa] *adj* (*u subst* ♀ Einwohner) von Rueil-Malmaison

ruer [rye] **I** *v/i* 1. *Pferd etc* ausschlagen;

2. *fig* **~ dans les brancards** sich sträuben; sich wider'setzen; **II** *v/pr* **se ~** sich stürzen (**sur qn, qc** auf j-n, etw); herfallen (**sur** etw); *par ext* **on se rue sur les soldes** man stürzt sich auf die Sonderangebote

rugby [rygbi] *m sports* Rugby ['rakbi] *n*; **~ à quinze, à treize** Rugby mit fünfzehn, mit dreizehn Spielern; Fünfzehner-Rugby *n*, Dreizehner-Rugby *n*; **match de ~** Rugbyspiel *n*

rugbyman [rygbiman] *m* ⟨*pl* rugbymen [-mɛn]⟩ Rugbyspieler *m*

rugin|e [ryʒin] *f chir* Knochenfeile *f*; **~er** *v/t chir Knochen* feilen

rug|ir [ryʒir] **I** *v/t Schreie, Drohungen* ausstoßen; **II** *v/i* 1. *Löwe* brüllen; 2. *poét Wind* toben; heulen; *st/s Person* **~ de fureur** vor Wut brüllen, toben; **~issement** *m* 1. *des Löwen* Brüllen *n*; Gebrüll *n*; 2. *des Windes* Heulen *n*; Toben *n*; *Person* **pousser des ~s de colère** ein Wutgebrüll ausstoßen

rugosité [rygozite] *f* Rauheit *f*; Unebenheit *f*

rugueux [rygø] *adj* ⟨-euse⟩ rauh; uneben; *Haut auch* runz(e)lig

ruiler [ryile] *v/t bât Fuge* ver-, zugipsen

ruine [ryin] *f* 1. *meist pl* **~s** Ru'inen *f/pl*; Trümmer *pl*; **~s romaines** römische Ruinen; **être enseveli sous les ~s** unter den Trümmern begraben werden *bzw* sein; 2. *fig von e-m Menschen* Ru'ine *f*; Wrack *n*; **une pauvre ~** ein armseliges Wrack; 3. *e-s Gebäudes* Verfall *m*; château *m* **en ~** verfallene Burg; Burgruine *f*; **être en ~** verfallen sein; **menacer ~** baufällig sein; **tomber en ~** verfallen; 4. '*Untergang m*; Zu'sammenbruch *m*; *der Hoffnungen* Vernichtung *f*; *der Gesundheit* Zerrüttung *f*; *bes comm, écon* Ru'in *m*; **aller, courir à sa ~** sich zu'grunde richten; s-m Untergang, s-m Ruin entgegengehen; **causer la ~ de qn, qc** j-n, etw zu'grunde richten; **être au bord de la ~** am Rande des Ruins stehen; **être menacé d'une ~ totale** vom völligen Ruin bedroht sein; **précipiter sa propre ~** s-n eigenen Untergang beschleunigen; 5. *par ext: Unterhalt e-s Hauses, Autos etc* **être une ~** sehr teuer, kostspielig sein; viel Geld kosten

ruiné [ryine] *adj finanziell* rui'niert

ruiner [ryine] **I** *v/t* 1. *Konkurrenten, Land etc* rui'nieren; zu'grunde richten; vernichten; *iron* **ce n'est pas ça qui nous ruinera** das wird uns nicht an den Bettelstab bringen; 2. *fig Ruf, Ansehen, Hoffnungen, Illusionen etc* zu'nichte, zu'schanden machen; vernichten; zerstören; *Gesundheit* rui'nieren; zerrütten; **II** *v/pr* **se ~** sich rui'nieren, zu'grunde richten (*bes finanziell*); **se ~ la santé** s-e Gesundheit ruinieren; mit s-r Gesundheit Raubbau treiben; *par ext* **se ~ chez un bijoutier** sein ganzes Geld für Schmuck ausgeben; **se ~ en fourrures**, *etc* sein ganzes Geld für Pelze *etc* ausgeben

ruineux [ryinø] *adj* ⟨-euse⟩ 1. zum Ru'in führend; *bes* 2. (sehr) kostspielig; (äußerst) verschwenderisch; **luxe ~** verschwenderischer Luxus; **avoir des goûts ~** äußerst verschwenderisch sein; **ce n'est pas ~** das ist nicht sehr kostspielig

ruin|iforme [ryiniform] *adj géol* **roches ~s** durch Verwitterung entstandenes ru'inenartig aussehendes Gestein; **~iste** *m peint* Ru'inenmaler *m*; **~ure** *f bât* in *Balken etc* Einkerbung *f* für den Mörtelbewurf

ruisseau [ryiso] *m* ⟨*pl* -x⟩ 1. Bach *m*; *prov* **les petits ~x font les grandes rivières** viele Wenig geben ein Viel;

(*loc/prov*): 2. Gosse *f* (*auch fig*); Rinnstein *m*; *fig*: **ramasser qn dans le ~** j-n aus der Gosse auflesen; **tirer qn du ~** j-n aus der Gosse ziehen; **tomber dans le ~**, in der Gosse landen; 3. *fig* Strom *m*; **~x de larmes** Tränenbäche *m/pl*; **~x de sang** Ströme von Blut

ruisselant [ryislã] *adj* 1. rinnend; rieselnd; 2. triefend; **~ d'eau** von Wasser triefend; **tout ~ de larmes** tränenüberströmt; **~ de sueur** schweißtriefend

ruisseler [ryisle] *v/i* ⟨-ll-⟩ 1. *Wasser etc* rinnen, rieseln, laufen (**sur** über + *acc*); *fig Locken* **~ sur ses épaules** über ihre Schultern her'abfallen; 2. triefen (**de** von); *Gesicht* **~ de sueur** von Schweiß triefen; *fig Saal* **~ de lumière** im Lichterglanz strahlen

ruisselet [ryislɛ] *m* Bächlein *n*; Rinnsal *n*

ruissellement [ryisɛlmã] *m* 1. *des Regenwassers etc* Rinnen *n*; Rieseln *n*; Geriesel *n*; 2. *fig von Edelsteinen* Funkeln *n*; Gefunkel *n*; *des Lichtes* Glänzen *n*; Fluten *n*; 3. *géol* **~ pluvial** Abfluß *m* des Regenwassers (an der Erdoberfläche); **eaux ~** *f/pl* de ~ (an der Erdoberfläche) abfließendes Wasser

rumb *cf* rhumb

rumba [rumba] *f Tanz* Rumba *f od m*

rumen [rymɛn] *m der Wiederkäuer* Pansen *m*; *sc* Rumen *n*

rumeur [rymœr] *f* 1. (dumpfer) Lärm; dumpfes Geräusch, Getöse; *von Menschen* allgemeine Unruhe; Murren *n*; Gemurmel *n*; **~ de mécontentement** Murren der Unzufriedenheit; **des ~s s'élevèrent dans la salle** im Saal entstand (e-e) allgemeine Unruhe; 2. Gerücht *n*; **la ~ publique** *auch* die Fama; **selon certaines ~s** ... gerüchteweise verlautet *od* man munkelt, daß...

rumex [rymɛks] *m sc bot* Ampfer *m*

rumin|ant [rymimã] *zo* **I** *adj* 'wiederkäuend; **II** *m/pl* **~s** 'Wiederkäuer *m/pl*; **un ~** ein Wiederkäuer; **~ation** *f* 'Wiederkäuen *n*

ruminer [rymine] *v/t* 1. *Rind etc* 'wiederkäuen (*auch abs*); 2. *fig Vergangenheit, Projekt etc* sich durch den Kopf gehen lassen; nachgrübeln, -sinnen über (+*acc*); brüten über (+*dat*); **~ sa vengeance** Rache brüten; auf Rache sinnen; **qu'as-tu à ~?** worüber grübelst du nach?

rumsteck [rɔmstɛk] *cf* romsteck

runabout [rœnabawt] *m* (kleines) Motorboot

rune [ryn] *f* Rune *f*

runique [rynik] *adj* Runen...; runisch; **alphabet ~** Runenalphabet *n*

ruolz [ryɔls] *m* (*Art*) Silberdublee *n*

rupestre [rypɛstr(ə)] *adj* 1. *bot Pflanzen* auf Felsen wachsend; 2. *Vorgeschichte* **dessins ~** *m/pl*, **peintures ~** *f/pl* Felszeichnungen *f/pl*, -malereien *f/pl*

rupicole [rypikɔl] *m zo* Felsenhahn *m*

rupin [rypɛ̃] **I** *adj* F betucht; stinkreich; *Wohnung etc* F stinkvornehm; **II** *m* Krösus *m*; **~s** *pl* F stinkreiche Leute *pl*

rupiner [rypine] *v/i* F *in e-m Examen* glänzen

rupteur [ryptœr] *m élect* Unter'brecher *m*; *auto* **~ d'allumage** Zündunterbrecher *m*

rupture [ryptyr] *f* 1. *tech* Bruch *m*; *st/s* (Zer)Reißen *n*; **~ d'un câble, d'une digue, d'essieu** Kabel-, Damm-, Achsenbruch *m*; **~ de fatigue** Dauer-(schwing[ungs])bruch *m*; *géol* **~ de pente** Gefällsbruch *m*; **résistance f à la ~** Bruch-, Zerreißfestigkeit *f*; **limite f de ~** Bruch-, Zerreißgrenze *f*; *mil* **obus m de ~** panzerbrechende Granate; Panzergranate *f*, -geschoß *n*; 2. *méd* Zerreißung *f*; Riß *m*; *sc* Rup'tur *n*; **~ d'un muscle, du**

périnée, d'un tendon Muskel-, Damm-, Sehnenriß *m*; **3.** *zwischen Freunden, Mann u Frau etc* Bruch *m*; **scène** *f* **de** ~ Szene, bei der es zum Bruch kommt; **4.** *von Verhandlungen, der diplomatischen Beziehungen etc* Abbruch *m*; *von Verhandlungen auch* Unter'brechung *f*; **5.** *e-s Vertrages etc* Bruch *m*; Aufhebung *f*; Auflösung *f*; (Auf)Kündigung *f*; ~ **abusive** (**du contrat de travail**) ungerechtfertigte, unzulässige Kündigung; ~ **de contrat** Vertragsbruch *m*; ~ **des fiançailles** Entlobung *f*; *jur* Verlöbnisbruch *m*; **6.** *fig* Bruch *m*; ~ **du rythme** Diskontinuität *f* im Rhythmus; ~ **du style** Stilbruch *m*; ~ **entre le passé et le présent** Bruch zwischen Vergangenheit und Gegenwart; **en** ~ **avec** im Gegensatz zu; **7.** *Transportwesen* ~ **de charge** 'Umladung *f*

rural [ryral] **I** *adj* <-aux> ländlich; Land...; *auch* landwirtschaftlich; A'grar...; **droit** ~ Flurrecht *n*; **commune** ~**e** ländliche Gemeinde; Landgemeinde *f*; **domaine** ~ Landgut *n*; **économie** ~**e** Agrarwirtschaft *f*; **exploitation** ~**e** landwirtschaftlicher Betrieb; **habitat** ~ Wohnverhältnisse *n/pl* auf dem Lande; **mœurs** ~**es** ländliche Bräuche *m/pl*; **la vie** ~**e** das Landleben; **II** *m* Landbewohner *m*; *meist pl* **ruraux** Landbevölkerung *f*; ländliche Bevölkerung

ruse [ryz] *f* **a)** List *f*; Trick *m*; Kunstgriff *m*; ~ **de guerre** Kriegslist *f* (*auch fig*); **recourir à la** ~ zu e-r List greifen; **user de** ~ e-e List anwenden; **b)** *Charaktereigenschaft* List(igkeit) *f*; Schlauheit *f*; Schläue *f*; Durch'triebenheit *f*; Verschlagenheit *f*; Pfiffigkeit *f*

rusé [ryze] **I** *adj Person, Gesichtsausdruck* listig; schlau; durch'trieben; verschlagen; pfiffig; *auch* spitzbübisch; schelmisch; **il est** ~ **comme un vieux renard** er ist ein schlauer Fuchs, ein alter Fuchs; **II** *subst* ~(**e**) *m(f)* schlauer Fuchs; gerissener Bursche; schlaue, gerissene Per'son

ruser [ryze] *v/i* (e-e) List anwenden;

Tricks gebrauchen; listig sein; **savoir** ~ **pour arriver à ses fins** wissen, welche List man anwenden muß...

rush [rœʃ] *m* **1.** *sports* Endspurt *m*; **2.** *cf* **ruée**

russe [rys] **I** *adj* russisch; **l'Église** *f* **orthodoxe** ~ die russisch-orthodoxe Kirche; **montagnes** *f/pl* ~**s** *cf* **montagne 4.**; *cuis* **salade** *f* ~ russischer Salat; **II** *subst* **1.** ♀ *m,f* Russe *m*, Russin *f*; ♀ **blanc** Weißrusse *m* (*géogr u pol*); **2.** *ling* **le** ~ das Russische; Russisch *n*

russi|fication [rysifikasjɔ̃] *f* Russifi'zieren *n*; Russifi'zierung *f*; ~**fier** *v/t* russifi'zieren

russo-... [ryso] *adj in Zssgn* russisch-...; *z B* **russo-américain** russisch-amerikanisch

russophile [rysɔfil] **I** *adj* russen-, rußlandfreundlich; **II** *m* Freund *m* der Russen; Russenfreund *m*

russule [rysyl] *f bot* Täubling *m*

rustaud [rysto] **I** *adj* ungeschliffen; ungehobelt; derb; plump; bäu(e)risch; **II** *m* (Bauern)Trampel *n od m*; Tölpel *m*

rusticage [rystikaʒ] *m bât* Rustikaputz *m*

rusticité [rystisite] *f* **1.** *st/s des Benehmens, der Sprache etc* bäuerliche Einfachheit; **2.** *agr von Pflanzen, Haustieren* 'Widerstandsfähigkeit *f*

rustine [rystin] *f (nom déposé)* (Gummi-)Fleck *m*, (-)Flicken *m* (*zum Flicken von Fahrradschläuchen*)

rustique [rystik] **I** *adj* **1.** *Möbel* Bauern...; rusti'kal; **armoire** *f* ~ Bauernschrank *m*; **style** *m* ~ Bauernstil *m*; **2.** *par ext* **bois** *m* ~ rohes Holz; *arch* **ouvrage** *m* ~ Rustika *f*; Bossenwerk *n*; **3.** *st/s* bäuerlich einfach; rusti'kal; *par ext* bäu(e)risch; **le caractère** ~ das Rustikale; **4.** *Pflanze, Haustier* 'widerstandsfähig; **II** *m* **1.** *Steinmetzwerkzeug* Kröneleisen *n*, -hammer *m*; **2.** Bauernstil *m*; **se meubler en** ~ sich im Bauernstil, rustikal einrichten

rustiquer [rystike] *v/t* **1.** *Stein* rusti'kal bearbeiten; krönein; **2.** *Mauer* rusti'kal verputzen

rustre [rystr(ə)] **I** *m péj* Bauer *m*; Bauernlümmel *m*; Rüpel *m*; Klotz *m*; **II** *adj* rüpelhaft; ungehobelt; derb; plump

rut [ryt] *m zo* Brunst *f*; *des Hochwildes* Brunft *f*; **entrer, être en** ~ brünstig *bzw* brünftig werden, sein

rutabaga [rytabaga] *m bot* Kohl-, Steckrübe *f*

rutacées [rytase] *f/pl bot* Rautengewächse *n/pl*; *sc* Ruta'zeen *pl*

ruthénium [rytenjɔm] *m chim* Ru'thenium *n*

ruthénois [rytenwa] *adj (u subst* ♀ Einwohner*)* von Rodez

rutilant [rytilɑ̃] *adj* **1.** glänzend; blitzend; glitzernd; *Edelstein auch* funkelnd; **2.** glüh(end)rot; leuchtendrot

rutile [rytil] *m minér* Ru'til *n*

rutil|ement [rytilmɑ̃] *litt m* Funkeln *n*; Glänzen *n*; Glitzern *n*; ~**er** *v/i* glänzen; blitzen; glitzern; funkeln

rythme [ritm(ə)] *m* Rhythmus *m* (*auch mus, métr*); *auch* Takt *m*; *par ext* Tempo *n*; *physiol* ~ **cardiaque, respiratoire** Rhythmus des Herzschlags, der Atmung; *biol* ~ **nycthéméral** Tagesrhythmus *m*; *e-s Theaterstücks, Films* ~ **de l'action** Tempo der Handlung; ~ **des saisons** Rhythmus der Jahreszeiten; **au** ~ **de** im Rhythmus von (*od* + *gén*); **accroître le** ~ **de la production** das Tempo der Produktion steigern; **danser sur un** ~ **endiablé** nach e-m wilden Rhythmus tanzen; **marquer le** ~ den Takt schlagen

rythmé [ritme] *adj Sprache, Bewegung etc* rhythmisch

rythmer [ritme] *v/t* rhythmisch gliedern, gestalten; rhythmi'sieren; ~ **sa marche au son du tambour** s-n Schritt nach dem Rhythmus der Trommel richten

rythmique [ritmik] **I** *adj Tanz, Bewegung, Schwingung etc* rhythmisch; *mus* **accent** *m* ~ rhythmischer Akzent; **gymnastique** *f*, **prose** *f* ~ rhythmische Gymnastik, Prosa; **versification** *f* ~ akzentu'ierende Metrik; **II** *f* **1.** Rhythmik *f*; **2.** rhythmischer Tanz

S

S, s [ɛs] m ⟨inv⟩ **1.** *Buchstabe* S, s *n*; **2.** S *od* **virage** *m* **en S** S-Kurve *f*; **3.** *anat* S **iliaque** *cf* **(côlon) sigmoïde**

s' *vor* **il(s)** *cf* **si²**

sa [sa] *cf* **son¹**

sabayon [sabajõ] *m cuis* Weinschaum *m*, -creme *f*

sabbat [saba] *m* **1.** *rel* Sabbat *m*; *jiddisch* Schabbes *m*; **2.** Hexensabbat *m*; **3.** F Höllenlärm *m*, -spektakel *m*

sabbatique [sabatik] *adj* Sabbat…; **année** *f* **~** a) *rel* Sabbatjahr *n*; b) *der Professoren* vorlesungsfreies Jahr; *der höheren Angestellten* einjährige Beurlaubung (*für Fortbildung etc*); einjähriger Bildungsurlaub; **repos** *m* **~** Sabbatruhe *f*, -stille *f*

sabelle [sabɛl] *f zo* Schlickröhrenwurm *m*

Sabelliens [sabɛ(l)ljɛ̃] *m/pl hist* Saˈbeller *m/pl*

sabin [sabɛ̃] *hist* **I** *adj* saˈbinisch; *géogr* **monts** ⚲**s** Saˈbiner Berge *m/pl*; **II** *subst* ⚲(e) *m(f)* Saˈbiner(in) *m(f)*; **l'enlèvement** *m* **des** ⚲**es der** Raub der Sabinerinnen

sabine [sabin] *f bot* Sadebaum *m*

sabir [sabir] *m ling* **1.** *hist* Lingua franca *f*; **2.** *par ext* Mischsprache *f*; Kauderwelsch *m*

sablage [sablaʒ] *m* **1.** Sandstreuen *n*; Streuen *n* (von Sand); **2.** *tech* Sandstrahlen *n*; Putzen *n*, Bearbeiten *n* mit dem Sandstrahlgebläse

sable¹ [sabl(ə), sa-] *m* **1.** Sand *m*; **~ fin** feiner Sand; Feinsand *m*; **~s mouvants** Flug-, Treib- *od* Triebsand *m*; *im Wattenmeer* Treib-, Schwimmsand *m*; *tech* **~ de fonderie, de moulage** Formsand *m*; **~ de mer, de rivière** Meer-, Flußsand *m*; **banc** *m*, **désert** *m*, **grain** *m*, **plage** *f*, **tas** *m*, **tempête** *f* **de ~** Sandbank *f*, -wüste *f*, -korn *n*, -strand *m*, -haufen *m*, -sturm *m*; *vét* **colique** *f* **de ~** Sandkolik *f*, -krankheit *f*; *fig* **bâtir sur le ~** auf Sand bauen; F *fig* **être sur le ~** mittellos auf der Straße sitzen; *zu Kindern* **le marchand de ~ est passé** das Sandmännchen kommt, war da; **2.** **~s** *pl* Sandwüste *f*; **3.** *adjt* ⟨inv⟩ sandfarben

sable² [sabl(ə), sa-] *m* Heraldik schwarze Farbe; Schwarz *n*

sablé [sable] *cuis* **I** *adj* **pâte** **~e** Mürb(e)-, Knet-, Butterteig *m*; **II** *m* Sandplätzchen *n*; **~s** *pl auch* Sandgebäck *n*

sabler [sable] *v/t* **1.** mit Sand bestreuen; Sand streuen (**une route** auf-e-e Straße); **2.** *tech* sandstrahlen; mit dem Sandstrahlgebläse putzen, bearbeiten; **3.** *bei e-r festlichen Gelegenheit* **~ le champagne** Cham'pagner trinken

sabl|erie [sabləri, sa-] *f e-r Gießerei* Sandformerei *f*; **~eur** *m* **1.** *in e-r Gießerei* Arbeiter, der den Formsand herstellt; **2.** Arbeiter *m* am Sandstrahl-

gebläse; **~euse** *f tech* Sandstrahlgebläse *n*; **~eux** *adj* ⟨-euse⟩ sandhaltig; sandig; Sand…; **~ier** *m* **1.** Sanduhr *f*; **2.** *bot* **~ élastique** Sandbüchsenbaum *m*; **3.** *Papierherstellung* Sandfang *m*; **~ière** *f* **1.** Sandgrube *f*; **2.** *ch de fer e-r Dampflokomotive* **a)** Sanddom *m* **b)** Sandstreuer *m*; **3.** *bât* Fußschwelle *f*; **~on** *m tech* Feinsand *m*

sablonn|eux [sablonø] *adj* ⟨-euse⟩ sandig; Sand…; **terre sablonneuse** *auch* Sandboden *m*; **~ière** *f* Sandgrube *f*

sabord [sabor] *m mar* Pforte *f*; **~ de charge** Ladepforte *f*

sabordage [sabordaʒ] *m mar* Selbstversenkung *f*

saborder [saborde] **I** *v/t* **1.** *Schiff selbst* versenken; **2.** *par ext Betrieb etc* freiwillig einstellen, aufgeben; **II** *v/pr* **se ~ 3.** *mar* sich selbst versenken; **4.** *fig* s-n Betrieb freiwillig einstellen, aufgeben; *Zeitung ihr Erscheinen freiwillig einstellen*

sabot [sabo] *m* **1.** Holzschuh *m*; *fig* **je te vois venir avec tes gros ~s** F Nachtigall, ick hör' dir trapsen; **2.** *zo* Huf *m*; **3.** *tech* **~s** Tischbeins *etc* (Meˈtall)Schutzkappe *f*; *e-s Pfahls* Schuh *m*; **~ d'arrêt, d'enrayage** Hemm-, Brems-, Radschuh *m* (*auch ch de fer*); Bremskeil *m*, -klotz *m*; **~ de Denver** [dɑ̃ver] Eisenzwinge, mit der die Polizei die Räder falsch geparkter Autos blockiert; **~ de frein** Bremsklotz *m*, -backe *f*; **4.** *Spielzeug* Kreisel *m*; **5.** *adjt* **baignoire** *f* **~** Sitzbadewanne *f*; **6.** F *von e-m Schiff, Fahrzeug etc* F alter Kasten *od* Schlitten; altes Wrack; *Person* **faire qc comme un ~** bei etw pfuschen, schludern, stümpern; etw miserabel, F unter aller Kanone machen; **7.** *bot* **~ de Vénus, de la Vierge** Frauenschuh *m*

sabotage [sabotaʒ] *m e-r Politik, von Verhandlungen etc* Sabo'tage *f*; *an e-r mil od tech Anlage etc* Sabo'tage(akt) *f(m)* (**de qc an etw** [*dat*])

saboter [sabote] *v/t* **1.** *Politik, Verhandlungen etc* sabo'tieren; *an e-r mil od tech Anlage* Sabo'tage, e-n Sabotageakt verüben (**qc an etw** [*dat*]); **2.** F *Arbeit* hinschludern, -pfuschen; **3.** *tech* Pfahl beschuhen; **4.** *ch de fer* Schwellen dechseln; einschneiden

sabot|erie [sabotri] *f* Holzschuhherstellung *f bzw* -fabrik *f*; **~eur** *m*, **~euse** *f* Sabo'teur *m*; **~ier** *m* Holzschuhmacher *m*, -händler *m*

sabre [sabr(ə)] *m* **1.** Säbel *m*; *par ext* **le ~ et le goupillon** die Arˈmee und die Kirche; **escrime** *f* **au ~** Säbelfechten *n*; **coup** *m* **de ~** Säbelhieb *m*; *Befehl* **~ au clair!** blankgezogen!; **2.** *jard* Heckenmesser *n*

sabre-baïonnette [sabrəbajonɛt] *m* ⟨*pl* **sabres-baïonnettes**⟩ *mil* Seitengewehr *n*

sabrer [sabre] *v/t* **1.** niedersäbeln; **2.** F *fig Zeitungsartikel etc* zuˈsammenstreichen; kürzen; *beim Examen* **~ qn** *cf* **sacquer** l.

saburral [sabyral] *adj* ⟨-aux⟩ *méd* **langue ~e** belegte Zunge

sac¹ [sak] *m* **1.** Sack *m*; *zo der Vögel etc* **~ aérien** Luftsack *m*; *bot* **~ embryonnaire** Embryosack *m*; *path* **~ 'herniaire** Bruchsack *m*; *anat* **~ lacrymal** Tränensack *m*; **~ postal** Postsack *m*; **~ à blé, à pommes de terre** Getreide-, Karˈtoffelsack *m*; **~ à dos** Rucksack *m*; *fig* **~ à vin** Säufer *m*; Trunkenbold *m*; **~ de charbon, de ciment** Sack Kohle, Zement; **~ de couchage**, F **~ à viande** Schlafsack *m*; **~ de sable** Sandsack *m* (*auch beim Boxen*); **toile** *f* **à ~** Sackleinwand *f*; **gens** *pl* **de ~ et de corde** Galgenvögel *m/pl*; Gauner *m/pl*; Haˈlunken *m/pl*; ♦ *adjt* **robe** *f* **~** Sackkleid *n*; ♦ *fig* **avoir plus d'un tour dans son ~** die verschiedensten Kniffe kennen; mit allen Wassern gewaschen sein; **être fagoté, ficelé comme un ~** sehr schlecht angezogen sein; *fig* **l'affaire est dans le ~** die Sache ist unter Dach und Fach; die Sache klappt; *fig* **mettre dans le même ~ in e i n e n Topf** werfen; **ils sont bons à mettre dans le même ~** die sind vom gleichen Schlag, F Kaliber; **mettre en ~s** in Säcke füllen; einsacken; *fig* **prendre qn la main dans le ~** j-n auf frischer Tat ertappen; **remplir, vider un ~** e-n Sack füllen, ausschütten *od* leeren; F *fig* **vider son ~** sich offen aussprechen; F auspacken; **2.** Tasche *f*; Beutel *m*; *auch* Torˈnister *m*; Ranzen *m*; *méd* **~ à glace** Eisbeutel *m*; **~ à linge** Wäschebeutel *m*; **~ (à main)** Handtasche *f*; **~ à malice** *cf* **malice** 3.; **~ à provisions** Einkaufstasche *f*; *früher* **~ d'argent** Geldkatze *f*; **~ de plage** Badetasche *f*; **~ de sport** Sporttasche *f*; **~ de, en toile** Leinentasche *f*; **~ de voyage** Reisetasche *f*; **~ en croco** Krokotasche *f*; **3.** Tüte *f*; **~ de, en papier** Paˈpiertüte *f*; **~ en plastique** Plastiktüte *f*; **4.** F (*argent*) F Kies *m*; Moos *n*; *cf auch* **fric**; *auch* tausend (alte) Franc; **avoir le ~** Kies haben; **il a épousé le ~** er ist durch Heirat zu Kies gekommen

sac² [sak] *m nur loc* **mettre à ~** plündern; **mise** *f* **à ~** Plünderung *f*

saccade [sakad] *f* Ruck *m*; Stoß *m*; *loc/adv* **par ~s** stoß-, ruckweise; ruckartig

saccadé [sakade] *adj Bewegungen, Gesten* ruckartig; *Stimme, Stil* abgehackt

saccage [sakaʒ] *m* **1.** Plünderung *f*; **2.** Verwüstung *f*

saccag|er [sakaʒe] *v/t* ⟨-geons⟩ **1.** *Stadt etc* plündern; **2.** *Felder etc* verwüsten; **3.** *Haus, Wohnung* auf den Kopf

stellen; in große Unordnung bringen; **~eur** m j. der alles verwüstet; Wan-'dale m

sacchar|ase [sakaraz] f chim Sa(c)cha-'rase f; **~ate** m chim Sa(c)cha'rat n; **~eux** adj ‹-euse› (Rohr)Zucker...

sacchari|fication [sakarifikasjɔ̃] f chim Zuckerbildung f; Verzuckerung f; 'Um-setzung f in Zucker; **~fier** v/t chim verzuckern; in Zucker 'umsetzen; **~mè-tre** m Sa(c)chari'meter n; **~métrie** f Saccharime'trie f

saccharin|e [sakarin] f chim Sa(c)cha-'rin n; Süßstoff m; **~é** adj mit Sa(c)cha-'rin gesüßt

saccharomyces [sakarɔmisɛs] m/pl bot Hefepilze m/pl; sc Sa(c)charomy'zeten m/pl

saccharose [sakaroz] m chim Sa(c)-cha'rose f; Rohr- bzw Rübenzucker m

saccule [sakyl] m anat Sacculus f; Säckchen n des Laby'rinths

sacerdoce [saserdɔs] m 1. Priestertum n; Priesterwürde f; Priesteramt n; 2. fig e-s Künstlers etc heiliges Amt; 3. coll Prie-sterschaft f; hist in Deutschland lutte f du ♀ et de l'Empire Kampf m zwischen Sacer'dotium und Imperium

sacerdotal [saserdɔtal] adj ‹-aux› prie-sterlich; Priester...; fonctions **~es**, vê-tements sacerdotaux Priesteramt n, -gewänder n/pl

sachant [saʃã] p/pr von savoir

sache [saʃ] cf savoir[1]

sachet [saʃɛ] m 1. Beutel(chen) m(n); Tütchen n; auch Säckchen n; **un ~ de bonbons** ein Beutel Bonbons; **~ de thé** Tee(aufguß)beutel m; **en ~** im Beutel; **potage** m **en ~** Tütensuppe f; kochferti-ge Suppe im Beutel; **riz** m **en ~** Reis m im Kochbeutel; 2. Riechkissen n; **~ de lavande** La'vendelkissen n

sacoche [sakɔʃ] f (Leder)Tasche f (mit Schulterriemen); 'Umhängetasche f; e-s Briefträgers Post-, Brieftragertasche f; e-s Handwerkers Werkzeugtasche f; am Fahrrad, Motorrad Packtasche f; (d'écolier) Schulmappe f, -tasche f

sacquer [sake] v/t 1. beim Examen f~ qn a) j-n zu schlecht benoten; j-s Note her'unterdrücken; b) j-n 'durchfallen, F -rasseln lassen; 2. F ~ qn j-n entlassen, F feuern

sacral [sakral] adj ‹-aux› selten cf sacré[1] I 1.; **~isation** f Verleihung f e-s sa'kralen Cha'rakters; Verehrung f als heilig; **~iser** v/t als heilig verehren; e-n sa'kralen Cha'rakter verleihen (+dat)

sacrament|aire [sakramãtɛr] m hist rel 1. Meßbuch Sakramen'tar(ium) n; 2. Sektierer im 16. Jh Sakramen'tierer m; **~al** m égl cath meist pl sacramentaux Sakramen'talien n/pl; **~el** adj ‹-le› rel sakramen'tal; formules, paroles **~les** Einsetzungsworte n/pl des Sakraments

sacre[1] [sakr(ə)] m 1. e-s Herrschers Salbung f; auch Krönung f; 2. égl cath Bischofsweihe f

sacre[2] [sakr(ə)] m zo Würgfalke m

sacré[1] [sakre] **I** adj 1. rel heilig; sa'kral; geheiligt; geweiht; geistlich; art ~ sakra-le Kunst; égl cath le ♀ Collège das Kardi'nalskollegium; das Heilige Kolle-gium; édifice ~ Sa'kralbau m; feu ~ heiliges Feuer; cf auch feu 1.; livres **~s** heilige Bücher n/pl; musique **~e** geistli-che Musik; Kirchenmusik f; vases **~s** li'turgische Gefäße n/pl; Kultgefäße n/pl; 2. par ext Recht etc heilig; unantast-bar; unverletzlich; F **son** som-meil, etc, c'est ~ sein Schlaf ist ihm heilig; 3. ‹vorangestellt› F verflucht; verflixt; südd auch sakrisch; **~ menteur** verdammter Lügner; P **~ nom de Dieu** od **d'un chien!** F (Him-

mel)Kreuzdonnerwetter!; P Himmel, Arsch und Zwirn!; Sakra'ment!; **avoir une ~e chance** (ein) verdammtes Glück haben; **II** subst sa ~ das Sa'krale, Heilige

sacré[2] [sakre] adj anat Kreuzbein...; sa'kral; **vertèbres ~es** Kreuzbein-wirbel m/pl

sacrebleu [sakrəbløʰ] int F zum Donner-wetter!; verdammt noch'mal!

Sacré-Cœur [sakrekœr] m égl cath (Hei-ligstes) Herz Jesu; **congrégations** f/pl **du ~** Klostergenossenschaften f/pl vom Heiligsten Herzen Jesu; **fête** f **du ~** Herz-'Jesu-Fest n

sacrement [sakrəmã] m rel Sakra'ment n; **les derniers ~s** od **les ~s de l'Église** die Sterbesakramente n/pl; **mourir muni des ~s de l'Église** mit den Sakramen-ten der Kirche versehen sterben; **le saint ~ das Aller'heiligste; le saint ~ de l'autel** das Al'tarsakrament; **les sept ~s** die sieben Sakramente; **fréquenter les ~s** (häufig) zu den Sakramenten gehen, die Sakramente empfangen; fig **promener une chose comme le saint ~** e-n Gegenstand mit großer Feierlich-keit vor sich her tragen

sacrément [sakremã] adv F ver-dammt; furchtbar; fürchterlich; schrecklich; südd auch sakrisch; **c'est ~ bon** das ist verdammt, verteufelt gut

sacrer [sakre] v/t 1. König salben; Bi-schof weihen; **~ qn roi**, zum König salben, zum Bischof weihen; 2. fig **être sacré le plus grand peintre de son époque** zum größten Maler s-r Zeit erhoben werden

sacrificateur [sakrifikatœr] m rel Op-ferpriester m; bei den Juden **le grand ~** der Hohe'priester

sacrifice [sakrifis] m 1. rel Opfer n; Vorgang auch Opferung f; **~ expiatoire** Sühneopfer n; **~s humains** Menschen-opfer n/pl; **le saint ~** (de la messe) das Meßopfer; **le ~ du Christ, de la Croix** der Opfertod Christi, am Kreuz; **faire un ~** ein Opfer darbringen; 2. fig Opfer n; **~ d'argent** finanzielles Opfer; **mil ~ d'hommes, de vies humaines** Menschenopfer n; **~ de temps** Opfer an Zeit; **faire de grands ~s pour qc** für etw große Opfer bringen; **faire le ~ de qc à qn** j-m etw opfern; **ne reculer devant aucun ~** kein Opfer scheuen

sacrifié [sakrifje] adj 1. geopfert; 2. par ext Patrouille etc dem Tode geweiht; 3. Waren zu Spott-, Schleuderpreisen; spottbillig; **prix ~** Schleuderpreis m; **II** subst **~(e)** m(f) j. der sich (ständig) (auf)opfert

sacrifier [sakrifje] **I** v/t 1. rel opfern; abs **~ à une divinité** e-r Gottheit (qc) opfern, Opfer darbringen; 2. fig opfern; auf-, hingeben; **~ ses amis à ses inté-rêts** s-e Freunde s-n Interessen opfern od zugunsten s-r Interessen aufgeben; **tout pour sa famille** s-r Familie od für s-e Familie alles opfern; par ext Autor ~ un rôle, personnage e-e Rolle, Gestalt vernachlässigen; F **~ une bonne bou-teille** e-n guten Tropfen opfern; **II** v/t/ind 3. **~ à** folgen, sich unter'werfen, huldigen (à la mode der Mode [dat]); **III** v/pr se ~ 4. sich opfern, sein Leben (hin)geben (pour sauver un enfant um ein Kind zu retten); 5. sich aufopfern (à une noble cause für e-e gute Sache; pour qn für j-n)

sacrilège [sakrilɛʒ] **I** m 1. rel Frevel(tat) m(f); Sakri'leg n; Entweihung f; Entheili-gung f; Versündigung f; Schändung f; 2. fig Frevel m; Sakri'leg n; Sünde f; Ruch-losigkeit f; Verbrechen n; **c'est un ~ de** (+inf) es ist jammerschade, daß od wenn ...; auch es ist ein Frevel etc, daß ...; **II**

adj frevelhaft; gott-, ruchlos

sacripant [sakripã] m Taugenichts m; Nichtsnutz m

sacristain [sakristɛ̃] m égl Kirchendie-ner m; Küster m; Mesner m; Sakri'stan m

sacristi [sakristi] F int cf sapristi

sacristie [sakristi] f égl Sakri'stei f

sacro-|iliaque [sakroiljak] adj anat ar-ticulation f **~** Sakroilia'kalgelenk n; **~-lombaire** adj anat sakrolum'bal

sacro-saint [sakrosɛ̃] adj ‹-sainte [-sɛ̃t]› iron sakro'sankt; hochheilig; geheiligt; unantastbar

sacrum [sakrɔm] m anat Kreuzbein n; sc Sakrum n

sadducéen cf saducéen

sadique [sadik] **I** adj sa'distisch; (woll-lüstig) grausam; **plaisir** m **~** sadistisches Vergnügen; **tendances** f/pl **~s** sadisti-sche Neigungen; **II** m,f 1. Sa'dist(in) m(f) (auch psych); 2. jur Triebtäter m; **crime** m **de ~** Triebverbrechen n

sadisme [sadism(ə)] m Sa'dismus m

sadomasoch|isme [sadomazɔʃism(ə)] m psych Sadomaso'chismus m; **~iste I** adj sadomaso'chistisch; **II** m Sado-maso'chist m

saducéen [sadyseɛ̃] hist rel **I** adj ‹~ne› saddu'zäisch; **II** m Saddu'zäer m

safari [safari] m Sa'fari f; **~-photo** m ‹pl safaris-photos› Photosafari f

safran[1] [safrã] m 1. bot Krokus m; **~ bâtard** Sa'flor m; Färberdistel f; **~ cultivé** Echter Safran; **~ des prés** Herbstzeitlose f; 2. cuis, Farbstoff Sa-fran m; 3. (jaune) ~ Safrangelb n; adit ‹inv› safrangelb

safran[2] [safrã] m mar Ruderblatt n

safre [safr(ə)] m cf small

safrol(e) [safrɔl] m chim Sa'frol n

saga [saga] f Saga f; **~s islandaises** isländische Sagas

sagac|e [sagas] adj Urteil, Person scharf-sinnig; Person auch scharfblickend, -sichtig; **~ité** f Scharfsinn m, -blick m, -sichtigkeit f

sagaie [sagɛ] f Wurfspieß der afrikani-schen Eingeborenen Assa'gai m

sage [saʒ] **I** adj 1. Person, Ratschlag, Verhalten weise; klug; vernünftig; beson-nen; einsichtig; **il serait plus ~ d'y renoncer** es wäre vernünftiger od klü-ger, darauf zu verzichten; 2. Kind artig; brav (auch Kunstwerk, Kleid etc); folg-sam; lieb; Mädchen, Frau sittsam; Kind **~ comme une image** sehr artig, brav; F kreuzbrav; **II** m Weise(r) m; **les sept ♀s** (de la Grèce) die Sieben Weisen

sage-femme [saʒfam] f ‹pl sages--femmes› Hebamme f

sagesse [saʒɛs] f 1. Weisheit f; Klugheit f; Vernunft f; Besonnenheit f; auch Mäßigung f; Zu'rückhaltung f; **la ~ des nations** die Volksweisheit; anat **dent** f **de ~** Weisheitszahn m; bibl **le Livre de la ♀** das Buch der Weisheit; **la voix de la ~** die Stimme der Vernunft; **avoir la ~ de** (+inf) so klug sein und (+inf); 2. e-s Kindes Artigkeit f; Bravheit f; Folg-samkeit f; e-s Mädchens, e-r Frau Sitt-samkeit f; früher in der Schule **prix** m **de ~** Preis m für gutes Betragen; **d'une ~ exemplaire** von mustergültiger Artig-keit

Sagittaire[1] [saʒitɛr] m astr Schütze m

sagittaire[2] [saʒitɛr] f bot Pfeilkraut n

sagittal [saʒital] adj ‹-aux› anat sagit-'tal; **plan ~** Sagit'talebene f; **suture ~e** Pfeilnaht f

sagitté [saʒite] adj bot Blatt pfeilförmig

sagou [sagu] m cuis Sago m

sagouin [sagwɛ̃] m F Dreck-, Schmutz-fink m

sagoutier [sagutje] m bot Sagopalme f, -baum m

saharien [saarjɛ̃] **I** adj ⟨~ne⟩ **1.** (in, aus) der Sahara; **2.** par ext chaleur ~ne glühende Hitze; **II** subst **1.** ♀(ne) m(f) Bewohner(in) m(f) der Sahara; **2.** ~ne f Mode Sa'farijacke f
Sahraouis [saarawi] m/pl Saharauis m/pl
saï [sai] m zo Weißschulterkapuziner m
saïga [saiga] m zo Saiga f
saignant [sɛɲɑ̃] adj **1.** Wunde blutend; fig une plaie encore ~e e-e noch offene Wunde; **2.** cuis Fleisch nicht 'durchgebraten; Steak englisch
saignée [seɲe] f **1.** méd Aderlaß m; **2.** fig Aderlaß m (auch finanziell); **3.** anat ~ (du bras) Arm-, Ellenbeuge f; **4.** bei Bäumen zur Gewinnung von Harz od Latex Zapfschnitt m
saignement [sɛɲmɑ̃] m Bluten n; ~ de nez Nasenbluten n; méd temps m de ~ Blutungszeit f
saigne-nez [sɛɲ(ə)ne] m ⟨inv⟩ bot Schafgarbe f
saigner [seɲe] **I** v/t **1.** méd ~ qn j-m Blut abzapfen, abnehmen; früher j-n zur Ader lassen; **2.** fig ~ qn (à blanc) j-n (gehörig) schröpfen, ausnehmen; adjt saigné à blanc auch (völlig) ausgeblutet; **3.** Tier abstechen; **II** v/i bluten; ~ comme un bœuf wie ein Schwein bluten; ~ du nez Nasenbluten haben; aus der Nase bluten; votre main saigne Sie bluten an der Hand; fig la plaie saigne encore die Wunde ist noch nicht verheilt; **III** v/pr fig se ~ aux quatre veines große finanzi'elle Opfer bringen; F (für j-n) bluten
saillant [sajɑ̃] **I** adj **1.** vorspringend; vortretend; her'vorstehend; arch auch vor-, auskragend; menton ~ vorspringendes Kinn; **2.** fig Ereignis, Merkmal etc her'vorstechend; **3.** Wappentier steigend; springend
saillie [saji] f **1.** arch Vorsprung m; Aus-, Vorkragung f; Erker m; loc/adj en ~ vorspringend; faire, former ~ vorspringen; e-n Vorsprung bilden; aus-, vorkragen; **2.** jur 'Überbau m; **3.** fig witziger Einfall; Geistesblitz m; **4.** bei Haustieren Decken n; Belegen n; Bespringen n; bei Pferden Beschälen n
saillir [sajir] **I** v/t ⟨regelmäßig⟩ weibliches Tier decken; belegen; bespringen; Stute beschälen; **II** v/i ⟨cf assaillir; aber il saillera⟩ Gebäudeteil her'vorragen; vorspringen; aus-, vorkragen; Muskeln her'vortreten
saïmiri [saimiri] m zo Saï'miri n od m; Totenkopfäffchen n
sain [sɛ̃] adj ⟨saine [sɛn]⟩ **1.** gesund; kräftig; climat ~ gesundes Klima; constitution ~e e kräftige Konstitution; nourriture ~e gesunde Kost; ~ de corps et d'esprit körperlich und geistig gesund; gesund an Leib und Seele; ~ et sauf wohlbehalten; unversehrt; unverletzt; heil; **2.** Urteil, Beschäftigung, Anschauungen etc gesund; vernünftig (auch Lektüre); égoïsme ~ gesunder Egoismus; **3.** mar côte ~e Küste f ohne gefährliche Klippen
sainbois [sɛ̃bwa] m bot cf garou
saindoux [sɛ̃du] m Schweineschmalz n
sainfoin [sɛ̃fwɛ̃] m bot a) Espar'sette f; b) Süßklee m
saint [sɛ̃] **I** adj ⟨sainte [sɛ̃t]⟩ **1.** rel heilig; la ~e cène das heilige Abendmahl; ~ chrême geweihtes (Salb)Öl; Chrisam n od m; l'Écriture ~e, les ♀es Écritures die Heilige Schrift; la ~e Église catholique, apostolique et romaine die römisch-katholische Kirche; bibl la ~e Famille die Heilige Familie; la guerre ~e der Heilige Krieg; l'histoire ~e die Biblische Geschichte; image ~e Heiligenbild n; jeudi ~ Grün'donnerstag m;

les Lieux ~s die heiligen Stätten f/pl; la semaine ~e die Karwoche; die stille, heilige Woche; la ~e table cf table 7.; la Terre ~e das Heilige Land; vendredi ~ Kar'freitag m; la ♀e Vierge die Heilige Jungfrau; la Ville ~e die Heilige Stadt; ♦ in Heiligennamen (abr St bzw Ste): ~e Geneviève die heilige Genoveva; Sankt (abr St.) Genoveva; ~ Martin der heilige Martin; Sankt (abr St.) Martin; in Namen von Heiligenfesten cf Saint-Jean, Saint-Martin, etc; **2.** par ext Person, Leben heilig(mäßig); fromm; vorbildlich; untadelig; les choses les plus ~es die heiligsten Güter n/pl; ~e colère heiliger Zorn; iron ~e nitouche cf nitouche; toute la ~e journée den lieben, langen Tag; **II** subst **1.** ~(e) m(f) Heilige(r) f(m); les ~s de glace die Eisheiligen m/pl; châsse f, relique f d'un ~ Heiligenschrein m, -reliquie f; fig ce n'est pas un (petit) ~ er ist (doch) kein Heiliger, nicht vollkommen, kein Unschuldslamm; prêcher pour son ~ in eigener Sache reden, sprechen; ne (plus) savoir à quel ~ se vouer nicht ein noch aus wissen; loc/prov: il vaut mieux s'adresser à Dieu qu'à ses ~s man muß gleich an die oberste Stelle gehen; comme on connaît ses ~s on les adore, honore man behandelt jeden nach s-m Charakter; auch F man kennt doch s-e Pappenheimer; **2.** m Heiligenfigur f, -darstellung f (de bois, de pierre aus Holz, aus Stein); **3.** im Tempel von Jerusalem le ♀ des ♀s das Aller'heiligste
Saint-Ange [sɛ̃tɑ̃ʒ] in Rom le château ~ die Engelsburg
Saint-Barthélemy [sɛ̃bartelemi] hist la ~ die Bartholo'mäusnacht; die Pa'riser Bluthochzeit
saint-bernard [sɛ̃bɛrnar] m ⟨inv⟩ zo Bernhar'diner m; fig c'est un vrai ~ das ist ein aufopferungsvoller Mensch
saint-cyrien [sɛ̃sirjɛ̃] m ⟨pl saint-cyriens⟩ Schüler m der Mili'tärschule von Saint-Cyr
Sainte-Alliance [sɛ̃taljɑ̃s] hist la ~ die Heilige Alli'anz
Saint-Esprit [sɛ̃tɛspri] rel le ~ der Heilige Geist
sainteté [sɛ̃te] f **1.** Heiligkeit f; fig n'être pas en odeur de ~ auprès de qn bei j-m nicht gut angeschrieben sein, nicht gern gesehen sein, in schlechtem Ruf stehen; mourir en odeur de ~ im Geruch der Heiligkeit sterben; **2.** Titel des Papstes Sa, Votre ♀ Seine, Eure Heiligkeit
Sainte-Trinité [sɛ̃ttrinite] rel la ~ die Heilige Drei'faltigkeit
saint-frusquin [sɛ̃fryskɛ̃] m F Kla'motten f/pl; par ext Siebensachen f/pl; Krempel m; Kram m; bei e-r Aufzählung et tout le ~ und was sonst noch so da'zugehört; und so weiter, und so fort; F und der ganze Kram, Krempel, Schwindel
saint-germain [sɛ̃ʒɛrmɛ̃] m ⟨inv⟩ süße, saftige Birne
saint-glinglin [sɛ̃glɛ̃glɛ̃] loc/adv F à la ~ am Sankt-'Nimmerleins-Tag
Saint-Guy [sɛ̃gi] n/pr path danse f de ~ Veitstanz m
saint-honoré [sɛ̃tɔnɔre] m ⟨inv⟩ Blätterteigkuchen m mit Schlagsahne
Saint-Jean [sɛ̃ʒɑ̃] la ~ der Jo'hannistag; Jo'hanni n; feu m de la ~ Johannisfeuer n; la nuit de la ~ die Johannisnacht
saint-marinais [sɛ̃marinɛ] **I** adj sanmari'nesisch; **II** subst Saint-Mari-

nais(e) m(f) Sanmari'nese, -'nesin m,f
Saint-Martin [sɛ̃martɛ̃] la ~ der Martinstag; Mar'tini n; été m de la ~ Nach-, Spät-, Alt'weibersommer m
Saint-Médard [sɛ̃medar] la ~ der Me'dardustag; loc/prov: quand il pleut à la ~, il pleut quarante jours plus tard etwa regnet es an Siebenschläfer, regnet es noch sieben Wochen
saint-nectaire [sɛ̃nɛkter] m ⟨inv⟩ ein Schnittkäse aus der Auvergne
Saint-Nicolas [sɛ̃nikɔla] la ~ der Nikolaustag
Saint-Office [sɛ̃tɔfis] égl cath früher le ~ das Heilige Of'fizium
saint-paulin [sɛ̃polɛ̃] m ⟨inv⟩ ein frz Schnittkäse
Saint-Père [sɛ̃pɛr] égl cath le ~ der Heilige Vater
Saint-Pierre [sɛ̃pjɛr] ~ (de Rome) die Peterskirche (in Rom); la place ~ der Petersplatz
saint-pierre [sɛ̃pjɛr] m ⟨inv⟩ zo Heringskönig m; Peters-, Christusfisch m
Saint-Sacrement [sɛ̃sakrəmɑ̃] égl cath le ~ das Aller'heiligste
Saint-Sépulcre [sɛ̃sepylkr(ə)] rel le ~ das Heilige Grab
Saint-Siège [sɛ̃sjɛʒ] égl cath le ~ der Heilige Stuhl; hist États m/pl du ~ Kirchenstaat m
saint-simon|ien [sɛ̃simɔnjɛ̃] **I** adj ⟨~ne⟩ saint-simo'nistisch; **II** subst ⟨~ne⟩ m(f) Saint-Simo'nist(in) m(f); **~isme** m Saint-Simo'nismus m
Saint-Sylvestre [sɛ̃silvɛstr(ə)] la ~ Sil'vester od Syl'vester m
Saint-Synode [sɛ̃sinɔd] m Ostkirche le ~ der Heilige Syn'od
sais [sɛ] cf savoir[1]
saisi [sezi] **I** adj **1.** betroffen; über'rascht; cf auch saisir 4. u 7.; **2.** jur gepfändet; partie ~ e cf II; tiers ~ Drittschuldner m; **II** m jur gepfändeter Schuldner; Gepfändete(r) m; Pfandschuldner m
saisie [sezi] f **1.** Pfändung f; ~ conservatoire Ar'rest m in das bewegliche Vermögen; ~ (im)mobilière (Im)Mobili'ar(zwangs)vollstreckung f; Zwangsvollstreckung f in das (un)bewegliche Vermögen; **2.** e-r Zeitung, von Schmuggelgut Beschlagnahme f
saisie|-arrêt [seziarɛ] f ⟨pl saisies-arrêts⟩ jur Pfändung f von Forderungen, Rechten beim Drittschuldner; Vorpfändung f (beim Drittschuldner); ~ sur le salaire Lohnpfändung f; **~-brandon** f ⟨pl saisies-brandons⟩ jur Pfändung f der Ernte od der Früchte auf dem Halm; **~-exécution** f ⟨pl saisies-exécutions⟩ jur Zwangsvollstreckung f in das bewegliche Vermögen (zwecks Versteigerung); **~-gagerie** [-gaʒri] f ⟨pl saisies-gageries⟩ jur Pfändung f der eingebrachten Sachen des Mieters od Pächters; par ext Vermieter-, Verpächterpfandrecht n; **~-revendication** f ⟨pl saisies-revendications⟩ jur Pfändung f e-r sich im Besitz e-s Dritten befindlichen Sache zwecks Her'ausgabe e-r entfernten Sache
saisine [sezin] f **1.** jur in Frankreich 'Übergang m des Besitzes an die Erben; Besitzrecht n der Erben; **2.** jur ~ d'une juridiction d'une affaire Befassen n e-s Gerichts mit, Anrufung f e-s Gerichts wegen e-r Sache; **3.** mar Zurring od Surring m; Zurrtau n
saisir [sezir] **I** v/t **1.** Gegenstand, Person ergreifen; fassen; packen; Ball (auf-)fangen; ~ au collet, à la gorge am Kragen, an der Gurgel packen; ~ aux épaules an den Schultern fassen, pak-ken; **2.** fig Gelegenheit ergreifen; günstigen Augenblick, Chance wahrnehmen; ~

une excuse, un prétexte zu e-r Entschuldigung, zu e-m Vorwand greifen; sich e-r Entschuldigung, e-s Vorwandes bedienen; **3.** *Wortsinn, Erklärung, Absicht* begreifen; erfassen; verstehen; F mitbekommen, -kriegen; ~ au vol une partie de la conversation e-n Teil der Unter'haltung aufschnappen; ~ la situation d'un coup d'œil die Situation mit e-m Blick erfassen; **vous saisissez?** kommen Sie mit?; begreifen Sie?; **4.** *Unwohlsein, Schwäche* ~ qn j-n befallen, über'kommen; la crainte me saisit Furcht ergriff mich; le froid la saisit die Kälte ließ sie erschauern; *meist passivisch* être saisi de qc von etw erfaßt, ergriffen, betroffen werden *bzw* sein; être saisi d'horreur von Grauen gepackt werden *bzw* sein; **5.** *cuis Fleisch* anbraten; **6.** *jur Güter e-s Schuldners* pfänden; *par ext Zeitung, Schmuggelgut* beschlagnahmen; *Waffen* sicherstellen; ~ qn j-n pfänden; **7.** ~ un tribunal d'une affaire ein Gericht mit e-r Sache befassen, wegen e-r Sache anrufen; e-e Sache vor Gericht bringen, bei Gericht anhängig machen; le Conseil de Sécurité fut saisi de la question die Frage wurde vor den Sicherheitsrat gebracht; la chambre a été saisie d'un projet de loi der Kammer liegt ein Gesetzentwurf vor; le tribunal est saisi de l'affaire die Sache ist bei Gericht anhängig gemacht; das Gericht ist mit der Sache befaßt; **II** *v/pr* se ~ de qn, de qc sich j-s, e-r Sache bemächtigen; *Polizei* se ~ du voleur den Dieb fassen, ergreifen

saisissable [sezisabl(ə)] *adj* **1.** *jur* pfändbar; **2.** erfaßbar; wahrnehmbar

saisissant [sezisā] **I** *adj* **1.** *Kälte* 'durchdringend; schneidend; **2.** *Anblick, Schauspiel, Bericht* erschütternd; ergreifend; *Ähnlichkeit* erstaunlich; *Kontrast* auffallend; **II** *m jur* Pfandgläubiger; Pfändende(r) *m*

saisissement [sezismā] *m* **1.** Kälteschauer *m*; Erschauern *n*; **2.** (plötzliche) Ergriffenheit; heftige Gemütsbewegung

saison [sɛzɔ̃] *f* **1.** Jahreszeit *f*; la belle, la mauvaise ~ die warme, die kalte Jahreszeit; les quatre ~s die vier Jahreszeiten; **marchand de(s) quatre ~s** Obst- und Gemüsehändler *m* (*auf der Straße*); ~ sèche, des pluies Trocken-, Regenzeit *f*; le retour des ~s die 'Wiederkehr der Jahreszeiten; **en cette, en toute ~** zu dieser, zu jeder Jahreszeit; **2.** Zeit *f* (*der Ernte, der Reife etc*); *der Tiere* la ~ des amours die Paarungszeit *f*; la ~ des cerises, des fraises die Kirschen-, Erdbeerzeit; la ~ de la moisson, des récoltes die Erntezeit; la ~ des vendanges die Zeit der Weinlese; **3.** *in e-m Ferienort etc* Sai'son *f*; *im Geschäftsleben auch* Hauptbetriebs-, Hauptgeschäftszeit *f*; la morte ~ *cf* morte-saison; ~ théâtrale Spielzeit *f*; The'atersaison *f*; ~ des courses Zeit *f* der Pferderennen; ~ des vacances Ferienzeit *f*; *Mode* les nouveautés de la ~ die neuen Modelle der Saison; **en pleine ~**, während der Hochsaison; **'hors ~** außerhalb der (Hoch)Saison; **pendant la ~** während der (Hoch)Saison; la ~ bat son plein es ist Hochsaison; **faire la ~** in der Saison arbeiten; **4.** *par ext* Zeitraum *m*; *poét auch* Lebensalter *n*; *Rimbaud* Une ~ en enfer Ein Aufenthalt in der Hölle; **5.** *fig* Antwort, Ratschlag *etc* être de ~ angebracht, passend sein; être 'hors de ~ unangebracht, unpassend sein

saisonnier [sɛzɔnje] **I** *adj* <-ière> der Jahreszeit entsprechend; jahreszeitlich bedingt; *comm* sai'sonbedingt; saiso'nal; Sai'son...; **ouvrier, travailleur** ~ Saisonarbeiter *m*; **service** ~ saisonbedingter Bus- *bzw* Zug- *bzw* Flugverkehr; **travail** ~ Saisonbeschäftigung *f*, -arbeit *f*; **II** *m* **1.** Saisonarbeiter *m*; **2.** Feriengast *m*

sait [sɛ] *cf* savoir

sajou [saʒu] *m cf* sapajou

saké [sake] *m in Japan* Sake *m*; Reiswein *m*

saki [saki] *m zo* Schweifaffe *m*; Saki *m*; ~ moine Mönchsaffe *m*

salac|e [salas] *st/s adj* geil; **~ité** *st/s f* Geilheit *f*

salade[1] [salad] *f* **1.** *cuis* Sa'lat *m*; ~ braisée, cuite gedünsteter Salat; ~ niçoise gemischter Salat aus Tomaten, Oliven, Anchovis, Eiern *etc*; ~ russe russischer Salat; ~ de concombres, de tomates Gurken-, To'matensalat *m*; ~ de fruits Obstsalat *m*; **en** ~ als Salat (zubereitet); concombres *m/pl*, tomates *f/pl* en ~ Gurken-, To'matensalat *m*; **2.** *Pflanze* Sa'lat *m*; deux ~s zwei Salatköpfe *m/pl*; zwei Köpfe *m/pl* Salat; **panier à** ~ *cf* panier 1.; feuille *f* de ~ Salatblatt *n*; **plant** *m*, **pied** *m* **de** ~ Salatsetzling *m*, -pflanze *f*; **3.** F *fig* Durchein'ander *n*; F Kuddelmuddel *m od n*; Sa'lat *m*; **6.** F *fig* débiter, raconter des ~s Ammenmärchen erzählen; *Straßenhändler, mittelmäßiger Künstler* vendre sa ~ F s-n Kram, Krempel verkaufen

salade[2] [salad] *f hist im 15. u 16. Jh* Helm *m*

saladier [saladje] *m* **1. a)** Sa'latschüssel *f*; **b)** *par ext* Schüssel *f*; ~ de porcelaine, de verre Porzel'lan-, Glasschüssel *f*; **2.** *Inhalt* Schüssel(voll) *f*

salage [salaʒ] *m* **1.** *e-r Speise* Salzen *n*; **2.** *zur Konservierung* Einsalzen *n*; (Ein-) Pökeln *n*; **3.** *auf e-r Straße* Streuen *n* von Salz; Salzstreuen *n*

salaire [salɛr] *m e-s Arbeiters* (Arbeits-) Lohn *m*; *e-s Angestellten* Gehalt *m*; *schweiz* Sa'lär *n*; *par ext* Arbeitsentgelt *n*, -verdienst *m*, -einkommen *n*; ~ élevé hoher Lohn, hohes Gehalt *etc*; ~ hebdomadaire, horaire, journalier, mensuel Wochen-, Stunden-, Tages-, Monatslohn *m*; ~ interprofessionnel de croissance (*abr* S.M.I.C.) Mindestlohn, der an das wirtschaftliche Wachstum gekoppelt ist; *früher:* ~ minimum interprofessionnel garanti (*abr* S.M.I.G.) allgemeiner garantierter Mindestlohn; ~ nominal, réel Nomi'nal-, Re'allohn *m*, -einkommen *n*; ~ social Sozi'allohn *m* (*Arbeitseinkommen einschließlich Sozialzuschlägen*); ~ aux pièces Ak'kord-, Stück-, Leistungslohn *m*; ~ de base Grundlohn *m bzw* -gehalt *n*; ~ de famine, de misère Hungerlohn *m*; ~ en nature Natu'rallohn *m*; Depu'tat *n*; allocation *f* de ~ unique Beihilfe *f*, Zulage *f* für die nichtberufstätige Ehefrau; blocage *m* des ~s Lohnstopp *m*; échelle *f* des ~s Lohnskala *f*; éventail *m* des ~s Lohnspanne *f*; Staffelung *f* der Lohnsätze; paiement *m* des ~s Lohn- *bzw* Gehalts-(aus)zahlung *f*; convention *f* sur les ~s Lohnabkommen *n*; toucher son ~, s-n Lohn *bzw* sein Gehalt erhalten; entlohnt werden

salaison [salɛzɔ̃] *f* **1.** *von verderblichen Lebensmitteln* Einsalzen *n*; (Ein)Pökeln *n*; **2.** *meist pl* ~s Eingesalzene(s) *n*; Eingepökelte(s) *n*

salamalecs [salamalɛk] F *m/pl* über-

'triebene, schmierige Verbindlichkeit, Höflichkeit; faire des ~s übertrieben verbindlich, höflich sein; dienern; katzbuckeln

salamandre [salamɑ̃dr(ə)] *f* **1.** *zo* Sala'mander *m*; ~ noire, tachetée Alpen-, Feuersalamander *m*; **2.** *myth* Feuergeist *m*; **3.** (*ein*) Dauerbrandofen *m*

salami [salami] *m* **1.** *cuis* Sa'lami(wurst) *f*; **2.** *pol* tactique *f*, méthode *f* du ~ Sa'lamitaktik *f*

salangane [salɑ̃gan] *f zo* Salan'gane *f*

salant [salɑ̃] *adj* marais ~s Salzgärten *m/pl*

salarial [salarjal] *adj* <-aux> Lohn...; gehaltlich; **charge** ~e Lohnkosten *pl*; **discrimination** ~e gehaltliche Diskriminierung; **politique** ~e Lohnpolitik *f*

salariat [salarja] *m* **a)** (Gesamtheit *f* der) Arbeitnehmer *m/pl*, Lohnempfänger *m/pl*; Arbeitnehmerschaft *f*; **b)** Arbeitnehmereigenschaft *f*; Tätigkeit *f* als Arbeitnehmer

salarié [salarje] **I** *adj* Person unselbständig; nicht selbständig; in e-m unselbständigen Arbeitsverhältnis (stehend); *auch im Angestelltenverhältnis*; travail ~ unselbständige, lohnabhängige Arbeit; Lohnarbeit *f*; travailleur ~ *cf* II; **II** *m* Arbeitnehmer *m*; Lohn- *bzw* Gehaltsempfänger *m*; unselbständig Beschäftigte(r) *m*; abhängige(r) Erwerbstätige(r)

salaud [salo] P *m* Lump *m*; Ha'lunke *m*; P Scheiß-, Drecks-, Saukerl *m*; Drecksack *m*; Schweinehund *m*; gemeiner *od* krummer Hund; F **mon** ~! F alter Freund!; **tas** *m* **de** ~s! P Saubande!; (ihr) Dreckskerle!; (ihr) Schweinehunde!

salbande [salbɑ̃d] *f mines* Salband *n*

sale [sal] **I** *adj* **1.** <*nachgestellt*> schmutzig; dreckig; ver-, beschmutzt; verdreckt; unreinlich; unsauber; F schmuddelig; **blanc, gris** ~ schmutzigweiß, -grau; **avoir les mains** ~s schmutzige Hände haben; *Person* être ~ comme un peigne *cf* peigne[1] 1.; F ~ laver son linge ~ en famille ~ e schmutzige Wäsche nicht in der Öffentlichkeit waschen; **2.** <*nachgestellt*> moralisch schmutzig; unanständig; F schweinisch; raconter des histoires ~s schmutzige *etc* Witze erzählen; **3.** <*vorangestellt*> *par ext* übel; unerfreulich; unerquicklich; F mies; une ~ affaire, histoire e-e üble *etc* Angelegenheit, Geschichte; un ~ tour ein übler, gemeiner Streich; un ~ travail *auch* e-e undankbare Arbeit; il fait un ~ temps F das ist ein Sauwetter; **4.** <*vorangestellt*> *péj* widerlich; 'widerwärtig; gemein; gräßlich; F fies; ~ bête! gemeiner Kerl!; du bist gemein!; ~ gosse F elender Lausebengel; Rotzbengel *m*; ~ type widerlicher *etc* Kerl; übler Kunde; F avoir une ~ gueule F e-e widerliche Visage, P Fresse haben; F faire une ~ gueule ein saures, verdrießliches Gesicht machen; **II** *m.f* Schmutz-, Dreckfink *m*; Schweinigel *m*; Ferkel *n* (*alle auch im moralischen Sinne*); Schmierfink *m*; *von e-m Kind* petit ~ F Dreckspatz *m*

salé [sale] **I** *adj* **1.** *Speise* gesalzen; *Meerwasser* salzig; *Geschmack* salzig; eau ~e Salzwasser *n*; Sole *f*; lac ~ Salzsee *m*; morue, viande ~e Salzfisch *m*, -fleisch *n*; **2.** *fig Ausdrucksweise, Geschichte, Witz* gewagt; derb; schlüpfrig; F gesalzen; gepfeffert; **3.** F *fig Rechnung, Preis* gesalzen; gepfeffert; **II** *m cuis* **1.** gepökeltes Schweinefleisch; **petit** ~ frisch eingesalzenes Schweinefleisch; **2.** Gesalzene(s) *n*; *cf auch* sucré 1.

salement [salmã] *adv* **1.** manger ~ unsauber, unappetitlich essen; **2.** *par ext* se conduire ~ sich übel, gemein, niederträchtig benehmen; **3.** F verdammt; verflixt

salep [salɛp] *m phm* Salep *m*

saler [sale] *v/t* **1.** *Speise* salzen; ~ trop versalzen; *abs* zu stark salzen; **2.** *Nahrungsmittel zur Konservierung* einsalzen; (ein-) pökeln; **3.** ~ une route auf e-r Straße Salz streuen; **4.** F *fig* ~ la note, l'addition F e-e gesalzene, gepfefferte Rechnung machen

salés|ien [salezjɛ̃] *m*, **~ienne** *f égl cath* Salesi'aner(in) *m(f)*

saleté [salte] *f* **1.** Schmutz *m*; Dreck *m* (*auch Tierkot*); Unrat *m*; *Tier* faire des ~s sur le tapis den Teppich verunreinigen; **vivre dans la ~** im Schmutz, Dreck leben; **2.** *Eigenschaft* Schmutzigkeit *f*; Unsauberkeit *f*; Unreinlichkeit *f*; être d'une ~ repoussante vor Schmutz starren; **3.** *fig* Unanständigkeit *f*; F Schweine'rei *f*; Schweige'lei *f*; *Buch* rempli de ~s voller Unanständigkeiten; **4.** F (*bassesse*) Gemeinheit *f*; faire une ~, des ~s à qn j-m gegenüber gemein, niederträchtig sein; **5.** F (*chose sans valeur*) Schund *m*; Plunder *m*; Ramsch *m*; F Dreck *m*; Gelump(e) *n*; **vendre des ~s** Schund, Ramsch verkaufen; **iron pas mauvais, cette petite ~!** nicht schlecht, dieser kleine Happen, Bissen, dieses kleine (Appetits)Häppchen!; **6.** F gemeiner Kerl; *bes Frau* Miststück *n*

salicacées [salikase] *f/pl bot* Weidengewächse *n/pl*; *sc* Salika'zeen *f/pl*

salicaire [salikɛr] *f bot* Weiderich *m*

salicine [salisin] *f chim, phm* Sali'zin *n*; *fachspr* Sali'cin *n*

salicional [salisjɔnal] *m mus* Orgelregister Salizio'nal *n*

salicorne [salikɔrn] *f bot* Queller *m*; Glasschmalz *m*

salicoside [salikozid] *m cf* salicine

saliculture [salikyltyr] *f* Salzgewinnung *f* (*aus Meerwasser*)

salicyl|ate [salisilat] *m chim* Salizy'lat *n*; *fachspr* Salicy'lat *n*; **~ique** *adj chim* acide ~ *m* ~ Sali'zyl-, *fachspr* Sali'cyl-säure *f*

salien¹ [saljɛ̃] *adj* ‹~ne› *hist* salisch; les Francs ~s die salischen Franken *m/pl*

Salien² [saljɛ̃] *m im alten Rom* Salier *m*

salière [saljɛr] *f* **1.** Salzfaß *n*, -fäßchen *n*, -streuer *m*; **2.** F *fig bei großer Magerkeit* F Salzfäßchen *n*

salifère [salifɛr] *adj* salzhaltig

sali|fiable [salifjabl(ə)] *adj chim* salzbildend; **~fication** *f chim* Salzbildung *f*; **~fier** *v/t chim* in ein Salz 'umwandeln, 'umsetzen

saligaud [saligo] *m* F **1.** *cf* sale II; **2.** *cf* salaud

salin [salɛ̃] **I** *adj* **1.** salzig; salzhaltig, -artig; Salz…; croûte ~e Salzkruste *f*; goût ~ Salzgeschmack *m*; **2.** *Marmor* körnig; **II** *m* Meeressaline *f*; Salzgarten *m*

salin|e [salin] *f* Sa'line *f*; Salzsiede'rei *f*; Salzwerk *n*; **~ité** *f des Meerwassers* Salzgehalt *m*

salique [salik] *adj hist* salisch; la loi ~ das Salische Gesetz

salir [salir] *v/t* **1.** schmutzig, dreckig machen; be-, verschmutzen; verunreinigen; besudeln; cet enfant salit tout dieses Kind macht alles schmutzig; **2.** *moralisch* beschmutzen; ~ l'imagination e-e schmutzige Phantasie erzeugen; **3.** *fig* j-s Ruf, Ehre in den Schmutz ziehen; beschmutzen; besu-

deln; **II** *v/pr* se ~ **4.** sich schmutzig machen; sich beschmutzen; il s'est sali les mains er hat sich die Hände schmutzig gemacht; **5.** *passivisch: Stoff, Kleid* se ~ facilement leicht schmutzen; leicht schmutzig werden; **6.** *fig* s-n Ruf, s-n Namen beschmutzen, besudeln; s-m Ruf schaden

saliss|ant [salisã] *adj* **1.** *Stoff* leicht schmutzend; **2.** *Arbeit, Beruf* schmutzig; **~ure** *f* Schmutz(stelle) *m(f)*; **prime** *f* de ~ Schmutzzulage *f*

saliv|aire [salivɛr] *adj physiol* Speichel…; glandes *f/pl* ~s Speicheldrüsen *f/pl*; **sécrétion** *f* ~ Speichelabsonderung *f*; **~ation** *f physiol* Speichelfluß *m*; *sc* Salivati'on *f*

salive [saliv] *f* Speichel *m*; *fig:* (**r**)avaler sa ~ unter'drücken, was man sagen wollte; dépenser sa ~ pour rien *od* perdre sa ~ sich den Mund (vergeblich, um'sonst) fusselig reden

saliver [salive] *v/i* Speichel absondern

salle [sal] *f* **1.** Saal *m*; Halle *f*; Raum *m*; *in Zssgn auch* Zimmer *n*; *thé, Kino* Zuschauerraum *m*; ~ commune Gemeinschaftsraum *m*; ~ à manger Eß-, Speisezimmer *n*; *in e-m Hotel etc* Speisesaal *m*; ~ d'armes Fechtsaal *m*, -boden *m*; *mil* ~ d'arrêts Ar'restlokal *n*; ~ d'attente *ch de fer* Wartesaal *m*; *bei e-m Arzt* Wartezimmer *n*; ~ d'audience Gerichtssaal *m*; ~ de bains Bad(ezimmer) *n*; ~ de bal Tanz-, Ballsaal *m*; ~ de billard Billardzimmer *n*; ~ des coffres(-forts) Tre'sorraum *m*; ~ de classe Klasse(nzimmer *n*, -raum *m*) *f*; ~ de conférences a) Vortragssaal *m*; b) Konfe'renzraum *m*; Sitzungssaal *m*; *tech* ~ de contrôle Schalt-, Kon'trollraum *m*; ~ de cours, de dessin Hör-, Zeichensaal *m*; ~ d'eau Bad(ezimmer) *n*; Waschraum *m*; ~ des fêtes Festsaal *m*, -halle *f*; ~ de gymnastique Turnhalle *f*, -saal *m*; ~ de jeu, de lecture Spiel-, Lesesaal *m*; *tech* ~ des machines Ma'schinenraum *m*, -saal *m*; ~ d'opération Operati'onssaal *m* (*abr* OP); ~ des pas perdus Bahnhofsvorhalle *f*; *auch* Schalterhalle *f*; *mil früher* ~ de police *cf* ~ d'arrêts; ~ de projection (*Film*)Vorführraum *m*; Filmsaal *m*; ~ de réunion Versammlungsraum *m*; ~ de séjour Wohnzimmer *n*; ~ de spectacle The'ater(saal) *n(m)*; ~ du trône Thronsaal *m*; ~ des ventes Aukti'onslokal *n*; *loc/adj* sports en ~ Hallen…; championnat *m*, record *m* en ~ Hallenmeisterschaft *f*, -rekord *m*; *thé* faire ~ comble ein volles Haus, volle Häuser bringen; jouer devant une ~ vide vor e-m leeren, vor leerem Haus spielen; **2.** (de cinéma) Kino *n*; Filmtheater *n*; les ~s obscures die Kinos; ~ d'exclusivité großes Erstaufführungskino; ~ de quartier kleines (Vorstadt)Kino; **3.** *par ext* Publikum *n* (im Saal); la ~ est enthousiaste das Publikum ist begeistert; *pol, thé* faire la ~ das Publikum sieben

salmigondis [salmigõdi] *litt m* zu'sammenhangloses Pro'dukt; Sammel'surium *n*

salmis [salmi] *m cuis* Salmi *m*; Ra'gout *n* aus gebratenem Wildgeflügel

salmonell|a [salmɔnɛla] *f* ‹*inv*› *méd* Salmo'nellagruppe *f*; Salmo'nellen *f/pl*; **~ose** *f path* Salmo'nelleninfektion *f*; Salmonel'lose *f*

salmoniculture [salmɔnikyltyr] *f* (Fo'rellen- und) Lachszucht *f*; Salmo'nidenzucht *f*

salmonidés [salmɔnide] *m/pl zo* Lachsartige(n) *pl*; Lachsfische *m/pl*; Lachse *m/pl*; Salmo'niden *pl*

saloir [salwar] *m* Salz-, Pökelfaß *n*

salol [salɔl] *m chim, phm* Sa'lol *n*

salon [salõ] *m* **1.** Empfangs-, Besuchszimmer *n*; *lit* Sa'lon *m*; **2.** *par ext* (*littéraire*) (lite'rarischer) Sa'lon; **3.** *comm* Sa'lon *m*; ~ de coiffure Fri'siersalon *m*; ~ de thé (vornehmes) Ca'fé; **4. a)** Ausstellung *f*; Messe *f*; Schau *f*; ♀ de l'automobile Automo'bilausstellung *f*, -schau *f*, -salon *m*; ♀ de la radio et de la télévision Funk- und Fernsehausstellung *f*; ♀ des arts ménagers Hausratsmesse *f*; **b)** ♀ Kunstausstellung *f* (lebender Künstler)

saloon [salun] *m* (Western-)Saloon [-'lu:n] *m*

salopard [salɔpar] *m* P *cf* salaud

salope [salɔp] P *f* **1.** *Schimpfwort für e-e Frau* P Dreck-, Miststück *n*, -vieh *n*; gemeines Stück; **2.** liederliches Frauenzimmer; F Schlampe *f*

saloper [salɔpe] P *v/t* hinschludern; schludern, pfuschen, F murksen, schlampen (qc bei etw)

saloperie [salɔpri] *f* P **1.** Dreck *m*; Schmutz *m*; **2.** Schund *m*; Ramsch *m*; Plunder *m*; F Gelump(e) *n*; Dreck *m*; ne vendre que de la ~ nur Schund *od* verkaufen; **3.** Gemeinheit *f*; faire des ~s à qn j-m gegenüber gemein, niederträchtig sein; **4.** Zote *f*; F Schweine'rei *f*; Schweige'lei *f*; P Saue'rei *f*; dire des ~s Zoten reißen; F schweinigeln; P Sauereien sagen, verzapfen

salopette [salɔpɛt] *f für Arbeiter, Kinder, Skifahrer* Latzhose *f*; *für Arbeiter auch* Overall [-ɔ:l] *m*

salopiaud [salɔpjo] *m* P *cf* salaud

salpes [salp] *f/pl zo* Salpen *f/pl*; Tonnentiere *n/pl*

salpêtrage [salpɛtraʒ] *m* Sal'peterbildung *f*

salpêtre [salpɛtr(ə)] *m chim* Sal'peter *m*; ~ du Chili Chilesalpeter *m*

salpêtré [salpetre] *adj Mauer* mit Sal'peterausblühungen über'zogen

salpêtr|eux [salpetrø] *adj* ‹-euse› sal'peterhaltig; **♀ière** *f* la ~ Altersheim u Krankenhaus in Paris; **~isation** *f cf* salpêtrage

salpicon [salpikõ] *m cuis zum Füllen von Blätterteigpasteten etc* Ra'goût fin *n*; Salpikon *m*

salpingite [salpɛ̃ʒit] *f path* Eileiterentzündung *f*; *sc* Salpin'gitis *f*

salse [sals] *f géol* Schlammvulkan *m*, -sprudel *m*; Salse *f*

salsepareille [salsəparɛj] *f bot* Sarsapa'rille *f*; Sassapa'rille *f*

salsifis [salsifi] *m bot* **a)** Haferwurz *f*; **b)** *par ext* Bocksbart *m*; **c)** *auch cuis* ~ noir *od* d'Espagne Schwarzwurzel *f*

salsolacées [salsɔlase] *f/pl bot* Gänsefußgewächse *n/pl*

saltarelle [saltarɛl] *f mus* Tanz Salta'rello *m*

saltimbanque [saltɛ̃bãk] *m,f* Gaukler(in) *m(f)*

salubre [salybr(ə)] *adj Klima, Wohnung* gesund; der Gesundheit zuträglich; *Klima auch* gesundheitsfördernd; heilsam

salubrité [salybrite] *f* **1.** des Klimas gesundheitsfördernde, heilsame Wirkung; *e-r Wohnung* gesundheitliche Zuträglichkeit; **2.** *adm* mesures *f/pl* de ~ Maßnahmen *f/pl* der Gesundheitspflege

saluer [salɥe] **I** *v/t* **1.** (be)grüßen; *mil auch* salu'tieren, e-e Ehrenbezeigung machen (qn vor j-m); *mil* ~ le drapeau die Fahne grüßen; *Schauspieler* ~ le public vor dem Publikum verneigen; ~ qn de la main j-m zuwinken; ~ qn en s'inclinant j-n mit e-r Verbeugung begrüßen; ~ qn en ôtant son chapeau vor j-m den Hut ziehen; sa-

luez-le de ma part! grüßen Sie ihn von mir!; *rel cath* Je vous salue, Marie Gegrüßet seist du, Maria; *subst* dire deux Je vous salue Marie zwei „Gegrüßet seist du, Maria" beten; *iron* j'ai bien l'honneur de vous ~ ich empfehle mich; son arrivée fut saluée par des applaudissements er wurde bei s-r Ankunft mit Applaus begrüßt; **2.** *fig Ereignis, Maßnahme etc* (freudig) begrüßen; **3.** ~ en qn … *od* ~ qn comme … j-n anerkennen, ehren als …; j-m s-e Anerkennung als … aussprechen; **II** *v/pr* se ~ sich (be)grüßen

salure [salyr] *f* Salzgehalt *m*

salut [saly] *m* **1.** Gruß *m*; Begrüßung *f*; ~ fasciste, scout Gruß der Faschisten, der Pfadfinder; Pfadfindergruß *m*; ~ militaire militärischer Gruß; militärische Ehrenbezeigung; faire le ~ militaire saluˈtieren; e-e Ehrenbezeigung machen; profond ~ tiefe Verbeugung; *mar* ~ au pavillon Flaggengruß *m*; formule *f* de ~ Grußformel *f*; rendre son ~ à qn *od* répondre au ~ de qn j-s Gruß erwidern; **2.** F *int* **a)** *zur Begrüßung* F Tag!; grüß dich!; *österr* Servus!; **b)** *zum Abschied* adiˈeu!; F aˈde!; *nordd* tschüs!; *österr* Servus!; *schweiz* tschau!; ~, les copains, les gars Tag zusammen *od* allerseits!; *südd* grüß Gott, *österr* Servus miteinander!; *iron*: *si vous avez du travail comme ça à me donner,* ~! … nein, danke!; *loc* à bon entendeur, ~ *cf* entendeur; **3.** *e-s Volkes, Landes* Wohl *n*; Wohlfahrt *f*; le ~ public das Allgeˈmeinwohl; *hist* Comité *m* de ~ public Wohlfahrtsausschuß *m*; **4.** Heil *n* (*auch rel*); Rettung *f*; *rel auch* Seelenheil *n*; ewige Seligkeit; Armée *f* du 2 Heilsarmee *f*; *fig* planche *f* de ~ letzte Rettung; chercher son ~ dans la fuite sein Heil in der Flucht suchen; **5.** *égl cath* ~ (du saint sacrement) sakramenˈtaler Segen

salutaire [salytɛr] *adj* **1.** *Luft, Arznei* heilsam; heilkräftig; wohltuend; **2.** *par ext Ratschlag, Lektüre* nützlich; heilsam

salutation [salytasjõ] *f* **1.** *Briefschlußformel* recevez, veuillez agréer, Monsieur, mes ~s distinguées *od* dévouées *od* respectueuses *od* mes sincères ~s mit vorzüglicher Hochachtung; mit (den) besten Grüßen; recevez, Monsieur, mes cordiales ~s mit freundlichen Grüßen; **2.** (überˈtriebene, feierliche) Begrüßung; **3.** *rel* la ~ angélique der Englische Gruß

salutiste [salytist] *m,f* Mitglied *n*, Angehörige(r) *f(m)* der Heilsarmee

salvadorien [salvadɔrjɛ̃] **I** *adj* ‹~ne› salvadoriˈanisch; **II** *subst* 2(ne) *m(f)* Salvadoriˈaner(in) *m(f)*

salvateur [salvatœr] *litt adj* ‹-trice› heilbringend

salve[1] [salv] *f* **1.** *mil* Salve *f*; feu *m* de ~ Salvenfeuer *n*; **2.** *fig* ~ d'applaudissements Beifallssturm *m*

salve[2] *od* **salvé** [salve] *m rel cath* ~ *od* Salve Regina [-reʒina] Salve Reˈgina *n*

samare [samar] *f bot* Flügelfrucht *f*

samaritain [samaritɛ̃] **I** *adj* samariˈtanisch; **II** *subst* 2(e) *m(f)* Samariˈtaner(in) *m(f)*; *bibl* Samaˈriter(in) *m(f)*; la parabole du bon 2 das Gleichnis vom barmherzigen Samariter; *fig, oft iron* faire, jouer le bon 2 den barmherzigen Samariter spielen

samarium [samarjɔm] *m chim* Saˈmarium *n*

samba [sɑ̃mba] *f Tanz* Samba *f od m*

samedi [samdi] *m nordd* Sonnabend *m*; *südd* Samstag *m*; ~ saint Karˈsamstag *m*; Osterˈsonnabend *bzw* -ˈsamstag *m*; *loc/adv* le ~ samstags; *weitere Wendungen cf* jeudi

samien [samjɛ̃] **I** *adj* ‹~ne› samisch; von (der Insel) Samos; **II** *subst* 2(ne) *m(f)* Bewohner(in) *m(f)* von Samos

samnite [samnit] *hist* **I** *adj* samˈnitisch; **II** *m/pl* 2s Samˈniter *od* Samˈniten *m/pl*

samoan [samɔɑ̃] **I** *adj* samoˈanisch; der Saˈmoainseln; **II** *subst* 2(e) *m(f)* Samoˈaner(in) *m(f)*

samole [samɔl] *m bot* Bunge *f*

samouraï [samuraj] *m in Japan* Samuˈrai *m*

samovar [samɔvar] *m* Samoˈwar *m*

samoyède [samɔjɛd] **I** *adj* samoˈjedisch; *zo* chien *m* ~ Samoˈjedenspitz *m*; **II** *subst* **1.** 2s *m/pl* Samoˈjeden *m/pl*; **2.** *ling* le ~ das Samoˈjedische; Samoˈjedisch *n*

sampan(g) [sɑ̃pɑ̃] *m* Sampan *m*; (chiˈnesisches) Wohnboot

sana [sana] *m* F *cf* sanatorium

sanatorium [sanatɔrjɔm] *m* (Lungen-) Heilstätte *f*; Sanaˈtorium *n* für Lungenkranke

sanctifiant [sɑ̃ktifjɑ̃] *adj rel* grâce ~e heiligmachende Gnade

sanctific|ateur [sɑ̃ktifikatœr] *rel* **I** *adj* ‹-trice› heiligmachend; **II** *subst* le 2 der Heilige Geist; **~ation** *f rel* Heiligung *f*

sanctifier [sɑ̃ktifje] *v/t rel* heiligen; *3. Gebot* Tu sanctifieras le jour du Seigneur Du sollst den Feiertag heiligen; *im Vaterunser* que ton nom soit sanctifié geheiligt werde Dein Name

sanction [sɑ̃ksjõ] *f* **1.** *jur* ~ (pénale) Strafmaßnahme *f*; Strafe *f*; Bestrafung *f*; *par ext* ~ scolaire schulische Strafmaßnahme; **2.** *pol* Sanktiˈon *f*; Zwangsmaßnahme *f*; ~s économiques wirtschaftliche Sanktionen; Wirtschaftssanktionen *f/pl*; ~s militaires militärische Sanktionen; prendre des ~s contre un État Sanktionen gegen e-n Staat verhängen; **3.** Sanktiˈon *f* (*auch Staatsrecht*); Genehmigung *f*; Billigung *f*; *hist* pragmatique ~ Pragmatische Sanktion

sanctionner [sɑ̃ksjɔne] *v/t* **1.** *jur Erlaß, Gesetz etc* Gesetzeskraft erteilen (+*dat*); zum verbindlichen Gesetz erheben; sanktioˈnieren; **2.** *par ext* sanktioˈnieren; billigen; gutheißen; bestätigen; *adjt* études sanctionnées par un diplôme abgeschlossenes Studium; *Wort* sanctionné par l'usage durch den Sprachgebrauch anerkannt, sanktioniert; **3.** *Vergehen etc* bestrafen; ahnden

sanctuaire [sɑ̃ktɥɛr] *m* **1.** Heiligtum *n*; heilige Stätte; **2.** *e-r Kirche* Sanktuˈarium *n*; Alˈtarraum *m*; *im jüdischen Tempel* Allerˈheiligste(s) *n*

sanctus [sɑ̃ktys] *m égl cath, mus* Sanktus *od* Sanctus *n*

sandal|e [sɑ̃dal] *f* Sanˈdale *f*; **~ette** *f* Sandaˈlette *f*; leichte Sanˈdale

sandaraque [sɑ̃darak] *f Harz* Sandarak *m*

sanderling [sɑ̃dɛrliŋ, -lɛ̃] *m zo* Sanderling *m*

sandjak [sɑ̃djak] *m hist* Sanˈdschak *m* (*Verwaltungsbezirk im Osmanischen Reich*)

sandow [sɑ̃do] *m* (*marque déposée*) *tech* Gummiseil *n* (*auch früher beim Segelfliegen*)

sandre[1] [sɑ̃dr(ə)] *m od f zo* Zander *m*

sandre[2] [sɑ̃dr(ə)] *m géol* Sander *m*

sandwich [sɑ̃dwi(t)ʃ] *m* ‹*pl* sandwich(e)s› **1.** *cuis* Sandwich [ˈzɛntvitʃ] *n*; belegtes Brötchen; belegte Semmel; ~ au jambon Schinkenbrötchen *n*, -semmel *f*; F *fig* être (pris) en ~ eingequetscht, eingepfercht, eingezwängt sein; **2.** *adjt* matériaux *m/pl* ~ Sandwichbauelemente *n/pl*, -bauteile *n/pl*

sanflorain [sɑ̃flɔrɛ̃] *adj* (*u subst* 2 Einwohner) von Saint-Flour

sanforisé [sɑ̃fɔrize] *adj text* sanforiˈsiert

sang [sɑ̃] *m* Blut *n* (*auch fig*); ♦ *int* F bon ~ (de bon ~ *od* de bonsoir *od* de bois)! F verflixt (nochmal)!; verflixt und zugenäht!; ♦ *rel* le ~ du Christ das Blut Christi; banque *f* du ~ Blutbank *f*; coup *m* de ~ Schlaganfall *m*; donneur *m* de ~ Blutspender *m*; être *m* de chair et de ~ Wesen *n* aus Fleisch und Blut; flux *m*, écoulement *m* de ~ Blutung *f*; *fig u st/s* larmes *f/pl* de ~ blutige Tränen *f/pl*; perte *f* de ~ Blutverlust *m*; *fig* prince *m* du ~, de ~ royal Prinz *m* von Geblüt, von königlichem Geblüt; prise *f* de ~ Blutentnahme *f*, -abnahme *f*; *beim Alkoholtest* Blutprobe *f*; faire une prise de ~ (à qn) (j-m) Blut abnehmen, entnehmen; (bei j-m) e-e Blutprobe machen; tache *f* de ~ Blutfleck *m*; ♦ *loc/adj zo* à ~ chaud, froid warm-, kaltblütig; animal *m* à ~ chaud, froid Warm-, Kaltblüter *m*; *loc/adv schlagen, sich kratzen etc* jusqu'au ~ blutig; pincer qn jusqu'au ~ j-n so kneifen, daß er rote Flecke bekommt; ♦ *fig* avoir du ~ bleu blaues Blut haben; *fig* avoir le ~ chaud hitziges, heißes, feuriges Blut haben; heißblütig sein; leicht aufbrausen; avoir un ~ pauvre blutarm sein; *fig* n'avoir pas de ~ dans les veines keinen Unterˈnehmungsgeist, F keinen Mumm in den Knochen haben; *fig* il a ça dans le ~ das liegt ihm im Blut; F *fig* avoir du ~ de poulet, de navet F keinen Mumm in den Knochen haben; ein Schlappschwanz, Waschlappen sein; *fig* il a du ~ sur les mains an s-n Händen klebt Blut; le ~ a coulé es ist Blut geflossen; faire couler le ~ Blut vergießen; *st/s* donner, verser son ~ pour la patrie sein Leben für das Vaterland hingeben; für sein Vaterland sterben; *fig* être du même ~ aus dem gleichen Geschlecht stammen; être tout en ~ blutüberströmt sein; F *fig* se faire du mauvais ~ sich Sorgen machen; F tout mon ~ n'a fait qu'un tour der Atem stockte mir, blieb mir stehen; das Blut stockte mir in den Adern, erstarrte in meinen Adern; *Land, Stadt* mettre à feu et à ~ mit Feuer und Schwert verwüsten, verheeren, vernichten; le ~ lui est monté à la tête das Blut schoß, stieg ihm in den Kopf *od* zu Kopfe; noyer une révolte dans le ~ e-n Aufstand in Blut ersticken, blutig niederschlagen; F *fig* se ronger les ~s vor Sorgen ˈumkommen; sich vor Angst, Unruhe, Sorge verzehren; *fig* suer ~ et eau sich mächtig anstrengen, ins Zeug legen; F *fig* tourner les ~s à qn j-n zu Tode erschrecken; j-m das Blut in den Adern erstarren lassen; un spectacle à vous tourner les ~s ein grauen-, entsetzenerregender, grauenvoller, entsetzlicher Anblick; *prov* bon ~ ne peut mentir der Apfel fällt nicht weit vom Stamm (*prov*)

sang-(de-)dragon [sɑ̃(d)dragõ] *m* **1.** *Harz* Drachenblut *n*; **2.** *bot* (*Art*) Garten-, Gemüseampfer *m*

sang-froid [sɑ̃frwa] *m* **1.** Gelassenheit *f*; Ruhe *f*; Gleichmut *m*; Beherrschung *f*; Beherrschtheit *f*; conserver, garder son ~ e-n kühlen Kopf, kaltes Blut, Ruhe bewahren; gelassen bleiben; perdre son ~ s-e Beherrschung verlieren; aufgeregt, nervös werden; **2.** Kaltblütigkeit *f*; faire qc avec *od* de ~ etw kaltblütig tun

sanglant [sɑ̃glɑ̃] *adj* **1.** *Hände, Gesicht, Waffe* blutbefleckt, -beschmiert; blutig; **2.** *Krieg, Kampf, Niederlage* blutig; **3.** *st/s* blutrot; **4.** *fig Vorwurf, Kränkung* zuˈtiefst verletzend, beleidigend

sangle [sɑ̃gl(ə)] *f* Gurt *m*; (Trag)Riemen

m; ~ **d'une selle** Sattelgurt *m;* lit *m* de ~ Gurtbett *n*
sangler [sɑ̃gle] *v/t* **1.** ~ **un cheval** e-m Pferd e-n Gurt anlegen; **2.** einschnüren; *Korsett* ~ le corps den Körper einschnüren; *meist p/p* être sanglé dans un uniforme in e-e Uniform eingeschnürt, gezwängt sein
sanglier [sɑ̃glije] *m* **1.** *zo* Wildschwein *n;* ~ **mâle** Keiler *m;* ~ **d'Amérique** *cf* pécari; **chasse** *f* au ~ Wildschwein-, Saujagd *f;* Sauhatz *f;* **2.** *Schießsport* ~ **courant** laufende Scheibe; laufender Keiler
sanglot [sɑ̃glo] *m* Schluchzer *m;* ~**s** *pl meist* Schluchzen *n;* **avec des** ~**s dans la voix** mit schluchzender Stimme; **éclater en** ~**s** in Schluchzen ausbrechen; aufschluchzen
sangloter [sɑ̃glɔte] *v/i* schluchzen
sang-mêlé [sɑ̃mele] *m,f* ⟨*inv*⟩ Mischling *m;* Mischblut *n*
sangria [sɑ̃grija] *f Getränk* Sangria *f*
sangsue [sɑ̃sy] *f* **1.** *zo* Blutegel *m;* **appliquer des** ~**s** Blutegel ansetzen; **2.** F *fig von e-r Person* F Klette *f*
sanguin [sɑ̃gɛ̃] *I adj* **1.** Blut...; **circulation** ~**e** Blutkreislauf *m,* -zirkulation *f;* **groupe** ~ Blutgruppe *f;* **vaisseaux** ~**s** Blutgefäße *n/pl;* **2.** *Temperament* sangu'inisch; **3. orange** ~**e** *cf* sanguine 3.; **II** *m* Sangu'iniker *m*
sanguinaire [sɑ̃ginɛr] **I** *adj Tyrann etc* blutdürstig, -gierig, -rünstig; mordgierig; **II** *f bot* Blutwurz *f*
sanguine [sɑ̃gin] *f* **1.** *minér* Rötel *m;* Rotstein *m;* rote Kreide; a'rmenische Erde; **2.** *peint* **a)** Rötel(stift) *m;* **b)** Rötelzeichnung *f;* **3.** *bot* Blutorange *f,* -apfelsine *f*
sanguinolent [sɑ̃ginɔlɑ̃] *adj méd* mit Blut vermischt; blutig; *sc* sanguino'lent
sanguisorbe [sɑ̃g(ɥ)isɔrb] *f bot* Wiesenknopf *m;* Biber'nelle *f*
sanhédrin [sanedrɛ̃] *m hist rel* le (grand) ~ der Hohe Rat; der Sanhe'drin; das Syn'edrium
sanicle [sanikl(ə)] *f bot* Sa'nikel *m;* Heildolde *f*
sanidine [sanidin] *f minér* Sani'din *m*
sanie [sani] *f path* Jauche *f*
sanieux [sanjø] *adj* ⟨-euse⟩ *path* jauchig
sanitaire [sanitɛr] **I** *adj* **1.** Gesundheits...; gesundheitspolizeilich; sani'tär; **avion** *m* ~ cf cordon 4.; **cordon** *m* ~ *cf* cordon 4.; **mesure** *f* ~ gesundheitspolizeiliche Maßnahme; **service** ~ Sani'tätsdienst *m;* mil **train** *m* ~ Laza'rettzug *m;* **2.** sani'tär; **appareils** *m/pl,* **installations** *f/pl* ~**s** sanitäre Einrichtungen *f/pl;* **II** *m* **1.** *mil* Sani'täter *m;* **2.** sani'täre Einrichtung(en) *f(pl)*
sans [sɑ̃] **I** *prép* **1.** ohne (+*acc*); *in loc/adj u loc/adv oft* ...los; *Haus* ~ **aucun confort** ohne jeden Komfort; *Buch* ~ **illustrations** ohne Illustrationen; **être** ~ **argent,** F ~ **un sou** ohne Geld, ohne e-n Pfennig sein; ♦ *loc/adj u loc/adv:* ~ **couture** ohne Naht; nahtlos; ~ **crainte** ohne Furcht; furchtlos; ~ **date** ohne Datum(sangabe); undatiert; ~ **délai,** **retard** unverzüglich; so'fort; so'gleich; ~ **engagement** unverbindlich; *comm* freibleibend; ~ **exception** ohne Ausnahme; ausnahmslos; ~ **exemple** ohne Beispiel; beispiellos; ~ **faute** *cf* faute 1. *u* 4. b); ~ **manches** ohne Ärmel; ärmellos; ~ **passion** leidenschaftslos; ~ **pitié** ohne Mitleid, Erbarmen; mitleid(s)-, erbarmungs-, schonungslos; ~ **réplique** ohne 'Widerspruch; 'widerspruchslos; ~ **réponse** ohne Antwort; *Brief* unbeantwortet; ~ **ressources** mittellos; ~ **valeur** ohne Wert; wertlos; ♦ *loc/adv:* ~ **cela,** F ~ **ça,** ~ **quoi** sonst; andernfalls;

doute wahrscheinlich; gewiß; sicher (-lich); ♦ **aucun doute** zweifellos; ohne Zweifel; ♦ *loc/prép* **non** ~ nicht ohne; il **y parvint non** ~ **peine** er erreichte es nicht ohne Mühe; **2.** *mit inf* ohne zu; ~ **rougir** ohne rot zu werden, zu erröten; ♦ *loc/adv:* ~ **comprendre** ohne zu verstehen; verständnislos; ~ **mot dire,** **rien dire** ohne ein Wort zu sagen; wortlos; ohne etwas zu sagen; **cela va** ~ **dire** das ist selbstverständlich; (das) versteht sich (von selbst); ~ **mentir** ungelogen; ♦ *loc/prép* **non** ~ nicht ohne zu; **il accepta non** ~ **avoir longuement hésité** er nahm an, nicht ohne lange gezögert zu haben; **3. wenn nicht ... (gewesen) wäre;** ~ **cet accident, il aurait pu venir** wenn dieser Unfall nicht gewesen wäre, hätte er kommen können; ~ **toi, j'étais mort** wenn du nicht gewesen wärst, wäre ich tot; **II** *conj* ~ **que ... (+subj)** ohne daß ...; ~ **qu'il (ne) soit averti** ohne daß er benachrichtigt wird *bzw* wurde; ~ **que personne le sache** ohne daß es jemand weiß *bzw* wußte; **non** ~ **que ... (+subj)** nicht ohne daß ...; **III** F *adv* ohne *etw; as-tu pris ton manteau?* ~ **non, je suis venu** ~ ... nein, ich bin ohne (Mantel) gekommen
sans-abri [sɑ̃zabri] *m,f* ⟨*inv*⟩ Obdachlose(r) *f(m)*
sans-cœur [sɑ̃kœr] **I** *adj* ⟨*inv*⟩ herzlos; gefühllos; **II** *m,f* ⟨*inv*⟩ herzloser, gefühlloser Mensch; *Frau auch* herzlose Per'son
sanscrit *cf* sanskrit
sans-culotte [sɑ̃kylɔt] *m* ⟨*pl* sans-culottes⟩ *hist* Sanscu'lotte *m*
sans-emploi [sɑ̃zɑ̃plwa, -plwɑ] *m,f* ⟨*inv*⟩ Arbeitslose(r) *f(m)*
sansevière [sɑ̃svjɛr] *f bot* Sansevi'eria *f*
sans-façon [sɑ̃fasɔ̃] *m* ⟨*inv*⟩ Ungezwungenheit *f;* Zwanglosigkeit *f*
sans-fil [sɑ̃fil] **1.** ~ *f* drahtlose Telegra'phie; Funk *m;* **2.** *m* Funkspruch *m;* ~**iste** *m* ⟨*pl* sans-filistes⟩ *m* **a)** Ama'teurfunker *m;* **b)** Funker *m*
sans-gêne [sɑ̃ʒɛn] **1.** *m* ⟨*inv*⟩ Ungeniertheit *f; meist p/fort* Frechheit *f;* Dreistigkeit *f;* Unverfrorenheit *f; quel* ~! so e-e Frechheit *etc!; adit cf* gêne 4.; **2.** *m,f* ⟨*inv*⟩ frecher, dreister Kerl; Frechling *m;* freche, dreiste Per'son
sanskrit [sɑ̃skri] *ling* **I** *m* Sanskrit *n;* **II** *adj* Sanskrit...; in Sanskrit; sans'kritisch
sanskrit|isme [sɑ̃skritism(ə)] *m* Sanskritforschung *f,* -wissenschaft *f;* Sanskri'tistik *f; par ext* Indolo'gie *f;* ~**iste** *m* Sanskri'tist *m;* Sanskritforscher *m; par ext* Indo'loge *m*
sans-le-sou [sɑ̃lsu] F *m,f* ⟨*inv*⟩ Habenichts *m;* F armer Schlucker
sans-logis [sɑ̃lɔʒi] *m,f* ⟨*inv*⟩ Obdachlose(r) *f(m)*
sansonnet [sɑ̃sɔnɛ] *m zo* Star *m*
sans-parti [sɑ̃parti] *m,f* ⟨*inv*⟩ Par'teilose(r) *f(m)*
sans-soin [sɑ̃swɛ̃] F *m,f* ⟨*inv*⟩ nachlässiger, unordentlicher Mensch; F Schlamper *m*
sans-souci [sɑ̃susi] *adj* ⟨*inv*⟩ sorglos; unbekümmert
sans-travail [sɑ̃travaj] *m,f* ⟨*inv*⟩ Arbeitslose(r) *f(m)*
santal [sɑ̃tal] *m* **1.** *bot* Sandel(holz)baum *m;* **bois** *m* de ~ *od ellip* ~ Sandelholz *n;* **2.** Sandelholzöl *n*
santalacées [sɑ̃talase] *f/pl bot* Sandel(baum)gewächse *n/pl; sc* Santala'zeen *f/pl*
santalales [sɑ̃talal] *f/pl bot* Sandelbaumpflanzen *f/pl*
santé [sɑ̃te] *f* Gesundheit *f;* **la** ~ **publique a)** das Gesundheitswesen; **b)** die Volksgesundheit; ~ **de l'esprit, de**

l'âme geistige, seelische Gesundheit; **état** *m* de ~ Gesundheitszustand *m;* Befinden *n;* **maison** *f* de ~ **a)** (pri'vates) Erholungsheim, Sana'torium; **b)** Nervenheilanstalt *f;* **Organisation mondiale de la** ~ (*abr* O.M.S.) Weltgesundheitsorganisation *f (abr* WHO); *mil* **service** *m* de ~ Sani'tätsdienst *m,* -wesen *n,* -personal *n;* **à votre** ~! auf Ihr Wohl; zum Wohl!; prosit!; auf Ihre Gesundheit!; **bonne année, bonne** ~! ein glückliches und gesundes neues Jahr!; **meilleure** ~! gute Besserung!; **comment va la** ~? wie geht es gesundheitlich?; **n'avoir pas de** ~, F **avoir une petite** ~ von zarter, schwacher Gesundheit sein; anfällig sein; **avoir une** ~ **de fer** e-e eiserne Gesundheit haben; **boire à la** ~ **de qn** auf j-s Wohl, Gesundheit (*acc*) trinken; **compromettre sa** ~ s-r Gesundheit schaden; **ce n'est pas bon pour la** ~ das ist nicht gut für die Gesundheit; das ist der Gesundheit abträglich, nicht zuträglich; das schadet der Gesundheit; **être en bonne** ~ gesund, bei guter Gesundheit sein; **être en parfaite** ~ bei bester Gesundheit sein; **être plein de** ~, **respirer la** ~ vor Gesundheit strotzen; **sa** ~ **inspire de l'inquiétude au médecin** sein Gesundheitszustand gibt dem Arzt Anlaß zur Besorgnis; **ruiner sa** ~ s-e Gesundheit ruinieren; mit s-r Gesundheit Raubbau treiben
santoline [sɑ̃tɔlin] *f bot* Heiligenkraut *n*
santon [sɑ̃tɔ̃] *m in der Provence* Krippenfigur *f*
santonine [sɑ̃tɔnin] *f phm* Santo'nin *n*
sanve [sɑ̃v] *f bot* Ackersenf *m*
saoud|ien [saudjɛ̃] **I** *adj* ⟨~**ne**⟩ saudia'rabisch; **II** *m/pl* ⟨s⟩ Saudi'araber *m/pl;* ~**ite** *adj u subst cf* saoudien
saoul [su] *adj cf* soûl
sapajou [sapaʒu] *m zo* Kapu'ziner-, Rollaffe *m (Familie)*
sape [sap] *f* **1.** *hist mil* Laufgraben *m;* Sappe *f;* **2.** *bei* Unter'grabung *f,* -'höhlung *f;* **3.** ~**s** *pl arg (vêtements)* F Kla'motten *f/pl*
saper [sape] **I** *v/t* **1.** *bât* unter'graben, -'höhlen; *par ext Wasser: Ufer etc* unter'spülen; **2.** *fig Autorität, Moral* unter'graben, -'höhlen, -mi'nieren; **II** *v/pr* F **se** ~ sich anziehen; *p/p* être bien (mal) sapé gut (schlecht) angezogen sein; être bien sapé *auch* F in Schale sein
saperde [sapɛrd] *f zo* Pappelbock *m*
saperlipopette [sapɛrlipɔpɛt] *int* F zum Donnerwetter!
saperlotte [sapɛrlɔt] *int litt* potz'tausend!; sapper'lot!
sapeur [sapœr] *m mil* ~(-mineur) Pio'nier *m; früher auch* Sap'peur *m;* ~**s de chemins de fer, de travaux lourds** Eisenbahn-, Baupioniere *m/pl; fig* **fumer comme un** ~ wie ein Schlot rauchen; ~**-pompier** *m adm* Feuerwehrmann *m;* **sapeurs-pompiers** *pl auch* Feuerwehr *f*
saphène [safɛn] *f anat* **(grande, petite)** ~ (große, kleine) Rosenvene; *sc* Vena sa'phena magna, parva *f*
saphique [safik] *adj* sapphisch; *métr* **strophe** *f* ~ sapphische Strophe; **vers** *m* ~ *od subst* ~ sapphischer Vers
saphir [safir] *m* Saphir *m (auch am Tonarm); st/s* **de** ~ saphirfarben
saphisme [safism(ə)] *m st/s* Sap'phismus *m*
sapid|e [sapid] *adj selten* schmackhaft; ~**ité** *f selten* Schmackhaftigkeit *f*
sapience [sapjɑ̃s] *f bibl* **le Livre de la** ~ das Buch der Weisheit
sapiential [sapjɛ̃sjal] *adj u subst m/pl*

bibl (livres) sapientiaux Weisheitslite-
ratur *f* (des Alten Testa'mentes)
sapin [sapɛ̃] *m bot* Tanne *f (auch abus für
Fichte);* ~ **argenté** Weißtanne *f;* ~ **bau-
mier** Balsamtanne *f;* ~ **de Douglas, de
Nordmann** Douglas-, Nordmannstan-
ne *f;* **bois** *m* **de** ~ *od ellip* ~ Tannenholz
n; **forêt** *f* **de** ~s Tannenwald *m;* F *fig* **ça
sent le** ~ F der macht's nicht mehr lang;
♦ *adit* **vert** ~ ⟨*inv*⟩ tannengrün
sapindacées [sapɛ̃dase] *f/pl bot* Seifen-
nuß-, Seifenbaumgewächse *n/pl; sc* Sa-
pinda'zeen *f/pl*
sapine [sapin] *f* **1.** Balken *m,* Brett *n* aus
Tannenholz; **2.** *tech* Kleinkran *m* mit
Festausleger
sapin|ette [sapinɛt] *f bot* nordamerika-
nische Fichte (*mehrere Arten, Zierpflan-
zen);* **~ière** *f* Tannenwald *m*
sapon|acé [saponase] *adj* seifenartig;
~aire *f bot* Seifenkraut *n;* ~ **officinale**
Gemeines Seifenkraut; Hundsnelke *f*
saponi|fiable [saponifjabl(ə)] *adj chim*
verseifbar; **~fication** *f* ~ Verseifung
f; **indice** *m* **de** ~ Verseifungszahl *f;*
~fier *v/t chim* verseifen
saponine [saponin] *f* Sapo'nin *n*
saponite [saponit] *f minér* Sapo'nit *m;*
Seifenstein *m*
sapotacées [sapotase] *f/pl bot* Sa'poten-
gewächse *n/pl; sc* Sapota'zeen *f/pl*
sapot|e [sapot] *f bot* Frucht Sa'pote *f;*
Za'pote *f;* Sapo'tille *f;* Sa'potaapfel *m;*
~ier *m bot* Sapo'tillbaum *m*
sapotille [sapotij] *f cf* sapote
sapotillier [sapotije] *m cf* sapotier
sapristi [sapristi] *int* F zum Donner-
wetter!; verdammt, verflixt nochmal!
sapro|pel [sapropɛl] *m géol* Faul-
schlamm *m;* Sapro'pel *n;* **~phage** [-faʒ]
zo I *adj* sapro'phil; II *m/pl* ~s Sapro'pha-
gen *pl;* **~phyte** [-fit] *bot* I *adj* sapro'phy-
tisch; II *m/pl* ~s Moderpflanzen *f/pl; sc*
Sapro'phyten *m/pl*
saquer *cf* sacquer
sarabande [sarabɑ̃d] *f mus,* Tanz Sara-
'bande *f; fig* **danser, faire la** ~ Krach,
Lärm, Ra'dau machen
sarbacane [sarbakan] *f* Blasrohr *n*
sarcasme [sarkasm(ə)] *m* **1.** Sar'kasmus
m; beißender Spott; bitterer Hohn; **2.**
Sar'kasmus *m;* sar'kastische Bemer-
kung, (Äußerung
sarcastique [sarkastik] *adj* Lächeln,
Ton sar'kastisch (*auch Person*); höh-
nisch; spöttisch
sarcelle [sarsɛl] *f zo* ~ **d'été, d'hiver**
Knäk-, Krickente *f*
sarcellite [sarselit] *f péj etwa* Leiden *n*
unter der Iso'lierung (in den Wohnsilos)
sarcine [sarsin] *f* Bakteriologie meist pl
~s Sar'zinen *f/pl*
sarclage [sarklaʒ] *m agr, jard* Jäten *n*
sarcl|er [sarkle] *v/t agr, jard* (aus)jäten;
~ette *f,* **~oir** *m* Jäthacke *f*
sarc|ocèle [sarkosɛl] *f path* Sarko'zele *f;*
Hodengeschwulst *f;* **~oïde** *f path* Sar-
ko'id *n*
sarcomateux [sarkomatø] *adj* ⟨-euse⟩
path sarkoma'tös; Bindegewebe auch
sar'komartig verändert
sarcome [sarkom] *m path* Sar'kom *n*
sarcophage [sarkofaʒ] *m* Sarko'phag *m;*
(prunkvoller) Steinsarg
sarco|plasma [sarkoplasma] *od* **~plas-
me** [-plasm] *m biol* Muskel Sarko'plasma *n*
sarcopte [sarkopt] *m zo* Krätzmilbe *f*
sarcosine [sarkozin] *f chim* Sarko'sin *n*
sardane [sardan] *f* Tanz Sar'dane *f*
sarde [sard] I *adj* sar'dinisch; sardisch; II
subst **1.** ~ *m,f* Sar'dinier(in) *m(f);* Sarde
m; **2.** *ling* le ~ das Sardische; Sardisch *n*
sardine [sardin] *f* **1.** *zo* Sar'dine *f;* ~s **à
l'huile** Ölsardinen *f/pl;* **boîte** *f* **de** ~s
Sardinenbüchse *f;* F **être serrés com-**

me des ~s F (dicht gedrängt) wie die
Heringe stehen *bzw* sitzen; **2.** P e-s
Gefreiten, Unteroffiziers Tresse *f*
sardinerie [sardinri] *f* Kon'serven-
fabrik, in der Sar'dinen eingelegt werden
sardinier [sardinje] I *adj* ⟨-ière⟩ Sar'di-
nen...; **bateau** *m* ~ *cf* II **1.;** **pêche**
sardinière Sardinenfang *m;* II *m* **1.**
Fischerboot *n* für den Sar'dinenfang; **2.**
Sar'dinenfischer *m*
sardoine [sardwan] *f minér* brauner *od*
blutroter Chalze'don; ~ **rubanée** Sard-
'onyx *m*
sardonique [sardonik] *adj* Lachen,
Grinsen, Gesicht hämisch; höhnisch; **ri-
re** *m* ~ sar'donisches Lachen (*auch méd*)
sargasse [sargas] *f bot* Beerentang *m;*
Sar'gassokraut *n;* Sar'gassum *n; géogr*
mer *f* **des** ~s Sar'gassosee *f*
sari [sari] *m* in Indien Sari *m*
sarigue [sarig] *f zo* Beutelratte *f*
sarmate [sarmat] *hist* I *adj* sar'matisch;
II *m/pl* ~s Sar'maten *m/pl*
sarment [sarmɑ̃] *m bot* Rebe *f; bes*
Weinrebe *f,* -ranke *f*
sarmenteux [sarmɑ̃tø] *adj* ⟨-euse⟩ *bot*
Reben treibend
sarong [sarõ] *m* in Indonesien Sarong *m*
saros [saros] *m astr* Sarosperiode *f*
sarracénie [saraseni] *f bot* Schlauch-
pflanze *f; sc* Sarra'cenia *f*
sarrasin[1] [sarazɛ̃] *hist* I *adj* sara'zenisch;
II *subst* ⟨(e) *m(f)* Sara'zene *m,* Sara'ze-
nin *f*
sarrasin[2] [sarazɛ̃] *m bot* Buchweizen *m;*
farine *f* **de** ~ Buchweizenmehl *n*
sarrasine [sarazin] *f fortif* Fallgatter *n*
sarrau [saro] *m* Bauernkittel *m*
sarrette [sarɛt] *f bot* (Färber)Scharte *f;*
Färberdistel *f*
sarriette [sarjɛt] *f bot* Bohnen-, Pfeffer-
kraut *n;* Bergminze *f;* Kölle *f*
sarrois [sarwa] *f adj* saarländisch; II
subst ⟨(e) *m(f)* Saarländer(in) *m(f)*
sarrussophone [sarysofon] *m mus* Sar-
ruso'phon *n*
sas [sɑ(s)] *m* **1.** Haarsieb *n;* **2.** *mar*
Schleusenkammer *f;* **3.** *tech* Luftschleu-
se *f*
sassafras [sasafra(s)] *m bot* Sassafras
(-baum, -lorbeer) *m*
sassage [sasaʒ] *m des Mehls* 'Durchsie-
ben *n*
sassanide [sasanid] *hist* I *adj* sassa'ni-
disch; II *m* ⟨ Sassa'nide *m*
sassement [sasmɑ̃] *m* **1.** *des Mehls*
'Durchsieben *n;* **2.** *mar* 'Durchschleu-
sen *n*
sasser [sase] *v/t* **1.** *Mehl* ('durch)sieben;
2. *Schiff* 'durchschleusen
satan|é [satane] *adj* ⟨vorangestellt⟩ F
verteufelt; verdammt; verflixt; **~ique**
adj Bosheit, List sa'tanisch; teuflisch;
~isme *m* Sata'nismus *m;* Satans-, Teu-
felskult *m*
satellisation [satelizasjõ] *f* **1.** *Raum-
fahrt* In-die-'Umlaufbahn-Bringen *n;*
Satelliti'sierung *f;* **2.** *pol* Unter'werfung *f*
zum, Verwandlung *f* in e-n Satel'liten
(-staat)
satelliser [satelize] *v/t* **1.** Satelliten,
Raumschiff in e-e 'Umlaufbahn bringen;
satelliti'sieren; *adit* **satellisé** in e-r 'Um-
laufbahn befindlich; satellitisiert; **2.** *pol*
Land zu e-m Satel'liten(staat) machen
satellite [satelit] *m* **1.** *astr* Satel'lit *m;*
Tra'bant *m;* Mond *m;* ~s **de** Jupiter
Jupitermonde *m/pl;* **la Lune est le** ~ **de
la Terre** der Mond ist der Trabant der
Erde. **2.** *Raumfahrt* ~ **(artificiel)**
(künstlicher) Satel'lit; ~ **(non) habité**
(un)bemannter Satellit; ~ **météorologi-
que, scientifique** Wetter-, Forschungs-
satellit *m;* ~ **géostationnaire** geosta-
tionärer Satellit; ~ **de navigation,** de

télécommunications Navigati'ons-,
Nachrichtensatellit *m;* **lancement** *m*
d'un ~ Satellitenstart *m;* **3.** *pol* Satel'lit
m; adit **pays** *m* ~ Satelliten-, Va'sallen-
staat *m;* **4.** *adit* **ville** *f* ~ Tra'bantenstadt
f; **5.** *auto im Differential* ~ *od adit*
pignon *m* ~ Ausgleichskegelrad *n;* **6.**
biol e-s Satellitenchromosoms Satel'lit *m;*
Tra'bant *m;* **~-ballon** *m* ⟨*pl* satellites-
-ballons⟩ *tech* Bal'lonsatellit *m;* **~-
-relais** *m* ⟨*pl* satellites-relais⟩ *télé-
comm* Re'laissatellit *m*
satiété [sasjete] *f* (völlige) Sättigung; *par
ext* Über'sättigung *f;* 'Überdruß *m;*
loc/adv (jusqu')à ~ a) (mehr als) genug;
b) *par ext* bis zum Überdruß; **avoir de
qc à** ~ von etw mehr als genug haben;
boire à ~ trinken, bis man genug hat;
manger à ~ sich satt essen; **répéter qc à**
~ etw bis zum Überdruß wieder'holen
satin [satɛ̃] *m text* Sa'tin *m;* Atlas *m (bes
aus Seide);* ~ **de coton** Baumwollsatin
m; adit **armure** *f* ~ Satin-, Atlasbindung
f; fig **avoir une peau de** ~ e-e seidenwei-
che Haut haben
satin|ade [satinad] *f text* Sati'nade *f;*
~age *m von Papier, Stoff* Sati'nage *f;*
Sati'nieren *n*
satiné [satine] I *adj* **1.** *Stoff* atlasartig
glänzend; *papier* ~ sati'niertes Papier;
2. *Haut* seidenweich; II *m* **1.** atlasartiger
Glanz; **2.** Sa'tinholz *n*
satin|er [satine] *v/t Papier, Stoff* sati'nie-
ren; **~ette** *f text* Sati'nett(e) *m;* **~eur** *m,*
~euse *f* Arbeiter(in) *m(f)* am Sati'nier-
kalander
satire [satir] *f* Sa'tire *f; in der Literatur
auch* Spottgedicht *n;* **une** ~ **violente,
virulente contre qn** e-e beißende Sati-
re auf j-n
satirique [satirik] *adj* Gedicht, Lied,
Zeichnung sa'tirisch; **écrivain** *m* ~ Sa'ti-
riker *m;* **avoir l'esprit** ~ ein Sa'tiriker,
Spötter sein
satisfaction [satisfaksjõ] *f* **1.** Zu'frie-
denheit *f;* Befriedigung *f;* Genugtuung *f;*
la ~ **du devoir accompli** die Zufrieden-
heit nach erfüllter Pflicht; **à la** ~ **géné-
rale** zur allgemeinen Zufriedenheit;
avec ~ befriedigt; mit Genugtuung,
Befriedigung; **donner (toute)** ~ **à qn** j-n
(ganz, 'vollständig) zufriedenstellen;
éprouver de la ~ Zufriedenheit, Ge-
nugtuung empfinden; **exprimer sa** ~
sich befriedigt äußern; **2.** *e-s Bedürfnis-
ses, Wunsches* Befriedigung *f;* **3.** *für e-e
Beleidigung* Genugtuung *f;* **donner, ob-
tenir** ~ Genugtuung geben *od* leisten,
erhalten
satisfaire [satisfɛr] ⟨*cf* faire⟩ I *v/t* **1.**
Person, Sache ~ **qn** j-n zu'friedenstellen;
Arbeit, Antwort etc ~ **qn** auch j-n befrie-
digen; *comm* ~ **ses créanciers** s-e
Gläubiger befriedigen; ~ **l'esprit** den
Geist befriedigen; **on ne peut** ~ **tout le
monde** man kann es nicht jedem recht
machen; **2.** *Bedürfnis, Neugier, Ehrgeiz,
Eitelkeit* befriedigen; *Erwartung,
Wunsch* erfüllen; *Bitte* gewähren; *e-m
Antrag, Ersuchen* stattgeben (+*dat*); *e-r
Leidenschaft, Laune* nachgeben (+*dat*);
Hunger, Durst stillen; II *v/t/indir* **3.** **à**
qc e-r Sache (*dat*) genügen, Genüge tun,
gerecht werden; *comm* ~ **à la demande**
die Nachfrage befriedigen; ~ **à un enga-
gement** e-r Verpflichtung nachkom-
men; e-e Verpflichtung einhalten, erfül-
len; *comm* ~ **à un paiement** e-e Zahlung
leisten; ~ **aux revendications** die For-
derungen erfüllen; III *v/pr* **4.** **se** ~ s-e
Wünsche, Bedürfnisse befriedigen; *bes*
a) s-e Notdurft verrichten; **b)** s-e Lust
befriedigen; **5.** **se** ~ **de peu** sich mit
wenig(em) zu'friedengeben
satisfaisant [satisfəzã] *adj* Arbeit, Ant-

wort, Ergebnis etc befriedigend; zu'friedenstellend; *p/fort* erfreulich

satisfait [satisfɛ] *adj* ‹-faite [fɛt]› **1.** *Person, Gesichtsausdruck* zu'frieden; befriedigt; **être ~ de qn, de qc** mit j-m, etw zufrieden sein; **2.** *Bedürfnis, Wunsch, Neugier* befriedigt

satrape [satrap] *m im alten Persien* Sa'trap *m*

satur|abilité [satyrabilite] *f phys* Sättigungsfähigkeit *f*; **~able** *adj phys* sättigungsfähig; **~ant** *adj phys* sättigend; Sättigungs...; *Dampf* gesättigt; **~ateur** *m an Heizkörpern* Luftbefeuchter *m*

saturation [satyrasjõ] *f* **1.** *phys, chim* Sättigung *f*; **point** *m* **de ~** Sättigungspunkt *m*; **2.** *par ext des Marktes* Sättigung *f*; **3.** *fig* Über'sättigung *f*

saturé [satyre] *adj* **1.** *phys, chim*: *Lösung, Säure* gesättigt; *Atom in s-n Bindungen* abgesättigt; **air ~ de vapeur d'eau** mit Wasserdampf gesättigte Luft; **2.** *par ext* **terre ~e d'eau** völlig durch'tränkte Erde; *écon* **marché ~ (de produits)** (mit Waren) gesättigter Markt; **quartier ~** über'lastetes Stadtviertel; **3.** *fig Person* **être ~ de qc** e-r Sache (*gén*) überdrüssig sein; von etw über'sättigt sein

saturer [satyre] *v/t* **1.** *phys, chim* (ab)sättigen (**de mit**); **2.** *fig Person* über'sättigen (**de mit**)

saturnales [satyrnal] *f/pl* **1.** *im alten Rom* Satur'nalien *pl*; **2.** *fig u litt* Ausschweifungen *f/pl*

Saturne [satyrn] *m* **1.** *astr* (der) Sa'turn; **2.** *phm* **extrait** *m* **de ♀** Bleiessig *m*, **-wasser** *n*; **sel** *m*, **sucre** *m* **de ♀** Bleizucker *m*, **-azetat** *n*

saturnie [satyrni] *f zo* Nachtpfauenauge *n*

saturnien [satyrnjɛ̃] *adj* ‹~ne› *selten* sa'turnisch (*auch métr*)

satur|nin [satyrnɛ̃] *adj path* Blei...; **colique ~e** Bleikolik *f*; **~isme** *m path* Bleivergiftung *f*, **-krankheit** *f*

satyre [satir] *m* **1.** *myth* Satyr *m*; **2.** *fig* **a)** Lüstling *m*; **b)** *p/fort* Sittenstrolch *m*; Unhold *m*

satyrique [satirik] *adj im griechischen Theater* **drame** *m* **~** Satyrspiel *n*

sauce [sos] *f* **1.** *cuis* Soße *f*; Tunke *f*; Sauce *f*; **~ béarnaise** Béarner Soße; Sauce béarnaise: Béar'naisesoße *f*; **béchamel** Bécha'melsoße *f*; **~ blanche** helle Soße; **~ courte, longue** wenig, viel Soße; **~ mayonnaise** Mayon'naise *f*; **rémoulade** Remou'lade(nsoße) *f*; **~ tomate** To'matensoße *f*; **~ vinaigrette** Essig *m* und Öl *n*; Sa'latsoße *f*; Vinai'grette *f*; **~ aux câpres** Kapernsoße *f*; *adit* **langue** *f* **~ madère** Zunge *f* in Ma'de(i)rasoße; **allonger la ~** a) die Soße verlängern, strecken, verdünnen; b) *fig e-e Erzählung etc* in die Länge ziehen; *fig* **à quelle ~ sera-t-il mangé?** auf welche Art und Weise wird er wohl dran glauben müssen?; *fig* **mettre à toutes les ~s** *Person* zu allen möglichen Arbeiten heranziehen; *Wort* bei jeder Gelegenheit verwenden; *fig* **la ~ fait passer le poisson** wie man e-e unangenehme Sache schmackhaft macht *od* wie man die bittere Pille versüßt, darauf kommt es an; *fig* **varier la ~** die Sache variieren; **2.** F (*averse*) (Regen)Guß *m*; F Dusche *f*; **3.** *bei der Tabakherstellung* Soße *f*; Beize *f*; **4.** *peint* weicher, schwarzer Stift

saucée [sose] *f* F (Regen)Guß *m*; F Dusche *f*; **recevoir une ~** e-n Guß, e-e Dusche abkriegen

saucer [sose] *v/t* ‹-ç-› **1.** Teller mit Brot austunken; auswischen; **2.** F *fig* **se faire ~** F patschnaß werden; **3.** *Tabak* soßen; sau'cieren; beizen

---

sauc|ier [sosje] *m* Soßenkoch *m*; **~ière** *f* Sauci'ère *f*; Soßenschüssel *f*

saucifiard [sosiflar] *m* F *cf* **saucisson** 1.

saucisse [sosis] *f* **1.** *cuis* Wurst *f*, Würstchen *n* (*zum Braten od Heißmachen*); **~-plate** *cf* **crépinette**; **~ de Francfort** Frankfurter Würstchen; **chair** *f* **à ~** gewürztes Hackfleisch; *fig* **ne pas attacher son chien, ses chiens avec des ~s** *cf* **chien** 1.; **2.** *aviat* Fesselballon *m*

saucisson [sosisõ] *m* **1.** als Brotbelag Wurst *f*; **~ sec** Dauer-, Hartwurst *f*; **~ à l'ail** Knoblauchwurst *f*; **sandwich** *m* **au ~** Wurstbrötchen *n*, **-semmel** *f*; *fig Person* **être ficelé comme un ~** a) im ganzen Körper gefesselt sein; b) in viel zu engen Kleidern stecken; in zu enge Kleider (ein)gezwängt sein; **2.** langes rundes Weißbrot

saucisonn|é [sosisone] F *adj in s-n Kleidern* (eng) eingeschnürt; **~er** *v/i* F **a)** kalt essen; **b)** picknicken; **~eur** *m* F *meist pl* **~s** Leute *pl*, die picknicken, Picknick machen

sauf [sof] **I** *adj* ‹sauve [sov]› **sain et ~** wohlbehalten; unversehrt; unverletzt; heil; **avoir la vie sauve** mit dem Leben da'vonkommen; **laisser la vie sauve à qn** j-s Leben (ver)schonen; *fig* **l'honneur est ~** die Ehre ist unangetastet; **II** *prép* **1.** außer (+*dat*); ausgenommen (+ *Kasus beim übergeordneten Verb*); abgesehen von (+*dat*); bis auf (+*acc*); **tous étaient ~s, ~ lui** alle waren da *od* alle außer ihm *od* ausgenommen er *od* er ausgenommen *od* bis auf ihn; **je les connais tous, ~ lui**... außer ihm *od* ausgenommen ihn *od* bis auf ihn; **il y en a pour tous, ~ pour lui**... außer für ihn *od* ausgenommen für ihn; ♦ *loc/conj* **~ que**... außer daß ...; abgesehen davon, daß ...; **~ si**... außer (wenn) ...; es sei denn, daß ...; wenn nicht ...; **2.** vorbehaltlich (+*gén*); **~ avis contraire** *cf* **avis** 2.; **~ entente contraire** vorbehaltlich anderweitiger Vereinbarung; **~ erreur** *cf* **erreur**; **3.** *eingeschoben* **~ votre respect** *od* **~ le respect que je vous dois** mit Verlaub zu sagen

sauf-conduit [sofkõdɥi] *m* ‹*pl* sauf-conduits› Pas'sierschein *m*; *hist* Geleitbrief *m*

sauge [soʒ] *f bot* Salbei *m od f*; **~ officinale** Echter Salbei

saugrenu [sograny] *adj Idee, Frage* ausgefallen; skur'ril; ungereimt; albern; unsinnig

saule [sol] *m bot* Weide *f*; **~ marsault** Salweide *f*; **~ pleureur** Trauerweide *f*; **~ des vanniers** Korbweide *f*

saumâtre [somatr(ə)] *adj* **1.** brackig; **eau** *f* **~** Brackwasser *n*; **2.** F *fig* **la trouver ~** es peinlich, unangenehm, unerfreulich, ärgerlich, unpassend *p/fort* uner'hört finden

saumon [somõ] *m* **1.** *zo* Lachs *m*; Salm *m*; **~ fumé** geräucherter Lachs; Räucherlachs *m*; **2.** *adjt* (rose) **~** ‹*inv*› lachsfarben, -rosa; **3.** *métall* Block *m*; **4.** *mar* **~ de Segelyachten** Ballastkiel *m*; Außenballast *m*

saumon|é [somone] *adj* lachsartig, -farben; Lachs...; **truite** *f* **~e** Lachsforelle *f*; **~eau** *m* ‹*pl* **~x**› *zo* junger Salm, Sälmling *m* (*im Alter von 2–5 Jahren*)

saumurage [somyraʒ] *m* Einlegen *n* in Salzlake; *von Fleisch auch* Pökeln *n*

saumure [somyr] *f* **1.** *zur Konservierung* Salzlake *f*; *für Fleisch auch* Pökel *m*; **2.** *Salzgewinnung* (Salz)Sole *f*

saumuré [somyre] *adj Hering etc* in Salzlake (eingelegt)

sauna [sona] *m* Sauna *f*

saun|age [sonaʒ] *m* (Zeit *f* der) Salzgewinnung *f*; **~er** *v/i* Salz abscheiden; **~ier** **a)** Salzhersteller *m*; Sa'linenbe-

---

sitzer *m*; **b)** Salzarbeiter *m*, **-sieder** *m*

saupoudr|er [sopudre] *v/t* bestreuen (**de sel, de sucre**, *etc* mit Salz, mit Zucker *etc*); **~euse** *f* Streudose *f*, **-büchse** *f*; Streuer *m*

saur [sor] *adj* **'hareng** *m* **~** Bückling *m*; F **être maigre comme un hareng ~** ein Hering, klapper-, spindeldürr sein

saurai, saura(s) [sorɛ, sora] *cf* **savoir**[1]

saurer [sore] *v/t Heringe* räuchern

sauriens [sorjɛ̃] *m/pl* **1.** *zo* Schuppenkriechtiere *n/pl*; *bes* Echsen *f/pl*; **2.** Paläontologie **~ fossiles** Saurier *m/pl*

sauris [sori] *m* Heringslake *f*

sauriss|age [sorisaʒ] *m der Heringe* Räuchern *n*; **~erie** *f* (Herings)Räuche'rei *f*

saut [so] *m* **1.** Sprung *m* (*auch sports*); Satz *m*; Hüpfer *m*; F Hopser *m*; *fig* **le grand ~** der Tod; **faire le grand ~** sterben; hinscheiden; **~ périlleux** Salto *m*; **double, triple ~** périlleux doppelter, dreifacher Salto; **triple ~** Dreisprung *m*; **~ à la corde** Seilhüpfen *n*, -springen *n*; **~ à la perche** Stabhochsprung *m*; **~ à pieds joints** Schlußsprung *m*; Sprung aus dem Stand; **~ à skis** Skispringen *n*; **~ avec élan** Sprung mit Anlauf; **~ de l'ange** a) *Wassersport* Kopfsprung *m* (vorwärts gestreckt); b) *gym von e-m Gerät* Absprung *m* mit ausgebreiteten Armen; **~ de carpe** Hechtsprung *m*; **~ de cheval** Bock-, Pferdsprung *m*; **~ de la mort** Todessprung *m*; Salto mor'tale *m*; **~ en ciseaux, en rouleau** Scheren-, Rollsprung *m*; **~ en 'hauteur, en longueur** Hoch-, Weitsprung *m*; **~ en parachute** Fallschirmabsprung *m*; **par ~s** springend; *fig* **il n'y a qu'un ~** F es ist nur ein (Katzen)Sprung bis dahin; *Person* **faire un ~** springen; e-n Sprung, Satz machen; *fig* **faire le ~** den Sprung (ins Ungewisse) wagen; *fig* **faire un ~ chez qn** auf e-n Sprung bei j-m vorbeikommen, -schauen; *fig* **faire un ~ d'un siècle, dans l'avenir** e-n Sprung von e-m Jahrhundert, in die Zukunft machen; *Zitat* **la nature ne fait pas de ~s** die Natur macht keine Sprünge; **se lever d'un ~** aufspringen; **2.** Sturz *m*; Fall *m*; *Auto* **faire un ~ dans le ravin** in e-e Schlucht stürzen; **3.** **au ~ du lit** beim Aufstehen; morgens in aller Frühe; *iron* vor dem Aufstehen; **4.** Wasserfall *m*; **5.** *EDV* Sprung *m*; **~ (in)conditionnel** (un)bedingter Sprung

saut-de-lit [sodli] *m* ‹*pl* sauts-de-lit› leichter Morgenrock

saut-de-loup [sodlu] *m* ‹*pl* sauts-de-loup› breiter Graben

saut-de-mouton [sodmutõ] *m* ‹*pl* sauts-de-mouton› (Gleis-, Straßen-)Über'führung *f*

saute [sot] *f* **~ de vent** 'Umspringen *n*, 'Umschlagen *n* des Windes; **~ de température** plötzlicher Wechsel der Temperatur; Tempera'tursturz *m*; *fig* **~ d'humeur** plötzlicher Stimmungswechsel; Stimmungsumschwung *m*

sauté [sote] *cuis* **I** *adj* gebraten; **pommes de terre ~es** Bratkartoffeln *f/pl*; geröstete Kartoffeln *f/pl*; *auch* Schwenkkartoffeln *f/pl*; **II** *m* **~ de lapin, de veau** (*Art*) Ka'ninchen-, Kalbsragout *n*

saute-mouton [sotmutõ] *m* Bockspringen *n*; **jouer à ~** Bock springen

sauter [sote] **I** *v/t* **1.** *Graben, Hindernis etc* über'springen; springen, setzen über (+*acc*); *Hindernis auch* nehmen; *fig* **~ le pas** a) zu e-m Entschluß kommen; b) sterben; **2.** *Wort, Satz, Zeile etc* auslassen; über'springen; *Geschriebenes auch* über'lesen; *Schüler* **~ une classe** e-e Klasse überspringen; **~ un repas** e-e Mahlzeit auslassen; **3.** F **la ~** F Kohl-

dampf schieben; **4.** *Hengst: Stute* be-
springen; beschälen; **II** *v/i* **5.** springen;
hüpfen; e-n Sprung, e-n Satz machen; F
hopsen; ~ **à bas du lit** aus dem Bett
springen; ~ **à cloche-pied** auf e-m Bein
hüpfen; ~ **à la corde** seilspringen,
-hüpfen; ~ **à pieds joints** a) e-n Schluß-
sprung machen; b) aus dem Stand sprin-
gen; *sports* ~ **à la perche** stabhochsprin-
gen (*nur inf*); e-n Stabhochsprung ma-
chen; *fig* ~ **au plafond** F an die Decke
gehen; hochgehen; *fig* ~ **aux yeux** ins
Auge, in die Augen fallen, springen; ~
dans l'eau ins Wasser springen; ~ **de
branche en branche** von Ast zu Ast
springen; ~ **de joie** Freudensprünge
machen; ~ **de son siège** von s-m Sitz
aufspringen; *fig* ~ **d'un sujet à l'autre**
von e-m Thema zum anderen springen; ~
en l'air in die Luft springen; e-n Luft-
sprung *bzw* Luftsprünge machen; *sports*
~ **en 'hauteur, en longueur** hoch-,
weitspringen (*nur inf*); ~ **en parachute**
mit dem Fallschirm abspringen; ~ **en
selle** sich in den Sattel schwingen; ~ **par
la fenêtre** aus dem Fenster springen;
zum Fenster hinausspringen; **6.** sich
stürzen (**sur qn, qc** auf j-n, etw); ~ **au
cou de qn** j-m um den Hals fallen; ~ **à la
gorge de qn** j-m an die Gurgel sprin-
gen, fahren; F *fig* ~ **sur l'occasion** die
Gelegenheit beim Schopfe packen, fas-
sen; ~ **sur sa proie** sich auf s-e Beute
stürzen; **7.** *Knopf* abspringen; *Fahrrad-
kette* her'ausspringen; *Sicherung* 'durch-
brennen; *Scheibe* zerspringen; *Sektkor-
ken* knallen; **attention, tu vas faire ~
les plombs!** F paß auf, sonst fliegt die
Sicherung raus!; **8.** *Gebäude, Schiff etc*
in die Luft fliegen; *bes Sprengkörper*
hochgehen; explo'dieren; ~ **sur une
mine** durch e-e Mine in die Luft fliegen;
Panzer auf e-e Mine fahren; *Schiff* auf
e-e Mine laufen; **faire ~** sprengen, F in die
Luft jagen, hochgehen lassen (**un pont**
e-e Brücke); *beim Spiel* **faire ~ la ban-
que** die Bank sprengen; **faire ~ une
serrure** ein Schloß aufbrechen; **9.** F *fig*
Vergünstigung, Prämie wegfallen; **faire
~** *gebührenpflichtige Verwarnung* aufhe-
ben; rückgängig machen; **10.** F **et que
ça saute!** hopp! hopp!; F aber ein
bißchen dalli, Trab, plötzlich!; **11.** *cuis*
faire ~ a) (in heißem Fett, in der Pfanne)
braten; b) *Eierkuchen* (beim Wenden) in
die Luft werfen; **12.** *fig* **faire ~** j-n
hin'auswerfen, F feuern

sautereau [sotro] *m* ⟨*pl* ~**x**⟩ *mus* e-s
Kielinstrumentes Springer *m*
sauterelle [sotrɛl] *f* **1.** *zo* Heuschrecke *f*;
nuée *f* **de** ~**s** Heuschreckenschwarm *m*;
2. *fig* e-r *Person* **grande** ~ F Bohnen-,
Hopfenstange *f*; **3.** *bewegliches Winkel-
maß* Schmiege *f*; **4.** *tech* fahrbarer Gurt-
förderer
sauterie [sotri] *f* Tanzparty *f*; F Tanze-
'rei *f*
sauternes [sotɛrn] *m* Sau'ternes *m*
(*weißer Bordeauxwein*)
saut|eur [sotœr], ~**euse I** *m, f* **1.** *sports*
Springer(in) *m(f)*; **sauteur à la perche,
à skis** Stabhoch-, Skispringer *m*; ~ **en
'hauteur, en longueur** Hoch-,
Weitspringer(in) *m(f)*; **2.** Akro'bat(in)
m(f); **3.** ⟨*nur m*⟩ Springpferd *n*; **4.** ⟨*nur
m*⟩ *fig von e-m Mann* Windbeutel *m*; **5.**
⟨*nur f*⟩ *fig von e-r Frau* leichtlebige,
unsolide Per'son, Frau; ⟨*nur f*⟩ *cuis*
Bratpfanne *f*; **II** *adj zo* Spring...; **insec-
tes (orthoptères) sauteurs** Spring-
schrecken *f/pl*
sautillant [sotijɑ̃] *adj* **1.** *Schritt etc*
hüpfend; **2.** *fig Musik* rhythmisch
schnell und deutlich skan'diert; *Stil*
abgehackt

sautillement [sotijmɑ̃] *m* **1.** Hüpfen *n*;
2. *fig e-r Unterhaltung etc* Hin- und
Herspringen *n*
sautiller [sotije] *v/i* (um'her)hüpfen; F
hopsen; *auch* tänzeln
sautoir [sotwar] *m* **1.** lange Halskette;
porter en ~ um den Hals gehängt, an e-r
Halskette tragen; **2.** *Wappenkunde* lie-
gendes Kreuz; An'dreaskreuz *n*; **en ~**
kreuzweise (übere'in'andergelegt); **3.**
sports Sprunganlage *f*
sauvage [sovaʒ] **I** *adj* **1.** wild; *Tier auch*
wildlebend; ungezähmt; *Pflanze, Frucht
auch* wildwachsend; *Gegend auch* unbe-
rührt; **canard** *m*, **chat** *m*, **cheval** *m* ~
Wildente *f*, -katze *f*, -pferd *n*; **soie** *f* ~
wilde Seide; *Wildseide f*; *Tier, Pflanze*
retourner à l'état ~ verwildern; **vivre,
pousser à l'état ~** wild leben, wachsen;
2. primi'tiv; unzivilisiert; urtümlich;
na'türlich; **art ~** primitive Kunst; **état ~**
Na'turzustand *m*; **3.** *Aussehen, Schrei etc*
wild; bar'barisch; besti'alisch; **4.** *fig
Person* menschenscheu; ungesellig; *Kind*
scheu (*auch Tier*); schüchtern; **5.** *fig
Einwanderung, Ansiedlung, Parken* wild;
unerlaubt; **camping** ~ wildes Zelten;
grève *f* ~ wilder Streik; **II** *m, f* **1.**
Einzelgänger *m*; Eigenbrötler *m*; **2.** Wil-
de(r) *f(m)*; *meist pl* **les** ~**s** die Wilden; *par
ext* **mœurs** *f/pl* **de** ~ rauhe, barbarische,
grausame Sitten *f/pl*; **ce sont de(s)
vrais** ~**s** das sind richtige Bar'baren
sauvagement [sovaʒmɑ̃] *adv* auf rohe,
grausame, besti'alische Weise
sauvage|on [sovaʒɔ̃] *m* **1.** *Baumzucht*
Wildling *m*; **2.** *fig* ⟨*auch f* ~**onne**⟩
Na'turkind *n*
sauvagerie [sovaʒri] *f* **1.** Menschen-
scheu *f*; Ungeselligkeit *f*; **2.** *e-s Mörders
etc* Roheit *f*; Grausamkeit *f*; Bestiali-
'tät *f*
sauvag|in [sovaʒɛ̃] *adj* **goût** ~, **odeur** ~**e**
Wasservogel-   *bzw*   Sumpfvogelge-
schmack *m*, -geruch *m*; *subst* **sentir le** ~
nach Wasser- *bzw* Sumpfvögeln riechen;
~**ine** *f coll* **1.** *ch* Wasser- und Sumpfvö-
gel *m/pl*; **2.** *Pelzverarbeitung* Bälge *m/pl*
einheimischer wildlebender Pelztiere
sauvegarde [sovgard] *f* **1.** Schutz *m*; *st/s*
Schirm *m*; *s-r Rechte, Interessen auch*
Wahrung *f*; *hist* **lettre** *f* **de** ~ Schutzbrief
m; **se mettre sous la ~ de la justice**
sich unter den Schutz der Justiz stellen;
2. *par* Sorgleine *f*
sauvegarder [sovgarde] *v/t Rechte, In-
teressen, Ehre, Ruf etc* schützen; wahren
sauve-qui-peut [sovkipœ] *m* ⟨*inv*⟩ **1.**
Schrei Rette-sich-wer-kann *n*; **2.** *allg*
allgemeine Verwirrung; allgemeines
Durchein'ander; Panik *f*; wilde Flucht
sauver [sove] **I** *v/t* **1.** retten (**de la
détresse** aus Not; **de la noyade** vor
dem Ertrinken); *Person auch* erretten;
Verunglückte bergen; F ~ **les meubles**
das Notwendige retten; *beim Spiel* ~ **la
mise** wenigstens den Einsatz retten,
wieder her'ausbekommen; F ~ **sa peau**
sein Leben, s-e Haut retten; ~ **la vie à qn**
j-m das Leben retten; ~ **qn de la misère**
j-n vom Elend befreien, dem Elend
entreißen; ~ **qn du naufrage** j-n aus
Seenot retten, bergen; *fig* ~ **votre déci-
sion peut tout** ~ Ihre Entscheidung
kann alles retten; **ce qui sauve ce film,
c'est la couleur** was diesen Film rettet,
ist die Farbe; **2.** *par ext* (be)wahren; ~ **les
apparences** den Schein wahren; **3.** *rel*
erlösen; retten; **il n'y a que la foi qui
sauve** der Glaube macht selig (*auch fig*);
II *v/pr* **se** ~ **4.** da'von-, weg-, fortlaufen,
-rennen; sich da'vonmachen; **se** ~ **à
toutes jambes** Hals über Kopf davon-
laufen *etc*; **5.** F (*filer*) (weg)gehen; F sich
verziehen; verduften; machen, daß man

wegkommt; **6.** *Milch* 'überlaufen, -ko-
chen; **7.** sich retten; sich in Sicherheit
bringen; *ellip* **sauve qui peut! rette sich,
wer kann!**
sauvetage [sovtaʒ] *m* Rettung *f* (*auch
fig*); Errettung *f*; Bergung *f*; **brevet** *m*
de ~ Rettungsschwimmer(ausweis) *m*;
canot *m*, **ceinture** *f*, **médaille** *f*, **opé-
ration** *f* **de** ~ Rettungsboot *n*, -gürtel *m*,
-medaille *f*, -aktion *f*; **gilet** *m* **de** ~
Schwimmweste *f*
sauveteur [sovtœr] *m* Retter *m*; Ange-
hörige(r) *m* e-r Rettungsmannschaft; ~**s**
pl Rettungsmannschaft *f*
sauvette [sovɛt] *loc/adv* **à la** ~ **1.** heim-
lich; *comm* schwarz; **marchand** *m* **à la** ~
Schwarzhändler *m*; **vendre à la** ~
schwarz verkaufen; **2.** *fig* voreilig; mit
verdächtiger Eile; **décision prise à la** ~
voreilig getroffene Entscheidung
sauveur [sovœr] **I** *m* **1.** (Er)Retter *m*; ~
de la patrie Retter des Vaterlandes; *ce
médecin a été mon* ~ *…* war mein
Retter; **2.** *rel* **le** ⨀ der Erlöser, Heiland;
II *adj* ⟨*litt f* **salvatrice**⟩ rettend
savacou [savaku] *m zo* Kahnschnabel *m*
savamment [savamɑ̃] *adv von* **savant
1.** gelehrt; mit Sachkenntnis; *par ext* **j'en
parle** ~ ich spreche aus Erfahrung; **2.**
geschickt
savane [savan] *f géogr* Sa'vanne *f*
savant [savɑ̃] **I** *adj* **1.** gelehrt; *Person
auch* sachkundig; sehr bewandert, sehr
beschlagen, firm (**en histoire** in Ge-
schichte); *ling e-s Wortes* **formation** ~**e**
gelehrte Bildung; **c'est trop** ~ **pour moi**
das ist mir zu gelehrt; **2.** wissenschaft-
lich; **revue** ~**e** wissenschaftliche Zeit-
schrift; **société** ~**e** wissenschaftliche,
gelehrte Gesellschaft; **3.** *Zusammenstel-
lung, Vorführung etc* geschickt; kunst-
voll (*auch Frisur*); gekonnt; **4.** *Tier*
dres'siert; **II** *m* Gelehrte(r) *m*; Wissen-
schaftler *m*; **congrès** *m* **de** ~**s** wissen-
schaftlicher Kongreß; Kongreß *m* von
Wissenschaftlern
savarin [savarɛ̃] *m cuis* mit Rum ge-
tränkter Napfkuchen; Savarin *m*
savate [savat] *f* **1.** alter, abgetragener
Schuh *bzw* Pan'toffel; ~**s** *pl auch* F
Latschen *m/pl*; Schlappen *m/pl*; **être en**
~**s** Latschen, Schlappen anhaben;
traîner ses ~**s** F (her'um)latschen,
(-)schlurfen; F *fig* **traîner la** ~ am
Hungertuch nagen; **2.** F Tolpatsch *m*;
F Niete *f*; Flasche *f*; **s'y prendre com-
me une** ~ sich tolpatschig anstellen; **3.**
sports früher (*Art*) Boxen *n*, bei dem
Fußtritte zulässig sind; **4.** *mar beim
Stapellauf* Ablaufschlitten *m*
savetier [savtje] *m litt* Schuhflicker *m*;
Flickschuster *m*
saveur [savœr] *f* **1.** Geschmack *m*;
Schmackhaftigkeit *f*; **sans** ~ fad(e);
ohne Geschmack; **2.** *fig Reiz m*; Würze *f*;
la ~ **de la nouveauté** der Reiz des
Neuen
savoir[1] [savwar] ⟨**je sais, il sait, nous
savons**; **je savais**; **je sus**; **je saurai**;
que je sache, que nous sachions;
sachant; **su**⟩
I *v/t* **1.** wissen; *bei perfektiver Aktionsart*
erfahren; *Wendungen:* **a)** *alleinstehend:*
vous savez… *bzw* **tu sais…** wissen Sie
… *bzw* weißt du …; **si je savais, je
partirais** wenn ich wüßte, (so) würde
ich abreisen; *prov* ~ **c'est pouvoir**
Wissen ist Macht (*prov*); **b)** *mit subst:*
tout le monde sut la catastrophe *en peu
de temps …* erfuhr von der Katastrophe
…; F **il en sait des choses!** was der alles
weiß!; **nous vous saurions gré de**
(+*inf*) wir wären Ihnen zu Dank ver-
pflichtet, wenn Sie …; **je ne sais pas
votre nom** ich weiß Ihren Namen nicht;

est-ce que vous savez déjà la nou-
velle? wissen Sie schon das Neueste?;
st/s je sais mes obligations envers
vous *st/s* ich weiß um meine Verpflich-
tungen Ihnen gegenüber; **c)** *mit pr*: il le
sait er weiß es; qu'en savez-vous? was
wissen denn Sie?; qui sait? wer weiß?;
qui *bzw* que vous savez Sie wissen
schon, wen *bzw* was ich meine; ne dites
rien à qui vous savez sagen Sie ihm
nichts, Sie wissen schon, wen ich meine;
j'en sais quelque chose ich kann ein
Lied davon singen; je n'en sais rien ich
weiß nichts davon ich gar nichts; il sait
tout er weiß alles; **d)** *mit adj*: je ne le
savais pas si méchant ich wußte nicht,
daß er so böse ist; je les sais en bonne
santé ich weiß, daß sie gesund sind; **e)**
mit adv: à ce que je sais soviel ich weiß;
comme vous savez wie Sie wissen;
sait-on jamais *od* on ne sait jamais
man kann nie wissen; en ~ long là-
-dessus genau darüber Bescheid wissen;
je ne sais comment (*bzw* où, pour-
quoi, qui) ich weiß nicht wie (*bzw* wo,
warum, wer); *notre départ est remis* à je
ne sais quand ... auf unbestimmte Zeit
...; je ne sais quoi *cf* je-ne-sais-quoi;
je ne sais pas [F ʃepa *od* ʃepa] ich weiß
(es) nicht; F weiß ich nicht; **f)** *mit
Objektsatz*: je sais à quoi m'en tenir
ich weiß, woran ich mich zu halten habe;
ne pas ~ ce qu'on dit, fait, veut nicht
wissen, was man sagt, tut, will; je sais
ce que je sais ich weiß, was ich weiß; ne
pas ~ où se mettre ich am liebsten in
ein Mauseloch verkriechen (mögen); je
sais pourquoi il est fâché ich weiß,
warum er verärgert ist; ~ que ... wissen,
daß ...; quand il a su que ... als er
erfuhr, daß ...; Dieu sait qu'il n'est
pas pauvre er ist weiß Gott kein armer
Mann; je sais bien que ... ich weiß
genau *od* sehr wohl, daß ...; on sait que
... *auch* bekanntlich...; es ist bekannt,
daß ...; ne pas ~ que *od* quoi faire
nicht wissen, was man tun soll; keinen
Rat wissen; **g)** *mit Verben*: F allez ~!
bzw va ~! wer kann das schon wissen;
nous croyons ~ que ... wir glauben zu
wissen, daß ...; vous n'êtes pas sans ~
que ... Sie wissen doch *od* sehr wohl,
daß ...; c'est bon à ~ gut, daß ich es
weiß; das ist gut zu wissen; faire ~
mitteilen (qc à qn j-m etw); j'ai
l'honneur de vous faire ~ que ... ich
habe die Ehre, Ihnen mitzuteilen, daß ...;
peut-on ~ ...? darf man fragen ...?;
reste à ~ si ... jetzt müßte man nur
wissen *od* es fragt sich noch *od* es ist noch
die Frage *od* es ist noch fraglich *od* es
bleibt dahingestellt, ob ...; il ne veut
rien ~ er will nichts wissen; je voudrais
en ~ davantage ich möchte gern mehr
darüber wissen; **h)** *Konjunktivformen*:
(autant) que je sache soviel ich weiß;
meines Wissens; pas que je sache nicht
daß ich wüßte; sachez que ... Sie
müssen wissen, daß ...; nehmen Sie zur
Kenntnis, daß ...; ich wüßte niemand(en),
der ...; **i)** *loc/conj* (à) ~ que ... weil
nämlich ...; *bei e-r Aufzählung* à ~ ... und
zwar ...; nämlich ...; *erläuternd* il s'agit
de ~ si (*bzw* comment, qui *etc*) ... es
handelt sich darum, ob (*bzw* wie, wer
etc) ...; la question est de ~ s'il va
réussir die Frage ist, ob ihm gelingt;
F ~ si ... (+*fut*) wer weiß, ob ...; F quel
temps il fera demain man müßte
wissen, wie das Wetter morgen wird;
2. können; *mit subst auch* kennen; *mit inf*
auch es verstehen zu; wissen zu; vermö-
gen zu; im'stande sein zu; **a)** *mit subst*: ~
l'anglais, le latin Englisch, Latein kön-

nen; il sait trois langues er kann drei
Sprachen; ~ sa leçon, son rôle s-e
Lektion, s-e Rolle können; il ne sait pas
la grammaire, l'orthographe er kann
keine Grammatik, Rechtschreibung; er
kennt die Grammatik, die Rechtschrei-
bung nicht; ~ qc par cœur etw auswen-
dig können; **b)** *mit inf*: ~ écrire, lire,
nager, faire du ski, jouer au tennis
schreiben, lesen, schwimmen, Ski fah-
ren, Tennis spielen können; il faut ~
attendre man muß (ab)warten können;
il sait se débrouiller er weiß sich zu
helfen; il sait se défendre er weiß
sich zu verteidigen; F ~ y faire
sich darauf verstehen; il sait plaire er
weiß zu gefallen; er versteht es zu
gefallen; il ne sait pas refuser er kann
nicht nein sagen; er vermag nicht nein zu
sagen; ~ se taire schweigen können; il
sait se tirer d'affaire er versteht es,
sich aus der Affäre zu ziehen; ♦ *cond*: je
ne saurais vous le dire ich kann es
Ihnen (leider) nicht sagen; **c)** F *loc/adv*
(il pleurait) tout ce qu'il savait (er
weinte) so sehr er konnte *od* was er
konnte; **II** *v/pr se* ~ **3.** *passivisch* be-
kannt sein; an den Tag kommen; F
her'auskommen; ça se saurait das wäre
bekannt; tout se sait, tout finit par se ~
es kommt alles an den Tag; es bleibt
nichts verborgen; **4.** *reflexiv* il se sait
incurable er weiß, daß er unheilbar
krank ist

savoir[2] [savwar] *m* Wissen *n*; Kenntnisse
f/pl; Gelehrsamkeit *f*; le gai ~ *cf* gai **1.**;
l'étendue de son ~ der 'Umfang s-s
Wissens; ~-faire *m* ⟨*inv*⟩ Können *n*;
Know-how [no:'hau] *n*; ~-vivre *m*
⟨*inv*⟩ Anstand *m*; Lebensart *f*; Ma'nie-
ren *f/pl*

savon [savõ] *m* **1.** Seife *f* (*auch chim*);
deux ~s zwei Stück Seife; ~ blanc, de
Marseille Kernseife *f*; ~ flottant
Schwimmseife *f*; ~ liquide flüssige Sei-
fe; ~ métallique Me'tallseife *f*; ~ mou,
noir Schmierseife *f*; ~ à barbe Ra'sier-
seife *f*; ~ de toilette Toi'lettenseife *f*; ~
en paillettes Seifenflocken *f/pl*; *fachspr*
Schuppenseife *f*; ~ en poudre Wasch-
pulver *n*; bulle *f* de ~ Seifenblase *f*; un
morceau, un pain de ~ ein Stück *n*, ein
Riegel *m* Seife; mousse *f* de ~ Seifen-
schaum *m*; *minér* pierre *f* de ~ Seifen-
stein *m*; Speckstein *m*; **2.** F *fig* Rüffel *m*;
Anschnauzer *m*; Anranzer *m*; Anpfiff *m*;
passer un ~ à qn F j-n anschnauzen,
anranzen; j-m e-n Rüffel erteilen; j-m e-e
Zi'garre verpassen; j-m den Kopf wa-
schen; j-m e-e Standpauke halten

savonnage [savɔnaʒ] *m* Waschen *n*,
Wäsche *f* (mit Seife); Einseifen *n*

savonner [savɔne] **I** *v/t* Wäsche mit Seife
waschen; einseifen; **II** *v/pr beim Wa-
schen, Rasieren* se ~ sich einseifen; se ~
les mains sich die Hände einseifen

savonn|erie [savɔnri] *f* **1.** Seifenfabrik *f*,
-siederei *f*; **2.** Seifenherstellung *f*; **3.**
Savonne'rieteppich *m*; ~ette *f* Toi'let-
tenseife *f*; ~eux *adj* ⟨-euse⟩ Seifen...;
seifig; aus savonneuse Seifenwasser *n*;
~ier **I** *adj* ⟨-ière⟩ Seifen...; industrie
savonnière Seifenindustrie *f*; **II** *m* **1.**
a) Seifenfabrikant *m*, -hersteller *m*; **b)**
Arbeiter Seifensieder *m*; **2.** *bot* Seifen-
(nuß)baum *m*; Seifennuß *f*

savourer [savure] *v/t* **1.** *Speise, Getränk*
(in Ruhe) genießen; **2.** *fig* auskosten;
genießen; ~ son bonheur sein Glück
auskosten, genießen

savoureux [savurø] *adj* ⟨-euse⟩ **1.**
Speise, Getränk wohlschmeckend;
schmackhaft; köstlich; lecker; deli'kat;
2. *fig Anekdote etc* köstlich; amü'sant;
erheiternd; *auch* pi'kant

savoyard [savwajar] **I** *adj* sa'voyisch; **II**
subst ♀(e) *m(f)* Sa'voyer(in) *m(f)*; Sa-
voy'arde *m*, Savoy'ardin *f*

saxe [saks] *m* Meiß(e)ner Porzel'lan *n*;
collection *f* de vieux ~s Sammlung *f*
von altem Meißener Porzellan

saxhorn [saksɔrn] *m mus* Saxhorn *n*

saxicole [saksikɔl] *adj bot* auf Felsen
wachsend

saxifragacées [saksifragase] *f/pl bot*
Steinbrechgewächse *n/pl*; *sc* Saxifra-
ga'zeen *f/pl*

saxifrage [saksifraʒ] *f bot* Steinbrech *m*;
sc Sa'xifraga *f*

saxo [sakso] *m* F *Kurzform für* saxopho-
ne, saxophoniste

saxon [saksõ] **I** *adj* ⟨~ne⟩ sächsisch
(*auch hist*); **II** *subst* **1.** ♀(ne) *m(f)* Sachse
m, Sächsin *f*; **2.** *ling* le ~ das Sächsische;
Sächsisch *n*; le bas, le haut, le vieux ~
das Nieder-, Ober-, Altsächsische

saxophon|e [saksɔfɔn] *m mus* Saxo'phon
n; ~ ténor Te'norsaxophon *m*; ~iste
m.f mus Saxopho'nist(in) *m(f)*

saynète [sɛnɛt] *f thé* **1.** *hist* Sai'nete *m*; **2.**
Sket(s)ch *m*

sbire [sbir] *m péj* Handlanger *m*; Scherge
m; Büttel *m*

scabi|euse [skabjøz] *f bot* Skabi'ose *f*;
Grindkraut *n*; ~eux *adj* ⟨-euse⟩ *path*
krätzig; *sc* skabi'ös

scabreux [skabrø] *adj* ⟨-euse⟩ **1.** *Ange-
legenheit*, *Frage* heikel; bedenklich; ris-
'kant; **2.** *Witz etc* anstößig; schlüpfrig

scaferlati [skafɛrlati] *m Tabak* Fein-
schnitt *m*

scalaire [skalɛr] **I** *adj math* ska'lar;
grandeur *f* ~ skalare Größe; Ska'lar *m*;
produit *m* ~ Skalarprodukt *n*; **II** *m zo*
Ska'lar *m*; Segelflosser *m*; Blattfisch *m*

scalde [skald] *m altnordischer Dichter*
Skalde *m*

scalène [skalɛn] *adj* **1.** *math* triangle *m* ~
ungleichseitiges Dreieck; **2.** *anat* mus-
cle *m* ~ *od subst* ~ *m* Rippenhalter *m*; *sc*
Ska'lenus *m*

scalénoèdre [skalenɔɛdr(ə)] *m math*
Skaleno'eder *n*

scalp [skalp] *m* **1.** Skalp *m*; danse *f* du ~
Skalptanz *m*; **2.** Skal'pieren *n*; **3.** *méd*
durch Unfall Skal'pierung *f*

scalpel [skalpɛl] *m chir* Skal'pell *n*; *auch*
Se'ziermesser *n*

scalper [skalpe] *v/t* skal'pieren

scandale [skãdal] *m* **1.** Skan'dal *m*;
Ärgernis *n*; ~ financier Fi'nanzskandal
m; ~ public öffentlicher Skandal; *hist* le
~ de Panama der Panamaskandal; cau-
ser un ~ e-n Skandal verursachen;
Ärgernis erregen; c'est un ~ es ist ein
Skandal, e-e Schande; **2.** Entrüstung *f*;
au grand ~ de sa famille zur großen
Entrüstung s-r Familie; **3.** Krach *m*; F
Ra'dau *m*; faire un ~ dans un lieu
public, dans la rue in der Öffentlich-
keit, auf der Straße Krach machen;
randa'lieren; *fig: si on me renvoie*, je
ferai du ~ ... (dann) schlage ich Krach,
werde ich Krach schlagen; e-n Skandal
machen; **4.** *rel* Ärgernis *n*; *bibl* malheur
à l'homme par qui le ~ arrive weh dem
Menschen, durch welchen Ärgernis
kommt!

scandaleux [skãdalø] *adj* ⟨-euse⟩ *Be-
nehmen, Vorkommnis etc* skanda'lös;
unerhört (*beide auch von Preisen*); em-
pörend; schändlich; *Person* être ~ sich
unmöglich benehmen; c'est ~ das ist
skandalös, unerhört

scandaliser [skãdalize] **I** *v/t* Anstoß *od*
Ärgernis erregen (qn bei j-m); Entrü-
stung her'vorrufen (bei j-m); **II** *v/pr se* ~
Anstoß nehmen (de an + *dat*); sich
entrüsten (über + *acc*)

scander [skãde] *v/t Vers, Parole* skan-

'dieren; *Worte beim Sprechen auch* scharf her'vorheben, vonein'ander abheben; *path* **parole scandée** *cf* **scansion** 2.

scandinave [skɑ̃dinav] **I** *adj* skandi'navisch; **langues** *f/pl* ⁓s skandinavische Sprachen *f/pl*; **II** *subst* ♀ *m, f* Skandi'navier(in) *m(f)*

scandium [skɑ̃djɔm] *m chim* Scandium *od* Skandium *n*

scandix [skɑ̃diks] *m bot* Nadelkerbel *m*

scanner [skanɛr] *m impr* (Farb)Scanner ['skɛnər] *m*

scansion [skɑ̃sjɔ̃] *f* 1. *e-s Verses* Skan'dieren *n*; 2. *path* skan'dierende Sprache

scaphandre [skafɑ̃dr(ə)] *m* 1. Taucheranzug *m*; *fachspr* Schlauchgerät *n*; Helmtauchgerät *n*; ⁓ **autonome** (schlauchloses) Tauchgerät *n*; 2. *der Astronauten* Raumanzug *m*

scaphandrier [skafɑ̃drije] *m* Taucher *m* (*mit Taucheranzug*)

scaphide [skafid] *f zo* Kahnkäfer *m*

scaphocéphale [skafɔsefal] *adj Anthropologie* **crâne** *m* ⁓ Kahnschädel *m*; Kielkopf *m*; *sc* Scapho'cephalus *m*

scaphoïde [skafɔid] *adj u subst m anat* (**os** *m*) ⁓ Kahnbein *n*

scaphopodes [skafɔpɔd] *m/pl zo* Kahn-, Grabfüßer *m/pl*; Zahnschnecken *f/pl*; Ele'fantenzähne *m/pl*; *sc* Scapho'poda *pl*

scapulaire [skapylɛr] **I** *m égl cath* Skapu'lier *n*; **II** *adj anat* skapu'lär; Schulter(blatt)…; **ceinture** *f* ⁓ Schultergürtel *m*

scapulo-huméral [skapyloymeral] *adj* ⟨-aux⟩ *anat sc* **articulation** ⁓e Schultergelenk *n*

scarabée [skarabe] *m* 1. *zo* Skara'bäus *m*; Pillendreher *m*; 2. *im alten Ägypten* Skara'bäus *m*

scarabéidés [skarabeide] *m/pl zo* Blatthornkäfer *m/pl*

scare [skar] *m zo* Seepapagei *m*

scaridés [skaride] *m/pl zo* Papa'geifische *m/pl*

scarieux [skarjø] *adj* ⟨-euse⟩ *bot* trokkenhäutig

scarifiage [skarifjaʒ] *m agr* Grubbern *n*

scari|ficateur [skarifikatœr] *m* 1. *méd* Instru'ment *n* zur Skarifikati'on; 2. *agr* Grubber *m*; 3. *Straßenbau* Aufreißer *m*; **⁓fication** *f* 1. *méd* Skarifikati'on *f*; Hautritzung *f*; 2. *vit* ringförmiger Einschnitt

scari|fié [skarifje] *adj méd* **ventouse** ⁓e bei der Skarifikati'on angewandter Schröpfkopf; **⁓fier** *v/t* 1. *méd* Haut (ein)ritzen; skarifi'zieren; 2. *agr* grubbern; 3. *vit* ringförmig einschneiden

scarlatine [skarlatin] *f path* Scharlach *m*

scarlatiniforme [skarlatiniform] *adj path* scharlachähnlich, -artig

scarole [skarɔl] *f bot* Eskari'ol *m*

scatol(e) [skatɔl] *m chim* Ska'tol *n*

scatologique [skatɔlɔʒik] *adj st/s Witz etc* auf die Exkre'mente bezüglich, anspielend

sceau [so] *m* ⟨*pl* ⁓x⟩ 1. Siegel *n*; ⁓ **de l'État** Staatssiegel *n*; **garde** *m* **des** ♀ **x a)** (Titel des frz) Ju'stizminister(s) *m*; **b)** *hist* Siegelbewahrer *m*; **apposer, mettre son** ⁓ sein Siegel aufdrücken; **briser un** ⁓ ein Siegel erbrechen; 2. *fig* Zeichen *n*; Stempel *m*; **sous le** ⁓ **du secret** unter dem Siegel der Verschwiegenheit; *Werk* **porter le** ⁓ **du génie** den Stempel des Genies tragen

sceau-de-salomon [sodsalɔmɔ̃] *m* ⟨*pl* **sceaux-de-salomon**⟩ *bot* Weißwurz *f*; Salomonssiegel *n*

scéen [seɛ̃] *adj* ⟨⁓**ne**⟩ (*u subst* ♀ Einwohner) von Sceaux

scélérat [selera] *litt* **I** *adj* ruchlos; verrucht; niederträchtig; schändlich; **II** *m*

scélératesse [seleratɛs] *litt f* Ruchlosigkeit *f*; Niedertracht *f*; Schändlichkeit *f*

scellage [sɛlaʒ] *m tech cf* **scellement** l. **a)**

scellé [sele] *m jur* Amtssiegel *n*; gerichtliches Siegel; **bris** *m* **de** ⁓**s** Siegelbruch *m*; **apposer les** ⁓**s** die Siegel anbringen; gerichtlich, amtlich versiegeln (**sur** *acc*)

scellement [sɛlmɑ̃] *m* 1. *tech in e-e Wand etc* **a)** Einlassen *n*; *mit Gips* Eingipsen *n*; *mit Zement* Einzementieren *n*; *mit Kitt* Ein-, Verkitten *n*; **b)** Einlaßtiefe *f*; **avoir 10 cm de** ⁓ 10 cm tief eingelassen sein; 2. *e-r Gruft* Zumauern *n*; (Ver-)Schließen *n*

sceller [sele] *v/t* 1. *Urkunde, Schriftstück* siegeln; ein Siegel drücken auf (+*acc*); 2. *Brief, Behälter etc* versiegeln; 3. *Freundschaft, Pakt* besiegeln; 4. *tech Haken, Dübel etc in e-e Wand* einlassen; *mit Gips* eingipsen; *mit Zement* einzementieren; *mit Kitt* ein-, verkitten; *mit Blei* vergießen; *mit Mauerwerk* einmauern; 5. *Gruft* zumauern; (ver)schließen

scénar|io [senarjo] *m* 1. *cin* Drehbuch *n*; 2. *thé u allg* Handlungsablauf *m*, -schema *n*; **⁓iste** *m cin* Drehbuchautor *m*

scène [sɛn] *f* 1. *thé* Bühne *f* (*auch fig*); *fig* **la** ⁓ **politique** die politische Bühne; **tournante** Drehbühne *f*; **arc** *m* **de** ⁓ Bühnenöffnung *f*; **entrée** *f* **en** ⁓ Auftritt *m*; **metteur** *m* **en** ⁓ *thé, cin* Regis'seur *m*; *thé auch* Spielleiter *m*; **mise** *f* **en** ⁓ **a)** *thé* Insze'nierung *f*; Spielleitung *f*; *cin* Re'gie *f*; **b)** Darstellung *f* (*auf der Bühne*); *fig* **c'est de la mise en** ⁓ das ist alles nur Theater, Komödie; **faire, régler la mise en** ⁓ *thé* die Inszenierung machen; (die) Regie führen (*auch cin*); **à la** ⁓, **sur** ⁓ auf der Bühne; *Aufforderung des Regisseurs* **en** ⁓ *thé* Ihr Auftritt für die zweite Szene; **adapter pour la** ⁓ für die Bühne bearbeiten; **entrer, paraître en** ⁓, **paraître sur la** ⁓ auftreten; **être sur** ⁓ auf der Bühne stehen; **mettre en** ⁓ **a)** *thé* insze'nieren; Re'gie führen (qc bei etw) (*auch cin*); **b)** auf die Bühne bringen; auf der Bühne darstellen; **porter à la** ⁓ auf die Bühne bringen; **sortir de** ⁓ (von der Bühne) abgehen, abtreten; 2. *par ext* **a)** Bühnenbild *n*, -dekoration *f*; Szene'rie *f*; **la** ⁓ **représente un palais** die Szene, das Bühnenbild stellt e-n Palast dar; **b)** Schauplatz *m*; Ort *m* der Handlung; **la** ⁓ **est à Londres** der Schauplatz, der Ort der Handlung ist London; das Stück spielt in London; *d-r* Handlung *f*; **la** ⁓ **se passe au Moyen-Âge** die Handlung, das Stück spielt im Mittelalter; **d)** Bühnenkunst *f*; Bühne *f*; **les chefs-d'œuvre** *m/pl* **de la** ⁓ die Meisterwerke *n/pl* der Bühnenkunst; **vedette** *f* **de la** ⁓ **et de l'écran** Star *m* von Bühne und Film; **avoir une parfaite connaissance de la** ⁓ sich in der Bühnenkunst ausgezeichnet auskennen; 3. *thé Teil d-s Aktes* Auftritt *m*; Szene *f*; *e-s Films* Szene *f*; ⁓ **première** erste Szene; **acte III,** ⁓ **II** 3. Akt, 2. Szene *od* Auftritt; ⁓ **d'amour** Liebesszene *f*; 4. *allg* Szene *f* (*auch peint*); Ereignis *n*; Begebenheit *f*; *peint* ⁓ **de genre** Genrebild *n*; **être témoin d'une** ⁓ **bouleversante** Zeuge e-r erschütternden Szene sein; 5. Krach *m*; Szene *f*; ⁓ **de ménage** Ehekrach *m*; **avoir une** ⁓ **avec qn** mit j-m e-n heftigen Wortwechsel haben; **faire une** ⁓ **à qn** j-m e-e Szene machen

scenic railway [senikrɛlwɛ] *m auf dem Jahrmarkt* Berg-und-Tal-Bahn *f*; Achterbahn *f*

scénique [senik] *adj* 1. szenisch; Bühnen…; The'ater…; **art** *m* ⁓ Insze'nie-

rung(skunst) *f*; 2. bühnen-, the'atergemäß; bühnenwirksam; **situation** *f* ⁓ theatergemäße Situation

scénographie [senɔɡrafi] *f* 1. *peint* (Kunst *f der*) räumliche(n), perspek'tivische(n) Darstellung; 2. *thé* Wissenschaft *f*, Kunst *f* der Bühnenausstattung

scepticisme [sɛptisism(ə)] *m* 1. Skepsis *f*; skeptische Einstellung; **accueillir une information avec** ⁓ e-e Information mit Skepsis aufnehmen; 2. *philos* Skepti'zismus *m*

sceptique [sɛptik] **I** *adj Person, Haltung etc* skeptisch; 'mißtrauisch; ungläubig (*auch rel*); **être** ⁓ **sur l'issue de qc** in bezug auf den Ausgang e-r Sache skeptisch sein; *Nachricht etc* **laisser qn** ⁓ j-n skeptisch machen; **II** *m* Skeptiker *m* (*auch philos*)

sceptre [sɛptr(ə)] *m* Zepter *n*; Herrscherstab *m*

schah *cf* **chah**

schako *cf* **shako**

schappe [ʃap] *m u f text* Schappe *f*; Schappseide *f*

scheik *cf* **cheik(h)**

schelem *cf* **chelem**

schéma [ʃema] *m* sche'matische Darstellung; Schema *n*; Plan *m*; *élect* ⁓ **de connexion** Schaltbild *n*, -plan *m*; **dessiner, faire un** ⁓ eine schematische Darstellung zeichnen, anfertigen

schémat|ique [ʃematik] *adj* 1. *Zeichnung, Darstellung* sche'matisch; 2. *péj Erläuterung, Auffassung (zu, rein)* sche'matisch; **⁓isation** *f* Schemati'sierung *f*

schémat|iser [ʃematize] *v/t* 1. sche'matisch darstellen; in ein Schema bringen; schemati'sieren; 2. *oft péj* sche'matisch behandeln; (zu sehr) vereinfachen; **⁓isme** *m meist péj* Schema'tismus *m*

schème [ʃɛm] *m bes philos* Schema *n*; *Kant* ⁓ **transcendantal** transzendentales Schema

scherzo [skɛrdzo, -tso] *m mus* Scherzo ['sk-] *n*

schilling [ʃiliŋ] *m österr Währungseinheit* Schilling *m*

schismatique [ʃismatik] *rel* **I** *adj* schis'matisch; **II** *m* Schis'matiker *m*

schisme [ʃism(ə)] *m* 1. *rel* Schisma *n*; Kirchenspaltung *f*; *hist*: **le grand** ⁓ **d'Occident** das große abendländische Schisma; **le** ⁓ **d'Orient** das morgenländische Schisma; 2. *par ext e-r Partei etc* Spaltung *f*

schiste [ʃist] *m minér* Schiefer *m*; ⁓ **argileux, bitumineux, micacé** Ton-, Öl-, Glimmerschiefer *m*; **huile** *f* **de** ⁓ Schieferöl *n*

schisteux [ʃistø] *adj* ⟨-euse⟩ *minér* Schiefer…; schief(e)rig

schistocarpe [ʃistokarp] *adj bot* spaltfrüchtig; *sc* schizo'karp

schistoïde [ʃistoid] *adj minér* schieferartig; schief(e)rig

schistosité [ʃistozite] *f géol* Schieferung *f*; **plan** *m* **de** ⁓ Schieferungsfläche *f*

schizoïde [skizoid] *path* **I** *adj* schizo'id; **II** *m, f* schizo'ide Per'son

schizophrène [skizofrɛn] *path* **I** *adj* schizo'phren; **II** *m, f* Schizo'phrene(r) *f(m)*

schizophrénie [skizofreni] *f path* Schizophre'nie *f*

schlague [ʃlag] *f hist mil* Stockschläge *m/pl*; *fig* **mener qn à la** ⁓ j-n streng an die Kan'dare nehmen

schlamm [ʃlam] *m mines* **a)** Mine'ral-, **b)** Kohlenschlamm *m*

schlass [ʃlas, ʃlas] **I** P *adj* ⟨*inv*⟩ F besoffen; völlig blau; **II** *m* P (*couteau*) Messer *n*

Schleu(h) [ʃlø] *m cf* **chleuh** 2.

schlich [ʃlik] *m métall* (Erz)Schlich *m*

schlinguer [ʃlε̃ge] P *v/i* stinken wie die Pest

schlittage [ʃlitaʒ] *m in den Vogesen* Holztransport *m* ins Tal mit Schlitten

schlitt|e [ʃlit] *f* Holzschlitten *m*; **~er** *v/t Holz* auf Schlitten ins Tal schaffen

schnaps [ʃnaps] *m* Schnaps *m*

schnauzer [ʃnozœr, ʃnaw-] *m zo* Schnauzer *m*

schnock *od* **schnoque** [ʃnɔk] *m* F *vieux* ~ F alter Knacker

schnorchel [ʃnɔrkεl] *m beim U-Boot* Schnorchel *m*

schnouff [ʃnuf] *f arg* (*drogue*) Droge *f*; Rauschgift *n*; F Stoff *m*

scholiaste *cf* scoliaste

scholie *cf* scolie

schooner [ʃunœr, sku-] *m mar* Schooner *m*

schorl [ʃɔrl] *m minér* Schörl *m*

schorre [ʃɔr] *m géol* Schorre *f*; Abrasi'onsplatte *f*

schuss [ʃus] *m Skilaufen* Schußfahrt *f*; **descendre en ~** Schuß fahren

sciage [sjaʒ] *m tech von Holz, Stein, Metall* Sägen *n*; **bois** *m* **de ~** Schnittholz *n*

scialytique [sjalitik] *m* (*nom déposé*) *chir* Operati'onslampe *f*

sciatique [sjatik] **I** *adj anat* **grand nerf ~** Hüft-, Ischiasnerv *m*; *cf auch* échancrure 3.; **II** *f path* Ischias *m od n od* fachspr *f*

scie [si] *f* **1.** *tech* Säge *f* (*auch chir*); **~ alternative** Hubsäge *f*; **~ articulée** *od* **à chaîne** Kettensäge *f*; **~ circulaire** Kreissäge *f*; **~ mécanique** Ma'schinensäge *f*; Sägemaschine *f*; **~ à arc, à bois, à chantourner, à guichet, à métaux, à main, à refendre, à ruban** Baum-, Holz-, Schweif- *od* Deku'pier-, Stich-, Me'tall-, Hand-, Spann-, Bandsäge *f*; **~ de boucher** Knochen-, Fleischersäge *f*; **dents** *f/pl* **de ~** a) Sägezähne *m/pl*; b) *élect* Sägezahnverlauf *m* (*der Spannung*); *fig* **en dents de ~** gezackt, gezahnt, gezähnt (*wie e-e Säge*); sägeförmig; säge(zahn)ähnlich; *par ext* **in e-m** ständigen Auf und Ab; **trait** *m* **de ~** Sägestrich *m*, -schnitt *m*; **2.** *mus* **~ musicale** Singende Säge; **3.** *zo od adj* **poisson ~** Sägefisch *m*, -rochen *m*; **4.** *fig* abgedroschener Schlager; abgedroschenes Lied; Gassenhauer *m*; *auch* abgedroschene Redensart *f*; **5.** F *fig von e-r Person* F Nervensäge *f*

sciemment [sjamɑ̃] *adv* wissentlich

science [sjɑ̃s] *f* **1.** Wissenschaft *f*; Lehre *f* (*von ...*); **...kunde** *f*; **la ~** die Wissenschaft (*coll*); **les ~s** *pl* a) *allg* die Wissenschaften; b) *meist* die Na'turwissenschaften *f/pl*; **~s appliquées** angewandte Wissenschaften; **~s économiques** Wirtschaftswissenschaften *f/pl*; **~s exactes** exakte Wissenschaften; **~s expérimentales** a) experimentelle Wissenschaften; b) *in der Schule* (*Kurzform* **~s ex**) etwa naturwissenschaftlicher Zweig; **~s historiques** historische Wissenschaften; **~s humaines** Hu'manwissenschaften *f/pl*; **faculté** *f* **des lettres et des ~s humaines** philosophische Fakultät; **les ~s mathématiques, physiques** die (Wissenschaft der) Mathematik, Physik; **~s naturelles** Na'turwissenschaften *f/pl* (*im engeren Sinne*: *Zoologie, Botanik, Geologie, Mineralogie*); *als Schulfach* Biolo'gie *f*; *an Volksschulen* Na'turkunde *f*; **~s occultes** Geheimwissenschaften *f/pl*; okkulte Wissenschaften; **~s politiques** (*Kurzform* **~s po**) politische Wissenschaften; Politolo'gie *f*; *cf auch* politique[1] 1.; **~s sociales** Sozi'alwissenschaften *f/pl*; Gesellschaftswissenschaft(en) *f(pl)*, -lehre *f*; **~s et techniques** Naturwissenschaft und Technik; **faculté** *f* **des ~s** naturwissenschaftliche Fakultät; **le monde de la ~** die (gesamte) Wissenschaft; **dans l'état actuel de la ~** beim heutigen Stand der Wissenschaft; **la médecine est la ~ qui a pour objet ...** die Medizin ist die Wissenschaft *od* Lehre von ...; *par ext* **c'est toute une ~** das ist e-e ganze Wissenschaft (*für sich*); **2.** Wissen *n*; Kenntnis *f*; Erkenntnis *f*; *bibl* **l'arbre de la ~ du bien et du mal** der Baum der Erkenntnis; F **avoir la ~ infuse** *cf* infus

science-fiction [sjɑ̃sfiksjɔ̃] *f* Science-fiction [ˈsaiənsfikʃən] *f*; **film** *m* **de ~** Science-fiction-Film *m*

sciène [sjεn] *f zo* Umber-, Trommelfisch *m*; **~ aigle** Adlerfisch *m*

sciénidés [sjenide] *m/pl zo* Umber-, Trommelfische *m/pl*

scientifique [sjɑ̃tifik] **I** *adj* wissenschaftlich; Wissenschafts...; **congrès** *m* **~** wissenschaftlicher Kongreß; Kongreß *m* von Wissenschaftlern; **nom** *m*, **méthode** *f*, **recherche** *f*, **revue** *f*, **travail** *m* **~** wissenschaftliche Bezeichnung, Methode, Forschung, Zeitschrift, Arbeit; **II** *m, f* Wissenschaftler(in) *m(f)*; *par ext* na'turwissenschaftlich interes'sierter, gebildeter Mensch

scient|isme [sjɑ̃tism(ə)] *m philos* Wissenschaftsgläubigkeit *f*; **~iste** [~ist] *adj* wissenschaftsgläubig; **II** *m* Wissenschaftsgläubige(r) *m*

scier[1] [sje] *v/t* **1.** *Holz, Stein, Metall* (zer)sägen; *Ast etc* absägen; **2.** *par ext Riemen etc* einschneiden (**les épaules** in die Schultern); **3.** F *fig Nachricht etc* ~ **qn** F j-n (glatt) 'umhauen, 'umwerfen

scier[2] [sje] *v/i* rückwärts rudern

scierie [siri] *f* Sägewerk *n*, -mühle *f*; Säge'rei *f*

sci|eur [sjœr] *m* Säger *m*; Arbeiter *m* an der Säge(maschine); **~ de long** Schnittholzsäger *m*; **~euse** [~øz] *f tech* Sägemaschine *f*; Ma'schinensäge *f*

scille [sil] *f bot* Blaustern *m*; Szilla *f*

scincidés [sεside] *od* **scincoïdes** [sε̃kɔid] *m/pl zo* Wühl-, Glatt-, Walzenechsen *f/pl*; Skinke *m/pl*

scinder [sεde] **I** *v/t Partei etc* (auf)spalten; *Fragenkomplex* zerlegen; **II** *v/pr* **se ~** sich (auf)spalten (**en deux groupes** in zwei Gruppen [*acc*])

scinque [sε̃k] *m zo* Skink *m*

scinti|gramme [sε̃tigram] *m méd* Szinti'gramm *n*; **~graphie** *f méd* Szintigra'phie *f*

scintill|ant [sε̃tijɑ̃] *adj* glitzernd; flimmernd; funkelnd; schimmernd; **~ateur** *m phys atom* Szintil'lator *m*; **~ation** *f astr, phys atom* Szintillati'on *f*

scintillement [sε̃tijmɑ̃] *m* **1.** *der Sterne, von Diamanten etc* Funkeln *n*; Glitzern *n*; Flimmern *n*; Schimmern *n*; **2.** *télév* Flimmern *n*

scintiller [sε̃tije] *v/i Sterne, Diamanten etc* funkeln; glitzern; schimmern; *Sterne auch* flimmern

scintillogramme [sε̃tijɔgram] *m cf* scintigramme

scion [sjɔ̃] *m* **1.** *bot* Schößling *m*; Schoß *m*; **2.** *der Angelrute* Spitze *f*

sciotte [sjɔt] *f Stein-, Marmorsäge f*

scission [sisjɔ̃] *f* **1.** *e-r Partei etc* Spaltung *f*; **faire ~** *Gruppe* sich abspalten; *einzelner* sich trennen; abtrünnig werden; **2.** *phys, chim* Spaltung *f*; *biol* Teilung *f*

scissionniste [sisjɔnist] **I** *adj* die Spaltung betreibend; spalterisch; abtrünnig; **II** *m* Spalter *m*

scissi|pare [sisipar] *adj biol* sich durch Teilung fortpflanzend; **~parité** *f biol* Fortpflanzung *f* durch Teilung

scissure [sisyr] *f anat* Spalte *f*; Riß *m*; Furche *f*

sciure [sjyr] *f* **~ (de bois)** Sägemehl *n*

sciuridés [sjyride] *m/pl zo* Hörnchen *n/pl*

scléranthe [sklerɑ̃t] *m bot* Knäuel *m*

sclérème [sklerεm] *m path* Skle'rem *n*

sclérenchyme [sklerɑ̃ʃim] *m bot* Skleren'chym *n*; Festigungsgewebe *n*

sclér|eux [sklerø] *adj* (**~-euse**) *path* skle'rotisch; verhärtet; **~ite** *f path* Skle'ritis *f*; Lederhautentzündung *f*

scléro|dermie [sklerɔdεrmi] *f path* Skleroder'mie *f*; Darrsucht *f*; **~mètre** *m phys* Skle'ro'meter *m*; **~protéine** *f biol* Skleroprote'in *n*; Gerüsteiweiß *n*

sclérose [skleroz] *f* **1.** *path* Skle'rose *f*; **~ artérielle** Arterioskle'rose *f*; **~ en plaques** mul'tiple Skle'rose; **2.** *fig e-r Institution etc* Verknöcherung *f*; Verkalkung *f*; Erstarrung *f*

sclérosé [skleroze] *adj* **1.** *path* skle'rotisch; verhärtet; **2.** *fig* verknöchert; verkalkt; erstarrt

scléroser [skleroze] **I** *v/t méd Krampfader* veröden; **II** *v/pr* **se ~** **1.** *Gewebe, Organ* skle'rotisch werden; verhärten; an Skle'rose erkranken; **2.** *fig* verknöchern; verkalken; erstarren

sclérotique [sklerɔtik] *f anat* Lederhaut *f* (*des Auges*); *sc* Sklera *f*

scolaire [skɔlεr] *adj* Schul...; schulisch; **âge** *m* **~** schulpflichtiges Alter; **année** *f* **~** Schuljahr *n*; **bâtiment** *m* **~** Schulgebäude *n*; **carnet, livret** *m* **~** Zeugnis (-heft) *n*; **éducation** *f* **~** schulische Erziehung; Erziehung *f* in der Schule; **enseignement** *m* **~** Schulunterricht *m*; **fournitures** *f/pl* **~s** Schulbedarf *m*; Lernmittel *n/pl*; **programme** *m* **~** Lehrplan *m*; **obligation** *f* **~** Schulpflicht *f*; **succès** *m/pl* **~s** Erfolge *m/pl* in der Schule

scolarisable [skɔlarizabl(ə)] *adj* schulpflichtig, -reif

scolarisation [skɔlarizasjɔ̃] *f* **1.** *der Kinder* Beschulung *f*; *par ext* Einschulung *f*; **taux** *m* **de ~** Schulbesuchsquote *f*; **2.** Schaffung *f* von Schulen (**d'un pays** in e-m Land)

scolariser [skɔlarize] *v/t* **1.** *Kinder* beschulen; *par ext* einschulen; **2.** *Land* mit Schulen versehen, ausstatten

scolarité [skɔlarite] *f* **1.** Schulbesuch *m*; **années** *f/pl* **de ~** Schulzeit *f*; **certificat** *m* **de ~** Bescheinigung *f* über den regelmäßigen Schulbesuch; **taux** *m* **de ~** Schulbesuchsquote *f*; **2.** Schulzeit *f*; **~ obligatoire** Pflichtschulzeit *f*; **prolongation** *f* **de ~** Verlängerung *f* der Pflichtschulzeit

scolasticat [skɔlastika] *m égl cath* Scho'lasti'kat *n*

scolastique [skɔlastik] **I** *adj* **1.** *philos* scho'lastisch; **2.** *péj* schulmäßig; schulmeisterlich; spitzfindig; **II** *subst* **1.** *f philos* Scho'lastik *f*; **2.** *m philos* Scho'lastiker *m*; **3.** *m péj* Buchstabengelehrte(r) *m*; **4.** *m égl cath* Scho'lastiker *m*

scolex [skɔlεks] *m zo des Bandwurms* Skolex *m*

scoliaste [skɔljast] *m im Altertum* Scho'li'ast *m*

scolie [skɔli] *f antike Philologie* Scholie *f*; Scholion *n*; textkritische Anmerkung

scoliose [skɔljoz] *f path* Skoli'ose *f*; seitliche Verkrümmung der Wirbelsäule

scolopendre [skɔlɔpɑ̃dr(ə)] *f* **1.** *bot* Hirschzunge *f*; **2.** *zo* Bandassel *f*; Skolo'pender *m*

scolyte [skɔlit] *m zo* Splintkäfer *m*; **~ destructeur** Großer Ulmensplintkäfer

scolytidés [skɔlitide] *zo* Borkenkäfer *m/pl*

scombrésoce [skõbresɔs] *m zo* Ma'kre-
lenhecht *m*
scombridés [skõbride] *m/pl zo* Ma'kre-
lenartige(n) *pl*
sconse [skõs] *m Pelz* Skunk *m*
scooter [skutœr, -tɛr] *m* (Motor)Rol-
ler *m*
scootériste *od* **scooteriste** [skuterist]
m,f (Motor)Rollerfahrer(in) *m(f)*
scopolamine [skɔpɔlamin] *f chim,
phm* Scopola'min *n*
scopolia [skɔpɔlja] *m bot* Tollkraut *n*
scorbut [skɔrbyt] *m path* Skor'but *m;
~ique* *path* **I** *adj* Skor'but...; skor'bu-
tisch; **II** *m,f* Skor'butkranke(r) *f(m)*
score [skɔr] *m* **1.** *sports* (Spiel)Stand *m;* ~
final Endergebnis *n;* **2.** *pol* e-r Partei, e-s
Kandidaten Zahl *f* der erhaltenen Stim-
men
scoriacé [skɔrjase] *adj* schlackenartig
scorie [skɔri] *f* **1.** *tech* Schlacke *f;* ~s
phosphatées, de déphosphoration,
Thomas Thomasmehl *n,* -schlacke *f,*
-phosphat *n;* laine *f* de ~ Schlacken-,
Mine'ralwolle *f;* **2.** *géol* ~ (volcanique)
(vul'kanische) Schlacke
scorpène [skɔrpɛn] *f zo* Drachenkopf *m*
scorpion [skɔrpjõ] *m* **1.** *zo* Skorpi'on *m;*
~ d'eau, aquatique Wasserskorpion *m;*
Skorpionswanze *f;* ~ de mer *cf* scorpè-
ne; **2.** *astr* ♏ Skorpi'on *m*
scorsonère [skɔrsɔnɛr] *f bot* Schwarz-
wurzel *f*
scotch [skɔtʃ] *m* **1.** *Whisky* Scotch *m;* **2.**
(*nom déposé*) Tesafilm *m* (*Wz*); **~ter-
rier** *m* <*pl* scotch-terriers> *zo* Scotch-
terrier *m;* Schottischer Terrier
scotie [skɔti] *f arch* Trochilus *m*
scot|isme [skɔtism(ə)] *m philos* Sco'tis-
mus *m;* **~iste** *philos* **I** *adj* des Sco'tismus;
II *m* Sco'tist *m*
scout [skut] **I** *m* Pfadfinder *m;* **II** *adj*
<*scoute* [skut]>...; camp,
mouvement ~ Pfadfinderlager *n,* -be-
wegung *f;* **~isme** *m* Pfadfinderbewe-
gung *f*
scraper [skrapœr] *m tech* Schrapper *m*
scribe [skrib] *m* **1.** *hist* Schreiber *m;* **2.**
bibl Schriftgelehrte(r) *m;* **3.** *péj cf* scri-
bouillard
scribouillard [skribujar] F *péj m* Schrei-
berling *m;* Federfuchser *m*
script [skript] **1.** Blockschrift *f;* écrire
en ~ in Blockschrift schreiben; **2.** *m fin*
Scrip *m;* **3.** *m* Dreh-, Re'giebuch *n;* **4.** *f cf*
script-girl
script-girl [skriptgœrl] *f* <*pl* script-
-girls> cin Skriptgirl *od* Scriptgirl
['gœrl] *n*
scriptural [skriptyral] *adj* <-aux> *écon*
monnaie ~e Buch-, Bank-, Gi'ral-, De-
po'sitengeld *n*
scrofulaire [skrɔfylɛr] *f bot* Braunwurz
f; ~ noueuse Knotige Braunwurz
scrofulariacées [skrɔfylarjase] *f/pl bot*
Rachenblütler *m/pl*
scroful|e [skrɔfyl] *f path* Skrofu'lose *f;*
~eux *adj* <-euse> *path* skrofu'lös
scrotum [skrɔtɔm] *m anat* Hodensack
m; sc Skrotum *n*
scrubber [skrœbœr] *m tech* Skrubber
[-a-] *m*
scrupule [skrypyl] *m* Skrupel *m;* ~s *pl*
auch Bedenken *n/pl;* Gewissensbisse
m/pl auch Gewissenhaftigkeit *f;* peinli-
che Sorgfalt; ~s excessifs über'triebene
Skrupel, Bedenken; sans ~(s) skrupel-,
bedenken-, gewissenlos; avoir des ~
Skrupel, Bedenken haben; être dénué
de (tous) ~s keine Skrupel haben,
kennen; sich über alle Bedenken hinweg-
setzen; ce ne sont pas les ~s qui
l'étouffent er wird nicht gerade von
Gewissensbissen geplagt; se faire ~ de
qc wegen etw Bedenken tragen; vain-

cre ses ~s s-e Skrupel über'winden
scrupuleux [skrypylø] *adj* <-euse> ge-
wissenhaft; peinlich genau; soins *m/pl* ~
peinliche Sorgfalt
scrutateur [skrytatœr] **I** *adj* <-trice>
Blick, Miene forschend; **II** *m* Wahlhelfer
m; Stimmzähler *m*
scruter [skryte] *v/t* **1.** genau, eingehend
unter'suchen, erforschen, prüfen; F un-
ter die Lupe nehmen; **2.** *Horizont etc*
(mit den Augen) absuchen
scrutin [skrytẽ] *m* Abstimmung *f,* Wahl *f*
(durch Stimmzettel); ~ majoritaire,
proportionnel Mehrheits-, Verhältnis-
wahl *f;* ~ public, secret öffentliche *od*
offene, geheime Abstimmung; ~ à deux
tours Wahl mit zwei Wahlgängen, mit
(e-r) Stichwahl; ~ de ballottage, de
liste Stich-, Listenwahl *f;* dépouille-
ment *m* de ~ Stimm(enaus)zählung *f;*
mode *m* de ~ Wahlmodus *m;* Abstimm-
verfahren *n;* résultat *m* du ~ Wahler-
gebnis *n;* tour *m* de ~ Wahlgang *m;* par
voie de ~ durch e-e Abstimmung, Wahl
(*mit Stimmzetteln*); dépouiller le ~ die
Stimmen auszählen
scull [skœl, skyl] *m sports* Skullboot *n;*
Skuller *m*
sculpté [skylte] *adj* **1.** mit Skulp'turen,
Reli'efen verziert; *Möbel auch* mit Schnit-
ze'reien verziert; ~ 2. *Bildwerk* in Stein
gehauen *bzw* (in *Holz, Elfenbein*) ge-
schnitzt
sculpter [skylte] *v/t* a) *Statue etc* in Stein
bzw Marmor hauen; aushauen; (aus-)
meißeln; in *Holz, Elfenbein* schnitzen;
b) *Steinblock* behauen; *par ext Gegen-
stand* mit Schnitze'reien verzieren; c) *abs*
sich als Bildhauer betätigen; F bild-
hauern
sculpteur [skyltœr] *m* Bildhauer *m;*
femme *f* ~ Bildhauerin *f;* ~ sur bois
(Holz)Schnitzer *m;* Holzbildhauer *m*
sculptural [skyltyral] *adj* <-aux> **1.**
bildhauerisch; Bildhauer...; art ~ Bild-
hauerkunst *f;* Bildhaue'rei *f;* **2.** *fig* von
klassischer Schönheit; *Schönheit* makel-
los; voll'endet
sculpture [skyltyr] *f* **1.** Bildhaue'rei *f;*
Bildhauerkunst *f;* Skulp'tur *f;* ~ en bas-
-relief, en 'haut-relief Bildhauerei in
Flach-, Hochrelief; ~ sur bois Holz-
schnitze'rei *f;* ~ sur ivoire Elfenbein-
schnitzerei *f;* chef-d'œuvre *m* de la ~
Meisterwerk *n* der Bildhauerkunst; **2.**
Skulp'tur *f;* Plastik *f;* Bildhauerarbeit
f; ~ (sur bois) Schnitzarbeit *f,* -werk *n;*
Schnitze'rei *f; allg auch* Bildwerk *n;* une
~ grecque e-e griechische Skulptur;
tailler une ~ e-e Skulptur in Stein hauen
scutellaire [skytɛl(l)ɛr] *f bot* Helm-
kraut *n*
scypho|méduses [sifomedyz] *f/pl od*
~zoaires [-zɔer] *m/pl zo* Scheiben-,
Schirmquallen *f/pl; sc* Scyphomedusen
f/pl, -'zoen *n/pl*
scythe [sit] *Antike* **I** *adj* skythisch; **II** *m/pl*
♀s Skythen *m/pl*
scythique [sitik] *adj cf* scythe I
se [s(ə)] <*vor Vokal und stummem h* s'>
pr/pers der 3. *pers sg u pl* <*stets als obj/dir
od obj/indir mit e-m Verbum verbunden*>
1. *reflexiv* sich (*acc u dat*); ~ blesser au
doigt sich am Finger verletzen; il ne ~
l'est pas fait dire deux fois er hat es
sich nicht zweimal sagen lassen; il ~ lave
les mains er wäscht sich die Hände; **2.**
reziprok sich (gegenseitig); ein'ander;
s'entraider sich gegenseitig helfen; ein-
ander helfen; ~ nuire sich (gegenseitig)
schaden; ~ mentir sich ansehen; **3.**
passivisch cela ne ~ fait pas das tut man
nicht; ce plat ~ mange froid dieses
Gericht wird kalt gegessen; **4.** *in man-
chen v/pr unübersetzt* s'en aller wegge-

hen; **s'évanouir** in Ohnmacht fallen
sealskin [silskin] *m text* Sealskin ['zi:l-
skin] *m od n*
séance [seãs] *f* **1.** e-s Gremiums Sitzung *f;*
~ extraordinaire Sondersitzung *f,*
außerordentliche Sitzung; ~ plénière
Ple'narsitzung *f;* ~ publique öffentliche
Sitzung; ~ du conseil municipal, du
Parlement Stadtrats-, Parla'ments-
sitzung *f;* ~ de travail Arbeitssitzung *f;*
loc/adv fig ~ tenante auf der Stelle;
so'fort; être en ~, tenir ~ e-e Sitzung
abhalten; tagen; ouvrir ~, clore *od* le-
ver, suspendre une ~ e-e Sitzung
eröffnen, schließen *od* aufheben, unter-
'brechen; *Vorsitzender:* la ~ est ouverte
od je déclare la ~ ouverte die Sitzung
ist eröffnet; ich eröffne (hiermit) die
Sitzung; ich erkläre die Sitzung für
eröffnet; la ~ est levée die Sitzung
ist geschlossen; **2.** faire e-m *Maler* Sit-
zung *f;* faire un portrait en trois ~s
ein Porträt in drei Sitzungen malen; **3.**
par ext ~ d'entraînement, de gym-
nastique Übungs-, Gym'nastikstunde
f; cout ~ d'essayage Anprobe *f;* beim
Arzt ~ de rayons Bestrahlung *f;* ~ de
vaccination Impftermin *m;* Impfung *f;*
4. *im Kino etc* Vorstellung *f;* par ext
Darbietung *f;* ~ musicale musikalische
Darbietung; ~ privée geschlossene Vor-
stellung; nichtöffentliche, private Film-
vorführung; ~ récréative unter'hal-
tende Darbietung (*meist für Kinder*); F
fig il nous a fait une de ces ~s er hat
mal wieder e-e Szene, F ein Theater
gemacht
séant [seã] **I** *m nur loc* se dresser sur
son ~ sich aufsetzen, aufrichten; sich
aufrecht setzen; **II** *adj litt cf* bienséant *u*
seyant
seau [so] *m* <*pl* ~x> Eimer *m;* Kübel *m;* ~
à champagne Sektkübel *m;* ~ à char-
bon, à eau, à ordures Kohlen-, Was-
ser-, Abfalleimer *m;* par ext un ~ de
charbon, d'eau ein Eimer (voll) Kohle,
Wasser; ~ d'enfant Spiel-, Sandeimer
(-chen) *m(n);* ~ en fer-blanc, en plasti-
que Blech-, Plastikeimer *m; fig* il pleut
à ~x es regnet, gießt in Strömen, F wie
mit *od* aus Kübeln, Eimern
sébacé [sebase] *adj physiol* Talg...; glan-
des ~es Talgdrüsen *f/pl; path* kyste ~
Grützbeutel *m;* Balggeschwulst *f;* ma-
tière ~e *cf* sébum
sébacique [sebasik] *adj chim* acide *m* ~
Seba'cinsäure *f*
sébaste [sebast] *m zo* Rot-, Gold-
barsch *m*
sébile [sebil] *f* Holzschale *f; Bettler*
tendre sa ~ s-e Almosenschale hinhal-
ten
sebk(h)a [sɛbka] *f géogr* in der Sahara
Sebcha *f*
séborrhée [sebore] *f méd* Sebor'rhö(e) *f*
sébum [sebɔm] *m physiol* (Haut)Talg *m;
sc* Sebum *n*
sec [sɛk] **I** *adj* <sèche [sɛʃ]> **1.** *Boden,
Klima, Luft, Wetter, Jahreszeit, Farbe,
Wäsche, Brot etc* trocken; *Boden auch*
ausgetrocknet; *Haut, Haar auch* spröde;
Ast, Blatt dürr; *Lebensmittel* getrocknet;
Früchte auch gedörrt; *mar* cale sèche
Trockendock *n;* ~ trockene Kälte;
fruits ~s *auch* Back-, Dörr-, Trocken-
obst *n;* gâteaux ~s Teegebäck *n;* légu-
mes ~s Hülsenfrüchte *f/pl;* orage ~
Gewitter *n* ohne Regen; panne sèche *cf*
panne[1]; *élect* pile sèche Trockenele-
ment *n;* (Trocken)Batte'rie *f;* pointe
sèche *cf* pointe **4.;** raisins ~s Ro'sinen
f/pl; élect redresseur ~ Trockengleich-
richter *m; path* toux sèche trockener
Husten; *tech* vapeur sèche Trocken-
dampf *m;* trockengesättigter Dampf;

viande sèche Dörr-, Trockenfleisch n; ♦ *loc/adj* à ~ Trocken...; *Wasserlauf, Brunnen* ausgetrocknet; **maçonnerie** f à ~, **de pierre sèches** Trockenmauerwerk n; **nettoyage** m à ~ chemische Reinigung; Trockenreinigung f, -wäsche f; *mar* **courir à ~** (de toile) lenzen; F *fig* **être, se trouver à ~** F auf dem trock(e)nen sitzen; blank sein; *Sumpf, Teich* **mettre à ~** trockenlegen; *Teich auch* ablassen; **nettoyer à ~** chemisch, trocken reinigen; *loc/adv* **à pied ~** trockenen Fußes; ♦ **j'ai la gorge sèche** mir klebt die Zunge am Gaumen; **avoir le gosier ~ e-e** trockene, ausgetrocknete Kehle haben; **avoir les mains sèches** trockene Hände haben; F *fig* **n'avoir plus un poil de ~** in Schweiß gebadet, schweißgebadet sein; *fig* **être au régime ~** keinen Alkohol trinken dürfen; **il fait ~** es ist trocken; **mettre qn au pain ~** j-n auf trocken Brot setzen; 2. *fig Stil, Buch* trocken; ledern; *Wein* trocken; herb; *Geräusch, Schlag* kurz (und heftig); *Spiel* **partie sèche** Partie f ohne Revanche; **perte sèche** reiner, glatter Verlust; F **en cinq ~** im Handumdrehen; im Nu; F **l'avoir ~** enttäuscht, niedergeschlagen, betroffen sein; *Kartenspiel* **avoir l'as ~** das As blank haben; 3. *fig Person* dürr; hager; mager; 4. *fig Wesen, Antwort etc* schroff; barsch (*beide auch Stimme*); abweisend; kalt; gefühllos; **un cœur ~** ein hartes Herz; ein Herz von Stein; **avoir des manières sèches** e-e schroffe Art haben; **parler à qn sur un ton ~** zu j-m in e-m schroffen, barschen, scharfen Ton sprechen; **regarder qc d'un œil ~** etw ohne Rührung mit ansehen; II *adv* kräftig; heftig; *bremsen, fahren* scharf; **boire ~** viel (Alkohol) vertragen können; F **e-n ordentlichen Stiefel vertragen**; e-e ausgepichte Kehle haben; **démarrer ~** mit e-m Ruck an-, losfahren; **frapper ~** kräftig zuschlagen; *loc/adv* P **aussi ~** plötzlich (anschließend); so'fort; auf der Stelle; III *m* 1. **au ~** im Trock(e)nen; **tenir qc au ~** etw trocken *od* im Trock(e)nen aufbewahren; 2. *agr* Trockenfutter *n*

SECAM [sekam] *télév m* ~ *od adit* **système** *m* ~ SECAM-System n;

sécant [sekã] I *adj math* schneidend; II *subst* ~e f 1. *Geometrie* Se'kante f; 2. *Trigonometrie* Sekans m

sécateur [sekatœr] *m jard* Garten-, Baumschere f; ~ **à 'haie** Heckenschere f; *cuis* ~ **à volaille** Geflügelschere f

sécession [sesesjõ] f 1. *pol* Spaltung f; (Ab)Trennung f; Loslösung f; Abfall m; Sezessi'on f; *hist* **la guerre f de ⚹ der** Sezessionskrieg; **faire ~** sich abtrennen, abspalten; abfallen

sécessionniste [sesesjɔnist] *pol* I *adj* sezessio'nistisch; II *m* Sezessio'nist m (*auch hist USA*)

séchage [seʃaʒ] *m* Trocknen n; *tech auch* Trocknung f; ~ **à l'air libre, par l'air chaud** Trocknen an der (frischen) Luft, durch Warmluftzufuhr; *tech* **chambre f de ~** Trockenkammer f

sèche [sɛʃ] f F Glimmstengel m

sèche|-cheveux [seʃʃəvø] *m* ⟨*inv*⟩ Fön *m* (*Wz*); Haartrockner *m*; **~-linge** *m* ⟨*inv*⟩ Wäschetrockner *m*; Trockenautomat *m*

sèchement [sɛʃmã] *adv antworten etc* schroff; barsch; kalt; unfreundlich

sécher [seʃe] ⟨-è-⟩ I *v/t* 1. *Haare, Kleider etc* trocknen; *Kälte: Haut, Hitze: Fluß* austrocknen; 2. *Früchte, Fleisch* dörren; trocknen; *adit:* **fleurs séchées** gepreßte Blumen f/pl; **fruits séchés** Back-, Dörr-, Trockenobst n; **poisson séché** getrockneter Fisch; Trockenfisch m; 3.

Schülersprache schwänzen; ~ **un cours** e-e Stunde schwänzen; II *v/i* 4. *Wäsche, Farbe etc* trocknen; trocken werden; *Teich, Boden, Neubau* austrocknen; *nasse Straße* abtrocknen; *Tinte, Farbrest* eintrocknen; **faire ~, mettre à ~ du linge** Wäsche trocknen lassen, zum Trocknen aufhängen; 5. *Früchte, Blumen* (*Pflanze auch ~ sur pied*) verdorren; vertrocknen; *fig Person* ~ **sur pied** verkümmern; 6. *Schülersprache* die Antwort nicht wissen; nichts wissen (**en histoire** in Geschichte); III *v/pr* **se ~** sich (ab)trocknen; **se ~ avec une serviette** sich mit e-m Handtuch abtrocknen; **se ~ devant le feu** sich am Feuer trocknen

sécheresse [seʃrɛs] f 1. Trockenheit f (*auch fig des Stils etc*); Dürre f; **période f de ~** Dürreperiode f; 2. *fig e-r Person* Schroffheit f; Barschheit f; Unfreundlichkeit f; (Gefühls)Kälte f; Gefühllosigkeit f

sécherie [seʃri] f *tech* Trocken-, Trocknungsanlage f; Trockner m; *agr auch* Darre f

sécheur [seʃœr] *m tech* Trockenapparat *m*; Trockner *m*; ~ **de vapeur** Dampftrockner *m*

séchoir [seʃwar] *m* 1. *im Haushalt* Wäschetrockner *m* (*Gestell*); *auch* Trockenraum *m*; ~ **à air chaud** Heißlufttrockner *m*, -dusche f, -gerät *n*; ~ **à cheveux** Trockenhaube f; 3. *tech* Trockenanlage f, -ofen *m*, -kammer f

second [s(ə)gõ] I *adj/num/o* ⟨**seconde** [s(ə)gõd]⟩ *in e-r Reihen- od Rangfolge* zweite(r, -s); *math* à ~e (geschrieben a[ll]) a zwei Strich; *philos* **cause ~e** Zweitursache f; **chapitre ~ od ~ chapitre** zweites Kapitel; Kapitel zwei; *hist* **le ~ Empire** das Zweite Kaiserreich; *psych* **état ~** Bewußtseinstrübung f; **être dans un état ~** e-e Bewußtseinstrübung haben; **la 2e Guerre mondiale** der Zweite Weltkrieg; **~e jeunesse** zweite Jugend; Jo'hannistrieb m; *mar* ~ **maître de deuxième classe, de première classe** *etwa* Maat m, Bootsmann m; **la ~e moitié** die zweite Hälfte; *gr* **la ~e personne du singulier** die zweite Person Einzahl; ~ **plan** *cf* plan[1] II 2.; *mus* ~ **ténor, violon** zweiter Tenor, zweite Geige; *comm* ~ **vendeur** zweiter Verkäufer; *loc/adj:* **Artikel de ~ choix** zweiter Wahl, Güte; zweitklassig; *Fahrkarte* **de ~e classe** zweiter Klasse; **de ~e main** aus zweiter Hand (*auch loc/adv*); **de ~ ordre** zweitrangig; *loc/adv* **en ~ lieu** an zweiter Stelle; in zweiter Linie; sekun'där; **épouser qn en ~es noces** j-n in zweiter Ehe heiraten; **obtenir le ~ prix** den zweiten Preis bekommen; **prendre la ~e rue à gauche** die zweite Straße links gehen *bzw* fahren; in die zweite Straße links einbiegen; II *subst* 1. **le ~, la ~e** der, die, das zweite (*der Reihe nach*) *bzw* der, die, das Zweite (*der Leistung od dem Rang nach*); zurückweisend *auch* der, die, das letzte; letztere(r, -s); *cf auch* premier II 1.; **la ~e des filles de ...** die zweite der Töchter von ...; **être le ~ de sa classe** s-r Klasse sein; 2. *m* zweiter Stock; zweites Stockwerk; zweite E'tage; **habiter au ~** im zweiten Stock, zwei Treppen hoch wohnen; 3. *m* Stellvertreter *m* (*des Chefs*); Assi'stent *m*; *mar* **le ~ od mar mil l'officier m, ~** der Erste Offizier (*abr* I.O.); 4. *bei e-r Scharade* **mon ~ est un ordre de** zweite Silbe, das zweite, der zweite Teil ...; 5. f **~e Schule** fünfte Klasse im Gym'nasium; *etwa* (Unter- *bzw* Ober)Se'kunda f; 6. f **~e ch de fer** zweite Klasse; **billet m de ~e**

Fahrkarte f zweiter Klasse; **voyager en ~e** zweiter Klasse reisen, fahren; 7. f ~e *impr* zweiter Fahnenabzug m; **corriger, lire en ~e** die zweite Korrek'tur lesen; 8. f ~e *auto* zweiter Gang; **passer en ~e** in den zweiten (Gang) schalten; *cf auch* seconde

secondaire [s(ə)gõdɛr] *adj* 1. Neben...; nebensächlich; sekun'där, Sekun'där... (*auch méd, sc, tech*); zweitrangig; 'untergeordnet; **effets** *m/pl* ~s Nebenwirkungen *f/pl*; *phys* **émission f ~** Sekun'däremission f, -effekt *m*; *élect* **enroulement** *m* ~ *od subst* ~ *m* Sekun'därwicklung f; **événement** *m* ~ nebensächliches Ereignis; **personnage** *m*, **rôle** *m* ~ Nebenperson f, -rolle f; *astr* **planètes** *f/pl* ~s Monde *m/pl*; 2. **écoles** *f/pl* ~s höhere Schulen *f/pl*; Gym'nasien *n/pl*; **enseignement** *m* ~ *od subst* ~ *m* a) höheres Schulwesen; b) 'Unterricht *m* an höheren Schulen, Gymnasien; Gymnasi'alunterricht *m*; **professeur** *m* **du ~** *etwa* Studienrat *m*; **études** *f/pl* ~s *cf* étude 1. c); 3. *écon* **secteur** *m* ~ *od subst* ~ *m cf* secteur 4.; 4. *géol* **ère** *f* ~ *od subst* ~ *m* Meso'zoikum *n*; Erdmittelalter *n*

seconde [s(ə)gõd] f 1. *Zeiteinheit* Se'kunde f; **aiguille f des ~s** Sekundenzeiger *m*; **vitesse f par ~** Geschwindigkeit f pro Sekunde; **à la ~** in der, pro Sekunde; **en une fraction de ~** im Bruchteil e-r Sekunde; 2. *par ext* Augenblick *m*; Mo'ment *m*; Se'kunde f; **une ~!** e-e Sekunde, e-n Augenblick, Moment (noch)!; **une ~ encore ...** noch e-n Moment ...; **dans, en une ~** gleich; in e-r Sekunde; 3. *Geometrie* Se'kunde f; 4. *mus* Se'kunde f; 5. *esc* Se'kond(hieb) f(*m*); *cf auch* second II 1., 5., 6., 7., 8.

secondement [s(ə)gõdmã] *adv selten* zweitens

seconder [s(ə)gõde] *v/t* 1. ~ **qn** j-n unter'stützen; j-m helfen, zur Hand gehen, assi'stieren (*bes méd*); 2. *fig Vorhaben etc* unter'stützen; begünstigen; fördern; **être secondé par les circonstances** durch die 'Umstände begünstigt werden

secouer [s(ə)kwe] I *v/t* 1. *Kopf, Baum* schütteln; *Teppich, Decke* ausschütteln; *Staub, Schnee* abschütteln; *Person* schütteln; rütteln; beuteln; *Sturm* ~ **une barque** e-n Kahn hin und her schütteln; ~ **la porte** an der Tür rütteln; ~ **la salade** e-n Salat (zum Abtropfen) schütteln; ~ **qn pour le réveiller** j-n wachrütteln; **être secoué sur un bateau, dans une voiture** auf e-m Schiff, in e-m Auto hin und her geschüttelt, 'durchgerüttelt, -geschüttelt werden; 2. *fig Joch, Fremdherrschaft* abwerfen; *Trägheit, Gleichgültigkeit* abstreifen; 3. F ~ **qn** j-n antreiben, F auf Trab bringen; F ~ **les puces à qn** *cf* puce 1.; 4. *Staat, Gesellschaft* erschüttern; *Krankheit, Operation etc* ~ **qn** j-n angreifen, mitnehmen; *schlechte Nachricht auch* j-n erschüttern; II *v/pr* **se ~** 5. *Hund etc* sich schütteln; 6. F *Person* sich rühren; **secoue-toi!** rühr dich!; tu was!

secoueur [s(ə)kwœr] *m agr* ~ (de paille) (Stroh)Schüttler *m*

secourable [s(ə)kurabl(ə)] *adj* hilfreich; hilfsbereit; **tendre à qn une main ~** j-m e-e hilfreiche Hand bieten, reichen

secourir [s(ə)kurir] *v/t* ⟨*cf* courir⟩ zu Hilfe kommen, helfen, Hilfe leisten (**qn** j-m); *Notleidende auch* unter'stützen

secour|isme [s(ə)kurism(ə)] *m* Erste Hilfe; **~iste** m Helfer(in) *m(f)*; Mitglied m e-r Hilfsorganisation; *auch* in Erster Hilfe Ausgebildete(r) *f(m)*

secours [s(ə)kur] *m* 1. Hilfe f; Hilfeleistung f; **premiers ~** Erste Hilfe (**aux**

blessés für Verletzte); ~ d'urgence Hilfe in Notfällen; ~ en montagne a) Bergrettung f; b) Bergwacht f; **éclairage m de** ~ Notbeleuchtung f; **équipe f de** ~ Hilfs-, Rettungsmannschaft f; **issue f, porte f, sortie f de** ~ Notausgang m; **poste m de** ~ a) Unfallstation f; Rettungsstelle f; b) *mil* Truppenverband(s)platz m; *auto* **roue f de** ~ Re'serve-, Ersatzrad n; *ch de fer* **train m de** ~ Hilfszug m; **au** ~! Hilfe!; **aller, (ac-) courir, se porter, venir au** ~ **de qn** j-m zu Hilfe eilen, kommen; **appeler au** ~ um Hilfe rufen; **appeler qn à son** ~ j-n zu Hilfe rufen; **être d'un grand** ~ **(pour qn)** (j-m) e-e große Hilfe sein; *Sache auch* sehr hilfreich sein; **laisser qn sans** ~ j-m keine Hilfe leisten; **porter, prêter** ~ **à qn** j-m Hilfe bringen, leisten; j-m helfen; **2.** *materielle, financielle* Unter'stützung, Hilfe; *pl* Hilfsgüter *n/pl*; ~ **aux indigents, aux sans- -abri** Unterstützung, Hilfe für Bedürftige, für Obdachlose; **3.** *mil* Entsatz *m*; *par ext* Entsatz-, Hilfstruppe f; **4.** *rel* Beistand *m*

secousse [s(ə)kus] f **1.** Stoß *m*; Ruck *m*; ~ **sismique, tellurique** Erdstoß *m*; **2.** *fig* Schlag *m*; Schock *m*; **ça a été pour lui une terrible** ~ das war ein harter Schlag, ein furchtbarer Schock für ihn; **3.** F *fig* **il n'en fiche pas une** ~ er tut keinen Handschlag, F macht keinen Finger krumm

secret¹ [səkrɛ] *adj* ⟨**secrète** [səkrɛt]⟩ geheim; Geheim…; verborgen; **agent, code, ordre, tiroir** ~ Geheimagent *m*, -code *m*, -befehl *m*, -fach *n*; **arme, association, diplomatie, police, porte secrète** Geheimwaffe f, -bund *m*, -diplomatie f, -polizei f, -tür f; **une secrète envie** ein geheimes Verlangen; *fin* **fonds** ~**s** Geheim-, Rep'tilienfonds *m*; **service** ~ Geheimdienst *m*; **garder, tenir une chose secrète** e-e Sache geheimhalten

secret² [səkrɛ] *m* **1.** Geheimnis *n*; *auch* Geheimhaltung f; ~ **professionnel** Berufsgeheimnis *n*; *der Ärzte, Anwälte etc* Schweigepflicht f; ~ **de la confession, des correspondances** *od* **des lettres, d'État, de fabrication** *od* **de fabrique** Beicht-, Brief-, Staats-, Fabrikati'ons- *od* Fa'brikgeheimnis *n*; **les** ~**s de la nature** die Geheimnisse der Natur; **le** ~ **de Polichinelle** *cf* polichinelle **1.**; *par ext* **le** ~ **du son succès** das Geheimnis s-s Erfolgs; **cadenas** *m* **à** ~ Kombinati'onsschloß *n*; *loc/adv* **dans le plus grand** ~ unter strengster Geheimhaltung; in größter Heimlichkeit; **en** ~ heimlich; insge'heim; **sous le sceau du** ~ unter dem Siegel der Verschwiegenheit; **avoir le** ~ **de qc** a) hinter das Geheimnis e-r Sache gekommen sein; b) *par ext* etw sicher beherrschen; sich ausgezeichnet auf etw *(acc)* verstehen; **ne pas avoir de** ~**s pour qn** vor j-m keine Geheimnisse haben; **confier un** ~ **à qn** j-m ein Geheimnis anvertrauen; **connaître le** ~ **d'un coffre-fort** die Zahlenkombination e-s Tresors kennen; **c'est un** *od* **mon** ~ das ist *od* mein Geheimnis; **ce n'est un** ~ **pour personne** das ist ein offenes Geheimnis; das pfeifen die Spatzen von den Dächern; **c'est là (qu'est) tout le** ~ darin liegt das ganze Geheimnis; **être dans le** ~ (in das Geheimnis) eingeweiht sein; **ne pas être dans le** ~ **des dieux** nicht zu den Eingeweihten gehören; **exiger le** ~ Geheimhaltung fordern; **faire un** ~ **de qc** aus etw ein Geheimnis machen; **garder un** ~ ein Geheimnis (be)wahren, hüten; für sich behalten; **garder le** ~ **sur qc**

etw geheimhalten; **jurer de garder un** ~, **jurer le** ~ Verschwiegenheit geloben; **mettre qn dans le** ~ j-n (in das Geheimnis) einweihen; **il m'a promis le** ~ er hat mir versprochen, nichts zu sagen, zu verraten; **2.** *jur* Verschärfung der Untersuchungshaft **mise f au** ~ strenge Iso'lierung

secrétaire [s(ə)krɛtɛr] **1.** *m,f* Sekre-'tär(in) *m(f)*; ~ **commerciale** Handelskorrespondentin f; ~ f **comptable** Buchhalterin f; ~ **médicale** Arzthelferin f; Sprechstundenhilfe f; ~ **particulier** Pri'vatsekretär *m*; ~ f **sténodactylo** Stenoty'pistin f; ~ f **de direction** Chef-, Direkti'onssekretärin f; **2.** *m pol* Sekre-'tär *m*; *e-r Organisation* ~ **général** Gene'ralsekretär *m (auch der UN)*; *cf auch* **4.**; ~ **d'État** a) Staatssekretär *m*; b) *in den USA* Außenminister *m*; c) *beim Vatikan* **(cardinal)** ~ **d'État** (Kardi'nal)Staatssekretär *m*; *in Großbritannien* ~ **d'État aux Affaires étrangères** Außenminister *m*; ~ **d'État aux universités** Staatssekretär *m* für das Universitätswesen; **premier** ~ **du parti** erster Par'teisekretär; *hist* ~ **du Roi** Minister *m* unter den König; **3.** *m e-r Versammlung* Schrift-, Proto'kollführer *m*; **4.** *m adm in Frankreich:* ~ **général** *etwa* Staatssekretär *m*; ~ **général de préfecture** *etwa* 'Unterpräfekt *m*; *dipl* ~ **d'ambassade** *etwa* Legati'onsrat *m*; ~ **de mairie** *etwa* Stadtdirektor *m*; **5.** *m* ~ **de rédaction** Assi'stent *m* des Chefredakteurs; **6.** *m zo* Sekre'tär *m*; **7.** *m* Sekre'tär *m*; Schreibschrank *m*

secrétairerie [s(ə)krɛtɛrri] f beim Vatikan ~ **d'État** Staatssekreta'rie f; Päpstliche Sekreta'rie

secrétariat [s(ə)krɛtarja] *m* **1.** Sekretari'at *n*; Kanz'lei f; Geschäftsstelle f; *auch* Vorzimmer *n*; ~ **général** Gene'ralsekretariat *m*; ~ **d'État** Staatssekretariat *m*; *Aufschrift* **s'adresser au** ~ nähere Auskünfte erteilt das Sekretariat; **2.** a) Amt *n*, Amtszeit f e-s Sekre'tärs; b) Beruf *m* e-r Sekre'tärin; Tätigkeit f als Sekre'tärin; ~ **médical** Beruf *m* der Arzthelferin; **école f de** ~ Sekre'tärinnenschule f

secrète [səkrɛt] f **1.** *rel cath* Se'kret f; **2.** F *(police* ~*)* Geheimpolizei f

secrètement [səkrɛtmã] *adv* a) heimlich; **quitter** ~ **un pays** ein Land heimlich verlassen; b) insge'heim; im stillen; **désirer qc** ~ sich im stillen etw wünschen

sécréter [sekrete] *v/t* ⟨**-è-**⟩ **1.** *physiol* absondern; *méd auch* sezer'nieren; **2.** *fig* nach sich ziehen; auslösen; *Langeweile* verbreiten

sécrét|eur [sekretœr] *adj* ⟨**-euse** *od* **-trice**⟩ *physiol* sekre'torisch; Sekreti'ons…; ~**ine** f *physiol* Sekre'tin *n*

sécrétion [sekresjõ] f **1.** *physiol* Sekreti'on f; Absonderung f; ~ **externe** *od* **exocrine, interne** *od* **endocrine** äußere, innere Sekretion; ~ **salivaire, du suc gastrique** Speichel-, Magensaftsekretion f; *bot* ~ **de la résine** Harzabsonderung f; **2.** Se'kret *n*; ~**s végétales** pflanzliche Sekrete

sécrétoire [sekretwar] *adj physiol* Sekreti'ons…; sekre'torisch; **troubles** *m/pl* ~**s** Sekretionsstörungen *f/pl*

sectaire [sɛktɛr] *I m* **1.** *rel* Sek'tierer *m*; **2.** *fig* engstirniger Fa'natiker; *II adj* **1.** *rel* sek'tiererisch; **2.** *fig* fa'natisch; intolerant; engstirnig

sectarisme [sɛktarism(ə)] *m rel u fig* Sek'tierertum *n*

secte [sɛkt] f **1.** *rel* Sekte f; **2.** *fig u péj* Clique f; Klüngel *m*

secteur [sɛktœr] *m* **1.** *math* Sektor *m*; Ausschnitt *m*; ~ **circulaire** *od* **de cer-**

cle, ~ **sphérique** Kreis-, Kugelausschnitt *m*; **2.** *adm* Bezirk *m*; *bes in Berlin* Sektor *m*; *allg* Gegend f *(auch* F*)*; Gebiet *n*; *e-s Geländes* Abschnitt *m*; **qu'est-ce que tu viens faire dans ce** ~? was machst du in dieser Gegend?; **3.** *mil* Frontabschnitt *m*; *mar mil* (Küsten)Abschnitt *m*; ~ **postal** Feldpostnummer f; **4.** *écon* (Wirtschafts)Sektor *m*, (-)Bereich *m*; ~ **nationalisé** verstaatlichte Unter'nehmen *n/pl*; ~ **primaire** primärer Sektor; A'grar- *od* Landwirtschaft f und Bergbau *m*; Urproduktionswirtschaft f; ~ **privé, public** Pri'vat-, Staatswirtschaft f; privater, öffentlicher Sektor *(auch allg)*; ~ **secondaire** sekundärer, industrieller Sektor; Indu'striewirtschaft f; ~ **tertiaire** tertiärer Sektor; Dienstleistungssektor *m*, -wirtschaft f; ~ **de la production** Produkti'onsbereich *m*, -sektor *m*; **5.** *élect* (Strom)Netz *n*; **panne f de** ~ Netzstörung f, -ausfall *m*; **brancher sur le** ~ ans Netz anschließen; **6.** *auto* Lenkung ~ **denté** Schneckenradsegment *n*; **7.** *météo* Sektor *m*; ~ **chaud** Warm(luft)sektor *m*

section [sɛksjõ] f **1.** *math* Schnitt *m*; ~ **conique** Kegelschnitt *m*; **point** *m* **de** ~ Schnittpunkt *m*; **2.** *par ext bes tech* Querschnitt *m*; **3.** *e-s Buches, Vertrages etc* Abschnitt *m*; **4.** *e-r Bahnlinie, Straße* Streckenabschnitt *m*; *e-r Buslinie zur Fahrpreisermittlung* Teilstrecke f; **5.** *adm e-r Institution, Organisation* Abteilung f; Sekti'on f; *Schule* Fachrichtung f; Zug *m*; ~ **électorale** Wahlbezirk *m*; ♀ **française de l'Internationale ouvrière** *(abr* S.F.I.O.*)* Sozialistische Partei Frankreichs; *e-r Partei, e-s Verbandes* ~ **locale** Ortsgruppe f; **6.** *mil bes Infanterie* Zug *m*; **chef** *m* **de** ~ Zugführer *m*; **7.** *e-r Jazzband* ~ **mélodique, rythmique** Melo'die-, Rhythmusgruppe f

sectionnement [sɛksjɔnmã] *m* **1.** 'Durchschneiden *n*, -trennen *n*; **2.** *fig* Aufteilen *n*, -ung f; Unter'teilen *n*, -ung f

section|er [sɛksjɔne] *I v/t* **1.** 'durchschneiden, -trennen; **il a eu deux doigts sectionnés** ihm wurden zwei Finger abgerissen, abgetrennt; **2.** *fig* aufteilen, unter'teilen **(en** in + *acc)*; *II v/pr Seil etc* **se** ~ 'durch-, ab-, zerreißen; ~**eur** *m élect* Trennschalter *m*

sectoriel [sɛktɔrjɛl] *adj* ⟨~**le**⟩ *écon* sek-to'ral; *e-s Wirtschaftssektors bzw der* Wirtschaftssektoren

sectorisation [sɛktorizasjõ] f *adm* Aufteilung f in Bezirke

séculaire [sekylɛr] *adj* **1.** ein Jahr'hundert alt; *par ext* jahr'hundertealt; **trois fois** ~ drei Jahrhunderte alt; **2.** alle hundert Jahre stattfindend; säku'lar; **3.** *astr* säku'lar

sécularisation [sekylarizasjõ] f *von kirchlichem Besitz* Säkularisati'on f *(auch égl cath von Klosterangehörigen)*; Säkulari'sierung f

séculariser [sekylarize] *v/t* **1.** *kirchlichen Besitz* säkulari'sieren; in weltlichen Besitz, in weltliche Hände über'führen; **2.** *égl cath Ordensgeistliche* säkulari'sieren; den 'Übertritt in den Weltklerus erlauben (+*dat*)

séculier [sekylje] *adj* ⟨**-ière**⟩ *rel* weltlich; Welt…; **clergé** ~ Welt-, Säku'larklerus *m*; **prêtre** ~ *od subst* ~ *m* Weltgeistliche(r) *m*, -priester *m*

secundo [s(ə)gõdo] *adv* zweitens

sécuris|ant [sekyrizã] *adj Atmosphäre, menschliche Beziehung etc* ein Gefühl der Sicherheit, Geborgenheit gebend, verleihend; ~**er** *v/t* ~ **qn** j-m ein Gefühl der Sicherheit, Geborgenheit geben, verleihen

sécurité [sekyrite] f **1.** Sicherheit f; ~

routière Verkehrssicherheit f; ~ du travail Arbeitsschutz m; auto, aviat ceinture f de ~ Sicherheitsgurt m; UNO Conseil m de ♀ (Welt)Sicherheitsrat m; tech dispositif m de ~ Sicherheitsvorrichtung f; cf auch dispositif 4.; an Straßen glissière f de ~ Leitplanke f; mesures f/pl de ~ Sicherheitsmaßnahmen f/pl, -vorkehrungen f/pl; loc/adv en toute ~ in aller Ruhe; dormir en toute ~ in aller Ruhe schlafen; être en ~ in Sicherheit sein; 2. Sicherung(swesen) f(n); Sicherheitsdienst m; ~ aérienne Flugsicherung f; ~ militaire Sicherheitsdienst m der Streitkräfte; ~ sociale soziale Sicherung, Sicherheit; ♀ sociale a) (französische) Sozi'alversicherung; b) Krankenkasse f (der sozialen Krankenversicherung); prestations f/pl de la ♀ sociale Sozi'alversicherungsleistungen f/pl

séd|atif [sedatif] phm **I** adj ⟨-ive⟩ beruhigend; schmerzstillend, -lindernd; sc seda'tiv; **II** m Beruhigungsmittel n; schmerzstillendes, -linderndes Mittel; ~ Seda'tiv(um) n; ~ation f méd Linderung f von Schmerzen; sc Se'dierung f

sédentaire [sedãtɛr] **I** adj **1.** Person **a)** viel sitzend; mit sitzender Lebensweise; **vie** f ~ sitzende Lebensweise; cf auch 2.; **b)** par ext häuslich; gern zu Hause bleibend; **2.** Bevölkerung seßhaft; mil mit festem Standort; Tätigkeit, Beruf immer an selben Ort ausgeübt; ohne Ortsveränderung; **vie** f ~ seßhafte Lebensweise; **II** m seßhafte Per'son

sédentariser [sedãtarize] v/t seßhaft machen

sédiment [sedimã] m **1.** géol Sedi'ment n; Ablagerung f; ~s fluviaux, glaciaires, marins fluviatile, glaziale, marine Ablagerungen; Fluß-, Eis-, Meeressedimente n/pl; **2.** méd Sedi'ment n; Bodensatz m; Niederschlag m; ~ urinaire Harnsediment n

sédimentaire [sedimãtɛr] adj géol Sedi'ment…; sedimen'tär; roches f/pl ~s Sediment-, Schichtgesteine n/pl; Sedi'mente n/pl; Sedimen'tite m/pl

sédimentation [sedimãtasjõ] f **1.** méd ~ sanguine Blutsenkung f; **vitesse** f de ~ Blutsenkungsgeschwindigkeit f; **2.** géol Sedimentati'on f; Ablagerung f; phys Sedimentati'on f; Bodensatz-, Niederschlagbildung f

séditieux [sedisjø] **I** adj ⟨-euse⟩ aufrührerisch; aufständisch; **attroupement** ~ Zusammenrottung f in aufrührerischer Absicht; **II** subst ~, **séditieuse** m,f Aufrührer(in) m(f)

sédition [sedisjõ] f Aufruhr m; Aufstand m; **fomenter une** ~ Aufruhr stiften

séducteur [sedyktœr] **I** adj ⟨-trice⟩ verführerisch; Verführungs…; **II** subst ~, **séductrice** m,f Verführer(in) m(f)

séduction [sedyksjõ] f **1.** e-r Frau Verführung f (auch jur); jur ~ dolosive Erschleichung f des außerehelichen Beischlafs; **2.** fig Verlockung f; Reiz m; **la** ~ **des richesses, du pouvoir** die Verlockung des Reichtums, der Macht; e-s Schauspielers etc **pouvoir** m de ~ Fähigkeit f, sein Publikum zu bezaubern

séduire [sedɥir] v/t ⟨cf **conduire**⟩ **1.** Frau verführen; **2.** fig verlocken; verleiten; verführen; reizen; Publikum bezaubern; hinreißen

séduisant [sedɥizã] adj Person, Sache verführerisch; Schönheit auch bezaubernd; hinreißend; betörend; Idee, Vorschlag auch verlockend; bestechend

segment [sɛgmã] m **1.** math Seg'ment n; Abschnitt m; ~ **circulaire** od **de cercle** Kreisabschnitt m, -segment n; ~ **sphérique (à une base)** Kugelabschnitt m,

-segment n; ~ **sphérique à deux bases** Kugelschicht f; ~ **de droite** Strecke f; **2.** anat, zo Seg'ment n; Abschnitt m; e-s Bandwurms Glied n; **3.** tech ~ **racleur (d'huile)** Ölabstreifring m; ~ **de frein** Bremsbacke f; ~ **de piston** Kolbenring m; **4.** ling Seg'ment n

segmentaire [sɛgmãtɛr] adj zo segmen'tär

segmentation [sɛgmãtasjõ] f **1.** biol **a)** der Eizelle Furchung f; **b)** par ext Segmen'tierung f; Bildung f von Seg'menten; **2.** fig u litt Aufteilung f; Unter'teilung f; **3.** ling Segmen'tierung f

segmenter [sɛgmãte] **I** v/t in Seg'mente, Abschnitte gliedern; **II** v/pr se ~ biol sich teilen; sich furchen

ségréga|tif [segregatif] adj ⟨-ive⟩ Soziologie trennend wirkend; e-e Absonderung, (scharfe) Trennung, Segregati'on bewirkend; her'beiführend; ~tion f **1.** Soziologie Absonderung f; (scharfe) Trennung; Segregati'on f; im engeren Sinn ~ **(raciale)** Rassentrennung f; **2.** bes métall Entmischung f; Seigerung f

ségrégationn|isme [segregasjɔnism(ə)] m Poli'tik f der Rassentrennung; ~**iste** I adj Rassentrennungs…; Person die Rassentrennung befürwortend; **II** m,f Anhänger(in) m(f), Verfechter(in) m(f) der Rassentrennung

séguedille [segədij] f Tanz Seguidilla [-gi'dilja] f

seguia [segja] f in Nordafrika Bewässerungsgraben m

seiche[1] [sɛʃ] m zo Tintenfisch m; os m de ~ Schulp m

seiche[2] [sɛʃ] f géogr Seiches pl; stehende Wellen f/pl (auf Seen)

séide [seid] m fa'natischer Anhänger; Gefolgsmann m

seigle [sɛgl(ə)] m agr Roggen m; **pain** m **de** ~ Roggenbrot m

seigneur [sɛɲœr] m **1.** (ad[el]liger, vornehmer) Herr; **grand** ~ reicher, vornehmer Herr; auch iron Grandsei'gneur m; **faire le grand** ~ groß auftreten; **jouer au grand** ~ den großen, feinen, vornehmen Herrn spielen; den feinen Mann markieren; **vivre en grand** ~ wie ein großer Herr leben; **plais mon** ~ **et maître** mein Herr und Gebieter od Meister; prov **à tout** ~ **tout honneur** Ehre, wem Ehre gebührt (prov); **2.** hist Lehns-, Grundherr m; **3.** rel le ♀ der Herr; **Notre** ♀ (Jésus-Christ) unser Herr (Jesus Christus); **le jour du** ♀ der Tag des Herrn

seigneuriage [sɛɲœrjaʒ] m hist Lehnsherrlichkeit f; bes Münzregal n

seigneurial [sɛɲœrjal] adj ⟨-aux⟩ **1.** herrschaftlich; Herren…; **2.** hist lehnsherrlich; **droit** ~ Recht n des (Lehns-, Grund)Herrn

seigneurie [sɛɲœri] f hist **1.** Lehns-, Grundherrschaft f; **2.** herrschaftliches Gebiet; Seigneu'rie f; **3.** Anrede Sa, Votre ♀ Seine, Eure Herrlichkeit

seime [sɛm] f vét Hornspalte f

sein [sɛ̃] m **1.** e-r Frau Brust f; ~s pl Busen m; le ~ **droit** die rechte Brust; **faux** ~s falscher Busen; **bout** m, **pointe** f **du** ~ Brustwarze f; **donner le** ~ **à un enfant** e-m Kind die Brust geben; **nourrir au** ~ stillen; nähren; st/s **serrer, presser qn sur son** ~ j-n an s-e Brust drücken, an sich drücken, pressen; fig u st/s, st/s iron **réchauffer un serpent dans son** ~ e-e Schlange an s-m Busen nähren; **2.** fig Schoß m; Innerste(s) n; st/s **le** ~ **de l'Église, de la terre** der Schoß der Kirche, der Erde; loc/prép st/s **au** ~ **de** mitten in (+ dat bzw acc); par ext innerhalb (+ gén); **au** ~ **de la Communauté européenne** innerhalb, im Rahmen der Europäischen Gemeinschaft; **vivre**

au ~ **de sa famille** im Kreise s-r Familie leben; st/s **porter un enfant dans son** ~ ein Kind unter dem Herzen tragen

seine [sɛn] f Fischerei Schleppnetz n

seing [sɛ̃] m jur ~ **privé** nicht notari'ell beurkundete 'Unterschrift; Pri'vatunterschrift f; **sous** ~ **privé** pri'vatschriftlich; **acte** m **sous** ~ **privé** Pri'vaturkunde f

séisme [seism(ə)] m Erdbeben n; ~ **sous-marin** Seebeben n

séismique [seismik] cf sismique

séismographe [seismograf] cf sismographe

seize [sɛz] **I** adj/num/c sechzehn; **Louis** ~ (XVI) Ludwig der Sechzehnte (XVI.); **le** ~ **mai** der sechzehnte Mai bzw am sechzehnten Mai; **lundi** ~ Montag der Sechzehnte bzw am Montag dem Sechzehnten; **numéro, page** ~ Nummer, Seite sechzehn; **à** ~ **heures** um sechzehn Uhr; **fille** f **de** ~ **ans** sechzehnjähriges Mädchen; Mädchen n von sechzehn Jahren; **II** m Sechzehn f; **le** ~ **(du mois)** der Sechzehnte bzw am Sechzehnten (des Monats); cf auch **deux II**

seizième [sɛzjɛm] **I** adj/num/o sechzehnte(r,-s); **II** subst **1.** le, la ~ der, die, das sechzehnte; **2.** m math Sechzehntel n; **3.** in Paris le ~ das sechzehnte Arrondisse'ment; **4.** le ~ das sechzehnte Jahr'hundert; **5.** m mus ~ **de soupir** Vierund'sechzigstelpause f; ~**ment** adv sechzehntens

séjour [seʒur] m Aufenthalt m; im Krankenhaus auch Verweildauer f; ~ **à la campagne** Aufenthalt auf dem Land(e); Landaufenthalt m; rel ~ **des bienheureux** Ort m der Seligen; ~ **en prison** Gefängnisaufenthalt m; Haftzeit f; **carte** f **de** ~ in Frankreich Ausländerausweis m; im Krankenhaus **frais** m/pl **de** ~ Pflegekosten pl; **interdiction** f **de** ~ Aufenthaltsverbot n; **permis** m **de** ~ Aufenthaltserlaubnis f, -genehmigung f, -bewilligung f, -bescheinigung f; par ext **salle** f **de** ~ Wohnzimmer n; **taxe** f **de** ~ Kurtaxe f; **faire un long, bref** ~ **dans une ville** sich in e-r Stadt lang(e), kurz aufhalten

séjourner [seʒurne] v/i **1.** Person sich aufhalten; bleiben; verweilen; **2.** Wasser stehenbleiben; Leiche ~ **trois mois dans la neige** drei Monate im Schnee (begraben) liegen

sel [sɛl] m **1.** Salz n (auch chim); bes Kochsalz n; phm ~ **anglais, volatil** Riechsalz n; cuis ~ **fin, gros** ~ feines, grobes Salz; Fein-, Grobsalz n; adit **bœuf** m **gros** ~ gekochtes Rindfleisch; ~ **gemme** Steinsalz n; ~ **marin** Meer-, Seesalz n; ~ **de bain** Badesalz n; cuis ~ **de céleri** Selleriesalz n; ~ **de cuisine** Speisesalz n; phm ~ **d'Epsom** [depsom] Bittersalz n; ~ **d'oseille** Kleesalz n; ~ **de table** Tafelsalz n; bibl **le** ~ **de la terre** das Salz der Erde; phm ~ **de Vichy** Natron n; Natriumbikarbonat n; **grain** m **de** ~ cf **grain** 4.; prov **manque** m **de** ~ salzlose Kost; fig **être changé en statue de** ~ zur Salzsäule erstarren; **mettre du** ~ salzen (dans qc etw [acc]); **faire respirer des** ~s **à qn** j-m Riechsalz unter die Nase halten; **2.** fig (feiner) Witz; Würze f; Salz n; **cela ne manque pas de** ~ das ist wirklich witzig

sélaciens [selasjɛ̃] m/pl zo Se'lachier m/pl

sélaginelle [selaʒinɛl] f bot Moosfarn m

Seldjoukides [sɛldʒukid] m/pl hist Türkei Sel'dschuken m/pl

sélect [selekt] adj ⟨f inv⟩ Personenkreis (aus)erlesen; vornehm; F piekfein

sélecteur [selɛktœr] m **1.** tél Wähler m; **2.** e-r Lochkartenmaschine Se'lektor m;

3. *e-s Motorrads* Fußschalthebel *m*

sélectif [selɛktif] *adj* ‹-**ive**› **1.** auf dem Auswahlprinzip beruhend; selek'tiv; auswählend; Auswahl…; **2.** *rad* trennscharf; selek'tiv

sélection [selɛksjõ] *f* **1.** Auswahl *f*; Auslese *f*; ~ **professionnelle** Eignungsuntersuchung *f*, -prüfung *f*; **~ épreuve** *f*, **match** *m* **de ~** Ausscheidungskampf *m*, -spiel *n*; **faire une ~** e-e Auswahl treffen (**parmi les candidats** unter den Bewerbern); **2.** *biol, Tierzucht* Auslese *f*; Zuchtwahl *f*; Selekti'on *f*; ~ **artificielle, naturelle** künstliche, natürliche Auslese, Zuchtwahl; **3.** *sports* Auswahl(mannschaft) *f*; **4.** *von Gedichten etc* Auswahl *f*; Auslese *f*; **5.** *ling* Selekti'on *f*

sélectionner [selɛksjɔne] *v/t* auswählen; *adit sports* **équipe sélectionnée** Auswahlmannschaft *f*

sélectionneur [selɛksjɔnœr] *m* **1.** *sports* Funktio'när, Trainer, der die Sportler *bzw* Mannschaften auswählt; **2.** *psych, écon* etwa Arbeitspsychologe *m*

sélectivité [selɛktivite] *f rad* Trennschärfe *f*; Selektivi'tät *f*

séléniate [selenjat] *m chim* Sele'nat *n*

sélén|ieux [selenjø] *adj* ‹nur *m*› *chim* **acide ~** se'lenige Säure; **~ifère** *adj chim* se'lenhaltig; **~ique** *adj chim* **acide** *m* ~ Se'lensäure *f*

sélénit|e [selenit] **1.** *m chim* Sele'nit *n*; **2.** *f minér* Sele'nit *m*; Gips *m*; **~eux** *adj* ‹**-euse**› *chim* gipshaltig

séléni|um [selenjɔm] *m chim* Se'len *n*; **~ure** *m chim* Sele'nid *n*

sélénographie [selenɔgrafi] *f astr* Selenogra'phie *f*

Séleucides [seløsid] *m/pl Antike* Seleu-'kiden *m/pl*

self [sɛlf] *f élect* **1.** *Kurzform von* **self-induction**; **2.** (**bobine** *f* **de**) ~ Drossel (-spule) *f*

self-control [sɛlfkõtrol] *m* Selbstbeherrschung *f*; **~-inductance** *f élect* Selbstinduktionskoeffizient *m*; Selbstinduktivität *f*; **~-induction** *f élect* Selbstinduktion *f*

self-made-man [sɛlfmɛdman] *m* ‹*pl* **self-made-men** [-men]› Selfmademan ['-me:dmɛn] *m*

self-service [sɛlfsɛrvis] *m* ‹*pl* **self--services**› **a)** Selbstbedienungsladen *m*; **b)** Selbstbedienungsrestaurant *n*

selle [sɛl] *f* **1.** Sattel *m* (*auch e-s Fahrrads etc*); ~ **anglaise** englischer Sattel; Pritschensattel *m*; ~ **de femme** Damensattel *m*; **cheval** *m* **de ~** Reitpferd *n*; **être bien en ~** fest im Sattel sitzen (*auch fig*); **se mettre en ~** aufsitzen; **remettre qn en ~** j-m wieder in den Sattel helfen; j-n wieder in den Sattel heben (*beide auch fig*); **2.** *cuis* Rücken *m*; ~ **d'agneau, de chevreuil** Lamm-, Rehrücken *m*; **3.** *e-s Bildhauers* Model'lierbock *m*; **4.** *physiol* ~ *s/pl* Stuhlgang *m*; **aller à la ~** Stuhlgang haben

seller [sele] *v/t* Pferd satteln

sellerie [sɛlri] *f* **1.** Sattle'rei *f*; Sattlerhandwerk *n*; **ouvrages** *m/pl* **de ~** Sattlerarbeiten *f/pl*; **2.** Sattelzeug *n*

sellette [sɛlɛt] *f* **1.** *Person* **être sur la ~** im Blickpunkt stehen; im Gespräch sein; **mettre qn sur la ~** j-n ausfragen, F ausquetschen; j-n ins Gebet nehmen; **2.** *e-s Bildhauers* kleiner Model'lierbock; **3.** *e-s Pferdegeschirrs* Kammdeckel *m*

sellier [sɛlje] *m* Sattler *m*

selon [s(ə)lõ] *prép* gemäß, entsprechend, nach, zu'folge (*alle + dat*); ~ **toute apparence** allem Anschein nach; anscheinend; ~ **le(s) cas** je nach Fall; *entscheiden auch* von Fall zu Fall; ~ **les circonstances** je nach (den) 'Umstän-

den; **vos désirs** wunschgemäß; ~ **les journaux** nach den Zeitungen; den Zeitungen zufolge; ~ **moi** meines Erachtens (*abr* m. E.); meiner Auffassung, Meinung, Ansicht nach; ~ **ses propres paroles, termes** nach s-n eigenen Worten; ~ **les règles** den Vorschriften entsprechend, gemäß; ordnungs-, vorschriftsmäßig; ~ **toute vraisemblance** aller Wahrscheinlichkeit nach; **Évangile** *m* ~ **saint Jean** Jo'hannesevangelium *n*; Evangelium *n* nach Johannes; *loc/adv* **c'est** ~ das kommt (ganz) darauf an; je nach'dem; *loc/conj* ~ **que** je nach'dem

semailles [s(ə)maj] *f/pl* **1.** (Aus)Saat *f*; Säen *n*; **2.** Saatzeit *f*

semaine [s(ə)mɛn] *f* **1.** Woche *f*; *rel* **la ~ sainte** die Karwoche; die stille, heilige Woche; *comm* ~ **de, du blanc** Weiße Woche; ~ **de quarante heures, de cinq jours** Vierzig'stunden-, Fünf'tagewoche *f*; F *fig* **la ~ des quatre jeudis** *cf* **jeudi**; **la ~ de Pâques** die Osterwoche; **die Woche nach Ostern; un congé de trois** ~s ein dreiwöchiger Urlaub; **fin** *f* **de ~** Wochenende *n*; *ch de fer* **billet** *m* **de fin de ~** Sonntagsrückfahrkarte *f*; *loc/adv* **la ~ passée** *od* **dernière, prochaine** vergangene *od* vorige *od* letzte, nächste *od* kommende Woche; in der vergangenen *od* vorigen *od* letzten, nächsten *od* kommenden Woche; **des ~s entières** wochenlang; **au début, au milieu, à la fin de la ~ prochaine** Anfang, Mitte, Ende nächster Woche; **à la ~** wöchentlich; wochenweise; *auch loc/adj* **à la ~** *Politik etc* kurzsichtig; ohne klares Konzept; **prêter à la petite ~** auf kurze Zeit zu hohen Zinsen verleihen; **vivre à la petite ~** von der Hand in den Mund leben; **en ~** unter der Woche; wochentags; **une fois par ~** *od* **la ~** einmal wöchentlich, pro Woche, in der Woche; **avoir quatre ~s de congé** vier Wochen Urlaub haben; F *fig* **c'est ma ~ de bonté** F ich habe (heute) meinen sozialen Tag; **faire la ~ anglaise** samstags (nachmittags) nicht arbeiten; **2.** *loc/adj* **de ~** (in dieser Woche) diensthabend; **être de ~** Dienst haben; **3.** *télév, Zeitungsrubrik* ~ **politique** po'litische Wochenchronik; **4.** Wochenlohn *m*; **5.** Armband *n* aus sieben Reifen

semainier [s(ə)menje] *m* Ter'minkalender *m* (*mit wochenweiser Einteilung*)

sémantème [semãtɛm] *m ling* Seman-'tem *n*

sémanticien [semãtisjɛ̃] *m ling* Se'mantiker *m*

sémantique [semãtik] *ling* **I** *adj* se'mantisch; **champ** *m* ~ Wortfeld *n*; **II** *f* Se'mantik *f*; Bedeutungslehre *f*

sémaphor|e [semafɔr] *m* **1.** *mar* Sema-'phor *n od m*; **2.** *ch de fer* Flügelsignal *n*; **~ique** *adj* sema'phorisch

sémasiolog|ie [semazjɔlɔʒi] *f ling* Semasiolo'gie *f*; Wortbedeutungslehre *f*; **~ique** *adj ling* semasio'logisch

semblable [sãblabl(ə)] **I** *adj* **1.** ähnlich (*auch math*); gleich(artig) (**à** *dat*); **une maison** ~ **à celle d'en face** ein Haus, das dem gegenüberliegenden ähnlich ist; ein Haus, ähnlich dem gegenüberliegenden; *math* **triangles** *m/pl* ~**s** ähnliche Dreiecke *n/pl*; **qc de** ~ etwas Ähnliches; **2.** derartige(r, -s); solche(r, -s) so ein(e, -r); **de** ~**s projets** *m/pl* derartige, solche Pläne *m/pl*; **que faire dans un cas** ~? was soll man in e-m solchen in so e-m Fall tun?; **II** *subst* **1.** *mon* ~ meinesgleichen; **vous et vos** ~**s** Sie und Ihresgleichen *bzw* ihr und euresgleichen; **2.** Mitmensch *m*; **aider ses** ~**s** s-n Mitmenschen helfen

semblant [sãblã] *m* (An)Schein *m*; *litt*

faux ~ falscher Schein; Verstellung *f*; **un** ~ **de**… ein Anschein von …; so etwas wie (ein[e]) …; **un** ~ **de légalité** ein Anschein von Legalität; **faire** ~ **de** (+*inf*) so tun, als ob; **faire** ~ **de dormir** so tun, als ob man schlafe *od* schliefe *od* schläft; sich schlafend stellen; **il fait** ~ er tut nur so; F **ne faire** ~ **de rien** so tun, als ob man nichts wüßte *bzw* sehen würde *bzw* hören würde; sich nichts anmerken lassen

sembler [sãble] **I** *v/i* scheinen; **vous me semblez fatigué** Sie scheinen müde zu sein; mir scheint, Sie sind müde; **cela semble (être) suffisant** das scheint auszureichen *od* ausreichend zu sein; **II** *v/imp* ♦ *mit adj*: **il me semble inutile de** (+*inf*) es scheint mir unnötig zu (+*inf*); **comme, quand, si bon lui semble** wie, wann, falls er es für gut *od* richtig hält, erachtet; nach s-m Gutdünken; ♦ *mit inf* **il me semble voir son père** *quand je le vois* mir scheint, ich sehe s-n Vater …; ♦ **il (me) semble que** (+*inf bzw +subj*) mir scheint, (daß) …; *st/s* mir *od* mich dünkt, (daß) …; **il (me) semble qu'il fait plus chaud aujourd'hui qu'hier** mir scheint, heute ist es wärmer als gestern; **il me semble qu'il vaudrait mieux changer de méthode** mir scheint, es wäre besser, die Methode zu ändern; **il ne me semble pas qu'on puisse agir autrement** mir scheint, daß man nicht anders handeln kann; ♦ **à ce qu'il me semble,** *eingeschoben auch* **ce me semble, me semble-t-il** mir scheint; so scheint es mir; anscheinend; ♦ *litt* **que vous en semble?** was halten Sie davon?

sème [sɛm] *m ling* Se'mem *n*

séméio|logie [semejɔlɔʒi] *f cf* **sémiologie;** **~tique** *cf* **sémiotique**

semelle [s(ə)mɛl] *f* **1.** Sohle *f* (*auch e-s Strumpfes*); Schuhsohle *f*; *auch* Einlegesohle *f*; ~ **de caoutchouc, de crêpe, de cuir** Gummi-, Krepp-, Ledersohle *f*; *fig* **ne pas avancer d'une** ~ keinen Schritt vorwärts-, vorankommen; **battre la** ~ die Füße gegeneinanderschlagen *bzw* mit den Füßen auf den Boden stampfen (*um sich aufzuwärmen*); *plais von e-m Schnitzel* **c'est dur de la** ~ das ist zäh wie e-e Schuhsohle; **ne pas quitter, lâcher qn d'une** ~ j-m nicht von den Fersen weichen; j-m auf Schritt und Tritt folgen; keinen Schritt von j-m weichen; **ne pas reculer d'une** ~ keinen Fußbreit zurückweichen; **2.** *tech* Auflage-, 'Unterleg-, Grund-, Fußplatte *f*; Sohle *f*; *bât auch* Funda'ment *n*; *bât e-r Holzkonstruktion* Sattel-, Schirr-, Trumholz *n*; *mar* ~ **d'étambot** Stevensohle *f*

semence [s(ə)mãs] *f* **1.** *bot, agr* Same(n) *m* (*auch physiol*); *agr auch* Saat *f*; Saatgut *n*; ~; ~s *od* Körn'ereien *f/pl*; *agr* **blé** *m* **de** ~ Saatkorn *n*, -getreide *n*; **2.** *tech* kleiner Flachkopfnagel; Blauzwecke *f*; **3.** ~ **de diamants** Dia'mantsplitter *m/pl*

semen-contra [semɛ̃kõtra] *m* ‹*inv*› *bot, phm* Zitwerblüten *f/pl*, -samen *m*

semer [s(ə)me] *v/t* ‹-*è*-› **1.** *agr* (aus-, an)säen; ~ **en lignes** in Reihen säen; **2.** *par ext* (aus)streuen; **3.** *fig* Schrecken, Furcht, Unruhe verbreiten (*auch Gerücht*); Bestürzung her'vorrufen; *Streit* stiften; *Zwietracht* säen; **4.** F ~ **qn** j-n verlieren; *absichtlich* j-n hinter sich (*dat*) lassen; F j-n abhängen

semestre [s(ə)mɛstr(ə)] *m* Halbjahr *n*; *bes Uni* Se'mester *n*; par ~ halbjährlich

semestriel [səmɛstrijɛl] *adj* ‹-**le**› halbjährlich; **revue** ~**le** halbjährlich erscheinende Zeitschrift; Halb'jahreszeitschrift *f*

sem|eur [s(ə)mœr] *m* **1.** Sämann *m*; **2.** *fig*

~ de discorde j. der Zwietracht sät; ~euse f Symbolfigur auf Briefmarken etc ⚥ Säerin f

semi|-aride [səmiarid] adj géogr Halbwüsten...; Steppen...; ~-**automatique** adj tech halbautomatisch; arme f ~ halbautomatische Waffe; Selbstladewaffe f; Selbstlader m; ~-**auxiliaire** adj gr verbe m ~ od subst m mo'dales Hilfsverb; modifi'zierendes Verb; ~-**chenillé** adj tech mil véhicule ~ Halbkettenfahrzeug n; ~-**circulaire** adj halbrund; halbkreisförmig; anat des Ohrs canaux m/pl ~s Bogengänge m/pl; ~-**coke** m Schwelkoks m

semi-conducteur [səmikõdyktœr] tech I m Halbleiter m; II adj ‹-trice› Halbleiter...; propriétés semi-conductrices Halbleitereigenschaften f/pl

semi-fini [səmifini] adj Industrie produit ~ Halbfabrikat n, -produkt n, -erzeugnis n

sémillant [semijã] st/s adj lebhaft; tempera'mentvoll; lebensprühend; un esprit ~ ein lebhafter, reger, sprühender Geist

semi-lunaire [səmilynɛr] adj anat halbmondförmig; sc semilu'nar

séminaire [seminɛr] m 1. égl cath (grand) ~ (Priester)Semi'nar n; petit ~ von Geistlichen geleitete Inter'natsschule (für Jungen); 2. par ext Semi'narzeit f; 3. an der Universität, zur Fortbildung, Forschung etc Semi'nar n; Studiengruppe f; für Studenten auch Semi'narübung f; allg auch Arbeitstagung f; participer à un ~ de sociologie an e-m Seminar über Soziologie teilnehmen

séminal [seminal] adj ‹-aux› anat Samen...; vésicules ~s Samenblasen f/pl

séminariste [seminarist] m Semina-'rist m

semi-nomad|e [səminɔmad] géogr I adj halbnomadisch; II m Halbnomade m; ~isme m halbnomadische Wirtschaftsform

semi-officiel [səmiɔfisjɛl] adj ‹~le› Verlautbarung etc halbamtlich

sémio|logie [semjolɔʒi] f 1. ling, psych Semiolo'gie f; 2. méd Semiolo'gie f; Semi'otik f; ~tique I f Logik Semi'otik f; II adj semi'otisch

semi|-ouvré [səmiuvre] adj produit ~ cf semi-fini; ~-**perméable** adj phys halbdurchlässig; semiperme'abel; ~-**précieuse** adj ‹nur f› pierre ~ Halbedelstein m; ~-**produit** m cf (produit) semi-fini; ~-**public** adj ‹-ique› Institution etc halbstaatlich; ~-**remorque** m od f Sattelschlepper m; ~-**rigide** adj Luftschiff halbstarr

semis [s(ə)mi] m 1. (Aus)Säen n; Aussaat f; 2. coll Sämling m/pl; 3. eingesätes Beet; 4. Streumuster n

sémit|e [semit] I adj 1. liegt auf der Hand; peuples m/pl ~s semitische Völker n/pl; II subst ⚥ m,f Se'mit(in) m(f); abus Jude m, Jüdin f; les ⚥s der Semiten; ~ique adj se'mitisch; langues f/pl ~ semitische Sprachen f/pl; ~iste m Semi'tist m

semi-voyelle [səmivwajɛl] f phon Halbvokal m

semoir [səmwar] m agr Sämaschine f; ~ en lignes Drillmaschine f; Reihensämaschine f; par ext ~ à engrais Düngerstreumaschine f

semonc|e [səmõs] f 1. Verweis m; Rüge f; Tadel m; Schelte f; 2. mar coup m de ~ Warnschuß m; ~er v/t ‹-ç-› ~ qn j-n rügen, tadeln; j-m e-n Verweis erteilen

semoul|e [s(ə)mul] f Grieß m; ~ de maïs Maisgrieß m; potage m à la ~ Grießsuppe f; adit sucre m ~ Streuzucker m; ~erie f (Nährmittelfabrik f zur) Grießherstellung f

semper virens [sɛpɛrvirɛs] bot I adj ‹inv› immergrün; II m ‹inv› immergrüne Pflanze

sempiternel [sɛpitɛrnɛl] adj ‹~le› immerwährend; fortwährend; F ewig; dauernd; reproches ~s dauernde Vorwürfe m/pl; plaintes ~les ewige Klagen f/pl

sénarmontite [senarmõtit] f minér Senarmon'tit m

Sénat [sena] m 1. pol, hist Se'nat m; président m du ~ Senatspräsident m; 2. Se'natsgebäude n

sénateur [senatœr] m 1. pol, hist Se'nator m; fig un train de ~ ein gravitätischer, gemessener Gang; 2. zo Elfenbeinmöwe f

sénatorerie [senatɔrri] f hist Dotati'on f für Sena'toren

sénatorial [senatɔrjal] adj ‹-aux› a) Se'nats...; élections ~es Senatswahlen f/pl; b) Sena'toren...

sénatus-consulte [senatyskõsylt] m hist Se'natsbeschluß m

séné [sene] m 1. bot Sennesstrauch m; 2. phm Sennesblätter n/pl

sénéchal [seneʃal] m ‹-aux› hist Seneschall m

sénéchaussée [seneʃose] f a) Amtsbezirk m e-s Seneschalls; b) Gericht n e-s Seneschalls

séneçon [sensõ] m bot Kreuzkraut n

sénégalais [senegalɛ] I adj senega'lesisch; sene'galisch; hist mil tirailleurs ~ Senegalschützen m/pl; II subst ⚥(e) m(f) Senega'lese m, Senega'lesin f; Sene-'galer(in) m(f)

sénesc|ence [senesãs] f Altern n; Altwerden n; sc Senes'zenz f; auch Alterserscheinungen f/pl; ~ent adj alternd

senestre [sənɛstr(ə)] od **sénestre** [senɛstr(ə)] adj 1. zo Gehäuse e-s Weichtiers linksgewunden; 2. Heraldik côté m ~ de l'écu linke Flanke des (Wappen-)Schildes

sénevé [sɛnve] m bot 1. Senf m; grain m de ~ Senfkorn n; 2. Senfsamen m

sénil|e [senil] adj 1. Person se'nil; altersschwach; greisenhaft; path débilité f ~ Altersschwäche f; ~ité f Seni'lität f; Altersschwäche f; Greisenhaftigkeit f; ~ précoce a) path vorzeitiger Eintritt des Greisenalters; b) F vorzeitige Verkalkung

senior [senjɔr] m sports Senior m; adjt catégorie f, équipe f ~ Seni'orenklasse f, -mannschaft f

sénonais [senɔnɛ] adj (u subst ⚥ Einwohner) von Sens

sens [sãs] m 1. a) physiol Sinn m; les cinq ~ die fünf Sinne; fig le sixième ~ der sechste Sinn; organes m/pl des ~ Sinnesorgane n/pl; st/s reprendre ses ~ wieder zur Besinnung kommen; cela tombe sous le ~ das liegt auf der Hand; das ist (ganz) offensichtlich, klar; das versteht sich von selbst; b) par ext les ~ pl die Sinne m/pl; ivresse f des ~ Sinnenrausch m, -taumel m; plaisirs m/pl des ~ Sinnengenuß m; Sinnesfreuden f/pl; exciter les ~ die Sinne reizen, erregen; 2. a) artistique Kunstsinn m, -verständnis n, -verstand m; esthétique ästhetisches Empfinden; Schönheitssinn m, -empfinden n; Sinn m für Ästhetik, Schönheit; ~ pédagogique pädagogische Begabung; pädagogisches Talent; pratique praktische Veranlagung; cf auch pratique I 2.; ~ social soziales Empfinden; ~ du devoir Pflichtbewußtsein n, -gefühl n; ~ de l'orientation Orien'tierungssinn m, -vermögen n; Ortssinn m; avoir le ~ des affaires Geschäftssinn besitzen; sich aufs Geschäftemachen verstehen; ge-

schäftstüchtig sein; avoir le ~ de l'humour Sinn für Humor haben; avoir le ~ de la langue Sprachgefühl besitzen; avoir le ~ des réalités Sinn für Realitäten haben; ne pas avoir le ~ du ridicule nicht merken, wann etwas lächerlich wirkt; b) le bon ~, le ~ commun der gesunde Menschenverstand; cela n'a pas le ~ commun, cela n'a pas de bon ~ das ist gegen den gesunden Menschenverstand; posséder un solide bon ~ viel gesunden Menschenverstand besitzen; c) à mon ~ meines Erachtens (abr m. E.); meiner Meinung, Ansicht nach; nach meinem Da'fürhalten; abonder dans le ~ de qn j-m voll und ganz beipflichten; 3. e-s Wortes, Textes, e-r Tat, des Lebens etc Sinn m; Bedeutung f; ~ figuré, propre über'tragene od figürliche, eigentliche Bedeutung; über'tragener od figürlicher od bildlicher, eigentlicher Sinn; au ~ strict, large du terme im engeren, weiteren Sinne (des Wortes); à double ~ doppel-, zweideutig; doppelsinnig; dénué, dépourvu de ~ sinnlos; dans quel ~? in welchem Sinne?; en un ~, in gewissem Sinne; in gewisser Weise, Hinsicht; en ce ~ que inso'fern, als; ne pas avoir de ~ keinen Sinn haben; sinnlos sein; avoir un ~ profond e-n tiefen Sinn haben; donner un ~ à qc e-r Sache e-n Sinn geben; 4. Richtung f; le bon, mauvais ~ die richtige, falsche Richtung; im Straßenverkehr ~ giratoire Kreisverkehr m; Verkehrszeichen ~ interdit Verbot n der Einfahrt; ~ unique od rue f à ~ unique Einbahnstraße f; dans tous les ~ kreuz und quer; durchein'ander; nach allen Seiten; dans le ~ des aiguilles d'une montre im Uhrzeigersinn; dans le, en ~ inverse des aiguilles d'une montre gegen den Uhrzeigersinn; im Gegenuhrzeigersinn; dans le ~ de la largeur der Breite nach; dans le ~ de la longueur (in der) Längsrichtung; der Länge nach; dans le ~ de la marche in Fahrtrichtung; dans le, en ~ inverse in entgegengesetzter Richtung; in der Gegenrichtung; venir en ~ inverse aus der entgegengesetzten Richtung kommen; entgegenkommen; en tous ~ in alle(n) Richtungen; parcourir un pays en tous ~ ein Land bereisen, durch'streifen; überall in e-m Land herumreisen, -fahren; ~ dessus dessous [sãdsydsu] völlig durchein'ander (auch innerlich); tout est ~ dessus dessous auch es geht alles drunter und drüber; mettre tout ~ dessus dessous alles auf den Kopf stellen; das Unterste zuoberst kehren; mettre une pièce ~ dessus dessous in e-m Zimmer alles durcheinanderbringen, -werfen; mettre qn ~ dessus dessous j-n völlig durcheinanderbringen; ~ devant derrière [sãdvãdɛrjɛr] verkehrt(herum)

sensass [sãsas] adj ‹inv› F Kurzwort für sensationnel 2.

sensation [sãsasjõ] f 1. Empfindung f; Gefühl n; Wahrnehmung f; ~ auditive, visuelle Gehörs-, Gesichtsempfindung f; ~ (dés)agréable (un)angenehmes Gefühl; ~ de bien-être Gefühl des Wohlbehagens; Wohlgefühl n; wohliges Gefühl n; ~ de vertige Schwindelgefühl n; j'avais la ~ d'étouffer ich glaubte zu ersticken; éprouver une ~ de fatigue Müdigkeit verspüren, empfinden; 2. Sensati'on f; faire ~ Aufsehen erregen; e-e Sensati'on sein; loc/adj à ~ Sensati'ons...; presse f à ~ Sensations-, Skan'dal-, Boule'vard-, Re'volverpresse f

sensationnalisme[sɑ̃sasjɔnalism(ə)] *m* Sensati'onsgier *f*, -hascherei *f*, -lust *f*
sensationnel [sɑ̃sasjɔnɛl] *adj* ⟨⁓le⟩ **1.** aufsehenerregend; sensatio'nell; *subst:* goût *m* du ⁓ Sensati'onslust *f*; être à l'affût du ⁓ auf Sensationen aussein; **2.** F toll; Klasse ⟨*inv*⟩; phan'tastisch; prima ⟨*inv*⟩; **n'avoir rien de** ⁓ F nicht besonders sein
sensé [sɑ̃se] *adj* vernünftig; *Sache auch* sinnvoll
senseur [sɑ̃sœr] *m tech, bes Raumfahrt* Sensor *m*; Meßfühler *m*
sensibilis|ateur [sɑ̃sibilizatœr] **I** *adj* ⟨-trice⟩ *phot* Sensibili'sierungs...; sensibili'sierend; **II** *subst* **1.** *m phot* Sensibili'sator *m*; ⁓ **chromatique** optischer Sensibilisator; **2.** *biol* sensibilisatrice *f* Ambo'zeptor *m*; ⁓**ation** *f* **1.** *phot, biol* Sensibili'sierung *f*; **2.** *fig* ⁓ de l'opinion Empfänglichmachen *n*, Sensibili'sierung *f* der öffentlichen Meinung, der Öffentlichkeit (à qc für etw); ⁓**er** *v/t* **1.** *phot* sensibili'sieren; lichtempfindlich machen; **2.** *biol* sensibili'sieren; **3.** *fig* ⁓ l'opinion (publique) die öffentliche Meinung, die Öffentlichkeit empfänglich, aufnahmebereit, aufgeschlossen machen, sensibili'sieren, bei der Öffentlichkeit Verständnis wecken (à un problème [à un Problem]; die Öffentlichkeit ansprechen, interes'sieren
sensibilité [sɑ̃sibilite] *f* **1.** *physiol* Empfindungsvermögen *n*; Sensibili'tät *f*; **2.** *e-r Person* **a)** Empfindsamkeit *f*; Feinfühligkeit *f*; Sensibili'tät *f*; **b)** weiches Gemüt; Mitgefühl *n*; Weichherzigkeit *f*; **dépourvu de** ⁓ gefühllos; **3.** *e-s Meßinstrumentes, e-r Waage etc* Empfindlichkeit *f*; *e-s Films* Lichtempfindlichkeit *f*; *allg auch* Sensibili'tät *f*
sensible [sɑ̃sibl(ə)] *adj* **1.** empfindlich; **nerfs** *m/pl* ⁓**s** empfindliche Nerven *m/pl*; **point** *m* ⁓ empfindliche Stelle; *fig auch* wunder Punkt; *mil* kriegswichtiges Objekt; ⁓ **au bruit, à la chaleur, au froid** lärm-, schmerz-, kälteempfindlich; empfindlich gegen Lärm, Schmerz, Kälte; **être** ⁓ **de la gorge** leicht Halsweh bekommen; **2.** *Person* empfindsam; feinfühlend; sen'sibel; empfänglich; empfindlich; mitfühlend; ⁓ **à qc** für etw empfänglich, aufgeschlossen; **être** ⁓ **à qc** *auch* für etw Verständnis haben; ⁓ **à la beauté, à la flatterie** empfänglich für das Schöne, für Schmeicheleien; ⁓ **à la critique, raillerie** empfindlich gegen Kritik, Spott; **avoir le cœur** ⁓ ein weiches, mitfühlendes Herz, ein weiches Gemüt haben; weichherzig sein; **être** ⁓ **au qu'en dira-t-on** auf das Gerede der Leute hören; **faire vibrer, toucher la corde** ⁓ **de qn** *cf* **corde** 5.; **3.** *Meßinstrument, Waage etc* empfindlich; *phot* lichtempfindlich; **papier** *m* ⁓ photographisches Papier mit e-r lichtempfindlichen Schicht; **4.** *mus* **note** *f* ⁓ *od subst* ⁓ *f* Sep'time *f*; **5. a)** wahrnehmbar; empfindbar; **monde** *m* ⁓ Sinnenwelt *f*; **à peine** ⁓ kaum wahrnehmbar; **b)** *Fortschritte, Preiserhöhung etc* fühlbar; spürbar; merklich; deutlich
sensiblement [sɑ̃sibləmɑ̃] *adv* **1.** fühlbar; spürbar; merklich; deutlich; **la température a** ⁓ **baissé** die Temperatur ist merklich zurückgegangen; **2.** etwa; ungefähr; **ils sont** ⁓ **de la même taille** sie sind etwa gleich groß
sensiblerie [sɑ̃sibləri] *f* 'Überempfindsamkeit *f*; Rührseligkeit *f*; Gefühlsduse'lei *f*
sensitif [sɑ̃sitif] **I** *adj* ⟨-ive⟩ Empfindungs...; sen'sibel; **nerfs** *m/pl* ⁓**s** Empfindungsnerven *m/pl*; **sensible**, sen'sori-

sche, affe'rente Nerven *m/pl*; **neurones** *m/pl* ⁓**s** sensible Neuronen *n/pl*; **II** *subst* **1.** ⁓, **sensitive** *m,f* 'überempfindlicher Mensch; Mi'mose *f*; **2.** *bot* **sensitive** *f* Mi'mose *f*; Sinnpflanze *f*
sensito|mètre [sɑ̃sitomɛtr(ə)] *m phot* Sensito'meter *n*; ⁓**métrie** *f phot* Sensitome'trie *f*
sensoriel [sɑ̃sɔrjɛl] *adj* ⟨⁓le⟩ *physiol, psych* Sinnes...; sen'sorisch; sensori'ell; **localisations** ⁓**les** sensorische Repräsentationszonen *f/pl*; **nerfs** *m/pl* ⁓**s** *cf* (nerfs) sensitif(s); **récepteurs** *m/pl* ⁓**s** Rezep'toren *m/pl*; Endkörperchen *n/pl*
sensorimoteur *od* **sensori-moteur** [sɑ̃sɔrimotœr] *adj* ⟨-trice⟩ *physiol, psych* sensomo'torisch
sensual|isme [sɑ̃sɥalism(ə)] *m philos* Sensua'lismus *m*; ⁓**iste I** *adj* sensua'listisch; **II** *m* Sensua'list *m*
sensualité [sɑ̃sɥalite] *f* Sinnlichkeit *f*; ⁓ **effrénée** hemmungslose Sinnlichkeit
sensuel [sɑ̃sɥɛl] *adj* ⟨⁓le⟩ *Person, Blick* sinnlich; *amour* ⁓ (rein) sinnliche Liebe; **bouche** ⁓**le** sinnlicher Mund
sentence [sɑ̃tɑ̃s] *f* **1.** *jur* Urteil *n*; Urteilsspruch *m*; **prononcer, exécuter une** ⁓ ein Urteil fällen, voll'strecken; **2.** Sinn-, Denkspruch *m*; Sen'tenz *f*
sentencieux [sɑ̃tɑ̃sjø] *adj* ⟨-euse⟩ *Ton, Miene* schulmeisterlich; *Ton auch* belehrend; lehrhaft; do'zierend
senteur [sɑ̃tœr] *f* **1.** *litt* Duft *m*; Wohlgeruch *m*; **2.** *bot* **pois** *m* **de** ⁓ Wohlriechende Wicke
senti [sɑ̃ti] *adj Äußerung, Bemerkung etc* **bien** ⁓ treffend; treffsicher; wohlgezielt; von Herzen kommend
sentier [sɑ̃tje] *m* Fußweg *m*; Wanderweg *m*; Pfad *m*; ⁓ **de contrebandier** Schmugglerpfad *m*; ⁓ **de montagne** Gebirgspfad *m*; Steig *m*; *Indianer u fig* **être sur le** ⁓ **de (la) guerre** auf dem Kriegspfad sein; *fig u litt* **suivre le(s)** ⁓**(s) de la vertu** *litt* den Pfad der Tugend wandeln
sentiment [sɑ̃timɑ̃] *m* **1.** Gefühl *n*; Empfindung *f*; ⁓**s patriotiques** patriotische Gefühle; **le** ⁓ **du devoir accompli** das Bewußtsein, s-e Pflicht, Schuldigkeit getan zu haben; ⁓ **d'infériorité** Minderwertigkeitsgefühl *n*; ⁓ **de haine** Haßgefühl *n*; Gefühl' des Hasses; ⁓ **de la nature** Na'turgefühl *n*; ⁓ **de pitié** Gefühl des Mitleids; ⁓ **de tendresse** zärtliches Gefühl; **avec** ⁓ mit Gefühl; gefühlvoll; **avoir le** ⁓ **de sa force** sich s-r Stärke bewußt sein; **j'ai le** ⁓ **que je me trompe** ich habe das Gefühl, den Eindruck, daß ich mich täusche; F **ça n'empêche pas les** ⁓**s** das tut der Liebe keinen Abbruch; **faire preuve de** ⁓**s bas** niedere Gefühle zeigen, an den Tag legen; F **la faire** *od* **faire ça au** ⁓ F es auf die weiche Tour versuchen; **faire du** ⁓ sentimen'tal werden; in Gefühlen schwelgen; (ne faites) **pas de** ⁓ ! bloß nicht sentimen'tal werden!; **manifester ses** ⁓**s** s-e Gefühle zeigen; **partager les** ⁓**s de qn** j-s Gefühle teilen; **prendre qn par les** ⁓**s** j-n von der Gefühlsseite her nehmen, packen; *Briefschluß* **veuillez agréer mes** ⁓ **distingués, respectueux** hochachtungsvoll; mit vorzüglicher Hochachtung; **2.** *st/s (opinion)* Meinung *f*; Ansicht *f*; **nous voudrions connaître votre** ⁓ **au sujet de ...** wir möchten Ihre Ansicht über (+*acc*) ... kennenlernen; **3.** *ch* Witterung *f*
sentimental [sɑ̃timɑ̃tal] *adj* ⟨-aux⟩ **1.** Gefühls...; *Person* gefühlbetont; gefühlvoll; **attachement** ⁓ Gefühlsbindung *f*; gefühlsmäßige Bindung; per-

sonne ⁓**e** *auch* Gefühlsmensch *m*; **2.** *péj Roman, Film, Person etc* sentimen'tal; über'trieben gefühlvoll; gefühlsselig; *Roman, Film auch* rührselig; *Person auch* F *u péj* gefühlsdus(e)lig; **3.** Liebes...; **aventure** ⁓**e** Liebeserlebnis *n*; *auch* Liebesabenteuer *n*, -affäre *f*; **déception** ⁓**e** Liebesenttäuschung *f*; ⁓**isme** *m* Hang *m* zur Sentimentali'tät; ⁓**ité** *f* Sentimentali'tät *f*; Gefühlsseligkeit *f*, -betontheit *f*; ⁓ **excessive** Gefühlsüberschwang *m*; Gefühlsschwelge'rei *f*; *péj* Rührseligkeit *f*; F Gefühlsduse'lei *f*
sentine [sɑ̃tin] *f mar* Bilge *f*; Pumpensumpf *m*; Brunnen *m*
sentinelle [sɑ̃tinɛl] *f* **1.** *mil* Schildwache *f*; (Wach-, Wacht)Posten *m*; **être en** ⁓ Posten, Wache stehen; **2.** P (*excréments*) Kothaufen *m*; F Kaktus *m*
sentir [sɑ̃tir] ⟨je sens, il sent, nous sentons; je sentais; je sentis; je sentirai; que je sente; sentant; senti⟩ **I** *v/t* **1.** fühlen; (ver)spüren; empfinden; (be)merken; ⁓ **la beauté de qc** die Schönheit von etw empfinden; für die Schönheit von etw empfänglich sein; F **ne plus** ⁓ **ses bras, ses jambes** *vor Müdigkeit* seine Arme, Beine nicht mehr spüren; ⁓ **la chaleur** die Wärme spüren; ⁓ **sa faiblesse** sich s-r Schwäche bewußt sein *bzw* werden; ⁓ **son cœur battre** Herzklopfen verspüren; **il sentit la colère le gagner** er fühlte, wie ihn der Zorn über'kam; ⁓ **la mort venir** den Tod (heran)nahen fühlen; **vous sentez bien qu'il ment** Sie merken doch, daß er lügt; **faire** ⁓ **qc** etw zum Bewußtsein bringen; **faire** ⁓ **qc à qn** j-n etw spüren lassen; *Wirkung, Mangel, Schmerz etc* **se faire** ⁓ sich bemerkbar machen; spürbar, fühlbar werden; **2.** *e-n Geruch* riechen; ⁓ **un fromage** an e-m Käse riechen; ⁓ **le parfum des lilas** den Fliederduft riechen; F **ne pas pouvoir** ⁓ **qn** F j-n nicht riechen können; **3. a)** *Sache, Person* ⁓ **qc** nach etw riechen, duften; *abs* **cette viande sent** dieses Fleisch riecht; ⁓ **bon** gut riechen; duften; ⁓ **mauvais, fort** schlecht *od* übel, stark riechen; stinken; ⁓ **le café, le jasmin** nach Kaffee, nach Jasmin riechen, duften; ⁓ **le renfermé** dumpf(ig), muffig riechen; **ça sent le roussi** a) hier riecht es angesengt, versengt; b) *fig* die Sache wird brenzlig; ⁓ **de la bouche** aus dem Mund riechen; **il sent des pieds** s-e Füße riechen; **b)** ⁓ **qc** nach etw schmecken; *Wein* ⁓ **le bouchon** nach dem Korken schmecken; **c)** *fig* **une plaisanterie qui sent la caserne** ein Witz, wie er unter Soldaten üblich ist; ⁓ **le pédantisme** auf e-e schulmeisterliche Art schließen lassen; ein schulmeisterliches Wesen verraten; **e-n Beigeschmack von** Schulmeisterei haben; **il sent son paresseux** man merkt ihm s-e Faulheit an; F **er stinkt vor Faulheit**; **II** *v/pr* **a)** *reflexiv* **se** ⁓ **bien** sich wohl fühlen; ⁓ **mal** sich schlecht, elend fühlen; **je me sens mal** *auch* mir ist schlecht; **je ne me sens pas bien** ich fühle mich nicht wohl, mich unwohl; **se** ⁓ **jeune, libre** sich jung, frei fühlen; **je ne m'en sens pas le courage** ich kann mich nicht dazu aufraffen; ich bringe es nicht übers Herz; **se** ⁓ **la force de faire qc** sich stark genug fühlen, etw zu tun; **je me sens revivre** ich fühle, spüre, wie ich wieder auflebe; F *fig* **tu ne te sens plus?** F du bist wohl nicht recht bei Trost?; **ne pas** *od* **plus se** ⁓ **de joie** sich nicht zu lassen wissen; vor Freude außer sich sein; **b)** *reziprok* **ils ne peuvent pas se** ⁓ F sie können sich nicht riechen; **c)** *passivisch*

cela se sent das merkt, spürt, fühlt man
seoir [swar] ⟨*déf:* il sied; il seyait; il siérait; seyant⟩ **I** *v/i litt* cette robe lui sied dieses Kleid steht ihr (gut); ce nom lui sied dieser Name paßt zu ihm; **II** *v/imp litt* il sied à qn de faire qc es geziemt sich für j-n *od litt* es steht j-m wohl an, etw zu tun; *iron* il vous sied bien de me donner des conseils! gerade Sie sind berufen, mir Ratschläge zu erteilen!
sépale [sepal] *m bot* Kelchblatt *n*
séparable [separabl(ə)] *adj* (ab)trennbar; *deutsche Grammatik* verbe m à particule ~ unfeste Zusammensetzung
séparateur [separatœr] **I** *adj* ⟨-trice⟩ trennend; *opt* pouvoir ~ Auflösungsvermögen *n;* **II** *m* **1.** *tech* **a)** Abscheider *m;* ~ d'huile Ölabscheider *m;* **b)** *-s Akkus* Trennwand *f;* **2.** *EDV* Trennzeichen *n*
séparation [separasjɔ̃] *f* **1.** (Ab)Sonderung *f;* Teilung *f;* Abtrennung *f;* Scheidung *f; von Personen auch* Getrenntsein *n;* ~ difficile à supporter schwer zu ertragende Trennung; la ~ de l'Allemagne die deutsche Teilung; *jur* ~ de biens Gütertrennung *f;* ~ de corps Trennung von Tisch und Bett; *pol* ~ de l'Église et de l'État Trennung von Kirche und Staat; *jur* ~ de fait Getrenntleben *n; phys atom* ~ des isotopes Iso'topentrennung *f; pol* ~ des pouvoirs Gewaltenteilung *f,* -trennung *f;* **2.** Trennwand *f bzw* Trennungslinie *f;* Begrenzung *f;* établir une ~ entre deux terrains zwei Grundstücke trennen
séparat|isme [separatism(ə)] *m pol* Sepa'ratismus *m;* **~iste I** *adj* separa'tistisch; **II** *m* Separa'tist *m*
séparé [separe] *adj* getrennt; *Ehegatten* getrennt lebend; paix ~e Sepa'ratfrieden *m;* vivre ~ du reste des hommes von den übrigen Menschen abgesondert leben; **~ment** *adv* getrennt; gesondert; interroger les témoins ~ die Zeugen getrennt, einzeln vernehmen; traiter deux questions ~ zwei Probleme getrennt behandeln
séparer [separe] **I** *v/t* trennen, (ab)sondern, abtrennen, scheiden (de von); *zwei Personen* ausein'anderbringen; leurs conceptions divergentes les séparent die Verschiedenheit ihrer Auffassungen trennt sie; la mort les a séparés der Tod hat sie getrennt; ~ ses cheveux par une raie *-e* Haare durch e-n Scheitel teilen; ~ les combattants die Kämpfenden trennen; *fig* ~ le bon grain de l'ivraie die Spreu von Weizen sondern, trennen; ~ la mère de ses enfants die Mutter von ihren Kindern trennen; ~ la théorie et la pratique Theorie und Praxis unter'scheiden, ausein'anderhalten, trennen; **II** *v/pr* se ~ **1.** *Freunde, Ehegatten* sich trennen; ausein'andergehen; se ~ de qn, de qc sich von j-m, von etw trennen; **2.** *Versammlung, Umzug* sich auflösen; *Versammlung auch* ausein'andergehen
sépia [sepja] *f* **1.** *zo* Farbsekret des Tintenfisches Sepia *f;* **2.** *Farbstoff* Sepia *f;* **3.** *peint* Sepiazeichnung *f*
sépiole [sepjɔl] *f zo* Zwergsepia *f*
seps [sɛps] *m zo* (*Art*) Erzschleiche *f*
sept [sɛt] **I** *adj/num/c* sieben; le ~ août der sieb(en)te August *bzw* am sieb(en)ten August; **Charles VII** Karl VII. (der Sieb[en]te); **page** ~ Seite sieben; à ~ siebt, sieben(t); **chandelier à** ~ **branches** siebenarmiger Leuchter; **de** ~ **ans** siebenjährig; *von sieben Jahren;* **la guerre de** ⩒ **ans** der Siebenjährige Krieg; **il est** ~ **heures** es ist sieben (Uhr); **II** *m* ⟨*inv*⟩ Sieben *f; südd auch* Siebener *m;* **le** ~ **de carreau** die Karo-

sieben; **le** ~ **(du mois)** der Sieb(en)te *bzw* am Sieb(en)ten (des Monats); *cf auch* **deux II**
septain [sɛtɛ̃] *m métr* Siebenzeiler *m*
septante [sɛptɑ̃t] *adj/num/c* **1.** *in Belgien u in der Schweiz* siebzig; **2.** *bibl* la version des ⩒ die Septua'ginta
septembre [sɛptɑ̃br(ə)] *m* Sep'tember *m; hist* **les Massacres** *m/pl* **de** ~ die Septembermorde *m/pl*
septenn|al [sɛptɛ(n)nal] *adj* ⟨-aux⟩ siebenjährig *bzw* -jährlich; **mandat** ~ Mandat *n* auf sieben Jahre; *auch* siebenjährige Amtszeit; **~at** *m* siebenjährige Amtszeit (*bes des französischen Präsidenten*)
septentrional [sɛptɑ̃trijɔnal] *adj* ⟨-aux⟩ nördlich; Nord...; **l'Europe ~e** Nordeuropa *n;* **la partie ~e d'un pays** der nördliche Teil e-s Landes
septicémie [sɛptisemi] *f path* Blutvergiftung *f; sc* Sepsis *f;* Septik(h)ä'mie *f*
septième [sɛtjɛm] **I** *adj/num/o* siebente(r, -s) *od* siebte(r, -s); **le** ~ **art** die Filmkunst; **être au** ~ **ciel** im siebenten Himmel sein; **II** *subst* **1.** **le, la** ~ der, die, das sieb(en)te (*der Reihe nach*) *bzw* der, die, das Sieb(en)te (*der Leistung od dem Rang nach*); **2.** *m math* Sieb(en)tel *n;* **3.** *m* sieb(en)ter Stock; sieb(en)tes Stockwerk; sieb(en)te E'tage; **habiter au** ~ im sieb(en)ten Stock wohnen; **4.** *in Paris* **le** ~ das sieb(en)te Arrondisse'ment; **5.** *f Schule* fünfte Grundschulklasse (*in Frankreich Klasse vor dem Übergang in die höhere Schule*); **6.** *f mus* Sep'time *f;* **~ment** *adv* sieb(en)tens
septime [sɛptim] *f esc* Sep'tim(parade) *f*
septique [sɛptik] *adj* **1.** *méd* septisch; **2.** **fosse** ~ Klärgrube *f*
septolet [sɛptɔlɛ] *m mus* Sep'tole *f;* Septi'mole *f*
septuagénaire [sɛptɥaʒenɛr] **I** *m,f* Siebzigjährige(r) *f(m);* Siebziger(in) *m(f);* **II** *adj* siebzigjährig
septuagésime [sɛptɥaʒezim] *f rel* (**dimanche de**) **la** ~ (der Sonntag) Septua'gesima *f*
septuor [sɛptɥɔr] *m mus* Sep'tett *n*
septuple [sɛptypl(ə)] **I** *adj* siebenfach; **II** *subst* **le** ~ das Siebenfache
septupler [sɛptyple] **I** *v/t* versiebenfachen; **II** *v/i* sich versiebenfachen
sépulcral [sepylkral] *adj* ⟨-aux⟩ **voix ~e** Grabesstimme *f*
sépulcre [sepylkr(ə)] *m cf* **Saint-Sépulcre**
sépulture [sepyltyr] *f litt* **1.** Bestattung *f;* **2.** Grab(stätte) *f*
séquelle [sekɛl] *f meist* **~s** Folgen *f/pl;* Folgeerscheinungen *f/pl;* Nachwirkungen *f/pl;* Nachwehen *f/pl*
séquence [sekɑ̃s] *f* Folge *f; beim Kartenspiel auch* Sequ'enz *f; e-s Films* Bildfolge *f;* Filmausschnitt *m;* Sequ'enz *f; Liturgie, mus* Sequ'enz *f*
séquentiel [sekɑ̃sjɛl] *adj* ⟨~le⟩ *EDV* sequenti'ell; fortlaufend, nachein'ander zu bearbeitend
séquestration [sekɛstrasjɔ̃] *f jur* Freiheitsberaubung *f*
séquestre [sekɛstr(ə)] *m jur* **1.** Zwangsverwaltung *f;* Sequestrati'on *f;* Beschlagnahme *f;* **mettre, placer sous** ~ unter Zwangsverwaltung stellen; **2.** Zwangsverwalter *m;* Sequ'ester *m*
séquestrer [sekɛstre] *v/t* **1.** ~ **qn** j-n ('widerrechtlich) einsperren; j-n der Freiheit berauben; **2.** *jur* ~ **qc** etw unter Zwangsverwaltung stellen; etw seque'strieren
sequin [səkɛ̃] *m hist Münze* Ze'chine *f*
séquoia [sekɔja] *m bot* Mammutbaum *m; sc* Sequ'oia *f*
sérac [serak] *m an Gletscherbrüchen*

meist *pl* **~s** Eis-, Firnzacken *f/pl,* -nadeln *f/pl,* -türme *m/pl; sc* Séracs *m/pl*
serai [s(ə)rɛ] *etc cf* **être¹**
sérail [seraj] *m* Se'rail *n; Mozart* **L'Enlèvement au** ~ Die Entführung aus dem Serail
sérançage [serɑ̃saʒ] *m von Flachs, Hanf* Hecheln *n*
sérancer [serɑ̃se] *v/t* ⟨-ç-⟩ *Flachs, Hanf* hecheln
séraph|in [serafɛ̃] *m bibl* Seraph *m;* **les ~s** die Seraphim; **~ique** *adj rel u fig* se'raphisch
serbe [sɛrb] **I** *adj* serbisch; **II** *subst* ⩒ *m,f* Serbe *m,* Serbin *f*
serbo-croate [sɛrbokrɔat] **I** *adj* serbokro'atisch; **II** *subst* **1.** ⩒ *m,f* Serbokro'ate, -kro'atin *m,f;* **2.** *ling* **le** ~ das Serbokro'atische; Serbokro'atisch *n*
serein [sərɛ̃] *adj* ⟨-eine [-ɛn]⟩ **1.** *Wesen etc* ruhig; beschaulich; ausgeglichen; gelassen; heiter; *Urteil, Kritik* leidenschaftslos; **2.** *st/s Wetter, Himmel* heiter
sérénade [serenad] *f* **1.** (*nächtliches*) Ständchen; Sere'nade *f;* **2.** *mus* Sere'nade *f;* **3.** F *fig* Krach; Spek'takel *m;* **faire une** ~ e-n Spektakel veranstalten
sérénissime [serenisim] *adj* Fürstentitel **Altesse** ~ 'Durchlaucht *f*
sérénité [serenite] *f e-r Person* Ruhe *f;* Ausgeglichenheit *f;* innere Heiterkeit
séreux [serø] *adj* ⟨-euse⟩ *physiol* se'rös; **membranes séreuses** *od subst* **séreuses** *f/pl* se'röse Häute *f/pl*
serf [sɛrf] *m,* **serve** [sɛrv] *f féod* Leibeigene(r) *f(m);* Hörige(r) *f(m)*
serfou|ette [sɛrfwɛt] *f* Kreuz-, Gartenhacke *f;* **~ir** *v/t* leicht 'umhacken; (be)hacken; **~issage** *m* 'Umhacken *n;* (Be-) Hacken *n*
serge [sɛrʒ] *f text* (Kammgarn)Serge *f, österr auch m*
sergé [sɛrʒe] *m text* Köper *m; adit* **armure** ~ Köperbindung *f;* **tissu d'armure** ~ Stoff *m* in Köperbindung
sergent [sɛrʒɑ̃] *m* **1.** *mil* (Stabs)'Unteroffizier *m;* **2.** *früher* ~ **de ville** Schutzmann *m;* Poliz'ist *m;* **3.** *tech* Schraubzwinge *f;* **~-chef** *m* ⟨*pl* sergents-chefs⟩ *mil* (Ober)Feldwebel *m;* **~-major** *m* ⟨*pl* sergents-majors⟩ *mil* Ober- *bzw* Hauptfeldwebel *m; auch* Rechnungsführer *m*
sergette [sɛrʒɛt] *f text* Ser'gette *f*
sérialisme [serjalism(ə)] *m mus* seri'elle (Ton)Technik
séricicole [serisikɔl] *adj* Seidenraupenzucht...
séricicult|eur [serisikyltœr] *m* Seidenraupenzüchter *m;* **~ure** *f* Seidenraupenzucht *f*
séric|igène [serisiʒɛn] *adj zo* seidenspinnend; **papillons** *m/pl* **~s** Seidenspinner *m/pl;* **~ine** *f* Seidenleim *m; sc* Seri'cin *n;* **~ite** *f minér* Seri'zit *m*
série [seri] *f* **1.** Reihe *f;* Folge *f; von gleichartigen Dingen auch* Satz *m;* ~ **noire** Reihe von Katastrophen; Serie von Verbrechen; Unfallserie *f;* Pechsträhne *f;* **une** ~ **d'accidents** e-e Reihe von Unfällen; e-e Unfallserie *f;* **une** ~ **de casseroles** ein Satz Kochtöpfe; **une** ~ **d'émissions** e-e Sendereihe, -folge; **une** ~ **de timbres** ein Satz Briefmarken; **article** *m,* **voiture** *f* **de** ~ Serienartikel *m,* -wagen *m; fins* f/pl **de** ~ Artikel *m/pl* e-r auslaufenden Serie; Restposten *m/pl;* **en** ~ serienmäßig, -weise; in Serie(n); **fabrication** *f,* **production** *f* **en** ~ Serienfertigung *f,* -produktion *f;* **fabrication** *f* **en grande** ~ Massenproduktion *f,* -erzeugung *f;* **fabriquer en** ~ serienmäßig, in Serie herstellen; **article fabriqué en grande** ~ Massenartikel *m;* **'hors** ~ **a)** in Sonderanfertigung herge-

stellt; b) *fig* außergewöhnlich; **modèle** *m* 'hors ~ Sonderanfertigung *f*; **carrière** *f* 'hors ~ außergewöhnliche Karriere; **2.** *math, chim, mus* Reihe *f*; ~ **convergente, divergente** konvergente, divergente Reihe; **3.** *élect* **en** ~ in Reihe, Serie (geschaltet); **montage** *m* **en** ~ Hinterein'ander-, Reihen-, Serienschaltung *f*; **4.** *Billard* Serie *f*; **5.** *sports* **a)** Vorlauf *m*; Vorentscheidung *f*; **b)** Leistungsgruppe *f*, -klasse *f*

sériel [serjɛl] *adj* ⟨~le⟩ Reihen...; Serien...; **musique** ~le seri'elle Musik

sérier [serje] *v/t Probleme etc* syste'matisch aufgliedern

sérieusement [serjøzmɑ̃] *adv* **1.** im Ernst; *ellip* ~? im Ernst?; **parler** ~ im Ernst sprechen; **2.** ernsthaft; ernstlich; ~ **malade** ernstlich krank; **s'occuper** ~ **de qc** sich ernstlich, ernsthaft mit etw befassen; **travailler** ~ fleißig, gewissenhaft arbeiten

sérieux [serjø] **I** *adj* ⟨-euse⟩ **1.** *Person, Gesicht* ernst; *Drohung, Versprechen etc* ernst; ernsthaft; *Bedenken, Hindernis etc* ernst; ernstlich; **aggravation sérieuse** ernstliche, bedenkliche Verschlimmerung; **air** ~ ernste Miene; *crise, situation* **sérieuse** ernste Krise, Lage; **lecture sérieuse** ernste Lektüre; **offre sérieuse** ernsthaftes, ernstgemeintes Angebot; F ~ **comme un pape** todernst; *in Annoncen* **pas** ~ **s'abstenir** nur ernstgemeinte Zuschriften; **je suis** ~ ich meine es wirklich ernst; **ce n'est pas** ~? das ist doch nicht Ihr Ernst?; **c'est tout ce qu'il y a de plus** ~ es ist wirklich ernst; **il ne pourrait être plus** ~ es könnte nicht ernster sein; es ist mein völliger, blutiger, absoluter Ernst; **2.** ⟨*vorangestellt*⟩ *Vorsprung, Fortschritte etc* groß; bedeutend; **de** ~ **bénéfices** bedeutende Gewinne *m/pl*; **de sérieuses raisons** gewichtige Gründe *m/pl*; **3.** *Person* **a)** zuverlässig; gewissenhaft; **b)** gesetzt; besonnen; *im Lebenswandel* so'lid(e); **élève** ~ fleißiger Schüler; **maison sérieuse** seri'öse Firma; *travail* ~ sorgfältige, gewissenhafte Arbeit; **II** *m* Ernst *m*; Ernsthaftigkeit *f*; F **c'est du** ~ das ist ernst (zu nehmen); damit ist nicht zu spaßen; **garder son** ~ ernst bleiben; **il manque de** ~ er ist nicht gewissenhaft, zuverlässig, seri'ös genug; es fehlt ihm am nötigen Ernst; **perdre son** ~ nicht mehr ernst bleiben können; **prendre qn, qc au** ~ j-n, etw ernst nehmen; **se prendre au** ~ sich wichtig nehmen

sérigraphie [serigrafi] *f tech* Siebdruck *m*; Serigra'phie *f*

serin [s(ə)rɛ̃] *m* **1.** *zo* Girlitz *m*; *bes* Ka'narienvogel *m*; *adit* **jaune** ~ ⟨*inv*⟩ ka'nariengelb; **2.** *fig* Gimpel *m*

sérine [serin] *f* **1.** *chim* Se'rin *n*; **2.** *physiol* Serumalbumin *n*

seriner [s(ə)rine] *v/t* F eintrichtern, einpauken (**qc à qn** j-m etw)

seringa(t) [s(ə)rɛ̃ga] *m bot* Falscher Jas'min; Pfeifenstrauch *m*

seringue [s(ə)rɛ̃g] *f* **1.** *méd* Spritze *f*; ~ **à injections** Injekti'onsspritze *f*; ~ **à lavement** Kli'stierspritze *f*; ~ **à jard** Gartenspritze *f*; **3.** *arg* (*mitraillette*) F Kugelspritze *f*; ~**er** *v/t* **1.** *jard, méd* spritzen; **2.** *arg* ~ **qn** auf j-n schießen

sérique [serik] *adj méd* Serum...

serment [sɛrmɑ̃] *m* Eid *m* (*auch jur*); Schwur *m*; **faux** ~ *fahrlässig* Falscheid *m*; *vorsätzlich* Meineid *m*; **faire un faux** ~ e-n Falscheid, Meineid schwören, leisten; ~ **judiciaire** Eid vor Gericht; ~ **professionnel** Amts-, Diensteid *m*; ~ **d'amour** Liebesschwur *m*; ~ **de l'expert** Sachverständigeneid *m*; *méd* **le** ~ **d'Hippocrate** der Eid des Hippokrates; *fig* ~ **d'ivrogne** leere Versprechun-

---

gen *f/pl; hist* **le** ~ **du Jeu de Paume** der Ballhausschwur; *loc/adj u loc/adv* **sous** (**la foi du**) ~ unter Eid; eidlich; **déposition** *f* **sous** ~ eidliche Aussage; **déclarer, déposer, attester** *od* **témoigner sous** ~ unter Eid erklären, aussagen, bezeugen; **affirmer par** ~ eidlich bekräftigen; **beeid(ig)en; délier qn de son** ~ j-n von s-m Eid entbinden; **faire (le)** ~ **de** (+*inf*) schwören zu (+*inf*); **je vous en fais le** ~ ich schwöre es Ihnen; **prêter** ~ e-n, den Eid leisten, ablegen; **faire prêter** ~ **à qn** j-n vereidigen; **j-m den Eid abnehmen; refuser de prêter** ~ den Eid verweigern; **violer le** ~ den Eid brechen; eidbrüchig werden

sermon [sɛrmɔ̃] *m* **1.** *égl* Predigt *f; bibl* **le ♀ sur la montagne** die Bergpredigt; **2.** *fig u péj* Straf-, Mo'ralpredigt *f*; Ser'mon *m*; **faire un** ~ **à qn** j-m e-e Strafpredigt halten; j-n abkanzeln

sermonn|er [sɛrmɔne] *v/t* ~ **qn** j-n abkanzeln; j-m e-e Strafpredigt halten; j-n abkanzeln; ~**eur** *m* Mo'ralprediger *m*; Nörgler *m*

séro|diagnostic [serɔdjagnɔstik] *m méd* Serodia'gnostik *f*; ~**logie** *f méd* Serolo'gie *f*

sérosité [serozite] *f physiol* se'röse Flüssigkeit

sérothérapie [serɔterapi] *f méd* Serothera'pie *f*; Serumbehandlung *f*

serpe [sɛrp] *f jard* Hippe *f; fig* **taillé à coups de** ~ grob(schlächtig); klobig

serpent [sɛrpɑ̃] *m* **1.** *zo* Schlange *f*; ~ **venimeux** Giftschlange *f*; ~ **à lunettes** Brillenschlange *f*; ~ **à sonnettes** Klapperschlange *f; myth* ~ **de mer** Seeschlange *f*; **peau** *f* **de** ~ Schlangenleder *n*; F *fig u iron* **réchauffer un** ~ **dans son sein** e-e Schlange am Busen nähren; **2.** *mus früher* Schlangenhorn *n*; Ser'pent *m*; **3.** *astr* **le ♀** die Schlange; **4.** *écon* ~ **monétaire** Währungsschlange *f*

serpent|aire [sɛrpɑ̃tɛr] **1.** *f bot* Drachenwurz *f*; Schlangenkraut *n* (*Name verschiedener Pflanzen*); **2.** *m zo* Sekre'tär *m*; ~**eau** *m* ⟨*pl* ~**x**⟩ **1.** *zo* junge Schlange; **2.** *Feuerwerkskörper* Schwärmer *m*

serpenter [sɛrpɑ̃te] *v/i Fluß, Straße* sich schlängeln; sich winden; in Windungen, in e-r Schlangenlinie verlaufen

serpent|in [sɛrpɑ̃tɛ̃] **I** *adj litt* schlangenartig; Schlangen...; **II** *m* **1.** Pa'pierschlange *f*; **2.** *tech* Rohrschlange *f*; *e-r Heizanlage* Heizschlange *f*; *e-r Kühlanlage* Kühlschlange *f*; ~**ine** *f minér* Ser'pentin *m*

serpette [sɛrpɛt] *f jard, vit* Gartenhippe *f*, -messer *n*; Rebmesser *n*

serpigineux [sɛrpiʒinø] *adj* ⟨-euse⟩ *path* von *Hautflechten etc* sich weiter verbreitend; ser'pigi'nös; serpens

serpillière [sɛrpijɛr] *f* Scheuertuch *n*, -lappen *m*

serpolet [sɛrpɔlɛ] *m bot* Feldthymian *m*; Feld-, Hühnerquendel *m*

serpule [sɛrpyl] *f zo* Kalkröhrenwurm *m*

serrage [sɛra3] *m tech* (Fest-, Ein)Klemmen *n*; (Fest-, Ein)Spannen *n*; *e-r Schraube, Bremse* Anziehen *n*; **collier** *m* **de** ~ Spannring *m*; Klemmschelle *f*

serran [sɛrɑ̃] *m zo* Zackenbarsch *m*; écriture Schriftbarsch *m*

serratule [sɛratyl] *f bot* (Färber)Scharte *f*; Färberdistel *f*

serre [sɛr] *f* **1.** Gewächs-, Treibhaus *n*; ~ **chaude, froide** Warm-, Kalthaus *n*; ~ **tempérée** temperiertes Haus; ~ **à forcer** Treibhaus *n* (*zum Antreiben*); **2.** *zo* ~**s** *pl* Fänge *m/pl*; Klauen *f/pl* (*der Raubvögel*); **3.** *mar* Stringer *m*; **4.** (Zu'sammen)Pressen *n; von Trauben auch* Keltern *n*

serré [sɛre] *adj* **1.** *Kleidung* eng(anliegend); knapp; *Schrift* eng; *Text* engge-

---

druckt; *Stoff* dicht; fest; *Regen* dicht; *mil* **ordre** ~ **a)** geschlossene Ordnung; **b)** For'malausbildung *f*; **en rangs** ~**s** in geschlossenen, dichten Reihen; *Menschen* **être** ~**s** dicht gedrängt, zusammengedrängt, -gepreßt sein *bzw* stehen *bzw* sitzen; **2.** *fig Stil* gedrängt; straff; knapp; *Konkurrenz* scharf; *Logik, Kritik, Argumentation* streng; *Diskussion, Kampf, Verhandlungen* hart; *jeu* ~ vorsichtiges Spiel; *partie* ~**e** harte, schwierige Partie; harter, schwerer Kampf; *bei e-r Wahl* **entre les deux candidats la partie a été** ~**e** *auch* es kam zwischen den beiden Kandidaten zu e-m Kopf-an-Kopf-Rennen; *sports* **score** ~ knappes Ergebnis; **avoir le cœur** ~ bedrückt, beklommen sein; **avoir la gorge** ~**e** kein Wort herausbringen; **il avait la gorge** ~**e** *auch* s-e Kehle war wie zugeschnürt; *adv* **jouer** ~ *cf* jouer 5. **c)**

serre-|câble [sɛrkabl(ə)] *m* ⟨*pl* **serre-câbles**⟩ *tech* Kabelklemme *f*; ~**-file** *m* ⟨*inv*⟩ **a)** *mil* am Ende e-r Ko'lonne mar'schierender ('Unter)Offi'zier; **b)** *mar mil* Schlußschiff *n*; ~**-fils** [-fil] *m* ⟨*inv*⟩ *élect* Leitungs-, Verbindungsklemme *f*; ~**-frein(s)** *m* ⟨*inv*⟩ *ch de fer* Bremser *m*; ~**-joint(s)** *m* ⟨*inv*⟩ *tech* Schraubzwinge *f*; ~**-livres** *m* ⟨*inv*⟩ Bücherstütze *f*

serrement [sɛrmɑ̃] *m* **1.** ~ **de cœur** Bedrücktheit *f*; Beklemmung *f*; **2.** *mines* Verdämmung *f*

serre-nez [sɛrne] *m* ⟨*inv*⟩ *vét* (Nasen-) Bremse *f*

serrer [sɛre] **I** *v/t* **1.** (zu'sammen-) drücken, (-)pressen, (-)drängen; *Kleidungsstück* ~ **le cœur** das Herz zusammenschnüren, bedrücken; ~ **les dents** die Zähne zusammenbeißen; F *fig* ~ **les fesses** *cf* fesse; *impr* ~ **une forme** e-e Druckform schließen; ~ **les lèvres** die Lippen zusammenkneifen, -pressen; ~ **la main à qn** j-m die Hand geben, drücken; *Schuhe* ~ **le pied** drücken; zu eng sein; **cette chaussure me serre** mein Schuh drückt; *dieser Schuh drückt* (mich); ~ **le poignet à qn** j-n am Handgelenk festhalten; *fig* **alle Energie aufbieten;** ~ **la queue** den Schwanz einziehen; ~ **les rangs** auf-, zusammenrücken; aufschließen; *fig* (fest) zusammenhalten; **serrez!** aufrücken!; aufschließen!; ~ **son stylo en écrivant** s-n Füller beim Schreiben krampfhaft drücken; *Kleidungsstück* ~ **la taille** in *od* an der Taille eng anliegen; *mar* ~ **une voile** ein Segel beschlagen, festmachen; ♦ ~ **à la gorge** j-m die Kehle zudrücken, *Angst* zuschnüren; ~ **qn contre, sur son cœur** j-n an sein Herz, ans Herz, an die Brust drücken; ~ **qn, qc contre soi** j-n, etw an sich drücken; ~ **un cycliste contre le trottoir** e-n Radfahrer gegen den Gehweg drängen; ~ **qn dans ses bras** j-n in die Arme schließen; j-n um'armen; ~ **qc dans un étau** etw in e-n Schraubstock spannen; ~ **sa pipe entre ses dents** s-e Pfeife mit den Zähnen festhalten; ~ **qc sous son bras** etw unter den Arm geklemmt halten; **2.** *Knoten* fest-, zuziehen; fester binden; *auch Riemen* anziehen; *Gürtel* enger machen, schnallen (**d'un cran** um ein Loch); *Schraube, Bremse* anziehen; **3.** ~ **l'ennemi de près** den Feind bedrängen; dem Feind hart zusetzen; F ~ **une femme de près** sich an e-e Frau her'anmachen; (*e-r Frau gegenüber*) zudringlich werden; ~ **un problème de près** ein Problem scharf, genau erfassen; ~ **le texte de près** streng am Text bleiben; *la voiture suivan-*

te le serra de trop près ... fuhr zu dicht auf, an ihn heran; **4.** ~ **qc** nahe, dicht an etw (*dat*) (entlang)gehen, (-)fahren; *mar:* ~ **la terre** möglichst dicht am Land fahren; ~ **le vent** hart, dicht, scharf am Wind segeln; kneifen; **II** *v/i* ~ **à droite** sich rechts einordnen; sich (nach) rechts halten; **III** *v/pr* **a)** *reflexiv* **se** ~ sich in ein enges Kleid zwängen; sich einschnüren; *Herz* **se** ~ sich zu'sammenschnüren; ~ **la taille** sich die Taille, in der Taille schnüren; **se** ~ **contre qn** sich an j-n anschmiegen; **se** ~ **contre un mur** sich an e-e Mauer pressen; **b)** *reziprok* **se** ~ **(les uns contre les autres)** sich (zu'sammen-)drängen; zu'sammenrücken; *fig* **se** ~ **les coudes** zu'sammenhalten

serre-tête [sɛrtɛt] *m ‹inv›* **a)** Stirnband *n*; **b)** Haarreif *m*

serrure [seryr] *f* Schloß *n*; ~ **de sûreté** Sicherheitsschloß *n*; **trou** *m* **de (la)** ~ Schlüsselloch *n*; **brouiller une** ~ ein Schloß verdrehen; **laisser la clef dans, sur la** ~ den Schlüssel steckenlassen

serrurerie [seryrri] *f* Schlosse'rei *f*; ~ **d'art a)** Kunstschlosserei *f*; **b)** *coll* Kunstschlosser-, Kunstschmiedearbeit(en) *f(pl)*; ~ **du bâtiment** Bauschlosserei *f*

serrurier [seryrje] *m* Schlosser *m*; ~ **en bâtiment** Bauschlosser *m*

sers, sert [sɛr, sɛr] *cf* **servir**

serte [sɛrt] *f cf* **sertissage**

sertir [sɛrtir] *v/t* **1.** *Edelstein* fassen; **2.** *tech* falzen

sertiss|age [sɛrtisaʒ] *m* **1.** *von Edelsteinen* Fassen *n*, -ung *f*; **2.** *tech* Falzen *n*; **~eur** (*Edelstein*)Fasser *m*; **~ure** *f e-s Edelsteins* Fassung *f*

sérum [serɔm] *m physiol, méd* (Blut-, Heil)Serum *n*; ~ **antidiphtérique, antitétanique, antivenimeux** Diphthe'rie-, Tetanus-, Schlangenserum *n*; ~ **artificiel, physiologique** physiologische Kochsalzlösung; ~ **de vérité** Wahrheitsdroge *f*; **~albumine** *f physiol* Serumalbumin *n*; **~globuline** *f physiol* Serumglobulin *n*

servage [sɛrvaʒ] *m féod* Leibeigenschaft *f*

serval [sɛrval] *m zo* Serval *m*

servant [sɛrvɑ̃] **I** *adj ‹nur m›* dienend; **chevalier** ~ *meist iron* ständiger Begleiter; *hist* auserwählter Ritter *e-r Dame*; *jur* **fonds** ~ dienendes, mit e-r Grunddienstbarkeit belastetes Grundstück; *égl* **frère** ~ dienender Bruder; **II** *m* **1.** *égl cath* Meßdiener *m*; Mini'strant *m*; **2.** *mil* Bedienungsmann *m*; *Artillerie* Kano'nier *m*; **~s** *pl* Bedienungsmannschaft *f*; **3.** *Tennis* Aufschläger *m*

servante [sɛrvɑ̃t] *f* **1.** Dienstmädchen *n*; Magd *f*; Dienerin *f* (*auch fig u st/s*); **2.** *tech* Stützbock *m*; verstellbare Stütze *f*

serv|eur [sɛrvœr] *m* **1.** Kellner *m*; Bedienung *f*; **2.** *Tennis, Tischtennis* Aufschläger *m*; **~euse** *f* Kellnerin *f*; Bedienung *f*; Ser'viererin *f*; *schweiz* Ser'vier-, Saaltochter *f*

servi|abilité [sɛrvjabilite] *f* Hilfsbereitschaft *f*; Gefälligkeit *f*; **~able** *adj* hilfsbereit; gefällig

service [sɛrvis] *m* **1.** Dienst *m*; **~s** *pl auch* Dienstleistungsgewerbe *n*; *comm* ~ **après-vente** Kundendienst *m*; ~ **secret** Geheimdienst *m*; *tél* ~ **des abonnés absents** (Fernsprech)Auftragsdienst *m*; ~ **d'entretien** Wartungsdienst *m*; ~ **de nuit** Nachtdienst *m*; ~ **d'ordre** Ordnungsdienst *m*; **années** *f/pl* **de** ~ Dienstjahre *n/pl*; **avoir vingt ans de** ~ zwanzig Jahre im Dienst sein; **femme** *f* **de** ~ *in Schulen, Heimen* weibliche Hilfskraft; Hausmädchen *n*; *im Krankenhaus* Sta-

ti'onsmädchen *n*; **(prestation** *f* **de)** ~ Dienstleistung *f*; **règlement** *m* **de** ~ Dienstordnung *f*, -vorschriften *f/pl*; **voiture** *f* **de** ~ **a)** Dienstwagen *m*; **b)** Vorführwagen *m*; *loc/adj* **de** ~ dienst-habend, -tuend; **pompiers** *m/pl* **de** ~ diensthabende Feuerwehrleute *pl*; **être de** ~ Dienst haben; im Dienst sein; **ne pas être de** ~ *auch* frei haben; **soyez assuré de mes ~s** Sie können versichert sein, daß ich etwas für Sie tun werde; **j'ai un** ~ **à vous demander** ich möchte Sie um e-e Gefälligkeit, um e-n Gefallen bitten; ich habe e-e Bitte an Sie; *F* **qu'y a-t-il pour votre** ~? womit kann ich Ihnen dienen?; Sie wünschen?; **cesser son** ~ aus dem Dienst (aus)scheiden; **entrer au** ~ **de qn** in j-s Dienst(e) treten; **je suis à votre** ~! bitte sehr!; **être au** ~ **de qn** in j-s Dienst(en) stehen; **être au** ~ **d'une cause** im Dienst e-r Sache stehen; **être en** ~ **commandé** unter dienstlichem Befehl stehen; in Ausführung e-s Befehls handeln; **être en** ~ **chez qn** bei j-m im Dienst stehen; **se mettre au** ~ **de qn** in j-s Dienst(e) treten; **se mettre au** ~ **d'une cause** sich in den Dienst e-r Sache stellen; **offrir ses ~s** s-e Dienste anbieten; **se passer, se priver des** ~s **de qn** auf j-s Dienste verzichten (*j-n entlassen*); **prendre son** ~ s-n Dienst antreten; **prendre qn à son** ~ j-n in Dienst, in s-e Dienste nehmen; **rendre (un)** ~ **à qn** j-m e-n Dienst, e-e Gefälligkeit erweisen; j-m e-n Gefallen tun; *Sache* **rendre des** ~s, **de bons, grands** ~s **à qn** j-m gute Dienste leisten; tun; j-m (viel) nützen; **rendre un mauvais** ~ **à qn** j-m e-n schlechten Dienst, e-n Bärendienst erweisen; *F* **cela peut toujours rendre** ~ das kann immer noch zu etw gut sein, zu etw nützen; **aimer (à) rendre** ~ gern gefällig sein; *prov* **un** ~ **en vaut un autre** e-e Liebe ist der andern wert (*prov*); **2.** ~ **(militaire)** Wehr-, Mili'tärdienst *m*; ~ **actif** aktiver Dienst; ~ **militaire obligatoire** allgemeine Wehrpflicht; ~ **national** *etwa* Wehr- und ziviler Ersatzdienst *m*; **exemption** *f* **de** ~ Befreiung *f* vom Wehrdienst; **temps** *m* **de** ~ Dienstzeit *f*; **apte au** ~ **(militaire)** wehrdiensttauglich; **faire son** ~ **(militaire)** s-n Militär-, Wehrdienst ableisten; **3.** ~ **(religieux)** Gottesdienst *m*; ~ **funèbre, mortuaire** Trauergottesdienst *m*; **4.** **(Verkehrs)Verbindung** *f*; ~ **régulier** Linienverkehr *m*; ~ **régulier entre ...** regelmäßige Verkehrsverbindung zwischen ...; ~ **d'autocar** Busverbindung *f*; ~ **de banlieue** Vorortverkehr *m*; ~ **de transport aérien** Luftverkehrsverbindung *f*; *Verkehrsmittel* **être en** ~ verkehren; **5.** Bedienung *f*; Service [ˈsœrvis] *m*; *par ext* Bedienungsgeld *n*; ~ **compris** einschließlich Bedienung; **premier, second** ~ *im Speisewagen, auf e-m Schiff* erster, zweiter 'Durchgang; *in der Kantine* erste, zweite Schicht; ~ **rapide** rascher, prompter Service; rasche, prompte Bedienung; *im Hotel* ~ **d'étage** E'tagenservice *m*; ~ **de la table** Tischdecken *n* und Auftragen *n* der Speisen; **escalier** *m* **de** ~ Dienstboten-, Liefe'rantenaufgang *m*; **6.** *Fahrzeug, Maschine etc* **en** ~ in Betrieb; **mettre en** ~ *Fahrzeug, Maschine auch* in Dienst stellen; **mise** *f* **en** ~ In'dienststellung *f*; Inbe'triebnahme *f*; **'hors** ~ außer Betrieb; ausgedient; **mettre 'hors** ~, **retirer du** ~ außer Betrieb setzen; außer Betrieb stellen; **7.** *von Tischgeschirr* Ser'vice *n*; *von Gläsern* Garni'tur *f*; ~ **à café, à liqueurs** Kaffee-, Li'körservice *n*; ~ **de table a)** Tafel-,

Speiseservice *n*; **b)** Tischtuch *n* mit Servietten; Tafelgedeck *n*; **8.** *e-s Betriebs* Ab'teilung *f*; *der öffentlichen Verwaltung* Dienststelle *f*; Behörde *f*; Amt *n*; *e-s Krankenhauses* Stati'on *f*; *auch allg* Stelle *f*; ~ **administratif** Verwaltungsabteilung *f bzw* -behörde *f*; ~ **compétent** zuständige Stelle; ~ **comptable, de la comptabilité** Buchhaltung *f*; ~ **hospitalier** Krankenhausstation *f*; *coll* ~s **hospitaliers** Krankenhäuser *n/pl*; ~ **public** öffentlicher Betrieb; öffentliche Einrichtung; ~ **social** *e-s Betriebes* Sozi'alabteilung *f*; ~s **sociaux** Sozi'alwesen *n*; ~ **des achats, des ventes** Einkaufs-, Verkaufsabteilung *f*; *e-r Bank* ~ **du change** De'visenabteilung *f*; ~ **de contentieux** Rechtsabteilung *f*; ~ **d'écoute** Abhördienst *m*; ~ **de presse** Pressedienst *m*, -stelle *f*; *cf auch* **10.**; ~ **de publicité** Werbeabteilung *f*; *mil* ~ **de santé** Sani'tätswesen *n*, -dienst *m*, -personal *n*; **chef** *m* **de** ~ Abteilungsleiter *m*; **9.** *Tennis, Tischtennis* Aufschlag *m*; *Volleyball* Aufgabe *f*; **changement** *m* **de** ~ Aufschlagwechsel *m*; **faute** *f* **de** ~ Aufschlagfehler *m*; **10.** ~ **de presse** Besprechungs-, Rezensi'onsexemplare *n/pl*

serviette [sɛrvjɛt] *f* **1.** Hand- *bzw* Badetuch *n*; ~ **éponge** Frot'tier-, Frot'teetuch *n*; ~ **de bain** Badetuch *n*; ~ **de toilette** Handtuch *n*; **2.** ~ **(de table)** Servi'ette *f*; ~ **en papier** Pa'pierserviette *f*; **rond** *m* **de** ~ Serviettenring *m*; **3.** ~ **hygiénique, périodique** (Damen-, Monats)Binde *f*; **4.** (Schul-, Akten-)Mappe *f*; Aktentasche *f*

servil|e [sɛrvil] *adj Person, Gehorsam etc* sklavisch; unterwürfig; knechtisch; ser'vil; *imitation* ~ sklavische Nachahmung; **~ité** *f* Unterwürfigkeit *f*; sklavisches Wesen; Servili'tät *f*; **avec** ~ sklavisch; unterwürfig

servir [sɛrvir] ‹**je sers, il sert, nous servons; je servais; je servis; je servirai; que je serve; servant; servi**› **I** *v/t* **1.** dienen (+*dat*); ~ **la cause de la paix** der Sache des Friedens dienen; ~ **les intérêts de qn** j-s Interessen dienen; ~ **sa patrie** s-m Vaterland dienen; *mil* ~ **longtemps** lang(e) dienen; ~ **dans la marine** bei der Marine dienen; **2.** ~ **qn** j-n bedienen; j-m aufwarten; ~ **à table** bei Tisch aufwarten; ~ **un client** e-n Kunden bedienen; *par ext* ~ **la messe** mini'strieren; ~ **une pièce d'artillerie** ein Geschütz bedienen; **se faire** ~ sich bedienen lassen; *fig* **être bien servi par les circonstances** von den 'Umständen begünstigt werden; *fig* **en fait d'embêtements nous sommes servis** in puncto Scherereien sind wir bedient; *prov* **on n'est jamais si bien servi que par soi-même** selbst ist der Mann (*loc/prov*); **3.** *Essen, Speisen* ser'vieren; auftragen; reichen; auf den Tisch bringen; aufwarten mit; *auf den Teller* geben; *F* **auftun**; ~ **qc à qn** j-m etw servieren, vorsetzen; ~ **le potage** *auch* die Suppe austeilen; ~ **des rafraîchissements** Erfrischungen reichen; ~ **du rôti, des légumes à qn** *auch* j-m Braten, Gemüse vorlegen; *F fig* ~ **toujours les mêmes histoires** immer dieselben Geschichten auftischen; *abs* **servez chaud!** warm servieren, auf den Tisch bringen!; ~ **à boire** Getränke auftragen, einschenken; *F* **qu'est-ce que je vous sers?** was darf ich Ihnen einschenken?; ~ **à manger, à déjeuner** etw zum Essen, zum Frühstück auftragen; **c'est servi!** das Essen steht auf dem Tisch!; **Madame est servie!** es ist angerichtet, aufgetragen!; **4.** *beim Kar-*

tenspiel ~ des cartes Karten geben; **5.** ~ (la balle) *Tennis* (den Ball) aufschlagen, *Volleyball* aufgeben; **6.** *Rente, Zinsen etc* auszahlen; **7.** *Tierzucht* decken; belegen; **II** *v/t/indir* **8.** ~ à qn j-m nützen; ses diplômes lui ont servi s-e Diplome haben ihm genützt; ~ (à qc) (etwas) nützen; nützlich, brauchbar sein; *abs* cela peut encore ~ das kann man noch brauchen; ses conseils ne m'ont pas servi à grand-chose s-e Ratschläge haben mir nicht viel genützt; ne ~ à *od* de rien nichts nützen; zu nichts gut sein; cela ne sert à *od* de rien das nützt nichts; das hat keinen Wert, Zweck; das ist (völlig) zwecklos; cela ne sert à *od* de rien (+*inf*) es nützt nichts, es hat keinen Wert, Zweck, es ist zwecklos zu (+*inf*); à quoi cela sert(-il) de (+*inf*)? was nützt es, welchen Zweck hat es zu (+*inf*)?; **9.** ~ à (faire) qc zu etw dienen; à quoi sert cette machine? wozu dient diese Maschine?; ces livres m'ont servi à préparer mon examen diese Bücher haben mir zur Examensvorbereitung gedient; **10.** ~ de dienen als; ~ de bouc émissaire als Sündenbock herhalten, den Sündenbock abgeben müssen; ~ d'interprète dolmetschen; F den Dolmetscher machen; ~ de père à qn bei j-m Vaterstelle vertreten; ~ de prétexte als Vorwand dienen; **III** *v/pr* **11.** se ~ bedienen; servez-vous! (bitte) bedienen Sie sich!; (bitte) langen, greifen Sie zu!; se ~ de rôti von dem Braten nehmen; **12.** se ~ de qc etw benutzen *od* benützen, gebrauchen, verwenden; etw (dazu) nehmen; *st/s* sich e-r Sache (*gén*) bedienen; se ~ de l'ascenseur den Lift benutzen; se ~ d'une expression e-n Ausdruck gebrauchen; se ~ de ses poings von s-n Fäusten Gebrauch machen; se ~ de qn sich j-s bedienen; il se sert de lui comme conseiller er bedient sich seiner als Ratgeber; **13.** *passivisch: Speisen* se ~ ser'viert, gereicht werden; ce vin doit se ~ frais dieser Wein muß kühl serviert werden

serviteur [sɛrvitœr] *m litt u fig* Diener *m*; le premier ~ de l'État der erste Diener des Staates; *meist votre* **votre** ~ meine Wenigkeit; votre humble ~ Ihr ergebener Diener

servitude [sɛrvityd] *f* **1.** *st/s u fig* Knechtschaft *f*; Zwang *m*; les ~s d'une profession der mit e-m Beruf verbundene Zwang; *Vigny* ♀ et grandeur militaires Glanz und Elend des Militärs; tenir qn dans la ~ j-n in Knechtschaft halten; **2.** *jur* (Grund)Dienstbarkeit *f*; ~ de passage Wegerecht *n*

servo|commande [sɛrvokɔmɑ̃d] *f* Servosteuerung *f*; ~**direction** *f* Servolenkung *f*; Lenkhilfe *f*; ~**frein** *m* Servobremse *f*; Bremshilfe *f*; ~**mécanisme** *m* Servomechanismus *m*; ~**moteur** *m* Servo-, Stellmotor *m*; *mar* Rudermaschine *f*, -apparat *m*; ~**valve** *f* Servoventil *n*

ses [se] *cf* son[1]

sésam|e [sezam] *m* **1.** *bot* Sesam *m*; huile *f* de ~ Sesamöl *n*; **2.** *loc* ♀, ouvre-toi! Sesam, öffne dich!; ~**oïde** *adj anat* os *m/pl* ~s *od* subst ~ s *m/pl* Sesambeine *n/pl*

séséli [seseli] *m bot* Sesel *m*

sesquiterpène [sɛskɥitɛrpɛn] *m chim* Sesquiter'pen *n*

sessile [sesil] *adj bot* ungestielt; sitzend; *biol, zo* festsitzend; *sc* ses'sil

session [sesjɔ̃] *f* **a)** Sitzungsperiode *f*; Sessi'on *f*; *auch* Tagung *f*; ~ (extra-)ordinaire (außer)ordentliche Sitzungsperiode; **b)** Prüfungszeitraum *m*; ~ de juin Prüfungen *f/pl* im Juni; Junitermin

---

m; ~ de remplacement Ersatz-, Nachzüglertermin *m*

sesterce [sɛstɛrs] *m* römische Münze Se'sterz *m*

set [sɛt] *m* **1.** *Tennis, Tischtennis, Volleyball* Satz *m*; **2.** ~ (de table) Set *n*; **3.** *cin* Szenenaufbau *m*

sétacé [setase] *adj sc* borstenartig, -förmig; Borsten…

séton [setɔ̃] *m méd* blessure *f* en ~ Haarseilschuß *m*

setter [setɛr] *m Hunderasse* Setter *m*

seuil [sœj] *m* **1.** (Tür)Schwelle *f*; franchir le ~ über die Schwelle treten; die Schwelle über'schreiten; den Fuß über die Schwelle setzen; *fig* au ~ d'une ère nouvelle an der Schwelle e-r neuen Zeit; au ~ de l'hiver zu Beginn des Winters; **2.** *tech, géogr, psych, physiol* Schwelle *f*; *phys, psych auch* Schwellenwert *m*; *physiol, psych:* ~ d'audibilité Hörschwelle *f*; ~ de l'excitation Reizschwelle *f*; *écon* ~ de rentabilité Gewinn-, Nutzschwelle *f*

seul [sœl] **I** *adj* **1.** al'lein (*nur prädikativ*); al'leinstehend; einsam; une vieille dame ~e e-e alleinstehende alte Dame; employé ~, ce mot signifie … allein gebraucht, bedeutet dieses Wort …; être ~ allein sein (avec qn mit j-m); être ~ allein dastehen; être tout ~ *auch* mutterseelenallein sein; être ~ au monde keinen Menschen auf der Welt haben; ganz allein auf dieser Welt sein, stehen; *fig* être ~ avec ses pensées mit s-n Gedanken allein sein; laisser qn ~ j-n allein lassen; parler tout ~ mit sich selbst sprechen; vor sich hin reden, sprechen; Selbstgespräche führen; rire tout ~ vor sich hin lachen; se sentir ~ sich einsam, allein fühlen; ils se sont trouvés bien ~s sie standen ganz allein da; vivre ~ allein leben; ~ contre tous allein gegen alle; à ~ ‹*meist inv*› unter vier Augen; être ~ à ~ avec qn mit j-m allein sein; j'aimerais vous parler, vous voir ~ à ~ ich möchte Sie allein, unter vier Augen sprechen; **2.** *vor dem subst* einzig; bloß; *st/s* al'leinig; une ~e et même chose ein und dieselbe Sache; une ~e fois ein einziges Mal; un ~ mot et je m'en vais noch e-n Wort und ich gehe; la ~e pensée de cette action der bloße Gedanke, schon *od* allein der Gedanke an diese Tat; à la ~e pensée, à la ~e idée de partir bei dem bloßen Gedanken, (allein) schon beim Gedanken an die Abreise; à s-s fin(s) de, dans le ~ but de (+*inf*) zu dem einzigen Zweck, nur zu dem Zweck, in der Absicht, mit dem einzigen Ziel zu (+*inf*); nur um zu (+*inf*); comme un ~ homme wie ein Mann; dans la ~e intention de (+*inf*) in der einzigen Absicht zu (+*inf*); d'un ~ coup mit einem Schlag; *ein Glas leeren* auf einen Zug; du ~ fait que allein auf Grund der Tatsache, daß; du ~ pièce aus einem Stück; par sa ~e présence durch s-e bloße Anwesenheit; elle n'a pas une ~e amie sie hat keine einzige Freundin; c'est le ~ homme qui puisse vous aider er ist der einzige Mensch, der Ihnen helfen kann; être ~ de son espèce, ~ dans son genre einzig in s-r Art sein; nur einmal vorkommen; réservé aux ~s adhérents nur Mitgliedern vorbehalten; **II** *advt* al'lein; nur; ~ le hasard *od* le hasard ~ nur, allein der Zufall; der Zufall allein …; ~ compte … es zählt nur, allein …; elle ~e allein; nur sie; que peut-il faire à lui ~? was kann er allein schon ausrichten?; faire qc tout ~ etw ganz allein machen; il s'est fait ~ er hat

---

sich aus eigener Kraft hochgearbeitet; cela va tout ~ das geht (ganz) von selbst, von allein(e); **III** *subst* un ~, une ~e ein einziger, e-e einzige, ein einziges; pas un ~ kein einziger; nicht ein einziger; la volonté d'un ~ der Wille e-s einzelnen; une ~e de ses œuvres ein einziges s-r Werke; e i n e s s-r Werke; le ~, la ~e der, die, das einzige; vous n'êtes pas le ~ Sie sind nicht der einzige; il est le ~ à travailler er ist der einzige, der arbeitet; il n'est pas le ~ à penser cela *auch* er steht mit dieser Meinung nicht allein da

seulement [sœlmɑ̃] *adv* **1.** lediglich; nous étions trois ~ *od* trois wir waren nur, bloß drei; non ~ … mais aussi, encore … nicht nur … sondern auch …; si ~ il travaillait wenn er nur, bloß, wenigstens arbeiten würde; **2.** *zeitlich* erst; il est arrivé ~ ce soir er ist erst heute abend angekommen; il vient d'arriver er ist gerade erst angekommen; **3.** (ne …) pas ~ nicht einmal; il n'a pas ~ de quoi payer er kann nicht einmal bezahlen; il est parti sans ~ dire au revoir … ohne auch nur …; **4.** *am Satzanfang* aber; *st/s* al'lein; allez le voir, ~ ne restez pas trop longtemps gehen Sie zu ihm, aber bleiben Sie nicht zu lange

seulet [sœlɛ] *adj* ‹~te› *plais* (mutterseelen)al'lein

sève [sɛv] *f* **1.** *bot* Saft *m*; **2.** *fig* Kraft *f*; Schwung *m*; Leben *n*; Tempera'ment *n*; Feuer *n* (*auch vom Wein*)

sévère [sevɛr] *adj* **1.** streng; *Kritik* hart; unnachsichtig; schonungslos; *Kampf, Urteil* hart; *Strafe auch* schwer; *Verweis auch* scharf; *Moral* streng; air *m* ~ strenge Miene; mesures *f/pl* ~s strenge Maßnahmen *f/pl*; être, se montrer ~ pour, envers qn streng gegen j-n sein; **2.** *Verluste, Schäden* schwer; essuyer, subir des pertes ~s schwere Verluste erleiden; **3.** *Stil etc* streng; schlicht; nüchtern; élégance *f* ~ schlichte Eleganz

sévèrement [sevɛrmɑ̃] *adv* **1.** streng; hart; critiquer ~ hart kritisieren; punir ~ streng bestrafen; **2.** schwer; ernstlich; ~ atteint schwer, ernstlich betroffen *bzw* krank

sévérité [severite] *f* Strenge *f*; e-s Urteils, e-r Kritik Härte *f*; e-s Verweises *auch* Schärfe *f*; e-s Stils *auch* Schlichtheit *f*; Nüchternheit *f*; la ~ de son éducation die Strenge s-r Erziehung

sévices [sevis] *m/pl* Miß'handlungen *f/pl*; exercer des ~ sur qn j-n miß'handeln

sévir [sevir] *v/i* **a)** ~ contre qn gegen j-n streng, mit aller Strenge vorgehen; ~ contre des abus mit aller Strenge gegen 'Mißstände vorgehen; **b)** *abs durchgreifen; 2. Epidemie etc* gras'sieren; wüten; *Krise* herrschen

sevrage [səvraʒ] *m* **1.** e-s Kindes Entwöhnung *f*; Abstillen *n*; e-s Tieres Absetzen *n*; bei Rauschgiftsüchtigen Entziehung *f* (von Rauschgiften); **2.** *jard* e-s Ablegers Abtrennen *n*, -ung *f*

sevrer [səvre] *v/t* ‹-è› **1.** Kind entwöhnen, abstillen; *Tier* absetzen; e-m Rauschgiftsüchtigen das Rauschgift entziehen (qn j-m); **2.** *jard* Ableger abtrennen; **3.** *fig u st/s* ~ qn de qc j-n e-r Sache (*gén*) berauben

sèvres [sɛvr(ə)] *m* Sèvresporzellan *n*

sexagénaire [sɛgzaʒenɛr, sɛksa-] *m,f* Sechzigjährige(r) *f(m)*; Sechziger(in) *m(f)*; **II** *adj* sechzigjährig

sexagésimal [sɛgzaʒezimal] *adj* ‹-aux› *math* Sexagesi'mal…; division ~e Sexagesimalteilung *f*; numération ~e Sexagesimalsystem *n*

sexagésime [sɛgzaʒezim] *f rel* (le dimanche de) la ~ (der Sonntag) Sexa'gesima *f*

sex-appeal [sɛksapil] *m* Sex-Appeal [-'pi:l] *m*

sexdigitaire [sɛksdiʒitɛr] *adj* sechsfing(e)rig

sex|e [sɛks] *m* **1.** Geschlecht *n*; le beau ~ das schöne Geschlecht; *S. de Beauvoir* Le deuxième ~ Das andere Geschlecht; le ~ faible das schwache Geschlecht; le ~ fort das starke Geschlecht; des deux ~s beiderlei Geschlechts; *Person, Kind* du ~ masculin, féminin männlichen, weiblichen Geschlechts; **détermination** *f* du ~ Geschlechtsbestimmung *f*; **2.** Geschlechtsteile *n/pl od m/pl*; **3.** Sex *m*; ~**isme** *m* Se'xismus *m*

sexo|logie [sɛksɔlɔʒi] *f* Sexolo'gie *f*; Sexu'alforschung *f*, -wissenschaft *f*; ~**lo-gue** *m,f* Sexo'loge, -'login *m,f*; Sexu'alforscher(in) *m(f)*

sexpartite [sɛkspartit] *adj arch* Gewölbe sechsteilig

sex-ratio [sɛksrasjo] *f Statistik* Geschlechtsverhältnis *n*; Sexu'alproportion *f*, -index *m*

sextant [sɛkstɑ̃] *m mar, astr* Sex'tant *m*

sextolet [sɛkstɔlɛ] *m mus* Sex'tole *f*

sextuor [sɛkstɥɔr] *m* Sex'tett *n*

sextuple [sɛkstypl(ə)] **I** *adj* sechsfach; **II** *subst* le ~ das Sechsfache; le ~ du prix der sechsfache Preis; das Sechsfache des Preises

sextupl|er [sɛkstyple] **I** *v/t* versechsfachen; **II** *v/i* sich versechsfachen; ~**é(e)s** *m(f)pl* Sechslinge *m/pl*

sexual|iser [sɛksɥalize] *v/t* sexuali'sieren; ~**ité** *f* Sexuali'tät *f*; Geschlechtlichkeit *f*

sexué [sɛksɥe] *adj biol* geschlechtlich differen'ziert; **reproduction** ~**e** geschlechtliche Fortpflanzung

sexuel [sɛksɥɛl] *adj* ⟨~**le**⟩ geschlechtlich; Geschlechts…; sexu'ell; Sexu'al…; **acte** ~ Geschlechtsakt *m*; **caractères** ~**s primaires, secondaires** primäre, sekundäre Geschlechtsmerkmale *n/pl*; **chromosome** ~ Geschlechtschromosom *n*; **comportement** ~ sexuelles Verhalten; Sexualverhalten *n*; **hormone** ~**le** Sexual-, Geschlechtshormon *n*; **instinct** ~ Geschlechtstrieb *m*; **obsédé** ~ von sexuellen Dingen Besessene(r) *m*; Sexbesessene(r) *m*; **parties** ~**les** Geschlechtsteile *n/pl od m/pl*; **plaisir** ~ Geschlechtslust *f*; **rapports** ~**s**, **relations** ~**les** Geschlechtsverkehr *m*; **avoir des rapports** ~**s avec qn** mit j-m geschlechtlich verkehren

sexy [sɛksi] *adj* ⟨*inv*⟩ sexy

seyant [sɛjɑ̃] *adj Kleidungsstück, Frisur* passend; gutsitzend; kleidsam

sfumato [sfumato] *m peint* Sfu'mato *n*

sgraffite [sgrafit] *m peint* Sgraf'fito *n*

shah *cf* chah

shaker [ʃɛkœr] *m* Shaker [ʃe:-] *m*

shakespearien [ʃɛkspirjɛ̃] *adj* ⟨~**ne**⟩ shakespearisch ['ʃe:kspiriʃ]; Shakespeare…

shako [ʃako] *m mil* Kopfbedeckung Tschako *m*

shampooin|er [ʃɑ̃pwine] *v/t u v/i* ~ (qn) (j-m) die Haare waschen; ~**euse** *f* Fri'seuse, die die Haare wäscht

shampooing [ʃɑ̃pwɛ̃] *m* **1.** Sham'poo(n) *n*; Scham'pun *n*; ~ **colorant** Waschtönung *f*; Tönungsshampoo *n*; ~ **sec** Trockenshampoo *n*; **2.** Haarwäsche *f*; Waschen *n*; **se faire faire un** ~ sich die Haare waschen lassen

shampooingneuse [ʃɑ̃pwɛ̃nøz] *f cf* shampooineuse

shampouiner [ʃɑ̃pwine] *cf* shampooiner

shant(o)ung [ʃɑ̃tuŋ] *m text* Schantungseide *f*; *fachspr auch* Shantung *m*

sheds [ʃɛd] *m/pl bât* (comble *m* en) ~ S(c)hed-, Sägedach *m*

sheikh *cf* cheik(h)

shérif [ʃerif] *m* Sheriff *m*

sherry [ʃeri] *m Wein* Sherry *m*

shetland [ʃɛtlɑ̃d] *m text* **a)** Shetland *m*; **b)** *adit* laine *f* ~ Shetlandwolle *f*; (pull-over *m* en) ~ Shetlandpullover *m*; ~**ais** *adj zo* poney ~ Shetlandpony *n*

shilling [ʃiliŋ] *m* englische Münze Shilling *m*

shinto [ʃinto, ʃɛ̃-] *m od* **shintoïsme** [ʃɛ̃toism(ə), ʃɛ̃-] *m rel* Schinto'ismus *m*

shintoïste [ʃɛ̃toist, ʃɛ̃-] *rel* **I** *adj* schinto'istisch; **II** *m* Schinto'ist *m*

shirting [ʃœrtiŋ, ʃir-] *m text* Schirting *m*

shogoun [ʃɔgun] *m hist Japan* Schogun *m*

shoot [ʃut] *m Fußball* Schuß *m*; ~**er** *v/t u v/i* Fußball schießen

shopping [ʃɔpiŋ] *m* Einkaufen *n*; Einkaufsbummel *m*; Shopping *n*; **faire du** ~ e-n Einkaufsbummel machen

short [ʃɔrt] *m* Shorts [ʃ-] *pl*; kurze Hose

show [ʃo] *m* Show [ʃo:] *f*; ~**-business** *m* ⟨*inv*⟩ Schaugeschäft *n*; Showbusineß *n*

shrapnel [ʃrapnɛl] *m mil* Schrap'nell *n*

shunt [ʃɛ̃t, ʃœt] *m élect* Nebenschlußwiderstand *m*; Shunt [ʃɑ̃t] *m*; ~**er** *v/t élect* nebenschließen; shunten ['ʃan-]

si¹ [si] *adv* **1.** doch; *vous ne viendrez pas? –* ~ *!… doch!*; **mais** ~ aber doch; **que** ~ aber doch: doch, ganz bestimmt; gewiß doch; aber na'türlich; **2.** so; **c'est une femme** ~ **bonne** sie ist e-e so gute Frau; **ne parlez pas** ~ **fort**! sprechen Sie nicht so laut!; ♦ **il n'est pas** ~ **intelligent qu'il le paraît** er ist nicht so klug, wie er scheint; **le vent souffle** ~ **fort que …** der Wind weht so stark, daß …; ♦ *st/s* ~ **intelligent qu'il soit** *od* ~ **intelligent soit-il** *st/s* so klug er auch sein mag; ~ **peu que ce soit** und wenn es noch so wenig ist; mag es auch noch so wenig sein; ♦ *loc/conj* ~ **bien que** so daß; **la chance tourna** ~ **bien qu'il perdit tout son argent** das Glück wandte sich, so daß er sein ganzes Geld verlor; **tant et** ~ **bien que** *cf tant* II 2.

si² [si] **I** *conj* ⟨*vor il, ils* s'⟩ **1.** wenn; falls; so'fern; ~ **vous continuez ainsi vous êtes** *bzw* **serez perdu** wenn, falls Sie so weitermachen, ist es aus (mit Ihnen); **et** ~ **elle se fâche?** und wenn sie böse wird?; **s'il travaille c'est par ambition** wenn er arbeitet, so geschieht es aus Ehrgeiz; **s'il travaille c'est qu'il a besoin d'argent** wenn er arbeitet, so *od* dann deshalb, weil er Geld braucht; ~ **mes dépenses restent les mêmes, mes ressources diminuent** wenn meine Ausgaben (auch) dieselben bleiben, so verringert sich doch mein Einkommen; ~ **jamais vous allez en France …** sollten Sie je nach Frankreich kommen, (so) …; ~ **possible** wenn, falls möglich; nach Möglichkeit; möglichst; tunlichst; ~ **j'ose dire** wenn ich so sagen darf; ~ **on peut dire** wenn man so sagen kann; ~ **vous plaît** bitte; ~ **je ne me trompe, m'abuse** wenn ich mich nicht täusche, irre; wenn man so will; ~ **on veut** wenn man so will; **tant mieux** ~ **…** um so *od* desto besser, wenn …; F **c'est** *od* **ce serait bien le diable …** es müßte schon mit dem Teufel zugehen, wenn …; ♦ *mit impf:* ~ **je le savais, je vous le dirais** wenn ich es wüßte, würde ich es Ihnen sagen; wüßte ich es, würde ich es

Ihnen sagen; ~ **je vous avais vu, je vous aurais prévenu** wenn ich Sie gesehen hätte *od* hätte ich Sie gesehen, (so) hätte ich Sie benachrichtigt; ~ (seulement) j'osais! wenn ich mich (bloß) trauen würde!; ~ **seulement il était venu plus tôt!** wäre er doch früher gekommen!; wenn er doch bloß früher gekommen wäre!; ~ **nous allions nous promener?** wie wär's mit e-m Spaziergang?; **même** ~ **selbst wenn**; même s'il s'excusait, je ne lui pardonnerais pas selbst wenn er sich entschuldigte, würde ich ihm nicht verzeihen; ~ **ce n'est** a) außer (+*dat*); b) wenn nicht; **il ne reste rien** ~ **ce n'est quelques ruines** es bleibt nichts übrig außer einigen Ruinen; *st/s* ~ **ce n'était la crainte de vous déplaire, je … ** *st/s* müßte ich nicht fürchten, Ihnen zu miß'fallen, so …; **un des meilleurs,** ~ **ce n'est le meilleur** e-r der Besten, wenn nicht der Beste; ♦ *loc/conj* ~ **ce n'est que** außer daß; il **vous ressemble** ~ **ce n'est qu'il est plus petit que vous** er gleicht Ihnen, außer daß er kleiner ist als Sie; ~ **tant est que** *cf tant* II 3.; **2.** daß; **pardonnez--moi** ~ **je ne vous ai pas encore répondu** entschuldigen Sie, daß *od* wenn ich Ihnen noch nicht geantwortet habe; **c'est un miracle** ~ **nous sommes sauvés** es ist ein Wunder, daß wir davongekommen sind; **c'est à peine** ~ **… kaum daß …**; **3.** (jedesmal) wenn; **s'il se trompait on corrigeait ses erreurs** (jedesmal) wenn er sich irrte, verbesserte man s-e Fehler; **4.** ob; **je me demande s'il ne pouvait pas le faire** ich frage mich, ob er es nicht tun konnte; **je ne sais pas s'il viendra** ich weiß nicht, ob er kommt; ♦ **comme** ~ als ob; F als wenn; **il parle comme s'il était le maître** er spricht, als ob er der Herr wäre *od* als wäre er der Herr; ♦ **vous pensez s'il a été content!** Sie können sich denken, wie er sich gefreut hat!; und ob er sich gefreut hat!; ~ **je m'en souviens!** und ob ich mich erinnere!; **II** *m* ⟨*inv*⟩ Wenn *n*; **avec lui, il y a toujours des** ~ **et des mais** bei ihm gibt es immer ein Wenn und ein Aber; *prov* **avec des** ~ **on mettrait Paris dans une bouteille** wenn das Wörtchen „wenn" nicht wär', wär' mein Vater Millionär (*prov*)

si³ [si] *m* ⟨*inv*⟩ *mus* h *bzw* H *n*; ~ **bémol** *bzw* B *n*; ~ **dièse** his *bzw* His *n*; ~ **majeur** H-Dur *n*; ~ **mineur** h-Moll *n*; **messe** *f* **en** ~ **mineur** h-Moll-Messe *f*

sial [sjal] *m géol* Sial *n*

sialagogue [sjalagɔg] *méd* **I** *adj* den Speichelfluß anregend; **II** *m* Siala'gogum *n*

sialorrhée [sjalɔre] *f path* Sialor-'rhö(e) *f*

siamois [sjamwa] **I** *adj* sia'mesisch; *zo* chat ~ Siamkatze *f*; Siamesische Katze; **frères** ~ *bzw* **sœurs** ~**es** siamesische Zwillinge *m/pl*; **II** *subst* **1.** *früher* ♀(**e**) *m(f)* Sia'mese *m*, Sia'mesin *f*; **2.** *ling* le ~ das Sia'mesische; Sia'mesisch *n*

sibérien [siberjɛ̃] *adj* ⟨~**ne**⟩ si'birisch

sibilant [sibilɑ̃] *adj méd* pfeifend

sibylle [sibil] *f* Si'bylle *f*; la ~ **de Cumes** die Sibylle von Cumä

sibyllin [sibi(l)lɛ̃] *adj* **1.** sibyl'linisch; **oracles** ~**s** sibyllinische Sprüche *m/pl*; **2.** *fig u st/s* Worte dunkel; geheimnisvoll; rätselhaft

sic [sik] *adv nach Zitaten* sic

siccatif [sikatif] **I** *adj* ⟨-**ive**⟩ trocknend; Trocken…; *peint* huile siccative trocknendes Öl; **II** *m peint* Sikka'tiv *n*; Trockenstoff *m*, -mittel *n*

sicilien [sisiljɛ̃] **I** *adj* ⟨~ne⟩ sizili-ˈanisch; **II** *subst* ♀(ne) *m(f)* Siziliˈaner(in) *m(f)*

sicle [sikl(ə)] *m hist Münzeinheit* Sekel *m*

side-car [sidkar, sajd-] *m* ⟨*pl* side--cars⟩ a) Motorrad *n* mit Seitenwagen; **b)** Seiten-, Beiwagen *m*

sidéral [sideral] *adj* ⟨-aux⟩ *astr* siˈde-risch; Stern...; **année** ~e siderisches Jahr; Sternjahr *n*; **jour** ~ Sterntag *m*; **révolution** ~e siderische ˈUmlaufzeit; **temps** ~ Sternzeit *f*

sidérant [siderã] F *adj* verblüffend

sidérer [sidere] F *v/t* ⟨-è-⟩ verblüffen; verdutzen; *adit* être, **rester sidéré** verblüfft, verdutzt, sprachlos, wie vom Donner gerührt sein, dastehen; F baff, platt sein

sidérite [siderit] *f cf* **sidérose** 1.; **~ose** *f* **1.** *minér* Sideˈrit *m*; Eisenspat *m*; Spat-eisenstein *m*; **2.** *path* Sideˈrose *od* Sideˈro-sis *f*

sidérostat [siderɔsta] *m astr* Sidero-ˈstat *m*

sidérurgie [sideryrʒi] *f* **1.** Eisenhütten-kunde *f*; Eisen- und Stahlbearbeitung *f*; Siderurˈgie *f*; **2.** eisenschaffende Indu-ˈstrie; Eisen- und Stahlindustrie *f*; Eisen-(hütten)industrie *f*; Eisenhüttenwesen *n*; **~ique** *adj* Eisen(hütten)...; eisenschaf-fend, -verarbeitend; **industrie** ~ eisen-schaffende Industrie; Eisen- und Stahl-industrie *f*; **produit** *m* ~ Erzeugnis *n* der Eisen- und Stahlindustrie; **usine** *f* ~ Eisenhütte *f*; Stahlwerk *n*; **~iste** *m* **1.** Eisenhüttenunternehmer *m*; **2.** Eisen-hütteningenieur *m*

siècle [sjɛkl(ə)] *m* **1.** Jahrˈhundert *n*; *par ext* Zeitalter *n*; **le grand** ~ das 17. Jahrhundert in Frankreich; **les** ~**s pas-sés** die vergangenen Jahrhunderte, Zei-ten *f/pl*; **le** ~ **de Louis XIV** das Zeitalter Ludwigs XIV.; **le** ~ **des lumières** das Jahrhundert, Zeitalter der Aufklärung; ~ **de la machine, des machines** Ma-ˈschinenzeitalter *n*; **fin** *f* **de** ~ a) Jahrhun-dertwende *f*; b) *loc/adj* dekaˈdent; (des) Fin-de-siècle; *Romantik* **mal** *m* **du** ~ Weltschmerz *m*; **au** ~ **dernier** im letzten Jahrhundert; **au vingtième (XXᵉ)** ~ im zwanzigsten (20.) Jahrhundert; *rel* **dans tous les** ~**s des** ~**s** von Ewigkeit zu Ewigkeit; **depuis des** ~**s** seit Jahrhun-derten; **jusqu'à la fin des** ~**s** bis zum *od* an das Ende der Zeiten; F **il y a des** ~**s que je ne t'ai pas vu** F ich habe dich ewig nicht mehr gesehen; **être de son** ~ mit der Zeit gehen; **2.** *rel* **le** ~ die Welt

sied [sje] *cf* **seoir**

siège [sjɛʒ] *m* **1.** Sitz *m*; Sitzgelegenheit *f*; *auch* Stuhl *m bzw* Sessel *m*; *auto* ~ **avant**, **arrière** Vorder-, Rücksitz *m*; ~ **rem-bourré** Polstersitz *m*; *aviat* ~ **éjectable** Schleudersitz *m*; ~ **pliant** Klappstuhl *m*; ~ **(d'un cabinet d'aisances)** Kloˈsett-sitz *m*; ~ **du cocher** Kutschbock *m*; ~ **de cuisine, de bureau** Küchen-, Büˈro-stuhl *m*; ~ **de jardin** Gartenstuhl *m bzw* -bank *f*; **avancer un** ~ e-n Stuhl näher rücken; **donner, offrir un** ~ e-n Stuhl anbieten; **prendre un** ~ sich setzen; Platz nehmen; **2.** *im Parlament* **siège vacant** freier Sitz; **un** ~ **à pourvoir** ein zu besetzender Sitz; ~ **de député, de sénateur** Abgeordneten-, Senaˈtoren-sitz *m*; **gagner, perdre des** ~**s** Sitze gewinnen, verlieren; **3.** *e-r Behörde, Organisation, Firma* Sitz *m*; *e-r Partei* Zenˈtrale *f*; ~ **social** Firmen-, Gesell-schaftssitz *m*; ~ **du gouvernement** Reˈgierungssitz *m*; *par ext* ~ **d'une maladie, d'une douleur** Sitz *m* e-r Krankheit, e-s Schmerzes; **4.** *égl* **le** ~ **apostolique** der Apoˈstolische, Päpstli-che Stuhl; ~ **épiscopal** Bischofsstuhl *m*,

-**würde** *f*, -**amt** *n*; **5.** *mil* Belagerung *f*; **état** ~ **de** ~ Belagerungszustand *m*; **guerre** *f* **de** ~ Belagerungskrieg *m*; **lever le** ~ a) die Belagerung aufheben; b) *fig* aufbrechen; F abziehen; **mettre le** ~ **devant une ville** e-e Stadt belagern; **6.** *jur* **magistrature** *f* **du** ~ Richter *m/pl*; Richterstand *m*; **jugement rendu sur le** ~ soˈfortige Verkündung des Urteils (*ohne daß sich das Gericht zur Beratung zurückzieht*); **7.** *méd* **bain** *m* **de** ~ Sitzbad *n*; *bei e-r Geburt* **présentation** *f* **du** ~ Steißlage *f*; **8.** *mines* ~ **d'ex-traction** Schacht-, Förderanlage *f*

siéger [sjeʒe] *v/i* ⟨-è-; -geons⟩ **1.** *Parla-ment, Gericht etc* tagen; e-e Sitzung abhalten; **2.** *Abgeordneter im Parlament* sitzen; e-n Sitz haben; **3.** *Regierung, Behörde* s-n Sitz haben (**à** in + *dat*)

siemens [simɛns] *m* (*abr* S) *phys* Siemens *n* (*abr* S)

sien [sjɛ̃] **I** *pr/poss der 3. pers sg* ⟨**sienne** [sjɛn]⟩ **le** ~, **la** ~**ne** der, die, das sein(ig)e; seine(r, -s); *mit Bezug auf e-n weiblichen Besitzer* der, die, das ihr(ig)e; ihre(r, -s); *pl* **les** ~**s, les** ~**nes** die seinigen *bzw* ihr(ig)en; *seine bzw ihre*; **mon fils et le** ~ mein und sein *bzw* ihr Sohn; mein Sohn und seiner *bzw* ihrer *od* und der sein(ig)e *bzw* der ihr(ig)e; **j'avais perdu ma clef, elle m'a prêté la** ~**ne** ... sie hat mir ihren geliehen; **II** *adj/poss litt* **un** ~ **cousin** ein Vetter von ihm *bzw* ihr; e-r seiner *bzw* ihrer Vettern; **considérer, regarder comme** ~ als das Seine *bzw* Ihre, als sein *bzw* ihr Eigentum betrach-ten, ansehen; **faire** ~ **les idées, les revendications de qn** sich j-s Ideen zu eigen machen; j-s Forderungen zu den sein(ig)en *bzw* ihr(ig)en machen; **III** *subst* **1.** *m* **y mettre du** ~ das Sein(ig)e *bzw* Ihr(ig)e tun, dazu beitragen; **sein(e)n** *bzw* Ihr(ig)en Teil dazu beitragen; F *pour casser cette machine* **il faut vraiment y mettre du** ~ ... dazu gehört schon etwas; **2.** *m/pl* **les** ~**s** die Sein(ig)en *bzw* Ihr(ig)en; seine *bzw* ihre Familie *f*, Angehörigen *m/pl*; *par ext* Freunde *m/pl*, Anhänger *m/pl*; **3.** *f/pl* **faire des** ~**nes** Dummheiten, dumme Streiche machen; **il a encore fait des** ~**nes** *auch* F er hat sich wieder was geleistet

sierra-léonien [sjeraleɔnjɛ̃] **I** *adj* ⟨~ne⟩ sierraleˈonisch; **II** *subst* Sierra-Léonien(ne) *m(f)* Sierraleˈoner(in) *m(f)*

sieste [sjɛst] *f* Mittagsschlaf *m*, -schläf-chen *n*, -ruhe *f*; Siˈesta *f*; **faire la** ~ ein Mittagsschläfchen halten, machen; Mit-tagsschlaf, Siesta halten

sieur [sjœr] *m jur od péj u iron* **le** ~ **X** Herr X

sifflage [siflaʒ] *m cf* **cornage**

sifflant [siflɑ̃] *adj* pfeifend; zischend; **respiration** ~**e** pfeifender Atem; *phon* **consonne** ~**e** *od subst* ~**e** *f* Zischlaut *m*; Sibiˈlant *m*

sifflement [sifləmɑ̃] *m* **a)** *Vorgang* Pfei-fen *n* (*auch vom Wind, von Kugeln, e-r Lokomotive, im Radio*); Pfeifgeräusch *n*; *der Amsel* Flöten *n*; *e-r Schlange, von ausströmendem Dampf etc* Zischen *n*; *vom Wind, von Kugeln auch* Sausen *n*; *péi* **ses** ~**s continuels** sein dauerndes Ge-pfeife; ~ **d'oreilles** Ohrenklingen *n*; **b)** *Ergebnis* Pfiff *m*; **un** ~ **d'admiration** ein bewundernder Pfiff

siffler [sifle] **I** *v/t* **1.** pfeifen; ~ **un air, une chanson** e-e Melodie, ein Lied pfeifen; ~ **son chien** s-m Hund pfeifen; *Schiedsrichter:* ~ **le coup d'envoi** das Spiel anpfeifen; ~ **une faute** ein Foul [faul] pfeifen; ~ **la mi-temps** zur Halb-zeit pfeifen; **2.** *Schauspieler, Redner, Theaterstück* auspfeifen; auszischen; **se faire** ~ ausgepfiffen werden; **3.** F **un**

verre F einen zischen; **II** *v/i* pfeifen (*auch Wind, Kugeln, Lokomotive*); *Wind, Kugeln auch* sausen; *Kugeln, Pfeil auch* schwirren; *Amsel, Drossel* flöten; *Schlange, Gans, Schwan* zischen; *aus-strömender Dampf, Luft* zischen; **les balles sifflaient à nos oreilles** die Kugeln pfiffen uns um die Ohren; **le vent siffle dans les arbres** der Wind pfeift, saust in den Bäumen; ~ **en respirant** e-n pfeifenden Atem haben

sifflet [siflɛ] *m* **1.** Pfeife *f*; ~ **à roulette** Trillerpfeife *f*; ~ **à vapeur, d'alarme** Dampfpfeife *f*; **coup** *m* **de** ~ Pfiff *m*; **2.** ~**s** *pl* (ˈMißfallens)Pfiffe *m/pl*; Pfeif-konzert *n*; Zischen *n*; **accueillir par des** ~**s** auspfeifen; *auch* auszischen; **3.** F **couper le** ~ **à qn** a) j-n aus dem Konˈzept bringen; b) j-m die Sprache verschlagen; **ça lui a coupé le** ~ *auch* er war völlig perˈplex; F **blieb ihm die Spucke weg; 4.** *tech* **en** ~ schräg

siffleur [siflœr] **I** *adj* ⟨-euse⟩ (*gern, viel*) pfeifend; *Amsel* flötend; *Schlange* zi-schend; *zo* **canard** ~ Pfeifente *f*; **II** *m* j, der pfeift; Pfeifer *m*

sifflotement [siflɔtmɑ̃] *m* halblautes, leises Pfeifen; ~**er** *v/t u v/i* (leise) vor sich hin pfeifen

sigillaire [siʒi(l)lɛr] **I** *adj* Siegel...; **II** *f Paläontologie* Siegelbaum *m*; Sigilˈla-rie *f*

sigillé [siʒi(l)le] *adj* **céramique** ~**e** *Terra sigillˈlata f*

sigillographie [siʒi(l)lɔgrafi] *f* Siegel-kunde *f*; ~**ique** *adj* siegelkundlich

sigle [sigl(ə)] *m* (aus den Initiˈalen beste-hende) Abkürzung; Sigel *n*

sigma [sigma] *m* griechischer Buchstabe Sigma *n*; ~**oïde** *adj anat* sigmaförmig; **côlon** *m* ~ Sigmoˈid *n*; Sigma *n*

signal [sinal] *m* ⟨*pl* -aux⟩ Siˈgnal *n* (*auch ch de fer, mar, psych, Kybernetik*); Zei-chen *n*; *fig auch* Faˈnal *n*; ~ **acoustique, sonore** akustisches Signal; *rad* **signaux horaires (hertziens)** Zeitzeichen *n*; ~ **lumineux** Lichtsignal *n*; **signaux ma-ritimes** Schiffahrtssignale *n/pl*; ~ **opti-que, visuel** optisches Signal; **signaux routiers** Verkehrszeichen *n/pl*; ~ **d'alarme** a) *ch de fer* Notbremse *f*; b) Aˈlarmsignal *n*; c) *par ext* Aˈlarmanlage *f*; **déclencher le** ~ **d'alarme** die Alarm-anlage auslösen; **tirer le** ~ **d'alarme** die Notbremse ziehen; *ch de fer:* ~ **d'arrêt** Haltesignal *n*; ~ **d'aver-tissement** Vorsignal *n*; **signaux de chemin de fer** Eisenbahnsignale *n/pl*; *bes im Straßenverkehr* ~ **de danger** Warnzeichen *n*, -schild *n*; ~ **de détresse** Notsignal *n*; Notzeichen *n*; *auto* Warnblinkanlage *f*, -licht *n*; *ch de fer* ~ **de queue** Zugschlußsignal *n*; *mar* **livre** *m* **de signaux** Signalbuch *n*; **donner le** ~ **de qc** das Signal, Zeichen zu etw geben; **donner le** ~ **du départ** das Zeichen zum Aufbruch geben; **être le** ~ **d'une révolte** das Fanal für e-n Aufstand sein; **respecter un** ~ *ch de fer, mar* ein Signal, *Autofahrer* ein Verkehrs-zeichen beachten

signalé [sinale] *litt adj* bemerkenswert; bedeutend

signalement [sinalmɑ̃] *m* Perˈsonenbe-schreibung *f*; Signalˈement *n*; *e-s flüchti-gen Verbrechers* Steckbrief *m*

signaler [sinale] **I** *v/t* **1.** *Richtungsände-rung etc* anzeigen; signaliˈsieren; ange-ben; *Piste, Gefahrenstelle etc* bezeich-nen; kennzeichnen; **2.** ~ **qc à qn** j-n auf etw (*acc*) aufmerksam machen, hinwei-sen; j-m etw mitteilen; **permettez-moi de vous** ~ **que** ... darf ich Sie darauf aufmerksam machen, hinweisen, daß ...; ~ **qn à la police** j-n der Polizei

melden, bei der Polizei anzeigen; **les journaux signalent sa présence à Paris** die Zeitungen melden, erwähnen, verzeichnen s-e Anwesenheit in Paris; **rien à ~** (*abr* **R.A.S.**) keine besonderen Vorkommnisse; **II** *v/pr* **se ~** sich her'vortun; sich auszeichnen; **se ~ à l'attention de qn** j-s Aufmerksamkeit erregen; j-n auf sich aufmerksam machen; j-m auffallen

signalétique [siɲaletik] *adj adm* e-e Per'son beschreibend; der Erkennung dienend; **fiche** *f* **~** Erkennungsbogen *m*

signaleur [siɲalœr] *m* Si'gnalgeber *m*; *mar* Si'gnalgast *m*; Winker *m*

signalisation [siɲalizasjɔ̃] *f* **1.** *von Straßen* Beschilderung *f*; **feux** *m/pl* **de ~** Verkehrsampel *f*; **panneau** *m* **de ~** Verkehrsschild *n*, -zeichen *n*; **2.** Si'gnalsystem *n*, -wesen *n*; Si'gnale *n/pl*; **3.** Si'gnalgebung *f*, -übertragung *f*; Si'gnali'sieren *n*, -ung *f*; Zeichengebung *f*; **mar ~ à bras** Winken *n*; Winkern *n*; **appareil de ~** Si'gnalgerät *n*; **erreur** *f* **de ~** falsche Signalgebung; Fehler *m* in der Signalgebung

signaliser [siɲalize] *v/t Straße* beschildern

signataire [siɲatɛr] *m* Unter'zeichner *m*; *par ext* Unter'zeichner-, Signa'tarstaat *m*

signature [siɲatyr] *f* **1.** 'Unterschrift *f*; Namenszug *m*; *e-s Künstlers* Signa'tur *f*; *fig* Handschrift *f*; Stempel *m*; **apposer sa ~** s-e Unterschrift dar'untersetzen; **apposer sa ~ au bas d'un document** s-e Unterschrift unter ein Dokument setzen; ein Dokument unter'zeichnen; **revêtir qc de sa ~** etw mit s-r Unterschrift versehen; *e-s Vertrages etc* Unter'zeichnung *f*; **envoyer, être à la ~** zur 'Unterschrift vorlegen, vorliegen; **3.** *jur* **sociale** Firmenzeichnung *f*; Fir'mierung *f*; **avoir la ~** zeichnungsberechtigt sein; **4.** *impr* Bogensignatur *f*

signe [siɲ] *m* **1.** Zeichen *n* (*auch math, mus, ling, Kybernetik etc*); *math auch* Vorzeichen *n*; *méd auch* Sym'ptom *n*; *Astrologie auch* Sternzeichen *n*, -bild *n*; **~ avant-coureur, précurseur** Vor-, Anzeichen *n*; Vorbote *m*; **~ caractéristique, distinctif** Merkmal *n*; Kennzeichen *n*; **~s conventionnels** vereinbarte Zeichen *n/pl*; **~ infaillible** untrügliches Zeichen; **~s orthographiques** orthographische Zeichen *n/pl*; **~s particuliers** besondere Kennzeichen *n/pl*; **~ d'amélioration** (An)Zeichen *n* der Besserung; **~ de faiblesse** Zeichen von Schwäche; **~ de ponctuation** Satzzeichen *n*; Interpunkti'onszeichen *n*; **~ des temps** Zeichen der Zeit; **~ du zodiaque** Tierkreiszeichen *n*; *loc/prép:* **en ~ de** zum Zeichen (+*gén*); als Zeichen, Ausdruck (+*gén*); **en ~ d'amitié** zum, als Zeichen der Freundschaft; **sous le ~ de** im Zeichen (+*gén*); **être né sous le ~ de la Balance** im Zeichen, unter dem Zeichen der Waage geboren sein; *fig* **être (placé) sous le ~ de la réconciliation** im Zeichen der Versöhnung stehen; **ne plus donner ~ de vie** kein Lebenszeichen mehr von sich geben; *fig* **il ne m'a pas donné ~ de vie depuis longtemps** ich habe schon lange kein Lebenszeichen von ihm erhalten; er hat seit langem nichts von sich hören lassen; **donner des ~s de fatigue** Zeichen der Ermüdung erkennen lassen; **c'est bon, mauvais ~** das ist ein gutes, schlechtes Zeichen; **c'est ~ de pluie** das ist ein Zeichen für Regen; das bedeutet Regen; **c'est ~ que ...** das ist ein Zeichen dafür, daß ...; **faire le ~ de (la) croix** ein Kreuz schlagen; sich bekreuzigen; das

Kreuzeszeichen, das Zeichen des Kreuzes machen; **se parler par ~s** sich durch Zeichen verständigen; **parler par ~s** sich durch Zeichen verständlich machen; **2.** Wink *m*; **~ de tête** (affirmatif, négatif) Kopfnicken *n bzw* -schütteln *n*; **faire un ~ de (la) tête** (mit dem Kopf) nicken *bzw* den Kopf schütteln; **faire un ~ de tête approbatif** beifällig, zustimmend (mit dem Kopf) nicken; **faire un ~ de tête à qn** j-m zunicken; **faire un ~ de la main** ein Handzeichen geben; winken; **faire ~ à qn** j-m winken; *zum Gruß* j-m zuwinken; **faire ~ à qn de venir** je her'anwinken; j-n zu sich winken; **faire ~ à qn de s'asseoir** j-n durch e-e Handbewegung zum Sitzen auffordern; **faire ~ de se taire** *auch* den Finger auf den Mund legen; **faire ~ que non** den Kopf schütteln; *mit der Hand* abwinken; *par ext* **dès mon retour je vous ferai ~** sobald ich zurück bin, werde ich von mir hören lassen *od* werde ich mich (bei Ihnen) melden; *si vous avez besoin de moi*, **faites-moi ~ ...** lassen Sie es mich wissen; **se faire des ~s d'intelligence** Blicke *m/pl* des Einverständnisses tauschen; sich zublinzeln, zuzwinkern; sich verständnisinnig zunicken

signer [siɲe] **I** *v/t* **1.** unter'schreiben; unter'zeichnen (*beide auch abs*); s-n Namen setzen unter (+*acc*); *Künstler, Verfasser: sein Werk* si'gnieren; *par ext* **~ la paix** den Frieden(svertrag) unterzeichnen; **~ d'un pseudonyme** mit e-m Pseudonym unterschreiben; *fig* **c'est signé** das trägt s-n Stempel; das ist typisch für ihn; **2.** *Goldschmiedearbeiten* stempeln; **II** *v/pr rel* **se ~** sich bekreuzigen; ein Kreuz schlagen

signet [siɲɛ] *m* Buch-, Lesezeichen *n*

signifiant [siɲifjɑ̃] **I** *adj cf* **significatif 1.**; **II** *m ling* Signifi'kant *m*; Lautbild *n*

significatif [siɲifikatif] *adj* <-ive> **1.** bedeutsam; bedeutungsvoll; *Lächeln* vielsagend; **2.** bezeichnend (**de qc** für etw); **il est ~ que ...** (+*subj*) es ist bezeichnend, daß ...

signification [siɲifikasjɔ̃] *f* **1.** Bedeutung *f*; Sinn *m*; **2.** *jur e-s Urteils, e-r Urkunde* Zustellung *f*; **3.** *gr* **degrés** *m/pl* **de ~** Steigerung *f*

signifié [siɲifje] *m ling* Signifi'kat *n*; Begriff *m*

signifier [siɲifje] *v/t* **1.** bedeuten; heißen; besagen; ausdrücken; **ce qui dit ne signifie pas grand-chose** was er sagt, hat wenig Sinn, hat nicht viel zu bedeuten; **que signifie ce regard ?** was bedeutet dieser Blick?; **was soll dieser Blick heißen?**; **ce mot signifie en français ...** dieses Wort bedeutet im Französischen ...; **2.** **~ ses intentions à qn** j-m s-e Absichten mitteilen, bekanntgeben, *st/s* kundtun; **~ à qn de sortir** j-m bedeuten hinauszugehen; **~ à qn que ...** j-m bedeuten, daß ...; **3.** *jur* zustellen

silence [silɑ̃s] *m* **1.** *e-r Person* Schweigen *n* (*auch von Dingen*); Stillschweigen *n*; *e-s Ortes* Stille *f*; *allg auch* Ruhe *f*; **~ absolu** absolute, vollkommene Stille; **absolues** (Still)Schweigen; **~ éloquent** beredtes Schweigen; **~ profond** tiefe Stille; **~ de mort** Toten-, Grabesstille *f*; **le ~ de la nuit** die Stille der Nacht; **~ de la presse** das Schweigen der Presse; **la loi du ~** *unter Verbrechern* das Gesetz des Schweigens; **minute** *f* **de ~** Schweigeminute *f*; *rad* **zone** *f* **de ~** tote Zone; **en ~** schweigend; **souffrir en ~** leiden, ohne zu klagen; **~!** Ruhe!; ruhig!; still (da)!; **cin ~, on tourne!** Achtung, Aufnahme!; **être condamné au ~** zum Schweigen verurteilt sein; **il n'écrit plus, je ne m'explique pas son ~ ...** ich

kann mir sein Schweigen nicht erklären; **faire ~** still werden; **le ~ se fit dans la salle** es wurde still im Saal; im Saal trat Stille ein; **garder, observer le ~** Stillschweigen bewahren; **garder le ~ sur qc** über etw (*acc*) Stillschweigen bewahren; sich über etw (*acc*) ausschweigen; **garder un ~ circonspect, prudent** vorsichtshalber schweigen; **imposer ~** Ruhe gebieten; **imposer le ~ à qn** j-m Stillschweigen auferlegen; **imposer ~ à qn** j-n zum Schweigen bringen (*auch fig Verleumder etc*); **passer sous ~** verschweigen; mit Stillschweigen über'gehen; **réduire au ~** zum Schweigen bringen; **rompre le ~** das Schweigen brechen; **2.** *mus* Pause *f*

silencieux [silɑ̃sjø] **I** *adj* <-euse> *Person momentan* still; stumm; ruhig; *im Wesen* schweigsam; *Wald, Straße etc* still; *Schritte, Bewegung* laut-, geräuschlos; **majorité silencieuse** schweigende Mehrheit; **marche silencieuse** Schweigemarsch *m*; *Motor* **être ~** ruhig laufen; geräuscharm sein; **rester, demeurer ~** stillschweigen; in Schweigen verharren; **II** *m es Motors, e-r Schußwaffe* Schalldämpfer *m*

silène [silɛn] *m bot* Leimkraut *n*

silésien [silezjɛ̃] **I** *adj* <~ne> schlesisch; **II** *subst* ♀(**ne**) *m(f)* Schlesier(in) *m(f)*

silex [silɛks] *m minér* Feuerstein *m*; Flint *m*

silhouett|e [silwɛt] *f* **1.** Silhou'ette *f*; Schattenbild *n*; 'Umrisse *m/pl*; **2.** Schattenriß *m*; Scherenschnitt *m*; **3.** Gestalt *f*; Fi'gur *f*; **~ de tir** Silhou'ettenfigur *f*; Mannscheibe *f*; F Pappkamerad *m*; **~er** *v/t in e-r Silhou'ette darstellen

silicate [silikat] *n chim* Sili'kat *n*; *fachspr* Sili'cat *n*

silic|e [silis] *f chim* Kieselsäure *f*, -erde *f*; Si'liciumdioxyd *n*; **verre** *m* **de ~** Quarzglas *n*; **~eux** *adj* <-euse> *minér* kieselartig, -haltig; Kiesel...; **~ique** *adj chim* **acide ~** Kieselsäure *f*; **anhydride ~** Kieselsäureanhydrid *n*

silici|um [silisjɔm] *m chim* Si'lizium *n*; *fachspr* Si'licium *n*; **~ure** *m chim* Sili'cid *n*

silic|one [silikon] *f chim meist pl* **~s** Sili'kone *n/pl*; **huiles** *f/pl* **de ~s** Silikonöle *n/pl*, -harze *n/pl*; **~ose** *f path* Staub-, Quarzlunge *f*; Sili'kose *f*; **~ule** *f bot* Schötchen *n*

silique [silik] *f bot* Schote *f*

sillage [sijaʒ] *m* Kielwasser *n*; *fig* **marcher dans le ~, suivre le ~ de** in j-s Fuß(s)tapfen (*acc*)treten; *péj* in j-s Kielwasser (*dat*) segeln, treiben

sillet [sijɛ] *m mus bei Saiteninstrumenten* Sattel *m*

sillon [sijɔ̃] *m* **1.** *e-s Feldes* Furche *f*; **tracer, creuser un ~** e-e Furche ziehen; **2.** *e-r Schallplatte* Rille *f*; **3.** *anat* **~ du cerveau** Gehirnfurchen *f/pl*; **4.** *fig u poét* Strahl *m*; **~ de feu, de lumière** Feuer-, Lichtstrahl *m*; **5.** *poét* **~s** *pl* Gefilde *n/pl*

sillonner [sijɔne] *v/t* **1.** *Schiff: Meer* durch'furchen; *Blitz: Himmel* durch'zucken; *Straßen: e-e Gegend* durch'ziehen; *Flugzeug* **~ le ciel** am Himmel fliegen; da'hinfliegen; um'herfliegen; *p/p* **Gesicht sillonné de rides** von Runzeln durchfurcht; **2.** **~ une région en voiture** in e-r Gegend um'her-, her'umfahren

silo [silo] *m* **a)** *für Getreide, Gärfutter, Zement etc* Silo *m od n*; **~ à grains, à céréales** Getreidesilo *m*; **~ à fourrages** (verts) *meist* Gärfutterbehälter *m*; **b)** *für Rüben, Kartoffeln* Miete *f*; **mettre en ~** *cf* **ensiler**

silotage [silotaʒ] *m cf* **ensilage**

silphe [silf] *m zo* Schwarzer Aaskäfer
silure [silyr] *m zo* Wels *m*
silurien [silyrjɛ̃] *géol* **I** *adj* ⟨~ne⟩ si'lurisch; **II** *m* Si'lur *n*
sima [sima] *m géol* Sima *n*
simagrée [simagre] *f meist pl* ~s Ziere-'rei *f*; Gehabe *n*; Getue *n*; F Mätzchen *n/pl*; **faire des** ~**s** sich zieren; F sich haben; sich anstellen; Mätzchen machen
simarubacées [simarybase] *f/pl bot* Bittereschengewächse *n/pl*; Simaruba'zeen *f/pl*
simien [simjɛ̃] *zo, sc* **I** *adj* ⟨~ne⟩ Affen...; **II** *m/pl* ~s Affen *m/pl* (Ordnung)
simiesque [simjɛsk] *adj* affenähnlich
similaire [similɛr] *adj* gleichartig; ähnlich; entsprechend
similarité [similarite] *f* Gleichartigkeit *f*
simili [simili] **1.** F *m* Imitati'on *f*; Nachahmung *f*; Simili *n od m*; **en** ~ unecht; nachgemacht; **2.** *m* Autoty'pie *f* (Druckstock); **3.** *f abr von* **similigravure**
simili|cuir [similikɥir] *m* Kunstleder *n*; ~**gravure** *f impr* Autoty'pie *f* (Verfahren u Druckstock)
similis|age [similizaʒ] *m text* Seidenfinish *m*; ~**er** *v/t text* seidenartig ausrüsten
similitude [similityd] *f* Ähnlichkeit *f* (auch math); ~ **de caractères entre deux personnes** Cha'rakterähnlichkeit *f* zwischen zwei Personen
similor [similɔr] *m* Goldimitation *f*
simon|iaque [simɔnjak] *adj égl* si'monisch; *Person* der Simo'nie schuldig; ~**ie** *f égl* Simo'nie *f*
simoun [simun] *m* heißer Wüstenwind Samum *m*
simple [sɛ̃pl(ə)] **I** *adj* **1.** einfach; *Frage, Arbeit etc auch* simpel; *Stil, Kleid etc auch* schmucklos; schlicht; **billet** *m* ~ einfache Fahrkarte; **chim corps** *m* ~ (chemisches) Ele'ment; Grundstoff *m*; *arch* **église** *f* ~ einschiffige Kirche; *biol* **épithélium** *m* ~ einschichtiges Epithelgewebe; *bot* **fleur** *f* ~ einfache *bzw* nicht gefüllte Blüte; **gens** *m/pl* ~s einfache Leute *pl*; **mécanisme** *m* ~ einfacher, unkomplizierter Mechanismus; **moyen** *m* ~ einfaches Mittel; **nœud** *m* ~ einfacher Knoten; *comm* **comptabilité** *f* en **partie** ~ einfache Buchführung; *gr* **passé** *m* ~ hi'storisches Perfekt; **Passé simple** *n*; *gr* **temps** *m* ~ einfache Zeit; **rien de plus** ~! nichts einfacher als das!; **avoir des goûts** ~s e-e einfache Lebensweise bevorzugen; **c'est (bien)** ~, *si tu ne travailles pas, tu ne partiras pas en vacances* das ist ganz einfach ...; **c'est tout** ~ es ist ganz einfach; **il a su rester** ~ er verstand es, einfach zu bleiben; *subst:* **passer du** ~ **au double** sich verdoppeln; *Preis* **varier du** ~ **au double** bis doppelt so hoch sein; **2.** ⟨*vorangestellt*⟩ einfach; bloß; rein; **une** ~ **mesure de précaution** e-e einfache, bloße Vorsichtsmaßnahme; ~ **particulier** *m* einfacher Privatmann; ~ **employé** *m* einfache(r) Angestellte(r); *Betrug, Lüge, Wahnsinn* **pur et** ~ ⟨*nachgestellt*⟩ glatt; **c'est un suicide pur et** ~ das ist glatter Selbstmord; **dans le plus** ~ **appareil** hüllenlos; nackt; **ce n'est qu'une** ~ **formalité** das ist (e-e) bloße, reine Formsache; **un** ~ **geste suffit** e-e einfache, bloße Geste genügt; **le** ~ **bon sens** ... schon der gesunde Menschenverstand ...; **3.** *Person* einfältig; ~ **d'esprit** geistig beschränkt; **être** ~ **d'esprit** *auch* ein einfaches Gemüt haben; sein; **un** ~ **d'esprit** ein geistig Beschränkter; **il est un peu** ~ er ist etwas einfältig; **il faudrait être bien** ~ **pour** (+*inf*) man

müßte schon sehr einfältig sein, um zu (+*inf*); **II** *m* **1.** *Tennis* Einzel *n*; ~ **dames, messieurs** Damen-, Herreneinzel *n*; **2.** *phm* ~**s** *pl* Heilkräuter *n/pl*, -pflanzen *f/pl*
simplement [sɛ̃pləmɑ̃] *adv* einfach; **tout** ~ ganz einfach; **c'est tout** ~ **impossible** das ist schlechterdings unmöglich; **s'exprimer** ~ sich einfach ausdrücken; **être habillé** ~ einfach, schlicht gekleidet sein; **voir les choses trop** ~ die Dinge zu einfach sehen; **il a** ~ **voulu vous faire peur** er wollte Sie einfach, bloß, nur erschrecken
simplet [sɛ̃plɛ] *adj* ⟨~**te**⟩ etwas einfältig; simpel; na'iv
simplicité [sɛ̃plisite] *f* **1.** Einfachheit *f*; *der Lebensweise, des Stils auch* Schlichtheit *f*; *des Stils, der Kleidung etc auch* Schmucklosigkeit *f*; *e-r Person auch* Na'türlichkeit *f*; Unkompliziertheit *f*; Anspruchslosigkeit *f*; **en toute** ~ einfach; schlicht; ohne 'Umstände (zu machen); **2.** Einfalt *f*; Einfältigkeit *f*
simplifiable [sɛ̃plifjabl(ə)] *adj* vereinfachbar; *math Bruch auch* kürzbar
simplific|ateur [sɛ̃plifikatœr] *adj* ⟨-**trice**⟩ vereinfachend; ~**ation** *f* Vereinfachen *n*, -ung *f*; *math e-s Bruches auch* Kürzung *f*
simplifier [sɛ̃plifje] **I** *v/t* vereinfachen; *math Bruch auch* kürzen; **II** *v/pr* **se** ~ einfacher werden
simpl|isme [sɛ̃plism(ə)] *m* 'übermäßige Vereinfachung *f*; Einseitigkeit *f*; ~**iste** *adj Argumentation, Idee* zu einfach; *Beurteilung, Moral* einseitig; **esprit** *m* ~ j, der die Dinge zu einseitig sieht, zu sehr vereinfacht
simulacre [simylakr(ə)] *m* **1.** Scheinhandlung *f*; ~ **de** ..., Schein...; **fin'giert**; ~ **de combat** Scheingefecht *n*; **2.** Trugbild *n*
simula|teur [simylatœr] *m*, ~**trice** *f* **1.** Simu'lant(in) *m(f)*; **2.** ⟨*nur m*⟩ *tech* Simu'lator *m*; ~ **d'environnement spatial** Raumfahrtsimulator *m*; *aviat* ~ **de vol** Flugsimulator *m*
simulation [simylasjɔ̃] *f* **1.** Verstellung *f* (abs); Vortäuschen *n*, -ung *f*; *auch psych* Simu'lieren *n*; Simulati'on *f*; **2.** *jur* Scheingeschäft *n*; **3.** *tech, Kybernetik etc* Simu'lieren *n*, -ung *f*; Simulati'on *f*; *écon* ~ **de gestion** Unter'nehmens-, Planspiel *n*; **chambre** *f* **de** ~ **spatiale** Weltraumsimulationskammer *f*
simulé [simyle] *adj* vorgetäuscht; fin'giert; Schein...; **attaque** ~**e** Scheinangriff *m*; **maladie** ~**e** vorgetäuschte, simulierte Krankheit; *jur* **vente** ~**e** Scheinverkauf *m*
simuler [simyle] *v/t* **1.** vortäuschen; heucheln; fin'gieren; *Krankheit auch* simu'lieren; **2.** *tech, Kybernetik etc* simu'lieren
simulie [simyli] *f zo* Kriebelmücke *f*
simultané [simyltane] *adj* gleichzeitig; simul'tan; **traduction** ~**e** Simultanübersetzung *f*; ~**isme** *m Literatur* Simul'tantechnik *f*; ~**ité** *f* Gleichzeitigkeit *f*; simul'tan; ~**ment** *adv* gleichzeitig; zur gleichen Zeit
sinanthrope [sinɑ̃trɔp] *m Vorgeschichte* Sin'anthropus *m*; Pekingmensch *m*
sinap|isé [sinapize] *adj méd* Senf...; **bain, cataplasme** ~ Senfbad *n*, -packung *f*; ~**isme** *m méd* Senfpflaster *n*, -packung *f*
sincère [sɛ̃sɛr] *adj* aufrichtig; ehrlich; offen; **admiration** ~ ehrliche, echte Bewunderung; ~**s condoléances** *f/pl* herzliches Beileid; aufrichtige Teilnahme; **opinion** *f* ~ ehrliche Meinung; **veuillez agréer mes** ~**s salutations** mit vorzüglicher Hochachtung; mit (den) besten Grüßen; **être** ~

avec soi-même sich selbst gegenüber ehrlich sein
sincèrement [sɛ̃sɛrmɑ̃] *adv von* **sincère**; **regretter** ~ aufrichtig bedauern; ~, **je ne le crois pas** ehrlich gesagt *od* offen gestanden, ich glaube ihm nicht; ~, **vous ne voulez pas venir?** Sie wollen also wirklich, wahrhaftig nicht kommen?
sincérité [sɛ̃serite] *f* Aufrichtigkeit *f*; Ehrlichkeit *f*; Offenheit *f*; *e-r Person auch* Wahrhaftigkeit *f*; *e-s Gefühls, e-r Überzeugung auch* Echtheit *f*; **en toute** ~ in aller Offenheit
sinécure [sinekyr] *f* geruhsames Pöstchen; Sine'kure *f*; F Druckposten *m*; F **ce n'est pas une** ~ das ist kein leichter Posten, keine leichte Aufgabe
sine die [sinedje] *loc/adv* auf unbestimmte Zeit; **renvoyer un débat** ~ e-e Debatte auf unbestimmte Zeit vertagen
sine qua non [sinekwanɔn] *loc/adj* **condition** *f* ~ unerläßliche Bedingung, Vor-'aussetzung; Con'ditio sine qua non *f*
singalette [sɛ̃galɛt] *f text* stark appre-'tierte Steifgaze
singapourien [sɛ̃gapurjɛ̃] **I** *adj* ⟨~**ne**⟩ singa'purisch; **II** *subst* ⟨~**s** *m/pl*⟩ Singa'purer *m/pl*
singe [sɛ̃ʒ] *m* **1.** *zo* Affe *m*; **agile comme un** ~ flink wie ein Affe; ~ *cf* **laid** I 1.; **être malin comme un** ~ ein schlauer Fuchs, ein Schlaukopf, F Pfiffikus sein; F ein gewiegter, gewiefter, gerissener Bursche sein; **faire le** ~ den Hanswurst machen, spielen; F Faxen machen; *prov* **on n'apprend pas à un vieux** ~ **à faire la grimace** e-m alten Hasen macht man nichts vor; **2.** *arg* (corned-beef) Corned beef *m*; Büchsenfleisch *n*; **3.** *arg (patron)* **le** ~ F der Alte
singer [sɛ̃ʒe] *v/t* ⟨-**geons**⟩ ~ **qn** j-n nachäffen, nachmachen
singerie [sɛ̃ʒri] *f meist pl* ~**s** Gri'massen *f/pl*; F Faxen *f/pl*; **faire des** ~**s** Faxen machen; Grimassen schneiden
singleton [sɛ̃glətɔ̃] *m Kartenspiel* Singleton ['singltən] *m*
singulariser [sɛ̃gylarize] **I** *v/t Kleidung, Neigungen etc* ~ **qn** j-n auffällig erscheinen lassen; j-n aus der Masse her'ausheben; **II** *v/pr* **se** ~ auffallen; von den andern abstechen; F aus der Reihe tanzen
singularité [sɛ̃gylarite] *f* **1.** Eigenart *f*; Eigenheit *f*; Eigentümlichkeit *f*; Sonderbarkeit *f*; Seltsamkeit *f*; Merkwürdigkeit *f*; **avoir le goût de la** ~ das Eigenartige, Ausgefallene, Besondere lieben; **2.** *litt* Einzigartigkeit *f*
singulier [sɛ̃gylje] **I** *adj* ⟨-**ière**⟩ **1.** eigenartig; eigentümlich; sonderbar; seltsam; merkwürdig; **aventure singulière** eigenartiges *etc* Erlebnis; **idée singulière** *auch* ausgefallene, abseitige Idee; **une singulière façon de raconter les choses** e-e merkwürdige Art, die Dinge zu erzählen; **un** ~ **personnage** e-e eigenartige *etc* Gestalt; **ce qu'il y a de** ~, **c'est que** ... das Eigenartige, Merkwürdige ist, daß ...; eigenartigerweise, merkwürdigerweise *etc* ...; **2.** *litt* (extraordinaire) einzigartig; außerordentlich; beispiellos; **3.** *litt* **combat** ~ Zweikampf *m*; **4.** *gr* **nombre** ~ Einzahl *f*; Singular *m*; **5.** *math* **point** ~ singu'lärer Punkt; **II** *m gr* Singular *m*; Einzahl *f*
singulièrement [sɛ̃gyljɛrmɑ̃] *adv* **1.** sehr; ungemein; ganz besonders; *vor adj auch* überaus; ausnehmend; **2.** eigenartig; eigentümlich; sonderbar; seltsam; **se conduire** ~ sich eigenartig *etc* verhalten; **3.** *litt* (surtout) insbesondere; besonders; *tout le monde a souffert et* ~ **les salariés** ... insbesondere die Lohnempfänger

siniser [sinize] *v/t pol* chi'nesisch machen; nach chinesischem Vorbild 'umgestalten; **communisme sinisé** Kommunismus *m* chinesischer Prägung

sinistre [sinistr(ǝ)] **I** *adj* **1.** *Vorzeichen* unheilverkündend; *Geräusch, Ort* unheimlich; *Landschaft, Stimmung, Blick* düster; **2. une ~ crapule** ein erbärmlicher, elender, ausgemachter Lump, Schurke; **un ~ imbécile, crétin** ein 'Vollidiot *m*; **II** *m* **1.** (Brand-, Flut-, Erdbeben)Kata'strophe *f*; *Feuerwehr* **maîtriser le ~** den Brand eindämmen; **2.** *Versicherungswesen* Schaden(sfall) *m*

sinistré [sinistre] *adj* von e-r Kata'strophe betroffen, heimgesucht; geschädigt; *im Krieg auch* ausgebombt; **région ~e** Katastrophengebiet *n*; **II** *m* Opfer *n* (e-r Kata'strophe); (Kata'strophen)Geschädigte(r) *m*

sino-... [sino-] *adj in Zssgn* chi'nesisch-...; *z B* **sino-soviétique** chinesisch-sowjetisch

sino|logie [sinolǝʒi] *f* Sinolo'gie *f*; Chinakunde *f*; **~logue** *m,f* Sino'loge, -'login *m,f*

sinon [sinõ] *conj* **1.** sonst; ander(e)nfalls; travaille, ~ **tu seras puni** arbeite, sonst wirst du bestraft; **2.** außer; **que faire ~ attendre?** was kann man schon tun außer abzuwarten?; was kann man schon anderes tun als ab(zu)warten?; *loc/conj* ~ **que** außer daß; **je ne sais rien ~ qu'il est très occupé** ich weiß nichts, als *od* außer daß er sehr beschäftigt ist; **3.** wenn nicht (gar); **une force indifférente ~ ennemie** e-e gleichgültige, wenn nicht gar feindliche Macht; **... au** *od* **du moins** wenn nicht ... so doch; **rencontrer, ~ l'approbation, du moins l'indulgence** wenn nicht auf Billigung, so doch auf Duldung stoßen

sinople [sinɔpl(ǝ)] *m Heraldik* Grün *n*

sinoque [sinɔk] *adj* F 'übergeschnappt; *plem*'*plem*; me'schugge

sintérisation [sɛ̃terizasjõ] *f métall* Sintern *n,* -ung *f*

sinueux [sinɥø] *adj* ⟨-euse⟩ **1.** *Linie, Flußlauf etc* gewunden; *Straße* kurvenreich; **2.** *fig u st/s Gedankengänge* verschlungen; gewunden

sinuosité [sinɥozite] *f* e-s *Weges, Flußlaufs etc meist pl* ~**s** Windungen *f/pl*; Krümmungen *f/pl*; Biegungen *f/pl*; **décrire des ~s** in Windungen verlaufen; **2.** *Gewundenheit f; fig von Gedankengängen* Verschlungenheit *f*

sinus [sinys] *m* **1.** *anat* **a)** Nasennebenhöhle *f*; ~ **frontal** Stirnhöhle *f*; ~ **maxillaire** Kieferhöhle *f*; ~ **sphénoïdal** Keilbeinhöhle *f*; **b)** *von Blutgefäßen* Erweiterung *f*; *sc* Sinus *m*; **2.** *math* Sinus *m*

sinusite [sinyzit] *f path* Stirnhöhlenkatarrh *m bzw* -vereiterung *f*; *sc* Sinu'sitis *f*

sinus|oïdal [sinyzɔidal] *adj* ⟨-aux⟩ *math* Sinus...; **fonction ~e** Sinusfunktion *f*; *phys* **mouvement ~** Sinusschwingung *f*; **~oïde** *f math* Sinuskurve *f*

sion|isme [sjɔnism(ǝ)] *m* Zio'nismus *m*; **~iste I** *adj* zio'nistisch; **II** *m,f* Zio'nist(in) *m(f)*

Sioux [sju] *m/pl* Sioux [ˈziːuks] *m/pl*; *adj* **tribu** *f* ~ Siouxstamm *m*; F **fig ruses** *f/pl* **de ~** geschickte Tricks *m/pl*

siphoïde [sifɔid] *adj tech* saugheberartig

siphomycètes [sifɔmisɛt] *m/pl bot* Algenpilze *m/pl*

siphon [sifõ] *m* **1.** *an Waschbecken etc* Geruchsverschluß *m*; Siphon *m*; **2.** ~ **(d'eau de Seltz)** Sodawasserflasche *f*; Siphon *m*; **3.** *phys* Saugheber *m*; **4.** *zo* Sipho *m*; Atemröhre *f*

siphonn|é [sifɔne] F *adj* verrückt; F behämmert; *plem*'*plem*; me'schugge; *cf auch* **cinglé**; ~**er** *v/t tech* mit e-m Saugheber 'umfüllen

siphonophores [sifɔnɔfɔr] *m/pl zo* Staatsquallen *f/pl*; Siphono'phoren *f/pl*

sire [sir] *m* **1.** *Anrede für Könige, Kaiser* ♀ Maje'stät; **2.** *litt* **un triste ~** ein elendes verkommenes Sub'jekt

sirène [sirɛn] *f* **1.** *myth* Si'rene *f*; **2.** Si'rene *f*; ~ **d'alerte, d'alarme** A'larmsirene *f*; ~ **d'usine** Fa'briksirene *f*

sirén|idés [sirenide] *m/pl zo* Armmolche *m/pl*; **~iens** *m/pl zo* Seekühe *f/pl*; Si'renen *f/pl*

sirex [sirɛks] *m zo* (e-e) Holzwespe

siricidés [siriside] *m/pl zo* Holzwespen *f/pl* (*Familie*)

siroc(c)o [sirɔko] *m heißer Wüstenwind* Schi'rokko *m*

sirop [siro] *m* Sirup *m*; *par ext* Sirupgetränk *n*; *phm* ~ **contre la toux** Hustensaft *m*; ~ **de framboises, de fruits** Himbeer-, Fruchtsirup *m*; eingedickter Fruchtsaft; **fruits** *m/pl* **au ~** eingemachte Früchte *f/pl*

siroter [sirɔte] *v/t* (langsam und) mit Genuß schlürfen

sirtaki [sirtaki] *m griechischer Volkstanz* Sir'taki *m*

sirupeux [sirypø] *adj* ⟨-euse⟩ sirupartig; *fig u péj Musik* schmalzig

sis [si] *adj* ⟨sise [siz]⟩ *jur, litt* gelegen; befindlich; sich befindend

sisal [sizal] *m* **1.** Sisal *m*; **2.** *bot* Sisalagave *f*

sismicité [sismisite] *f* Seismizi'tät *f*; Erdbebentätigkeit *f*

sismique [sismik] *adj* Erdbeben...; seismisch; **onde** *f* Erdbebenwelle *f*; seismische Welle; **prospection** *f* ~ seismo'graphische Bodenuntersuchung, Prospektion; **secousse** *f* ~ Erdstoß *m*

sismo|gramme [sismɔgram] *m* Seismo'gramm *n*; **~graphe** *m* Seismo'graph *m*, -'meter *n*; **~logie** *f* Seismik *f*; Seismolo'gie *f*; Erdbebenkunde *f*; **~métrie** *f* Seismome'trie *f*; **~phone** *m* Geo-, Seismo'phon *n*; Erdhörer *m*

sistre [sistr(ǝ)] *m Antike mus* Sistrum *n*

sisymbre [sizɛ̃br(ǝ)] *m bot* Rauke *f*

site [sit] *m* **1.** Landschaft *f*; Gegend *f*; Stätte *f*; ~**s** *pl od* landschaftliche Schönheiten *f/pl*; ~ **historique** historische Stätte; **un ~ magnifique** e-e herrliche Landschaft, Gegend; ein herrliches Fleckchen Erde; ~ **protégé** Landschaftsschutzgebiet *n*; **2.** *e-r Stadt etc* Lage *f*; **3.** *adm für* en öffentlichen Bus- **propre** eigene Fahr-, Busspur; **4.** *mil* **(angle** *m* **de)** ~ Geländewinkel *m*; Zielhöhenwinkel *m*

sit-in [sitin] *m* ⟨*inv*⟩ Sit-in *n*

sito(gonio)mètre [sito(gɔnjo)mɛtr(ǝ)] *m mil* Geländewinkelmesser *m*

sitôt [sito] **I** *adv* ~ **après** je petit déjeuner ... so'gleich, so'fort nach dem Frühstück ...; **pas de ~** nicht so bald; il ne reviendra pas de ~ er wird nicht so bald, nicht so schnell 'wiederkommen; ~ **arrivé, il s'endormit** so'bald er angekommen war *od* gleich nach'dem er angekommen war, schlief er ein; nach s-r Ankunft schlief er als'bald ein; *loc/prov* ~ **dit, ~ fait** gesagt, getan; **II** *loc/conj* ~ **que je serai là** nous **dînerons** sobald ich da bin, werden wir essen

sittelle [sitɛl] *f zo* Kleiber *m*; *bes* Spechtmeise *f*; Blauspecht *m*

situation [sitɥasjõ] *f* **1.** *e-r Stadt, e-s Hauses etc* Lage *f*; **bât plan** *m* **de ~** Lageplan *m*; **2.** Lage *f*; Situati'on *f* (*auch philos, psych, Soziologie, thé*); Verhältnisse *n/pl*; Zustand *m*; Zustände *m/pl*; 'Umstände *m/pl*; **la ~ actuelle** die derzeitige Lage; der gegenwärtige Zustand; ~ **délicate, désespérée** heikle,

verzweifelte Lage, Situation; ~ **économique** Wirtschaftslage *f*; wirtschaftliche Lage; ~ **internationale** internationale Lage; ~ **matérielle** materielle Verhältnisse; ~ **politique** politische Lage; politische Verhältnisse, Zustände; ~ **sociale** soziale Verhältnisse; ~ **de fait** De-'facto-Verhältnisse *n/pl*; *adm* ~ **de famille** Fa'milien-, Per'sonenstand *m*; ~ **du marché** Marktlage *f*; ~ **sans issue** ausweglose Lage, Situation; *thé* **comique de ~** Situationskomik *f*; **l'homme** *m* **de la ~** der rechte Mann am rechten Platz; **être dans une triste ~** in e-r traurigen Lage, Situation sein; **être en ~ de** (+*inf*) in der Lage sein zu (+*inf*); **exposer la ~** e-n Lagebericht geben; **mettre qn au courant de la ~** j-n über die Lage informieren, unter'richten; **mettre qn en ~** j-m kurz die Situation erklären; **rester maître de la ~** Herr der Lage bleiben; **3.** (berufliche) Stellung *f*; Positi'on *f*; ~ **stable** gesicherte Position, Stellung; Dauerstellung *f*; ~ **de premier plan** führende, leitende Stellung, Position; ~ **de tout premier plan** Spitzenstellung *f*, -position *f*; **être sans ~** stellungslos sein; **se faire une ~** sich e-e Position schaffen; **perdre sa ~** s-e Stellung verlieren; **4.** *écon* Ausweis *m*; Bericht *m*; ~ **hebdomadaire** Wochenausweis *m*; ~ **de banque** Bankausweis *m*; ~ **de caisse** Kassenbericht *m*

situé [sitɥe] *adj* gelegen; **bien ~** *Haus* schön, *Geschäft* günstig gelegen; **être bien ~** schön *bzw* günstig gelegen sein, liegen; **être ~ au nord de Paris** nördlich, im Norden von Paris liegen

situer [sitɥe] **I** *v/t* einordnen; ~ **Angers sur la Loire** Angers an die Loire verlegen; ~ **un événement à une époque donnée** ein Ereignis in e-e bestimmte Epoche verlegen, e-r bestimmten Epoche zuordnen; **l'auteur a situé cette scène à Lyon** der Verfasser läßt diese Szene in Lyon spielen; ~ **un texte** e-n Text einordnen; **II** *v/pr* **se ~** *Handlung e-s Romans etc* spielen (**à** in + *dat*); **se ~ aux alentours de dix pour cent** bei zehn Prozent liegen; **cette expérience se situe dans un programme de recherches** dieses Experiment findet im Rahmen e-s Forschungsprogramms statt, hat s-n Platz in e-m Forschungsprogramm

six [sis, *vor Konsonant* si, *vor Vokal* siz] **I** *adj/num/o* sechs; **le ~ août** der sechste August *bzw* am sechsten August; **chapitre** *m* ~ Kapitel sechs; **Charles VI** Karl VI. (der Sechste); *Radsport* ~ **jours** *m/pl* Sechs'tagerennen *n*; **à ~** zu sechst, sechs(en); **(voiture** *f* **à)** ~ **cylindres** *f* Sechszylinder *m*; **de ~ ans** sechsjährig; **von sechs Jahren;** *1967* **la guerre des** ♀ **jours** der Sechs'tagekrieg; **il est ~ heures** es ist sechs (Uhr); **II** *m* **1.** *Zahl* Sechs *f*; *südd auch* Sechser *m*; **le ~ (du mois)** der Sechste *bzw* am Sechsten (des Monats); *cf auch* **deux II; 2.** *früher* **l'Europe des** ♀, *ellip* **les** ♀ *m/pl* das Europa der Sechs; **die sechs EWG-Partner** *m/pl*; **die Sechs** *pl*

sixain [sizɛ̃] *m métr* Sechszeiler *m*

six-huit [sisɥit] *m mus* (mesure *f* à) ~ Sechs'achteltakt *m*

sixième [sizjɛm] **I** *adj/num/o* sechste(r, -s); **le ~ sens** der sechste Sinn; **II** *subst* **1.** **le, la ~** der, die, das sechste (*der Reihe nach*) *bzw* der, die, das Sechste (*der Leistung od dem Rang nach*); **2.** *m math* Sechstel *n*; **3.** *m* sechster Stock; sechstes Stockwerk; sechste E'tage; **habiter au ~** im sechsten Stock, F sechs Treppen hoch wohnen; **4.** *in Paris* **le ~** das sechste Arrondisse'ment; **5.** *f Schule* erste Klas-

se im Gym'nasium; Sexta *f*; **élève** *m,f*
de ~ Sex'taner(in) *m(f)*; **~ment** *adv*
sechstens

six-quatre [siskatr(ə)] *m mus* (**mesure** *f*
à) ~ Sechs'vierteltakt *m*

six-quatre-deux [siskatdø] *loc/adv* F
Arbeit fait à la ~ flüchtig, F schluderig
gemacht; il fait ce travail à la ~ F diese
Arbeit geht bei ihm husch, husch

sixte [sikst] *f* **1.** *mus* Sexte *f*; **2.** *esc*
Sixt(parade) *f*

Sixtine [sikstin] *in Rom* chapelle *f* ~
Six'tinische Ka'pelle

sizain [sizɛ̃] *cf* **sixain**

sizerin [sizrɛ̃] *m zo* Birkenzeisig *m*;
Leinfink *m*

skai [skaj] *m* (*nom déposé*) Skai *n* (*Wz*)

sketch [skɛtʃ] *m* Sket(s)ch *m*

ski [ski] *m* **1.** Ski *od* Schi *m*; Schneeschuh
m; ~*s pl auch* F Bretter *n/pl*; F *südd., österr*
Brettln *n/pl*; ~ **court** Kurzski *m*; ~ **de
fond, de randonnée** Langlauf-, Tou-
renski *m*; *cf auch* 2.; **à, en** ~**s** auf Skiern;
mettre, attacher ses ~**s** s-e Skier an-
schnallen; **2.** Skilauf(en) *m(n)*; Skifahren
n; Skisport *m*; ~ **nautique** Wasserski
(-sport, -lauf) *m*; **faire du** ~ **nautique**
Wasserski fahren; ~ **de fond** (Ski)Lang-
lauf *m*; ~ **de randonnée** Skiwandern *n*;
bâton *m* **de** ~ Skistock *m*; **champion-
nat** *m* **de** ~ Skimeisterschaft *f*; **chaus-
sure** *f* **de** ~ Skistiefel *m*, -schuh *m*;
épreuve *f* **de** ~ Skiwettbewerb *m*;
moniteur *m* **de** ~ Skilehrer *m*; **panta-
lon** *m* **de** ~ Skihose *f*; **faire du** ~ Ski
laufen, fahren; **faire du** ~ **de fond**
Langlauf betreiben

skiable [skjabl(ə)] *adj* Piste (mit Skiern)
befahrbar; *Schnee* zum Skifahren ge-
eignet; geführig

skiascopie [skjaskɔpi] *f méd* Skiasko-
'pie *f*

skier [skje] *v/i* Ski laufen, fahren

ski-bob [skibɔb] *m* <*pl* **skis-bobs**> Ski-
bob *m*

ski|eur [skjœr] *m*, **~euse** *f* Skiläufer(in)
m(f); Skifahrer(in) *m(f)*

skif(f) [skif] *m sports* Skiff *n*

skunks [skɔ̃s] *cf* **sconse**

slalom [slalɔm] *m* Skisport Slalom *m*;
Torlauf *m*; ~ **géant, spécial** Riesen-,
Spezi'alslalom *m*; **~eur** *m*, **~euse** *f*
Slalomläufer(in) *m(f)*

slave [slav] **I** *adj* slawisch; **charme** *m* ~
(wehmütiger) slawischer Charme; **II**
subst ♀ *m,f* Slawe *m*, Slawin *f*

slavis|ant [slavizɑ̃] *m*, **~ante** *f cf* **sla-
viste**; **~er** *v/t* slawi'sieren

slavist|e [slavist] *m,f* Sla'wist(in) *m(f)*;
~ique *f* Sla'wistik *f*

slavon [slavõ] *m ling* **le** ~ das Kirchensla-
wische; Kirchenslawisch *n*

slavophile [slavɔfil] **I** *adj* slawo'phil; **II**
m Slawo'phile(r) *m*

slip [slip] *m* **1.** Slip *m* (*für Männer u
Frauen*); (Damen)Höschen *n*; **2.** *mar*
Schlipp *od* Slip *m*; Aufschleppe *f*

slogan [slɔgɑ̃] *m* Pa'role *f*; Schlagwort *n*;
Slogan *m*; ~ **électoral** Wahlparole *f*; ~
publicitaire Werbeslogan *m*, -spruch
m; **lancer un** ~ ein Schlagwort aufbrin-
gen

sloop [slup] *m mar* Schlup *od* Slup *f*;
Sloop *f*

sloughi [slugi] *m* afrikanischer Wind-
hund Slughi *od* Sluki *m*

slovaque [slɔvak] **I** *adj* slo'wakisch; **II**
subst ♀ *m,f* Slo'wake *m*, Slo'wakin *f*;
2. *ling* **le** ~ das Slo'wakische; Slo'wa-
kisch *n*

slovène [slɔvɛn] **I** *adj* slo'wenisch; **II**
subst **1.** ♀ *m,f* Slo'wene *m*, Slo'wenin *f*;
2. *ling* **le** ~ das Slo'wenische; Slo'we-
nisch *n*

slow [slo] *m Tanz* Slowfox *m*

smala(h) [smala] *f* F *plais* (ganze) Fa-
'milie; *péj* Sippschaft *f*; **avec toute sa** ~
mit Kind und Kegel

smalt [smalt] *m tech* Schmalte *od* Smalte
f; **~ine** *f minér* Smal'tin *f*

smash [smaʃ] *m Tennis, Tischtennis etc*
Schmetterball *m*, -schlag *m*; **~er** *v/i*
schmettern

smectique [smɛktik] *adj* **1.** *phys* smek-
tisch; **2.** *minér* **argile** *f* ~ Walk-, Bleich-
erde *f*

smicard [smikar] *m* Mindestlohnemp-
fänger *m*

smilax [smilaks] *m bot* Stechwinde *f*

smille [smij] *f* Steinmetzwerkzeug Zwei-
spitz *m*

smithsonite [smitsɔnit] *f minér* Smith-
so'nit *m*; Zinkspat *m*

smocks [smɔk] *m/pl cout* Smokarbeit *f*

smoking [smɔkiŋ] *m* Smoking *m*

snack(-bar) [snak(bar)] *m* Schnellgast-
stätte *f*; Snackbar *f*; Imbißstube *f*

snob [snɔb] **I** *adj* <*f inv*> sno'bistisch; **II**
m,f Snob *m*

snober [snɔbe] *v/t* F ~ **qn** j-n von oben
her'ab behandeln; j-n hochmütig über-
'sehen

snobin|ard [snɔbinar] *m*, **~arde** *f* F *péj*
kleiner Snob

snobisme [snɔbism(ə)] *m* Sno'bismus *m*

sobre [sɔbr(ə)] *adj* **1.** mäßig, maßvoll,
enthaltsam, zu'rückhaltend im (Essen
und) Trinken; F ~ **comme un chameau**
äußerst mäßig im Trinken; **2.** *fig* ~ **en
paroles** wortkarg; **être** ~ **de compli-
ments** mit Komplimenten zu'rück-
haltend sein, sparsam sein, geizen; nicht
gerne Komplimente machen; **3.** *Stil,
Zuschnitt* nüchtern; schmucklos; **4.** *Au-
to* sparsam im Ben'zinverbrauch

sobriété [sɔbrijete] *f* **1.** Mäßigkeit *f*,
Enthaltsamkeit *f*, Zu'rückhaltung *f* im
(Essen und) Trinken; ~ **des** *Stils etc*
Nüchternheit *f*; Schmucklosigkeit *f*

sobriquet [sɔbrikɛ] *m* Spitzname *m*

soc [sɔk] *m agr* Pflugschar *f*

sociabilité [sɔsjabilite] *f* **1.** 'Umgänglich-
keit *f*; Gesellligkeit *f*; **2.** Soziabili'tät *f*;
Gemeinschaftsfähigkeit *f*

sociable [sɔsjabl(ə)] *adj* **1.** 'umgänglich;
gesellig; **caractère** *m* ~ umgänglicher
Charakter; **2.** gemeinschaftsfähig

social [sɔsjal] **I** *adj* <-**aux**> **1.** sozi'al;
Sozi'al...; **affaires** ~**es** soziale Angele-
genheiten *f/pl*; Soziale(s) *n*; **assistante**
~**e** Fürsorgerin *f*; Sozialarbeiterin *f*;
assurances ~**es** Sozialversicherung *f*;
charges ~**es** Soziallasten *f/pl*; **climat** ~
soziales Klima; **conflit** ~ sozialer Kon-
flikt; **droit** ~ Sozialrecht *n*; (**in**)**justice**
~**e** soziale (Un)Gerechtigkeit *f*; **loi** ~**e** a)
Sozialgesetz *n*; b) soziales Gesetz; **me-
sures** ~**es** soziale Maßnahmen *f/pl*;
politique ~**e** Sozialpolitik *f*; *cf auch* 2.;
la question ~**e** die soziale Frage; **ques-
tions** ~**es**, **problèmes sociaux** sozia-
le Fragen *f/pl*, Probleme *n/pl*; **réforme**
~**e** Sozialreform *f*; **revendication** ~**e**
soziale Forderung; **Sécurité** ~**e** a) (fran-
zösische) Sozialversicherung; b) Kran-
kenkasse *f*); **2.** Gesellschafts...; ge-
sellschaftlich; sozi'al; Sozi'al...; *zo* **ani-
maux sociaux** soziale, staatenbildende
Tiere *n/pl*; **classe** ~**e** Gesellschaftsklasse
f; soziale Klasse; *Rousseau* **contrat** ~
Gesellschaftsvertrag *m*; **couche** ~**e** Ge-
sellschaftsschicht *f*; soziale Schicht; **po-
litique** ~**e** Gesellschaftspolitik *f*; **scien-
ces** ~**es** Gesellschaftswissenschaft(en)
f(pl), -lehre *f*; Sozialwissenschaften *f/pl*;
3. *comm* Firmen...; Gesellschafts...; **der
Firma**, Gesellschaft; **capital** ~ Gesell-
schaftskapital *n*; *e-r GmbH* Stammkapi-
tal *n*; *e-r AG* Grundkapital *n*; **raison** ~**e**

Firmenname *m*, -bezeichnung *f*; Firma *f*;
siège ~ Firmen-, Gesellschaftssitz *m* **II**
m Sozi'albereich *m*

social|-démocrate [sɔsjaldemɔkrat] **I**
adj <**sociale-démocrate**; **sociaux-
-démocrates**> sozi'aldemokratisch; **II**
m Sozi'aldemokrat *m*; *péj* Sozi *m*;
~-démocratie *f* Sozi'aldemokratie *f*

socialis|ant [sɔsjalizɑ̃] *adj* zum Sozia'lis-
mus ten'dierend; **~ation** *f* **1.** *écon* Sozia-
li'sierung *f*; **2.** *psych* Sozialisati'on *f*;
Soziali'sierung *f*; **~er** *v/t* **1.** *écon* soziali-
li'sieren; **2.** *psych* sozi'ales Verhalten
lehren

socialisme [sɔsjalism(ə)] *m* Sozia'lismus
m; ~ **réformiste** Re'formsozialismus *m*;
~ **révolutionnaire** revolutionärer So-
zialismus; ~ **scientifique** wissenschaft-
licher Sozialismus

socialiste [sɔsjalist] **I** *adj* sozia'listisch;
II *m,f* Sozia'list(in) *m(f)*

sociétaire [sɔsjeter] *m* Mitglied *n* (*e-r
Gesellschaft*); *comm e-r* Genossenschaft
auch Genosse *m*; ~ **de la Comédie-
Française** ständiges Mitglied der Co-
médie Française

sociétariat [sɔsjetarja] *m* ~ **de la Comé-
die-Française** ständige Mitgliedschaft
in der Comédie Française

société [sɔsjete] *f* **1.** Gesellschaft *f*; ~
animale Tiergesellschaft *f*, -staat *m*; **la
bonne** ~ die gute Gesellschaft; **die
besseren Kreise** *m/pl*; ~ **compétitive**
Leistungsgesellschaft *f*; ~ **féodale** Feu-
'dalgesellschaft *f*; ~ **moderne, primiti-
ve** moderne, primitive Gesellschaft; ~
sans classes klassenlose Gesellschaft; ~
d'abondance, de consommation
'Überfluß-, Kon'sumgesellschaft *f*; **jeux**
m/pl **de** ~ Gesellschaftsspiele *n/pl*; **dans
la** ~ **de** in Gesellschaft von (*od* +*gén*); **en**
~ in Gesellschaft; **vie** *f* **en** ~ Leben *n* in
der Gesellschaft; **être introduit dans la**
~ in die Gesellschaft eingeführt werden
bzw sein; **rechercher la** ~ **de qn** j-s
Gesellschaft suchen; **2.** Gesellschaft *f*;
Verein *m*; Bund *m*; ~ **protectrice des
animaux** (*abr* S.P.A.) Tierschutzverein
m; ~ **savante** gelehrte, wissenschaftliche
Gesellschaft; ~ **secrète** Geheimbund *m*;
~ **d'auteurs** Au'torenverband *m*; ~ **de
bienfaisance** Wohltätigkeitsverband
m, -verein *m*; *égl cath* **la** ♀ **de Jésus** die
Gesellschaft Jesu; **la** ♀ **des Nations** (*abr*
S.D.N.) der Völkerbund; **3.** Gesellschaft
f; Firma *f*; ~ **anonyme** (*abr* S.A.), **par
actions** Aktiengesellschaft *f* (*abr* AG); ~
civile Gesellschaft des bürgerlichen
Rechts; ~ (**commerciale**) handels-
rechtliche Gesellschaft; Handelsgesell-
schaft *f*; ~ **fiduciaire** Treuhandgesell-
schaft *f*; ~ **immobilière** Grundstücks-,
Immo'biliengesellschaft *f*; ~ **industriel-
le** Indu'striefirma *f*; ♀ **nationale des
chemins de fer français** (*abr*
S.N.C.F.) französische Staatsbahn; ~
privée Pri'vatgesellschaft *f*; ~ **à capital
variable** Gesellschaft mit wechselndem
Grundkapital; ~ **à responsabilité limi-
tée** (*abr* S.A.R.L.) Gesellschaft mit be-
schränkter Haftung (*abr* GmbH); ~ **de
capitaux** Kapi'talgesellschaft *f*; ~ **de
personnes** Per'sonengesellschaft *f*; ~
en commandite (**simple**) Komman-
'ditgesellschaft *f* (*abr* KG); ~ **en nom
collectif** Offene Handelsgesellschaft
(*abr* OHG); ~ **en participation** stille
Gesellschaft; **contrat** *m* **de** ~ Gesell-
schaftsvertrag *m*; **constituer, fonder
une** ~ **e-e** Gesellschaft gründen; **dissou-
dre une** ~ e-e Gesellschaft auflösen

socinianisme [sɔsinjanism(ə)] *m rel* So-
zinia'nismus *m*

socio [sɔsjo] *f* F *Kurzform für* **sociologie**

socio|-culturel [sɔsjokyltyrɛl] *adj*

⟨~le⟩ kul'tursoziologisch; **~drame** *m* *psych* Soziodrama *n*; **~économique** *adj* wirtschaftssoziologisch; **~éducatif** *adj* ⟨-ive⟩ sozi'alpädagogisch; **~gramme** *m* Soziologie Sozio'gramm *n*; **~linguistique** *f* Soziolin'guistik *f*
socio|logie [sɔsjɔlɔʒi] *f* Soziolo'gie *f*; **~logique** *adj* sozio'logisch; **~logue** *m,f* Sozio'loge, -'login *m,f*; **~métrie** *f* Sozialpsychologie Sozieme'trie *f*; **~-professionnel** *adj* ⟨~le⟩ berufssoziologisch
socle[sɔkl(ə)] *m* 1. *e-r Säule etc* Sockel *m*; 2. *géogr* continental Festland-, Kontinen'talsockel *m*; Schelf *m od n*
socquette[sɔkɛt] *f für Kinder und Frauen* Söckchen *n*; *für Männer* Socke *f*
socratique [sɔkratik] *adj* so'kratisch
soda [sɔda] *m* Sodawasser *n* mit Fruchtsirup
sod|é [sɔde] *adj* *chim* natrium- *bzw* sodahaltig; **~ique** *adj* *chim* Natrium…
sodium [sɔdjɔm] *m* *chim* Natrium *n*; **chlorure de ~** Natriumchlorid *n*; Kochsalz *n*
sodom|ie [sɔdɔmi] *f* Sodo'mie *f*; **~ite** *m* Sodo'mit *m*
sœur [sœr] *f* 1. Schwester *f*; **petite ~** kleine Schwester; Schwesterchen *n*; F *fig* **et ta ~?** was geht dich das an?; F so siehst du aus!; 2. *rel* (F **bonne**) **~** Schwester *f*; *Anrede* **ma ~** Schwester (*meist + Vorname*); **elle a été élevée chez les ~s** sie ist in e-r Klosterschule erzogen worden; 3. *fig u st/s* Schwester *f*; *adjt* verschwistert; *adjt* **âme ~** verwandte, gleichgestimmte Seele
sœurette [sœrɛt] *f* Schwesterchen *n*
sofa [sɔfa] *m* Sofa *n*
soffite [sɔfit] *m* *arch* 1. Sof'fitte *f*; 2. Felderdecke *f*
software [sɔftwɛr] *m* *EDV* Software [ˈsɔftvɛːr] *f*
soi [swa] **I** *pr/pers réfléchi der 3. pers sg* ⟨*meist in bezug auf ein unbestimmtes Subjekt*⟩ 1. *unverbunden: als Subjekt* man selbst; *als obj/dir* sich (selbst); **il faut rester ~** man soll man selbst bleiben; F *on a souvent* **confiance quand c'est ~ qui conduit** … wenn man selbst fährt; **n'aimer que ~** nur sich (selbst) lieben; *La Fontaine* **on a souvent besoin d'un plus petit que ~** der Große braucht oft den Kleinen; 2. *mit prép* sich (*acc u dat*); **ne penser qu'à ~** nur an sich (*acc*) denken; **revenir à ~** wieder zu sich kommen; **être seul avec ~** mit sich allein sein; **chez ~** zu Hause; da'heim; **amour** *m* **de ~** Eigen-, Selbstliebe *f*; **conscience** *f* **de ~** Bewußtsein *n* s-r Selbst; **sûr de ~** selbstsicher, -bewußt; **cela va de ~** das ist (doch) selbstverständlich; das versteht sich von selbst; **en ~** an sich (*auch philos*); **confiance** *f* **en ~** Selbstvertrauen *n*; **être 'hors de ~** (vor Wut) außer sich sein; außer Fassung, empört sein; **malgré ~** gegen s-n Willen; ungewollt; *philos* **pour ~** für sich; **chacun pour ~** jeder für sich; **avoir sur ~** bei sich haben; **II** *m psych* Es *n*
soi-disant [swadizɑ̃] **I** *adj* ⟨*inv*⟩ angeblich; sogenannt; **des ~ philosophes** *m/pl* angebliche, sogenannte Philosophen *m/pl*; **II** *adv* angeblich; **un travail ~ difficile** e-e angeblich schwierige Arbeit; **~ pour affaires** angeblich geschäftlich; F *loc/conj:* **on l'a arrêté, ~ qu'il a volé** … angeblich *od* wie man sagt, weil er gestohlen hat
soie [swa] *f* Seide *f*; **~ grège** Rohseide *f*; **~ naturelle** Na'turseide *f*; *adjt* **pure ~** reinseiden; **~ sauvage** wilde Seide; Wildseide *f*; **~ végétale** Pflanzenseide *f*; vegetabilische Seide; **ver** *m* **à ~** Seiden-

raupe *f*; *cout* **fil** *m* **de ~** Seidenfaden *m*, -garn *n*; **Näheside** *f*; **industrie** *f* **de la ~** Seidenindustrie *f*; **papier** *m* **de ~** Seidenpapier *n*; **tissu** *m* **de ~** Seidenstoff *m*, -gewebe *n*; **en ~, de ~** seiden; aus Seide; 2. Borste *f*; **pures ~s** reine Borsten; **~ de porc** Schweinsborste *f*; 3. *tech e-r Feile etc* Angel *f*
soient [swa] *cf* **être**[1]
soierie [swari] *f* 1. Seidenstoff *m*; 2. Seidenindustrie *f* *bzw* -handel *m*
soif [swaf] *f* 1. Durst *m*; **avoir ~** Durst haben (*auch fig Pflanzen*); durstig sein; **avoir très ~** großen, starken Durst haben; sehr durstig sein; **cela donne ~** das macht Durst, durstig; **davon** *bzw* dabei bekommt, F kriegt man Durst; **mourir**, F **crever de ~** a) verdursten; b) F *fig* verdursten; am Verdursten sein; vor Durst 'umkommen, vergehen; **rester sur sa ~** nicht genug zu trinken bekommen; 2. *fig u st/s* Durst *m*, Hunger *m* (**de** nach); **~ de connaître** Wissensdurst *m*, -drang *m*; **sa ~ du pouvoir** sein Machthunger *m*; **~ de vengeance** Rachedurst *m*; **avoir ~ de vengeance** nach Rache dürsten
soiffard(e) [swafar(d)] *m(f)* F *cf* **soûlard(e)**
soigné [swaɲe] *adj* 1. gepflegt; *Arbeit* sorgfältig; **cuisine ~e** gepflegte Küche; **mains ~es** gepflegte Hände *f/pl*; **~ de sa personne** ein gepflegtes Aussehen haben; gepflegt sein; 2. F *iron* ordentlich; anständig; gehörig
soigner [swaɲe] **I** *v/t* 1. *Kranken, Kleinkind, Tier* pflegen; versorgen; *Garten, Blumen, Fingernägel, Stil, Aussprache* pflegen; *Gerät, Kleidung* sorgfältig, pfleglich behandeln; sorgfältig 'umgehen mit; **~ sa mise, sa tenue** in s-r Kleidung gepflegt sein; **~ qn aux petits oignons** j-n bestens versorgen; F *iron* **ils nous ont soignés** F die haben uns ganz schön geschröpft, genommen, geneppt; 2. *Krankheit, Patienten* behandeln; **se faire ~** sich (ärztlich) behandeln lassen; F *fig* **il faut te faire ~** F du bist wohl nicht ganz gesund?; ist dir nicht wohl?; **se faire ~ les dents** sich die Zähne richten lassen, in Ordnung bringen lassen; **II** *v/pr* **se ~** 3. a) auf s-e Gesundheit acht(geb)en; sich pflegen; b) *Kranker* etwas gegen etw tun; **il ne veut pas se ~** er will nichts dagegen, nichts gegen s-e Krankheit tun; 4. *Krankheit* behandelt werden (können); **se ~ difficilement** schwer zu behandeln sein
soigneur [swaɲœr] *m sports* Mas'seur *m*; Betreuer *m*; Helfer *m*
soigneux [swaɲø] *adj* ⟨-euse⟩ sorgfältig (*auch Untersuchung, Auswahl etc*); **être ~ dans son travail** bei s-r Arbeit sorgfältig sein; sorgfältig arbeiten; **~ de ses affaires** mit s-n Sachen sorgfältig 'umgehen; s-e Sachen sorgfältig, pfleglich behandeln; s-e Sachen schonen
soi-même [swamɛm] *pr/pers* 1. *betont* selbst; *vous êtes Monsieur Untel? – ~!* … in eigener Person; **de ~** von selbst; 2. *réflexiv* sich selbst; *bibl* **aimer son prochain comme ~** s-n Nächsten lieben wie sich selbst; *prov* **on n'est jamais si bien servi que par ~** selbst ist der Mann (*loc/prov*); 3. *subst* **un autre ~** ein anderes Selbst
soin [swɛ̃] *m* 1. Sorgfalt *f*; **travail fait avec ~** sorgfältige Arbeit; **sans ~** ohne Sorgfalt; **être sans ~** keine Sorgfalt kennen; unordentlich, F schlampig sein; **apporter, mettre, prendre du ~ à (faire) qc** Sorgfalt auf etw (*acc*) verwenden, bei etw aufwenden; Sorgfalt darauf

verwenden, etw zu tun; 2. Sorge *f*; **son premier ~ fut de** (+*inf*) s-e erste Sorge war zu (+*inf*); **avoir, prendre ~ de ses affaires, de sa réputation, de sa santé** auf s-e Sachen, s-n Ruf, s-e Gesundheit achten; **avoir, prendre ~ de** (+*inf*) dafür Sorge tragen, darauf achten, daß …; **confier à qn le ~ de qc** j-n bitten, sich um etw zu kümmern, nach etw zu sehen; **laisser à qn le ~ de faire qc** es j-m über'lassen, etw zu tun; 3. **~s** *pl* Pflege *f*; **~s corporels, de toilette** Körperpflege *f*; **~s à domicile** Hauspflege *f*; **~s de beauté** Schönheitspflege *f*; Kos'metik *f*; **~s du visage** Gesichtspflege *f*; *auf Briefen* **aux bons ~s de**; *per Adresse* (*abr* p.A.); **l'enfant a besoin des ~s d'une mère** das Kind braucht die Pflege e-r Mutter; **donner des ~s à qn** j-n pflegen; **entourer qn de (ses) ~s** j-n um'sorgen, um'hegen; j-n mit liebevoller Sorge um'geben; **être aux petits ~s pour, avec qn** j-m jede Aufmerksamkeit erweisen; j-m jeden Wunsch von den Augen ablesen; sehr aufmerksam gegen j-n sein; 4. **~s** *pl* Behandlung *f*; **~s dentaires, médicaux** zahnärztliche, ärztliche Behandlung, Bemühungen *f/pl*; **premiers ~s** Erste Hilfe
soir [swar] *m* 1. Abend *m*; *poét* **le ~ de la vie** *poét* der Abend des Lebens; **presse** *f* **du ~** Abendpresse *f*; **repas** *m* **du ~** Abendessen *m*, -brot *n*, -mahlzeit *f*; *loc/adv* **le ~** abends; am Abend; **sortir le ~** abends, am Abend ausgehen; **un ~** e-s Abends; **ce ~** heute abend; **à ce ~!** bis heute abend!; **chaque ~, tous les ~s** jeden Abend; all'abendlich; **le 6 mai au ~** am Abend des 6. Mai; am 6. Mai abends; **la veille au ~** am Abend vorher; **cinq heures du ~** fünf Uhr nachmittags, abends; **vers, sur le ~** gegen Abend; **le ~ descend, tombe** es wird Abend; 2. *advt* abend; **demain ~** morgen abend; **hier ~** gestern abend; **le lendemain ~** am nächsten, andern Abend; am Abend darauf, danach; **lundi ~ (am)** Montag abend; **le lundi ~** Montag, montags abends; **tous les lundis ~(s)** jeden Montagabend
soirée [sware] *f* 1. Abend *m*; Abendstunden *f/pl*; **bonne ~!** (ich wünsche Ihnen) e-n schönen Abend!; **les longues ~s d'hiver** die langen Winterabende *m/pl*; *loc/adv* **dans la ~** im Laufe des Abends; **in den Abendstunden; au début de la ~** am frühen Abend; **à la fin de la ~, en fin de ~** am späten Abend; **passer ses ~s à lire** s-e Abende mit Lesen zubringen; **passer toute la ~ devant la télévision** den ganzen Abend vor dem Fernseher verbringen; 2. Abendgesellschaft *f*; **~ dansante** Tanzabend *m*; **tenue** *f* **de ~** *cf* **tenue** 5.; **aller à une ~** zu e-r Abendgesellschaft gehen; **donner une ~** e-e Abendgesellschaft geben; 3. *thé, cin* **en ~** in der Abendvorstellung; abends
sois [swa] *cf* **être**[1]
soit [swa] *conj* **~ …, ~ …** entweder … oder …; *st/s* sei es …, sei es …; **~ l'un, ~ l'autre** entweder das *bzw* der eine oder das *bzw* der andere; **~ … ou …** (entweder) … oder …; **sei es … oder …; je passerai, ~ aujourd'hui ou demain** … (entweder) heute oder morgen; **~ faiblesse ou bonté, il lui a pardonné** sei es Schwäche oder Güte …; **~ que …** (+*subj*), **~ que …** (+*subj*) sei es daß … oder daß …; **ob … oder …; ~ qu'il ne comprenne pas, ~ qu'il ne veuille pas comprendre** sei es, daß er nicht versteht oder daß er nicht verstehen will; **~ que vous partiez, ~ que vous restiez** ob Sie gehen oder ob Sie bleiben;

cf auch être[1] 4. a)

soit-communiqué [swakɔmynike] *m jur* (**ordonnance** *f* **de**) ~ Beschluß, durch welchen die Voruntersuchung beendet und die Sache der Staatsanwaltschaft über'geben wird

soixantaine [swasɑ̃tɛn] *f* **1.** une ~ etwa, ungefähr, rund, zirka, an die sechzig; *combien?* – une ~ ... etwa sechzig (Stück); zirka ein Schock; une ~ **de personnes** etwa, an die *etc* sechzig Leute, Personen; **2.** *Alter* Sechzig *f*; Sechziger(jahre) *n/pl*; **approcher de la** ~ sich den Sechzigern nähern; auf die Sechzig zugehen; bald sechzig sein; **avoir la** ~ etwa, rund sechzig Jahre alt sein; mindestens sechzig (Jahre alt) sein; **avoir (dé)passé la** ~ die Sechzig über'schritten haben; über die Sechzig sein; in den Sechzigern sein

soixante [swasɑ̃t] *adj/num/c* sechzig; ~ **et un** einundsechzig; ~ **et unième** einundsechzigste(r, -s); ~ **et onze** einundsiebzig; ~ **et onzième** einundsiebzigste(r, -s); ~ **ans** sechzig Jahre *n/pl*; de ~ **ans** sechzigjährig; von sechzig Jahren; **les années** ~ *f/pl* die sechziger Jahre *n/pl*; **page** ~ Seite sechzig; **II** *m* ⟨*inv*⟩ Sechzig *f*; *cf auch* deux II; ~-**deux** *adj/num/c* zweiundsechzig; ~-**deuxième** *adj/num/o* zweiundsechzigste(r, -s)

soixante-dix [swasɑ̃tdis] **I** *adj/num/c* siebzig; **les années** ~ die siebziger Jahre *n/pl*; **la guerre de** ~ der Siebzigerkrieg; **II** *m* ⟨*inv*⟩ Siebzig *f*; *cf auch* deux II; ~-**dixième I** *adj/num/o* siebzigste(r, -s); **II** *subst* **1.** le, la ~ der, die, das siebzigste; **2.** *m math* Siebzigstel *n*; ~-**douze** *adj/num/c* zweiundsiebzig; ~-**douzième** *adj/num/o* zweiundsiebzigste(r, -s)

soixantième [swasɑ̃tjɛm] **I** *adj/num/o* sechzigste(r, -s); **II** *subst* **1.** le, la ~ der, die, das sechzigste; **2.** *m math* Sechzigstel *n*

soja [sɔʒa] *m bot* Sojabohne *f*; **farine** *f*, **huile** *f* **de** ~ Sojamehl *n*, -öl *n*

sol[1] [sɔl] *m* Boden *m* (*auch géol*); Erdboden *m*; Erde *f*; ~ **argileux, calcaire, sablonneux** Lehm-, Kalk-, Sandboden *m*; ~, **carrelé, cimenté** Fliesen-, Ze'mentboden *m*; ~ **français, de France** französischer Boden; ~ **natal** Heimatboden *m*, -erde *f*; heimatliche Erde; *par ext* Heimat *f*; **culture** *f* **du** ~ Bodenbearbeitung *f*; **exploitation** *f* **du** ~ Bodenbewirtschaftung *f*, -nutzung *f*; **nature** *f* **du** ~ Bodenbeschaffenheit *f*; **rad onde** *f* **de** ~ Bodenwelle *f*; **productions** *f/pl* **du** ~ Bodenerzeugnisse *n/pl*, -produkte *n/pl*, -produktion *f*; **au** ~ am Boden; **essai** *m* **au** ~ Bodentest *m*; **Erprobung** *f* am Boden; **à même le** ~ auf der bloßen, blanken Erde; **à** *od* **au ras du** ~ dicht über dem Boden; **sur le** ~ auf der Erde; **creuser le** ~ die Erde aufgraben; in der Erde graben; ♦ *adit mil* **engin** *m* **Boden**, **fusée** *f* ~-**air** Boden-Luft-Flugkörper *m*, Boden-Luft-Rakete *f*; **engin** *m*, **fusée** *f* ~-~ Boden-Boden-Flugkörper *m*, Boden-Boden-Rakete *f*

sol[2] [sɔl] *m* ⟨*inv*⟩ *mus* g *bzw* G *n*; ~ **bémol** ges *bzw* Ges *n*; ~ **dièse** gis *bzw* Gis *n*; ~ **majeur** G-Dur *n*; ~ **mineur** g-Moll *n*; **clé** *f* **de** ~ G-Schlüssel *m*

sol[3] [sɔl] *m chim* Sol *n*

sol-air [sɔlɛr] *cf* sol[1]

solaire [sɔlɛr] *adj* Sonnen...; *sc* So'lar...; **année** *f*, **cadran** *m*, **culte** *m*, **énergie** *f*, **rayonnement** *m*, **spectre** *m*, **système** *m* ~ Sonnenjahr *n*, -uhr *f*, -kult *m*, -energie *f*, -(ein)strahlung *f*, -spektrum *f*, -system *n*; **centrale** *f* ~ Sonnen-, Solarkraftwerk *n*; *phys* **constante** *f* ~ Solarkonstante *f*; *astr* **couronne** *f* ~ Ko'rona *f*; **crème** *f* ~ Sonnen(schutz)creme *f*;

anat **plexus** *m* ~ Solarplexus *m*; Sonnengeflecht *n*; *astr* **taches** *f/pl* ~**s** Sonnenflecken *m/pl*

solan(ac)ées [sɔlan(as)e] *f/pl bot* Nachtschattengewächse *n/pl*

solarimètre [sɔlarimɛtr(ə)] *m* Pyrano'meter *n*

solarium [sɔlarjɔm] *m* **1.** heliothera'peutische Heilstätte; **2.** Sonnenterrasse *f*; **3.** So'larium *n*

soldanelle [sɔldanɛl] *f bot* Alpenglöckchen *n*; Solda'nelle *f*; Troddelblume *f*

soldat [sɔlda] *m* Sol'dat *m*; **simple** ~ einfacher Soldat; ~ **de plomb** Bleisoldat *m*; ~ **de deuxième, de première classe** Grena'dier *m*; *bis 1945* Schütze *m*, Oberschütze *m*; **la tombe, le tombeau du ♀ inconnu** das Grab(mal) des Unbekannten Soldaten

soldatesque [sɔldatɛsk] **I** *adj* Sol'daten...; rauh; grob; **II** *f péj* Solda'teska *f*

solde[1] [sɔld] *f mil* Sold *m*; Löhnung *f*; *péj* **être à la** ~ **de qn** in j-s Sold stehen (*auch fig*); von j-m gedungen sein; **avoir qn à sa** ~ j-n in s-m Sold, in s-n Diensten haben (*auch fig*)

solde[2] [sɔld] *m comm* **1.** a) Saldo *m*; ~ **créditeur, débiteur** Aktiv- *od* Haben-, Passiv- *od* Debet- *od* Sollsaldo *m*; **établir le** ~ den Saldo feststellen, ermitteln, aufstellen; **b)** Restbetrag *m*, -summe *f*; **2.** *Vorgang* Sal'dierung *f*; **pour** ~ **de (tout) compte** zum Ausgleich des Kontos; **3.** ~**s** *pl* (*abus f/pl*) Restposten *m/pl*; Ausverkaufsware *f*; *par ext* (Sommer- *bzw* Winter)Schlußverkauf *m*; (Sai'son-) Ausverkauf *m*; **article** *m* **en** ~ Schlußverkaufs-, Ausverkaufsware *f*; **acheter en** ~ im Schlußverkauf, Ausverkauf kaufen; **mettre en** ~ im Preis her'absetzen; (als Restposten) billiger verkaufen

sold|er [sɔlde] **I** *v/t comm* **1.** Konto sal'dieren; ausgleichen; **2.** Ware im Preis her'absetzen; (als Restposten, im Schlußverkauf) billiger verkaufen; **je vous la solde à cinq francs** ich gebe es Ihnen für nur fünf Franc; **II** *v/pr* **se** ~ **par** (ab)schließen mit; **se** ~ **par un déficit de trois millions** mit e-m Defizit von drei Millionen (ab)schließen; *fig* **se** ~ **par un échec, succès** mit e-m Mißerfolg, Erfolg enden; ~**eur** *m comm* Aufkäufer *m* (und 'Wiederverkäufer *m*) von Restposten, von im Preis her'abgesetzten Waren

sole [sɔl] *f* **1.** *zo* Seezunge *f*; ~ **jaune** Zwergzunge *f*; **2.** *agr* Schlag *m*; **3.** *des Hufs* Hornsohle *f*; **4.** *e-s Backofens* Sohle *f*; **5.** *mines* Sohle *f*; **6.** *charp* (Lager-) Schwelle *f*

soléaire [sɔleɛr] *adj anat* **muscle** *m* ~ Soleus *m*

solécisme [sɔlesism(ə)] *m* syn'taktischer, *par ext* sprachlicher Fehler; Solö'zismus *m*

soleil [sɔlɛj] *m* **1.** Sonne *f*; Sonnenlicht *n*, -schein *m*; *astr* le ♀ die Sonne; ~ **de minuit** Mitternachtssonne *f*; ~ **de plomb** glühende, sengende Sonne; bleierne, drückende Hitze; **bain** *m* **de** ~ a) Sonnenbad *n*; b) *adit Kleid etc* schulterfrei; **prendre un bain de** ~ ein Sonnenbad nehmen; **chapeau** *m* **de** ~ Sonnenhut *m*; **coucher** *m* **du** ~ Sonnenuntergang *m*; **coup** *m* **de** ~ Sonnenbrand *m*; **dieu** *m* **du** ♀ Sonnengott *m*; **lever** *m* **du** ~ Sonnenaufgang *m*; **lunettes** *f/pl* **de** ~ Sonnenbrille *f*; **au** ~ *bzw* in die Sonne; **être allongé au** ~ in der Sonne liegen; *fig* **avoir du bien au** ~ Grundbesitz haben; **s'exposer au** ~ sich der Sonne aussetzen; **se faire une place au** ~ sich e-n Platz an der Sonne erkämpfen; **se mettre au** ~ sich in die Sonne legen *bzw* setzen; **en plein** ~ in

der prallen Sonne; **rien de nouveau sous le** ~ es geschieht nichts Neues unter der Sonne; **il fait (du)** ~ die Sonne scheint; **le** ~ **se lève, se couche** die Sonne geht auf, unter; **se lever avec le** ~ sehr früh aufstehen; F **mit den Hühnern aufstehen;** *Diogenes* **ôte-toi de mon** ~! geh mir aus der Sonne!; *prov* **le** ~ **brille pour tout le monde** die Sonne geht auf über Gute und Böse, über Gerechte und Ungerechte; **2.** *bot* Sonnenblume *f*; **3.** *beim Feuerwerk* Feuerrad *n*; **4.** *gym* Riesenschwung *m*, -welle *f*; **5.** *adit* **cout plissé** *m* ~ Sonnenplissee *n*

solen [sɔlɛn] *m zo* Messerscheide *f*; Scheidenmuschel *f*

solenn|el [sɔlanɛl] *adj* ⟨~**le**⟩ **1.** Zeremonie, Veranstaltung feierlich; würdevoll; **air** ~ feierliche, würdevolle Miene; **communion** ~ le Erstkommunion *f*; **serment** ~ feierlicher Eid, Schwur; **prendre un tour** ~ e-e feierliche Note bekommen; **2.** *jur* Vertrag formgebunden; ~**iser** *v/t selten* feierlich begehen

solennité [sɔlanite] *f* **1.** e-r Veranstaltung, e-s Festes, e-r Zeremonie Feierlichkeit *f*; **parler avec** ~ in feierlichem Ton sprechen; **2.** *meist pl* ~**s** Feierlichkeiten *f/pl*

solénoïde [sɔlenɔid] *m élect* Soleno'id *n*

soleret [sɔlrɛ] *m e-r Ritterrüstung* Eisenschuh *m*

solfatare [sɔlfatar] *f Vulkanismus* Solfa'tare *f*

solfège [sɔlfɛʒ] *m* **1.** (allgemeine) Mu'siklehre; musi'kalischer Elemen'tarunterricht; **étudier le** ~ die Grundbegriffe der Musik lernen; **2.** Gesangsübungsbuch *n*

solfier [sɔlfje] *v/t* die Noten singen (**un morceau de musique** e-s Musikstücks); solfeggieren [-'dʒi:-/]

solidage [sɔlidaʒ] *f bot* Goldrute *f*

solidaire [sɔlidɛr] *adj* **1.** soli'darisch; einig; innerlich verbunden; **être** ~**s** *auch* füreinander einstehen; zu'sammenhalten; **se sentir** ~ **de qn** sich j-m verbunden fühlen; **2.** *Mitglieder derselben Gemeinschaft* gegenseitig verpflichtet, verantwortlich; **3.** *jur* gesamtschuldnerisch; soli'darisch; **débiteurs** *m/pl* ~**s** Gesamtschuldner *m/pl*; **obligation** *f* ~ gesamtschuldnerische, solidarische Verpflichtung; Soli'darverpflichtung *f*; **4.** *Dinge* **être** ~**s** miteinander zu'sammenhängen; zu'sammengehören; sich gegenseitig bedingen; **5.** *tech* (drehfest, kraftschlüssig) verbunden; **bielle** *f* ~ **du vilebrequin** mit der Kurbelwelle verbundene Pleuelstange

solidariser [sɔlidarize] *v/pr* **se** ~ sich soli'darisch erklären (**avec** mit); sich solidari'sieren

solidarité [sɔlidarite] *f* **1.** Solidari'tät *f*; Verbundenheit *f* (**avec qn** mit j-m); Gemeinschaftsgeist *m*; Zu'sammenhalt *m*; **grève** *f* **de** ~ Sympa'thiestreik *m*; **sentiment** *m* **de** ~ Solidaritätsgefühl *n*; Zu'sammengehörigkeitsgefühl *n*; **2.** *jur* Soli'darhaftung *f*; ~ **légale** gesetzlich geregelte Solidarhaftung

solide [sɔlid] **I** *adj* **1.** fest; *Stoff, Material, Kleidung auch* so'lid(e); haltbar; dauerhaft; *Kleidung auch* strapa'zierfähig; *handwerkliche Arbeit; gediegen; Auto* so'lid; *Haus* fest, so'lid gebaut; ~ **amitié** *f* feste, unverbrüchliche Freundschaft; **argument** *m* ~ stichhaltiges Argument; **connaissances** *f/pl* ~**s** solide, gründliche Kenntnisse *f/pl*; fundiertes, gediegenes Wissen; **éducation** *f* ~ gediegene, sorgfältige, gründliche Erziehung; **nœud** *m* ~ fester Knoten; *Person* F **être** ~ **au poste** *cf* poste[2] 3.; *subst* F **c'est du** ~ F das ist was Solides; **2.** *Person* ro'bust;

kräftig; ~ **gaillard** m kräftiger, handfester Kerl, Bursche; **avoir le cœur** ~ ein gesundes, kräftiges Herz haben; **avoir une poigne** ~ große Kraft (in den Fäusten) haben; F Mumm in den Knochen haben; *fig* **avoir les reins** ~s gut bemittelt, zahlungskräftig sein; **ne plus être très** ~ **sur ses jambes** keine Kraft mehr in den Beinen haben; **3.** *Nahrung, Aggregatzustand* fest; *phys*: **corps** m ~ fester Körper; **état** m ~ fester (Aggre'gat)Zustand; **II** m **1.** *math* (geo'metrischer) Körper; **2.** *phys* fester Körper

solidi|fication [sɔlidifikasjɔ̃] f *phys, chim* Verfestigung f; Erstarren n, -ung f; **~fier I** v/t verfestigen; *adjt* **lave solidifiée** erstarrte Lava; **II** v/pr **se** ~ sich verfestigen; erstarren

solidité [sɔlidite] f **1.** Festigkeit f; so'lide Beschaffenheit; *von Material auch* Haltbarkeit f; Dauerhaftigkeit f; *von Kleidung auch* Strapa'zierfähigkeit f; **2.** *e-r Argumentation* Stichhaltigkeit f; *e-r Institution* Beständigkeit f; *von Kenntnissen* Gründlichkeit f; Fun'diertheit f; Gediegenheit f; Solidi'tät f

solifluction *od* **solifluxion** [sɔliflyksjɔ̃] f *géol* Soliflukti'on f; Bodenfließen n

soliloqu|e [sɔlilɔk] m Selbstgespräch n; **~er** v/i *selten* Selbstgespräche führen

solin [sɔlɛ̃] m *bât* Gipsanstrich m, -ausstrich m, -verstrich m

solipède [sɔlipɛd] *zo* **I** *adj* einhufig; **II** *subst* ~s m/pl Einhufer m/pl

solipsisme [sɔlipsism(ə)] m *philos* Solip'sismus m

soliste [sɔlist] **I** m, f So'list(in) m(f); **II** *adj* Solo ...

solitaire [sɔlitɛr] **I** *adj* **1.** *Person, Leben* einsam; zu'rückgezogen; ungesellig (*auch Laune*); einsiedlerisch; *Person auch* zu'rückgezogen lebend; **vie** f ~ *auch* Einsiedlerleben n; **2.** *Ort* einsam; abgelegen; abgeschieden; **3.** Al'lein ...; **course** f **transatlantique en** ~ Transatlantik-Einhandsegelregatta f; **navigateur** m **(en)** ~ Einhandsegler m; **navigation** f **en** ~ Einhandsegeln n; **vol** m ~ Alleinflug m; **4.** *zo, path* **ver** m ~ Bandwurm m; **5.** *bot* Al'leinstehend; Einzel ...; **II** m **1.** *<auch f>* ungeselliger Mensch; Einzelgänger m; Einsiedler m; **vivre en** ~ allein leben; wie ein Einsiedler leben; **2.** *Diamant* Soli'tär m; **3.** *ch* alter Keiler

solitude [sɔlityd] f **1.** *e-r Person* Einsamkeit f; Zu'rückgezogenheit f; Abgeschiedenheit f; Vereinsamung f; Al'leinsein n; ~ **morale** innerliche Einsamkeit; ~ **à deux** Zweisamkeit f; **troubler la** ~ **de qn** in j-s Einsamkeit (*acc*) eindringen; **vivre dans la** ~ einsam, zurückgezogen leben; **2.** *e-s Ortes* Abgeschiedenheit f; Einsamkeit f; Abgelegenheit f

solivage [sɔlivaʒ] m Gebälk n

solive [sɔliv] f *bât* (Decken)Balken m

soliveau [sɔlivo] m *<pl* ~**x***> bât* kleiner Balken

sollicitation [sɔ(l)lisitasjɔ̃] f Ersuchen n; (dringende) Bitte; *in Schriftform* Gesuch n; *adm* Ansuchen n; **céder aux** ~s **de qn** j-s Bitten nachgeben

sollicit|er [sɔ(l)lisite] v/t **1. a)** ~ **qc** um etw nach-, er-, ansuchen, bitten; ~ **l'aide de qn** j-n um Unter'stützung angehen, ersuchen, bitten; ~ **une audience** um e-e Audienz nachsuchen (**auprès de qn** bei j-m); ~ **un emploi** sich um e-e Stelle bewerben; **b)** ~ **qn de faire qc** j-n ersuchen, bitten, etw zu tun; **2.** *Aufmerksamkeit, Neugier* erregen; auf sich ziehen; **~eur** m, **~euse** f Bittsteller(in) m(f)

sollicitude [sɔ(l)lisityd] f (liebevolle)

Fürsorge; ~ **toute maternelle** mütterliche, liebevolle Fürsorge; **avec** ~ fürsorglich

solo [sɔlo] m **1.** *mus* *<pl auch* **soli***>* Solo n; ~ **de piano, de violon** Kla'vier-, Vio'linsolo n; *adjt* **violon** m ~ Sologeige(r) f(m); *zo od adjt* **spectacle** m ~ Ein-Mann-Schau f

sol-sol [sɔlsɔl] *cf* sol[1]

solstice [sɔlstis] m *astr* Sonnenwende f; ~ **d'été** Sommer-, Wintersonnenwende f; *sc* **sol'stitium** n; ~ **d'hiver** Sommer-, Wintersonnenwende f

solsticial [sɔlstisjal] *adj* *<-aux> astr* **point** m ~ Solsti'alpunkt m

solubiliser [sɔlybilize] v/t löslich machen

solubilité [sɔlybilite] f Löslichkeit f; **coefficient** m, **courbe** f **de** ~ Löslichkeitskoeffizient m, -kurve f; ~ **dans l'eau** Wasserlöslichkeit f

soluble [sɔlybl(ə)] *adj* **1.** *in e-r Flüssigkeit* löslich; **peu** ~ schwerlöslich; ~ **dans l'eau** wasserlöslich; *in Wasser* löslich; **2.** *Aufgabe, Problem* lösbar; **problème** m ~ **aisément** ~ leicht lösbare Aufgabe

soluté [sɔlyte] m *chim* Lösung f (*abr* Sol.)

solution [sɔlysjɔ̃] f **1.** *e-s Problems, math* Lösung f; *e-s Rätsels* (Auf)Lösung f; *in e-m Lehrbuch auch* Schlüssel m; **bonne** ~ **gute Lösung;** ~ **de facilité, de paresse** bequem(st)e Lösung; **Weg** m **des geringsten 'Widerstandes; chercher, trouver une** ~ **e-e Lösung suchen, finden; ce n'est pas une** ~ **das ist keine Lösung; 2.** *chim, phys* Lösung f; ~ **colloïdale** kol'loidale Lösung; ~ **normale** Nor'mallösung f; ~ **saturée** gesättigte Lösung; ~ **solide** feste Lösung. **3.** *chim Vorgang* Auflösung f; **4.** *st/s* ~ **de continuité** Unter'brechung f; **sans** ~ **de continuité** ohne Unterbrechung; lückenlos

solutionner [sɔlysjɔne] v/t *Aufgabe, Problem* lösen

solutréen [sɔlytreɛ̃] *Vorgeschichte* **I** *adj* *<*~**ne*> des Solutré'en; **II** m Solutréen [-tre'ɛ̃] m

solv|abilité [sɔlvabilite] f *comm* Zahlungsfähigkeit f; Sol'venz f; Kre'ditwürdigkeit f; Sol'vent f; Kre'ditwürdigkeit f; ~**able** *adj* zahlungsfähig; sol'vent; kre'ditwürdig

solvant [sɔlvɑ̃] m *chim* Lösungsmittel n

soma [sɔma] m *biol* Soma n

somal|i [sɔmali] **I** *adj* so'malisch; **II** *subst* **1.** ♀(e) m(f) So'mali m,f; ♂s *pl* So'mal m/pl; **2.** *ling* ~ das So'mali; So'mali n; **~ien** *adj* *<*~**ne*> cf** somali I

somation [sɔmasjɔ̃] f *biol* Modifikati'on f; Somati'on f

somatique [sɔmatik] *adj* *biol, psych* so'matisch; **cellules** f/pl ~s somatische Zellen f/pl; Somazellen f/pl; **mutation** f ~ somatische Mutati'on

somatotrope [sɔmatɔtrɔp] *adj* *biol* **hormone** f ~ somato'tropes Hor'mon; Somato'pin n

sombre [sɔ̃br(ə)] *adj* **1.** *Farbe* dunkel; *Raum, Himmel* finster; dunkel; düster; *Himmel auch, Wetter* trüb(e); **il fait** ~ es ist dunkel, finster *bzw* trüb(e); **2.** *fig Blick, Miene, Zukunft* finster; düster; **heures** f/pl ~s düstere Stunden f/pl; **une** ~ **histoire** e-e finstere Geschichte; **humeur** f ~ düstere Stimmung; **pensées** f/pl ~s düstere, trübe Gedanken m/pl; **3.** *fig* **coupes** f/pl ~s einschneidende Redu'zierungen f/pl, Kürzungen f/pl; **4.** F *fig* ~ **brute** f völlig verrohter Mensch; ~ **idiot** m F 'Vollidiot m

sombrer [sɔ̃bre] v/i **1.** *Schiff* (ver)sinken; 'untergehen; wegsacken; **2.** *fig* ~ **dans la boisson, dans la folie** dem Trunk, dem Wahnsinn *od* in Wahnsinn (*acc*) verfallen; ~ **dans le désespoir, dans le sommeil** in Verzweiflung, in Schlaf versinken; **sa raison a sombré**

er hat den Verstand verloren

sombrero [sɔ̃brero] m Som'brero m

sommaire [sɔ(m)mɛr] **I** *adj* **1.** Erklärung, Bericht kurzgefaßt; kurz zu'sammengefaßt; sum'marisch (*auch péj*); **examen** m ~ kurze, summarische Unter'suchung; **repas** m ~ einfache, rasch eingenommene Mahlzeit; **2.** *jur* **exécution** f ~ Hinrichtung f ohne Gerichtsverfahren; **matière** f ~ etwa Baga'tellsache f; **procédure** f ~ Schnellverfahren n; beschleunigtes, abgekürztes, summarisches Verfahren; **II** m Inhaltsübersicht f; kurze Inhaltsangabe; kurze Zu'sammenfassung; 'Überblick m

sommation [sɔ(m)masjɔ̃] f **1.** *jur* Aufforderung f (*auch mil*); auch Mahnung f; Zahlungsbefehl m; **faire** ~ **à qn** e-e Aufforderung an j-n ergehen lassen; **2.** *math* Summati'on f; **3.** *physiol* Summati'on f

somme[1] [sɔm] f **1.** *math* Summe f; **faire la** ~ **de deux nombres** die Summe zweier Zahlen bilden; zwei Zahlen zu'sammenzählen, -rechnen; **2.** ~ **(d'argent)** (Geld)Summe f; (Geld)Betrag m; **une** ~ **de 200 francs** e-e Summe, ein Betrag von 200 Franc; **dépenser des** ~s **folles** ungeheure, horrende Summen ausgeben; **c'est une** ~! das ist e-e ganz hübsche Summe!; **3.** *par ext* Menge f; Höhe f; **une** ~ **énorme de travail** e-e ungeheure Menge Arbeit; **la** ~ **des pertes** die Höhe der Verluste; ♦ *loc/adv* **en** ~, ~ **toute** alles in allem; alles zu'sammengenommen; im ganzen genommen; aufs Ganze gesehen; **summa sum'marum;** kurz gesagt; kurz und gut; im Grunde; eigentlich; schließlich; **en** ~, **vous devez être satisfait aufs Ganze gesehen dürften Sie zufrieden sein; c'est, en** ~, **assez facile das ist im Grunde, eigentlich ziemlich leicht; c'est la même chose, en** ~ schließlich ist es dasselbe; ~ **toute, nous avons passé de bonnes vacances** alles in allem haben wir schöne Ferien verbracht; **4.** *philos, Theologie* Summa f

somme[2] [sɔm] f **bête** f **de** ~ Lasttier n; *fig* **travailler comme une bête de** ~ wie ein Pferd arbeiten

somme[3] [sɔm] m Schläfchen n; F Nikkerchen n; **faire un (petit)** ~ ein Schläfchen, Nickerchen machen

sommeil [sɔmɛj] m **1.** Schlaf m; *poét* éternel *poét* ewiger Schlaf; *zo* ~ **hibernal** Winterschlaf m; ~ **de plomb** bleierner Schlaf; **état voisin du** ~ schlafähnlicher Zustand; **cure** f **de** ~ Schlafkur f; *path* **maladie** f **du** ~ Schlafkrankheit f; **nuit** f **sans** ~ schlaflose Nacht; **en plein** ~ mitten im Schlaf; **s'arracher du** ~ (avec peine) mühsam den Schlaf abschütteln; nur schwer wach werden; **avoir le** ~ **léger** e-n leichten Schlaf haben; **avoir besoin de dix heures de** ~ **zehn Stunden Schlaf brauchen; dormir du** ~ **du juste** den Schlaf des Gerechten schlafen; **il sentit le** ~ **le gagner** er fühlte, wie ihn der Schlaf über'mannte; **succomber au** ~ vom Schlaf über'wältigt, über'mannt werden; **tirer qn de son** ~ j-n aus dem Schlaf reißen; **je n'arrive pas à trouver le** ~ ich kann keinen Schlaf finden; **2.** Müdigkeit f; Schläfrigkeit f; **avoir** ~ müde, schläfrig sein; *südd auch* Schlaf haben; **il avait les yeux lourds de** ~ ihm fielen (vor Müdigkeit) die Augen zu; **mourir, tomber de** ~ vor Müdigkeit fast 'umfallen; zum 'Umfallen müde sein; **3.** *fig* **être en** ~ *Projekt, Angelegenheit, Verhandlungen* ruhen; *Betrieb* stillliegen; **mettre en** ~ *Projekt etc* auf Eis legen; *Betrieb* stillegen

sommeiller [sɔmeje] *v/i* schlummern

sommeilleux [sɔmɛjø] *m méd* Schlafkranke(r) *m*

sommelier [sɔməlje] *m* **a)** Weinkellner *m*; **b)** Kellermeister *m*

sommer [sɔme] *v/t* **1.** ~ qn de faire qc j-n auffordern, etw zu tun; ~ les rebelles de se rendre die Rebellen zur 'Übergabe auffordern; **2.** *math* sum'mieren; die Summe bilden von (*od* +*gén*)

sommes [sɔm] *cf* être[1]

sommet [sɔme] *m* **1.** *e-s Berges* Gipfel *m*; *e-s Baumes* Gipfel *m*; Wipfel *m*; *e-s Turmes, Felsens* Spitze *f*; *e-s Daches* First *m*; ~ arrondi Kuppe *f*; le ~ d'une côte der höchste Punkt e-r Steigung; ~ d'un mur Mauerkrone *f*; *anat* ~ du poumon Lungenspitze *f*; l'air pur des ~s die reine Luft der Berge; *loc/adv* au ~ auf dem Gipfel; *cf auch* **2.**; se jeter du ~ d'une tour sich von e-m Turm stürzen; **2.** *fig* Gipfel *m*; Höhepunkt *m*; le ~ de la perfection die höchste Vollkommenheit; *loc/adj* au ~ Gipfel...; auf höchster Ebene; *pol* conférence *f*, rencontre *f* au ~, *ellip* ~ Gipfelkonferenz *f*. -treffen *n*; avoir atteint le ~ de la gloire den Gipfel des Ruhms erreicht haben; **3.** ~ de la tête Scheitel *m*; **4.** *math* Scheitel *m*; *e-s geometrischen Körpers auch* Spitze *f*

sommier [sɔmje] *m* **1.** Ma'tratze *f*; *südd auch* Bettrost *m*; ~ métallique Stahl-, Drahtmatratze *f*; ~ à ressorts Sprungfedermatratze *f*; **2.** ~s (judiciaires) *pl* Erkennungsdienstkartei *f*; *par ext* Erkennungsdienst *m*; **3.** *e-r* Orgel Windlade *f*; **4.** *arch* Kämpfer *m*; **5.** *bât* **a)** Sturz (-balken) *m*; **b)** Glockenstuhl *m*

sommité [sɔ(m)mite] *f* **1.** Kapazi'tät *f*; Größe *f*; her'vorragender Könner; une ~ de la médecine e-e medizinische Kapazität

somnambul|e [sɔmnɑ̃byl] **I** *m,f* **1.** Nacht-, Schlafwandler(in) *m(f)*; Mondsüchtige(r) *f(m)*; *fig* gestes *m/pl* de ~ unbewußte, mechanische, nachtwandlerische Gesten *f/pl*; **2.** unter Hyp'nose Stehende(r) *f(m)*, Handelnde(r) *f(m)*; **II** *adj* nacht-, schlafwandelnd; mondsüchtig; elle est ~ sie ist Nachtwandlerin; ~ique *adj* nachtwandlerisch; ~isme *m* Nacht-, Schlafwandeln *n*; Mondsüchtigkeit *f*; *sc* Somnambu'lismus *m*; Noktambu'lismus *m*

somnifère [sɔmnifɛr] *m* Schlafmittel *n*; prendre des ~s Schlafmittel nehmen

somnol|ence [sɔmnɔlɑ̃s] *f* Schläfrigkeit *f*; Halbschlaf *m*; Dämmerzustand *m*; *F* Dösen *n*; ~ent *adj* schläfrig; *F* dösig

somnoler [sɔmnɔle] *v/i* halb schlafen; vor sich hin dämmern; *F* (vor sich hin) dösen

somptuaire [sɔ̃ptɥɛr] *adj* **1.** *hist* loi *f* ~ Gesetz *n* gegen den Luxus; **2.** dépenses *f/pl* ~s über'triebener Aufwand

somptueux [sɔ̃ptɥø] *adj* ⟨-euse⟩ prächtig; prunkvoll; prachtvoll; Prunk...; Pracht...

somptuosité [sɔ̃ptɥozite] *f* Pracht *f*; Prunk *m*

son[1] [sɔ̃] *adj/poss der 3. pers sg* ⟨*f* sa [sa], *vor Vokal u stummem h* son; *pl* ses [se]⟩ sein(e); *mit Bezug auf e-n weiblichen Besitzer* ihr(e); **b)** ⚥ Excellence Seine Exzellenz (*abr* Se. *od* S. Exz.); Sa Majesté la reine d'Angleterre Ihre Majestät die Königin von England; en ~ honneur ihm *bzw* ihr zu Ehren; *F* avoir ~ dimanche s-n *bzw* ihren freien Sonntag haben; il connaît ~ Voltaire er kennt s-n Voltaire; sa rencontre nous fut désagréable die Begegnung mit ihm *bzw* mit ihr war uns unangenehm; faire ~ droit, sa médecine Jura, Medizin

studieren; faire ses études à Paris in Paris studieren; il gagne ses cent francs par jour er verdient s-e hundert Franc pro Tag; mettre ses mains dans ses poches die Hände in die Taschen stecken; *Schüler* savoir sa géographie s-e Geographie(lektion) können; je suis venu à ~ aide ich bin ihm *bzw* ihr zu Hilfe gekommen

son[2] [sɔ̃] *m* **1.** Ton *m*; *mus e-s Instrumentes, der Stimme* Klang *m*; ~ audible hörbarer Ton; ~s discordants Mißklang *m*; ~ faible schwacher Ton; leiser Klang; ~s harmonieux harmonische Klänge; ~ de cloche(s) Glockenklang *m*, -geläut *n*; *fig* des ~s de cloche très différents *e-s Vorfalls etc* sehr verschiedene Versionen *f/pl*; le ~ des trompettes der Trom'petenschall; *rad, cin* ingénieur *m* du ~ Toningenieur *m*, -meister *m*; prise *f* de ~ Tonaufnahme *f*; au ~ des cloches unter Glockengeläut; danser au ~ de l'accordéon zu den Klängen des Akkordeons tanzen; émettre un ~ e-n Ton von sich geben; produire un ~ e-n Ton hervorbringen, erzeugen; **2.** Laut *m* (*auch phon*); ~ (in)articulé (un)artikulierter Laut; ~ nasal, guttural Na'sal-, Guttu'rallaut *m*; **3.** *phys* aviat mur *m* du ~ Schallmauer *f*; franchir, passer le mur du ~ die Schallmauer durch'brechen; vitesse *f* du ~ Schallgeschwindigkeit *f*; **4.** ~ et lumière *mit Licht- und Toneffekten untermalte Darstellung der Geschichte e-s Bauwerks*; *F fig* les ~ et lumière F die Alten *pl*

son[3] [sɔ̃] *m* **1.** Kleie *f*; *fig* faire l'âne pour avoir du ~ sich dumm stellen, um etwas zu erfahren; **2.** *fig* taches *f/pl* de ~ Sommersprossen *f/pl*; **3.** poupée *f* de ~ mit Sägemehl gefüllte Puppe

sona|gramme [sɔnagram] *m phon* Sona'gramm *n*; ~graphe *m phon* Sona'graph *m*

sonar [sɔnar] *m tech, mar* So'nar(gerät) *n*

sonat|e [sɔnat] *f mus* So'nate *f*; ~ pour piano Kla'viersonate *f*; ~ine *f mus* Sona'tine *f*

sondage [sɔ̃daʒ] *m* **1.** *mar der Wassertiefe etc* (Ab-, Aus)Loten *n*, -ung *f*; Peilen *n*, -ung *f*; **2.** *der Atmosphäre, des Untergrunds* Unter'suchung *f*; Erforschung *f*; **3.** *tech* (Probe-, Versuchs-, Schürf)Bohrung *f*; ~ de production Gewinnungsbohrung *f*; **4.** *méd e-r Wunde, Körperhöhle* Son'dieren *n*, -ung *f*; **5.** *fig* ~ d'opinion **a)** Meinungsumfrage *f*; demo'skopische 'Umfrage, Befragung *f*; **b)** Methode, Wissenschaft Meinungsforschung *f*; Demosko'pie *f*; faire, effectuer un ~ (d'opinion) e-e Meinungsumfrage 'durchführen

sonde [sɔ̃d] *f* **1.** *mar* Senkblei *n*; Lot *n*; jeter la ~ das Lot auswerfen; loten; **2.** *méd* Sonde *f*; **3.** *tech* Sonde *f* (*auch méteo, Raumforschung*); **4.** *tech* (Erdöl)Sonde *f*; trou de ~ Bohrloch *n*; **5.** Gerät *n* zur Entnahme von Proben; Probenstecher *m*; Probenehmer *m*

sonder [sɔ̃de] *v/t* **1.** *mar* Wassertiefe, Meeresgrund (ab-, aus)loten; peilen; **2.** *méteo* Atmosphäre unter'suchen; erforschen; *Untergrund* durch Probebohrungen unter'suchen; ~ le terrain den Boden untersuchen, erforschen; **3.** *méd* Wunde, Körperhöhle son'dieren; *Kranken* katheteri'sieren; **4.** *fig* ~ qn j-n aushorchen, -forschen; *F* bei j-m auf den Busch klopfen; ~ l'opinion publique die öffentliche Meinung erforschen

sond|eur [sɔ̃dœr] *m mar* ~ à écho, acoustique Echolot *n*; ~ à ultra-sons Ultraschallecholot *n*; ~euse *f* (fahrbares) Bohrgerät

sone [sɔn] *f Maßeinheit der Lautheit* Sone *f* (*Zeichen* sone)

songe [sɔ̃ʒ] *litt m* Traum *m*; *Shakespeare* Le ~ d'une nuit d'été Ein Sommernachtstraum; clef *f* des ~s a) Traumdeutung *f*; b) Traumbuch *n*; en ~ im Traum; voir, faire un ~ e-n Traum haben; *prov* ~s, mensonges Träume sind Schäume (*prov*)

songe-creux [sɔ̃ʒkrø] *litt m* ⟨*inv*⟩ Träumer *m*; Phan'tast *m*

songer [sɔ̃ʒe] ⟨-geons⟩ **I** *v/t/indir* **a)** ~ à qn, qc an j-n, etw denken; ~ à qc *auch* über etw (*acc*) nachsinnen, -denken; ~ à sa jeunesse an s-e Jugend zu'rückdenken; ~ au mariage an e-e Heirat denken; seien Sie vorsichtig mit Ihren Worten, Äußerungen!; j'y songerai ich werde es mir über'legen; ich werde darüber nachdenken; vous n'y songez pas! wo denken Sie hin!; das ist doch nicht Ihr Ernst!; **b)** ~ à faire qc daran denken, etw zu tun; ~ à prendre sa retraite daran denken, sich zur Ruhe zu setzen; ~ à se venger auf Rache sinnen; **c)** ~ que ...daran denken, daß ...; songez qu'il y va de votre intérêt denken Sie daran, daß es um Ihre Interessen geht; **d)** eingeschoben ... songeait-il ... dachte er; **II** *v/i litt* vor sich hin träumen

songerie [sɔ̃ʒri] *f* Träume'rei *f*

songeur [sɔ̃ʒœr] *adj* ⟨-euse⟩ **a)** nachdenklich; versonnen; träumerisch; gedankenvoll; un air ~ e-e nachdenkliche *etc* Miene; **b)** nachdenklich; besorgt; *Nachricht* laisser qn ~ j-n nachdenklich, besorgt stimmen

sonie [sɔni] *f* Akustik Lautheit *f*; échelle *f* de ~ Lautheitsskala *f*

sonique [sɔnik] *adj phys* Schall...; vitesse *f* ~ Schallgeschwindigkeit *f*

sonnaille [sɔnaj] *f* Kuhglocke *f*

sonnant [sɔnɑ̃] *adj* espèces ~es et trébuchantes klingende Münze; à cinq heures ~es Schlag, auf den Glockenschlag fünf Uhr; horloge ~e Schlaguhr *f*

sonné [sɔne] *adj* **1.** il est midi ~ es hat gerade zwölf (Uhr) geschlagen; *F fig* avoir soixante ans bien ~s gut sechzig Jahre alt sein; *F* gut sechzig Jahre auf dem Buckel haben; **2.** *F fig* bekloppt; behämmert; bescheuert; *cf auch* cinglé; **sonner** [sɔne] *v/t* **1.** ~ les cloches die Glocken läuten; *F fig* se faire ~ les cloches *od ellip* se faire ~ *cf* cloche **1.**; ~ les matines, la messe zur Mette, zur Messe läuten; **2.** *Uhrzeit* schlagen; l'horloge sonne onze heures die Uhr schlägt elf; **3.** *mil* ~ l'alarme A'larm blasen; *früher* ~ la charge zum Angriff blasen; ~ l'extinction des feux den Zapfenstreich blasen; ~ le réveil zum Wecken blasen; ~ ~ qn u-jm läuten, klingeln; F on ne vous a pas sonné ich habe Sie nicht um Ihre Meinung gefragt; **5.** ~ se faire ~ **a)** e-n heftigen Schlag versetzt bekommen; **b)** *fig cf* **1.**; **II** *v/t/indir* ~ de Horn, Trompete blasen; ~ du cor *auch* ins Horn stoßen; ~ de la trompette Trompete blasen; **III** *v/i* **a)** *Glocke* läuten; *Türklingel, Telefon, Wecker* klingeln; läuten; schellen; *Wecker auch* rasseln; *Uhr* schlagen; *Horn, Trompete* ertönen; erschallen; trois heures sonnent es schlägt drei (Uhr); midi a sonné es hat zwölf (Uhr) geschlagen; *fig* sa dernière heure a sonné sein letztes Stündlein, s-e letzte Stunde hat geschlagen; *fig* l'heure de la liberté a sonné die Stunde der Freiheit ist gekommen; *Musikinstrument, fig Name, Ausdruck* ~ bien, mal gut *od* schön, schlecht klingen; ~ creux hohl klingen

(auch fig); ~ **faux** falsch, *fig auch* unecht klingen; **b)** *Person* ~ **chez qn,** à la porte de qn bei j-m, an j-s Tür klingeln, läuten, schellen; **on a sonné,** ça a **sonné** es hat geklingelt, geläutet, geschellt

sonnerie [sɔnri] *f* **1.** Klingel(anlage) *f; tél* Wecker *m;* e-r Uhr Schlagwerk *n;* e-s Weckers, ch de fer Läut(e)werk *n;* ~ **électrique** elektrische Klingel; **2.** *des Telefons,* e-r Türklingel Klingeln *n;* Läuten *n;* e-s Weckers *auch* Rasseln *n;* von Glocken Läuten *n;* Geläut(e) *n;* **3.** *mil, ch* (Horn-, Trom'peten)Si'gnal *n;* **4.** Geläut *n (Gesamtheit der Glocken)*

sonnet [sɔnɛ] *m* Gedichtform So'nett *n*

sonnette [sɔnɛt] *f* **1.** Klingel *f (auch* e-s Fahrrads); Glocke *f;* e-r Apotheke ~ **de nuit** Nachtglocke *f;* ~ **du président** Glocke des Präsidenten; ~ **de table** Tischglocke *f;* **bouton** *m* **de** (la) ~ Klingelknopf *m;* **coup** *m* **de** ~ Klingeln *n;* Klingelzeichen *n;* **appuyer sur la** ~ auf die Klingel drücken; **je n'ai pas entendu la** ~ ich habe die Klingel nicht gehört; **2.** *zo* **serpent** *m* **à** ~**s** Klapperschlange *f;* **3.** *tech* (Pfahl)Ramme *f*

sonneur [sɔnœr] *m* Glöckner *m*

sono [sɔno] *f* F *cf* sonorisation 1.

sonomètre [sɔnɔmɛtr(ə)] *m phys* Sono'meter *n;* Schallpegel-, Schalldruck-, Geräuschmesser *m*

sonore [sɔnɔr] *adj* **1.** tönend; *Stimme* 'volltönend; klangvoll; so'nor; *Lachen* schallend; *Gähnen* laut; **une salle** ~ ein Saal, in dem es hallt; **2.** Lärm...; **agression** *f* ~ Lärmbelästigung *f;* **niveau** *m* ~ Lärmpegel *m;* **3.** *phys* Schall...; **onde** *f,* **source** *f,* **vibration** *f* ~ Schallwelle *f,* -quelle *f,* -schwingung *f;* **4.** *cin* Ton...; **bande** *f,* **film** *m* ~ Tonstreifen *m,* -film *m; thé, cin, rad* **fond** *m* ~ Geräuschkulisse *f; bes* musi'kalische, a'kustische Unter'malung *f;* akustischer 'Hintergrund; **signal** *m* ~ akustisches Zeichen; **5.** *phon* stimmhaft; **consonne** *f* ~ stimmhafter Konsonant; *subst* ~ *f* stimmhafter Laut

sonorisation [sɔnɔrizasjɔ̃] *f* **1.** e-s Saales Beschallung *f; par ext* Verstärker-, Lautsprecheranlage *f;* **2.** e-s Filmes Vertonung *f;* **3.** *phon* Stimmhaftwerden *n;* Sonorisati'on *f*

sonoriser [sɔnɔrize] **I** *v/t* **1.** *Saal* beschallen; **2.** *Film* vertonen; **II** *v/pr* **se** ~ *phon* stimmhaft werden

sonorité [sɔnɔrite] *f* **1.** e-s Musikinstrumentes, Radioapparates, e-r Stimme Klang *m;* Klangfülle *f;* e-s Instrumentes *auch* Klangwirkung *f;* **une belle** ~ ein schöner Klang; **2.** e-s Saales A'kustik *f;* **3.** *phon* Stimmhaftigkeit *f*

sonothèque [sɔnɔtɛk] *f* Geräuscharchiv *n*

sont [sɔ̃] *cf* être[1]

sophisme [sɔfism(ə)] *m Logik* So'phisma *n od* So'phismus *m;* Scheinbeweis *m;* Trugschluß *m;* ~**iste** *m* So'phist *m*

sophistication [sɔfistikasjɔ̃] *f* **1.** Künste'lei *f;* Unnatürlichkeit *f;* Geziertheit *f;* Manie'riertheit *f;* **2.** Vornehmheit *f;* Ele'ganz *f; péj* Versnobtheit *f;* **3.** *tech* Perfekti'on *f;* Kompli'ziertheit *f*

sophistique [sɔfistik] **I** *adj* so'phistisch; spitzfindig; **II** *f* **1.** *philos* So'phistik *f;* **2.** *péj* Sophiste'rei *f*

sophistiqué [sɔfistike] *adj* **1.** *Stil, Benehmen* gekünstelt; unnatürlich; unecht; geziert; *Künstler* manie'riert; *Frau* von unnatürlicher Schönheit; von gekünstelter Ele'ganz; **beauté** ~**e** unnatürliche, künstliche Schönheit; **2.** *Gesellschaft, Publikum* exqui'sit; vornehm; ele'gant; erlesen; *péj* hochgestochen; versnobt; *Kleidung* ele'gant; fein; erlesen; ausgesucht; *Laden* exqui'sit; hochelegant; **3.**

Technik, Waffe, Maschine hochentwikkelt; kompli'ziert

sophora [sɔfɔra] *m bot* Schnurrbaum *m; sc* Sophora *f od* So'phore *f*

soporifique [sɔpɔrifik] **I** *adj* **1.** einschläfernd; Schlaf...; **2.** *fig* einschläfernd; langweilig; ermüdend; **II** *m* Schlafmittel *n*

soprano [sɔprano] ⟨*pl auch* **soprani**⟩ *mus* **1.** *m* So'pran *m;* **2.** *m,f* Sopra'nist(in) *m(f)*

sorabe [sɔrab] **I** *adj* sorbisch; **II** *subst* **1.** ♀**s** *m/pl* Sorben *m/pl;* **2.** *ling* **le** ~ das Sorbische; Sorbisch *n*

sorbe [sɔrb] *f bot* Vogelbeere *f*

sorbet [sɔrbɛ] *m* Halbgefrorene(s) *n* mit Fruchtlikör *n;* Sor'bett *od* Sorbet *m od n*

sorbetière [sɔrbətjɛr] *f* Eismaschine *f*

sorbier [sɔrbje] *m bot* ~ **(des oiseleurs)** Eberesche *f;* Vogelbeerbaum *m*

sorbique [sɔrbik] *adj chim* **acide** *m* ~ Sor'binsäure *f*

sorbite [sɔrbit] *f* **1.** *chim* Sor'bit *m;* **2.** *métall* Sor'bit *m;* ~**ol** [-ɔl] *m cf* sorbite 1.

sorbose [sɔrboz] *m chim* Sor'bose *f*

sorcellerie [sɔrsɛlri] *f* Hexe'rei *f;* Zaube'rei *f;* Hexenkunst *f; fig* **cela tient de la** ~ das grenzt an Hexerei

sorcier [sɔrsje] *m* Zauberer *m;* Hexenmeister *m;* **apprenti** ~ Zauberlehrling *m;* **il ne faut pas être (grand)** ~ **pour** (+*inf*) es ist kein Kunststück, es gehört nicht viel dazu zu (+*inf*); *adjt* **ce n'est pas bien** ~ das ist kein Kunststück; dazu gehört nicht viel; das ist keine Hexerei

sorcière [sɔrsjɛr] *f* **1.** Hexe *f; fig u péj* **vieille** ~ alte Hexe; **chasse** *f* **aux** ~**s** Hexenjagd *f;* **2.** *bot* **herbe** *f* **aux** ~**s** (Gemeines) Hexenkraut; Stephanskraut *n;* Waldklette *f*

sordide [sɔrdid] *adj* **1.** *Haus, Stadtviertel etc* schmutzig *od* F dreckig (und ärmlich); vor Schmutz starrend; **2.** *fig* schmutzig; gemein; **avarice** *f* ~ schmutziger Geiz; **crime** *m* ~ gemeines Verbrechen; **égoïsme** *m* ~ krasser Egoismus

sore [sɔr] *m bot* Sporenhäufchen *n; sc* Sorus *m*

sorgho [sɔrgo] *m bot* Mohrenhirse *f;* Sorg(h)o *m;* Sorg(h)um *n;* ~ **doura** Durra *f*

sorite [sɔrit] *m Logik* Kettenschluß *m;* So'rites *m*

sornettes [sɔrnɛt] *f/pl* leeres, albernes Gerede; **débiter des** ~**s** Albernheiten; ungereimtes Zeug von sich geben

sort [sɔr] *m* **1.** Schicksal *n;* Geschick *n;* Glück *n;* **mauvais** ~ böses Geschick; **conjurer le mauvais** ~ Unglück abwenden; **caprice** *m* **du** ~ Laune *f* des Schicksals; F *Fluch* **coquin** *m* **de** ~**!** F verdammt, verflixt (nochmal)!; **hol's der Teufel!; coup** *m* **du** ~ Schicksalsschlag *m;* **par une ironie du** ~ durch e-e Ironie des Schicksals; **le** ~ **lui fut favorable** das Glück war ihm hold; **2.** Los *n;* Schicksal *n;* Lage *f:* **le** ~ **de la bataille** der Ausgang der Schlacht; **abandonner qn à son (triste)** ~ j-n s-m (traurigen) Schicksal über'lassen; **améliorer le** ~ **des travailleurs** die Lage der Arbeiter verbessern; **le** ~ **qui l'attend** das Los, Schicksal, das ihn erwartet; **ce projet eut, a connu le** ~ **de beaucoup d'autres** diesem Vorhaben wider'fuhr das Schicksal vieler anderer; **décider du** ~ **de qn, de qc** über j-s Schicksal (*acc*), über das Schicksal e-r Sache entscheiden; **c'est là le** ~ **de la vieillesse** das ist das Los des Alters; **être satisfait de son** ~ mit s-m Los, Schicksal zufrieden sein; F *fig* **faire un** ~

à *Speise* aufessen; F verspachteln; verputzen; verdrücken; *Flasche* austrinken; leeren; **faire un** ~ **à une bouteille** *auch* e-r Flasche den Hals brechen; **3. tirage** *m* **au** ~ Auslosung *f; cf auch* **tirage 3.; tirer au** ~ aus- *bzw* verlosen; durch das Los bestimmen, ermitteln; *abs* losen; *fig* **le** ~ **en est jeté** die Würfel sind gefallen, **4.** **jeter un** ~ **à qn** j-n be-, verhexen; **il faut qu'il y ait un** ~ es ist wie verhext

sortable [sɔrtabl(ə)] *adj* **il n'est pas** ~ man kann sich mit ihm nicht sehen lassen

sortant [sɔrtɑ̃] **I** *adj* **1.** (aus)scheidend; bisherig; **le député** ~ der bisherige Abgeordnete; **2.** *Lotterie* **numéros** ~**s** Gewinnzahlen *f/pl.* -nummern *f/pl, par ext* -lose *n/pl;* **Treffer** *m/pl;* **II** *m cf* entrant II

sorte [sɔrt] *f* **1.** Art *f; bes comm* Sorte *f;* **deux** ~**s de** ..., ... **de deux** ~**s** zweierlei ...; zwei Arten von ...; **cette** ~ **de gens** diese Art *od* Sorte Leute, von Leuten; **différentes** ~**s de** ..., **de différentes** ~**s** verschiedenerlei ...; ... von verschiedenen Arten, Sorten; **la même** ~ **de papier** dieselbe Art (von) Papier; **de même** ~ von derselben Art, Sorte; **toutes** ~**s de** ..., ... **de toute(s)** ~(**s**) allerlei ...; allen möglichen ...; **allerhand** ...; ... **aller Art(en); toutes** ~**s de recommandations** allerlei Ermahnungen *f/pl;* **des gens** *pl* **de toutes** ~**s** Leute *pl* aller Art; allerlei, alle möglichen Leute *pl;* **une** ~ **de** e-e Art (von); **une** ~ **de manteau** (so) e-e Art Mantel; **2.** Art *f;* Weise *f;* Art und Weise; *loc/adv:* **de la** ~ so; auf diese (Art und) Weise; in dieser Weise; **vous n'avez pas le droit d'agir de la** ~ Sie haben kein Recht, so zu handeln; **en quelque** ~ gewissermaßen; *loc/conj* **de (telle)** ~ **que** *(in Finalsätzen* +*subj*) so daß ...; daß; derart ..., daß; **il a travaillé de telle** ~ **que son père a été content** er war fleißig, so daß sein Vater zufrieden war; **parlez de telle** ~ **qu'on puisse vous comprendre** sprechen Sie so, daß man Sie verstehen kann; **en** ~ **que** so ..., daß; **faites en** ~ **que tout soit prêt** richten Sie es so ein, daß *od* veranlassen Sie das Nötige, damit alles bereit ist

sortie [sɔrti] *f* **1.** Ausgang *m;* für Autos Ausfahrt *f;* an Straßenbahnen, Bussen Ausstieg *m;* Aufschrift ~ **de garage, de voiture** Ausfahrt freihalten; ~ **de métro** U-Bahn-Ausgang *m;* ~ **de secours** Notausgang *m bzw* -ausstieg *m;* **à la** ~ **du village** am Dorfausgang; **par ici la** ~**!** hier hinaus, bitte!; **les** ~**s de Paris sont embouteillées** die Ausfallstraßen von Paris sind verstopft; **gagner la** ~ den Ausgang erreichen; **zum Ausgang gelangen; 2.** e-s Raumes, Gebäudes Verlassen *n;* Hin'aus-, Her'ausgehen *n; aus* e-m Land Ausreise *f; sports* e-s Torhüters Her'auslaufen *n;* e-s Schiffes Auslaufen *n;* **la** ~ **des élèves, de l'école** der Schul-, 'Unterrichtsschluß; **sa** ~ **de l'hôpital** s-e Entlassung aus dem Krankenhaus; **la** ~ **des spectateurs** die Räumung des Saales (von Zuschauern); das Her'ausströmen der Zuschauer; **examen** *m* **de** ~ Abschluß-, Abgangsprüfung *f;* **porte** *f* **de** ~ Ausgangstür *f; cf auch* **porte[1].; à la** ~ **des bureaux, des usines** bei Bü'ro-, Fa'brikschluß; nach Feierabend; **à la** ~ **de l'école, du théâtre** nach der Schule, nach dem Theater; **attendre qn à la** ~ nach der Schule *bzw* nach dem Theater *etc* auf j-n warten; **3.** Spa'ziergang *m;* Ausflug *m;* **la première** ~ **d'un convalescent** der erste Ausgang e-s Genesenden; ~ **(à cheval)** Ausritt *m;* ~ **du personnel** Betriebsausflug *m;* ~ **(en**

voiture) Spazierfahrt *f*; Ausfahrt *f*; *für Hauspersonal* jour *m* de ~ freier Tag; Ausgang *m*; Tag, an dem man Ausgang hat; Ausgehtag *m*; (ne pas) aimer les ~s (nicht) gerne ausgehen; F nous sommes de ~ wir sind nicht zu Hause; wir gehen aus; **4. a)** *mil von eingeschlossenen Truppen* Ausbruch *m*; *hist* Ausfall *m*; tenter une ~ e-n Ausbruchsversuch machen; **b)** *aviat, der Polizei, Feuerwehr* Einsatz *m*; *aviat* effectuer une ~ e-n Einsatz fliegen; **5.** *thé: e-s Schauspielers, sports: e-s Turners vom Gerät* Abgang *m*; **6.** *fig* heftige Vorwürfe *m/pl*; Ausfall *m* (contre gegen); il lui a fait une violente ~ *auch* er hat ihn hart angefahren; faire une ~ contre qn, qc *auch* über, gegen j-n, etw los-, herziehen; **7.** *e-s Industrieproduktes* Her'ausbringen *n*, -ung *f*; *e-s Buches* Erscheinen *n*; *e-s Films* Uraufführung *f*; **8.** *comm* **a)** *aus e-m Land* Ausfuhr *f*; *aus e-m Betrieb* Ausgang *m*; *aus e-m Lager* Abgang *m*; *von Geld* Abfluß *m*; Abzug *m*; *von devises* De'visenabfluß *m*; **b)** *meist pl* ~s (d'argent) Ausgaben *f/pl*; Ausgänge *m/pl*; **9.** *EDV* Ausgang *m*; **10.** *von Flüssigkeiten, Gasen* Austritt *m*; *von Gas auch* Ausströmen *n*; **11.** ~ de bain Bademantel *m*
sortilège [sɔrtilɛʒ] *m* Zauber *m*; *fig* Bann *m*
sortir[1] [sɔrtir] ⟨*cf* **partir**⟩ **I** *v/t* **1.** *Besuch, Freundin, Frau* ausführen; *Kranken, Kind* spa'zierenführen; *mit e-m Fahrzeug* ausfahren; ~ son chien s-n Hund ausspazierenführen; **2.** F ~ qn F j-n rauswerfen, -schmeißen; F ~ qn de la salle j-n aus dem Saal werfen; **3.** *Gegenstand aus e-m Behältnis* her'aus-, F rausholen, -nehmen, -ziehen; *schweren Gegenstand* her'aus- *bzw* hin'aus- *bzw* F rausschaffen; *Pflanzen, Gartenmöbel* hin'aus-, F rausstellen, -tragen; *Fahrzeug* her'aus-, F rausfahren; *Flugzeug: Fahrgestell* ausfahren; ~ son mouchoir sein Taschentuch herausholen, her'vorholen; ~ son portefeuille F s-e Brieftasche zücken; ~ un blessé des décombres e-n Verletzten aus den Trümmern bergen; ~ le lait du réfrigérateur die Milch aus dem Kühlschrank nehmen; ~ les lunettes de l'étui die Brille aus dem Futteral nehmen; ~ ses mains de ses poches die Hände aus den Taschen nehmen; ~ sa voiture du garage s-n Wagen aus der Garage holen, fahren; **4.** *Verlag: Buch, Autowerk: neues Modell* her'ausbringen; *Industrieprodukt auch* auf den Markt bringen; ~ un nouveau film e-n neuen Film herausbringen; **5.** F *dumme Bemerkungen* von sich geben; F verzapfen; il vous sort de ces boniments er tischt einem Märchen auf; **II** *v/i* ⟨être⟩ **6.** *Person* hin'aus-, F rausgehen; her'aus-, F rauskommen; sich hin'aus- *bzw* her'ausbegeben; verlassen (d'une pièce e-n Raum); *thé Schauspieler* abgehen; abtreten; *Fahrzeug, Person in e-m Fahrzeug* hin'aus- *bzw* her'aus- *bzw* F rausfahren; *Vogel* hin'aus- *bzw* her'ausfliegen; *Wurm* her'auskriechen; *Produkt aus e-r Maschine, Rauch, Flüssigkeit etc* her'auskommen; *Rauch, Geruch auch* her'auskommen; her'ausdringen; *Flüssigkeit, Gase auch* austreten; *Flüssigkeit auch* her'ausfließen; her'aus-, her'vorquellen; *Gase auch* ausströmen; *Arme, Beine aus der Kleidung, Gegenstand* her'vor-, her'ausragen; *Pflanzen* (her'vor)sprießen; *Zähne* kommen; ◆ que personne ne sorte! keiner verläßt den Saal!; personne ne sort par ce temps-là bei dem Wetter geht niemand aus dem Haus; ◆ *unpersönlich* il en sort une épaisse fumée es dringt

dicker Rauch heraus, hervor; *fig* que va-t-il en ~? was wird wohl dabei herauskommen?; ◆ en sortant d'un restaurant beim Verlassen e-s Lokals; ◆ ~ discrètement unauffällig hinausgehen; ~ furtivement *auch* hinausschleichen; sich hinausstehlen; ~ indemne d'un accident *cf* indemne; ~ vainqueur d'un combat als Sieger aus e-m Kampf hervorgehen; ◆ *Arbeiter* ~ à six heures um sechs (Uhr) Feierabend haben; um sechs (Uhr) aufhören; *Schüler* aujourd'hui je sors à onze heures heute habe ich um elf (Uhr) aus; je sors de chez lui ich war gerade bei ihm; ich komme gerade von ihm; ~ de chez soi aus dem Haus gehen, kommen; ~ de derrière qc hinter etw (*dat*) hervorkommen; ~ d'une cachette aus e-m Versteck hervorkommen, -treten; *Rauch* ~ de la cheminée aus dem Kamin aufsteigen; ~ de l'école, du bureau, du cinéma aus der Schule, aus dem Büro, aus dem Kino kommen; ~ d'un entretien, d'une séance von e-r Besprechung, von e-r Sitzung kommen; cela m'était sorti de l'esprit *cf* esprit l.; ça ne sort pas de la famille das bleibt in der Familie; *Zug* ~ de la gare ausfahren; aus dem Bahnhof fahren; ~ de l'hôpital aus dem Krankenhaus entlassen werden; ~ du lit aufstehen; *Fluß* ~ de son lit über die Ufer treten; ~ du lycée vom Gymnasium abgehen; das Gymnasium verlassen; *Küken* ~ de l'œuf ausschlüpfen, -kriechen; aus dem Ei schlüpfen; ~ d'un pays ein Land verlassen; aus e-m Land ausreisen; *mit Mühe aus e-m Land herauskommen; Schiff* ~ du port auslaufen; ~ de prison aus dem Gefängnis herauskommen, entlassen werden; *Bienen* ~ de la ruche aus dem Bienenstock schlüpfen; l'eau sort de la source à dix-huit degrés das Wasser kommt mit achtzehn Grad aus der Quelle; ~ de table vom Tisch, vom Essen aufstehen; *sports Ball* ~ du terrain ins Aus gehen, fliegen, rollen; *Pflanzen* ~ de terre aus der Erde sprießen; les yeux lui sortent de la tête ihm quellen, treten die Augen aus dem Kopf; ~ sur le balcon aus dem Balkon (hinaus)treten; ◆ le médecin l'a autorisé à ~ der Arzt hat ihm erlaubt, kleinere Spaziergänge zu machen, ins Freie zu gehen; faire ~ *Person* auffordern hinauszugehen; *Schiedsrichter: Spieler* hinausstellen; *Tier* hinausjagen, -scheuchen; *Gegenstand mit Mühe* herausbringen, -bekommen, F -kriegen; *Dorn* herausdrücken; *Saft aus e-r Zitrone* herausdrücken, -pressen; *Staub* herausklopfen, -schütteln; *Luft* herauslassen; arriver à faire ~ herausbringen, -bekommen, F -kriegen; F se faire ~ hinaus-, F rausgeworfen, -geschmissen werden; laisser ~ hinaus- *bzw* herausbzw F rauslassen; oser ~ sich hinauswagen; ne pas pouvoir ~ nicht hinausbzw heraus- *bzw* F rauskönnen; vouloir ~ hinaus- *bzw* heraus- *bzw* F rauswollen; **7.** ausgehen; ~ (en voiture) aus-, spa'zierenfahren; ~ tous les soirs jeden Abend ausgehen; *par ext von Liebenden* ~ avec qn mit j-m gehen; **8.** *Buch, neues Modell* her'auskommen; *Handelsartikel* auf den Markt kommen; *Film* anlaufen; *comm* venir ~ neu auf dem Markt sein; **9.** *Lotterie: Nummer* gezogen werden; *Prüfungsthema* (dran)kommen; **10.** *fig* être sorti de l'enfance den Kinderschuhen entwachsen sein; ~ de sa léthargie aus s-r Lethargie erwachen; ~ de la misère aus dem Elend herauskommen; ~ de sa réserve aus s-r

Reserve herausgehen; **11.** ~ de abweichen von; ~ de la légalité, de l'ordinaire *cf* légalité, ordinaire II l.; ~ de son rôle s-e Rechte, Befugnisse über'schreiten; zu weit gehen; ~ du sujet vom Thema abweichen, abschweifen, abkommen; **12.** ~ de kommen, stammen von; her'vorgehen; *d'où* est-ce qu'il sort, celui-là? **a)** wo kommt der bloß her?; **b)** was ist das für ein Flegel, Rüpel?; **c)** kommt der vom Mond?; **13.** ne pas en ~ es nicht schaffen; nicht damit fertig werden; zu keinem Ende kommen; **14.** F ~ de faire qc gerade, (so')eben etw getan haben; ~ de manger, de travailler gerade vom Essen, von der Arbeit kommen; je sors d'en prendre mir reicht's, langt's; **III** *v/pr* s'en ~ damit fertig werden, zu Rande kommen; **IV** *m poét* au ~ de l'hiver gegen Ende des Winters
sortir[2] [sɔrtir] *v/t* ⟨*déf*: nur 3. *pers sg*⟩ *jur* Urteil ~ son plein et entier effet Rechtskraft erlangen; rechtskräftig sein *bzw* werden
S.O.S. [ɛsoɛs] *m* SOS *n*; SOS-Ruf *m* (*auch fig*); lancer un ~ SOS-Rufe aussenden; SOS senden
sosie [sɔzi] *m* Doppelgänger *m*; être le ~ de qn j-s Doppelgänger sein
sot [so] **I** *adj* ⟨sotte [sɔt]⟩ töricht; dumm; **II** *subst* ~(te) *m(f)* Tor *m*, Törin *f*; Narr *m*, Närrin *f*; F petite ~te! F du Dummerchen, Gänschen!
sot(t)ie [sɔti] *f im* 15. *u* 16. *Jh* sa'tirisches Narrenspiel; Sot'tie *f*
sottise [sɔtiz] *f* Dummheit *f*; Torheit *f*; avoir la ~ de faire qc so dumm sein, etw zu tun; dire, faire des ~s Dummheiten, Torheiten sagen, machen *od* begehen
sottisier [sɔtizje] *litt m* Stilblütensammlung *f*
sou [su] *m* **1.** *frühere Münze* Sou *m*; **2.** *fig* Pfennig *m*; Heller *m*; F *fig* ~s *pl* Geld *n*; F Mo'neten *pl*; Kröten *f/pl*; Piepen *pl*; machine *f* à ~s Spielautomat *m*; ◆ *loc/adv u loc/adj* ~ à ~, ~ par ~ Pfennig für Pfennig; économiser ~ à ~ Pfennig für Pfennig sparen; Pfennig auf Pfennig legen; e-n Pfennig zum andern legen; propre comme un ~ neuf blitzsauber; *Schmuck etc* de quatre ~s billig; wertlos; *Brecht* L'Opéra *m* de quat' ~s Die Dreigroschenoper; *dépenser* jusqu'au dernier ~ ... bis auf den letzten Pfennig; F pas compliqué pour un ~ über'haupt, gar nicht kompliziert; *Person* völlig unkompliziert; ◆ F il n'a pas pour deux ~s de jugeote F er hat nicht für zwei Pfennig Grips; er hat keine Grütze im Kopf; F s'embêter, P s'emmerder à cent ~s de l'heure sich furchtbar langweilen; F mopsen; être sans le ~, n'avoir pas le ~ *od* pas un ~ vaillant, n'avoir ni ~ ni maille keinen Pfennig (Geld) haben; keinen (roten) Heller haben; être près de ses ~s, compter ses ~s auf den Pfennig achten; jeden Pfennig dreimal 'umdrehen, ehe man ihn ausgibt; F c'est une affaire de gros ~s hier spielt das Geld, der Profit die Hauptrolle; F ça en fait des ~s F das ist ein schöner Batzen Geld; F ne parler que gros ~s nur vom Geld reden
souabe [swab] **I** *adj* schwäbisch; **II** *subst*

⌢ *m,f* Schwabe *m*, Schwäbin *f*

souahéli [swaeli] **I** *adj* Sua'heli…; **langue** ⌢**e** Suahelisprache *f*; **II** *subst* **1.** ⌢(s) *m/pl* Sua'heli(s) *m/pl*; **2.** *ling* le ⌢ (das) (Ki)Sua'heli

souazi [swazi] **I** *adj* swasiländisch; **II** *subst* ⌢(s) *m/pl* Swasi *m/pl*

soubassement [subasmã] *m* bât Sockel *m*

soubresaut [subrəso] *m* (heftiges) Zu-'sammenzucken, -fahren; Auffahren *n*; *e-s Pferdes auch* plötzlicher Sprung; **faire, avoir un** ⌢ zusammenzucken, -fahren; auffahren

soubrette [subrɛt] *f* thé Kammerzofe *f*, -mädchen *n*, *plais* -kätzchen *n*

souche [suʃ] *f* **1.** Baumstumpf *m*; *nordd auch* Stubben *m*; *südd auch* Stumpen *m*; **dormir comme une** ⌢ schlafen wie ein Klotz; Ratz, Murmeltier; **rester (planté)** là **comme une** ⌢ dastehen wie ein Klotz; **2.** *fig* Stammvater *m*; **être de vieille** ⌢ aus e-r alten Familie stammen; **faire** ⌢ ein Geschlecht begründen; Nachkommen haben; **3.** *fig* Ursprung *m*; **mot de** ⌢ **latine** Wort *n* lateinischen Ursprungs; *adjt* **mot** ⌢ Stammwort *n*; **4.** *jur* Erbfolge Stamm *m*; Paren-'tel *f*; **partage** *m* **par** ⌢(s) Teilung *f* nach Stämmen; Parentelsystem *n*; **5.** *biol* ⌢ **bactérienne** Bak'terienstamm *m*; **6.** *e-s Scheckheftes etc* Stamm-, Kon'trollabschnitt *m*; **chéquier** *m* à ⌢ Scheckheft *n* mit Stammabschnitt(en); **7.** bât Schornsteinkopf *m*

souch|et [suʃɛ] *m* **1.** bot Zypergras *n*; ⌢ **comestible** Erdmandel *f*; Eßbares Zypergras; Süß-, Zuckerwurzel *f*; **2.** zo ⌢**ette** *f* bot Samtfußrübling *m*; Winterpilz *m*

sou-chong *od* **souchong** [suʃõ] *m* Teesorte Souchong *n*

souci¹ [susi] *m* **1.** Sorge *f*; Besorgnis *f*; Kummer *m*; ⌢**s financiers** Geldsorgen *f/pl*; **sans** ⌢ a) sorglos; unbekümmert; b) sorgenfrei; **vivre sans** ⌢ ein sorgloses Leben führen; sich keine Sorgen machen; **vieillesse** *f* **sans** ⌢ sorgenfreies Alter; **il est accablé de** ⌢**s** Sorgen drücken ihn, lasten auf ihm; **donner bien du** ⌢ **à qn** j-m große Sorgen machen, bereiten; **cela vous épargnerait bien des** ⌢**s** das würde Ihnen e-e Menge Kummer ersparen; **c'est le dernier, le moindre de mes** ⌢**s** das ist meine geringste Sorge; *par ext* **cet enfant est un** ⌢ **perpétuel pour ses parents** dieses Kind ist für s-e Eltern ein Gegenstand ständiger Sorge; **se faire du** ⌢ sich Sorgen machen, sich sorgen (*pour qn* um j-n); **2.** Bedachtsein *n* (*de auf +acc*); Bemühen *n* (um); **avoir le** ⌢ **de l'exactitude** auf Genauigkeit bedacht sein; um Genauigkeit bemüht sein; **avoir le** ⌢ **de plaire** darauf bedacht sein zu gefallen

souci² [susi] *m* bot Ringelblume *f*; ⌢ **d'eau** Sumpfdotterblume *f*

soucier [susje] *v/pr* **ne pas se** ⌢ **de qc, qn** sich nicht um etw, j-n kümmern, scheren; **se** ⌢ **de qc** sich etw angelegen sein lassen; sich über etw (*acc*) Gedanken machen; nach etw fragen; sich um etw kümmern; auf etw (*acc*) achten; **ne pas se** ⌢ **de l'opinion publique** sich nicht um die öffentliche Meinung kümmern, scheren; nicht nach der öffentlichen Meinung fragen; **sans plus se** ⌢ **de rien (ni de personne)** ohne sich noch um etw (oder j-n) zu kümmern; **personne ne s'en soucie** *auch* danach kräht kein Hahn; **il se soucie peu de conserver ses amis** es kümmert, schert ihn wenig, ob er s-e Freunde behält

soucieux [susjø] *adj* ⟨-euse⟩ **1.** besorgt; sorgenvoll; **air** ⌢ besorgte, sorgenvolle Miene; **2.** ⌢ **de** bedacht auf (+*acc*); bemüht um; in dem Bestreben zu (+*inf*); ⌢ **de sa dignité, liberté** auf s-e Würde, Freiheit bedacht; **être** ⌢ **de rendre service** darauf bedacht sein *od* bestrebt sein, sich nützlich zu machen

soucoupe [sukup] *f* **1.** 'Untertasse *f*; F **ouvrir des yeux (grands) comme des** ⌢**s** große Augen, F Kulleraugen machen; die Augen aufreißen, aufsperren; F gucken wie ein Auto; **2.** *fig* ⌢ **volante** fliegende 'Untertasse

soud|able [sudabl(ə)] *adj* tech schweißbar *bzw* lötbar; ⌢**age** *m* (Zu'sammen-, Ver)Schweißen *n bzw* (-)Löten *n*

soudain [sudɛ̃] **I** *adj* plötzlich; jäh; schlagartig; unvermittelt; **mort** ⌢**e** plötzlicher, jäher Tod; **II** *adv* plötzlich; schlagartig; unvermittelt; unversehens; ⌢ **le bruit cessa** der Lärm hörte plötzlich, schlagartig auf; **il me demanda** ⌢ er fragte mich plötzlich, unvermittelt

soudaine|ment [sudɛnmã] *adv cf* **soudain II**; ⌢**té** *f* Plötzlichkeit *f*; Schlagartigkeit *f*; Unvermitteltheit *f*

soudanais [sudanɛ] **I** *adj* suda'nesisch; **II** *subst* ⌢(e) *m(f)* Suda'nese *m*, Suda'nesin *f*

soudant [sudã] *adj* tech Schweiß… *bzw* Löt…

soudard [sudar] *péj m* alter Haudegen; *péj* grober, bru'taler Kerl

soude [sud] *f* **1.** *chim* **a)** Soda *f od n*; ⌢ **cristaux** *m/pl* de ⌢ Kri'stallsoda *f*; **b)** ⌢ (**caustique**) Ätznatron; kaustische Soda; Natriumhydroxid *n*; **lessive** *f* **de** ⌢ Natron-, Ätzlauge *f*; **c)** ⌢ **bicarbonate** *m* de ⌢ Natron *n*; Natriumbikarbonat *n*; doppeltkohlensaures Natrium; **2.** *bot* Salzkraut *n*

soudé [sude] *adj* **1.** *biol* zu'sammengewachsen; verwachsen; **2.** *fig* fest verbunden; wie zu'sammengeschweißt

soud|er [sude] **I** *v/t* **a)** Metalle, Kunststoffe (zu'sammen-, ver)schweißen; **b)** Metalle (zu'sammen-, ver)löten; **fer** *m*, **lampe** *f* à ⌢ Lötkolben *m*, -lampe *f*; **II** *v/pr* **se** ⌢ *biol* zu'sammen-, verwachsen; ⌢**eur** *m*, ⌢**euse** *f* **1.** Schweißer(in) *m(f) bzw* Löter(in) *m(f)*; **soudeur à l'arc** E'lektroschweißer *m*; **soudeur au chalumeau** Auto'gen-, Gasschweißer *m*; **2.** ⟨*nur f*⟩ Schweißmaschine *f*

soudier [sudje] *adj* ⟨-ière⟩ chim Soda…; **II** *subst* **1.** *m* Arbeiter *m* in e-r Sodafabrik; **2.** **soudière** *f* Sodafabrik *f*

soudoyer [sudwaje] *v/t* ⟨-oi-⟩ ⌢ **qn** j-n dingen

soudure [sudyr] *f* **1.** tech Schweißen *n*, -ung *f* (auch von Kunststoffen) *od* (Weich)Löten *n*, -ung *f*; Schweiß- *bzw* Lötverfahren *n*; ⌢ **autogène, au chalumeau** Gasschmelzschweißung *f*; ⌢ **à l'arc** Lichtbogenschweißung *f*; ⌢ **par fusion des métaux à assembler** Schweißen *n*; ⌢ **par métal d'apport** Löten *n*; ⌢ **par points** Punktschweißung *f*; **2.** *tech* Schweißnaht *f*, -stelle *f bzw* Lötstelle *f*, -naht *f*, -fuge *f*; **sans** ⌢ nahtlos; **3.** *tech* Lot *n*; Lötmetall *n*; Lötmittel *n*; **4.** *biol* Zu'sammen-, Verwachsen *n*; **5.** *écon* **faire la** ⌢ über'brücken; **faire la** ⌢ **la prochaine récolte** die Zeit bis zur nächsten Ernte überbrücken

souffert [sufɛr] *p/p von* **souffrir**

soufflage [suflaʒ] *m* **1.** tech Blasen *n*; *métall von Roheisen* Verblasen *n*; ⌢ **du verre** Glasblasen *n*; **2.** *mar* Wurmhaut *f*

soufflant [suflã] **I** *adj* **1.** tech **machine** ⌢**e** Gebläse *n*; **peigne** ⌢ Fönkamm *m*; **2.** F *fig* **c'est** ⌢ das ist wirklich erstaunlich, verblüffend; da bin ich *bzw* ist man

sprachlos; F **da bleibt einem die Spucke weg**; **II** *subst* **1.** ⌢**e** *f métall* Gebläse *n*; **2.** *m arg* (revolver) P Ka'none *f*

soufflard [suflar] *m géol aus der Erde aufsteigende* Dampffontäne; Soffi'one *f*

souffle [sufl(ə)] *m* **1.** Hauch *m*; *Kerze* **éteindre d'un (seul)** ⌢ (auf einmal) ausblasen; **renverser d'un** ⌢ 'umpusten; **2.** Atem *m*; Luft *f*; F Puste *f*; **le dernier** ⌢ der letzte Atemzug, F Schnaufer; **rendre son dernier** ⌢ den letzten Atemzug, F Schnaufer tun; **avoir du** ⌢ genügend Luft haben; *par ext* Ausdauer haben; F *fig* **il a un certain** ⌢ F der hat Nerven; was der sich rausnimmt; **avoir le** ⌢ **court** kurzatmig sein; **la course m'a coupé le** ⌢ ich bin durch das Laufen ganz außer Atem (geraten, gekommen); **on a le** ⌢ **coupé** es verschlägt, benimmt einem den Atem; F *fig* **il en a eu le** ⌢ **coupé** F da blieb ihm die Luft, die Spucke weg; F *fig* **c'est à vous couper le** ⌢ F da bleibt einem die Luft, die Spucke weg; **être à bout de** ⌢ a) außer Atem sein; b) *fig* nicht mehr können; **manquer de** ⌢ nicht genügend Luft bekommen; F keine Puste (mehr) haben; **il manque de** ⌢ *auch* ihm geht die Luft, F die Puste aus; **retenir son** ⌢ den Atem, die Luft anhalten; **3.** *fig* **second** ⌢ neuer Anlauf, Aufschwung; **apporter un second** ⌢ **à qc** e-r Sache neuen Aufschwung verleihen; etw neu beleben; **(re)trouver un second** ⌢ e-n neuen Anlauf nehmen; e-n neuen Aufschwung erleben; *Künstler etc* wieder kreativ werden; **4.** *fig u poét* Hauch *m*; Funke *m*; ⌢ **créateur** schöpferischer Hauch, Funke; **5.** Lufthauch *m*; *des Windes auch* Säuseln *n*; Wehen *n*; **le léger** ⌢ **de la brise** der sanfte Hauch der Brise; ⌢ **d'air, de vent** Luft-, Windhauch *m*; **il n'y a pas un** ⌢ es weht kein Lüftchen; **6.** *e-s Ventilators, Propellers* Wind *m*; Luftstrom *m*; *bei e-m Brand* Sog *m*; *bei e-r Explosion* Luftdruck *m*; Druckwelle *f*; **effet** *m* **de** ⌢ Luftdruckwirkung *f*; **7.** **a)** *méd* Geräusch *n*; ⌢**s cardiaques, respiratoires** Herz-, Atemgeräusche *n/pl*; **avoir un** ⌢ **au cœur** e-n Herz(klappen)fehler haben; **b)** *rad* Rauschen *n*

soufflé [sufle] **I** *adj* **1.** Gesicht (auf)gedunsen; aufgeschwemmt; **2.** F **être** ⌢ baff, platt sein; **3.** *cuis* **omelette** ⌢**e** Eierauflauf *m*; **Ome'lette souf'flée** *f*; **pommes (de terre)** ⌢**es** *etwa* Schwenkkartoffeln *f/pl*; **II** *m cuis* Auflauf *m*; Souf'flé *n*; ⌢ **au fromage** Käseauflauf *m*

souffler [sufle] **I** *v/t* **1.** blasen; F pusten; **de la fumée, de la poussière au visage de qn** j-m Rauch, Staub ins Gesicht blasen; **2.** *Kerze* ausblasen; F auspusten; **3.** *Gebäude bei e-r Explosion* **être soufflé** vom Luftdruck zerstört, F weggefegt werden; **4. a)** *Stein beim Damespiel* wegnehmen; ⌢ **n'est pas jouer!** ein Stein wegnehmen gilt nicht als Zug! (*nachdem der Gegner vergessen hat, e-n Stein wegzunehmen*); **b)** F ⌢ **qc à qn** F j-m etw (vor der Nase) wegschnappen; ⌢ **sa petite amie à qn** j-m s-e Freundin wegschnappen, ausspannen; **5. a)** ⌢ **qc à qn** j-m etw ein-, vorsagen, *in der Schule auch* einblasen, *thé* souf'flieren (*alle auch abs*); ⌢ **qc à (l'oreille de) qn** j-m etw ins Ohr flüstern; j-m etw zuflüstern; ⌢ **la réplique à un acteur** e-m Schauspieler das Stichwort soufflieren, zuflüstern; **b)** **ne pas** ⌢ **mot** kein Wort sagen; **il ne souffla pas mot** er sagte kein Wort; ⌢ **… souffla-t-il …** flüsterte er; **6.** *tech* **a)** ⌢ **le verre** Glas blasen; **b)** *métall* verblasen; **II** *v/i* **7.** *Wind* wehen; *p/fort* blasen; brausen; F pusten; **le vent souf-**

fle fort es weht, geht ein starker Wind; le vent souffle du nord der Wind weht, kommt von Norden; *bibl* l'Esprit souffle où il veut der Geist weht, wo er will; **8.** *Person* blasen *bzw* hauchen; F pusten; ～ dans, sur ses doigts in die Hände hauchen; ～ dans une trompette in e-e Trompete blasen; ～ sur le feu das Feuer anblasen; ～ sur le potage auf die Suppe blasen; ～ sur la vitre an, auf die Scheibe hauchen; die Scheibe anhauchen; **9.** schwer atmen; schnaufen; keuchen; ～ comme un bœuf, phoque schnaufen wie ein Gaul, wie e Lokomotive, wie ein Walroß; **10.** Atem, Luft holen; F verschnaufen; e-e Verschnaufpause machen; laisser ～ qn, un animal j-n, ein Tier verschnaufen lassen; laissez-nous le temps de ～ lassen Sie uns Zeit zum Verschnaufen

soufflerie [suflɔri] f **1.** *tech* Gebläse n; e-r Orgel *auch* Windwerk n; **2.** *phys, tech* ～ (aérodynamique) Windkanal m; essai m en ～ Versuch im Windkanal

soufflet [suflɛ] m **1.** *tech* Blasebalg m (auch e-s Akkordeons); **2.** zwischen D-Zug-Wagen, in Gelenkbussen Faltenbalg m; F Ziehharmonika f; e-s Fotoapparates Balg m; e-r Handtasche Ziehharmonikateil m; *cout* Zwickel m; Keil m; **3.** *litt* (gifle) Ohrfeige f; *st/s* Backenstreich m

souffleter [suflɔte] v/t <-tt-> *litt* ～ qn j-m e-n Backenstreich geben

souffl|eur [suflœr] m **1.** Glasbläser m; **2.** thé Souf'fleur m; trou m du ～ Souffleurkasten m; ～euse f **1.** thé Souf'fleuse f; **2.** tech, agr Gebläse n; ～ure f in Metall, Glas (Luft)Blase f; métall auch Gußblase f

souffrance [sufrãs] f **1.** Leiden n; Schmerz m (nur sg); Leid n; le sens de la ～ der Sinn des Leidens; endurer de grandes ～ große Leiden, viel Leid ertragen; **2.** loc/adj en ～ Geschäfte unerledigt; Ware, Postsendung nicht abgeholt; unzustellbar; Rechnung, Wechsel 'überfällig; Wechsel auch notleidend; rester en ～ unerledigt bleiben; nicht abgeholt werden; 'überfällig sein; **3.** jur jour m de ～ Lichtöffnung, die der Nachbar zu dulden hat

souffrant [sufrã] adj **1.** (leicht, vor'übergehend) erkrankt; **2.** leidend; rel l'Église ～e die leidende Kirche; l'humanité ～e die leidende Menschheit

souffre-douleur [sufrɔdulœr] m <inv> Opfer n (von Quäle'reien, der Grausamkeit); Prügelknabe m; être le ～ de ses camarades von s-n Kameraden gequält, gepeinigt, geplagt werden

souffreteux [sufrɔtø] adj <-euse> leidend; kränklich

souffrir [sufrir] <cf couvrir> I v/t **1.** leiden; ertragen; erdulden; aushalten; ausstehen; st/s ～ la faim, la soif Hunger, Durst leiden, ertragen, aushalten; ～ le martyre a) das Martyrium erleiden; den Märtyrertod sterben; b) fig ein wahres Martyrium erdulden, erleiden; ne pas pouvoir ～ qn, qc j-n, etw nicht leiden, ausstehen können; **2.** litt ～ que ... (+subj) dulden, leiden, lassen ...; il ne souffre pas qu'on le contredise er duldet keinen 'Widerspruch; litt souffrez que ... (+subj) gestatten od erlauben Sie, daß ...; st/s cette affaire ne peut ～ aucun retard die Sache leidet, duldet keinen Aufschub; II v/i leiden (de an +dat, unter +dat, durch); sa réputation en a souffert sein Ruf hat darunter, dadurch gelitten; où souffrez-vous? wo haben Sie Schmerzen?; ～ d'allergie, de rhumatismes an e-r Allergie, an Rheuma(tismus) leiden; la ville a souffert des bombardements

die Stadt hat durch die Bombenangriffe gelitten; ～ du cœur, de l'estomac herz-, magenleidend sein; Land ～ d'une crise économique unter e-r Wirtschaftskrise leiden; ～ de la faim Hunger leiden; ～ du froid, de la chaleur, de la solitude unter der Kälte, der Hitze, der Einsamkeit leiden, zu leiden haben; Pflanzen: ～ du froid, de la sécheresse durch die Kälte, Trockenheit leiden; ～ pour qc für etw leiden; faire ～ qn j-m Leiden, Leid zufügen; j-m ein Leid antun; j-n quälen, peinigen; III v/pr ne pas pouvoir se ～ sich nicht leiden, ausstehen können

soufisme [sufism(ɔ)] m Islam Su'fismus m

soufrage [sufraʒ] m vit, text Schwefeln n

soufre [sufr(ɔ)] m **1.** chim Schwefel m; fleur f de ～, sublimé Schwefelblüte f, -blume f; phm lait m de ～ Schwefelmilch f; **2.** adit jaune ～ <inv> schwefelgelb; jaune m ～ Schwefelgelb n

soufré [sufre] adj **1.** mit Schwefel imprä'gniert; Schwefel...; **2.** Farbe schwefelgelb

soufr|er [sufre] v/t Weinreben, Wein, text schwefeln; Fässer ausschwefeln; ～eur m Schwefelarbeiter m; ～euse f Gerät Schwefler m; ～ière f Schwefelgrube f; ～oir m text Schwefelkammer f

souhait [swɛ] m **1.** Wunsch m; ～s de bonne année Neujahrswünsche m/pl; ～s de bonheur Glückwünsche m/pl; beim Niesen à vos ～s! Gesundheit!; exprimer, formuler, former un ～ e-n Wunsch zum Ausdruck bringen, aussprechen; j'ai réalisé son ～ ich habe ihm s-n Wunsch erfüllt; mon souhait s'est réalisé mein Wunsch ist in Erfüllung gegangen; **2.** loc/adv à ～ a) nach Wunsch; b) sehr; äußerst; Angelegenheit marcher à ～ nach Wunsch gehen; joli à ～ bildhübsch

souhaitable [swɛtabl(ɔ)] adj wünschenswert; avoir toutes les qualités ～s alle guten Eigenschaften haben, die man sich nur wünschen kann; il serait ～ que ... (+subj) es wäre zu wünschen, daß ...; es wäre wünschenswert, wenn ...

souhaiter [swɛte] I v/t wünschen; ～ la bonne année à qn j-m ein gutes neues Jahr wünschen; je vous la souhaite bonne et heureuse! F guten Rutsch ins neue Jahr!; ～ la bienvenue à qn j-n willkommen heißen; st/s j-m ein Willkommen, e-n Willkomm bieten; F iron je vous souhaite bien du plaisir F na, dann viel Vergnügen, Spaß!; ～ la santé, le succès à qn j-m Gesundheit, Erfolg wünschen; ～ bon voyage à qn j-m (e-e) gute Reise wünschen; je souhaiterais faire mieux ich wünschte, ich könnte es besser machen; je souhaite le revoir ich habe den Wunsch od ich wünsche, ihn 'wiederzusehen; je souhaite qu'il vienne ich habe den Wunsch od ich wünsche, daß er kommt; il est à ～ que ... (+subj) es ist zu wünschen, daß ...; II v/pr se ～ la bonne année sich gegenseitig ein gutes neues Jahr wünschen

souille [suj] f ch Suhle f

souill|er [suje] st/s v/t besudeln, beflecken, beschmutzen (auch fig: Ehre, Ruf, Andenken); st/s souillé de sang blutbefleckt (auch fig); ～on f Schmutzliese f, -fink m; ～ure f st/s Befleckung f; Makel m

souïmanga od **souï-manga** [swimãga] m zo Nektarvogel m, Honigsauger m (Familie)

souk [suk] m arabischer Markt Suk od Souk m

soûl [su] I F adj <soûle [sul]> betrunken; F besoffen; ～ comme un cochon, une

barrique, un Polonais F sternhagelvoll, -besoffen; voll wie e-e (Strand)Haubitze; blau wie ein Veilchen; II loc/adv tout mon (bzw ton, son etc) ～ nach Herzenslust; boire, fumer tout son ～ trinken, rauchen, bis man genug hat; nach Herzenslust trinken, rauchen; dormir tout son ～ richtig, gründlich ausschlafen; manger tout son ～ sich gehörig, ordentlich satt essen; pleurer tout son ～ sich (mal so) richtig ausweinen

soulagement [sulaʒmã] m Erleichterung f; für e-n Kranken auch Linderung f (abs); éprouver du ～ Erleichterung verspüren; pousser un soupir de ～ e-n Seufzer der Erleichterung ausstoßen; procurer, donner, apporter du ～ Erleichterung, Linderung bringen, verschaffen

soulager [sulaʒe] <-geons> I v/t **1.** (seelisch) erleichtern; cela soulage de pleurer es erleichtert einen, wenn man weint; adit; être, se sentir soulagé erleichtert sein, sich erleichtert fühlen; il a été soulagé d'apprendre que ... er war erleichtert, als er erfuhr, daß ...; loc/adv le cœur soulagé mit erleichtertem Herzen; erleichterten Herzens; **2.** Schmerzen, Not lindern; ～ un malade e-m Kranken Erleichterung bringen; ce remède l'a bien soulagé auch dieses Mittel hat ihm gut geholfen; **3.** ～ qn j-m e-n Teil s-r Last abnehmen; bei der Arbeit j-n entlasten; **4.** F iron ～ qn de son portefeuille, de son argent F j-n um s-e Brieftasche, um sein Geld erleichtern; **5.** bât Balken etc entlasten; II v/pr F fig se ～ s-e Notdurft verrichten; F sich erleichtern; austreten

soûl|ant [sulã] F adj Redner etc ermüdend; ～ard F m Trunkenbold m; F Säufer m; Saufbold m; Schnaps-, Saufbruder m; versoffener Kerl; ～arde f F Säuferin f; ～aud m F cf soûlard

soulcie [susi] m zo Steinsperling m

soûl|er [sule] F v/t **1.** ～ qn j-n betrunken, F besoffen machen; **2.** fig ～ qn j-n ermüden; j-n ganz benommen machen; durch viel Reden F j-n dumm und dußlig reden; je suis soûlé auch mir brummt der Kopf; II v/pr se ～ sich betrinken; F sich besaufen

soûlerie [sulri] f F **1.** Zustand F Besäufnis f; Suff m; **2.** F Saufe'rei f; Saufgelage n; Besäufnis n

soulèvement [sulɛvmã] m **1.** Aufstand m; Erhebung f; Empörung f; **2.** géol Hebung f

soulever [sulve] <-è-> I v/t **1.** Gegenstand hochheben; ein wenig anheben; bes Gewicht, Last heben; Hut, Schleier lüften; st/s emporheben; F hochnehmen; Auto, Wind: Staub aufwirbeln; Sturm ～ les flots das Meer aufwühlen; ～ les paupières die Augen halb aufschlagen; ～ la tête d'un malade e-m Kranken den Kopf hochheben; länger hochhalten; **2.** Begeisterung etc her'vorrufen; erregen; Schwierigkeiten verursachen; Problem aufwerfen (auch Frage); zur Sprache bringen; Diskussion, Debatte her'vorrufen; auslösen; ～ des critiques Kritik hervorrufen, her'ausfordern; ～ l'indignation Entrüstung hervorrufen; ～ l'opinion publique contre soi die öffentliche Meinung, die Öffentlichkeit gegen sich einnehmen, p/fort aufbringen; ～ des protestations Protest(e) hervorrufen, auslösen; **3.** ～ le cœur a) Übelkeit erregen; Brechreiz erregen; b) fig 'Widerwillen, Abscheu erregen; **4.** F fig ～ sa petite amie à qn j-m s-e Freundin ausspannen, abspenstig machen; II v/pr se ～ **5.** Person sich

aufrichten; **6.** *Volk etc* sich erheben, sich empören, sich auflehnen, aufstehen (**contre** gegen); **7.** *Wellen* hochgehen, -schlagen; aufbranden

soulier [sulje] *m* Schuh *m*; *Claudel* Le ♀ **de satin** Der seidene Schuh; F *fig* **être dans ses petits ~s** verlegen, befangen, betreten sein

soulign|age [suliɲaʒ] *m od* **~ement** *m* Unter'streichen *n*; Unter'streichung *f* (*auch Strich*)

souligner [suliɲe] *v/t* **1.** unter'streichen; **~ en rouge** rot unterstreichen; **2.** *fig* unter'streichen; her'vorheben, betonen; besonderen Nachdruck legen auf (+*acc*); **~ l'importance de qc** die Bedeutung e-r Sache unterstreichen, hervorheben

soulograph|e [sulɔgraf] *m* F *cf* soûlard; **~ie** *f* F Suff *m*; Saufen *n*

soulte [sult] *f* Ausgleichsbetrag *m*, -summe *f*, -zahlung *f*

soumettre [sumɛtr(ə)] ⟨*cf* mettre⟩ **I** *v/t* **1.** *Land, Volk, Rebellen* unter'werfen; **2.** *adm* unter'werfen (**à des formalités** Formalitäten [*dat*]); **~ à une réglementation** Vorschriften (*dat*) unter'werfen; reglemen'tieren; **être soumis à** unter'liegen (+*dat*); **soumis à une autorisation, à l'impôt** genehmigungs-, steuerpflichtig; **3.** unter'ziehen, unter'werfen (**à une analyse, à un examen** e-r Analyse, e-r Prüfung [*dat*]); *tech* **~ à des efforts** beanspruchen (**de compression, traction** auf Druck, Zug); **~ qn à un interrogatoire** j-n e-m Verhör unterziehen, unterwerfen, vernehmen; **être soumis à un entraînement, à un traitement** sich e-m Training, e-r Behandlung unterziehen müssen; **4.** *Plan, Frage, Fall, Manuskript* unter'breiten, vorlegen (**à qn** j-m); **~ qc à l'approbation de qn** j-m etw zur Genehmigung vorlegen; j-s Zustimmung zu etw einholen; **II** *v/pr* **se ~ 5.** sich unter'werfen, sich fügen (**aux ordres, à une décision** den Anordnungen, e-r Entscheidung); **se ~ à un arbitrage** sich e-m Schiedsspruch unterwerfen; *loc/prov* **se ~ ou se démettre** entweder nachgeben oder aufgeben; **6.** sich unter'ziehen (**à un entraînement** e-m Training); **devoir se ~ à des formalités, à un traitement** sich Formalitäten, e-r Behandlung unterziehen müssen

soumis [sumi] *p/p von* soumettre *u adj* gefügig; fügsam; folgsam; gehorsam; ergeben

soumission [sumisjɔ̃] *f* **1.** Unter'werfung *f* (**à une autorité** unter e-e Autorität); **faire sa ~** sich unter'werfen; **2.** Gefügig-, Fügsam-, Folgsamkeit *f*; Gehorsam *m*; Ergebenheit *f*; **~ aveugle à une doctrine** blinde Ergebenheit, blinder Gehorsam gegenüber e-r Doktrin; **être d'une ~ parfaite à l'égard de qn** sich j-m (stets) willenlos fügen; **3.** *jur* (An)Gebot *n* (bei e-r Ausschreibung)

soumissionn|aire [sumisjɔnɛr] *m jur* Bewerber *m* (bei e-r Ausschreibung); Submit'tent *m*; Bieter *m*; **~er** *v/t* sich (bei e-r Ausschreibung) bewerben um; *abs* submit'tieren; ein Angebot machen

soupape [supap] *f tech* Ven'til *n* (*auch e-r Orgel*); **~ d'admission, d'échappement** Einlaß-, Auslaßventil *n*; **~ de sûreté** Sicherheitsventil *n* (*auch fig*); **~ en tête** hängendes Ventil; **commande** *f* **des ~s** Ventilsteuerung *f*

soupçon [supsɔ̃] *m* **1.** Verdacht *m*; Argwohn *m*; Verdächtigung *f*; **exempt de** (**tout** ~) (völlig) unverdächtig; **dissiper les ~s** den Verdacht zerstreuen; **être à l'abri de tout ~** vor jedem Verdacht sicher, gegen jeden Verdacht

gefeit sein; **être au-dessus de tout ~ über jeden Verdacht erhaben sein; éveiller les ~s de qn** j-s Verdacht erregen; **les ~s se sont portés sur lui** der Verdacht ist auf ihn gefallen; **2.** Quentchen *n*; Spur *f*; Anflug *m*; Hauch *m*; F l'dee *f*; *von Flüssigkeiten* Tröpfchen *n*; *iron* **un ~ de moustache** ein Anflug von Schnurrbart; **pas le moindre ~ de ressemblance** nicht die geringste Spur von Ähnlichkeit; **un ~ de rouge** ein Hauch Rouge; **un ~ de sel** e-e Idee Salz; **un ~ de vérité** ein Körnchen, Quentchen Wahrheit; *un peu de lait?* – **juste un ~ …** nur ein Tröpfchen

soupçonner [supsɔne] **I** *v/t* **1.** **~ qn** j-n verdächtigen (**de vol** des Diebstahls); j-n in Verdacht haben (**de wegen**); j-n beargwöhnen; gegen j-n Argwohn hegen; **~ qn d'avoir fait qc** j-n im Verdacht haben, etw getan zu haben; **commencer à ~ qn** (gegen j-n) Verdacht schöpfen; **être soupçonné de vol** im Verdacht des Diebstahls stehen; **être soupçonné du Diebstahls verdächtig sein; 2.** vermuten, argwöhnen; ahnen; **~ un piège** e-e Falle vermuten; **~ que …** (*verneint od fragend + subj*) vermuten, ahnen, argwöhnen, daß …; **II** *v/pr* **se ~ mutuellement, réciproquement** sich gegenseitig verdächtigen

soupçonneux [supsɔnø] *adj* ⟨-euse⟩ *Person, Charakter, Miene, Blick* argwöhnisch; 'mißtrauisch

soupe [sup] *f* Suppe *f*; F *mil auch* Essen *n*; **~ populaire** Volksküche *f*; **~ aux choux** Kohl-, Krautsuppe *f*; **~ au lait** Milchsuppe *f*; *fig* **être ~ au lait** ein Hitzkopf sein; leicht aufbrausen, F hochgehen; **~ à l'oignon** Zwiebelsuppe *f*; *fig u péi* **marchand** *m* **de ~** schlechter (Gast)Wirt; F *fig* **un gros plein de ~** F ein Fettkloß *m*, -sack *m*; ein Dick-, Fettwanst *m*; F **à la ~!** zum Essen kommen!; auf geht's zum Essen!; F *fig* **par ici la bonne ~!** F immer her damit!; F *fig* **être trempé comme une ~** F pudel-, klatsch-, pitsch-, patschnaß, wie aus dem Wasser gezogen sein

soupente [supɑ̃t] *f arch* **a)** Hängeboden *m*; **b)** Verschlag *m* (unter e-r Treppe)

souper [supe] **I** *v/i* **a)** nach e-r *Abendveranstaltung* essen; vornehm Sou'pieren; **b)** *regional* zu Abend essen; Abendbrot essen; F *fig* **j'en ai soupé** F davon habe ich die Nase voll; das hängt mir zum Hals heraus; **II** *m* **a)** Essen *n*, Mahlzeit *f* (nach e-r Abendveranstaltung); *vornehm* Sou'per *n*; **b)** *regional* Abendessen *n*, -brot *n*

soupeser [supəze] *v/t* ⟨-è-⟩ **1.** mit der Hand abwiegen; **2.** *fig* abwägen; **~ des arguments** Argumente gegeneinander abwägen

soupière [supjɛr] *f* Suppenschüssel *f*; (Suppen)Ter'rine *f*

soupir [supir] *m* **1.** Seufzer *m*; **~ de soulagement** Seufzer der Erleichterung; *in Venedig* **le pont des ♀s** die Seufzerbrücke; **étouffer un ~** e-n Seufzer unter'drücken; **pousser un ~** e-n Seufzer ausstoßen; aufseufzen; **recueillir les derniers ~s de qn** an j-s Sterbebett (*dat*) zugegen sein; **rendre le dernier ~** den letzten Atemzug tun; **2.** *mus* Viertelpause *f*; **quart** *m*, 'huitième *m*, seizième *m* **de ~** Sechzehntel-, Zweiund'sechzigstel-, Vierund'sechzigstelpause *f*

soupirail [supiraj] *m* ⟨*pl* -aux⟩ Kellerfenster *n*, -loch *n*

soupirant [supirɑ̃] *m litt od plais* Verehrer *m*

soupirer [supire] *v/t u v/i* **1.** seufzen; … **soupira-t-elle** … seufzte sie; **2.** *litt* ~

pour qn nach j-m schmachten

souple [supl(ə)] *adj* **1.** *Körper, Gang* geschmeidig; *Sportler, Körper auch, Glieder* gelenkig; *Körper, Glieder auch, Zweig, Klinge* biegsam; *Haar leicht ge-* wellt; *Leder, Kragen* weich; *Material* schmiegsam; fle'xibel; *Luftschiff* unstarr; **2.** *fig Person, Charakter* geschmeidig; schmiegsam; wendig; fle'xibel; anpassungsfähig

souplesse [suplɛs] *f* **1.** *des Körpers etc* Geschmeidigkeit *f*; Gelenkigkeit *f*; Biegsamkeit *f*; *von Leder* Weichheit *f*; *von Material* Flexibili'tät *f*; *sports* **se recevoir avec ~** weich aufspringen; **2.** *fig e-r Person, des Charakters* Geschmeidigkeit *f*; Schmiegsamkeit *f*; Wendigkeit *f*; Flexibili'tät *f*; Anpassungsfähigkeit *f*; **avec ~** geschmeidig; fle'xibel

souquer [suke] **I** *v/t mar* anholen; **II** *v/i* **~ sur les avirons** sich in die Riemen legen

sourate [surat] *f im Koran* Sure *f*

source [surs] *f* **1.** Quelle *f*; **~ thermale** Ther'malquelle *f*; Therme *f*; **eau** *f* **de ~** Quellwasser *n*; Fluß **avoir, prendre sa ~** entspringen; **capter, exploiter une ~** e-e Quelle fassen, nutzen; *fig* **cela coule de ~** das ergibt sich zwangsläufig, von selbst; das kann gar nicht anders kommen; das ist die logische, notwendige Folge; **2.** *fig, phys, écon, hist, Literatur* Quelle *f*; *fig auch* Ursprung *m*; *st/s* Quell *m*; *poét* Born *m*; **~ lumineuse** *od* **de lumière, sonore** Licht-, Schallquelle *f*; **~ de chaleur, d'énergie** Wärme-, Ener'giequelle *f*; **~ de danger, d'erreurs, d'informations** Gefahren-, Fehler-, Informati'onsquelle *f*; **une ~ de joie** ein Quell, Born der Freude; **la ~ de tous les maux** die Quelle allen Übels; **~ inépuisable de profits, de revenus** unversiegbare Einnahmequelle; *phys* **~ de rayonnement** Strahlungsquelle *f*; Strahler *m*; **critique** *f* **des ~s** Quellenkritik *f*; **de ~ officielle** von amtlicher Seite; **remonter à la ~** bis zu den Ursprüngen zurückgehen; **tenir, savoir qc de ~ autorisée, de bonne ~, de ~ sûre** etw aus maßgeblicher, guter, sicherer Quelle haben, wissen

sourcier [sursje] *m* (Wünschel)Rutengänger *m*

sourcil [sursi] *m* Augenbraue *f*; **crayon** *m* **à ~s** Augenbrauenstift *m*; **s'épiler les ~s** sich die Augenbrauen auszupfen; **froncer les ~s** die Stirn, Brauen runzeln; **lever les ~s** die Augenbrauen hochziehen

sourcilier [sursilje] *adj* ⟨-ière⟩ *anat* Augenbrauen…; **arcade sourcilière** Augenbrauenbogen *m*; *Boxen* **ouvrir l'arcade sourcilière** die Augenbraue aufschlagen

sourcill|er [sursije] *v/i* **ne pas ~** nicht mit der Wimper zucken; keine Miene verziehen; **sans ~** ohne mit der Wimper zu zucken; ohne e-e Miene zu verziehen; **~eux** *adj* ⟨-euse⟩ *litt* **a)** gestreng; **b)** kleinlich; pe'dantisch

sourd [sur] **I** *adj* ⟨sourde [surd]⟩ **1.** schwerhörig; *p/fort* taub; gehörlos; **~ d'une oreille** auf e-m Ohr schwerhörig, taub; **devenir ~** schwerhörig, taub werden; ertauben; F **faire la ~e oreille** sich taub stellen; nichts hören wollen; il fait **la ~e oreille** *auch* auf d e m Ohr ist er taub; **2.** *fig* **être, rester ~ aux appels, aux prières de qn** gegen j-s Appelle, Bitten taub bleiben; **3.** *Geräusch, Stimme, Schmerz, Unruhe, Wut, Schrei* dumpf; **4.** *Rivalität, Feindschaft, Kampf* versteckt; geheim; heimlich; **5.** *phon* stimmlos; **consonne ~e** *od subst* **~e** *f* stimmloser Konsonant; **6.** *Akustik* **chambre ~e** schalltoter Raum; **7.** lan-

terne ~e Blendlaterne *f*; **II** *subst* ~(e) *m(f)* Schwerhörige(r) *f(m)*; *p/fort* Taube(r) *f/m*; Gehörlose(r) *f(m)*; **crier comme un** ~ schreien, sehr laut sprechen, als ob die anderen taub wären; **c'est un dialogue de** ~s sie reden aneinander vorbei; **frapper comme un** ~ wild, blind drauflosschlagen; **ce n'est pas tombé dans l'oreille d'un** ~ *cf* **oreille** 1.; *prov* **il n'est pire** ~ **que celui qui ne veut pas entendre** wenn einer nicht hören will, ist alles Reden umsonst; ich habe *bzw* er hat *etc* tauben Ohren gepredigt

sourdine [surdin] *f mus* Dämpfer *m*; **jouer en** ~ leise spielen; *Radio* **mettre en** ~ leise(r), auf Zimmerlautstärke stellen; *fig* **mettre une** ~ **à** *Begeisterung etc* dämpfen, mäßigen (+*acc*); e-n Dämpfer aufsetzen (+*dat*)

sourd-muet [surmɥɛ], **sourde-muette** [surdmɥɛt] **I** *m,f* Taubstumme(r) *f(m)*; **langage** *m* **des sourds-muets** Taubstummensprache *f*; **II** *adj* taubstumm

sourdre [surdr(ə)] *v/i* ⟨*déf: inf u 3. pers prés* **il sourd, ils sourdent**⟩ *litt* hervorquellen

souriant [surjɑ̃] *adj Person, Gesicht* freundlich; fröhlich; vergnügt; heiter; *Empfang* freundlich; herzlich; **sagesse** ~**e** heitere Weisheit

souric|eau [suriso] *m* ⟨*pl* ~**x**⟩ junge Maus; Mäuschen *n*; ~**ier** *m Tier* Mäusefänger *m*, -vertilger *m*; ~**ière** *f* **1.** Mause-, Mäusefalle *f*; **2.** *fig der Polizei* Falle *f*

sourire [surir] ⟨*cf* **rire**⟩ **I** *v/i* **1.** lächeln; ~ **dédaigneusement, malicieusement** verächtlich, schelmisch lächeln; ~ **à qn** j-m zulächeln; j-n anlächeln; **en souriant** lächelnd; **faire** ~ ein Lächeln hervorrufen (**qn** bei j-m); **aujourd'hui cela nous fait** ~ heute lächelt man darüber; **2.** *fig* **a)** **la chance lui sourit** ihm lacht das Glück; das Glück ist ihm hold; **la vie lui sourit** er hat Glück im Leben; das Leben meint es gut mit ihm; **b)** **ce projet ne me sourit pas** dieses Vorhaben sagt mir nicht zu, paßt mir nicht; **II** *v/pr* **se** ~ sich, ein'ander zulächeln, anlächeln; **III** *m* Lächeln *n*; ~ **aimable, léger, moqueur** liebenswürdiges, leichtes *od* leises, spöttisches Lächeln; **avoir le** ~ ein freundliches, fröhliches, vergnügtes Gesicht machen; **faire, adresser un** ~ **à qn** j-n anlächeln; j-m zulächeln; **garder le** ~ fröhlich, heiter, guter Dinge bleiben

souris [suri] *f* **1.** *zo* Maus *f*; *sc* Hausmaus *f*; ~ **blanche** weiße Maus; ~ **naine** Zwergmaus *f*; **trou** *m* **de** ~ Mause-, Mäuse-, Mausloch *n*; **2.** F *fig (jeune fille, femme)* F kleine(r) Mäuschen; **3.** *fig* ~ **d'hôtel** Ho'teldiebin *f*; **4.** *Fleischstück an der Hammelkeule* Maus *f*; **5.** *adit* **gris** ~ ⟨*inv*⟩ mausgrau

sournois [surnwa] **I** *adj Person, Wesen, Miene* 'hinterhältig; 'hinterlistig; heimtückisch; lauernd; duckmäuserich; **II** *subst* ~(**e**) *m(f)* Duckmäuser(in) *m(f)*; Schleicher *m*; Leisetreter *m*; **une petite** ~**e** ein 'hinterlistiges Ding

sournoiserie [surnwazri] *f* 'Hinterhältigkeit *f*; 'Hinterlist *f*; Heimtücke *f*; lauerndes Wesen; Duckmäuse'rei *f*

sous [su] *prép* **1.** *räumlich* **unter** (+*dat auf die Frage wo*?; +*acc auf die Frage wohin*?); 'unterhalb (+*gén*); ♦ ~ **nos fenêtres** unter *bzw* vor unseren Fenstern; ~ **le feu de l'ennemi** unter feindlichem Feuer, Beschuß; ~ **la main** bei der, zur Hand; griffbereit; **un village** ~ **la neige** ein verschneites Dorf; ~ **la pluie** im Regen; ~ **les remparts** unterhalb der Stadtmauer; ~ (**la**) **terre** unter der Erde; ~ **mes yeux** vor meinen

Augen; ♦ **s'abriter** ~ **un arbre** sich unter e-n Baum stellen; unter e-m Baum Schutz suchen; **être** ~ **presse** im Druck sein; gedruckt werden; **inscrire** ~ **le numéro** ... unter der Nummer ... eintragen; **mettre qc** ~ **son bras** etw unter den Arm nehmen, klemmen; **mettre qc** ~ **enveloppe** etw in e-n 'Umschlag stecken, tun; **nager** ~ **l'eau** unter Wasser schwimmen; *Schiff* **naviguer** ~ **pavillon français** unter französischer Flagge fahren; **porter qc** ~ **son bras** etw unter dem Arm tragen; **vivre** ~ **la tente** in Zelten leben; **2.** *zeitlich* **unter** (+*dat*); ~ **Napoléon** unter Napoleon; ~ **la IVᵉ République** unter der Vierten Republik; ~ **la Révolution** während, zur Zeit der (Französischen) Revolution; ~ **peu** in Kürze, Bälde; bald; *cf auch* **peu** d); **3.** *Abhängigkeit* **unter** (+*dat bzw acc*); ~ **le coup d'une émotion** im Af'fekt; ~ **le joug du tyran** unter dem Joch des Tyrannen; ~ **la pression de l'opinion publique** unter dem Druck der öffentlichen Meinung; **avoir dix personnes** ~ **ses ordres** zehn Leute unter sich (*dat*) haben; **être** ~ **les ordres de qn** j-m unter'stellt sein, unter'stehen; **se mettre** ~ **sa protection** sich in s-n Schutz begeben; **placer** ~ **sa direction** s-r Leitung unter'stellen; **vivre** ~ **un régime socialiste** unter, in e-m sozialistischen Regime leben; **4.** *Art und Weise*, ~ **cet angle, aspect** unter diesem Gesichts-, Blickwinkel, Blickpunkt, Aspekt; ~ **clef** unter Verschluß; eingesperrt; ~ **forme de** in Form, Gestalt von (*od* + *gén*); ~ **le nom, titre de** ... unter dem Namen, Titel ...; ~ **peine d'amende** bei (Geld)Strafe; ~ **prétexte de** (+*inf*) unter dem Vorwand zu (+*inf od* +*gén*); ~ **tous les rapports** in jeder Hinsicht, Beziehung; ~ **le signe de** im Zeichen (+*gén*); ~ **les traits de** in Gestalt von (*od* +*gén*) als; **passer** ~ **silence** verschweigen; mit Stillschweigen über'gehen; *cf auch* unter den betreffenden *Substantiven*

sous-... [su] *in Zssgn meist* 'unter...; 'Unter...; *cf die nachfolgenden Stichwörter*

sous-aliment|ation [suzalimɑ̃tasjɔ̃] *f* 'Unterernährung *f*; ~**é** *adj* 'unterernährt

sous-arbrisseau [suzarbriso] *m* ⟨*pl* ~**x**⟩ *bot* Halbstrauch *m*

sous|-barbe [subarb] *f* **1.** *am Halfter* Kinnriemen *m*; **2.** *mar* Bugsprietstag *n*; Wasserstag *n*; ~**-bois** *m* 'Unterholz *n*; ~**-calibré** *adj mil projectile* ~ 'Unterkalibergeschoß *n*; ~**-cape** *f e-r Zigarre* 'Umblatt *n*; ~**-chef** *m* stellvertretender Chef; ~ **de bureau** stellvertretender Bü'rovorsteher; ~**-classe** *f biol Systematik* 'Unterklasse *f*; ~**-clavier** *adj* ⟨*-ière*⟩ *anat artère* sous-clavière Schlüsselbeinschlagader *f*; ~ **muscle** 'Unterschlüsselbeinmuskel *m*; ~**-commission** *f* 'Unterausschuß *m*; ~**-consommation** *f écon* 'Unterverbrauch *m*; ~**-continent** *m géogr* Subkontinent *m*

souscripteur [suskriptœr] *m* **a)** *e-s Druckwerkes* Subskri'bent *m*; **b)** *fin e-r Anleihe etc* Zeichner *m*; **c)** *e-s Wechsels* Aussteller *m*

souscription [suskripsjɔ̃] *f* **1. a)** Subskripti'on *f* (**à une publication** e-s Werkes *od* auf ein Werk); *fin* Zeichnung *f* (**à un emprunt** e-r Anleihe); **c)** *par ext* Spendenaktion *f*; **2.** Subskripti'ons-, Zeichnungsbetrag *m*; *par ext* (Geld)Spende *f*

souscrire [suskrir] ⟨*cf* **écrire**⟩ **I** *v/t* unter'schreiben, -'zeichnen; ~ **un abonnement** ein Abonnement abschließen;

~ **un engagement** e-e Verpflichtung eingehen; **II** *v/t/indir* **1. a)** subskri'bieren (**à une publication** [auf] ein Werk); **b)** *fin* zeichnen (**à un emprunt** e-e Anleihe); **c)** *par ext* Geld spenden, e-n finanzi'ellen Beitrag leisten (**à qc** für etw); **2.** *fig* ~ **à un arrangement, à une proposition** e-r Vereinbarung, e-m Vorschlag bei-, zustimmen, beipflichten; e-e Vereinbarung, e-n Vorschlag billigen, gutheißen

souscrit [suskri] *p/p von* **souscrire** *u adj fin* gezeichnet; **capital** ~ gezeichnetes Kapital

sous-cutané [sukytane] *adj anat, méd* unter der Haut liegend; unter die Haut; *sc* subku'tan; **injection** ~**e** subkutane Injektion

sous-développ|é [sudevlɔpe] *adj écon* (wirtschaftlich) 'unterentwickelt; **pays** ~ unterentwickeltes Land; Entwicklungsland *n*; ~**ement** *m* (wirtschaftliche) 'Unterentwicklung

sous|-diaconat [sudjakɔna] *m égl cath* Subdiakonat *n*; ~**-diacre** *m égl cath* Subdiakon *m*

sous-direc|teur [sudirɛktœr] *m*, ~**trice** *f* stellvertretender Di'rektor, stellvertretende Direk'torin

sous-dominante [sudominɑ̃t] *f mus* 'Unter-, Subdominante *f*

sous|-embranchement [suzɑ̃brɑ̃ʃmɑ̃] *m biol Systematik* 'Unterstamm *m*; *bot* Ab'teilung *f*; ~**-emploi** *m écon* 'Unterbeschäftigung *f*; ~**-ensemble** *m math* 'Untermenge *f*

sous-entendre [suzɑ̃tɑ̃dr(ə)] *v/t* ⟨*cf* **rendre**⟩ mit dar'unter verstehen; stillschweigend annehmen; als selbstverständlich vor'aussetzen

sous-entendu [suzɑ̃tɑ̃dy] **I** *p/p von* **sous-entendre** *u adj* **1.** unausgesprochen; ungesagt; nicht ausdrücklich gesagt, vermerkt; **il est** ~ **que** ... es wird (stillschweigend, als selbstverständlich) vor'ausgesetzt, daß ...; **2.** *gr Satzteil* nicht ausgedrückt; zu ergänzen(d); **II** *m* Andeutung *f*; Anspielung *f*; **un** ~ **auch** etwas Unausgesprochenes *m*; **une lettre pleine de** ~**s** ein Brief voller Andeutungen, voll unausgesprochener Dinge, wo man vieles zwischen den Zeilen lesen muß; **par** ~**s** andeutungsweise; in verhüllenden Worten; **parler par** ~**s** *auch* sich in Andeutungen ergehen; durch die Blume reden

sous-entrepreneur [suzɑ̃trəprənœr] *m* Nach-, Zwischenunternehmer *m*

sous-équip|é [suzekipe] *adj écon* unzureichend ausgestattet; ~**ement** *m* unzureichende (industri'elle) Ausstattung

sous-espèce [suzɛspɛs] *f biol Systematik* 'Unterart *f*

sous-estim|ation [suzɛstimasjɔ̃] *f* Unter'schätzung *f*; ~**er** *v/t* unter'schätzen; ~ **son adversaire** s-n Gegner unterschätzen

sous-évaluer [suzevalɥe] *v/t* 'unterbewerten; zu niedrig bewerten

sous-expos|er [suzɛkspoze] *v/t phot* 'unterbelichten; *adj* **photo** sous-exposée unterbelichtetes Foto; ~**ition** *f phot* 'Unterbelichtung *f*

sous-exploité [suzɛksplwate] *adj Raum* nicht genügend, unzureichend genutzt

sous|-fifre [sufifr(ə)] F *m* ganz kleine(r) Angestellte(r); F kleines Würstchen; ~**-frutescent** *adj bot* halbstrauchartig; ~**-garde** *f e-s Gewehrs* Abzug(s)bügel *m*; ~**-genre** *m biol Systematik* 'Untergattung *f*; ~**-gorge** *f* ⟨*inv*⟩ *am Pferdezaum* Kehlriemen *m*; ~**-groupe** *m* 'Untergruppe *f*

sous-industrialisé [suzɛ̃dystrijalize]

adj 'unterindustrialisiert; zu wenig indu-
striali'siert

sous-jacent [suʒasɑ̃] *adj* **1.** *Schicht.
Gestein* dar'unterliegend; **2.** *Idee. Pro-
blem. Ursache* la'tent, unsichtbar vor-
'handen; tieferliegend

sous-lieutenant [suljøtnɑ̃] *m mil* Leut-
nant *m*

sous-loca|taire [sulokatɛr] *m,f* 'Unter-
mieter(in) *m(f)*; **~tion** *f* 'Untermiete *f*;
'Untervermietung *f*; **prendre un ~** e-e
appartement en ~ e-e Wohnung als Un-
termieter nehmen. mieten

sous|-louer [sulwe] *v/t* **1.** 'unterver-
mieten; in 'Untermiete abgeben; abvermie-
ten; ~ **une chambre** *oft* ein Zimmer
vermieten; **2.** als 'Untermieter nehmen.
mieten; **~-main 1.** *m* ⟨*inv*⟩ Schreibun-
terlage *f*; **2.** *loc/adv* **en ~** unterder'hand;
heimlich

sous|-marin [sumarɛ̃] **I** *adj* Unter'was-
ser...; 'unterseeisch; 'untermeerisch;
subma'rin; **câble ~** Unterwasser-. See-
kabel *n*; **chasse ~e** Unterwasserjagd *f*;
grenade ~e Wasserbombe *f*; **guerre ~e**
U-Boot-Krieg *m*; **II** *m mar mil* U-Boot *n*;
'Unterseeboot *n*; **~ atomique** A'tom-U-
Boot *n*; **~ de poche** Kleinst-U-Boot *n*;
~-marinier *m* Mitglied *n* e-r U-Boot-
Besatzung; U-Boot-Fahrer *m*; **~-mul-
tiple** *adj u subst m math* (nombre *m*)
d'un autre in e-r anderen aufgehende
Zahl; **4 est un ~ de 20** 4 geht in 20 auf;
~normale *f math* Subnor'male *f*

sous-œuvre [suzœvr(ə)] *loc/adv* bât re-
prendre en ~ unter'fangen; unter'fah-
ren

sous|-off [suzɔf] *m arg mil für* **sous-
officier**; **~-officier** *m mil* 'Unteroffi-
zier *m* (im weiteren Sinne); **~-ordre** *m* **1.**
biol Systematik 'Unterordnung *f*; **2.**
kleine(r) Unter'gebene(r); Angestellte(r)
m in 'untergeordneter Stellung

sous|-payé [supeje] *adj* 'unterbezahlt;
~-peuplé *adj* 'unterbevölkert

sous|-préfecture [suprefɛktyr] *f* **a)** Sitz
m e-r 'Unterpräfektur; *in Deutschland
entsprechend etwa* Kreisstadt *f*; **b)** 'Un-
terpräfektur *f*; *in Deutschland entspre-
chend etwa* Landratsamt *n*; **c)** Amt *n* e-s
'Unterpräfekten; **~-préfet** *m* 'Unter-
präfekt *m*; *in Deutschland entsprechend
etwa* Landrat *m*; **~-préfète** *f oft iron*
Madame la ~ Frau 'Unterpräfekt

sous|-privilégié [supriviləʒje] *adj* 'un-
terprivilegiert; wirtschaftlich benachtei-
ligt; **~-production** *f écon* 'Unterpro-
duktion *f*; **~-produit** *m* Nebenprodukt
n. -erzeugnis *n*; *auch* Abfallprodukt *n*;
~-programme *m EDV* 'Unterprogram-
gramm *m*; **~-prolétariat** *m* Lumpen-,
Subproletariat *n*; **~-qualifié** *adj* Perso-
nal nicht genügend geschult. quali-
fi'ziert; **~-rémunéré** *adj* 'unterbe-
zahlt; **~-scapulaire** *adj* unter dem Schulterblatt gelegen; subska-
pu'lär; unter dem Schulterblatt gelegen;
~-secrétaire *m* ~ **d'État** Unter'staats-
sekretär *m*; *in Deutschland entsprechend
etwa* Staatssekretär *m*; **~-secrétariat**
m ~ (**d'État**) Unter'staatssekretariat *n*;
~-seing *m* ⟨*inv*⟩ *jur* Pri'vaturkunde *f*

soussigné [susiɲe] *jur* **I** *adj* unter'zeich-
net; **les témoins ~s** die unterzeichneten
Zeugen *m/pl*; **je ~ déclare** (Endes-)
Unterzeichneter erklärt; ich erkläre; **II**
subst **~(e)** *m(f)* (Endes)Unter'zeich-
nete(r) *f(m)*

sous|-sol [susɔl] *m* **1.** *e-s Hauses* 'Unter-,
Kellergeschoß *n*; Souter'rain *n*; **garage**
m **en ~** Tiefgarage *f*; **2.** *géol* 'Untergrund
m; **~-station** *f élect* Schaltanlage *f*; ~
de transformation 'Umspannwerk *n*;
~-tangente *f math* Subtan'gente *f*

sous|-tendre [sutɑ̃dr(ə)] *v/t* ⟨*cf* ren-
dre⟩ **1.** *Geometrie* **a)** begrenzen; **deux**

**points A et B qui sous-tendent l'arc
AB** die Punkte A und B. die den Bogen
AB begrenzen; **b) la corde qui sous-
-tend l'arc** die Sehne des Kreisbogens;
2. *fig* ~ **qc** etw stillschweigend vor'aus-
setzen; e-r Sache (*dat*) zu'grunde liegen;
die Grundlage für etw bilden; **~-ten-
sion** *f élect* 'Unterspannung *f*; **~-
-titrage** *m cin. télév* Unter'titeln *n*; **~-
-titre** *m* **-s Films. Buches** 'Untertitel *m*;
~-titrer *v/t* mit 'Untertiteln verse-
hen; unter'titeln; *adj* **version origina-
le sous-titrée** Originalfassung *f* mit
(französischen *etc*) Untertiteln (*abr*
O m U)

soustractif [sustraktif] *adj* ⟨-ive⟩ *math*
subtrak'tiv

soustraction [sustraksjɔ̃] *f* **1.** *math*
Abziehen *n*; Subtra'hieren *n*; Subtrak-
ti'on *f*; **faire une ~** abziehen; e-e Sub-
traktion 'durchführen; **2.** *jur* (**de
documents, de pièces**) Unter'schla-
gung *f* von Urkunden, 'Unterlagen

soustraire [sustrɛr] ⟨*cf* traire⟩ **I** *v/t* **1.**
math abziehen (*auch par ext*), subtra'hie-
ren (**de** von); **2.** entwenden (**qc à qn** j-m
etw); unter'schlagen (**qc** etw); **3.** ~ **qn à
un danger** j-n vor e-r Gefahr bewahren,
schützen; ~ **aux regards de qn** j-s
Blicken (*dat*) entziehen; **II** *v/pr* **se** ~ **qc**
sich e-r Sache (*dat*) entziehen; e-r Sache
(*dat*) entgehen; **se** ~ **à une obligation**
sich e-r Verpflichtung entziehen; **se** ~
aux regards, à la vue de qn sich j-s
Blicken entziehen

sous-trait|ance [sutrɛtɑ̃s] *f écon* **a)**
Ausführung *f* von Indu'strieaufträgen
als Zulieferer; **entreprise** *f* **de ~** Zulie-
ferbetrieb *m*; **b)** Vergabe *f* von Aufträ-
gen an Zulieferer; **~ant** *m écon* Zuliefe-
rer *m*; Zulieferfirma *f*; 'Unterlieferant *m*;
~er *v/t u v/i* **a)** (Indu'strieaufträge) als
Zulieferer ausführen; **b)** (Aufträge) an
Zulieferer vergeben

sous|-ventrière [suvɑ̃trijɛr] *f am Pfer-
degeschirr* Bauchgurt *m*; **~-verge** *m*
⟨*inv*⟩ Handpferd *n*; **~-verre** *m* ⟨*inv*⟩ **a)**
Bild *n* unter Glas ohne Rahmen; **b)** *Bild*
dans un ~ unter e-r rahmenlosen Glas-
platte; **~-vêtement** *m* 'Unterbeklei-
dungs-, Wäschestück *n*; **~s** *pl* 'Unter(be-)
kleidung *f*; 'Unterkleider *n/pl*; 'Unter-,
Leibwäsche *f*

soutache [sutaʃ] *f cout* Sou'tache *f*; feine
Besatzlitze

soutane [sutan] *f* **1.** *égl cath* Sou'tane *f*;
Ta'lar *m*; *fig* **prendre la ~** in den
geistlichen Stand treten; Priester wer-
den; **2.** *par ext* Priesterstand *m*

soute [sut] *f* **e-s Schiffes** Bunker *m* (*bes für
Brennstoffe*); Laderaum *m* (*auch e-s
Flugzeugs*); *aviat:* ~ **à bagages, à fret**
Gepäck-, Frachtraum *m*; ~ **à bombes**
Bombenschacht *m*; *mar:* ~ **à charbon**
Kohlenbunker *m*; ~ **à torpilles** Tor-
'pedoraum *m*

souten|able [sutnabl(ə)] *adj* *Behaup-
tung. These* haltbar; aufrechtzuerhal-
ten(d); vertretbar (*auch Sache*); **pas** ~
unhaltbar; **~ance** *f Universität* ~ **d'une
thèse** Verteidigung *f* e-r. Aussprache *f*.
Disputati'on *f* über e-e (Doktor)Dissert-
ti'on *bzw* Habilitati'onsschrift; *etwa*
Rigo'rosum *n*

soutènement [sutɛnmɑ̃] *m* **1.** *bât* **mur**
m **de ~** Stützmauer *f*; **2.** *mines* Ausbau
m; ~ **marchant** schreitender Ausbau

souteneur [sutnœr] *m* Zuhälter *m*

soutenir [sutnir] ⟨*cf* venir⟩ **I** *v/t* **1.**
stützen; *tech auch* abstützen; abfangen;
absteifen; *Säulen: Gewölbe etc auch* tra-
gen; ~ **un malade** e-n Kranken stützen;
soutenu par des colonnes *auch* auf
Säulen ruhend; **2.** *Nahrung. Medika-
ment* ~ **qn** j-n stärken; j-m Kraft geben;

---

une piqûre pour ~ le cœur e-e herz-
stärkende Spritze; **3.** *Regierung. Kandi-
daten, Unternehmen, Plan* unter'stützen;
Regierung auch. Währung, Preise stüt-
zen; ~ **qn** *auch* j-m beistehen; *in e-m
Streit* zu j-m halten. stehen; **4.**
Angriff. Stoß. Druck standhalten
(+*dat*); aushalten; ~ **l'assaut de
l'ennemi** dem Anstum des Feindes
standhalten; ~ **la comparaison avec
qn, qc** den, jeden Vergleich mit j-m, etw
aushalten; ~ **un examen approfondi**
e-r gründlichen Prüfung standhalten; ~
le regard de qn j-s Blick (*dat*) standhal-
ten; j-s Blick (*acc*) aushalten; **5.** *Auf-
merksamkeit, Interesse* nicht erlahmen
lassen; *p/fort* fesseln; *Gespräch* in Gang
halten; aufrechterhalten; ~ **son effort** in
s-n Anstrengungen nicht nachlassen; ~
son rang s-e Stellung behaupten; ~ **sa
réputation** s-n guten Ruf erhalten; **6.**
behaupten; ~ **le contraire** das Gegen-
teil behaupten; **il soutient que ce n'est
pas possible** er behauptet, das sei *od*
wäre nicht möglich; er behauptet, daß
das nicht möglich sei *od* wäre; **7.** *Behaup-
tung, These, Meinung, Standpunkt* auf-
rechterhalten, bleiben bei; verfechten;
vertreten; verteidigen; *Polemik* betrei-
ben; austragen; ~ **une thèse** e-e Disser-
tation *bzw* Habilitationsschrift vorle-
gen, verteidigen; **II** *v/pr* **8. se** ~ (les uns
les autres) sich (gegenseitig) ein'ander
unter'stützen, beistehen; **9.** *passivisch:
ce point de vue* **ne peut se** ~ ... läßt sich
nicht aufrechterhalten, vertreten; ... ist
unhaltbar; **10.** *Aufmerksamkeit. Interes-
se* **se** ~ nicht erlahmen; nicht nachlassen

soutenu [sutny] *p/p von* **soutenir** *u adj* **1.**
Anstrengung. Aufmerksamkeit nicht *od*
nie erlahmend, nachlassend; anhaltend;
gleichbleibend; beständig; inten'siv; **2.**
Farbe kräftig; inten'siv; tief; **3.** *style* ~
gehobener Stil

souter [sute] *v/i mar* bunkern

souterrain [sutɛrɛ̃] **I** *adj* 'unterirdisch;
élect **câble ~** Erdkabel *n*; **eau(x) ~e(s)**
Grundwasser *n*; *mines* **exploitation ~e**
Unter'tagebau *m*; **explosion atomique
~e** unterirdische A'tomexplosion; **gale-
rie ~e** unterirdischer Gang; Stollen *m*;
passage ~ Unter'führung *f*; **II** *m* **a)**
fortif etc 'unterirdisches Gewölbe; 'un-
terirdischer Gang; **b)** *tech* Stollen *m*;
creuser un ~ e-n Stollen vortreiben; **c)**
von Verkehrswegen Unter'führung *f*; *in
e-m Bahnhof auch* Fußgängertunnel *m*

soutien [sutjɛ̃] *m* **1.** Stütze *f*; *bot* **tissu** *m*
de ~ Festigungsgewebe *n*; **servir de ~**
als Stütze dienen; **2.** Unter'stützung *f*;
Hilfe *f*; Beistand *m*; ~ **électoral** Wahl-
unterstützung *f*. -hilfe *f*; *écon* ~ **des prix**
Preisstützung *f*; *mil* **unité** *f* **de ~** unter-
stützende Einheit; **accorder, apporter
son** ~ **à qn** j-m s-e Unterstützung gewähren (à
dat); **3.** *Person. Sache* Stütze *f*; Halt *m*;
Rückhalt *m*; ~ **moral** innerer Halt;
moralischer Rückhalt; ~ **de famille**
Ernährer *m*, Versorger *m* der Familie; **ce
parti est le principal** ~ **du gouver-
nement** ... bildet die Hauptstütze der
Regierung ...; **~-gorge** *m* ⟨*pl* **soutiens-
-gorge**⟩ Büstenhalter *m* (*abr* BH)

soutier [sutje] *m mar* (Kohlen)Trim-
mer *m*

soutirage [sutiraʒ] *m des Weins* Ab-
stich *m*

soutir|er [sutire] *v/t* **1.** *Wein* abstechen;
abziehen; **2.** ~ **qc à qn** *Geld* j-m etw aus
der Tasche ziehen; etw von j-m er-
schwindeln; F j-m etw abknöpfen. ab-
zapfen; *Information* j-m etw entlocken;
~euse *f für Bier* Abfüllmaschine *f*

soûtra [sutra] *m indische Literatur* Su-
tra *n*

souvenance [suvnãs] *f litt* avoir, garder ~ de qc etw in der Erinnerung haben, behalten

souvenir[1] [suvnir] ⟨*cf* venir⟩ **I** *v/imp litt*: il me souvient de qc ich entsinne mich e-r Sache (*gén*); autant qu'il m'en souvienne soweit, soviel ich mich (dessen) entsinne(n kann); **II** *v/pr* **1.** se ~ de qn, qc sich an j-n, etw erinnern; sich j-s, e-r Sache entsinnen; sich auf j-n, etw besinnen; *st/s* sich j-s, e-r Sache erinnern; je m'en souviens très bien ich erinnere mich sehr gut daran *bzw* an ihn, sie; ich entsinne mich dessen *bzw* s-r, ihrer sehr gut; je m'en souviens ich erinnere, entsinne mich; se ~ d'avoir fait qc sich (daran) erinnern *od* sich entsinnen, etw getan zu haben; je me souviens qu'il est venu (je ne me souviens pas qu'il soit venu) ich erinnere mich (nicht), daß er gekommen ist; je ne me souviens pas qui m'a dit cela ich erinnere mich nicht (daran), wer mir das gesagt hat; ◆ faire ~ qn de qc j-n an etw (*acc*) erinnern; **2.** se ~ de denken an (+*acc*); on se souviendra longtemps de lui man wird noch lange an ihn denken, *st/s* seiner gedenken; souvenez-vous de votre promesse! denken Sie an Ihr Versprechen!; *drohend* je m'en souviendrai *od* il s'en souviendra er wird noch an mich denken; er wird es noch bereuen; *dankbar* je m'en souviendrai toujours ich werde es nie vergessen

souvenir[2] [suvnir] *m* **1.** Erinnerung *f*; ~ vague vage, dunkle Erinnerung; ~s de captivité Erinnerungen an die Gefangenschaft; ~s d'enfance Kindheitserinnerungen *f/pl* (*auch als Buchtitel*); *adjt* photo *f* ~ Erinnerungsphoto *n*; en ~ zur Erinnerung, zum Andenken (de an +*acc*); avoir ~ de qc etw in der Erinnerung haben; le ~ que j'ai de cette époque meine Erinnerung an diese Zeit; si mes ~s sont bons, exacts ... wenn ich mich recht entsinne, erinnere ...; ce n'est plus qu'un mauvais ~ es kommt mir heute wie ein böser Traum vor; éveiller des ~s Erinnerungen wachwerden lassen, wachrufen; garder le ~ de qc etw in der Erinnerung behalten; j'en garde un mauvais ~ ich habe es in unangenehmer, schlechter, schlimmer Erinnerung; laisser de bons ~s à qn j-m in guter, angenehmer Erinnerung bleiben; perdre le ~ de qc die Erinnerung an etw (*acc*) verlieren; **2.** Gruß *m*; Empfehlung *f*; meilleurs ~s viele, herzliche Grüße (de Paris aus Paris); mon bon ~ à votre mère grüßen Sie bitte Ihre Mutter von mir; veuillez me rappeler au bon ~ de Madame votre mère bitte empfehlen Sie mich Ihrer Frau Mutter; e-e Empfehlung an Ihre Frau Mutter; **3.** *Gegenstand* Andenken *n* (*auch iron*); Erinnerung(sstück) *f(n)*; *von e-r Reise auch* Mitbringsel *n*; *bes für Touristen* Souve'nir *n*; Reiseandenken *n*; boutique *f* de ~s Souvenirladen *m*; rapporter un ~ à qn j-m ein Andenken mitbringen

souvent [suvã] *adv* oft; häufig; oftmals; moins ~ nicht mehr so oft; seltener; pas ~ nicht oft; plus ~ öfter; häufiger; plus ~ qu'à mon tour öfter als normal wäre; öfter, als ich eigentlich sollte; le plus ~ meistens; très, bien ~ sehr oft, häufig

souverain [suvrɛ̃] **I** *adj* **1.** *pol* souve'rän; État ~ souveräner Staat; puissance ~e Hoheitsgewalt *f*; **2.** höchste(r, -s); *philos* le ~ bien das höchste Gut; ~e indifférence völlige Gleichgültigkeit; ~ mépris tiefste Verachtung; remède ~ unfehlbares Mittel (*auch fig*); **II** *subst* **1.** ~(e) *m(f)* Herrscher(in) *m(f)*; Souve-

'rän *m*; ~s *pl auch* Herrscherpaar *n*; **2.** *m englische Goldmünze* Sovereign ['zɔvrin] *m*

souverainement [suvrɛnmã] *adv von* souverain: ~ intelligent von über'legener Intelli'genz; hochintelligent; décider ~ souve'rän entscheiden; déplaire ~ im höchsten Grad miß'fallen

souveraineté [suvrɛnte] *f* **1.** *e-s Staates* Souveräni'tät *f*; Hoheit(sgewalt) *f*; Hoheitsrechte *n/pl*; *auch* Unabhängigkeit *f*; **2.** *e-s Herrschers* Herrschafts-, Herrschergewalt *f*; höchste Gewalt; ~ du peuple Volkssouveränität *f*; **3.** *fig* Herrschaft *f* (de la raison der Vernunft)

soviet [sɔvjɛt] *m* **1.** *in der UdSSR* Sowjet *m*; le ♀ suprême der Oberste Sowjet; le ♀ des nationalités der Nationali'tätensowjet; le ♀ de l'Union der Uni'onssowjet; **2.** les ♀s die Sowjets *m/pl*

soviét|ique [sɔvjetik] **I** *adj* so'wjetisch; Sowjet...; gouvernement *m* ~ Sowjetregierung *f*; la Russie ~ Sowjetrußland *n*; l'Union *f* ~ die Sowjetunion *f*; **II** ♀ *m,f* Sowjetbürger(in) *m(f)*; les ♀s *auch* die Sowjets *m/pl*, Sowjetrussen *m/pl*; ~isation *f* Sowjeti'sierung *f*; ~iser *v/t* sowjeti'sieren

sovkhoze [sɔvkoz] *m in der UdSSR* Sow'chose *f*; Sowchos *m*

soya [sɔja] *cf* soja

soyeux [swajø] **I** *adj* ⟨~-euse⟩ seidig; seidenartig, ~weich; cheveux *m/pl* ~ seidiges, seidenweiches Haar; **II** *m in Lyon* Seidenfabrikant *m bzw* -händler *m*

soyez, soyons [swaje, swajõ] *cf* être[1]

spacieux [spasjø] *adj* ⟨~-euse⟩ geräumig

spadassin [spadasɛ̃] *m* Killer *m*

spadice [spadis] *m bot* (Blüten)Kolben *m*; *sc* Spadix *m*

spaghetti [spageti] *m/pl cuis* Spa'ghetti *m/pl*

spahi [spai] *m hist mil* Spahi *m*

spalax [spalaks] *m zo* Blindmaus *f*

spallation [spalasjõ] *f phys atom* Spallati'on *f*

spalter [spaltɛr] *m* (Flach)Pinsel *m zur* Imitati'on der Holzmaserung

sparadrap [sparadra] *m* Heftpflaster *n*; Leuko'plast *n* (*Wz*)

sparganier [sparganje] *m bot* Igelkolben *m*

sparnacien [sparnasjɛ̃] *adj* ⟨~ne⟩ (*u subst* ♀ *Einwohner*) von Épernay

sparring-partner [spariŋpartnɛr] *m* ⟨*pl* sparring-partners⟩ *Boxen* Sparringspartner *m*

spart [spart] *cf* sparte

spartakiste [spartakist] *hist in Deutschland* **I** *m,f* Sparta'kist(in) *m(f)*; **II** *adj* sparta'kistisch

sparte [spart] *m bot* Es'partogras *n*

spartéine [spartein] *f phm* Sparte'in *n*

sparterie [spart(ə)ri] *f* (Herstellung *f von*) Sparte'rie(waren) *f(f/pl)*

spartiate [sparsjat] **I** *adj* spar'tanisch (*auch fig*); éducation *f* ~ spartanische Erziehung; *loc* à la ~ (mit) spartanisch(er Strenge, Einfachheit); **II** *subst* **1.** *m,f* Spar'taner(in) *m(f)*; **2.** ~s *f/pl* Römersandalen *f/pl*; -sandaletten *f/pl*

spasme [spasm(ə)] *m path* Krampf *m*; *sc* Spasmus *m*

spasmo|dique [spasmɔdik] *adj path* krampfartig, -haft; *sc* spastisch; spasmisch; spas'modisch; démarche *f* ~ spastischer Gang; ~lytique *phm* **I** *adj* krampflösend; *sc* spasmo'lytisch; **II** *m* krampflösendes Mittel; *sc* Spasmo'lytikum *n*

spatangue [spatãg] *m zo* Purpurherzigel *m*

spath [spat] *m minér* Spat *m*; ~ calcaire *od* d'Islande Kalkspat *m*; ~ fluor, pesant Fluß-, Schwerspat *m*

spathe [spat] *f bot* Spatha *f*

spathique [spatik] *adj minér* Spat...; fer *m* ~ Spateisenstein *m*; Eisenspat *m*

spatial [spasjal] *adj* ⟨~-aux⟩ **1.** (Welt-)Raum...; engin ~ Raumfahrzeug *n*; Centre national d'études ~es *französisches Raumforschungszentrum*; programme ~ Weltraum-, Raumfahrtprogramm *n*; recherches ~es Raumforschung *f*; vaisseau ~ Raumschiff *n*; vol ~ Raumflug *m*; **2.** *philos, psych* räumlich; ~iser *v/t philos* verräumlichen; ~ité *f philos* Räumlichkeit *f*

spationef [spasjɔnɛf] *m* Raumschiff *n*

spatio-temporel [spasjɔtãpɔrɛl] *adj* ⟨~le⟩ *sc* raum'zeitlich

spatule [spatyl] *f* **1.** *Werkzeug* Spachtel *m od f*; Spatel *m* (*auch méd*); *cuis* flacher Rührlöffel; Teigschaber *m*; en ~ spachtelförmig; **2.** *e-s Skis* Spitze *f*; **3.** *zo* Löffler *m*; Löffelreiher *m*

spatulé [spatyle] *adj* spa(ch)telförmig; *zo* bec ~ löffelförmig verbreiterter Schnabel

speaker [spikœr] *m*, **speakerine** [spikrin] *f* **1.** *rad, télév* **a)** Ansager(in) *m(f)*; speakerine de la télévision Fernsehansagerin *f*; **b)** (Nachrichten)Sprecher(in) *m(f)*; ~ à la radio Rundfunksprecher(in) *m(f)*; **2.** ⟨*nur m*⟩ *im englischen Unterhaus* Speaker [-i:-] *m*

spécial [spesjal] *adj* ⟨~-aux⟩ besondere(r, -s); speziell; Sonder...; Spezi'al...; Extra...; autorisation ~e Sondergenehmigung *f*; cas ~ Sonderfall *m*; besonderer, spezieller Fall; connaissances ~es besondere, spezielle Kenntnisse *f/pl*; Spezial-, Fachkenntnisse *f/pl*; envoyé ~ Sonderkorrespondent *m*, -berichterstatter *m*; faveur ~e besondere Gunst; formation ~e Spezialausbildung *f*; offre ~e Sonderangebot *n*; pouvoirs spéciaux Sondervollmachten *f/pl*; train ~ Sonderzug *m*; rien de ~ nichts Besonderes, Spezielles; ~ à qn für j-n kennzeichnend, typisch, charakte'ristisch; j-m eigen; avoir des mœurs ~es abartig veranlagt sein; c'est un peu ~ das ist etwas eigenartig, sonderbar, F komisch

spécialement [spesjalmã] *adv* besonders; spezi'ell; eigens; pas ~ nicht besonders; être ~ chargé pour (+*inf*) besonders beauftragt sein *bzw* werden zu (+*inf*); être ~ équipé pour qc für etw besonders, speziell ausgestattet sein; s'intéresser ~ à qc sich besonders, speziell für etw interessieren; il est venu ~ pour vous voir er ist eigens, extra zu Ihnen gekommen

spécialisation [spesjalizasjõ] *f* Spezialili'sierung *f*

spécialis|é [spesjalize] *adj* speziali'siert; Fach...; ouvrier ~ (*abr* O. S.) angelernter Arbeiter; être ~ dans qc auf etw (*acc*) spezialisiert sein; ~er *v/pr* se ~ sich speziali'sieren (dans auf +*acc*)

spécialiste [spesjalist] *m,f* **1.** Spezia'list(in) *m(f)*, Fachmann *m* (de für); un ~ de la physique nucléaire ein Spezialist für Kernphysik; faire venir un ~ *pour réparer la télé* e-n Fachmann kommen lassen ...; **2.** Facharzt, -ärztin *m,f*; consulter un ~ e-n Facharzt aufsuchen; **3.** *fig u iron* pour ça il est ~ darin ist er Meister, F ganz groß; das ist s-e Speziali'tät

spécialité [spesjalite] *f* **1.** (Spezi'al)Fach *n*; Fachgebiet *n*; *innerhalb e-s Faches* Spezi'algebiet *n*; il en a fait sa ~ er hat sich darauf spezialisiert; **2.** *e-r Person* Speziali'tät *f* (*auch iron*); Besonderheit *f*; Eigenart *f*; c'est sa ~ das ist e-e Speziali'tät, Eigenart von ihm; **3.** *cuis e-r Gegend etc* Speziali'tät *f*; ~ de la maison

Spezialität des Hauses; **4.** *phm* ~ **pharmaceutique** Arz'neimittelspezialität *f*; pharma'zeutische Speziali'tät; **5.** *jur* Speziali'tätsprinzip *n*

spécieux [spesjø] *adj* ⟨-euse⟩ (nur) scheinbar wahr, richtig; Schein...; **argument** ~ Scheinargument *n*

spécification [spesifikasjõ] *f* **1.** Spezifi-'zierung *f*; Spezifikati'on *f*; genaue, detail-'lierte Angabe, Bezeichnung; Einzelausführung *f*; *von Industrieerzeugnissen auch* Beschreibung *f*; **2.** *jur* Verarbeitung *f*; Spezifikati'on *f*

spécificité [spesifisite] *f* Spezifi'tät *f*; Eigentümlichkeit *f*; Eigenart *f*

spécifier [spesifje] *v/t* genau, detail'liert angeben, bezeichnen; einzeln an-, aufführen; spezifi'zieren; **il a bien spécifié que ...** er hat ausdrücklich gesagt, daß ...

spécifique [spesifik] *adj* **1.** spe'zifisch; kennzeichnend; arteigen; eigen(tümlich) (+*dat*); **odeur** ~ spezifischer, kennzeichnender Geruch; **qualités** *f/pl* ~**s d'un matériau** spezifische Eigenschaften *f/pl* e-s Materials; *chim, chim, méd* spe'zifisch; *biol* **caractère** *m* ~ Artmerkmal *n*; *phys*: **chaleur** *f* ~ spezifische Wärme; **poids** *m* ~ spezifisches Gewicht; *chim* **réaction** *f* ~ spezifische Reaktion; *méd* **remède** *m* ~ spezifisches Mittel; Spe'zifikum *n*; *phys* **volume** *m* ~ spezifisches Volumen; **2.** *écon* **droits** *m/pl* ~**s** spe'zifische Zölle *m/pl*; **4.** *philos* **différence** *f* ~ Diffe'rentia spe'cifica *f*; artbildender 'Unterschied

spécimen ['spesimεn] *m* **1.** e-r Tier-, *Pflanzengattung, e-s Kunststils, in e-r Sammlung etc* Exem'plar *n*; Stück *n*; **un** ~ **rare** ein seltenes Exemplar *n*; **2.** *e-s Buches* Probe-, Werbe-, Freiexemplar *n*; Freistück *n*; Muster *n*; *e-r Zeitschrift od adit* **numéro** *m* ~ Probenummer *f*, -heft *n*

spectacle [spεktakl(ə)] *m* **1.** Anblick *m*; Bild *n*; *mit e-m Geschehen verbunden auch* Schauspiel *n*; **un** ~ **horrible, magnifique** ein entsetzlicher, herrlicher Anblick; ~ **de la nature** Na'turschauspiel *n*; **à ce** ~ bei diesem Anblick; **se donner en** ~ den Leuten ein Schauspiel geben, bieten; sich zur Schau stellen; **offrir un** ~ **de désolation** ein Bild der Verzweiflung bieten; **2.** (The'ater-, Kino-, Zirkus- *etc*)Vorstellung *f*; *mit auch* Schauspiel *n*; ~ **de ballet** Bal'lettaufführung *f*, -vorstellung *f*, -abend *m*; ~ **de music-hall** Varie'tévorstellung *f*; ~ **donné en matinée, soirée** Nachmittags-, Abendvorstellung *f*; **industrie** *f* **du** ~ Unter'haltungsindustrie *f*; Showgeschäft *n*; **salle** *f* **de** ~ The'ater(saal) *n*(*m*); *loc/adj* **à grand** ~ Ausstattungs...; **pièce** *f*, **revue** *f* **à grand** ~ Ausstattungsstück *n*, -revue *f*; **aller au** ~ ins Theater gehen

spectaculaire [spεktakylεr] *adj* aufsehenerregend; spektaku'lär; eindrucks-, wirkungsvoll

specta|teur [spεktatœr] *m*, ~**trice** *f* Zuschauer(in) *m*(*f*)

spectral [spεktral] *adj* ⟨-aux⟩ *phys* Spek'tral...; **analyse** ~**e, couleurs** ~**es, raies** ~**es** Spektralanalyse *f*, -farben *f/pl*, -linien *f/pl*

spectre [spεktr(ə)] *m* **1.** *phys* Spektrum *n*; ~ **acoustique** Schallspektrum *n*; ~ **atomique** A'tomspektrum *n*; ~ **continu** kontinuierliches Spektrum; ~ **discontinu, solaire, infrarouge, ultraviolet** Linien-, Sonnen-, Infrarot-, Ultraviolettspektrum *n*; ~ **d'absorption, d'émission, d'étincelles, de masse, de rayons X** Absorpti'ons-, Emissi'ons-, Funken-, Massen-, Röntgenspektrum *n*;

2. Gespenst *n*; *fig auch* Schreckgespenst *n*; Schreckbild *n*; **le** ~ **de la guerre** das (Schreck)Gespenst des Krieges; **une pâleur de** ~ e-e gespenstische Blässe; **agiter le** ~ **de l'inflation** das Gespenst der Inflation heraufbeschwören, an die Wand malen; **avoir l'air d'un** ~ wie ein Gespenst aussehen

spectro|graphe [spεktrograf] *m phys* Spektro'graph *m*; ~ **de masse** Massenspektrograph *m*; ~**graphie** *f phys* Spektrogra'phie *f*; ~**héliographe** *m astr* Spektrohelio'graph *m*; ~**mètre** *m opt* Spektro'meter *n*; Spek'tralapparat *m*; ~**métrie** *f opt* Spektrome'trie *f*

spectroscop|e [spεktrɔskɔp] *m opt* Spektro'skop *n*; ~**ie** *f* Spektrosko'pie *f*; ~**ique** *adj* spektro'skopisch

spéculaire [spekylεr] **I** *adj* Spiegel...; *minér* **fer** ~ Eisenglimmer *m*; *métall* **fonte** *f* ~ Spiegeleisen *n*; **II** *f bot* Frauenspiegel *m*

spécula|teur [spekylatœr] *m*, ~**trice** *f fin* Speku'lant(in) *m*(*f*); **spéculateur foncier, en Bourse** Boden-, Börsenspekulant *m*

spéculatif [spekylatif] *adj* ⟨-ive⟩ **1.** *fin* Spekulati'ons...; spekula'tiv; **manœuvres spéculatives** spekulative Machenschaften *f/pl*; **valeurs spéculatives** Spekulationspapiere *n/pl*; **2.** *philos* spekula'tiv

spéculation [spekylasjõ] *f* **1.** *fin* Spekulati'on *f*; ~ **foncière, sur les terrains à bâtir** Bodenspekulation *f*; **se livrer à des** ~**s hasardeuses** sich auf gewagte Spekulationen einlassen; gewagt spekulieren; **perdre sa fortune dans des** ~**s** sein Vermögen verspeku'lieren; **2.** *philos u allg* Spekulati'on *f* (**sur** über +*acc*); **vaines** ~**s** nutzlose Spekulationen; **se livrer à des** ~**s** sich in Spekulationen ergehen; Spekulationen anstellen; **se tromper dans ses** ~**s** sich verspeku'lieren

spéculer [spekyle] *v/i* **1.** *fin* speku'lieren; ~ **à la** *od* **en Bourse** an der Börse spekulieren; ~ **à la hausse, baisse** auf Hausse, Baisse, auf das Steigen, Fallen der Kurse spekulieren; ~ **sur les terrains à construire** mit Baugrundstücken spekulieren; **2.** *fig* ~ **sur qc** auf etw (*acc*) speku'lieren; ~ **sur la bêtise humaine** auf die Dummheit der Leute spekulieren; mit der, auf die Dummheit der Leute rechnen; **3.** *philos* speku'lieren; theoreti'sieren

spéculum [spekylɔm] *m méd* Spekulum *n*; Spiegel *m*

speech [spitʃ] *m* ⟨*pl* -**es**⟩ (kurze) Rede; Ansprache *f*; F Speech [spi:tʃ] *m*

speiss [spεs] *m métall* Speise *f*

spéléo|logie [speleɔlɔʒi] *f* Höhlenkunde *f*, -forschung *f*; *sc* Spelälao'gie *f*; ~**logique** *adj* höhlenkundlich; *sc* spelälo'logisch; ~**logue** *m,f* Höhlenforscher(in) *m*(*f*); *sc* Spelälo'loge, -'login *m,f*

spergule [spεrgyl] *f bot* Spark *m*; Spörgel *m*

spermaticide [spεrmatisid] *m méd* Spermi'zid *n*; samenabtötendes Mittel

spermatique [spεrmatik] *adj anat* **cordon** *m* ~ Samenstrang *m*

spermato|genèse [spεrmatɔʒənεz] *f biol* Spermioge'nese *f*; Spermatoge'nese *f*; ~**phytes** [-fit] *f/pl bot* Samen-, Blütenpflanzen *f/pl*; *sc* Spermato'phyten *pl*; ~**zoïde** [-zɔid] *m biol* Samenfaden *m*, -zelle *f*; Spermium *n*; Spermato'zoon *n*

sperme [spεrm] *m biol* (männlicher) Samen; Sperma *n*

spermophile [spεrmɔfil] *m zo* Ziesel *m*

spet [spεt] *m zo* (*Art*) Pfeilhecht *m*

sphagnales [sfagnal] *f/pl bot* Torf-, Sumpfmoose *n/pl*

sphaigne [sfεɲ] *f bot* Torfmoos *n*

sphénisque [sfenisk] *m sc zo* Pinguin *m* (*Familie*)

sphén|oïdal [sfenɔidal] *adj* ⟨-aux⟩ *anat* Keilbein...; **sinus** ~ Keilbeinhöhle *f*; ~**oïde** *m anat* Keilbein *n*

sphère [sfεr] *f* **1.** *Geometrie* Kugel *f*; *astr* ~ **céleste** a) Himmelskugel *f*; Sphäre *f*; b) Himmelsglobus *m*; ~ **terrestre** Erdkugel *f*; **2.** *fig* Sphäre *f*; Bereich *m*; Kreis *m*; **les 'hautes** ~**s de la politique, de la finance** die führenden politischen Kreise, Fi'nanzkreise *m/pl*; *phys* ~ **d'action** Wirkungsbereich *m*; ~ **er Person** **d'activité** Wirkungskreis *m*, -bereich *m*; Betätigungs-, Tätigkeitsfeld *n*; ~ **d'attributions** Zuständigkeitsbereich *m*; ~ **d'influence** Einflußbereich *m*, -sphäre *f*; Inter'essensphäre *f*; **agrandir, étendre sa** ~ **d'influence** s-e Einflußsphäre vergrößern, erweitern

sphéricité [sferisite] *f* Kugelgestalt *f*; *opt* **aberration** *f* **de** ~ sphärische Aberration; Öffnungsfehler *m*

sphérique [sferik] *adj* **1.** kugelförmig; kug(e)lig; kugelrund; **2.** *Geometrie* Kugel...; sphärisch; **anneau** *m* ~ Kugelring *m*; **calotte** *f* ~ Kugelkappe *f*, -haube *f*, (-)Ka'lotte *f*; **fuseau** *m* ~ Kugelzweieck *n*; sphärisches Zweieck; **secteur** *m* ~ Kugelausschnitt *m*, -sektor *m*; **triangle** *m* ~ Kugeldreieck *n*; sphärisches Dreieck; **trigonométrie** *f* ~ sphärische Trigonometrie; ♦ *opt* **miroir** *m* ~ Kugelspiegel *m*; sphärischer Spiegel

sphér|oïdal [sferɔidal] *adj* ⟨-aux⟩ *sc* sphäro'idisch; ~**oïde** *m Geometrie* Sphäro'id *n*

sphéromètre [sferɔmεtr(ə)] *m opt* Sphäro'meter *n*

sphex [sfεks] *m zo* Grabwespe *f* (*Familie*)

sphincter [sfεktεr] *m anat* Schließmuskel *m*; *sc* Sphinkter *m*; ~ **de l'anus** Afterschließmuskel *m*

sphinx [sfεks] *m* **1. a)** *ägyptische Kunst* Sphinx *f od m*; **b)** *griechische Mythologie* **le** ♀ die Sphinx; **2.** *zo* **a)** Schwärmer *m*; ~ **demi-paon** Abendpfauenauge *n*; Weidenschwärmer *m*; ~ **tête-de-mort** Totenkopf(schwärmer) *m*; ~ **du troène** Li'gusterschwärmer *m*; **b)** Raupe *f* e-s Schwärmers

sphragistique [sfraʒistik] *f* Sphra'gistik *f*; Siegelkunde *f*

sphygmo|gramme [sfigmɔgram] *m méd* Sphygmo'gramm *n*; ~**graphe** *m méd* Sphygmo'graph *m*; Pulsschreiber *m*; ~**manomètre** *m méd* Sphygmomano'meter *m*

sphyrène [sfirεn] *f zo* Pfeilhecht *m*

spic [spik] *m bot* Echter La'vendel; **huile** *f* **de** ~ Spiköl *n*

spica [spika] *m méd* Kornährenverband *m*

spiciforme [spisifɔrm] *adj sc bot* ährenförmig

spicule [spikyl] *m zo* e-s Schwammskeletts (Kalk- bzw Kiesel)Nadel *f*

spiegel [spigεl] *m métall* Spiegeleisen *n*

spin [spin] *m phys atom* Spin *m*; ~ **nucléaire** Kernspin *m*

spina-bifida [spinabifida] *m path* Spaltwirbel *m*; *sc* Spina bifida *f*

spinal [spinal] *adj* ⟨-aux⟩ *anat* spi'nal; Spi'nal...; Wirbelsäulen...; Rückenmarks...; **muscle** ~ Dornmuskel *m*; **nerf** ~ **XI.** Hirnnerv *m*; *sc* Nervus acces'sorius *m*

spinalien [spinaljε] *adj* ⟨-ne⟩ (*u subst* ♀) Einwohner) von Épinal

spina-ventosa [spinavέtoza] *m path* Winddorn *m*; *sc* Spina ven'tosa *f*

spinelle [spinεl] *m minér* Spi'nell *m*

spinos|isme *od* **spinoz|isme** [spinozism(ə)] *m philos* Spino'zismus *m*;

~iste *philos* **I** *adj* spino'zistisch; **II** *m* Spino'zist *m*

spiral [spiral] *adj* ‹-aux› Spi'ral...; *astr* **nébuleuse ~e** Spiralnebel *m*; *e-r Uhr* **ressort ~** *od subst* ~ *m* Unruhfeder *f*; Spi'ralfeder *f*; Spi'rale *f*

spirale [spiral] *f* Spi'rale *f (auch math)*; Spi'rallinie *f*; *math* ~ **logarithmique**, **d'Archimède** logarithmische, archimedische Spirale; *loc/adj u loc/adv* **en ~** spi'ral-, schrauben-, schneckenförmig; (spiralig) gewunden; *techn* **ressort** *m* **en ~** Spiralfeder *f*; *Flugzeug* **monter en ~** sich empor-, hochschrauben

spiralé [spirale] *adj* spi'ralförmig; spi'ralig

spiralisation [spiralizasjõ] *f biol der Chromosomen* Spiralisati'on *f*; schraubige Verkürzung

spirante [spirãt] *f phon* ~ *od adit* **consonne** *f* ~ Spirans *f*; Spi'rant *m*; Reibelaut *m*

spire [spir] *f e-r Spirale, élect e-r Spule etc* Windung *f*

spirée [spire] *f bot* Spierstrauch *m*

spirille [spirij] *f biol, méd* Spi'rille *f*

spirillose [spiri(l)loz] *f path* Spiril'lose *f*

spirit|e [spirit] **I** *adj* spiri'tistisch; **II** *m,f* Spiri'tist(in) *m(f)*; **~isme** *m* Spiri'tismus *m*

spiritual [spirituol] *m cf* **negro-spiritual**

spiritual|isation [spiritualizasjõ] *f* Vergeistigung *f*; **~iser** *v/t* vergeistigen; **~isme** *m philos* Spiritua'lismus *m*; **~iste** *philos* **I** *adj* spiritua'listisch; **II** *m* Spiritua'list *m*; **~ité** *f* **1.** Geistigkeit *f*; geistige Na'tur; Spirituali'tät *f*; **2.** (religi'öse) Innerlichkeit, Verinnerlichung, Spirituali'tät

spirituel [spirituɛl] **I** *adj* ‹~le› **1.** geistig; **héritage ~** geistiges Erbe; **père ~** geistiger Vater; **valeurs ~les** geistige Werte *m/pl*; **2.** *rel* geistlich; **exercices ~s** geistliche Übungen *f/pl*; **pouvoir ~** geistliche Macht, Gewalt; **vie ~le** Leben *n* im Geiste; geistiges Leben; **3.** geistreich, -voll; witzig; **auteur ~** geistreicher Autor; **repartie ~le** geistreiche, witzige Antwort; **II** *m/pl* ~**s** *hist rel* Spiritu'alen *m/pl*

spiritueux [spirituø] **I** *adj* ‹-euse› spiritu'os, -'ös; Weingeist enthaltend; **boissons spiritueuses** geistige Getränke *n/pl*; **II** *m/pl* Spiritu'osen *pl*; geistige, *par ext* alko'holische Getränke *n/pl*

spiro|chète [spirɔkɛt] *m biol, méd* Spi-ro'chäte *f*; **~chétose** [-ketoz] *f path* Spirochä'tose *f*; **~graphe** *m zo* Seenelkenwurm *m*

spiroïdal [spirɔidal] *adj* ‹-aux› *selten* spi'ralförmig

spiromètre [spirɔmɛtr(ə)] *m méd* Spi-ro'meter *n*; Atmungs-, Atemmesser *m*

spirorbe [spirɔrb] *m zo* Posthörnchenröhrenwurm *m*

splanchnique [splãknik] *adj anat* Eingeweide...; *sc* splanchnisch

splanchnologie [splãknɔlɔʒi] *sc f* Lehre *f* von den Eingeweiden; *sc* Splanchnolo'gie *f*

spleen [splin] *litt m* Schwermut *f*; Lebensüberdruß *m*

splendeur [splãdœr] *f* **1.** Glanz *m*; Pracht *f*; Herrlichkeit *f*; **au temps de sa ~** in s-r Glanzzeit; *F iron Person* **dans toute sa ~** in s-r ganzen Pracht; **2.** *une* etwas Herrliches, Prächtiges; **une véritable ~** e-e wahre Pracht; **les ~s de l'art grec** die Herrlichkeiten *f/pl* der griechischen Kunst; **3.** *litt* (Licht-, Strahlen-)Glanz *m*

splendide [splãdid] *adj Wetter, Landschaft* prächtig; prachtvoll; herrlich;

---

wunderschön; *Epoche, Fest* glanzvoll; glänzend; **une fille ~** ein strahlend schönes Mädchen; **une journée ~** *auch* ein strahlender Tag

splén|ectomie [splenɛktɔmi] *f chir* opera'tive Entfernung der Milz; *sc* Splenekto'mie *f*; **~ique** *adj anat* Milz...; **~ite** *f path* Milzentzündung *f*; *sc* Sple'nitis *f*

spoli|ateur [spɔljatœr] *litt* **I** *adj* ‹-trice› räuberisch; **II** *m* Räuber *m*; **~ation** *litt f* Beraubung *f*; Raub *m*

spolier [spɔlje] *v/t st/s* ~ **qn de qc** j-n e-r Sache (*gén*) berauben; j-n um etw bringen

spondaïque [spõdaik] *adj métr* spon'deisch

spondée [spõde] *m métr* Spon'deus *m*

spondias [spõdjɑs] *m bot* Süße Balsampflaume; Goldpflaume *f*

spondylose [spõdiloz] *f path* Spondy'lose *f*

spongiaires [spõʒjɛr] *m/pl zo* Schwämme *m/pl*; Spongien *f/pl*

spongieux [spõʒjø] *adj* ‹-euse› schwammig (*auch anat*); schwammartig; spongi'ös; **sol ~** schwammiger Boden

spongille [spõʒij] *f zo* Süßwasserschwamm *m*

spongiosité [spõʒjozite] *f selten* Schwammigkeit *f*

spontané [spõtane] *adj* **1.** spon'tan; *Handlung, Verhalten e-s Menschen auch* aus eigenem Antrieb; aus freien Stükken; freiwillig; *sonstige Erscheinungen auch* ohne ersichtlichen Grund (erfolgend); von selbst erfolgend; **action ~e** spontane Aktion; **aveu ~** spontanes, freiwilliges Geständnis; *biol* **génération ~e** Urzeugung *f*; **geste ~** spontane Geste; **réponse ~e** spontane Antwort; **dans un élan ~** aus e-r plötzlichen Eingebung heraus; **2.** *Person, Wesen* na'türlich; unbefangen; offen; s-r ersten Eingebung folgend; *Wesen auch* ursprünglich

spontané|ité [spõtaneite] *f* Spontanei'tät *od* Spontani'tät *f*; *e-r Person, des Charakters auch* Na'türlichkeit *f*; Unbefangenheit *f*; Offenheit *f*; Ursprünglichkeit *f*; **répondre avec ~** spon'tan antworten; **~ment** *adv* spon'tan; aus eigenem Antrieb; aus freien Stücken; aus e-r plötzlichen Eingebung her'aus; von sich aus; von selbst; **agir ~** spontan handeln; **venir ~** *auch* von selbst kommen

sporadicité [spɔradisite] *f* vereinzeltes Auftreten

sporadique [spɔradik] *adj* vereinzelt (auftretend); spo'radisch; **grèves** *f/pl* ~**s** vereinzelte, einzelne Streiks *m/pl*

sporange [spɔrãʒ] *m bot* Sporenkapsel *f*, -behälter *m*; Spor'angium *n*

spore [spɔr] *f biol* Spore *f*

sporo|gone [spɔrɔgɔn] *m bot* Sporo'gon *n*; **~phyte** *f bot* Sporo'phyt *m*; **~trichose** [-trikoz] *f path* Sporotri'chose *f*

sporozoaires [spɔrɔzɔɛr] *m/pl zo* Sporentierchen *n/pl*; Sporo'zoen *n/pl*

sport [spɔr] **I** *m* **1. a)** Sport *m*; ~ **amateur**, **professionnel** Ama'teur-, Berufssport *m*; ~ **de compétition** Leistungssport *m*; **pratique** *f* **du ~** Sportausübung *f*; sportliche Betätigung; **terrain** *m* **de ~** Sportplatz *m*; **voiture** *f* **(de) ~** Sportwagen *m*; **faire du ~** Sport treiben; *F* sporteln; **b)** Sportart *f*; ~**s individuels**, **d'équipe** Einzel-, Mannschaftssport(arten) *m(f/pl)*; ~**s de base, de combat** Grund-, Kampfsportarten *f/pl*; ~**s d'hiver** Wintersport *m*; **station** *f* **de** ~**s d'hiver** Wintersportplatz *m*, -ort *m*; **pratiquer un ~, plusieurs** ~**s** e-n Sport *od* e-e Sportart,

---

mehrere Sportarten betreiben; **2.** *F fig* **il va y avoir du ~** F da wird's was geben, absetzen; **c'est du ~** das ist schon e-e Leistung; *F* da gehört schon was dazu; **II** *adj* ‹*inv*› **1.** *Kleidung* Sport...; sportlich; **chaussures** *f/pl* ~ Sportschuhe *m/pl*; **ce costume fait ~** dieser Anzug wirkt sportlich; **2.** *Person* **être** ~ fair [fɛːr] sein; fair, anständig spielen; *auch* mit Anstand verlieren können

sportif [spɔrtif] **I** *adj* ‹-ive› **1.** Sport...; sportlich; **association sportive** Sportverein *m*; **épreuves sportives** Sportwettkämpfe *m/pl*; **journal ~** Sportzeitung *f*; **pêche sportive** Sportfischerei *f*; Angelsport *m*; **résultats ~s** Sportergebnisse *n/pl*; *e-r Zeitung* **rubrique sportive** Sportteil *m*; **2.** *Person, Aussehen* sportlich; *Person auch* sporttreibend *bzw* -liebend, -begeistert; **démarche sportive** sportlicher Gang; **3.** *par ext* sportlich; fair [fɛːr]; **attitude sportive** sportliche, faire Haltung; **esprit ~** Sportsgeist *m*; sportlicher Geist; **un public ~** ein sportliches Publikum; **II** *subst* ~, **sportive** *m,f* Sportler(in) *m(f)*

sportivité [spɔrtivite] *f* Sportlichkeit *f*; Fairneß ['fɛːr-] *f*; sportliche Haltung

sporul|ation [spɔrylasjõ] *f biol* Sporenbildung *f*; **~er** *v/i biol* Sporen bilden

spot [spɔt] *m* **1.** *e-r Bildröhre* Lichtpunkt *m*; Leuchtfleck *m*; *e-s Galvanometers etc* Lichtmarke *f*; **2.** ~ *od adit* **lampe** *f* ~ Spotlight ['-lait] *m*; **3.** *rad, télév* ~ **(publicitaire)** (Werbe)Spot *m*

spoutnik [sputnik] *m russischer Raumflugkörper* Sputnik *m*

sprat [sprat] *m zo* Sprotte *f*

spray [sprɛ] *m* Spray [ʃprɛ:, sprɛ] *m od n*

springbok [spriŋbɔk] *m zo* Springbock *m*

sprint [sprint] *m sports* **1.** Endspurt *m*; *auch* Zwischenspurt *m*; *allg* Spurt *m*; **battre qn au ~** j-n im Endspurt besiegen; **piquer un ~** zum (End)Spurt ansetzen; **2.** *Leichtathletik, Radsport* Sprint *m*

sprinter[1] [sprintœr] *m sports* Sprinter *m*

sprinter[2] [sprinte] *v/i sports* spurten; zum Endspurt ansetzen

spum|escent [spymɛsã] *adj* schaumig; schäumend; **~eux** *adj* ‹-euse› schaumig

squale [skwal] *m zo* Hai(fisch) *m*

squame [skwam] *f path* (Haut)Schuppe *f*

squam|eux [skwamø] *adj* ‹-euse› *sc* schuppig; **~ifère** *adj biol* schuppentragend; **~ule** *f der Schmetterlingsflügel etc* Schuppe *f*

square [skwar] *m* kleine Grünanlage (*inmitten e-s Platzes*)

squatine [skwatin] *f zo* Engelfisch *m*, -hai *m*; Meerengel *m*

squatter [skwatœr] *m* **1.** *in Amerika* Squatter [ˈskvɔtær] *m*; **2.** Obdachlose(r), der sich ohne Erlaubnis in e-e leerstehende Wohnung setzt

squelett|e [skəlɛt] *m* **1.** *anat* Ske'lett *n* (*auch allg zo*); Knochengerüst *n*; Gerippe *n* (*alle auch F fig von e-r mageren Person*); F *fig* **il est devenu un vrai ~** er ist zum Gerippe, Skelett abgemagert; **2.** *tech e-s Gebäudes, Schiffs* Gerippe *n*; Ske'lett *n*; **3.** *géol des Bodens* Ske'lett *n*; **~ique** *adj* ske'lett-, gerippeartig; *Person* **d'une maigreur ~** spindel-, klapperdürr; **2.** *géol* **sol** *m* ~ Ske'lettboden *m*

squille [skij] *f zo* (Fang)Heuschreckenkrebs *m*

squirr(h)e [skir] *m path* Szirrhus *m*; harte Krebsgeschwulst

squirr(h)eux [skirø] *adj* ‹-euse› *path* szir'rhös

stabat (mater) [stabat(matɛr)] *m égl cath, mus* Stabat mater *n*

stabilisant [stabilizã] *m chim cf* stabilisateur II 2.

stabilisateur [stabilizatœr] **I** *adj* ⟨-trice⟩ stabili'sierend; Stabili'sierungs...; **action stabilisatrice** stabilisierende Wirkung; **II** *m* **1.** *auto, mar* Stabili'sator *m*; *aviat* Stabili'sierungsfläche *f*; **2.** *chim* Stabili'sator *m*

stabilisation [stabilizazjõ] *f* **1.** *der Lage, e-s Regimes* Festigung *f*; *der Währung, Preise* Stabili'sierung *f*; *écon* **plan** *m* **de** ∼ Stabilisierungsplan *m*; **2.** *tech* Stabili'sieren *n*, -ung *f*; **3.** *des Erdbodens* Befestigen *n*, -ung *f*; **4.** *chim* Stabili'sierung *f*

stabiliser [stabilize] **I** *v/t* **1.** *Lage, Regime, Institution* festigen; *Währung, Preise, Kurse* stabili'sieren; **2.** *tech Fahrzeug, Flugzeug* stabili'sieren; *Gerüst etc* standfest, -sicher machen; **3.** *Straßenbau: Boden* befestigen; *Straßenschild* **accotements non stabilisés** Randstreifen *m/pl* nicht befestigt; **4.** *chim* stabili'sieren; **II** *v/pr* **se** ∼ *Lage* sich festigen; *Preis* sich stabili'sieren; *sta'bil werden*; sich einpendeln

stabilité [stabilite] *f* **1.** *der Lage, e-s Regimes* Beständigkeit *f*; Festigkeit *f*; Stabili'tät *f*; Fortbestehen *n*; *der Währung* Stabili'tät *f*; ∼ **des prix** Preisstabilität *f*; **rétablir la** ∼ die Stabilität wieder'herstellen; **2.** *e-s Gerüsts, e-s Möbels* Standfestigkeit *f*, -sicherheit *f*; **3.** *phys, mar, aviat* Stabili'tät *f*; *chim auch* Beständigkeit *f*; *phys* **moment** *m* **de** ∼ Stabilitätsmoment *n*

stable [stabl(ə)] *adj* **1.** *Lage, Regime, Institution* beständig; fest; sta'bil; *Währung, Preise, Kurse* stabil; **situation** *f* ∼ gesicherte Position, Stellung; *Gold, Aktie etc* **être une valeur** ∼ wertbeständig sein; **2.** *Gerüst, Leiter, Möbel* standfest, -sicher; **3.** *phys atom Atomkern* sta'bil; *chim: Stoff, Lösung* sta'bil; *Lösung* sta'bil beständig; **équilibre** *m* ∼ stabiles Gleichgewicht; **4.** *phys atom Atomkern* sta'bil; *chim: Stoff, Lösung* sta'bil beständig

stabulation [stabylasjõ] *f agr* Stallhaltung *f*; ∼ **libre** Offenstallhaltung *f*

staccato [stakato] *mus* **I** *adv* stac'cato; **II** *m* Stak'kato *n*

stade [stad] *m* **1.** *sports* Stadion *n*; *auch* Sportplatz *m*, -anlage *f*; ∼ **nautique** Schwimmstadion *n*; ∼ **olympique** O'lympiastadion *n*; **sur le** ∼ im Stadion; auf dem Sportplatz; **2.** *e-r Entwicklung, Krankheit etc* Stadium *n*; Phase *f*; (Entwicklungs)Stufe *f*, (-)Abschnitt *m*; Stand *m*; *psych* ∼ **oral** orale Phase; **avoir dépassé un certain** ∼ ein gewisses Stadium über'schritten haben; **(en) être au** ∼ **expérimental** im Versuchsstadium sein

stadia [stadja] *m arp* Entfernungsmeßlatte *f*

stadimètre [stadimɛtr(ə)] *m arp* (ein) Entfernungsmesser *m*

staff [staf] *m* **1.** Baustoff *m* aus Gips und Fasern; **2.** (Führungs)Stab *m*

stage [staʒ] *m* **1.** Praktikum *n*; *für zukünftige Juristen, Studienräte* Referen'darzeit *f*; Vorbereitungsdienst *m*; *in e-m Gewerbebetrieb auch* Volon'tärzeit *f*; ∼ **de formation professionnelle** Berufspraktikum *n*; **faire un** ∼ ein Praktikum absolvieren **(dans une usine** in e-r Fabrik**)**; *an e-r Schule auch* hospi'tieren; *in e-m Betrieb auch* volon'tieren; **2.** *für Berufstätige* (Fortbildungs)Lehrgang *m*, (-)Kurs *m*

stagflation [stagflasjõ] *f écon* Stagflati'on *f*

stagiaire [staʒjɛr] **I** *m,f* **1.** Prakti'kant(in) *m(f)*; *in e-m Gewerbebetrieb auch* Volon'tär(in) *m(f)*; *in der höheren Beamtenlaufbahn* Referen'dar(in) *m(f)*; **2.** *Lehrgangs-, Kursteilnehmer(in) m(f)*; **II** *adj* als Prakti'kant(in), Volon'tär(in) tätig; *Referendar* im Vorbereitungsdienst; **avocat** *m* ∼ Gerichtsreferendar *m*; **fonctionnaire** *m* ∼ Beamtenanwärter *m*; Beamte(r) *m* auf Probe, auf 'Widerruf; **professeur** *m* ∼ Studienreferendar *m*

stagnant [stagnã] *adj* **1.** *Flüssigkeit* stehend; **eaux** ∼**es** stehende Gewässer *n/pl*; **2.** *fig Geschäfte, Industrie* sta'gnierend; stockend; flau; **état** ∼ Stagnieren *n*; Stocken *n*; **être** ∼ stagnieren; stocken; flau sein

stagnation [stagnasjõ] *f* **1.** *von Wasser etc* Stehen *n*; **2.** *écon* Sta'gnieren *n*; Stagnati'on *f*; Stockung *f*; Flaute *f*; Stillstand *m*

stagner [stagne] *v/i* **1.** *Flüssigkeit* stehen; **2.** *fig Geschäfte* sta'gnieren; stocken; flau sein; *Menschen* ∼ **dans l'ignorance** in Unwissenheit steckenbleiben, da'hinleben

stakhanovisme [stakanɔvism(ə)] *m in der UdSSR* Stachanowsystem *n*; **∼iste** *m in der UdSSR* Stachanowarbeiter *m*; *in der DDR* Stacheckearbeiter *m*

stalactite [stalaktit] *f géol* (her'abhängender) Tropfstein; Stalak'tit *m*; **2.** *arch Islam* Stalak'tit *m*

stalag [stalag] *m* (*abr von „Stammlager"*) *im 2. Weltkrieg* Kriegsgefangenenlager *n* (*in Deutschland*)

stalagmite [stalagmit] *f géol* (vom Boden aufsteigender) Tropfstein; Stalag'mit *m*

stalagmomètre [stalagmɔmɛtr(ə)] *m phys* Stalagmo'meter *n*

stalinien [stalinjẽ] **I** *adj* ⟨∼ne⟩ **a)** Stalinsche(r, -s); Stalins; **b)** stali'nistisch; **II** *subst* ∼(ne) *m(f)* Stali'nist(in) *m(f)*; **∼isme** *m* Stali'nismus *m*

stalle [stal] *f* **1.** *égl* Chorstuhl *m*; ∼**s** *pl* Chorgestühl *n*; **2.** *in e-m Pferdestall* Stand *m*; Box *f*; Bucht *f*

staminal [staminal] *adj* ⟨-aux⟩ *bot* Staubgefäß..., -beutel..., -blatt...

stances [stãs] *f/pl Gedichtform* Stanzen *f/pl*

stand [stãd] *m* **1.** (Ausstellungs-, Messe-)Stand *m*; **2.** *an e-r Autorennstrecke* ∼ **de ravitaillement** Boxen *f/pl*; **3.** ∼ **(de tir)** Schießstand *m*, -bahn *f*, -anlage *f*

standard [stãdar] *m* **1.** *Industrie* Standard *m*; ♦ *adit* ⟨*inv*⟩ Standard...; *auto* **échange** *m* ∼ Baugruppenaustausch *m*; **modèle** *m* ∼ Standardmodell *n*, -ausführung *f*; **prix** *m* ∼ Standardpreis *m*; *fester Verrechnungspreis*; *fig* **sourire** *m* ∼ **stereo'types** Lächeln; **2.** ∼ **de vie** Lebensstandard *m*; **3.** *tél* **a)** (Tele'fon-)Zen'trale *f*; (Fernsprech)Vermittlung(sstelle) *f*; **b)** Vermittlungsanlage *f*

standardisation [stãdardizasjõ] *f Industrie* Standardi'sierung *f*; Vereinheitlichung *f*; Typi'sierung *f*; Normung *f*; **∼iser** *v/t* standardi'sieren; vereinheitlichen; normen (*alle auch fig*); typi'sieren; **∼iste** *m,f* Telefo'nist(in) *m(f)*

standing [stãdiŋ] *m* (sozi'ale und wirtschaftliche) Stellung; (sozi'aler, wirtschaftlicher, materi'eller) Status; *par ext* gehobene Lebenshaltung; *loc/adj* **de grand** ∼ Luxus...; **appartement** *m* **de grand** ∼ Luxuswohnung *f*; **immeuble** *m* **de grand** ∼ Wohngebäude *n* für höchste Ansprüche; Haus *n* mit Luxuswohnungen; **voiture** *f* **de grand** ∼ Wagen *m* der Luxusklasse

stanneux [sta(n)nø] *adj* ⟨-euse⟩ *chim* Zinn...; **sulfure** ∼ Zinn-(II)sulfid *n*; Stannosulfid *n*; **∼ifère** *adj* zinnhaltig; Zinn...; **∼ique** *adj chim* Zinn(IV)...; Stanni...

staphylier [stafilje] *m bot* Pimpernuß *f*; **∼in**[1] *m zo* Kurzflügler *m* (*Familie*); **∼in**[2] *adj anat* Zäpfchen...

staphylocoque [stafilɔkɔk] *m biol, méd* Staphylo'kokkus *m*, -'kokke *f*; **∼s** *pl* Staphylokokken; **∼lome** [-lom] *m path* Weinbeerengeschwulst *f*; *sc* Staphy'lom *n*

star [star] *f* (weiblicher) Filmstar *m*

starie [stari] *cf* estarie

starlette [starlɛt] *f* Starlet(t) *n*; Filmsternchen *n*

starter [starter] *m* **1.** *sports* Starter *m*; **2.** *tech* **a)** *auto* Starterklappe *f*; Startvorrichtung *f*; ∼ **automatique** Startautomatik *f*; **b)** *e-r Leuchtstoffröhre* Starter *m*

starting-block [startiŋblɔk] *m* ⟨*pl* starting-blocks⟩ *sports* Startblock *m* (*für Sprinter*)

stase [staz] *f path* Stase *f*; Stockung *f*

statice [statis] *m bot* 'Widerstoß *m*; Meerlavendel *m*

station [stasjõ] *f* **1.** *ch de fer, U-Bahn, Straßenbahn, Bus* Stati'on *f*; Straßenbahn-, Bushaltestelle *f* (*auch ch de fer kleiner Bahnhof*); ∼ **de métro** U-Bahn-Station *f*; U-Bahnhof *m*; *in Paris* Metrostation *f*; ∼ **de taxis** Taxistand *m*; *adm auch* Droschkenplatz *m*; **descendre à la prochaine** ∼ an der nächsten Station aussteigen; **2.** Kur-, Ferien-, Urlaubsort *m*; ∼ **balnéaire** Seebad *n*; ∼ **climatique** heilklimatischer Kurort; Luftkurort *m*; ∼ **estivale** Sommerfrische *f*; Sommerferienort *m*, -urlaubsort *m*; ∼ **thermale** Ther'mal-, Heilbad *n*; Bade-, Kurort *m*; ∼ **d'altitude, de montagne** Höhen(luft)kurort *m*; ∼ **de sports d'hiver** Wintersportplatz *m*, -ort *m*; **3.** *rad* (Funk)Stati'on *f*; ∼ **émettrice** Sendestation *f*; ∼ **radar** Radarstation *f*; **4.** (Beobachtungs)Stati'on *f*; *Geodäsie* Stati'on *f*; ∼ **agronomique** *in Frankreich* landwirtschaftliche Forschungs- und Versuchsstation; ∼ **météorologique** Wetterwarte *f*, -station *f*; ∼ **orbitale** Raum-, Orbi'talstation *f*; ∼ **d'observation** Beobachtungsstation *f*, -stelle *f*; **5.** *tech* Station *f*; Werk *n*; ∼ **d'épuration** Kläranlage *f*; ∼ **de pompage** Pumpstation *f*; *élect* ∼ **de transformation** 'Umspannwerk *n*; **6.** *Archäologie etc* Fundort *m*; **7.** *astr e-s Planeten* Stillstand *m*; **en** ∼ statio'när; **8.** *rel cath* **a)** *e-r Prozession* Stati'on *f*; *par ext* Stati'onskirche *f*; **b)** ∼ (**de la croix**) (Kreuzweg)Stati'on *f*; **9.** (Aufent)Halt *m*; **faire de nombreuses** ∼**s** oft Station machen, haltmachen; zahlreiche Aufenthalte einlegen; **10.** ∼ **debout** (Aufrecht)Stehen *n*; Stand *m*; ∼ **verticale** aufrechte Haltung; **ne pas supporter la** ∼ **debout** das Stehen nicht vertragen

stationnaire [stasjɔnɛr] **I** *adj* **1.** *Entwicklung* stillstehend; *Tendenz des Barometers* gleichbleibend; *e-s Kranken etc* **état** *m* ∼ unveränderter, gleichbleibender, stati'närer Zustand; *Verhandlungen etc* **rester** ∼ nicht vor'an-, weiterkommen; auf der Stelle treten; **2.** *sc meist* statio'när (*z B Planet*); *e-s Atoms* **état** *m* ∼ stationärer Zustand; *phys* **ondes** *f/pl* ∼**s** stehende Wellen *f/pl*; **II** *m mar mil* Wachschiff *n*

stationné [stasjɔne] *adj* **1.** *Fahrzeug* geparkt; *Person, Fahrzeug* **être** ∼ **dans la rue X** in der X-Straße geparkt haben, parken; **2.** *mil Truppen* statio'niert; **les troupes américaines** ∼**es en Europe** die in Europa stationierten amerikanischen Truppen

stationnement [stasjɔnmã] *m* **1.** *von Fahrzeugen* Parken *n*; ∼ **interdit** Parken verboten; *als Verkehrszeichen* einge-

schränktes Halt(e)verbot; **disque** *m*, feu *m*, **parc** *m* de ~ Parkscheibe *f*, -leuchte *f*, -platz *m*; *loc/adj* en ~ parkend; **2.** *mil von Truppen* Statio'nierung *f*; frais *m/pl* de ~ Stationierungskosten *pl*

stationner [stasjɔne] *v/i Fahrzeug* parken; interdiction *f* de ~ Parkverbot *n*

station-service [stasjɔsɛrvis] *f ⟨pl* stations-service⟩ Tankstelle *f*

statique [statik] **I** *adj* **1.** *phys* statisch; électricité *f* ~ statische Elektrizität; *physiol* sens *m* ~ statischer Sinn; Schwere-, Gleichgewichtssinn *m*; **2.** *fig Kunst etc* statisch; ruhend; unbewegt; **II** *f* **1.** *phys*, *bât* Statik *f*; **2.** *chim* ~ chimique Lehre *f* vom chemischen Gleichgewicht

statistic|ien [statistisjɛ̃] *m*, **~ienne** *f* Sta'tistiker(in) *m(f)*

statistique [statistik] **I** *adj* sta'tistisch; *phys* mécanique *f* ~ statistische Mechanik; **II** *f* Sta'tistik *f* (*Wissenschaft u Aufstellung*); ~ démographique, économique Bevölkerungs-, Wirtschaftsstatistik *f*; *phys* ~ quantique Quantenstatistik *f*; établir une ~ e-e Statistik aufstellen

stator [statɔr] *m élect* Stator *m*; Ständer *m*

statoréacteur [statɔreaktœr] *m aviat* Staustrahltriebwerk *n*

statuaire [statɥɛr] **I** *subst* **1.** *f* Bildhauerkunst *f*; **2.** *litt m* Bildhauer *m*; **II** *adj* Bildhauer...; Statuen...; statu'arisch

statue [staty] *f* Statue *f*; Standbild *n*; Skulp'tur *f*; Bildwerk *n*; Fi'gur *f*; ~ équestre Reiterstandbild *n*; ~ de bois od en bronze, marbre Bronze-, Marmorstatue *f*; ~ en pied Standbild *n*; *fig* immobile, droit comme une ~ völlig regungslos; élever, ériger une ~ ein Standbild errichten (à qn j-m)

statuer [statɥe] *v/t/indir meist jur* ~ sur qc über etw (*acc*) entscheiden, befinden; ~ en dernier ressort in letzter Instanz entscheiden

statuette [statɥɛt] *f* kleine Statue; Statu'ette *f*; Fi'gur *f*; ~ de od en plâtre Gipsfigur *f*

statu quo [statykwo] *m bes pol* Status quo *m*; gegenwärtiger Zustand; maintenir le ~ den Status quo aufrechterhalten

stature [statyr] *f* **1.** Sta'tur *f*; Gestalt *f*; Wuchs *m*; une ~ imposante e-e imposante Statur; **2.** *fig* e-r *Person* For'mat *n*; d'une ~ exceptionnelle von außergewöhnlichem Format

statut [staty] *m* **1.** rechtliche Bestimmungen *f/pl* (*in bezug auf e-e Gruppe*); Sta'tut *n*; ~ des fonctionnaires, de la fonction publique a) beamtenrechtliche Bestimmungen *f/pl*; Beamtenrecht *n*; b) *par ext* Rechtsstellung *f* des Beamten; **2.** ~ *s pl* Satzung *f*; Sta'tuten *n/pl*; ~s d'une société anonyme Satzung e-r Aktiengesellschaft; modifier les ~s die Satzung ändern; **3.** (rechtliche, Rechts-) Stellung; (rechtlicher) Status; ~ social soziale Stellung; sozialer Status; le ~ de la femme mariée die (Rechts)Stellung der verheirateten Frau

statutaire [statytɛr] *adj* satzungs-, sta'tutengemäß; durch die Sta'tuten bestimmt; statu'tarisch; Satzungs...

stayer [stɛjœr] *m Radsport* Steher *m*

steak [stɛk] *m cuis* Steak [ste:k] *n*; ~ au poivre Pfeffersteak *n*

stéarate [stearat] *m chim* Stea'rat *n*

stéarin|e [stearin] *f chim* Stea'rin *n*; bougie *f* en ~ Stearinkerze *f*; **~erie** *f* Stea'rinfabrik *f*

stéarique [stearik] *adj chim* acide *m* ~ Stea'rinsäure *f*

stéatite [steatit] *f minér* Stea'tit *m*; Speckstein *m*

stéat|opygie [steatɔpiʒi] *f Völkerkunde*

Fettsteiß *m*; Steatopy'gie *f*; **~ose** *f path* Stea'tose *f*

steeple(-chase) [stipəl(t)ʃɛz] *m ⟨pl* steeple-chases⟩ **1.** *Leichtathletik* (3000 m) ~ 3000-m-Hindernislauf *m*; **2.** *Pferdesport* Steeplechase ['sti:pəltʃɛ:s] *f*; Jagdrennen *n*

stéganopodes [steganɔpɔd] *m/pl zo* Ruderfüßer *m/pl* (*Vogelordnung*)

stégo|myie [stegɔmii] *f zo* Gelbfiebermücke *f*; **~saure** [-zɔr] *m Paläontologie* Stego'saurier *m*, -'saurus *m*

stèle [stɛl] *f* Stele *f*; ~ funéraire Grabstele *f*

stellage [stɛ(l)laʒ] *m Börse* Stel'lage(geschäft) *f(n)*; Stellgeschäft *n*

stellaire [stɛ(l)lɛr] **I** *adj* Stern...; **II** *f bot* Sternkraut *n*, -miere *f*

stellérides [stɛ(l)lerid] *m/pl zo* Seesterne *m/pl*

stellionat [stɛ(l)ljɔna] *m jur* betrügerischer Verkauf ein und derselben Sache an mehrere Personen *bzw* betrügerische mehrmalige hypothekarische Belastung ein und desselben Grundstücks

stemmate [stɛ(m)mat] *m zo* Punktauge *n* (*von Insektenlarven*)

stencil [stɛnsil] *m zur Textvervielfältigung* Ma'trize *f*

stendhalien [stɛ̃daljɛ̃] *adj ⟨~ne⟩* Stendhalsche(r, -s)

sténo [steno] *f Kurzwort* **1.** Stenogra'phie *f*; Kurzschrift *f*; Kurzwort Steno *f*; apprendre la ~ Kurzschrift, Stenographie, Steno lernen; **prendre qc en ~** etw (mit)stenographieren; ein Steno'gramm von etw aufnehmen; **2.** Stenoty'pistin *f*

sténo|dactylo [stenɔdaktilo] *f* Stenoty'pistin *f*; *schweiz* Steno'daktylo *f*; **~dactylo(graphie)** *f* Kurzschrift (*od* Stenogra'phie *f*) und Ma'schinenschreiben *n*; *schweiz* Stenodaktylogra'phie *f*; **~gramme** *m* **1.** Steno'gramm *n*; **2.** stenogra'phierte(s) Silbe (Wort)

sténograph|e [stenɔgraf] *m,f* Steno'graph(in) *m(f)*; **~ie** *f* Stenogra'phie *f*; Kurzschrift *f*; *cf auch* **sténo** 1.; **~ier** *v/t* (mit)stenogra'phieren; *abs auch* ein Steno'gramm aufnehmen; discours sténographié (mit)stenographierte Rede; Stenogramm *n* e-r Rede; **~ique** *adj* steno'graphisch; Kurzschrift...

sténose [stenoz] *f path* Ste'nose *f*

sténotyp|e [stenɔtip] *f* Stenogra'phiermaschine *f*; **~ie** *f* Ma'schinenstenographie *f*; **~iste** *m,f* Ma'schinenstenograph(in) *m(f)*

stentor [stɑ̃tɔr] *m* **1.** voix *f* de ~ Stentor-, Donnerstimme *f*; gewaltige Stimme; **2.** *zo* Trom'petentierchen *n*

stéphanois [stefanwa] *adj* (*u subst* ♀) Einwohner) von Saint-Étienne

stepp|e [stɛp] *f géogr* Steppe *f*; art *m*, peuple *m* des ~s Steppenkunst *f*, -volk *n*; **~ique** *adj* Steppen...; flore *f* ~ Steppenflora *f*

stéradian [steradjɑ̃] *m* (*abr* **sr**) *math* Steradi'ant *m* (*abr* sr)

stercor|aire [stɛrkɔrɛr] **I** *m zo* Raubmöwe *f*; **II** *adj biol* Kot... (*auch méd*); Mist...; **~al** *adj* ⟨-aux⟩ *méd* Kot...; sterko'ral

sterculiacées [stɛrkyljase] *f/pl bot* Ster-'kuliengewächse *n/pl*; Sterkulia'zeen *f/pl*

stère [stɛr] *m* (*abr* **st**) Raummeter *m od n* (*abr* rm); Ster *m* (*abr* st)

stéréo [stereo] *f Kurzwort* **I** *f* Stereo *n*; *loc/adv u loc/adj* en ~ in Stereo; Stereo...; émission *f* en ~ Stereosendung *f*; **II** *adj* Stereo...; chaîne *f* ~ Stereoanlage *f*; disque *m* ~ Stereoplatte *f*

stéréo|bate [stereobat] *m arch* Stereo'bat *m*; Stufenunterbau *m*; **~chimie** *f chim* Stereochemie *f*; **~chromie**

[-krɔmi] *f peint* Stereochro'mie *f*; **~gnosie** [-gnozi] *f physiol* Stereo'gnostik *f*; **~graphique** *adj Kartographie* projection *f* ~ stereo'graphische Projekti'on; **~métrie** *f* Stereome'trie *f*; Geome'trie *f* der räumlichen Gebilde; **~métrique** *adj* stereo'metrisch

stéréophon|ie [stereɔfɔni] *f* Stereopho'nie *f*; *par ext* Raumton *m*; *cf auch* **stéréo** I; **~ique** *adj* stereo'phon; *cf auch* **stéréo** II

stéréoscop|e [stereɔskɔp] *m opt* Stereo'skop *n*; **~ie** *f* Stereosko'pie *f*; *par ext* Raumbild *n*; **~ique** *adj* stereo'skopisch; Stereo...; vision *f* ~ stereoskopisches, räumliches Sehen; vue *f* ~ Stereobild *n*

stéréotyp|e [stereɔtip] *m psych* Stereo'typ *m od n*; **~é** *adj* Redewendung, Antwort *etc* stereo'typ; ständig 'wiederkehrend; sourire ~ stereotypes Lächeln; **~ie** *f psych, méd, impr* Stereoty'pie *f*

stérer [stere] *v/t ⟨-è-⟩ Holz* nach Raummetern vermessen *bzw* aufstapeln

stérile [steril] **I** *adj* **1.** *Boden, Lebewesen* unfruchtbar; ste'ril; *Mann auch* zeugungsunfähig; **2.** *Verbandsmaterial etc* ste'ril; keimfrei; **3.** *fig* unschöpferisch; unproduktiv; ste'ril; unergiebig; fruchtlos; *p/fort* nutzlos; discussion *f* ~ unergiebige, fruchtlose Diskussion; effort *m* ~ nutzlose, vergebliche Anstrengung; esprit *m* ~ unschöpferischer, unproduktiver Geist; sujet *m* ~ unergiebiges Thema; **II** *m mines* taubes Gestein; Berge *m/pl*

stérilet [sterilɛ] *m zur Empfängnisverhütung* Spi'rale *f*

stérilisateur [sterilizatœr] *m zur Entkeimung* Sterili'sator *m*; Sterilisati'onsapparat *m*

stérilisation [sterilizasjɔ̃] *f* **1.** *von Verbandsmaterial etc* Sterilisati'on *f*; Sterili'sierung *f* (*auch von Lebensmitteln*); Entkeimung *f*; Keimfreimachen *n*, -ung *f*; *méd* Sterili'sierung *f*; Sterilisati'on *f*; Unfruchtbarmachung *f*

stériliser [sterilize] *v/t* **1.** *ärztliche Instrumente, Verbandsmaterial, Raum, Milch* sterili'sieren (*auch allg Lebensmittel*); keimfrei machen; entkeimen; *adjt* lait stérilisé sterilisierte, keimfrei gemachte Milch; **2.** *méd* sterili'sieren; unfruchtbar machen

stérilité [sterilite] *f* **1.** *des Bodens, e-s Lebewesens* Unfruchtbarkeit *f*; Sterili'tät *f*; *e-s Mannes auch* Zeugungsunfähigkeit *f*; **2.** *von Verbandsmaterial etc* Sterili'tät *f*; keimfreie(r), ste'rile(r) Beschaffenheit (Zustand); **3.** *fig* e-s *Schriftstellers* mangelnde Schöpferkraft; Gedankenarmut *f*; Sterili'tät *f*; e-r *Diskussion*, *e-s Themas* Unergiebigkeit *f*; Unproduktivität *f*; *von Bemühungen* Frucht-, Nutzlosigkeit *f*

sterlet [stɛrlɛ] *m zo* Sterlet(t) *m*

sterling [stɛrliŋ] *adj ⟨inv⟩ engl Währung* livre *f* ~ Pfund *n* Sterling

sternal [stɛrnal] *adj ⟨-aux⟩ anat* Brustbein...; *sc* ster'nal

sterne [stɛrn] *f zo* Seeschwalbe *f* (*Familie*)

sterno-cléido-mastoïdien [stɛrnokleidomastɔidjɛ̃] *adj u subst m anat* (muscle *m*) ~ Kopfwender *m*

sternum [stɛrnɔm] *m anat* Brustbein *n*; *sc* Sternum *n*

sternuta|tion [stɛrnytasjɔ̃] *sc f Niesen *n*; **~toire** *sc adj* Nies...

stérol [sterɔl] *m chim, physiol* Ste'rin *n*

stertoreux [stɛrtɔrø] *adj ⟨-euse⟩ path* sterto'rös; respiration stertoreuse Stertor *m*

stéthoscope [stetɔskɔp] *m méd* Stetho-'skop *n*; Hörrohr *n*

steward [stiward, stju-] *m mar, aviat*

Steward ['stju:ərt] *m*

sthène [sten] *m* (*abr* **sn**) *phys Krafteinheit im frz MTS-System* 10³ *Newton*; 10⁸ *dyn*

stibié [stibje] *adj phm* anti'monhaltig

stibine [stibin] *f chim, minér* Anti'monglanz *m*; Grauspießglanz *m*; Stib'nit; Antimo'nit *m*

stichomythie [stikɔmiti] *f im Drama* Stichomy'thie *f*

stick [stik] *m Kosmetik* Stift *m*; Stick *m*

stigmate [stigmat] *m* **1.** *rel* ~s *pl* Stigmen *n/pl*; Wundmale *n/pl* Christi; **2.** *méd* **a)** Narbe *f*; **b)** Stigma *n* (*z B bei Hysterie*); **3.** *fig u péj* Stigma *m*; Schandmal *n*; Brandmal *n*; Kainszeichen *n*; **4.** *bot* Narbe *f*; **5.** *der Insekten* Atemöffnung *f*; *sc* Stigma *n*

stigmatis|ation [stigmatizasjõ] *f* **1.** *rel* Stigmati'on *f*; Stigmati'sierung *f*; **2.** *fig u st/s* Brandmarkung *f*; ~é *rel* **I** *adj* stigmati'siert; **II** *subst* ~(e) *m(f)* Stigmati'sierte(r) *f(m)*; ~er *v/t* Mißstände, *j-s Verhalten* brandmarken; anprangern

stillation [sti(l)lasjõ] *sc f* Tröpfeln *n*; Tropfen *n*

stimul|ant [stimylã] **I** *adj* stimu'lierend; anregend; belebend; être ~ stimulierend *etc* wirken; **II** *m* **1.** Anreiz *m*; Ansporn *m*; An-, Auftrieb *m*; Stimulans *m*; **2.** *phm* Anregungs-, Reizmittel *n*; Stimulans *m*; ~ateur *m méd* ~ cardiaque Herzschrittmacher *m*

stimulation [stimylasjõ] *f* **1.** Anstachelung *f*; Belebung *f*; *konkret* Ansporn *m*; Anreiz *m*; An-, Auftrieb *m*; **avoir besoin de** ~ e-s Ansporns *etc* bedürfen; **2.** *des Appetits etc* Anregung *f*; Stimulati'on *f*; Stimu'lierung *f*; **3.** *physiol, psych* Reizung *f*

stimuler [stimyle] *v/t* **1.** *Person, Eifer etc* anspornen; anstacheln; (an)treiben; *Geschäfte* beleben; *Erfolg etc* ~ qn j-n anspornen, anstacheln; ~ l'amour-propre de qn j-s Selbstgefühl anspornen; **2.** *Körperfunktion* anregen; anregend wirken auf (+*acc*); stimu'lieren; ~ l'appétit den Appetit anregen

stimulus [stimylys] *m* ⟨*pl meist* stimuli⟩ **1.** *physiol, psych* Reiz *m*; **2.** *ling* Stimulus *m*

stipe [stip] *m bot* (unverzweigter) Stamm, Stengel, Stiel

stipendier [stipãdje] *v/t litt u péj* dingen; stipendié a) *adjt* gedungen; b) *m* Mietling *m*

stipulation [stipylasjõ] *f jur* (vertragliche) Bestimmung, Vereinbarung, Bedingung; Klausel *f*

stipul|e [stipyl] *f bot* Nebenblatt *n*; ~é *adj bot* mit Nebenblättern versehen

stipuler [stipyle] *v/t* **1.** *jur* (vertraglich) festlegen, festsetzen, bestimmen, vereinbaren; sich ausbedingen; le contrat stipule que … der Vertrag bestimmt, sieht vor, daß …; im Vertrag ist festgelegt, daß …; **2.** ausdrücklich sagen, mitteilen, darlegen; *unpersönlich* il est stipulé que … es wird ausdrücklich gesagt, daß …

stochastique [stɔkastik] *math, Statistik* **I** *adj* sto'chastisch; **II** *f* Sto'chastik *f*

stock [stɔk] *m* **1.** *comm* (Lager-, Waren-) Bestand *m*; (-)Vorrat *m*; ~s *pl auch* Warenlager *n*; ~s américains *cf* (magasin de) surplus l. (américains); gestion *f* des ~s Lagerhaltung *f*; rotation *f* du ~, des ~s Lagerumschlag *m*; en ~ vorrätig; auf Lager; jusqu'à épuisement du ~, des ~s solange der Vorrat reicht; constituer un ~, e-n (Waren)Vorrat anlegen; écouler un ~, e-n Warenbestand absetzen; renouveler les ~s die Bestände erneuern; **2.** *allg* Vorrat *m*; Menge *f*; un petit ~ de cigarettes ein kleiner Ziga'rettenvorrat, Vorrat an Zi-

garetten; j'en ai tout un ~ ich habe e-e ganze Menge davon

stockage [stɔkaʒ] *m comm* **a)** (Ein-) Lagern *n*, -ung *f*; (Auf)Stapeln *n*, -ung *f*; Speichern *n*, -ung *f* (*auch von Erdgas*); **b)** *in spekulativer Absicht* Horten *n*, -ung *f*

stock-car [stɔkkar] *m* ⟨*pl* stock-cars⟩ Stock-Car *m*; course *f* de ~s Stock-Car-Rennen *n*; Rennen *n* mit alten Serienwagen

stocker [stɔke] *v/t comm* **a)** (ein)lagern; (auf)stapeln; speichern (*auch Erdgas*); **b)** *in spekulativer Absicht* horten

stockfisch [stɔkfiʃ] *m cuis* Stockfisch *m*

stockiste [stɔkist] *m comm* (einschlägiger) Händler (mit größerem Lager); Fachhändler *m*

stoïc|ien [stɔisjɛ̃] *philos* **I** *adj* ⟨~ne⟩ stoisch; l'école ~ne die Stoa; **II** *m* Stoiker *m*; ~isme *m* **1.** *philos* Stoi'zismus *m*; **2.** *fig* Standhaftigkeit *f*; Tapferkeit *f*; Unerschütterlichkeit *f*; stoischer Gleichmut

stoïque [stɔik] *adj* standhaft; tapfer; unerschütterlich; (von) stoische(m) Gleichmut)

stokes [stɔks] *m* (*abr* **St**) *phys* Stokes [sto:ks] *n* (*abr* St)

stolon [stɔlõ] *m bot* Ausläufer *m*; *sc* Stolon *m*

stomacal [stɔmakal] *adj* ⟨-aux⟩ *anat, méd* Magen…; *sc* stoma'chal

stomachique [stɔmaʃik] *méd* **I** *adj* magenstärkend; **II** *m* magenstärkendes Mittel; *sc* Sto'machikum *n*

stomat|e [stɔmat] *m bot* Spaltöffnung *f*; *sc* Stoma *n*; ~ite *f path* Entzündung *f* der Mundschleimhaut; *sc* Stoma'titis *f*

stomatolog|ie [stɔmatɔlɔʒi] *f méd* Stomatolo'gie *f*; ~iste *m méd* Stomato'loge *m*

stomoxe [stɔmɔks] *m zo* Gemeine Stechfliege; Stallfliege *f*; Wadenstecher *m*

stop [stɔp] **I** *int* **1.** stop(p)!; halt!; **2.** *in Telegrammen* stop; **II** *m* **1.** *im Straßenverkehr* Stoppstelle *f*; Stoppschild *n*; marquer le ~ an der Stoppstelle anhalten; **2.** *auto* (feu *m*) ~ Bremslicht *n*; les ~s s'allument die Bremslichter leuchten auf; **3.** F Per-Anhalter-Fahren *n*; Trampen [-ɛ-] *n*; (Auto)Stop(p) *m*; en ~ per Anhalter; aller en ~ à Paris nach Paris trampen [-ɛ-]; faire du ~ per Anhalter fahren, reisen; trampen

stoppage [stɔpaʒ] *m cout* Kunststopfen *n*

stopper¹ [stɔpe] **I** *v/t* **1.** *Fahrzeug* (ab-) stoppen; anhalten; zum Stehen bringen; *Maschine* abstellen; **2.** *fig* (ab)stoppen; Einhalt gebieten (+*dat*); mil ~ une attaque e-n Angriff stoppen, zum Stehen bringen; ~ une évolution e-r Entwicklung Einhalt gebieten; **II** *v/i Fahrzeug, Fahrer* (ab)stoppen; anhalten

stopp|er² [stɔpe] *v/t cout* kunststopfen ⟨*nur inf u p/p*⟩; ~eur *m*, ~euse *f cout* Kunststopfer(in) *m(f)*

storax [stɔraks] *m* Storax(-) *od* Styrax (-harz) *m*

store [stɔr] *m* **1.** Rollo *n*; Rou'leau *n*; Rollvorhang *m*; **2.** ~ (vénitien) Jalou'sette *f*; **3.** Mar'kise *f*; Sonnendach *n*; **4.** Store [ʃtoːr] *m* (*durchsichtige Gardine*)

strabisme [strabism(ə)] *m path* Schielen *n*; *sc* Stra'bismus *m*; ~ convergent, divergent Einwärts-, Auswärtsschielen *n*

strabotomie [strabɔtɔmi] *f chir* Schieloperation *f*; *sc* Strabo'tomie *f*

stradivarius [stradivarjys] *m mus* Geige Stradi'vari *f*

stramoine [stramwan] *f od* **stramonium** [stramɔnjɔm] *m bot* (Gemeiner) Stechapfel

strangul|ation [strãgylasjõ] *f* Erwürgen *n*, -ung *f*; Erdrosseln *n*, -ung *f*;

Strangulati'on *f*; ~er *v/t* erwürgen; erdrosseln; strangu'lieren

strapontin [strapõtɛ̃] *m* Klappsitz *m*

strasbourgeois [strazburʒwa] **I** *adj* Straßburger; **II** *subst* ♀(e) *m(f)* Straßburger(in) *m(f)*

strass [stras] *m* Straß *m*

strasse [stras] *f text* Flockseide *f*

stratagème [strataʒɛm] *m* (Kriegs)List *f*; recourir à un ~ zu e-r (Kriegs)List greifen

strate [strat] *f* **1.** *géol* Schicht *f*; **2.** *biol sc* Stratum *n*

stratège [strateʒ] *m mil u fig* Stra'tege *m*

stratég|ie [strateʒi] *f mil* Strate'gie *f* (*auch fig*); Feldherrnkunst *f*; *fig* ~ électorale Wahlstrategie *f*; ~ique *adj* stra'tegisch; stra'tegisch wichtig; *par ext* kriegswichtig; matières premières ~s kriegswichtige Rohstoffe *m/pl*; objectif *m* ~ strategisches Ziel; strategische Zielsetzung; point *m*, voie *f* ~ strategisch wichtiger Punkt, Verkehrsweg

stratification [stratifikasjõ] *f* **1.** *géol* Schichtung *f*; *Vorgang auch* Schichtenbildung *f*; *sc* Stratifikati'on *f*; **2.** *agr* Stratifikati'on *f*

stratifi|é [stratifje] *adj* **1.** *géol* in Schichten überein'anderliegend; geschichtet; Schicht…; ~ roches ~es Schichtgesteine *n/pl*; **2.** *biol* épithélium ~ mehrschichtiges Epi'thelgewebe; **3.** *tech* matière ~e *od subst* ~ *m* Schichtpreßstoff *m*; ~er *v/t selten* **1.** *géol* in Schichten ablagern; stratifi'zieren; **2.** *agr* stratifi'zieren; vorkeimen

stratigraph|ie [stratigrafi] *f géol* Stratigra'phie *f*; Formati'onskunde *f*; ~ique *adj* strati'graphisch

strato|-cumulus [stratokymylys] *m météo* Haufenschichtwolke *f*; Strato'kumulus *m*; ~pause *f sc* Strato'pause *f*; Obergrenze *f* der Strato'sphäre; ~sphère *f* Strato'sphäre *f*; ~sphérique *adj* Strato'sphären…; strato'sphärisch

stratus [stratys] *m météo* Schichtwolke *f*; Stratus *m*

strelitzia [strelidzja, -tsja] *f bot* Stre'litzie *od* Stre'litzia *f*; Papa'geiblume *f*

strepto|coccie [streptokɔksi] *f path* durch Strepto'kokken her'vorgerufene Krankheit; ~coque [-kɔk] *m biol, méd* Strepto'kokkus *m*, -'kokke *f*; ~s *pl* Streptokokken *pl*; ~mycine [-misin] *f phm* Streptomy'cin *od* -'zin *n*

stress [strɛs] *m méd u allg* Streß *m*

strette [strɛt] *f mus* e-r Fuge Engführung *f*; Stretta *f*

striation [strijasjõ] *f* **1.** Riefelung *f*; Riffelung *f*; Streifung *f*; **2.** *opt* Schlieren *f/pl*

strict [strikt] *adj* **1.** streng; strikt; (peinlich) genau; discipline ~e straffe Disziplin; morale ~e strenge Moral; ~e observation du règlement strikte, (peinlich) genaue Einhaltung der Vorschriften; principes ~s strenge Grundsätze *m/pl*; tenue ~e kor'rekte Kleidung; c'est la ~e vérité das ist die ex'akte Wahrheit; *Person* être ~ sur la discipline es mit der Disziplin sehr genau nehmen; **2.** *par ext* le ~ nécessaire, minimum das (Aller')Nötigste, (Aller')Notwendigste; *auch* das Lebensnotwendige; *Wort, Wendung* au sens ~ im engeren Sinn; dans la plus ~e intimité im engsten (Fa'milien-) Kreis(e); *Beerdigung* in aller Stille; c'est son droit le plus ~ das ist sein gutes Recht

strictement [striktəmã] *adv von* strict; ~ confidentiel streng vertraulich; affaire ~ personnelle rein persönliche Angelegenheit; s'en tenir ~ au règlement

sich strikt, streng, (peinlich) genau an die Vorschriften halten

striction [striksjõ] f **1.** tech von Werkstoffen (Bruch)Einschnürung f; **2.** méd cf constriction 1.

strident [stridã] adj Ton, Stimme, Lachen, Schrei, Pfiff schrill; Ton auch grell; Stimme auch kreischend; Schrei, Stimme auch gellend

stridul|ant [stridylã] adj zo zirpend; **~ation** f zo der Grillen, Zikaden Zirpen n; **~er** litt v/i zirpen; **~eux** adj <-euse> path respiration striduleuse Stridor m

strie [stri] f **1.** meist pl **~s** Rillen f/pl; Riefen f/pl; Riefelung f; Riffelung f; auch Streifen m/pl; **2.** im Glas, opt Schliere f

stri|é [strije] adj **1.** mit Rillen versehen; geriffelt; grief(el)t; rief(el)ig; rillig; **2.** anat corps **~** Streifenhügel m; Stri'atum n; muscles **~s** quergestreifte Muskeln m/pl; **~er** v/t riefe(l)n; riffeln

strigidés [striʒide] m/pl zo Echte Eulen f/pl

strioscopie [strijɔskɔpi] f Aerodynamik Schlierenmethode f

strip-teas|e [striptiz] m **1.** Striptease od Strip-tease ['stripti:z] m od n; numéro m de **~** Stripteasenummer f; **2.** fig Selbstentblößung f, -enthüllung f; faire du **~** sich selbst entblößen; s-e innersten Gedanken und Gefühle zur Schau stellen; **~euse** f Stripteasetänzerin f; F Stripperin f

striure [strijyr] f Riefelung f; Riffelung f

strobile [strɔbil] m bot (Blüten-, Frucht-) Zapfen m

stroboscope [strɔbɔskɔp] m phys Strobo'skop m

strombolien [strõbɔljɛ̃] adj <**~ne**> géol volcan m du type **~** Vulkan m des Strombolityps

strongle [strõgl(ə)] od **strongyle** [strõʒil] m zo Pali'sadenwurm m

strongylose [strõʒiloz] f vét Pali'sadenwurmkrankheit f

strontiane [strõsjan] f chim Strontium-(hydr)oxid n; jaune m de **~** Strontiumgelb n

strontium [strõsjɔm] n chim Strontium n

strophant|e [strɔfãt] m bot Stroph'anthus m (Gattung); **~ine** f chim, phm Strophan'thin n

strophe [strɔf] f Strophe f

structural [stryktyral] adj <-aux> Struk'tur...; struktu'rell; struktu'ral; exercices structuraux Strukturübungen f/pl; linguistique structurale, struktura'listische Sprachwissenschaft; psychologie **~e** Strukturpsychologie f; recherche **~e** Strukturforschung f; **~isme** m ling etc Struktura'lismus m; **~iste** Struktura'listik f; **~iste** m Struktura'list m

structuration [stryktyrasjõ] f Struktu'rierung f

structure [stryktyr] f Struk'tur f (bes biol, chim, phys, minér, écon, ling, psych); Bau m; Aufbau m; Gefüge n; Gliederung f; Gestaltung f; **~s administratives** Verwaltungsaufbau m; biol **~** histologique Gewebestruktur f; ling **~** profonde, superficielle od de surface Tiefen-, Oberflächenstruktur f; **~s sociales** Gesellschaftsstruktur f; soziale Schichtung; soziales Gefüge; **~(s) d'accueil** Infrastruktur f; phys **~ de l'atome** Bau des Atoms; **~ d'un État** Struktur, Gefüge e-s Staates; **~ d'une pièce de théâtre** (Auf)Bau, Gliederung e-s Theaterstücks

structur|é [stryktyre] adj struktu'riert; gegliedert; aufgebaut; ensemble fortement **~** stark gegliedertes Ganzes; **~el** adj <**~le**> cf structural; écon chômage **~** struktu'relle Arbeitslosigkeit; crise,

politique **~le** Struk'turkrise f, -politik f; **~er** v/t struktu'rieren; gliedern

strume [strym] f path Kropf m; sc Struma f

strychnine [striknin] f phm Strych'nin n

strychnos [striknos] m bot Strychnos m; Strych'ninbaum m (Gattung)

stuc [styk] m **a)** (Gips)Stuck m; décoration f en **~** Stuckverzierung f; **b)** Stuckmarmor m; **c)** par ext Stuckarbeit f; Stukka'tur f; **~age** Stukka'tur f; Stuckarbeit f; **~ateur** m Stukka'teur m; Stuckarbeiter m

stud-book [stœdbuk, styd-] m Pferdezucht Stutbuch n

studette [stydɛt] f kleines Apparte'ment

studieux [stydjø] adj <-euse> Schüler etc fleißig; eifrig; strebsam; der geistigen Arbeit, dem Studium zugetan; vacances studieuses der geistigen Arbeit gewidmete, mit geistiger Arbeit ausgefüllte Ferien pl

studio [stydjo] m **1.** Apparte'ment n (komfortable Einzimmerwohnung); **2.** rad, télév Studio n; Senderaum m; **~ de télévision** Fernsehstudio n; **3.** cin, phot, allg e-s Künstlers Studio n; tourner en **~** im Atelier drehen; **4.** **~ (d'art et d'essai)** Filmkunsttheater n; Studio n

stupéfaction [stypefaksjõ] f Verblüffung f; sprachloses Erstaunen; Sprachlosigkeit f; (völlige) Verdutztheit; cf auch stupeur 1.

stupéfait [stypefɛ] adj <-faite [-fɛt]> verblüfft; sprachlos (völlig) verdutzt; il a été **~** d'apprendre que ... er war verblüfft, als er erfuhr, daß ...; il est resté **~** devant une telle audace e-e solche Kühnheit machte ihn sprachlos

stupé|fiant [stypefjã] **I** adj verblüffend; **II** m Rauschgift n, -mittel n; Suchtmittel n, -stoff m; phm Betäubungsmittel n; trafic m de **~s** Rauschgifthandel m; **~fier** v/t verblüffen; in sprachloses Erstaunen versetzen; verdutzen; auch betroffen machen; bestürzen

stupeur [stypœr] f **1.** Betroffenheit f; Bestürzung f; cf auch stupéfaction; à sa grande **~** zu s-r großen Verblüffung; être frappé de **~** wie vor den Kopf geschlagen sein; betroffen, bestürzt sein; cf auch stupéfait; rester muet de **~** vor Verblüffung sprachlos sein; **2.** méd Stupor m

stupide [stypid] adj **a)** Person, Antwort etc dumm; stu'pid(e); un travail **~** e-e stupide, stumpfsinnige Arbeit; il n'est pas assez **~** pour (+inf) er ist nicht so dumm zu (+inf); il faut être **~** pour (+inf) man muß schon dumm sein, wenn man ...; **b)** sinnlos; accident m **~** sinnloser Unfall; obstination f **~** sinnloser Eigensinn

stupidité [stypidite] f **1.** Dummheit f; Stupidi'tät f; Stumpfsinn(igkeit) m(f); être d'une **~** incroyable von e-r unglaublichen Dummheit sein; unglaublich dumm sein; **2.** oft pl **~s** Dummheiten f/pl; dummes, stu'pides Zeug

stupre [stypr(ə)] litt m Schamlosigkeit f; Ausschweifung f

stuquer [styke] v/t stuc'kieren

style [stil] m **1.** (Sprach-, Schreib)Stil m; Ausdrucksweise f; Schreibart f; F Schreibe f; **~ écrit, parlé** geschriebener, gesprochener Stil; **~ épistolaire** Briefstil m; **~ familier** familiäre Ausdrucksweise; **~ soutenu** gehobener Stil; **~ du palais** Kanz'leistil m; le **~ de Voltaire** der Stil Voltaires; en **~ télégraphique** im Tele'grammstil; manquer de **~**, ne pas avoir de **~** keinen guten Stil aufweisen; par ext kein eigenes, besonderes Gepräge aufweisen; keinen ausgepräg-

ten Charakter haben; Person ein schlechter Sti'list sein; e-n schlechten Stil haben, schreiben; **2.** gr **~ (in)direct** (in)direkte Rede; **~ indirect libre** erlebte Rede; **3.** (Kunst)Stil m; **~ Empire** Em'pire n; Empirestil m; **~ gothique, roman** gothischer, romanischer (Bau-) Stil; **~ 1900** Jugendstil m; meubles m/pl de **~** Stilmöbel n/pl; meubles m/pl de **~ anglais** Möbel n/pl im englischen Stil; dans le **~** de im Stil (+gén); **4.** par ext Stil m; Art f; sports **~ d'un coureur** Stil e-s Läufers; **~ de vie** Lebensstil m; loc/adj de grand **~** großen Stils, Zuschnitts; mil u fig offensive f, opération f de grand **~** Offensive f, Operation f großen Stils; Sportler avoir du **~** e-n guten, gefälligen, eleganten Stil haben; c'est bien là son **~** das ist ganz s-e Art; **5.** bot Griffel m; zo Stylus od Stilus m; Griffel m; e-s Registriergerätes Schreibarm m; **7.** e-r Sonnenuhr Schattenstab m; Zeiger m; Gnomon m; **8.** in der Antike Stilus m; Schreibstift m, -griffel m

stylé [stile] adj Bedienungspersonal per'fekt

stylet [stilɛ] m **1.** Dolch Sti'lett n; **2.** chir feine Sonde; Son'diernadel f; **3.** zo mancher Insekten (Stech-, Saug)Rüssel m

styl|isation [stilizasjõ] f Kunst Stili'sierung f; **~iser** styli'sieren; adj/t stylisé stilisiert; **~isme** m **1.** cout etc Styling ['stailiŋ] n; Industrie Design [di'zain] n; **2.** litt über'spitzte Stilpflege; **~iste** m **1.** cout etc Stylist [stai'list] m; Industrie Designer [di'zainər] m; Formgestalter m; **2.** Schriftsteller etc guter Sti'list

stylistic|ien [stilistisjɛ̃] m, **~ienne** f Stilforscher(in) m(f)

stylistique [stilistik] **I** adj sti'listisch; Stil...; analyse f, étude f **~** Stilanalyse f, -studie f; emploi m **~** d'un mot stilistische Verwendung e-s Wortes; **II** f Sti'listik f; Stilkunde f, -lehre f; **~ comparée** vergleichende Stilistik

stylite [stilit] m rel Säulenheilige(r) m; Sty'lit m

stylo [stilo] m **1.** **~ (à encre, à plume)** Füller m; Füllfederhalter m; **2.** **~ (à) bille**, auch ellip **~** Kugelschreiber m

styl|obate [stilɔbat] m arch Stylo'bat m; **~oïde** adj anat apophyse f **~** sc Pro'cessus styloi'deus od stylo'ides m

stylomine [stilɔmin] m (marque déposée) Druckbleistift m

styptique [stiptik] m phm zu'sammenziehendes, adstrin'gierendes Mittel; sc Styptikum n

styrax [stiraks] m **1.** bot Storaxbaum m; sc Styrax m; **2.** cf storax

styr(ol)ène [stir(ɔl)ɛn] m chim Sty'rol n

su [sy] **I** p/p von savoir u adj une leçon bien **~e** e-e Lekti'on, die man gut kann bzw die die Schüler gut können; **II** m au vu et au **~** de tout le monde vor aller Augen

suaire [sɥɛr] litt m Grab-, Leichentuch n; rel le saint **~** das Grabtuch Christi

suant [sɥã] adj **1.** schwitzend; **2.** F fig lästig; unausstehlich; auf die Nerven, F auf den Wecker fallend

suave [sɥav] adj Musik, Stimme, Duft lieblich; einschmeichelnd; sanft

suavité [sɥavite] litt f Lieblichkeit f; Sanftheit f

sub|aérien [sybaerjɛ̃] adj <**~ne**> biol, géol suba'erisch; **~aigu** adj <-uë> path suba'kut; weniger heftig, nicht a'kut verlaufend; **~alpin** adj géogr, bot sub-al'pin

subalterne [sybaltɛrn] **I** adj Angestellter, Beamter, Stellung 'untergeordnet; unselbständig; subal'tern; par ext rôle m 'untergeordnete Rolle; **II** m

Unter'gebene(r) *m*; Subal'terne(r) *m*

sub|atlantique [sybatlãtik] *adj géol* période *f* ~ Subat'lantikum *n*; Nachwärme-. Buchenzeit *f*; **~atomique** *adj phys* atom subato'mar; **~boréal** *adj* <-aux> *géol* période ~e Subbore'al *n*; **~conscient** *psych* **I** *adj* 'unterbewußt; **II** *m* 'Unterbewußtsein *n*; 'Unterbewußte(s) *n*; **~culture** *f Soziologie* Subkultur *f*

subdivis|er [sybdivize] **I** *v/t* weiter aufteilen; unter'teilen; unter'gliedern; **II** *v/pr* se ~ sich unter'teilen lassen, sich gliedern, zerfallen (en in +*acc*); **~ion** *f* **1.** *Vorgang* Unter'teilung *f*, -'gliederung *f* (en in +*acc*); **2.** *Teil* 'Unterabteilung *f*; Unter'teilung *f*

subér|eux [syberø] *adj* <-euse> korkartig; Kork...; **~ine** *f chim, bot* Korkstoff *m*; Sube'rin *n*; **~ique** *adj chim* acide *m* ~ Korksäure *f*; Sube'rinsäure *f*

subir [sybir] *v/t* **1.** *passiv* erleiden; hinnehmen müssen; *bewußt* ertragen; ~ le charme de qn in j-s Bann (*dat*) stehen; von j-m angetan sein; ~ les conséquences de qc die Folgen von etw zu spüren bekommen; ~ une défaite unter'liegen; e-e Niederlage hinnehmen müssen, erleiden; ~ des dégâts Schaden erleiden, nehmen; ~ un examen sich e-r Prüfung (*dat*) unter'ziehen; e-e Prüfung ablegen, machen; ~ l'influence de qn unter j-s Einfluß (*dat*) stehen; ~ un interrogatoire vernommen werden; ~ un joug ein Joch tragen; ~ une opération sich e-r Operation (*dat*) unter'ziehen; operiert werden; ~ des pertes Verluste, Einbußen erleiden; ~ les reproches de qn j-s Vorwürfe über sich (*acc*) ergehen lassen; ~ un triste sort ein trauriges Schicksal erleiden, erleben; ~ des violences tätlich angegriffen werden; ~ qc avec calme etw gelassen ertragen, über sich (*acc*) ergehen lassen, hinnehmen; avoir une épreuve à ~ e-e Prüfung zu bestehen, abzulegen, zu machen, *fig* 'durchzumachen haben; faire ~ un interrogatoire à qn j-n e-m Verhör unter'ziehen; j-n ins Verhör nehmen; j-n verhören, vernehmen; faire ~ la torture à qn j-n der Folter unter'werfen; j-n foltern; **2.** ~ qn j-n ertragen; **3.** *Sache*: Änderung *etc* erfahren; *Preis* ~ une majoration e-e Erhöhung erfahren

subit [sybi] *adj* plötzlich; jäh; unvermittelt; schlagartig; changement ~ plötzliche, schlagartige Änderung; inspiration ~e plötzliche Eingebung; mort ~e plötzlicher, jäher Tod

subitement [sybitmã] *adv* von subit; s'arrêter ~ plötzlich, unversehens stehenbleiben, anhalten; plötzlich, schlagartig aufhören; mourir ~ plötzlich, über'raschend, unerwartet sterben

subito presto [sybitopresto] F *loc/adv* auf der Stelle; unverzüglich; sofort; schnell; rasch; flink; F husch (, husch); zack, zack; il est parti ~ F und husch, weg war er

subjacent [sybʒasã] *adj cf* sous-jacent

subjectif [sybʒɛktif] *adj* <-ive> **1.** subjektiv; per'sönlich; ichbezogen; *péi* unsachlich; critique subjective subjektive, unsachliche Kritik; jugement ~ subjektives Urteil; sensations subjectives subjektive Empfindungen *f/pl*; vision subjective du monde subjektives Weltbild; **2.** *gr, philos* subjektiv; génitif ~ subjektiver Genitiv; Genitivus subiectivus *m*

subjectile [sybʒɛktil] *m peint* 'Untergrund *m*

subjectiv|isme [sybʒɛktivism(ə)] *m philos* Subjekti'vismus *m*; **~iste I** *adj* subjekti'vistisch; **II** *m,f* Subjekti'vist(in) *m(f)*; **~ité** *f* Subjektivi'tät *f* (*auch philos*);

Ichbezogenheit *f*; *péi auch* Unsachlichkeit *f*

subjonctif [sybʒõktif] *m* (*auch adit* mode *m* ~) *gr* Konjunktiv *m*; Möglichkeitsform *f*; ~ présent Konjunktiv Präsens; imparfait *m* du ~ Konjunktiv Imperfekt; être au ~ im Konjunktiv stehen; mettre au ~ in den Konjunktiv setzen

subjuguer [sybʒyge] *v/t Redner*: Zuhörer *etc* fesseln; packen; in s-n Bann schlagen

sublimation [syblimasjõ] *f* **1.** *chim* Subli-mati'on *f*; Subli'mierung *f*; **2.** *fig u st/s* Subli'mierung *f*; Läuterung *f*; Verfeinerung *f*; **3.** *psych* Subli'mierung *f*; ~ des instincts Triebsublimierung *f*

sublime [syblim] **I** *adj* **1.** erhaben; erhebend; sub'lim; beauté *f* ~ erhabene Schönheit; moment *m* ~ erhabener, erhebender Augenblick; spectacle *m* ~ erhabenes, erhebendes Schauspiel; **2.** *Person* über'ragend; bewundernswürdig; abnégation *f* ~ bewundernswürdige Selbstlosigkeit; un homme ~ de dévouement ein Mensch von hohem Opfersinn; **II** *subst* le ~ das Erhabene; atteindre au ~ ans Erhabene grenzen; *loc/prov* du ~ au ridicule il n'y a qu'un pas vom Erhabenen zum Lächerlichen ist nur ein Schritt (*loc/prov*)

sublimé [syblime] *m chim* **1.** Subli'mat *n*; **2.** *auch phm* ~ corrosif Subli'mat *n*

sublimer [syblime] *v/t* **1.** *chim* subli-'mieren; soufre sublimé Schwefelblüte *f*, -blume *f*; **2.** *fig u st/s* subli'mieren; läutern; verfeinern; **3.** *psych* subli'mieren (*auch abs*)

subliminal [sybliminal] *adj* <-aux> *psych* 'unterschwellig; *sc auch* subli-mi'nal

sublimité [syblimite] *litt f* Erhabenheit *f*

sublingual [syblɛ̃gwal] *adj* <-aux> **a)** *anat* sublingu'al; unter der Zunge liegend; **b)** *phm Tablette* unter der Zunge zergehen zu lassen

submerger [sybmɛrʒe] *v/t* <-geons> **1.** *Flut, Fluß*: Land *etc* unter Wasser setzen; über'schwemmen, -'fluten; *adit* récif submergé unter Wasser liegendes Riff; **2.** *fig Gefühl* ~ qn j-n über'wältigen; être submergé de travail mit Arbeit über'häuft, über'lastet sein; *Polizei* être submergé par les manifestants von den Demonstranten über'rannt werden

submers|ible [sybmɛrsibl(ə)] **I** *adj* **1.** *bot Wasserpflanze* nach der Blüte 'untertauchend; **2.** *géogr* terrains *m/pl* ~s Über'schwemmungsland *n*; **II** *m mar* 'Untersee-, Tauchboot *n*; **~ion** *f* **1.** Über'schwemmung *f*; **2.** mort *f* par ~ Tod *m* durch Ertrinken

subodorer [sybodore] *v/t iron* wittern; (vor'aus)ahnen

subordination [sybordinasjõ] *f* **1.** 'Unterordnung *f*, *Vorgang auch* Unter'stellung *f* (à qn, qc unter j-n, etw); **2.** *gr* 'Unterordnung *f*; Hypo'taxe *f*; conjonction *f* de ~ 'unterordnende Konjunktion; 'unterordnendes Bindewort; *auch* subordi'nierende Konjunktion

subordonn|é [sybordone] *m* Unter'gebene(r) *m*; **~ée** *f gr* (*auch adit* proposition *f* ~) Nebensatz *m*; ~ circonstancielle 'Umstandssatz *m*

subordonner [sybordone] *v/t* **1.** 'unterordnen, unter'stellen (à *dat*); *Entscheidung, Unternehmung etc* abhängig machen (von); être subordonné à j-m unterstehen; j-m unter'stellt, 'untergeordnet sein; ~ les intérêts privés à l'intérêt public die privaten Interessen dem öffentlichen Interesse unterordnen; **2.** *Sache* être subordonné à qc von etw abhängen; an etw (*acc*) geknüpft sein

suborn|ation [sybornasjõ] *f jur* ~ de

témoins Zeugenbeeinflussung *f*, -bestechung *f*; **~er** *v/t* **1.** *jur Zeugen* beeinflussen; bestechen; **2.** *litt od iron Mädchen* verführen; **~eur** *m litt od iron* Verführer *m*

subrécargue [sybrekarg] *m mar, comm* Super'kargo *m*

subreptice [sybrɛptis] *adj* **1.** heimlich; versteckt; manœuvres *f/pl* ~s geheime Machenschaften *f/pl*; **2.** *jur* erschlichen; erschwindelt; **~ment** *adv auf* Schleichwegen; heimlich; verstohlen; s'emparer de qc ~ auf Schleichwegen etw an sich bringen; lire une lettre ~ heimlich e-n Brief lesen

subreption [sybrɛpsjõ] *f jur* Erschleichung *f*

subrogateur [sybrogatœr] *jur* **I** *adj* <-rm> acte ~ Rechtsgeschäft, das den 'Übergang von j-s Rechten auf e-n Dritten bewirkt; *bes* Forderungsabtretung *f*; **II** *m* zweiter Refe'rent, Berichterstatter

subroga|tion [sybrogasjõ] *f jur* Surrogati'on *f*; Einsetzung *f*, Eintreten *n* e-s neuen Berechtigten an Stelle des alten; *bes* Forderungsabtretung *f*; ~ conventionnelle, légale Forderungsabtretung durch Vereinbarung, kraft Gesetzes; réelle dingliche Surrogation; Ersetzung *f* e-s Vermögenswertes durch e-n andern; **~toire** *adj cf* subrogateur

subrogé [sybroʒe] *adj jur* ~ tuteur <subrogée tutrice> Gegenvormund *m*

subroger [sybroʒe] *v/t* <-geons> ~ qn à qn j-n in j-s Rechte einsetzen; j-m j-s Rechte über'tragen; ~ des meubles à un immeuble unbewegliches Gut durch bewegliche Güter ersetzen; ~ un rapporteur e-n neuen Referenten einsetzen

subséquemment [sypsekamã] *jur adv* daraufhin; infolge'dessen

subséquent [sypsekã] *adj* **1.** *jur* (nach-)folgend; **2.** *géogr* rivière ~e subse'quenter Fluß

subside [sybzid, -psid] *m meist pl* ~s finanzi'elle Unter'stützung; Zuschüsse *m/pl*; Beisteuer *f*; *bes* unter Staaten Hilfsgelder *n/pl*; Sub'sidien *n/pl*; accorder des ~ à qn j-m Zuschüsse gewähren; vivre des ~s de qn von j-s finanzieller Unterstützung leben

subsidence [sybzidãs, -psi-] *f géol* Senkung *f* (durch Sedi'mentgesteine)

subsidiaire [sybzidjɛr, -psi-] *adj* zusätzlich; Zusatz...; Hilfs...; subsidi'är; conclusions *f/pl* ~s Hilfs-, Eventu'alantrag *m*; *bei Preisausschreiben u Quiz-sendungen* question ~ Zusatzfrage *f* (*bei Punktgleichheit*); Stichfrage *f*

subsistance [sybzistãs] *f* **1.** (Lebens)'Unterhalt *m*; moyens *m/pl* de ~ Mittel *n/pl* zur Bestreitung des Lebensunterhalts; contribuer à la ~ de la famille zum Unterhalt der Familie beitragen; pourvoir à la ~ de qn für j-s (Lebens)Unterhalt aufkommen, sorgen; j-s (Lebens)Unterhalt bestreiten; **2.** *mil* service ~ des ~s Verpflegungs-, Provi'antwesen *n*, -amt *n*; **3.** *Sozialversicherung* prise *f* en ~ vorläufige Kostenübernahme durch die Kasse des vor-'übergehenden Wohnsitzes

subsister [sybziste] *v/i* **1.** *Sache* weiter-, fortbestehen; (noch) bestehen, exi'stieren, vor'handen sein, dasein; *Gesetz auch* noch in Kraft sein; ~ depuis des millénaires *auch* Jahrtausende über-'dauert haben; erreur *f* qui subsiste malgré le progrès de la science Irrtum, der trotz des wissenschaftlichen Fortschritts weiterbesteht; *unpersönlich* il ne subsiste plus que quelques ruines es bestehen nur noch einige Ruinen; **2.** *Person* sein Auskommen

finden; leben; exi'stieren; **travailler pour** ~ für s-n Lebensunterhalt arbeiten
subsonique [sypsɔnik] *adj tech, aviat* 'Unterschall...
substance [sypstɑ̃s] *f* **1.** Sub'stanz *f*; Stoff *m*; *anat* ~ **blanche, grise** weiße, graue Substanz; ~ **liquide, solide** flüssige, feste Substanz; flüssiger, fester Stoff; ~ **organique** organische Substanz; *méd* ~ **de contraste** Kon'trastmittel *n*; **2.** *e-s Buches, Gesprächs, Artikels* wesentlicher Inhalt; Wesentliche(s) *n*; Sub'stanz *f*; Kern *m*; *auch* Gehalt *m*; *loc/adv* **en** ~ im wesentlichen; in der Hauptsache; **voici, en** ~, **ce qu'il a dit** er hat im wesentlichen folgendes gesagt; **Begriff vider de sa** ~ aushöhlen; **3.** *philos, Theologie* Sub'stanz *f*
substandard [sypstɑ̃dar] *adj phot* film *m* ~ Schmalfilm *m*
substantialité [sypstɑ̃sjalite] *f philos* Substantiali'tät *f*
substantiel [sypstɑ̃sjɛl] *adj* ⟨~**le**⟩ **1.** *Nahrungsmittel, Mahlzeit* nahrhaft; kräftig; substanti'ell; **2.** *fig* wesentlich; bedeutend; **avantages** ~**s** wesentliche, bedeutende Vorteile *m/pl*; **3.** *philos* substanti'ell; wesenhaft
substantif [sypstɑ̃tif] *m gr* Substantiv *n*; Haupt-, Dingwort *n*; ~ **verbal** Ver'balsubstantiv *n*
substantiv|ation [sypstɑ̃tivasjɔ̃] *f ling* Substanti'vierung *f*; ~**ement** *adv* *adjektiv etc* **pris** ~ substantivisch, hauptwörtlich gebraucht; in substantivischer, hauptwörtlicher Verwendung; ~**er** *v/t ling* substanti'vieren; *adit* **adjectif substantivé** substantiviertes Adjektiv
substituer [sypstitɥe] **I** *v/t* **1. an die Stelle setzen** (à von); ~ **une nouvelle méthode à l'ancienne** e-e neue Methode an die Stelle der alten setzen; die alte Methode durch e-e neue ersetzen, gegen e-e neue austauschen, mit e-r neuen vertauschen; **2.** *jur* ~ **qn** j-n als, zum Nacherben *bzw* Ersatzerben einsetzen (à un héritier principal für e-n Haupterben); ~ **un héritage** für e-e Erbschaft e-n Nacherben *bzw* Ersatzerben einsetzen; *adit* **héritier substitué** Nach- *bzw* Ersatzerbe *m*; **II** *v/pr* **se** ~ **à** an die Stelle von (*od* +*gén*) treten; ersetzen (+*acc*); *en se verdrängen* **se** ~ **à qn** sich an j-s Stelle (*acc*) setzen
substitut [sypstity] *m* **1.** *jur* (Stell)Vertreter *m* des Staatsanwaltes; **2.** Ersatz *m*
substitution [sypstitysjɔ̃] *f* **1.** Ersetzung *f*, Ersatz *m* (**d'une nouvelle méthode à l'ancienne** e-r alten Methode durch e-e neue); Vertauschung *f*; Austausch *m*; *jur* ~ **d'enfant** Kindesvertauschung *f*; vorsätzliche Verwechslung e-s Kindes; **2.** *jur* **a)** Einsetzung *f* e-s Nach- *bzw* Ersatzerben; ~ **de qn** j-s Einsetzung zum Nach- *bzw* Ersatzerben, als Nach- *bzw* Ersatzerbe; **b)** Erteilung *f* von 'Untervollmacht; **3.** *chim* Substituti'on *f*; **réaction** *f* **de** ~ Substitutionsprozeß *m*; **4.** *math* Substituti'on *f*; **5.** *ling* ~ **consonantique** Lautverschiebung *f*
substrat [sypstra] *m* **1.** Sub'strat *n* (*auch philos*); Grundlage *f*; **2.** *geol* dar'unterliegende Schicht; **3.** *ling* Sub'strat *n*; **le** ~ **gaulois en France** das gallische Substrat in Frankreich
subsumer [sypsyme] *v/t philos* subsu'mieren
subterfuge [sypterfyʒ] *m* **1.** List *f*; Trick *m*; **user d'un** ~ zu e-r List greifen; **2.** Ausflucht *f*
subtil [syptil] *adj* **1.** scharf-, feinsinnig; die Feinheiten beachtend; voller Feinheiten; *auch péj* sub'til; ausgeklügelt; *nur péj* spitzfindig; **argumentation** ~**e** ausgeklügelte Argumentation; **esprit** ~

subtiler Geist; **intelligence** ~**e** scharfer, 'durchdringender Verstand; **être d'une intelligence** ~**e** scharfsinnig sein; interprétation ~**e** feinsinnige Deutung; **question** ~**e subtile Frage; c'est trop** ~ **pour moi** das ist mir zu spitzfindig; **2.** *Unterschied, Nuance* fein; sub'til; *Duft* fein; zart; einschmeichelnd
subtiliser [syptilize] **I** *v/t* (geschickt) entwenden, F sti'bitzen (**qc à qn** j-m etw); verschwinden lassen (**qc** etw); **II** *v/i st/s u péj* sich in Spitzfindigkeiten ergehen; Haarspalte'rei treiben
subtilité [syptilite] *f* **1.** *e-r Person* Scharfsinn *m*; *e-r Argumentation etc* Feinheit *f*; Subtili'tät *f*; *péj* Spitzfindigkeit *f*; *e-s Unterschiedes, e-r Nuance* Feinheit *f*; Subtili'tät *f*; ~ **d'esprit** Scharfsinn *m*; Geistesschärfe *f*; **avec** ~ mit Scharfsinn; scharfsinnig; sub'til; *péj* spitzfindig; **2.** *meist pl* ~**s** Feinheiten *f/pl*; Subtili'täten *f/pl*; *péj* Spitzfindigkeiten *f/pl*; ~**s de langage** sprachliche Feinheiten
subtropical [sybtropikal, syp-] *adj* ⟨**-aux**⟩ *géogr* subtropisch; **climat** ~ subtropisches Klima; **zone** ~**e** Subtropen *pl*
subulé [sybyle] *adj biol* pfriem(en)förmig; Pfriem(en)...
suburbain [sybyrbɛ̃] *adj* vorstädtisch; Vorstadt...; Vorort...; **commune** ~**e** Vorortgemeinde *f*; **transports** ~**s** a) Nahverkehrsmittel *n/pl*; b) Nahverkehr *m*
subvenir [sybvənir] *v/t/i indir* ⟨*cf* **venir**; *aber*: **avoir**⟩ ~ **aux besoins de qn** für j-s 'Unterhalt aufkommen, sorgen; ~ **aux dépenses, aux frais (de qn)** für die (für j-s) Ausgaben, Unkosten aufkommen; die (j-s) Ausgaben, Unkosten bestreiten; ~ **aux frais de construction** für die Baukosten aufkommen
subvention [sybvɑ̃sjɔ̃] *f écon* Subventi'on *f*; Zuschuß *m* (aus öffentlichen Mitteln); ~**s à l'exportation** Ausfuhrsubventionen *f/pl*; **accorder des** ~**s à qn** j-m Subventionen gewähren
subventionnel [sybvɑ̃sjɔnɛl] *adj* ⟨~**le**⟩ *adm* Subventi'ons...
subventionner [sybvɑ̃sjɔne] *v/t* subventio'nieren; (aus öffentlichen Mitteln) unter'stützen; bezuschussen; *adit* **théâtre subventionné** subventioniertes Theater
subversif [sybvɛrsif] *adj* ⟨**-ive**⟩ 'umstürzlerisch; subver'siv; staatsgefährdend; zersetzend; **activité subversive** subversive Tätigkeit; **guerre subversive** *etwa* Gue'rillakrieg *m*; organisierte Aufstandsbewegung; **menées subversives** subversive 'Umtriebe *m/pl*; Wühlarbeit *f*
subversion [sybvɛrsjɔ̃] *f* 'Umsturz *m*; Subversi'on *f*; *auch* Zersetzung *f*; **tentative** *f* **de** ~ **de l'État** politischer Umsturzversuch
suc [syk] *m physiol* Saft *m*; ~**s digestifs** Verdauungssäfte *m/pl*; ~ **gastrique** Magensaft *m*; *biol* ~ **nucléaire** Kernsaft *m*; *sc* Karyo'lymphe *f*; *phm* ~ **végétal** Pflanzensaft *m*
succédané [syksedane] *m* Surro'gat *n*, Ersatz *m* (*auch fig*) (de für); Ersatzmittel *n*; ~ **de caoutchouc** Gummiersatz *m*
succéder [syksede] ⟨**-è-**⟩ *v/t/i indir* **1.** ~ **à qc, qn** auf etw, j-n folgen; **des prairies succèdent aux champs** auf Felder folgen Wiesen; **la déception a succédé à l'espoir** auf Hoffnung folgte Enttäuschung; **Louis XIII succéda à Henri IV** Ludwig XIII. folgte auf Heinrich IV.; **2.** ~ **à qn** j-s Nachfolger antreten; j-m im Amt nachfolgen; j-s Stelle einnehmen; ~ **à son père à la direction de l'entreprise** s-m Vater in

der Leitung des Betriebes folgen; **3.** *jur abs* erben; ~ **à qn** j-n beerben; **habile à** ~ erbfähig; **II** *v/pr Regierungen, Ereignisse etc* **se** ~ aufein'anderfolgen; **dans ce commerce ils se succèdent de père en fils depuis toujours** dieses Geschäft ist schon immer im Familienbesitz; **les beaux jours se sont succédé pendant un mois** e-n Monat lang folgte ein schöner Tag auf den andern; **les crises se succèdent sans interruption** e-e Krise löst die andere ab
succenturié [syksɑ̃tyrje] *adj* ⟨*nur m*⟩ *zo der Vögel* **ventricule** ~ Drüsenmagen *m*
succès [syksɛ] *m* Erfolg *m*; Gelingen *n*; **brillant** ~ glänzender Erfolg; ~ **électoral** Wahlerfolg *m*; F ~ **fou, monstre** F toller Erfolg; Riesen-, Bombenerfolg *m*; ~ **d'estime** Achtungserfolg *m*; ~ **en affaires** geschäftlicher Erfolg; ~ **en amour** Erfolg in der Liebe; **chances** *f/pl* **de** ~ Erfolgsaussichten *f/pl*, -chancen *f/pl*; *loc/adj*: **à** ~ Erfolgs...; **film** *m* **à** ~ Erfolgsfilm *m*; **couronné de** ~ von Erfolg gekrönt; *loc/adv*: **avec** ~ erfolgreich; mit Erfolg; **avec un égal** ~ mit gleichem Erfolg; gleich erfolgreich; **sans** ~ erfolglos; ohne Erfolg; **assurer le** ~ **d'une entreprise** für das Gelingen e-r Unter'nehmung sorgen; **avoir du** ~ *Autor, Theaterstück, Buch* Erfolg haben; erfolgreich sein; *Vorschlag* Anklang, Beifall finden; **avoir beaucoup de** ~ großen Erfolg haben; sehr erfolgreich sein; **avoir du** ~ **auprès des femmes** bei den Frauen Erfolg haben; *Buch etc* **être un** ~ ein Erfolg sein; **être sur le chemin du** ~ auf dem Weg zum Erfolg sein; **obtenir, remporter des** ~ Erfolge erzielen, erringen
successeur [syksesœr] *m* **1.** Nachfolger *m*; **2.** Erbe *m*
success|ibilité [syksesibilite] *f jur* Erbberechtigung *f*; Erbfähigkeit *f*; ~**ible I** *adj jur* erbberechtigt; erbfähig; **parent** *m* **au degré** ~ erbberechtigter, -fähiger Verwandter; **II** *m* Erbberechtigte(r) *m*, -fähige(r) *m*
successif [syksesif] *adj* ⟨**-ive**⟩ aufein'anderfolgend; fortwährend; laufend; wieder'holt; immer, stets 'wiederkehrend; **demandes successives** fortwährende Bitten *f/pl*; **trois générations successives** drei aufeinanderfolgende Generationen *f/pl*
succession [syksesjɔ̃] *f* **1.** (Aufein'ander)Folge *f*; ~ **ininterrompue** ununterbrochene Folge; **la** ~ **rapide des détonations** die rasche Aufeinanderfolge der Detonationen; **une** ~ **d'incidents** e-e Folge von Zwischenfällen; **2.** *jur* Erbfolge *f*; Erbschaft *f*; ~ **testamentaire, ab intestat** testamentarische, gesetzliche Erbfolge; ~ **par ordre de primogéniture** der Vorrang der Geburt berücksichtigende Erbfolge; **droit** *m* **à la** ~ Erbanspruch *m*; *hist* **la guerre de la ♀ d'Espagne** der Spanische Erbfolgekrieg; **ordre** *m* **de** ~ Erbfolge *f*; **ouverture** *f* **de la** ~ Eintritt *m* des Erbfalls; **par voie de** ~ auf dem Erbwege; **3.** *jur* Nachlaß *m*; Erbschaft *f*; Hinter'lassenschaft *f*; **actif** *m*, **passif** *m* **d'une** ~ Nachlaßvermögen *n*, -verbindlichkeiten *f/pl od* -schulden *f/pl*; **droits** *m/pl* **de** ~ Erbschaftssteuer *f*; **part** *f* **de (la)** ~ Erbteil *n od m*; Erbanteil *m*; **recueillir, répudier une** ~ e-e Erbschaft antreten, ausschlagen; **4.** *im Amt* Nachfolge *f*; **prendre la** ~ **de qn** j-s Nachfolge (*acc*) antreten
successivement [syksesivmɑ̃] *adv* nacheinander; **passer** ~ **de la joie à la tristesse** erst fröhlich, dann traurig sein
successoral [syksesoral] *adj* ⟨**-aux**⟩ *jur*

Erb(folge)...; **actif** ~ Nachlaßwert *m*; Wert *m* der Erbschaft; **biens succes-soraux** Nachlaßvermögen *n*; Erbgut *n*; **droits successoraux** Erbschaftssteuer *f*

succin [syksɛ̃] *sc m* Bernstein *m*

succinct [syksɛ̃] *adj* ⟨-cincte [-sɛ̃t]⟩ Bericht, Erklärung knapp; kurz; *Übersicht auch* gedrängt

succinctement [syksɛ̃tmɑ̃] *adv* kurz und bündig; knapp; in, mit wenigen Worten

succinique [syksinik] *adj chim* **acide** *m* ~ Bernsteinsäure *f*

succion [sysjɔ̃, syksjɔ̃] *f* Saugen *n*; Auf-, Einsaugen *n*; *e-r Wunde* Aussaugen *n*

succomber [sykɔ̃be] *v/i* **1.** sterben; *Tier* verenden; ~ (**à ses blessures**) s-n Verletzungen erliegen; ~ **à la suite d'une fracture du crâne** e-m Schädelbruch erliegen; **2.** ~ **au charme de qn** j-s Zauber (*dat*) erliegen; ~ **à la fatigue, au sommeil** von Müdigkeit, von Schlaf über'mannt, über'wältigt werden; ~ **à la tentation** der Versuchung erliegen; ~ **sous le poids de** unter der Last (+*gén*) zu'sammenbrechen (*bes fig*); **3.** *st/s im Kampf* unter'liegen

succube [sykyb] *m myth* Sukkubus *m*

succulence [sykylɑ̃s] *f* köstlicher Geschmack; Schmackhaftigkeit *f*; ~**ent** *adj Speise, Mahlzeit* köstlich; schmackhaft; lecker

succursale [sykyrsal] **I** *f comm* Fili'ale *f*; Zweigniederlassung *f*, -geschäft *n*, -betrieb *m*; *e-r Bank etc* Zweigstelle *f*; **magasin** *m* **à** ~**s multiples** Fili'algeschäft *n*, -betrieb *m*; Kettenladen *m*; **II** *adj* ⟨*nur f*⟩ **église** ~ Fili'alkirche *f*; ~**isme** *m comm* Fili'alsystem *n*

sucer [syse] ⟨-ç-⟩ **I** *v/t* **1.** saugen; *bestimmte Tiere: Nahrung* auf-, einsaugen; ~ **la moelle d'un os** das Mark aus e-m Knochen saugen; ~ **une orange, une plaie** e-e Orange, e-e Wunde aussaugen; *Raubtier, Stechmücke* ~ **le sang** Blut saugen; ~ **le sang d'un animal** e-m Tier das Blut aussaugen; **2.** lutschen; *Medikament auch* im Mund zergehen lassen; ~ **un bonbon** ein, e-n Bonbon lutschen; ~ **son pouce** am Daumen lutschen; **II** *v/pr* **3.** *passivisch: des pastilles* **qui se sucent** ... die man lutscht; **4.** *reflexiv* **se** ~ **les doigts** an den Fingern lutschen; **5.** *P fig* **se** ~ **la pomme** F sich abknutschen

sucette [sysɛt] *f* **1.** (Dauer)Lutscher *m*; Stielbonbon *n od m*; **2.** Schnuller *m*; Sauger *m*; ~**eur** *m od adit* **insecte** ~ *zo* Sauger *m*; ~**euse** *f agr* Saugförderer *m*

suçoir [syswar] *m* **1.** *zo* Saugrüssel *m*; **2.** *bot von Schmarotzerpflanzen* Hau'storium *n*; Saugfortsatz *m*; ~**on** *m* F Knutschfleck *m*

suçoter [sysɔte] *v/t* Bonbon lutschen

sucrage [sykraʒ] *m vom Wein* Zuckern *n*, -ung *f*; ~**ant** *adj* Süß...; **matière** ~**e** Süßstoff *m*; **pouvoir** ~ Süßkraft *f*; ~**ase** *f chim* Sa(c)cha'rase *f*; ~**ate** *m chim* Sa(c)cha'rat *n*

sucre [sykr(ə)] *m* Zucker *m*; **un** ~ ein Stück *n* Zucker; ~**s** *pl* Zuckerarten *f/pl*; ~ **brut, candi, cristallisé** Roh-, Kandis(-), (grober) Kri'stallzucker *m*; ~ **glace** Staub-, Puderzucker *m*; ~ **raffiné** (Zucker)Raffi'nade *f*; ~ **vanillé** Va'nillezucker *m*; ~ **de betterave, de canne, de lait** Rüben-, Rohr-, Milchzucker *m*; (**bâton** *m* **de**) ~ **d'orge** Lutschstange *f*; *chim* ~ **de Saturne** Bleizucker *m*, -azetat *n*; ~ **en morceaux, en poudre** Würfel-, Streuzucker *m*; **vin** ~ ge zuckerter Nach-, Tresterwein; F *fig* **mon petit lapin en** ~! mein süßes Häschen, Mäuschen!; *adit* **confiture** *f* **pur** ~ mit

reinem Zucker hergestellte Marmelade; *fig:* **casser du** ~ **sur le dos de qn** über j-n herziehen; **être tout** ~ **tout miel** *cf* **miel 1.**; F **tu n'es pas en** ~! sei nicht so zimperlich!

sucré [sykre] *adj* **1.** süß; **un fruit bien** ~ e-e sehr süße Frucht; *subst* **préférer le** ~ **au salé** lieber Süßes als Gesalzenes essen; **2.** gezuckert; (mit Zucker) gesüßt; Zucker...; *Dosenmilch etc* **non** ~ ungezuckert; **eau** ~**e** Zuckerwasser *n*; **3.** *fig u péi Stimme etc* zucker-, honigsüß; süßlich

sucrer [sykre] **I** *v/t* **1.** zuckern; (mit Zucker) süßen; ~ **au miel** mit Honig süßen; F *fig* ~ **les fraises** F den Tatterich haben; *par ext* ein Tattergreis sein; ganz zitt(e)rig, F tatt(e)rig sein; **2.** *par ext von Saccharin etc* süßen (*meist abs*); **3.** *arg mil* ~ **sa permission à qn** j-m den Urlaub *bzw* den Ausgang streichen, entziehen; **II** *v/pr* F **se** ~ **4.** Zucker nehmen; **sucrez-vous!** nehmen Sie (doch) Zucker!; **5.** *fig* sich (auf Kosten anderer) gesundmachen, -stoßen; den Rahm abschöpfen; sich den Löwenanteil sichern

sucrerie [sykrəri] *f* **1.** ~**s** *pl* Süßigkeiten *f/pl*; Zuckerzeug *n*; **2.** Zuckerfabrik *f*

sucrier [sykrije] ⟨-ière⟩ **I** *adj* Zucker...; **betterave sucrière** Zuckerrübe *f*; **industrie sucrière** Zuckerindustrie *f*; **II** *m* **1.** Zuckerdose *f*; **2.** Zuckerfabrikant *m*

sucrin [sykrɛ̃] *m* ~ *od adit* **melon** *m* ~ (*Art*) Netzmelone *f*

sud [syd] **I** *m* **1.** Himmelsrichtung (*abr* S.) Süd(en) *m* (*abr* S); Südpunkt *m*, -richtung *f*; **vent** *m* **du** ~ Südwind *m*; *poét* Süd *m*; *loc/adv* **au** ~ **de** südlich, im Süden von (*od* +*gén*); **les régions au** ~ **de la Loire** die Gebiete südlich der Loire; **au** ~ **de Paris** im Süden, südlich von Paris; **plus au** ~ weiter im Süden, südlich; **en direction** (**du**) ~, **vers le** ~ in südlicher Richtung; südwärts; in Richtung Süden; nach, gegen, *poét* gen Süden; *Zimmer* **être exposé au** ~ nach Süden liegen, gehen; auf der Südseite liegen; **2.** *e-s Landes, e-r Stadt* **le** Ʒ **der** Süden; *géogr* ... **du** Ʒ Süd...; **l'Afrique** *f*, **l'Amérique** *f*, **la Corée du** Ʒ Südafrika *n*, -amerika *n*, -korea *n*; **les mers** *f/pl* **du** Ʒ die Südsee; **dans le** Ʒ **de l'Europe** im Süden Europas; in Südeuropa; **dans le** ~ **de Paris** im Süden von Paris; in Paris Süd; **II** *adj* ⟨*inv*⟩ südlich; Süd...; **côte** *f* ~ Südküste *f*; südliche Küste; **hémisphère** *m* ~ südliche Halbkugel, Hemisphäre; Südhalbkugel *f*; **partie** *f* ~ Südteil *m*; südlicher Teil

sud-africain [sydafrikɛ̃] **I** *adj* südafrikanisch; **II** *subst* Sud-Africain(e) *m(f)* Südafrikaner(in) *m(f)*

sud-américain [sydamerikɛ̃] **I** *adj* südamerikanisch; **II** *subst* Sud-Américain(e) *m(f)* Südamerikaner(in) *m(f)*

sudation [sydasjɔ̃] *f* (starkes) Schwitzen *n*

sud-coréen [sydkɔreɛ̃] **I** *adj* ⟨~**ne**⟩ südkoreanisch; **II** *subst* Sud-Coréen(ne) *m(f)* Südkoreaner(in) *m(f)*

sud-est [sydɛst] **I** *m* **1.** Himmelsrichtung (*abr* S.-E.) Süd'ost(en) *m* (*abr* SO); **vent** *m* **du** ~ Süd'ost(wind) *m*; **2.** *e-s Landes* **le** Sud-Est der Süd'osten; *géogr* **le** Sud-Est **asiatique** Südost'asien *n*; **II** *adj* ⟨*inv*⟩ süd'östlich; Süd'ost...

Sudètes [sydɛt] *m/pl* Su'detendeutsche(n) *m/pl*

sudiste [sydist] *hist im Sezessionskrieg* **I** *m, f* Südstaatler(in) *m(f)*; Anhänger(in) *m(f)* der Südstaaten; **II** *adj* der Südstaaten

sudoral [sydɔral] *adj* ⟨-aux⟩ *physiol*

Schweiß...; **sécrétion** ~**e** Schweißabsonderung *f*

sudorifique [sydɔrifik] *phm* **I** *adj* schweißtreibend; **II** *m* schweißtreibendes Mittel; ~**pare** [-par] *adj anat* schweißabsondernd; **glandes** *f/pl* ~**s** Schweißdrüsen *f/pl*

sud-ouest [sydwɛst] **I** *m* **1.** Himmelsrichtung (*abr* S.-O.) Süd'west(en) *m* (*abr* SW); **vent** *m* **du** ~ Südwest(wind) *m*; **2.** *e-s Landes* **le** Sud-Ouest der Süd'westen; *im engeren Sinne* Süd'westfrankreich *n*; der Südwesten Frankreichs; **II** *adj* ⟨*inv*⟩ süd'westlich; Süd'west...

sud-sud-est [sydsydɛst] **I** *m* (*abr* S.-S.-E.) Südsüd'ost(en) *m* (*abr* SSO); **II** *adj* ⟨*inv*⟩ südsüd'östlich; ~**-ouest** *m* (*abr* S.-S.-O.) Südsüd'west(en) *m* (*abr* SSW); **II** *adj* ⟨*inv*⟩ südsüd'westlich

sud-vietnamien [sydvjɛtnamjɛ̃] **I** *adj* ⟨~**ne**⟩ südvietnamesisch; **II** *subst* Sud-Vietnamien(ne) *m(f)* Südvietnamese, -esin *m,f*

suède [suɛd] *m* Chairleder *n*

suédé [suede] *adj* chairlederartig; ~**ine** *f text* Wildlederimitation *f*

suédois [suedwa] *adj* schwedisch; *gym* **gymnastique** ~**e** schwedische Gymnastik; **II** *subst* **1.** Ʒ(e) *m(f)* Schwede *m*, Schwedin *f*; **2.** *ling* **le** ~ das Schwedische; Schwedisch *n*

suée [sue] F *f* Schweißausbruch *m*; **piquer une** ~ F ganz schön ins Schwitzen kommen

suer [sue] **I** *v/t* **1.** ausschwitzen; *Holz* ~ **l'humidité** Feuchtigkeit ausschwitzen; ~ **du sang** Blut schwitzen; *fig* ~ **sang et eau** sich mächtig anstrengen, ins Zeug legen; **2.** F **en** ~ **une** F schwofen; *e-e* **kesse Sohle aufs Par'kett legen; 3.** *st/s* ~ **l'ennui** Langeweile verbreiten; ~ **l'orgueil** von Hochmut erfüllt sein; **II** *v/i* **4.** schwitzen; **il sue à grosses gouttes** *cf* **goutte**[1] *f*; **5.** F *fig* **faire** ~ **qn** j-m auf die Nerven, F auf den Wecker fallen; **ça me fait** ~ F auch das stinkt mir; **se faire** ~ F sich entsetzlich langweilen; sich mopsen; **6.** *Wände etc* schwitzen; **cuis faire** ~ Feuchtigkeit *bzw* Saft abgeben, ausschwitzen lassen; (an)dünsten

suette [suɛt] *f path* ~ **miliaire** Frieselfieber *n*

sueur [suœr] *f* **1.** Schweiß *m*; ~**s abondantes** Schweißausbrüche *m/pl*; ~ **froide de** ~ kalter Schweiß; **cela vous donne des** ~**s froides** dabei bricht einem der Angstschweiß aus; **goutte** *f* **de** ~ Schweißtropfen *m*; *loc/adj* **en** ~, **trempé, baigné, ruisselant, couvert de** ~ in Schweiß gebadet; schweißgebadet, -triefend, -bedeckt; *fig* **s'engraisser de la** ~ **du peuple** sich auf Kosten des Volkes bereichern; das Volk aussaugen; **2.** *path* ~ **de sang** Blutschwitzen *n*

Suèves [suɛv] *m/pl* germanischer Volksstamm Sweben *od* Su'even *od* Su'eben *m/pl*

suffire [syfir] ⟨je suffis, il suffit, nous suffisons; je suffisais; je suffis; je suffirai; que je suffise; suffisant; suffi⟩ *v/i u v/t/indir* **1.** genügen, (aus-, hin-, zu)reichen, F langen (à qn j-m; pour qc für etw; à, pour +*inf* um zu +*inf*); **cela suffit,** F *ellip* **suffit** das genügt, reicht; F **ça suffit comme ça** F so reicht's; so ist's genug; **merci, cela me suffit** danke, es reicht, das genügt mir; **sa famille lui suffit** er geht in s-r Familie auf; s-e Familie füllt ihn aus; **son salaire ne lui suffit pas** sein Gehalt reicht nicht aus; er kommt mit s-m Gehalt nicht aus; **cela suffit à mon bonheur** ich bin damit zufrieden; mehr brauche ich nicht (F zu meinem

Glück); **cela suffit à, pour détruire toute une ville** das reicht (aus), das genügt, das ist genug, um e-e ganze Stadt zu zerstören; **pour deux ça suffit für zwei reicht's**; **un seul peut** ～ **einer** reicht, genügt wohl, ist wohl genug; **2.** *Person* ～ **à ses besoins** für s-e Bedürfnisse aufkommen; s-n 'Unterhalt bestreiten; **II** *v/imp* **il suffit de** (+*inf*) *bzw* **que**... (+*subj*) es genügt, reicht zu (+*inf*) *bzw* **daß** ... *od* **wenn** ...; **il vous suffira de le lui dire** Sie brauchen es ihm nur zu sagen; **il suffit d'une fois** einmal genügt; **il suffit d'un rien** es genügt e-e Kleinigkeit; **III** *v/pr* **se** ～ **à soi-même** sich selbst genügen; niemand(en) brauchen; auf eigenen Füßen stehen

suffisamment [syfizamã] *adv* aus-, hinreichend; genügend; genug; hinlänglich; *p/fort* zur Genüge; sattsam; ～ **d'argent** genügend, ausreichend Geld; **avoir** ～ **à manger** ausreichend, genügend, genug zu essen haben

suffisance [syfizãs] *f* Selbstgefälligkeit *f*; Dünkel *m*; Süffi'sance *f*

suffisant [syfizã] *adj* **1.** aus-, hinreichend, genügend (**pour qc** für etw, **pour** +*inf* um zu +*inf*; **pour que** ... +*subj* damit ...); **en quantité** ～**e** in ausreichender Menge; **c'est amplement, bien, largement** ～ das ist völlig ausreichend; das reicht vollauf; **c'est plus que** ～ das ist mehr als genug; **2.** *Person, Miene, Ton* selbstgefällig; dünkelhaft; eingebildet; süffi'sant

suffix|al [syfiksal] *adj* ‹-*aux*› *ling* Suf'fix...; ～**ation** *f* *ling* Ableitung *f* durch Suf'fixe

suffix|e [syfiks] *m* *gr, ling* Suf'fix *n*; Nachsilbe *f*; ～**er** *v/t* *ling* mit e-m Suf'fix versehen; suffi'gieren; *adjt* **mot suffixé** mit e-m Suffix gebildetes Wort; Suffixbildung *f*

suffoc|ant [syfokã] *adj* **1.** zum Erstikken; *Atmosphäre auch* stickig; *Hitze auch* erstickend; (er)drückend; **2.** *fig* verblüffend; höchst erstaunlich; über'raschend; ～**ation** *f* Atemnot *f*; Ersticken *n*, -ung *f*

suffoquer [syfoke] **I** *v/t* ersticken (*meist fig*); *fig Nachricht etc* ～ **qn** j-m den Atem verschlagen, benehmen; **II** *v/i* **1.** keine Luft mehr bekommen; fast ersticken; **2.** *fig* ～ **de colère, d'indignation** vor Zorn, vor Empörung fast ersticken

suffragant [syfragã] *m* **a)** *égl cath* Suffra'gan *m*; **b)** *égl prot* Vi'kar *m*

suffrage [syfraʒ] *m* **1.** Wahl *f*; Stimmabgabe *f*; ～ **direct** direkte, unmittelbare Wahl; **élire au** ～ **direct** in direkter Wahl wählen; ～ **indirect** indirekte, mittelbare Wahl; ～ **restreint, universel** beschränktes, allgemeines Wahlrecht; **2.** (Wahl)Stimme *f*; ～**s exprimés** abgegebene Stimmen *f/pl*; **à la majorité des** ～**s** mit Stimmenmehrheit; **obtenir, recueillir la majorité des** ～**s** die Mehrheit der Stimmen erhalten, auf sich vereinigen; **3.** *fig* ～**s** *pl* Beifall *m*; **remporter tous les** ～**s** allgemein Beifall finden

suffragette [syfraʒɛt] *f* *in England* Suffra'gette *f*; Frauenstimmrechtlerin *f*

suffusion [syfyzjõ] *f* *path* Suffusi'on *f*

suggérer [syɡʒere] *v/t* ～ **qc à qn** j-m etw nahelegen, vorschlagen; ～ **qc** *auch* etw anregen; j-m auf e-n ～ **une idée à qn** j-m e-n Gedanken eingeben; j-m auf e-n Gedanken bringen; **2.** *Gefühl, Vorstellung* her'vorrufen; auslösen; denken lassen an (+*acc*); **3.** *durch Hypnose, Beeinflussung* ～ **qc à qn** j-m etw (ein)sugge'rieren, einflüstern, einreden

suggest|ibilité [syɡʒɛstibilite] *f* *psych* Suggestibili'tät *f*; Beeinflußbarkeit *f*;

～**ible** *adj* *psych* sugge'stibel; beeinflußbar

suggest|if [syɡʒɛstif] *adj* ‹-*ive*› **1.** *Musik, Worte* sugge'stiv; von sugge'stiver Wirkung; **2.** *Darstellung etc* (sinnlich) aufreizend; ～**ion** *f* **1.** Anregung *f*; Vorschlag *m*; Empfehlung *f*; **2.** *psych* Suggesti'on *f*

suggestionner [syɡʒɛstjɔne] *v/t* ～ **qn** e-e sugge'stive Wirkung auf j-n ausüben

suicidaire [sɥisidɛr] *adj* selbstmörderisch; selbstzerstörerisch; *psych* zum Selbstmord neigend

suicid|e [sɥisid] *m* **1.** Selbstmord *m*; Freitod *m*; *fig* ～ **moral** Selbstaufgabe *f*; **candidat** *m* **au** ～ Selbstmordkandidat *m*; **tentative** *f* **de** ～ Selbstmordversuch *m*; *rouler à cette vitesse,* **c'est un vrai** ～ ... das ist glatter Selbstmord; **2.** *adjt fig* Selbstmord...; selbstmörderisch; **commando** *m* ～ *od* **commando-**～ *m* Himmelfahrtskommando *n*; ～**é(e)** *m(f)* Selbstmörder(in) *m(f)*; ～**er** *v/pr* **se** ～ Selbstmord begehen, verüben; sich das Leben nehmen; *st/s* sich entleiben

suidés [sɥide] *m/pl* *zo* Schweine *n/pl* (*Familie*)

suie [sɥi] *f* Ruß *m*

suif [sɥif] *m* **1.** Talg *m*; Unschlitt *m*; ～ **de bœuf, de mouton** Rinder-, Hammeltalg *m*; **2.** Pflanzentalg *m*; vegeta'bilischer Talg; **3.** *arg* **il va y avoir du** ～ F es wird was absetzen; es wird Krach geben

suiff|er [sɥife] *v/t* mit Talg einschmieren; ～**eux** *adj* ‹-*euse*› talgartig; talgig

sui generis [sɥiʒeneris] *loc/adj* von eigener, besonderer Art; sui generis

suint [sɥɛ̃] *m* Wollfett *n*; Wollschweiß *m*; **laine** *f* **en** ～ Schweißwolle *f*

suintement [sɥɛ̃tmã] *m* **1.** *e-r Flüssigkeit* (Aus)Sickern *n*; *par ext* aus-, 'durchgesickerte Flüssigkeit; **2.** *von Wänden* Schwitzen *n*; *e-r Wunde* Nässen *n*

suinter [sɥɛ̃te] *v/i* **1.** *Flüssigkeit* (aus-, 'durch)sickern; **2.** *Wand* schwitzen; *Wunde* nässen

suis[1] [sɥi] *cf* être[1]

suis[2] [sɥi] *cf* suivre

suisse [sɥis] **I** *adj* schweizerisch; Schweizer; **Alpes** *f/pl* ～**s** Schweizer Alpen *pl*; **Confédération** *f* ～ Schweizerische Eidgenossenschaft; **franc** *m* ～ Schweizer Franken *m*; *im Vatikan* **garde** *f* ～ Schweizergarde *f*; **II** *subst* **1.** ♀ *m,f* Schweizer(in) *m(f)*; **2.** *m* *égl cath* Kirchendiener *m*; Schweizer *m*; **3.** F **manger, boire en** ～ für sich al'lein essen, trinken; ～ **petit** ～ kleiner, runder Doppelrahmfrischkäse

Suissesse [sɥisɛs] *iron f* Schweizerin *f*

suite [sɥit] *f* **1.** Folge *f*; **avoir des** ～ **fâcheuses** unangenehme, fatale Folgen haben; **ce projet n'a pas eu de** ～**s** dieses Vorhaben ist nicht verwirklicht, realisiert worden; **avoir de la** ～ **dans les idées** konsequent, beharrlich, hartnäckig sein; konsequent, beharrlich, hartnäckig sein *od* Ziel verfolgen; *adt* **donner** ～ **à une demande** e-m Antrag stattgeben; **faire** ～ **à qc** auf etw (*acc*) folgen; *e-r Sache* (*dat*) folgen; **mourir des** ～**s d'un accident** an den Folgen e-s Unfalls sterben; **prendre la** ～ **de qn** j-s Nachfolge antreten; **tenir des propos sans** ～ unzusammenhängende, zu'sammenhang(s)lose Reden führen; zusammenhang(s)los (daher)reden; ♦ *loc/adv:* **de** ～ **a)** nach-, hinterein'ander; F gleich; so'fort; **trois fois de** ～ dreimal hinter-, nacheinander; **tout de** ～ **a)** *zeitlich* so'fort; F gleich; *st/s* so'gleich; al-'bald; **b)** *räumlich gleich;* **par la** ～ in der Folge; nachher; später; im weiteren Verlauf; ♦ *loc/prép:* **à la** ～ **de a)** *zeitlich* nach (+*dat*); im Anschluß an (+*acc*); **b)**

---

räumlich hinter (+*dat*); **c)** in'folge (+*gén*); auf Grund von (*od* +*gén*); auf (+*acc*) hin; *comm* (**comme**) ～ **à votre lettre** in Beantwortung Ihres Schreibens; mit, unter Bezugnahme auf Ihr Schreiben; *comm* (**comme**) ～ **à votre commande** in Erledigung Ihres Auftrags; **par** ～ **de** in'folge (+*gén*); auf Grund von (*od* +*gén*); durch; wegen (+*gén*, F +*dat*); **2.** Fortsetzung *f*; *im Restaurant* **la** ～ **der folgende Gang**; **la** ～ **au prochain numéro** Fortsetzung folgt (*auch fig*); Fortsetzung in der nächsten Nummer, im nächsten Heft; **comm article** *m* **sans** ～ Artikel, der nicht nachgeliefert wird; *loc/adv* **et ainsi de** ～ und so weiter (*abr* usw.); und so fort (*abr* usf.); und dergleichen mehr; **attendons la** ～ warten wir ab, wie es weitergeht; warten wir das Weitere ab; **3.** *(Aufein'ander)*Folge *f*; Reihe *f*; **une** ～ **d'incidents** e-e Folge, Reihe von Zwischenfällen; **4.** *e-r hochgestellten Persönlichkeit* Gefolge *n*; Suite *f*; **5.** *mus* Suite *f*; ～ **d'orchestre** Or'chestersuite *f*; **6.** *math* Folge *f*; **7.** *in e-m Hotel* Suite *f*; Zimmerflucht *f*; **8.** *Kunst* Folge *f*, Serie *f* von Darstellungen, *bes* von Stichen; *auch* Gobe'linserie *f*; **9.** *jur* **droit** *m* **de** ～ **a)** Recht *n* des Hypo'thekengläubigers gegen'über dem Dritterwerber, s-e hypothe'karisch gesicherten Rechte zu verfolgen; **b)** *e-s Künstlers* Folgerecht *n*; **10.** *u/pl* -ung *f*

suitée [sɥite] *adj* ‹*nur f*› *Stute* mit Fohlen; *Bache* mit Frischlingen

suiv|ant [sɥivã] **I** *adj* folgend(r, -s); nach-, nächstfolgende(r, -s); nächste(r, -s); *in e-m Text auch* nachstehende(r, -s); **les chapitres** ～**s** die (nach)folgenden, nachstehenden Kapitel; **le dimanche** ～ **a)** der (dar'auf)folgende Sonntag; **b)** *loc/adv* am dar'auffolgenden Sonntag; am Sonntag dar'auf; **l'exemple** ～ das folgende Beispiel; *loc/adv* **la fois** ～**e** beim folgenden, nächsten Mal; *subst* **dans ces pages et dans les** ～**es** auf diesen und den folgenden Seiten; *beim Arzt etc* **au** ～! der nächste, bitte!; **II** *prép* **1.** nach, gemäß, entsprechend (+*dat*); **son habitude** nach s-r Gewohnheit; s-r Gewohnheit nach, gemäß, entsprechend; ～ **un plan, programme bien déterminé** nach e-m ganz bestimmten Plan, Programm; ～ **un plan, programme établi** planmäßig, pro'grammgemäß; **2.** je nach (+*dat*); ～ **le(s) cas** je nach Fall; je nach Lage des Falls; **entscheiden auch** von Fall zu Fall; ～ **les circonstances, le temps** je nach den 'Umständen, dem Wetter; ～ **le jour,** *il est gai ou triste* ... das hängt vom Tag ab; **III** *loc/conj* ～ **que** ... je nach'dem, ob ...; ～**ante** *f* *früher, thé* Dienerin *f*; Zofe *f*; Begleiterin *f*; Vertraute *f*; ～**eur** *m* Tour de France Begleiter *m*

suivi [sɥivi] *adj* **1.** *Bemühung, Arbeit* fortgesetzt; fortlaufend; beständig; anhaltend; *Briefwechsel, Beziehungen* regelmäßig; *comm* **article** ～ Artikel, der dauernd hergestellt *bzw* verkauft wird; **qualité** ～**e** gleichbleibend gute Qualität; **2.** *Beweiskette, Argumentation* zu'sammenhängend; folgerichtig; logisch

suiv|isme [sɥivism(ə)] *m* unkritische Nachahmung; Mitläufertum *m*; ～**iste** *m* unkritischer Nachahmer; Mitläufer *m*

suivre [sɥivr(ə)] ‹**je suis, il suit, nous suivons; je suivais; je suivis; je suivrai; que je suive; suivant; suivi**› **I** *v/t* **1.** ～ **qn** j-m folgen; *zu Fuß auch* hinter j-m hergehen, -laufen; j-m nachgehen; (*mit e-m Fahrzeug auch* hinter j-m herfahren; j-m nachfahren; (*mit e-m*) *Flugzeug* hinter j-m herfliegen (*auch Vogel*); **suivez le guide!** folgen Sie dem

Führer!; *fig* ~ le mouvement mit dem Strom schwimmen; sich der Allgemeinheit anschließen; **je vous suis** ich komme (gleich) nach; **vos bagages vous suivront** Ihr Gepäck kommt nach; ~ qn comme un caniche, un mouton, son ombre j-m auf Schritt und Tritt, wie sein Schatten folgen; j-m nicht von der Seite gehen, weichen; ~ qn de près, de loin j-m dicht, von weitem folgen; dicht, von weitem hinter j-m hergehen *bzw* -fahren; **cette voiture nous suit de trop près** *auch* dieser Wagen fährt zu dicht auf; *par ext* ~ qn, qc (du regard, des yeux) j-n, etw mit den Blicken verfolgen; j-m, e-r Sache nachblicken, -schauen; *marche moins vite,* je n'arrive pas à te ~ ... ich komme nicht mit; *Post* faire ~ nachsenden, -schicken; *Aufschrift* (prière de) faire ~ bitte nachsenden!; *p/p* suivi de ses amis gefolgt von s-n Freunden; *loc/prov* qui m'aime me suive! wer mich liebhat, folge mir!; **2.** ~ qn j-n begleiten; (mit j-m) mitkommen; ~ un cortège in e-m Zug mitgehen; sa femme le suit dans tous ses voyages s-e Frau kommt auf allen s-n Reisen mit, begleitet ihn auf allen s-n Reisen; ~ qn jusqu'au bout du monde mit j-m bis ans Ende der Welt gehen; ~ qn par la pensée im Geiste, in Gedanken bei j-m sein; si vous voulez bien me ~! wenn Sie mitkommen wollen!; **3.** *par ext* ~ qn j-n beschatten; faire ~ qn par un détective j-n von e-m Detektiv beschatten lassen; **4.** *zeitlich, Reihenfolge* **a)** *abs* folgen; suivait une longue explication es folgte e-e lange Erklärung; **comme suit** wie folgt; **dans les jours qui suivirent** an den folgenden Tagen; **si les prix augmentent, les salaires doivent** ~ ... müssen die Löhne folgen; **b)** ~ qc auf etw *(acc)* folgen; e-r Sache *(dat)* folgen; **les pages qui suivent l'introduction** die auf die Einleitung *od* die der Einleitung folgenden Seiten; **le concert fut suivi d'un bal** auf das Konzert folgte ein Ball; **5.** *e-m Weg, e-r Straße* folgen (+*dat*); *Weg, Straße* gehen *bzw* fahren; *e-m Wasserlauf* folgen (+*dat*); entlanggehen *bzw* -fahren an (+*dat*); **la route suit le canal** die Straße folgt dem Kanal, führt am Kanal entlang; *Angelegenheit, Krankheit etc* ~ son cours (gewohnten) Gang gehen; normal verlaufen; **la justice suivra son cours** die Gerechtigkeit wird ihren Lauf nehmen; **en suivant cette direction** ... wenn Sie dieser Richtung folgen; in dieser Richtung (weiter)gehen ...; *par ext* ~ son idée s-n Gedanken verfolgen; an s-m Gedanken festhalten; *Polizei* ~ une piste e-e Spur verfolgen; e-r Spur *(dat)* nachgehen; *fig* ~ une politique e-e Politik verfolgen; *fig* ~ les traces de qn in j-s Fuß(s)tapfen *(acc)* treten; ~ une vallée e-m Tal folgen; *fig* ~ la voix de la raison der Stimme der Vernunft folgen; **6.** *Vorschriften, Weisungen* folgen (+*dat*); Folge leisten (+*dat*); befolgen; sich richten nach; sich an e-n Rat halten; *e-r Methode, e-m Plan* folgen (+*dat*); ~ qn sich j-m anschließen; mitmachen *(abs)*; *Verb* ~ la première conjugaison nach der ersten Konjugation gehen; ~ un conseil e-m Rat folgen; e-n Rat befolgen, beherzigen; sich an e-n Rat halten; ~ l'exemple de qn j-s Beispiel folgen; exemple à ~ nachahmenswertes Beispiel, Vorbild; ~ son imagination s-r Phantasie folgen; ~ l'impulsion du moment e-m Impuls folgen; ~ une ligne de conduite e-r Richtschnur folgen; sich an e-e Richtschnur halten; ~ ses penchants s-n

Neigungen folgen; ~ un régime Diät halten; ~ un traitement sich behandeln lassen; sich e-r Behandlung unter'ziehen; **7.** *Rede, Sendung* (aufmerksam, genau) verfolgen; *Angelegenheit* im Auge behalten; *Text e-r Rede etc* mitlesen; ~ l'actualité das Zeitgeschehen verfolgen; *Lehrer* ~ un élève e-n Schüler im Auge behalten; sich e-m Schüler widmen; *Arzt* ~ un malade e-n Patienten über'wachen, beobachten; ~ un match à la télévision e-n Wettkampf im Fernsehen verfolgen; suivez-moi bien! passen Sie gut auf; c'est une affaire à ~ das ist e-e Sache, die man im Auge behalten sollte; à ~ Fortsetzung folgt; **8.** *beim Unterricht, geistig* mitkommen; folgen können; *Schüler* ~ sa classe in s-r Klasse mitkommen; je ne suis pas votre raisonnement ich kann Ihrer Über'legung nicht folgen; ich komme bei Ihrer Überlegung nicht mit; vous me suivez? kommen Sie mit?; können Sie mir folgen?; cet élève suit bien dieser Schüler kommt gut mit; **9.** ~ un, des cours an e-m Kurs teilnehmen; e-n Kurs besuchen; 'Unterricht, Stunden nehmen; *an der Universität* Vorlesungen hören, besuchen; **10.** *comm Artikel* dauernd herstellen, verkaufen, führen; **11.** *Geschäft, Unternehmen* mit Eifer betreiben; hinter (+*dat*) her sein; **12.** ~ un cheval, un numéro immer auf das'selbe Pferd, auf die'selbe Nummer setzen; **13.** *abs, beim Poker* halten; **II** *v/imp* **14.** il s'en suit que ... *cf* ensuivre; **III** *v/pr* se ~; **15.** hinter'einander folgen; hinterein'ander (her)gehen *bzw* (-)fahren *bzw* (-)fliegen; se ~ à la queue leu leu im Gänsemarsch gehen; *Autos* se ~ de trop près zu dicht auffahren; **16.** *zeitlich, Reihenfolge* aufein'anderfolgen; *Briefe* se ~ de près kurz hintereinander kommen; unmittelbar aufeinanderfolgen

sujet [syʒɛ] **I** *adj* ⟨~te⟩ **1.** ~ à qc gegen etw anfällig; zu etw neigend; ~ un homme ~ à de violentes colères ein zu heftigen Zornausbrüchen neigender Mensch; il est ~ au mal de mer, au vertige er wird leicht seekrank, ihm wird leicht schwindlig; être ~ aux migraines zu Migräne neigen; gegen Migräne anfällig sein; **2.** *Behauptung, Information* ~ à caution *cf* caution **2.**; *Echtheit, Wahrheit* ~ à discussion um'stritten; bewiesen; **II** *m* **1.** Thema *n*; Gegenstand *m*; *e-s literarischen Werkes auch* Stoff *m*; *Vorwurf m*; *e-r künstlerischen Darstellung auch* Su'jet *n*; un bon ~, un ~ en or ein dankbares Thema; un ~ difficile (à traiter) ein schwieriges (schwer zu behandelndes) Thema; ~ de conversation Gesprächsgegenstand *m*, -thema *n*; ~ de discussion, de dissertation Diskussi'ons-, Aufsatzthema *n*; ~ de dispute Thema des Streites; ~ de méditation Thema zum Nachdenken; *loc/prép* au ~ de hinsichtlich (+*gén*); über (+*acc*); wegen (+*gén*, F *dat*); une discussion au ~ de l'art moderne e-e Diskussion über moderne Kunst; des reproches au ~ de sa conduite Vorwürfe wegen, hinsichtlich s-s Verhaltens; *loc/adv*: à ce ~ diesbezüglich; darüber; hierüber; deswegen; je n'ai rien appris à ce ~ ich habe nichts darüber, hierüber erfahren; on l'a critiqué à ce ~ man hat ihn deswegen kritisiert; sur ce ~ über dieses Thema; aborder un ~ ein Thema anschneiden, zur Sprache bringen; changer de ~ das Thema wechseln; entrer dans le vif du ~ zum Kern der Sache kommen, vorstoßen; in medias res gehen; passer d'un ~ à l'autre von e-m Thema zum

andern springen; revenir au ~ auf das Thema zurückkommen; traiter un ~ ein Thema behandeln; **2.** *mus* Thema *n*; *e-r Fuge auch* Sub'jekt *n*; **3.** *gr* Sub'jekt *n*; Satz'gegenstand *m*; inversion *f* du ~ Inversi'on *f*; *adit*: im Altfrz cas *m* ~ Rectus *m*; unabhängiger Fall; Nominativ *m*; pronom *m* ~ als Subjekt stehendes Pronomen; **4.** *philos, psych, Logik* Sub'jekt *n*; **5.** Anlaß *m*; Grund *m*; Ursache *f*; ~ de mécontentement Anlaß, Grund zur Unzufriedenheit; *st/s* avoir ~ de se plaindre Anlaß, Grund zur Klage haben; Veranlassung haben zu klagen; **6.** Per'son *f*; *meist péj* Sub'jekt *n*; ~ brillant, d'élite hervorragender, glänzender Schüler; *von e-m Kind* mauvais ~ Taugenichts *m*; Schlingel *m*; *ling* ~ parlant Sprechende(r) *m*; *jur* ~ de droit Rechtssubjekt *n*; *biol, méd* ~ (d'expérience) Versuchsperson *f bzw* -tier *n*; **7.** *in e-r Monarchie* 'Untertan *m*

sujétion [syʒesjɔ̃] *f* **1.** *st/s* ~ e-s Landes, Volkes Unter'werfung *f*; Abhängigkeit *f*; **2.** *par ext* Last *f*; lästiger Zwang

sulfamide [sylfamid] *m phm* Sulfona'mid *n*

sulfatage [sylfataʒ] *m* **1.** *vit, agr* Spritzen *n*, -ung *f* mit Kupferkalkbrühe; **2.** *der Weinmaische* Gipsen *n*

sulfat|e [sylfat] *m chim* Sul'fat *n*; ~ d'ammonium, de plomb Am'monium-, Bleisulfat *n*; ~ de cuivre Kupfersulfat *n*, -vitriol *n*; ~er *v/t* **1.** *Weinreben etc* mit Kupferkalkbrühe spritzen; **2.** *Weinmaische* gipsen; ~euse *f* **1.** *vit* (Vitri'ol)Spritze *f*; **2.** *arg mil (mitraillette)* F Kugelspritze *f*

sulfhydrique [sylfidrik] *adj chim* acide ~ Schwefel'wasserstoff *m*

sulf|itage [sylfitaʒ] *m des Weins* Schwefeln *n*; ~ite *m chim* Sul'fit *n*

sulfocarbonisme [sylfɔkarbɔnism(ə)] *m path* Schwefel'kohlenstoffvergiftung *f*

sulfonation [sylfɔnasjɔ̃] *f chim* Sulfu'rieren *n*, -ung *f*; Sulfo'nieren *n*, -ung *f*

sulfone [sylfɔn] *f chim* Sul'fon *n*

sulfosel [sylfɔsɛl] *m chim* Schwefel'tetroxid *n*

sulfovinique [sylfɔvinik] *adj chim* acide ~ A'thylschwefelsäure *f*

sulfur|age [sylfyraʒ] *m vit* Bodenentseuchung *f* mit Schwefel'kohlenstoff; ~ation *f chim* Verbindung *f* mit Schwefel; 'Umwandlung *f* in e-e Schwefelverbindung

sulfure [sylfyr] *m chim* Sul'fid *n*; Schwefelverbindung *f*; ~ de carbone Schwefel'kohlenstoff *m*; ~ de plomb Bleisulfid *n*

sulfuré [sylfyre] *adj chim* Schwefel...; hydrogène ~ Schwefel'wasserstoff *m*

sulfurer [sylfyre] *v/t* **1.** *chim* mit Schwefel verbinden; **2.** *vit* mit Schwefel'kohlenstoff behandeln

sulfureux [sylfyrø] *adj* ⟨-euse⟩ **1.** Schwefel...; eau sulfureuse Schwefelquelle *f*; vapeurs sulfureuses Schwefeldämpfe *m/pl*; **2.** *chim* acide ~ schweflige Säure; anhydride, gaz ~ Schwefel'dioxid *n*

sulfurique [sylfyrik] *adj chim* acide *m* ~ Schwefelsäure *f*; acide ~ concentré, dilué, fumant konzentrierte, verdünnte, rauchende Schwefelsäure; anhydride *m* ~ Schwefel'trioxid *n*

sulfurisé [sylfyrize] *adj chim, tech* mit Schwefelsäure behandelt; papier ~ Perga'ment-, Butterbrotpapier *n*

sulky [sylki] *m Trabrennen* Sulky ['sal-ki] *n*

sulpicien [sylpisjɛ̃] *m égl cath* Sulpizi'aner *m*

sultan [syltɑ̃] *m* Sultan *m*

sult|anat [syltana] *m* Sulta'nat *n*; **~ane** *f*
1. Sultanin *f*; **2.** *adjt zo* **poule** *f* ~ Pur-
purhuhn *n*, -ralle *f*; Sultanshuhn *n*
sumac [symak] *m bot* Sumach *m*; ~ **des**
corroyeurs Gerbersumach *m*
sumérien [symerjɛ̃] *hist* **I** *adj* ⟨~ne⟩
su'merisch; **art** ~ sumerische Kunst; **II**
subst **1.** ~s *m/pl* Su'merer *m/pl*; **2.** *ling* le
~ das Su'merische; Su'merisch *n*
summum [sɔ(m)mɔm] *m* Höhepunkt
m; Gipfel *m*; höchster Grad; le ~ **de la**
perfection die höchste Voll'endung;
être au ~ **de la gloire** auf dem Gipfel,
Höhepunkt des Ruhms angelangt sein
sunlight [sœnlajt] *m cin*, *télév* Jupiter-
lampe *f*
sunn|a [sy(n)na] *f Islam* Sunna *f*; ~**ite** *m*
Islam meist *pl* ~s Sun'niten *m/pl*
super [sypɛr] *m* (*Kurzform von* **super-**
carburant) Super *n*; **prendre vingt**
litres de ~ zwanzig Liter Super tanken
super... *od* **super-...** [sypɛr] *in Zssgn*
super...; Super... (*beide auch* F);
über...; Über...; *cf die nachfolgenden
Stichwörter*
superbe [sypɛrb] **I** *adj* prächtig; pracht-
voll; herrlich; strahlend schön; **animal**
m ~ prächtiges Tier; **avoir une mine** ~
blendend aussehen; **il fait un temps** ~ es
ist herrliches, strahlendes Wetter; **II** *litt f*
Hochmut *m*; *litt* Hoffart *f*
super|bombe [sypɛrbɔ̃b] *f* F Superbom-
be *f*; ~**carburant** *m* Superbenzin *n*; ~
-champion *m sports* vielfacher Mei-
ster
supercherie [sypɛrʃɔri] *f* Betrug *m*;
Täuschung *f*; Vortäuschung *f*, Vorspie-
gelung *f* falscher Tatsachen
superciment [sypɛrsimɑ̃] *m bât* hoch-,
höherwertiger Ze'ment
supère [sypɛr] *adj bot* Fruchtknoten
oberständig
supérette [sypɛrɛt] *f* kleiner Selbstbedie-
nungsladen
superfécondation [sypɛrfekõdasjõ] *f*
physiol Superfekundati'on *f*; Über-
'schwängerung *f*; Nachempfängnis *f*
superféta|tion [sypɛrfetasjõ] *f physiol*
Superfetati'on *f*; Über'fruchtung *f*;
~**toire** *litt adj* 'überflüssig; unnütz
superficialité [sypɛrfisjalite] *f selten*
Oberflächlichkeit *f*
superficie [sypɛrfisi] *f* Fläche *f*; Flä-
cheninhalt *m*; *e-s Körpers* Oberflä-
che(ninhalt) *m*; **la** ~ **d'un pays** die
Fläche e-s Landes; **mesurer la** ~ **d'un**
champ die Fläche e-s Feldes (ver)mes-
sen
superficiel [sypɛrfisjɛl] *adj* ⟨~**le**⟩ **1.**
Wunde, Verbrennung oberflächlich; *Ge-
steinsschichten etc* an der Oberfläche
(liegend); *phys* **tension** ~**le** Oberflä-
chenspannung *f*; **2.** *Person, Arbeit,
Kenntnisse, Durchsicht* oberflächlich;
Person auch seicht; *e-r Person* **esprit** ~
Oberflächlichkeit *f*
superfinition [sypɛrfinisjõ] *f tech* Fein-
ziehschleifen *n*; Schwingschleifen *n*
superflu [sypɛrfly] **I** *adj* 'überflüssig;
unnötig; **dépense** ~**e** unnötige Ausga-
be; **explications** ~**es** überflüssige, un-
nötige Erklärungen *f/pl*; **poils** ~**s**
unerwünschte Haare *n/pl*; **il est** ~ **de**
(+*inf*) es ist überflüssig, unnötig zu
(+*inf*); **II** *subst* le ~ das 'Überflüssige
super|fluide [sypɛrflɥid] *adj phys* supra-
flüssig; superfluid; ~**forteresse** *f aviat*
mil Superfestung *f*; ~**-grand** *m* ⟨*pl*
super-grands⟩ *pol* Supermacht *f*;
~**hétérodyne** *adj u subst m rad* (récep-
teur *m*) ~ Superhetero'dyn-, Super(het)-
rungsempfänger *m*; Super(het) *m*; ~
-huit *m* ⟨*inv*⟩ *phot* Super-acht-Film *od*
Super-8-Film *m*
supérieur [sypɛrjœr] **I** *adj* **1.** obere(r, -s);

Ober...; *e-s Flusses* **cours** ~ Oberlauf *m*;
les étages ~**s** die oberen Stockwerke
n/pl; **lèvre, mâchoire** ~**e** Oberlippe *f*,
-kiefer *m*; *astr* **planètes** ~**es** äußere *od*
obere Planeten *m/pl*; **2. a)** höhere(r, -s)
animaux ~**s** höhere Tiere *n/pl*; **autorité**
~**e** vorgesetzte Behörde; **cadres** ~**s**
leitende Angestellte *m/pl*; obere Füh-
rungskräfte *f/pl*; **classes** ~**es de la**
société, **obere Gesellschafts-
klassen** *f/pl*; **École normale** ~ *cf nor-
mal* **2.**; **l'échelon** ~ die nächsthöhere
Stufe; **enseignement** ~ **a)** Hochschul-
wesen *n*; Hochschulen *f/pl*; **b)** Hoch-
schulunterricht *m*; **intérêt** ~ höheres
Interesse; **mathématiques** ~**es** *cf* ma-
thématiques **II 2.**; **officier** ~ höherer
Offizier; Stabsoffizier *m*; **végétaux** ~**s**
höhere Pflanzen *f/pl*; **b)** ~ **à qc** höher als
etw; **note** ~**e à la moyenne** über dem
'Durchschnitt liegende, 'überdurch-
schnittliche Note; **température** ~**e à la**
normale höher als die Normaltempe-
ratur; **être** ~ **à** *in e-r Hierarchie* stehen
über (+*dat*); höher stehen als; *Tempera-
tur etc* liegen über (+*dat*); **3. a)** über'le-
gen; **air, ton** ~ überlegene Miene, über-
legener Ton; **intelligence, qualité** ~**e**
überlegene, über'ragende, her'vor-
ragende Intelligenz, Qualität; **être d'une qualité** ~**e** *auch*
qualitativ überlegen sein; **être** ~ **en**
nombre zahlenmäßig, an Zahl überle-
gen sein; in der 'Überzahl, *Gegner auch*
in der 'Übermacht sein; **être** ~ **en tout in**
allem überlegen sein; **b)** ~ **à qn, à qc** j-m,
e-r Sache über'legen (**par son intelli-
gence** an Intelligenz); **être** ~ **à qn, à qc**
auch j-n, etw über'treffen, über'ragen; **se**
croire ~ **aux autres** sich den anderen
überlegen dünken; **4.** *math* ~ **à** größer
als; **II** *subst* **1.** ~**(e)** *m(f)* Vorgesetzte(r)
f(m); ~ **hiérarchique** Dienstvorge-
setzte(r) *m*; **2.** *rel* ~**(e)** *m(f) od adjt* **père**
~, **mère** ~**e** Su'perior *m*, Superi'orin *f*;
Oberin *f*
supériorité [sypɛrjɔrite] *f* Über'legen-
heit *f*, 'Übergewicht *n*, Superiori'tät *f*
(**sur** über +*acc*); *mil* ~ **aérienne, navale**
Luftüberlegenheit *f*, Überlegenheit zur
See; ~ **écrasante** haushohe Überlegen-
heit; *e-s Gegners auch* erdrückende
'Übermacht; ~ **intellectuelle** geistige
Überlegenheit; ~ **numérique** zahlen-
mäßige Überlegenheit; 'Überzahl *f*;
Gegners auch 'Übermacht *f*; **air** *m* **de** ~
über'legene Miene; *gr* **comparatif** *m* **de**
~ Komparativ *m* des höheren Grades;
mit „plus" gebildeter Komparativ; **sen-
timent** *m* **de** ~ Überlegenheitsgefühl *n*;
avoir le sentiment de sa ~ sich über'le-
gen; **c'est une** ~ **qu'il a sur moi**
darin ist er mir über'legen
superlatif [sypɛrlatif] *gr* **I** *m* Superlativ
m; zweite Steigerungsstufe; Höchst-,
Meiststufe *f*; ~ **absolu** absoluter Super-
lativ; Elativ *m*; ~ **relatif** (relativer)
Superlativ; ~ **relatif d'infériorité**, **de**
supériorité Superlativ des niedrigsten,
höchsten Grades; **adjectif** *m* **au** ~ im
Superlativ stehendes Adjektiv; **II** *adj*
⟨-**ive**⟩ superlativisch
super|marché [sypɛrmarʃe] *m comm*
Supermarkt *m*; ~**nova** *f astr* Super'no-
va *f*
super|ovarié [sypɛrɔvarje] *adj bot* mit
oberständigem Fruchtknoten; ~**phos-
phate** *m chim, agr* Superphosphat *m*;
~**plasticité** *f métall* Superplastizi'tät *f*
super|posable [sypɛrpozabl(ə)] *adj*
math deckungsgleich; kongru'ent; ~**po-
sé** *adj* überein'ander-, aufein'ander-
liegend; **lits** ~**s** E'tagenbett *n*; **être** ~
übereinander-, aufeinanderliegen
superposer [sypɛrpoze] **I** *v/t* über-

**ein'ander-, aufein'anderlegen, -setzen,
-stellen; (auf)stapeln; **II** *v/pr* **a)** reziprok
se ~ sich über'lagern; **b)** (**venir**) **se** ~ **à**
qc etw über'lagern
superposition [sypɛrpozisjõ] *f* **1.** *Vor-
gang* Überein'ander-, Aufein'anderlegen
n, -stellen *n*, -setzen *n*; **2.** *Zustand*
Über'lagerung *f* (*auch phys*); Über-
ein'anderliegen *n*, -lagern *n*; **3.** *par ext*
une ~ **de couches géologiques** über-
ein'anderliegende geo'logische Schich-
ten *f/pl*
super|production [sypɛrprodyksjõ] *f*
cin Monu'mentalfilm *m*; ~**puissance** *f*
pol Supermacht *f*; ~**réaction** *f rad*
Pendelrückkopplung *f*
supersonique [sypɛrsɔnik] *adj* 'Über-
schall...; **avion** *m* ~ *od subst* ~ *m*
Überschallflugzeug *n*; **vitesse** *f* ~ Über-
schallgeschwindigkeit *f*
supersti|tieux [sypɛrstisjø] *adj* ⟨-**euse**⟩
abergläubisch; ~**tion** *f* Aberglaube *m*;
c'est de la ~ das ist Aberglaube
superstrat [sypɛrstra] *m ling* Super-
'strat *n*
super|structure [sypɛrstryktyr] *f* **1. a)**
bât Ober-, 'Überbau *m*; **b)** *mar* Aufbau-
ten *m/pl*; **2.** dialektischer Materialismus
'Überbau *m*; ~**tanker** *m* Supertanker *m*
supervis|er [sypɛrvize] *v/t* über'prüfen;
'durchsehen; *auch* über'wachen; ~**eur** *m*
Über'prüfer *m*; ~**ion** *f* Über'prüfung *f*;
'Durchsicht *f*; *auch* Über'wachung *f*
supin [sypɛ̃] *m gr* Su'pinum *n*
supin|ateur [sypinatœr] *adj u subst m*
anat (**muscle** *m*) ~ Auswärtsdreher *m*; *sc*
Supi'nator *m*; ~**ation** *f physiol* Aus-
wärtsdrehung *f*; *sc* Supinati'on *f*
supplanter [syplɑ̃te] *v/t Person, Sache*
verdrängen; *Person auch* ausstechen; ~
un rival e-n Nebenbuhler ausstechen,
verdrängen
suppléance [sypleɑ̃s] *f* (Stell)Vertre-
tung *f*
suppléant [sypleɑ̃] **I** *adj* stellvertretend;
Ersatz...; **professeur** ~ vertretender
Lehrer; **II** *subst* ~**(e)** *m(f)* (Stell)Vertre-
ter(in) *m(f)*; Ersatzmann *m*
suppléer [syplee] *v/t/indir* ~ **à qc** etw
ersetzen, aufwiegen; für etw Ersatz bie-
ten; e-r Sache (*dat*) abhelfen; **son zèle**
supplée à s-e mangeln-
de Intelligenz auf; er ersetzt s-e mangeln-
de Intelligenz durch Fleiß; ~ **au man-
que de main-d'œuvre** dem Mangel an
Arbeitskräften abhelfen
supplément [syplemɑ̃] *m* **1.** Zusatz *m*;
Ergänzung *f*; *finanziell* Zulage *f*; **atten-
dre, demander un** ~ **d'information**
zusätzliche, weitere, ergänzende Infor-
mationen abwarten, verlangen; **exiger**
un ~ **de travail** Mehrarbeit erfordern;
2. *zu e-m Buch* Nachtrag *m*; Supple'ment
n; Supple'ment-, Ergänzungsband *m*; *e-r
Zeitung, Zeitschrift* Beilage *f*; **3.** *ch de fer
etc* Zuschlag *m*; *par ext* Zuschlagkarte *f*;
comm auf Waren 'Übrig(es) *od* Mehr(es) *m*;
Aufpreis *m*; Mehrpreis *m*; *im Restaurant*
vin *m* **en** ~ Wein wird extra, gesondert
berechnet; **c'est en** ~ das geht extra;
payer un ~ *auch* nach-, zuzahlen; e-n
Aufschlag, Aufpreis zahlen; **4.** *Geome-
trie* Supple'ment *n*
supplément|aire [syplemɛ̃tɛr] *adj* zu-
sätzlich; Zusatz...; ergänzend; Ergän-
zungs...; Extra...; *math* **angles** *m/pl* ~**s**
Supple'mentwinkel *m/pl*; Ergänzungs-
winkel *m/pl* (zu 180°); **délai** *m* ~ zusätzli-
che Frist; Zusatzfrist *f*; **dépenses** *f/pl*
~**s** zusätzliche Ausgaben *f/pl*; Mehr-,
Extrakosten *pl*; **heure** *f* ~ 'Überstunde *f*;
faire des heures ~**s** Überstunden ma-
chen; *mus* **lignes** *f/pl* ~**s** Hilfslinien *f/pl*;
paiement *m* ~ zusätzliche Zahlung;

Zuzahlung f; ch de fer train m ~ Entlastungszug m; Vor- bzw Nachzug m; **~er** v/t ch de fer etc ~ un billet e-e Zuschlagkarte (für e-e höhere Klasse) ausstellen

supplét|if [sypletif] **I** adj ⟨-ive⟩ **1.** gr forme supplétive Ersatzform f; **2.** mil Hilfs...; unités supplétives etwa Einheiten f/pl von Hilfswilligen; **II** m/pl ~s mil etwa (eingeborene) Hilfswillige m/pl; Hilfstruppen f/pl; F im 2. Weltkrieg Hiwis m/pl **~oire** adj jur serment m ~ richterlicher Eid; vom Gericht auferlegter Par'teieid

suppliant [syplijã] adj Miene, Blick, Stimme, Geste flehend

supplication [syplikasjõ] f inständige, flehentliche, demütige Bitte; **~s** pl auch Flehen n

supplice [syplis] m **1.** Marter f; Folter f; par ext Hinrichtung(sart) f; ~ chinois ausgeklügelte Marter, Folter; **2.** Qual(en) f(pl); Pein f; Marter(n) f(pl); ~ de la jalousie Qualen der Eifersucht; ~ de Tantale Tantalusqualen f/pl; être un ~ pour qn für j-n e-e Qual sein; être au ~ wie auf glühenden Kohlen sitzen; mettre au ~ quälen; peinigen

supplicier [syplisje] v/t (zu Tode) martern, foltern; subst un supplicié ein (zu Tode) Gemarterter m

supplier [syplije] v/t ~ qn de (+inf) j-n inständig, flehentlich bitten, j-n anflehen zu (+inf); ~ qn à genoux j-n kniefällig bitten; je vous en supplie ich bitte Sie inständig darum; F ich flehe Sie an

supplique [syplik] litt f Bittgesuch n

support [sypɔr] m **1.** tech Stütze f; Ständer m; Gestell n; Sta'tiv n; Bock m; Halter m; Halterung f; Träger m; Auflage f; **2.** fig Träger m; ~ publicitaire Werbeträger m; un signe est le ~ d'une idée ... der Träger e-r Idee; ~ d'images Bildträger m; EDV ~ d'information Datenträger m; ~ de son Tonträger m

supportable [sypɔrtabl(ə)] adj Schmerzen, Kälte etc erträglich; auszuhalten(d)

support-chaussette [sypɔrʃɔsɛt] m ⟨pl supports-chaussettes⟩ Sockenhalter m

supporter[1] [sypɔrte] **I** v/t **1.** tech, arch tragen; stützen; **2.** Folgen von etw, Ausgaben tragen; vous en supporterez les conséquences Sie werden die Folgen zu tragen haben; ~ les frais die Kosten tragen; **3.** Schmerzen, Unglück ertragen; erdulden; Schmerzen auch aushalten; leiden; Beleidigung, Frechheit sich gefallen lassen; hinnehmen; dulden; des douleurs f/pl difficiles à ~ schwer zu ertragende Schmerzen m/pl; il ne supporte pas qu'on lui en parle (subj) er erträgt es nicht, daß man davon spricht; il ne supporte pas la contradiction, qu'on le contredise er (v)erträgt keinen 'Widerspruch; **4.** Hitze, Kälte, Alkohol vertragen; bien ~ la chaleur Hitze gut vertragen (auch Tier, Pflanze); il ne fait pas chaud, on supporte facilement un manteau ... man kann durchaus e-n Mantel vertragen; ne pas ~ le vin keinen Wein vertragen; Sache avoir bien supporté le voyage den Transport gut über'standen haben; **5.** ne pas pouvoir ~ qn j-n nicht ausstehen können; il faut bien ~ ses voisins man muß sich mit s-n Nachbarn abfinden; man muß mit s-n Nachbarn auszukommen suchen; **II** v/pr se ~ sich gegenseitig ertragen; mitein'ander auszukommen (ver)suchen

supporter[2] [sypɔrtɛr, -tœr] m sports Anhänger m (auch pol); bei Auswärtsspielen der Mannschaft Schlachten-

bummler m

supposé [sypoze] adj mutmaßlich; vermutlich

supposer [sypoze] v/t **1.** annehmen; vermuten; mutmaßen; den Fall setzen; je suppose qu'il est là ich nehme an, ich vermute, ich halte es für möglich, daß er da ist; supposons qu'il vienne nehmen wir an, er käme od er kommt; supposons le problème résolu angenommen od nehmen wir an od setzen wir den Fall, das Problem wäre gelöst; la température étant supposée constante wobei e-e konstante Temperatur angenommen wird; ♦ loc/conj à ~ que, en supposant que ... (+subj) angenommen ...; gesetzt den Fall, (daß) ...; à ~ qu'il fasse beau gesetzt den Fall od angenommen, es wäre schönes Wetter, es ist od wird schön; ♦ il est à ~ que ... es ist, es steht zu vermuten, daß ...; es ist anzunehmen, daß ...; vermutlich ...; Sache laisser ~ que ... zu der Vermutung Anlaß geben, daß ...; il est permis de ~ que ... man darf annehmen, daß ...; je ne peux que le ~ ich kann es nur vermuten; **2.** vor'aussetzen; zur Vor'aussetzung haben; bedingen; des droits supposent des devoirs Rechte bedingen Pflichten; cela suppose un travail considérable das setzt e-e beträchtliche Arbeit voraus; cela suppose que ... das setzt voraus, daß ...; **3.** jur Kind, Testament unter'schieben od 'unterschieben

supposition [sypozisjõ] f **1.** Vermutung f; Annahme f; Mutmaßung f; ~ gratuite grundlose Vermutung; unbegründete Annahme; c'est une pure, simple ~ das ist e-e reine, bloße Vermutung; faire des ~s Vermutungen, Mutmaßungen anstellen; **2.** jur ~ d'enfant, de part Kindesunterschiebung f

suppositoire [sypozitwar] m phm Zäpfchen n; sc Supposi'torium n

suppôt [sypo] m litt ~ de Satan, du diable Ausgeburt f der Hölle

suppression [sypresjõ] f **1.** von Schwierigkeiten, Schmerzen, e-s Dokumentes Beseitigung f (auch e-r Person); von Schwierigkeiten auch Behebung f; von Institutionen, Steuern, Vorschriften Aufhebung f; Abschaffung f; Wegfall m; von Subventionen Streichung f; Wegfall m; von Textstellen Streichung f; Weglassung f; von Arbeitsplätzen Abbau m; **2.** jur ~ d'enfant, de part Verheimlichung f der Geburt bzw der Exi'stenz e-s Kindes; ~ d'état Unter'drückung m des Per'sonenstandes

supprimer [syprime] **I** v/t Schwierigkeit, Hindernis, Dokument, Schmerz, Übel, Ursache beseitigen; Hindernis auch aus dem Weg räumen; Schwierigkeit auch beheben; Institution, Todesstrafe, Steuer, Vorschrift aufheben; abschaffen; Haltestelle aufheben; Subventionen streichen; Film-, Theaterszene, Textstelle streichen (auch durch die Zensur); weglassen; wegfallen lassen; Arbeitsplätze, Stellen abbauen; Arbeitsgänge durch Rationalisierung einsparen; ~ qn j-n 'umbringen (auch Tier), beseitigen, aus dem Weg räumen; être supprimé oft wegfallen; l'avion supprime les distances das Flugzeug hebt die Entfernungen auf; ~ la liberté de la presse die Pressefreiheit beseitigen, aufheben, abschaffen; **II** v/pr se ~ sich 'umbringen

suppurant [sypyrã] adj Wunde eiternd; eit(e)rig

suppur|atif [sypyratif] adj ⟨-ive⟩ méd den Eiterabfluß fördernd; **~ation** f path Eitern n, -ung f

suppurer [sypyre] v/i eitern

supputation [sypytasjõ] f st/s **a)** Berechnung f; **b)** Schätzung f; 'Überschlag m

supputer [sypyte] v/t st/s **a)** berechnen; ermitteln; **b)** (ab)schätzen; über'schlagen; ~ ses chances de succès s-e Erfolgsaussichten abschätzen

supra [sypra] adv adm, jur voir ~ siehe oben (abr s. o.)

supra|conducteur [syprakõdyktœr] m phys Supraleiter m; **~conduction** f phys Supraleitung f; **~conductivité** f phys Supraleitfähigkeit f

supranational [sypranasjonal] adj ⟨-aux⟩ supranatio'nal; 'übernational; 'überstaatlich; **~ité** f Supranationali'tät f; 'Überstaatlichkeit f

supra|naturalisme [sypranatyralism(ə)] m cf surnaturalisme; **~sensible** adj 'übersinnlich; **~terrestre** adj 'überirdisch

suprématie [sypremasi] f **1.** pol, jur Oberhoheit f; Oberherrschaft f; Supre'mat m od n; Supremaʹtie f; hist England acte m de ~ Suprematsakte f, -gesetz n; **2.** par ext Vorherrschaft f; Vormachtstellung f; ~ aérienne, dans l'aviation Luftherrschaft f; ~ économique, politique wirtschaftliche, politische Vormachtstellung

suprême [syprem] **I** adj **1.** oberste(r, -s); höchste(r, -s); autorité f, pouvoir m ~ oberste Gewalt; la Cour ~ der Oberste Gerichtshof; l'Être ~ das höchste Wesen; le Soviet ~ der Oberste Sowjet; **2.** st/s höchste(r, -s); bonheur m ~ höchstes Glück; ~ habileté f höchste Geschicklichkeit; **3.** st/s äußerste(r, -s); letzte(r, -s); heure f, instant m ~ Todesstunde f; dans un ~ effort mit äußerster, letzter Kraft; **4.** cuis sauce f ~ helle Soße aus Geflügelbrühe; **II** m cuis ~ de volaille Gericht aus dem Fleisch der Geflügelbrust

sur[1] [syr] prép **1.** räumlich **a)** auf (+dat auf die Frage wo?; +acc auf die Frage wohin?) ♦ F ~ le journal in der Zeitung; ~ les lieux, ~ place an Ort und Stelle; ~ quelle longueur d'onde? auf welcher Wellenlänge?; ~ la Lune, ~ Mars, ~ la Terre auf dem Mond, auf dem Mars, auf der Erde; ~ peinture f ~ fond d'or Malerei f auf Goldgrund; sculpture f ~ bois Holzschnitze'rei f; ♦ s'asseoir ~ une chaise sich auf e-n Stuhl setzen; être assis ~ une chaise auf e-m Stuhl sitzen; boire du vin ~ de la bière Wein auf Bier trinken; la clef est ~ la porte der Schlüssel steckt; monter ~ un bateau ein Schiff besteigen; porter qc ~ son dos etw auf dem Rücken tragen; presser ~ un bouton auf e-n Knopf drücken; la Terre tourne ~ elle-même die Erde dreht sich um sich selbst; vivre les uns ~ les autres dicht, eng aufeinander, beieinander leben, wohnen; **b)** meist ohne Berührung über (+acc); les ponts m/pl ~ le Rhin die Rheinbrücken f/pl; construire un pont ~ le Rhin e-e Brücke über den Rhein bauen; passer ~ le pont über die Brücke gehen bzw fahren; se pencher ~ qc sich über etw beugen; cf auch pencher III 4.; Flüssigkeit se répandre ~ qc sich über etw ergießen; **c)** Richtung ~ qc nach (+dat); deux fenêtres ~ la rue zwei Fenster nach der Straße zu, zur Straße hin; diriger son regard ~ qn, qc s-n Blick auf j-n, etw richten; Zimmer, Fenster donner ~ la cour zum Hof (hin); ~ der Hofseite liegen; nach dem od auf den Hof gehen; se précipiter ~ qn, qc sich auf j-n, etw stürzen; auf j-n, etw zustürzen; tirer ~ qn auf j-n schießen; j-n beschießen; **d)** Ort être situé ~ un

fleuve an e-m Fluß liegen; **Châlons-~-Marne** Châlons an der Marne *bzw* unübersetzt; **e)** *Person* avoir qc ~ soi etw bei sich haben; je n'ai pas d'argent, de lunettes ~ moi ich habe kein Geld, keine Brille bei mir; **2.** *zeitlich* **a)** auf (+*acc*); gegen (+*acc*); ~ le coup auf der Stelle; so'fort; ~ l'heure so'fort; so'gleich; auf der Stelle; unverzüglich; ~ les dix heures etwa um, gegen zehn (Uhr); ~ ses vieux jours auf s-e alten Tage; ~ le soir gegen Abend; ~ le tard in vorgerücktem Alter; in vorgerückten Jahren; spät(er); ♦ *loc/adv* ~ ce und damit; und nun; darauf(hin); ~ ce je m'en vais und nun, und damit gehe ich; ~ ce il est parti und damit, darauf(hin) ging er; ♦ F aller ~ la cinquantaine auf die Fünfzig zugehen; sich den Fünfzigern nähern; **être** ~ le point de (+*inf*) gerade da'bei *od* im Begriff sein zu (+*inf*); sich gerade anschicken zu (+*inf*); **être** ~ un travail bei, an e-r Arbeit sein; **b)** *rasche Aufeinanderfolge* coup ~ coup Schlag auf Schlag; schnell hintereinander; **faire bêtise** ~ **bêtise** e-e Dummheit nach der andern machen; Dummheit auf Dummheit begehen; **3.** *fig* **a)** auf (+*acc bzw dat*); auf Grund *od* aufgrund von (+*gén*); ♦ ~ **mesure** nach Maß; ~ **(la) recommandation de** auf Empfehlung von (*od* +*gén*); ~ **un signe du chef d'orchestre** auf ein Zeichen des Dirigenten (hin); ♦ **impôt** *m* ~ **le revenu** Einkommensteuer *f*; ♦ **croire qn** ~ **parole** ihm aufs Wort glauben; **être** ~ **ses gardes** auf der Hut sein; sich vorsehen; **jurer** ~ **l'Évangile,** ~ **son honneur,** ~ **la tête de qn** auf die Bibel, bei s-r Ehre, bei j-m *od* bei j-s Haupt schwören; **si vous le prenez** ~ **ce ton** … wenn Sie in diesem Ton mit mir reden …; wenn Sie diesen Ton anschlagen …; **prendre exemple** ~ **qn** sich ein Beispiel an j-m nehmen; **rester** ~ **la défensive** in der Defensive bleiben; **retenir** ~ **le salaire** vom Gehalt abziehen. einbehalten; **b)** *Richtung* auf (+*acc*); **avoir de l'ascendant** ~ **qn** auf j-n Einfluß haben; **avoir des droits** ~ **qn** Rechte über j-n haben; **être** ~ **un appartement** e-e Wohnung in Aussicht haben; **4.** *Thema, Gegenstand* über (+*acc*); **un cours** ~ **Racine** e-e Vorlesung über Racine; **apprendre qc** ~ **qn** etw über j-n erfahren; **gémir** ~ **ses malheurs** über sein Unglück jammern; **questionner qn** ~ **ses projets** j-n über s-e Pläne befragen, ausfragen; **se tromper** ~ **un point** sich in e-m Punkt täuschen; **5.** *bei Zahlenverhältnissen* auf (+*acc*); von (+*dat*); **un cas** ~ **cent** e-r von hundert Fällen; **un Français** ~ **deux** jeder zweite Franzose; **un jour** ~ **trois** jeden dritten *bzw* jeder dritte Tag; **ça arrive une fois** ~ **mille** das kommt unter tausend Fällen einmal vor; *Raum* **avoir trois mètres** ~ **cinq** (5×3 m) drei mal *od* auf fünf Meter (3×5 m) haben, groß sein; *in der Schule* **avoir douze** ~ **vingt** zwölf von zwanzig möglichen Punkten haben; *etwa* die Note Drei haben; **il y a quatre-vingt-dix chances** ~ **cent (pour) que** … mit neunzigprozentiger Wahrscheinlichkeit …; ~ **cent candidats soixante ont été reçus** von hundert Prüflingen haben sechzig bestanden

sur² [syr] *adj Frucht, Milchprodukt etc* sauer

sûr [syr] *adj* **1.** *Sache, Sachverhalt* sicher; gewiß; bestimmt; feststehend; ♦ *loc/adv* **bien** ~! sicher(lich)!; gewiß!; bestimmt!; freilich!; natürlich!; selbstverständlich!; **bien** ~ **que oui!** ja natür-

lich!; aber natürlich. gewiß!; **bien** ~ **que non!** natürlich. selbstverständlich nicht!; **bien** ~…, **mais**… sicher. gewiß …, aber …; F **pour** ~ (**que** …) sicher (-lich). bestimmt (…); **à coup** ~ mit Sicherheit; ganz gewiß, bestimmt; ♦ **la chose est** ~**e** die Sache ist sicher. ist gewiß, steht fest; **une chose est** ~**e, c'est que** … eines ist sicher, ist gewiß, steht fest …; **ce qui est** ~ **c'est que** … sicher ist, fest steht, daß …; F **ça c'est** ~! soviel ist sicher!; **c'est** ~ **et certain** das ist ganz sicher, F bomben-sicher; **ce n'est pas si** ~ (**que ça**) das ist gar nicht so sicher; **il n'est pas** ~ **que** … (+*subj*) es ist nicht sicher, ob …; **rien n'est plus (moins)** ~ nichts ist so (un)sicher (wie das); **2.** *Person* **être** ~ **de qc** e-r *Sache* (*gén*) sicher, gewiß sein; sich auf etw (*acc*) verlassen können; **être** ~ **de son fait** s-r Sache sicher sein; **être** ~ **de ses réflexes** reakti'onssicher sein; **être** ~ **de soi** selbstsicher, selbstbewußt sein; **il est trop** ~ **de lui** er ist zu selbstsicher, -bewußt; ♦ **être** ~ **de** sicher sein zu (+*inf*); **je suis** ~ **de le rencontrer** ich bin sicher, ihn zu treffen; **j'en suis** ~ **et certain** ich bin (mir) ganz, völlig, F hundertprozentig sicher; ich weiß es ganz bestimmt, gewiß; *ça y est,* j'en étais ~ … ich hab's ja gewußt; **être** ~ **que** … sicher sein, daß …; **ne pas être** ~ **que** … (+*subj*) nicht sicher sein, ob …; **vous pouvez être** ~ **que** … Sie können sicher sein, Sie können sich darauf verlassen, daß …; **3.** *Auskunft, Diagnose etc* sicher; zuverlässig; *Person* zuverlässig; **un ami** ~ ein zuverlässiger Freund; **un moyen** ~ ein sicheres Mittel; **un placement** ~ e-e sichere Geldanlage; **d'une main** ~**e** mit sicherer Hand; **avoir un goût très** ~ e-n sehr sicheren Geschmack haben; **avoir un instinct** ~ in'stinktsicher sein; **4.** *Ort, Gegend, Stadtviertel, Versteck* sicher; **c'est** ~ **ce sera plus** ~ das ist sicherer; **mettre en lieu** ~ an e-n sicheren Ort, in Sicherheit bringen; *subst* **le plus** ~ **est de** (+*inf*) das sicherste ist zu (+*inf*)

sur… [syr] *in Zssgn meist* über…; Über…; *cf die nachfolgenden Stichwörter*

surabond|amment [syrabɔ̃damã] *adv* von **surabondant;** ~**ance** *f* 'Überfülle *f,* großer 'Überfluß (**de** an + *dat*); ~**ant** *adj* 'überreichlich; 'übermäßig; ~**er** *v/i* 'überreichlich, im 'Überfluß vor'handen sein

suractiv|é [syraktive] *adj Wirkstoff* hochak'tiv; ~**ité** *f physiol* 'übermäßige Aktivi'tät, Tätigkeit

surah [syra] *m text* Su'rah *m*

sur|aigu [syregy] *adj* ⟨-**uë**⟩ *Schrei, Ton* schrill; *Stimme auch* kreischend; *Schmerz* stark stechend; ~**ajouter** *v/t* zusätzlich, nachträglich hin'zufügen

suraliment|ation [syralimɑ̃tasjɔ̃] *f* **1.** 'Überernährung *f; régime* m de ~ Überernährungs-, Mastkur *f;* **2.** *tech e-s Motors* Aufladung *f;* ~**er** *v/t* **1.** 'überernähren; *adj* **suralimenté** 'überernährt; **2.** *tech Motor* aufladen

suranné [syrane] *adj* über'lebt; über'holt; veraltet; altmodisch; anti'quiert

surate [syrat] *cf* **sourate**

surbaiss|é [syrbese] *adj* **1.** *arch* gedrückt; **arc** ~ Flach-, Stich-, Seg'mentbogen *m;* **ogive** ~**e** gedrückter Spitzbogen; **voûte** ~**e** Flachtonne *f;* **2.** *Auto, Karosserie* tiefliegend; her'untergezogen; ~**ement** *m arch* Drückung *f;* ~**er** *v/t arch* drücken

sur|boum [syrbum] *f* F *cf* **surprise-partie;** ~**capacité** *f écon* 'Überkapazi-tät *f;* ~**capitalisation** *f écon* 'Überkapitalisierung *f*

surcharge [syrʃarʒ] *f* **1.** *e-s Fahrzeugs, Aufzugs, e-r Maschine* Über'lastung *f;* 'Überbelastung *f; e-s Fahrzeugs auch* Über'laden *n,* -ung *f; Ergebnis* 'Übergewicht *n;* **prendre des voyageurs en** ~ mehr als die zulässige Zahl von Fahrgästen befördern; **2.** *in e-m Text* dar'übergeschriebenes Wort; *auf Briefmarken* Auf-, 'Überdruck *m;* **3.** *peint* Über'ma-lung *f*

surcharger [syrʃarʒe] *v/t* ⟨-**geons**⟩ **1.** *Fahrzeug, Aufzug, Maschinen* über'la-sten; 'überbelasten; *Fahrzeug auch* über-'laden; *adj* **surchargé** über'lastet, -'laden; *Campingplatz etc* über'füllt; **2.** *fig Person, Gedächtnis, Lehrplan* über'la-sten; *mit Verzierungen* über'laden; **surchargé de travail** (mit Arbeit) über'lastet, über'bürdet sein; **3.** ~ **un mot** ein Wort ein anderes schreiben; *impr* ein Wort über'drucken; *adj:* **texte surchargé** Text *m* mit ('durchge-strichenen und) dar'übergeschriebenen Wörtern; **timbre surchargé** Briefmarke *f* mit Auf-, 'Überdruck; **4.** *peint* über'malen

surchauffe [syrʃof] *f* **1.** *tech von Dampf, métall* Über'hitzen *n,* -ung *f;* **2.** *écon* (Konjunk'tur)Über'hitzung *f*

surchauff|é [syrʃofe] *adj* **1.** *Raum* über-'heizt; *Luft etc* über'hitzt; *tech* **vapeur** ~**e** Heißdampf *m;* **2.** *fig* über'hitzt; *imagination* ~**e** überhitzte Phantasie; ~**er** *v/t* **1.** *Raum* über'heizen; **2.** *tech* über'hitzen; ~**eur** *m tech für Dampf* Über'hitzer *m*

sur|choix [syrʃwa] *adj* ⟨*inv*⟩ *comm* **produit** *m* ~ Erzeugnis *n* erster Wahl, erster Güte; ~**classer** *v/t sports* deklas'sieren; weit über'legen sein (**qn** j-m), weit über-'treffen, weit hinter sich lassen (*alle drei auch fig*); ~**compensation** *f* **1.** *psych* 'Überkompensation *f;* **2.** *écon* Fi'nanz-ausgleich *m* zwischen den verschiedenen (Fa'milien)Ausgleichskassen; ~**com-posé** *adj gr* **passé, temps** ~ Perfekt *n,* Tempus *n* mit doppeltem Hilfsverb (*z B:* **quand il a eu terminé**); ~**compression** *f tech bei Motoren* Vorverdichtung *f;* Vor-kompression *f;* ~**comprimer** *v/t tech* vorverdichten; *adit* **moteur surcom-primé** Gebläse-, Kom'pressormotor *m*

surcontr|e [syrkɔ̃tr(ə)] *m beim Karten-spiel* Re *n;* ~**er** *v/i beim Kartenspiel* Re ansagen

sur|couper [syrkupe] *v/t beim Karten-spiel* über'stechen; über'trumpfen; ~**creusement** *m géol* Über'tiefung *f*

surcroît [syrkrwa, -krwɑ] *m* ~ **de** … zusätzliche(r, -s) …; Mehr…; ~ **de dépenses** Mehrausgaben *f/pl;* ~ **de travail** Mehrarbeit *f;* *loc/adv* **par, de** ~ über'dies; obendrein

surdi-mutité [syrdimytite] *f path* Taub-stummheit *f*

surdité [syrdite] *f* **1.** Taubheit *f;* Gehör-losigkeit *f; auch* Schwerhörigkeit *f;* **2.** *psych, path* ~ **verbale** Worttaubheit *f;* sen'sorische Apha'sie

sur|dorer [syrdɔre] *v/t* doppelt vergol-den; ~**dos** *m beim Pferdegeschirr* Rük-kenriemen *m*

sureau [syro] *m* ⟨*pl* ~**x**⟩ *bot* Ho'lunder *m;* ~ **noir** Schwarzer Holunder; ~ **rou-ge,** ~ **à grappes** Roter Holunder; Traubenholunder *m*

surélévation [syrelevasjɔ̃] *f bât* Erhö-hen *n,* -ung *f; e-s Hauses* Aufstocken *n,* -ung *f*

surélever [syrelve] *v/t* ⟨-**è**-⟩ *bât* erhö-hen; höher machen; ~ **une maison d'un étage** ein Haus aufstocken; *adit* **rez-de--chaussée surélevé** Hochparterre *n*

sûrement [syrmɑ̃] *adv* sicher(lich); be-stimmt; gewiß; *loc/prov* **qui va lente-**

ment va ~ langsam, aber sicher
suremploi [syrɑ̃plwa] *m* 'Überbeschäftigung *f*
surenchère [syrɑ̃ʃɛr] *f* **1.** höheres Angebot; Mehrgebot *n*; **2.** *par ext* gegenseitige Über'bietung (électorale in Wahlversprechungen; de violences in Gewalttätigkeiten)
surenchér|ir [syrɑ̃ʃerir] *v/i* **1.** *jur* mehr, höher bieten; **2.** *fig* noch e-n Schritt weitergehen **~isseur** *m jur* Über'bietende(r) *m*; Höherbietende(r) *m*
surendetté [syrɑ̃dete] *adj* über'schuldet
surent [syr] *cf* savoir[1]
surentraîn|ement [syrɑ̃trɛnmɑ̃] *m sports* 'Übertraining *n*; **~er** *v/t sports* 'übertrainieren; *adit* athlète surentraîné übertrainierter Sportler
suréquip|ement [syrekipmɑ̃] *m* 'übermäßige (technische, industrielle) Ausstattung; 'Übermechanisierung *f*; **~er** *v/t* 'übermechanisieren
surestarie [syrestari] *f meist pl* **~s** *jur, mar* **a)** 'Überliegezeit *f*; **b)** Liegegeld *n*
surestim|ation [syrestimasjɔ̃] *f* **a)** Über'schätzung *f*; **b)** 'Überbewertung *f*; **~er** *v/t* **a)** s-e Kräfte, e-n Gegner über'schätzen; ~ l'importance de qc die Bedeutung e-r Sache überschätzen; **b)** *dem Wert nach* 'überbewerten; *cf auch* surévaluer
sûreté [syrte] *f* **1.** Sicherheit *f*; *jur* ~ individuelle Schutz *m* gegen willkürliche Verhaftung; ~ de l'État Staatssicherheit *f*; *jur* délit *m* contre la ~ de l'État Staatsschutzdelikt *n*; Delikt *n* gegen die Staatssicherheit; Cour *f* de ~ de l'État *in Frankreich* Sondergericht *n* für Staatssicherheitsangelegenheiten; *loc/adj* de ~ Sicherheits...; **chaîne** *f*, **épingle** *f*, **serrure** *f*, **soupape** *f* de ~ Sicherheitskette *f* -nadel *f*, -schloß *n*, -ventil *n*; *loc/adv*: en ~ in Sicherheit; sicher; **mettre en** ~ in Sicherheit bringen; sicherstellen; **pour plus de** ~ sicherheitshalber; um sicherzugehen; **2.** *jur* Sicherheit *f*; ~ personnelle Perso'nalsicherheit *f*; ~ réelle dingliche Sicherheit; **3.** *in Frankreich* ♀ (nationale) Sicherheitspolizei *f* (*Abteilung des Innenministeriums*); **4.** e-r Feuerwaffe, e-s Armbands *etc* Sicherung *f*; **mettre un pistolet à la** ~ e-e Pistole sichern; **enlever la** ~ de entsichern; **5.** *mil* Sicherung *f*
surévaluer [syrevalɥe] *v/t* 'überbewerten; zu hoch bewerten, ta'xieren
surexcit|able [syrɛksitabl(ə)] *adj* 'übererregbar; **~ation** *f* Über'reiztheit *f*; Über'reizung *f*; 'Übererregtheit *f*; 'übergroße Erregung
surexcit|é [syrɛksite] *adj* über'reizt; 'übererregt; **calmer les esprits** ~s die stark erregten Gemüter beruhigen; **~er** *v/t* über'reizen; sehr stark erregen
surexpos|er [syrɛkspoze] *v/t phot* über'belichten; *adit* photo surexposée überbelichtetes Foto, Bild; **~ition** *f phot* 'Überbelichtung *f*
surf [sœrf] *m cf* surfing
surfaç|age [syrfasaʒ] *m tech* Planschleifen *n bzw* -drehen *n bzw* -fräsen *n*; Planarbeit *f*
surface [syrfas] *f* **1.** Oberfläche *f*; la ~ de l'eau, de la mer, de la Terre die Wasser-, Meeres-, Erdoberfläche; **construction** *f* en ~ oberirdischer Bau; à la ~ du sol an der Erdoberfläche; *adm* par voie de ~ auf dem Land- und Seeweg; *U-Boot* faire ~ auftauchen; **nager en** ~ an der Oberfläche schwimmen; **remonter à la** ~ wieder an die Oberfläche kommen; wieder auftauchen, hochkommen; *fig Erinnerungen etc* wieder 'aufsteigen; **2.** Fläche *f* (*auch math*); *math* ~s algé-

briques algebraische Flächen; *jur* ~ corrigée *in Frankreich*: durch Bewertungsziffern korrigierte Wohnfläche, die der Mietberechnung zugrunde gelegt wird; *math*: ~ courbe gekrümmte Fläche; ~ latérale Seitenfläche *f*; e-s Zylinders Mantel *m*; *phot* ~s sensibles lichtempfindliches Material; **une** ~ **de dix mètres carrés** e-e Fläche von zehn Quadratmetern; *tech* ~ de chauffe Heizfläche *f*; *phys* ~ d'onde Wellenfläche *f*; *sports* ~ de réparation Strafraum *m*; **calculer la** ~ **d'un rectangle** den Flächeninhalt e-s Rechtecks berechnen; **3.** *comm* (magasin *m* à) grande ~ Verbrauchermarkt *m*; Großraumladen *m*
surfacer [syrfase] *v/t* <-ç-> *tech* planschleifen *bzw* -drehen *bzw* -fräsen; planarbeiten
surfait [syrfɛ] *adj* <-faite [-fɛt]> zu hoch eingeschätzt; schlechter als sein Ruf; réputation ~ e über'trieben guter Ruf
surfer[1] [sœrfœr] *m sports* Surfer ['sœrfər] *m*
surfer[2] [sœrfe] *v/i sports* surfen ['sœrfən]
surfil [syrfil] *m cout* 'Umstich *m*; Über'kantstich *m*; **~age** *m text* Über'drehen *n*; **~er** *v/t* **1.** *cout* um'stechen; **2.** *text* Garn über'nehmen
surfin [syrfɛ̃] *adj comm* extrafein
surfing [sœrfiŋ] *m sports* Wellen-, Brandungsreiten *n*; Surfing ['sœrfiŋ] *n*; Surfen *n*
sur|fondu [syrfɔ̃dy] *adj phys* unter-'kühlt; **~fusion** *f phys* Unter'kühlung *f*
surgé [syrʒe] *m Schülersprache cf* surveillant (général)
surgéla|teur [syrʒelatœr] *adj* <-trice> Gefrier...; **bateau** *m* ~ Gefrierschiff *n*; **~tion** *f von Lebensmitteln* Tiefgefrieren *n*, -ung *f*; Tiefkühlen *n*, -ung *f*; **chaîne** *f* de ~ Gefrierkette *f*; Tiefkühlkette *f*
surgelé [syrʒəle] **I** *adj Lebensmittel* tiefgekühlt; tiefgefroren; **II** *m/pl* ~s tiefgefrorene, tiefgekühlte Lebensmittel *n/pl*; Gefriergut *n*
surgénérateur [syrʒeneratœr] *adj u m cf* surrégénérateur
surgeon [syrʒɔ̃] *m bot* Wurzelschößling *m*, -trieb *m*, -sproß *m*
surgeonner [syrʒɔne] *v/i bot* Wurzelschößlinge treiben
surgir [syrʒir] *v/i* **1.** *Person, Hindernis etc* plötzlich auftauchen; ~ de qc plötzlich aus etw her'vorkommen; **2.** *Problem, Schwierigkeiten* sich erheben; aufkommen; auftauchen; entstehen
surhauss|é [syrose] *adj arch* über'höht; ogive ~ e überhöhter Spitzbogen; Lan-'zettbogen *m*; **~ement** *m* e-r Mauer *etc* Erhöhung *f*; Höhermachen *n*; *arch* Über'höhung *f*; **~er** *v/t Mauer etc* erhöhen; höher machen
sur|homme [syrɔm] *m philos u fig* 'Übermensch *m*; **~humain** *adj* 'übermenschlich; effort ~ übermenschliche Anstrengung
suricate *od* **surikate** [syrikat] *m zo* Suri'kate *f*; Erdhündchen *n*; Scharrtier *n*
surimpos|er [syrɛ̃poze] *v/t* zusätzlich *bzw* zu hoch, 'übermäßig besteuern; **~ition** *f* **1.** zusätzliche *bzw* zu hohe, 'übermäßige Besteuerung; **2.** *géol* Epige'nese *f*
surimpression [syrɛ̃presjɔ̃] *f phot, cin* **a)** Doppelbelichtung *f*; **b)** *par ext* Auf-ein'anderkopieren *n*
surin [syrɛ̃] *m arg* (*couteau*) Messer *n*
surindustrialisé [syrɛ̃dystrijalize] *adj* hoch-, 'überindustrialisiert
surintend|ant [syrɛ̃tɑ̃dɑ̃] *m hist in Frankreich* Oberintendant *m*; ~ (des finances) *etwa* Fi'nanzminister *m*; **~ante** *f* **1.** *hist in Frankreich* ~ (de la maison de

la reine) Oberhofmeisterin *f* (des Hofstaates der Königin); **2.** *in Frankreich* Direk'torin *f* e-s Mädcheninternates der Ehrenlegion; **3.** ~ d'usine Betriebsfürsorgerin *f*
surintensité [syrɛ̃tɑ̃site] *f* élect 'Überstrom *m*
surir [syrir] *v/i* sauer werden
sur|jet [syrʒɛ] *m cout* über'wendliche Naht; (point *m* de) ~ überwendlicher Stich; **~jeter** *v/t* <-tt-> *cout* über'wendlich nähen
sur-le-champ [syrləʃɑ̃] *adv* auf der Stelle; so'fort; so'gleich
surlendemain [syrlɑ̃dmɛ̃] *m* 'übernächster Tag; *loc/adv* le ~ am übernächsten Tag
surlonge [syrlɔ̃ʒ] *f cuis* Rückenstück *n* (vom Rind); Fehlrippe *f*
surmenage [syrmənaʒ] *m* Über'arbeitung *f*; 'Überbeanspruchung *f*; zu starke, 'übermäßige Beanspruchung; Über'anstrengung *f*; ~ intellectuel geistige Überbeanspruchung
surmen|é [syrməne] *adj* über'arbeitet; 'überbeansprucht; **~er** <-è-> **I** *v/t* 'überbeanspruchen; über'anstrengen; stra-pa'zieren; **II** *v/pr* se ~ sich über'arbeiten; sich über'anstrengen; sich strapa'zieren; F sich über'nehmen
sur-moi [syrmwa] *m psych* 'Über-Ich *n*
surmontable [syrmɔ̃tabl(ə)] *adj* über-'windbar
surmonter [syrmɔ̃te] **I** *v/t* **1.** *konkret* sich erheben über (+*dat*); über'ragen; l'église est surmontée d'une coupole über der Kirche erhebt sich e-e Kuppel; die Kirche wird von e-r Kuppel über'ragt, über'wölbt, gekrönt; **2.** Schwierigkeiten, Hindernis über'winden; bezwingen; meistern; *Krise auch* über'stehen; ~ sa colère s-n Zorn bezwingen; ~ son chagrin s-n Schmerz überwinden; ~ sa peur, sa timidité s-e Angst, s-e Schüchternheit überwinden, bezwingen; **II** *v/pr* se ~ *Person* sich über'winden; *Schwierigkeiten, Hindernis über'wunden werden (können)*
surmoulage [syrmulaʒ] *m sculp* **a)** Abformen *n* von e-m Abguß; **b)** *Ergebnis* Abguß *m* von e-m Abguß
surmoul|e [syrmul] *m sculp* von e-m Abguß abgenommene Form; **~er** *v/t sculp* von e-m Abguß abformen
sur|mulet [syrmylɛ] *m zo* Streifenbarbe *f*; **~mulot** *m zo* Wanderratte *f*
surmultiplié [syrmyltiplije] *adj auto* vitesse ~e Schnell-, Schongang *m*; Overdrive ['o:vərdraiv] *m*
sur|nager [syrnaʒe] *v/i* <-geons> oben (-auf) schwimmen; an der Oberfläche schwimmen, bleiben; **~natalité** *f* (hoher) Geburtenüberschuß; hohe Geburtenziffer, -zahl; **~naturalisme** *m philos, rel* Supranatura'lismus *m*
surnaturel [syrnatyrɛl] **I** *adj* <~le> 'übernatürlich; **II** *subst* le ~ das 'Übernatürliche
surnom [syrnɔ̃] *m* Beiname *m* (*auch e-s Herrschers*); *meist* lustiger Spitzname; **donner à qn le** ~ **de** ... *j-m* den Beinamen, Spitznamen ... geben
surnombre [syrnɔ̃br(ə)] *m nur loc/adj* en ~ 'überzählig; être en ~ 'überzählig sein
surnommer [syrnɔme] *v/t* ~ qn *j-m* e-n Beinamen geben; être surnommé ... den Beinamen ... erhalten *bzw* haben; *adit* surnommé ... mit dem Beinamen ...
sur|numéraire [syrnymerɛr] *adj* 'überzählig; **~offre** *f jur* höheres Angebot
suroît [syrwa, syrwɑ] *m* **1.** Hut Süd'wester *m*; **2.** *mar* Süd'west(wind) *m*
surpasser [syrpase] **I** *v/t* ~ qn *j-n*

über'treffen, über'ragen (en courage an Mut); **II** *v/pr* se ~ sich selbst über-'treffen; über sich selbst hin'auswachsen
sur|peuplé [syrpœple] *adj* Land, Gegend über'völkert; 'überbevölkert; **~peu-plement** *m* Über'völkerung *f*
surplace [syrplas] *m* **1.** *im Straßenver-kehr* faire du ~ fast stehenbleiben; F im Schneckentem-po fahren (müssen); **2.** *Radsport* Steh-versuch *m*
surplis [syrpli] *m égl cath* Chorhemd *n*
surplomb [syrplõ] *m* **1.** *loc/adj* en ~ a) *bât Gebäudeteil* ausgekragt; vorsprin-gend; *Mauer* 'überhängend; b) *Felsen, Schneewächte* 'überhängend; **2.** *arch* Auskragung *f*, Ausladung *f* (*Bauteil*)
surplombement [syrplõbmã] *m bât* 'Überhang *m*; 'Überhängen *n*
surplomber [syrplõbe] **I** *v/t* qc in etw (*acc*) hin'einragen; etw über'ragen; le balcon surplombe la rue der Balkon ragt in die Straße hinein, springt über die Straße vor; les falaises surplombent la mer die Steilküste überragt das Meer; **II** *v/i bât Mauer* 'überhängen
surplus [syrply] *m* **1.** *bei der Produktion* 'Überschuß *m*; *an unverkauften Vorräten* 'Überhang *m*; ~ agricoles landwirt-schaftliche Überschüsse; ~ américains 'überzähliges Heeresgut der amerikani-schen Streitkräfte (*das verkauft wird*); (magasin *m* de) ~ américains Jeansla-den ['dʒi:ns-] *m*; **2.** *loc/adv* au ~ im übrigen
surpopulation [syrpopylasjõ] *f* **a**) zu große Bevölkerung; **b**) *Zustand* Über-'völkerung *f*
surprenant [syrprenã] *adj* Nachricht, Ergebnis, Fortschritt über'raschend; *par ext* erstaunlich; verwunderlich; il est ~ que ... (+*subj*) es ist überraschend, daß ...
surprendre [syrprãdr(ə)] <*cf* pren-dre> **I** *v/t* **1.** über'raschen; in Erstaunen setzen; frap'pieren; *ce que vous me dites là* ne me surprend pas ... überrascht mich nicht; voilà qui surprendra bien des gens da wird sich mancher wun-dern; ♦ être surpris über'rascht sein, sich wundern (que ... +*subj* daß ...; de + *inf* zu + *inf*); être agréablement surpris angenehm überrascht sein; j'ai été surpris de *od* par ce résultat dieses Ergebnis hat mich überrascht; *st/s od iron* vous m'en voyez surpris Sie sehen mich überrascht; **2.** *Dieb etc* über'raschen; (auf frischer Tat) ertap-pen; erwischen; ~ un secret (zufällig) hinter ein Geheimnis kommen; je l'ai surpris à lire mes lettres ich habe ihn dabei überrascht, ertappt, als er meine Briefe las; ~ un élève en train de copier e-n Schüler beim Abschreiben ertappen, erwischen; **3.** *Feind* über'rum-peln; über'fallen; ~ qn (chez lui) j-n (mit s-m Besuch) über'raschen; j-n über-'raschend, unangemeldet besuchen; F j-n über'fallen; j-m ins Haus fallen; bei j-m hereinplatzen; être surpris par la pluie, par la marée vom Regen, von der Flut über'rascht werden; **II** *v/pr* se ~ à faire qc sich dabei ertappen, daß man etw tut
sur|pression [syrpresjõ] *f tech* 'Über-druck *m*; **~prime** *f Versicherung* Prä-mienzuschlag *m*; Zusatzprämie *f*; Risi-kozuschlag *m*
surpris [syrpri] *p/p von* surprendre
surprise [syrpriz] *f* **1.** Über'raschung *f*; Verwunderung *f*; Befremden *n*; cri *m*, exclamation *f* de ~ Schrei *m*, Ausruf *m* der Überraschung; à ma grande ~ zu meiner großen Überraschung; à la ~ de tous zur allgemeinen Überraschung;

causer une grande ~ große Überra-schung, Verwunderung hervorrufen; rester muet de ~ vor Überraschung stumm bleiben; **2.** Über'raschung *f* (*auch Geschenk*); ~ (dés)agréable (un-)angenehme Überraschung; bonne, mauvaise ~ freudige, böse Überra-schung; par ~ über'raschend; attaquer qn par ~ j-n über'fallen, über'rumpeln; *Fahrt, Rede* sans ~ ohne Überraschun-gen; aller de ~ en ~ aus dem Staunen nicht herauskommen; je t'ai apporté une petite ~ ich habe e-e kleine Überra-schung für dich; c'est une ~ das soll e-e Überraschung sein; faire une ~ à qn j-n (mit e-m Geschenk *etc*) überraschen; ménager une ~ à qn j-m e-e Überra-schung bereiten; ♦ *adjt* <*pl* ~s *od inv*> über'raschend; unerwartet; plötzlich; pochette *f* Wundertüte *f*
surprise-partie [syrprizparti] *f* <*pl* sur-prises-parties*> Party *f*
sur|production [syrprodyksjõ] *f écon* 'Überproduktion *f*; **~produire** *v/t* <*cf* conduire> *écon* 'überproduzieren; zu-'viel produ'zieren
surréal|isme [sy(r)realism(ə)] *m Kunst* Surrea'lismus *m*; **~iste I** *adj* surrea'li-stisch; **II** *m* Surrea'list *m*
surrection [sy(r)reksjõ] *f géol* Hebung *f*
surrégénérateur [sy(r)reʒeneratœr] *m phys atom* ~ *od adjt* réacteur *m* ~ Brutreaktor *m*; Brüter *m*; ~ à neutrons rapides schneller Brutreaktor; schnel-ler Brüter
surrénal [syrrenal] *adj* <-aux> **a**) supraré'nal; glandes (*auch* capsules) ~es Nebennieren *f/pl*; **b**) Nebennie-ren...
sursalaire [syrsalɛr] *m écon* Zusatz-lohn *m*
sursatur|ation [syrsatyrasjõ] *f phys* Über'sättigung *f*; **~er** *v/t phys, chim* über'sättigen; *adjt*: vapeur sursatu-rante übersättigter Dampf; solution sursaturée übersättigte Lösung
sursaut [syrso] *m* **1.** *e-r Person* Zu'sam-menfahren *n*, -schrecken *n*, -zucken *n*; Auf-, Hochfahren *n*, -schrecken *n*; avoir, faire un ~ *cf* sursauter; *fig* avoir un ~ d'énergie sich noch einmal zusammenreißen; en ~ im Ruck geben; se réveiller en ~ aus dem Schlaf auf-, hoch-, emporfahren; **2.** *der Empörung, des Zorns* Ausbruch *m*; *auch des Stolzes* Auflodern *n*
sursauter [syrsote] *v/i* zu'sammenfah-ren, -schrecken, -zucken; auf-, hochfah-ren, -schrecken; faire ~ qn j-n zusam-menfahren *etc* lassen
surseoir [syrswar] *v/t/indir* <je sursois, il sursoit, nous sursoyons; je sur-soyais; je sursis; je surseoirai; que je sursoie; sursoyant; sursis> *jur od litt* à qc aufschieben; *jur auch* aussetzen; ~ à l'exécution die Voll'streckung auf-schieben, aussetzen
sursis [syrsi] *m* **1.** *jur* **a**) Aufschub *m*, Aussetzung *f* à qc e-r Sache [*gén*]); *bei Bauarbeiten* ~ à exécution vorläufiger Baustopp; **b**) ~ (à l'exécution des peines) Strafaussetzung *f* zur Bewäh-rung; trois mois de prison avec ~ drei Monate Gefängnis mit Bewährung; **2.** *mil* ~ (d'incorporation) Zu'rückstel-lung *f* (vom Wehrdienst); **3.** *par ext* Auf-schub *m*; Gnadenfrist *f*; Galgenfrist *f*
sursitaire [syrsiter] *m mil* (vom Wehr-dienst) Zu'rückgestellte(r) *m*
sur|taxe [syrtaks] *f adm* (Steuer- *bzw* Gebühren)Zuschlag *m*; *bei Postsendun-gen* Nachgebühr *f*; F Strafporto *n*; ~ aérienne Luftpostzuschlag *m*; **~er** *v/t* mit e-m Steuer- *bzw* Gebührenzuschlag belegen

surtension [syrtãsjõ] *f élect* 'Überspan-nung *f*
surtout [syrtu] **I** *adv* vor allem; vor allen Dingen; besonders; il pense ~ à ses intérêts er denkt vor allem an s-e Interessen; ~ ne fais pas ça! tu das bloß, ja nicht!; ♦ *loc/conj* F ~ que besonders da; zu'mal; **II** *m* Tafelauf-satz *m*
surveillance [syrvejãs] *f* **1.** Aufsicht *f*; Über'wachung *f*; Beaufsichtigung *f*; *jur* ~ légale gerichtliche Verwahrung; la ~ d'un groupe die Aufsicht über e-e Gruppe; die Beaufsichtigung e-r Grup-pe; *loc/adv* sans ~ unbeaufsichtigt; ohne Aufsicht; *loc/prép* sous la ~ de qn unter j-s Aufsicht; sous ~ médicale unter ärztlicher Aufsicht, Überwachung, Kon'trolle; être placé sous la ~ de la police unter Poli'zeiaufsicht stehen; échapper à la ~ de qn j-s Wachsamkeit entgehen; exercer une ~ sur qn j-n über'wachen; tromper la ~ de qn j-n täuschen, obwohl er aufpaßt; j-n über'li-sten; **2.** *in Frankreich* Direction *f* de la ~ du territoire (*abr* D. S. T.) Spio'nageab-wehrdienst *m*
surveill|ant [syrvejã] *m*, **~ante** *f* **1.** Aufseher(in) *m(f)*; Aufsichtsperson *f*, *auch* -beamte(r) *f(m)*; Aufsicht *f*; *péj* Aufpasser(in) *m(f)*; **2.** *an frz Schulen* Beauftragte(r) *f(m)*, Verantwortliche(r) *f(m)* für Ordnung und Diszi'plin; surveillant(e) général(e) Vorge-setzte(r) *f(m)* der „Surveillants" mit zusätzlichen Verwaltungsaufgaben
surveillé [syrveje] *adj Schule* externe ~ Ex'terne(r), der s-e Hausaufgaben unter Aufsicht in der Schule macht; *jur*: édu-cation ~e Fürsorgeerziehung *f*; für e-n Jugendlichen liberté ~e Freilassung *f* mit Bewährungsaufsicht; résidence ~e Aufenthaltsbeschränkung *f* mit Melde-pflicht; Hausarrest *m*; être, mettre, placer en résidence ~e unter Hausar-rest stehen, stellen
surveiller [syrveje] **I** *v/t* über'wachen; beaufsichtigen; ein wachsames Auge haben auf (+*acc*); die Aufsicht führen über (+*acc*); *sports* ~ son adversaire s-n Gegner bewachen; ~ la cuisson d'un gâteau auf e-n Kuchen in der Backröhre aufpassen; ~ un enfant ein Kind beauf-sichtigen; ~ son langage, sa ligne, sa santé auf s-e Sprache, Linie, Gesund-heit achten; ~ des travaux Arbeiten überwachen, beaufsichtigen; ~ de près streng, scharf überwachen; nicht aus den Augen lassen; *e-r Person auch* scharf auf die Finger sehen (+*dat*); **II** *v/pr* se ~ **a**) sich in acht nehmen (*damit man nichts falsch macht*); **b**) auf s-e Linie achten
survenance [syrvənãs] *f jur* ~ d'enfant après donation faite Geburt *f* e-s Kindes nach erfolgter Schenkung
survenir [syrvənir] *v/i* <*cf* venir> *Per-son* (unerwartet, unvermutet) kommen, erscheinen, F auftauchen; *Zwischenfall* sich (unerwartet, plötzlich) ereignen; *Veränderung* (unerwartet, plötzlich) ein-treten; ... quand survint la mort de son père ... als sein Vater starb
survêtement [syrvɛtmã] *m sports* Trai-ningsanzug ['trɛ:-, 'tre:-] *m*
survie [syrvi] *f* **1.** Über'leben *n* (*auch jur, Statistik*); **2.** *rel* Fort-, Weiterleben *n* nach dem Tode
survir|age [syrviraʒ] *m auto* Über'steue-rung *f*; **~er** *v/i auto* über'steuern; **~eur** *adj* <-euse> *auto* über'steuernd
survivance [syrvivãs] *f* Re'likt *n*; 'Über-bleibsel *n*
survivant [syrvivã] **I** *adj* über'lebend; *jur* l'époux ~ der überlebende Ehegatte; der Hinter'bliebene; **II** *subst* ~(e) *m(f)*

Über'lebende(r) *f(m)* (*auch jur*)
survivre [syrvivr(ə)] ⟨*cf* **vivre**⟩ **I** *v/t/indir u v/i* über'leben; ～ à qn, à qc j-n, etw überleben; ～ à un accident e-n Unfall überleben, lebend über'stehen; *Régime, Brauch* ～ jusqu'à nos jours bis heute überleben; **II** *v/pr* se ～ **1.** weiterleben (dans ses enfants in s-n Kindern); **2.** sich (selbst) über'leben *n*
survol [syrvɔl] *m* e-r Stadt etc Über'fliegen *n*
survoler [syrvɔle] *v/t* **1.** über'fliegen; fliegen über (+*acc*); **2.** *fig Text* über-'fliegen; *Frage* flüchtig streifen
survoltage [syrvɔltaʒ] *m élect* **a)** Spannungserhöhung *f*; **b)** 'Überspannung *f*
survolt|é [syrvɔlte] *adj fig* 'übererregt; fieberhaft erregt; *Stadt, Atmosphäre etc* hektisch; ～**er** *v/t élect* die Spannung erhöhen (+*gén*); hin'auftransformieren; ～**eur** *m élect* Spannungserhöher *m*; ～**eur-dévolteur** *m* ⟨*pl* survolteurs--dévolteurs⟩ *élect* Spannungsregler *m*
sus¹ [sy] *cf* **savoir¹**
sus² [sy(s)] *adv st/s* **courir** ～ **à l'ennemi** auf den Feind losgehen; den Feind angreifen; *loc/adv* **sur** ～ noch da'zu; darüber hin'aus; obendrein; *loc/prép* **adm en** ～ **de** außer (+*dat*); zusätzlich zu (+*dat*)
susceptibilité [syssɛptibilite] *f* **1.** Empfindlichkeit *f*; **être d'une grande** ～ sehr empfindlich sein; **2.** *phys* ～ **magnétique** ma'gnetische Suszeptibili'tät
susceptible [syssɛptibl(ə)] *adj* **1.** *Person* empfindlich; leicht verletzbar, gekränkt; **2.** **être** ～ **de** (+*inf*) fähig, im'stande, *Sache auch* geeignet sein zu (+*inf*); **projet** ～ **d'être amélioré** verbesserungsfähiger Plan; **une proposition** ～ **de vous intéresser** ein Vorschlag, der Sie interessieren könnte, der Sie möglicherweise interessiert; **il est** ～ **de vous aider** er kann Ihnen eventuell, wahrscheinlich helfen
susciter [syssite] *v/t Bewunderung, Interesse etc* her'vorrufen; erregen; *Kontroverse* auslösen; her'vorrufen; *Streit, Unruhe, Schwierigkeiten* her'vorrufen; verursachen; *Hindernisse* schaffen
suscription [syskripsjɔ̃] *f adm* Aufschrift *f*
sus|dit [sysdi] *jur* **I** *adj* obengenannt; **II** *subst* ～**(e)** *m(f)* Obengenannte(r) *f(m)*; ～**-maxillaire** *adj anat* Oberkiefer…; ～**mentionné** *adj adm* obenerwähnt; ～**nommé** *adm* **I** *adj* obengenannt; **II** *subst* ～**(e)** *m(f)* Obengenannte(r) *f(m)*
suspect [syspɛ(kt)] **I** *adj* ⟨-**pecte** [-pɛkt]⟩ verdächtig; su'spekt; **être** ～ **à qn** j-m verdächtig vorkommen, erscheinen; **être, devenir** ～ **à la police** von der Polizei verdächtigt werden; **se rendre** ～ sich verdächtig machen; **II** ～**(e)** *m(f)* Verdächtige(r) *f(m)*
suspecter [syspɛkte] *v/t Person* verdächtigen; im Verdacht haben; ～ **l'honnêteté de qn** j-s Ehrlichkeit anzweifeln, in Zweifel ziehen; ～ **qn à tort** j-n zu Unrecht verdächtigen; **être suspecté de** (+*inf*) verdächtigt werden, im Verdacht stehen zu (+*inf*)
suspendre [syspɑ̃dr(ə)] *v/t* ⟨*cf* **rendre**⟩ **1.** aufhängen; ～ **une lampe au plafond** e-e Lampe an die Decke hängen, an der Decke aufhängen; ～ **qc à, par un crochet** etw an e-n Haken hängen, an e-m Haken aufhängen; **être suspendu à une branche** an e-m Ast hängen; *fig* **être suspendu aux lèvres de qn** an j-s Lippen, Munde (*dat*) hängen; **2.** *Sitzung, Arbeiten etc* unter'brechen; *Verhandlungen auch* aussetzen; *Feindseligkeiten* (vor'übergehend) einstellen; ～ **ses paiements** s-e Zahlungen vor'über-

gehend einstellen; mit s-n Zahlungen aussetzen; **3. a)** ～ **qn** j-n suspen'dieren; j-n (einstweilen, vorläufig) s-s Amtes entheben; ～ **qn de ses fonctions** j-n von s-n Amtspflichten entbinden, vom Dienst suspendieren; j-n beurlauben; **b)** *Zeitung* vorläufig verbieten; *Rechte* vorläufig außer Kraft setzen, aufheben
suspendu [syspɑ̃dy] *p/p von* **suspendre** *u adj* **1.** hängend, aufgehängt (à, **par** an + *dat*); **les jardins** ～**s de Babylone** die Hängenden Gärten der Se'miramis, zu Babylon; **lampe** ～**e au plafond** an, von der Decke hängende Lampe; **pont** ～ Hängebrücke *f*; ～ **dans le vide** über dem Abgrund hängend, schwebend; **2.** *Fahrzeug* gefedert; **voiture bien, mal** ～**e** gut, schlecht gefederter Wagen
suspens [syspɑ̃] **1.** *loc/adj* **en** ～ *Angelegenheit, Frage* in der Schwebe; unentschieden; offen; *Arbeit* nicht abgeschlossen; unerledigt; **être, rester en** ～ in der Schwebe sein, bleiben; offen sein, offenbleiben; **laisser en** ～ in der Schwebe lassen; offenlassen; *Vorhaben* zu-'rückstellen; **2.** *adj* ⟨*nur m*⟩ *égl cath Geistlicher* suspen'diert
suspense¹ [syspɛns] *m* in e-m *Film etc* Spannung *f*
suspense² [syspɑ̃s] *f égl cath* Suspensi'on *f*
suspenseur [syspɑ̃sœr] **I** *adj* ⟨*nur m*⟩ *anat Muskel* ～ *sc* Liga'mentum suspen'sorium *n*; **II** *m bot* Embryoträger *m*
suspensif [syspɑ̃sif] *adj* ⟨-**ive**⟩ *jur* aufschiebend; suspen'siv; **effet** ～ aufschiebende Wirkung; *pol* **veto** ～ aufschiebendes, suspensives Veto
suspension [syspɑ̃sjɔ̃] *f* **1.** *tech* Aufhängung *f*; e-s *Fahrzeugs auch* Federung *f*; ～ **à roues indépendantes** Einzelradaufhängung *f*; *ch de fer* **train** *m* **à** ～ **magnétique** Ma'gnetschwebebahn *f*; **2.** *chim* Suspensi'on *f*; Aufschwemmung *f*; **en** ～ suspen'diert; **3.** Hängelampe *f*; **4.** e-r *Sitzung, Arbeit etc* Unter'brechung *f*; Aussetzung *f*; *mil* ～ **d'armes** Waffenruhe *f*; *jur* ～ **d'audience** Unterbrechung, Aussetzung der Verhandlung; ～ **d'instance** Aussetzung des Verfahrens; ～ **de prescription** Hemmung *f* der Verjährung; **5.** e-s *Beamten* Suspen'dierung *f*; Suspensi'on *f*; vorläufige Dienstenthebung *f*; **6.** *Satzzeichen* **points** *m/pl* **de** ～ **suspension** Auslassungspunkte *m/pl*
suspensoir [syspɑ̃swar] *m méd* Suspen'sorium *n*
suspente [syspɑ̃t] *f meist pl* ～**s** e-s *Fallschirms, Freiballons* Auslaufleinen *f/pl*; e-s *Fallschirms auch* Fangleinen *f/pl*
suspicieux [syspisjø] *st/s adj* ⟨-**euse**⟩ argwöhnisch; 'mißtrauisch; **regard** ～ argwöhnischer Blick
suspicion [syspisjɔ̃] *f* **1.** *st/s* Argwohn *m*; **avoir de la** ～ **à l'égard de qn** j-n beargwöhnen, verdächtigen; **2.** *jur* **légitime** Besorgnis *f* der Befangenheit (**pour cause de** wegen)
sustent|ateur [systɑ̃tatœr] *adj* ⟨-**trice**⟩ *aviat* Trag…; **surfaces sustentatrices** Tragflächen *f/pl*, -flügel *m/pl*; ～**ation** *f aviat* Auftrieb *m*
sustenter [systɑ̃te] *v/pr* F *iron* **se** ～ sich stärken; sich nähren
susurr|ement [sysyrmɑ̃] *litt m* Flüstern *n*; Wispern *n*; ～**er** *v/t u v/i* flüstern; wispern
sut, sût [sy] *cf* **savoir¹**
sutural [sytyral] *adj* ⟨-**aux**⟩ *biol* Naht…
suture [sytyr] *f* **1.** *chir* Naht *f*; ～ **en surjet** fortlaufende Naht; **points** *m/pl* **de** ～, Knüpf-, Knopfnaht *f*; **2.** *anat* Su'tur *f*; (Knochen)Naht *f*; **3.** *bot* Naht *f*
suturer [sytyre] *v/t chir Wunde* (ver-)nähen; *Wundränder* zu'sammennähen

suzerain [syzrɛ̃] *féod* **I** *adj* lehnsherrlich; Lehns…; **dame** ～**e** Lehnsherrin *f*; **II** *subst* ～**(e)** *m(f)* Lehnsherr(in) *m(f)*
suzeraineté [syzrɛnte] *f* **1.** *féod* Lehnsherrlichkeit *f*; **2.** *Völkerrecht* Suzeräni-'tät *f*
svastika [svastika] *m* Swastika *f*; Hakenkreuz *n*
svelt|e [svɛlt] *adj* schlank; schlank und rank; ～**esse** *f* Schlankheit *f*
swahéli [swaeli] *cf* souahéli
swastika [svastika] *cf* svastika
swazi [swazi] *cf* souazi
sweater [switœr] *m* Pull'over *m*
sweepstake [swipstɛk] *m in Frankreich* Lotterie *f*, bei der die Gewinne sowohl vom Ergebnis e-s Pferderennens als auch von e-r Ziehung der Staatslotterie abhängen
swing [swiŋ] *m* **1.** *mus* Swing *m*; **2.** *Boxen* Schwinger *m*
sybarite [sibarit] *litt m* Genießer *m*; Schwelger *m*; *litt* Syba'rit *m*
sycomore [sikɔmɔr] *m bot* **a)** Syko'more *f*; **b)** Bergahorn *m*
sycosis [sikozis] *m path* Bartflechte *f*; *sc* Sy'kosis *od* Sy'kose *f*
syénite [sjenit] *f minér* Sye'nit *m*
syllabation [si(l)labasjɔ̃] *f phon* Einteilung *f* in Silben
syllabe [si(l)lab] *f ling, phon* Silbe *f*; ～ **fermée, ouverte** geschlossene, offene Silbe; ～ **muette** Silbe mit auslautendem stummem „e"; **mot** *m* **de deux** ～**s** zweisilbiges Wort; *loc/adv* **par** ～**s** silbenweise
syllab|ique [si(l)labik] *adj ling* Silben…; silbisch; syl'labisch; **écriture** *f* ～ Silbenschrift *f*; *métr* **vers** *m* ～ durch die Zahl der Silben bestimmter Vers; ～**isme** *m ling* Silbenschrift(system) *f(n)*
Syllabus [si(l)labys] *m égl cath* Syllabus *m*
syllep|se [si(l)lɛps] *f gr* Syl'lepse *f od* Syllepsis *f*; ～**tique** *adj gr* syl'leptisch
syllogis|me [si(l)lɔʒism(ə)] *m Logik* Syl-'logismus *m*; ～**tique** *Logik* **I** *adj* syllo'gistisch; **II** *f* Syllo'gistik *f*
sylph|e [silf] *m myth* Sylphe *f od m*; Luftgeist *m*; ～**ide** *f myth u poét* Syl'phide *f* (*auch fig*); *fig* Sylphe *f*
sylvain [silvɛ̃] *m* **1.** *myth* Waldgott *m*; **2.** *zo Schmetterlingsart* ～ Kleiner Eisvogel; **grand** ～ Großer Eisvogel
sylvestre [silvɛstr(ə)] *adj* Wald…; des Waldes
sylvicole [silvikɔl] *adj* Forst…; forstwirtschaftlich
sylvicult|eur [silvikyltœr] *m etwa* Forstwirt *m*; ～**ure** *f* **a)** Forstwirtschaft *f*; **b)** Forstwissenschaft *f*
sylvinite [silvinit] *f minér* Sylvi'nit *n*
symbiose [sɛ̃bjoz] *f biol, fig* Symbi'ose *f*; **vivre en** ～ *biol* in Symbiose leben; *fig u st/s* in enger Gemeinschaft leben
symbiot|e [sɛ̃bjɔt] *biol* **I** *adj* symbi'o(n)-tisch; **II** *m* Symbi'ont *m*; ～**ique** *adj* die Symbi'ose betreffend; symbi'otisch
symbole [sɛ̃bɔl] *m* **1.** *myth, psych, Literatur* Sym'bol *n*; Sinnbild *n*; **la colombe est le** ～ **de la paix** die Taube ist das Symbol des Friedens; *par ext* **être le** ～ **d'une époque** das Kennzeichen für e-e Epoche sein; **2.** *math* Sym'bol *n*; Zeichen *n*; *chim* Symbol *n*; chemisches Zeichen; **3.** Münzzeichen, -buchstaben *m/pl*; **4.** *égl* Glaubensbekenntnis *n*; **le ～ des Apôtres** das Apo'stolische Glaubensbekenntnis; das Symbolum apo'stolicum; **le ～ de Nicée** das Ni'cänische Glaubensbekenntnis
symbolique [sɛ̃bɔlik] **I** *adj* **1.** sym'bolisch; sinnbildlich; **écriture** *f* ～ Bilderschrift *f*; **signification** *f* ～ symbolische Bedeutung; **2.** sym'bolisch; **un geste purement** ～ e-e rein symbolische Geste;

3. *philos* **logique** *f* ~ mathe'matische, sym'bolische Logik; Lo'gistik *f*; **II** *f* **1.** Sym'bolik *f*; **la** ~ **de l'art roman** die Symbolik der romanischen Kunst; **2.** Sym'bolik *f*; Lehre *f* von den Sinnbildern; **3.** *philos cf* I 3.

symbolisation [sɛ̃bɔlizasjõ] *f* **1.** Symboli'sierung *f*; Versinnbildlichung *f*; sym'bolische Darstellung

symboliser [sɛ̃bɔlize] *v/t* **1.** sinnbildlich, sym'bolisch darstellen (**par** durch); **2.** versinnbildlichen; symboli'sieren; das Sinnbild (+*gén*) sein

symbol|isme [sɛ̃bɔlism(ə)] *m* **1.** Sym'bolik *f*; sym'bolische Bedeutung; **2.** *Literatur* Symbo'lismus *m*; **~iste** *Literatur* I *adj* symbo'listisch; **II** *m* Symbo'list *m*

symétrie [simetri] *f* **1.** Symme'trie *f*; Gleichmaß *n*; sym'metrische Anordnung; **disposés, rangés avec** ~ symmetrisch angeordnet; **2.** *math* Symme'trie *f*; Spiegelgleichheit *f*; ~ **de deux figures par rapport à une droite** Symmetrie zweier Figuren zueinander in bezug auf e-e Gerade; **axe** *m*, **plan** *m* **de** ~ Symmetrieachse *f*, -ebene *f*; **3.** *zo, bot, minér* Symme'trie *f*

symétrique [simetrik] **I** *adj* sym'metrisch (**de** zu); spiegelgleich; *Algebra* **fonction** *f* ~ symmetrische Funktion; **II** *f math* sym'metrische Entsprechung

sympa [sɛ̃pa] *adj* ⟨*inv*⟩ F *Person* sym'pathisch; *Sache* F prima; **vachement** ~ *Person* F ungeheuer sympathisch; *Sache* F ganz toll

sympathectomie [sɛ̃patɛktɔmi] *f chir* Sympathekto'mie *f*

sympathicotonie [sɛ̃patikɔtɔni] *f path* Sympathikoto'nie *f*

sympathie [sɛ̃pati] *f* Sympa'thie *f*; Zuneigung *f*; **témoignage** *m* **de** ~ **bei** *Kummer, Leid* (Beweis *m* der) Anteilnahme *f*; **bei** *Freude* Glückwunsch *m*; **accueillir un projet avec** ~ e-n Plan günstig aufnehmen; **avoir la** ~ **de qn** j-s Sympathie(n) haben; **avoir, ressentir de la** ~ **pour qn** für j-n Sympathie, Zuneigung empfinden; *Höflichkeitsformel* **croyez à toute ma** ~ seien Sie meiner herzlichen Anteilnahme versichert; **inspirer la** ~ sympathisch sein; **montrer, témoigner de la** ~ **à qn** j-m Zuneigung, Anteilnahme bezeigen

sympathique [sɛ̃patik] **I** *adj* **1.** *Person, Gesellschaft, Gesicht* sym'pathisch; *Geste* freundlich; *Lokal etc* gemütlich; nett; **avoir l'air** ~ sympathisch aussehen; **être** ~ **à qn** j-m sympathisch sein; **2. encre** *f* ~ sympa'thetische, unsichtbare Tinte; **3.** *anat* sym'pathisch; **ganglion** *m* ~ sympathisches Ganglion; *path* **ophtalmie** *f* ~ sympathische Ophthalmie; **4.** *mus* **corde** *f* ~ Reso'nanzsaite *f*; **II** *m anat* (**grand**) ~ (Ortho)Sym'pathikus *m*

sympathisant [sɛ̃patizã] *pol* **I** *adj* sympathi'sierend; **II** *subst* ~(**e**) *m(f)* Sympathi'sant(in) *m(f)*; ~ **communiste** Sympathisant der Kommunisten

sympathiser [sɛ̃patize] *v/i* sympathi'sieren (**avec qn mit** j-m); **ils ont tout de suite sympathisé** sie waren sich gleich sym'pathisch

symphonie [sɛ̃fɔni] *f* **1.** *mus* Sympho'nie *f*; Sinfo'nie *f*; ~ **concertante** konzertante Sinfonie; Symphonie concer'tante *f*; *Schubert* **La** ~ **inachevée** Die Unvollendete; **2.** *fig u litt* ~ **de couleurs** Farbensinfonie *f*

symphon|ique [sɛ̃fɔnik] *adj* sin'fonisch; Sinfo'nie...; Sympho'nie...; **concert** *m* ~ Sinfoniekonzert *n*; **orchestre** *m* ~ Sinfonieorchester *n*; **poème** *m* ~ sinfonische Dichtung; **~iste** *m(f)*

Sin'foniker(in) *m(f)*

symphorine [sɛ̃fɔrin] *f bot* Schneebeere *f*

symphyse [sɛ̃fiz] *f* **1.** *anat* Sym'physe *f*; Verwachsung *f*; ~ **pubienne** Symphyse *f*; Schambeinfuge *f*; **2.** *path* Verwachsung *f*; *sc* Symphysis *f*; ~ **cardiaque** Herzbeutelverwachsung *f*; ~ **pleurale** Verwachsung der Pleurablätter

symposium [sɛ̃pozjɔm] *m* Sym'posion *n*; Sym'posium *n*

symptomatique [sɛ̃ptɔmatik] *adj* **1.** *méd* sympto'matisch; **traitement** *m* ~ symptomatische Behandlung; **2.** *fig* sympto'matisch (**de** für)

symptomatologie [sɛ̃ptɔmatɔlɔʒi] *f méd* Symptomatolo'gie *f*

symptôme [sɛ̃ptom] *m* **1.** *méd u fig* Sym'ptom *n*; **2.** *fig* Anzeichen *n*; Vorzeichen *n*; **les ~s d'une crise** die Vorzeichen e-r Krise

synagogue [sinagɔg] *f* Syna'goge *f*

synalèphe [sinalɛf] *f ling* Syna'löphe *f*

synalgie [sinalʒi] *f path* Synal'gie *f*

synallagmatique [sinalagmatik] *adj jur* synallag'matisch; gegenseitig; **contrat** *m* ~ synallag'matischer, gegenseitiger Vertrag; Syn'allage *f*

synanthéré [sinãtere] *adj bot Pflanze* syn'andrisch; **étamines** ~**es** verwachsene Staubblätter *n/pl*

synapse [sinaps] *f anat, biol* Syn'apse *f*

synaptase [sinaptaz] *f chim* Emul'sin *n*

synarthrose [sinartroz] *f anat* Synar'throse *f*

synchondrose [sɛ̃kõdroz] *f anat* Synchon'drose *f*

synchro [sɛ̃kro] *f Kurzwort für* **synchronisation** 2. *u* 3.

synchrocyclotron [sɛ̃krɔsiklɔtrõ] *m phys atom* Synchro'zyklotron *n*

synchrone [sɛ̃kron] *adj* syn'chron; gleichlaufend; *élect* **moteur** *m* ~ Synchronmotor *m*

synchronie [sɛ̃krɔni] *f ling* Synchro'nie *f*

synchronique [sɛ̃krɔnik] *adj* **1.** synchro'nistisch; **tableau** *m* ~ syn'chronoptische Tabelle; **2.** *ling* syn'chronisch; **linguistique** *f* ~ synchronische Sprachwissenschaft

synchronisation [sɛ̃krɔnizasjõ] *f* **1.** *tech, télév* Synchroni'sierung *f*; Synchronisati'on *f*; **2.** *cin* Koordi'nierung *f* von Bild und Ton; Synchroni'sierung *f*; Synchronisati'on *f*; *par ext cf* sonorisation; **3.** *cin* Studio *n*, in dem (die) Filme synchroni'siert werden

synchronisé [sɛ̃krɔnize] *adj tech, télév* synchroni'siert; **auto** (**boîte** *f* **de**) **vitesses** ~**es** Syn'chrongetriebe *n*; *Verkehr* **feux** *m/pl* **de signalisation** ~**s** grüne Welle

synchroniser [sɛ̃krɔnize] *v/t* **1.** *tech, télév* synchroni'sieren; **2.** *cin* Bild und Ton zeitlich aufein'ander abstimmen (**un film** e-s Films); synchroni'sieren; *par ext cf* sonoriser

synchron|iseur [sɛ̃krɔnizœr] *m* **1.** *élect* Synchroni'siervorrichtung *f*; Taktgeber *m*; **2.** *auto* Gleichlauf *m* (*Vorrichtung*); **~isme** *m bes tech* Synchro'nismus *m*; Gleichlauf *m*

synchrotron [sɛ̃krɔtrõ] *m phys atom* Synchrotron *n*

synclinal [sɛ̃klinal] ⟨*m/pl* -**aux**⟩ *géol* **I** *adj* synkli'nal; muldenförmig; **charnière** ~**e** tiefste Stelle e-r Mulde; **II** *m* Syn'kline *od* Synkli'nale *f*; Mulde *f*

syncopal [sɛ̃kɔpal] *adj* ⟨-**aux**⟩ syn'kopisch

syncope [sɛ̃kɔp] *f* **1.** *path* Synkope *f*; **avoir une** ~ ohnmächtig, bewußtlos werden; **tomber en** ~ in Ohnmacht fallen; ohnmächtig werden; **2.** *mus* Syn'kope *f*; **3.** *ling* Synkope *f*

syncop|é [sɛ̃kɔpe] *adj mus* synko'piert; **rythme** ~ synkopierter Rhythmus; **~er** *v/t mus* synko'pieren

syncrét|ique [sɛ̃kretik] *adj rel, philos* synkre'tistisch; **~isme** *m rel, philos* Synkre'tismus *m*; **~iste** *rel, philos* **I** *adj* synkre'tistisch; **II** *m* Synkre'tist *m*

syncristallis|ation [sɛ̃kristalizasjõ] *f chim* Bildung *f* von Mischkristallen; **~er** *v/i chim* Mischkristalle bilden

syndactyl|e [sɛ̃daktil] *adj path, zo* mit zu'sammengewachsenen Zehen oder Fingern; **~ie** *f path, zo* Syndakty'lie *f*

synderme [sɛ̃dɛrm] *m* Faserkunstleder *n*

syndic [sɛ̃dik] *m* **1.** Verwalter *m* (*in Häusern mit Eigentumswohnungen*); **2.** Mitglied *n* e-s Aufsichtsausschusses (*von Notaren etc*); **3.** *jur* Kon'kursverwalter *m*

syndical [sɛ̃dikal] *adj* ⟨-**aux**⟩ **1.** gewerkschaftlich; Gewerkschafts...; **activité** ~**e** gewerkschaftliche Betätigung; **centrale** ~**e** Gewerkschaftsbund *m*; **délégué** ~ Gewerkschaftsvertreter *m* (*in Betrieben*); **droit** ~ a) Gewerkschaftsrecht *n*; b) Recht *n* auf gewerkschaftlichen Zusammenschluß; **leader** ~ Gewerkschaftsführer *m*; **tarif** ~ Verbandstarif *m*; **2. chambre** ~**e** Arbeit'geberverband *m*

syndicaliser [sɛ̃dikalize] *v/t* gewerkschaftlich organi'sieren

syndicalisme [sɛ̃dikalism(ə)] *m* **1.** Gewerkschaftsbewegung *f*; Gewerkschaftswesen *n*; gewerkschaftliche Betätigung; ~ **chrétien** christliche Gewerkschaftsbewegung; **faire du** ~ aktives Mitglied e-r Gewerkschaft sein; **2.** Syndika'lismus *m*

syndicaliste [sɛ̃dikalist] **I** *adj* **1.** gewerkschaftlich; Gewerkschafts...; **mouvement** *m* ~ Gewerkschaftsbewegung *f*; **2.** syndika'listisch; **II** *m* **1.** Gewerkschaft(l)er *m*; **2.** Syndika'list *m*

syndicat [sɛ̃dika] *m* **1.** *von Arbeitnehmern* Gewerkschaft *f*; *par ext* Verband *m*; Syndi'kat *n*; ~ **agricole** *etwa* Bauernverband *m*; ~ **ouvrier** Arbeitergewerkschaft *f*; ~ **patronal** Arbeit'geberverband *m*; ~ **professionnel** Berufsverband *m*; **2.** *comm* Kon'sortium *n*; Syndi'kat *n*; ~ **financier** Fi'nanzkonsortium *n*; **3.** *adm* ~ **intercommunal, interdépartemental** *etwa* Zweckverband *m* von Gemeinden, von Departements; ~ **de propriétaires** Verwaltungsorgan *n* e-s Grundstückseigentümerverbandes; **4.** ~ **d'initiative** Fremdenverkehrsamt *n*; Verkehrsverein *m*; **5.** ~ **du crime** Verbrechersyndikat *n*

syndicataire [sɛ̃dikatɛr] *m,f* Mitglied *n* e-s Fi'nanzkonsortiums

syndiqué [sɛ̃dike] **I** *adj* gewerkschaftlich organi'siert; **II** *m* Gewerkschaft(l)er *m*

syndiquer [sɛ̃dike] **I** *v/t* gewerkschaftlich organi'sieren; **II** *v/pr* **se** ~ **1.** sich gewerkschaftlich organi'sieren; *par ext* sich zu e-m Verband zu'sammenschließen; **2.** e-r Gewerkschaft, *par ext* e-m Verband beitreten

syndrome [sɛ̃drom] *m méd* Syn'drom *n*

synecdoque [sinɛkdɔk] *f rhét* Syn'ekdoche *f*

synérèse [sinerɛz] *f phon* Synä'rese *od* Syn'äresis *f*; Kontrakti'on *f*

synerg|ie [sinɛrʒi] *f physiol* Syner'gie *f*; Zu'sammenwirken *n* (*bes von Muskeln etc*); **~ique** *adj physiol* syner'getisch

synesthésie [sinɛstezi] *f psych* Synäs'the'sie *f*

syngnathe [sɛ̃gnat] *m zo* Seenadel *f*

synodal [sinɔdal] *adj* ⟨-**aux**⟩ *rel* syno'dal; Syno'dal...

synode [sinɔd] *m égl cath* (*meist*

Dööze'san)Syn'ode *f; égl prot* Syn'ode *f*
synodique [sinɔdik] *adj* **1.** *égl* syno'dal; Syno'dal…; **2.** *astr* syn'odisch: mois *m* ~ synodischer Monat; **révolution** *f* ~ synodische 'Umlaufzeit
synonym|e [sinɔnim] **I** *adj* syno'nym; sinnverwandt; **être** ~ **de** a) ein Synonym sein von; sinnverwandt sein mit; b) *fig* gleichbedeutend sein mit; **II** *m* Syno-'nym *n*; ~**ie** *f* Synony'mie *f;* Sinnverwandtschaft *f;* ~**ique** *adj* syno'nym; Syno'nym…; **rapport** *m* ~ synonymes Verhältnis
synopse [sinɔps] *f rel* Syn'opse *od* 'Synopsis *f*
synopsie [sinɔpsi] *f psych* Synop'sie *f*
synopsis [sinɔpsis] **1.** *f* Syn'opse *od* 'Synopsis *f;* vergleichende 'Übersicht; **2.** *m od f cin* Expo'sé *n*
synoptique [sinɔptik] *adj* **1.** syn'optisch; 'übersichtlich zu'sammengestellt; **tableau** *m* ~ 'Übersichtstafel *f;* Ta'belle *f;* **2.** *météo* syn'optisch; **cartes** *f/pl* ~**s** synoptische Karten *f/pl;* **météorologie** *f* ~ synoptische Meteorologie; Syn'optik *f;* **3.** *rel* Évangiles *m/pl* ~**s** *od subst* ~**s** *m/pl* syn'optische Evan'gelien *n/pl*
synovial [sinɔvjal] *adj* <-aux> *anat* Synovi'al…; **membrane** ~**e** *od subst* ~**e** *f* Synovialmembran *f;* Gelenkschleimhaut *f*
synov|ie [sinɔvi] *f anat* Gelenkschmiere *f; sc* Syn'ovia *f; path* épanchement *m* **de** ~ (seröser) Gelenkerguß; *sc* Hydar'throse *f;* ~**ite** *f path* Syno'vitis *f;* Entzündung *f* der Gelenkschleimhaut; ~ **fongueuse** Gelenktuberkulose *f*
syntactique [sɛ̃taktik] **I** *adj cf* **syntaxique; II** *f Logistik* Syn'taktik *f*
syntagmatique [sɛ̃tagmatik] *adj ling* syntag'matisch
syntagme [sɛ̃tagm(ə)] *m ling* Syn'tagma *n*
syntaxe [sɛ̃taks] *f* **1.** *gr* Syntax *f;* Satzlehre *f;* ~ **comparée, descriptive, historique** vergleichende, beschreibende, historische Syntax; **2.** Satzfügung *f;* **3.** Lehrbuch *n* der Syntax
syntaxique [sɛ̃taksik] *adj gr* syn'taktisch; **analyse** *f* ~ syntaktische Analyse
synthèse [sɛ̃tɛz] *f* **1.** Syn'these *f;* Zu'sammenfügung *f;* Gesamtüberblick *m;* Zu-'sammenfassung *f;* **une vaste** ~ e-e umfassende Gesamtschau; **avoir l'esprit de** ~ in Zusammenhängen denken; **faire un effort de** ~ versuchen, etw in e-r Gesamtschau darzustellen; **2.** *philos*

Syn'these *od* Synthesis *f; psych* Syn'these *f;* **3.** *chim* Syn'these *f;* **produits** *m/pl* **de** ~ Syntheseprodukte *n/pl;* **faire la** ~ **de l'acide nitrique** Salpetersäure synthetisch her-, darstellen
synthétique [sɛ̃tetik] *adj* **1.** syn'thetisch; durch, mittels Syn'these; *Logik* **jugement** *m* ~ synthetisches Urteil; Erweiterungsurteil *n;* **méthode** *f* ~ synthetische Methode; **2.** *chim* syn-'thetisch; Syn'these…; Kunst…; künstlich hergestellt; **caoutchouc** *m* ~ Kunst-, Synthesekautschuk *m;* **fibres** *f/pl* ~**s** Kunst-, Che'miefasern *f/pl;* synthetische Fasern *f/pl;* **parfum** *m* ~ synthetischer Riechstoff; **résine** *f* ~ Kunstharz *n;* **3.** *ling* **langue** *f* ~ syn-'thetische Sprache
synthétiser [sɛ̃tetize] *v/t* **1.** zu'sammenfassen; zu'sammenfügen; mittels Syn-'these verbinden; *abs* syn'thetisch verfahren; **2.** *chim* syntheti'sieren
syntone [sɛ̃tɔn, -tɔn] *adj psych* syn'ton
synton|ie [sɛ̃tɔni] *f rad* Abstimmung *f* (*Zustand*); ~**isation** *f rad* Abstimmung *f* (*Handlung*)
syphilis [sifilis] *f path* Syphilis *f;* ~ **congénitale** kongenitale, angeborene Syphilis
syphilitique [sifilitik] **I** *adj* **a)** syphi'litisch; **b)** syphiliskrank; **II** *m, f* Syphi'litiker(in) *m(f)*
syriaque [sirjak] *hist, ling* **I** *adj* **langue** *f* ~ syrische Sprache; **II** *subst* **le** ~ das Syrische; Syrisch *n*
syrien [sirjɛ̃] **I** *adj* <-**ne**> syrisch; **II** *subst* **1.** ♀(**ne**) *m(f)* Syr(i)er(in) *m(f);* **2.** *ling* **le** ~ das Syrische; Syrisch *n*
syringomyélie [sirɛ̃gɔmjeli] *f path* Syringomye'lie *f*
syrinx [sirɛ̃ks] *f zo* Syrinx *f*
syro-… [siro] *adj in Zssgn* syrisch-…
syrphe [sirf] *m zo* Schwebfliege *f*
systématique [sistematik] **I** *adj* **1.** syste'matisch; auf e-m Sy'stem beruhend; **avoir l'esprit** ~ systematisch denken; **2.** syste'matisch; beharrlich; hartnäckig; **refus** *m* ~ hartnäckige Weigerung; **apporter un soutien** ~ **à une politique** e-e Politik bedingungslos unter'stützen; **faire de l'opposition** ~ systematisch Opposition treiben; 'Widerstand leisten; systematisch opponieren; **3.** *path* **affection** *f* ~ Sy'stemerkrankung *f;* **II** *f* Syste'matik *f*
systématiquement [sistematikmɑ̃] *adv* syste'matisch; **procéder** ~ systema-

tisch vorgehen; **refuser** ~ hartnäckig ablehnen
systématis|ation [sistematizasjɔ̃] *f* Systemati'sierung *f;* ~**é** *adj Psychiatrie* **délire** ~ systemati'sierter Wahn; ~**er I** *v/t* systemati'sieren (*auch abs*); in ein Sy'stem bringen; nach e-m Sy'stem ordnen; **II** *v/i péj* alles nach Sy'stemen (ein)ordnen wollen
système [sistɛm] *m* **1.** Sy'stem *n;* Lehrgebäude *n;* ~ **astronomique, philosophique** astronomisches, philosophisches System; **2.** Sy'stem *n;* Ordnung *f;* ~ **planétaire, solaire** Pla'neten-, Sonnensystem *n;* **3.** *math, élect, phys, Kybernetik* Sy'stem *n;* ~ **CGS** CGS-System *n;* ~ **atomique** atomares System; ~ **cristallin** Kri'stallsystem *n;* ~ **métrique** metrisches System; ~ **optique** optisches System; *élect* ~ **pratique** praktisches System; ~ **de coordonnées** Koordi'natensystem *n;* ~ **d'équations** System von Gleichungen; ~ **de forces** Kräftesystem *n;* **4.** Sy'stem *n;* Art *f;* Form *f;* Me'thode *f;* ~ **économique** Wirtschaftssystem *n,* -form *f;* ~ **électoral** Wahlsystem *n;* ~ **politique** politisches System; ~ **social** Gesellschaftssystem *n;* ~ **de défense d'un accusé** Verteidigungssystem *n* e-s Angeklagten; ~ **d'enseignement, de gouvernement** 'Unterrichts-, Re'gierungssystem *n;* **à bas le** ~! nieder mit der Regierung!; **5.** F **le** ~ D *cf* D: **un bon** ~ **pour faire fortune** ein gutes System, um reich zu werden; **je connais le** ~ ich weiß Bescheid; F **ich hab' den Dreh raus;** **6.** *anat* Sy'stem *n;* ~ **circulatoire** Kreislaufsystem *n;* ~ **nerveux (central)** (Zen'tral)Nervensystem *n;* ~ **nerveux autonome, de la vie végétative** autonomes, vegetatives Nervensystem; ~ **nerveux cérébro-spinal** Zen'tralnervensystem *n;* ~ **pileux** Behaarung *f;* Haarkleid *n;* ~ **respiratoire, veineux** Atmungs-, Venensystem *n;* F **taper sur le** ~ **à qn** j-m auf die Nerven gehen; F j-m auf den Wecker fallen; **7.** *tech* Sy'stem *n;* Anlage *f;* Vorrichtung *f;* ~ **d'alerte** A'larmvorrichtung *f; bes mil* Warnsystem *n;* ~ **d'éclairage** Beleuchtungsanlage *f;* ~ **de fermeture** Schließvorrichtung *f;* **8.** *biol* Sy'stem *n;* **9.** *géol* Formati'on *f;* **10.** *mar* (Dreh)Dolle *f*
systol|e [sistɔl] *f physiol* Sy'stole *od* 'Systole *f;* ~**ique** *adj physiol* sy'stolisch
syzygie [siziʒi] *f astr* Syzy'gie *f od* Sy'zygium *n*

T

T, t [te] *m* ⟨*inv*⟩ T, t *n*; *gr* **euphonique** euphonisches t (*z B* a-t-il); *tech* **en T** T-förmig; **antenne** *f* **en T** T-Antenne *f*; **fer** *m* **en**, **à T** T-Eisen *n*; T-Stahl *m*
ta *cf* ton[1]
tabac [taba] *m* **1.** 'Tabak *od* Ta'bak *m* (*auch Pflanze*); **≈s** *pl* Verwaltung *f* der französischen Tabakregie; ⁓ **blond, brun** heller, dunkler *od* schwarzer Tabak; *in Frankreich* ⁓ **gris** schlechter Tabak (*in grauer Verpackung*); ⁓ **à chiquer, à fumer, à priser** Kau-, Rauch-, Schnupftabak *m*; **blague** *f* **à** ⁓ Tabaksbeutel *m*; **pot** *m* **à** ⁓ *cf* pot 1.; (**bureau** *m*, **débit** *m* **de**) ⁓ Tabakladen *m* (*Verkaufsstelle der frz Tabakregie*); *österr* (Ta'bak)Tra'fik *f*; **bar** *m*, **café** *n* **à** ⁓ Stehkneipe *f*, Café *n* mit Tabakladen; **paquet** *m* **de** ⁓ Päckchen *n* Tabak; F *fig* **c'est toujours le même** ⁓ F es ist immer das alte Lied, die alte Leier; **son médecin lui a permis le** ⁓ ... hat ihm das Rauchen erlaubt; **2.** F *von der Polizei* **passage** *m* **à** ⁓ Prügel *pl*; **passer qn à** ⁓ j-n verprügeln; F auf j-n eindreschen; **3.** *mar* **coup** *m* **de** ⁓ Sturm *m*; **4.** *adjt* ⟨*inv*⟩ tabakfarben
tabag|ie [tabaʒi] *f* verräucherte Bude; **⁓ique** *adj méd* Niko'tin...; **⁓isme** *m* *cf* nicotinisme
tabassée [tabase] F *f* Tracht *f* Prügel; F Dresche *f*
tabasser [tabase] F **I** *v/t* verprügeln; F verdreschen; **II** *v/pr* **se** ⁓ sich prügeln
tabatière [tabatjɛr] *f* **1.** Tabaksdose *f*; **2.** *bât* **châssis** *m*, **fenêtre** *f* **à** ⁓ liegendes Dachfenster
tabellaire [tabe(l)lɛr] *adj impr* **impression** *f* Tafeldruck *m*
tabernacle [tabɛrnakl(ə)] *m* **1.** *égl cath* Taber'nakel *m od n*; **2.** *bei den Juden* Stiftshütte *f*; **Fête** *f* **des** **≈s** Laubhüttenfest *n*
tabès [tabɛs] *m path* Tabes *f* (dor'salis)
tabétique [tabetik] *path* **I** *adj* tabisch; Tabes...; **II** *m,f* Tabiker(in) *m(f)*
tablature [tablatyr] *f mus* Tabula'tur *f*; ⁓ **d'orgue** Orgeltabulatur *f*
table [tabl(ə)] *f* **1.** Tisch *m*; ⁓ **pliante** Klapptisch *m*; ⁓ **roulante** Ser'vier-, Teewagen *m*; ⁓ **à dessin, à ouvrage, à rallonges, à repasser** Zeichen-, Näh-, Auszieh-, Bügeltisch *m*; *mar* ⁓ **à roulis** Tisch mit Schlingerbord; ⁓ **de billard, de camping** Billard-, Campingtisch ['kɛm-] *m*; ⁓ **de douze couverts** Tisch mit zwölf Gedecken; ⁓ **de cuisine, de jardin, de jeu** Küchen-, Garten-, Spieltisch *m*; *tech* ⁓ **de machine-outil** Tisch e-r Werkzeugmaschine; ⁓ **de nuit, de chevet** Nachttisch *m*, -schränkchen *n*; ⁓ **d'opération** Operati'onstisch *m*; ⁓ **de ping-pong** Tischtennis-, Pingpongtisch *m*; Tischtennisplatte *f*; ⁓ **de télévision** Fernsehtisch *m*; ⁓ **de travail** Arbeitstisch *m*; *fig* **faire** ⁓ **rase** *cf* ras[1] 2.; *fig* **jouer cartes sur** ⁓ mit offenen Karten spielen; **2.** (Eß)Tisch *m*; Tafel *f*; **linge** *m* **de** ⁓ Tischwäsche *f*; **propos** *m/pl* **de** ⁓ Tischgespräche *n/pl*; **service** *m* **de** ⁓ a) Tafel-, Speiseservice *n*; b) Tafelgedeck *n*; Tischtuch *n* mit Servietten; **à** ⁓**!** bitte zu Tisch!; **être à** ⁓ bei Tisch sitzen; **se lever de** ⁓, **quitter la** ⁓, **sortir de** ⁓ vom Tisch, vom Essen aufstehen; **mettre, dresser la** ⁓ den Tisch decken; **se mettre à** ⁓ a) sich zu Tisch setzen; b) F *fig* gestehen; F auspacken; singen; **passer à** ⁓ zu Tisch gehen; **3.** Essen *n*; **plaisirs** *m/pl* **de la** ⁓ Tafelfreuden *f/pl*; **dépenser beaucoup pour la** ⁓ viel (Geld) für das Essen ausgeben; **4.** Tischgesellschaft *f*; Tafelrunde *f*; *fig* ⁓ **ronde** Gesprächsrunde *f*; Konferenz *f* (am runden Tisch); *Literatur* **Chevaliers** *m/pl* **de la** ⁓ **ronde** Tafelrunde des Königs Artus; **faire rire toute la** ⁓ die ganze (Tisch)Gesellschaft zum Lachen bringen; **présider la** ⁓ den Ehrenplatz an der Tafel einnehmen; **5.** Tafel *f*; Platte *f*; ⁓ **d'autel** Al'tarplatte *f*; *mus* ⁓ (**d'harmonie**) Decke *f* (*e-s Saiteninstruments*); *bibl* **≈s de la Loi** Gesetzestafeln *f/pl*; ⁓ **d'orientation** Pano'ramatafel *f*; ⁓ **de résonance** Reso'nanzboden *m* (*beim Klavier*); **6.** Tafel *f*; Ta'belle *f*; Re'gister *n*; ⁓ **alphabétique** alphabetisches Register; ⁓ **astronomiques** astronomische Tafeln *f/pl*; ⁓ **chronologique, généalogique** Zeit-, Stammtafel *f*; ⁓ **de conversion** 'Umrechnungstabelle *f*; *Informatik* ⁓ **de décision** Entscheidungstabelle *f*; *comm* ⁓ **d'intérêts composés** Zinstabelle *f*; *math* ⁓ **de logarithmes** Loga'rithmentafel *f*; ⁓ **des matières** Inhaltsverzeichnis *n*; *Statistik* ⁓ **de mortalité** Sterbetafel *f*; *math* ⁓ **de multiplication** Einmal'eins *n*; *phot* ⁓ **de pose** Belichtungstabelle *f*; ⁓ **de tir** Schußtafel *f*; F **il sait sa** ⁓ **par cœur** er kann das Einmaleins auswendig; **7.** *égl cath* **sainte** ⁓ Kommuni'onbank *f*; **s'approcher de la sainte** ⁓ zum Tisch des Herrn, zur Kommunion gehen; **8.** *Spiritismus* ⁓**s tournantes** Tischrücken *n*; **9.** *tech* Amboßbahn *f*; **mines** ⁓ **à secousses** Herd *m*; *télécomm* ⁓ **d'écoute** *cf* écoute[1] 1.; *ch de fer* ⁓ **de roulement** (**du rail**) Schienenlauffläche *f*; **10.** *e-s Diamanten* Tafel *f*; **11.** *géogr* Gipfelplateau *n*
tableau [tablo] *m* ⟨*pl* ⁓**x**⟩ **1.** Gemälde *n*; Bild *n*; ⁓ **de chevalet** Gemälde kleineren Formats; ⁓ **de maître** Meistergemälde *n*; ⁓ (**peint**) **à l'huile** Ölgemälde *n*; ⁓ **sur bois, sur toile** auf Holz, auf Leinwand gemaltes Bild; **galerie** *f* **de** ⁓**x** Gemäldegalerie *f*; **marchand** *m* **de** ⁓**x** Bilderhändler *m*; **2.** *par ext* ⁓**x vivants** lebende Bilder *n/pl*; **3.** F *fig u péj* **vieux** ⁓ F stark geschminkte alte Schachtel; **4.** Bild *n* (*auch thé*); Anblick *m*; ⁓ **idyllique** idyllisches Bild; F **vous voyez d'ici le** ⁓ stellt euch das mal vor; **5.** Bild *n*; Schilderung *f*; 'Übersicht *f*; 'Überblick *m*; **brosser un** ⁓ (**rapide**) **de la situation** e-n kurzen Überblick über die Lage geben; **faire un** ⁓ **de la situation** e-e Schilderung der Lage geben; **die Lage schildern;** *cf auch* noir I 1.; **6.** Tafel *f*; Brett *n*; ⁓ **d'affichage** Anschlag-, Anzeigetafel *f*; Schwarzes Brett; *aviat*, *auto* ⁓ **de bord** Arma'turen-, Instru'mentenbrett *n*; *im Hotel* ⁓ **des clés** Schlüsselbrett *n*; *ch de fer* ⁓ **des départs** *bzw* **des arrivées** Anschlagtafel *f* mit den Abfahrts- *bzw* Ankunftszeiten; *élect* ⁓ **de distribution** Schaltbrett *n*; ◆ *Schule:* ⁓ (**noir**)(Wand-) Tafel *f*; ⁓ **de feutre** Filztafel *f*; **aller, passer au** ⁓ an die Tafel gerufen werden; abgefragt werden; **passez au** ⁓**!** gehen Sie an die Tafel!; **écrire qc au** ⁓ etw an die Tafel schreiben; **7.** Ta'belle *f*; Tafel *f*; ⁓ **généalogique** Stammtafel *f*; ⁓ **récapitulatif** zusammenfassende 'Übersicht *f*; ⁓ **synoptique** 'Übersichtstafel *f*; Tabelle *f*; ⁓ **des conjugaisons** Konjugati'onstabelle *f*; *thé* ⁓ **de service** Proben- und Spielplan *m* (*für mehrere Tage*); **sous forme de** ⁓ tabel'larisch; **8.** Liste *f*; ⁓ **d'avancement** Beförderungsliste *f*; *mil* ⁓ **d'effectifs théoriques** Stellenplan *m*; *frz Schule* ⁓ **d'honneur** Lob *n* für gute Leistungen (*jeweils am Trimesterende*); ⁓ (**de l'ordre**) **des avocats** Mitgliederliste *f* der Anwaltskammer; **inscription** *f* **au** ⁓ Aufnahme *f* in die Kammer; **être rayé du** ⁓ aus der Kammer ausgeschlossen werden; **9.** *bât* *e-s Fensters*, *e-r Tür* äußere Leibung *od* Laibung; **10.** ⁓ **de chasse** a) *ch* Strecke *f*; b) F *fig* Erfolge *m/pl* (bei Frauen); F Eroberungen *f/pl*; **11.** *mar* Spiegel *m* (*e-s Boots*); **12.** *fig* **jouer, miser sur les deux** ⁓**x** es mit beiden Seiten halten; es mit keinem verderben wollen
tablée [table] *f* Tischgesellschaft *f*
tabler [table] *v/t/indir* ⁓ **sur qc** auf etw (*acc*) setzen; mit etw rechnen
tabletier [tablatje] *m* Drechsler *m*
tablette [tablɛt] *f* **1.** (Schreib)Tafel *f*; ⁓ **de cire** Wachstäfelchen *n*; *fig*: **inscrire, mettre, noter, écrire qc sur ses** ⁓ sich etw merken; F **rayez cela de vos** ⁓**s!** rechnen Sie nicht damit!; F das können Sie abschreiben!; **2.** (Wand-) Brett *n*; ⁓ **de Schranks etc** Fachbrett *n*; **3.** *über Waschbecken etc* (Ablage)Platte *f*; ⁓ **de cheminée** Ka'minsims *n od m*; **4.** ⁓ **de chocolat** Tafel *f* Schoko'lade; Schoko'ladentafel *f*; **5.** *phm* Pa'stille *f*; Ta'blette *f* zum Lutschen
tabletterie [tabletri] *f* **1.** Drechslerhandwerk *n*; Drechsle'rei *f*; **2.** Drechs-

lerarbeit f; par ext Drechslerwaren f/pl

tablier [tablije] m **1.** Schürze f; Kittelschürze f; ~ à bavette Latzschürze f; ~ de cuir Lederschurz m; Schurzfell n; ~ de cuisine Küchenschürze f; ~ d'écolier Schulkittel m; ~ de franc-maçon Freimaurerschurz m; F ça lui va comme un ~ à une vache das steht ihm überhaupt nicht; fig rendre son ~ s-e Stelle aufgeben; **2.** e-r Brücke Fahrbahn f; **3.** e-s offenen Kamins (Art) Verschlußblech n; vor Geschäften ~ de fer Rolladen m aus Stahlblech; **4.** bei Walzwerken ~ releveur Hebetisch m, -vorrichtung f; **5.** auto Stirnwand f; **6.** anat Hotten'tottenschürze f; **7.** bot cf labelle

tabor [tabor] m hist mil marok'kanisches Batail'lon unter fran'zösischem Befehl

tabou [tabu] rel u allg **I** adj ta'bu; un sujet ~ ein Gegenstand, der tabu ist; **II** m Ta'bu n

tabouret [taburɛ] m Hocker m; Schemel m; ~ de bar, de cuisine, de piano Bar-, Küchen-, Kla'vierhocker m; ~ (de pieds) Fußschemel m, -bank f

tabulaire [tabylɛr] **1.** tabel'larisch; Ta'bellen...; **2.** tafelförmig, -artig

tabula|teur [tabylatœr] m tech Tabu-'lator m; ~trice f tech Tabel'liermaschine f

tac [tak] **I** int tack!; **II** m esc Klirren n der anein'anderschlagenden Degen; fig répondre du ~ au ~ schlagfertig antworten bzw sein

tacca [taka] m bot Tacca f

tache [taʃ] f **1.** Fleck m; Flecken m; ~ d'encre, de graisse, d'humidité, de rouille, de sang Tinten-, Fett-, Stock-, Rost-, Blutfleck m; avoir, enlever une ~-n Fleck(en) haben, entfernen; faire une ~ à son manteau sich e-n Fleck(en) in den Mantel machen; faire une ~ sur un livre e-n Fleck auf ein Buch machen; Gegenstand auch auf e-m Buch hinter-'lassen; fig: faire ~ nicht passen (dans in +acc); depla'ciert wirken; die Harmo-'nie stören; faire ~ d'huile sich (allmählich) verbreiten; sich (nach und nach) 'durchsetzen; **2.** Makel m; Fehler m; Schandfleck m; rel ~ originelle Erbsünde f; réputation f sans ~ makelloser Ruf; c'est une ~ à sa réputation das ist ein Fleck auf s-m Ruf; **3.** peint Farbfleck m; **4.** bei Vögeln, Pelztieren, auf der Haut Fleck m; ~ de rousseur, de son Sommersprossen f/pl; path ~ de vin Feuermal n; **5.** anat ~ jaune gelber Fleck (der Netzhaut); **6.** astr Fleck m; ~s solaires Sonnenflecken m/pl

tâche [taʃ] f **1.** Aufgabe f; Obliegenheit f; Arbeit f; Tätigkeit f; Beschäftigung f; litt Tagewerk n; accomplir sa ~, s'acquitter d'une ~, remplir une ~ s-e bzw e-e Aufgabe erfüllen; il n'a pas la ~ facile er hat keine leichte Aufgabe; mourir à la ~ a) mitten in der Arbeit sterben; in den Sielen sterben; b) sich zu Tode arbeiten; **2.** loc/adj u loc/adv à la ~ Ak'kord...; im Ak'kord; ouvrier, travail (payé) à la ~ Akkordarbeiter m, -arbeit f; F je ne suis pas à la ~ ich lass' mich nicht hetzen; F immer mit der Ruhe; travailler à la ~ im Akkord, im Stücklohn arbeiten

taché [taʃe] adj **1.** befleckt; fleckig (auch Früchte); ~ d'encre tintenbefleckt; **2.** Fell etc gefleckt; fleckig (auch Marmor etc); ~ de blanc weißgefleckt

tachéo|mètre [takeɔmɛtr(ə)] m arp Tacheo'meter n od Tachy'meter n; ~métrie f arp Tachyme'trie f

tacher [taʃe] **I** v/t fleckig machen; beflecken; Flecken machen in (+acc) bzw auf (+acc); abs le vin rouge tache Rotwein macht Flecken; **II** v/pr se ~ **1.** Person sich beflecken; sich fleckig machen; sich die Kleidung beflecken; **2.** fleckig werden (auch Obst); Flecken bekommen; par ext schmutzen; Schmutz annehmen

tâcher [taʃe] v/t de (+inf), P ~ moyen de (+inf) sich bemühen zu (+inf); versuchen zu (+inf); tâchez de faire mieux versuchen Sie, mehr od Besseres zu leisten; sehen Sie zu, daß Sie es besser machen; nous tâcherons de vous aider wir werden uns bemühen, Ihnen zu helfen; ~ que ... (+subj) zusehen, daß ...

tâcheron [taʃrɔ̃] m **1.** Gelegenheits-, Hilfsarbeiter m; Handlanger m; Tagelöhner m; **2.** kleiner Zwischenunternehmer, der pau'schal bezahlt wird

tacheté [taʃte] adj gefleckt; gesprenkelt; getüpfelt; ~ de brun braungefleckt, -gesprenkelt

tachinidés [takinide] m/pl zo Schma-'rotzerfliegen f/pl

tach|isme [taʃism(ə)] m peint Ta'chismus [-ʃ-] m; ~iste m,f Ta'chist(in) [-ʃ-] m(f)

tachy|cardie [takikardi] f path Herzjagen n; sc Tachykar'die f; ~graphe m tech Fahrtschreiber m; ~mètre m tech Tacho'meter m; Drehzahlmesser m; ~phylaxie [-filaksi] f path Tachyphyla-'xie f

tacite [tasit] adj Einwilligung, Geständnis stillschweigend; jur: convention f ~ stillschweigende Vereinbarung; ~ reconduction stillschweigende Verlängerung (e-s Vertrages)

taciturne [tasityrn] adj schweigsam; verschlossen; wortkarg; zugeknöpft

tacon [takɔ̃] m zo Sälmling m

tacot [tako] m auto F (vieux) ~ F Klapperkasten m; alte Kiste, Karre

tact [takt] m **1.** physiol Tastsinn m; Gefühl n; corpuscules m/pl du ~ Tastkörperchen n/pl; points m/pl de ~ Tastpunkte m/pl; **2.** fig Takt m; Feingefühl n; manque m de ~ Taktlosigkeit f; sans ~ taktlos; agir avec ~ taktvoll handeln; avoir du ~ taktvoll sein; Feingefühl besitzen; faire preuve de ~ sich taktvoll verhalten; manquer de ~ den Takt verletzen

tacticien [taktisjɛ̃] m mil Taktiker m

tactile [taktil] adj physiol Tast...; perceptions f/pl ~s Tastempfindungen f/pl; zo poils m/pl ~s Tasthaare n/pl; der Katze Schnurrhaare n/pl

tactique [taktik] **I** adj mil taktisch; armes f/pl atomiques ~s taktische A'tomwaffen f/pl; aviation f ~ taktische Luftwaffe f; plan m ~ taktischer Plan; **II** f mil, pol, sports u allg Taktik f; mil ~ aérienne, navale, terrestre Luft-, See-, Erdtaktik f; pol ~ électorale Wahlkampftaktik f; changer de ~ s-e Taktik ändern

tactisme [taktism(ə)] m biol Taxis od Ta'xie f

tadorne [tadɔrn] m zo Brandente f

tænia cf ténia

taffetas [tafta] m **1.** text Taft m; ~ changeant Taft-Changeant m; de ~ taften; **2.** phm ~ gommé (Art) Mullpflaster n

tagada [tagada] int cf tsoin-tsoin

tagal [tagal] m ling Taga'log n

tagète [taʒɛt] m od **tagetes** [taʒetɛs] m bot Ta'getes f; Sam(me)t-, Stu'dentenblume f

tahitien [taisjɛ̃] **I** adj <~ne> m, aus Ta'hiti; auf Ta'hiti; **II** subst 2(ne) m(f) Bewohner(in) m(f) von Ta'hiti

taie [tɛ] f **1.** Bezug m; ~ (d'oreiller) Kopfkissenbezug m; **2.** path weißer Hornhautfleck (des Auges)

taïga [taiga] f géogr Taiga f

taillable [tajabl(ə)] adj féod zinspflichtig; fig être ~ et corvéable à merci alles Unangenehme machen müssen; sich alles aufhalsen lassen müssen

taillad|e [tajad] f (Ein)Schnitt m; ~er v/t Schnitte machen in (+acc); adj avoir le visage tout taillade Schnitte im Gesicht haben; ein zerschnittenes Gesicht haben

taillage [tajaʒ] m tech **1.** von Zahnrädern etc Schneiden n; von Feilen Hauen n; **2.** Ziegelherstellung Schneiden n (in Tonrasplern)

tailland|erie [tajɑ̃dri] f **a)** Werkzeugschmiede f; **b)** Werkzeugschmiedearbeit f, -waren f/pl; ~ier m Werkzeugschmied m (der Äxte, Spaten etc herstellt)

taillant [tajɑ̃] m e-r Axt, e-s Werkzeugs Schneide f; e-s Bohrers Spitze f

taille[1] [taj, tɑj] f **1.** (Körper)Größe f; Gestalt f; Wuchs m; Fi'gur f; Sta'tur f; ~ gigantesque Riesengröße f; loc/adj: de haute ~ groß; hochgewachsen; von hohem Wuchs; de ~ moyenne mittelgroß; d'une ~ 1,75 m 1,75 m groß; homme m de petite, grande ~ kleiner, großer Mann; avoir la ~ bien prise e-e gute Figur haben; avoir la ~ requise pour être qc die erforderliche (meist Mindest)Größe für etw haben; être de la même ~ gleich groß sein; se redresser de toute sa ~ sich zu s-r vollen Größe aufrichten; **2.** e-s Gegenstandes Größe f; auch fig Bedeutung f; loc/adj: F de ~ F gewaltig; Riesen...; F il est de ~, votre parapluie Ihr Regenschirm ist ja riesengroß; de grande, belle ~ groß; de la ~ de so groß wie; de la ~ d'une carte postale im Postkartenformat; une erreur de cette ~ ein solch großer Fehler od Irrtum; **3.** fig Größe f; For-'mat n; Fähigkeit f; un stratège de la ~ de Napoléon ein Stratege vom Format Napoleons; un rôle à sa ~ e-e ihm entsprechende Rolle; ~ à la ~ de son talent s-m Talent, s-n Fähigkeiten entsprechend; il n'est pas de ~ er ist der Sache bzw s-m Gegner nicht gewachsen; dazu ist er nicht fähig; être de ~ à (+inf) im'stande, fähig sein zu (+inf); Manns genug sein, um zu (+inf); **4.** anat Taille ['tajə] f; Taillengegend f (zwischen Schultern und Hüfte); ~ courte, longue kurzer, langer Oberkörper; ~ de guêpe Wespentaille f; tour de ~ Taillenweite f; loc/adj: Kleidung à ~ ajustée auf Taille gearbeitet; tail'liert; in der Taille anliegend; à ~ basse mit tiefer Taille; pantalon m ~ basse Hüfthose f; à ~ 'haute mit hoher Taille; à ~ marquée leicht tail'liert; taillennah; avoir la ~ fine e-e schlanke Taille haben; ne pas avoir de ~ keine Taille haben; prendre qn par la ~, prendre la ~ de qn j-n um die Taille, um die Hüfte fassen; auch j-s Taille um'fassen, um'schlingen; se tenir par la ~ sich (gegenseitig) um die Hüfte fassen; **5.** (Konfekti'ons)Größe f; grande ~ große Größe; große Weite; ~ 40 in Deutschland etwa Größe 38; la ~ au-dessus e-e Nummer größer; die nächste Größe; la ~ en dessous e-e Nummer kleiner; être à la ~ de qn j-m passen; die richtige Größe für j-n sein; **6.** loc/adj en ~ ohne Mantel bzw ohne Jacke; im Kleid; être en ~ keinen Mantel, keine Jacke anhaben

taille[2] [taj, tɑj] f **1.** von Steinen Behauen n; Bildhauerei kunst n (des Steins, des Holzes); von Edelsteinen, Diamanten Schleifen n; Schliff m; Stecherkunst Stich m; Schnitt m (mit dem Grabstichel); ~ d'épargne Holzschnitt m; von Edel-

steinen ~ **en biseau** Bi'seauschliff *m*; **2.** *von Bäumen, Reben* Beschneiden *n*; Schnitt *m*; ~ **d'hiver** Winterschnitt *m*; ~ **d'été, en vert** Sommer-, Grünschnitt *m*; **3.** *tech* e-r Feile Hieb *m*; ~ **simple** einfacher Hieb; **4.** *e-s* Schwertes etc Schneide *f*; **5.** *mines* Streb *m*; base *f*, tête *f* de ~ Grund-, Kopfstrecke *f*; **6.** *hist* Steuer *f* (der Leibeigenen *bzw* der Nichtadligen)
taillé [taje] *adj* **1.** *Person* ~ **en athlète** athletisch gebaut; ~ **à coups de serpe** grob(schlächtig); klobig; *fig* **être** ~ **pour faire un centenaire** so aussehen, als ob man hundert Jahre alt werden würde; **2.** *Sachen* geschnitten; *Stein* behauen; *Diamant* geschliffen; ~ **en biseau** schräg geschnitten *bzw* geschliffen; ~ **en pointe** zugespitzt; **3.** *fig* **cote mal ~e** fauler Kompro'miß; **4.** *Heraldik Wappen* schräglinksgeteilt
taille-crayon(s) [tajkRεjõ] *m* ⟨*pl* taille--crayons⟩ Bleistiftspitzer *m*
taille-douce [tajdus] *f* Stich *m* (*Verfahren u Bild*); des Kupferstich *m*
tailler [taje] **I** *v/t* **1.** *Stoff, Kleid etc* (zu)schneiden; *Stein* (be)hauen; *Brett* zuschneiden; *Edelsteine, Diamanten* schleifen; *Bleistift* spitzen; *tech* (aus-) schneiden; *Feile* hauen; ~ **des marches dans la glace** Stufen in das Eis schlagen; ~ **au ciseau** ausmeißeln, -stemmen; ~ **en biseau** schräg schneiden *bzw* schleifen; ~ **en pointe** (an-, zu-) spitzen; **2.** *Bäume, Hecke, Reben* beschneiden, stutzen (**au sécateur** mit der Gartenschere); **3.** *fig* ~ **une armée en pièces** e-e Armee zerschlagen; **4.** F *fig* ~ **une bavette** *cf* bavette 3.; **II** *v/i* **5.** schneiden; **6.** *mar* ~ **de l'avant** schnell fahren; **III** *v/pr* **7.** *fig* **se** ~ **la part du lion** sich den Löwenanteil nehmen; **se** ~ **un succès** *Person* bei, mit e-r Sache Erfolg haben; **8.** ~ **F** abhauen; verduften; **se** ~ **en vitesse** schleunigst verschwinden, verduften
taillerie [tajRi] *f* Edelstein-, Dia'mantenschleiferei *f* (*Verfahren u Werkstatt*)
tailleur [tajœR] *m* **1.** (Herren)Schneider *m*; ~ **pour dames** Damenschneider *m*; ~ **sur mesure** Maßschneider *m*; **être assis en** ~ im Schneidersitz sitzen; **2.** (Schneider)Ko'stüm *n*; Jackenkleid *n*; *schweiz* Tail'leur *m*; *sport* Sportkostüm *n*; **3.** *tech* ~ **de limes** Feilenhauer *m*; ~ **de pierre(s)** Steinhauer *m*; Steinmetz *m*; ~ **de verre** Glasschleifer *m*
taill|is [taji] *m* Dickicht *n*; 'Unterholz *n*; Niederwald *m*; ~**oir** *m arch* Abakus *m*; Deckplatte *f* über dem Kapi'tell
tain [tɛ̃] *m* **1.** Spiegelbelag *m*; **glace** *f* **sans** ~ **von e-r Seite** 'durchsichtiger Spiegel; Einwegspiegel *m*; **2.** *tech* Zinnbad *n*
taire [tɛR] ⟨*cf* plaire; *aber* il se tait⟩ **I** *v/t* *st/s* verschweigen; nicht sagen; nicht nennen; **II** *v/pr* **se** ~ *Personen, Tiere* a) schweigen; still sein; b) verstummen; **se** ~ **sur qc** über etw (*acc*) schweigen; etw für sich behalten; **elle s'est tue brusquement** sie verstummte plötzlich; **tais-toi!** halt den Mund!; sei still!; **allez-vous vous taire!** wollt ihr wohl still sein!; *ellip* **faire** ~ **qn** a) j-n zum Schweigen bringen; b) j-m befehlen zu schweigen; j-n auffordern, ruhig zu sein; j-m sagen, daß er ruhig sein soll; j-m Ruhe gebieten; **faites-vous** ~ sorgen Sie dafür, daß sie still sind; *fig* **faire** ~ **l'opposition** die Opposition unter'drücken, mundtot machen; **faire** ~ **les bruits** die Gerüchte zum Verstummen bringen; F **il a perdu une belle occasion de se** ~ er hätte lieber schweigen, den Mund halten sollen; **savoir se** ~ schweigen können
talc [talk] *m* **1.** Körperpuder *m*; *phm* Talkumpuder *m*; **2.** *minér* Talk *m*; Talkum *n*

talé [tale] *adj Obst* angeschlagen; mit Druckstellen
talent [talɑ̃] *m* **1.** Ta'lent *n*; Anlage *f*; Gabe *f*; Begabung *f*; Fähigkeit *f*; ~ **d'organisateur** Organisati'onstalent *n*; ~ **de société** gesellschaftliches Talent; **un écrivain de (grand)** ~ ein (sehr) begabter Schriftsteller; **avoir du** ~ ta'lentvoll, talen'tiert, begabt sein; *iron* **il a le** ~ **de** (+*inf*) er hat ein Talent zu (+*inf*); F *plais* **montrez-nous vos** ~**s** zeigen Sie, was Sie können; **2.** Ta'lent *n*; ta'lentvoller Mensch; **encourager les jeunes** ~**s** die jungen Talente fördern
talentueux [talɑ̃tɥø] *adj* ⟨-euse⟩ talen-'tiert; begabt; fähig
taler [tale] *v/t Obst* anschlagen; *faites attention* **de ne pas** ~ **les fruits ... daß** das Obst keine Druckstellen bekommt
taleth [talεt] *m rel* Tal'lith *od* Tal'lis *m* (*Gebetsmantel der Juden*)
talion [taljõ] *m hist jur* Tali'on *f*; *fig* **la loi du** ~ das Gesetz der 'Wiedervergeltung
talipot *cf* talipot
talisman [talismɑ̃] *m* Talisman *m*
talitre [talitR(ə)] *m zo* Sandhüpfer *m*
talkie-walkie [tokiwoki] *m* ⟨*pl* talkies--walkies⟩ tragbares Funksprechgerät; Walkie-Talkie ['wɔ:ki'tɔ:ki] *n*
tallage [talaʒ] *m agr* **1.** Bestockung *f*; Seitentriebbildung *f*; **2.** *coll* Bestockungs-, Seitentriebe *m/pl*
tall|e [tal] *f agr* Bestockungs-, Seitentrieb *m*; ~**er** *v/i agr* sich bestocken
tallipot [talipo] *m bot* Tali'potpalme *f*
talloil [talɔjl] *m chim, tech* Tallöl *n*
Talmud [talmyd] *m rel* Talmud *m*; ⟨**ique** *adj* tal'mudisch; ⟨**iste** *m* Talmu'dist *m*
taloche [talɔʃ] *f* **1.** F (*gifle*) Ohrfeige *f*; flanquer une ~ à qn F j-m e-e (Ohrfeige) her'unterhauen; **2.** *tech* Reibebrett *n*
talon [talõ] *m* **1.** *anat, e-s* Strumpfs Ferse *f*; *nordd* Hacke *f*; *nur fig* ~ **d'Achille** A'chillesferse *f*; **être sur les** ~**s de qn** j-m auf den Fersen sein; **marcher sur les** ~**s de qn** a) j-m auf die Fersen treten; b) j-m auf den Fersen folgen; **montrer, tourner les** ~**s** Fersengeld geben; **dès que je tourne les** ~**s** sobald ich den Rücken wende; **2.** *vom Schuh* Absatz *m*; *nordd* Hacke *f*; ~**s aiguilles, bottier** Pfennig-, Blockabsatz *m*; ~**s à** ~**hauts, plats** mit hohen, flachen Absätzen; *ellip* **'hauts** ~**s** Schuhe *m/pl* mit hohen Absätzen; *auch* Stöckelschuhe *m/pl*; ~ **de liège** Korkabsätze *m/pl*; **3.** *beim Ski* Ende *n*; **4.** *e-s Messers etc* Angel *f*; **5.** *sculp* Bos'siereisen *n* (*der Stukkateure*); **6.** *e-s Autoreifens* Wulst *m*; **7.** *mar* ~ **de quille** Kielhacke *f*; **8.** *arch* stützendes, steigendes Kar'nies *n*; **9.** *e-s Scheckbuchs etc* Stammabschnitt *m*; **10.** *Kartenspiel* Ta'lon *m*; Kartenstock *m*, -stamm *m*; **11.** *mus* Frosch *m* (*am Bogen*)
talonnage [talɔnaʒ] *m Rugby* Hakeln *n*
talonner [talɔne] **I** *v/t* **1.** ~ **qn** a) j-m auf den Fersen sein; b) *fig* j-n (be)drängen; j-m zusetzen; **2.** ~ **un cheval** e-m Pferd die Sporen geben *bzw* die Fersen in die Weichen stoßen; **3.** *Rugby* ~ **(le ballon)** hakeln; **II** *v/i mar* achtern Grundberührung haben, auf Grund stoßen
talonn|ette [talɔnεt] *f* **1.** *des Schuhs* Ferseneinlage *f*; **2.** *an der Hose* Stoßband *n*; ~**eur** *m Rugby* Hakler *m*
talqu|er [talke] *v/t* mit Talkum(puder) einpudern; ~**eux** *adj* ⟨-euse⟩ *minér* Talk...; talkartig
talus [taly] *m* Abhang *m*; Böschung *f*; ~ **d'éboulis** Geröllhalde *f*
talweg [talvεg] *m géogr* Talweg *m*
tamandua [tamɑ̃dɥa] *m zo* Ta'mandua *m*; Cagua're *m*
tamanoir [tamanwar] *m zo* Großer Ameisenbär
tamarin [tamarɛ̃] *m bot* **1.** (Frucht *f* der)

Tama'rinde *f*; **2.** Tama'riske *f*
tamarinier [tamarinje] *m bot* Tama-'rinde *f*
tamaris [tamaris] *m bot* Tama'riske *f*
tambouille [tɑ̃buj] F *f* Essen *n*; **faire la** ~ kochen
tambour [tɑ̃buR] *m* **1.** *mus* Trommel *f*; ~ **de basque** Tambu'rin *n*; **battre le, du** ~ trommeln; die Trommel schlagen; *fig* **battre le** ~ die Re'klametrommel rühren; *fig* **mener l'affaire** ~ **battant** die Sache im Eiltempo erledigen, flink *od* prompt abwickeln; *fig* **partir sans** ~ **ni trompette** sang- und klanglos verschwinden; heimlich, still und leise verschwinden; **2.** *mus* Trommler *m*; *schweiz* Tambour *m*; *früher* ~ **de ville** Ausrufer *m*; **3.** *bât* Windfang *m*; *par ext* Drehtür *f*; **4.** *arch* a) Säulentrommel *f*; b) Tambour *m* (*im Kuppelunterbau*); **5.** *tech* Trommel *f*; *e-r Winde* Seiltrommel *f*; *e-r Waschmaschine* Trommel *f*; *e-r Betonmischmaschine* Mischtrommel *f*; *für das Gehwerk e-r Standuhr* Kettenrad *n*; *e-r Uhr* Federhaus *n*; *auto* Bremstrommel *f*; *EDV* ~ **magnétique** Ma'gnettrommel *f*; **freins** *m/pl* à ~ Trommelbremsen *f/pl*; **6.** *Stickrahmen* *m*; **7.** Lostrommel *f*; **8.** *Fischerei* Trommelreuse *f*
tambourin [tɑ̃buRɛ̃] *m mus* Tambu'rin *n*; ~ **provençal** lange, schmale Trommel (*die mit nur e-m Stock geschlagen wird*)
tambouriner [tɑ̃buRine] **I** *v/i Marsch etc* trommeln; *adit* **langage tambouriné** Trommelsprache *f* (*bes in Afrika*); **II** *v/i* trommeln (*auch fig Regen etc*); ~ **à la porte de qn** an j-s Tür (*acc*) trommeln
tambour-major [tɑ̃buRmaʒɔR] *m* ⟨*pl* tambours-majors⟩ Tambourmajor *m*
tamier [tamje] *m bot* Gemeine Schmerwurz
tamil [tamil] *cf* tamoul
tamis [tami] *m* **1.** Sieb *n*; ~ **métallique** Drahtsieb *n*; **passer qc au** ~ etw ('durch-, aus)sieben; **2.** *am Tennisschläger* Schlagfläche *f*; Saitenspannung *f*
tamisage [tamizaʒ] *m* ('Durch-, Aus-) Sieben *n*
tamis|er [tamize] **I** *v/t* **1.** (aus-, 'durch-) sieben; **2.** *fig Licht* dämpfen; *adit* **lumière tamisée** gedämpftes Licht; **II** *v/i* durch ein *bzw* das Sieb gehen; ~**euse** *f* Siebmaschine *f*
tamoul [tamul] **I** *adj* ta'milisch; ta'mulisch; **II** *subst* ⟨**s** *m/pl* Ta'milen *m/pl*; Ta'mulen *m/pl*; **2.** *ling* **m** Tamil *n*; ta'milische Sprache
tampico [tɑ̃piko] *m text* Tam'pikofaser *f*
tampon [tɑ̃põ] *m* **1.** Bausch *m*; *méd* a) Tam'pon *m* (*auch Monatshygiene*); b) Tupfer *m*; ~ **Jex** (*nom déposé*) Putzkissen *n* (*aus Stahlwolle*); ~ **d'ouate** Wattebausch *m*, -tupfer *m*; **2.** *ch de fer u fig* Puffer *m*; **coup de** ~ **de** ~ Aufein'anderprallen *n* der Puffer; *fig*: **auto** ~ **État** *m*; **Pufferstaat** *m*; *Person* **servir de** ~ als Puffer dazwischen stehen; **3.** Stempel *m*; ~ **de la poste** Poststempel *m*; F **coup de** ~ **de** ~ Stempeln *n*; **4.** ~ **buvard** Löscher *m*; ~ **encreur** Stempelkissen *n*; **5.** Stopfen *m*; Pfropfen *m*; Stöpsel *m*; Spund *m*; **6.** *tech* Dübel *m*; **7.** Ka'naldeckel *m*; *e-s Gullys etc* Deckel *m*; **8.** *physiol, chim* Puffer *m*; *adit* **batterie** ~ **f** Pufferbatterie *f*
tamponnement [tɑ̃pɔnmɑ̃] *m* **1.** *ch de fer* Aufein'anderprallen *n* der Puffer; *par ext, auch von Autos* Zu'sammenstoß *m*; **2.** *chir* Tampo'nade *f*; Tampo'nieren *n*
tamponner [tɑ̃pɔne] **I** *v/t* **1.** be-, abtupfen; abwischen; mit e-m Bausch (ab)reiben; **2.** *ch de fer, auto* auffahren auf (+*acc*); prallen auf (+*acc*); **3.** (ab-) stempeln; **4.** zustopfen; mit e-m Stöpsel etc verschließen; **5.** *chir* tampo'nieren; **6.** *tech Wand* (ver)dübeln; **II** *v/pr* **se** ~ **7.** *ch*

de fer, auto zu'sammenstoßen; aufein-
'anderprallen; **8.** F fig **s'en ~** (le coquil-
lard) sich keinen Deut darum scheren; F
darauf pfeifen
tamponn|eur [tãpɔnœr] adj ⟨-euse⟩
auffahrend; aufprallend; **auf Jahrmärk-
ten auto tamponneuse** (Auto)Skooter
[-sku:-] m; **~ier** od **~oir** m tech Dübel-
bohrer m
tam-tam [tamtam] m ⟨pl **tam-tams**⟩ **1.**
mus **a)** Tam'tam n (ostasiatisches Musik-
instrument); **b)** afri'kanische Trommel;
2. fig **faire du ~** ein Theater machen;
Krach schlagen; ein Tamtam machen
(autour de qc um etw)
tan [tã] m Gerberlohe f; Gerbrinde f
tanaisie [tanezi] f bot Rainfarn m
tancer [tãse] ⟨-ç-⟩ litt v/t rügen; tadeln;
schelten
tanche [tãʃ] f zo Schleie f; Schlei m
tandem [tãdɛm] m **1.** Tandem n; **2.** tech
cylindres m/pl **en ~** Zy'linder m/pl in
Tandemanordnung; **3.** F fig Gespann n
tandis que [tãdi(s)k(ə)] loc/conj **1.** zeit-
lich während; so'lange (wie); **2.** Gegen-
satz während; wohingegen
tangage [tãgaʒ] m mar Stampfen n (auch
e-s Flugzeugs); **il y a du ~** das Schiff
stampft
tangara [tãgara] m zo Tan'gare f
tangence [tãʒãs] f math Berührung f;
point m **de ~** Berührungspunkt m
tangent [tãʒã] adj **1.** math berührend;
droite ~e à un cercle Gerade, die e-n
Kreis berührt; **2.** F knapp; **il a été reçu,
mais c'était ~** er hat die Prüfung
bestanden, aber nur mit knapper Not od
F mit Hängen und Würgen; **je ne savais
pas s'il allait pleuvoir, c'était ~ ce matin**
... das Wetter war heute morgen unsicher
tangente [tãʒãt] f **1.** Geometrie Tan-
'gente f; **~ à une courbe** Tangente e-r,
an e-e Kurve; **2.** Trigonometrie Tangens
m; **3.** F fig **prendre la ~** F sich aus dem
Staub machen
tangentiel [tãʒãsjɛl] adj ⟨~le⟩ math
tangenti'al; Tangenti'al...; **équation
~le** Tan'gentengleichung f; phys **force
~le** Tangentialkraft f
tangérine [tãʒerin] f Zitrusfrucht Tan-
ge'rine f
tangible [tãʒibl(ə)] adj **1.** fühlbar; be-
rührbar; **2.** fig greifbar; spürbar; fühl-
bar; offenkundig; **preuve** f **~** greifbarer,
handgreiflicher Beweis
tango [tãgo] **I** m mus Tango m; **II** adj
⟨inv⟩ o'range(rot, -farben)
tangon [tãgo] m mar Backspiere f
tangue [tãg] f Meerschlamm m (bes an
der Küste des Ärmelkanals, als Dünge-
mittel benützt)
tanguer [tãge] v/i **1.** mar stampfen; **ça** od
le navire tangue das Schiff stampft; **2.**
par ext schwanken
tanière [tanjɛr] f **1.** Höhle f (wilder
Tiere); **2.** fig Schlupfloch n, -winkel m
tanin [tanɛ̃] m **1.** chim, phm Tan'nin n; **2.**
beim Wein Gerbstoff m (der Rappen)
tanisage [tanizaʒ] m **1.** beim Wein
Zusetzen n von Gerbstoff; **2.** Zusetzen n
von Gerberlohe
taniser [tanize] v/t **1.** dem Wein, der
Maische Gerbstoff zusetzen; **2.** Gerber-
lohe zusetzen (+ dat)
tank [tãk] m **1.** Tank m (auch mar e-s
Tankers); Me'tallbehälter m; **2.** mil Tank
m; Panzer m; **3.** F Straßenkreuzer m
tank|er [tãkɛr] m mar Tanker m; Tank-
schiff n; **~iste** m mil Angehörige(r) m
der Panzertruppe
tannage [tanaʒ] m der Felle, Häute
Lohgerbung f; allg Gerben n, -ung f
tannant [tanã] adj **1.** Gerb...; gerbend;
écorce ~e Gerbrinde f; **substance ~e**
Gerbstoff m; **2.** F unerträglich; ermü-

dend; **il est ~ avec ses questions** F er
fällt e-m auf den Wecker mit s-n Fragen
tanne [tan] f path Mitesser m
tann|é [tane] adj gegerbt (auch fig Ge-
sicht, Haut); **~ée** F f (Tracht f) Prügel pl;
F Keile f; Senge f; Dresche f
tanner [tane] v/t **1.** Felle, Häute gerben;
2. par ext Sonne etc: Gesicht, Haut
gerben; F **~ (le cuir à)** qn F j-m das Fell
gerben; **3.** F fig **~** qn F j-n beknien; j-n
löchern; **tu me tannes** du machst mich
fertig; **du gehst mir auf die Nerven**
tann|erie [tanri] f **1.** (Loh)Gerbe'rei f; **2.**
(Loh)Gerben n; **~eur** m (Loh)Gerber m
tannin cf tanin
tannique [tanik] adj tan'ninhaltig; chim
acide ~ (Gallus)Gerbsäure f
tanrec [tãrɛk] m zo Tanrek m; Borsten-
igel m
tan-sad [tãsad] m ⟨pl **tan-sads**⟩ Sozius-
sitz m, -sattel m
tant [tã] **I** adv u loc/adv **1.** so; so viel(e); so
sehr; dermaßen; **~ de fois** so oft; F (pas)
~ que ça (nicht) so viel; (nicht) so sehr;
celui-là et ~ d'autres der und so viel(e)
andere; **ce livre ~ vanté** dieses so
vielgepriesene Buch; **une maison com-
me il y en a ~** ein Haus, wie es deren
viele gibt; **il vous aime ~** er liebt Sie so
sehr; **il a ~ de livres que ...** er hat so
viel(e) Bücher, daß ...; **ce n'est pas ~
l'intelligence que le courage qui lui
manque** ihm fehlt weniger, nicht so sehr
(die) Intelligenz als (der) Mut; **tous ~
que nous sommes, vous êtes wir, ihr
alle** (ohne Ausnahme); **il n'a jamais ~
parlé** er hat niemals so viel gesprochen;
F **il pleut ~ que ça peut** F es gießt wie
mit Eimern; **il a ~ travaillé qu'il est
tombé malade** er hat so viel gearbeitet,
daß ...; **il travaille ~ qu'il peut** er
arbeitet, so viel er kann, so'viel wie
möglich; ♦ F **vous m'en direz ~!** cf
dire l. d); **~ il est vrai que ...** da sieht
man wieder, daß ...; das bestätigt
(wieder), daß ...; ♦ **~ et plus** reichlich; **il
a de l'argent ~ et plus** er hat Geld
noch und noch, in Mengen; **~ bien que
mal** recht und schlecht; so'so la'la; so
gut es (eben) geht; gerade so eben; so
leidlich; so einigermaßen; mit Ach und
Krach; **~ mieux** um so, desto besser; **~
pis** da kann man nichts machen; schade;
~ pis pour vous das ist Ihr eigener
Schade; **vous ne voulez pas? ~ pis pour
vous ...** na, dann eben nicht; ... dann
sind Sie selbst daran schuld; **2.** unbe-
stimmte Zahl soundso viel; subst **le ~** am
Soundso'vielten (des Monats); **(à) ~
pour cent** (zu) soundso viel Prozent; **~
de centimètres, kilos** soundso viel
Zentimeter, Kilo; **il est payé à ~ la
page** er bekommt soundso viel pro
Seite; **II** loc/conj **1. ~ que ...** so'lange ...;
~ qu'il vivra solange er lebt; ♦ iron **~
que tu y es** und sonst noch was; und
was sonst noch alles; **pourquoi pas la
lune, ~ que tu y es** warum nicht gleich
den Mond; **~ que vous y êtes** wenn Sie
es schon tun, machen; wenn Sie schon
dabei sind; **~ qu'à faire** wenn man
schon einmal dabei ist; wenn es schon
sein muß; **~ qu'à faire!** wennschon,
dennschon!; **~ qu'à faire, faites-le
bien** wenn Sie es schon machen, (dann)
machen Sie es auch ordentlich; **~ qu'à
m'ennuyer, je ...** wenn ich mich schon
langweilen muß od soll, dann ...; **2. ~ et
si bien que ...** so weit, daß ...; so lange,
bis ...; so daß schließlich ...; **il fit ~ et si
bien qu'on le renvoya** er trieb es so
weit, daß er entlassen wurde; **3. si ~ est
que** (+ subj) falls; so'fern; wenn über-
haupt; **si ~ est qu'il dise la vérité**

wenn er überhaupt die Wahrheit sagt; **4.
en ~ que als; en ~ que Français ... als**
Franzose ...; **engager** qn **en ~ qu'in-
génieur** j-n als Ingenieur einstellen; **5. ~
... que sowohl ... als auch; le personnel,
~ ouvriers qu'ingénieurs** das Personal,
sowohl Arbeiter als auch Ingenieure
tantale [tãtal] m chim Tantal n
tante [tãt] f **1.** Tante f; **2.** F Schwule(r) m;
warmer Bruder; **Hundertfünfund'sieb-
ziger** m; Homo m
tantième [tãtjɛm] **I** adj comm **le ~ cou-
rant der Soundsovielte** bzw am Soundso-
vielten (des laufenden Monats); **II** m Anteil
m; comm Tanti'eme f; Gewinnanteil m
tantine [tãtin] f enf als Anrede (liebe)
Tante
tantinet [tãtinɛ] loc/adv **un ~** ein wenig;
ein bißchen; **un ~ ridicule** ein wenig
lächerlich
tantôt [tãto] adv **1.** heute nachmittag; **à
~! bis heut(e) nachmittag!; 2. ~ ..., ~ ...**
bald .... bald ...; (ein)mal ..., (ein)mal
...; **~ bien, ~ mal** bald gut, bald
schlecht; **il est ~ gai, ~ triste** mal ist er
fröhlich, mal traurig
tantouse [tãtuz] F f cf tante 2.
tantrisme [tãtrism(ə)] m rel Tan'tris-
mus m
tanzanien [tãzanjɛ̃] **I** adj ⟨~ne⟩ tan'sa-
nisch; **II** subst ♀(ne) m(f) Tan'sanier(in)
m(f)
taoïsme [taɔism(ə)] m rel Tao'ismus m
taoïste [taɔist] rel **I** adj tao'istisch; **II** m,f
Tao'ist(in) m(f)
taon [tã] m zo Bremse f
tapage [tapaʒ] m **1.** Lärm m; Krach m; F
Ra'dau m; Spek'takel m; **~ infernal**
Höllenlärm m; jur **~ nocturne** nächtli-
che Ruhestörung; **2.** fig Wirbel m;
Aufsehen n; **on a fait beaucoup de ~
autour de cette affaire** man hat viel
Wirbel um diese Sache gemacht; **cette
affaire a fait beaucoup de ~** diese
Sache hat großes Aufsehen erregt
tapageur [tapaʒœr] adj ⟨-euse⟩ Klei-
dung auffallend; auffällig; luxe **~** über-
'triebener Luxus; **publicité tapageuse**
marktschreierische Reklame
tapant [tapã] adj **à midi ~** Schlag zwölf
(Uhr); **il est neuf heures ~es** od p/pr **~**
es ist Schlag neun (Uhr)
tape [tap] f Klaps m; **~ amicale** freund-
schaftlicher Klaps; **il lui donna une
grande ~ dans le dos** er gab ihm e-n
kräftigen Klaps auf den Rücken
tapé [tape] adj **1.** F cf cinglé; **2.** cf talé
tape-à-l'œil [tapalœj] adj ⟨inv⟩ protzig;
über'trieben prunkvoll; kitschig; subst
c'est du ~ das ist Kitsch, Schaum-
schläge'rei
tapecul od **tape-cul** [tapky] m ⟨pl
tape-culs⟩ **1.** Wippe f; **2.** mar Treiber m;
Treibsegel n; **3.** Reiten **faire du ~** ohne
Steigbügel reiten; **4.** F schlecht gefederte
Karre (Auto)
tapée [tape] F f Menge f; Schwarm m; F
Haufen m; **une ~ d'enfants** ein Haufen
Kinder
tapement [tapmã] m Schlagen n; Klop-
fen n; **~s de pieds** Trappeln n; Tram-
peln n
taper [tape] **I** v/t **1.** e-n Klaps geben (qn
j-m); par ext schlagen; klopfen; **~ trois
coups à la porte** dreimal an die Tür
schlagen; **2.** auf der Schreibmaschine F
tippen; **~ une lettre** e-n Brief tippen; **3.**
auf dem Klavier Melodie etc klimpern; **4.**
F **~** qn F j-n anpumpen; **je l'ai tapé
de cent francs** ich habe (mir) hundert
Franc von ihm gepumpt; **II** v/i **5.**
schlagen; **~ à la porte** an die Tür
schlagen; **~ dans les, des mains** in die
Hände klatschen; **~ dans le tas** blind-
lings drauf'losschlagen; cf auch **8.**; **~ des**

pieds mit den Füßen trampeln; ~ sur qn a) j-n schlagen; auf j-n einschlagen; b) F *fig* von j-m schlecht reden; über j-n herziehen; ~ sur un ballon e-n Ball schlagen; ~ sur un clou auf e-n Nagel schlagen; ~ sur l'épaule de qn j-m auf die Schulter schlagen; ~ sur un piano auf die Tasten (e-s Klaviers) hämmern; **6.** F *fig*: ~ dans l'œil de qn j-m ins Auge, in die Augen stechen; ~ sur les nerfs, sur le système à qn j-m auf die Nerven gehen; ~ sur den Wecker fallen; ~ sur le ventre à qn j-m gegenüber allzu vertraulich sein; sich bei j-m anbiedern; **7.** ~ (à la machine) F tippen; **8.** F ~ dans sich hermachen über (+ *acc*); ~ dans les provisions *auch* an, über die Vorräte gehen; ~ dans le tas wahllos aus der Menge her'ausnehmen; kräftig zulangen; **9.** Sonne ~ (dur) (heiß) brennen; **10.** *mar* Segel etc knattern (*beim Killen*); **III** *v/pr* ~ **11.** sich (gegenseitig) schlagen; **12.** F *fig*: il y a de quoi se ~ le derrière par terre F das ist ja zum Piepen, zum Schießen; das ist ja zum Heulen komisch; c'est à se ~ la tête contre les murs F das ist, um an den Wänden hochzugehen; das ist zum Auswachsen; **13.** F Essen, Trinken sich gönnen; F sich einverleiben; sich genehmigen; P sa fille P ein Mädchen 'umlegen, aufs Kreuz legen; **14.** F: il s'est tapé tout le trajet à pied F er mußte den ganzen Weg tippeln; se ~ tout le travail F die ganze Arbeit auf dem Buckel haben; **15.** F il peut toujours se ~ F da kann er lange warten

tapette [tapɛt] f **1. a)** Teppichklopfer m; **b)** Fliegenklappe f, -klatsche f; **2.** F (gutes) Mundwerk; elle a une de ces ~s ihr Mundwerk steht nicht still; **3.** kurzstieliger Holzhammer zum Einschlagen der Korken; **4.** Tam'pon m der Gra'veure; **5.** *arg cf* tante 2.

tapeur [tapœr] m F Pumpgenie n

tapi [tapi] *adj* zu'sammengekauert; versteckt

tapin [tapɛ̃] m P faire le ~ F auf den Strich gehen

tapinois [tapinwa] *loc/adv* en ~ heimlich; verstohlen

tapioca [tapjɔka] m Tapi'oka f; (potage m au) ~ Tapioka-, Sagosuppe f

tapir[1] [tapir] *v/pr* ~ sich verkriechen; sich (nieder)ducken; sich zu'sammenkauern

tapir[2] [tapir] m *zo* Tapir m

tapis [tapi] m **1.** Teppich m; im Gang, auf der Treppe Läufer m; ~ mécanique, tissé Ma'schinen-, Webteppich m; im Märchen ~ volant fliegender Teppich; ~ à points noués geknüpfter Teppich; Knüpfteppich m; *fig mil* ~ de bombes Bombenteppich m; *fig* ~ de fleurs, de gazon, de mousse Blumen-, Rasen-, Moosteppich m; ~ d'Orient, de Perse Orient-, Perserteppich m; ~ de prière Gebetsteppich m; **2.** *par ext* Decke f; *sports* Matte f; e-s Billard-, Spieltischs Tuch m; *par ext* ~ vert Spieltisch m; ~ caoutchouc Gummimatte f *bzw* -belag m; ~ de selle Satteldecke f; ~ de sol Bodendecke f (e-s Zelts); ~ de table Tischdecke f; *Boxen:* aller au ~ zu Boden gehen; envoyer son adversaire au ~ s-n Gegner auf die Bretter schicken; *fig:* être sur le ~ erörtert werden; zur De'batte stehen; Gegenstand des Gesprächs sein; mettre une question sur le ~ e-e Frage aufs Ta'pet, zur Sprache bringen; revenir sur le ~ wieder zur Sprache kommen; se ~ réunir autour du ~ vert zu e-r Sitzung versammeln; **3.** *tech* ~ roulant Förderband n; für Personen Roll-, Fahrsteig m; **4.** *tech* (dünner) Straßenbelag **5.** *fig*

amuser le ~ die Gesellschaft unter'halten, amü'sieren

tapis-brosse [tapibrɔs] m ⟨*pl* tapis--brosses⟩ Türmatte f; Abtreter m

tapisser [tapise] *v/t* **1.** *Wand, Zimmer* mit (Wand)Teppichen, (-)Behängen schmücken, verkleiden; **2.** tape'zieren; *par ext* ~ une chambre de photos ein Zimmer mit Photos tapezieren; **3.** bedecken; schmücken; mur tapissé de lierre mit Efeu bedeckte Mauer

tapisserie [tapisri] f **1.** Wandbehang m; Wandteppich m; Gobe'lin m; ~ des Gobelins echter Gobelin; carton m de ~ Kar'ton m; Bildvorlage f (*bei Gobelinweberei*); *fig* faire ~ ein Mauerblümchen sein; sitzenbleiben (*beim Tanz*); **2.** Kanevasstickerei f; **3.** Teppichweberei f

tapiss|ier [tapisje] m, **~ière** f **1.** Teppichweber(in) m(f); Teppichknüpfer (-in) m(f); **2.** ⟨*nur* m⟩ ~ (décorateur) Tape'zierer m; **3.** ⟨*nur* m⟩ ~ (d'ameublement) Möbel)Polsterer m

tapotement [tapɔtmɑ̃] m **1.** Tätscheln n; leichtes Klopfen; *méd* Klopfen n (*bei der Massage*); **2.** *mus* Klimpern n

tapoter [tapɔte] *v/t* **1.** leicht klopfen; klopfen auf (+ *acc*); tätscheln; ~ une cigarette pour faire tomber la cendre die Asche e-r Zigarette abklopfen; ~ la joue d'un enfant e-m Kind die Wange tätscheln; **2.** *mus* Melodie klimpern; **II** *v/i* **3.** ~ sur la table leicht auf den Tisch klopfen; **4.** *mus* ~ (au piano) (auf dem Klavier) klimpern

taquer [take] *v/t impr* die Form klopfen

taquet [takɛ] m **1.** Knagge f; Keil m (*zum Unterlegen bei Möbeln*); Pflock m zum Mar'kieren; **2.** Schreibmaschine Reiter m (*des Tabulators*); *mar* Belegklampe f; ~ de nage Rojepforte f; Rundsel f

taquin [takɛ̃] *adj* schalkhaft; schelmisch; enfant ~ Schelm m; être ~ ein Schelm sein

taquiner [takine] **I** *v/t* **1.** necken; foppen; verulken; hänseln; Schabernack treiben mit; **2.** F *fig:* ~ le goujon angeln; dem Angelsport huldigen; ~ la muse Verse schmieden; j'ai une dent qui me taquine mein einer Zahn rührt sich, macht sich bemerkbar; **II** *v/pr* se ~ sich (gegenseitig) necken, foppen, verulken, hänseln

taquinerie [takinri] f ⟨*oft pl* ~s⟩ Necke'rei f; Foppen n; Foppe'rei f; Hänse'lei f; Ulk m

taquoir [takwar] m *impr* Klopfholz n

tarabiscot [tarabisko] m *charp* Form-, Pro'filhobel m

tarabiscoté [tarabiskɔte] *adj* über'laden; 'übermäßig verziert; *Stil* geschraubt; über'laden; geschwollen; schwülstig

tarabuster [tarabyste] *v/t* **1.** *Person* ~ qn j-n drängen; in j-n dringen; j-m zusetzen; **2.** *Sache* ~ qn j-m zusetzen; j-n 'umtreiben, beunruhigen, quälen; j-m keine Ruhe lassen

tarage [taraʒ] m *comm* Ta'rieren n; Wiegen n der Verpackung

tarare [tarar] m *agr* Windsichter m, -fege f; Ta'rar m

tarasque [tarask] f **1.** ♀ in der Provence sagenhafter Drache; **2.** *arch* (*Art*) Wasserspeier m (*in Drachengestalt*)

taratata [taratata] *int* na na!; nun mach's mal halblang!

taraud [taro] m *tech* Gewindebohrer m

taraudage [tarodaʒ] m **a)** Gewindebohren n; **b)** Innengewinde n

taraud|er [tarode] *v/t* **1.** *tech* ein Innengewinde bohren, schneiden in (+ *acc*); *abus* ~ une vis ein Gewinde in e-e Schraube schneiden; **2.** *Insekten* ~ le bois Löcher ins Holz bohren; ~**euse** f

tech Gewindeschneidmaschine f (für Innengewinde); *adjt* vis ~ selbstschneidende Schraube; Gewindeschneideschraube f

tard [tar] **I** *adv* spät; bien ~ ziemlich, reichlich spät; (eigentlich) zu spät; plus ~ später; je l'ai vu pas plus ~ qu'hier (gerade) gestern erst ...; au plus ~ spätestens; trop ~ zu spät; ~ le soir, le soir très ~ spät abends; ~ dans la nuit spät in der Nacht; travailler jusque ~ dans la nuit bis spät in die Nacht (hin'ein) arbeiten; ~ dans la soirée am späten Abend; spät am Abend; il est, se fait ~ es ist, wird spät; il est un peu ~ pour partir en promenade für e-n Spaziergang ist es ein wenig, fast zu spät; ce sera, c'est pour plus ~ das lassen wir *bzw* lasse ich für später; se lever ~ spät aufstehen; il s'est mis très ~ à l'anglais er hat sehr spät mit Englisch angefangen; rentrer ~ spät nach Hause kommen, gehen; *loc/prov:* mieux vaut ~ que jamais besser spät als nie (*loc/prov*); il n'est jamais trop ~ pour bien faire es ist niemals zu spät (*um etw zu tun*); **II** *m* sur le ~ in vorgerückten Jahren; in vorgerücktem Alter; spät(er)

tarder [tarde] **I** *v/i* Person zögern; zaudern; spät kommen; auf sich warten lassen; Sache dauern; auf sich warten lassen; ne tardez pas, décidez-vous zögern, warten Sie nicht ...; ça ne va pas ~ das, es wird bald kommen; das, es wird nicht mehr lange dauern; ♦ sans ~ unverzüglich; sans plus ~ ohne weiter zu warten, zögern; ♦ ~ à (+ *inf*) zögern zu (+*inf*); ne pas ~ à faire qc bald etw tun; il ne va pas ~ à pleuvoir es wird bald regnen; il tarde bien à venir er läßt lange auf sich warten; er bleibt sehr lange; ne tardez pas à donner votre réponse geben Sie bald Antwort; **II** *v/imp* il me tarde de (+*inf*) ich möchte gerne bald (+*inf*); il me tarde que ... (+*subj*) ich warte ungeduldig darauf, daß ...; il me tarde de le revoir ich sehne mich danach, ihn 'wiederzusehen; il me tarde d'avoir le résultat ich kann das Ergebnis kaum abwarten

tardif [tardif] *adj* ⟨-ive⟩ spät; *Ereignis* spät eintretend; *Frucht* spät reifend; fruits ~s spätes Obst; Spätobst n; gelées tardives Spätfröste m/pl, -frost m; à une heure tardive zu später Stunde; *bot, biol* maturité tardive Spätreife f; remords ~s späte Reue

tardigrades [tardigrad] m/pl *zo* Faultiere n/pl

tare [tar] f **1.** *comm* Tara f; Verpackungsgewicht n; faire la ~ austarieren; **2.** Fehler m; Mangel m; *par ext* Wertminderung f (*durch Schwund od Beschädigung*); **3.** *fig* (schwerer) Mangel; Fehler m; Makel m; ~ héréditaire erbliche Belastung; avoir une ~ héréditaire erblich belastet sein

taré [tare] *adj* **1.** *comm Ware* mangelhaft; schadhaft; **2.** mit e-m Fehler behaftet; erblich belastet; **3.** *fig* verdorben; kor'rupt

tarente [tarɑ̃t] f *zo* Mauergecko m

tarent|elle [tarɑ̃tɛl] f *mus* Taran'tella f; ~**ule** f *zo* Ta'rantel f

tarer [tare] *v/t comm* ta'rieren; das Gewicht der Tara feststellen von

taret [tarɛ] m *zo* Schiffsbohrwurm m; Pfahlwurm m

targette [tarʒɛt] f Schieberiegel m

targuer [targe] *v/pr* st/s se ~ de qc prahlen, sich brüsten mit etw; mit etw großtun; se ~ de (+*inf*) sich damit brüsten, daß ...; damit prahlen, daß ...; la seule vertu dont il se targue die einzige Tugend, deren er sich rühmt

Targui [targi] *m* ⟨*sg von* **Touareg**⟩ *sc* Targi *m*

tari [tari] *adj Quelle etc* versiegt; *Bach etc* ausgetrocknet

tarière [tarjɛr] *f* **1.** *charp* Stangenbohrer *m*; *mines* Erdbohrer *m*; **2.** *zo* Legestachel *m*, -bohrer *m* (*einiger Insekten*)

tarif [tarif] *m* **1.** Ta'rif *m*; Gebühr *f*; Satz *m*; Preisliste *f*; *der Ärzte, Rechtsanwälte etc* Gebührenordnung *f*; ～ **douanier** Zolltarif *m*, -sätze *m/pl*; *par ext* Pau'schaltarif *m*; ～ **marchandises** Gütertarif *m*; ～s **postaux** Postgebühren *f/pl*; ～ **préférentiel** Vorzugstarif *m*; ～ **réduit** ermäßigter Tarif; *ch de fer etc* Fahrpreisermäßigung *f*; **billet** *m* **à** ～ **réduit** verbilligte Fahrkarte; ～ **syndical** Verbandstarif *m*; ～ **voyageurs** Per'sonentarif *m*; ～ **des chemins de fer** Eisenbahntarif *m*; *en Cafés etc* ～ **des consommations** Preise *m/pl* der Speisen und Getränke; ～ **de nuit** *élect* Nachttarif *m*; *tél* Nachtgebühr *f*; **payer plein** ～ den vollen Tarif, Fahrpreis zahlen; **2.** (*üblicher*) Preis; Ta'rif *m*; F *fig: il aura deux mois de prison,* **c'est le** ～ ... das ist das Übliche

tarifaire [tarifɛr] *adj comm* Ta'rif...; ta'riflich; ta'rifmäßig

tarifer [tarife] *v/t* den Preis *bzw adm* den Ta'rif festsetzen für; tari'fieren

tarification [tarifikasjõ] *f* Ta'rifgestaltung *f*; Festsetzung *f* der Preise *bzw adm* Ta'rife; Tari'fierung *f*

tarin [tarẽ] *m* **1.** *zo* Zeisig *m*; **2.** *arg* (*nez*) Nase *f*; F Gesichtserker *m*; Zinken *m*

tarir [tarir] **I** *v/t* **1.** *Hitze: Quelle* versiegen lassen; *Fluß* austrocknen; **2.** *fig Phantasie* erschöpfen; **II** *v/i* **3.** *Quelle, par ext Tränen* versiegen; aufhören zu fließen; *Fluß* austrocknen; **4.** *fig Unterhaltung* stocken; *Person* **ne pas** ～ **de, sur** *qc* nicht loskommen von etw; immer wieder zu sprechen kommen auf etw (*acc*); **il ne tarit pas sur ce sujet** er spricht ständig darüber; er hört nicht auf, darüber zu sprechen; **ne pas** ～ **d'éloges** *cf* **éloge 2.**; **III** *v/pr* **se** ～ *Quelle u fig Inspiration etc* versiegen; erschöpft sein; sich erschöpfen

tariss|able [tarisabl(ə)] *adj* versiegbar; ～**ement** *m* Versiegen *n* (*auch fig*); Austrocknen *n*

tarlatane [tarlatan] *f text* Tarlatan *m*

taro [taro] *m bot* Taro *m* (*Knollenpflanze*)

tarot [taro] *m oft pl* ～s Ta'rockkarten *f/pl*; *jeu* *m* **de** ～s *od ellip* ～ *m* Ta'rock *n od m* (*Karten u Spiel*); **jouer au(x)** ～(s) Tarock spielen

taroté [tarote] *adj cartes* ～es Karten *f/pl* mit grauem Gittermuster auf der Rückseite (*wie Tarockkarten*)

tarpan [tarpã] *m zo* Tar'pan *m*

tarpon [tarpõ] *m zo* Tar'pon *m*; Silberkönig *m*

tars|e [tars] *m* **1.** *anat* **a)** Fußwurzel *f*; *sc* Tarsus *m*; **b)** (*auch adit* **cartilage** *m* ～) Lidknorpel *m*; *sc* Tarsus *m*; **2.** *zo* Fuß *m* der In'sekten; ～**ien** *adj* ⟨～**ne**⟩ *anat* Fußwurzel...

tarsier [tarsje] *m zo* Koboldmaki *m*; spectre Gespensttier *m*

tartan [tartã] *m text* **a)** Tartan *m*; schottisches Wollgewebe; *par ext* Schotten(stoff) *m*; **b)** Plaid [ple:t] *m od n*; 'Umhang *m* aus Schottenstoff

tartane [tartan] *f mar* Tar'tane *f*

tartare [tartar] **I** *adj cuis* **sauce** ～ Mayon'naise *f* mit Senf und gehackten Kräutern; **steak** *m* ～ *od subst* ～ *m* rohes Rinderhackfleisch mit „Sauce tartare"; **à la** ～ in kalter Senfsoße; **II** *adj u subst cf* tatar

tarte [tart] *f* **1.** Obstkuchen *m*, -torte *f*; ～ **aux cerises** Kirschtorte *f*; ～ **à la crème**

a) Sahnetorte *f*; **b)** *cin* Tortenschlacht *f*; **c)** *fig* ergiebiges, dankbares Thema; ～ **aux pommes, aux prunes** Apfel-, Pflaumenkuchen *m*; F *fig* **c'est pas de la** ～ F das hat es in sich; **2.** F Ohrfeige *f*; **3.** F *adit Sache* häßlich; gewöhnlich; *Person* tölpelhaft; lächerlich

tartelette [tartəlɛt] *f* Törtchen *n*

Tartempion [tartãpjõ] *m etwa* irgendein (Herr) Müller oder Meier

tartignolle [tartiɲɔl] *f adj cf* tarte 3.

tartine [tartin] *f* **1.** (*bestrichene Brot-*) Schnitte; *nordd* Stulle *f*; ～ **de beurre, de pain beurré** Butterbrot *n*; ～ **de confiture** Marme'ladenbrot *n*; **faire des** ～s (Butter-, Marme'laden)Brote streichen; **2.** F Ti'rade *f*; Ser'mon *m*; **il a écrit là-dessus toute une** ～ er hat darüber e-n endlosen Sermon verzapft

tartiner [tartine] *v/t Butter, Marmelade etc* auf e-e Brotschnitte streichen; *Brotschnitte* (be)streichen; *abs* **fromage** *m* **à** ～ Streichkäse *m*

tartrate [tartrat] *m chim* Tar'trat *n*

tartre [tartr(ə)] *m* **1.** *chim* Weinstein *m*; ～ **émétique, stibié** Brechweinstein *m*; **crème** *f* **de** ～ *od* ～ **pur** reines Kaliumbitartrat; **2.** Kesselstein *m*; **3.** Zahnstein *m*

tartr|é [tartre] *adj chim* mit Weinstein versetzt; ～**eux** *adj* ⟨～**euse**⟩ Weinstein... *bzw* Kesselstein...; wein-, kesselsteinartig

tartrique [tartrik] *adj chim* **acide** *m* ～ Weinsäure *f*; **acide** ～ **droit** *od* ordinaire Rechtsweinsäure *f*; gewöhnliche Weinsäure; **acide** *m* ～ **gauche** Linksweinsäure *f*

tartuf(f)|e [tartyf] *litt m* Heuchler *m*; Scheinheilige(r) *m*; ～**erie** *f* Heuche'lei *f*; Scheinheiligkeit *f*

tas [ta, tɑ] *m* **1.** Haufen *m*; ～ **de charbon, de gravats, de pierres, de sable** Kohlen-, Schutt-, Stein-, Sandhaufen *m*; **mettre en** ～ aufhäufen; *Wäsche etc* auf e-n Haufen legen; *Erde, Sand etc* aufschütten; auf e-n Haufen schütten; **2.** Menge *f*; F Haufen *m*; Masse *f*; **un** ～ **de détails** e-e Menge Einzelheiten; F **un** ～ **de trucs** F ein Haufen Zeugs; **il y en a des** ～ **et des** ～ F davon gibt's jede Menge; **s'intéresser à des** ～ **de choses** sich für e-e Menge Dinge interessieren; F **taper dans le** ～ *cf* **taper 5.** *u* **8.**; **3.** *von Menschen* Menge *f*; F Haufen *m*; **un** ～ **de gens** e-e Menge, F ein Haufen Leute; F ～ **d'imbéciles**! ihr Dummköpfe!; F ihr Trottel!; P ～ **de salauds**! P Saubande!; ihr Dreckskerle!; ihr Schweinehunde!; *loc/adv* **dans le** ～, **il y en aura bien un qui vous aidera** in der großen Menge ...; **unter den vielen** ...; **foncer dans le** ～ sich ins Kampfgewühl stürzen; **tirer dans le** ～ in, auf die Menge schießen; **4.** *bât* unfertiges Bauwerk; Baustelle *f*; *par ext* Arbeitsplatz *m*; *loc/adv* **sur le** ～ bei der Arbeit; am Arbeitsplatz; **grève** *f* **sur le** ～ Sitzstreik *m*; *bât* **tailler sur le** ～ die Steine auf der Baustelle behauen; **5.** *arch* ～ **de charge** Auflager *n* e-s gotischen Gewölbes; **6.** *tech* kleiner Handamboß

t'as [ta] F *für* tu as

tassage [tasaʒ] *m sports* Abdrängen *n*

tasse [tɑs, tas] *f* Tasse *f*; ～ **à café, à thé** Kaffee-, Teetasse *f*; ～ **de faïence, de porcelaine** Steingut-, Porzel'lantasse *f*; *fig* **boire la** *od* **une** ～ Wasser schlucken (*beim Baden*); **prendre une** ～ **de café, de thé** e-e Tasse Kaffee, Tee trinken

tassé [tase] *adi* **1.** F **bien** ～ **Glas** randvoll; *Kaffee* sehr stark; **pastis bien** ～ Pastis *m* mit wenig Wasser; **2.** *Person* vom Alter gebeugt

tasseau [taso] *m* ⟨*pl* ～**x**⟩ Knagge *f*; (Trag)Leiste *f*

tassement [tasmã] *m* **1.** *bât* Absacken *n*; Sich'setzen *n*; Sich'senken *n*; **2.** *path* ～ **de vertèbres** Zu'sammensinken *n* der Wirbelkörper; **3.** *fig* Schrumpfung *f*; Nachlassen *n*; Rückgang *m*

tasser [tase] **I** *v/t* **1.** *Sachen* feststampfen; zu'sammenpressen, -drücken; drücken auf (+ *acc*); festtreten; **2.** *Personen* zu'sammenpferchen; **être tassés** zusammengepfercht sein; **3.** *sports Gegner* (von der Bahn) abdrängen; **II** *v/i* **4.** *bot* dicht(er) werden; **III** *v/pr* **se** ～ **5.** *Boden, Mauer* sich senken; sich setzen; **6.** *Person* (*mit zunehmendem Alter*) gebeugt werden; **7.** *Person vor Verzweiflung etc* in sich zu'sammensinken; **8.** F *Essen* F verdrücken; *Getränk* F hinter die Binde gießen; **qu'est-ce qu'on s'est tassé (comme gâteaux)**! was haben wir (an Kuchen) verdrückt!; **9.** F *Angelegenheit* wieder in Ordnung kommen; F sich wieder einrenken; **ça se tassera!** *auch* das gibt sich (wieder)!; das legt sich

tassette [tasɛt] *f hist* Beintasche *f* (*des Harnischs*)

taste-vin [tastəvẽ] *m* ⟨*inv*⟩ Stechheber *m* *bzw* silberner Pro'bierbecher der Weinprüfer; *in Burgund* (**confrérie** *f* **des**) **chevaliers** *m/pl* **du** ～ Vereinigung *f* der Weinkenner

tata [tata] *enf f* Tante *f*

tatane [tatan] F *f* Schuh *m*; ～s *pl* F Treter *m/pl*; Latschen *m/pl*

tatar [tatar] **I** *adj* ta'tarisch; **II** *subst* **1.** ♀(e) *m(f)* Ta'tar(in) *m(f)*; **2.** *ling* le ～ die ta'tarische Sprache

tâter [tate] *v/t* be-, anfühlen; be-, abtasten; ～ **le pouls** den Puls fühlen (**de** *qn* j-m); *fig* ～ **le terrain** vorfühlen; das Terrain son'dieren; auf den Busch klopfen; **II** *v/t/indir* F ～ **de** *qc* etw versuchen, pro'bieren; etw ausprobieren; es versuchen mit etw; F **en** *qc* (*acc*) hin'einriechen; ～ **de tous les métiers** es mit allen Berufen versuchen; **il a déjà tâté de la prison** er hat schon mal gesessen; **III** *v/pr* **se** ～ mit sich (selbst) zu Rate gehen; *je ne sais pas encore*, **je me tâte** ... ich muß es mir noch über'legen

tâteur [tatœr] *m tech* Taster *m*; Fühler *m*

tâte-vin [tatvẽ] *cf* taste-vin

tatillon [tatijõ] *adj* ⟨～**ne** *od f inv*⟩ pe'dantisch; über'trieben gewissenhaft; genau; **être** ～ *auch* ein Pe'dant. Kleinigkeitskrämer sein

tatillonner [tatijɔne] *v/i* pe'dantisch, (-)tappen; *fig meist pl* ～s (tastende) Versuche *m/pl* sein

tâtonnement [tatɔnmã] *m* **1.** (Her'um)Tasten *n*, (-)Tappen *n*; **2.** *fig meist pl* ～s (tastende) Versuche *m/pl*

tâtonner [tatɔne] *v/i* (her'um)tasten, (-)tappen; avancer **en tâtonnant** sich vorwärtstasten; **il se mit à** ～ **le long des murs** er begann, sich an den Wänden entlangzutasten; **2.** *fig* tastende Versuche machen

tâtons [tatõ] *loc/adv* **à** ～ tastend; tappend; **chercher à** ～ **l'interrupteur** nach dem Schalter tasten; **chercher la sortie à** ～ sich zum Ausgang tasten; **avancer, marcher à** ～ um'hertappen

tatou [tatu] *m zo* Gürteltier *m*

tatouage [tatwaʒ] *m* **a)** Täto'wieren *n*; **b)** *Ergebnis* Täto'wierung *f*; *Völkerkunde* Tatau'ierung *f*

tatou|er [tatwe] *v/t Person, Körperteil* täto'wieren; *Völkerkunde* tatau'ieren; *Figur, Muster* (ein)täto'wieren; **se faire** ～ sich tätowieren lassen; ～**eur** *m* Täto'wierer *m*

tau [to] *m* **1.** *griechischer Buchstabe* Tau *n*; **2.** An'toniuskreuz *n*; Tau *n*

taud [to] *m mar* Segelbezug *m*, -persenning *f*

taudis [todi] *m* Elendsquartier *n*; F

Höhle *f*; Loch *n*; *par ext* **c'est un vrai ~**! F das ist ja ein Saustall!

taulard [tolar] *m arg* Knastbruder *m*

taul|e [tol] *arg f* **1.** F Kittchen *n*; P Knast *m*; **aller en ~** F ins Kittchen kommen; **faire de la ~** P Knast schieben; **mettre en ~** F einbuchten; einspunden; **2.** Zimmer *n*; F Bude *f*; **~ier** *m*, **~ière** *f arg* Wirt(in) *m(f)*

taupe [top] *f* **1.** *zo* Maulwurf *m*; *par ext* Maulwurfsfell *n*; *fig* **myope comme une ~** sehr kurzsichtig; **2.** *fig u péj* **vieille ~** alte Hexe, Schachtel; **3.** *Schülersprache* mathe'matische Vorbereitungsklasse nach dem Baccalauréat für die „grandes écoles"; **4.** *tech* Tunnelbaumaschine *f* für den Schildvortrieb; Maulwurf *m*

taupé [tope] *adj text* **feutre ~** Haarfilz *m* mit maulwurfsfellartigem Aussehen; *par ext subst* **~** *m* Filzhut *m* (*aus diesem Material*)

taupe-grillon [topgrijõ] *m* ‹ *pl* **taupes- -grillons**› *zo* Maulwurfsgrille *f*; Werre *f*

taupière [topjɛr] *f* Maulwurfsfalle *f*

taupin [topɛ̃] *m* **1.** *zo* Schnellkäfer *m*; **2.** *Schülersprache* Schüler *m* e-r mathe'matischen Vorbereitungsklasse für die „grandes écoles"

taupinière [topinjɛr] *f* **a)** Maulwurfshügel *m*, -haufen *m*; **b)** *par ext* Maulwurfsgänge *m/pl* und -höhle *f*

taureau [toro] *m* ‹*pl* **~x**› **1.** *zo* Stier *m*; Bulle *m*; **~ de combat** Kampfstier *m*; **course** *f* **de ~x** Stierkampf *m*; **être fort comme un ~**, **avoir une force de ~** stark wie ein Bär sein; Bärenkräfte haben; *fig* **prendre le ~ par les cornes** den Stier bei den Hörnern packen; *astr* **le ♀ der** Stier

taurides [torid] *f/pl astr* Tau'riden *pl* (*ein Sternschnuppenschwarm*)

taur|illon [torijõ] *m zo* Jungstier *m*; **~in** *adj* (Kampf)Stier...

tauromach|ie [toromaʃi] *f* Stierkampf *m*; **~ique** *adj* Stierkampf...; des Stierkampfs

tauto|chrone [totokron, -kron] *cf* iso-chrone; **~gramme** *m* Tauto'gramm *n*; **~logie** *f rhét* Logik Tauto'lgie *f*; **~logique** *adj* tauto'logisch

taux [to] *m* **1.** **~** (de l'in'térêt) Zinssatz *m*, -fuß *m*; **~ légal** gesetzlicher Zinsfuß; **~ usuraire** Wucherzins *m*; **au ~ de 4%** zu 4% Zinsen; zu e-m Zinssatz von 4%; **2.** (*gesetzlich bzw* vertraglich festgelegter) Satz *m*; Quote *f*; **~ d'a-mortissement** **a)** Abschreibungssatz *m*; **b)** Tilgungssatz *m*; **~ du od de change** Wechselkurs *m*; **~ d'escompte** Dis'kontsatz *m*; **~ de l'impôt** Steuersatz *m*; **~ des salaires** Lohnsatz *m*; **3.** *Börse* Kurs *m*; **4.** *allg* (Pro'zent)Satz *m*; Rate *f*; Quote *f*; Ziffer *f*; *Statistik* **~ d'accroissement de la population** Bevölkerungszuwachsrate *f*; **~ d'alcool** (**dans le sang**) Blutalkoholgehalt *m*; *écon* **~ d'expansion** Wachstums-, Zuwachsrate *f*; **~ de glucose dans le sang** Blutzuckerspiegel *m*; **~ d'invalidité de 60%** 60% Minderung *f* der Erwerbsfähigkeit; **~ de marche** (**des entreprises**) Kapazi'tätsausnutzung(sgrad) *f(m)* (der Unter'nehmen); *Statistik* **~ (brut) de mortalité** (allgemeine) Sterbeziffer; **~ de radioactivité** Gehalt *m* an Radioaktivität; *Sozialversicherung* **~ de remboursement** Erstattungssatz *m*; **~ de scolarisation** Schulbesuchsquote *f*; **5.** *tech* **~ de compression** Verdichtungsverhältnis *n*

tauzin [tozɛ̃] *m bot* Pyre'näeneiche *f*

tavel|é [tavle] *adj* Gesicht, Obst fleckig; **~er** *v/pr* ‹-ll-› **se ~** Haut, Obst fleckig werden; **~ure** *f* **1. ~s** *pl* Flecken *m/pl* (*e-r*

Frucht, der Haut); **2.** *bot* Apfel- *bzw* Birnenschorf *m*

taverne [tavɛrn] *f* in Mittelmeerländern Ta'verne *f*; in Frankreich Restau'rant *n* in rusti'kalem Stil; in Kanada Schenke *f*; Ausschank *m*

taxable [taksabl(ə)] *adj fin* besteuerbar

taxacées [taksase] *f/pl bot* Eibengewächse *n/pl*; Taxa'zeen *pl*

taxat|eur [taksatœr] *m jur* ~ *od adit* **juge ~** Richter, der den Kostenfestsetzungsbeschluß erläßt; **~if** *adj* ‹-ive› *fin cf* taxable

taxation [taksasjõ] *f fin* **1.** Festsetzung *f* von Preisen, Gebühren; (behördliche) Preisbindung *f*, -regelung *f*; **2.** Besteuerung *f*; Steuerveranlagung *f*; **3.** *jur* Kostenfestsetzung *f*

taxe [taks] *f* **1.** (amtlich) festgesetzter Preis; **2.** Gebühr(en) *f(pl)*; **~s** administratives Verwaltungsgebühren *f/pl*; **~ postale** Postgebühr *f*; **~ télépho'nique** Fernsprechgebühr *f*; **~** *f(pl)*; **~ d'enlèvement des ordures ménagères** Müllabfuhrgebühr *f*; *tél* **~ de raccordement** Anschlußgebühr *f*; **~ de stationnement** Parkgebühr *f*; **~ de postes récepteurs de radiodiffusion, de télévision** Rundfunk-, Fernsehgebühr *f*; **3.** Steuer *f*; Abgabe *f*; Steuerbetrag *m*; **~ compensatoire** (à l'importation) (Einfuhr)Ausgleichsabgabe *f*; **~ foncière** Grundsteuer *f*; **~ locale** örtliche Steuer (*meist Gemeindesteuer*); in Frankreich **~ locale d'équipement** Gemeindesteuer *f* auf Baugenehmigungen; **~ locale sur le chiffre d'affaires** gemeindeeigene Zusatzsteuer zur 'Umsatzsteuer; **~s municipales** Gemeindesteuern *f/pl*, -abgaben *f/pl*; Kommu'nalabgaben *f/pl*; **~ professionnelle** Gewerbesteuer *f*; in Frankreich **~ proportionnelle** proportionale Einkommensteuer; in Frankreich **~ d'apprentissage** Abgabe zur Förderung der Lehrlingsausbildung; **~s de consommation** Verbrauchssteuern *f/pl*; **~ de luxe** Luxussteuer *f*; **~ de séjour** Kurtaxe *f*; **~ sur Steuer auf** (+ *acc*); **~ sur les chiens** Hundesteuer *f*; **~ sur le chiffre d'affaires** 'Umsatzsteuer *f*; **~ sur les prestations de service** Dienstleistungsteuer *f*; in Frankreich **~ sur les salaires** lohngebundene Abgabe des Arbeitgebers; **~ sur les spectacles** Vergnügungssteuer *f*; **~ sur la valeur ajoutée** (*abr* T.V.A.) Mehrwertsteuer *f*; **~ sur les voitures automobiles** Kraftfahrzeugsteuer *f*; **4.** *jur* **~ des dépens** Kostenfestsetzung *f* *bzw* -kontrolle *f*, -überprüfung *f*

taxer [takse] *v/t* **1.** *Preis, Kosten* (behördlich, amtlich) festsetzen (à auf + *acc*); *Ware, Produkt* den Preis, die Kosten festsetzen für; **2.** **~ qn, qc** j-n, etw mit e-r Steuer belegen, besteuern; **3.** *fig* **~ qn** j-n beschuldigen, bezichtigen, *st/s* zeihen (de qc e-r Sache [*gén*]); **4.** *fig* **~ qn, qc de** j-n, etw bezeichnen als, erklären für; **~ qn d'incapable** j-n als unfähig bezeichnen

taxi [taksi] *m* Taxi *n*; Taxe *f*; *adm auch* Kraftdroschke *f*; **~ en stationnement** am Taxistand parkendes Taxi; **chauffeur de ~** Taxifahrer *m*, -chauffeur *m*; **hep ~!** hallo, Taxi! F **il fait le ~** *od* **il est ~** er ist Taxichauffeur; **héler, appeler un ~** ein Taxi herbeirufen; **prendre un ~** ein Taxi, e-e Taxe nehmen

taxidermie [taksidɛrmi] *f sc* Taxider'mie *f*

taxie [taksi] *f cf* tactisme

taxi-girl [taksigœrl] *f* ‹*pl* **taxi-girls**› Taxigirl [-gœːrl] *n*; Eintänzerin *f*

taximètre [taksimɛtr(ə)] *m* Taxa'meter *m*; Fahrpreisanzeiger *m*

---

taxinées [taksine] *cf* taxacées

taxinomie [taksinomi] *cf* taxonomie

taxiphone [taksifɔn] *m* Münzfernsprecher *m*

taxi-radio [taksiradjo] *m* ‹*pl* **taxis- -radio**› Funktaxi *n*

taxonom|ie [taksɔnɔmi] *f* **1.** *biol* Taxo-no'mie *f*; bio'logische Syste'matik; **2.** *par ext* (Wissenschaft *f* von der) Syste'matik *f*, Klassifikati'on *f*; **~ique** *adj sc* taxo-'nom(isch)

Taylor [tɛlɔr] *écon* **système** *m* **~** *cf* taylorisme

taylor|isation [tɛlɔrizasjõ] *f écon* Taylori'sierung [te:-] *f*; **~iser** *v/t écon* taylori'sieren [te:-]; **~isme** *m écon* Taylo-'rismus [te:-] *m*; Taylor-System [ˈte:lər-] *n*

tchadien [tʃadjɛ̃] **I** *adj* ‹~ne› tschadisch; **II** *subst* ♀(**ne**) *m(f)* Tschader(in) *m(f)*

tchécoslovaque [tʃekɔslɔvak] *adj* tschechoslo'wakisch

tchèque [tʃɛk] **I** *adj* tschechisch; **II** *subst* **1.** ♀,*f* Tscheche *m*, Tschechin *f*; **2.** *ling* **le ~** das Tschechische; Tschechisch *n*

tchernoziom [tʃɛrnozjɔm] *m géol* Tscherno'sem *od* Tscherno'sjom *m*; Schwarzerde *f*

tchin-tchin [tʃintʃin] *int* prosit!; prost!

te [t(ə)] *pr/pers der 2.* *pers sg* ‹*vor Vokal u stummem h* t'› **a)** *obj/dir* dich; in Briefen Dich; **elle ~ trompe** sie betrügt dich; **je ~ remercie** ich danke dir; **je ~ le laisserai voir** ich werde es dich sehen lassen; *reflexiv*: **tu t'es lavé(e)?** hast du dich gewaschen?; **ne ~ gêne pas!** genier dich nicht!; **va-t'en!** geh schon!; **b)** *obj/indir* dir; in Briefen Dir; F **elle ~ court après** sie läuft dir nach; **je ~ le dirai** ich werde es dir sagen; **cela peut t'être utile** das kann dir, für dich nützlich sein; **il veut ~ parler** will dich, mit dir sprechen; *reflexiv*: **ne t'en fais pas** mach dir nichts draus; **reg dich nicht auf**; **tu t'es lavé les pieds?** hast du dir die Füße gewaschen?; ♦ F **et je ~ frotte, et je ~ nettoie** ... und die reibt und reibt und putzt und putzt ...; F **si c'était mon fils, je ~ le dresserais** ... den würde ich aber erziehen; **c)** **~ voilà, enfin!** da bist du ja endlich!

té¹ [te] *m* **1.** *tech* **a)** Reißschiene *f*; **b)** T-Stück *n*; (**fer** *m* **en, à**) T-Eisen *n*; **fer** *m* **à double ~** Doppel-T-Eisen *n*; **2.** *chir* **bandage** *m* **en ~** T-Binde *f*

té² [te] *int* in Südfrankreich *cf* tiens!

tea-room [tirum] *m* Tea-room [ˈtiːruːm] *m*; vornehmes Ca'fé

technic|ien [tɛknisjɛ̃] *m*, **~ienne** *f* **1.** Fachmann *m* (*auch Frau*); Fachkraft *f*; **les techniciens de la** Fachleute; **technicien de la publicité** Werbefachmann *m*; **elle est technicienne des questions financières** sie ist Fachmann für, in Finanzfragen; **2.** Techniker(in) *m(f)*; **techniciens** *pl* *auch* technisches Perso'nal; **technicien supérieur** gradu'ierter Ingeni'eur; **technicien de la radio** Rundfunktechniker *m*; **3.** *m* in e-m Betrieb (dem Ingeni'eur di'rekt unter'stellter) Techniker *m*

technici|ser [tɛknisize] *v/t* techni'sieren; **~té** *f* e-s *Ausdrucks, Textes* fachlicher Cha'rakter; Fachlichkeit *f*

technico-commercial [tɛkniko-kɔmɛrsjal] *adj* ‹-aux› kaufmännisch- -technisch; **ingénieur ~** Vertriebs-, Verkaufsingenieur *m*

technicolor [tɛknikɔlɔr] *m* (*nom déposé*) Technico'lor-Verfahren *n* (*Wz*); **film** *m* **en ~** Film *m* in Technicolor

technique [tɛknik] **I** *adj* **1.** fachlich; Fach...; **baccalauréat** *m* **~** *etwa* Fachabitur *n* (*Abschluß der Fachoberschule*); **collège** *m* **~** *etwa* Fachoberschule *f* (*mit*

Abiturabschluß); **conseiller** *m* ~ Fachberater *m*; **enseignement** *m* ~ *od subst* ~ *m* Fachschulwesen *n*, -unterricht *m*; **ouvrage** *m*, **revue** *f* ~ Fachwerk *n*, -zeitschrift *f*; **terme** *m* ~ Fachausdruck *m*, -wort *n*; Terminus technicus *m*; **2.** technisch; **conseiller** *m* ~ technischer Berater; *mar, aviat* **escale** *f* ~ technische Zwischenlandung *f*; **incident** *m* ~ technische Störung; **progrès** *m* ~ technischer Fortschritt; Fortschritt *m* der Technik; **un pays très évolué au point de vue** ~ ein technisch hochentwickeltes Land; **II** *f* **1.** Technik *f* (*im weiten Sinn des Wortes*); ~ **du cinéma** Filmtechnik *f*; ~ **d'un compositeur, d'un écrivain** Technik e-s Komponisten, e-s Schriftstellers; ~ **de la fresque** Freskotechnik *f*; Technik der Freskomalerei; F **avoir la (bonne)** ~ F den Dreh her'aushaben; *F* **il suffit de trouver la bonne** ~ F man muß nur den Dreh herausbekommen; **2.** Technik *f* (*im engeren Sinne*); **nouvelles** ~ **s** neue Techniken *f/pl*; neue technische Verfahren *n/pl*; **sciences** *f/pl* **et** ~ **s** Naturwissenschaft *f* und Technik

techniser [tɛknize] *v/t* techni'sieren
techno|crate [tɛknɔkrat] *m* Techno'krat *m*; ~ **cratie** [-krasi] *f* Technokra'tie *f*; ~ **cratique** [-kratik] *adj* technokra'tisch; ~ **logie** *f* Technolo'gie *f*; Technik *f*; ~ **logique** *adj* techno'logisch; **technisch**; ~ **logue** *m* Techno'loge *m*
teck [tɛk] *m* **1.** *bot* Teakbaum ['ti:k-] *m*; **2.** Teakholz ['ti:k-] *n*
teckel [tɛkɛl] *m* *zo* Dackel *m*; Dachshund *m*; Teckel *m*; ~ **à poil dur** Drahthaar-, Rauhhaardackel *m*; ~ **à poil long** Langhaardackel *m*
tectonique [tɛktɔnik] *géol* **I** *adj* tek'tonisch; **II** *f* (Geo)Tek'tonik *f*
tectrice [tɛktris] *adj u subst f* *zo* (**plume** *f*) ~ Deckfeder *f*
Te Deum [tedeɔm] *m* <*inv*> *rel, mus* Te'deum *n*
tee [ti] *m* *Golf* Abschlagstelle *f*
teenager [tinɛdʒœr] *m* Teenager ['ti:ne:dʒər] *m*
tee-shirt [tiʃœrt] *m* <*pl* tee-shirts> *cout* T-shirt ['ti:ʃœrt] *n*
téflon [teflɔ̃] *m* (*nom déposé*) Teflon *n* (*Wz*)
tégénaire [teʒenɛr] *f* *zo* Hausspinne *f*
tégument [tegymã] *m* **1.** *anat, zo* Integu'ment *n*; Haut *f* (*im weiteren Sinne*); **2.** *bot* Integu'ment *n*; Hülle *f* der Samenanlage
tégumentaire [tegymãtɛr] *adj anat, zo, bot* Integu'ment...
teign|e [tɛɲ] *f* **1.** *zo* Motte *f*; ~ **des pelleteries, des tapisseries** Pelz-, Ta'petenmotte *f*; **2.** *path* (Erb)Grind *m*; *fig* **il est mauvais, méchant comme une** ~, **c'est une vraie** ~ F er ist e-e Giftnudel, ein Giftzwerg; ~ **eux** *adj* <-euse> *path* grindig
teillage [tejaʒ] *m* *des Flachses, Hanfs* (Brechen *f* und) Schwingen *n*
teille [tɛj] *f bot* **a)** Rinde *f* des Hanfstengels; **b)** Lindenbast *m*
teiller [teje] *v/t* *Flachs, Hanf* (brechen und) schwingen
teilleuse [tɛjøz] *f* *tech* Brech- und Schwingmaschine *f* (*für Flachs u Hanf*)
teindre [tɛ̃dr(ə)] <*cf* peindre> **I** *v/t* *Gewebe, Haar, Bart* färben; ~ **un vêtement en rouge** ein Kleidungsstück rot färben; **II** *v/pr* **se** ~ (**les cheveux**) sich die Haare färben
teint [tɛ̃] *m* **1.** Teint *m*; Gesichtsfarbe *f*; *Kosmetik* **fond** *m* **de** ~ Make-up [me:k'ap] *n*; **avoir le** ~ **frais** e-n frischen Teint, e-e frische Gesichtsfarbe haben; **elle a un** ~ **de blonde** sie hat den

(*typischen*) Teint der Blonden; **avoir un** ~ **de lis et de rose** wie Milch und Blut aussehen; **2.** *adjt* <*inv*> **tissu** *m* **bon, grand** ~ farbechtes Gewebe; *fig u plais* **catholique** *m* **bon** ~ über'zeugter Katholik; **un républicain bon** ~ F ein in der Wolle gefärbter Republikaner; **II** *adj* <*teinte* [tɛ̃t]> Stoff, Haar gefärbt; **elle est** ~ **e** sie hat gefärbtes Haar
teinte [tɛ̃t] *f* **1.** Färbung *f*; Farbton *m*; (Farb)Schat'tierung *f*; ~ **chaude** warmer Farbton; warme Farbe; *peint* ~ **plate** Flächenfarbe *f*; ~ **vive** leuchtender Farbton; leuchtende Farbe; **robe** *f* **aux** ~ **s vives** Kleid *n* mit leuchtenden Farben; **prendre la** ~ **de qc** die Farbe von etw annehmen; **le ciel prenait la** ~ **des ardoises** ... wurde schieferfarben; *les feuilles* **ont pris une** ~ **roussâtre** ... haben sich rostbraun gefärbt; **2.** *fig* Färbung *f*; **remarque empreinte d'une légère** ~ **d'ironie** leicht ironisch gefärbte Bemerkung
teinté [tɛ̃te] *f* **1.** getönt; **lunettes** *f/pl* **à verres** ~ **s** getönte Brille; ~ **de** ... getönt; **blanc** *m* ~ **de gris** graugetöntes Weiß; Weiß *n* mit e-m Stich ins Graue; **2.** *fig* **remarque** ~ **e d'ironie** ironisch gefärbte Bemerkung; **être** ~ **de romantisme** romantisch gefärbt sein
teinter [tɛ̃te] **I** *v/t* tönen; *Holz* beizen; *cf auch* teinté; **II** *v/pr* **se** ~ (**de** + *subst*) sich färben (+ *adj*); **le ciel se teinte de pourpre** ... färbt sich purpurrot
teinture [tɛ̃tyr] *f* **1.** *von Stoffen etc, von Haaren* Färben *n*; **2.** Farbe *f*; Färbung *f*; **3.** *für Haar, Stoffe etc* Färbemittel *n*; Farblösung *f*; **4.** *phm* Tink'tur *f*; ~ **d'arnica, d'iode** Arnika-, Jodtinktur *f*
teinturerie [tɛ̃tyrri] *f* **1.** Färbe'rei *f* (*Verfahren u Industrie*); **2.** chemische Reinigung (und Färbe'rei) (*Geschäft*); **donner un complet à la** ~ e-n Anzug in die (chemische) Reinigung geben
teintur|ier [tɛ̃tyrje] *m*, ~ **ière** *f* **1.** Färber(in) *m(f)* (*in der Industrie*); **2.** Färber(in) *m(f)* und Chemischreiniger (-in) *m(f)*; **porter une robe chez le teinturier** ein Kleid in die (chemische) Reinigung bringen
tek *cf* teck
tel [tɛl] **I** *adj* <~ **le**> **1.** solche(r, -s), so(lch) ein(e); derartige(r, -s); **un** ~ **homme** ein solcher Mensch; so ein Mensch; **une** ~ **le conduite** ein solches, ein derartiges Verhalten; ♦ **il n'y a rien de** ~ **dans le manuscrit** derartiges, dergleichen, so etwas steht nicht im Manuskript; **on n'a jamais rien vu de** ~ so etwas hat man noch nie gesehen; ♦ ~ **le est mon opinion** das ist meine Meinung; *il n'est pas avare*, **mais passe pour** ~, **il est considéré comme** ~ ... wird aber dafür gehalten; ♦ **comme** ~ *od* **en tant que** ~ **als solche(r)**; **la société en tant que** ~ **le** die Gesellschaft als solche; ♦ *im Vergleich:* **st/s: il disparut rapidement,** ~ **un éclair** ... st/s gleich e-m Blitz; ~ **que** (so) wie; **un ami** ~ **que lui** ein Freund wie er; **dans une affaire** ~ **le que celle-ci** in e-r Angelegenheit wie dieser; **in e-r solchen Angelegenheit**; **il faut l'accepter** ~ **qu'il est** man muß ihn nehmen, wie er ist; ~ **que vous le voyez,** *il est capable de vivre encore longtemps* so wie er (jetzt) aussieht ...; ♦ *vor e-m Beispiel, e-r Aufzählung* ~ **(le)s que** wie zum Beispiel; st/s als da sind: **les bêtes féroces** ~ **les que le lion, le tigre, etc.** die Raubtiere, wie zum Beispiel der Löwe, der Tiger usw.; ♦ ~ **quel** unverändert; in dem'selben Zustand; **laisser les choses** ~ **les quelles** *od* F ~ **les que** die Dinge unverändert, in demselben Zustand las-

sen; die Dinge lassen, wie sie sind; **2.** solche(r, -s); so groß; so bedeutend; so stark; derartig; **je n'ai jamais eu une** ~ **le peur** ich habe niemals solche, so große Angst gehabt; **une peur** ~ **le que** ...**-e solche Angst, daß** ...; **il a fait un** ~ **bruit que** ... er hat e-n solchen Lärm gemacht, daß ...; ~ **le est la force des préjugés que** ... so groß ist die Macht der Vorurteile, daß ...; ♦ **rien de** ~ **que** ... es gibt nichts Besseres als (+ *acc*); **es geht nichts über** (+ *acc*); **il n'y a rien de** ~ **es gibt nichts Besseres; es geht nichts darüber;** ♦ *loc/conj* **de** ~ **le sorte, façon, manière que** ... so *od* dergestalt, daß ...; *auch loc/adv* **à** ~ **point so sehr (que** ... daß ...); **la situation est très grave, à** ~ **point que** ... die Lage ist so ernst, daß ...; *cf auch* point[1] **2.**; **3.** *unbestimmt* irgendein; der oder der; dieser oder jener; ~ **ou** ~ **numéro** die oder die Nummer; **diese oder jene Nummer;** ~ **jour, à** ~ **le heure** an dem und dem Tag, um soundso viel Uhr; **l'homme en général et non** ~ **homme** der Mensch im allgemeinen und nicht (*irgendein*) bestimmter Mensch; ~ **le quantité de** ... soundso viel von ...; **II** *pr/ind* **1. Monsieur Un** ~ **Herr Sowieso, Soundso; Madame Une** ~ **le Frau Sowieso, Soundso; 2.** *prov* ~ **est pris qui croyait prendre** wer andern eine Grube gräbt, fällt selbst hinein (*prov*)
télamon [telamɔ̃] *m arch* Telamon *m od* *n*; Gebälkträger *m*
télé [tele] *f* F **1.** Fernsehen *n*; **regarder la** ~ fernsehen; **2.** Fernseher *m* (*Gerät*)
télé... [tele] *in Zssgn* **1.** Fern...; fern...; Tele...; tele...; **2.** Fernseh...
télé-affichage [teleafiʃaʒ] *m ch de fer etc* Fernanzeige *f*
télé|benne [teleben] *f od* ~ **cabine** *f* Ka'binenseilbahn *f* (*Einseilbahn*); ~ **cinéma** *m télév* Filmgeber *m*
télécommand|e [telekɔmãd] *f tech* Fernsteuerung *f*, -schaltung *f*, -bedienung *f*; ~ **er** *v/t* fernsteuern; ~ **la mise à feu d'une fusée** e-e Rakete fernzünden; *adjt* **télécommandé** ferngesteuert
télécommunication [telekɔmynikasjɔ̃] *f* Fernmeldetechnik *f*; ~ **s** *pl* Fernmeldewesen *n*
télécran [telekrã] *m télév* Projekti'onsschirm *m* (*für Großprojektion*)
télé|diffusion [teledifyzjɔ̃] *f* Fernsehübertragung *f*; ~ **distribution** *f* Kabelfernsehen *n*
télé|dynamie [teledinami] *f tech* Ener'giefernübertragung *f*; ~ **enseignement** *m* Fernunterricht *m*
téléférique *cf* téléphérique
télégénique [teleʒenik] *adj* tele'gen
télégramme [telegram] *m* Tele'gramm *n*; ~ **chiffré** Chiffretelegramm *n*; ~ **illustré** Schmuckblatt-Telegramm *n*; ~ **international** Auslandstelegramm *n*; ~ **téléphoné, urgent** zugesprochenes, dringendes Telegramm; ~ **de condoléances, de félicitations** Beileids-, Glückwunschtelegramm *n*; ~ **de presse, de service** Presse-, Diensttelegramm *n*; **par** ~ tele'graphisch; **envoyer, expédier un** ~ ein Telegramm schicken, aufgeben; ~ **-lettre** *m* <*pl* télégrammes-lettres> Brieftelegramm *n*; ~ **-mandat** *m* <*pl* télégrammes-mandats> tele'graphische Postanweisung
télégraph|e [telegraf] *m* Tele'graph *m*; ~ **électrique, (de) Morse** Morsetelegraph *m*; ~ **ie** *f* Telegra'phie *f*; ~ **sans fil** (*abr* T.S.F.) drahtlose Telegraphie; ~ **ier** *v/t Nachricht* telegra'phieren; tele'graphisch mitteilen; *abs* telegra'phieren

télégraph|ique [telegrafik] *adj* **1.** *tech* Tele'graphen...; **alphabet** *m* ~ Telegraphenalphabet *n*; **code** *m* ~ Code *m*; Telegraphenschlüssel *m*; **fil** *m*, **poteau** *m* ~ Telegraphendraht *m*, -mast *m*; **2.** tele'graphisch; Tele'gramm...; **adresse** *f* ~ Telegrammadresse *f*; Drahtanschrift *f*; **mandat** *m* ~ telegraphische Postanweisung; **message** *m* ~ telegraphische Nachricht, Mitteilung; Drahtnachricht *f*; **3.** *par ext* **style** *m* ~ Tele'grammstil *m*; **~iste 1.** *m*, *f* Telegra'phist(in) *m(f)*; **2.** ⟨*nur m*⟩ Tele'grammbote *m*

téléguid|age [telegidaʒ] *m tech* Fernlenkung *f*; **~er** *v/t* fernlenken; *adjt* **téléguidé** ferngelenkt

télé|imprimeur [teleɛ̃primœr] *m* Fernschreiber *m*; **~informatique** *f* Datenfernverarbeitung *f*

télékinésie [telekinezi] *f Spiritismus* Teleki'nese *f*

télé|mesure [telem(ə)zyr] *f tech* Fernmessung *f*; **~mètre** *m tech* Entfernungsmesser *m*; Tele'meter *n*; **~métrie** *f* Teleme'trie *f*; Entfernungsmessung *f*

téléobjectif [teleɔbʒɛktif] *m phot* Teleobjektiv *n*; **pris au** ~ mit (dem) Teleobjektiv aufgenommen

téléolog|ie [teleɔlɔʒi] *f philos* Teleolo'gie *f*; **~ique** *adj* teleo'logisch

téléosaure [teleozɔr] *m* Paläontologie Teleo'saurus *m*

téléostéens [teleosteɛ̃] *m/pl zo* Knochenfische *m/pl*; *sc* Tele'ostier *m/pl*

télépath|e [telepat] *m*,*f* Tele'path(in) *m(f)*; **~ie** *f* Telepa'thie *f*; **~ique** *adj* tele'pathisch

téléphér|age [teleferaʒ] *m tech* Beförderung *f* durch Seilbahn; **~ique** *m* Drahtseilbahn *f*; Seil(schwebe)bahn *f*

téléphonage [telefɔnaʒ] *m télécomm* tele'fonische 'Durchsage von Tele'grammen

téléphone [telefɔn] *m* **1.** Tele'fon *od* Tele'phon *n*; *adm* Fernsprecher *m*; *in Adressenangaben auch* (Fern)Ruf *m*; *par ext* Fernsprechnetz *n*; Fernsprechverkehr *m*; ~ **automatique** Telefon mit Selbstanschluß; *par ext* Selbstwählverkehr *m*; ~ **public** öffentlicher Fernsprecher; *pol* **le** ~ **rouge** der heiße Draht; ~ **pour voiture** Autotelefon *n*; **abonnés** *m/pl* **du** ~ Fernsprechteilnehmer *m/pl*; **coup** *m* **de** ~ Anruf *m*; **recevoir un coup de** ~ **(de qn)** (von j-m) angerufen werden; **numéro** *m* **de** ~ Telefon-, Fernsprechnummer *f*; Ruf(nummer) *m(f)*; **par** ~ telefonisch; fernmündlich; **avoir le** ~ Telefon (im Hause) haben; **avoir qn au** ~ **a)** mit j-m (gerade) telefonieren; F j-n an der Strippe haben; **b)** j-n telefonisch erreichen; **2.** *fig* ~ **arabe** Nachrichtendienst *m* (*fig*); F Dschungeltelegraph *m*

téléphoner [telefɔne] **I** *v/t* ('durch)tele'fo'nieren, tele'fonisch mitteilen, 'durchgeben (**qc à qn** j-m etw); **téléphone-lui de venir** telefoniere ihm, er soll kommen; ruf ihn an und sag ihm, er soll kommen; **II** *v/t*/*indir u v/i* telefo'nieren *od* telepho'nieren; anrufen; ~ **à qn** j-n anrufen; mit j-m telefonieren; ~ **chez qn** bei j-m anrufen; **téléphone-moi demain** ruf mich morgen an

téléphonie [telefɔni] *f* **1.** Telepho'nie *f* (*elektromagnetische Schallübertragung*); **2.** Fernsprechtechnik *f*, -wesen *n*; ~ **automatique** Fernsprechverkehr *m* mit Selbstwähldienst; ~ **sans fil** Funkfernsprechen *n*

téléphon|ique [telefɔnik] *adj* tele'fonisch; Tele'fon...; Fernsprech...; **appel** *m* ~ (telefonischer) Anruf *m*; **cabine** *f* ~ Telefon-, Fernsprechzelle *f*; **conversation** *f* ~ Telefongespräch *n*; Telefo'nat *n*;

installation *f* ~ Fernsprechanlage *f*; **ligne** *f* ~ Telefon-, Fernsprechleitung *f*; **poste** *m* ~ Sprechstelle *f*; **~iste** *m*,*f* Telefo'nist(in) *m(f)*

télé|photographie [telefɔtɔgrafi] *f phot* Fern-, Telephotographie *f*; **~pointage** *m mar cf* tourelle **2.**; **~radiographie** *f méd* Fernaufnahme *f*; *sc* Teleröntgenographie *f*; **~reportage** *m* Fernsehreportage *f*; **~reporter** *m* Fernsehreporter *m*

télescopage [teleskɔpaʒ] *m ch de fer*, *auto* Zu'sammenstoß *m*; Auffahren *n*

télescope [teleskɔp] *m astr*, *opt* **a)** Fernrohr *n*; Tele'skop *n*; **b)** Spiegelteleskop *n*; ~ **électronique** Elek'tronenfernrohr *n*, -spiegelteleskop *n*

télescoper [teleskɔpe] *ch de fer*, *auto* **I** *v/t* zu'sammenstoßen mit; hin'einfahren in (+ *acc*); auffahren auf (+ *acc*); **II** *v/pr* **se** ~ zu'sammenstoßen, -prallen

télescopique [teleskɔpik] *adj* **1.** *astr*, *opt* tele'skopisch; Tele'skop...; **astres** *m/pl* ~**s** teleskopische, nur durch das Fernrohr sichtbare Sterne *m/pl*; **miroir** *m* ~ Teleskopspiegel *m*; **observations** *f/pl* ~**s** Beobachtungen *f/pl* mit dem Teleskop, mit dem Fernrohr; **2.** *tech* ausziehbar; Tele'skop...; *rad* **antenne** *f* ~ Teleskopantenne *f*; *Angeln* **canne** *f* **à pêche** ~ Teleskoprute *f*

télé|scripteur [teleskriptœr] *m* Fernschreiber *m*; **~siège** *m* Sessellift *m*; **~ski** *m* Schilift *m*; Schlepplift *m*; **~speakerine** *f* Fernsehansagerin *f*

téléspecta|teur [telespɛktatœr] *m*, **~trice** *f* Fernsehzuschauer(in) *m(f)*; Fernsehteilnehmer(in) *m(f)*

télesthésie [telɛstezi] *f* Telästhe'sie *f*

télé|traitement [teletrɛtmã] *m* Datenfernverarbeitung *f*; **~type** *m* **a)** Drucktelegraph *m*; **b)** Fernschreiber *m*

télévis|é [televize] *adj* im Fernsehen über'tragen; Fernseh...; **jeu** ~ Ratespiel *n*, Quizsendung *f* (im Fernsehen); **journal** ~ (Fernseh)Nachrichten *f/pl*; *in der BRD* Tagesschau *f bzw* Heute *n*; **show** ~ Fernsehshow [-ʃoː] *f*; **~er** *v/t* im Fernsehen über'tragen; **~eur** *m* Fernsehapparat *m*, -empfänger *m*, -gerät *n*; Fernseher *m*; ~ **couleur** Farbfernseher *m*

télévision [televizjõ] *f* **1.** Fernsehen *n*; ~ **scolaire** Schulfernsehen *n*; ~ **en couleurs** Farbfernsehen *n*; ~ **par câble**, **par satellite** Kabel-, Satel'litenfernsehen *n*; **pièce écrite pour la** ~ Fernsehspiel *n*; **producteur** *m*, **programme** *m* **de** ~ Fernsehproduzent *m*, -programm *n*; **2.** *cf* **téléviseur**

télévisuel [televizɥɛl] *adj* ⟨**~le**⟩ Fernseh...; **publicité** ~**le** Fernsehwerbung *f*

télex [telɛks] *m* **1.** Telex *n*; Fernschreibnetz *n*; **abonnés** *m/pl* **du** ~ Fernschreibteilnehmer *m/pl*; **2.** Fernschreiben *n*; Telex *n*; **3.** *adjt* Fernschreib...; **communication** *f* ~ Fernschreibverbindung *f*; **~iste** *m*,*f* Fernschreiber(in) *m(f)*

tellement [tɛlmã] *adv* dermaßen; derartig; so; so sehr; so viel; *vous aimez le champagne?* — *pas* ~ ... nicht besonders!; ... nicht sehr!; **il a** ~ **changé!** er hat sich so sehr, so stark verändert!; *il exaspère tout le monde*, ~ **il est bavard** ... so schwatzhaft ist er; **ce serait** ~ **plus agréable si** ... es wäre (so) viel angenehmer, wenn ...; **il est** ~ **plus intelligent que** *son frère* er ist so viel intelligenter als ...; ♦ **j'ai** ~ **de soucis** ich habe so viel Sorgen; **il dépense** ~ **d'argent** er gibt so viel Geld aus (**que** ... daß ...); ♦ **cette maison est** ~ **grande que** ... dieses Haus ist so groß, daß ...; **il a** ~ **peur que** ... er hat (e-e) solche Angst, daß ...; **elle**

va ~ **vite que** ... sie geht so schnell, daß ...

tellière [tɛljɛr] *m* Pa'pierformat *n* 34 × 44 cm; (**papier** *m*) ~ Papier *n* im Format 34×44 cm

telline [tɛlin] *f zo* Tellmuschel *f*

tell|urate [tɛlyrat] *m chim* Tellu'rat *n*; **~ure** *m chim* Tel'lur *n*

tellur|eux [tɛlyrø] *adj* ⟨**-euse**⟩ *chim* **acide** ~ tel'lurige Säure; **anhydride** ~ Tel'lurdioxid *n*; **~hydrique** *adj chim* **acide** *m* ~ Tel'lurwasserstoff *m*; **~ien** *adj* ⟨**~ne**⟩ *cf* tellurique

tellur|ique [tɛlyrik] *adj* **1.** tel'lurisch; Erd...; die Erde betreffend; *Geophysik* **courants** *m/pl* ~**s** Erdströme *m/pl*; *géol*: **secousse** *f* ~ Erdstoß *m*; **2.** *chim* Tel'lur...; **acide** *m* ~ Tellursäure *f*; **anhydride** *m* ~ Tellurtrioxid *n*; **~isme** *m* Einfluß *m* des Bodens auf die Lebensweise des Menschen; **~ure** *m chim* Tellu'rid *n*

télophase [telɔfaz] *f biol* Telo'phase *f*

telson [tɛlsõ] *m zo* Telson *n*; Endsegment *n* von Gliederfüßern

témér|aire [temerɛr] *adj Person* verwegen; kühn; waghalsig; *Sache* kühn; gewagt; vermessen; *hist* **Charles le** ⚥ Karl der Kühne; **~ité** *f* Kühnheit *f*; Verwegenheit *f*; Waghalsigkeit *f*; Vermessenheit *f*; **folle** ~ Tollkühnheit *f*; **avec** ~ waghalsig; kühn; verwegen

témoignage [temwaɲaʒ] *m* **1.** Aussage *f*; *jur* (Zeugen)Aussage *f*; Zeugnis *n*; *allg auch* Augenzeugenbericht *m*; **faux** ~ Falschaussage *f*; *par ext* Meineid *m*; **d'après**, **selon le** ~ **de** nach; laut Aussage von (*od* + *gén*); **appeler qn en** ~ j-n als Zeugen vorladen; **condamner qn sur le** ~ **de** j-n aufgrund der Aussage (+*gén*) verurteilen; **porter** ~ aussagen (**sur** über + *acc*); **recevoir un** ~ e-e Aussage entgegennehmen; *fig* **rendre** ~ **de qc** Zeugnis für etw ablegen; **2.** Beweis *m*, Zeichen *n* (**de qc** für etw); Bekundung *f*; **en** ~ **de** als Beweis, Zeichen (+*gén*); **acceptez ce** ~ **de ma reconnaissance** nehmen Sie bitte diesen Beweis meiner Dankbarkeit entgegen; **donner à qn des** ~**s d'affection** j-m (s-e) Zuneigung bekunden; j-m Beweise s-r Zuneigung geben; **remercier qn pour les** ~**s de sympathie** für die erwiesene Anteilnahme *bzw* für die Beweise der Freundschaft danken

témoigner [temwaɲe] **I** *v/t* ~ **qc** *Person* etw zeigen, bekunden, zu erkennen geben; *Sache* erkennen lassen, ausdrücken, verraten; ~ **de la froideur à qn** sich j-m gegenüber kühl verhalten; **son attitude témoignait une vive surprise** sein Verhalten verriet lebhafte Über'raschung; **II** *v/t*/*indir* ~ **de qc** *Person* etw bezeugen; *Sache* etw beweisen; von etw zeugen; ~ **de l'innocence de qn** j-s Unschuld bezeugen; **cela témoigne d'une vive imagination** das zeugt von e-r lebhaften Phantasie; **je peux en** ich kann das bezeugen; **III** *v/i jur* (als Zeuge) aussagen; ~ **en justice** vor Gericht aussagen; ~ **en faveur de qn**, **contre qn** zu j-s Gunsten, gegen j-n aussagen

témoin [temwɛ̃] *m* **1.** *jur* Zeuge *m*, Zeugin *f*; *bei Trauungen* Trauzeuge *m*; ~ **auriculaire**, **oculaire** Ohren-, Augenzeuge *m*; ~ **à charge**, **à décharge** Belastungs-, Entlastungszeuge *m*; **de moralité** Leumundszeuge *m*; **servir de** ~ Zeuge sein; **2.** Zeuge *m*; Zuhörer *m*; Zuschauer *m*; **être** ~ **de qc** bei etw anwesend, zu'gegen sein; Zeuge e-r Sache sein *bzw* werden; etw mit ansehen *bzw* mit anhören; **j'ai été** ~ **de l'accident** ich war Zeuge des Unfalls;

ich war bei dem Unfall zugegen, dabei; **elle en a été ~** sie hat es mit angesehen *bzw* selbst gehört; **tu es ~** qu'*il a refusé* du bist mein Zeuge, daß …; du kannst bezeugen, daß …; **le ciel, Dieu m'est ~ que …** der Himmel, Gott ist mein Zeuge, daß …; **parler devant ~s, sans ~s** vor Zeugen, ohne Zeugen sprechen; **prendre qn pour ~** j-n als Zeugen nehmen; **je vous prends à ~** *‹inv›* Sie sind mein(e) Zeuge(n) …; daß …); ich berufe mich auf Sie; **3.** *bei e-m Duell* Sekun'dant *m*; **4.** *fig* Zeuge *m*; *cette cathédrale est un ~ de la piété de nos aïeux …* zeugt von der Frömmigkeit unserer Vorfahren; **5.** *fig* Beweis *m*; *il est très habile, ~ ses réussites …* das beweisen, ein Beweis dafür sind s-e Erfolge; **6.** *rel* **~s de Jéhova** Zeugen *m/pl* Je'hovas; **7.** *unter Grenzsteinen vergrabenes* Merkzeichen *n* *(Ziegelstük-ke etc)*; **8.** *arp* Mar'kierung *f*; **9.** *sports* Staffelstab *m*; **passage** *m* **du ~** Stab-übergabe *f*; **10.** *adj* Kon'troll-; Test …; *biol* animal *m*, individu *m ~ od subst ~ m* Kontrolltier *n*, -person *f*; appartement *m ~* Musterwohnung *f*; lampe *f ~ od subst ~ m* Kontrollampe *f*

tempe [tɑ̃p] *f anat* Schläfe *f*

tempéra|ment [tɑ̃peramɑ̃] *m* **1.** *des Körpers* Konstituti'on *f*; **~ robuste, délicat** kräftige, zarte Konstitution; **2.** Tempera'ment *n*; Anlage *f*; Veranlagung *f*; Gemütsart *f*; **~ nerveux** nervöse Veranlagung; **~ sanguin** sanguinisches Temperament; **avoir un ~, être de ~ combatif** kämpferisch veranlagt, e-e Kämpfernatur sein; **être d'un ~ roma-nesque** romantisch veranlagt sein; **être actif de ~** von Na'tur aus aktiv sein; **3.** **avoir du ~** sinnlich, heißblütig sein; **4.** *comm* **vente** *f* **à ~** Raten-, Teilzahlungs-kauf *m*; **acheter à ~** auf Raten, Teil-, Abzahlung, F Stottern kaufen; **5.** *mus* Tempera'tur *f*

tempér|ance [tɑ̃perɑ̃s] *f* Enthaltsam-keit *f*; Mäßigkeit *f* (*im Essen, Trinken*); **~ant** *adj* Person enthaltsam; mäßig

température [tɑ̃peratyr] *f* **1.** *météo* Tempera'tur *f*; **~ ambiante** (herrschen-de) Raumtemperatur; **~ basse, élevée** niedrige, hohe Temperatur; **~ diurne, extérieure** Tages-, Außentemperatur *f*; **~ au sol** Bodentemperatur *f*; **~ de l'air, de l'eau** Luft-, Wassertemperatur *f*; **~ en baisse, en 'hausse** fallende, steigende Temperatur; **2.** (Körper)Tempera'tur *f*; animaux *m/pl* à **~ fixe** *od* **constante, variable** gleichwarme, wechselwarme Tiere *n/pl*; **courbe** *f*, **feuille** *f* **de ~** Fieberkurve *f*, -tabelle *f*; **avoir, faire de la ~** Fieber *bzw* e-e (erhöhte) Temperatur haben; **prendre sa ~** s-e Temperatur messen; *fig* **prendre la ~ d'une as-semblée** die Stimmung in'r Versamm-lung erforschen; **3.** *phys* Tempera'tur *f*; **~ absolue, critique** absolute, kritische Temperatur; **~ d'ébullition, de fusion** Siede-, Schmelztemperatur *f*

tempér|é [tɑ̃pere] *adj* **1.** *géogr Klima* gemäßigt; *Land* mit gemäßigtem Klima; **zone ~e** gemäßigte Zone; **2.** *mus* **gam-me ~e** tempe'rierte Tonleiter; *Bach* le clavecin bien **~** das Wohltemperierte Klavier; **~er** *v/t* ‹-è-› mäßigen, mil-dern; **~ l'agressivité de qn** j-s An-griffslust dämpfen

tempête [tɑ̃pɛt] *f* **1.** *météo* Sturm *m*; Unwetter *n*; *mar* or'kanartiger Sturm; **~ de neige, de sable** Schnee-, Sand-sturm *m*; **la ~ fait rage** der Sturm tobt, wütet; **2.** *fig*: **~ dans un verre d'eau** Sturm *m* im Wasserglas; **~ d'ac-clamations** stürmische Hochrufe *m/pl*; **~ d'applaudissements** Beifallssturm

m; **déchaîner une ~ de protestations** e-n Proteststurm entfesseln; **récolter une ~ d'injures** mit e-m Hagel, e-r Flut von Schimpfworten über'schüttet wer-den

tempêter [tɑ̃pete] *v/i* Person toben; wüten; rasen; wettern

temple [tɑ̃pl(ə)] *m* **1.** Tempel *m*; **~ égyptien, grec, romain** ägyptischer, griechischer, römischer Tempel; **~ d'Apollon, de Vénus** A'pollo-, Venus-tempel *m*; **le ☉ (de Salomon)** der Tempel (*in Jerusalem*); **2.** (prote'stan-tische) Kirche; **aller au ~** in die Kirche gehen; **3.** *rel hist* **la Chevalerie du ☉, l'ordre** *m* **du ☉** *od* **le ☉** der Templeror-den; **~ in Paris ☉** Hauptniederlas-sung des Templerordens; Staatsgefängnis während der Frz Revolution

templier [tɑ̃plije] *m rel hist* Templer *m*; Tempelritter *m*, -herr *m*; **ordre** *m* **des ~s** Templerorden *m*

tempo [tɛmpo, tɛpo] *m mus* Tempo *n*; Zeitmaß *n*; *loc/adv*: **a ~ a tempo**; **primo** Tempo primo

temporaire [tɑ̃pɔrɛr] *adj* zeitlich be-grenzt; vorläufig; vor'übergehend; pro-vi'sorisch; **emploi** *m* **~** vorübergehende Beschäftigung, Anstellung; Zeitbe-schäftigung *f*; **travail** *m* **~** Zeitarbeit *f*; à **titre ~** vorläufig; vorübergehend; zeit-weilig; provisorisch

temporal [tɑ̃pɔral] *adj* ‹-aux› *anat* Schläfen…; *sc* tempo'ral; **os ~** *od* *subst ~ m* Schläfenbein *n*; **~ité** *f philos* Zeitlich-keit *f*

temporel [tɑ̃pɔrɛl] *adj* ‹-le› **1.** *rel* vergänglich; zeitlich; irdisch; *philos* zeit-lich; **biens ~s** zeitliche Güter *n/pl*; **pouvoir ~, puissance ~le (du pape)** weltliche Macht, Gewalt (des Papstes); *subst* **le ~** die weltliche Macht; **2.** *gr* subordonnée **~le** Tempo'ralsatz *m*

temporis|ateur [tɑ̃pɔrizatœr] *adj* ‹-trice› abwartend; **politique temporis-atrice** abwartende, hinhaltende Poli-tik; **~er** *v/i* (e-n günstigeren Zeitpunkt) abwarten; Zeit gewinnen (wollen); es-sayer de **~** versuchen, Zeit zu gewinnen

temps¹ [tɑ̃] *m* **1.** Zeit *f*; Zeitalter *n*; Zeitpunkt *m*; Zeitabschnitt *m*; ♦ **le bon vieux ~** die gute alte Zeit; **~ mort** *od* **mort²** I; **les ~ modernes** die Neuzeit; **le ~ passé** die vergangene Zeit; die Ver-gangenheit; *ch* **~ prohibé** Schonzeit *f*; **~ record** Re'kordzeit *f*; ♦ **~ d'arrêt** *cf* **arrêt 3.**; **le ~ des cerises** die Kirschen-zeit; *cuis* **~ de cuisson** Koch-, Back-, Bratzeit *f*; *rad, télév* **~ d'antenne** Sendezeit *f (für pol Parteien vor Wahlen)*; *phot* **~ de pose** Belich-tungszeit *f*; **-dauer** *f*; **~ de réflexion** Bedenkzeit *f*; **~ de repos** Ruhepause *f*, **-zeit** *f*; *mil* **~ (de service)** Dienstzeit *f*; **~ des vacances** Ferienzeit *f*; **~ des vendanges** Zeit der Weinlese; **un bon bout de ~** geraume Zeit; eine ganze Weile; **emploi** *m* **du ~** *cf* **emploi 1.**; ♦ *loc/adv*: **un certain ~** e-e Zeitlang; einige Zeit; **ces derniers ~, ces ~ derniers** in letzter Zeit; *elle est un peu fatiguée* **ces ~-ci** zur Zeit …; **peu de ~ après** kurze Zeit später; kurz darauf; **peu de ~ après que …** kurz nachdem …; **peu de ~ avant** kurz vorher; **peu de ~ avant de** (+*inf*), **avant que … (+***subj***)** kurz bevor …; **quelque ~** einige Zeit; e-e Zeitlang; **tout le ~** ständig; immer; andauernd; die ganze Zeit (über); **à ~** rechtzeitig; bei'zeiten; **préviens-moi à ~** benachrichtige mich bei'zeiten; *loc/adj* jur **travaux forcés à ~** zeitige Zucht-hausstrafe; *travail payé* **au ~** nach Zeit …; **au bout d'un certain ~** nach einiger, e-r gewissen Zeit; **au ~ de** *cf* **du**

~ de; F **au ~ pour moi!** F *plais* ich nehme alles zurück und behaupte das Gegenteil; **avec le ~** mit der Zeit; im Laufe der Zeit; **dans le ~** seinerzeit; ehemals; früher; **limité dans le ~** zeitlich begrenzt; befristet; **dans les derniers ~ du règne de Louis XIV** gegen Ende der Herrschaft Ludwigs XIV.; **dans mon jeune ~** in meiner Jugend(zeit); **dans peu de ~** bald; in kurzer Zeit; **de mon ~** zu meiner Zeit; *loc/adj* **les hommes de notre ~** die Menschen unserer Zeit; **de tout ~** seit jeher; schon immer; zu allen Zeiten; *loc/adj* **coutume** *f* **de tous les ~** Brauch, den es zu allen Zeiten gegeben hat; **du ~ au ~** die diligences im Zeitalter, zur Zeit der Postkutsche; **du ~ de Napoléon** zur Zeit Napoleons; **de ~ en ~, de ~ à autre** von Zeit zu Zeit; dann und wann; ab und zu; hin und wieder; zu'weilen; **depuis ce ~-là** seit damals; **depuis quelque ~** seit einiger Zeit; **durant (tout) ce ~** während dieser (ganzen) Zeit; während'dessen; **en ~ normal, ordinaire** in normalen Zeiten; unter normalen 'Umständen; **en tout ~** zu jeder Zeit; immer; **en ~ et lieu** zu gegebener Zeit; bei passender Gele-genheit; **chaque chose en son ~** alles zu s-r Zeit; **en ce ~-là** in, zu jener Zeit; damals; **en même ~** a) zur gleichen Zeit; gleichzeitig; b) zu'gleich; **pas tous en même ~** nicht alle zugleich; immer schön, hübsch der Reihe nach; **en peu de ~** innerhalb kurzer Zeit; **en un rien de ~** im Nu; im Handumdrehen; **en deux ~, trois mouvements** blitz-schnell; im Handumdrehen; im Nu; F in Null Komma nichts; **en un ~ record** in Re'kordzeit; **en ~ de guerre, de paix** in Kriegs-, Friedenszeiten; im Krieg, Frieden; **entre ~** *cf* **entre-~**; **par les ~ qui courent** heutzutage; in heutiger Zeit; **pendant quelque ~** e-e Zeitlang; **pendant tout ce ~** diese ganze Zeit über; während dieser ganzen Zeit; **pour un (certain) ~** für, auf einige Zeit; vor'übergehend; ♦ *loc/conj*: **au** *od* **du ~ où, du ~ que** (zu der Zeit) als; **depuis le ~ que** *je suis là* seit(dem) …; seit der Zeit, da …; **le ~ de mettre mon chapeau** *et on peut partir* ich setze nur noch schnell meinen Hut auf …; **le ~ de me retourner, il était déjà parti** ich drehte mich nur (e-n Augenblick) um, da war er fort; ♦ *sports* **améliorer son ~** s-e Zeit verbessern (*de deux dixièmes de seconde* um zwei Zehntelsekun-den); **avoir le ~** Zeit haben (*de* +*inf* zu +*inf*); **n'avoir pas le ~** keine Zeit haben; **avoir du ~ (de) libre** freie Zeit haben; **avoir encore du ~ (de reste)** noch Zeit (übrig)haben; **j'ai eu juste le ~ de me mettre à l'abri** ich konnte mich gerade noch 'unterstellen; ich hatte gerade noch Zeit, mich 'unterzustellen; **vous avez tout le ~, votre ~** Sie haben noch viel Zeit, reichlich Zeit, Zeit genug; **il y a beau ~ que …** es ist (schon) lange her, daß …; seit langem …; **il y a peu de ~ (que …)** seit kurzem (…); **cela n'aura qu'un ~** das geht vor'bei; das wird nicht lange dauern; **la jeunesse n'a qu'un ~** man ist nur einmal jung; **il y a un ~ pour tout** alles zu s-r Zeit; **consacrer son ~ à qc** s-e Zeit e-r Sache (*dat*) widmen; **se donner, se payer, prendre du bon ~** sich schöne Tage machen; sich's gut gehen, sich's wohl sein lassen; **il s'écoula un ~ très long avant que …** es verging sehr viel Zeit, bis …; **il est ~** es ist Zeit (*de partir* aufzubrechen); **il est ~ que … (+***subj***)** es ist Zeit, daß …; **il était ~!** es war (aber auch) Zeit!; **il est**

grand ~ es ist höchste Zeit; F höchste Eisenbahn!; **il n'est plus** ~ **de** (+*inf*) jetzt ist es zu spät zu (+*inf*); **il sera toujours** ~ **de décider alors** es ist dann immer noch Zeit zu entscheiden; **c'était le bon** ~! das waren noch Zeiten!; **il fut un** ~ **où** ... es war einmal e-e Zeit, da *od* als ...; **ce n'est ni le** ~ **ni le lieu de** *od* **pour faire qc** das ist weder der richtige Zeitpunkt noch der passende Ort, etw zu tun; **les** ~ **sont durs** die Zeiten sind schwer; **être de son** ~ mit der Zeit gehen; **avoir fait son** ~ *Kleid, Auto etc* ausgedient haben; *Gefangener* s-e Strafe abgesessen haben; *fig* **la libre concurrence a fait son** ~ die Zeit des freien Wettbewerbs ist vorbei; *Soldat* **il a fait, fini son** ~ **(de service)** er hat s-n Wehrdienst abgeleistet; **il faut du** ~ **pour cela** das braucht, erfordert Zeit; dafür ist Zeit nötig; **il faut du** ~ **pour** (+*inf*) es braucht Zeit, um zu (+*inf*); **gagner du** ~ Zeit gewinnen; **un métier qui laisse beaucoup de** ~ **libre** ein Beruf, der einem viel Freizeit läßt; **mettre un certain** ~ **à** (+*inf*) einige Zeit, e-e gewisse Zeit brauchen, um zu (+*inf*); **passer son** ~ **à qc** s-e Zeit mit etw verbringen; *cf auch* **passer** 3.; **perdre son** ~ die, s-e Zeit vertrödeln; **perdre du** ~ Zeit verlieren; **sans perdre de** ~ unverzüglich; ohne Zeit zu verlieren; **il n'y a pas de** ~ **à perdre** es ist keine Zeit zu verlieren; **faire perdre son** ~ **à qn** *Person* j-m die Zeit stehlen; *Sache* j-m viel Zeit rauben; **prendre le** ~ **de** (+*inf*) sich die Zeit nehmen zu (+*inf*); **prendre (tout) son** ~ sich Zeit lassen, nehmen; **cela prendrait trop de** ~ das würde zu viel Zeit kosten, beanspruchen, in Anspruch nehmen; das wäre zu zeitraubend; **travailler à plein** ~ *od* **à** ~ **complet** ganztags, ganztägig arbeiten; **trouver le** ~ **de** (+*inf*) die Zeit finden zu (+*inf*); dazu kommen zu (+*inf*); **je trouve le** ~ **long** die Zeit wird mir lang; **tuer le** ~ die Zeit totschlagen; **le** ~ **est venu de** (+*inf*) jetzt ist es Zeit zu (+*inf*); die Zeit ist gekommen zu (+*inf*); ♦ *prov:* **autres** ~, **autres mœurs** andere Zeiten, andere Sitten (*prov*); **le** ~, **c'est de l'argent** Zeit ist Geld (*prov*); **2.** *astr* **astronomique, moyen** mittlere Sonnenzeit; ~ **légal** Zonenzeit f; ~ **sidéral** Sternzeit f; ~ **solaire (vrai)** wahre Sonnenzeit; ~ **universel** (*abr* **T.U.**) Weltzeit f; **3.** *gr* Zeit(form) f; Tempus n; ~ **composé, simple** zusammengesetzte, einfache Zeit; **adverbe** m **de** ~ Zeitadverb n; **subordonnée** f **de** ~ Tempo'ralsatz m; **4.** *mus* Zählzeit f (*des Taktes*); Taktzeit f; ~ **faible, fort** leichte *od* unbetonte, schwere *od* betonte Taktzeit; **mesure** f **à deux, à trois** ~ Zwei-, Drei'vierteltakt m; **5.** *tech* Takt m; **moteur** m **à deux, à quatre** ~ Zwei-, Viertaktmotor m; **6.** *sports* **a)** *esc* Fechttempo n; *coup* m **de** ~ Sperrstoß m; **b)** *gym* Teil m, Ele'ment n (*e-r Übung*); **7.** *philos* ~ **mesurable** *od* **objectif** meßbar *od* objektive Zeit; ~ **réel, vécu** Erlebniszeit f; **8.** *EDV:* **partagé** Time-sharing ['taimʃɛrɪŋ] n; ~ **réel** Echt-, Re'alzeit f; ~ **d'accès** Zugriffszeit f; **9.** *péd* **tiers** ~ **pédagogique** ausgewogene Aufteilung der Wochenstundenzahl an Volksschulen auf die drei Bereiche Grundfächer (Französisch, Rechnen), übrige Fächer und Sport

temps[2] [tɑ̃] m Wetter n; Witterung f; *mar* ~ **calme** ruhiges Wetter; *mar* **gros** ~ stürmisches Wetter; Sturm m; ~ **lourd, triste** schwüles, trübseliges Wetter; ~ **pluvieux** Regenwetter n; ~ **de saison** der Jahreszeit entsprechendes Wetter; *loc/adv:* **par beau** ~ bei schönem Wetter; **par tous les** ~ bei jedem Wetter; bei Wind und Wetter; *adit mil* **chasseur** m **tous** ~ All'wetterjäger m; **le** ~ **est orageux** es sieht gewitterig aus; **quel** ~ **fait-il?** wie ist das Wetter?; **le** ~ **se met au beau, au froid** das Wetter *od* es wird schön, kalt; **si le** ~ **le permet** bei gutem Wetter; *fig* **il faut prendre le** ~ **comme il vient** man muß die Dinge nehmen, wie sie kommen; **le beau** ~ **revient** das Wetter *od* es wird wieder schön

tenable [t(ə)nabl(ə)] *adj* ⟨*meist verneint*⟩ *Stellung, Position* haltbar; **ce n'est plus** ~ **ici** das ist hier nicht mehr auszuhalten; das wird hier unerträglich

tenace [tənas] *adj* **1.** *Geruch, Duft* lang anhaltend; **2.** *fig Hoffnung, Schmerz, Vorurteil. Schnupfen* hartnäckig; *Widerstand* beharrlich; hartnäckig; zäh; *Wille* zäh; beharrlich; *Haß* unversöhnlich; *Person* ausdauernd; beharrlich; hartnäckig; **3.** *bot Pflanze, Unkraut* schwer auszutilgen(d); **4.** *Leim etc* fest haftend; stark klebend; *Metall, Kleber* zäh

ténacité [tenasite] f **1.** *von Erinnerungen, Vorurteilen etc* Hartnäckigkeit f; *von Personen* Beharrlichkeit f; Ausdauer f; Hartnäckigkeit f; **être doué d'une** ~ **à toute épreuve** von e-r durch nichts zu erschütternden Hartnäckigkeit sein; **2.** *von Metall, Kleber* Zähigkeit f

tenaille [t(ə)naj] f *meist pl* ~s Zange f; ~ **à mors coupant** Moni'erzange f; ~ **à vis** Feil-, Handkloben m; ~s **(de menuisier)** Beiß-, Kneifzange f; *mil* **prendre en** ~ in die Zange nehmen

tenailler [tənaje] *v/t* *Hunger, Reue* ~ **qn** j-n quälen, peinigen; **être tenaillé par le(s) remords** von Gewissensbissen gequält, gepeinigt werden

tenanc|ier [tənɑ̃sje] m, ~**ière** f *oft péj* Inhaber(in) m(f); Besitzer(in) m(f); Wirt(in) m(f); **tenancier d'un hôtel, d'une maison de jeux** Inhaber e-s Hotels, e-r Spielbank

tenant [tənɑ̃] **I** *adj* **séance** ~ auf der Stelle; so'fort; **II** *subst* **1.** *sports* ~**(e)** m(f) **du titre** Titelhalter(in) m(f); **2.** *m* ~ **er Partei, Lehre** Anhänger m; **3.** *m/pl* **les** ~s **et aboutissants a)** *jur* die angrenzenden Grundstücke n/pl; **b)** *fig* die näheren 'Umstände m/pl; F das Drum und Dran; **connaître les** ~s **et les aboutissants d'une affaire** die näheren Umstände e-r Angelegenheit kennen; über die ganze Angelegenheit im Bilde sein; ♦ *loc/adj* **Gut, Grundstück d'un seul** ~ zu'sammenhängend; in einem Stück; **4.** *m* *Heraldik* Schildhalter m; Wappenknecht m

tendance [tɑ̃dɑ̃s] f **1.** Ten'denz f; Neigung f; Streben n; Hang m; ~s **égoïstes** Neigung zum Egoismus; **avoir des** ~s **à qc** zu etw neigen; **avoir** ~ **à** (+*inf*) dazu neigen zu (+*inf*); die Tendenz haben zu (+*inf*); **avoir** ~ **à croire, penser que** ... zu der Anschauung neigen, daß ...; **avoir** ~ **à exagérer, à grossir** zu Über'treibungen, zum Dickwerden neigen; **2.** *psych* Ten'denz f; Neigung f; Streben n; ~s **inconscientes** 'unterbewußtes Streben; ~s **refoulées** verdrängte Triebe m/pl; **3.** *pol, Kunst, Literatur* Richtung f; *innerhalb e-r Partei* Orien'tierung f; Ten'denz f; *allg auch* Trend m; ~ **intellectuelle** geistige Richtung; **les** ~s **modernes du cinéma** die modernen Tendenzen, Richtungen des Films; **procès** m **de** ~ Unter'stellung f; **faire un procès de** ~ **à qn** j-m etw unter'stellen; **4.** *der Preise, an der Börse* Ten'denz f; Trend m; *an der Börse auch* Stimmung f; ~ **à la hausse (des prix)** Preisauftrieb m; **les prix ont** ~ **à monter** die Preise weisen steigende Tendenz auf, ziehen an; **constater une** ~ **à la baisse, à la hausse** fallende *od* rückläufige, steigende Tendenz feststellen

tendanciel [tɑ̃dɑ̃sjɛl] *adj* ⟨~**le**⟩ *sc* tendenzi'ell

tendancieux [tɑ̃dɑ̃sjø] *adj* ⟨-**euse**⟩ *péj Bericht, Buch, Auslegung* tendenzi'ös; **faits présentés d'une manière tendancieuse** tendenziös dargestellte Tatsachen f/pl

tende [tɑ̃d] f Fleischerei ~ **de tranche** etwa 'Unterschale f

tend|elet [tɑ̃dlɛ] m *mar* Sonnensegel n; ~**elle** f *ch* Dohne f

tend|er [tɑ̃dɛr] m *ch de fer* Tender m; ~**erie** f *ch* **a)** *coll* Dohnenstieg m; Schlingen f/pl; Fallen f/pl; Netze n/pl; **b)** Fangjagd f

tendeur [tɑ̃dœr] m **1.** *ch* ~ **(de pièges)** Fallensteller m; Schlingenleger m; **2.** *tech* Spanner m; Spannvorrichtung f; *beim Fahrrad* Kettenspanner m; ~ **(de pantalon)** Hosenspanner m; ~ **pour chaussures** Schuhspanner m; **3.** *cf* **sandow**

tendin|eux [tɑ̃dinø] *adj* ⟨-**euse**⟩ *anat Sehnen...*; sehnig; fibre, gaine tendineuse Sehnenfaser f, -scheide f; *cuis* **viande tendineuse** sehniges Fleisch; ~**ite** f *path* Sehnenentzündung f; *sc* Tendi'nitis f

tendon [tɑ̃dɔ̃] m *anat* Sehne f; ~ **d'Achille** A'chillessehne f

tendre[1] [tɑ̃dr(ə)] ⟨*cf* **rendre**⟩ **I** *v/t* **1.** *Kette, Feder, Saite, Segel* spannen; *Seil, Leine* (an)spannen; fest-, anziehen; *Muskel* (an)spannen; *Bogen* spannen; ~ **un filet** ein Netz spannen; *fig* ~ **un piège** e-e Falle aufstellen; *fig* ~ **un piège à qn** j-m e-e Falle stellen; **2.** *Wandteppich, Tapete etc* spannen; ~ **une tenture sur un mur** e-e Wand mit e-r (Stoff)Tapete bespannen; *Wand etc* **tendu de soie** mit Seide bespannt, ausgeschlagen; **3.** ausstrecken; ~ **qc à qn** j-m etw hinhalten, reichen; ~ **le bras** den Arm ausstrecken; ~ **les bras** die Arme ausbreiten; *cf auch* **bras** 1.; ~ **le cou** *pour mieux voir* den Hals recken; ~ **la joue** die Wange hinhalten; ~ **la main** die Hand ausstrecken (*auch fig um zu betteln, zur Versöhnung*); ~ **la main secourable, la main à qn** j-m e-e hilfreiche Hand reichen, bieten, leihen; ~ **la main à qn** j-m die Hand entgegenstrecken, bieten, reichen; ~ **l'oreille** die Ohren spitzen; **4.** *Rücken, Wange etc* hinhalten (*zum Schlag*); **II** *v/t/indir* **5.** *Person* ~ **à, vers qc** etw anstreben; nach etw streben; ~ **à, vers la perfection** nach Vollkommenheit streben; ~ **vers un idéal** ein Ideal anstreben; **6.** *Sache* ~ **à qc** auf etw (*acc*) abzielen, gerichtet sein; zu etw dienen; ~ **à** (+*inf*) darauf abzielen *od* dahin gehen zu (+*inf*); **activités, décisions, paroles qui tendent à, vers qc** auf etw (*acc*) gerichtete Tätigkeit, Entscheidungen, Worte; **mesures tendant, qui tendent à apaiser les esprits** Maßnahmen zur Beschwichtigung, Beruhigung der Gemüter; Maßnahmen, mit denen die Gemüter beschwichtigt werden sollen; **ce qui tendrait à prouver que** ... was ein Beweis dafür sein könnte, das ...; was zum Beweis (dafür) dienen könnte, daß ...; **7.** *math* **Größe** ~ **vers zéro, vers l'infini** gegen Null, gegen Unendlich streben; **III** *v/pr* **se** ~ *fig* **Beziehungen** gespannt werden

tendre[2] [tɑ̃dr(ə)] *adj* **1.** *Fleisch, Salat, Gemüse etc. Haut* zart; *Fleisch auch* mürbe; *Brot, Gras* weich; **bois** m ~

Weichholz *n*; weiches Holz; roche *f* ~ weiches Gestein; *vom Pferd* avoir la bouche ~ weichmäulig sein; **2.** *fig* âge *m* ~ Kindheit *f* (und frühe Jugend); depuis, dès ma plus ~ enfance seit meiner frühesten Kindheit; von frühester Kindheit an; von Kindesbeinen an; **3.** zärtlich; liebevoll; innig; *Herz* weich; une ~ amitié e-e innige Freundschaft; un amour ~ e-e innige, zärtliche Liebe; mot ~ Kosewort *n*; regard *m* ~ zärtlicher, liebevoller Blick; avoir le cœur ~ ein weiches, liebevolles Herz haben; *subst* c'est un ~ er hat ein weiches Herz, Gemüt; n'être pas ~ pour qn streng mit j-m sein; les critiques n'ont pas été ~s pour l'auteur die Kritiker gingen mit dem Autor nicht sanft um, schonten den Autor nicht; devenir, se faire ~ avec qn zu j-m zärtlich werden; **4.** *Farbe* zart; vert *m* ~ zartes Grün; Zartgrün *n*; vert ~ ⟨*inv*⟩ zartgrün; **5.** *Melodie* lieblich; einschmeichelnd

tendrement [tᾶdrəmᾶ] *adv* liebevoll; zärtlich

tendresse [tᾶdrɛs] *f* zärtliche, innige Liebe; Zärtlichkeit *f*; ~ maternelle mütterliche Zärtlichkeit; *am Briefschluß* mille ~s in inniger Liebe; élan *m* de ~ Aufwallung *f* von Zärtlichkeit; regard chargé de ~ Blick *m* voller Zärtlichkeit; zärtlicher, liebevoller Blick; avoir, éprouver de la ~ pour qn innige, zärtliche Liebe für j-n empfinden; *par ext* n'avoir aucune ~ pour ... nichts übrig haben für ...

tendreté [tᾶdrəte] *f des Fleisches etc* Zartheit *f*

tendron [tᾶdrõ] *m* **1.** *bot* Sproß *m*; junger Trieb; **2.** *cuis* ~(s) de veau, de bœuf Kalbs-, Rinder-(Mittel- und Nach)Brust *f*; **3.** *litt* hübsches junges Mädchen; F junges Ding

tendu [tᾶdy] *adj* **1.** gespannt; (fortement, bien) ~ stramm; straff; **2.** *fig Atmosphäre, politische Lage, Beziehungen* gespannt; **3.** *Wille, Gesicht, Miene* angespannt; avoir l'esprit ~ angestrengt nachdenken, über'legen; sich scharf konzen'trieren; être ~ angespannt sein; **4.** *fig* politique *f* de la main ~e Versöhnungspolitik *f*

ténèbres [tenɛbr(ə)] *f/pl* **1.** Finsternis *f*; Dunkelheit *f*; Dunkel *n*; marcher à tâtons dans les ~ im Finstern, in der Dunkelheit umhertappen; **2.** *fig u litt* ~ de l'inconscient, des temps anciens Dunkel *n* des Unbewußten, der Zeiten; *rel* l'empire *m*, le prince des ~ das Reich, der Fürst der Finsternis

ténébreux [tenebrø] *adj* ⟨-euse⟩ **1.** *fig* dunkel; finster; düster; desseins ~ finstere Absichten *f/pl*; intrigue ténébreuse dunkle Machenschaften *f/pl*; finstere Intrige; **2.** dunkel; mysteri'ös; undurchsichtig; rätselhaft; undurchschaubar; une affaire ténébreuse e-e undurchsichtige, mysteriöse Affäre; **3.** *Person* düster (und geheimnisvoll); *subst* plais un beau ~ ein schöner, dunkler, düsterer Mann; **4.** *st/s* dunkel; finster; bois ~ finsterer Wald

ténébrion [tenebrijõ] *m zo* Mehlkäfer *m*

ténesme [tenɛsm(ə)] *m path* Stuhl- *od* Harnzwang *m*; *sc* Te'nesmus *m*

teneur[1] [tᴐnœr] *m* **1.** Wortlaut *m*; Inhalt *m*; Tenor *m*; la ~ d'une lettre der Wortlaut e-s Briefes; **2.** *chim* Gehalt *m*; ~ en alcool Alkoholgehalt *m*; Gehalt an Alkohol; ~ du sang en hémoglobine Hämoglo'bingehalt *m* des Blutes

teneur[2] [tᴐnœr] *m* ~ de livres Buchführer *m*, -halter *m*

ténia [tenja] *m zo* Bandwurm *m*

ténifuge [tenifyʒ] *adj u subst m méd* (remède *m*) ~ Bandwurmmittel *n*

tenir [t(ə)nir] ⟨*cf* venir⟩ **I** *v/t* **1.** halten; festhalten; in der Hand halten; *auch fig in e-m bestimmten Zustand, e-r bestimmten Lage* halten; **a)** *Wendungen mit subst*: ~ compte de qc etw berücksichtigen; e-r Sache (*dat*) Rechnung tragen; etw bedenken; ne ~ aucun compte de qc etw gänzlich unbeachtet, außer Betracht lassen; etw (*z B Rat*) in den Wind schlagen; ~ le coup aus-, 'durch-, standhalten; *Sache* (sich) halten; 'widerstands-, strapa'zierfähig sein; *mar* ~ le large auf offener See bleiben *bzw* fahren; *mus* ~ une note e-e Note, e-n Ton aushalten; *mil* ~ une position e-e Stellung halten; ~ la rampe die Hand am Geländer haben; ~ les rênes (d'un cheval) die Zügel (e-s Pferdes) halten; ~ tête à qn j-m 'Widerstand leisten; sich j-m wider'setzen; j-m standhalten; j-m die Stirn bieten; es mit j-m aufnehmen; *ch Hund* ~ la voie die Spur halten; *cf auch unter den betreffenden Substantiven*; **b)** *mit adj*: ~ les yeux baissés, fermés die Augen gesenkt, geschlossen halten; ~ une porte ouverte e-e Tür offenhalten; ~ sa maison propre sein Haus sauberhalten; ~ qn quitte *cf* quitte **2.**; elle tenait l'enfant serré contre elle sie hielt das Kind an sich gedrückt; **c)** *mit prép*: ~ qc à la main etw in der Hand halten; ~ qn dans ses bras j-n in den Armen halten; ~ qn en alerte j-n in Alarmzustand halten; ~ qn en échec, en éveil, en haleine, en respect *cf* échec *etc*; ~ qc entre ses mains etw in den, mit beiden Händen halten; ~ qn par le bras j-n am Arm (fest)halten; ~ un cheval par la bride ein Pferd am Zügel halten, führen; ~ un enfant par la main ein Kind an der Hand halten, führen; ~ son parapluie sous le bras den, s-n Regenschirm unter dem Arm halten; ~ la tête sous l'eau den Kopf unter Wasser halten (à qn j-m); ♦ *prov* mieux vaut ~ que courir *od* un tiens vaut mieux que deux tu l'auras besser ein Spatz *od* Sperling in der Hand als die Taube auf dem Dach; **2.** haben; besitzen; *Dieb etc* (gefaßt) haben; ~ la preuve den Beweis (in Händen) haben; F je tiens un de ces rhumes F ich hab' vielleicht e-n Schnupfen; si je le tenais! wenn ich den hier hätte! (*der könnte was erleben*); ♦ ~ qc de qn etw von j-m (*gehört bzw geerbt bzw erhalten*) haben; ~ une nouvelle de qn e-e Nachricht von j-m haben; ce qu'il possède, il le tient de son père was er besitzt, hat er von s-m Vater; *fig* il tient cela de son père das (*diese Eigenschaft*) hat er von s-m Vater; darin gleicht er s-m Vater; **3.** *Tagebuch, Register, Kasse, Konto, comm Artikel* führen; *Hotel, Restaurant, Café* führen; bewirtschaften; verwalten; ~ boutique e-n (kleinen) Laden haben, besitzen, führen; ~ la comptabilité, les livres die Buchhaltung, die Bücher führen; **4.** *Versprechen, Wette, Schwur* halten; *Versprechen auch* einlösen; ~ ses engagements s-e Verpflichtungen nachkommen; s-e Verpflichtungen einhalten; ~ (sa) parole (sein) Wort halten; **5.** *Versammlung, Konferenz etc* abhalten; *Rede* halten; *mus* ~ sa partie s-e Stimme spielen *bzw* singen; ~ des propos insensés Unsinn reden; *thé* ~ un rôle e-e Rolle spielen; *thé u allg* ~ bien son rôle s-e Rolle gut spielen; ~ séance e-e Sitzung abhalten, tagen; **6.** ~ pour ansehen als; halten für; ~ qc pour acquis, pour certain, pour probable

etw für erwiesen, für sicher, für wahrscheinlich halten; **7.** *Platz* einnehmen; brauchen; beanspruchen; ~ beaucoup, moins de place viel, weniger Platz einnehmen; ~ toute la largeur, toute la longueur d'une pièce die ganze Breite, die ganze Länge e-s Zimmers einnehmen; *fig*: ~ lieu de qc *cf* lieu **1.**; ~ une place éminente dans la société e-n hohen Rang in der Gesellschaft innehaben; **8.** *abs, int* tiens! a) da!; nimm!; b) ach!; so (et)was!; sieh mal (einer) an!; da schau her!; tenez! a) da!; nehmen Sie!; b) hören Sie!; sehen Sie!; tiens, voilà ton argent da! hier ist dein Geld; *il gifla l'enfant,* tiens, ça t'apprendra (à mentir) ... da! das wird dich lehren (zu lügen); tiens, je ne l'aurais pas pensé so etwas! das hätte ich nicht gedacht; tiens, le voilà sieh an, da ist er (ja)!; tiens, tiens! comme c'est étrange schau, schau! das ist aber seltsam; *als Einleitung* tenez, je vous propose une affaire (hören Sie,) ich schlage Ihnen ein Geschäft vor; tenez, l'année dernière ... (sehen Sie,) zum Beispiel letztes Jahr ...; **II** *v/t/indir* **9.** ~ à qn, qc an j-m, etw hängen; auf j-n, etw Wert legen; ~ à un ami an e-m Freund hängen; ~ à un collaborateur an e-n Mitarbeiter Wert legen; je tiens à ma liberté, ma réputation ich lege Wert auf meine Freiheit, meinen Ruf; meine Freiheit, mein Ruf ist mir wichtig; ~ à la vie am Leben hängen; j'y tiens beaucoup mir liegt viel daran; ich lege großen Wert darauf; das ist mir sehr wichtig; il a tenu à vous inviter ihm lag daran *od* er legte Wert darauf, Sie einzuladen; il tient à ce que tout le monde le sache er möchte unbedingt *od* er legt Wert darauf, daß alle es wissen; si vous y tenez wenn Sie unbedingt wollen, darauf bestehen; je n'y tiens pas ich lege keinen Wert darauf; mir liegt nichts daran; ♦ cela me (*obj/indir*) tient à cœur das liegt mir sehr am Herzen; das ist mir sehr wichtig; **10.** ~ à liegen an (+*dat*); kommen von; s-n Grund haben in (+*dat*); herrühren von; abhängen von; cela tient à ce *od* au fait qu'il a été malade das liegt daran, daß ...; der Grund dafür ist, daß ...; cela tient à la situation actuelle das liegt an, hat s-n Grund in der augenblicklichen Lage; cela ne tient qu'à toi das hängt nur von dir ab; es kommt nur auf dich an; ♦ *unpersönlich*: il ne tient qu'à toi d'y prendre part es hängt nur von dir ab, ob du daran teilnimmst; il ne tient qu'à vous que ... es liegt nur an Ihnen, es hängt nur von Ihnen ab, ob ...; s'il ne tenait qu'à moi wenn es nur von mir abhinge, (nur) nach mir ginge; qu'à cela ne tienne! das soll kein Hindernis sein; daran soll es nicht liegen; darauf soll es nicht ankommen; davon soll es nicht abhängen; **11.** ~ à an etw (*dat*) halten *bzw* hängen; verbunden sein mit etw; **12.** ~ de qn j-m gleichen, ähneln, nachschlagen; il tient de son père er gleicht, ähnelt s-m Vater; er schlägt s-m Vater nach; il a de qui ~ er ist nicht aus der Art geschlagen; cela tient du miracle das grenzt an ein Wunder, ans Wunderbare; **III** *v/i* **13.** *Sachen* halten; Halt haben; *Nagel, Haken etc* fest sitzen, stecken, sein; (fest) halten; *Frisur, Falten, Farbe, Bild an der Wand, Knoten, Verbindung* halten; *Schnee* liegenbleiben; *Verbindung, Plan, Vereinbarung* bestehen bleiben; ne pas ~ *auch* locker, lose sein; *Hut, Brille, Kopftuch* rutschen; *thé* cette pièce n'a

pas tenu longtemps dieses Stück hat sich nicht lange gehalten, wurde nur kurze Zeit aufgeführt; F *bei e-r Verabredung* cela tient toujours pour jeudi? bleibt es also bei Donnerstag?; F il n'y a pas de mais qui tienne da gibt es kein Aber; keine 'Widerrede!; **14.** *Person* aus-, standhalten; ⁓ bon, ferme wider-'stehen; nicht nachgeben; standhalten; standhaft, hart bleiben; ⁓ debout *cf* debout; *Armee, Streikende* ⁓ dix jours zehn Tage standhalten, aushalten, sich halten, 'durchhalten; tu ne tiendras pas du wirst nicht 'durchhalten (können); du wirst zu'sammenklappen; ne *od* n'y plus pouvoir ⁓ es nicht mehr aushalten; sich nicht mehr beherrschen, zu'rückhalten können; il fait trop chaud, on ne peut pas ⁓ ici … das ist hier nicht auszuhalten; **15.** Platz haben, finden; *tous mes livres* tiennent dans cette armoire … haben Platz in diesem Schrank; … gehen in diesen Schrank hinein; nous ne tiendrons pas tous dans cette voiture wir haben nicht alle Platz …; on peut ⁓ à six à cette table an diesem Tisch können sechs Personen sitzen, haben sechs Personen Platz; cela tient en peu de mots das ist in wenigen Worten gesagt; das läßt sich mit wenigen Worten sagen; cela tient en quelques pages dafür genügen einige (wenige) Seiten; das hat auf einigen Seiten Platz; **IV** *v/pr* se ⁓ **16.** sich halten, sich festhalten (à an + *dat*); *fig*: tenez-vous bien halten Sie sich fest; machen Sie sich auf etw gefaßt; ils n'ont qu'à bien se ⁓ sie müssen sich auf einiges gefaßt machen; sie müssen mit Schwierigkeiten rechnen; **17.** ein'ander halten; se ⁓ par la main einander, sich an der Hand halten; **18.** sich *in e-m bestimmten Zustand* halten; (da)stehen; sein; se ⁓ assis, debout près de la fenêtre am, beim Fenster sitzen, stehen; se ⁓ les bras croisés mit verschränkten Armen dastehen; se ⁓ caché sich versteckt halten; se ⁓ immobile sich nicht rühren; se ⁓ tranquille sich ruhig verhalten; sich nicht bewegen; still sein; se ⁓ à genoux knien; il se tenait au milieu de la pièce er stand mitten im Zimmer; se ⁓ dans une pièce sich in e-m Zimmer aufhalten; se ⁓ près de qn bei j-m stehen, sein; **19.** se ⁓ pour sich betrachten als; sich halten für; se ⁓ pour battu sich geschlagen geben; **20.** tenez-vous-le *od* tenez-le-vous pour dit lassen Sie sich das gesagt sein; schreiben Sie sich das hinter die Ohren; **21.** sich benehmen; sich verhalten; se ⁓ bien, mal sich gut, schlecht benehmen; se ⁓ bien à table gute Tischmanieren haben; savoir se ⁓ en société sich in Gesellschaft zu benehmen wissen; **22.** s'en ⁓ à qc a) sich an etw (*acc*) halten; b) es bei etw bewenden lassen; je m'en tiens à ce que *vous m'avez dit* ich halte mich daran, was …; tenons-nous-en aux faits halten wir uns an die Tatsachen; bleiben wir auf dem Boden der Tatsachen; tenons-nous-en là wir wollen es dabei bewenden lassen; savoir à quoi s'en ⁓ wissen, woran man ist; **23.** *Veranstaltung* stattfinden; *place, jour où* se tient le marché … an dem der Markt stattfindet, abgehalten wird; **24.** *Argumente* logisch aufein'anderfolgen; une histoire qui se tient e-e Geschichte mit logischem Zu'sammenhang; tout se tient dans ce roman alles in diesem Roman ist mitein'ander verknüpft, paßt zu'sammen, stimmt zu'sammen

tennis [tenis] *m* **1.** *sports* **a)** Tennis *n*; ⁓ de table Tischtennis *n*; chaussures

f/pl de ⁓ *od ellip* ⁓ *m/pl* Tennisschuhe *m/pl*; partie *f* de ⁓ Partie *f* Tennis; **b)** Tennisplatz *m*; ⁓ couvert Tennishalle *f*; **2.** *text* Baumwollflanell *m* in Köperbindung

tenon [tənõ] *m* **1.** *tech, bât* Zapfen *m*; **2.** *méd* ⁓ dentaire Stift *m*; dent *f* à ⁓ Stiftzahn *m*

ténor [tenɔr] *m* **1.** *mus* **a)** *Stimme* Te'nor *m*; **b)** *Person* Te'nor *m*; fort ⁓ Heldentenor *m*; ⁓ léger lyrischer Tenor; voix *f* de ⁓ Tenorstimme *f*; **c)** *Instrument* ⁓ *od adjt* saxophone *m* ⁓ Te'norsaxophon *n*; **2.** *fig* les grands ⁓s du barreau die Staranwälte *m/pl*; les grands ⁓s de la politique die führenden Köpfe *m/pl* (in) der Politik

ténoris|ant [tenɔrizã] *adj mus* baryton ⁓ Te'norbariton *m*; ⁓**er** *v/i mus* in Te'norstimmlage singen

téno|synovite [tenɔsinɔvit] *f path* Sehnenscheidenentzündung *f*; ⁓**tomie** [-tɔmi] *f chir* Teno'to'mie *f*

tenseur [tɑ̃sœr] *m* **1.** *anat* ⁓ *od adjt* muscle *m* ⁓ Spanner *m*; **2.** *tech* Spanner *m*; **3.** *math* Tensor *m*

tensio-actif [tɑ̃sjoaktif] *adj* ⟨-ive⟩ *chim, phys* ober-, grenzflächenaktiv; agent ⁓ grenzflächenaktiver Stoff

tension [tɑ̃sjõ] *f* **1.** *physiol, phys, tech u allg* Spannung *f*; des Dampfes, e-r Feder *auch* Spannkraft *f*; *allg* Straffheit *f*; *phys* ⁓ superficielle Oberflächenspannung *f*; *physiol* ⁓ de la paroi abdominale Bauchdeckenspannung *f*; ⁓ de vapeur Dampfspannung *f*, -druck *m*; **2.** *méd* ⁓ artérielle Blutdruck *m*; avoir, faire de la ⁓ hohen Blutdruck haben; prendre la ⁓ de qn j-s Blutdruck messen; **3.** *élect* Spannung *f*; basse, 'haute ⁓ Nieder-, Hochspannung *f*; Elektronik ⁓ de chauffage, de grille Heiz-, Gitterspannung *f*; **4.** ⁓ d'esprit geistige Anspannung; **5.** *der Beziehungen, der Lage* Spannung *f*; **6.** *psych* Spannung *f*; ⁓ nerveuse nervöse Spannung, Erregung

tensoriel [tɑ̃sɔrjɛl] *adj* ⟨⁓le⟩ *math* Tensor…; algèbre, analyse ⁓le Tensoralgebra *f*, -analyse *f*; calcul ⁓ Tensorkalkül *m*

tentac|ulaire [tɑ̃takylɛr] *adj* **1.** *zo* Ten'takel…; **2.** *fig* ville ⁓ Stadt, die sich nach allen Richtungen ausbreitet; ⁓**ule** *m zo* Ten'takel *m od n*; (Fang)Arm *m*

tent|ant [tɑ̃tɑ̃] *adj* verführerisch; reizvoll; proposition ⁓e verlockendes Angebot; ⁓**ateur** **I** *adj* ⟨-trice⟩ *litt* verführerisch; *rel* esprit ⁓ *od subst* ⁓ *m* Versucher *m*; **II** *subst* ⁓, tentatrice *m,f* Verführer(in) *m(f)*

tentation [tɑ̃tasjõ] *f rel u allg* Versuchung *f*; *allg* (Ver)Lockung *f*; *st/s* Anfechtung *f*; *rel*: les ⁓s de la chair die Versuchungen des Fleisches; la ⁓ du Christ Jesu Versuchung; la ⁓ de saint Antoine die Versuchung des heiligen Antonius; *allg* céder à la ⁓ der Versuchung nachgeben

tentative [tɑ̃tativ] *f* Versuch *m* (*auch jur*); dernière, *st/s* suprême ⁓ letzter Versuch; ⁓ vaine vergeblicher Versuch; ⁓ d'assassinat Mordversuch *m*; ⁓ de conciliation *Eherecht* Sühneversuch *m*; *allg* Schlichtungsversuch *m*; ⁓ d'évasion, de fuite Ausbruchs-, Fluchtversuch *m*; ⁓ d'homicide versuchter Totschlag; ⁓ de suicide Selbstmordversuch *m*

tente [tɑ̃t] *f* **1.** Zelt *n*; ⁓ canadienne einfaches Zwei'mannzelt; ⁓ familiale Haus-, Fa'milienzelt *n*; *méd* ⁓ à oxygène Sauerstoffzelt *n*; piquet *m* de ⁓ Hering *m*; Zeltpflock *m*; sous la ⁓ im Zelt; coucher sous la ⁓ im Zelt schlafen; démonter une ⁓ ein Zelt

abbrechen; monter, dresser, planter une ⁓ ein Zelt aufschlagen; *fig u st/s* se retirer sous sa ⁓ sich gekränkt zurückziehen; vivre sous la ⁓ im Zelt leben; *mar* Sonnensegel *n*; **3.** *anat* ⁓ du cervelet Kleinhirnzelt *n*

tente-abri [tɑ̃tabri] *f* ⟨*pl* tentes-abris [tɑ̃tabri]⟩ kleines Zelt; Ein'mannzelt *n*

tenter [tɑ̃te] *v/t* **1.** ⁓ qn Person j-n in Versuchung führen; j-n versuchen; *Sache* j-n in Versuchung bringen; il ne faut pas ⁓ le diable man sollte diese Schwäche nicht auch noch unter'stützen; man sollte ihn *bzw* sie nicht noch dazu ermuntern; **2.** *par ext* reizen; (ver-)locken; être tenté de (+*inf*) in Versuchung kommen, geraten zu (+*inf*); je suis tenté de croire que … ich bin *od* fühle mich versucht zu glauben, daß …; ich möchte meinen, daß …; ça ne me tente pas tellement das lockt, reizt mich nicht besonders; dazu habe ich keine große Lust; *beim Essen* laissez-vous ⁓ lassen Sie sich verführen!; **3.** versuchen; wagen; *Versuch* machen; wagen; *Experiment* machen; versuchen; ⁓ sa chance sein Glück versuchen; ⁓ le coup e-n Versuch unter'nehmen, wagen; ⁓ l'impossible alles, was nur möglich ist, versuchen; ⁓ de (+*inf*) versuchen zu (+*inf*); ⁓ de se suicider versuchen, sich das Leben zu nehmen; il a tout tenté pour le sauver er hat alles versucht, um ihn zu retten

tenture [tɑ̃tyr] *f* **1.** *coll* (Wand)Behänge *m/pl*; Wandbespannung *f*; **2.** (Stoff)Ta-'pete *f*; (Wand)Behang *m*; ⁓s (pour les services funèbres) Trauerbehänge *m/pl*

tenu [t(ə)ny] *p/p von* tenir *u adj* **1.** être ⁓ à qc zu etw verpflichtet sein; être ⁓ au secret professionnel an die Schweigepflicht, das Berufsgeheimnis gebunden sein; être ⁓ de faire qc verpflichtet, gehalten sein, etw zu tun; *jur* être ⁓ de qc für etw haften; **2.** *Haus, Garten etc* bien ⁓ gepflegt; ordentlich; mal ⁓ ungepflegt; verwahrlost; **3.** *Börse*: Wertpapiere fest; **4.** *mus* Note ausgehalten

ténu [teny] *adj* Faden etc fein; dünn; *Teilchen, st/s* Nuance winzig; *Stimme* dünn; zart

tenue [t(ə)ny] *f* **1.** *des Haushalts, der Bücher* Führung *f*; e-r Schule *auch* Leitung *f*; ⁓ des livres de compte, de la comptabilité Buchhaltung *f*; veiller à la bonne ⁓ du pensionnat dafür sorgen, daß das Pensionat gut, ordentlich geführt wird; **2.** Betragen *n*; Benehmen *n*; Anstand *m*; Ma'nieren *f/pl*; Haltung *f*; avoir de la *od* une bonne ⁓ sich gut benehmen; gute Manieren, ein gutes Benehmen haben; avoir une mauvaise ⁓ sich schlecht benehmen; schlechte Manieren haben; manquer de ⁓ keinen Anstand, kein Benehmen haben; un peu de ⁓, voyons! bitte benimm dich!; un peu de ⁓ (, je vous prie) benehmen Sie sich gefälligst!; **3.** e-r Zeitung, Zeitschrift, e-s Werks Ni-'veau *n*; manquer de ⁓ ein sehr niedriges Niveau haben; **4.** (Körper)Haltung *f*; mauvaise ⁓ schlechte Haltung; *beim Reiten* avoir une bonne *od* de la ⁓ e-n guten Sitz, e-e gute Haltung haben; **5.** Kleidung *f*; Anzug *m*; *mil* Uni'form *f*; *mil* ⁓ de campagne *cf* campagne 2.; *mil* ⁓ de combat Kampfanzug *m*; ⁓ d'équitation Reitdreß *m*, -kleidung *f*; ⁓ de soirée Abendtoilette *f*; Gesellschafts-, Abendkleidung *f*; *für Herren* Gesellschafts-, Abendanzug *m*; *mil* Galauniform *f*; *mil* ⁓ de sortie, de travail Ausgeh-, Arbeitsanzug *m*; ⁓ de sport Sportkleidung *f*; ⁓ de ville Straßen-

kleid n bzw -anzug m; auf Einladungskar-
ten dunkler Anzug; ~ de voyage Rei-
sekleidung f; en ~ mil in Uniform;
Polizei unifor'miert; mil en grande ~ in
Pa'radeuniform; plais tu t'es mis en
grande ~ F du hast dich aber feinge-
macht, in Schale geworfen; avoir une ~
impeccable, soignée tadellos, sorg-
fältig od gepflegt gekleidet sein; chan-
ger de ~ sich 'umziehen; F être en ~
légère, en petite ~ sehr wenig anha-
ben; in der 'Unterwäsche sein; se met-
tre en ~ sich (der Gelegenheit, der
Arbeit) entsprechend anziehen; 6. Auto
~ de route Straßenlage f; 7. mus des
Tons Aushalten n; 8. Börse Festigkeit f
(der Kurse); 9. mar fond ~ de bonne ~
guter Ankergrund; 10. Pferderennen
Ausdauer f; cheval m de ~ ausdauern-
des Pferd
ténuité [tenɥite] litt f Feinheit f; Zartheit
f; Winzigkeit f
ter [tɛr] adv 1. mus zweimal zu wieder'ho-
len; 2. bei Haus-, Absatz-, Artikelnum-
mern b, auch c
téraspic [teraspik] m bot (Art) Schleifen-
blume f (Zierpflanze)
térato|gène [teratoʒɛn] adj méd terato-
'gen; 'Mißbildungen fördernd; ~logie f
méd Teratolo'gie f; Lehre f von den
'Mißbildungen; ~logique adj méd tera-
to'logisch; die Teratolo'gie betreffend
terbium [tɛrbjɔm] m chim Terbium n
terc|er [tɛrse] cf tiercer; ~et m Ter'zine
f; dreizeilige Strophe
térébenthène [terebɑ̃tɛn] m chim Pi-
'nen n
térébenthine [terebɑ̃tin] f chim Terpen-
'tin n; ~ de Bordeaux Gali'pot m; ~ de
Chio Chios-, Cyperterpentin n; essen-
ce f de ~ Terpentinöl n
térébinthacées [terebɛ̃tase] f/pl bot
Ana'cardiengewächse n/pl
térébinthe [terebɛ̃t] m bot Tere'binthe f;
Terpen'tinpistazie f
térébrant [terebrɑ̃] adj 1. zo Bohr...; 2.
méd douleur ~e bohrender Schmerz
tergal [tɛrgal] m (nom déposé) text
Ter'gal n (Wz)
tergiversations [tɛrʒiversasjɔ̃] f/pl
Unentschlossenheit f; Ausflüchte f/pl;
Winkelzüge m/pl; assez de ~! jetzt wird
endlich ein Entschluß gefaßt!; user de ~
Winkelzüge machen; Ausflüchte ma-
chen, gebrauchen
tergiverser [tɛrʒiverse] v/i Ausflüchte
machen, gebrauchen; Winkelzüge ma-
chen; (der Entscheidung) ausweichen;
sans ~ ohne zu zögern, schwanken;
cessez de ~! entschließen Sie sich
endlich!
terme [tɛrm] m 1. Ende n; Abschluß m;
Ter'min m; Frist f; Zeit(punkt) f(m); ~
extrême od de rigueur äußerster
Termin; loc/adj u loc/adv: à ~ Ter-
'min...; Zeit...; à court, à moyen,
à long ~ kurz-, mittel-, langfristig;
emprunt m à court ~ kurzfristige
Anleihe; prévision f à court, long ~
auch Kurz-, Langzeitprognose f; à ~
échu, au ~ de l'échéance nach Ablauf
der Frist; nach dem Fälligkeitstermin;
nachträglich; st/s jusqu'au ~ de sa vie
bis an sein Lebensende; Frist arriver à
~ ablaufen; arriver à son ~ zu Ende
gehen; sich dem, s-m Ende nähern; nous
sommes arrivés au ~ de notre
voyage wir sind am Ende unserer Reise
angelangt; avancer le ~ d'un congrès
den Abschlußtermin e-r Tagung vorver-
legen; le ~ échoit die Frist läuft ab;
fixer un ~ e-n Termin festsetzen, -legen
(à, pour qc für den Abschluß, die
Beendigung e-r Sache); mener qc à ~
etw abschließen, voll'enden; zum Ab-

schluß bringen, zu Ende führen; mettre
un ~ à qc e-r Sache (dat) ein Ende
setzen, machen; passé ce ~, les billets
ne sont plus valables nach diesem Ter-
min, Zeitpunkt ...; toucher à son ~ zu
Ende gehen; sich s-m, dem Ende nähern;
2. bei Mieten etc Zahlungstermin m bzw
fällige Zahlung; par ext a) vierteljährli-
che Mietzeit; b) fällige (Viertel'jahres-)
Miete; avoir un ~ de retard mit e-r
Vierteljahresmiete im Rückstand sein;
payer son ~ s-e Miete zahlen; 3. méd
accouchement m avant ~ Frühgeburt
f; accoucher à ~ zum errechneten
Zeitpunkt, Termin entbinden; accou-
cher avant ~ vorzeitig, zu früh entbin-
den; naître avant ~ vorzeitig, zu früh
geboren werden; Kind né à ~ ausgetra-
gen; 4. être en bons ~s avec qn mit j-m
gut, auf gutem Fuß stehen; sich mit j-m
vertragen; mit j-m gut auskommen; être
en excellents ~s, dans les meilleurs
~s avec qn sich mit j-m ausgezeichnet
vertragen; mit j-m ausgezeichnet aus-
kommen; ils sont en mauvais ~s avec
leurs voisins sie stehen mit ihren
Nachbarn auf gespanntem Fuß; sie ver-
tragen sich nicht mit ihren Nachbarn; sie
kommen mit ihren Nachbarn nicht aus;
rester en bons ~s avec qn weiter gut,
auf gutem Fuß mit j-m stehen; 5. Wort n;
Ausdruck m; ~ juridique Ausdruck der
Rechtssprache; ~ régional, scientifi-
que regionaler, wissenschaftlicher Aus-
druck; ~ technique Fachausdruck m,
-wort n; Terminus technicus m; ~ de
chasse Ausdruck der Jägersprache; ~s
d'un contrat Wortlaut m e-s Vertrages;
aux ~s du contrat laut, gemäß Vertrag;
nach dem Wortlaut des Vertrages; ~ de
musique (Fach)Ausdruck m der Mu-
sik; en d'autres ~s mit anderen Wor-
ten; anders ausgedrückt; en ~s de
médecine in der medizinischen Fach-
sprache; in der Fachsprache der Medi-
zin; il s'est exprimé en ces ~s ...
... er sagte folgendes: ...; er drückte sich
folgendermaßen aus: ...; s'exprimer
en ~s choisis, clairs sich gewählt, klar
ausdrücken; 6. Logik Begriff m; moyen
~ Logik Mittelbegriff m; fig Mittelweg
m; il n'y a pas de moyen ~ einen
Mittelweg gibt es nicht; 7. gr, math
Glied n; allg ~ de comparaison Ver-
gleichsmaßstab m; écon ~s de
l'échange Terms pl of trade ['tɔːmz əv
'treɪd]; math ~s d'une proportion
Glieder e-r Verhältnisgleichung; 8. sculp
Herme f
terminaison [tɛrminezɔ̃] f 1. gr e-s
Wortes Endung f; 2. anat ~ nerveuse
Nervenendigung f
terminal [tɛrminal] ⟨m/pl -aux⟩ I adj
letzte(r, -s); End...; Schluß...; bot bou-
ton ~ Endknospe f; Schule classe ~e od
subst ~e f letzte Klasse; Abi'turklasse f;
être en ~e in der Abiturklasse sein; e-s
Briefes formule ~e Schlußformel f;
partie ~e Endteil m, -stück n; phase ~e
Endphase f, -stadium n; II m 1. EDV
Terminal ['tɔːrminəl] n; Datenendgerät
n; 2. tél ~ téléphonique Sprechstelle f;
3. mar ~ pétrolier Ölumschlaghafen m,
-anlage f
terminer [tɛrmine] I v/t 1. Person:
Arbeit, Werk etc beenden; beendigen;
fertigstellen; voll'enden; abschließen;
zum Abschluß bringen; Studium, Sit-
zung, Mahlzeit beenden; Brief schließen;
nous avons terminé la journée au
cinéma nach Abschluß des Tages gin-
gen wir ins Kino; ~ ses jours à la
campagne, en prison den Rest s-s
Lebens auf dem Land, im Gefängnis
verbringen; ~ qc par qc etw mit etw

beenden; ~ un repas par une glace e-e
Mahlzeit mit e-m Eis beenden; zum
Abschluß e-r Mahlzeit (ein) Eis essen; ♦
abs: j'ai terminé ich bin fertig (damit);
en avoir terminé avec qc etw abge-
schlossen, beendet haben; mit etw fertig
sein; pour ~, laissez-moi vous raconter
zum Abschluß ...; zum Schluß ...; ab-
schließend ...; ♦ Sache être terminé
fertig, beendet, erledigt sein; zu Ende
sein; maintenant c'est terminé a)
damit ist es jetzt vor'bei; b) es ist aus
(zwischen uns); 2. Sache ~ qc a) zeitlich
etw beenden, abschließen, beschließen;
den Abschluß von etw bilden; un débat
animé termina la soirée auch der
Abend endete mit e-r lebhaften Debatte;
b) räumlich etw abschließen, begrenzen;
den Abschluß von etw bilden; une
rangée d'arbres termine la prairie
auch am Ende der Wiese steht e-e
Baumreihe; être terminé par qc mit
etw endigen; in etw (acc) auslaufen; une
colonne terminée par un chapiteau
e-e Säule, die mit e-m Kapitell ab-
schließt od mit e-m Kapitell abgeschlos-
sen wird; II v/pr se ~ Sache zeitlich u
räumlich enden; aufhören; zu Ende ge-
hen bzw sein; Film, Roman etc se ~ bien,
mal gut, schlecht ausgehen; tout s'est
bien terminé alles ist gut gegangen; le
repas se termine die Mahlzeit geht zu
Ende, nähert sich ihrem Ende; la rue se
termine à la Seine die Straße endet an
der Seine od ist an der Seine zu Ende; la
séance s'est terminée à cinq heures
die Sitzung endete um fünf Uhr, war um
fünf Uhr zu Ende, wurde um fünf Uhr
beendet; se ~ en enden mit; Wort
enden, ausgehen auf (+acc); se ~ en
(auch par un) drame mit e-m Drama
enden; se ~ en pointe cf pointe 1.;
verbes qui se terminent en -er auf
-er endende, ausgehende Verben;
Verben mit der Endung -er; se ~ par mit
etw enden; le match s'est terminé par
la victoire de X das Spiel endete mit
dem Sieg von X; mots qui se termi-
nent par un x mit x endende Wörter;
Wörter, die mit x enden; la soirée s'est
terminée par un bal der Abend schloß
mit e-m Ball; ein Ball beschloß den
Abend; den Abschluß des Abends bilde-
te ein Ball
terminolog|ie [tɛrminɔlɔʒi] f Termino-
lo'gie f; Fachsprache f; ~ grammatica-
le, marxiste grammatische, marxisti-
sche Terminologie; ~ de la médecine
medizinische Terminologie; ~ique adj
termino'logisch
terminus [tɛrminys] m ~ od adit gare f,
station f ~ Endbahnhof m, -station f,
-haltestelle f; aller jusqu'au ~ bis zur
Endstation fahren; ~! tout le monde
descend Endstation! alles aussteigen!
termit|e [tɛrmit] m zo Ter'mite f; ~ière f
Ter'mitenhügel m
ternaire [tɛrnɛr] adj aus drei Einheiten
bestehend; chim composé m ~ ter'näre
Verbindung; mus mesure f ~ Dreiertakt
m; math nombre ~ durch drei teil-
bare Zahl
terne[1] [tɛrn] adj 1. Farbe glanzlos; matt;
Teint farblos; Auge, Blick trüb; glanzlos;
2. Stil mono'ton; farblos; blaß; Ge-
spräch uninteressant; eintönig; Tag er-
eignislos; eintönig; einförmig; Börse
lustlos; flau; Person farblos; unschein-
bar; unbedeutend
terne[2] [tɛrn] m 1. Würfelspiel Dreier-
pasch m; Lotto drei ausgerufene Num-
mern derselben Reihe; 2. élect Dreh-
stromleitung f
ternir [tɛrnir] I v/t 1. Scheiben, Möbel,

Metall, Spiegel trüben; trüb, matt machen; *adjt* **terni** *Scheibe* trüb; angelaufen; *Möbel* glanzlos; matt; *Metall, Spiegel* angelaufen; ~ **l'éclat de qc** den Glanz e-r Sache (*gén*) trüben; e-r Sache (*dat*) den Glanz nehmen; **2.** *fig j-s Ansehen* trüben; beeinträchtigen; schmälern; verringern; ~ **la mémoire de qn** j-s Andenken trüben; **II** *v/pr* **se** ~ s-n Glanz verlieren; *Spiegel* trüb werden; *Möbel, Farben* matt werden; *Metall, Spiegel* anlaufen

ternissure [tɛrnisyr] *f von Glas, Metall etc* **a)** Trübung *f*; Glanzlosigkeit *f*; Mattheit *f*; **b)** ~s *pl* trübe, angelaufene, matte Stellen *f/pl*; Trübungen *f/pl*

terpène [tɛrpɛn] *m chim* Ter'pen *n*

terp|énique [tɛrpenik] *adj chim* Ter'pen…; *composés* *m/pl* ~s Ter'pene *n/pl*; ~**ine** *f chim, phm* Ter'pin *n*

terpinéol [tɛrpineɔl] *m chim* Terpine'ol *n*

terrafungine [tɛrafõʒin] *f phm* Oxytetrazy'klin *n*

terrain [tɛrɛ̃] *m* **1.** Gelände *n*; Ter'rain *n*; Grund *m* (und Boden *m*); Grundstück *n*; Platz *m*; *fig auch* Gebiet *n*; Bereich *m*; ◆ ~ **accidenté** unebenes, holperiges Gelände; *fig* ~ **brûlant** *cf* **brûlant** **2.**; ~ **militaire** militärisches Gelände; Militärgelände *n*; ~ **plat** flaches Gelände; ~ **vague** unbebautes Gelände, Grundstück; ◆ ~ **à bâtir** Baugelände *n*, -grund *m*, -platz *m*; ~ **à lotir** in Parzellen zu verkaufendes Grundstück; *aviat* ~ **d'atterrissage** Landeplatz *m*; ~ **d'aventure** Abenteuerspielplatz *m*; ~ **d'aviation** Flugplatz *m*; ~ **de camping** Camping- [-ɛ-], Zeltplatz *m*; ~ **de golf** Golfplatz *m*; ~ **de jeux** Spielplatz *m*, -feld *n*, -gelände *n*; ~ **de sport** Sportplatz *m*; *mil* **appréciation** *f* **du** ~ Geländebeurteilung *f*; **bande** *f* **de** ~ Land-, Geländestreifen *m*; *mil* **description** *f* **du** ~ Geländebeschreibung *f*; *sports* **état** *n* **du** ~ Boden(zustand) *m*; ◆ *loc/adj* Fahrzeug **tout** ~ geländegängig; **véhicule** *m* **tout** ~ Geländefahrzeug *n*; geländegängiges Fahrzeug; *loc/adv fig* **sur le** ~ an Ort und Stelle; ◆ **aménager un** ~ ein Gelände herrichten *bzw* erschließen; **céder du** ~ **a)** *mil* Gelände auf-, preisgeben; **b)** *fig* Zugeständnisse machen; *Epidemie zu* **chercher un** ~ **d'entente** e-e Verständigungsgrundlage suchen; *fig* **se conduire comme en** ~ **conquis** sich aufführen *od* sich benehmen, als ob man der Herr sei; *fig* **déblayer le** ~ *cf* **déblayer 3.**; **disputer le** ~ **pied à pied** jeden Fußbreit Boden verteidigen (**à qn** gegen j-n); *fig* **être sur son** ~ in s-m Element sein; auf diesem Gebiet zu Hause sein; **se faire battre sur son** ~ *sports* auf dem eigenen Platz, *fig* auf s-m eigenen (Fach)Gebiet geschlagen werden; **gagner du** ~ *cf* **gagner 4.**; *fig* **ménager le** ~ diplomatisch, behutsam vorgehen; **perdre du** ~ *sports* zurückfallen; s-n Vorsprung einbüßen; *Analphabetentum, Epidemie* zurückgehen; abnehmen; *Idee* an Boden verlieren; *mil* Geländeverluste erleiden; zurückgehen müssen; zurückgedrängt werden; *fig* ins Hintertreffen geraten, kommen; *fig* **préparer le** ~ den Boden bereiten; *mil* **reconnaître le** ~ das Gelände erkunden; *fig* **je ne vous suivrai pas sur ce** ~ **a)** darauf möchte ich lieber nicht weiter eingehen; das möchte ich lieber nicht näher mit Ihnen erörtern; **b)** auf diesem Weg folge ich Ihnen nicht; hier mache ich nicht mit; *fig* **tâter le** ~ *cf* **tâter I.**; **2.** Boden *m*; Bodenart *f*; *agr* **bon** ~ guter Boden; **(im)perméable, volcanique** (un-) durchlässiger, vulkanischer Boden; **3.**

géol Formati'on *f*; Gebirge *n*

terramycine [tɛramisin] *f phm* Terramy'cin *n*

terrasse [tɛras] *f* **1.** Ter'rasse *f* (*auch géogr*); Erdstufe *f*; *loc/adj u loc/adv* **en** ~s ter'rassenförmig; Ter'rassen…; **cultures** *f/pl* **en** ~s Terrassenbau *m*; **jardin** *m* **en** ~s Terrassengarten *m*; **2.** auf den Gehsteig vorgeschobener Teil e-s Restaurants, e-s Cafés; **s'asseoir à la** ~ sich draußen hinsetzen; **3.** *bât* Ter'rasse *f*; **toit** *m* **en** ~ Terrassendach *n*; **4.** *arch* Oberfläche *f* e-s kleinen Sockels; *par ext* kleiner Sockel; **5.** nicht po'lierfähige Marmor- *bzw* Edelsteinfläche

terrassement [tɛrasmã] *m* **a)** (travaux *m/pl de*) ~ Erdarbeiten *f/pl*, -bewegungen *f/pl*; **b)** Ergebnis (Erd)Aufschüttung *f* (*auch ch de fer*)

terrasser [tɛrase] **I** *v/t* **1.** *Gegner* zu Boden werfen, schlagen, strecken, schmettern; niederstrecken, -schlagen; *Feind* vernichtend schlagen; *Revolte* niederschlagen, -werfen; **2.** *Krankheit* qn j-n niederwerfen, -strecken; **terrassé par la fatigue**, *il s'endormit* von Müdigkeit übermannt, überwältigt …; **l'annonce de cette mort la terrassé** diese Todesnachricht erschütterte ihn tief, schmettere ihn nieder; **II** *v/i agr, tech* Erdarbeiten machen

terrassier [tɛrasje] *m* Erdarbeiter *m*

terre [tɛr] *f* **1.** Boden *m*; Erdboden *m*; Erde *f*; ◆ *loc/adj fig* ~ **à** ~ *Person* pro'saisch; ungeistig; nüchtern; *Gedanken, Dinge* wenig erhaben; pro'saisch; alltäglich; ◆ *loc/adv*: ~ **à** ~ häufiger **par** ~ auf dem *bzw* auf den Boden; auf der *bzw* die Erde; **être assis par** ~ auf dem Boden sitzen; **se coucher par** ~ sich auf den Boden legen; *F fig* **cela fiche tous nos projets par** ~ *F* das wirft, schmeißt alle unsere Pläne über den Haufen; *F fig* **voilà tous nos projets par** ~ *F* alle unsere Pläne sind über den Haufen geworfen; **jeter à** ~, **par** ~, *nur Gegenstand* **lancer à** ~, **par** ~ niederwerfen; zu Boden werfen; 'umstoßen; *nur Gegenstand* 'umstürzen; *Person auch* niederstrecken; zu Boden strecken, schlagen, schleudern, stoßen; **mettre, poser qc par** ~ etw auf den Boden stellen, legen, setzen; etw niederstellen, absetzen; **se répandre par** ~ *Flüssigkeit* sich auf, über den Boden ergießen; sich auf den Boden auslaufen; **sauter à** ~ auf den Boden springen; *vom Rad, Pferd* absteigen; **tomber par** ~ *Sache, Person* hin'unter- *bzw* her'abfallen; hinfallen; **tomber à** ~ *Sache* auf den, zu Boden fallen; **mettre un genou en** ~ sich auf ein Knie niederlassen; **s'incliner jusqu'à** ~ sich bis zum Boden, zur Erde verneigen; **sous (la)** ~ unter der Erde; *fig* **vouloir rentrer sous** ~ *cf* **rentrer 4.**; *fig* **revenir sur** ~ wieder zur Realität zurückkehren; aus s-n Träumereien erwachen; **2.** Erde *f*; Erdreich *n*; Boden *m*; Land *n*; ~ **arable** Ackerland *n*, -boden *m*; **une bonne** ~ ein guter Boden; ~ **calcaire** Kalkerde *f*, -boden *m*; ~s **cultivées** bebautes, bestelltes Land; ~ **grasse** fetter Boden; ~ **à blé, à vignes** für den Weizenanbau, Weinbau geeigneter Boden; ~ **de bruyère** Heideerde *f*; ~ **en friche** brachliegendes Land; **charbon** *m* **de** ~ Steinkohle *f*; **chemin** *m* **de** ~ ungepflasterter Weg; *mil* **politique** *f* **de la** ~ **brûlée** Politik *f* der verbrannten Erde; **pomme** *f* **de** ~ Kar'toffel *f*; **sol** *m* **de** ~ **battue** gestampfter Boden; *zo* **ver** *m* **de** ~ Regenwurm *m*; *loc/adv* **en pleine** ~ im Freiland; *loc/adj* **végétaux** *m/pl* **de**

pleine ~ Freilandpflanzen *f/pl*; **aimer la** ~ das bäuerliche Leben lieben; **creuser, cultiver la** ~ die Erde 'umgraben, bebauen; **mettre en** ~ setzen; ein-, anpflanzen; **mettre, porter qn en** ~ j-n begraben, zu Grabe tragen; *fig* **mettre qn plus bas que** ~ j-n schlechtmachen; **kein gutes Haar an j-m lassen; travailler la** ~ die Erde, den Boden bearbeiten; **3.** Grund *m*; Stück *n* Land; Grundbesitz *m*; Gut *n*; ~ *pl auch* Lände'reien *f/pl*; **partage** *m* **des** ~s Verteilung *f*, Aufteilung *f* des Bodens; **se retirer sur, dans ses** ~s sich auf s-e Güter zurückziehen; **vivre de ses** ~s vom Ertrag s-r Güter, s-s Bodens leben; **4.** *oft* ♀ Erde *f*; *fig* Welt *f*; ♀ **des hommes a)** *übernationales Kinderhilfswerk*; **b)** *Saint-Exupéry* Wind, Sand und Sterne; **la planète** ♀ der Planet Erde; **noyau** *m* **de la** ♀ Erdkern *m*; **sur (la)** ~ auf der Erde *bzw* die Erde; *rel* **sur la** ~ **comme au ciel** im Himmel wie auf Erden; **être sur** ~ auf der Erde sein; **nous ne sommes pas sur** ~ **pour…** wir sind nicht auf der Welt, um zu …; **parcourir la** ~ **entière** die ganze Welt bereisen; **venir sur (la)** ~ auf die Erde kommen; **le Christ est venu sur** ~ Christus kam in die Welt; **5.** Gebiet *n*; Land *n*; ~s **arctiques, boréales** Nordpolargebiet *n*, -länder *n/pl*; **la** ♀ **sainte** das Heilige Land; ~ **d'élection** bevorzugtes Gebiet; **en** ~ **ennemie** in Feindesland; **en** ~ **étrangère** in der Fremde; **revoir sa** ~ **natale** s-e Heimat 'wiedersehen; **6.** *im Gegensatz zum Meer, zur Luft* Land *n*; *mar* ~! Land (in Sicht)!; ~ **ferme** Festland *n*; **armée** *f* **de** ~ Landstreitkräfte *f/pl*; Heer *n*; **brise** *f* **de** ~ Landwind *m*; **dans les** ~s land'einwärts gelegen; **par voie de** ~, **par** ~ auf dem Landwege; **sur** ~ **et sur mer** zu Wasser und zu Lande; **aller, descendre à** ~ an Land gehen; *mar Schiff* **prendre, toucher** ~ landen; anlegen; **7.** *élect* Erde *f*; **mise** *f* **à la** ~ Erdung *f*, -ung *f*; **prise** *f* **de** ~ Erdung *f*; Erdanschluß *m*, -kontakt *m*; **mettre à la** ~ erden; **8.** *tech, peint* Erde *f*; Erdfarbe *f*; ~ *od* ~ **cuite** Terra'kotta *f* (*auch Figur*); **des** ~s **cuites** Terra'kotten *f/pl*; *chim* ~s **rares** seltene Erden *f/pl*; ~ **réfractaire** Scha'motte *f*; feuerfester Ton; ~ **vernie, vernissée** glasierter Ton; ~ **à foulon** Walkerde *f*; ~ **à porcelaine** Porzel'lanerde *f*; ~ **à potier** Töpferton *m*; ~ **d'ombre** Umbra(erde) *f*; Umbrabraun *n*; Umber *m*; ~ **de Sienne** Si'ena *n*; Si'enaerde *f*; **de, en** ~ **Ton…;** aus Ton; irden; tönern; **objets** *m/pl* **de, en (cuite)** Tonwaren *f/pl*

terreau [tɛro] *m* ⟨pl ~x⟩ Garten-, Blumen-, Humus-, Dungerde *f*

terreau|age [tɛrotaʒ] *m jard* Verbesserung *f* (des Bodens) mit Gartenerde; ~**er** *v/t jard* **a)** mit Gartenerde verbessern; **b)** *Saat* mit frischer Erde bedecken *od* bestreuen

terre-neuvas [tɛrnœva, -nø-] *m* ⟨inv⟩ **a)** Fischer *m*, der im Gebiet der Neu'fundlandbänke Kabeljau fängt; Neu'fundlandfischer *m*; **b)** Neu'fundlandfischdampfer *m*

terre-neuve [tɛrnœv] *m* ⟨inv⟩ *zo* Neu'fundländer *m*

terre-neuvien [tɛrnœvjɛ̃] **I** *adj* ⟨~ne⟩ neu'fundländisch; **II** *subst* **1.** Terre-Neuvien(ne) *m(f)* Neu'fundländer(in) *m(f)*; **2.** *m selten für* terre-neuvas

terre-neuvier [tɛrnœvje] *m* ⟨pl terre-neuviers⟩ *cf* terre-neuvas

terre-plein [tɛrplɛ̃] *m* ⟨pl terre-pleins⟩ **1.** (*meist durch e-e Mauer gestützte*) Erdaufschüttung *f*; **2.** *e-r Autobahn* ~ **central** Mittel-, Grünstreifen *m*

terrer [tɛre] **I** v/t **1.** *jard* häufeln; mit Erde bedecken; **2.** *tech* mit Walkerde behandeln; **II** v/pr se ~ *Tier* sich in s-m Bau verkriechen; *Tier, Mensch* sich verkriechen; sich verbergen; *fig* se ~ chez soi nicht mehr unter Menschen kommen; nicht mehr ausgehen; *adjt* rester terré dans une cave sich in e-m Keller verborgen halten

terrestre [tɛrɛstr(ə)] adj **1.** *bes rel* irdisch; weltlich; joies f/pl ~s irdische, weltliche Freuden f/pl; vie f ~ Erdenleben n; irdisches Leben; **2.** Erd...; ter'restrisch; atmosphère f ~ Erdatmosphäre f; croûte f ~ Erdrinde f, -kruste f; *für Satellitenfunk* station f ~ Bodenstation f; **3.** *im Gegensatz zu Meer... bzw Luft...* Land...; Erd...; ter'restrisch; animaux m/pl ~s Landtiere n/pl; auf dem Land lebende Tiere n/pl; *mil* forces f/pl ~s Landstreitkräfte f/pl; plantes f/pl ~s auf der Erde wachsende Pflanzen f/pl; par voie ~ auf dem Landwege

terreur [tɛrœr] f **1.** Entsetzen n; (Angst f und) Schrecken m; Grauen n; Grausen n; ~ affreuse furchtbares Entsetzen; ~ panique panisches Entsetzen; panischer Schrecken; panische Angst; être glacé de ~ vor Entsetzen starr sein; inspirer de la ~ à qn j-m Entsetzen, Grauen einflößen; semer la ~ Schrecken, Entsetzen verbreiten; vivre dans la ~ in Furcht und Schrecken leben; vivre dans la ~ d'être assassiné in panischer Angst leben, ermordet zu werden; voir avec ~ que ... entsetzt, mit Entsetzen, mit Grausen sehen, daß ...; **2.** Terror m; Schreckensherrschaft f; *hist* la ♀ die Schreckensherrschaft (1793/94); régime m de ~ Terrorregime n; gouverner, régner par la ~ ein Terrorregime, e-e Schreckensherrschaft ausüben; **3.** F *fig Person* la ~ du quartier der Schrecken der Nachbarschaft; Jojo la ~ *etwa* Möchtegern-Ganove m (*auch als Spitzname*); jouer les ~ sich als Ga'nove aufspielen; **4.** *Sache* c'est sa (grande) ~ davor hat er *bzw* sie am meisten Angst

terreux [tɛrø] adj ‹-euse› **1.** Erd...; erdig; mit Erde beschmutzt; erdhaltig; chaussures terreuses erdige, mit Erde beschmutzte Schuhe m/pl; **2.** Teint fahl; **3.** Geschmack erdig; odeur terreuse erdiger Geruch; Geruch m nach Erde

terri [tɛri] cf terril

terrible [tɛribl(ə)] adj **1.** furchtbar; entsetzlich; schrecklich; Miene furcht-, entsetzenerregend; une ~ catastrophe e-e entsetzliche, furchtbare, schreckliche Katastrophe; *hist* Ivan le ♀ Iwan der Schreckliche; **2.** Wind, Kälte, Dürre, Lärm etc furchtbar; schrecklich; fürchterlich; entsetzlich; effort m ~ furchtbare Anstrengung; *subst* le plus ~, c'est que ... das schlimmste daran ist, daß ...; und was das schlimmste ist, ...; c'est d'en arriver là es ist furchtbar, wenn es mit j-m so weit kommt; tu es, à la fin, avec ta manie de m'interrompre du bist wirklich gräßlich, unerträglich ...; **3.** l'enfant m ~ de la famille der Außenseiter der Familie; *fig* l'enfant ~ d'un parti das Enfant terrible e-r Partei; *Cocteau* Les enfants ~s Kinder der Nacht; *Cocteau* Les parents ~s Nein, diese Eltern!; **4.** F groß; außerordentlich; gewaltig; un appétit ~ ein gewaltiger, e'normer Appetit; c'est qu'il peut travailler F es ist unglaublich *od* kaum zu fassen, was der arbeiten kann; er kann e'norm viel arbeiten; **5.** F Kleid, Film, Buch großartig; F phan'tastisch; toll; une fille ~ F ein tolles Mädchen; un type ~ F ein toller Kerl; (c'est) ~! F das

ist phantastisch!; das ist toll!; Film etc ça n'a rien de ~ das ist nichts Besonderes; F das ist nicht gerade e-e Offenbarung

terriblement [tɛribləmɑ̃] adv furchtbar; entsetzlich; außerordentlich; c'est ~ cher das ist entsetzlich, furchtbar teuer; il fait ~ chaud es ist furchtbar, entsetzlich heiß; il me fait ~ penser à ... er erinnert mich außerordentlich an (+acc)

terricole [tɛrikɔl] zo Ringelwürmer **I** adj den Boden bewohnend; **II** m Bodenbewohner m

terrien [tɛrjɛ̃] **I** adj ‹~ne› grundbesitzend; Grundbesitzer...; Land...; aristocratie ~ne Landadel m; propriétaire ~ Guts-, Grund-, Landbesitzer m; Grund-, Landeigentümer m; il a une vieille ascendance ~ne alle s-e Vorfahren waren Bauern; **II** subst **1.** ♀(ne) m(f) Erdbewohner(in) m(f); **2.** être un vrai ~ das Landleben lieben

terrier [tɛrje] m **1.** e-s Tiers Bau m; ~ de blaireau, de lapin, de renard Dachs-, Ka'ninchen-, Fuchsbau m; faire sortir un animal de son ~ ein Tier aus s-m Bau treiben; **2.** zo Terrier ['tɛriər] m; ~ d'Écosse Scotchterrier ['skɔtʃ-] m

terrifiant [tɛrifjɑ̃] adj erschreckend; entsetzen-, grauenerregend; grauenhaft; cris ~s grauenhafte, entsetzenerregende Schreie m/pl; spectacle ~ grauenhafter, grauen-, entsetzenerregender Anblick

terrifier [tɛrifje] v/t ~ qn j-m Entsetzen einjagen; j-n vor Entsetzen erstarren lassen; je suis terrifié à l'idée de (+inf) die Vorstellung zu (+inf) entsetzt mich, macht mir große Angst; bei der Vorstellung zu (+inf) packt mich das Entsetzen

terrigène [tɛriʒɛn] adj géol ter'restrisch; sédiments m/pl ~s terrestrische Sedimente n/pl

terril [tɛri(l)] m mines (Abraum)Halde f

terrine [tɛrin] f cuis **a)** tiefe gla'sierte Tonschüssel mit Deckel zur Zubereitung und Aufbewahrung von Pa'stete; **b)** in der Schüssel zubereitete Pa'stete; in Restaurants ~ du chef nach hauseigenem Rezept zubereitete Pastete; ~ de foie gras Gänse- *bzw* Entenleberpastete f; ~ de pâté de foie in der Schüssel zubereitete Leberpastete

terrir [tɛrir] v/i Fische in die Nähe der Küste kommen

territoire [tɛritwar] m **1.** (bes Hoheits-) Gebiet n; Terri'torium n; ~ communal Gemeindegebiet n; ~ enclavé En'klave f; ~ français französisches (Hoheits-, Staats)Gebiet; ~ maritime Hoheitsgewässer n/pl; ~ métropolitain Mutterland n; ~ national Staats-, Hoheitsgebiet n; ~s d'outre-mer 'überseeische Gebiete n/pl; ~ sous mandat, sous tutelle Man'dats-, Treuhandgebiet n; adm aménagement m du ~ Raumordnung f; mil défense f du ~ territoriale Verteidigung; Territori'alverteidigung f; sécurité f du ~ Sicherheit f des Staatsgebietes; **2.** zo e-s Tieres abgegrenzter Lebensraum; Re'vier n

territorial [tɛritɔrjal] ‹m/pl -aux› **I** adj territori'al; Gebiets...; hist mil armée ~e od subst ~e f etwa Landwehr f; Landsturm m; compétence ~e örtliche Zuständigkeit; eaux ~es, mer ~e Hoheits-, Küstengewässer n/pl; intégrité ~e territoriale Integrität; Unverletzlichkeit f des Staatsgebietes; **II** m hist mil etwa Landwehr-, Landsturmmann m; ~ité f jur Territoriali'tät f; gebietsgebundener Cha'rakter; ~ des lois Territorialitätsprinzip n

terroir [tɛrwar] m **1.** (bes für den Weinbau geeigneter) Boden m; vom Wein il a un goût de ~ od il sent le,

son ~ an s-m Geschmack läßt sich s-e Herkunft erkennen; **2.** Regi'on f; Gegend f (in der Dialekt und Bräuche noch erhalten sind); accent m du ~ mundartlich gefärbte Aussprache; regio'naler Akzent; mots m/pl du ~ regio'nale Ausdrücke m/pl; Regiona'lismen m/pl du ~; poète m du ~ Heimatdichter m; il sent son ~ Person man merkt sofort, wo er herkommt od aus welcher Gegend er stammt; Ausdruck er ist mundartlich gefärbt

terror|iser [tɛrɔrize] v/t Person, Ort, Land terrori'sieren; in Furcht und Schrecken versetzen bzw halten; adjt population terrorisée terrorisierte, verängstigte Bevölkerung; ~isme m Terro'rismus m; (Ausübung f von) Terror m; se livrer à des actes de ~ Terrorakte begehen; ~iste **I** adj terro'ristisch; Terror...; Terro'risten...; attentat m ~ Terroranschlag m; groupe m, organisation f ~ Terroristengruppe f, -organisation f; **II** m,f Terro'rist(in) m(f)

terser [tɛrse] cf tiercer

tertiair|e [tɛrsjɛr] **I** adj **1.** géol ère f ~ od subst ~ m Terti'är n; faune f ~ Fauna f des Tertiärs; terrain ~ Terti'ärformation f; **2.** path terti'är; das dritte Stadium betreffend; accidents m/pl ~s Erscheinungen f/pl im tertiären Stadium; période f ~ tertiäres Stadium; **3.** écon secteur m ~ od subst ~ m cf secteur 4.; **II** m,f ségl cath Terti'arier(in) m(f); Mitglied n des Dritten Ordens; ~isation f écon Ausweitung f des Dienstleistungssektors

tertio [tɛrsjo] adv drittens

tertre [tɛrtr(ə)] m kleiner al'leinstehender Hügel, kleine Anhöhe mit flachem Gipfel

térylène [terilɛn] m (nom déposé) Terylene [-'li:n] n (Wz)

terzetto [tɛrdze(t)to, -tsɛ-] selten m mus kleines Ter'zett bzw Trio

tes [te] cf ton

t'es [tɛ] F für tu es

tesla [tesla] m (abr T) phys Tesla n (abr T)

tessiture [tesityr] f mus Stimmlage f

tesson [tesõ] m Scherbe f; tech auch Scherben m; ~s de bouteille Flaschenscherben f/pl

test¹ [tɛst] m **1.** psych Test m; allg auch Probe f; ~ d'intelligence Intelli'genztest m; ~ d'orientation professionnelle Test in der Berufsberatung; ~ de performance, de personnalité Leistungs-, Per'sönlichkeitstest m; passer des ~s getestet werden; Tests machen; faire passer des ~s à qn j-n testen (lassen); j-n Tests (dat) unter'ziehen; **2.** méd Test m; ~ cutané Hauttest m; **3.** adjt Test...; élection ~ Testwahl f

test² [tɛst] m zo Kalkgehäuse n, -schale f

testacé [tɛstase] adj zo schalentragend; mit Kalkgehäuse, -schale

testament [tɛstamɑ̃] m **1.** bibl l'Ancien, le Nouveau ♀ das Alte, das Neue Testa'ment n; letztwillige Verfügung; Verfügung f von Todes wegen; ~ authentique od (par acte) public öffentliches Testament; ~ mystique od secret verschlossenes, versiegelt und gestempelt zur notari'ellen Aufbewahrung hinter'legtes Testament; coucher, mettre qn sur son ~ j-n in s-m Testament bedenken; faire un ~ ein Testament errichten; faire son ~ sein Testament machen; F fig il peut faire son ~ F er kann sein Testament machen; léguer qc par ~ etw testamen'tarisch, letztwillig hinter'lassen, vermachen; **3.** par ext ~ politique po'litisches Testa'ment; **4.** e-s Künstlers letztes und voll-'endetstes Werk

testamentaire [tɛstamɑ̃tɛr] *adj jur* te-
stamen'tarisch; Testa'ments…; letztwil-
lig; **dispositions** *f/pl* ~s testamentari-
sche Bestimmungen *f/pl*; letztwillige
Verfügung; Verfügung *f* von Todes we-
gen; **donation** *f* ~ Schenkung *f* von
Todes wegen; **héritier** *m* ~ testamentari-
scher Erbe; **tuteur** *m* ~ durch letztwillige
Verfügung benannter Vormund
testa|teur [tɛstatœr] *m*, **~trice** *f jur*
Erblasser(in) *m(f)*; Te'stator *m*
tester[1] [tɛste] *v/i jur* ein Testa'ment errich-
ten; (s)ein Testa'ment machen; te'stieren
test|er[2] [tɛste] *v/t* testen; prüfen; **~eur** *m*
Testgerät *n*
testic|ulaire [tɛstikylɛr] *adj anat* Hoden
…; Te'stikel…; **~ule** *m anat* Hoden
m; *auch* Hode *m od f*; *sc* Testis *m*;
Te'stikel *m*
testimonial [tɛstimɔnjal] *adj* ⟨-aux⟩ *jur*
Zeugen…; durch Zeugen; **preuve** ~e
Zeugenbeweis *m*
testostérone [tɛstɔsterɔn] *f biol* Testo-
ste'ron *n*
têt [tɛ] *m chim* ~ à gaz durch'löcherter
Bügel; ~ à rôtir Ku'pelle *od* Ka'pelle *f*
(aus feuerfestem Stein)
tétan|ie [tetani] *f path* Teta'nie *f*; **~ique**
path **I** *adj* te'tanisch; Tetanus…; Wund-
starrkrampf…; **convulsions** *f/pl* ~s
tetanische Zuckungen *f/pl*; **II** *m,f* an
Tetanus Erkrankte(r) *f(m)*; **~iser** *v/t*
physiol Muskeltetanus her'vorrufen (**un
membre** an e-m Glied)
tétanos [tetanos] *m* **1.** *path* Wundstarr-
krampf *m*; Tetanus *m*; **2.** ~ **musculaire**
od **physiologique** Muskeltetanus *m*; ~
(im)parfait (un)vollkommener Muskel-
tetanus
têtard [tɛtar] *m* **1.** *zo* Kaulquappe *f*; **2.**
bot saule taillé en ~ Kopfweide *f*; **3.** *arg*
Kind *n*; F Balg *n od m*; Fratz *m*; Göre *f*
tête [tɛt] *f* **1.** ~ Haupt *n*; Kopf *m (auch fig in*
Wendungen Verstand *m*; Kopf *m (auch*
Person); ◆ *fig* ~ **couronnée** gekröntes
Haupt; *fig* forte ~ Re'bell *m*; aufsässiger
Mensch; F *fig* grosse ~ F gelehrtes
Haus; *fig* mauvaise ~ Dickkopf *m*, F
-schädel *m*; Querkopf *m*; F *fig* petite ~ !du
Dummchen!; ◆ ~ **de cheval** Pferde-
kopf *m*; ~ **de cochon** a) *cuis* Schweins-
kopf *m*; b) F *fig* Dickkopf *m*, F -schädel
m; ~ **de mort** Totenkopf *m*, -schädel *m*;
fig une ~ **d'oiseau, de linotte, sans**
cervelle ein Schussel *m*, ein Mensch *m*
mit kurzem Gedächtnis (être joli
sein); *cuis* ~ **de veau** Kalbskopf *m*; *fig*
coup *m* **de** ~ a) plötzliche Aufwal-
lung, Anwandlung *(von Zorn, Ärger)*; b)
unüberlegte Handlung, Tat; Kurz-
schlußhandlung *f*; **partir sur un coup**
de ~ aus e-r plötzlichen Anwandlung
heraus weggehen; *fig* **femme** *f* **de** ~
zielbewußte, -strebige Frau; **signe** *m* **de**
~ *cf* signe 2.; ◆ *loc/adj*: à ~ **de** … mit
e-m …kopf; à ~ **de taureau** mit e-m
Stierkopf; **à plusieurs** ~s mehrköpfig;
mit mehreren Köpfen; **sans** ~ ohne
Kopf; kopflos; ◆ *loc/adv*: **à** ~ a)
mit gesenktem Kopf; b) *fig* Hals über
Kopf; blindlings; **foncer** ~ **baissée**
dans un obstacle, sur qc mit gesenk-
tem Kopf gegen ein Hindernis, gegen
etw rennen; *fig*: **donner, foncer** ~
baissée dans le panneau blindlings
in die Falle tappen, rennen; **y aller** ~
baissée kopflos, über'stürzt handeln;
sich Hals über Kopf hineinstürzen; **se**
jeter ~ **baissée dans une aventure**
sich kopf'über in ein Abenteuer stürzen;
la ~ **basse** a) mit gesenktem Kopf; b) *fig*
mit hängendem Kopf; kleinlaut; betre-
ten; *mil* ~ **droite, gauche!** Augen
rechts!, die Augen links!; **la** ~ **'haute** mit
hoch erhobenem Kopf; erhobenen

Hauptes; **vous pouvez aller, marcher**
la ~ **haute** Sie haben sich nichts
vorzuwerfen; **il est passé la** ~ **haute** er
ging stolz erhobenen Hauptes vorbei; **la**
~ **la première** mit dem Kopf vor'an;
kopf'über; vorn'über; **de** ~ im Kopf;
calculer de ~ im Kopf (aus)rechnen;
de la ~ **aux pieds** von oben bis unten;
regarder qn de la ~ **aux pieds** j-n von
oben bis unten ansehen; *fig* **en** ~ **à** ~
unter vier Augen; zu zweit; al'lein; im
Tête-à-tête; **amoureux** *m/pl* **en** ~ **à** ~
Liebespaar *n* im Tête-à-tête; **être en** ~ **à**
~ **avec qn** mit j-m allein sein; **laisser**
deux personnes (en) ~ **à** ~ zwei
Personen allein lassen; **parler à qn en** ~
à ~ mit j-m allein, unter vier Augen
sprechen; **rencontrer qn en** ~ **à** ~ mit
j-m allein zusammentreffen; **la** ~ **en bas**
mit dem Kopf nach unten; **tableau**
accroché la ~ **en bas** verkehrt(herum)
aufgehängtes Bild; ◆ F *fig* **ça ne va pas,**
la *od* **ta** ~? F du bist wohl nicht (recht)
bei Trost!; bei dir ist wohl e-e Schraube
locker!; **acquiescer de la** ~ (zustim-
mend) nicken; *fig*: **avoir la** ~ **dure,**
avoir une ~ **de cochon, de bois, de**
mule eigensinnig sein; ein Dickkopf, F
-schädel sein; **avoir la** ~ **ailleurs** mit s-n
Gedanken anderswo, nicht da'bei sein;
avoir la ~ **à son travail** mit den
Gedanken bei der Arbeit sein; **avoir la** ~
à l'envers völlig durcheinander, ver-
wirrt sein; **avoir encore toute sa** ~
geistig noch rüstig, frisch sein; **n'avoir**
plus sa ~ verkalkt sein; **avoir la** ~ **près**
du bonnet, sur les épaules *cf* bonnet
1., épaule; **il n'a que cela en** ~ er hat
nichts anderes im Kopf; er hat nur e-n
Gedanken (im Kopf); **je n'ai pas les**
chiffres en ~ ich habe die Zahlen nicht
im Kopf; ich weiß die Zahlen nicht
auswendig; **je me demande ce qu'il a**
dans la ~ a) … was in s-m Kopf vorgeht;
b) *péj* … ob er überhaupt etwas im Kopf
hat; **avoir une idée dans la** ~ sich et-
was in den Kopf gesetzt haben; **il a une**
idée derrière la ~ (d)er hat etwas vor,
plant etwas; F **j'en ai par-dessus**
la ~ ich habe genug davon; ich habe, bin
es satt; F ich habe die Nase voll (davon);
avoir un chapeau sur la ~ e-n Hut
aufhaben, auf dem Kopf haben; **bais-**
ser la ~ den Kopf senken; F *fig* **casser**
la ~ **à qn** j-m auf die Nerven gehen,
fallen; j-m den Nerv töten; *fig* **se casser**
la ~ sich den Kopf zerbrechen (**à trou-**
ver une solution um e-e Lösung zu
finden); **couper, trancher la** ~ **à qn** j-n
köpfen; j-n enthaupten; j-m den Kopf
abschlagen; **donner à qn un coup sur**
la ~ *od* j-m auf den Kopf schlagen;
j-m e-n Schlag auf den Kopf geben,
versetzen; *fig*: **je donnerais ma** ~ **à**
couper ich wette meinen Kopf (**que**
daß); **être une** ~ **de bois, de lard, de**
mule ein Dickkopf, F -schädel sein;
Fußball **faire une** ~ köpfen; *fig* **n'en**
faire qu'à sa ~ nur nach seinem Kopf,
Willen handeln; nur tun, was man will;
faire non de la ~ (verneinend) den
Kopf schütteln; **faire oui de la** ~ (mit
dem Kopf) nicken; **jeter qc** *bzw* **se**
jeter à la ~ **de qn** *cf* jeter 1. c) *bzw* 8. b);
nur konkret **laver la** ~ **à qn** j-m den
Kopf, die Haare waschen; **mettre, pas-**
ser la ~ **à la fenêtre** den Kopf zum
Fenster hinaus- *bzw* herausst(r)ecken;
fig: **se mettre qc dans la** ~, **en** ~ sich
etw in den Kopf setzen; sich in etw *(acc)*
verrennen *(bes in e-e Idee)*; **mets-toi**
bien cela dans la ~! merk dir das!; laß
dir das gesagt sein!; **il s'était mis en** ~
que vous viendriez er war felsenfest
davon über'zeugt, daß Sie kämen; **il**

s'est mis en ~ **de vous attendre** er hat
es sich in den Kopf gesetzt *od* er besteht
darauf, auf Sie zu warten; **qui est-ce**
qui t'a mis cela en ~? wer hat
dich denn darauf gebracht?; **monter la**
~ **à qn** j-n aufhetzen; *Wein, Erfolg*
monter à la ~ **à qn** j-m zu Kopf steigen;
se monter la ~ *cf* monter 17.; **c'est**
une idée qui m'est passée par la ~ es
war nur (so) ein Gedanke; **se payer la** ~
de qn j-n zum besten haben; F j-n auf
den Arm nehmen; j-n für dumm verkau-
fen (wollen); **perdre la** ~ den Kopf ver-
lieren; **tu perds la** ~! du hast wohl den
Verstand verloren!; du bist wohl 'über-
geschnappt!; **piquer une** ~ **(dans la**
rivière) a) e-n Kopfsprung (in den
Fluß) machen; kopf'über (in den Fluß)
springen; b) kopf'über (in den Fluß)
fallen; **prendre, tenir sa** ~ **entre,**
dans ses mains den Kopf aufstützen;
fig: **réclamer, demander la** ~ **de qn**
j-s Kopf verlangen, fordern; **faire**
(r)entrer qc dans la ~ **à qn** j-m etw
beibringen, *p/fort* eintrichtern, ein-
bleuen; **cela ne veut pas lui (r)entrer**
dans la ~ das will ihm nicht in den
Kopf; **il risque sa** ~ ihm droht die
Todesstrafe; **sauver sa** ~ a) der Todes-
strafe entgehen; b) ihn *bzw* sie vor der
Todesstrafe retten, bewahren; **ne plus**
savoir où donner de la ~ nicht mehr
wissen, wo einem der Kopf steht; **se**
taper la ~ **contre les murs** *cf* taper 12.;
tenir ~ *cf* tenir 1. a); **tomber sur la**
~ auf den Kopf fallen; *fig* **tu es tombé**
sur la ~, **non?** du hast wohl den
Verstand verloren?; F bei dir ist wohl e-e
Schraube locker?; **tourner la** ~ *cf*
tourner 1.; **la** ~ **me tourne** mir ist
schwind(e)lig; mir dreht sich alles im
Kopf; **2.** *als Maß* Kopf *m*; **avoir une** ~
de plus que qn, dépasser qn d'une ~
e-n Kopf größer sein als j;; j-n um
Haupteslänge über'ragen; *Pferd* **ga-**
gner d'une (courte) ~ mit e-r (knap-
pen) Nasenlänge gewinnen; **3.** *bei e-r*
Gruppe von Menschen Per'son *f*; Kopf *m*;
bei Vieh Stück *n*; **troupeau de cent**
~s Herde *f* von hundert Stück (Vieh);
par ~, F **par** ~ **de pipe** pro Kopf; pro
Person; F pro (Mann und) Nase; **4.**
Gesicht *n*; Aussehen *n*; **sale** ~ gemeines
Gesicht; *fig* **il a une sale** ~ **en ce moment**
er sieht sehr schlecht (=krank) aus; sein
Aussehen gefällt mir nicht; **faire une**
sale ~ ein saures Gesicht machen; ~
sympathique sympathisches Gesicht;
avoir une bonne ~ gutmütig aussehen;
avoir, être une ~ **à claques** F ein
Ohrfeigengesicht haben; *bei Preisen*
c'est la ~ **du client** das hängt davon
ab, wie der Kunde eingeschätzt wird;
faire la ~ schmollen (**à qn** mit j-m);
faire une drôle de ~ das Gesicht
verziehen; ein komisches Gesicht ma-
chen; **il va en faire une** ~ der wird ein
Gesicht machen; **faire une** ~ **de six**
pieds de long ein langes Gesicht
machen; ein Gesicht wie drei *od* sieben
Tage Regenwetter machen; **faire une** ~
d'enterrement e-e Leichenbittermiene
aufsetzen; **5.** oberes *bzw* vorderes Ende;
oberer *bzw* vorderer Teil; *ch de fer e-s*
Zuges vorderes Ende; *e-s Kapitels, e-r*
Liste Anfang *m*; *e-s Bettes* Kopfende *n*;
e-s Hammers Bahn *f*; *anat e-s Knochens,*
tech e-s Nagels, e-r Rakete, bot von Kohl,
Salat, fig e-r Verschwörung etc Kopf *m*;
e-s Zuges, e-r Prozession, mil von Trup-
pen, fig Spitze *f*; *fig e-r Schulklasse* **la** ~
die Besten *pl*; ◆ *tech*: ~ **atomique** A'tom-
sprengkopf *m*; ~ **chercheuse** Suchkopf
m; **fusée** *f* à ~ **chercheuse** Rakete *f* mit
Suchkopf; *fig* ~ **d'affiche** *thé*

Hauptdarsteller(in) m(f); Varieté, Zirkus Hauptattraktion f (Person); bot ~ d'ail Knoblauchzwiebel f; ch de fer, auto ~ de bielle Pleuelkopf m; Kopf der Pleuelstange; ~ de chapitre Ka'pitelanfang m; tech beim Tonbandgerät ~ d'effacement, d'enregistrement, de lecture Lösch-, Aufnahme-, 'Wiedergabekopf m; ~ d'épingle Stecknadelkopf m; anat ~ du fémur Oberschenkelknochenkopf m; ch de fer, Straßenbahn ~ de ligne Endstation f (wo das Verkehrsmittel eingesetzt wird); ~ de liste Anfang der Liste; mar ~ de mât Topp m; ~ de pipe Pfeifenkopf m; mil ~ de pont Brückenkopf m; e-s Rasierapparates ~ de rasoir Scherkopf m; chim (produits m/pl de) ~ Kopfprodukt n; ch de fer wagon m de ~ vorderer Waggon; Wagen m an der Spitze des Zuges; tech soupape f en ~ hängendes Ventil; ♦ loc/adv: en ~ an der bzw an die Spitze; am bzw an den Anfang; vorne; F fig bille en ~ F wie ein geölter Blitz; wie e-e Rakete; musique en ~ mit klingendem Spiel; eux en ~ sie als erste; en ~ de liste obenan auf der Liste; sports être en ~ in Führung liegen; Radrennen être en ~ du peloton das Feld anführen; ch de fer monter en ~ vorne einsteigen; sports passer en ~ in Führung gehen; mot placé en ~ de phrase Wort n am Anfang des Satzes; venir en ~ Sache das wichtigste sein; in erster Linie kommen; auch Person an erster Stelle stehen; ♦ Schüler être à la ~ de sa classe Klassenbester, der Beste in s-r Klasse sein; être à la ~ d'une entreprise ein Unter'nehmen leiten; se trouver à la ~ d'une immense fortune über ein unermeßliches Vermögen verfügen; mil être à la ~ de ses troupes an der Spitze s-r Truppen fallen; ♦ prendre la ~ du cortège sich an die Spitze des Zuges setzen; prendre la ~ d'un mouvement die Führung e-r Bewegung über'nehmen; **6.** ch a) vom Reh etc Geweih n; faire sa ~ sein Geweih schieben; b) (cerf m) seconde ~ dreijähriger Hirsch; **7.** impr ~ s du Buches Oberschnitt m

tête-à-queue [tɛtakø] m ⟨inv⟩ **1.** auto faire un ~ sich um s-e eigene Achse drehen; **2.** e-s Pferdes plötzliche Kehrtwendung; faire un ~ plötzlich kehrtmachen

tête-à-tête [tɛtatɛt] m ⟨inv⟩ **1.** Gespräch n unter vier Augen; vertrauliche Unter'redung; ~ (amoureux) Tête-à--tête n; avoir un ~ (avec qn) (mit j-m) e-e Unterredung unter vier Augen haben; (mit j-m) ein Gespräch unter vier Augen führen; mit j-m unter vier Augen, al'lein sprechen; **2.** Kaf'fee-, Tee- od Frühstücksservice n für zwei Per'sonen

têteau [tɛto] m ⟨pl ~x⟩ Aststumpf m

tête-bêche [tɛtbɛʃ] adv **1.** être couchés ~ entgegengesetzt liegen (der Kopf des einen bei den Füßen des andern); Flaschen, Gläser etc disposer, ranger ~ entgegengesetzt legen; **2.** timbres m/pl ~ (Briefmarken f/pl im) Kehrdruck m

tête-de-clou [tɛtdəklu] m ⟨pl têtes-de--clou⟩ arch Nagelkopf m

tête-de-loup [tɛtdəlu] f ⟨pl têtes-de--loup⟩ langer Besen mit runder Bürste (zum Abkehren der Zimmerdecken); Eule f

tête-de-moineau [tɛtdəmwano] m ⟨pl têtes-de-moineau⟩ Nußkohle f

tête-de-mort [tɛtdəmɔr] adj t zo sphinx m ~ Totenkopf(schwärmer) m

tête-de-nègre [tɛtdənɛgr(ə)] I adj ⟨inv⟩ dunkelbraun; II m Dunkelbraun n

tétée [tete] f **1.** e-s Säuglings Mahlzeit f;

---

donner la ~ à un enfant ein Kind stillen; e-m Kind die Brust geben; donner six ~s par jour à un enfant ein Kind sechsmal täglich stillen; **2.** Saugen n

téter [tete] ⟨-è-⟩ I v/t saugen; ~ le lait Milch saugen; ~ la mère Tier gesäugt werden; Säugling gestillt werden; an der Mutterbrust trinken; II v/i Kind, Tier saugen; donner à ~ à un enfant ein Kind stillen; e-m Kind die Brust geben

tétière [tetjɛr] f **1.** des Zaums Kopfstück n; **2.** Schonerdeckchen n od -kissen n an Rückenlehnen von Sesseln etc

tétin [tetɛ̃] m **1.** zo Zitze f; **2.** plais Brustwarze f

tétine [tetin] f **1. a)** der Saugflasche Sauger m; **b)** Schnuller m; Sauger m; **2.** zo der Kuh Euter n; der Sau Zitze f; **3.** cuis Kuheuter n (gekocht)

téton [tetɔ̃] F m Brust f; F Titte f; ~s pl auch Busen m; F Bal'kon m

tétrachlorure [tetraklɔryr] m chim Tetrachlo'rid n; ~ d'acétylène Acety'lentetrachlorid n; ~ de carbone Tetrachlor'kohlenstoff m; Kohlenstofftetrachlorid n

tétra|corde [tetrakɔrd] m mus Tetra'chord m od n; **~dactyle** adj zo vierzehig

tétraèdre [tetraɛdr(ə)] m math Tetra'eder n; Vierflächner m

tétraédr|ique [tetraedrik] adj math Tetra'eder-; **~ite** f minér Tetra'edrit m

tétragonal [tetragɔnal] adj ⟨-aux⟩ minér tetrago'nal

tétragone [tetragɔn] I adj math tetrago'nal; viereckig; II f bot Neu'seeländer Spi'nat m

tétraline [tetralin] f chim Tetra'lin n

tétra|logie [tetralɔʒi] f **1.** Literatur, mus Tetralo'gie f; Wagner la ♀ der Ring des Nibelungen; **2.** path ~ de Fallot Fal'lotsche Tetralo'gie; **~mètre** m métr Te'trameter m

tétraonidés [tetraɔnide] m/pl zo Rauhfußhühner n/pl

tétraploïde [tetraplɔid] adj Genetik tetraplo'id

tétrapodes [tetrapɔd] m/pl zo Vierfüßer m/pl; Tetra'poden m/pl

tétraptère [tetraptɛr] adj u subst m zo (insecte m) ~ In'sekt n mit zwei Flügelpaaren

tétrarque [tetrark] m hist Te'trarch m; Vierfürst m

tétras [tetra(s)] m zo grand ~ Auerhuhn n; Männchen Auerhahn m; ~ lyre Birkhuhn n; Männchen Birkhahn m

tétrastyle [tetrastil] adj u subst m arch (temple m) ~ Te'trastylos m

tétrasyllab|e [tetrasi(l)lab] métr I adj viersilbig; II m viersilbiger Vers; Viersilber m; **~ique** adj viersilbig

tette [tɛt] f zo Zitze f

tétu [tety] adj eigensinnig; dick-, starrköpfig; halsstarrig; störrisch

teuf-teuf [tœftœf] I int töff, töff; II F m ⟨inv⟩ altes Auto; F Töfftöff n

teuton [tøtɔ̃] I adj ⟨~ne⟩ teu'tonisch; II subst ♀(ne) m(f) **1.** hist Teu'tone m, Teu'tonin f; **2.** plais Deutsche(r) f(m)

teutonique [tøtɔnik] adj hist l'ordre m ♀ od l'ordre des Chevaliers ♀s der Deutsche (Ritter)Orden

tex [tɛks] m Textilmaß Tex n (Zeichen tex)

texan [tɛksã] I adj te'xanisch; II subst ♀(e) m(f) Te'xaner(in) m(f)

texte [tɛkst] m **1.** Text m; Wortlaut m; Origi'nal n; rel ~s sacrés heilige Bücher n/pl; der christlichen Religion Heilige Schrift; ~ d'une chanson, d'une loi, d'un opéra Lied-, Gesetzes-, Operntext m; thé ~ d'une pièce Text e-s Theaterstücks; thé apprendre son ~ s-e Rolle,

---

s-n Text (auswendig) lernen; lire Platon dans le ~ Plato im Original, im Urtext lesen; reportez-vous au ~ lesen Sie auf den entsprechenden Text, auf das Original; **2.** Text(stelle) m(f); rel Text m; Bibelstelle f; choix m de ~s od recueil m de ~s choisis ausgewählte Texte m/pl; explication f de ~ Textinterpretation f; citer un ~ e-e Textstelle zitieren; **3.** e-s Aufsatzes, e-r wissenschaftlichen Arbeit Thema n; Schule cahier m de ~s Aufgabenheft n; **4.** impr im Gegensatz zu Abbildungen, Fußnoten Text m; illustrations f/pl dans le ~ Textabbildungen f/pl; **5.** Manu'skript n; Werk n; ~ bien écrit gut geschriebenes Werk; soumettre un ~ à un éditeur e-m Verleger ein Manuskript vorlegen

textile [tɛkstil] I adj Tex'til…; tex'til; fibre f, industrie f, machine f ~ Textilfaser f, -industrie f, -maschine f; matière f ~ Spinn-, Faserstoff m; matières ~s animales, minérales, végétales tierische, mineralische, pflanzliche Textilrohstoffe m/pl; matières ~s synthétiques synthetische Che'miefaserstoffe m/pl; plante f ~ Faser-, Textilpflanze f; usine f ~ Textilfabrik f; II m **1. a)** Spinn-, Faserstoff m; ~s artificiels Kunstfaser-, Che'miefaserstoffe m/pl; ~s synthétiques synthetische Chemiefaserstoffe; b) Tex'tilerzeugnis n, -ware f; ~s pl auch Tex'tilien f/pl; **2.** Tex'tilindustrie f, -wirtschaft f; travailler dans le ~ in der Textilindustrie arbeiten

textuel [tɛkstɥɛl] adj ⟨~le⟩ wörtlich; citation ~le wörtliches Zitat; ~! wörtlich!

textuellement [tɛkstɥɛlmã] adv wörtlich; Wort für Wort; il m'a dit ~ ceci er hat mir wörtlich folgendes gesagt

texture [tɛkstyr] f der Haut Struk'tur f; tech, chim, e-s Gesteins, e-s Bodens Tex'tur f

textur(is)er [tɛkstyr(iz)e] v/t text textu'rieren

thaï [taj] I adj Thai-…; langues ~es Thai-Sprachen f/pl; II subst **1.** ♀(s) m/pl Thai(s) m/pl; **2.** ling le ~ das Thai

thaïlandais [tajlãdɛ] I adj thailändisch; II subst ♀(e) m(f) Thailänder(in) m(f)

thalamique [talamik] adj physiol tha'lamisch; path syndrome m ~ Thalamussymptome n/pl

thalamus [talamys] m anat Sehhügel m; sc Thalamus m

thalassothérapie [talasɔterapi] f méd Thalassothera'pie f

thaler [talɛr] m alte deutsche Münze Taler m

thalidomide [talidɔmid] f phm **a)** Thalido'mid n; **b)** Thalido'mid enthaltendes Beruhigungsmittel; Conter'gan n (Wz)

thalle [tal] m bot Thallus m; Lager n

thallium [taljɔm] m chim Thallium f

thallophytes [ta(l)lɔfit] f/pl bot Thallo'phyten m/pl; Thallus-, Lagerpflanzen f/pl

thalweg cf talweg

thaumaturg|e [tomatyrʒ] litt I adj wundertätig; II m Wundertäter m; litt Thaumat'urg m; **~ie** litt f Wundertätigkeit f

thé [te] m **1.** bot Teestrauch m; culture f du ~ Teeanbau m; **2.** Blätter Tee m; ~ noir, vert schwarzer, grüner Tee; ~ de Ceylan Ceylontee m; ~ de Chine chinesischer Tee; ~ de fleurs Tee aus Teeblüten; ~ du Paraguay Paragu'aytee m; Mate m; cueillette f du ~ Pflücken n des Tees; Tee-Ernte f; **3.** Getränk Tee m; ~ nature Tee nature; ~ au citron, au lait Tee mit Zitrone, mit Milch; in Japan cérémonie f du ~

Teezeremonie f; **salon** m de ~ (vornehmes) Ca'fé; faire, préparer du ~ Tee machen, zubereiten, kochen; **prendre le, du** ~ Tee trinken; **venez prendre le** ~ kommen Sie zum Tee (zu uns bzw zu mir); **4.** par ext ~ **dansant** Tanztee m; **5.** adjt bot **rose** f ~ Teerose f

théatin [teatɛ̃] m égl cath Thea'tiner m

théâtral [teatral] adj ⟨-aux⟩ **1.** The'ater...; Bühnen...; bühnengerecht; thea'tralisch; in e-r Zeitung **chronique** ~e Theaterchronik f; **œuvre** ~e Theaterstück n; Bühnenwerk n; e-s Autors **production** ~e Bühnenwerke n/pl; dra'matische Werke n/pl; **représentation** ~e Theatervorstellung f, -aufführung f; **situation** ~e theatralische Situation; **2.** fig Geste, Ton etc thea'tralisch; pa'thetisch; subst le ~ die Thea'tralik; das Thea'tralische; **attitude** ~e theatralische Haltung; **prendre un air** ~ ein theatralisches Gesicht machen; **~ement** adv fig thea'tralisch; **~iser** v/t bühnenwirksam gestalten; **~isme** st/s m Thea'tralik f; **~ité** f Bühnenwirksamkeit f

théâtre [teatr(ə)] m **1.** The'ater n (auch Gebäude); als Name auch Schauspielhaus n; ~ **amateur**, ~ **d'amateurs** Laien-, Liebhabertheater n; ~ **expérimental** Experimen'tiertheater n; ~ **Français** cf Comédie-Française; ♀ **National Populaire** (abr T.N.P.) 1920 gegründetes Pariser Theater; ~ **aux Armées** Fronttheater n; ~ **de marionnettes** Puppentheater n, Mario'nettentheater n; ~ **d'ombres** Schattenspiele n/pl; ~ **de verdure** Gartentheater n; ~ **en plein air** Freilichttheater n, -bühne f; **aller au** ~ ins Theater gehen; **2.** The'ater n; Bühne f; Schauspielkunst f; ~ **filmé** verfilmtes Theater; **acteur** m de ~ Theaterschauspieler m; **coup** m de ~ Theatercoup m (auch fig); Knalleffekt m; **homme** m de ~ Schauspieler m und/oder Regis'seur m; Schauspieler und Inten'dant m (und Regisseur zugleich); **pièce** f de ~ Theaterstück n; Bühnenwerk n; **troupe** f de ~ Theatertruppe f; En'semble n; **écrire pour le** ~ Theaterstücke schreiben; **faire du** ~ Theaterschauspieler sein; **quitter le** ~ sich von der Bühne zurückziehen; **3.** The'ater n; e-s Autors, e-r Zeit dra'matische Werke n/pl; **le** ~ **grec** das griechische Drama (coll); ~ **religieux** sakrales Theater; ~ **de Boulevard** Boule'vardtheater n; **le** ~ **de Corneille** Corneilles Dramen n/pl; **4.** fig Schauplatz m; mil ~ **d'opérations** Kriegsschauplatz m; notre ville a été le ~ **d'événements bizarres** ... Schauplatz seltsamer Ereignisse

thébaïde [tebaid] litt f O'ase f des Friedens

thébaïne [tebain] f phm Theba'in n

thébaïque [tebaik] adj phm Opium...; **extrait** m, **poudre** f ~ Opiumextrakt m, -pulver n

thébaïsme [tebaism(ə)] m path Opiumvergiftung f

thé|ier [teje] **I** m bot Teestrauch m; **II** adj ⟨-ière⟩ Tee...; **~ière** f Teekanne f; **~ine** f phm T(h)e'in n; **~isme**[1] m path Teevergiftung f

thé|isme[2] [teism(ə)] m philos, rel The'ismus m; **~iste** philos, rel **I** adj the'istisch; **II** m, f The'ist(in) m(f)

thématique [tematik] **I** adj mus, ling the'matisch; ling: **forme** f ~ thematische Form; **voyelle** f ~ Themavokal m; **II** f The'matik f

thème[tɛm] m **1.** e-r Rede, e-s Werkes etc Thema n; Gegenstand m; e-r künstlerischen Darstellung auch Su'jet n; Mo'tiv n; **un** ~ **de méditation** Stoff m zum Nachdenken; **2.** mus Thema n; ~ **et**

variations Thema mit Variationen; **3.** Schule Über'setzung f in die Fremdsprache; 'Hinüber'setzung f; ~ **latin** Über'setzung ins Lateinische; iron od péj **un fort en** ~ ein Musterschüler m; **4.** mil ~ **tactique** Gefechtsaufgabe f; taktische Aufgabe; **5.** Psychopathologie Wahninhalt m; **6.** Astrologie ~ **astral** Geburtshoroskop n

thénar [tenar] m anat ~ od adjt **éminence** f ~ Daumenballen m; sc Thenar n

théobromine [teɔbrɔmin] f chim Theobro'min n

théocra|tie [teɔkrasi] f pol, rel Theokra'tie f; **~tique** adj pol, rel theo'kratisch

théodicée [teɔdise] f philos Theodi'zee f

théodolite [teɔdɔlit] m arp, astr Theodo'lit m

théogonie [teɔgɔni] f myth, rel Theogo'nie f

théologal [teɔlɔgal] **I** adj rel cath **vertus** ~**es** göttliche, theo'logische Tugenden f/pl; **II** m ⟨pl -aux⟩ égl cath mit dem Theolo'gieunterricht betrauter Chorherr

théologie [teɔlɔʒi] f **1.** Theolo'gie f; ~ **dogmatique** Dog'matik f; ~ **morale** Mo'raltheologie f; ~ **polémique** kontrovers theologische Dogmatik; ~ **scolastique** od **spéculative** scholastische od spekulative Dogmatik; **études** f/pl de ~ Theolo'giestudium n; **faculté** f de ~ Theologische Fakultät; **faire sa** ~ Theologie studieren; **2.** Glaubenslehre f; theo'logische Lehre; **3.** theo'logische Schrift, Abhandlung

théolog|ien [teɔlɔʒjɛ̃] m **1.** Theo'loge m; **2.** Stu'dent m der Theolo'gie; **~ique** adj rel theo'logisch; **période** f état m ~ theologisches Stadium (im Positivismus)

théophanie [teɔfani] f rel Theopha'nie f

théophylline [teɔfilin] f phm Theophyl'lin n

théorbe [teɔrb] m mus The'orbe f

théorème [teɔrɛm] m math, philos Theo'rem n; Lehrsatz m; **le** ~ **de Pythagore** der pythago'reische Lehrsatz

théoric|ien [teɔrisjɛ̃] m, **~ienne** f Theo'retiker(in) m(f); **théoricien de l'économie** Wirtschaftstheoretiker m; **théoricien du marxisme** marxistischer Theoretiker, Ideo'loge

théorie [teɔri] f **1.** Theo'rie f; Lehre f; Lehrmeinung f; Lehrgebäude n; ~ **atomique, musicale** A'tom-, Mu'siktheorie f; ~ **politique, sociale** politische, soziale Theorie; math ~ **des ensembles** Mengenlehre f; phys ~ **des quanta, de la relativité** Quanten-, Relativi'tätstheorie f; **mettre une** ~ **en pratique**, **appliquer une** ~ e-e Theorie anwenden; **2.** im Gegensatz zur Praxis Theo'rie f; **en** ~ theo'retisch; in der Theorie; **c'est de la** ~, **tout cela** das alles ist reine Theorie; **3.** st/s Reihe f

théorique [teɔrik] adj theo'retisch; **égalité** f ~ rein theoretische Gleichheit; **pensée** f ~ theoretisches Denken; **physique** f ~ theoretische Physik; tech **rendement** m ~ Soll-Wirkungsgrad m

théoriquement [teɔrikmɑ̃] adv theo'retisch; in der Theo'rie; ~, **ça devrait marcher** theoretisch müßte es klappen

théoriser [teɔrize] v/t **a)** ~ **qc** etw theo'retisch unter'mauern; für etw e-e Theo'rie aufstellen; **b)** abs Theo'rien bzw e-e Theo'rie aufstellen; theoreti'sieren

théosoph|e [teɔzɔf] m,f rel Theo'soph(in) m(f); **~ie** f rel Theoso'phie f

thérapeute [terapøt] m,f Thera'peut(in) m(f)

thérap|eutique [terapøtik] méd **I** adj thera'peutisch; Heil...; **action** f ~ thera'peutische Wirkung; **chocs** m/pl ~**s** Schocktherapie f; **procédés** m/pl ~**s**

Heilverfahren n/pl, -methoden f/pl; the'rapeutische Verfahren n/pl; **II** f **1.** Thera'pie f; Heil-, Krankenbehandlung f; ~ **étiologique, spécifique, symptomatique** ätiologische, spezifische, symptomatische Therapie; **2.** Thera'peutik f; **~ie** f méd, bes in der Psychiatrie Thera'pie f; ~ **de groupe** Gruppentherapie f

thermal [tɛrmal] adj ⟨-aux⟩ ther'mal; Ther'mal...; **cure** ~**e** Bade- bzw Trinkkur f; **eaux** ~**es** warme Quellen f/pl; Thermalquellen f/pl; Thermen f/pl; **émanations** ~**es** heiße bzw warme Emanationen f/pl

thermal|isme [tɛrmalism(ə)] m Bäderwesen n; **~ité** f ther'male Eigenschaften f/pl

thermes [tɛrm] m/pl **1.** hist Thermen f/pl; in Rom ~ **de Caracalla** Cara'callathermen f/pl; **2.** Kuranstalt f, -haus n

thermidor [tɛrmidɔr] m Thermi'dor m (11. Monat des frz Revolutionskalenders); hist **le 9** ♀ **an II der 9. Thermidor des Jahres II** (Sturz Robespierres)

thermidorien [tɛrmidɔrjɛ̃] **I** adj ⟨-ne⟩ **parti** ~ cf **les** ~**s**; **période** ~**ne** Zeitabschnitt m vom 9. Thermidor bis zum Ende des Konvents; **II** m/pl **les** ~**s** die Mitglieder des Konvents, die Robespierre stürzten

thermie [tɛrmi] f (abr th) phys Megakalorie f

thermique [tɛrmik] adj phys thermisch; Wärme...; chim **analyse** f ~ Thermoanalyse f; thermische Analyse; phys **conductibilité** f ~ thermische Leitfähigkeit; Wärmeleitfähigkeit f; **mesures** f/pl ~**s** wärmetechnische Messungen f/pl; **propulsion** f ~ Staustrahlantrieb m; physiol **sensibilité** f ~ Tempera'tursinn m

thermisation [tɛrmizasjɔ̃] f Käseherstellung Erhitzung f der Milch auf 65 Grad

thermistance [tɛrmistɑ̃s] f od **thermistor** [tɛrmistɔr] m phys Ther'mistor m

thermite [tɛrmit] f tech Ther'mit n (Wz)

thermo|cautère [tɛrmokotɛr] m méd Thermo'kauter m; **~chimie** f Thermoche'mie f; **~chimique** adj thermo'chemisch; **~couple** m phys Thermoele'ment n

thermodurcissable [tɛrmodyrsisabl(ə)] tech **I** adj duro'plastisch; **II** m/pl ~**s** Duro'plaste m/pl od n/pl

thermodynamique [tɛrmodinamik] **I** f Thermody'namik f; Wärmelehre f; **II** adj thermody'namisch; **échelle** f ~ **des températures** thermodynamische Tempera'turskala

thermoélectr|icité [tɛrmoelɛktrisite] f Thermoelektrizi'tät f; **~ique** adj thermoe'lektrisch; Thermo...; **couple** m ~ cf **thermocouple**; **effet** m ~ Thermoeffekt m

thermo|gène [tɛrmoʒɛn] adj thermo'gen; wärmeerzeugend; **~graphe** m tech Thermo'graph m; Tempera'turschreiber m; **~ionique** adj phys therm'ionisch; **convertisseur** m ~ thermionischer Wandler; **~labile** adj phys thermola'bil; nicht wärmebeständig; **~luminescence** f phys Thermolumines'zenz f; **~lyse** f chim Thermo'lyse f

thermo|mètre [tɛrmomɛtr(ə)] m **1.** Thermo'meter n; ~ **différentiel, gradué, médical** Differenti'al-, Skalen-, Fieberthermometer n; ~ **à alcool, à gaz** Alkohol-, Gasthermometer n; ~ **à maximum et à minimum** Maximum-Minimum-Thermometer n; ~ **à mercure, à résistance** Quecksilber-, 'Widerstandsthermometer n; ~ **de bain** Badethermometer n; **le** ~ **descend, monte** das Thermometer fällt, steigt; **2.** fig

Gradmesser m; Baro'meter n; **~métrie** f Thermome'trie f; Tempera'turmessung f; **~métrique** adj thermo'metrisch; Thermo'meter...; **échelle** f ~ Thermometerskala f

thermonucléaire [tɛrmɔnykleɛr] adj phys thermonukle'ar; **armes** f/pl ~s thermonukleare Waffen f/pl; **réaction** f ~ thermonukleare Reaktion

thermoplast|e [tɛrmɔplast] m chim Thermo'plast m; **~ique** f adj thermo'plastisch; **II** m Thermo'plast m

thermo|plongeur [tɛrmɔplõʒœr] m Tauchsieder m; **~pompe** f tech Wärmepumpe f

thermopropuls|é [tɛrmɔprɔpylse] adj tech staustrahlangetrieben; **~if** adj <-ive> tech tuyère thermopropulsive Staustrahltriebwerk n; **~ion** f tech Staustrahlantrieb m

thermorégula|teur [tɛrmɔregylatœr] m tech Tempera'turregler m; **~tion** f biol Wärmeregulation f, -regulierung f

thermos [tɛrmos] m od f (nom déposé) ~ od adj t bouteille f ~ Thermosflasche f (Wz)

thermo|scope [tɛrmɔskɔp] m phys Thermo'skop n; **~siphon** m tech Schwerkraftheizungssystem n; **~sphère** f tech Thermo'sphäre f; **~stable** adj phys thermosta'bil; wärmebeständig

thermo|stat [tɛrmɔsta] m tech Thermo'stat m; **four** m à ~ Backofen m mit Thermostat n; thermostatisch gesteuerter Backofen; **~thérapie** f méd Thermothera'pie f

thésauris|ation [tezɔrizasjõ] f écon Horten n, -ung f (von Geld); sc Thesau'rierung f; **~er** v/t u v/i horten; sc thesau'rieren

thèse [tɛz] f **1.** These f; Behauptung f; **avancer une ~** e-e These, Behauptung vorbringen; **2.** Literatur These f, roman m à ~ Ten'denzstück n, -roman m; **3.** Universität Doktorarbeit f, Dissertati'on f bzw Habilitati'onsschrift f; **4.** philos These f; Thesis f

thêta [tɛta] m griechischer Buchstabe Teta n

thétique [tetik] adj philos thetisch

théurgie [teyrʒi] f philos Theur'gie f

thiamine [tjamin] f chim Thia'min n

thibaude [tibod] f Teppichunterlage f; Schutzrücken m

thiol [tjɔl] m chim Thioalkohol m

thio|nique [tjɔnik] adj chim série f ~ Polythi'onsäuren f/pl; **~sulfate** m chim Thiosulfat n

thixotrop|e [tiksɔtrɔp] adj chim thixo'trop; **~ie** f chim Thixotro'pie f

thlaspi [tlaspi] m bot Heller-, Pfennig-, Täschelkraut n

thomise [tɔmiz] m zo Krabbenspinne f

thom|isme [tɔmism(ə)] m philos Tho'mismus m; **~iste** philos I adj tho'mistisch; **II** m.f Tho'mist(in) m(f)

thon [tõ] m zo Thunfisch m; ~ **blanc**, **rouge** Weißer, Roter od Großer Thun (-fisch); cuis: ~ **frais**, **mariné** frischer, marinierter Thunfisch m; ~ **à l'huile**, **au naturel** Thunfisch in Öl, naturell; **pêche** f **au** ~ Thunfischfang m

thon|aire [tɔnɛr] m großes Thunfischnetz m; italienisch Ton'nara f; **~ier** m Kutter m, Schiff n für den Thunfischfang; **~ine** f zo Falscher Bo'nito

thora [tɔra] f rel **a)** Thora f; **b)** Thorarolle f

thoracentèse [tɔrasɑ̃tɛz] f chir Thorakozen'tese f; Punkti'on f der Brusthöhle

thoracique [tɔrasik] adj anat Brust-(korb)...; sc thora'kal; Thorax...; **cage** f ~ Brustkorb m; **canal** m ~ Milchbrustgang m; sc Ductus tho'racicus m; physiol **capacité** f ~ Vi'talkapazität f

thoracoplastie [tɔrakɔplasti] f chir Thorako'plastik f; Rippenresektion f

thorax [tɔraks] m anat Brust(korb) f(m); F Brustkasten m; sc Thorax m; bei Insekten Bruststück n; Thorax m; path: ~ **en carène** Hühnerbrust f; ~ **en entonnoir** Schuster-, Trichterbrust f

thorite [tɔrit] f minér Tho'rit m

thorium [tɔrjɔm] m chim Thorium n

thrips [trips] m zo Blasenfüßer m; sc Thrips m

thromb|ine [trõbin] f biol Throm'bin n; **~ose** f path Throm'bose f

thrombus [trõbys] m path Thrombus m

thulium [tyljɔm] m chim Thulium n

thune [tyn] F f kleine Münze; altes Fünf'frankenstück

thuriféraire [tyriferɛr] litt m Beweihräucherer m; Schmeichler m

thuya [tyja] m bot Thuja f; Lebensbaum m; österr Thuje f

thylacine [tilasin] m zo Beutelwolf m

thym [tɛ̃] m bot, cuis Thymian m; ~ **commun** Gartenthymian m

thymique [timik] adj anat Thymus-(drüsen)...; path **asthme** m ~ Thymusasthma n

thymol [timɔl] m chim Thy'mol n

thymus [timys] m anat Thymus(drüse) m(f); bei Tieren Bries n

thyratron [tiratrõ] m phys Thyratron n; Stromtor n

thyroïde [tirɔid] adj anat **cartilage** m ~ Schildknorpel m; **corps** m, **glande** f ~ od subst ~ f Schilddrüse f

thyroïd|ectomie [tirɔidɛktɔmi] f chir Thyreoidekto'mie f; **~ien** adj <~ne> anat Schilddrüsen...; Biochemie **hormone** ~ne Schilddrüsenhormon n; path **insuffisance** ~ne Schilddrüsenunterfunktion f

thyroxine [tirɔksin] f Biochemie Thyro'xin n

thyrse [tirs] m bot des Flieders etc Rispe f

thysanoures [tizanur] m/pl zo Zottenschwänze m/pl

ti [ti] volkstümliche Fragepartikel j'y va-ti, j'y va-ti pas? geh' ich hin, oder geh' ich nicht hin? bzw soll ich es wagen, oder soll ich es nicht wagen?

tiare [tjar] f des Papstes Ti'ara f

tibétain [tibetɛ̃] **I** adj ti'betisch; tibe-'tanisch; **II** subst **1.** ⵀ(e) m(f) Ti'beter(in) m(f); Tibe'taner(in) m(f); **2.** le ~ die ti'betische Sprache

tibi|a [tibja] m **1.** anat Schienbein n; sc Tibia f; **coup** m **de pied dans les ~s** (Fuß)Tritt m ans Schienbein; **fracture** f **du** ~ Schienbeinbruch m; **2.** zo der Insekten Schiene f; **~al** adj <-aux> anat Schienbein...

tic [tik] m **1.** path, allg Zucken n; Tick m; nur path Tic m; path ~ **douloureux de la face** Tic douloureux; Schmerztick m; ~ **(nerveux)** (nervöser) Tick; path **maladie** f **des** ~s **convulsifs** Tickkrankheit f; allgemeiner Tick; **il a un visage plein de** ~s er zuckt dauernd mit dem Gesicht; **être bourré de** ~s ständig (mit dem Gesicht bzw mit dem Kopf, mit den Schultern, mit den Händen) zucken; **2.** fig Tick m; Schrulle f; Ma'nie f; **avoir le** ~ **de finir ses phrases par «n'est--ce pas»** den Tick, die Manie haben, jedem Satz ein „nicht wahr" anzuhängen; **c'est un** ~ **chez lui** das ist ein Tick bei, von ihm

ticket [tikɛ] m **1.** Fahrschein m, -karte f; Eintritts-, Einlaßkarte f; e-r Lebensmittelkarte Marke f; ~ **(de cantine)** od ~ **repas**, **restaurant** Essensmarke f; ~ **d'autobus** (Omni)Busfahrschein m; ~ **de caisse** Kassenzettel m; ~ **de métro** U-Bahn-Fahrschein m; ~ **de quai** Bahnsteigkarte f; **2.** Versicherungswesen ~

modérateur Selbstbeteiligung f (des Versicherten); **3.** arg zehn Franc; **se faire trois cents** ~s **par mois** dreitausend Franc monatlich verdienen, F machen; **4.** F **avoir le** bzw **un** ~ e-e Eroberung gemacht haben; **avoir le** ~ **avec qn** j-n bezaubert, F bezirzt haben

tickson [tiksõ] F m cf ticket 1.

tic-tac od **tic tac** [tiktak] **I** int ticktack; **faire** ~ ticken; **II** m <inv> Ticken n; Ticktack n

tiédasse [tjedas] adj péj bes von Getränken lauwarm

tiède [tjɛd] adj **1.** Wasser, Kaffee lauwarm; Asche warm; Temperatur, Luft lau; mild; poét lind; Wind lau; advt **boire** ~ Getränk lauwarm trinken; Wetter **il fait** ~ es herrscht mildes Wetter; **2.** fig lau; schwankend; unentschlossen; **chrétien** m, **communiste** m ~ lauer Christ, Kommunist; **conviction** f ~ schwache Über'zeugung; Gefühl, Liebe, Freundschaft **devenu** ~ **avec le temps** mit der Zeit abgekühlt

tiédeur [tjedœr] f **1.** des Wassers etc Lauheit f; lauwarme Tempera'tur; der Temperatur etc Milde f; **la** ~ **d'un soir d'été** die Milde e-s Sommerabends; poét **les premières** ~s **du printemps** poét die ersten linden Lüfte des Frühlings; **2.** fig e-r Freundschaft, von Gefühlen, Überzeugungen Lauheit f

tiédir [tjedir] **I** v/t meist p/p **de l'eau** **tiédie par le soleil** von der Sonne angewärmtes, leicht erwärmtes Wasser; **II** v/i Flüssigkeit lauwarm werden; laisser ~ abkühlen lassen

tien [tjɛ̃] **I** pr/poss der 2. pers sg <tienne [tjɛn]> **a)** le ~, la ~ne der, die, das dein(ig)e; deine(r, -s); pl les ~s, les ~nes die dein(ig)en; deine; in Briefen der Dein(ig)e etc; **mon fils et le** ~ mein und dein Sohn; mein Sohn und deiner od und der dein(ig)e; F **à la** ~ne!, plais **à la** ~ne, Étienne prost!; auf dein Wohl!; auf deine Gesundheit! **b)** prädikativ: **ce livre n'est pas le** ~ dieses Buch gehört dir nicht; das ist nicht dein Buch; **II** adj/poss litt ~ m parent im Verwandter von dir; e-r deiner Verwandten; **III** subst **1.** le ~ das Dein(ig)e; dein Eigentum; **il faut y mettre du** ~ du mußt auch etwas dazu tun, deinen Teil dazu beitragen; **2.** les ~s die Dein(ig)en; deine Familie; deine Angehörigen; cf auch mien

tiens [tjɛ̃] cf tenir (bes 8.)

tierce [tjɛrs] **I** adj <nur f> cf tiers; **II** f **1.** égl cath Terz f; **2.** mus (intervalle m de) ~ Terz f; **3.** esc Terz f; **parer en** ~ mit e-r Terz parieren; **4.** Kartenspiel Sequ'enz f von drei Karten; **5.** impr Revisi'on f; **6.** math 1/60 Bogensekunde f

tiercé [tjɛrse] **I** adj métr **rime** ~e Ter'zine f; **II** m bei Pferderennen, auch adit **pari** ~ Dreierwette f; par ext **un beau** ~ ein großer Gewinn (bei der Dreierwette); ~ **dans l'ordre**, **dans le désordre** Dreierwette in der richtigen, in beliebiger Reihenfolge; **gagner au** ~ bei der Dreierwette gewinnen; **toucher le** ~ a) bei der Dreierwette gewinnen; b) den Gewinn der Dreierwette beheben, abholen; **jouer au** ~ Dreierwetten bzw e-e Dreierwette anlegen, abschließen

tiercelet [tjɛrsəle] m zo **a)** männlicher Falke; Falkenbeize Terzel m; **b)** Männchen n einiger Raubvögel; ~ **d'épervier** männlicher Sperber

tiercer [tjɛrse] v/t <-ç-> agr Feld zum drittenmal ('um)pflügen

tierceron [tjɛrsərõ] m arch Nebenrippe f e-s (spät)gotischen Gewölbes

tiers [tjɛr] **I** adj <tierce [tjɛrs]> dritte(r, -s); jur ~ **arbitre** Oberschiedsrichter m, Obmann m (der bei Uneinigkeit zwischen

zwei Schiedsrichtern entscheidet); *impr* **tierce épreuve** *cf* **tierce 5.**; *hist* le ⚬ État der dritte Stand; *jur, adm* ⚬ **expert** Obergutachter *m*; *path* **fièvre tierce** Terti'anafieber *n*; *pol* le ⚬ **monde** die dritte Welt; *jur* **tierce opposition** Drittopposition *f*, -widerspruch *m*; Einspruch *m* e-s Dritten (gegen ein Urteil, durch das er in s-n Rechten beeinträchtigt wird); *égl cath* ⚬ **ordre** Dritter Orden; *pol* **pays** *m/pl* ⚬ Drittländer *n/pl*; **une tierce personne** *jur* ein Dritter; *par ext* ein Außenstehender; *jur* ⚬ **porteur** Indossat *m*; Inhaber *m* e-s durch Indossa'ment über'tragenen Handelspapiers; *péd* ⚬ **temps pédagogique** *cf* **temps**[1] **9.**; **II** *m* **1.** *bes jur* un ⚬ ein Dritter; *par ext* ein Außenstehender; *jur* ⚬ **payant** Zahlung *f* der Arzt-, Arznei- und Krankenhauskosten direkt durch den Versicherungsträger; **apprendre qc par un** ⚬ etw von e-m Dritten erfahren; F *fig* **je me moque, me fiche du** ⚬ **comme du quart** F mir ist alles schnurz, piepegal; **2.** *Logik* **principe** *m* **du** ⚬ **exclu** Satz *m* vom ausgeschlossenen Dritten; **3.** *math* un ⚬ ein Drittel *n*; der dritte Teil; **les deux** ⚬ zwei Drittel; **le premier** ⚬ **du siècle** das erste Drittel des Jahrhunderts; *fin in Frankreich* **le** ⚬ **provisionnel** die im Februar und Mai zu leistende Steuervorauszahlung (*ein Drittel der im Vorjahr gezahlten Einkommen- u Lohnsteuer*)

tiers-point [tjɛrpwɛ̃] *m* **1.** *arch* Scheitel *m* e-s Spitzbogens; **arc** *m*, **ogive** *f* **en** ⚬ gleichseitiger Spitzbogen; **2.** *tech* Dreikantfeile *f*; **3.** *mar* Dreiecksegel *n*

tif *od* **tiffe** [tif] F *m meist pl* ⚬s Haar(e) *n(pl)*

tige [tiʒ] *f* **1.** *bot* Stengel *m*; Stiel *m*; *von Getreide* Halm *m*; *sc* Achse *f*; ⚬s **grimpantes** (sich) windende Stengel *m/pl*; (**arbre** *m* **à** *od* **de**) **basse, haute** ⚬ Nieder-, Hochstamm *m*; **2.** *zo* e-r Feder, *arch* e-r Säule, *von Stiefeln u Schnürstiefeln*, e-s Nagels, Schlüssels Schaft *m*; **3.** *tech* Stange *f*; Stift *m*; Bolzen *m*; ⚬s *pl auch* Gestänge *n*; ⚬ **filetée** Gewindespindel *f*; ⚬ **de fer** (dünne) Eisenstange; Eisenstift *m*; ⚬s **de forage** Bohrgestänge *n*; ⚬ **de piston** Kolbenstange *f*

tigelle [tiʒɛl] *f bot* Sproß-, Keimachse *f*

tiglon [tiglõ] *cf* **tigron**

tignasse [tiɲas] *f* e-r Person (wirrer) Haarschopf *m*; dichte Mähne

tigre [tigr(ə)] *m* **1.** *zo* Tiger *m*; ⚬ **royal** *od* **du Bengale** Königstiger *m*; Bengalischer Tiger; *fig* ⚬ **de papier** Pa'piertiger *m*; **2.** *fig* Bal'lettänzerin *f* (*erste Stufe über der Ballettschülerin*)

tigr|é [tigre] *adj* getigert; gefleckt; mit unregelmäßigen Streifen; geflammt; **chat** ⚬ getigerte Katze; ⚬**esse** *f* **1.** *zo* Tigerin *f*; **2.** *fig von e-r Frau* Furie *f*

tigridie [tigridi] *f bot* Tigerblume *f*, -lilie *f*

tigron [tigrõ] *m zo* Kreuzung *f* zwischen Löwe und Tiger

tilbury [tilbyri] *m früher* Tilbury [-bəri] *m*

tild|e [tild] *m ling* Tilde *f*; ⚬**é** *adj* mit Tilde (versehen)

tiliacées [tiljase] *f/pl bot* Lindengewächse *n/pl*; *sc* Tilia'zeen *pl*

tillage [tijaʒ] *cf* **teillage**

tillandsie [tijãdsi, -lã-] *f bot* Til'landsia *f*

till|e [tij] *cf* **teille**; ⚬**er** *cf* **teiller**

tilleul [tijœl] *m* **1.** *bot* Linde(nbaum) *f(m)*; ⚬ **argenté** Silberlinde *f*; ⚬ **à grandes feuilles** Sommerlinde *f*; **2.** Lindenblütentee *m* (*getrocknet u Getränk*); **3.** Linde(nholz) *f(n)*; **4.** *adit* (**vert**) ⚬ ⟨*inv*⟩ lindgrün

tilt [tilt] *loc* ⚬ **ça a fait** ⚬ F der Groschen

---

ist gefallen

timbal|e [tɛ̃bal] *f* **1.** *mus* (Kessel)Pauke *f*; **2.** (Trink)Becher *m* (*aus Metall*); F *fig* **décrocher la** ⚬ **a)** sein Ziel erreichen; es schaffen; **b)** *iron* **tu as décroché la** ⚬ *iron* jetzt hast du es geschafft; **3.** *cuis* **a)** (*Art*) Auflauf *m in Teighülle, mit Fleisch, Makkaroni od Krebsen etc gefüllt*; **b)** *metallene* Auflaufform *dafür*; ⚬**ier** *m mus* Paukenschläger *m*

timbrage [tɛ̃braʒ] *m* (Ab)Stempeln *n*; Abstempelung *f*

timbre [tɛ̃br(ə)] *m* **1.** Glocke *f* (*die mit e-m Hammer angeschlagen wird*); e-r Klingelanlage Glocke *f*; e-r Uhr Schlagwerk *n*; e-r Schreibmaschine, e-s Fahrrads Klingel *f*; **2.** e-s Musikinstruments, der Stimme, *phon* Klangfarbe *f*; e-r Stimme *auch* Timbre *n*; ⚬ **argentin** Silberklang *m*; **voix** *f* **au** ⚬ **argentin** silberhelle Stimme; **voix sans** ⚬ tonlose Stimme; **3.** Briefmarke *f*; *adm* Postwertzeichen *n*; ⚬ **commémoratif** Gedenk-, Sondermarke *f*; ⚬ **de bienfaisance, de collection** Wohlfahrts-, Sondermarke *f*; **collection** *f* **de** ⚬s Briefmarkensammlung *f*; **4.** *comm, adm* Stempel *m* (*Gerät u Abdruck*); Poststempel *m*; ⚬ **humide** Farbstempel *m*; ⚬ **sec** Prägestempel *m*; ⚬ **de caoutchouc** Gummistempel *m*; **5.** *adm, jur* **droit** *m* **de** ⚬ Gebühren-, Stempel-, Steuermarke *f*; ⚬ **mobile** aufklebbare Gebühren-, Stempelmarke; ⚬ **de quittance** *cf* **timbre-quittance**; **droit** *m* **de** ⚬ Stempelgebühr *f*, -abgabe *f*; ⚬ **loi** (**fondamentale**) **du** ⚬ **fiscal** Stempelsteuergesetz *n*; **soumis au droit du** ⚬ stempelsteuerpflichtig; **6.** *comm* ⚬ **d'escompte** Ra'battmarke *f*; **7.** *mus* der Zweifelltrommel **a)** unteres Fell; **b)** Schnarrsaite *f*; **8.** e-s Dampfkessels Schild, *das den zulässigen Kesseldruck angibt*; *par ext* zulässiger Kesseldruck

timbré [tɛ̃bre] *adj* **1.** F il est ⚬ F er ist 'übergeschnappt, bekloppt; *cf auch* **cinglé**; **2.** **Stimme bien** ⚬**e** klangvoll; **3.** gestempelt; **papier** ⚬ Stempelpapier *n*; **4.** Briefumschlag etc fran'kiert; freigemacht; ⚬ *auch* Freiumschlag *m*; **lettre** ⚬**e de Paris** Brief *m* mit dem Poststempel von Paris

timbre-poste [tɛ̃brəpɔst] *m* ⟨*pl* timbres-poste⟩ *cf* **timbre 3.**

timbre-quittance [tɛ̃brəkitãs] *m* ⟨*pl* timbres-quittances⟩ Quittungsmarke *f*

timbrer [tɛ̃bre] *v/t* **1.** Brief fran'kieren; freimachen *bzw* abstempeln; **2.** *adm, comm* stempeln; **3.** *adm, jur* mit e-r Gebührenmarke *bzw* e-m Gebührenstempel versehen; **4.** Dokument da'tieren und mit dem Rubrum versehen

time-sharing [tajmʃeriŋ] *m EDV* Time-sharing ['taimʃeriŋ] *n*

timide [timid] *adj* Person schüchtern; zaghaft; befangen; gehemmt; Stimme, Miene, Geste, Ton, Antwort, Kritik zaghaft; schüchtern; **réaction** *f* ⚬ ängstliche, schwächliche Reaktion; **tentative** *f* ⚬ zaghafter, schüchterner, schwacher Versuch; *subst* **c'est un** ⚬ er ist ein schüchterner, gehemmter Mensch

timidité [timidite] *f* e-r Person Schüchternheit *f*; Zaghaftigkeit *f*; Befangenheit *f*; Gehemmtheit *f*, -sein *n*; **la** ⚬ **du projet de réforme a déçu beaucoup de gens** der zaghafte Reformversuch ...

timing [tajmiŋ] *m* Timing ['tai-] *n*

timocratie [timɔkrasi] *f pol* Timokra'tie *f*

timon [timõ] *m* **1.** (Wagen)Deichsel *f*; **2.** *litt mar* Ruderpinne *f*; *par ext* (Steuer-)Ruder *n*

timon|erie [timɔnri] *f* **1.** *mar* **a)** Ruderwache *f*; **b)** Ruderhaus *n*; **2.** *auto* Lenk-

---

und Bremsgestänge *n*; ⚬**ier** *m* **1.** *mar allg* Rudergänger *m*; Steuermann *m*; *mil* Si'gnalgast *m*; **2.** Stangenpferd *n*

timoré [timɔre] *adj* ängstlich; zaghaft; verschüchtert; kleinmütig; 'übervorsichtig; *subst* **c'est un** ⚬ er ist (ein) ängstlich(er), kleinmütig(er Mensch)

tin [tɛ̃] *m mar* Stapelholz *n*

tinamidés [tinamide] *m/pl zo* Steißhühner *n/pl*

tincal [tɛ̃kal] *m chim* Tin'kal *m*; na'türliches Natriumborat

tinctorial [tɛ̃ktɔrjal] *adj* ⟨-aux⟩ *adj* Farb...; Färbe(r)...; **matières** ⚬**es** Farbstoffe *m/pl*; Färbemittel *n/pl*; **plantes** ⚬**es** Färberpflanzen *f/pl*; **procédés tinctoriaux** Färbeverfahren *n/pl*

tinéidés [tineide] *m/pl zo* Motten *f/pl*

tinette [tinɛt] *f* Ab'ortkübel *m*; F ⚬s *pl* Ab'ort *m*

tint [tɛ̃] *cf* **tenir**

tintamarre [tɛ̃tamar] *m* Getöse *n*; F Spek'takel *m*; Kra'keel *m*; Ra'dau *m*; **le** ⚬ **des klaxons** das Getöse der Hupen

tintement [tɛ̃tmã] *m* **1.** der Glocken, Klingel Läuten *n*; der Glocken etc auch F Bimmeln *n*; Gebimmel *n*; **2.** der Gläser etc Klingen *n*; Klirren *n*; **3.** ⚬ **d'oreilles** Ohrensausen *n*, -klingen *n*

tinter [tɛ̃te] *v/i* **1.** Glocken etc läuten; F bimmeln; **2.** Gläser etc klingen; klirren; **3.** **les oreilles me tintent** ich habe Ohrensausen; die Ohren klingen mir; *fig* **les oreilles ont dû vous** ⚬ die Ohren müssen Ihnen geklungen haben

tintin [tɛ̃tɛ̃] *m* F **j'ai fait** ⚬ F ich hab' in die Röhre, in den Mond geguckt; **mais nous,** ⚬**, on n'a rien eu** F aber für uns, Neese *od* denkste, nichts haben wir gekriegt

tintinnabuler [tɛ̃tinabyle] *litt v/i* leise klirren; Glöckchen etc klingeln

tintouin [tɛ̃twɛ̃] *m* F **1.** F Krach *m*; Spek'takel *m*; **2.** Plage *f*; Placke'rei *f*; F Schlauch *m*

tipule [tipyl] *f sc zo* Schnake *f*

tique [tik] *f zo* Zecke *f*

tiquer [tike] *v/i* **1.** Person e-e ablehnende Miene aufsetzen; zu'rückzucken; **ma proposition l'a fait** ⚬ man sah ihm an, daß ihm mein Vorschlag nicht paßte; **2.** *vét* koppen

tiqueté [tikte] *selten adj* gesprenkelt; ⚬ **de vert** grüngesprenkelt

tir [tir] *m* **1.** Schießen *n*; Schuß *m*; *mil auch* Feuer *n*; ⚬ **continu** Dauerfeuer *n*, -beschuß *m*; ⚬ **coup par coup** Einzelfeuer *n*; ⚬ **courbe** Steilfeuer *n*; ⚬ **direct** direkter Beschuß; ⚬ **juste** Treffer *m*; ⚬ **tendu** Flachfeuer *n*; ⚬ **à l'aide des armes de bord** Bordwaffenbeschuß *m*; ⚬ **à l'arc** Bogenschießen *n*; ⚬ **à blanc** Schießen mit Übungsmunition, mit Platzpatronen; ⚬ **à la cible** Scheibenschießen *n*; ⚬ **au fusil, au pistolet** Gewehr-, Pi'stolenschießen *n* *bzw* -schuß *m*; ⚬ **au(x) pigeon(s)** Tauben- *bzw* Ton-, Wurftaubenschießen *n*; ⚬ **d'arrêt, de barrage** Sperrfeuer *n*; ⚬ **d'artillerie** Geschütz-, Artille'riefeuer *n*; ⚬ **d'efficacité** Wirkungsschießen *n*; ⚬ **de harcèlement** Stör(ungs)feuer *n*; ⚬ **de mitrailleuse** Ma'schinengewehrfeuer *n*; ⚬ **de réglage** Einschießen *n*; **armes** ⚬/*pl* **à** ⚬ **automatique** automatische Schußwaffen *f/pl*; **canon** *m* **à** ⚬ **rapide** Schnellfeuergeschütz *n*; **en position de** ⚬ in schußbereiter Stellung; **Geschütz** in Feuerstellung; **aller au** ⚬ zum Schießplatz, -stand gehen; **diriger son** ⚬ **sur** das Feuer richten auf (+*acc*); **faire du** ⚬ schießen; Schießübungen machen; **2.** **a)** *beim Boulespiel* Anspielen *n* der Kugel des Mitspielers (, um sie wegzustoßen); **b)** *beim Fußball etc*

Schuß *m*; ~ au but Torschuß *m*; Schuß aufs Tor; **3.** ~ (forain) Schießbude *f*
tirade [tirad] *f* **a)** *thé* Ti'rade *f*; langer, ununterbrochener Mono'log; **b)** *péj* Wort-, Redeschwall *m*; Ti'rade *f*; Su'ada *f*; **débiter une** ~ *thé* e-e Tirade herunterleiern; *péj* e-n Wortschwall, e-e Tirade loslassen; *péj* il m'a fait toute une ~ er hielt mir e-n ganzen Vortrag (**sur** über + *acc*)
tirage [tiraʒ] *m* **1.** *impr* **a)** Druck *m*; Abdruck *m*; Drucken *n*; ~ à la main, à part, à la presse mécanique, à la rotative Hand-, Sonder-, Ma'schinen-, Rotati'onsdruck *m*; ~ d'une estampe Abdruck e-s Stichs; **être en cours de** ~ in Druck sein; **b)** Auflage *f*; Ausgabe *f*; ~ global Gesamtauflage *f*; ~ limité begrenzte Auflage; **premier** ~ Erstauflage *f bzw* -ausgabe *f*; ~ de luxe Luxusausgabe *f*; **journal** *m* à grand, gros ~ auflagenstarke Zeitung; Zeitung *f* mit hoher Auflage; **2.** *phot* Abziehen *n*; Ko'pieren *n*; ~ par contact, par inversion Herstellung *f* von Abzügen im Kon'takt-, im 'Umkehrverfahren; **3.** *Lotterie* Ziehung *f*; ~ au sort a) Auslosen *n*, -ung *f*; Losen *n*; **b)** *hist mil* Aushebung *f* durch das Los; **demain le** ~! morgen (ist) Ziehung!; **4.** *e-s Schecks* Ausstellung *f*; *e-s Wechsels* Tratte *f*; Begebung *f*; Ausstellung *f*; ~ **en l'air** *od* **en blanc** Ausstellung e-s Kellerwechsels *bzw* e-s Gefälligkeitswechsels; *fin* **droits de** ~ **spéciaux** (*abr* D.T.S.) Sonderziehungsrechte *n/pl*; **5.** Ziehen *n* (*auch tech*); *der Seide* Abhaspeln *n*; *der Metalle* Ziehen *n*; **cordon** *m* **de** ~ Zugschnur *f*; **6.** *e-s Kamins* Zug *m*; **il n'y a pas de** ~ der Ofen, der Kamin hat keinen Zug, zieht schlecht; **régler le** ~ den Zug regeln; **7.** *des Weins* Abziehen *n*; **8.** F *fig* Reibe'reien *f/pl*; **il y a du** ~ es gibt Reibereien
tiraillement [tirajmɑ̃] *m* **1.** Hin- und Herziehen *n*, -zerren *n*; **2.** *bes* ~ *pl* ziehende Schmerzen *m/pl*; Ziehen *n* (*e-r Wunde beim Vernarben*); *j'ai tellement faim*, j'en ai des ~s d'estomac ... daß sich mein Magen zu'sammenzieht; **3.** *fig* ~s *pl* Reibe'reien *f/pl*; Reibungen *f/pl*
tirailler [tiraje] I *v/t* **1.** hin- und herziehen, -zerren; ~ sa moustache an s-m Schnurrbart zerren; ~ qn par le bras j-n am Arm zerren; **2.** *fig p/p* être tiraillé entre plusieurs possibilités zwischen mehreren Möglichkeiten schwanken; être tiraillé par des sentiments contradictoires von 'widersprüchlichen Gefühlen hin- und hergerissen werden; II *v/i* F (in der Gegend) her'umknallen, -ballern
tirailleur [tirajœr] *m* **1.** *mil* Einzelschütze *m*; *loc/adv* **en** ~s in geöffneter Ordnung; **se déployer, marcher en** ~s ausschwärmen; **2.** *hist mil* Infante'rist *m* (*in bestimmten Regimentern des frz Kolonialheeres*); ~ **algérien** *auch* Turko *m*
tirant [tirɑ̃] *m* **1.** *an Stiefeln* Schlaufe *f*; Strippe *f*; **2.** *mar* **a)** ~ **d'eau** Tiefgang *m*; **b)** *e-r Brücke* ~ **d'air** lichte Höhe; **3.** *bât* **a)** 'Untergurt *m*, -zug *m*; **b)** Zuganker *m*; **4.** *tech* Zugstange *f*; Ankerbolzen *m*
tirasse [tiras] *f ch* Tiraß *m*; Garn *n* (*zum Fangen von Wachteln, Rebhühnern etc*)
tire [tir] *f* **1.** vol *m* à la ~ Taschendiebstahl *m*; **voleur** *m* à la ~ Taschendieb *m*; **2.** *arg* (*auto*) F fahrbarer 'Untersatz *m*; Ve'hikel *n*; Schlitten *m*; Karre *f*
tiré [tire] I *adj* **1. cheveux bien** ~**s** straff zu'rückgekämmtes Haar; **avoir les traits** ~**s** abgespannt, angegriffen, schlecht aussehen; F *fig* **être** ~ **à quatre épingles** *cf* épingle; **2.** *impr* ~ à part

als Sonderdruck erschienen; *subst* ~ *m* à part Sonderdruck *m*; II **n 1.** *comm* Bezogene(r) *m*; Tras'sat *m*; **2.** *ch* **a)** Jagd *f* (*außer Fang- und Hetzjagd*); **b)** Jagdrevier *n* (*mit Buschholzbestand*)
tire-au-cul [tiroky] *m* ⟨*inv*⟩ P *cf* tire--au-flanc
tire-au-flanc [tiroflɑ̃] F *m* ⟨*inv*⟩ Drückeberger *m*; Faulenzer *m*
tire-bonde [tirbɔ̃d] *m* ⟨*pl* tire-bondes⟩ *tech* Spundzieher *m*
tire-botte [tirbɔt] *m* ⟨*pl* tire-bottes⟩ Stiefelknecht *m*
tire-bouchon [tirbuʃɔ̃] *m* ⟨*pl* tire-bouchons⟩ **1.** Kork(en)-, Pfropfenzieher *m*; **2.** *loc/adj* **en** ~ Ringel...; geringelt; **cheveux frisés en** ~ Ringellöckchen *n/pl bzw* Korkzieherlocken *f/pl*; **queue** *f* **en** ~ Ringelschwänzchen *n*; **3.** *Kunstspringen* Schraube *f*; *adjt* **plongeon** *m* ~ Schraubensprung *m*
tire-bouchonner *od* **tirebouchonner** [tirbuʃɔne] *v/i* *Haare* sich ringeln
tire-braise [tirbrɛz] *m* ⟨*inv*⟩ Schürhaken *m* des Bäckers
tire-cendre [tirsɑ̃dr(ə)] *m* ⟨*inv*⟩ *minér* Turma'lin *m*
tire-clou [tirklu] *m* ⟨*pl* tire-clous⟩ Nageleisen *n*, -klaue *f*; Geißfuß *m*
tire-d'aile(s) [tirdɛl] *loc/adv* à ~ pfeilschnell, -geschwind; **voler** à ~ pfeilschnell, (schnell) wie ein Pfeil fliegen
tirée [tire] *f* F *von e-r Entfernung* ça fait une ~ F das ist ein ganz schönes Stück
tire-fesse [tirfɛs] *m* ⟨*inv*⟩ F téléski *m*
tire-fond [tirfɔ̃] *m* ⟨*inv*⟩ *tech* **a)** Ringschraube *f*; **b)** Vierkant(kopf)schraube *f* für Holz; *ch de fer* Schwellen-, Schienenschraube *f*
tire-jus [tirʒy] *m* ⟨*inv*⟩ P (*mouchoir*) P Rotzfahne *f*, -lappen *m*
tire-lait [tirlɛ] *m* ⟨*inv*⟩ *méd* Milchpumpe *f*
tire-larigot [tirlarigo] *loc/adv* à ~ reichlich; sehr viel
tire-ligne [tirliɲ] *m* ⟨*pl* tire-lignes⟩ Reißfeder *f*; **compas** *m* à ~ Zirkel *m* mit Reißfeder
tirelire [tirlir] *f* **1.** Sparbüchse *f*; **casser sa** ~ s-e Sparbüchse, sein Sparschwein zerbrechen; **2.** F *fig* (*tête*) F Dez *m*; Birne *f*
tire-lire [tirlir] *m der Lerche* Tiri'lieren *n*
tire-pied [tirpje] *m* ⟨*pl* tire-pieds⟩ *des Schuhmachers* Knieriemen *m*
tirer [tire] I *v/t* **1.** ziehen, ziehen, zerren (**qc** an etw [*dat*]); her'ausziehen; *Vorhang* zu- *bzw* aufziehen; *Riegel* vorschieben; *Schublade* her'ausziehen; *tech* Draht ziehen; *Handbremse* anziehen; *Wein* abziehen; auf Flaschen ziehen; **a)** *Wendungen mit subst*: **plais** ~ **l'aiguille** nähen; **des armes** fechten; *mar* ~ **des bordées** la'vieren; ~ **les cartes** die Karten legen; **se faire** ~ **les cartes** sich die Karten legen lassen; ~ **une charrette** e-n Karren ziehen; ~ **ses chaussettes** s-e Socken hochziehen; ~ **les cheveux à qn** j-n an den Haaren ziehen; *ellip* ~ **les tires!** *etwa* F au, das zieht *od* du ziepst mich!; ~ **un cordon** e-e, an e-r Schnur ziehen; ~ **e-e Schnur** anziehen, spannen; ~ **l'échelle** die Leiter hochziehen; *cf auch* **échelle** 1.; ~ **les fils des marionnettes** die Fäden der Marionetten (an)ziehen; ~ **la langue** *cf* langue 1.; ~ **un numéro** e-e Nummer ziehen; *cf auch* numéro 1.; *fig* **Farbe etc** ~ **l'œil** ins Auge fallen; F knallig sein; *Heftpflaster etc* ~ **la peau** die Haut spannen; ~ **le signal d'alarme** die Notbremse ziehen; **b)** *mit prép*: ~ **qc** à soi etw zu sich her'anziehen; *fig* ~ **la couverture à soi** auf s-n Vorteil bedacht sein; ~ **qc au sort** etw aus- *bzw* verlosen, durch das

Los ermitteln, bestimmen; ~ **qn d'affaire, d'embarras** j-m aus e-r Verlegenheit, aus e-r schwierigen Lage helfen; *adjt* **être tiré d'affaire** aus den Schwierigkeiten heraus sein; *Verletzte* ~ **des décombres** aus den Trümmern bergen; ~ **qn du lit** j-n aus dem Bett holen, zerren; ~ **un mouchoir de sa poche** ein Taschentuch aus der, s-r Tasche ziehen; ~ **qn de prison** j-n aus dem Gefängnis (her'aus)holen; ~ **qn du sommeil** j-n aus dem Schlaf reißen; *tech* ~ **du métal en fil** Metall zu Draht ausziehen; ~ **qn par le bras, par la manche** j-n am Arm, am Ärmel ziehen, zupfen; ~ **une porte sur soi** e-e Tür hinter sich zuziehen; ~ **qc vers soi** etw zu sich her'anziehen; ~ **sa jupe vers le bas** s-n Rock nach unten ziehen, hin'unterziehen; **2.** *fig* ziehen; her-, ableiten; bekommen; *Geld, Gewinne etc* her'ausholen; her'auswirtschaften; *chim Produkte* gewinnen (**de** aus); ~ **de l'argent d'une affaire** bei e-r Sache Geld verdienen, her'ausschlagen; **il a tout fait pour en** ~ **le maximum d'argent** ... um soviel (Geld) wie möglich dabei herauszuholen; ~ **des conclusions de qc** Folgerungen, Schlüsse aus etw ziehen; ~ **les conséquences de qc** die Konsequenzen aus etw ziehen; *st/s* ~ **fierté de qc** stolz auf etw (*acc*) sein; ~ **sa force de qc** s-e Macht, Stärke von etw herleiten; **il n'y a pas grand-chose à en** ~ aus dem wird wohl nichts Rechtes werden; ~ **son importance de qc** s-e Bedeutung auf etw (*acc*) gründen; **c'est de là que l'événement tire son importance** dadurch erhält das Ereignis s-e Bedeutung; ~ **des larmes à qn** j-m Tränen entlocken; ~ **la leçon de qc** aus etw e-e Lehre ziehen; ~ **la matière de son livre de la tragédie antique** den Stoff zu s-m Buch der antiken Tragödie entnehmen, entlehnen; *adjt* **mot tiré du latin** dem Lateinischen entlehntes Wort; ~ **son nom de qc** s-n Namen von etw herleiten; **l'opium est tiré du pavot** Opium wird aus Mohn gewonnen; ~ **son origine de qc** sich von etw herleiten; s-e Herkunft von etw ableiten; ~ **un revenu de qc** ein Einkommen aus etw beziehen; **on ne peut rien en** ~ **a)** aus ihm ist nichts her'auszubringen, -kriegen; **b)** bei ihm ist Hopfen und Malz verloren; aus ihm wird nie etw werden; ~ **des sons d'un instrument** e-m Instrument Töne entlocken; ~ **sa source de qc** e-r Sache (*dat*) entspringen; **3.** *Geschoß, Kugel, Pfeil* (ab)schießen; *Schuß* abgeben; *mit e-r Feuerwaffe auch* abfeuern; ~ **cinq balles de revolver sur qn** fünf Revolverkugeln auf j-n abfeuern; ~ **un coup de revolver** e-n Revolverschuß abgeben; s-n Revolver abfeuern; ~ **un coup de feu sur qn** e-n Schuß auf j-n abgeben; *Waffe* ~ **cinq cents coups à la minute** e-e Schußfrequenz von fünfhundert pro Minute haben; ~ **un feu d'artifice** ein Feuerwerk abbrennen; ~ **un oiseau au vol** e-n Vogel im Fluge schießen; *Fußball* ~ **un penalty** e-n Elfmeter schießen; **4.** *Linie, Strich* ziehen; *Plan* zeichnen; ~ **une allée au cordeau** e-n Gartenweg mit e-r Schnur abstecken; ~ **des canaux** Kanäle ziehen; *par ext* ~ **l'horoscope de qn** j-m das Horoskop stellen; **5.** *Scheck* ausstellen; ~ **une lettre de change** e-n Wechsel ziehen, tras'sieren (**sur qn** auf j-n); **6.** *impr* abziehen; e-n Abzug machen, herstellen von; ~ **un livre à dix mille exemplaires** von e-m Buch zehntausend Exemplare druk-

ken; ~ **une photo** ein Negativ abziehen, kopieren; e-n Abzug herstellen; **7.** F *fig Zeit* 'durch-, aushalten; ~ **trois ans de prison** F drei Jahre (Gefängnis) absitzen, abbrummen, abreißen; **avoir encore un an à** ~ *Militärdienst* F noch ein Jahr abzureißen haben; *Schule* es noch ein Jahr (in der Schule) aushalten müssen; F noch ein Jahr die Schulbank drücken (müssen); **encore une semaine de tirée** wieder e-e Woche über'standen, geschafft; **II** *v/t/indir* **8.** *Irrtum etc* **ne' pas** ~ **à conséquence** weiter keine Konsequenzen, keine Folgen haben; (weiter) nichts auf sich haben; nichts zu bedeuten haben; ganz harmlos sein; ~ **à sa fin** zu Ende gehen; *cf auch* **fin**[1] **1.; 9.** *Farbe* ~ **sur le bleu** ins Blaue (hin'über)spielen; *par ext* **la jupe tire sur le vert** der Rock ist grünlich; **10.** *Bankwesen bei e-m Wechsel* ~ **sur qn** auf j-n ziehen, tras'sieren; **III** *v/i* **11.** ziehen (*auch Ofen, Kamin*); *Aufschrift an Türen* **tirez!** *od* ~! ça tire das zieht, spannt; **la peau me tire** meine Haut spannt; ~ **au sort** losen; ~ **sur sa cigarette** an s-r Zigarette ziehen; ~ **sur une corde** an e-m Strick ziehen; ~ **un Strick** anziehen, spannen; **12.** schießen; *Feuer geben;* feuern; ~ **à l'arc** mit Pfeil und Bogen schießen; ~ **à balles** scharf schießen; ~ **à blanc** mit Platzpatronen, Übungsmunition schießen; ~ **au but** a) ins, in das Ziel schießen; *das Ziel treffen;* b) *sports* aufs Tor schießen; ~ **sur qn, qc** auf j-n, etw schießen, feuern; j-n, etw beschießen; **il lui a tiré dessus** er hat auf ihn *od* nach ihm geschossen; er hat ihn beschossen; **13.** *Boulespiel* die Kugel des Mitspielers anspielen, um sie wegzustoßen; **14.** *impr* **bon à** ~ (*abr* **B.A.T.**) impri'matur (*abr* impr. *od* imp.); *subst* **bons** *m/pl* à ~ druckreife Korrek'turbogen *m/pl; journal qui tire à trente mille* Zeitung mit e-r Auflage von dreißigtausend; **15.** *esc* fechten; **16.** *mar* *ch Schiff* ~ **six mètres (d'eau)** e-n Tiefgang von sechs Metern haben; sechs Meter Tiefgang haben; **IV** *v/pr* **17.** **se** ~ **d'affaire**, F **du pétrin** sich aus der Affäre, F aus der Klemme ziehen; ♦ **s'en** ~ a) *bei e-r Krankheit, e-m Unfall* es lebend über'stehen; b) sich aus der Affäre ziehen (**par une ruse** durch e-e List); c) sich (so) 'durchschlagen; **j'ai tout juste de quoi m'en** ~ es reicht gerade noch zum Leben; **il s'en est bien tiré** a) das hat er wirklich gut gemacht; er hat s-e Sache recht ordentlich gemacht; b) *bei e-r Strafe etc* er ist noch ganz gut dabei weggekommen; **il s'en est tiré à bon compte** *cf* **compte** 1.; **il s'en est tiré à merveille** das hat er wirklich großartig, glänzend, ausgezeichnet gemacht; **il s'en est tiré avec trois mois de prison, avec quelques égratignures** er ist mit drei Monaten Gefängnis, mit ein paar Kratzern davongekommen; **18.** F **se** ~ **(des flûtes)** F abhauen; verduften; sich verdrücken, verziehen, verdünni'sieren; **tire-toi!** F hau ab!; verdufte!; **tire-toi de là!** weg da!; mach Platz!; **19. se** ~ **dessus** aufein'ander schießen; sich gegenseitig beschießen

tiret [tirɛ] *m* **a)** Gedankenstrich *m;* **b)** Trennungsstrich *m*

tirette [tirɛt] *f* **1.** *e-s Schreibtischs etc* Ausziehplatte *f;* **2.** *élect* interrupteur *m* à ~ Zugschalter *m*

tireur [tirœr] *m* **1.** Schütze *m* (*auch mil.*, *aber nicht Dienstgrad*); *mil auch* Kano'nier *m;* ~ **d'élite** Scharfschütze *m;* **2.** *comm e-s Schecks* Aussteller *m; e-s gezogenen Wechsels* Aussteller *m;* Tras'sant *m;* **3.** *tech* Drahtzieher *m;* **4.** *esc*

Fechter *m;* **5.** *Boulespiel* Spieler, der mit s-r Kugel die des Mitspielers treffen soll; **6.** *Kunst* ~ **d'épine** Dornauszieher *m*

tireuse [tirøz] *f* **1.** ~ **de cartes** Kartenlegerin *f,* -schlägerin *f;* **2.** *tech* Flaschenfüllmaschine *f;* **3.** *phot* Ko'pierapparat *m*

tire-veille(s) [tirvɛj] *m* ⟨*inv*⟩ *mar* **a)** Fallreephandläufer *m;* **b)** Ruderleitungskette *f*

tiroir [tirwar] *m* **1.** Schublade *f,* -kasten *m,* -fach *n;* ~ **(à) secret** Geheimfach *n;* **pousser le** ~ die Schublade zuschieben; *fig* **racler les fonds de** ~ s-e letzten Pfennige, sein letztes Geld zusammenkratzen; **2.** *tech e-r Dampfmaschine etc* Schieber *m;* ~ **à piston, en coquille** Kolben-, Muschelschieber *m;* **3.** *Literatur* **pièce** *f* **à** ~**s** (Theater)Stück *m* mit eingeschobenen, von der Haupthandlung unabhängigen Szenen; **roman** *m* **à** ~**s** Roman *m* mit zahlreichen Einschüben

tiroir-caisse [tirwarkɛs] *m* ⟨*pl* tiroirs-caisses⟩ Regi'strierkasse *f*

tironien [tirɔnjɛ̃] *adj* ⟨~ne⟩ *hist* **notes** ~**nes** *od* **signes** ~**s** Ti'ronische Noten *f/pl*

tisage [tizaʒ] *m tech* Heizen *n* des Glasschmelzofens

tisane [tizan] *f* **1.** (Kräuter)Tee *m;* Aufguß *m;* ~ **des quatre fleurs** (*Art*) Brusttee *m;* **2.** ~ **de Champagne** leichter, süßer Cham'pagner

tiser [tize] *v/t tech Glasschmelzofen* heizen

tison [tizɔ̃] *m* glimmendes Holzstück; *adjt* **allumette** *f* ~ Sicherheitssturmzündholz *n*

tisonn|é [tizɔne] *adj Pferd* schwarzgefleckt; ~**er** *v/t Feuer, Glut, Asche* schüren; *abs* im Feuer her'umstochern; das Feuer schüren; ~**ier** *m* Schürhaken *m,* -eisen *n*

tissage [tisaʒ] *m* **1.** Weben *n;* Webe'rei *f;* ~ **mécanique** Weben mit mechanischem Webstuhl; ~ **à la main** Handweberei *f;* **2.** *Fabrik* Webe'rei *f*

tisser [tise] *v/t* **1.** weben; *Wolle etc* verweben; ~ **qc dans** etw einweben in (+*acc*); *adjt* **tissé** *auch* eingearbeitet; **tissé de fils d'or** mit Goldfäden durch'wirkt; *abs* **métier** *m* à ~ Webstuhl *m;* **2.** *fig* ⟨*meist p/p* **tissé** *od litt* **tissu**⟩ *Intrigen etc* spinnen; anzetteln; **récit tissé de mensonges** Lügengewebe *n*

tisserand [tisrɑ̃] *m* (Hand)Weber *m;* Leineweber *m;* ~ **en soie** Seidenweber *m*

tisserin [tisrɛ̃] *m zo* Webervogel *m*

tiss|eur [tisœr] *m,* ~**euse** *f* Weber(in) *m(f)*

tissu [tisy] **I** *m* **1.** *text* Stoff *m;* Gewebe *n;* Gewirke *n;* Gespinst *n;* ~ **élastique, fragile, lâche, serré** elastisches, empfindliches, lockeres, dichtes Gewebe; ~ **de coton, de laine, de soie** Baumwoll-, Woll-, Seidengewebe *n,* -stoff *m;* ~ **pour robes** Kleiderstoff *m; loc/adj* **en** ~ Stoff...; **gants** *m/pl* **en** ~ Stoffhandschuhe *m/pl;* **2.** *biol* Gewebe *n; bot* ~ **conducteur** Leitungsgewebe *n; anat* ~ **glandulaire** Drüsengewebe *n;* ~ **organique** organisches Gewebe *n; bot* ~ **de soutien** Festigungsgewebe *n;* **3.** *fig* Gewebe *n;* Gefüge *n;* Netz *n;* ~ **social** soziales Gefüge; ~ **d'absurdités** *fig* Folge von Ungereimtheiten; ~ **de mensonges** Lügengewebe *n,* -gespinst *n,* -netz *n;* **4.** *cf* **tissure; II** *p/p litt von* **tisser**

tissu-éponge [tisyepɔ̃ʒ] *m* ⟨*pl* tissus-éponges⟩ *text* Frot'tee *m od n;* **serviette** *f* **en** ~ Frottee-, Frot'tier(hand)tuch *n*

tiss|ulaire [tisylɛr] *adj biol* Gewebe...;

Gewebs...; ~**ure** *f text* Webart *f*

tissut|erie [tisytri] *f text* Bandweberei *f,* -wirkerei *f;* ~**ier** *m* Bandweber *m,* -wirker *m*

titan [titɑ̃] *m myth* Ti'tan *m; fig auch* Riese *m; fig* **œuvre** *f* **de** ~ gigantisches Werk

titane [titan] *m chim* Ti'tan *n;* **blanc** *m* **de** ~ Titanweiß *n*

titan|esque [titanɛsk] *litt adj* gewaltig; gi'gantisch; ~**ique** *adj chim* Ti'tan...; **anhydride** *m* ~ Titandioxid *n*

titanium [titanjɔm] *m cf* **titane**

titi [titi] F *m* Straßenjunge *m;* liebenswürdiger Nichtsnutz; Schlingel *m;* ~ **parisien** Pariser Straßenjunge

titiller [titije, -ti(l)le] *litt v/t* (sanft) kitzeln

titisme [titism(ə)] *m pol* Tito'ismus *m*

titrage [titraʒ] *m chim* Maßanalyse *f;* Titrati'on *f; bei Metallen* Bestimmung *f* des Feingehalts

titre [titr(ə)] *m* **1.** Titel *m;* (Amts)Bezeichnung *f;* (Ehren)Name *m;* ~ **nobiliaire** Adelstitel *m;* ~ **universitaire** akademischer Titel; **le** ~ **de citoyen** der (Ehren)Name Bürger; ~ **de comte, de docteur** Grafen-, Doktortitel *m;* ~ **de fonction** Amtstitel *m;* Amts-, Dienstbezeichnung *f;* ~ **de maréchal** Marschallstitel *m;* ♦ *loc/adj* **en** ~ festangestellt; *Lehrer, Beamter* ins Beamtenverhältnis über'nommen; verbe'amtet; **fonctionnaire** *m* **en** ~ *auch* Inhaber *m* e-r Planstelle; **fournisseur** *m* **en** ~ **d'une maison** ständiger (und ausschließlicher) Lieferant e-s Hauses; **maîtresse** *f* **en** ~ anerkannte Mätresse; **professeur** *m* **en** ~ a) *e-r Universität* ordentlicher Professor; b) *e-r Schule* verbeamteter, ins Beamtenverhältnis übernommener Lehrer; ♦ **donner à qn le** ~ **de ...** j-n (mit) ... titu'lieren; j-n ... nennen; j-n mit ... ansprechen; **donner à qn le** ~ **de bienfaiteur de l'humanité** j-n e-n Wohltäter der Menschheit nennen; **porter un** ~ e-n Titel führen; **prendre un** ~ sich e-n Titel beilegen; **2.** *sports* Titel *m;* ~ **de champion du monde** Weltmeistertitel *m;* **défendre son** ~ s-n Titel verteidigen; **(dé)tenir un** ~ e-n Titel innehaben; **3.** *e-s Buchs, Gedichts, Lieds, Films, e-r Sendung, e-s Gemäldes, e-r Oper* Titel *m; e-s Musikstücks* Name *m; e-s Plakats, e-s Kapitels* 'Überschrift *f; e-s Zeitungsartikels* Titel *m;* 'Überschrift *f; impr:* ~ **courant** Ko'lumnentitel *m;* **faux** ~ Schmutztitel *m; bei Zeitungen* **gros** ~**s** fette Überschriften *f/pl;* Schlagzeilen *f/pl;* **en gros** ~**s** als Schlagzeile; **mit fetter Überschrift;** *par ext rad, télév* **les grands** ~**s de l'actualité** Meldungen *f/pl in* Schlagzeilen; *impr* **page** *f* **de** ~ *od ellip* ~ Titelblatt *n;* **4. a)** Anspruch *m;* (An)Recht *n;* Rechtsanspruch *m;* Rechtstitel *m;* **b)** *auch jur* Urkunde *f;* Titel *m;* Schein *m;* Ausweis *m; mil* ~ **de permission** Urlaubsschein *m; jur* ~ **de propriété** a) Eigentumsurkunde *f;* b) Eigentumstitel *m;* ~ **de transport** Fahrtausweis *m; être admis sur* ~**s** aufgrund von Befähigungsnachweisen, Zeugnissen ...; ♦ *loc/adj u loc/adv:* **à** ~ **amical** aus Freundschaft; **donner à qn un conseil à** ~ **amical** j-m e-n freundschaftlichen Rat geben; **à aucun** ~ auf keinen Fall; unter keinen 'Umständen; in keiner Weise; **à** ~ **bénévole** a) unentgeltlich; ehrenamtlich; b) freiwillig; **à ce** ~ *von Sachen* aus diesem Grund; daher; *als solche(r, -s); von Personen* als solche(r) in dieser Eigenschaft; *je suis ton ami* **et, à ce** ~, **je peux ... ...** und als solcher kann ich ...; **à** ~ **définitif** endgültig; definitiv; **à des** ~**s divers** *cf* **à plusieurs** ~**s; à** ~ **exceptionnel**

ausnahmsweise; à juste ~ mit vollem Recht; zu Recht; mit Fug und Recht; au même ~ gleichermaßen; gleicherweise; ebenso; genauso; loc/conj au même ~ que ... ebenso, genauso wie ...; j'y ai droit au même ~ que vous ich habe darauf ebenso, genauso ein Recht wie Sie; à ~ officiel offiziell; in amtlicher Eigenschaft; à ~ personnel persönlich; à plus d'un ~, à plusieurs ~s aus mehreren Gründen; in mehr als e-r, in mehrfacher Hinsicht; à ~ profession- nel hauptamtlich; hauptberuflich; ge- werblich; à quel ~? mit welchem Recht?; mit welcher Begründung?; aus welchem Grund?; von Personen auch in welcher Eigenschaft?; à quelque ~ que ce soit mit welcher Begründung auch immer; aus welchem Grunde auch im- mer; aus welchem wie immer gearteten Grunde; à ~ révocable 'widerruflich; ◆ loc/prép: à ~ de Person (in der Eigenschaft) als; Sache als; zu; à ~ d'ami als Freund; weil ich dein Freund bin; à ~ de compensation zum Aus- gleich; à ~ de curiosité aus Neugier (-de); à ~ d'essai probe-, versuchsweise; auf, zur Probe; à ~ d'exemple als Beispiel; à ~ d'indemnité als Entschä- digung; à ~ d'information als Hinweis; zur Information, Kenntnisnahme, Un- ter'richtung; je vous signale, à ~ d'information ... zu Ihrer Information; à ~ de louage zur Miete; à ~ de réciprocité auf (der Grundlage der) Gegenseitigkeit; ◆ au ~ de gemäß (+dat); au ~ de l'article 10 gemäß Artikel 10; **5.** comm (Wert)Pa'pier n; Stück n; ~s pl Wertpa- piere n/pl; Ef'fekten pl; à ~ ordre, au porteur Order-, Inhaberpapier n; ~ de crédit Kre'ditpapier n; ~ de rente Rentenpapier n, -wert m; marché m des ~s Effektenmarkt m; **6.** jur e-s Gesetz- buchs etc Abschnitt m; Titel m; **7.** chim e-r Lösung Titer m; e-s Edelmetalls Fein- gehalt m; ~ d'un alliage, d'une mon- naie Feingehalt e-r Legierung, e-r Mün- ze; or m au ~ Gold mit gesetzlich vor- geschriebenem Feingehalt; être au ~ de e-n Feingehalt haben von; **8.** text des Garns Titer m; e-s Gewebs

titrer [titre] v/t **1.** ~ qn j-m e-n Adelstitel verleihen; j-n adeln; adit titré ad(e)lig; terre titrée mit e-m Adelstitel verbun- dener Besitz; **2. a)** Zeitung ~ sur cinq colonnes ... die fünfspaltige 'Über- schrift, Schlagzeile bringen ...; **b)** Buch etc betiteln; **3.** chim Lösung ti'trieren; ~ un alliage den Feingehalt e-r Legierung bestimmen; liqueur titrée Rea'genz-, Titerlösung f; or titré à 840/1000 Gold n mit e-m Feingehalt von 840/1000; solution f qui titre 15 degrés Lösung f mit 15 Volumprozent

titre-restaurant [titrərɛstorɑ̃] m ⟨pl titres-restaurant⟩ Essen(s)bon m, -marke f, -gutschein m (für ein Restau- rant); Restau'rantscheck m

titub|ant [titybɑ̃] adj Person, Gang schwankend; taumelnd; ~er v/i schwan- ken; taumeln

titulaire [titylɛr] **I** adj **1.** festangestellt; bei staatlichen Stellen ins Beamtenver- hältnis über'nommen; verbe'amtet; professeur m ~ a) e-r Universität or- dentlicher Professor; b) e-r Schule ins Beamtenverhältnis übernommener Leh- rer; **2.** e-s Rechts, Dokumentes etc per- sonne f ~ Inhaber m; **3.** égl Titu'lar...; évêque m ~ Titularbischof m; **II** m,f e-s Amtes, Titels, Rechts, Dokumentes In- ber(in) m(f); ~ d'une chaire Lehrstuhl- inhaber m; ~ d'un compte Kontoinha- ber m; ~ d'un droit Inhaber e-s Rechts;

Berechtigte(r) m; ~ d'une fonction auch Amtsträger m; ~ d'une pension Rentenberechtigte(r) m, -empfänger m; ~ du permis de conduire Führer- scheininhaber m; Inhaber e-s Führer- scheins; ~ d'une prestation Lei- stungsempfangsberechtigte(r) m

titularis|ation [titylarizasjɔ̃] f feste An- stellung; bei staatlichen Stellen 'Über- nahme f ins Beamtenverhältnis; Verbe- 'amtung f; ~er v/t fest anstellen; bei staatlichen Stellen ins Beamtenverhält- nis über'nehmen; verbe'amten

tmèse [tmɛz] f rhét Tmesis f

toast [tost] m **1.** Toast [toːst] m; Trink- spruch m; porter un ~ e-n Toast ausbringen (à qn auf j-n); porter un ~ de bienvenue à qn j-n mit e-m Trinkspruch begrüßen, willkommen heißen; **2.** Toast [toːst] m; Röstbrot n, -schnitte f; ~ beurré Butertoast m; Röstbrot mit Butter; ~eur m Toaster ['toːstər] m

toboggan [tɔbɔgɑ̃] m **1.** auf Kinderspiel- plätzen, Jahrmärkten Rutschbahn f; **2.** tech Rutsche f; Schurre f; **3.** To'boggan m; Indi'anerschlitten m; **4.** im Straßen- verkehr (provi'sorische) Stahlbrücke. Über'führung

toc [tɔk] **I** int ~ ~ ~! – qui est là? ein Klopfen – wer ist da?; et ~! gut gegeben!; das hat gesessen! (Kommentar zu e-r schlagfertigen Antwort); **II** adj F il est ~ ~ F er ist plem'plem, beklopft; cf auch cinglé; **III** m **1.** Talmi n; bijou en ~ Imitati'on f; Talmi n; c'est du ~ od ça fait ~ das ist Talmi, Imitation; par ext das ist Kitsch!; **2.** tech Mitnehmer m

tocade cf toquade

tocante [tɔkɑ̃t] f Uhr f; F Zwiebel f

tocard [tɔkar] **I** adj F Möbel, Haus etc häßlich; scheußlich (aussehend); kit- schig; **II** m **1.** Pferderennen: schlechtes Pferd; **2.** F gig Nichtskönner m; F Flasche f

toccata [tɔkata] f mus Tok'kata f

tocsin [tɔksɛ̃] m **a)** Sturmglocke f; **b)** Sturmläuten n; sonner le ~ Sturm läuten

toge [tɔʒ] f **1.** im alten Rom Toga f; **2.** der Rechtsanwälte, Professoren etc Robe f; Ta'lar m

togolais [tɔgɔlɛ] **I** adj togo'lesisch; to- goisch; **II** subst ♀(e) m(f) Togo'lese, -'lesin m,f; Togoer(in) m(f)

tohu-bohu [tɔybɔy] m Tu'mult m; Trubel m; lärmendes Durchein'ander; Getümmel n; Hexenkessel m; Tohuwa- 'bohu n; Chaos m

toi [twa] **I** pr/pers der 2. pers sg **1.** unverbunden u oft betont **a)** Subjekt du; in Briefen Du; ~, abandonner mainte- nant? du willst jetzt aufgeben?; ~, tu mens du, du lügst; et ~, viens avec moi und du komm mit mir; et ~, tu ne veux pas? und du willst nicht?; ~ et moi (, nous) irons und ich (, wir) gehen; si j'étais ~ wenn ich du wäre; il est plus petit que ~ er ist kleiner als du; ~ qui n'as jamais travaillé du, der du nie gearbeitet hast; du, der nie gearbeitet hat; c'est ~ bist du ds?; c'est moi – qui ~? ich bin's – wer (ist) ich?; c'est ~ qui l'as voulu du hast es (ja) gewollt; **b)** obj/dir dich; in Briefen Dich; je vous inviterai, tes parents et ~ ... deine Eltern und dich; t'épouser, ~, mais il est folle dich heiraten! du bist ja verrückt; c'est ~ que j'ai aimé dich habe ich geliebt; **c)** mit prép dir (dat); dich (acc); in Briefen Dir bzw Dich; malheur à ~ wehe dir; je ne le dis qu'à ~ ich sage es nur dir; prends garde à ~ nimm dich in acht; c'est ton idée à ~ das ist deine Idee; d'après ~, selon ~

---

deiner Ansicht, Meinung nach; on par- le de ~ man spricht von dir, über dich; **2.** mit dem bejahten Imperativ verbunden **a)** obj/dir dich; sers-~ bedien dich; P mets-~-z'y setz dich dahin; **b)** obj/indir dir; figure-~ ... stell dir vor ...; **II** m le ~ das Du; cf auch moi

toile [twal] f **1.** text Leinen n; Leinwand f; par ext Stoff m; Tuch n; ~ cirée Wachstuch n; ~ fine feines Leinen; grosse ~ grobe Leinwand; grobes Lei- nen; ~ métallique Drahtgewebe n; Me'talltuch n; ~ pur chanvre reines Hanfleinen; ~ pur lin Ganzleinen n; ~ tailleur Schneider-, Steifleinen n; ~ à bâches Hanf- bzw Jutesegeltuch n; ~ à calquer Pausleinwand f, -kattun m; Ko'pierleinwand f; ~ à matelas Ma- 'tratzendrell m; ~ à sac Sackleinen n; ~ à voile Segeltuch n; ~ d'amiante As'bestgewebe n; ~ d'architecte cf ~ à calquer; ~ d'avion Stoff für Segelflug- zeuge; ~ de chanvre Hanfleinen n; ~ de coton Baumwolleinen n; Kat'tun m; ~ d'emballage Packleinen n, -leinwand f; ~ de jute Juteleinwand f; Sackleinen n; ~ de laine Wollstoff m in Leinenbin- dung; ~ de lin (Flachs)Leinen n; ~ de sauvetage Sprungtuch n; ~ de soie Gewebe n aus Schappe; ~ de tente Zeltbahn f; ◆ adj armure f ~ Leinen-, Leinwand-, Tuch-, Taftbindung f; impr (reliure f) pleine ~ Ganzleinen(ein- band) n(m); loc/adj de od en ~ aus Leinen; Leinen...; leinen; costume m de, en ~ Leinenanzug m; robe f de ~ Leinenkleid n; village m de ~ Zeltstadt f; **2.** (Öl)Gemälde n; ~ de maître Meistergemälde n; **3.** ~ de fond a) thé Pro'spekt m; b) fig 'Hintergrund m; **4.** mar Segel n/pl; Segelwerk n; navire chargé de ~s Schiff, das alle Segel gesetzt hat; faire de la ~ viel Segel setzen; **5.** ~ d'araignée Spinnwebe f; Spinngewebe n; l'araignée file, tisse sa ~ die Spinne spinnt, webt ihr Netz; **6.** bot Grauschimmel m

toilerie [twalri] f **a)** Leinen-, Leinwand- fabrik f; **b)** Leinenfabrikation f bzw -handel m; **c)** Leinenware f

toilette [twalɛt] f **1.** Waschen n; ~ d'un mort Leichen-, Totenwäsche f; faire la ~ d'un mort e-n Toten waschen (und ankleiden); armoire f de ~ Badezim- mer-, Toi'lettenschrank m; gant m de ~ Waschlappen m; produits m/pl, arti- cles m/pl de ~ Toi'lettenartikel m/pl; serviette f de ~ Handtuch n; table f de ~ Waschtisch m; faire sa ~ sich wa- schen; Katze sich putzen; faire une ~ de chat Katzenwäsche machen; faire une grande ~ sich gründlich waschen; **2.** Kleidung f; Toi'lette f; Aufmachung f; ~ de bal Balltoilette f; ~ de mariée Brautstaat m; en ~ d'été sommerlich gekleidet; in Sommerkleidung; avoir toujours de nouvelles ~s immer etw Neues zum Anziehen haben; avoir le goût de la ~ gern gut gekleidet sein; Wert auf gute Kleidung legen; être en grande ~ in großer Toilette sein; elle porte bien la ~ sie versteht es, elegante Kleidung zu tragen; **3.** ~s pl WC n; Toi'lette f; Ab'ort m; Klo'sett n; aller aux ~s auf die Toilette gehen; **4.** Binsen- horde f

toilier [twalje] **I** adj ⟨-ière⟩ Leinen...; industrie toilière Leinenindustrie f; **II** subst ~, toilière m,f Leinenfabrikant(in) m(f) bzw -händler(in) m(f)

toi-même [twamɛm] pr/pers der 2. pers sg **1.** betont (du) selbst; c'est ~ qui l'as dit du selbst hast es gesagt; du hast es selbst gesagt; **2.** reflexiv dich selbst; connais-toi ~ erkenne dich selbst

toise [twaz] *f* **1.** Meßstab *m* (*zum Messen der Körpergröße*); **passer à la ~** gemessen werden; **passer qn à la ~** j-s Größe messen; **2.** *altes Längenmaß etwa* Klafter *f od m od n*
toiser [twaze] **I** *v/t* **1. ~ qn** j-s Körpergröße messen; **2.** *fig* **~ qn** j-n mustern, mit dem Blick messen; **II** *v/pr* **se ~** sich gegenseitig mit dem Blick messen
toison [twazɔ̃] *f* **1.** Wolle *f* (*der Schafe u par ext auch anderer Tiere*); *nach der Schur* Vlies *n*; Rohwolle *f*; *par ext* Schafpelz *m*, -fell *n*; *myth u hist* la ♀ d'or das Goldene Vlies; **2.** *fig* **a)** dichtes Haar; **b)** dichte Behaarung (*auf Brust od Rücken*)
toit [twa] *m* **1.** *e-s Gebäudes, Fahrzeugs* Dach *n*; *e-s Doppeldachzeltes* **double ~** 'Überzelt *n*; *auto* **~ ouvrant** Schiebedach *n*; **~ plat** Flachdach *n*; **~ d'ardoises, de chaume, de tuiles** Schiefer-, Stroh-, Ziegeldach *n*; *géogr* **le ~ du monde** das Dach der Welt; **~ en tôle, en** *od* **de verre** Blech-, Glasdach *n*; *fig* **crier qc sur les ~s** etw ausposaunen; etw an die große Glocke hängen; **habiter sous les ~s** unter dem Dach wohnen; **2.** *par ext* Wohnung *f*; Dach *n*; **avoir un ~** ein Dach über dem Kopf haben; **habiter, vivre sous le même ~** unter einem Dach wohnen; **recevoir qn sous son ~** j-n bei sich, in s-m Haus empfangen; **vivre sous le ~ paternel** im Elternhaus, bei s-n Eltern wohnen; **3.** *mines* Hangende(s) *n*
toiture [twatyr] *f* Bedachung *f*; Abdeckung *f*; Dach *n*; **enlever la ~** das Dach abdecken
tokai *od* **tokay** [tɔkɛ] *od* **tokaï** [tɔkaj] *m* **a)** Tokajer *od* To'kaier *m* (*ungarischer Wein*); **b)** *im Elsaß u in Südfrankreich angebauter Wein der Rebsorte* Furmint
tokharien [tɔkarjɛ̃] *ling* **I** *adj* <~ne> to'charisch; **II** *subst* **le ~** das To'charische; To'charisch *n*
tôle [tol] *f* **1.** Blech *n*; **~ émaillée** emailliertes Blech; **~ étamée, forte, mince, moyenne, ondulée** Weiß-, Grob-, Fein-, Mittel-, Wellblech *n*; **~ d'aluminium, de laiton** Alu'minium-, Messingblech *n*; **2.** *cf* taule
tôlé [tole] *adj* **neige ~e** Harsch *m*; verharschter Schnee
tolérable [tɔlerabl(ə)] *adj* **1.** zu dulden(d); *une négligence* **qui n'est pas ~** die nicht geduldet werden kann; **2.** erträglich; zu ertragen(d)
tolérance [tɔlerɑ̃s] *f* **1.** Tole'ranz *f*; Nachsicht *f*; Duldsamkeit *f*; *jur auch* Duldung *f*; **~ religieuse** religiöse Toleranz; *hist rel* **édit m de ~** Toleranzedikt *n*; *jur* **jour m de ~** Lichtöffnung, die der Nachbar dulden muß; *früher* **maison f de ~** Freudenhaus *n*; Bor'dell *n*; **ce n'est pas un droit, c'est une ~** das ist kein Recht, es wird nur geduldet; **faire preuve de ~** tolerant *od* nachsichtig sein; Toleranz üben (**à l'égard de, envers qn** j-m gegenüber); **2.** *tech* Tole'ranz *f*; Abmaß *n*; zulässige Abweichung; Spielraum *m*; Spanne *f*; *bei Münzen* Tole'ranz *f*; Re'medium *n*; **3.** *gr* **~ grammaticale** *bzw* **orthographique** zulässige grammatikalische *bzw* orthographische Abweichung; **4.** *méd* Tole'ranz *f*
tolérant [tɔlerɑ̃] *adj* tole'rant; duldsam; nachsichtig; weitherzig; libe'ral
tolérer [tɔlere] *v/t* <-è-> **1.** *Sache* dulden; gestatten; zulassen; geschehen lassen; tole'rieren; *Person* ertragen; dulden; **~ que …** (*+subj*) dulden, zulassen, gestatten, daß …; **2.** *Medikament, Behandlung* vertragen
tôlerie [tolri] *f* **a)** Blechfabrik *f*, -walz-

---

werk *n*; **b)** Blechbearbeitung *f*; **c)** *coll* Blechteile *m/pl*, -waren *f/pl*
tolet [tɔlɛ] *m mar* (Ruder)Dolle *f*
toletière [tɔltjɛr] *f mar* Dollbaum *m*
tôlier [tolje] *m* **1. a)** Blecharbeiter *m*, -schlosser *m*; **~ industriel** Feinblechner *m*; **~ en voitures** Karosse'rieklempner *m*; *südd* Autospengler *m*; **b)** Blechwarenhändler *m*; **2.** *cf* taulier
tolite [tɔlit] *f chim* Tro'tyl *n*
tollé [tɔ(l)le] *m* Zeter-, Pro'testgeschrei *n*; **provoquer, soulever un ~ général** allgemeines Protestgeschrei hervorrufen
Tolu [tɔly] *n/pr phm* **baume m de ~** Tolubalsam *m*
toluène [tɔlyɛn] *m chim* Tolu'ol *n*
toluidine [tɔlyidin] *f chim* Tolui'din *n*
toluol [tɔlyɔl] *m comm* Tolu'ol *n*
tomahawk [tɔmaok, tɔmawak] *m* Tomahawk [-ha:k, -ho:k] *m*
tomaison [tɔmɛzɔ̃] *f impr* Bandbezeichnung *f*, -nummer *f*
tomate [tɔmat] *f bot, cuis* To'mate *f*; *österr* Para'deiser *m*; **jus m, salade f de ~s** Tomatensaft *m*, -salat *m*; *adjt* **sauce f de ~** Tomatensoße *f*; **devenir rouge comme une ~** rot wie e-e Tomate, puterrot, knallrot werden; **recevoir des ~s** mit Tomaten beworfen werden; **recevoir qn à coups de ~s** j-n mit Tomaten bewerfen
tombac [tɔ̃bak] *m tech* Tombak *m*
tombal [tɔ̃bal] *adj* <~aux> Grab…; **inscription ~e** Grabinschrift *f*; **pierre ~e** Grabplatte *f bzw* -stein *m*
tombant [tɔ̃bɑ̃] *adj* fallend; Schnauzbart, Augenlider her'abhängend; **cheveux ~s** langes, offenes Haar; **épaules ~es** abfallende Schultern *f/pl*; Hängeschultern *f/pl*; **poitrine ~e** Hängebrust *f*, -busen *m*; *fig* **à la nuit ~e** bei Einbruch der Dunkelheit, Nacht
tombe [tɔ̃b] *f* Grab *n*; Grabstätte *f*; letzte Ruhestätte *f*; *hist* **~ à chambre, à puits** Kammer-, Schachtgrab *n*; **aller sur la ~ de qn** j-s Grab besuchen; zu j-s Grab gehen; **descendre un cercueil dans une ~** e-n Sarg in ein Grab senken; *fig* **être muet comme une ~** stumm, verschwiegen wie ein Grab sein; *fig* **il doit se retourner, il se retournerait dans sa ~** er würde sich im Grabe 'umdrehen; *fig* **suivre qn dans la ~** j-m ins Grab folgen
tombé [tɔ̃be] *adj* **1. fruits ~s** Fallobst *n*; **2.** *beim Rugby* **coup m de pied ~** Sprungtritt *m*
tombeau [tɔ̃bo] *m* <*pl* -x> **1.** Grabmal *n*; Grabstätte *f*; *poét* Gruft *f*; *fig* Grab *n*; Tod *m*; Ende *n*; 'Untergang *m*; *rel, Kunst* **mise f au ~** Grablegung *f* Christi; **mettre qn au ~** j-n ins Grab legen, betten; **porter qn au ~** j-n zu Grabe tragen; *fig Fahrzeug, Fahrer* **rouler à ~ ouvert** mit halsbrecherischer Geschwindigkeit fahren, rasen; **2.** *mus* Tom'beau *m* Literatur Dichtung *f* zu j-s Gedächtnis; **3.** *lit* **~ (en) ~ (Art)** Prunk-, Prachtbett *n* (*im 17. u 18. Jh*)
tombée [tɔ̃be] *f* **1.** *litt* Fallen *n*; *fig* **à la ~ du jour, de la nuit, du soir** *bzw* *od* mit Einbruch, Anbruch der Dunkelheit, Nacht; bei ein-, anbrechender Nacht, Dunkelheit; bei Eintritt der Dämmerung; **~ du jour** *auch* Ende *n* des Tages; **2.** *bei e-r Waage* Ausschlag *m* (= Übergewicht, das den Waagebalken zum Sinken bringt)
tombelle [tɔ̃bɛl] *f Archäologie* kleiner Grabhügel
tomber[1] [tɔ̃be] **I** *v/t* **1.** *beim Ringen* Gegner auf die Schultern legen; **2.** F *fig* **une femme** e-e Frau verführen; **3.** F **la veste** die Jacke ausziehen; **II** *v/i* <être> **4.** fallen; stürzen; 'um-,

---

hinfallen; 'umsinken; hin'ab- *bzw* her'ab-, hin'unter- *bzw* her'unterfallen, -sinken; zu Fall kommen; *Bergsteiger, Flugzeug* abstürzen; *Blätter, Früchte* abfallen; *Regen, Nebel, Schnee, Hagel* fallen; *Nebel auch* sich senken; sinken; *Blitz* einschlagen; ♦ *Wendungen mit prép:* **~ à l'eau** ins Wasser fallen (*auch fig Plan*); **~ à genoux** auf die Knie fallen; **~ à la mer** ins Meer fallen, stürzen; **~ dans les bras de qn** *cf* bras 1.; **~ dans l'escalier, dans un gouffre** auf die Treppe, in e-n Abgrund stürzen, fallen; *Blätter, Früchte* **~ des arbres** von den Bäumen fallen; **~ de cheval** vom Pferd fallen, stürzen; **~ (du haut) du troisième étage** aus dem dritten Stock fallen, stürzen; *fig* **~ d'inanition** vor Hunger ganz schwach sein, F 'umkommen; *le stylo* **est tombé des mains …** ist mir aus der Hand gefallen; **~ en chute libre** in freiem Fall stürzen, fallen; **~ par la fenêtre** aus dem Fenster fallen, stürzen; **~ par terre** hin'unter- *bzw* her'abfallen; hinfallen; **~ sur** fallen auf (+*acc*); *cf auch* 8., 9., 10., 13.; *la foudre* **est tombée sur une maison …** hat in ein Haus eingeschlagen; ♦ *mit Verb:* **il s'est cassé le bras en tombant** er hat sich bei e-m Sturz den Arm gebrochen; er ist gefallen und hat sich den Arm gebrochen; **faire ~ qc** etw 'umwerfen, -stürzen, her'unterwerfen, *von e-m Baum auch* her'unterschütteln; **faire ~ qn** j-n nieder-, 'umwerfen; *cf auch* 7., 12.; **laisser ~ qc** etw fallen lassen; *cf auch* 5., 7., 12.; **se laisser ~ dans un fauteuil, sur un divan** sich in e-n Sessel, auf e-n Diwan fallen lassen; **5.** *fig Worte etc* fallen; **la nuit tombe** die Nacht, Dunkelheit bricht herein; es wird Nacht, dunkel; die Nacht bricht an, *st/s* sinkt herab, zieht herauf; **le soir tombe** es wird Abend; *Worte* **~ dans le silence** in die Stille fallen; *Worte* **~ des lèvres de qn** von j-s Lippen kommen; **il laissa ~ ces mots: …** sprach, äußerte folgende Worte: …; **6.** *Haare, Zähne* ausfallen; *Haare auch* ausgehen; **ses cheveux tombent** die Haare gehen, fallen ihm aus; **7.** *Soldat, Stadt, Festung* fallen; *Hindernis, Schwierigkeit, Einwand* wegfallen; *Regierung etc* stürzen; *Mode* sich nicht halten können; *Theaterstück* 'durchfallen; *la pièce* **est tombée au bout de quelques représentations …** mußte nach wenigen, nach ein paar Vorstellungen abgesetzt werden; **faire ~ Regierung etc** stürzen; zu Fall bringen; **laisser ~ Plan** fallenlassen; *Vorhaben, Hobby* aufgeben; **laisser ~ qn** j-n fallenlassen; j-n im Stich lassen; j-n verlassen; F *abs* **laisse ~!** laß doch sein!; gib's auf!; F steck's auf!; **8. ~ sur qn** sich auf j-n stürzen; über j-n herfallen; j-n über'fallen, anfallen; **ils nous sont tombés dessus**, F **ils nous sont tombés sur le dos, le paletot** sie sind über uns hergefallen; sie haben uns überfallen, über'rascht; **9.** werden; *an e-n Ort, in e-n Zustand, in e-e Lage* geraten; kommen; **~ amoureux** sich verlieben (**de qn** in j-n); **~ malade** krank werden; erkranken; **~ aux** *od* **dans les mains de qn** j-m in die, in j-s Hände geraten; **~ aux mains de l'ennemi** *auch* in Feindeshand geraten; **~ dans une embuscade** in e-n 'Hinterhalt geraten; **~ dans l'erreur** in e-n Fehler verfallen; sich irren; **~ dans la misère** in Not, ins Elend geraten; **~ dans un piège** in e-e Falle geraten; **il est tombé dans le piège** er ist in die Falle gegangen; **~ d'accord** *cf* accord

l.; *Reich etc* ~ **en décadence** in Verfall geraten; verfallen; ~ **en disgrâce** in Ungnade fallen; *Fahrzeug, Fahrer* ~ **en panne** *cf* panne l.; ~ **en poussière** zu Staub zerfallen; *Gebäude* ~ **en ruine** verfallen; **cela tombe sous le sens** *cf* **sens** l. **a)**; *mar* ~ **sous le vent** leewärts (ab)treiben; *Erkältung* ~ **sur la poitrine** sich auf die Brust legen; **10.** (unerwartet *od* zufällig) kommen; erscheinen; geraten; ~ **bien gerade recht,** zur richtigen Zeit, gelegen, F wie gerufen kommen; **ça tombe bien** das trifft sich gut, günstig; **il est bien tombé** *auch* er hat es gut getroffen; ~ **juste a)** *Teilung* aufgehen; **b)** *Person* es erraten; ~ **mal** ungelegen, zu ungelegener Zeit, im unpassenden Augenblick kommen; *Verabredung etc* schlecht passen; **ça tombe mal** das trifft sich schlecht, ungünstig; ~ **du ciel** gerade im richtigen Moment, zur rechten Zeit kommen; *cet argent* **tombe du ciel** *auch* F ... kommt wie gerufen; **tu tombes du ciel** *auch* dich schickt der Himmel; **je suis tombé en pleine réunion** F ich platzte mitten in die Versammlung hinein; *cet article* **m'est tombé sous les yeux** ... ist mir zufällig unter die Augen gekommen; ~ **sur qc** auf etw (*acc*) stoßen; etw zufällig finden; ~ **sur qn** auf j-n stoßen; j-n zufällig treffen; j-m zufällig begegnen; F *fig* ~ **sur un os** auf unvorhergesehene Schwierigkeiten stoßen; **la conversation est tombée sur ce film** die Unter'haltung kam *od* geriet, die Rede kam auf diesen Film; man kam auf diesen Film zu sprechen; **le sort est tombé sur lui** das Los hat ihn getroffen; es ist ihm zugefallen; **11. auf e-n** *Zeitpunkt* fallen; *son anniversaire* **tombe un dimanche** ... fällt auf e-n Sonntag; **zwei Dinge** ~ **le même jour** auf den gleichen Tag fallen; *Veranstaltungen etc auch* am gleichen Tag stattfinden; **12.** schwächer werden; nachlassen; abnehmen; fallen; sinken; zu'rückgehen; *Preise, Kurse, Temperatur* fallen; sinken; *Eifer* erlahmen; nachlassen; *Fieber* fallen; sinken; nachlassen; zu'rückgehen; *Wind* nachlassen; sich legen; *Meer* sich beruhigen; *Gespräch* stocken; ins Stocken geraten; *Begeisterung* nachlassen; sich legen; *auch Freude* vergehen; *Tag* sich neigen; sinken; *zur Neige, zu Ende gehen; **sa colère est tombée** sein Zorn hat sich gelegt, ist abgekühlt, verraucht; **sa joie est tombée** *auch* mit s-r Freude ist es aus; ~ **à zéro** auf Null (ab)sinken, fallen; *Temperatur* ~ **de cinq dixièmes** um e-n halben Grad, um fünf Teilstriche zurückgehen, sinken; **faire** ~ *Kurse, Preise* drücken; **laisser** ~ **la voix** die Stimme senken; **13.** (her'ab)hängen; fallen; *Kleidung* ~ **bien** gut fallen; *fig* **les bras m'en tombent** ich kann es kaum fassen; da bin ich sprachlos, per'plex, F baff, platt; **épaules** *f/pl* **qui tombent** abfallende Schultern *f/pl*; Hängeschultern *f/pl*; **tenture** *f* **qui tombe en larges plis** in breiten Falten fallender, herabhängender Behang; **cape** *f* **qui tombe jusqu'aux pieds** bis zu den Füßen, an die Knöchel reichender 'Umhang; **les cheveux lui tombent jusqu'en bas du dos** die Haare fallen, reichen, hängen ihr bis zur Hüfte (herab); *mar Schiff* ~ **sur l'arrière, sur l'avant** heck- *od* achterlastig, bug-*od* kopflastig sein; **son chapeau lui tombe sur les yeux** der Hut reicht, geht ihm bis an, über die Augen; *une mèche de cheveux* **lui tombe sur les yeux** ... hängt, fällt ihr über die Augen; **14.** *Pressejargon:* **le journal tom-**

be à cinq heures ... kommt um fünf Uhr heraus; *un télégramme* **vient de** ~ ... ist eben eingegangen; **III** *v/imp* **il tombe de la grêle, de la neige, de la pluie** es fällt Hagel, Schnee, Regen; es hagelt, schneit, regnet; F **il va** ~ **de l'eau** es wird regnen; F **qu'est-ce qu'il va** ~! F das wird ganz schön gießen!

tomber[2] [tõbe] *m beim Ringen* Schulterberührung *f*

tombereau [tõbro] *m* ⟨*pl* ~**x**⟩ **1. a)** (zweirädriger) Kippkarren; **b)** Karrenladung *f*; **2.** *Tiefbau* Dumper ['dam-] *m*

tombeur [tõbœr] *m* **1.** *beim Ringen* Sieger *m*; **2.** F Frauenheld *m*

tombola [tõbɔla] *f* Tombola *f*; **tirage** *m* **de la** ~ Ziehung *f* der Lose bei der Tombola; **organiser une** ~ **e-e** Tombola veranstalten

tombolo [tõbɔlo] *m géol* durch Anschwemmung entstandene Verbindung zwischen dem Festland und e-r Insel

tome [tɔm] *m impr* **a)** Band *m*; Buch *n*; Teil *m* (*Einteilung vom Verfasser*); **b)** Band *m* (*Synonym von* volume)

tomenteux [tɔmãtø] *adj* ⟨**-euse**⟩ *biol* flaumig

tomer [tɔme] *v/t impr* **a)** in Bände einteilen; **b)** *Bogen* mit der Bandnummer versehen

tomette [tɔmɛt] *f* Terra'kottafliese *f*

tomme [tɔm] *f* Hartkäse aus Savoyen

tommy [tɔmi] *m* ⟨*pl* **tommies**⟩ Tommy *m*; englischer Sol'dat

tomographie [tɔmɔgrafi] *f méd* **a)** Tomogra'phie *f*; Röntgenschichtverfahren *n*; **b)** Schichtaufnahme *f*

tom-pouce [tɔmpus] *m* (*nom déposé*) Taschenschirm *m*

ton[1] [tõ] *adj/poss der 2. pers sg* ⟨*f* **ta** [ta], *vor Vokal u stummem h* **ton**; *pl* **tes** [te]⟩ dein(e); *in Briefen* Dein(e); ~ **ami**=*m*(*f*) dein(e) Freund(in) *m*(*f*); ~ **Michel** dein Michel; **à** ~ **égard** zu dir; dir gegenüber; **en** ~ **honneur** dir zu Ehren; **ta rencontre lui fut désagréable** die Begegnung mit dir war ihm unangenehm; **c'est ça, ta petite plage tranquille?** was, das ist dein kleiner, stiller Strand!; **ferme ta porte!** mach (gefälligst) die Tür hinter dir zu!; F **tu gagnes tes cent francs par jour** du verdienst deine hundert Franc pro Tag

ton[2] [tõ] *m* **1.** Ton *m*; Tonhöhe *f*; ~ **aigu** hoher, schriller Ton; *cf auch* **6.**; ~ **égal, uniforme** gleichbleibender, gleichmäßiger Ton; ~ **rauque** rauher, heiserer Ton; **2.** *fig* Ton *m*; 'Umgangston *m*; Redeweise *f*; ~ **arrogant, brusque, dédaigneux** arroganter, barscher *od* schroffer, verächtlicher Ton; *loc/adv:* **d'un** ~ **ferme** in festem Ton; **sur le** ~ **de la conversation** im Plauderton; (wie) beiläufig; **dire qc d'un** ~ **sur un** ~ **convaincu** etw in über'zeugtem Ton sagen; **élever, 'hausser le** ~ **a)** die Stimme heben; **b)** energisch werden; **je ne vous permets pas de me parler sur ce** ~ ich verbitte mir diesen Ton, diese Redeweise; **si vous le prenez sur ce** ~ ... wenn Sie diesen Ton anschlagen ...; **wenn Sie in diesem Ton mit mir reden** ~ ...; **répéter, chanter sur tous les** ~ **s** in allen Tonarten wieder'holen; **3.** *fig* **le bon** ~ der gute Ton; *loc/adj* **de bon** ~ vom guten Ton gehalten; gut; *Sprache* des guten Tons; **élégance** *f* **de bon** ~ geschmackvolle Eleganz; **donner le** ~ den Ton angeben; tonangebend sein; *cf auch* **4.**; **il est de bon** ~ **de** (+*inf*) es gehört zum guten Ton, es gehört sich zu (+*inf*); **4.** *mus* **a)** Ton *m*; Tonschritt *m*, -stufe *f*; *par ext* Ganzton *m*; **c)** Tonart *f*; ~ **majeur, mineur** **a)**

kleiner, großer Ganzton; **b)** Dur-, Moll-Tonart *f*; ~ **de si bémol majeur** B-Dur-Tonart *f*; **donner le** ~ den Ton angeben; **passer d'un** ~ **à un autre** aus e-r Tonart in die andere 'übergehen; modu'lieren; **sortir du** ~ den Ton nicht halten; deto-'nieren; **5.** *mus* Stimmpfeife *f*; **6.** *phon* Ton *m*; *im Griechischen* ~ (**aigu**) Hochton *m*; Hebung *f* (der Stimme); *im Chinesischen* ~ **descendant,** 'haut, montant fallender *od* sinkender, hoher, steigender Ton; *ling* **langues** *f/pl* **à** ~ Tonsprachen *f/pl*; **7.** *e-s Briefes* Ton *m*; *e-s Schriftstellers* Stil *m*; **8.** (Farb)Ton *m*; ~ **chaud, criard, froid** warmer, greller, kalter Farbton; ~ **s purs, ternes** reine *od* klare, matte Farben *f/pl*, Farbtöne; **sur** ~ Ton in Ton; **être dans le** ~ den gleichen Farbton haben; **ça n'est pas (dans) le même** ~ *auch* die(se) Farben beißen sich; **9.** ~ **s** *pl* **de chasse** Jagdsignale *n/pl*

tonal [tɔnal] *adj* ⟨**-als**⟩ *mus* **a)** Ton...; 'hauteur ~**e** Tonhöhe *f*; **b)** to'nal; **musique** ~**e** tonale Musik

tonalité [tɔnalite] *f* **1.** *mus* **a)** Tonali'tät *f*; **b)** Tonart *f*; **2.** *von Stimme, Radio, Plattenspieler, Tonbandgerät* Klang *m*; Klangfarbe *f*; ~ **réglable** mit Höhen- und Tiefenregler; ~ **réglage** *m* **de (la)** ~ Höhen- und Tiefenregelung *f*, -regler *m*; **3.** *tél* Wählton *m*; Amtszeichen *n*; **attendre la** ~ den Wählton abwarten; **4.** *fig* Farbton *m*

tonca *cf* **tonka**

tondage [tõdaʒ] *m text u e-s Pferdes* Scheren *n*

tond|eur [tõdœr] *m* Scherer *m* (*auch text*); ~ **de chiens, de moutons** Hunde-, Schafscherer *m*; ~**euse** *f* **1.** Schererin *f* (*auch text*); **2.** *text* Schermaschine *f*; *des Friseurs* Haarschneidemaschine *f*; **3.** ~ (**à gazon**) Rasenmäher *m*; ~ **mécanique, à moteur** Hand-, Motorrasenmäher *m*

tondin [tõdɛ̃] *m arch* Halbrundstab *m* (*am Fuß e-r Säule*)

tondre [tõdr(ə)] *v/t* ⟨*cf* **rendre**⟩ **1.** *Schaf, Hund, Wolle u text* scheren; *Haare* (ab)scheren; (zu) kurz schneiden; **se faire** ~ sich die Haare zu kurz schneiden lassen; **2.** *Rasen* mähen; *Hecke* beschneiden; stutzen; **3.** *fig* ~ **qn** j-n ausnehmen, F rupfen

tondu [tõdy] *adj Haare, Person, Tier* geschoren

tonicité [tɔnisite] *f* **1.** *physiol* Tonus *m*; **2.** stärkende, kräftigende Wirkung

toni|fiant [tɔnifjã] **I** *adj* stärkend; kräftigend; *fig* **lecture** ~**e** belebende Lektüre; **II** *m cf* **tonique I 1.**; ~ **fier** *v/t* Organismus, Person stärken; kräftigen; *Haut u fig* beleben; ~ **qn** *auch* j-m Spannkraft verleihen

tonique [tɔnik] **I** *adj* **1.** kräftigend; stärkend; tonisch; **remède** *m*, **médicament** *m* ~ *od subst* ~ *m* Tonikum *n*; Stärkungsmittel *n*; stärkendes, kräftigendes Mittel; *im engeren Sinn* Reizmittel *n*; **2. lotion** *f* ~ *od subst* ~ *m* Gesichtswasser *n*; **3.** *fig* Kälte, Dusche, Lektüre belebend; **4.** *path* Krämpfe tonisch; **5.** *phon, gr* betont; **syllabe** *f* ~ betonte Silbe; **pronom personnel** ~ unverbundenes *od* betontes Perso'nalpronomen *n*; **II** *f mus* Tonika *f*; Grundton *m*

tonitru|ant [tɔnitryã] *adj* **voix** ~**e** dröhnende Stimme; Donnerstimme *f*; ~ **er** *v/i* *Person* mit dröhnender Stimme schreien

tonka [tõka] *bot* **1.** *m* Tonka(bohnen)-baum *m*; **2.** *f* (**fève** *f* **de**) ~ Tonkabohne *f*

tonkinois [tõkinwa] *adj* von, aus Ton(g)kin(g)

tonnage [tɔnaʒ] *m mar* **1.** Ton'nage *f*; ～ **brut, net** Brutto-, Nettoraumgehalt *m*, -tonnengehalt *m*, -tonnage *f*; **bâtiment** *m* **de fort, gros** ～ großes Schiff; **2.** *Statistik* Gesamttonnage *f* (*der Schiffe e-s Landes od e-s Hafens*); **3.** Tonnengeld *n*

tonnant [tɔnɑ̃] *adj* **1.** donnernd; **voix** ～**e** dröhnende Stimme; Donnerstimme *f*; **2.** *chim* **gaz,** ～ **mélange** ～ Knallgas *n*

tonne [tɔn] *f* **1.** ～ **(métrique)** (*abr* t) Tonne *f* (*Gewicht, abr* t); **ch de fer** ～ **kilométrique** Tonnenkilometer *m*; *fig* **des** ～**s de …** Riesenmengen *f/pl* von …; **un camion de sept** ～**s** *od ellip* **un sept** ～ ein Lastwagen *m* mit e-m (zulässigen) Gesamtgewicht von sieben Tonnen; ein Siebentonner *m*; *Brücke* **interdit aux véhicules de plus de trois** ～**s** gesperrt für Fahrzeuge mit e-m zulässigen Gesamtgewicht von mehr als drei Tonnen; **2.** *mar* Tonne *f* (*Wasserverdrängung*); *Schiff* **de seize mille** ～**s** von sechzehntausend Tonnen; **3.** *agr* Tonne *f*; großes Faß; *mar* Tonne *f* (*Seezeichen*); **4.** *zo* Tonnenschnecke *f*

tonneau [tɔno] *m* ⟨*pl* ～**x**⟩ **1.** Faß *n*; ～ **de bière** Bierfaß *n*; Faß Bier; *myth* **le** ～ **des Danaïdes** das Dana'idenfaß; *fig* **c'est le** ～ **des Danaïdes** das ist e-e Danaidenarbeit; ～ **de vin** Weinfaß *n*; Faß Wein; **fond** *m* **de** ～ a) Bodensatz *m* (*im Faß*); b) *fig* Rachenputzer *m*; Krätzer *m*; schlechter Wein; *F fig* **c'est du même** ～ das taugt genauso wenig; das ist genauso minderwertig; **mettre du vin en** ～ Wein in Fässer (ab)füllen; **2.** *mar* ～ **(de jauge)** Re'gistertonne *f* (*abr* RT); *Schiff* **de mille quatre cents** ～**x** von tausendvierhundert Registertonnen; **3.** *aviat* Rolle *f*; *auto* **faire un** ～ sich überschlagen; **faire plusieurs** ～**x** sich mehrmals über'schlagen; **4.** ～ **d'arrosage** Sprengwagen *m*; **5.** zweirädriger, offener Einspänner; (*Art*) Dog-Cart *m*

tonnelage [tɔnlaʒ] *m comm* **marchandises** *f/pl* **de** ～ in Fässern verpackte Waren *f/pl*

tonnelet [tɔnlɛ] *m* Fäßchen *n*; Tönnchen *n*

tonnelier [tɔnəlje] *m* Böttcher *m*; Faßbinder *m*; Küfer *m*; *in Bayern* Schäffler *m*

tonnelle [tɔnɛl] *f* **1.** (Garten)Laube *f*; **s'asseoir sous la** ～ sich in die Laube setzen; **2.** *arch* (Rund)Tonnengewölbe *n*; **3.** *ch* Netz *n* für den Rebhuhnfang

tonnellerie [tɔnɛlri] *f* a) Böttche'rei *f*; Faßbinde'rei *f*; b) Faßfabrik *f*; c) *coll* Böttcherwaren *f/pl*

tonner [tɔne] **I** *v/imp* il **tonne** es donnert; **II** *v/i* **1.** *Kanonen etc* donnern; **2.** *Person* ～ **contre** wettern gegen

tonnerre [tɔnɛr] *m* **1.** Donner *m*; *fig* ～ **d'acclamations,** ～ **d'applaudissements** tosender, brausender Beifall; donnernder Applaus; **coup** *m* **de** ～ a) Donnerschlag *m*; b) *fig* schwerer Schlag; **la déclaration de guerre fut un coup de** ～ **dans un ciel bleu** … kam wie ein Blitz aus heiterem Himmel; **grondement** *m* **de** ～ Donnergrollen *n*; Grollen *n*, Rollen *n* **des Donners**; *fig* **voix** *f* **de** ～ Donnerstimme *f*; dröhnende Stimme; **avec** *od* **en faisant un bruit de** ～ mit Donnergepolter, -getöse; **2.** *F fig loc/adj* **du** ～ (**de Dieu**) großartig; gewaltig; *F* **toll**; **e'norm**; phan'tastisch; **une fille du** ～ **F** ein tolles Mädchen; **un soleil du** ～ herrlicher, prachtvoller Sonnenschein; **c'est du** ～ (**de Dieu**) *F* das ist toll; enorm, phantastisch; **3.** *Fluch* ～ (**de Dieu**)!, ～ **de Brest!, mille** ～**s!** zum Donnerwetter!; Himmeldonnerwetter!

tono|mètre [tɔnɔmɛtr(ə)] *m méd* a) Blutdruckmesser *m*; b) Tono'meter *n*; Instru'ment *n* zur Messung des Augeninnendrucks; ～**métrie** *f méd* a) Blutdruckmessung *f*; b) Tonome'trie *f*; Messung *f* des Augeninnendrucks

tonsille [tõsij] *f anat* Gaumen-, Rachenmandel *f*; *sc* Ton'sille *f*

tonsure [tõsyr] *f égl cath* a) Ton'sur *f*; **porter la** ～ **e-e** Tonsur tragen, haben; b) *Weihe* (**première**) ～ erste Ton'sur

tonsurer [tõsyre] *v/t égl cath* ～ **qn** a) j-m e-e Ton'sur scheren; *adit* **tonsuré** mit e-r Tonsur; b) j-m die erste Ton'sur erteilen

tontaine *cf* ton ton tontaine

tonte [tõt] *f* **1.** Scheren *n*; Schur *f*; ～ **des moutons** Schafschur *f*; **2.** Schurwolle *f*; **3.** Zeit *f* der Schur; **4.** **des Rasens** Mähen *n*; *der Hecken* Beschneiden *n*; Stutzen *n*

tontin|e [tõtin] *f* **1.** *jur früher* Ton'tine *f*; *heute* (*Art*) Leibrentengemeinschaft *f* (*zu'gunsten Über'lebender*); *par ext diese* Leibrente *f*; **2.** *agr* Moos- *od* Strohschutzhülle *f* (*für den Transport von Sträuchern u Bäumchen*); ～**er** *v/t agr* mit e-r Moos- *od* Strohhülle schützen

tontisse [tõtis] *adj text* **bourre** *f* ～ Wollstaub *m*; **papier** *m* ～ Ve'lourstapete *f*

tonton [tõtõ] *enf m* Onkel *m* (*auch als Anrede*)

tonture [tõtyr] *f* **1.** *text* a) Scheren *n*; b) Wollstaub *m*; **2.** *mar* Sprung *m*; Spring *f*

tonus [tɔnys] *m* **1.** *physiol* ～ **musculaire** (Muskel)Tonus *m*; **2.** *e-r Person* Ener'gie *f*; Dy'namik *f*; Spannkraft *f*; **manquer de** ～ keine Energie haben

top [tɔp] *m* Zeitzeichen *n*; *rad* **au quatrième** ～ **il sera** *exactement huit heures* beim vierten Ton des Zeitzeichens, beim Gongschlag ist es …

topaze [tɔpaz] *f* **1.** *minér* To'pas *m*; ～ **brûlée** rosa Edeltopas *m*; ～ **dorée,** ～ **d'Espagne** Rauchtopas *m*, -quarz *m*; **2.** *adit* ⟨*inv*⟩ (**couleur**) ～ to'pasfarben

tope [tɔp] *int* topp!; einverstanden!; es gilt!

toper [tɔpe] *v/i* einschlagen; mit Handschlag bekräftigen, besiegeln; **tope là, topez là!** schlag, schlagen Sie ein!; deine, Ihre Hand drauf!; einverstanden?

tophacé [tɔfase] *adj path* Gichtknoten…; **concrétion** ～**e** *cf* **tophus**

tophus [tɔfys] *m path* Knoten *m*; *bes* Gichtknoten *m*; *sc* Tophus *m* (ar'thriticus)

topinambour [tɔpinãbur] *m bot* Topinam'bur *f od m*

topique [tɔpik] **I** *adj* **1.** *rhét* zur Sache gehörig; **2.** *méd* topisch; örtlich wirkend; **médicament** *m* ～ *od subst* ～ *m* topisches, örtlich wirkendes Medikament, Heilmittel; **II** *subst* ～ *m philos* Topos *m*; Gemeinplatz *m*; Kli'schee *n*; **2.** *f philos* Topik *f*

topo [tɔpo] *F m* Rede *f*; Ausführung *f*; **faire un petit** ～ **sur une question** kurz über e-e Frage sprechen; **c'est toujours le même** ～ *F* es ist immer die alte Leier

topographe [tɔpograf] *m.f* Topo'graph(in) *m(f)*; Vermessungstechniker *m*

topograph|ie [tɔpografi] *f* **1.** Topogra'phie *f*; Ortskunde *f*; **2.** Topogra'phie *f*; Orts-, Lagebeschreibung *f*; topo'graphische Darstellung; **3.** (An)Lage *f*; Anordnung *f*; **décrire la** ～ **des lieux** das Gelände beschreiben; *bei e-r Ortschaft* die Lage des Ortes, *bei e-m Haus* die Lage der Räumlichkeiten beschreiben; ～**ique** *adj* **1.** *géogr* topo'graphisch; **carte** *f* ～ topographische Karte; **2.** **anatomie** *f* ～ topographische Anatomie

topolog|ie [tɔpɔlɔʒi] *f math* Topolo'gie *f*; ～ **algébrique, combinatoire, générale** *od* **des ensembles** algebraische, kombinatorische, mengentheoretische Topologie; ～**ique** *adj math* topo'logisch; **structure** *f* ～ topologische Struktur

toponym|e [tɔpɔnim] *m ling* Ortsname *m*; ～**ie** *f ling* a) Ortsnamenkunde *f*, -lehre *f*; *sc* Topo'nymik *f*; Topono'mastik *f*; b) *coll e-s Landes, Gebietes* Ortsnamen *m/pl*; ～**ique** *adj ling* Ortsnamen…; der Ortsnamenkunde; ～**iste** *m.f* Fachmann *m*, Spezia'list(in) *m(f)* für Ortsnamenkunde

toquade [tɔkad] *F f* (vor'übergehende) Ma'rotte; Vernarrtheit *f*; *F* Fimmel *m*; **avoir une** ～ **pour qn, qc** in j-n, etw vernarrt sein; *F* in j-n verknallt, verschossen sein; ～ **c'est une** ～ das ist ein Strohfeuer, e-e Marotte, ein Fimmel

toquante *cf* **tocante**

toquard *cf* **tocard**

toque [tɔk] *f* Mütze *f* ; Toque *f*; ～ **(de cuisinier)** Kochmütze *f*; ～ **de fourrure** Pelzmütze *f*; ～ **(de magistrat)** Ba'rett *n*

toqu|é [tɔke] **I** *adj* **1.** ein bißchen verrückt; *F* verdreht; bekloppt; *cf auch* **cinglé**; **2. être** ～ **de qn** *F* in j-n verknallt, verschossen sein; an j-m e-n Narren gefressen haben; **II** *subst* ～**(e)** *m(f)* Verrückte(r) *f(m)*; *F* Spinner(in) *m(f)*; ～**er I** *v/i* klopfen; ～ **à la porte** an die Tür; **II** *v/pr* **se** ～ **de qn** *F* sich in j-n verknallen, vergaffen

torah *cf* **thora**

torche [tɔrʃ] *f* **1.** Fackel *f* (*auch e-r Raffinerie*); ～ **de paille** Strohfackel *f*; *tech Gas* **brûler à la** ～ abfackeln; *Person* **transformé en** ～ **vivante** als lebende Fackel; **2.** ～ **électrique** Stablampe *f*; **3.** Bund *m*, Rolle *f* (*Eisen- od Kupfer-*)Draht; **4.** *peint* Lappen *m* zum Reinigen (*der Pinsel od Palette*); **5.** Tragwulst *m*

torché [tɔrʃe] *adj* **1.** schwungvoll; spritzig; geistreich; **c'est bien** ～ *F* das ist gekonnt; **2.** *Arbeit F* hingehauen, -gepfuscht; gehudelt

torchée [tɔrʃe] *f F* Keile *pl*; Senge *pl*; Wichse *f*

torcher [tɔrʃe] **I** *v/t* **1.** *F* ～ **(le derrière d')un enfant** *F* e-m Kind den Po'po, den Hintern (ab)wischen, putzen; **2.** *Arbeit* hinhauen, -pfuschen; hinschmieren; **3.** *bât* Mauer, Wand in Lehmbauweise errichten; **II** *v/pr* **se** ～ (*P* **le cul**) *F* sich den Hintern (*P* den Arsch) (ab)wischen, putzen

torchère [tɔrʃɛr] *f* **1.** großer Kande'laber; mehrarmiger Wandleuchter; **2.** Schale, in der ein Feuer brennt

torchis [tɔrʃi] *m bât* Strohlehm *m*; **mur** *m* **en** ～ Lehmbauwand *f*

torchon [tɔrʃõ] *m* **1.** Geschirrtuch *n*; Wischtuch *n*; *F fig pol* **coup** *m* **de** ～ Säuberung *f*; *F* Groß'reinemachen *n*; **donner un coup de** ～ **sur la table** den Tisch abwischen; *fig* **le** ～ **brûle** sie haben Krach miteinander; *in e-r Familie* der Haussegen hängt schief; *F fig* **il ne faut pas mélanger les** ～**s et** *od* **avec les serviettes** man muß 'Unterschiede machen; alles *bzw* jeder, wohin es *bzw* er gehört; man darf nicht alle(s) in e-n Topf werfen; **2.** *F fig* Geschmiere *n*; Wisch *m*; **3.** *adit* **papier** *m* ～ Papier *n* für Aquarellmalerei

torchonner [tɔrʃɔne] *v/t F cf* **torcher 2.**

torcol [tɔrkɔl] *m zo* Wendehals *m*

torcou [tɔrku] *m cf* **torcol**

tordage [tɔrdaʒ] *m* Zu'sammen-, Inein-'anderdrehen *n* (*der Fadenenden*)

tordant [tɔrdɑ̃] *adj F* zum Totlachen; zum Piepen; zum Schießen; **une histoire** ～**e** e-e urkomische Geschichte; **c'est** ～

F das ist ja zum Piepen, Totlachen, Schießen

tord-boyaux [tɔrbwajo] F m ⟨inv⟩ starker Schnaps; Fusel m; F Rachenputzer m

tord|eur [tɔrdœr] m text Zwirner m; **⁓euse** f 1. text Zwirnerin f; 2. tech Verseilmaschine f (zur Herstellung von Litzenseilen); 3. zo Wickler m

tord-nez [tɔrne] m ⟨inv⟩ vét (Nasen-) Bremse f

tordoir [tɔrdwar] m 1. text Zwirnmaschine f; 2. Wringmaschine f; 3. Knebel m (zum Spannen von Seilen); 4. Ölpresse f

tordre [tɔrdr(ə)] ⟨cf rendre⟩ I v/t 1. drehen; verdrehen; 'umdrehen; Faden drehen; Wäsche auswringen; auswinden; ⁓ le bras, les poignets à qn j-m den Arm, die Handgelenke verdrehen; ⁓ le cou à un animal, F à qn e-m Tier, j-m den Hals umdrehen; la peur lui tord l'estomac vor Angst krampft sich ihm der Magen zusammen; 2. (ver)biegen; (ver)krümmen; tech verwinden; verdrehen; ⁓ une barre de fer e-e Eisenstange verbiegen; Wind ⁓ les branches die Äste biegen; 3. verzerren; la colère, la peur lui tord le visage sein Gesicht ist wut-, angstverzerrt; Zorn, Angst verzerrt sein Gesicht; II v/pr 4. se ⁓ les bras, les mains de désespoir vor Verzweiflung die Hände ringen; se ⁓ la cheville, le poignet sich den Knöchel, das Handgelenk verstauchen, verrenken; se ⁓ le pied mit dem Fuß 'umknicken; 5. sich winden, sich krümmen (de douleur vor Schmerzen); se ⁓ (de rire) sich krümmen, biegen, F kugeln, kringeln, wälzen vor Lachen; F sich schieflachen; il y a de quoi, c'est à se ⁓ (de rire) das ist zum Totlachen, F Piepen, Schießen; 6. Wurzeln, Zweige sich winden; sich schlängeln; sich krümmen; 7. Eisenstange etc sich (ver)biegen

tordu [tɔrdy] adj 1. Draht, Stange verbogen; tech verwunden; Beine krumm; Mund, Gesicht verzerrt; Person vom Alter verkrümmt; Baumstamm krumm (gewachsen); gekrümmt; P avoir la gueule ⁓e P e-e abstoßende Visage, e-e widerliche Fratze haben; subst Schimpfwort P va donc, eh, ⁓(e)! P du 'Mißgeburt!; 2. fig avoir l'esprit ⁓ immer Schlechtes annehmen; immer auf schlechte Gedanken kommen; 3. F il est complètement ⁓ F er ist total 'übergeschnappt; cf auch cinglé

tore [tɔr] m 1. arch Torus m; Wulst m od f (an Säulenbasen); 2. math Torus m; Kreiswulst m od f

toré|ador [tɔreadɔr] m cf torero; **⁓er** v/i To'rero sein; als Stierkämpfer auftreten; mit Stieren kämpfen

torero [tɔrero] m To'rero m; Stierkämpfer m; bes Mata'dor m

torgnole [tɔrɲɔl] F f (saftige) Ohrfeige; flanquer une ⁓ à qn F j-m e-e kleben, schmieren, her'unterhauen

toril [tɔril] m Stierzwinger m (bei der Stierkampfarena)

tormentille [tɔrmãtij] f bot Blutwurz f; Tormen'till m

tornade [tɔrnad] f Tor'nado m; Wirbelsturm m; fig entrer, faire irruption comme une ⁓ her'einstürmen, -stürzen

toron [tɔrõ] m 1. tech Litze f; Drahtseil n; 2. arch großer Torus, Wulst

toronner [tɔrɔne] v/t tech Einzeldrähte verseilen

torpédo [tɔrpedo] f auto (Art) Kabrio-'lett n; offener Wagen (zwischen 1900 u 1930)

torpeur [tɔrpœr] f 1. Benommenheit f; Betäubung f; Schlaffheit f; Regungslosigkeit f; körperlich Empfindungslos-

keit f; psychisch Erstarrung f; Starre f; sc path Torpor m; être plongé dans la ⁓ schlaff, benommen sein; faire sortir, tirer qn de sa ⁓ j-n aus s-r Benommenheit, Erstarrung, Betäubung reißen; 2. Apa'thie f; Lethar'gie f

torpide [tɔrpid] adj 1. litt benommen; schlaff; gefühllos; **engourdissement** m ⁓ Benommenheit f; 2. méd Wunde, Geschwür tor'pid; unbeeinflußbar

torpillage [tɔrpijaʒ] m mil Torpe'dieren n; Torpe'dierung f (auch fig)

torpille [tɔrpij] f 1. mar mil Tor'pedo m; ⁓ aérienne Lufttorpedo m; ⁓ humaine Einmanntorpedo m; 2. zo ⁓ od adit poisson m ⁓ Zitterrochen m; Tor'pedo (-fisch) m

torpill|er [tɔrpije] v/t 1. mar mil torpe-'dieren; 2. fig Projekt, Verhandlungen torpe'dieren; zu Fall bringen; 3. arg ⁓ qn F j-n anpumpen, anzapfen; ⁓ qn de dix francs F von j-m zehn Franc pumpen; **⁓erie** f mar mil Tor'pedoraum m; **⁓eur** m mar mil Tor'pedoboot n; adit avion ⁓ Tor'pedoflugzeug n

torqu|e [tɔrk] 1. f tech Rollendraht m; Drahtrolle f; 2. m Archäologie Torques m; **⁓er** v/t Kautabak verspinnen; **⁓ette** f Weidenkorb m (zum Transport von Fischen)

torréfac|teur [tɔrefaktœr] m tech Röstmaschine f; Röster m; ⁓ à café Kaffeeröster m, -röstmaschine f; **⁓tion** f von Tabak, Kaffee, Kakao Rösten m; von Kaffee auch Brennen n; usine f de ⁓ (Kaffee)Röste'rei f; Kaffeebrennerei f

torréfier [tɔrefje] v/t Kaffee, Kakao, Tabak rösten; Kaffee auch brennen

torrent [tɔrã] m 1. Sturz-, Wild-, Gießbach m; Wildwasser n; Gebirgsbach m; des ⁓s d'eau e-e Wasserflut; ⁓ de lave Lavastrom m; des ⁓s de pluie strömender Regen; il pleut à ⁓s es regnet in Strömen; es gießt; 2. fig Strom m; Flut f; Fülle f; Schwall m; ⁓ d'injures Flut, Schwall von Schimpfworten; litt ⁓ de lumière Lichtfülle f; ⁓s de sang Ströme m/pl von Blut; des ⁓s de larmes ein Strom von Tränen, Tränenstrom m

torrentiel [tɔrãsjɛl] adj ⟨⁓le⟩ 1. Wildwasser...; eaux ⁓les Wildwasser n; régime ⁓ (des eaux) Wasserführung f der Wildbäche; 2. pluie ⁓le Wolkenbruch m; strömender Regen

torrentueux [tɔrãtɥø] litt adj ⟨-euse⟩ wild; reißend; brausend

torride [tɔrid] adj Klima, Tag heiß; Hitze glühend

tors [tɔr] I adj ⟨torse [tɔrs], selten torte [tɔrt]⟩ gedreht; gewunden; spi'ral-, schraubenförmig; Beine krumm; gekrümmt; Faden gedreht; arch colonne ⁓e Schlangensäule f; soie ⁓e gezwirnte Seide; Seidenzwirn m; II m text Drehen n, -ung f; ⁓ droit, gauche Rechts-, Linksdrehung f

torsade [tɔrsad] f 1. ⁓ de cheveux od cheveux m/pl en ⁓ Kordel f; gedrehter Zopf; 2. gedrehte Franse; Kordel f; 3. arch Spi'rale f (Ornament); **⁓er** v/t Haare drehen; kordeln; adjt **torsadé** gekordelt; gedreht

torse [tɔrs] m 1. Oberkörper m; Brust f; loc/adv ⁓ nu mit nacktem Oberkörper; se mettre ⁓ nu den Oberkörper entblößen, beim Arzt frei machen; 2. sculp Torso m

torsion [tɔrsjõ] f 1. tech Torsi'on f; Verwindung f; Verdrehung f; (Ver)Drillung f; résistance f à la ⁓ Torsions-, Drehfestigkeit f; angle m, moment m de ⁓ Torsionswinkel m, -moment n; loc/adj en ⁓ tor'diert; 2. text a) Drehung f; b) Zwirnen n; c) Drall m; 3. des

Gesichts, des Mundes Verzerren n; des Fußes 'Umknicken n; des Knöchels Zerrung f

tort [tɔr] m 1. Unrecht n; Verschulden n; Fehler m; ◆ loc/adv: à ⁓ zu Unrecht; condamner, soupçonner qn à ⁓ j-n zu Unrecht verurteilen, verdächtigen; c'est à ⁓ que l'on prétend cela das wird zu Unrecht behauptet; diese Behauptung ist unrichtig, falsch; divorce prononcé aux ⁓s du mari, aux ⁓s réciproques Scheidung f aus Verschulden des Ehemannes, aus beiderseitigem Verschulden; à ⁓ ou à raison zu Recht oder zu Unrecht; à ⁓ et à travers drauf'los; unüberlegt; ins Blaue hinein; dépenser à ⁓ et à travers mit Geld um sich werfen; frapper à ⁓ et à travers blindlings drauflosschlagen; parler à ⁓ et à travers drauflosreden; ins Blaue hinein reden; dans son od en ⁓ im Unrecht; tu es dans ton ⁓ du bist im Unrecht; c'est le conducteur qui est dans son, en ⁓ der Fahrer ist schuld, im Unrecht; die Schuld liegt beim Fahrer; mettre qn dans son ⁓ j-n ins Unrecht setzen; se mettre dans son ⁓ sich ins Unrecht setzen; unrecht handeln; ils se sentent dans leur ⁓ sie fühlen sich schuldig; ◆ avoir ⁓ unrecht, nicht recht haben; im Unrecht sein; sich irren; il a ⁓ de (+inf) es ist falsch, nicht richtig von ihm zu (+inf); il a le ⁓ de trop parler sein Fehler ist, daß er zuviel redet; on aurait ⁓ de croire que ... es wäre falsch, irrig, verfehlt, ein Irrtum anzunehmen, daß ...; j'aurais ⁓ de ne pas en profiter es wäre falsch (von mir) od ein Fehler, das nicht auszunützen; vous avez ⁓ de vous fâcher Sie haben keinen Grund, keinen Anlaß, sich zu ärgern; il a ⁓ de tant fumer es ist nicht gut, daß er soviel raucht; er sollte lieber nicht soviel rauchen; il a grand ⁓ de ne pas m'écouter damit, daß er nicht auf mich hört, setzt er ein großen Fehler; il n'a pas tout à fait ⁓ quand il dit que ... er hat nicht ganz unrecht, gar nicht so unrecht, ...; il n'a aucun ⁓ ihn trifft kein Tadel, keine Schuld, keinerlei Verschulden; avoir des ⁓s envers qn j-m gegenüber, an j-m unrecht handeln; j-m ein Unrecht zufügen; chercher des ⁓s à qn versuchen, j-m Fehler nachzuweisen; Person donner ⁓ à qn j-m unrecht, nicht recht geben; les faits vous donnent ⁓ die Tatsachen wider'legen Sie od beweisen, daß Sie unrecht haben; c'est un ⁓ das ist ein Fehler; das ist falsch, verkehrt, nicht richtig; c'est un ⁓ de (+inf) es ist falsch, verkehrt zu (+inf); reconnaître ses ⁓s sein Unrecht einsehen; 2. Schaden m; Nachteil m; demander réparation d'un ⁓ Wiedergutmachung fordern; faire du ⁓ à qn, st/s faire ⁓ à qn j-m schaden; j-m Schaden zufügen; j-n schädigen; ça ne fait du ⁓ à personne damit schadet man niemandem; das schadet niemandem; das tut niemandem weh; il s'est fait du ⁓ en arrivant toujours en retard er hat sich selbst geschadet ...

torte cf tors

torticolis [tɔrtikɔli] m 1. path steifer Hals; sc auch Torti'kollis m; Schiefhals m; avoir, attraper le, un ⁓ e-n steifen Hals haben, bekommen; j'ai attrapé le ⁓ auch mein Hals ist ganz steif (geworden); ça donne le ⁓ davon bekommt man e-n steifen Hals; 2. cf torcol

tortil [tɔrtil] m Heraldik (fran'zösische) Ba'ronskrone

tortillard [tɔrtijar] I adj bot krummwachsend, -gewachsen; orme ⁓ (Abart der) Feldulme f; II m Bummelzug m;

Bimmelbahn f

tortillart [tɔrtijar] *adj cf* tortillard

tortillement [tɔrtijmã] *m* **a)** Zu'sammendrehen *n*; Winden *n*; **b)** Sich'winden *n*; **c)** Windung f

tortiller [tɔrtije] **I** *v/t* zu'sammendrehen; winden; *Taschentuch* (zu e-r Wurst) zu-'sammendrehen; *Schnurrbart* zwirbeln; ~ ses cheveux mit s-n Haaren spielen; ~ ses doigts s-e Finger kneten; **II** *v/i* F *fig* il n'y a pas à ~ da hilft (alles) nichts; da hilft keine Ausrede; das muß nun mal sein; **III** *v/pr* se ~ sich krümmen; sich schlängeln; sich ringeln; *Person auch* sich winden

tortillon [tɔrtijõ] *m* **1.** Tragwulst *m*; **2.** *peint* Wischer *m*; **3.** ~ de papier zu-'sammengedrehtes Papier

tortionnaire [tɔrsjɔnɛr] *m* Folterknecht *m*; Folterer *m*; *adjt* Folter…

tortis [tɔrti] *m* gedrehter Strang

tortricidés [tɔrtriside] *m/pl zo* Wickler *m/pl*

tortu [tɔrty] *adj litt cf* tordu

tortue [tɔrty] f **1.** *zo* Schildkröte f; ~ luth, marine, terrestre, d'eau douce Leder-, See-, Land-, Süßwasserschildkröte f; *cuis* soupe f à la ~ Schildkrötensuppe f; **2.** *fig* von e-r *Person* quelle ~! F ist das e-e Transuse, Trantüte, lahme Ente!; marcher, avancer comme une ~, d'un pas de ~, à pas de ~ im Schneckentempo vorankommen; sich im Schneckentempo bewegen

tortueux [tɔrtyø] *adj* <-euse> **1.** *Weg, Straße* gewunden; *Pfad* verschlungen; *Gäßchen* krumm; **2.** *fig* manœuvres tortueuses verborgene 'Umtriebe *m/pl*, Machenschaften f/pl

torturant [tɔrtyrã] *adj Gedanke, Reue etc* quälend; qualvoll; peinigend

torture [tɔrtyr] f Folter(ung) f, Tor'tur f (*beide auch hist u fig*); *fig* Qual f; Pein f; Marter f; Folterqualen f/pl; ~s de la faim, de la soif Folterqualen des Hungers, des Durstes; ~s de la jalousie Qualen der Eifersucht; ~s du remords Reuequalen f/pl; quälende Gewissensbisse *m/pl*; *hist* chambre f de ~ Folterkammer f; infliger des ~s à qn j-n foltern, martern; *fig* mettre qn à la ~ j-n auf die Folter spannen; parler sous la ~ unter der Folter gestehen; être soumis à la ~, subir des ~s gefoltert werden; *fig* Qualen ausstehen

torturer [tɔrtyre] *v/t* **1.** foltern; **2.** *fig* quälen; peinigen; martern; *Hunger, Durst, Eifersucht, Zweifel, Gedanke* ~ qn j-n quälen, peinigen; se ~ l'esprit sich den Kopf, F das Hirn zermartern; ~ qn de questions, par ses questions j-n mit Fragen, mit s-n Fragen quälen; être torturé par la jalousie von Eifersucht gequält, geplagt werden; un visage torturé par la douleur ein schmerzgepeinigtes, -gequältes Gesicht

torve [tɔrv] *adj Blick* drohend; finster; regarder qn d'un œil ~ j-n finster (von der Seite) ansehen; j-m e-n drohenden Seitenblick zuwerfen

tory [tɔri] *m* <*pl* tories> *pol in England* Tory *m*; *adjt* Tory…; parti *m* ~ Tories *m/pl*

torysme [tɔrism(ə)] *m pol in England* Tory-Bewegung f; Torytum *n*

toscan [tɔskã] **I** *adj* tos'kanisch; *arch* ordre ~ *od subst* ~ *m* toskanische (Säulen)Ordnung; **II** *subst* **1.** ♀(e) *m(f)* Tos'kaner(in) *m(f)*; **2.** *ling* le ~ das Tos'kanische; Tos'kanisch *n*

tôt [to] *adv* früh; (früh)zeitig; bald; ~ ou tard früher oder später; über kurz oder lang; ♦ assez ~ ziemlich früh; früh genug; un peu ~ ein wenig (zu) früh (pour +inf um zu +inf); plus ~ früher;

---

eher; **beaucoup plus** ~ viel früher; **un peu plus** ~, un peu plus tard, de toute façon il faudra le faire früher oder später muß es ja doch gemacht werden; un jour plus ~, un jour plus tard … ob heute oder morgen, irgendwann einmal …; plus ~ que … früher als …; il est venu plus ~ que je ne pensais er kam früher, als ich dachte *od* annahm; le plus ~ possible so bald wie möglich; möglichst bald; le plus ~ que vous pourrez so bald Sie können; le plus ~ sera le mieux je früher, desto besser; au plus ~ a) frühestens; ehestens; b) so bald wie möglich; möglichst bald; j'aurai terminé dans quinze jours au plus ~ frühestens in vierzehn Tagen …; revenez au plus ~ kommen Sie so bald wie möglich, möglichst bald zurück; *loc/conj* ne … pas plus ~ … que … kaum …, (als) …; il n'eut pas plus ~ dit cela que la porte s'ouvrit kaum hatte er das gesagt, (als) ging die Tür auf; hatte es kaum gesagt, als die Tür aufging; pas si ~ nicht so früh; pas de si ~ nicht so bald; on ne le reverra pas de si ~ man wird ihn so bald nicht 'wiedersehen; très ~ sehr früh; **trop** ~ zu früh; il est trop ~ pour manger es ist noch zu früh zum Essen; ce n'est pas trop ~! es war *bzw* wird (aber auch) Zeit!; endlich!; ♦ **se coucher** ~ früh schlafen, zu Bett gehen; il a eu ~ fait de disparaître er ist schnell verschwunden

total [tɔtal] <*m/pl* -aux> **I** *adj* **1.** völlig; vollkommen, -ständig; to'tal; To'tal…; *Dunkelheit, Stille* vollkommen, -ständig; confiance ~e volles Vertrauen; destruction ~e vollständige Zerstörung; guerre ~e totaler Krieg; liberté ~e *od* ~e liberté völlige, vollkommene Freiheit; *fig* réflexion ~e Totalreflexion f; **2.** gesamt; Gesamt…; 'hauteur, longueur ~e Gesamthöhe f, -länge f; prix ~ Gesamtpreis *m*; production ~e gesamte Produktion; Gesamtproduktion f; revenu ~ Gesamteinkommen *n*; somme ~e Gesamtbetrag *m*; (Gesamt-)Summe f; **II** F *adv* kurz (und gut); das Ende vom Lied; F der Erfolg; ~, c'est moi qui ai tout fait das Ende vom Lied war, daß ich alles gemacht habe; kurz (und gut), ich mußte alles machen; **III** *subst* **1.** *m* Gesamtzahl f; *beim Addieren* Summe f; *von Geld* Gesamtbetrag *m*; (Gesamt)Summe f; un ~ impressionnant de plusieurs milliers *bei Geld etc* e-e eindrucksvolle Gesamtsumme, *bei Verletzten etc* e-e erschreckende Zahl von mehreren Tausend; ~ du bilan Bi'lanzsumme f, -volumen *n*; ~ des ventes Gesamtabsatz *m*; *loc/adv* au ~ a) insgesamt; b) alles in allem (genommen); im großen (und) ganzen; summa summarum; … se monte à dix mille francs au ~ … beläuft sich auf, beträgt insgesamt zehntausend Franc; au ~, c'est une bonne affaire alles in allem *etc* ist es ein gutes Geschäft; faire le ~ zu'sammenzählen, -rechnen, ad'dieren (de qc etw); ~e f T o'taloperation f (Hysterektomie)

totalement [tɔtalmã] *adv* vollkommen, -ständig; völlig; ganz; restlos; to'tal; gänzlich

totalis|ateur [tɔtalizatœr] *m* **1.** *bei Pferderennen, météo* Totali'sator *m*; **2.** ~ *od adjt* appareil ~ *bzw* machine totalisatrice Zählwerk *n*; *auto* ~ kilométrique journalier Tageskilometerzähler *m*; **~ation** f Zu'sammenzählen *n*, -rechnen *n*; Ad'dieren *n*; Summenbildung f

totalis|er [tɔtalize] *v/t* **1.** (insgesamt) erreichen, erzielen; *bei Wahl: Kandidat* ~ cent voix hundert Stimmen erhalten,

---

auf sich vereinigen; *Sportler* ~ le plus grand nombre de points die meisten Punkte erzielen; la population de la ville totalise dix mille personnes die Stadt zählt, hat (insgesamt) zehntausend Einwohner; **2.** zu'sammenzählen, -rechnen; ad'dieren; **~eur** *m cf* totalisateur

totalitaire [tɔtalitɛr] *adj pol Regime, Staat* totali'tär

totalitarisme [tɔtalitarism(ə)] *m pol* Totalita'rismus *m*

totalité [tɔtalite] f **1.** Gesamtheit f; Totali'tät f; la presque ~ des hommes fast alle Menschen; la presque ~ de son salaire fast sein gesamtes, ganzes Gehalt; la ~ des taxes sämtliche Gebühren f/pl; la population dans sa ~ die Bevölkerung in ihrer Gesamtheit; la gesamte, ganze Bevölkerung; *loc/adv* en ~ vollständig, -kommen; ganz; gänzlich; léguer la ~ de ses biens à qn j-m sein gesamtes, ganzes Vermögen vermachen; **2.** *philos, psych* Ganzheit f; *bei Kant* Allheit f; *allg auch* Totali'tät f

totem [tɔtɛm] *m Völkerkunde* Totem *n* (*auch Darstellung*)

totém|ique [tɔtemik] *adj* tote'mistisch; Totem…; clan *m* ~ Totemclan *m*, -gruppe f; croyance f ~ Totemglaube *m*; Tote'mismus *m*; mât *m* ~ Totempfahl *m*; système *m* ~ Tote'mismus *m*; **~isme** *m* Tote'mismus *m*; ~ clanique, sexuel Gruppen-, Geschlechtstotemismus *m*

tôt-fait [tofɛ] *m* <*pl* tôt-faits> *cuis (Art)* Kuchen *m* aus Rührteig

toto [tɔto] *m arg (pou)* Laus f

toton [tɔtõ] *m* kleiner Kreisel (*Kinderspielzeug; die lange Achse wird zwischen Daumen und Zeigefinger gedreht*)

touage [twaʒ] *m Flußschiffahrt* Taue'rei f; Ketten(schlepp)schiffahrt f

touareg [twarɛg] **I** *adj* <*inv*> Tuareg…; **II** *subst* **1.** ♀(s) *m/pl* Tuareg *m/pl*; **2.** *ling* le ~ das Tuareg

toubib [tubib] *m* F (*médecin*) Arzt *m*; F Doktor *m*; *plais* Onkel *m* Doktor

toucan [tukã] *m zo* Tukan *m*; Pfefferfresser *m*

touchant [tuʃã] **I** *adj* **1.** rührend; (herz-)ergreifend; zu Herzen gehend; paroles ~es rührende, ergreifende Worte *n/pl*; **2.** *leicht iron* rührend; son ~ désir de tout comprendre sein rührender Wunsch …; il est ~ de maladresse er ist von e-r rührenden Ungeschicklichkeit, rührend in s-r Ungeschicklichkeit; **II** *prép* über (+*acc*); in bezug auf (+*acc*); bezüglich (+*gén*); betreffend (+*acc*); je n'ai rien appris ~ cette affaire ich habe über diese Sache nichts gehört

touchau [tuʃo] *m (Art)* Pro'biernadel f (*der Goldschmiede*)

touche [tuʃ] f **1.** *e-s Klaviers, e-r Schreibmaschine* Taste f; *e-s Saiteninstrumentes* Griffbrett *n*; ~s *pl e-s Klaviers auch* Tasta'tur f; Klavia'tur f; *e-r Schreibmaschine auch* Tasta'tur f; Tastenfeld *n*; **2.** *der Goldschmiede* Strich-, Goldprobe f; pierre f de ~ a) Pro'bierstein *m*; b) *fig* Prüfstein *m* (de qc für etw); **3.** *esc* Treffer *m*; Billard Treffen *n*; **4.** Angeln Anbeißen *n*; je n'ai pas eu, fait une ~ kein, nicht ein einziger Fisch hat angebissen; F *fig* avoir une, la ~ e-e Eroberung gemacht haben; F *fig* faire une ~ e-e Eroberung machen; sentir une ~ spüren, wie etw anbeißt; e-n Ruck an der Angel spüren; **5.** *peint* Pinselstrich *m*, -führung f; *fig* Farbkontrast *m*; *peint* ~ de lumière aufgesetztes Licht; *fig* mettre une ~ de gaieté dans, parmi qc e-n hübschen (Farb)Kontrast bilden zu etw; e-r Sache (*dat*) e-e heitere Note verleihen; peindre à petites,

larges ~s mit feinem, breitem Pinselstrich malen; **6.** F *fig* e-r *Person* Aufmachung *f;* lächerlicher, auffallender Aufzug; **quelle ~!** was für ein Aufzug!; **avoir la ~, une drôle de ~** wunderlich, lächerlich, komisch aussehen; **7.** *Fußball, Rugby* **a) (rentrée** *f* **en) ~** Einwurf *m;* **b) (ligne** *f* **de) ~** Seitenlinie *f;* **~ courte, longue** kurzer, weiter Einwurf *m;* **juge** *m* **de ~** Linienrichter *m;* **il y a ~** der Ball ist im Seitenaus; **jouer la ~** auf Zeit spielen; *Ersatzspieler* **rester sur la ~** nicht eingesetzt werden; F *fig* **rester, être mis sur la ~** F ausgebootet, kaltgestellt, abgehalftert werden; *Ball* **sortir en ~** ins Seitenaus gehen; **8.** F **la sainte ~ a)** der Lohn; die Lohnzahlung; **b)** der Lohn-, Zahltag;
touche-à-tout [tuʃatu] *m* ⟨*inv*⟩ **1.** Kind, das alles anfaßt; **quel ~** dies Kind muß aber auch alles anfassen, kann nichts stehen lassen; **2.** *fig* **c'est un ~** er zersplittert sich, verzettelt sich; er nimmt sich immer zuviel vor; er tut tausend Dinge und alle nur halb
toucher[1] [tuʃe] **I** *v/t* **1.** berühren; anfassen; anrühren; befühlen; *von e-m Haus, Besitz* (an)grenzen, stoßen an (*+acc*); ♦ **~ du bout des doigts, du doigt** mit den Fingerspitzen, mit dem Finger berühren, befühlen, anrühren; **~ de la main** mit der Hand berühren, anfassen; **~ du pied** mit dem Fuß berühren; ♦ **~ les bœufs** die Ochsen treiben; **~ du bois** auf Holz klopfen; **~ l'épaule de** qn j-n an der Schulter, j-s Schulter berühren, anfassen; **~ le fond** *cf* fond 1.; **~ le plafond** die Decke berühren (können); *bis zur* Decke reichen; *Schiff* **~ le port, Marseille** den Hafen, Marseille anlaufen; *Flugzeug* **~ le sol** aufsetzen; *Ringen* **~ le sol des deux épaules** mit den Schultern den Boden berühren; **~ le sol du front** mit der Stirn den Boden berühren; *Schiff* **~ terre** anlegen; *ils allaient si vite* **qu'ils semblaient ne pas ~ terre** … daß sie zu fliegen, den Boden nicht zu berühren schienen; **il n'a jamais touché une arme, une carte** er hat noch nie e-e Waffe, e-e Karte angerührt, in der Hand gehabt; **er hat noch nie geschossen, Karten gespielt; 2.** treffen; *fig* erreichen; *esc, Boxen* Gegner treffen; **~ la cible** das Ziel treffen; **~** qn **à l'épaule, à la jambe, dans le dos** j-n an der, in die Schulter, ins, am Bein, in den, am Rücken treffen; **être touché par une balle** von e-r Kugel getroffen werden; *Tennis* *fig* **il n'a pas touché une balle** er hat sehr schlecht, miserabel gespielt; *fig* **à quelle adresse peut-on vous ~?** unter welcher Adresse sind Sie zu, kann man Sie erreichen?; **3.** *fig* **~** qn j-n bewegen, ergreifen, rühren; *Vorwürfe etc* j-m zu Herzen gehen; j-n treffen; j-m nahegehen; *Komplimente* j-m wohl-, guttun; **nous avons été très touchés de votre sympathie** Ihre Anteilnahme hat uns sehr, tief bewegt, sehr wohlgetan; **être touché par** qc von etw ergriffen, gerührt werden; **il était touché par le sort du condamné** das Schicksal des Verurteilten ging ihm zu Herzen; **il était touché par ses paroles** ihre Worte rührten, ergriffen ihn; **il s'est laissé ~ par ses larmes** er ließ sich durch ihre, von ihren Tränen rühren; **elle s'est laissée ~ par ses prières** sie ließ sich durch s-e Bitten erweichen; **4.** *Geld* in Empfang nehmen; verdienen; (ein)kas'sieren; *Rente, Lohn, Gehalt* beziehen; *Honorar* erhalten; kas'sieren; *Entschädigung* erhalten; bekommen; *Soldaten: Bekleidung, Rationen* erhalten; *Scheck* einlösen; **5.** betreffen;

angehen; **~** qn **de (très) près** j-n direkt angehen, betreffen; **6.** *Frage, Problem* anschneiden; berühren; erwähnen; erörtern; zu sprechen kommen auf (*+acc*); **7. ~ un mot, deux mots de** qc **à** qn j-m etw (kurz) mitteilen; j-n über etw (*acc*) infor'mieren; **je vais lui en ~** ich werde es ihm sagen; ich werde ihn darüber informieren, ihm davon erzählen, ihm davon Mitteilung machen; **8.** *méd* tou'chieren; **II** *v/t/indir* **9. ~ à** qc etw anfassen, berühren, anrühren; **~ à tout a)** alles anfassen; **b)** *fig* sich mit tausend Dingen befassen; **ne touche pas à mon frère** rühr meinen Bruder nicht an; **n'y touche pas!** rühr *od* faß das nicht an!; **ne touchez à rien** rühren Sie nichts an!; lassen Sie alles unverändert; **je n'y touche plus a)** ich ändere nichts mehr daran; ich lasse das jetzt so; **b)** ich rühr' das nicht mehr an; F **pas touche (, bébé)!** F Finger *od* Hände weg!; weg da!; *fig* **il a l'air sans avoir l'air d'y ~** *od* **avec son, un air de ne pas y ~** *od* mit e-r Miene, als ob er *bzw* sie kein Wässerchen trüben könnte; **10. ~ à** *Vorräte* angreifen; *Ersparnisse, sein Kapital* anrühren; antasten; angreifen; *Institution, Brauch* antasten; rühren an (*+acc*); **~ à l'ordre établi** *auch* an der bestehenden Ordnung rütteln; **~ aux biens d'autrui** sich an fremdem Eigentum vergreifen; **il n'a pas touché à son déjeuner** er hat sein Mittagessen nicht angerührt, unberührt gelassen; **11. ~ à** *Frage* anschneiden; zur Sprache bringen; **~ à un problème délicat** an ein heikles Problem rühren; **12. ~ au but** kurz vor dem Ziel sein; dem Ziel nahe sein; sich dem Ziel nähern; **~ à sa fin** *cf* fin[1] 1.; **13. ~ à** qc an etw (*acc*) stoßen, (an)grenzen; *fig* an etw (*acc*) grenzen; e-r *Sache* (*dat*) nahekommen; **~ à l'héroïsme** an Heroismus grenzen; schon fast Heroismus sein; *sa maison* **touche à la mienne** … stößt an meines; … grenzt an meines (an); **simplicité qui touche au dénuement** an Ärmlichkeit grenzende Einfachheit; **14.** *Hirsch* **~ au bois** (sein Geweih) fegen; **15.** *litt* **~ d'un instrument** ein Instrument spielen; **elle touchait agréablement du piano** sie spielte recht hübsch, *litt* artig Klavier; **III** *v/i* **16.** *mar* Grundberührung haben; *fig* im Druckgrade auftragen; **IV** *v/pr* **se ~** sich berühren; *Grundstücke, Gebäude* anein'anderstoßen, -grenzen; *fig Fragen, Probleme* sich berühren; mitein'ander verknüpft, verbunden sein, in Verbindung stehen
toucher[2] [tuʃe] *m* **1.** Tastsinn *m;* Gefühl(ssinn) *n*(*m*); **2. au ~** beim An-, Befühlen; **agréable au ~** angenehm anzufühlen; **être doux, rude au ~** sich weich, rauh anfühlen; **étoffe** *f* **rude au ~** Stoff, der sich rauh anfühlt; Stoff *m* mit rauhem Griff; **3.** *mus* Anschlag *m;* **4.** *méd* Druckgefühl *n*
touch|ette [tuʃɛt] *f mus* e-r *Gitarre etc* Bund *m;* **~eur** *m* **1.** *agr* Vieh-, Ochsentreiber *m;* **2.** *impr* Auftragwalze *f;* Farbzylinder *m*
toue [tu] *f* kleines Fährboot
touée [twe] *f mar* Länge *f* der Verholleine (*etwa 200 m*); Länge *f* der abgefierten Ankerkette; *Flußschiffahrt* Schlepptrosse *f;* **ancre** *f* **de ~** Wurf-, Warpanker *m;* **aussière** *f* **de ~** Verholleine *f*
tou|er [twe] *mar* **I** *v/t* verholen; *Flußschiffahrt* tauen; mit e-m Kettenschleppschiff schleppen; **II** *v/pr* **se ~** sich verholen; **~eur** *m Flußschiffahrt* Tauer *m;* Kettenschleppschiff *n*
touff|e [tuf] *f* **1.** Büschel *n;* *Haare auch* Strähne *f;* **~ de cresson** Büschel Kresse *f;*

~ de cheveux, de poils Büschel Haare; Haarbüschel *n,* -strähne *f;* **~ d'herbe** Grasbüschel *n;* **par** *od* **en ~s** in Büscheln, büschelweise; **2.** *Obstbau* Busch (-form) *m*(*f*); **~er** *agr* **I** *v/t* buschig ziehen; **II** *v/i* buschig wachsen
touffu [tufy] *adj* **1.** Hecke, Wald, Bart dicht; *Bart auch* buschig; *Baum* dicht belaubt; *Vegetation* üppig; **2.** *fig* Buch unübersichtlich
touiller [tuje] *v/t* F *Salat, Soße, Kaffee* 'umrühren
toujours [tuʒur] *adv* **1.** immer; stets; jederzeit; *st/s* **ma ~ fidèle amie** meine immer, stets treue Freundin; **~ souriant** immer lächelnd; **~ moins** immer weniger; **~ et partout** immer und überall; **~ quand** immer (dann,) wenn; **comme ~** wie immer, stets; *loc/adj* **de ~** *Mode* zeitlos; **c'est un ami de ~** er war schon immer mein Freund; **le public de ~** das gleiche Publikum (wie immer); das Stammpublikum; **depuis ~** seit jeher; schon immer; **pour ~** für, auf immer; **presque ~** fast immer; **il l'a ~ détesté** er hat ihn (schon) immer verabscheut; **il est ~ à l'heure** er ist immer, stets, jederzeit pünktlich; **il vient ~ un moment où** … es kommt immer einmal e-e Zeit, da *od* wo …; **2.** immer noch; immer; **il l'aime ~** er liebt sie noch immer, immer noch; **il est ~ le même** er ist immer noch der gleiche; **vous pourrez ~ vous adresser à moi** Sie können sich (dann) immer noch an mich wenden; **3.** jedenfalls; immerhin; wenigstens; nur; **pas dans ma poche,** jedenfalls nicht in meiner Tasche; eines steht fest: in meiner Tasche (ist es) nicht; **pas rouge,** ~ jedenfalls, nur nicht rot; auf keinen Fall rot; F **cause ~!** red du nur!; F **c'est ~ ça (de pris, de gagné)** das ist immerhin, wenigstens, auch schon etwas; besser als nichts; F **c'est ~ pas toi qui l'auras** F du wirst es jedenfalls, ganz bestimmt nicht kriegen; **ce n'est pas moi, ~** ich war es jedenfalls nicht; **on peut ~ essayer** man kann es jedenfalls, immerhin, wenigstens versuchen; ♦ *loc/conj* **~ est-il que** … jedenfalls, immerhin …; sicher ist *od* fest steht, daß …; F **je ne sais pas si c'est un bon médecin, ~ est-il qu'il m'a bien soigné** … jedenfalls, immerhin hat er mich richtig behandelt; … mich jedenfalls hat er richtig behandelt
touloupe [tulup] *m od f* Lamm-, Schaffelljacke *f* (*der russischen Bauern*)
toundra [tundra] *f géogr* Tundra *f*
toungouse *od* **toungouze** [tunguz] **I** *adj* tun'gusisch; **II** *subst* **1.** *2s m/pl* Tun'gusen *m/pl;* **2.** *ling* **le ~** das Tun'gusische; Tun'gusisch *n*
toupet [tupɛ] *m* **1.** F (*effronterie*) Frechheit *f;* Unverschämtheit *f;* Unverfrorenheit *f;* Dreistigkeit *f;* **avoir du ~** frech, unverschämt, unverfroren sein; **vous avez un certain ~** F Sie sind ganz schön frech, unverschämt; **il a eu le ~ de** (*+inf*) er hat die Frechheit, Unverschämtheit besessen zu (*+inf*); er war so frech, unverfroren, unverschämt zu (*+inf*); **il ne manque pas de ~** F der ist ganz schön frech, unverfroren, unverschämt; **2.** *vom Haar* **a)** Strähne *f;* Büschel *n;* Tolle *f;* Schopf *m* (*auch des Pferdes*); **~ de cheveux** Büschel Haare; Haarsträhne *f;* **b)** *Haarersatz* **faux ~** Tou'pet *n*
toupie [tupi] *f* **1.** Kreisel *m;* **~ allemande, à musique** Brummkreisel *m;* **jouer à la ~** mit dem Kreisel spielen; kreiseln; **lancer, faire tourner une ~** e-n Kreisel drehen, tanzen lassen; **2.** *tech* **a)** *zur Holzbearbeitung* Fräsmaschine *f;* **b)**

des *Klempners* kegelzylindrischer Dorn (*zum Aufweiten von Rohren*); **3.** F *fig* **quelle vieille** ～! F diese alte Schachtel, Ziege!

toupill|er [tupije] *v/t tech Holz* (aus)fräsen; **～eur** *m tech* Holzfräser *m* (*Person*); **～euse** *f tech cf* toupie 2. a); **～on** *m* **1.** Schwanzende *n* der Rinder; **2.** Büschel *n* Zweige

touque [tuk] *f* Me'tall-, Blechtonne *f*, -faß *n*, -tank *m*; ～ **de pétrole** Erdöltank *m*

tour¹ [tur] *f* Turm *m* (*auch beim Schachspiel*); *in modernen Siedlungen* turmartiges Hochhaus; Wohnturm *m*; **la ～ Eiffel** der Eiffelturm; ～ **quadrangulaire, ronde** viereckiger, runder Turm; **la ～ de Babel** der Babylonische Turm; *fig* **c'est une véritable ～ de Babel** da herrscht ein babylonisches Sprachengewirr; **les ～s du château** die Schloß-, Burgtürme *m/pl*; die Türme des Schlosses, der Burg; *aviat* ～ **de contrôle** Kon'trollturm *m*; ～ **d'église** Kirchturm *m*; *mines* ～ **d'extraction** Förderturm *m*; *tech* ～ **de forage** Bohrturm *m*; ～ **de guet** Wacht-, Wartturm *m*; *fig* ～ **d'ivoire** Elfenbeinturm *m*; elfenbeinerner Turm; **s'enfermer, se retirer dans sa ～ d'ivoire** sich in s-n Elfenbeinturm zurückziehen; **la ♀ de Londres** der Tower ['tauər]; *aviat* ～ **de saut** Fallschirmsprungturm *m*

tour² [tur] *m* **1.** 'Umfang *m*; *cout auch* Weite *f*; ～ **de poitrine** Brustumfang *m*, -weite *f*; Oberweite *f*; *par ext*: ～ **des yeux** Augenränder *m/pl*; ～ **de ville** rings um die Stadt führende Al'lee *bzw* Straße *bzw* Prome'nade; *sports* piste *f* de quatre **cents mètres de** ～ vierhundert Meter lange (Lauf)Bahn; Bahn *f* von vierhundert Meter(n) Länge; **avoir soixante centimètres de ～ de taille** e-n Taillenumfang, e-e Taillenweite von sechzig Zentimeter(n) haben; **prendre son ～ de hanches** s-e Hüftweite messen; **2.** Rundgang *m*, -fahrt *f*; Runde *f*; Spa'ziergang *m*; Ausflug *m*; Fahrt *f*; Reise *f*; Tour *f*; Wanderung *f*; ♦ *Radsport* le **♀ de France** *od ellip* le **♀** die Tour de France; *früher von Handwerksburschen* **faire son ～ de France** auf die Walze, Wanderschaft gehen; *sports* ～ **d'honneur** Ehrenrunde *f*; *fig* ～ **d'horizon** *cf* horizon 3.; ～ **de piste** *beim Lauf, Rennen* Runde *f*; *aviat* Platzrunde *f*; ～ **en vélo, en voiture** Rad-, Autotour *f*; ♦ **faire le grand ～** den längeren, weiteren Weg gehen; **faire un petit ～** e-n kleinen Spaziergang machen; *la chaîne est trop longue, fais plusieurs ～ ...* schling, wickel sie ein paarmal her'um; **corde qui fait plusieurs ～s autour**, plusieurs fois le ～ **de qc** ... mehrmals um etw gewickelt, geschlungen ist, F her'umgeht; (aller) **faire un ～ à la campagne** e-n Ausflug aufs Land machen; **faire le ～ de qc** um etw her'umgehen, -fahren, -reisen; **faire le ～ du cadran** *Uhrzeiger* einmal um das Zifferblatt her'umwandern; *fig* **dormir zwölf Stunden hinterein'ander schlafen**, 'durchschlafen; **faire deux fois le ～ de la cour** zweimal um den Hof herumgehen, die Runde um den Hof machen; **faire le ～ des invités** bei s-n Gästen die Runde machen; von e-m Gast zum andern gehen; **faire le ～ du jardin** e-n (Rund)Gang durch den Garten machen; *allée qui* **fait le ～ du jardin** ... um den Garten her'umführt; **faire le ～ du lac** *Person* um den See her'umgehen, -fahren, -wandern; *mit e-m Boot etc* e-e Rundfahrt auf dem See machen; *Straße* um den See her'umführen; **faire**

le ～ des magasins *sans rien trouver* in alle Geschäfte gehen, F alle Geschäfte abklappern ...; **faire un ～ dans les magasins** e-n Bummel durch die Geschäfte machen; **faire le ～ du monde** *Person* e-e Reise um die Welt, e-e Weltreise machen; *mit e-m Segelschiff* die Welt um'segeln; *Sache* in der ganzen Welt bekannt werden; *Lied etc* um die Welt gehen; *Verne* **Le ～ du monde en quatre-vingts jours** In achtzig Tagen um die Welt; **faire le ～ du propriétaire** e-n Rundgang durch s-n Besitz, sein Haus machen; **faire le ～ du propriétaire à qn** j-n auf s-m Besitz, in s-m Haus her'umführen; j-m s-n Besitz, sein Haus zeigen; *fig* **faire le ～ de la situation** die Lage 'durchgehen, -sprechen; **aller faire un ～ en Suisse** e-e Fahrt, e-n Ausflug in die Schweiz machen; **faire le ～ de la ville** *Person* e-n Rundgang, e-e Rundfahrt durch die Stadt machen; in der ganzen Stadt her'umlaufen; *Neuigkeit* in der ganzen Stadt die Runde machen; sich in der ganzen Stadt her'umsprechen; **il est allé faire un ～ en ville** er ist in die Stadt gegangen, gefahren; **3.** Drehung *f*; *e-s Rads, Motors* Um'drehung *f*; *e-s Motors auch*, *par ext* **un trente-trois ～s** e-e Langspielplatte; *fig* ～ **de main** (Kunst)Fertigkeit *f*; Geschicklichkeit *f*; **acquérir un ～ de main** Kunstfertigkeit, Geschicklichkeit erwerben; **avoir le ～ de main** kunstfertig, geschickt sein; *loc/adv* **en un ～ de main** im Handumdrehen; ～ **de manivelle** Kurbeldrehung *f*; **donner un ～ de manivelle** an der Kurbel drehen; *cf auch* **manivelle** 2.; *path* ～ **de reins** *cf* rein 1.; *tech* **nombre *m* de ～s** Dreh-, Tourenzahl *f*; *loc/adv*: **à ～ de bras** *cf* bras 1.; **au quart de ～** *cf* quart I 1.; **donner un ～ de clef** den Schlüssel (einmal) her'umdrehen; zuschließen; abschließen; **donner un ～ de vis** die Schraube anziehen, drehen; **s'enfermer à double ～** von innen zweimal abschließen, den Schlüssel zweimal her'umdrehen; **faire un ～ sur soi-même** sich (einmal) um sich selbst drehen; *Motor* **faire cinq cents ～s à la minute** fünfhundert Umdrehungen, Touren in der Minute machen; **fermer la porte à double ～** den Schlüssel zweimal her'umdrehen; (die Tür) zweimal abschließen; **4.** ～ **d'adresse** Kunststück *n*; ～ **de cartes** Kartenkunststück *n*; ～ **de force** Kunststück *n*; Glanzleistung *f*; ～ **de passe-passe** *cf* passe-passe; **avoir plus d'un ～ dans son sac** die verschiedensten Kniffe kennen; mit allen Wassern gewaschen sein; *et voilà*, **le ～ est joué** (und damit ist die Sache) schon in Ordnung, erledigt, F geritzt; **5.** Streich *m*; **faire, jouer un (mauvais) ～ à qn** j-m e-n (bösen, üblen) Streich spielen; *méfiez-vous*, **cela vous jouera des ～s** ... das kann *bzw* wird schlecht, schlimm enden, ausgehen; F das könnte ins Auge gehen; **jouer un bon ～ à qn** j-m e-n Schabernack, Possen spielen; **jouer un ～ pendable, un sale ～**, **un ～ de cochon à qn** j-m e-n üblen Streich spielen; j-m übel, böse mitspielen; **il lui a joué un ～ à sa façon** er hat ihm e-n s-r Streiche gespielt; **je m'en vais lui jouer un ～ à ma façon!** das werde ich ihm heimzahlen!; **6.** *fig* Wendung *f*; ～ **d'esprit** *cf* tournure 4.; ～ **de phrase** a) Ausdrucks-, Darstellungsweise *f*; Dikti'on *f*; b) Redewendung *f*; **donner un nouveau ～ à la conversation** dem Gespräch e-e neue Wendung geben; **donner un ～ solennel à un**

entretien e-r Unter'haltung e-e feierliche Note geben; *Gespräch* **prendre un ～ déplaisant** e-e unangenehme Wendung nehmen; *Skandal* **prendre un ～ politique** e-e politische Note bekommen; e-e Wendung ins Politische nehmen; *Diskussion, Streit* **prendre un ～ assez vif** ziemlich heftig, hitzig werden; **cela dépend du ～ que prendront les événements** das hängt davon ab, wie sich die Dinge entwickeln, wie sich die Lage entwickelt, welche Wendung die Dinge nehmen; **7.** Reihe *f*; *arg mil* ～ **de bête** Aufrücken *n* lediglich auf Grund des Dienstalters; F Ochsentour *f*; *mus* ～ **de chant** Reper'toire *n*; ～ **de scrutin** Wahlgang *m*; **au premier ～ de scrutin** im ersten Wahlgang; ♦ **chacun son ～!** a) immer (schön) der Reihe nach!; b) jeder kommt einmal dran; jeden trifft es einmal; heute mir, morgen dir; **à qui le ～?** wer ist dran, an der Reihe?; ♦ *loc/adv*: **à mon, ton**, *etc* ～ meinerseits, deinerseits *etc*; **plus souvent qu'à mon ～** *cf* souvent; il se mit à l'accuser à son ～ er begann seinerseits, ihn anzuklagen; **chacun parlera à son ～** alle sprechen der Reihe nach, nacheinander; jeder spricht, wenn die Reihe an ihm ist, an ihn kommt; ～ **à ～** *od* **à ～ de rôle** (immer) abwechselnd; der Reihe nach; nacheinander; **à ～ de rôle** *auch* turnusmäßig; im Turnus; **elle était à ～ de rôle drôle, sérieuse, rêveuse** sie war abwechselnd ...; **chacun lit à ～ de rôle**, ～ **à ～** sie lesen abwechselnd, nacheinander, der Reihe nach; **rire et pleurer ～ à ～** abwechselnd lachen und weinen; bald lachen, bald weinen; ♦ **attendre son ～** warten, bis man an der Reihe ist *od* bis man drankommt; **c'est mon, ton**, *etc* ～ ich bin, du bist *etc* dran, an der Reihe; **c'est (à) ton ～ de t'en occuper** jetzt mußt du dich darum kümmern; **c'est au ～ de X de** (+*inf*) X ist dran mit (+*dat*); X ist an der Reihe zu (+*inf*); **faire un ～ de faveur à qn** j-n bevorzugt, außer der Reihe abfertigen; *Kartenspiel* **passer son ～** passen; **prendre son ～ de semaine** s-n (Wochen)Dienst antreten; *soyez patient*, **votre ～ viendra** Sie kommen schon, auch dran, an die Reihe; **8.** *math* 'Vollwinkel *m* (360°)

tour³ [tur] *m* **1.** *tech* Drehbank *f*, -maschine *f*; ～ **automatique** Drehautomat *m*; ～ **revolver, vertical** Re'volver-, Karus'selldrehbank *f*; ～ **à copier, à fileter** Ko'pier-, Gewindedrehbank *f*; **2.** *der Töpfer* Dreh-, Töpferscheibe *f*

touraco [turako] *m zo* Tu'rako *m*; Grüner Helmvogel

touraillage [turɑjaʒ] *m* Darren *n*

touraill|e [turɑj] *f* a) Malz- *bzw* Hopfendarre *f*; b) Darrmalz *n*; **～on** *m* Darrmalz *n*; *als Viehfutter* Malzkeime *m/pl*

tourangeau [turɑʒo] **I** *adj* ‹**tourangelle** [turɑʒɛl]; *m/pl* **～x**› aus der Tou'raine *bzw* aus Tours; **II** *subst* **♀**, **Tourangelle** *m,f* Einwohner(in) *m(f)* der Touraine *bzw* von Tours

touranien [turanjɛ̃] **I** *adj* ‹**～ne**› tu'ranisch; **II** *subst* **1. ♀** *m/pl* Tu'ranier *m/pl*; **2.** *ling* **le ～** das Tu'ranische; Tu'ranisch *n*

tourbe¹ [turb] *litt f* Rotte *f*; Meute *f*; Pöbel *m*

tourbe² [turb] *f* Torf *m*; ～ **fibreuse, superficielle** Weißtorf *m*; ～ **limoneuse** Schwarztorf *m*; ～ **mottière** Torfsoden *f/pl*; **gisement *m* de ～** Torfvorkommen *n*; **extraire la ～** Torf stechen

tourb|er [turbe] **I** *v/t Gelände* abtorfen; **II** *v/i* Torf gewinnen *bzw* mit dem Spaten stechen; **～eux** *adj* ‹**-euse**› a) torfartig,

-haltig; Torf...; **marais ~** Torfmoor n;
sol ~ Torfboden m; **terre tourbeuse**
Torferde f; **b)** auf Torf wachsend; **~ier I**
adj ‹-ière› Torf...; **terrain ~** Torfbo-
den m; **II m a)** Torfstecher m; **b)**
Torfgrubenbesitzer m; **~ière f a)** Torf-
moor n; **b)** Torfvorkommen n; **c)** Torf-
grube f, -stich m

tourbillon [turbijõ] m **1.** Luftwirbel m; **~**
de neige Schneegestöber n; **~ de**
poussière Staubwirbel m; (wirbelnde)
Staubwolke; **~ de sable** wirbelnder
Sand; **~ de vent** Wirbelwind m; **empor-**
té dans un ~ rapide um'her-, her'um-
wirbelnd; **un ~ de sable se souleva**
(der) Sand wurde hochgewirbelt; **2.** im
Wasser Strudel m; **3.** fig Wirbel m;
Strudel m; Trubel m; **~ de plaisirs**
Strudel, Wirbel von Vergnügungen; **le ~**
de la vie moderne die Hektik, Hetze
des heutigen Lebens; **un ~ de pensées**
l'assaillit wirre Gedanken jagten,
schossen ihm durch den Kopf; **il était**
pris par le ~ de ses pensées s-e
Gedanken über'stürzten sich; **4.** phys
Wirbel m; **~ à potentiel** Potenti'alwirbel
m; **champ m du ~** Wirbelfeld n

tourbillonn|aire [turbijɔnɛr] adj **1.**
phys Wirbel...; **filet** m, **ligne** f, **noyau**
m **~** Wirbelfaden m, -linie f, -kern m; **2.**
allg Wirbel...; **mouvement m ~** Wirbel-
bewegung f; **~ant** adj (um'her)wir-
belnd; **~ement m** Strudeln m; Wirbeln n;
tourbillonner [turbijɔne] v/i **1.** Staub,
Sand, Schnee, Blätter (auf-, empor-,
um'her)wirbeln; Wind wirbeln; Wasser
wirbeln; Vögel kreisen; Tänzer
um'herwirbeln; **2.** fig ses pensées
tourbillonnaient s-e Gedanken jagten
sich, über'stürzten sich; **tout tourbil-**
lonnait dans sa tête der Kopf wir-
belte, schwirrte ihm; er war ganz wirr im
Kopf

tourd [tur] m zo Lippfisch m
tourdille [turdij] adj ‹inv› Pferd **gris ~**
gelbgrau
tourelle [turɛl] f **1.** bât Türmchen n;
Erkertürmchen n; **2.** mil e-s Panzers
Drehturm m; e-s Schiffs, e-r Festung
Geschützturm m; e-r Festung Panzer-
drehturm m; aviat Ma'schinengewehr-
kanzel f; mar **~ de télépointage** Artil-
le'riekommandostand m; **3.** tech e-r
Drehbank Re'volverkopf m; **4.** cin
Objek'tivrevolver m
touret [turɛ] m **1.** Drehbank f (der
Edelsteingraveure); **~ à meuler, à polir**
kleine Schleif-, Po'liermaschine f; **2.**
Haspel f od m (für Seide); **3.** mar
Logrolle f
tourie [turi] f große Korbflasche (aus
Glas od Steingut)
tour|ier [turje] m **~ od adit frère ~**
Klosterpförtner m; **~ière f ~ od adit**
sœur ~ Klosterpförtnerin f
tourillon [turijõ] m tech **a)** Lagerzapfen
m; der Welle Zapfen m; Achsschenkel m;
b) der Toren, Drehbrücken etc Dreh-
zapfen m; **c)** mil bei Geschützen Schild-
zapfen m
tourisme [turism(ə)] m Fremdenver-
kehr m; Tou'rismus m; Fremdenver-
kehrswesen n; Tou'ristik f; **~ aérien**
Flugtouristik f; **~ automobile** Autotou-
rismus m; **le ~ français, italien** der
Fremdenverkehr in Frankreich, Italien;
le ~ international der internationale
Fremdenverkehr, Tourismus; **~ de**
masse Massentourismus m; **agence** f,
bureau m **de ~** Reiseagentur f, -büro n;
autocar m **de (grand) ~** Reise(omni)-
bus m; **avion m de ~** Pri'vatflugzeug n;
industrie f **du ~** Fremdenverkehrsge-
werbe n; **voiture** f **de ~** Per'sonenwagen
m; abr Pkw m; **voyage** m **de ~** Vergnü-

gungs-, Urlaubsreise f; **faire du ~ zum**
Vergnügen reisen
touriste [turist] m.f Tou'rist(in) m(f);
Urlauber(in) m(f); Urlaubsreisende(r)
f(m); Feriengast m; **~ étranger** Aus-
landstourist m; ausländischer Tourist;
afflux m de(s) ~s Zustrom m von
Touristen; Fremdenverkehrsstrom m;
groupe m **de ~s** Touristengruppe f;
Reisegesellschaft f; adit Schiff, Flugzeug
classe f **~** Touristenklasse f; loc/adv **en**
~ als Tourist, Urlauber
touristique [turistik] adj Reise...;
Fremdenverkehrs...; Tou'risten...;
Tou'ristik...; **activités** f/pl **~s** Frem-
denverkehrsgewerbe n; ch de fer **billet** m
~ ermäßigte Fernrückfahrkarte; **guide**
m **~** Reiseführer m; **menu** m **~** Touri-
stenmenü n; preiswertes, billiges Menü
für Touristen; **prix** m/pl **~s** mäßige
Preise m/pl (für Touristen); **publicité** f **~**
Fremdenverkehrswerbung f; **rensei-**
gnements m/pl **~s** Reiseinformationen
f/pl; **route** f **~** durch e-e reizvolle Land-
schaft führende Straße; **ville** f **~** Frem-
denverkehrsstadt f; **voyage** m **~** Ver-
gnügungs-, Urlaubs-, Ferienreise f
tourmaline [turmalin] f minér Turma-
'lin m
tourment [turmã] litt m Qual f; Pein f;
große Sorge; quälende Frage (de qc
nach etw); **donner beaucoup de ~s,**
bien du ~ à qn j-n viel Sorge bereiten
tourmente [turmãt] f **1.** litt Sturm m;
Unwetter n; **2.** fig Sturm m; Wirren pl;
Unruhen f/pl; **la ~ révolutionnaire** der
Sturm, die Wirren der Revolution
tourmenté [turmãte] adj **1.** Gesicht
gramzerfurcht; auch Ausdruck gequält;
2. Seele, Wesen, Gemälde, Zeit unruhig;
auch Leben bewegt; Landschaft wild;
zerklüftet; **ciel ~** Himmel m mit sturm-
zerrissenen Wolken; **mer ~e** aufgewühl-
te See; aufgewühltes, stürmisches Meer;
loc/adj **aux formes ~es** seltsam, bi'zarr
geformt
tourmenter [turmãte] **I** v/t **~ qn** j-n
quälen, peinigen, martern, foltern; j-m
Kummer, Sorgen machen; Sorgen,
Reue, Eifersucht j-n quälen, peinigen;
Skrupel j-n plagen; Gedanke, Ehrgeiz j-n
'umtreiben; j-m keine Ruhe lassen; j-n
nicht loslassen; **~ qn de questions** j-n
mit Fragen quälen; j-m mit Fragen
zusetzen; **il est tourmenté par l'idée**
de (+inf) der Gedanke zu (+inf) läßt
ihm keine Ruhe, läßt ihn nicht los; er ist
von dem Gedanken besessen zu (+inf);
II v/pr **se ~ 1.** sich Sorgen machen; sich
grämen; **ne vous tourmentez pas**
pour si peu lassen Sie sich wegen e-r
solchen Kleinigkeit keine grauen Haare
wachsen; **2.** Holz arbeiten; sich verzie-
hen
tourmentin [turmãtɛ̃] m **1.** zo Sturmvo-
gel m; **2.** mar Sturmsegel n
tournage [turnaʒ] m **1.** tech Drehen n; **2.**
cin Dreharbeiten f/pl; **3.** mar Beleg-
klampe f
tournailler [turnaje] F v/i **1.** auf und
ab, hin und her gehen; **2.** **~ autour de**
qn, qc um j-n, etw her'umstreichen,
-schleichen; F sich um j-n, etw her'um-
drücken
tournant [turnã] **I** adj Dreh...; drehbar;
schwenkbar; **escalier ~** Wendeltreppe f;
fauteuil ~ Drehsessel m; e-s Leucht-
turms **feu ~** Drehfeuer n; **grève ~e** etwa
wechselnder Schwerpunktstreik; mil
mouvement ~ Um'gehung(sbewegung)
f; ch de fer u fig **plaque ~e** Drehscheibe
f; fig auch 'Umschlagplatz m; thé **scène**
~e Drehbühne f; Spiritismus **tables ~es**
Tischrücken n; **II** m **1.** e-r Straße **a)**
Kurve f; Kehre f; **b)** Bogen m; auch e-s

Flusses Krümmung f; Biegung f; **route**
pleine de ~s kurvenreiche Straße; F fig
je l'attends, l'aurai, le rattraperai au
~ ich kriege, erwische ich noch; der
kann was erleben; prendre bien, mal
son ~ die Kurve gut od richtig, falsch
nehmen; cf auch 2.; **2.** fig Wende f;
Wendepunkt m; **il est à un ~ de sa**
carrière, de sa vie er steht an e-m
Wendepunkt s-r Laufbahn, s-s Lebens;
er ist an e-m Wendepunkt s-r Laufbahn,
s-s Lebens angelangt; Ereignis **marquer**
un ~ e-n Wendepunkt, e-e Wende bedeu-
ten; Sache **prendre un ~ (décisif)** e-e
(entscheidende) Wende nehmen; Person
prendre le ~ e-e Wende erreichen; e-n
'Durchbruch erzielen
tournass|age [turnasaʒ] m Töpferei
(Ab)Drehen n; **~er** v/t auf der Töpfer-,
Drehscheibe bearbeiten; (ab)drehen
tourne [turn] f **1.** in e-r Zeitung Fortset-
zung f (e-s Artikels auf e-r der nächsten
Seiten); **2.** des Weins 'Umschlagen n
tourné [turne] adj **1.** Milch geronnen;
Wein 'umgeschlagen; **2. bien ~** Rede gut
formu'liert (auch Kompliment); wohlge-
setzt; Verse gelungen; **avoir l'esprit**
mal ~ immer gleich Schlechtes denken,
auf schlechte Gedanken kommen; **3.**
politique **~e vers ...** auf (+acc)
gerichtete Politik; cf auch **tourner**
tourne-à-gauche [turnagoʃ] m ‹inv›
tech Wind-, Wendeeisen n; für Sägen
Schränkeisen n
tournebouler [turnəbule] v/t F **~ qn**
j-n erschüttern, F 'umwerfen; 'um-
schmeißen; j-n durchein'anderbringen;
elle était toute tourneboulée sie war
ganz durcheinander
tournebroche [turnəbrɔʃ] m cuis Dreh-
spieß m
tourne-disque [turnədisk] m ‹pl tour-
ne-disques› Plattenspieler m
tournedos [turnədo] m cuis (Rinder)Fi-
'let-, Lendenschnitte f; Tourne'dos m
tournée [turne] f **1.** Rundgang m, -reise f;
e-s Beamten Amts-, Dienstreise f; e-s
Vertreters (Geschäfts)Reise f; par ext
(Arbeits)Schicht f; **~ électorale** Wahl-
reise f; **~ théâtrale** Tour'nee f; Gast-
spielreise f; **~ d'inspection** Inspek-
ti'onsreise f; innerhalb e-s Betriebes In-
spekti'onsrundgang m; Kon'trollgang
m; thé **être, partir en ~** auf Tournee, auf
e-r Gastspielreise sein; auf Tournee, auf
e-e Gastspielreise gehen; Briefträger **fai-**
re sa ~ s-n (täglichen) Gang, s-e Runde
machen; **faire une ~ de conférences**
en province e-e Vortragsreise durch die
Provinz machen; **faire la ~ des cafés**
e-n Zechbummel machen; von e-m Café
ins andere ziehen; F **faire la ~ des**
grands-ducs F die vornehmen Lokale
abklappern; ganz groß ausgehen; **faire**
la ~ des grands magasins durch die
Kaufhäuser bummeln; F die Kaufhäuser
abklappern; **2.** F Runde f; von Bier,
Schnaps auch Lage f; **c'est ma ~** F diese
Runde geht auf meine Rechnung; F jetzt
geb' ich einen aus; **c'est la ~ du patron**
F diese Runde spendiert der Wirt; **offrir,**
payer une ~ F e-e Runde zahlen,
spendieren, ausgeben; einen ausgeben;
3. F (raclée) (Tracht f) Prügel pl; F Keile
f; Dresche f; Senge f
tournemain [turnəmɛ̃] loc/adv **en un ~**
im Handumdrehen; im Nu
tourne-pierre [turnəpjɛr] m ‹pl tour-
ne-pierres› zo Steinwälzer m
tourner [turne] **I** v/t **1.** drehen; wenden;
richten; Geschütz, Kamera schwenken;
Buchseite 'umblättern; 'umwenden;
'umschlagen; Schlüssel (her)'umdrehen;
Rad, Knopf, Türgriff drehen; Wasser-,
Gashahn drehen; auf- bzw zudrehen;

Teig rühren; *Soße, Salat* 'umrühren; *abs* **tournez, s'il vous plaît** (*abr* t.s.v.p.) bitte wenden (*abr* b.w.); **~ et retourner** *cf* retourner 3.; **~ la manivelle** die, an der Kurbel drehen; kurbeln; **~ la tête** den Kopf wenden, drehen; sich 'umsehen; *dès qu'il m'a vu,* **il a tourné la tête** ... wandte er den Kopf ab; *fig* **~ le cœur, l'estomac à qn** j-m den Magen umdrehen; **~ le dos à qn,** qc *cf* dos 1.; F *fig* **~ les sangs à qn** *cf* sang; *fig* **~ la tête à qn** *Wein, Erfolg* j-m zu Kopf steigen; *Erfolg, Person* j-m den Kopf verdrehen; **~ la tête à gauche, à droite** den Kopf nach links, nach rechts wenden, drehen; **~** qc **contre** le mur etw gegen die, zur Wand drehen; **~** qc **de l'autre côté** etw nach der, zur anderen Seite drehen; **~ ses pieds en dedans, en dehors** *beim Gehen* die Füße einwärts, auswärts setzen; *fig* **~** qc **en dérision,** qc, qn **en ridicule** etw ins Lächerliche ziehen; j-n, etw lächerlich machen; *fig* **~ en plaisanterie** e-r Sache e-e Wendung ins Scherzhafte geben; e-n *Angriff* als Scherz behandeln, nehmen; nicht ernst nehmen; **~** qc **vers la fenêtre** etw zum Fenster drehen, wenden; **~ son effort vers** qc s-e Bemühungen auf etw (*acc*) richten; *tous nos efforts* **sont tournés vers un seul but** ... sind auf ein einziges Ziel gerichtet; ... gelten e-m einzigen Ziel; *Pflanze* **~ ses feuilles vers la lumière** die Blätter dem Licht zuwenden; **~ les yeux, son regard vers** qn s-e Augen, s-n Blick auf j-n richten, j-m zuwenden; **~ ses pensées vers** qc s-e Gedanken auf etw (*acc*) richten; *toutes ses pensées* **sont tournées vers une seule chose** ... gelten e-r einzigen Sache; **2. ~** qc um etw gehen *bzw* fahren; etw um'gehen (*bes fig*); **~ le coin de la rue** um die Ecke biegen, gehen *bzw* fahren; *fig* **~ la difficulté** die Schwierigkeit umgehen, vermeiden; der Schwierigkeit ausweichen, aus dem Wege gehen; *mil* **~ l'ennemi, la position de l'ennemi** den Feind, die feindliche Stellung umgehen; *fig* **~ la loi, le règlement** das Gesetz, die Vorschriften umgehen; **3.** *tech* **a)** (ab)drehen; **b)** drechseln; (ab-) drehen; *Film, Szene* (ab)drehen; **~ les extérieurs** die Außenaufnahmen drehen; **5.** *Satz, Kompliment* formu'lieren; *Verse* verfassen; **6.** *cuis Gemüse* tour'nieren (= *in der gewünschten Form ausstechen*); *Bäcker* **~ la pâte** das Brot formen; **II** *v/i* **7.** sich drehen; *auch tech* kreisen; *tech* ro'tieren; 'umlaufen; *Motor* laufen; *Uhrzeiger* sich drehen; *fig Unternehmen, Fabrik* in Betrieb sein; *l'heure tourne et rien n'est fait* die Zeit vergeht ...; **la tête me tourne** mir ist, ich bin schwind(e)lig; mir dreht sich alles im Kopf; **~ rond** *cf* rond II; *tech* **~ à plein régime** auf vollen Touren laufen; F *fig* **~ de l'œil** in Ohnmacht fallen; F 'umfallen; 'umkippen; **~ rond** sich im Kreise drehen (*auch fig*); *Tür* **~ sur ses gonds** sich in den Angeln drehen; **~ sur soi-même** sich um sich selbst drehen; **~ sur soi-même comme une toupie** sich wie ein Kreisel drehen; **avoir un œil qui tourne** schielen; **faire ~** drehen; *fig Fabrik, Unternehmen* in Betrieb, Gang halten; *Spiritismus* **faire ~ les tables** Tische rücken; **faire ~ la tête** schwind(e)lig machen; *ça me fait* **~ la tête** davon wird mir, werde ich schwind(e)lig; **8. ~ autour de** qc etw um etw drehen; um etw kreisen; etw um'kreisen; um etw her'umgehen *bzw* -laufen *bzw* -fahren; **~ autour de** qn, qc *Kind* um j-n, etw her'um-

laufen, -hüpfen, *Hund auch* -springen; *Vogel* um j-n, etw her'umflattern, kreisen; j-n, etw um'flattern; *Insekten* um j-n, etw her'umschwirren, -surren; j-n, etw um'schwirren; **~ autour d'un axe** sich um e-e Achse drehen; *fig* **~ autour d'une femme** e-r Frau den Hof machen; *fig u péj* **il tourne sans cesse autour du ministre** F *péj* er schar'wenzelt um den Minister herum; **la Terre tourne autour du Soleil** die Erde dreht sich um die Sonne; *fig* **j'ai vu tout ~** (autour de moi), **tout s'est mis à ~ autour de moi** mir drehte sich alles vor den Augen; alles drehte sich um mich; **9.** *fig* **~ autour de** qc *Gespräch* sich um etw drehen; um etw kreisen (*auch Gedanken*); **toute l'affaire tourne autour de cette question** bei der ganzen Angelegenheit dreht es sich, geht es um diese Frage; *l'enquête* **tourne autour de deux suspects** ... konzentriert sich auf zwei Verdächtige; **sa vie tourne autour de cet enfant, de cette entreprise** sein Leben ist ganz diesem Kind, diesem Unter'nehmen gewidmet; dieses Kind, diesem Unter'nehmen ist sein Lebensinhalt; **10.** abbiegen; *Wind* sich drehen; 'umspringen; *fig* **la chance a tourné** das Blatt hat sich gewendet; **le vent a tourné** der Wind hat sich gedreht; *fig* jetzt weht ein anderer Wind; **~ à droite, à gauche** (nach) rechts, links abbiegen; *Wind* **~ au nord** (sich) nach Norden drehen; **~ dans une rue** e-e Straße einbiegen; **tournez dans la première rue à gauche** bei der ersten Seitenstraße gehen *bzw* fahren Sie nach links; **11.** ablaufen; ausgehen; sich entwickeln; werden; **~ court** fehlschlagen; scheitern; **~ bien** gut ablaufen; sich gut entwickeln; **~ mal** *Sachen* e-e schlechte, schlimme Wendung nehmen; F schiefgehen; *Person* auf die schiefe Bahn geraten; **la plaisanterie a mal tourné** der Scherz hat ein böses Ende genommen; **on va voir comment cela tournera** warten wir ab (, wie sich die Dinge entwickeln); **si les choses avaient tourné autrement** wenn die Dinge anders gelaufen wären, sich anders entwickelt hätten; *la discussion* **tourne à son avantage** ... nimmt e-e Wende zu s-n Gunsten; **le temps tourne au beau** das Wetter *od* es heitert sich auf; **~ au drame** sich zu e-m Drama entwickeln, auswachsen; **~ à la pluie** *Schnee* in Regen 'übergehen; *Wetter* regnerisch werden; **sa grippe a tourné à la pneumonie** aus s-r Grippe ist e-e Lungenentzündung geworden; **~ au tragique** e-e tragische Wendung nehmen; F **faire ~** qn **en bourrique** *cf* bourrique 2.; **12.** *Milch* gerinnen; zu'sammengehen, -laufen; *Wein* 'umschlagen; **13.** *cin, auch Schauspieler* filmen; **silence, on tourne!** Achtung, Aufnahme!; **il a tourné dans de nombreux films** er hat in vielen Filmen gespielt; **III** *v/imp* **14.** *Kartenspiel* **il tourne cœur** Herz ist Trumpf; **IV** *v/pr* **15. se ~** sich 'umwenden; sich 'umdrehen; **se ~ et se retourner dans son lit** sich im Bett hin und her wälzen; **se ~ du côté de** qn, qc sich j-m, e-r Sache zuwenden; sich (um)wenden; **se ~ de l'autre côté a)** sich nach der anderen Seite drehen, wenden; *im Liegen* sich auf die andere Seite drehen; **b)** sich abwenden; **de quelque côté qu'on se tourne,** *on ne voit que du sable* wohin, nach welcher Seite man sich auch wendet, man auch blickt ...; **se ~ tout d'une pièce** sich (ganz) her'umdrehen; **se ~ sur le dos** sich auf den Rücken drehen; **se ~ vers**

qn, qc *cf* **se ~ du côté de** qn, qc; **16.** *fig* **se ~ vers** qn **pour lui demander son aide** sich an j-n um Hilfe wenden; **se ~ vers l'avenir** sich der Zukunft zuwenden; den Blick in die Zukunft richten; **se ~ vers la politique** sich der Politik zuwenden; in die Politik gehen; **se ~ vers une profession, une question** sich e-m Beruf, e-r Frage zuwenden

tournerie [turnəri] *f* Drechslerwerkstatt *f*; Drechsle'rei *f*

tournesol [turnəsɔl] *m* **1.** *bot* **a)** Sonnenblume *f*; **graines** *f/pl,* **huile** *f* **de ~** Sonnenblumenkerne *m/pl,* -öl *n*; **b)** Lackmuskraut *n*; **~ des teinturiers** Färberkroton *m*; **c)** Helio'trop *n*; **2.** *chim* Lackmus *m*; **papier** *m* **de ~** Lackmuspapier *n*

tournette [turnɛt] *f* **1.** *text (Art)* Haspel *f od m*; **2.** Eichhörnchenkäfig *m* mit Laufrad

tourneur [turnœr] **I** *m* **1. ~** (sur métaux) Dreher *m*; **~ sur bois** (Holz-)Drechsler *m*; **2. ~** (de spectacle) *etwa* Impre'sario *m*; **II** *adj rel* **derviche** *m* **~** tanzender Derwisch

tourne-vent [turnəvɑ̃] *m* ⟨*inv*⟩ drehbarer Schornsteinaufsatz

tournevis [turnəvis] *m* Schraubenzieher *m, fachspr oft* -dreher *m*; **~ (à) va-et-vient** Drillschraubenzieher *m*

tournicoter [turnikɔte] *v/i* F *cf* tournailler

tourniole [turnjɔl] *f path* Nagelbettentzündung *f*

tourniquer [turnike] *v/i* F *cf* tournailler

tourniquet [turnikɛ] *m* **1. a)** Drehkreuz *n*; **b)** Drehtür *f*; **2.** Fensterwirbel *m*; *bei Fensterläden* Vorreiber *m*; Ladenfeststeller *m*; **3.** Rasensprenger *m*; **4.** *für Postkarten etc* Drehständer *m*; **5.** Kettenkarussell *n*; **6.** *mar* (Lauf)Rolle *f*; **7.** *zo* Taumel-, Drehkäfer *m*; **8.** *chir* Aderpresse *f*; **9.** *arg mil* **passer au ~** vor ein Kriegsgericht gestellt werden

tournis [turni] *m* **1.** *vét* Drehkrankheit *f* (*bes der Schafe*); **2.** F *fig: arrête de bouger comme ça,* **tu me donnes le ~** ... F ich krieg' ja den Drehwurm

tournisse [turnis] *f bât* Füllholz *n* (*im Fachwerk*)

tournoi [turnwa] *m* Tur'nier *n* (*auch der Ritter*); Wettbewerb *m*; **~ d'échecs, de tennis** Schach-, Tennisturnier *n*; *Rugby* **~ des Cinq Nations** *internationale Meisterschaftsspiele mit Mannschaften aus England, Schottland, Wales, Irland u Frankreich*

tournoiement [turnwamɑ̃] *m* (Sich-)Drehen *n*; Kreisen *n*

tournoyer [turnwaje] *v/i* ⟨-oi-⟩ kreisen; sich im Kreise drehen; **~ rapidement** (um'her)wirbeln; **faire ~** *Regenschirm, Stock, Lasso, Peitsche* schwingen; *Rauch* **s'élever en tournoyant** in e-r Spi'rale, sich kräuselnd hochsteigen, die Höhe steigen

tournure [turnyr] *f* **1. ~** (de phrase) Redewendung *f*; Redensart *f*; Formu'lierung *f*; **~ impersonnelle, incorrecte** unpersönliche, inkorrekte, fehlerhafte Wendung; **2.** Aussehen *n*; Gestalt *f*; **cela a tout de suite une autre ~** das sieht gleich anders aus; das bekommt gleich ein anderes Gesicht; Aussehen; **commencer à prendre ~** beginnen, (feste) Gestalt *od* feste Formen anzunehmen; sich allmählich abzeichnen; **3.** *fig* Wendung *f*; *Angelegenheit* **prendre une bonne, mauvaise ~** e-e gute *od* glückliche, schlimme *od* schlechte Wendung nehmen; **cela dépend de la ~ que prendront les événements** das hängt davon ab, wie sich die Dinge entwickeln;

das hängt von der Entwicklung der Dinge ab; **4.** ~ **d'esprit** Geisteshaltung *f*; Denkart *f*, -weise *f*; Denkungsart *f*; **5.** *tech* Drehspäne *m/pl*; **6.** *cout früher* Tur'nüre *f*

touron [turõ] *m cuis* (*Art*) Nougat *m* (*aus Mandeln, Haselnüssen etc*)

tourquennois [turkɛnwa] *adj* (*u subst* ♀ Einwohner) von Tourcoing

tourte [turt] **I** *f* **1.** *cuis* flache, mit Fleisch, Fisch *od* Gemüse gefüllte Blätterteigpastete; **2.** F *péj* **une grosse** ~ ein plumpes, schwerfälliges Mädchen; F *péj* ein Trampel *n od m*; **3.** *agr* Treber *m/pl*; Trester *m/pl*; **II** F *adj* dumm, schwerfällig; F blöd; doof; dämlich

tourteau [turto] *m* ⟨*pl* ~x⟩ **1.** *agr* Ölkuchen *m*; Preßrückstand *m* (*bei der Ölgewinnung*); ~ **de lin** Leinkuchen *m*; **2.** *zo* Taschenkrebs *m*

tourter|eau [turtəro] *m* ⟨*pl* ~x⟩ **1.** *zo* junge Turteltaube; Turteltäubchen *n*; **2.** *fig* ~x *pl* Turteltäubchen *n/pl*; Liebespärchen *n*; ~**elle** *f* zo ~ (**des bois**) Turteltaube *f*; ~ **domestique** *od* **rieuse**, turque Lach-, Türkentaube *f*

tourtière [turtjɛr] *f cuis* Kuchenform *f*, -blech *n*

tous *cf* **tout**

touselle [tuzɛl] *f agr* grannenloser Weizen (*aus Südfrankreich*)

toussailler [tusaje] *v/i* hüsteln; e-n leichten Husten haben

Toussaint [tusɛ̃] *f rel* **la** ~ Aller'heiligen *n*; **à la** ~ (an, zu) Allerheiligen; *fig* **un temps de** ~ naßkaltes (und nebliges) Wetter

tousser [tuse] *v/i* **1.** husten; **2.** sich räuspern; hüsteln; **3.** F *fig Motor* F husten; spucken; stottern

toussot|ement [tusɔtmã] *m* Hüsteln *n*; ~**er** *v/i* hüsteln

tout [tu, *vor Vokal u stummem h* tut] ⟨*f* **toute** [tut], *m/pl* **tous** [tu, *alleinstehend u als pr/ind* tus], *f/pl* **toutes** [tut]⟩ **I** *sg* **1.** *adj* jede(r, -s); alle(r, -s); *mit art* ganze(r, -s); gesamte(r, -s); ♦ ~ **Français** jeder Franzose; ~**e la France** ganz Frankreich; ~ **le monde** jeder (-mann); alle Welt; alle; *cf auch* **monde** 3.; ~ **Nice**, **Paris** ganz Nizza, Paris; ~**e personne ayant vu** ... jeder, der *od* wer ... gesehen hat; ~ **un peuple** ein ganzes Volk; ~ **le reste** der ganze, gesamte Rest; alles, was noch da, übrig ist; alles übrige; ~ **le village** das ganze Dorf; *loc/adv* ~ (**pendant**) ~**e l'année** das ganze Jahr (hin'durch, über); ganzjährig; ~ **un hiver** ein ganzen Winter (lang, hindurch); während e-s ganzen Winters; ~**e la nuit** die ganze Nacht (über, hindurch); **il a neigé** ~ **e cette nuit** heute hat es die ganze Nacht geschneit; **ne pas dormir de** ~**e la nuit** die ganze Nacht nicht schlafen; ♦ *loc/adj u loc/adv mit prép:* **à** ~ **âge** in jedem (Lebens-) Alter; **à** ~**e force** unbedingt; mit aller Gewalt; **à** ~ **point de vue** in jeder Hinsicht, Beziehung; **de** ~**e beauté** wunderschön; zauberhaft (schön); **de** ~**e espèce** verschiedenster Art; allerlei; **de** ~**e éternité** immer schon; seit jeher; **de** ~**e façon**, **manière**, **sorte**, **de** ~ **temps** *cf* **façon** 1., **manière** 1., **sorte** 1., **temps**[1] 1.; **en** ~**e franchise** in aller Offenheit; **pour** ~: **il n'emporte pour** ~ **bagage que** ... sein ganzes Gepäck besteht aus ...; **pour** ~**e réponse il se mit à rire** als Antwort, statt e-r Antwort lachte er nur; ♦ ~ **autre que lui** jeder andere (als er); jeder außer ihm; ~ **ceci**, **cela**, F **ça** dies, das alles; ~ **ce qui** *bzw* **que** alles, was; ~ **ce à quoi vous pensez** alles, woran Sie denken; ~ **ce que la ville a de notables était réuni**

alle Honoratioren der Stadt waren versammelt; ~ **ce qu'il y avait de gens connus se rencontrai(en)t** alle bekannten Leute trafen sich; F **des gens** ~ **ce qu'il y a de plus respectable(s)** höchst achtbare Leute; **c'est sérieux?** – ~ **ce qu'il y a de plus sérieux** ... allen Ernstes; ... (das ist) mein vollster Ernst; ♦ **avoir** ~**e liberté pour agir** volle Handlungsfreiheit haben; **vous avez** ~ **intérêt à** (+*inf*) es liegt in Ihrem ureigensten Interesse zu (+*inf*); **c'est là** ~ **le problème** das ist, darin liegt das Hauptproblem; **c'est** ~ **le savoir si** ... die entscheidende Frage ist, ob ...; **c'est** ~ **un roman** das ist ein ganzer Roman; **j'ai lu** ~ **Balzac**, ~(**e**) **la Chartreuse de Parme** ich habe den ganzen Balzac, die ganze Kartause von Parma gelesen; **faire** ~ **son possible** sein möglichstes tun; *cela ne méritait pas* ~**e la peine que j'ai prise** ... all die Mühe, die ich mir gegeben habe; **2.** *pl* **tous**, ~**es**; **tous nos amis** all(e) unsere Freunde; **tous les autres** alle anderen; ~**es ces choses-là** all(e) diese Dinge; **all dies**; **tous** (**les**) **deux**, **trois** alle beide, drei; **tous les dix** alle zehn; *st/s* **le courage**, **la lucidité** ..., ~**es qualités nécessaires pour une telle entreprise** ... alles für ein solches Unter'nehmen notwendige Eigenschaften; *cesser* ~**es relations** alle Beziehungen; ~**es sortes de** *cf* **sorte** 1.; ♦ **tous les ans** alle Jahre; jedes Jahr; alljährlich; **tous les deux ans** alle zwei Jahre; jedes zweite Jahr; **tous les kilomètres** im Abstand, in Abständen von e-m Kilometer; jeweils nach e-m Kilometer; **tous les matins** jeden Morgen; **tous les dix mètres** alle zehn Meter; **tous les premiers samedis du mois** jeden ersten Samstag im Monat; ♦ *loc/adj u loc/adv mit prép:* **à tous les coins de rue** an jeder Straßenecke; **dans tous les cas** in allen Fällen; auf jeden Fall; **de tous les côtés** von *bzw* nach allen Seiten; **de** ~**es les façons** *cf* **façon** 1.; **en** ~**es lettres** *cf* **lettre** 1.; **II** *pr/ind* **1.** *sg* ~ alles; *litt nach Aufzählungen von Personen* alle; F **et** ~ und so weiter (*abr* usw.); **belle**, **riche et** ~ (**et** ~) schön, reich usw. (usw.); ♦ *loc/adv:* **après** ~, **à** ~ **prendre** ; **bien considéré** im Grunde (genommen); alles in allem; schließlich; übrigens; **avant** ~ in erster Linie; vor allem; F **comme** ~ äußerst; höchst; 'überaus; F unglaublich; unwahrscheinlich; **facile comme** ~ *auch* kinderleicht; **il est gentil comme** ~ F er ist unwahrscheinlich nett; **en** ~ insgesamt; **il n'y en a que trois en** ~ **et pour** ~ es sind alles in allem, insgesamt nicht mehr als drei; **par-dessus** ~ *od* **au-dessus de** ~ mehr als, über alles; vor allen Dingen; vor allem; ♦ ~ **va bien** a) alles geht gut; b) es geht mir *bzw* ihm, ihr *bzw* allen gut; **ce qu'il dit n'est pas parole d'évangile** nicht alles, was er sagt, ist ein Evangelium; **est là** darin liegt das ganze Problem; **c'est** ~? ist das alles?; weiter nichts?; **c'est** ~! *od* **un point**, **c'est** ~! (und damit) Punktum!, basta!; **ce n'est pas** ~ das ist (noch) nicht alles; **ce n'est pas de** (+*inf*) es genügt nicht zu (+*inf*); F **c'est pas** ~ **de s'amuser** *od* **c'est pas** ~ **ça** ich vertrödle meine Zeit; ich muß jetzt aufhören; ich habe auch noch etwas anderes zu tun; **c'est** ~ **ou rien** alles oder nichts; *beim Einkaufen, in der Schule* **ce sera** ~ **pour aujourd'hui** das wär's (für heute); *son fils est* ~ **pour elle** ... ist ihr ein und alles; **on se fait**, **s'habitue à** ~ man gewöhnt sich an

alles; **il ignore** ~ **de** *cette affaire* er weiß überhaupt nichts von ...; **prendre un peu de** ~ von allem ein wenig, etwas nehmen; ~ **n'est pas réglé** nicht alles ist geregelt; *prov* ~ **est bien qui finit bien** Ende gut, alles gut (*prov*); **2.** *pl* **tous**, ~**es** alle; **nous tous** wir alle; **la première de** ~**es** a) *Person* die erste von allen; die allererste; b) das allererste Mal; zum allerersten Mal; **écoutez tous attentivement**! hören Sie *bzw* hört alle gut zu!; **je parle en leur nom à tous** ich spreche in ihrer aller Namen;

III *adv* ⟨*vor mit Konsonant oder h aspiré beginnendem adj f* ~**e** *bzw* ~**es**⟩ ganz; gänzlich; ganz und gar; völlig; vollständig, -kommen; ♦ *mit adj:* **c'est une** ~ **autre affaire** ... e-e ganz andere Sache; **il a dit** ~ **autre chose** ... etwas ganz anderes ...; **elle est** ~**e contente** ... sehr, vollständig zufrieden; **les** ~ **derniers chapitres** die allerletzten Kapitel; ~ **enfant** *od* F **gosse déjà**, **il** ... schon als Kind; **la ville** ~ **entière** die ganze Stadt; **il est** ~ **fou** ... außer Rand und Band; **se coucher** ~ **habillé** sich vollständig angekleidet, angezogen niederlegen; **une** ~**e jeune fille** ein blutjunges, ganz junges Mädchen; **une** ~**e petite maison** ein winziges Häuschen; **les** ~ **petits** *cf* **tout-petit**; **le** ~ **premier** der allererste; **il protesterait lui** ~ **le premier** er würde als allererster protestieren; **la** ~**e première fois** das allererste, zum, beim allerersten Mal; **plat** ~ **préparé** Fertiggericht *n*; ♦ *loc/conj* ~ ... **que** wenn auch ...; so sehr auch ...; ~ **ob'gleich** ...; ob'wohl ...; ~ **enfant que j'étais** obwohl ich noch ein Kind war; ~ **malin qu'il est** *od* *st/s* **soit** ... so schlau er auch ist ...; bei all s-r Schläue ...; wenn er auch sehr schlau ist ...; ♦ *mit adv:* ~ **aussi peu** ebenso, genauso wenig; ~ **autant** ebenso, genauso viel; ebenso sehr; ~ **autrement** ganz anders; *parler* ~ **bas** ganz leise ...; ~ **comme** ebenso genau, gerade, ebenso viel; *cf auch* **comme** I.; ~ **droit** gerade'aus; *st/s* **poète**, **peintre**, **musicien** ~ **ensemble** Dichter, Maler und Musiker zu'gleich; *parler* ~ **'haut** laut, mit normaler Lautstärke ...; *je vous le dis* ~ **net** ... ganz offen; ... in aller Offenheit; ... ganz ohne 'Umschweife; ♦ *in loc/adv mit prép:* ~ **au bout** ganz am Ende; ~ **à côté** gleich nebenan; ~ **à coup** plötzlich; auf einmal; ~ **à fait** vollständig; vollkommen; ganz; *cf auch* **fait**[2] 5.; ~ **à l'heure** *cf* **heure** 3.; ~ **au loin** ganz in der Ferne; ~ **au moins** zu'mindest; allermindestens; ~ **au plus** allerhöchstens; im Höchstfall(e); ~ **au sommet** ganz oben (auf dem Gipfel); *elle est* ~ **à son travail** ... ganz bei ihrer Arbeit, in ihre Arbeit versunken, vertieft; ~ **dans le fond du sac** ganz unten in der Tasche; ~ **d'abord** zu(aller)erst; ~ **d'un coup** mit e-m Schlag(e); auf einmal; plötzlich; ~ **de même** dennoch; doch; trotzdem; *cf auch* **même** III 3.; ~ **existence** (**faite**) ~**e de recherche**, **de travail** ganz, nur, einzig der Forschung, der Arbeit gewidmetes Leben; ~ **de travers** ganz schief; *Baum* **en fleurs** in voller Blüte; ~ **en 'haut** ganz oben; ♦ *mit Verb* **il s'est** ~ **brûlé la main** F er hat sich die Hand ganz verbrannt; ♦ *mit subst od pr/ind:* **étoffe** *f* ~ **laine** reinwollener Stoff; **être** ~ **yeux**, ~ **oreilles** ganz Auge und Ohr sein; **c'est** ~ **son père** er ist ganz der Vater; ♦ *mit gérondif* a) ~ **en marchant**, *il me racontait* ... im Gehen ...; während wir weitergingen ...; b) *st/s* ~ **en étant très riche**, *il vit simplement* wenn er auch, obwohl er sehr reich ist ...; so reich er auch ist ...;

IV *subst* **1.** *m* Ganze(s) *n*; Gesamtheit *f*; Einheit *f*; Hauptsache *f*; le (grand) ~ *od* ♀ die All'einheit (*im Pantheismus*); ~ homogène einheitliches Ganzes; *bei* Scharaden: mon premier est …, mon second est …, et mon ~ … das Ganze; ♦ *loc/adv*: pas du ~ keineswegs; überhaupt, durchaus nicht; je ne suis pas sûr du ~ *od* pas du ~ sûr ich bin keineswegs, durchaus nicht sicher; il ne fait pas froid du ~ es ist überhaupt nicht kalt; plus du ~ überhaupt nicht mehr; je n'en ai plus du ~ ich habe gar nichts, überhaupt nichts mehr (davon); il ne vient plus du ~ er kommt überhaupt nicht mehr; du ~ au ~ vollständig; völlig; vollkommen; il a changé du ~ au ~ er ist völlig verändert; cela fait une différence du ~ au ~ das ist ein ganz gewaltiger 'Unterschied; se tromper du ~ au ~ sich gewaltig irren; en ~ ou en partie ganz oder teilweise; ♦ rien du ~ überhaupt nichts; ~ le ~ de (+*inf*) die Hauptsache, das Wichtigste, Entscheidende ist zu (+*inf*); ce n'est pas le ~ *od* F c'est pas le ~ de rigoler es gibt auch noch anderes zu tun; ich vertrödle meine Zeit; je bavarde, je bavarde, mais ce n'est pas le ~ … als ob ich überhaupt nichts zu tun hätte; former un ~ ein Ganzes, e-e Einheit bilden; risquer le ~ pour le ~ alles aufs Spiel, auf e-e Karte setzen; **2.** *f mar* en avant ~e! volle Kraft voraus!

tout-à-l'égout [tutalegu] *m* ⟨inv⟩ (Abwässer)Kanalisati'on *f*

toute-bonne [tutbɔn] *f* ⟨pl toutes- -bonnes⟩ *bot* **a)** Mus'katsalbei *m od f*; Muska'tellersalbei *m od f*; **b)** Guter Heinrich; **c)** e-e Birnensorte

toute-épice [tutepis] *f* ⟨pl toutes- -épices⟩ *bot*, cuis Pi'ment *m od n*; Nelkenpfeffer *m*

toutefois [tutfwa] *adv* je'doch; in'dessen; gleich'wohl; nichtsdesto'weniger; à condition ~ que … jedoch unter der Bedingung, daß …; excepté ~ ausgenommen jedoch; avec ironie, mais sans méchanceté, ~ … jedoch, indessen ohne Bosheit; il est vrai ~ qu'il ne le savait pas es stimmt jedoch …; si ~ vous le permettez wenn Sie (es) gestatten; il viendra plus tard si ~ il vient … wenn er überhaupt kommt

toute-présence [tutprezɑ̃s] *f rel* All-'gegenwart *f*

toute-puissance [tutpɥisɑ̃s] *f rel u allg* Allmacht *f*

toutim(e) [tutim] *arg* le ~ alles übrige; das Ganze; et le ~ und so weiter (*abr* usw.)

toutou [tutu] *m enf od* F Wau'wau *m*; Hund(chen) *m(n)*; suivre qn comme un ~ j-m wie ein Hündchen (überallhin) folgen

Tout-Paris [tupari] *m* le ~ die Promi-'nenz von Paris; alles, was in Paris Rang und Namen hat

tout-petit [tup(ə)ti] *m* ⟨pl tout-petits⟩ Kleinkind *n*; meist pl Kleinkinder *n/pl*

tout-puissant [tupɥisɑ̃] *adj* ⟨f toute- -puissante⟩ *m/pl* tout-puissants⟩ all-'mächtig; rel le Père ~ der allmächtige Vater; **II** *m rel* le Tout-Puissant der All'mächtige

tout-terrain [tutɛrɛ̃] *m* faire du ~ Fahrzeug, Person e-e Geländefahrt machen; durch das Gelände, querfeld'ein fahren; Fahrzeug auch geländegängig sein; cf auch terrain 1.

tout-venant [tuvnã] *m* **1.** mines Förderkohle *f*; **2.** comm unsortierte Ware; **3.** von Personen le ~ die große Masse

toux [tu] *f* Husten *m*; ~ nerveuse

nervöser Husten; petite ~ Hüsteln *n*; accès *m*, quinte *f* de ~ Hustenanfall *m*

toxémie [tɔksemi] *f path* Tox(ik)ä'mie *f*

toxicité [tɔksisite] *f méd* Giftigkeit *f*; sc Toxizi'tät *f*

toxico|dendron [tɔksikɔdɛ̃drɔ̃] *m bot* Giftsumach *m*; ~logie *f méd* **1.** Lehre *f* von den Giften und den Vergiftungen; sc Toxikolo'gie *f*; **2.** Abhandlung *f* über Toxikolo'gie; ~logique *adj méd* toxiko-'logisch; ~logue *m,f* Toxiko'loge, -'login *m,f*

toxine [tɔksin] *f méd* To'xin *n*

toxique [tɔksik] **I** *adj* giftig; Gift…; sc toxisch; gaz *m*, substance *f* ~ Giftgas *n*, -stoff *m*; **II** *m* Gift *n*; Giftstoff *m*; sc Toxikum *n*; ~ animal, endogène, exo-gène tierisches, endogenes, exogenes Gift; ~ végétal Pflanzengift *n*

toxoplasmose [tɔksɔplasmoz] *f path* Toxoplas'mose *f*

trac [trak] *m* **1.** Lampenfieber *n*; F Bammel *m*; avoir le ~ Lampenfieber haben; donner le ~ à qn j-m bange, Angst machen; **2.** *loc/adv* tout à ~ völlig unerwartet; demander tout à ~ ganz plötzlich fragen; dire qc tout à ~ mit etw her'ausplatzen

trac|age [trasaʒ] *m tech* Anreißen *n*; ~ant *adj* **1.** mil Leuchtspur…; balle ~e, obus ~ Leuchtpurgeschoß *n*; **2.** bot Wurzel flach streichend

tracas [traka] *m meist pl* Sorgen *f/pl*; Ärger *m*; Kummer *m*; Placke'rei *f*; Widrigkeit *f*; Ärgernisse *n/pl*; les petits ~ de la vie quotidienne die kleinen 'Mißhelligkeiten *f/pl* des Alltags; cela m'a donné bien du ~ das hat mir viel Kummer, Sorgen gemacht; dies hat mich viel Plackerei gekostet

tracass|er [trakase] **I** *v/t* ~ qn Sache j-n bekümmern, beunruhigen, plagen; Person j-n schika'nieren, F schurigeln; **II** *v/pr* se ~ beunruhigt sein; ne vous tracassez pas machen Sie sich keine Sorgen; ~erie *f meist pl* ~s Schi'kane(n) *f(pl)*; ~s administratives, de l'administration Schikanen der Behörden; ~ier *adj* ⟨-ière⟩ schika'nös; krittelnd; un patron ~ ein pe'dantischer Chef; ce qu'il est ~! immer muß er an einem her'umnörgeln, einen schika'nieren!

tracassin [trakasɛ̃] F *m* Sorge(n) *f(pl)*; avoir le ~ den Kopf hängen lassen; F Trübsal blasen

trace [tras] *f* Spur *f* (*auch fig*); ch auch Fährte *f*; fig auch Hinweis *m*; (An)Zeichen *n*; ~ lumineuse Leuchtspur *f*; ~s de brûlure Brandnarben *f/pl*; ~(s) de civilisations anciennes Spuren alter Kulturen; ~s de fatigue Spuren, Zeichen *n/pl* von Müdigkeit (sur son visage in s-m Gesicht); ~s de freinage Bremsspur(en) *f(pl)*; ~s de pas, de roues die sand Fuß-, Rad-, Blutspuren *f/pl*; fig aucune ~ de remords keine Spur von, kein Anzeichen von, keinerlei Reue; déceler des ~s de poison à l'autopsie bei der Obduktion Spuren von Gift, Giftspuren feststellen; être sur la ~ des criminels den Verbrechern auf der Spur sein; il a disparu sans laisser de ~s er ist spurlos verschwunden; perdre la ~ de qn j-s Spur verlieren; il n'en reste plus ~ davon ist nichts mehr übriggeblieben, zu sehen, zu finden; fig suivre les ~s, marcher sur les ~s de qn in j-s Fuß(s)tapfen (acc) treten; suivre qn à la ~ j-s Spur verfolgen; ch suivre un animal à la ~ ein Tier der Spur nach

suchen; der Fährte e-s Tieres folgen, nachgehen; on n'a trouvé aucune ~ d'effraction man fand keinerlei Anzeichen von, Hinweis auf e-n Einbruch

trac|é [trase] *m* **1.** *Tiefbau* **a)** Tras'sieren *n*, -ung *f*; Linienführung *f*; **b)** Trasse *f*; **2.** e-r Straße, Eisenbahn, Küste, e-s Flusses Verlauf *m*; **3.** e-r Zeichnung 'Umrisse *m/pl*; **4.** e-r Stickerei Musterzeichnung *f*; ~ement *m* **1.** Tiefbau Tras'sierung *f*; **2.** e-r Linie Ziehen *n*

tracer [trase] ⟨-ç-⟩ **I** *v/t* **1.** Linie, Kreis, agr Furchen ziehen; Plan (auf)zeichnen; skiz'zieren; entwerfen; tech anreißen; il traça ces mots en grosses lettres er schrieb diese Worte … nieder; fig ~ un tableau sommaire e-n kurzen 'Überblick geben; **2.** Weg bahnen; Pfad treten; Tiefbau Straße etc tras'sieren; fig: ~ le chemin, la voie à qn j-m s-n Weg vorzeichnen; j-m Richtlinien geben; ~ une ligne de conduite à qn j-m Verhaltensmaßregeln geben; **II** *v/i* F (courir) rennen; F rasen; sausen; flitzen; qu'est-ce qu'on a tracé F wir sind vielleicht gerast, gesaust

traceret [trasrɛ] *m tech* Reißnadel *f*

traceur [trasœr] **I** *m* **1.** phys atom, méd Iso'topenindikator *m*; ~ radioactif Radioindikator *m*; **2.** tech Anreißer *m*; text Schnittaufzeichner *m*; **3.** EDV ~ de courbes Kurvenschreiber *m*; Plotter *m*; **4.** sports j. der die Pisten aussteckt, ausflaggt; **II** *adj* ⟨-euse⟩ mil balle traceuse, projectile ~ Leuchtpurge-schoß *n*

trachéal [trakeal] *adj* ⟨-aux⟩ anat Luft-röhren…; sc trache'al; Trache'al…

trachée [traʃe] *f* **1.** anat Luftröhre *f*; sc Tra'chea *f*; **2.** zo, bot ~ s pl Tra'cheen *f/pl*; ~-artère *f* ⟨pl trachées-artères⟩ anat Luftröhre *f*

traché|en [trakeɛ̃] *adj* ⟨~ne⟩ zo Tra-'cheen…; ~ite *f path* Luftröhrenentzündung *f*; sc Trache'itis *f*

trachéo|-bronchite [trakeobrɔ̃ʃit] *f path* Tracheobron'chitis *f*; ~tomie *f* [-tɔmi] *f chir* Luftröhrenschnitt *m*; sc Tracheoto'mie *f*

trachome [trakom] *m path* Tra'chom *n*

trachyte [trakit] *m minér* Tra'chyt *m*

traçoir [traswar] *m tech* Reißnadel *f*

tract [trakt] *m* Flugblatt *n*, -schrift *f*; ~ religieux Trak'tat *n*; distribuer, lancer des ~s Flugblätter verteilen, verbreiten

tractable [traktabl(ə)] *adj* mit Motorkraft, von e-m Auto gezogen

tractation [traktasjɔ̃] *f péi meist pl* ~s Machenschaften *f/pl*; geheime Verhandlungen *f/pl*; se livrer à, mener des ~s avec qn mit j-m gemeinsame Sache machen

tracter [trakte] *v/t* (mit Motorkraft) ziehen, schleppen; adit artillerie tractée von Zugmaschinen gezogene Artillerie

tracteur [traktœr] *m* Zugmaschine *f*; Schlepper *m*; Traktor *m*; ~ (agricole) enjambeur Grätsch-, Stelzradschlepper *m*; ~ à, sur chenilles Raupen-, Kettenschlepper *m*; ~ à roues Radschlepper *m*

traction [traksjɔ̃] *f* **1.** tech Zug *m*; Ziehen *n*; Betrieb *m*; Antrieb *m*; ~ animale Verwendung *f* von Zugtieren; auto ~ avant Vorderrad-, Frontantrieb *m*; par ext ~ avant *od* ~ Wagen *m* mit Frontantrieb; ~ électrique elektrischer Antrieb, (Fahr)Betrieb *m*; ~ mécanique Ma'schinenantrieb *m*; ~ (à) vapeur Dampfantrieb, -betrieb *m*; force *f* de ~ Zugkraft *f*; résistance *f* à la ~ Zugfe-stigkeit *f*; **2.** sports **a)** Klimmzug *m*; **b)** Liegestütz *m*; **3.** méd ~ rythmée, ryth-

mique de la langue wieder'holtes Her'vorziehen der Zunge (*zur Wiederbelebung Erstickter. Ertrunkener*); ~ **vertébrale** Dehnung f der Wirbelsäule

trac|tive [traktiv] *adj* ‹*nur f*› *tech* **force** ~ Zugkraft f; **~toire** f *od* **~trice** f *math* Schleppkurve f; Traktrix f

tractus [traktys] *m anat* ~ **gastro--intestinal** Magen-Darm-Trakt m; Magen-Darm-Kanal m

tradescantia [tradɛskãsja] *m bot* Trades'kantie f

tradition [tradisjõ] f **1.** Traditi'on f (*auch rel*); Über'lieferung f; Brauch m; Sitte f; **populaire** Volksbrauch m, -sitte f; **c'est devenu une ~** das ist (zur) Tradition geworden; es hat sich so eingebürgert; **c'est une ~ américaine** das ist amerikanische Tradition, Sitte, amerikanischer Brauch; **être dans la ~ française** zur französischen Tradition gehören; **il est de ~ dans certaines familles de** (+*inf*) in einigen Familien ist es Brauch, Sitte, Tradition zu (+*inf*); **2.** *jur* 'Übergabe f; Über'eignung f

traditional|isme [tradisjɔnalism(ə)] *m* Traditi'onsbewußtsein n; Traditiona'lismus m (*auch philos, rel*); **~iste** I *adj* traditi'onsbewußt; traditiona'listisch; II *m.f* traditi'onsgebundener Mensch; Traditiona'list(in) m(f)

traditionnel [tradisjɔnɛl] *adj* ‹~**le**› traditio'nell; über'liefert; alt'hergebracht; herkömmlich

traditionnellement [tradisjɔnɛlmã] *adv* nach altem Brauch; nach alter Traditi'on, Sitte

traduc [tradyk] *Schülersprache* f Über'setzung f

traduc|teur [tradyktœr] *m*, **~trice** f **1.** Über'setzer(in) m(f); *jur* **traducteur assermenté**, **juré** beeidigter Übersetzer; **2.** ‹*nur m*› *Kybernetik* Wandler m; 'Umsetzer m; **3.** ‹*nur f*› *Maschine* Lochschriftübersetzer m; **~teur-interprète** f ‹*pl* traducteurs-interprètes› Über'setzer und Dolmetscher m

traduction [tradyksjõ] f Über'setzung f; Über'tragung f; *als Vorgang auch* Über'setzen n; Über'tragen n; 'Wiedergabe f; **la ~ anglaise de ...** die englische Übersetzung von ...; **~ libre**, **littérale** freie, wörtliche Übersetzung; **~ de la Bible en latin** lateinische Bibelübersetzung; **~ de Faust** Faust-Übersetzung f; Übersetzung des Faust; **~ de Shakespeare** Shakespeare-Übersetzung f; **l'art** m **de la ~** die Kunst des Übersetzens

traduire [traduir] ‹*cf* conduire› I *v/t* **1.** über'setzen; über'tragen; 'wiedergeben; *Gespräch auch* dolmetschen; **~ un auteur** e-n Autor übersetzen; **~ un texte en français** e-n Text ins Französische übersetzen; **~ de l'allemand en français** aus dem Deutschen ins Französische übersetzen; **2.** *fig Gedanken etc* Ausdruck verleihen, geben (+*dat*); in Worte kleiden; ausdrücken; *Gefühle* zum Ausdruck bringen; verraten; **le ton de sa voix traduisait une joie immense** ... verriet unendliche Freude; **la statistique traduit ...** die Statistik weist ... auf, gibt ... wieder; aus der Statistik geht ... hervor; **3.** *jur* **~ qn en justice** devant un tribunal, un juge j-n vor Gericht stellen; **II** *v/pr* **se ~** *Gefühle* zum Ausdruck kommen, s-n Ausdruck finden, sich zeigen, sich offen-'baren, sich äußern, sich kundtun (*par* in + *dat*)

traduisible [traduizibl(ə)] *adj* über'setzbar; **expression** f **difficilement ~** schwer übersetzbarer, zu über'setzender Ausdruck

trafic [trafik] *m* **1.** ~ (illicite) Schleich-, Schwarzhandel; ~ de devises De'visenschmuggel m; ~ d'armes Waffenschmuggel m; illegaler Waffenhandel; ~ de (la) drogue, de stupéfiants Rauschgifthandel m; *jur* ~ d'influence passive Bestechung; faire le ~ des stupéfiants mit Rauschgift handeln; **2.** *Verkehr m*; ~ aérien Luft-, Flugverkehr m; ~ commercial Handelsverkehr m; ~ ferroviaire Eisenbahn-, Schienen-, Zugverkehr m; ~ (des) marchandises Waren-, Güterverkehr m; ~ postal, radio, routier, téléphonique Post-, Funk-, Straßen-, Fernsprechverkehr m; ~ (des) voyageurs Per'sonen-, Reiseverkehr m; ~ à grande, à petite distance Fern-, Nahverkehr m; ~ de banlieue Vorortverkehr m; ~ de poids lourds Lkw-Verkehr m; ~ en transit Tran'sit-, 'Durchgangsverkehr m

traficoter [trafikɔte] *v/i* F *péj* unsaubere Geschäfte machen; im kleinen Schleich-, Schwarzhandel treiben

trafiquant [trafikã] *m* Schwarz-, Schleichhändler m; Schieber m; ~ de drogue(s) Rauschgifthändler m; Dealer F['di:-] m; ~ du marché noir Schwarzhändler m; Schieber m

trafiquer [trafike] I *v/t* Schleich-, Schwarzhandel treiben mit; **2.** F *Waren* (ver)fälschen; *Wein, Milch* F pan(t)-schen; **3.** F (*faire*) tun; machen; F treiben; **qu'est-ce que tu trafiques là?** F was treibst du denn da?; **II** *v/t/indir* ~ de qc aus etw Gewinn schlagen; **III** *v/i* schieben; Schleich-, Schwarzhandel treiben; **il s'est enrichi en trafiquant** er ist durch Schleich-, Schwarzhandel reich geworden

tragacanthe [tragakãt] f *bot* Tra'gant m

tragéd|ie [traʒedi] f **1.** *thé* Tra'gödie f (*auch Gattung*); Trauerspiel n; **la ~ classique**, **grecque** die klassische, griechische Tragödie; **les ~s de Corneille**, **d'Euripide** die Tragödien Corneilles *od* von Corneille, des Euripides; **2.** *fig* Tra'gödie f; *als Zeitungsüberschrift* **~ dans une famille de X** Fa'milientragödie in X; **finir par une ~** mit e-r Tragödie, tragisch enden; e-n tragischen Ausgang nehmen; **tragéd|ien** [traʒedjẽ] *m*, **~ienne** f Tra'göde m, Tra'gödin f

tragi-com|édie [traʒikɔmedi] f ‹*pl* tragi-comédies› *thé u fig* Tragiko'mödie f; **~ique** *adj thé u fig* tragi'komisch

tragique [traʒik] I *adj* **1.** *thé* tragisch; **auteur** m, **poète** m ~ Tragiker m; Tra'gödiendichter m; **genre** m ~ tragische Gattung; **personnage** m ~ tragische Figur, Rolle; **pièce** f ~ tragisches Stück; Tragödie f; Trauerspiel n; **2.** *fig* tragisch; **accident** m ~ tragischer Unfall; ~ **malentendu** m tragisches 'Mißverständnis; **mort** f ~ tragischer Tod(fall); **ce n'est pas ~** F das ist nicht tragisch; **il a eu une fin**, **une mort ~** er fand ein tragisches Ende; er kam auf tragische Weise ums Leben; **II** *m* **1.** *thé* **a)** **le ~** das Tragische; die Tragik; **b)** Tragiker m; Tra'gödiendichter m; **2.** *fig* Tragik f; Tragische(s) n; **il ne se rend pas compte du ~ de la situation** ... über die Tragik der Lage; **prendre qc au ~** etw tragisch nehmen; **tourner au ~** e-e tragische Wendung nehmen; **~ment** *adv* tragisch; **mourir ~** auf tragische Weise ums Leben kommen; **se terminer ~** tragisch enden

tragus [tragys] *m anat* Tragus m

trahir [trair] I *v/t* **1.** *Geheimnis, Vaterland* verraten; Verrat begehen, üben (*abs od* an + *dat*); *Vertrauen* miß'brauchen; enttäuschen; ~ **qn** j-n verraten; j-m die Treue brechen; **les événements ont trahi ses espérances** ... haben s-e Erwartungen enttäuscht; s-n Erwartungen nicht entsprochen; *st/s* ~ **une femme** e-e Frau betrügen; e-r Frau untreu werden; ~ **les intérêts de qn** j-m schaden; gegen j-s Interessen handeln; **2.** verraten; erkennen lassen; **son regard trahissait sa peur** sein Blick verriet s-e Furcht, ließ s-e Furcht erkennen; **sa voix la trahi** s-e Stimme verriet ihn; **3.** verlassen; **ses forces**, **ses nerfs l'ont trahi** s-e Kräfte, s-e Nerven ließen ihn im Stich, verließen ihn; **4.** *Worte, Person* ~ **la pensée de qn** j-s Gedanken falsch, nicht richtig 'wiedergeben; ~ **la vérité** die Wahrheit entstellen; **II** *v/pr* **se ~ 5.** *Person* sich verraten (**par un regard** durch e-n Blick); **6.** *Sache* sich verraten; sich zeigen; zu erkennen sein

trahison [traizõ] f **1.** Verrat m; ~**s** *pl auch* Verräte'rei f; *pol* Landesverrat m; *pol* **'haute ~** Hochverrat m; **commettre une ~** Verrat begehen; **2.** *par ext* Treubruch m; Treulosigkeit f; Verrat m; *st/s* **in der Liebe** Untreue f

traille [traj] f **a)** Gier-, Seil-, Kettenfähre f; **b)** e-r Fähre Kette f; Seil n

train [trẽ] *m* **1.** *ch de fer* Zug m; Eisenbahn f (*auch Spielzeug*); ~ **auto(s)--couchette(s)** Autoreisezug m; ~ **direct** *etwa* Eilzug m; *Spielzeug* ~ **électrique** elektrische Eisenbahn; ~ **express** Schnellzug m; D-Zug m; ~ **omnibus** Per'sonenzug m; ~ **rapide** (Fern-) Schnellzug m; F-Zug m; FD-Zug m; ~ **spécial** Sonderzug m; ~ **supplémentaire** Entlastungszug m; Vor- *bzw* Nachzug m; ~ **de X** Zug von *bzw* nach X; ~ **d'affaires** Inter'city-Zug m; ~ **de banlieue** Nahverkehrs-, Vorortzug m; ~ **de grande ligne** Fernzug m; ~ **de luxe**, **de marchandises**, **de neige**, **de nuit** Luxus-, Güter-, Wintersport-, Nachtzug m; *mil* ~ **de permissionnaires** Urlauberzug m; ~ **de voyageurs** Reisezug m; **chef** m **de ~** Zugführer m; **avoir le**, **son ~** den Zug noch bekommen, F kriegen, erwischen; **manquer**, **rater**, **louper le**, **son ~** den Zug verpassen, versäumen; **prendre le ~ de 8h** den Acht-Uhr-Zug nehmen; **prendre le ~ de 8h 15** den Zug um 8[15] nehmen; **prendre le ~**, **voyager par le ~** mit dem Zug, der (Eisen)Bahn fahren; *fig* **prendre le**, **monter dans le ~ en marche** sich im letzten Moment anschließen; nachziehen; **2.** *e-r Person*, *Sache* Gang m; *sports* Tempo n; *sports:* ~ **rapide**, **soutenu** scharfes, gleichbleibend hohes Tempo; **course** f **sans ~** Bummel-, Spurtrennen n; ◆ *loc/adv:* **à fond de ~** im Eiltempo; blitzschnell; **aller** *bzw* **rouler à fond de ~**, **à un d'enfer** rasen; *cf auch* **enfer 1.**; **lancer son cheval à fond de ~** sein Pferd in Galopp setzen; **en ~: être en ~** *Person* in Form *bzw* in Fahrt sein; *Verhandlungen* **im Gange sein**; **il n'est pas en ~** er ist nicht in Form; er fühlt sich schlapp; **mettre en ~** *Person* in Schwung, Stimmung bringen; *Arbeit* in Angriff nehmen; beginnen; *Reformen* einleiten; **se mettre en ~** in Schwung, Stimmung kommen; *sports* sich aufwärmen; Auflockerungsübungen machen; **mise** f **en ~** *cf* **mise 6.**; ◆ *loc/prép* **en ~ de** (+*inf*): **être en ~ de lire** gerade lesen; *adjt* **maison** f **en ~ de brûler** brennendes Haus; ◆ *Arbeit* **aller son ~** s-n normalen Gang gehen; **aller son petit ~** *Person* gemächlich arbeiten; *Sache* im alten Trott weitergehen; s-n alten Gang gehen; **aller**, **marcher bon ~** flott gehen; tüchtig ausschreiten; *Arbeit* gut

vor'ankommen; *la conversation va bon* ~ ... ist lebhaft; **les conversations vont bon** ~ *auch* der Klatsch verstummt nicht; **au, du** ~ **où vont les choses** wenn es, die Entwicklung so weitergeht; so wie die Dinge laufen, vorwärtsgehen; bei dem jetzigen Tempo; **au** ~ **où nous allons** bei unserem jetzigen Tempo; *sports* **mener le** ~ das Tempo machen; **ralentir son** ~ langsamer gehen *bzw* fahren; s-e Schritte verlangsamen; *sports* **suivre le** ~ dem Tempo folgen; **3.** *auto* **arrière, avant** 'Hinter-, Vorderachse *f*; *auto* ~ **routier** Lastzug *m*; *tech* ~ **à tôle** Blechstraße *f*; *aviat* ~ **d'atterrissage** Fahrgestell *n*, -werk *n*; *Flußschiffahrt* ~ **de bateaux, de péniches** Schleppzug *m*; *Flößerei* ~ **de bois, de flottage** (Baum)Floß *n*; *tech* ~ **d'engrenages** Räderwerk *n*, -getriebe *n*, -gruppe *f*; *Zahnradgetriebe n*; *tech* ~ **de laminoirs** Walzstraße *f*, -werk *n*; *phys* ~ **d'ondes** Wellengruppe *f*, -paket *n*; *auto* ~ **de pneus** Bereifung *f*; Satz *m* Reifen; *auto* ~ **de roulement** Fahrwerk *n*; **4.** *fig* Reihe *f*; (Aufein'ander)Folge *f*; Kette *f*; **un** ~ **de mesures** e-e Reihe von Maßnahmen; **5.** ~ **de maison** Haushalt *m*; **avoir un grand** ~ **de maison** ein großes Haus führen; s-e ~ **de vie** Lebensstil *m*, -standard *m*; **mener grand** ~ auf großem Fuß leben; **6.** *des Pferdes, Hundes* ~ **de derrière, de devant** 'Hinter-, Vorderteil *n*; F **botter le** ~ **à qn** F j-m e-n Tritt in den Hintern geben; j-n in den Hintern treten; P **se magner** *od* **se manier le** ~ sich beeilen; F sich tummeln; sich ranhalten; **7.** *mil* Nachschubtruppe *f*; *früher* Train *m*; Troß *m*

traînage [trɛnaʒ] *m* **1.** Schleppen *n*; Beförderung *f* mit, durch Schlitten; **2.** *mines* Ketten-, Seilförderung *f*

train|ailler [trɛnaje] F *v/i* **1.** (her'um-)trödeln; bummeln; **2.** ~ **dans les rues** auf den Straßen her'umlungern; sich auf den Straßen her'umtreiben; ~**ant** *adj* **parler d'une voix** ~**e** gedehnt, in schleppendem Ton(fall) sprechen; ~**ard** *m* **1.** Nachzügler *m*; **2.** F Trödel-, Bummelfritze *m*

traînass|e [trɛnas] *f bot* Vogelknöterich *m*; ~**er** *v/i cf* traînailler

train-atelier [trɛatəlje] *m* ⟨*pl* trains-ateliers⟩ *ch de fer* Werkstattzug *m*

traîne [trɛn] *f* **1.** Schleppe *f*; **robe** *f* **à** ~ Kleid *n* mit Schleppe; **être à la** ~ zu'rückbleiben; **tout est à la** ~ **chez elle** *od* **elle laisse tout à la** ~ sie läßt alles her'umliegen; **3.** Schleppnetz *n*; **pêche** *f* **à la** ~ Schleppnetzfischerei *f*; **4.** *météo* **e-s Tiefs** Trog *m*

traîneau [trɛno] *m* ⟨*pl* ~**x**⟩ **1.** Schlitten *m*; ~ **tiré par des chevaux, chiens** Pferde-, Hundeschlitten *m*; **aller en** ~ mit dem Schlitten fahren; **2.** *Fischerei* Schleppnetz *n*; **3.** *ch der Wilderer* Netz *n* zum Vogelfang

traîne-buisson [trɛnbɥisɔ̃] *m* ⟨*inv*⟩ *zo* Heckenbraunelle *f*

traînée [trɛne] *f* **1.** Spur *f*; Streifen *m*; ~ **lumineuse** e-s *Kometen* feuriger Schweif; *bei Feuerwerk* feurige Spur, Bahn; *e-r aufsteigenden Rakete* Feuerstrahl *m*; ~ **de brume, de brouillard** Nebelstreifen *m*; *aviat* ~ **de condensation** Kon'densstreifen *m*; ~ **de peinture** Farbstreifen *m*; ~ **de sang** Blutspur *f*, -streifen *m*; *fig Nachricht* **se répandre, se propager comme une** ~ **de poudre** sich wie ein Lauffeuer verbreiten; **2.** P Nutte *f*; Strichmädchen *n*; **3.** *phys, aviat* 'Widerstand *m*; ~ **induite** induzierter Widerstand; ~ **de frottement, d'onde, de profil** Reibungs-, Wellen-, Pro'filwiderstand *m*; **4.** *Fische-*

---

rei große Grundangel

traînement [trɛnmɑ̃] *m* Schleifen *n*; Schlurfen *n*

traîne-misère [trɛnmizɛr] *m* ⟨*inv*⟩ Hungerleider *m*; Bettler *m*; armer Teufel

traîner [trɛne] **I** *v/t* **1.** (hinter sich her)ziehen; nachziehen, -schleppen; *Gegenstand auch* schleifen; schleppen; **la jambe** *cf* jambe 1.; ~ **les pieds** (mit den Füßen) schlurfen; *fig* ~ **qn, qc dans la boue** j-n, etw in den Schmutz ziehen, zerren; **2.** *par ext* (mit sich) (her'um-)schleppen; ~ **ses enfants partout** s-e Kinder überallhin mitnehmen, mit sich schleppen; **il traîne sa femme dans tous les musées** er schleppt s-e Frau in alle Museen; **il traîne toujours tous ses livres avec lui** er schleppt immer alle s-e Bücher mit sich herum; **3.** *fig Kummer, Krankheit* mit sich her'umschleppen; ~ **une existence misérable** armselig, kümmerlich da'hinvegetieren; **il a traîné cette grippe tout l'hiver** *auch* er ist die Grippe den ganzen Winter über nicht losgeworden; **II** *v/i* **4.** *Kleidungsstück* ~ **par terre** auf dem Boden schleifen; nachschleppen; ~ **par terre** auf dem Boden herumliegen; **laisser** ~ **ses affaires** s-e Sachen herumliegen lassen; **ne laissez pas** ~ **d'argent** *sur votre table* lassen Sie kein Geld ... liegen; *fig:* **cette histoire-là?** **elle traîne partout, dans tous les livres** ... sie ist in aller Munde, in jedem Buch zu finden; **6.** *Prozeß, Diskussion* ~ **(en longueur)** sich in die Länge ziehen; *auch Krankheit* sich hinziehen; F **ça n'a pas traîné** F das ging wie der Blitz; hast du nicht gesehen!; F **ça ne va pas** ~ das wird nicht lange auf sich warten lassen; das wird nicht lange dauern; **faire** ~ **les choses** die Dinge in die Länge ziehen; **faire** ~ **qc en longueur** *auch* etw verschleppen; **7.** trödeln; bummeln; *auch* zu'rückbleiben; F nachzotteln; je faut plus ~ jetzt darf nicht mehr getrödelt werden; es muß jetzt schneller gehen; **ne traîne pas en rentrant** trödle nicht auf dem Heimweg; **8.** ~ **sur les mots** (*auch* *v/t* ~ **ses mots**) gedehnt, in schleppendem Tonfall sprechen; **voix** *f* **qui traîne** schleppender Tonfall; **III** *v/pr* **se** ~ **9.** sich fort-, vorwärts-, da'hinschleppen; **se** ~ **par terre** auf dem (Erd)Boden her'umkriechen; **elle est tellement fatiguée qu'elle se traîne** ... daß sie sich nur noch dahinschleppt; **il s'est traîné à cette réunion** a) er hat sich zu dieser Versammlung (hin)geschleppt; b) er ist sehr 'widerwillig zu dieser Versammlung gegangen; **10.** *Gespräch, Handlung in e-m Film, Theaterstück* sich hinschleppen; *Tage* sich endlos hinziehen; **sa vie se traîne** sein Leben verläuft in grauer Monotonie

train|eur [trɛnœr] *m*, ~**euse** *f* **péj** ~ **(de rues)** Her'umtreiber(in) *m(f)*

trainglot [trɛ̃glo] *arg mil m* Sol'dat *m* der Nachschubtruppe

training [trɛniŋ] *m* **1.** *psych* ~ **autogène** autogenes Training ['tre:-]; **2.** Trainingsanzug ['tre:-] *m*

train-poste [trɛ̃pɔst] *m* ⟨*pl* trains-poste⟩ *ch de fer* Postzug *m*

train-train *od* **traintrain** [trɛ̃trɛ̃] *m* F Trott *m*; **le** ~ **de la vie quotidienne** das tägliche Einerlei; der graue Alltag; der Alltagstrott; **suivre son petit** ~ *Arbeit, Leben* im alten Trott weitergehen; *Person* im alten Trott weitermachen

---

traire [trɛr] ⟨je trais, il trait, nous trayons, ils traient; je trayais; *kein p/s*; je trairai; que je traie; trayant; trait⟩ *v/t* **1.** *Kuh etc, par ext* Milch melken; **machine** *f* **à** ~ Melkmaschine *f*; **2.** *adit* **or trait** gesponnener Goldfaden

trait[1] [trɛ] *m* **1.** Strich *m*; ~ **de plume** Federstrich *m*, -zug *m*; **d'un** ~ **de plume** etw mit e-m Federstrich abschaffen; ~ **(de repère)** Mar'kierungsstrich *m*; ~ **de scie** Sägestrich *m*, -schnitt *m*; ~ **d'union** Bindestrich *m*; *fig* **servir de** ~ **d'union entre** ... das Bindeglied *bzw* der Vermittler sein zwischen (+*dat*); **dessin** *m* **au** ~ Strichzeichnung *f*; *loc/adv* **pour** ~ Strich für Strich; *cf auch* 2.; **barrer un mot d'un** ~ ein Wort 'durchstreichen; *fig* **décrire, peindre qc à grands** ~**s** etw in großen Zügen, 'Umrissen schildern, beschreiben; **esquisser, peindre qc à grands** ~**s** etw in 'Umrissen skizzieren, malen; **faire, tirer, tracer un** ~ e-n Strich ziehen; *fig* **tirer un** ~ **sur qc** e-n Schlußstrich unter etw (*acc*) ziehen; machen; **marquer qc d'un** ~ etw anstreichen; **2.** Merkmal *n*; (her'vorstechende) Eigenschaft; Zug *m*; ~ **caractéristique** charakteristisches Merkmal; ~ **distinctif** Unter'scheidungsmerkmal *n*; ~ **essentiel** wesentliches Merkmal; ~ **saillant** hervorstechender Zug; ~ **de caractère** Cha'rakter-, Wesenszug *m*; **avoir de nombreux** ~**s de ressemblance avec qn** j-m in vielem ähnlich sein; **ressembler à qn** ~ **pour** ~ j-m vollkommen gleichen; j-s Ebenbild sein; **3.** *pl* ~**s (du visage)** Gesichtszüge *m/pl*; ~**s délicats, fins** feine Gesichtszüge; ~**s grossiers, gros** ~**s** grobe (Gesichts-)Züge *m/pl*; *loc/adv* **sous les** ~**s de** in Gestalt von (*od* +*gen*); als; **4.** *fig* Bemerkung *f*; *litt* boshafter Angriff; *litt* ~ **ironique** bissige Bemerkung; ~ **d'esprit** geistreiche Bemerkung; Aper'çu *n*; **être sensible aux** ~**s de la raillerie** gegen Stiche'leien empfindlich sein; **5.** *fig* Einfall *m*; Handlung *f*; Tat *f*; ~ **d'audace, de courage** kühne, tapfere Tat; ~ **de générosité** edelmütiges Handeln; ~ **de génie** Geistesblitz *m*; geni'aler Einfall; glänzender Gedanke; **6.** **avoir** ~ **à** sich beziehen auf (+*acc*); Bezug haben auf (+*acc*); im Zu'sammenhang stehen mit; **7.** *der Trinken* Zug *m*; **boire à longs** ~**s** in langen Zügen trinken; **boire d'un (seul)** ~ in einem Zuge (aus)trinken; **vider son verre d'un** ~ sein Glas in einem Zuge leeren; **8.** *der Zugtiere* Zugseil *n*; Strang *m*; **bête** *f*, **cheval** *m* **de** ~ Zugtier *n*, -pferd *n*; **9.** *hist* Pfeil *m*; Wurfspieß *m*; *st/s* ~ **de lumière** Lichtstrahl *m*, -streifen *m*; *fig* Erleuchtung *f*; *hist* **armes** *f/pl* **de** ~ Wurfwaffen *f/pl*; **décocher un** ~ Pfeil abschießen; *fig u st/s* **décocher un** ~ **à qn** j-n tief verletzen; e-n Pfeil auf j-n abschießen; **partir comme un** ~ wie ein Pfeil davonschießen; **10.** *bei der Waage* Gutgewicht *n*; Ausschlag *m*; **11.** *bei Schach u Damespiel* erster Zug; **Anzug** *m*; **avoir le (premier)** ~ anziehen; im Anzug sein; **12.** *mus* Pas'sage *f*; Lauf *m*; **13.** *égl cath* Traktus *m*; **14.** *ch* (Hunde)Leine *f*

trait[2] [trɛ] *p/p von* traire *u adj* ⟨traite [trɛt]⟩

trait|able [trɛtabl(ə)] *adj selten* entgegenkommend; 'um-, zugänglich; ~**ant** *adj* **médecin** ~ behandelnder Arzt

traite [trɛt] *f* **1.** *comm* **a)** Tratte *f*; gezogener Wechsel; ~ **à date fixe, à vue** Tag- *od* Datums-, Sichtwechsel *m*; **accepter, honorer une** ~ e-n Wechsel akzeptieren, honorieren *od* einlösen; **fai-**

re ~ sur qn, tirer une ~ sur qn e-n Wechsel auf j-n ziehen, ausstellen, trassieren; **b)** *bei Abzahlungskäufen* Rate *f*; **payer le reste par** ~s den Rest in Raten bezahlen; F den Rest abstottern; **2.** *loc/adv* **d'une seule** ~, *st/s* **tout d'une** ~ in einem Zuge; hinterein'ander; **dormir douze heures d'une seule** ~ zwölf Stunden hintereinander, in einem Zuge schlafen; **faire un trajet d'une seule** ~ e-e Strecke ohne Aufenthalt fahren; 'durchfahren; **lire un livre d'une seule** ~ ein Buch in einem Zuge lesen; **3.** ~ **des blanches, des noirs** Mädchen-, Sklavenhandel *m*; **4.** Melken *n*; ~ **mécanique, à la main** Ma'schinen-, Handmelken *n*

traité [trete] *m* **1.** (*internationaler*) Vertrag; ~ **préliminaire** Vorvertrag *m*; ~ **d'alliance, d'amitié, d'arbitrage, de commerce, de navigation, de paix** Bündnis-, Freundschafts-, Schieds-, Handels-, Schiffahrts-, Friedensvertrag *m*; **le ℒ de Versailles** der Versailler Vertrag; der Vertrag von Versailles; **les ℒs de Rome** die Verträge von Rom; **conclure, signer un** ~ e-n Vertrag schließen, unter'zeichnen; **2.** Abhandlung *f*; *für Universitäten auch* Lehrbuch *n*; ~ **d'économie politique** Abhandlung über, Lehrbuch der, für Volkswirtschaft

traitement [trɛtmã] *m* **1.** Behandlung *f*; **mauvais** ~ schlechte Behandlung; **mauvais** ~s Miß'handlung(en) *f(pl)*; **faire subir un mauvais** ~ à qn j-n schlecht behandeln; **infliger des mauvais** ~s à qn j-n miß'handeln; **jouir d'un** ~ **de faveur** *cf* **faveur** 1.; **2.** *méd* **e-s Kranken**, **e-r Krankheit** Behandlung *f*; ~ **médical** konservative Behandlung; ~ **de choc** Schockbehandlung *f*, -therapie *f* (*auch fig*); **être un** ~ (**chez le** ~) **médecin** (*chez le médecin*) bei dem und dem Arzt) in Behandlung sein; **ordonner, prescrire un** ~ e-e Behandlung verordnen; **suivre un** ~ sich behandeln lassen; sich e-r Behandlung unter'ziehen; **3.** *e-s Beamten* Gehalt *n*; Besoldung *f*; *par ext e-s Angestellten* Gehalt *n*; **4.** *tech* Behandlung *f*; *von Rohstoffen* Verarbeitung *f*; *métall des Erzes* Aufbereitung *f*; *des Stahls* Vergütung *f*; ~ **acoustique** Verkleidung *f* mit schalldämpfendem Material; *métall* ~ **thermique** Wärmebehandlung *f*; ~ **des eaux** Trinkwasseraufbereitung *f*; ~ **des eaux usées** Abwasserbehandlung *f*, -reinigung *f*; ~ **de surface** *métall, opt* Oberflächenbehandlung *f*; *opt auch* Vergütung *f*; **5.** *adm von Akten* Bearbeitung *f*; *von Flugpassagieren* Abfertigung *f*; ~ **de l'information** Datenverarbeitung *f*; **6.** *st/s* Bewirtung *f*

traiter [trete] **I** *v/t* **1.** ~ **qn** j-n behandeln (*auch méd*); mit j-m 'umgehen; ~ **qn durement, humainement** j-n hart, menschlich behandeln; **2.** ~ **qn de menteur**, *etc* j-n e-n Lügner nennen, schimpfen, heißen; j-n als e-n Lügner *etc* bezeichnen; ~ **qn de tous les noms** j-n mit allen möglichen Schimpfnamen belegen; j-n alles heißen; **3.** *Frage, Problem* behandeln; darlegen; *Thema* ab-, behandeln; *Maler etc: Thema* darstellen; *bes Schule* **il n'a pas traité le sujet** er hat das Thema verfehlt; **4.** verhandeln über (*+acc*); **5.** *tech* behandeln; *Rohstoff* verarbeiten; *Rohöl* auf-, verarbeiten; *Erz* aufbereiten; *Stahl* vergüten; *Obst* spritzen; **6.** *adm Akten* bearbeiten; *Daten* verarbeiten; *Flugpassagiere* abfertigen; **7.** *adit Börse* **valeurs traitées** gehandelte Werte *m/pl*; **8.** *litt* ~ **qn** j-n bewirten; **II** *v/t/indir* ~ **de qc** *Werk*, *Vortrag* von etw handeln; *Autor* etw be-

abhandeln; *Redner* über etw (*acc*) sprechen; **III** *v/i* ~ **avec qn sur qc** mit j-m über etw (*acc*) verhandeln

traiteur [trɛtœr] *m* Liefe'rant *m* von Fertigmenüs

traître [trɛtr(ə)], **traîtresse** [trɛtrɛs] **I** *m,f* Verräter(in) *m(f)*; **traître, tu m'as menti!** *litt* Schurke, ...!; Verräter, ...!; *plais du Schuft*, ...!; **prendre qn en traître a)** j-n 'hinterrücks über'fallen; **b)** j-m heimtückisch etw verschweigen; j-n her'einlegen; **je ne vous prends pas en traître** ich möchte Sie nicht im unklaren lassen; ich mache Sie rechtzeitig darauf aufmerksam; **II** *adj Person* verräterisch; *auch Sache* heimtückisch: gefährlich; **un petit vin traître** ein heimtückischer, gefährlicher Wein; ein Wein, der es in sich hat; **il n'a pas dit un traître mot** er hat kein Sterbenswörtchen gesagt; *cf auch* **mot** 1.; **être traître à sa patrie** ein Vaterlandsverräter sein

traîtreusement [trɛtrøzmã] *adv* verräterisch; heimtückisch; **assassiner** ~ meuchlings ermorden; **attaquer** ~ 'hinterrücks über'fallen

traîtrise [trɛtriz] *f* Verrat *m*; Verräte'rei *f*; (Heim)Tücke *f*

trajectographie [traʒɛktɔgrafi] *f* *Raumfahrt* Berechnung *f* der Bahn e-s Raumschiffes

trajectoire [traʒɛktwar] *f* **1.** *e-s Geschosses, e-r Rakete* Flugbahn *f*; *e-s Planeten* Bahn *f*; **2.** *math* ~ **isogonale, orthogonale** Isogo'nal-, Orthogo'naltrajektorie *f*

trajet [traʒɛ] *m* **1.** Strecke *f*; Weg *m*; Fahrt *f*; **il est mort durant le** ~ **à l'hôpital** ... auf dem Weg ins Krankenhaus; **j'ai une demi-heure de** ~ **pour aller à mon travail** ich brauche e-e halbe Stunde ...; **effectuer, faire le** ~ **en trois heures** die Strecke, den Weg in drei Stunden zurücklegen; **2.** *anat e-s Nervs, Blutgefäßes* Verlauf *m*

tralala [tralala] **I** *int* **1.** *beim Singen* trallala!; **2.** *enf* ätsch!; **II** F *m* Pomp *m*; Aufwand *m*; F Tam'tam *n*; Klim'bim *m*; **inutile de faire tant de** ~s soviel Pomp, F Tamtam ist nicht nötig; **il fait tout ce** ~ ... ; **recevoir qn en grand** ~ j-n mit großem Pomp, F Tamtam empfangen

tram [tram] F *m* *cf* **tramway**

tramail [tramaj] *m* *Fischerei* Dreiwandnetz *n*; Fleet *f*

trame [tram] *f* **1.** *text* Schuß *m*; Einschlag *m*, -trag *m*; (*fil m de*) ~ Einschuß *m*; Einschlag-, Schußfaden *m*; *Teppich* **usé jusqu'à la** ~ ganz abgewetzt, abgetreten, fadenscheinig; **2.** *impr, télév* Raster *m*; **3.** *fig* Folie *f*; 'Hintergrund *m*; Grundlage *f*

tramer [trame] **I** *v/t* **1.** *text Fäden* einschießen, einschlagen; **2.** *impr* rastern; **3.** *fig Komplott* anzetteln; anstiften; schmieden; **II** *v/pr* **il se trame qc** da braut sich etw zusammen; da wird etw ausgeheckt

traminot [tramino] *m* Bus- *bzw* Straßenbahnfahrer *m*

tramontane [tramõtan] *f* Nordwind *m*; *in Italien* Tramon'tana *f*; *fig u litt* **perdre la** ~ den Kopf, die Fassung verlieren; nicht mehr aus noch ein wissen

tramp [trãp] *m* *mar* Trampschiff *n*, -dampfer *m*

tramping [trãpiŋ] *m* *mar* Trampschifffahrt *f*

tramway [tramwɛ] *m* Straßenbahn *f*; Trambahn *f*; F E'lektrische *f*; Tram *f*

tranchage [trãʃaʒ] *m* **1.** *von Furnierholz* Schneiden *n*; **2.** *von Metall* Abschroten *n*

tranchant [trãʃã] **I** *adj* **1.** schneidend;

scharf; Schneid...; **instrument** ~ Schneidwerkzeug *n*; **2.** *fig* **d'un ton** ~ in nachdrücklichem, entschiedenem Ton; **II** *m* **1.** *e-s Messers etc* Schneide *f*; *par ext* Schärfe *f*; **couteau à deux** ~s, à **double** ~ zweischneidiges Messer; *fig* **mesure f à double** ~ Maßnahme, mit der man sich ins eigene Fleisch schneiden kann; *fig* **c'est (une arme) à double** ~ das ist ein zweischneidiges Schwert; **2.** *des Gerbers* Messer *n*; *des Imkers* Zeidelmesser *n*

tranche [trãʃ] *f* **1.** Scheibe *f*; Schnitte *f*; Stück *n*; ~ **napolitaine** *etwa* Fürst-Pückler-Eis *n*; ~ **de gâteau** Stück Kuchen; ~ **de jambon, de pain** Scheibe, Schnitte Schinken, Brot; Brotscheibe *f*, -schnitte *f*; ~ **de viande** Scheibe, Stück Fleisch; **couper en** ~s in Scheiben schneiden; F *fig* **s'en payer une** ~ sich biegen vor Lachen; sich köstlich amü'sieren; **2.** *Buchbinderei* Schnitt *m*; ~ **de tête** Oberschnitt *m*; **doré sur** ~(s) mit Goldschnitt; **3.** *Fleischerei* (*grasse*) *etwa* 'Unterschale *f*; **4.** *von Münzen* Rand *m*; *von Brettern* Kante *f*; Rand *m*; *mil e-s Schützes* ~ **de bouche, de culasse** Mündungs-, Verschlußfläche *f*; **5.** *math* (Zahlen-, Ziffern)Gruppe *f*; **6.** *Lotterie* Ausspielung *f*; ~ **spéciale** Sonderausspielung *f*; **7.** *Einkommensteuer* ~ (**des revenus imposables**) Progressi'onsstufe *f*; **8.** *e-r Anleihe* Tranche *f*; **9.** *allg* Abschnitt *m*; Stufe *f*; Stück *n*; Teil *m od n*; **10.** *ch de fer bei Mehrgruppenzügen* Wagengruppe *f*; **11.** *der Schmiede*, *Schlosser* Schrotmeißel *m*; **12.** *agr* Furchenrücken *m*

tranché [trãʃe] *adj* **1.** **couleurs bien** ~es scharf gegeneinander abgegrenzte, sich voneinander abhebende Farben *f/pl*; **2.** *fig* fest; klar (abgegrenzt); *Meinung* fest; bestimmt; **3.** *Heraldik Wappen* schrägrechtsgeteilt

tranchée [trãʃe] *f* **1.** Graben *m*; *mil* Schützengraben *m*; *für Straßen, ch de fer* Einschnitt *m*; *agr* ~ **de drainage** Entwässerungsgraben *m*; *bât* ~ (**de fondation**) Baugrube *f*; *mil* **guerre f de(s)** ~s Grabenkrieg *m*; **creuser, ouvrir, percer une** ~ e-n Graben ausheben; **2.** *Forstwirtschaft* Schneise *f*; **3.** *path* ~s (**utérines**) Nachwehen *f/pl*; ~**-abri** *f* ⟨*pl* **tranchées-abris**⟩ *mil* Deckungsgraben *m*

tranchefil|e [trãʃfil] *f* *Buchbinderei* Kapi'talband *n*; ~**er** *v/t Buch* mit Kapi'talband versehen

trancher [trãʃe] *v/t* **1.** 'durchschneiden, -hacken; zerschneiden; *poét* Parze ~ **le fil des jours** den Lebensfaden abschneiden; ~ **la gorge à qn** j-m die Kehle durchschneiden; *adit:* **on l'a retrouvé, la gorge tranchée** ... mit durch-'schnittener *od* 'durchgeschnittener Kehle; ~ **la tête à qn** j-m den Kopf abschlagen; j-n enthaupten; köpfen; *adit* **avoir la tête tranchée** enthauptet, geköpft werden; **2.** *Frage, Streit* entscheiden; *Schwierigkeit* endgültig lösen; ausräumen; **II** *v/i* **3.** schneiden; *cuis* **machine à** ~ (Alles)Schneider *m*; ~ **dans le vif a)** *chir* tief ins gesunde Gewebe, Fleisch schneiden; **b)** *fig* strenge, energische Maßnahmen ergreifen; zum letzten, äußersten Mittel greifen; **4.** sich entscheiden; **il faut** ~ wir müssen uns jetzt entscheiden; **5.** *Farbe* ~ **sur** sich abheben von; abstechen gegen von; *fig:* **son calme tranchait avec** *l'agitation des autres* ... stach ab gegen, von ...; ... hob sich ab von ...

tranch|et [trãʃɛ] *m* **1.** Kneif *m*; Schustermesser *n*; **2.** *Metallbearbeitung* Abschröter *m*; ~**euse** *f* **1.** Fur'niermesser-

maschine f; **2.** *cuis* (Alles)Schneider m

tranquille [trãkil] *adj* **1.** *Meer, Wasser, Ort, Straße* ruhig; still; *Schlaf, Person* ruhig; *Person auch* friedlich; unbesorgt; ~ comme Baptiste durch nichts zu erschüttern, aus der Ruhe zu bringen; un coin bien ~ ein stiller Winkel; des voisins ~s ruhige Nachbarn *m/pl*; avoir la conscience, l'esprit ~ ein ruhiges Gewissen haben; soyez ~! seien Sie unbesorgt!; keine Sorge!; nur keine Angst! (*alle auch iron drohend*); vous pouvez être ~ Sie können beruhigt sein; keine Sorge!; tu peux dormir ~ du kannst ruhig, beruhigt, unbesorgt sein, schlafen; laisse-moi ~ laß mich in Ruhe (avec mit); F laisse ça ~ a) laß das stehen; rühr das nicht an; b) laß die Finger davon; laß das bleiben, sein; marcher d'un pas ~ mit ruhigen, bedächtigen Schritten gehen; mener une (petite) vie ~, vivre bien ~ ein stilles, friedliches, ruhiges Leben führen; friedlich leben; vous pouvez partir ~ Sie können getrost, ruhig, unbesorgt fahren; **2.** courage m ~ schlichte, stille Tapferkeit

tranquillement [trãkilmã] *adv* ruhig; friedlich; unbesorgt; in (aller) Ruhe; ungestört; nous étions ~ installés wir saßen ruhig, friedlich da; répondre ~ ruhig, ohne Erregung antworten

tranquillisant [trãkilizã] **I** *adj* beruhigend; **II** *m phm* Beruhigungsmittel n; Tranquilizer ['trɛŋkvilaizər]

tranquilliser [trãkilize] **I** *v/t Person* beruhigen; ~ la conscience de qn j-s Gewissen beruhigen, beschwichtigen; **II** *v/pr* se ~ sich beruhigen; ruhig(er) werden; tranquillisez-vous beruhigen Sie sich; seien Sie unbesorgt

tranquillité [trãkilite] f Ruhe f; Stille f; e-r *Person* (innere) Ruhe; Frieden m; ~ d'esprit Seelenfrieden m, -ruhe f; *jur* atteinte f à la ~ publique (öffentliche) Ruhestörung; *loc/adv* en toute ~ a) völlig ungestört; in (aller) Ruhe; in aller Gemütsruhe; b) getrost; retrouver sa ~ s-e Ruhe, s-n Frieden wiederfinden

transaction [trãzaksjõ] f **1.** *comm, Börse* Geschäft n; Abschluß m; Transakti'on f; ~s *pl auch* Verkehr m; ~s bancaires Bankverkehr m; ~s commerciales Handelsgeschäfte *n/pl*; ~s invisibles unsichtbare Transaktionen; ~s sur valeurs mobilières Wertpapiertransaktionen *f/pl*; (volume m des) ~s 'Umsatz m; **2.** *jur* Vergleich m; *allg* Kompro'miß m; conclure une ~ e-n Vergleich, Kompromiß schließen

transactionnel [trãzaksjɔnɛl] *adj* ⟨~le⟩ *jur* Vergleichs...; Kompro'miß...; règlement ~ Vergleich m

trans|africain [trãzafrikɛ̃] *adj* chemin de fer ~ Kap-Kairo-Bahn f; ~alpin *adj* transal'pin(isch); jenseits der Alpen gelegen (*von Rom aus gesehen*); *hist* Gaule ~e Gallia Transal'pina f

transat [trãzat] F **1.** m Liegestuhl m; **2.** ♀ f *cf* (Compagnie générale) transatlantique

transatlantique [trãzatlãtik] **I** *adj* transat'lantisch; 'Übersee...; câble m ~ Transat'lantikkabel n; Compagnie générale ~ *halbstaatliche größte frz Schiffahrtsgesellschaft*; paquebot m ~ Übersee-, Ozeandampfer m; vol m ~ Transat'lantikflug m; Flug m über den Atlantik; **II** m **1.** Liegestuhl m; *mar* Deckstuhl m; **2.** 'Überseedampfer m

transbahuter [trãzbayte] F **I** *v/t* (anderswohin) schleppen, schaffen; **II** *v/pr* se ~ *Person* sich schleppen

transbord|ement [trãzbɔrdəmã] m 'Umladen n; 'Umschiffen n; *comm* 'Um-

---

schlag m; ~er *v/t Waren* 'umladen; 'umschiffen; *comm* 'umschlagen; *Personen* 'umschiffen; ~eur *adj* ⟨nur m⟩ 'Umlade...; navire ~ *od subst* ~ m Autofähre f; pont ~ *od subst* ~ m Schwebefähre f

transcaucasien [trãskokazjɛ̃] *adj* ⟨~ne⟩ transkau'kasisch

transcendance [trãsãdãs] f *philos* Transzen'denz f

transcendant [trãsãdã] *adj* **1.** *philos* transzen'dent; 'übersinnlich; *subst* le ~ das Transzen'dente; **2.** über'legen; her'vorragend; F *von e-m Film, Buch, e-r Aussage etc* ce n'est pas, ça n'a rien de ~ F das ist nicht gerade e-e Offen'barung; **3.** *math* transzen'dent

transcendantal [trãsãdãtal] *adj* ⟨-aux⟩ *philos* transzenden'tal; logique ~e Transzenden'talphilosophie f; ~isme m *philos* Transzendenta'lismus m

transcender [trãsãde] *v/t philos* transzen'dieren

transcod|age [trãskɔdaʒ] m *EDV* 'Umkodieren n, -ung f; ~er *v/t EDV* 'umkodieren *od fachspr* 'umcodieren; über'setzen; ~eur m *télév* Trans'coder m; 'Umsetzer m

trans|container [trãskɔ̃t(e)nɛr] m Container [kɔn'te:nər] m; Großraumbehälter m; ~continental *adj* ⟨-aux⟩ transkontinen'tal

transcription [trãskripsjõ] f **1.** *e-s Textes, bes jur, adm, comm* Über'tragen n, -ung f; Abschrift f; Eintragung f; in ein anderes Register 'Umschreibung f; ~ hypothécaire Eintragung ins Grundbuch; **2.** *aus Kurzschrift in Langschrift* Über'tragen n, -ung f; **3.** *ling* Transkripti'on f; *Vorgang auch* Transkri'bieren n; *Ergebnis auch* 'Umschrift f; ~ phonétique phonetische Um'schreibung *bzw* Umschrift, Transkription; Lautschrift f; **4.** *mus* Transkripti'on f; Bearbeitung f (*für e-e andere Besetzung*)

transcrire [trãskrir] *v/t* ⟨*cf* écrire⟩ **1.** *Text, bes jur, adm, comm* über'tragen; abschreiben; eintragen; in ein anderes Register 'umschreiben; **2.** *aus der Kurzschrift in Langschrift* über'tragen; *verschlüsselten Text* in Klartext übertragen; **3.** *ling* transkri'bieren; in e-e andere Schrift über'tragen; ~ un mot grec en caractères latins ein Wort aus der griechischen in die lateinische Schrift transkribieren; ~ en écriture phonétique phonetisch um'schreiben; **4.** *mus* transkri'bieren; bearbeiten (pour le piano für Klavier)

transe [trãs] f **1.** *Spiritismus* Trance [trãs] f; entrer, être en ~ *Spiritismus* in Trance kommen, sein; *allg vor Wut, Aufregung* außer sich geraten, sein; *vor Begeisterung* in Ek'stase geraten, sein; **2.** être dans les ~s, dans des ~s mortelles in Todesängsten schweben; Todesängste ausstehen

transept [trãsɛpt] m *arch* Querschiff n; Tran'sept m *od* n

transférable [trãsferabl(ə)] *adj* über'tragbar; Gelder transfe'rierbar

transfèrement [trãsfɛrmã] m *von Gefangenen* Über'stellung f; ~ cellulaire Überstellung im Zellenwagen

transférer [trãsfere] *v/t* ⟨-è-⟩ **1.** *Vermögenswerte, Rechte etc, fig Gefühle* über'tragen (*à* auf + *acc*); *in der Buchhaltung auch* 'umbuchen; *Geld* über'weisen; *Kapital, Gelder* transfe'rieren; **2.** *Leichnam etc* überführen; *Gefangenen* über'stellen; *Firmensitz etc* verlegen

transfert [trãsfɛr] m **1.** *von Vermögenswerten, Rechten etc* Über'tragung f; *in der Buchhaltung auch* 'Umbuchung f;

'Umschreibung f; *von Geldern, Kapital* Trans'fer m; Transfe'rierung f; *von Geld auch* Über'weisung f; ~ de l'impôt Abwälzung f der Steuer; ~ (translatif) de propriété Über'eignung f; Eigentumsübertragung f; revenus *m/pl* de ~ Transfereinkommen *n/pl*; **2.** *e-s Leichnams etc* Über'führung f; *e-s Gefangenen* Über'stellung f; *des Firmensitzes etc* Verlegung f; ~ de populations 'Umsiedlung f; **3.** *tech* chaîne f de ~ Trans'ferstraße f; **4.** *psych* Trans'fer m; *Psychoanalyse* Über'tragung f; **5.** *e-s Berufssportlers* Trans'fer m

transfigur|ation [trãsfigyrasjõ] f *rel* Verklärung f (*auch fig*); Transfigurati'on f; ~er *v/t rel u fig* verklären; *Freude* ~ qn j-s Gesicht verklären; **II** *v/pr* se ~ *rel* verklärt werden

transfini [trãsfini] *adj math* nombre ~ transfi'nite Zahl

transfo [trãsfo] m (*Kurzwort für* transformateur) *élect* Trafo m

transform|able [trãsfɔrmabl(ə)] *adj* verwandelbar; 'umwandelbar; fauteuil m, siège m ~ in e-e Liege umwandelbarer Sessel; ~ateur **I** m *élect* Transfor'mator m; 'Umspanner m; **II** *adj* ⟨-trice⟩ verarbeitend; Verarbeitungs...; Verwandlungs...; 'Umwandlungs...

transformation [trãsfɔrmasjõ] f **1.** (Ver)Änderung f; 'Umformung f; 'Umbildung f; 'Umgestaltung f; *von Rohstoffen, Zwischenprodukten* (Weiter)Verarbeitung f; Veredelung f; bât ~s *pl* 'Umbau m; Reno'vierung f; *Rugby* d'un essai Verwandlung f e-s Versuchs in e-n Treffer; industrie f de ~ (weiter-)verarbeitende Industrie; Veredelungsindustrie f; in e-m Haus, e-r Wohnung faire des ~s 'umbauen; reno'vieren; Veränderungen (durchführen); **2.** 'Umwandlung f; Verwandlung f; Veränderung f; Wandel m; 'Umschichtung f; *chim, phys* 'Umwandlung f; 'Umsetzung f; *biol auch* Entwicklung f; ~ profonde 'Umwälzung f; *zo* ~ de la chrysalide en papillon Verwandlung der Puppe in e-n Schmetterling; *phys* ~ de mouvement en chaleur Umwandlung von Bewegung in Wärme; **3.** *élect* Transformati'on f; Transfor'mieren n, -ung f; 'Umspannung f; 'Umformung f; station f de ~ 'Umspannwerk n; **4.** *math* Transformati'on f

transformationnel [trãsfɔrmasjɔnɛl] *adj* ⟨~le⟩ *ling* grammaire ~le Transformati'onsgrammatik f

transformer [trãsfɔrme] **I** *v/t* **1.** verändern; verwandeln; 'umwandeln; *nur Sache* 'umformen; 'umgestalten; *chim auch* 'umsetzen (en in + acc); *Haus etc auch* 'umbauen; reno'vieren; *Kleid* 'umarbeiten; ('um)ändern; *Rohstoff etc* (weiter)verarbeiten; veredeln; *Rugby* un essai e-n Versuch in e-n Treffer verwandeln; ~ un château en hôtel ein Schloß zu e-m Hotel umbauen; aus e-m Schloß ein Hotel machen; ~ du plomb en or Blei in Gold verwandeln; ce séjour à la mer l'a transformé durch den Aufenthalt am Meer sieht er ganz anders aus, hat sich sein Aussehen geändert; **2.** *élect* transfor'mieren; 'umspannen; 'umformen; **II** *v/pr* se ~ sich (ver)ändern; sich verwandeln (en in + acc); leur amitié s'est transformée en amour aus ihrer Freundschaft wurde Liebe; ihre Freundschaft verwandelte sich in Liebe

transform|isme [trãsfɔrmism(ə)] m *biol* Abstammungslehre f; Transfor'mismus m; ~iste **I** *adj* théorie f ~ *cf* transformisme; **II** *m,f* Anhänger(in) *m(f)* der Abstammungslehre

transfuge [trãsfyʒ] *m mil u bes pol* 'Überläufer *m*

transfus|er [trãsfyze] *v/t* **1.** *méd* Blut über'tragen; *sc* transfun'dieren; *subst* **transfusé** *m* Person *f*, der Blut übertragen wurde; **2.** *Flüssigkeit* 'umfüllen; **~eur** *m* Per'son, die e-e Blutübertragung vornimmt; **~ion** *f méd* ~ (sanguine *od* de sang) Blutübertragung *f*; (Blut-)Transfusi'on *f*

transgresser [trãzgrese] *v/t* Gesetz, *Vorschriften* über'treten; verstoßen gegen; *Befehl* zu'widerhandeln (+*dat*)

transgression [trãzgresjõ] *f* **1.** *e-s Gesetzes, e-r Vorschrift* Über'tretung *f*; Verstoß *m* (de qc gegen etw); *abs auch* Zu'widerhandlung *f*; **2.** *géol* ~ marine Meeresvorstoß *m*; Transgressi'on *f*

transhum|ance [trãzymãs] *f agr* Transhu'manz *f*; Weidewirtschaft *f* mit Auftrieb im Frühsommer und Abtrieb im Herbst; Almauftrieb *m bzw* -abtrieb *m*; *auch* Wanderschäferei *f*; **~ant** *adj* troupeaux ~s *od subst* ~s *m/pl* Vieh, das im Sommer auf die Alm(en) getrieben wird; **~er** **I** *v/t* Vieh auf die Alm(en) treiben; sömmern; sommern; **II** *v/i* auf die Alm(en) ziehen

transi [trãzi] *adj* **1.** *vor Kälte, Angst* starr; erstarrt; steif; être ~ de froid starr, steif, erstarrt vor Kälte sein; **2.** *fig* un amoureux ~ ein zaghafter, aber beharrlicher Verehrer

transiger [trãziʒe] *v/i* <-geons> **1.** *jur* e-n Vergleich schließen; sich vergleichen; **2.** *allg* e-n Kompro'miß schließen (avec mit); *st/s* ~ avec sa conscience ein weites Gewissen haben; *st/s* ~ avec son devoir *u* s-e Pflicht nachlässig erfüllen, auf die leichte Schulter nehmen; ne pas ~ sur l'honneur es mit der Ehre sehr genau nehmen

transir [trãzir] *litt v/t* erstarren lassen

transistor [trãzistɔr] *m* **1.** *Elektronik* Tran'sistor *m*; **2.** *rad* Tran'sistorgerät *n*, -radio *n*, -koffer *m*; Kofferradio *n*

transistorisé [trãzistɔrize] *adj* Elektronik transistori'siert; mit Transi'storen

transit [trãzit] *m* Tran'sit *m*; *von Waren auch* 'Durchfuhr *f*; commerce *m* de ~ Transit-, Durchfuhrhandel *m*; droit *m* de ~ 'Durchfuhr-, 'Durchgangs-, Transitzoll *m*; *mar* port *m*, *aviat* salle *f* de ~ Transithafen *m*, -raum *m*; en ~ *loc/adv* im Transit(verkehr); *loc/adj* Transit…; marchandises *f/pl* en ~ Transitwaren *f/pl*, -güter *n/pl*; passagers *m/pl* en ~ Transitreisende(n) *m/pl*

transit|aire [trãzitɛr] **I** *adj* Tran'sit…; 'Durchfuhr…; commerce *m* ~ Transit-, Durchfuhrhandel *m*; pays *m* ~ Durchfuhrland *n*; **II** *m* Tran'sithändler *m*; **~er** **I** *v/t* Waren 'durchführen; im Tran'sitverkehr befördern; **II** *v/i* Waren im Tran'sit(verkehr) 'durchgehen, befördert werden (par durch)

transitif [trãzitif] *adj* <-ive> **1.** *gr* transitiv; zielend; verbe ~ (direct) transitives Verb; verbe ~ indirect Verb *n* mit Präpositio'nalobjekt; **2.** *math* relation transitive transitive Relation

transition [trãzisjõ] *f* **1.** 'Übergang *m* (*auch mus, cin, peint, Literatur*); Literatur, *mus auch* 'Überleitung *f*; *peint auch* Abstufung *f*; Schat'tierung *f*; une brusque ~ du froid au chaud, entre le froid et la chaleur ein plötzlicher Übergang von Kälte zu Hitze; *loc/adj* de ~ 'Übergangs…; vor'übergehend; vorläufig; provi'sorisch; régime *m* de ~ a) 'Übergangsregime *n*, b) -regelung *f*; solution *f* de ~ Übergangslösung *f*; provisorische Lösung; *loc/adj* sans ~ ohne Übergang; übergangslos; il passe sans ~ du désespoir à l'enthousiasme s-e

Verzweiflung schlägt in Begeisterung um; **2.** *Astrologie* Tran'sit *m*

transitiv|ement [trãzitivmã] *adv* verbe employé ~ transitiv gebrauchtes Verb; **~ité** *f gr, math* Transitivi'tät *f*; transitiver Cha'rakter

transitoire [trãzitwar] *adj* 'Übergangs…; vorläufig; vor'übergehend; provi'sorisch; période *f* ~ Übergangszeit *f*, -periode *f*

translat|eur [trãslatœr] *m* -s Fernschreibers Sender *m*; **~if** *adj* <-ive> *jur* über'tragend; l'acte ~ de propriété die das Eigentum übertragende Rechtshandlung

translation [trãslasjõ] *f* **1.** *bes jur* Über'tragung *f*; *jur e-s Gerichts* Verlegung *f*; *jur e-s Gefangenen* Über'stellung *f*; *e-s Leichnams etc* Über'führung *f*; *égl e-s Bischofs* Versetzung *f*; *égl e-s Festes* Verlegung *f* auf ein späteres Datum; Verschiebung *f*; *jur ~ de propriété* Eigentumsübertragung *f*; **2.** *math, phys* (mouvement *m* de) ~ Translati'on *f*; Paral'lelverschiebung *f*

translit(t)ér|ation [trãsliterasjõ] *f ling* Transliterati'on *f*; **~er** *v/t* <-è-> *ling* translite'rieren

translocation [trãslɔkasjõ] *f Genetik* Translokati'on *f*

translucid|e [trãslysid] *adj* 'durchscheinend, -schimmernd; lichtdurchlässig; papier *m* ~ Transpa'renzpapier *n*; **~ité** *f* Lichtdurchlässigkeit *f*

transmetteur [trãsmɛtœr] *m* **1.** *Telegraph* Sender *m*; Taste *f*; *tél* (Si'gnal-)Geber *m*; **2.** *mar* ~ d'ordres Ma'schinentelegraph *m*

transmettre [trãsmɛtrə] <cf mettre> **I** *v/t* **1.** weitergeben, -leiten; über'mitteln; *Telegramm* befördern; *Tradition, Namen* weitergeben; *Titel, biol Eigenschaft* vererben; *Erbschaft* vermachen; ~ qc à qn a) j-m etw übermitteln, zuleiten; etw an j-n weiterleiten, -geben; b) j-m etw vererben; ~ qc à la postérité etw der Nachwelt über'liefern; *in Briefen* transmettez mes amitiés à M. X übermitteln Sie Herrn X meine Grüße; grüßen Sie Herrn X von mir; ~ une information e-e Information übermitteln, über'senden; ~ un message, un ordre à qn j-m e-e Nachricht, e-n Befehl übermitteln, zuleiten; e-e Nachricht, e-n Befehl an j-n leiten; ~ son pouvoir à qn s-e 'Vollmacht, Befugnisse j-m, auf j-n über'tragen, an j-n abtreten; *rad, télév* ~ en direct direkt über'tragen; live [laif] senden; ~ par téléphone *Nachricht etc* telephonisch 'durchgeben; *Telegramm* 'durchsprechen; **2.** *phys Bewegung* über'tragen; *Schall, Licht* weiterleiten; *Strom* weiterführen, leiten; *physiol Erregung* (weiter)leiten; **3.** *path Insekten: Krankheit* über'tragen; *Person* ~ une maladie à qn a) j-n mit e-r Krankheit anstecken; e-e Krankheit auf j-n übertragen; b) j-m e-e Krankheit vererben; **II** *v/pr* se ~ *phys Bewegung* über'tragen werden; *Schall* sich fortpflanzen; *elektrischer Strom* weitergeleitet werden; *Krankheit* se ~ héréditairement sich vererben; vererbt werden; erblich sein; *Geheimnis etc* se ~ de père en fils von Generation zu Generation weitergegeben werden

transmigr|ation [trãsmigrasjõ] *f rel* ~ des âmes Seelenwanderung *f*; **~er** *v/i* *rel* Seele wandern

transmiss|ibilité [trãsmisibilite] *f* Über'tragbarkeit *f*; *biol* Vererblichkeit *f*; *biol* ~ d'un caractère acquis Vererbung *f* e-r erworbenen Eigenschaft; **~ible** *adj* über'tragbar; *biol* vererblich

transmission [trãsmisjõ] *f* **1.** *von Befugnissen* Über'tragung *f*; 'Übergabe *f*; *von*

Krankheiten Über'tragung *f*; *von Privilegien, Titeln, biol von Eigenschaften* Vererbung *f*; **2.** *e-r Nachricht* Über'mittlung *f*; Weiter-, Zuleitung *f*; *von Ideen, Kenntnissen* Vermittlung *f*; Über'mittlung *f*; Weitergabe *f*; ~ des ordres Befehlsübermittlung *f*; ~ de pensée Gedankenübertragung *f*; ~ erreur *f* de ~ Übermittlungsfehler *m*; **3.** *rad, télév* Über'tragung *f*; ~ radiophonique, télévisée Rundfunk-, Fernsehübertragung *f*; ~ en direct Di'rektübertragung *f*; Live-Sendung ['laif-] *f*; **4.** *tél, EDV* Über'tragung *f*; ~ de(s) données Datenübertragung *f*; **5.** *phys von Bewegung* Über'tragung *f*; *von Schall, Licht* Weiterleitung *f*; Fortpflanzung *f*; *opt* Transmissi'on *f*; ~ de chaleur Wärmeübertragung *f*; ~ d'une image Bildübertragung *f*; *opt* facteur *m* de ~ Transmissionsfaktor *m*; **6.** *tech* Transmissi'on *f*; (Über'setzungs)Getriebe *n*; Antrieb *m*; ~ par cardan Kar'dangetriebe *n*, -antrieb *m*; courroie *f* de ~ Treibriemen *m*; **7.** *mil* ~s *pl* Nachrichtenapparat *m*, -wesen *n*; (service *m* des) ~s Fernmeldetruppe *f*

transmodulation [trãsmɔdylasjõ] *f rad* Kreuzmodulation *f*

transmu|able [trãsmɥabl(ə)] *litt adj* 'um-, verwandelbar; **~er** *litt* **I** *v/t* 'um-, verwandeln; 'umgestalten; **II** *v/pr* se ~ sich verwandeln (en in + *acc*)

transmut|able [trãsmytabl(ə)] *adj* 'um-, verwandelbar; **~ation** *f* 'Um-, Verwandlung *f*; *phys atom* ~ nucléaire, des éléments Ele'mentumwandlung *f*; Transmutati'on *f*; **~er** *v/t cf* transmuer; *phys atom* Element 'umwandeln

transnational [trãsnasjɔnal] *adj* <-aux> über den natio'nalen Rahmen hin'ausgehend

transocéan|ien [trãzɔseanjɛ̃] *adj* <~ne> *cf* transocéanique; **~ique** *adj* Trans'ozean…; transoze'anisch; navigation *f* ~, régions *f/pl* ~s transozeanische Schiffahrt *f*, Gebiete *n/pl*

transparaître [trãsparɛtrə] *st/s v/i cf* connaître> **1.** 'durchscheinen; sich abzeichnen; ~ à travers qc durch etw scheinen; **2.** sichtbar werden; 'durchschimmern; zum Vorschein kommen; laisser ~ un sentiment caché … verraten; … erkennen lassen

transparence [trãsparãs] *f* **1.** 'Durchsichtigkeit *f*; Transpa'renz *f*; *von Wasser, Luft auch* Klarheit *f*; *par ext* Lichtdurchlässigkeit *f*; *loc/adj* par ~ éclairé *par ~; Leinwand etc* von hinten erhellt; lire qc par ~ etw lesen, indem man es gegen das Licht hält; *Wasser, Glas etc* être d'une ~ extraordinaire kristallklar, wundervoll durchsichtig *od* klar sein; **2.** *der Haut* Zartheit *f*; Reinheit *f*; **3.** *écon* ~ du marché Markttransparenz *f*; **4.** *cin* Rückprojektion *f*

transparent [trãsparã] **I** *adj* **1.** *Wasser, Glas, Stoff, Papier* 'durchsichtig; transpa'rent; *par ext* 'durchscheinend; lichtdurchlässig; *Luft, Wasser* glas-, kri'stallklar; *Porzellan etc* 'durchscheinend; 'durchsichtig; *Haut* zart; rein; *phys* milieu ~ transparentes Medium; **2.** *fig Absichten etc* 'durchsichtig; leicht durch'schaubar; allusion ~e klare, eindeutige Anspielung; **II** *m* **1.** Linienblatt *n*; **2.** Transpa'rent *n* (*Bild*)

transpercer [trãsperse] *v/t* <-ç-> **1.** ~ qc, qn etw, j-n durch'bohren, -'stechen; *Kugel* ~ qn j-n durchbohren; ~ qc *auch* etw durch'schlagen; **2.** *Kälte* ~ qn j-n durch'dringen; *Regen* ~ les vêtements durch die Kleidung dringen; die Kleidung durch'nässen; *adjt* complète-

ment transpercé vollkommen durch-
'näßt *bzw* ganz 'durchgefroren; **3.** *fig*
Schmerz ~ le cœur das Herz zerreißen
transpiration [trãspirasjõ] *f* **1. a)**
Schwitzen *n*; Transpi'rieren *n*; **b)**
Schweiß *m*; **2.** *bot* ~ **végétale** Transpirati'on *f*; Abgabe *f* von Wasserdampf
transpirer [trãspire] *v/i* **1.** schwitzen;
transpi'rieren; ~ **des mains** an den
Händen schwitzen; ~ **des pieds**
Schweißfüße haben; *F fig* ~ **sur un**
travail über e-r Arbeit schwitzen; **2.** *st/s*
u fig Geheimnis, Nachricht 'durchsikkern; ruchbar werden
transplant [trãsplã] *m chir* Transplan-
'tat *n*
transplantable [trãsplãtabl(ə)] *adj*
'um-, verpflanzbar
transplantation [trãsplãtasjõ] *f* **1.**
'Umpflanzen *n*; Verpflanzung *f*; Versetzen *n*; **2.** *chir* Transplantati'on *f*; ~
cardiaque, du rein Herz-, Nierentransplantation *f*, -verpflanzung *f*; **3.** *von*
Personen 'Umsiedlung *f*; Über'siedlung
f; Verpflanzung *f*
transplant|er [trãsplãte] **I** *v/t* **1.** *Pflanzen* 'um-, verpflanzen; versetzen; **2.** *chir*
Organ transplan'tieren; verpflanzen; **3.**
Personen 'umsiedeln; verpflanzen; *adjt*
transplanté 'umgesiedelt; **II** *v/pr* **se** ~
'umsiedeln, über'siedeln (**en France**
nach Frankreich); **~oir** *m jard* Pflanz-,
Blumenkelle *f*
transport [trãspɔr] *m* **1.** Trans'port *m*;
Beförderung *f*; ♦ ~ **aérien** *od* **par air**
Transport, Beförderung auf dem Luftwege; *mil* Lufttransport *m*; ~ **maritime**
od **par mer** Seetransport *m*; ~ **routier**
od **automobile** *od* **par route** Beförderung per Achse; ~**s de bétail** Viehtransporte *m/pl*; ~ **d'un blessé** Transport e-s
Verletzten; ~ **d'un corps** Über'führung
f e-r Leiche; ~ **de marchandises** Güterbeförderung *f*, -transport *m*; ~ **de personnes, de voyageurs** Per'sonenbeförderung *f*, -transport *m*, -verkehr *m*; ~
par chemin de fer, par voie ferrée
Transport per Schiene, mit der (Eisen-)
Bahn; ~ **par containers** Beförderung
durch Container; Con'tainerverkehr *m*;
~ **par (voie de) terre, par voie d'eau**
Beförderung auf dem Land-, Wasserwege; ♦ **contrat** *m* **de** ~ **a)** Transport-,
Beförderungsvertrag *m*; **b)** Frachtvertrag *m*; **frais** *m/pl* **de** ~ Beförderungs-,
Transportkosten *pl*; *nur Güter* Fracht-;
nur Personen Fahrtkosten *pl*; **moyen** *m*
de ~ Transport-, Beförderungs-,
Verkehrsmittel *n*; **tarif** *m* **de** ~
Frachttarif *m*; **mourir durant son** ~ **à**
l'hôpital auf dem Transport ins Krankenhaus sterben; **2.** ~**s** *pl* Verkehrsmittel
n/pl; *par ext* Verkehr *m*; Verkehrswesen
n, -gewerbe *n*; ♦ ~**s aériens, maritimes, privés** Luft- *od* Flug-, See-,
Werkverkehr *m*; ~**s publics a)** öffentliche Verkehrsmittel; **b)** öffentlicher Verkehr; ~**s urbains a)** öffentliche, städtische Verkehrsmittel; **b)** Stadtverkehr *m*;
~**s en commun** öffentliche Verkehrsmittel; Massenverkehrsmittel *n/pl*; ♦
assurance *f* ~**s** Trans'portversicherung
f; **compagnie** *f* **de** ~**s** Trans'portgesellschaft *f*; **entreprise** *f* **de** ~**s** Trans-
'port-, Verkehrsunternehmen *n*; **nur für**
Güter Speditii'onsfirma *f*; **industrie** *f*
des ~**s** Verkehrsgewerbe *n*; **mal** *m* **des**
~**s** Reisekrankheit *f*; **3.** *tech von Strom,*
Erdgas, Erdöl Trans'port *m*; *von Strom*
auch Fortleitung *f*; Über'tragung *f*; *mit*
Fördermitteln (Be)'Fördern *n*, -ung *f*; **4.**
mar mil Trans'portschiff *n*; ~ **de troupes** Truppentransporter *m*; **5.** *jur* ~ **de**
justice Augenscheinnahme *f*; Lo-
'kaltermin *m*; **6.** *st/s* ~**s** *pl* Anfall *m*;

Aufwallung *f*; Ausbruch *m*; *litt od plais*
~**s amoureux** Leidenschaft *f*; ~**s de**
colère, d'enthousiasme Zornes-, Begeisterungsausbruch *m*; ~**s de joie,**
d'allégresse Freudentaumel *m*; **7.** *géol*
Flußgeschiebe *n*; **8.** *path volkstümlich* ~
au cerveau Schlaganfall *m*; Gehirnschlag *m*; **9.** *comm* 'Umbuchung *f*; **10.** *jur*
e-r Forderung, e-s Rechts Abtretung *f*
transport|able [trãspɔrtabl(ə)] *adj*
transpor'tabel; transpor'tierbar; *Kranker* trans'portfähig; **~ation** *f jur hist von*
Schwerverbrechern Deportati'on *f*; Verbannung *f*
transporté [trãspɔrte] *adj* verzückt; ~
d'admiration hingerissen; **être, se**
sentir ~ **de joie** sich vor Freude nicht
zu lassen *od* fassen wissen; vor Freude
außer sich sein
transporter [trãspɔrte] **I** *v/t* **1.** befördern; transpor'tieren (*auch Kranken*
etc); ~ **la guerre dans un autre pays**
den Krieg in ein anderes Land (hin'ein-)
tragen; ~ **en camion, en avion** mit
Lastwagen, mit dem Flugzeug befördern; ~ **qc en un autre lieu** etw an e-n
andern Ort bringen, schaffen *bzw* fahren
bzw fliegen; **2.** *tech Strom, Gas, Erdöl*
transpor'tieren; *Strom auch* (fort)leiten;
über'tragen; *mit Fördermitteln* (be)'fördern; **3.** *jur hist Schwerverbrecher* depor'tieren; verbannen; **4.** *fig* ~ **à une autre**
époque, en un autre lieu in e-e andere
Zeit, an e-n andern Ort verlegen, versetzen; **5.** ~ **qn de joie, d'enthousiasme**
j-n in e-n Freudentaumel versetzen, j-n
hinreißen; *cf auch* **transporté**; **6.** *géol*
von e-m Fluß mitführen; **7.** *Geld von e-m*
Konto auf ein anderes 'umbuchen; über-
'tragen; **8.** *jur Forderung, Recht* abtreten
(**à qn** an j-n); **II** *v/pr* **se** ~ **9.** sich
begeben; **se** ~ **sur les lieux** sich an Ort
und Stelle begeben; *jur* e-e Augenscheinseinnahme vornehmen; e-n Lokaltermin abhalten; **10.** *fig* **se** ~ **par la**
pensée, par l'imagination en un
autre lieu, à une autre époque sich
in Gedanken, in der Vorstellung an
e-n andern Ort, in e-e andere Zeit versetzen
transporteur [trãspɔrtœr] *m* **1. a)** Spedi'teur *m*; Frachtführer *m*; **b)** Trans-
'portunternehmer *m*; **c)** Verkehrsträger
m; **2.** *tech* Förderer *m*; Fördermittel *n*,
-anlage *f*; **frais** *m/pl* **de** ~ pneumatischer Förderer; ~ **hélicoïdal** *od* **à vis**
Förderschnecke *f*; Schneckenförderer
m; ~ **à bande** *od* **à courroie** Förderband *n*; ~ **à rouleaux** Rollenbahn *f*; ~ **à**
secousses Schüttelrutsche *f*, -rinne *f*
transposable [trãspozabl(ə)] *adj* 'umstellbar; 'umsetzbar
transposer [trãspoze] *v/t* **1.** *Buchstaben,*
Satzteile etc 'umstellen; ~ **les mots**
d'une phrase die Wörter e-s Satzes, in
e-m Satz umstellen; **2.** *mus* transpo'nieren; 'umsetzen; **3.** *fig Natur etc durch den*
Künstler 'umsetzen (**en** in + *acc*); ~ **la**
réalité au théâtre die Wirklichkeit
dra'matisch gestalten, 'umformen
transpositeur [trãspozitœr] *m mus* ~ *od*
adjt **instrument** *m* ~ transpo'nierendes
Instru'ment
transposition [trãspozisjõ] *f* **1.** *von*
Buchstaben etc 'Umstellen *n*, -ung *f*; **2.**
mus Transpo'nieren *n*; Transpositi'on *f*
(*auch Ergebnis*); **3.** *fig der Wirklichkeit*
in der Literatur etc 'Umsetzung *f*
transroulier [trãsrulje] *m mar* Roll-'on-
-roll-'off-Schiff *n*; Ro-'Ro-Schiff *n*
transsaharien [trãsaarjɛ̃] *adj* ⟨~**ne**⟩
die Sa'hara über- *bzw* durch'querend
transsexu|alisme [trãseksɥalism(ə)]
m psych Transsexua'lismus *m*; ~**el** *adj*
⟨~**le**⟩ transsexu'ell

---

transsibérien [trãsiberjɛ̃] *adj* ⟨~**ne**⟩
transsi'birisch; **chemin** *m* **de fer** ~ *od*
subst ~ *m* Transsibirische Eisenbahn
transsonique [trãsɔnik] *adj phys* trans-
'sonisch
transsubstanti|ation [trãsypstãsja-
sjõ] *f rel* Transsubstantiati'on *f*; ~**er** *v/t*
rel Brot u Wein verwandeln (**en** in + *acc*)
transsud|at [trãsyda] *m physiol* Transsu'dat *n*; ~**er I** *v/t Flüssigkeit* ausschwitzen; **II** *v/i* 'durchsickern; durch die
Poren austreten
transuranien [trãzyranjɛ̃] *adj* ⟨~**ne**⟩
chim transu'ranisch; **éléments** ~**s** *od*
subst ~**s** *m/pl* Transu'rane *n/pl*
transvas|ement [trãsvazmã, trãz-] *m*
'Umfüllen *n*, -gießen *n*; ~**er** *v/t* 'umfüllen, -gießen
transversal [trãsvɛrsal] *adj* ⟨-**aux**⟩
Quer...; querliegend, -verlaufend; transver'sal; **coupe** ~**e** Querschnitt *m*; *phys*
onde ~**e** Transver'sal-, Quer-, Scherungswelle *f*; **rue** ~**e** Quer-, Seitenstraße
f; **vallée** ~**e** Seitental *n*; *géogr sc* Quer-,
Transver'saltal *n*; **il prit un chemin** ~ **er**
bog in e-n Seitenweg ein; ~**ement** *adv*
quer
transverse [trãsvɛrs] *adj anat* Quer...;
der Wirbel **apophyses** *f/pl* ~**s** Querfortsätze *m/pl*; **artère** *f* ~ quere Arterie;
côlon *m*, **muscle** ~ Querkolon *n*,
-muskel *m*
transvestisme [trãsvɛstism(ə)] *m cf*
travestisme
transvider [trãsvide] *v/t* 'umfüllen
transylvain [trãsilvɛ̃] **I** *adj* sieben-
'bürgisch; **II** *subst* 2(**e**) *m(f)* Sieben-
'bürger(in) *m(f)*
trapèze [trapɛz] *m* **1.** *math* Tra'pez *n*; **en**
(**forme de**) ~ tra'pezförmig; **2.** *sports*
Tra'pez *n*; Schwebereck *n*; ~ **volant**
fliegendes Trapez; **faire du** ~, **des**
exercices au ~ Übungen am Trapez
machen; **3.** *anat* **a)** ~ *od adjt* **muscle** *m* ~
Tra'pezmuskel *m*; **b)** ~ *od adjt* **os** *m* ~
großes Vieleckbein; **4.** *adjt Mode* **ligne**
f ~ Tra'pezform *f*
trapéziste [trapezist] *m,f* Tra'pezkünstler(in) *m(f)*
trapézoèdre [trapezɔɛdr(ə)] *m math,*
minér Trapezo'eder *n*
trapézoïdal [trapezɔidal] *adj* ⟨-**aux**⟩
tra'pezförmig; **courroie** ~**e** Keilriemen *m*
trappe [trap] *f* **1. a)** Falltür *f*; Klappe *f*;
b) Schiebe-, Klappfenster *n*; **c)** *e-s Kamins* Zugregler *m*; **d)** *aviat für Fallschirmspringer* ~ **de départ** Ausstieg
(-luke) *m(f)*; **2.** *ch* Fallgrube *f*; **3.** *thé*
Versenkung *f*
Trappe [trap] *f rel* **1. la** ~ der Trap-
'pistenorden; **2.** *par ext* Trap'pisten-
kloster *n*
trappeur [trapœr] *m* Trapper *m*
trappillon [trapijõ] *m thé* Öffnung *f* für
Versatzstücke
trappist|e [trapist] *m rel* Trap'pist *m*;
~**ine** *f* **1.** *rel* Trap'pistin *f*; **2.** *von*
Trap'pisten hergestellter Li'kör
trapu [trapy] *adj* **1.** *Person* unter'setzt;
gedrungen; stämmig; **2.** *Gebäude etc*
massig; wuchtig; **3.** *Problem* schwierig;
verzwickt
traque [trak] *f ch* Treibjagd *f*; Treiben *n*
traquenard [traknar] *m ch u fig* Falle *f*
traquer [trake] *v/t* **1.** *ch Tier* treiben;
um'stellen; ~ **un bois** in e-m Wald e-e
Treibjagd veranstalten; *fig* **avec un air**
de bête traquée verängstigt; wie ein
umstelltes, gehetztes Wild; **2.** ~ **qn** j-n
hetzen, verfolgen, jagen
traqu|et [trakɛ] *m zo* Schmätzer *m*; ~
motteux Steinschmätzer *m*; ~**eur** *m ch*
Treiber *m*
trass [tras] *m minér* Traß *m*

trattoria [tratɔrja] f in Italien Tratto-'ria f

trauma [troma] m path, psych Trauma n

traumatique [tromatik] adj path trau-'matisch (auch psych); Wund…; e-r Blu-tung etc cause f ~ traumatische Ursa-che; choc m ~ traumatischer Schock; fièvre f ~ Wundfieber n; tétanos m ~ Wundstarrkrampf m; Tetanus m

traumat|iser [tromatize] v/t path, psych schocken; cette chute l'a traumatisé bei diesem Sturz erlitt er e-n Schock; être traumatisé par e-n Schock, ein Trauma erleiden bei, durch; adit trau-matisé geschockt; **~isme** m 1. path Trauma n; Verletzung f; ~ crânien Schädelverletzung f; 2. psych (seeli-scher) Schock; (psychisches) Trauma

traumatolog|ie [tromatɔlɔʒi] f Unfall-chirurgie f; service m Unfallstation f; **~ique** adj Unfall…; chirurgie f ~ Unfallchirurgie f

travail [travaj] m ⟨pl -aux⟩ 1. sg Arbeit f; Mühe f; Anstrengung f; Arbeiten n; als Ergebnis Arbeit f; Werk n; Leistung f; auch Arbeitsplatz m; Arbeitsverhältnis n; ◆ administratif Verwaltungsarbeit f; ~ collectif Gemeinschaftsarbeit f; ~ continu ununterbrochener Betrieb; 'durchgehender Arbeitsprozeß f; ~ fémi-nin Frauenarbeit f; ~ scolaire a) (Schul)'Unterricht m und Hausaufga-ben f/pl; b) Leistungen f/pl (in der Schule); ◆ ~ à la chaîne, à domicile, à la main, à la machine Fließband-, Heim-, Hand-, Ma'schinenarbeit f; à mi-temps, à plein temps od à temps complet Halbtags-, Ganztagsarbeit f, -beschäftigung f, -stellung f; ~ aux piè-ces, à la tâche Stück-, Ak'kordarbeit f; ~ de bureau, de nuit, de précision Bü'ro-, Nacht-, Präzisi'onsarbeit f; ~ des enfants Kinderarbeit f; en équipe od d'équipe Teamarbeit ['ti:m-] f; ~ en od par équipes Schichtarbeit f; ◆ droit m au ~ Recht n auf Arbeit; Code m du ~ Arbeitsgesetzbuch n; contrat m de ~ Arbeitsvertrag m; division f du ~ Arbeitsteilung f; droit m du ~ Arbeitsrecht n; incapacité f de ~ Arbeits-, Erwerbsunfähigkeit f; table f, vêtement m de ~ Arbeitstisch m, -kleidung f; ◆ pendant le ~, les heures de ~ während der Arbeitszeit; ◆ aimer le ~ gerne arbeiten; aimer son ~ s-e Arbeit lieben; aller au ~ zur Arbeit gehen; avoir du ~ zu tun haben; Arbeit haben; demander, exiger beaucoup de ~ viel Arbeit, Mühe, Anstrengung erfordern, kosten; être au ~ bei der Arbeit sein; être sans ~ arbeitslos sein; iron c'est du beau ~! od regardez--moi ce ~! das ist je e-e schöne Besche-rung!; das sieht ja reizend, nett, heiter aus!; da haben Sie was Schönes ange-richtet!; se mettre au ~ sich an die Arbeit machen, begeben; an die Arbeit gehen; 2. pl **travaux** Arbeiten f/pl (auch wissenschaftliche; bât cf 3.); ~ agricoles, des champs Land-, Feldar-beiten f/pl; ~ domestiques, ménagers Hausarbeit f; les douze ~ d'Hercule die zwölf Arbeiten des Herkules; gros ~ grobe Arbeiten; ~ pratiques (F abr T.P.) a) in der Schule praktische Übun-gen f/pl (physikalische u chemische Expe-rimente, von den Schülern ausgeführt); b) an der Universität (auch ~ dirigés (abr T.D.)) etwa (Semi'nar)Übungen f/pl; ~ d'aiguille Hand-, Nadelarbeiten f/pl; Aufschrift an Photogeschäften d'ama-teur (Annahme f von) Photoarbeiten f/pl; ~ de sauvetage Rettungs-, Ber-gungsarbeiten f/pl; impr de ville Akzi-'denzen f/pl; Akzi'denzdruck m; 3. bât

travaux pl Bauarbeiten f/pl; auf Schil-dern (ralentir,) ~! (Achtung! od Vor-sicht!) Bauarbeiten! od Baustelle!; ~ pu-blics Tiefbau m; Bauarbeiten der öffent-lichen Hand; École supérieure des ~ publics (ellip ♀ publics) staatlich aner-kannte Hochschule für Tiefbau; ~ sou-terrains Unter'tagearbeiten f/pl; fig ~ d'approche Annäherungsversuche m/pl; ~ d'assainissement, de cons-truction, d'entretien Sa'nierungs- bzw Entwässerungs-, Bau-, Unter'haltungsar-beiten f/pl; bei Straßen ~ d'infrastructure 'Unterbau m; ~ de nivellement, de réfection od de remise en état Pla'nierungs-, In'stand-setzungs- od Ausbesserungs- od Reno-'vierungsarbeiten f/pl; ~ d'urbanisme städtebauliche Arbeiten; financement m des ~ Baufinanzierung f; pendant la durée des ~ während der Bauarbeiten; 4. jur bis 1960 **travaux forcés** Zucht-haus(strafe) n(f); Zwangsarbeit f; tra-vaux forcés à perpétuité, à temps lebenslängliche, zeitige Zuchthausstra-fe; 5. von Holz etc Arbeiten n; von Wein etc Gärung f; géol des Wassers Arbeit f; 6. e-r Maschine, e-s Motors Arbeit f; Leistung f; physiol ~ musculaire Muskelarbeit f; ~ utile Nutzleistung f; 7. phys Arbeit f; 8. von Werkstoffen Bearbeiten n, -ung f; des Teigs Kneten n; ~ du bois Holzbearbei-tung f; 9. méd salle f de ~ Kreißsaal m; femme f en ~ Gebärende f; Kreißende f; être en ~ in den Wehen liegen; 10. ch Gebräch n (Wühlstelle)

travailler [travaje] I v/t 1. Werkstoff be-, verarbeiten; Teig ('durch)kneten; par ext Wein verfälschen; agr ~ la terre den Boden bearbeiten; tech ~ un métal à froid ein Metall kaltbearbeiten; 2. Ex-posé etc 'durch-, ausarbeiten; Stil 'durch-, ausfeilen; adit Stil trop travaillé gekünstelt; 3. Musikstück (ein)üben; Schüler ~ une matière ein Fach lernen, F büffeln, pauken; ~ ses mathémati-ques Mathematik lernen, F pauken; ~ son piano (auf dem) Klavier üben; ~ sa voix Stimmübungen machen; 4. ~ qn Person j-n bearbeiten; j-n zu beeinflus-sen, zu gewinnen (ver)suchen; Person, Krankheit, Gedanke, Vorstellung j-n plagen, quälen; j-m keine Ruhe lassen; Gedanke j-n 'umtreiben, verfolgen; ~ les esprits auch die Gemüter aufwiegeln, aufhetzen; ~ l'opinion (publique) die öffentliche Meinung zu beeinflussen (ver)suchen; 5. sports a) trai'nieren; Reiten ~ un cheval ein Pferd zureiten; ~ le passage du témoin, son revers den Stabwechsel, s-e Rückhand trainie-ren; b) Boxen ~ son adversaire au corps den Gegner mit Körperschlägen bearbeiten; c) Tennis Ball anschneiden bzw lobben; II v/t/indir 6. ~ à qc an etw (dat) arbeiten; ~ à un exposé, roman an e-m Exposé, Roman arbeiten; ~ sur un auteur e-e Arbeit über e-n Autor verfassen; 7. ~ à qc auf etw (acc) hinarbeiten; sich um etw bemühen; ~ à la perte de qn auf j-s Ruin hinarbeiten; ~ au succès d'une entreprise sich um den Erfolg e-s Unter'nehmens bemühen; III v/i 8. arbeiten; tätig sein; beschäftigt sein; beschäftigt sein (chez bei); Schüler arbeiten; lernen; il travaille bien er arbeitet gut; Schüler er lernt gut; ~ dur hart arbeiten; ~ aux champs auf dem Feld arbeiten; Feldarbeit verrichten; ~ à domicile Heimarbeit machen; ~ com-me un nègre, un bœuf, une bête de somme wie ein Pferd arbeiten; F schuf-ten; sich abrackern; ~ dans un bureau in e-m Büro arbeiten, beschäftigt sein;

en atelier, en usine in der Werkstatt, in der Fabrik arbeiten; ~ pour qn für j-n arbeiten; le temps travaille pour nous die Zeit arbeitet für uns; ~ sans filet cf filet 1.; faire ~ qn j-n (für sich) arbeiten lassen; 9. Geld arbeiten; Zinsen tragen; faire ~ l'argent das Geld arbeiten lassen; 10. Holz arbeiten; sich verziehen; sich werfen; Fußboden sich senken; Wein arbeiten; gären; Teig aufgehen; fig Phan-tasie, Gedanken arbeiten

travaill|eur [travajœr] I m Arbeiter m; Erwerbs-, Berufs-, Werktätige(r) m; Er-werbsperson f; ~s pl auch Arbeitskräfte f/pl; ~ étranger od immigré Gastar-beiter m; ausländischer Arbeitnehmer; ~ frontalier Grenzgänger m; un grand ~ ein unermüdlicher Arbeiter; ~ indé-pendant selbständige(r) Erwerbs-tätige(r), Gewerbetreibende(r); Selbstän-dige(r) m; ~ intellectuel, manuel Kopf-od Geistes-, Handarbeiter m; ~ (salarié) Arbeitnehmer m; ~ social Sozi'alarbeiter m; ~ à domicile, de force Heim-, Schwerarbeiter m; II adj ⟨-euse⟩ fleißig; arbeitsam; **~euse** f 1. Arbeiterin f; ~ familiale (hauswirtschaftliche geschulte) Fa'milienhelferin; 2. cout Nähtisch m

travaill|isme [travajism(ə)] m pol Dok-'trin f der Labour Party; **~iste** pol I adj Labour… ['le:bər-]; gouvernement m ~ Labourregierung f; parti m ~ Labour Party f; II m,f Mitglied n der Labour Party

travailloter [travajɔte] v/i lässig arbeiten

travée [trave] f 1. bât Feld n; arch Gewölbefeld n; Joch n; Tra'vée f; ~ de pont Brückenfeld n, -joch n; 2. Bankrei-he f; 3. e-s Bücherschranks (senkrechte) Fächerreihe

travelage [travlaʒ] m ch de fer a) Schwel-len f/pl; b) Anzahl f der Schwellen pro Kilometer

traveller's-chèque [travlœr(s)ʃɛk, -lɛr-] m ⟨pl traveller's-chèques⟩ Reise-scheck m; Travellerscheck ['trɛ-]

travelling [travliŋ] m cin a) Fahraufnah-me f; Kamerafahrt f; ~ optique Aufnah-me ~ mit Zoomobjektiv ['zu:m-]; b) Kamerawagen m

travers [traver] I loc/prép u loc/adv 1. à ~ qc od au ~ de qc durch etw (hin/durch); à ~ les âges durch alle Zeiten hindurch; im Wandel der Zeiten; à ~ bois quer durch den Wald; à ~ champs querfeld'ein; couper à ~ champs quer über die Felder abkürzen; se faire un chemin à ~ la foule sich durch die Menge drängen; juger qn, qc à ~ ses préjugés j-n, etw nach e-r vorgefaßten Meinung beurtei-len; Tinte, Leim passer à ~ 'durch-schlagen; Licht passer à ~ les, au ~ des rideaux durch die Vorhänge dringen; fig il est passé au ~ es ist ihm erspart geblieben; er ist entkommen, davonge-kommen; regarder à ~ la vitre durch die Scheibe (hindurch)sehen; 2. de ~ schräg; schief; quer; verkehrt; tout va de ~ alles geht schief; avaler de ~ cf avaler 1.; avoir le nez de ~ e-e schiefe Nase haben; comprendre de ~ falsch, verkehrt verstehen; faire qc de ~ etw falsch, verkehrt machen; marcher de ~ seitwärts gehen; Betrunkener schwanken; (hin und her) torkeln; im Zickzack gehen; mettre son chapeau de ~ den Hut schief, schräg bzw verkehrt aufsetzen; fig prendre qc de ~ etw krummnehmen, in die falsche Kehle bekommen; raisonner (tout) de ~ falsch, verkehrt argumentie-ren; regarder qn de ~ j-n schief, scheel, von der Seite, böse ansehen; par ext finster, böse ansehen; répondre de ~ falsch, verkehrt antworten; 3. en ~ quer; en ~ de qc quer über etw (dat bzw acc); arbre tombé en ~

du chemin quer über den Weg ...; être allongé en ~ du lit quer auf, über dem Bett liegen; se mettre en ~ sich quer stellen; se mettre en ~ des projets de qn j-s Pläne durch'kreuzen; sich j-s Plänen (hindernd) in den Weg stellen; **4.** mar en ~, par le ~ dwars; quer; **II** m **1.** e-r Person kleiner Fehler, Mangel; Schwäche f; **2.** mar Schiffsseite f

traversable [travɛrsabl(ə)] adj über-, durch'querbar

travers-banc [travɛrbɑ̃] m ‹pl travers--bancs› mines Querschlag m

traverse [travɛrs] f **1.** ch de fer Schwelle f; ~ en béton Be'tonschwelle f; **2.** bât Querbalken m; Riegel m; beim Fenster Querholz n; Kämpfer m; **3.** chemin m de ~ di'rekter Weg; Abkürzung f; **4.** tech machine f à vapeur à ~ Kreuzkopf-dampfmaschine f

traversée [travɛrse] f **1.** Über'queren n, -ung f; Durch'queren n, -ung f; mit e-m Fahrzeug auch ('Durch)Fahrt f (de durch); im Schiff auch ('Über)Fahrt f (de über + acc); im Flugzeug auch Flug m (de über + acc); Über'fliegen n; allg auch Reise f (de durch); ~ à la nage Durch'schwimmen n (d'une rivière e-s Flusses); ~ du désert a) Durch'queren der Wüste; b) fig e-s Politikers vor'über-gehendes Verschwinden von der Bildfläche, in der Versenkung; ~ de la Manche en avion, en bateau Überquerung des Ärmelkanals mit dem Flugzeug, mit dem Schiff; Flug bzw Fahrt über den Ärmelkanal; Überfliegen des Ärmelkanals bzw Überfahrt über den Ärmelkanal; ~ d'une ville (Durch-)Fahrt durch e-e Stadt; **2.** ch de fer ~ de voie Gleiskreuzung f; **3.** élect (Wand-) 'Durchführung f

traverser [travɛrse] v/t **1.** über'queren; durch'queren; zu Fuß auch gehen über (+acc) bzw durch; über-, durch-'schreiten; Fahrzeug od Person im Fahrzeug auch fahren über (+acc) bzw durch; durch'fahren; Flugzeug od Person im Flugzeug auch fliegen über (+acc); über-'fliegen; Person auch reisen durch; ~ l'Atlantique Person, Flugzeug, Schiff den Atlantik überqueren; über den Atlantik Person, Schiff fahren, Person, Flugzeug fliegen; ~ un carrefour e-e Kreuzung überqueren; über e-e Kreuzung gehen bzw fahren; ~ la foule sich durch die Menge drängen; ~ une montagne Person, Fahrzeug, Straße e-n Berg überqueren; über e-n Berg Person, Fahrzeug fahren; Straße führen; Tunnel durch e-n Berg führen, gehen; ~ une plaine Person, Fahrzeug, Fluß e-e Ebene durchqueren; Fluß auch durch e-e Ebene fließen; e-e Ebene durch'fließen; ~ un pont Person, Fahrzeug e-e Brücke über-queren; über e-e Brücke Fahrzeug, Person fahren, Person gehen, Straße führen; ~ une rivière Person, Fahrzeug, Straße e-n Fluß überqueren; über e-n Fluß Person, Fahrzeug fahren, Person gehen; (mit) Boot, Fähre 'übersetzen (abs); ~ une rivière à la nage e-n Fluß durch'schwimmen; über, durch e-n Fluß schwimmen; ~ la rue od abs ~ die Straße überqueren; über die Straße gehen, laufen; hin'übergehen (abs); ~ une ville Person, Fahrzeug, Straße e-e Stadt durchqueren; durch e-e Stadt Person, Fahrzeug fahren, Fluß fließen; Fluß auch e-e Stadt durch'fließen; Straße ~ la voie ferrée das Bahngleis überqueren, kreuzen; **2.** durch'dringen; dringen durch; une balle lui a traversé le bras ... drang ihm durch den Arm; ... durch-'schlug, durch'bohrte ihm den Arm;

Nagel ~ une planche durch ein Brett hin'durchgehen, dringen; Regen ~ les vêtements durch die Kleidung ('durch-) dringen; **3.** fig: une douleur lui traver-sa l'épaule ... fuhr ihm durch die Schulter; une idée lui traversa l'esprit ... ging, fuhr, schoß ihm durch den Kopf; un cri traversa la nuit ... gellte durch die Nacht; un frisson le traver-sa, traversa ses membres ein Schauer durchlief ihn, s-e Glieder; **4.** Krise etc 'durchmachen; **5.** mar ~ l'ancre den Anker einhieven

traversier [travɛrsje] adj ‹-ière› **1.** barque traversière Fährboot n; Fäh-re f; **2.** mus flûte traversière Querflöte f

traversin [travɛrsɛ̃] m **1.** große Schlummerrolle; **2.** mar Querbalken m; Schlinge f; **3.** e-r Waage Balken m

traversine [travɛrsin] f **1.** Querholz n; Riegel m; bei Pfahlbauten, Flößen Quer-balken m; **2.** mar Laufplanke f, -brett n (zwischen zwei Schiffen)

travertin [travɛrtɛ̃] m minér Traver-'tin m

travesti [travɛsti] **I** adj **1.** verkleidet; thé acteur ~ Schauspieler m in e-r Frauen-rolle; bal ~ Ko'stüm-, Maskenball m; rôle ~ e-r Schauspielerin Hosenrolle f; e-s Schauspielers Frauenrolle f; **2.** Lite-ratur œuvre ~e Trave'stie f; **II** m **1.** Kostü'mierung f; Vermummung f; Mas-kenkostüm n; **2.** Schauspieler m in e-r Frauenrolle bzw Schauspielerin f in e-r Hosenrolle; jouer un ~ e-e Hosenrolle spielen; **3.** psych Transve'stit m

travest|ir [travɛstir] **I** v/t **1.** st/s ~ qn j-n verkleiden, kostü'mieren (en als); **2.** fig: ~ la pensée de qn j-s Gedanken entstellt, verzerrt 'wiedergeben; ~ la vérité die Wahrheit entstellen, verzer-ren, verdrehen; **3.** Literatur trave-'stieren; **II** v/pr se ~ **4.** sich verkleiden, kostü'mieren (en als); **5.** psych transve-'stieren; ~isme m psych Transve'stis-mus m; Transve'stitentum n; ~isse-ment m **1.** Verkleidung f; Kostü-'mierung f; Vermummung f; **2.** psych Mas'kierungs-, Verkleidungstrieb m

traviole [travjɔl] loc/adv F de ~ schief; marcher de ~ (hin und her) torkeln; mettre son chapeau tout de ~ den Hut ganz schief aufsetzen

tray|eur [trɛjœr] m a) Melker m; ~euse f a) Melkerin f; **b)** Melkmaschine f; ~on m des Euters Zitze f

trayons [trɛjɔ̃] cf traire

trébuchant [trebyʃɑ̃] adj **1.** stolpernd; démarche ~e taumelnder, torkelnder, schwankender Gang; **2.** espèces son-nantes et ~es klingende Münze

trébucher [trebyʃe] v/i **1.** stolpern; straucheln; ~ contre une marche, sur od contre une pierre über e-e Stufe, e-n Stein stolpern; **2.** fig ~ sur un mot über ein Wort stolpern; ein Wort stok-kend lesen; **3.** Waagschale sich senken; Gewicht die Waagschale senken

trébuchet [trebyʃɛ] m **1. a)** Goldwaage f; **b)** im Labor Präzisi'ons-, Feinwaage f; **2.** (Art) Vogelfalle f

tréfil|age [trefilaʒ] m tech Drahtziehen n; ~er v/t tech (zu Draht) ziehen; ~erie f Drahtziehe'rei f; ~eur m Drahtzieher m; ~euse f Drahtziehmaschine f

trèfle [trefl(ə)] m **1.** bot Klee m; ~ cornu Gemeiner Hornklee; ~ blanc od ram-pant Weißklee m; ~ incarnat, jaune, rouge Inkar'nat-, Hopfen-, Wiesenklee m; ~ à quatre feuilles vierblätt(e)riges Kleeblatt; ~ d'eau Bitter-, Fieberklee m; **2.** arch Dreipaß m; **3.** Kartenspiel Treff n; Kreuz n; deutsche Spielkarte Eichel f; roi m, valet m de ~ Treffkönig

m, -bube m; **4.** Straßenbau (croisement m en) ~ Kleeblatt(kreuzung) n(f)

tréfl|é [trefle] adj kleeblattförmig; He-raldik croix ~e Kleeblattkreuz n; Bra-'banter Kreuz n; arch église f à plan ~ Kirche f mit drei Ap'siden; ~ière f Kleefeld n

tréfonds [trefɔ̃] m poét le ~ de l'âme, du cœur das Innerste, das tiefste Innere (der Seele); ému jusqu'au ~ de l'âme in tiefster Seele, zu'tiefst bewegt

tréhalose [trealoz] m chim Treha'lose f

treillage [trejaʒ] m **1.** Gitter-, Latten-werk n; par ext Sta'keten-, Lattenzaun m; ~ métallique Drahtgitter n bzw -zaun m; **2.** Weinspalier n

treillager [trejaʒe] v/t ‹-geons› Fenster vergittern; mit e-m Gitter versehen; Mauer mit e-m Spa'lier versehen

treille [trej] f **1.** Weinspalier n; Wein-laube f; le jus de la ~ der Rebensaft; der Wein; **2.** text Tüllmasche f

treillis [treji] m **1.** text Drillich m; Drell m; par ext Drillichanzug m, -zeug n; **2.** Gitterwerk n; Holzgitter n; ~ (métalli-que) Drahtgewebe n, -gitter n; Ma-schendraht m; Drahtnetz n; e-s Speise-schranks Fliegengitter n; **3.** tech Gitter-konstruktion f; mât m, pont m en ~ Gittermast m, -brücke f

treillisser [trejise] v/t vergittern; mit e-m Gitter versehen

treize [trɛz] **I** adj/num/c dreizehn; le ~ avril der dreizehnte bzw am dreizehnten April; Louis XIII Ludwig XIII. (der Dreizehnte); numéro, page dreizehn; num-mer, Seite dreizehn; vendredi ~ Freitag der Dreizehnte bzw am Freitag dem Dreizehnten; beim Verkauf von Austern, Eiern ~ à la douzaine dreizehn Stück für den Preis von zwölf; à ~ heures um dreizehn Uhr; garçon m de ~ ans dreizehnjähriger Junge; Junge m von dreizehn Jahren; être ~ à table drei-zehn bei Tisch sein; **II** m ‹inv› Zahl Dreizehn f; le ~ (du mois) der Drei-zehnte bzw am Dreizehnten (des Mo-nats); cf auch deux II

treizième [trɛzjɛm] **I** adj/num/o drei-zehnte(r, -s); le ~ siècle das dreizehnte Jahrhundert; **II** subst **1.** le, la ~ der, die, das dreizehnte; **2.** math Dreizehntel n; **3.** in Paris le ~ das dreizehnte Arrondis-se'ment; ~ment adv dreizehntens

tréma [trema] m gr Trema n; i ~ i mit Trema

trémail [tremaj] cf tramail

trémat|age [tremataʒ] m Flußschiffahrt Recht n, vor andern durch die Schleuse zu fahren; ~er v/t Lastkahn etc über-'holen; pas'sieren

trématodes [trematɔd] m/pl zo Saug-würmer m/pl; sc Trema'toden pl

tremblaie [trɑ̃blɛ] f Espenwald m

tremblant [trɑ̃blɑ̃] **I** adj **1.** zitternd; bebend; Licht flackernd; voix ~e zit-ternde, bebende Stimme; loc/adv les jambes, mains ~es mit zitternden Beinen, mit zittern'den, bebenden Hän-den; être tout ~ de froid, de peur vor Kälte, vor Angst schlottern, zittern, beben; **2.** vét der Schafe maladie ~e od subst ~e f Traber-, Gnubberkrankheit f; **II** m mus der Orgel Tremu'lant m

tremble [trɑ̃bl(ə)] m bot Espe f; Zitter-pappel f

tremblé [trɑ̃ble] adj zitt(e)rig; écriture ~e zitt(e)rige Schrift; impr filet ~ od subst ~ m Wellenlinie f

tremblement [trɑ̃bləmɑ̃] m **1.** der Stim-me, der Hände Zittern n; Beben n; der Beine Zittern n; Schlottern n; des Bodens, der Blätter, der Scheiben Zittern n; der Scheiben auch Klirren n; e-r Flamme Flackern n; ~ convulsif krampfhafte

Zuckungen *f/pl*; ~ **léger, violent** leichtes, starkes Zittern. Beben; ~ **de fatigue** Zittern vor Müdigkeit; ~ **de peur** Angstzittern *n*; ~ **de terre** Erdbeben *n*; *parler* **avec des ~s dans la voix** mit zitternder, bebender Stimme ...; **être agité, pris, saisi d'un ~ nerveux, de ~s nerveux** von nervösem Zittern befallen sein; **2.** F ... **et tout le ~** ... und alles übrige; ... und so weiter

trembler [trᾱble] *v/i* **1.** *Körper, Mensch, Stimme, Lippen, Hand* zittern; beben; *Beine* zittern; schlottern (*auch Mensch*); *Blätter* zittern; *Erde, Scheiben* beben; (er)zittern; *Scheiben auch* klirren; *Licht, Flamme* flackern; *Vorhang* sich leicht bewegen; ~ **de tout son corps** am ganzen Leibe zittern; ~ **de colère** vor Wut zittern; beben; ~ **de fatigue** vor Müdigkeit zittern; ~ **de froid** vor Kälte zittern; schlottern; ~ **de peur** vor Angst zittern; schlottern; beben; **la terre a tremblé cette nuit** heute nacht war ein Erdbeben; *Explosion, schweres Fahrzeug* **faire ~ les vitres, le sol** die Scheiben, den Boden erzittern lassen; **2.** *fig* zittern; bangen; ~ **à l'idée, à la pensée de** (+*inf*) *od* **que** ... bei der Vorstellung, dem Gedanken zu (+*inf*) *od* daß ... (er)zittern; **il tremble de la perdre** er zittert davor, sie zu verlieren; ~ **devant qn** vor j-m zittern; ~ **pour qn** um j-n bangen, zittern

trembleur [trᾱblœr] *m élect* Unter-'brecher *m*; Summer *m*

tremblotant [trᾱblɔtᾱ] *adj Stimme* etwas zitternd; *Licht* flackernd; **vieillard tout ~** zitternder Greis

tremblot|e [trᾱblɔt] *f* F **avoir la ~** zittern; schlottern; F den Tatterich haben; **~ement** *m* Zittern *n*; Beben *n*; **~er** *v/i Hände, Stimme, Gegenstand* zittern

trémelle [tremɛl] *f bot* Zitterpilz *m*

trémie [tremi] *f* **1.** *e-r Mühle, e-s Hochofens etc* Trichter *m*; ~ **de chargement** Fülltrichter *m*; **2.** *für Vögel, Geflügel* Futtertisch *m*

trémière [tremjɛr] *adj bot* **rose** *f* ~ Stockrose *f*, -malve *f*; Roter Eibisch

trémois [tremwa] *m agr* (*Art*) Sommerweizen *m*

trémolo [tremolo] *m mus* Tremolo *n*; *meist iron* **avoir des, parler avec des ~s dans la voix** mit tremolierender Stimme sprechen; *auf e-m Instrument* **faire des ~s** tremo'lieren

trémouss|ement [tremusmᾱ] *m* Zappeln *n*; schaukelnde *od* schaukelige Bewegung; Wiegen *n* der Hüften; **~er** *v/pr* **se ~ Kind** zappeln; *Tänzer* sich in den Hüften wiegen; **marcher en se trémoussant** (beim Gehen) sich in den Hüften wiegen, F mit den Hüften wackeln

trempabilité [trᾱpabilite] *f tech* Härtbarkeit *f*

trempage [trᾱpaʒ] *m der Wäsche* Einweichen *n*; *von Erbsen, Bohnen* Wässern *n*; Einweichen *n*; *des Leders, Bierbrauerei:* der Gerste Weichen *n*; *impr des Papiers* Anfeuchten *n*

trempant [trᾱpᾱ] *adj tech Stahl* härtbar

tremp|e [trᾱp] *f* **1. a)** *von Stahl* Härten *n*, -ung *f*; *auch von Glas* Abschrecken *n*, -ung *f*; *von Papier, Leder etc* **trempage:** **b)** Härte *f*; *Stahl* **de bonne ~** gut gehärtet; **2.** *Bierbrauerei* Maische *f*; **3.** *fig* Art *f*; Schlag *m*; Ka'liber *n*; **de cette ~** von solchem Schlag, Kaliber; **de sa ~** s-s Schlags, Kalibers; **être de la même ~** von gleichem Kaliber, Schlag sein; **4.** F (*volée de coups*) Tracht *f* Prügel; F Keile *f*; Dresche *f*; Senge *pl*

trempé [trᾱpe] *adj* **1.** *Kleidung, Person* durch'näßt; *Gras* naß; *Boden* aufge-

weicht; **complètement, tout ~** durch und durch, triefend naß; vollkommen durchnäßt; F patsch-, pudelnaß; ~ **de sueur** *Kleidung* verschwitzt; 'durchgeschwitzt; *Person* schweißtriefend, -gebadet; **2.** *tech Stahl* gehärtet; **verre ~** vorgespanntes (Sicherheits)Glas; **3.** *fig u st/s* **caractère bien ~** sehr fester Charakter

tremper [trᾱpe] **I** *v/t* **1.** *Regen, Schweiß:* Kleider durch'nässen; *Schwamm, Lappen, Kompresse* tränken; eintauchen (**dans** in + *acc*); *cuis* einlegen; ziehen lassen; ~ **dans l'eau** ins Wasser tauchen, tunken; mit Wasser tränken; *Schwamm auch* sich (mit Wasser) 'vollsaugen lassen; ~ **ses lèvres dans le vin** am Wein nippen; ~ **son pain dans l'œuf à la coque, dans la sauce** das Brot ins weiche Ei, in die Soße tunken; ~ **sa plume dans l'encre, dans l'encrier** die Feder in die Tinte, ins Tintenfaß tauchen; ~ **la soupe** die Suppe über das Brot gießen; ~ **son vin** den Wein verdünnen, mit Wasser vermischen; **2.** *tech Stahl* härten; *Glas* vorspannen; abschrecken; **3.** *impr Papier* anfeuchten; **4.** *Buchbinderei: Leder, Leinen* mit Leim bestreichen; **II** *v/i* **5.** *Wäsche* weichen; *Bohnen etc* weichen; quellen; **faire ~ Erbsen, Bohnen** etc wässern; quellen lassen; *auch Brot* einweichen; ~ **le linge, mettre le linge à ~** die Wäsche einweichen; **6.** *fig Person* ~ **dans une affaire de drogues, dans un crime** in e-e Rauschgiftaffäre, in ein Verbrechen verwickelt sein; **il a trempé dans cette affaire** er hat bei dieser Sache die Hand im Spiel; **III** *v/pr* **se ~** ein kurzes Bad nehmen; ~ **la tête dans l'eau** den Kopf ins Wasser tauchen, stecken

trempette [trᾱpɛt] *f* **1.** **faire ~, une petite ~** ein kurzes Bad nehmen; kurz ins Wasser gehen; **2.** **faire ~** Brot eintunken

trempeur [trᾱpœr] *m tech* Arbeiter Härter *m*

trempis [trᾱpi] *m* **1.** *tech für Metalle* Beize *f*; Beizflüssigkeit *f*; **2.** Wasser *n* zum Wässern des Kabeljaus

tremplin [trᾱplɛ̃] *m* **1.** *gym, im Schwimmbad* Sprungbrett *n*; *gym:* federnd Trampo'lin *n*; Schwungbrett *n*; *beim Schispringen* Sprungschanze *f*; **2.** *fig* Sprungbrett *n*; **servir de ~ à qn** j-m als Sprungbrett dienen; ein Sprungbrett für j-n sein

trémulation [tremylasjõ] *f path* Zittern *n*

trenail [trᾱnaj] *m ch de fer* Schwellendübel *m*

trench-coat [trɛnʃkot] *m* ⟨*pl* **trench-coats**⟩ Trenchcoat ['trɛntʃkoːt] *m*

trentain [trᾱtɛ̃] *m égl cath* Folge *f* von dreißig Seelenmessen an aufeinanderfolgenden Tagen

trentaine [trᾱtɛn] *f* **1.** **une ~** etwa, an die, ungefähr dreißig; **une ~ d'années** etwa dreißig Jahre; **2.** *Alter* Dreißig *f*; **avoir dépassé la ~** die Dreißig über'schritten haben; über die Dreißig, in den Dreißigern sein

trente [trᾱt] **I** *adj/num/c* dreißig; ~ **et un** einunddreißig; ~ **et unième** einunddreißigste(r, -s); **le ~ mai** der dreißigste *bzw* am dreißigsten Mai; **page ~** Seite dreißig; **de ~ ans** dreißigjährig; **La femme de ~ ans** Die Frau von dreißig Jahren; **mois** *m* **de ~ jours** Monat *m* von ~ Tagen; **dans les années ~** in den dreißiger Jahren; **II** *m* ⟨*inv*⟩ **1.** *Zahl* Dreißig *f*; **le ~ (du mois)** der Dreißigste *bzw* am Dreißigsten (des Monats); F *fig* **être sur son ~ et un** F in

Schale sein; **wie aus dem Ei gepellt aussehen; se mettre sur son ~ et un** F sich in Schale werfen; *weitere Wendungen cf* **deux** II; **2.** *Kartenglücksspiel* ~ **et un** Trente-et-un *n*; **~-deux** *adj/num/c* zweiunddreißig; **~-deuxième** *adj/num/o* zweiunddreißigste(r, -s)

trente-et-quarante [trᾱtekarᾱt] *m* ⟨*inv*⟩ *Kartenglücksspiel* Trente-et--quarante *n*

trentenaire [trᾱtnɛr] *adj* dreißigjährig; *jur* dreißig Jahre während; **prescription** *f* ~ Verjährungsfrist *f* von dreißig Jahren

trente-six [trᾱtsi(s)] **I** *adj/num/c* **1.** sechsunddreißig; **2.** F *unbestimmte größere Zahl* hundert(erlei); Dutzende (von); F *zig*; x; **il n'y en a pas ~!** es gibt ja schließlich nicht hundert; so groß ist die Auswahl ja nicht; **il n'y a pas ~ façons de** (+*inf*) schließlich gibt es ja nicht Dutzende von Möglichkeiten zu (+*inf*); **faire ~ magasins, boutiques** x Läden abklappern; **II** *m fig* **tous les ~ du mois** alle Jubeljahre

trentième [trᾱtjɛm] **I** *adj/num/o* dreißigste(r, -s); **II** *subst* **1.** **le, la ~** der, die, das dreißigste; **2.** *m math* Dreißigstel *n*

trépan [trepᾱ] *m* **1.** *chir* Tre'pan *m*; **2.** *tech* Bohrkopf *m*, -meißel *m*

trépan|ation [trepanasjõ] *f chir* Trepanati'on *f*; **~er** *v/t chir* trepa'nieren; *subst* **trépané** *m* Person, an der e-e Trepanation vorgenommen wurde

trépang [trepᾱ] *m zo* Trepang *m* (*eßbare Seewalze*)

trépas [trepa] *m litt* Hinscheiden *n*; Verscheiden *n*

trépass|é [trepase] *m meist pl* ~**s** Verschiedene(n) *m/pl*; Verstorbene(n) *m/pl*; **la fête des ~s** Aller'seelen *n*; **~er** *v/i litt* verscheiden; entschlafen

trépid|ant [trepidᾱ] *adj* **1.** lebhaft; schnell; wirbelnd; **rythme ~** stark synko'pierter Rhythmus; **2.** *fig* fieberhaft; hektisch; **la vie ~e des grandes villes** das hektische Leben, die Hektik der Großstädte; **~ation** *f* **1.** *oft pl* ~**s** *e-s Autos, Motors, Schiffes* Vi'brieren *n*; Zittern *n*; Erschütterungen *f/pl*; **2.** *path* **épileptoïde** Fußklonus *m*; **~er** *v/i* vi'brieren; zittern; beben

trépied [trepje] *m* Dreifuß *m*, -bein *n*; *phot* Sta'tiv *n*

trépign|ement [trepiɲmᾱ] *m* Trampeln *n*; Stampfen *n*; **~er** *v/i* trampeln; mit den Füßen stampfen

trépointe [trepwɛ̃t] *f bei Schuhen* Keder *m*; Rahmen *f*

tréponème [treponɛm] *m biol* Trepo'nema *n*

très [trɛ] *adv* sehr; höchst; stark; weit; hoch...; 'überaus; *schwächer* recht; ♦ *abs:* **vous êtes satisfait? – ~!** ... sehr!; **vous avez fait de bonnes affaires? – non, pas** ... nicht sehr; ♦ *mit adj:* **c'est ~ clair** ... ganz klar; **il est ~, ~ content** ... sehr, höchst, überaus zufrieden, hochzufrieden; **c'est ~ drôle** ... sehr komisch; **ému** sehr, stark erschüttert; **il n'est pas ~ intelligent** er ist nicht sehr intelligent; ~ **intéressant** höchst, sehr, überaus interessant; hochinteressant; ~ **répandu** weitverbreitet; sehr verbreitet; **d'une qualité ~ supérieure** von sehr besserer Qualität, weit besser (à als); ♦ *mit adv u loc/adv:* ~ **bien, mal** sehr gut, schlecht; F ~ **bientôt** sehr bald; à ~ **bientôt** auf bald(iges Wiedersehen); **c'est pour ~ bientôt** das wird sehr bald sein; **il est ~ au courant de** *toutes ces questions* er ist bestens informiert, im Bilde über (+*acc*); **une intelligence ~ au-dessus de la moyenne** e-e weit über dem 'Durchschnitt stehende, sehr

'überdurchschnittliche Intelligenz; **cela arrive ~ à propos** das trifft sich äußerst gut, glücklich; das kommt wie gerufen; **des gens ~** comme il faut hochanständige, sehr od höchst anständige Leute; **arriver ~ en avance** viel zu früh kommen; **être ~ en avance sur son temps** s-r Zeit weit voraus sein; **être ~ en colère** sehr zornig sein; ♦ *mit subst:* **faire ~ attention** gut, sehr aufpassen; **avoir ~ faim, soif, peur** starken, großen Hunger, Durst, große Angst haben; sehr hungrig, durstig sein; il fait **~ gentleman anglais** er wirkt ganz wie ein englischer Gentleman

trésaillé [trezaje] *adj* Gemälde, Keramik rissig

Très-Haut [trɛo] *m rel* **le ~** der Aller'höchste

trésor [trezɔr] *m* **1.** Schatz *m* (*auch jur u fig*); *in Kirchen* Kirchenschatz *m; par ext* Schatzkammer *f;* **~s artistiques** Kunstschätze *m/pl;* **les ~s du musée du Louvre** die Kunstschätze des Louvre; *Stevenson* **L'île au ~** Die Schatzinsel; **2.** *fig* **~ de tendresse** Reichtum *m* an Liebe; unerschöpfliche Liebe; il faut **des ~s de patience** ein großer Vorrat an, e-e gehörige Porti'on Geduld ist nötig; **3.** *fig Anrede* **mon ~** (mein) Schatz; **mon doux ~** mein süßer Schatz; **mon petit ~** (mein) Schätzchen; **tu es un ~** du bist ein Schatz; **4.** *fin* ♀ **(public)** Staatskasse *f;* Schatzamt *n;* Fiskus *m;* Fi'nanzverwaltung *f;* öffentliche Hand; **bons** *m/pl* **du** ♀ Schatzscheine *m/pl,* **-wechsel** *m/pl,* **-anweisungen** *f/pl;* **déficit** *m* **du** ♀ Defizit *n* der Staatskasse; *in Frankreich* **Direction** *f* **du** ♀ *Abteilung Staatshaushalt, bes Schuldenwesen im Finanzministerium;* **5.** *ling* The'saurus *m;* **~ de la langue latine** Thesaurus linguae latinae

trésorerie [trezɔrri] *f* **1.** Fi'nanzverwaltung *f,* **-behörde** *f;* **moyens** *m/pl* **de ~** Mittel *n/pl* zur Finanzierung von Haushaltsaufgaben; *mil* **service** *m* **de la ~ aux armées** *etwa* Zahlmeiste'rei *f;* **2.** *e-r Gesellschaft etc* Barmittel *n/pl;* flüssiges Kapi'tal; flüssige, verfügbare Gelder *n/pl; par ext* Kassenlage *f;* **avoir des difficultés de ~** nicht über genügend flüssiges Kapital verfügen

trésor|ier [trezɔrje] *m,* **~ière** *f* Kas'sierer(in) *m(f);* Kassen-, Rechnungsführer(in) *m(f); e-s Vereins etc* Kassenwart *m; e-r pol Partei* Schatzmeister *m*

trésorier-payeur [trezɔrjepɛjœr] *m* **~ général** Leiter *m* der Fi'nanzverwaltung in e-m Departe'ment

tressage [trɛsaʒ] *m* Flechten *n;* Geflecht *n*

tressaillement [tresajmã] *m* Zu'sammenzucken *n;* Erzittern *n;* Erbeben *n;* Schauder *m;* **~ de joie** Freudenschauer *m*

tressaillir [tresajir] *v/i* ⟨*cf assaillir*⟩ zu'sammenzucken, -fahren; (er)zittern; (er)beben, erschauern (**de joie** vor Freude); *Muskel* zucken; **~ au moindre bruit** beim kleinsten Geräusch zusammenzucken, -fahren

tressauter [tresote] *v/i* **1.** zu'sammenzucken, -fahren; auffahren; *Schrei, Lärm* **faire ~ qn** j-n zusammenzucken lassen; **2.** hin- und hergeschüttelt werden; *les cahots de la voiture les faisaient ~* ... schüttelten sie hin und her

tresse [trɛs] *f* **1.** *von Haaren* Zopf *m;* Flechte *f;* **longues, lourdes ~s** lange, dicke Zöpfe *m/pl;* **2.** Geflecht *n;* Tresse *f;* Litze *f;* **3.** *arch* Flechtband *n*

tresser [trese] *v/t Haar, Girlande, Kranz, Korb* flechten; *Kranz auch* winden; **~ des fleurs** Blumen zu e-m Kranz, zu e-r Girlande flechten

---

tress|eur [trɛsœr] *m,* **~euse** *f* Flechter(in) *m(f)*

tréteau [treto] *m* ⟨*pl* **~x**⟩ **1.** *für ein Reißbrett* Bock *m; bât* Gerüst-, Auflagerbock *m; par ext* Arbeitsbühne *f;* **2.** *thé früher* **~x** *pl* Gerüstbühne *f*

treuil [trœj] *m* (Seil-, Last)Winde *f; mar* Winsch *f;* **~ à câble** Seilwinde *f;* Haspel *f;* **~ à moteur** Motorwinde *f*

treuillage [trœjaʒ] *m* Rettungsaktion *f* mit Hilfe e-r Winde

treuille [trœj] *f* kleiner Kescher, Hamen (*zum Garnelenfang*)

trêve [trɛv] *f* **1.** *mil* Waffenruhe *f;* **zwischen Parteien** Burgfriede *m; fig zwischen Privatpersonen* Waffenstillstand *m; pol* **~ des confiseurs** Ruhen *n* der po'litischen und diplo'matischen Tätigkeit zu Weihnachten und Neujahr; *féod* **~ de Dieu** Gottesfriede *m;* Treuga Dei *f;* **2.** *fig* Rast *f;* Ruhe(pause) *f;* Erholung *f; loc/prép* **~ de ...** Schluß mit ...; genug (+*gén*); **~ de discussions** genug der vielen Worte; genug geredet, diskutiert; **~ de plaisanteries** Scherz beiseite; *loc/adv* **sans ~ (ni repos)** rastlos; ununterbrochen; ständig; pausenlos; ohne Unter'brechung; ohne Rast und Ruh(e); **attaquer qn sans ~** j-n ständig angreifen; **il a plu sans ~** es regnete ununterbrochen; **travailler sans ~** rastlos, ununterbrochen arbeiten; **s'accorder une ~** sich Erholung, Entspannung, e-e Ruhepause gönnen; **ne pas laisser de ~ à qn** *Sorgen* j-n nicht zur Ruhe kommen lassen; *Krankheit, Schmerzen* j-n ununterbrochen, ständig plagen, quälen

trévire [trevir] *f mar* Schrottau *n*

trévirer [trevire] *v/t mar* schroten

tri [tri] *m* (Aus)Sor'tieren *n;* Sichten *n;* Verteilen *n;* **~ des lettres, des cartes perforées** Sortieren der Briefe, der Lochkarten; *bei der Post* **centre de ~** mécanisé et automatique Briefverteilanlage *f;* **faire un ~** e-e Auswahl treffen, auswählen (**parmi** unter + *dat*); **sieben** (+*acc*); **faire le ~ de qc** etw (aus-)sortieren

triacide [triasid] *m chim* dreibasige Säure

triade [trijad] *f* **1.** Dreizahl *f;* Dreiheit *f;* Tri'ade *f;* **2.** *Literatur* Tri'ade *f*

triage [trijaʒ] *m* **1.** Verlesen *n;* Sor'tieren *n;* Sichten *n;* Auslesen *n;* Aussortieren *n;* Aussondern *n; mines* **~ du minerai** Trennen *n* der Erze vom tauben Gestein; **2.** *ch de fer* Ran'gieren *n;* **gare** *f,* **voie** *f* **de ~** Ran'gier-, Verschiebebahnhof *m,* **-gleis** *n*

trialcool [trialkɔl] *m chim* dreiwertiger Alkohol

triangle [trijɑ̃gl] *m* **1.** *math* Dreieck *n; auto* **~ de présignalisation** Warndreieck *n; loc/adv u loc/adj* **en ~** dreieckig; Dreieck(s)...; *élect* **montage** *m* **en ~** Dreieckschaltung *f;* **2.** *mus* Triangel *m;* **3.** *der Freimaurer* Winkelmaß *n*

triangulaire [trijɑ̃gylɛr] *adj* **1.** dreieckig; Dreieck(s)...; **base** *f* **~** dreieckige Grundfläche; *anat* **muscle** *m* **~** Dreieckmuskel *m;* **section** *f* **~** dreieckiger Querschnitt; *mar* **voile** *f* **~** Dreiecksegel *m;* **2.** *geometrischer Körper* dreiseitig; **prisme** *m* **~** dreiseitiges Prisma; **pyramide** *f* **~** dreiseitige Pyramide; **3.** *fig:* **accord** *m* **~** Dreierabkommen *n;* **élection** *f* **~** Wahl *f* mit drei Kandidaten

triangul|ation [trijɑ̃gylasjɔ̃] *f arp* Triangulati'on *f;* **~er** *v/t arp* triangu-'lieren

trias [trijɑs] *m géol* Trias(formation) *f*

triasique [trijazik] *adj géol* Trias...; zur Trias gehörend; tri'assisch

---

triathlon [triatlɔ̃] *m sports* Dreikampf *m*

triatomique [triatɔmik] *adj chim* dreiatomig

tribal [tribal] *adj* ⟨-**aux**⟩ Stammes...; **mœurs ~es** Stammessitten *f/pl;* **organisation ~e** Stammesordnung *f;* **~isme** *m* Triba'lismus *m*

tribasique [tribazik, -bɑ-] *adj chim* dreibasisch

tribo|-électricité [triboelɛktrisite] *f phys* Reibungs-, Triboelektrizität *f;* **~-électrique** *adj* **phénomène** *m* **~** Erscheinung *f* der Reibungselektrizität; **~luminescence** *f phys* Tribo-, Reibungslumineszenz *f;* **~mètre** *m phys* Tribo'meter *n;* Reibungsmesser *m*

tribord [tribɔr] *m mar* Steuerbord *n;* **à ~** steuerbord(s)

tribordais [tribɔrdɛ] *m mar* Ma'trose *m* der Steuerbordwache

tribu [triby] *f* **1.** (Volks)Stamm *m;* **~ nomade** No'madenstamm *m;* **les douze ~s d'Israël** die zwölf Stämme Israels; **chef** *m* **de ~** (Stammes)Häuptling *m;* **membre** *m* **d'une ~** Stammesangehörige(r) *m; fig ju iron od péj* Sippe *f;* Sippschaft *f;* Anhang *m; il est venu avec toute sa ~ ...* mit s-r ganzen Sippschaft, s-m ganzen Anhang; **3.** *biol* Tribus *f;* **4.** *im alten Rom* Tribus *f*

tribulation [tribylasjɔ̃] *f meist pl* **~s** *oft iron* Leiden *n/pl;* Mühsale *f/pl;* 'Widerwärtigkeiten *f/pl;* 'Mißgeschicke *n/pl*

tribun [tribœ̃, -bœ̃] *m* **1.** *im alten Rom* Tri'bun *m;* **~ militaire, de la plèbe** Mili'tär-, Volkstribun *m;* **2.** *fig* (Volks-)Tri'bun *m*

tribunal [tribynal] *m* ⟨*pl* -**aux**⟩ **1.** *jur* Gericht *n* (*meist niedrigeres*); *par ext* Gerichtsgebäude *n;* **~ administratif, arbitral, constitutionnel** Verwaltungs-, Schieds-, Verfassungsgericht *n;* **~ correctionnel** *etwa* Landgericht *n* Ab-'teilung Strafsachen; **~ judiciaire** ordentliches Gericht (*im Gegensatz zum Verwaltungsgericht*); Zi'vil- *bzw* Strafgericht *n;* **~ maritime, militaire** See-, Mili'tärgericht *n; hist in Frankreich 1793* **~ répressif** Strafgericht *n; hist in Frankreich 1793* **~ révolutionnaire** Revoluti'onstribunal *n; mil* **~ de cassation** *etwa* Revisi'ons- *bzw* Berufungsgericht *n;* **~ de commerce** Handelsgericht *n; in Deutschland* Kammer *f* für Handelssachen; **~ des conflits** *in Paris* Kompe'tenzkonfliktsgerichtshof *m* (*entscheidet über Kompetenzkonflikte zwischen Justiz u Verwaltung*); **~ de droit commun** ordentliches Gericht; **~ d'exception** Sondergericht *n;* **~ d'instance** *etwa* Amtsgericht *n* Ab'teilung Zi'vilsachen; **~ de grande instance** *etwa* Landgericht *n;* **~ de police** (*früher* **de simple police**) *etwa* Amtsgericht *n* Ab'teilung Strafsachen; **~ pour enfants** Jugendgericht *n;* **gazette** *f* **des tribunaux** Gerichtszeitung *f;* **séance** *f* **d'un ~** Gerichtssitzung *f;* **2.** *rel* **~ de Dieu** Gottesgericht *n;* **~ de la pénitence** a) Beichtstuhl *m;* b) Beichte *f;* **comparaître devant le ~ suprême** vor Gottes Richterstuhl treten

tribunat [tribyna] *m hist* **1.** *in Rom* Tribu'nat *n;* **2.** *in Frankreich 1800–1807:* beratende Versammlung, deren hundert Mitglieder vom Senat ernannt wurden

tribune [tribyn] *f* **1.** Tri'büne *f;* Rednertribüne *f; im Parlament etc* Zuhörertribüne *f; im Stadion etc* Zuschauertribüne *f; par ext* Tri'bünenplatz *m;* **F les ~s** *pl* die Zuschauer *m/pl;* das Publikum; **~ de la presse** Pressetribüne *f;* *Redner* **monter à la ~** die Tribüne besteigen; **2.** *in Kirchen* Em'pore *f;* **~ d'orgue** Orgelempore *f;* **~ sacrée** Kanzel *f;* **3.** *fig* Forum *n;* Podiumsgespräch *n,* -diskussion *f;*

Presserubrik ~ libre *etwa* Kommen'tare *m/pl;* organiser une ~ ein Podiumsgespräch veranstalten; 4. *Titel einiger Zeitschriften*

tribut [triby] *m* 1. *hist* Tri'but *m;* Zins *m; st/s (impôt)* Abgabe *f;* Steuer *f;* **lever un** ~ **sur** *hist* Tribut, *st/s* Steuern erheben von; **payer** ~ **à qn** j-m Tribut zahlen, entrichten; 2. *fig u st/s* Tri'but *m;* Zoll *m;* **payer son** ~ **au climat** das Klima nicht vertragen; *litt* **payer (le)** ~ **à la nature** sterben; *st/s* **payer le** ~ **du sang** Blutzoll zahlen, entrichten

tributaire [tribytɛr] *adj* 1. *hist* tri'but-, zinsplichtig; 2. ~ **de** angewiesen auf (+*acc*); abhängig von; **pays** ~ **d'un autre pour certaines matières premières** bezüglich gewisser Rohstoffe von e-m anderen abhängiges, auf ein anderes angewiesenes Land; 3. *géogr* **cours** *m* **d'eau** ~ Neben- *bzw* Zufluß *m* (de von); **être** ~ **d'un autre fleuve,** d'une mer in e-n andern Fluß, in ein Meer fließen, münden, sich ergießen

tricennal [trisɛnal] *adj* ⟨-aux⟩ dreißigjährig

tricentenaire [trisɑ̃tnɛr] **I** *adj* dreihundertjährig; **II** *m* dreihundertster Jahrestag; *e-r Person* dreihundertster Todes- *bzw* Geburtstag; (**fêtes** *f/pl* **du**) ~ Dreihundert'jahrfeier *f;* **fêter son** ~ *od* **le** ~ **de sa fondation** sein dreihundertjähriges Bestehen feiern

tricéphale [trisefal] *adj* dreiköpfig; mit drei Köpfen

triceps [trisɛps] *m anat* ~ *od adj* **muscle** *m* ~ dreiköpfiger Muskel; Trizeps *m;* ~ **brachial** Armstrecker *m;* dreiköpfiger Armmuskel

triche [triʃ] F *f* Falschspielen *n;* F Moge-'lei *f;* Mogeln *n;* Schiebung *f;* **c'est, il y a de la** ~ F das ist Schiebung; da ist gemogelt worden

tricher [triʃe] **I** *v/i* 1. *beim Spiel, Kartenspiel* falschspielen; betrügen; F mogeln; *bei Prüfungen* F mogeln; spicken; 2. e-n Trick, Kunstgriff, Kniff anwenden (*um e-n Mangel zu verdecken*); 3. betrügen; unredlich sein, handeln; **II** *v/t/indir* ~ **sur son âge** ein falsches Alter angeben; ~ **sur le poids** ein höheres als das tatsächliche Gewicht angeben; F beim Wiegen mogeln, schummeln; ~ **sur le prix** e-n zu hohen Preis nennen *bzw* verlangen; ~ **sur la qualité** über die Qualität falsche Angaben machen

trich|erie [triʃri] *f* 1. *beim Spiel, Kartenspiel* Falschspielen *n;* F Mogeln *n;* Moge'lei *f;* 2. Betrug *m;* F Moge'lei *f;* Schumme'lei *f;* 3. (harmloser) Betrug (*um e-n Mangel zu verdecken*); Vortäuschung *f;* Vorspiegelung *f;* **~eur** *m,* **~euse** *f beim Spiel, Kartenspiel* Falschspieler(in) *m(f); allg* Betrüger(in) *m(f);* F Mogler(in) *m(f);* Schummler(in) *m(f)*

trichiasis [trikjazis] *m path* Tri'chiasis *f*

trichinal [trikinal] *adj* ⟨-aux⟩ *path* Tri-'chinen...

trichin|e [triʃin, -k-] *f zo* Tri'chine *f;* **~é** *od* **~eux** *adj* ⟨-euse⟩ *path* trichi'nös; **~ose** *f path* Tri'chinenkrankheit *f;* Tri-chi'nose *f*

trichite [trikit] *f minér* Tri'chit *m;* Haar-, Faserkristall *m*

trichlor|acétique [triklɔrasetik] *adj chim* **acide** *m* ~ Trichloressigsäure *f;* **~éthylène** *m chim* Trichloräth(yl)en *n*

trichocéphale [trikosefal] *m zo* Peitschenwurm *m; sc* Tricho'zephalus *m*

tricholome [trikɔlɔm] *m bot* Ritterling *m;* ~ **équestre** Echter Ritterling; Grünling *m;* ~ **soufré, tigré** Schwefel-, Tigerritterling *m;* ~ **de la Saint-Georges** Mairitterling *m;* Georgspilz *m*

trichoma [trikɔma] *od* **trichome** [trikom] *m path* Verfilzung *f* der Haare; *sc* Tri'chom *n*

trichomonas [trikɔmɔnas] *m zo* Tri-'chomonas *f*

trichophytie [trikɔfiti] *f path* Scherpilzflechte *f; sc* Trichophy'tie *f*

trichophyton [trikɔfitɔ̃] *m bot* Tri'chophyton *n*

trichrom|e [trikrom] *adj phot* Drei-'farben...; **~ie** *f phot* Drei'farbenverfahren *n,* -system *n; impr* Drei'farbendruck *m*

trick [trik] *m bei Bridge, Whist* Trick *m*

triclinique [triklinik] *adj minér* tri-'klin(isch)

tricoises [trikwaz] *f/pl* Kneif-, Beiß-, Nagelzange *f*

tricolore [trikɔlɔr] *adj* 1. blauweißrot (*frz Nationalfarben*); **cocarde** *f* ~ blauweißrote Kokarde; Kokarde *f* in den Farben der Trikolore; **drapeau** *m* ~ Triko'lore *f; Sportpresse* l'**équipe** *f* ~ *od subst* **les** ~**s** *m/pl* die fran'zösische Natio'nalmannschaft; 2. dreifarbig; *Verkehr* **feux** *m/pl* ~**s** (Verkehrs)Ampeln *f/pl*

tricône [trikon] *m tech* Drei'kegelrollenmeißel *m*

tricorne [trikɔrn] *m* Dreispitz *m*

tricot [triko] *m* 1. a) Gestrick *n;* Tri'kot *n; loc/adj* **de, en** ~ Strick...; **veste** *f* **de, en** ~ Strickjacke *f;* **point** *m* **de** ~ Strickmuster *n;* **faire du** ~ stricken; b) Strickjacke *f;* Pull'over *m;* ~ **de peau, de corps** (Herren)'Unterhemd *n;* 2. Stricken *n;* ~ **plat** Flachstricken *n;* ~ **rond, tubulaire** Rundstricken *n;* 3. Strickzeug *n,* -arbeit *f*

tricotage [trikɔtaʒ] *m* Stricken *n;* ~ **mécanique** *od* **à la machine** Ma'schinenstricken *n*

tricoté [trikɔte] *adj* Strick...; gestrickt; **robe** ~**e** Strickkleid *n*

tricoter [trikɔte] **I** *v/t Pullover etc, Netz* stricken; wirken; *Masche* (ab)stricken; **II** *v/i* 1. stricken; wirken; ~ **lâche, serré** locker, fest stricken; ~ **à la main, à la machine** hand-, ma'schinenstricken; **aiguilles** *f/pl,* **fil** *m,* **machine** *f* **à** ~ Stricknadeln *f/pl,* -garn *n,* -maschine *f;* 2. *Pferd* tänzeln; F ~ **(des gambettes)** *cf* **gambette 1.**

tricot|eur [trikɔtœr] *m* Stricker *m;* Wirker *m;* ~ **de filet** Netzstricker *m;* ~ **sur métier circulaire** Rundstricker *m;* **~euse** *f* 1. Strickerin *f;* Wirkerin *f;* 2. Strickmaschine *f*

trictrac [triktrak] *m früher Brettspiel* Tricktrack *n;* Puffspiel *n; par ext* Tricktrackbrett *n*

tricuspid|e [trikyspid] *sc adj* dreizipflig; *anat* **valvule** *f* ~ Trikuspi'dalklappe *f;* **~é** *adj bot* **vigne vierge** ~**e** Jungfernrebe *f*

tricycle [trisikl(ə)] **I** *m* 1. (Liefer)Dreirad *n;* 2. *für Kinder* Dreirad *n;* 3. *ch de fer* dreirädriger Gepäckkarren; **II** *adj aviat* **Fahrgestell mit drei Rädern**

tridacne [tridakn(ə)] *m zo* Riesenmuschel *f*

tridactyle [tridaktil] *adj zo* dreizehig; **paresseux** *m* ~ Drei'zehenfaultier *n*

trident [tridɑ̃] *m* 1. Dreizack *m;* 2. *Fischerei* Fischspeer *m* mit drei Spitzen; 3. *agr* dreizinkige Gabel

tridenté [tridɑ̃te] *adj bot* mit drei Spitzen

tridimensionnel [tridimɑ̃sjɔnɛl] *adj* ⟨~le⟩ dreidimensional

triduum [tridyɔm] *m rel* Triduum *n*

trièdre [tri(j)ɛdr(ə)] *adj math, minér* dreiflächig; *math* **angle** *m* ~ *od subst* ~ *m* Dreibein *n*

triennal [tri(j)ɛnal] *adj* ⟨-aux⟩ a) dreijährlich; alle drei Jahre, jedes dritte Jahr

Ausstellung etc stattfindend, *Ernennung etc* erfolgend; *agr* **assolement** ~ Drei-'felderwirtschaft *f;* **prix** ~ jedes dritte Jahr verliehener Preis; b) *Sache* dreijährig; *Person* für drei Jahre ernannt, gewählt; *Amt* für drei Jahre; **plan** ~ Drei'jahresplan *m;* **~at** *m* dreijährige Amtszeit

trier [trije] *v/t* 1. sor'tieren; sichten; *auch* auslesen; auswählen; aussuchen; *Linsen etc* aus-, verlesen; *Briefe* sor'tieren; *fig Kandidaten* sieben; aussuchen; ~ **ses papiers** s-e Papiere sortieren, sichten; 2. *ch de fer* ran'gieren

trière [tri(j)ɛr] *f mar hist* Tri'ere *f;* Dreiruderer *m*

trieur [trijœr] *m* 1. Sor'tierer *m;* ~ **de laine** Wollsortierer *m;* 2. *agr* Tri'eur *m;* Getreidereinigungsmaschine *f;* 3. Sor-'tiermaschine *f*

trieuse [trijøz] *f* 1. Sor'tiererin *f;* 2. *für Lochkarten* Sor'tiermaschine *f*

trifide [trifid] *adj bot* dreispaltig

trifoli(ol)é [trifɔlj(ɔl)e] *adj bot* dreiblätt(e)rig

tri|forium [trifɔrjɔm] *m arch* Tri'forium *n;* **~forme** *adj* dreigestaltig

trifouiller [trifuje] F *v/i* kramen; wühlen; stöbern; ~ **dans les affaires de qn** in j-s Sachen (*dat*) stöbern, wühlen, F her'umkramen, -fummeln; j-s Sachen durch'stöbern, -'wühlen

trigémellaire [triʒemɛ(l)lɛr] *adj méd* **grossesse** *f* ~ Drillingsschwangerschaft *f*

trigle [trigl(ə)] *m zo* Knurrhahn *m;* ~ **gornaud, perlon** Grauer, Roter Knurrhahn

triglyphe [triglif] *m arch* Tri'glyph(e) *m(f);* Dreischlitz *m*

trigo [trigo] *f Schülersprache* Kurzwort *für* trigonométrie

trigone [trigon] **I** *adj* trigo'nal; dreieckig; **II** *m anat* Dreieck *n;* Tri'gonum *n;* ~ **cérébral** Fornix *m;* ~ **vésical** Blasendreieck *n*

trigonelle [trigonɛl] *f bot* Bockshornklee *m;* ~ **bleue** Bisamklee *m*

trigonocéphale [trigɔnɔsefal] *m zo* Lanzenotter *f*

trigonométr|ie [trigɔnɔmetri] *f* Trigonome'trie *f;* **~ique** *adj* trigono'metrisch; **fonction** *f* ~ trigonometrische Funktion; Winkelfunktion *f;* **table** *f* ~ trigonometrische Tafel

trihebdomadaire [triɛbdɔmadɛr] *adj* dreimal wöchentlich erscheinend *bzw* stattfindend

tri|jumeau [triʒymo] *m anat* ~ *od adit* **nerf** *m* ~ Tri'geminus *m; path* **névralgie** *f* **du** ~ Trigeminusneuralgie *f;* **~latéral** *adj* ⟨-aux⟩ dreiseitig

trilingue [trilɛ̃g] *adj* dreisprachig; *Aufschrift, Buch auch* in drei Sprachen

trille [trij] *m mus* Triller *m;* **faire des** ~**s** *Person* Triller spielen *bzw* blasen

trillion [triljɔ̃] *m* a) Trilli'on *f;* b) *bis 1948* Billi'on *f*

trilobé [trilɔbe] *adj* 1. *bot* dreilappig; 2. *arch* **arc** ~ Kleeblattbogen *m*

trilobites [trilɔbit] *m/pl zo* Trilo'biten *m/pl*

trilogie [trilɔʒi] *f Literatur* Trilo'gie *f*

trimaran [trimarɑ̃] *m mar* Trima'ran *m od n*

trimbal(l)|age [trɛ̃balaʒ] F *m od* **~ement** F *m* Trans'port *m;* Schleppen *n;* F Schlepp'rei *f*

trimbal(l)er [trɛ̃bale] F **I** *v/t* schleppen; F mitschleppen; mit sich her'umschleppen; *fig* **qu'est-ce qu'il trimballe!** F der ist vielleicht blöd, dämlich!; **II** *v/pr* **se** ~ gehen; F tippeln; tigern; **se** ~ **en bagnole** F her'umkutschieren

trimer [trime] *v/i* F schuften; sich schin-

den, abrackern, placken

trimestre [trimɛstr(ə)] *m* **1.** Viertel'jahr *n*; Quar'tal *n*; drei Monate *m/pl*; *in der Schule* Tri'mester *n*; **par ~** vierteljährlich; pro Quartal; **2.** vierteljährliche Zahlung

trimestriel [trimɛstrijɛl] *adj* ‹**~le**› **1.** Viertel'jahres…; vierteljährlich, alle drei Monate, dreimonatlich stattfindend, *Zeitschrift* erscheinend; *Schule* **bulletin ~** Tri'mester-, Vierteljahreszeugnis *n*; **revue ~le** Vierteljahresschrift *f*; **2.** dreimonatig

trimètre [trimɛtr(ə)] *m métr* Trimeter *m*

trimmer [trimɛr, -mœr] *m rad* Trimmer *m*

trimoteur [trimɔtœr] **I** *adj* dreimotorig; **II** *m* dreimotorige Ma'schine

trin [trɛ̃] *adj Astrologie* **~ aspect** [trinaspɛ] Trigo'nal-, Gedrittschein *m*

trinervé [trinɛrve] *adj bot* dreinervig

tringle [trɛ̃gl(ə)] *f* **1.** Stange *f* (*auch tech*); *im Schrank* Kleiderstange *f*; *tech* **~s** *pl* Gestänge *n*; **~ à rideaux** Gar'dinenstange *f*; **~ de roulement** (Gar'dinen-) Schleuderleiste *f*; **2.** *arch* Leiste *f*

tringlot [trɛ̃glo] *m cf* trainglot

trinitaire [trinitɛr] *rel* **I** *adj* trini'tarisch; **II** *subst* **1.** *m,f* Trini'tarier(in) *m(f)*; **2.** *f bot* Leberblümchen *n*

trinité [trinite] *f* **1.** *rel* (Sainte) ♀ Drei'faltigkeit *f*; Drei'einigkeit *f*; Trini'tät *f*; **2.** (dimanche *m* de) la ♀ der Sonntag Trini'tatis; das Trini'tatis-, Drei'faltigkeitsfest; **3.** *égl cath* **ordre** *m* **de la Sainte** ♀ Trini'tarierorden *m*; **4.** Drei'faltigkeitskirche *f*; la ♀ *Kirche in Paris*; **5.** Dreizahl *f*; Dreiheit *f*; Tri'ade *f*

trinitro|phénol [trinitrofenɔl] *m chim* Pi'krinsäure *f*; Trinitrophe'nol *n*; **~toluène** *m* (*abr* T.N.T.) *chim* Trinitrotolu'ol *n*

trinôme [trinom] *m math* Tri'nom *n*

trinquart [trɛ̃kar] *m mar* Heringsfischerboot *n*

trinquer [trɛ̃ke] *v/i* **1.** (mit den Gläsern) anstoßen (**à** auf + *acc*); **trinquons gaiement!** stoßen wir an!; **2.** F *fig* F es ausbaden müssen; für andere die Zeche bezahlen

trinqu|et [trɛ̃kɛ] *m mar* Fockmast *m* (*bei Schiffen mit Lateinsegeln*); **~ette** *f mar* Stagfock *f*

trio [trijo] *m* **1.** *mus* **a)** *Stück u Ausführende* Trio *n* (*Instrumente*); Ter'zett *n* (*Gesang*); **~ à cordes** Streichtrio *n*; **~ pour piano, violon et violoncelle** Kla'viertrio *n*; **b)** Trio *n* (*Mittelteil e-s Menuetts, Scherzos etc*); **2.** *Personen* Trio *n*; **un joyeux ~** ein fideles Trio; *iron od péj* **ils forment un joli ~** sie sind, bilden ein sauberes Kleeblatt

triode [trijɔd] *f phys* **~ od** *adit* **lampe** *f* **~** Tri'ode *f*

triol [trijɔl] *m cf* trialcool

triolet [trijɔlɛ] *m* **1.** *mus* Tri'ole *f*; **~ de croches** Achteltriole *f*; **2.** *Literatur* Trio'lett *n*; **3.** *bot* Weißklee *m*

triomphal [trijɔ̃fal] *adj* ‹**-aux**› Tri'umph…; trium'phierend; jubelnd; **accueil ~** jubelnder, begeisterter Empfang; *la population lui a réservé un accueil ~* … bereitete ihm e-n jubelnden Empfang; … empfing ihn mit jubelnder Begeisterung; **char ~** Triumphwagen *m*; **élection ~e** siegreiche Wahl; mit großer Mehrheit gewonnene Wahl; großer Wahlerfolg; **geste ~** triumphierende Geste; **marche ~e** Siegesmarsch *m*; **succès ~** trium'phaler Erfolg; F Riesenerfolg *m*; **faire une entrée ~e** im Triumph einziehen

triomphal|ement [trijɔ̃falmɑ̃] *adv* im Tri'umph; trium'phierend; jubelnd; **annoncer qc ~** etw triumphierend verkün

den; **être accueilli ~** jubelnd, mit großem, stürmischem Jubel empfangen werden; **~isme** *m* über'triebene Siegessicherheit; **~iste** *adj* über'trieben siegessicher

triomph|ant [trijɔ̃fɑ̃] *adj* **1.** trium'phierend; siegreich; froh'lockend; **air ~** Siegermiene *f*; triumphierende Miene; **rire ~** triumphierendes Lachen; **2.** *rel* **Église ~e** trium'phierende Kirche; **~ateur** *m hist u fig* Trium'phator *m*

triomphe [trijɔ̃f] *m* Tri'umph *m*; Sieg *m*; *hist* Tri'umph(zug) *m*; **~ de la justice, de la violence** Sieg, Triumph der Gerechtigkeit, der Gewalt; **arc** *m* **de ~** Triumphbogen *m*; **cri** *m* **de ~** Jubelschrei *m*; **avec un air de ~** mit triumphierender Miene, Siegermiene; *Wahl, Theaterstück* **c'est un véritable ~** das ist ein einzigartiger Erfolg; *par ext* **c'est son ~** das ist sein Glanz-, Pa'rade-, Bra'vourstück; **faire un ~ à qn, qc** j-m e-n jubelnden, begeisterten Empfang bereiten; etw (*z B Theaterstück*) mit Begeisterung aufnehmen; **porter qn en ~** j-n auf den Schultern tragen; **remporter, avoir un (vrai) ~** 'durchschlagenden Erfolg haben; **remporter de nombreux ~s** Triumphe feiern; **remporter un ~ sur son adversaire** s-n Gegner vernichtend schlagen

triompher [trijɔ̃fe] **I** *v/t/indir* **~ de** besiegen, bezwingen, über'winden (+*acc*); trium'phieren, siegen über (+*acc*); Herr werden (+*gén*); **II** *v/i* **1.** siegen; die Oberhand gewinnen; sich 'durchsetzen; **faire ~ qc, qn** e-r Sache, j-m zum Siege verhelfen; **2.** *Schauspieler, Sänger etc* Tri'umphe feiern; **3.** trium'phieren; froh'locken; jubeln; jubi'lieren

trionyx [trijɔniks] *m zo* Dreiklauer *m*

trioxyde [triɔksid] *m chim* Trioxid *n*

tripaille [tripɑj] *f ch* Eingeweide *n/pl*

tripale [tripal] *adj aviat* **hélice** *f* **~** dreiteiliger Propeller; dreiteilige Luftschraube

tripang [tripɑ̃] *cf* trépang

tripart|i [triparti] *adj cf* tripartite; **~isme** *m pol* Dreipar'teiensystem *n*

tripart|ite [tripartit] *adj* **1.** *pol* Dreier…; Drei'mächte…; Dreipar'teien…; **accord** *m*, **conférence** *f* **~** Dreier-, Dreimächteabkommen *n*, -konferenz *f*; **gouvernement** *m* **~** Dreiparteienregierung *f*; **2.** *bot* dreiteilig; **~ition** *f* Dreiteilung *f*

tripatouillage [tripatujaʒ] *F m oft pl* **~s** Manipulati'onen *f/pl*; Machenschaften *f/pl*; F krumme Sachen *f/pl*; **~s électoraux** Wahlmanipulationen *f/pl*

tripatouill|er [tripatuje] *F v/t* **1.** **~ qc** an etw (*dat*) her'umspielen, F -fummeln; **2.** *Text* eigenmächtig 'umändern, verfälschen; F her'umpfuschen an (+*dat*); *Buchhaltung* F fri'sieren; **~eur** F *m cf* tripatoteur

tripe [trip] *f* **1.** *meist pl* **~s** *zo* Eingeweide *n/pl*; Gedärm(e) *n(pl)*; Gekröse *n*; *cuis* Kal'daunen *f/pl*; südd Kutteln *f/pl*; **~s à la mode de Caen** Kaldaunen mit Zwiebeln, Karotten etc gekocht; **2.** F *fig*: **avoir la ~ républicaine** F Republikaner bis in die Knochen sein; **prendre, saisir qn aux ~s** j-n im Innersten ergreifen, erschüttern; **rendre ~s et boyaux** sich heftig erbrechen; P kotzen wie ein Reiher; **3.** *e-r Zigarre* Einlage *f*

triperie [tripri] *f* Kal'daunengeschäft *n*

tripette [tripɛt] *f nur loc* F **ça ne vaut pas ~** das ist keinen Pfifferling, Heller wert

triphasé [trifaze] *adj élect* Drei'phasen…; Dreh(strom)…; **alternateur ~** Drehstromgenerator *m*; **courant ~** Drehstrom *m*; Dreiphasenstrom *m*

triphénylméthane [trifenilmetan] *m chim* Triphe'nylmethan *n*

triphtongue [triftõg] *f ling* Tri'phthong *m*; Dreilaut *m*

trip|ier [tripje] *m*, **~ière** *f* Kal'daunenhändler(in) *m(f)*

tri|place [triplas] *adj aviat* **avion** *m* **~ od subst ~** *m* Dreisitzer *m*; **~plan** *m aviat* früher Dreidecker *m*

triple [tripl(ə)] **I** *adj* dreifach; Drei…; Tripel…; *mus* **~ croche** *f* Zweiund'dreißigstelnote *f*; *hist* **la ♀ Entente** die Tripelentente; F **~ idiot** *m*, **sot** *m* F Erzdummkopf *m*; Erztrottel *m*; **~ menton** *m* dreifaches Kinn; **naissance** *f* **~** Drillingsgeburt *f*; *phys* **point** *m* **~** Tripelpunkt *m*; **un ~ rang de perles** e-e dreifache Perlenreihe; drei Reihen Perlen; *sports* **~ saut** *m* Dreisprung *m*; *loc/adv*: F **au ~ galop** F wie ein geölter Blitz; im Schweinsgalopp; **sous un ~ aspect** unter dreifachem Gesichtspunkt; unter drei verschiedenen Gesichtspunkten; **II** *subst* **1.** das Dreifache; dreimal soviel *bzw* so groß; **le ~ du prix** der dreifache Preis; das Dreifache des Preises; **augmenter du ~** auf das Dreifache steigen; sich verdreifachen; *sa maison est le ~ de celle-ci* … ist dreimal so groß wie dieses; **faire, fournir le ~ de travail** das Dreifache an Arbeit, dreimal soviel Arbeit erledigen; dreimal soviel arbeiten

Triple-Alliance [triplaljɑ̃s] *f hist* Dreibund *m*; Tripelallianz *f*

triplement [tripləmɑ̃] **I** *adv* dreifach; **II** *m* Verdreifachung *f*

tripler [triple] **I** *v/t* verdreifachen; *Zahl auch* mal drei nehmen; *Schule* **~ une, sa classe** die Klasse zum zweitenmal wieder'holen; **il a triplé sa, une classe** e-r ist zweimal in e-r Klasse sitzen-, F hängen-, klebengeblieben; **~ la dose** die Dosis verdreifachen, auf das Dreifache erhöhen; die dreifache Dosis nehmen *bzw* geben; **~ sa fortune** sein Vermögen verdreifachen; **II** *v/i* sich verdreifachen; auf das Dreifache steigen

tripl|é(e)s [triple] *m(f)/pl* Drillinge *m/pl*; **~et** *m opt* Tri'plett *n*; **~ette** *f beim Boulespiel etc* Gruppe *f* von drei Spielern; *Fußball* **~ centrale** Innensturm *m*

triplex [triplɛks] *n* (*nom déposé*) Verbundsicherheitsglas *n*

triplicata [triplikata] *m adm* dritte Ausfertigung *f*

Triplice [triplis] *f hist* Dreibund *m*; Tripelallianz *f*

triplure [triplyr] *f cout* Steif-, Schneiderleinen *n*

tri|pode [tripɔd] *adj mar mil* **mât** *m* **~** Dreibeinmast *m*; **~polaire** *adj élect* dreipolig

tripoli [tripɔli] *m minér* Tripel *m*

triporteur [tripɔrtœr] *m* (Liefer)Dreirad *n*

tripot [tripo] *m péj* Spielhölle *f*

tripotage [tripɔtaʒ] *F m oft pl* **~s** Schwindel *m*; Machenschaften *f/pl*; F krumme Touren *f/pl*, Sachen *f/pl*; faule Geschäfte *n/pl*; **~s électoraux** Wahlmanöver *n/pl*, -manipulationen *f/pl*; **~s à la Bourse** Börsenmanöver *n/pl*, -schwindel *m*

tripotée [tripɔte] F *f* **1.** große Menge; F Haufen *m*; **une ~ d'enfants** F ein Haufen, ein Stall voll Kinder; **2.** F Dresche *f*; Keile *f*; Senge *pl*

tripot|er [tripɔte] F **I** *v/t* **1.** **~ qc** mit etw her'umspielen; F etw befummeln; an etw (*dat*) her'umfummeln; **~ une femme** F e-e Frau befummeln, betatschen; **II** *v/i* **1.** her'umkramen, -stöbern, -wühlen (**dans** in + *dat*); **~ dans l'eau** (im Wasser) pan(t)schen; **2.** unsaubere Geschäfte, F krumme Sachen machen; **il a**

tripoté dans pas mal d'affaires F er hatte s-e Finger in allerhand krummen Sachen; **~eur** F *m* **1.** Schieber *m*; F dunkle, fragwürdige Exi'stenz; **2.** *adjt*: elle essayait de repousser **ces mains tripoteuses** … die Hände, die sie betasteten, F betatschten …

triptyque [triptik] *m* **1.** *peint, sculp* Triptychon *n*; *Literatur* Werk *n* in drei Teilen; **2.** *adm* Triptyk *n*; Triptik *n*

trique [trik] *f* Knüppel *m*; Knüttel *m*; **coup** *m* **de ~** Schlag *m* mit dem *bzw* e-m Knüppel; Knüppelhieb *m*; *fig*: **sec comme un coup de ~** spindel-, klapperdürr; F ein Klappergestell *n*; **faire marcher, mener qn à coups de ~** j-n tyranni'sieren; mit j-m dikta'torisch verfahren, 'umspringen

trique-madame [trikmadam] *f* ⟨*pl* trique-madames⟩ *bot* Weiße Fetthenne

triquet [trikɛ] *m* **1.** *des* Dachdeckers Deckstuhl *m*; **2.** Steh-, Bockleiter *f*

tri|réacteur [trireaktœr] *aviat* **I** *adj* dreistrahlig; **II** *m* dreistrahlige Ma-'schine; **~rectangle** *adj math* mit drei rechten Winkeln; **trièdre** *m* **~** orthogo-'nales Dreibein

trirème [trirɛm] *f mar hist* Dreiruderer *m*; Tri'reme *f*

trisaïeul(e) [trizajœl] *m*(*f*) Ururgroßvater *m*, -mutter *f*; **trisaïeux** *od* **trisaïeuls** *m/pl* Ururgroßeltern *pl*

trisannuel [trizanɥɛl] *adj* ⟨**~le**⟩ alle drei Jahre, jedes dritte Jahr stattfindend; dreijährlich; *bot* dreijährig

trisec|tion [trisɛksjõ] *f math* Dreiteilung *f*; **~** de l'angle Trisekti'on *f* (des Winkels); **~trice** *adj math* **courbe** *f* **~** Tri'sektrix *f*

trisme [trism(ə)] *m od meist* **trismus** [trismys] *m path* Trismus *m*

trisoc [trisɔk] *m agr* **~** *od adit* **charrue** *f* **~** Dreischarpflug *m*

trisomie [trizɔmi] *f biol, path* Triso'mie *f*

trisser [trise] **I** *v/i* **1.** *Schwalbe* zwitschern; **2.** *arg* (*courir*) rennen; rasen; jagen; F wetzen; **II** *v/pr* *arg* **se ~** abhauen; verduften; sich verdrücken; verdünni'sieren

trissyllab|e, **~ique** *cf* trisyllabe, trisyllabique

triste [trist] *adj* **1.** *Person, Gesicht* traurig; tiefbetrübt; niedergeschlagen; *Blick, Lächeln, Gedanken* traurig; trüb(e); trübselig; *Melodie* traurig; schwermütig; **~** a mine, **avoir l'air ~** traurig aussehen; **être tout ~** tieftraurig, sehr traurig sein; **faire (une) ~ mine**, figure ein trauriges Gesicht machen; **rendre ~** traurig machen, stimmen; **2.** *Wetter, Farbe* trist; trübselig; *Haus* düster; *Landschaft, Straße* trostlos; trist; *Nachricht, Roman, Film* traurig; *Tage, Zeit* traurig; schwer; **une ~ affaire** e-e traurige, tragische Sache; **c'est bien ~** das ist sehr traurig; **être dans un ~ état** *Person* in e-m bedauernswürdigen Zustand sein; *Gegenstand, Auto* sich in e-m traurigen, beklagenswerten Zustand befinden; **mettre dans un ~ état** übel zurichten; **3.** ⟨*immer vorangestellt*⟩ erbärmlich; armselig; traurig; jämmerlich; **~ consolation** *f* schwacher *bzw* iron schöner Trost; **~ personnage** *m* erbärmliche Kreatur; **~ réputation** *f* schlechter, trauriger Ruf; **avoir une ~ fin** ein armseliges, klägliches Ende nehmen; **c'est la ~ vérité** das ist die traurige Wahrheit

tristement [tristəmã] *adv* **1.** traurig; trübselig; niedergeschlagen; kummervoll; trüb(e); **2.** il s'est rendu **~ célèbre** er hat e-e traurige Berühmtheit erlangt

tristesse [tristɛs] *f* **1.** Traurigkeit *f*; Trauer *f*; Betrübnis *f*; Trübsinn *m*; Niedergeschlagenheit *f*; **profonde ~** tiefe Traurigkeit; **être enclin à la ~** zu Schwermut neigen; **il se sentit envahi par une grande ~** große Trauer, Traurigkeit über'kam ihn; **sourire avec ~** traurig, trübe lächeln; **2.** Düsterkeit *f*; Trostlosigkeit *f*

trisyllab|e [trisi(l)lab] *adj u subst m* (**mot** *m*) ~ dreisilbiges Wort; **~ique** *adj métr* dreisilbig

tritane [tritan] *m chim* Tri'tan *n*; Triphe-'nylmethan *n*

tritium [tritjɔm] *m chim* Tritium *n*

triton [tritõ] *m* **1.** *zo* **a)** Tritonshorn *n*; **b)** Molch *m*; **~ alpestre, vulgaire** Berg-, Teichmolch *m*; **2.** *myth* ♀ Triton *m*; **3.** *mus* Tritonus *m*; **4.** *chim* Triton *n*

tritur|able [trityrabl(ə)] *adj* zerreibbar; **~ateur** *m tech* Mahlwerk *n*; **~ation** *f* Zerstoßen *n*; Zermalmen *n*; Zerreiben *n*; *der Nahrung mit den Zähnen* Zerkleinern *n*

triturer [trityre] *v/t* im *Mörser* zerstoßen; zerreiben; *Zähne: Nahrung* zerkleinern; *Knochen* zermalmen; *beim Massieren: Muskeln* ('durch)kneten; *Taschentuch* kneten; zu'sammenknüllen; zerknüllen; F *fig* **se ~ la cervelle, les méninges** F sich das Hirn zermartern

triumvir [trijɔmvir] *m hist* Tri'umvir *m*; **~at** *m hist u fig* Triumvi'rat *n*

trivalence [trivalɑ̃s] *f chim* Dreiwertigkeit *f*; **~ent** *adj chim* dreiwertig

trivial [trivjal] *adj* ⟨**-aux**⟩ **1.** vul'gär; ordi'när; zotig; unanständig; anstößig; unschicklich; **expression ~e** vulgärer Ausdruck; **plaisanterie ~e** unanständiger, F sich an'zonfähiger Witz; Zote *f*; **avoir un langage ~** sich ordinär, vulgär ausdrücken; **2.** *litt* trivi'al; platt; ba'nal

trivialité [trivjalite] *f* **1. a)** Vulgari'tät *f*; Unanständigkeit *f*; Unschicklichkeit *f*; **b)** Zote *f*; unanständiges Wort; Kraftausdruck *m*; **2.** *litt* Triviali'tät *f*; Plattheit *f*; Banali'tät *f*

troc [trɔk] *m* Tausch *m*; Tauschgeschäft *n*; (économie *f* de) **~** Tauschhandel *m*; Natu'raltausch *m*; **faire du ~** Tauschhandel treiben

trocart [trɔkar] *m chir* Tro'kar *m*

trochaïque [trɔkaik] *adj métr* tro-'chäisch

trochanter [trɔkɑ̃ter] *m* **1.** *anat* Rollhügel *m*; *sc* Trochanter *m*; **grand, petit ~** großer, kleiner Trochanter *m*; **2.** *zo der Insekten* Schenkelring *m*; *sc* Tro'chanter *m*

troche [trɔʃ] *f cf* troque

trochée [trɔʃe] *m métr* Tro'chäus *m*

troches [trɔʃ] *f/pl ch* Losung *f* des Feisthirsches

trochilidés [trɔkilide] *m/pl zo* Kolibris *m/pl*

trochlée [trɔkle] *f anat* Rolle *f*; *sc* Trochlea *f*

trochure [trɔʃyr] *f ch* vierte Sprosse des Hirschgeweihes

troène [trɔɛn] *m bot* Li'guster *m*; 'haie de ~s Ligusterhecke *f*

troglodyt|e [trɔglɔdit] *m* **1.** Höhlenbewohner *m*; Troglo'dyt *m*; **2.** *zo* Zaunkönig *m*; **~ique** *adj* Höhlen(bewohner)…; Troglo'dyten…; **habitation** *f*, **village** *m* **~** Höhlenwohnung *f*, -dorf *n*

trogne [trɔɲ] F *f* (volles, gerötetes) Gesicht (e-s Schlemmers)

trognon [trɔɲõ] *m* **1.** Kerngehäuse *n*; *regional* Griebs *m*; Butzen *m*; **~ de chou** Kohlstrunk *m*; **~ de pomme** Apfelgriebs *m*, -butzen *m*; F *fig* **ils nous ont eus jusqu'au ~** F sie haben uns gewaltig hereingelegt; **2.** *adjt* F **ce qu'il est ~!** ist der reizend, entzückend, niedlich, aller-

liebst, F süß!

troïka [trɔika] *f* Troika *f*; Dreigespann *n* (*beide auch fig*)

trois [trwa] **I** *adj/num/c* drei; *myth* **les ~ Grâces** die drei Grazien; **Henri III** Heinrich III. (der Dritte); **le ~ novembre** der dritte *bzw* am dritten November; **page ~** Seite drei; **~ quarts** *cf* quart 2.; *loc/adj u loc/adv*: **à ~** zu dritt; zu dreien; F **ménage** *m* **à ~** Dreiecksverhältnis *m*; *math* **règle** *f* **de ~** Dreisatzrechnung *f*; **enfant** *m* **de ~ ans** dreijähriges Kind; Kind *n* von drei Jahren; **séjour** *m* **de ~ mois** dreimonatiger Aufenthalt; **en l'espace de ~ mois** innerhalb dreier Monate, e-s Vierteljahres; F **la ~ ou quatrième fois** das dritte oder vierte Mal; **il est ~ heures** es ist drei (Uhr); *prov* **jamais deux sans ~** aller guten Dinge sind drei (*prov*); **II** *m* Drei *f*; *südd auch* Dreier *m*; **le ~ (du mois)** der Dritte *bzw* am Dritten (des Monats); *cf auch* **deux II**

trois|-deux [trwadø] *m* ⟨*inv*⟩ *mus* Takt *m* von drei Halben; 3/2-Takt *m* (Drei-'Halbe-Takt); **~-'huit** *m* ⟨*inv*⟩ **1.** *mus* Drei'achteltakt *m*; 3/8-Takt *m*; **2.** Arbeit *f* in drei Schichten (zu je acht Stunden)

troisième [trwazjɛm] **I** *adj/num/o* dritte(r, -s); **le ~ âge** *cf* âge 1.; **la ~ fois** das dritte Mal; **la ~ partie** der dritte Teil; ein Drittel *n*; **II** *subst* **1.** **le, la ~** der, die, das dritte (*der Reihe nach*) *bzw* der Dritte (*der Leistung od dem Rang nach*); **2.** *m* dritter Stock; dritte E'tage; **3.** *in Paris* **le ~** das dritte Arrondisse'ment; **4.** *f Schule* vierte Klasse im Gymnasium (*führt in Frankreich zur mittleren Reife*); Tertia *f*; **5.** *f auto* dritter Gang; **passer en ~** in den dritten (Gang) gehen; **~ment** *adv* drittens

trois-mâts [trwama] *m* ⟨*inv*⟩ *mar* Dreimaster *m*

trois-points [trwapwɛ̃] *loc/adj* **les frères** *m/pl* **~** die Freimaurer *m/pl*

trois-quarts [trwakar] *m* ⟨*inv*⟩ **1.** **~** *od adit* **manteau** *m* **~** Drei'viertelmantel *m*; *cf auch* **quart 2.; 2.** *mus* Drei'viertelgeige *f*; **3.** *Rugby* Drei'viertelspieler *m*; **centre** Innendreiviertel *m*; **4.** *tech* grobe Dreikantfeile

trois-quatre [trwakatr(ə)] *m* ⟨*inv*⟩ *mus* Drei'vierteltakt *m*; 3/4-Takt *m*

troll [trɔl] *m myth* Troll *m*

trolley [trɔlɛ] *m* **1.** *tech* Stangen-, Rollenstromabnehmer *m*; **2.** F Obus *m*; **~bus** *m* Oberleitungsomnibus *m*; Trolleybus *m*; Obus *m*

trombe [trõb] *f météo* Windhose *f*; Trombe *f*; *météo* **~ marine** Wasserhose *f*; Trombe *f*; *allg* **~ d'eau** Wolkenbruch *m*; *loc/adv fig* **en ~** wie ein Wirbelwind; wie der Blitz; **arriver en ~** angesaust kommen; **entrer en ~** her'einstürmen; **passer en ~** vor'beirasen

trombidi|on [trõbidjõ] *m zo* Erntemilbe *f*; **~ose** *f path* Trombidi'ose *f*

trombine [trõbin] F *f* Gesicht *n*; **faire une drôle de ~** ein saures Gesicht ziehen

tromblon [trõblõ] *m früher* Büchse *f*, Flinte *f* mit trichterförmigem Lauf

trombon|e [trõbɔn] *m* **1.** *mus* **a)** Po-'saune *f*; **~ à coulisse**, glissando Zug-, Ven'tilposaune *f*; **b)** *par ext* Posau'nist *m*; Po'saunenbläser *m*; **2.** Bü'ro-, Briefklammer *f*; **~iste** *m* Posau'nist *m*; Po'saunenbläser *m*

trommel [trɔmɛl] *m tech* Zy'lindersieb *n*

trompe [trõp] *f* **1.** *mus* Horn *n*; *mar* **~ de brume** Nebelhorn *n*; **~ de chasse** Jagdhorn *n*; **2.** *zo des Elefanten, Tapirs, der Muscheln* Rüssel *m*; *der Insekten* Saugrüssel *m*; **3.** *anat* **~ d'Eustache**

Ohrtrompete *f*; Eu'stachische Röhre; ~ de Fallope, ~ utérine Eileiter *m*; Tube *f*; **4.** *arch* Trompe *f*; Trichternische *f*; **5.** *tech* Luftpumpe *f*; ~ à eau, à mercure Wasserstrahl-, Quecksilberpumpe *f*

trompe-l'œil [trɔ̃plœj] *m* ⟨*inv*⟩ **1.** *peint* Trompe-l'œil *n od m*; **décor** *m* **en** ~ perspektivisch gemalte Kulisse; **2.** *fig* trügerischer Schein

tromper [trɔ̃pe] **I** *v/t* **1.** täuschen; betrügen; hinter'gehen; anführen; hinters Licht führen; irreführen; *Mann, Frau* betrügen; *Wachsamkeit, Verfolger* über'listen; *Verfolger auch* irreführen; *adit* mari trompé betrogener Ehemann; *abs* ça trompe das täuscht, ist e-e Täuschung; **ça ne trompe pas** das ist ein untrügliches, sicheres Zeichen; **ça ne trompe personne** davon läßt sich niemand täuschen; das glaubt keiner; **c'est ce qui vous trompe** da(rin) täuschen, irren Sie sich, sind Sie im Irrtum; ~ **l'attente, la confiance, les espoirs de qn** j-s Erwartungen, Vertrauen, Hoffnungen enttäuschen; **2.** *par ext*: ~ **l'attente en lisant** sich die Wartezeit mit Lesen verkürzen; ~ **la soif** sa faim das Hungergefühl betäuben; den ärgsten Hunger stillen; ~ **la soif** den Durst vorübergehend etwas mildern; **II** *v/pr* se ~ sich täuschen; sich irren; **si je ne me trompe** wenn ich (mich) nicht irre, mich nicht täusche; **à moins que je ne me trompe** wenn ich (mich) nicht sehr irre; wenn mich nicht alles täuscht; **tout le monde peut se ~** irren kann sich mal irren; Irren ist menschlich (*prov*); ♦ **se ~ dans ses calculs** sich verrechnen; *cf auch* calcul[1] 2.; **se ~ d'adresse** a) sich in der Adresse irren; b) *fig* an die falsche Adresse geraten; **se ~ de chemin, de route** den Weg verfehlen; den falschen Weg einschlagen; sich verlaufen; (*im*) *Auto* sich verfahren; **se ~ de date** sich im Datum irren; **se ~ de direction** sich in der Richtung irren; die falsche Richtung einschlagen; **se ~ de vingt francs** sich um zwanzig Franc verrechnen *bzw* verzählen; zwanzig Franc zuviel *bzw* zuwenig geben; **se ~ de ligne, de page** sich in der Zeile irren; **se ~ de numéro** sich in der Nummer irren; *tél auch* sich verwählen; **c'est en quoi il se trompe** da(rin) hat er sich getäuscht, geirrt; da(rin) täuscht, irrt er sich; **se ~ sur qn** sich in j-m täuschen, irren; **se ~ sur les intentions de qn** sich über j-s Absichten (*acc*) täuschen; **ne vous y trompez pas** täuschen Sie sich (ja) nicht; geben Sie sich keiner Täuschung hin; **elle lui ressemble à s'y ~** sie sieht ihr täuschend, zum Verwechseln ähnlich

tromperie [trɔ̃pri] *f* Betrug *m*; Täuschung *f*

trompett|e [trɔ̃pɛt] **I** *f* **1.** *mus* Trom'pete *f*; ~ **basse** Baßtrompete *f*; ~ **marine** Trumscheit *n*; *rel* les ~s de Jéricho, du Jugement dernier die Po'saunen *f/pl* von Jericho, des Jüngsten Gerichts; *fig* nez *m* en ~ Stülpnase *f*; Himmelfahrtsnase *f*; **jouer, sonner de la** ~ (auf der) Trompete blasen; trom'peten; **2.** *zo* volkstümlicher *Name verschiedener trompetenförmiger Muscheln*; **3.** *bot* ~ **de la mort, des morts** Herbst-, Totentrompete *f*; **II** *m* mus Trom'peter *m*; *mil* Hor'nist *m*; ~**iste** *m* Trom'peter *m*

trompeur [trɔ̃pœr] *adj* ⟨-euse⟩ trügerisch; täuschend; **calme** ~ trügerische Ruhe, Stille; **les apparences sont trompeuses** der Schein trügt

trompillon [trɔ̃pijɔ̃] *m arch* kleine Trompe

tronc [trɔ̃] *m* **1.** *bot* ~ (**d'arbre**) (Baum-) Stamm *m*; **2.** *anat* **a)** Rumpf *m*; **b)** *von Gefäßen, Nerven* Stamm *m*; ~ **cérébral** Hirnstamm *m*; **3.** *math* ~ **de cône, de pyramide** Kegel-, Pyra'midenstumpf *m*; **4.** *in Kirchen* Opferstock *m*; *bei Straßensammlungen etc* Sammelbüchse *f*; ~ **des pauvres** Almosenstock *m*; **5.** *arch* ~ **de colonne** unterer Teil des Säulenschaftes; **6.** *Genealogie* e-r *Familie* Stamm *m*; **7.** *fig* ~ **commun** a) Gemeinsamkeit *f*; gemeinsame Grundlage, Basis; b) *Schulwesen* gemeinsamer Grundlehrplan, Bildungsweg für die unteren Klassen in Realschule und Gymnasium

troncature [trɔ̃katyr] *f minér* Abstumpfung *f*

tronche [trɔ̃ʃ] *f* **1.** Holzklotz *m*, -block *m*; **2.** F (*tête*) Kopf *m*; F Schädel *m*; Birne *f*; Dez *m*; Kürbis *m*

tronchet [trɔ̃ʃɛ] *m der Goldschmiede* Amboß *m*; *der Böttcher* dreifüßiger Holzklotz

tronçon [trɔ̃sɔ̃] *m* **1.** e-r *Straße, Eisenbahnlinie* (Strecken)Abschnitt *m*; Teilstrecke *f*, -stück *n*; *der Kanalisation* Abschnitt *m*, ~ **d'autoroute** Autobahnabschnitt *m*, -teilstück *n*; **par** ~**s** streken-, abschnittweise; **2.** e-s *Baumstammes*, e-s *Aals*, e-r *Schlange etc* (abgeschnittenes *bzw* abgebrochenes) Stück *m*; (abgeschnittener *bzw* abgebrochener) Teil *m*; **3.** *arch* e-s *Säulenschaftes* Trommel *f*; **colonne** *f* **en** ~**s** aus mehreren Trommeln bestehende Säule; **4.** *des Pferdes* Schweifrübe *f*

tronconique [trɔ̃kɔnik] *adj math* kegelstumpfförmig; Kegelstumpf...

tronçonn|age [trɔ̃sɔnaʒ] *m od* ~**ement** *m* e-s *Baumstamms* Zersägen *n* in Querrichtung; *von Metall* Zersägen *n* mit der Reib- *od* Schnelltrennsäge; *allg auch* Ablängen *n*; ~**er** *v/t* in (längliche) Stücke schneiden, zerteilen; ablängen; *Baumstamm in Stücke zersägen*; ~**euse** *f* für *Holz* Horizon'talgatter *n*; für *Metall* Reibsäge *f*; Schnelltrennsäge *f*

trône [tron] *m* **1.** Thron *m*; Thronsessel *m*; *hist* le ☿ et l'Autel Thron und Altar; **prétendant** *m*, **succession** *f* **au** ~ Thronprätendent *m*, -folge *f*; discours *m* **du** ~ Thronrede *f*; **mettre, placer qn sur le** ~ j-n auf den Thron setzen, erheben; **monter sur le** ~ den Thron besteigen; **2.** F *plais* Klo'settsitz *m*; F Thron *m*; **3.** Foire *f* du ☿ *Volksfest in Paris*

trôner [trone] *v/i Person* thronen (*auch iron*); *Gegenstand* thronen; prangen

tronqu|é [trɔ̃ke] *adj* **1.** abgestumpft; *in Zssgn* ...stumpf *m*; *arch* **colonne** ~**e** Säulenstumpf *m*; *math* **cône** ~ Kegelstumpf *m*; **2.** verstümmelt; ~**er** *v/t Gegenstand, auch fig Text, Zitat* verstümmeln

trop [tro] *adv* **1.** zu'viel; *mit adj u adv* zu; *mit Verben* zu sehr; zu'viel; allzuviel; ~ **de** (+*subst*) zuviel; ♦ ~ **bon** zu gut; zu gutmütig; **bien, beaucoup** ~ **difficile** viel zu schwer, schwierig; ~ **loin** zu weit; **sans** ~ **de peine** ohne allzuviel Mühe; **il aime** ~ **son confort** er liebt s-e Bequemlichkeit zu sehr; **ça ne va pas** ~ **bien** es geht, steht nicht zum besten, allzu gut; **j'ai** ~ **chaud** es ist mir zu heiß; **nous n'avons pas** ~ **de place** wir haben nicht (gerade) allzuviel Platz; der Platz reicht gerade noch; **je n'ai eu que** ~ **de patience** ich habe schon, nur allzuviel Geduld gehabt; **boire** ~ zuviel trinken; **charger** ~ **une voiture** e-n Wagen über'laden, über-'lasten, 'überbelasten, zu stark belasten; **cela n'a que** ~ **duré** das hat nur,

schon allzulange gedauert; **c'est** ~ das ist zuviel; **cette fois, c'est** ~! *od* **c'en est** ~! *od* **ça alors, c'est** ~ **fort!** das ist doch die Höhe!; das schlägt dem Faß den Boden aus!; was zuviel ist, ist zuviel!; das geht zu weit!; **un peu, c'est bien, mais** ~, **c'est** ~ ... aber allzuviel ist ungesund; **mettre** ~ **de sel, de sucre dans qc** etw versalzen; zuviel Zucker in etw (*acc*) geben, tun; ♦ **il est** ~ **énervé pour pouvoir dormir** er ist zu erregt, um schlafen zu können; **nous ne serons pas** ~ **de sept pour ...** wir sieben sind nicht zuviel, um zu ..., um zu ..., braucht es uns sieben; **il a** ~ **menti pour qu'on** *puisse le croire maintenant* er hat zuviel gelogen, als daß man ...; ♦ **de, en** ~ zuviel; **il n'y a rien de** ~ es kommt gerade so hin; es ist (auch) kein bißchen zuviel; **avoir qc en** ~ etw übrig haben; etw zuviel haben; **avoir des bagages en** ~ zuviel Gepäck haben; **avoir du tissu en** ~ noch Stoff übrig haben; **boire un coup de** ~, **un verre de** ~ eins, ein Glas über den Durst trinken; *restez*, **vous ne serez pas de** ~ ... Sie sind durchaus erwünscht, keineswegs unerwünscht, überflüssig; ... Sie werden gebraucht; **ça ne sera pas de** ~ das wird gerade reichen, F so hinkommen; **deux personnes sont en** ~ es sind zwei Personen zuviel; F **manger de** ~ zuviel essen; **on m'a rendu cinq francs en** ~ man hat mir fünf Franc zuviel zurückgegeben; ♦ *litt* **par** ~ mit *Verb* allzusehr; allzuviel; mit *adj u adv* gar zu; **il est par** ~ **vaniteux** er ist gar zu eitel; **2.** sehr; recht; äußerst; *il répète ce qu'on lui dit sans* ~ **comprendre** ... ohne es recht zu verstehen; **ça ne me dit** ~ **rien, pas** ~ das reizt, lockt mich nicht besonders, sonderlich, (allzu)sehr; **vous êtes** ~ **aimable** das ist sehr, äußerst liebenswürdig, sehr freundlich von Ihnen; **il n'est pas** ~ **content** er ist nicht sehr, nicht besonders zufrieden; **je ne sais pas** ~ ich weiß nicht recht

trope [trɔp] *m rhét* Trope *f*; Tropus *m*

trophée [trɔfe] *m* **1.** *hist mil* Tro'phäe *f*; Siegeszeichen *n*; *ch, sports u fig* Tro'phäe *f*; ~ **de chasse** Jagdtrophäe *f*; **2.** *Kunst* Tro'phäe *f*

trophique [trɔfik] *adj physiol* trophisch; Ernährungs...; *path* **troubles** *m/pl* ~**s** Ernährungsstörungen *f/pl*

trophonévrose [trɔfonevroz] *f path* Trophoneu'rose *f*

tropical [trɔpikal] *adj* ⟨-aux⟩ *géogr* tropisch; Tropen...; *par ext* **chaleur** ~**e** tropische Hitze; **climat** ~ Tropenklima *n*; tropisches Klima; **médecine** ~ Tropenmedizin *f*; **pays tropicaux** Tropenländer *n/pl*; **pluies** ~**es** Tropenregen *m*; **région** ~ tropisches Gebiet; **végétation** ~ tropische Vegetation; **zone** ~**e** heiße Zone; Tropenzone *f*; ~**iser** *v/t* tropenfest machen; *adit* tropicalisé tropenfest

trop|ique [trɔpik] **I** *m géogr* **1.** ~**s** *pl* Tropen *pl*; *zo* **oiseau** *m* **des** ~**s** Tropikvogel *m*; **vivre sous les** ~**s** in den Tropen leben; **2.** Wendekreis *m*; ~ **du Cancer, du Capricorne** Wendekreis des Krebses, des Steinbocks; **II** *adj astr* tropisch; **année** *f* ~ tropisches Jahr; *e-s Planeten* **révolution** *f* ~ tropische 'Umlaufzeit; ~**isme** *m biol u Nouveau Roman* Tro'pismus *m*

tropo|pause [trɔpopoz] *f météo* Tropo-'pause *f*; ~**sphère** *f météo* Tropo-'sphäre *f*

trop-perçu [trɔpɛrsy] *m* ⟨*pl* trop-perçus⟩ zu'viel erhobener Betrag *bzw* erhobene Steuer

trop-plein [trɔplɛ̃] *m* ⟨*pl* trop-pleins⟩

1. le ~ d'un récipient die Flüssigkeit, die das Gefäß nicht (mehr) fassen kann; le ~ des eaux *se déverse* der 'Überschuß an Wasser …; **2.** *tech* 'Überlauf *m*; **3.** *fig* ~ d'énergie, de vie 'überschäumende Kraft, 'überschäumendes Temperament; ungestümer Tatendrang; épancher le ~ de son cœur sein 'übervolles Herz ausschütten

troque [trɔk] *f zo* Fächerzüngler *m*

troquer [trɔke] *v/t* **1.** ~ qc contre qc etw in Tausch geben für etw; etw gegen etw tauschen; ~ du maïs contre du blé Mais gegen Weizen tauschen; Weizen für Mais eintauschen; **2.** ~ qc contre qc etw durch etw ersetzen; etw mit etw vertauschen; ~ son vieux manteau contre un nouveau s-n alten Mantel durch e-n neuen ersetzen

troquet [trɔkɛ] F *m* Kneipe *f*

trot [trɔ] *m* Trab *m*; Traben *n*; ~ allongé starker Trab; ~ assis, enlevé Deutsch-, Leichttraben *n*; petit ~, ~ raccourci, rassemblé leichter, verkürzter, versammelter Trab; cheval *m* au ~ trabendes Pferd; course *f* de *od* au ~ attelé Trabrennen *n*; *in Frankreich* course de ~ monté unter dem Reiter gelaufenes Trabrennen; aller au ~ *Pferd* traben; *Reiter* (im) Trab reiten; F *fig* allez, au ~, plus vite que ça! F nun aber fix! *od* dalli, dalli!; mettre son cheval au ~ sein Pferd in Trab setzen; partir au ~, prendre le ~ sich in Trab setzen

trotsk|isme [trɔtskism(ə)] *m pol* Trotz'kismus *m*; **~iste I** *adj* trotz'kistisch; Trotz'kisten…; **II** *m f* Trotz'kist(in) *m(f)*

trotte [trɔt] *f* F ça fait une (bonne) ~ jusque … F bis … ist es ein gutes, ganz schönes Ende (zu laufen); **~-menu** *adj* ⟨*inv*⟩ *cf* gent

trotter [trɔte] *v/i* **1.** *Pferd* traben; **2.** *par ext Maus* huschen; *Person* traben; her'umlaufen; j'ai trotté toute la matinée den ganzen Vormittag bin ich herumgelaufen, -gerannt, -getrabt, F war ich auf dem Trab; **3.** *fig: une idée, une mélodie* lui trotte dans la tête … geht ihm im Kopf herum; … geht ihm nicht aus dem Kopf

trott|eur [trɔtœr] *m* **1.** *Pferd* Traber *m*; **2.** Trot'teur(schuh) *m*; **~euse** *f* der Uhr Se'kundenzeiger *m*

trottin|ement [trɔtinmɑ̃] *m* Trippeln *n*; Trappeln *n*; Getrippel *n*; Getrappel *n*; **~er** *v/i* trippeln; *Pferd, Esel* trappeln; **~ette** *f* (Kinder)Roller *m*; *schweiz* Trot-ti'nett *n*

trottoir [trɔtwar] *m* Geh-, Bürgersteig *m*; Trot'toir *n*; ~ roulant Roll-, Fahrsteig *m*; F *Dirne* faire le ~ F auf den Strich gehen

trou [tru] *m* **1.** Loch *n*; e-r Nadel (Nadel-) Öhr *n*; F *mines* Bohrloch *n*; F Grab *n*; e-s Tieres auch Bau *m*; *anat* ~ optique Austrittsöffnung *f* des Sehnervs; ~ d'aération Luftloch *n*; *aviat* ~ d'air Luftloch *n*; P ~ de balle, du cul P Arschloch *n*; *cf auch* trou-du-cul; *tech* ~ d'homme Mannloch *n*; ~s de nez Nasenlöcher *n/pl*; ~ d'obus Gra-'nattrichter *m*; ~ de serrure Schlüsselloch *n*; regarder par le ~ de la serrure durchs Schlüsselloch sehen; *thé* ~ du souffleur Souf'fleurkasten *m*; ~ de souris Maus(e)loch *n*; criblé de ~s durch'löchert; löcherig; avoir un ~ à son manteau ein Loch im Mantel haben; boire comme un ~ sehr viel trinken; F saufen wie ein Loch; F *fig* être au ~ F im Kittchen sein; im Loch stecken; sitzen (*abs*); F *fig* faire son ~ es zu etwas bringen; sich e-e gesicherte Position schaffen; se faire un ~ dans, à la tête sich ein Loch in den Kopf stoßen; fallen; percer un ~ dans le mur ein

Loch in die Wand bohren, schlagen; **2.** *fig* Lücke *f*; Loch *n*; *in der Kasse, Buchhaltung* Fehlbetrag *m*; ~ de mémoire Gedächtnislücke *f*; j'ai un ~ dans mon emploi du temps ich habe zwischendurch *bzw* zwischen meinen Terminen, 'Unterrichtsstunden etwas freie Zeit; *bei Alibinachweis* il y a un ~ dans son emploi du temps für e-n bestimmten Zeitabschnitt hat er kein Alibi; boucher un ~ e-e Lücke ausfüllen; ein Loch zustopfen; **3.** F ~ (perdu) F gottverlassenes Nest; Kaff *n*; il n'est jamais sorti de son ~ er ist nie fortgekommen; **4.** faire le ~ normand *cf* normand I 1.; **5.** *sports* faire le ~ vom Feld wegkommen

troubadour [trubadur] *m* Troubadour *m* (*provenzalischer Minnesänger*)

troublant [trublɑ̃] *adj* **1.** beunruhigend; verwirrend; *Ähnlichkeit* verblüffend; *Detail* störend; *Geheimnis* unerklärlich; beunruhigend; **2.** verführerisch; betörend; aufregend

trouble¹ [trubl(ə)] *adj* **1.** *Wasser, Wein, Glas* trüb(e); *regard m* ~ glasiger Blick; j'ai la vue ~, je vois ~ mir verschwimmt alles vor den Augen; *fig* pêcher en eau ~ im trüben fischen; **2.** *fig* dunkel; zweifelhaft; *Wünsche* uneingestanden

trouble² [trubl(ə)] *m* **1.** Aufregung *f*; Erregung *f*; Unruhe *f*; Verwirrung *f*; se remettre de son ~ sich fassen; sich von s-r Aufregung erholen; **2.** Verwirrung *f*; Aufregung *f*; Durcheinander *n*; semer le ~ Verwirrung stiften; produire un certain ~ ein Durcheinander, einige Verwirrung, Aufregung verursachen, anrichten; **3.** ~s *pl* Unruhen *f/pl*; ~s politiques, sanglants politische, blutige Unruhen; **4.** *path* Störung *f*; ~s *pl* auch Beschwerden *f/pl*; ~s digestifs Verdauungsstörungen *f/pl*, -beschwerden *f/pl*; ~s mentaux (Anfälle *m/pl* von) Geistesgestörtheit *f*; atteint de ~s mentaux geistesgestört; geistig gestört; ~ passager Unwohlsein *n*; Schwächeanfall *m*; ~s respiratoires Atembeschwerden *f/pl*; ~s de la circulation, de la parole, de la vue *od* vision Kreislauf-, Sprach-, Sehstörungen *f/pl*; **5.** *jur* ~ (de possession) Besitzstörung *f*; **6.** *géol* Flußtrübe *f*

trouble³ [trubl(ə)] *m* *cf* truble

troublé [truble] *adj* **1.** *Person, Verstand* verwirrt; durchein'ander; *Person auch* erregt; aufgeregt; verstört; **2.** *époque, période* ~e unruhige, wirre Zeit

trouble-fête [trubləfɛt] *m* ⟨*inv*⟩ Störenfried *m*; Spielverderber *m*; jouer les ~ ein Spielverderber sein

troubler [truble] **I** *v/t* **1.** *Wasser* trüben; trüb(e) machen; *Tränen: Blick* verschleiern; trüben; *Rauch etc: Atmosphäre* trüben; verdüstern; **2.** *Stille, Ruhe, Schlaf, Unterhaltung, Fest, öffentliche Ordnung* stören; *Pläne* stören; zu durch-'kreuzen, zu vereiteln versuchen; *Gewissen* beunruhigen; *Vernunft* trüben; *Person* in Verwirrung bringen; verwirren; durchein'anderbringen; aus dem Kon-'zept bringen; beunruhigen; verunsichern; *un seul détail* me trouble … stört mich; *l'hostilité générale* ne me trouble absolument pas … stört mich überhaupt nicht; … macht mir überhaupt nichts aus; … ist mir völlig gleichgültig; *iron* je n'aime pas qu'on trouble ma digestion nach dem Essen möchte ich meine Ruhe haben; ~ l'esprit de qn j-n (völlig) verwirren, aus dem Gleichgewicht bringen; **3.** *Anblick etc* ~ qn j-n bestürzen, bewegen, erregen; **4.** *sinnlich* verwirren; betören; **II** *v/pr* se ~ **5.**

Wasser, Wein trüb werden; sich trüben; ma vue se trouble ich sehe alles verschwommen, verschleiert; **6.** *Person* unsicher, verlegen werden; in Verwirrung geraten

trou-du-cul [trudyky] *m Schimpfwort* F Blödmann *m*; Dämlack *m*

troué [true] *adj Kleidung* être ~ ein Loch *bzw* Löcher haben; durch'löchert, löcherig sein; tout ~ ganz durchlöchert

trouée [true] *f* **1.** *mil* Schneise *f*; 'Durchhieb *m*; *in e-r Hecke* Lücke *f*; **2.** *géogr* Pforte *f*; la ~ de Belfort die Burgundische Pforte; **3.** *mil* 'Durchbruch *m*

trouer [true] *v/t Kleidung, Papier* durch'löchern; ein Loch *bzw* Löcher machen in (+*acc*); *Zigarette auch* ein Loch brennen in (+*acc*); F se faire ~ la peau von Kugeln durchlöchert, durch-'siebt werden; **II** *v/pr* se ~ Löcher bekommen

troufion [trufjɔ̃] F *m* einfacher Soldat; F Landser *m*

trouillard [trujar] F **I** *adj* ängstlich; feige; ce qu'il est ~! F ist der ein Hasenfuß, e-e Memme!; **II** *subst* ~(e) *m(f)* Feigling *m*; F Hasenfuß *m*; Angsthase *m*; Memme *f*; Jammerlappen *m*

trouille [truj] F *m* avoir la ~ Angst, Bammel, P Schiß haben; il n'a pas la ~! F der hat Schneid!; der hat Nerven!; flanquer la ~ à qn j-m Angst einjagen, machen

trouillomètre [trujɔmɛtr(ə)] *m* F avoir le ~ à zéro F e-e Heidenangst, P Mordsschiß haben; P die Hosen gestrichen voll haben

troupe [trup] *f* **1.** Gruppe *f*; Schar *f*; Schwarm *m*; Trupp *m*; en ~ im Trupp; im Schwarm; **2.** *thé* ~ (de théâtre), ~ de comédiens The'atertruppe *f*; En'semble *n*; ~ de danseurs Tanztruppe *f*; **3.** *mil* Truppe *f*; ~s *pl* Truppen *pl*; ~ *od* hommes *m/pl* de ~ Mannschaften *f/pl*; Soldaten *m/pl*; ~ en opération Feldtruppen *pl*; corps *m* de ~s Truppeneinheit *f*, -teil *m*; enfant *m* de ~ Kind, das in e-m „Prytanée militaire" erzogen wird; F *fig* en route, mauvaise ~! los!; vorwärts!; F nur keine Müdigkeit vorschützen!; mobiliser des ~s Truppen mobilisieren; rejoindre le gros de la ~ a) *mil* zur Truppe zurückkehren; b) *par ext plais* sich der Gruppe, F der Herde wieder anschließen; **4.** Jungpfadfinder *m/pl*; **5.** *adjt* gauloises *f/pl* ~ *od ellip* ~ *f/pl* Gauloise-Zigaretten, die als Ration an die Soldaten ausgegeben werden

troupeau [trupo] *m* ⟨*pl* ~x⟩ **1.** (Tier-) Herde *f*; ~ d'éléphants, de moutons Ele'fanten-, Schafherde *f*; ~ d'oies Gänseherde *f*, -schar *f*; **2.** *fig u péj von Personen* Haufen *m*; (Hammel)Herde *f*; **3.** *rel* Herde *f*; Gemeinde *f*

troupiale [trupjal] *m zo* Trupi'al *m*

troussage [trusaʒ] *m cuis des Geflügels* Um'binden *n*

trousse [trus] *f* **1.** ~ (d'écolier) Federmäppchen *n*, -tasche *f*; Schületui *n*; ~ à couture *od* à coudre Nähtui *n*; ~ à ongles Mani'küreetui *n*; Nagelnecessaire *n*; ~ à outils, à pansements Werkzeug-, Verbandtasche *f*; ~ de chirurgie, de médecin Bestecktasche *f*; ~ de toilette, de voyage Reisenecessaire *n*; Kul'turbeutel *m*; **2.** ~s *pl nur in loc*: être l'ai à mes ~s er ist mir auf den Fersen, hinter mir her; il court comme s'il avait le feu aux ~s, il a le feu aux ~s er rennt, als ob es hinter ihm brennte; être aux ~s de qn j-m auf den Fersen, hinter j-m her sein

trousseau [truso] *m* ⟨*pl* ~x⟩ **1.** ~ de clefs Schlüsselbund *m od n*; **2. a)** e-r

Braut Aussteuer *f*; **b)** *e-r Nonne, e-s Internatsschülers etc* Wäscheausstattung *f*

trousse|-pied [truspje] *m* ⟨*pl* trousse-pieds⟩ *für Tiere* Fußriemen *m*, -fessel *f*; **~-queue** *m* ⟨*pl* trousse-queues⟩ *der Pferde* Schwanzriemen *m*

troussequin [truskɛ̃] *m* **1.** *e-s Sattels* ¹Hinterzwiesel *m*; **2.** *cf* trusquin

trouss|er [truse] *v/t* **1.** *cuis* Geflügel um¹binden; *Pferdeschwanz* aufbinden; **2.** **~** les femmes, le jupon *cf* jupon **2.**; **3.** *litt Artikel, Rede* schnell und leicht verfassen; *Kompliment* drechseln; **~eur** *m* **~** de jupons Schürzenjäger *m*

trou-trou [trutru] *m* ⟨*pl* trou-trous⟩ *cout* Hohlsaum *m* mit ¹durchgezogenem Bändchen

trouvaille [truvaj, -vaj] *f* **1.** glücklicher Fund; **2.** treffende, geni¹ale Formu¹lierung; Geistesblitz *m*; F ¹Volltreffer *m*; *iron* c'est sa dernière ~ das ist s-e neueste Ma¹rotte

trouvé [truve] *adj* **1.** enfant ~ Findelkind *n*; objet ~ Fundsache *f*, -gegenstand *m*; (bureau *m* des) objets ~s Fundbüro *n*; **2.** formule bien ~e treffende Formulierung; la solution est toute ~e die Lösung bietet sich von selbst an

trouver [truve] **I** *v/t* **1.** finden; auffinden; entdecken; ausfindig machen; *Plan* ausdenken; ◆ *abs* j'ai trouvé! ich hab's (gefunden)!; ◆ ~ assistance auprès de qn bei j-m Hilfe finden; y ~ son compte auf s-e Rechnung, Kosten kommen; ~ la force de (+*inf*) die Kraft finden zu (+*inf*); ~ la mort den Tod finden, ¹umkommen, ums Leben kommen (dans un accident *+inf*); ~ l'occasion de (+*inf*) (e-e) Gelegenheit finden zu (+*inf*); ~ refuge chez qn bei j-m Zuflucht finden; je n'ai pas encore trouvé le temps de (+*inf*) ich habe noch keine Zeit gefunden, ich bin noch nicht dazu gekommen zu (+*inf*); ~ du travail Arbeit finden; ~ du travail à qn für j-n Arbeit finden; j-m Arbeit vermitteln; ~ un visage connu dans la foule in der Menge ein bekanntes Gesicht entdecken; ◆ aller ~ qn j-n auf-, besuchen; zu j-m gehen; venir ~ qn j-n auf-, zu j-m kommen; bei j-m vorsprechen; ◆ ~ à (+*inf*): il n'a pas encore trouvé à se loger er hat noch keine Bleibe gefunden; **2.** finden; (an-)treffen; vorfinden, begegnen (+*dat*); l'appartement en désordre die Wohnung in Unordnung vorfinden; ~ un compatriote à l'étranger im Ausland e-m Landsmann begegnen, e-n Landsmann treffen; la maison vide das Haus leer (vor)finden; *fig* ~ des obstacles auf Hindernisse stoßen; Hindernissen begegnen; ~ la porte fermée vor verschlossener Tür stehen; F où est-ce que tu as trouvé cela? was hat dich denn darauf gebracht?; F wo hast du das denn her, aufgeschnappt?; je l'ai trouvé endormi ich fand ihn schlafend;- als ich kam, schlief er; je l'ai trouvé fouillant, qui fouillait dans mes affaires ich über¹raschte, ertappte ihn, wie er meine Sachen durch¹wühlte; *thème* qu'on trouve chez les romantiques ... das man, das sich bei den Romantikern findet; F ~ à qui parler (gerade) an den Richtigen, an die richtige Adresse kommen, geraten; s-n Meister finden; **3.** finden; bekommen; sich verschaffen; auftreiben; ~ du plaisir à (+*inf*) Freude daran finden, bekommen zu (+*inf*); c'est un modèle qu'on ne trouve plus dieses Modell gibt es nicht mehr, ist nicht mehr zu haben, bekom-

men; il faut absolument que je trouve de l'argent ich muß unbedingt Geld auftreiben; ich muß mir unbedingt Geld verschaffen; où peut-on ~ ...? wo bekommt man, gibt es ...?; **4.** ~ (+*adj*) finden (+*adj*); halten für (+*adj*); ~ que ... finden, daß ...; der Ansicht, Meinung sein, daß ...; meinen, glauben, daß ...; comment trouvez-vous cela? wie finden Sie das?; wie gefällt *bzw* schmeckt Ihnen das?; *il est très bien, ce garçon* – tu trouves? moi, je ne trouve pas ... findest du (wirklich)? ich nicht; je ne trouve pas cela très bien de sa part ich finde das nicht sehr schön von ihm; *st/s* je trouve bon que ... (+*subj*) halte, erachte es für gut, richtig, *od* wenn ...; ~ un problème difficile ein Problem schwierig finden, für schwierig halten; je la trouve un peu fatiguée ich finde, sie sieht etwas müde aus; je trouve cela injuste, que c'est injuste ich finde das ungerecht, ich halte das für ungerecht, empfinde das als ungerecht; ~ un film intéressant e-n Film interessant finden; *vous trouvez que c'est, st/s trouvez-vous que ce soit la peine de* (+*inf*) glauben, meinen, finden Sie, daß es sich lohnt zu (+*inf*); ◆ je lui trouve une certaine froideur ich halte ihn für, finde ihn etwas kalt; ich finde, er ist etwas kalt; je ne lui trouve pas bonne mine ich finde, er sieht nicht gesund aus; meiner Meinung nach sieht er nicht gesund aus; **II** *v/pr* se ~ **5.** sich befinden; sein; dans les circonstances où je me trouve in meiner jetzigen, augenblicklichen Lage; se ~ pris dans un embouteillage in e-e Verkehrsstockung geraten; dans l'espace qui se trouve compris entre ... in dem Raum zwischen ...; je me trouve dans l'impossibilité de (+*inf*) ich kann unmöglich (+*inf*); es ist mir unmöglich zu (+*inf*); elle se trouve dans une situation difficile sie befindet sich, ist in e-r schwierigen Lage; *il ouvrit la porte et se trouva dans une salle* ... und befand sich, stand in e-m Saal; se ~ devant un problème insurmontable vor e-m unlösbaren Problem stehen; le café se trouve en face de l'église das Wirtshaus befindet sich, liegt der Kirche gegenüber; **6.** zu finden sein; sich finden; vorkommen; vor¹handen sein; c'est là que se trouve la difficulté darin liegt die Schwierigkeit; *un thème qui se trouve fréquemment chez* ... das sich, das man häufig bei ... findet; *ce tronçon de route ne se trouve pas encore sur la carte* ... ist noch nicht auf der Karte (eingezeichnet, eingetragen); *votre nom ne se trouve pas sur cette liste* ... steht nicht auf dieser Liste; ◆ *unpersönlich* il se trouve toujours des gens qui ... es finden sich, es gibt immer Leute, die ...; **7.** sein; sich fühlen; se ~ mal sich wohl fühlen; ... et je m'en trouve très bien ... und ich fühle mich sehr wohl dabei; ... und es tut mir sehr gut; ... und ich bin gut daran getan, F bin gut dabei gefahren; se ~ dépaysé sich fremd vorkommen; sich nicht zu Hause fühlen; se ~ embarrassé in Verlegenheit kommen, geraten; se ~ mal ohnmächtig werden; **8.** sich ergeben; sich fügen; sich her¹ausstellen, erweisen (être als); ça se trouve bien das trifft sich gut; F si ça se trouve möglich, daß; F kann sein, daß; si ça se trouve, il fera beau kann sein, daß es schön wird; il se trouva être le dernier à venir es fügte sich, ergab sich, daß er als letzter kam; la nouvelle se

trouva être fausse die Nachricht stellte sich als falsch heraus, erwies sich als falsch; ◆ *unpersönlich*: il se trouve que c'est lui qui ~ (*Vergangenheit*) a) es fügte sich, traf sich, der Zufall wollte, daß er ...; b) es zeigte sich, stellte sich heraus, daß er ...; il se trouva que la nouvelle était fausse die Nachricht erwies sich als falsch, stellte sich als falsch heraus; **9.** se ~ (+*adj*) sich halten für (+*adj*); sich (+*adj*) finden; se ~ laid sich für häßlich halten; sich häßlich finden; **10.** sich (selbst) finden

trouvère [truvɛr] *m* Trou¹vère *m* (*nordfrz Minnesänger*)

troyen [trwajɛ̃] **I** *adj* ⟨~ne⟩ **1.** *hist* tro¹janisch; **2.** aus, von Troyes; **II** *subst* ~(ne) *m(f)* **1.** *hist* Tro¹janer(in) *m(f)*; **2.** Einwohner(in) *m(f)* von Troyes

truand [tryɑ̃] *m* Gauner *m*; Ga¹nove *m*; Gangster ['gɛn-] *m*

truander [tryɑ̃de] *v/t* begaunern; übers Ohr hauen; prellen; se faire ~ sich übers Ohr hauen lassen

truble [trybl(ə)] *f Fischerei* Kescher *m*; Hamen *m*

trublion [tryblijõ] *m* Unruhestifter *m*

truc[1] [tryk] *m* **1.** F (*procédé habile*) Kniff *m*; Trick *m* (*auch e-s Zauberkünstlers*); F Dreh *m*; Pfiff *m*; connaître tous les ~s du métier sein Handwerk verstehen; F alle Kniffe kennen; ein alter Hase sein; maintenant, je connais le ~ F jetzt hab' ich den Kniff, Dreh heraus; trouver un, le ~ pour (+*inf*) F e-n Kniff, Trick, Dreh finden, um zu (+*inf*); **2.** *cin* Trick *m*; **3.** F (*chose*) Sache *f*; Ding *n*; F Dings *n*; Dingsda *n*; Dingsbums *n*; Zeug(s) *n*; *Person* F Dingsda *m*, -bums *m*; un drôle de ~ e-e seltsame, komische, verrückte Sache; qu'est-ce que c'est que ce ~-là was soll das denn sein?; F was is'n das für'n Ding?; F je raconte tout un tas de ~s idiots F er hat e-n Haufen, e-e Menge Quatsch, blödes Zeug erzählt; j'ai rencontré ~ F ich hab' den Dingsda, -bums getroffen

truc[2] [tryk] *m auto* (*Art*) Pritschenwagen *m*; *ch de fer* offener Güterwagen; Lore *f*

trucage *cf* truquage

truchement [tryʃmɑ̃] *m* **1.** par le ~ de qn über, durch j-n; durch j-s Vermittlung; **2.** *litt* Dolmetsch *m*; Fürsprecher *m*

trucider [tryside] *iron v/t* ¹umbringen; F um die Ecke bringen; P ¹umlegen

truck [tryk] *m cf* truc[2]

trucmuche [trykmyʃ] *m* F Dingsda *n*, -bums *n*

trucul|ence [trykylɑ̃s] *f* Urwüchsigkeit *f*; **~ent** *adj Person, Sprache* urwüchsig; *Sprache auch* saftig; derb; *Witz* saftig

truelle [tryɛl] *f* **1.** (Maurer)Kelle *f*; **2.** Vorlegemesser *n* für Fisch

truffe [tryf] *f* **1.** *bot, cuis* Trüffel *f*; **2.** ~ (en chocolat) (Schoko¹lade)Trüffel *f*; **3.** *des Hundes* Nase *f*

truff|é [tryfe] *adj* **1.** *cuis* getrüffelt; mit Trüffeln gefüllt; foie gras ~ Trüffelleber *f*, -pastete *f*; **2.** *fig Text, Rede* gespickt (de mit); **~er** *v/t* **1.** *cuis* trüffeln; mit Trüffeln füllen; **2.** *fig Text mit Zitaten etc* spicken (de mit)

trufficulture [tryfikyltyr] *f agr* Trüffelzucht *f*

truff|ier [tryfje] *adj* ⟨-ière⟩ Trüffel...; chêne ~ Eiche *f*, in deren unmittelbarer Nähe Trüffeln wachsen; chien ~ für die Trüffelsuche abgerichteter Hund; **~ière** *f* Gelände *n*, auf dem Trüffeln wachsen

truie [tryi] *f zo* **1.** (Zucht)Sau *f*; Mutterschwein *n*; **2.** ~ de mer Meersau *f*, -eber *m*

truisme [tryism(ə)] *m péj* Binsenwahrheit *f*; *péj* Gemeinplatz *m*; Triviali¹tät *f*

truite [truit] f zo Fo'relle f; ~ (commune) Bachforelle f; ~ arc-en-ciel Regenbogenforelle f; cuis ~ au bleu Forelle blau; ~ des lacs, de mer See-, Meerforelle f; pêche f à la ~ Forellenfang m, -fischerei f

truité [truite] adj 1. Pferd rötlich gefleckt; 2. Keramik craque'liert od krake'liert; Gußeisen me'liert

trumeau [trymo] m <pl ~x> 1. beim Rind Hesse f; 2. Ka'min- bzw Pfeilerspiegel m; 3. arch a) Fensterpfosten m; b) e-s Portals Mittelpfosten m; 4. F fig vieux ~ F alte Schachtel

truquage [tryka3] m 1. cin Trickaufnahme f; 2. Schwindel m; Fälschung f; von Möbeln, Kunstgegenständen Auf-'altZurechtmachen n; ~ des élections Wahlschwindel m, -fälschung f

truqué [tryke] adj 1. cin Trick...; scène ~e Trickszene f; 2. gefälscht; Karten falsch; élections ~es verfälschte, manipu'lierte Wahlen f/pl; Scheinwahlen f/pl; sports match ~ Wettkampf m od Spiel n, bei dem geschoben wurde

truqu|er [tryke] v/t Möbel, Bild auf alt zu'rechtmachen, F fri'sieren; sports ~ un combat das Ergebnis e-s Wettkampfs absprechen; ~ un dossier e-e Akte fälschen bzw Schriftstücke e-r Akte durch andere ersetzen; **~eur I** adj <-euse> pol découpage ~ (manipu-'lierte) Wahlkreiseinteilung, die das Wahlergebnis verfälscht; **II** m cin Tricktechniker m, -spezialist m

trusquin [tryskɛ̃] m Metallbearbeitung Höhen-, Paral'lelreißer m; Holzbearbeitung ~ d'assemblage Streichmaß n

trusquiner [tryskine] v/t Linien mit dem Höhenreißer ziehen

trust [trœst] m écon Trust [-a-] m; ~ l'acier Stahltrust m; **~er** v/t écon vertrusten [-a-]; monopoli'sieren; **~eur** m Gründer m e-s bzw von Trusts

trypanosome [tripanozom] m biol Trypano'soma n

trypanosomiase [tripanozomjaz] f path Trypa'nose f

trypsine [tripsin] f Biochemie Tryp'sin n

tryptophane [triptofan] m Biochemie Trypto'phan n

tsar [dzar, tsar] m Zar m

tsar|évitch [dzarevitʃ, tsa-] m Za're-witsch m; **~ine** f Zarin f; **~isme** f Za'rismus m; **~iste** adj za'ristisch

tsé-tsé [tsetse] f zo ~ od adit mouche f ~ Tsetse-, Zungenfliege f

tsigane [tsigan] **I** adj Zi'geuner...; langue f, musique f ~ Zigeunersprache f, -musik f; **II** m,f Zi'geuner(in) m(f)

tsoin-tsoin [tswɛ̃tswɛ̃] F am Schluß e-s Lieds, als Refrain, auch tagada ~! etwa schrumm, schrumm!; schrummfidebumm!

tsunami [tsynami] m géogr Tsunami m; Flutwelle f im Pazifik

tu[1] [ty] pr/pers der 2. pers sg <vor Vokal u stummem h f t'> du; in Briefen Du; F qu'est-ce que t'as dit? was hast du, F haste gesagt?; dire ~ à qn du zu j-m sagen; j-n mit du anreden; être à ~ et à toi avec qn mit j-m auf du und du stehen; j-s Duzfreund sein

tu[2] [ty] p/p von taire

tuant [tuɑ̃] F adj Sache ermüdend; anstrengend; F strapazi'ös; Person F anstrengend; c'est ~ F das kann einen ja 'umbringen; il est ~ er ist äußerst anstrengend; er tötet einem den Nerv

tub [tœb] m Duschwanne f; prendre un ~ e-e Dusche nehmen; (sich) duschen

tuba [tyba] f 1. mus Tuba f; 2. sports Schnorchel m

tubage [tyba3] m 1. méd ~ duodénal, du duodénum Einführung f e-r Duodenal-sonde; ~ gastrique a) (Magen)Ausheberung f; b) (auch ~ de l'estomac) Einführung e-r Magensonde, e-s Magenschlauchs; ~ du larynx Intubati'on f; 2. tech Rohrlegung f; Verrohrung f

tubaire [tybɛr] adj méd **a)** Ohrtrompeten...; **b)** Eileiter...; grossesse f ~ Eileiter-, Tubenschwangerschaft f

tubard [tybar] F **I** adj tuberku'lös; il est ~ er hat Tuberkulose, F die Motten; **II** subst ~(e) m(f) Tuberku'losekranke(r) f(m)

tube [tyb] m 1. Rohr n; Röhre f; mil ~ lance-fusées Abschußrohr n e-s Raketenwerfers; chim ~ à essai Rea'genz-, Pro'bierglas n; bei Dampfkesseln ~ à niveau Wasserstandsglas n, -röhre f; ~ d'acier, de canon, de raccordement, de verre Stahl-, Ka'nonen-, Verbindungs-, Glasrohr n; loc/adv: en forme de ~ röhrenförmig; mar à pleins ~s mit voller Kraft; F foncer à pleins ~s mit dem Fahrrad F mit Ka'racho fahren; mit dem Auto 'Vollgas geben; F auf die Tube drücken; 2. élect Röhre f; ~ cathodique Braunsche Röhre; Ka'thodenstrahlröhre f; ~ électronique Elek'tronenröhre f; ~ fluorescent Leuchtstofflampe f, -röhre f; ~ image Bildröhre f; ~ à décharge électrique, au néon, à rayons X, à vide Gasentladungs-, Neon-, Röntgen-, Vakuumröhre f; 3. Tube f; ~ de colle Tube Klebstoff; ~ de dentifrice Tube Zahnpasta; Zahnpastatube f; ~ de peinture Farbtube f; loc/adj en ~ Tuben...; in der Tube; 4. für Medikamente etc Röhrchen n; ~ d'aspirine Röhrchen Aspirin; ~ de vanille Röhrchen (mit) Vanille; 5. méd, opt Tubus m; 6. anat Ka'nal m; ~ digestif a) Verdauungskanal m, -trakt m; b) F Speiseröhre f; ~s urinifères Harnkanälchen n/pl; 7. bot ~ criblé Siebröhre f, -zelle f; ~ pollinique Pollenschlauch m; 8. im Boden ~ fulminaire Blitzröhre f; 9. arg mus Hit m; 10. Pferderennen Tip m

tuber [tybe] v/t tech verrohren; Rohre einsetzen in (+acc)

tubéracées [tyberase] f/pl bot Schlauchpilze m/pl

tubercule [tyberkyl] m 1. anat Höcker m; 2. path a) Knoten m; Knötchen n; b) bei Tuberkulose Tu'berkel m; 3. bot Knolle f; (faux) ~ Rübe f

tuberculeux [tyberkylø] **I** adj <-euse> 1. path tuberku'lös; Tuberku'lose...; bacilles m/pl ~ Tu'berkelbakterien f/pl; foyer ~ Tuberkuloseherd m; tuberkulöser Herd; laryngite, méningite tuberculeuse Kehlkopftuberkulose f, tuberkulöse Meningitis; être ~ Tuberkulose haben; 2. bot Knollen...; plante tuberculeuse Knollenpflanze f; racine tuberculeuse knollige Speicherwurzel; **II** subst ~, tuberculeuse m,f Tuberku-'losekranke(r) f(m); Tbc-Kranke(r) f(m)

tuberculination [tyberkylinasjõ] f vét Tuberku'lininjektion f

tuberculin|e [tyberkylin] f méd Tuberku'lin n; **~er** v/t vét bei e-m Tier e-e Tuberku'linprobe machen; **~ique** adj méd Tuberku'lin...; réaction f ~ Tuberkulinreaktion f; timbre ~ Pflasterprobe f; Moro-Probe f; **~isation** f cf tuberculination; **~iser** v/t cf tuberculiner

tuberculis|ation [tyberkylizasjõ] f path Tu'berkelbildung f; **~er** v/pr se ~ tuberku'lös werden

tuberculose [tyberkyloz] f path Tuberku'lose f; abr Tbc(-) f; ~ intestinale, osseuse, pulmonaire, rénale Darm-, Knochen-, Lungen-, Nierentuberkulose f; ~ des bovins, des oiseaux Rinder-, Geflügeltuberkulose f

tubér|euse [tyberøz] f bot Tube'rose f; Nachthyazinthe f; **~eux** adj <-euse> bot cf tuberculeux I 2.

tubér|iforme [tyberifɔrm] adj bot Pilz trüffelförmig, -artig; **~isation** f bot Knollenbildung f; **~isé** adj bot Knollen...; ~ racine ~e Knollenwurzel f

tubérosité [tyberozite] f 1. anat Höcker m (mit rauher Oberfläche); sc Tube-'rositas f; 2. bot Rübe f

tubicoles [tybikɔl] m/pl zo Röhrenwürmer m/pl

tubi|fex [tybifɛks] m zo Schlammröhrenwurm m; sc Tubifex m; **~pore** m zo Orgelkoralle f

tubiste [tybist] m Cais'sonarbeiter m

tubulaire [tybylɛr] adj 1. röhrenförmig; Röhren...; 2. Stahlrohr...; échafaudage m ~ Stahlrohrgerüst n; meubles m/pl ~s Stahlrohrmöbel n/pl

tubul|é [tybyle] adj 1. biol röhrenförmig; röhrig; 2. tech mit Stutzen (versehen); **~eux** adj <-euse> biol röhrenförmig; Blumenkrone röhren-, trichterförmig; anat glandes tubuleuses tubu'löse, schlauchförmige Drüsen f/pl

tubuliflores [tybyliflɔr] f/pl bot Röhrenblüter m/pl; Tubi'floren pl

tubulure [tybylyr] f tech 1. Stutzen m; Rohransatz m; 2. coll Röhren f/pl; Rohre n/pl; auto: ~ d'admission Ansaugrohr n; ~ d'alimentation Kraftstoff- bzw Öl- bzw Kühlwasserleitung f

tudesque [tydɛsk] adj litt, auch péj deutsch; ger'manisch

tué [tɥe] **I** adj getötet; tot; tödlich verunglückt; mil gefallen; trois personnes ~es dans une explosion drei Tote bei e-r Explosion; cf auch tuer 4.; **II** m Getötete(r) m; Tote(r) m; tödlich Verunglückte(r) m; mil Gefallene(r) m

tue|-chien [tɥʃjɛ̃] m <inv> bot Herbstzeitlose f; **~-diable** m <inv> Angeln Spinner m; **~-loup** m <inv> bot Wolfseisenhut m; **~-mouche I** adj papier m ~(s) Fliegenfänger m; **II** m <inv> bot Fliegenpilz m

tuer [tɥe] **I** v/t 1. Person töten (auch abs); 'umbringen; totschlagen; erschlagen; Tier töten; schlachten; ch erlegen; schießen; Bakterien abtöten; Unkraut, Ungeziefer vertilgen; ♦ ~ le temps die Zeit totschlagen; la voiture, en quittant la chaussée, a tué un passant ein Fußgänger wurde von dem Wagen ... tödlich verletzt; le cancer tue des milliers de personnes par an jährlich, jedes Jahr sterben Tausende an Krebs, fallen Tausende dem Krebs zum Opfer; ♦ mit adv: ~ qn à coups de pierres j-n durch Steinwürfe töten; ~ qn d'un coup de fusil j-n erschießen; ~ qn d'un coup, de plusieurs coups de couteau j-n (mit dem Messer) erstechen; j-n durch e-n Messerstich, durch Messerstiche töten, umbringen; bibl tu ne tueras point du sollst nicht töten; ♦ être tué getötet werden; 'umkommen; ums Leben kommen; im Krieg auch fallen; mil être tué à l'ennemi vor dem Feind fallen; être tué dans un accident (de voiture) bei e-m (Verkehrs-)Unfall 'umkommen, ums Leben kommen, getötet werden; tödlich verunglücken; il s'est fait ~ er ist 'umgekommen; ums Leben gekommen; mil gefallen; il mériterait qu'on le tue! ich könnte ihn umbringen!; 2. fig Gefühle völlig abstumpfen; zerstören; l'habitude tue l'amour die Gewohnheit ist der Tod der Liebe; 3. fig Geschäft etc rui'nieren; zu'grunde richten; der Ru'in sein für; den Garaus machen (+dat); 4. F fig fertigmachen; krank machen; 'um-

bringen; **ça me tue, ce bruit** F dieser Lärm bringt mich noch um, macht mich ganz krank, wahnsinnig; **je suis tué!** F ich bin fix und fertig; ich bin to'tal erledigt, ka'putt, hin, fertig; ich bin völlig ausgepumpt, erschlagen; **II** *v/pr* **se ~ 5.** sich töten, 'umbringen; Selbstmord begehen; sich das Leben nehmen; **6.** 'umkommen; ums Leben kommen; **se ~ en voiture, au volant de sa voiture** mit dem, s-m Wagen tödlich verunglücken; **au risque de se ~** auf die Gefahr hin, dabei umzukommen, ums Leben zu kommen; unter Lebensgefahr; **7.** *fig* **se ~ au travail** sich totarbeiten; sich zu Tode arbeiten, F schinden; F **je me tue à lui répéter que ~** ich sage es ihm tausendmal, daß ...

tuerie [tyri] *f* **1.** Blutbad *n*; Metze'lei *f*; Gemetzel *n*; Mas'saker *n*; **2.** pri'vater Schlachthof *(in Dörfern)*

tue-tête [tytɛt] *loc/adv* **à ~** schreien aus Leibeskräften; *singen* aus vollem Hals; lauthals; mit schallender Stimme

tueur [tyœr] *m* **1.** (Massen)Mörder *m*; **~ à gages** gedungener Mörder; **~ de lions** Löwentöter *m*; **2.** *im Schlachthof* Schlächter *m*

tuf [tyf] *m minér* Tuff *m*; Tuffstein *m*; **~ basaltique, calcaire, porphyrique** Ba'salt-, Kalk-, Porphyrtuff *m*

tuf|(f)eau [tyfo] *m minér (Art)* Kalktuff *m*; **~ier** *adj* ⟨**-ière**⟩ *minér* Tuff...

tufté [tyfte] *adj* **tapis ~** Tuftingteppich ['taf-] *m*

tuile [tɥil] *f* **1.** (Dach)Ziegel *m*; **~ canal, creuse, romaine, ronde** Hohlziegel *m*; **~ mécanique** *od* **à emboîtement** Falzziegel *m*; **~ plate** Flachziegel *m*; **2.** F *fig* Schlag *m* ins Kon'tor; Pech *n*; **quelle ~!, il m'est arrivé une ~!** F das ist, war vielleicht ein Schlag ins Kontor!

tuil|é [tɥile] *adj* **vin ~** durch Alterung oder Oxydati'on o'rangefarben gewordener Wein; **~eau** *m* ⟨*pl* **~x**⟩ Ziegelscherben *m*

tuil|erie [tɥilri] *f* **1. a)** Ziege'lei *f*; Ziegelbrenne'rei *f*; **b)** (Ziegel)Brennofen *m*; **2.** *in Paris* **les ~s** die Tuile'rien *pl*; **~ette** *f* kleiner Ziegel; **~ier** *m* Ziegelbrenner *m*; Ziege'leiarbeiter *m*

tularémie [tylaremi] *f path* Tulara'mie *f*

tulip|e [tylip] *f bot* Tulpe *f*; **~ noire** schwarze Tulpe; **~ perroquet** Papa'geitulpe *f*; **champ de ~s** Tulpenfeld *n*; **~ier** *m bot* Tulpenbaum *m*

tull|e [tyl] *m* **1.** *text* Tüll *m*; **~ illusion** sehr feiner Tüll; **~ de soie** Seidentüll *m*; **2.** *phm* **~ gras** mit Vaseline oder e-r andern Salbe getränkter Mullverband; **~erie** *f* **a)** Tüllindustrie *f*; **b)** (Ziegel)Brennofen; Tüllfabrik *f*; **~ier** *adj* ⟨**-ière**⟩ Tüll...; **industrie tullière** Tüllindustrie *f*; **~iste** *m* **a)** Tüllfabrikant *m*; **b)** Tüllhändler *m*; **c)** Arbeiter *m* in e-r Tüllfabrik

tuméfaction [tymefaksjõ] *f path* **a)** Anschwellen *n*; **b)** Schwellung *f*

tuméfi|é [tymefje] *adj* (an)geschwollen; verschwollen; *Auge auch* zugeschwollen; **avoir le visage tout ~** ein ganz verschwollenes Gesicht haben; **~er I** *v/t* anschwellen lassen; **II** *v/pr* **se ~** anschwellen

tumesc|ence [tymesãs] *f physiol, path* **a)** Anschwellen *n*; **b)** Schwellung *f*; **~ent** *adj* **a)** anschwellend; **b)** (an)geschwollen

tumeur [tymœr] *f path* Geschwulst *f*; Tumor *m*; **~ bénigne** gutartige Geschwulst; **~ blanche** Gelenktuberkulose *f*; **~ cérébrale, au cerveau** (Ge-)Hirntumor *m*; **~ maligne** bösartige Geschwulst

tumoral [tymɔral] *adj* ⟨**-aux**⟩ *path* Geschwulst...; **nodule ~** Geschwulstknoten *m*

tumulaire [tymylɛr] *litt adj* Grab...

tumulte [tymylt] *m* **1.** Tu'mult *m*; Getöse *n*; lärmendes Getümmel; Aufruhr *m*; **~ de la rue** Straßenlärm *m*; **un ~ d'acclamations s'éleva** donnernder Applaus erhob sich; *la réunion* **s'est terminée dans le ~** ... endete im allgemeinen Tumult; **2.** *litt* **~ des flots** Toben *n*, Tosen *n*, Brausen *n* der Wogen; **3.** *litt u fig* **~ des passions** Sturm *m* der Leidenschaften; **4.** *fig* **~ des affaires** Hektik *f*, Trubel *m* des Geschäftslebens, der Geschäfte

tumultueusement [tymyltɥøzmã] *adv* mit Getöse

tumultueux [tymyltɥø] *adj* ⟨**-euse**⟩ **1.** stürmisch; turbu'lent; tumultu'ös; *Versammlung auch* lärmend; **2.** *Wogen* tosend; tobend; brausend; **3.** *fig Leben* bewegt; *Jugend* stürmisch; *Leidenschaft* stürmisch; wild; heftig

tumulus [tymylys] *m Archäologie* Tumulus *m*; Hügelgrab *n*

tune *cf* **thune**

tuner [tjunœr, tynɛr] *m rad, Stereo* Tuner ['tju:-] *m*

tungstate [tœ̃kstat, tœ̃-] *m chim* Wolfra'mat *m*; **~ de sodium** Natriumwolframat *n*

tungst|ène [tœ̃kstɛn, tœ̃-] *m chim* Wolfram *m*; **acier m au ~** Wolframstahl *m*; **carbure m de ~** Wolframcarbid *n*; **~ique** *adj chim* Wolfram...; **~ite** *f chim* Wolframtrioxid *n*

tunicelle [tynisɛl] *f égl cath cf* **tunique 2.**

tuniciers [tynisje] *m/pl zo* Manteltiere *n/pl*; Tuni'katen *pl*

tunique [tynik] *f* **1.** *Antike* Tunika *f*; *rel* **la sainte ~** der Heilige Rock; *myth* **~ de Nessus** Nessushemd *n*, -gewand *n*; **2.** *égl cath* Tuni'zella *f*; **3.** *Frauenkleidung* **a)** Kasack(bluse) *m(f)*; **b)** *(Art)* Ka'minkleid *n*; **4.** *mil (Art)* Waffenrock *m (mit Stehkragen u ohne Taschen)*; **5.** *anat* Tunica *f*; *des Magens* **~ muqueuse** Schleimhaut *f*; **6.** *bot der Zwiebel* Schale *f*

tunisien [tynizjɛ̃] *I adj* ⟨**~ne**⟩ tu'nesisch; **II** *subst* **1.** **~(ne)** *m(f)* Tu'nesier(in) *m(f)*; **2.** *ling* **le ~** das Tu'nesische; Tu'nesisch *n*

tunnel [tynɛl] *m* **1.** Tunnel *m*; **~ routier, de chemin de fer** Straßen-, Eisenbahntunnel *m*; **~ du métro** U-Bahn-Tunnel *m*; **~ sous-fluvial** Unter'wassertunnel *m*; **~ sous la Manche** Tunnel *m* unter dem Ärmelkanal; **~ sous le mont Blanc** Mont-Blanc-Tunnel *m*; *fig u plais* **un combat de nègres dans le, un ~** ein dunkles, undeutliches Bild; *fig* **arriver, être au bout du ~** die schwierigste Zeit, das Schlimmste hinter sich haben; **faire passer un ~ sous** *la Manche etc* unter'tunneln (+*acc*); **percer, creuser un ~** e-n Tunnel bohren, bauen; **2.** *adit* **a)** *tech* **four** *m* **~** Tunnelofen *m*; **b)** *Elektronik* **diode** *f* **~** Tunneldiode *f*; **effet** *m* **~** Tunneleffekt *m*

tupaïa *od* **tupaja** [typaja] *m zo* Spitzhörnchen *n*

tupinambis [typinãbis] *m zo* Teju *m*; Solom'penter *m*

turban [tyrbã] *m* **1.** Turban *m*; *Kopftuch etc* **enroulé en ~** als Turban; in Turbanform; **2.** *adit bot* **lis** *m* **~** Türkenbund (-lilie) *m(f)*

turbellariés [tyrbɛlarje] *m/pl zo* Turbel'larien *f/pl*

turbide [tyrbid] *adj litt Wasser* trüb(e)

turbid|imétrie [tyrbidimetri] *f* Turbidime'trie *f*; **~ité** *f* e-r Flüssigkeit Trübung(sgrad) *f(m)*

turbin [tyrbẽ] *arg m* Arbeit *f*; F Job [dʒ-] *m*

turbinage [tyrbinaʒ] *m Zuckerfabrikation* Schleudern *n*; Zentrifu'gieren *n*

turbine [tyrbin] *f* **1.** Tur'bine *f*; **~ Francis, Kaplan, Pelton** Francis-, Kaplan-, Pelton-Turbine *f*; **~ hydraulique, à action, à gaz, à réaction, à vapeur** Wasser-, Akti'ons-, Gas-, Reakti'ons-, Dampfturbine *f*; **2.** Turbomotor *m*; Tur'bine *f*

turbiné [tyrbine] *adj biol* kreiselförmig

turbiner [tyrbine] *v/i arg (travailler)* arbeiten; F schaffen; schuften; sich abrackern

turbo-alternateur [tyrboaltɛrnatœr] *m* ⟨*pl* **turbo-alternateurs**⟩ *tech* Turbogenerator *m*

turbo|compresseur [tyrbokõprɛsœr] *m tech* Turbokompressor *m*; Kreisel-, Turboverdichter *m*; **~machine** *f tech* Strömungsmaschine *f*; **~moteur** *m tech* **a)** Turbomotor *m*; **b)** Dampfturbine *f*; **~propulseur** *m aviat* Turbo-'proptriebwerk *n*; **~réacteur** *m aviat* Turboluftstrahltriebwerk *n*; TL-Triebwerk *n*; **~soufflante** *f tech* Turbogebläse *n*

turbot [tyrbo] *m zo* Steinbutt *m*

turbot|ière [tyrbɔtjɛr] *f cuis* rautenförmige Fischpfanne; **~in** *m zo* junger Steinbutt

turbotrain [tyrbotrẽ] *m ch de fer* Tur-'binenzug *m*

turbull|ence [tyrbylãs] *f* **1.** *e-s Kindes* Wildheit *f*; Lebhaftigkeit *f*; **2.** *phys, météo* Turbu'lenz *f*; **degré** *m*, **niveau** *m* **de ~** Turbulenzgrad *m*; **~ent** *adj* **1.** *Kind* wild; sehr lebhaft; ausgelassen; **enfant ~** *auch* Wildfang *m*; **être ~** *auch* her'umtoben; **2.** *phys* turbu'lent

turc¹ [tyrk] **I** *adj* ⟨**turque**⟩ türkisch; **bain ~** türkisches Bad; Heißluftbad *n*; **café ~** türkischer Kaffee; *hist* **Empire ~** Os'manisches Reich; *mus* **marche turque** türkischer Marsch; *loc/adv:* *mus* **à la turque** alla turca; **cabinets** *m/pl* **à la turque** Hockabort *m*; Stehklosett *n*; **assis à la turque** im Schneidersitz; **II** *subst* **1.** ♀, **Turque** *m,f* Türke *m*, Türkin *f*; *hist* **le Grand** ♀ der Großtürke; *fig* **être la tête de** ♀ **de qn** der Zielscheibe von j-s Spott sein; von j-m (ständig) ausgelacht werden; **b)** von j-m gequält werden; j-s Prügelknabe sein; **être fort comme un** ♀ bären-, bullenstark sein; Bärenkräfte haben; **2.** *ling* **le ~** das Türkische; Türkisch *n*

turc² [tyrk] *m zo* Engerling *m*

turcique [tyrsik] *adj anat* **selle** *f* **~** Türkensattel *m*; *sc* **Sella turcica** *f*

turdidés [tyrdide] *m/pl zo* Drosseln *f/pl*

turf [tyrf] *m* **a)** Pferderennsport *m*; Turf *m*; **b)** (Pferde)Rennbahn *f*; Turf *m*; **~iste** *m* **a)** Liebhaber(in) *m(f)* von Pferderennen; **b)** Wetter(in) *m(f)* bei Pferderennen

turgesc|ence [tyrʒesãs] *f physiol des Gewebes* Schwellung(szustand) *f(m)*; *sc* Turges'zenz *f*; **~ent** *adj* Gewebe geschwollen

turion [tyrjõ] *m bot* (Spargel)Sproß *m*

turkmène [tyrkmɛn] **I** *adj* turk-'menisch; **II** *subst* **1.** ♀**s** *m/pl* Turk-'menen *m/pl*; **2.** *ling* **le ~** das Turk'menische; Turk'menisch *n*

turlupiner [tyrlypine] F *v/t* **ça me turlupine** das läßt mir keine Ruhe, verfolgt mich, quält mich

turlut [tyrlyt] *m zo* Wiesenpieper *m*

turlututu [tyrlytyty] *int* ~ **(chapeau pointu)** papperla'papp!

turne [tyrn] *arg f* Zimmer *n*; F Bude *f*

turnep(s) [tyrnɛp(s)] *m agr* Weiße Rübe; Wasserrübe *f*

turonien [tyrɔnjɛ̃] *m géol* Tu'ron *n*
turpitude [tyrpityd] *f* **a)** Schändlichkeit *f*; Verworfenheit *f*; **b)** Schandtat *f*; Schändlichkeit *f*
turqu|e [tyrk] *cf* turc; **⌐ette** *f bot* Bruchkraut *n*; **⌐in** *adj* marbre *m* ⌐ blauer, weißgeäderter Marmor
turquoise [tyrkwaz, -kwaz] **I** *subst* **1.** *f minér* Tür'kis *m*; **2.** *m Farbe* Tür'kis (-blau) *n*; **II** *adj ⟨inv⟩* ⌐ *od* bleu ⌐ tür'kis(farben); tür'kisblau
turriculé [ty(r)rikyle] *adj zo* türmchenförmig
turritelle [ty(r)ritɛl] *f zo* Turmschnecke *f*
tussah [tysa] *m text* ⌐ *od adit* soie *f* ⌐ Tussahseide *f*
tussilage [tysilaʒ] *m bot* Huflattich *m*
tussor [tysɔr] *m text cf* tussah
tutélaire [tytelɛr] *adj* **1.** *jur* **a)** Zivilrecht vormundschaftlich; Vormundschafts…; **gestion** *f* ⌐ (Vermögens)Verwaltung *f* durch den Vormund; **b)** Völkerrecht Treuhands…; **puissance** *f* ⌐ Schutzmacht *f*; **2.** *litt* Schutz…; schützend; **dieu** *m* ⌐ Schutzgott *m*
tutelle [tytɛl] *f* **1.** *jur* **a)** Zivilrecht Vormundschaft *f*; ⌐ **dative** durch den Familienrat errichtete Vormundschaft; ⌐ **légale** kraft Gesetzes eintretende Vormundschaft; **conseil** *m* **de** ⌐ vom Vater durch Testament benannter Vormund (*nur für Vermögensverwaltung, als Beistand für die Mutter des Mündels*; **conseil** *m* **des** ⌐**s** *etwa* Vormundschaftsrat *m* (*erfüllt die Funktionen des Familienrates bei unehelichen Kindern*); **être en** ⌐ unter Vormundschaft stehen; **b)** *Völkerrecht* Treuhandschaft *f*; **conseil** *m* **de** ⌐ Treuhänderrat *m*; **régime** *m* **de** ⌐ Treuhandsystem *n*; **territoire** *m* **sous** ⌐ Treuhandgebiet *n*; **c)** *adm* ⌐ **administrative** Staatsaufsicht *f*; **d)** *Strafrecht (seit 1970)* ⌐ **pénale** *etwa* Sicherungsverwahrung *f*; **2.** Bevormundung *f*; **maintenir qn en** ⌐, **tenir qn en**, **sous** ⌐ j-n bevormunden, gängeln, am Gängelband führen; **3.** *st/s* Schutz *m*; **être sous la** ⌐ **des lois** unter dem Schutz der Gesetze stehen
tuteur [tytœr] *m* **1.** *jur* Vormund *m*; **désigner**, **nommer un** ⌐ e-n Vormund bestellen, benennen, berufen; **2.** *jard* Stütze *f*; Stützstange *f*, -pfahl *m*
tuteur|age [tytœraʒ] *m jard* (Ab)Stützen *n*; **⌐er** *v/t jard* (ab)stützen
tutoiement [tytwamɑ̃] *m* Duzen *n*
tutoyer [tytwaje] *⟨-oi-⟩* **I** *v/t* duzen; **II** *v/pr* **se** ⌐ sich duzen; du zueinander sagen; F miteinander auf du und du, auf dem Duzfuß stehen
tutrice [tytris] *f* (weiblicher) Vormund
tutti [tu(t)ti] *m ⟨inv⟩ mus* Tutti *n*
tutti frutti [tu(t)tifru(t)ti] *m ⟨inv⟩* Tutti'frutti *n* (*Eis*)
tutti quanti [tu(t)tikwɑ̃ti] *loc/adv* nach *Aufzählung von Personen* … **et** ⌐ … und so weiter; … und dergleichen mehr
tutu [tyty] *m* **1.** Bal'lettröckchen *n*; Tu'tu *n*; **2.** *enf* Po'po *m*
tuyau [tyijo] *m ⟨pl* ⌐**x**⟩ **1.** Rohr *n*; Röhre *f*; *aus elastischem Material* Schlauch *m*; ⌐ **coudé** Knierohr *n*; ⌐ **d'arrosage** Gartenschlauch *m*; ⌐ **d'aspiration** Saugrohr *n*, -leitung *f*; ⌐ **de caoutchouc** Gummischlauch *m*; ⌐ **de chauffage central** (Zen'tral)Heizungsrohr *n*; ⌐ **de cheminée** Rauchabzugsrohr *n*; *par ext* Schornstein *m*; ⌐ **de ciment** Ze'mentrohr *n*, -röhre *f*; ⌐ **de conduite d'eau** Wasserleitungsrohr *n*; ⌐ **de décharge** Abfluß-, 'Überlaufrohr *n*; ⌐ **de descente** Fallrohr *n*; ⌐ **d'échappement** Abzugsrohr *n*; *auto* Auspuffrohr *n*; ⌐ **d'égout** Kanalisati'onsrohr *n*; ⌐ **de**

pipe Pfeifenrohr *n*, -stiel *m*; ⌐ **de plomb** Bleirohr *n*; ⌐ **de poêle** Ofenrohr *n*; F *fig* **il m'a glissé ça dans le** ⌐ **de l'oreille** er hat mir das im Vertrauen gesagt; **2.** F Tip *m*; ⌐ falscher Tip; **3.** ⌐ **d'orgue** Orgelpfeife *f*; **4. e-r** *Vogelfeder* Spule *f*; **5.** *bot* ⌐ (**de tige**) (Getreide-)Halm *m*; **6.** *bei Wäsche, Kleidungsstücken* Tollfalte *f*
tuyaut|age [tɥijotaʒ] *m tech* Rohrleitung *f*, -netz *n*; **⌐er** *v/t Wäsche etc* mit Tollfalten versehen; tollen
tuyauterie [tɥijotri] *f* **1.** Röhren *f/pl*; Rohre *n/pl*; Rohrleitung(en) *f(pl)*; Rohrstrang *m*; Röhrensystem *n*; **2.** *der Orgel* Pfeifen(werk) *f/pl(n)*
tuyère [tɥijɛr, tɥijer] *f tech* **1.** (Schub-)Düse *f*; **2.** *bei Hochöfen* Blas-, Windform *f*
tweed [twid] *m text* Tweed [-i:-] *m*
twin-set [twinsɛt] *m ⟨pl* twin-sets⟩ *Mode* Twinset *m od n*
twist [twist] *m Tanz* Twist *m*; **⌐er** *v/i* Twist tanzen
tylenchus [tilɛkys] *m zo* Älchen *n*
tympan [tɛ̃pɑ̃] *m* **1.** *anat* Trommelfell *n*; **caisse** *f* **du** ⌐ Paukenhöhle *f*; **un bruit à briser, crever, rompre le** ⌐ (**ein**) ohrenbetäubender Lärm; **2.** *arch* Tympanon *m*; Giebel-, Bogenfeld *n*; **3.** *tech* Ritzel *n*; **4.** Schöpfrad *n*
tympanal [tɛ̃panal] *m anat* ⌐ *od adit* **os** *m* ⌐ Pars tym'panica *f* des Schläfenbeins
tympan|ique [tɛ̃panik] *adj* **1.** *anat* artère *f* ⌐ Paukenhöhlenschlagader *f*; *sc* Ar'teria tym'panica *f*; **cavité** *f* ⌐ Paukenhöhle *f*; **membrane** *f* ⌐ Trommelfell *n*; **2.** *méd* **son** *m* ⌐ tympa'nitischer Perkussi'onsschall; **1.** *méd* tympa'nitischer Perkussi'onsschall; **2.** *path* Tympa'nie *f*
tympanon [tɛ̃panɔ̃] *m mus* Hackbrett *n*
tyndallisation [tɛ̃dalizasjɔ̃] *f phm* Tyndallisati'on *f*; fraktio'nierte Sterilisati'on *f*
type [tip] *m* **1.** Typ(us) *m* (*auch philos, biol, Literatur*); Urbild *n*; Ur-, Grundform *f*; *bot, zo auch* typischer Vertreter; Staatsverfassung *etc* **du** ⌐ **américain** amerikanischer Prägung; **nach amerikanischem Muster, Modell; c'est le** ⌐ **de la phrase** *qui ne veut rien dire* das ist das Musterbeispiel für e-n Satz…; **c'est le** ⌐ **du provincial** er ist der Typ des Provinzlers, der typische Provinzler; **2.** *auf das Äußere e-r Person bezogen* Typ *m*; **un certain** ⌐ **de beauté** ein bestimmter Schönheitstyp; **elle a le** ⌐ **nordique** sie ist ein nordischer Typ; **ce n'est pas mon** ⌐ er *bzw* sie ist nicht mein Typ, nicht der Typ, der mir gefällt; **3.** F Kerl *m*; Typ *m*; Mannsbild *n*; Kunde *m*; **un chic** ⌐ ein feiner, prima Kerl; **un pauvre** ⌐ ein armer, bedauernswerter Kerl; **un sale** ⌐ ein widerlicher, gräßlicher Kerl; ein übler Kunde; **un drôle de** ⌐ ein seltsamer Kauz; **c'est un** ⌐ **marrant** der ist vielleicht 'ne Type, Marke; **elle est venue avec son** ⌐ sie ist mit ihrem Kerl gekommen; **4.** *tech* Mo'dell *n*; Typ *m*; Bauart *f*; Muster *n*; ⌐ **réglementaire** vorschriftsmäßiges Modell; vorschriftsmäßige Ausführung; **5.** *adjt* **a)** typisch; charakte'ristisch; **erreur** *f* ⌐ typischer, charakteristischer Fehler, Irrtum; **l'intellectuel** *m* ⌐ der Typ des Intellektuellen; der typische Intellektuelle; **b)** *adm* Muster…; Standard…; **contrat** *m* ⌐ Muster-, Standardvertrag *m*; **6.** *impr* Letter *f* (Druck)Type *f*; **7.** *auf Münzen* Gepräge *n*; Bild *n*; **8.** *Theologie* Typus *m*
typ|é [tipe] *adj* très, fortement ⌐ ganz typisch; mit typischen Zügen; *thé* personnage très ⌐ ausgeprägter Typ;

typi'sierte Fi'gur; il est très ⌐ er ist ein sehr ausgeprägter Typ; **⌐esse** *f* F *péj* Frauenzimmer *n*; Weibsbild *n*
typha [tifa] *m bot* Rohrkolben *m*
typhacées [tifase] *f/pl* Rohrkolbengewächse *n/pl*
typhique [tifik] *path* **I** *adj* **1.** Fleckfieber…; **2.** Typhus…; **bacille** ⌐ Ty'phusbazillus *m*, -bakterie *f*; **II** *m,f* **1.** an Fleckfieber Erkrankte(r) *f(m)*; **2.** Typhuskranke(r) *f(m)*
typhlite [tiflit] *f path* Ty'phlitis *f*
typho-bacillose [tifobasiloz] *f path* Typhobazil'lose *f*
typhoïd|e [tifɔid] *adj path* typho'id; **état** *m* ⌐ typhoider Zustand; **fièvre** *f* ⌐ *od* **subst** ⌐ *f* Typhus *m*; **⌐ique** *adj path* Typhus…
typhomycine [tifɔmisin] *f phm* Chlorampheni'kol *m*
typhon [tifɔ̃] *m* Tai'fun *m*
typhose [tifoz] *f vét* ⌐ **aviaire** Geflügeltyphus *m*
typhus [tifys] *m path* **a)** ⌐ (**exanthématique**) Fleckfieber *n*, -typhus *m*; Hungertyphus *m*; **b)** Rückfall-, Rekur'rensfieber *n*; **c)** *vét* ⌐ **du chien** Hundetyphus *m*; Stuttgarter Hundeseuche *f*
typique [tipik] *adj* **1.** typisch, charakte'ristisch (**de** für); **cas** *m* ⌐ typischer Fall; **2.** *mus* **musique** *f* ⌐ südamerikanische Musik; **⌐ment** *adv* typisch
typo¹ [tipo] *m Kurzform für* typographe; **⌐²** *f Kurzform für* typographie
typochromie [tipɔkrɔmi] *f impr* Farbendruck *m*
typograph|e [tipɔgraf] *m,f* Schriftsetzer(in) *m(f)*; Typo'graph(in) *m(f)*; *bes* (Hand)Setzer(in) *m(f)*; **⌐ie** *f* Typogra'phie *f*; Buchdruckerkunst *f*; Druck *m*; **⌐ique** *adj* typo'graphisch; (Buch-)Druck…; **b)** (Buch)Drucker…; **argot** *m* ⌐ Jargon *m* der Buchdrucker
typo|logie [tipɔlɔʒi] *f* Typolo'gie *f*; **⌐mètre** *m impr* Typo'meter *n*
typon [tipɔ̃] *m impr* (gerasterter) Positivfilm für das Offsetverfahren
typote [tipɔt] *f* F *Kurzform für* typographe *f*
tyramine [tiramin] *f Biochemie* Tyra'min *n*
tyran [tirɑ̃] *m* **1.** *hist u fig, auch plais* Ty'rann *m*; ⌐ **domestique** Haustyrann *m*; **c'est un** ⌐ **véritable, vrai** ⌐ er ist ein richtiger Tyrann; **2.** *zo* Ty'rann *m*
tyrannie [tirani] *f pol u fig* Tyran'nei *f*; Gewalt-, Willkürherrschaft *f*; *hist* Ty'rannis *f*; *fig*: ⌐ **de la mode** Dikta'tur *f* der Mode; ⌐ **d'un père** Tyrannei e-s Vaters; **exercer sa** ⌐ **sur qn** j-n tyranni'sieren
tyrannique [tiranik] *adj* ty'rannisch; *fig* Mode *etc* dikta'torisch; des'potisch; **femme** *f* ⌐ tyrannische Frau; Ty'rannin *f*; **régime** *m* ⌐ Gewaltherrschaft *f*; Tyran'nei *f*
tyranniser [tiranize] *v/t* ⌐ **qn** j-n tyranni'sieren; **se laisser** ⌐ sich tyrannisieren lassen, *von Sachen, Gefühlen* völlig beherrscht werden (**par von**)
tyrolien [tirɔljɛ̃] **I** *adj* ⟨⌐**ne**⟩ Ti'roler(…); ti'rolerisch; **chapeau** ⌐ Tirolerhut *m*; Trachtenhut *m*; **sac** ⌐ Rucksack *m*; **II** *subst* **1.** ♀(**ne**) *m(f)* Ti'roler(in) *m(f)*; **2.** ⌐**ne** *f mus* **a)** Jodellied *n*; Jodeln *n*; **b)** *Tanz* Tiroli'enne *f*
tyros|inase [tirozinaz] *f Biochemie* Tyrosi'nase *f*; **⌐ine** *f Biochemie* Tyro'sin *n*
tyrothricine [tirɔtrisin] *f phm* Tyrothri'zin *n*
tzar *cf* tsar; **⌐ine** *cf* tsarine
tzigane *cf* tsigane

U

U, u [y] *m* ⟨*inv*⟩ U, u [u:] *n*; en U U- -förmig; **tube** *m* en U U-Rohr *n*

ubac [ybak] *m géogr e-s Gebirges* Nordhang *m*, -seite *f*

ubiquité [ybikµite] *f* **1.** *Gottes* All- ʼgegenwart *f*; **2.** *fig* avoir le don dʼ∼ überall zuʼgleich sein; je nʼai pas le don dʼ∼ ich kann nicht überall zugleich sein

ubuesque [ybɛsk] *adj* groʼtesk; abʼsurd

uhlan [ylɑ̃; *keine Elision u keine Bindung*] *m hist mil* Uʼlan *m*

ukase [ykɑz] *m hist des Zaren* Ukas *m* (*auch fig*)

ukrainien [ykrɛnjɛ̃] **I** *adj* ⟨∼ne⟩ uʼkrainisch; **II** *subst* **1.** ℒ(ne) *m(f)* Uʼkrainer(in) *m(f)*; **2.** *ling* lʼ∼ *m* das Uʼkrainische; Uʼkrainisch *n*

ulcér|atif [ylseratif] *adj* ⟨-ive⟩ *méd* geschwürbildend; ∼**ation** *f path* Geschwürbildung *f*; *sc* Ulzeratiʼon *f*

ulcère [ylsɛr] *m path* Geschwür *n*; *sc* Ulcus *n*; ∼ variqueux, de jambe Krampfader-, ʼUnterschenkelgeschwür *n*; ∼ de lʼestomac, du duodénum Magen-, Zwölfʼfingerdarmgeschwür *n*; avoir un ∼ à lʼestomac ein Magengeschwür haben

ulcéré [ylsere] *adj* tief gekränkt; verbittert; *loc/adv* le cœur ∼ mit tiefer Verbitterung

ulcér|er [ylsere] ⟨-è-⟩ **I** *v/t* **1.** *path* ein Geschwür bilden, herʼvorrufen, verursachen (auf, an + *dat*); **2.** *fig* ∼ qn j-n tief kränken; j-n verbittern; **II** *v/pr* sʼ∼ *path* geschwürig werden; ∼**eux** *adj* ⟨-euse⟩ *path* geschwürig; mit Geschwüren bedeckt; *sc* ulzeʼrös; ∼**oïde** *adj path* geschwürartig

ulmacées [ylmase] *f/pl bot* Ulmengewächse *n/pl*; Ulmaʼzeen *pl*

ulmaire [ylmɛr] *f bot* Mädesüß *n*

ulnaire [ylnɛr] *adj anat* zur Elle gehörig; *sc* ulʼnar

ultérieur [ylterjœr] *adj* **1.** spätere(r, -s); (zu)künftige(r, -s); weitere(r, -s); fernere(r, -s); nachträgliche(r, -s); **2.** *géogr* jenseitig; ∼**ement** *adv* später; in der Folge; herʼnach; nachträglich

ultimatum [yltimatɔm] *m* Ultiʼmatum *n*; ultimaʼtive Forderung; **adresser, envoyer un ∼** ein Ultimatum stellen (à *dat*)

ultime [yltim] *adj* Vorschlag, Zugeständnis *etc* allerletzte(r, -s); äußerste(r, -s)

ultra [yltra] *m* **1.** *pol* Ultra *m*; *bes* Rechtsradikale(r) *m*, -extremist *m*; Scharfmacher *m*; **2.** *hist während der Restauration* ∼s *pl* Ultra-Royalisten *m/pl*

ultra... [yltra] *in Zssgn* sehr; ʼüberaus; exʼtrem; hoch...; F super..., *pop, sc* ultra...; Ultra...; *cf die folgenden Stichwörter*

ultracentrifugeuse [yltrasãtrifyʒøz] *f sc* Ultrazentrifuge *f*

ultra|-chic [yltraʃik] *adj* hochelegant; F todschick; ∼**-confidentiel** *adj* ⟨∼le⟩ streng vertraulich; ∼**-conservateur** *adj* ⟨-trice⟩ *pol* erzkonservativ; ∼- **-court** *adj rad* ondes ∼es Ultraʼkurzwellen *f/pl* (*abr* UKW)

ultrafiltration [yltrafiltrasjõ] *f sc* Ultrafiltratiʼon *f*

ultramicroscop|e [yltramikrɔskɔp] *m opt* Ultramikroskop *n*; ∼**ie** *f* Ultramikroskopie *f*

ultramoderne [yltramɔdɛrn] *adj* hochmodern; F supermodern

ultra|montain [yltramõtɛ̃] *égl cath* **I** *adj* ultramonʼtan; **II** *m* Ultramonʼtane(r) *m*; ∼**montanisme** *m égl cath* Ultramontaʼnismus *m*

ultra-petita [yltrapetita] *adv jur* über die Anträge hinʼaus; **statuer ∼** über die Anträge hinaus erkennen

ultrapression [yltrapresjõ] *f phys* Höchstdruck *m*

ultra|-rapide [yltrarapid] *adj* exʼtrem schnell; F superschnell; ∼**-royaliste** *m* ultra 2.; ∼**-sensible** *adj* Waage, Film *etc* hochempfindlich

ultra|son *od* **ultra-|son** [yltrasõ] *m phys* Ultraschall *m*; ∼**sonique** *adj* Ultraschall...

ultraviolet *od* **ultra-violet** [yltravjɔlɛ] **I** *adj* ⟨∼te⟩ ultraviolett; **rayons ∼s** ultraviolette Strahlen *m/pl*; **II** *m* Ultraviolett *n*

ultravirus [yltravirys] *m biol* (filʼtrierbares) Virus

ululer *cf* hululer

ulve [ylv] *f bot* Meersalat *m*; *sc* Ulva *f*

un [ɛ̃, œ̃] *m*, **une** [yn] *f*

I *adj/num/c* **a)** *alleinstehend* un ⟨*inv*⟩ eins; un et un [ɛ̃eɛ̃] font deux eins und eins ist zwei; **chapitre, tome un** Kapitel, Band eins; (à la) **page** un (auf) Seite eins; ◆ *subst* le un die Eins; *südd auch* der Einser; *par ext* habiter au un (Haus)Nummer eins wohnen; *weitere Wendungen cf* deux II; **b)** *vor e-m subst m* ein, *f* eine, *n* ein (*alleinstehend* einer, eine, ein[e]s); **un an** [ɛ̃nɑ̃] ein Jahr; **une fois par semaine** einmal wöchentlich; **pas un mot** kein, nicht ein Wort; **trente et une pages** einunddreißig Seiten; **combien dʼenfants? un** ... ein; **il apporte deux bouteilles, une dans chaque main** ... in jeder Hand eine; **trois voix contre une** drei Stimmen gegen eine; **en un mot** mit einem Wort; **il est une heure** es ist ein Uhr *od* eins; **c)** *ellip in festen Wendungen*: une! ... deux! eins! ... zwei! (*zur Bezeichnung e-s Taktes*; *um die Ausführung e-r Aufforderung zu erreichen*); F **ne faire ni une ni deux** nicht lange fackeln; sich nicht lange besinnen; **trois heures une** (*auch* un) drei Uhr eins; *bei Zeitungen* **à la une** auf der ersten Seite; **et dʼun** *od* **et dʼune** das

wäre eine(r, -s); eine(n, -s) hätten wir; F **sans un** ohne einen Pfennig; F ohne einen roten Heller; **il était moins une** es hätte nicht mehr viel gefehlt; fast hätte es mich, ihn *etc* erwischt; **d)** *als adj* eins; einzig; **la vérité est une** es gibt nur eine Wahrheit; **cʼest tout un** es ist ganz einerlei, gleich; es ist alles eins; das kommt aufs gleiche heraus; **ne faire quʼun** eins, unzertrennlich sein; ein Herz und eine Seele sein; **e)** *als pr* **pas un(e)** nicht einer, eine, ein(e)s; keiner, keine, kein(e)s; **comme pas un** wie kein anderer; **un seul** einer allein; ein einzelner; **pas un seul** kein einziger; **un à un** *od* un par un einer nach dem andern; einzeln; **un sur trois** einer von dreien; **II** *art indéfini m* ein, *f* eine , *n* ein (*ellip* einer, eine, ein[e]s); **un arbre** ein Baum; **une vieille maison** ein altes Haus; **un autre** ein anderer; **un peu** ein wenig; *loc/adv* **un jour** eines Tages; **dʼune voix plaintive** mit klagender Stimme; *emphatisch* **il y avait un monde!** es war(en) eine (Un)Menge Leute da!; da war(en) vielleicht eine Menge Leute!; **cʼétait dʼun ridicule!** war das lächerlich!; so was von Lächerlichkeit!; **cʼest une Dupont** sie ist eine Dupont; **ce nʼest pas un Français** das ist kein Franzose; **passer dʼune pièce à lʼautre** von einem Zimmer ins andere gehen; ◆ *ellip*: **as-tu un crayon?** jʼen ai un ... ich habe einen; F **sʼen jeter un derrière la cravate** F sich einen hinter die Binde gießen; F **en pousser une** ein Lied singen, F schmettern;

III *pr/ind m* einer, *f* eine, *n* ein(e)s; **(lʼ)un des peintres les plus connus** einer der bekanntesten Maler; **une de celles qui ont le mieux travaillé** eine von denen, die am besten gearbeitet haben; **(lʼ)un de mes amis** einer meiner Freunde; ein Freund von mir; **lʼun dʼeux** einer von ihnen; **de deux choses lʼune** eins von beiden; **(lʼ)un de ces jours** an einem dieser Tage; ◆ **en voilà un qui ...** hier ist einer, der ...; **en voilà un qui ne manque pas de toupet!** ist der aber frech!; **jʼen connais une qui ...** ich kenne eine, die ...; **un qui était content cʼétait** ... wirklich zufrieden war ...; F **il marche comme un qui a trop bu** er geht wie einer, der zuviel getrunken hat; P **tu en as une gentille de maîtresse** du hast aber eine nette Lehrerin; ◆ **lʼun(e) ..., lʼautre ...** der (die) eine ..., der (die) andere ...; **les un(e)s ..., les autres ...** die einen ..., die anderen ...; **lʼun dans lʼautre** ʼdurchschnittlich; im Schnitt; **lʼun et lʼautre camp(s)** beide Lager *n/pl*; **ni lʼun ni lʼautre a)** keiner von beiden; **b)** kein(e)s von beiden; **ils sont plus bêtes**

les uns que les autres die einen sind noch dümmer als die andern; être toujours chez l'un ou chez l'autre immer bei irgend jemand zu Besuch sein; c'est l'un ou l'autre entweder – oder; eins von beiden; chez lui, c'est tout l'un ou tout l'autre er fällt immer von einem Extrem ins andere; ♦ *reziprok*: l'un(e) l'autre *bzw* les un(e)s les autres sich gegenseitig; ein|ander; l'un après, avec, contre, pour l'autre nach-, mit-, gegen-, füreinˈander; l'un en face de l'autre einander *od* sich gegenˈüber; ils ont besoin les uns des autres einander, sich gegenseitig; *ils demeurent* loin l'un de l'autre ... weit voneinˈander entfernt; *elles sont* jalouses l'une de l'autre ... aufeinˈander neidisch

unanime [ynanim] *adj* Zustimmung *etc* einmütig; einstimmig; einhellig; *st/s* d'une voix ~ einstimmig; einmütig; être ~ s à faire qc etw einmütig tun; ils sont ~ s à approuver le nouveau projet sie billigen das neue Projekt einstimmig

unanimisme [ynanimism(ə)] *m Literatur* Unaniˈmismus *m*

unanimité [ynanimite] *f* Einmütigkeit *f*; Einstimmigkeit *f*; Einhelligkeit *f*; *pol* ~ des suffrages, voix Einstimmigkeit *f*; *loc/adv* à l'~ einstimmig; être élu à l'~ moins trois voix (fast einstimmig) bei nur drei Gegenstimmen gewählt werden

unau [yno] *m zo* Unau *m*; Zweiˈfingerfaultier *n*

underground [œndœrgrawnd] *m* Underground [ˈandərgraund] *m*; Subkultur *f*; *adj* Underground...

une [yn] *cf* un

unguis [õguis, ɛ̃-] *m anat* Tränenbein *n*

uni [yni] *adj* **1.** vereint; vereinigt; les États-Unis die Vereinigten Staaten *m/pl*; les Nations Unies die Vereinten Nationen *f/pl*; le Royaume-Uni das Vereinigte Königreich; **2.** couple ~ Ehepaar, das sich gut versteht; famille ~ e einträchtig zuˈsammenlebende Familie; **3.** Stoff, Tapete uˈni; einfarbig und ungemustert; *Papier* glatt; unliniert; *subst* le ~ einfarbiger und ungemusterter Stoff; **4.** *litt* schlicht; schmucklos; gleich-, einförmig; **5.** *Wasserfläche* glatt; *Fläche auch* eben; flach

uniate [ynjat] *adj égl* uˈniert

uni|axe [yniaks] *adj Kristall* einachsig; ~ cellulaire *biol* **I** *adj* einzellig; **II** *m/pl* ~ s Einzeller *m/pl*

unicité [ynisite] *f* Einmaligkeit *f*; Einzigartigkeit *f*

uni|colore [ynikɔlɔr] *adj* einfarbig; ~ corne *adj zo Nashorn* einhörnig; ~ dimensionnel *adj* ⟨~ le⟩ eindimensional (*auch fig*); ~ directionnel *adj* ⟨~ le⟩ einseitig gerichtet; *cf auch* directionnel

unième [ynjɛm] *adj/num/o* vingt et ~ einundzwanzigste(r, -s); cent ~ hundertˈerste(r, -s)

unific|ateur [ynifikatœr] *adj* ⟨-trice⟩ einigend; ~ ation *f* **1.** *von Tarifen etc* Vereinheitlichung *f*; **2.** *e-s Landes etc* Einigung *f*

unifier [ynifje] *v/t* **1.** *Tarife, Maße u Gewichte, Lehrpläne etc* vereinheitlichen; **2.** *Land, politische Gruppen etc* einigen; *in Frankreich* Parti socialiste unifié (*abr* P.S.U.) Vereinigte Sozialistische Partei

uni|flore [yniflɔr] *adj bot* einblumig, -blütig; ~ folié *adj bot* einblätt(e)rig

uniforme [ynifɔrm] **I** *adj* **1.** gleichförmig, -artig, -mäßig; einheitlich; maisons *f/pl* ~ s gleichförmige, -artige Häuser *n/pl*; *phys* mouvement *m* ~ gleichförmige Bewegung; **2.** ein-, gleichförmig; eintönig; **II** *m* Uniˈform *od* ˈUniform *f*; *für bestimmte Berufsgruppen* Dienst-, Berufskleidung *f*; *von Krankenschwestern* Tracht *f*; ~

d'officier Offiˈziersuniform *f*; en ~ in Uniform; uniforˈmiert; einheitlich gekleidet; en grand ~ in Galauniform; *fig*: endosser l'~ Solˈdat werden; quitter l'~ aus dem Miliˈtärdienst ausscheiden

uniformément [ynifɔrmemã] *adv* gleichartig, -förmig, -mäßig; einheitlich; *phys* mouvement ~ accéléré gleichförmig beschleunigte Bewegung; ~ vêtu einheitlich gekleidet; *Zeit, Leben* s'écouler ~ gleich-, einförmig verlaufen

uniformis|ation [ynifɔrmizasjõ] *f* Vereinheitlichung *f*; ~ er *v/t* vereinheitlichen; einheitlich gestalten

uniformité [ynifɔrmite] *f* **1.** Gleichförmigkeit *f*, -artigkeit *f*, -mäßigkeit *f*; Einheitlichkeit *f*; **2.** Einförmig-, Gleichförmigkeit *f*; Eintönigkeit *f*

unijambiste [yniʒãbist] **I** *adj* beinamputiert; einbeinig; **II** *m* Beinamputierte(r) *m*

unilatéral [ynilateral] *adj* ⟨-aux⟩ einseitig; *jur* contrat ~ einseitig verpflichtender Vertrag; dénonciation ~ e d'un traité einseitige Kündigung e-s Vertrages; stationnement ~ einseitiges Parken

uni|lingue [ynilɛ̃g] *adj* einsprachig; ~ linguisme [-lɛ̃guism(ə)] *m* Einsprachigkeit *f*; ~ loculaire *adj bot* einfächerig

uniment [ynimã] *adv litt* **1.** gleichförmig, -mäßig; **2.** tout ~ ganz einfach

uninominal [yninɔminal] *adj* ⟨-aux⟩ scrutin ~ Perˈsönlichkeits-, Einzelwahl *f*

union [ynjõ] *f* **1.** Uniˈon *f*; Bund *m*; Zuˈsammenschluß *m*; Verband *m*; ~ douanière, économique, monétaire Zoll-, Wirtschafts-, Währungsunion *f*; 1950–58 ♀ européenne des paiements Europäische Zahlungsunion; 1946–58 l'♀ française die Französische Union; ♀ internationale des télécommunications (*abr* U.I.T.) Internationale Fernmeldeunion (*abr* IFU) *früher* Internationaler Fernmeldeverein (*abr* IFV); Weltnachrichtenverein; ~ nationale des étudiants de France (*abr* U.N.E.F.) Nationaler französischer Studentenbund; ~ postale universelle (*abr* U.P.U.) Weltpostverein; l'♀ soviétique *od* l'♀ des républiques socialistes soviétiques (*abr* U.R.S.S.) die Sowjetunion; die Union der Sozialistischen Sowjetrepubliken (*abr* UdSSR); *jur* ~ des créanciers Gesamtgläubigerschaft *f*; Gesamtheit *f* der am Konkurs beteiligten Gläubiger; ♀ de l'Europe occidentale (*abr* U.E.O.) Westeuropäische Union (*abr* WEU); *pol in Frankreich* ♀ pour la nouvelle République (*abr* U.N.R.) Union für die neue Republik; **2.** (conjugale) Ehe(bund) *f(m)*; ~ légitime rechtsgültige Ehe; ~ libre wilde Ehe; **3.** Einigkeit *f*; *prov* l'~ fait la force Einigkeit macht stark (*prov*); **4.** Verbindung *f*; Vereinigung *f* (*auch biol u phys atom*); *rel* ~ mystique mystische Vereinigung; qr trait *m* d'~ Bindestrich *m*; *cf auch* trait[1] l.

unioniste [ynjɔnist] *m pol, hist* Unioˈnist *m*

uni|pare [ynipar] *adj biol* (nur) ein Junges zur Welt bringend; ~ personnel *adj gr gelegentlich* verbe ~ unpersönliches Verb; ~ polaire *adj élect* einpolig; unipoˈlar; génératrice ~ Unipolarmaschine *f*

uniprix [ynipri] *m (nom déposé) in Frankreich* Waren-, Kaufhaus *n*; Einheitspreisgeschäft *n*

unique [ynik] *adj* **1.** einzig; alˈleinig; Zahlung *etc* einmalig; *rel* Dieu ~ en trois personnes ein Gott in drei Personen; enfant *m.f* ~ Einzelkind *n*; fille *f* ~ einzige Tochter; fils *m* ~ einziger

Sohn; *rel* le Fils ~ der eingeborene Sohn; juge *m* ~ Einzelrichter *m*; *pol* liste *f*, parti *m* ~ Einheitsliste *f*, -partei *f*; régime *m*, système *m* de parti ~ Einparˈteiensystem *n*; (rue *f* à) sens *m* ~ Einbahnstraße *f*; ch de fer voie *f* ~ eingleisige Strecke; c'est son ~ souci das ist s-e einzige Sorge; **2.** einzigartig; einmalig; une occasion ~ e-e einmalige Gelegenheit; ~ au monde wirklich einmalig; ~ en son genre einzig in s-r Art; *Person* il est vraiment ~! er ist wirklich einmalig, F köstlich, gottvoll!; ~ ment *adv* einzig und allein; nur; bloß; pas ~ nicht nur; *abs* nicht nur das

unir [ynir] **I** *v/t* verein(ig)en, verbinden (à mit); einigen; *Brautpaar* trauen; ~ la beauté à l'intelligence Schönheit mit Intelligenz vereinen; *Fluglinie* ~ deux continents zwei Kontinente verbinden; le destin a uni ces deux existences das Schicksal hat diese beiden Menschen zuˈsammengeführt; ~ des tendances politiques politische Strömungen einigen, *st/s* einen; l'amitié qui nous unit ... die uns verbindet; *p/p*: unis par leurs idées politiques durch ihre politischen Auffassungen verbunden; unis dans la lutte contre ... vereint im Kampf gegen ...; restez unis bleibt vereint; **II** *v/pr* s'~ sich verein(ig)en; sich verbinden; sich zuˈsammenschließen; s'~ contre qn sich gegen j-n verbünden, zusammenschließen; *Fähigkeiten, Eigenschaften* s'~ en qn sich in j-m verein(ig)en

uni|sexe [yniseks] *adj Kleidung* Unisex...; gleich für Mann und Frau; ~ sexualité *f biol* Eingeschlechtigkeit *f*; ~ sexué *adj biol* eingeschlechtig

unisson [ynisõ] *m* **1.** *mus* Uniˈsono *n*; Einklang *m*; chanter, jouer à l'~ unisono singen, spielen; **2.** *fig* à l'~ einstimmig; leurs cœurs battent à l'~ ihre Herzen schlagen im Gleichklang

unitaire [yniter] *adj* einheitlich; Einheits...; *pol auch* uniˈtarisch; *phys* théorie *f* du champ ~ einheitliche Feldtheorie; **II** *m cf* unitarien

unitar|ien [ynitarjɛ̃] *m meist pl* ~ s a) *rel* Uniˈtarier *m/pl*; b) *pol* Unitaˈristen *m/pl*; ~ isme *m pol, rel* Unitaˈrismus *m*

unité [ynite] *f* **1.** Einheit *f*; Einheitlichkeit *f*; Geschlossenheit *f*; *hist* l'~ allemande, italienne die Einigung Deutschlands, Italiens; ~ nationale nationale Einheit; *im klassischen Drama*: la règle des trois ~ s das Gesetz der drei Einheiten; ~ d'action, de lieu, de temps Einheit der Handlung, des Ortes, der Zeit; ~ d'action einheitliches Vorgehen; *pol auch* Aktiˈonseinheit *f*; -gemeinschaft *f*; ~ de point de vue einheitlicher Standpunkt; briser, rompre l'~ die Einheit zerstören; faire l'~ die Einheit herstellen; **2.** (Maß)Einheit *f*; *phm* Einheit *f*; ~ s électriques, mécaniques elektrische, mechanische Einheiten; ~ monétaire Währungseinheit *f*; *fin* ~ de compte (*abr* U.C.) Rechnungseinheit *f*; ~ de longueur, de masse, de mesure, de poids, de temps Längen-, Massen-, Maß-, Gewichts-, Zeiteinheit *f*; **3.** Zusammengehöriges, Ganzes Einheit *f*; ~ administrative Verwaltungseinheit *f*; **4.** *mil* Einheit *f*; Truppenteil *m*; Verband *m*; *mar mil* Kriegsschiff *n*; ~ blindée Panzerverband *m*; grande ~ (Groß)Verband *m*; ~ de combat Gefechtseinheit *f*; rejoindre son ~ zu s-r Einheit zurückkehren; **5.** *math* Einer *m*; chiffre *m* des ~ s Einerstelle *f*; **6.** *comm* Stück *n*; prix *m* à l'~ Einzel-, Stückpreis *m*; Preis *m* pro Stück; **7.** *Hochschule*: ~ d'enseignement et de recherche

(*abr* **U.E.R.**) *etwa* Fachbereich *m*; ~ de valeur (*abr* **U.V.**) *Studieneinheit, die e-e bestimmte Stoffmenge umfaßt u mit e-r Teilprüfung abgeschlossen wird; etwa* Schein *m*; **8.** *EDV* Gerät *n*; ~ **périphérique** peripheres Gerät

unitif [ynitif] *adj* <-ive> vereinigend

uni|valent [ynivalɑ̃] *adj* **1.** *math* eindeutig; **2.** *chim cf* **monovalent**; ~**valve** *adj biol* einschalig

univers [ynivɛr] *m* **1.** *auch* ♀ Weltall *n*; Uni'versum *n*; All *n*; **2.** *fig* Welt *f*; l'~ de l'enfance die Welt des Kindes; **3.** *st/s* Erdkreis *m*; **4.** *impr* grand ~ (Pa'pier-) For'mat *n* 1 m × 1,30 m

universal|isation [ynivɛrsalizasjɔ̃] *f* allgemeine Verbreitung; ~**iser I** *v/t* allgemein verbreiten; verallge'meinern; **II** *v/pr* s'~ sich allgemein verbreiten; Allgemeingut werden; ~**isme** *m rel, philos* Universa'lismus *m*

universalité [ynivɛrsalite] *f* **1.** e-r Person, von Kenntnissen, der Bildung Universali'tät *f*; All-, Vielseitigkeit *f*; e-r Sprache, Auffassung allgemeine Verbreitung; Allgemeinheit *f*; e-s logischen Satzes, e-r Wahrheit Allgemeingültigkeit *f*; **2.** *jur* Gesamtheit *f*; l'~ de la succession der gesamte Nachlaß

universaux [ynivɛrso] *m/pl philos* Univer'salien *pl; Scholastik* querelle *f* des ~ Universalienstreit *m*

universel [ynivɛrsɛl] *adj* <~le> **1.** univer'sal; Univer'sal...; univer'sell; allgemein(gültig, verbreitet); alles um-'fassend; allumfassend; Gesamt...; *Person, Kenntnisse, Bildung* univer'sal; all-, vielseitig; *tech* clé ~le Universal-(schrauben)schlüssel *m; Person* esprit ~ universaler, allumfassender Geist; *jur* légataire ~ Gesamt-, Universalvermächtnisnehmer *m; nach deutschem Recht etwa* Al'lein-, Universalerbe *m; élect* moteur ~ Universalmotor *m; tech* pince ~le Kombi(nati'ons)zange *f; phm* remède ~ All'heil-, Universalmittel *n; pol* suffrage ~ allgemeines Wahlrecht; **2.** Welt...; weltweit; **exposition,** **histoire, paix** ~ die Weltausstellung *f*, -geschichte *f*, -frieden *m*

universellement [ynivɛrsɛlmɑ̃] *adv* allgemein; **vérité reconnue** ~ allgemein anerkannte Wahrheit

universitaire [ynivɛrsitɛr] **I** *adj* Universi'täts...; Hochschul...; aka'demisch; **agitation** *f* ~ Unruhe *f* an den Universitäten; **cité** *f* ~ Stu'dentenstadt *f bzw* -wohnheim *n*; **diplôme** *m* ~ Universitäts-, Hochschuldiplom *n*; **études** *f/pl* ~s Universitäts-, Hochschulstudium *n*; **grade** *m* ~ akademischer Grad; **restaurant** *m* ~ Mensa *f*; **ville** *f* ~ Universitätsstadt *f*; **II** *m,f* Universi'tätsangehörige(r) *f(m); bes* Hochschullehrer(in) *m(f)*

université [ynivɛrsite] *f* **1.** Universi'tät *f*; Hochschule *f*; ~ **populaire** Volkshochschule *f*; l'♀ **de Strasbourg** die Universität Straßburg; **conseil** *m* de l'~ oberstes Verwaltungsgremium e-r Universität, etwa Se'nat *m*; **ville** *f* d'~ Universitätsstadt *f*; à l'~ an der Universität; **2.** l'♀ der Lehrkörper aller französischen Schulen und Hochschulen; **grand maître** de l'♀ *Titel des frz Kultusministers*

univitellin [ynivite(l)lɛ̃] *adj biol* Zwillinge eineiig

univocité [ynivɔsite] *f philos* Univozi-'tät *f*

univoque [ynivɔk] *adj philos* uni'vok; eindeutig (*auch math*); einnamig

Untel [ɛ̃tɛl, œ̃-] *pr/ind* **monsieur** ~ Herr Sowieso, Soundso

upas [ypɑ(s)] *m* **a)** *bot* Upasbaum *m*; **b)** *Pfeilgift* Upas *n*

upéris|ation [yperizasjɔ̃] *f* Uperisati'on *f*; ~**é** *adj* lait ~ uperi'sierte Milch; H-Milch *f*

uppercut [ypɛrkyt] *m Boxen* Aufwärtshaken *m*; Uppercut [ˈapərkat] *m*

upsilon [ypsilɔn] *m griechischer Buchstabe* Ypsilon *n*

uranate [yranat] *m chim* Ura'nat *n*

uran|e [yran] *m chim* U'randioxid *n*; jaune *m*, verre *m* d'~ U'rangelb *n*, -glas *n*; ~**ifère** *adj chim* u'ranhaltig

uran|inite [yraninit] *f minér* Urani'nit *m*; U'ranpecherz *n*; Pechblende *f*; ~**ique** *adj chim* U'ran...; **acide** *m* ~ Uransäure *f*; ~**isme** *m* Ura'nismus *m* (*Homosexualität*)

uranium [yranjɔm] *m chim* U'ran *n*; **minerai** *m* d'~ Uranerz *n*

uranoplastie [yranɔplasti] *f chir* Gaumenplastik *f; sc* Urano'plastik *f*

Uranus [yranys] *m astr* (der) Uranus

uranyle [yranil] *m chim* ... d'~ Ura'nyl...

urate [yrat] *m chim* U'rat *n*; harnsaures Salz

urbain [yrbɛ̃] *adj* städtisch; Stadt...; **agglomération** ~e städtische Siedlung; Stadt *f*; **grand centre** ~ Großstadt *f*; **chauffage** ~ Fernheizung *f*; **paysage** ~ Stadtbild *n*; Stadtlandschaft *f*; **population** ~e Stadtbevölkerung *f*; *tél* **réseau** ~ Ortsnetz *n*

urban|isation [yrbanizasjɔ̃] *f* **a)** Verstädterung *f*; **b)** städtebauliche Entwicklung; ~**iser** *v/t meist adjt* zones urbanisées verstädterte Gebiete *n/pl*; Gebiete mit städtischem Cha'rakter; ~**isme** *m* (Stadtplanung *f* und) Städtebau *m*; **certificat** *m* d'~ *etwa* Bauschein *m*

urbanist|e [yrbanist] *m od adj* **architecte** ~ Städtebauer *m*, -planer *m*; ~**ique** *adj* städtebaulich

urbanité [yrbanite] *f litt* Höflichkeit *f*; Zu'vorkommenheit *f; litt* Urbani'tät *f*

urbi et orbi [yrbietɔrbi] *loc/adv égl cath* **bénédiction** *f* ~ (päpstlicher) Segen urbi et orbi; *fig* **proclamer** qc ~ *etw* urbi et orbi verkünden

urcéolé [yrseɔle] *adj bot* urnenförmig

urédinales [yredinal] *f/pl od* **urédinées** [yredine] *f/pl bot* Rostpilze *m/pl*; Uredi'neen *pl*

uré|e [yre] *f physiol* Harnstoff *m*; ~ **du sang** Harnstoff(gehalt) *m* im Blut; ~**ide** *m chim* Ure'id *n*

urém|ie [yremi] *f path* Harnvergiftung *f*; Urä'mie *f*; **crise** *f* d'~ akute Harnvergiftung; ~**ique** *adj path* ur'ämisch

uréomètre [yreɔmɛtr(ə)] *m cf* uromètre

urétéral [yreteral] *adj* <-aux> *anat* Harnleiter...

uretère [yrtɛr] *m anat* Harnleiter *m; sc* U'reter *m*

urétérite [yreterit] *f path* Harnleiterentzündung *f; sc* Urete'ritis *f*

urétral [yretral] *adj* <-aux> *anat* Harnröhren...; Ure'thral...

urètre [yrɛtr(ə)] *m anat* Harnröhre *f; sc* U'rethra *f*

urétrite [yretrit] *f path* Harnröhrenentzündung *f; sc* Ure'thritis *f*

urgence [yrʒɑ̃s] *f* **1.** Dringlichkeit *f*; Eiligkeit *f*; **degré** *m* d'~ Dringlichkeitsstufe *f; pol* **état** *m* d'~ Notstand *m*; Ausnahmezustand *m*; **mesures** *f/pl* d'~ So'fortmaßnahmen *f/pl; pol* Notstandsmaßnahmen *f/pl*; **programme** *m* d'~ So'fort-, Dringlichkeitsprogramm *n; loc/adv*: d'~ dringend; so'fort; **opérer**, **prévenir** qn d'~ j-n sofort operieren, benachrichtigen; **en cas d'**~ in dringenden Fällen; wenn es eilig, dringend ist; **il y a** ~ es eilt; es ist dringend; eilig; die Sache drängt, ist eilig; dringend; **2.** *Kranker* une ~ ein dringender, eiliger Fall; *im Krankenhaus* **service** *m*

des ~s Unfallstation *f*

urgent [yrʒɑ̃] *adj* dringend; eilig; (vor-) dringlich; **besoin** ~ **en** dringender Bedarf an (+*dat*); **cas** ~ eiliger, dringender Fall; **travail** ~ dringende, eilige, (vor)dringliche Arbeit; (**très**) ~! eilt (sehr)!; **c'est** ~ es ist eilig, dringend; es eilt; **il est** ~ **de le prévenir** man muß ihn so'fort benachrichtigen; **des secours** ~s **sont nécessaires** schnelle, so'fortige Hilfe ist nötig; **subst** l'~ **est de savoir** ... als erstes müßte, sollte man wissen ...; es wäre vordringlich, zu wissen ...

urger [yrʒe] F *v/i* <-geait> ça urge es eilt; es ist dringend

uricémie [yrisemi] *f path* Urikä'mie *f*

urinaire [yrinɛr] *adj anat* Harn...; Harnleiter...; Harnröhren...; *path* lithiase *f* ~ Urolithi'ase *f*; **pigments** *m/pl* ~s Harnfarbstoffe *m/pl*; **voies** *f/pl* ~s Harnwege *m/pl*

urinal [yrinal] *m* <*pl* -aux> U'rinflasche *f*; Uri'nal *n*

urin|e [yrin] *f physiol* U'rin *m*; Harn *m*; ~s *pl* (entleerter) Harn, Urin; **analyse** *f* d'~s U'rin-, Harnuntersuchung *f*; **incontinence** *f* d'~ Harninkontinenz *f*; **rétention** *f* d'~ Harnverhaltung *f*; ~**er** *v/i* u'rinieren; harnen; Wasser lassen; ~**eux** *adj* <-euse> *méd* uri'nös; ~**ifère** *adj anat* tubes *m/pl* ~s Harnkanälchen *n/pl*; ~**oir** *m* Pis'soir *n*; Bedürfnisanstalt *f*

urique [yrik] *adj chim* **acide** *m* ~ Harnsäure *f; path* **diathèse** *f* ~ Harnsäurediathese *f*

urne [yrn] *f* **1.** Urne *f*; ~ **cinéraire**, **funéraire** Aschen-, Graburne *f*; **2.** ~ (**électorale**) Wahlurne *f*; **aller**, **se rendre aux** ~s wählen (gehen); zur Wahl gehen; **3.** *bot* Sporenkapsel *f*

uro|biline [yrɔbilin] *f physiol* Urobi'lin *n*; ~**chrome** *m physiol* Uro'chrom *n*

uro|dèles [yrɔdɛl] *m/pl zo* Schwanzlurche *m/pl*; Uro'delen *pl*; ~**génital** *adj* <-aux> *méd* urogeni'tal; *anat* **appareil** ~ Harn- und Geschlechtsorgane *n/pl*; Urogeni'talsystem *n; sc* ~**graphie** *f méd* Urogra'phie *f*; ~**logie** *f méd* Urolo'gie *f*; ~**logique** *adj méd* uro'logisch; ~**logue** *m,f* Uro'loge *m*, Uro'login *f*; ~**mètre** *m méd* Uro'meter *n*

uropodes [yrɔpɔd] *m/pl bei Krebstieren* Uro'poden *pl*

uropyg|ial [yrɔpiʒjal] *adj* <-aux> *zo* Bürzel...; **plumes** ~es Schwanzfedern *f/pl*; ~**ienne** *adj* <*nur f*> *zo* **glande** ~ Bürzeldrüse *f*

ursidés [yrside] *m/pl zo* Bären *m/pl*

ursuline [yrsylin] *f égl cath* Ursu'line *od* Ursu'linerin *f*

urticacées [yrtikase] *f/pl bot* Nesselgewächse *n/pl*; Urtika'zeen *pl*

urtic|aire [yrtikɛr] *f path* Nesselsucht *f*, -ausschlag *m*, -fieber *n; sc* Urti'karia *f*; ~**ant** *adj biol* nesselnd

urubu [yryby] *m zo* Urubu *m*; Rabengeier *m*

uruguayen [yrygwɛjɛ̃] **I** *adj* <~ne> uru-gu'ayisch; **II** *subst* ♀(**ne**) *m(f)* Uru-gu'ayer(in) *m(f)*

us [ys] *m/pl* ~ **et coutumes** *f/pl* Sitten *f/pl* und Gebräuche *m/pl*

usage [yzaʒ] *m* **1.** *von Sachen* Gebrauch *m*; Benutzung *f*; Anwendung *f*; Verwendung *f*; *von Rauschgift etc* Genuß *m*; ~ **immodéré d'alcool** 'übermäßiger Alkoholgenuß; **faire un** ~ **immodéré d'alcool** unmäßig, 'übermäßig (Alkohol) trinken; Alkohol im 'Übermaß trinken; l'~ **de la boussole** *remonte à* ... der Gebrauch, die Verwendung des Kompasses ...; ~ **de la force** Gewaltanwendung *f*; **faire** ~ **de la force** Gewalt

anwenden; *écon* **valeur** *f* d'~ Gebrauchswert *m*; ♦ *loc/adv u loc/adj*: à l'~ beim Gebrauch; bei (der) Anwendung; à l'~ de qn für j-n (zum Gebrauch); à l'~ des écoles für den Schulgebrauch; für Schulen; *Medikament* à ~ **externe**, **interne** äußerlich, innerlich anzuwenden; für äußerliche, innerliche Anwendung; à ~s **multiples** Mehrzweck...; en ~ (noch) im Gebrauch, être encore en ~ noch verwendet, gebraucht werden; 'hors d'~ außer Gebrauch; *Kleidung etc* abgelegt; abgetragen; être hors d'~ *auch* ausgedient haben; **pour son** ~ **personnel** für den, s-n persönlichen Gebrauch; ♦ F **faire de l'**~ dauerhaft, strapa'zierfähig sein; lange halten; F *ces chaussures* **m'ont fait de l'**~ ... haben lange gehalten; **faire** ~ **de qc** etw verwenden, gebrauchen, anwenden; **faire (un) bon** ~ **de son argent** sein Geld vernünftig verwenden; **faire** ~ **d'un faux nom** e-n falschen Namen verwenden; **perdre l'**~ **de la parole** die Sprache verlieren; *st/s* **retrouver l'**~ **de ses sens** wieder zu sich kommen; *st/s* s-r Sinne wieder mächtig werden; **servir à divers, plusieurs** ~s verschiedenen, mehreren Zwecken dienen; **2. a)** *e-s Wortes, Ausdrucks* Gebrauch *m*; **b)** Sprachgebrauch *m*; ~ **courant** allgemeiner Sprachgebrauch; ~ **populaire** volkstümliche Sprache; volkstümlicher Sprachgebrauch; **orthographe** *f* d'~ festgelegte Orthographie; *loc/adj* Wort, Ausdruck *m* ~ üblich; gebräuchlich; *loc/adv* **par l'**~ durch den Sprachgebrauch; **une expression consacrée par l'**~ ein Ausdruck, der sich eingebürgert hat; **faire un** ~ **abusif d'archaïsmes** zu viele Archaismen verwenden; **indiquer l'**~ **d'un mot** angeben, wie ein Wort gebraucht wird; **3.** Brauch *m*; Sitte *f*; Gewohnheit *f*; ~ **ancien** alter Brauch; alte Sitte; *comm* ~s **commerciaux** Handelsbräuche *m/pl*; kaufmännische Usancen [y'zã:sən] *f/pl*; *litt* **l'**~ **du monde** Weltgewandtheit *f*; *litt* **avoir l'**~ **du monde** weltgewandt sein; Lebensart haben; **les** ~s (**de la société**) die gesellschaftlichen 'Umgangsformen *f/pl*; *loc/adj* **d'**~ üblich; gebräuchlich; **il est d'**~ **de** (+*inf*) es ist üblich, Brauch zu (+*inf*); **comme il est d'**~ wie es, das üblich ist; **faire les observations d'**~ die üblichen Bemerkungen machen; **habitude consacrée par l'**~ Gewohnheit, die *od* Brauch, der sich eingebürgert hat; **se conformer aux** ~s **d'un pays** sich den Bräuchen, Sitten, Gewohnheiten e-s Landes anpassen; **c'est l'**~ das ist so üblich; *litt* **manquer d'**~ wenig (welt)gewandt sein; sich in den guten Gesellschaft nicht bewegen können; **4.** *jur* **d'un bien** Nutzung *f*, Gebrauch *m* e-r Sache; ~ **de faux** Gebrauch von falschen Beurkundungen; **prêt** *m* **à** ~ Leihe *f*

usagé [yza3e] *adj Kleidung* gebraucht; getragen

usager [yza3e] *m* **1.** Benutzer *m*; Teilnehmer *m*; *von Rauschgift etc* Konsu'ment *m*; *von Rauschgift auch* User ['ju:-] *m*; ~ **de la poste** Postkunde *m*; ~ **du rail** Benutzer der Eisenbahn; ~ **de la route** Straßenbenutzer *m*; Verkehrsteilnehmer *m*; ~ **du téléphone** Fernsprechteilnehmer *m*; **2.** *jur* Benutzungsberechtigte(r) *m*; Benutzer *m*

usé [yze] *adj* **1.** abgenutzt; *Kleidung* abgetragen; *Kleidung, Gewebe* ver-, zerschlissen; *Schuhsohle* 'durchgelaufen; *Schuhabsatz, Teppich* abgetreten; *Schuh* abgetragen; *Gewinde* ausgeleiert; *Motor-*

teile abgenutzt; verbraucht; *Kleid etc* ~ **au coude** am Ellbogen abgewetzt, 'durchgescheuert; ~ **jusqu'à la corde** *cf* **corde** 8.; ~ (**par le frottement**) abgeschliffen; abgescheuert; **la pointe est** ~**e** die Spitze ist stumpf (geworden); **2.** *Motoröl* verbraucht; *Fahrschein etc* gebraucht; **eaux** ~**es** Abwässer *n/pl*; **3.** *Person* verbraucht; verlebt; **il est** ~ **par l'âge** er ist alt und verbraucht; **mains** ~**es par le travail** verarbeitete Hände *f/pl*; **4.** *Wort* abgegriffen; *auch Thema* abgedroschen

user [yze] **I** *v/t* **1.** abnutzen; *Kleidung auch* abtragen; verschleißen; *Wasser: Gelände, Felsen* auswaschen; aushöhlen; ~ (**par frottement**) abreiben; abschleifen; abscheuern; abwetzen; **2.** *Gas, Strom, Wasser* verbrauchen; *Auto: Benzin* (ver)brauchen; **3.** ~ **qn** j-s Gesundheit unter'graben, rui'nieren; j-n zermürben, aufreiben; ~ **ses forces** s-e Kräfte aufreiben; ~ **la patience de qn** j-s Geduld strapa'zieren; ~ **sa santé** s-e Gesundheit ruinieren; ~ **la vue, les yeux** die Augen verderben; ~ **sa vue, ses yeux** *od* **s'**~ **la vue, les yeux** sich die Augen verderben (**à trop lire** mit zu vielem, durch zu vieles Lesen); **s-e Augen über'anstrengen**; **II** *v/t/indir* ~ **de qc** etw anwenden, gebrauchen; von etw Gebrauch machen; etw in Anspruch nehmen; *abs* **usez, n'abusez pas** alles mit Maß und Ziel; *litt* **il en a fort mal usé avec moi** er hat sich mir gegenüber sehr übel benommen; *st/s* ~ **de clémence** Gnade walten lassen; *st/s* ~ **d'indulgence** mit Nachsicht vorgehen; ~ **de menaces** drohen; ~ **d'une méthode** e-e Methode anwenden; sich e-r Methode bedienen; ~ **de précautions particulières** besonders vorsichtig zu Werke gehen; ~ **de sa puissance** s-e Macht gebrauchen; ~ **de termes choisis** sich gewählt ausdrücken; ~ **de violence** Gewalt anwenden; **III** *v/pr* **s'**~ sich abnutzen; verschleißen; *Person* sich anstrengen; **s'**~ **à (faire) qc** sich bei etw aufreiben

usin|abilité [yzinabilite] *f tech* Zerspanbarkeit *f*; ~**age** *m* maschi'nelle Fertigung; Be-, Verarbeitung *f*; *bes* spanabhebende Formung; spanende Bearbeitung

usine [yzin] *f* Fa'brik *f*; Werk *n*; Betrieb *m*; Fa'brikanlage *f*; ~ **aéronautique** Flugzeugfabrik *f*; ~ **métallurgique** Hütte *f*; Hüttenwerk *n*; ~ **pilote** Versuchsbetrieb *m*; ~ **sidérurgique** Eisenhütte *f*; Stahlwerk *n*; ~ **textile** Tex'tilfabrik *f*; ~ **à chaux**, **à gaz** Kalk-, Gaswerk *n*; ~ **d'armement** Rüstungsbetrieb *m*; ~ **d'automobiles** Auto-(mo'bil)fabrik *f*; ~ **de produits alimentaires** Lebensmittelfabrik *f*; **cheminée** *f* **d'**~ Fabrikschornstein *m*; *auf Schildern* **entrée** *f*, **sortie** *f* **d'**~ Werkseinfahrt *f*, -ausfahrt *f*; **ouvrier** *m* **d'**~ Fabrikarbeiter *m*; **prix** *m* (**départ**) ~ Preis *m* ab Werk; **aller à l'**~ in die Fabrik gehen; F *fig von e-m Restaurant, Krankenhaus etc* **c'est une véritable** ~ das ist ja die reinste Fabrik; das geht hier ja zu wie in e-r Fabrik; **travailler en** ~ in der Fabrik arbeiten; Fabrikarbeiter sein

usin|er [yzine] *v/t* **1.** maschi'nell fertigen; be-, verarbeiten; **2.** fa'brikmäßig herstellen; **3.** F *meist v/imp* **ça usine sec, ici** F hier wird feste gearbeitet; das flu(t)scht nur so; ~**ier** *adj* <-ière> Fa-'brik...

usité [yzite] *adj Wort* gebräuchlich; geläufig; **peu** ~ selten; kaum gebräuchlich; wenig gebraucht

usnée [ysne] *f bot* ~ **barbue** Bartflechte *f*

ustensile [ystãsil] *m* Gerät *n*; ~**s** *pl* Gerätschaften *f/pl*; Uten'silien *pl*; ~ **de cuisine**, **de jardinage**, **de ménage** Küchen-, Garten-, Haushaltsgerät *n*

ustilaginées [ystila3ine] *f/pl bot* Brandpilze *m/pl*

usucapion [yzykapjõ] *f jur* Ersitzung *f*

usuel [yzɥɛl] **I** *adj* <~**le**> üblich; gebräuchlich; gewöhnlich; **dénomination** ~**le de qc** übliche, gebräuchliche Bezeichnung für etw; **II** *m in Bibliotheken* Werk *n* aus dem Handapparat; ~**s** *pl* Handapparat *m*

usufructuaire [yzyfryktɥɛr] *adj jur* Nießbrauchs...; Nutzungs...; **droit** *m* ~ Nutzungsrecht *n*

usufruit [yzyfrɥi] *m jur* Nießbrauch *m* (**sur an** +*dat*); Nutzung(srecht) *f*(*n*)

usufruitier [yzyfrɥitje] *jur* **I** *adj* <-ière> Nießbrauchs...; **jouissance usufruitière** Nießbrauch *m*; **II** *m* Nießbraucher *m*; Nutzungsberechtigte(r) *m*

usuraire [yzyrɛr] *adj* wucherisch; Wucher...; **intérêt** *m*, **taux** *m* ~ Wucherzins *m*; **prêt** *m* ~ Darlehen *n* zu Wucherzinsen

usure [yzyr] *f* **1.** (Kre'dit)Wucher *m*; Wucherzins *m*; **pratiquer l'**~ (ein) Wucherer sein; Wucher treiben; **prêter à** ~ zu Wucherzinsen leihen; **2.** Abnutzung *f*; Verschleiß *m*; *tech auch* Abrieb *m*; ~ **du temps** zerstörende Kraft der Zeit; **guerre** *f* **d'**~ Abnutzungs-, Zermürbungskrieg *m*; **dans un tel état d'**~ so abgenutzt; *Kleidung, Schuhe auch* so, dermaßen ver-, zerschlissen, abgetragen; F *fig* **je l'aurai à l'**~ F mit der Zeit krieg' ich ihn schon mürbe, her'um; **résister à l'**~ 'widerstandsfähig, verschleißfest, *Kleidung* strapa'zierfähig sein

usurier [yzyrje] *m jur* Wucherer *m*

usurpateur [yzyrpatœr] *m* Usur'pator *m*; Thronräuber *m*; *hist* l'~ *Name, den die Royalisten Napoleon gaben*

usurpation [yzyrpasjõ] *f* **1.** *pol* Usurpati'on *f*; **2.** *jur e-s Rechts* Anmaßung *f*; ~ **de fonctions** Amtsanmaßung *f*; ~ **de pouvoir** Eingriff *m* ins Verwaltungsbeamten in e-e Rechtssache, die unter die Zuständigkeit der Gerichte fällt; ~ **de titres** unbefugtes Führen von Titeln

usurper [yzyrpe] *v/t* **1.** *pol* usur'pieren; **2.** ~ **qc** sich etw anmaßen; sich 'widerrechtlich etw aneignen; *Titel* unbefugt führen; *par ext* **avoir une réputation usurpée** zu Unrecht in gutem Ruf stehen

ut [yt] *m* <*inv*> *mus* c *bzw* C *n*; ~ **dièse** cis *bzw* Cis *n*; **clef** *f* **d'**~ C-Schlüssel *m*; **en** ~ **majeur**, **mineur** in C-Dur, c-Moll

utérin [yterẽ] *adj* **1.** *anat* Gebärmutter..., Uterus...; **artère** ~**e** Gebärmutterschlagader *f*; **trompe** ~**e** Eileiter *m*; **2.** *jur* mütterlicherseits; **frères** ~**s** Halbbrüder *m/pl* mütterlicherseits

utérus [yterys] *m anat* Gebärmutter *f*; Uterus *m*

utile [ytil] **I** *adj* **1.** nützlich; (zweck)dienlich; vorteilhaft; brauchbar; geeignet; **animaux** *m/pl* ~ **s** nützliche Tiere *n/pl*; **cadeau** *m* ~ nützliches Geschenk; **dépenses** *f/pl* ~**s** zweckmäßige, notwendige Ausgaben *f/pl*; **renseignements** *m/pl* ~**s** zweckdienliche Hinweise *m/pl*; ♦ ~ **à qn** nützlich, von Nutzen für j-n; **cela peut vous être** ~ das kann für Sie nützlich sein; das kann Ihnen helfen; **cela pourrait vous être encore** ~ das könnten Sie noch brauchen, verwenden; **si je peux vous être** ~ **en qc** wenn ich Ihnen irgendwie behilflich sein, helfen kann; *cette brochure* **sera** ~ **à tous les automobilistes** ... wird jedem, für jeden Autofahrer von Nutzen sein; ♦ ~ **à**

(+*inf*): **c'est un ouvrage** ~ **à consulter** es lohnt sich, in diesem Werk nachzuschlagen; **c'est une chose** ~ **à savoir** es ist gut, nützlich, das zu wissen; ~ **à** (+*subst*): **des notes** ~**s à la compréhension de l'œuvre** Anmerkungen (, die) zum besseren Verständnis des Werkes (dienen); ◆ *loc/adv* **en temps** ~ zu gegebener Zeit; ◆ **il serait** ~ **de vous renseigner** *od* **que vous vous renseigniez** es wäre gut, richtig, zweckmäßig, sich zu informieren *od* wenn Sie sich informierten; **juger** ~ **de faire qc** es für richtig, nötig, erforderlich, gut halten, etw zu tun; **se rendre** ~ sich nützlich machen; **2.** *tech* Nutz...; *e-s Fahrzeugs* **charge** *f* ~ Nutzlast *f*; *e-r Maschine* **travail** *m* ~ Nutzleistung *f*; **3.** *jur* **jour** *m* ~ zur Vornahme e-r Rechtshandlung noch zulässiger Tag; **II** *m* **joindre l'**~ **à l'agréable** das Angenehme mit dem Nützlichen verbinden
utilement [ytilmɑ̃] *adv* nützlich; **employer son temps** ~ ... nützlich verwenden; *ce livre* **vous renseignera** ~ ... wird Ihnen nützliche Hinweise, Informati'onen geben
utilisa|ble [ytilizabl(ə)] *adj* verwendbar; zu verwenden(d); brauchbar; benutzbar; verwertbar; *ce qui est* ~ was man (noch) verwenden kann; ~**teur** *m*, ~**trice** *f* *e-r Maschine etc* Benutzer(in) *m(f)*; *von Stahl etc* Verbraucher(in) *m(f)*
utilisation [ytilizasjõ] *f* An-, Verwendung *f*; Gebrauch *m*; Be-, Ausnutzung *f*, -nützung *f*; Nutzung *f*; Einsatz *m*; *von Resten etc* Verwertung *f*; ~ **pacifique de**

l'énergie atomique, nucléaire friedliche Nutzung der Atom-, Kernenergie; ~ **des loisirs** Freizeitgestaltung *f*; ~ **du téléphone** Benutzung des Telefons; *tél* **durée** *f* **d'**~ *etwa* Sprechdauer *f*; **mode** *m* **d'**~ Verwendungsart *f*, -möglichkeit *f*
utiliser [ytilize] *v/t* an-, verwenden; gebrauchen; *Raum* ausnutzen *od* ausnützen; *Reste* verwerten; verwenden; *Methode* anwenden; *Gerät, Mittel* verwenden; benutzen *od* benützen; *Wasserkraft* nutzen; *Ausrede, Vorwand* gebrauchen; ~ **qn** j-n verwenden, einsetzen; ~ **un incident diplomatique pour** (+*inf*) e-n diplomatischen Zwischenfall aus-, benützen, um zu (+*inf*); **mal** ~ **ses dons** s-e Fähigkeiten schlecht nutzen, falsch einsetzen
utilitaire [ytilitɛr] *adj* **1.** Nutz...; Gebrauchs...; **objet** *m* ~ Gebrauchsgegenstand *m*; **véhicule** *m* ~ *od subst* ~ *m* Nutzfahrzeug *n*; **2.** zweckbetont; auf unmittelbaren Nutzen gerichtet, zielend; **3.** *philos* utilita'ristisch
utilitar|isme [ytilitarism(ə)] *m* **1.** *philos* Utilita'rismus *m*; Utili'tätslehre *f*; Nützlichkeitsprinzip *n*; **2.** Zweckdenken *n*; ~**iste** *philos* **I** *adj* utilita'ristisch; **II** *m,f* Utilita'rist(in) *m(f)*
utilité [ytilite] *f* **1.** Nützlichkeit *f*; Zweckmäßigkeit *f*; Brauchbarkeit *f*; Verwendbarkeit *f*; Nutzen *m*; **avoir son** ~ nützlich, von Nutzen sein; **être d'une grande** ~ sehr nützlich, von großem Nutzen, sehr vorteilhaft sein; **être sans** ~, **n'être d'aucune** ~ vollkommen nutzlos, ohne jeden Nutzen, völlig un-

brauchbar sein; **cela ne m'est d'aucune** ~ das nützt mir gar nichts; das hat keinerlei Nutzen für mich; **2.** *jur* ~ **publique** Gemeinnützigkeit *f*; **association reconnue d'**~ **publique** gemeinnütziger, als gemeinnützig anerkannter Verein; *Enteignung* **pour cause d'**~ **publique** im öffentlichen Interesse; **être déclaré d'**~ **publique** als gemeinnützig erklärt werden; **3.** *écon* Nutzwert *m*; ~ **marginale** Grenznutzen *m*; **4.** *thé* **jouer les** ~**s** Nebenrollen spielen
utopie [ytɔpi] *f* *pol u allg* Uto'pie *f*; Schwärme'rei *f*
utop|ique [ytɔpik] *adj* u'topisch; **socialisme** *m* ~ utopischer Sozialismus; **c'est très** ~ das ist reinste Uto'pie; ~**iste I** *m,f* Uto'pist(in) *m(f)*; Schwarmgeist *m*; Schwärmer *m*; Träumer *m*; Weltverbesserer *m*; **II** *adj* u'topisch
utriculaire [ytrikylɛr] **I** *f* *bot* Wasserschlauch *m*; **II** *adj* *biol* schlauchförmig
utricul|e [ytrikyl] *m* **1.** *bot* Schlauch *m*; **2.** *anat* U'triculus *m* (*des Innenohrs*); ~**eux** *adj* ⟨-**euse**⟩ *bot* **a)** schlauchförmig; **b)** mit Schläuchen versehen
uval [yval] *adj* ⟨-**aux**⟩ Trauben...; **cure** ~**e** Traubenkur *f*
uvé|e [yve] *f* *anat* Traubenhaut *f*; Uvea *f*; ~**ite** *f* *path* Entzündung *f* der Traubenhaut; Uve'itis *f*
uv|ulaire [yvylɛr] *adj* *anat, phon* (Gaumen-, Hals)Zäpfchen...; uvu'lar; *phon*; **phonème** *m* ~ Zäpfchenlaut *m*; Uvu'lar *m*; **r** ~ Zäpfchen-R *n*; ~**ule** *f* *anat* (Gaumen)Zäpfchen *n*

V

V, v [ve] *m* ⟨*inv*⟩ V, v [fau] *n*; **double v** w *n*; *anat* V **lingual** V linguae *n*; **le V de la victoire** *das Fingerzeichen für „Victory"* (= *Sieg*) *der Alliierten während des 2. Weltkrieges*; *loc/adj* **décolleté** *m* **en V** V-Ausschnitt *m*; **moteur** *m* **en V** V-Motor *m*

V1, V2 [veɛ̃, vedø] *m hist mil* V 1, V 2 *f*

va [va] *cf* **aller**; F ∼ **pour 200 francs** also gut *od* schön, 200 Franc; F ∼ **pour le cinéma!** also meinetwegen *od* gut *od* schön, gehen wir ins Kino!; F ∼ **pour cette fois!** a) diesmal mag es noch hingehen, lasse ich es noch 'durchgehen!; b) also schön *od* gut, dieses eine Mal!; F *fig* **faire qc à la ∼ comme je te pousse** etw mit der linken Hand, lieblos, nachlässig, schludrig, schlampig machen

vacance [vakɑ̃s] *f* **1.** ∼s *pl* Ferien *pl*; Urlaub *m*; **bonnes ∼s!** schöne Ferien!; schönen Urlaub!; **grandes ∼s** große Ferien; *jur* ∼s **judiciaires, des tribunaux** Gerichtsferien *pl*; *pol* ∼s **parlementaires** Parla'mentsferien *pl*; ∼s **scolaires** Schulferien *pl*; ∼s **de neige** Winter-, Skiurlaub *m*; ∼s **de Noël, de Pâques** Weihnachts-, Osterferien *pl*; **jour *m* de ∼s** Urlaubs-, Ferientag *m*; freier *bzw* schulfreier Tag; **lecture** *f* **de ∼s** Urlaubs-, Ferienlektüre *f*; **lieu** *m* **de ∼s** Urlaubs-, Ferienort *m*; **pays** *m* **de ∼s** Reise-, Urlaubsland *n*; ♦ *loc/adv* **en ∼s** in *od* im Urlaub; in (den) Ferien; **être en ∼s** in *od* im Urlaub, in Ferien sein; Urlaub, Ferien haben; **partir en ∼s** in Urlaub fahren *od* gehen; ♦ **avoir des ∼s** Ferien, Urlaub haben; **prendre des ∼s** Urlaub nehmen, machen; **2.** *adm* **a) ∼ d'une chaire** freier, unbesetzter Lehrstuhl; ∼ **d'un siège** freier Sitz; **b)** *par ext* freie Stelle; freier Sitz; freier Lehrstuhl; Va'kanz *f*; **combler une ∼** e-e freie Stelle (neu) besetzen; **3.** *pol* ∼ **de la présidence de la République** vorzeitige Beendigung der Amtszeit des Staatspräsidenten

vanc|ier [vakɑ̃sje], **∼ière** I *m,f* Urlauber(in) *m(f)*; Feriengast *m*; Urlaubsreisende(r) *f(m)*; **II** *adj* Urlaubs...; Ferien...

vacant [vakɑ̃] *adj* **1.** *Stelle* offen; *Stelle, Sitz, Lehrstuhl* unbesetzt; frei; *Stelle, Thron* va'kant; *Wohnung* frei; leerstehend; **2.** *jur* **bien ∼** herrenloses Gut; *bei Erbschaft* Gut *n* mit unbekannten Erben; **succession ∼e** Erbschaft *f* mit unbekanntem Erben *bzw* mit e-m Erben, der die Erbschaft ausgeschlagen hat

vacarme [vakarm] *m* Heidenlärm *m*; Krach *m*; F Spek'takel *m*; Ra'dau *m*; **∼ des klaxons** Gehupe *n*

vacataire [vakatɛr] **I** *m,f* Aushilfskraft *f*; Aushilfe *f*; **II** *adj* Aushilfs...; **personnel** *m* **∼** Aushilfspersonal *n*

vacation [vakasjɔ̃] *f jur* **1.** *von Notaren, Sachverständigen etc* Zeitaufwand *m* für Mühewaltungen; ∼s *pl* Gebühren *f/pl*; Sitzungsgelder *n/pl*; **2.** ∼s *pl* Gerichtsferien *pl*; **chambre** *f* **des ∼s** Ferienkammer *f*

vaccaire [vakɛr] *f bot* Kuhseifenkraut *n*

vaccin [vaksɛ̃] *m méd* Impfstoff *m*; Vak'zine *f*; ∼ **(antivariolique)** Pockenimpfstoff *m*; Kuhpockenlymphe *f*; Vak'zine *f*; **faire, inoculer un ∼ à qn** j-n impfen

vaccin|able [vaksinabl(ə)] *adj méd* impfbar; **être ∼** geimpft werden können; **∼al** *adj* ⟨-aux⟩ *méd* **a)** Kuhpocken...; **b)** Impf...; **pustule ∼e** Impfpustel *f*; **∼ateur** *m od adjt* **médecin ∼** Impfarzt *m*

vaccination [vaksinasjɔ̃] *f méd* Impfung *f*; Vakzinati'on *f*; ∼ **antivariolique** Pocken(schutz)impfung *f*; ∼ **curative, préventive** Heil-, Schutzimpfung *f*; **certificat** *m* **de ∼** a) Impfschein *m*; b) Impfzertifikat *n*, -paß *m*

vaccine [vaksin] *f vét* Kuhpocken *pl*

vacciner [vaksine] *v/t* **1.** *méd* ∼ **qn** j-n impfen (**contre** gegen); *im engeren Sinn* j-n gegen Pocken impfen; **2.** F *fig adjt* **être vacciné** geheilt sein (**contre** von)

vaccinier [vaksinje] *m bot* Heidel-, Blaubeere *f*

vaccinothérapie [vaksinɔterapi] *f méd* Vak'zinetherapie *f*

vachard [vaʃar] *adj* F *cf* **vache** II 1.

vache [vaʃ] **I** *f* **1.** *zo* Kuh *f*; ∼ **laitière** Milchkuh *f*; *fig* **les (sept) ∼s maigres, les (sept) ∼s grasses** die sieben fetten und die sieben mageren Jahre; ∼ **marine** a) Seekuh *f*; Seejungfer *f*; Dugong *m*; b) Walroß *n*; *rel u fig* ∼ **sacrée** heilige Kuh; F *fig* ∼ **à lait** Melkkuh *f*; melkende Kuh; gute Einnahmequelle; **troupeau** *m* **de ∼s** Kuhherde *f*; ♦ *loc/adj* **queue de ∼** rötlichblond; *Person* F **gros comme une ∼** f dick wie ein Faß, e-e Tonne; F *fig* **donner des coups (de pied) en ∼ à qn** *od* **faire des coups en ∼ à qn** j-m übel mitspielen; F *fig* **c'est un coup en ∼** F das ist (ein) hundsgemein(er Streich); e-e Hundsgemeinheit; F *fig* **être là comme une ∼ qui regarde passer un train** F dumm, mit offenem Mund glotzen, gaffen; *fig* **manger de la ∼ enragée** sich (kümmerlich) 'durchschlagen, (hart) 'durchbeißen, 'durchkämpfen müssen; F **parler français comme une ∼ espagnole** Französisch radebrechen; F **en schandbares, mise'rables, schauerliches Französisch sprechen**; F **il pleut comme ∼ qui pisse** es gießt wie aus Kübeln; F es platscht, pladdert, P schifft; **2.** Rinds-, Kuhleder *n*; *Camping* ∼ **(à eau)** Wassersack *m* aus Segeltuch; **3.** F *fig* **vieille ∼** *od* **peau** *f* **de ∼ Schuft** *m*; (F hunds)gemeiner Kerl;

gemeine Per'son; F **les ∼s!** die Schufte!; **4.** F **mort aux ∼s!** F nieder mit der Po'lente!; **5.** F **la ∼!** F Donnerwetter!; Mensch!; **ça a fait un de ces bruits, la ∼!** F Mensch, das war vielleicht ein Krach!; *zur Verstärkung des adj* F **une ∼ de grande maison** ein riesengroßes, riesiges Haus; **II** *adj* F **1.** gemein; schuftig; **être ∼ avec, envers qn** j-n gemein, schuftig behandeln; **ne sois pas ∼!** sei nicht so gemein!; **2.** schön; groß; F toll; **une ∼ pépée** F e-e dufte Puppe; **faire un ∼ bénéfice** e-n dicken Gewinn einstreichen, her'ausholen

vachement [vaʃmɑ̃] F *adv* sehr; F mächtig; ungeheuer; gewaltig; toll; saumäßig; ∼ **cher** F sauteuer; **ça m'a aidé ∼** das hat mir großartig, F phan'tastisch geholfen; **il est ∼ bien** er sieht blendend, F toll aus

vach|er [vaʃe] *m*, **∼ère** *f* Kuh-, Rinderhirt(in) *m(f)*; Melker(in) *m(f)*; Schweizer *m*; *auf Almen* Senn(e) *m*, Sennerin *f*

vacherie [vaʃri] *f* **1.** F (*méchanceté*) Gemeinheit *f*; **dire des ∼s à qn** j-m Gehässigkeiten sagen; **faire une ∼, des ∼s à qn** an j-m gemein handeln; j-m gegen'über e-e Gemeinheit, Gemeinheiten begehen; **2.** Kuhstall *m*

vacherin [vaʃrɛ̃] *m cuis* Vache'rin *m*: **a)** (*Art*) Bai'sertorte *f*; **b)** Me'ringentorte *f* mit Eis und Sahne; **c)** (*Art*) Emmentaler Käse *m* aus der Franche-Comté und Savoyen

vachette [vaʃɛt] *f* **1.** Leder *n* von Färsen (*bes für Oberleder*); **2. course** *f* **de ∼s** Volksbelustigung in Südfrankreich, bei der losgelassenen jungen Kühen e-e Kokarde von der Stirn gerissen werden muß

vacill|ant [vasijɑ̃] *adj* **1.** taumelnd; schwankend; wankend; **j'ai les genoux ∼s, les jambes ∼es** die Knie wanken mir; **2.** *Flamme, Licht* flackernd; **3.** *fig Glaube* schwankend; *Verstand* etwas verwirrt, wirr; *Gedächtnis* unzuverlässig; **∼ation** *f* Schwanken *n*; Wanken *n*; Wackeln *n*; Taumeln *n*; e-r Flamme Flackern *n*; **∼ement** *m cf* **vacillation**

vaciller [vasije] *v/i* **1.** schwanken; wanken; taumeln; ∼ **(sur ses jambes)** taumeln; *bei Schwindelanfall*: **j'ai l'impression que les murs vacillent** ... die Wände um mich schwanken; **2.** *Flamme, Licht* flackern; **3.** *fig u st/s Verstand* wirr, verwirrt sein; *Gedächtnis* unzuverlässig sein; j-n im Stich lassen

va-comme-je-te-pousse [vakɔm-ʒ(ə)təpus] *loc/adv* **à la ∼** *cf* **va**

vacuité [vakɥite] *st/s f* Leere *f*

vacuolaire [vakɥɔlɛr] *adj* **1.** *biol* vakuo'lär; **2.** *minér Gestein* blasenreich

vacuo|le [vakɥɔl] *f* **1.** *biol* Vaku'ole *f*; **2.** *minér* Blase *f*; **∼mètre** *m phys* Vakuum'meter *n*

vade-mecum [vademekɔm] *litt m*

⟨*inv*⟩ Vade'mekum *n*

vadrouille [vadruj] *f* **1.** *loc/adj* en ~ auf dem Bummel; auf e-m Streifzug; être en ~ her'umstreifen; F her'umstrolchen, -zigeunern, -bummeln; **2.** *mar* Dweil *m*; Schwabber *m*

vadrouill|er [vadruje] *v/i* F her'umbummeln, vagabun'dieren, -zigeunern; **~eur** *adj u subst* ⟨**-euse**⟩ F il est ~, c'est un ~ F er strolcht, zi'geunert gerne her'um

va-et-vient [vaevjɛ̃] *m* ⟨*inv*⟩ **1.** *von Personen* un ~ incessant ein ständiges Kommen und Gehen; **2.** (mouvement *m de*) ~ Hin- und Herbewegung *f*; Hin und Her *n*; *e-r Schaukel* Auf und Ab *n*; *e-s Kolbens* Auf- und Abbewegung *f*; **3.** *e-r Tür* Bommerband *n*; *par ext* Pendel-, Schwingflügeltür *f*; *élect* Wechselschalter *m*; **5.** *mar* kleine Fähre

vagabond [vagabɔ̃] **I** *adj* ⟨**-bonde** [-bɔ̃d]⟩ **1.** unstet; ruhelos; um'herirrend, -streifend; *litt* wandernd; Wander...; peuple ~ Wandervolk *n*; wanderndes Volk; *vie, existence* ~ Wanderleben *n*; **2.** *fig* Phantasie schweifend; **II** *subst* **1.** *m* Vaga'bund *m*; Stromer *m*; Landstreicher *m* (*auch jur*); F Tippelbruder *m*; Penner *m*; jeune ~ jugendlicher Streuner; streunender Jugendlicher; **2.** *litt* ~(e) *m(f)* Vaga'bund *m*; Zugvogel *m*; mener une vie de ~ ein Wanderleben führen

vagabondage [vagabɔ̃daʒ] *m* **1.** Um'herziehen *n*, -streifen *n*; Vagabun'dieren *n*; *auch jur* Landstreiche'rei *f*; *von Jugendlichen* Streunen *n*; ~s *pl auch* Streifzüge *m/pl*; *jur früher* ~ spécial Zuhälte'rei *f*; **2.** *fig* ~(s) de l'imagination Schweifen *n* der Phantasie

vagabonder [vagabɔ̃de] *v/i* **1.** sich her'umtreiben; vagabun'dieren; um'herstreifen, -wandern; streunen; her'umstrolchen, -zigeunern; stromern; als Landstreicher um'herziehen (*auch jur*); F tippeln; ~ sur les routes, les chemins sich auf den Straßen her'umtreiben; **2.** *fig* Gedanken, Phantasie um'herschweifen, -wandern

vagin [vaʒɛ̃] *m anat* Scheide *f*; *sc* Va'gina *f*

vagin|al [vaʒinal] *adj* ⟨**-aux**⟩ *anat, path* Scheiden...; Vagi'nal...; vagi'nal; **~isme** *m* path Scheidenkrampf *m*; *sc* Vagi'nismus *m*; **~ite** *f path* Scheidenentzündung *f*, -katarrh *m*; *sc* Vagi'nitis *f*

vag|ir [vaʒir] *v/i Säugling, Krokodil* quäken; *Säugling, Hase* schreien; **~issant** *adj Säugling* quäkend; schreiend; **~issement** *m e-s Säuglings, e-s Krokodils* Quäken *n*; *e-s Säuglings, e-s Hasen* Geschrei *n*; *e-s Neugeborenen* ~s *pl* erste Schreie *m/pl*

vagotonie [vagɔtɔni] *f physiol* Vagoto'nie *f*

vague[1] [vag] **I** *adj* **1.** vage; undeutlich; verschwommen; unklar; dunkel; *Erinnerung auch* schwach; *Blick* zerstreut; leer; *Unbehagen* vage; unbestimmt; *Umrisse* verschwommen; undeutlich; *Begriff, Vorstellung auch* nebelhaft; *loc/adv* en termes ~s vage; il est resté ~ er drückte sich vage aus; **2.** ⟨*vorangestellt*⟩ irgendein; *Verwandter* weitläufig; *péj* il a suivi une ~ formation de ... er hat irgend so eine Ausbildung als ... erhalten; **3.** *Kleid, Mantel* weit; **4.** *anat* nerf ~ Vagus *m*; **5.** terrain *m* ~ unbebautes Gelände, Grundstück; **II** *m* **1.** Verschwommenheit *f*; Undeutlichkeit *f*; Verschwommene(s) *n*; **2.** *par ext* avoir du ~ à l'âme an Weltschmerz leiden; être dans le ~ nicht wissen, wor'an man ist; im unklaren sein; laisser qc, rester dans le ~ sich (über etw [*acc*]) nur vage äußern; regarder dans le ~, avoir les

yeux perdus dans le ~ ins Leere blicken; F ein Loch in die Luft starren

vague[2] [vag] *f* **1.** Welle *f*; Woge *f*; comme une ~ de fond wie e-e Flutwelle; **2.** *météo* Welle *f*; ~ de chaleur, de froid Hitze-, Kältewelle *f*; **3.** *fig* Woge *f*; Welle *f*; *mil* ~ d'assaut Angriffswelle *f*; la première ~ de départs (en vacances) die erste Reise-, Urlauberwelle; ~ d'enthousiasme Welle, Woge der Begeisterung; ~ de hausse des prix Welle von Preiserhöhungen; ~ de protestations Flut *f* von Protesten; ~ de suicides Serie *f*, Welle von Selbstmorden; Selbstmorde m/pl in e-r ~s Welle schlagen; **4.** *cin, thé, Literatur, in Frankreich bes um 1960* nouvelle ~ neue Welle; *loc/adj* film *m* nouvelle ~ Film *m* der neuen Welle; **5.** *arch* Wellenband *n*; **6.** *des Haares* (große) Welle

vaguelette [vaglɛt] *f* kleine Welle; ~s *pl auch* Wellengekräusel *n*

vaguement [vagmɑ̃] *adv* vage; undeutlich; verschwommen; ~ ému leicht gerührt; j'ai ~ compris ich habe so ungefähr verstanden

vaguemestre [vagmɛstr(ə)] *m mil* mit der Verteilung der Post beauftragter 'Unteroffizier

vaguer [vage] *litt v/i* laisser ~ Blicke um'herschweifen lassen; *Phantasie, Gedanken* schweifen lassen

vahiné [vaine] *f* Frau *f* von Ta'hiti

vaigrage [vegraʒ] *m mar* Wegerung *f*

vaigr|e [vegr(ə)] *f mar* Weger *m*; Wäger *m*; **~er** *v/t mar* wegern

vaill|amment [vajamɑ̃] *adv* von vaillant **1.**; **~ance** *st/s f* Tapferkeit *f*; Unverzagtheit *f*

vaillant [vajɑ̃] *adj* **1.** *st/s (courageux)* tapfer; beherzt; unverzagt; **2.** *nach e-r Krankheit* il n'est pas encore bien ~ er ist noch etwas schwach, F noch nicht ganz auf dem Damm; er hat sich noch nicht ganz erholt; **3.** *bei der Arbeit* tüchtig; fleißig; **4.** n'avoir pas un sou ~ keinen Pfennig (Geld), keinen (roten) Heller haben

vaillantie [vajɑ̃ti] *f bot* Va'llantia mu'ralis *f*

vaille [vaj] **1.** *cf* valoir; **2.** *loc/adv* ~ que ~ so oder so; schlecht und recht; komme, was da wolle

vain [vɛ̃] *adj* ⟨**vaine** [vɛn]⟩ **1.** unnütz; vergeblich; *Furcht, Befürchtung* unbegründet; *Worte, Versprechungen* leer; *Diskussion* fruchtlos; *Bemühungen, Versuch* vergeblich; fruchtlos; *Erwartung, Hoffnung, Reue* vergeblich; ♦ *loc/adv* en ~ um'sonst; vergeblich; vergebens; il est ~ de (+*inf*) es ist sinn-, zwecklos zu (+*inf*); es hat keinen Sinn, Zweck zu (+*inf*); *st/s* ce n'est pas un ~ mot das ist nicht nur so dahingesagt; das ist nicht nur ein leeres Wort; faire de ~s efforts sich um'sonst, vergeblich bemühen; **2.** *litt Person* leichtfertig; oberflächlich

vaincre [vɛ̃kr(ə)] *v/t* ⟨je vaincs, il vainc, nous vainquons; je vainquais; je vainquis; je vaincrai; que je vainque; vainquant; vaincu⟩ **1.** ~ qn j-n besiegen, *mil, sports auch* schlagen; über j-n siegen; j-n bezwingen; ♦ *abs* siegen; **2.** *Trägheit, Angst, Schwierigkeit, Hindernis* über'winden; *Krankheit, Schmerz* besiegen; *Not, Elend* beseitigen; *Widerstand* besiegen; über'winden; ~ une difficulté *auch* e-e Schwierigkeit meistern; e-r Schwierigkeit (*gén*) Herr werden; être vaincu par le sommeil vom Schlaf über'wältigt werden

vaincu [vɛ̃ky] **I** *p/p von* vaincre *u adj* besiegt; über'wunden; s'avouer ~ sich geschlagen geben; être ~ d'avance keinerlei Chancen haben; von vornher

ein zur Niederlage verurteilt sein; **II** *m* Besiegte(r) *m*; Verlierer *m*; attitude *f de* ~ pessi'mistische, defä'tistische Haltung

vainement [vɛnmɑ̃] *adv* um'sonst; vergebens; vergeblich

vainqueur [vɛ̃kœr] *m* **1.** Sieger *m* (*auch mil u sports*) (d'une épreuve sportive in e-m Sportwettbewerb); Boxen ~ aux points, par arrêt, par K.-O. Sieger nach Punkten, durch Abbruch, durch K.o.; sortir ~ d'une épreuve aus e-m Wettkampf als Sieger hervorgehen; **2.** Bezwinger *m*; Über'winder *m*; le ~ de l'Everest der Bezwinger des (Mount) Everest; **3.** *adit* siegreich; siegend; prendre un air ~ e-e Siegermiene aufsetzen

vair [vɛr] *m* **1.** *Heraldik* Eisenhutfeh *n*; **2.** *im Märchen* pantoufles *f/pl* de ~ Glaspantoffeln *m/pl*

vairon [vɛrɔ̃] **I** *adj* ⟨*nur m*⟩ yeux ~s verschiedenfarbige Augen *n/pl*; **II** *m zo* El'ritze *f*; Pfrille *f*

vais [vɛ] *cf* aller

vaisseau [vɛso] *m* ⟨*pl* ~x⟩ **1.** *anat, bot* Gefäß *n*; ~x capillaires Haargefäße *n/pl*; Kapil'laren *f/pl*; ~ lymphatique Lymphgefäß *n*; ~ (sanguin) Blutgefäß *n*; **2.** *litt* Schiff *n*; *mar mil* ~ amiral Flaggschiff *n*; *Wagner* Le 2 fantôme Der Fliegende Holländer; *Raumfahrt* ~ spatial Raumschiff *n*; *fig* ~ de l'État Staatsschiff *n*; *früher* ~ de ligne Linienschiff *n*; capitaine *m de* ~ Kapitän *m* zur See (*abr z. S.*); *fig* brûler ses ~x alle Brücken hinter sich abbrechen; alle Schiffe hinter sich verbrennen; **3.** *arch* (Kirchen)Schiff *n*

vaisselier [vɛsəlje] *m* Tellerbord *n*, -buffet *n*, -büfett *n*

vaisselle [vɛsɛl] *f* **1.** (Eß-, Tisch-, Tafel-) Geschirr *n*; ~ d'argent, de porcelaine Silber-, Porzel'langeschirr *n*; **2.** Abwaschen *n*; Abwasch *m*; produit *m* pour la ~ (Geschirr)Spülmittel *n*; faire la ~ (das) Geschirr spülen; abwaschen

val [val] *m* ⟨*pl* vaux [vo], *seltener* vals⟩ *litt* Tal *n*; *in geographischen Namen* le 2 de Loire das Val de Loire

valable [valabl(ə)] *adj* **1.** gültig; *jur Vertrag etc auch* rechtsverbindlich; être ~ gültig sein; gelten; c'est ~ pour tous das gilt für, das betrifft alle; **2.** *Entschuldigung, Argument, Arbeit* annehmbar; *Lösung, Vorschlag, Methode, Idee, Antwort* brauchbar; *Grund* triftig; *Argument auch* stichhaltig; das man gelten lassen kann; *Einwand* berechtigt; *Daten, Angaben* verläßlich; zuverlässig; *Arbeit auch* recht beachtlich; *Mitarbeiter* tüchtig; wertvoll; interlocuteur *m* ~ annehmbarer, akzep'tabler Gesprächspartner; sans motif ~ ohne triftigen Grund

valablement [valabləmɑ̃] *adv* **1.** gebührend; **2.** entsprechend; richtig

valdingue [valdɛ̃g] *m* F faire un ~ *cf* valdinguer

valdinguer [valdɛ̃ge] F *v/i* hin'unterpurzeln, -kollern; sich (mehrmals) über'schlagen; envoyer ~ weg-, hin'unterschleudern; zur Seite schleudern; *Sache vom Tisch* hin'unterfegen; *cf auch* dinguer

valence [valɑ̃s] *f* **1.** *chim* Wertigkeit *f*; Va'lenz *f*; **2.** ⟨*inv*⟩ *bot* Va'lencia-Orange *f*

valenciennes [valɑ̃sjɛn] *f* Valenci'ennesspitze *f*

valentinite [valɑ̃tinit] *f minér* Valenti'nit *m*; Anti'monblüte *f*

valentinois [valɑ̃tinwa] *adj* (*u subst* 2 Einwohner *m*) von Valence

valérianacées [valerjanase] *f/pl bot* Baldriangewächse *n/pl*

valérian|e [valerjan] *f bot, phm* Baldrian

m; ~ **officinale** Gemeiner Baldrian; Katzen-, Hexenkraut n; ~**elle** f bot Feldsalat m; Ra'punzel f; ~**ique** adj cf valérique

valérique [valerik] adj chim **acides** m/pl ~**s** Valeri'ansäuren f/pl

valet [vale] m **1.** Diener m; Bediente(r) m; féod Knappe m; ~ **de chambre** Kammerdiener m; ~ **d'écurie** Pferdeknecht m; ~ **de ferme** (Bauern)Knecht m; ~ **de pied** (li'vrierter) La'kai m; **2.** Kartenspiel Bube m; deutsche Spielkarte auch Unter m; Wenzel m; ~ **de cœur** Herzbube m; **3.** stummer Diener; Kleiderständer m; **4.** ~ **de menuisier** (Hobel)Bankhaken m

valetaille [valtɑj] litt u péj f Dienerschaft f

valétudinaire [valetydinɛr] litt adj kränkelnd; kränklich

valeur [valœr] f **1.** Wert m; e-s Arguments Stichhaltigkeit f; e-r Methode etc auch Brauchbarkeit f; Zweckmäßigkeit f; ~ **affective, sentimentale** Gefühls-, Erinnerungswert m; ~ **ajoutée** Mehrwert m; ~ **commerciale, marchande, vénale** Handels-, Verkaufs-, Verkehrs-, Marktwert m; ~ **estimée** Schätzwert m; auf Wechseln ~ **fournie** Va'lutaklausel f; ~ **or** Goldwert m; auf Wechseln ~ **reçue** Wert erhalten; ~ **totale, d'échange** Gesamt-, Tauschwert m; ~ **d'usage** Gebrauchswert m; e-r Aktie ~ **en Bourse** Kurswert m; auf Wechseln ~ **en compte, en marchandises** Wert in Rechnung, in Waren; ♦ loc/adj: **avec** ~ **déclarée** cf déclaré 2.; **d'une** ~ **de** Im Wert(e) von; **de (grande)** ~ (sehr) wertvoll; **objet** m **de** ~ Wertgegenstand m, -sache f; Kostbarkeit f; **de peu de** ~ nicht (sehr) wertvoll; ziemlich wertlos; von geringem Wert; geringwertig; **sans** ~ wertlos; ohne Wert; Argument nicht stichhaltig; ♦ loc/adv: **de la** ~ **de etwa;** ungefähr; **ajouter la** ~ **d'une cuillerée de ...** ungefähr, etwa e-n Löffel voll ... hinzufügen; **estimer** qc **au-dessous** bzw **au-dessus de sa** ... unter bzw über s-m Wert, zu niedrig bzw zu hoch; ♦ **j'accorde beaucoup de** ~ **à son opinion** s-r Meinung messe, lege ich viel Wert, Bedeutung bei; **j'y attache beaucoup de** ~ das ist mir sehr teuer; daran liegt mir sehr viel; darauf lege ich großen Wert; das liegt mir sehr am Herzen; **augmenter de** ~ im Wert steigen; Münze **n'avoir plus de** ~ ungültig, nicht mehr gültig, wertlos sein; **diminuer de** ~ im Wert sinken; **donner de la** ~ **à** qc e-r Sache (dat) Wert verleihen; **doubler de** ~ sich im Wert verdoppeln; **avoir doublé de** ~ doppelt soviel wert sein; **la maison a doublé de** ~ auch der Wert des Hauses hat sich verdoppelt; **c'est ce qui en fait la** ~ darin liegt sein Wert; das macht s-n Wert aus; **mettre en** ~ Geld arbeiten lassen; Gebiet erschließen; Boden bestellen; Gut bewirtschaften; fig Wort im Satz hervorheben; Person her'ausstellen; Figur etc vorteilhaft betonen; auch Gegenstand zur Geltung bringen; **perdre de la** ~ an Wert verlieren; **perdre toute** ~ völlig wertlos werden; jeglichen Wert verlieren; Argument, Einwand hinfällig werden; **2.** e-r Person Wert m; **acteur** m, **écrivain** m de ~ bedeutender, ausgezeichneter, großer Schauspieler, Schriftsteller; **homme** m **de** ~ wertvoller Mensch; **3.** comm, Börse ~**s** pl **a)** Werte m/pl; ~**s (mobilières)** (Wert)Pa'piere n/pl; Ef'fekten pl; **b)** Mittel n/pl; Vermögen n; ~**s disponibles** flüssige Mittel; ~**s immobilisées** Anlagevermögen n; **4.** philos, Soziologie ~**s** pl Werte

m/pl; ~**s esthétiques, morales** ästhetische, ethische Werte; **jugement** m **de** ~ Werturteil n; **5.** math, phys Wert m; ~ **absolue** absoluter Wert; ~ **approchée** Näherungswert m; ~ **en eau** Wasserwert m; **6.** mus ~ **d'une note** Notenwert m; **7.** e-r Spielkarte Wert m; **8.** e-s Wortes ~ **expressive** Ausdruckskraft f

valeureux [valørø, -lœr] st/s adj <-euse> tapfer; kühn

valeur-or [valœror] f Goldwert m

valgus [valgys] m path ~ od adit **pied** m **bot** ~ Knickfuß m

validation [validasjõ] f Gültigkeitserklärung f; jur/Wahl auch Erklärung f der Rechtmäßigkeit; von Diplomen im Ausland etc Anerkennung f; von Versicherungs-, Studienzeiten etc Anrechnung f; von Fahrausweisen Entwertung f

valide [valid] adj **1.** Person gesund; kräftig; **2.** jur, adm rechtswirksam, -gültig; Paß, Fahrkarte etc gültig; **être** ~ gelten

valider [valide] v/t für rechtsgültig, -wirksam erklären; gültig machen; Diplome etc anerkennen; Versicherungs-, Studienzeiten etc anrechnen; Fahrausweis entwerten

validité [validite] f Gültigkeit f; Rechtsgültigkeit f, -wirksamkeit f; e-r Wahl Rechtmäßigkeit f; **(durée** f **de)** ~ Gültigkeit(sdauer) f; Geltungsdauer f

valine [valin] f Biochemie Va'lin n

valise [valiz] f **1.** (Reise-, Hand)Koffer m; ~ **de cuir** Lederkoffer m; **faire sa** ~ den Koffer packen; **faire ses** ~**s** etc Koffer packen (auch fig); fig Angestellter etc gehen; **2.** dipl ~ **diplomatique** Diplo'matenpost f

valkyrie [valkiri] cf walkyrie

vallée [vale] f Tal n; ~ **latérale** Seitental n; ~ **morte** od **sèche** Trockental n; fig ~ **de misère, de larmes** (irdisches) Jammertal; ~ **du Rhône** Rhonetal n; ♀ **des Rois** Tal der Könige; **fond** m **de la** ~ Talgrund m, -sohle f; **au fond de la** ~ tief unten im Tal; **gens de la** ~ Talbewohner m/pl

vallisnérie [valisneri] f bot Wasserschraube f

vallon [valõ] m kleines Tal; Talmulde f

vallonné [valone] adj hügelig; gewellt; ~**ement** m **1.** Talbildung f; **2.** künstlich angelegte Hügellandschaft

valoche [valɔʃ] F f Koffer m

valoir [valwar] ⟨je vaux, il vaut, nous valons; je valais; je valus; je vaudrai; que je vaille, que nous valions; valant; valu⟩ **I** v/t **1.** ~ qc à qn j-m etw eintragen, -bringen; j-m zu etw verhelfen; **qu'est-ce qui me vaut cet honneur?** was verschafft mir die(se) Ehre?; **cela lui a valu d'être congédié** das war schuld daran, daß er entlassen wurde; **cette œuvre lui a valu d'être connu** durch dieses Werk wurde er bekannt; **2.** Betrag **à** ~ **sur** anzurechnen auf (+acc) **II** v/i **3.** wert sein; ♦ mit adv: **ne pas** ~ **cher** nichts taugen; Person auch ein Taugenichts sein; ~ **mieux** besser sein, mehr Wert haben, mehr wert sein (que als); F **ça vaut mieux que le froid** (das ist) immer noch besser als Kälte; F **ça vaut mieux que de se casser une jambe** ein Beinbruch wäre schlimmer; unpersönlich: **il vaut mieux** od **mieux vaut** (+inf) es ist besser zu (+inf) (que de + inf als zu + inf); **il vaudrait mieux ne pas le faire du** tätest (bzw ihr tätet etc) es besser nicht; **il vaut mieux que tu n'y ailles pas du** solltest besser, lieber nicht hingehen; prov: **il vaut mieux donner que rece-**

voir Geben ist seliger denn Nehmen (prov); **mieux vaut tard que jamais** besser spät als nie (prov); **mieux vaut tenir que courir** cf tenir 1.; **ne rien** ~ nichts wert sein; nichts taugen; ♦ mit subst: F **ça vaut le coup** es, das lohnt sich, ist der Mühe wert; **ça vaut un détour** ein Umweg lohnt sich, ist der Mühe wert; ~ **la peine** cf peine 2.; **rien ne vaut ...** es geht nichts über (+acc); ♦ mit pr: **l'un vaut l'autre** eins bzw der eine ist so gut wie das andere; voiture, méthode qui **en vaut (bien) une autre** ... ebenso gut wie jede(r) andere ist; **il n'y en a pas qui vaille celle-ci** es gibt keine gleichwertige; es gibt keine, die so gut ist; F fig **ça vaut dix** F das ist (ja) zum Kugeln, Schießen, Totlachen, Piepen; ♦ mit Verb: **ça ne me dit rien qui vaille** das läßt mich Schlimmes befürchten, nichts Gutes ahnen; auch das ist nichts für mich; das mache ich nicht mit; **c'est tout ce que ça vaut** mehr ist das nicht wert; **faire** ~ Rechte geltend machen; Argument vorbringen; Kapital arbeiten lassen; Boden etc nutzbar machen; Gut bewirtschaften; Person her'ausstellen; Ware anpreisen; Figur, Gesicht etc vorteilhaft betonen; zur Geltung bringen; **faire** ~ **à** qn **que ...** j-m gegen'über beweisen, geltend machen, daß ...; **avoir des références à faire** ~ ... vorzuweisen haben; ... vorweisen können; **chercher à se faire** ~ versuchen, sich in den Vordergrund zu schieben od zu glänzen; **il faut prendre cela pour ce que cela vaut** man darf das nicht zu ernst, wörtlich nehmen; **4.** kosten; **ça vaut combien?** wieviel kostet das?; ~ **cher** teuer sein; **5.** Klima **ne rien** ~ nicht bekommen, gut tun (à qn j-m); **ce climat ne vaut rien pour les rhumatismes** dieses Klima ist für Rheuma nicht gut; **6.** ~ **pour** gelten für; betreffen (+acc); **cela vaut pour tous** das gilt für, betrifft alle; **7.** den Wert haben von; zählen; mus **une blanche vaut deux noires** e-e halbe Note hat den Wert von zwei Viertelnoten; Spielkarten, sports Fehler ~ **dix points** zehn Punkte zählen; **III** v/pr **se** ~ ein'ander gleich, wert sein; gleich (gut bzw schlecht) sein; F **ça se vaut** das kommt (etwa) auf gleiche heraus

valorisation [valorizasjõ] f Aufwertung f; Höherbewertung f; Wertsteigerung f; Erhöhung f des Wertes; écon Valorisati'on f; Valori'sierung f

valoriser [valorize] v/t aufwerten; höher bewerten; im Wert steigen lassen; den Wert steigern, erhöhen (+gén); écon valori'sieren

valse [vals] f **1.** mus Walzer m; ~ **lente, viennoise** langsamer, Wiener Walzer; **2.** F fig **la** ~ **perpétuelle des ministres** die ständigen Kabi'nettsumbildungen f/pl; der ständige Wechsel der Minister; ~**-hésitation** f ⟨pl valses-hésitations⟩ zögernde, unentschlossene Haltung; Hin und Her n

valser [valse] v/i **1.** Walzer tanzen; plais walzen; ~ **à l'envers** Walzer nach links, linksherum tanzen; **2.** F fig: **il est allé** ~ **à trois mètres de là** er flog, purzelte drei Meter weit; **faire** ~ **l'argent** mit (dem) Geld um sich werfen, F schmeißen; **faire** ~ **les chiffres** F mit Zahlen jon'glieren; **envoyer** ~ qc cf (envoyer) valdinguer; **envoyer** ~ qn j-n hin'auswerfen, F rausschmeißen

valseur [valsœr] m Walzertänzer m; **c'est un bon** ~ er tanzt gut Walzer

valu [valy] p/p von valoir

valvaire [valvɛr] adj bot Klappen...

valve [valv] f **1.** zo der Muscheln (Schalen)Klappe f; **2.** bot der Spring-

früchte Klappe f; **3.** tech Klappe f; auch élect Ven'til n

valv|ulaire [valvylɛr] adj anat Klappen...; valvu'lär; **~ule** f anat Klappe f; **~** (du cœur) Herzklappe f

vamp [vãp] f Vamp [vɛmp] m

vamper [vãpe] F v/t ~ qn j-n um'garnen, bezirzen

vampire [vãpir] m **1.** myth Vampir m; **2.** fig **a)** sa'distischer Massenmörder; **b)** Blutsauger m; Ausbeuter m; **3.** zo Vampir m

vampirisme [vãpirism(ə)] m psych Nekrophi'lie f

van [vã] m **1.** Trans'portwagen m für Rennpferde; **2.** (Korn)Schwinge f

vanad|inite [vanadinit] f minér Vanadi-'nit m; **~ique** adj chim Vana'din...

vanadium [vanadjɔm] m chim Vana'din n; früher Va'nadium n; **aciers** m/pl au ~ Vana'dinstähle m/pl

vanda [vãda] f bot Vanda f

vandal|e [vãdal] m **1.** hist **~s** pl Wan'dalen od Van'dalen m/pl; **2.** fig Wan'dale od Van'dale m; **~isme** m Wanda'lismus od Vanda'lismus m; Zerstörungswut f

vandoise [vãdwaz] f zo Hasel m

vanesse [vanɛs] f zo Tagpfauenauge n

vangeron [vãʒrõ] m cf gardon

vanille [vanij] f bot **a)** (gousse f de) ~ Vanilleschote [va'niljə-] f; **b)** Va'nille f; cuis ~ **en poudre** Vanillepulver n; **crème** f, **glace** f à la ~ Vanillecreme f, -eis n

vanillé [vanije] adj Va'nille...; **sucre** ~ Vanillezucker m

vanillier [vanije] m bot Va'nille f (Pflanze)

vanilline [vanilin] f chim Vanil'lin n

vanillisme [vanilism(ə)] m path Va-'nillevergiftung f

vanisé [vanize] adj text **articles** ~s plat'tierte Waren f/pl

vanité [vanite] f **1.** Einbildung f; Selbstgefälligkeit f; Eitelkeit f; **par** ~ aus Eitelkeit; **soit dit sans** ~ ohne mich (damit) rühmen zu wollen; **être d'une** ~ **extraordinaire** äußerst eingebildet, selbstgefällig, eitel sein; **tirer** ~ **de qc** sich etwas einbilden auf etw (acc); **2.** litt **bes der irdischen Dinge** Eitelkeit f; Nichtigkeit f

vaniteux [vanitø] **I** adj ⟨-euse⟩ eingebildet; selbstgefällig; eitel; **II** subst ~, **vaniteuse** m,f selbstgefälliger, eingebildeter Mensch

vannage [vanaʒ] m **1.** des Korns Schwingen n; Worfeln n; **2.** e-s Wehrs etc Schieberanlage f

vanne [van] f **1.** tech Schieber m; bei Wehren etc Schütz n; **2.** F (remarque désobligeante) Stiche'lei f; **envoyer,** **lancer une** ~, **des** ~s à qn gegen j-n sticheln

vann|eau [vano] m ⟨pl ~ **x**⟩ zo Kiebitz m; **~elle** f e-s Wehrs etc kleines Schütz n; e-r Rohrleitung kleine Klappe f

vanner [vane] v/t **1.** Korn schwingen; worfeln; **2.** F ~ qn j-n erschöpfen, F fertig-, ka'puttmachen; adit **être vanné** wie gerädert sein; F hunde- od hundsmüde, to'tal ka'putt sein

vannerie [vanri] f **a)** Korbflechte'rei f; **b)** Korbwaren f/pl; **c)** Flechtarbeiten f/pl; loc/adj **de** od **en** ~ Korb...; **faire de la** ~ a) Korbwaren herstellen; b) Flechtarbeiten machen

vann|eur [vanœr] m Kornschwinger m; **~euse** f **1.** Kornschwingerin f; **2.** cf tarare; **~ier** m Korbmacher m, -flechter m; **~ure** f Spreu f und Stroh n

vantail [vãtaj] m ⟨pl vantaux [vãto]⟩ (Tür-, Fenster)Flügel m; **porte** f à **double** ~ Flügeltür f

vantard [vãtar] **I** adj Person großspre-

cherisch; **II** m Prahler m; Prahlhans m; Großtuer m; Angeber m; Aufschneider m

vantardise [vãtardiz] f Prahle'rei f; Angebe'rei f; Angabe f; Aufschneide'rei f; **il est d'une** ~ **insupportable** s-e Angeberei ist unerträglich

vanter [vãte] **I** v/t ('überschwenglich) loben; rühmen; her'ausstreichen; preisen; Ware anpreisen; ~ **les qualités à** qn j-m gegen'über die Vorzüge rühmen, loben, herausstreichen; **II** v/pr **se** ~ prahlen, aufschneiden, angeben, großtun (**de qc** mit etw); **se** ~ **de** (+inf) damit prahlen, sich rühmen zu (+inf); (**soit dit**) **sans me** ~ ohne mir schmeicheln od mich loben zu wollen; F **je m'en vante!** und ich bin stolz darauf!; F **il ne s'en est pas vanté** das hat er mit keinem Wort erwähnt; F das hat er schamhaft verschwiegen; F **il n'y a pas de quoi se** ~ das ist wirklich keine Heldentat, kein Ruhmesblatt; kein Grund, keine Ursache, stolz darauf zu sein

va-nu-pieds [vanypje] m,f ⟨inv⟩ Bettler(in) m(f)

vapes [vap] f/pl F **être dans les** ~ benommen, F im Tran sein

vapeur[1] [vapœr] f **1.** Dampf m; ~ **d'eau** Wasserdampf m; ~ **d'essence** Ben'zindampf m; fer m, **machine** f à ~ Dampfbügeleisen n, -maschine f; loc/adv: **à la** ~ mit Dampf; cuis **pommes** f/pl **de terre cuites à la** ~ od adjt **pommes** ~ gedämpfte Kartoffeln f/pl; cuis **cuire à** la ~ dämpfen; **repasser à la** ~ mit Dampf bügeln; dämpfen; **à toute** ~ mit 'Volldampf; fig in, mit Windeseile; mit höchster Geschwindigkeit; **renverser** la ~ Gegendampf geben; fig das Steuer her'umreißen, -werfen; auf Gegenkurs gehen; **2.** litt Nebel m; Dunst m; **3.** litt od plais **avoir ses** ~s plais s-e Zustände haben; **4.** st/s ~s **de l'alcool, du vin** Wirkung f des Alkohols, Weins; **les** ~s **du vin lui montent à la tête** er ist (vom Wein) benebelt

vapeur[2] [vapœr] m Dampfschiff n, -boot n; Dampfer m

vaporeux [vaporø] adj ⟨-euse⟩ Stoff, Kleid, Haare duftig; Haare auch weich, locker frisiert

vaporis|age [vaporizaʒ] m text Dämpfen n; **~ateur** m Zerstäuber m; Spray [spre:] m od n; Spraydose f; **~ation** f **1.** phys Verdampfen n; **2.** Zerstäuben n

vaporiser [vaporize] **I** v/t **1.** verdampfen; **2.** Parfüm zerstäuben; sprayen ['spre:ən]; **II** v/pr **se** ~ verdampfen

vaquer [vake] **I** v/t/indir ~ **à ses occupations, à ses affaires** s-r Beschäftigung, s-n Geschäften nachgehen; ~ **aux soins** **du ménage** s-n häuslichen Pflichten nachgehen, st/s ob'liegen; **II** v/i Gericht, Schule Ferien haben

var [var] m phys Var n

varan [varã] m zo Wa'ran m; ~ **gris** Wüstenwaran m

varangue [varãg] f mar (Boden)Wrange f; Bauchstück n

varapp|e [varap] f Klettern n; Klette'rei f; **faire de la** ~ klettern; **~er** v/i klettern

varech [varɛk] m bot **a)** Tang m; **b)** Braunalgen f/pl

vareuse [varøz] f Ma'trosenbluse f; mil (Art) Waffenrock m; allg Jacke f; Joppe f

variabilité [varjabilite] f Veränderlichkeit f; biol Variabili'tät f

variable [varjabl(ə)] **I** adj wechselnd; allg, ling Wort, math Größe etc veränderlich; math auch vari'abel; météo: **ciel** m ~ wechselnd bewölkt; **vent** m ~ **Wind** m aus wechselnden, 'unterschiedlichen Richtungen; **être** ~ veränderlich, wechsel-

haft sein; sich ändern; wechseln; **II** subst **1.** f math Veränderliche f; Vari'able f; **2.** m Barometer **être au** ~ auf Veränderlich stehen

variance [varjãs] f **1.** phys, chim Zahl f der Freiheitsgrade; **2.** Statistik Vari-'anz f

variante [varjãt] f e-s Textes, e-s Wortes, mus u allg Vari'ante f; allg Abwandlung f

variation [varjasjõ] f Wechsel m; Schwankung f; (Ver)Änderung f; astr, biol, mus, math Variati'on f; mar des Kompasses Summe f von Deviati'on und Deklinati'on; ~s **de prix** Preisänderungen f/pl, -schwankungen f/pl; ~s **de** **température** Tempera'turschwankungen f/pl; **subir des** ~s sich verändern; sich wandeln

varice [varis] f path Krampfader f; ~ **interne** od **profonde** tief (im Gewebe) liegende Krampfader; **bas** m à ~s Gummistrumpf m

varicelle [varisɛl] f path Windpocken pl; sc Vari'zellen f/pl

varicocèle [varikɔsɛl] f path Krampfaderbruch m; sc Variko'zele f

varié [varje] adj verschiedenartig; vielfältig; mannigfaltig; abwechslungsreich; Programm reichhaltig; bunt; abwechslungsreich; mus Melodie mit Variati'onen; variiert; **choix** ~ reiche Auswahl; 'hors-d'œuvre ~s verschiedene Vorspeisen f/pl; **menus peu** ~s ziemlich eintöniger Speise-, Küchenzettel m; phys **mouvement uniformément** ~ gleichförmig beschleunigte bzw verzögerte Bewegung

varier [varje] **I** v/t abwechslungsreich, verschiedenartig gestalten; Abwechslung bringen in (+acc); allg, Stil, mus Thema vari'ieren; ~ **les menus** den Speisezettel abwechslungsreich gestalten; plais od iron **pour** ~ **les plaisirs** weil's so schön war od ist; ~ **ses toilettes** (sehr) verschiedene Kleider tragen; die Kleider häufig wechseln; **II** v/i **1.** sich ändern; wechseln; verschieden sein; va-ri'ieren; Wetter sich ändern; gr Adjektiv veränderlich sein; Preise schwanken (**entre** zwischen; **de ... à ...** zwischen ... und ...); reichen (**de ... à ...** von ... bis ...); Gebräuche verschieden sein (**selon les pays** von Land zu Land); Wetter ~ souvent sehr wechselhaft sein; Farben ~ **du blanc au gris** von weiß in grau 'übergehen; bald weiß, bald grau sein; **les opinions varient sur ce point** die Meinungen darüber gehen auseinander, sind geteilt, sind verschieden, weichen vonein'ander ab; **2.** Person **il** **n'a jamais varié à ce sujet** s-e Meinung darüber hat sich nie geändert; **il n'a** **jamais varié dans ses déclarations** er hat s-e Aussagen nie geändert; s-e Aussagen sind immer gleich geblieben, haben sich nie geändert

variété [varjete] f **1.** Verschiedenheit f, -artigkeit f; Mannigfaltigkeit f; Abwechslung f; **une grande** ~ **de modèles** e-e Vielfalt von, e-e reiche Auswahl an Modellen; die verschiedensten Modelle; **2.** biol Ab-, Spielart f; Varie'tät f; von Obst etc Sorte f; ~ **d'hiver, de** **pomme** Winter-, Apfelsorte f; **3.** Literatur ~s littéraires, recueil m de ~s (Sammlung f von) Essays m/pl od n/pl; **4.** (spectacle m de) ~s pl Varie'té n; disque m de ~s Schallplatte f mit Schlagern, Unter'haltungsmusik; rad, télév **émission** f de ~s Unter'haltungssendung f; **scène** f, **théâtre** m de ~s Varieté n

variol|e [varjɔl] f path Pocken pl; Blattern pl; **~é** adj pocken-, blatternarbig; **~eux** **I** adj ⟨-euse⟩ Pocken...; an

Pocken erkrankt; **II** *m* Pockenkranke(r) *m*; **~ique** *adj path* Pocken...; **éruption** *f ~* Pockenausschlag *m*; **~isation** *f hist méd* Variolati'on *f*; **~oïde** *f path* Va-'riolois *f*

variomètre [varjɔmɛtr(ə)] *m élect, aviat* Vario'meter *n*

variorum [varjɔrɔm] *adj* ⟨*inv*⟩ **édition** *f ~* Ausgabe *f* mit verschiedenen Kom-men'taren

variqueux [varikø] *adj* ⟨**-euse**⟩ *path* vari'kös; **ulcère ~** Krampfaderge-schwür *n*

varlop|e [varlɔp] *f* Langhobel *m*; Rauh-bank *f*; **~er** *v/t* mit der Rauhbank bearbeiten, hobeln

varron [varõ] *m* **1.** *zo* Larve *f* der Dasselfliege; **2.** *vét* Dasselbeule *f*

varsovien [varsɔvjɛ̃] **I** *adj* ⟨**~ne**⟩ War-schauer; aus Warschau; **II** *subst* ♀(ne) *m(f)* Warschauer(in) *m~(f)*

varus [varys] *m path ~od adit* pied *m bot* **~ Klumpfuß** *m*

varves [varv] *f/pl géol* Warven *f/pl*

vasard [vazar, vɑ-] *adj* schlammig; **fond ~ od subst ~ m** schlammiger Grund; Schlickgrund *m*

vasculaire [vaskylɛr] *adj* **1.** *anat* Ge-fäß...; **affection** *f ~* Gefäßleiden *n*; **système** *m ~* Gefäßsystem *n*; **2.** *bot* **plantes** *f/pl ~s* Gefäßpflanzen *f/pl*; **tissu** *m ~* Leit(ungs)gewebe *n*

vascularis|ation [vaskylarizasjõ] *f anat* **a)** Gefäßbildung *f*; *sc* Vaskularisati'on *f*; **b)** Anordnung *f* der Gefäße; **~é** *adj anat* vasku'lar

vase[1] [vaz] *m* Vase *f*; Gefäß *n*; *phys* **~s communicants** kommunizierende Röhren *f/pl*; *égl cath* **~s sacrés** liturgi-sche Gefäße *n/pl*; Kultgefäße *n/pl*; **~ de od en cristal** Kri'stallvase *f*; *phys* **~ de Mariotte** Mari'ottesche Flasche *f*; **~ de nuit** Nachtgeschirr *n*, -topf *m*; *fig*: **être élevé en ~ clos** allzu behütet aufwach-sen; **vivre en ~ clos** sich abkapseln; sehr zurückgezogen leben; *Gruppe, Gemein-schaft* gegen andere abgeschirmt, ohne Kontakt mit andern leben

vase[2] [vaz] *f* Schlamm *m*; *im Meer* Schlick *m*

vasectomie [vazɛktɔmi] *f chir* Vasekto-'mie *f*

vaselin|e [vazlin] *f chim, phm* Vase'line *f*; Vase'lin *n*; **huile** *f* **de ~** Vaselinöl *n*; **~er** *v/t* mit Vase'line schmieren, einfetten

vaseux [vazø] *adj* ⟨**-euse**⟩ **1.** schlammig; schlick(e)rig; **fond ~** Schlamm-, Schlick-grund *m*; **2.** F *fig* **se sentir ~** nicht ganz auf dem Damm sein; **3.** F *Vorstellungen* verschwommen; nebelhaft; *Argumenta-tion* unklar; verworren

vasistas [vazistas] *m* Guckfenster *n*; Oberlicht(fenster) *n*

vaso-constric|teur [vazokõstriktœr] *adj* ⟨*nur m*⟩ *physiol* gefäßverengend, -zusammenziehend; **nerfs ~s** Vasokon-strik'toren *m/pl*; **~tion** *f physiol* Gefäß-zusammenziehung *f*; Vasokonstrik-ti'on *f*

vaso-dilata|teur [vazodilatatœr] *adj* ⟨*nur m*⟩ *physiol* gefäßerweiternd; **nerfs ~s** Vasodila'toren *m/pl*; **~tion** *f phy-siol* Gefäßerweiterung *f*; Vasodilata-ti'on *f*

vaso-moteur [vazomɔtœr] *adj* ⟨**vaso--motrice**⟩ *physiol* vasomo'torisch; **nerfs ~s** Vasomo'toren *m/pl*

vasouillard [vazujar] *adj cf* **vaseux 3.**

vasouiller [vazuje] F *v/i Person* aus dem Kon'zept kommen; unsicher sein; F schwimmen; her'umtasten; *Sache* sich hinschleppen; nur schleppend vorwärts-gehen

vasque [vask] *f* **1.** Brunnenschale *f*; **2.** flache Schale (*als Tischschmuck*)

vassal [vasal] *hist u fig litt* ⟨*pl* **-aux**⟩ **I** *m* Va'sall *m*; *nur hist* Lehnsmann *m*; **II** *adi* Va'sallen...; **~isation** *litt f* Unter'wer-fung *f*, -'jochung *f*; **~iser** *litt v/t* unter-'werfen, -'jochen; **~ité** *f hist u fig litt* Va'sallentum *n*; *nur fig* Abhängigkeit *f*

vaste [vast] *adj* **1.** *Fläche, Ebene, Wald* weit; ausgedehnt; *Gebäude, Garten* weit-läufig; *Zimmer, Schrank* geräumig; **2.** *Wissen* 'umfangreich; vielseitig; *Kennt-nisse* um'fassend; *Thema* um'fassend; 'umfangreich; *Vorhaben* 'umfangreich; gewaltig; *Ambitionen* weitreichend; F **c'est une ~ blague** das ist ganz großer, F ein ausgemachter, aufgelegter Schwin-del; F das ist ein ganz großer Blödsinn, ein Riesenschmarren; **3.** *anat* **muscle** *m ~ od subst ~ m* externe, interne äuße-rer, innerer Schenkelmuskel

va-t-en-guerre [vatɑ̃gɛr] ⟨*inv*⟩ **I** *m* Kriegstreiber *m*; **II** *adj* kriegslüstern

vaticane [vatikan] *adj* ⟨*nur f*⟩ vati'ka-nisch; **la bibliothèque ~ od subst la** ♀ die Vatikanische Bibliothek; die Vati-'kana

vaticina|teur [vatisinatœr] *litt m*, **~tri-ce** *litt f* Weis-, Wahrsager(in) *m(f)*

vaticin|ation [vatisinasjõ] *litt f* Weissa-gung *f*; **~er** *litt v/i* weis-, wahrsagen

va-tout [vatu] *m Kartenspiel* **faire ~** sein ganzes Geld auf e-e Karte, ein Blatt setzen; *fig* **jouer son ~** alles auf e-e Karte setzen (**dans** bei); **va banque** spielen

vauchérie [voʃeri] *f bot* Vau'cheria *f*

vauclusienne [voklyzjɛn] *adj géogr* **source ~** Karstquelle *f*

vaudevill|e [vodvil] *m* Vaude'ville *n*; Posse *f* (*auch fig*); **~esque** *adj* possen-haft; **~iste** *m* Possenschreiber *m*; Ver-fasser *m* von Vaudevilles

vaudois [vodwa] **I** *adj* **1.** waadtländisch; **2.** *rel* wal'densisch; **II** *subst* **1.** ♀(e) *m(f)* Waadtländer(in) *m(f)*; **2.** *m rel* Wal'den-ser *m*

vaudou [vodu] *m rel* Wudu *od* Wodu *m*; *adit* **cérémonie ~** Wuduzeremonie *f*

vaudrai [vodrɛ] *cf* **valoir**

vau-l'eau [volo] *loc/adv* **à ~**: **aller à ~** (strom'abwärts) treiben; *fig* **s'en aller à ~** Pläne zu Wasser werden; *Pläne, Hoff-nungen* zu'nichte werden; *Vermögen, Hoffnungen* da'hinschwinden; **l'entre-prise va à ~** mit dem Unter'nehmen geht es berg'ab

vaur|ien [vorjɛ̃] *m* Taugenichts *m*; Tu-nichtgut *m*; Nichtsnutz *m*; **petit ~** Ben-gel *m*; Range *f*; **~ienne** *f* Göre *f*; Range *f*

vaut [vo] *cf* **valoir**

vautour [votur] *m* **1.** *zo* Geier *m*; **~ fauve, des agneaux** Gänse-, Lämmer-geier *m*; **2.** *fig* habgieriger Mensch; Wucherer *m*

vautrait [votrɛ] *m ch* Saumeute *f*

vautrer [votre] *v/pr* **se ~ 1.** sich wälzen; sich hinlümmeln, -flegeln; sich rekeln *od* räkeln; F sich fläzen; **se ~ dans la boue** sich im Dreck wälzen; sich suhlen; **2.** *fig* **se ~ dans qc** sich in etw (*dat*) gefallen, wohl fühlen, F aalen

vau-vent [vovã] *loc/adv ch* **à ~** mit dem Wind im Rücken

vauvert [vover] *loc/adv* **au diable ~** sehr weit entfernt; ganz weit weg; ganz weit draußen (F j.w.d.)

vaux [vo] *cf* **valoir** *u* **val**

va-vite [vavit] *loc/adv* **à la ~** hastig; über'stürzt; flüchtig; F hopp hopp; **faire qc à la ~** etw zu'sammen-, hinhauen; etw zu'sammenpfuschen

veau [vo] *m* ⟨*pl* **~x**⟩ **1.** *zo* Kalb *n*; **~ marin, de mer** Seehund *m*; **~ de lait** Milchkalb *n*; *fig*: **adorer le ~ d'or** das Goldene Kalb anbeten; F **pleurer com-me un ~** F heulen wie ein Schloßhund;

tuer le ~ gras e-n Festschmaus veran-stalten; **2.** *cuis* Kalbfleisch *n*; **pieds** *m/pl* **de ~** Kalbsfüße *m/pl*; **3.** Kalb(s)leder *n*; **4.** F *fig* **a)** *Person* Tölpel *m*; Tolpatsch *m*; **b)** schlechtes Rennpferd; **c)** *auto* F lahme Karre, Kiste

vecteur [vɛktœr] **I** *m* **1.** *math, phys* Vektor *m*; **~ libre, lié** freier, gebundener Vektor; **champ** *m* **de ~s** Vektorfeld *n*; **2.** *path* Vektor *m*; (Krankheits)Über'träger *m*; Zwischenwirt *m*; **3.** *mil* Kernwaffen-träger *m*; **II** *adj astr, math* **rayon** *m ~* Radiusvektor *m*

vecto(cardio)|gramme [vɛkto-(kardjo)gram] *m méd* Vekto(r)kardio-gramm *n*; **~graphe** *m méd* Vekto(r)kar-diograph *m*; **~graphie** *f méd* Vekto(r)-kardiographie *f*

vectoriel [vɛktɔrjɛl] *adj* ⟨**~le**⟩ *math, phys* vektori'ell; Vektor...; *math* **analy-se ~le, calcul, produit ~** Vektoranaly-sis *f*, -rechnung *f*, -produkt *n*; *phys* **grandeur ~le** Vektor *m*

vécu [veky] **I** *p/p von* **vivre** *u adi* erlebt; *Geschichte* wahr; **expérience ~e** (eige-nes) Erlebnis; selbstgemachte Erfah-rung; *philos* **durée ~e, temps ~** subjek-tive Zeit; Erlebniszeit *f*; **II** *m* Erlebte(s) *n*; Erlebnis *n*

Véda [veda] *m rel* Weda *od* Veda *m*

vedette [vədɛt] *f* **1.** *thé, cin, sports, allg* Star *m*; *thé, cin* Hauptdarsteller(in) *m(f)*; *allg* promi'nente Per'sönlichkeit; *e-s Prozesses etc* Hauptperson *f*; **~ du jour** Held *m* des Tages; **~ de** *od* **du cinéma, du football, de la scène** Film-, Fußball-, Bühnenstar *m*; **jouer les ~s** sich als Star aufführen; **2.** *par ext*: **avoir, tenir la ~** *thé, cin* die Hauptrolle spielen; *Zirkus etc* der Star des Abends, die Zugnummer sein; *allg, auch Sache* im Blickpunkt der Öffentlichkeit, im Mit-telpunkt des Interesses, im Vordergrund stehen; **mettre qc, qn en ~** etw, j-n her'ausstellen, -streichen; *Zeitung* etw in großer Aufmachung, als Schlagzeile bringen; **se mettre en ~** sich in den Vordergrund schieben, drängen; ♦ *adit* Spitzen...; Star...; Haupt...; *télév* **émission** *f ~* zugkräftige Sendung; *sports* **joueur** *m ~* Spitzenspieler *m*; **mannequin** *m ~* Starmannequin *n*; *sports* **match** *m ~* Spitzen-, Schlager-spiel *n*; **3.** *mar* **a)** Schnellboot *n*; **~ lance-torpilles** Tor'pedoschnellboot *n*; **b)** Küstenwachboot *n*; **4.** *mil* früher vorgeschobener Reiterposten; Feld-wache *f*

véd|ique [vedik] *adj rel, ling* wedisch *od* vedisch; **~isme** *m* Wedische Religi'on; We'dismus *m*

végétal [veʒetal] ⟨*m/pl* **-aux**⟩ **I** *adj* **1.** Pflanzen...; pflanzlich; vegeta'bilisch; **aliments végétaux** pflanzliche Nah-rungsmittel *n/pl*; Vegeta'bilien *pl*; **fibre, graisse, huile ~e** Pflanzenfaser *f*, -fett *n*, -öl *n*; **règne ~** Pflanzenreich *n*; **sol ~, terre ~e** Mutterboden *m*, -erde *f*; Ackerkrume *f*; *géogr* **tapis ~** Pflanzen-decke *f*; **2.** *arch* **décor ~** Pflanzenorna-ment *n*; vegeta'bilisches Ornament; **II** *m* Pflanze *f*; Gewächs *n*; **végétaux infé-rieurs, supérieurs** niedere, höhere Pflanzen

végétalisme [veʒetalism(ə)] *m* strenger Vegeta'rismus

végétar|ien [veʒetarjɛ̃] **I** *adj* ⟨**~ne**⟩ vege-ge'tarisch; **régime ~** vegetarische Diät, Ernährung; **restaurant ~** vegetarisches Restaurant; **II** *subst* **~(ne)** *m(f)* Vege'ta-rier(in) *m(f)*; **~isme** *m* (Lakto-) Vegeta'rismus *m*

végétatif [veʒetatif] *adj* ⟨**-ive**⟩ *bot, phy-siol* vegeta'tiv; *bot auch* Vegetati'ons...; *bot*: **multiplication végétative** vegeta-

tive Vermehrung; **organes** ~s Vegetationsorgane *n/pl; anat* **système** ~ vegetatives Nervensystem; *physiol* **vie végétative** vegetative Lebensvorgänge *m/pl*

végétation [veʒetasjõ] *f* **1.** Vegetati'on *f;* Pflanzenwuchs *m;* Pflanzenwelt *f;* **zones** *f/pl* **de** ~ Vegetationszonen *f/pl;* **2.** Eisblumenbildung *f;* **3.** *anat, path* **a)** ~s Wucherungen *f/pl;* **b)** **opérer un enfant des** ~s e-m Kind die Po'lypen *bzw* Mandeln her'ausnehmen

végéter [veʒete] *v/i* <-è-> *Person* (da'hin-) vege'tieren; kümmerlich (da'hin)leben; *Geschäft, Unternehmen* sta'gnieren; ~ **dans un emploi subalterne** in e-r 'untergeordneten Stellung verkümmern

véhémence [veemãs] *f* Heftigkeit *f;* Ungestüm *n;* Feuer *n;* Vehe'menz *f;* **avec** ~ heftig; stürmisch; ungestüm

véhément [veemã] *adj Person* ungestüm; hitzig; feurig; *Zorn, Vorwürfe* heftig; *Rede* flammend; *Diskussion* hitzig; heftig; **il a été très** ~ er wurde sehr heftig

véhiculaire [veikylɛr] *adj ling* **langue** *f* ~ Verkehrssprache *f*

véhicule [veikyl] *m* **1.** Fahrzeug *n;* Beförderungsmittel *n;* ~ **automobile, à moteur** Kraft-, Motorfahrzeug *n;* ~ **électrique** E'lektrofahrzeug *n;* ~ **lent** langsam fahrendes Fahrzeug; ~ **à un agent** Ein'mannwagen *m;* ~ **à coussin d'air** Luftkissenfahrzeug *n;* ~ **sur rails** Schienenfahrzeug *n;* **2.** *fig* Träger *m;* *l'air est le* ~ *du son* ... dient als Über'tragungsmedium für den Schall; *le sang est le* ~ *de* l'oxygène ... beför-dert, transpor'tiert den Sauerstoff; **3.** *Buddhismus* **grand, petit** ~ Großes, Kleines Fahrzeug; Maha'jana *n,* Hina'jana *n;* **4.** *phm* Arz'neistoffträger *m;* Ve'hikel *n;* **5.** *peint* Bindemittel *n;* **6.** *opt* 'Umkehrsystem *n*

véhiculer [veikyle] *v/t* befördern; transpor'tieren

veille [vɛj] *f* **1.** Vortag *m;* Tag *m* zu'vor; **la** ~ **der** *bzw* **am Tag** zu'vor; der vor'her-gehende *bzw* am vorhergehenden Tag; **tags** zu'vor; **la** ~ **au soir** am Vorabend; am Abend vorher; **la** ~ **de sa mort** der *bzw* am Tag vor s-m Tod; **la** ~ **de Noël** der Heilige Abend *bzw* am Heiligen Abend; Heilig'abend *m;* **la** ~ **du Nouvel An** (an) Sil'vester *m;* **à la** ~ **de la** **première guerre mondiale** kurz vor dem ...; am Vorabend des ...; **être à la** ~ **de partir** kurz vor der Abreise stehen; **nous sommes à la** ~ **de grands événements,** de la guerre große Ereignisse stehen uns bevor; wir stehen vor großen Ereignissen; der Krieg steht vor der Tür; **2.** Wachen *n;* Wachsein *n;* **entre la** ~ **et le sommeil** im Halbschlaf; **être en état de** ~ wach, in wachem Zustand sein; **être fatigué par de longues** ~s von vielen durch'wach-ten Nächten müde sein; **3.** *mil* (Nacht-) Wache *f;* **4.** *météo* ♀ **météorologique mondiale** Weltwetterwacht *f*

veillée [veje] *f* **1.** *bei e-m Kranken* Nachtwache *f;* ~ **funèbre, mortuaire** Totenwache *f;* ~ **d'armes** *hist* Nachtwa-che des Knappen vor dem Ritterschlag; *fig* Vorabend *m* e-s wichtigen Ereignis-ses; **2.** Abendstunden *f/pl;* abendliches Bei'sammensein

veiller [veje] **I** *v/t* ~ **un malade, un mort** bei e-m Kranken, Toten wachen; **II** *v/t/indir* **1.** ~ **à qc** über etw (*acc*) wachen; für etw sorgen; ~ **à ce que** ... (+*subj*) dafür sorgen, Sorge tragen, darauf achten, daß ...; ~ **à** (+*inf*) darauf achten zu (+*inf*); ~ **aux intérêts de qn** j-s Interessen wahrnehmen; ~ **à sa**

réputation auf s-n Ruf achten; **2.** ~ **sur qn** für j-n sorgen; j-n beaufsichtigen; unter s-e Obhut nehmen, hüten; ~ **sur la santé de qn** auf j-s Gesundheit achten, achtgeben, aufpassen; **III** *v/i* wachen; wach-, aufbleiben; ~ **tard** lang aufblei-ben; ~ **toute la nuit** die Nacht durch-'wachen; die ganze Nacht aufbleiben

veilleur [vɛjœr] *m* Wächter *m;* ~ **de nuit** Nachtwächter *m*

veilleuse [vɛjøz] *f* Nachtlicht *n,* -lampe *f,* -beleuchtung *f; auto* Standlicht *n; beim Herd* Sparflamme *f; beim Durchlauferhitzer* Dauerzündflamme *f;* **mettre en** ~ *Flamme* kleinstellen; *fig Angelegenheit* zunächst ruhen lassen; F auf Eis legen; **mettre une lampe en** ~ das Nacht-licht, die Nachtbeleuchtung einschal-ten; *auto* **mettre ses phares en** ~ das Standlicht einschalten

veinard [vɛnar] F **I** *adj* **ce qu'il est** ~ F ist das ein Glückspilz; **II** *subst* ~(e) *m(f)* F Glückspilz *m,* -ilse *f*

veine [vɛn] *f* **1.** *anat* Vene *f;* (Blut)Ader *f;* ~s **coronaires** (Herz)Kranzvenen *f/pl;* ~ **porte** Pfortader *f;* ~ **pulmonaire** Lungenvene *f;* **s'ouvrir les** ~ sich die (Puls)Adern aufschneiden, öffnen; *fig* **se saigner aux quatre** ~s *cf* **saigner** III; **2.** Glück *n;* F Dusel *m;* Schwein *n;* F ~ **de cocu, de pendu** F Mordsglück *n,* -schwein *n;* **coup** *m* **de** ~ Glücksfall *m;* Glücksumstand *m;* **pas de** ~! Pech (gehabt)!; **avoir de la** ~ Glück, F Dusel, Schwein haben; **n'avoir pas de** ~ Pech haben; **vous avez eu de la** ~ *auch* Sie können vom Glück sagen; **ce n'est pas de** ~ das ist wirklich Pech; das nennt man Pech; **c'est une** ~ **de vous rencontrer** was für ein Glück *od* wie gut, daß ich Sie treffe; **3.** *fig* **poétique** poetische Ader; **être en** ~ in e-r schöpfe-rischen Periode, Phase sein; e-n schöpfe-rischen Augenblick haben; **être en** ~ **de patience** in Ruhe sein; **4.** *mines* Ader *f;* Gang *m;* Flöz *n;* **5.** *im Holz* Maser *f; im Marmor* Ader *f; bot der Blätter* Ader *f;* Nerv *m*

veiné [vene] *adj Holz* gemasert; *Marmor, Hand* geädert; *Hand auch* ad(e)rig; ~ **de bleu** blaugeädert; ~**er** *v/t tech* masern; ädern

veineux [venø] *adj* <-euse> **1.** *anat, physiol* ve'nös; Venen...; Ader...; *sang* ~ venöses Blut; **2.** *Holz* stark gemasert

veinule [venyl] *f* **1.** *anat* Äderchen *n;* **2.** *bot* Endverzweigung *f* der Blattnerven; ~**ure** *f von Holz* Maserung *f*

vêlage [vɛlaʒ] *m zo. géogr* Kalben *n*

vélaire [velɛr] *phon* **I** *adj* ve'lar; **II** *f* Ve'lar(laut) *m;* 'Hintergaumenlaut *m*

vélar [velar] *m bot* Schöterich *m*

vélarisation [velarizasjõ] *f phon* Velari-'sierung *f;* ~**er** *v/t phon* velari'sieren

Velche [vɛlʃ] *m* Welsche(r) *m*

Vel d'hiv [vɛldiv] *m cf* **Vélodrome d'hiver**

veld(t) [vɛlt] *m géogr* Veldt *n*

vêlement [vɛlmã] *m cf* **vêlage**

vêler [vele] *v/i* Kuh kalben

vélie [veli] *f zo* Bachläufer *m*

vélin [velɛ̃] *m* **1.** Ve'lin *n* (*Pergament*); **2.** ~ *od adj* **papier** *m* ~ Ve'lin(papier) *n*

vélique [velik] *adj mar* Segel...; **point** *m* ~ Segelschwerpunkt *m*

vélivole [velivɔl] **I** *adj* Segelflug...; **II** *m,f* Segelflieger(in) *m(f)*

velléitaire [veleitɛr] **I** *adj* entschlußlos; unentschlossen; **II** *m, f* unentschlossener Mensch; Zauderer *m;* ~**ité** *f* Anwand-lung *f;* **il a des** ~s **de travail, de travailler** es bleibt bei s-n Vorsätzen zu arbeiten; er kommt über die Vorsätze (zu arbeiten) nicht hinaus

vélo [velo] *m* (Fahr)Rad *n; schweiz* Velo

n; par ext Radfahren *n;* ~ **de course** Rennrad *n;* **aimer le** ~ gern radfahren; **aller en** ~, **être à** ~, **en** ~, **sur son** ~, **faire du** ~, **monter à** ~, **en** ~ mit dem Rad fahren; radfahren; F radeln; **y aller en** ~ mit dem Rad hinfahren; F hinra-deln

véloce [velɔs] *litt adj* schnell; geschwind; gewandt

véloc|ipède [velɔsipɛd] *m früher* Velozi-'ped *n;* ~**ité** *litt f* Schnelligkeit *f;* Ge-schwindigkeit *f; mus* Geläufigkeit *f*

vélo|drome [velɔdrom] *m* Radrenn-bahn *f; früher in Paris* **le** ♀ **d'hiver** überdachte Radrennbahn; *auch für Eisre-vuen etc benutzt;* ~**moteur** *m* Moped *n;* ~**motoriste** [-mɔtɔrist] *m, f* Mopedfah-rer(in) *m(f)*

velot [vəlo] *m* **a)** totgeborenes Kalb; **b)** Leder *n* vom totgeborenen Kalb (*für die Herstellung von Velin*)

velours [v(ə)lur] *m* **1.** Samt *m;* Ve'lours *m;* ~ **côtelé** Kord-, Rippensamt *m;* ~ **de coton** Baumwollsamt *m;* ~ **de laine** Velours de laine *m;* ~ **de rayonne, de soie** Rey'on-, Seidensamt *m;* ~ **par chaîne, par trame** Kett-, Schußsamt *m;* **agneau** *m* ~ Lammveloursleder *n;* **pantalon** *m* **de, en** ~ Samt- *bzw* Kordsamthose *f; loc/adj* **de** ~ samten; *auch Haut* samtig; wie Samt; *fig* sehr sanft; F *fig* **ça va comme sur du** ~ F das läuft, geht ja wie am Schnürchen, wie geschmiert; *fig* **faire des yeux de** ~ sanft blicken; **Samtaugen machen;** *beim Spiel* **jouer sur le** ~ nur den Gewinn einsetzen; *fig* **il joue sur le** ~ das kann nicht schiefgehen; dabei riskiert er nichts; das ist e-e ganz sichere Sache; *fig* **marcher à pas de** ~ auf leisen Sohlen schleichen; **2.** Samtglanz *m;* samtiges Aussehen; samtige Weiche; **3.** *ling* fal-sche z-Bindung (*z B: donnez-moi-z'en*)

velouté [v(ə)lute] **I** *adj* **1.** *Haut, Teint, Fell, Stoff* samtig; samtweich; *Stimme, Licht* weich; *Wein* voll und mild; *Pfirsich* samtig; **2.** *cuis Suppe* le'giert; sämig; *sauce* ~ e helle Grundsoße (mit Fleisch-saft); **II** *m* **1.** Samtglanz *m;* samtiges Aussehen; **2.** *cuis* **a)** für Soßen Schwitze *f;* **b)** ~ **d'asperges, de tomates** Spar-gelcreme-, To'matencremesuppe *f*

velout|er [v(ə)lute] *v/t* Samtglanz verlei-hen (+*dat*); samtartig machen; ~**eux** *adj* <-euse> *Stoff etc* samtig; samtartig; ~**ier** *m* Samtweber *m;* ~**ine** *f cf* pilou

veltage [vɛltaʒ] *m von Fässern* Eichen *n*

velte [vɛlt] *f für Fässer* Eichmaß *n*

velu [vəly] *adj* stark behaart; haarig; *bot* behaart

velum *od* **vélum** [velɔm] *m* **a)** Sonnen-segel; **b)** (*Art*) Zeltdach *n;* Dach *n* aus Zelttuch

velv|et [vɛlvɛt] *m text* Velvet *m od n;* ~**ote** *f bot* (*Art*) Leinkraut *n*

venaison [vənɛzõ] *f* **1.** *vom Reh, Hirsch, Wildschwein* Wildbret *n;* **2.** *ch vom Wildschwein, Hirsch* Fett *n;* Feist *n; par ext* Feistzeit *f*

vénal [venal] *adj* <-aux> *péj Person* käuflich; bestechlich; *hist Amt* käuflich; **amour** ~ käufliche Liebe; *écon* **valeur** ~**e** *cf* valeur 1.; ~**ité** *f* e-r Person, e-s Amtes Käuflichkeit *f;* e-r Person auch Bestechlichkeit *f*

venant [v(ə)nã] *m* **à tout** ~ *od* **à tous** ~s dem ersten besten; jedem; allen; all und jedem

vendable [vãdabl(ə)] *adj* verkäuflich; *ces fruits* **ne sont plus** ~s ... lassen sich, kann man nicht mehr verkaufen; ... können nicht mehr verkauft werden

vendange [vãdãʒ] *f* **1.** Weinlese *f;* Traubenernte *f;* **les** ~s *od* **le temps des** ~s die Zeit der Weinlese; **faire la** ~, **les**

~s Weinlese halten; **2.** geerntete, gelese-
ne (Wein)Trauben *f/pl*
vendangeoir [vãdãʒwar] *m* Trauben-
korb *m*, -bütte *f*
vendanger [vãdãʒe] ⟨-geons⟩ **I** *v/t*
Trauben ernten; *Weinberg* abernten; **II**
v/i Weinlese halten
vendang|erot [vãdãʒro] *m cf* **vendan-**
geoir; **~ette** *zo* Singdrossel *f*; **~eur** *m*,
~euse *f* Weinleser(in) *m(f)*
vendéen [vãdeɛ̃] **I** *adj* ⟨~ne⟩ (aus) der
Vendée; **II** *subst* **1.** ~(ne) *m(f)* Bewoh-
ner(in) *m(f)* der Vendée; **2.** *hist* **les** ~s
royalistische Aufständische in der Vendée
während der Revolution
vendémiaire [vãdemjɛr] *m hist* Vendé-
mi'aire *m (1. Monat des frz Revolutions-*
kalenders)
venderesse [vãdərɛs] *f jur* Verkäuferin *f*
vendetta [vãde(t)ta] *f* Blutrache *f*; Ven-
'detta *f*
vend|eur [vãdœr] *m*, **~euse** *f* Verkäu-
fer(in) *m(f)*; **vendeur de journaux**
Zeitungsverkäufer *m*; **vendeuse de**
grand magasin Verkäuferin in e-m
Waren-, Kaufhaus; *adjt:* **les pays ven-**
deurs de céréales die Getreide expor-
tierenden Länder *n/pl; il voulait acheter*
ma maison, mais je ne suis pas ven-
deur ... ich verkaufe (es) nicht
vendre [vãdr(ə)] ⟨cf **rendre**⟩ **I** *v/t* **1.**
verkaufen (*auch abs*); veräußern; han-
deln mit; *Ware, Artikel auch* führen; ~
qc à qn j-m *od* an j-n etw verkaufen; ♦
qc (à) mille francs etw für tausend
Franc verkaufen; **~ cher** *cf* cher **II**; ~ **au**
comptant, au détail gegen bar, im
kleinen *od* en détail *od* im Einzelhandel
verkaufen; ~ **à la pièce, au poids**
stückweise *od* einzeln, nach Gewicht
verkaufen; ~ **en gros** im großen, en
gros, im Großhandel verkaufen; ♦ **à** ~
auf Schildern zu verkaufen; **maison f à** ~
Haus, das zum Kauf angeboten wird *od*
das zu verkaufen ist; *als Anzeige* Haus zu
verkaufen; **ce n'est pas à** ~ das ist
unverkäuflich, nicht verkäuflich, nicht
zu verkaufen; **2.** *fig* ~ **qc** etw verkaufen;
Frau ~ **ses charmes** sich, ihren Körper
verkaufen; ~ **son silence** sich sein
Stillschweigen bezahlen lassen; ~ **cher**
sa vie, F **sa peau** sein Leben, s-e Haut
teuer verkaufen; sich tapfer s-r Haut
wehren; **3.** *fig* ~ **qn** j-n verraten, *Kompli-*
zen etc auch F verpfeifen; **il vendrait**
ses père et mère er kennt keine
Skrupel; er ist völlig skrupellos; er geht
über Leichen; **4.** *péj* Geschäfte machen
mit; kommerzi'ell ausbeuten, aus-
schlachten; **II** *v/pr* **se** ~ **5.** *passivisch*
verkauft werden; sich verkaufen (las-
sen); Absatz finden; **ne pas se** ~
auch nicht gehen; **se** ~ **bien, facile-**
ment gut gehen; sich gut verkaufen
(lassen); guten Absatz finden; **se** ~
mal, difficilement schlecht gehen; we-
nig Absatz finden; schwer zu verkaufen
sein; *Schriftsteller, Maler* **X se vend**
bien die Werke von X gehen gut,
werden gut verkauft; X verkauft sich
gut, geht gut; **6.** *reflexiv* sich kaufen,
bestechen lassen; sich verkaufen (**à** an
+ *acc*)
vendredi [vãdrədi] *m* Freitag *m*; ~ **saint**
Kar'freitag *m; Wendungen cf* jeudi; *prov*
tel qui rit ~, **dimanche pleurera** man
soll den Tag nicht vor dem Abend loben
(*prov*)
vendu [vãdy] **I** *adj* **1.** verkauft (*auch*
als Aufschrift); **2.** *fig* Beamter *etc* besto-
chen; **II** *m* Bestochene(r) *m*; Mietling *m*;
als Schimpfwort ~! Söldling!
venelle [vənɛl] *litt f* Gäßchen *n*
vénén|eux [venenø] *adi* ⟨-euse⟩ *Pflan-*
zen, Substanz giftig; Gift...; **champi-**

gnon ~ Giftpilz *m*; **~ifère** *adj* gifthal-
tig; Gift...
vénérable [venerabl(ə)] **I** *adj Person*
ehrwürdig; verehrungswürdig; ehr-
furchtgebietend; *Institution* (alt)ehr-
würdig; *Alter* ehrwürdig; **II** *m* **1.** *égl cath*
ehrwürdiger Diener Gottes; **2.** *bei Frei-*
maurern Meister *m* vom Stuhl
vénération [venerasjõ] *f* Verehrung *f*
(*auch rel*); Ehrfurcht *f*; **avec** ~ ehrfürch-
tig; ehrfurchtsvoll; **mit Ehrfurcht,** Vereh-
rung; **avoir de la** ~ **pour qn** j-n
verehren; Ehrfurcht vor j-m haben; **être**
en ~ verehrt werden; *Person* **il est**
l'objet d'une grande ~ er wird sehr
verehrt; man bringt ihm große Ehr-
furcht, Verehrung entgegen
vénérer [venere] *v/t* ⟨-è-⟩ *Person, Heili-*
gen, Reliquie verehren; ~ **qc** *auch* etw
ehren, in Ehren halten; etw heilighalten;
~ **un mort** das Andenken e-s Toten
ehren; *adjt* **maître vénéré** verehrter
Meister
vénerie [venri] *f* Hetzjagd *f*; Par'force-
jagd *f*; **grande** ~ Hatz(jagd) *f*; **petite** ~
(Hetz)Jagd *f* auf kleineres Wild
vénérien [venerjɛ̃] *méd, path* **I** *adj* ⟨~ne⟩
Geschlechts-, ve'nerisch; **maladie**
~**ne** Geschlechtskrankheit *f*; **II** *subst*
~(**ne**) *m(f)* Geschlechtskranke(r) *f(m)*
vénérolog|ie [venerɔlɔʒi] *f méd* Vené-
rolo'gie *f*; **~iste** *m* Facharzt *m* für
Geschlechtskrankheiten; Venero'loge *m*
venet [vənɛ] *m* Fischerei (*Art*)
veneur [vənœr] *m hist* an Fürstenhöfen;
grand ~ *etwa* Oberjägermeister *m*
vengeance [vãʒãs] *f* Rache *f*; Vergel-
tung *f*; **désir** *m*, **soif** *f* **de** ~ Rachsucht *f*;
Rachedurst *m*, -gefühl *n*; **par** ~, **dans un**
od **par esprit de** ~ aus Rache, Rach-
sucht; **crier, demander** ~ nach Rache
schreien; **exercer sa** ~ **sur qn** an j-m
Rache üben; **méditer une** ~ auf Rache
sinnen; Rache brüten; **tirer** ~ **de qn, de**
qc Rache nehmen, sich rächen an j-m,
für etw; *loc/prov* **la** ~ **est un plat qui se**
mange froid Rache muß man kalt
genießen (*loc/prov*)
venger [vãʒe] ⟨-geons⟩ **I** *v/t Person,*
Ehre, Familie rächen; *Beleidigung etc*
rächen; vergelten; ~ **qn d'un affront** j-n
für e-e Beleidigung rächen; ~ **un affront**
dans, *par* **le sang** blutige Rache neh-
men für ...; **son échec m'a vengé**
durch s-n 'Mißerfolg bin ich gerächt; **II**
v/pr **se** ~ sich (an qn *an* j-m; **de** qc *an*
qc für etw; **par** mit); **se** ~ **de qc sur qn**
sich an j-m für etw rächen; j-m etw
vergelten; **se** ~ **du père sur le fils** am
am Sohn anstelle des Vaters rächen; **je**
me vengerai! ich werde mich (dafür)
rächen!
vengeur [vãʒœr] **I** *adj* ⟨**vengeresse**
[vãʒrɛs]⟩ **1.** rächend; vergeltend; *fig*
bras ~ strafender, rächender Arm; **2.**
rachsüchtig; Rache...; gehässig; **II** *subst*
~, **vengeresse** *m,f* Rächer(in) *m(f)*
véniel [venjɛl] *adj* ⟨~**le**⟩ *rel cath* Sünde
läßlich; *allg* mit Fehler verzeihlich
venimeux [v(ə)nimø] *adj* ⟨-euse⟩ **1.**
Tiere u einige Pflanzen giftig; Gift...;
Stich, Biß giftig; **araignée venimeuse**
giftige Spinne; **serpent** ~ Giftschlange
f; **2.** *fig Person* boshaft; bösartig; *auch*
Blick, Zunge giftig; *Bemerkungen* giftig;
bissig
venin [v(ə)nɛ̃] *m* **1.** von *Tieren u einigen*
Pflanzen Gift *n*; ~ **d'araignée, de**
crapaud, d'ortie, de serpent Spin-
nen-, Kröten-, Brennessel-, Schlangen-
gift *n*; ~ **de scorpion** Gift des Skor-
pions; **2.** *fig* Gift *n*; Bosheit *f*; Bissigkeit
f; **plein de** ~ giftig; bösartig; **cracher**

son ~ sein Gift verspritzen; Gift und
Galle spucken
venir [v(ə)nir] ⟨je **viens**, il **vient, nous**
venons, ils **viennent**; je **venais**; je
vins, nous **vînmes**; je **viendrai**; que
je **vienne**, que nous **venions**; ve-
nant; être **venu**⟩
I *v/i* **1.** kommen; herkommen; *Wendun-*
gen: **a)** *alleinstehend:* **ne vous faites pas de**
souci, ça viendra ... das kommt (schon)
noch; ... das wird schon werden; F **alors**
ça vient, ce café? kommt der Kaffee
endlich?; **quand la guerre est venue**
als der Krieg ausbrach, begann; **l'heure**
est venue, le moment est venu de
(+ *inf*) die Zeit ist gekommen zu (+ *inf*);
ton tour viendra du kommst schon
dran, an die Reihe; **b)** *mit adv:* **prendre**
les choses comme elles viennent ...
wie sie kommen; **viens ici!** komm her!;
ne pas ~ nicht kommen; *Erfolg etc*
ausbleiben; **l'eau ne vient pas** es
kommt, läuft, fließt kein Wasser; **les**
idées ne viennent pas mir *bzw* ihm
etc fällt nichts ein; F **ça ne vient pas**
vite das dauert aber lang; **la nuit vient**
vite *en cette saison* ... wird es früh
dunkel; **y** ~ darauf zu sprechen kom-
men; **vous devriez nous parler de** ... – **oui,**
j'y viens maintenant ... (ja.) darauf
komme ich eben jetzt; *Drohung* F **viens-**
-y pour voir! komm nur (her)! Ich
werd's dir schon zeigen; **il faudra bien**
y ~ einmal muß der Entschluß gefaßt
werden, muß begonnen werden, muß
man sich dazu 'durchringen; **c)** *mit prép:*
~ **à qn** zu j-m kommen; *Gedanke* j-m
kommen; ~ **à bout de qn, qc** *cf* bout **1.**;
~ **à l'esprit, à l'idée à qn** j-m einfallen;
cela ne me viendrait jamais à l'idée
ich käme nie auf die Idee, den Gedan-
ken; das würde mir nie einfallen, in den
Sinn kommen; *Wort* ~ **aux lèvres à qn**
j-m über die Lippen kommen; *fig* ~ **à**
maturité (her'an)reifen; ~ **au monde**
auf die, zur Welt kommen; ~ **aux**
nouvelles kommen, um Neues, Neuig-
keiten zu erfahren; ~ **à une réunion** zu
e-r Versammlung kommen; *Tränen* ~
aux yeux in die Augen treten; ~ **après**
qn, qc auf j-n, etw folgen; nach j-m, etw
kommen; *auf e-r Liste* nach etw stehen; ~
au-devant de qn j-m entgegenkom-
men; **venez avec moi** kommen, gehen
Sie mir (mit); begleiten Sie mich; ~
chez qn zu j-m kommen; ~ **de** ♦
kommen von, aus; ~ **d'Allemagne** aus,
von Deutschland kommen; *Wind* ~ **du**
nord von Norden kommen, wehen;
Geräusch ~ **de la cave** aus dem Keller
kommen; **venant de sa part, cela ne**
m'étonne pas bei ihm wundert mich
das nicht; **d'où vient-il?** woher, von
wo kommt er?; wo kommt er her?; ♦
(her)**kommen von; herrühren von; stam-**
men von, aus; *Brauch* s-n Ursprung
haben in (+ *dat*); über'nommen worden
sein von; **de là** *od* **d'où vient que** ...;
daher kommt es, daß ...; daher ...;
deshalb ...; **c'est de là que vient tout**
le mal alles Übel kommt daher; das ist
die Ursache allen Übels; **d'où vient**
que *personne ne s'en soit aperçu?* wie
kommt es, wie ist's möglich, woran liegt
es, daß ...?; **d'où me vient cet hon-**
neur? wie komme ich zu der Ehre?; *ce*
souhait **me vient du cœur** ... kommt
von Herzen; **cela vient de son éduca-**
tion das liegt an, kommt von s-r Erzie-
hung; **il vient d'une famille très**
riche od assez modeste, stammt aus ...; *Wort* ~
du grec aus dem Griechischen kom-
men; *sa fortune lui* **vient de son oncle**
... hat er von s-m Onkel (geerbt); *Nach-*
richt ~ **d'une source autorisée** aus

maßgeblicher Quelle stammen; ~ de ce que ... daran liegen, daher kommen, daß ...; der Grund, die Ursache dafür sein, daß ...; *cette attitude bizarre* **vient** de ce qu'il a peur der Grund für ... ist Angst; *cette impression* **vient** de ce que, du fait que ... entsteht deshalb, weil ...; entsteht dadurch, daß ...; ~ **en courant** angelaufen kommen; **tout vient en son temps** alles (kommt) zu s-r Zeit; ~ **en voiture** mit dem Wagen kommen; *les voitures* **ne peuvent** ~ **jusqu'ici** ..., dürfen nicht bis hierher fahren; *Gerücht* ~ **jusqu'à qn** bis zu j-m dringen; ~ **par le train** mit dem Zug kommen; **viens près de moi** komm zu mir; setz *bzw* stell dich neben mich; **d)** en ~ **à** (+*subst*) zu etw kommen; **en** ~ **à la conviction que** ... zu der Über'zeugung kommen *od* gelangen, daß ...; **avant d'en** ~ **à cette extrémité** bevor ich (wir) zu diesem äußersten Mittel greife(n); **(en)** ~ **au fait** zur Sache, zum Kern der Sache kommen; **en** ~ **aux injures** sich zu Beleidigungen hinreißen lassen; **en** ~ **aux mains, aux coups** handgemein werden; **(en)** ~ **à une question** auf e-e Frage zu sprechen kommen; **venons-en au** *sujet essentiel* kommen wir nun zum ...; ♦ **en** ~ **là:** c'est ~ **là que je voulais en** ~ genau, gerade darauf wollte ich hin'aus, wollte ich zu sprechen kommen; **comment en est-on venu là?** wie konnte es so weit kommen?; **il faudra en** ~ **là** man wird sich dazu entschließen müssen; es wird unumgänglich werden, sich nicht (mehr) vermeiden lassen; **il vaudrait mieux ne pas en** ~ **là** es wäre besser, wenn es nicht so weit käme; so weit sollte man nicht gehen, es nicht kommen lassen; *je me demande où il veut en* ~ ... worauf er hin'auswill; ... was er vorhat; **e)** *mit Verben:* ~ (+*inf*) er wird (gleich) kommen; **je ne t'ai pas demandé de** ~ ich habe dich nicht gerufen; **faire** ~ **qn** j-n kommen lassen; j-n rufen; **faire** ~ **qc** sich (*dat*) etw kommen lassen; etw bestellen; etw beziehen; **laisser** ~ **(les événements)** *cf* voir ~; **voir** ~ (zu-'nächst einmal) abwarten; die Dinge treiben, auf sich zukommen lassen; *fig:* **je l'ai vu** ~ **(de loin)** das habe ich (längst) kommen sehen; **je la vois** ~ ich weiß, merke schon, worauf sie hin'auswill, was sie vorhat, was sie vorhat; ♦ ~, **qui vient** *bzw* **viennent** (zu)künftige(r, -s); kommende(r, -s); **les générations à** ~ die kommenden, künftigen Generationen; **l'année qui vient** nächstes Jahr; *loc/adv:* **le jour venu** bei, nach Tagesanbruch; **la nuit venue** bei, nach Einbruch der Nacht; **2.** gehen, reichen (à, jusqu'à bis); **il me vient à l'épaule** er reicht mir bis zur Schulter; *Rock etc, Wasser* ~ **jusqu'aux genoux** bis zu den Knien reichen; *Straße, Grundstück* ~ **jusque là** bis dahin reichen, gehen; **3.** ~ **bien, mal** *Pflanze* gut, schlecht gedeihen, wachsen; *Photo* gut, schlecht kommen; **4. des rougeurs lui sont venues sur tout le corps** er bekam am ganzen Körper rote Flecken; *unpersönlich* **il lui vient des boutons sur le visage** er bekommt Pickel im Gesicht; **II** *v/aux mit inf* **a)** ~ **aider qn** j-m helfen (kommen); **il est venu s'asseoir près de nous** er setzte sich neben uns; ~ **chercher qn, qc** j-n, etw abholen; etw holen; **il est venu me demander conseil** er kam zu mir um Rat gekommen; **il est venu nous dire** ... er kam, um uns zu sagen ...; er kam und sagte uns ...; il

vient prétendre que ... und jetzt behauptet er, daß ...; ~ **trouver qn** j-n aufsuchen; bei j-m vorsprechen; zu j-m kommen; ~ **voir qn** j-n besuchen; *um etw zu zeigen* **viens voir!** komm mal her!; da, schau mal!; ~ **voir si** ... nachsehen, ob ...; **b)** ~ **à** (+*inf*): **s'il venait à disparaître** sollte er sterben; *Vereinbarung, Geschäft* **si cela venait à se faire** sollte es dazu kommen; wenn es dazu käme; falls es dazu kommen sollte; *l'argent* **vint à nous manquer** ... ging zu Ende; **nous sommes venus à parler de lui** wir kamen (zufällig) auf ihn zu sprechen; ♦ **en** ~ **à** (+*inf*) all'mählich beginnen zu (+*inf*); so weit kommen, daß ...; **j'en suis venu à croire que** ... ich habe die Über'zeugung gewonnen, bin zu der Über'zeugung gekommen, daß ...; **j'en suis venu maintenant à ne plus l'écouter** ich bin jetzt so weit (gekommen), daß ich ihm nicht mehr zuhöre; *quand il est en colère, il* **en vient à insulter tout le monde** ... läßt er sich dazu hinreißen, geht er so weit, alle zu beschimpfen; **c)** ~ **de faire qc** etw gerade, (so')eben getan haben; **je viens de manger** *auch* ich komme gerade vom Essen; *Buch* **vient de paraître** soeben erschienen; **III** *v/imp:* **il vient beaucoup de touristes ici** es kommen viele Touristen her; **il en est venu deux hier** gestern kamen zwei; *st/s* **il vint, un jour, ...** e-s Tages kam *bzw* kamen ...; **il me vint l'envie de** (+*inf*) ich hätte am liebsten (+*p/p*); ich bekam große Lust zu (+*inf*)

vénitien [venisjɛ̃] **I** *adi* (~ne) venezi'a- nisch; **blond** ~ rötliches Blond; *Kunst* **école** ~ne Venezianische Schule; **lanterne** ~ne Lampion *m od* n; **II** *subst* **1.** ♀(ne) *m(f)* Venezi'aner(in) *m(f)*; **2.** *m ling* venezi'anischer Dia'lekt.

vent [vɑ̃] *m* **1.** Wind *m*; *ch* Witterung *f*; *fig* **bon** ~! *etwa* geh mit Gott, aber geh!; *ch* ~ **clair** Wind bei wolkenlosem Himmel; ~ **contraire** Gegenwind *m*; ~**s contraires** *mar auch* widrige Winde *m/pl*; ~ **doux, froid, modéré** sanfter, kalter, mäßiger Wind; *astr* ~ **solaire** Sonnenwind *m*; ♦ ~ **au sol** Bodenwind *m*; ~ **de côté, du large, du nord** Seiten-, See-, Nordwind *m*; ~ **de sable** Sandsturm *m*; ~ **en altitude** Höhenwind *m*; ♦ *mar* **bord** *m*, **côté** *m* **du** ~ Luv(seite) *f*; Windseite *f*; **coup** *m* **de** ~ Windstoß *m*; *mar* **fort** ~, **petit coup de** ~ schwerer Sturm, stürmischer Wind; *fig:* **elle est coiffée en coup de** ~ ihr Haar ist wirre, zerrauft Haare; ihr Haar ist zerrauft, wirr; **entrer en coup de** ~ wie ein Wirbelwind her'eineplatzen kommen, her'einstürzen; **il est passé en coup de** ~ er war nur auf e-n Sprung da; **direction** *f*, **force** *f*, **pression** *f* **du** ~ Windrichtung *f*, -stärke *f*, -druck *m*; *mar* **côté** *m* **sous le** ~ Lee(seite) *f*; Windschatten *m*; ♦ *loc/adj u loc/adv:* **au** ~ im Wind(e); *mar* in Luv; **(les) cheveux au** ~ mit wehenden, flatternden Haaren; **exposé au** ~ dem Wind(e) ausgesetzt; windig; **flotter au** ~ im Wind(e) flattern, wehen; *mar* **flotter au (gré du)** ~ im Wind(e) treiben; *ch* **chasser au** ~, **aller dans le** ~ gegen den Wind pirschen; **à l'abri du** ~ windgeschützt; im Windschatten; **rapide comme le** ~ (schnell) wie der Wind; **aller contre le** ~ wie der Wind laufen; *fig* **contre** ~**s et marées** allen 'Widerständen, Hindernissen zum Trotz; **marcher contre le** ~ gegen den Wind stemmen; *Haus, Baum etc* **en plein** ~ völlig freistehend; ungeschützt stehend; **par un jour de grand** ~ an e-m

stürmischen Tag; *mar* **sous le** ~ in Lee; im Windschatten; ♦ *fig* **quel bon** ~ **vous amène?** welchem glücklichen 'Umstand verdanke ich Ihren Besuch?; **il y a, il fait du** ~ es ist windig; es geht Wind; **il n'y a pas de** ~ es ist windstill; **il n'y a pas un souffle,** F **un brin de** ~ es weht kein Lüftchen; es rührt sich kein Hauch; es ist vollkommen windstill; F *fig Betrunkener* **avoir du** ~ **dans les voiles** schwanken; taumeln; F Schlagseite haben; *fig* **il y a du** ~ **dans les voiles** die Wäsche *bzw* der Rock *etc* flattert im Wind; *fig* **avoir** ~ **de qc** von etw hören, erfahren, Wind bekommen; *mar* **avoir le** ~ **en poupe** vor dem Wind segeln; *fig* **il a le** ~ **en poupe** *od* **dans le dos** er hat Glück, e-e Glückssträhne; *fig* **ils (se) sont dispersés aux quatre** ~**s** sie sind in alle Winde zerstreut; *Mitchell* **Autant en emporte le** ~ Vom Winde verweht; **cette maison est ouverte à tous (les)** ~**s, aux quatre** ~**s** in diesem Haus zieht es von allen Seiten; **faire du** ~ Wind machen; *fig* **faire trop de** ~ **autour de** zu viel Aufhebens machen von; zu viel Wind machen um; **le** ~ **se lève** es kommt Wind auf; *fig:* **observer d'où vient le** ~ die Lage son'dieren; sich über die Lage orien'tieren; **d'où que vienne le** ~ woher der Wind auch wehen, kommen mag; *prov* **qui sème le** ~ **récolte la tempête** wer Wind sät, wird Sturm ernten (*prov*); **2.** *fig* **Ten-'denz** *f;* Neigung *f;* ~ **de révolte** Neigung, Tendenz zur Revolte; **le** ~ **est à l'optimisme** man neigt zu Optimismus; **un** ~ **de panique souffla sur l'assemblée** in der Versammlung brach e-e Panik aus; die Versammlung wurde in Nu von Panik ergriffen; **3.** *physiol* (Darm)Wind *m*; **lâcher un** ~ e-n Wind abgehen lassen; **4.** *loc/adj* **être dans le** ~ a) *Sache* in sein; zeitgemäß, aktu'ell sein; (die) neueste Mode, der letzte Schrei sein; b) *Person* in sein; mo'dern sein; mit der Zeit gehen; **un auteur dans le** ~ ein Schriftsteller, der gerade in ist, Mode ist; **une fille dans le** ~ ein ganz modernes Mädchen; **5.** *fig* **c'est du** ~ das sind leere Versprechungen; das ist leeres Gerede; **6.** *mus* **instrument** *m* **à** ~ Blasinstrument *n*

ventage [vɑ̃taʒ] *m agr cf* vannage **1.**

vente [vɑ̃t] *f* **1.** Verkauf *m*; Vertrieb *m*; Absatz *m*; *par ext* Geschäft *n*; *jur auch* Kauf *m*; e-r Firma *auch* Verkaufsabteilung *f*; ♦ ~ **automatique** Auto'matenverkauf *m*; Verkauf durch Automaten; ~ **exclusive** Al'leinverkauf *m*, -vertrieb *m*; **en** ~ **exclusive dans les pharmacies** nur in Apotheken erhältlich; ~ **forcée** Zwangs-, Notverkauf *m*; zwangsweiser Verkauf; ~ **publique (aux enchères)** öffentliche Versteigerung; ~ **réclame** Verkauf zu Werbepreisen; Werbeverkauf *m*; ♦ ~ **au comptant** Barverkauf *m*; *Börse* Kassageschäft *n*; ~ **à crédit** Kre'ditverkauf *m*; ~ **au détail** *cf* détail **1.**; ~ **à domicile** Hau'sierhandel *m*; ~ **à l'encan** Versteigerung *f* (*beweglicher Güter*); ~ **aux enchères** Versteigerung *f; vor allem im Kunsthandel* Aukti'on *f;* ~ **à l'essai** Kauf auf Probe; ~ **à livrer** *etwa* Fixgeschäft *n*; *Warenbörse* Ter'mingeschäft *n*; ~ **à tempérament** Raten-, Teilzahlungskauf *m*; *Wertpapierbörse* ~ **à terme** Ter'mingeschäft *n*, -verkauf *m*; ~ **de charité** Wohltätigkeitsbasar *m*, -verkauf *m*; ~ **en disponible** Lokogeschäft *n*; ~ **en gros** Großverkauf *m*; ~ **en série** Serienverkauf *m*; ~ **par adjudication** Verkauf im Wege der, durch Versteigerung; ~ **par correspondance** Versandhandel *m*,

-geschäft *n*; **maison** *f* **de** ~ **par correspondance** Versandfirma *f*, -geschäft *n*; ◆ **chef** *m* **de(s)** ~**(s)** Verkaufsleiter *m*; **chiffres** *m/pl*, **conditions** *f/pl* **de** ~ Verkaufsziffern *f/pl*, -bedingungen *f/pl*; *jur* **contrat** *m* **de** ~ Kaufvertrag *m*; **hôtel** *m* **des** ~**s** Versteigerungs-, Aukti'onsgebäude *n*; **point** *m* **de** ~ Verkaufsstelle *f*; **possibilités** *f/pl* **de** ~ Absatzmöglichkeiten *f/pl*; **prix** *m* **de** ~ Verkaufspreis *m*; **service** *m* **des** ~**s** Verkaufsabteilung *f*; ◆ *loc/adj u loc/adv:* **de (bonne)** ~ gut, leicht verkäuflich; **être de bonne** ~ guten Absatz finden; gut gehen; **en** ~ erhältlich (**chez, dans** bei, in + *dat*); **en** ~ **libre** frei verkäuflich; *Medikament* re'zeptfrei; **être en** ~ verkauft werden; erhältlich, zu haben sein; **mettre en** ~ zum Verkauf bringen, anbieten; **'hors de** ~ nicht mehr erhältlich; **retiré de la** ~ aus dem Handel gezogen; **sauf** ~ Zwischenverkauf vorbehalten; ◆ **avoir un pourcentage sur les** ~**s** Prozente für getätigte Verkäufe erhalten; **courir les** ~**s** häufig bei Versteigerungen sein; **la** ~ **du tabac se fait uniquement dans …** Tabak (-waren) wird (werden) nur in … verkauft; **la** ~ **marche bien,** mal das Geschäft geht gut, schlecht; der Absatz ist gut, flau; **2.** *Forstwirtschaft* Holzschlag *m*; Hieb. *m*

vent|é [vɑ̃te] *adj* windig; **arbre faux** ~ windgescherter Baum; ~**eau** *m* ⟨*pl* ~**x**⟩ e-s *Blasebalgs* Klappenventil *m*; ~**er** *v/imp* il **vente** es ist windig; es windet; **qu'il pleuve ou qu'il vente** bei Wind und Wetter; ~**eux** *adj* ⟨-**euse**⟩ windig

ventilateur [vɑ̃tilatœr] *m* **1.** ~ (**électrique**) Venti'lator *m*; ~ **de table** Tischventilator *m*; **2.** *tech* Venti'lator *m*; Gebläse *n*; Lüfter *m*; *mines* Grubenlüfter *m*

ventilation [vɑ̃tilasjɔ̃] *f* **1.** Ventilati'on *f*; Belüften *n*, -ung *f*; Lüftung *f*; *mines* Bewetterung *f*; *tech:* ~ **artificielle, forcée** erzwungene Lüftung; Zwangslüftung *f*; ~ **naturelle** freie Lüftung; *physiol* ~ **pulmonaire** Ventilation der Lunge; *tech:* ~ **par aspiration** *bzw* refoulement, par insufflation Ent-, Belüftung *f*; **2.** *jur, fin* Aufgliederung *f*, -schlüsselung *f*; Verteilung *f*; ~ **des dépenses** Kostenverteilung *f*, -aufschlüsselung *f*

ventiler [vɑ̃tile] *v/t* **1.** belüften; venti'lieren; *mines* bewettern; **2.** *jur, fin* aufgliedern, -schlüsseln; verteilen

ventis [vɑ̃ti] *m/pl* Windbruch *m*

ventôse [vɑ̃toz] *m hist* Ven'tose *m* (6. *Monat des frz Revolutionskalenders*)

ventouse [vɑ̃tuz] *f* **1.** *méd* Schröpfkopf *m*; **application** *f* **de** ~**s scarifiées, sèches** blutiges, trockenes Schröpfen; **poser des** ~ **à qn** j-m Schröpfköpfe aufsetzen; **2.** Saugnapf *m* (*auch zo*); Sauger *m*; *am Massagegerät* Saugkugel *f*; **faire** ~ sich festsaugen; **3.** *tech* Entlüftungsöffnung *f*; Abzugsloch *n*; **4.** *adjt* F **voiture** *f* ~ Dauerparker *m*

ventral [vɑ̃tral] *adj* ⟨-**aux**⟩ Bauch…; *ven*'tral; **nageoire** ~**e** Bauchflosse *f*; **parachute** ~ *od subst* ~ *m* Brust-, Ersatzfallschirm *m*

ventre [vɑ̃tr(ə)] *m* **1.** Bauch *m*; Leib *m*; 'Unterleib *m*; **bas-** 'Unterleib *m*; **gros** ~ dicker Bauch; F Schmer-, Bierbauch *m*; **mal** *m* **au** ~ Bauchweh *n*, -schmerzen *m/pl*; Leibschmerzen *m/pl*; *fig* **ça me ferait mal au** ~ das ginge mir sehr gegen den Strich; *loc/adv:* **à plat** ~ bäuchlings; auf dem *bzw* den Bauch; **être allongé à plat** ~ auf dem Bauch liegen; **se coucher, se mettre à plat** ~ sich (flach) auf den Bauch legen; **se jeter à plat** ~ (**par terre**) sich flach hinwerfen;

fig **se mettre, être à plat** ~ **devant qn** vor j-m kriechen; **tomber à plat** ~ bäuchlings hinfallen; auf den Bauch fallen; ~ **à terre** in gestrecktem Galopp; *Person* **courir** ~ **à terre** da'hinjagen, -rasen, -sausen; **avoir du** ~ e-n Bauch haben; **j'ai le** ~ **creux** ich habe e-n leeren Magen; mir knurrt der Magen; **avoir le** ~ **plat** e-n flachen Bauch haben; **avoir le** ~ **plein** satt sein; *fig* **il n'a rien dans le** ~ mit ihm ist nicht viel los; F er ist ein Schlappschwanz; *chercher à savoir* **ce que qn a dans le** ~ **a)** … was an j-m dran ist; **b)** … welche Absichten j hat; **donner, (re)mettre du cœur à qn** j-m Mut, Auftrieb geben; j-n aufpulvern; **dormir sur le** ~ auf dem Bauch schlafen; **prendre du** ~ Bauch ansetzen; e-n Bauch bekommen; **se remplir le** ~ sich satt essen; **rentrer le** ~ den Bauch einziehen; *prov* ~ **affamé n'a point d'oreilles** e-m hungrigen Magen ist schlecht predigen (*prov*); **2.** Mutterleib *m*; Schoß *m*; *jur* **curateur** *m* **au** ~ Pfleger *m* für e-e Leibesfrucht; **3.** *von Gegenständen* Ausbauchung *f*; e-s *Krugs, Schiffes* Bauch *m*; **faire** ~ *Decke* 'durchhängen; *Wand* sich (vor)wölben; **4.** *phys* e-r *Welle* (Schwingungs)Bauch *m*

ventrebleu [vɑ̃trəblø] *int*, **ventre--saint-gris** [vɑ̃trəsɛ̃gri] *int früherer Flüche* Blitz!; potztausend!

ventriculaire [vɑ̃trikylɛr] *adj anat* Ven'trikel…; **parois** *f/pl* ~**s** Ventrikelwandungen *f/pl*

ventricule [vɑ̃trikyl] *m* **1.** *anat* Ven'trikel *m*; ~ **cérébral** Hirnkammer *f*; ~ (**du cœur**) Herzkammer *f*; ~ **droit, gauche** rechte, linke (Herz)Kammer *f*; **2.** *zo* **succenturié** Drüsenmagen *m*

ventrière [vɑ̃trijɛr] *f des Pferdegeschirrs* Bauchgurt *m*; *zum Einschiffen etc von Pferden* Hängegurt *m*

ventriloqu|e [vɑ̃trilɔk] *m* Bauchredner *m*; *adjt* **il est** ~ er kann bauchreden; ~**ie***f* Bauchreden *n*, -redekunst *f*

ventripotent [vɑ̃tripotɑ̃] *adj* dick-, F schmer-, bierbäuchig

ventru [vɑ̃try] *adj Person* dickbäuchig; mit dickem Bauch; *Gegenstand* bauchig

venturi [vɑ̃tyri] *m tech* **1.** ~ *od* **tube** *m* **de** ♀ Ven'turi-Rohr *n*; **2.** e-s *Motors* Vergaserdüse *f*

venu [v(ə)ny] **I** *p/p von* **venir** *u adj* **1.** il **est mal** ~ **de** (+*inf*) er hat keinerlei Ursache zu (+*inf*); er ist keineswegs berechtigt zu (+*inf*); F der hat's gerade nötig zu (+*inf*); *unpersönlich* **il serait mal** ~ **de** (+*inf*) es wäre (jetzt) völlig verkehrt zu (+*inf*); **2. bien** ~ **gut gelungen**; *Artikel etc* glänzend geschrieben; *Photo* gut gekommen; **II** *subst* **nouveau** ~ neu Angekommene(r) *m*; (**neu**) Hin'zugekommene(r) *m*; Neuankömmling *m*; Neue(r) *m*; **le premier** ~, **la première** ~**e** der, die erste beste; der, die erstbeste

venue [v(ə)ny] *f* **1.** Kommen *n*; Ankunft *f*; **attendre la** ~ **de qn, du printemps** j-n erwarten; auf j-n, j-s Kommen warten; auf den Frühling warten; **2.** *bot* **d'une belle** ~ gut gewachsen; von schönem Wuchs

vénus [venys] *f* **1.** *astr* ♀ (die) Venus; **2.** Venus *f*; schöne Frau; **ce n'est pas une** ~ sie ist nicht gerade e-e Schönheit, Venus; **3.** *zo* Venusmuschel *f*; **4.** *anat* **mont** *m* **de** ♀ Venus-, Schamberg *m*

vénusien [venyzjɛ̃] *adj* ⟨~**ne**⟩ *astr* der Venus

vêpres [vɛpr(ə)] *f/pl égl cath* Vesper *f*; Vespergottesdienst *m*

ver [vɛr] *m* **1.** *zo* Wurm *m*; Made *f*; Raupe *f*; ~ **blanc** Engerling *m*; ~ **coquin** *cf* ver--coquin; ~ **luisant** Glühwürmchen *n*;

Leuchtkäfer *m*; ~ **solitaire** Bandwurm *m*; ~ **à soie** Seidenraupe *f*; ~ **d'eau** Larve *f der Köcherfliege;* Köcherlarve *f*; ~ **des enfants** Spulwurm *m*; ~ **de farine** Mehlwurm *m*; ~ **du fromage** Käsemade *f*; ~ **de terre** Regenwurm *m*; *loc/adj: Holz, Obst* **mangé aux** ~**s** wurmstichig; **piqué des** ~**s** *cf* piqué I 2.; *Obst* **plein de** ~**s** wurmstichig; voller Würmer; **avoir des** ~**s** Würmer haben; **être nu comme un** ~ splitter(faser)nackt sein; F *fig* **tirer les** ~**s du nez à qn** j-m die Würmer aus der Nase ziehen; *fig* **se tortiller, se tordre comme un** ~ sich winden und krümmen; *fig* **tuer le** ~ e-n Schnaps vor dem *od* zum Frühstück trinken

véracité [verasite] *f* Wahrheit *f*; Wahrheitsgehalt *m*; Richtigkeit *f*; *Theologie* ~ **divine** Wahrheit Gottes

véraison [verɛzɔ̃] *f agr* (beginnende) Reife

véranda [verɑ̃da] *f* (Glas)Ve'randa *f*

vératr|e [veratr(ə)] *m bot* Germer *m*; ~**ine** *f phm* Vera'trin *n*

verbal [vɛrbal] *adj* ⟨-**aux**⟩ **1.** mündlich; ver'bal; Ver'bal…; *jur* **location** ~**e** mündlich geschlossener Mietvertrag; *dipl* **note** ~**e** Verbalnote *f*; **promesse** ~**e** mündliches, mündlich gegebenes Versprechen; **2.** *péj* **promesses purement,** toutes ~**es** leere, rein ver'bale Versprechungen *f/pl*; **3.** der Worte; **violence** ~**e** Heftigkeit *f* der Worte, des Ausdrucks; **4.** *ling* Verb…; Ver'bal…; ver'bal; **adjectif** ~ Verbaladjektiv *n*; **formes** ~**es** Verbformen *f/pl*; **locution** ~**e** verbale Wendung; **phrase** ~**e, système** ~ Verbalsatz *m*, -system *n*

verbalement [vɛrbalmɑ̃] *adv* mündlich

verbalis|ation [vɛrbalizasjɔ̃] *f* **1.** *Polizei* gebührenpflichtige Verwarnung; *allg jur* Proto'kollaufnahme *f*; **2.** *psych* In'Worte-Fassen *n*; ~**er** *v/i* **1.** *Polizei* gebührenpflichtig verwarnen (**contre qn** j-n); *allg jur* ein Proto'koll aufnehmen; **2.** *psych* in Worte fassen; sprachlich, mit Worten ausdrücken

verbalisme [vɛrbalism(ə)] *m péj* Verba'lismus *m*; Neigung *f* zum Wortemachen; **tomber dans le** ~ reden um des Redens willen

verbe [vɛrb] *m* **1.** *ling* Verb(um) *n*; Zeit-, Tätigkeitswort *n*; ~ (**ir)régulier** (un-) regelmäßiges Verb; ~ **d'action, d'état, de mouvement** Vorgangsverb *n*, Zustandsverb *n*, Verb der Bewegung; **2.** *rel* **le** ♀ **das Wort**; **le** ♀ **de Dieu** das Wort Gottes; **le** ♀ **s'est fait chair** das Wort ward Fleisch; **3. avoir le** ~ **'haut** das große Wort führen; **4.** *litt* Wort *n*; Sprache *f*

verbénacées [vɛrbenase] *f/pl bot* Eisenkrautgewächse *n/pl*; Verbena'zeen *pl*

verbeux [vɛrbø] *adj* ⟨-**euse**⟩ *péj* Rede *etc* wortreich; langatmig; *auch Stil, Redner* weitschweifig; *Person* wortreich

verbiage [vɛrbjaʒ] *m* **a)** Wortschwall *m*; Ti'rade *f*; **b)** wortreiches Geschwätz; **c'est du** ~ das ist leeres Gerede, Geschwätz; **tourner au** ~ in Geschwätz ausarten

verbigération [vɛrbiʒerasjɔ̃] *f path* Verbigerati'on *f*

verboquet [vɛrbɔkɛ] *m* Lenkseil *n* (*beim Heben von Lasten*)

verbosité [vɛrbozite] *st/s f e-r Person* Geschwätzigkeit *f*; *auch e-r Sache* Langatmigkeit *f*; Weitschweifigkeit *f*

ver-coquin [vɛr-kɔkɛ̃] *m* ⟨*pl* **vers-coquins**⟩ **1.** *zo, vét* Drehwurm *m*; **2.** *zo, agr* Sauerwurm *m*

verdage [vɛrdaʒ] *m agr* Gründünger *m*

verdâtre [vɛrdɑtr(ə)] *adj* grünlich; *Gesichtsfarbe auch* fahl; aschgrau

verdet [vɛrdɛ] *m* chim ~ **(gris)** (basisches) Kupferacetat

verdeur [vɛrdœr] *f* **1.** ~ **(de langage)** Deftigkeit *f*; **2.** *e-r Person* Rüstigkeit *f*; (volle) Schaffenskraft; **3.** *des Holzes* Feuchtigkeit *f*; *von Früchten* unreifer Zustand; *e-s noch nicht ausgereiften Weines* Herbheit *f*; Säure *f*

verdict [vɛrdikt] *m* **1.** *jur* (Urteils-) Spruch *m der Geschworenen*; ~ **négatif** *od* **d'acquittement** Freispruch *m*; ~ **positif** *od* **de culpabilité** Schuldspruch *m*; **rendre le** ~ **den** (Urteils)Spruch fällen; **2.** *allg* (hartes) Urteil; Ver'dikt *n*; Entscheidung *f*

verdier [vɛrdje] *m zo* Grünling *m*

verd|ir [vɛrdir] **I** *v/t* grün färben; **II** *v/i* grün werden; *vor Furcht* blaß, bleich werden; *Bäume etc auch* (er)grünen; *Kupfer* Grünspan ansetzen; sich mit Grünspan über'ziehen; **~issement** *m* Grünwerden *n*; (Er)Grünen *n*

verdoiement [vɛrdwamá] *m* **1.** (Er-)Grünen *n*; **2.** sattes Grün

verdoré [vɛrdɔre] *adj* goldgrün

verdoy|ant [vɛrdwajã] *adj* (satt)grün; **~er** *v/i* <-oi-> **1.** (er)grünen; grün werden; **2.** grün leuchten

verdunis|ation [vɛrdynizasjõ] *f cf* javellisation; **~er** *v/t cf* javelliser

verdure [vɛrdyr] *f* **1.** Grün *n*; grünes Laub; *tapis* **de** ~ (grüner) Rasenteppich; **en pleine** ~ mitten im Grünen; **2.** (**tapisserie** *f* **de**) ~ Ver'dure *f*; **3.** (Blatt)Salat *m*; F Grünzeug *n*

véreux [vɛrø] *adj* <-euse> **1.** *Frucht* wurmig; wurmstichig; **2.** *fig Geschäft, Angelegenheit* anrüchig; verdächtig; zweifelhaft; faul; *Geschäftsmann etc* unreell; unredlich; anrüchig

verge [vɛrʒ] *f* **1.** *anat* männliches Glied; **2.** *tech* Stange *f*; *mar* ~ **de l'ancre** *od* **d'ancre** Ankerschaft *m*; **3.** Rute *f*; Gerte *f*; **4.** *bot* ~ **d'or** Goldrute *f*

vergé [vɛrʒe] *adj* **1.** **papier** ~ *od subst* ~ *m* Papier *n* mit Wasserzeichen aus paral'lelen Linien; **2.** *Seide* aus verschieden starken *bzw* verschiedenfarbigen Fäden

vergence [vɛrʒãs] *f phys e-r Linse* Brechkraft *f*

vergeoise [vɛrʒwaz] *f* Zucker *m* aus Raffine'rierückständen

verger [vɛrʒe] *m* Obstgarten *m* (*auch fig e-s Landes*)

vergerette [vɛrʒərɛt] *f bot* Beruf(s)kraut *n*

vergeté [vɛrʒəte] *adj* **1.** *physiol Haut* mit Schwangerschaftsstreifen; **2.** *Heraldik: Wappen* mehr als neunmal gespalten

vergetures [vɛrʒətyr] *f/pl physiol* weiße Streifen *m/pl*; Schwangerschaftsstreifen *m/pl*

vergeure [vɛrʒyr] *f Papierherstellung* **a)** Draht *m in der Schöpfform*; **b)** Wasserzeichen *n* in Form von weißen Linien

verglacé [vɛrglase] *adj Straße etc* mit Glatteis bedeckt; vereist

verglas [vɛrgla, -glɑ] *m* Glatteis *n*; for-mation *f* **de** ~ Glatteisbildung *f*; **il y a du** ~ es ist Glatteis

vergogne [vɛrgɔɲ] *f nur loc/adj u loc/adv* **sans** ~ unverschämt; schamlos

vergue [vɛrg] *f mar* Rah(e) *f*; Raa *f*; ~ **de misaine** Fockrahe *f*

véricle [verikl(ə)] *m* Edelsteinimitation *f* aus Glas *od* Kri'stall

véridique [veridik] *adj* **1.** *Erzählung, Aussage* wahrheitsgemäß, -getreu; der Wahrheit entsprechend; **2.** *st/s Person* wahrheitsliebend

vérifiable [verifjabl(ə)] *adj* nachprüfbar; feststellbar; beweisbar

vérifica|teur [verifikatœr] *m*, **~trice** *f* **1.** Prüfer(in) *m(f)*; Kontrol'leur(in) *m(f)*; ~ **des poids et mesures**

Eichbeamte(r) *m*; **2.** Prüfgerät *n*

vérificatif [verifikatif] *adj* <-ive> Prüf...; **recherches vérificatives** Nachforschungen *f/pl*

vérification [verifikasjõ] *f* **1.** Prüfung *f*; Über'prüfung *f*; Kon'trolle *f*; Nachprüfen *n*, -ung *f*; Unter'suchung *f der Richtigkeit bzw Echtheit*; ~ **de la caisse, de(s) comptes** Kassen-, Buch- *od* Rechnungsprüfung *f*; *jur* ~ **d'écritures** Schriftvergleich(ung) *m(f)*; ~ **des poids et mesures** (Neu- *bzw* Nach)Eichung *f*; *pol* ~ **des pouvoirs** *bei Wahlen* Wahlprüfung *f*; *bei Versammlungen, Konferenzen* Prüfung der 'Vollmachten; **un long travail de** ~ langwierige Nachforschungen *f/pl*; *loc/adv* ~ **faite, on peut affirmer que** nach erfolgter Nach-, Überprüfung...; **soumettre qc à une** ~, **des** ~s etw über'prüfen, nachprüfen, kontrol'lieren; **2.** Feststellung *f*, Bestätigung *f*, Nachweis *m* der, Beweis *m* für die Richtigkeit (*e-r Methode etc*)

vérifier [verifje] **I** *v/t* **1.** (nach)kontrol'lieren; nachsehen (*auch abs*); *Aussage, Nachricht, Hypothese etc* über'prüfen; nachprüfen; verifi'zieren; *Rechnung, Bücher auch* prüfen; 'durchsehen; *Wechselgeld* nachzählen; *Gewichte, Maße* eichen; ~ **si ...** nachprüfen, kontrollieren, nachsehen, ob ...; ~ **une adresse sur son agenda, un numéro de téléphone** e-e Adresse in s-m Notizbuch, e-e Telefonnummer nachsehen; ~ **un calcul** nachrechnen; ~ **le poids de qc** etw nachwiegen; **2.** ~ **qc** sich von der Richtigkeit *e-r Sache* (*gén*) über'zeugen; **3.** ~ **qc** etw bestätigen; etw beweisen; **les faits ont vérifié nos soupçons** die Tatsachen haben unseren Verdacht bestätigt; **II** *v/pr* **se** ~ sich bestätigen; bestätigt werden

vérin [verɛ̃] *m tech* Winde *f*; Hebebock *m*; ~ **hydraulique** hydraulische Winde; ~ **pneumatique** pneumatischer Hebebock; ~ **à vis** Schraubenwinde *f*

vér|isme [verism(ə)] *m Kunst* Ve'rismus *m*; **~iste** *Kunst* **I** *adj* ve'ristisch; **II** *m,f* Ve'rist(in) *m(f)*

véritable [veritabl(ə)] *adj* richtig; wirklich; wahr; tatsächlich; regelrecht; *Gold, Perlen etc* echt; <*vorangestellt*> *Freund* wirklich; wahr; echt; richtig; *Liebe, Glück* wahr; echt; **l'art** *m* ~ die wirkliche, echte, wahre Kunst; **une** ~ **canaille** ein richtiger, regelrechter Schuft; **sa** ~ **identité** s-e tatsächliche Identität; ~ **intention** tatsächliche, eigentliche, wirkliche, wahre Absicht; **photographie** *f* ~ echte Photographie (*Postkarte*); **sous son nom** ~ unter s-m richtigen Namen; **c'est une** ~ **folie** a) das ist heller, reiner Wahnsinn; b) das ist e-e richtige Manie; **trouver sa** ~ **vocation** s-e wahre Berufung finden

véritablement [veritabləmã] *adv* wirklich; tatsächlich

vérité [verite] *f* **1.** Wahrheit *f* (*auch Theologie u philos*); Richtigkeit *f*; ~ **historique** historische Wahrheit; ~ **première**, ~ **de La Palice** *od* **Palisse** Binsenweisheit *f*, -wahrheit *f*; **accent** *m* **de** ~ glaubhafter Ton; **amour** *m* **de la** ~ Wahrheitsliebe *f*; (**quart** *m* **d')heure** *f*, **minute** *f*, **moment** *m* **de** ~ Stunde *f* der Wahrheit; **recherche** *f* **de la** ~ Suche *f* nach der Wahrheit (*auch Theologie, philos*); *Logik* **valeur** *f* **de** ~ Wahrheitswert *m*; ◆ *loc/adj* **conforme à la** ~ wahrheitsgemäß; der Wahrheit gemäß; *loc/adv* **à la** ~ allerdings; zwar; **en** ~ in der Tat; tatsächlich; wahr'haftig; wahrlich; *bibl* **en** ~ **je vous le dis ...** wahrlich, ich sage euch ...; ◆ **il y a là une** ~ **cachée** darin ist e-e Wahrheit,

Weisheit verborgen; **je vous dois la** ~ ich muß Ihnen die Wahrheit sagen; **dire (toute) la** ~ **sur qc** die (ganze) Wahrheit über etw (*acc*) sagen; **dire la** ~ **à qn** j-m die Wahrheit sagen; **j-m reinen Wein einschenken**; *jur* **jurer «de dire la** ~, **toute la** ~, **rien que la** ~» schwören „die Wahrheit, die ganze Wahrheit und nichts als die Wahrheit zu sagen"; *jur* **heute beim Aussageeid** schwören „die Wahrheit zu sagen, nichts hin'zuzufügen und nichts zu verschweigen"; **dire à qn ses (quatre)** ~s, **sortir toutes ses** ~s **à qn** j-m gründlich die, s-e Meinung sagen; **c'est la** ~ das ist wahr, die Wahrheit; **c'est l'entière, la pure** ~ das ist die ganze, reine Wahrheit; **c'est au-dessous de la** ~ das bleibt hinter der Wirklichkeit zurück; das ist längst nicht so furchtbar wie die Wirklichkeit; *Studie etc* **fait avec un grand souci de** ~ die sehr um e-e wahrheitsgemäße Darstellung bemüht ist; **posséder la** ~ im Besitz der Wahrheit sein; *loc/prov*: **il n'y a que la** ~ **qui blesse** etwa verdiente Vorwürfe verletzen am meisten; **la** ~ **se cache au fond d'un puits** etwa die Wahrheit ist verborgen, liegt nie offen zu'tage; **toute** ~ **n'est pas bonne à dire** etwa es ist nicht immer gut, die Wahrheit zu sagen; **la** ~ **sort de la bouche des enfants** Kinder und Narren sagen die Wahrheit (*prov*); **2.** *e-r Romanfigur, e-r Theaterrolle* Glaubwürdigkeit *f*; Lebensechtheit *f*; **3.** *e-s Porträts* Ähnlichkeit *f*; *loc/adj* **d'une grande** ~ sehr na'turgetreu, gut getroffen; **4.** *écon* ~ **des prix** Kostenechtheit *f der Preise*; kostendeckende Preise *m/pl*

verju|s [vɛrʒy] *m* Saft *m* von unreifen *bzw* sauren Trauben; **~té** *adj* **sauce** ~e mit saurem Traubensaft zubereitete Soße; **vin blanc** ~ saurer Weißwein; Krätzer *m*

vermée [vɛrme] *f Aalfang* Wurmknäuel *n od m*; **pêche** *f* **à la** ~ Aalfang *m* mit Wurmknäuel *od* Aalpödder

vermeil [vɛrmɛj] **I** *adj* <-le> *Gesichtsfarbe* rot; *Frucht* leuchtendrot; **bouche** ~**le** Kirschenmund *m*; **lèvres** ~**les** Purpurlippen *f/pl*; **II** *m* (feuer)vergoldetes Silber; Ver'meil *n*

vermeille [vɛrmɛj] *f minér* Ver'meille *f*

vermet [vɛrmɛ] *m zo* Wurmschnecke *f*

vermicelier [vɛrmisəlje] *m* Nudelfabrikant *m*

vermicell|e(s) [vɛrmisɛl] *m(pl)* Faden-, Suppennudeln *f/pl*; **potage** *m* **au(x)** ~ Nudelsuppe *f*; **~erie** *f* **a)** Nudelfabrik *f*; **b)** Nudelfabrikation *f*

vermicul|aire [vɛrmikyler] *adj anat* wurmartig, -förmig; **appendice** *m* ~ Wurmfortsatz *m*; *physiol* **contraction** *f*, **mouvement** *m* ~ Peri'staltik *f*; **~é** *adj* mit wurmförmigen Verzierungen; **~ure** *f arch* wurmförmiges Orna'ment

vermifuge [vɛrmifyʒ] *adj u subst m phm* (remède *m*) ~ Wurmmittel *n*

vermill|e [vɛrmij] *f Aalfang* Grundschnur *f*; **~er** *v/i* (*Wild*)Schwein (in der Erde) wühlen

vermillon [vɛrmijõ] **I** *m* **1.** Zin'nober *m*; **2.** Zin'noberrot *n*; **II** *adj* <*inv*> zin'noberrot

vermillonner [vɛrmijɔne] **I** *v/t* mit Zin'nober färben *bzw* bemalen; **II** *v/i ch* Dachs stechen

vermine [vɛrmin] *f* **1.** Ungeziefer *n*; **couvert de** ~ voller Ungeziefer; **2.** *fig u st/s* **a)** *coll* Gesindel *n*; Geschmeiß *n*; Pack *n*; Abschaum *m*; **b)** Tagedieb *m*; Taugenichts *m*

vermis [vɛrmis] *m anat* Vermis *m*; *path* **syndrome** *m* **du** ~ Kleinhirnsyndrom *n*

vermisseau [vɛrmiso] *m* <*pl* ~**x**> *zo*

Würmchen *n*; kleine Larve
vermivore [vɛrmivɔr] *adj zo* würmer-
fressend
vermoul|u [vɛrmuly] *adj* Holz, Möbel
wurmzerfressen, -stichig; **~ure** *f* Wurm-
stich *m*, -fraß *m*
vermout(h) [vɛrmut] *m* Wermut(wein)
m; **~ blanc, rouge** weißer, roter Wer-
mut
vernaculaire [vɛrnakylɛr] *adj ling* **lan-
gue** *f* ~, *auch subst* ~ *m* einheimische
Sprache; Sprache der Einheimischen;
Regio'nalsprache *f*; Eingeborenenspra-
che *f*
vernal [vɛrnal] *adj* ⟨-aux⟩ **1.** *astr* **point
~** Frühlings-, Widderpunkt *m*; **2.** *litt*
Frühlings...; **~isation** *f agr* Vernali-
sati'on *f*
vernation [vɛrnasjɔ̃] *f bot* Vernati'on *f*
verni [vɛrni] *adj* **1.** lac'kiert; Lack...;
bois ~ lackiertes Holz; **chaussures
~es, cuir ~** Lackschuhe *m/pl*, -leder *n*; **2.
Ton** gla'siert; **3.** F *fig* **ce qu'il est ~!** F
hat der ein Glück, F Schwein!; *subst*
c'est un petit ~ er ist ein Glückskind,
-pilz
vernier [vɛrnje] *m tech* Nonius *m*
vernir [vɛrnir] *v/t* Holz etc lac'kieren;
Gemälde firnissen
vernis [vɛrni] *m* **1.** Lack *m*; für Gemäl-
de, Kupferstiche Firnis *m*; für Möbel
auch Poli'tur *f*; für Keramik etc Gla'sur *f*;
~ bitumeux As'phaltlack *m*; **~ gras,
synthétique** fetter, synthetischer Lack;
~ à l'alcool, à l'huile Spiritus-, Öllack
m; **~ à ongles** Nagellack *m*; **~ à polir**
Schleiflack *m*; **enduire de ~** lac'kieren;
firnissen; **se mettre du ~ (à ongles)**
sich die Nägel lackieren; **2.** Lackglanz
m; **3.** *fig* **il n'a qu'un ~ de culture** s-e
Bildung ist nur Firnis, oberflächlich;
quand on a gratté le ~, *il ne reste plus
rien* wenn man etwas tiefer bohrt, nach-
fühlt, ...; **4.** *bot* Sumach *m*; Lack- *bzw*
Talgbaum *m*; **~-émail** ⟨*pl* **vernis-
-émaux**⟩ E'maille-Lack *m*
vernissage [vɛrnisaʒ] *m* **1.** des Leders,
von Holz Lac'kieren *n*, -ung *f*; von
Keramik etc Gla'sieren *n*; von Gemälden
Firnissen *n*; **~ au pistolet** Spritzlackie-
rung *f*; **2.** Vernis'sage *f* Eröffnung *f* e-r
Ausstellung in pri'vatem Kreis
verniss|é [vɛrnise] *adj* Keramik gla'siert;
~eur *f Keramik* gla'sieren; **~eur** *m*
Lac'kierer *m*; **~ au pistolet** Spritz-
lackierer *m*
vérole [vɛrɔl] *f path* **a)** *früher* **petite ~**
Blattern *pl*; Pocken *pl*; **b)** P Syphilis *f*
vérolé [vɛrɔle] F **I** *adj* **a)** *früher* pocken-
krank; **b)** P syphi'litisch; **II** *subst* **~(e)**
m(f) **a)** *früher* Pockenkranke(r) *f(m)*; **b)**
P Syphi'litiker(in) *m(f)*
véronal [vɛrɔnal] *m phm* (nom déposé)
Vero'nal *n* (Wz)
véronique [vɛrɔnik] *f* **1.** *bot* Ehrenpreis
m; Ve'ronika *f*; **2.** *Stierkampf* Ve'ronica *f*
(Passage des Toreros)
verrai [vɛrɛ] *cf* **voir**
verrat [vɛra] *m zo* (Zucht)Eber *m*
verre [vɛr] *m* **1.** Glas *n*; *comm auch*
Flasche *f*; **~ armé, blindé, cannelé,
coloré, coulé** Draht-, Panzer-, Riffel-,
Farb-, Gußglas *n*; **~ étiré, filé, moulé**
gezogenes, gesponnenes, gepreßtes
Glas; **~ opaque, organique, plat**
O'pak-, A'cryl-, Flachglas *n*; **~ sand-
wich** Verbundsicherheitsglas *n*; **~ Sécu-
rit** (nom déposé) Seku'ritglas *n* (Wz);
chim **~ soluble** Wasserglas *n*; **~ textile**
Fiberglas *n*; **~ à bouteilles, à glace, au
plomb, à vitre(s), de sécurité** Fla-
schen-, Spiegel-, Blei-, Fenster-, Sicher-
heitsglas *n*; **~ de silice** Quarzglas *n*;
minér **~ de volcan** Lavaglas *n*; Obsi-
di'an *m*; **coton** *m* **de ~** Glaswolle *f*;

industrie *f* **du ~** Glasindustrie *f*; *loc/adj*
de od en ~ gläsern; Glas...; **se briser,
se casser comme du ~** zerbrechlich
wie Glas sein; **2.** Glas *n* (Gegenstand); **~s**
pl (Augen)Gläser *n/pl* (Brille); **~ gros-
sissant** Vergrößerungsglas *n*; **~
(d')optique** optisches Glas; **~ à double
foyer, à puissance progressive** Bifo-
'kal-, Panfo'kalglas *n*; **~s de contact**
Kon'taktlinsen *f/pl*; Haftschalen *f/pl*; **~
de lampe** Lampenzylinder *m*, -glas *n*;
fig **souple comme un ~ de lampe**
ungelenkig, steif wie ein Brett; **~s de
lunettes** Brillengläser *n/pl*; **~ de mon-
tre** Uhrglas *n*; **porter des ~s fumés,
teintés** e-e dunkle, getönte Brille tra-
gen; **3.** (Trink)Glas *n*; **~ à eau, à bière**
Wasser-, Bierglas *n*; **~ à boire** Trinkglas
n; **~ à dents** Zahnputzglas *n*, -becher *m*;
~ à liqueur, à moutarde, à pied, à vin
Li'kör-, Senf-, Stiel-, Weinglas *n*; **~
d'eau** Glas Wasser; *fig* **se noyer dans
un ~** *d'eau* bei der geringsten Schwie-
rigkeit versagen, sich nicht zu helfen
wissen; **~ en cristal** Kri'stallglas *n*;
service de ~s Garnitur *f* Gläser; **vider
son ~** sein Glas leeren, austrin-
ken; *prov* **qui casse les ~s les paie** wer
den Schaden anrichtet, muß dafür auf-
kommen; **4.** F Glas *n* (Wein, Bier); **petit
~ Gläschen** *n* (Schnaps); *fig* **avoir un ~
dans le nez** F die Nase zu tief ins Glas
gesteckt haben; zu tief ins Glas geguckt
haben; **offrir, payer un ~ à qn** j-n zu
e-m Gläschen (Schnaps), zu e-m Glas
Bier, Wein einladen; **vous prendrez
bien un petit ~?** darf ich Ihnen ein
Gläschen anbieten?; ich darf Sie doch zu
e-m Gläschen einladen?
verré [vɛre] *adj* Glas...; **papier ~, toile
~e** Glaspapier *n*, -leinwand *f*
verrerie [vɛrri] *f* **a)** Glasfabrik *f*, -hütte *f*;
b) Glasherstellung *f*; **c)** Glaswarenhan-
del *m*; **d)** Glasware(n) *f(pl)*; *in e-m
Kaufhaus* **rayon** *m* **de ~** Glaswarenab-
teilung *f*
verr|ier [vɛrje] *m od adj t* **a)** (ouvrier *m*)
~ Glasmacher *m*; **b)** peintre *m* **~** Glas-
maler *m*; **~ière** *f* **1. a)** Glaswand *f bzw*
-dach *n*; **b)** großes Kirchenfenster; **2.**
aviat e-s Einsitzers Ka'binendach *n*; **~
ine** Röhre *f* des Quecksilberbarome-
ters
verroterie [vɛrɔtri] *f* kleine Glaswaren
f/pl; Glasperlen *f/pl*; **bijoux** *m/pl* **en ~**
Glasschmuck *m*
verrou [vɛru] *m* **1.** Riegel *m*; e-r Maschi-
ne Sperrklinke *f*; *ch de fer* e-r Weiche
Sperre *f*; Verriegelung *f*; **~ de sûreté**
Sicherheitsschloß *n*; **s'enfermer au ~**
sich einschließen, -riegeln; *fig* **être sous
les ~s** hinter Schloß und Riegel sitzen;
fermer au ~ ver-, zuriegeln; **mettre le ~**
den Riegel vorschieben; zuschließen;
zuriegeln; *fig* **mettre qn sous les ~s** j-n
hinter Schloß und Riegel setzen; **ouvrir
le ~** den Riegel zu'rückschieben; aufrie-
geln, -schließen; **pousser, tirer le ~** den
Riegel vor-, zu'rückschieben; **2.** *géol*
Riegel(berg) *m*; **3.** *mil* Riegelstellung *f*
verrouillage [vɛrujaʒ] *m* **1.** Verriege-
lung *f*; Bloc'kierung *f*; **2.** *mil* Abriege-
lung *f*
verrouiller [vɛruje] **I** *v/t* **1.** Tür, Fenster
ver-, zuriegeln; **2.** *mil* Bresche abriegeln;
II *v/pr* **se ~** sich einschließen, -riegeln
verrucosité [vɛrykozite] *f path* Horn-
warze *f*
verrue [vɛry] *f* **1.** Warze *f*; **2.** *bot* **herbe *f*
aux ~s** a) Va'nillestrauch *m*; Sonnen-
wende *f*; b) Schöllkraut *n*
verruqueux [vɛrykø] *adj* ⟨-euse⟩ war-
zig; warzenartig; *sc* verru'kös
vers¹ [vɛr] *prép* **1.** *räumlich* gegen; nach;
in Richtung auf (+acc); auf (+acc) zu;

zu; ...wärts; *par ext* **~ 700 m d'altitude**
in etwa 700 m Höhe; **~ la droite** (nach)
rechts; **~ l'intérieur du pays** land'ein-
wärts; **~ le nord** nach, gegen, *poét* gen
Norden; nordwärts; **~ Paris** gegen Paris
zu; **aller, s'avancer, se diriger, mar-
cher ~ qn,** qc auf j-n, etw zugehen; **aller
l'un ~ l'autre** aufein'ander zugehen;
descendre ~ la Seine *Straße* sich zur
Seine herabsenken; *Person* zur, in Rich-
tung auf die Seine hin'untergehen, *Fahr-
zeug* -fahren; **se hâter ~ la sortie** zum
Ausgang eilen; dem Ausgang zueilen;
tourner son regard ~ qn j-m den Blick
zuwenden; den Blick auf j-n richten;
tourner la tête ~ qn den Kopf nach j-m
'umwenden; **venir ~ qn** auf j-n zukom-
men; **2.** *zeitlich* gegen; (etwa) um; **~ 1900**
gegen das Jahr 1900; um (das Jahr) 1900;
~ cinquante ans mit etwa fünfzig
Jahren; **~ la fin** gegen Ende; **~ (les)
deux heures** gegen, etwa um zwei Uhr;
~ Noël gegen, um Weihnachten; *fig* **le
premier pas ~ la détente** der erste
Schritt zur Entspannung; **nous allons ~
une solution** wir gehen e-r Lösung (*dat*)
entgegen
vers² [vɛr] *m* Vers *m*; Verszeile *f*; **~ blanc**
reimloser Vers; Vers blanc *m*; **~ boiteux,
faux** Vers mit nicht dem Schema ent-
sprechender Silbenzahl; **~ libre** takt-
freier (und reimloser) Vers; Freivers *m*;
Vers libre *m*; **~ métrique** quanti'tieren-
der Vers; **~ régulier** metrisch gebunde-
ner Vers; **~ rimés** gereimte Verse *m/pl*; **~
rythmique** akzentu'ierender Vers; **~
syllabique** durch die Zahl der Silben
bestimmter Vers; **~ *pl* de circonstance**
Gelegenheitsverse *m/pl*, -gedicht *n*; **re-
cueil** *m* **de ~** Gedichtsammlung *f*;
loc/adj u loc/adv **en ~** Vers...; in Versen;
in Versform; **conte** *m* **en ~** Verserzäh-
lung *f*; **pièce** *f* **en ~** Versdrama *n*;
mettre en ~ in Verse bringen; **écrire,
faire des ~** Verse schreiben, machen;
dichten
versaillais [vɛrsaje] **I** *adj* von Ver'sail-
les; Ver'sailler; **II** *subst* **1.** ♀(e) *m(f)*
Einwohner(in) *m(f)* von Ver'sailles; **2.**
les ♀ *m/pl* 1871 **a)** die Anhänger *m/pl* der
in Versailles tagenden Natio'nalver-
sammlung; **b)** die gegen die Pa'riser
Kom'mune kämpfenden Truppen *pl*
versant [vɛrsɑ̃] *m* e-s Berges, Hügels
(Ab)Hang *m*; **~ nord** Nordhang *m*;
Alpinistik Nordwand *f*
versatil|e [vɛrsatil] *adj* Person wankel-
mütig; unbeständig; wandelbar; Cha-
rakter *auch* schwankend; **~ité** *f* Wankel-
mut *m*, -mütigkeit *f*; Unbeständig-
keit *f*
verse [vɛrs] *f* **1.** *loc/adv* **il pleut à ~** es
gießt in Strömen; **2.** *agr* des Getreides
Liegen *n*
versé [vɛrse] *adj* **~ dans** bewandert,
ver'siert, erfahren in (+dat)
Verseau [vɛrso] *m astr* Wassermann *m*; F
être ~ ein Wassermann sein
versement [vɛrsəmɑ̃] *m* Zahlung *f*; Ein-
zahlung *f* (à, sur un compte auf ein
Konto); Auszahlung *f*; von Beiträgen Ent-
richtung *f*; **~ complémentaire** Nach-
zahlung *f*; *loc/adv*: **en plusieurs ~s** in
(mehreren) Raten; **par ~s échelonnés
sur dix-huit mois** in Raten innerhalb
von achtzehn Monaten; in achtzehn
Monatsraten; **effectuer, faire un ~** e-e
Einzahlung vornehmen; einzahlen
verser [vɛrse] **I** *v/t* **1.** *Flüssigkeit* in e-n
Topf, e-e Tasse (hin'ein)gießen; (hin'ein)-
füllen; in e-e Flasche (ein)füllen; Kaffee
etc ein-, ausschenken; eingießen; Tränen
vergießen; Zucker, Reis etc schütten
(**dans** in + *acc*); *abs* eingießen, -füllen,
-schenken; **~ (à boire)** ein-, ausschen-

ken; *fig* ~ le **sang** Blut vergießen; *fig* **éviter de** ~ le **sang** Blutvergießen vermeiden; *fig* ~ **son sang** sein Leben hingeben, sterben (**pour** für); **se** ~ **du vin** sich Wein einschenken; ~ **sur la table** auf dem Tisch verschütten; auf den Tisch schütten; **2.** *Geld, Betrag* einzahlen (**à un compte** auf ein Konto); *Rente, Zinsen etc* (aus)zahlen; *jur Kaution* stellen; **(An)Zahlung** leisten; *Beiträge* entrichten; ~ **cent francs d'arrhes** e-e Anzahlung von hundert Franc leisten; hundert Franc anzahlen; **3.** *Dokument etc* ~ **au dossier** zu den Akten nehmen; **4.** *Gewitter, Regen* ~ **les blés** das Getreide 'umlegen; **5.** *mil* ~ **qn dans l'infanterie**, *etc* j-n der Infanterie (*dat*) *etc* zuteilen; **II** *v/i* **6.** *st/s Wagen* 'umstürzen; ~ **dans le ravin** in die Schlucht stürzen; **7.** *Getreide* sich lagern; liegen; **8.** *fig* ~ **dans qc** in etw (*acc*) verfallen; ~ **dans le mysticisme** e-m Hang zum Mystizismus nachgeben

verset [vɛrsɛ] *m* **1.** *der Bibel, des Korans* Vers *m*; *Liturgie* Ver'sikel *m*; **2.** *Dichtung* mehrzeilige Einheit (*bes in rhythmischer Prosa*)

vers|eur [vɛrsœr] *adj* ⟨*nur m*⟩ **bec** ~ e-s Topfes, e-s Kännchens Schnauze *f*; e-r Kanne Schnabel *m*; Tülle *f*; **bouchon** ~ Ausgießer *m* (*Korken*); ~**euse** *f* Kaffee- *bzw* Teekanne *f*

versicolore [vɛrsikɔlɔr] *adj Vogel* in mehreren Farben schillernd; bunt; *Blume* verschiedenfarbig

versific|ateur [vɛrsifikatœr] *m* **1.** Dichter *m*; **2.** *péj* Versschmied *m*; ~**ation** *f* Versbildung *f*, -bau *m*

versifier [vɛrsifje] **I** *v/t* in Verse bringen; *adjt* **versifié** in Versen; **II** *v/i* Verse machen; dichten

version [vɛrsjɔ̃] *f* **1.** *Schule* 'Herüberset-zung *f*; ~ **latine** Über'setzung *f* aus dem Lateinischen; **2.** ~ **de la Bible** Bibelübersetzung *f*; **3.** *Literatur* Versi'on *f*; *auch ein* Fassung *f*; *Film* **en** ~ **originale** (*abr* **V.O.**) in Origi'nalfassung; **film italien en** ~ **française** (französisch) synchroni'sierter italienischer Film; **4.** Darstellung *f*; Versi'on *f*; 'Wiedergabe *f*; **donner une autre** ~ **des événements** die Ereignisse anders darstellen; e-e andere Darstellung der Ereignisse geben; **5.** *par ext* e-s *Modells* Ausführung *f*; **6.** *méd* Wendung *f*

vers-libr|isme [vɛrlibrism(ə)] *m* *Literatur* Schule *f bzw* Bewegung *f* der Symbo'listen, der Anhänger des Vers libre; ~**iste** *m/f* Anhänger(in) *m(f)* des Vers libre

verso [vɛrso] *m* e-s *Blattes* Rückseite *f*; **au** ~ auf der *bzw* die Rückseite; 'umseitig; **voir au** ~ siehe Rückseite

versoir [vɛrswar] *m* am *Pflug* Streichblech *n*, -brett *n*

vert [vɛr] **I** *adj* **1.** grün; *Gemüse* frisch; *Tee, Holz, Obst* grün; *Holz auch* naß; *Obst auch* unreif; *Wein* noch nicht ausgereift; zu jung; noch herb; *Häute* schlachtfrisch; ~ **bouteille, clair, émeraude, épinard, foncé, jade, mousse** ⟨*alle inv*⟩ flaschen-, hell-, sma'ragd-, spi'nat-, dunkel-, jade-, moosgrün; ~ **Nil, olive, pâle, pomme, tendre, tilleul, d'eau** ⟨*alle inv*⟩ nil-, o'liv-, blaß-, apfel-, zart-, lind-, blaßgrün; **café** ~ ungebrannter, ungerösteter Kaffee; Rohkaffee *m*; **chêne** ~ Steineiche *f*; **chou** ~ Grünkohl *m*; *in Städten* **espace** ~ Grünanlage *f*, -fläche *f*; **'haricots** ~**s** grüne Bohnen *f/pl*; **olive** ~e grüne Olive; **plante** ~e Blatt-, Grünpflanze *f*; **raisins** ~**s** unreife, grüne Trauben *f/pl*; *cuis* **sauce** ~**e** a) (*Art*) Kräutermayonnaise *f*; b) Soße *f* mit Spinatsaft; **salade** ~e

Blattsalat *m*; *F* **c'est** ~ die Ampel steht auf, zeigt Grün; *F* **être** ~ **de peur** vor Angst blaß, erstarrt sein; *F* **en être** ~ grün vor Neid *bzw* vor Ärger sein; *F* **en faire voir des** ~**es et des pas mûres à qn** j-m viel zu schaffen machen; j-m das Leben schwermachen; **2.** *alter Mensch* **encore** ~ noch rüstig; **3.** *langage* ~ derbe, deftige Sprache; **langue** ~e Gaunersprache *f*; Rotwelsch *n*; **en dire, en raconter des** ~**es** Zoten erzählen; **4.** ~e **semonce** scharfer Tadel, Verweis; **scharfe Rüge; 5.** ~ **galant** *cf* **galant** II **6.** landwirtschaftlich; A'grar...; grün; **l'Europe** ~e der gemeinsame europäische Agrarmarkt; **II** *m* **1.** Grün *n*; grüne Farbe; ~ **amande** Hellgrün *n*; ~ **bleu** bläuliches Grün; ~ **clair, foncé** Hell-, Dunkelgrün; *loc/adv* **en** ~ grün; **habillé en** ~ grün gekleidet; **le** ~ **lui va** Grün steht ihr gut; **2.** *als Farbstoff* Grün *n*; ~ **émeraude, Véronèse** Sma'ragd-, Vero'nesergrün *n*; ~ **de chrome, de cobalt** Chrom-, Kobaltgrün *n*; **3.** *cuis* **d'oignon** Laubblätter *n/pl* der Zwiebel; Schlotten *f/pl*; **4.** *agr* Grünfutter *n*; *Tier* **mettre au** ~ weiden lassen; auf die Weide bringen; *fig* **se mettre au** ~ ins Grüne, aufs Land fahren

vert-de|-gris [vɛrdəgri] **I** *m* **1.** Grünspan *m*; **2.** *cf* **verdet; II** *adj* ⟨*inv*⟩ graugrün; ~**-grisé** *adj* mit Grünspan bedeckt

vertébral [vɛrtebral] *adj* ⟨**-aux**⟩ *anat* Wirbel...; *sc* verte'bral; **canal** ~, **colonne** ~e, **corps** ~ Wirbelkanal *m*, -säule *f*, -körper *m*; **disque** ~ Bandscheibe *f*; Zwischenwirbelscheibe *f*; **trou** ~ Wirbelloch *n*

vertèbre [vɛrtɛbr(ə)] *f* *anat* Wirbel *m*

vertébrés [vɛrtebre] *m/pl zo* Wirbeltiere *n/pl*

vertement [vɛrtəmɑ̃] *adv* **réprimander**, *st/s* **tancer qn** ~ j-n heftig tadeln, rügen

vertical [vɛrtikal] **I** *adj* ⟨**-aux**⟩ senk-, lotrecht; verti'kal; *écon* **concentration** ~e vertikale Konzentration; **écriture** ~e senkrechte Schreibung (*z B im Chinesischen*); **ligne** ~e senkrechte Linie; **Verti'kale** *f*; Senkrechte *f*; Lot *n*; **plan** ~ Vertikalebene *f*; *des Menschen* **station** ~e aufrechte Haltung; **II** *subst* **1.** ~e *f* Senkrechte *f*; Verti'kale *f*; Lot *n*; **à la** ~e in der Vertikalen *bzw* in die Vertikale; **2.** *m astr* Verti'kal *m*, -kreis *m*; Höhenkreis *m*; Verti'kal *m*; **3.** *Geodäsie* ~e **du lieu** Lotrichtung *f*

vertical|ement [vɛrtikalmɑ̃] *adv* senkrecht; verti'kal; ~**ité** *f* senkrechte Richtung, Stellung

verticill|e [vɛrtisil] *m bot* Quirl *m*; Wirtel *m*; ~**é** *adj bot* quirlständig

vertige [vɛrtiʒ] *m* **1.** Schwindel(gefühl *n*, -anfall *m*) *m*; **j'ai un** ~, **des** ~**s** mir ist, ich bin schwind(e)lig; ich habe e-n Schwindelanfall *bzw* Schwindelanfälle; **avoir le** ~ *in großer Höhe* schwind(e)lig sein; *pour monter sans haut*, **il ne faut pas avoir le** ~ ... muß man schwindelfrei sein; **'hauteur** *f* **à donner le** ~ schwindelerregende, schwindelnde Höhe; **ça me donne le** ~ da(von) werde ich, wird mir schwind(e)lig; **être pris de** ~ von e-m plötzlichen Schwindel erfaßt, über'fallen, gepackt werden; **2.** *fig* Taumel *m*; Rausch *m*; **donner le** ~ **à qn** j-n in e-n Taumel, Rausch versetzen

vertigineusement [vɛrtiʒinøzmɑ̃] *adv* **Turm** ~ 'haut von schwindelnder Höhe; *Preise* **monter** ~ schwindelerregend steigen

vertigineux [vɛrtiʒinø] *adj* ⟨**-euse**⟩ **1.** *Höhe* schwindelnd; schwindelerregend (*auch Geschwindigkeit*); **chute vertigineuse** Sturz *m* aus schwindelnder Hö-

he, in schwindelerregende, schwindeln-de Tiefe; **la hausse vertigineuse des prix** das schwindelerregende Ansteigen der Preise; **2.** *path* **accès** ~ Schwindel (-anfall) *m*

vertigo [vɛrtigo] *m vét* (Dumm)Koller *m*

vertu [vɛrty] *f* **1.** Tugend *f* (*auch rel*); gute Eigenschaft; ~ **bourgeoise** bürgerliche Tugend; **2.** *e-r Frau* Tugend *f*; Sittsamkeit *f*; Züchtigkeit *f*; **d'une** ~ **irréprochable** von untadeligem Lebenswandel; unbescholten; **femme** *f* **de petite** ~ leichtes Mädchen; Flittchen *n*; *iron* **c'est un prix à la** ~ sie ist ein Ausbund an Tugend; **attenter à la** ~ **d'une femme** e-e Frau entehren; **3.** Kraft *f*; Macht *f*; Wirksamkeit *f*; ~ **magique** magische Kraft; Zauberkraft *f*; ~ **thérapeutique, curative** Heilkraft *f*; *loc/prép* **en** ~ **de** auf Grund von (*od* + *gén*); vermöge (+*gén*); kraft (+*gén*); *jur* **en** ~ **de la loi** kraft (des) Gesetzes; **en** ~ **de quoi?** aus was für e-m Grund?; weshalb?

vertueux [vɛrtyø] *adj* ⟨**-euse**⟩ **1.** *allg* tugendhaft; *iron* **vertueuse indignation** sittliche Entrüstung; **2.** *Frau* züchtig; sittsam; tugendhaft

vertugadin [vɛrtygadɛ̃] *m* **1.** *früher* (*ein*) *Reifrock* Vertuga'din *m*; **2.** *Gartenbau* amphitheatralisch ansteigende Rasenfläche

verve [vɛrv] *f* Schwung *m*; Feuer *n*; Witz *m*; *Redner* **plein de** ~ mitreißend; schwungvoll; geistsprühend; **être en** ~ in Schwung sein; **exercer sa** ~ **contre qn** s-n Witz gegen j-n richten; **parler avec** ~ mitreißend, glänzend sprechen

verveine [vɛrvɛn] *f* **1.** *bot* ~ (**commune, officinale**) Eisenkraut *n*; Eiserner Heinrich; Ver'bene *f*; **fausse** ~ Salbei *m od f*; ~ **odorante** Zi'tronenstrauch *m*; **2.** **a)** Eisenkrauttee *m*; **b)** Eisenkrautlikör *m*

verveux [vɛrvø] *m Fischerei* (*Art*) Hamen *m*, Reuse *f*

vesce [vɛs] *f bot* Wicke *f*; ~ **blanche** Erve *f*; Linsenwicke *f*; ~ **commune, velue, des 'haies** Futter- *od* Saat-, Zottel- *od* Sand-, Zaunwicke *f*

vésical [vezikal] *adj* ⟨**-aux**⟩ *anat* (Harn-) Blasen...; *path* **calculs vésicaux** Blasensteine *m/pl*

vésicant [vezikɑ̃] *adj méd* blasenziehend; *subst m cf* **vésicatoire**

vésicatoire [vezikatwar] *adj u subst m méd* **(emplâtre** ~**)** Zugpflaster *n*

vésiculaire [vezikylɛr] *adj biol* Bläschen...; bläschenartig, -förmig; *physiol* **murmure** *m* ~ vesiku'läres Atemgeräusch

vésicule [vezikyl] *f* **1.** *biol* Blase *f*; Bläschen *n* (*auch path*); *anat* ~ (**biliaire**) Gallenblase *f*; *Embryologie* ~ **ombilicale** Nabelbläschen *n*; Dottersack *m*; **2.** *bot* Schwimmblase *f*

vésiculeux [vezikylø] *adj* ⟨**-euse**⟩ *biol* Blasen...; blasenförmig, -artig; *bot* **fucus** ~ Blasentang *m*

vesou [vəzu] *m* Zuckerrohrsaft *m*

vespasienne [vɛspazjɛn] *f* Pis'soir *n*

vespéral [vɛsperal] **I** *poét adj* ⟨**-aux**⟩ Abend...; abendlich; **II** *m Liturgie* Vesperbuch *n*

vespertilionidés [vɛspɛrtiljɔnide] *m/pl zo* Glattnasen *f/pl*

vespidés [vɛspide] *m/pl zo* Faltenwespen *f/pl*

vesse [vɛs] *f P* Fist *m*; lautloser Furz

vesse-de-loup [vɛsdəlu] *f bot* ⟨*pl* **vesses-de-loup**⟩ (*Art*) Bo'vist *m*

vessie [vesi] *f* **1.** *anat* (Harn)Blase *f*; ~ **de porc** Schweinsblase *f*; **col** *m* **de la** ~ Blasenhals *m*; **2.** *fig* **faire prendre des** ~**s pour des lanternes à qn** j-m ein X für ein U vormachen; j-m blauen Dunst vormachen; j-m e-n Bären aufbinden;

3. *für Bälle* Gummiblase *f*; **4.** *bei Fischen* ~ natatoire Schwimmblase *f*
vessigon [vesigõ] *m* vét (Kreuz- bzw Fluß)Galle *f*
vestale [vɛstal] *f im alten Rom* Ve'stalin *f*
veste [vɛst] *f* Jacke *f*; Jac'kett *n*; Sakko *m*; *selten* Rock *m*; ~ croisée, droite zwei-, einreihige Jacke; ~ d'intérieur Hausjacke *f*; ~ en laine lange Strickjacke, *fachspr* -weste; F *fig* ramasser, prendre une ~ e-e Schlappe erleiden; F 'durchfallen; F *fig* retourner sa ~ F 'umfallen; 'umschwenken
vestiaire [vɛstjɛr] *m* **1.** *im Theater etc* Garde'robe *f* (*auch die darin abgelegten Sachen*); 'Umkleideraum *m*; Kleiderablage *f*; F *fig* (au) ~! geh nach Hause!; abtreten! (*Zuruf an e-n schlechten Schauspieler, Redner, Sportler*); la dame du ~ die Garderobi'ere; die Garde'robenfrau; tenir le ~ Garderobiere sein; den Dienst an der Garderobe versehen; **2.** Garde'robenschrank *m*; Spind *m od n*
vestibulaire [vɛstibylɛr] *adj anat* Vorhof...
vestibule [vɛstibyl] *m* **1.** Vorraum *m*, -zimmer *n*; Diele *f*; Flur *m*; Vesti'bül *n*; *e-r Kirche, e-s Tempels* Vorhalle *f*; **2.** *anat des Ohrs* Vorhof *m*
vestige [vɛstiʒ] *m meist pl* ~s *der Vergangenheit, des Krieges, der Schönheit etc* Spuren *f/pl*; *von Reichtum* ('Über)Reste *m/pl*
vestimentaire [vɛstimɑ̃tɛr] *adj* Kleider...; dépenses *f/pl* ~s Ausgaben *f/pl* für Kleidung; problème *m* ~ Kleiderfrage *f*, -problem *n*
veston [vɛstõ] *m* Jacke *f*; Jac'kett *n*
vêt [vɛ] *cf* vêtir
vêtement [vɛtmɑ̃] *m* **1.** Kleidungsstück *n*; ~s pl (Be)Kleidung *f*; ~s civils Zi'vilkleidung *f*; ~s habillés festliche Kleidung *f*; ~s militaires Uniformen *f/pl*; ~s sacerdotaux Priestergewänder *n/pl*; ~s de demi-saison 'Übergangskleidung *f*; ~s (de dessus) Oberbekleidung *f*; ~s de deuil, du dimanche, d'été Trauer-, Sonntags-, Sommerkleidung *f*; *bei Verkleidungen* ~s de femme Frauenkleidung *f*; ~s de od pour femmes Damen(be)kleidung *f*; ~s d'hiver Winterkleidung *f*; *bei Verkleidungen* ~s d'homme Männerkleidung *f*; ~s d'hommes od pour hommes Herren(be)kleidung *f*; ~s de tous les jours, de sport, de travail, de ville Alltags-, Sport-, Arbeits-, Straßenkleidung *f*; **2.** (industrie *f* du) ~ Bekleidungsindustrie *f*
vétéran [veterɑ̃] *m* **1.** *mil* Vete'ran *m*; **2.** *allg* ~ de l'enseignement im Dienst ergrauter Schulmann; ~ du sport Vete'ran *m* des Sports
vétérinaire [veterinɛr] **I** *adj* tierärztlich; Veteri'när...; École *f* ~ Tierärztliche Hochschule; étudiant *m* ~ Student *m* der Veterinärmedizin; médecine *f* ~ Tierheilkunde *f*; Veterinärmedizin *f*; **II** *m,f* Tierarzt, -ärztin *m,f*; Veteri'när *m*
vétille [vetij] *f* ⟨*oft pl* ~s⟩ Lap'palie *f*; Baga'telle *f*; lächerliche Kleinigkeit; Nichtigkeit *f*; Belanglosigkeit *f*; F Quark *m*
vêtir [vetir] ⟨je vêts, il vêt, nous vêtons; je vêtais; je vêtis; je vêtirai; que je vête; vêtant; vêtu⟩ **I** *v/t litt* ~ qn j-n anziehen, ankleiden; j-n bekleiden (de qc mit etw); **II** *v/pr* se ~ sich anziehen, ankleiden
vétiver [vetive] *m* **1.** *bot* (*Art*) Bartgras *n*; **2.** Veti'veröl *n*
veto [veto] *m pol* Veto *n*; *par ext auch* Einspruch *m*; ~ absolu, suspensif absolutes, aufschiebendes Veto; droit *m*

de ~ Vetorecht *n*; mettre, opposer son ~ à qc a) *pol* sein Veto einlegen gegen etw; b) *par ext* Einspruch erheben, (s)ein Veto einlegen gegen etw
vêtu [vety] *adj* **1.** angezogen; bekleidet; angekleidet; bien ~ gut angezogen, gekleidet; *Mädchen* court ~ kurz berockt; à demi ~ halb angezogen; ~ à l'ancienne mode altmodisch gekleidet; ~ d'un long manteau mit e-m langen Mantel bekleidet; in e-n langen Mantel gekleidet; ~ de neuf in neuen Kleidern; neu eingekleidet; il est ~ de neuf er hat neue Kleider an; **2.** *litt* (*couvert*) bedeckt (de mit); gehüllt (in + acc)
vêture [vetyr] *f e-r Nonne* Einkleidung *f*
vétust|e [vetyst] *adj Gebäude* alt; baufällig; *Installationen* über'altert; *Institution* über'holt; ~é *f* hohes Alter; Baufälligkeit *f*; Über'alterung *f*
veuf [vœf] **I** *adj* ⟨veuve [vœv]⟩ verwitwet; être ~ Witwer, verwitwet sein; F *ce soir*, je suis F ... bin ich Strohwitwer; quand elle a été veuve de Jean als ihr Mann (Hans) starb; rester ~ a) nicht wieder heiraten; b) Witwer werden; **II** *subst* **1.** ~, veuve *m,f* Witwer *m*, Witwe *f*; *Lehár* La Veuve joyeuse Die lustige Witwe; veuve de guerre Kriegerwitwe *f*; *in Familienanzeigen* madame veuve Dupont Frau Dupont, Witwe; F la veuve Durand die Witwe Durand; F *plais* défendre la veuve et l'orphelin ein Beschützer der Witwen und Waisen sein; **2.** enfants *m/pl* de la veuve Freimaurer *m/pl*; **3.** *zo* veuve *f* Witwe *f*; veuve de paradis Para'dieswitwe *f*
veuille [vœj] *cf* vouloir[1]
veule [vœl] *adj* **1.** *Person, Charakter* willensschwach; ener'gie-, willenlos; schlapp; schwach; weichlich; *Verhalten* willenlos; schlapp; *Aussehen* weichlich; **2.** *agr Boden* zu leicht; *Stengel, Pflanze* schwächlich; *Zweige* sehr dünn
veulent [vœl] *cf* vouloir[1]
veulerie [vølri] *f* Willensschwäche *f*; Ener'gie-, Willenlosigkeit *f*; Schlaff-, Schlappheit *f*; Weichlichkeit *f*
veut [vø] *cf* vouloir[1]
veuvage [vœvaʒ] *m* Witwer- bzw Witwenschaft *f*, -stand *m*, -tum *n*; depuis son ~ seitdem er Witwer bzw sie Witwe ist; seit il est bzw sie verwitwet ist
veuve [vœv] *cf* veuf
veux [vø] *cf* vouloir[1]
vexant [vɛksɑ̃] *adj* **1.** *Bemerkung, Wort* kränkend; beleidigend; **2.** c'est ~ ärgerlich, (das ist) zu dumm (de ne pas pouvoir y aller daß ich nicht hingehen kann)
vexation [vɛksasjõ] *f* Schi'kane *f*; Demütigung *f*; Beleidigung *f*; essuyer, subir des ~s schika'niert werden; Demütigungen einstecken müssen; Demütigungen (*dat*) ausgesetzt sein
vexatoire [vɛksatwar] *adj* schika'nös; mesure *f* ~ Schi'kane *f*
vexer [vɛkse] *v/t* kränken; beleidigen; ça me vexe a) das kränkt mich; b) das ärgert, F wurmt mich; il est vexé a) er ist beleidigt, gekränkt, F eingeschnappt; b) es ärgert, F wurmt ihn (de + inf od que + subj daß ...); **II** *v/pr* se ~ gekränkt, beleidigt sein; ne vous vexez pas seien Sie nicht gekränkt; fassen Sie es nicht als Beleidigung, Kränkung auf
vexille [vɛksil] *m zo e-r Feder* Fahne *f*
via [vja] *prép* über (+*acc*); via; *aller de Munich à Paris* ~ Strasbourg ... über Straßburg
viabilisé [vjabilize] *adj Gelände, Grundstück* erschlossen; baureif
viabilité [vjabilite] *f* **1.** *Städtebau* Erschließung *f*; **2.** *biol* Lebensfähigkeit *f*

(*auch fig e-s Unternehmens*); *fig e-s Vorhabens* Aus-, 'Durchführbarkeit *f*; **3.** *e-r Straße* Befahrbarkeit *f*
viable [vjabl(ə)] *adj* **1.** *biol* lebensfähig (*auch fig Unternehmen*); *fig Vorhaben* aus-, 'durchführbar; *jur* enfant né ~ lebendgeborenes, bei der Geburt lebensfähiges Kind; **2.** *Straße* befahrbar
viaduc [vjadyk] *m* Via'dukt *m*; Talbrücke *f*
viager [vjaʒe] **I** *adj* ⟨-ère⟩ Einkommen *etc* auf Lebenszeit; lebenslänglich; rente viagère Leibrente *f*; à titre ~ auf Lebenszeit; lebenslänglich; **II** *m* Leibrente *f*; mettre en ~ Vermögen in e-e Leibrente 'umwandeln; Haus auf Rentenbasis verkaufen
viande [vjɑ̃d] *f* **1.** Fleisch *n* (*als Nahrung*); ~ blanche weißes Fleisch; ~ fraîche frisches Fleisch; Frischfleisch *n*; ~ froide kalter Braten; ~ fumée Rauchfleisch *n*; ~ grasse fettes Fleisch; grosse ~ Schlachtfleisch *n*; ~ maigre mageres Fleisch; ~ noire Wildschwein-, Reh-, Hasen-, Schnepfenfleisch *n*; ~ rouge Rind-, Pferde-, Hammelfleisch *n*; ~ de bœuf, de boucherie, de cheval, de conserve Rind-, Schlacht-, Pferde-, Büchsenfleisch *n*; ~ en sauce Fleisch mit Soße; bouillon *m* de ~ Fleischbrühe *f*; Bouil'lon *f*; plat *m* de ~ Fleischgericht *n*, -speise *f*; **2.** F (*corps*) Körper *m*; Fleisch *n*; sac à ~ Schlafsack *m*; quel étalage de ~ F das ist die reinste Fleischbeschau; P amène ta ~ komm her; montrer sa ~ F sehr freigebig mit s-n Reizen sein
viander [vjɑ̃de] *v/i ch* äsen
viatique [vjatik] *m* **1.** *égl cath* letzte Wegzehrung *f*; Vi'atikum *n*; **2.** *fig u litt* il n'a que ses études pour tout ~ s-e Ausbildung ist sein ganzes Kapi'tal; **3.** *litt* Wegzehrung *f* und Zehrgeld *n*
vibices [vibis] *f/pl path* streifenförmige Blutungen *f/pl* in der Haut; *sc* Vi'bices *f/pl*
vibrage [vibraʒ] *m tech* Rütteln *n*; ~ du béton Rütteln des Betons
vibrant [vibrɑ̃] *adj* **1.** *Saite, Membran etc* schwingend; vi'brierend; **2.** *Ton* vi'brierend; schwingend; *phon* consonne ~e *od subst* ~e *f* Zitterlaut *m*; Vi'brant *m*; d'une voix ~e (de colère) mit (vor Zorn) vibrierender Stimme; **3.** *fig Rede* aufrüttelnd; mitreißend; schwungvoll; zündend
vibraphon|e [vibrafon] *m mus* Vibra-'phon *n*; ~iste *m* Vibrapho'nist *m*; Vibra'phonspieler *m*
vibrateur [vibratœr] *m tech* Vi'brator *m*; *bes* Be'tonrüttler *m*
vibratile [vibratil] *adj biol* cellules *f/pl* ~s Flimmerepithelzellen *f/pl*; cils *m/pl* ~s Flimmerhärchen *n/pl*; *bei Protozoen, Muscheln* Wimpern *f/pl*; Zilien *f/pl*
vibration [vibrasjõ] *f* ⟨*oft pl* ~s⟩ **1.** Vibrati'on *f*; Vi'brieren *n*; Erschütterungen *f/pl*; *des Fußbodens, der Fensterscheiben auch* Erzittern *n*; *des Fußbodens auch* (Er)Beben *n*; exempt de ~s erschütterungsfrei; **2.** *phys* Vibrati'on *f*; Schwingung *f*; ~s électromagnétiques elektromagnetische Schwingungen; ~s fondamentales, sonores Grund-, Schallschwingungen *f/pl*; **3.** *der Stimme* Vi'brieren *n*; *der Luft* Flimmern *n*
vibrato [vibrato] *m mus* Vi'brato *n*
vibratoire [vibratwar] *adj* schwingend; Schwingungs...; vi'brierend; massage *m* ~ Vibrati'on(smassage) *f*; mouvement *m* ~ Vibrati'on *f*; Schwingung *f*
vibré [vibre] *adj tech* béton ~ Rüttelbeton *m*; vi'brierter Be'ton
vibrer [vibre] *v/i* **1.** *Saite, Glocke, Stimmgabel etc* schwingen; vi'brieren;

(nach)zittern; *Fußboden, Fensterscheibe* vi'brieren; erzittern; *Fußboden auch* (er)beben; faire ~ qc etw in Schwingung(en) versetzen; etw zum Vibrieren, Schwingen bringen; **2.** *Stimme* vi'brieren; *Gefühl* ~ dans la voix in der Stimme mitschwingen, 'durchklingen; **3.** *fig* (se sentir) ~ gepackt, ergriffen sein; faire ~ (l'âme de) qn j-n mitreißen, packen, ergreifen; faire ~ la fibre patriotique an die vaterländischen, patriotischen Gefühle appellieren

vibreur [vibrœr] *m* élect Unter'brecher *m*; Summer *m*

vibrion [vibriɔ̃] *m* biol Vibrio *m*; ~s cholériques Choleravibrionen *m/pl*; ~ septique Pararauschbrandbazillus *m*

vibrisses [vibris] *f/pl beim Menschen* Nasenhärchen *n/pl*; *bei Tieren* Tasthaare *n/pl*; Vi'brissen *f/pl*; *bei Katzen* Schnurrhaare *n/pl*; *bei Vögeln* borstenartige, fahnenlose Federchen *n/pl*

vibro|graphe [vibrɔgraf] *m phys* Vibro'graph *m*; **~massage** *m* Vibrati'on(s-massage) *f*; **~masseur** *m* Vibrati'ons-, Mas'sagegerät *n*

vicaire [viker] *m* **1.** *égl* **a)** ~ (de paroisse) (Pfarr)Vi'kar *m*; *égl cath auch* Ka'plan *m*; **b)** *égl cath* ~ apostolique, du Saint-Siège apostolischer Vikar; grand ~, ~ général Gene'ralvikar *m*; **2.** *Titel des Papstes* ~ de Jésus-Christ Stellvertreter *m* Jesu Christi

vicarial [vikarjal] *adj* <-aux> Vi'kars...; Vikari'ats...

vicariant [vikarjɑ̃] *adj biol* espèces ~es vikari'ierende Typen *m/pl*; organe ~ die Funktionen e-s anderen Organs über'nehmendes Organ

vicariat [vikarja] *m égl* Vikari'at *n*

vice [vis] *m* **1.** Untugend *f*; *pl/fort* Laster *n*; ~(s) Lasterhaftigkeit *f*; Verderbtheit *f*; Liederlichkeit *f*; Sittenlosigkeit *f*; il a tous les ~s! er hat aber auch alle Untugenden!; c'est devenu un véritable ~ das ist zu e-r regelrechten Sucht geworden; F c'est du ~ **a)** das ist e-e Geschmacksverirrung; **b)** das ist zuviel des Guten; **2.** Fehler *m*; Mangel *m*; ~ caché verborgener Mangel; *path* ~ de conformation 'Mißbildung *f*; bât ~ de construction Konstrukti'onsfehler *m*; ~ de fabrication Fabrikati'onsfehler *m*; *jur:* ~ de forme Formmangel *m*, -fehler *m*; ~ de procédure Verfahrensfehler *m*

vice|-amiral [visamiral] *m* <pl vice-amiraux> *mar mil* Konteradmiral *m*; ~ d'escadre Vizeadmiral *m*; **~-chancelier** *m* Vizekanzler *m*; **~-consul** *m* Vizekonsul *m*; **~-consulat** *m* Vizekonsulat *n*

vicennal [visɛ(n)nal] *adj* <-aux> zwanzigjährig; Zwanzig'jahres...

vice|-présidence [visprezidɑ̃s] *f* stellvertretender Vorsitz; Vizepräsidentschaft *f* (*auch pol*); **~-président** *m* stellvertretende(r) Vorsitzende(r) *m*; Vizepräsident *m* (*auch pol*); **~-roi** *m* Vizekönig *m*

vicésimal [visezimal] *adj* <-aux> *math* numération ~e Zwanziger-, Vigesi'malsystem *n*

vice versa [vis(e)vɛrsa] *loc/adv* et ~ und 'umgekehrt

vichy [viʃi] *m* **1.** *text* Vi'chy *m*; **2.** Mine'ralwasser *n* aus Vichy

vicié [visje] *adj* **1.** *Luft* schlecht; verbraucht; verschmutzt; **2.** *jur Rechtsgeschäft etc* ungültig

vicier [visje] *v/t* **1.** *Luft* verschmutzen; *Geschmack* verderben; **2.** *jur Rechtsgeschäft, Wahlen etc* ungültig machen

vicieux [visjø] **I** *adj* <-euse> **1.** lasterhaft; verderbt; sittenlos; *Blick* geil; lü-

stern; *Gebärde* unsittlich; il a l'air ~ er sieht lasterhaft aus; **2.** F il faut être ~ pour (+*inf*) man muß schon an Geschmacksverirrung leiden, e-n seltsamen Geschmack haben, um zu (+*inf*); **3.** *Kind* ungeraten; *Pferd* störrisch und schreckhaft; **4.** *st/s Aussprathe, Körperhaltung* fehlerhaft; *Redewendung* falsch; cercle ~ Teufelskreis *m*; Circulus viti'osus *m*; **5.** *sports* balle vicieuse, coup ~ angetäuschter Schlag; **II** *m* Lüstling *m*; *pl/fort* Wüstling *m*; vieux ~ Lustgreis *m*

vicinal [visinal] *adj* <-aux> chemin ~ Gemeindeweg *m*

vicissitudes [visisityd] *f/pl* Auf und Ab *n*, Wechselfälle *m/pl* des Lebens; ~ de la fortune Wechselfälle des Glücks; après bien des ~ nach vielen wechselvollen Erlebnissen

vicomte [vikɔ̃t] *m* Vi'comte *m*

vicomtesse [vikɔ̃tɛs] *f* Vicom'tesse *f*

victime [viktim] *f* **1.** Opfer *n*; Tote(r) *f(m)*, Todesopfer *n bzw* Verunglückte(r) *f(m)*, Verletzte(r) *f(m)*; ~ d'accidents de la circulation Verkehrsopfer *n/pl*, -tote(n) *m/pl*; ~s de (la) guerre Kriegsopfer *n/pl*, -tote(n) *m/pl*; ~ de son imprudence Opfer s-s (eigenen) Leichtsinns; on déplore un grand nombre de ~s viele Opfer, viele Verluste an Menschenleben; être ~ d'un accident e-n Unfall erleiden; verunglücken; faire de nombreuses ~s zahlreiche Menschenleben fordern; l'épidémie a fait de nombreuses ~s *auch* der Epidemie fielen zahlreiche Menschen zum Opfer; mourir ~ d'un accident tödlich verunglücken; e-m Unfall zum Opfer fallen; **2.** Opfer *n*; Geschädigte(r) *f(m)*; ~ née zum Märtyrer geboren; ~ des moqueries de qn Opfer, Zielscheibe *f* von j-s Spott; être les premières ~ de qc als erste, am meisten unter etw (*dat*) leiden, zu leiden haben; être ~ d'un escroc das Opfer e-s Betrügers werden; e-m Betrüger aufsitzen; être ~ d'une hallucination das Opfer e-r Halluzination sein; e-r Halluzination erliegen, zum Opfer fallen; être ~ d'un malaise e-n Schwächeanfall erleiden; **3.** *rel* Opfer *n*; Opfertier *n*; Schlachtopfer *n*

victoire [viktwar] *f* **1.** Sieg *m* (*auch mil*); Über'windung *f*; ~ aérienne, électorale, finale Luft-, Wahl-, Endsieg *m*; *sports* ~ aux points Punktsieg *m*; Sieg nach Punkten; ~ à la Pyrrhus Pyrrhussieg *m*; ~ de la science sur les maladies Sieg der Wissenschaft über die Krankheiten; Überwindung der Krankheiten durch die Wissenschaft; *sports* ~ par K.-O. K.-o.-Sieg *m*; Sieg durch K.o.; ~ sur soi-même Überwindung s-r selbst; Sieg über sich selbst, über das eigene Ich; chant *m* de ~ Siegeslied *n*; fête nationale de la ~ Staatsfeiertag am 11. November zur Erinnerung an den 1918 geschlossenen Waffenstillstand; lauriers *m/pl* de la ~ Siegeslorbeeren *m/pl*; avoir, remporter la ~ den Sieg erringen, davontragen; chanter, crier ~ hur'ra schreien; jubeln; **2.** *Kunst* Siegesgöttin *f*; Vik'toria *f*; la ♀ de Samothrace die Nike von Samo'thrake

victoria [viktɔrja] **1.** *m bot* Königliche Seerose; Vic'toria regia *f*; **2.** *f früher* Vik'toria *f* (*Pferdewagen*)

victorien [viktɔrjɛ̃] *adj* <~ne> viktori'anisch; époque ~ne Viktorianische Epoche

victorieux [viktɔrjø] *adj* <-euse> siegreich (*auch mil*); Sieger...; obsiegend; *sports* équipe victorieuse Siegermannschaft *f*; siegreiche Mannschaft; ar-

borer un air ~ e-e Siegermiene aufsetzen; sortir ~ d'une lutte siegreich, als Sieger aus e-m Kampf hervorgehen

victuailles [viktɥaj] *f/pl* Lebensmittel *n/pl*; Vorräte *m/pl*; Eßwaren *f/pl*

vidage [vidaʒ] *m* **1.** Leeren *n*; Entleerung *f*; **2.** F Rausschmiß *m*

vidame [vidam] *m féod* Viztum *m*

vidange [vidɑ̃ʒ] *f* **1.** ~s *Reservoirs etc* Leeren *n*; Entleeren *n*, -ung *f*; Ablassen *n*; **2.** *auto* ~ (du carter d'huile) Ölwechsel *m*; faire la ~ das Öl wechseln; **3.** Fä'kalienabfuhr *f*; Grubenentleerung *f*; entreprise *f* de ~ Fä'kalienabfuhr (-unternehmen) *f(n)*; **4.** ~s *pl* Fä'kalien *pl*; **5.** *bei Badewannen, Waschbecken* Abfluß(rohr) *m(n)*

vidang|er [vidɑ̃ʒe] *v/t* <-geons> **1.** *Reservoir etc* (ent)leeren; *Abwässer, Fäkalien* abfahren; *Gruben* entleeren; **2.** *auto* Öl wechseln; **~eur** *m* Grubenentleerer *m*

vide [vid] **I** *adj* **1.** leer; *Wohnung, Zimmer etc* **a)** leer (*kein Mensch darin*); **b)** leer; unmöbliert; **c)** leerstehend; unbewohnt; *Platz, Raum* frei; leer (*auch Straße*); *Raum auch* luftleer; *Platz, Straße* menschenleer; *Platz, Stelle* unbesetzt; ~ de ... ohne ...; ~ d'habitants menschenleer; la rue est ~ de voitures auf der Straße sind, sieht man keine Autos; arriver les mains ~s mit leeren Händen ...; avoir l'estomac, le ventre ~ e-n leeren Magen haben; être ~ leer sein; *Wohnung etc auch* leer stehen; **2.** *fig Blick, Leben, Worte, Tage* leer; *Leben auch* unausgefüllt; *Leben, Tage auch* inhaltslos; *Diskussion* sinnlos; *Worte* ~s de sens leer; nichtssagend; j'ai l'esprit, la tête ~ mein Kopf ist (ganz) leer; je me sens ~ ich fühle mich ganz leer; ich habe ein Gefühl der Leere; je me sens ~ de tout sentiment ich bin (jetzt) keines Gefühls fähig; in mir ist jedes Gefühl erstorben; **II** *m* **1.** *phys, tech* Vakuum *n*; luftleerer Raum; ~ absolu absolutes Vakuum; ~ barométrique, de Torricelli Torri'cellisches Vakuum; Torricellische Leere; tube *m* à ~ Vakuumröhre *f*; horreur *f* du ~ Horror vacui *m*; production *f*, technique *f* du ~ Vakuumherstellung *f*, -technik *f*; emballage *m* sous ~ Vakuumverpackung *f*; faire le ~ ein Vakuum herstellen; faire le ~ dans qc etw luftleer pumpen, machen; etw evaku'ieren; **2.** Leere *f*; Leere(s) *n*; leerer *bzw* freier Raum; Zwischenraum *m*; Hohlraum *m*; Lücke *f* (*auch fig*); *loc/adj* u *loc/adv* à ~ leer; Leer...; e-s Motors marche *f* à ~ Leerlauf *m*; passage *m* à ~ *cf* passage 6.; partir à ~ *Bus etc* leer abfahren; *Flugzeug* leer abfliegen; *Motor* tourner à ~ leer laufen; avoir un ~ dans son emploi du temps *cf* trou 2.; boucher, remplir un ~ e-e Lücke (aus)füllen; faire le ~ (dans son esprit) sich geistig vollkommen entspannen; F vollkommen abschalten; *son départ, sa mort* a fait, laissé un grand ... hat e-e große Lücke hinter'lassen, gerissen; faire le ~ autour de qn, de soi j-n ist von der 'Umwelt iso'lieren; j-n gegen die Umwelt abschirmen; sich vollkommen abkapseln; laisser un ~ e-n Zwischenraum, freien Raum lassen (entre zwischen + *dat*); *fig* parler dans le ~ ins Blaue hinein reden; *fig* promettre dans le ~ leere Versprechungen machen; regarder dans le ~ ins Leere, ein Loch in die Luft starren; *cf auch* 3.; **3.** Tiefe *f*; Abgrund *m*; regarder dans le ~ in die Tiefe, in den Abgrund sehen; sauter dans le ~ in die Tiefe springen; **4.** *fig* Leere *f*; Sinnlosigkeit *f*; ~ de l'âme innere Leere; ~ de la vie, de

l'existence Sinnlosigkeit des Lebens; sentiment *m* de ~ Gefühl *n* der Leere
vidé [vide] *adj* **1.** *Fisch, Geflügel* ausgenommen; **2.** F *fig* être ~ F to'tal erledigt, hin, ka'putt, vollkommen ausgepumpt sein
vide|-bouteille [vidbutɛj] *m* ⟨*pl* vide--bouteilles⟩ ⟨*Art*⟩ Siphon *m*; **~-cave** *m* ⟨*inv*⟩ Pumpe *f* der Feuerwehr
videlle [vidɛl] *f* Teigrädchen *n*
vidéo [video] *adj* ⟨*inv*⟩ télév Video…; bande *f* ~ Videoband *n*; disque *m* ~ Bildplatte *f*; **~cassette** *f* Videokassette *f*; **~disque** *m* Bildplatte *f*; **~fréquence** *f* Videofrequenz *f*
vide|-ordures [vidɔrdyr] *m* ⟨*inv*⟩ Müllschlucker *m*; **~-poches** *m* ⟨*inv*⟩ **1.** *auto* Handschuhfach *n*; **2.** Ablagetischchen *n bzw* -körbchen *n bzw* -schale *f*; **~-pomme** *m* ⟨*inv*⟩ Apfelausstecher *m*
vider [vide] **I** *v/t* **1.** *Behältnis* (aus-, ent)leeren; leermachen; *Flasche, Glas* a) (aus)leeren; auskippen; b) austrinken; leeren; *Inhalt* aus-, entleeren; auskippen, -schütten; *Flüssigkeit auch* ausgießen; *Wasser aus e-m Boot* (aus)schöpfen; *aus e-m Keller* ausschöpfen; pumpen; *Teich* ablassen; *verstopftes Rohr* freimachen; *Pfeife* ausklopfen; ~ un bassin de son eau, de ses poissons das Wasser aus e-m Becken ablassen; die Fische aus e-m Becken her'ausnehmen; ~ un coffre de tout son contenu e-e Truhe ganz ausräumen; ~ une pièce de ses meubles die Möbel aus e-m Zimmer (aus)räumen; ein Zimmer ausräumen; ~ qc dans, sur qc etw schütten, leeren, gießen in, auf etw (*acc*); **2.** *cuis Geflügel, Fisch* ausnehmen; *Fisch auch* kehlen; *Äpfel etc* aushöhlen; **3.** *Zimmer, Wohnung* räumen; freimachen; **4.** *Pferd: Reiter* abwerfen; F *fig* ~ qn F j-n rausschmeißen, -werfen; j-n an die Luft setzen; F *fig* se faire ~ F rausgeworfen, -geschmissen werden; la pluie a vidé la plage der Regen hat alle vom Strand vertrieben; **5.** F ça m'a vidé, ce travail F diese Arbeit hat mich fertiggemacht; ich bin to'tal ka'putt, erledigt, hin, vollkommen ausgepumpt nach dieser Arbeit; **6.** ~ une querelle, *jur* un différend e-n Streit beilegen; **II** *v/pr* se ~ **7.** *Behälter, Inhalt* sich entleeren (*auch Abszeß*); auslaufen; *Behälter auch* leer werden; *Abwässer* se ~ dans l'égout sich in den Kanal entleeren, in den Kanal fließen; **8.** *Straße, Stadt, Cafés etc* sich leeren; leer werden; **Paris se vide de ses touristes** die Touristen verlassen Paris
videur [vidœr] *m* F Rausschmeißer *m*
vidimer [vidime] *v/t adm* beglaubigen
viduité [vidɥite] *f jur* Witwer-, Witwenstand *m*; **délai** *m* de ~ gesetzliche Frist bis zur 'Wiederverheiratung e-r Frau
vidure [vidyr] *f* ausgenommene Eingeweide *n/pl*
vie [vi] *f* **1.** *der Menschen u Tiere* Leben *n*; Dasein *n*; Exi'stenz *f*; Lebenszeit *f*; droit *m* de ~ et de mort Recht *n* über Leben und Tod; (durée *f* de) ~ moyenne 'durchschnittliche Lebensdauer; la fin de sa ~ sein Lebensabend *m*; à la fin de sa ~ am Ende s-s Lebens; ◆ *loc/adj*: sans ~ a) leblos; b) bewußtlos; *cf auch* 3.; *auch loc/adv* à ~ auf Lebenszeit; lebenslänglich; **nommé à** ~ auf Lebenszeit ernannt; *loc/adv*: à la ~ et à la mort fürs, für immer; entre nous, c'est à la ~ et à la mort wir sind auf Leben und Tod, auf Gedeih und Verderb mitein'ander verbunden; au cours de sa ~ im Laufe s-s Lebens; de (toute) ma ~, je n'ai jamais vu cela in meinem ganzen Leben …; mein(er) Leb-

tag(e) …; sa ~ durant sein Leben lang; zeitlebens; zeit s-s Lebens; pour la ~ fürs, für das (ganze) Leben; auf Lebenszeit; estropié pour la ~ für den Rest des, s-s Lebens verkrüppelt; für immer ein Krüppel; toute la (*bzw* ma *etc*) ~ das ganze Leben (hindurch); ein (*bzw* mein *etc*) Leben lang; zeitlebens; zeit meines (*etc*) Lebens; ◆ avoir la ~ dure *Tier, plais Mensch* zählebig sein; ein zähes Leben haben; *Gerücht etc* hartnäckig sein; sich hartnäckig halten; devoir la ~ à qn j-m das Leben verdanken; donner la ~ à qn j-m das Leben schenken, geben; donner sa ~ pour qc sein Leben opfern, hingeben für etw; *Entscheidung etc* engager toute la ~ für das ganze Leben bestimmen sein; sich auf das ganze Leben auswirken; être en ~ am Leben sein; leben; être entre la ~ et la mort zwischen Leben und Tod schweben; c'est une question de ~ ou de mort es geht auf Leben und Tod; maintenir en ~ am Leben erhalten; *litt od plais* passer de ~ à trépas hinscheiden, verscheiden; hin'übergehen; entschlafen; perdre la ~ das Leben verlieren; ums Leben kommen; 'umkommen; *fig* rendre la ~ à qn j-n (wieder) aufatmen lassen; *prov* tant qu'il y a de la ~, il y a de l'espoir es hofft der Mensch, solang er lebt (*prov*); **2.** Leben *n*; Lebensweise *f*; ◆ ~ affective Gefühlsleben *n*; ~ agitée bewegtes Leben; ~ civile Zi'villeben *n*; ~ conjugale Eheleben *n*; eheliches Leben; ~ culturelle kulturelles Leben; Kul'turleben *n*; ~ double ~ Doppelleben *n*; avoir, mener une double ~ ein Doppelleben führen; ~ économique, intérieure Wirtschafts-, Innenleben *n*; ~ militaire Leben beim Mili'tär; Sol'datendasein *n*; ~ ouvrière Arbeiterleben *n*, -dasein *n*; Leben der Arbeiter; ~ politique politisches Leben; ~ privée, professionnelle Pri'vat-, Berufsleben *n*; ~ publique öffentliches Leben; quelle ~ ! was für ein Leben!; ~ bien remplie ausgefülltes Leben; ~ scolaire Leben in der Schule; Schulleben *n*; ~ sentimentale Gefühls-, *par ext* Liebesleben *n*; ~ spirituelle geistiges Leben; *cf auch* 7.; ~ sportive Sportleben *n*; *Person* mener une ~ sportive viel Sport treiben; ~ théâtrale The'aterleben *n*; ~ des champs, de chien, de famille Land-, Hunde-, Fa'milienleben *n*; ~ de misère(s), de souffrance(s) Leben voller Leiden; ~ de soldat Sol'datenleben *n*; ~ de travail arbeitsreiches Leben; ~ en communauté Gemeinschaftsleben *n*; ~ en société Leben in (der) Gesellschaft; ◆ genre *m*, mode *m* de ~ Lebensweise *f*; niveau *m* de ~ Lebensstandard *m*; qualité *f* de la ~ Lebensqualität *f*; ◆ dans la ~ courante im (wirklichen) Leben; ◆ aimer la ~ am Leben hängen; das Leben lieben; changer de ~ sein Leben ändern; commencer une nouvelle ~ ein neues Leben beginnen; ne rien connaître de la ~ nichts vom Leben wissen; das Leben nicht kennen; entrer dans la ~ active ins Berufsleben eintreten; c'est ça so ist das Leben (eben); *Musik, Beruf etc* c'est sa ~ ist sein Lebensinhalt; das geht ihm über alles; ce n'est pas une ~ das ist doch kein Leben; c'est la belle *od* grande ~ so läßt sich's leben; das ist das wahre Leben; c'est, on mène la ~ de château *od* de cocagne das ist das reinste Schlaraffenleben; faire sa ~ sein Leben aufbauen; elle a fait la ~ sie hat ein liederliches Leben geführt; sie hat e-e etwas dunkle Vergangenheit; faire la ~ Szenen machen (à qn j-m); rendre la ~

impossible, intenable à qn j-m das Leben zur Hölle machen; vivre sa ~ sein eigenes Leben leben, führen; **3.** Leben *n*; Le'bendigkeit *f*; Lebhaftigkeit *f*; *loc/adj*: débordant de ~ lebensprühend; sprühend vor Leben; plein de ~ *Person* sehr lebhaft; quicklebendig; *Werk* le'bendig; sans ~ *Gegend* unbelebt; *Werk* farblos; ohne Leben; il y a de la ~ dans ce tableau dieses Bild hat viel Leben; mettre de la ~ dans Leben bringen in (+*acc*); **4.** *biol* Leben *n*; ~ animale tierisches Leben; ~ cellulaire, de la cellule Zell-Leben *n*; Leben der Zelle; ~ organique, végétale organisches, pflanzliches Leben; origines *f/pl* de la ~ Ursprung *m* des Lebens; **5.** Leben(s-unterhalt) *n(m)*; coût *m*, prix *m* de la ~ Lebenshaltungskosten *pl*; *Tier* chercher sa ~ s-e Nahrung suchen; la ~ est chère das Leben ist teuer; gagner sa ~ s-n Lebensunterhalt verdienen; gagner bien, largement sa ~ sein gutes, reichliches Auskommen haben; **6.** Leben(sge-schichte) *n(f)*; ~s des saints Lebensgeschichten der Heiligen; raconter sa ~ sein Leben, s-e Lebensgeschichte erzählen; **7.** *rel* ~ éternelle, future ewiges Leben; ~ spirituelle Leben *n* im Geiste; ~ terrestre irdisches Leben; pain *m* de ~ Brot *n* des Lebens; **8.** *e-s Landes, e-r Nation* Leben *n*; Bestehen *n*; *e-r Institution* Bestehen *n*; Exi'stenz *f*; *der Wörter, e-r Sprache, e-s Vulkans* Leben *n*
vieil [vjɛj] *cf* vieux
vieillard [vjɛjar] *m* Greis *m*; alter Mann; Alte(r) *m*; les ~s die alten Leute *pl*; die Alten *m/pl*; asile *m*, hospice *m* de ~s *etwa* Altenpflegeheim *n*; tête *f* de ~ Greisenhaupt *n*; greises Haupt
vieille [vjɛj] **I** *adj u subst* f *cf* vieux; **II** *f zo* Lippfisch *m*
vieillerie [vjɛjri] *f* **1.** *meist pl* ~s alter Plunder, Kram; Trödelkram *m*; alte Kla'motten *f/pl*; **2.** *fig, Idee, Theaterstück* über'holtes Zeug; F olle Ka'mellen *f/pl*; c'est une ~ das stammt aus der Mottenkiste
vieillesse [vjɛjɛs] *f* **1.** *von Personen* (hohes Lebens)Alter *n*; Greisenalter *n*; Bejahrtheit *f*; *adj* assurance *f* ~ Alters-, Rentenversicherung *f*; maladies *f/pl* de la ~ Alterskrankheiten *f/pl*; marques *f/pl* de ~ Zeichen *n/pl* des Alters; accablé de ~ vom Alter gebeugt; altersgebeugt; avoir une ~ heureuse e-n schönen Lebensabend haben; mourir de ~ an Altersschwäche sterben; **2.** *von Pflanzen, Sachen* Alter *n*; **3.** *coll* Alter *n*; alte Leute *pl*; politique *f* de la ~ altersfreundliche Politik; respecter la ~ das Alter ehren
vieilli [vjɛji] *adj* **1.** *Person, Gesicht* gealtert; alt geworden; ~ avant l'âge vorzeitig gealtert; rentrer ~ stark gealtert, als alter Mann zurückkehren; je la trouve ~e ich finde, sie ist alt geworden, gealtert; **2.** *Wort, Ausdruck* veraltend; **3.** *Wein* gealtert
vieillir [vjɛjir] **I** *v/t* ~ qn *Kleidung, Frisur etc* j-n alt *bzw* älter machen, erscheinen lassen; *Sorgen, Krankheit* alt machen; älter machen; la maladie l'a bien vieilli durch die Krankheit ist er sehr gealtert; vous me vieillissez (de deux ans) Sie machen mich (zwei Jahre) älter, als ich bin; **II** *v/i* **1.** *Person, Gesicht, physiol* alt *bzw* älter werden; altern; ~ rapidement rasch altern; ~ avec Anstand alt werden; je ne l'ai pas reconnu, tant il a vieilli … so sehr ist er gealtert; … so alt ist er geworden; il a vieilli de dix ans d'un seul coup er ist mit e-m Schlag um zehn Jahre gealtert, älter geworden; en vieillissant mit

zunehmendem Alter; **2.** *Buch, Theorie, Wort* veralten; *la théorie a vieilli ...* ist veraltet, über'holt; **ne pas** ~ zeitlos sein; immer aktu'ell bleiben; **3.** *Wein* altern; **laisser, faire** ~ altern lassen; lagern; **III** *v/pr* **se** ~ *Person* **a)** sich älter machen; sich ein älteres Aussehen geben; **b)** sich für älter ausgeben (*als man ist*)

vieillissant [vjejisɑ̃] *adj Person* alternd; *Sachen* veraltend

vieillissement [vjejismɑ̃] *m* **1.** *e-r Person, physiol* Altern *n*; Altwerden *n*; *der geistigen Kräfte* altersbedingtes Abnehmen, Nachlassen; ~ **prématuré** vorzeitiges Altern; ~ **de la population** Über-'alterung *f* der Bevölkerung; **2.** *e-r Theorie, e-s Wortes* Veralten *n*; **3.** *des Weins* Altern *n*; Alterung *f* (*auch métall*); *von Möbeln* Auf-'Alt-Herrichten *n*; ~ **artificiel, naturel** künstliche, natürliche Alterung

vieillot [vjejo] *adj* ⟨~**te**⟩ **1.** altmodisch; **2.** ältlich

viell|e [vjɛl] *f mus* Dreh-, Bauern-, Radleier *f*; ~**eur** *od* ~**eux** *m* Leierspieler *m*

vienne [vjɛn] *cf* **venir**

viennois [vjɛnwa] **I** *adj* **1.** Wiener; wienerisch; *cuis* **escalope** ~**e** Wiener Schnitzel *n*; **pain** ~ Milchweißbrot *n*; **2.** *von Vienne* (*Isère*); **II** *subst* ♀(**e**) *m*(*f*) **1.** Wiener(in) *m*(*f*); **2.** Einwohner(in) *m*(*f*) von Vienne

viens, vient [vjɛ̃] *cf* **venir**

vierge [vjɛrʒ] **I** *adj* **1.** *Mädchen* jungfräulich; rein; unberührt (*auch Mann*); **rester** ~ Jungfrau bleiben; **2.** *par ext Blatt Papier* unbeschrieben; leer; ungebraucht; *Film* unbelichtet; *Ei* unbefruchtet; *Ruf* makellos; unbefleckt; *Schnee* weiß; unberührt; *st/s* ~ **de** frei von; *Ruf* ~ **de toute tache** makellos; **bande** *f*, **cassette** *f* ~ Leerband *n*, -kassette *f*; **forêt** *f* ~ Urwald *m*; **pellicule** *f* ~ *auch* Blank-, Rohfilm *m*; **terre** *f* ~, **sol** *m* ~ jungfräulicher Boden; **avoir un casier judiciaire** ~ nicht vorbestraft sein; **3.** *Metall* gediegen; *Gold* noch nicht aufbereitet; **4. cire** *f* ~ Jungfernwachs *n*; **huile** *f* ~ Jungfernöl *n*; na'turreines Öl; **bot vigne** *f* ~ Wilder Wein; **II** *f* **1.** Jungfrau *f*; *bibl* **les** ~**s sages et les** ~**s folles** die klugen und die törichten Jungfrauen; **2.** *la* ♀, *la* ♀, *la* ♀ **Marie** Ma'ria; die Heilige Jungfrau; die Jungfrau Maria; *égl cath* **culte** *m*, **fêtes** *f/pl* **de la** ♀ Ma'rienkult *m*, -feste *m/pl*; *Kunst* ♀ Ma'donna *f*; Ma'rienbild *n*; **une** ♀ **gothique** e-e gotische Madonna; **la** ♀ **à l'Enfant** Maria *od* Mutter *f* mit dem Kind; **4. fil** *m* **de la** ♀ Alt'weibersommer *m*; **5.** *astr* **la** ♀ die Jungfrau

Viêt-cong [vjɛtkõg] *m pol* Viet'cong *m*

vietnamien [vjɛtnamjɛ̃] **I** *adj* ⟨~**ne**⟩ vietna'mesisch; **II** *subst* **1.** ♀(**ne**) *m*(*f*) Vietna'mese *m*, Vietna'mesin *f*; **2.** *ling* **le** ~ das Vietna'mesische; Vietna'mesisch *n*

vieux [vjø] **I** *adj* ⟨*m vor Vokal u stummem h* **vieil** [vjɛj]; *f* **vieille** [vjɛj]⟩ **1.** alt; *Person, Tier auch* bejahrt; betagt; ♦ ~ **beau** alter Stutzer, Geck; **vieille femme** alte Frau; Alte *f*; Greisin *f*; **les vieilles gens** die alten Leute *pl*; ~ **habits** alte, gebrauchte Kleider *n/pl*; **vieil homme, homme** ~ *cf* **homme** 1. *u* 2.; F **vieil imbécile** F alter Trottel; **ses** ~ **jours** sein Lebensabend *m*; **pour ses sur ses** ~ **jours** für *bzw* auf s-e alten Tage; **vieille maison** altes Haus; **vin** ~ alter Wein; ♦ ~ **comme Mathusalem, Hérode** stein-, uralt; F **alt wie Me'thusalem**; ~ **comme le monde** alt wie die Welt; uralt; ♦ ~ **assez** ~ ziemlich alt; **moins** ~ nicht so, weniger alt; **plus** ~ älter; *il est plus* ~ *que moi d'un an ...* ein Jahr älter als ich; **très** ~ sehr alt;

uralt; hochbetagt; **trop** ~ zu alt (*pour für bzw um zu + inf*); ♦ **devenir** ~ alt werden; altern; **être** ~ alt sein; **se faire** ~ alt werden; altern; **elle s'habille** ~ sie trägt Kleider, die sie alt, viel älter machen; **se sentir** ~ sich (*acc*) alt fühlen; sich (*dat*) alt vorkommen; **vivre (très)** ~ (sehr, ur)alt werden; (sehr) lange leben; **2.** alt; langjährig; *Sache auch* schon lange bestehend; **vieil air** altes Lied; **vieil ami** alter, langjähriger Freund; **vieille amitié** alte, langjährige Freundschaft; **vieille civilisation** alte Kultur; **le** ~ **continent** der alte Kontinent; **vieilles dettes** alte Schulden *f/pl*; **vieille famille de paysans** alte Bauernfamilie; altes Bauerngeschlecht; **vieille fille** alte Jungfer; ~ **garçon** alter Junggeselle; **vieille habitude** alte, langjährige Gewohnheit; ~ **mariés, époux** schon lange verheiratete, alte Eheleute *pl*; **le** ~ **Nuremberg** das alte Nürnberg; **vieille ville** alte Stadt; *e-r Stadt* Altstadt *f*; *loc/adj* **de vieille date** alt; langjährig; **c'est toujours la vieille question** es ist immer das alte Problem; **3.** alt; weit zu'rückliegend; früher; vor'herig; vorig; veraltet (*auch Wort*); **le** ~ **français** das Altfranzösische; Altfranzösisch *n*; **une vieille histoire** e-e alte, lange Geschichte; ~ **souvenirs** alte Erinnerungen *f/pl*; **le bon** ~ **temps** die gute alte Zeit; **ma vieille voiture** mein alter, voriger Wagen; *loc/adj u loc/adv*: **de la vieille école** der alten Schule; *péj* rückständig; **(très) vieille France** altväterisch; antiqu'iert; vorgestrig; ~ **jeu** altmodisch; unmodern; altfränkisch; alter Zopf; **4.** *als Ausdruck der Zuneigung* **cette bonne vieille ville de Munich** das liebe, alte München; **ce bon** ~ **X** der gute *od* liebe, alte X; **5.** *Farbe* **vieil or** Altgold *n*; *adj* in Altgold; ~ **rose** Altrosa *n*; *adj* altrosa; **II** *subst* **1.** ~, **vieille** *m, f* alter Mann; Alte(r) *m*; alte Frau; Alte*f*; **les** ~, **die Alten** *pl*; F **mes** ~ *f* **meine Alten** *pl* (*Eltern*); F **mon** ~ a) *Anrede* F mein Lieber; alter Freund, Junge; b) F mein Alter, alter Herr (*Vater*); F *Anrede* **ma vieille** *f* meine Liebe; F **alors, mon** ~, *comment ca va?* F na, altes Haus, ...?; F **eh bien mon** ~!*cf* **bien** I 7.; F **un petit** ~ ein altes Männchen; F **une petite vieille** ein altes Mütterchen; F **c'est un** ~ **de la vieille** er ist schon ein alter Hase; *in e-m Betrieb auch* F er gehört schon zum lebenden Inven'tar; **2. le** ~ das Alte; **faire du neuf avec du** ~ aus alt mach neu; F **prendre un (sacré, sérieux) coup de** ~ mit e-m Schlag alt, älter werden

vieux-catholique [vjøkatolik] **I** *adj* ⟨**vieille-catholique**⟩ altkatholisch; **II** *subst* ~, **vieille-catholique** *m, f* Altkatholik(in) *m*(*f*)

vif [vif] **I** *adj* ⟨**vive** [viv]⟩ **1.** *Person, Blick* lebhaft; le'bendig; wach; *Geist* le'bendig; wach; rege; *Phantasie* lebhaft; rege; **2.** *Person* heftig; aufbrausend; ungestüm; *Worte, Kritik, Erregung, Ungeduld, Diskussion, Streit* heftig; *Worte, Kritik auch* scharf; *Diskussion, Streit auch* hitzig; lebhaft; *Neugier, Beifall, Erinnerung, Interesse, Wunsch, Vergnügen* lebhaft; *Bedürfnis, Dankbarkeit, Befriedigung, Erfolg* groß; *Bedürfnis auch* stark; *Erfolg auch* glänzend; **vive sensation de douleur** heftiger Schmerz; **à mon** ~ **regret** zu meinem größten, großen Bedauern; **au tempérament très** ~ sehr heftig; ungestüm; **de vive force** mit Brachi'algewalt; **échanger des propos très** ~ e-n heftigen, hitzigen, scharfen Wortwechsel haben; heftige, scharfe Worte

wechseln; **être doué d'une sensibilité très vive** sehr sen'sibel, feinfühlig sein; **faire une remarque vive à qn** j-n anfahren; **3.** *Licht, Glanz* hell; strahlend; *Farbe* leuchtend; *Gesichtsfarbe* gesund; frisch; *Luft* frisch und kalt; *Kälte* empfindlich; *Sonne* kräftig; *Hitze* stark; *Kante* scharf; *Farbe, Licht* **trop** ~ grell; **4.** *Gang* flink; flott; *Person, Bewegung* flink; *Rhythmus, Melodie* flott; **geste trop** ~ zu hastige Bewegung; **marcher d'un pas** ~ flott, in flottem Schritt gehen; **5.** le'bendig; lebend; **cheptel** ~ lebendes Inventar; **être brûlé(e) vif (vive)** bei lebendigem Leib verbrannt werden; **6.** *par ext* **chair vive** gesundes Gewebe, Fleisch; **chaux vive** gebrannter, ungelöschter Kalk; **eau vive** lebhaft fließendes, sprudelndes Wasser; *Wildwasser n*; **forêt vive** a) wildreicher Wald; b) Wald mit reichem Baumbestand; '**haie vive** (lebende) Hecke; **poids** ~ Lebendgewicht *n*; **roc** ~ nackter, gewachsener Fels; **source vive** lebhaft sprudelnde Quelle; *loc/adv*: **cuis à feu** ~ bei starker Hitze; auf starker Flamme; *de vive voix* mündlich; *fig* **de vive voix** mündlich; *fig* **être atteint dans ses forces vives** an s-m Lebensnerv getroffen sein, werden; **II** *m* **1.** *jur* **donation** *f* **entre** ~**s** Schenkung *f* unter Lebenden; **2.** *in Wendungen*: **plaie** *f* **à** ~ offene Wunde; *fig* **il a les nerfs à** ~ s-e Nerven sind zum Zerreißen gespannt; **entrer dans le** ~ **du sujet** zum Kern der Sache kommen; in medias res gehen; **être piqué, atteint, touché au** ~ zu'tiefst getroffen, verletzt, gekränkt sein; ins Mark getroffen sein; *schwächer* pi'kiert, verärgert, gereizt sein; **pêcher au** ~ mit lebendem Köder angeln; **prendre sur le** ~ dem wirklichen Leben entnehmen; aus dem Leben greifen; dem Leben ablauschen, abschauen, abgucken; *Skizze* nach der Natur zeichnen; **trancher, tailler, couper dans le** ~ *cf* **trancher** 3.; **3.** *mar* ~ **de l'eau** Springflut *f*

vif-argent [vifarʒã] *m früher* Quecksilber *n*; *fig* **il a du** ~ **dans les veines, c'est du** ~ er ist sehr quecksilbrig, ein Quecksilber

vigie [viʒi] *f mar* **a)** Ausguck *m*; **b)** Ausguckposten *m*

vigilance [viʒilɑ̃s] *f* **1.** Wachsamkeit *f*; **donner toute sa** ~ **à qn, qc** j-m, e-r Sache s-e ganze Aufmerksamkeit zuwenden, widmen; **endormir la** ~ **de qn** j-s Wachsamkeit einschläfern; j-n in Sicherheit wiegen; **2.** *physiol* Wachsein *n*

vigilant [viʒilɑ̃] *adj* wachsam; 'umsichtig; **attention** ~**e** besondere Aufmerksamkeit; **sous l'œil** ~ **de qn** unter j-s wachsamen Blicken; *Kranker, Kind* **être l'objet de soins** ~**s** umsichtig, sorgsam gepflegt, behütet werden

vigile [viʒil] **I** *subst* **1.** *m im alten Rom* Nachtwächter *m*; **2.** *meist m/pl* ~**s an frz Universitäten** Ordner *m/pl*; (*Art*) Hauspolizei *f*; **3.** *f égl cath* Vi'gil *f*; **II** *adj méd* vi'gil

vigne [viɲ] *f* **1.** Weinrebe *f*; ~ *od* **cep** *m*, **pied de** ~ Wein-, Rebstock *m*; *bot* ~ **blanche, cultivée, sauvage** Wald-, Kul'tur-, Wildrebe *f*; ~ **vierge** Wilder Wein; **pays** *m* **de** ~ Wein(bau)gebiet *n*; **raisin** *m* **de** ~ Keltertraube *f*; **2.** Weinberg *m*, -garten *m*; *südd auch* Wingert *m*; ~**s** *pl auch* Rebflächen *f/pl*; *fig* **être dans les** ~**s du Seigneur** betrunken, berauscht sein

vigneau [viɲo] *m* ⟨*pl* ~**x**⟩ *zo* Gemeine Strandschnecke

vigner|on [viɲ(ə)rõ] ~**onne I** *m,f* Winzer(in) *m*(*f*); Weinbauer *m*, -gärtner *m*; *österr* Weinhauer *m*; **II** *adj* **charrue, zo**

hélice **vigneronne** Weinbergpflug *m*,
-schnecke *f*
vignette [viɲɛt] *f* **1.** *adm auf Arzneipak-*
kungen Kon'trollabschnitt *m*, Preis-
schild *n*, (Preis)Aufkleber *m* für die
Kostenerstattung durch die Sozi'alver-
sicherung; *auf Zigarettenschachteln etc*
Steuerban *n*; Bande'role *f*; *allg für*
Gebühren Gebührenmarke *f*; ~ (**auto-**
mobile) Steuerplakette *f* (*über entrich-*
tete Kraftfahrzeugsteuer); *par ext* Kraft-
fahrzeugsteuer *f*; **2.** *comm* Güte-, Garan-
'tiezeichen *n*; **3.** *impr* **a**) Vi'gnette *f*;
Zierbildchen *n*; **b**) Einbandzeichnung *f*;
c) papier *m* à lettres à ~s Briefpapier *n*
mit Zierstreifen
vigneture [viɲ(ə)tyr] *f an mittelalterli-*
chen Miniaturen Randleisten *f/pl*
vignoble [viɲɔbl(ə)] *m* **1.** Weinberg *m*,
-garten *m*; *südd auch* Wingert *m*; **pays** *m*
de ~ Wein(bau)gebiet *n*; Weingegend *f*;
2. Wein(bau)gebiet *n*
vignot [viɲo] *m cf* **vigneau**
vigogne [vigɔɲ] *f* **1.** *zo* Vi'kunja *n*; **2.** *text*
Vi'kunjawolle *f bzw* -gewebe *n*
vigoureux [vigurø] *adj* ⟨-**euse**⟩ **1.** *Per-*
son, Tier, Pflanze kräftig; ro'bust (*auch*
Gesundheit); 'widerstandsfähig; *Hände,*
Arme, Haar kräftig; *Haar auch* stark; **2.**
Stil, Ausdrucksweise, Worte kraftvoll;
Kampf, Widerstand, Angriff, Protest,
Haß heftig; *Farbe* kräftig; *Wirkung*
stark; **esprit** ~ scharfer, wacher Ver-
stand; **au tracé** ~ mit, in kraftvollen
Strichen (gezeichnet)
vigueur [vigœr] *f* **1.** (Lebens)Kraft *f*;
Ro'bustheit *f*; Stärke *f*; **manque** *m* **de** ~
Kraftlosigkeit *f*; *loc/adj:* **dans toute la** ~
de la jeunesse in voller Jugendkraft;
plein de ~ kraftvoll; kraftstrotzend;
voller Lebenskraft; **sans** ~ kraftlos;
loc/adv **avec** ~ heftig; kräftig; **manquer**
de ~ keine Kraft haben (**dans les bras**
in den Armen); **2.** -**es** *Widerstandes,*
Protestes, Konflikts Heftigkeit *f*; *des*
Stils, e-s Arguments, e-r Farbe Kraft *f*;
des Geistes Schärfe *f*; *des Charakters*
Stärke *f*; **exprimer qc avec** ~ etw
kraftvoll ausdrücken; **manquer de** ~
kraftlos, matt sein; *Maßnahme* **perdre**
de sa ~ an Wirksamkeit verlieren; *Kon-*
flikt etc **reprendre** ~ wieder heftiger
werden; erneut aufflammen; **3.** *loc/adj*
en ~ **a**) *jur* in Kraft; gültig; geltend;
entrée *f* **en** ~ In'krafttreten *n*; **loi** *f* **en** ~
geltendes Gesetz; **mise** *f* **en** ~
In'kraftsetzung *f*; **entrer en** ~ in Kraft
treten; **être en** ~ in Kraft sein; gelten;
mettre en ~ in Kraft setzen; **b**) *Brauch,*
Ausdruck üblich
Viking [vikiŋ] *m hist* Wikinger *m*
vil [vil] *adj* **1.** *st/s Person, Handlung*
ruchlos; schändlich; nichtswürdig;
bübisch; **de** ~**s intérêts** niedrige Inter-
essen *n/pl*; **2.** *loc/adv* **à** ~ **prix** spottbillig;
zu e-m Spottpreis; für ein Spottgeld; zu
Schleuderpreisen
vilain [vilɛ̃] **I** *adj* **1.** *Kind* unartig; böse;
ungezogen; schlimm; *zu e-m Hund etc* ~**e**
bête böses, unartiges Tierchen; **c'est**
très ~ das ist sehr unartig, böse, ungezo-
gen; **2.** *Wort* häßlich; schlimm; unan-
ständig; *Streich* übel; **un** ~ **monsieur** *a*)
als Warnung ein böser Mann; **b**) ein
übler Kerl, Bursche; **3.** *Person, Kleider,*
Farbe, Zähne etc häßlich; *Haare* stumpf
und farblos; *Wunde* schlimm; böse; häß-
lich; *Wetter* häßlich; garstig; F scheuß-
lich; **elle n'est pas** ~**e** sie ist gar nicht
häßlich; sie sieht gar nicht übel aus; **F il**
fait ~ F ein scheußliches Wetter; **II** *subst*
1. ~(**e**) *m(f)* böser, unartiger Junge;
böses, unartiges Mädchen; **hou, la (pe-**
tite) ~**e!** pfui, du böses Mädchen!; **2.** *m* F
il va y avoir, ça va faire du ~ F das gibt

'ne Keile'rei; **3.** *m hist* (Frei)Bauer *m*
vilebrequin [vilbrəkɛ̃] *m* **1.** *tech* Bohr-
kurbel *f*, -winde *f*; Handbohrer *m*; Brust-
leier *f*; **2.** *auto* Kurbelwelle *f*
vilenie [vilni] *litt* *f* **1.** Ruchlosigkeit *f*;
Schändlichkeit *f*; Bübe'rei *f*; Nichtswür-
digkeit *f*
vilipender [vilipɑ̃de] *st/s v/t* schmähen;
verunglimpfen
villa [vi(l)la] *f* **1.** Villa *f*; **2.** *par ext*
Sackstraße *f* mit Villen und Einfamilien-
häusern; **3.** *in Italien* Villa *f*
village [vilaʒ] *m* **1.** Dorf *n*; **petit** ~ kleines
Dorf; Dörfchen *n*; ~ **d'enfants** Kinder-
dorf *n*; ~ **de montagne** Gebirgs-, Berg-
dorf *n*; ~ **de toile** Zeltstadt *f*; ~ **de**
vacances Feriendorf *n*; **fête** *f* **du** ~
Kirchweih *f*; Kirmes *f*; **habitants** *m/pl*
du ~ Einwohner *m/pl* des Dorfes; Dorf-
bewohner *m/pl*; **retourner, revenir au**
~ ins, in sein Dorf zu'rückkommen,
-kehren; **2.** Einwohner *m/pl* des Dorfes;
Dorf *n*
villageois [vilaʒwa] **I** *adj* dörflich;
Dorf…; bäuerlich; ländlich; **II** *subst*
~(**e**) *m(f)* Dorfbewohner(in) *m(f)*
villanelle [vilanɛl] *f Literatur, mus* Villa-
'nella *f*
ville [vil] *f* **1.** Stadt *f*; ~ **administrative**
Beamtenstadt *f*; ~ **commerçante**, cô-
tière *od* **littorale** Handels-, Küsten-
stadt *f*; *sports* ~ **étape** E'tappenziel *n*;
grande ~ große Stadt; Großstadt *f*; ~
industrielle Indu'striestadt *f*; ~ **moyen-**
ne mittlere, mittelgroße Stadt; *adm*
Mittelstadt *f*; ~ **nouvelle** neue Stadt (*zu*
e-r bereits bestehenden); **petite** ~ kleine
Stadt; Kleinstadt *f*; Städtchen *n*; ~ **por-**
tuaire Hafenstadt *f*; ~ **de congrès**
Kon'greßstadt *f*; ~ **d'eau(x)**(Heil)Bad *n*;
Kurstadt *f*, -ort *m*; **la** ~ **de Munich** die
Stadt München; ~ **de province** Pro-
'vinzstadt *f*; **hôtel** *m* **de** ~ Rathaus *n*;
loc/adv: **dans la** ~ in der Stadt; **en** ~ a) in
der *bzw* in die Stadt; im *bzw* ins Stadtzen-
trum; auf *bzw* nach Hause; auswärts; b) *auf*
Briefen (*abr* E. V.) hier; **aller en** ~ in die
Stadt gehen, fahren; **dîner en** ~ in der
Stadt, auswärts, außer Haus essen; **2.**
Stadt *f* (*im Gegensatz zum Land*); Stadt-
leben *n*; **gens** *m/pl* **de la** ~ Leute *pl* aus
der Stadt; Stadtmenschen *m/pl*; Städter
m/pl; *impr* **ouvrages** *m/pl*, **travaux** *m/pl*
de ~ Akzi'denzdruck *m*; **à la** ~ in der *bzw*
in die Stadt; **aimer la** ~ gern in der Stadt
wohnen, leben; **das Stadtleben lieben; 3.**
Stadtteil *m*, -viertel *n*; **basse** 'Unter-
stadt *f*; ~ **européenne** europäisches
Viertel; Euro'päerviertel *n*; ~ **'haute**
Oberstadt *f*; ~ **neuve, vieille** ~ Neu-,
Altstadt *f*; **4.** Einwohner *m/pl* der Stadt;
Stadt *f*; **toute la** ~ **en parle** die ganze
Stadt spricht davon; das ist Stadt-
gespräch; **5.** Stadt(verwaltung) *f*; *tra-*
vaux financés **par la** ~ von der Stadt …
ville-champignon [vilʃɑ̃piɲɔ̃] ~ ⟨*pl*
villes-champignons⟩ aus dem Boden
gestampfte *od* geschossene Stadt; ~
-dortoir *f* ⟨*pl* **villes-dortoirs**⟩ Schlaf-
stadt *f*
villégiat|eur [vi(l)leʒjatœr] *m selten*
Sommerfrischler *m*; ~**ure** *f* Sommerfri-
sche *f*; **aller, partir en** ~ in die Sommer-
frische fahren
ville-satellite [vilsatelit] *f* ⟨*pl* **villes-**
satellites⟩ Tra'bantenstadt *f*
villeux [vi(l)lø] *adj* ⟨-**euse**⟩ *bot, zo*
zottig; *path* wul'lig
villosités [vi(l)lozite] *f/pl anat* ~ **intesti-**
nales Darmzotten *f/pl*
vîmes [vim] *cf* **voir**
vin [vɛ̃] *m* Wein *m*; Weinsorte *f*; ~ **aigre**
saurer Wein; Krätzer *m*; ~ **aromatisé**
gewürzter Wein (zur Herstellung von
Kräuterweinen); ~ **blanc, chaud** Weiß-,

Glühwein *m*; ~ **courant** Tischwein *m*; ~
cuit Wein aus eingedampftem Most; ~
fin, fort feiner *od* erlesener, starker
Wein; **grands** ~**s** berühmte Weine;
gros ~ billiger, einfacher Tischwein; ~
léger, nouveau leichter, junger Wein; ~
ordinaire einfacher Tischwein; **petit** ~
Landwein *m*; ~ **pur** unvermischter
Wein; Wein ohne Wasser; ~ **rouge**
Rotwein *m*; ~ **sec** herber, trockener
Wein; ~ **de coupage** Verschnittwein *m*;
verschnittener Wein; ~ **de France** fran-
zösischer Wein; ~ **de fruits** Obstwein *m*;
~ **d'honneur** Ehrentrunk *m*; ~ **de li-**
queur Süßwein *m*; ~ **de messe** Meß-
wein *m*; ~ **de la Moselle** Moselwein *m*; ~
d'orange (*Art*) Rotweinbowle *f* mit
Orangen; ~ **de palme, de** *od* **du pays,**
du Rhin, de riz, de table Palm-, Land-,
Rhein-, Reis-, Tischwein *m*; ~ **en bou-**
teille Flaschenwein *m*; ~ **en fût** *od*
tonneau Faßwein *m*; Wein vom Faß;
offener Wein; *cuis:* **coq** *m* **au** ~ Hahn *m*,
Huhn *n* in Rotweinsoße; **de coupage**
~ ~ verschnittener Wein; ~ **de France** fran-
m/pl **au** ~ **blanc** Makrelen *f/pl* in
Weißweinsoße; **bouteille** *f* **de** ~ Flasche
f Wein; **Weinflasche** *f*; **marchand** *m* **de**
~**s** Weinhändler *m*; *cuis:* **entrecôte**
f **marchand de** ~ Entrecote *n* in Rot-
weinsoße; **il a le** ~ **gai, triste** er wird
lustig, traurig, wenn er Wein trinkt; **der**
Wein macht, stimmt ihn lustig, traurig;
cuver son ~ s-n Rausch ausschlafen;
être entre deux ~**s** nicht ganz nüch-
tern, F im Tran sein; **tenir (bien) le** ~
trinkfest sein; *prov* **quand le** ~ **est tiré,**
il faut le boire wer A sagt, muß auch B
sagen (*loc/prov*)
vinage [vinaʒ] *m* Zusetzen *n* von Alko-
hol (*zum Wein*)
vinaigre [vinɛgr(ə)] *m* **1.** Essig *m*; ~ **à**
l'estragon, d'alcool, de bière, de
bois, de vin Estragon-, Sprit-, Bier-,
Holz-, Weinessig *m*; *fig Beziehungen*
tourner au ~ schlechter werden; **ça a**
tourné au ~ die Sache anein'andergera-
raten, sich in die Haare geraten; **2.** *Auf-*
forderung beim Seilspringen ~**!** schnell!;
F **faire au** ~ schnell machen
vinaigrer [vinegre] *v/t* Essig geben an
(+*acc*); mit Essig anmachen; *meist adit*
trop vinaigré mit zuviel Essig; **la sala-**
de est trop vinaigrée am, im Salat ist
zuviel Essig
vinaigr|erie [vinegrəri] *f* **a**) Essigfabrik
f; **b**) Essigfabrikation *f bzw* -handel *m*;
~**ette** *f* Sa'latsoße *f*; Essig *m* und Öl *n*;
Vinai'grette *f*; *adit* **poireaux** *m/pl* ~
Porree *m* in Salatsoße; *loc/adj* **à la, en** ~
in Salatsoße; ~**ier** *m* **1.** Essigfabrikant *m*
bzw -großhändler *m*; **2.** *e-r Menage*
Essiggefäß *n* -fläschchen *n*, -kännchen *n*
vinasse [vinas] *f* **1.** F (*mauvais vin*)
schlechter, wässeriger Wein; **2.** *bei*
Branntweinherstellung Schlempe *f*; *bei*
Zuckerherstellung flüssiger Rückstand
vindas [vɛ̃dɑ(s)] *m Turnen* Rundlauf *m*
vindicatif [vɛ̃dikatif] *adj* ⟨-**ive**⟩ rach-
süchtig
vindicte [vɛ̃dikt] *f litt* **désigner qn à la**
~ **publique** j-n anprangern
vin|ée [vine] *f* **1.** Weinernte *f*; Ertrag *m*
(*der Weinlese*); **2.** *e-s* Weinstocks
(traubentragende) Rebe; **3.** *für Wein*
Gärraum *m*; ~**er** *v/t* Most, Wein Alko-
hol zusetzen (+*dat*)
vineux [vinø] *adj* ⟨-**euse**⟩ **1.** nach Wein
riechend, *péj* stinkend; **odeur vineuse**
Weindunst *m*; **avoir l'haleine vineuse**
nach Wein riechen, *péj* stinken; F **e-e**
Fahne haben; **2. rouge** ~ schmutziges
Weinrot; **3.** *Wein* stark alkoholhaltig;
mit hohem Alkoholgehalt; **4.** weinreich;
année vineuse gutes Weinjahr
vingt [vɛ̃, *vor Vokalen bzw stummem h u*

in den Zahlen 22 bis 29 vɛ̃t] **I** *adj/num/c* zwanzig; **chapitre** ~ Kapitel zwanzig; zwanzigstes Kapitel; F ~ **dieux!** sapper-lot!; sackerlot!; **le** ~ **mai** der zwanzigste *bzw* am zwanzigsten Mai; ~ **mille** zwan-zigtausend; **page** ~ Seite zwanzig; ~ **et un** [vɛ̃teœ̃] einundzwanzig; **sept heures moins** ~ zwanzig vor sieben; **à** ~ **heures** um zwanzig Uhr; **dans les années** ~ in den zwanziger Jahren; **de** ~ **ans** zwanzigjährig; von zwanzig Jahren; **je n'ai plus mes jambes de** ~ **ans** ich habe nicht mehr so junge Beine; **je lui ai répété** ~ **fois** ... ich hab' ihm hundert-mal gesagt ...; **II** *m* **1.** Zwanzig *f*; *südd auch* Zwanziger *m*; **le** ~ (du mois) der Zwanzigste (des Monats); *cf auch* **deux** II; **2.** *im Gymna-sium beste Note*; *etwa* Eins *f*; Einser *m*; **il a eu quinze sur** ~ *etwa* er hat e-e Zwei bekommen

vingtaine [vɛ̃tɛn] *f* **une** ~ etwa, unge-fähr, an die, F (so) Stücker zwanzig (de livres, *etc* Bücher *etc*)

vingt|-deux [vɛ̃tdø] *adj/num/c* zweiund-zwanzig; F ~! Achtung!; Vorsicht!; auf-gepaßt!; F ~! **v'là les flics** F Achtung, die Polente!; ~**-deuxième** *adj/num/o* zweiundzwanzigste(r, -s)

vingtième [vɛ̃tjɛm] **I** *adj/num/o* zwanzigste(r, -s); **le** ~ **siècle** das zwan-zigste Jahrhundert; **II** *subst* **1.** le, la ~ der, die das, zwanzigste; **2.** *m math* Zwanzigstel *n*; **3.** *in Paris* le ~ das zwanzigste Arrondisse'ment; ~**ment** *adv* zwanzigstens

vingt-quatre [vɛ̃tkatr(ə)] *adj/num/c* vierundzwanzig; **les** ~ **heures du Mans** das 24-Stunden-Rennen von Le Mans; ~ **heures sur** ~ rund um die Uhr

vin|icole [vinikɔl] *adj* Wein...; **indus-trie** *f* ~ Weinindustrie *f*; **pays** *m* ~ Weinland *n*; **région** *f* ~ Wein(bau)gebiet *n*; ~**ifère** *adj* Wein...

vini|fication [vinifikasjɔ̃] *f* Weinberei-tung *f*; Verarbeitung *f* des Weins; ~**fier** *v/t* Most zu Wein verarbeiten

vinique [vinik] *adj chim* Wein...

vinosité [vinozite] *f des Weins* hoher Alkoholgehalt

vins, vint [vɛ̃] *cf* venir

vinyl|e [vinil] *m chim* Vi'nyl *n*; **chlorure** *m* **de** ~ Vi'nylchlorid *n*; *oft für* Polyvi-'nylchlorid *n* (*abr* PVC); ~**ique** *adj* Vi'nyl...; ~**éther** *m* ~ Vinyläther *m*

vioc [vjɔk] *cf* vioque

viol [vjɔl] *m* **1.** Vergewaltigung *f*; *jur* Notzucht *f*; **2.** *cf* violation

violacé [vjɔlase] **I** *adj* ins Vio'lette spie-lend; *Nase, Gesichtsfarbe* blau-, bläu-lichrot; **rouge** ~ Rotviolett *n*; **II** *f/pl* ~**es** *bot* Veilchengewächse *n/pl*; Viola'zeen *f/pl*

violateur [vjɔlatœr] *m* ~ **des lois** Gesetz-zes-, Rechtsbrecher *m*; ~ **de tombeau** Grab(mal)schänder *m*

violation [vjɔlasjɔ̃] *f* ~ **es Rechts, Gesetzes** *etc* Verletzung *f*; ~ **es Eides, Versprechens** Bruch *m*; *e-r Kirche etc* Schändung *f*; ~ **de domicile** Hausfriedensbruch *m*; ~ **de frontière** Grenzverletzung *f*; ~ **de la loi** Rechtsverletzung *f*, -beugung *f*; ~ **du secret professionnel, des lettres** Verlet-zung *f* des Berufs-, Briefgeheim-nisses; ~ **de sépulture** Grab(mal)-schändung *f*

viole [vjɔl] *f mus* Vi'ola *f*; ~ **d'amour** Viola d'amore *f*; ~ **de gambe** Gambe *f*; Kniegeige *f*; Viola da gamba *f*

violemment [vjɔlamɑ̃] *adv* (sehr) hef-tig; wild

violence [vjɔlɑ̃s] *f* **1.** Gewalt *f*; Zwang *m*; Gewalttat *f*, -tätigkeit *f*; Gewaltanwendung *f*; Gewaltsamkeit *f*; Brutali'tät *f*; Roheit *f*; ~**s morales, physiques** psy-chische, physische Foltern *f/pl*; Miß-'handlungen *f/pl*; ~ **verbale** heftige, bru'tale Worte *n/pl*; *jur* ~ (et voies de fait) à agent public *etwa* 'Widerstand *m* gegen die Staatsgewalt; **acte** *m* **de** ~ Gewalttat *f*; Akt *m* der Gewalt; **scène** *f* **de** ~ bru'tale Szene; *loc/adv* **par la** ~ gewaltsam; mit Gewalt; **avoir recours à la** ~ Gewalt anwenden; **commettre des** ~**s contre qn** gegen j-n Gewalttä-tigkeiten begehen, Gewalt anwenden; j-n miß'handeln; **employer la, user de** ~ Gewalt anwenden; **faire** ~ **à qn** auf j-n Zwang ausüben; *litt* **faire** ~ **à une femme** e-r Frau Gewalt antun; **faire** ~ **à qc** etw (*z B Text*) entstellen, verfälschen, verdrehen; **se faire** ~ sich, s-n Gefühlen Zwang antun; sich zwingen (**pour faire qc** etw zu tun); *plais* **je me fais une douce** ~ *iron* ehe ich mich schlagen lasse; **parler avec** ~ äußerst heftig sprechen; **répondre à la** ~ **par la** ~ Gewalt gegen Gewalt setzen; auf Gewalt mit Gewalt antworten; **2.** *des Sturms, Gewitters, e-r Leidenschaft, e-s Wun-sches* Heftigkeit *f*; *des Sturms auch* Wüten *n*; Toben *n*; *von Gift* sehr schnell eintretende, starke Wirkung; *Sturm* **souffler avec** ~ wüten; toben

violent [vjɔlɑ̃] *adj* **1.** *Person* gewalttätig; bru'tal; *Revolution* blutig; **il est** ~, **c'est un être** ~ *od subst* c'est un ~ er ist ein gewalttätiger, brutaler Mensch; **mourir de mort** ~ e-s gewaltsamen, unnatürli-chen Todes sterben; **2.** *Wind, Gewitter, Worte, Widerstand, Explosion, Wunsch, Fieber, Schmerz, Anstrengung* heftig; *Wind auch* stürmisch; *Schmerz, Zorn auch* wild; *Schlag auch* gewaltig; *Kon-trast* sehr stark; *Unterschied* gewaltig; *Gift, Medikament* (sehr schnell und) stark (wirkend); *Geruch* scharf; *Parfüm* aufdringlich; *Farbe* grell; auf-dringlich; F knallig; **bruit** ~ wilder Lärm; *Getöse n*; **jaune, rouge** ~ Knall-gelb *n*, -rot *n*; **3.** F **c'est un peu** ~ F das ist wirklich aller'hand; das ist ein star-kes Stück; **4.** *Sportart* anstrengend und ris'kant

violenter [vjɔlɑ̃te] *v/t cf* violer 3.

violer [vjɔle] *v/t* **1.** *Gesetze, Rechte, Regeln, Berufsgeheimnis etc* verletzen; *Versprechen, Eid* brechen; *Vertrag* bre-chen; verletzen; **2.** *Kirche, Grabmal* schänden; **les consciences de** die Ge-wissensfreiheit unter'drücken; ~ **le do-micile, la porte de qn** unbefugt und gewaltsam in j-s Wohnung eindringen; **3.** *Frau* vergewaltigen; notzüchtigen; **se faire** ~ vergewaltigt werden

violet [vjɔlɛ] **I** *adj* ~~(te) vio'lett; veil-chenblau; *Haut durch Schläge* vio'lett; *Gesicht vor Kälte* bläulich (angelaufen); *vor Zorn* dunkelrot (angelaufen); **II** *m* Vio'lett *n*; Veilchenblau *n*

violette [vjɔlɛt] *f* **1.** *bot* Veilchen *n*; ~ **odorante, de Parme** März- *od* Hecken-, Parmaveilchen *n*; **2.** **bois de** ~ Veilchenholz *n*

viol|ier [vjɔlje] *m bot* Weißlichgraue Lev'koje; ~**ine** *adj* purpurviolett; ~**iste** *m* Vi'olaspieler *m*

violon [vjɔlɔ̃] *m* **1.** *mus* Geige *f*; Vio'line *f*; F *od péj* Fiedel *f*; **premier** ~ erste Geige; Primgeiger *f*; *cf auch* **2.**; **second** ~ zweite Geige; *fig* ~ **d'Ingres** Stecken-pferd *n*; Hobby *n*; **concerto** *m* **pour** ~ **et orchestre** Kon'zert *n* für Violine und Orchester; Vio'linkonzert *n*; **famille** *f* **des** ~**s** Vi'olenfamilie *f*; **joueur** *m* **de** ~ Geigen-, Vio'linspieler *m*; Geiger *m*; Violi'nist *m*; F *fig* **accordez vos** ~**s!** werdet euch (bitte) einig!; **jouer du** ~ Geige, Violine spielen; geigen; P *fig* **c'est comme si on pissait dans un** ~! F das

ist für die Katz!; **2.** Geiger(in) *m(f)*; **premier** ~ erster Geiger; *im Orchester auch* Kon'zertmeister *m*; *im Quartett auch* Pri'marius *m*; Primgeiger *m*; *fig* **je ne peux pas aller plus vite que les** ~**s** ich kann auch nicht hexen; **vouloir aller plus vite que les** ~**s** die Dinge über'stürzen wollen; **3.** F (prison de police) Ar'restlokal *n*; Poli'zeigewahr-sam *m*; **4.** *mar* Schlingerbord *n*

violoncell|e [vjɔlɔ̃sɛl] *m mus* **1.** (Violon-) Cello [-'(t)ʃ-] *n*; **2.** Cel'list(in) [t(t)ʃ-] *m(f)*; ~**iste** *m.f* Cel'list(in) *m(f)*; Cello-spieler(in) *m(f)*

violon|eux [vjɔlɔnø] *m* Fiedler *m* (*auch péj*); ~**iste** *m.f* Geiger(in) *m(f)*; Vio'lin-, Geigenspieler(in) *m(f)*; Violi'nist(in) *m(f)*

vioque [vjɔk] *arg* **I** *adj* alt; **II** *m.f* Alte(r) *f(m)*; *alter Mann*; alte Frau; **mes** ~**s** F meine Alten *pl* (*Eltern*)

viorne [vjɔrn] *f bot* **1.** Schneeball *m*; **2.** *cf* clématite

vipère [vipɛr] *f* **1.** *zo* Viper *f*; Otter *f*; **2.** *fig Person* Schlange *f*; F Giftnudel *f*, -kröte *f*

vipéridés [viperide] *m/pl zo* Vipern *f/pl*; Ottern *f/pl*

vipér|in [viperɛ̃] *adj zo* Vipern...; Ot-tern...; **couleuvre** ~**e** Vipernatter *f*; ~**ine** *f bot* Natternkopf *m*

virage [viraʒ] *m* **1.** *e-r Straße* Kurve *f*; Straßenbiegung *f*, -krümmung *f*; Kehre *f*; ~ **dangereux** gefährliche Kurve; ~ **à droite, à gauche** Rechts-, Linkskurve *f*; *auf Schildern* ~**s sur 3 km** kurvenrei-che Strecke auf 3 km; **aborder, amor-cer un** ~ in e-e Kurve gehen, (hin'ein-) fahren; **couper un** ~ e-e Kurve schnei-den; **manquer un** ~ aus e-r Kurve getragen werden; F e-e Kurve nicht kriegen; **prendre un** ~ e-e Kurve neh-men; *cf auch* **2.**; **2.** Wendung *f*; Drehung *f*; *mar* Wenden *n*; *auto, aviat* Kurve *f*; *Eislauf* Bogen *m*; *aviat* **indicateur** *m* **de** ~ (et de dérapage) Wendezeiger *m*; **3.** *fig* Wende *f*; Wechsel *m*; 'Umschwung *m*; Schwenkung *f*; ~ **décisif** entschei-dende Wende; *pol* ~ **à droite, à gauche** Rechts-, Linksrutsch *m*; **amorcer, prendre un** ~ **à droite, à gauche** e-e Schwenkung nach rechts, links voll'zie-hen; *Sache* **prendre un** ~ e-e Wende nehmen; **4.** *phot* Tonung *f*; ~ **au cuivre,** **à l'or** Kupfer-, Goldtonung *f*; **5.** *chim der Farbe* 'Umschlagen *n* (du bleu au rou-ge von Blau in Rot); **6.** *méd* ~ **de la cuti--réaction positive** Tuberku'linprobe

virago [virago] *f* Mannweib *n*

viral [viral] *adj* <-aux> *méd, path* Vi-rus...; **infection** ~**e** Virusinfektion *f*

vire [vir] *f* Bergsteigen Band *n*

virée [vire] *f* F Spritztour *f*, -fahrt *f*

virelai [vir(ə)lɛ] *m Literatur* Vire'lai *n*

virement [virmɑ̃] *m* **1.** *fin* Über'weisung *f*; Giro *n*; ~**s** *pl* Giroverkehr *m*; ~ **bancaire** Banküberweisung *f*; ~ **bud-gétaire** Vire'ment *n*; Über'tragung *f* von Haushaltsmitteln; ~ **postal** Postscheck-überweisung *f*; **ordre** *m* **de** ~ Über-weisungsauftrag *m*; **payer par** ~ bar-geldlos, durch Überweisung zahlen; **2.** *mar* ~ **de bord** Wenden *n*

virent [vir] *cf* voir

virer [vire] **I** *v/t* **1.** *Geld* über'weisen (**à un compte** auf ein Konto); **2.** F ~ **qn** j-n hin'auswerfen; F feuern; **se faire** ~ gefeuert, hin'ausgeworfen werden; **3.** F **j'ai viré ma cuti** meine Tuberku'lin-probe ist positiv; **4.** *mar* Anker hieven; **5.** *phot* tonen; **II** *v/t/indir* **6.** *Wein etc* ~ **à l'aigre** 'umschlagen; sauer werden; **7.** *Farbe* ~ **au vert** allmählich grün werden; *chim Lackmus* ~ **au rouge** in Rot 'umschlagen; rot werden; F **j'ai viré au**

rouge ich wurde rot (im Gesicht); **III** v/i **8.** sich drehen; *Fahrzeug* e-e Kurve fahren; *aviat* e-e Kurve fliegen; *Eislauf* e-n Bogen fahren; *Fahrzeug* ~ **à droite, à gauche** nach rechts, links ein-, abbiegen; ~ **de bord** *mar* wenden; *fig u pol* 'umschwenken; s-e Anschauungen ändern; **9.** *méd Tuberkulinprobe* positiv sein, werden

vireux [virø] *adj* ‹-euse› *bot sc* giftig; *Geruch, Geschmack* bitter und unangenehm; **laitue vireuse** Giftlattich *m*; Gift-, Stinksalat *m*

virevolt|e [virvɔlt] *f meist pl* ~s Wendungen *f/pl*; Drehungen *f/pl*; Um'herwirbeln *n*; von e-m *Rock* Wirbeln *n*; ~**er** *v/i* sich drehen, wenden; um'herwirbeln

virgin|al [virʒinal] **I** *adj* ‹-aux› jungfräulich; rein; unberührt; unschuldig; **II** *m mus* Virgi'nal *n*; ~**ie** *m* Vir'giniatabak *m*; ~**ité** *f* Jungfräulichkeit *f*; Jungfernschaft *f*; Unberührtheit *f*; Reinheit *f*

virgule [virgyl] *f* **1.** Komma *n*; Beistrich *m*; **mettre une** ~ ein Komma setzen; **sans y changer une** ~ ohne auch nur ein Komma zu verändern; **2.** *biol* bacille *m* Kommabazillus *m*; **3.** *mus* Kommahäkchen *n*

viril [viril] *adj* **1.** mannbar; *Mannes*...; männlich; **âge** ~ *force* ~**e** Mannesalter *n*, -kraft *f*; **2.** *Person, Tat, Haltung* männlich; mannhaft; unerschrocken; *Gesichtszüge* mar'kant; männlich (*auch Stimme*); **3.** *jur bei e-r Gemeinschaft nach Bruchteilen* part *od* portion ~**e** Bruchteil *m*; ~**iser** *v/t cf* masculiniser; ~**isme** *m* path Viri'lismus *m*; ~**ité** *f* **1.** Mannbarkeit *f*; Virili'tät *f*; Manneskraft *f*; Mannesalter *n*; *litt* Mannheit *f*; **2.** Männlichkeit *f*; Mannhaftigkeit *f*; Mannesmut *m*; Unerschrockenheit *f*

virion [virjõ] *m Virologie* Virion *n*

virole [virɔl] *f tech* **1.** Zwinge *f*; **2.** Prägering *m*

virolog|ie [virɔlɔʒi] *f* Virolo'gie *f*; ~**ique** *adj* viro'logisch; ~**iste** *m,f* Viro'loge, -'login *m,f*; Virusforscher(in) *m(f)*

virtualité [virtyalite] *f* Wirkungsvermögen, -potential *n*; Virtuali'tät *f*

virtuel [virtɥɛl] *adj* ‹~le› **1.** virtu'ell; der Kraft *od* Möglichkeit nach vor'handen; theo'retisch möglich; **2.** *phys, opt* virtu'ell; *phys* état ~ virtueller Zustand; *opt* foyer ~ scheinbarer Brennpunkt; image ~le virtuelles Bild; *phys* processus ~ virtueller Prozeß; travail ~ virtuelle Arbeit

virtuellement [virtɥɛlmã] *adv* praktisch; so gut wie

virtuose [virtɥoz] *m,f* **1.** *mus* Virtu'ose *m*, Virtu'osin *f*; ~ du piano Kla'viervirtuose *m*; **2.** *par ext* Meister *m*; großer Künstler; Virtu'ose *m*

virtuosité [virtɥozite] *f* **1.** *mus* Virtuosi-'tät *f*; Virtu'osentum *n* (*beide auch péj*); avec ~ virtu'os; meisterhaft; technisch voll'endet; **2.** *par ext* Meisterschaft *f*; voll'endete Kunstfertigkeit, Technik; Virtuosi'tät *f*

virulence [virylãs] *f* **1.** e-r *Kritik etc* Heftigkeit *f*; Schärfe *f*; Bissigkeit *f*; **2.** *méd von Mikroben* Viru'lenz *f*; e-s *Giftes* starke und schnelle Wirkung; e-r *Substanz* Giftigkeit *f*

virulent [virylã] *adj* **1.** *Kritik, Rede* heftig; scharf; bissig (*auch Kritiker*); *Haß* unbändig; **2.** *Mikroben* viru'lent

virure [viryr] *f mar* Gang *m*

virus [virys] *m* **1.** *biol* Virus *m*, *fachspr* *n*; ~ de la rage Tollwutvirus *n od m*; maladie *f* à ~ Viruskrankheit *f*; **2.** *fig* Ba'zillus *m*; Virus *m*; le ~ du mécontentement der Bazillus der Unzufriedenheit; être atteint du ~ de la musique, *etc* ein Musiknarr, musikbesessen *etc* sein

---

vis¹ [vi] *cf* voir *u* vivre

vis² [vis] *f* Schraube *f*; ~ **à bois, à métaux** Holz-, Ma'schinenschraube *f*; ~ **à tête plate, ronde** Senkkopf-, Halbrundkopfschraube *f*; ~ **d'Archimède** Archi'medische Schraube; ~ **de réglage** Stellschraube *f*; ~ **sans fin** Schnecke *f*; escalier *m* à ~ Wendeltreppe *f*; *fig* serrer la ~ à qn bei j-m die Zügel anziehen; j-n kurzhalten

visa [viza] *m* **1.** Visum *n*; Sichtvermerk *m*; ~ **d'entrée, de sortie** Einreise-, Ausreisevisum *n*; demander, délivrer un ~ ein Visum beantragen, erteilen; **2.** (Sicht)Vermerk *m*; Bestätigungs-, Genehmigungsvermerk *m*; ~ **pharmaceutique** Freigabe(vermerk) *f(m)* für den Handel; *Filmzensur* ~ de censure Freigabevermerk *m*, -bescheid *m*; ~ **pour timbre** Stempel *m* statt Gebührenmarke; *phm* numéro *m* de ~ Re'gisternummer *f* (*abr* Reg.-Nr.)

visage [vizaʒ] *m* **1.** Gesicht *n*; Antlitz *n*; Gesichtszüge *m/pl*; Miene *f*; ~ **énergique, ovale, rond** energisches, ovales, rundes Gesicht; ~ **rayonnant** strahlendes Gesicht; strahlende Miene; ~ **régulier** regelmäßige, ebenmäßige Gesichtszüge *m/pl*; **bas** *m*, **haut** *m* du ~ untere, obere Gesichtshälfte; soins *m/pl* du ~ Gesichtspflege *f*; *fig* elle avait le feu, le sang au ~ ihr Gesicht brannte, war hoch-, feuerrot; changer de ~ die Farbe wechseln; faire bon ~ e-e zufriedene Miene aufsetzen, zur Schau tragen; faire bon ~ à qn katzenfreundlich zu j-m sein; **2.** *Person* Gesicht *n*; ~ ami, (in)connu vertrautes, (un)bekanntes Gesicht; nouveaux ~s neue Gesichter; ♀s pâles Bleichgesichter *n/pl*; **3.** *fig* Gesicht *n*; *Person* à deux ~s mit zwei Gesichtern; les deux ~s de la justice die zwei Gesichter der Justiz; *Macht etc* sans ~ ano'nym

visagiste [vizaʒist] *m,f* Visa'gist *m*; Kos-'metiker(in) *m(f)*

vis-à-vis [vizavi] **I** *loc/prép* **1.** örtlich ~ (de) gegen'über (+*dat*); *regional* ~ l'église der Kirche gegenüber; s'asseoir ~ de qn sich j-m gegenübersetzen; **2.** *fig* ~ de qn j-m gegen'über; zu j-m; gegen j-n; se montrer ingrat ~ de qn j-m gegenüber undankbar sein; **3.** ~ de qc e-r Sache (*dat*) gegen'über; in bezug auf e-e Sache; ~ de qn im Vergleich zu j-m; ma fortune ~ de la sienne est ... mein Vermögen im Vergleich zu s-m ist ...; verglichen mit s-m Vermögen ist meines ...; **II** *loc/adv* ein'ander gegen'über; vis-à--'vis; deux maisons situées ~ zwei einander gegen'überliegende, -stehende Häuser *n/pl*; se trouver ~ plötzlich einander gegen'überstehen; **III** *m* **1.** en ~ ein-'ander gegen'überliegend, -stehend; être en ~ einander gegenüberliegen, -stehen; être (assis) en ~ einander gegenüber-sitzen; **2.** *Person, Haus etc* Gegen'über *n*; Visa'vis *m*; j'ai eu X comme ~ mein Gegenüber, Visavis war X; nous n'avons pas de ~ wir haben kein Gegenüber; nous avons un parc pour ~ unserm Haus gegenüber ist ein Park

viscache [viskaʃ] *f zo* Vis'cacha -[t'ʃa] *n*

viscéral [viseral] *adj* ‹-aux› **1.** *anat* Eingeweide...; *sc* visze'ral; **2.** irrational; *Gefühl auch* dumpf; *Haß auch* abgründig

viscères [visɛr] *m/pl* *anat* Eingeweide *n/pl*; *sc* Viscera *n/pl*

viscoélastique [viskɔelastik] *adj phys* viskoelastisch

viscose [viskoz] *f chim* Vis'kose *f*

viscos|imètre [viskozimɛtr(ə)] *m tech* Viskosi'meter *n*; ~**ité** *f* **1.** Zähflüssigkeit *f*; *phys* Viskosi'tät *f*; **2.** *par ext* Klebrigkeit *f*

---

visé [vize] *m* Zielen *n*; tir *m* au ~ gezielter Schuß; tirer au ~ gezielt schießen

visée [vize] *f* **1.** mit *Waffe* Zielen *n*; *arp* Vi'sieren *n*; *mil* fente *f* de ~ Sehschlitz *m*; lunette *f* de ~ Ziel-, Vi'sierfernrohr *n*; **2.** *fig* ~s *pl* Absichten *f/pl*; avoir des ~s ambitieuses, de grandes, 'hautes ~s hochfliegende Pläne haben; hoch hin-'auswollen; avoir des ~s sur qc, qn Absichten auf etw, j-n haben; ein Auge auf etw, j-n geworfen haben; auf etw (*acc*) reflek'tieren

viser [vize] **I** *v/t* **1.** ~ qc, qn auf etw, j-n zielen; etw anvisieren; **2.** *fig* Ziel zu erreichen suchen; anstreben; anvisieren; ~ l'effet auf Effekt aussein; *Sache* auf Effekt berechnet sein; **3.** *Sache* ~ qn j-n angehen, betreffen; auf j-n abzielen; c'est lui qui est visé das ist auf ihn gemünzt, an seine Adresse gerichtet; se sentir visé sich getroffen fühlen; **4.** *jur Paragraphen* anführen; zi'tieren; sich berufen auf (+*acc*); *p/p* visé à l'article ... in Artikel ... bezeichnet, genannt; im Sinne des Artikels ...; **5.** P (*regarder*) ansehen; anschauen; angucken; vise (un peu) cette bagnole! F schau, sieh, guck dir doch mal diese Karre an!; **6.** *adm* mit e-m Visum *bzw* Vermerk versehen; **II** *v/t/indir* **7.** ~ à zielen auf (+*acc*), nach; **8.** *fig* ~ à qc nach etw trachten; auf etw (*acc*) hin-, abzielen; etw anstreben; ~ à (+*inf*) darauf hinzielen, darauf gerichtet sein zu (+*inf*); ~ à la présidence die Präsidentschaft anstreben; *Künstler, Werk etc*: qui vise simplement à distraire les gens ... nur unter'halten will, möchte; mesure visant à augmenter le niveau de vie Maßnahme zur Hebung des Lebensstandards; cette mesure vise à stopper l'inflation durch ... soll die Inflation gestoppt werden; **III** *v/i* **9.** zielen; bien ~, juste gut, richtig zielen; **10.** *fig* ~ (trop) 'haut (zu) hoch hin'auswollen; (allzu) hochfliegende Pläne haben

viseur [vizœr] *m* **1.** an *Feuerwaffen* Vi'sier *n*; *aviat mil* Zielgerät *n*; **2.** *phot* Sucher *m*

visibilité [vizibilite] *f* **1.** Sicht *f*; Sichtweite *f*; Sichtverhältnisse *n/pl*; bonne, mauvaise ~ gute, schlechte Sicht; ~ nulle starke Sichtbehinderung; Sicht gleich null; *aviat* pilotage *m* sans ~ (*abr* P.S.V.) Blind-, Instru'mentenflug *m*; virage *m* sans ~ unübersichtliche Kurve; avoir, donner une bonne ~ gute Sicht haben, gewähren; **2.** Sichtbarkeit *f*

visible [vizibl(ə)] *adj* **1.** sichtbar, erkennbar, wahrnehmbar; à l'œil nu mit bloßem Auge; au microscope im, mit dem, durch das Mikroskop; monde *m* ~ sichtbare Welt; être ~ auch zu sehen sein; **2.** klar zu erkennen(d), erkennbar; sichtbar; sichtlich; merklich; avec un embarras ~ mit sichtlicher, merklicher Verlegenheit; c'est ~ das ist klar zu erkennen; **3.** *Person* n'être pas ~ nicht zu sprechen sein; F je ne suis pas ~ ich bin noch nicht angezogen; so kann ich mich nicht zeigen

visiblement [viziblømã] *adv* sichtlich; merklich; ~, il ne fait rien ganz offensichtlich ...; il grandit ~ er wächst zusehends

visière [vizjɛr] *f* **a)** (Helm)Vi'sier *n*; **b)** (Mützen)Schirm *m*; **c)** Augenschirm *m*; mettre sa main en ~ s-e Augen mit der Hand beschatten

Visigoths [vizigo] *m/pl hist* Westgoten *m/pl*

vision [vizjõ] *f* **1.** Sehen *n*; Sehvermögen *n*; ~ nette klares Bild; ~ de loin, de près Sehen in die Ferne, in der Nähe; organes *m/pl*, troubles *m/pl* de la ~ Sehorgane *n/pl*, -störungen *f/pl*; **2.** Vorstellung(en) *f(pl)*; Bild *n*; exacte genaue *od* richtige Vorstellung(en); ~ de l'avenir Zukunfts-

vorstellungen *f/pl*; ～ du monde Weltbild *n*, -anschauung *f*; la ～ de la mort die Vorstellung vom Tode; das Bild des Todes; **3.** Visi'on *f*; Gesicht *n*; Erscheinung *f*; ～ fantastique phantastische, 'übernatürliche Erscheinung; avoir des ～s Visionen, Gesichte haben; F ma parole, j'ai des ～s F ich hab' wohl geträumt, Halluzinati'onen

visionn|aire [vizjɔnɛr] **I** *adj* visio'när; seherisch; **II** *m,f* **1.** Seher(in) *m(f)*; Geisterseher(in) *m(f)*; **2.** Phan'tast(in) *m(f)*; ～er *v/t* cin Film beim Schnitt bzw vor der öffentlichen Vorführung ansehen; ～euse *f phot* Dia-Betrachter *m*; für Filme Bildbetrachter *m*

visitandine [vizitɑ̃din] *f égl cath* Salesi'anerin *f*

visitation [vizitasjɔ̃] *f* **1.** *égl cath, Kunst* Heimsuchung *f* Ma'riä; **2.** *égl cath ordre m* de la ♀ Orden *m* der Salesi'anerinnen

visite [vizit] *f* **1.** Besuch *m*; Vi'site *f*; e-r Stadt, e-s Landes Besuch *m*; e-r Stadt, e-r Fabrik *etc* Besichtigung *f*; des Arztes im Krankenhaus Vi'site *f*; ～ guidée Führung *f*; faire une ～ guidée e-e Führung mitmachen; ～ touristique Besichtigung *f*; des Arztes ～ à domicile Hausbesuch *m*; ～ d'adieu, de condoléances, de politesse Abschieds-, Beileids-, Höflichkeitsbesuch *m*; ～ d'un représentant Vertreterbesuch *m*; ～ du port en bateau, de la ville en autocar Hafen-, Stadtrundfahrt *f*; carte *f* de ～ Vi'sitenkarte *f*; *jur* bei Geschiedenen *etc* droit *m* de ～ (aux enfants) Recht *n*, die Kinder zu sehen; heures *f/pl* de ～, heure *f* des ～s Besuchszeit *f*; jour *m* de ～ Besuchstag *m*; avoir la ～ de qn *jur* den Besuch haben; être en ～ chez qn bei j-m zu, auf Besuch sein; faire une ～, rendre (une) ～ à qn j-n besuchen; j-m e-n Besuch machen, abstatten; je vous fais une petite ～ en passant ich schaue nur auf e-n Moment zu Ihnen herein; ich komme nur auf e-n Sprung zu Ihnen; recevoir la ～ de qn j-s, von j-m Besuch erhalten; rendre sa ～ à qn j-s Besuch erwidern; (j-m) e-n Gegenbesuch machen; **2.** Besucher *m*; Besuch *m*; avoir de la ～ Besuch haben; **3.** *Schule, égl durch Vorgesetzten, mar e-s Schiffs* Visitati'on *f*; *mar* Durch'suchung *f*; *jur* ～ domiciliaire Haussuchung *f*; ～ de douane Zollkontrolle *f*; *jur* ～ des lieux Lo'kaltermin *m*; *mar* droit *m* de ～ Visitations-, Durchsuchungsrecht *n*; **4.** *in Schulen, Betrieben* ～ médicale ärztliche Unter'suchung; passer (à) la ～ (médicale) ärztlich unter'sucht werden

visiter [vizite] *v/t* **1.** *Kranke, Gefangene, Arme, Kunden, Land, Stadt, Museum, Messe* besuchen; *Stadt, Museum, Kirche, Haus, Wohnung* besichtigen; *Land auch* bereisen; *Geschäfte* aufsuchen; gehen in (+*acc*); *Arzt* ～ qn *auch* e-n (Kranken-, Haus)Besuch bei j-m machen; **2.** *Wohnung etc* durch'suchen; *Zoll: Gepäck etc* kontrol'lieren; visi'tieren; **3.** *rel u fig st/s* heimsuchen

visit|eur [vizitœr] *m* **1.** *e-s Museums, e-r Ausstellung etc* Besucher *m*; *auch* Gast *m*; ～ médical Ärztebesucher *m*; ～ Kontrol'leur *m*; *ch de fer* Wagenmeister *m*; ～euse *f* Besucherin *f*; *adj* infirmière ～ etwa Gemeindeschwester *f*; Gesundheitsfürsorgerin *f*

visnage [visnaʒ] *m bot* Zahnstocherkraut *n*

vison [vizɔ̃] *m zo u Pelz* Nerz *m*; ～ d'Amérique Mink *m*; manteau *m* de ～ *od ellip* F ～ Nerzmantel *m*; F Nerz *m*

visonnière [vizɔnjɛr] *f* Nerzfarm *f*

visqueux [viskø] *adj* ⟨-euse⟩ **1.** *Stoff* zäh(flüssig); *sc* vis'kös; vis'kos; **2.** *Fisch* *etc* schleimig; schmierig; klebrig; **3.** *fig u péj Person* schleimig; schmierig

vissage [visaʒ] *m* An-, Fest-, Zu-, Verschrauben *n*; Verschraubung *f*; Schraubenverbindung *f*

vissé [vise] *adj* **1.** *fig* être ～ sur sa chaise sich nicht von s-m Stuhl rühren; sitzen bleiben; **2.** *Holz* drehwüchsig

visser [vise] *v/t* **1.** an-, fest-, zu-, verschrauben; schrauben (à, sur an, auf +*acc*); **2.** F *fig* ～ qn in kurzhalten; bei j-m die Zügel anziehen

visserie [visri] *f* **a)** Schrauben *f/pl* und Bolzen *m/pl*; **b)** Schraubenfabrik *f*

visu [vizy] *loc/adv cf* de visu

visualis|ation [vizɥalizasjɔ̃] *f* Sichtbarmachen *n*, -ung *f* (*auch EDV* auf e-m Bildschirm); ～er *v/t* **1.** sichtbar machen (*auch EDV* auf e-m Bildschirm); **2.** *cin Thema etc* in Bilder 'umsetzen

visuel [vizɥɛl] **I** *adj* ⟨～le⟩ Seh...; Gesichts...; Blick...; visu'ell; angle ～ Sehwinkel *m*; champ ～ Sehfeld *n*; *abus* Blickfeld *n*; *sc nur* Gesichtsfeld *n*; impression ～le visueller Eindruck; mémoire ～le visuelles Gedächtnis; organes ～s Sehorgane *n/pl*; rayon ～ Blicklinie *f*; signal ～ optisches Signal; **II** *subst* ～(le) *m(f)* visu'eller Typ; Augenmensch *m*

vit [vi] *cf voir u vivre*

vital [vital] *adj* ⟨-aux⟩ **1.** *biol, philos* Lebens...; force ～e Lebenskraft *f*; **2.** lebenswichtig; Lebens...; vi'tal; espace ～ Lebensraum *m*; minimum ～ Exi'stenzminimum *n*; question ～e Lebensfrage *f*; lebenswichtige Frage; c'est ～ *od* c'est d'une importance ～e das ist lebenswichtig

vital|isme [vitalism(ə)] *m philos* Vita'lismus *m*; ～iste *philos* **I** *adj* vita'listisch; **II** *m* Vita'list *m*

vitalité [vitalite] *f* e-r Person Vitali'tät *f*; Lebenskraft *f* (*auch e-s Landes, Unternehmens, e-r Pflanze*); être plein de ～ sehr vi'tal, voller Lebenskraft, Vitalität sein

vitamine [vitamin] *f* Vita'min *n*; ～ A, B, C Vitamin A, B, C

vitamin|é [vitamine] *adj* vitami'niert; vitami'siert; mit Vita'minen angereichert; ～ique Vita'min...; ～isation *f* Vitami'nieren *n*; Vitamini'sieren *n*

vite [vit] **I** *adj Rennfahrer, Pferd etc* schnell; **II** *adv* schnell; rasch; geschwind; aussi ～ qu'il pouvait so schnell er konnte; bien ～ sehr schnell; sehr, recht bald; il a eu bien ～ fini er hat es ein wenig zu schnell gemacht; pas si ～! nicht so schnell!; plus ～ schneller; rascher; le plus ～ am schnellsten, raschesten; au plus ～ schleunigst; schnellstens; möglichst schnell; le plus ～ possible so schnell wie möglich; auf dem schnellsten Wege; habille-toi, et faites ～ que ça! ... los, los!; F ... und zwar ein bißchen, etwas plötzlich!; à la va ～ *cf* va-vite; aller trop ～ über'stürzt vorgehen; über'eilt, vorschnell handeln; allez *od* allons ～, dépêche-toi! los, beeil dich!; un accident est ～ arrivé ein Unfall ist leicht, schnell passiert; fais ～! mach schnell!; j'ai eu ～ fait de le découvrir das habe ich (sehr) schnell, im Handumdrehen entdeckt; sauve-toi ～! verschwinde schleunigst!

vitellin [vitɛ(l)lɛ̃] *adj biol* Dotter...; membrane ～e Ei-, Dotterhaut *f*; *anat* sac ～ Dottersack *m*; Nabelbläschen *n*

vitellus [vitelys] *m biol* (Ei)Dotter *m od n*; *sc* Vi'tellus *m*

vitelotte [vitlɔt] *f* Kartoffelsorte

vîtes [vit] *cf voir*

vitesse [vitɛs] *f* **1.** Schnelligkeit *f*; Rasch-

heit *f*; Geschwindigkeit *f* (*auch phys*); Tempo *n*; ～ constante gleichbleibende, konstante Geschwindigkeit; *Raumfahrt* première, deuxième, troisième ～ cosmique erste, zweite, dritte kosmische Geschwindigkeit; ～ maximale, minimale, moyenne Höchst-, Mindest-, 'Durchschnittsgeschwindigkeit *f*; *aviat* ～ d'atterrissage, de décollage Lande-, Abhebegeschwindigkeit *f*; *phys* ～ de chute Fallgeschwindigkeit *f*; ～ de croisière Reisegeschwindigkeit *f*; *fig* fester Rhythmus; *Raumfahrt* ～ de libération Fluchtgeschwindigkeit *f*; ～ de la lumière Lichtgeschwindigkeit *f*; ～ de pointe Spitzengeschwindigkeit *f*, -tempo *n*; F Spitze *f*; *phys* ～ de propagation, *chim* de réaction, *phys* de rotation, du son Fortpflanzungs- *od* Ausbreitungs-, Reakti'ons-, Um'drehungs-, Schallgeschwindigkeit *f*; à la ～ du son mit Schallgeschwindigkeit; ～ du vent, de vol Wind-, Fluggeschwindigkeit *f*; *auto* ～ en côte Bergfreudigkeit *f*; *sports* course *f* de ～ Kurzstreckenlauf *m*; (en) perte de ～ *cf* perte 1.; ♦ *loc/adv*: à (une) faible, grande ～ mit geringer, großer Geschwindigkeit; mit geringem, hohem Tempo; *comm* en grande, petite ～ als Eil-, Frachtgut; F en ～ schnellstens; schleunigst; F hopp hopp!; nun aber Tempo!; F file, et en ～! verschwinde, F verdufte schleunigst!; F hau gefälligst ab!; F partir en ～ F losrasen; mit 'Volldampf abbrausen; ♦ aimer la ～ gern schnell fahren; die Schnelligkeit lieben; faire de la ～ schnell fahren; F rasen; Tempo vorlegen; gagner, prendre qn de ～ j-m zu'vorkommen; schneller sein als j; lutter de ～ um die Wette rennen, laufen; e-n Wettlauf machen; ein Wettrennen veranstalten; **2.** *auto* Gang *m*; quatrième ～ vierter Gang; *fig* en quatrième ～ in größter Eile, Hast; F mit 'Volldampf, Ka'racho; manger en quatrième ～ hastig essen; (sein Essen) hin'unter)schlingen; changement *m* de ～ Gangschaltung *f*; *Vorgang* Schalten *n*; changer de ～ schalten; e-n anderen Gang einlegen; in e-n anderen Gang gehen; mettre la ～, passer en troisième ～ auf den dritten Gang schalten; in den dritten Gang gehen; den dritten Gang einlegen; passer les ～s schalten

viticole [vitikɔl] *adj* Wein(bau)...; industrie *f* ～ Weinindustrie *f*; région *f* ～ Wein(bau)gebiet *n*

viticult|eur [vitikyltœr] *m* Weinbauer *m*; Winzer *m*; *österr* Weinhauer *m*; ～ure *f* Weinbau *m*

vitiligo [vitiligo] *m path* Viti'ligo *f*

vitrage [vitraʒ] *m* **1.** *e-s Gebäudes* Verglasung *f*; (Glas)Fenster *n/pl*; **2.** Glasscheibe *f*, -wand *f*; (rideau ～) *m* ～ Scheibengardine *f*; **3.** Verglasen *n*; Einsetzen *n* von Glas-, Fensterscheiben; Glaserarbeiten *f/pl*

vitrail [vitraj] *m* ⟨*pl* vitraux⟩ **1.** Kirchenfenster *n*; **2.** Glasmale'rei *f*

vitre [vitr(ə)] *f* Glas-, Fensterscheibe *f*; *par ext* Fenster *n* (*auch ch de fer*); *auto* Seitenfenster *n*; *auto* ～ arrière, avant Heck-, Frontscheibe *f*; verre *m* à ～s Fensterglas *n*; faire, laver, nettoyer les ～s (die) Fenster putzen; mettre, poser des ～s (à une fenêtre) (Fenster)Scheiben einsetzen; regarder par la ～ durch die (Fenster)Scheibe sehen; zum Fenster hin'aussehen

vitr|é [vitre] *adj* **1.** Glas...; verglast; baie ～e großes (Glas)Fenster; porte ～e Glastür *f*; **2.** *anat* corps ～ Glaskörper *m*; humeur ～e Glaskörperflüssigkeit *f*; *sc* 'Humor vitreus *m*; ～er *v/t* verglasen;

vitrerie [vitrəri] f a) Glaserhandwerk n; b) Glase'rei f; c) Glaserwaren f/pl

vitreux [vitrø] adj <-euse> glasartig; glasig (auch Augen, Blick); Porzellan 'durchscheinend; minér roches vitreuses Gesteinsglas n; phys structure vitreuse a'morphe, nicht kristal'line Struktur

vitr|ier [vitrije] m Glaser m; ⁓ière f Glasdach-, Kirchenfenstersprosse f

vitri|fiable [vitrifjabl(ə)] adj Glas...; ⁓sable m ⁓ Glassand m; ⁓fication f 1. 'Umwandlung f in Glas; 2. des Parketts Versiegeln n, -ung f; ⁓fier I v/t 1. in Glas 'umwandeln; 2. Parkett versiegeln; II v/pr se ⁓ glasig, zu Glas werden

vitrine [vitrin] f 1. Schaufenster n; Auslage f; article m en ⁓ (im Schaufenster) ausgestellter Artikel; mettre en ⁓ (im Schaufenster) ausstellen, auslegen; regarder, lécher les ⁓s Auslagen, Schaufenster ansehen; e-n Schaufensterbummel machen; 2. Vi'trine f; Glasschrank m; Schaukasten m

vitriol [vitrijɔl] m chim früher Vitri'ol n; ⁓ bleu Kupfervitriol n; (huile f de) ⁓ Vitri'olöl n; ⁓age m text Schwefelsäurebad n; ⁓er v/t 1. tech mit Schwefelsäure versetzen; text Leinen ins Schwefelsäurebad geben; 2. qn j-m Vitri'ol ins Gesicht schütten

vitulaire [vitylɛr] adj vét fièvre f ⁓ Gebärparese f; Kalbe-, Gebärfieber n (abus)

vitupération [vityperasjɔ̃] f st/s meist pl ⁓s heftige Vorwürfe m/pl

vitupérer [vitypere] <-è-> I litt v/t heftige Vorwürfe machen (+ dat); II v/t/indir st/s ⁓ contre qn, qc wettern gegen j-n, etw

vivable [vivabl(ə)] adj 1. F Person il n'est pas ⁓ man kann mit ihm (einfach) nicht auskommen; er ist unerträglich; 2. Ort etc ce n'est pas ⁓ hier kann man nicht leben; das Leben ist hier unerträglich, nicht auszuhalten

vivace¹ [vivas] adj 1. Pflanzen, Bäume lebenskräftig; zäh; 'widerstandsfähig; bot plante f ⁓ Dauerpflanze f; ausdauernde, mehrjährige, peren'nierende Pflanze; 2. Gefühl hartnäckig; auch Glaube beharrlich; unzerstörbar; unwandelbar; Vorurteil unausrottbar; eingewurzelt

vivace² [vivatʃe] adj mus vi'vace [-tʃə]

vivacité [vivasite] f 1. e-r Person, des Blicks Lebhaftigkeit f; Le'bendigkeit f; des Blicks auch Wachheit f; e-r Person auch Rührigkeit f; von Bewegungen Flinkheit f; Lebhaftigkeit f; ⁓ d'esprit geistige Lebendigkeit, Regsamkeit; rasche Auffassungsgabe; e-s Kindes Aufgeweckheit f; plein de ⁓ sehr wach, rege; sehr lebhaft, le'bendig; 2. e-r Person Heftigkeit f; Hitzigkeit f; 3. e-s Gefühls Heftigkeit f; Stärke f; Kraft f; Feuer n; 4. e-r Farbe Leuchtkraft f; Glanz m

vivandière [vivɑ̃djɛr] f früher Marke-'tenderin f

vivant [vivɑ̃] I adj 1. lebend; le'bendig; am Leben; rel le Dieu ⁓ der lebendige Gott; être ⁓ Lebewesen n; par ext langue ⁓e lebende Sprache; matière ⁓e lebende, belebte Materie; moi ⁓, ... solange ich lebe, am Leben bin ...; être enterré ⁓ lebendig begraben werden; par ext vous en êtes un exemple ⁓, la preuve ⁓e Sie sind ein lebendes Beispiel, der lebende Beweis dafür; 2. fig Schilderung, Dialog, Unterricht, Brauch le'bendig; Darstellung, Bild lebensvoll; thé Figur lebenswahr; Straße belebt; Stadtviertel mit viel Betrieb; élève ⁓ Schüler, der sich lebhaft am 'Unterricht

beteiligt; Kind très ⁓ sehr lebhaft, lebendig; F quicklebendig; garder un souvenir très ⁓ de qn sich lebhaft an j-n erinnern; j-n in sehr lebendiger Erinnerung haben; II m 1. loc/prép de son ⁓ zu, bei s-n Lebzeiten; als er noch lebte; du ⁓ de mon père als, solange mein Vater noch lebte; zu Lebzeiten meines Vaters; 2. les ⁓s a) die Lebenden pl; b) rel (die.) die das ewige Leben haben; 3. bon ⁓ Genießer m; Schlemmer m

vivarium [vivarjɔm] m Vi'varium n; bes Ter'rarium n

vivat [viva] m Vivat n; meist pl ⁓s Hochrufe m/pl

vive¹ [viv] f zo ⁓ commune od grande ⁓ Großes Petermännchen; Petermann m; petite ⁓ Kleines Petermännchen; Vipernqueise f

vive² [viv] int cf vivre II 1.

vivement [vivmɑ̃] adv 1. schnell; rasch; eilig; flink; se lever ⁓ aufspringen; hochschnellen; mener ⁓ une affaire ... zügig vor'antreiben, -bringen; 2. wünschen lebhaft; innig; bedauern etc zu-'tiefst; tief; empfehlen warm; wärmstens; danken bestens; 3. antworten, protestieren heftig; scharf; hitzig; 4. F ⁓ ... wäre nur schon ...; ⁓ ce soir qu'on se couche! wäre der Tag nur endlich vorbei!; ⁓ que cela finisse! wäre es doch schon vorbei!

viverridés [viveride] m/pl zo Schleichkatzen f/pl

viveur [vivœr] m Lebemann m; Bonvi-'vant m

vivier [vivje] m a) Fischteich m, -weiher m; b) Fischbehälter m, -bassin n, -kasten m

vivifiant [vivifjɑ̃] adj 1. Klima, Luft stärkend; kräftigend; belebend (auch Wind); 2. fig Lektüre etc belebend; erfrischend

vivifier [vivifje] v/t 1. vom Klima etc stärken; kräftigen; neue Kraft geben (+ dat); Regen beleben; 2. fig beleben; erfrischen; 3. bibl vom Geist le'bendig machen

vivipar|e [vivipar] adj biol lebendgebärend; vivi'par; ⁓ité f biol Vivipa'rie f

vivisection [viviseksjɔ̃] f Vivisekti'on f

vivoir [vivwar] m in Kanada Wohnzimmer n

vivoter [vivɔte] v/i Person kümmerlich leben; sein Leben mühsam fristen; vege-'tieren; Unternehmen etc da'hinvegetieren; sich mühsam über Wasser halten

vivre¹ [vivr(ə)] <je vis, il vit, nous vivons; je vivais; je vécus; que je vivrai; que je vive; vivant; vécu> I v/t schwere Zeiten, Ereignisse, Gefühle erleben; mit-, 'durchmachen; durch'leben; Gefühle auch erfahren; Abenteuer erleben; Zuschauer ⁓ un film bei, in e-m Film ganz mitleben; ⁓ sa foi s-m Glauben gemäß, entsprechend leben; ⁓ des jours heureux glückliche Tage er-, verleben; ⁓ son métier ganz s-m Beruf leben; ⁓ sa vie sein eigenes Leben leben, führen; II v/i 1. leben; am Leben, le'bendig sein; ♦ mit adj u adv: ⁓ centenaire hundert Jahre alt werden; il vit encore er lebt noch; longtemps lange leben; ne plus ⁓ nicht mehr leben; fig il ne vit plus der Kummer frißt ihn auf, bringt ihn noch um; ⁓ vieux alt werden; ♦ mit prép: ⁓ à une époque troublée in e-r unruhigen, wirren Zeit leben; ⁓ dans un temps où ... zu, in e-r Zeit leben, da od in der ...; ♦ cesser de ⁓ verscheiden; hin'übergehen; aus dem Leben scheiden; il me reste, j'ai peu de temps à ⁓ ich habe nur noch, es bleibt mir nur noch kurze Zeit zu leben; ne pas trouver âme qui

vive keine lebende Seele, Menschenseele treffen; loc/prov qui vivra verra man wird ja sehen; die Zukunft wird es lehren, erweisen; ♦ mil qui vive? wer da?; ♦ vive ...! es lebe ...!; vive la mariée! es lebe die Braut!; die Braut soll leben!; ein Hoch auf die Braut!; vive la liberté! es lebe die Freiheit!; vive(nt) les vacances! (die) Ferien sind das Schönste, das Herrlichste, etwas Wunderbares!; auch hurra Ferien!; 2. ein (bestimmtes) Leben führen; ♦ mit adj u adv: il a (beaucoup) vécu er hat (in s-m Leben) viel erlebt; ⁓ sorgenfrei leben; ⁓ indépendant ein unabhängiges Leben führen; ⁓ libre frei, unabhängig leben, sein; ⁓ tant bien que mal schlecht und recht leben; sich so 'durchschlagen; ♦ mit prép: ⁓ à sa guise sich sein Leben nach s-m Geschmack einrichten; ⁓ avec son temps mit der Zeit (mit)gehen, Schritt halten; ⁓ dans l'angoisse, l'anxiété in Angst leben; ⁓ dans les livres in e-r Ro'manwelt leben; Wissenschaftler nur s-n Büchern leben; ⁓ en ermite wie ein, als Einsiedler leben; im Einsiedlerleben, -dasein führen; ⁓ en paix in Frieden leben; ⁓ pour les autres (nur) für die anderen, für andere leben; ⁓ pour soi a) auf sich selbst gestellt sein; auf eigenen Füßen stehen; b) nur an sich denken; ⁓ sur sa réputation von s-m Ruhm zehren; ♦ je vais lui apprendre à ⁓ cf apprendre 2.; il est difficile, facile à ⁓ cf difficile 1., facile se laisser ⁓ in den Tag hinein, ohne Plan, Ziel leben; p/fort sich treiben lassen; savoir ⁓ a) zu leben verstehen; ein Lebenskünstler sein; b) Lebensart haben; loc/prov pour ⁓ heureux, vivons cachés etwa wer glücklich leben will, darf nicht'auffallen od darf nicht im öffentlichen Leben stehen; 3. leben; wohnen; ⁓ seul, à la campagne, à cinq dans une pièce allein, auf dem Land, zu fünft in e-m Zimmer leben, wohnen; ⁓ avec qn mit j-m zu'sammen leben; ⁓ chez qn bei j-m leben, wohnen; ⁓ en communauté in (e-r) Gemeinschaft leben; 4. leben; sich ernähren; ⁓ aux crochets, aux dépens de qn auf j-s Kosten leben; j-m auf der Tasche liegen; ⁓ d'espoir, d'illusions von der Hoffnung, von Illusionen leben; ⁓ de fruits, de lait von Obst, Milch leben; sich von Obst, Milch ernähren; ⁓ de son travail von s-r Hände Arbeit leben; avoir de quoi ⁓ sein Auskommen, genug zum Leben haben; faire ⁓ qn Person für j-s Lebensunterhalt aufkommen; j-n ernähren (auch Einkommen); son salaire les fait ⁓ tous alle leben von s-m Gehalt; il faut bien ⁓! man muß schließlich leben!; travailler pour ⁓ arbeiten, um zu leben

vivre² [vivr(ə)] m 1. ⁓s pl Lebensmittel n/pl; Provi'ant m; Verpflegung f; mil: ⁓s de réserve eiserne Rati'on; ⁓s de route Marschverpflegung f; voiture f à ⁓s Verpflegungswagen m; dépôt m de ⁓s Verpflegungslager n, -depot n; fig couper les ⁓s à qn j-m s-e finanzielle Unter'stützung entziehen; j-m den Geldhahn zudrehen; 2. le ⁓ et le couvert 'Unterkunft f und Verpflegung f; Kost f und Lo'gis n

vivré [vivre] adj Heraldik fasce ⁓e Zickzackbalken m

vivrier [vivrije] adj <-ière> cultures vivrières der Ernährung dienende Kulturen f/pl

vizir [vizir] m hist We'sir m; grand ⁓ Großwesir m

v'là [vla] F cf voilà

vlan [vlã] *int* (et) ~! päng!; bums!; wumms!

vobulateur [vɔbylatœr] *m phys* Wobbler *m*

vocable [vɔkabl(ə)] *m* **1.** *ling* Wort *n*; Vo'kabel *f*; **2.** *Kirche* sous le ~ de saint Joseph dem heiligen Joseph geweiht

vocabulaire [vɔkabylɛr] *m* **1.** Wortschatz *m*; Vokabu'lar *n*; ~ étendu *od* riche, pauvre reicher, kleiner *od* bescheidener Wortschatz; *péj* quel ~! was für e-e Ausdrucksweise, Sprache!; avoir du ~ e-n großen, reichen Wortschatz haben; **2.** *e-r bestimmten Gruppe* Wortschatz *m*; Vokabu'lar *n*; Terminolo'gie *f*; Sprache *f*; **3.** Wörterverzeichnis *n*; Vokabu'lar *n*; Grundwortschatz *m*; Glos'sar *n*

vocal [vɔkal] *adj* ⟨-aux⟩ Stimm...; Vo'kal...; cordes ~es Stimmbänder *n/pl*; musique ~e Vokal-, Gesangsmusik *f*; organe ~ Stimmorgan *n*

vocalique [vɔkalik] *adj phon* Vo'kal...; vo'kalisch

vocalisation [vɔkalizasjõ] *f* **1.** *mus* Stimmübung *f*; Voka'lise *f*; **2.** *phon* Vokali'sierung *f*

vocalise [vɔkaliz] *f mus* **a)** Stimmübung *f*; Voka'lise *f*; **b)** Kolora'tur *f*; air *m* à grandes ~s Koloraturarie *f*; faire des ~s **a)** Stimmübungen machen; **b)** Koloratur singen

vocal|iser [vɔkalize] **I** *v/t phon* vokali'sieren; **II** *v/i mus* **a)** Stimmübungen machen; **b)** Kolora'tur singen; **III** *v/i* se ~ *phon* zum Vo'kal werden; **~isme** *m phon* Voka'lismus *m*

vocatif [vɔkatif] *m gr* Vokativ *m*; Anredefall *m*

vocation [vɔkasjõ] *f* **1.** Berufung *f* (*auch rel, bibl*); Bestimmung *f*; Neigungen *f/pl*; Aufgabe *f*; ~ artistique künstlerische Berufung; ~ d'écrivain Berufung zum Schriftsteller; avoir la ~ (dazu) berufen sein; sich dafür eignen; avoir la ~ du théâtre zum Schauspieler berufen sein; sa ~ est de soigner sie ist dazu berufen, dafür geschaffen, ihre Berufung, Bestimmung ist es, Kranke zu pflegen; sa ~ n'est pas de (+*inf*) es ist nicht s-e Aufgabe zu (+*inf*); manquer sa ~ s-n Beruf verfehlen (*auch plais*); se sentir une ~ de médecin sich zum Arzt berufen fühlen; suivre sa ~ s-r Berufung, Bestimmung, s-n Neigungen folgen; **2.** *e-s Gebietes, Volkes, e-r Institution etc* Bestimmung *f*; Aufgabe *f*; c'est une région à ~ touristique dieses Gebiet wird, soll, läßt sich zu e-m Fremdenverkehrszentrum entwickeln

vocifér|ateur [vɔsiferatœr] *adj* ⟨-trice⟩ *litt* Stimme zeternd; wütend; **~ation** *f meist pl* ~s Gebrüll *n*; Gezeter *n*; Toben *n*

vociférer [vɔsifere] ⟨-è-⟩ **I** *v/t Beleidigungen etc* brüllen; **II** *v/i* brüllen; toben; zetern; ~ contre qn a) j-n anbrüllen; b) gegen j-n zetern

vodka [vɔdka] *f* Wodka *m*

vœu [vø] *m* ⟨*pl* ~x⟩ **1.** Gelübde *n* (*auch égl cath*); *allg* Gelöbnis *n*; feierliches Versprechen; *rel*: ~x perpétuels, simples, solennels ewige, einfache, feierliche Gelübde *n/pl*; ~x du baptême Taufgelübde *n*; ~ de chasteté, d'obéissance Gelübde der Keuschheit, des Gehorsams; Keuschheits-, Gehorsamsgelübde *n*; ~x de religion Gelübde *n/pl* der Armut, der Keuschheit, des Gehorsams; faire ~ de pauvreté das Gelübde der Armut ablegen; faire ~ de (+*inf*) das, ein Gelübde ablegen zu (+*inf*); geloben zu (+*inf*); *allg* j'ai fait le ~ de (+*inf*) ich habe mir gelobt, fest vorgenommen zu (+*inf*); *égl cath* prononcer ses ~x die Gelübde ablegen; **2.** Wunsch *m*; meil-

leurs ~x pour 19.. meine *bzw* unsere besten Wünsche für 19..; tous mes ~x! meine besten Wünsche!; alles Gute!; ~x de bonne année Glückwünsche *m/pl* zum neuen Jahr, zum Jahreswechsel; carte *f* de ~x Neujahrskarte *f*; une maison selon vos ~x ... nach Ihren Wünschen; ... wie Sie es (sich) wünschen; adresser des ~x de bonheur à qn j-m Glück, alles Gute wünschen; émettre, exprimer, formuler un ~ e-n Wunsch äußern; faire un ~ sich etwas wünschen; faire, former des ~x pour le bonheur, la santé de qn, pour qn j-m Glück, Gesundheit, alles Gute wünschen; je fais le ~ que tout se passe bien ich wünsche (mir), daß alles gut geht

Vogoul(e) [vɔgul] *m* **1.** Wo'gule *m*; **2.** *ling* le ~ das Wo'gulische; Wo'gulisch *n*

vogue [vɔg] *f* Publikumsgunst *f*; Beliebtheit *f*; *loc/adj* en ~ in Mode; mo'dern; sehr beliebt; en vogue, *Theaterstück auch* zugkräftig; mettre en ~ in Mode bringen; connaître une grande ~ sich großer Beliebtheit erfreuen; modern, F groß in Mode sein; la ~ du twist est passée der Twist ist aus der Mode gekommen

voguer [vɔge] *v/i litt Schiff* fahren; segeln

voici [vwasi] *Präsentierpartikel* (*cf auch* voilà) da ist *bzw* sind; hier ist *bzw* sind; ~ ... folgendes: ...; also: ...; ◆ *mit subst od pr*: tu n'as plus d'argent, ~ ... da ist, hast du welches; ~ les faits das, folgendes sind die Tatsachen; ~ ma fille da *bzw* bei Vorstellung das ist meine Tochter; la, les ~ da *bzw* das ist, sind sie; me ~ da bin ich; le ~ à pleurer er weint; nun weint er; ◆ *mit pr/rel*: ~ ce qui ... folgendes ...; le livre que ~ dieses Buch da, hier; ◆ *mit p/p od adj*: nous ~ arrivés wir sind da, angekommen; ◆ *mit conj od adv*: ~ comment il faut faire so muß man das machen; ~ qu'il se met à chanter nun beginnt er zu singen; ◆ *litt* ~ venir mon père da kommt mein Vater; sieh da, mein Vater; *poét* ~ venir le printemps der Frühling naht, steht vor der Tür

voie [vwa] *f* **1.** (*Verkehrs*)Weg *m*; Straße *f*; Bahn *f*; ~ express Schnellstraße *f*; ~ ferrée *cf* ferré 1.; ~ maritime Seeweg *m*; ~s maritimes *auch* Schiffahrtswege *m/pl*; ~ navigable Wasserweg *m*, -straße *f*; Binnenschiffahrtsstraße *m*; ~ privée Pri'vatweg *m*; ~ publique öffentliche Straße; ~ romaine Römerstraße *f*; ~ terrestre Landweg *m*; *adm* ~ à sens unique Einbahnstraße *f*; ~ d'accès Zu-, Auffahrt *f*; *Autobahn auch* Zubringer (-straße) *m(f)*; ~ des airs Luftweg *m*; (grandes) ~s de communication (Haupt)Verkehrswege *m/pl*; (-)Verbindungen *f/pl*; ~ d'eau Wasserweg *m*, -straße *f*; *cf auch* 9.; par ~ de surface auf dem See- und Landweg; par ~ de terre auf dem Landweg; boucher, dégager la ~ den Weg, die Straße versperren, freimachen; trouver la bonne ~ den richtigen Weg finden. **2.** *ch de fer* Gleis *n*; ~ principale, d'arrivée, d'attente, de départ, d'embranchement, d'évitement Haupt-, Einfahr-, Warte-, Ausfahr-, Anschluß-, Über'holgleis *n*; ~ de garage Abstellgleis *n*; *fig* mettre qn, qc sur une ~ de garage j-n kaltstellen; F j-n aufs Abstellgleis schieben; etw aufs tote Gleis schieben; ~ de service, de triage Neben-, Ran'gier- *od* Verschiebegleis *n*; *Strecke* à double ~, à plusieurs ~s, à ~ unique zwei-, mehr-, eingleisig; *Signal* fermer, ouvrir la ~ Halt, Fahrt zeigen; rendre la ~ die Strecke freigeben; il est interdit de traverser les ~s Über'schreiten

der Gleise (ist) verboten; **3.** *e-r Autostraße* Fahrspur *f*; Fahrbahn *f* (*abus*); ~ du milieu mittlere Fahrspur; ~ réservée aux véhicules lents Kriechspur *f*; passage *m* à ~ unique (durch eine Ampel gesicherte) 'Durchfahrt mit einer Fahrspur; à trois ~s dreispurig; **4.** Rad-, Wagenspur *f*; Wagengeleise *n/pl*; *auto* Spurweite *f*; *ch de fer* Spur(weite) *f*; *ch de fer*: ~ étroite, large, normale Schmal-, Breit-, Nor'malspur *f*; chemin *m* de fer à ~ étroite Schmalspurbahn *f*; **5.** *astr* ♀ lactée Milchstraße *f*; **6.** *anat* Weg *m*; Bahn *f*; ~s digestives Verdauungswege *m/pl*; ~ lymphatique Lymphbahn *f*; ~s respiratoires, urinaires Atem-, Harnwege *m/pl*; par ~ orale oral; **7.** *fig* Weg *m* (*auch jur*); ~ administrative Verwaltungsweg *m*; bonne, mauvaise ~ richtiger, falscher Weg; être dans la bonne ~ auf dem richtigen Weg sein; *rel* les ~s de Dieu, du Seigneur die Wege Gottes; Gottes Wege; *jur*: ~ de droit Rechtsweg *m*; ~s de fait Tätlichkeiten *f/pl*; se livrer à des ~s de fait Tätlichkeiten begehen; ~ de recours Rechtsmittel *n bzw* -behelf *m*; *rel* ~ du salut Weg des Heils; ◆ *loc/adj* en ~ de: être en bonne ~ vor'ankommen; auf gutem Wege sein; être en ~ d'achèvement s-r Voll'endung entgegengehen; être en ~ d'amélioration auf dem Wege der Besserung sein; *Lage etc* sich bessern; besser werden; être en ~ de développement in der Entwicklung (begriffen) sein; sich entwickeln; zur Zeit entwickelt werden; pays *m/pl* en ~ de développement Entwicklungsländer *n/pl*; être en ~ de formation im Entstehen, Werden sein; zur Zeit entstehen; en ~ de guérison, de guérir auf dem Wege der Genesung; ◆ *loc/adv* par (la) ~ de auf ... Weg (*dat*); über (+*acc*); durch; par une ~ détournée auf e-m, über e-n 'Umweg; par la ~ diplomatique auf diplomatischem Wege; par la ~ 'hiérarchique auf dem Dienstweg(e); par des ~s pacifiques auf friedlichem Wege; par la ~ la plus simple auf dem einfachsten Weg(e); par ~ d'affiche durch Anschlag; par ~ de conséquence infolge'dessen; par ~ de négociations auf dem Verhandlungsweg(e); ◆ ouvrir la ~ den Weg bahnen, freimachen (à qc für etw); den Weg ebnen (à qn j-m); poursuivre dans la ~ tracée den, auf dem vorgezeichneten Weg weitergehen; préparer la ~ den Weg bereiten, bahnen, ebnen (à qc für etw); il a trouvé sa ~ er hat s-n Weg, das (für ihn) Richtige gefunden; **8.** *ch* Fährte *f*; Spur *f*; *fig* mettre qn sur la ~ j-n auf die (richtige) Spur bringen; j-m auf die Sprünge helfen; **9.** *mar* ~ d'eau Leck *n*; **10.** *mines* Strecke *f*; Stollen *m*; **11.** *e-r Säge* Schränkweite *f* (*der Sägezähne*); donner de la ~ à une scie e-e Säge schränken; **12.** *chim* Verfahren *n*

voilà [vwala] *Präsentierpartikel* da ist; da sind; ◆ ~! da!; (et) ~! das wär's!; ah, ~! a'ha!; genau!; na also!; da haben wir's!; ~, ~, j'arrive! ja doch, ich komme!; ich komm' ja schon!; Moment, ich komme!; ◆ *mit subst od pr*: ~ un an (que ...) vor *bzw* seit e-m Jahr (...); es ist ein Jahr her (, daß ...); *tu veux des bonbons, en* ~ ... da sind welche; en ~ assez! jetzt reicht's, langt's (mir aber)!; jetzt ist's aber genug!; F en ~ un idiot F so ein, ist das ein Trottel!; F en ~ un qui ne s'en fait pas da ist mal einer, der keine Hemmungen hat, F der für nichts kennt; *ils ont de l'argent* en veux-tu en ~ ... im 'Überfluß; F ... in rauhen Mengen; en ~ pour cinq francs hier haben Sie für fünf Franc; ~ bien les

femmes (das ist) typisch Frau; so sind die Frauen; ~ un bon film das ist mal ein guter Film; ~ l'hiver der Winter ist da; ~ l'homme so ist er; das charakteri-'siert, kennzeichnet den ganzen Mann; le ~ da bzw das ist er; me ~ da bin ich; nous y ~ a) da sind wir; b) nun sind wir beim eigentlichen Thema; ah, te ~! da bist du ja (endlich)!; (et) ~ tout a) das ist alles; weiter nichts; mehr nicht; ganz einfach; b) basta; Punktum; ♦ ~ pour toi das ist für dich; ♦ mit pr/rel: ~ ce que c'est (que) de (+inf) das kommt davon od so geht es, wenn man (+ind); ~ ce qui fait que … das ist der Grund dafür, daß …; deshalb …; darum …; la maison que ~ das Haus da; ~ le directeur qui arrive da kommt der Direktor; le ~ qui chante jetzt singt er; ~ qui est drôle das ist aber seltsam; ♦ mit p/p od adj: nous ~ bien od frais! F da sitzen wir schön im Schla'massel, in der Tinte; le ~ content jetzt ist er zufrieden; me ~ bien embarrassé da, nun bin ich ziemlich in Verlegenheit; les ~ partis jetzt sind sie (endlich) weg; ♦ mit conj od adv: ~ comment … so …; et ~ comment! … und zwar so: …; nämlich so: …; ~ où je veux en venir darauf will ich hinaus; ~ pourquoi … deshalb …; darum …; aus diesem Grund …; mais ~ que, tout à coup, … aber (siehe da.) plötzlich …; tandis qu'il parlait, ~ qu'elle s'évanouit … fiel sie plötzlich in Ohnmacht; F voilà-t-il pas, voilà-ti-pas, v'là-ti-pas qu'il se met en tête … setzt er sich doch tatsächlich plötzlich in den Kopf …; ~ seulement …, il fallait y penser nur mußte man darauf kommen

voilage [vwalaʒ] m Store m

voile[1] [vwal] m **1.** Schleier m; Nonnenschleier m; ~ de deuil, de mariée Trauer-, Brautschleier m; porter le ~ verschleiert gehen; den Schleier tragen; égl cath **prendre le ~** den Schleier nehmen; Nonne werden; **2.** text Voile m; ~ de Tergal Tergal-Voile m; **3.** fig Schleier m; poét ~ de brume Nebelschleier m; st/s **sous le ~** de unter dem Deckmantel (+gén); **lever le ~** d'un mystère den Schleier e-s Geheimnisses lüften; **mettre, jeter un ~ sur qc** e-n Schleier über etw (acc) breiten; Angelegenheit etw einschlafen lassen; nicht mehr an (acc) rühren; F da sitzen wir; e-s Denkmals Hülle f; **couvrir d'un ~** verhüllen, -schleiern; **5.** anat ~ du palais Gaumensegel n; weicher Gaumen; sc Velum n; **6.** path **a)** auf der Lunge Schatten m; **avoir un ~ au poumon** e-n Schatten auf der Lunge haben; **b)** aviat bei großer Beschleunigung ~ noir Schwarzsehen n; **7.** phot Schleier m; **8.** bot bei Pilzen Hülle f; Schleier m; **9.** égl cath Velum n

voile[2] [vwal] f **1.** mar Segel n; **navigation** f à ~ Segelschiffahrt f; loc/adv **toutes ~s dehors** mit vollen Segeln; **mettre toutes ~s dehors** alle Segel setzen, heißen; **être sous ~s** segeln; **être prêt à faire ~** segelklar sein; **faire ~ dans une direction, sur un port** in e-e Richtung, nach e-m Hafen segeln; **mettre à la ~, sous ~s, les ~s** unter Segel gehen; F fig **mettre les ~s** F abhauen; verduften; **sich verdünni'sieren**; **naviguer à la ~** segeln; **2.** Segeln n; Segelsport m; stage m de ~ Segelkurs m; **faire de la ~** Segelsport treiben; **3.** aviat vol m à ~ Segelflug m (auch mancher Vögel); Segelfliegen n, -fliegerei f; amateur m de vol à ~ Segelflieger m; club m de vol à ~ Segelfliegerklub m; **faire du vol à ~** segelfliegen (nur inf); Segelfliegen betreiben

voilé [vwale] adj **1.** Statue etc verhüllt; Frau verschleiert; **2.** Stimme heiser; belegt; Licht gedämpft; Glanz gedämpft; matt; Himmel, Blick verschleiert; Umrisse verschwommen; Ironie, Anspielung versteckt; Blick ~ de larmes von Tränen verschleiert; tränenverschleiert; **parler en termes ~s** in verschwommenen, verhüllten Worten sprechen; **3.** phot eingeschleiert; mit e-m Schleier; **4.** Holz, Metall, Schallplatten verbogen; verzogen; Rad verbogen; mit e-m Achter

voilement [vwalmã] m cf **voilure**[2]

voiler[1] [vwale] **I** v/t **1.** verschleiern; verhüllen; **2.** Tränen: Augen, Blick verschleiern; trüben; Nebel: Berg, Horizont verbergen; auch Wolke: Sonne verschleiern; verhüllen; Wahrheit bemänteln; Gefühle verbergen; **II** v/pr se ~ **3.** Frau verschleiern sein bzw gehen; **4.** Blick, Augen sich verschleiern (auch Himmel); sich trüben; Sonne, Mond sich hinter e-m Wolkenschleier verbergen

voiler[2] [vwale] **I** v/t **1.** mar mit Segeln versehen; besegeln; **2.** verbiegen; **II** v/pr se ~ Holz sich werfen; auch Metall, Schallplatte sich werfen; sich verbiegen; Rad e-n Achter bekommen; sich verbiegen

voilerie [vwalri] f Segelmacherwerkstatt f

voilette [vwalɛt] f (Hut)Schleier m

voilier [vwalje] m **1.** Segelschiff n; Segler m; sports Segelboot n, -jacht f; **grand ~** großes Segelschiff; Windjammer m; ~ **d'entraînement** Segelschulschiff n; **course** f **de ~s** Segelregatta f; sports **faire du ~** segeln; Segelsport (be)treiben; **2.** Segelmacher m; **3.** Schiff bon, mauvais ~ guter, schlechter Segler; **4.** Vogel ausgezeichneter Flieger

voilure[1] [vwalyr] f **1.** mar **a)** (Gesamtheit f der) Segel n/pl; Besegelung f; **b)** Segelfläche f; **2.** aviat Tragfläche f, -flügel m; ~ **tournante** Drehflügel m; à ~ **tournante** Drehflügel …; **3.** des Fallschirms Schirm m; Kappe f

voilure[2] [vwalyr] f von Holz, Metall Verbiegung f; e-s Rades Achter m

voir [vwar] ⟨je vois, il voit, nous voyons, ils voient; je voyais; je vis; je verrai; que je voie; voyant; vu⟩ **I** v/t **1.** sehen; erblicken; zu Gesicht kommen; ansichtig werden (+gén); ♦ ~ **un accident** e-n Unfall (mit an)sehen; ~ **un film** e-n Film sehen; ♦ **voyez-vous cela!** sehen Sie sich das mal an!; plais **que vois-je?** was sehe ich (denn da)?; ♦ **agréable à** ~ nicht anzusehen; nett aussehend; **on ne dirait pas, à le** ~ man sieht es ihm wirklich nicht an; das würde man hinter ihm nicht vermuten; **être à ~** zu sehen sein; cf auch **3.**; **sans être vu** ungesehen; ohne gesehen zu werden; ♦ mit adv od loc/adv: **je l'ai vu comme je vous vois** ich habe ihn leibhaftig gesehen; ich habe ihn genauso gesehen, wie ich Sie sehe; **je l'ai vu de mes (propres) yeux** od **je l'ai vu, de mes yeux vu** ich habe ihn bzw es mit eigenen Augen gesehen; ~ **qc de près** etw aus der Nähe sehen; cf auch **5.**; **j'ai vu la mort de près** ich habe dem Tod ins Auge, Angesicht geschaut, gesehen; je **le vois encore** ich sehe ihn noch vor mir; **on dirait qu'ils n'ont jamais rien vu** sie stehen da wie die Kuh vorm neuen Tor, wie der Ochs vorm Berg; ♦ mit inf, p/p, p/pr, adj od Satzergänzung: **je le vois arriver** ich sehe ihn kommen; **je les ai vus mourir** ich habe sie sterben sehen; **vous m'en voyez navré, ravi** das tut mir sehr leid od das bedauere ich sehr; ich bin entzückt darüber; **j'ai vu qu'il allait tomber** ich sah, daß er

fallen würde; **je vois tout tourner** alles dreht sich um mich; mir dreht sich alles vor den Augen; **je la vois qui vient** ich sehe sie kommen; ~ **venir** cf **venir 1. e)**; **je l'ai vu volant** ich habe ihn beim Äpfelstehlen gesehen; ich habe gesehen, wie er Äpfel stahl; ♦ mit Verben: **faire** ~ **qc à qn** j-m etw zeigen; **fais** ~ zeig mal; **se faire** ~ sich sehen lassen; F **si tu n'es pas content, va te faire** ~ **(ailleurs)** F … scher dich doch zum Teufel; **laisser** ~ **qc (à qn)** (j-n) etw sehen lassen; etw sichtbar werden lassen; cf auch **2.**; **le rideau laisse** ~ **ce qui se passe à l'intérieur** durch den Vorhang kann man sehen …; **je ne peux pas le** ~ (F **en peinture**) ich kann ihn nicht ausstehen, F riechen; **2.** sehen; bemerken; erkennen; feststellen; **ne pas** ~ **qn, qc** auch j-n, etw über'sehen; ♦ ~ **des fautes dans un texte** in e-m Text Fehler sehen, bemerken, feststellen; **voyez(-vous) cette insolence** nun seh' sich einer diese Frechheit an; ♦ **quand je l'ai vue si malade** als ich sah, merkte, erkannte, wie krank sie war; **j'ai vu à son attitude que** … ich merkte, sah ihm an, daß …; ich merkte, sah an s-r Haltung, daß …; **voyez comme c'est grand!** (sehen Sie) wie groß das ist!; **on voit bien que** … man sieht, merkt genau, recht gut, daß …; ♦ **ne pas laisser** ~ **son chagrin** sich s-n Kummer nicht anmerken lassen; **3.** Sache, Ort (an)sehen; besuchen; Person sehen; besuchen; zu'sammenkommen, -treffen bzw -sein mit; Rechtsanwalt konsul-'tieren; sprechen mit; ♦ ~ **Naples et mourir** Neapel sehen und (dann) sterben; ~ **du pays** weit in der Welt her'umkommen; viel von der Welt sehen; **être à** ~ sehenswert sein; ♦ mit adv: F **file, je t'ai assez vu** F hau ab, ich hab' genug von dir od ich kann dich nicht brauchen; **je l'ai vu ce matin** ich habe ihn heute morgen gesehen, getroffen; ich war heute morgen mit ihm zusammen bzw bei ihm; **je ne le vois plus** ich komme nicht mehr mit ihm zusammen; ♦ **aller** ~ **qc, qn** sich etw ansehen; etw besichtigen; j-n auf-, besuchen; bei j-m vorsprechen; (aller) ~ **le médecin** zum Arzt gehen; Arzt, Vertreter **aller** ~ **un malade, client** e-n Kranken, Kunden besuchen; **se faire** ~ **bien, mal** ~ sich beliebt, unbeliebt machen; **pourrais-je** ~ **le directeur?** kann ich den, mit dem Direktor sprechen?; **venir** ~ **qn** j-n be-, aufsuchen; **venez me** ~ dieminand kommen Sie am Sonntag zu mir; **il ne veut** ~ **personne** er will niemanden sehen; er ist für niemanden zu sprechen; **4.** sehen; sich vorstellen; wissen; verstehen; ♦ ~ **l'avenir** die Zukunft vor'aussehen; ~ **les choses comme elles sont** die Dinge sehen, wie sie sind; **façon** f, **manière** f **de** ~ **les choses** Standpunkt m; Ansicht f; Meinung f; Auffassung f; ~ **un 'héros en qn** in j-m e-n Helden sehen; j-n als Helden ansehen; **ma maison, je la vois petite et** … mein Haus stelle ich mir klein und … vor; das Haus, das ich möchte, sollte klein sein und …; **j'ai vu le moment où il allait tout casser** e-n Moment glaubte ich, er …; ich war darauf gefaßt, daß er …; ~ **la réalité telle qu'elle est** die Wirklichkeit … sehen; **je ne vois pas de solution** ich sehe keine Lösung; ♦ F **je vois ça d'ici** das weiß ich jetzt schon; das kann ich mir lebhaft, ganz genau vorstellen; F **tu vois ça d'ici** das kannst du dir wohl vorstellen; **je vois cela différemment** ich sehe das anders; **je ne le vois pas en médecin** ich kann ihn mir nicht als Arzt

vorstellen; ♦ **tu vois ce que je veux dire** du verstehst, was ich sagen will; **je ne vois pas** *de qui tu parles* ich weiß wirklich nicht, …; **on voit mal ce que** … man kann nicht recht begreifen, es sich nicht recht vorstellen, was …; es ist nicht recht einzusehen, was …; **je la vois mal faire, faisant** *ce travail* ich kann sie mir bei dieser Arbeit kaum vorstellen; **je ne me vois pas habiter,** habitant *là* ich würde dort nie wohnen (wollen); *in Briefen* **je ne vois plus rien à dire** mir fällt nichts mehr zum Schreiben ein; ich weiß nichts mehr, was ich schreiben könnte; **je ne vois pas quel parti prendre** ich weiß wirklich nicht, wo'zu ich mich entschließen soll; **5.** sehen; prüfen; nach-, 'durchsehen; feststellen; *Kranken* unter'suchen; *Post* 'durchsehen; ♦ **voyons un peu cette blessure** sehen wir uns mal die Wunde an; **il faut ~ cela de plus près** das muß noch näher geprüft, untersucht werden; **voyez ce que dit le dictionnaire** sehen Sie im Wörterbuch nach; sehen Sie nach, was im Wörterbuch steht; **voyons ce que vous savez faire** wir wollen mal sehen, was Sie können; **va ~ ce qui se passe** sieh nach, was los ist; **je vais ~ si** … ich werde (nach)sehen, ob …; **voyez s'il accepte** stellen Sie fest, ob er annimmt; **téléphone pour ~ si** elle est là ruf doch mal an (, um festzustellen), ob sie da ist; **~ qn à l'œuvre** sehen, wie j arbeitet; ♦ **c'est à ~** das wäre in Erwägung zu ziehen, zu über'legen; **6.** sehen; *auch von Dingen gesagt* erleben; mit-, 'durchmachen; erfahren; ♦ **~ la guerre** den Krieg erleben, mitmachen; *Land* **une révolution** e-e Revolution erleben; **cette année verra la reprise économique** der Wirtschaftsaufschwung wird dieses Jahr kommen; **le journal voit augmenter son tirage** die Zeitung erfährt e-e Steigerung ihrer Auflage; **la France a vu baisser ses exportations** Frankreich hat e-n Rückgang s-r Exporte erlebt; ♦ **elle en a vu dans sa vie** sie hat in ihrem Leben viel durchgemacht, viel Schweres erlebt; **en ~ de belles** Schlimmes sehen, erfahren; **en faire ~ à qn** (de belles *od* de toutes les couleurs) j-m schwer zu schaffen *od* das Leben sauer machen; **j'en ai vu bien d'autres** a) ich habe Schlimmeres erlebt, gesehen; b) da habe ich noch ganz anderes geschafft; ♦ F **vous allez ~ ce que vous allez ~** Sie werden sich (noch) wundern; F Sie werden (noch) Ihr blaues Wunder erleben; **vous n'avez encore rien vu** das ist noch gar nichts; **on n'a jamais vu ça** so etwas hat man noch nie gesehen; etwas ist noch nie dagewesen; **on aura tout vu** das ist doch unglaublich, die Höhe, F das letzte, nicht zu fassen; **je l'ai vu naître** ich habe ihn schon als Kind (in der Wiege) gekannt; *le pays* **qui m'a vu naître** … in dem ich geboren bin; F **qu'est-ce qu'il ne faut pas ~** was man so alles erleben muß; F es bleibt einem doch nichts erspart; **il ferait beau ~ que** … das wäre unerhört, F ja noch schöner, wenn …; **je voudrais ~ ça** cela das möchte ich einmal sehen; **je voudrais t'y ~** ich möchte d i c h dabei sehen; **je voudrais bien la ~ heureuse, mariée** ich möchte sie gerne glücklich sehen; ich sähe sie gerne verheiratet; **7.** *Möbel, Bräuche etc* **comme on en voit encore dans** … wie man sie noch in … sieht; wie es sie noch in … gibt; wie sie noch in … zu finden sind; **8.** **cela n'a rien à ~** das gehört nicht hierher; das hat damit gar nichts zu tun; **ça n'a plus rien à ~ avec l'art** das

hat mit Kunst nichts mehr zu tun; **je n'ai rien à ~ là-dedans, dans cette histoire** ich habe damit, mit dieser Geschichte nichts zu tun; **II** *v/t/indir* **9.** F **faudrait ~ à ~!** Vorsicht!; Achtung!; F **il faudrait ~ à ne pas confondre!** Vorsicht vor Verwechslungen!; F daß mir ja keine Verwechslungen vorkommen!; **III** *v/i* **10.** sehen (können); **~ bien** gut sehen; gute Augen haben; **elle n'y voit plus très bien** sie sieht, ihre Augen sind nicht mehr gut; **~ clair** *cf* clair II 1.; *fig* **~ grand** *cf* grand II a); **~ loin** *cf* loin 1.; **~ mal** schlecht sehen; schlechte Augen haben; **~ à peine** kaum etwas sehen können; **on ne voit pas à vingt mètres** man sieht keine zwanzig Meter weit; **ne ~ que d'un œil** nur auf e i n e m Auge sehen; **lunettes** *f/pl* **pour ~ de loin, de près** Brille *f* für die Ferne, die Nähe; **apprendre à ~** sehen, beobachten lernen; **regarder sans ~** ein Loch in die Luft starren; **il ne sait pas ~** er hat keine Beobachtungsgabe; **11.** sehen; nachsehen; feststellen; *bei Verweisen in Büchern etc* **~** *od* **voyez ci-dessous** siehe (weiter) unten; **c'est à vous de ~** das festzustellen ist Ihre Sache; ♦ **j'y suis allé seulement pour ~** ich bin nur als Zuschauer *bzw* Zuhörer hingegangen; ich bin nur hingegangen, um zuzusehen *bzw* zuzuhören; **essaie (un peu) pour ~** versuch's doch mal; **je le mets là pour ~** ich stell' es mal hin (*um festzustellen, wie es da aussieht*); **je vais lui téléphoner pour ~** ich werd' ihn mal anrufen; **12.** sehen; abwarten; **on verra** man wird, wir werden (ja) sehen; **on verra bien** man wird dann ja weitersehen; F das wird sich alles historisch entwickeln; *als Trost* **tu verras, tout s'arrangera** du wirst (schon) sehen, …; **il faut ~ man** muß (es) abwarten; das muß man (F erst mal) abwarten; sehen; **13.** verstehen; erkennen; wissen; sehen; **(ah!) je vois!** jetzt verstehe ich!; jetzt bin ich im Bilde!; jetzt ist's mir klar!; a'ha!; *façon* f, *manière* f **de ~** Standpunkt *m*; Meinung *f*; Ansicht *f*; Auffassung *f*; **je demande à ~** ich möchte es genau wissen; ich möchte erst Beweise haben; **14.** *als Einleitung od Floskel:* **voyez-vous** sehen Sie; **vois-tu** siehst du; **vous voyez** Sie sehen; **15.** **voyons!** also!; aber, aber!; hören Sie, *bzw* hör mal!; **du calme, voyons!** Ruhe bitte!; **voyons, qu'est-ce qui ne va pas?** aber, aber, …?; **c'est très facile, voyons!** aber das ist doch ganz leicht!; **16.** *zur Verstärkung* **mal; attends ~** warte mal!; wart e-n Moment!; **arrête ~** halt (doch)!; **dis, raconte ~** sag, erzähl mal!; **regarde ~ dans** l'armoire sieh mal im Schrank nach; **viens ~** komm mal her; da, schau mal; **voyons ~** sehen wir mal; **IV** *v/pr* **se ~ 17.** *reflexiv* sich sehen; **se ~ dans une glace** sich in e-m Spiegel sehen; **18.** *par ext* sich sehen; sein; werden; ♦ **quand elle s'est vue dans cet état** als sie sah, merkte, wie es um sie stand; als sie sich über ihren Zustand klar wurde; **se ~ dans la misère** (plötzlich) im Elend sein, leben; **se ~ déjà millionnaire** sich schon als Millionär sehen; **se ~ admiré** bewundert werden; **il se voyait déjà mort** er sah sich schon tot; **se ~ obligé de** (+*inf*) sich gezwungen sehen zu (+*inf*); **elle ne s'est pas vue mourir** sie hat ihren Tod nicht gespürt; ♦ *mit Hilfsverbfunktion zur Bildung e-s persönlichen Passivs:* **il s'est vu décerner le prix** er bekam den Preis verliehen; **elle s'est vu**

refuser l'entrée der Eintritt wurde ihr (unerwartet) verwehrt; **le terrain s'est vu soudain valorisé** das Grundstück wurde plötzlich aufgewertet, erfuhr plötzlich e-e Wertsteigerung; **les camions se sont vu interdire le passage** den Lastwagen wurde die 'Durchfahrt verboten; **19.** *reziprok* sich, ein-'ander sehen; ein'ander, sich treffen; zu'sammenkommen; **nous ne nous voyons plus** a) wir sehen uns nicht mehr; b) wir verkehren nicht mehr mitein'ander; *fig* **ils ne peuvent pas se ~** sie können sich, einander nicht ausstehen, F riechen; **20.** *passivisch:* **cela se voit** das sieht, merkt man; **ça ne s'est jamais vu** das ist noch nie dagewesen; das hat's noch nie gegeben; **ça ne se voit pas souvent** so etwas sieht, findet man nicht oft; **ça se voit tous les jours** das kommt doch alle Tage vor; das ist doch etwas Alltägliches; *Brauch etc* **qui se voit encore** den man noch sieht, findet; der noch üblich ist

voire [vwar] *adv* (ja) so'gar; **~ même** ja sogar; **des mois, ~ des années** Monate, (ja) sogar Jahre

voirie [vwari] *f* **1.** öffentliche Straßen *f/pl* und Wege *m/pl*; Straßen- und Wegenetz *n*; **2.** *adm* Straßenverwaltung *f*; Straßenbauamt *n*; **service** *m* **de ~** a) Straßenreinigung *f*; b) städtische Müllabfuhr; **3.** (Müll)Depo'nie *f*; Müllkippe *f*; Schuttabladeplatz *m*

voisé [vwaze] *adj phon cf* sonore **5.**

voisin [vwazɛ̃] **I** *adj* **1.** örtlich benachbart; Nachbar…; Neben…; **Etats ~s,** **maisons ~es** Nachbarstaaten *m/pl*, -häuser *n/pl*; benachbarte Staaten *m/pl*; Häuser *n/pl*; **maison ~e** Nachbar-, Nebenhaus *n*; **pièce ~e** Nebenzimmer *n*; **village ~** Nachbardorf *n*; ♦ *loc/adj:* **maison ~e de l'église, de la route** der Kirche, Straße (*dat*) nahegelegenes Haus; an die Kirche, Straße angrenzendes Haus; **régions ~es de la mer** Gebiete *n/pl* in der Nähe des Meeres; **2.** *zeitlich* **années ~es de 1900** Jahre *n/pl* um *bzw* gegen *bzw* kurz nach 1900; **3.** *Anschauungen, Stil, zo, bot Arten* verwandt; ähnlich; *Sache* ähnlich; **animal ~ du phoque** (mit) dem Seehund verwandtes, seehundähnliches Tier; **état ~ du sommeil** schlafähnlicher Zustand; **respect ~ de la crainte** an Furcht grenzender Respekt; **II** *subst* **1.** (e)m(*f*) Nachbar(in) *m(f)*; *Schule* Banknachbar(in) *m(f)*; in e-r Reihe Nebenmann *m*; *par ext* ⟨*nur m*⟩ Nächste(r) *m*; **~ de lit, d'hôpital** Bettnachbar *m*; **~ de table** Tischnachbar *m*; **être ~s** Nachbarn sein; **être ~s de palier** auf der gleichen Etage, im gleichen Stockwerk wohnen; **2.** ⟨*nur m*⟩ Nachbar(volk) *m(n)*; Nachbarland *n*

voisinage [vwazinaʒ] *m* **1.** Nachbarschaft *f*; Nachbarn *m/pl*; Nähe *f*; Nachbarschaft *f*; (unmittelbare) Um'gebung; **au ~ de la ville** in der Umgebung der Stadt; **dans le ~ immédiat** in unmittelbarer Nähe (**de** *gén od* von); **3.** **rapports** *m/pl*, **relations** *f/pl* **de bon ~** gutnachbarliche Beziehungen *f/pl*; **être, vivre en bon ~ avec qn** mit j-m gute Nachbarschaft halten; in guter Nachbarschaft mit j-m leben; **4.** **au ~ de l'hiver** gegen beim Her'annahen des Winters

voisiner [vwazine] *v/i* **avec** stehen, liegen, sein bei, neben (+*dat*); **faire ~** *Sachen* nebenein'ander-, zu'sammenlegen, -stellen; *Tiere* nebenein'ander 'unterbringen; *iron Personen* nebenein-'andersetzen

voiturage [vwatyraʒ] *m* Beförderung *f* mit Wagen *bzw* Fuhrwerk

voiture [vwatyr] f **1.** ~ (automobile) (Kraft)Wagen m; Auto n; ~ **particuliè-re** Pri'vatwagen m; petite ~ Kleinwagen m; kleiner Wagen; ~ **puissante** starker Wagen; ~ à 'haut-parleur Lautspre-cherwagen m; ~ de course, de fonc-tion, de livraison, de location od de louage, d'occasion Renn-, Dienst-, Liefer-, Miet-, Gebrauchtwagen m; adm ~ de place Mietdroschke f; ~ de pompiers Feuerlöschwagen m; F Feuerwehrauto n; ~ de sécurité Sicher-heitswagen m; ~ (de) sport Sportwagen m; ~ de tourisme Per'sonenwagen m; abr Pkw m; accident m de ~ Autounfall m; loc/adv en ~ mit dem Auto, Wagen; monter en ~ ins Auto, Wagen (ein)steigen; **2.** ch de fer für Personen Wagen m; Wag'gon m; ~ de grandes lignes Schnellzugwa-gen m; les voyageurs pour Paris, en ~! zum Zug nach Paris bitte einsteigen (und Türen schließen)!; **3.** Fuhrwerk n; Wagen m; Karren m; ~ attelée Gespann n; ~ à bras Handwagen m, -karren m; ~ à cheval, de poupée, d'enfant Pferde-, Puppen-, Kinderwagen m; ~ d'infirme Kranken-, Behindertenfahrstuhl m; **4.** Droschke f; Kutsche f; **5. a)** Wagen(in-sassen) m(m/pl); **b)** Wagen(ladung) m(f/pl); lettre f de ~ Frachtbrief m

voiture|-bar [vwatyrbar] f ⟨pl voitu-res-bars⟩ ch de fer Wagen m mit Bar; **~-couchettes** f ⟨pl voitures-cou-chettes⟩ ch de fer Liegewagen m; **~-lit** f ⟨pl voitures-lits⟩ ch de fer adm Schlaf-wagen m; **~-piège** f ⟨pl voitures--pièges⟩ der Verkehrspolizei als Pri'vat-wagen getarntes Poli'zeiauto

voiturer [vwatyre] v/t (im Wagen) beför-dern, transpor'tieren

voiture|-restaurant [vwatyrrɛstorā] f ⟨pl voitures-restaurants⟩ ch de fer adm Speisewagen m; **~-salon** f ⟨pl voitures--salons⟩ ch de fer Sa'lonwagen m

voitur|ette [vwatyrɛt] f auto kleiner Wagen (mit wenig PS); **~ier** m **a)** Frachtführer m; **b)** Fuhrunternehmer m

voïvod|e [vɔjvɔd] m in Polen Woi'wode m; **~ie** f Woi'wodschaft f

voix [vwa, vwɑ] f **1.** Stimme f; ~ **basse**, chaude, forte tiefe, warme, kräftige Stimme; **grosse** ~ dröhnende, laute, tiefe Stimme; faire la **grosse** ~ e-n drohenden Ton anschlagen; ~ **de basse** Baß(stimme) m(f); ~ d'enfant, de fem-me, d'homme Kinder-, Frauen-, Män-nerstimme f; kindliche, weibliche bzw péj bei e-m Mann weibische, männliche Stimme; ~ **de poitrine** Bruststimme f; ~ **de ténor** Te'nor(stimme) m(f); ~ **de tête** Kopfstimme f; bruits m/pl de ~ (Ge-räusch n von) Stimmen f/pl; ♦ loc/adv: à ~ **basse**, 'haute leise, laut; mit leiser, lauter Stimme; à 'haute et intelligible ~ laut und verständlich; chanter à plei-ne ~ ... mit schallender Stimme; encou-rager de la ~ et du geste ... durch Zurufe und Gesten; d'une ~ trembl-tante mit zitternder Stimme; de vive ~ mündlich; ♦ avoir de la ~ Stimme, e-e gute Singstimme, gutes Stimmaterial haben; elle avait une ~ gaie, sa ~ était gaie ihre Stimme klang fröhlich, ver-gnügt; baisser la ~, prendre une ~ basse die Stimme senken; leiser spre-chen; entendre des ~ a) Stimmen hören (auch übernatürlich); b) F spinnen; être en ~ (gut) bei Stimme sein; Hund obéir à la ~ de son maître der Stimme s-s Herrn gehorchen; par ext les oppri-més vous parlent par ma ~ ich spreche, stehe hier für die Unter'drück-ten; elle est restée sans ~ sie brachte keinen Ton, kein Wort her'vor; **2.** mus (Vo'kal- bzw Instrumen'tal)Stimme f; à

deux, plusieurs ~ zwei-, mehrstimmig; **3.** e-r Orgel ~ **angélique**, **céleste**, **humaine** Vox f an'gelica, cœ'lestis, hu'mana; **4.** fig u st/s e-s Lautsprechers, Musikinstrumentes etc Stimme f; **5.** fig ~ **intérieure** innere Stimme; ~ du cœur, de la conscience, de la nature, de la raison, du sang Stimme des Herzens, des Gewissens, der Natur, der Vernunft, des Blutes; **6.** pol Stimme f; ~ **consulta-tive**, **délibérative** beratende, be-schließende Stimme; par dix ~ contre trois mit zehn gegen drei Stimmen; par 25 ~ sur 30 mit 25 von 30 Stimmen; allg avoir ~ au chapitre etwas zu sagen, ein Wort mitzureden haben; donner sa ~ à qn, à un parti j-m, e-r Partei s-e Stimme geben; gagner, perdre des ~ Stim-men (hin'zu)gewinnen, verlieren; e-e Frage mettre aux ~ zur Abstimmung stellen; **7.** gr **active** Tätigkeitsform f; Aktiv(um) n; ~ **moyenne** Medium n; ~ **passive** Leideform f; Passiv(um) n; ~ **pronominale** reflexive Form f; **8.** ch donner de la ~ Laut geben

vol[1] [vɔl] m **1.** von Vögeln, Insekten Flug m; Fliegen n; par ext ~ **migrateur** Vogelzug m; loc/adj fig Hochstapler, Betrüger de haut ~ ausgekocht; geris-sen; ~ (auch schießen); attraper au ~ Ball im Fluge fangen; plais: etw flink ergreifen, fassen; saisir au ~ Gelegenheit beim Schopf fassen, packen; Bemerkung, Worte auf-schnappen, -fangen; à ~ d'oiseau a) Bild, Photo etc aus der Vogelschau, -perspektive; b) bei Entfernungen (in der) Luftlinie; il y a dix km à ~ d'oiseau es sind zehn km (in der) Luftlinie; franchir une distance d'un seul ~ ... ohne zu rasten; prendre son ~ auf-, wegfliegen; **2.** aviat Flug m; Fliegen n; ~ **spatial** Raumflug m; ~ à la demande, aux instruments Charter- [ʃ-], Instru-'menten- od Blindflug m; sports ~ à ski Skiflug m; ~ à voile cf voile[2] **3.**; ~ à vue, de distance, d'entraînement, de nuit, d'observation, de recon-naissance Sicht-, Fern-, Übungs-, Nacht-, Beobachtungs-, Aufklärungs-flug m; ~ en 'haute altitude Höhenflug m; ~ en formation Verbandsflug m; Flug, Fliegen im Verband; ~ sans escale Non'stopflug m; ~ sans visibilité (abr V.S.V.) Blind-, Instru'mentenflug m; en (plein) ~ während des Fluges; mitten im Flug; altitude f, conditions f/pl de ~ Flughöhe f, -bedingungen f/pl; e-s Piloten heures f/pl de ~ Flugstun-den f/pl; allg 'huit heures de ~ acht Stunden Flug; Acht-'Stunden-Flug m; Flug von acht Stunden; vitesse f de ~ Fluggeschwindigkeit f; **3.** von Vögeln, Insekten Schwarm m; **4.** e-s Vogels Spannweite f; **5.** thé Flugmaschine f

vol[2] [vɔl] m **1.** Diebstahl m; Entwendung f; jur: ~ **domestique** Hausdiebstahl m; ~ **qualifié**, **simple** schwerer, einfacher Diebstahl m; ~ à l'étalage Schaufenster-diebstahl m; ~ à main armée bewaff-neter Diebstahl m; (schwerer) Raub; ~ avec effraction Einbruch(s)diebstahl m; ~ dans les magasins, de bestiaux, de voiture Laden-, Vieh-, Autodieb-stahl m; ~ par escalade Einsteigedieb-stahl m; **2.** fig c'est du ~ (organisé) das ist ja Wucher; das ist der reinste Geldmache-'rei, Beutelschneide'rei; in Lokalen das ist der reinste Nepp

volage [vɔlaʒ] adj **1.** Person flatterhaft; auch Herz, Laune wetterwendisch; wankelmütig; unbeständig; être ~ gerne flirten, leben; **2.** mar Schiff rank

volaill|e [vɔlaj] f **1.** Geflügel n; Federvieh n; **2.** agr, cuis (Stück n) Geflügel n; pâté

m de ~ Geflügelpastete f; **~er** m Ge-flügelhändler m; **~eur** m Geflügelzüch-ter m

volant[1] [vɔlā] adj **1.** fliegend; Flug...; früher machine ~e Flugmaschine f; le personnel ~ od subst les ~s m/pl das fliegende Personal; zo poisson ~ flie-gender Fisch; Flugfisch m; **2.** beweglich; transpor'tabel; Blatt lose; bât échafau-dage ~ Hängegerüst n; escalier ~ transportable Treppe; mar manœuvres ~es laufendes Gut; pont ~ Gier-, Seil-, Kettenfähre f; **3.** contrôle ~ Stichkon-trolle f (in öffentlichen Verkehrsmitteln); personnel ~ Personal. das jeweils dort eingesetzt wird, wo Bedarf besteht

volant[2] [vɔlā] m **1.** auto Lenkrad n; Steuer(rad) n; Vo'lant m; ~ **escamota-ble**, **rétractable** Sicherheitslenksäule f; as m du ~ Spitzenfahrer m; donner un brusque coup de ~ das Lenkrad, Steuer her'umreißen; être au, tenir le ~ am Lenkrad, Steuer sitzen; se mettre au, prendre le ~ sich ans Steuer, ans od hinter das Lenkrad setzen; **2. a)** Feder-ball m; **b)** Federball(spiel) m(n); **3.** cout Vo'lant m; Falbel f; **4.** tech e-s Motors, e-r Maschine Schwungrad n; bei Zweitakt-motoren ~ **magnétique** Schwunglicht-magnetzündanlage f; beim Uhrenschlag-werk ~ à ailettes Windflügel m; **5.** écon ~ de sécurité Sicherheitsspanne f, -re-serve f, -rücklage f; **6.** Abreißblatt n; **7.** bot ~ d'eau Tausendblatt n; Wasser-garbe f

volapük [vɔlapyk] m ling Vola'pük n

volatil [vɔlatil] adj chim flüchtig; sel ~ Riechsalz n

volatile [vɔlatil] m (Stück n) Geflügel n

volatilis|able [vɔlatilizabl(ə)] adj chim verdunstbar; **~ation** f chim Verflüchtigen n, -ung f; Verdunsten n, -ung f

volatilis|er [vɔlatilize] **I** v/t chim ver-flüchtigen; verdunsten lassen; **II** v/pr se ~ **1.** chim sich verflüchtigen; verdunsten; **2.** fig Person, Sachen sich in Luft auflö-sen; F sich verflüchtigen; **~ité** f chim Flüchtigkeit f

vol-au-vent [vɔlovā] m ⟨inv⟩ cuis große Blätterteigpastete f

volcan [vɔlkā] m Vul'kan m (auch fig von e-r Person); ~ **éteint**, **sous-marin** erlo-schener, 'untermeerischer Vulkan; ~ de boue Schlammvulkan m, -sprudel m; Salse f; ~ **en activité**, **en sommeil** tätiger, untätiger Vulkan; fig être assis sur un ~ auf e-m Pulverfaß sitzen

volcanique [vɔlkanik] adj vul'kanisch; Vul'kan...; ~ **activité** f vulkanische Tä-tigkeit; cheminée f, cône m, éruption f ~ Vulkanschlot m, -kegel m, -ausbruch m; nappe f ~ Lavadecke f; roche f ~ vulkanisches Gestein; Vulkangestein n

volcanisme [vɔlkanism(ə)] m Vulka-'nismus m

volcano|logie [vɔlkanɔlɔʒi] f Vulka-nolo'gie f; **~logique** adj vulkano-'logisch; **~logue** m Vulkano'loge m; Vul'kanforscher m

vole [vɔl] f Kartenspiel Schlemm m; faire la ~ Schlemm machen

volé [vɔle] adj **1.** Sache gestohlen; **2.** Person bestohlen; subst le ~ der Bestoh-lene

volée [vɔle] f **1.** der Vögel Fliegen n; Flug m; Auffliegen n; d'une seule ~ ohne zu rasten; in e-m Flug; donner la ~ à un oiseau e-n Vogel fliegen lassen; pren-dre sa ~ auf-, wegfliegen; **2.** von Vögeln Schwarm m; der Rebhühner Kette f; Volk n; **3.** von Geschossen od Hagel m; ~ (de coups) Tracht f Prügel; ~ d'obus Gra'nathagel m; F flanquer, recevoir une ~ cf flanquer[2] **2.**, recevoir **2.**; **4.** Tennis Flugschlag m; ~ de revers Rück-

handflugschlag *m*; **balle** *f* **en** *od* **de** **~** Flugball *m*; **reprendre la balle de ~** *Fußball* den Ball direkt annehmen, *Volleyball* volley nehmen; **5.** *loc/adv:* **à la ~:** **(r)attraper une balle à la ~** e-n Ball im Fluge auffangen; **lancer qc à toute ~** etw in vollem Schwung schleudern, werfen; *agr* **semer à la ~** breitwürfig säen; *Glocken* **sonner à toute ~** ein feierliches Geläute anstimmen; **6.** *e-s Kanonenrohrs* langes Feld; *e-s Krans* Ausleger *m*; Arm *m*; *e-s Pferdewagens* Ortscheit *n*; Schwengel *m*; **7.** *mines* Zündkreis *m*; **8.** *e-r Treppe* Lauf *m*

voler[1] [vɔle] *v/i* **1.** *Vogel, Insekt, Flugzeug, Pilot, Fluggast* fliegen; **~ bas, à 'haute altitude** tief, in großer Höhe fliegen; **2.** *Ball, Pfeil etc* fliegen; *Gegenstände* durch die Luft fliegen; *Blätter* **~ au vent** im Wind wirbeln, fliegen; **~ en éclats** *cf* **éclat 1.;** *Wind* **faire ~ les feuilles, la poussière** die Blätter, den Staub aufwirbeln; die Blätter vor sich hertreiben; **3.** *fig Person* eilen; **~ au secours de qn** j-m zu Hilfe eilen; **~ chez qn** zu j-m eilen, stürzen; **~ dans les bras de qn** in j-s Arme fliegen; sich in j-s Arme stürzen; **4.** *Nachricht* **~ de bouche en bouche** von Mund zu Mund gehen; **les coups, les injures volaient** es hagelte Schläge, Beschimpfungen; **6.** *litt Zeit* (ver)fliegen; (da'hin)eilen

voler[2] [vɔle] *v/t* **1.** stehlen (*auch abs*); entwenden; **~ qc à qn** j-m etw stehlen, entwenden; **il s'est fait ~ sa valise** man hat ihm den, s-n Koffer gestohlen; **2.** **~ qn** j-n bestehlen; j-n be-, ausrauben, ausplündern; **se faire ~** bestohlen werden; **3.** *Kunden* betrügen; *in Lokalen* ausnehmen; F neppen; *abs* **~ sur le poids de qc** beim Wiegen e-r Sache betrügen; **~ sur la qualité de qc** e-e Sache minderer Qualität geben; *allg* **être volé de qc** um etw betrogen werden; **4.** *fig Namen, Titel* sich unrechtmäßig aneignen; *Kuß* rauben; *Erfindung, Idee* stehlen; **il ne l'a pas volé** *o* das geschieht ihm ganz recht; *b)* das hat er (sich) ehrlich, redlich verdient

volet [vɔlɛ] *m* **1.** Fensterladen *m*; **2.** *Kandidaten etc* **trier sur le ~** sieben; sorgfältig auswählen; **3.** *e-s Altars* Flügel *m*; *par ext e-s mehrteiligen Ausweises* ('umklappbarer) Teil, Abschnitt; Blatt *n*; *allg e-s Ganzen* Teil *m*; **4.** *e-s Wasserrades* Schaufel *f*; *der* Klappe *f*; *cin* Blende *f*; *auto* **~ de carburateur** Drosselklappe *f*; *aviat* **~ de freinage** Bremsklappe *f*

voleter [vɔlte] *v/i* ⟨-tt-⟩ (her'um)flattern

voleur [vɔlœr] **I** *adj* ⟨-euse⟩ diebisch; **être ~** stehlen; *Kaufmann, Gastwirt der* reinste Dieb sein; ein Gauner, Geldschneider, Halsabschneider sein; **II** *subst* **1. ~,** **voleuse** *m,f* Dieb(in) *m(f)*; **~ de grand chemin** Straßenräuber *m*; Wegelagerer *m*; Strauchdieb *m*; **voleuse d'enfants** Kindesräuberin *f*; **~ de voitures** Autodieb *m*; **bande** *f*, **repaire** *m* **de ~s** Diebesbande *f*, -höhle *f* *od* -nest *n*; **au ~!** Hilfe, Diebe!; haltet den Dieb!; **2.** ⟨*nur m*⟩ *von e-m Kaufmann, Lokalbesitzer* **c'est un ~,** *er*, das ist ein Halsabschneider, Geldschneider, Gauner, Betrüger; er ist der reinste Dieb

volière [vɔljɛr] *f* **a)** Vogelhaus *n*; Voli'ere *f*; **b)** großer Vogelkäfig; großes Vogelbauer

volige [vɔliʒ] *f* *bât* Dachlatte *f*; Schalbrett *n*

volig|eage [vɔliʒaʒ] *m* *bât* **a)** Dachlatten *f/pl*; Dachschalung *f*; **b)** Verschalen *n*; **~er** *v/t* ⟨-geons⟩ *bât* Dach verschalen

volis [vɔli] *m* vom Wind abgerissene Baumkrone

voli|tif [vɔlitif] *adj* ⟨-ive⟩ *psych* voli'tiv;

Willens…; **~tion** *f psych* **a)** Wollen *n*; **b)** Willensakt *m*

volley [vɔlɛ] *m* F *cf* **volley-ball**

volley-ball [vɔlɛbol] *m* Volleyball *m*

volley|eur [vɔlɛjœr] *m,* **~euse** *f* **1.** Volleyballspieler(in) *m(f)*; **2.** *Tennis* Flugschlagspezialist(in) *m(f)*

volontaire [vɔlɔ̃tɛr] **I** *adj* **1.** freiwillig; *mil* **engagé** *m* **~** Freiwillige(r) *m*; **2.** absichtlich; gewollt; vorsätzlich; bewußt; **incendie** *m* **~** Brandstiftung *f*; **3.** *Kinn, Gesicht* e'nergisch; *auch Person* willensstark; *péj* eigensinnig; **4.** *physiol* willkürlich; **muscle** *m* **~** willkürlicher Muskel; **II** *m,f* Freiwillige(r) *f(m)* (*m auch mil*); **on demande des ~s** es werden Freiwillige gesucht; *plais* **désigner des ~s** „Freiwillige" bestimmen

volontairement [vɔlɔ̃tɛrmɑ̃] *adv* **1.** freiwillig; unaufgefordert; aus eigenem Antrieb; aus freien Stücken; von selbst; **2.** absichtlich; willentlich

volontariat [vɔlɔ̃tarja] *m* freiwilliger Dienst, *mil* Mili'tärdienst

volontar|isme [vɔlɔ̃tarism(ə)] *m philos, psych* Volunta'rismus *m*; **~iste** *philos* **I** *adj* volunta'ristisch; **II** *m* Volunta'rist *m*

volonté [vɔlɔ̃te] *f* **1.** Wille *m*; Wunsch *m*; **les dernières ~s de qn** j-s Letzter Wille; *jur* **acte** *m* **de dernière ~** letztwillige Verfügung; **~ générale** allgemeiner Wille; Wille der Allgemeinheit; **~ de changement** Wille, e-e Veränderung her'beizuführen; *philos* **~ de puissance** Wille zur Macht; **~ de triompher** Wille zu siegen; Siegeswille *m*; **manifestation** *f* **de ~** Willensäußerung *f*; ♦ **à ~** nach Belieben; nach Wunsch; es steht Ihnen *etc* frei; beliebig (viel); *mil* **feu à ~!** Feuer frei!; **par la ~ de qn** weil j es (so) will; weil es j-s Wille ist; ♦ **agir, aller contre la ~ de qn** j-s Willen (*dat*) zu'widerhandeln; **avoir la ~ de guérir** den festen Willen haben, gesund zu werden; **sa ~ est de** (+*inf*) es ist sein Wille, Wunsch zu (+*inf*); **faire la ~ de qn** nach j-s Wunsch, Willen handeln; *Vaterunser* **que ta ~ soit faite** Dein Wille geschehe; F **elle fait ses quatre ~s** sie gibt allen s-n Launen nach; **respecter, suivre les ~s, la ~ de qn** j-s Willen, Wunsch respektieren; sich nach j-s Wünschen richten; nach j-s Willen handeln; **2.** Wille *m*; **bonne ~** guter Wille; Bereitwilligkeit *f*; **les bonnes ~, les hommes de bonne ~** die Menschen guten Willens; *Romains* **Les Hommes de bonne ~** Die guten Willens sind; **avoir de la bonne ~** guten Willen haben; gutwillig sein; **être plein de bonne ~** voll guten Willens sein; sehr gutwillig sein; **mauvaise ~** schlechter, böser Wille; **c'est de la mauvaise ~** er *bzw* sie will bloß nicht; **ce n'est pas de la mauvaise ~** es ist nicht böser, schlechter Wille; das, es liegt nicht am bösen, schlechten Willen; **mettre de la mauvaise ~ à le faire** es absichtlich langsam *bzw* schlecht *bzw* schlampig machen; **(même) avec la meilleure ~ du monde** beim besten Willen; **~ de travail** Arbeitswille *m*; **3.** Wille *m*, Wollen *n* (*beide auch philos*); Willenskraft *f*, -stärke *f*; **~ faible, ferme, forte** schwacher, fester, starker Wille; **manque** *m* **de ~** Willenlosigkeit *f*; Willensschwäche *f*; **sans ~** willenlos; willensschwach; ohne eigenen Willen; **il a de la ~** er hat e-n starken Willen; er ist willensstark; **il n'a pas de ~, il manque de ~** er hat keinen (eigenen) Willen; er ist willensschwach

volontiers [vɔlɔ̃tje] *adv* **1.** gern(e); bereitwillig; *als Antwort* **~** gern(e); **très ~** sehr gern(e); *comp* **plus ~** lieber; **2.**

häufig; oft; leicht; gern (*abus*)

volt [vɔlt] *m* (*abr* V) *élect* Volt *n* (*abr* V); **~age** *m élect* Spannung *f*; Voltzahl *f*

voltaïque [vɔltaik] *adj* **1.** *élect* **arc** *m* **~** Lichtbogen *m*; **pile** *f* **~** Voltaelement *n*; Voltasche Säule; **2.** *géogr* ober'voltaisch

voltaire [vɔltɛr] *m* tiefer Armsessel mit hoher Lehne

voltair|ianisme [vɔltɛrjanism(ə)] *m* Geist *m bzw* Schule *f* Vol'taires; spöttisches Freidenkertum; **~ien I** *adj* ⟨**~ne**⟩ **1.** spöttisch-freidenkerisch; **2.** Vol'taires; **influence ~ne** Einfluß *m* Voltaires; **II** *m* Anhänger *m* Vol'taires; Voltairi'aner *m*

volt|amètre [vɔltamɛtr(ə)] *m élect* Volta'meter *n*; **~ampère** *m élect* (*abr* VA) Voltam'pere *n* (*abr* VA)

volte [vɔlt] *f* **1.** *Reiten, esc* Volte *f*; **2.** Kehrtwendung *f*

volte-face [vɔltəfas] *f* ⟨*inv*⟩ **1.** Kehrtwendung *f*; **faire ~** e-e Kehrtwendung machen; sich 'umdrehen; **2.** *fig* Meinungsumschwung *m*; **faire une ~** e-e Kehrtwendung voll'ziehen; e-e Kehrtwendung machen

volter [vɔlte] *v/i Reiten, esc* vol'tieren; volti'gieren

voltige [vɔltiʒ] *f* **1.** *Zirkus* **a)** 'haute **~** Akro'batik *f* auf dem Tra'pez; *fig* ('haute) **~** intellectuelle Geistes-, Gehirnakrobatik *f*; **numéro** *m* **de haute ~** Tra'peznummer *f*; *fig* **c'est de la haute ~** das ist ein gewagtes, ris'kantes Unter'fangen; **b)** Kunstreiten *n*; **2.** *aviat* **~** (aérienne) Kunstfliegen *n*, -flug *m*

voltigement [vɔltiʒmɑ̃] *m* Hin- und Herfliegen *n*; *der Schneeflocken* Tanzen *n*

voltiger [vɔltiʒe] *v/i* ⟨-geons⟩ *Vögel, Insekten* hin- und herfliegen; *Schmetterling* gaukeln; *Schneeflocken* tanzen; *Papier* um'herflattern

voltigeur [vɔltiʒœr] *m* **1.** *Zirkus* **a)** Tra'pezkünstler *m*; **b)** Kunstreiter *m*; **2.** *frz* Zigarrenmarke; **3.** *hist mil* Plänkler *m*

voltmètre [vɔltmɛtr(ə)] *m élect* Voltmeter *n*

volubil|e [vɔlybil] *adj* **1.** *Person* zungenfertig; **2.** *bot* windend; **plante** *f* **~** Kletter-, Schlingpflanze *f*; **~is** [-is] *m bot* Winde *f*; **~ité** *f* Zungenfertigkeit *f*

volucelle [vɔlysɛl] *f zo* Hummelschwebfliege *f*

volucompteur [vɔlykɔ̃tœr] *m e-r Zapfsäule* Zählwerk *n*

volume [vɔlym] *m* **1.** *bei Büchern* Band *m*; **en trois ~s** dreibändig; F **écrire des ~s** à qn j-m lange, ganze Ro'mane schreiben; **2.** *e-s Körpers* Vo'lumen *n*; Rauminhalt *m* (*auch e-s Behältnisses*); *chim* **~ atomique** A'tomvolumen *n*; **unité** *f* **de ~** Raumeinheit *f*; **augmenter, diminuer de ~** an Volumen, *par ext* 'Umfang zu-, abnehmen; *Flüssigkeit, Gas auch* sich ausdehnen, zu'sammenziehen; *par ext* **faire beaucoup de ~** viel Platz, Raum beanspruchen, einnehmen, brauchen; **3.** *fig* 'Umfang *m*; Vo'lumen *n*; Menge *f*; **~ des importations** Einfuhrvolumen *n*; **~ des investissements,** de la production Umfang der Investitionen, der Produktion; **~ des ventes** Verkaufsvolumen *n*; Absatzmenge *f*; **4.** *math* Körper *m*; **5.** *mus der Stimme* Vo'lumen *n*; **~ sonore** Lautstärke *f*

volumétr|ie [vɔlymetri] *f chim* Maßanalyse *f*; Volume'trie *f*; **~ique** *adj chim* maßanalytisch; volu'metrisch

volum|ineux [vɔlyminø] *adj* ⟨-euse⟩ volumi'nös; 'umfangreich (*auch Werk, Akte*); **~ique** *adj phys* **masse** *f* **~** (Massen)Dichte *f*

volupté [vɔlypte] *f* **1.** (Sinnen)Lust *f*;

Sinnenfreude *f; bes sexuell* Wollust *f;* **2.** *par ext* Lust *f;* Wonne *f;* (Hoch)Genuß *m;* **sentiment** *m,* **sensation** *f* de ~ Wonnegefühl *n;* wohliges Gefühl; **avec** ~ **sich strecken** *etc* wohlig; genießerisch; *etw hören* mit Genuß

voluptu|aire [vɔlyptɥɛr] *adj jur Aufwendungen* nur der Verschönerung dienend; **~eux** *adj* ⟨**-euse**⟩ **1.** *Person* sinnenfreudig; sinnlich; wollüstig; **2.** *Gefühl etc* wohlig; wollüstig; *Tanz, Haltung* wollüstig

volute [vɔlyt] *f* **1.** *arch* Vo'lute *f; allg* Spi'rale *f; e-r Geige, e-s Cellos etc* Schnecke *f;* **~s de fumée** Rauchspirale *f;* **en** ~ spi'ral-, schneckenförmig; **2.** *zo* Faltenschnecke *f*

volvaire [vɔlvɛr] *f bot* Wulstling *m;* Scheidling *m;* ~ **soyeuse** Seidiger Wulstling

volve [vɔlv] *f bot* Volva *f*

volvox [vɔlvɔks] *m bot* Volvox *f*

volvulus [vɔlvylys] *m path* Darmverschlingung *f; sc* Volvulus *m*

vomer [vɔmɛr] *m anat* Pflugschar(bein) *f(n); sc* Vomer *m*

vomi [vɔmi] *m* Erbrochene(s) *n*

vomiqu|e [vɔmik] **I** *adj* **noix** *f* ~ Brechnuß *f;* **II** *f path* Auswurf *m* von Eiter, Blut oder se'röser Flüssigkeit; **~ier** *m bot* Brechnuß *f;* Strych'ninbaum *m*

vomir [vɔmir] *v/t* **1.** er-, ausbrechen; (wieder) von sich geben; *abs* sich über'geben; sich erbrechen; F brechen; spukken; ~ **du sang** Blut erbrechen; **envie** *f* de ~ Übelkeit *f;* Brechreiz *m;* **cela donne envie de** ~, **c'est à** (**vous faire**) ~ das ist ekelerregend, widerlich, ekelhaft; dabei wird einem übel; **2.** *fig Rauchwolken etc* (aus)speien; *Lava* auswerfen; (aus)speien; her'ausschleudern; *Beleidigungen, Fluch* her'vorstoßen; **3.** *fig* ~ **qn** j-n verabscheuen

vomiss|ement [vɔmismɑ̃] *m* **1.** (Er-)Brechen *n;* Speien *n;* **il est sujet aux ~s** er erbricht, über'gibt sich leicht; er neigt zu häufigem Erbrechen; **2.** Erbrochene(s) *n;* **~ure** Erbrochene(s) *n*

vomitif [vɔmitif] *méd,* ⟨**-ive**⟩ Erbrechen erregend; Brech...; **II** *m* Brechmittel *n; sc* Vomi'tiv(um) *n*

vomito-negro [vɔmitonegro] *m path* anhaltendes Bluterbrechen (*bei Gelbfieber*); Vomito negro *m*

vont [võ] *cf* aller

vorace [vɔras] *adj* **1.** *Person, Tier* gefräßig; gierig; **appétit** *m* ~ Gefräßigkeit *f;* Heißhunger *m;* **2.** *fig* gierig

voracité [vɔrasite] *f* **1.** Gefräßigkeit *f;* Gier *f;* **manger avec** ~ gierig schlingen; **2.** *fig* Gier *f*

vortex [vɔrtɛks] *m phys* Hohlwirbel *m; météo* Wirbel *m*

vorticelle [vɔrtisɛl] *f zo* Glockentierchen *n*

vos [vo] *cf* votre

vosgien [voʒjɛ̃] *adj* ⟨**~ne**⟩ (*u subst* ♀ Bewohner *der* Vo'gesen

votant [vɔtɑ̃] *m meist pl* ~**s a)** Abstimmende(n) *m/pl;* Wähler *m/pl;* **b)** Wahl-, Stimmberechtigte(n) *m/pl*

votation [vɔtasjõ] *f Schweiz* ~ **populaire** Volksabstimmung *f*

vote [vɔt] *m* **1.** Wahl *f;* Abstimmung *f;* Wahl-, Stimmrecht *n;* Wahlsystem *n;* ~ **(in)direct** (in)direkte Wahl; ~ **(au scrutin) public, secret** öffentliche, geheime Abstimmung, Wahl; ~ **à main levée** Abstimmung durch Handzeichen, durch Handerheben; ~ **de censure** *od* **de défiance, de confiance** 'Mißtrauens-, Vertrauensvotum *n;* ~ **des femmes** Frauenstimmrecht *n;* ~ **d'un projet de loi** Abstimmung über e-n Gesetzesentwurf; ~ **par bulletins** Ab-

stimmung durch Stimmzettel; ~ **par correspondance** Briefwahl *f;* **abaissement** *m* **de l'âge du** ~ Herabsetzung *f* des Wahlalters (à auf + *acc*); **droit** *m* **de** ~ Wahl-, Stimmrecht *n;* **avoir droit de** ~ wahl-, (ab)stimmberechtigt sein; **résultat** *m* **du** ~ Wahl-, Abstimmungsergebnis *n;* **2.** (Wahl)Stimme *f;* ~**s socialistes** Stimmen *f/pl* der Sozialisten; **3.** *e-s Gesetzes, des Haushalts* Verabschiedung *f; e-s Gesetzes auch* Annahme *f; des Haushalts auch* Bewilligung *f;* Feststellung *f; e-s Kredits* Bewilligung *f*

voter [vɔte] **I** *v/t* **1.** *Gesetz, Haushalt* verabschieden; *Gesetz auch* annehmen; *Haushalt auch* bewilligen; feststellen; *Kredite* bewilligen; ~ **la confiance à qn** j-m das Vertrauen aussprechen; ~ **la guerre** für den Krieg stimmen; **faire** ~ **une loi** ein Gesetz 'durchbringen; **2.** F ~ **qn** j-n wählen; **II** *v/i* wählen; abstimmen; s-e Stimme abgeben; ~ **socialiste** sozialistisch, die Sozialisten wählen; **für die Sozialisten stimmen;** ~ **à droite, à gauche** rechts, links wählen; *abs* ~ **contre, pour** dagegen, dafür stimmen; ~ **contre, pour qc, qn** gegen, für etw, j-n stimmen; ~ **oui, non** mit ja, nein stimmen; ~ **sur qc** über etw (*acc*) abstimmen

votif [vɔtif] *adj* ⟨**-ive**⟩ Weih...; Vo'tiv...; *Dank...; égl cath* **messe votive** Votivmesse *f;* **offrande votive** Weihgeschenk *n,* -gabe *f*

votre [vɔtr(ə)] *adj/poss* ⟨*pl* **vos** [vo]⟩ **1.** *der 2. pers pl* euer, eure, *pl* eure; *in Briefen* Euer, Eure; ~ **mère** eure Mutter; ~ **père** euer Vater; **vos parents** eure Eltern; **c'est pour** ~ **bien** es ist zu eurem Besten; ◆ *Anrede* ♀ **Excellence, Majesté** Eure Exzellenz, Majestät; **2.** *der Höflichkeitsform* ⟨*sg u pl*⟩ Ihr(e), *pl* Ihre; **madame** ~ **mère** Ihre Frau Mutter; *etwas péj* ~ **Monsieur Untel** Ihr (ewiger) Herr Soundso; **laissez-moi tranquille avec vos histoires** lassen Sie mich zufrieden, in Ruhe mit Ihren Geschichten

vôtre [votr(ə)] **I** *pr/poss* **a)** *der 2. pers pl* **le** ~, **la** ~ der, die, das eure, eurige; eure(r, -s); *pl* **les** ~**s** die euren, eurigen; eure; *in Briefen* der Eurige *etc;* **b)** *der Höflichkeitsform* ⟨*sg u pl*⟩ **le** ~, **la** ~ der, die, das Ihre, Ihrige; Ihre(r, -s); *pl* **les** ~**s** die Ihren, Ihrigen; Ihre; *ce n'est pas le mien.* **c'est le** ~ ... das ist Ihrer, der Ihr(ig)e; F **à la** (**bonne**) ~! zum Wohl!; Prost!; **II** *adj/poss litt* **ces livres sont** ~**s** diese Bücher gehören euch *bzw* Ihnen, sind euer *bzw* Ihr Eigentum; **III** *subst* **1. le** ~ **a)** das Eure, Eurige; **il faut que vous y mettiez du** ~ ihr müßt das Eurige dazu beitragen; **b)** das Ihre, Ihrige. **2. les** ~**s** *m/pl* **a)** die Euren, Eurigen; eure Fa'milien, Angehörigen, *par ext* Landsleute, Freunde, Genossen; **b)** die Ihren, Ihrigen; Ihre Fa'milien, Angehörigen, *par ext* Landsleute, Freunde, Genossen; **je suis des** ~**s** ich mache, komme mit; ich schließe mich Ihnen an; ich komme zu Ihnen; *cf auch* mien *u* nôtre

voudrai(s) [vudrɛ] *cf* vouloir[1]

vouer [vwe] **I** *v/t* **1.** *sein Leben etc* ~ **à qc** e-r Sache (*dat*) widmen, weihen; *rel* ~ **un enfant à Dieu** ein Kind Gott angeloben; **2.** *Haß, Freundschaft etc* geloben; schwören; **avoir voué à qn une amitié éternelle** j-m in ewiger Freundschaft verbunden sein; **3.** ~ **à qc** zu etw verurteilen, verdammen; e-r Sache (*dat*) ausliefern; zu etw bestimmen; *Viertel, Haus* ~ **à la démolition** zum Abbruch bestimmen; *adjt:* **être voué à l'échec** zum Scheitern verurteilt sein; aussichts-

los sein: **voué à la misère** dem Elend ausgeliefert; **voué à un travail** zu e-r Arbeit bestimmt, verurteilt; **4.** ~ **qn à qc** (*Böses, Übles*) j-m etw (*Böses, Übles*) ankündigen, prophe'zeien; **II** *v/pr* **5. se** ~ **à qc** sich e-r Sache (*dat*) verschreiben; sein Leben e-r Sache weihen, widmen; **6. ne** (**plus**) **savoir à quel saint se** ~ nicht ein noch aus wissen

vouivre [vwivr(ə)] *f* sagenhafte Schlange; *Heraldik* Schlange *f*

vouloir[1] [vulwar] ⟨**je veux, il veut, nous voulons, ils veulent; je voulais; je voulus; je voudrai; que je veuille, que nous voulions; voulant; voulu;** *imp der höflichen Aufforderung* **veuillez**⟩

I *v/t* **1.** wollen; beabsichtigen; mögen; wünschen; **a)** *abs:* **veux-tu? willst du?;** ja?; **voulez-vous?** *auch* bitte!; **si tu veux** *od* **vous voulez** wenn ich so sagen darf; F (**ah, mais**) **je veux!** allerdings!; das will ich meinen!; **il faut** ~ **man muß** (nur) wollen; *prov* ~ **c'est pouvoir** wo ein Wille ist, ist auch ein Weg (*prov*); **b)** *mit subst:* ~ **qc** etw (haben) wollen; ~ **qc de qn** von j-m etw (haben) wollen, wünschen; F **zu e-m Kunden Monsieur veut-il ...?** F wünschen der Herr ...?; der Herr wünschen ...?; **voulez-vous un apéritif?** möchten, wünschen, wollen Sie e-n Aperitif?; **il veut son argent** er will sein Geld (haben); ~ **de qn une discrétion absolue** von j-m absolute Diskretion erwarten, verlangen; **je lui voudrais plus d'énergie** ich wünschte *od* wollte, er hätte mehr Energie; *im Geschäft* **je voudrais un kilo de pommes** ich möchte ein Kilo Äpfel; ~ **la ruine de qn** j-s Ruin wollen; **c)** *mit pr:* **fais ce que tu veux** mach *od* tu, was du willst; **faire de qn ce qu'on veut** mit j-m machen, was man will; j-n völlig beherrschen; *veux-tu du pain?* – oui, j'en **veux ... ja, bitte; je n'en veux pas, plus** danke, ich möchte kein(e)s, kein(e)s mehr; **en** ~ **pour son argent** für sein Geld (auch) etwas haben wollen; **je le veux** ich will, wünsche es; **tu l'as voulu** du hast es so gewollt; **tu l'auras voulu** das ist dann deine Schuld; **que tu le veuilles ou non** ob du (es) willst oder nicht; *loc/adv* **sans le** ~ ohne es zu wollen; ungewollt; unabsichtlich; unbeabsichtigt; unwillkürlich; *comment voulez-vous votre café?* – je le veux très fort ... ich möchte ihn sehr stark; *que voulez-vous?* was wünschen, möchten, wollen Sie?; **que voulez-vous, veux-tu** *od* **qu'est-ce que tu veux, vous voulez?** das ist nun mal so, nicht anders; was soll, kann man da machen?; **que veux-tu pour Noël?** was wünschst du dir zu Weihnachten?; **que me voulez-vous?** was wünschen Sie von mir?; **tout ce que vous voulez** alles, was Sie wollen, wünschen, was Ihnen beliebt; **tout ce que tu voudras, mais pas ça** alles, was du willst *od* alles andere, nur das nicht; **d)** *mit adv:* **je veux bien** oh ja!; gerne!; das ist mir recht; ich bin damit einverstanden; ich habe nichts da'gegen; F *iron* **moi, je veux bien** von mir aus; na schön; schon gut (*aber ich bin anderer Meinung od ich glaube es nicht*); *cf auch* **e)** *u* **9.; comme tu voudras** wie du willst; *ca va* **comme vous voulez?** ... wunschgemäß?; ... wie Sie es wollen, wünschen?; **quand tu voudras** wann du willst, es möchtest; **e)** *mit que ...* (+*subj*): **je ne veux pas que tu y ailles** ich will *od* wünsche nicht, daß du hingehst; du sollst nicht hingehen; **je voudrais qu'il vienne** ich wollte *od*

wünschte, er käme; **si tu veux que je t'aide** wenn ich dir helfen soll; **que voulez-vous que je vous dise?** was soll ich da sagen?; F **qu'est-ce que vous voulez, tu veux que j'y fasse?** was soll, kann ich denn da tun?; **comment veux-tu que j'y arrive** wie soll ich das denn schaffen?; **on voudrait od ils voudraient que j'abandonne maintenant?** (und) gerade jetzt soll ich aufgeben?; **je veux bien qu'il se soit trompé** ich gebe gerne zu, daß er sich getäuscht hat; **2.** *fig*: **le hasard a voulu que ...** (+*subj*) der Zufall fügte, wollte es, daß ...; **la loi veut que ...** (+*subj*) das Gesetz schreibt vor, daß ...; **nach dem Gesetz ...**; **le malheur a voulu que ...** (+*subj*) das Unglück wollte es, daß ...; **l'usage veut que ...** (+*subj*) es ist Brauch, daß ...; **c'est l'usage qui veut ça** so will es der Brauch; **3.** verlangen, (haben) wollen **(de qc** für etw); **combien en voulez-vous?** wieviel wollen, verlangen Sie dafür?; **4.** *Pflanze, Tier ∼* **qc** etw brauchen, wollen; *cette plante* **veut beaucoup d'eau, beaucoup de soins ...** braucht, will viel Wasser; viel Pflege; *ce travail* **veut beaucoup de soin ...** erfordert, benötigt viel Sorgfalt; **5. ∼ que ...** (+*subj*) behaupten, daß ...; **6.** *e-e Frau* besitzen, haben wollen;
II *v/t/indir* **7. ne pas ∼ de qc, qn** etw, j-n nicht (haben) wollen; von etw, j-m nichts wissen wollen; **personne ne veut d'elle comme collègue** niemand will sie als Kollegin haben; **personne n'en veut** niemand will etwas davon *bzw* von ihm, ihr wissen; **je ne veux pas de vos excuses** ich will Ihre Entschuldigungen nicht (haben, hören); **8. en ∼ à qn a)** j-m böse sein; es j-m übelnehmen, nachtragen; **en ∼ à mort à qn** j-n tödlich hassen; **ne m'en veux, *st/s* veuille pas** sei mir nicht böse; *st/s* zürne mir deswegen nicht; **elle lui en veut de son indifférence** sie nimmt ihm s-e Gleichgültigkeit übel; **elle lui en veut d'être parti** sie ist ihm böse, daß er ...; **b)** es auf j-n abgesehen haben; F j-n auf dem Kieker haben; **en ∼ à qc** (*acc*) abgesehen haben; **en ∼ à la vie de qn** j-m nach dem Leben trachten;
III *v/aux mit inf* **9.** wollen; mögen; *la lettre* **que vous avez bien voulu m'adresser ...** den Sie mir freundlicherweise schreiben; **∼ dire** *cf* dire **5.**; **voudriez-vous bien me dire ...** würden Sie mir bitte sagen ...; **je veux bien essayer** ich kann's ja mal probieren; **il veut être pilote** er will Pilot werden; **il voudrait être riche** er möchte reich sein; **je voudrais vous parler** ich möchte Sie, mit Ihnen sprechen; **je veux savoir** ich will es wissen; **je voudrais savoir si ...** ich möchte wissen, ob ...; **j'aurais voulu savoir si ...** ich hätte gern gewußt, ob ...; **voulez-vous bien me suivre** würden, wollen Sie mir bitte folgen; **veux-tu (bien) te taire** willst du wohl still sein; **il ne veut pas venir** er will, mag nicht kommen; **10.** *als höfliche Aufforderung* **veuillez** (+*inf*) wollen, würden Sie bitte (+*inf*); *am Briefschluß* **veuillez agréer ...** *cf* agréer **1.**; **veuillez répéter** wiederʼholen Sie bitte; wollen Sie bitte wiederholen; **11.** F *Sache* wollen; **le bois ne veut pas brûler** das Holz will nicht brennen; **12.** *fig* wollen; müssen; *ces connaissances* **veulent être renouvelées ...** müssen aufgefrischt werden; **13.** *regional* werden; wollen; **on dirait qu'il veut pleuvoir** es will, wird wohl bald regnen;

IV *v/pr* **14. s'en ∼ de** (+*inf*) sich Vorwürfe machen, sich über sich selbst ärgern, auf sich selbst böse sein, daß ...; F **je m'en voudrais!** das wäre das Letzte, was ich täte; das würde ich mir nie verzeihen; **15.** *Sache se ∼ ...* sich ... geben; ... sein wollen; **une politique qui se veut sociale** e-e Politik, die sich sozial gibt *od* die sozial sein will

vouloir² [vulwar] *m* **1. bon ∼** guter Wille; Bereitwilligkeit *f*; **mauvais ∼** schlechter, böser Wille; **attendre le bon ∼ de qn** warten, bis es j-m beliebt, s-e Einwilligung zu geben; **dépendre du bon ∼ de qn** von j-s Belieben abhängen; **2.** *litt* (*volonté*) Wollen *n*; Wille *m*

voulu [vuly] *adj* **1.** *Menge etc* gewünscht; *Alter* erforderlich, vorgeschrieben (**pour** für); **en temps ∼** zur festgesetzten Zeit; zum vereinbarten Zeitpunkt; **2.** absichtlich; gewollt; beabsichtigt; **c'est ∼** das ist beabsichtigt, so gewollt

vous [vu] **I** *pr/pers* **1.** der 2. *pers pl* **a)** mit e-m Verbum verbunden u unbetont ♦ *Subjekt* ihr; *in Briefen* Ihr; **êtes-∼ content(e)s?** seid ihr zufrieden?; ♦ *obj/dir u obj/indir* euch (*acc u dat*); **je l'ai dit** ich habe es euch gesagt; *pronominal* **∼ ∼ êtes trompé(e)s** ihr habt euch getäuscht; **b)** *unverbunden u meist betont* ♦ *Subjekt* ihr; *in Briefen* Ihr; *verstärkt* **∼ autres** ihr; **∼ autres Français** ihr Franzosen; ♦ *obj/dir* euch (*acc u dat*); **c'est ∼ que je veux voir** euch will ich sehen; ♦ *mit prép*: **à ∼ deux, ∼ y arriverez** zu zweit werdet ihr es, ihr beide werdet es schon schaffen; **chez ∼** bei euch (zu Hause); **pour ∼** für euch; **2.** *der Höflichkeitsform* **a)** *mit e-m Verbum verbunden u unbetont* ♦ *Subjekt* Sie; **êtes-∼ content(e|s)** sind Sie zufrieden?; ♦ *obj/dir u obj/indir* Sie (*acc*); Ihnen (*dat*); **je ∼ l'ai écrit** ich habe es Ihnen geschrieben; **s'il ∼ plaît** bitte; **b)** *unverbunden u meist betont* ♦ *Subjekt* Sie; **c'est ∼ qui l'avez dit** das haben Sie gesagt; ♦ *obj/dir* Sie (*acc*); Ihnen (*dat*); **cela ∼ regarde, ∼ et non lui** das betrifft Sie und nicht ihn; ♦ *mit prép*: **de ∼ à moi** unter uns gesagt; **chez ∼** bei Ihnen (zu Hause); **pour ∼** für Sie; **c)** **dire ∼ à qn** j-n siezen; zu j-m „Sie" sagen; **employer le ∼ en s'adressant à qn** j-n mit „Sie" ansprechen; **II** *pr/ind* ⟨*obj/dir u obj/indir von* „**on**"⟩ einem *bzw* einem; **les gens qui ∼ disent que ...** die Leute, die einem sagen, daß ...; **il ∼ ferait devenir fou** er würde einen verrückt machen; *Expletiv* **il ∼ fait cela en un rien de temps** der macht (dir, Ihnen) das im Nu

vous-même(s) [vumɛm] *pr/pers* **1.** *betont* (ihr *bzw* Höflichkeitsform Sie) selbst; **cherchez ∼** sucht selbst *bzw* suchen Sie selbst; **2.** *reflexiv von zur Höflichkeitsform* sich selbst; **vous vous faites du tort à ∼** ihr schadet euch selbst *bzw* Sie schaden sich selbst

vousseau [vuso] *m* ⟨*pl* ∼**x**⟩ *cf* voussoir
voussoiement [vuswamã] *m cf* vouvoiement
voussoir [vuswar] *m bât, arch* Gewölbestein *m*
voussoyer [vuswaje] *cf* vouvoyer
voussure [vusyr] *f* **1.** *arch, bât* **a)** *e-s Gewölbes, Bogens* Wölbung *f*; Krümmung *f*; **b)** *e-s Stufenportals* Stufungen *f/pl*; **c)** *bei Türen, Fenstern* Laibungsbogen *m*; **2.** *path* **∼ thoracique** (ʼübermäßige) Erweiterung des Brustkorbs (*bei Lungenemphysem*)

voûte [vut] *f* **1.** *arch, bât* Gewölbe *n*; **∼ surbaissée** Flachtonne *f*; **∼ surhaussée, en ogive** Spitztonne *f*; **∼ d'arête** Kreuz(grat)gewölbe *n*; **∼ d'une cave**

Kellergewölbe *n*; **∼ en plein cintre** Rundtonne *f*; **en ∼ gewölbt**; **2.** *fig* Gewölbe *n*; Wölbung *f*; **∼ céleste** Himmelsgewölbe *n*; **∼ de feuillage** Blätterdach *n*; **3.** *anat* **∼ crânienne** Schädeldach *n*; **∼ palatine, du palais** harter *od* knöcherner Gaumen; **4.** *mus* e-r Geige *etc* Wölbung *f*

voûté [vute] *adj* **1.** *bât* **a)** überʼwölbt; **b)** gewölbt; **2.** *Rücken* krumm (gebogen); gebeugt; *Person* **être tout ∼** e-n krummen, gebeugten Rücken haben; gebeugt gehen; *auch* altersgebeugt sein; **se tenir ∼** sich krumm halten; e-e krumme Haltung haben

voûter [vute] **I** *v/t bât* **a)** überʼwölben; **b)** wölben; **II** *v/pr* **se ∼** *Rücken* sich von Alter krümmen; krumm werden; sich wölben; *Person* vom Alter gebeugt werden; krumm werden

vouvoiement [vuvwamã] *m* Siezen *n*; Sie-Sagen *n*
vouvoyer [vuvwaje] ⟨-oi-⟩ **I** *v/t* **∼ qn** j-n siezen; zu j-m „Sie" sagen; **II** *v/pr* **se ∼** sich, einʼander siezen; zueinʼander „Sie" sagen

vox populi [vɔkspɔpyli] *litt f* die Stimme des Volkes; *loc/prov* **∼ vox Dei** Volkes Stimme Gottes Stimme (*loc/prov*)

voyage [vwajaʒ] *m* **1.** *e-r Person* Reise *f*; Fahrt *f*; **bon ∼!** gute, glückliche Reise!; gute Fahrt!; *aviat* guten Flug!; **∼ organisé** Gesellschaftsreise *f*; **faire un ∼ organisé** e-e Gesellschaftsreise mitmachen; mit e-r Reisegesellschaft fahren; *Jules Verne* ♀ **au centre de la Terre** Reise nach dem Mittelpunkt der Erde; **à l'étranger** Auslandsreise *f*; Reise, Fahrt ins Ausland; **∼ à forfait** Pauʼschalreise *f*; **∼ à pied** (Fuß)Wanderung *f*; **∼ à Rome** Reise, Fahrt nach Rom; Romreise *f*; **∼ à travers l'Europe** Reise, Fahrt (quer) durch Europa; **∼ autour du monde** Weltreise *f*; Reise um die Welt; **∼ dans l'espace** Fahrt, Reise in den Weltraum; **∼ d'affaires** Geschäftsreise *f*; **être en ∼ d'affaires** auf e-r Geschäftsreise sein; geschäftlich verreist, unterʼwegs sein; **∼ d'agrément, d'études, d'exploration, de noces** Vergnügungs-, Studien-, Forschungs-, Hochzeitsreise *f*; **∼ en avion, en bateau** Flug-, Schiffsreise *f*; Fahrt, Reise mit dem Flugzeug, Schiff; **∼ en France** Frankreichreise *f*; Reise durch Frankreich; **∼ en groupe** Gesellschaftsreise *f*; Gruppenfahrt *f*, -reise *f*; **∼ en train** (Eisen)Bahnfahrt *f*; Bahnreise *f*; Reise, Fahrt mit der (Eisen)Bahn; **∼ en voiture** Autoreise *f*, -fahrt *f*; **∼ par mer** Seereise *f*, -fahrt *f*; **articles** *m/pl* **de ∼** Reiseartikel *m/pl*; **carnet** *m* **de ∼** Reisetagebuch *n*; **frais** *m/pl* **de ∼** Reisekosten *pl*, -spesen *pl*; **gens** *m/pl* **du ∼** Zirkusleute *pl*; fahrendes Volk; **deux jours de ∼** zwei Reisetage *m/pl*; **récit** *m* **de ∼** Reisebericht *m*; **au cours de mon** *od* **du ∼, durant, pendant mon, le ∼** während, auf meiner, der Reise; **aller en ∼** auf Reisen gehen; **emmener qc, qn en ∼** etw, j-n auf die Reise, auf s-e Reisen mitnehmen; **être du ∼** die Reise mitmachen; **être en ∼** verreist, auf Reisen sein; **faire un ∼ à Berlin** e-e Reise, Fahrt nach Berlin machen; nach Berlin reisen, fahren; **partir en ∼** die, e-e Reise antreten; verreisen; auf die Reise, auf Reisen gehen; *Sehenswürdigkeit* **valoir le ∼** e-e Reise wert sein; *loc/prov* **les ∼s forment la jeunesse** Reisen bildet (*loc/prov*); **2.** *e-r Person, e-s Zuges, Schiffs* Fahrt *f*; **trois jours de ∼** drei Tage Fahrt; *Zug* **faire le ∼ Strasbourg-Paris en quatre heures** die Strecke Straßburg-Paris in vier Stunden

fahren, zu'rücklegen; in vier Stunden von Straßburg nach Paris fahren; **faire le ~ deux fois par jour** die Strecke zweimal täglich fahren; die Fahrt zweimal täglich machen; **faire plusieurs ~s pour transporter** qc mehrmals fahren bzw gehen …; 3. fig Reise f; **le grand ~** die letzte Reise; **partir pour le grand ~** s-e letzte Reise antreten; **~ dans le temps** Reise in die Vergangenheit bzw Zukunft; 4. von Rauschgiftsüchtigen Trip m; 5. von Sachen, Waren Trans'port m

voyager [vwaja3e] v/i ⟨-geons⟩ 1. reisen; e-e Reise machen, unter'nehmen; auf Reisen sein; **~ à pied** wandern; **~ à travers un pays** durch ein Land reisen, fahren; **~ dans une région** in e-e Gegend fahren, reisen; e-e Gegend bereisen; **~ en France** in Frankreich um'herreisen; Frankreich bereisen; **~ en voiture** mit dem Auto reisen, fahren; im Auto fahren; **il a beaucoup voyagé** er ist viel gereist, her'umgekommen; er ist ein weitgereister Mann; 2. Vertreter reisen (**pour une maison de commerce** für e-e Firma); **~ pour affaires** viel als Geschäftsmann unter'wegs sein; (Handlungs)Reisender sein; 3. Sachen, Waren transpor'tiert werden; **s'abîmer en voyageant** auf dem Transport …; 4. Vögel ziehen; Mikroben im Organismus (um'her)wandern; 5. Rauschgiftsüchtiger auf e-n Trip gehen

voyag|eur [vwaja3œr], **~euse I** subst 1. m,f Reisende(r) f(m); Fahrgast m; Passa'gier m; zu Fuß Wanderer m; **train** m de voyageurs Reisezug m; fachspr auch Per'sonenzug m; ch de fer **wagon** m de voyageurs fachspr Per'sonenwagen m; 2. ⟨nur m⟩ reiselustiger Mensch; (Forschungs)Reisende(r) m; **~ de l'espace** Raumfahrer m; **c'est un grand ~** er reist sehr viel; er kommt viel in der Welt herum; er ist sehr viel auf Reisen; 3. ⟨nur m⟩ **~ (de commerce)** od adj **commis** m (Handlungs)Reisende(r) m; Handelsvertreter m; **II** adj 1. **pigeon voyageur** Brieftaube f; 2. st/s **humeur voyageuse** Reiselust f; **avoir l'âme, l'humeur voyageuse** reiselustig sein; gerne reisen; **~eur-kilomètre** ⟨pl voyageurs-kilomètres⟩ ch de fer, aviat Per'sonenkilometer m

voyais [vwaje] cf voir

voyance [vwajãs] f Zweites Gesicht

voyant [vwajã] **I** adj Kleidung, Farbe auffallend; auffällig; Farbe auch grell; **avoir des goûts ~s** auffallende Farben, Kleidung lieben; **II** subst 1. **~(e)** m(f) Hellseher(in) m(f); **~e** f auch Wahrsagerin f; 2. **~(e)** m(f) Sehende(r) f(m); 3. m Kon'trollicht n; Kon'trollampe f; e-s Feuerschiffs Si'gnalkörper m; e-r Boje etc Toppzeichen n; **~ lumineux** Leuchtzeichen n

voyelle [vwajɛl] f Vo'kal m; Selbstlaut m; **~ brève, fermée, longue, ouverte** kurzer, geschlossener, langer, offener Vokal

voyeur [vwajœr] m Voy'eur m

voyeurisme [vwajœrism(ə)] m Perver-si'on f des Voy'eurs

voyons [vwajõ] cf voir

voyou [vwaju] m 1. jugendlicher Rowdy ['raudi], Strolch, Kerl m; **petit ~** Schlingel m; Lausbub m; 2. Ga'nove; Gauner m; adj ga'novenhaft; Ga'noven…

vrac [vrak] loc/adv **en ~** 1. lose; offen; Flüssigkeit auch nicht in Behälter abgefüllt; **marchandises (expédiées) en ~** Schüttgut n; mar auch Bulkgut n; **charger en ~** als Schüttgut verladen; aufschütten; **vendre** qc **en ~** etw lose, offen, unverpackt verkaufen; 2. Kleider, Bücher **jeter, poser en ~** auf e-n

Haufen werfen, legen; 3. fig wirr; unzusammenhängend; durchein'ander

vrai [vrɛ] adj 1. ⟨nachgestellt⟩ wahr; richtig; wahrheitsgemäß, -getreu; tatsächlich; **faits ~s** wahre Tatsachen f/pl; tatsächliche Geschehnisse n/pl; **histoire ~e** wahre Geschichte; **témoignage ~** wahrheitsgemäße Aussage; **pas ~?** nicht wahr?; herausfordernd stimmt das etwa nicht?; **il n'y a pas un mot (de) ~ là-dedans** daran ist kein wahres Wort; **être ~ pour** qn für j-n zutreffen, gelten; für j-n wahr, richtig sein; **c'est ~?** od **est-ce ~?** od F **~?** ist das wahr?; stimmt das wirklich?; eingeschoben **c'est ~, il est ~, mais** zwar od freilich …; **il est bête, c'est ~, mais** … er ist zwar dumm, aber …; **ce n'est pas ~** das ist nicht wahr, stimmt nicht; F **c'est pas ~!** nein, wirklich?; das kann, F darf doch nicht wahr sein!; **c'est pourtant ~** und doch ist es wahr; es stimmt doch; es ist aber doch, schon wahr; **c'est si ~ que …** das stimmt so'gar so sehr, daß …; **ce n'est que trop ~** (,hélas) das ist (leider) nur allzu wahr; F **c'est la vérité ~e** das ist die rein(st)e Wahrheit; das ist wirklich wahr; **il est (bien) ~ que … est ~** wahr, es stimmt, es trifft zu, daß …; einschränkend **il est ~ que … est** zwar, daß …; es ist schon wahr, daß …; allerdings …; **il n'en est pas moins ~ que …** trotzdem, nichtsdesto'weniger, und doch ist es wahr, daß …; 2. ⟨meist vorangestellt⟩ echt; richtig; wirklich; **ses ~s cheveux** ihr eigenes Haar; **de l'or ~** echtes Gold; **des ~es perles** echte Perlen f/pl; **un ~ policier** ein echter, richtiger, wirklicher Polizist; **un ~ Renoir** ein echter Renoir; **c'est une ~e blonde** sie hat naturblondes Haar; **de son ~ nom il s'appelle …** sein wirklicher, richtiger Name ist, lautet …; 3. verstärkend wahr; richtig; echt; wirklich; Natur unverfälscht; verstärkt **~ de** ~ unverfälscht; typisch; F hundertprozentig; **c'est un Breton, un ~ de ~** er ist ein typischer, hundertprozentiger, waschechter Bretone; er ist ein Bretone, wie er im Buche steht; **une ~e canaille** e-e wahre, richtige Kanaille; **la ~e cause** die wahre, wirkliche Ursache; **~ connaisseur** echter, wirklicher Kenner; **le (seul) ~ moyen de (+inf)** das (einzig) richtige Mittel (um) zu (+inf); **~e politesse** od **politesse ~e** echte, wirkliche, wahre Höflichkeit; **~ tyran** wahrer Tyrann; F **il n'y a que ça de ~** das ist das einzig Wahre; **c'est la ~ vie** das ist das wahre Leben; 4. e-s Romans etc **personnage ~** lebensechte, -wahre Figur; bei ~ **astr ~ jour (solaire) =** wahrer Sonnentag; **II** adv F **~!** wirklich!; stimmt!; ist ja wahr!; F **ben ~, ça alors!** F na so was!; ist ja unglaublich, doll!; **à ~ dire, à dire ~** offen gesagt, gestanden; um die Wahrheit zu sagen; eigentlich; **dire ~** die Wahrheit sagen; recht haben; **tu dis ~** auch du sagst ein wahres Wort; du hast den Nagel auf den Kopf getroffen; **faire ~** echt wirken, aussehen; **III** m **le ~** das Wahre; die Wahrheit; die Wirklichkeit; enf **pour de ~** im Ernst; wirklich; **c'est pour de ~** das ist im Ernst, wirklich so; **distinguer le ~ du faux** Wahres und Falsches unter-'scheiden; **être dans le ~** recht haben

vraiment [vrɛmã] adj wirklich; wahr-'haftig; st/s wahrlich; litt für'wahr; **~?** wirklich?; iron, ungläubig **ah, ~!** ach (nein), wirklich?; was du nicht sagst bzw Sie nicht sagen!; **~ rouge** richtig rot; **il n'y a de ~ intéressant que …** das einzig wirklich Interessante ist …; **ce n'est ~ pas malin** das war wirklich,

wahrhaftig nicht sehr schlau; **~, il exa-gère** er geht wirklich zu weit

vraisemblable [vrɛsãblabl(ə)] adj wahr'scheinlich; glaubhaft (auch Kunst); **il est très ~ de** ~ sehr wahrscheinlich …; **c'est très ~** das ist sehr gut möglich, durchaus denkbar, einleuchtend

vraisemblablement [vrɛsãblabləmã] adv wahr'scheinlich

vraisemblance [vrɛsãblãs] f Wahr-'scheinlichkeit f; Glaubhaftigkeit f, -würdigkeit f (auch Kunst); **selon toute ~** aller Wahrscheinlichkeit nach

vrille [vrij] f 1. bot Ranke f; **~ de la vigne** Weinranke f; 2. Nagelbohrer m; fig Blick **perçant comme une ~** durch-'bohrend; 3. aviat Trudeln n; **descendre en ~** abtrudeln

vrill|é [vrije] adj 1. bot rankig; 2. Faden verdreht; **~ée** f bot Windenknöterich m

vriller [vrije] **I** v/t 1. 'durchbohren od durch'bohren; 2. fig Lärm **~ les oreil-les** in den Ohren gellen; F fast das Trommelfell zerreißen; **la douleur lui vrille les tempes** er hat rasende, bohrende Kopfschmerzen; **II** v/i 3. Rakete sich in die Höhe schrauben; Flugzeug trudeln; 4. Faden, Seil sich verdrehen

vrillette [vrijɛt] f zo Klopf-, Poch-, Bohrkäfer m

vromb|ir [vrõbir] v/i Flugzeug, Motor dröhnen; Insekten summen; surren; **~issement** m e-s Motors, Flugzeugs Dröhnen n; von Insekten Summen n; Surren n

vu [vy] **I** p/p von voir u adj gesehen (auch adm); **ni ~ ni connu (je t'embrouille)** das merkt keiner, niemand, kein Mensch; da merkt niemand etwas; **~ (bien) ~?** od F **~!** verstanden?; F ka'piert?; ca'pito?; **être bien, mal ~** Person beliebt, unbeliebt sein, gern, nicht gern gesehen sein, gut, schlecht angeschrieben sein (de qn bei j-m); Sache gern, nicht gern gesehen werden; verpönt sein; F **c'est tout ~!** das ist ein für allemal erledigt!; Schluß jetzt!; **II** prép angesichts (+gén); in Anbetracht (+gén); unter Berücksichtigung (+gén); mit Rücksicht auf (+acc); jur **l'article 15** auf Grund von Artikel 15; **les circonstances** in Anbetracht, angesichts der 'Umstände; **~ ses dons** in Anbetracht, bei, in s-r Begabung; **~ le temps** bei dem Wetter; **III** loc/conj **~ que** da; weil; in Anbetracht dessen, mit Rücksicht darauf, daß; **IV** m 1. **au ~ et au su de tout le monde** vor aller Augen; **c'est du déjà ~** das ist kein neues Thema; 2. jur **sur le ~ des pièces** nach Einsicht in die, nach Prüfung der Aktenstücke

vue [vy] f 1. Sehen n; Sehkraft f, -vermögen n; Gesichtssinn m; Augen (-licht) n/pl(n); **organe** m, **troubles** m/pl **de la ~** Sehorgan n, -störungen f/pl; **avoir la ~ basse, courte** kurzsichtig sein; **avoir une bonne ~** gute Augen haben; gut sehen; **sa ~ baisse** s-e Augen lassen, s-e Sehkraft läßt nach; **être privé de la ~** blind sein; **fatiguer la ~** die Augen anstrengen; **perdre la ~** erblinden; das Augenlicht verlieren, einbüßen; 2. Blick m; Sicht f; ◆ loc/adj u loc/adv **à ~** aviat, mar mit Sicht; comm bei Sicht; Sicht…; **à première ~** auf den ersten Blick; **à ~ de nez** nach Augenmaß; schätzungsweise; F über den Daumen gepeilt; **à ~ d'œil** zusehends; merklich; **à la ~ de tous** vor aller Augen; **changement** m **à ~ thé** 'Umbau m bei offener Szene; fig der pol Lage plötzliche (Ver)Änderung; e-r Partei plötzlicher Kurswechsel; **garde** f **à ~**

Poli'zeigewahrsam *m; comm:* **traite** *f* **(payable) à** ~ Sichtwechsel *m;* **payable à** ~ zahlbar bei Sicht; **payable à trois jours de** ~ zahlbar drei Tage nach Sicht; **tirer à** ~ auf ein sichtbares Ziel *bzw* gezielt schießen; **en** ~ in Sicht; sichtbar; **ils arrivaient en** ~ **de l'île** die Insel kam in Sicht; **avoir une situation en** ~ (durch s-e Position) an expo'nierter Stelle stehen; *cf auch* **7.; être en** ~ *Küste, Insel, Erfolg, Ende* in Sicht sein; *Person* an her'vorragender Stelle stehen; sehr bekannt sein; *Gegenstand* **être exposé bien en** ~ an gut sichtbarer, an auffälliger Stelle stehen, liegen; **'hors de** ~ außer Sicht; nicht mehr zu sehen; ◆ **connaître qn de** ~ j-n vom Sehen kennen; **détourner la** ~ **de qc** s-e Augen, Blicke von etw ab-, wegwenden; F **en mettre plein la** ~ **à qn** j-m impo'nieren; auf j-n Eindruck machen; F bei j-m Eindruck schinden; **s'offrir, se présenter à la** ~ **de qn** sich j-s Blicken darbieten; **perdre qn, qc de** ~ j-n, etw aus den Augen verlieren; **ne pas perdre qn de** ~ j-n nicht aus den Augen lassen; **il ne faut pas perdre de** ~ **que** ... man darf nicht über'sehen, außer acht lassen, daß ...; **porter la** ~ **sur** s-n Blick richten auf (*+acc*); **3.** Anblick *m;* **la** ~ **du sang la fait s'évanouir** beim Anblick von Blut *od* wenn sie Blut sieht, fällt sie in Ohnmacht; **à sa** ~ bei s-m *bzw* ihrem Anblick; als ich *bzw* er *etc* ihn *bzw* sie sah, s-r *bzw* ihrer ansichtig wurde; **4.** Aussicht *f;* (Aus)Blick *m;* **avec** ~ **sur la mer** mit Aussicht, Blick aufs Meer; mit Meer(es)blick; **avoir** ~ **sur le jardin** Aussicht auf den Garten haben; *Zimmer* zum Garten hin'ausgehen; **avoir une belle** ~ e-e schöne Aussicht haben; **5.** *phot, peint* Ansicht *f;* ~ **aérienne** Luftbild *n;* ~ **générale** Gesamtansicht *f;* ~ **de côté** *od* **latérale, de face** Seiten-, Vorderansicht *f;* ~ **d'ensemble** Gesamtansicht *f;* 'Überblick *m,* -sicht *f* (*auch fig*); *fig* **donner une** ~ **d'ensemble** e-n Überblick, e-e Übersicht geben (**d'une** *od* **sur une question** über e-e Frage); ~ **de Munich** Ansicht von München; Blick *m* auf München; **6.** Einstellung *f;* Vorstellung

f; ~**s** *pl* Ansichten *f/pl;* Meinung *f;* ~**s bornées** engstirnige, F kleinkarierte Ansichten; **échange** *m* **de** ~**s** Meinungsaustausch *m; Person, Politik* **à courte** ~ kurzsichtig; **il a une** ~ **optimiste des choses** er ist optimistisch eingestellt; er sieht die Dinge optimistisch; **c'est une** ~ **de l'esprit** das ist e-e (rein) theo'retische Vorstellung; **exposer ses** ~**s** s-e Ansichten darlegen; **7.** *fig* Aussicht *f;* Absicht *f; loc/prép* **en** ~ **de** (*+subst*) im Hinblick auf (*+acc*); angesichts (*+gén*); **en** ~ **de** (*+inf*) um zu (*+inf*); **travailler en** ~ **de réussir** auf den Erfolg hinarbeiten; **avoir qn en** ~ j-n in Aussicht nehmen, an j-n denken (**pour un poste** für e-n Posten); **avoir qc en** ~ a) etw im Auge haben; b) etw in Aussicht haben; **avoir des** ~**s sur qc, qn** ein Auge auf etw, j-n geworfen haben; Absichten auf j-n haben; **8. double, seconde** ~ Zweites Gesicht; Hellsehen *n;* **il a le don de seconde** ~ er hat das Zweite Gesicht; **9.** Lichtöffnung *f*

vulcain [vylkɛ̃] *m zo* Admi'ral *m*

vulcanien [vylkanjɛ̃] *adj* ⟨~**ne**⟩ *géol* **type** ~ Vul'kanotyp *m*

vulcanis|ation [vylkanizasjɔ̃] *f tech* Vulkani'sierung *f;* Vulkanisati'on *f;* ~**er** *v/t tech* vulkani'sieren; *adjt* **vulcanisé** vulkani'siert

vulcanologie [vylkanɔlɔʒi] *cf* **volcanologie**

vulgaire [vylgɛr] **I** *adj* **1.** ⟨*vorangestellt*⟩ einfach; gewöhnlich; *p/fort* ordi'när; **en** ~ **coton** aus einfacher, gewöhnlicher, *p/fort* ordinärer Baumwolle; **un** ~ **employé** ein einfacher Angestellter; **un** ~ **escroc** ein ganz gewöhnlicher Betrüger; **2.** ⟨*nachgestellt*⟩ *péj Person, Geschmack, Gesicht* gewöhnlich; *p/fort, auch Manieren, Ausdruck* ordi'när; vul'gär; *Gedanken* niedrig; **3.** *litt* niedrig; wenig erhaben; alltäglich; **les réalités** ~**s** die alltäglichen, niedrigen Realitäten; **4.** *Pflanzenname etc* volkstümlich; allgemein üblich; *ling* **langue** *f* ~ Volkssprache *f;* **latin** *m* ~ Vul'gärlatein *n;* **5.** *bot* gemein; *sc* vul'garis; **6.** *jur* **substitution** *f* ~ Einsetzung *f* als Ersatzerbe *bzw* e-s Ersatzerben; **II** *m litt* **le** ~ **1.** das (gemeine) Volk; der Pöbel; **2.** das Ordi-

'näre, Vul'gäre; **tomber dans le** ~ ordinär, vulgär werden

vulgairement [vylgɛrmɑ̃] *adv* **1.** *péj* **sich ausdrücken** *etc* ordi'när; vul'gär **2.** **appelé** ~ allgemein, in der Sprache des Volkes, im Volksmund (genannt); *eingeschoben* ~ **parlant** wie es im Volksmund heißt; volkstümlich

vulgarisa|teur [vylgarizatœr] *m,* ~**trice** *f* Autor *m.* Au'torin *f* popu'lärwissenschaftlicher Werke

vulgarisation [vylgarizasjɔ̃] *f* **(scientifique)** allgemeinverständliche Darstellung (und Verbreitung); **ouvrage** *m* **de** ~ popu'lärwissenschaftliches Werk; **faire de la** ~ populärwissenschaftliche Werke schreiben

vulgar|iser [vylgarize] *v/t* allgemeinverständlich darstellen (und verbreiten); allgemeinverständlich machen; populari'sieren; ~**isme** *m* Ausdruck *m,* Wendung *f* der Volkssprache

vulgarité [vylgarite] *f* **1.** *péj* Gewöhnlichkeit *f; p/fort* Vulgari'tät *f;* **la** ~ **de qc** *auch* das Ordi'näre, Vul'gäre e-r Sache; **2.** *litt* Gewöhnlichkeit *f;* Niedrigkeit *f*

Vulgate [vylgat] *f rel* Vul'gata *f*

vulgum pecus [vylgɔmpekys] *m plais* **le** ~ die große Masse; *auch* der gewöhnliche Sterbliche

vulnérabilité [vylnerabilite] *f* Verletzlichkeit *f;* Verletzbarkeit *f;* Verwundbarkeit *f*

vulnérable [vylnerabl(ə)] *adj* **1.** verwundbar; **2.** *fig* verwundbar; verletzbar; verletzlich; anfällig; empfindlich; zartbesaitet; **point** *m* ~ **e-r Person** verwundbare, empfindliche Stelle; empfindlicher, wunder Punkt; A'chillesferse *f; e-r mil Front etc* schwache, schwächste Stelle; **3.** *Bridge* **être** ~ in der Gefahrenzone sein

vulnéraire [vylnerɛr] *f bot* Wundklee *m*

vulpin [vylpɛ̃] *m bot* Wiesenfuchsschwanz *m*

vultueux [vyltɥø] *adj* ⟨-**euse**⟩ *path* **Gesicht** rot und geschwollen

vulturidés [vyltyride] *m/pl zo* Neuweltgeier *m/pl*

vulvaire [vylvɛr] **I** *adj anat* Scham...; **fente** *f* ~ Schamspalte *f;* **II** *f bot* Stinkender Gänsefuß

vulve [vylv] *f anat* Scham *f; sc* Vulva *f*

W

W, w [dublǝve] *m* ⟨*inv*⟩ W, w [ve:] *n*
wagage [wagaʒ] *m belgisch u nordfrz* Flußschlamm *m* (als Dünger)
wagnérien [vagnerjɛ̃] *mus* **I** *adj* ⟨‿ne⟩ Wagner…; **opéra ‿** Wagneroper *f*; **II** *m* Wagneri'aner *m*
wagon [vagõ] *m* ch de fer **1.** Wag'gon *m*; Wagen *m*; *fachspr nur* Güterwagen *m*; **‿** couvert, découvert gedeckter, offener (Güter)Wagen; **‿** frigorifique *od* réfrigérant, plat Kühl-, Flachwagen *m*; **‿** à bestiaux Viehwagen *m*, -waggon *m*; **‿** de grande capacité Großraum(güter)-wagen *m*; **‿ de première classe** Wagen erster Klasse; **‿ de marchandises, de voyageurs** Güter-, Per'sonenwagen *m*; **2.** Wagenladung *f*; Wag'gon (-ladung) *m(f)*
wagon|-bar [vagõbar] *m* ⟨*pl* wagons--bars⟩ Wagen *m* mit Bar; **‿-citerne** *m* ⟨*pl* wagons-citernes⟩ Kesselwagen *m*; **‿-écurie** *m* ⟨*pl* wagons-écuries⟩ Pferdetransportwagen *m*; **‿-foudre** *m* ⟨*pl* wagons-foudres⟩ Faßwagen *m*; **‿-lit** *m* ⟨*pl* wagons-lits⟩ Schlafwagen *m*; Compagnie internationale des wagons-lits et des grands express européens (*abr* C.I.W.L.) Internationale Schlafwagen- und Tou'ristik-Gesellschaft (*abr* ISTG)
wagonn|age [vagonaʒ] *m* Beförderung *f*, Trans'port *m* mit Eisenbahnwagen; **‿ée** *f* Wagenladung *f*; **‿et** *m* (Kipp)Lore *f*; **‿ier** *m* ch de fer Ran'gierer *m*
wagon|-poste [vagõpɔst] *m* ⟨*pl* wagons-poste⟩ ch de fer Postwagen *m*; **‿-restaurant** *m* ⟨*pl* wagons-restaurants⟩ Speisewagen *m*; **‿-salon** *m* ⟨*pl* wagons-salons⟩ Sa'lonwagen *m*; **‿-tombereau** *m* ⟨*pl* wagons-tombereaux⟩ *m* offener Güterwagen mit hohen Wänden; **‿-trémie** *m* ⟨*pl* wagons-trémies⟩ Selbstentladewagen *m*
Walhalla [valala] *m myth* Wal'hall(a) *f*
walkie-talkie [wokitoki] *m cf* talkie-walkie
walk-over [wokovœr, wɔlk-] *m* **a)** *Pfer-*

derennen Rennen *n*, bei dem nur ein Pferd läuft, weil für alle anderen die Meldung zurückgezogen wurde; **b)** Spiel *n*, Wettkampf *m*, das *bzw* der wegen Fehlens des Gegners nicht ausgetragen, aber (als Sieg) gewertet wird; **c)** F *sports* einseitiger Wettbewerb; einseitiges Spiel; F leichte Sache; Spa'ziergang *m*
walkyrie [valkiri] *f myth od plais* Wal'küre *f*; *mus Wagner* La ♀ Die Walküre
wallon [walõ] **I** *adj* ⟨‿ne⟩ wal'lonisch; **II** *subst* **1.** ♀(ne) *m(f)* Wal'lone *m*, Wal'lonin *f*; **2.** *ling* le **‿** das Wal'lonische; Wal'lonisch *n*
wapiti [wapiti] *m zo* Wa'piti *m*
warrant [varã, wa-] *m comm* **1.** War'rant *m*; Lagerschein *m*; **2. ‿ agricole, hôtelier** Urkunde *f* über die Bestellung e-s Pfandrechtes an Inven'tarstücken e-s landwirtschaftlichen Betriebes *bzw* e-s Ho'telbetriebes
warrant|age [varãtaʒ, wa-] *m comm* Sicherung *f* durch Lagerschein; **‿er** *v/t comm* durch Lagerschein sichern
washingtonia [waʃiŋtɔnja] *m bot* Washing'tonie *f*
wassingue [vasɛ̃g, wa-] *f belgisch u nordfrz* Scheuertuch *n*
water-ballast [watɛrbalast] *m* ⟨*pl* water-ballasts⟩ *m* **a)** e-s Schiffs Bal'lasttanks *m/pl*; **b)** e-s U-Boots Tauchtank *m*
water-closet(s) [watɛrklozɛt] *m/pl früher u plais cf* waters
watergang [watɛrgãg] *m belgisch u nordfrz* Ka'nal *m* längs e-s Polders *od* e-s Weges
wateringue [watrɛ̃g] *f od m belgisch u nordfrz* Entwässerung *f* der Polder
water-polo [watɛrpolo] *m sports* Wasserball *m*
waterproof [watɛrpruf] *adj* ⟨*inv*⟩ wasserdicht
waters [watɛr] *m/pl* Klo'sett *n*; Toi'lette *f*; Ab'ort *m*; F Klo *n*; Lokus *m*; aller aux **‿** aufs Klosett, auf die Toilette gehen
watt [wat] *m* (*abr* W) *élect* Watt *n* (*abr* W); **‿-heure** *m* ⟨*pl* watts-heures⟩

(*abr* Wh) *élect* Wattstunde *f* (*abr* Wh); **‿mètre** *m élect* Wattmeter *m*
W.-C. [(dublǝ)vese] *m/pl* WC *n*; *auf Hinweisschildern auch* 00 [nul'nul]
wealdien [wildjɛ̃] *m géol* Wealden ['vi:l-] *n*; Wealden-, Wälder-, Deisterformation *f*
weber [vebɛr] *m* (*abr* Wb) *phys* Weber *n* (*abr* Wb)
week-end [wikɛnd] *m* ⟨*pl* week-ends⟩ Wochenende *n*; bon **‿**! schönes Wochenende!; **‿ de neige** Skiwochenende *n*; Wochenende im Schnee; partir en **‿** übers Wochenende verreisen, fort-, wegfahren
Welsch [vɛlʃ] *cf* Velche
weltanschauung [veltanʃawuŋ] *f philos* Weltanschauung *f*
welter [vɛltɛr] *m Boxen* Weltergewicht *n*
western [wɛstɛrn] *m cin* Western *m*; Wild'westfilm *m*
westphalien [wɛs(t)faljɛ̃] **I** *adj* ⟨‿ne⟩ west'fälisch; **II** *subst* ♀(ne) *m(f)* West'fale, -'fälin *m,f*
wharf [warf] *m* Pier *m od f*
whig [wig] *m hist in England* Whig *m*; *adit* parti *m* **‿** (Partei *f* der) Whigs *m/pl*
whipcord [wipkɔrd] *m text* Whipcord *m*
whisky [wiski] *m* ⟨*pl* whiskies⟩ Whisky *m*; **‿ nature** Whisky pur; **‿ soda** Whiskysoda *m*
whist [wist] *m* Whist *n*
wigwam [wigwam] *m* **a)** Wigwam *m*; **b)** Indi'anerdorf *n* (in Nordamerika)
wintergreen [wintɛrgrin] *m* essence *f* de **‿** Wintergrünöl *n*
wisigoth [vizigo] **I** *adj* ⟨-gothe [-gɔt]⟩ westgotisch; **II** *m/pl* ♀s Westgoten *m/pl*
wisigothique [vizigɔtik] *adj* westgotisch
witloof [witlof] *f bot* Wegwarte *f*
wolfram [vɔlfram] *m minér* Wolfra-'mit *n*
wombat [wõba] *m zo* Wombat *m*
wurtembergeois [vyrtɛ̃bɛrʒwa] **I** *adj* württembergisch; **II** *subst* ♀(e) *m(f)* Württemberger(in) *m(f)*
wyandotte [vjãdɔt] *f od adjt* poule *f* **‿** Wyandotte [vaiǝn'dɔt(ǝ)] *n od f*

X

X, x [iks] *m* ⟨*inv*⟩ **1.** *Buchstabe* X, x *n*; *par ext*: *biol* chromosome *m* X X-Chromosom *m*; crochet *m* X (*marque déposée*) X-Haken *m*; jambes *f/pl* en X X-Beine *n/pl*; *Straßen etc* faire, former un X ein X bilden; **2.** *math* x *n* (Unbekannte); axe *m* des x x-Achse *f*; *par ext*: x années soundsoviele, x, F-zig Jahre; X *od* Monsieur X Herr X(Y); *jur* information *f* contre X Ermittlungen *f/pl* gegen Unbekannt; **3.** rayons *m/pl* X Röntgenstrahlen *m/pl*; **4.** X *studentensprachlich für* École polytechnique *bzw* polytechnicien
xanthate [gzãtat] *m chim* Xan'that *n*; Xanthoge'nat *n*
xanthie [gzãti] *f zo (ein)* Eulenschmetterling *m*
xanthogénique [gzãtɔʒenik] *adj chim* acides *m/pl* **‿s** Xantho'gensäuren *f/pl*
xanthome [gzãtom, -ɔm] *m path* Xan-'thom *n*; Xanthoma'tose *f*

xanthophylle [gzãtɔfil] *f biol* Xantho-'phyll *n*
xénarthres [ksenartr(ǝ)] *m/pl zo* Nebengelenker *m/pl*
xénon [ksenõ] *m chim* Xenon *n*
xénophile [gzenɔfil] *adj* fremdenfreundlich; xeno'phil
xénophob|e [gzenɔfɔb] **I** *adj* fremdenfeindlich; xeno'phob; **II** *m,f* Fremdenfeind(in) *m(f)*; **‿ie** *f* Fremdenhaß *m*; Xenopho'bie *f*
xéranthème [gzerãtɛm, kse-] *m bot* Pa'pierblume *f*; Xeran'themum *n*
xérès [kseres, gze-] *m* Jerez(wein) ['ce:res] *m*
xérocopie [kserɔkɔpi, gze-] *f* Xeroko'pie *f*
xérodermie [kserɔdɛrmi, gze-] *f path* Xeroder'mie *f*
xérophile [kserɔfil, gze-] *adj bot* xero'phil; die Trockenheit liebend
xérophtalmie [kserɔftalmi, gze-] *f path* Xerophthal'mie *f*
xérophytes [kserɔfit, gze-] *f/pl bot* Trok-

kenpflanzen *f/pl*; Xero'phyten *m/pl*
xérus [gzerys, kse-] *m zo* Afri'kanisches Erdhörnchen
xi [ksi] *m* griechischer Buchstabe Xi *n*
xipho [ksifo] *m cf* xiphophore
xiphoïde [gzifɔid, ksi-] *adj* **1.** *anat* appendice *m* **‿** Schwertfortsatz *m*; *sc* Pro'cessus xipho'ideus *m*; **2.** *bot* iris *m* **‿** Schwertlilie *f*
xiphophore [gzifɔfɔr, ksi-] *m zo* Schwertträger *m*; Xipho'phorus *m*
xylène [gzilɛn, ksi-] *m chim* Xy'lol *n*
xylidine [ksilidin] *f chim* Xyli'din *n*
xylocope [gzilɔkɔp, ksi-] *m zo* Holzbiene *f*
xylograph|e [gzilɔgraf, ksi-] *m* Xylo-'graph *m*; Holzschneider *m*; **‿ie** *f* Xylogra'phie *f*; Holzschneidekunst *f bzw* Holzschnitt *m*; **‿ique** *adj* xylo-'graphisch
xylophage [gzilɔfaʒ, ksi-] *adj u subst m zo* (insecte *m*) **‿** holzfressendes In'sekt *n*
xylophone [gzilɔfɔn, ksi-] *m mus* Xylo-'phon *n*

Y

Y, y¹ [igrɛk] *m* ⟨*inv*⟩ **1.** *Buchstabe* Y, y [ˈypsilɔn] *n*; Ypsilon *n*; **2.** *math* y *n* (*zweite Unbekannte*); **axe** *m* **des y** y-Achse *f*; **3.** *biol* **chromosome** *m* Y Y-Chromosom *n*

y² [i] **I** *adv* **1.** dort; da; hier; dort-, dahin; dort hin'auf *bzw* hin'unter; **tu ~ vas?** gehst du (da-, dort)hin?; **je n'~ suis jamais allé** ich war nie dort; ich bin nie hingegangen; **on ~ entre par …** man geht (da, dort) durch … hinein; **j'~ étais aussi** ich war auch dort, da'bei; **je n'~ suis pour personne** ich bin für niemanden zu sprechen, zu Hause; **j'~ suis, j'~ reste** hier bin ich und hier bleibe ich; **2.** *fig* dar'an; dar'auf; da'zu; **~ compris** einschließlich; **il s'~ connaît** er versteht sich darauf; er versteht etwas davon; **~ aller, il ~ a, s'~ entendre, ~ être, s'~ prendre,** *etc cf unter den betreffenden Verben;* **II** *pr der 3. pers* **1.** *statt obj/indir mit à* da'zu; dar'an; dar'auf; *selten auf e-e Person bezogen* **je ne m'~ fierais pas** ich würde ihm nicht trauen; **vous m'~ obligez** Sie zwingen mich dazu; **j'~ penserai** ich werde daran denken; **j'~ renonce** ich verzichte darauf; **2.** P *für lui:* **j'~ ai dit** ich hab' ihm gesagt; **3.** P *für il* (*unpersönlich*): **c'est-~ pas malheureux!** das ist doch ein Jammer!

yacht [jɔt] *m* Jacht *f*; Yacht *f*; **~ à glace** Eisjacht *f*; Segelschlitten *m*; **~ à voiles, de croisière, de course** Segel-, Kreuzer-, Rennjacht *f*

yacht-club [jɔtklœb] *m* ⟨*pl* yacht--clubs⟩ Jachtklub *m*

yachting [jɔtiŋ] *m* Jachtsport *m*; *par ext* Segelsport *m*; **~ sur glace** Eissegeln *n*

ya(c)k [jak] *m zo* Yak *m*; Jak *m*; Grunzochse *m*

Yankee [jãki] **I** *m,f* Yankee [ˈjɛŋki] *m*; Nordamerikaner(in) *m(f)*; **II** *adj* ♀ Yankee…; nordamerikanisch

yaourt [jaur(t)] *m* Joghurt *od* Yoghurt *m od n*; **~ nature, aux fruits** Na'tur-, Fruchtjoghurt *m*

yaourtière [jaurtjɛr] *f* Joghurtbereiter *m*

yard [jard] *m* Yard *n*

yatagan [jatagã] *m* Jata'gan *m*

yearling [jœrliŋ] *m* einjähriges Rennpferd; Jährling *m*

yèble [jɛbl(ə)] *f* ⟨*Elision u Bindung*⟩ *cf* hièble

yéménite [jemenit] **I** *adj* jeme'nitisch; **II** *subst* ♀ *m,f* Jeme'nite, -'nitin *m,f*

yen [jɛn] *m* japanische *Währung* Yen *m*

yeuse [jøz] *f* ⟨*Elision u Bindung*⟩ *bot* Steineiche *f*

yeux [jø] *m/pl* ⟨*Elision u Bindung*⟩ *cf* œil

yé-yé [jeje] *m,f* *in den 60er Jahren* jugendlicher Popmusikfan

yiddish [jidiʃ] *ling* **I** *adj* jiddisch; **II** *m* le **~** das Jiddische; Jiddisch *n*

yod [jɔd] *m phon* Jot *n*

yoga [jɔga] *m* Joga *n*; Yoga *n*; **exercices** *m/pl* **de ~** Jogaübungen *f/pl*; **faire du ~** Joga treiben

yog(h)ourt [jɔgurt] *cf* yaourt

yogi [jɔgi] *m* Jogi *m*; Yogi *m*

yole [jɔl] *f* (*Sport*)Ruderboot *n*

yougoslave [jugoslav] **I** *adj* jugo-'slawisch; **II** *subst* ♀ *m,f* Jugo'slawe -'slawin *m,f*

youpin [jupɛ̃] *m,f péj* (*juif*) Jude *m*, Jüdin *f*; *péj* Itzig *m*

yourte [jurt] *f* Jurte *f*

youyou [juju] *m mar* Ding(h)i [ˈdiŋgi] *n*

yo-yo [jojo] *m* ⟨*inv*⟩ Jo-'Jo *n*; Yo-'Yo *n*

ypérite [iperit] *f mil* Senfgas *n*; Ype'rit *n*

ypréau [ipreo] *m* *bot* **a)** Silberpappel *f*; **b)** Sal-, Palmweide *f*

ytterbium [itɛrbjɔm] *m chim* Yt'terbium *n*

yttria [itrija] *m chim* Yttriumoxyd *n*

yttrifère [itrifɛr] *adj minér* yttriumhaltig

yttrium [itrijɔm] *m chim* Yttrium *n*

yucca [juka] *m bot* Yucca *f*; Palmlilie *f*

Z

Z, z [zɛd] *m* ⟨*inv*⟩ Z, z [tsɛt] *n*

zabre [zabr(ə)] *m zo* Getreidelaufkäfer *m*

zain [zɛ̃] *adj* ⟨*nur m*⟩ *Pferd, Hund* ohne ein weißes Haar

zaïrois [zairwa] **I** *adj* za'irisch; **II** *subst* ♀(e) *m(f)* Za'irer(in) *m(f)*

zambien [zãbjɛ̃] **I** *adj* ⟨~ne⟩ sambisch; **II** *subst* ♀(ne) *m(f)* Sambier(in) *m(f)*

zambo [zãbo] *m* Zambo *m* (*Mischling von Neger u Indianerin*)

zamia [zamja] *m od* **zamier** [zamje] *m bot* Zamia *f*

zancle [zãkl(ə)] *m zo* Zanclus *m* (*Knochenfisch*)

zanzi(bar) [zãzi(bar)] *m Würfelspiel mit drei Würfeln*

zaouia [zauja] *f Islam* Zawija *f*

zarzuela [zarzɥela, sarswela] *f mus* Zar-zu'ela *f*

zazou [zazu] *m im 2. Weltkrieg* junger, ex'zentrischer Jazzfan

zèbre [zɛbr(ə)] *m* **1.** *zo* Zebra *n*; **courir comme un ~** sehr schnell laufen; **2.** F *fig* Kerl *m*; **un drôle de ~** ein komischer, seltsamer Kauz, Kerl

zébr|er [zebre] *v/t* ⟨-è-⟩ mit (zebraartigen) Streifen versehen; *meist adit* **zébré** (zebra'artig) gestreift; **ciel noir zébré d'éclairs** von Blitzen durch-'zuckter schwarzer Himmel; **~ure** *f* **1.** *e-s Tierfells* Streifen *m*; **2.** *der Haut* Strieme(n) *f(m)*

zébu [zeby] *m zo* Zebu *n od m*; Buckelrind *n*

zédoaire [zedɔɛr] *f bot* Zit(t)werwurzel *f*

zée [ze] *m zo* Heringskönig *m*

zélateur [zelatœr] *litt m* Eiferer *m*; Ze-'lot *m*

zèle [zɛl] *m* **1.** Eifer *m*; Fleiß *m*; Beflissenheit *f*; Diensteifer *m*; **~ patriotique** patriotische Begeisterung; **grève** *f* **du ~** Dienst *m* nach Vorschrift; Bummelstreik *m*; (*surtout*) **pas de ~!** nur kein 'Übereifer!; **avec ~** eifrig; mit Eifer; **faire du ~** 'übereifrig, allzu eifrig sein; **mettre du ~ à faire qc** etw mit Eifer machen; **2.** *rel* Glaubenseifer *m*

zélé [zele] *adj* eifrig; voll Eifer; *rel* voll Glaubenseifer

zélote [zelɔt] *m hist* Ze'lot *m*

zen [(d)zɛn] *m rel* Zen [zɛn] *n*; *adjt* **bouddhisme ~** Zen-Buddhismus *m*

zénana [zenana] *m* **1.** Ze'nana *f* (*Harem in Indien u Persien*); **2.** *text* (*Art*) Cloqué *m* für Morgenröcke *etc*

zénith [zenit] *m* **1.** *astr* Ze'nit *m*; Scheitelpunkt *m*; **être au ~** im Zenit stehen; **passer au ~** durch den Zenit gehen; **2.** *fig* Gipfel *m*; Höhepunkt *m*; Ze'nit *m*; **st/s être au ~ de sa gloire** auf dem Gipfel, Höhepunkt des, s-s Ruhms sein

zénithal [zenital] *adj* ⟨-aux⟩ *astr* zeni-'tal; Zeni'tal…; Ze'nit…; **distance ~e** Zenitdistanz *f*

zéphyr [zefir] *m* **1.** *poét* Zephir *od* Zephyr *m*; **2.** *text* Zephir *od* Zephyr *m*; *adjt* **laine** *f* **~** Zephir- *od* Zephyrwolle *f*

zéphyrien [zefirjɛ̃] *adj* ⟨~ne⟩ **1.** *litt Wind* sanft; säuselnd; *litt* ze'phirisch *od* ze'phyrisch; **2.** **œuf ~** Windei *n*

zeppelin [zɛplɛ̃] *m aviat* Zeppelin *m*

zéro [zero] *m* **1.** *Ziffer, Zahl, math* Null *f*; **barrer un ~** e-e Null streichen; *Zeiger* **être à ~** auf Null stehen; *math* **tendre vers ~** gegen Null gehen; **2.** *fig* Nuts *n*; Null *f*; **~ de bénéfice** Gewinn gleich Null; kein Gewinn; **~! od ~ pour la question** in dieser Sache weiß ich nichts; von dieser Sache hab' ich keine Ahnung; F **avoir la boule à ~** vollkommen kahl sein; F e-e Platte haben; F **les avoir à ~** F e-e Heidenangst haben; P Mordsschiß haben; die Hosen gestrichen voll haben; **avoir le moral à ~** *od* **être à ~** e-n seelischen Tiefstand erreicht haben; seelisch auf dem Nullpunkt (angelangt) sein; F **c'est ~** das taugt nichts; **partir de ~** mit nichts, bei Null anfangen; **réduire à ~** *Hoffnung etc* zu'nichte machen; zerschlagen; zerstören; *Vermögen* in nichts zerrinnen lassen; *Stimmung* auf den Nullpunkt bringen; **repartir à ~** wieder ganz von vorne, bei Null anfangen; **3.** *fig von e-r Person* Null *f*; **c'est un ~** er ist eine Null; **4.** Nullpunkt *m*; Gefrierpunkt *m*; **~ absolu** absoluter Nullpunkt; **il fait dix degrés au--dessus, au-dessous de ~** es sind, wir haben zehn Grad über, unter Null; **5.** *schlechteste Schulnote, etwa* Sechs *f*; **~ de conduite** e-e Sechs in Betragen; **Betragen ungenügend; attraper un ~** e-e Sechs kriegen; **avoir ~ en maths** sechs, e-e Sechs in Mathe haben; **collectionner les ~s** sehr viele Sechsen einheimsen; **6.** *mar* **~ des cartes** Seekartennull *n* (*abr* SKN); **7.** *im Roulett* Zéro *f od n*; **II** *adj/num/c* null; *Temperatur* **degré ~** null Grad; **~ franc cinquante** null Komma fünfzig Franc; F **ça m'a coûté ~ franc** das hat mich nichts gekostet; das hab' ich um'sonst bekommen; *adm* **~ heure** null Uhr; **faire ~ faute** null, keinen Fehler machen; *sports* **gagner par 3 buts à ~** mit drei zu null (Toren) gewinnen

zérotage [zerotaʒ] *m bei Thermometern* Bestimmung *f* des Nullpunktes

zeste [zɛst] *m* **1.** **~ de citron, d'orange** (Stück *n*) Zi'tronen-, O'rangenschale *f*; **2.** *der Nuß* Scheidewand *f*

zêta [(d)zeta] *m griechischer Buchstabe* Zeta *n*

zeugma [zøgma] *od* **zeugme** [zøgm(ə)] *m rhét* Zeugma *n*

zeuzère [zøzɛr] *f zo* Ka'stanienbohrer *m*; Blausieb *n*

zézaiement [zezɛmã] *m phon* **a)** Aussprache *f* des j [ʒ] wie z [z]; **b)** Lispeln *n*

zézayer [zezeje] *v/i* ⟨-ay- *od* -ai-⟩ **a)** j [ʒ] wie z [z] aussprechen; **b)** lispeln; mit der Zunge anstoßen

zibeline [ziblin] *f zo u Pelz* Zobel *m*

zibeth [zibɛt] *m zo* Zibetkatze *f*

zieuter [zjøte] F v/t angucken; F u p/fort anglotzen; an-, begaffen; anstieren; zieute-la! guck, F kiek dir die mal an!

zig [zig] cf **zigue**

ziggourat [zigura] f arch Zikkurat f

zigomar [zigomar] m cf **zigoto**

zigoteau [zigoto] m ⟨pl ~x⟩ od **zigoto** [zigoto] m F un drôle de ~ F ein seltsamer, komischer Knabe, Kauz; F faire le ~ den Hanswurst spielen

zigouiller [ziguje] v/t F abmurksen; 'umlegen; um die Ecke bringen; kaltmachen

zigue [zig] m F Kerl m; Bursche m; Knabe m; Type f; un bon ~ ein feiner, guter Kerl; un drôle de ~ F ein komischer, seltsamer Knabe, Kauz; e-e seltsame Type

zigzag [zigzag] m Zickzack m; adjt cout point m ~ Zickzackstich m; loc/adj u loc/adv en ~ Zickzack…; im Zickzack (gehend, verlaufend); chemin m en ~ im Zickzack verlaufender Weg; ligne f en ~ Zickzacklinie f; marcher en ~ im Zickzack gehen; hin und her torkeln, taumeln; faire des ~s a) Fahrzeug, Betrunkener cf **zigzaguer**; Weg sich schlängeln; im Zickzack verlaufen; b) Zickzacklinien ziehen, zeichnen bzw nähen

zigzaguer [zigzage] v/i Fahrzeug, Betrunkener im Zickzack, in Schlangenlinien fahren; Betrunkener auch hin und her taumeln, torkeln

zinc [zɛ̃g] m 1. Zink n; en od de ~ Zink…; aus Zink; 2. F a) Theke f; Schanktisch m; prendre un verre sur le ~ an der Theke …; b) kleine Bar; 3. F (avion) Flugzeug m; F Kiste f

zinc|ifère [zɛ̃sifer] adj zinkhaltig; ~ite f minér Zin'kit m; Rotzinkerz n

zincographie [zɛ̃kografi] f tech Zinkdruck m; Zinkogra'phie f

zincon|ise [zɛ̃koniz] f od ~ite f minér Zinkblüte f

zingage [zɛ̃gaʒ] m tech Verzinken n, -ung f

zingibéracées [zɛ̃ʒiberase] f/pl bot Ingwergewächse n/pl

zingu|er [zɛ̃ge] v/t tech 1. verzinken; 2. Dach mit Zinkblech decken; ~erie f a) Zinkhütte f; b) Zinkhandel m; c) Zinkwaren f/pl; ~eur m 1. Zinkarbeiter m; 2. adjt plombier m ~ cf **plombier**

zinnia [zinja] m bot Zinnie f

zinzin [zɛ̃zɛ̃] F adj ⟨f inv⟩ verrückt; nicht ganz richtig im Kopf; il est un peu ~ F er spinnt ein bißchen; er hat nicht alle Tassen im Schrank; cf auch **cinglé**

zinzinuler [zɛ̃zinyle] v/i Meise, Grasmücke zwitschern

zinzolin [zɛ̃zolɛ̃] adj rotviolett

zip [zip] m (breiter) (Zier)Reißverschluß

zippé [zipe] adj mit (breitem) (Zier)Reißverschluß

zircon [zirkõ] m minér Zir'kon m

zircone [zirkon] f chim Zir'konerde f

zirconium [zirkonjom] m chim Zir'konium n

zizanie [zizani] f 1. semer la ~ Zwietracht säen, stiften; 2. bot Wasserreis m

zizi [zizi] m 1. zo Zaunammer f; 2. enf (pénis) enf Zipfelchen n

zizique [zizik] enf od plais f Mu'sik f

zloty [zloti] m polnische Währung Zloty ['zlɔti] m

zoanthropie [zoɑ̃tropi] f path Zoanthro'pie f

zodiacal [zodjakal] adj ⟨-aux⟩ astr zodia'kal; Zodia'kal…; Tierkreis…; lumière ~e Zodiakallicht n

zodiaque [zodjak] m astr Tierkreis m; Zo'diakus m; signes m/pl du ~ Tierkreiszeichen n/pl

zoé [zoe] f zo Zo'ea f

zoécie [zoesi] f od **zoïde** [zoid] m zo Zoo'id n

zoïle [zoil] litt m boshafter, neidischer Kritiker

zona [zona] m path Gürtelrose f; sc Herpes zoster m

zonage [zonaʒ] m Städtebau Aufteilung f in Nutzungsflächen

zonal [zonal] adj ⟨-aux⟩ 1. zo, bot farbig quergestreift; 2. géogr Zonen…

zonard [zonar] m Slumbewohner ['slam-] m

zone [zon] f 1. allg, adm, fin, pol, mil Zone f; Gebiet n; Raum m; Bezirk m; Bereich m; allg auch Landstrich m; ~ boisée Waldzone f, -gebiet n; ~ côtière Küstengebiet n; pol ~ démilitarisée entmilitarisierte Zone; fin ~ dollar Dollarraum m, -block m; ~ douanière Zollgebiet n; fin ~ franc Franc-Zone f; Währungsgebiet n des Franc; ~ interdite Sperrgebiet n, -bezirk m; fin ~ monétaire Währungsgebiet n, -bereich m, -raum m; ~ sinistrée Kata'strophengebiet n; mil ~ à battre Zielbereich m; ~ d'action Wirkungsbereich m; mil auch Kampf-, Einsatzgebiet n; Gefechtszone f; ~ d'activité Wirkungsbereich m; mil ~ des arrières E'tappe f; aviat ~ d'atterrissage Landezone f; ~ de bruit Lärmzone f; agr ~ de culture Anbaugebiet n; ~ d'influence Einflußgebiet n; Inter'essensphäre f; ~s de l'intérieur Gebiete n/pl im Landesinneren; Landesinnere(s) n; écon ~ de libre-échange Freihandelszone f; mil ~ d'occupation Besatzungszone f; mil ~ des opérations Operati'onsgebiet n; ~ de pêche Fische'reizone f; rad ~ de réception Empfangsbereich m; adm ~ de salaire Lohngebiet n; etwa Orts(lohn)klasse f; rad ~ de silence tote Zone; cf auch 3.; mil ~ de tir Feuerbereich m, -zone f; allg sur une ~ de 5 km in e-m 'Umkreis, Gebiet von 5 km; 2. géogr Zone f; ~s climatiques Klimazonen f/pl; ~ tempérée, torride gemäßigte, heiße Zone; ~ de végétation Vegetati'onszone f; 3. in Städten: ~ bleue Kurzparkzone f; ~ industrielle, résidentielle od d'habitation Indu'strie-, Wohngebiet n, -viertel m/pl; Raumordnung: ~ à urbaniser en priorité (abr Z.U.P.) Gebiet n vorrangiger städtebaulicher Erschließung; ~ d'aménagement concerté (abr Z.A.C.) bzw différé (abr Z.A.D.) Gebiet aufein'ander abgestimmter bzw zu'rückgestellter Erschließung; ~ de silence (Zone f mit) Hupverbot n; 4. in Großstädten arme Außenviertel n/pl; Slums [-a-] m/pl; 5. météo Zone f; ~ anticyclonique od de haute pression Hochdruckgebiet n; ~ cyclonique od de basse pression Tiefdruckgebiet n; ~ de mauvais temps Schlecht'wettergebiet n; 6. math, astr Zone f; ~ sphérique Kugelzone f; 7. (gürtelförmiger) Streifen; minér ~s Onyx Lage f; ~ d'un cristal Kri'stallzone f; 8. anat Zone f; ~s de Head Headsche ['hed-] Zonen; 9. fig Gebiet n; Bereich m; ~ de recherche Forschungsbereich m, -gebiet n

zoné [zone] adj zo, bot kon'zentrisch gestreift; gebändert

zonure [zonyr] m zo Gürtelechse f

zoo [zo] m Zoo m; Tierpark m

zoogéographie [zoozeografi] f Tiergeographie f

zooglée [zoogle] f biol Zoo'glöa f

zoolâtr|e [zoolɑtr(ə)] m Tieranbeter m; ~ie f Tierkult m; Zoola'trie f

zoo|logie [zoɔlɔʒi] f Zoolo'gie f; Tierkunde f; ~logique adj zoo'logisch; tierkundlich; Tier(kunde)…; jardin m,

parc m ~ zoologischer Garten; Tierpark m; ~logiste od ~logue m,f Zoo'loge, -login m,f

zoom [zum] m phot Zoom [zu:m] n; Gummilinse f

zoomorph|e [zoomorf] adj in Tiergestalt; ~isme m Verwandlung f in ein Tier

zoo|philie [zoofili] f 1. psych Zoophi'lie f; 2. über'triebene Tierliebe; ~phobie f über'triebene Angst vor Tieren

zoophyte [zoofit] m früher biol Zoo'phyt m

zoopsie [zoopsi] f psych Halluzinati'on f mit Sehen von wilden Tieren

zoo|sporange [zoosporaʒ] m bot Zoospo'rangium n; ~spore f bot Zoo'spore f

zootaxie [zootaksi] f Klassifi'zierung f der Tiere

zootechn|icien [zootɛknisjɛ̃] m Tierzüchter m (auf wissenschaftlicher Grundlage); ~ie f Tierzuchtlehre f; Züchtungskunde f; ~ique adj Tierzucht…

zorille [zoril] f zo Zo'rilla m od f; Banditis m

zoroastr|ien [zoroastrijɛ̃] hist rel I adj ⟨~ne⟩ zoro'astrisch; II subst ~(ne) m(f) Anhänger(in) m(f) der Lehre Zara'thustras; ~isme m hist rel Zoroa'strismus m; zoro'astrische Religi'on

zorrino [zorino] m Pelz m des Zo'rilla

zostère [zoster] f bot Seegras n

zostérien [zosterjɛ̃] adj ⟨~ne⟩ path Zoster…; Gürtelrosen…

zou [zu] int et ~! od allez ~! hopp hopp!

zouave [zwav] m 1. früher mil Zu'ave m; 2. F fig: un drôle de ~ F ein seltsamer, komischer Kerl, Knabe; e-e komische Type; faire le ~ a) den Hanswurst spielen; b) mit Warten s-e Zeit verlieren; F sich die Beine in den Bauch stehen

Zoulou(s) [zulu] m/pl Zulu m/pl

zozo [zozo] F m Dummkopf m; Dummchen n; F Dussel m; p/fort Dämlack m; Trottel m; adjt F dämlich; duss(e)lig; blöd(e)

zozoter [zozote] cf **zézayer**

zurichois [zyrikwa] I adj Zürcher; zürcherisch; II subst ℨ(e) m(f) Zürcher(in) m(f)

zut [zyt] int F ~ (alors)! F verflixt od verdammt (und zugenäht!); zum Teufel!; ~ pour … zum Teufel mit …; et puis ~! F (dann) hol's der Teufel!; je lui dis ~ da kann er lange darauf warten; F ich pfeif' ihm was

zwanze [zwɑ̃z] f besonderer Hu'mor der Belgier

zwinglianisme [zvɛ̃glijanism(ə)] m rel Lehre f Zwinglis

zwinglien [zvɛ̃glijɛ̃] rel I adj ⟨~ne⟩ zwingli'anisch; II subst ~(ne) m(f) Zwingli'aner(in) m(f)

zyeuter [zjøte] cf **zieuter**

zygène [ziʒɛn] f zo a) Hammerhai m; Zy'gäne f; b) Blutströpfchen n; Zy'gäne f (Schmetterling)

zygoma [zigoma] m anat Jochbein n bzw -bogen m

zygomatique [zigomatik] adj anat zygo'matisch; arcade f ~ Jochbogen m; muscle m ~ Jochbeinmuskel m; os m ~ Jochbein n; subst grand, petit ~ großer, kleiner Jochbeinmuskel

zygo|morphe [zigomorf] adj bot zygo'morph; ~mycètes [-miset] m/pl bot Jochpilze m/pl; Zygomy'zeten m/pl; ~pétale m bot Zygo'petalon n (Orchidee); ~spore m bot Zygo'spore f

zygote [zigot] m biol Zy'gote f

zymase [zimaz] f Biochemie Zy'mase f

zymotechnie [zimotɛkni] f Zymo'technik f; Gärungstechnik f

ANHANG
APPENDICE

I. GEOGRAPHISCHE NAMEN

I. NOMS GÉOGRAPHIQUES

Es wurden vor allem diejenigen Namen aufgenommen, deren deutsche Form von der französischen abweicht oder deren Aussprache im Französischen dem deutschen Benutzer Schwierigkeiten macht.

Bei jedem Namen werden Artikel und sonstige nähere Bestimmungen angegeben, falls diese im Satzzusammenhang stets erforderlich sind (la France, die Alpen, le lac Léman). Andernfalls wird nur das Genus verzeichnet, z. B. Neutrum (*n*) bei den deutschen Städte- und meisten Ländernamen.

Keine Genusbezeichnung erhalten die meisten französischen Städtenamen sowie die Namen zahlreicher Inseln, da deren Genus nicht eindeutig festgelegt ist und auf Grund des Sprachgebrauchs sowie logischer, historischer oder auch euphonischer Überlegungen bald maskulin bald feminin sein kann.

Ont été pris surtout les noms dont la forme allemande diffère de la forme française ou dont la prononciation en français comporte des difficultés pour le lecteur allemand.

Si l'article ou d'autres précisions sont indispensables dans le contexte de la phrase (la France, die Alpen, le lac Léman), ils ont été indiqués derrière chaque nom. Dans les autres cas, seul le genre est donné, par exemple neutre (*n*) pour les noms de ville et de pays en allemand.

En français, le genre de la plupart des noms de ville ainsi que celui de nombreuses îles est variable. Il dépend de l'usage ainsi que d'aspects logiques, historiques ou bien euphoniques. On s'est donc abstenu de marquer dans chaque cas *m* ou *f*.

A

Aa [aɑ] l'~ *m Fluß in Nordfrankreich*
Abadan [abadan] Aba'dan *n*
Abbeville [abvil] *Stadt im Dep. Somme*
Abidjan [abidʒã] Abidjan [-'dʒaːn] *n*
Aboukir [abukir] Abu'kir *n*
Abruzzes [abryz] les ~ *f|pl* die A'bruzzen *pl*
Abyssinie [abisini] l'~ *f hist* Abes'sinien *n*
Acadie [akadi] l'~ *f hist in Kanada* A'kadien *n*
Achaïe [akai] l'~ *f hist* A'chaia *n*
Achéron [akerõ] l'~ *m myth* der Acheron
Açores [asɔr] les ~ *f|pl* die A'zoren *pl*
Actium [aksjɔm] *hist* Aktium *n*
Adélaïde [adelaid] Adelaide ['ɛdəlid] *n*
Aden [adɛn] Aden *n*
Adige [adiʒ] l'~ *m* die Etsch
Adour [adur] l'~ *m Fluß in Südwestfrankreich*
Adriatique [adrijatik] l'~ *f od* la mer ~ die Adria *od* das Adri'atische Meer
Afghanistan [afganistã] l'~ *m* Af'ghanistan *n*
Afrique [afrik] l'~ *f* Afrika *n*; l'~ du Nord Nordafrika *n*; l'~ du Sud Südafrika *n*
Afrique-Équatoriale française [afrikekwatɔrjalfrãsɛz] l'~ *f hist* Fran'zösisch-Äquatori'alafrika *n*
Afrique-Occidentale française [afrikɔksidãtalfrãsɛz] l'~ *f hist* Fran'zösisch-West'afrika *n*
Agde [agd(ə)] *Stadt im Dep. Hérault*
Agen [aʒɛ̃] *Stadt im Dep. Lot-et-Garonne*

Agout [agu] l'~ *m Fluß in Südwestfrankreich*
Agrigente [agriʒãt] Agri'gent *n*
Aigues-Mortes [ɛgmɔrt] *Stadt im Dep. Gard*
Ain [ɛ̃] l'~ *m Fluß u Departement in Frankreich*
Aisne [ɛn] l'~ *f Fluß u Departement in Frankreich*
Aix [ɛ] l'île d'~ *Insel an der frz Atlantikküste*
Aix-en-Provence [ɛksãprɔvãs] *Stadt im Dep. Bouches-du-Rhône*
Aix-la-Chapelle [ɛkslaʃapɛl] Aachen *n*
Aix-les-Bains [ɛkslebɛ̃] *Stadt im Dep. Savoie*
Ajaccio [aʒaksjo] *Stadt auf Korsika*
Ajoie [aʒwa] l'~ *f* der Elsgau
Alaska [alaska] l'~ *m* A'laska *n*
Albains [albɛ̃] les monts *m|pl* ~ die Al'baner Berge *m|pl*; das Al'baner Gebirge
Albanie [albani] l'~ *f* Al'banien *n*
Albano [albano] le lac d'~ der Al'baner See
Albe la Longue [albalalõg] *f hist* Alba Longa *n*
Albères [albɛr] monts *m|pl* ~ *Teil der Pyrenäen*
Albion [albjõ] l'~ *f poét (Angleterre)* Albion *n*
Alémanie [alemani] l'~ *f hist* das Herzogtum Schwaben
Alençon [alãsõ] *Stadt im Dep. Orne*
Aléoutiennes [aleusjɛn] les îles *f|pl* ~ die Ale'uten *pl*
Alep [alɛp] A'leppo *n*
Alès [alɛs] *Stadt im Dep. Gard*

Alexandrie [alɛksãdri] *f* **1.** *in Ägypten* Alexan'dria *n od* Alex'andrien *n*; **2.** *in Italien* Ales'sandria *n*
Alger [alʒe] Algier ['alʒiːr] *n*
Algérie [alʒeri] l'~ *f* Al'gerien *n*
Algésiras [alʒeziras] Alge'ciras *n*
Allauch [alo] *Stadt im Dep. Bouches-du-Rhône*
Alleghanys [alegani] les ~ *m|pl* das Alleghenygebirge ['ɛligeːni-]; die Alleghenies *pl*
Allemagne [almaɲ] l'~ *f* Deutschland *n*; l'~ fédérale die Bundesrepublik (Deutschland); l'~ de l'Est, de l'Ouest Ost-, Westdeutschland *n* (*bes pol*); l'~ du Nord, du Sud Nord-, Süddeutschland *n*
Allier [alje] l'~ *m Fluß u Departement in Frankreich*
Alost [alɔst] Aalst *n*
Alpe d'Huez (L') [lalpədɥez] *frz Wintersportort*
Alpes [alp] les ~ *f|pl* die Alpen *pl*
Alpes-de-Haute-Provence [alp(ə)dəotprɔvãs] les ~ *f|pl frz Departement*
Alpes-Maritimes [alp(ə)maritim] les ~ *f|pl frz Departement* („die Seealpen")
Alphée [alfe] l'~ *m* der Al'pheus *od* Al'phios
Alpilles [alpij] les ~ *f|pl kleines Gebirge in der Provence*
Alsace [alzas] l'~ *f* das Elsaß; le ballon d'~ der Elsässer Belchen; le grand canal d'~ der Rhein'seitenkanal
Alsace-Lorraine [alzaslɔrɛn] l'~ *f* Elsaß-Lothringen *n*
Altaï [altai] l'~ *m* der Al'tai

Amazone [amazon, -zɔn] l'~ f der Ama'zonas

Amazonie [amazɔni] l'~ f Ama'zonien n

Amérique [amerik] l'~ f A'merika n; l'~ centrale Mittel-, Zen'tralamerika n; l'~ latine La'teinamerika n; l'~ du Nord Nordamerika n; l'~ du Sud Südamerika n

Amiens [amjɛ̃] Stadt im Dep. Somme

Amirauté [amirote] les îles f/pl de l'~ die Admirali'tätsinseln f/pl

Amis [ami] les îles f/pl des ~ die Freundschaftsinseln f/pl; die Tongainseln f/pl

Amman [ammã] Am'man n

Amou-Daria [amudarja] l'~ m der A'mu-dar'ja

Amour [amur] l'~ m der A'mur

Amsterdam [amstɛrdam] Amster-'dam od 'Amsterdam n

Anatolie [anatɔli] l'~ f Ana'tolien n

Ancône [ãkon] An'cona n

Andalousie [ãdaluzi] l'~ f Anda'lusien n

Andaman [ãdamã] les îles f/pl ~ die Anda'manen pl

Andelys (Les) [lezãd(ə)li] Stadt im Dep. Eure

Anderlecht [ãdɛrlɛk(t)] Anderlecht n

Andes [ãd] les ~ f/pl od la cordillère des ~ die Anden pl

Andorre [ãdɔr] f An'dorra n

Andrinople [ãdrinɔpl(ə)] hist Adria-'nopel n

Angers [ãʒe] Stadt im Dep. Maine-et-Loire

Angkor [aŋkɔr, ãkɔr] Angkor n

Angleterre [ãglətɛr] l'~ f England n

Anglo-Normandes [ãglonɔrmãd] les îles f/pl ~ die Ka'nalinseln f/pl; die Nor'mannischen Inseln f/pl

Angola [ãgɔla] l'~ m An'gola n

Anjou [ãʒu] l'~ m Anjou n

Annam [a(n)nam] l'~ m Annam n

Annecy [ansi] Stadt im Dep. Haute-Savoie

Ans [ãs] Stadt in Belgien

Antarctide [ãtarktid] l'~ f die Ant-'arktis

Antarctique [ãtarktik] l'~ f die Ant-'arktis; l'océan (Glacial) ~ das Südliche Eismeer; das Südpolarmeer

Antibes [ãtib] Stadt im Dep. Alpes-Maritimes

Anti-Liban [ãtilibã] l'~ m der Antilibanon

Antilles [ãtij] les ~ f/pl die An'tillen pl; la mer des ~ das Ka'ribische Meer

Antioche [ãtjɔʃ] hist Anti'ochia n

Anvers [ãver] Ant'werpen n

Aoste [aɔst] A'osta n; le val d'~ das Aostatal

Apennin [apenɛ̃] l'~ m od **Apennins** [apenɛ̃] les ~ m/pl der Apen'nin od die Apen'ninen pl; la péninsule des Apennins die Apenninenhalbinsel

Apulie [apyli] l'~ f hist A'pulien n

Aquilée [akile] Aqui'leja n

Aquitaine [akitɛn] l'~ f 1. hist Aqui-'tanien n; 2. frz Region

Arabie [arabi] l'~ f A'rabien n; l'~ Saoudite Saudi-Arabien n

Aragon [aragõ] l'~ m Ara'gonien n

Aral [aral] le lac od la mer d'~ der Aralsee

Ararat [arara] le mont ~ der (Berg) Ararat

Aravis [aravis] le col des ~ Alpenpaß in Savoyen

Arbresle (L') [larbrɛl] Stadt im Dep. Rhône

Arcadie [arkadi] l'~ f Ar'kadien n

Arctique [arktik] l'~ m die Arktis; l'océan (Glacial) ~ das Nördliche Eismeer; das Nordpolarmeer

Arcueil [arkœj] Stadt im Dep. Val-de-Marne

Ardèche [ardɛʃ] l'~ f Fluß u Departement in Frankreich

Ardennes [ardɛn] les ~ f/pl 1. (auch l'Ardenne f) die Ar'dennen pl; 2. frz Departement

Argens [arʒɛ̃s] l'~ m Fluß in der Provence

Argentan [arʒãtã] Stadt im Dep. Orne

Argenteuil [arʒãtœj] Stadt im Dep. Val-d'Oise

Argentine [arʒãtin] l'~ f Argen'tinien n

Argolide [argɔlid] l'~ f die Argolis

Argonne [argɔn] l'~ f die Ar'gonnen pl od der Ar'gonner Wald

Argovie [argɔvi] l'~ f der Aargau

Ariège [arjɛʒ] l'~ f Fluß u Departement in Frankreich

Arimathie [arimati] bibl Arima'thia n

Arkansas [arkãsas] l'~ m Ar'kansas n

Arkhangelsk [arkãʒɛlsk] Ar'changelsk n

Arles [arl] Stadt im Dep. Bouches-du-Rhône

Arménie [armeni] l'~ f Ar'menien n

Armorique [armɔrik] l'~ f hist Ar-'morika n (Bretagne)

Arnhem [arnɛm] Arnheim n

Arras [aras] Stadt im Dep. Pas-de-Calais

Ars [ars] frz Ortsname

Artois [artwa] l'~ m hist Provinz in Nordfrankreich

Asie [azi] l'~ f Asien n; l'~ antérieure Vorderasien n; l'~ centrale Innerasien n; l'~ Mineure Klein'asien n; l'~ du Sud-Est Südost'asien n

Asnières [anjɛr] Stadt im Dep. Hauts-de-Seine

Assam [asam] l'~ m Assam n

Assise [asiz] As'sisi n

Assouan [aswã] Assuan n

Assyrie [asiri] l'~ f hist As'syrien n

Astrak(h)an [astrakã] Astrachan n

Asturies [astyri] les ~ f/pl A'sturien n

Athènes [atɛn] A'then n

Athis-Mons [atismõs] Stadt im Dep. Essonne

Athos [atos, -ɔs] (le mont) ~ der (Berg) Athos

Atlantide [atlãtid] l'~ f myth At'lantis n

Atlantique [atlãtik] l'~ m der At'lantik n

Atlas [atlas] l'~ m der Atlas

Attique [atik] l'~ f Attika n

Aube [ob] l'~ f Fluß u Departement in Frankreich

Aubenas [obnɑ] Stadt im Dep. Ardèche

Aubervilliers [obɛrvilje] Stadt im Dep. Seine-Saint-Denis

Auch [oʃ] Stadt im Dep. Gers

Aude [od] l'~ m Fluß u Departement in Frankreich

Augsbourg [ogsbur] Augsburg n

Aulnay [o(l)nɛ] frz Ortsname

Aulne [on] l'~ Fluß in der Bretagne

Aulnoye-Aymeries [onwɛmri] Stadt im Dep. Nord

Ault [olt] Ort im Dep. Somme

Aunis [onis] l'~ m Gegend in Westfrankreich

Aups [ops] Ort im Dep. Var

Auray [ɔrɛ] Stadt im Dep. Morbihan

Aurillac [ɔrijak] Stadt im Dep. Cantal

Austerlitz [ostɛrlits, ɔs-] hist Austerlitz n

Austral [ostral] l'océan ~ cf Antarctique

Australie [ostrali] l'~ f Au'stralien n

Australie-Méridionale [ostralimeridjɔnal] l'~ f Südaustralien n

Australie-Occidentale [ostraliɔksidãtal] l'~ f Westaustralien n

Austrasie [ostrazi] l'~ f hist Au'strasien n; Austrien n

Autriche [otriʃ] l'~ f Österreich n

Autriche-Hongrie [otriʃõgri] l'~ f hist Österreich-Ungarn n

Auvergne [overɲ] l'~ f die Au'vergne

Auxerre [osɛr] Stadt im Dep. Yonne

Auxonne [osɔn] Stadt im Dep. Côte-d'Or

Aventin [avãtɛ̃] l'~ m od le mont ~ der Aven'tin; der Aven'tinische Hügel

Averne [avɛrn] le lac d'~ der A'verner See

Avesnes [avɛn] frz Ortsname

Aveyron [avɛrõ] l'~ m Fluß u Departement in Frankreich

Avignon [aviɲõ] Stadt im Dep. Vaucluse

Ay od **Aÿ** [ai] Ort im Dep. Marne

Aydat [ɛda] le lac d'~ See in der Auvergne

Azerbaïdjan [azɛrbaidʒã] l'~ m Aserbai'dschan n

Azov [azɔf] la mer d'~ das Asowsche Meer

B

Babel [babɛl] bibl Babel n

Babylone [babilɔn] hist Babylon n

Babylonie [babilɔni] la ~ hist Baby-'lonien n

Bachkirie [baʃkiri] la ~ Basch'kirien n

Bactriane [baktrijan] la ~ hist Baktrien n

Bade [bad] le (pays de) ~ Baden n

Baden-Baden [badɛnbadɛn] Baden-Baden n

Bade-Wurtemberg [badvyrtɛ̃bɛr] le ~ Baden-Württemberg n

Badonviller [badõvile] Ort im Dep. Meurthe-et-Moselle

Bagdad [bagdad] Bagdad n

Bahamas [baamas] les (îles) ~ f/pl die Ba'hamas pl; die Ba'hamainseln f/pl

Bahia [baja] Ba'hia n [f/pl]

Bahreïn [barɛjn] Bah'rain n

Baïkal [baikal] le lac ~ der Baikalsee

Baïkonour [baikɔnur] Baiko'nur n

Bakou [baku] Baku n

Balaton [balatõ] le lac ~ der Plattensee

Bâle [bɑl] Basel n

Baléares [balear] les ~ f/pl die Bale'aren pl

Balkan [balkã] le mont ~ der Balkan

Balkans [balkã] les ~ m/pl der Balkan

Balkhach [balkaʃ] le lac ~ der Bal'chaschsee

Baltes [balt] les pays m/pl ~ das Baltikum

Baltique [baltik] la mer ~ die Ostsee

Baluchistan [baluʃistã] le ~ Be-'lutschistan n

Bangkok [bãkɔk, baŋ-] Bangkok n

Bangladesh [bãgladɛʃ] le ~ Bangla-'des(c)h n

Banyuls [baɲuls, banjyls] Ort im Dep. Pyrénées-Orientales

Barbade [barbad] la ~ Bar'bados n

Barbarie [barbari] la ~ hist die Berbe-'rei (Nordafrika)

Barcelone [barsəlɔn] Barce'lona n

Barents [barɛnts] la mer de ~ die Barentssee

Basque [bask] le Pays ~ das Baskenland

Basra [basra] Basra(h) n

Bas-Rhin [bɑrɛ̃] le ~ frz Departement (,,das 'Unterelsaß")

Basse-Autriche [basotriʃ] la ~ Niederösterreich n

Basse-Bavière [basbavjɛr] la ∼ Niederbayern n
Basse-Normandie [basnɔrmãdi] la ∼ frz Region (der westliche Teil der Normandie)
Bassens [basɛ̃s] Stadt im Dep. Gironde
Basses-Alpes [baszalp] les ∼ f/pl früherer Name des frz Departements Alpes-de-Haute-Provence
Basse-Saxe [bassaks] la ∼ Niedersachsen n
Basses-Pyrénées [baspirene] les ∼ f/pl früherer Name des frz Departements Pyrénées-Atlantiques
Basse-Terre [bastɛr] Stadt auf Guadeloupe
Bassora [basɔra] cf Basra
Bastia [bastja] Stadt auf Korsika
Batz [ba] l'île f de ∼ bretonische Insel
Baux (Les) [lebo] Ort in der Provence
Bavière [bavjɛr] la ∼ Bayern n
Bayeux [bajø] Stadt im Dep. Calvados
Bayonne [bajɔn] Stadt im Dep. Pyrénées-Atlantiques
Bayreuth [bajrøt] Bay'reuth n
Béarn [bearn] le ∼ hist Provinz in Südwestfrankreich
Beauce [bos] la ∼ frz Landschaft im Südwesten von Paris
Beaugency [boʒãsi] Stadt im Dep. Loiret
Beaujolais [boʒɔlɛ] le ∼ frz Weingegend
Beaune [bon] Stadt im Dep. Côte-d'Or
Beg-Meil [bɛgmɛj] Badeort im Dep. Finistère
Belfort [bɛlfɔr, befɔr] Hauptstadt des Departements le Territoire de ∼; la trouée de ∼ die Bur'gundische Pforte
Belgique [bɛlʒik] la ∼ Belgien n
Belgrade [bɛlgrad] Belgrad n
Belize [beliz] Belize [-'liːz] n
Béloutchistan [belutʃistã] le ∼ Be-'lutschistan n
Bénarès [benarɛs] Be'nares n
Bénévent [benevã] Bene'vent n
Bengale [bɛ̃gal] le ∼ Ben'galen n; le golfe du ∼ der Golf von Bengalen; der Ben'galische Meerbusen
Beng(h)azi [bɛ̃gazi] Ben'gasi n
Bénin [benɛ̃] le ∼ Be'nin n
Béotie [beɔsi] la ∼ Bö'otien n
Berck [bɛrk] Stadt im Dep. Pas-de-Calais
Berezina od **Bérézina** [berezina] la ∼ die Bere'sina
Bergame [bɛrgam] Bergamo n
Bergen [bɛrgɛn] Bergen n
Bergerac [bɛrʒərak] Stadt im Dep. Dordogne
Béring [beriŋ] le détroit de ∼ die Beringstraße; la mer de ∼ das Beringmeer
Berlin [bɛrlɛ̃] Ber'lin n
Berlin-Est [bɛrlɛ̃ɛst] Ost-Berlin n
Berlin-Ouest [bɛrlɛ̃wɛst] West-Berlin n
Bermudes [bɛrmyd] les ∼ f/pl die Ber'mudas pl; die Ber'mudainseln f/pl
Berne [bɛrn] Bern n
Berry [bɛri] le ∼ Landschaft in Mittelfrankreich
Besançon [bəzãsõ] Stadt im Dep. Doubs
Beskides od **Beskydes** [bɛskid] les ∼ f/pl die Bes'kiden pl
Bessarabie [besarabi] la ∼ Bessa'rabien n
Béthanie [betani] bibl Be'thanien n
Bethléem [bɛtleɛm] Bethlehem n
Bex-les-Bains [bɛlebɛ̃] Stadt in der Schweiz
Beyrouth [bɛrut] Bei'rut n
Béziers [bezje] Stadt im Dep. Hérault

Bhoutan [butã] le ∼ Bhutan n
Biarritz [bjarits] Stadt im Dep. Pyrénées-Atlantiques
Biélorussie [bjelɔrysi] la ∼ Weißrußland n
Bienne [bjɛn] Biel n; le lac de ∼ der Bieler See
Billom [bijõ] Stadt im Dep. Puy-de-Dôme
Bir Hakeim [birakɛm] Ort in Libyen
Birmanie [birmani] la ∼ Birma n
Biscaye [biskaj] la ∼ die (spanische) Pro'vinz Viz'caya
Bithynie [bitini] la ∼ hist Bi'thynien n
Bizerte [bizɛrt] Bi'serta n
Blanc [blã] le mont ∼ der Mont'blanc
Blanche [blãʃ] la mer ∼ das Weiße Meer
Blanc-Mesnil [blãmenil] Stadt im Dep. Seine-Saint-Denis
Blaye [blaj] Stadt im Dep. Gironde
Bleu [blø] le fleuve ∼ der Jangtse (-kiang)
Blue Mountains [blumawntɛns] les ∼ f/pl USA, Australien die Blauen Berge m/pl
Bohême [bɔɛm] la ∼ Böhmen n; la forêt de ∼ der Böhmerwald
Bois-le-Duc [bwal(ə)dyk] Herzogenbusch n; 's Hertogenbosch n
Bolivie [bɔlivi] la ∼ Bo'livien n
Bologne [bɔlɔɲ] Bo'logna n
Bolzano [bɔlzano] Bozen n
Bombay [bõbɛ] Bombay [-bɛ:] n
Bonne-Espérance [bɔnɛsperãs] le cap de ∼ das Kap der Guten Hoffnung
Bordeaux [bɔrdo] Stadt im Dep. Gironde
Bornéo [bɔrneo] Borneo n
Bosnie [bɔsni] la ∼ Bosnien n
Bosphore [bɔsfɔr] le ∼ der Bosporus
Botnie [bɔtni] le golfe de ∼ der Bottnische Meerbusen
Botswana [bɔtswana] le ∼ Bo'tswana n
Bouches-du-Rhône [buʃdyron] frz Departement
Boukhara [bukara] Bu'chara n
Boulogne-Billancourt [bulɔɲbijãkur] Stadt im Dep. Hauts-de-Seine
Bourg-en-Bresse [burkãbrɛs] Stadt im Dep. Ain
Bourges [burʒ] Stadt im Dep. Cher
Bourgogne [burgɔɲ] la ∼ Bur'gund n
Brabant [brabã] le ∼ Bra'bant n
Brabant-Septentrional [brabãsɛptãtrijɔnal] le ∼ Nordbrabant n
Brahmapoutre [bramaputr(ə)] le ∼ der Brahma'putra
Brandebourg [brãdbur] le ∼ Brandenburg n
Brașov [braʃɔf] Kronstadt n (Rumänien)
Bratislava [bratislava] Preßburg n
Bray [brɛ] frz Landschafts- und Ortsname
Brême [brɛm] Bremen n
Brésil [brezil] le ∼ Bra'silien n
Bresle [brɛl] la ∼ Fluß in Nordfrankreich
Brest [brɛst] Stadt im Dep. Finistère
Bretagne [brɔtaɲ] la ∼ 1. die Bre'tagne; 2. hist Bri'tannien n
Brisgau [brisgo] le ∼ der Breisgau
Brno [brno] Brünn n
Bruay [bryɛ] frz Ortsname
Bruges [bryʒ] Brügge n
Brunswick [brɛ̃swik, brœ̃-] (hist Land le ∼) Braunschweig n
Bruxelles [bry(k)sɛl] Brüssel n
Bucarest [bykarɛst] Bukarest n
Budapest [bydapɛst] Budapest n
Buenos Aires [bwenozɛr] Bu'enos Aires n
Bulgarie [bylgari] la ∼ Bul'garien n
Burundi [burundi] le ∼ Bu'rundi n
Byzance [bizãs] hist By'zanz n

C

Cachemire [kaʃmir] le ∼ Kaschmir n
Cadix [kadiks] Cádiz n
Caen [kã] Stadt im Dep. Calvados
Cahors [kaɔr] Stadt im Dep. Lot
Caire (Le) [ləkɛr] Kairo n
Calabre [kalabr(ə)] la ∼ Ka'labrien n
Calais [kalɛ] Stadt im Departement Pas-de-Calais; le Pas de ∼ die Straße von Dover
Calamine (La) [lakalamin] Stadt in Belgien Kalmis n
Calcutta [kalkyta] Kal'kutta n
Calédonie [kaledɔni] la ∼ hist Kale-'donien n
Californie [kalifɔrni] la ∼ Kali'fornien n   [ment]
Calvados [kalvados] le ∼ frz Departe-
Calvaire [kalvɛr] le ∼ bibl der Kal'varienberg
Camargue [kamarg] la ∼ die Ca'margue
Cambodge [kãbɔdʒ] le ∼ Kam-'bodscha n
Cameroun [kamrun] le ∼ Kamerun n
Campanie [kãpani] la ∼ Kam'panien n
Cana [kana] bibl Kana n
Canaan [kanaã] le pays, la terre de ∼ bibl (das Land) Kanaan n
Canada [kanada] le ∼ Kanada n
Canaries [kanari] les ∼ f/pl od les îles f/pl ∼ die Ka'narischen Inseln f/pl
Cannes [kan] 1. Stadt im Dep. Alpes-Maritimes; 2. hist Cannae n
Cantabriques [kãtabrik] les monts m/pl ∼ das Kan'tabrische Gebirge
Cantal [kãtal] le ∼ Bergmassiv u Departement in Frankreich
Canton [kãtõ] Kanton n
Cap (Le) [ləkap] Kapstadt n; la province du ∼ die Kapprovinz
Capharnaüm [kafarnaɔm] bibl Ka'pernaum n
Capoue [kapu] Capua n
Cappadoce [kapadɔs] la ∼ hist Kappa-'dozien n
Cap-Vert [kapvɛr] les îles f/pl du ∼ die Kap'verdischen Inseln f/pl
Caraïbe [karaib] la ∼ die Ka'ribik; la mer ∼ od des ∼s das Ka'ribische Meer
Carélie [kareli] la ∼ Ka'relien n
Carinthie [karɛti] la ∼ Kärnten n
Carmel [karmel] le mont ∼ der Karmel
Carniole [karnjɔl] la ∼ Krain n
Caroline [karɔlin] la ∼ du Nord Nordkarolina n; la ∼ du Sud Südkarolina n
Carpates [karpat] les ∼ f/pl die Kar-'paten n
Carpentras [karpãtra] Stadt im Dep. Vaucluse
Carrare [karar] Car'rara n
Carthage [kartaʒ] hist Kar'thago n
Carthagène [kartaʒɛn] Carta'gena n
Caspienne [kaspjɛn] la (mer) ∼ das Kaspische Meer; der Kaspisee
Cassin [kasɛ̃] le mont ∼ der Monte Cas'sino
Cassis [kasi(s)] Stadt im Dep. Bouches-du-Rhône
Castille [kastij] la ∼ Ka'stilien n
Catalogne [katalɔɲ] la ∼ Kata'lonien n
Catane [katan] Ca'tania n
Cattégat [kategat] le ∼ das Kattegat
Caucase [kokaz] le ∼ der Kaukasus
Caulnes [kon] Ort im Dep. Côtes-du-Nord
Cauterets [kotrɛ] Kurort im Dep. Hautes-Pyrénées
Caux [ko] le pays de ∼ Landschaft in der Normandie
Cavaillon [kavajõ] Stadt im Dep. Vaucluse
Cayenne [kajɛn] Hauptstadt von Französisch-Guayana

Célèbes [seleb] les ~ f/pl Celebes n
centrafricain [sãtrafrikẽ] l'Empire ~ das Zen'tralafrikanische Kaiserreich
Centre [sãtr(ə)] le ~ Mittelfrankreich n
Cerdagne [serdaɲ] la ~ Gebiet in Südfrankreich u Spanien
Cérigo [serigo] cf Cythère
Cervin [servẽ] le mont ~ das Matterhorn
Césarée [sezare] hist Cäsa'rea n
Cévennes [seven] les ~ f/pl die Ce-'vennen pl
Ceylan [selã] Ceylon n
Chagos [ʃagos, -ɔs] les îles f/pl ~ die Tschagosinseln f/pl
Chalcédoine [kalsedwan] hist Chal-'cedon n
Chalcidique [kalsidik] (die) Chal-'kidike
Chaldée [kalde] la ~ hist Chal'däa n
Challans [ʃalã] Stadt im Dep. Vendée
Châlus [ʃaly] Ort im Dep. Haute-Vienne
Chamonix [ʃamɔni] Stadt im Dep. Haute-Savoie
Champagne [ʃãpaɲ] la ~ die Cham-'pagne
Chandigarh [ʃãdigar] Tschandi'garh n
Chang-hai [ʃãgaj] cf Shanghai
Chan-si [ʃansi] le ~ Schansi n
Chantilly [ʃãtiji] Stadt im Dep. Oise
Chan-tong [ʃãtõg] le ~ Schantung n
Charente [ʃarãt] la ~ Fluß u Departement in Frankreich
Charente-Maritime [ʃarãtmaritim] la ~ frz Departement
Chartres [ʃartr(ə)] Stadt im Dep. Eure-et-Loir
Châtelguyon [ʃatelgɥijõ] Kurort im Dep. Puy-de-Dôme
Châtellerault [ʃatelro] Stadt im Dep. Vienne
Chatt al-Arab [ʃatalarab] le ~ der Schatt el-'Arab
Chaudes-Aigues [ʃodzeg] Kurort im Dep. Cantal
Chaux-de-Fonds (La) [laʃodfõ] Stadt in der Schweiz
Che-kiang [ʃekjãg] le ~ Tschekiang n
Chen-si [ʃensi] le ~ Schensi n
Chen-yang [ʃenjãg] Schenyang od Schenjang n
Cher [ʃer] le ~ Fluß u Departement in Frankreich
Cherbourg [ʃerbur] Stadt im Dep. Manche
Chesnay (Le) [ləʃene] Stadt im Dep. Yvelines
Chicago [ʃikago] m Chi'kago n
Chiers [ʃjer] la ~ Fluß in Luxemburg u Lothringen
Chili [ʃili] le ~ Chile n
Chine [ʃin] la ~ China n; la mer de ~ méridionale, orientale das Südchinesische, Ostchinesische Meer
Chio [kjo] Chios n
Chiraz [ʃiraz] Schiras n
Christmas [krismas] l'île f ~ die Weihnachtsinsel
Chypre [ʃipr(ə)] Zypern n
Cilicie [silisi] la ~ hist Ki'likien od Zi'lizien n
Ciotat (La) [lasjɔta] Stadt im Dep. Bouches-du-Rhône
Clarens [klarã] Ort in der Schweiz
Clermont-Ferrand [klermõferã] Stadt im Dep. Puy-de-Dôme
Clèves [klev] Kleve n
Clusaz (La) [laklyza] Wintersportort im Dep. Haute-Savoie
Coblence [kɔblãs] Koblenz n
Cobourg [kɔbur] Coburg n
Cochinchine [kɔʃẽʃin] la ~ hist Kotschin'china n

Coïmbre [kɔẽbr(ə)] Co'imbra n
Coire [kwar] Chur n
Colchide [kɔlʃid] la ~ hist die Kolchis
Cologne [kɔlɔɲ] Köln n
Colombie [kɔlõbi] la ~ Ko'lumbien n
Combs-la-Ville [kõblavil] Stadt im Dep. Seine-et-Marne
Côme [kom] Como n; le lac de ~ der Comer See
Comores [kɔmɔr] les ~ f/pl die Ko-'moren pl
Compiègne [kõpjeɲ] Stadt im Dep. Oise
Condroz [kõdro] le ~ Landschaft in Belgien
Congo [kõgo] le ~ 1. Fluß der Kongo; 2. Staat (auch le ~-Brazzaville) Kongo n; 3. (früher le ~ belge Belgisch-Kongo n) cf Zaïre
Constance [kõstãs] Konstanz n; le lac de ~ der Bodensee
Constantinople [kõstãtinɔpl(ə)] meist hist Konstanti'nopel n
Copenhague [kɔpɛnag] Kopen'hagen n
Corail [kɔraj] la mer de ~ das Ko-'rallenmeer
Cordoue [kɔrdu] Córdoba n
Corée [kɔre] la ~ Ko'rea n; la ~ du Nord Nordkorea n; la ~ du Sud Südkorea n
Corfou [kɔrfu] Korfu n
Corinthe [kɔrẽt] Ko'rinth n; l'isthme m de ~ der Isthmus von Korinth
Cornouailles [kɔrnwaj] les ~ f/pl Cornwall n
Corogne (La) [lakɔrɔɲ] (La) Co'ruña n
Coromandel [kɔrɔmãdel] la côte de ~ die Koro'mandelküste
Corrèze [kɔrez] la ~ Fluß u Departement in Frankreich
Corse [kɔrs] la ~ Korsika n
Corse-du-Sud [kɔrsədysyd] la ~ frz Departement auf Korsika
Corte [kɔrte] Stadt auf Korsika
Cosne [kon] Ort Ortsname
Costa Rica [kɔstarika] le ~ Costa Rica n
Côte d'Azur [kotdazyr] la ~ die Côte d'Azur; die (französische) Rivi'era
Côte-d'Ivoire [kotdivwar] la ~ die Elfenbeinküste
Côte d'Or [kotdɔr] la ~ Landschaft in Burgund
Côte-d'Or [kotdɔr] la ~ frz Departement
Côte française des Somalis [kotfrã-sezdesɔmali] la ~ hist Fran'zösisch-So'maliland n
Cotentin [kɔtãtẽ] le ~ Halbinsel der Normandie
Côtes-du-Nord [kotdynɔr] les ~ f/pl frz Departement
Couesnon [kwenõ] le ~ Fluß in Westfrankreich
Coulounieix-Chamiers [kulunje-ʃamje] Stadt im Dep. Dordogne
Courlande [kurlãd] la ~ Kurland n
Courmayeur [kurmajœr] Ort im Aostatal
Cracovie [krakɔvi] Krakau n
Craon [krã] Ort im Dep. Mayenne
Creil [krej] Stadt im Dep. Oise
Crémone [kremɔn] Cre'mona n
Crest [kre] Stadt im Dep. Drôme
Crète [kret] la ~ Kreta n
Créteil [kretej] Stadt im Dep. Val-de-Marne
Creuse [krøz] la ~ Fluß u Departement in Frankreich
Creusot (Le) [ləkrøzo] Stadt im Dep. Saône-et-Loire
Crimée [krime] la ~ die Krim
Croatie [krɔasi] la ~ Kro'atien n
Cro-Magnon [krɔmaɲõ] vorgeschichtliche Fundstätte im Dep. Dordogne

Crosne [kron] Ort im Dep. Essonne
Cuba [kyba] Kuba n
Cuers [kɥer] Ort im Dep. Var
Cuesmes [kɥem] Stadt in Belgien
Culoz [kyloz] Ort im Dep. Ain
Cumes [kym] hist Cumae n
Curaçao [kyraso] Cura'çao n
Cyclades [siklad] les ~ f/pl die Ky-'kladen pl
Cyrénaïque [sirenaik] la ~ die Cyre-'naika
Cyrène [siren] hist Ky'rene n
Cythère [siter] Ky'thera n
Czestochowa [ʃestɔkɔva] Tschenstochau n

D

Dachau [daʃo] Dachau n
Dacie [dasi] la ~ hist Dakien od Dazien n
Dahomey [daɔme] le ~ bis 1975 Daho'me n
Dalmatie [dalmasi] la ~ Dal'matien n
Damas [damas] Da'maskus n
Dampremy [dãremi] Stadt in Belgien
Danemark [danmark] le ~ Dänemark n
Dantzig [dã(t)sig] cf Gdańsk; hist le corridor od le couloir de ~ der Polnische Korridor
Danube [danyb] le ~ die Donau
Dardanelles [dardanel] les ~ f/pl die Darda'nellen pl
Dar es-Sala(a)m [daressalam] Daressa'lam n
Darjeeling [darʒilin] Dar'dschiling n
Dauphiné [dofine] le ~ hist Provinz in Südostfrankreich
Dax [daks] Stadt im Dep. Landes
Debrecen [debretsen] Debrezin n
Deccan [dekã] le ~ der Dekkan od Dekhan
Dekkan cf Deccan
Delémont [dəlemõ] Delsberg n
Délos [delos, -ɔs] Delos n
Delphes [delf] Delphi n
Detroit [detrwa] Detroit [di'trɔit] n
Deux-Ponts [døpõ] Zwei'brücken n
Deux-Sèvres [døsevr(ə)] les ~ f/pl frz Departement
Dieppe [djep] Stadt im Dep. Seine-Maritime
Dijon [diʒõ] Stadt im Dep. Côte-d'Or
Dinariques [dinarik] les Alpes f/pl ~ das Di'narische Gebirge; die Di'narischen Alpen pl
Djedda(h) [dʒeda] Dschidda n
Djerba [dʒerba] Dscherba od Djerba n
Djibouti [dʒibuti] Dschi'buti od Dji-'bouti n
Dniepr [dnjepr(ə)] le ~ der Dnjepr
Dobroudja [dɔbrudʒa] la ~ die Do-'brudscha
Dodécanèse [dɔdekanez] le ~ der Dodeka'nes
Doire [dwar] Flüsse in Piemont la ~ Baltée die Dora Baltea; la ~ Ripaire die Dora Ri'paria
Dolomites [dɔlɔmit] les ~ f/pl die Dolo'miten pl
Dominicaine [dɔminiken] la république ~ die Domini'kanische Repu'blik
Dominique [dɔminik] la ~ Do'minica n
Don [dõ] le ~ der Don
Donets od **Donetz** [dɔnets] le ~ der Donez
Dordogne [dɔrdɔɲ] la ~ Fluß u Departement in Frankreich
Douala [dwala] Du'ala n
Doubs [du] le ~ Fluß u Departement in Frankreich
Doullens [dulã] Stadt im Dep. Somme
Douro [duro] le ~ der Du'ero
Douvres [duvr(ə)] Dover n

Drac [drak] le ~ *Fluß in den frz Alpen*
Drave [drav] la ~ die Drau
Dresde [drɛsd] Dresden *n*
Drôme [drom] la ~ *Fluß u Departement in Frankreich*
Dropt [dro] le ~ *Fluß in Südwestfrankreich*
Dublin [dyblɛ̃] Dublin ['dablin] *n*
Dudelange [dyd(ə)lãʒ] Düdelingen *n*
Dunkerque [dœ̃kɛrk, dɑ̃-] Dünkirchen *n*
Dvina [dvina] la ~ occidentale die Düna; die Westliche Dwina; la ~ septentrionale die Nördliche Dwina

E

Eauze [eoz] *Ort im Dep. Gers*
Èbre [ɛbr(ə)] l'~ *m* der Ebro
Écosse [ekɔs] l'~ *f* Schottland *n*
Écouen [ekwã] *Ort im Dep. Val-d'Oise*
Édimbourg [edɛ̃bur] Edinburg(h) *n*
Égates [egat] *od* **Égades** [egad] les îles *f/pl* ~ die Ä'gatischen Inseln *f/pl*
Égée [eʒe] la mer ~ das Ä'gäische Meer; die Ä'gäis
Égine [eʒin] Ä'gina *n*
Égypte [eʒipt] l'~ *f* Ä'gypten *n*
El-Alamein [ɛlalamɛn] El-Ala'mein *n*
Elbe[1] [ɛlb] l'île *f* d'~ Elba *n*
Elbe[2] [ɛlb] l'~ *f* die Elbe
Elbourz [ɛlburz] l'~ *m* der Elburs
Elbrous *od* **Elbrouz** [ɛlbruz] l'~ *m* der Elbrus
Elseneur [ɛlsœnœr] Helsingör *n*
Émilie [emili] l'~ *f* die E'milia
Emmaüs [emays] *bibl* Emmaus *n*
Engadine [ãgadin] l'~ *f* das Engadin
Enghien-les-Bains [ãgɛlebɛ̃] *Stadt im Dep. Val-d'Oise*
Éolide [eɔlid] *od* **Éolie** [eɔli] l'~ *f hist* Ä'olien *n*
Éoliennes [eɔljɛn] les îles *f/pl* ~ die Ä'olischen *od* Li'parischen Inseln *f/pl*
Épernay [epɛrnɛ] *Stadt im Dep. Marne*
Éphèse [efɛz] *hist* Ephesus *n*
Épidaure [epidɔr] *hist* Epi'daurus *n*
Épire [epir] l'~ *f* E'pirus *n*
Équateur [ekwatœr] l'~ *m* Ecua'dor *n*
Erevan [erevã] *od* **Erivan** [erivã] Eri'wan *n*
Érié [erje] le lac ~ der Eriesee
Érythrée [eritre] l'~ *m od f* Eri'trea *od* Ery'thräa *n*
Escaut [ɛsko] l'~ *m* die Schelde
Esclave [ɛsklav] 1. le Grand Lac des ~s der Große Sklavensee; 2. la rivière des ~s der Sklavenfluß
Espagne [ɛspaɲ] l'~ *f* Spanien *n*
Essonne [ɛsɔn] l'~ *f Fluß u Departement in Frankreich*
Est [ɛst] le canal de l'~ der Ostkanal
Esterel [ɛstərɛl] l'~ *m Bergmassiv in der Provence*
Estonie [ɛstəni] l'~ *f* Estland *n*
Estrémadure [ɛstremadyr] l'~ *f* Estrema'dura *n*
États-Unis (d'Amérique) [etazyni (-damerik)] les ~ *m/pl* die Vereinigten Staaten (von A'merika) *m/pl*
Éthiopie [etjɔpi] l'~ *f* Äthi'opien *n*
Etna [ɛtna] l'~ *m* der Ätna
Étolie [etɔli] l'~ *f* Ä'tolien *n*
Étretat [etrəta] *Ort im Dep. Seine-Maritime*
Étrurie [etryri] l'~ *f hist* E'trurien *n*
Eu [ø] *Stadt im Dep. Seine-Maritime*
Eubée [øbe] l'~ *f* Eu'böa *n*
Euphrate [øfrat] l'~ *m* der Euphrat

Eurasie [ørazi] l'~ *f* Eu'rasien *n*
Eure [œr] l'~ *f Fluß u Departement in Frankreich*
Eure-et-Loir [œrelwar] l'~ *m frz Departement*
Europe [ørɔp] l'~ *f* Eu'ropa *n*
Everest [ɛvrɛst] l'~ *m od* le mont ~ der Mount Everest [-maunt-]
Extrême-Orient [ɛkstrɛmɔrjã] l'~ *m* der Ferne Osten; Fern'ost *n*
Eyzies-de-Tayac (Les) [lezezidətajak] *Ort im Dep. Dordogne*

F

Fagnes [faɲ] les 'Hautes ~ *f/pl* das Hohe Venn
Falkland [falklãd] les îles *f/pl* ~ die Falklandinseln *f/pl*
Famagouste [famagust] Fama'gusta *n*
Faou (Le) [ləfu] *Ort im Dep. Finistère*
Far West [farwɛst] le ~ der Wilde Westen
Féroé [feroe] les îles *f/pl* ~ *od* les ~ *f/pl* die Fä'röer *pl*
Ferrare [fɛrar] Fer'rara *n*
Fès *od* **Fez** [fɛz] Fes *n*
Fessenheim [fesɛnɛm] *Ort im Dep. Haut-Rhin*
Fidji [fidʒi] les îles *f/pl* ~ die Fidschiinseln *f/pl*
Finistère [finistɛr] le ~ *frz Departement*
Finlande [fɛ̃lãd] la ~ Finnland *n*
Fionie [fjɔni] la ~ Fünen *n*
Fismes [fim] *Ort im Dep. Marne*
Flandre [flãdr(ə)] la ~ *od* les ~s *f/pl* Flandern *n*
Flandre-Occidentale [flãdrəksidãtal] la ~ Westflandern *n*
Flandre-Orientale [flãdrərjãtal] la ~ Ostflandern *n*
Flers [flɛr] *Stadt im Dep. Orne*
Flessingue [flesɛ̃g] Vlissingen *n*
Florence [flɔrãs] Flo'renz *n*
Floride [flɔrid] la ~ Florida *n*
Fontenay [fõtnɛ] *frz Ortsname*
Forbach [fɔrbak] *Stadt im Dep. Moselle*
Forclaz (La) [lafɔrkla] *Alpenpässe*
Forêt-Noire [fɔrɛnwar] la ~ der Schwarzwald
Forez [fɔre] le ~ *Landschaft im Zentralmassiv*
Formose [fɔrmoz] For'mosa *n*
Fos-sur-Mer [fossyrmɛr] *Ort im Dep. Bouches-du-Rhône*
Fouesnant [fwenã] *Ort im Dep. Finistère*
Fouji-Yama *cf* Fuji-Yama
France [frãs] la ~ Frankreich *n*
Francfort-sur-le-Main [frãkfɔrsyrləmɛ̃] Frankfurt *n* am Main
Francfort-sur-l'Oder [frãkfɔrsyrlodɛr] Frankfurt *n* an der Oder
Franche-Comté [frãʃkõte] la ~ 1. *hist* die Freigrafschaft Bur'gund; 2. *frz* Region
Franconie [frãkoni] la ~ Franken *n*
Fréjus [freʒys] *Stadt im Dep. Var*
Fresnes [frɛn] *Stadt im Dep. Val-de-Marne*
Freyming [frɛmiŋ, -mɛ̃] *Stadt im Dep. Moselle*
Fribourg [fribur] Freiburg *n* (im Üechtland)
Fribourg-en-Brisgau [friburãbrisgo] Freiburg *n* im Breisgau
Frioul [frijul] le ~ Fri'aul *n*
Frise [friz] la ~ Friesland *n* (*im engeren Sinn niederländische Provinz*); la ~ orientale Ostfriesland *n*
Frisonnes [frizɔn] les îles *f/pl* ~ die Friesischen Inseln *f/pl*

Fuji-Yama [fuʒijama] le ~ der Fudschi'jama
Fumay [fymɛ] *Stadt im Dep. Ardennes*

G

Gabon [gabõ] le ~ Ga'bun *n*
Gaète [gaɛt] Ga'eta *n*
Galapagos [galapagos, -ɔs] les îles *f/pl* ~ die Ga'lapagosinseln *f/pl*
Galice [galis] la ~ Ga'licien *n*
Galicie [galisi] la ~ Ga'lizien *n*
Galilée [galile] la ~ Gali'läa *n*
Galles [gal] le pays de ~ Wales [wɛːls] *n*
Gambie [gãbi] la ~ 1. *Staat* Gambia *n*; 2. *Fluß* der Gambia
Gand [gã] Gent *n*
Gange [gãʒ] le ~ der Ganges
Gap [gap] *Stadt im Dep. Hautes-Alpes*
Gard [gar] le ~ *Fluß u Departement in Frankreich*
Garde [gard] le lac de ~ der Gardasee
Garonne [garɔn] la ~ *Fluß in Südwestfrankreich*
Gascogne [gaskɔɲ] la ~ *Landschaft in Südwestfrankreich*; le golfe de ~ die Bis'kaya; der Golf von Bis'kaya
Gaule [gol] la ~ *hist* Gallien *n*
Gdańsk [gdãsk] Danzig *n*
Gdynia [gdinja] Gdingen *n*
Gênes [ʒɛn] Genua *n*
Genève [ʒənɛv] Genf *n*
Genlis [ʒãlis] *Ort im Dep. Côte-d'Or*
Gennevilliers [ʒənvilje] *Stadt im Dep. Hauts-de-Seine*
Gentilly [ʒãtiji] *Stadt im Dep. Val-de-Marne*
Géorgie [ʒeɔrʒi] la ~ 1. *in den USA* Georgia ['dʒɔːdʒə] *n*; 2. *in der Sowjetunion* Ge'orgien *n*; 3. la ~ du Sud Südge'orgien *n*
Gérardmer [ʒerarme] *Stadt im Dep. Vosges*
Gergovie [ʒɛrgɔvi] *hist* Ger'govia *n*
Germanie [ʒɛrmani] la ~ *hist* Ger'manien *n*
Gérone [ʒeron] Ge'rona *n*
Gers [ʒɛr, *regional* ʒɛrs] le ~ *Fluß u Departement in Frankreich*
Gets (Les) [leʒɛ] *Wintersportort in den frz Alpen*
Gex [ʒɛks] *Stadt im Dep. Ain*
Ghana [gana] le ~ Ghana *n*
Gibraltar [ʒibraltar] Gi'braltar *n*; le détroit de ~ die Straße von Gibraltar
Gien [ʒjɛ̃] *Stadt im Dep. Loiret*
Gier [ʒje] *Nebenfluß der Rhone*
Gironde [ʒirõd] la ~ *Mündungstrichter der Garonne u Departement in Frankreich*
Glaris [glaris] Glarus *n*
Gliwice [glivitse] Gleiwitz *n*
Gobi [gɔbi] le désert de ~ die Wüste Gobi
Golgotha [gɔlgɔta] le ~ *bibl* Golgatha *od* Golgotha *n*
Gomorrhe [gɔmɔr] *bibl* Go'morrha *n*
Gorizia [gɔritsja] Görz *n*
Grammont [gramõ] Geraardsbergen *n*
Grande-Bretagne [grãdbrətaɲ] la ~ Großbri'tannien *n*
Grand Lac Salé [grãlaksale] le ~ der Große Salzsee
Grand-Saint-Bernard [grãsɛ̃bɛrnar] le ~ der Große Sankt Bernhard
Grands Lacs [grãlak] les ~ *m/pl* die Ka'nadischen *od* Großen Seen *m/pl*
Granges [grãʒ] Grenchen *n*
Graulhet [groje] *Stadt im Dep. Tarn*
Grèce [grɛs] la ~ Griechenland *n*
Grées [gre] les Alpes ~ *f/pl* die Grajischen Alpen *pl*

Grenade [grənad] 1. *in Spanien* Gra-'nada *n*; 2. *Inselstaat* Grenada [-'neːdə] *n*
Grenoble [grənɔbl(ə)] *Stadt im Dep. Isère*
Grisons [grizõ] les ~ *m/pl* Grau-'bünden *n*
Groenland [grɔɛnlãd] le ~ Grönland *n*
Groningue [grɔnɛ̃g] Groningen *n*
Guadeloupe [gwadlup] la ~ Guade-'loupe *n*
Guatemala [gwatemala] le ~ Guate-'mala *n*
Guebwiller [gɛbvilɛr] Gebweiler *n*; le ballon de ~ der Große *od* Sulzer Belchen
Gueldre [gɛldr(ə)] la ~ Geldern *n*; Gelderland *n*
Guernesey [gɛrnəzɛ] Guernsey ['gøːrnzi] *n*
Guiers [gjɛr] le ~ *Nebenfluß der Rhone*
Guinée [gine] la ~ Gui'nea (gi-] *n*; la ~ équatoriale Äquatori'alguinea *n*; le golfe de ~ der Golf von Guinea
Guinée-Bissau [ginebiso] la ~ Gui-'nea-Bis'sau *n*
Guise [gɥiz] *Stadt im Dep. Aisne*
Gulf Stream [gœlfstrim] le ~ der Golfstrom
Guyana [gɥijana] la ~ Gua'yana *n*; *offiziell* Gu'yana *n*
Guyane [gɥijan] la ~ *od* les ~s *f/pl* Gua'yana *n*; la ~ française Fran'zö-sisch-Gua'yana *n*
Guyenne [gɥijen] la ~ *hist Provinz in Südwestfrankreich*
Györ [djœr] Raab *n*

H

'Haguenau [agno] Hagenau *n*
'Haidarabad [ajdarabad] *cf* Hyde-rabad
Haïfa [aifa] Haifa *n*
'Hainaut [ɛno] le ~ der Hennegau
Haïti [aiti] Ha'iti *n*
'Ham [am] *Ort im Dep. Somme*
'Hambourg [ãbur] Hamburg *n*
'Hanoi *od* **Hanoï** [anɔj] Ha'noi *n*
'Hanovre [anɔvr(ə)] 1. *Stadt* Han'no-ver *n*; 2. *hist Land* le ~ Han'nover *n*
'Haute-Autriche [ototriʃ] la ~ Ober-österreich *n*
'Haute-Bavière [otbavjɛr] la ~ Ober-bayern *n*
'Haute-Corse [otkɔrs] la ~ *frz Departement auf Korsika*
'Haute-Garonne [otgarɔn] la ~ *frz Departement*
'Haute-Loire [otlwar] la ~ *frz Departement*
'Haute-Marne [otmarn] la ~ *frz Departement*
'Haute-Normandie [otnɔrmãdi] la ~ *frz Region (der östliche Teil der Nor-mandie)*
'Hautes-Alpes [otzalp] les ~ *f/pl frz Departement*
'Haute-Saône [otson] la ~ *frz Depar-tement*
'Haute-Savoie [otsavwa] la ~ *frz Departement*
'Hautes-Pyrénées [otpirene] les ~ *f/pl frz Departement*
'Haute-Vienne [otvjɛn] la ~ *frz De-partement*
'Haute-Volta [otvɔlta] la ~ Ober-'volta *n*
'Haut-Palatinat [opalatina] le ~ die Oberpfalz
'Haut-Rhin [orɛ̃] le ~ *frz Departement* („das Oberelsaß")
'Hauts-de-Seine [odsɛn] les ~ *m/pl frz Departement*

'Havane (La) [laavan] Ha'vanna *n*
'Havre (Le) [ləavr(ə)] *Stadt im Dep. Seine-Maritime*
Hawaii [awai] Ha'waii *n*; les îles *f/pl* ~ die Hawaii-Inseln *f/pl*
'Haye (La) [laɛ] Den Haag *n*
Haÿ-les-Roses (L') [laileroz] *Stadt im Dep. Val-de-Marne*
Hébrides [ebrid] les îles *f/pl* ~ die He'briden *pl*
'Hedjaz [ɛdʒaz] le ~ der Hedschas
Hélicon [elikõ] l'~ *m* der Helikon
Hellade [elad] l'~ *f hist* Hellas *n*
Helsinki [ɛlsiŋki] Helsinki *n*
Helvétie [ɛlvesi] l'~ *f hist* Hel'vetien *n*
Hem [ɛm] *Stadt im Dep. Nord*
Hendaye [ãdaj] *Stadt im Dep. Pyré-nées-Atlantiques*
Hérault [ero] l'~ *m Fluß u Departe-ment in Frankreich*
Hermon [ɛrmõ] l'~ *m* der Hermon; das Hermongebirge
Herzégovine [ɛrzegɔvin] l'~ *f* die Herze'gowina
'Hesbaye [ɛsbɛ] la ~ der Haspengau
Hesdin [edɛ̃] *Ort im Dep. Pas-de-Calais*
'Hesse [ɛs] la ~ Hessen *n*
Himalaya [imalaja] l'~ *m* der Hi'ma-laja
Hindoustan [ɛ̃dustã] l'~ *m* Hindustan *n*
'Hiroshima [irɔʃima] Hiro'schima [*od* -'rɔ:-] *n*
Hispanie [ispani] l'~ *f hist* Hi'spanien *n*
'Hollande [ɔlãd] la ~ Holland *n*
'Hollande-Méridionale [ɔlãdmeri-djɔnal] la ~ Südholland *n*
'Hollande-Septentrionale [ɔlãdsɛp-tãtrijɔnal] la ~ Nordholland *n*
'Ho-nan [onan] le ~ Honan *n*
'Honduras [õdyras] le ~ Hon'duras *n*; le ~ britannique Britisch-Hon'duras *n*
'Hong-kong [õkõg] Hongkong *n*
'Hongrie [õgri] la ~ Ungarn *n*
Honolulu [ɔnɔlyly] Hono'lulu *n*
Honshu [õʃu] Honschu *n*
'Horn [ɔrn] le cap ~ Kap Hoorn *n*
'Houang-ho [wãgo] le ~ der Hwangho
'Houdeng-Aimeries [udɛɛmri] *Stadt in Belgien*
'Houdeng-Goegnies [udɛ̃gɔɲi] *Stadt in Belgien*
Hudson [ytsɔn] l'~ *m* der Hudson ['had-sən]; la baie d'~ die Hudsonbai
Huisne [ɥin] l'~ *f Fluß in Westfrank-reich*
Huningue [ynɛ̃g] Hüningen *n*
'Huron [yrõ] le lac ~ der Huronsee *od* Hu'ronensee
'Huy [ɥi] *Stadt in Belgien*
'Hyderabad [ajderabad] *Städte* Hai-dera'bad *n*
Hyères [jɛr] *Stadt im Dep. Var*

I

Iakoutsk [jakutsk] Ja'kutsk *n*
Ibadan [ibadan] Ibadan *n*
Ibérique [iberik] la péninsule ~ die I'berische Halbinsel
Iéna [jena] Jena *n*
Iénisseï [jenisei] l'~ *m* der Jenis'sei
Ile-de-France [ildəfrãs] l'~ *f histo-rische frz Landschaft um Paris*
Ille-et-Vilaine [ilevilɛn] l'~ *f frz De-partement*
Illinois [ilinwa] l'~ *m* Illinois [ili'nɔi(s)] *n*
Illyrie [iliri] l'~ *f hist* Il'lyrien *n*
Inde [ɛ̃d] l'~ *f*, *hist* les ~s *f/pl* Indien *n*
Indes occidentales [ɛ̃dɔksidãtal] les ~ *f/pl hist* Westindien *n*
Indien [ɛ̃djɛ̃] l'océan *m* ~ der Indische Ozean

Indochine [ɛ̃dɔʃin] l'~ *f* Indochina *n*; *hist* l'~ française Fran'zösisch-Indo-'china *n*
Indonésie [ɛ̃dɔnezi] l'~ *f* Indo'nesien *n*
Indre [ɛ̃dr(ə)] l'~ *f Fluß u Departement in Frankreich*
Indre-et-Loire [ɛ̃drelwar] l'~ *f frz Departement*
Indus [ɛ̃dys] l'~ *m* der Indus
Insulinde [ɛ̃sylɛ̃d] l'~ *f hist* Insu'linde *n od* die Insu'linde
Ionie [jɔni] l'~ *f hist* I'onien *n*
Ionienne [jɔnjɛn] les îles *f/pl* ~s die I'onischen Inseln *f/pl*; la mer ~ das I'onische Meer
Irak [irak] *cf* Iraq
Iran [irã] l'~ *m* I'ran *n od* der I'ran
Iraq [irak] l'~ *m* I'rak *n od* der I'rak
Irkoutsk [irkutsk] Ir'kutsk *n*
Irlande [irlãd] l'~ *f* Irland *n*; l'~ du Nord Nordirland *n*; la mer d'~ die Irische See
Isère [izɛr] l'~ *f Fluß u Departement in Frankreich*
Islande [islãd] l'~ *f* Island *n*
Isle [il] l'~ *f Fluß in Mittelfrankreich*
Isle-Adam (L') [liladã] *Stadt im Dep. Val-d'Oise*
Ispahan [ispaã] Isfa'han *n*
Israël [israɛl] *m* Israel *n*
Istanbul [istãbul] Istanbul *n*
Istrie [istri] l'~ *f* Istrien *n*
Italie [itali] l'~ *f* I'talien *n*
Ithaque [itak] Ithaka *n*
Ivrée [ivre] I'vrea *n*

J

Jaipur [(d)ʒaipur] Dschaipur *od* Jai-pur *n*
Jamaïque [ʒamaik] la ~ Ja'maika *n*
Japon [ʒapõ] le ~ Japan *n*; la mer du ~ das Ja'panische Meer
Jaune [ʒon] le fleuve ~ der Gelbe Fluß; der Hwangho; la mer ~ das Gelbe Meer
Java [ʒava] Java *n*; la mer de ~ die Javasee
Jéricho [ʒeriko] Jericho *n*
Jersey [ʒɛrzɛ] Jersey ['dʒøːrzi] *n*
Jérusalem [ʒeryzalɛm] Je'rusalem *n*
Jordanie [ʒɔrdani] la ~ Jor'danien *n*
Jourdain [ʒurdɛ̃] le ~ der Jordan
Jouy-en-Josas [ʒwiãʒozas] *Stadt im Dep. Yvelines*
Juan-les-Pins [ʒɥãlepɛ̃] *Badeort an der Côte d'Azur*
Judée [ʒyde] la ~ Ju'däa *n*
Juliénas [ʒyljena(s)] *Weinort im Beau-jolais*
Juliers [ʒylje] Jülich *n*
Jura [ʒyra] le ~ 1. *Gebirgszug* der Jura; le ~ franconien, souabe die Frän-kische, Schwäbische Alb; 2. *frz De-partement*; 3. le ~ suisse der Kanton Jura
Jutland [ʒytlãd] le ~ Jütland *n*

K

Kaboul [kabul] Ka'bul *n*
Kabylie [kabili] la ~ die Kaby'lei
Kairouan [kɛrwã] Kairu'an *n*
Kalahari [kalaari] le ~ die Kala'hari
Kam(t)chatka [kam(t)ʃatka] le ~ Kam'tschatka *n*
Karachi [karaʃi] Ka'ratschi *n*
Karlovy Vary [karlɔvivari] Karlsbad *n*
Katanga [katãga] le ~ Ka'tanga *n*
Katmandou [katmãdu] Katman'du *n*
Katowice [katɔvitse, -vis] Kattowitz *n*
Kazakhstan [kazakstã] le ~ Kasach-'stan *n*

Kenya [kenja] le ~ Kenia *n*
Kharkov [karkəf] Charkow *n*
Khartoum [kartum] Khartum *n*
Kiang-si [kjāŋsi] le ~ Ki'angsi *n*
Kiang-sou [kjāŋsu] le ~ Ki'angsu *n*
Kiao-tcheou [kjaotʃeu] Kiautschou [-'tʃau] *n*
Kiel [kil] Kiel *n*; le canal de ~ der Nord-'Ostsee-Kanal
Kiev [kjɛf] Kiew ['ki:ɛf] *n*
Kilimandjaro [kilimādʒaro] le ~ der Kiliman'dscharo
Kinshasa [kinʃasa] Kin'shasa *n*
Kirghizistan [kirgizistā] le ~ die Kir'gisische SSR
Koufra [kufra] Kufra
Kouibychev [kwibiʃɛf] Kuibyschew *n*
Kouriles [kuril] les ~ *f/pl* die Ku'rilen *pl*
Koweït [kɔwɛjt] le ~ Ku'wait *od* 'Kuwait *n*
Krasnoïarsk [krasnəjarsk] Krasno-'jarsk *n*
Kuala Lumpur [kwalalumpur] Ku'ala Lumpur *n*
Kurdistan [kyrdistā] le ~ Kurdistan *n*
Kuwait [kywɛjt] le ~ *cf* Koweït
Kyushu [kjuʃu] Ki'uschu *n*

L

Labrador [labradər] le ~ Labra'dor *n*; le courant du ~ der Labradorstrom
Lacq [lak] *Ort im Dep. Pyrénées-Atlantiques*
Ladoga [ladəga] le lac ~ der Ladogasee
Lagos [lagos, -əs] Lagos *n*
Lahore [laər] La'hore *n*
Lambaréné [lābarene] Lamba'rene *n*
Landerneau [lādɛrno] *Stadt im Dep. Finistère*
Landes [lād] les ~ *f/pl Landschaft u Departement in Südwestfrankreich*
Languedoc [lāgdɔk] le ~ das *od* die Langue'doc
Languedoc-Roussillon [lāgdɔkrusijō] le ~ *frz Region*
Laon [lā] *Stadt im Dep. Aisne*
Laonnois [lanwa] le ~ *Gegend um Laon*
Laos [laos, -əs] le ~ Laos *n*
Laponie [laponi] la ~ Lappland *n*
Laquedives [lakdiv] les îles *f/pl* ~ die Lakka'diven *pl*
Laruns [larɛs, -œs] *Ort im Dep. Pyrénées-Atlantiques*
Latium [lasjəm] le ~ Latium *n*
Lausanne [lozan] *Stadt in der Schweiz*
Laxou [laksu, *regional* laʃu] *Stadt im Dep. Meurthe-et-Moselle*
Leao-Tong [leaotōg] *cf* Liao-Tung
Legnica [legnika, -itsa] Liegnitz *n*
Léman [lemā] le lac ~ der Genfer See
Léna [lena] la ~ die Lena
Lens [lās] *Stadt im Dep. Pas-de-Calais*
Lérins [lerɛs] les îles *f/pl* de ~ *Inseln vor der Côte d'Azur*
Lesneven [lɛsnəvɛ̃] *Ort im Dep. Finistère*
Lesotho [lezɔto] le ~ Le'sotho *n*
Lettonie [letɔni] la ~ Lettland *n*
Levant [ləvā] le ~ die Le'vante; das Morgenland
Leyde [lɛd] Leiden *n*
Lhasa [lasa] Lhasa *n*
Liao-Tung [ljaotuŋ] Liau'tung *n*
Liban [libā] le ~ **1.** *Gebirge* der Libanon; **2.** *Staat* der Libanon; Libanon *n*
Libéria *od* **Liberia** [liberja] le ~ Li-'beria *n*
Libye [libi] la ~ Libyen *n*; le désert de ~ die Libysche Wüste
Liechtenstein [liʃtɛnstajn] le ~ Liechtenstein *n*
Liège [ljɛʒ] Lüttich *n*

Lierre [ljɛr] Lier *n*
Ligurie [ligyri] la ~ Li'gurien *n*
Lille [lil] *Stadt im Dep. Nord*
Lillers [lilɛr] *Stadt im Dep. Pas-de-Calais*
Limbourg [lɛ̃bur] le ~ Limburg *n* (*Provinzen in Belgien u in den Niederlanden*)
Limoges [limɔʒ] *Stadt im Dep. Haute-Vienne*
Limousin [limuzɛ̃] le ~ *ehemalige frz Provinz u heutige Region*
Lion [ljõ] le golfe du ~ *Mittelmeerbucht zwischen Rhonedelta u spanischer Grenze*
Lipari [lipari] les îles *f/pl* ~ die Li'parischen Inseln *f/pl*
Lisbonne [lisbɔn, liz-] Lissabon *n*
Lituanie [litɥani] la ~ Litauen *n*
Livonie [livɔni] la ~ *hist* Livland *n*
Livourne [livurn] Li'vorno *n*
Ljubljana [ljubljana] Lju'bljana] *n*; *deutscher Name* Laibach *n*
Loches [lɔʃ] *Stadt im Dep. Indre-et-Loire*
Loir [lwar] le ~ *Fluß in Westfrankreich*
Loire [lwar] la ~ *Fluß u Departement in Frankreich*
Loire-Atlantique [lwaratlātik] la ~ *frz Departement*
Loiret [lwarɛ] le ~ *Fluß u Departement in Frankreich*
Loir-et-Cher [lwareʃɛr] le ~ *frz Departement*
Lombardie [lõbardi] la ~ die Lombar-'dei
Londres [lõdr(ə)] London *n*
Longvic [lõvi] *Ort im Dep. Côte-d'Or*
Longwy [lõwi] *Stadt im Dep. Meurthe-et-Moselle*
Lons-le-Saunier [lõnl(ə)sonje] *Stadt im Dep. Jura*
Loos [los] *Stadt im Dep. Nord*
Lorette [lɔrɛt] *in Italien* Lo'reto *n*
Lorient [lɔrjā] *Stadt im Dep. Morbihan*
Lorraine [lɔrɛn] la ~ Lothringen *n*
Los Angeles [lɔsāʒlɛs] Los Angeles [ləs'ɛndʒələs] *n*
Lot [lɔt] le ~ *Fluß u Departement in Frankreich*
Lot-et-Garonne [lɔtegarɔn] le ~ *frz Departement*
Louhans [luā] *Stadt im Dep. Saône-et-Loire*
Louisiane [lwizjan] la ~ Louisi'ana *n*
Louvain [luvɛ̃] Löwen *n*
Lozère [lɔzɛr] la ~ *frz Departement*
Lucerne [lysɛrn] Lu'zern *n*
Luçon [lysõ] **1.** *Insel* Luzon [-'sɔn] *n*; **2.** *Stadt im Dep. Vendée*
Lugano [lygano] Lu'gano *n*; le lac de ~ der Lu'ganer See
Lunebourg [lyn(ə)bur] Lüneburg *n*; les landes *f/pl* de ~ die Lüneburger Heide
Lusace [lyzas] la ~ die Lausitz
Lusaka [luzaka] Lu'saka *n*
Lusitanie [lyzitani] la ~ *hist* Lusi'tanien *n*
Lutèce [lytɛs] *hist* Lu'tetia *n*
Luxembourg [lyksābur] **1.** *Stadt* Luxemburg *n*; **2.** *Land, belgische Provinz* le ~ Luxemburg *n*
Lvov [lvɔf] Lemberg *n*
Lydie [lidi] la ~ *hist* Lydien *n*
Lyon [ljõ] *Stadt im Dep. Rhône*
Lys [lis] la ~ die Leie (*Fluß in Frankreich u Belgien*)

M

Maastricht [mastrik(t)] Maastricht *n*
Macédoine [masedwan] la ~ Make'donien *od* Maze'donien *n*

Madagascar [madagaskar] Mada-'gaskar *n*
Madère [madɛr] Ma'deira *od* Ma'dera *n*
Madrid [madrid] Ma'drid *n*
Maestricht [mastrik(t)] *cf* Maastricht
Magellan [maʒelā] le détroit de ~ die Magel'lanstraße
Magenta [maʒɛta] Magenta [-'dʒɛn-] *n*
Maghreb [magrɛb] le ~ der Maghreb
Main [mɛ̃] le ~ der Main
Maine [mɛn] le ~ *hist Provinz in Westfrankreich*
Maine-et-Loire [mɛnelwar] le ~ *frz Departement*
Maisons-Alfort [mɛzõalfɔr] *Stadt im Dep. Val-de-Marne*
Majeur [maʒœr] le lac ~ der Lago Maggiore [-'dʒo:re]
Majorque [maʒɔrk] Mal'lorca *n*
Malabar [malabar] le ~ *od* la côte de ~ Malabar *n*; die Malabarküste
Malacca [malaka] *Stadt* Ma'lakka *n*; la presqu'île de ~ die Ma'laiische Halbinsel; Ma'lakka *n*; le détroit de ~ die Malakkastraße
Malaisie [malezi] la ~ **1.** *géogr* Ma'lesien *n*; **2.** *bis 1963* la fédération de ~ der Ma'laiische Bund; **3.** *cf* Malaysia
Malaka [malaka] *cf* Malacca
Malawi [malawi] le ~ Ma'lawi *n*
Malaysia [malezja] la ~ Ma'laysia *n*
Maldives [maldiv] les îles *f/pl* ~ die Male'diven *pl*
Mali [mali] le ~ Mali *n*
Malines [malin] Mecheln *n*
Malouines [malwin] les îles *f/pl* ~ früher *cf* Falkland
Malte [malt] Malta *n*
Manche [māʃ] la ~ **1.** der Ärmelkanal; **2.** *frz Departement*; **3.** *in Spanien* die Mancha [-tʃa]
Mandchourie [mādʃuri, māt-] la ~ die Mandschu'rei
Manhattan [manatan] Manhattan [mɛn'hɛtən] *n*
Manille [manij] Ma'nila *n*
Mans (Le) [ləmā] *Stadt im Dep. Sarthe*
Mantoue [mātu] Mantua *n*
Maremme [marɛm] la ~ die Ma-'remmen *pl*
Mariannes [marjan] les îles *f/pl* ~ die Mari'anen *pl*
Marica [marika] *od* **Maritza** [maritsa] la ~ die Ma'ritza
Marmara [marmara] la mer de ~ das Marmarameer
Marne [marn] la ~ *Fluß u Departement in Frankreich*
Maroc [marɔk] le ~ Ma'rokko *n*
Marquises [markiz] les îles *f/pl* ~ die Marquesasinseln [-'ke:zas-] *f/pl*
Marrakech [marakeʃ] Marrakesch *n*
Marseille [marsɛj] *Stadt im Dep. Bouches-du-Rhône*
Marshall [marʃal] l'archipel *m* ~ *od* les îles *f/pl* ~ die Marschallinseln *f/pl*
Martinique [martinik] la ~ Marti-'nique *n*
Mascate [maskat] Maskat *n*
Massachusetts [masaʃysɛts] le ~ Massachusetts [mɛsə'tʃu:-] *n*
Massif Central [masifsātral] le ~ das Zen'tralmassiv
Maurice [mɔris, mo-] l'île *f* ~ Mau-'ritius *n*
Mauritanie [mɔritani, mo-] la ~ Maure'tanien *n*
Mayence [majās] Mainz *n*
Mayenne [majɛn] **1.** la ~ *Fluß u Departement in Frankreich*; **2.** *Stadt im Departement Mayenne*
Mazurie [mazyri] la ~ Ma'suren *n*
Méandre [meādr(ə)] le ~ der Mä'ander

Meaux [mo] *Stadt im Dep. Seine-et-Marne*
Mecklembourg [mɛklɛ̆bur, -klã-] le ~ Mecklenburg *n*
Mecque (La) [lamɛk] Mekka *n*
Médine [medin] Me'dina *n*
Méditerranée [mediterane] la ~ das Mittelmeer
Megève [məʒɛv, me-] *Ort im Dep. Haute-Savoie*
Meissen [majsən, mɛsɛn] Meißen *n*
Mékong [mekõg] le ~ der Mekong
Mélanésie [melanezi] la ~ Mela'nesien *n*
Melbourne [mɛlburn] Melbourne ['mɛlbərn] *n*
Memphis [*in Ägypten* mɛfis, *in den USA* mɛmfis] Memphis *n*
Mende [mãd] *Stadt im Dep. Lozère*
Menin [mənɛ̃] Menen *n*
Menton [mãtõ] Men'tone *od* Men'ton *n*
Merano [merano] Me'ran *n*
Merlebach [mɛrləbak] Merlenbach *n*
Mers el-Kébir [mɛrsɛlkebir] *Stadt in Algerien*
Mers-les-Bains [mɛrslebɛ̃] *Badeort im Dep. Somme*
Mésopotamie [mezəpətami] la ~ Mesopo'tamien *n*
Messénie [meseni] la ~ Mes'senien *n*
Messine [mesin] Mes'sina *n*; le détroit de ~ die Straße von Messina
Métallifères [metalifɛr] les monts *m/pl* ~ das Erzgebirge
Metz [mɛs] Metz [mɛts] *n*
Meung-sur-Loire [mɛ̃syrlwar, mœ̃-] *Ort im Dep. Loiret*
Meurthe [mœrt] la ~ *Fluß in Lothringen*
Meurthe-et-Moselle [mœrtemɔzɛl] la ~ *frz Departement*
Meuse [møz] la ~ 1. *Fluß* die Maas; 2. *frz Departement*
Mexico [mɛksiko] *Stadt* Mexiko *n*; Mexico City *n*
Mexique [mɛksik] *Land* le ~ Mexiko *n*; le golfe du ~ der Golf von Mexiko
Michigan [miʃigã] le lac ~ der Michigansee ['miʃigən]
Micronésie [mikrənezi] la ~ Mikro'nesien *n*
Midi [midi] le ~ Südfrankreich *n*
Milan [milã] Mailand *n*
Milet [milɛ] *hist* Mi'let *n*
Millau [mijo] *Stadt im Dep. Aveyron*
Minorque [minɔrk] Me'norca *n*
Miramas [miramas] *Stadt im Dep. Bouches-du-Rhône*
Modène [mɔdɛn] Modena *n*
Moldavie [mɔldavi] la ~ 1. *historische Landschaft in Rumänien* die Moldau; 2. *la République socialiste soviétique de* ~ die Moldauische SSR
Moluques [mɔlyk] les ~ *f/pl* die Mo'lukken *pl*
Mombas(s)a [mɔmbasa] Mom'basa *n*
Monaco [mɔnako] Monaco *od* Monako *n*
Mongolie [mõgɔli] la ~ die Mongo'lei
Mongolie-Extérieure [mõgɔliɛksterjœr] la ~ *hist* die Äußere Mongo'lei
Mongolie-Intérieure [mõgɔliɛ̃terjœr] la ~ die Innere Mongo'lei
Mons [mõs] *in Belgien* Mons *n*; *flämisch* Bergen *n*
Montargis [mõtarʒi] *Stadt im Dep. Loiret*
Montauban [mõtobã] *Stadt im Dep. Tarn-et-Garonne*
Montbéliard [mõbeljar] Montbéli'ard *n*; *hist* Mömpelgard *n*
Mont-Cenis [mõsəni] le ~ der Mont Cenis
Monte-Carlo [mõtekarlo] Monte Carlo *n*

Monténégro [mõtenegro] le ~ Monte'negro *n*
Montlhéry [mõleri] *Ort im Dep. Essonne*
Montpellier [mõpəlje, -pe-] *Stadt im Dep. Hérault*
Montréal [mõreal] Montreal [mɔntre'a:l] *n*
Montreuil [mõtrœj] *frz Ortsname*
Montreux [mõtrø] *Stadt in der Schweiz*
Montrouge [mõruʒ] *Stadt im Dep. Hauts-de-Seine*
Morat [mɔra] Murten *n*
Morava [mɔrava] la ~ 1. *in Mähren* die March; 2. *in Serbien* die Morawa
Moravie [mɔravi] la ~ Mähren *n*
Morbihan [mɔrbiã] le ~ *frz Departement*
Morcenx [mɔrsɛ̃s] *Ort im Dep. Landes*
Morez [mɔrɛ(z)] *Stadt im Dep. Jura*
Morges [mɔrʒ] Morsee *n*
Morlaix [mɔrlɛ] *Stadt im Dep. Finistère*
Mort [mɔr] la vallée de la ~ das Todestal
Morte [mɔrt] la mer ~ das Tote Meer
Moscou [mɔsku] Moskau *n*
Moselle [mɔzɛl, mo-] la ~ 1. *Fluß* die Mosel; 2. *frz Departement*
Moskova [mɔskəva] la ~ die Moskwa
Mossoul [mɔsul] Mos(s)ul *n*
Moukden [mukdɛn] *hist* Mukden *n*
Mourenx [murɛ̃(k)s] *Stadt im Dep. Pyrénées-Atlantiques*
Mourmansk [murmãsk] Murmansk *n*
Moutier [mutje] *Stadt in der Schweiz* Münster *n*
Moyen-Orient [mwajɛnɔrjã] le ~ der Mittlere Osten
Mozambique [mɔzãbik, mə-] le ~ Moçam'bique *od* Mozam'bique *od* Mosam'bik *n*
Mulhouse [myluz] Mül'hausen *n*
Munich [mynik] München *n*
Munster [mɛ̃ster, mœ̃-] *im Oberelsaß* Münster *n*
Murcie [myrsi] Murcia *n*
Mycènes [misɛn] *hist* My'kenä *od* My'kene *n*

N

Nairobi [najrɔbi] Nai'robi *n*
Namibie [namibi] la ~ Na'mibia *n*
Nanchang [nãʃãg] Nantschang *n*
Nancy [nãsi] *Stadt im Dep. Meurthe-et-Moselle*
Nankin [nãkɛ̃] Nanking *n*
Nantes [nãt] *Stadt im Dep. Loire-Atlantique*
Naples [napl(ə)] Ne'apel *n*
Naplouse [napluz] Nablus *n*
Natal [natal] le ~ Natal *n*
Nauplie [nopli] Nauplion *n*; *hist* Nauplia *n*
Navarre [navar] la ~ Na'varra *n*
Nazareth [nazarɛt] Nazareth *n*
Néguev [negɛv] le ~ der Negeb *od* Negev
Neisse de Lusace [nɛsdəlyzas] la ~ die (Görlitzer *od* Lausitzer) Neiße
Népal [nepal] le ~ Nepal *n*
Ness [nɛs] le loch [lɔk] ~ Loch Ness
Neuchâtel [nøʃatɛl] Neuenburg *n*; le lac de ~ der Neuenburger See
Neuf-Brisach [nøbrizak] *m* Neu-'breisach *n*
Neufchâteau [nøʃato] *frz Ortsname*
Neuilly [nœji] *frz Ortsname*
Neustrie [nøstri] la ~ *hist* Neustrien *n*
Neuville [nøvil] *frz Ortsname*
Néva [neva] la ~ die Newa
Nevers [nəvɛr] *Stadt im Dep. Nièvre*

New Delhi [njudeli] Neu-'Delhi *n*
New York [nujɔrk] New York [nju:'jɔrk] *n*
Ngwane [ngwan] le ~ Ngwane *n*
Niagara [njagara] les chutes *f/pl* du ~ die Nia'garafälle *m/pl*; der Nia'garafall
Nicaragua [nikaragwa] le ~ Nica'ragua *od* Nika'ragua *n*
Nice [nis] Nizza *n*
Nicée [nise] *hist* Ni'zäa *n*
Nicosie [nikozi, -kə-] Niko'sia *od* Niko'sia *n*
Niémen [njemɛn] le ~ die Memel (*Fluß*)
Nièvre [njɛvr(ə)] la ~ *Fluß u Departement in Frankreich*
Niger [niʒɛr] le ~ 1. *Fluß* der Niger; 2. *Staat* Niger *n*
Nigeria [niʒɛrja] le *od* la ~ Ni'geria *n*
Nil [nil] le ~ der Nil
Nimègue [nimɛg] Nimwegen *n*
Ninive [niniv] *hist* Ninive *n*
Niort [njɔr] *Stadt im Dep. Deux-Sèvres*
Noire [nwar] la mer ~ das Schwarze Meer
Nord[1] [nɔr] le canal du ~ der Nordkanal; le cap ~ das Nordkap; la mer du ~ die Nordsee; le canal de la mer du ~ der Nordseekanal
Nord[2] [nɔr] le ~ 1. *frz Departement*; 2. *frz Region (die Departements Nord u Pas-de-Calais umfassend)*
Normandie [nɔrmãdi] la ~ die Norman'die
Norvège [nɔrvɛʒ] la ~ Norwegen *n*
Nouveau-Brunswick [nuvobrɛ̃svik, -brœ̃-] le ~ Neu'braunschweig *n*
Nouveau-Mexique [nuvomɛksik] le ~ New Mexico [nju:-] *n*
Nouvelle-Amsterdam [nuvɛlamsterdam] (île *f* de) la ~ Neu-Amster'dam *n*
Nouvelle-Angleterre [nuvɛlãglətɛr] la ~ Neu'england *n*
Nouvelle-Calédonie [nuvɛlkaledəni] la ~ Neukale'donien *n*
Nouvelle-Écosse [nuvɛlekəs] la ~ Neu'schottland *n*
Nouvelle-Galles du Sud [nuvɛlgaldysyd] la ~ Neusüdwales *n*
Nouvelle-Guinée [nuvɛlgine] la ~ Neugui'nea *n*
Nouvelle-Orléans (La) [lanuvɛlərleã] New Orleans [njuɔr'lirnz] *n*
Nouvelles-Hébrides [nuvɛlzebrid] les ~ *f/pl* die Neuen He'briden *pl*
Nouvelle-Sibérie [nuvɛlsiberi] la ~ die Neusibirischen Inseln *f/pl*
Nouvelle-Zélande [nuvɛlzelãd] la ~ Neu'seeland *n*
Nouvelle-Zemble [nuvɛlzãbl(ə)] la ~ Nowaja Semlja *n*
Novare [nɔvar] No'vara *n*
Novgorod [nɔvgɔrɔd] Nowgorod *n*
Novos(s)ibirsk [nɔvəsibirsk] Nowosi'birsk *n*
Noyon [nwajõ] *Stadt im Dep. Oise*
Nubie [nybi] la ~ Nubien *n*
Nuits-Saint-Georges [nɥisɛ̃ʒɔrʒ] *Ort im Dep. Côte-d'Or*
Numidie [nymidi] la ~ *hist* Nu'midien *n*
Nuremberg [nyrɛ̆ber, -rã-] Nürnberg *n*

O

Oberland bernois [ɔbɛrlãdbɛrnwa] l'~ *m* das Berner Oberland
Obernai [ɔbɛrnɛ] Ober'ehnheim *n*
Océanie [ɔseani] l'~ *f* Oze'anien *n*
Oder [ɔdɛr] l'~ *m* die Oder
Odra [ɔdra] l'~ *m od f cf* Oder
Ohio [ɔjo, ɔajo] l'~ *m* 1. *Fluß* der Ohio [o'haio]; 2. *Staat der USA* Ohio [o'haio] *n*

Oise [waz] l'~ f Fluß u Departement in Frankreich
Olomouc [ələmuk, -muts] Olmütz n
Olympe [əlɛp] l'~ m der O'lymp
Olympie [əlɛpi] hist O'lympia n
Oman [əmã] l'~ m O'man n; le golfe d'~ der Golf von Oman; la mer d'~ das A'rabische Meer
Ombrie [õbri] l'~ f Umbrien n
Ontario [õtarjo] le lac ~ der On'tario-see
Orange[1] [ərãʒ] 1. Stadt im Dep. Vaucluse; 2. hist Fürstentum O'ranien n
Orange[2] [ərãʒ] l'~ m der O'ranje; l'État m libre d'~ der Oranjefreistaat
Orcades [ərkad] les îles f/pl ~ od les ~ f/pl die Orkneyinseln f/pl; les ~ du Sud die Südorkneyinseln f/pl
Orenburg [ərãbur] Orenburg n
Orénoque [ərenɔk] l'~ m der Ori'noko
Orléans [ərleã] Stadt im Dep. Loiret
Orne [ərn] l'~ f 1. Fluß u Departement in der Normandie; 2. Fluß in Lothringen
Oronte [ərõt] l'~ m der O'rontes
Orsay [ərsɛ] Stadt im Dep. Essonne
Orthez [ərtɛs] Stadt im Dep. Pyrénées-Atlantiques
Ostende [əstãd] Ost'ende n
Ostie [əsti] Ostia n
Ostrava [əstrava] Ostrau n
Otrante [ətrãt] Otranto n; le canal d'~ die Straße von Otranto
Ottawa [ətawa] 1. Stadt Ottawa n; 2. Fluß l'~ f der Ottawa (River)
Ouad(d)aï [wadai] l'~ m Wa'dai n
Oubangui [ubãgi] l'~ m der U'bangi
Oufa [ufa] Ufa n
Ouganda [ugãda] l'~ m U'ganda n
Ouistreham [wistream] Ort im Dep. Calvados
Oulan-Bator [ulãbatər] Ulan-'Bator n
Oulan-Oude [ulãude] U'lan-U'de n
Oullins [ulɛ] Stadt im Dep. Rhône
Oural [ural] l'~ m der U'ral (Gebirge u Fluß)
Ours [urs] le Grand Lac de l'~ der Große Bärensee
Oussouri [usuri] l'~ m der Us'suri
Outaouais [utawɛ] l'~ m der Ottawa (River)
Ouzbékistan [uzbekistã] l'~ m Us'bekistan n
Oyonnax [ɔjɔna] Stadt im Dep. Ain

P

Pacifique [pasifik] le ~ od l'océan m ~ der Pa'zifik; der Pa'zifische od Stille od Große Ozean
Padoue [padu] Padua n
Pakistan [pakistã] le ~ Pakistan n
Palatin [palatɛ] le (mont) ~ der Pala-'tin
Palatinat [palatina] le ~ die Pfalz
Palerme [palɛrm] Pa'lermo n
Palestine [palɛstin] la ~ Palä'stina n
Palmyre [palmir] hist Pal'myra n
Pampelune [pãplyn] Pam'plona n
Panam [panam] arg für Paris
Panamá [panama] 1. Land (le) ~ Panama n; 2. Stadt Panama n; 3. le canal de ~ der Panamakanal; l'isthme m de ~ die Landenge von Panama
Paname cf Panam
Pannonie [panɔni] la ~ hist Pan'nonien n
Papeete [papeete] Hauptstadt von Französisch-Polynesien auf Tahiti
Papouasie [papwazi] la ~ hist 'Papua od Pa'pua n
Pâques [pɑk] l'île f de ~ die Osterinsel

Paraguay [paragwɛ] le ~ 1. Land Paragu'ay n; 2. Fluß der Paragu'ay
Parentis-en-Born [parɛtisãbɔrn] Ort im Dep. Landes
Paris [pari] Pa'ris [-s] n
parisien [parizjɛ] le Bassin ~ das Pa-'riser Becken
Parme [parm] Parma n
Parnasse [parnas] le ~ der Par'naß
Pas-de-Calais [padkalɛ] le ~ frz Departement; cf auch Calais
Patagonie [patagɔni] la ~ Pata'gonien n
Pauillac [pɔjak, po-] Stadt im Dep. Gironde
Pavie [pavi] Pa'via n
Payerne [pajɛrn] Peterlingen n
Pays-Bas [peiba] les ~ m/pl die Niederlande n/pl
Paz (La) [lapas, -pɑz] La Paz [-'pas] n
Peïpous [peipus] le lac ~ der Peipussee
Pékin [pekɛ] Peking n
Péloponnèse [pelɔpɔnɛz] le ~ der Peloponˈnes
Pendjab [pɛndʒab] le ~ der od das Pandsch'ab
Penmarch [pɛ̃mar, pɛn-] Stadt im Dep. Finistère
Pennine [penin] la chaîne ~ od les ~s f/pl das Pen'ninische Gebirge
Pennsylvanie [pɛnsilvani] la ~ Penn-syl'vanien n
Pergame [pɛrgam] hist Pergamon n
Périgord [perigɔr] le ~ historische Landschaft in Südwestfrankreich
Pernambouc [pɛrnãbuk] (l'État m de) ~ Pernam'buco n
Pérou [peru] le ~ Pe'ru n
Pérouse [peruz] Pe'rugia [-dʒa] n
Perpignan [pɛrpinã] Stadt im Dep. Pyrénées-Orientales
Perros-Guirec [pɛrɔsgirɛk, -rɔs-] Stadt im Dep. Côtes-du-Nord
Perse [pɛrs] la ~ hist Persien n
Persépolis [pɛrsepɔlis] hist Per'sepolis n
Persique [pɛrsik] le golfe ~ der Persische Golf
Petchora [pɛtʃɔra] la ~ die Pe'tschora n
Petit-Saint-Bernard [pətisɛbɛrnar] le ~ der Kleine Sankt Bernhard
Pézenas [peznas] Stadt im Dep. Hérault
Phalsbourg [falsbur] Pfalzburg n
Phénicie [fenisi] la ~ hist Phö'nizien n
Philadelphie [filadɛlfi] Phila'delphia n
Philippes [filip] hist Phil'ippi n
Philippines [filipin] les ~ f/pl die Philip'pinen n/pl
Phlégréens [flegreɛ] les champs m/pl ~ die Phle'gräischen Felder n/pl
Phnom Penh [pnɔmpɛn] Phnom Penh n
Phocée [fɔse] hist Pho'käa n
Phocide [fɔsid] la ~ hist Phokis n
Phrygie [friʒi] la ~ hist Phrygien n
Picardie [pikardi] la ~ die Picar'die od Pikar'die
Piémont [pjemõ] le ~ Pie'mont n
Pignerol [piɲərɔl] Pine'rolo n
Pilate [pilat] le mont ~ der Pi'latus
Pirée (Le) [ləpire] Pi'räus n (auch der)
Pise [piz] Pisa n
Plaisance [plɛzãs] in Italien Piacenza [-'tʃɛntsa] n
Platée(s) [plate] hist Pla'tää n
Ploemeur [plœmœr] Stadt im Dep. Morbihan
Ploërmel [plɔɛrmɛl] Stadt im Dep. Morbihan
Ploumanac'h [plumanak] Badeort im Dep. Côtes-du-Nord
Pô [po] le ~ der Po; la plaine du ~ die Poebene
Poitiers [pwatje] Stadt im Dep. Vienne

Poitou [pwatu] le ~ hist Provinz in Westfrankreich
Pologne [pɔlɔɲ] la ~ Polen n
Polynésie [pɔlinezi] la ~ Poly'nesien n; la ~ française Fran'zösisch-Poly'ne-sien n
Poméranie [pɔmerani] la ~ Pommern n
Pomérélie [pɔmereli] la ~ Pom(m)e-'rillen n
Pompéi [põpei] Pom'peji n
Pondichéry [põdiʃeri] Pondi'cherry n
Pont [põ] le ~ hist Pontus n
Pont-à-Mousson [põtamusõ] Stadt im Dep. Meurthe-et-Moselle
Pontarlier [põtarlje] Stadt im Dep. Doubs
Pont-Audemer [põtodmɛr] Stadt im Dep. Eure
Pont-Aven [põtavɛn] Stadt im Dep. Finistère
Pont-Euxin [põtøksɛ] le ~ hist der Pontus Eu'xinus
Pontine [põtin] la plaine ~ die Pon-'tinische Ebene
Pontins [põtɛ] les marais m/pl ~ die Pon'tinischen Sümpfe m/pl
Poona [puna] Puna n
Porrentruy [pɔrãtrɥi] Prun'trut n
Port-au-Prince [pɔr(t)oprɛs] Hauptstadt von Haiti
Porto Rico [pɔrtoriko] Pu'erto Rico n
Porto-Vecchio [pɔrtovɛkjo] Stadt auf Korsika
Port-Saïd [pɔrsaid] Port Said n
Port-Soudan [pɔrsudã] Port Su'dan n
Portugal [pɔrtygal] le ~ Portugal n
Posnanie [pɔsnani] la ~ Posen n (Provinz)
Pouilles [puj] les ~ f/pl od **Pouille** [puj] la ~ A'pulien n
Pouzzoles [puzɔl] Pozzu'oli n
Poznań [pɔznan] Posen n
Poznanie [pɔznani] cf Posnanie
Prague [prag] Prag n
Presbourg [prɛsbur] hist Preßburg n
Privas [priva] Stadt im Dep. Ardèche
Proche-Orient [prɔʃɔrjã] le ~ der Nahe Osten; Nah'ost n
Provence [prɔvãs] la ~ die Pro'vence
Provins [prɔvɛ] Stadt im Dep. Seine--et-Marne
Prusse [prys] la ~ Preußen n
Prut [prut] cf Prout
Pskov [pskɔf] Pleskau n
Puisaye [pɥizɛ] la ~ Landschaft in Mittelfrankreich
Puy-de-Dôme [pɥidədom] le ~ frz Departement
Pyrénées [pirene] les ~ f/pl die Pyre-'näen n/pl
Pyrénées-Atlantiques [pirenezatlã-tik] les ~ f/pl frz Departement
Pyrénées-Orientales [pirenezɔrjãtal] les ~ f/pl frz Departement

Q

Qatar [katar] le ~ Katar n
Quatre-Cantons [katrəkãtõ] le lac des ~ der Vierwaldstätter See
Québec [kebɛk] 1. Stadt Quebec [kve-'bɛk] n; 2. Provinz le ~ Quebec [kve-'bɛk] n
Quercy [kɛrsi] le ~ Landschaft in Südwestfrankreich
Quesnoy (Le) [ləkenwa] Stadt im Dep. Nord
Quimper [kɛ̃pɛr] Stadt im Dep. Finistère
Quirinal [kɥirinal] le mont ~ der Quiri'nal

R

Rabat [raba] Ra'bat *n*
Raguse [ragyz] Ra'gusa *n*
Raismes [rɛm] *Stadt im Dep. Nord*
Rambouillet [rābujɛ] *Stadt im Dep. Yvelines*
Rangoon [rāgun, ran-] Ran'gun *n*
Ratisbonne [ratisbɔn] Regensburg *n*
Ravenne [ravɛn] Ra'venna *n*
Raz [rɑ] la pointe du ~ *Kap an der Westspitze der Bretagne*
Reichshoffen [rɛʃɔfɛn] *Ort im Dep. Bas-Rhin*
Reims [rɛs] Reims [*oft* raims] *n*
Renaix [rɔnɛ] Ronse *n*
Réunion [reynjõ] (l'île *f* de) la ~ Réuni'on *n*
Reuss [røs] la ~ die Reuß
rhénan [renā] le Massif schisteux ~ das Rheinische Schiefergebirge
Rhénanie [renani] la ~ das Rheinland
Rhénanie-(du-Nord-)Westphalie [renani(dynɔr)vɛstfali] la ~ Nordrhein-West'falen *n*
Rhénanie-Palatinat [renanipalatina] la ~ Rheinland-Pfalz *n*
Rhétie [resi] la ~ *hist* Rätien *n*
Rhin [rɛ̃] le ~ der Rhein; le ~ antérieur, postérieur der Vorder-, Hinterrhein
Rhodes [rɔd] Rhodos *n*
Rhodésie [rɔdezi] la ~ Rho'desien *n*
Rhodope [rɔdɔp] le ~ das Rhodopegebirge; die Rho'dopen *pl*
Rhône [ron] le ~ **1.** *Fluß* die Rhone; le canal du ~ au Rhin der Rhein-Rhone-Kanal; **2.** *frz Departement*
Ribeauvillé [ribovile] Rappolts'weiler *n*
Riez [rje] *Ort im Dep. Alpes-de-Haute-Provence*
Rif [rif] le ~ das Rif
Rig(h)i [rigi] le ~ der *od* die Rigi
Rio (de Janeiro) [rjo(dɔʒanɛro)] Rio (de Janeiro) ['riːo(dɛʒaˈnɛːro)] *n*
Riom [rjõ] *Stadt im Dep. Puy-de-Dôme*
Risle [ril] la ~ *Fluß in der Normandie*
Ris-Orangis [risɔrāʒis] *Stadt im Dep. Essonne*
Rive-de-Gier [rivdɔʒje] *Stadt im Dep. Loire*
Riviera [rivjera] la ~ die (itali'enische) Rivi'era
Rocheuses [rɔʃøz] les (montagnes) ~ *f/pl* das Felsengebirge; die Rocky Mountains [-'mauntinz] *pl*
Rodez [rɔdɛz] *Stadt im Dep. Aveyron*
Romagne [rɔmaɲ] la ~ die Ro'magna *n*
Romans [rɔmā] *Stadt im Dep. Drôme*
Rombas [rõba] *Stadt im Dep. Moselle*
Rome [rɔm] Rom *n*
Roncevaux [rõsɔvo] Roncesvalles *n*
Rose [roz] le mont ~ der Monte Rosa
Rosny [rɔni] *frz Ortsname*
Ross [rɔs] la mer de ~ das Ross-Meer; die Ross-See
Rotterdam [rɔtɛrdam] Rotter'dam *od* 'Rotterdam *n*
Rouanda *cf* Ruanda
Roubaix [rube] *Stadt im Dep. Nord*
Rouen [rwā, ruā] *Stadt im Dep. Seine-Maritime*
Rouge [ruʒ] la mer ~ das Rote Meer
Roumanie [rumani] la ~ Ru'mänien *n*
Roumélie [rumeli] la ~ Ru'melien *n*
Roussillon [rusijõ] le ~ *hist Provinz in Südfrankreich*
Royan [rwajā] *Stadt im Dep. Charente-Maritime*
Ruanda [rwāda, rwanda] le ~ Ru'anda *n*
Rubicon [rybikõ] le ~ der Rubikon

S

Rueil-Malmaison [rɥɛjmalmɛzõ] *Stadt im Dep. Hauts-de-Seine*
Ruhr [rur] la ~ **1.** das Ruhrgebiet; **2.** *Fluß* die Ruhr
Rumilly [rymiji] *Stadt im Dep. Haute-Savoie*
Rungis [rɛ̃ʒis, rœ̃-] *Ort im Dep. Val-de-Marne*
Russie [rysi] la ~ Rußland *n*
Rwanda *cf* Ruanda

S

Sabins [sabɛ̃] les monts ~ *m/pl* die Sa'biner Berge *m/pl*; das Sa'binergebirge
Sagonte [sagõt] Sa'gunto *n*; *hist* Sa'gunt *n*
Sahara [saara] le ~ die Sa'hara *od* 'Sahara
Sahel [saɛl] le ~ der Sahel; die Sahelzone
Saigon [saigõ] Saigon *n*
Sains-en-Gohelle [sɛ̃āgɔɛl] *Stadt im Dep. Pas-de-Calais*
Saint-Acheul [sɛ̃taʃœl] *Vorort von Amiens*
Saint-Avold [sɛ̃tavɔl, *regional* sɛ̃tavo] *Stadt im Dep. Moselle*
Saint-Brieuc [sɛ̃brijø] *Stadt im Dep. Côtes-du-Nord*
Saint-Cloud [sɛ̃klu] *Stadt im Dep. Hauts-de-Seine*
Saint-Cyr [sɛ̃sir] *frz Ortsname*
Saint-Denis [sɛ̃dni] *Stadt im Dep. Seine-Saint-Denis*
Saint-Domingue [sɛ̃dɔmɛ̃g] Santo Do'mingo *n*
Sainte-Hélène [sɛ̃telɛn] Sankt Helena *n*
Sainte-Marie-aux-Mines [sɛ̃tmariomin] Markirch *n*
Sainte-Menehould [sɛ̃tmɔnu] *Stadt im Dep. Marne*
Saint-Étienne [sɛ̃tetjɛn] *Stadt im Dep. Loire*
Saint-Gall [sɛ̃gal] Sankt Gallen *n*
Saint-Gaudens [sɛ̃godɛ̃s] *Stadt im Dep. Haute-Garonne*
Saint George [sɛ̃ʒɔrʒ] le canal ~ der Sankt-'Georgs-Kanal
Saint-Germain-en-Laye [sɛ̃ʒɛrmɛ̃āle] *Stadt im Dep. Yvelines*
Saint-Gothard [sɛ̃gɔtar] le ~ der Sankt Gotthard
Saint-Hélier [sɛ̃telje] *Stadt auf Jersey*
Saint-Jacques-de-Compostelle [sɛ̃ʒakdɔkõpɔstɛl] Santi'ago de Compo'stela *n*
Saint-Jean-de-Luz [sɛ̃ʒād(ɔ)lyz] *Stadt im Dep. Pyrénées-Atlantiques*
Saint-Just-en-Chaussée [sɛ̃ʒyāʃose] *Stadt im Dep. Oise*
Saint-Laurent [sɛ̃lɔrā] le ~ der Sankt-'Lorenz-Strom; le golfe du ~ der Sankt-'Lorenz-Golf
Saint-Marin [sɛ̃marɛ̃] San Ma'rino *n*
Saint-Mihiel [sɛ̃mijɛl] *Stadt im Dep. Meuse*
Saint-Moritz [sɛ̃mɔrits] Sankt Moritz *n*
Saint-Omer [sɛ̃tɔmɛr] *Stadt im Dep. Pas-de-Calais*
Saintonge [sɛ̃tõʒ] la ~ *Landschaft in Westfrankreich*
Saint-Ouen [sɛ̃twɛ̃] *Stadt im Dep. Seine-Saint-Denis*
Saint-Pétersbourg [sɛ̃petɛrsbur] *hist* (Sankt) Petersburg *n*
Saint-Priest [sɛ̃pri] *Stadt im Dep. Rhône*
Saint-Quentin [sɛ̃kātɛ̃] *Stadt im Dep. Aisne*
Saint-Rémy [sɛ̃remi] *frz Ortsname*

Saint-Sébastien [sɛ̃sebastjɛ̃] San Sebastián [-'tjan] *n*
Saint-Tropez [sɛ̃trɔpe] *Badeort im Dep. Var*
Saint-Yrieix-la-Perche [sɛ̃tirjelapɛrʃ] *Stadt im Dep. Haute-Vienne*
Sakhaline [sakalin] Sacha'lin *n*
Salamanque [salamāk] Sala'manca *n*
Salamine [salamin] Salamis *n*
Salerne [salɛrn] Sa'lerno *n*
Salomon [salɔmõ] les îles *f/pl* ~ die Salomoninseln *f/pl*
Salonique [salɔnik] Salo'niki *n*
Saluces [salys] Sa'luzzo *n*
Salvador [salvadɔr] le ~ El Salva-'dor *n*
Salzbourg [salzbur] Salzburg *n*
Samarie [samari] **1.** la ~ Sama'ria *od* Sa'maria *n*; **2.** *hist Stadt* Sama'ria *od* Sa'maria *n*
Sambre [sābr(ɔ)] la ~ *Fluß in Frankreich u Belgien*
Samoa [samɔa] les îles *f/pl* ~ die Sa'moainseln *f/pl*
Samoens [samɔɛs] *Wintersportort im Dep. Haute-Savoie*
Samothrace [samɔtras] Samo'thrake *n*
San Francisco [sāfrāsisko, sanfran-] San Fran'cisco *od* San Fran'zisko *n*
Santiago [sātjago, san-] Santi'ago (de Chile) *n*
Saône [son] la ~ *Fluß in Frankreich*
Saône-et-Loire [sonelwar] la ~ *frz Departement*
São Paulo [saopolo] São Paulo *n*
Saqqarah [sakara] Sak'kara *n*
Saragosse [saragɔs] Sara'gossa *n*
Sarajevo [saraʒevo, -je-] Sara'jewo *od* Sara'jevo *n*
Sardaigne [sardɛɲ] la ~ Sar'dinien *n*
Sargasses [sargas] la mer des ~ die Sar'gassosee
Sarine [sarin] la ~ die Saane
Sarre [sar] la ~ **1.** *Fluß* die Saar; **2.** das Saarland; das Saargebiet; die Saar
Sarrebourg [sarbur] *im Dep. Moselle* Saarburg *n*
Sarrebruck [sarbryk] Saar'brücken *n*
Sarreguemines [sargɔmin] Saarge-'münd *n*
Sarthe [sart] la ~ *Fluß u Departement in Frankreich*
Satu Mare [satymar] Sathmar *n*
Sault [so] *in frz Ortsnamen*
Saulxures-sur-Moselotte [sosyrsyrmozlɔt] *Ort im Dep. Vosges*
Save [sav] la ~ **1.** *Nebenfluß der Garonne*; **2.** *Fluß in Jugoslawien* die Save *od* Sau
Saverne [savɛrn] Zabern *n*; le col de ~ die Zaberner Steige
Savoie [savwa] la ~ **1.** Sa'voyen *n*; **2.** *frz Departement*
Saxe [saks] la ~ Sachsen *n*
Scandinavie [skādinavi] la ~ Skandi-'navien *n*
Scanie [skani] la ~ Schonen *n*
Sceaux [so] *Stadt im Dep. Hauts-de-Seine*
Schaffhouse [ʃafuz] Schaff'hausen *n*
Sébastopol [sebastɔpɔl] Se'wastopol *n*
Sedan [sɔdā] *Stadt im Dep. Ardennes*
Ségeste [seʒɛst] *hist* Se'gesta *n*
Ségovie [segovi] Se'govia *n*
Seine [sɛn] la ~ *Fluß u bis 1964 Departement in Frankreich*
Seine-et-Marne [sɛnemarn] la ~ *frz Departement*
Seine-et-Oise [sɛnewaz] la ~ *frz Departement bis 1964*
Seine-Maritime [sɛnmaritim] la ~ *frz Departement*
Seine-Saint-Denis [sɛnsɛ̃dni] la ~ *frz Departement*
Sélestat [selɛsta] Schlettstadt *n*

Sénégal [senegal] le ~ **1.** *Fluß* der Senegal; **2.** *Staat* Senegal *n*
Senlis [sãlis] *Stadt im Dep. Oise*
Sens [sãs] *Stadt im Dep. Yonne*
Séoul [seul] Seoul *n*
Serbie [sɛrbi] la ~ Serbien *n*
Se-tchouan [setʃwan, -tʃuã] le ~ S(z)etschuan *n*
Severnaïa Zemlia [sɛvɛrnajazɛmlija] la ~ Sewernaja Sem'lja *n*
Séville [sevil, -vij] Sevilla [se'vilja] *n*
Seychelles [sɛʃɛl] les ~ *f/pl* die Seychellen [-'ʃɛl-] *pl*
Shanghai [ʃãgaj] Schanghai *n*
Shan-tung [ʃãtuŋ] *cf* Chan-tong
Shetland [ʃɛtlãd] les (îles *f/pl*) ~ die Shetlandinseln *f/pl*
Shikoku [ʃikɔku] S(c)hi'koku *n*
Shkoder [ʃkɔdɛr] Skutari *n*
Siam [sjam] le ~ *hist* Siam *n*
Sibérie [siberi] la ~ Si'birien *n*
Sibiu [sibiy, -bju] Hermannstadt *n*
Sicile [sisil] la ~ Si'zilien *n*
Sienne [sjɛn] Si'ena *n*
Sierra Leone [sjɛraleɔn] la ~ Si'erra Le'one *n*
Sierre [sjɛr] Siders *n*
Sikkim [sikim] le ~ Sikkim *n*
Silésie [silezi] la ~ Schlesien *n*; la basse, haute ~ Nieder-, Oberschlesien *n*
Simplon [sɛ̃plɔ̃] le ~ der Simplon (-paß)
Sinaï [sinai] le ~ der Sinai; le mont ~ das Sinaigebirge; der Berg Sinai (*auch bibl*); la péninsule du ~ die Sinaihalbinsel
Singapour [sɛ̃gapur] Singa'pur *n*
Sin-kiang [sinkjãg, -kjaŋ] le ~ Sinkiang(-Uighur) *n*
Sion[1] [sjɔ̃] *Berg in Jerusalem* der Zion; *Jerusalem* Zion *n*
Sion[2] [sjɔ̃] *Stadt in der Schweiz* Sitten *n*
Siouah [sjua] (l'oasis *f* de) ~ (die O'ase) Siwa(h)
Sjaelland [sjɛlãd] Seeland *n*
Slovaquie [slɔvaki] la ~ die Slowa'kei
Slovénie [slɔveni] la ~ Slo'wenien *n*
Smalkalde [smalkald] *hist* Schmal'kalden *n*
Smyrne [smirn] Smyrna *n*; *heute meist* Izmir *n*
Société [sɔsjete] les îles *f/pl* de la ~ die Gesellschaftsinseln *f/pl*
Sodome [sɔdɔm] *bibl* Sodom *n*
Solesmes [sɔlɛm] *frz Ortsname*
Soleure [sɔlœr] Solothurn *n*
Somalie [sɔmali] la ~ So'malia *n*
Somme [sɔm] la ~ *Fluß u Departement in Frankreich*
Sonde [sɔ̃d] les îles *f/pl* de la ~ die Sundainseln *f/pl*; le détroit de la ~ die Sundastraße
Sopot [sɔpɔt] Zoppot *n*
Sopron [sɔprɔ̃] Ödenburg *n*
Sorrente [sɔrãt] Sor'rent *n*
Souabe [swab] la ~ Schwaben *n*
Souaziland [swazilãd] *cf* Swaziland
Soudan [sudã] le ~ der Su'dan *od* 'Sudan
Sous-le-Vent [sul(ə)vã] les îles *f/pl* ~ die Inseln *f/pl* unter dem Winde
Sparte [spart] *hist* Sparta *n*
Spire [spir] Speyer *n*
Spolète [spɔlɛt] Spo'leto *n*
Sporades [spɔrad] les ~ *f/pl* die Spo'raden *pl*
Sprée [spre] la ~ die Spree
Sri Lanka [srilãka] le ~ Sri Lanka *n*
Sseu-tchouan [sœtʃwan, -tʃuã] *cf* Se-tchouan
Stabies [stabi] *hist* Stabiae *n*
Stains [stɛ̃] *Stadt im Dep. Seine-Saint-Denis*
Stamboul [stãbul] Stambul *n*

Strasbourg [strasbur, straz-] Straßburg *n*
Stuttgart [stytgar] Stuttgart *n*
Stymphale [stɛ̃fal] *hist* Stymphalos *n*; le lac ~ der Stym'phalische See
Styrie [stiri] la ~ die Steiermark
Sud [syd] les mers *f/pl* du ~ die Südsee
Sudètes [sydɛt] les ~ *m/pl* die Su'deten *pl*
Sud-Ouest africain [sydwɛstafrikɛ̃] le ~ Süd'westafrika *n*
Suède [sɥɛd] la ~ Schweden *n*
Suez [sɥɛz] Suez *od* Sues *n*; le canal de ~ der Suezkanal
Suisse [sɥis] la ~ die Schweiz
Supérieur [syperjœr] le lac ~ der Obere See
Surabaya [syrabaja] Sura'baja *n*
Sûre [syr] la ~ die Sauer
Suresnes [syrɛn] *Stadt im Dep. Hauts-de-Seine*
Surinam [syrinam] le ~ Suri'nam *n*
Suse [syz] **1.** *Stadt in Italien* Susa *n*; **2.** *hist in Persien* Susa *n*
Susten [systɛn] le col du ~ der Sustenpaß
Sverdlovsk [svɛrdlɔfsk] Swerd'lowsk *n*
Swaziland [swazilãd] le ~ Swasiland *n*
Sydney [sidnɛ] Sydney [-ni] *n*
Syracuse [sirakyz] Syra'kus *n*
Syrie [siri] la ~ Syrien *n*
Szczecin [ʃtʃetsin] Stet'tin *n*
Szeged [segɛd] Szegedin ['sɛ-] *n*
Szombathely [sɔmbateli] Steina'manger *n*

T

Tabriz [tabriz] Täbris *n*
Tachkent [taʃkɛnt, -kɛt] Tasch'kent *n*
Tage [taʒ] le ~ der Tajo
Tahiti [taiti] Ta'hiti *n*
Taipeh *od* **Taipei** [taipe] Taipeh *n*
Taiwan [taiwan] Taiwan *n*
Tallin(n) [talin] Reval *n*
Tamise [tamiz] la ~ die Themse
Tanganyika [tãgan(j)ika] le lac ~ der Tangan'jikasee
Tanger [tãʒe] Tanger *n*
Tanzanie [tãzani] la ~ Tansa'nia *od* Tan'sania *n*
Tarente [tarãt] Ta'rent *n*
Tarim [tarim] le ~ der Ta'rim
Tarn [tarn] le ~ *Fluß u Departement in Frankreich*
Tarn-et-Garonne [tarnegarɔn] le ~ *frz Departement*
Tarpéienne [tarpejɛn] *hist* la roche ~ der Tar'pejische Fels
Tarquinies [tarkini] Tarqu'inia *n*
Tarragone [taragɔn] Tarra'gona *n*
Tartare [tartar] le ~ *myth* der Tartarus *od* Tartaros
Tasmanie [tasmani] la ~ Tas'manien *n*
Tassili des Ajjers [tasilideza(d)ʒɛr] le ~ das Tassi'li N'Ajjer [-a'dʒɛr]
Taunus [tonys] le ~ der Taunus
Tauride [torid, tɔ-] la ~ *hist* Tauris *n*
Taurus [torys, tɔ-] le ~ der Taurus
Taygète [teʒɛt] le ~ der Ta'ygetos
Tbilissi [tbilisi] Tiflis *n*
Tchad [tʃad] **1.** *Staat* le ~ der Tschad; Tschad *n*; **2.** le lac ~ der Tschadsee
Tchécoslovaquie [tʃekɔslɔvaki] la ~ die Tschechoslowa'kei
Tcheliabinsk [tʃeljabinsk, -bɛ̃sk] Tsche'ljabinsk *n*
Tchernovtsy [tʃɛrnɔvtsi] Czernowitz *n*
Tech [tɛʃ] le ~ *Fluß im Dep. Pyrénées-Orientales*
Téhéran [teerã] Teheran *n*
Tel-Aviv [tɛlaviv] Tel A'viv *n*
Ténériffe [tenerif] Tene'riffa *n*
Terre de Feu [tɛrdəfø] la ~ Feuerland *n*

Terre-Neuve [tɛrnœv] *f* Neu'fundland *n*; les bancs *m/pl* de ~ die Neufundlandbänke *f/pl*
Territoire du Nord [tɛritwardynɔr] le ~ das Nordterritorium
Tessin [tesɛ̃] le ~ **1.** *Kanton* das Tes'sin; **2.** *Fluß* der Tes'sin
Têt [tɛt] la ~ *Fluß im Dep. Pyrénées-Orientales*
Tétouan [tetwã] Tétouan *od* Tetuán [-'an] *n*
Texas [tɛksas] le ~ Texas *n*
Thaïlande [tajlãd] la ~ Thailand *n*
Thaon-les-Vosges [tãlevoʒ] *Stadt im Dep. Vosges*
Thébaïde [tebaid] la ~ *hist* die The'bais
Thèbes [tɛb] *in Griechenland u hist in Ägypten* Theben *n*
Thermopyles [tɛrmɔpil] les ~ *f/pl* die Thermo'pylen *pl*
Thessalie [tesali] la ~ Thes'salien *n*
Thessalonique [tesalɔnik] Salo'niki *n*; Thessalo'niki *n*
Thièle [tjɛl] la ~ die Zihl
Thionville [tjɔvil] Diedenhofen *n*
Thoune [tun] Thun *n*; le lac de ~ der Thuner See
Thrace [tras] la ~ Thrakien *od* Thrazien *n*
Thulé [tyle] Thule *n*
Thurgovie [tyrgɔvi] la ~ *od* le canton de ~ der (Kanton) Thurgau
Thuringe [tyrɛ̃ʒ] la ~ Thüringen *n*
Tibériade [tiberjad] Ti'berias *n*; le lac de ~ der See Ge'nezareth
Tibet [tibɛ] le ~ Tibet *n*
Tibre [tibr(ə)] le ~ der Tiber
Tien-chan [tjɛnʃan] le ~ der Ti'enschan
Tien-tsin [tjɛntsin] Ti'entsin *n*
Tigre [tigr(ə)] le ~ der Tigris
Tilsit [tilsit] *hist* Tilsit *n*
Tirlemont [tirləmɔ̃] Tienen *n*
Tisza [tisa] la ~ die Theiß
Titicaca [titikaka] le lac ~ der Titi'cacasee
Tlemcen [tlɛmsɛn] *Stadt in Algerien*
Tobrouk [tɔbruk] Tobruk *n*
Togo [tɔgo] le ~ Togo *n*
Tokyo [tɔkjo] Tokio *n*
Tolède [tɔlɛd] To'ledo *n*
Tombouctou [tɔ̃buktu] Tim'buktu *n*
Tonga [tɔ̃ga] les îles *f/pl* ~ die Tongainseln *f/pl*; die Freundschaftsinseln *f/pl*
Tongres [tɔ̃gr(ə)] Tongern *n*
Tonkin [tɔ̃kɛ̃] le ~ der Tonkin
Tonneins [tɔnɛ̃s] *Stadt im Dep. Lot-et-Garonne*
Toronto [tɔrɔ̃to] To'ronto *n*
Torres [tɔrɛs] le détroit de ~ die Torresstraße
Tortose [tɔrtoz] Tor'tosa *n*
Toruń [tɔruŋ] Thorn *n*
Toscane [tɔskan] la ~ die Tos'kana
Toula [tula] Tula *n*
Toulouse [tuluz] *Stadt im Dep. Haute-Garonne*
Touraine [turɛn] la ~ *Landschaft im westlichen Mittelfrankreich*
Tourcoing [turkwɛ̃] *Stadt im Dep. Nord*
Tournus [turny] *Stadt im Dep. Saône-et-Loire*   [Loire]
Tours [tur] *Stadt im Dep. Indre-et-]*
Transcaucasie [trãskokazi] la ~ Transkau'kasien *n*
Transhimalaya [trãsimalaja] le ~ der Transhi'malaja
Transkei [trãskaj] le ~ Trans'kei *n*
Transvaal [trãsval, trãz-] le ~ Trans'vaal *n*
Transylvanie [trãsilvani] la ~ Sieben'bürgen *n*
Trasimène [trazimɛn] le lac ~ der Trasi'menische See

Trébie [trebi] la ~ die Trebbia
Trébizonde [trebizõd] Trape'zunt n
Trente [trãt] Tri'ent n
Trentin [trãtẽ] le ~ das Tren'tino
Trentin-Haut-Adige [trãtẽotadiʒ] le ~ Südtirol
Trèves [trɛv] Trier n
Trévise [treviz] Tre'viso n
Trieste [trijɛst] Tri'est n
Trinidad [trinidad] cf Trinité
Trinité [trinite] la ~ Trinidad n
Tripoli [tripoli] 1. in Libyen Tripolis n; 2. im Libanon Tripoli n
Tripolitaine [tripolitɛn] la ~ Tripoli'tanien n
Troade [trɔad] la ~ hist die Troas
Troie [trwa] hist Troja n
Trondheim [trõdɛm] Trondheim od Drontheim n
Trouée héroïque [trueerɔik] la ~ das Binger Loch
Troyes [trwa] Stadt im Dep. Aube
Truyère [tryjɛr] la ~ Fluß im frz Zentralmassiv
Tsi-nan [tsinan] Tsinan n
Tsing-tao [tsiŋtao] Tsingtau n
Tsin-ling [tsinliŋ, -liŋ] les monts m/pl ~ der Tsinlingschan
Tunis [tynis] Tunis n
Tunisie [tynizi] la ~ Tu'nesien n
Turin [tyrẽ] Tu'rin n
Turkestan [tyrkɛstã] le ~ hist Turkestan n
Turkménistan [tyrkmenistã] le ~ Turk'menistan n
Turquie [tyrki] la ~ die Tür'kei
Tyr [tir] Tyr n; hist Tyrus n
Tyrol [tirɔl] le ~ Ti'rol n
Tyrrhénienne [tirenjɛn] la mer ~ das Tyr'rhenische Meer

U

Ukraine [ykrɛn] l'~ f die Ukra'ine od U'kraine
Ulster [ylstɛr] l'~ m Ulster ['al-] n
Union soviétique [ynjõsɔvjetik] l'~ f die So'wjetunion
Unterwald [untɛrvald] l'~ m 'Unterwalden n
Upsal [ypsal] Uppsala n
Uruguay [yrygwɛ] l'~ m 1. Staat Urugu'ay n; 2. Fluß der Urugu'ay
Utah [yta] l'~ m Utah ['juːta] n
Utique [ytik] hist Utika od Utica n
Utrecht [ytrɛk(t)] Utrecht n
Uzès [yzɛs] Stadt im Dep. Gard

V

Vaccarès [vakarɛs] l'étang m de ~ Naturschutzgebiet in der Camargue
Vah [va] la ~ die Waag
Valachie [valaʃi] la ~ hist die Wala'chei
Valais [valɛ] le ~ das Wallis
Val-de-Marne [valdəmarn] le ~ frz Departement
Val-d'Oise [valdwaz] le ~ frz Departement
Valence [valãs] 1. in Spanien Va'lencia n; 2. Stadt im Dep. Drôme
Valenciennes [valãsjɛn] Stadt im Dep. Nord
Valette (La) [lavalɛt] La Va'letta n; Val'letta n
Val-Hall [valal] le ~ myth (die) Wal'hall(a)
Vallauris [valoris, -lo-] Stadt im Dep. Alpes-Maritimes
Valteline [valtəlin] la ~ das Velt'lin
Vänern [vɛnɛrn] le lac ~ der Vänersee
Var [var] le ~ Fluß u Departement in Frankreich

Vardar [vardar] le ~ der Wardar
Varèse [varɛz] Va'rese n
Varna [varna] Warna n
Varsovie [varsɔvi] Warschau n
Vatican [vatikã] le ~ der Vati'kan; la cité du ~ die Vatikanstadt
Vättern [vɛtɛrn] le lac ~ der Vättersee
Vaucluse [voklyz] le ~ frz Departement
Vaud [vo] le canton de ~ die Waadt; der Kanton Waadt; le pays de ~ das Waadtland
Véies [vei] hist Veji n
Velay [vəlɛ] le ~ Landschaft im frz Zentralmassiv
Vendée [vãde] la ~ frz Departement
Vénétie [venesi] la ~ Ve'netien n
Venezuela [venezɥela] le ~ Venezu'ela n
Venise [vəniz] Ve'nedig n
Vent [vã] les îles f/pl du ~ die Inseln f/pl über dem Winde
Verceil [vɛrsɛj] Vercelli [-'tʃɛli] n
Vercors [vɛrkɔr] le ~ Gebirgszug in den frz Voralpen
Verdun [vɛrdẽ, -dã] Stadt im Dep. Meuse
Verkhoïansk [vɛrkɔjãsk] Wercho'jansk n
Vérone [veron] Ve'rona n
Versailles [vɛrsaj, -saj] Stadt im Dep. Yvelines
Vert [vɛr] le cap ~ Kap Verde n
Verviers [vɛrvje] Stadt in Belgien
Vesle [vɛl] la ~ Fluß in der Champagne
Vesoul [vəzu(l)] Stadt im Dep. Haute-Saône
Vésuve [vezyv] le ~ der Ve'suv
Vevey [vəvɛ] Stadt in der Schweiz
Vézelay [vezlɛ] Ort im Dep. Yonne
Vicence [visãs] Vicenza [-'tʃɛn-] n
Victoria [viktɔrja] Städtename, Staat in Australien Vic'toria n; les chutes f/pl ~ die Victoriafälle m/pl; le lac ~ der Victoriasee; la terre ~ Südvictorialand n
Viège [vjɛʒ] la ~ die Visp
Vienne [vjɛn] 1. in Österreich Wien n; 2. Stadt im Dep. Isère; 3. la ~ Nebenfluß der Loire; 4. la ~ frz Departement
Vientiane [vjɛntjan, -sjan] Vienti'ane [vjɛn-] n
Vierges [vjɛrʒ] les îles f/pl ~ die Jungferninseln f/pl
Vierzon [vjɛrzõ] Stadt im Dep. Cher
Viêt-nam [vjɛtnam] le ~ Vi'etnam n
Vieux-Brisach [vjøbrizak] m Breisach n
Villach [vilak] Villach n
Villeparisis [vilparizis] Stadt im Dep. Seine-et-Marne
Villers-Cotterêts [vilɛrkɔtrɛ] Stadt im Dep. Aisne
Vilnius [vilnjys] Wilna n
Vinnitsa [vinitsa] Winniza n
Vintimille [vɛtimij] Ventimiglia [-'milja] n
Virginie [virʒini] la ~ Vir'ginia [auch -'dʒiː-] n
Virginie-Occidentale [virʒiniɔksidãtal] la ~ West Vir'ginia n
Vistule [vistyl] la ~ die Weichsel
Viterbe [vitɛrb] Vi'terbo n
Vizille [vizij] Stadt im Dep. Isère
Vladivostok [vladivɔstɔk] Wladiwo'stok n
Vltava [vəltava] la ~ Fluß die Moldau
Volga [vɔlga] la ~ die Wolga
Volhynie [vɔlini] la ~ Wo'lhynien n
Vorkouta [vɔrkuta] Wor'kuta n
Voronej [vɔronɛʒ] Woronesch n
Vosges [voʒ] les ~ f/pl 1. die Vo'gesen pl; 2. frz Departement
Vyborg [vibɔrg] Wiborg n

W

Waal [wal] le ~ die Waal
Waas od Waes [was] le pays de ~ das Waasland
Wagram [vagram] (Deutsch) Wagram n [Wal'hall(a)]
Walhalla [vala(l)la] le ~ myth (die)
Wallis(-et-Futuna) [walis(efytyna)] les îles f/pl ~ die Wal'lisinseln f/pl; Wal'lis und Fu'tuna n
Wallonie [walɔni] la ~ Wal'lonien n
Walvis Bay [walvisbɛ] Walfischbai n
Warndt [varnt] la ~ der Warndt
Warta [varta] la ~ die Warthe
Washington [waʃiŋtən] Washington ['wɔ-] n
Wasmes [wam] Stadt in Belgien
Waterloo [watɛrlo, va-] Stadt in Belgien [Nord]
Wattrelos [watrəlo] Stadt im Dep.
Weser [vezɛr] la ~ die Weser
Westphalie [vɛstfali] la ~ West'falen n
Wight [wajt] l'île f de ~ die Isle of Wight [-'ailəv'wait]; Wight [wait] n
Wimbledon [wimblədən] Wimbleđon ['wimbldən] n
Windhoek [winduk] Windhuk n
Winnipeg [vinipɛg] Winnipeg n; le lac ~ der Winnipegsee
Wissembourg [visãbur, -sẽ-] Weißenburg n [in Lothringen]
Woëvre [vwavr(ə)] la ~ Landschaft]
Wou-han [vua] Wuhan n
Wroclaw [vrotslaf] Breslau n
Wurtemberg [vyrtẽbɛr] le ~ Württemberg n
Wurtzbourg [vyrtsbur] Würzburg n

X

Xaintois [(k)sẽtwa] le ~ Landschaft in Lothringen

Y

Yalta [jalta] Jalta n
Yang-tseu-kiang [jãgtsøkjãg] le ~ der Jangtse(kiang)
Yaoundé [jaunde] Ja'unde n
Yémen [jemɛn] le ~ der Jemen; Jemen n; le ~ du Sud der Südjemen; Südjemen n
Yeu [jø] l'île f d'~ Insel vor der frz Atlantikküste
Yokohama [jɔkɔama] Joko'hama od Yoko'hama n
Yonne [jɔn] l'~ f Fluß u Departement in Frankreich
Yougoslavie [jugɔslavi] la ~ Jugo'slawien n
Ypres [ipr(ə)] Ypern n
Yser [izɛr] l'~ m die Yser
Yucatan [jykatã] le ~ Yukatan n
Yukon [jukən] le ~ der Yukon
Yun-nan [jy(n)nã] le ~ Jünnan od Yünnan n [Departement]
Yvelines [ivlin] les ~ [lez-] f/pl frz
Yverdon [ivɛrdõ] Iferten n

Z

Zagreb [zagrɛb] Zagreb n; deutscher Name Agram n
Zaïre [zair] le ~ Za'ire n
Zambèse [zãbɛz] le ~ der Sam'besi
Zambie [zãbi] la ~ Sambia n
Zanzibar [zãzibar] Sansibar n
Zélande [zelãd] la ~ niederländische Provinz Seeland n ['babwe n]
Zimbabwe [zimbabwe] le ~ Zim-]
Zoug [zug] Zug n; le lac de ~ der Zuger See
Zurich [zyrik] Zürich n; le lac de ~ der Zürichsee

II. PERSONENNAMEN
II. NOMS DE PERSONNES

Es wurden nur die Namen derjenigen bekannten lebenden, historischen oder mythologischen Personen aufgenommen, deren deutsche Form von der französischen abweicht oder deren französische Aussprache Probleme bietet.
Möglichst vollständig wurden dagegen die französischen Vornamen verzeichnet. Da Vornamen gewöhnlich nicht übersetzt werden, sind die deutschen Entsprechungen vor allem von etymologischem Interesse.

N'ont été pris que les noms de personnages vivants, historiques ou mythologiques, relativement connus, dont la forme allemande diffère de la forme française ou dont la prononciation française pose des problèmes. Par contre, on a essayé de donner une liste complète des prénoms français. Comme en général les prénoms ne se traduisent pas, les équivalents allemands possèdent surtout un intérêt étymologique.

A

Aaron [aarõ] *m bibl* Aaron *m*
Abel [abɛl] *m* Abel *m*
Abélard [abelar] *m philos* Abä'lard *m*
Abraham [abraam] *m bibl* Abraham *m*
Absalon [apsalõ] *m bibl* Absalom *m*
Achab [akab] *m bibl* Ahab *m*
Achard [aʃar] Marcel ~ *frz Dramatiker*
Achille [aʃil] *m* **1.** *frz Vorname;* **2.** *myth* A'chill(es) *m*
Achmed [akmɛd] *m* Achmed *m*
Adalbert [adalbɛr] *m* Adalbert *m*
Adam [adɑ̃, *in ausländischen Namen* adam] *m* Adam *m*
Adélaïde [adelaid] *f* Adelheid *f*
Adèle [adɛl] *f* A'dele *f*
Adeline [adlin] *f* Ade'line *f*
Adémar [ademar] *m frz Vorname*
Adenauer [adenɶr, -nawœr] Konrad ~ Konrad Adenauer
Adolphe [adolf] *m* Adolf *m*
Adonis [adonis] *m myth* A'donis *m*
Adrien [adrijɛ̃] *m* **1.** *Vorname* Adrian *m;* **2.** *Papstname, römischer Kaiser* Hadrian *m*
Adrienne [adrijɛn] *f* Adri'ane *f*
Aga Khan *cf* Agha Khan
Agamemnon [agamɛmnõ] *m myth* Aga'memnon *m*
Agar [agar] *f bibl* Hagar *f*
Agathe [agat] *f* A'gathe *f*
Agha Khan [agakan, -kɑ̃] *m rel* Aga Khan *m*
Aglaé [aglae] *f* A'glaia *f*
Agnès [aɲɛs] *f* Agnes *f*
Agrippine [agripin] *f hist* Agrip'pina *f*
Aimé [eme] *m* A'matus *m*
Aimée [eme] *f* A'mata *f*
Ajax [aʒaks] *m myth* Ajax *m*
Akh(e)naton [ak(e)natõ] *m hist* Echnaton *m*
Aladin [aladɛ̃] *m myth, hist* Aladin *m*
Alain [alɛ̃] *m frz Vorname*
Alaric [alarik] *m hist* Alarich *m*
Albe [alb] *hist* le duc d'~ (der) Herzog (von) Alba

Albert [albɛr] *m* Albert *m; philos* ~ le Grand Al'bertus Magnus
Alcibiade [alsibjad] *m hist* Alki'biades *od* Alci'biades *m*
Alcmène [alkmɛn] *f myth* Alk'mene *f*
Alembert [alɑ̃bɛr] d'~ *frz Philosoph*
Alexandra [alɛksɑ̃dra] *f* Alex'andra *f*
Alexandre [alɛksɑ̃dr(ə)] *m* Alex'ander *m* ['drine *f*]
Alexandrine [alɛksɑ̃drin] *f* Alexan-⌐
Alexis [alɛksi] *m* **1.** *Vorname* A'lexis *m;* **2.** *Heiliger* A'lexius *m;* **3.** *byzantinische Kaiser* A'lexios *m*
Alfred [alfrɛd] *m* Alfred *m*
Alice [alis] *f* Alice *m* [a'liːsə] *f*
Aline [alin] *f* A'lina *od* A'line *f*
Allah [ala] *m rel* Allah *m*
Alphonse [alfõs] *m* Alfons *m*
Alphonsine [alfõsin] *f* Al'phonsa *f*
Amadis de Gaule [amadisdəgol] *m Held e-s Ritterromans* Ama'dis von Gaula *m*
Amand [amɑ̃] *m* A'mandus *m*
Amaury [amori, -mə-] *m frz Vorname*
Ambroise [ɑ̃brwaz, -az] *m* Am'brosius *m*
Amédée [amede] *m* Ama'deus *m*
Amélie [ameli] *f* A'malie *od* A'malia *f;* Amelie [-'liː] *f*
Améline [amelin] *f frz Vorname*
Aménophis [amenofis] *m hist* Ame-'nophis *m*
Améric Vespuce [amerikvɛspys] *m* A'merigo Vespucci [-'putʃi] *m*
Amon [amõ] *m myth* Ammon *m*
Amour [amur] l'~ *m myth* Amor *m*
Amphitryon [ɑ̃fitrijõ] *m myth* Am-'phitryon *m*
Anacréon [anakreõ] *m griechischer Dichter* A'nakreon *m*
Anastase [anastɑz] *m* Ana'stasius *m*
Anastasie [anastazi] *f* Ana'stasia *f*
Anatole [anatɔl] *m* Ana'tol *m*
Anchise [ɑ̃ʃiz] *m myth* An'chises *m*
André [ɑ̃dre] *m* An'dreas *m*
Andrée [ɑ̃dre] *f* An'drea *f*
Androclès [ɑ̃drɔklɛs] *m hist* Androclus *m*

Andromaque [ɑ̃drɔmak] *f myth* An-'dromache *f*
Andromède [ɑ̃drɔmɛd] *f myth* An-'dromeda *f*
Ange [ɑ̃ʒ] *m frz Vorname*
Angèle [ɑ̃ʒɛl] *f* Angela *f*
Angélique [ɑ̃ʒelik] *f* An'gelika *f*
Anne [an, ɑn] *m* Anna *f;* Anne *f*
Annet [anɛ] *m frz Vorname*
Annette [anɛt] *f* Ännchen *n;* An'nette *f*
Annick [anik] *f frz Vorname*
Annie [ani] *f* Anni *f*
Anouilh [anuj] Jean ~ *frz Dramatiker*
Anschaire [ɑ̃skɛr] *m Heiliger* Ansgar *m*
Anselme [ɑ̃sɛlm] *m* Anselm *m*
Antée [ɑ̃te] *m myth* An'täus *m*
Antigone [ɑ̃tigɔn] *f myth* An'tigone *f*
Antinoüs [ɑ̃tinɔys] *m hist* An'tinous *m*
Antoine [ɑ̃twan] *m* **1.** *Vorname* Anton *m;* **2.** *Heiliger, römische Geschichte* An'tonius *m*
Antoinette [ɑ̃twanɛt] *f* An'tonie *f;* An'tonia *f;* Antoi'nette *f*
Antonia [ɑ̃tɔnja] *f* An'tonia *f;* An'tonie *f*
Antonin [ɑ̃tɔnɛ̃] *m frz Vorname*
Antonine [ɑ̃tɔnin] *f frz Vorname*
Aphrodite [afrɔdit] *f myth* Aphro-'dite *f*
Apis [apis] *m myth* Apis *m*
Apollon [apɔlõ] *m myth* A'pollo *m; poét* A'poll *m*
Aramis [aramis] *m Romanheld*
Archimède [arʃimɛd] *m griechischer Gelehrter* Archi'medes *m*
Arétin [aretɛ̃] l'~ *m italienischer Dichter* Are'tino *m*
Argus [argys] *m myth* Argus *m*
Ariane [arjan] *f myth* Ari'adne *f*
Arioste [arjɔst] l'~ *m italienischer Dichter* Ari'ost(o) *m*
Aristide [aristid] *m* **1.** *Vorname* Ari-'stid *m;* **2.** *hist* Ari'stides *m*
Aristophane [aristɔfan] *m griechischer Lustspieldichter* Ari'stophanes *m*
Aristote [aristɔt] *m philos* Ari'stoteles *m*

Arlette [arlɛt] *f frz Vorname*
Armance [armãs] *m frz Vorname*
Armand [armã] *m* Hermann *m*
Armande [armãd] *f* Her'mine *f*
Arminius [arminjys] *m hist* Ar'minius *m*; Hermann der Che'rusker
Arnaud [arno] *m* Arnold *m*; Arno *m*
Arnauld [arno] *frz Jansenisten*
Arnoul [arnu(l)] *m hist* Arnulf *m*
Arsène [arsɛn] *m frz Vorname*
Artémis [artemis] *f myth* Artemis *f*
Arthur [artyr] *m* 1. *Vorname* Art(h)ur *m*; 2. *myth* le roi ~ König Artus *m*
Ascagne [askaɲ] *m myth* As'kanius *m*
Asmodée [asmɔde] *m bibl* As'modi *m*
Aspasie [aspazi] *f hist* As'pasia *f*
Astarté [astarte] *f myth* A'starte *f*
Athanase [atanɑz] *m* Atha'nasius *m*
Athéna [atena] *f myth* A'thene *f*
Atrée [atre] *m myth* Atreus *m*
Attila [atila] *m hist* Attila *m*; Etzel *m*
Augias [oʒjas] *m myth* Au'gias *m*
Auguste [ogyst] *m* 1. *Vorname* August *m*; 2. *römischer Kaiser* Au'gustus *m*
Augustin [ogystɛ̃] *m* 1. *Vorname* Augustin *m*; 2. *saint* ~ Augu'stinus *m*
Augustine [ogystin] *f* Au'guste *f*; Augu'stine *f*
Aurélie [ɔreli] *f* Au'relia *f*; Au'relie *f*
Aurélien [ɔreljɛ̃] *m* 1. *frz Vorname*; 2. *hist* Aureli'an *m*
Aurore [ɔrɔr] *f myth* Au'rora *f*
Ausone [ozɔn] *m lateinischer Dichter* Au'sonius *m*
Aymé [eme, ɛme] Marcel ~ *frz Schriftsteller*

B

Bacchus [bakys] *m myth* Bacchus *m*
Bach [bak] Jean-Sébastien ~ Johann Sebastian Bach
Balthazar [baltazar] *m* 1. Balthasar *m*; 2. *bibl* Bel'sazar *m* (*babylonischer Herrscher*)
Balzac [balzak] 1. Honoré de ~ *frz Schriftsteller*; 2. *cf* Guez (de ~)
Barbe [barb] *f* sainte ~ die heilige Barbara
Barberousse [barbərus] *m hist* Barba'rossa *m*
Barbès [barbɛs] *frz Revolutionär*
Barbey d'Aurevilly [barbedɔrviji] *frz Schriftsteller*
Barnabé [barnabe] *m bibl* Barnabas *m*
Barrault [baro] Jean-Louis ~ *frz Schauspieler u Regisseur*
Barrès [barɛs] Maurice ~ *frz Schriftsteller u Politiker*
Bart [bar] Jean ~ *frz Seeheld*
Bartas [bartas] du ~ *frz Dichter*
Barthélemy [bartelemi, -tɛlmi] *m* Bartholo'mäus *m*
Baruch [baryk] *m bibl* Baruch *m*
Basile [bazil] *m* Ba'silius *m*
Bastien [bastjɛ̃] *m* Bastian *m*
Baudouin [bodwɛ̃] *m* Balduin *m*
Bayard [bajar] *frz Ritter*
Bayle [bɛl] Pierre ~ *frz Philosoph*
Béatrice [beatris] *f* Bea'trice *f*; Be'atrix *f*
Beauharnais [boarnɛ] *frz Adelsgeschlecht*
Beethoven [betɔvɛn] *m mus* Beethoven *m*
Bélisaire [belizɛr] *m hist* Belisar *m*
Bellay [belɛ] du ~ *frz Adelsgeschlecht*
Belzébuth [bɛlzeby(t)] *m bibl* Beelzebub *m*
Bénigne [beniɲ] *m* Be'nignus *m*
Benjamin [bɛ̃ʒamɛ̃] *m* Benjamin *m*
Benoît [bənwa] *m* Benedikt *m*; Bene'diktus *m*
Bérangère [berãʒɛr] *f frz Vorname*

Bérénice [berenis] *f hist* Bere'nike *f*; Bere'nice *f*
Bergson [bɛrksɔn] Henri ~ *frz Philosoph*
Berlioz [bɛrljoz] Hector ~ *frz Komponist*
Bernadette [bɛrnadɛt] *f frz Vorname*
Bernanos [bɛrnanos, -ɔs] Georges ~ *frz Schriftsteller*
Bernard [bɛrnar] *m* Bernhard *m*
Bernin [bɛrnɛ̃] le ~ *arch, sculp* Ber'nini *m*
Berthe [bɛrt] *f* Berta *f*
Bertrand [bɛrtrã] *m* Bertram *m*; Bertrand *m*
Bescherelle [beʃrɛl] *frz Grammatiker*
Bethsabée [betsabe] *f bibl* Bathseba *f*; Bethsabee *f*
Bidault [bido] Georges ~ *frz Politiker*
Blaise [blɛz] *m* Blasius *m*
Blanche [blãʃ] *f* Blanka *f*; Bi'anca *f*
Blandine [blãdin] *f* Blan'dine *od* Blan'dina *f*
Bloch [blɔk] Ernst ~ *philos* Ernst Bloch
Blum [blum] Léon ~ *frz Politiker*
Boccace [bɔkas] *m italienischer Dichter* Boc'caccio [-tʃo] *m*
Boèce [bɔɛs] *m hist, philos* Bo'ethius *m*
Boieldieu [bɔjɛldjø] *frz Komponist*
Bonaparte [bɔnapart] *hist* Bona'parte *m*
Bonaventure [bɔnavãtyr] *m* Bonaven'tura *m*
Boniface [bɔnifas] *m* Bonifaz *m*; Boni'fatius *m*
Borée [bɔre] *m myth* Bo'reas *m*
Borgia [bɔrʒja] *hist* Borgia ['bɔrdʒa] *m*
Borromée [bɔrɔme] *m* Borro'mäus *m*
Bossuet [bɔsɥe] *frz Kanzelredner*
Botticelli [bɔtiseli] *m peint* Botti'celli [-'tʃɛlli] *m*
Bouddha [buda] *m rel* Buddha *m*
Boulez [bulɛz] Pierre ~ *frz Komponist u Dirigent*
Bourguiba [burgiba] *m pol* Bur'giba *m*
Brahms [brams] *m mus* Brahms *m*
Brasillach [brazijak] Robert ~ *frz Schriftsteller*
Brassens [brasɛ̃s] Georges ~ *frz Sänger u Liedermacher*
Brejnev [brɛʒn(j)ɛf] *m pol* Breschnew *m*
Briand [brijã] Aristide ~ *frz Politiker*
Brigitte [briʒit] *f* Bri'gitte *f*
Broglie [brɔj] de ~ *frz Adelsgeschlecht*
Bruegel [brœgɛl, brø-] *m peint* Breughel *m*
Brunehaut [brynəo] *f hist* Brunhild *od* Brun'hilde *f*
Bruno [bryno] *m* Bruno *m*
Brutus [brytys] *m hist* Brutus *m*
Bucéphale [bysefal] *m hist* Bu'kephalos *m*; Bu'zephalus *m*
Bunsen [bɛ̃zɛn, bœ̃-] *m phys, chim* Bunsen *m*

C

Caïn [kaɛ̃] *m bibl* Kain *m*
Caïphe [kaif] *m bibl* Kaiphas *m*
Calchas [kalkas] *m myth* Kalchas *m*
Caligula [kaligyla] *m hist* Ca'ligula *m*
Calixte [kalikst] *m hist* Ka'lixt(us) *m*
Calliope [kaljɔp] *f myth* Kal'liope *f*
Calliste [kalist] *m cf* Calixte
Calvin [kalvɛ̃] *m rel* Calvin [-'vi:n] *m*
Calypso [kalipso] *f myth* Ka'lypso *f*
Cambyse [kãbiz] *m hist* Kam'byses *m*
Camille [kamij] 1. *f* Ca'milla *od* Ka'milla *f*; 2. *m* Ca'millo *od* Ka'millo *m*
Camus [kamy] Albert ~ *frz Schriftsteller*
Carabas [karaba] le marquis de ~ *frz Märchengestalt*
Carabosse [karabɔs] la fée ~ *frz Märchengestalt*

Caravage [karavaʒ] le ~ *peint* Caravaggio [-'vadʒo] *m*
Carloman [karlɔmã] *m hist* Karlmann *m*
Carmen [karmɛn] *f* Carmen *f*
Caroline [karɔlin] *f* Karo'line *f*
Casadesus [kazadsy] *frz Musikerfamilie*
Casimir [kazimir] *m* Kasimir *m*
Cassandre [kasãdr(ə)] *f myth* Kas'sandra *f*
Cassiopée [kasjɔpe] *f myth* Kassio'peia *f*
Castor [kastɔr] *m myth* ~ et Pollux Kastor *m* und Pollux *m*
Catherine [katrin] *f* Katha'rina *f*; Katha'rine *f*; Kät(h)e *f*; *hist* ~ la Grande Katharina die Große
Caton [katɔ̃] *m hist* Cato *m*
Catulle [katyl] *m römischer Dichter* Ka'tull *od* Ca'tull(us) *m*
Cécile [sesil] *f* Cä'cilie *f*
Célestin [selɛstɛ̃] *m* Cöle'stin(us) *od* Zöle'stin *m*
Célestine [selɛstin] *f* Cöle'stine *od* Zöle'stine *f*
Céline [selin] *f frz Vorname*
Celsius [sɛlsjys] *m phys* Celsius *m*
Cendrillon [sãdrijo] *f Märchengestalt* Aschenbrödel *n*, -puttel *n*
Cerbère [sɛrbɛr] *m myth* Zerberus *m*
Cérès [serɛs] *f myth* Ceres *f*
Cervantès [sɛrvãtɛs] *m spanischer Dichter* Cer'vantes *m*
Césaire [sezɛr] *m* 1. *frz Vorname*; 2. *Heiliger* Cä'sarius *m*
César [sezar] *m hist* Cäsar *m*
Cesbron [sɛsbrõ] Gilbert ~ *frz Schriftsteller*
Chaban-Delmas [ʃabãdɛlmas] Jacques ~ *frz Politiker*
Chaliapine [ʃaljapin] *m russischer Bassist* Schal'japin *m*
Cham [kam] *m bibl* Ham *m*
Chamberlain [ʃãbɛrlɛ̃] *m pol* Chamberlain ['tʃɛːmbərlin] *m*
Champaigne [ʃãpaɲ, -pɛɲ] Philippe de ~ *frz Maler*
Chantal [ʃãtal] *f frz Vorname*
Chaplin [ʃaplɛ̃] Charlie ~ Charlie Chaplin ['tʃaːrli 'tʃɛplin]
Charlemagne [ʃarləmaɲ] *m hist* Karl der Große
Charles [ʃarl] *m* Karl *m*; *hist:* ~ le Chauve Karl der Kahle; ~ le Gros Karl der Dicke; ~ Martel Karl Mar'tell; ~ le Téméraire Karl der Kühne
Charlot [ʃarlo] *m* Charlie Chaplin *m*
Charlotte [ʃarlɔt] *f* Char'lotte *f*; Lotte *f*
Charlotte-Élisabeth [ʃarlɔtelizabɛt] *hist* ~ de Bavière Lise'lotte von der Pfalz
Charon [karõ] *m myth* Charon *m*
Chateaubriand [ʃatobrijã] *frz Schriftsteller*
Chéops [keɔps] *m hist* Cheops *m*
Childéric [ʃilderik] *m hist* Childerich *m*
Chimère [ʃimɛr] *f myth* Chi'mära *od* Chi'märe *f*
Chirac [ʃirak] Jacques ~ *frz Politiker*
Chloé [klɔe] *f myth* Chloe *f*
Choderlos de Laclos [ʃɔdɛrlodəlaklo] *frz Schriftsteller*
Cholokhov [ʃɔlɔkɔf] *m russischer Dichter* Scholochow *m*
Chostakovitch [ʃɔstakɔvitʃ] *m mus* Schosta'kowitsch *m*
Chou En-lai [ʃuɛnlaj] *m pol* Tschu En-'lai *m*
Christ [krist] le ~ *rel* Christus *m*
Christian [kristjã] *m* Christian *m*
Christiane [kristjan] *f* Christi'ane *f*
Christine [kristin] *f* Chri'stine *f*

Christophe [kristəf] *m* **1.** *Vorname* Christoph *m*; **2.** *Heiliger* Chri'stophorus *m*
Chrysler [krislɛr] *amerikanischer Autohersteller* Chrysler ['kraizlər]
Chrysostome [krizɔstom] *m* Chry-'sostomus *m*
Churchill [(t)ʃœr(t)ʃil] *m pol* Churchill ['tʃœrtʃil] *m*
Cicéron [siserõ] *m hist* Cicero *m*
Cinq-Mars [sɛ̃mar] *Verschwörer gegen Richelieu*
Circé [sirse] *f myth* Circe *f*
Citroën [sitrɔɛn] *frz Autohersteller*
Çiva [ʃiva] *cf* Shiva
Claire [klɛr] *f* Klara *f*; Kläre *f*
Clarisse [klaris] *f* Kla'rissa *f*
Claude [klod] **1.** *f Vorname* Claudia *od* Klaudia *f*; **2.** *m frz Vorname*; **3.** *m hist* Claudius *m*
Claudine [klodin] *f* Clau'dine *od* Klau'dine *f*
Clemenceau [klemãso] Georges ~ *frz Politiker*
Clément [klemã] *m* Clemens *od* Klemens *m*
Clémentine [klemãtin] *f* Clemen'tine *od* Klemen'tine *f*
Cléopâtre [kleɔpɑtr(ə)] *f hist* Kle'opatra *f*
Clio [klijo] *f myth* Klio *f*
Clotaire [klɔtɛr] *m hist* Chlothar *m*
Clotilde [klɔtild] *f* Klot'hilde *f*
Clovis [klɔvis] *m hist* Chlodwig *m*
Clytemnestre [klitɛmnɛstr(ə)] *f myth* Klytäm'nestra *f*
Cohen [kɔɛn] *frz Familienname*
Colas [kɔla] *m* Klaus *m*
Colette [kɔlɛt] *f frz Vorname*
Colomb [kɔlõ] Christophe ~ Christoph Ko'lumbus
Colombine [kɔlõbin] *f thé* Colom-'bina *f*
Côme et Damien [komedamjɛ̃] *m/pl* Heilige Kosmas und Dami'anus *m/pl*
Commode [kɔmɔd] *m hist* Commodus *m*
Confucius [kõfysjys] *m philos* Kon-'fuzius *m*
Conrad [kõrad] *m* Konrad *m*
Constance [kõstãs] **1.** *f* Kon'stanze *od* Con'stanze *f*; **2.** *m hist* Con'stantius *m*
Constantin [kõstãtɛ̃] *m* Konstantin *m*
Copernic [kɔpɛrnik] *m astr* Ko'pernikus *m*
Corinne [kɔrin] *f* Co'rinna *f*
Cornélie [kɔrneli] *f* Cor'nelia *od* Kor'nelie *f*; Cor'nelie *od* Kor'nelie *f*
Corrège [kɔrɛʒ] le ~ *peint* Correggio [kɔ'redʒo] *m*
Courteline [kurtəlin] Georges ~ *frz Schriftsteller*
Coypel [kwapɛl] *frz Malerfamilie*
Coysevox [kwaz(ə)vɔks] Antoine ~ *frz Bildhauer*
Crésus [krezys] *m hist* Krösus *m*
Cronos [krɔnos, -ɔs] *m myth* Kronos *m*
Cunégonde [kynegõd] *f* Kuni'gunde *f*
Cupidon [kypidõ] *m myth* Cupido *m*
Cybèle [sibɛl] *f myth* Kybele *f*
Cyprien [siprijɛ̃] *m* Zypri'an(us) *m*
Cyrille [siril] *m* Ky'rill *m*
Cyrus [sirys] *m hist* Kyros *m*; Cyrus *m*

D

Dagobert [dagɔbɛr] *m* Dagobert *m*
Dalloz [daloz] *frz Juristen u Verleger*
Damien *cf* Côme (et Damien)
Damoclès [damɔklɛs] *m hist* Damokles *m*
Danaé [danae] *f myth* Danae *f*
Daniel [danjɛl] *m* Daniel *m*

Danièle *od* **Danielle** [danjɛl] *f* Da-ni'ela *f*
Daninos [daninɔs] Pierre ~ *frz Schriftsteller*
Dante Alighieri [dãtaligjeri] *m italienischer Dichter* Dante Alighi'eri *m*
Daphné [dafne] *f myth*, *Vorname* Daphne *f*
Daphnis [dafnis] *m myth* Daphnis *m*
Darios [darjos, -ɔs] *od* **Darius** [darjys] *m hist* Da'rius *m*
Darwin [darwin] *m biol* Darwin *m*
Dassault [daso] *frz Flugzeugbauer*
Daumesnil [domenil] *frz General*
David [david] *m* David *m*
Déborah [debɔra] *f bibl* De'bora *f*
Debray [dəbrɛ] Régis ~ *frz Schriftsteller* [ponist]
Debussy [dəbysi] Claude ~ *frz Kom-*
De Coster [dəkɔstɛr] Charles ~ *belgischer Dichter*
Dédale [dedal] *m myth* Dädalus *m*
Degas [dəgɑ] Edgar ~ *frz Maler*
Déjanire [deʒanir] *f myth* Deia'nira *f*
Delphine [dɛlfin] *f frz Vorname*
Déméter [demetɛr] *f myth* De'meter *f*
Démocrite [demɔkrit] *m philos* Demo-'krit *m*
Démosthène [demɔstɛn] *m hist* De-'mosthenes *m*
Denis [dəni] *m* **1.** *frz Vorname*; **2.** *Heiliger* Dio'nysius *m*
Denise [dəniz] *f frz Vorname*
Denys [dəni] *m hist* Dio'nys(ius) *m*; Dio'nysios *m*
Descartes [dekart] *m philos* Des'cartes *m*; Car'tesius *m*
Desdémone [dɛsdemɔn] *f thé* Desde-'mona *f*
Désiré [dezire] *m* Desi'derius *m*
Désirée [dezire] *f frz Vorname*
Desnos [dɛsnɔs] Robert ~ *frz Dichter*
Despiau [dɛspjo] Charles ~ *frz Bildhauer*
Diane [djan] *f myth*, *Vorname* Di'ana *f*;
Didier [didje] *m* **1.** *frz Vorname*; **2.** *Langobardenkönig* Desi'derius *m*
Didon [didõ] *f myth* Dido *f*
Dioclétien [djɔklesjɛ̃] *m hist* Diokleti'an *m*
Diogène [djɔʒɛn] *m philos* Di'ogenes *m*
Diomède [djɔmɛd] *m myth* Dio'medes *m*
Dionysos [djɔnizos, -ɔs] *m myth* Di'onysos *m*
Dior [djɔr] *frz Modeschöpfer*
Dominique [dɔminik] **1.** *m* Dominik *m*; Do'minikus *m* (*auch Heiliger*); **2.** *f* Do'minika *f*
Domitien [dɔmisjɛ̃] *m hist* Domiti'an *m*
Don Juan [dõʒɥã] *m thé* Don Ju'an *m*
Don Quichotte [dõkiʃɔt] *m Romanheld* Don Qui'chotte *m*
Dorgelès [dɔrʒəlɛs] Roland ~ *frz Schriftsteller*
Dorothée [dɔrɔte] *f* Doro'thea *f*
Dostoïevski [dɔstɔjɛfski] *m russischer Dichter* Dosto'jewski *m*
Dreyfus [drɛfys] *m frz Offizier* Dreyfus ['draifuːs] *m*
Duchesne [dyʃɛn] *frz Familienname*
Du Guesclin [dygeklɛ̃] *Connétable von Frankreich*
Duhamel [dyamɛl] Georges ~ *frz Schriftsteller*
Dulcinée [dylsine] *f* Romangestalt Dulzi'nea *f*
Dumas [dymɑ] Alexandre ~ *frz Schriftsteller*
Dupleix [dyplɛks] *frz Kolonialpolitiker*
Duquesne [dykɛn] *frz Seeheld*
Duras [dyras] Marguerite ~ *frz Schriftstellerin*
Durkheim [dyrkɛm] Émile ~ *frz Soziologe*

E

Edgar [ɛdgar] *m* Edgar *m*
Édith [edit] *f* Edith *f*
Edmond [ɛdmõ] *m* Edmund *m*
Édouard [edwar] *m* Eduard *m*
Edwige [ɛdviʒ] *f* Hedwig *f*
Égée [eʒe] *m myth* Ägeus *m*
Eiffel [ɛfɛl] *m frz Ingenieur* Eiffel ['aifəl] *m*
Einstein [ɛnstɛn, ajnstajn] *m phys* Einstein *m*
Eisenhower [ɛzɛnəwɛr, ajzenəwœr] *m pol* Eisenhower [-hauər] *m*
Eisenstein [ɛzɛnstɛn] *m Filmregisseur* Eisenstein *m*
Électre [elɛktr(ə)] *f myth* E'lektra *f*
Éléonore [eleɔnɔr] *f* Eleo'nore *f*; Lore *f*
Éliane [eljan] *f frz Vorname*
Élie [eli] *m* E'lias *m* (*auch bibl*)
Élisabeth [elizabɛt] *f* E'lisabeth *f*
Élise [eliz] *f* E'lise *f*; E'lisa *f*
Élisée [elize] *m bibl* E'lisa *m*; Eli'säus *m*
Éloi [elwa] *m* Heiliger E'ligius *m*
Elsa [ɛlza] *f* Elsa *f*; Else *f*
Elvire [ɛlvir] *f* El'vira *f*
Émile [emil] *m* Emil *m*
Émilie [emili] *f* E'milie *f*; E'milia *f*
Émilienne [emiljɛn] *f frz Vorname*
Emma [ema, ɛmma] *f* Emma *f*
Emmanuel [emanɥɛl] *m* E'manuel *m*; Im'manuel *m*
Emmanuelle [emanɥɛl] *f* Emanu'ela *f*
Empédocle [ãpedɔkl(ə)] *m philos* Em-'pedokles *m*
Énée [ene] *m myth* Ä'neas *m*
Engels [ɛŋgɛls] *m Sozialist* Engels *m*
Enghien [ãgɛ̃] *hist* le duc d'~ der Herzog von Enghien
Énoch [enɔk] *m bibl* Enoch *m*; Henoch *m*
Éole [eɔl] *m myth* Äolus *m*
Éphraïm [efraim] *m* Ephraim *m*
Éphrem [efrɛm] *m Heiliger* E'phräm *m*
Épictète [epiktɛt] *m philos* Epi'ktet *m*
Épicure [epikyr] *m philos* Epi'kur *m*
Érasme [erasm(ə)] *m* E'rasmus *m*
Ératosthène [eratɔstɛn] *m philos* Era-'tosthenes *m*
Erckmann-Chatrian [ɛrkmanʃatrijã] *frz Schriftsteller*
Éric *od* **Érik** [erik] *m* Erich *m* (*auch hist*)
Ernest [ɛrnɛst] *m* Ernst *m*
Ernestine [ɛrnɛstin] *f* Erne'stine *f*
Éros [eros, -ɔs] *m myth* Eros *m*
Ésaü [ezay] *m bibl* Esau *m*
Eschyle [eʃil] *m griechischer Tragiker* Äschylus *m*
Esculape [ɛskylap] *m myth* Äsku'lap *m*
Ésope [ezɔp] *m griechischer Fabeldichter* Ä'sop *m*
Estelle [ɛstɛl] *f* Stella *f*
Esther [ɛstɛr] *f* Esther *f*
Étienne [etjɛn] *m* **1.** *Vorname* Stefan *m*; Stephan *m* (*auch hist*); **2.** *Heiliger* Stephanus *m*
Euclide [øklid] *m math* Eu'klid *m*
Eude(s) [ød] *m hist* Odo *m*
Eugène [øʒɛn] *m* Eugen *m*
Eugénie [øʒeni] *f* Eu'genie *f*
Eulalie [ølali] *f* Eu'lalia *f*
Euphrasie [øfrazi] *f frz Vorname*
Euric [ørik] *m hist* Eurich *m*
Euripide [øripid] *m griechischer Tragiker* Eu'ripides *m*
Europe [ørɔp] *f myth* Eu'ropa *f*
Eurydice [øridis] *f myth* Eu'rydike *f*
Eurysthée [øriste] *m myth* Eu'rystheus *m*

Eusèbe [øzɛb] *m* Eu'sebius *m*
Eustache [østaʃ] *m* Eu'stachius *m*
Ève [ɛv] *f* Eva *f*
Évrard [evrar] *m* Eberhard *m*
Ézéchiel [ezekjɛl] *m bibl* E'zechiel *m*; He'sekiel *m*

F

Fabien [fabjɛ̃] *m* Fabian *m*
Fabienne [fabjɛn] *f frz Vorname*
Fabrice [fabris] *m frz Vorname*
Faïçal [fajsal] *cf* **Faysal**
Fanny [fani] *f* Fanni *od* Fanny *f*
Farnèse [farnɛz] *hist* Far'nese
Faust [fost] *m Sagengestalt* Faust *m*
Faysal [fɛsal] *m pol, hist* Feisal *od* Faisal *m*
Félicité [felisite] *f* Fe'lizitas *f*
Félix [feliks] *m* Felix *m*
Fénelon [fɛnlõ, fe-] *frz Schriftsteller*
Ferdinand [fɛrdinã] *m* Ferdinand *m*
Fernand [fɛrnã] *m* Ferdinand *m*
Fernande [fɛrnãd] *f frz Vorname*
Feydeau [fɛdo] Georges ∼ *frz Dramatiker*
Firmin [firmɛ̃] *m frz Vorname*
Flaviens [flavjɛ̃] les ∼ *m/pl hist* die Flavier *m/pl*
Flora [flɔra] *od* **Flore** [flɔr] *f* Flora *f*
Florence [flɔrãs] *f frz Vorname*
Florent [flɔrã] *m frz Vorname*
Florien [flɔrjɛ̃] *m* Florian *m*
Foch [fɔʃ] *frz Marschall*
Fortunat [fɔrtyna] *m* Fortu'nat(us) *m*
Fortune [fɔrtyn] *f myth* For'tuna *f*
Foucault [fuko] *frz Familienname*
Foujita [fuʒita] *frz Maler*
France [frãs] *f frz Vorname*
Francine [frãsin] *f frz Vorname*
Francis [frãsis] *m frz Vorname*
François [frãswa] *m* Franz *m*; Heiliger *auch* Fran'ziskus *m*
Françoise [frãswaz] *f* Fran'ziska *f*
Frank [frãk] *m* Frank *m*
Frédégonde [fredegõd] *f hist* Frede'gunde *f*
Frédéric [frederik] *m* Friedrich *m*
Frédérique [frederik] *f* Friede'rike *f*
Fresnay [frenɛ, frɛ-] Pierre ∼ *frz Schauspieler*
Fresnel [frenɛl, frɛ-] *frz Physiker*

G

Gabriel [gabrijɛl] *m* Gabriel *m*
Gabrielle [gabrijɛl] *f* Gabri'ele *f*
Gaby [gabi] *f* Gabi *f*
Gaël [gaɛl] *m frz Vorname*
Gaëlle [gaɛl] *f frz Vorname*
Gaëtan [gaetã] *m* Kajetan *m*
Gaius [gajys] *m hist* Gajus *m*
Galatée [galate] *f myth* Gala'tea *f*
Galien [galjɛ̃] *m méd* Ga'len(us) *m*
Galilée [galile] *m astr, phys* Gali'lei *m*
Gallien [galjɛ̃] *m hist* Galli'enus *m*
Gandhi [gãdi] *pol, philos* Gandhi *m*
Ganymède [ganimɛd] *m myth* Gany'med(es) *m*
Gaspard [gaspar] *m* Kaspar *m*
Gassendi [gasɛ̃di] *frz Philosoph u Wissenschaftler*
Gaston [gastõ] *m frz Vorname*
Gaulle (de) [dəgol] *frz Staatsmann*
Gaultier [gotje] *frz Familienname*
Gaut(h)ier [gotje] *m* Walter *m*
Gauss [gos] *m math* Gauß *m*
Gay-Lussac [gɛlysak, ge-] *frz Physiker*
Gédéon [ʒedeõ] *m bibl* Gideon *m*
Genet [ʒənɛ] Jean ∼ *frz Schriftsteller*
Geneviève [ʒənvjɛv] *f* Geno'veva *f*
Gengis Khan [ʒɛ̃ʒiskã] *m hist* Dschingis-Khan *m*

Genséric [ʒãserik] *m hist* Geiserich *m*
Geoffroi *od* **Geoffroy** [ʒɔfrwa] *m* Gottfried *m*
George [ʒɔrʒ] 1. *f* Ge'orgia *f*; 2. *m englische Könige* Georg *m*
Georges [ʒɔrʒ] *m* Georg *m* (*auch* Heiliger); Jörg *m*; Jürgen *m*
Georgette [ʒɔrʒɛt] *f frz Vorname*
Gérald [ʒerald] *m* Gerald *m*
Gérard [ʒerar] *m* Gerhard *m*; Gerd *m*
Germain [ʒɛrmɛ̃] *m* German *m*
Germaine [ʒɛrmɛn] *f frz Vorname*
Gertrude [ʒɛrtryd] *f* Gertrud *f*
Gervais [ʒɛrvɛ] *m* Heiliger Ger'vasius *m*
Ghislaine [ʒislɛn] *f frz Vorname*
Gilbert [ʒilbɛr] *m frz Vorname*
Gilberte [ʒilbɛrt] *f frz Vorname*
Gildas [ʒilda] *m frz Vorname*
Gilgamesh [gilgamɛʃ] *m myth* Gilgamesch *m*
Gilles [ʒil] *m* 1. *frz* Vorname; 2. Heiliger Ä'gidius *m*
Giono [ʒjono] Jean ∼ *frz Schriftsteller*
Giotto [ʒjøto] *m peint* Giotto ['dʒøto] *m*
Giscard d'Estaing [ʒiskardɛstɛ̃] Valéry ∼ *frz Staatspräsident*
Gisèle [ʒizɛl] *f* Gisela *f*
Gluck [glyk] *m mus* Gluck *m*
Godefroi [gødfrwa] *m* Gottfried *m*; *hist* ∼ de Bouillon Gottfried von Bouillon
Goethe *od* **Gœthe** [gøt] *m* Goethe *m*
Goliath [gøljat] *m bibl* Goliath *m*
Gontran [gõtrã] *m frz Vorname*
Gounod [guno] Charles ∼ *frz Komponist*
Gracques [grak] *m/pl* les ∼ *hist* die Gracchen *m/pl*
Greco [greko] le ∼ *peint* El Greco *m*
Green [grin] Julien ∼ *Schriftsteller*
Grégoire [gregwar] *m* Gregor *m*
Gudule [gydyl] *f* Gudula *f*
Guerchin [gɛrʃɛ̃] le ∼ *peint* Guercino [gwer'tʃino] *m*
Guesclin *cf* **Du Guesclin**
Guesde [gɛd] Jules ∼ *frz Politiker*
Guez de Balzac [gedəbalzak] *frz Dichter im 17. Jh*
Gui [gi] *m* Veit *m*; Guido *m*
Guide [gid] le ∼ *peint* Reni *m*
Guillaume [gijom] *m* Wilhelm *m*; *hist*: ∼ le Conquérant Wilhelm der Eroberer; ∼ Tell Wilhelm Tell
Guise [giz] *frz Herzogsfamilie*
Gustave [gystav] *m* Gustav *m*; *hist* ∼ Adolphe Gustav Adolf
Gutenberg [gytɛ̃bɛr] *m impr* Gutenberg *m*
Guy [gi] *m* Veit *m*; Guido *m*
Guynemer [ginmɛr] *frz Flieger*
Guyon [gɥijõ] madame ∼ *frz Mystikerin*

H

Hadès [adɛs] *m myth* Hades *m*
Hadrien [adrijɛ̃] *m römischer Kaiser* Hadrian *m*
'Hændel *od* **'Haendel** [ɛndɛl] *m mus* Händel *m*
'Haïlé Sélassié [aileselasje] *m hist* Haile Se'lassie *m*
'Hamlet [amlɛ(t)] *m thé* Hamlet *m*
'Har(o)un al-Rachid [arunalraʃid] *m hist* Ha'run al Ra'schid *m*
Hassan [asan] *m* Hassan *m*
Haussmann [osman] *städtebaulicher Erneuerer von Paris*
'Haydn [ajdn, -dən] *m mus* Haydn *m*
Hector [ɛktør] *m* Hektor *m*
Hécube [ekyb] *f myth* Hekuba *f*
Hedwige [ɛdviʒ] *f* Hedwig *f*
'Hegel [egɛl] *m philos* Hegel *m*

Heine [ɛn] Henri ∼ Heinrich Heine
Hélène [elɛn] *f* 1. *Vorname* He'lene *f*; 2. *myth, Heilige* Helena *f*
Hélios [eljos, -os] *m myth* Helios *m*
Héloïse [elɔiz] *f hist* Helo'ise *f*
Henri [ãri] *m* Heinrich *m* (*auch hist*); Heinz *m*; Heiner *m*
Henriette [ãrjɛt] *f* Henri'ette *f*
Héraclès [erakles] *m myth* Herakles *m*
Héraclite [eraklit] *m philos* Hera'klit *m*
Hercule [ɛrkyl] *m myth* Herkules *m*; Herakles *m*
Hermès [ɛrmɛs] *m myth* Hermes *m*
Hérode [erød] *m hist* He'rodes *m*
Hérodiade [erødjad] *f hist* He'rodias *f*
Hérodote [erødøt] *m hist* Hero'dot *m*
Hervé [ɛrve] *m frz Vorname*
Heures [œr] *f/pl myth* Horen *f/pl*
Hilaire [ilɛr] *m* Hi'larius *m*
Hippocrate [ipøkrat] *m méd* Hip'pokrates *m*
Hippolyte [ipølit] *m* Hippo'lyt *m*; Hip'polytos *m* (*auch myth*)
'Hô Chi Minh [oʃimin] *m pol* Ho Tschi Minh *m*
Holopherne [øløfɛrn] *m bibl* Holo'fernes *m*
Homère [ømɛr] *m griechischer Dichter* Ho'mer *m*
Honoré [ønøre] *m frz Vorname*
Honorine [ønørin] *f frz Vorname*
Horace [øras] *m* 1. *römischer Dichter* Ho'raz *m*; 2. *hist* Ho'ratius *m*; les trois ∼s *m/pl* die drei Ho'ratier *m/pl*
Hortense [ørtãs] *f* Hor'tensia *f*
Houphouët-Boigny [ufwɛbwaɲi] *Politiker der Elfenbeinküste*
Hubert [ybɛr] *m* Hubert *m*
Hugo [ygo] Victor ∼ *frz Dichter*
Hugues [yg] *m* Hugo *m*
Huguette [ygɛt] *f frz Vorname*
Humbert [ɛ̃bɛr, œ̃-] *m* 1. Humbert *m*; 2. *italienische Könige* Um'berto *m*
'Husayn *od* **'Hussein** [ysɛjn] *m hist, pol* Hus'sein *m*
Huygens [ɥiʒɛ̃s] *m phys* Huygens ['høigəns] *m*
Huyghe [ɥig] *frz Kunsthistoriker*
Huysmans [ɥismãs] *frz Schriftsteller*

I

Iahvé [jave] *m bibl* Jahve *m*
Ibrahim Pacha [ibraimpaʃa] *m hist* Ibrahim Pascha *m*
Icare [ikar] *m myth* Ikaros *od* Ikarus *m*
Ida [ida] *f* Ida *f* (∼ neus *m*)
Idoménée [idømene] *m myth* I'dome-f
Ievtouchenko [jeftuʃɛnko] *m russischer Dichter* Jewtu'schenko *m*
Ignace [iɲas] *m* Ignaz *m*; Ig'natius *m*; Heiliger ∼ de Loyola [-lɔjøla] Ignatius von Lo'yola
Iliouchine [iljuʃin] *m aviat* Il'juschin *m*
Ingres [ɛ̃gr(ə)] *frz Maler*
Innocent [inøsã] *m* Innozenz *m*
Ionesco [jønesko] Eugène ∼ *frz Dramatiker*
Iphigénie [ifiʒeni] *f myth* Iphi'genie *f*
Irène [irɛn] *f* I'rene *f*
Irénée [irene] *m* Heiliger Ire'näus *m*
Irma [irma] *f* Irma *f*
Isaac [izaak] *m* Isaak *m*
Isabelle [izabɛl] *f* Isa'bella *f*
Isaïe [izai] *m bibl* Je'saja *m*; Isa'ias *m*
Isengrin *cf* **Ysengrin**
Iseu(l)t [izø] *f Sagengestalt* I'solde *f*
Isidore [izidør] *m* Isidor *m*
Isis [izis] *f myth* Isis *f*
Ismaël [ismaɛl] *m bibl* Ismael *m*
Israël [israɛl] *m bibl* Israel *m*
Ivan [ivã] *m* Iwan *m*
Ivanhoé [ivanøe] *m Romanheld* Ivanhoe ['aivənho:] *m*

J

Jacob [ʒakɔb] *m bibl* Jakob *m*
Jacqueline [ʒaklin] *f frz Vorname*
Jacques [ʒak, ʒɑk] *m* 1. Jakob *m*; 2. *Apostel* Ja'kobus *m*
Jahvé [jave] *m bibl* Jahve *m*
Janus [ʒanys] *m myth* Janus *m*
Jason [ʒazõ] *m myth* Jason *m*
Jaurès [ʒɔrɛs] Jean ~ *frz Politiker*
Jdanov [ʒdanɔf] *m pol* Schdanow *m*
Jean [ʒɑ̃] *m* Hans *m*; Jo'hannes *m* (*auch Heiligen- u Papstname*); Jo'hann *od* 'Johann *m* (*auch Fürstenname*); *bibl* ~ l'**Évangéliste** Johannes der Evangelist; *hist*: ~ **sans Peur** Johann ohne Furcht; ~ **sans Terre** Johann ohne Land
Jean-Baptiste [ʒɑ̃batist] *m* 1. *Vorname* Johann Bap'tist *m*; 2. *bibl* Jo'hannes der Täufer
Jeanine [ʒanin] *f frz Vorname*
Jeanne [ʒan, ʒɑn] *f* Jo'hanna *f* (*auch Name von Heiligen u Fürstinnen*); Hanna *f*; Hanne *f*; *hist* ~ **d'Arc** die heilige Johanna
Jeannette [ʒanɛt] *f* Hanni *f*
Jeannot [ʒano] *m* Hänschen *n*; Hansi *m*
Jéhovah [ʒeɔva] *m bibl* Je'hova *m*
Jephté [ʒɛfte] *m bibl* Jephtha *m*
Jérémie [ʒeremi] *m bibl* Jere'mia(s) *m*
Jéroboam [ʒerɔbɔam] *m bibl* Je'robeam *m*
Jérôme [ʒerom] *m* Hie'ronymus *m*
Jessé [ʒese] *m bibl* Jesse *m*
Jésus [ʒezy] *m rel* Jesus *m*
Jésus-Christ [ʒezykri] *m rel* Jesus Christus *m*
Joachim [ʒɔakɛ̃, -kim] *m bibl, hist* Joachim *m*
Job [ʒɔb] *m bibl* Hiob *m*; Job *m*
Jocaste [ʒɔkast] *f myth* Io'kaste *f*
Jocelyne [ʒɔslin] *f frz Vorname*
Joconde [ʒɔkõd] la ~ *peint* die Mona Lisa
Joël [ʒɔɛl] *m* Joel *m*
Joëlle [ʒɔɛl] *f frz Vorname*
Jonas [ʒɔnas] *m bibl* Jonas *m*
Jonathan [ʒɔnatɑ̃] *m bibl* Jonathan *m*
Joseph [ʒɔzɛf] *m* Joseph *m* (*auch bibl u Fürstenname*); Josef *m*
Josèphe [ʒɔzɛf] 1. *f* Jo'sepha *od* Jo'sefa *f*; 2. *m hist* Flavius ~ Flavius Jo'sephus *m*
Joséphine [ʒozefin] *f* Jose'phine *od* Jose'fine *f*
Josette [ʒɔzɛt] *f frz Vorname*
Josué [ʒozɥe] *m bibl* Josua *m*
Joukov [ʒukɔf] *m mil* Schukow *m*
Juda [ʒyda] *m bibl* Juda *m*
Judas [ʒyda] *m bibl* ~ (**Iscariote**) Judas *m* (I'schariot); ~ **Maccabée** *m* Judas Makka'bäus *m*
Jude (Thaddée) [ʒyd(tade)] *m bibl* Judas Thad'däus *m*
Judith [ʒydit] *f* Judith *f*
Jules [ʒyl] *m* Julius *m*
Julie [ʒyli] *f* Julia *f*; Julie *f*
Julien [ʒyljɛ̃] *m* Juli'an *m*; *hist* ~ l'**Apostat** Juli'anus A'postata
Julienne [ʒyljɛn] *f* Juli'ana *f*; Juli'ane *f*
Juliette [ʒyljɛt] *f* 1. *frz Vorname*; 2. *thé* Roméo et ~ Romeo und Julia
Junon [ʒynõ] *f myth* Juno *f*
Jupiter [ʒypitɛr] *m myth* Jupiter *m*
Justin [ʒystɛ̃] *m* Ju'stinus *m*
Justine [ʒystin] *f* Ju'stine *f*
Justinien [ʒystinjɛ̃] *m hist* Justini'an *m*

K

Kandinsky [kɑ̃dɛ̃ski] *m peint* Kan'dinsky *m*
Kant [kɑ̃t] *m philos* Kant *m*

Kennedy [kenedi] *m pol* Kennedy *m*
Khrou(ch)tchev [krutʃɛf] *m pol* Chruschtschow *m*
Kirchhoff [kirʃɔf] *m phys* Kirchhoff *m*
Kléber [klebɛr] *frz General*
Klein [klɛ̃] Yves ~ *frz Maler*
Klincksieck [klɛ̃sik] *frz Verleger*
Koch [kɔk] *m méd* Koch *m*
Kœchlin [kɛklɛ̃] Charles ~ *frz Komponist*
Kossyguine [kɔsigin] *m pol* Kos'sygin *m*

L

La Boétie [labɔesi] *frz Schriftsteller*
Laclos *cf* Choderlos (de Laclos)
Ladislas [ladislas] *m hist in Ungarn* Ladislaus *m*; *in Polen u Böhmen* Wladislaw *m*
Laërte [laɛrt] *m myth* La'ertes *m*
La Fayette [lafajɛt] *frz Staatsmann*; *frz Schriftstellerin*
La Fresnaye [lafrɛnɛ] *frz Maler*
Lamarck [lamark] *frz Naturforscher*
Lambert [lãbɛr] *m* Lambert *m*
Lamennais od **La Mennais** [lam(ə)-nɛ] *frz Schriftsteller*
Landri od **Landry** [lãdri] *m frz Vorname*
Laocoon [laɔkɔõ] *m myth* La'okoon *m*
Lao-Tseu [laotsø] *m philos* Laotse *m*
La Rochefoucauld [larɔʃfuko] *frz Adelsgeschlecht*
La Trémoille [latremuj] *hist frz Adelsfamilie*
Laure [lɔr] *f* Laura *f*
Laurence [lɔrɑ̃s, lo-] *f* Lau'rentia *f*
Laurent [lɔrɑ̃] *m* Lorenz *m*; Lau'rentius *m* (*auch Heiliger*)
Lazare [lazar] *m bibl* Lazarus *m*
Léandre [leɑ̃dr(ə)] *m* Le'ander *m*
Leclerc [ləklɛr] *frz Familienname*
Leconte de Lisle [ləkõtdəlil] *frz Dichter*
Lefebvre [lefɛvr(ə)] *frz Familienname*
Lénine [lenin] *m hist* Lenin *m*
Léon [leõ] *m* Leo *m*
Léonard [leɔnar] *m* Leonhard *m*; ~ **de Vinci** [-vɛ̃si] Leo'nardo da Vinci [-'vintʃi]
Léonce [leõs] *m frz Vorname*
Léonie [leɔni] *f* Leonie *f*
Léontine [leõtin] *f frz Vorname*
Léopold [leɔpɔl(d)] *m* Leopold *m*
Léopoldine [leɔpɔldin] *f* Leopol'dine *f*
Lesseps [lesɛps] **Ferdinand de** ~ *Erbauer des Suezkanals*
Leszczyńska [lɛʃtʃinska, lɛzɛ̃ska] Ma-rie ~ *frz Königin*
Leucippe [løsip] *m philos* Leu'kipp(os) *m*
Lévi [levi] *m bibl* Levi *m*
Lili [lili] *f* Lilli *f*
Line [lin] *f* Lina *f*
Lionel [ljɔnɛl] *m frz Vorname*
Lise [liz] *f* Liese *f*
Lisette [lizɛt] *f* Lieschen *n*; Liesel *f*
Livie [livi] *f hist* Livia *f*
Longin [lõʒɛ̃] *m philos, Heiliger* Lon-'ginus *m*
Lot(h) [lɔt] *m bibl* Lot *m*
Lothaire [lɔtɛr] *m hist* Lothar *m*
Louis [lwi] *m* Ludwig *m*; *hist*: ~ **XIV** Ludwig XIV.; **Saint** ~ Ludwig der)
Louise [lwiz] *f* Lu'ise *f* [Heilige∫
Louison [lwizõ] *m frz Vorname*
Luc [lyk] *m* Lukas *m*
Lucain [lykɛ̃] *m römischer Dichter* Lu'kan *m*
Luce [lys] *od* **Lucie** [lysi] *f* Lucia *od* Luzia *f*; Lucie *od* Luzie *f*
Lucien [lysjɛ̃] *m* 1. *frz Vorname*; 2. *Heiliger, griechischer Satiriker* Lu-ki'an *m*

Lucienne [lysjɛn] *f frz Vorname*
Lucifer [lysifɛr] *m rel* Luzifer *m*
Lucrèce [lykrɛs] 1. *f* Lu'kretia *od* Lu-'krezia *od* Lu'cretia *f*; 2. *m römischer Dichter* Lu'krez *m*; Lu'cretius *m*
Ludovic [lydɔvik] *m* Ludwig *m*
Luther [lytɛr] *m rel* Luther *m*
Lyautey [ljote] *frz Marschall*
Lycurgue [likyrg] *m hist* Ly'kurg *m*
Lydie [lidi] *f* Lydia *f*

M

Machiavel [makjavɛl] *m hist* Machia-'velli [makia-] *m*
Mac-Mahon [makmaõ] *frz Marschall u Staatspräsident*
Madeleine [madlɛn] *f* Magda'lena *od* Magda'lena *f*; Magda *f*
Madelon [madlõ] *f frz Vorname*
Maeterlinck [mɛtɛrlɛ̃k] Maurice ~ *belgischer Dichter*
Mahomet [maɔmɛ] *m Prophet* Mohammed *m*
Maillol [majɔl] *frz Bildhauer*
Maimonide [mɛmɔnid] *m philos* Mai-'monides *m*
Malachie [malaki, -ʃi] *m bibl* Mala-'chias *m*; Male'achi *m*
Malbrough [malbru] *cf* **Marlborough**
Malesherbes [malzɛrb] *frz Politiker*
Malherbe [malɛrb] *frz Dichter*
Mamert [mamɛr] *m Heiliger* Ma'mertus *m*
Mao Tsé-t(o)ung [maotsetuŋ] *m hist* Mao Tse-tung *m*
Marc [mark, *Aussprache* mar *nur in place* Saint-~ „Markusplatz" *etc* (*Venedig*)] *m* 1. Markus *m* (*auch Evangelist*); 2. *hist* ~ **Aurèle** Mark Au'rel *m*
Marcel [marsɛl] *m* Mar'cellus *od* Mar-'zellus *m*
Marcelin [marsəlɛ̃] *m frz Vorname*
Marceline [marsəlin] *f frz Vorname*
Marcelle [marsɛl] *f* Mar'cella *od* Mar-'zella *f*
Margot [margo] *f* Margot *f*
Marguerite [margərit] *f* Marga'rete *f*; Marga'reta *f*; Grete *f*
Maria [marja] *f cf* Marie
Marianne [marjan] *f* Mari'anne *f*
Marie [mari] *f* Ma'ria *f* (*auch bibl u Fürstinnen*); Ma'rie *f*
Marie-Antoinette [mariãtwanɛt] *f hist* Marie-Antoi'nette *f*
Marie-Claire [mariklɛr] *f frz Vorname*
Marie-Hélène [marielɛn] *f frz Vorname* [*name*∫
Marie-Jeanne [mariʒan] *f frz Vor-∫
Marie-Josée [mariʒoze] *f frz Vorname*
Marielle [marjɛl] *f frz Vorname*
Marie-Madeleine [marimadlɛn] *f bibl* Ma'ria Magda'lena *f*
Marie-Rose [mariroz] *f* Marie'rose *f*
Marie-Thérèse [mariterɛz] *f* Ma'ria The'resia *f*
Mariette [marjɛt] *f frz Vorname*
Marion [marjõ] *f* Marion *f*
Marius [marjys] *m* 1. *Vorname* Mario *m*; 2. *hist* Marius *m*
Marlborough [malbru] *hist* le duc de ~ der Herzog von Marlborough ['mɔːl-bəro]
Mars [mars] *m myth* Mars *m*
Marthe [mart] *f* Martha *f*
Martin [martɛ̃] *m* Martin *m*
Martine [martin] *f* Mar'tina *f*
Maryse [mariz] *f frz Vorname*
Mathias [matjas] *m* Mat'thias *m*
Mathilde [matild] *f* Mat'hilde *f*
Mathusalem [matyzalɛm] *m bibl* Me-'thusalem *m*

Matthias cf Mathias
Matthieu [matjø] m Mat'thäus m
Maulnier [monje] Thierry ~ frz Schriftsteller
Maur [mor] m Heiliger Maurus m
Mauriac [morjak, mo-] François ~ frz Schriftsteller
Maurice [moris, mo-] m 1. Vorname Moritz m; 2. Heiliger Mau'ritius m
Mauricette [moriset, mo-] f frz Vorname
Maurras [moras, mo-] Charles ~ frz Schriftsteller
Max [maks] m Max m
Maxence [maksãs] m 1. frz Vorname; 2. hist Ma'xentius m
Maxime [maksim] 1. m, f frz Vorname; 2. m Heiliger, hist Maximus m
Maximilien [maksimiljẽ] m Maxi-'milian m
Meaulnes [mon] le Grand ~ Romangestalt bei Alain-Fournier
Mécène [mesen] m hist Mae'cenas m
Médard [medar] m Heiliger Me'dard (-us) m
Médée [mede] f myth Me'dea f
Médicis [medisis] m hist Medici [-tʃi]; Laurent de ~ Lo'renzo von Medici; Catherine de ~ Katha'rina von Medici
Méduse [medyz] f myth Me'dusa od Me'duse f
Mégère [meʒer] f myth Me'gäre f
Meilhac [mejak] frz Bühnenautor
Mélanie [melani] f 'Melanie od Me'lanie od Mela'nie f
Melchior [melkjor] m Melchior m
Melchisédech [melkisedek] m bibl Melchi'sedek m
Mélusine [melyzin] f myth Melu'sine f
Ménandre [menãdr(ə)] m griechischer Dichter Me'nander m
Mendès France [mẽdesfrãs] Pierre ~ frz Politiker
Ménélas [menelas] m myth Mene'laos od Mene'laus m
Ménippe [menip] m philos Me'nippos m
Mentor [mẽtor] m myth Mentor m
Méphisto(phélès) [mefisto, mefistofeles] m myth Me'phisto m; Mephi'stopheles m
Mercure [merkyr] m myth Mer'kur m
Mermoz [mermoz] frz Flieger
Messaline [mesalin] f hist Messa'lina f
Messiaen [mesjã] Olivier ~ frz Komponist
Métastase [metastaz] m italienischer Dichter Meta'stasio m
Metternich [meternik] m hist Metternich m
Michel [miʃel] m Michael m
Michel-Ange [mikelãʒ] m Michelangelo [mike'landʒelo] m
Michèle od **Michelle** [miʃel] f Micha'ela f
Micheline [miʃlin] f frz Vorname
Mickey [mike] m Trickfilm- u Comicsfigur Mickymaus f
Midas [midas] m hist Midas m
Milhaud [mijo] Darius ~ frz Komponist
Millet [mile, mije] frz Maler
Miltiade [miltjad] m hist Mil'tiades m
Minerve [minerv] f myth Mi'nerva f
Minos [minos, -os] m myth Minos m
Minotaure [minotor] m myth Mino-'taurus m
Mireille [mirej] f frz Vorname
Miriam [mirjam] f Mirjam f
Mithra [mitra] m rel Mithra(s) m
Mithridate [mitridat] m hist Mithri-'dates m
Moch [mok] Jules ~ frz Politiker
Modeste [modest] m Mo'dest(us) m

Mohammed [moamed] m Vorname Mohammed m
Moïse [moiz] m bibl Mose(s) m
Moloch [molok] m myth Moloch m
Monique [monik] f Monika f
Montaigne [mõten] frz Schriftsteller
Montesquieu [mõteskjø] frz Schriftsteller u Philosoph
Montgomery [mõgomri] m mil Mont-'gomery m
Montherlant [mõterlã] frz Schriftsteller
Morphée [morfe] m myth Morpheus m
Moussorgski [musorski] m mus Mussorgski m
Mozart [mozar, mo-] m mus Mozart m
Munch [mynʃ] Charles ~ frz Dirigent
Murat [myra] m hist Mu'rad m
Murillo [myrijo] m peint Murillo [-'riljo] m

N

Nabuchodonosor [nabykodonozor] m hist Nebukad'nezar m
Nadège [nadeʒ] f frz Vorname
Nadir Chah [nadirʃa] m hist Na'dir m
Nahum [naom] m bibl Nahum m
Napoléon [napoleõ] m hist Na'poleon m
Narcisse [narsis] m myth Nar'ziß m
Nat(h)alie [natali] f Na'talie f
Nathan [natã] m bibl Nathan m
Nathanaël [natanael] m Na'thanael m
Néchao [nekao] m hist Necho m
Néfertiti [nefertiti] f hist Nofre'tete f
Néhémie [neemi] m bibl Nehe'mia(s) m
Nehru [neru] m pol Nehru m
Némésis [nemezis] f myth Nemesis f
Nemrod [nemrod] m bibl Nimrod m
Neptune [neptyn] m myth Nep'tun m
Nérée [nere] m myth Nereus m
Néron [nerõ] m hist Nero m
Nestor [nestor] m 1. frz Vorname; 2. myth Nestor m
Ney [ne] frz Marschall
Nicodème [nikodem] m bibl Niko-'demus m
Nicolas [nikola] m Nikolaus m
Nicole [nikol] f frz Vorname
Nietzsche [nitʃ] m philos Nietzsche m
Nina [nina] od **Nine** [nin] f Nina f
Ninette [ninet] f frz Vorname
Ninon [ninõ] f frz Vorname
Niobé [njobe] f myth Niobe f
Noailles [noaj] frz Adelsfamilie
Noé [noe] m bibl Noah m
Noël [noel] m frz Vorname
Noëlle [noel] f frz Vorname
Norbert [norber] m Norbert m
Nucingen [nyseʒen, -siŋgen] Romangestalt bei Balzac

O

Obéron [oberõ] m myth Oberon m
Occam [okam] philos Guillaume d'~ (Wilhelm von) Ockham
Octave [oktav] m 1. frz Vorname; 2. hist Oc'tavius m
Octavie [oktavi] f Ok'tavia od Oc'tavia f
Octavien [oktavjẽ] m hist Oktavi'an(us) m
Odette [odet] f frz Vorname
Odile [odil] f Ot'tilie f
Odin [odẽ] m myth Odin m
Odoacre [odoakr(ə)] m hist Odo'aker m
Odon [odõ] m Heiliger Odo m
Œdipe [edip] m myth Ödipus m
Offenbach [ofenbak] m mus Offenbach m

Olga [olga] f Olga f
Olive [oliv] m frz Vorname
Olivier [olivje] m Oliver m
Olympe [olẽp] f frz Vorname
Ophélie [ofeli] f bei Shakespeare O'phelia f
Oreste [orest] m myth O'rest(es) m
Origène [oriʒen] m égl O'rigenes m
Orphée [orfe] m myth Orpheus m
Oscar [oskar] m Oskar m
Osée [oze] m bibl Ho'sea m
Osiris [oziris] m myth O'siris m
Othon od **Otton** [otõ] m hist Otto m
Ouen [wã] m Heiliger Audo'enus m
Ouranos [uranos, -os] m myth Uranos m
Ovide [ovid] m römischer Dichter O'vid m

P

Pacôme [pakom] m Heiliger Pa'chomius m
Paméla [pamela] f Pa'mela f
Pan [pã] m myth Pan m
Pandore [pãdor] f myth Pan'dora f
Panhard [pãar] frz Autokonstrukteure
Pantalon [pãtalõ] m thé Panta'lone m
Paracelse [parasels] m méd Para'celsus m
Paris [paris] frz Familienname
Pâris [paris, pa-] m myth Paris m
Parmesan [parmezã] le ~ peint Parmigianino [-dʒa'niːno] m
Parques [park] f/pl myth Parzen f/pl
Pascal [paskal] m 1. frz Vorname; 2. Heiliger u Papstname Paschalis [-'ʃaː- od -s'çaː-] m
Pascale [paskal] f frz Vorname
Patrice [patris] m 1. frz Vorname; 2. cf Patrick 2.
Patrick [patrik] m 1. frz Vorname; 2. Heiliger Patrick m; Pa'tricius m
Patrocle [patrokl(ə)] m myth Patroklos m
Paul [pol] m 1. Vorname Paul m (auch Papst- u Fürstenname); 2. Apostel, Heilige Paulus m
Paule [pol] f Paula f
Paulette [polet] f frz Vorname
Paulhan [polã, -lã] Jean ~ frz Schriftsteller
Pauline [polin] f Pau'line f
Pégase [pegaz] m myth Pegasus m
Pélage [pelaʒ] m hist Pe'lagius m
Pélée [pele] m myth Peleus m
Pénélope [penelop] f myth Pe'nelope f
Penthésilée [pẽtezile] f myth Penthesi'lea f
Pépin [pepẽ] m hist Pip'pin od 'Pippin m
Perceval [persoval] m myth Parzival [-fal] m
Pergolèse [pergolez] m mus Pergo'lesi m
Périclès [perikles] m hist Perikles m
Perrault [pero] Charles ~ frz Schriftsteller
Perrette [peret, pe-] f frz Vorname
Perrine [perin] f frz Vorname
Persée [perse] m myth Perseus m
Perséphone [persefon] f myth Per-'sephone f
Pérugin [peryʒẽ] le ~ peint Perugino [-'dʒiːno] m
Pétrarque [petrark] m italienischer Dichter Pe'trarca m
Pétrone [petron] m römischer Schriftsteller Pe'tronius m
Peugeot [pøʒo] frz Autohersteller
Peyrefitte [perfit] frz Familienname
Pflimlin [pflimlẽ] Pierre ~ frz Politiker
Phaéton [faetõ] m myth Phaeton m

Phébé [febe] *f myth* Phöbe *f*
Phébus [febys] *m myth* Phöbus *od* Phöbos *m*
Phédon [fedõ] *m philos* Phädon *m*
Phèdre [fɛdr(ə)] *f myth* Phädra *f*
Phidias [fidjas] *m sculp* Phidias *m*
Philémon et Baucis [filemõebosis] *myth* Phi'lemon *m* und Baucis *f*
Philippe [filip] *m* 1. *Vorname* Philipp *m* (*auch Fürstenname*); 2. *bibl* Phil'ippus *m*
Philoctète [filɔktɛt] *m myth* Philo'ktet *m*
Pic de la Mirandole [pikdəlamirãdəl] *m philos* Pico della Mi'randola *m*
Pie [pi] *m Papstname* Pius *m*
Pierre [pjɛr] *m* 1. *Vorname* Peter *m* (*auch Fürstenname*); 2. *Heiligenname* Petrus *m*
Pierrette [pjɛrɛt, pjɛ-] *f* Petra *f*
Pierrot [pjero, pjɛ-] *m* Peterchen *n*; Peterle *n*
Pilate *cf* Ponce
Pinay [pinɛ] Antoine ~ *frz Politiker*
Pindare [pɛ̃dar] *m griechischer Dichter* Pindar *m*
Pisistrate [pizistrat] *m hist* Pei'sistratos *m*
Pizarre [pizar] *m hist* Pi'zarro *m*
Plantagenêt [plãtaʒ(ə)nɛ] *hist englisches Königsgeschlecht* Plantagenet [plɛn'tɛdʒinit]
Platon [platõ] *m philos* Plato *m*
Plaute [plot] *m römischer Dichter* Plautus *m*
Pleven [pleven] René ~ *frz Politiker*
Pline [plin] *m hist* Plinius *m*
Plutarque [plytark] *m griechischer Schriftsteller* Plut'arch *m*
Pluton [plytõ] *m myth* Pluto *m*
Poher [pɔer] Alain ~ *frz Politiker*
Pollux [pɔlyks] *m cf* Castor
Polybe [pɔlib] *m hist* Po'lybios *m*
Polyclète [pɔliklɛt] *m sculp* Poly'klet *m*
Polycrate [pɔlikrat] *m hist* Po'lykrates *m*
Pompée [põpe] *m hist* Pom'pejus *m*
Ponce Pilate [põspilat] *m hist* Pontius Pi'latus *m*
Pons [põs] le Cousin ~ *Romanfigur bei Balzac*
Poppée [pɔpe] *f hist* Pop'päa *f*
Poséidon [pɔzeidõ] *m myth* Po'seidon *m*
Potemkine [pɔtɛmkin] *m hist* Po'temkin *m*
Pouchkine [puʃkin] *m russischer Dichter* Puschkin *m*
Poulenc [pulɛ̃k] Francis ~ *frz Komponist*
Praxitèle [praksitɛl] *m sculp* Pra'xiteles *m*
Prévost [prevo] *frz Familienname*
Priam [prijam] *m myth* Priamos *m*
Prokofiev [prɔkɔfjɛf] *m mus* Pro'kofjew *m*
Prométhée [prɔmete] *m myth* Pro'metheus *m*
Properce [prɔpɛrs] *m römischer Dichter* Pro'perz *m*
Proserpine [prɔzɛrpin] *f myth* Pro'serpina *f*
Prosper [prɔspɛr] *m frz Vorname*
Protais [prɔtɛ] *m Heiliger* Pro'tasius *m*
Protée [prɔte] *m myth* Proteus *m*
Proust [prust] Marcel ~ *frz Schriftsteller*
Prudence [prydãs] *m lateinischer Dichter* Pru'dentius *m*
Psyché [psiʃe] *f myth* Psyche *f*
Ptolémée [ptɔleme] *m hist* Ptole'mäus *m*
Pulchérie [pylʃeri, -keri] *f* 1. *frz Vorname*; 2. *Heilige* Pul'cheria *f*
Pylade [pilad] *m myth* Pylades *m*

Pyrame [piram] *m myth* Pyramus *m*
Pythagore [pitagɔr] *m philos, math* Py'thagoras *m*
Pythie [piti] la ~ *rel* die Pythia

Q

Queneau [kəno] *frz Schriftsteller*
Quentin [kãtɛ̃] *m* 1. *frz Vorname*; 2. *Heiliger* Quin'tinus *m*
Quesnel [kenɛl] *frz Familienname*
Quinault [kino] *frz Dichter*

R

Raban Maur [rabãmɔr] *m hist* Hra'banus Maurus *m*
Rabelais [rablɛ] François ~ *frz Schriftsteller*
Rachel [raʃɛl] *f* Rahel *od* Rachel *f*
Rainier [rɛnje] *m* Rainer *od* Reiner *m*
Ramakrishna [ramakriʃna] *m rel* Rama'kris(c)hna *m*
Ramsès [ramsɛs] *m hist* Ramses *m*
Ramuz [ramy] *schweiz Schriftsteller*
Raoul [raul] *m frz Vorname*
Raphaël [rafaɛl] *m* 1. *Vorname, bibl* Raphael *od* Rafael *m*; 2. *peint* Raffael *m*
Raphaëlle [rafaɛl] *f* Rapha'ela *f*
Raspoutine [rasputin] *m hist* Rasputin *m*
Raymond [rɛmõ] *m* Raimund *m*
Raymonde [rɛmõd] *f* Rai'munde *f*
Rébecca [rebeka, -bɛ-] *f* Re'bekka *f*
Régine [reʒin] *f* Re'gina *od* Re'gine *f*
Régis [reʒis] *m frz Vorname*
Reine [rɛn] *f frz Vorname*
Reinhardt [rɛnar(t)] Django [dʒãgo] ~ *frz Jazzmusiker*
Réjane [reʒan] *f frz Vorname*
Rembrandt [rãbrã, rɛ̃-] *m peint* Rembrandt *m*
Remi [remi, rəmi] *m* Re'migius *m*
Remus [remys] *m myth* Remus *m*
Renaud [rəno] *m* Rein(h)old *m*
Renault [rəno] *m frz Familienname*
René [rəne] *m* 1. *frz Vorname*; 2. *Heiliger* Re'natus *m*
Renée [rəne] *f* Re'nate *od* Re'nata *f*
Resnais [renɛ] Alain ~ *frz Filmregisseur*
Retz [rɛ] le cardinal de ~ *frz Politiker u Schriftsteller*
Reynaud [rɛno] *frz Familienname*
Richard [riʃar] *m* Richard *m*; *hist* ~ Cœur de Lion Richard Löwenherz
Richelieu [riʃəljø] *fr Staatsmann*
Rimski-Korsakov [rimskikɔrsakɔf] *m mus* Rimski-Korsakow *m*
Robbe-Grillet [rɔbgrijɛ] Alain ~ *frz Schriftsteller*
Robert [rɔbɛr] *m* Robert *m*
Robespierre [rɔbɛspjɛr] *frz Politiker*
Robin des Bois [rɔbɛ̃debwa] *m hist* Robin Hood [-hud] *m*
Robinson Crusoé [rɔbɛ̃sõkryzɔe] *m* Robinson Crusoe [-'kru:zo] *m*
Roch [rɔk] *m Heiliger* Rochus *m*
Rodéric [rɔderik] *m hist* Roderich *m*
Rodolphe [rɔdɔlf] *m* Rudolf *m* (*auch hist*)
Rodrigue [rɔdrig] *m hist* Roderich *m*; (*Cid*) Ro'drigo *m*
Roger [rɔʒe] *m* 1. *frz Vorname*; 2. *hist* Roger ['rɔːgər] *m*
Rohan [rɔã] *frz Adelsgeschlecht*
Roland [rɔlã] *m* Roland *m*
Romain [rɔmɛ̃] *m* Roman *m*
Roméo et Juliette [rɔmeoeʒyljɛt] *thé* Romeo *m* und Julia *f*

Romulus [rɔmylys] *m myth* Romulus *m*
Rosalie [rozali] *f* Ro'salia *od* Ro'salie *f*
Rose [roz] *f* Rosa *od* Rose *f*
Roseline [rozlin] *f frz Vorname*
Rosemonde [rozmõd] *f* Rosa'munde *f*
Rosine [rozin] *f* Ro'sina *f*
Rouault [rwo, ruo] Georges ~ *frz Maler*
Rouget de Lisle [ruʒedəlil] *Komponist der Marseillaise*
Rubens [rybɛs] *m peint* Rubens *m*
Ruth [ryt] *f bibl* Ruth *f*
Ruy Blas [rɥiblɑs] *Dramengestalt bei Victor Hugo*

S

Sabine [sabin] *f* Sa'bine *f*
Sadate [sadat] *m pol* Sa'dat *m*
Sainte-Beuve [sɛ̃tbœv] *frz Schriftsteller*
Saint-Exupéry [sɛ̃tɛgzyperi] *frz Schriftsteller*
Saint-John Perse [sɛ̃dʒɔ̃pɛrs] *frz Dichter*
Saint-Just [sɛ̃ʒyst] *frz Politiker*
Saint-Saëns [sɛ̃sãs] Camille ~ *frz Komponist*
Salluste [salyst] *m hist* Sal'lust *m*
Salomé [salɔme] *f hist* Salome *f*
Salomon [salɔmõ] *m bibl* Salomo(n) *m*
Samson [sãsõ] *m bibl* Simson *od* Samson *m*
Samuel [samɥɛl] *m bibl* Samuel *m*
Sanche [sãʃ] *m hist* Sancho [-tʃo] *m*
Sancho Pança [sãʃopãsa] *m Romanfigur* Sancho Pansa [-tʃo-] *m*
Sand [sãd] George ~ *frz Schriftstellerin*
Sap(p)ho [safo] *f griechische Dichterin* Sappho *f*
Sara(h) [sara] *f bibl* Sara *f*
Satan [satã] *m rel* (der) Satan
Saturne [satyrn] *m myth* Sa'turn(us) *m*
Saturnin [satyrnɛ̃] *m* 1. *frz Vorname*; 2. *Heiliger* Satur'ninus *m*
Saül [sayl] *m bibl* 1. *König von Israel* Saul *m*; 2. *früherer Name des hl. Paulus* Saulus *m*
Savonarole [savɔnarɔl] *m hist* Savona'rola *m*
Schlumberger [ʃlɛ̃bɛrʒe, ʃlœ-] Jean ~ *frz Schriftsteller*
Scholastique [skɔlastik] *f Heilige* Scho'lastica *f*
Schubert [ʃubɛr] *m mus* Schubert *m*
Schuman [ʃuman] Robert ~ *frz Politiker*
Schweitzer [ʃvɛdzɛr] Albert ~ *od* le docteur ~ Albert Schweitzer
Scipion [sipjõ] *m hist* Scipio *m*; ~ l'Africain Scipio Afri'canus
Sébastien [sebastjɛ̃] *m* Se'bastian *m*
Ségolène [segɔlɛn] *f frz Vorname*
Sem [sɛm] *m bibl* Sem *m*
Sémiramis [semiramis] *f myth* Se'miramis *f*
Sénèque [senɛk] *m philos* Seneca *m*
Senghor [sãgɔr] *m senegalesischer Staatsmann u Dichter*
Septime Sévère [sɛptimsevɛr] *m hist* Sep'timius Se'verus *m*
Serge [sɛrʒ] *m* Sergius *m* (*auch Papstname*)
Sernin [sɛrnɛ̃] *m Heiliger* Satur'ninus *m*
Séverin [sevrɛ̃] *m* Seve'rin *od* 'Severin *m*
Shakespeare [ʃɛkspir] *m englischer Dichter* Shakespeare ['ʃeːkspiːr] *m*

Sherlock Holmes [ʃɛrləkɔlms] *m Romandetektiv* Sherlock Holmes [-hɔlms *od* -hoːmz] *m*

Shiva [ʃiva] *m rel* Schiwa *m*

Sibylle [sibil] *f* Si'bylle *f*

Sidoine [sidwan] *m* Si'donius *m*

Sidonie [sidoni] *f* Si'donie *f*

Sieyès [sjejɛs] l'abbé ~ *frz Politiker*

Sigismond [siʒismõ] *m* Sigismund *m*

Silène [silɛn] *m myth* Si'len *m*

Silvestre *cf* Sylvestre

Simenon [sim(ə)nõ] Georges ~ *belgischer Schriftsteller*

Siméon [simeõ] *m bibl, hist* Simeon *m*

Simon [simõ] *m* Simon *m*

Simone [simən] *f frz Vorname*

Singer [sɛʒɛr] *Nähmaschinenhersteller*

Sisyphe [sizif] *m myth* Sisyphus *od* Sisyphos *m*

Sixte [sikst] *m Papstname* Sixtus *m*

Socrate [sɔkrat] *m philos* Sokrates *m*

Solange [sɔlãʒ] *f frz Vorname*

Soljenitsyne [sɔlʒənitsin] *m russischer Schriftsteller* Solsche'nizyn *m*

Sophie [sɔfi] *f* So'phia *od* So'phie *od* So'fie *od* 'Sofie *f*

Sophocle [sɔfɔkl(ə)] *m griechischer Tragiker* Sophokles *m*

Spartacus [spartakys] *m hist* Spartakus *m*

Staël [stal] Mme de ~ *frz Schriftstellerin*

Staline [stalin] *m hist* Stalin *m*

Stanislas [stanislas] *m Heiliger, hist* Stanislaus *m*

Steinlen [stɛlɛn, stɛn-] *frz Graphiker u Maler*

Stendhal [stɛdal] *frz Schriftsteller*

Stentor [stãtɔr] *m myth* Stentor *m*

Stéphane [stefan] **1.** *m* Stefan *od* Stephan *m*; **2.** *f* Stefanie *od* Stephanie *f*

Stéphanie [stefani] *f* Stefanie *od* Stephanie *f*

Stradivarius [stradivarjys] *m Geigenbauer* Stradi'vari *m*

Strauss [stros, straws] *m* Strauß *m*; (*Richard*) Strauss *m*

Stravinski [stravɛski] *m mus* Stra-'winsky *m*

Stuart [stɥar] *schottisches Königsgeschlecht* Stuart ['stuːart]

Sue [sy] Eugène ~ *frz Romanschriftsteller*

Suétone [sɥetən] *m hist* Sue'ton *m*

Suffren [syfrɛn] le bailli de ~ *frz Seeheld*

Sully [sy(l)li] *Minister Heinrichs IV.*

Sulpice [sylpis] *m Heiliger* Sul'picius *m*

Suzanne [syzan] *f* Su'sanne *f*; Su'sanna *f* (*auch bibl*); Suse *f*

Sylla [si(l)la] *m hist* Sulla *m*

Sylvain [silvɛ̃] *m frz Vorname*

Sylvaine [silvɛn] *f frz Vorname*

Sylvestre [silvɛstr(ə)] *m* Sil'vester *od* Syl'vester *m*

Sylvia [silvja] *f cf* Sylvie

Sylvie [silvi] *f* Silvia *od* Sylvia *f*

T

Tacite [tasit] *m hist* Tacitus *m*

Talleyrand [talɛrã, talrã] *frz Politiker*

Tancrède [tãkrɛd] *m hist* Tankred *m*

Tannhäuser [tanozɛr] *m mus* Tannhäuser *m*

Tantale [tãtal] *m myth* Tantalus *od* Tantalos *m*

Tarquin [tarkɛ̃] *m hist* Tarqu'inius *m*

Tasse [tas] le ~ *italienischer Dichter* Tasso *m*

Tchaïkovski [tʃajkɔfski, tʃai-] *m* Tschai'kowski *m*

Tchang Kaï-chek [tʃãgkajʃɛk, -kai-] *m hist* Tschiangkai'schek *od* Tschiang Kai-'schek *m*

Tchekhov [tʃekəf] *m russischer Dichter* Tschechow *m*

Teilhard de Chardin [tɛjardəʃardɛ̃] Pierre ~ *frz Philosoph*

Télémaque [telemak] *m myth* Telemach *od* Te'lemachos *m*

Térence [terãs] *m römischer Dichter* Te'renz *m*

Terpsichore [tɛrpsikɔr] *f myth* Ter-'psichore *f*

Tertullien [tɛrtyljɛ̃] *m römischer Kirchenschriftsteller* Tertulli'an *m*

Téthys [tetis] *f myth* Tethys *f*

Thaddée [tade] *m bibl* Thad'däus *m*

Thalie [tali] *f myth* Tha'lia *f*

Thémistocle [temistɔkl(ə)] *m hist* The'mistokles *m*

Théodora [teɔdɔra] *f hist* Theo'dora *f*

Théodore [teɔdɔr] *m* Theodor *m*

Théodoric [teɔdɔrik] *m hist* The'oderich *m*; Dietrich *m*

Théodose [teɔdoz] *m hist* Theo'dosius *m*

Théophile [teɔfil] *m* Theophil *m*

Théophraste [teɔfrast] *m philos* Theo-'phrast *m*

Thérèse [terɛz] *f* The'rese *f*; The'resia *f* (*auch Heilige*)

Thésée [teze] *m myth* Theseus *m*

Thétis [tetis] *f myth* Thetis *f*

Thibaud [tibo] *m* Theobald *m*

Thierry [tjɛri] *m* Dietrich *m* (*auch hist*); Dieter *m*

Thiers [tjɛr] *frz Staatsmann u Historiker*

Thomas [tɔma] *m* Thomas *m*; *hist*: ~ a Kempis [-akɛpis] Thomas von Kempen *od* a Kempis; ~ d'Aquin [-dakɛ̃] Thomas von Aqu'in(o); ~ More [-mɔr] Thomas Morus

Thor [tɔr] *m myth* Thor *m*; Donar *m*

Thorez [tɔrɛs, -ɛz] Maurice ~ *frz Politiker*

Thucydide [tysidid] *m hist* Thu'kydides *m*

Tibère [tibɛr] *m hist* Ti'berius *m*

Timmermans [timɛrmãs] *m belgischer Schriftsteller* Timmermans [-mans] *m*

Timothée [timɔte] *m bibl* Ti'motheus *m*

Tintoret [tɛ̃tɔrɛ] le ~ *peint* Tinto'retto *m*

Tite [tit] *m bibl* Titus *m*

Tite-Live [titliv] *m hist* Livius *m*

Titien [tisjɛ̃] *m peint* Tizian *m*

Titus [titys] *m hist* Titus *m*

Tobie [tɔbi] *m bibl* To'bias *m*

Tolstoï [tɔlstɔj] *m russischer Dichter* Tol'stoi *od* Tol'stoj *m*

Tor [tɔr] *cf* Thor

Toulouse-Lautrec [tuluzlotrɛk] *frz Maler*

Tourguéniev [turgenjɛf] *od* **Tourgueniev** [turgənjɛf] *m russischer Dichter* Tur'genjew *m*

Toutankhamon [tutãkamõ] *m hist* Tutanch'amun *od* Tutench'amun *m*

Trajan [traʒã] *m hist* Tra'jan *m*

Trenet [trɛnɛ] Charles ~ *frz Sänger*

Tristan [tristã] *m Sagengestalt* Tristan *m*

Trotski [trɔtski] *m hist* Trotzki *m*

U

Ulysse [ylis] *m myth* O'dysseus *m*

Uranie [yrani] *f myth* U'rania *f*

Urbain [yrbɛ̃] *m Papstname* Urban *m*

Ursule [yrsyl] *f* Ursula *f*

Utrillo [ytrijo] *m peint* Utrillo [u'triljo] *m*

V

Valentin [valãtɛ̃] *m* Valentin *m*

Valentine [valãtin] *f* Valen'tine *f*

Valentinien [valãtinjɛ̃] *m hist* Valentini'an *m*

Valérie [valeri] *f* Va'lerie *f*

Valérien [valerjɛ̃] *m* Valeri'an *m*

Valéry [valeri] *m frz Vorname*

Vallès [valɛs] Jules ~ *frz Schriftsteller u Journalist*

Van Dongen [vãdõgɛn] *frz Maler*

Van Dyck [vãdik] *m peint* van Dyck [-'daik] *m*

Van Eyck [vanɛk] *m peint* van Eyck *m*

Van Gogh [vãgɔg] *m peint* van Gogh [-'gɔːk, -'gɔx] *m*

Varron [varõ] *m römischer Gelehrter* Varro *m*

Vasco de Gama [vaskodəgama] *m hist* Vasco da Gama *m*

Vaugelas [voʒlɑ] *frz Grammatiker*

Vauvenargues [vovnarg] *frz Moralist*

Vélasquez [velaskɛz] *m peint* Ve'lazquez *m*

Venceslas [vɛ̃sɛslas] *m hist* Wenzel *m*; Wenzeslaus *m*

Vénus [venys] *f myth* Venus *f*

Vercingétorix [vɛrsɛ̃ʒetɔriks] *m hist* Vercin'getorix *m*

Verhaeren [vɛrarɛn] Émile ~ *belgischer Dichter*

Vermeer de Delft [vɛrmɛrdədɛlft] *m peint* Ver'meer van Delft *m*

Véronèse [veronɛz] *m peint* Vero'nese *m*

Véronique [veronik] *f* Ve'ronika *f*

Vespasien [vɛspazjɛ̃] *m hist* Vespasi'an *m*

Victoire [viktwar] *f* Vik'toria *f*

Victor [viktɔr] Viktor *m*

Victoria [viktɔrja] *f* Vik'toria *f*

Victorine [viktɔrin] *f frz Vorname*

Villehardouin [vilɛardwɛ̃] *frz Chronist*

Villiers de l'Isle-Adam [viljedəliladã] *frz Schriftsteller*

Villon [vijõ, *selten* vilõ] François ~ *frz Dichter*

Vincent [vɛ̃sã] *m* Vinzenz *m*

Violaine [vjɔlɛn] *f frz Vorname*

Violette [vjɔlɛt] *f* Vi'ola *f*

Virgile [virʒil] *m römischer Dichter* Ver'gil *m*

Virginie [virʒini] *f* Vir'ginia *f*

Vishnou *od* **Vishnu** [viʃnu] *m rel* Wischnu *m*

Viviane [vivjan] *f frz Vorname*

Vladimir [vladimir] *m hist* Wladimir *m*

Vladislas [vladislas] *m cf* Ladislas

Vlaminck [vlamɛ̃k] Maurice de ~ *frz Maler*

Vogüé [vɔgɥe] de ~ *frz Adelsfamilie*

Vorochilov [vɔrɔʃiləf] *m hist* Woro-'schilow *m*

Vuillard [vɥijar] Édouard ~ *frz Maler*

Vulcain [vylkɛ̃] *m myth* Vul'kan *m*

W

Wace [vas] *anglonormannischer Dichter*

Wagner [vagnɛr] *m mus* Wagner *m*

Waroquier [varɔkje] Henry de ~ *frz Maler u Bildhauer*

Watteau [vato] Antoine ~ *frz Maler*

Weil [vɛj] **Simone** ~ *frz Philosophin u Schriftstellerin*
Wendel [vɛ̃dɛl] **de** ~ *frz Industriellenfamilie*
Weygand [vɛgã] *frz General*
Widor [vidər] **Charles Marie** ~ *frz Komponist u Organist*

X

Xanthippe [gzãtip] *f Frau des Sokrates* Xan'thippe *f*
Xavier [gzavje] *m* Xaver *m*

Xénophon [gzenəfõ] *m hist* Xenophon *m*
Xerxès [gzɛrsɛs] *m hist* Xerxes *m*

Y

Yahvé [jave] *m bibl* Jahve *m*
Yann [jan] *m frz Vorname*
Yannic [janik] *m frz Vorname*
Yolande [jɔlɑ̃d] *f* Jo'lanthe *f*
Ysengrin [izɑ̃grɛ̃] *m Name des Wolfs im „Roman de Renart"* Isegrim *m*
Yvain [ivɛ̃] *m myth* Iwein *m*

Yves [iv] *m* Ivo *m*
Yvette [ivɛt] *f frz Vorname*
Yvon [ivõ] *m* Ivo *m*
Yvonne [ivɔn] *f frz Vorname*

Z

Zacharie [zakari] *m bibl* Sa'charja *m;* Zacha'rias *m*
Zachée [zaʃe] *m bibl* Za'chäus *m*
Zarathoustra [zaratustra] *m rel* Zara-'thustra *m*
Zeus [dzøs] *m myth* Zeus *m*
Zita [zita] *f hist* Zita *f*
Zoé [zɔe] *f frz Vorname*
Zola [zɔla] **Émile** ~ *frz Schriftsteller*

III. GEBRÄUCHLICHE FRANZÖSISCHE ABKÜRZUNGEN
III. ABRÉVIATIONS ET SIGLES FRANÇAIS USUELS

International übliche Abkürzungen, die im Französischen und Deutschen in derselben Form erscheinen, wurden nicht aufgenommen. Hierzu gehören Abkürzungen wie DDT, PEN, SJ, SOS, außerdem chemische Symbole, in der Musik gebräuchliche Abkürzungen usw.
Wird eine Abkürzung nicht buchstabierend, sondern gebunden gesprochen, so ist die Aussprache angegeben, z. B. S.M.I.C. [smik].
Im Plural gebrauchte Abkürzungen erhalten im Französischen kein s, z. B. les H.L.M.
Besitzt das Deutsche keine Entsprechung zur französischen Abkürzung, so wird eine erklärende Übersetzung in Anführungszeichen gegeben.

Les abréviations et sigles d'un usage international tels que D.D.T., P.E.N., S.J., S.O.S., les symboles chimiques, les abréviations usitées en musique, etc. ne figurent pas dans la liste suivante.
La prononciation liée de certains sigles a été indiquée, par exemple S.M.I.C. [smik].
Les sigles français ne prennent pas de s au pluriel, par exemple les H.L.M.
Les abréviations et sigles français sans équivalent allemand sont suivis d'une traduction explicative entre guillemets.

A

A ampère(s) A (Ampere)
a are(s) a (Ar)
A 2 Antenne deux „Zweites Programm (des französischen Fernsehens)"
A.C. anciens combattants ehemalige Frontkämpfer
A.C.F. Automobile Club de France „Französischer Automobilklub"
A.C.G.F. Action catholique générale des femmes „Allgemeine katholische Aktion der Frauen"
A.C.O. Action catholique ouvrière „Katholische Arbeiteraktion"
A.D. anno domini A. D.
A.D.A.C. [adak] cf avion 1. im Hauptteil
A.D.A.V. [adav] cf avion 1. im Hauptteil
A.D.N. acide désoxyribonucléique DNS (Desoxyribonukleinsäure)
à dr. à droite r. (rechts)
A.-É.F. Afrique-Équatoriale française früher Französisch-Äquatorialafrika
A.E.L.E. Association européenne de libre-échange EFTA ['ɛfta] (European Free Trade Association; Europäische Freihandelsassoziation, Freihandelszone)
AF anciens francs alte Franc(s)
A.F. allocations familiales Kindergeld
A.F.A.T. [afat] auxiliaire féminine de l'armée de terre „weibliche Hilfskraft des Heeres"; im 2. Weltkrieg Wehrmachtshelferin
AFNOR [afnɔr] Association française de normalisation „Französischer Normenverband"; in der BRD DNA (Deutscher Normenausschuß)
A.F.P. Agence France-Presse AFP (frz Nachrichtenagentur)

à g. à gauche l. (links)
Ah ampèreheure(s) Ah (Amperestunde[n])
A.I.E.A. Agence internationale de l'énergie atomique IAEO (Internationale Atomenergieorganisation)
A.J. auberge de la jeunesse Jugendherberge
A.M.E. Accord monétaire européen EWA (Europäisches Währungsabkommen)
A.N.P.E. Agence nationale pour l'emploi „Nationale Agentur für Stellenvermittlung"; etwa Arbeitsamt
A.-O.F. Afrique-Occidentale française früher Französisch-Westafrika
A.P. Assistance publique Sozialfürsorge
A.P.E.C. [apɛk] Association pour l'emploi des cadres (, ingénieurs et techniciens) „Vereinigung zur Stellenvermittlung für (leitende) Angestellte (, Ingenieure und Techniker)"
A.P.E.L. [apɛl] Association des parents d'élèves de l'enseignement libre „Elternverband der freien Schulen"
apr. J.-C. après Jésus-Christ n. Chr. (nach Christus)
A.R. aller et retour hin und zurück
A.R.N. acide ribonucléique RNS (Ribonukleinsäure)
arr. 1. arrondissement Stadtbezirk; 2. arrivée Ank. (Ankunft)
art. article Art. (Artikel)
A.S. association sportive SV (Sportverein)
A.S.S.E.D.I.C. od **Assedic** [asedik] Association pour l'emploi dans l'industrie et le commerce „Verband für die Beschäftigung in Industrie und Handel"; etwa Arbeitslosenversicherung

A.T. Ancien Testament A. T. (Altes Testament)
av. avenue Straße; Allee
av. J.-C. avant Jésus-Christ v. Chr. (vor Christus)
A.V.T.S. allocation aux vieux travailleurs salariés „Altersgeld, -(bei)hilfe für ehemalige Arbeitnehmer"

B

B.A. bonne action gute Tat
B.A.L.O. Bulletin des annonces légales obligatoires „Verkündungsblatt für rechtliche Bekanntmachungen, deren Veröffentlichung vorgeschrieben ist"; in der BRD etwa Bundes-
B.B. F Brigitte Bardot [anzeiger]
B.C.G. bacille Calmette-Guérin „Calmette-Guérin-Bazillus"; BCG (Impfstoff gegen Tuberkulose); par ext BCG-Impfung
bd boulevard Boulevard
Benelux [benelyks] (m) Belgique-Nederland-Luxembourg Benelux (-staaten)
B.E.P. brevet d'études professionnelles „Abschlußzeugnis einer Berufsfachschule"; etwa Berufsfachschulabschluß
B.E.P.C. brevet d'études du premier cycle „Abschlußzeugnis über den ersten (Gymnasial)Abschnitt"; etwa mittlere Reife
B.F.C.E. Banque française du commerce extérieur „Französische Außenhandelsbank"
B.H.V. Bazar de l'Hôtel de ville Name e-s Kaufhauses
B.I.E. Bureau international de l'éducation Internationales Erziehungsbüro

B.I.R.D. Banque internationale pour la reconstruction et le développement Internationale Bank für Wiederaufbau und Entwicklung; Weltbank

B.I.T. Bureau international du travail IAA (Internationales Arbeitsamt)

B.N.C.I. Banque nationale pour le commerce et l'industrie „Nationalbank für Handel und Industrie"

B.N.P. Banque nationale de Paris „Nationalbank von Paris"

B.O. Bulletin officiel Amtsblatt

B.O.F. [bɔf] beurres, œufs, fromages „Butter, Eier, Käse"; *par ext* F *péj* Neureiche(r) *m*

B.P. boîte postale Postfach

B.P.F. bon pour francs „gut für Francs" (*auf Schecks, Wechseln etc*)

br. broché brosch. (broschiert); geh. (geheftet)

B.R.I. Banque des règlements internationaux BIZ (Bank für Internationalen Zahlungsausgleich)

B.T. brevet de technicien „Technikerdiplom"

B.Tn. baccalauréat de technicien „Techniker-Abitur"

B.T.S. brevet de technicien supérieur „höheres Technikerdiplom"; *etwa* Ingenieurdiplom

B.U.S. [bys] Bureau universitaire de statistiques „Universitäts-Statistikbüro"

B.V.P. Bureau de vérification de la publicité „Büro zur Überprüfung der Werbung"

C

C coulomb(s) C (Coulomb)

°C degré(s) Celsius °C (Grad Celsius)

c centime(s) ct(s) (Centime[s])

c.-à-d. c'est-à-dire d. h. (das heißt)

caf *od* **C.A.F.** [kaf] coût, assurance, fret (t)f [(t)sif] (cost, insurance, freight) (*frei von Kosten für Verladung, Versicherung, Fracht*)

C.A.F. caisse d'allocations familiales „Kindergeldkasse"

cal calorie(s) cal (Kalorie[n])

C.A.P. 1. certificat d'aptitude professionnelle „Zeugnis über die berufliche Befähigung"; *etwa* Gesellen-, Facharbeiterprüfung *bzw* -brief; 2. certificat d'aptitude pédagogique „Zeugnis über die pädagogische Befähigung" (*für Grundschullehrer*)

C.A.P.E.S. [kapɛs] certificat d'aptitude pédagogique à l'enseignement secondaire *od* certificat d'aptitude au professorat d'enseignement secondaire „Zeugnis über die pädagogische Befähigung zum Unterricht an Gymnasien"; *in der BRD etwa* zweites Staatsexamen für das höhere Lehramt

cart. cartonné kart. (kartoniert)

C.C. Corps consulaire CC (Konsularisches Korps)

C.C.I. Chambre de commerce international IHK (Internationale Handelskammer)

C.C.P. compte chèques postaux Postscheckkonto

cd candéla cd (Candela)

C.D. Corps diplomatique CD (Diplomatisches Korps)

C.D.P. Centre démocratie et progrès „Zentrum (für) Demokratie und Fortschritt"

C.D.R. Comité pour la défense de la République „Komitee zur Verteidigung der Republik"

C.E. comité d'entreprise Betriebsrat

CE₁ cours élémentaire un „Elementarklasse eins"; zweite Grundschulklasse

CE₂ cours élémentaire deux „Elementarklasse zwei"; dritte Grundschulklasse

C.E.A. Commissariat à l'énergie atomique „Kommissariat für Atomenergie"

C.E.C.A. [seka] Communauté européenne du charbon et de l'acier Montanunion; EGKS (Europäische Gemeinschaft für Kohle und Stahl)

Cedex *od* **CEDEX** [sedɛks] courrier d'entreprise à distribution exceptionnelle „(Sammelpostamt für) gesondert zugestellte Firmenpost"

C.E.E. Communauté économique européenne EWG (Europäische Wirtschaftsgemeinschaft); *heute meist* EG (Europäische Gemeinschaft)

C.E.G. collège d'enseignement général „höhere Lehranstalt für allgemeinen Unterricht; *etwa* Realschule

C.E.P. 1. certificat d'études primaires „Abschlußzeugnis der Volksschule"; Volksschulabschluß; 2. certificat d'études professionnelles „Zeugnis über den Besuch einer Berufsschule"

C.E.R.E.S. [serɛs] Centre d'études, de recherches et d'éducation socialistes „Zentrum für sozialistische Studien, Forschungen und Erziehung"

C.E.R.N. Conseil européen (*dann* Organisation européenne) pour la recherche nucléaire Europäische Organisation für Kernforschung

C.E.S. collège d'enseignement secondaire „höhere Lehranstalt für Gymnasialunterricht"; *etwa* Progymnasium

C.E.T. collège d'enseignement technique „höhere Lehranstalt für technischen Unterricht"; *etwa* Berufsfachschule

C.E.T.A. centre d'études techniques agricoles „Zentrum für agrartechnische Studien"

cf. confer (reportez-vous à …; pour comparer) vgl. (vergleiche) *od* cf.

C.F.A. Communauté financière africaine „Afrikanische Finanzgemeinschaft" (*Währung:* franc C.F.A.)

C.F.D.T. Confédération française (et) démocratique du travail „Französischer und demokratischer Arbeitsbund" (*e-e Gewerkschaft*)

C.F.F. Chemins de fer fédéraux *Schweiz* SBB (Schweizerische Bundesbahnen)

C.F.P.C. Centre français du patronat chrétien „Französisches Zentrum der christlichen Arbeitgeber"

C.F.T. Confédération française du travail „Französischer Bund der Arbeit"

C.F.T.C. Confédération française des travailleurs chrétiens „Französischer Bund der christlichen Arbeiter"

C.G.A. Confédération générale de l'agriculture „Allgemeiner Landwirtschaftsbund"

C.G.C. Confédération générale des cadres „Allgemeiner Bund der (leitenden) Angestellten" (*Angestelltengewerkschaft*)

C.G.S. centimètre, gramme, seconde CGS (Zentimeter, Gramm, Sekunde)

C.G.T. Confédération générale du travail „Allgemeiner Arbeitsbund" (*kommunistisch gelenkte Gewerkschaft*)

C.G.T.-F.O. *cf* F.O.

ch cheval-vapeur *bzw* chevaux-vapeur PS (Pferdestärke[n])

chap. chapitre Kap. (Kapitel)

C.H.U. Centre hospitalier universitaire *od* hospitalo-universitaire Universitätsklinikum

C.I.C.R. Comité international de la Croix-Rouge IKRK (Internationales Komitee vom Roten Kreuz)

Cie Compagnie Co. (Kompanie; Handelsgesellschaft)

C.I.O. Comité international olympique IOK (Internationales Olympisches Komitee)

C.I.S.L. Confédération internationale des syndicats libres IBFG (Internationaler Bund Freier Gewerkschaften)

cm centimètre(s) cm (Zentimeter)

cm² centimètre(s) carré(s) qcm *od* cm² (Quadratzentimeter)

cm³ centimètre(s) cube(s) ccm *od* cm³ (Kubikzentimeter)

CM₁ cours moyen un „Mittelklasse eins"; vierte Grundschulklasse

CM₂ cours moyen deux „Mittelklasse zwei"; fünfte Grundschulklasse

C.N.A.F. Caisse nationale des allocations familiales „Nationale Kindergeldkasse"

C.N.E.S. Centre national d'études spatiales „Nationales Raumforschungszentrum"

C.N.I. Centre national des indépendants (et paysans) „Nationales Zentrum der Selbständigen (und Bauern)"

C.N.P.F. Conseil national du patronat français „Nationalrat der französischen Arbeitgeber"

C.N.R. Conseil national de la Résistance „Nationalrat der Widerstandsbewegung"

C.N.R.S. Centre national de la recherche scientifique „Nationales Forschungszentrum"

c/o care of (*aux bons soins de*) bei; p. A. (per Adresse)

C.O.D.E.R. Commission de développement économique régional „Kommission für regionale Wirtschaftsentwicklung"

CP cours préparatoire „Vorbereitungsklasse"; erste Grundschulklasse

C.Q.F.D. ce qu'il fallait démontrer q. e. d. (quod erat demonstrandum; was zu beweisen war)

C.R.E.D.I.F. [kredif] Centre de recherche et d'étude pour la diffusion du français „Forschungs- und Studienzentrum zur Verbreitung des Französischen"

C.R.E.P.S. [krɛps] centre régional d'éducation physique et sportive „regionales Zentrum für Sport und Leibeserziehung"

C.-R.F. Croix-Rouge française „Französisches Rotes Kreuz"; *in Deutschland entsprechend* DRK (Deutsches Rotes Kreuz)

C.R.S. compagnie républicaine de sécurité „Republikanische Sicherheitskompanie"; Bereitschaftspolizei; *par ext* un C.R.S. ein Bereitschaftspolizist

ct. (du mois) courant d. M. (dieses Monats); lfd. M. (laufenden Monats)

Cte *od* **Cte** comte Graf

Ctesse *od* **Ctesse** comtesse Gräfin

CV cheval-vapeur (fiscal) *bzw* chevaux-vapeur (fiscaux) „Steuer-PS" (*der Kraftfahrzeugsteuer zugrunde gelegte Leistungseinheit*)

C.V. curriculum vitae Lebenslauf

D

D F *für* débrouillard (*in* système D) *cf* D, d *im Hauptteil*
dag décagramme(s) Dg (Dekagramm); *österr* dkg (Deka[gramm])
dal décalitre(s) Dl *od* dkl (Dekaliter)
dam décamètre(s) dam *od* Dm *od* dkm (Dekameter)
D.A.T.A.R. [datar] Délégation à l'aménagement du territoire et à l'action régionale „Delegation für Raumordnung und regionale Aktion"
D.B. division blindée Panzerdivision
D.C.A. défense contre avions Flak (Flugzeugabwehr[kanone])
D.E.A. diplôme d'études approfondies „Diplom über vertiefte (naturwissenschaftliche) Studien" (*nach 5jährigem Studium*)
déc. décembre Dez. (Dezember)
D.E.E.G. diplôme d'études économiques générales „Diplom über allgemeine Wirtschaftsstudien" (*nach 2jährigem Studium*)
D.E.J.G. diplôme d'études juridiques générales „Diplom über allgemeine juristische Studien" (*nach 2jährigem Studium*)
dép. 1. départ Abf. (Abfahrt); **2.** député Abg. (Abgeordneter)
dépt département Departement
D.E.U.G. [døg] diplôme d'études universitaires générales „Diplom über allgemeine Universitätsstudien" (*Abschlußprüfung des „premier cycle" nach 2 Studienjahren*)
D.I. division d'infanterie Infanteriedivision
dl décilitre(s) dl (Deziliter)
dm décimètre(s) dm (Dezimeter)
dm² décimètre(s) carré(s) qdm *od* dm² (Quadratdezimeter)
dm³ décimètre(s) cube(s) cdm *od* dm³ (Kubikdezimeter)
D.M.A. Délégation ministérielle à l'armement „Ministerielle Delegation für die Rüstung" (*Rüstungsbehörde*)
d° dito dto. *od* dto. (dito)
D.O.M. [dɔm] départements d'outre--mer überseeische Departements
D.P.L.G. diplômé par le gouvernement „von der Regierung diplomiert"; *etwa* staatlich geprüft
Dr *od* Dr **Dr.** docteur Dr. (Doktor)
D.S.T. Direction de la surveillance du territoire „Direktion der Landesüberwachung" (*Geheimdienst*)
D.T.S. droits de tirage spéciaux SZR (Sonderziehungsrechte)
D.U.E.L. [dyɛl] diplôme universitaire d'études littéraires „Universitätsdiplom über literarische Studien" (*nach 2jährigem Studium*)
D.U.E.S. [dyɛs] diplôme universitaire d'études scientifiques „Universitätsdiplom über naturwissenschaftliche Studien" (*nach 2jährigem Studium*)
D.U.T. diplôme universitaire de technologie „Technologisches Universitätsdiplom" (*nach 2jährigem Studium*)
dz. douzaine Dtzd. (Dutzend)

E

E. est O (Ost[en])
éd. éditeur *od* éditions Verl. (Verlag)
E.D.F. Électricité de France „Französische Elektrizitätsgesellschaft"
E.N.A. [ena] École nationale d'administration „Nationale Verwaltungshochschule"

E.-N.-E. est-nord-est ONO (Ostnord-ost[en])
E.N.S. École normale supérieure „Hochschule zur Ausbildung von Lehrern an höheren Schulen"
E.-S.-E. est-sud-est OSO (Ostsüd-ost[en])
E.S.S.E.C. [ɛsɛk] École supérieure des sciences économiques et commerciales „Hochschule für Wirtschaft und Handel"
etc. et cætera *od* et cetera usw. (und so weiter); usf. (und so fort)
Ets établissements Werk(e); Fa. (Firma)
E.-U. États-Unis USA (United States of America; Vereinigte Staaten von Amerika) [volt)
eV électron(s)-volt(s) eV (Elektronen-∫
E.V. en ville *auf Briefen* hier
ex. exemple z. B. (zum Beispiel)
exp. expéditeur Abs. (Absender)

F

F 1. franc(s) F (Franc[s]); **2.** farad F (Farad)
°F degré(s) Fahrenheit °F (Grad Fahrenheit)
FB franc(s) belge(s) bfr (belgischer Franc) *bzw* bfrs (belgische Francs)
F.D.E.S. Fonds de développement économique et social „Fonds für wirtschaftliche und soziale Entwicklung"
F.D.S.E.A. Fédération départementale des syndicats d'exploitants agricoles „Departementsverband der Landwirte"
F.E.D. Fonds européen de développement EEF (Europäischer Entwicklungsfonds)
f.é.m. force électromotrice EMK (elektromotorische Kraft)
F.E.N. [fɛn] Fédération de l'éducation nationale „Nationaler Erzieherverband"
fév. février Febr. (Februar)
FF franc(s) français FF (französischer Franc *bzw* französische Francs)
F.F.A. Forces françaises en Allemagne Französische Streitkräfte in Deutschland
F.F.F. Fédération française de football „Französischer Fußballbund"; *in der BRD* DFB (Deutscher Fußballbund)
F.F.I. Forces françaises de l'intérieur „Französische Streitkräfte im (Landes)Innern" (*Résistance*)
F.G.D.S. Fédération de la gauche démocrate et socialiste „Bund der demokratischen und sozialistischen Linken"
F.I.F.A. [fifa] Fédération internationale de football association FIFA (Internationaler Fußballverband)
F.I.S. [fis] Fédération internationale du ski FIS (Internationaler Skiverband)
F.I.T. Fédération internationale des traducteurs „Internationaler Übersetzerverband"
FL franc(s) luxembourgeois lfr(s) (Luxemburger Franc[s])
F.L.N. Front de libération nationale Nationale Befreiungsfront
F.M.I. Fonds monétaire international IWF (Internationaler Währungsfonds)
F.N.E.F. [fnɛf] Fédération nationale des étudiants de France „Nationaler französischer Studentenbund"

F.N.L. Front national de libération Nationale Befreiungsfront
F.N.R.I. Fédération nationale des républicains indépendants „Nationaler Verband der unabhängigen Republikaner"
F.N.S. Fonds national de solidarité „Nationaler Solidaritätsfonds"
F.N.S.E.A. Fédération nationale des syndicats d'exploitants agricoles „Nationaler Bauernverband"
F.O. Force ouvrière „Arbeitermacht" (*e-e Gewerkschaft, Mitglied des IBFG*)
fr. franc(s) fr(s) (Franc[s]) *bzw* Fr (Franken)
FR 3 France-Régions trois „Drittes französisches Fernseh(regional)programm"
FS franc(s) suisse(s) Fr *od* sFr *od* sfr (Schweizer Franken)
F.S. faire suivre! nachsenden!
F.S.M. Fédération syndicale mondiale WGB (Weltgewerkschaftsbund)

G

G gauss G (Gauß)
g gramme(s) g (Gramm)
G.A.T.T. [gat] General Agreement on Tariffs and Trade (*Accord général sur les tarifs douaniers et le commerce*) GATT [gat] (Allgemeines Zoll- und Handelsabkommen)
G.D.F. Gaz de France „Französische Gasgesellschaft"
gf gramme(s)-force p (Pond)
G.M.T. Greenwich mean time (*heure moyenne de Greenwich*) Mittlere Greenwich-Zeit
GO grandes ondes LW (Langwelle[n])
gp gramme(s)-poids p (Pond)
G.Q.G. grand quartier général Hauptquartier
G.V. grande vitesse Eilgut

H

H henry H (Henry)
h heure(s) **1.** *Uhrzeit* h (hora; *auszusprechen* „Uhr"); *zB* à 4h um 4h; **2.** Std(n). (Stunde[n])
ha hectare(s) ha (Hektar)
hab. habitants Einw. (Einwohner)
H.E.C. 1. (École des) 'Hautes études commerciales „Handelshochschule" (*Hochschule für Wirtschaftswissenschaften in Paris*); **2.** heure de l'Europe centrale MEZ (mitteleuropäische Zeit)
hg hectogramme(s) hg (Hektogramm)
hl hectolitre(s) hl (Hektoliter)
H.L.M. (*oft m*) habitation à loyer modéré Sozialwohnung
hm hectomètre(s) hm (Hektometer)
Hz hertz Hz (Hertz)

I

ibid. ibidem ib. *od* ibd. (ibidem) *od* ebd. (ebenda)
id. idem id. (dasselbe); desgl. (desgleichen)
I.D.H.E.C. Institut des 'hautes études cinématographiques „Institut für höhere Filmstudien" (*Film- und Fernsehakademie*)
I.E.P. Institut d'études politiques „Institut für politische Studien"
I.F.O.P. [ifɔp] Institut français d'opinion publique „Französisches Institut für Meinungsforschung"

I.G.A.M.E. [igam] *cf* inspecteur 2. *im Hauptteil*
I.G.N. Institut géographique national „Nationales geographisches Institut"
I.N.A. Institut national agronomique „Nationales agronomisches Institut" (*landwirtschaftliche Hochschule*)
I.N.E.D. [ined] Institut national d'études démographiques „Nationales Institut für Bevölkerungsstudien"
I.N.R.A. Institut national de la recherche agronomique „Nationales Institut für agronomische Forschung"
I.N.S.A. Institut national des sciences appliquées „Nationales Institut für angewandte Wissenschaften" (*Ingenieurschule*)
I.N.S.E.E. [inse] Institut national de la statistique et des études économiques „Nationales Institut für Statistik und Wirtschaftsstudien"
I.N.S.E.R.M. [inserm] Institut national de la santé et de la recherche médicale „Nationales Institut für Gesundheit und medizinische Forschung"
I.P.E.S. [ipes] institut de préparation aux enseignements du second degré „Institut zur Ausbildung von Gymnasiallehrern"
I.U.T. institut universitaire de technologie „Technisches Hochschulinstitut" (*zur Ausbildung von Ingenieuren und Betriebswirten*)

J

J joule J (Joule)
J.A.C. Jeunesse agricole chrétienne „Christliche Landjugend"
janv. janvier Jan. (Januar)
J.-C. Jésus-Christ Chr. (Christus); Jesus Christus
J.C.R. Jeunesse communiste révolutionnaire „Revolutionäre kommunistische Jugend"
J.E.C. Jeunesse étudiante chrétienne „Christliche studentische Jugend"
J.J.S.S. F Jean-Jacques Servan-Schreiber
J.M.F. Jeunesses musicales de France „Musik-Jugend Frankreichs" (*Bewegung zur Förderung der Musikerziehung*)
J.O. 1. Journal officiel Amts-, Gesetzblatt; 2. jeux Olympiques Olympische Spiele
J.O.C. Jeunesse ouvrière chrétienne „Christliche Arbeiterjugend"
Jr junior jr. *od* jun. (junior)

K

°K degré(s) Kelvin °K (Grad Kelvin)
kcal kilocalorie(s) kcal (Kilokalorie[n])
kg kilogramme(s) kg (Kilogramm)
kgf kilogramme(s)-force kp (Kilopond)
kgm kilogrammètre(s) kpm (Kilopondmeter) *od* mkp (Meterkilopond)
kgp kilogramme(s)-poids kp (Kilopond)
kHz kilohertz kHz (Kilohertz)
km kilomètre(s) km (Kilometer)
km² kilomètre(s) carré(s) qkm *od* km² (Quadratkilometer)
km³ kilomètre(s) cube(s) cbkm *od* km³ (Kubikkilometer)
km/h kilomètre(s)-heure *od* kilomètre(s) à l'heure km/h *od* km/st (Stundenkilometer, Kilometer je Stunde)
K.-O. knock-out k. o. *bzw* K. o.

kt kilotonne(s) kt (Kilotonne[n])
kV kilovolt(s) kV (Kilovolt)
kVA kilovoltampère(s) kVA (Kilovoltampere)
kW kilowatt(s) kW (Kilowatt)
kWh kilowattheure(s) kWh (Kilowattstunde[n])

L

l litre(s) l (Liter)
lat. N. latitude nord n. Br. (nördlicher Breite)
lat. S. latitude sud s. Br. (südlicher Breite)
lm lumen lm (Lumen)
loc. cit. loco citato a. a. O. (am angeführten, angegebenen Ort) *od* l. c. (loco citato)
long. E. longitude est ö. L. (östlicher Länge)
long. O. longitude ouest w. L. (westlicher Länge)
L.S.D. lysergamide; diéthylamide de l'acide lysergique LSD (Lysergsäurediäthylamid)
lx lux lx (Lux)

M

M. monsieur Herr
m mètre(s) m (Meter)
m² mètre(s) carré(s) qm *od* m² (Quadratmeter)
m³ mètre(s) cube(s) cbm *od* m³ (Kubikmeter)
mA milliampère(s) mA (Milliampere)
mb millibar(s) mb (Millibar)
Me *od* **Me** maître Rechtsanwalt
MF modulation de fréquence UKW (Ultrakurzwelle[n])
mg milligramme(s) mg (Milligramm)
Mgr *od* **Mgr** monseigneur *für Bischöfe u Prälaten* S(e). Exz. (Seine Exzellenz); *für fürstliche Personen* S(e). Durchlaucht (Seine Durchlaucht)
MHz mégahertz MHz (Megahertz)
ml millilitre(s) ml (Milliliter)
Mme *od* **Mme** madame Frau
Mmes *od* **Mmes** mesdames *pl von* madame; Mmes X et Y Frau X und Frau Y
mn minute(s) Min. (Minute[n])
M.O.D.E.F. Mouvement de défense des exploitations familiales „Bewegung zum Schutz der (bäuerlichen) Familienbetriebe"
M.R.G. Mouvement des radicaux de gauche „Bewegung der Links-Radikalsozialisten"
M.R.P. Mouvement républicain populaire „Republikanische Volksbewegung"; Volksrepublikaner
ms manuscrit Ms. *od* Mskr. (Manuskript) *od* Hs. (Handschrift)
m/s mètre(s) par seconde m/s (Meter je Sekunde)
mss manuscrits Mss. (Manuskripte) *od* Hss. (Handschriften)

M.T.S. mètre, tonne, seconde „Meter, Tonne, Sekunde" (*Frz Maßsystem bis 1961*)
MW mégawatt(s) MW (Megawatt)

N

N. nord N (Nord[en])
N. *od* **N*** *od* **N**** (*sert a désigner une personne indéterminée ou que l'on ne veut pas nommer*) N. N. (nomen nescio *od* nomen nominandum)
N.B. nota bene Anm. (Anmerkung); NB (notabene!)
N.-D. Notre-Dame Unsere Liebe Frau
N.D.L.R. note de la rédaction Anm. d. Red. (Anmerkung der Redaktion)
N.-E. nord-est NO (Nordost[en])
N.-N.-E. nord-nord-est NNO (Nordnordost[en])
N.-N.-O. nord-nord-ouest NNW (Nordnordwest[en])
n° *od* **N°** numéro Nr. (Nummer)
N.-O. nord-ouest NW (Nordwest[en])
nos *od* **Nos** numéros Nrn. (Nummern)
nov. novembre Nov. (November)
N/Réf. notre référence unser Zeichen
N.R.F. Nouvelle Revue française „Neue französische Zeitschrift"

O

O. ouest W (West[en])
O.A.C.I. Organisation de l'aviation civile internationale ICAO (International Civil Aviation Organization; Internationale Organisation der Zivilluftfahrt)
O.A.S. Organisation de l'armée secrète „Organisation der Geheimarmee"
OC ondes courtes KW (Kurzwelle[n])
O.C.D.E. Organisation de coopération et de développement économiques OECD (Organization for Economic Cooperation and Development; Organisation für wirtschaftliche Zusammenarbeit und Entwicklung) (*ab 1961*)
oct. octobre Okt. (Oktober)
O.E.A. Organisation des États américains OAS (Organization of American States; Organisation der amerikanischen Staaten)
O.E.C.E. Organisation européenne de coopération économique OEEC (Organization for European Economic Cooperation; Organisation für europäische wirtschaftliche Zusammenarbeit) (*1948—1960*)
O.I.E.A. Organisation internationale de l'énergie atomique IAEO (Internationale Atomenergiebehörde, Atomenergieorganisation)
O.I.T. Organisation internationale du travail IAO (Internationale Arbeitsorganisation)
o. k. [oke] F *für* all correct (*d'accord*) o. k. *od* O. K. [o'ke:]
O.L.P. Organisation de libération palestinienne PLO (Palestine Liberation Organization; Palästinensische Befreiungsfront)
O.M.M. Organisation météorologique mondiale WMO (World Meteorological Organization; Meteorologische Weltorganisation)
O.M.S. Organisation mondiale de la santé WHO (World Health Organization; Weltgesundheitsorganisation)
O.N.I.S.E.P. [ɔnisep] Office national d'information sur les enseignements et les professions „Staatliches Amt

zur Information über Ausbildungs-
möglichkeiten und Berufe"
O.N.M. Office national météorologi-
que „Nationales Wetteramt"
O.-N.-O. ouest-nord-ouest WNW
(Westnordwest[en])
O.N.U. [ɔny] Organisation des Nations
unies UNO ['uːno] (United Nations
Organization; Organisation der Ver-
einten Nationen)
op. opus op.
O.P.A. offre publique d'achat öffent-
liches Aktienkaufangebot
O.P.E.P. [ɔpεp] Organisation des
pays exportateurs de pétrole OPEC
['oːpεk] (Organization of Petroleum
Exporting Countries; Organisation
Erdöl exportierender Länder)
O.R.L. oto-rhino-laryngologie HNO
(Hals-Nasen-Ohren-Heilkunde)
O.R.T.F. Office de radiodiffusion-
-télévision française „Französisches
Rundfunk- und Fernsehamt" (bis
1974)
O.S. ouvrier spécialisé angelernter
Arbeiter
O.-S.-O. ouest-sud-ouest WSW
(Westsüdwest[en])
O.T.A.N. [ɔtã] Organisation du
traité de l'Atlantique Nord NATO
['naːto] (North Atlantic Treaty Orga-
nization; Nordatlantikpaktorganisa-
tion)
O.T.A.S.E. Organisation du traité de
l'Asie du Sud-Est SEATO (South
East Asia Treaty Organization; Süd-
ostasienpaktorganisation)
O.U.A. Organisation de l'unité afri-
caine OAU (Organization of African
Unity; Organisation für die Einheit
Afrikas)
O.V.N.I. [ɔvni] cf ovni im Hauptteil

P

P. père P. (Pater)
p. 1. page(s) S. (Seite[n]); **2.** pour für
P.C. 1. Parti communiste KP (Kom-
munistische Partei); **2.** poste de com-
mandement Befehlsstelle; Gefechts-
stand
P.C.B. physique, chimie, biologie
Physik, Chemie, Biologie
P.C.C. pour copie conforme für die
Richtigkeit der Abschrift
P.C.E.M. premier cycle d'études
médicales „erstes und zweites Stu-
dienjahr des Medizinstudiums"
p. cent pour cent v. H. (vom Hundert);
Prozent (Zeichen: %)
P.C.F. Parti communiste français
KPF (Kommunistische Partei Frank-
reichs)
P.C.I. Parti communiste italien KPI
(Kommunistische Partei Italiens)
P.-D.G. od **P.D.G.** président-direc-
teur général Generaldirektor
P. et T. Postes et Télécommunica-
tions Post und Fernmeldewesen
p. ex. par exemple z. B. (zum Beispiel)
P.G.C.D. od **p.g.c.d.** plus grand
commun diviseur größter gemein-
samer Teiler
P.I.B. produit intérieur brut Brutto-
inlandsprodukt
P.J. 1. police judiciaire Kripo (Krimi-
nalpolizei); **2.** pièce(s) jointe(s) Anl.
(Anlage[n])
Pl. place Platz
P.M. 1. pistolet mitrailleur MP (Ma-
schinenpistole); **2.** préparation mili-
taire vormilitärische Ausbildung
p.m. pour mémoire z. E. (zur Erin-
nerung)

P.M.E. petites et moyennes entre-
prises kleine und mittlere Unterneh-
men; Mittel- und Kleinbetriebe
p. mille pour mille v. T. (vom Tau-
send); Promille (Zeichen: %%)
P.M.U. Pari mutuel urbain „Städti-
sche Rennwette"; etwa Pferdetoto;
par ext Wettannahme(stelle)
P.N.B. produit national brut Brutto-
sozialprodukt
PO petites ondes MW (Mittelwelle[n])
p.o. od **p/o** par ordre i. A. od I. A. (im
Auftrag)
P.O.S. plan d'occupation des sols
Bebauungsplan
p.p. par procuration als Bevollmäch-
tigter; comm pp. od ppa. (per procura)
P.P.C. pour prendre congé „um Ab-
schied zu nehmen"
P.P.C.M. od **p.p.c.m.** plus petit com-
mun multiple kleinstes gemeinschaft-
liches Vielfaches
P.R. Parti républicain Republikani-
sche Partei
P.S. Parti socialiste Sozialistische Par-
tei
P.-S. post-scriptum PS (Postskriptum;
Nachschrift)
P.S.U. Parti socialiste unifié „Ver-
einigte Sozialistische Partei"
P.S.V. pilotage sans visibilité Blind-,
Instrumentenflug
P.T.T. postes, télégraphes et télé-
phones „Post, Telegraf und Telefon";
Post und Fernmeldewesen (bis 1959)
P.U.F. Presses universitaires de
France „Französische Universitäts-
druckerei" (Verlag)
P.V. petite vitesse Frachtgut
P.-V. F procès-verbal gebührenpflich-
tige Verwarnung
pz pièze(s) (Druckeinheit im frz
MTS-System) 10 Millibar

Q

q quintal bzw quintaux dz (Doppel-
zentner)
Q.G. quartier général Stabsquartier
Q.I. quotient intellectuel od d'intelli-
gence IQ (Intelligenzquotient)

R

R. recommandé Einschreiben
r. rue Str. (Straße)
R.A. régime accéléré Eilgut
R.A.S. rien à signaler keine besonde-
ren Vorkommnisse
R.A.T.P. Régie autonome des trans-
ports parisiens „Autonome Regie
der Pariser Verkehrsbetriebe"
R.C. registre du commerce Handels-
register
R.D.A. République démocratique
allemande DDR (Deutsche Demo-
kratische Republik)
Rem. remarque Anm. (Anmerkung);
Bem. (Bemerkung)
R.E.P. régiment étranger de para-
chutistes „Fallschirmjägerregiment
der Fremdenlegion"
R.E.R. Réseau express régional „Re-
gionales Schnellbahnnetz, S-Bahn-
Netz"; etwa S-Bahn
R.F. République française Franzö-
sische Republik
R.F.A. République fédérale d'Alle-
magne BRD (Bundesrepublik
Deutschland)
R.G.R. Rassemblement des gauches
républicaines „Sammlungsbewegung
der republikanischen Linken"

R.I. 1. Républicains indépendants
„Unabhängige Republikaner"; **2.** ré-
giment d'infanterie IR. (Infanterie-
regiment)
R.N. route nationale „National-
straße"; in der BRD B (Bundesstraße)
R.O. régime ordinaire Frachtgut
R.P. réponse payée RP (Antwort be-
zahlt)
R.P.F. Rassemblement du peuple
français „Sammlungsbewegung des
französischen Volkes" (de Gaulle)
R.P.R. Rassemblement pour la Ré-
publique „Sammlungsbewegung für
die Republik" (Gaullisten)
R.S.F.S.R. République soviétique
fédérative socialiste de Russie
RSFSR (Russische Sozialistische Fö-
derative Sowjetrepublik)
R.S.V.P. répondez, s'il vous plaît
u. A. w. g. (um Antwort wird gebeten)
R.T.F. Radiodiffusion-Télévision
française „Französischer Rundfunk
und Französisches Fernsehen" (bis
1964)
R.T.L. Radio-Télé-Luxembourg
„Rundfunk und Fernsehen Luxem-
burg" (kommerzieller Sender in frz
Sprache)

S

s seconde(s) s od Sek. (Sekunde[n])
S. 1. saint hl. (heiliger) od St. (Sankt);
2. sud S (Süd[en])
s. 1. (et la page) suivante f. (folgende
[Seite]); **2.** siècle Jh. (Jahrhundert)
S.A. société anonyme AG (Aktien-
gesellschaft)
Sabena [sabena] Société anonyme
belge d'exploitation de la navigation
aérienne „Belgische Luftfahrt-Ak-
tiengesellschaft"; Sabena
S.A.C.E.M. [sasεm] Société des au-
teurs, compositeurs & éditeurs de
musique „Gesellschaft der Textdich-
ter, Komponisten und Musikverle-
ger"; in der BRD etwa GEMA (Ge-
sellschaft für musikalische Aufführ-
rungs- und mechanische Vervielfälti-
gungsrechte)
S.A.M.U. [samy] service d'aide mé-
dicale d'urgence „Dienststelle für
ärztliche Soforthilfe"; etwa Notarzt;
Rettungsdienst
S.A.R.L. société à responsabilité li-
mitée GmbH (Gesellschaft mit be-
schränkter Haftung)
S.A.U. surface agricole utile land-
wirtschaftliche Nutzfläche
S.D.N. Société des Nations Völker-
bund
S.-E. sud-est SO (Südost[en])
SECAM [sekam] séquentiel à mé-
moire („zeitlich nacheinander mit
Speicherung") SECAM
S.E.I.T.A. Service d'exploitation in-
dustrielle des tabacs et allumettes
„Staatsbetrieb für Herstellung und
Vertrieb von Tabak- und Zündholz-
waren"
S.E.O. sauf erreur ou omission Irr-
tum oder Auslassung vorbehalten
sept. septembre Sept. (September)
S.F.I.O. Section française de l'Inter-
nationale ouvrière „Französische
Sektion der Arbeiterinternationale"
(Sozialistische Partei Frankreichs)
S.G.E.N. [sgεn] Syndicat général de
l'éducation nationale „Allgemeine
Gewerkschaft des nationalen Bil-
dungswesens"
S.I. syndicat d'initiative Fremden-
verkehrsamt

S.I.C.A. [sika] société d'interêt collectif agricole „Gemeinsame Interessengesellschaft für Landwirte"

S.I.C.A.V. *od* **Sicav** [sikav] société d'investissement à capital variable „Investmentgesellschaft mit wechselndem Grundkapital"

S.I.M.C.A. *od* **Simca** [simka] Société industrielle de mécanique et carrosserie automobile „Industriegesellschaft für Mechanik und Autokarosserie"

S.J.F. Syndicat des journalistes français „Französische Journalistengewerkschaft"

S.M. Sa Majesté S. M. (Seine Majestät) *bzw* I. M. (Ihre Majestät)

S.M.E. Système monétaire européen EWS (Europäisches Währungssystem)

S.M.I.C. [smik] salaire minimum interprofessionnel de croissance „dynamischer Mindestlohn für alle Berufssparten"

S.M.I.G. [smig] salaire minimum interprofessionnel garanti „garantierter Mindestlohn für alle Berufssparten"

sn sthène(s) (*Krafteinheit im frz MTS-System*) 10^3 Newton; 10^8 dyn

S.N.C.F. Société nationale des chemins de fer français „Staatliche französische Eisenbahngesellschaft"; *in der BRD* DB (Deutsche Bundesbahn)

S.N.E.C.M.A. [snɛkma] Société nationale d'étude et de construction de moteurs d'aviation „Nationale Gesellschaft für das Studium und den Bau von Flugzeugmotoren"

S.N.E.S. [snɛs] Syndicat national de l'enseignement secondaire „Nationale Gewerkschaft der Gymnasiallehrer"

S.N.E.-Sup. [snɛsyp] Syndicat national de l'enseignement supérieur „Nationale Gewerkschaft der Hochschullehrer"

S.N.I. [sni] Syndicat national des instituteurs „Nationale Gewerkschaft der Grundschullehrer"

S.N.P.Q.R. Syndicat national de la presse quotidienne régionale „Nationaler Verband der regionalen Tagespresse"

S.-O. sud-ouest SW (Südwest[en])

S.O.F.R.E.S. [sɔfrɛs] Société française d'enquête par sondage „Französische Gesellschaft zur Meinungsbefragung"

S.P.A. Société protectrice des animaux Tierschutzverein

S.S. **1.** *im 3. Reich* Schutzstaffel (*échelon de protection*) SS; un S.S. ein SS-Mann *m*; les S.S. *oft* die SS *f*; **2.** Sécurité sociale Sozialversicherung

S.-S.-E. sud-sud-est SSO (Südsüdost[en])

S.-S.-O. sud-sud-ouest SSW (Südsüdwest[en])

st stère rm (Raummeter)

S^t saint hl. (heiliger) *od* St. (Sankt)

S^{te} sainte hl. (heilige) *od* St. (Sankt)

Sté société Gesellschaft

suppl. supplément Ergänzungsband; Nachtrag

S.V.P. s'il vous plaît bitte

T

t tonne(s) t (Tonne[n])

t. tome Bd. (Band)

tél. téléphone Tel. (Telefon)

TF 1 Télévision française un „Französisches Fernsehen erstes Programm"

th thermie(s) Mcal (Megakalorie[n])

T.N.P. Théâtre national populaire „Nationales Volkstheater" (*Theater in Paris*)

T.O.M. [tɔm] territoires d'outre-mer überseeische Gebiete

T.P. **1.** travaux publics Tiefbau; **2.** F *für* travaux pratiques *Schule* praktische Übungen (*in Physik u Chemie*); *Universität etwa* (Seminar)Übungen

tr/mn tours par minute U/min (Umdrehungen in der Minute)

T.S.F. télégraphie sans fil **1.** drahtlose Telegraphie; **2.** *veraltend* Rundfunk

T.S.V.P. tournez, s'il vous plaît b. w. (bitte wenden)

T.T.C. toutes taxes comprises einschließlich aller Gebühren *bzw* Steuern

T.V. télévision Fernsehen; TV (Television)

T.V.A. taxe sur *od* à la valeur ajoutée MwSt. *od* Mw.-St. (Mehrwertsteuer)

tx tonneaux (de jauge) RT (Registertonnen)

U

U.D.B. Union démocratique bretonne „Bretonische demokratische Union"

U.D.F. Union pour la démocratie française „Union für die französische Demokratie"

U.D.R. Union des démocrates pour la Ve République „Union der Demokraten für die Fünfte Republik" (*Gaullisten*)

U.E.F.A. [ɥefa] Union européenne de football association UEFA [u'ɛːfa] (Europäischer Fußballverband)

U.E.O. Union de l'Europe occidentale WEU (Westeuropäische Union)

U.E.P. Union européenne des paiements EZU (Europäische Zahlungsunion)

U.E.R. **1.** *Universität* unité d'enseignement et de recherche „Lehr- und Forschungseinheit"; *etwa* Fachbereich; **2.** *rad* Union européenne de radiodiffusion Europäischer Rundfunkverein

U.I.P. Union interparlementaire IPU (Interparlamentarische Union)

U.I.T. Union internationale des télécommunications IFU (Internationale Fernmeldeunion)

U.J.P. Union des jeunes pour le progrès „Union der Jugend für den Fortschritt" (*gaullistisch*)

U.N.E.F. [ynɛf] Union nationale des étudiants de France „Nationale Union der Studenten Frankreichs"

U.N.R. Union pour la nouvelle République „Union für die neue Republik" (*Gaullisten 1958—67*)

U.P.U. Union postale universelle Weltpostverein

U.R.S.S. [*oft* yrs] Union des républiques socialistes soviétiques UdSSR (Union der Sozialistischen Sowjetrepubliken)

U.T.A. Union de transports aériens „Lufttransport-Union"

U.V. unité de valeur „Werteinheit" (*an der Universität*); *etwa* Schein

V

V volt(s) V (Volt)

v. voir s. (siehe)

VA voltampère(s) VA (Voltampere)

V.F. version française französische Fassung

V.G.E. F Valéry Giscard d'Estaing

V.I.P. [vip] very important person (*personnage très important*) „sehr wichtige Person, Persönlichkeit"; VIP *od* V.I.P. [vip]

V.O. version originale Originalfassung

vol. volume Bd. (Band)

V.R.P. voyageurs de commerce, représentants et placiers Geschäftsreisende und Handelsvertreter

Vve *od* Vve veuve Wwe. (Witwe)

vx vieux alt

W, X, Y

W watt(s) W (Watt)

W.-C. [(dublə)vese] *m/pl* water closet WC *n* (Wasserklosett)

X *cf* X, x *im Hauptteil*

Z

Z.A.C. [zak] zone d'aménagement concerté „Gebiet aufeinander abgestimmter Erschließung"

Z.A.D. [zad] zone d'aménagement différé „Gebiet zurückgestellter Erschließung"

Z.U.P. [zyp] zone à urbaniser en priorité „Gebiet vorrangiger städtebaulicher Erschließung"

IV. DIE KONJUGATION DER FRANZÖSISCHEN VERBEN
IV. LA CONJUGAISON DES VERBES FRANÇAIS

1. HILFSVERBEN

a) avoir: dient zur Bildung der zusammengesetzten Zeiten aller transitiven und der meisten intransitiven Verben

Temps simples			
INDICATIF			
Présent	*Imparfait*	*Passé simple*[2]	*Futur simple*
j' ai [ʒe] ich habe tu as [tya] il a[1] [ila] nous avons [nuzavõ] vous avez [vuzave] ils ont [ilzõ]	j' avais [ʒavɛ] ich hatte tu avais [tyavɛ] il avait [ilavɛ] nous avions [nuzavjõ] vous aviez [vuzavje] ils avaient [ilzavɛ]	j' eus [ʒy] ich hatte tu eus [tyy] il eut [ily] nous eûmes [nuzym] vous eûtes [vuzyt] ils eurent [ilzyr]	j' aurai [ʒore] ich werde haben tu auras [tyɔra] il aura[1] [ilɔra] nous aurons [nuzɔrõ] vous aurez [vuzɔre] ils auront [ilzɔrõ]
SUBJONCTIF		**CONDITIONNEL**	**IMPÉRATIF**
Présent	*Imparfait*[3]	*Présent*	
que j' aie [ʒɛ] daß ich habe tu aies [tyɛ] il ait [ilɛ] nous ayons [nuzɛjõ] vous ayez [vuzeje] ils aient [ilzɛ]	que j' eusse [ʒys] daß ich hätte tu eusses [tyys] il eût [ily] nous eussions [nuzysjõ] vous eussiez [vuzysje] ils eussent [ilzys]	j' aurais [ʒɔrɛ] ich würde haben tu aurais [tyɔrɛ] il aurait [ilɔrɛ] nous aurions [nuzɔrjõ] vous auriez [vuzɔrje] ils auraient [ilzɔrɛ]	aie [ɛ] habe! ayons [ɛjõ] haben wir! ayez [eje] haben Sie!; habt!
INFINITIF	**PARTICIPE**		**GÉRONDIF**
Présent	*Présent*	*Passé*	
avoir [avwar] haben	ayant [ɛjã] habend	eu [y] gehabt	en ayant [ãnɛjã] habend

Temps composés			
INDICATIF			
Passé composé	*Plus-que-parfait*	*Passé antérieur*	*Futur antérieur*
j'ai eu ich habe gehabt tu as eu *etc.*	j'avais eu ich hatte gehabt tu avais eu *etc.*	j'eus eu ich hatte gehabt tu eus eu *etc.*	j'aurai eu ich werde gehabt haben tu auras eu *etc.*
SUBJONCTIF		**CONDITIONNEL**	**INFINITIF**
Passé	*Plus-que-parfait*[4]	*Passé*	*Passé*
que j'aie eu daß ich gehabt habe que tu aies eu *etc.*	que j'eusse eu daß ich gehabt hätte que tu eusses eu *etc.*	j'aurais eu ich würde gehabt haben tu aurais eu *etc.*	avoir eu gehabt haben

[1] Frageform a-t-il? bzw. aura-t-il?

[2] [3] [4] Vgl. die Bemerkungen [2] [3] [4] unter **être**.

b) être: dient zur Bildung des Passivs und der zusammengesetzten Zeiten der reflexiven und einiger intransitiver Verben

Temps simples			
INDICATIF			
Présent	*Imparfait*	*Passé simple²)*	*Futur simple*
je suis [ʒ(ə)sɥi] ich bin	j' étais [ʒetɛ] ich war	je fus [ʒəfy] ich war	je serai [ʒəsre] ich werde sein
tu es [tyɛ]	tu étais [tyetɛ]	tu fus [tyfy]	tu seras [tysra]
il est [ilɛ]	il était [iletɛ]	il fut [ilfy]	il sera¹) [ilsəra]
nous sommes [nusɔm]	nous étions [nuzetjõ]	nous fûmes [nufym]	nous serons [nusrõ]
vous êtes [vuzɛt]	vous étiez [vuzetje]	vous fûtes [vufyt]	vous serez [vusre]
ils sont [ilsõ]	ils étaient [ilzetɛ]	ils furent [ilfyr]	ils seront [ilsərõ]
SUBJONCTIF		**CONDITIONNEL**	**IMPÉRATIF**
Présent	*Imparfait³)*	*Présent*	
que je sois [ʒ(ə)swa] daß ich sei	que je fusse [ʒəfys] daß ich wäre	je serais [ʒəsrɛ] ich würde sein	sois [swa] sei!
tu sois [tyswa]	tu fusses [tyfys]	tu serais [tysrɛ]	soyons [swajõ]
il soit [ilswa]	il fût [ilfy]	il serait [ilsərɛ]	seien wir!
nous soyons [nuswajõ]	nous fussions [nufysjõ]	nous serions [nusərjõ]	
vous soyez [vuswaje]	vous fussiez [vufysje]	vous seriez [vusərje]	soyez [swaje]
ils soient [ilswa]	ils fussent [ilfys]	ils seraient [ilsərɛ]	seien Sie!; seid!
INFINITIF	**PARTICIPE**		**GÉRONDIF**
Présent	*Présent*	*Passé*	
être [ɛtr(ə)] sein	étant [etã] seiend	été [ete] gewesen	en étant [ãnetã] seiend

Temps composés			
INDICATIF			
Passé composé	*Plus-que-parfait*	*Passé antérieur*	*Futur antérieur*
j'ai été ich bin gewesen	j'avais été ich war gewesen	j'eus été ich war gewesen	j'aurai été ich werde gewesen sein
tu as été	tu avais été	tu eus été	tu auras été
etc.	etc.	etc.	etc.
SUBJONCTIF		**CONDITIONNEL**	**INFINITIF**
Passé	*Plus-que-parfait⁴)*	*Passé*	*Passé*
que j'aie été daß ich gewesen sei	que j'eusse été daß ich gewesen wäre	j'aurais été ich würde gewesen sein	avoir été gewesen sein
que tu aies été	que tu eusses été	tu aurais été	
etc.	etc.	etc.	

¹) Frageform **sera-t-il?**

²) Das Passé simple wird heute in der gesprochenen Sprache meist durch das Passé composé ersetzt.

³) Der Subjonctif Imparfait von **avoir** und **être** wird heute nur noch in literarischer und sehr gehobener Ausdrucksweise gebraucht. Am gebräuchlichsten sind noch die Formen der 3. Person Singular **eût** und **fût**. Gewöhnlich wird an Stelle des Subjonctif Imparfait der Subjonctif Présent gesetzt:
 Il voulait que nous soyons à l'heure.

⁴) Entsprechend dem unter ³) Gesagten wird der Subjonctif Plus-que-parfait heute gewöhnlich durch den Subjonctif **Passé** ersetzt.

2. REGELMÄSSIGE VERBEN AUF -ER

a) trouver

Actif

Temps simples

INDICATIF

Présent	*Imparfait*	*Passé simple*²⁾	*Futur simple*
je trouve [ʒ(ə)truv] ich finde	je trouvais [ʒ(ə)truvɛ] ich fand	je trouvai [ʒ(ə)truve] ich fand	je trouverai [ʒ(ə)truvre] ich werde finden
tu trouves [tytruv]	tu trouvais [tytruvɛ]	tu trouvas [tytruva]	tu trouveras [tytruvra]
il trouve¹⁾ [iltruv]	il trouvait [iltruvɛ]	il trouva¹⁾ [iltruva]	il trouvera¹⁾ [iltruvra]
nous trouvons [nutruvõ]	nous trouvions [nutruvjõ]	nous trouvâmes [nutruvam]	nous trouverons [nutruvrõ]
vous trouvez [vutruve]	vous trouviez [vutruvje]	vous trouvâtes [vutruvat]	vous trouverez [vutruvre]
ils trouvent [iltruv]	ils trouvaient [iltruvɛ]	ils trouvèrent [iltruvɛr]	ils trouveront [iltruvrõ]

SUBJONCTIF		CONDITIONNEL	IMPÉRATIF
Présent	*Imparfait*³⁾	*Présent*	
que je trouve daß ich finde	que je trouvasse daß ich fände	je trouverais ich würde finden	trouve finde!
tu trouves	tu trouvasses	tu trouverais	trouvons
il trouve	il trouvât [iltruva]	il trouverait	finden wir!
nous trouvions	nous trouvassions	nous trouverions	trouvez
vous trouviez	vous trouvassiez	vous trouveriez	findet!
ils trouvent	ils trouvassent	ils trouveraient	

INFINITIF	PARTICIPE		GÉRONDIF
Présent	*Présent*	*Passé*⁴⁾	
trouver [truve] finden	trouvant [truvã] findend	trouvé [truve] gefunden	en trouvant findend

Temps composés

INDICATIF

Passé composé	*Plus-que-parfait*	*Passé antérieur*⁵⁾	*Futur antérieur*
j'ai trouvé ich habe gefunden	j'avais trouvé ich hatte gefunden	j'eus trouvé ich hatte gefunden	j'aurai trouvé ich werde gefunden haben
tu as trouvé	tu avais trouvé	tu eus trouvé	tu auras trouvé
etc.	*etc.*	*etc.*	*etc.*

SUBJONCTIF		CONDITIONNEL	INFINITIF
Passé	*Plus-que-parfait*⁶⁾	*Passé*	*Passé*
que j'aie trouvé daß ich gefunden habe	que j'eusse trouvé daß ich gefunden hätte	j'aurais trouvé ich würde gefunden haben	avoir trouvé gefunden haben
que tu aies trouvé	que tu eusses trouvé	tu aurais trouvé	
etc.	*etc.*	*etc.*	

Passif

INDICATIF

Présent	*Imparfait*	*Passé simple*²⁾	*Futur simple*
je suis trouvé(e) ich werde gefunden	j'étais trouvé(e) ich wurde gefunden	je fus trouvé(e) ich wurde gefunden	je serai trouvé(e) ich werde gefunden werden
tu es trouvé(e)	tu étais trouvé(e)	tu fus trouvé(e)	tu seras trouvé(e)
il (elle) est trouvé(e)	*etc.*	*etc.*	*etc.*
nous sommes trouvé(e)s			
vous êtes trouvé(e)s			
ils (elles) sont trouvé(e)s			

Passé composé	*Plus-que-parfait*	*Passé antérieur*[5]	*Futur antérieur*

j'ai été trouvé(e)
   ich bin gefunden worden
 	
 tu as été trouvé(e)
 il (elle) a été trouvé(e)
 nous avons été trouvé(e)s
 vous avez été trouvé(e)s
 ils (elles) ont été trouvé(e)s
	j'avais été trouvé(e)
	   ich war gefunden worden
	
	 tu avais été trouvé(e)
	 etc.
		j'eus été trouvé(e)
		   ich war gefunden worden
		
		 tu eus été trouvé(e)
		 etc.
			j'aurai été trouvé(e)
			   ich werde gefun-
			   den worden sein
			 tu auras été trouvé(e)
			 etc.

SUBJONCTIF

Présent	*Imparfait*[3]	*Passé*	*Plus-que-parfait*[6]

que
 je sois trouvé(e)
   daß ich gefunden werde
 	
 tu sois trouvé(e)
 etc.
	que
	 je fusse trouvé(e)
	   daß ich gefunden würde
	
	 tu fusses trouvé(e)
	 etc.
		que
		 j'aie été trouvé(e)
		   daß ich gefunden worden
		   sei
		 tu aies été trouvé(e)
		 etc.
			que
			 j'eusse été trouvé(e)
			   daß ich gefunden
			   worden wäre
			 tu eusses été trouvé(e)
			 etc.

CONDITIONNEL		IMPÉRATIF	GÉRONDIF
Présent	*Passé*		

je serais trouvé(e)
   ich würde gefunden
   werden
 tu serais trouvé(e)
 etc.
	j'aurais été trouvé(e)
	   ich würde gefunden
	   worden sein
	 tu aurais été trouvé(e)
	 etc.
		sois trouvé(e)
		   werde gefunden!
			en étant trouvé
			   gefunden werdend

INFINITIF		PARTICIPE	
Présent	*Passé*	*Présent*	*Passé*

être trouvé
   gefunden werden
	avoir été trouvé
	   gefunden worden sein
		étant trouvé
		   gefunden werdend
			ayant été trouvé
			   gefunden worden
			   seiend

[1] Frageform **trouve-t-il?** bzw. **trouva-t-il?** bzw. **trouvera-t-il?**

[2] Das Passé simple wird heute in der gesprochenen Sprache meist durch das Passé composé ersetzt.

[3] Der Subjonctif Imparfait wird heute auch in der Schriftsprache höchstens noch in der 3. Person Singular gebraucht. Gewöhnlich wird an Stelle des Subjonctif Imparfait der Subjonctif Présent gesetzt.

[4] Das Participe passé ist veränderlich. Wird es mit **être** konjugiert, so richtet es sich in Geschlecht und Zahl nach dem Subjekt des Verbums:
    ils sont partis   **les clefs** ont été trouv**ées**

Das mit **avoir** konjugierte Participe passé richtet sich in Geschlecht und Zahl nach dem vorausgehenden Objet direct:
    la clef **que** j'ai trouv**ée**   on **les** (= les criminels) a punis
    combien de fautes as-tu trouv**ées**?

Bei den reflexiven Verben richtet sich das Participe passé in Geschlecht und Zahl nach dem vorausgehenden Objet direct:
    ils **se** sont trouv**és** seuls   la place **qu'**elle s'est trouv**ée**
    aber   elle s'est trouvé une place („se" ist hier Objet indirect)

[5] Der Rückgang des Passé simple in der gesprochenen Sprache zugunsten des Passé composé hat zur Folge, daß das Passé antérieur (j'eus trouvé, j'eus puni) durch ein **Passé surcomposé** (j'ai eu trouvé, j'ai eu puni) ersetzt wird.
Vgl. **Quand il eut fini son travail, il se reposa.** (Schriftsprache)
      Quand il a eu fini son travail, il s'est reposé. (Gesprochene Sprache)

[6] Entsprechend dem unter [3] Gesagten wird der Subjonctif Plus-que-parfait heute gewöhnlich durch den Subjonctif Passé ersetzt.

b) BESONDERHEITEN GEWISSER VERBEN AUF -ER

Die Hinweise in spitzen Klammern bei den betreffenden Verben des Hauptteils haben folgende Bedeutung:

⟨-ç-⟩   c wird vor den mit a oder o beginnenden Endungen ç geschrieben, um die Aussprache [s] bei-zubehalten.

Beispiel avancer:

nous avançons	j'avançais	j'avançai	(en) avançant
	tu avançais	tu avanças	
	il avançait	il avança	
	ils avançaient	nous avançâmes	
		vous avançâtes	

⟨-geons-⟩   g wird vor den mit a oder o beginnenden Endungen ge geschrieben, um die Aussprache [ʒ] bei-
bzw. zubehalten.
⟨-geait⟩

Beispiel diriger:

nous dirigeons	je dirigeais	je dirigeai	(en) dirigeant
	tu dirigeais	tu dirigeas	
	il dirigeait	il dirigea	
	ils dirigeaient	nous dirigeâmes	
		vous dirigeâtes	

⟨-è-⟩   Das stumme e (Schreibung e) bzw. das geschlossene e (Schreibung é) der vorletzten Silbe des Infinitivs wird vor stummer Endung zu offenem e (Schreibung è). Verben mit stummem e behalten die Schreibung è im Futur und Conditionnel bei.

Beispiel peser:

je pèse	je pèserai	je pèserais	pèse!
tu pèses	tu pèseras	tu pèserais	
il pèse	*etc.*	*etc.*	
ils pèsent			

Beispiel céder:

je cède		cède!
tu cèdes		
il cède	*aber* je céderai [ʒ(ə)sɛdre]	
ils cèdent	*etc.*	

⟨-tt-⟩   Die Verwandlung des stummen e in offenes e vor stummer Endung wird durch die Schreibung tt ausgedrückt.

Beispiel projeter:

je projette	je projetterai	je projetterais	projette!
tu projettes	tu projetteras	tu projetterais	
il projette	*etc.*	*etc.*	
ils projettent			

⟨-ll-⟩   Die Verwandlung des stummen e in offenes e vor stummer Endung wird durch die Schreibung ll ausgedrückt.

Beispiel épeler:

j'épelle	j'épellerai	j'épellerais	épelle!
tu épelles	tu épelleras	tu épellerais	
il épelle	*etc.*	*etc.*	
ils épellent			

⟨-oi-⟩   Vor stummem e wird oy in oi verwandelt.

Beispiel employer:

j'emploie	j'emploierai	j'emploierais	emploie!
tu emploies	tu emploieras	tu emploierais	
il emploie	*etc.*	*etc.*	
ils emploient			

⟨-ui-⟩   Vor stummem e wird uy in ui verwandelt.

Beispiel appuyer:

j'appuie	j'appuierai	j'appuierais	appuie!
tu appuies	tu appuieras	tu appuierais	
il appuie	*etc.*	*etc.*	
ils appuient			

⟨-ay- *od*   Vor stummem e kann ay in ai verwandelt werden.
-ai-⟩

Beispiel essayer:

j'essaye [ʒesɛj] *oder* j'essaie [ʒesɛ]	j'essayerai [ʒesɛjre] *oder* j'essaierai [ʒesɛre]
tu essayes *oder* tu essaies	tu essayeras *oder* tu essaieras
il essaye *oder* il essaie	*etc.*
ils essayent *oder* ils essaient	
	j'essayerais *oder* j'essaierais
	tu essayerais *oder* tu essaierais
essaye *oder* essaie!	*etc.*

3. REGELMÄSSIGE VERBEN AUF -IR
punir

Actif			
Temps simples			
INDICATIF			
Présent	*Imparfait*	*Passé simple*[2])	*Futur simple*
je punis [ʒ(ə)pyni] ich bestrafe	je punissais [ʒ(ə)pynisɛ] ich bestrafte	je punis [ʒ(ə)pyni] ich bestrafte	je punirai [ʒ(ə)pynire] ich werde bestrafen
tu punis [typyni]	tu punissais [typynisɛ]	tu punis [typyni]	tu puniras [typynira]
il punit [ilpyni]	il punissait [ilpynisɛ]	il punit [ilpyni]	il punira[1]) [ilpynira]
nous punissons [nupynisõ]	nous punissions [nupynisjõ]	nous punîmes [nupynim]	nous punirons [nupynirõ]
vous punissez [vupynise]	vous punissiez [vupynisje]	vous punîtes [vupynit]	vous punirez [vupynire]
ils punissent [ilpynis]	ils punissaient [ilpynisɛ]	ils punirent [ilpynir]	ils puniront [ilpynirõ]
SUBJONCTIF		CONDITIONNEL	IMPÉRATIF
Présent	*Imparfait*[3])	*Présent*	
que je punisse [ʒ(ə)pynis] daß ich bestrafe	que je punisse daß ich bestrafte	je punirais ich würde bestrafen	punis bestrafe!
tu punisses [typynis]	tu punisses	tu punirais	punissons bestrafen wir!
il punisse [ilpynis]	il punît [ilpyni]	il punirait	punissez bestraft!
nous punissions	nous punissions	nous punirions	
vous punissiez	vous punissiez	vous puniriez	
ils punissent	ils punissent	ils puniraient	
INFINITIF	PARTICIPE		GÉRONDIF
Présent	*Présent*	*Passé*[4])	
punir [pynir] bestrafen	punissant [pynisã] bestrafend	puni [pyni] bestraft	en punissant bestrafend
Temps composés			
INDICATIF			
Passé composé	*Plus-que parfait*	*Passé antérieur*[5])	*Futur antérieur*
j'ai puni ich habe bestraft	j'avais puni ich hatte bestraft	j'eus puni ich hatte bestraft	j'aurai puni ich werde bestraft haben
tu as puni *etc.*	tu avais puni *etc.*	tu eus puni *etc.*	tu auras puni *etc.*
SUBJONCTIF		CONDITIONNEL	INFINITIF
Passé	*Plus-que-parfait*[6])	*Passé*	*Passé*
que j'aie puni daß ich bestraft habe	que j'eusse puni daß ich bestraft hätte	j'aurais puni ich würde bestraft haben	avoir puni bestraft haben
que tu aies puni *etc.*	que tu eusses puni *etc.*	tu aurais puni *etc.*	
Passif			
INDICATIF			
Présent	*Imparfait*	*Passé simple*[2])	*Futur simple*
je suis puni(e) ich werde bestraft	j'étais puni(e) ich wurde bestraft	je fus puni(e) ich wurde bestraft	je serai puni(e) ich werde bestraft werden
tu es puni(e)	tu étais puni(e) *etc.*	tu fus puni(e) *etc.*	tu seras puni(e) *etc.*
il (elle) est puni(e)			
nous sommes puni(e)s			
vous êtes puni(e)s			
ils (elles) sont puni(e)s			

Passé composé	Plus-que parfait	Passé antérieur[5]	Futur antérieur

j'ai été puni(e)
  ich bin bestraft worden
 	
tu as été puni(e)
etc.
	j'avais été puni(e)
	  ich war bestraft worden
	
	tu avais été puni(e)
	etc.
		j'eus été puni(e)
		  ich war bestraft
		  worden
		tu eus été puni(e)
		etc.
			j'aurai été puni(e)
			  ich werde bestraft
			  worden sein
			tu auras été puni(e)
			etc.

SUBJONCTIF			
Présent	*Imparfait[3]*	*Passé*	*Plus-que-parfait[6]*

que
je sois puni(e)
  daß ich bestraft werde
 	
tu sois puni(e)
etc.
	que
	je fusse puni(e)
	  daß ich bestraft würde
	
	tu fusses puni(e)
	etc.
		que
		j'aie été puni(e)
		  daß ich bestraft wor-
		  den sei
		tu aies été puni(e)
		etc.
			que
			j'eusse été puni(e)
			  daß ich bestraft wor-
			  den wäre
			tu eusses été puni(e)
			etc.

CONDITIONNEL		IMPÉRATIF	GÉRONDIF
Présent	*Passé*		

je serais puni(e)
  ich würde bestraft
  werden
tu serais puni(e)
etc.
	j'aurais été puni(e)
	  ich würde bestraft wor-
	  den sein
	tu aurais été puni(e)
	etc.
		sois puni(e)
		  werde bestraft!
			en étant puni
			  bestraft werdend

INFINITIF		PARTICIPE	
Présent	*Passé*	*Présent*	*Passé*

être puni
  bestraft werden
	avoir été puni
	  bestraft worden sein
		étant puni
		  bestraft werdend
			ayant été puni
			  bestraft worden seiend

[1]) Frageform punira-t-il? [2])—[6]) Vgl. die Bemerkungen [2])—[6]) unter **trouver**.

4. UNREGELMÄSSIGE VERBEN

Aus den in spitzen Klammern bei den betreffenden Verben des Hauptteils angegebenen Formen läßt sich der gesamte Formenbestand eines unregelmäßigen Verbs nach folgendem Schema ableiten:

rendre

⟨je rends, il rend, nous rendons; je rendais; je rendis; je rendrai; que je rende; rendant; rendu⟩

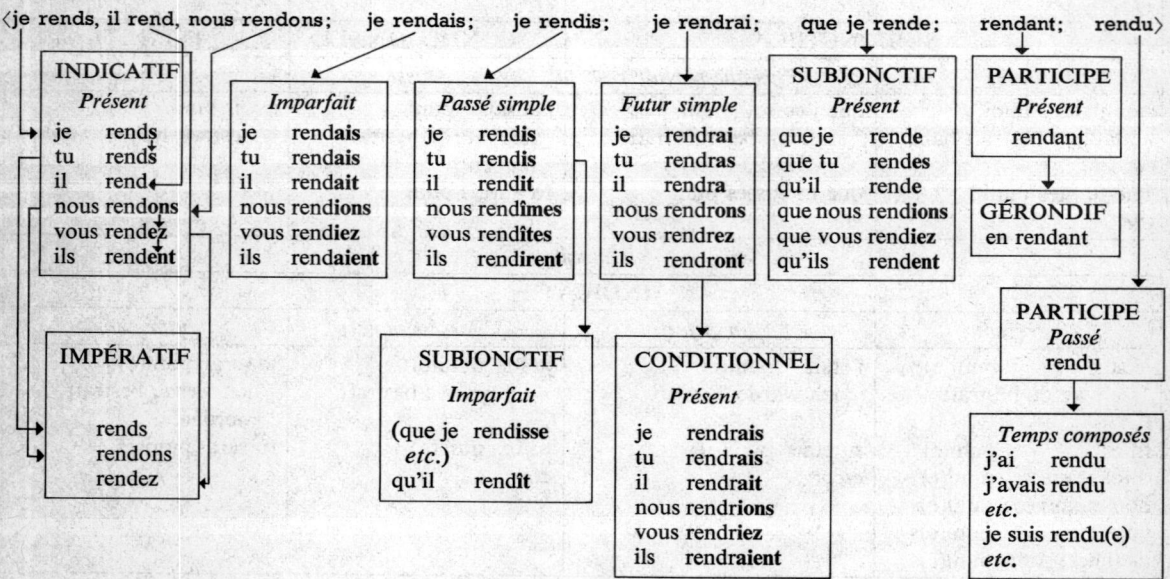

recevoir
⟨je reçois, il reçoit, nous recevons, ils reçoivent;

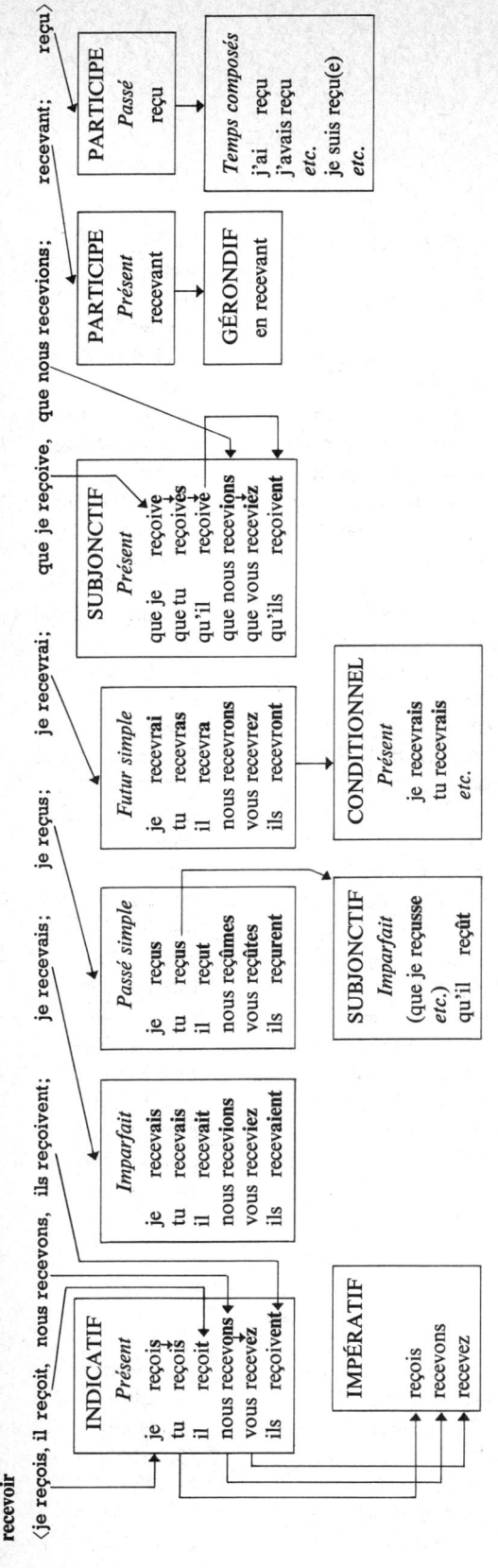

venir
⟨je viens, il vient, nous venons, ils viennent;

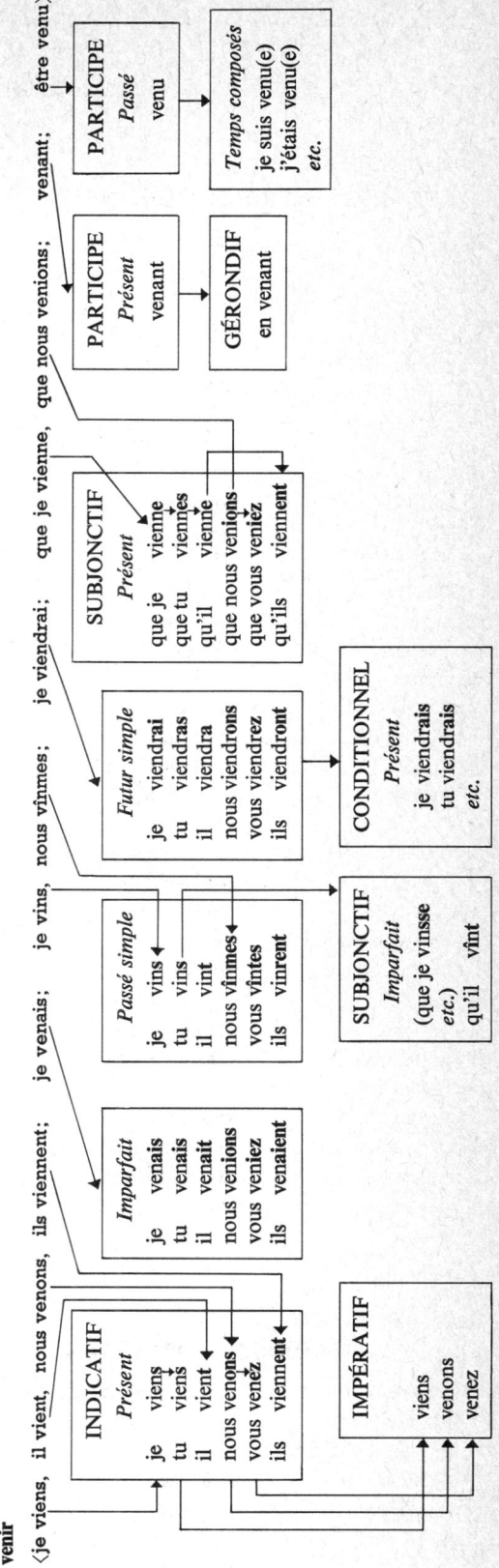

V. ZAHLWÖRTER

V. ADJECTIFS NUMÉRAUX

GRUNDZAHLEN
ADJECTIFS NUMÉRAUX CARDINAUX

0 zéro	null	50 cinquante	fünfzig
1 un, une	eins	60 soixante	sechzig
2 deux	zwei	70 soixante-dix	siebzig
3 trois	drei	71 soixante et onze	einundsiebzig
4 quatre	vier	72 soixante-douze	zweiundsiebzig
5 cinq	fünf	80 quatre-vingt(s)	achtzig
6 six	sechs	81 quatre-vingt-un(e)	einundachtzig
7 sept	sieben	82 quatre-vingt-deux	zweiundachtzig
8 'huit	acht	90 quatre-vingt-dix	neunzig
9 neuf	neun	91 quatre-vingt-onze	einundneunzig
10 dix	zehn	92 quatre-vingt-douze	zweiundneunzig
11 onze	elf	100 cent	(ein)hundert
12 douze	zwölf	101 cent un(e)	(ein)hunderteins
13 treize	dreizehn	110 cent dix	(ein)hundertzehn
14 quatorze	vierzehn	200 deux cent(s)	zweihundert
15 quinze	fünfzehn	201 deux cent un	zweihunderteins
16 seize	sechzehn	1 000 mille	(ein)tausend
17 dix-sept	siebzehn	1 001 mille un(e)	(ein)tausendeins
18 dix-huit	achtzehn	1 002 mille deux	(ein)tausendzwei
19 dix-neuf	neunzehn	1 100 onze cent(s)	(ein)tausendein-
20 vingt	zwanzig		hundert *od.* elf-
21 vingt et un(e)	einundzwanzig		hundert
22 vingt-deux	zweiundzwanzig	1 200 douze cent(s) *ou*	(ein)tausendzwei-
23 vingt-trois	dreiundzwanzig	mil(le) deux cent(s)	hundert *od.* zwölf-
24 vingt-quatre	vierundzwanzig		hundert
25 vingt-cinq	fünfundzwanzig	2 000 deux mille	zweitausend
26 vingt-six	sechsundzwanzig	10 000 dix mille	zehntausend
27 vingt-sept	siebenundzwanzig	100 000 cent mille	hunderttausend
28 vingt-huit	achtundzwanzig	1 000 000 un million	eine Million
29 vingt-neuf	neunundzwanzig	1 000 000 000 un milliard	eine Milliarde
30 trente	dreißig	10^{12} un billion	eine Billion
31 trente et un(e)	einunddreißig	10^{15} mille billions	eine Billiarde
32 trente-deux	zweiunddreißig	10^{18} un trillion	eine Trillion
40 quarante	vierzig	10^{21} mille trillions	eine Trilliarde

ORDNUNGSZAHLEN
ADJECTIFS NUMÉRAUX ORDINAUX

1er (le) premier	1. (der, die, das) erste	7e septième	7. sieb(en)te
1re (la) première		8e 'huitième	8. achte
2e deuxième; second(e)	2. zweite	9e neuvième	9. neunte
3e troisième	3. dritte	10e dixième	10. zehnte
4e quatrième	4. vierte	11e onzième	11. elfte
5e cinquième	5. fünfte	12e douzième	12. zwölfte
6e sixième	6. sechste	13e treizième	13. dreizehnte

14e quatorzième	14. vierzehnte	**80e** quatre-vingtième	80. achtzigste
15e quinzième	15. fünfzehnte	**81e** quatre-vingt-	81. einundachtzigste
16e seizième	16. sechzehnte	-unième	
17e dix-septième	17. siebzehnte	**82e** quatre-vingt-deuxiè-	82. zweiundachtzigste
18e dix-huitième	18. achtzehnte	me	
19e dix-neuvième	19. neunzehnte	**90e** quatre-vingt-dixième	90. neunzigste
20e vingtième	20. zwanzigste	**91e** quatre-vingt-onzième	91. einundneunzigste
21e vingt et unième	21. einundzwanzigste	**100e** centième	100. hundertste
22e vingt-deuxième	22. zweiundzwanzigste	**101e** cent unième	101. hunderterste
30e trentième	30. dreißigste	**102e** cent deuxième	102. hundertzweite
40e quarantième	40. vierzigste	**200e** deux centième	200. zweihundertste
50e cinquantième	50. fünfzigste	**1 000e** millième	1 000. tausendste
60e soixantième	60. sechzigste	**2 000e** deux millième	2 000. zweitausendste
70e soixante-dixième	70. siebzigste	**100 000e** cent millième	100 000. hundert-
71e soixante et onzième	71. einundsiebzigste		tausendste
72e soixante-douzième	72. zweiundsiebzigste	**1 000 000e** millionième	1 000 000. millionste

ZAHLADVERBIEN
ADVERBES NUMÉRAUX

1° premièrement; primo; en premier lieu	1. erstens	**3°** troisièmement; tertio; en troisième lieu	3. drittens
2° deuxièmement; secundo; en second lieu	2. zweitens	**4°** quatrièmement; en quatrième lieu *etc.*	4. viertens *etc.*

BRUCHZAHLEN
NOMBRES FRACTIONNAIRES

$\frac{1}{2}$ (un) demi	ein halb	$\frac{1}{5}$ un cinquième	ein Fünftel
$1\frac{1}{2}$ un et demi	eineinhalb *od.* anderthalb	$\frac{4}{5}$ (les) quatre cinquièmes	vier Fünftel
$\frac{1}{3}$ un tiers	ein Drittel	$\frac{1}{6}$ un sixième	ein Sechstel
$\frac{2}{3}$ (les) deux tiers	zwei Drittel	*etc.*	*etc.*
$\frac{1}{4}$ un quart	ein Viertel		
$\frac{3}{4}$ (les) trois quarts	drei Viertel	**0,5** zéro virgule cinq	null Komma fünf
$2\frac{1}{4}$ deux un quart	zweieinviertel	**2,8** deux virgule 'huit	zwei Komma acht

SAMMELZAHLEN
NOMBRES COLLECTIFS

une 'huitaine	(etwa) acht	une quarantaine	etwa vierzig
une dizaine	(etwa) zehn	une cinquantaine	etwa fünfzig
une douzaine	ein Dutzend	une soixantaine	etwa sechzig
une quinzaine	etwa fünfzehn	une centaine	etwa hundert
une vingtaine	etwa zwanzig		
une trentaine	etwa dreißig	un millier	etwa tausend

VERVIELFÄLTIGUNGSZAHLEN
MOTS MULTIPLICATIFS

simple	einfach	*selten:*	
double	doppelt	sextuple	sechsfach
triple	dreifach	septuple	siebenfach
quadruple	vierfach	octuple	achtfach
quintuple	fünffach	nonuple	neunfach
centuple	hundertfach	décuple	zehnfach